THE BOOK STUDY CONCORDANCE

of the Greek New Testament

THE BOOK STUDY CONCORDANCE of the Greek New Testament

ANDREAS KÖSTENBERGER and RAYMOND BOUCHOC

BROADMAN & HOLMAN PUBLISHERS

NASHVILLE, TENNESSEE

0–8054–2457–1

Published by Broadman & Holman Publishers
Nashville, Tennessee

Dewey Decimal Classification: 487
Subject Heading: GREEK LANGUAGE, BIBLICAL—SYNTAX \
BIBLE. NEW TESTAMENT—STUDY

1 2 3 4 5 6 7 8 9 10 08 07 06 05 04 03

For our dear wives

Marny and Christina

with love and gratitude

Proverbs 18:22

THE BOOK STUDY CONCORDANCE
OF THE GREEK NEW TESTAMENT

The Book Study Concordance of the Greek New Testament for the first time assembles concordances of each of the twenty-seven books of the New Testament. The concordance is a fresh effort, though of course standing on the shoulders of those who have gone before us. The textual base of the present concordance is the electronic version of the 27th edition of the Nestle-Aland *Novum Testamentum Graece*. The roots of the words were matched with their forms based on data developed and provided by the GRAMCORD Institute. In this regard we would like to acknowledge the foundational debt we owe to the previous work of the GRAMCORD Institute.[1] The concordances themselves were generated by our own programs written to generate the concordance listings from the raw GRAMCORD data.

For ease of reference, the 1500-page concordance follows the canonical order. However, those using the present work may choose to study a given word or group of words by author (e.g., John, 1–3 John, and Revelation; Luke/Acts), by author in chronological order of writing (e.g., Paul: Galatians, 1–2 Thessalonians, 1–2 Corinthians, Romans, Prison and Pastoral Epistles), or compare similar works (e.g., the Synoptic Gospels: Matthew, Mark, and Luke).[2] Also, simple word studies may be extended to the study of related word groups (semantic fields or domains).[3] Analyzing words in an entire corpus and within the context of semantic domains yields a considerably fuller and more accurate understanding of the meaning of a given word. By no means should the English glosses provided in the present volume be taken as a substitute for consulting standard Greek dictionaries and performing one's own proper contextual exegesis.[4]

The present concordance is not designed to replace conventional concordances. Rather, we envision it being used in conjunction with these traditional tools. However, there are several benefits to listing concordances book by book. Most importantly, this facilitates the above-mentioned study of word usage in a given book or by a particular author. The distinctive

---

[1] The nonprofit GRAMCORD Institute created the first grammatical concordance system of the Greek NT in 1978 after Institute founder Paul A. Miller and James L. Boyer compiled the word-by-word parsed and lemmatized database which formed the basis for the present work. The history of The GRAMCORD Institute and its many computer-based tools developed for exegetical research are described at www.GRAMCORD.org.

[2] See here especially the recent emergence of corpus linguistics. A representative work is Douglas Biber, Susan Conrad and Randi Reppen, *Corpus Linguistics: Investigating Language Structure and Use* (Cambridge Approaches to Linguistics; Cambridge: Cambridge University Press, 1998).

[3] See Johannes P. Louw and Eugene A. Nida, eds., *Greek-English Lexicon of the New Testament Based on Semantic Domains* (New York: United Bible Societies, 1988, 1989); and Mark Wilson, *Mastering New Testament Greek Vocabulary Through Semantic Domains* (Grand Rapids: Kregel, 2003).

[4] *A Concise Greek-English Dictionary of the New Testament* by Barclay M. Newman, Jr. (New York: UBS, 1971), served as a convenient first point of reference, though independent judgment was exercised in choosing the most suitable gloss for our present purposes. Walter Bauer's *Greek-English Lexicon of the New Testament and Other Early Christian Literature* (3d ed.; rev. and ed. Frederick W. Danker; Chicago and London: University of Chicago Press, 2000) was consulted particularly to aid with the adjudication of whether or not a given word should be listed as a deponent.

vocabulary of a New Testament book could not be seen as easily in any other format. Moreover, especially in the shorter New Testament works, listing all the occurrences of Greek words in a given book enables a quick overview of its vocabulary, which is not as easily possible with existing exegetical tools. Statistics and frequency tables are included to help scholars and students alike with personal study, and classroom teachers with vocabulary assignments for Greek exegesis classes on a particular New Testament book or corpus.

The standard format for a given book concordance is as follows. First, some basic statistics are given: total word count; number of words occurring at least 10 times or only once; and words used with at least 25% frequency compared to the entire New Testament. Under each rubric words are listed in descending order with highest absolute frequency listed first (e.g., 13/26, then 10/20, etc.). Second, the concordance of a book is given in Greek alphabetical order, with English transliteration of a word, number of occurrences in that book and in the entire NT, and an English gloss, followed by the reference(s) of that word in a given book. Third are frequency lists in both alphabetical order and order of frequency (with only the Greek article, καί, and αὐτός not listed exhaustively). Asterisks indicate where a word is used only in that book.

For the purpose of facilitating study, the longer ending of Mark and the pericope of the adulterous woman in John 7:53–8:11 are included in the concordance listings in square brackets. Statistics are given, first without including the data from these two pericopes, then, including them, in square brackets. Though every effort has been made to ensure the accuracy of the data, we assume responsibility for all remaining errors or inaccuracies. We would be grateful to be made aware of any such inaccuracies so they can be corrected in future editions. We would also like to express our appreciation to the dedicated staff of Broadman & Holman, in particular Len Goss and John Landers, whose support and expertise were invaluable in completing this project. Thanks are also due Bob Cole and his anonymous benefactor.

It is our hope that the present tool will serve to facilitate deeper study of the Greek New Testament, not merely academically, but resulting in greater obedience and godliness. We gratefully acknowledge the support of our wives, Marny and Christina, without whom this work would not have been possible and to whom it is affectionately dedicated. Our institutions, Southeastern Baptist Theological Seminary and Patrick Henry College, deserve credit for their active support of our teaching ministry and scholarly endeavors, as do those who taught us the biblical languages and those whom we have had the privilege to teach. May this work be taken as a small tribute to our great God, who graciously revealed himself to us in his inspired and inerrant Word, which speaks of our Lord Jesus Christ and the salvation available only in him. *Soli Deo gloria.*

Andreas Köstenberger and Raymond Bouchoc
February 1, 2003
Wake Forest, NC and Purcellville, VA

THE BOOK STUDY CONCORDANCE

OF THE GREEK NEW TESTAMENT

Matthew – Statistics

1676 Total word count
244 Number of words occurring at least 10 times
664 Number of words occurring once

Words whose occurrences in this book account for at least 25% of occurrences in the entire NT

100%
14/14 τάλαντον (*talanton*; talent [Greek coin])
8/8 ζιζάνιον (*zizanion*; weed)
6/6 ὄναρ (*onar*; dream)
4/4 μετοικεσία (*metoikesia*; carrying off)
3/3 ἐξώτερος (*exōteros*; outer), ἑταῖρος (*hetairos*; friend), Ἰερεμίας (*Ieremias*; Jeremiah), κουστωδία (*koustōdia*; guard), μαλακία (*malakia*; sickness), συναίρω (*synairō*; settle), συντάσσω (*syntassō*; direct)
2/2 Ἀβιούδ (*Abioud*; Abiud), Ἀζώρ (*Azōr*; Azor), ἀθῷος (*athōos*; guiltless), ἀκριβόω (*akriboō*; ascertain), ἀναίτιος (*anaitios*; not guilty), Ἀράμ (*Aram*; Aram), Ἀσάφ (*Asaph*; Asaph), Ἀχάζ (*Achaz*; Ahaz), Ἀχίμ (*Achim*; Achim), Βόες (*Boes*; Boaz), βροχή (*brochē*; rain), διασαφέω (*diasapheō*; explain), δίδραχμον (*didrachmon*; didrachma), διστάζω (*distazō*; doubt), Ἑζεκίας (*Hezekias*; Hezekiah), Ἐλεάζαρ (*Eleazar*; Eleazar), Ἐλιούδ (*Elioud*; Eliud), ἐνθυμέομαι (*enthymeomai*; think about), εὐνουχίζω (*eunouchizō*; castrate), ηλι (*ēli*; my God), θεριστής (*theristēs*; reaper), Ἰεχονίας (*Iechonias*; Jechoniah), Ἰωαθάμ (*Iōatham*; Jotham), Ἰωράμ (*Iōram*; Joram), Ἰωσαφάτ (*Iōsaphat*; Jehoshaphat), Ἰωσίας (*Iōsias*; Josiah), καθηγητής (*kathēgētēs*; teacher), καταποντίζω (*katapontizō*; sink), κρυφαῖος (*kryphaios*; secret), Ματθάν (*Matthan*; Matthan), μεταίρω (*metairō*; go away), μισθόω (*misthoō*; hire), Ὀζίας (*Ozias*; Uzziah), οἰκιακός (*oikiakos*; member of a household), πυρράζω (*pyrrazō*; be red), ῥαπίζω (*rhapizō*; hit), Ῥοβοάμ (*Rhoboam*; Rehoboam), Σαδώκ (*Sadōk*; Zadok), Σαλμών (*Salmōn*; Salmon), σεληνιάζομαι (*selēniazomai*; be moon), χλαμύς (*chlamys*; cloak), ψευδομαρτυρία (*pseudomartyria*; false testimony)
1/1 ἀγγεῖον (*angeion*; container), ἄγγος (*angos*; container), ἄγκιστρον (*ankistron*; fishhook), αἱμορροέω (*haimorroeō*; suffer a chronic bleeding), αἱρετίζω (*hairetizō*; choose), ἀκμήν (*akmēn*; still), ἀμφίβληστρον (*amphiblēstron*; casting-net), ἀναβιβάζω (*anabibazō*; draw or drag), ἀναβοάω (*anaboaō*; cry out), ἄνηθον (*anēthon*; dill), ἀπάγχω (*apanchō*; hang oneself), ἀπονίπτω (*aponiptō*; wash), Ἀρχέλαος (*Archelaos*; Archelaus), Βαραχίας (*Barachias*; Barachiah), Βαριωνᾶ (*Bariōna*; Bar), βαρύτιμος (*barytimos*; very expensive), βασανιστής (*basanistēs*; jailer), βατταλογέω (*battalogeō*; babble), βιαστής (*biastēs*; violent or eager person), Γαδαρηνός (*Gadarēnos*; of Gadara), δαίμων (*daimōn*; demon), δάνειον (*daneion*; debt), Δανιήλ (*Daniēl*; Daniel), δεῖνα (*deina*; such a one), δέσμη (*desmē*; bundle), διακαθαρίζω (*diakatharizō*; clean out), διακωλύω (*diakōlyō*; prevent), διαλλάσσομαι (*diallassomai*; be reconciled to), διέξοδος (*diexodos*; where the roads leave the city or along the main streets), διετής (*dietēs*; two years old), διϋλίζω (*diulizō*; strain out), διχάζω (*dichazō*; turn against), ἑβδομηκοντάκις (*hebdomēkontakis*; seventy times), ἔγερσις (*egersis*; resurrection), εἰδέα (*eidea*; appearance), εἰρηνοποιός (*eirēnopoios*; peacemaker), ἐκλάμπω (*eklampō*; shine), Ἐμμανουήλ (*Emmanouēl*; Emmanuel), ἐμπίμπρημι (*empimprēmi*; set on fire), ἐμπορία (*emporia*; business), ἐξορκίζω (*exorkizō*; put under oath), ἐπιγαμβρεύω (*epigambreuō*; marry), ἐπικαθίζω (*epikathizō*; sit), ἐπιορκέω (*epiorkeō*; break an oath), ἐπισπείρω (*epispeirō*; sow in addition), ἐρεύγομαι (*ereugomai*; declare), ἐρίζω (*erizō*; argue), ἐρίφιον (*eriphion*; goat), εὐδία (*eudia*; fair weather), εὐνοέω (*eunoeō*; make friends), εὐρύχωρος (*eurychōros*; wide), Ζάρα (*Zara*; Zerah), Θαμάρ (*Thamar*; Tamar), θαυμάσιος (*thaumasios*; wonderful), θυμόω (*thymoō*; be furious), ἰῶτα (*iōta*; iota),

καθά (*katha*; as), καταθεματίζω (*katathematizō*; curse), καταμανθάνω (*katamanthanō*; consider), κατωτέρω (*katōterō*; under), κῆτος (*kētos*; large sea creature), κορβανᾶς (*korbanas*; temple treasury), κύμινον (*kyminon*; cummin), κώνωψ (*kōnōps*; gnat), Μαγαδάν (*Magadan*; Magadan), μίλιον (*milion*; mile), μύριοι (*myrioi*; ten thousand), νόμισμα (*nomisma*; coin), νοσσίον (*nossion*; young bird), οἰκετεία (*oiketeia*; household), ὀλιγοπιστία (*oligopistia*; smallness of faith), οὐδαμῶς (*oudamōs*; by no means), Οὐρίας (*Ourias*; Uriah), παγιδεύω (*pagideuō*; trap), παραθαλάσσιος (*parathalassios*; by the sea or lake), παρομοιάζω (*paromoiazō*; be like), παροψίς (*paropsis*; plate), πλατύς (*platys*; wide), πολυλογία (*polylogia*; many words), προβιβάζω (*probibazō*; prompt), προφθάνω (*prophthanō*; come before), ῥακά (*rhaka*; empty), Ῥαμά (*Rhama*; Ramah), Ῥαχάβ (*Rhachab*; Rahab), Ῥαχήλ (*Rhachēl*; Rachel), Ῥούθ (*Rhouth*; Ruth), σαγήνη (*sagēnē*; dragnet), σιτιστός (*sitistos*; fattened), στατήρ (*statēr*; stater), συναυξάνω (*synauxanō*; grow together), ταφή (*taphē*; burial), τελευτή (*teleutē*; death), τραπεζίτης (*trapezitēs*; money-changer), τρύπημα (*trypēma*; eye of a needle), τύφω (*typhō*; smolder), φράζω (*phrazō*; explain), φυγή (*phygē*; flight), φυλακτήριον (*phylaktērion*; phylactery), φυτεία (*phyteia*; plant), Χαναναῖος (*Chananaios*; Canaanite), ψύχω (*psychō*; go out, be extinguished)

<u>87%</u>
7/8 ἔνδυμα (*endyma*; clothing), συλλέγω (*syllegō*; gather)

<u>85%</u>
6/7 βρυγμός (*brygmos*; grinding), τάφος (*taphos*; grave)

<u>83%</u>
5/6 συντέλεια (*synteleia*; end)

<u>80%</u>
4/5 ὀλιγόπιστος (*oligopistos*; of little faith)

<u>77%</u>
7/9 κλαυθμός (*klauthmos*; bitter crying), οὐράνιος (*ouranios*; heavenly)

<u>76%</u>
13/17 ὑποκριτής (*hypokritēs*; hypocrite)

<u>75%</u>
3/4 ἀσφαλίζω (*asphalizō*; secure), γέννημα (*gennēma*; offspring), διορύσσω (*dioryssō*; dig through), ἐθνικός (*ethnikos*; pagan or Gentile), κῆνσος (*kēnsos*; tax), κυλλός (*kyllos*; crippled), μαθητεύω (*mathēteuō*; make a disciple of), πραΰς (*praus*; humble)

<u>71%</u>
10/14 ἀναχωρέω (*anachōreō*; withdraw)

<u>66%</u>
8/12 ὀδούς (*odous*; tooth)
4/6 μάγος (*magos*; wise man)
2/3 Ἀβιά (*Abia*; Abijah), ἀγγαρεύω (*angareuō*; force), Ἀμιναδάβ (*Aminadab*; Amminadab), ἀμφιέννυμι (*amphiennymi*; clothe), Ἀμώς (*Amōs*; Amos), ἀποστάσιον (*apostasion*; written notice of divorce), ἀρκετός (*arketos*; enough), βόθυνος (*bothynos*; ditch), γονυπετέω (*gonypeteō*; kneel), διαφημίζω (*diaphēmizō*; spread around), Ἐλιακίμ (*Eliakim*; Eliakim), ἑνδέκατος (*hendekatos*;

eleventh), ἐξετάζω (*exetazō*; look for), Ἑσρώμ (*Hesrōm*; Hezron), Ζαβουλών (*Zaboulōn*; Zebulun), Ζοροβαβέλ (*Zorobabel*; Zerubbabel), Ἰωβήδ (*Iōbēd*; Obed), καθέδρα (*kathedra*; seat), καταμαρτυρέω (*katamartyreō*; testify against), κεραμεύς (*kerameus*; potter), Μανασσῆς (*Manassēs*; Manasseh), Ναασσών (*Naassōn*; Nahshon), Νεφθαλίμ (*Nephthalim*; Naphtali), ὀρύσσω (*oryssō*; dig), παραβαίνω (*parabainō*; break, leave), παρακούω (*parakouō*; refuse to listen), πνίγω (*pnigō*; choke), ποσάκις (*posakis*; how often), Σαλαθιήλ (*Salathiēl*; Salathiel), σής (*sēs*; moth), στενός (*stenos*; narrow), ὑπάντησις (*hypantēsis*; meeting), Φάρες (*Phares*; Perez)

<u>63%</u>
7/11[12] ὕστερος (*hysteros*; last, later)
7/11 σφόδρα (*sphodra*; very much)

<u>62%</u>
5/8 Βηθλέεμ (*Bēthleem*; Bethlehem), σαπρός (*sapros*; bad), συμβούλιον (*symboulion*; plan)

<u>60%</u>
3/5 ἀνεκτός (*anektos*; tolerable), ἀφανίζω (*aphanizō*; ruin), δεκατέσσαρες (*dekatessares*; fourteen), ἔχιδνα (*echidna*; snake), κράσπεδον (*kraspedon*; fringe), ὁδηγός (*hodēgos*; guide), ὄνος (*onos*; donkey), σείω (*seiō*; shake)

<u>59%</u>
51/86 προσέρχομαι (*proserchomai*; come or go to)

<u>58%</u>
7/12 βαπτιστής (*baptistēs*; Baptist), γέεννα (*geenna*; hell), οἰκοδεσπότης (*oikodespotēs*; householder)

<u>56%</u>
90/160 τότε (*tote*; then)
9/16 γάμος (*gamos*; wedding)

<u>55%</u>
5/9 εὐώνυμος (*euōnymos*; left), Ἰωνᾶς (*Iōnas*; Jonah), λαμπάς (*lampas*; lantern, lamp)

<u>53%</u>
8/15 ὁμοιόω (*homoioō*; make like)
7/13 δαιμονίζομαι (*daimonizomai*; be demon-possessed)

<u>52%</u>
9/17 θησαυρός (*thēsauros*; treasure)

<u>50%</u>
13/26 ὀμνύω (*omnyō*; swear)
10/20 ἡγεμών (*hēgemōn*; governor)
7/14 κωφός (*kōphos*; dumb), ὀψία (*opsia*; evening), Σαδδουκαῖος (*Saddoukaios*; Sadducee), φρόνιμος (*phronimos*; wise)
6/12 δεῦτε (*deute*; come), Ζεβεδαῖος (*Zebedaios*; Zebedee), μεταβαίνω (*metabainō*; leave, cross over), μωρός (*mōros*; foolish), ὅριον (*horion*; territory)
5/10[11] ἀνατολή (*anatolē*; rising)

5/10 ἔνοχος (*enochos*; liable), παραλυτικός (*paralytikos*; paralytic), σύνδουλος (*syndoulos*; fellow-servant), χρυσός (*chrysos*; gold)

3/6 ἀποδημέω (*apodēmeō*; leave), ἀποθήκη (*apothēkē*; barn), δοκός (*dokos*; log), κάμηλος (*kamēlos*; camel), κάρφος (*karphos*; speck), μεταμέλομαι (*metamelomai*; regret), περιάγω (*periagō*; go around or about), συμφωνέω (*symphōneō*; agree with), ὡσαννά (*hōsanna*; hosanna)

2/4 ἐκδίδωμι (*ekdidōmi*; let out), ἐκριζόω (*ekrizoō*; uproot), ἐνενήκοντα (*enenēkonta*; ninety), ἐνθύμησις (*enthymēsis*; [inmost] thought, idea), ἑπτάκις (*heptakis*; seven times), κάμινος (*kaminos*; furnace), κατακλυσμός (*kataklysmos*; flood), κολοβόω (*koloboō*; shorten), κυνάριον (*kynarion*; house dog), λάθρᾳ (*lathra*; secretly), μαλακός (*malakos*; soft), μοιχάω (*moichaō*; commit adultery), μύλος (*mylos*; mill), ὀρχέομαι (*orcheomai*; dance), πετρώδης (*petrōdēs*; rocky ground), στρουθίον (*strouthion*; sparrow), ταμεῖον (*tameion*; inner or private room)

1/2[3] μοιχεία (*moicheia*; adultery), σκληροκαρδία (*sklērokardia*; stubbornness)

1/2 ἄγναφος (*agnaphos*; new), ἀδυνατέω (*adynateō*; be impossible), αἶνος (*ainos*; praise), ἀκρασία (*akrasia*; self-indulgence), ἄλευρον (*aleuron*; wheat flour), ἀλήθω (*alēthō*; grind), ἁλίζω (*halizō*; salt), ἅλων (*halōn*; threshing floor), ἀμέριμνος (*amerimnos*; free from worry or anxiety), ἄνιπτος (*aniptos*; not washed according to ritual law), ἀντάλλαγμα (*antallagma*; something offered in exchange), ἀξίνη (*axinē*; axe), ἁπαλός (*hapalos*; putting out leaves), ἁπλοῦς (*haplous*; sound), ἀσσάριον (*assarion*; assarion [Roman copper coin]), αὐλητής (*aulētēs*; flute player), αὐλίζομαι (*aulizomai*; spend the night), ἀφεδρών (*aphedrōn*; latrine), ἀχρεῖος (*achreios*; worthless), ἄχυρον (*achyron*; chaff), βαρέως (*bareōs*; with difficulty), βεβηλόω (*bebēloō*; desecrate), βιάζω (*biazō*; exercise force), Γεθσημανί (*Gethsēmani*; Gethsemane), γενέσια (*genesia*; birthday celebration), γεννητός (*gennētos*; born), δειγματίζω (*deigmatizō*; disgrace), δεινῶς (*deinōs*; terribly), δερμάτινος (*dermatinos*; of leather), διχοτομέω (*dichotomeō*; cut in pieces), δυσβάστακτος (*dysbastaktos*; hard to carry), ἐγκρύπτω (*enkryptō*; place or mix in), ἐκφύω (*ekphyō*; put out), ἐλαφρός (*elaphros*; light, easy), ἐλεήμων (*eleēmōn*; merciful), ἐμβάπτω (*embaptō*; dip), ἔνθεν (*enthen*; from here), ἐνταφιάζω (*entaphiazō*; prepare for burial), ἐντός (*entos*; within), ἐξανατέλλω (*exanatellō*; sprout), ἐπανίστημι (*epanistēmi*; turn against), ἐπιούσιος (*epiousios*; for today), ἐπίσημος (*episēmos*; well known), ἐπιφώσκω (*epiphōskō*; dawn), ἔριφος (*eriphos*; goat), εὐκαιρία (*eukairia*; opportune moment), ἡδύοσμον (*hēdyosmon*; mint), Θαδδαῖος (*Thaddaios*; Thaddaeus), ἵλεως (*hileōs*; merciful), ἰχθύδιον (*ichthydion*; small fish), καμμύω (*kammyō*; close), Καναναῖος (*Kananaios*; Cananaean), κατασκήνωσις (*kataskēnōsis*; nest), καταστρέφω (*katastrephō*; overturn), καταχέω (*katacheō*; pour over), κατεξουσιάζω (*katexousiazō*; rule over), κεραία (*keraia*; stroke), κλίβανος (*klibanos*; oven), κλοπή (*klopē*; theft), κοδράντης (*kodrantēs*; quadrans), κόλασις (*kolasis*; punishment), κονιάω (*koniaō*; whitewash), κρίνον (*krinon*; lily), λεμα (*lema*; why), λατομέω (*latomeō*; cut), λίβανος (*libanos*; frankincense), λικμάω (*likmaō*; crush), λίνον (*linon*; linen), λύτρον (*lytron*; ransom), μάτην (*matēn*; in vain), μονόφθαλμος (*monophthalmos*; one-eyed), νήθω (*nēthō*; spin), νῆστις (*nēstis*; hungry), νυστάζω (*nystazō*; grow drowsy), ὀδυρμός (*odyrmos*; mourning), οἰνοπότης (*oinopotēs*; drinker), ὄμμα (*omma*; eye), ὀνικός (*onikos*; of a donkey), ὄρνις (*ornis*; hen), ὀφείλημα (*opheilēma*; debt), παλιγγενεσία (*palingenesia*; rebirth), παχύνω (*pachynō*; grow dull or insensitive), πεζῇ (*pezē*; on foot), πέλαγος (*pelagos*; depths), πικρῶς (*pikrōs*; bitterly), προσκυλίω (*proskyliō*; roll against or to), πρωΐα (*prōia*; morning), πτερύγιον (*pterygion*; highest point or parapet), πτύον (*ptyon*; winnowing), πτῶσις (*ptōsis*; fall), πυρέσσω (*pyressō*; be sick with fever), ῥάκος (*rhakos*; piece of cloth), ῥαφίς (*rhaphis*; needle), σαβαχθανι (*sabachthani*; you have forsaken me), σάτον (*saton*; saton [dry measure]), σιαγών (*siagōn*; cheek), σκυθρωπός (*skythrōpos*; sod), σμύρνα (*smyrna*; myrrh), στυγνάζω (*stygnazō*; be shocked or sad), συζεύγνυμι (*syzeugnymi*; join together), συνθλάω (*synthlaō*; break to pieces), συστρέφω (*systrephō*; gather up), σχολάζω (*scholazō*; be empty or unoccupied), τέκτων (*tektōn*; wood), τόκος (*tokos*; interest), τρίβολος (*tribolos*; briar), τρύβλιον (*tryblion*; dish), ὑποζύγιον (*hypozygion*; donkey), φάγος (*phagos*; glutton), φάντασμα (*phantasma*; ghost), φέγγος (*phengos*; light), φήμη (*phēmē*; report), φορτίζω (*phortizō*; burden), φραγελλόω (*phragelloō*; beat with a whip), φωλεός (*phōleos*; hole), χαλεπός (*chalepos*; hard), χιών (*chiōn*; snow), χολή (*cholē*; gall), Χοραζίν (*Chorazin*; Chorazin), ψευδόμαρτυς (*pseudomartys*; false witness), ψευδόχριστος (*pseudochristos*; false messiah), ψιχίον (*psichion*; small crumb), ὦμος (*ōmos*; shoulder)

48%
17/35[36] ἀγρός (*agros*; field)
14/29 σκανδαλίζω (*skandalizō*; cause to stumble)
12/25 δένδρον (*dendron*; tree)

47%
9/19 δῶρον (*dōron*; gift)

46%
45/97 γεννάω (*gennaō*; give birth; pass. be born)
6/13 θερισμός (*therismos*; harvest)

45%
9/20 ἀργύριον (*argyrion*; silver coin)
5/11 Βαραββᾶς (*Barabbas*; Barabbas), νόσος (*nosos*; disease), τριάκοντα (*triakonta*; thirty)

44%
12/27 ἐκεῖθεν (*ekeithen*; from there)
4/9 λεπρός (*lepros*; leper)

43%
13/30[31] φαίνω (*phainō*; shine)
10/23 ἀμπελών (*ampelōn*; vineyard)
7/16 κακῶς (*kakōs*; badly)

42%
8/19 ἐπάνω (*epanō*; above, on)
3/7 ἀγανακτέω (*aganakteō*; be indignant or angry), ἀγέλη (*agelē*; herd), Βεελζεβούλ (*Beelzeboul*; Beelzebul), ἐπιδείκνυμι (*epideiknymi*; show), θαρσέω (*tharseō*; have courage), λάμπω (*lampō*; shine), μαστιγόω (*mastigoō*; beat with a whip), ῥίπτω (*rhiptō*; throw)

41%
5/12 κάλαμος (*kalamos*; reed), Σολομών (*Solomōn*; Solomon), σπλαγχνίζομαι (*splanchnizomai*; have pity, compassion), φονεύω (*phoneuō*; murder)

40%
24/59 συνάγω (*synagō*; gather)
8/20 νηστεύω (*nēsteuō*; fast)
6/15 Ἰορδάνης (*Iordanēs*; Jordan River)
4/10 ἐκκόπτω (*ekkoptō*; cut off or down), ὅρκος (*horkos*; oath), πύλη (*pylē*; gate), χωρέω (*chōreō*; hold, have or make room)

2/5 ἁλιεύς (*halieus*; fisherman), ἀνάπαυσις (*anapausis*; rest), ἀντίδικος (*antidikos*; opponent at law), ἀπέναντι (*apenanti*; opposite), γένεσις (*genesis*; birth), δυσμή (*dysmē*; west), ἐννέα (*ennea*; nine), εὖ (*eu*; well), θηλάζω (*thēlazō*; nurse), Ἰεσσαί (*Iessai*; Jesse), καταδικάζω (*katadikazō*; condemn), καταπατέω (*katapateō*; trample on), κῦμα (*kyma*; wave), Μαθθαῖος (*Maththaios*; Matthew), πίναξ (*pinax*; plate), σίναπι (*sinapi*; mustard), σπυρίς (*spyris*; basket), τετρακισχίλιοι (*tetrakischilioi*; four thousand), φωτεινός (*phōteinos*; full of light), χρονίζω (*chronizō*; delay)

39%
πεινάω (*peinaō*; be hungry)

38%
8/21 τελώνης (*telōnēs*; tax-collector)
7/18 κρύπτω (*kryptō*; hide)
5/13[14] ἀνάκειμαι (*anakeimai*; be seated at table)
5/13 ἐμπαίζω (*empaizō*; ridicule), κλέπτω (*kleptō*; steal)

37%
18/48 ἀποδίδωμι (*apodidōmi*; give back, repay), ἔμπροσθεν (*emprosthen*; before)
16/43 θεραπεύω (*therapeuō*; heal)
6/16 δηνάριον (*dēnarion*; denarius [Roman silver coin]), ἐκτείνω (*ekteinō*; stretch out), ἐργάτης (*ergatēs*; laborer), νυμφίος (*nymphios*; bridegroom)
3/8[9] ὀνειδίζω (*oneidizō*; reproach)
3/8 ἀργός (*argos*; idle), ἐπισυνάγω (*episynagō*; gather), εὐνοῦχος (*eunouchos*; eunuch), κόπτω (*koptō*; cut), κοράσιον (*korasion*; girl), ὀργίζω (*orgizō*; be angry), περιτίθημι (*peritithēmi*; put around)

36%
13/36 εὐθέως (*eutheōs*; immediately)
7/19 μεριμνάω (*merimnaō*; be anxious), πότε (*pote*; when)
4/11 ἀπαρνέομαι (*aparneomai*; disown), τελευτάω (*teleutaō*; die)

35%
28/79[81] ἐκβάλλω (*ekballō*; cast or drive out)
22/62[63] γραμματεύς (*grammateus*; scribe)
6/17 κερδαίνω (*kerdainō*; gain)
5/14 ἄκανθα (*akantha*; thorn), ἐλάχιστος (*elachistos*; least), κοινόω (*koinoō*; defile), ξένος (*xenos*; service, ministry), χωλός (*chōlos*; lame)

34%
18/52 παιδίον (*paidion*; child)
17/50 παραβολή (*parabolē*; parable), τυφλός (*typhlos*; blind)
10/29 μισθός (*misthos*; pay)
9/26 συνίημι (*syniēmi*; understand)

33%
55/162 βασιλεία (*basileia*; kingdom)
49/146 ἕως (*heōs*; until)
26/78 πονηρός (*ponēros*; evil)
8/24 παῖς (*pais*; servant)

5/15 ἀπάγω (*apagō*; lead away by force), πέτρα (*petra*; rock), ποτίζω (*potizō*; give to drink), σκάνδαλον (*skandalon*; stumbling block)
4/12 ἀσκός (*askos*; wine skin), Βαβυλών (*Babylōn*; Babylon), ἔσωθεν (*esōthen*; within), λίαν (*lian*; exceedingly), χοῖρος (*choiros*; pig)
3/9 ἀνατέλλω (*anatellō*; rise), γαστήρ (*gastēr*; womb), διασκορπίζω (*diaskorpizō*; scatter), μαργαρίτης (*margaritēs*; pearl), πιπράσκω (*pipraskō*; sell), Σιδών (*Sidōn*; Sidon), Σόδομα (*Sodoma*; Sodom)
2/6 αἰγιαλός (*aigialos*; shore), ἄκρον (*akron*; boundary), ἀνακλίνω (*anaklinō*; seat at table), βαρύς (*barys*; heavy), διαπεράω (*diaperaō*; cross over), ἐκδύω (*ekdyō*; take off), ἐμπτύω (*emptyō*; spit on), ζυγός (*zygos*; yoke), Ἡρῳδιάς (*Hērōdias*; Herodias), ἱνατί (*hinati*; why), κόφινος (*kophinos*; basket), λύκος (*lykos*; wolf), πενθερά (*penthera*; mother-in-law), πεντακισχίλιοι (*pentakischilioi*; five thousand), περισσός (*perissos*; abundant, more), σβέννυμι (*sbennymi*; extinguish), στρώννυμι (*strōnnymi*; spread), φορτίον (*phortion*; burden), φύλλον (*phyllon*; leaf), χειμών (*cheimōn*; winter)
1/3 ἄγριος (*agrios*; wild), ἀδημονέω (*adēmoneō*; be distressed or troubled), ἀκέραιος (*akeraios*; innocent), ἀκυρόω (*akyroō*; cancel), ἀλώπηξ (*alōpēx*; fox), ἄνευ (*aneu*; without), ἀπαίρω (*apairō*; take away), ἀπάντησις (*apantēsis*; meeting), ἀποχωρέω (*apochōreō*; go away), ἀριθμέω (*arithmeō*; count), ἄριστον (*ariston*; meal), ἁρπαγή (*harpagē*; taking [something] by violence or greed), ἄσβεστος (*asbestos*; unquenchable), αὐλέω (*auleō*; play a flute), βάσανος (*basanos*; torment), Βηθφαγή (*Bēthphagē*; Bethphage), γαλήνη (*galēnē*; calm), Γεννησαρέτ (*Gennēsaret*; Gennesaret), Γολγοθᾶ (*Golgotha*; Golgotha), δειλός (*deilos*; cowardly), Δεκάπολις (*Dekapolis*; Decapolis), δεσμεύω (*desmeuō*; tie), δῆλος (*dēlos*; evident), διαβλέπω (*diablepō*; see clearly), διαρπάζω (*diarpazō*; plunder), δυσκόλως (*dyskolōs*; with difficulty), ἑκατονταπλασίων, (*hekatontaplasiōn*; a hundredfold), ἔνταλμα (*entalma*; commandment), ἐντυλίσσω (*entylissō*; wrap in, fold up), ἐπάν (*epan*; when), ἐπανάγω (*epanagō*; return), ἐπίτροπος (*epitropos*; steward), ἐρήμωσις (*erēmōsis*; desolation), Ἡρῳδιανοί (*Hērōdianoi*; Herodians), θέρος (*theros*; summer), θροέω (*throeō*; be alarmed or startled), καταγελάω (*katagelaō*; laugh at), κατισχύω (*katischyō*; have strength), καύσων (*kausōn*; scorching), κολλυβιστής (*kollybistēs*; money-changer), κοπάζω (*kopazō*; cease), κρημνός (*krēmnos*; steep bank), λαλιά (*lalia*; what is said), μνημόσυνον (*mnēmosynon*; memorial), μνηστεύω (*mnēsteuō*; be engaged), μόδιος (*modios*; basket), Νινευίτης (*Nineuitēs*; inhabitant of Nineveh), νυμφών (*nymphōn*; wedding hall), ὀκνηρός (*oknēros*; lazy), ὀφειλή (*opheilē*; debt), ὀψέ (*opse*; late in the day), παρεκτός (*parektos*; except), πλατύνω (*platynō*; enlarge), πλέκω (*plekō*; weave), πολύτιμος (*polytimos*; expensive), πρόθυμος (*prothymos*; willing), σαρόω (*saroō*; sweep), σκοτεινός (*skoteinos*; dark), σπόγγος (*spongos*; sponge), σποδός (*spodos*; ashes), σπόριμος (*sporimos*; grainfield), σταφυλή (*staphylē*; cluster of grapes), στέγη (*stegē*; roof), συντηρέω (*syntēreō*; protect), τελώνιον (*telōnion*; tax or revenue office), τίλλω (*tillō*; pluck), τρίβος (*tribos*; path), ὠτίον (*ōtion*; ear)

32%
47/143 ἀφίημι (*aphiēmi*; leave, forgive)
17/53 ὅπως (*hopōs*; that)
17/52 σπείρω (*speirō*; sow)
16/49 παραλαμβάνω (*paralambanō*; take, receive)
8/25 μήποτε (*mēpote*; lest), σός (*sos*; your [sg.])

31%
62/200 ἰδού (*idou*; look!)
26/83 μήτηρ (*mētēr*; mother)
15/47 προσφέρω (*prospherō*; offer, bring)
12/38 πέντε (*pente*; five)
11/35 Ἰωσήφ (*Iōsēph*; Joseph)

9/29 Ἠλίας (*Ēlias*; Elijah), παρέρχομαι (*parerchomai*; pass)
7/22 καθεύδω (*katheudō*; sleep)
6/19 γεωργός (*geōrgos*; vinedresser, farmer)
5/16 διψάω (*dipsaō*; be thirsty), ἐμβαίνω (*embainō*; get into), οὐδέποτε (*oudepote*; never), συκῆ (*sykē*; fig tree)

30%
82/272[273] οὐρανός (*ouranos*; heaven)
35/116[117] ἀπέρχομαι (*aperchomai*; go, go away, depart)
13/43 γενεά (*genea*; generation), Ἡρῴδης (*Hērōdēs*; Herod)
7/23 πέραν (*peran*; beyond)
6/20 προάγω (*proagō*; go before or ahead of)
4/13 ἐκπλήσσω (*ekplēssō*; be amazed), ζύμη (*zymē*; yeast)
3/10 ἀφορίζω (*aphorizō*; separate), ἔνατος (*enatos*; ninth), κἀκεῖ (*kakei*; and there), κοσμέω (*kosmeō*; adorn), παράγω (*paragō*; pass by or away), περιστερά (*peristera*; dove)

29%
40/134[135] δύο (*dyo*; two)
29/97[98] Φαρισαῖος (*Pharisaios*; Pharisee)
28/95 ἐκεῖ (*ekei*; there)
18/61 ὧδε (*hōde*; here)
9/31 ἄνεμος (*anemos*; wind), ἔξεστιν (*exestin*; it is proper or lawful)
8/27 πόσος (*posos*; how much)
5/17 καταλύω (*katalyō*; destroy), κρυπτός (*kryptos*; secret)

28%
50/175 ὄχλος (*ochlos*; crowd)
34/121[122] βάλλω (*ballō*; throw)
19/66 ἀπολύω (*apolyō*; release), καρπός (*karpos*; fruit)
17/59 Δαυίδ (*Dauid*; David)
13/46 οὐαί (*ouai*; woe)
11/39 πρόβατον (*probaton*; sheep)
8/28 ἐλεέω (*eleeō*; be merciful), θυγάτηρ (*thygatēr*; daughter)
7/25 κελεύω (*keleuō*; order)
6/21 στρέφω (*strephō*; turn), τιμάω (*timaō*; honor)
4/14[15] ἐντέλλομαι (*entellomai*; command), μοιχεύω (*moicheuō*; commit adultery)
4/14 νοέω (*noeō*; understand), πετεινόν (*peteinon*; bird), σῖτος (*sitos*; grain)
2/7 γαμίζω (*gamizō*; give in marriage), δῶμα (*dōma*; roof), εὔκοπος (*eukopos*; easy), θόρυβος (*thorybos*; confusion), κόκκος (*kokkos*; seed), κρεμάννυμι (*kremannymi*; hang), λιθοβολέω (*lithoboleō*; stone), μοιχαλίς (*moichalis*; adulteress), ὄπισθεν (*opisthen*; behind), ὀφειλέτης (*opheiletēs*; one who is under obligation), πνέω (*pneō*; blow), προστάσσω (*prostassō*; command), πτῶμα (*ptōma*; body), ῥήγνυμι (*rhēgnymi*; burst, attack, break forth), συνανάκειμαι (*synanakeimai*; sit at table with), φιμόω (*phimoō*; silence)

27%
72/261 μαθητής (*mathētēs*; disciple)
25/90 ἀκολουθέω (*akoloutheō*; follow)
10/36 ὥσπερ (*hōsper*; just as, like)

9/33 ναί (*nai*; yes)
6/22 γρηγορέω (*grēgoreō*; watch, keep awake), Ἠσαΐας (*Ēsaias*; Isaiah), πωλέω (*pōleō*; sell)
3/11[12] Μαγδαληνή (*Magdalēnē*; woman of Magdala), πρωΐ (*prōi*; early morning)
3/11 ἀγορά (*agora*; market place), ἔλαιον (*elaion*; olive oil), θανατόω (*thanatoō*; kill), θάπτω (*thaptō*; bury), κλάδος (*klados*; branch), Τύρος (*Tyros*; Tyre), χείρων (*cheirōn*; worse), ψευδοπροφήτης (*pseudoprophētēs*; false prophet)

<u>26%</u>
31/119 παραδίδωμι (*paradidōmi*; hand or give over)
25/93 οἰκία (*oikia*; house)
16/61 Γαλιλαία (*Galilaia*; Galilee)
13/50 μακάριος (*makarios*; blessed)
7/26 ἕνεκα (*heneka*; because of)
6/23 θυσιαστήριον (*thysiastērion*; altar)
5/19 ἀπέχω (*apechō*; receive in full)
4/15[18] κατακρίνω (*katakrinō*; condemn)
4/15 ἀνομία (*anomia*; wickedness), γυμνός (*gymnos*; naked), λῃστής (*lēstēs*; robber, insurrectionist), ὅθεν (*hothen*; from where), παρθένος (*parthenos*; virgin), ῥαββι (*rhabbi*; rabbi), συμφέρω (*sympherō*; be better)

<u>25%</u>
42/166 ἄν (*an*; particle indicating contingency)
37/144 προφήτης (*prophētēs*; prophet)
36/143[144] ἐγείρω (*egeirō*; raise)
16/62[63] ὄρος (*oros*; mountain)
12/47 κρατέω (*krateō*; hold), κρίσις (*krisis*; judgment)

Matthew – Concordance

Ἅβελ (*Habel*; 1/4) *Abel*
Mt 23:35 ἀπὸ τοῦ αἵματος **Ἅβελ** τοῦ δικαίου ἕως

Ἀβιά (*Abia*; 2/3) *Abijah*
Mt 1:7 δὲ ἐγέννησεν τὸν **Ἀβιά**,
Mt 1:7 **Ἀβιὰ** δὲ ἐγέννησεν τὸν

Ἀβιούδ (*Abioud*; 2/2) *Abiud*
Mt 1:13 δὲ ἐγέννησεν τὸν **Ἀβιούδ**,
Mt 1:13 **Ἀβιοὺδ** δὲ ἐγέννησεν τὸν

Ἀβραάμ (*Abraam*; 7/73) *Abraham*
Mt 1:1 υἱοῦ Δαυὶδ υἱοῦ **Ἀβραάμ**.
Mt 1:2 **Ἀβραὰμ** ἐγέννησεν τὸν Ἰσαάκ,
Mt 1:17 αἱ γενεαὶ ἀπὸ **Ἀβραὰμ** ἕως Δαυὶδ γενεαὶ
Mt 3:9 πατέρα ἔχομεν τὸν **Ἀβραάμ**.
Mt 3:9 ἐγεῖραι τέκνα τῷ **Ἀβραάμ**.
Mt 8:11 ἀνακλιθήσονται μετὰ **Ἀβραὰμ** καὶ Ἰσαὰκ
Mt 22:32 εἰμι ὁ θεὸς **Ἀβραὰμ** καὶ ὁ θεὸς

ἀγαθός (*agathos*; 16/102) *good*
Mt 5:45 ἐπὶ πονηροὺς καὶ **ἀγαθοὺς** καὶ βρέχει ἐπὶ
Mt 7:11 ὄντες οἴδατε δόματα **ἀγαθὰ** διδόναι τοῖς τέκνοις
Mt 7:11 τοῖς οὐρανοῖς δώσει **ἀγαθὰ** τοῖς αἰτοῦσιν αὐτόν.
Mt 7:17 οὕτως πᾶν δένδρον **ἀγαθὸν** καρποὺς καλοὺς ποιεῖ,
Mt 7:18 οὐ δύναται δένδρον **ἀγαθὸν** καρποὺς πονηροὺς ποιεῖν
Mt 12:34 πῶς δύνασθε **ἀγαθὰ** λαλεῖν πονηροὶ ὄντες;
Mt 12:35 ὁ **ἀγαθὸς** ἄνθρωπος ἐκ τοῦ
Mt 12:35 ἄνθρωπος ἐκ τοῦ **ἀγαθοῦ** θησαυροῦ ἐκβάλλει ἀγαθά,
Mt 12:35 ἀγαθοῦ θησαυροῦ ἐκβάλλει **ἀγαθά**,
Mt 19:16 τί **ἀγαθὸν** ποιήσω ἵνα σχῶ
Mt 19:17 ἐρωτᾷς περὶ τοῦ **ἀγαθοῦ**;
Mt 19:17 εἷς ἐστιν ὁ **ἀγαθός**·
Mt 20:15 ἐστιν ὅτι ἐγὼ **ἀγαθός** εἰμι;
Mt 22:10 πονηρούς τε καὶ **ἀγαθούς**·
Mt 25:21 δοῦλε **ἀγαθὲ** καὶ πιστέ,
Mt 25:23 δοῦλε **ἀγαθὲ** καὶ πιστέ,

ἀγαλλιάω (*agalliaō*; 1/11) *rejoice, be glad*
Mt 5:12 χαίρετε καὶ **ἀγαλλιᾶσθε**,

ἀγανακτέω (*aganakteō*; 3/7) *be indignant or angry*
Mt 20:24 ἀκούσαντες οἱ δέκα **ἠγανάκτησαν** περὶ τῶν δύο
Mt 21:15 **ἠγανάκτησαν**
Mt 26:8 δὲ οἱ μαθηταὶ **ἠγανάκτησαν** λέγοντες·

ἀγαπάω (*agapaō*; 8/143) *love*
Mt 5:43 **ἀγαπήσεις** τὸν πλησίον σου
Mt 5:44 **ἀγαπᾶτε** τοὺς ἐχθροὺς ὑμῶν
Mt 5:46 ἐὰν γὰρ **ἀγαπήσητε** τοὺς ἀγαπῶντας ὑμᾶς,
Mt 5:46 γὰρ ἀγαπήσητε τοὺς **ἀγαπῶντας** ὑμᾶς,
Mt 6:24 καὶ τὸν ἕτερον **ἀγαπήσει**,
Mt 19:19 καὶ **ἀγαπήσεις** τὸν πλησίον σου
Mt 22:37 **ἀγαπήσεις** κύριον τὸν θεόν
Mt 22:39 **ἀγαπήσεις** τὸν πλησίον σου

ἀγάπη (*agapē*; 1/116) *love*
Mt 24:12 ἀνομίαν ψυγήσεται ἡ **ἀγάπη** τῶν πολλῶν.

ἀγαπητός (*agapētos*; 3/61) *beloved*
Mt 3:17 υἱός μου ὁ **ἀγαπητός**,
Mt 12:18 ὁ **ἀγαπητός** μου εἰς ὃν
Mt 17:5 υἱός μου ὁ **ἀγαπητός**,

ἀγγαρεύω (*angareuō*; 2/3) *force*
Mt 5:41 καὶ ὅστις σε **ἀγγαρεύσει** μίλιον ἕν,
Mt 27:32 τοῦτον **ἠγγάρευσαν** ἵνα ἄρῃ τὸν

ἀγγεῖον (*angeion*; 1/1) *container*
Mt 25:4 ἔλαιον ἐν τοῖς **ἀγγείοις** μετὰ τῶν λαμπάδων

ἄγγελος (*angelos*; 20/175) *angel, messenger*
Mt 1:20 αὐτοῦ ἐνθυμηθέντος ἰδοὺ **ἄγγελος** κυρίου κατ᾽ ὄναρ
Mt 1:24 προσέταξεν αὐτῷ ὁ **ἄγγελος** κυρίου καὶ παρέλαβεν
Mt 2:13 δὲ αὐτῶν ἰδοὺ **ἄγγελος** κυρίου φαίνεται κατ᾽
Mt 2:19 τοῦ Ἡρῴδου ἰδοὺ **ἄγγελος** κυρίου φαίνεται
Mt 4:6 γὰρ ὅτι τοῖς **ἀγγέλοις** αὐτοῦ ἐντελεῖται
Mt 4:11 καὶ ἰδοὺ **ἄγγελοι** προσῆλθον καὶ διηκόνουν
Mt 11:10 ἐγὼ ἀποστέλλω τὸν **ἄγγελόν** μου πρὸ προσώπου
Mt 13:39 οἱ δὲ θερισταὶ **ἄγγελοί** εἰσιν.
Mt 13:41 τοῦ ἀνθρώπου τοὺς **ἀγγέλους** αὐτοῦ,
Mt 13:49 ἐξελεύσονται οἱ **ἄγγελοι** καὶ ἀφοριοῦσιν
Mt 16:27 αὐτοῦ μετὰ τῶν **ἀγγέλων** αὐτοῦ,
Mt 18:10 ὑμῖν ὅτι οἱ **ἄγγελοι** αὐτῶν ἐν οὐρανοῖς
Mt 22:30 ἀλλ᾽ ὡς **ἄγγελοι** ἐν τῷ οὐρανῷ
Mt 24:31 καὶ ἀποστελεῖ τοὺς **ἀγγέλους** αὐτοῦ μετὰ σάλπιγγος
Mt 24:36 οὐδὲ οἱ **ἄγγελοι** τῶν οὐρανῶν οὐδὲ
Mt 25:31 καὶ πάντες οἱ **ἄγγελοι** μετ᾽ αὐτοῦ,
Mt 25:41 διαβόλῳ καὶ τοῖς **ἀγγέλοις** αὐτοῦ.
Mt 26:53 πλείω δώδεκα λεγιῶνας **ἀγγέλων**;
Mt 28:2 **ἄγγελος** γὰρ κυρίου καταβὰς
Mt 28:5 ἀποκριθεὶς δὲ ὁ **ἄγγελος** εἶπεν ταῖς γυναιξίν·

ἄγγος (*angos*; 1/1) *container*
Mt 13:48 τὰ καλὰ εἰς **ἄγγη**,

ἀγέλη (*agelē*; 3/7) *herd*
Mt 8:30 μακρὰν ἀπ᾽ αὐτῶν **ἀγέλη** χοίρων πολλῶν βοσκομένη.
Mt 8:31 ἡμᾶς εἰς τὴν **ἀγέλην** τῶν χοίρων.
Mt 8:32 ὥρμησεν πᾶσα ἡ **ἀγέλη** κατὰ τοῦ κρημνοῦ

ἁγιάζω (*hagiazō*; 3/28) *set apart as sacred to God, consecrate, sanctify, purify*

Mt 6:9 **ἁγιασθήτω** τὸ ὄνομά σου·
Mt 23:17 ὁ ναὸς ὁ **ἁγιάσας** τὸν χρυσόν;
Mt 23:19 τὸ θυσιαστήριον τὸ **ἁγιάζον** τὸ δῶρον;

ἅγιος (*hagios*; 10/233) *holy, set apart*

Mt 1:18 ἔχουσα ἐκ πνεύματος **ἁγίου**.
Mt 1:20 ἐκ πνεύματός ἐστιν **ἁγίου**.
Mt 3:11 βαπτίσει ἐν πνεύματι **ἁγίῳ** καὶ πυρί·
Mt 4:5 διάβολος εἰς τὴν **ἁγίαν** πόλιν καὶ ἔστησεν
Mt 7:6 Μὴ δῶτε τὸ **ἅγιον** τοῖς κυσὶν μηδὲ
Mt 12:32 τοῦ πνεύματος τοῦ **ἁγίου**,
Mt 24:15 ἑστὸς ἐν τόπῳ **ἁγίῳ**,
Mt 27:52 σώματα τῶν κεκοιμημένων **ἁγίων** ἠγέρθησαν,
Mt 27:53 εἰσῆλθον εἰς τὴν **ἁγίαν** πόλιν καὶ ἐνεφανίσθησαν
Mt 28:19 υἱοῦ καὶ τοῦ **ἁγίου** πνεύματος,

ἄγκιστρον (*ankistron*; 1/1) *fishhook*

Mt 17:27 εἰς θάλασσαν βάλε **ἄγκιστρον** καὶ τὸν ἀναβάντα

ἄγναφος (*agnaphos*; 1/2) *new*

Mt 9:16 ἐπιβάλλει ἐπίβλημα ῥάκους **ἀγνάφου** ἐπὶ ἱματίῳ παλαιῷ·

ἀγορά (*agora*; 3/11) *market place*

Mt 11:16 καθημένοις ἐν ταῖς **ἀγοραῖς** ἃ προσφωνοῦντα τοῖς
Mt 20:3 ἑστῶτας ἐν τῇ **ἀγορᾷ** ἀργούς
Mt 23:7 ἀσπασμοὺς ἐν ταῖς **ἀγοραῖς** καὶ καλεῖσθαι

ἀγοράζω (*agorazō*; 7/30) *buy*

Mt 13:44 ὅσα ἔχει καὶ **ἀγοράζει** τὸν ἀγρὸν ἐκεῖνον.
Mt 13:46 ὅσα εἶχεν καὶ **ἠγόρασεν** αὐτόν.
Mt 14:15 εἰς τὰς κώμας **ἀγοράσωσιν** ἑαυτοῖς βρώματα.
Mt 21:12 τοὺς πωλοῦντας καὶ **ἀγοράζοντας** ἐν τῷ ἱερῷ,
Mt 25:9 τοὺς πωλοῦντας καὶ **ἀγοράσατε** ἑαυταῖς.
Mt 25:10 ἀπερχομένων δὲ αὐτῶν **ἀγοράσαι** ἦλθεν ὁ νυμφίος,
Mt 27:7 συμβούλιον δὲ λαβόντες **ἠγόρασαν** ἐξ αὐτῶν

ἄγριος (*agrios*; 1/3) *wild*

Mt 3:4 ἀκρίδες καὶ μέλι **ἄγριον**.

ἀγρός (*agros*; 17/35[36]) *field*

Mt 6:28 τὰ κρίνα τοῦ **ἀγροῦ** πῶς αὐξάνουσιν·
Mt 6:30 τὸν χόρτον τοῦ **ἀγροῦ** σήμερον ὄντα καὶ
Mt 13:24 σπέρμα ἐν τῷ **ἀγρῷ** αὐτοῦ.
Mt 13:27 ἐν τῷ σῷ **ἀγρῷ**;
Mt 13:31 ἔσπειρεν ἐν τῷ **ἀγρῷ** αὐτοῦ·
Mt 13:36 τῶν ζιζανίων τοῦ **ἀγροῦ**.
Mt 13:38 ὁ δὲ **ἀγρός** ἐστιν ὁ κόσμος,
Mt 13:44 κεκρυμμένῳ ἐν τῷ **ἀγρῷ**,
Mt 13:44 καὶ ἀγοράζει τὸν **ἀγρὸν** ἐκεῖνον.
Mt 19:29 ἢ τέκνα ἢ **ἀγροὺς** ἕνεκεν τοῦ ὀνόματός
Mt 22:5 εἰς τὸν ἴδιον **ἀγρόν**,
Mt 24:18 ὁ ἐν τῷ **ἀγρῷ** μὴ ἐπιστρεψάτω ὀπίσω
Mt 24:40 ἔσονται ἐν τῷ **ἀγρῷ**,
Mt 27:7 ἐξ αὐτῶν τὸν **ἀγρὸν** τοῦ κεραμέως εἰς
Mt 27:8 διὸ ἐκλήθη ὁ **ἀγρὸς** ἐκεῖνος ἀγρὸς αἵματος
Mt 27:8 ὁ ἀγρὸς ἐκεῖνος **ἀγρὸς** αἵματος ἕως τῆς
Mt 27:10 αὐτὰ εἰς τὸν **ἀγρὸν** τοῦ κεραμέως,

ἄγω (*agō*; 4/68[69]) *lead*

Mt 10:18 δὲ καὶ βασιλεῖς **ἀχθήσεσθε** ἕνεκεν ἐμοῦ εἰς
Mt 21:2 λύσαντες **ἀγάγετέ** μοι.
Mt 21:7 **ἤγαγον** τὴν ὄνον καὶ
Mt 26:46 ἐγείρεσθε **ἄγωμεν**·

ἀδελφή (*adelphē*; 3/26) *sister*

Mt 12:50 μου ἀδελφὸς καὶ **ἀδελφὴ** καὶ μήτηρ ἐστίν.
Mt 13:56 καὶ αἱ **ἀδελφαὶ** αὐτοῦ οὐχὶ πᾶσαι
Mt 19:29 ἢ ἀδελφοὺς ἢ **ἀδελφὰς** ἢ πατέρα ἢ

ἀδελφός (*adelphos*; 39/343) *brother*

Mt 1:2 Ἰούδαν καὶ τοὺς **ἀδελφοὺς** αὐτοῦ,
Mt 1:11 Ἰεχονίαν καὶ τοὺς **ἀδελφοὺς** αὐτοῦ ἐπὶ τῆς
Mt 4:18 Γαλιλαίας εἶδεν δύο **ἀδελφούς**,
Mt 4:18 καὶ Ἀνδρέαν τὸν **ἀδελφὸν** αὐτοῦ,
Mt 4:21 εἶδεν ἄλλους δύο **ἀδελφούς**,
Mt 4:21 καὶ Ἰωάννην τὸν **ἀδελφὸν** αὐτοῦ,
Mt 5:22 ὁ ὀργιζόμενος τῷ **ἀδελφῷ** αὐτοῦ ἔνοχος ἔσται
Mt 5:22 ἂν εἴπῃ τῷ **ἀδελφῷ** αὐτοῦ·
Mt 5:23 μνησθῇς ὅτι ὁ **ἀδελφός** σου ἔχει τι
Mt 5:24 πρῶτον διαλλάγηθι τῷ **ἀδελφῷ** σου,
Mt 5:47 ἐὰν ἀσπάσησθε τοὺς **ἀδελφοὺς** ὑμῶν μόνον,
Mt 7:3 τῷ ὀφθαλμῷ τοῦ **ἀδελφοῦ** σου,
Mt 7:4 πῶς ἐρεῖς τῷ **ἀδελφῷ** σου·
Mt 7:5 τοῦ ὀφθαλμοῦ τοῦ **ἀδελφοῦ** σου.
Mt 10:2 καὶ Ἀνδρέας ὁ **ἀδελφὸς** αὐτοῦ,
Mt 10:2 καὶ Ἰωάννης ὁ **ἀδελφὸς** αὐτοῦ,
Mt 10:21 Παραδώσει δὲ **ἀδελφὸς** ἀδελφὸν εἰς θάνατον
Mt 10:21 Παραδώσει δὲ ἀδελφὸς **ἀδελφὸν** εἰς θάνατον
Mt 12:46 μήτηρ καὶ οἱ **ἀδελφοὶ** αὐτοῦ εἱστήκεισαν ἔξω
Mt 12:47 σου καὶ οἱ **ἀδελφοί** σου ἔξω ἑστήκασιν
Mt 12:48 τίνες εἰσὶν οἱ **ἀδελφοί** μου;
Mt 12:49 μου καὶ οἱ **ἀδελφοί** μου.
Mt 12:50 οὐρανοῖς αὐτός μου **ἀδελφὸς** καὶ ἀδελφὴ καὶ
Mt 13:55 Μαριὰμ καὶ οἱ **ἀδελφοὶ** αὐτοῦ Ἰάκωβος καὶ
Mt 14:3 γυναῖκα Φιλίππου τοῦ **ἀδελφοῦ** αὐτοῦ·
Mt 17:1 καὶ Ἰωάννην τὸν **ἀδελφὸν** αὐτοῦ καὶ ἀναφέρει
Mt 18:15 [εἰς σὲ] ὁ **ἀδελφός** σου,
Mt 18:15 ἐκέρδησας τὸν **ἀδελφόν** σου·
Mt 18:21 εἰς ἐμὲ ὁ **ἀδελφός** μου καὶ ἀφήσω
Mt 18:35 ἀφῆτε ἕκαστος τῷ **ἀδελφῷ** αὐτοῦ ἀπὸ τῶν
Mt 19:29 ἀφῆκεν οἰκίας ἢ **ἀδελφοὺς** ἢ ἀδελφὰς ἢ
Mt 20:24 περὶ τῶν δύο **ἀδελφῶν**.
Mt 22:24 ἐπιγαμβρεύσει ὁ **ἀδελφὸς** αὐτοῦ τὴν γυναῖκα
Mt 22:24 ἀναστήσει σπέρμα τῷ **ἀδελφῷ** αὐτοῦ.
Mt 22:25 παρ' ἡμῖν ἑπτὰ **ἀδελφοί**·
Mt 22:25 γυναῖκα αὐτοῦ τῷ **ἀδελφῷ** αὐτοῦ·
Mt 23:8 πάντες δὲ ὑμεῖς **ἀδελφοί** ἐστε.
Mt 25:40 ἑνὶ τούτων τῶν **ἀδελφῶν** μου τῶν ἐλαχίστων,
Mt 28:10 ὑπάγετε ἀπαγγείλατε τοῖς **ἀδελφοῖς** μου ἵνα ἀπέλθωσιν

ἀδημονέω (*adēmoneō*; 1/3) *be distressed or troubled*
Mt 26:37 ἤρξατο λυπεῖσθαι καὶ **ἀδημονεῖν**.

ᾅδης (*hadēs*; 2/10) *Hades*
Mt 11:23 ἕως **ᾅδου** καταβήσῃ·
Mt 16:18 ἐκκλησίαν καὶ πύλαι **ᾅδου** οὐ κατισχύσουσιν αὐτῆς.

ἀδικέω (*adikeō*; 1/28) *do or be in the wrong*
Mt 20:13 οὐκ **ἀδικῶ** σε·

ἄδικος (*adikos*; 1/12) *evil*
Mt 5:45 ἐπὶ δικαίους καὶ **ἀδίκους**.

ἀδυνατέω (*adynateō*; 1/2) *be impossible*
Mt 17:20 καὶ οὐδὲν ἀδυνατήσει **ὑμῖν**.

ἀδύνατος (*adynatos*; 1/10) *impossible*
Mt 19:26 παρὰ ἀνθρώποις τοῦτο **ἀδύνατόν** ἐστιν,

ἀετός (*aetos*; 1/5) *eagle*
Mt 24:28 ἐκεῖ συναχθήσονται οἱ **ἀετοί**.

ἄζυμος (*azymos*; 1/9) *without yeast*
Mt 26:17 δὲ πρώτῃ τῶν **ἀζύμων** προσῆλθον οἱ μαθηταὶ

Ἀζώρ (*Azōr*; 2/2) *Azor*
Mt 1:13 δὲ ἐγέννησεν τὸν **Ἀζώρ**,
Mt 1:14 **Ἀζὼρ** δὲ ἐγέννησεν τὸν

ἀθῷος (*athōos*; 2/2) *guiltless*
Mt 27:4 ἥμαρτον παραδοὺς αἷμα **ἀθῷον**.
Mt 27:24 **ἀθῷός** εἰμι ἀπὸ τοῦ

αἰγιαλός (*aigialos*; 2/6) *shore*
Mt 13:2 ὄχλος ἐπὶ τὸν **αἰγιαλὸν** εἱστήκει.
Mt 13:48 ἀναβιβάσαντες ἐπὶ τὸν **αἰγιαλὸν** καὶ καθίσαντες συνέλεξαν

Αἴγυπτος (*Aigyptos*; 4/25) *Egypt*
Mt 2:13 καὶ φεῦγε εἰς **Αἴγυπτον** καὶ ἴσθι ἐκεῖ
Mt 2:14 καὶ ἀνεχώρησεν εἰς **Αἴγυπτον**,
Mt 2:15 ἐξ **Αἰγύπτου** ἐκάλεσα τὸν υἱόν
Mt 2:19 τῷ Ἰωσὴφ ἐν **Αἰγύπτῳ**

αἷμα (*haima*; 11/97) *blood*
Mt 16:17 ὅτι σὰρξ καὶ **αἷμα** οὐκ ἀπεκάλυψέν σοι
Mt 23:30 κοινωνοὶ ἐν τῷ **αἵματι** τῶν προφητῶν.
Mt 23:35 ἐφ᾽ ὑμᾶς πᾶν **αἷμα** δίκαιον ἐκχυννόμενον ἐπὶ
Mt 23:35 γῆς ἀπὸ τοῦ **αἵματος** Ἅβελ τοῦ δικαίου
Mt 23:35 δικαίου ἕως τοῦ **αἵματος** Ζαχαρίου υἱοῦ Βαραχίου,
Mt 26:28 γάρ ἐστιν τὸ **αἷμά** μου τῆς διαθήκης
Mt 27:4 ἥμαρτον παραδοὺς **αἷμα** ἀθῷον.
Mt 27:6 ἐπεὶ τιμὴ **αἵματός** ἐστιν.
Mt 27:8 ἀγρὸς ἐκεῖνος ἀγρὸς **αἵματος** ἕως τῆς σήμερον.
Mt 27:24 εἰμι ἀπὸ τοῦ **αἵματος** τούτου·
Mt 27:25 τὸ **αἷμα** αὐτοῦ ἐφ᾽ ἡμᾶς

αἱμορροέω (*haimorroeō*; 1/1) *suffer a chronic bleeding*
Mt 9:20 Καὶ ἰδοὺ γυνὴ **αἱμορροοῦσα** δώδεκα ἔτη προσελθοῦσα

αἶνος (*ainos*; 1/2) *praise*
Mt 21:16 καὶ θηλαζόντων κατηρτίσω **αἶνον**;

αἱρετίζω (*hairetizō*; 1/1) *choose*
Mt 12:18 παῖς μου ὃν **ᾑρέτισα**,

αἴρω (*airō*; 19/100[101]) *take, take up or away*
Mt 4:6 καὶ ἐπὶ χειρῶν **ἀροῦσίν** σε,
Mt 9:6 ἐγερθεὶς **ἆρόν** σου τὴν κλίνην
Mt 9:16 **αἴρει** γὰρ τὸ πλήρωμα
Mt 11:29 **ἄρατε** τὸν ζυγόν μου
Mt 13:12 καὶ ὃ ἔχει **ἀρθήσεται** ἀπ᾽ αὐτοῦ.
Mt 14:12 οἱ μαθηταὶ αὐτοῦ **ἦραν** τὸ πτῶμα καὶ
Mt 14:20 καὶ **ἦραν** τὸ περισσεῦον τῶν
Mt 15:37 περισσεῦον τῶν κλασμάτων **ἦραν** ἑπτὰ σπυρίδας πλήρεις.
Mt 16:24 ἀπαρνησάσθω ἑαυτὸν καὶ **ἀράτω** τὸν σταυρὸν αὐτοῦ
Mt 17:27 ἀναβάντα πρῶτον ἰχθὺν **ἆρον**,
Mt 20:14 **ἆρον** τὸ σὸν καὶ
Mt 21:21 **ἄρθητι** καὶ βλήθητι εἰς
Mt 21:43 λέγω ὑμῖν ὅτι **ἀρθήσεται** ἀφ᾽ ὑμῶν ἡ
Mt 24:17 δώματος μὴ καταβάτω **ἆραι** τὰ ἐκ τῆς
Mt 24:18 μὴ ἐπιστρεψάτω ὀπίσω **ἆραι** τὸ ἱμάτιον αὐτοῦ.
Mt 24:39 ὁ κατακλυσμὸς καὶ **ἦρεν** ἅπαντας,
Mt 25:28 **ἄρατε** οὖν ἀπ᾽ αὐτοῦ
Mt 25:29 καὶ ὃ ἔχει **ἀρθήσεται** ἀπ᾽ αὐτοῦ.
Mt 27:32 τοῦτον ἠγγάρευσαν ἵνα **ἄρῃ** τὸν σταυρὸν αὐτοῦ.

αἰτέω (*aiteō*; 14/70) *ask*
Mt 5:42 τῷ **αἰτοῦντί** σε δός,
Mt 6:8 πρὸ τοῦ ὑμᾶς **αἰτῆσαι** αὐτόν.
Mt 7:7 **Αἰτεῖτε** καὶ δοθήσεται ὑμῖν,
Mt 7:8 πᾶς γὰρ ὁ **αἰτῶν** λαμβάνει καὶ ὁ
Mt 7:9 ὃν **αἰτήσει** ὁ υἱὸς αὐτοῦ
Mt 7:10 ἢ καὶ ἰχθὺν **αἰτήσει**,
Mt 7:11 δώσει ἀγαθὰ τοῖς **αἰτοῦσιν** αὐτόν.
Mt 14:7 δοῦναι ὃ ἐὰν **αἰτήσηται**.
Mt 18:19 πράγματος οὗ ἐὰν **αἰτήσωνται**,
Mt 20:20 αὐτῆς προσκυνοῦσα καὶ **αἰτοῦσά** τι ἀπ᾽ αὐτοῦ.
Mt 20:22 οὐκ οἴδατε τί **αἰτεῖσθε**.
Mt 21:22 πάντα ὅσα ἂν **αἰτήσητε** ἐν τῇ προσευχῇ
Mt 27:20 τοὺς ὄχλους ἵνα **αἰτήσωνται** τὸν Βαραββᾶν,
Mt 27:58 προσελθὼν τῷ Πιλάτῳ **ᾐτήσατο** τὸ σῶμα τοῦ

αἰτία (*aitia*; 3/20) *reason, charge*
Mt 19:3 αὐτοῦ κατὰ πᾶσαν **αἰτίαν**;
Mt 19:10 οὕτως ἐστὶν ἡ **αἰτία** τοῦ ἀνθρώπου μετὰ
Mt 27:37 κεφαλῆς αὐτοῦ τὴν **αἰτίαν** αὐτοῦ γεγραμμένην·

αἰών (*aiōn*; 8/122) *age*
Mt 12:32 ἐν τούτῳ τῷ **αἰῶνι** οὔτε ἐν τῷ
Mt 13:22 ἡ μέριμνα τοῦ **αἰῶνος** καὶ ἡ ἀπάτη
Mt 13:39 δὲ θερισμὸς συντέλεια **αἰῶνός** ἐστιν,
Mt 13:40 τῇ συντελείᾳ τοῦ **αἰῶνος**·
Mt 13:49 τῇ συντελείᾳ τοῦ **αἰῶνος**·
Mt 21:19 γένηται εἰς τὸν **αἰῶνα**.
Mt 24:3 καὶ συντελείας τοῦ **αἰῶνος**;
Mt 28:20 τῆς συντελείας τοῦ **αἰῶνος**.

αἰώνιος (*aiōnios*; 6/70[71]) *eternal*
Mt 18:8 τὸ πῦρ τὸ **αἰώνιον**.
Mt 19:16 ἵνα σχῶ ζωὴν **αἰώνιον**;
Mt 19:29 λήμψεται καὶ ζωὴν **αἰώνιον** κληρονομήσει.
Mt 25:41 τὸ πῦρ τὸ **αἰώνιον** τὸ ἡτοιμασμένον τῷ
Mt 25:46 οὗτοι εἰς κόλασιν **αἰώνιον**,
Mt 25:46 δίκαιοι εἰς ζωὴν **αἰώνιον**.

ἀκαθαρσία (*akatharsia*; 1/10) *impurity*
Mt 23:27 νεκρῶν καὶ πάσης **ἀκαθαρσίας**.

ἀκάθαρτος (*akathartos*; 2/32) *unclean*
Mt 10:1 αὐτοῖς ἐξουσίαν πνευμάτων **ἀκαθάρτων** ὥστε ἐκβάλλειν αὐτὰ
Mt 12:43 Ὅταν δὲ τὸ **ἀκάθαρτον** πνεῦμα ἐξέλθῃ ἀπὸ

ἄκανθα (*akantha*; 5/14) *thorn*
Mt 7:16 μήτι συλλέγουσιν ἀπὸ **ἀκανθῶν** σταφυλὰς ἢ
Mt 13:7 ἔπεσεν ἐπὶ τὰς **ἀκάνθας**,
Mt 13:7 καὶ ἀνέβησαν αἱ **ἄκανθαι** καὶ ἔπνιξαν αὐτά.
Mt 13:22 δὲ εἰς τὰς **ἀκάνθας** σπαρείς,
Mt 27:29 πλέξαντες στέφανον ἐξ **ἀκανθῶν** ἐπέθηκαν

ἄκαρπος (*akarpos*; 1/7) *barren*
Mt 13:22 τὸν λόγον καὶ **ἄκαρπος** γίνεται.

ἀκέραιος (*akeraios*; 1/3) *innocent*
Mt 10:16 οἱ ὄφεις καὶ **ἀκέραιοι** ὡς αἱ περιστεραί.

ἀκμήν (*akmēn*; 1/1) *still*
Mt 15:16 **ἀκμὴν** καὶ ὑμεῖς ἀσύνετοί

ἀκοή (*akoē*; 4/24) *report*
Mt 4:24 Καὶ ἀπῆλθεν ἡ **ἀκοὴ** αὐτοῦ εἰς ὅλην
Mt 13:14 **ἀκοῇ** ἀκούσετε καὶ οὐ
Mt 14:1 ὁ τετραάρχης τὴν **ἀκοὴν** Ἰησοῦ,
Mt 24:6 ἀκούειν πολέμους καὶ **ἀκοὰς** πολέμων·

ἀκολουθέω (*akoloutheō*; 25/90) *follow*
Mt 4:20 ἀφέντες τὰ δίκτυα **ἠκολούθησαν** αὐτῷ.
Mt 4:22 τὸν πατέρα αὐτῶν **ἠκολούθησαν** αὐτῷ.
Mt 4:25 καὶ **ἠκολούθησαν** αὐτῷ ὄχλοι πολλοὶ
Mt 8:1 ἀπὸ τοῦ ὄρους **ἠκολούθησαν** αὐτῷ ὄχλοι πολλοί.
Mt 8:10 καὶ εἶπεν τοῖς **ἀκολουθοῦσιν**·
Mt 8:19 **ἀκολουθήσω** σοι ὅπου ἐὰν
Mt 8:22 **ἀκολούθει** μοι καὶ ἄφες
Mt 8:23 εἰς τὸ πλοῖον **ἠκολούθησαν** αὐτῷ οἱ μαθηταὶ
Mt 9:9 **ἀκολούθει** μοι.
Mt 9:9 καὶ ἀναστὰς **ἠκολούθησεν** αὐτῷ.
Mt 9:19 ἐγερθεὶς ὁ Ἰησοῦς **ἠκολούθησεν** αὐτῷ καὶ οἱ
Mt 9:27 ἐκεῖθεν τῷ Ἰησοῦ **ἠκολούθησαν** [αὐτῷ] δύο τυφλοὶ
Mt 10:38 σταυρὸν αὐτοῦ καὶ **ἀκολουθεῖ** ὀπίσω μου,
Mt 12:15 καὶ **ἠκολούθησαν** αὐτῷ [ὄχλοι] πολλοί,
Mt 14:13 ἀκούσαντες οἱ ὄχλοι **ἠκολούθησαν** αὐτῷ πεζῇ ἀπὸ
Mt 16:24 σταυρὸν αὐτοῦ καὶ **ἀκολουθείτω** μοι.
Mt 19:2 καὶ **ἠκολούθησαν** αὐτῷ ὄχλοι πολλοί,
Mt 19:21 καὶ δεῦρο **ἀκολούθει** μοι.
Mt 19:27 ἀφήκαμεν πάντα καὶ **ἠκολουθήσαμέν** σοι·
Mt 19:28 ὅτι ὑμεῖς οἱ **ἀκολουθήσαντές** μοι ἐν τῇ
Mt 20:29 αὐτῶν ἀπὸ Ἰεριχὼ **ἠκολούθησεν** αὐτῷ ὄχλος πολύς.
Mt 20:34 εὐθέως ἀνέβλεψαν καὶ **ἠκολούθησαν** αὐτῷ.
Mt 21:9 αὐτὸν καὶ οἱ **ἀκολουθοῦντες** ἔκραζον λέγοντες·
Mt 26:58 ὁ δὲ Πέτρος **ἠκολούθει** αὐτῷ ἀπὸ μακρόθεν
Mt 27:55 αἵτινες **ἠκολούθησαν** τῷ Ἰησοῦ ἀπὸ

ἀκούω (*akouō*; 63/426[428]) *hear*
Mt 2:3 **ἀκούσας** δὲ ὁ βασιλεὺς
Mt 2:9 οἱ δὲ **ἀκούσαντες** τοῦ βασιλέως ἐπορεύθησαν
Mt 2:18 φωνὴ ἐν Ῥαμὰ **ἠκούσθη**,
Mt 2:22 **Ἀκούσας** δὲ ὅτι Ἀρχέλαος
Mt 4:12 **Ἀκούσας** δὲ ὅτι Ἰωάννης
Mt 5:21 **Ἠκούσατε** ὅτι ἐρρέθη τοῖς
Mt 5:27 **Ἠκούσατε** ὅτι ἐρρέθη·
Mt 5:33 Πάλιν **ἠκούσατε** ὅτι ἐρρέθη τοῖς
Mt 5:38 **Ἠκούσατε** ὅτι ἐρρέθη·
Mt 5:43 **Ἠκούσατε** ὅτι ἐρρέθη·
Mt 7:24 Πᾶς οὖν ὅστις **ἀκούει** μου τοὺς λόγους
Mt 7:26 καὶ πᾶς ὁ **ἀκούων** μου τοὺς λόγους
Mt 8:10 **ἀκούσας** δὲ ὁ Ἰησοῦς
Mt 9:12 ὁ δὲ **ἀκούσας** εἶπεν·
Mt 10:14 δέξηται ὑμᾶς μηδὲ **ἀκούσῃ** τοὺς λόγους ὑμῶν,
Mt 10:27 εἰς τὸ οὖς **ἀκούετε** κηρύξατε ἐπὶ τῶν
Mt 11:2 Ὁ δὲ Ἰωάννης **ἀκούσας** ἐν τῷ δεσμωτηρίῳ
Mt 11:4 ἀπαγγείλατε Ἰωάννῃ ἃ **ἀκούετε** καὶ βλέπετε·
Mt 11:5 καθαρίζονται καὶ κωφοὶ **ἀκούουσιν**,
Mt 11:15 ὁ ἔχων ὦτα **ἀκουέτω**.
Mt 12:19 οὐδὲ **ἀκούσει** τις ἐν ταῖς
Mt 12:24 οἱ δὲ Φαρισαῖοι **ἀκούσαντες** εἶπον·
Mt 12:42 περάτων τῆς γῆς **ἀκοῦσαι** τὴν σοφίαν Σολομῶνος,
Mt 13:9 ὁ ἔχων ὦτα **ἀκουέτω**.
Mt 13:13 οὐ βλέπουσιν καὶ **ἀκούοντες** οὐκ ἀκούουσιν οὐδὲ
Mt 13:13 καὶ ἀκούοντες οὐκ **ἀκούουσιν** οὐδὲ συνίουσιν,
Mt 13:14 ἀκοῇ **ἀκούσετε** καὶ οὐ μὴ
Mt 13:15 τοῖς ὠσὶν βαρέως **ἤκουσαν** καὶ τοὺς ὀφθαλμοὺς
Mt 13:15 καὶ τοῖς ὠσὶν **ἀκούσωσιν** καὶ τῇ καρδίᾳ
Mt 13:16 ὦτα ὑμῶν ὅτι **ἀκούουσιν**.
Mt 13:17 καὶ **ἀκοῦσαι** ἃ ἀκούετε καὶ
Mt 13:17 καὶ ἀκοῦσαι ἃ **ἀκούετε** καὶ οὐκ ἤκουσαν.
Mt 13:17 ἀκούετε καὶ οὐκ **ἤκουσαν**.
Mt 13:18 ὑμεῖς οὖν **ἀκούσατε** τὴν παραβολὴν τοῦ
Mt 13:19 παντὸς **ἀκούοντος** τὸν λόγον τῆς
Mt 13:20 ὁ τὸν λόγον **ἀκούων** καὶ εὐθὺς μετὰ

Mt 13:22 ὁ τὸν λόγον **ἀκούων**,
Mt 13:23 ὁ τὸν λόγον **ἀκούων** καὶ συνιείς,
Mt 13:43 ὁ ἔχων ὦτα **ἀκουέτω**.
Mt 14:1 ἐκείνῳ τῷ καιρῷ **ἤκουσεν** Ἡρῴδης ὁ τετραάρχης
Mt 14:13 **Ἀκούσας** δὲ ὁ Ἰησοῦς
Mt 14:13 καὶ **ἀκούσαντες** οἱ ὄχλοι ἠκολούθησαν
Mt 15:10 **ἀκούετε** καὶ συνίετε·
Mt 15:12 ὅτι οἱ Φαρισαῖοι **ἀκούσαντες** τὸν λόγον ἐσκανδαλίσθησαν;
Mt 17:5 **ἀκούετε** αὐτοῦ.
Mt 17:6 καὶ **ἀκούσαντες** οἱ μαθηταὶ ἔπεσαν
Mt 18:15 ἐάν σου **ἀκούσῃ**,
Mt 18:16 ἐὰν δὲ μὴ **ἀκούσῃ**,
Mt 19:22 **ἀκούσας** δὲ ὁ νεανίσκος
Mt 19:25 **ἀκούσαντες** δὲ οἱ μαθηταὶ
Mt 20:24 Καὶ **ἀκούσαντες** οἱ δέκα ἠγανάκτησαν
Mt 20:30 παρὰ τὴν ὁδόν **ἀκούσαντες** ὅτι Ἰησοῦς παράγει,
Mt 21:16 **ἀκούεις** τί οὗτοι λέγουσιν;
Mt 21:33 Ἄλλην παραβολὴν **ἀκούσατε**.
Mt 21:45 Καὶ **ἀκούσαντες** οἱ ἀρχιερεῖς καὶ
Mt 22:22 καὶ **ἀκούσαντες** ἐθαύμασαν,
Mt 22:33 καὶ **ἀκούσαντες** οἱ ὄχλοι ἐξεπλήσσοντο
Mt 22:34 Οἱ δὲ Φαρισαῖοι **ἀκούσαντες** ὅτι ἐφίμωσεν
Mt 24:6 μελλήσετε δὲ **ἀκούειν** πολέμους καὶ ἀκοὰς
Mt 26:65 ἴδε νῦν **ἠκούσατε** τὴν βλασφημίαν·
Mt 27:13 οὐκ **ἀκούεις** πόσα σου καταμαρτυροῦσιν;
Mt 27:47 τῶν ἐκεῖ ἑστηκότων **ἀκούσαντες** ἔλεγον ὅτι Ἠλίαν
Mt 28:14 καὶ ἐὰν **ἀκουσθῇ** τοῦτο ἐπὶ τοῦ

ἀκρασία (*akrasia*; 1/2) *self-indulgence*
Mt 23:25 ἐξ ἁρπαγῆς καὶ **ἀκρασίας**.

ἀκριβόω (*akriboō*; 2/2) *ascertain*
Mt 2:7 καλέσας τοὺς μάγους **ἠκρίβωσεν** παρ᾽ αὐτῶν
Mt 2:16 τὸν χρόνον ὃν **ἠκρίβωσεν** παρὰ τῶν μάγων.

ἀκριβῶς (*akribōs*; 1/9) *accurately*
Mt 2:8 πορευθέντες ἐξετάσατε **ἀκριβῶς** περὶ τοῦ παιδίου·

ἀκρίς (*akris*; 1/4) *locust*
Mt 3:4 τροφὴ ἦν αὐτοῦ **ἀκρίδες** καὶ μέλι ἄγριον.

ἄκρον (*akron*; 2/6) *boundary*
Mt 24:31 τεσσάρων ἀνέμων ἀπ᾽ **ἄκρων** οὐρανῶν ἕως [τῶν]
Mt 24:31 οὐρανῶν ἕως [τῶν] **ἄκρων** αὐτῶν.

ἀκυρόω (*akyroō*; 1/3) *cancel*
Mt 15:6 καὶ **ἠκυρώσατε** τὸν λόγον τοῦ

ἀλάβαστρος (*alabastros*; 1/4) *alabaster jar*
Mt 26:7 αὐτῷ γυνὴ ἔχουσα **ἀλάβαστρον** μύρου βαρυτίμου καὶ

ἅλας (*halas*; 2/8) *salt*
Mt 5:13 ὑμεῖς ἐστε τὸ **ἅλας** τῆς γῆς·
Mt 5:13 ἐὰν δὲ τὸ **ἅλας** μωρανθῇ,

ἀλείφω (*aleiphō*; 1/9) *anoint*
Mt 6:17 σὺ δὲ νηστεύων **ἄλειψαί** σου τὴν κεφαλὴν

ἀλέκτωρ (*alektōr*; 3/12) *rooster*
Mt 26:34 τῇ νυκτὶ πρὶν **ἀλέκτορα** φωνῆσαι τρὶς ἀπαρνήσῃ
Mt 26:74 καὶ εὐθέως **ἀλέκτωρ** ἐφώνησεν.
Mt 26:75 εἰρηκότος ὅτι πρὶν **ἀλέκτορα** φωνῆσαι τρὶς ἀπαρνήσῃ

ἄλευρον (*aleuron*; 1/2) *wheat flour*
Mt 13:33 γυνὴ ἐνέκρυψεν εἰς **ἀλεύρου** σάτα τρία ἕως

ἀλήθεια (*alētheia*; 1/109) *truth*
Mt 22:16 τοῦ θεοῦ ἐν **ἀληθείᾳ** διδάσκεις καὶ οὐ

ἀληθής (*alēthēs*; 1/26) *true*
Mt 22:16 οἴδαμεν ὅτι **ἀληθὴς** εἶ καὶ τὴν

ἀλήθω (*alēthō*; 1/2) *grind*
Mt 24:41 δύο **ἀλήθουσαι** ἐν τῷ μύλῳ,

ἀληθῶς (*alēthōs*; 3/18) *truly*
Mt 14:33 **ἀληθῶς** θεοῦ υἱὸς εἶ.
Mt 26:73 **ἀληθῶς** καὶ σὺ ἐξ
Mt 27:54 **ἀληθῶς** θεοῦ υἱὸς ἦν

ἁλιεύς (*halieus*; 2/5) *fisherman*
Mt 4:18 ἦσαν γὰρ **ἁλιεῖς**.
Mt 4:19 καὶ ποιήσω ὑμᾶς **ἁλιεῖς** ἀνθρώπων.

ἁλίζω (*halizō*; 1/2) *salt*
Mt 5:13 ἐν τίνι **ἁλισθήσεται**;

ἀλλά (*alla*; 37/638) *but*
Mt 4:4 **ἀλλ᾽** ἐπὶ παντὶ ῥήματι
Mt 5:15 ὑπὸ τὸν μόδιον **ἀλλ᾽** ἐπὶ τὴν λυχνίαν,
Mt 5:17 οὐκ ἦλθον καταλῦσαι **ἀλλὰ** πληρῶσαι.
Mt 5:39 **ἀλλ᾽** ὅστις σε ῥαπίζει
Mt 6:13 **ἀλλὰ** ῥῦσαι ἡμᾶς ἀπὸ
Mt 6:18 τοῖς ἀνθρώποις νηστεύων **ἀλλὰ** τῷ πατρί σου
Mt 7:21 **ἀλλ᾽** ὁ ποιῶν τὸ
Mt 8:4 **ἀλλὰ** ὕπαγε σεαυτὸν δεῖξον
Mt 8:8 **ἀλλὰ** μόνον εἰπὲ λόγῳ,
Mt 9:12 οἱ ἰσχύοντες ἰατροῦ **ἀλλ᾽** οἱ κακῶς ἔχοντες.
Mt 9:13 ἦλθον καλέσαι δικαίους **ἀλλὰ** ἁμαρτωλούς.
Mt 9:17 **ἀλλὰ** βάλλουσιν οἶνον νέον
Mt 9:18 **ἀλλὰ** ἐλθὼν ἐπίθες τὴν
Mt 9:24 ἀπέθανεν τὸ κοράσιον **ἀλλὰ** καθεύδει.
Mt 10:20 ἐστε οἱ λαλοῦντες **ἀλλὰ** τὸ πνεῦμα τοῦ
Mt 10:34 ἦλθον βαλεῖν εἰρήνην **ἀλλὰ** μάχαιραν.
Mt 11:8 **ἀλλὰ** τί ἐξήλθατε ἰδεῖν;
Mt 11:9 **ἀλλὰ** τί ἐξήλθατε ἰδεῖν;
Mt 13:21 ῥίζαν ἐν ἑαυτῷ **ἀλλὰ** πρόσκαιρός ἐστιν,
Mt 15:11 **ἀλλὰ** τὸ ἐκπορευόμενον ἐκ
Mt 16:12 ζύμης τῶν ἄρτων **ἀλλὰ** ἀπὸ τῆς διδαχῆς
Mt 16:17 οὐκ ἀπεκάλυψέν σοι **ἀλλ᾽** ὁ πατήρ μου
Mt 16:23 τὰ τοῦ θεοῦ **ἀλλὰ** τὰ τῶν ἀνθρώπων.
Mt 17:12 οὐκ ἐπέγνωσαν αὐτὸν **ἀλλὰ** ἐποίησαν ἐν αὐτῷ

Mt 18:22 σοι ἕως ἑπτάκις **ἀλλὰ** ἕως ἑβδομηκοντάκις ἑπτά.
Mt 18:30 δὲ οὐκ ἤθελεν **ἀλλὰ** ἀπελθὼν ἔβαλεν αὐτὸν
Mt 19:6 οὐκέτι εἰσὶν δύο **ἀλλὰ** σὰρξ μία.
Mt 19:11 τὸν λόγον [τοῦτον] **ἀλλ᾽** οἷς δέδοται.
Mt 20:23 **ἀλλ᾽** οἷς ἡτοίμασται ὑπὸ
Mt 20:26 **ἀλλ᾽** ὃς ἐὰν θέλῃ
Mt 20:28 οὐκ ἦλθεν διακονηθῆναι **ἀλλὰ** διακονῆσαι καὶ δοῦναι
Mt 21:21 **ἀλλὰ** κἂν τῷ ὄρει
Mt 22:30 **ἀλλ᾽** ὡς ἄγγελοι ἐν
Mt 22:32 [ὁ] θεὸς νεκρῶν **ἀλλὰ** ζώντων.
Mt 24:6 **ἀλλ᾽** οὔπω ἐστὶν τὸ
Mt 26:39 ὡς ἐγὼ θέλω **ἀλλ᾽** ὡς σύ.
Mt 27:24 ὅτι οὐδὲν ὠφελεῖ **ἀλλὰ** μᾶλλον θόρυβος γίνεται,

ἀλλήλων (*allēlōn*; 3/100) *one another*

Mt 24:10 σκανδαλισθήσονται πολλοὶ καὶ **ἀλλήλους** παραδώσουσιν καὶ μισήσουσιν
Mt 24:10 παραδώσουσιν καὶ μισήσουσιν **ἀλλήλους**·
Mt 25:32 ἀφορίσει αὐτοὺς ἀπ᾽ **ἀλλήλων**,

ἄλλος (*allos*; 29/155) *other, another*

Mt 2:12 δι᾽ **ἄλλης** ὁδοῦ ἀνεχώρησαν εἰς
Mt 4:21 προβὰς ἐκεῖθεν εἶδεν **ἄλλους** δύο ἀδελφούς,
Mt 5:39 αὐτῷ καὶ τὴν **ἄλλην**·
Mt 8:9 καὶ **ἄλλῳ**·
Mt 12:13 ὑγιὴς ὡς ἡ **ἄλλη**.
Mt 13:5 **ἄλλα** δὲ ἔπεσεν ἐπὶ
Mt 13:7 **ἄλλα** δὲ ἔπεσεν ἐπὶ
Mt 13:8 **ἄλλα** δὲ ἔπεσεν ἐπὶ
Mt 13:24 **Ἄλλην** παραβολὴν παρέθηκεν αὐτοῖς
Mt 13:31 **Ἄλλην** παραβολὴν παρέθηκεν αὐτοῖς
Mt 13:33 **Ἄλλην** παραβολὴν ἐλάλησεν αὐτοῖς·
Mt 16:14 **ἄλλοι** δὲ Ἠλίαν,
Mt 19:9 πορνείᾳ καὶ γαμήσῃ **ἄλλην** μοιχᾶται.
Mt 20:3 τρίτην ὥραν εἶδεν **ἄλλους** ἑστῶτας ἐν τῇ
Mt 20:6 ἑνδεκάτην ἐξελθὼν εὗρεν **ἄλλους** ἑστῶτας καὶ λέγει
Mt 21:8 **ἄλλοι** δὲ ἔκοπτον κλάδους
Mt 21:33 **Ἄλλην** παραβολὴν ἀκούσατε.
Mt 21:36 πάλιν ἀπέστειλεν **ἄλλους** δούλους πλείονας
Mt 21:41 τὸν ἀμπελῶνα ἐκδώσεται **ἄλλοις** γεωργοῖς,
Mt 22:4 πάλιν ἀπέστειλεν **ἄλλους** δούλους λέγων·
Mt 25:16 αὐτοῖς καὶ ἐκέρδησεν **ἄλλα** πέντε·
Mt 25:17 τὰ δύο ἐκέρδησεν **ἄλλα** δύο.
Mt 25:20 τάλαντα λαβὼν προσήνεγκεν **ἄλλα** πέντε τάλαντα λέγων·
Mt 25:20 ἴδε **ἄλλα** πέντε τάλαντα ἐκέρδησα.
Mt 25:22 ἴδε **ἄλλα** δύο τάλαντα ἐκέρδησα.
Mt 26:71 πυλῶνα εἶδεν αὐτὸν **ἄλλη** καὶ λέγει τοῖς
Mt 27:42 **ἄλλους** ἔσωσεν,
Mt 27:61 Μαγδαληνὴ καὶ ἡ **ἄλλη** Μαρία καθήμεναι ἀπέναντι
Mt 28:1 Μαγδαληνὴ καὶ ἡ **ἄλλη** Μαρία θεωρῆσαι τὸν

ἀλλότριος (*allotrios*; 2/14) *belonging to another*

Mt 17:25 ἢ ἀπὸ τῶν **ἀλλοτρίων**;
Mt 17:26 ἀπὸ τῶν **ἀλλοτρίων**,

Ἁλφαῖος (*Halphaios*; 1/5) *Alphaeus*

Mt 10:3 Ἰάκωβος ὁ τοῦ **Ἁλφαίου** καὶ Θαδδαῖος,

ἅλων (*halōn*; 1/2) *threshing floor*

Mt 3:12 καὶ διακαθαριεῖ τὴν **ἅλωνα** αὐτοῦ καὶ συνάξει

ἀλώπηξ (*alōpēx*; 1/3) *fox*

Mt 8:20 αἱ **ἀλώπεκες** φωλεοὺς ἔχουσιν καὶ

ἅμα (*hama*; 2/10) *at the same time*

Mt 13:29 τὰ ζιζάνια ἐκριζώσητε **ἅμα** αὐτοῖς τὸν σῖτον.
Mt 20:1 ὅστις ἐξῆλθεν **ἅμα** πρωῒ μισθώσασθαι ἐργάτας

ἁμαρτάνω (*hamartanō*; 3/42[43]) *sin*

Mt 18:15 Ἐὰν δὲ **ἁμαρτήσῃ** [εἰς σὲ] ὁ
Mt 18:21 ποσάκις **ἁμαρτήσει** εἰς ἐμὲ ὁ
Mt 27:4 **ἥμαρτον** παραδοὺς αἷμα ἀθῷον.

ἁμαρτία (*hamartia*; 7/173) *sin*

Mt 1:21 αὐτοῦ ἀπὸ τῶν **ἁμαρτιῶν** αὐτῶν.
Mt 3:6 αὐτοῦ ἐξομολογούμενοι τὰς **ἁμαρτίας** αὐτῶν.
Mt 9:2 ἀφίενταί σου αἱ **ἁμαρτίαι**.
Mt 9:5 ἀφίενταί σου αἱ **ἁμαρτίαι**,
Mt 9:6 τῆς γῆς ἀφιέναι **ἁμαρτίας**
Mt 12:31 πᾶσα **ἁμαρτία** καὶ βλασφημία ἀφεθήσεται
Mt 26:28 ἐκχυννόμενον εἰς ἄφεσιν **ἁμαρτιῶν**.

ἁμαρτωλός (*hamartōlos*; 5/47) *sinful*

Mt 9:10 πολλοὶ τελῶναι καὶ **ἁμαρτωλοὶ** ἐλθόντες συνανέκειντο τῷ
Mt 9:11 τῶν τελωνῶν καὶ **ἁμαρτωλῶν** ἐσθίει ὁ διδάσκαλος
Mt 9:13 καλέσαι δικαίους ἀλλὰ **ἁμαρτωλούς**.
Mt 11:19 τελωνῶν φίλος καὶ **ἁμαρτωλῶν**.
Mt 26:45 παραδίδοται εἰς χεῖρας **ἁμαρτωλῶν**.

ἀμελέω (*ameleō*; 1/4) *disregard*

Mt 22:5 οἱ δὲ **ἀμελήσαντες** ἀπῆλθον,

ἀμέριμνος (*amerimnos*; 1/2) *free from worry or anxiety*

Mt 28:14 [αὐτὸν] καὶ ὑμᾶς **ἀμερίμνους** ποιήσομεν.

ἀμήν (*amēn*; 31/128[129]) *truly*

Mt 5:18 **ἀμὴν** γὰρ λέγω ὑμῖν·
Mt 5:26 **ἀμὴν** λέγω σοι,
Mt 6:2 **ἀμὴν** λέγω ὑμῖν,
Mt 6:5 **ἀμὴν** λέγω ὑμῖν,
Mt 6:16 **ἀμὴν** λέγω ὑμῖν,
Mt 8:10 **ἀμὴν** λέγω ὑμῖν,
Mt 10:15 **ἀμὴν** λέγω ὑμῖν,
Mt 10:23 **ἀμὴν** γὰρ λέγω ὑμῖν,
Mt 10:42 **ἀμὴν** λέγω ὑμῖν,
Mt 11:11 **Ἀμὴν** λέγω ὑμῖν·
Mt 13:17 **ἀμὴν** γὰρ λέγω ὑμῖν
Mt 16:28 **ἀμὴν** λέγω ὑμῖν ὅτι
Mt 17:20 **ἀμὴν** γὰρ λέγω ὑμῖν,

Mt 18:3 **ἀμὴν** λέγω ὑμῖν,
Mt 18:13 **ἀμὴν** λέγω ὑμῖν ὅτι
Mt 18:18 **Ἀμὴν** λέγω ὑμῖν·
Mt 18:19 Πάλιν **[ἀμὴν]** λέγω ὑμῖν ὅτι
Mt 19:23 **ἀμὴν** λέγω ὑμῖν ὅτι
Mt 19:28 **ἀμὴν** λέγω ὑμῖν ὅτι
Mt 21:21 **ἀμὴν** λέγω ὑμῖν,
Mt 21:31 **ἀμὴν** λέγω ὑμῖν ὅτι
Mt 23:36 **ἀμὴν** λέγω ὑμῖν,
Mt 24:2 **ἀμὴν** λέγω ὑμῖν,
Mt 24:34 **ἀμὴν** λέγω ὑμῖν ὅτι
Mt 24:47 **ἀμὴν** λέγω ὑμῖν ὅτι
Mt 25:12 **ἀμὴν** λέγω ὑμῖν,
Mt 25:40 **ἀμὴν** λέγω ὑμῖν,
Mt 25:45 **ἀμὴν** λέγω ὑμῖν,
Mt 26:13 **ἀμὴν** λέγω ὑμῖν,
Mt 26:21 **ἀμὴν** λέγω ὑμῖν ὅτι
Mt 26:34 **ἀμὴν** λέγω σοι ὅτι

Ἀμιναδάβ (*Aminadab*; 2/3) *Amminadab*

Mt 1:4 δὲ ἐγέννησεν τὸν **Ἀμιναδάβ**,
Mt 1:4 **Ἀμιναδὰβ** δὲ ἐγέννησεν τὸν

ἄμμος (*ammos*; 1/5) *sand*

Mt 7:26 οἰκίαν ἐπὶ τὴν **ἄμμον**·

ἄμπελος (*ampelos*; 1/9) *vineyard*

Mt 26:29 τοῦ γενήματος τῆς **ἀμπέλου** ἕως τῆς ἡμέρας

ἀμπελών (*ampelōn*; 10/23) *vineyard*

Mt 20:1 ἐργάτας εἰς τὸν **ἀμπελῶνα** αὐτοῦ.
Mt 20:2 αὐτοὺς εἰς τὸν **ἀμπελῶνα** αὐτοῦ.
Mt 20:4 ὑμεῖς εἰς τὸν **ἀμπελῶνα**,
Mt 20:7 ὑμεῖς εἰς τὸν **ἀμπελῶνα**.
Mt 20:8 ὁ κύριος τοῦ **ἀμπελῶνος** τῷ ἐπιτρόπῳ αὐτοῦ·
Mt 21:28 ἐργάζου ἐν τῷ **ἀμπελῶνι**.
Mt 21:33 οἰκοδεσπότης ὅστις ἐφύτευσεν **ἀμπελῶνα** καὶ φραγμὸν αὐτῷ
Mt 21:39 ἐξέβαλον ἔξω τοῦ **ἀμπελῶνος** καὶ ἀπέκτειναν.
Mt 21:40 ὁ κύριος τοῦ **ἀμπελῶνος**,
Mt 21:41 αὐτοὺς καὶ τὸν **ἀμπελῶνα** ἐκδώσεται ἄλλοις γεωργοῖς,

ἀμφίβληστρον (*amphiblēstron*; 1/1) *casting-net*

Mt 4:18 βάλλοντας **ἀμφίβληστρον** εἰς τὴν θάλασσαν·

ἀμφιέννυμι (*amphiennymi*; 2/3) *clothe*

Mt 6:30 ὁ θεὸς οὕτως **ἀμφιέννυσιν**,
Mt 11:8 ἄνθρωπον ἐν μαλακοῖς **ἠμφιεσμένον**;

ἀμφότεροι (*amphoteroi*; 3/14) *both*

Mt 9:17 καὶ **ἀμφότεροι** συντηροῦνται.
Mt 13:30 ἄφετε συναυξάνεσθαι **ἀμφότερα** ἕως τοῦ θερισμοῦ,
Mt 15:14 **ἀμφότεροι** εἰς βόθυνον πεσοῦνται.

Ἀμώς (*Amōs*; 2/3) *Amos*

Mt 1:10 δὲ ἐγέννησεν τὸν **Ἀμώς**,
Mt 1:10 **Ἀμὼς** δὲ ἐγέννησεν τὸν

ἄν (*an*; 42/166) *particle indicating contingency*

Mt 2:13 ἴσθι ἐκεῖ ἕως **ἂν** εἴπω σοι·
Mt 5:18 ἕως **ἂν** παρέλθῃ ὁ οὐρανὸς
Mt 5:18 ἕως **ἂν** πάντα γένηται.
Mt 5:19 ὃς δ' **ἂν** ποιήσῃ
Mt 5:21 ὃς δ' **ἂν** φονεύσῃ,
Mt 5:22 ὃς δ' **ἂν** εἴπῃ τῷ ἀδελφῷ
Mt 5:22 ὃς δ' **ἂν** εἴπῃ·
Mt 5:26 ἕως **ἂν** ἀποδῷς τὸν ἔσχατον
Mt 5:31 ὃς **ἂν** ἀπολύσῃ τὴν γυναῖκα
Mt 10:11 εἰς ἣν δ' **ἂν** πόλιν ἢ κώμην
Mt 10:11 κἀκεῖ μείνατε ἕως **ἂν** ἐξέλθητε.
Mt 10:14 καὶ ὃς **ἂν** μὴ δέξηται ὑμᾶς
Mt 10:23 τοῦ Ἰσραὴλ ἕως **ἂν** ἔλθῃ ὁ υἱὸς
Mt 10:33 ὅστις δ' **ἂν** ἀρνήσηταί με ἔμπροσθεν
Mt 10:42 καὶ ὃς **ἂν** ποτίσῃ ἕνα τῶν
Mt 11:21 πάλαι **ἂν** ἐν σάκκῳ καὶ
Mt 11:23 ἔμεινεν **ἂν** μέχρι τῆς σήμερον.
Mt 12:7 οὐκ **ἂν** κατεδικάσατε τοὺς ἀναιτίους.
Mt 12:20 ἕως **ἂν** ἐκβάλῃ εἰς νῖκος
Mt 12:32 ὃς δ' **ἂν** εἴπῃ
Mt 12:50 ὅστις γὰρ **ἂν** ποιήσῃ τὸ θέλημα
Mt 15:5 ὃς **ἂν** εἴπῃ τῷ πατρὶ
Mt 16:25 ὃς δ' **ἂν** ἀπολέσῃ τὴν ψυχὴν
Mt 16:28 γεύσωνται θανάτου ἕως **ἂν** ἴδωσιν τὸν υἱὸν
Mt 18:6 Ὃς δ' **ἂν** σκανδαλίσῃ ἕνα τῶν
Mt 19:9 ὑμῖν ὅτι ὃς **ἂν** ἀπολύσῃ τὴν γυναῖκα
Mt 20:27 καὶ ὃς **ἂν** θέλῃ ἐν ὑμῖν
Mt 21:22 καὶ πάντα ὅσα **ἂν** αἰτήσητε ἐν τῇ
Mt 21:44 ἐφ' ὃν δ' **ἂν** πέσῃ λικμήσει αὐτόν]
Mt 22:44 ἕως **ἂν** θῶ τοὺς ἐχθρούς
Mt 23:16 ὃς **ἂν** ὀμόσῃ ἐν τῷ
Mt 23:16 ὃς δ' **ἂν** ὀμόσῃ ἐν τῷ
Mt 23:18 ὃς **ἂν** ὀμόσῃ ἐν τῷ
Mt 23:18 ὃς δ' **ἂν** ὀμόσῃ ἐν τῷ
Mt 23:30 οὐκ **ἂν** ἤμεθα αὐτῶν κοινωνοὶ
Mt 23:39 ἀπ' ἄρτι ἕως **ἂν** εἴπητε·
Mt 24:22 οὐκ **ἂν** ἐσώθη πᾶσα σάρξ·
Mt 24:34 γενεὰ αὕτη ἕως **ἂν** πάντα ταῦτα γένηται.
Mt 24:43 ἐγρηγόρησεν **ἂν** καὶ οὐκ ἂν
Mt 24:43 ἂν καὶ οὐκ **ἂν** εἴασεν διορυχθῆναι τὴν
Mt 25:27 ἐλθὼν ἐγὼ ἐκομισάμην **ἂν** τὸ ἐμὸν σὺν
Mt 26:48 ὃν **ἂν** φιλήσω αὐτός ἐστιν,

ἀνά (*ana*; 3/13) *each*

Mt 13:25 καὶ ἐπέσπειρεν ζιζάνια **ἀνὰ** μέσον τοῦ σίτου
Mt 20:9 ἑνδεκάτην ὥραν ἔλαβον **ἀνὰ** δηνάριον.
Mt 20:10 καὶ ἔλαβον [τὸ] **ἀνὰ** δηνάριον καὶ αὐτοί.

ἀναβαίνω (*anabainō*; 9/82) *go up*

Mt 3:16 ὁ Ἰησοῦς εὐθὺς **ἀνέβη** ἀπὸ τοῦ ὕδατος·
Mt 5:1 δὲ τοὺς ὄχλους **ἀνέβη** εἰς τὸ ὄρος,
Mt 13:7 καὶ **ἀνέβησαν** αἱ ἄκανθαι καὶ
Mt 14:23 ἀπολύσας τοὺς ὄχλους **ἀνέβη** εἰς τὸ ὄρος
Mt 14:32 καὶ **ἀναβάντων** αὐτῶν εἰς τὸ
Mt 15:29 καὶ **ἀναβὰς** εἰς τὸ ὄρος
Mt 17:27 ἄγκιστρον καὶ τὸν **ἀναβάντα** πρῶτον ἰχθὺν ἆρον,
Mt 20:17 Καὶ **ἀναβαίνων** ὁ Ἰησοῦς εἰς
Mt 20:18 ἰδοὺ **ἀναβαίνομεν** εἰς Ἱεροσόλυμα,

<u>ἀναβιβάζω (*anabibazō*; 1/1) *draw or drag*</u>
Mt 13:48 ἣν ὅτε ἐπληρώθη **ἀναβιβάσαντες** ἐπὶ τὸν αἰγιαλὸν

<u>ἀναβλέπω (*anablepō*; 3/25) *look up*</u>
Mt 11:5 τυφλοὶ **ἀναβλέπουσιν** καὶ χωλοὶ περιπατοῦσιν,
Mt 14:19 **ἀναβλέψας** εἰς τὸν οὐρανὸν
Mt 20:34 καὶ εὐθέως **ἀνέβλεψαν** καὶ ἠκολούθησαν αὐτῷ.

<u>ἀναβοάω (*anaboaō*; 1/1) *cry out*</u>
Mt 27:46 τὴν ἐνάτην ὥραν **ἀνεβόησεν** ὁ Ἰησοῦς φωνῇ

<u>ἀναγινώσκω (*anaginōskō*; 7/32) *read*</u>
Mt 12:3 οὐκ **ἀνέγνωτε** τί ἐποίησεν Δαυὶδ
Mt 12:5 ἢ οὐκ **ἀνέγνωτε** ἐν τῷ νόμῳ
Mt 19:4 οὐκ **ἀνέγνωτε** ὅτι ὁ κτίσας
Mt 21:16 οὐδέποτε **ἀνέγνωτε** ὅτι ἐκ στόματος
Mt 21:42 οὐδέποτε **ἀνέγνωτε** ἐν ταῖς γραφαῖς·
Mt 22:31 τῶν νεκρῶν οὐκ **ἀνέγνωτε** τὸ ῥηθὲν ὑμῖν
Mt 24:15 ὁ **ἀναγινώσκων** νοείτω,

<u>ἀναγκάζω (*anankazō*; 1/9) *force*</u>
Mt 14:22 Καὶ εὐθέως **ἠνάγκασεν** τοὺς μαθητὰς ἐμβῆναι

<u>ἀνάγκη (*anankē*; 1/17) *distress*</u>
Mt 18:7 **ἀνάγκη** γὰρ ἐλθεῖν τὰ

<u>ἀνάγω (*anagō*; 1/23) *lead or bring up*</u>
Mt 4:1 Τότε ὁ Ἰησοῦς **ἀνήχθη** εἰς τὴν ἔρημον

<u>ἀναιρέω (*anaireō*; 1/24) *do away with*</u>
Mt 2:16 καὶ ἀποστείλας **ἀνεῖλεν** πάντας τοὺς παῖδας

<u>ἀναίτιος (*anaitios*; 2/2) *not guilty*</u>
Mt 12:5 σάββατον βεβηλοῦσιν καὶ **ἀναίτιοί** εἰσιν;
Mt 12:7 ἂν κατεδικάσατε τοὺς **ἀναιτίους**.

<u>ἀνακάμπτω (*anakamptō*; 1/4) *return*</u>
Mt 2:12 κατ᾽ ὄναρ μὴ **ἀνακάμψαι** πρὸς Ἡρῴδην,

<u>ἀνάκειμαι (*anakeimai*; 5/13[14]) *be seated at table*</u>
Mt 9:10 καὶ ἐγένετο αὐτοῦ **ἀνακειμένου** ἐν τῇ οἰκίᾳ,
Mt 22:10 ἐπλήσθη ὁ γάμος **ἀνακειμένων**.
Mt 22:11 βασιλεὺς θεάσασθαι τοὺς **ἀνακειμένους** εἶδεν ἐκεῖ ἄνθρωπον
Mt 26:7 τῆς κεφαλῆς αὐτοῦ **ἀνακειμένου**.
Mt 26:20 Ὀψίας δὲ γενομένης **ἀνέκειτο** μετὰ τῶν δώδεκα.

<u>ἀνακλίνω (*anaklinō*; 2/6) *seat at table*</u>
Mt 8:11 δυσμῶν ἥξουσιν καὶ **ἀνακλιθήσονται** μετὰ Ἀβραὰμ καὶ
Mt 14:19 κελεύσας τοὺς ὄχλους **ἀνακλιθῆναι** ἐπὶ τοῦ χόρτου,

<u>ἀνάπαυσις (*anapausis*; 2/5) *rest*</u>
Mt 11:29 καὶ εὑρήσετε **ἀνάπαυσιν** ταῖς ψυχαῖς ὑμῶν·
Mt 12:43 ἀνύδρων τόπων ζητοῦν **ἀνάπαυσιν** καὶ οὐχ εὑρίσκει.

<u>ἀναπαύω (*anapauō*; 2/12) *give rest*</u>
Mt 11:28 κἀγὼ **ἀναπαύσω** ὑμᾶς.
Mt 26:45 [τὸ] λοιπὸν καὶ **ἀναπαύεσθε**·

<u>ἀναπίπτω (*anapiptō*; 1/12) *sit, recline*</u>
Mt 15:35 παραγγείλας τῷ ὄχλῳ **ἀναπεσεῖν** ἐπὶ τὴν γῆν

<u>ἀναπληρόω (*anaplēroō*; 1/6) *meet, fulfill*</u>
Mt 13:14 καὶ **ἀναπληροῦται** αὐτοῖς ἡ προφητεία

<u>ἀνάστασις (*anastasis*; 4/42) *resurrection*</u>
Mt 22:23 λέγοντες μὴ εἶναι **ἀνάστασιν**,
Mt 22:28 ἐν τῇ **ἀναστάσει** οὖν τίνος τῶν
Mt 22:30 ἐν γὰρ τῇ **ἀναστάσει** οὔτε γαμοῦσιν οὔτε
Mt 22:31 περὶ δὲ τῆς **ἀναστάσεως** τῶν νεκρῶν οὐκ

<u>ἀνατέλλω (*anatellō*; 3/9) *rise*</u>
Mt 4:16 σκιᾷ θανάτου φῶς **ἀνέτειλεν** αὐτοῖς.
Mt 5:45 τὸν ἥλιον αὐτοῦ **ἀνατέλλει** ἐπὶ πονηροὺς
Mt 13:6 ἡλίου δὲ **ἀνατείλαντος** ἐκαυματίσθη καὶ διὰ

<u>ἀνατολή (*anatolē*; 5/10[11]) *rising*</u>
Mt 2:1 ἰδοὺ μάγοι ἀπὸ **ἀνατολῶν** παρεγένοντο εἰς Ἱεροσόλυμα
Mt 2:2 ἀστέρα ἐν τῇ **ἀνατολῇ** καὶ ἤλθομεν προσκυνῆσαι
Mt 2:9 εἶδον ἐν τῇ **ἀνατολῇ**,
Mt 8:11 ὅτι πολλοὶ ἀπὸ **ἀνατολῶν** καὶ δυσμῶν ἥξουσιν
Mt 24:27 ἀστραπὴ ἐξέρχεται ἀπὸ **ἀνατολῶν** καὶ φαίνεται ἕως

<u>ἀναφέρω (*anapherō*; 1/10) *offer (sacrifice)*</u>
Mt 17:1 ἀδελφὸν αὐτοῦ καὶ **ἀναφέρει** αὐτοὺς εἰς ὄρος

<u>ἀναχωρέω (*anachōreō*; 10/14) *withdraw*</u>
Mt 2:12 δι᾽ ἄλλης ὁδοῦ **ἀνεχώρησαν** εἰς τὴν χώραν
Mt 2:13 **Ἀναχωρησάντων** δὲ αὐτῶν ἰδοὺ
Mt 2:14 αὐτοῦ νυκτὸς καὶ **ἀνεχώρησεν** εἰς Αἴγυπτον,
Mt 2:22 δὲ κατ᾽ ὄναρ **ἀνεχώρησεν** εἰς τὰ μέρη
Mt 4:12 ὅτι Ἰωάννης παρεδόθη **ἀνεχώρησεν** εἰς τὴν Γαλιλαίαν.
Mt 9:24 **ἀναχωρεῖτε**,
Mt 12:15 δὲ Ἰησοῦς γνοὺς **ἀνεχώρησεν** ἐκεῖθεν.
Mt 14:13 δὲ ὁ Ἰησοῦς **ἀνεχώρησεν** ἐκεῖθεν ἐν πλοίῳ
Mt 15:21 ἐκεῖθεν ὁ Ἰησοῦς **ἀνεχώρησεν** εἰς τὰ μέρη
Mt 27:5 εἰς τὸν ναὸν **ἀνεχώρησεν**,

<u>Ἀνδρέας (*Andreas*; 2/13) *Andrew*</u>
Mt 4:18 λεγόμενον Πέτρον καὶ **Ἀνδρέαν** τὸν ἀδελφὸν αὐτοῦ,
Mt 10:2 λεγόμενος Πέτρος καὶ **Ἀνδρέας** ὁ ἀδελφὸς αὐτοῦ,

<u>ἀνεκτός (*anektos*; 3/5) *tolerable*</u>
Mt 10:15 **ἀνεκτότερον** ἔσται γῇ Σοδόμων
Mt 11:22 Τύρῳ καὶ Σιδῶνι **ἀνεκτότερον** ἔσται ἐν ἡμέρᾳ
Mt 11:24 ὅτι γῇ Σοδόμων **ἀνεκτότερον** ἔσται ἐν ἡμέρᾳ

<u>ἄνεμος (*anemos*; 9/31) *wind*</u>
Mt 7:25 καὶ ἔπνευσαν οἱ **ἄνεμοι** καὶ προσέπεσαν τῇ
Mt 7:27 καὶ ἔπνευσαν οἱ **ἄνεμοι** καὶ προσέκοψαν τῇ
Mt 8:26 ἐγερθεὶς ἐπετίμησεν τοῖς **ἀνέμοις** καὶ τῇ θαλάσσῃ,
Mt 8:27 ὅτι καὶ οἱ **ἄνεμοι** καὶ ἡ θάλασσα
Mt 11:7 κάλαμον ὑπὸ **ἀνέμου** σαλευόμενον;
Mt 14:24 γὰρ ἐναντίος ὁ **ἄνεμος**.
Mt 14:30 βλέπων δὲ τὸν **ἄνεμον** [ἰσχυρὸν] ἐφοβήθη,
Mt 14:32 πλοῖον ἐκόπασεν ὁ **ἄνεμος**.
Mt 24:31 ἐκ τῶν τεσσάρων **ἀνέμων** ἀπ' ἄκρων οὐρανῶν

<u>ἄνευ (*aneu*; 1/3) *without*</u>
Mt 10:29 ἐπὶ τὴν γῆν **ἄνευ** τοῦ πατρὸς ὑμῶν.

<u>ἀνέχομαι (*anechomai*; 1/15) *endure*</u>
Mt 17:17 ἕως πότε **ἀνέξομαι** ὑμῶν;

<u>ἄνηθον (*anēthon*; 1/1) *dill*</u>
Mt 23:23 ἡδύοσμον καὶ τὸ **ἄνηθον** καὶ τὸ κύμινον

<u>ἀνήρ (*anēr*; 8/216) *man, husband*</u>
Mt 1:16 τὸν Ἰωσὴφ τὸν **ἄνδρα** Μαρίας,
Mt 1:19 Ἰωσὴφ δὲ ὁ **ἀνὴρ** αὐτῆς,
Mt 7:24 ὁμοιωθήσεται **ἀνδρὶ** φρονίμῳ,
Mt 7:26 ποιῶν αὐτοὺς ὁμοιωθήσεται **ἀνδρὶ** μωρῷ,
Mt 12:41 **ἄνδρες** Νινευῖται ἀναστήσονται ἐν
Mt 14:21 δὲ ἐσθίοντες ἦσαν **ἄνδρες** ὡσεὶ πεντακισχίλιοι χωρὶς
Mt 14:35 ἐπιγνόντες αὐτὸν οἱ **ἄνδρες** τοῦ τόπου ἐκείνου
Mt 15:38 ἐσθίοντες ἦσαν τετρακισχίλιοι **ἄνδρες** χωρὶς γυναικῶν καὶ

<u>ἀνθίστημι (*anthistēmi*; 1/14) *resist*</u>
Mt 5:39 λέγω ὑμῖν μὴ **ἀντιστῆναι** τῷ πονηρῷ·

<u>ἄνθρωπος (*anthrōpos*; 115/550) *man, human being (pl. people)*</u>
Mt 4:4 μόνῳ ζήσεται ὁ **ἄνθρωπος**,
Mt 4:19 ποιήσω ὑμᾶς ἁλιεῖς **ἀνθρώπων**.
Mt 5:13 καταπατεῖσθαι ὑπὸ τῶν **ἀνθρώπων**.
Mt 5:16 ὑμῶν ἔμπροσθεν τῶν **ἀνθρώπων**,
Mt 5:19 διδάξῃ οὕτως τοὺς **ἀνθρώπους**,
Mt 6:1 ποιεῖν ἔμπροσθεν τῶν **ἀνθρώπων** πρὸς τὸ θεαθῆναι
Mt 6:2 δοξασθῶσιν ὑπὸ τῶν **ἀνθρώπων**·
Mt 6:5 ὅπως φανῶσιν τοῖς **ἀνθρώποις**·
Mt 6:14 γὰρ ἀφῆτε τοῖς **ἀνθρώποις** τὰ παραπτώματα αὐτῶν,
Mt 6:15 μὴ ἀφῆτε τοῖς **ἀνθρώποις**,
Mt 6:16 ὅπως φανῶσιν τοῖς **ἀνθρώποις** νηστεύοντες·
Mt 6:18 μὴ φανῇς τοῖς **ἀνθρώποις** νηστεύων ἀλλὰ τῷ
Mt 7:9 ἐστιν ἐξ ὑμῶν **ἄνθρωπος**,
Mt 7:12 ποιῶσιν ὑμῖν οἱ **ἄνθρωποι**,
Mt 8:9 καὶ γὰρ ἐγὼ **ἄνθρωπός** εἰμι ὑπὸ ἐξουσίαν,
Mt 8:20 δὲ υἱὸς τοῦ **ἀνθρώπου** οὐκ ἔχει ποῦ
Mt 8:27 οἱ δὲ **ἄνθρωποι** ἐθαύμασαν λέγοντες·
Mt 9:6 ὁ υἱὸς τοῦ **ἀνθρώπου** ἐπὶ τῆς γῆς
Mt 9:8 ἐξουσίαν τοιαύτην τοῖς **ἀνθρώποις**.
Mt 9:9 Ἰησοῦς ἐκεῖθεν εἶδεν **ἄνθρωπον** καθήμενον
Mt 9:32 ἰδοὺ προσήνεγκαν αὐτῷ **ἄνθρωπον** κωφὸν δαιμονιζόμενον.
Mt 10:17 δὲ ἀπὸ τῶν **ἀνθρώπων**·
Mt 10:23 ὁ υἱὸς τοῦ **ἀνθρώπου**.
Mt 10:32 ἐμοὶ ἔμπροσθεν τῶν **ἀνθρώπων**,
Mt 10:33 με ἔμπροσθεν τῶν **ἀνθρώπων**,
Mt 10:35 ἦλθον γὰρ διχάσαι **ἄνθρωπον** κατὰ τοῦ πατρὸς
Mt 10:36 καὶ ἐχθροὶ τοῦ **ἀνθρώπου** οἱ οἰκιακοὶ αὐτοῦ.
Mt 11:8 **ἄνθρωπον** ἐν μαλακοῖς ἠμφιεσμένον;
Mt 11:19 ὁ υἱὸς τοῦ **ἀνθρώπου** ἐσθίων καὶ πίνων,
Mt 11:19 ἰδοὺ **ἄνθρωπος** φάγος καὶ οἰνοπότης,
Mt 12:8 ὁ υἱὸς τοῦ **ἀνθρώπου**.
Mt 12:10 καὶ ἰδοὺ **ἄνθρωπος** χεῖρα ἔχων ξηράν.
Mt 12:11 ἔσται ἐξ ὑμῶν **ἄνθρωπος** ὃς ἕξει πρόβατον
Mt 12:12 πόσῳ οὖν διαφέρει **ἄνθρωπος** προβάτου.
Mt 12:13 τότε λέγει τῷ **ἀνθρώπῳ**·
Mt 12:31 βλασφημία ἀφεθήσεται τοῖς **ἀνθρώποις**,
Mt 12:32 τοῦ υἱοῦ τοῦ **ἀνθρώπου**,
Mt 12:35 ὁ ἀγαθὸς **ἄνθρωπος** ἐκ τοῦ ἀγαθοῦ
Mt 12:35 καὶ ὁ πονηρὸς **ἄνθρωπος** ἐκ τοῦ πονηροῦ
Mt 12:36 ὃ λαλήσουσιν οἱ **ἄνθρωποι** ἀποδώσουσιν περὶ αὐτοῦ
Mt 12:40 ὁ υἱὸς τοῦ **ἀνθρώπου** ἐν τῇ καρδίᾳ
Mt 12:43 ἐξέλθῃ ἀπὸ τοῦ **ἀνθρώπου**,
Mt 12:45 τὰ ἔσχατα τοῦ **ἀνθρώπου** ἐκείνου χείρονα
Mt 13:24 βασιλεία τῶν οὐρανῶν **ἀνθρώπῳ** σπείραντι καλὸν σπέρμα
Mt 13:25 τῷ καθεύδειν τοὺς **ἀνθρώπους** ἦλθεν αὐτοῦ
Mt 13:28 ἐχθρὸς **ἄνθρωπος** τοῦτο ἐποίησεν.
Mt 13:31 ὃν λαβὼν **ἄνθρωπος** ἔσπειρεν ἐν τῷ
Mt 13:37 ὁ υἱὸς τοῦ **ἀνθρώπου**,
Mt 13:41 ὁ υἱὸς τοῦ **ἀνθρώπου** τοὺς ἀγγέλους αὐτοῦ,
Mt 13:44 ὃν εὑρὼν **ἄνθρωπος** ἔκρυψεν,
Mt 13:45 βασιλεία τῶν οὐρανῶν **ἀνθρώπῳ** ἐμπόρῳ ζητοῦντι καλοὺς
Mt 13:52 οὐρανῶν ὅμοιός ἐστιν **ἀνθρώπῳ** οἰκοδεσπότῃ,
Mt 15:9 διδάσκοντες διδασκαλίας ἐντάλματα **ἀνθρώπων**.
Mt 15:11 στόμα κοινοῖ τὸν **ἄνθρωπον**,
Mt 15:11 τοῦτο κοινοῖ τὸν **ἄνθρωπον**.
Mt 15:18 κἀκεῖνα κοινοῖ τὸν **ἄνθρωπον**.
Mt 15:20 τὰ κοινοῦντα τὸν **ἄνθρωπον**,
Mt 15:20 οὐ κοινοῖ τὸν **ἄνθρωπον**.
Mt 16:13 τίνα λέγουσιν οἱ **ἄνθρωποι** εἶναι τὸν υἱὸν
Mt 16:13 τὸν υἱὸν τοῦ **ἀνθρώπου**;
Mt 16:23 ἀλλὰ τὰ τῶν **ἀνθρώπων**.
Mt 16:26 τί γὰρ ὠφεληθήσεται **ἄνθρωπος** ἐὰν τὸν κόσμον
Mt 16:26 ἢ τί δώσει **ἄνθρωπος** ἀντάλλαγμα τῆς ψυχῆς
Mt 16:27 ὁ υἱὸς τοῦ **ἀνθρώπου** ἔρχεσθαι ἐν τῇ
Mt 16:28 τὸν υἱὸν τοῦ **ἀνθρώπου** ἐρχόμενον ἐν τῇ
Mt 17:9 ὁ υἱὸς τοῦ **ἀνθρώπου** ἐκ νεκρῶν ἐγερθῇ.
Mt 17:12 ὁ υἱὸς τοῦ **ἀνθρώπου** μέλλει πάσχειν ὑπ'
Mt 17:14 ὄχλον προσῆλθεν αὐτῷ **ἄνθρωπος** γονυπετῶν αὐτὸν

Mt 17:22 ὁ υἱὸς τοῦ **ἀνθρώπου** παραδίδοσθαι εἰς χεῖρας
Mt 17:22 παραδίδοσθαι εἰς χεῖρας **ἀνθρώπων**,
Mt 18:7 πλὴν οὐαὶ τῷ **ἀνθρώπῳ** δι' οὗ τὸ
Mt 18:12 ἐὰν γένηταί τινι **ἀνθρώπῳ** ἑκατὸν πρόβατα
Mt 18:23 βασιλεία τῶν οὐρανῶν **ἀνθρώπῳ** βασιλεῖ,
Mt 19:3 εἰ ἔξεστιν **ἀνθρώπῳ** ἀπολῦσαι τὴν γυναῖκα
Mt 19:5 ἕνεκα τούτου καταλείψει **ἄνθρωπος** τὸν πατέρα καὶ
Mt 19:6 ὁ θεὸς συνέζευξεν **ἄνθρωπος** μὴ χωριζέτω.
Mt 19:10 ἡ αἰτία τοῦ **ἀνθρώπου** μετὰ τῆς γυναικός,
Mt 19:12 εὐνουχίσθησαν ὑπὸ τῶν **ἀνθρώπων**,
Mt 19:26 παρὰ **ἀνθρώποις** τοῦτο ἀδύνατόν ἐστιν,
Mt 19:28 ὁ υἱὸς τοῦ **ἀνθρώπου** ἐπὶ θρόνου δόξης
Mt 20:1 βασιλεία τῶν οὐρανῶν **ἀνθρώπῳ** οἰκοδεσπότῃ,
Mt 20:18 ὁ υἱὸς τοῦ **ἀνθρώπου** παραδοθήσεται τοῖς ἀρχιερεῦσιν
Mt 20:28 ὁ υἱὸς τοῦ **ἀνθρώπου** οὐκ ἦλθεν διακονηθῆναι
Mt 21:25 οὐρανοῦ ἢ ἐξ **ἀνθρώπων**;
Mt 21:26 ἐξ **ἀνθρώπων**,
Mt 21:28 **ἄνθρωπος** εἶχεν τέκνα δύο.
Mt 21:33 **ἄνθρωπος** ἦν οἰκοδεσπότης ὅστις
Mt 22:2 βασιλεία τῶν οὐρανῶν **ἀνθρώπῳ** βασιλεῖ,
Mt 22:11 ἀνακειμένους εἶδεν ἐκεῖ **ἄνθρωπον** οὐκ ἐνδεδυμένον ἔνδυμα
Mt 22:16 βλέπεις εἰς πρόσωπον **ἀνθρώπων**,
Mt 23:4 τοὺς ὤμους τῶν **ἀνθρώπων**,
Mt 23:5 τὸ θεαθῆναι τοῖς **ἀνθρώποις**·
Mt 23:7 καλεῖσθαι ὑπὸ τῶν **ἀνθρώπων** ῥαββί.
Mt 23:13 οὐρανῶν ἔμπροσθεν τῶν **ἀνθρώπων**·
Mt 23:28 μὲν φαίνεσθε τοῖς **ἀνθρώποις** δίκαιοι,
Mt 24:27 τοῦ υἱοῦ τοῦ **ἀνθρώπου**·
Mt 24:30 τοῦ υἱοῦ τοῦ **ἀνθρώπου** ἐν οὐρανῷ,
Mt 24:30 τὸν υἱὸν τοῦ **ἀνθρώπου** ἐρχόμενον ἐπὶ τῶν
Mt 24:37 τοῦ υἱοῦ τοῦ **ἀνθρώπου**.
Mt 24:39 τοῦ υἱοῦ τοῦ **ἀνθρώπου**.
Mt 24:44 ὁ υἱὸς τοῦ **ἀνθρώπου** ἔρχεται.
Mt 25:14 Ὥσπερ γὰρ **ἄνθρωπος** ἀποδημῶν ἐκάλεσεν
Mt 25:24 ὅτι σκληρὸς εἶ **ἄνθρωπος**,
Mt 25:31 ὁ υἱὸς τοῦ **ἀνθρώπου** ἐν τῇ δόξῃ
Mt 26:2 ὁ υἱὸς τοῦ **ἀνθρώπου** παραδίδοται εἰς τὸ
Mt 26:24 μὲν υἱὸς τοῦ **ἀνθρώπου** ὑπάγει καθὼς γέγραπται
Mt 26:24 οὐαὶ δὲ τῷ **ἀνθρώπῳ** ἐκείνῳ δι' οὗ
Mt 26:24 ὁ υἱὸς τοῦ **ἀνθρώπου** παραδίδοται·
Mt 26:24 οὐκ ἐγεννήθη ὁ **ἄνθρωπος** ἐκεῖνος.
Mt 26:45 ὁ υἱὸς τοῦ **ἀνθρώπου** παραδίδοται εἰς χεῖρας
Mt 26:64 τὸν υἱὸν τοῦ **ἀνθρώπου** καθήμενον ἐκ δεξιῶν
Mt 26:72 οὐκ οἶδα τὸν **ἄνθρωπον**.
Mt 26:74 οὐκ οἶδα τὸν **ἄνθρωπον**.
Mt 27:32 Ἐξερχόμενοι δὲ εὗρον **ἄνθρωπον** Κυρηναῖον ὀνόματι Σίμωνα,
Mt 27:57 δὲ γενομένης ἦλθεν **ἄνθρωπος** πλούσιος ἀπὸ Ἀριμαθαίας,

ἄνιπτος (*aniptos*; 1/2) *not washed according to ritual law*

Mt 15:20 τὸ δὲ **ἀνίπτοις** χερσὶν φαγεῖν οὐ

ἀνίστημι (*anistēmi*; 4/107[108]) *raise or rise*

Mt 9:9 καὶ **ἀναστὰς** ἠκολούθησεν αὐτῷ.
Mt 12:41 ἄνδρες Νινευῖται **ἀναστήσονται** ἐν τῇ κρίσει
Mt 22:24 γυναῖκα αὐτοῦ καὶ **ἀναστήσει** σπέρμα τῷ ἀδελφῷ
Mt 26:62 καὶ **ἀναστὰς** ὁ ἀρχιερεὺς εἶπεν

ἀνοίγω (*anoigō*; 11/77) *open*

Mt 2:11 προσεκύνησαν αὐτῷ καὶ **ἀνοίξαντες** τοὺς θησαυροὺς αὐτῶν
Mt 3:16 καὶ ἰδοὺ **ἠνεῴχθησαν** [αὐτῷ] οἱ οὐρανοί,
Mt 5:2 καὶ **ἀνοίξας** τὸ στόμα αὐτοῦ
Mt 7:7 κρούετε καὶ **ἀνοιγήσεται** ὑμῖν·
Mt 7:8 καὶ τῷ κρούοντι **ἀνοιγήσεται**.
Mt 9:30 καὶ **ἠνεῴχθησαν** αὐτῶν οἱ ὀφθαλμοί.
Mt 13:35 **ἀνοίξω** ἐν παραβολαῖς τὸ
Mt 17:27 καὶ **ἀνοίξας** τὸ στόμα αὐτοῦ
Mt 20:33 ἵνα **ἀνοιγῶσιν** οἱ ὀφθαλμοὶ ἡμῶν.
Mt 25:11 **ἄνοιξον** ἡμῖν.
Mt 27:52 καὶ τὰ μνημεῖα **ἀνεῴχθησαν** καὶ πολλὰ σώματα

ἀνομία (*anomia*; 4/15) *wickedness*

Mt 7:23 οἱ ἐργαζόμενοι τὴν **ἀνομίαν**.
Mt 13:41 τοὺς ποιοῦντας τὴν **ἀνομίαν**
Mt 23:28 μεστοὶ ὑποκρίσεως καὶ **ἀνομίας**.
Mt 24:12 τὸ πληθυνθῆναι τὴν **ἀνομίαν** ψυγήσεται ἡ ἀγάπη

ἀντάλλαγμα (*antallagma*; 1/2) *something offered in exchange*

Mt 16:26 τί δώσει ἄνθρωπος **ἀντάλλαγμα** τῆς ψυχῆς αὐτοῦ;

ἀντέχομαι (*antechomai*; 1/4) *be loyal to*

Mt 6:24 ἢ ἑνὸς **ἀνθέξεται** καὶ τοῦ ἑτέρου

ἀντί (*anti*; 5/22) *instead of*

Mt 2:22 βασιλεύει τῆς Ἰουδαίας **ἀντὶ** τοῦ πατρὸς αὐτοῦ
Mt 5:38 ὀφθαλμὸν **ἀντὶ** ὀφθαλμοῦ καὶ ὀδόντα
Mt 5:38 ὀφθαλμοῦ καὶ ὀδόντα **ἀντὶ** ὀδόντος.
Mt 17:27 λαβὼν δὸς αὐτοῖς **ἀντὶ** ἐμοῦ καὶ σοῦ.
Mt 20:28 ψυχὴν αὐτοῦ λύτρον **ἀντὶ** πολλῶν.

ἀντίδικος (*antidikos*; 2/5) *opponent at law*

Mt 5:25 ἴσθι εὐνοῶν τῷ **ἀντιδίκῳ** σου ταχύ,
Mt 5:25 σε παραδῷ ὁ **ἀντίδικος** τῷ κριτῇ καὶ

ἄνυδρος (*anydros*; 1/4) *waterless*

Mt 12:43 διέρχεται δι' **ἀνύδρων** τόπων ζητοῦν ἀνάπαυσιν

ἄνωθεν (*anōthen*; 1/13) *from above*

Mt 27:51 ναοῦ ἐσχίσθη ἀπ' **ἄνωθεν** ἕως κάτω εἰς

ἀξίνη (*axinē*; 1/2) *axe*

Mt 3:10 ἤδη δὲ ἡ **ἀξίνη** πρὸς τὴν ῥίζαν

ἄξιος (*axios*; 9/41) *worthy*

Mt 3:8 ποιήσατε οὖν καρπὸν **ἄξιον** τῆς μετανοίας
Mt 10:10 ἄξιος **γὰρ** ὁ ἐργάτης τῆς
Mt 10:11 τίς ἐν αὐτῇ **ἄξιός** ἐστιν·
Mt 10:13 ᾖ ἡ οἰκία **ἀξία**,
Mt 10:13 δὲ μὴ ᾖ **ἀξία**,
Mt 10:37 οὐκ ἔστιν μου **ἄξιος**,
Mt 10:37 οὐκ ἔστιν μου **ἄξιος**·
Mt 10:38 οὐκ ἔστιν μου **ἄξιος**.
Mt 22:8 κεκλημένοι οὐκ ἦσαν **ἄξιοι**·

ἀπαγγέλλω (*apangellō*; 8/43[45]) *proclaim*

Mt 2:8 **ἀπαγγείλατέ** μοι,
Mt 8:33 εἰς τὴν πόλιν **ἀπήγγειλαν** πάντα καὶ τὰ
Mt 11:4 πορευθέντες **ἀπαγγείλατε** Ἰωάννῃ ἃ ἀκούετε
Mt 12:18 κρίσιν τοῖς ἔθνεσιν **ἀπαγγελεῖ**.
Mt 14:12 αὐτὸ[ν] καὶ ἐλθόντες **ἀπήγγειλαν** τῷ Ἰησοῦ.
Mt 28:8 χαρᾶς μεγάλης ἔδραμον **ἀπαγγεῖλαι** τοῖς μαθηταῖς αὐτοῦ.
Mt 28:10 ὑπάγετε **ἀπαγγείλατε** τοῖς ἀδελφοῖς μου
Mt 28:11 εἰς τὴν πόλιν **ἀπήγγειλαν** τοῖς ἀρχιερεῦσιν ἅπαντα

ἀπάγχω (*apanchō*; 1/1) *hang oneself*

Mt 27:5 καὶ ἀπελθὼν **ἀπήγξατο**.

ἀπάγω (*apagō*; 5/15) *lead away by force*

Mt 7:13 ἡ ὁδὸς ἡ **ἀπάγουσα** εἰς τὴν ἀπώλειαν
Mt 7:14 ἡ ὁδὸς ἡ **ἀπάγουσα** εἰς τὴν ζωὴν
Mt 26:57 κρατήσαντες τὸν Ἰησοῦν **ἀπήγαγον** πρὸς Καϊάφαν τὸν
Mt 27:2 καὶ δήσαντες αὐτὸν **ἀπήγαγον** καὶ παρέδωκαν Πιλάτῳ
Mt 27:31 ἱμάτια αὐτοῦ καὶ **ἀπήγαγον** αὐτὸν εἰς τὸ

ἀπαίρω (*apairō*; 1/3) *take away*

Mt 9:15 δὲ ἡμέραι ὅταν **ἀπαρθῇ** ἀπ᾽ αὐτῶν ὁ

ἁπαλός (*hapalos*; 1/2) *putting out leaves*

Mt 24:32 κλάδος αὐτῆς γένηται **ἁπαλὸς** καὶ τὰ φύλλα

ἀπάντησις (*apantēsis*; 1/3) *meeting*

Mt 25:6 ἐξέρχεσθε εἰς **ἀπάντησιν** [αὐτοῦ].

ἀπαρνέομαι (*aparneomai*; 4/11) *disown*

Mt 16:24 **ἀπαρνησάσθω** ἑαυτὸν καὶ ἀράτω
Mt 26:34 ἀλέκτορα φωνῆσαι τρὶς **ἀπαρνήσῃ** με.
Mt 26:35 οὐ μή σε **ἀπαρνήσομαι**.
Mt 26:75 ἀλέκτορα φωνῆσαι τρὶς **ἀπαρνήσῃ** με·

ἅπας (*hapas*; 3/33[34]) *all*

Mt 6:32 ὅτι χρῄζετε τούτων **ἁπάντων**.
Mt 24:39 κατακλυσμὸς καὶ ἦρεν **ἅπαντας**,
Mt 28:11 ἀπήγγειλαν τοῖς ἀρχιερεῦσιν **ἅπαντα** τὰ γενόμενα.

ἀπάτη (*apatē*; 1/7) *deception*

Mt 13:22 αἰῶνος καὶ ἡ **ἀπάτη** τοῦ πλούτου συμπνίγει

ἀπέναντι (*apenanti*; 2/5) *opposite*

Mt 27:24 ἀπενίψατο τὰς χεῖρας **ἀπέναντι** τοῦ ὄχλου λέγων·
Mt 27:61 ἄλλη Μαρία καθήμεναι **ἀπέναντι** τοῦ τάφου.

ἀπέρχομαι (*aperchomai*; 35/116[117]) *go, go away, depart*

Mt 2:22 Ἡρῴδου ἐφοβήθη ἐκεῖ **ἀπελθεῖν**·
Mt 4:24 Καὶ **ἀπῆλθεν** ἡ ἀκοὴ αὐτοῦ
Mt 5:30 σου εἰς γέενναν **ἀπέλθῃ**.
Mt 8:18 περὶ αὐτὸν ἐκέλευσεν **ἀπελθεῖν** εἰς τὸ πέραν.
Mt 8:19 σοι ὅπου ἐὰν **ἀπέρχῃ**.
Mt 8:21 ἐπίτρεψόν μοι πρῶτον **ἀπελθεῖν** καὶ θάψαι
Mt 8:32 οἱ δὲ ἐξελθόντες **ἀπῆλθον** εἰς τοὺς χοίρους·
Mt 8:33 καὶ **ἀπελθόντες** εἰς τὴν πόλιν
Mt 9:7 καὶ ἐγερθεὶς **ἀπῆλθεν** εἰς τὸν οἶκον
Mt 10:5 ὁδὸν ἐθνῶν μὴ **ἀπέλθητε** καὶ εἰς πόλιν
Mt 13:25 τοῦ σίτου καὶ **ἀπῆλθεν**.
Mt 13:28 θέλεις οὖν **ἀπελθόντες** συλλέξωμεν αὐτά;
Mt 13:46 ἕνα πολύτιμον μαργαρίτην **ἀπελθὼν** πέπρακεν πάντα ὅσα
Mt 14:15 ἵνα **ἀπελθόντες** εἰς τὰς κώμας
Mt 14:16 οὐ χρείαν ἔχουσιν **ἀπελθεῖν**,
Mt 16:4 καὶ καταλιπὼν αὐτοὺς **ἀπῆλθεν**.
Mt 16:21 αὐτὸν εἰς Ἱεροσόλυμα **ἀπελθεῖν** καὶ πολλὰ παθεῖν
Mt 18:30 οὐκ ἤθελεν ἀλλὰ **ἀπελθὼν** ἔβαλεν αὐτὸν εἰς
Mt 19:22 νεανίσκος τὸν λόγον **ἀπῆλθεν** λυπούμενος·
Mt 20:5 οἱ δὲ **ἀπῆλθον**.
Mt 21:29 ὕστερον δὲ μεταμεληθεὶς **ἀπῆλθεν**.
Mt 21:30 καὶ οὐκ **ἀπῆλθεν**.
Mt 22:5 οἱ δὲ ἀμελήσαντες **ἀπῆλθον**,
Mt 22:22 καὶ ἀφέντες αὐτὸν **ἀπῆλθαν**.
Mt 25:10 **ἀπερχομένων** δὲ αὐτῶν ἀγοράσαι
Mt 25:18 τὸ ἓν λαβὼν **ἀπελθὼν** ὤρυξεν γῆν καὶ
Mt 25:25 καὶ φοβηθεὶς **ἀπελθὼν** ἔκρυψα τὸ τάλαντόν
Mt 25:46 καὶ **ἀπελεύσονται** οὗτοι εἰς κόλασιν
Mt 26:36 αὐτοῦ ἕως [οὗ] **ἀπελθὼν** ἐκεῖ προσεύξωμαι.
Mt 26:42 πάλιν ἐκ δευτέρου **ἀπελθὼν** προσηύξατο λέγων·
Mt 26:44 ἀφεὶς αὐτοὺς πάλιν **ἀπελθὼν** προσηύξατο ἐκ τρίτου
Mt 27:5 καὶ **ἀπελθὼν** ἀπήγξατο.
Mt 27:60 θύρᾳ τοῦ μνημείου **ἀπῆλθεν**.
Mt 28:8 Καὶ **ἀπελθοῦσαι** ταχὺ ἀπὸ τοῦ
Mt 28:10 ἀδελφοῖς μου ἵνα **ἀπέλθωσιν** εἰς τὴν Γαλιλαίαν,

ἀπέχω (*apechō*; 5/19) *receive in full*

Mt 6:2 **ἀπέχουσιν** τὸν μισθὸν αὐτῶν.
Mt 6:5 **ἀπέχουσιν** τὸν μισθὸν αὐτῶν.
Mt 6:16 **ἀπέχουσιν** τὸν μισθὸν αὐτῶν.
Mt 14:24 ἀπὸ τῆς γῆς **ἀπεῖχεν** βασανιζόμενον ὑπὸ
Mt 15:8 καρδία αὐτῶν πόρρω **ἀπέχει** ἀπ᾽ ἐμοῦ·

ἀπιστία (*apistia*; 1/10[11]) *unbelief*

Mt 13:58 πολλὰς διὰ τὴν **ἀπιστίαν** αὐτῶν.

ἄπιστος (*apistos*; 1/23) *unfaithful*

Mt 17:17 ὦ γενεὰ **ἄπιστος** καὶ διεστραμμένη,

ἁπλοῦς (*haplous*; 1/2) *sound*

Mt 6:22 ὁ ὀφθαλμός σου **ἁπλοῦς**,

ἀπό (*apo*; 115/643[646]) *from*

Mt 1:17 οὖν αἱ γενεαὶ **ἀπὸ** Ἀβραὰμ ἕως Δαυὶδ
Mt 1:17 καὶ **ἀπὸ** Δαυὶδ ἕως τῆς
Mt 1:17 καὶ **ἀπὸ** τῆς μετοικεσίας Βαβυλῶνος
Mt 1:21 τὸν λαὸν αὐτοῦ **ἀπὸ** τῶν ἁμαρτιῶν αὐτῶν.
Mt 1:24 δὲ ὁ Ἰωσὴφ **ἀπὸ** τοῦ ὕπνου ἐποίησεν
Mt 2:1 ἰδοὺ μάγοι **ἀπὸ** ἀνατολῶν παρεγένοντο εἰς
Mt 2:16 τοῖς ὁρίοις αὐτῆς **ἀπὸ** διετοῦς καὶ κατωτέρω,
Mt 3:4 τὸ ἔνδυμα αὐτοῦ **ἀπὸ** τριχῶν καμήλου καὶ
Mt 3:7 ὑπέδειξεν ὑμῖν φυγεῖν **ἀπὸ** τῆς μελλούσης ὀργῆς;
Mt 3:13 παραγίνεται ὁ Ἰησοῦς **ἀπὸ** τῆς Γαλιλαίας
Mt 3:16 Ἰησοῦς εὐθὺς ἀνέβη **ἀπὸ** τοῦ ὕδατος·
Mt 4:17 **Ἀπὸ** τότε ἤρξατο ὁ
Mt 4:25 αὐτῷ ὄχλοι πολλοὶ **ἀπὸ** τῆς Γαλιλαίας καὶ
Mt 5:18 οὐ μὴ παρέλθῃ **ἀπὸ** τοῦ νόμου,
Mt 5:29 αὐτὸν καὶ βάλε **ἀπὸ** σοῦ·
Mt 5:30 αὐτὴν καὶ βάλε **ἀπὸ** σοῦ·
Mt 5:42 καὶ τὸν θέλοντα **ἀπὸ** σοῦ δανίσασθαι μὴ
Mt 6:13 ἀλλὰ ῥῦσαι ἡμᾶς **ἀπὸ** τοῦ πονηροῦ.
Mt 7:15 Προσέχετε **ἀπὸ** τῶν ψευδοπροφητῶν,
Mt 7:16 **ἀπὸ** τῶν καρπῶν αὐτῶν
Mt 7:16 μήτι συλλέγουσιν **ἀπὸ** ἀκανθῶν σταφυλὰς ἢ
Mt 7:16 ἀκανθῶν σταφυλὰς ἢ **ἀπὸ** τριβόλων σῦκα;
Mt 7:20 ἄρα γε **ἀπὸ** τῶν καρπῶν αὐτῶν
Mt 7:23 ἀποχωρεῖτε **ἀπ'** ἐμοῦ οἱ ἐργαζόμενοι
Mt 8:1 Καταβάντος δὲ αὐτοῦ **ἀπὸ** τοῦ ὄρους ἠκολούθησαν
Mt 8:11 ὑμῖν ὅτι πολλοὶ **ἀπὸ** ἀνατολῶν καὶ δυσμῶν
Mt 8:30 ἦν δὲ μακρὰν **ἀπ'** αὐτῶν ἀγέλη χοίρων
Mt 8:34 παρεκάλεσαν ὅπως μεταβῇ **ἀπὸ** τῶν ὁρίων αὐτῶν.
Mt 9:15 ἡμέραι ὅταν ἀπαρθῇ **ἀπ'** αὐτῶν ὁ νυμφίος,
Mt 9:16 τὸ πλήρωμα αὐτοῦ **ἀπὸ** τοῦ ἱματίου καὶ
Mt 9:22 ἐσώθη ἡ γυνὴ **ἀπὸ** τῆς ὥρας ἐκείνης.
Mt 10:17 Προσέχετε δὲ **ἀπὸ** τῶν ἀνθρώπων·
Mt 10:28 καὶ μὴ φοβεῖσθε **ἀπὸ** τῶν ἀποκτεννόντων τὸ
Mt 11:12 **ἀπὸ** δὲ τῶν ἡμερῶν
Mt 11:19 ἐδικαιώθη ἡ σοφία **ἀπὸ** τῶν ἔργων αὐτῆς.
Mt 11:25 ὅτι ἔκρυψας ταῦτα **ἀπὸ** σοφῶν καὶ συνετῶν
Mt 11:29 ὑμᾶς καὶ μάθετε **ἀπ'** ἐμοῦ,
Mt 12:38 θέλομεν **ἀπὸ** σοῦ σημεῖον ἰδεῖν.
Mt 12:43 ἀκάθαρτον πνεῦμα ἐξέλθῃ **ἀπὸ** τοῦ ἀνθρώπου,
Mt 13:12 ὃ ἔχει ἀρθήσεται **ἀπ'** αὐτοῦ.
Mt 13:35 ἐρεύξομαι κεκρυμμένα **ἀπὸ** καταβολῆς [κόσμου].
Mt 13:44 καὶ **ἀπὸ** τῆς χαρᾶς αὐτοῦ
Mt 14:2 αὐτὸς ἠγέρθη **ἀπὸ** τῶν νεκρῶν καὶ
Mt 14:13 ἠκολούθησαν αὐτῷ πεζῇ **ἀπὸ** τῶν πόλεων.
Mt 14:24 ἤδη σταδίους πολλοὺς **ἀπὸ** τῆς γῆς ἀπεῖχεν
Mt 14:26 καὶ **ἀπὸ** τοῦ φόβου ἔκραξαν.
Mt 14:29 καὶ καταβὰς **ἀπὸ** τοῦ πλοίου [ὁ]
Mt 15:1 προσέρχονται τῷ Ἰησοῦ **ἀπὸ** Ἱεροσολύμων Φαρισαῖοι καὶ
Mt 15:8 αὐτῶν πόρρω ἀπέχει **ἀπ'** ἐμοῦ·
Mt 15:22 ἰδοὺ γυνὴ Χαναναία **ἀπὸ** τῶν ὁρίων ἐκείνων
Mt 15:27 τὰ κυνάρια ἐσθίει **ἀπὸ** τῶν ψιχίων τῶν
Mt 15:27 ψιχίων τῶν πιπτόντων **ἀπὸ** τῆς τραπέζης
Mt 15:28 ἡ θυγάτηρ αὐτῆς **ἀπὸ** τῆς ὥρας ἐκείνης.
Mt 16:6 ὁρᾶτε καὶ προσέχετε **ἀπὸ** τῆς ζύμης τῶν
Mt 16:11 προσέχετε δὲ **ἀπὸ** τῆς ζύμης τῶν
Mt 16:12 οὐκ εἶπεν προσέχειν **ἀπὸ** τῆς ζύμης τῶν
Mt 16:12 τῶν ἄρτων ἀλλὰ **ἀπὸ** τῆς διδαχῆς τῶν
Mt 16:21 **Ἀπὸ** τότε ἤρξατο ὁ
Mt 16:21 καὶ πολλὰ παθεῖν **ἀπὸ** τῶν πρεσβυτέρων καὶ
Mt 17:18 Ἰησοῦς καὶ ἐξῆλθεν **ἀπ'** αὐτοῦ τὸ δαιμόνιον
Mt 17:18 ἐθεραπεύθη ὁ παῖς **ἀπὸ** τῆς ὥρας ἐκείνης.
Mt 17:25 βασιλεῖς τῆς γῆς **ἀπὸ** τίνων λαμβάνουσιν τέλη
Mt 17:25 **ἀπὸ** τῶν υἱῶν αὐτῶν
Mt 17:25 υἱῶν αὐτῶν ἢ **ἀπὸ** τῶν ἀλλοτρίων;
Mt 17:26 **ἀπὸ** τῶν ἀλλοτρίων,
Mt 18:7 Οὐαὶ τῷ κόσμῳ **ἀπὸ** τῶν σκανδάλων·
Mt 18:8 αὐτὸν καὶ βάλε **ἀπὸ** σοῦ·
Mt 18:9 αὐτὸν καὶ βάλε **ἀπὸ** σοῦ·
Mt 18:35 τῷ ἀδελφῷ αὐτοῦ **ἀπὸ** τῶν καρδιῶν ὑμῶν.
Mt 19:1 μετῆρεν **ἀπὸ** τῆς Γαλιλαίας καὶ
Mt 19:4 ὅτι ὁ κτίσας **ἀπ'** ἀρχῆς ἄρσεν καὶ
Mt 19:8 **ἀπ'** ἀρχῆς δὲ οὐ
Mt 20:8 τὸν μισθὸν ἀρξάμενος **ἀπὸ** τῶν ἐσχάτων ἕως
Mt 20:20 καὶ αἰτοῦσά τι **ἀπ'** αὐτοῦ.
Mt 20:29 Καὶ ἐκπορευομένων αὐτῶν **ἀπὸ** Ἰεριχὼ ἠκολούθησεν αὐτῷ
Mt 21:8 δὲ ἔκοπτον κλάδους **ἀπὸ** τῶν δένδρων καὶ
Mt 21:11 προφήτης Ἰησοῦς ὁ **ἀπὸ** Ναζαρὲθ τῆς Γαλιλαίας.
Mt 21:43 ὑμῖν ὅτι ἀρθήσεται **ἀφ'** ὑμῶν ἡ βασιλεία
Mt 22:46 οὐδὲ ἐτόλμησέν τις **ἀπ'** ἐκείνης τῆς ἡμέρας
Mt 23:33 πῶς φύγητε **ἀπὸ** τῆς κρίσεως τῆς
Mt 23:34 ὑμῶν καὶ διώξετε **ἀπὸ** πόλεως εἰς πόλιν·
Mt 23:35 ἐπὶ τῆς γῆς **ἀπὸ** τοῦ αἵματος Ἅβελ
Mt 23:39 μή με ἴδητε **ἀπ'** ἄρτι ἕως ἂν
Mt 24:1 ἐξελθὼν ὁ Ἰησοῦς **ἀπὸ** τοῦ ἱεροῦ ἐπορεύετο,
Mt 24:21 οἵα οὐ γέγονεν **ἀπ'** ἀρχῆς κόσμου ἕως
Mt 24:27 ἡ ἀστραπὴ ἐξέρχεται **ἀπὸ** ἀνατολῶν καὶ φαίνεται
Mt 24:29 οἱ ἀστέρες πεσοῦνται **ἀπὸ** τοῦ οὐρανοῦ,
Mt 24:31 τῶν τεσσάρων ἀνέμων **ἀπ'** ἄκρων οὐρανῶν ἕως
Mt 24:32 **Ἀπὸ** δὲ τῆς συκῆς
Mt 25:28 ἄρατε οὖν **ἀπ'** αὐτοῦ τὸ τάλαντον
Mt 25:29 ὃ ἔχει ἀρθήσεται **ἀπ'** αὐτοῦ.
Mt 25:32 καὶ ἀφορίσει αὐτοὺς **ἀπ'** ἀλλήλων,
Mt 25:32 ἀφορίζει τὰ πρόβατα **ἀπὸ** τῶν ἐρίφων,
Mt 25:34 ἡτοιμασμένην ὑμῖν βασιλείαν **ἀπὸ** καταβολῆς κόσμου.
Mt 25:41 πορεύεσθε **ἀπ'** ἐμοῦ [οἱ] κατηραμένοι
Mt 26:16 καὶ **ἀπὸ** τότε ἐζήτει εὐκαιρίαν
Mt 26:29 οὐ μὴ πίω **ἀπ'** ἄρτι ἐκ τούτου
Mt 26:39 παρελθάτω **ἀπ'** ἐμοῦ τὸ ποτήριον
Mt 26:47 μαχαιρῶν καὶ ξύλων **ἀπὸ** τῶν ἀρχιερέων καὶ
Mt 26:58 Πέτρος ἠκολούθει αὐτῷ **ἀπὸ** μακρόθεν ἕως
Mt 26:64 **ἀπ'** ἄρτι ὄψεσθε τὸν
Mt 27:9 τετιμημένου ὃν ἐτιμήσαντο **ἀπὸ** υἱῶν Ἰσραήλ,
Mt 27:21 τίνα θέλετε **ἀπὸ** τῶν δύο ἀπολύσω
Mt 27:24 ἀθῷός εἰμι **ἀπὸ** τοῦ αἵματος τούτου·
Mt 27:40 [καὶ] κατάβηθι **ἀπὸ** τοῦ σταυροῦ.
Mt 27:42 καταβάτω νῦν **ἀπὸ** τοῦ σταυροῦ καὶ
Mt 27:45 **Ἀπὸ** δὲ ἕκτης ὥρας
Mt 27:51 τοῦ ναοῦ ἐσχίσθη **ἀπ'** ἄνωθεν ἕως κάτω
Mt 27:55 ἐκεῖ γυναῖκες πολλαὶ **ἀπὸ** μακρόθεν θεωροῦσαι,

Mt 27:55 ἠκολούθησαν τῷ Ἰησοῦ **ἀπὸ** τῆς Γαλιλαίας διακονοῦσαι
Mt 27:57 ἦλθεν ἄνθρωπος πλούσιος **ἀπὸ** Ἀριμαθαίας,
Mt 27:64 ἠγέρθη **ἀπὸ** τῶν νεκρῶν,
Mt 28:4 **ἀπὸ** δὲ τοῦ φόβου
Mt 28:7 αὐτοῦ ὅτι ἠγέρθη **ἀπὸ** τῶν νεκρῶν,
Mt 28:8 Καὶ ἀπελθοῦσαι ταχὺ **ἀπὸ** τοῦ μνημείου μετὰ

ἀποδεκατόω (*apodekatoō*; 1/4) *give a tenth*

Mt 23:23 ὅτι **ἀποδεκατοῦτε** τὸ ἡδύοσμον καὶ

ἀποδημέω (*apodēmeō*; 3/6) *leave*

Mt 21:33 αὐτὸν γεωργοῖς καὶ **ἀπεδήμησεν**.
Mt 25:14 Ὥσπερ γὰρ ἄνθρωπος **ἀποδημῶν** ἐκάλεσεν τοὺς ἰδίους
Mt 25:15 καὶ **ἀπεδήμησεν**.

ἀποδίδωμι (*apodidōmi*; 18/48) *give back, repay*

Mt 5:26 ἕως ἂν **ἀποδῷς** τὸν ἔσχατον κοδράντην.
Mt 5:33 **ἀποδώσεις** δὲ τῷ κυρίῳ
Mt 6:4 ἐν τῷ κρυπτῷ **ἀποδώσει** σοι.
Mt 6:6 ἐν τῷ κρυπτῷ **ἀποδώσει** σοι.
Mt 6:18 ἐν τῷ κρυφαίῳ **ἀποδώσει** σοι.
Mt 12:36 λαλήσουσιν οἱ ἄνθρωποι **ἀποδώσουσιν** περὶ αὐτοῦ λόγον
Mt 16:27 καὶ τότε **ἀποδώσει** ἑκάστῳ κατὰ τὴν
Mt 18:25 ἔχοντος δὲ αὐτοῦ **ἀποδοῦναι** ἐκέλευσεν αὐτὸν ὁ
Mt 18:25 καὶ **ἀποδοθῆναι**.
Mt 18:26 καὶ πάντα **ἀποδώσω** σοι.
Mt 18:28 **ἀπόδος** εἴ τι ὀφείλεις.
Mt 18:29 καὶ **ἀποδώσω** σοι.
Mt 18:30 εἰς φυλακὴν ἕως **ἀποδῷ** τὸ ὀφειλόμενον.
Mt 18:34 βασανισταῖς ἕως οὗ **ἀποδῷ** πᾶν τὸ ὀφειλόμενον.
Mt 20:8 τοὺς ἐργάτας καὶ **ἀπόδος** αὐτοῖς τὸν μισθὸν
Mt 21:41 οἵτινες **ἀποδώσουσιν** αὐτῷ τοὺς καρποὺς
Mt 22:21 **ἀπόδοτε** οὖν τὰ Καίσαρος
Mt 27:58 ὁ Πιλᾶτος ἐκέλευσεν **ἀποδοθῆναι**.

ἀποδοκιμάζω (*apodokimazō*; 1/9) *reject*

Mt 21:42 λίθον ὃν **ἀπεδοκίμασαν** οἱ οἰκοδομοῦντες,

ἀποθήκη (*apothēkē*; 3/6) *barn*

Mt 3:12 αὐτοῦ εἰς τὴν **ἀποθήκην**,
Mt 6:26 οὐδὲ συνάγουσιν εἰς **ἀποθήκας**,
Mt 13:30 συναγάγετε εἰς τὴν **ἀποθήκην** μου.

ἀποθνῄσκω (*apothnēskō*; 5/111) *die*

Mt 8:32 τὴν θάλασσαν καὶ **ἀπέθανον** ἐν τοῖς ὕδασιν.
Mt 9:24 οὐ γὰρ **ἀπέθανεν** τὸ κοράσιον ἀλλὰ
Mt 22:24 ἐάν τις **ἀποθάνῃ** μὴ ἔχων τέκνα,
Mt 22:27 ὕστερον δὲ πάντων **ἀπέθανεν** ἡ γυνή.
Mt 26:35 με σὺν σοὶ **ἀποθανεῖν**,

ἀποκαθίστημι (*apokathistēmi*; 2/8) *reestablish*

Mt 12:13 καὶ ἐξέτεινεν καὶ **ἀπεκατεστάθη** ὑγιὴς ὡς ἡ
Mt 17:11 μὲν ἔρχεται καὶ **ἀποκαταστήσει** πάντα·

ἀποκαλύπτω (*apokalyptō*; 4/26) *reveal*

Mt 10:26 κεκαλυμμένον ὃ οὐκ **ἀποκαλυφθήσεται** καὶ κρυπτὸν ὃ
Mt 11:25 καὶ συνετῶν καὶ **ἀπεκάλυψας** αὐτὰ νηπίοις·
Mt 11:27 βούληται ὁ υἱὸς **ἀποκαλύψαι**.
Mt 16:17 καὶ αἷμα οὐκ **ἀπεκάλυψέν** σοι ἀλλ' ὁ

ἀποκεφαλίζω (*apokephalizō*; 1/4) *behead*

Mt 14:10 καὶ πέμψας **ἀπεκεφάλισεν** [τὸν] Ἰωάννην ἐν

ἀποκρίνομαι (*apokrinomai*; 55/231) *answer*

Mt 3:15 **ἀποκριθεὶς** δὲ ὁ Ἰησοῦς
Mt 4:4 ὁ δὲ **ἀποκριθεὶς** εἶπεν·
Mt 8:8 καὶ **ἀποκριθεὶς** ὁ ἑκατόνταρχος ἔφη·
Mt 11:4 καὶ **ἀποκριθεὶς** ὁ Ἰησοῦς εἶπεν
Mt 11:25 ἐκείνῳ τῷ καιρῷ **ἀποκριθεὶς** ὁ Ἰησοῦς εἶπεν·
Mt 12:38 Τότε **ἀπεκρίθησαν** αὐτῷ τινες τῶν
Mt 12:39 ὁ δὲ **ἀποκριθεὶς** εἶπεν αὐτοῖς·
Mt 12:48 ὁ δὲ **ἀποκριθεὶς** εἶπεν τῷ λέγοντι
Mt 13:11 ὁ δὲ **ἀποκριθεὶς** εἶπεν αὐτοῖς·
Mt 13:37 ὁ δὲ **ἀποκριθεὶς** εἶπεν·
Mt 14:28 **ἀποκριθεὶς** δὲ αὐτῷ ὁ
Mt 15:3 ὁ δὲ **ἀποκριθεὶς** εἶπεν αὐτοῖς·
Mt 15:13 ὁ δὲ **ἀποκριθεὶς** εἶπεν·
Mt 15:15 **Ἀποκριθεὶς** δὲ ὁ Πέτρος
Mt 15:23 ὁ δὲ οὐκ **ἀπεκρίθη** αὐτῇ λόγον.
Mt 15:24 ὁ δὲ **ἀποκριθεὶς** εἶπεν·
Mt 15:26 ὁ δὲ **ἀποκριθεὶς** εἶπεν·
Mt 15:28 τότε **ἀποκριθεὶς** ὁ Ἰησοῦς εἶπεν
Mt 16:2 ὁ δὲ **ἀποκριθεὶς** εἶπεν αὐτοῖς·
Mt 16:16 **ἀποκριθεὶς** δὲ Σίμων Πέτρος
Mt 16:17 **ἀποκριθεὶς** δὲ ὁ Ἰησοῦς
Mt 17:4 **ἀποκριθεὶς** δὲ ὁ Πέτρος
Mt 17:11 ὁ δὲ **ἀποκριθεὶς** εἶπεν·
Mt 17:17 **ἀποκριθεὶς** δὲ ὁ Ἰησοῦς
Mt 19:4 ὁ δὲ **ἀποκριθεὶς** εἶπεν·
Mt 19:27 Τότε **ἀποκριθεὶς** ὁ Πέτρος εἶπεν
Mt 20:13 ὁ δὲ **ἀποκριθεὶς** ἑνὶ αὐτῶν εἶπεν·
Mt 20:22 **ἀποκριθεὶς** δὲ ὁ Ἰησοῦς
Mt 21:21 **ἀποκριθεὶς** δὲ ὁ Ἰησοῦς
Mt 21:24 **ἀποκριθεὶς** δὲ ὁ Ἰησοῦς
Mt 21:27 καὶ **ἀποκριθέντες** τῷ Ἰησοῦ εἶπαν·
Mt 21:29 ὁ δὲ **ἀποκριθεὶς** εἶπεν·
Mt 21:30 ὁ δὲ **ἀποκριθεὶς** εἶπεν·
Mt 22:1 Καὶ **ἀποκριθεὶς** ὁ Ἰησοῦς πάλιν
Mt 22:29 **ἀποκριθεὶς** δὲ ὁ Ἰησοῦς
Mt 22:46 καὶ οὐδεὶς ἐδύνατο **ἀποκριθῆναι** αὐτῷ λόγον οὐδὲ
Mt 24:2 ὁ δὲ **ἀποκριθεὶς** εἶπεν αὐτοῖς·
Mt 24:4 Καὶ **ἀποκριθεὶς** ὁ Ἰησοῦς εἶπεν
Mt 25:9 **ἀπεκρίθησαν** δὲ αἱ φρόνιμοι
Mt 25:12 ὁ δὲ **ἀποκριθεὶς** εἶπεν·
Mt 25:26 **ἀποκριθεὶς** δὲ ὁ κύριος
Mt 25:37 τότε **ἀποκριθήσονται** αὐτῷ οἱ δίκαιοι
Mt 25:40 καὶ **ἀποκριθεὶς** ὁ βασιλεὺς ἐρεῖ
Mt 25:44 τότε **ἀποκριθήσονται** καὶ αὐτοὶ λέγοντες·
Mt 25:45 τότε **ἀποκριθήσεται** αὐτοῖς λέγων·
Mt 26:23 ὁ δὲ **ἀποκριθεὶς** εἶπεν·
Mt 26:25 **ἀποκριθεὶς** δὲ Ἰούδας ὁ
Mt 26:33 **ἀποκριθεὶς** δὲ ὁ Πέτρος
Mt 26:62 οὐδὲν **ἀποκρίνῃ** τί οὗτοί σου
Mt 26:66 οἱ δὲ **ἀποκριθέντες** εἶπαν·

Mt 27:12 καὶ πρεσβυτέρων οὐδὲν **ἀπεκρίνατο**.
Mt 27:14 καὶ οὐκ **ἀπεκρίθη** αὐτῷ πρὸς οὐδὲ
Mt 27:21 **ἀποκριθεὶς** δὲ ὁ ἡγεμὼν
Mt 27:25 καὶ **ἀποκριθεὶς** πᾶς ὁ λαὸς
Mt 28:5 **ἀποκριθεὶς** δὲ ὁ ἄγγελος

ἀποκτείνω (*apokteinō*; 13/74) *kill*
Mt 10:28 φοβεῖσθε ἀπὸ τῶν **ἀποκτεννόντων** τὸ σῶμα,
Mt 10:28 ψυχὴν μὴ δυναμένων **ἀποκτεῖναι**·
Mt 14:5 καὶ θέλων αὐτὸν **ἀποκτεῖναι** ἐφοβήθη τὸν ὄχλον,
Mt 16:21 καὶ γραμματέων καὶ **ἀποκτανθῆναι** καὶ τῇ τρίτῃ
Mt 17:23 καὶ **ἀποκτενοῦσιν** αὐτόν,
Mt 21:35 ὃν δὲ **ἀπέκτειναν**,
Mt 21:38 δεῦτε **ἀποκτείνωμεν** αὐτὸν καὶ σχῶμεν
Mt 21:39 τοῦ ἀμπελῶνος καὶ **ἀπέκτειναν**.
Mt 22:6 αὐτοῦ ὕβρισαν καὶ **ἀπέκτειναν**.
Mt 23:34 ἐξ αὐτῶν ἀποκτενεῖτε **καὶ** σταυρώσετε καὶ
Mt 23:37 ἡ **ἀποκτείνουσα** τοὺς προφήτας καὶ
Mt 24:9 εἰς θλῖψιν καὶ **ἀποκτενοῦσιν** ὑμᾶς,
Mt 26:4 δόλῳ κρατήσωσιν καὶ **ἀποκτείνωσιν**·

ἀποκυλίω (*apokyliō*; 1/4) *roll away*
Mt 28:2 οὐρανοῦ καὶ προσελθὼν **ἀπεκύλισεν** τὸν λίθον καὶ

ἀπόλλυμι (*apollymi*; 19/90) *destroy*
Mt 2:13 τὸ παιδίον τοῦ **ἀπολέσαι** αὐτό.
Mt 5:29 γάρ σοι ἵνα **ἀπόληται** ἓν τῶν μελῶν
Mt 5:30 γάρ σοι ἵνα **ἀπόληται** ἓν τῶν μελῶν
Mt 8:25 **ἀπολλύμεθα**.
Mt 9:17 καὶ οἱ ἀσκοὶ **ἀπόλλυνται**·
Mt 10:6 τὰ πρόβατα τὰ **ἀπολωλότα** οἴκου Ἰσραήλ.
Mt 10:28 ψυχὴν καὶ σῶμα **ἀπολέσαι** ἐν γεέννῃ.
Mt 10:39 τὴν ψυχὴν αὐτοῦ **ἀπολέσει** αὐτήν,
Mt 10:39 καὶ ὁ **ἀπολέσας** τὴν ψυχὴν αὐτοῦ
Mt 10:42 οὐ μὴ **ἀπολέσῃ** τὸν μισθὸν αὐτοῦ.
Mt 12:14 αὐτοῦ ὅπως αὐτὸν **ἀπολέσωσιν**.
Mt 15:24 τὰ πρόβατα τὰ **ἀπολωλότα** οἴκου Ἰσραήλ.
Mt 16:25 ψυχὴν αὐτοῦ σῶσαι **ἀπολέσει** αὐτήν·
Mt 16:25 ὃς δ' ἂν **ἀπολέσῃ** τὴν ψυχὴν αὐτοῦ
Mt 18:14 ἐν οὐρανοῖς ἵνα **ἀπόληται** ἓν τῶν μικρῶν
Mt 21:41 κακοὺς κακῶς **ἀπολέσει** αὐτοὺς καὶ τὸν
Mt 22:7 τὰ στρατεύματα αὐτοῦ **ἀπώλεσεν** τοὺς φονεῖς ἐκείνους
Mt 26:52 μάχαιραν ἐν μαχαίρῃ **ἀπολοῦνται**.
Mt 27:20 τὸν δὲ Ἰησοῦν **ἀπολέσωσιν**.

ἀπολύω (*apolyō*; 19/66) *release*
Mt 1:19 ἐβουλήθη λάθρᾳ **ἀπολῦσαι** αὐτήν.
Mt 5:31 ὃς ἂν **ἀπολύσῃ** τὴν γυναῖκα αὐτοῦ,
Mt 5:32 ὅτι πᾶς ὁ **ἀπολύων** τὴν γυναῖκα αὐτοῦ
Mt 5:32 καὶ ὃς ἐὰν **ἀπολελυμένην** γαμήσῃ,
Mt 14:15 **ἀπόλυσον** τοὺς ὄχλους,
Mt 14:22 ἕως οὗ **ἀπολύσῃ** τοὺς ὄχλους.
Mt 14:23 καὶ **ἀπολύσας** τοὺς ὄχλους ἀνέβη
Mt 15:23 **ἀπόλυσον** αὐτήν,
Mt 15:32 καὶ **ἀπολῦσαι** αὐτοὺς νήστεις οὐ
Mt 15:39 Καὶ **ἀπολύσας** τοὺς ὄχλους ἐνέβη
Mt 18:27 τοῦ δούλου ἐκείνου **ἀπέλυσεν** αὐτὸν καὶ τὸ
Mt 19:3 εἰ ἔξεστιν ἀνθρώπῳ **ἀπολῦσαι** τὴν γυναῖκα αὐτοῦ
Mt 19:7 βιβλίον ἀποστασίου καὶ **ἀπολῦσαι** [αὐτήν];
Mt 19:8 ὑμῶν ἐπέτρεψεν ὑμῖν **ἀπολῦσαι** τὰς γυναῖκας ὑμῶν,
Mt 19:9 ὅτι ὃς ἂν **ἀπολύσῃ** τὴν γυναῖκα αὐτοῦ
Mt 27:15 εἰώθει ὁ ἡγεμὼν **ἀπολύειν** ἕνα τῷ ὄχλῳ
Mt 27:17 τίνα θέλετε **ἀπολύσω** ὑμῖν,
Mt 27:21 ἀπὸ τῶν δύο **ἀπολύσω** ὑμῖν;
Mt 27:26 τότε **ἀπέλυσεν** αὐτοῖς τὸν Βαραββᾶν,

ἀπονίπτω (*aponiptō*; 1/1) *wash*
Mt 27:24 λαβὼν ὕδωρ **ἀπενίψατο** τὰς χεῖρας ἀπέναντι

ἀποσπάω (*apospaō*; 1/4) *draw or lead away*
Mt 26:51 ἐκτείνας τὴν χεῖρα **ἀπέσπασεν** τὴν μάχαιραν αὐτοῦ

ἀποστάσιον (*apostasion*; 2/3) *written notice of divorce*
Mt 5:31 δότω αὐτῇ **ἀποστάσιον**.
Mt 19:7 ἐνετείλατο δοῦναι βιβλίον **ἀποστασίου** καὶ ἀπολῦσαι [αὐτήν];

ἀποστέλλω (*apostellō*; 22/132) *send*
Mt 2:16 καὶ **ἀποστείλας** ἀνεῖλεν πάντας τοὺς
Mt 8:31 **ἀπόστειλον** ἡμᾶς εἰς τὴν
Mt 10:5 Τούτους τοὺς δώδεκα **ἀπέστειλεν** ὁ Ἰησοῦς παραγγείλας
Mt 10:16 Ἰδοὺ ἐγὼ **ἀποστέλλω** ὑμᾶς ὡς πρόβατα
Mt 10:40 δεχόμενος δέχεται τὸν **ἀποστείλαντά** με.
Mt 11:10 ἰδοὺ ἐγὼ **ἀποστέλλω** τὸν ἄγγελόν μου
Mt 13:41 **ἀποστελεῖ** ὁ υἱὸς τοῦ
Mt 14:35 τοῦ τόπου ἐκείνου **ἀπέστειλαν** εἰς ὅλην τὴν
Mt 15:24 οὐκ **ἀπεστάλην** εἰ μὴ εἰς
Mt 20:2 δηναρίου τὴν ἡμέραν **ἀπέστειλεν** αὐτοὺς εἰς
Mt 21:1 τότε Ἰησοῦς **ἀπέστειλεν** δύο μαθητὰς
Mt 21:3 εὐθὺς δὲ **ἀποστελεῖ** αὐτούς.
Mt 21:34 **ἀπέστειλεν** τοὺς δούλους αὐτοῦ
Mt 21:36 πάλιν **ἀπέστειλεν** ἄλλους δούλους πλείονας
Mt 21:37 ὕστερον δὲ **ἀπέστειλεν** πρὸς αὐτοὺς τὸν
Mt 22:3 καὶ **ἀπέστειλεν** τοὺς δούλους αὐτοῦ
Mt 22:4 πάλιν **ἀπέστειλεν** ἄλλους δούλους λέγων·
Mt 22:16 καὶ **ἀποστέλλουσιν** αὐτῷ τοὺς μαθητὰς
Mt 23:34 τοῦτο ἰδοὺ ἐγὼ **ἀποστέλλω** πρὸς ὑμᾶς προφήτας
Mt 23:37 καὶ λιθοβολοῦσα τοὺς **ἀπεσταλμένους** πρὸς αὐτήν,
Mt 24:31 καὶ **ἀποστελεῖ** τοὺς ἀγγέλους αὐτοῦ
Mt 27:19 ἐπὶ τοῦ βήματος **ἀπέστειλεν** πρὸς αὐτὸν ἡ

ἀπόστολος (*apostolos*; 1/80) *apostle, messenger*
Mt 10:2 Τῶν δὲ δώδεκα **ἀποστόλων** τὰ ὀνόματά ἐστιν

ἀποστρέφω (*apostrephō*; 2/9) *turn away*
Mt 5:42 σοῦ δανίσασθαι μὴ **ἀποστραφῇς**.
Mt 26:52 **ἀπόστρεψον** τὴν μάχαιράν σου

ἀποτίθημι (*apotithēmi*; 1/9) *throw off*
Mt 14:3 καὶ ἐν φυλακῇ **ἀπέθετο** διὰ Ἡρῳδιάδα τὴν

ἀποχωρέω (*apochōreō*; 1/3) *go away*
Mt 7:23 **ἀποχωρεῖτε** ἀπ' ἐμοῦ οἱ

ἅπτω (*haptō*; 9/39) *touch*
Mt 8:3 ἐκτείνας τὴν χεῖρα **ἥψατο** αὐτοῦ λέγων·
Mt 8:15 καὶ **ἥψατο** τῆς χειρὸς αὐτῆς,
Mt 9:20 ἔτη προσελθοῦσα ὄπισθεν **ἥψατο** τοῦ κρασπέδου τοῦ
Mt 9:21 ἐὰν μόνον **ἅψωμαι** τοῦ ἱματίου αὐτοῦ
Mt 9:29 τότε **ἥψατο** τῶν ὀφθαλμῶν αὐτῶν
Mt 14:36 αὐτὸν ἵνα μόνον **ἅψωνται** τοῦ κρασπέδου
Mt 14:36 καὶ ὅσοι **ἥψαντο** διεσώθησαν.
Mt 17:7 ὁ Ἰησοῦς καὶ **ἁψάμενος** αὐτῶν εἶπεν·
Mt 20:34 δὲ ὁ Ἰησοῦς **ἥψατο** τῶν ὀμμάτων αὐτῶν,

ἀπώλεια (*apōleia*; 2/18) *destruction*
Mt 7:13 ἀπάγουσα εἰς τὴν **ἀπώλειαν** καὶ πολλοί εἰσιν
Mt 26:8 εἰς τί ἡ **ἀπώλεια** αὕτη;

ἄρα (*ara*; 7/49) *therefore, then, thus*
Mt 7:20 **ἄρα** γε ἀπὸ τῶν
Mt 12:28 **ἄρα** ἔφθασεν ἐφ' ὑμᾶς
Mt 17:26 **ἄρα** γε ἐλεύθεροί εἰσιν
Mt 18:1 τίς **ἄρα** μείζων ἐστὶν ἐν
Mt 19:25 τίς **ἄρα** δύναται σωθῆναι;
Mt 19:27 τί **ἄρα** ἔσται ἡμῖν;
Mt 24:45 Τίς **ἄρα** ἐστὶν ὁ πιστὸς

Ἀράμ (*Aram*; 2/2) *Aram*
Mt 1:3 δὲ ἐγέννησεν τὸν **Ἀράμ**,
Mt 1:4 **Ἀρὰμ** δὲ ἐγέννησεν τὸν

ἀργός (*argos*; 3/8) *idle*
Mt 12:36 ὅτι πᾶν ῥῆμα **ἀργὸν** ὃ λαλήσουσιν οἱ
Mt 20:3 ἐν τῇ ἀγορᾷ **ἀργούς**
Mt 20:6 ὅλην τὴν ἡμέραν **ἀργοί**;

ἀργύριον (*argyrion*; 9/20) *silver coin*
Mt 25:18 καὶ ἔκρυψεν τὸ **ἀργύριον** τοῦ κυρίου αὐτοῦ.
Mt 25:27 οὖν βαλεῖν τὰ **ἀργύριά** μου τοῖς τραπεζίταις,
Mt 26:15 ἔστησαν αὐτῷ τριάκοντα **ἀργύρια**.
Mt 27:3 ἔστρεψεν τὰ τριάκοντα **ἀργύρια** τοῖς ἀρχιερεῦσιν καὶ
Mt 27:5 καὶ ῥίψας τὰ **ἀργύρια** εἰς τὸν ναὸν
Mt 27:6 ἀρχιερεῖς λαβόντες τὰ **ἀργύρια** εἶπαν·
Mt 27:9 ἔλαβον τὰ τριάκοντα **ἀργύρια**,
Mt 28:12 συμβούλιόν τε λαβόντες **ἀργύρια** ἱκανὰ ἔδωκαν τοῖς
Mt 28:15 δὲ λαβόντες τὰ **ἀργύρια** ἐποίησαν ὡς ἐδιδάχθησαν.

ἄργυρος (*argyros*; 1/5) *silver*
Mt 10:9 κτήσησθε χρυσὸν μηδὲ **ἄργυρον** μηδὲ χαλκὸν

ἀρέσκω (*areskō*; 1/17) *try to please*
Mt 14:6 τῷ μέσῳ καὶ **ἤρεσεν** τῷ Ἡρῴδῃ,

ἀριθμέω (*arithmeō*; 1/3) *count*
Mt 10:30 τῆς κεφαλῆς πᾶσαι **ἠριθμημέναι** εἰσίν.

Ἀριμαθαία (*Arimathaia*; 1/4) *Arimathea*
Mt 27:57 ἄνθρωπος πλούσιος ἀπὸ **Ἀριμαθαίας**,

ἀριστερός (*aristeros*; 1/4) *left*
Mt 6:3 μὴ γνώτω ἡ **ἀριστερά** σου τί ποιεῖ

ἄριστον (*ariston*; 1/3) *meal*
Mt 22:4 ἰδοὺ τὸ **ἄριστόν** μου ἡτοίμακα,

ἀρκετός (*arketos*; 2/3) *enough*
Mt 6:34 **ἀρκετὸν** τῇ ἡμέρᾳ ἡ
Mt 10:25 **ἀρκετὸν** τῷ μαθητῇ ἵνα

ἀρκέω (*arkeō*; 1/8) *be enough or sufficient*
Mt 25:9 μήποτε οὐ μὴ **ἀρκέσῃ** ἡμῖν καὶ ὑμῖν·

ἀρνέομαι (*arneomai*; 4/33) *deny*
Mt 10:33 ὅστις δ' ἂν **ἀρνήσηταί** με ἔμπροσθεν τῶν
Mt 10:33 **ἀρνήσομαι** κἀγὼ αὐτὸν ἔμπροσθεν
Mt 26:70 ὁ δὲ **ἠρνήσατο** ἔμπροσθεν πάντων λέγων·
Mt 26:72 καὶ πάλιν **ἠρνήσατο** μετὰ ὅρκου ὅτι

ἁρπαγή (*harpagē*; 1/3) *taking(something) by violence or greed*
Mt 23:25 δὲ γέμουσιν ἐξ **ἁρπαγῆς** καὶ ἀκρασίας.

ἁρπάζω (*harpazō*; 3/14) *take by force*
Mt 11:12 βιάζεται καὶ βιασταὶ **ἁρπάζουσιν** αὐτήν.
Mt 12:29 τὰ σκεύη αὐτοῦ **ἁρπάσαι**,
Mt 13:19 ὁ πονηρὸς καὶ **ἁρπάζει** τὸ ἐσπαρμένον ἐν

ἅρπαξ (*harpax*; 1/5) *grasping*
Mt 7:15 δέ εἰσιν λύκοι **ἅρπαγες**.

ἄρρωστος (*arrōstos*; 1/4[5]) *sick*
Mt 14:14 καὶ ἐθεράπευσεν τοὺς **ἀρρώστους** αὐτῶν.

ἄρσην (*arsēn*; 1/9) *male*
Mt 19:4 κτίσας ἀπ' ἀρχῆς **ἄρσεν** καὶ θῆλυ ἐποίησεν

ἄρτι (*arti*; 7/36) *now*
Mt 3:15 ἄφες **ἄρτι**,
Mt 9:18 ἡ θυγάτηρ μου **ἄρτι** ἐτελεύτησεν·
Mt 11:12 τοῦ βαπτιστοῦ ἕως **ἄρτι** ἡ βασιλεία τῶν
Mt 23:39 με ἴδητε ἀπ' **ἄρτι** ἕως ἂν εἴπητε·
Mt 26:29 μὴ πίω ἀπ' **ἄρτι** ἐκ τούτου τοῦ
Mt 26:53 καὶ παραστήσει μοι **ἄρτι** πλείω δώδεκα λεγιῶνας
Mt 26:64 ἀπ' **ἄρτι** ὄψεσθε τὸν υἱὸν

ἄρτος (*artos*; 21/97) *bread*
Mt 4:3 οἱ λίθοι οὗτοι **ἄρτοι** γένωνται.
Mt 4:4 οὐκ ἐπ' **ἄρτῳ** μόνῳ ζήσεται ὁ
Mt 6:11 τὸν **ἄρτον** ἡμῶν τὸν ἐπιούσιον
Mt 7:9 ὁ υἱὸς αὐτοῦ **ἄρτον**,
Mt 12:4 θεοῦ καὶ τοὺς **ἄρτους** τῆς προθέσεως ἔφαγον,
Mt 14:17 εἰ μὴ πέντε **ἄρτους** καὶ δύο ἰχθύας.
Mt 14:19 λαβὼν τοὺς πέντε **ἄρτους** καὶ τοὺς δύο
Mt 14:19 τοῖς μαθηταῖς τοὺς **ἄρτους**,
Mt 15:2 χεῖρας [αὐτῶν] ὅταν **ἄρτον** ἐσθίωσιν.
Mt 15:26 καλὸν λαβεῖν τὸν **ἄρτον** τῶν τέκνων καὶ

Mt 15:33 ἡμῖν ἐν ἐρημίᾳ **ἄρτοι** τοσοῦτοι ὥστε χορτάσαι
Mt 15:34 πόσους **ἄρτους** ἔχετε;
Mt 15:36 ἔλαβεν τοὺς ἑπτὰ **ἄρτους** καὶ τοὺς ἰχθύας
Mt 16:5 τὸ πέραν ἐπελάθοντο **ἄρτους** λαβεῖν.
Mt 16:7 ἑαυτοῖς λέγοντες ὅτι **ἄρτους** οὐκ ἐλάβομεν.
Mt 16:8 ὅτι **ἄρτους** οὐκ ἔχετε;
Mt 16:9 μνημονεύετε τοὺς πέντε **ἄρτους** τῶν πεντακισχιλίων καὶ
Mt 16:10 οὐδὲ τοὺς ἑπτὰ **ἄρτους** τῶν τετρακισχιλίων
Mt 16:11 ὅτι οὐ περὶ **ἄρτων** εἶπον ὑμῖν;
Mt 16:12 τῆς ζύμης τῶν **ἄρτων** ἀλλὰ ἀπὸ τῆς
Mt 26:26 λαβὼν ὁ Ἰησοῦς **ἄρτον** καὶ εὐλογήσας ἔκλασεν

ἀρχαῖος (*archaios*; 2/11) *old*
Mt 5:21 ὅτι ἐρρέθη τοῖς **ἀρχαίοις**·
Mt 5:33 ὅτι ἐρρέθη τοῖς **ἀρχαίοις**·

Ἀρχέλαος (*Archelaos*; 1/1) *Archelaus*
Mt 2:22 Ἀκούσας δὲ ὅτι **Ἀρχέλαος** βασιλεύει τῆς Ἰουδαίας

ἀρχή (*archē*; 4/55) *beginning*
Mt 19:4 ὁ κτίσας ἀπ' **ἀρχῆς** ἄρσεν καὶ θῆλυ
Mt 19:8 ἀπ' **ἀρχῆς** δὲ οὐ γέγονεν
Mt 24:8 πάντα δὲ ταῦτα **ἀρχὴ** ὠδίνων.
Mt 24:21 οὐ γέγονεν ἀπ' **ἀρχῆς** κόσμου ἕως τοῦ

ἀρχιερεύς (*archiereus*; 25/122) *high priest*
Mt 2:4 συναγαγὼν πάντας τοὺς **ἀρχιερεῖς** καὶ γραμματεῖς τοῦ
Mt 16:21 τῶν πρεσβυτέρων καὶ **ἀρχιερέων** καὶ γραμματέων καὶ
Mt 20:18 ἀνθρώπου παραδοθήσεται τοῖς **ἀρχιερεῦσιν** καὶ γραμματεῦσιν,
Mt 21:15 ἰδόντες δὲ οἱ **ἀρχιερεῖς** καὶ οἱ γραμματεῖς
Mt 21:23 αὐτῷ διδάσκοντι οἱ **ἀρχιερεῖς** καὶ οἱ πρεσβύτεροι
Mt 21:45 Καὶ ἀκούσαντες οἱ **ἀρχιερεῖς** καὶ οἱ Φαρισαῖοι
Mt 26:3 Τότε συνήχθησαν οἱ **ἀρχιερεῖς** καὶ οἱ πρεσβύτεροι
Mt 26:3 τὴν αὐλὴν τοῦ **ἀρχιερέως** τοῦ λεγομένου Καϊάφα
Mt 26:14 πρὸς τοὺς **ἀρχιερεῖς**
Mt 26:47 ξύλων ἀπὸ τῶν **ἀρχιερέων** καὶ πρεσβυτέρων
Mt 26:51 τὸν δοῦλον τοῦ **ἀρχιερέως** ἀφεῖλεν αὐτοῦ τὸ
Mt 26:57 πρὸς Καϊάφαν τὸν **ἀρχιερέα**,
Mt 26:58 τῆς αὐλῆς τοῦ **ἀρχιερέως** καὶ εἰσελθὼν ἔσω
Mt 26:59 Οἱ δὲ **ἀρχιερεῖς** καὶ τὸ συνέδριον
Mt 26:62 καὶ ἀναστὰς ὁ **ἀρχιερεὺς** εἶπεν αὐτῷ·
Mt 26:63 καὶ ὁ **ἀρχιερεὺς** εἶπεν αὐτῷ·
Mt 26:65 τότε ὁ **ἀρχιερεὺς** διέρρηξεν τὰ ἱμάτια
Mt 27:1 ἔλαβον πάντες οἱ **ἀρχιερεῖς** καὶ οἱ πρεσβύτεροι
Mt 27:3 τριάκοντα ἀργύρια τοῖς **ἀρχιερεῦσιν** καὶ πρεσβυτέροις
Mt 27:6 Οἱ δὲ **ἀρχιερεῖς** λαβόντες τὰ ἀργύρια
Mt 27:12 αὐτὸν ὑπὸ τῶν **ἀρχιερέων** καὶ πρεσβυτέρων οὐδὲν
Mt 27:20 Οἱ δὲ **ἀρχιερεῖς** καὶ οἱ πρεσβύτεροι
Mt 27:41 ὁμοίως καὶ οἱ **ἀρχιερεῖς** ἐμπαίζοντες μετὰ
Mt 27:62 συνήχθησαν οἱ **ἀρχιερεῖς** καὶ οἱ Φαρισαῖοι
Mt 28:11 πόλιν ἀπήγγειλαν τοῖς **ἀρχιερεῦσιν** ἅπαντα τὰ γενόμενα.

ἄρχω (*archō*; 13/85[86]) *rule, govern (mid. begin)*
Mt 4:17 Ἀπὸ τότε **ἤρξατο** ὁ Ἰησοῦς κηρύσσειν
Mt 11:7 Τούτων δὲ πορευομένων **ἤρξατο** ὁ Ἰησοῦς λέγειν
Mt 11:20 Τότε **ἤρξατο** ὀνειδίζειν τὰς πόλεις
Mt 12:1 αὐτοῦ ἐπείνασαν καὶ **ἤρξαντο** τίλλειν στάχυας καὶ
Mt 14:30 καὶ ἀρξάμενος **καταποντίζεσθαι** ἔκραξεν λέγων·
Mt 16:21 Ἀπὸ τότε **ἤρξατο** ὁ Ἰησοῦς δεικνύειν
Mt 16:22 αὐτὸν ὁ Πέτρος **ἤρξατο** ἐπιτιμᾶν αὐτῷ λέγων·
Mt 18:24 **ἀρξαμένου** δὲ αὐτοῦ συναίρειν
Mt 20:8 αὐτοῖς τὸν μισθὸν **ἀρξάμενος** ἀπὸ τῶν ἐσχάτων
Mt 24:49 καὶ **ἄρξηται** τύπτειν τοὺς συνδούλους
Mt 26:22 καὶ λυπούμενοι σφόδρα **ἤρξαντο** λέγειν αὐτῷ
Mt 26:37 δύο υἱοὺς Ζεβεδαίου **ἤρξατο** λυπεῖσθαι καὶ ἀδημονεῖν.
Mt 26:74 τότε **ἤρξατο** καταθεματίζειν καὶ ὀμνύειν

ἄρχων (*archōn*; 5/37) *ruler*
Mt 9:18 ἰδοὺ **ἄρχων** εἷς ἐλθὼν προσεκύνει
Mt 9:23 τὴν οἰκίαν τοῦ **ἄρχοντος** καὶ ἰδὼν τοὺς
Mt 9:34 ἐν τῷ **ἄρχοντι** τῶν δαιμονίων ἐκβάλλει
Mt 12:24 ἐν τῷ Βεελζεβοὺλ **ἄρχοντι** τῶν δαιμονίων.
Mt 20:25 οἴδατε ὅτι οἱ **ἄρχοντες** τῶν ἐθνῶν κατακυριεύουσιν

Ἀσάφ (*Asaph*; 2/2) *Asaph*
Mt 1:7 δὲ ἐγέννησεν τὸν **Ἀσάφ**,
Mt 1:8 **Ἀσὰφ** δὲ ἐγέννησεν τὸν

ἄσβεστος (*asbestos*; 1/3) *unquenchable*
Mt 3:12 ἄχυρον κατακαύσει πυρὶ **ἀσβέστῳ**.

ἀσθένεια (*astheneia*; 1/24) *weakness, sickness*
Mt 8:17 αὐτὸς τὰς **ἀσθενείας** ἡμῶν ἔλαβεν καὶ

ἀσθενέω (*astheneō*; 3/33) *be sick or ill*
Mt 10:8 **ἀσθενοῦντας** θεραπεύετε,
Mt 25:36 **ἠσθένησα** καὶ ἐπεσκέψασθέ με,
Mt 25:39 δέ σε εἴδομεν **ἀσθενοῦντα** ἢ ἐν φυλακῇ

ἀσθενής (*asthenēs*; 3/26) *sick*
Mt 25:43 **ἀσθενὴς** καὶ ἐν φυλακῇ
Mt 25:44 ἢ γυμνὸν ἢ **ἀσθενῆ** ἢ ἐν φυλακῇ
Mt 26:41 ἡ δὲ σὰρξ **ἀσθενής**.

ἀσκός (*askos*; 4/12) *wine skin*
Mt 9:17 οἶνον νέον εἰς **ἀσκοὺς** παλαιούς·
Mt 9:17 ῥήγνυνται οἱ **ἀσκοὶ** καὶ ὁ οἶνος
Mt 9:17 ἐκχεῖται καὶ οἱ **ἀσκοὶ** ἀπόλλυνται·
Mt 9:17 οἶνον νέον εἰς **ἀσκοὺς** καινούς,

ἀσπάζομαι (*aspazomai*; 2/59) *greet*
Mt 5:47 καὶ ἐὰν **ἀσπάσησθε** τοὺς ἀδελφοὺς ὑμῶν
Mt 10:12 εἰς τὴν οἰκίαν **ἀσπάσασθε** αὐτήν·

ἀσπασμός (*aspasmos*; 1/10) *greeting*
Mt 23:7 καὶ τοὺς **ἀσπασμοὺς** ἐν ταῖς ἀγοραῖς

ἀσσάριον (*assarion*; 1/2) *assarion (Roman copper coin)*
Mt 10:29 οὐχὶ δύο στρουθία **ἀσσαρίου** πωλεῖται;

ἀστήρ (*astēr*; 5/24) *star*
Mt 2:2 γὰρ αὐτοῦ τὸν **ἀστέρα** ἐν τῇ ἀνατολῇ
Mt 2:7 χρόνον τοῦ φαινομένου **ἀστέρος**,
Mt 2:9 καὶ ἰδοὺ ὁ **ἀστήρ**,
Mt 2:10 ἰδόντες δὲ τὸν **ἀστέρα** ἐχάρησαν χαρὰν μεγάλην
Mt 24:29 καὶ οἱ **ἀστέρες** πεσοῦνται ἀπὸ τοῦ

ἀστραπή (*astrapē*; 2/9) *lightning*
Mt 24:27 ὥσπερ γὰρ ἡ **ἀστραπὴ** ἐξέρχεται ἀπὸ ἀνατολῶν
Mt 28:3 εἰδέα αὐτοῦ ὡς **ἀστραπὴ** καὶ τὸ ἔνδυμα

ἀσύνετος (*asynetos*; 1/5) *without understanding*
Mt 15:16 ἀκμὴν καὶ ὑμεῖς **ἀσύνετοί** ἐστε;

ἀσφαλίζω (*asphalizō*; 3/4) *secure*
Mt 27:64 κέλευσον οὖν **ἀσφαλισθῆναι** τὸν τάφον ἕως
Mt 27:65 ὑπάγετε **ἀσφαλίσασθε** ὡς οἴδατε.
Mt 27:66 οἱ δὲ πορευθέντες **ἠσφαλίσαντο** τὸν τάφον σφραγίσαντες

ἄτιμος (*atimos*; 1/4) *without honor*
Mt 13:57 οὐκ ἔστιν προφήτης **ἄτιμος** εἰ μὴ ἐν

αὐλέω (*auleō*; 1/3) *play a flute*
Mt 11:17 **ηὐλήσαμεν** ὑμῖν καὶ οὐκ

αὐλή (*aulē*; 3/12) *courtyard, sheepfold*
Mt 26:3 λαοῦ εἰς τὴν **αὐλὴν** τοῦ ἀρχιερέως τοῦ
Mt 26:58 μακρόθεν ἕως τῆς **αὐλῆς** τοῦ ἀρχιερέως καὶ
Mt 26:69 ἔξω ἐν τῇ **αὐλῇ**·

αὐλητής (*aulētēs*; 1/2) *flute player*
Mt 9:23 καὶ ἰδὼν τοὺς **αὐλητὰς** καὶ τὸν ὄχλον

αὐλίζομαι (*aulizomai*; 1/2) *spend the night*
Mt 21:17 εἰς Βηθανίαν καὶ **ηὐλίσθη** ἐκεῖ.

αὐξάνω (*auxanō*; 2/23) *grow*
Mt 6:28 τοῦ ἀγροῦ πῶς **αὐξάνουσιν**·
Mt 13:32 ὅταν δὲ **αὐξηθῇ** μεῖζον τῶν λαχάνων

αὔριον (*aurion*; 3/14) *tomorrow*
Mt 6:30 σήμερον ὄντα καὶ **αὔριον** εἰς κλίβανον βαλλόμενον
Mt 6:34 μεριμνήσητε εἰς τὴν **αὔριον**,
Mt 6:34 ἡ γὰρ **αὔριον** μεριμνήσει ἑαυτῆς·

αὐτοῦ (*autou*; 1/4) *here*
Mt 26:36 καθίσατε **αὐτοῦ** ἕως [οὗ] ἀπελθὼν

ἀφαιρέω (*aphaireō*; 1/10) *take away*
Mt 26:51 δοῦλον τοῦ ἀρχιερέως **ἀφεῖλεν** αὐτοῦ τὸ ὠτίον.

ἀφανίζω (*aphanizō*; 3/5) *ruin*
Mt 6:16 **ἀφανίζουσιν** γὰρ τὰ πρόσωπα
Mt 6:19 σὴς καὶ βρῶσις **ἀφανίζει** καὶ ὅπου κλέπται
Mt 6:20 σὴς οὔτε βρῶσις **ἀφανίζει** καὶ ὅπου κλέπται

ἀφεδρών (*aphedrōn*; 1/2) *latrine*
Mt 15:17 χωρεῖ καὶ εἰς **ἀφεδρῶνα** ἐκβάλλεται;

ἄφεσις (*aphesis*; 1/17) *forgiveness*
Mt 26:28 πολλῶν ἐκχυννόμενον εἰς **ἄφεσιν** ἁμαρτιῶν.

ἀφίημι (*aphiēmi*; 47/143) *leave, forgive*
Mt 3:15 **ἄφες** ἄρτι,
Mt 3:15 τότε **ἀφίησιν** αὐτόν.
Mt 4:11 Τότε **ἀφίησιν** αὐτὸν ὁ διάβολος,
Mt 4:20 οἱ δὲ εὐθέως **ἀφέντες** τὰ δίκτυα ἠκολούθησαν
Mt 4:22 οἱ δὲ εὐθέως **ἀφέντες** τὸ πλοῖον καὶ
Mt 5:24 **ἄφες** ἐκεῖ τὸ δῶρόν
Mt 5:40 **ἄφες** αὐτῷ καὶ τὸ
Mt 6:12 καὶ **ἄφες** ἡμῖν τὰ ὀφειλήματα
Mt 6:12 ὡς καὶ ἡμεῖς **ἀφήκαμεν** τοῖς ὀφειλέταις ἡμῶν·
Mt 6:14 Ἐὰν γὰρ **ἀφῆτε** τοῖς ἀνθρώποις τὰ
Mt 6:14 **ἀφήσει** καὶ ὑμῖν ὁ
Mt 6:15 ἐὰν δὲ μὴ **ἀφῆτε** τοῖς ἀνθρώποις,
Mt 6:15 ὁ πατὴρ ὑμῶν **ἀφήσει** τὰ παραπτώματα ὑμῶν.
Mt 7:4 **ἄφες** ἐκβάλω τὸ κάρφος
Mt 8:15 καὶ **ἀφῆκεν** αὐτὴν ὁ πυρετός,
Mt 8:22 ἀκολούθει μοι καὶ **ἄφες** τοὺς νεκροὺς θάψαι
Mt 9:2 **ἀφίενταί** σου αἱ ἁμαρτίαι.
Mt 9:5 **ἀφίενταί** σου αἱ ἁμαρτίαι,
Mt 9:6 ἐπὶ τῆς γῆς **ἀφιέναι** ἁμαρτίας
Mt 12:31 ἁμαρτία καὶ βλασφημία **ἀφεθήσεται** τοῖς ἀνθρώποις,
Mt 12:31 πνεύματος βλασφημία οὐκ **ἀφεθήσεται**.
Mt 12:32 **ἀφεθήσεται** αὐτῷ·
Mt 12:32 οὐκ **ἀφεθήσεται** αὐτῷ οὔτε ἐν
Mt 13:30 **ἄφετε** συναυξάνεσθαι ἀμφότερα ἕως
Mt 13:36 Τότε **ἀφεὶς** τοὺς ὄχλους ἦλθεν
Mt 15:14 **ἄφετε** αὐτούς·
Mt 18:12 οὐχὶ **ἀφήσει** τὰ ἐνενήκοντα ἐννέα
Mt 18:21 ἀδελφός μου καὶ **ἀφήσω** αὐτῷ;
Mt 18:27 καὶ τὸ δάνειον **ἀφῆκεν** αὐτῷ.
Mt 18:32 τὴν ὀφειλὴν ἐκείνην **ἀφῆκά** σοι,
Mt 18:35 ἐὰν μὴ **ἀφῆτε** ἕκαστος τῷ ἀδελφῷ
Mt 19:14 **ἄφετε** τὰ παιδία καὶ
Mt 19:27 ἰδοὺ ἡμεῖς **ἀφήκαμεν** πάντα καὶ ἠκολουθήσαμέν
Mt 19:29 καὶ πᾶς ὅστις **ἀφῆκεν** οἰκίας ἢ ἀδελφοὺς
Mt 22:22 καὶ **ἀφέντες** αὐτὸν ἀπῆλθαν.
Mt 22:25 μὴ ἔχων σπέρμα **ἀφῆκεν** τὴν γυναῖκα αὐτοῦ
Mt 23:13 οὐδὲ τοὺς εἰσερχομένους **ἀφίετε** εἰσελθεῖν.
Mt 23:23 τὸ κύμινον καὶ **ἀφήκατε** τὰ βαρύτερα τοῦ
Mt 23:23 ποιῆσαι κἀκεῖνα μὴ **ἀφιέναι**.

Mt 23:38 ἰδοὺ **ἀφίεται** ὑμῖν ὁ οἶκος
Mt 24:2 οὐ μὴ **ἀφεθῇ** ὧδε λίθος ἐπὶ
Mt 24:40 παραλαμβάνεται καὶ εἷς **ἀφίεται**·
Mt 24:41 παραλαμβάνεται καὶ μία **ἀφίεται**.
Mt 26:44 καὶ **ἀφεὶς** αὐτοὺς πάλιν ἀπελθὼν
Mt 26:56 οἱ μαθηταὶ πάντες **ἀφέντες** αὐτὸν ἔφυγον.
Mt 27:49 **ἄφες** ἴδωμεν εἰ ἔρχεται
Mt 27:50 κράξας φωνῇ μεγάλῃ **ἀφῆκεν** τὸ πνεῦμα.

ἀφορίζω (*aphorizō*; 3/10) *separate*
Mt 13:49 οἱ ἄγγελοι καὶ **ἀφοριοῦσιν** τοὺς πονηροὺς
Mt 25:32 καὶ **ἀφορίσει** αὐτοὺς ἀπ' ἀλλήλων,
Mt 25:32 ὥσπερ ὁ ποιμὴν **ἀφορίζει** τὰ πρόβατα ἀπὸ

Ἀχάζ (*Achaz*; 2/2) *Ahaz*
Mt 1:9 δὲ ἐγέννησεν τὸν **Ἀχάζ**,
Mt 1:9 **Ἀχὰζ** δὲ ἐγέννησεν τὸν

Ἀχίμ (*Achim*; 2/2) *Achim*
Mt 1:14 δὲ ἐγέννησεν τὸν **Ἀχίμ**,
Mt 1:14 **Ἀχὶμ** δὲ ἐγέννησεν τὸν

ἀχρεῖος (*achreios*; 1/2) *worthless*
Mt 25:30 καὶ τὸν **ἀχρεῖον** δοῦλον ἐκβάλετε εἰς

ἄχρι (*achri*; 1/48[49]) *until*
Mt 24:38 **ἄχρι** ἧς ἡμέρας εἰσῆλθεν

ἄχυρον (*achyron*; 1/2) *chaff*
Mt 3:12 τὸ δὲ **ἄχυρον** κατακαύσει πυρὶ ἀσβέστῳ.

Βαβυλών (*Babylōn*; 4/12) *Babylon*
Mt 1:11 ἐπὶ τῆς μετοικεσίας **Βαβυλῶνος**.
Mt 1:12 δὲ τὴν μετοικεσίαν **Βαβυλῶνος** Ἰεχονίας ἐγέννησεν τὸν
Mt 1:17 ἕως τῆς μετοικεσίας **Βαβυλῶνος** γενεαὶ δεκατέσσαρες,
Mt 1:17 ἀπὸ τῆς μετοικεσίας **Βαβυλῶνος** ἕως τοῦ Χριστοῦ

βάθος (*bathos*; 1/8) *depth*
Mt 13:5 τὸ μὴ ἔχειν **βάθος** γῆς·

βάλλω (*ballō*; 34/121[122]) *throw*
Mt 3:10 καὶ εἰς πῦρ **βάλλεται**.
Mt 4:6 **βάλε** σεαυτὸν κάτω·
Mt 4:18 **βάλλοντας** ἀμφίβληστρον εἰς τὴν
Mt 5:13 ἔτι εἰ μὴ **βληθὲν** ἔξω καταπατεῖσθαι ὑπὸ
Mt 5:25 καὶ εἰς φυλακὴν **βληθήσῃ**·
Mt 5:29 ἔξελε αὐτὸν καὶ **βάλε** ἀπὸ σοῦ·
Mt 5:29 τὸ σῶμά σου **βληθῇ** εἰς γέενναν.
Mt 5:30 ἔκκοψον αὐτὴν καὶ **βάλε** ἀπὸ σοῦ·
Mt 6:30 αὔριον εἰς κλίβανον **βαλλόμενον** ὁ θεὸς οὕτως
Mt 7:6 τοῖς κυσὶν μηδὲ **βάλητε** τοὺς μαργαρίτας ὑμῶν
Mt 7:19 καὶ εἰς πῦρ **βάλλεται**.
Mt 8:6 ὁ παῖς μου **βέβληται** ἐν τῇ οἰκίᾳ
Mt 8:14 τὴν πενθερὰν αὐτοῦ **βεβλημένην** καὶ πυρέσσουσαν·
Mt 9:2 παραλυτικὸν ἐπὶ κλίνης **βεβλημένον**.
Mt 9:17 οὐδὲ **βάλλουσιν** οἶνον νέον εἰς
Mt 9:17 ἀλλὰ **βάλλουσιν** οἶνον νέον εἰς
Mt 10:34 νομίσητε ὅτι ἦλθον **βαλεῖν** εἰρήνην ἐπὶ τὴν
Mt 10:34 οὐκ ἦλθον **βαλεῖν** εἰρήνην ἀλλὰ μάχαιραν.
Mt 13:42 καὶ **βαλοῦσιν** αὐτοὺς εἰς τὴν
Mt 13:47 τῶν οὐρανῶν σαγήνῃ **βληθείσῃ** εἰς τὴν θάλασσαν
Mt 13:48 δὲ σαπρὰ ἔξω **ἔβαλον**.
Mt 13:50 καὶ **βαλοῦσιν** αὐτοὺς εἰς τὴν
Mt 15:26 τῶν τέκνων καὶ **βαλεῖν** τοῖς κυναρίοις.
Mt 17:27 πορευθεὶς εἰς θάλασσαν **βάλε** ἄγκιστρον καὶ
Mt 18:8 ἔκκοψον αὐτὸν καὶ **βάλε** ἀπὸ σοῦ·
Mt 18:8 δύο πόδας ἔχοντα **βληθῆναι** εἰς τὸ πῦρ
Mt 18:9 ἔξελε αὐτὸν καὶ **βάλε** ἀπὸ σοῦ·
Mt 18:9 δύο ὀφθαλμοὺς ἔχοντα **βληθῆναι** εἰς τὴν γέενναν
Mt 18:30 ἤθελεν ἀλλὰ ἀπελθὼν **ἔβαλεν** αὐτὸν εἰς φυλακὴν
Mt 21:21 ἄρθητι καὶ **βλήθητι** εἰς τὴν θάλασσαν,
Mt 25:27 ἔδει σε οὖν **βαλεῖν** τὰ ἀργύριά μου
Mt 26:12 **βαλοῦσα** γὰρ αὕτη τὸ
Mt 27:6 οὐκ ἔξεστιν **βαλεῖν** αὐτὰ εἰς τὸν
Mt 27:35 τὰ ἱμάτια αὐτοῦ **βάλλοντες** κλῆρον,

βαπτίζω (*baptizō*; 7/76[77]) *baptize*
Mt 3:6 καὶ **ἐβαπτίζοντο** ἐν τῷ Ἰορδάνῃ
Mt 3:11 Ἐγὼ μὲν ὑμᾶς **βαπτίζω** ἐν ὕδατι εἰς
Mt 3:11 αὐτὸς ὑμᾶς **βαπτίσει** ἐν πνεύματι ἁγίῳ
Mt 3:13 τὸν Ἰωάννην τοῦ **βαπτισθῆναι** ὑπ' αὐτοῦ.
Mt 3:14 ἔχω ὑπὸ σοῦ **βαπτισθῆναι**,
Mt 3:16 **βαπτισθεὶς** δὲ ὁ Ἰησοῦς
Mt 28:19 **βαπτίζοντες** αὐτοὺς εἰς τὸ

βάπτισμα (*baptisma*; 2/19) *baptism*
Mt 3:7 ἐρχομένους ἐπὶ τὸ **βάπτισμα** αὐτοῦ εἶπεν αὐτοῖς·
Mt 21:25 τὸ **βάπτισμα** τὸ Ἰωάννου πόθεν

βαπτιστής (*baptistēs*; 7/12) *Baptist*
Mt 3:1 παραγίνεται Ἰωάννης ὁ **βαπτιστὴς** κηρύσσων
Mt 11:11 μείζων Ἰωάννου τοῦ **βαπτιστοῦ**·
Mt 11:12 ἡμερῶν Ἰωάννου τοῦ **βαπτιστοῦ** ἕως ἄρτι ἡ
Mt 14:2 ἐστιν Ἰωάννης ὁ **βαπτιστής**·
Mt 14:8 κεφαλὴν Ἰωάννου τοῦ **βαπτιστοῦ**.
Mt 16:14 μὲν Ἰωάννην τὸν **βαπτιστήν**,
Mt 17:13 περὶ Ἰωάννου τοῦ **βαπτιστοῦ** εἶπεν αὐτοῖς.

Βαραββᾶς (*Barabbas*; 5/11) *Barabbas*
Mt 27:16 ἐπίσημον λεγόμενον [Ἰησοῦν] **Βαραββᾶν**.
Mt 27:17 [Ἰησοῦν τὸν] **Βαραββᾶν** ἢ Ἰησοῦν τὸν
Mt 27:20 ἵνα αἰτήσωνται τὸν **Βαραββᾶν**,
Mt 27:21 τὸν **Βαραββᾶν**.
Mt 27:26 ἀπέλυσεν αὐτοῖς τὸν **Βαραββᾶν**,

Βαραχίας (*Barachias*; 1/1) *Barachiah*
Mt 23:35 αἵματος Ζαχαρίου υἱοῦ **Βαραχίου**,

βαρέω (*bareō*; 1/6) *burden*
Mt 26:43 αὐτῶν οἱ ὀφθαλμοὶ **βεβαρημένοι**.

βαρέως (*bareōs*; 1/2) *with difficulty*
Mt 13:15 καὶ τοῖς ὠσὶν **βαρέως** ἤκουσαν καὶ τοὺς

Βαρθολομαῖος (*Bartholomaios*; 1/4) *Bartholomew*
Mt 10:3 Φίλιππος καὶ **Βαρθολομαῖος**,

Βαριωνᾶ (*Bariōna*; 1/1) *son of Jona*
Mt 16:17 Σίμων **Βαριωνᾶ**,

βάρος (*baros*; 1/6) *burden*
Mt 20:12 τοῖς βαστάσασι τὸ **βάρος** τῆς ἡμέρας καὶ

βαρύς (*barys*; 2/6) *heavy*
Mt 23:4 δεσμεύουσιν δὲ φορτία **βαρέα** [καὶ δυσβάστακτα] καὶ
Mt 23:23 καὶ ἀφήκατε τὰ **βαρύτερα** τοῦ νόμου,

βαρύτιμος (*barytimos*; 1/1) *very expensive*
Mt 26:7 ἔχουσα ἀλάβαστρον μύρου **βαρυτίμου** καὶ κατέχεεν ἐπὶ

βασανίζω (*basanizō*; 3/12) *torment*
Mt 8:6 δεινῶς **βασανιζόμενος**.
Mt 8:29 ὧδε πρὸ καιροῦ **βασανίσαι** ἡμᾶς;
Mt 14:24 τῆς γῆς ἀπεῖχεν **βασανιζόμενον** ὑπὸ τῶν κυμάτων,

βασανιστής (*basanistēs*; 1/1) *jailer*
Mt 18:34 παρέδωκεν αὐτὸν τοῖς **βασανισταῖς** ἕως οὗ ἀποδῷ

βάσανος (*basanos*; 1/3) *torment*
Mt 4:24 ποικίλαις νόσοις καὶ **βασάνοις** συνεχομένους [καὶ] δαιμονιζομένους

βασιλεία (*basileia*; 55/162) *kingdom*
Mt 3:2 ἤγγικεν γὰρ ἡ **βασιλεία** τῶν οὐρανῶν.
Mt 4:8 αὐτῷ πάσας τὰς **βασιλείας** τοῦ κόσμου καὶ
Mt 4:17 ἤγγικεν γὰρ ἡ **βασιλεία** τῶν οὐρανῶν.
Mt 4:23 τὸ εὐαγγέλιον τῆς **βασιλείας** καὶ θεραπεύων πᾶσαν
Mt 5:3 αὐτῶν ἐστιν ἡ **βασιλεία** τῶν οὐρανῶν.
Mt 5:10 αὐτῶν ἐστιν ἡ **βασιλεία** τῶν οὐρανῶν.
Mt 5:19 κληθήσεται ἐν τῇ **βασιλείᾳ** τῶν οὐρανῶν·
Mt 5:19 κληθήσεται ἐν τῇ **βασιλείᾳ** τῶν οὐρανῶν.
Mt 5:20 εἰσέλθητε εἰς τὴν **βασιλείαν** τῶν οὐρανῶν.
Mt 6:10 ἐλθέτω ἡ **βασιλεία** σου·
Mt 6:33 δὲ πρῶτον τὴν **βασιλείαν** [τοῦ θεοῦ] καὶ
Mt 7:21 εἰσελεύσεται εἰς τὴν **βασιλείαν** τῶν οὐρανῶν,
Mt 8:11 Ἰακὼβ ἐν τῇ **βασιλείᾳ** τῶν οὐρανῶν,
Mt 8:12 δὲ υἱοὶ τῆς **βασιλείας** ἐκβληθήσονται εἰς τὸ
Mt 9:35 τὸ εὐαγγέλιον τῆς **βασιλείας** καὶ θεραπεύων πᾶσαν
Mt 10:7 ὅτι ἤγγικεν ἡ **βασιλεία** τῶν οὐρανῶν.
Mt 11:11 μικρότερος ἐν τῇ **βασιλείᾳ** τῶν οὐρανῶν μείζων
Mt 11:12 ἕως ἄρτι ἡ **βασιλεία** τῶν οὐρανῶν βιάζεται
Mt 12:25 πᾶσα **βασιλεία** μερισθεῖσα καθ᾽ ἑαυτῆς
Mt 12:26 οὖν σταθήσεται ἡ **βασιλεία** αὐτοῦ;
Mt 12:28 ἐφ᾽ ὑμᾶς ἡ **βασιλεία** τοῦ θεοῦ.
Mt 13:11 τὰ μυστήρια τῆς **βασιλείας** τῶν οὐρανῶν,
Mt 13:19 τὸν λόγον τῆς **βασιλείας** καὶ μὴ συνιέντος
Mt 13:24 ὡμοιώθη ἡ **βασιλεία** τῶν οὐρανῶν ἀνθρώπῳ
Mt 13:31 ὁμοία ἐστὶν ἡ **βασιλεία** τῶν οὐρανῶν κόκκῳ
Mt 13:33 ὁμοία ἐστὶν ἡ **βασιλεία** τῶν οὐρανῶν ζύμῃ,
Mt 13:38 οἱ υἱοὶ τῆς **βασιλείας**·
Mt 13:41 συλλέξουσιν ἐκ τῆς **βασιλείας** αὐτοῦ πάντα
Mt 13:43 ἥλιος ἐν τῇ **βασιλείᾳ** τοῦ πατρὸς αὐτῶν.
Mt 13:44 Ὁμοία ἐστὶν ἡ **βασιλεία** τῶν οὐρανῶν θησαυρῷ
Mt 13:45 ὁμοία ἐστὶν ἡ **βασιλεία** τῶν οὐρανῶν ἀνθρώπῳ
Mt 13:47 ὁμοία ἐστὶν ἡ **βασιλεία** τῶν οὐρανῶν σαγήνῃ
Mt 13:52 γραμματεὺς μαθητευθεὶς τῇ **βασιλείᾳ** τῶν οὐρανῶν ὅμοιός
Mt 16:19 τὰς κλεῖδας τῆς **βασιλείας** τῶν οὐρανῶν,
Mt 16:28 ἐρχόμενον ἐν τῇ **βασιλείᾳ** αὐτοῦ.
Mt 18:1 ἐστὶν ἐν τῇ **βασιλείᾳ** τῶν οὐρανῶν;
Mt 18:3 εἰσέλθητε εἰς τὴν **βασιλείαν** τῶν οὐρανῶν.
Mt 18:4 μείζων ἐν τῇ **βασιλείᾳ** τῶν οὐρανῶν.
Mt 18:23 τοῦτο ὡμοιώθη ἡ **βασιλεία** τῶν οὐρανῶν ἀνθρώπῳ
Mt 19:12 ἑαυτοὺς διὰ τὴν **βασιλείαν** τῶν οὐρανῶν.
Mt 19:14 τοιούτων ἐστὶν ἡ **βασιλεία** τῶν οὐρανῶν.
Mt 19:23 εἰσελεύσεται εἰς τὴν **βασιλείαν** τῶν οὐρανῶν.
Mt 19:24 εἰσελθεῖν εἰς τὴν **βασιλείαν** τοῦ θεοῦ.
Mt 20:1 γάρ ἐστιν ἡ **βασιλεία** τῶν οὐρανῶν ἀνθρώπῳ
Mt 20:21 σου ἐν τῇ **βασιλείᾳ** σου.
Mt 21:31 ὑμᾶς εἰς τὴν **βασιλείαν** τοῦ θεοῦ.
Mt 21:43 ἀφ᾽ ὑμῶν ἡ **βασιλεία** τοῦ θεοῦ καὶ
Mt 22:2 ὡμοιώθη ἡ **βασιλεία** τῶν οὐρανῶν ἀνθρώπῳ
Mt 23:13 ὅτι κλείετε τὴν **βασιλείαν** τῶν οὐρανῶν ἔμπροσθεν
Mt 24:7 ἐπὶ ἔθνος καὶ **βασιλεία** ἐπὶ βασιλείαν καὶ
Mt 24:7 καὶ βασιλεία ἐπὶ **βασιλείαν** καὶ ἔσονται λιμοὶ
Mt 24:14 τὸ εὐαγγέλιον τῆς **βασιλείας** ἐν ὅλῃ τῇ
Mt 25:1 Τότε ὁμοιωθήσεται ἡ **βασιλεία** τῶν οὐρανῶν δέκα
Mt 25:34 τὴν ἡτοιμασμένην ὑμῖν **βασιλείαν** ἀπὸ καταβολῆς κόσμου.
Mt 26:29 καινὸν ἐν τῇ **βασιλείᾳ** τοῦ πατρός μου.

βασιλεύς (*basileus*; 22/115) *king*
Mt 1:6 τὸν Δαυὶδ τὸν **βασιλέα**.
Mt 2:1 ἡμέραις Ἡρῴδου τοῦ **βασιλέως**,
Mt 2:2 ἐστιν ὁ τεχθεὶς **βασιλεὺς** τῶν Ἰουδαίων;
Mt 2:3 ἀκούσας δὲ ὁ **βασιλεὺς** Ἡρῴδης ἐταράχθη
Mt 2:9 δὲ ἀκούσαντες τοῦ **βασιλέως** ἐπορεύθησαν καὶ ἰδοὺ
Mt 5:35 ἐστὶν τοῦ μεγάλου **βασιλέως**,
Mt 10:18 ἡγεμόνας δὲ καὶ **βασιλεῖς** ἀχθήσεσθε ἕνεκεν ἐμοῦ
Mt 11:8 τοῖς οἴκοις τῶν **βασιλέων** εἰσίν.
Mt 14:9 καὶ λυπηθεὶς ὁ **βασιλεὺς** διὰ τοὺς ὅρκους
Mt 17:25 οἱ **βασιλεῖς** τῆς γῆς ἀπὸ
Mt 18:23 τῶν οὐρανῶν ἀνθρώπῳ **βασιλεῖ**,
Mt 21:5 ἰδοὺ ὁ **βασιλεύς** σου ἔρχεταί σοι
Mt 22:2 τῶν οὐρανῶν ἀνθρώπῳ **βασιλεῖ**,
Mt 22:7 ὁ δὲ **βασιλεὺς** ὠργίσθη καὶ πέμψας

Mt 22:11 εἰσελθὼν δὲ ὁ **βασιλεὺς** θεάσασθαι τοὺς ἀνακειμένους
Mt 22:13 τότε ὁ **βασιλεὺς** εἶπεν τοῖς διακόνοις·
Mt 25:34 τότε ἐρεῖ ὁ **βασιλεὺς** τοῖς ἐκ δεξιῶν
Mt 25:40 καὶ ἀποκριθεὶς ὁ **βασιλεὺς** ἐρεῖ αὐτοῖς·
Mt 27:11 σὺ εἶ ὁ **βασιλεὺς** τῶν Ἰουδαίων;
Mt 27:29 **βασιλεῦ** τῶν Ἰουδαίων,
Mt 27:37 ἐστιν Ἰησοῦς ὁ **βασιλεὺς** τῶν Ἰουδαίων.
Mt 27:42 **βασιλεὺς** Ἰσραήλ ἐστιν,

βασιλεύω (*basileuō*; 1/21) *rule*

Mt 2:22 δὲ ὅτι Ἀρχέλαος **βασιλεύει** τῆς Ἰουδαίας

βασίλισσα (*basilissa*; 1/4) *queen*

Mt 12:42 **βασίλισσα** νότου ἐγερθήσεται ἐν

βαστάζω (*bastazō*; 3/27) *carry, pick up*

Mt 3:11 ἱκανὸς τὰ ὑποδήματα **βαστάσαι**·
Mt 8:17 καὶ τὰς νόσους **ἐβάστασεν**.
Mt 20:12 αὐτοὺς ἐποίησας τοῖς **βαστάσασι** τὸ βάρος

βατταλογέω (*battalogeō*; 1/1) *babble*

Mt 6:7 Προσευχόμενοι δὲ μὴ **βατταλογήσητε** ὥσπερ οἱ ἐθνικοί,

βδέλυγμα (*bdelygma*; 1/6) *something detestable*

Mt 24:15 οὖν ἴδητε τὸ **βδέλυγμα** τῆς ἐρημώσεως τὸ

βεβηλόω (*bebēloō*; 1/2) *desecrate*

Mt 12:5 ἱερῷ τὸ σάββατον **βεβηλοῦσιν** καὶ ἀναίτιοί εἰσιν;

Βεελζεβούλ (*Beelzeboul*; 3/7) *Beelzebul*

Mt 10:25 εἰ τὸν οἰκοδεσπότην **Βεελζεβοὺλ** ἐπεκάλεσαν,
Mt 12:24 μὴ ἐν τῷ **Βεελζεβοὺλ** ἄρχοντι τῶν δαιμονίων.
Mt 12:27 εἰ ἐγὼ ἐν **Βεελζεβοὺλ** ἐκβάλλω τὰ δαιμόνια,

Βηθανία (*Bēthania*; 2/12) *Bethany*

Mt 21:17 τῆς πόλεως εἰς **Βηθανίαν** καὶ ηὐλίσθη ἐκεῖ.
Mt 26:6 Ἰησοῦ γενομένου ἐν **Βηθανίᾳ** ἐν οἰκίᾳ Σίμωνος

Βηθλέεμ (*Bēthleem*; 5/8) *Bethlehem*

Mt 2:1 Ἰησοῦ γεννηθέντος ἐν **Βηθλέεμ** τῆς Ἰουδαίας
Mt 2:5 ἐν **Βηθλέεμ** τῆς Ἰουδαίας·
Mt 2:6 καὶ σὺ **Βηθλέεμ**,
Mt 2:8 πέμψας αὐτοὺς εἰς **Βηθλέεμ** εἶπεν·
Mt 2:16 παῖδας τοὺς ἐν **Βηθλέεμ** καὶ ἐν πᾶσι

Βηθσαϊδά (*Bēthsaida*; 1/7) *Bethsaida*

Mt 11:21 **Βηθσαϊδά**·

Βηθφαγή (*Bēthphagē*; 1/3) *Bethphage*

Mt 21:1 καὶ ἦλθον εἰς **Βηθφαγὴ** εἰς τὸ ὄρος

βῆμα (*bēma*; 1/12) *judgment seat*

Mt 27:19 αὐτοῦ ἐπὶ τοῦ **βήματος** ἀπέστειλεν πρὸς αὐτὸν

βιάζω (*biazō*; 1/2) *exercise force*

Mt 11:12 βασιλεία τῶν οὐρανῶν **βιάζεται** καὶ βιασταὶ ἁρπάζουσιν

βιαστής (*biastēs*; 1/1) *violent or eager person*

Mt 11:12 οὐρανῶν βιάζεται καὶ **βιασταὶ** ἁρπάζουσιν αὐτήν.

βιβλίον (*biblion*; 1/34) *book*

Mt 19:7 Μωϋσῆς ἐνετείλατο δοῦναι **βιβλίον** ἀποστασίου καὶ ἀπολῦσαι

βίβλος (*biblos*; 1/10) *book*

Mt 1:1 **Βίβλος** γενέσεως Ἰησοῦ Χριστοῦ

βλαστάνω (*blastanō*; 1/4) *sprout*

Mt 13:26 ὅτε δὲ **ἐβλάστησεν** ὁ χόρτος καὶ

βλασφημέω (*blasphēmeō*; 3/34) *blaspheme*

Mt 9:3 οὗτος **βλασφημεῖ**.
Mt 26:65 **ἐβλασφήμησεν**·
Mt 27:39 Οἱ δὲ παραπορευόμενοι **ἐβλασφήμουν** αὐτὸν κινοῦντες τὰς

βλασφημία (*blasphēmia*; 4/18) *blasphemy*

Mt 12:31 πᾶσα ἁμαρτία καὶ **βλασφημία** ἀφεθήσεται τοῖς ἀνθρώποις,
Mt 12:31 δὲ τοῦ πνεύματος **βλασφημία** οὐκ ἀφεθήσεται.
Mt 15:19 **βλασφημίαι**.
Mt 26:65 νῦν ἠκούσατε τὴν **βλασφημίαν**·

βλέπω (*blepō*; 20/132) *see*

Mt 5:28 ὅτι πᾶς ὁ **βλέπων** γυναῖκα πρὸς τὸ
Mt 6:4 πατήρ σου ὁ **βλέπων** ἐν τῷ κρυπτῷ
Mt 6:6 πατήρ σου ὁ **βλέπων** ἐν τῷ κρυπτῷ
Mt 6:18 πατήρ σου ὁ **βλέπων** ἐν τῷ κρυφαίῳ
Mt 7:3 τί δὲ **βλέπεις** τὸ κάρφος τὸ
Mt 11:4 ἃ ἀκούετε καὶ **βλέπετε**·
Mt 12:22 κωφὸν λαλεῖν καὶ **βλέπειν**.
Mt 13:13 ὅτι **βλέποντες** οὐ βλέπουσιν καὶ
Mt 13:13 ὅτι βλέποντες οὐ **βλέπουσιν** καὶ ἀκούοντες
Mt 13:14 καὶ **βλέποντες** βλέψετε καὶ οὐ
Mt 13:14 καὶ βλέποντες **βλέψετε** καὶ οὐ μὴ
Mt 13:16 οἱ ὀφθαλμοὶ ὅτι **βλέπουσιν** καὶ τὰ ὦτα
Mt 13:17 ἐπεθύμησαν ἰδεῖν ἃ **βλέπετε** καὶ οὐκ εἶδαν,
Mt 14:30 **βλέπων** δὲ τὸν ἄνεμον
Mt 15:31 τὸν ὄχλον θαυμάσαι **βλέποντας** κωφοὺς λαλοῦντας,
Mt 15:31 περιπατοῦντας καὶ τυφλοὺς **βλέποντας**·
Mt 18:10 οὐρανοῖς διὰ παντὸς **βλέπουσι** τὸ πρόσωπον
Mt 22:16 οὐ γὰρ **βλέπεις** εἰς πρόσωπον ἀνθρώπων,
Mt 24:2 οὐ **βλέπετε** ταῦτα πάντα;
Mt 24:4 **βλέπετε** μή τις ὑμᾶς

βοάω (*boaō*; 1/12) *call*

Mt 3:3 φωνὴ **βοῶντος** ἐν τῇ ἐρήμῳ·

Βόες (*Boes*; 2/2) *Boaz*
Mt 1:5 δὲ ἐγέννησεν τὸν **Βόες** ἐκ τῆς Ῥαχάβ,
Mt 1:5 **Βόες** δὲ ἐγέννησεν τὸν

βοηθέω (*boētheō*; 1/8) *help*
Mt 15:25 **βοήθει** μοι.

βόθυνος (*bothynos*; 2/3) *ditch*
Mt 12:11 τοῖς σάββασιν εἰς **βόθυνον**,
Mt 15:14 ἀμφότεροι εἰς **βόθυνον** πεσοῦνται.

βόσκω (*boskō*; 2/9) *tend*
Mt 8:30 ἀγέλη χοίρων πολλῶν **βοσκομένη**.
Mt 8:33 οἱ δὲ **βόσκοντες** ἔφυγον,

βούλομαι (*boulomai*; 2/37) *want*
Mt 1:19 **ἐβουλήθη** λάθρᾳ ἀπολῦσαι αὐτήν.
Mt 11:27 καὶ ᾧ ἐὰν **βούληται** ὁ υἱὸς ἀποκαλύψαι.

βρέχω (*brechō*; 1/7) *rain*
Mt 5:45 καὶ ἀγαθοὺς καὶ **βρέχει** ἐπὶ δικαίους καὶ

βροχή (*brochē*; 2/2) *rain*
Mt 7:25 καὶ κατέβη ἡ **βροχὴ** καὶ ἦλθον οἱ
Mt 7:27 καὶ κατέβη ἡ **βροχὴ** καὶ ἦλθον οἱ

βρυγμός (*brygmos*; 6/7) *grinding*
Mt 8:12 κλαυθμὸς καὶ ὁ **βρυγμὸς** τῶν ὀδόντων.
Mt 13:42 κλαυθμὸς καὶ ὁ **βρυγμὸς** τῶν ὀδόντων.
Mt 13:50 κλαυθμὸς καὶ ὁ **βρυγμὸς** τῶν ὀδόντων.
Mt 22:13 κλαυθμὸς καὶ ὁ **βρυγμὸς** τῶν ὀδόντων.
Mt 24:51 κλαυθμὸς καὶ ὁ **βρυγμὸς** τῶν ὀδόντων.
Mt 25:30 κλαυθμὸς καὶ ὁ **βρυγμὸς** τῶν ὀδόντων.

βρῶμα (*brōma*; 1/17) *food*
Mt 14:15 κώμας ἀγοράσωσιν ἑαυτοῖς **βρώματα**.

βρῶσις (*brōsis*; 2/11) *food*
Mt 6:19 ὅπου σὴς καὶ **βρῶσις** ἀφανίζει καὶ ὅπου
Mt 6:20 οὔτε σὴς οὔτε **βρῶσις** ἀφανίζει καὶ ὅπου

Γαδαρηνός (*Gadarēnos*; 1/1) *of Gadara*
Mt 8:28 τὴν χώραν τῶν **Γαδαρηνῶν** ὑπήντησαν αὐτῷ δύο

γαλήνη (*galēnē*; 1/3) *calm*
Mt 8:26 καὶ ἐγένετο **γαλήνη** μεγάλη.

Γαλιλαία (*Galilaia*; 16/61) *Galilee*
Mt 2:22 τὰ μέρη τῆς **Γαλιλαίας**,
Mt 3:13 Ἰησοῦς ἀπὸ τῆς **Γαλιλαίας** ἐπὶ τὸν Ἰορδάνην
Mt 4:12 ἀνεχώρησεν εἰς τὴν **Γαλιλαίαν**.
Mt 4:15 **Γαλιλαία** τῶν ἐθνῶν,
Mt 4:18 τὴν θάλασσαν τῆς **Γαλιλαίας** εἶδεν δύο ἀδελφούς,
Mt 4:23 ἐν ὅλῃ τῇ **Γαλιλαίᾳ** διδάσκων ἐν ταῖς
Mt 4:25 πολλοὶ ἀπὸ τῆς **Γαλιλαίας** καὶ Δεκαπόλεως
Mt 15:29 τὴν θάλασσαν τῆς **Γαλιλαίας**,
Mt 17:22 αὐτῶν ἐν τῇ **Γαλιλαίᾳ** εἶπεν αὐτοῖς ὁ
Mt 19:1 μετῆρεν ἀπὸ τῆς **Γαλιλαίας** καὶ ἦλθεν εἰς
Mt 21:11 ἀπὸ Ναζαρὲθ τῆς **Γαλιλαίας**.
Mt 26:32 ὑμᾶς εἰς τὴν **Γαλιλαίαν**.
Mt 27:55 Ἰησοῦ ἀπὸ τῆς **Γαλιλαίας** διακονοῦσαι αὐτῷ·
Mt 28:7 ὑμᾶς εἰς τὴν **Γαλιλαίαν**,
Mt 28:10 ἀπέλθωσιν εἰς τὴν **Γαλιλαίαν**,
Mt 28:16 ἐπορεύθησαν εἰς τὴν **Γαλιλαίαν** εἰς τὸ ὄρος

Γαλιλαῖος (*Galilaios*; 1/11) *Galilean*
Mt 26:69 μετὰ Ἰησοῦ τοῦ **Γαλιλαίου**.

γαμέω (*gameō*; 6/28) *marry*
Mt 5:32 ὃς ἐὰν ἀπολελυμένην **γαμήσῃ**,
Mt 19:9 ἐπὶ πορνείᾳ καὶ **γαμήσῃ** ἄλλην μοιχᾶται.
Mt 19:10 οὐ συμφέρει **γαμῆσαι**.
Mt 22:25 καὶ ὁ πρῶτος **γήμας** ἐτελεύτησεν,
Mt 22:30 τῇ ἀναστάσει οὔτε **γαμοῦσιν** οὔτε γαμίζονται,
Mt 24:38 **γαμοῦντες** καὶ γαμίζοντες,

γαμίζω (*gamizō*; 2/7) *give in marriage*
Mt 22:30 οὔτε γαμοῦσιν οὔτε **γαμίζονται**,
Mt 24:38 γαμοῦντες καὶ **γαμίζοντες**,

γάμος (*gamos*; 9/16) *wedding*
Mt 22:2 ὅστις ἐποίησεν **γάμους** τῷ υἱῷ αὐτοῦ.
Mt 22:3 κεκλημένους εἰς τοὺς **γάμους**,
Mt 22:4 δεῦτε εἰς τοὺς **γάμους**.
Mt 22:8 ὁ μὲν **γάμος** ἕτοιμός ἐστιν,
Mt 22:9 καλέσατε εἰς τοὺς **γάμους**.
Mt 22:10 καὶ ἐπλήσθη ὁ **γάμος** ἀνακειμένων.
Mt 22:11 οὐκ ἐνδεδυμένον ἔνδυμα **γάμου**,
Mt 22:12 μὴ ἔχων ἔνδυμα **γάμου**;
Mt 25:10 αὐτοῦ εἰς τοὺς **γάμους** καὶ ἐκλείσθη ἡ

γάρ (*gar*; 124/1041) *for*
Mt 1:20 τὸ **γὰρ** ἐν αὐτῇ γεννηθὲν
Mt 1:21 αὐτὸς **γὰρ** σώσει τὸν λαὸν
Mt 2:2 εἴδομεν **γὰρ** αὐτοῦ τὸν ἀστέρα
Mt 2:5 οὕτως **γὰρ** γέγραπται διὰ τοῦ
Mt 2:6 ἐκ σοῦ **γὰρ** ἐξελεύσεται ἡγούμενος,
Mt 2:13 μέλλει **γὰρ** Ἡρῴδης ζητεῖν τὸ
Mt 2:20 τεθνήκασιν **γὰρ** οἱ ζητοῦντες τὴν
Mt 3:2 ἤγγικεν **γὰρ** ἡ βασιλεία τῶν
Mt 3:3 οὗτος **γάρ** ἐστιν ὁ ῥηθεὶς
Mt 3:9 λέγω **γὰρ** ὑμῖν ὅτι δύναται
Mt 3:15 οὕτως **γὰρ** πρέπον ἐστὶν ἡμῖν
Mt 4:6 γέγραπται **γὰρ** ὅτι τοῖς ἀγγέλοις
Mt 4:10 γέγραπται **γάρ**·
Mt 4:17 ἤγγικεν **γὰρ** ἡ βασιλεία τῶν
Mt 4:18 ἦσαν **γὰρ** ἁλιεῖς.
Mt 5:12 οὕτως **γὰρ** ἐδίωξαν τοὺς προφήτας
Mt 5:18 ἀμὴν **γὰρ** λέγω ὑμῖν·
Mt 5:20 Λέγω **γὰρ** ὑμῖν ὅτι ἐὰν
Mt 5:29 συμφέρει **γάρ** σοι ἵνα ἀπόληται
Mt 5:30 συμφέρει **γάρ** σοι ἵνα ἀπόληται
Mt 5:46 ἐὰν **γὰρ** ἀγαπήσητε τοὺς ἀγαπῶντας
Mt 6:7 δοκοῦσιν **γὰρ** ὅτι ἐν τῇ
Mt 6:8 οἶδεν **γὰρ** ὁ πατὴρ ὑμῶν
Mt 6:14 Ἐὰν **γὰρ** ἀφῆτε τοῖς ἀνθρώποις
Mt 6:16 ἀφανίζουσιν **γὰρ** τὰ πρόσωπα αὐτῶν
Mt 6:21 ὅπου **γάρ** ἐστιν ὁ θησαυρός

Mt 6:24 ἢ **γὰρ** τὸν ἕνα μισήσει
Mt 6:32 πάντα **γὰρ** ταῦτα τὰ ἔθνη
Mt 6:32 οἶδεν **γὰρ** ὁ πατὴρ ὑμῶν
Mt 6:34 ἡ **γὰρ** αὔριον μεριμνήσει ἑαυτῆς·
Mt 7:2 ἐν ᾧ **γὰρ** κρίματι κρίνετε κριθήσεσθε,
Mt 7:8 πᾶς **γὰρ** ὁ αἰτῶν λαμβάνει
Mt 7:12 οὗτος **γάρ** ἐστιν ὁ νόμος
Mt 7:25 τεθεμελίωτο **γὰρ** ἐπὶ τὴν πέτραν.
Mt 7:29 ἦν **γὰρ** διδάσκων αὐτοὺς ὡς
Mt 8:9 καὶ **γὰρ** ἐγὼ ἄνθρωπός εἰμι
Mt 9:5 τί **γάρ** ἐστιν εὐκοπώτερον,
Mt 9:13 οὐ **γὰρ** ἦλθον καλέσαι δικαίους
Mt 9:16 αἴρει **γὰρ** τὸ πλήρωμα αὐτοῦ
Mt 9:21 ἔλεγεν **γὰρ** ἐν ἑαυτῇ·
Mt 9:24 οὐ **γὰρ** ἀπέθανεν τὸ κοράσιον
Mt 10:10 ἄξιος γὰρ **ὁ** ἐργάτης τῆς τροφῆς
Mt 10:17 παραδώσουσιν **γὰρ** ὑμᾶς εἰς συνέδρια
Mt 10:19 δοθήσεται **γὰρ** ὑμῖν ἐν ἐκείνῃ
Mt 10:20 οὐ **γὰρ** ὑμεῖς ἐστε οἱ
Mt 10:23 ἀμὴν **γὰρ** λέγω ὑμῖν,
Mt 10:26 οὐδὲν **γάρ** ἐστιν κεκαλυμμένον ὃ
Mt 10:35 ἦλθον **γὰρ** διχάσαι ἄνθρωπον κατὰ
Mt 11:13 πάντες **γὰρ** οἱ προφῆται καὶ
Mt 11:18 ἦλθεν **γὰρ** Ἰωάννης μήτε ἐσθίων
Mt 11:30 ὁ **γὰρ** ζυγός μου χρηστὸς
Mt 12:8 κύριος **γάρ** ἐστιν τοῦ σαββάτου
Mt 12:33 ἐκ **γὰρ** τοῦ καρποῦ τὸ
Mt 12:34 ἐκ **γὰρ** τοῦ περισσεύματος τῆς
Mt 12:37 ἐκ **γὰρ** τῶν λόγων σου
Mt 12:40 ὥσπερ **γὰρ** ἦν Ἰωνᾶς ἐν
Mt 12:50 ὅστις **γὰρ** ἂν ποιήσῃ τὸ
Mt 13:12 ὅστις **γὰρ** ἔχει,
Mt 13:15 ἐπαχύνθη **γὰρ** ἡ καρδία τοῦ
Mt 13:17 ἀμὴν **γὰρ** λέγω ὑμῖν ὅτι
Mt 14:3 Ὁ **γὰρ** Ἡρῴδης κρατήσας τὸν
Mt 14:4 ἔλεγεν **γὰρ** ὁ Ἰωάννης αὐτῷ·
Mt 14:24 ἦν **γὰρ** ἐναντίος ὁ ἄνεμος.
Mt 15:2 οὐ **γὰρ** νίπτονται τὰς χεῖρας
Mt 15:4 ὁ **γὰρ** θεὸς εἶπεν·
Mt 15:19 ἐκ **γὰρ** τῆς καρδίας ἐξέρχονται
Mt 15:27 καὶ **γὰρ** τὰ κυνάρια ἐσθίει
Mt 16:2 πυρράζει **γὰρ** ὁ οὐρανός·
Mt 16:3 πυρράζει **γὰρ** στυγνάζων ὁ οὐρανός.
Mt 16:25 ὃς **γὰρ** ἐὰν θέλῃ τὴν
Mt 16:26 τί **γὰρ** ὠφεληθήσεται ἄνθρωπος ἐὰν
Mt 16:27 μέλλει **γὰρ** ὁ υἱὸς τοῦ
Mt 17:15 πολλάκις **γὰρ** πίπτει εἰς τὸ
Mt 17:20 ἀμὴν **γὰρ** λέγω ὑμῖν,
Mt 18:7 ἀνάγκη **γὰρ** ἐλθεῖν τὰ σκάνδαλα,
Mt 18:10 λέγω **γὰρ** ὑμῖν ὅτι οἱ
Mt 18:20 οὗ **γάρ** εἰσιν δύο ἢ
Mt 19:12 εἰσὶν **γὰρ** εὐνοῦχοι οἵτινες ἐκ
Mt 19:14 τῶν **γὰρ** τοιούτων ἐστὶν ἡ
Mt 19:22 ἦν **γὰρ** ἔχων κτήματα πολλά.
Mt 20:1 Ὁμοία **γάρ** ἐστιν ἡ βασιλεία
Mt 21:26 πάντες **γὰρ** ὡς προφήτην ἔχουσιν
Mt 21:32 ἦλθεν **γὰρ** Ἰωάννης πρὸς ὑμᾶς
Mt 22:14 πολλοὶ **γάρ** εἰσιν κλητοί,
Mt 22:16 οὐ **γὰρ** βλέπεις εἰς πρόσωπον
Mt 22:28 πάντες **γὰρ** ἔσχον αὐτήν·
Mt 22:30 ἐν **γὰρ** τῇ ἀναστάσει οὔτε
Mt 23:3 λέγουσιν **γὰρ** καὶ οὐ ποιοῦσιν.
Mt 23:5 πλατύνουσιν **γὰρ** τὰ φυλακτήρια αὐτῶν
Mt 23:8 εἷς **γάρ** ἐστιν ὑμῶν ὁ
Mt 23:9 εἷς **γάρ** ἐστιν ὑμῶν ὁ
Mt 23:13 ὑμεῖς **γὰρ** οὐκ εἰσέρχεσθε οὐδὲ
Mt 23:17 τίς **γὰρ** μείζων ἐστίν,
Mt 23:19 τί **γὰρ** μεῖζον,
Mt 23:39 λέγω **γὰρ** ὑμῖν,
Mt 24:5 πολλοὶ **γὰρ** ἐλεύσονται ἐπὶ τῷ
Mt 24:6 δεῖ **γὰρ** γενέσθαι,
Mt 24:7 ἐγερθήσεται **γὰρ** ἔθνος ἐπὶ ἔθνος
Mt 24:21 ἔσται **γὰρ** τότε θλῖψις μεγάλη
Mt 24:24 ἐγερθήσονται **γὰρ** ψευδόχριστοι καὶ ψευδοπροφῆται
Mt 24:27 ὥσπερ **γὰρ** ἡ ἀστραπὴ ἐξέρχεται
Mt 24:37 Ὥσπερ **γὰρ** αἱ ἡμέραι τοῦ
Mt 24:38 ὡς **γὰρ** ἦσαν ἐν ταῖς
Mt 25:3 αἱ **γὰρ** μωραὶ λαβοῦσαι τὰς
Mt 25:14 Ὥσπερ **γὰρ** ἄνθρωπος ἀποδημῶν ἐκάλεσεν
Mt 25:29 τῷ **γὰρ** ἔχοντι παντὶ δοθήσεται
Mt 25:35 ἐπείνασα **γὰρ** καὶ ἐδώκατέ μοι
Mt 25:42 ἐπείνασα **γὰρ** καὶ οὐκ ἐδώκατέ
Mt 26:9 ἐδύνατο **γὰρ** τοῦτο πραθῆναι πολλοῦ
Mt 26:10 ἔργον **γὰρ** καλὸν ἠργάσατο εἰς
Mt 26:11 πάντοτε **γὰρ** τοὺς πτωχοὺς ἔχετε
Mt 26:12 βαλοῦσα **γὰρ** αὕτη τὸ μύρον
Mt 26:28 τοῦτο **γάρ** ἐστιν τὸ αἷμά
Mt 26:31 γέγραπται **γάρ**·
Mt 26:43 ἦσαν **γὰρ** αὐτῶν οἱ ὀφθαλμοὶ
Mt 26:52 πάντες **γὰρ** οἱ λαβόντες μάχαιραν
Mt 26:73 καὶ **γὰρ** ἡ λαλιά σου
Mt 27:18 ᾔδει **γὰρ** ὅτι διὰ φθόνον
Mt 27:19 πολλὰ **γὰρ** ἔπαθον σήμερον κατ᾽
Mt 27:23 τί **γὰρ** κακὸν ἐποίησεν;
Mt 27:43 εἶπεν **γὰρ** ὅτι θεοῦ εἰμι
Mt 28:2 ἄγγελος **γὰρ** κυρίου καταβὰς ἐξ
Mt 28:5 οἶδα **γὰρ** ὅτι Ἰησοῦν τὸν
Mt 28:6 ἠγέρθη **γὰρ** καθὼς εἶπεν·

γαστήρ (*gastēr*; 3/9) *womb*

Mt 1:18 αὐτοὺς εὑρέθη ἐν **γαστρὶ** ἔχουσα ἐκ πνεύματος
Mt 1:23 ἡ παρθένος ἐν **γαστρὶ** ἕξει καὶ τέξεται
Mt 24:19 δὲ ταῖς ἐν **γαστρὶ** ἐχούσαις καὶ ταῖς

γέ (*ge*; 4/26) *enclitic particle adding emphasis to the word with which it is associated*

Mt 6:1 εἰ δὲ μή **γε**,
Mt 7:20 ἄρα **γε** ἀπὸ τῶν καρπῶν
Mt 9:17 εἰ δὲ μή **γε**,
Mt 17:26 ἄρα **γε** ἐλεύθεροί εἰσιν οἱ

γέεννα (*geenna*; 7/12) *hell*

Mt 5:22 ἔσται εἰς τὴν **γέενναν** τοῦ πυρός.
Mt 5:29 σου βληθῇ εἰς **γέενναν**.
Mt 5:30 σῶμά σου εἰς **γέενναν** ἀπέλθῃ.
Mt 10:28 σῶμα ἀπολέσαι ἐν **γεέννῃ**.
Mt 18:9 βληθῆναι εἰς τὴν **γέενναν** τοῦ πυρός.
Mt 23:15 ποιεῖτε αὐτὸν υἱὸν **γεέννης** διπλότερον ὑμῶν.
Mt 23:33 τῆς κρίσεως τῆς **γεέννης**;

Γεθσημανί (*Gethsēmani*; 1/2) *Gethsemane*

Mt 26:36 εἰς χωρίον λεγόμενον **Γεθσημανὶ** καὶ λέγει

γέμω (*gemō*; 2/11) *be full*

Mt 23:25 ἔσωθεν δὲ **γέμουσιν** ἐξ ἁρπαγῆς καὶ
Mt 23:27 ἔσωθεν δὲ **γέμουσιν** ὀστέων νεκρῶν καὶ

γενεά (*genea*; 13/43) *generation*

Mt 1:17 Πᾶσαι οὖν αἱ **γενεαὶ** ἀπὸ Ἀβραὰμ ἕως
Mt 1:17 Ἀβραὰμ ἕως Δαυὶδ **γενεαὶ** δεκατέσσαρες,
Mt 1:17 τῆς μετοικεσίας Βαβυλῶνος **γενεαὶ** δεκατέσσαρες,
Mt 1:17 ἕως τοῦ Χριστοῦ **γενεαὶ** δεκατέσσαρες.
Mt 11:16 δὲ ὁμοιώσω τὴν **γενεὰν** ταύτην;
Mt 12:39 **γενεὰ** πονηρὰ καὶ μοιχαλὶς
Mt 12:41 κρίσει μετὰ τῆς **γενεᾶς** ταύτης καὶ κατακρινοῦσιν
Mt 12:42 κρίσει μετὰ τῆς **γενεᾶς** ταύτης καὶ κατακρινεῖ
Mt 12:45 ἔσται καὶ τῇ **γενεᾷ** ταύτῃ τῇ πονηρᾷ.
Mt 16:4 **γενεὰ** πονηρὰ καὶ μοιχαλὶς
Mt 17:17 ὦ **γενεὰ** ἄπιστος καὶ διεστραμμένη,
Mt 23:36 πάντα ἐπὶ τὴν **γενεὰν** ταύτην.
Mt 24:34 μὴ παρέλθῃ ἡ **γενεὰ** αὕτη ἕως ἂν

γενέσια (*genesia*; 1/2) *birthday celebration*

Mt 14:6 **Γενεσίοις** δὲ γενομένοις τοῦ

γένεσις (*genesis*; 2/5) *birth*

Mt 1:1 Βίβλος **γενέσεως** Ἰησοῦ Χριστοῦ υἱοῦ
Mt 1:18 Ἰησοῦ Χριστοῦ ἡ **γένεσις** οὕτως ἦν.

γένημα (*genēma*; 1/4) *product*

Mt 26:29 ἐκ τούτου τοῦ **γενήματος** τῆς ἀμπέλου ἕως

γεννάω (*gennaō*; 45/97) *give birth (pass. be born)*

Mt 1:2 Ἀβραὰμ **ἐγέννησεν** τὸν Ἰσαάκ,
Mt 1:2 Ἰσαὰκ δὲ **ἐγέννησεν** τὸν Ἰακώβ,
Mt 1:2 Ἰακὼβ δὲ **ἐγέννησεν** τὸν Ἰούδαν καὶ
Mt 1:3 Ἰούδας δὲ **ἐγέννησεν** τὸν Φάρες καὶ
Mt 1:3 Φάρες δὲ **ἐγέννησεν** τὸν Ἑσρώμ,
Mt 1:3 Ἑσρὼμ δὲ **ἐγέννησεν** τὸν Ἀράμ,
Mt 1:4 Ἀρὰμ δὲ **ἐγέννησεν** τὸν Ἀμιναδάβ,
Mt 1:4 Ἀμιναδὰβ δὲ **ἐγέννησεν** τὸν Ναασσών,
Mt 1:4 Ναασσὼν δὲ **ἐγέννησεν** τὸν Σαλμών,
Mt 1:5 Σαλμὼν δὲ **ἐγέννησεν** τὸν Βόες ἐκ
Mt 1:5 Βόες δὲ **ἐγέννησεν** τὸν Ἰωβὴδ ἐκ
Mt 1:5 Ἰωβὴδ δὲ **ἐγέννησεν** τὸν Ἰεσσαί,
Mt 1:6 Ἰεσσαὶ δὲ **ἐγέννησεν** τὸν Δαυὶδ τὸν
Mt 1:6 Δαυὶδ δὲ **ἐγέννησεν** τὸν Σολομῶνα ἐκ
Mt 1:7 Σολομὼν δὲ **ἐγέννησεν** τὸν Ῥοβοάμ,
Mt 1:7 Ῥοβοὰμ δὲ **ἐγέννησεν** τὸν Ἀβιά,
Mt 1:7 Ἀβιὰ δὲ **ἐγέννησεν** τὸν Ἀσάφ,
Mt 1:8 Ἀσὰφ δὲ **ἐγέννησεν** τὸν Ἰωσαφάτ,
Mt 1:8 Ἰωσαφὰτ δὲ **ἐγέννησεν** τὸν Ἰωράμ,
Mt 1:8 Ἰωρὰμ δὲ **ἐγέννησεν** τὸν Ὀζίαν,
Mt 1:9 Ὀζίας δὲ **ἐγέννησεν** τὸν Ἰωαθάμ,
Mt 1:9 Ἰωαθὰμ δὲ **ἐγέννησεν** τὸν Ἀχάζ,
Mt 1:9 Ἀχὰζ δὲ **ἐγέννησεν** τὸν Ἑζεκίαν,
Mt 1:10 Ἑζεκίας δὲ **ἐγέννησεν** τὸν Μανασσῆ,
Mt 1:10 Μανασσῆς δὲ **ἐγέννησεν** τὸν Ἀμώς,
Mt 1:10 Ἀμὼς δὲ **ἐγέννησεν** τὸν Ἰωσίαν,
Mt 1:11 Ἰωσίας δὲ **ἐγέννησεν** τὸν Ἰεχονίαν καὶ
Mt 1:12 μετοικεσίαν Βαβυλῶνος Ἰεχονίας **ἐγέννησεν** τὸν Σαλαθιήλ,
Mt 1:12 Σαλαθιὴλ δὲ **ἐγέννησεν** τὸν Ζοροβαβέλ,
Mt 1:13 Ζοροβαβὲλ δὲ **ἐγέννησεν** τὸν Ἀβιούδ,
Mt 1:13 Ἀβιοὺδ δὲ **ἐγέννησεν** τὸν Ἐλιακίμ,
Mt 1:13 Ἐλιακὶμ δὲ **ἐγέννησεν** τὸν Ἀζώρ,
Mt 1:14 Ἀζὼρ δὲ **ἐγέννησεν** τὸν Σαδώκ,
Mt 1:14 Σαδὼκ δὲ **ἐγέννησεν** τὸν Ἀχίμ,
Mt 1:14 Ἀχὶμ δὲ **ἐγέννησεν** τὸν Ἐλιούδ,
Mt 1:15 Ἐλιοὺδ δὲ **ἐγέννησεν** τὸν Ἐλεάζαρ,
Mt 1:15 Ἐλεάζαρ δὲ **ἐγέννησεν** τὸν Ματθάν,
Mt 1:15 Ματθὰν δὲ **ἐγέννησεν** τὸν Ἰακώβ,
Mt 1:16 Ἰακὼβ δὲ **ἐγέννησεν** τὸν Ἰωσὴφ τὸν
Mt 1:16 ἐξ ἧς **ἐγεννήθη** Ἰησοῦς ὁ λεγόμενος
Mt 1:20 γὰρ ἐν αὐτῇ **γεννηθὲν** ἐκ πνεύματός ἐστιν
Mt 2:1 Τοῦ δὲ Ἰησοῦ **γεννηθέντος** ἐν Βηθλέεμ τῆς
Mt 2:4 ποῦ ὁ χριστὸς **γεννᾶται**.
Mt 19:12 ἐκ κοιλίας μητρὸς **ἐγεννήθησαν** οὕτως,
Mt 26:24 αὐτῷ εἰ οὐκ **ἐγεννήθη** ὁ ἄνθρωπος ἐκεῖνος.

γέννημα (*gennēma*; 3/4) *offspring*

Mt 3:7 **γεννήματα** ἐχιδνῶν,
Mt 12:34 **γεννήματα** ἐχιδνῶν,
Mt 23:33 **γεννήματα** ἐχιδνῶν,

Γεννησαρέτ (*Gennēsaret*; 1/3) *Gennesaret*

Mt 14:34 τὴν γῆν εἰς **Γεννησαρέτ**.

γεννητός (*gennētos*; 1/2) *born*

Mt 11:11 οὐκ ἐγήγερται ἐν **γεννητοῖς** γυναικῶν μείζων Ἰωάννου

γένος (*genos*; 1/20) *family, race, nation*

Mt 13:47 καὶ ἐκ παντὸς **γένους** συναγαγούσῃ·

γεύομαι (*geuomai*; 2/15) *taste*

Mt 16:28 οἵτινες οὐ μὴ **γεύσωνται** θανάτου ἕως ἂν
Mt 27:34 καὶ **γευσάμενος** οὐκ ἠθέλησεν πιεῖν.

γεωργός (*geōrgos*; 6/19) *vinedresser, farmer*

Mt 21:33 καὶ ἐξέδετο αὐτὸν **γεωργοῖς** καὶ ἀπεδήμησεν.
Mt 21:34 αὐτοῦ πρὸς τοὺς **γεωργοὺς** λαβεῖν τοὺς καρποὺς
Mt 21:35 καὶ λαβόντες οἱ **γεωργοὶ** τοὺς δούλους αὐτοῦ
Mt 21:38 οἱ δὲ **γεωργοὶ** ἰδόντες τὸν υἱὸν
Mt 21:40 τι ποιήσει τοῖς **γεωργοῖς** ἐκείνοις;
Mt 21:41 ἀμπελῶνα ἐκδώσεται ἄλλοις **γεωργοῖς**,

γῆ (*gē*; 43/248[250]) *earth, land*

Mt 2:6 **γῆ** Ἰούδα,
Mt 2:20 καὶ πορεύου εἰς **γῆν** Ἰσραήλ·
Mt 2:21 καὶ εἰσῆλθεν εἰς **γῆν** Ἰσραήλ.
Mt 4:15 **γῆ** Ζαβουλὼν καὶ γῆ
Mt 4:15 γῆ Ζαβουλὼν καὶ **γῆ** Νεφθαλίμ,
Mt 5:5 αὐτοὶ κληρονομήσουσιν τὴν **γῆν**.
Mt 5:13 τὸ ἅλας τῆς **γῆς**·
Mt 5:18 οὐρανὸς καὶ ἡ **γῆ**,
Mt 5:35 μήτε ἐν τῇ **γῇ**,
Mt 6:10 οὐρανῷ καὶ ἐπὶ **γῆς**·
Mt 6:19 θησαυροὺς ἐπὶ τῆς **γῆς**,

Mt 9:6 ἀνθρώπου ἐπὶ τῆς **γῆς** ἀφιέναι ἁμαρτίας
Mt 9:26 εἰς ὅλην τὴν **γῆν** ἐκείνην.
Mt 9:31 ἐν ὅλῃ τῇ **γῇ** ἐκείνῃ.
Mt 10:15 ἀνεκτότερον ἔσται **γῇ** Σοδόμων καὶ Γομόρρων
Mt 10:29 πεσεῖται ἐπὶ τὴν **γῆν** ἄνευ τοῦ πατρὸς
Mt 10:34 εἰρήνην ἐπὶ τὴν **γῆν**·
Mt 11:24 λέγω ὑμῖν ὅτι **γῇ** Σοδόμων ἀνεκτότερον ἔσται
Mt 11:25 οὐρανοῦ καὶ τῆς **γῆς**,
Mt 12:40 τῇ καρδίᾳ τῆς **γῆς** τρεῖς ἡμέρας καὶ
Mt 12:42 τῶν περάτων τῆς **γῆς** ἀκοῦσαι τὴν σοφίαν
Mt 13:5 ὅπου οὐκ εἶχεν **γῆν** πολλήν,
Mt 13:5 μὴ ἔχειν βάθος **γῆς**·
Mt 13:8 ἔπεσεν ἐπὶ τὴν **γῆν** τὴν καλὴν καὶ
Mt 13:23 ἐπὶ τὴν καλὴν **γῆν** σπαρείς,
Mt 14:24 πολλοὺς ἀπὸ τῆς **γῆς** ἀπεῖχεν βασανιζόμενον ὑπὸ
Mt 14:34 ἦλθον ἐπὶ τὴν **γῆν** εἰς Γεννησαρέτ.
Mt 15:35 ἀναπεσεῖν ἐπὶ τὴν **γῆν**
Mt 16:19 δήσῃς ἐπὶ τῆς **γῆς** ἔσται δεδεμένον ἐν
Mt 16:19 λύσῃς ἐπὶ τῆς **γῆς** ἔσται λελυμένον ἐν
Mt 17:25 οἱ βασιλεῖς τῆς **γῆς** ἀπὸ τίνων λαμβάνουσιν
Mt 18:18 δήσητε ἐπὶ τῆς **γῆς** ἔσται δεδεμένα ἐν
Mt 18:18 λύσητε ἐπὶ τῆς **γῆς** ἔσται λελυμένα ἐν
Mt 18:19 ὑμῶν ἐπὶ τῆς **γῆς** περὶ παντὸς πράγματος
Mt 23:9 ὑμῶν ἐπὶ τῆς **γῆς**,
Mt 23:35 ἐκχυννόμενον ἐπὶ τῆς **γῆς** ἀπὸ τοῦ αἵματος
Mt 24:30 αἱ φυλαὶ τῆς **γῆς** καὶ ὄψονται τὸν
Mt 24:35 οὐρανὸς καὶ ἡ **γῆ** παρελεύσεται,
Mt 25:18 λαβὼν ἀπελθὼν ὤρυξεν **γῆν** καὶ ἔκρυψεν τὸ
Mt 25:25 σου ἐν τῇ **γῇ**·
Mt 27:45 ἐπὶ πᾶσαν τὴν **γῆν** ἕως ὥρας ἐνάτης.
Mt 27:51 δύο καὶ ἡ **γῆ** ἐσείσθη καὶ αἱ
Mt 28:18 καὶ ἐπὶ [τῆς] **γῆς**.

γίνομαι (*ginomai*; 75/668[669]) *be, become*

Mt 1:22 τοῦτο δὲ ὅλον **γέγονεν** ἵνα πληρωθῇ τὸ
Mt 4:3 λίθοι οὗτοι ἄρτοι **γένωνται**.
Mt 5:18 ἕως ἂν πάντα **γένηται**.
Mt 5:45 ὅπως **γένησθε** υἱοὶ τοῦ πατρὸς
Mt 6:10 **γενηθήτω** τὸ θέλημά σου,
Mt 6:16 μὴ **γίνεσθε** ὡς οἱ ὑποκριταὶ
Mt 7:28 Καὶ **ἐγένετο** ὅτε ἐτέλεσεν ὁ
Mt 8:13 ὡς ἐπίστευσας **γενηθήτω** σοι.
Mt 8:16 Ὀψίας δὲ **γενομένης** προσήνεγκαν αὐτῷ δαιμονιζομένους
Mt 8:24 ἰδοὺ σεισμὸς μέγας **ἐγένετο** ἐν τῇ θαλάσσῃ,
Mt 8:26 καὶ **ἐγένετο** γαλήνη μεγάλη.
Mt 9:10 καὶ **ἐγένετο** αὐτοῦ ἀνακειμένου ἐν
Mt 9:16 καὶ χεῖρον σχίσμα **γίνεται**.
Mt 9:29 τὴν πίστιν ὑμῶν **γενηθήτω** ὑμῖν.
Mt 10:16 **γίνεσθε** οὖν φρόνιμοι ὡς
Mt 10:25 τῷ μαθητῇ ἵνα **γένηται** ὡς ὁ διδάσκαλος
Mt 11:1 Καὶ **ἐγένετο** ὅτε ἐτέλεσεν ὁ
Mt 11:20 πόλεις ἐν αἷς **ἐγένοντο** αἱ πλεῖσται δυνάμεις
Mt 11:21 Τύρῳ καὶ Σιδῶνι **ἐγένοντο** αἱ δυνάμεις αἱ
Mt 11:21 αἱ δυνάμεις αἱ **γενόμεναι** ἐν ὑμῖν,
Mt 11:23 εἰ ἐν Σοδόμοις **ἐγενήθησαν** αἱ δυνάμεις αἱ
Mt 11:23 αἱ δυνάμεις αἱ **γενόμεναι** ἐν σοί,
Mt 11:26 ὅτι οὕτως εὐδοκία **ἐγένετο** ἔμπροσθέν σου.
Mt 12:45 καὶ **γίνεται** τὰ ἔσχατα τοῦ
Mt 13:21 **γενομένης** δὲ θλίψεως ἢ
Mt 13:22 λόγον καὶ ἄκαρπος **γίνεται**.
Mt 13:32 λαχάνων ἐστὶν καὶ **γίνεται** δένδρον,
Mt 13:53 Καὶ **ἐγένετο** ὅτε ἐτέλεσεν ὁ
Mt 14:6 Γενεσίοις δὲ **γενομένοις** τοῦ Ἡρῴδου ὠρχήσατο
Mt 14:15 Ὀψίας δὲ **γενομένης** προσῆλθον αὐτῷ οἱ
Mt 14:23 ὀψίας δὲ **γενομένης** μόνος ἦν ἐκεῖ.
Mt 15:28 **γενηθήτω** σοι ὡς θέλεις.
Mt 16:2 [ὀψίας **γενομένης** λέγετε·
Mt 17:2 δὲ ἱμάτια αὐτοῦ **ἐγένετο** λευκὰ ὡς τὸ
Mt 18:3 μὴ στραφῆτε καὶ **γένησθε** ὡς τὰ παιδία,
Mt 18:12 ἐὰν **γένηταί** τινι ἀνθρώπῳ ἑκατὸν
Mt 18:13 καὶ ἐὰν **γένηται** εὑρεῖν αὐτό,
Mt 18:19 **γενήσεται** αὐτοῖς παρὰ τοῦ
Mt 18:31 σύνδουλοι αὐτοῦ τὰ **γενόμενα** ἐλυπήθησαν σφόδρα καὶ
Mt 18:31 ἑαυτῶν πάντα τὰ **γενόμενα**.
Mt 19:1 Καὶ **ἐγένετο** ὅτε ἐτέλεσεν ὁ
Mt 19:8 ἀρχῆς δὲ οὐ **γέγονεν** οὕτως.
Mt 20:8 ὀψίας δὲ **γενομένης** λέγει ὁ κύριος
Mt 20:26 ἐν ὑμῖν μέγας **γενέσθαι** ἔσται ὑμῶν διάκονος,
Mt 21:4 τοῦτο δὲ **γέγονεν** ἵνα πληρωθῇ τὸ
Mt 21:19 ἐκ σοῦ καρπὸς **γένηται** εἰς τὸν αἰῶνα.
Mt 21:21 **γενήσεται**·
Mt 21:42 οὗτος **ἐγενήθη** εἰς κεφαλὴν γωνίας·
Mt 21:42 παρὰ κυρίου **ἐγένετο** αὕτη καὶ ἔστιν
Mt 23:15 καὶ ὅταν **γένηται** ποιεῖτε αὐτὸν υἱὸν
Mt 23:26 ἵνα **γένηται** καὶ τὸ ἐκτὸς
Mt 24:6 δεῖ γὰρ **γενέσθαι**,
Mt 24:20 δὲ ἵνα μὴ **γένηται** ἡ φυγὴ ὑμῶν
Mt 24:21 μεγάλη οἵα οὐ **γέγονεν** ἀπ᾽ ἀρχῆς κόσμου
Mt 24:21 οὐδ᾽ οὐ μὴ **γένηται**.
Mt 24:32 ὁ κλάδος αὐτῆς **γένηται** ἁπαλὸς καὶ τὰ
Mt 24:34 ἂν πάντα ταῦτα **γένηται**.
Mt 24:44 τοῦτο καὶ ὑμεῖς **γίνεσθε** ἕτοιμοι,
Mt 25:6 δὲ νυκτὸς κραυγὴ **γέγονεν**·
Mt 26:1 Καὶ **ἐγένετο** ὅτε ἐτέλεσεν ὁ
Mt 26:2 ἡμέρας τὸ πάσχα **γίνεται**,
Mt 26:5 ἵνα μὴ θόρυβος **γένηται** ἐν τῷ λαῷ.
Mt 26:6 Τοῦ δὲ Ἰησοῦ **γενομένου** ἐν Βηθανίᾳ ἐν
Mt 26:20 Ὀψίας δὲ **γενομένης** ἀνέκειτο μετὰ τῶν
Mt 26:42 **γενηθήτω** τὸ θέλημά σου.
Mt 26:54 ὅτι οὕτως δεῖ **γενέσθαι**;
Mt 26:56 τοῦτο δὲ ὅλον **γέγονεν** ἵνα πληρωθῶσιν αἱ
Mt 27:1 Πρωΐας δὲ **γενομένης** συμβούλιον ἔλαβον πάντες
Mt 27:24 ἀλλὰ μᾶλλον θόρυβος **γίνεται**,
Mt 27:45 ἕκτης ὥρας σκότος **ἐγένετο** ἐπὶ πᾶσαν τὴν
Mt 27:54 σεισμὸν καὶ τὰ **γενόμενα** ἐφοβήθησαν σφόδρα,
Mt 27:57 Ὀψίας δὲ **γενομένης** ἦλθεν ἄνθρωπος πλούσιος
Mt 28:2 καὶ ἰδοὺ σεισμὸς **ἐγένετο** μέγας·
Mt 28:4 οἱ τηροῦντες καὶ **ἐγενήθησαν** ὡς νεκροί.
Mt 28:11 ἀρχιερεῦσιν ἅπαντα τὰ **γενόμενα**.

γινώσκω (*ginōskō*; 20/222) *know*

Mt 1:25 καὶ οὐκ **ἐγίνωσκεν** αὐτὴν ἕως οὗ
Mt 6:3 ποιοῦντος ἐλεημοσύνην μὴ **γνώτω** ἡ ἀριστερά σου
Mt 7:23 αὐτοῖς ὅτι οὐδέποτε **ἔγνων** ὑμᾶς·
Mt 9:30 ὁρᾶτε μηδεὶς **γινωσκέτω**.
Mt 10:26 κρυπτὸν ὃ οὐ **γνωσθήσεται**.

Mt 12:7 εἰ δὲ **ἐγνώκειτε** τί ἐστιν·
Mt 12:15 Ὁ δὲ Ἰησοῦς **γνοὺς** ἀνεχώρησεν ἐκεῖθεν.
Mt 12:33 καρποῦ τὸ δένδρον **γινώσκεται**.
Mt 13:11 ὅτι ὑμῖν δέδοται **γνῶναι** τὰ μυστήρια τῆς
Mt 16:3 πρόσωπον τοῦ οὐρανοῦ **γινώσκετε** διακρίνειν,
Mt 16:8 **γνοὺς** δὲ ὁ Ἰησοῦς
Mt 21:45 τὰς παραβολὰς αὐτοῦ **ἔγνωσαν** ὅτι περὶ αὐτῶν
Mt 22:18 **γνοὺς** δὲ ὁ Ἰησοῦς
Mt 24:32 **γινώσκετε** ὅτι ἐγγὺς τὸ
Mt 24:33 **γινώσκετε** ὅτι ἐγγύς ἐστιν
Mt 24:39 καὶ οὐκ **ἔγνωσαν** ἕως ἦλθεν ὁ
Mt 24:43 Ἐκεῖνο δὲ **γινώσκετε** ὅτι εἰ ᾔδει
Mt 24:50 ὥρᾳ ᾗ οὐ **γινώσκει**,
Mt 25:24 **ἔγνων** σε ὅτι σκληρὸς
Mt 26:10 **γνοὺς** δὲ ὁ Ἰησοῦς

γογγύζω (*gongyzō*; 1/8) *grumble*

Mt 20:11 λαβόντες δὲ **ἐγόγγυζον** κατὰ τοῦ οἰκοδεσπότου

Γολγοθᾶ (*Golgotha*; 1/3) *Golgotha*

Mt 27:33 εἰς τόπον λεγόμενον **Γολγοθᾶ**,

Γόμορρα (*Gomorra*; 1/4) *Gomorrah*

Mt 10:15 γῇ Σοδόμων καὶ **Γομόρρων** ἐν ἡμέρᾳ κρίσεως

γονεύς (*goneus*; 1/20) *parent*

Mt 10:21 ἐπαναστήσονται τέκνα ἐπὶ **γονεῖς** καὶ θανατώσουσιν αὐτούς.

γονυπετέω (*gonypeteō*; 2/3) *kneel*

Mt 17:14 προσῆλθεν αὐτῷ ἄνθρωπος **γονυπετῶν** αὐτὸν
Mt 27:29 καὶ **γονυπετήσαντες** ἔμπροσθεν αὐτοῦ ἐνέπαιξαν

γραμματεύς (*grammateus*; 22/62[63]) *scribe*

Mt 2:4 τοὺς ἀρχιερεῖς καὶ **γραμματεῖς** τοῦ λαοῦ ἐπυνθάνετο
Mt 5:20 δικαιοσύνη πλεῖον τῶν **γραμματέων** καὶ Φαρισαίων,
Mt 7:29 οὐχ ὡς οἱ **γραμματεῖς** αὐτῶν.
Mt 8:19 καὶ προσελθὼν εἷς **γραμματεὺς** εἶπεν αὐτῷ·
Mt 9:3 ἰδού τινες τῶν **γραμματέων** εἶπαν ἐν ἑαυτοῖς·
Mt 12:38 αὐτῷ τινες τῶν **γραμματέων** καὶ Φαρισαίων λέγοντες·
Mt 13:52 διὰ τοῦτο πᾶς **γραμματεὺς** μαθητευθεὶς τῇ βασιλείᾳ
Mt 15:1 Ἱεροσολύμων Φαρισαῖοι καὶ **γραμματεῖς** λέγοντες·
Mt 16:21 καὶ ἀρχιερέων καὶ **γραμματέων** καὶ ἀποκτανθῆναι καὶ
Mt 17:10 τί οὖν οἱ **γραμματεῖς** λέγουσιν ὅτι Ἠλίαν
Mt 20:18 τοῖς ἀρχιερεῦσιν καὶ **γραμματεῦσιν**,
Mt 21:15 ἀρχιερεῖς καὶ οἱ **γραμματεῖς** τὰ θαυμάσια ἃ
Mt 23:2 καθέδρας ἐκάθισαν οἱ **γραμματεῖς** καὶ οἱ Φαρισαῖοι.
Mt 23:13 **γραμματεῖς** καὶ Φαρισαῖοι ὑποκριταί,
Mt 23:15 **γραμματεῖς** καὶ Φαρισαῖοι ὑποκριταί,
Mt 23:23 **γραμματεῖς** καὶ Φαρισαῖοι ὑποκριταί,
Mt 23:25 **γραμματεῖς** καὶ Φαρισαῖοι ὑποκριταί,
Mt 23:27 **γραμματεῖς** καὶ Φαρισαῖοι ὑποκριταί,
Mt 23:29 **γραμματεῖς** καὶ Φαρισαῖοι ὑποκριταί,
Mt 23:34 καὶ σοφοὺς καὶ **γραμματεῖς**·
Mt 26:57 ὅπου οἱ **γραμματεῖς** καὶ οἱ πρεσβύτεροι
Mt 27:41 ἐμπαίζοντες μετὰ τῶν **γραμματέων** καὶ πρεσβυτέρων ἔλεγον·

γραφή (*graphē*; 4/50) *Scripture*

Mt 21:42 ἀνέγνωτε ἐν ταῖς **γραφαῖς**·
Mt 22:29 μὴ εἰδότες τὰς **γραφὰς** μηδὲ τὴν δύναμιν
Mt 26:54 οὖν πληρωθῶσιν αἱ **γραφαὶ** ὅτι οὕτως δεῖ
Mt 26:56 ἵνα πληρωθῶσιν αἱ **γραφαὶ** τῶν προφητῶν.

γράφω (*graphō*; 10/190[191]) *write*

Mt 2:5 οὕτως γὰρ **γέγραπται** διὰ τοῦ προφήτου·
Mt 4:4 **γέγραπται**·
Mt 4:6 **γέγραπται** γὰρ ὅτι τοῖς
Mt 4:7 πάλιν **γέγραπται**·
Mt 4:10 **γέγραπται** γάρ·
Mt 11:10 ἐστιν περὶ οὗ **γέγραπται**·
Mt 21:13 **γέγραπται**·
Mt 26:24 ἀνθρώπου ὑπάγει καθὼς **γέγραπται** περὶ αὐτοῦ,
Mt 26:31 **γέγραπται** γάρ·
Mt 27:37 τὴν αἰτίαν αὐτοῦ **γεγραμμένην**·

γρηγορέω (*grēgoreō*; 6/22) *watch, keep awake*

Mt 24:42 **Γρηγορεῖτε** οὖν,
Mt 24:43 **ἐγρηγόρησεν** ἂν καὶ οὐκ
Mt 25:13 **γρηγορεῖτε** οὖν,
Mt 26:38 μείνατε ὧδε καὶ **γρηγορεῖτε** μετ' ἐμοῦ.
Mt 26:40 ἰσχύσατε μίαν ὥραν **γρηγορῆσαι** μετ' ἐμοῦ;
Mt 26:41 **γρηγορεῖτε** καὶ προσεύχεσθε,

γυμνός (*gymnos*; 4/15) *naked*

Mt 25:36 **γυμνὸς** καὶ περιεβάλετέ με,
Mt 25:38 ἢ **γυμνὸν** καὶ περιεβάλομεν;
Mt 25:43 **γυμνὸς** καὶ οὐ περιεβάλετέ
Mt 25:44 ἢ ξένον ἢ **γυμνὸν** ἢ ἀσθενῆ ἢ

γυνή (*gynē*; 29/211[215]) *woman, wife*

Mt 1:20 παραλαβεῖν Μαρίαν τὴν **γυναῖκά** σου·
Mt 1:24 καὶ παρέλαβεν τὴν **γυναῖκα** αὐτοῦ,
Mt 5:28 πᾶς ὁ βλέπων **γυναῖκα** πρὸς τὸ ἐπιθυμῆσαι
Mt 5:31 ἂν ἀπολύσῃ τὴν **γυναῖκα** αὐτοῦ,
Mt 5:32 ὁ ἀπολύων τὴν **γυναῖκα** αὐτοῦ παρεκτὸς λόγου
Mt 9:20 Καὶ ἰδοὺ **γυνὴ** αἱμορροοῦσα δώδεκα ἔτη
Mt 9:22 καὶ ἐσώθη ἡ **γυνὴ** ἀπὸ τῆς ὥρας
Mt 11:11 ἐγήγερται ἐν γεννητοῖς **γυναικῶν** μείζων Ἰωάννου τοῦ
Mt 13:33 ἣν λαβοῦσα **γυνὴ** ἐνέκρυψεν εἰς ἀλεύρου
Mt 14:3 διὰ Ἡρῳδιάδα τὴν **γυναῖκα** Φιλίππου τοῦ ἀδελφοῦ
Mt 14:21 ὡσεὶ πεντακισχίλιοι χωρὶς **γυναικῶν** καὶ παιδίων.
Mt 15:22 καὶ ἰδοὺ **γυνὴ** Χαναναία ἀπὸ τῶν
Mt 15:28 ὦ **γύναι**,
Mt 15:38 τετρακισχίλιοι ἄνδρες χωρὶς **γυναικῶν** καὶ παιδίων.
Mt 18:25 πραθῆναι καὶ τὴν **γυναῖκα** καὶ τὰ τέκνα

Mt 19:3 ἀνθρώπῳ ἀπολῦσαι τὴν **γυναῖκα** αὐτοῦ κατὰ πᾶσαν
Mt 19:5 καὶ κολληθήσεται τῇ **γυναικὶ** αὐτοῦ,
Mt 19:8 ὑμῖν ἀπολῦσαι τὰς **γυναῖκας** ὑμῶν,
Mt 19:9 ἂν ἀπολύσῃ τὴν **γυναῖκα** αὐτοῦ μὴ ἐπὶ
Mt 19:10 ἀνθρώπου μετὰ τῆς **γυναικός**,
Mt 22:24 ἀδελφὸς αὐτοῦ τὴν **γυναῖκα** αὐτοῦ καὶ ἀναστήσει
Mt 22:25 σπέρμα ἀφῆκεν τὴν **γυναῖκα** αὐτοῦ τῷ ἀδελφῷ
Mt 22:27 πάντων ἀπέθανεν ἡ **γυνή**.
Mt 22:28 τῶν ἑπτὰ ἔσται **γυνή**;
Mt 26:7 προσῆλθεν αὐτῷ **γυνὴ** ἔχουσα ἀλάβαστρον μύρου
Mt 26:10 κόπους παρέχετε τῇ **γυναικί**;
Mt 27:19 πρὸς αὐτὸν ἡ **γυνὴ** αὐτοῦ λέγουσα·
Mt 27:55 Ἦσαν δὲ ἐκεῖ **γυναῖκες** πολλαὶ ἀπὸ μακρόθεν
Mt 28:5 ἄγγελος εἶπεν ταῖς **γυναιξίν**·

γωνία (*gōnia*; 2/9) *corner*

Mt 6:5 καὶ ἐν ταῖς **γωνίαις** τῶν πλατειῶν ἑστῶτες
Mt 21:42 ἐγενήθη εἰς κεφαλὴν **γωνίας**·

δαιμονίζομαι (*daimonizomai*; 7/13) *be demon-possessed*

Mt 4:24 βασάνοις συνεχομένους [καὶ] **δαιμονιζομένους** καὶ σεληνιαζομένους καὶ
Mt 8:16 γενομένης προσήνεγκαν αὐτῷ **δαιμονιζομένους** πολλούς·
Mt 8:28 ὑπήντησαν αὐτῷ δύο **δαιμονιζόμενοι** ἐκ τῶν μνημείων
Mt 8:33 καὶ τὰ τῶν **δαιμονιζομένων**.
Mt 9:32 αὐτῷ ἄνθρωπον κωφὸν **δαιμονιζόμενον**.
Mt 12:22 Τότε προσηνέχθη αὐτῷ **δαιμονιζόμενος** τυφλὸς καὶ κωφός,
Mt 15:22 θυγάτηρ μου κακῶς **δαιμονίζεται**.

δαιμόνιον (*daimonion*; 11/61[63]) *demon*

Mt 7:22 τῷ σῷ ὀνόματι **δαιμόνια** ἐξεβάλομεν,
Mt 9:33 καὶ ἐκβληθέντος τοῦ **δαιμονίου** ἐλάλησεν ὁ κωφός.
Mt 9:34 τῷ ἄρχοντι τῶν **δαιμονίων** ἐκβάλλει τὰ δαιμόνια.
Mt 9:34 δαιμονίων ἐκβάλλει τὰ **δαιμόνια**.
Mt 10:8 **δαιμόνια** ἐκβάλλετε·
Mt 11:18 **δαιμόνιον** ἔχει.
Mt 12:24 οὐκ ἐκβάλλει τὰ **δαιμόνια** εἰ μὴ ἐν
Mt 12:24 Βεελζεβοὺλ ἄρχοντι τῶν **δαιμονίων**.
Mt 12:27 Βεελζεβοὺλ ἐκβάλλω τὰ **δαιμόνια**,
Mt 12:28 ἐγὼ ἐκβάλλω τὰ **δαιμόνια**,
Mt 17:18 ἀπ' αὐτοῦ τὸ **δαιμόνιον** καὶ ἐθεραπεύθη ὁ

δαίμων (*daimōn*; 1/1) *demon*

Mt 8:31 οἱ δὲ **δαίμονες** παρεκάλουν αὐτὸν λέγοντες·

δάκτυλος (*daktylos*; 1/7[8]) *finger*

Mt 23:4 αὐτοὶ δὲ τῷ **δακτύλῳ** αὐτῶν οὐ θέλουσιν

δανείζω (*daneizō*; 1/4) *lend*

Mt 5:42 θέλοντα ἀπὸ σοῦ **δανίσασθαι** μὴ ἀποστραφῇς.

δάνειον (*daneion*; 1/1) *debt*

Mt 18:27 αὐτὸν καὶ τὸ **δάνειον** ἀφῆκεν αὐτῷ.

Δανιήλ (*Daniēl*; 1/1) *Daniel*

Mt 24:15 τὸ ῥηθὲν διὰ **Δανιὴλ** τοῦ προφήτου ἑστὸς

Δαυίδ (*Dauid*; 17/59) *David*

Mt 1:1 Ἰησοῦ Χριστοῦ υἱοῦ **Δαυὶδ** υἱοῦ Ἀβραάμ.
Mt 1:6 δὲ ἐγέννησεν τὸν **Δαυὶδ** τὸν βασιλέα.
Mt 1:6 **Δαυὶδ** δὲ ἐγέννησεν τὸν
Mt 1:17 ἀπὸ Ἀβραὰμ ἕως **Δαυὶδ** γενεαὶ δεκατέσσαρες,
Mt 1:17 καὶ ἀπὸ **Δαυὶδ** ἕως τῆς μετοικεσίας
Mt 1:20 Ἰωσὴφ υἱὸς **Δαυίδ**,
Mt 9:27 υἱὸς **Δαυίδ**.
Mt 12:3 ἀνέγνωτε τί ἐποίησεν **Δαυὶδ** ὅτε ἐπείνασεν
Mt 12:23 ἐστιν ὁ υἱὸς **Δαυίδ**;
Mt 15:22 κύριε υἱὸς **Δαυίδ**·
Mt 20:30 [κύριε] υἱὸς **Δαυίδ**.
Mt 20:31 υἱὸς **Δαυίδ**.
Mt 21:9 ὡσαννὰ τῷ υἱῷ **Δαυίδ**·
Mt 21:15 ὡσαννὰ τῷ υἱῷ **Δαυίδ**,
Mt 22:42 τοῦ **Δαυίδ**.
Mt 22:43 πῶς οὖν **Δαυὶδ** ἐν πνεύματι καλεῖ
Mt 22:45 εἰ οὖν **Δαυὶδ** καλεῖ αὐτὸν κύριον,

δέ (*de*; 494/2773[2792]) *but, and*

Mt 1:2 Ἰσαὰκ **δὲ** ἐγέννησεν τὸν Ἰακώβ,
Mt 1:2 Ἰακὼβ **δὲ** ἐγέννησεν τὸν Ἰούδαν
Mt 1:3 Ἰούδας **δὲ** ἐγέννησεν τὸν Φάρες
Mt 1:3 Φάρες **δὲ** ἐγέννησεν τὸν Ἑσρώμ,
Mt 1:3 Ἑσρὼμ **δὲ** ἐγέννησεν τὸν Ἀράμ,
Mt 1:4 Ἀρὰμ **δὲ** ἐγέννησεν τὸν Ἀμιναδάβ,
Mt 1:4 Ἀμιναδὰβ **δὲ** ἐγέννησεν τὸν Ναασσών,
Mt 1:4 Ναασσὼν **δὲ** ἐγέννησεν τὸν Σαλμών,
Mt 1:5 Σαλμὼν **δὲ** ἐγέννησεν τὸν Βόες
Mt 1:5 Βόες **δὲ** ἐγέννησεν τὸν Ἰωβὴδ
Mt 1:5 Ἰωβὴδ **δὲ** ἐγέννησεν τὸν Ἰεσσαί,
Mt 1:6 Ἰεσσαὶ **δὲ** ἐγέννησεν τὸν Δαυὶδ
Mt 1:6 Δαυὶδ **δὲ** ἐγέννησεν τὸν Σολομῶνα
Mt 1:7 Σολομὼν **δὲ** ἐγέννησεν τὸν Ῥοβοάμ,
Mt 1:7 Ῥοβοὰμ **δὲ** ἐγέννησεν τὸν Ἀβιά,
Mt 1:7 Ἀβιὰ **δὲ** ἐγέννησεν τὸν Ἀσάφ,
Mt 1:8 Ἀσὰφ **δὲ** ἐγέννησεν τὸν Ἰωσαφάτ,
Mt 1:8 Ἰωσαφὰτ **δὲ** ἐγέννησεν τὸν Ἰωράμ,
Mt 1:8 Ἰωρὰμ **δὲ** ἐγέννησεν τὸν Ὀζίαν,
Mt 1:9 Ὀζίας **δὲ** ἐγέννησεν τὸν Ἰωαθάμ,
Mt 1:9 Ἰωαθὰμ **δὲ** ἐγέννησεν τὸν Ἀχάζ,
Mt 1:9 Ἀχὰζ **δὲ** ἐγέννησεν τὸν Ἑζεκίαν,
Mt 1:10 Ἑζεκίας **δὲ** ἐγέννησεν τὸν Μανασσῆ,
Mt 1:10 Μανασσῆς **δὲ** ἐγέννησεν τὸν Ἀμώς,
Mt 1:10 Ἀμὼς **δὲ** ἐγέννησεν τὸν Ἰωσίαν,
Mt 1:11 Ἰωσίας **δὲ** ἐγέννησεν τὸν Ἰεχονίαν
Mt 1:12 Μετὰ **δὲ** τὴν μετοικεσίαν Βαβυλῶνος
Mt 1:12 Σαλαθιὴλ **δὲ** ἐγέννησεν τὸν Ζοροβαβέλ,
Mt 1:13 Ζοροβαβὲλ **δὲ** ἐγέννησεν τὸν Ἀβιούδ,
Mt 1:13 Ἀβιοὺδ **δὲ** ἐγέννησεν τὸν Ἐλιακίμ,
Mt 1:13 Ἐλιακὶμ **δὲ** ἐγέννησεν τὸν Ἀζώρ,
Mt 1:14 Ἀζὼρ **δὲ** ἐγέννησεν τὸν Σαδώκ,
Mt 1:14 Σαδὼκ **δὲ** ἐγέννησεν τὸν Ἀχίμ,
Mt 1:14 Ἀχὶμ **δὲ** ἐγέννησεν τὸν Ἐλιούδ,
Mt 1:15 Ἐλιοὺδ **δὲ** ἐγέννησεν τὸν Ἐλεάζαρ,
Mt 1:15 Ἐλεάζαρ **δὲ** ἐγέννησεν τὸν Ματθάν,

Mt 1:15 Ματθὰν **δὲ** ἐγέννησεν τὸν Ἰακώβ,
Mt 1:16 Ἰακὼβ **δὲ** ἐγέννησεν τὸν Ἰωσὴφ
Mt 1:18 Τοῦ **δὲ** Ἰησοῦ Χριστοῦ ἡ
Mt 1:19 Ἰωσὴφ **δὲ** ὁ ἀνὴρ αὐτῆς,
Mt 1:20 ταῦτα **δὲ** αὐτοῦ ἐνθυμηθέντος ἰδοὺ
Mt 1:21 τέξεται **δὲ** υἱόν,
Mt 1:22 τοῦτο **δὲ** ὅλον γέγονεν ἵνα
Mt 1:24 ἐγερθεὶς **δὲ** ὁ Ἰωσὴφ ἀπὸ
Mt 2:1 Τοῦ **δὲ** Ἰησοῦ γεννηθέντος ἐν
Mt 2:3 ἀκούσας **δὲ** ὁ βασιλεὺς Ἡρῴδης
Mt 2:5 οἱ **δὲ** εἶπαν αὐτῷ·
Mt 2:8 ἐπὰν **δὲ** εὕρητε,
Mt 2:9 οἱ **δὲ** ἀκούσαντες τοῦ βασιλέως
Mt 2:10 ἰδόντες **δὲ** τὸν ἀστέρα ἐχάρησαν
Mt 2:13 Ἀναχωρησάντων **δὲ** αὐτῶν ἰδοὺ ἄγγελος
Mt 2:14 ὁ **δὲ** ἐγερθεὶς παρέλαβεν τὸ
Mt 2:19 Τελευτήσαντος **δὲ** τοῦ Ἡρῴδου ἰδοὺ
Mt 2:21 ὁ **δὲ** ἐγερθεὶς παρέλαβεν τὸ
Mt 2:22 Ἀκούσας **δὲ** ὅτι Ἀρχέλαος βασιλεύει
Mt 2:22 χρηματισθεὶς **δὲ** κατ' ὄναρ ἀνεχώρησεν
Mt 3:1 Ἐν **δὲ** ταῖς ἡμέραις ἐκείναις
Mt 3:4 αὐτὸς **δὲ** ὁ Ἰωάννης εἶχεν
Mt 3:4 ἡ **δὲ** τροφὴ ἦν αὐτοῦ
Mt 3:7 ἰδὼν **δὲ** πολλοὺς τῶν Φαρισαίων
Mt 3:10 ἤδη **δὲ** ἡ ἀξίνη πρὸς
Mt 3:11 ὁ **δὲ** ὀπίσω μου ἐρχόμενος
Mt 3:12 τὸ **δὲ** ἄχυρον κατακαύσει πυρὶ
Mt 3:14 ὁ **δὲ** Ἰωάννης διεκώλυεν αὐτὸν
Mt 3:15 ἀποκριθεὶς **δὲ** ὁ Ἰησοῦς εἶπεν
Mt 3:16 βαπτισθεὶς **δὲ** ὁ Ἰησοῦς εὐθὺς
Mt 4:4 ὁ **δὲ** ἀποκριθεὶς εἶπεν·
Mt 4:12 Ἀκούσας **δὲ** ὅτι Ἰωάννης παρεδόθη
Mt 4:18 Περιπατῶν **δὲ** παρὰ τὴν θάλασσαν
Mt 4:20 οἱ **δὲ** εὐθέως ἀφέντες τὰ
Mt 4:22 οἱ **δὲ** εὐθέως ἀφέντες τὸ
Mt 5:1 ἰδὼν **δὲ** τοὺς ὄχλους ἀνέβη
Mt 5:13 ἐὰν **δὲ** τὸ ἅλας μωρανθῇ,
Mt 5:19 ὃς **δ'** ἂν ποιήσῃ καὶ
Mt 5:21 ὃς **δ'** ἂν φονεύσῃ,
Mt 5:22 ἐγὼ **δὲ** λέγω ὑμῖν ὅτι
Mt 5:22 ὃς **δ'** ἂν εἴπῃ τῷ
Mt 5:22 ὃς **δ'** ἂν εἴπῃ·
Mt 5:28 ἐγὼ **δὲ** λέγω ὑμῖν ὅτι
Mt 5:29 εἰ **δὲ** ὁ ὀφθαλμός σου
Mt 5:31 Ἐρρέθη **δέ**·
Mt 5:32 ἐγὼ **δὲ** λέγω ὑμῖν ὅτι
Mt 5:33 ἀποδώσεις **δὲ** τῷ κυρίῳ τοὺς
Mt 5:34 ἐγὼ **δὲ** λέγω ὑμῖν μὴ
Mt 5:37 ἔστω **δὲ** ὁ λόγος ὑμῶν
Mt 5:37 τὸ **δὲ** περισσὸν τούτων ἐκ
Mt 5:39 ἐγὼ **δὲ** λέγω ὑμῖν μὴ
Mt 5:44 ἐγὼ **δὲ** λέγω ὑμῖν·
Mt 6:1 Προσέχετε **[δὲ]** τὴν δικαιοσύνην ὑμῶν
Mt 6:1 εἰ **δὲ** μή γε,
Mt 6:3 σοῦ **δὲ** ποιοῦντος ἐλεημοσύνην μὴ
Mt 6:6 σὺ **δὲ** ὅταν προσεύχῃ,
Mt 6:7 Προσευχόμενοι **δὲ** μὴ βατταλογήσητε ὥσπερ
Mt 6:15 ἐὰν **δὲ** μὴ ἀφῆτε τοῖς
Mt 6:16 Ὅταν **δὲ** νηστεύητε,
Mt 6:17 σὺ **δὲ** νηστεύων ἄλειψαί σου
Mt 6:20 θησαυρίζετε **δὲ** ὑμῖν θησαυροὺς ἐν
Mt 6:23 ἐὰν **δὲ** ὁ ὀφθαλμός σου
Mt 6:27 τίς **δὲ** ἐξ ὑμῶν μεριμνῶν
Mt 6:29 λέγω **δὲ** ὑμῖν ὅτι οὐδὲ
Mt 6:30 εἰ **δὲ** τὸν χόρτον τοῦ
Mt 6:33 ζητεῖτε **δὲ** πρῶτον τὴν βασιλείαν
Mt 7:3 τί **δὲ** βλέπεις τὸ κάρφος
Mt 7:3 τὴν **δὲ** ἐν τῷ σῷ
Mt 7:15 ἔσωθεν **δέ** εἰσιν λύκοι ἅρπαγες.
Mt 7:17 τὸ **δὲ** σαπρὸν δένδρον καρποὺς
Mt 8:1 Καταβάντος **δὲ** αὐτοῦ ἀπὸ τοῦ
Mt 8:5 Εἰσελθόντος **δὲ** αὐτοῦ εἰς Καφαρναοὺμ
Mt 8:10 ἀκούσας **δὲ** ὁ Ἰησοῦς ἐθαύμασεν
Mt 8:11 λέγω **δὲ** ὑμῖν ὅτι πολλοὶ
Mt 8:12 οἱ **δὲ** υἱοὶ τῆς βασιλείας
Mt 8:16 Ὀψίας **δὲ** γενομένης προσήνεγκαν αὐτῷ
Mt 8:18 ἰδὼν **δὲ** ὁ Ἰησοῦς ὄχλον
Mt 8:20 ὁ **δὲ** υἱὸς τοῦ ἀνθρώπου
Mt 8:21 ἕτερος **δὲ** τῶν μαθητῶν [αὐτοῦ]
Mt 8:22 ὁ **δὲ** Ἰησοῦς λέγει αὐτῷ·
Mt 8:24 αὐτὸς **δὲ** ἐκάθευδεν.
Mt 8:27 οἱ **δὲ** ἄνθρωποι ἐθαύμασαν λέγοντες·
Mt 8:30 ἦν **δὲ** μακρὰν ἀπ' αὐτῶν
Mt 8:31 οἱ **δὲ** δαίμονες παρεκάλουν αὐτὸν
Mt 8:32 οἱ **δὲ** ἐξελθόντες ἀπῆλθον εἰς
Mt 8:33 οἱ **δὲ** βόσκοντες ἔφυγον,
Mt 9:6 ἵνα **δὲ** εἰδῆτε ὅτι ἐξουσίαν
Mt 9:8 ἰδόντες **δὲ** οἱ ὄχλοι ἐφοβήθησαν
Mt 9:12 ὁ **δὲ** ἀκούσας εἶπεν·
Mt 9:13 πορευθέντες **δὲ** μάθετε τί ἐστιν·
Mt 9:14 οἱ **δὲ** μαθηταί σου οὐ
Mt 9:15 ἐλεύσονται **δὲ** ἡμέραι ὅταν ἀπαρθῇ
Mt 9:16 οὐδεὶς **δὲ** ἐπιβάλλει ἐπίβλημα ῥάκους
Mt 9:17 εἰ **δὲ** μή γε,
Mt 9:22 ὁ **δὲ** Ἰησοῦς στραφεὶς καὶ
Mt 9:25 ὅτε **δὲ** ἐξεβλήθη ὁ ὄχλος
Mt 9:28 ἐλθόντι **δὲ** εἰς τὴν οἰκίαν
Mt 9:31 οἱ **δὲ** ἐξελθόντες διεφήμισαν αὐτὸν
Mt 9:32 Αὐτῶν **δὲ** ἐξερχομένων ἰδοὺ προσήνεγκαν
Mt 9:34 οἱ **δὲ** Φαρισαῖοι ἔλεγον·
Mt 9:36 ἰδὼν **δὲ** τοὺς ὄχλους ἐσπλαγχνίσθη
Mt 9:37 οἱ **δὲ** ἐργάται ὀλίγοι·
Mt 10:2 Τῶν **δὲ** δώδεκα ἀποστόλων τὰ
Mt 10:6 πορεύεσθε **δὲ** μᾶλλον πρὸς τὰ
Mt 10:7 πορευόμενοι **δὲ** κηρύσσετε λέγοντες ὅτι
Mt 10:11 εἰς ἣν **δ'** ἂν πόλιν ἢ
Mt 10:12 εἰσερχόμενοι **δὲ** εἰς τὴν οἰκίαν
Mt 10:13 ἐὰν **δὲ** μὴ ᾖ ἀξία,
Mt 10:17 Προσέχετε **δὲ** ἀπὸ τῶν ἀνθρώπων·
Mt 10:18 καὶ ἐπὶ ἡγεμόνας **δὲ** καὶ βασιλεῖς ἀχθήσεσθε
Mt 10:19 ὅταν **δὲ** παραδῶσιν ὑμᾶς,
Mt 10:21 Παραδώσει **δὲ** ἀδελφὸς ἀδελφὸν εἰς
Mt 10:22 ὁ **δὲ** ὑπομείνας εἰς τέλος
Mt 10:23 Ὅταν **δὲ** διώκωσιν ὑμᾶς ἐν
Mt 10:28 τὴν **δὲ** ψυχὴν μὴ δυναμένων
Mt 10:28 φοβεῖσθε **δὲ** μᾶλλον τὸν δυνάμενον
Mt 10:30 ὑμῶν **δὲ** καὶ αἱ τρίχες
Mt 10:33 ὅστις **δ'** ἂν ἀρνήσηταί με
Mt 11:2 Ὁ **δὲ** Ἰωάννης ἀκούσας ἐν
Mt 11:7 Τούτων **δὲ** πορευομένων ἤρξατο ὁ
Mt 11:11 ὁ **δὲ** μικρότερος ἐν τῇ
Mt 11:12 ἀπὸ **δὲ** τῶν ἡμερῶν Ἰωάννου
Mt 11:16 Τίνι **δὲ** ὁμοιώσω τὴν γενεὰν
Mt 12:1 οἱ **δὲ** μαθηταὶ αὐτοῦ ἐπείνασαν
Mt 12:2 οἱ **δὲ** Φαρισαῖοι ἰδόντες εἶπαν
Mt 12:3 ὁ **δὲ** εἶπεν αὐτοῖς·
Mt 12:6 λέγω **δὲ** ὑμῖν ὅτι τοῦ
Mt 12:7 εἰ **δὲ** ἐγνώκειτε τί ἐστιν·

Mt 12:11 ὁ **δὲ** εἶπεν αὐτοῖς·
Mt 12:14 ἐξελθόντες **δὲ** οἱ Φαρισαῖοι συμβούλιον
Mt 12:15 Ὁ **δὲ** Ἰησοῦς γνοὺς ἀνεχώρησεν
Mt 12:24 οἱ **δὲ** Φαρισαῖοι ἀκούσαντες εἶπον·
Mt 12:25 εἰδὼς **δὲ** τὰς ἐνθυμήσεις αὐτῶν
Mt 12:28 εἰ **δὲ** ἐν πνεύματι θεοῦ
Mt 12:31 ἡ **δὲ** τοῦ πνεύματος βλασφημία
Mt 12:32 ὃς **δ'** ἂν εἴπῃ κατὰ
Mt 12:36 λέγω **δὲ** ὑμῖν ὅτι πᾶν
Mt 12:39 ὁ **δὲ** ἀποκριθεὶς εἶπεν αὐτοῖς·
Mt 12:43 Ὅταν **δὲ** τὸ ἀκάθαρτον πνεῦμα
Mt 12:47 [εἶπεν **δέ** τις αὐτῷ·
Mt 12:48 ὁ **δὲ** ἀποκριθεὶς εἶπεν τῷ
Mt 13:5 ἄλλα **δὲ** ἔπεσεν ἐπὶ τὰ
Mt 13:6 ἡλίου **δὲ** ἀνατείλαντος ἐκαυματίσθη καὶ
Mt 13:7 ἄλλα **δὲ** ἔπεσεν ἐπὶ τὰς
Mt 13:8 ἄλλα **δὲ** ἔπεσεν ἐπὶ τὴν
Mt 13:8 ὃ **δὲ** ἑξήκοντα,
Mt 13:8 ὃ **δὲ** τριάκοντα.
Mt 13:11 ὁ **δὲ** ἀποκριθεὶς εἶπεν αὐτοῖς·
Mt 13:11 ἐκείνοις **δὲ** οὐ δέδοται.
Mt 13:12 ὅστις **δὲ** οὐκ ἔχει,
Mt 13:16 ὑμῶν **δὲ** μακάριοι οἱ ὀφθαλμοὶ
Mt 13:20 ὁ **δὲ** ἐπὶ τὰ πετρώδη
Mt 13:21 οὐκ ἔχει **δὲ** ῥίζαν ἐν ἑαυτῷ
Mt 13:21 γενομένης **δὲ** θλίψεως ἢ διωγμοῦ
Mt 13:22 ὁ **δὲ** εἰς τὰς ἀκάνθας
Mt 13:23 ὁ **δὲ** ἐπὶ τὴν καλὴν
Mt 13:23 ὃ **δὲ** ἑξήκοντα,
Mt 13:23 ὃ **δὲ** τριάκοντα.
Mt 13:25 ἐν **δὲ** τῷ καθεύδειν τοὺς
Mt 13:26 ὅτε **δὲ** ἐβλάστησεν ὁ χόρτος
Mt 13:27 προσελθόντες **δὲ** οἱ δοῦλοι τοῦ
Mt 13:28 ὁ **δὲ** ἔφη αὐτοῖς·
Mt 13:28 οἱ **δὲ** δοῦλοι λέγουσιν αὐτῷ·
Mt 13:29 ὁ **δέ** φησιν·
Mt 13:30 τὸν **δὲ** σῖτον συναγάγετε
Mt 13:32 ὅταν **δὲ** αὐξηθῇ μεῖζον τῶν
Mt 13:37 ὁ **δὲ** ἀποκριθεὶς εἶπεν·
Mt 13:38 ὁ **δὲ** ἀγρός ἐστιν ὁ
Mt 13:38 τὸ **δὲ** καλὸν σπέρμα οὗτοί
Mt 13:38 τὰ **δὲ** ζιζάνιά εἰσιν οἱ
Mt 13:39 ὁ **δὲ** ἐχθρὸς ὁ σπείρας
Mt 13:39 ὁ **δὲ** θερισμὸς συντέλεια αἰῶνός
Mt 13:39 οἱ **δὲ** θερισταὶ ἄγγελοί εἰσιν.
Mt 13:46 εὑρὼν **δὲ** ἕνα πολύτιμον μαργαρίτην
Mt 13:48 τὰ **δὲ** σαπρὰ ἔξω ἔβαλον.
Mt 13:52 ὁ **δὲ** εἶπεν αὐτοῖς·
Mt 13:57 ὁ **δὲ** Ἰησοῦς εἶπεν αὐτοῖς·
Mt 14:6 Γενεσίοις **δὲ** γενομένοις τοῦ Ἡρῴδου
Mt 14:8 ἡ **δὲ** προβιβασθεῖσα ὑπὸ τῆς
Mt 14:13 Ἀκούσας **δὲ** ὁ Ἰησοῦς ἀνεχώρησεν
Mt 14:15 Ὀψίας **δὲ** γενομένης προσῆλθον αὐτῷ
Mt 14:16 ὁ **δὲ** [Ἰησοῦς] εἶπεν αὐτοῖς·
Mt 14:17 οἱ **δὲ** λέγουσιν αὐτῷ·
Mt 14:18 ὁ **δὲ** εἶπεν·
Mt 14:19 οἱ **δὲ** μαθηταὶ τοῖς ὄχλοις.
Mt 14:21 οἱ **δὲ** ἐσθίοντες ἦσαν ἄνδρες
Mt 14:23 ὀψίας **δὲ** γενομένης μόνος ἦν
Mt 14:24 τὸ **δὲ** πλοῖον ἤδη σταδίους
Mt 14:25 τετάρτῃ **δὲ** φυλακῇ τῆς νυκτὸς
Mt 14:26 οἱ **δὲ** μαθηταὶ ἰδόντες αὐτὸν
Mt 14:27 εὐθὺς **δὲ** ἐλάλησεν [ὁ Ἰησοῦς]
Mt 14:28 ἀποκριθεὶς **δὲ** αὐτῷ ὁ Πέτρος
Mt 14:29 ὁ **δὲ** εἶπεν·
Mt 14:30 βλέπων **δὲ** τὸν ἄνεμον [ἰσχυρὸν]
Mt 14:31 εὐθέως **δὲ** ὁ Ἰησοῦς ἐκτείνας
Mt 14:33 οἱ **δὲ** ἐν τῷ πλοίῳ
Mt 15:3 ὁ **δὲ** ἀποκριθεὶς εἶπεν αὐτοῖς·
Mt 15:5 ὑμεῖς **δὲ** λέγετε·
Mt 15:8 ἡ **δὲ** καρδία αὐτῶν πόρρω
Mt 15:9 μάτην **δὲ** σέβονταί με διδάσκοντες
Mt 15:13 ὁ **δὲ** ἀποκριθεὶς εἶπεν·
Mt 15:14 τυφλὸς **δὲ** τυφλὸν ἐὰν ὁδηγῇ,
Mt 15:15 Ἀποκριθεὶς **δὲ** ὁ Πέτρος εἶπεν
Mt 15:16 ὁ **δὲ** εἶπεν·
Mt 15:18 τὰ **δὲ** ἐκπορευόμενα ἐκ τοῦ
Mt 15:20 τὸ **δὲ** ἀνίπτοις χερσὶν φαγεῖν
Mt 15:23 ὁ **δὲ** οὐκ ἀπεκρίθη αὐτῇ
Mt 15:24 ὁ **δὲ** ἀποκριθεὶς εἶπεν·
Mt 15:25 ἡ **δὲ** ἐλθοῦσα προσεκύνει αὐτῷ
Mt 15:26 ὁ **δὲ** ἀποκριθεὶς εἶπεν·
Mt 15:27 ἡ **δὲ** εἶπεν·
Mt 15:32 Ὁ **δὲ** Ἰησοῦς προσκαλεσάμενος τοὺς
Mt 15:34 οἱ **δὲ** εἶπαν·
Mt 15:36 οἱ **δὲ** μαθηταὶ τοῖς ὄχλοις.
Mt 15:38 οἱ **δὲ** ἐσθίοντες ἦσαν τετρακισχίλιοι
Mt 16:2 ὁ **δὲ** ἀποκριθεὶς εἶπεν αὐτοῖς·
Mt 16:3 τὰ **δὲ** σημεῖα τῶν καιρῶν
Mt 16:6 ὁ **δὲ** Ἰησοῦς εἶπεν αὐτοῖς·
Mt 16:7 οἱ **δὲ** διελογίζοντο ἐν ἑαυτοῖς
Mt 16:8 γνοὺς **δὲ** ὁ Ἰησοῦς εἶπεν·
Mt 16:11 προσέχετε **δὲ** ἀπὸ τῆς ζύμης
Mt 16:13 Ἐλθὼν **δὲ** ὁ Ἰησοῦς εἰς
Mt 16:14 οἱ **δὲ** εἶπαν·
Mt 16:14 ἄλλοι **δὲ** Ἠλίαν,
Mt 16:14 ἕτεροι **δὲ** Ἰερεμίαν ἢ ἕνα
Mt 16:15 ὑμεῖς **δὲ** τίνα με λέγετε
Mt 16:16 ἀποκριθεὶς **δὲ** Σίμων Πέτρος εἶπεν·
Mt 16:17 ἀποκριθεὶς **δὲ** ὁ Ἰησοῦς εἶπεν
Mt 16:18 κἀγὼ **δέ** σοι λέγω ὅτι
Mt 16:23 ὁ **δὲ** στραφεὶς εἶπεν τῷ
Mt 16:25 ὃς **δ'** ἂν ἀπολέσῃ τὴν
Mt 16:26 ὅλον κερδήσῃ τὴν **δὲ** ψυχὴν αὐτοῦ ζημιωθῇ;
Mt 17:2 τὰ **δὲ** ἱμάτια αὐτοῦ ἐγένετο
Mt 17:4 ἀποκριθεὶς **δὲ** ὁ Πέτρος εἶπεν
Mt 17:8 ἐπάραντες **δὲ** τοὺς ὀφθαλμοὺς αὐτῶν
Mt 17:11 ὁ **δὲ** ἀποκριθεὶς εἶπεν·
Mt 17:12 λέγω **δὲ** ὑμῖν ὅτι Ἠλίας
Mt 17:17 ἀποκριθεὶς **δὲ** ὁ Ἰησοῦς εἶπεν·
Mt 17:20 ὁ **δὲ** λέγει αὐτοῖς·
Mt 17:22 Συστρεφομένων **δὲ** αὐτῶν ἐν τῇ
Mt 17:24 Ἐλθόντων **δὲ** αὐτῶν εἰς Καφαρναοὺμ
Mt 17:26 εἰπόντος **δέ**·
Mt 17:27 ἵνα **δὲ** μὴ σκανδαλίσωμεν αὐτούς,
Mt 18:6 Ὃς **δ'** ἂν σκανδαλίσῃ ἕνα
Mt 18:8 Εἰ **δὲ** ἡ χείρ σου
Mt 18:15 Ἐὰν **δὲ** ἁμαρτήσῃ [εἰς σὲ]
Mt 18:16 ἐὰν **δὲ** μὴ ἀκούσῃ,
Mt 18:17 ἐὰν **δὲ** παρακούσῃ αὐτῶν,
Mt 18:17 ἐὰν **δὲ** καὶ τῆς ἐκκλησίας
Mt 18:24 ἀρξαμένου **δὲ** αὐτοῦ συναίρειν προσηνέχθη
Mt 18:25 μὴ ἔχοντος **δὲ** αὐτοῦ ἀποδοῦναι ἐκέλευσεν
Mt 18:27 σπλαγχνισθεὶς **δὲ** ὁ κύριος τοῦ
Mt 18:28 ἐξελθὼν **δὲ** ὁ δοῦλος ἐκεῖνος
Mt 18:30 ὁ **δὲ** οὐκ ἤθελεν ἀλλὰ
Mt 19:4 ὁ **δὲ** ἀποκριθεὶς εἶπεν·
Mt 19:8 ἀπ' ἀρχῆς **δὲ** οὐ γέγονεν οὕτως.

Mt 19:9 λέγω **δὲ** ὑμῖν ὅτι ὃς
Mt 19:11 ὁ **δὲ** εἶπεν αὐτοῖς·
Mt 19:13 οἱ **δὲ** μαθηταὶ ἐπετίμησαν αὐτοῖς.
Mt 19:14 ὁ **δὲ** Ἰησοῦς εἶπεν·
Mt 19:17 ὁ **δὲ** εἶπεν αὐτῷ·
Mt 19:17 εἰ **δὲ** θέλεις εἰς τὴν
Mt 19:18 ὁ **δὲ** Ἰησοῦς εἶπεν·
Mt 19:22 ἀκούσας **δὲ** ὁ νεανίσκος τὸν
Mt 19:23 Ὁ **δὲ** Ἰησοῦς εἶπεν τοῖς
Mt 19:24 πάλιν **δὲ** λέγω ὑμῖν,
Mt 19:25 ἀκούσαντες **δὲ** οἱ μαθηταὶ ἐξεπλήσσοντο
Mt 19:26 ἐμβλέψας **δὲ** ὁ Ἰησοῦς εἶπεν
Mt 19:26 παρὰ **δὲ** θεῷ πάντα δυνατά.
Mt 19:28 ὁ **δὲ** Ἰησοῦς εἶπεν αὐτοῖς·
Mt 19:30 πολλοὶ **δὲ** ἔσονται πρῶτοι ἔσχατοι
Mt 20:2 συμφωνήσας **δὲ** μετὰ τῶν ἐργατῶν
Mt 20:5 οἱ **δὲ** ἀπῆλθον.
Mt 20:5 πάλιν [**δὲ**] ἐξελθὼν περὶ ἕκτην
Mt 20:6 περὶ **δὲ** τὴν ἑνδεκάτην ἐξελθὼν
Mt 20:8 ὀψίας **δὲ** γενομένης λέγει ὁ
Mt 20:11 λαβόντες **δὲ** ἐγόγγυζον κατὰ τοῦ
Mt 20:13 ὁ **δὲ** ἀποκριθεὶς ἑνὶ αὐτῶν
Mt 20:14 θέλω **δὲ** τούτῳ τῷ ἐσχάτῳ
Mt 20:21 ὁ **δὲ** εἶπεν αὐτῇ·
Mt 20:22 ἀποκριθεὶς **δὲ** ὁ Ἰησοῦς εἶπεν·
Mt 20:23 τὸ **δὲ** καθίσαι ἐκ δεξιῶν
Mt 20:25 ὁ **δὲ** Ἰησοῦς προσκαλεσάμενος αὐτοὺς
Mt 20:31 ὁ **δὲ** ὄχλος ἐπετίμησεν αὐτοῖς
Mt 20:31 οἱ **δὲ** μεῖζον ἔκραξαν λέγοντες·
Mt 20:34 σπλαγχνισθεὶς **δὲ** ὁ Ἰησοῦς ἥψατο
Mt 21:3 εὐθὺς **δὲ** ἀποστελεῖ αὐτούς.
Mt 21:4 τοῦτο **δὲ** γέγονεν ἵνα πληρωθῇ
Mt 21:6 πορευθέντες **δὲ** οἱ μαθηταὶ καὶ
Mt 21:8 ὁ **δὲ** πλεῖστος ὄχλος ἔστρωσαν
Mt 21:8 ἄλλοι **δὲ** ἔκοπτον κλάδους ἀπὸ
Mt 21:9 οἱ **δὲ** ὄχλοι οἱ προάγοντες
Mt 21:11 οἱ **δὲ** ὄχλοι ἔλεγον·
Mt 21:13 ὑμεῖς **δὲ** αὐτὸν ποιεῖτε σπήλαιον
Mt 21:15 ἰδόντες **δὲ** οἱ ἀρχιερεῖς καὶ
Mt 21:16 ὁ **δὲ** Ἰησοῦς λέγει αὐτοῖς·
Mt 21:18 Πρωῒ **δὲ** ἐπανάγων εἰς τὴν
Mt 21:21 ἀποκριθεὶς **δὲ** ὁ Ἰησοῦς εἶπεν
Mt 21:24 ἀποκριθεὶς **δὲ** ὁ Ἰησοῦς εἶπεν
Mt 21:25 οἱ **δὲ** διελογίζοντο ἐν ἑαυτοῖς
Mt 21:26 ἐὰν **δὲ** εἴπωμεν·
Mt 21:28 Τί **δὲ** ὑμῖν δοκεῖ;
Mt 21:29 ὁ **δὲ** ἀποκριθεὶς εἶπεν·
Mt 21:29 ὕστερον **δὲ** μεταμεληθεὶς ἀπῆλθεν.
Mt 21:30 προσελθὼν **δὲ** τῷ ἑτέρῳ εἶπεν
Mt 21:30 ὁ **δὲ** ἀποκριθεὶς εἶπεν·
Mt 21:32 οἱ **δὲ** τελῶναι καὶ αἱ
Mt 21:32 ὑμεῖς **δὲ** ἰδόντες οὐδὲ μετεμελήθητε
Mt 21:34 ὅτε **δὲ** ἤγγισεν ὁ καιρὸς
Mt 21:35 ὃν **δὲ** ἀπέκτειναν,
Mt 21:35 ὃν **δὲ** ἐλιθοβόλησαν.
Mt 21:37 ὕστερον **δὲ** ἀπέστειλεν πρὸς αὐτοὺς
Mt 21:38 οἱ **δὲ** γεωργοὶ ἰδόντες τὸν
Mt 21:44 ἐφ᾽ ὃν **δ᾽** ἂν πέσῃ λικμήσει
Mt 22:5 οἱ **δὲ** ἀμελήσαντες ἀπῆλθον,
Mt 22:5 ὃς **δὲ** ἐπὶ τὴν ἐμπορίαν
Mt 22:6 οἱ **δὲ** λοιποὶ κρατήσαντες τοὺς
Mt 22:7 ὁ **δὲ** βασιλεὺς ὠργίσθη καὶ
Mt 22:8 οἱ δὲ **κεκλημένοι** οὐκ ἦσαν ἄξιοι·
Mt 22:11 εἰσελθὼν **δὲ** ὁ βασιλεὺς θεάσασθαι
Mt 22:12 ὁ **δὲ** ἐφιμώθη.
Mt 22:14 ὀλίγοι **δὲ** ἐκλεκτοί.
Mt 22:18 γνοὺς **δὲ** ὁ Ἰησοῦς τὴν
Mt 22:19 οἱ **δὲ** προσήνεγκαν αὐτῷ δηνάριον.
Mt 22:25 ἦσαν **δὲ** παρ᾽ ἡμῖν ἑπτὰ
Mt 22:27 ὕστερον **δὲ** πάντων ἀπέθανεν ἡ
Mt 22:29 ἀποκριθεὶς **δὲ** ὁ Ἰησοῦς εἶπεν
Mt 22:31 περὶ **δὲ** τῆς ἀναστάσεως τῶν
Mt 22:34 Οἱ **δὲ** Φαρισαῖοι ἀκούσαντες ὅτι
Mt 22:37 ὁ **δὲ** ἔφη αὐτῷ·
Mt 22:39 δευτέρα **δὲ** ὁμοία αὐτῇ·
Mt 22:41 Συνηγμένων **δὲ** τῶν Φαρισαίων ἐπηρώτησεν
Mt 23:3 κατὰ **δὲ** τὰ ἔργα αὐτῶν
Mt 23:4 δεσμεύουσιν **δὲ** φορτία βαρέα [καὶ
Mt 23:4 αὐτοὶ **δὲ** τῷ δακτύλῳ αὐτῶν
Mt 23:5 πάντα **δὲ** τὰ ἔργα αὐτῶν
Mt 23:6 φιλοῦσιν **δὲ** τὴν πρωτοκλισίαν ἐν
Mt 23:8 ὑμεῖς **δὲ** μὴ κληθῆτε ῥαββί·
Mt 23:8 πάντες **δὲ** ὑμεῖς ἀδελφοί ἐστε.
Mt 23:11 ὁ **δὲ** μείζων ὑμῶν ἔσται
Mt 23:12 ὅστις **δὲ** ὑψώσει ἑαυτὸν ταπεινωθήσεται
Mt 23:13 Οὐαὶ **δὲ** ὑμῖν,
Mt 23:16 ὃς **δ᾽** ἂν ὀμόσῃ ἐν
Mt 23:18 ὃς **δ᾽** ἂν ὀμόσῃ ἐν
Mt 23:23 ταῦτα [**δὲ**] ἔδει ποιῆσαι κἀκεῖνα
Mt 23:24 τὴν **δὲ** κάμηλον καταπίνοντες.
Mt 23:25 ἔσωθεν **δὲ** γέμουσιν ἐξ ἁρπαγῆς
Mt 23:27 ἔσωθεν **δὲ** γέμουσιν ὀστέων νεκρῶν
Mt 23:28 ἔσωθεν **δέ** ἐστε μεστοὶ ὑποκρίσεως
Mt 24:2 ὁ **δὲ** ἀποκριθεὶς εἶπεν αὐτοῖς·
Mt 24:3 Καθημένου **δὲ** αὐτοῦ ἐπὶ τοῦ
Mt 24:6 μελλήσετε **δὲ** ἀκούειν πολέμους καὶ
Mt 24:8 πάντα **δὲ** ταῦτα ἀρχὴ ὠδίνων.
Mt 24:13 ὁ **δὲ** ὑπομείνας εἰς τέλος
Mt 24:19 οὐαὶ **δὲ** ταῖς ἐν γαστρὶ
Mt 24:20 προσεύχεσθε **δὲ** ἵνα μὴ γένηται
Mt 24:22 διὰ **δὲ** τοὺς ἐκλεκτοὺς κολοβωθήσονται
Mt 24:29 Εὐθέως **δὲ** μετὰ τὴν θλῖψιν
Mt 24:32 Ἀπὸ **δὲ** τῆς συκῆς μάθετε
Mt 24:35 οἱ **δὲ** λόγοι μου οὐ
Mt 24:36 Περὶ **δὲ** τῆς ἡμέρας ἐκείνης
Mt 24:43 Ἐκεῖνο **δὲ** γινώσκετε ὅτι εἰ
Mt 24:48 ἐὰν **δὲ** εἴπῃ ὁ κακὸς
Mt 24:49 ἐσθίῃ **δὲ** καὶ πίνῃ μετὰ
Mt 25:2 πέντε **δὲ** ἐξ αὐτῶν ἦσαν
Mt 25:4 αἱ **δὲ** φρόνιμοι ἔλαβον ἔλαιον
Mt 25:5 χρονίζοντος **δὲ** τοῦ νυμφίου ἐνύσταξαν
Mt 25:6 μέσης **δὲ** νυκτὸς κραυγὴ γέγονεν·
Mt 25:8 αἱ **δὲ** μωραὶ ταῖς φρονίμοις
Mt 25:9 ἀπεκρίθησαν **δὲ** αἱ φρόνιμοι λέγουσαι·
Mt 25:10 ἀπερχομένων **δὲ** αὐτῶν ἀγοράσαι ἦλθεν
Mt 25:11 ὕστερον **δὲ** ἔρχονται καὶ αἱ
Mt 25:12 ὁ **δὲ** ἀποκριθεὶς εἶπεν·
Mt 25:15 ᾧ **δὲ** δύο,
Mt 25:15 ᾧ **δὲ** ἕν,
Mt 25:18 ὁ **δὲ** τὸ ἓν λαβὼν
Mt 25:19 μετὰ **δὲ** πολὺν χρόνον ἔρχεται
Mt 25:22 προσελθὼν [**δὲ**] καὶ ὁ τὰ
Mt 25:24 προσελθὼν **δὲ** καὶ ὁ τὸ
Mt 25:26 ἀποκριθεὶς **δὲ** ὁ κύριος αὐτοῦ
Mt 25:29 τοῦ **δὲ** μὴ ἔχοντος καὶ
Mt 25:31 Ὅταν **δὲ** ἔλθῃ ὁ υἱὸς
Mt 25:33 τὰ **δὲ** ἐρίφια ἐξ εὐωνύμων.
Mt 25:38 πότε **δέ** σε εἴδομεν ξένον

Mt 25:39 πότε **δέ** σε εἴδομεν ἀσθενοῦντα
Mt 25:46 οἱ δὲ **δίκαιοι** εἰς ζωὴν αἰώνιον.
Mt 26:5 ἔλεγον **δέ**·
Mt 26:6 Τοῦ **δὲ** Ἰησοῦ γενομένου ἐν
Mt 26:8 ἰδόντες **δὲ** οἱ μαθηταὶ ἠγανάκτησαν
Mt 26:10 γνοὺς **δὲ** ὁ Ἰησοῦς εἶπεν
Mt 26:11 ἐμὲ **δὲ** οὐ πάντοτε ἔχετε·
Mt 26:15 οἱ **δὲ** ἔστησαν αὐτῷ τριάκοντα
Mt 26:17 Τῇ **δὲ** πρώτῃ τῶν ἀζύμων
Mt 26:18 ὁ **δὲ** εἶπεν·
Mt 26:20 Ὀψίας **δὲ** γενομένης ἀνέκειτο μετὰ
Mt 26:23 ὁ **δὲ** ἀποκριθεὶς εἶπεν·
Mt 26:24 οὐαὶ **δὲ** τῷ ἀνθρώπῳ ἐκείνῳ
Mt 26:25 ἀποκριθεὶς **δὲ** Ἰούδας ὁ παραδιδοὺς
Mt 26:26 Ἐσθιόντων **δὲ** αὐτῶν λαβὼν ὁ
Mt 26:29 λέγω **δὲ** ὑμῖν,
Mt 26:32 μετὰ **δὲ** τὸ ἐγερθῆναί με
Mt 26:33 ἀποκριθεὶς **δὲ** ὁ Πέτρος εἶπεν
Mt 26:41 πνεῦμα πρόθυμον ἡ **δὲ** σὰρξ ἀσθενής.
Mt 26:48 ὁ **δὲ** παραδιδοὺς αὐτὸν ἔδωκεν
Mt 26:50 ὁ **δὲ** Ἰησοῦς εἶπεν αὐτῷ·
Mt 26:56 τοῦτο **δὲ** ὅλον γέγονεν ἵνα
Mt 26:57 Οἱ **δὲ** κρατήσαντες τὸν Ἰησοῦν
Mt 26:58 ὁ **δὲ** Πέτρος ἠκολούθει αὐτῷ
Mt 26:59 Οἱ **δὲ** ἀρχιερεῖς καὶ τὸ
Mt 26:60 ὕστερον **δὲ** προσελθόντες δύο
Mt 26:63 ὁ **δὲ** Ἰησοῦς ἐσιώπα.
Mt 26:66 οἱ **δὲ** ἀποκριθέντες εἶπαν·
Mt 26:67 οἱ **δὲ** ἐράπισαν
Mt 26:69 Ὁ **δὲ** Πέτρος ἐκάθητο ἔξω
Mt 26:70 ὁ **δὲ** ἠρνήσατο ἔμπροσθεν πάντων
Mt 26:71 ἐξελθόντα **δὲ** εἰς τὸν πυλῶνα
Mt 26:73 μετὰ μικρὸν **δὲ** προσελθόντες οἱ ἑστῶτες
Mt 27:1 Πρωΐας **δὲ** γενομένης συμβούλιον ἔλαβον
Mt 27:4 οἱ **δὲ** εἶπαν·
Mt 27:6 Οἱ **δὲ** ἀρχιερεῖς λαβόντες τὰ
Mt 27:7 συμβούλιον **δὲ** λαβόντες ἠγόρασαν ἐξ
Mt 27:11 Ὁ **δὲ** Ἰησοῦς ἐστάθη ἔμπροσθεν
Mt 27:11 ὁ **δὲ** Ἰησοῦς ἔφη·
Mt 27:15 Κατὰ **δὲ** ἑορτὴν εἰώθει ὁ
Mt 27:16 εἶχον **δὲ** τότε δέσμιον ἐπίσημον
Mt 27:19 Καθημένου **δὲ** αὐτοῦ ἐπὶ τοῦ
Mt 27:20 Οἱ **δὲ** ἀρχιερεῖς καὶ οἱ
Mt 27:20 τὸν **δὲ** Ἰησοῦν ἀπολέσωσιν.
Mt 27:21 ἀποκριθεὶς **δὲ** ὁ ἡγεμὼν εἶπεν
Mt 27:21 οἱ **δὲ** εἶπαν·
Mt 27:23 ὁ **δὲ** ἔφη·
Mt 27:23 οἱ **δὲ** περισσῶς ἔκραζον λέγοντες·
Mt 27:24 ἰδὼν **δὲ** ὁ Πιλᾶτος ὅτι
Mt 27:26 τὸν δὲ **Ἰησοῦν** φραγελλώσας παρέδωκεν ἵνα
Mt 27:32 Ἐξερχόμενοι **δὲ** εὗρον ἄνθρωπον Κυρηναῖον
Mt 27:35 Σταυρώσαντες **δὲ** αὐτὸν διεμερίσαντο τὰ
Mt 27:39 Οἱ **δὲ** παραπορευόμενοι ἐβλασφήμουν αὐτὸν
Mt 27:44 Τὸ **δ'** αὐτὸ καὶ οἱ
Mt 27:45 Ἀπὸ **δὲ** ἕκτης ὥρας σκότος
Mt 27:46 περὶ **δὲ** τὴν ἐνάτην ὥραν
Mt 27:47 τινες **δὲ** τῶν ἐκεῖ ἑστηκότων
Mt 27:49 οἱ **δὲ** λοιποὶ ἔλεγον·
Mt 27:50 ὁ **δὲ** Ἰησοῦς πάλιν κράξας
Mt 27:54 Ὁ **δὲ** ἑκατόνταρχος καὶ οἱ
Mt 27:55 Ἦσαν **δὲ** ἐκεῖ γυναῖκες πολλαὶ
Mt 27:57 Ὀψίας **δὲ** γενομένης ἦλθεν ἄνθρωπος
Mt 27:61 Ἦν **δὲ** ἐκεῖ Μαριὰμ ἡ
Mt 27:62 Τῇ **δὲ** ἐπαύριον,
Mt 27:66 οἱ **δὲ** πορευθέντες ἠσφαλίσαντο τὸν
Mt 28:1 Ὀψὲ **δὲ** σαββάτων,
Mt 28:3 ἦν **δὲ** ἡ εἰδέα αὐτοῦ
Mt 28:4 ἀπὸ **δὲ** τοῦ φόβου αὐτοῦ
Mt 28:5 ἀποκριθεὶς **δὲ** ὁ ἄγγελος εἶπεν
Mt 28:9 αἱ **δὲ** προσελθοῦσαι ἐκράτησαν αὐτοῦ
Mt 28:11 Πορευομένων **δὲ** αὐτῶν ἰδού τινες
Mt 28:15 οἱ **δὲ** λαβόντες τὰ ἀργύρια
Mt 28:16 Οἱ **δὲ** ἕνδεκα μαθηταὶ ἐπορεύθησαν
Mt 28:17 οἱ **δὲ** ἐδίστασαν.

δεῖ (*dei*; 8/101) *it is necessary*

Mt 16:21 μαθηταῖς αὐτοῦ ὅτι **δεῖ** αὐτὸν εἰς Ἱεροσόλυμα
Mt 17:10 λέγουσιν ὅτι Ἠλίαν **δεῖ** ἐλθεῖν πρῶτον;
Mt 18:33 οὐκ **ἔδει** καὶ σὲ ἐλεῆσαι
Mt 23:23 ταῦτα [δὲ] **ἔδει** ποιῆσαι κἀκεῖνα μὴ
Mt 24:6 **δεῖ** γὰρ γενέσθαι,
Mt 25:27 **ἔδει** σε οὖν βαλεῖν
Mt 26:35 κἂν **δέῃ** με σὺν σοὶ
Mt 26:54 γραφαὶ ὅτι οὕτως **δεῖ** γενέσθαι;

δειγματίζω (*deigmatizō*; 1/2) *disgrace*

Mt 1:19 μὴ θέλων αὐτὴν **δειγματίσαι**,

δείκνυμι (*deiknymi*; 3/33) *show*

Mt 4:8 ὑψηλὸν λίαν καὶ **δείκνυσιν** αὐτῷ πάσας τὰς
Mt 8:4 ἀλλὰ ὕπαγε σεαυτὸν **δεῖξον** τῷ ἱερεῖ καὶ
Mt 16:21 ἤρξατο ὁ Ἰησοῦς **δεικνύειν** τοῖς μαθηταῖς αὐτοῦ

δειλός (*deilos*; 1/3) *cowardly*

Mt 8:26 τί **δειλοί** ἐστε,

δεῖνα (*deina*; 1/1) *such a one*

Mt 26:18 πόλιν πρὸς τὸν **δεῖνα** καὶ εἴπατε αὐτῷ·

δεινῶς (*deinōs*; 1/2) *terribly*

Mt 8:6 **δεινῶς** βασανιζόμενος.

δεῖπνον (*deipnon*; 1/16) *dinner, feast*

Mt 23:6 πρωτοκλισίαν ἐν τοῖς **δείπνοις** καὶ τὰς πρωτοκαθεδρίας

δέκα (*deka*; 3/25) *ten*

Mt 20:24 Καὶ ἀκούσαντες οἱ **δέκα** ἠγανάκτησαν περὶ
Mt 25:1 βασιλεία τῶν οὐρανῶν **δέκα** παρθένοις,
Mt 25:28 τῷ ἔχοντι τὰ **δέκα** τάλαντα·

Δεκάπολις (*Dekapolis*; 1/3) *Decapolis*

Mt 4:25 τῆς Γαλιλαίας καὶ **Δεκαπόλεως** καὶ Ἱεροσολύμων καὶ

δεκατέσσαρες (*dekatessares*; 3/5) *fourteen*

Mt 1:17 ἕως Δαυὶδ γενεαὶ **δεκατέσσαρες**,
Mt 1:17 μετοικεσίας Βαβυλῶνος γενεαὶ **δεκατέσσαρες**,
Mt 1:17 τοῦ Χριστοῦ γενεαὶ **δεκατέσσαρες**.

δένδρον (*dendron*; 12/25) *tree*

Mt 3:10 τὴν ῥίζαν τῶν **δένδρων** κεῖται·
Mt 3:10 πᾶν οὖν **δένδρον** μὴ ποιοῦν καρπὸν
Mt 7:17 οὕτως πᾶν **δένδρον** ἀγαθὸν καρποὺς καλοὺς
Mt 7:17 τὸ δὲ σαπρὸν **δένδρον** καρποὺς πονηροὺς ποιεῖ.
Mt 7:18 οὐ δύναται **δένδρον** ἀγαθὸν καρποὺς πονηροὺς
Mt 7:18 πονηροὺς ποιεῖν οὐδὲ **δένδρον** σαπρὸν καρποὺς καλοὺς
Mt 7:19 πᾶν **δένδρον** μὴ ποιοῦν καρπὸν
Mt 12:33 Ἢ ποιήσατε τὸ **δένδρον** καλὸν καὶ τὸν
Mt 12:33 ἢ ποιήσατε τὸ **δένδρον** σαπρὸν καὶ τὸν
Mt 12:33 τοῦ καρποῦ τὸ **δένδρον** γινώσκεται.
Mt 13:32 ἐστὶν καὶ γίνεται **δένδρον**,
Mt 21:8 κλάδους ἀπὸ τῶν **δένδρων** καὶ ἐστρώννυον

δεξιός (*dexios*; 12/53[54]) *right*

Mt 5:29 ὀφθαλμός σου ὁ **δεξιὸς** σκανδαλίζει σε,
Mt 5:30 καὶ εἰ ἡ **δεξιά** σου χεὶρ σκανδαλίζει
Mt 5:39 ῥαπίζει εἰς τὴν **δεξιὰν** σιαγόνα [σου],
Mt 6:3 τί ποιεῖ ἡ **δεξιά** σου,
Mt 20:21 μου εἷς ἐκ **δεξιῶν** σου καὶ εἷς
Mt 20:23 δὲ καθίσαι ἐκ **δεξιῶν** μου καὶ ἐξ
Mt 22:44 κάθου ἐκ **δεξιῶν** μου,
Mt 25:33 μὲν πρόβατα ἐκ **δεξιῶν** αὐτοῦ,
Mt 25:34 βασιλεὺς τοῖς ἐκ **δεξιῶν** αὐτοῦ·
Mt 26:64 ἀνθρώπου καθήμενον ἐκ **δεξιῶν** τῆς δυνάμεως καὶ
Mt 27:29 κάλαμον ἐν τῇ **δεξιᾷ** αὐτοῦ,
Mt 27:38 εἷς ἐκ **δεξιῶν** καὶ εἷς ἐξ

δέομαι (*deomai*; 1/22) *ask*

Mt 9:38 **δεήθητε** οὖν τοῦ κυρίου

δερμάτινος (*dermatinos*; 1/2) *of leather*

Mt 3:4 καμήλου καὶ ζώνην **δερματίνην** περὶ τὴν ὀσφὺν

δέρω (*derō*; 1/15) *beat*

Mt 21:35 αὐτοῦ ὃν μὲν **ἔδειραν**,

δεσμεύω (*desmeuō*; 1/3) *tie*

Mt 23:4 **δεσμεύουσιν** δὲ φορτία βαρέα

δέσμη (*desmē*; 1/1) *bundle*

Mt 13:30 δήσατε αὐτὰ εἰς **δέσμας** πρὸς τὸ κατακαῦσαι

δέσμιος (*desmios*; 2/16) *prisoner*

Mt 27:15 ἕνα τῷ ὄχλῳ **δέσμιον** ὃν ἤθελον.
Mt 27:16 εἶχον δὲ τότε **δέσμιον** ἐπίσημον λεγόμενον [Ἰησοῦν]

δεσμωτήριον (*desmōtērion*; 1/4) *jail*

Mt 11:2 ἀκούσας ἐν τῷ **δεσμωτηρίῳ** τὰ ἔργα τοῦ

δεῦρο (*deuro*; 1/9) *come*

Mt 19:21 καὶ **δεῦρο** ἀκολούθει μοι.

δεῦτε (*deute*; 6/12) *come*

Mt 4:19 **δεῦτε** ὀπίσω μου,
Mt 11:28 **Δεῦτε** πρός με πάντες
Mt 21:38 **δεῦτε** ἀποκτείνωμεν αὐτὸν καὶ
Mt 22:4 **δεῦτε** εἰς τοὺς γάμους.
Mt 25:34 **δεῦτε** οἱ εὐλογημένοι τοῦ
Mt 28:6 **δεῦτε** ἴδετε τὸν τόπον

δεύτερος (*deuteros*; 3/43) *second*

Mt 22:26 ὁμοίως καὶ ὁ **δεύτερος** καὶ ὁ τρίτος
Mt 22:39 **δευτέρα** δὲ ὁμοία αὐτῇ·
Mt 26:42 πάλιν ἐκ **δευτέρου** ἀπελθὼν προσηύξατο λέγων·

δέχομαι (*dechomai*; 10/56) *take, receive*

Mt 10:14 ὃς ἂν μὴ **δέξηται** ὑμᾶς μηδὲ ἀκούσῃ
Mt 10:40 Ὁ **δεχόμενος** ὑμᾶς ἐμὲ δέχεται,
Mt 10:40 δεχόμενος ὑμᾶς ἐμὲ **δέχεται**,
Mt 10:40 καὶ ὁ ἐμὲ **δεχόμενος** δέχεται τὸν ἀποστείλαντά
Mt 10:40 ὁ ἐμὲ δεχόμενος **δέχεται** τὸν ἀποστείλαντά με.
Mt 10:41 ὁ **δεχόμενος** προφήτην εἰς ὄνομα
Mt 10:41 καὶ ὁ **δεχόμενος** δίκαιον εἰς ὄνομα
Mt 11:14 καὶ εἰ θέλετε **δέξασθαι**,
Mt 18:5 καὶ ὃς ἐὰν **δέξηται** ἓν παιδίον τοιοῦτο
Mt 18:5 ἐμὲ **δέχεται**.

δέω (*deō*; 10/43) *bind*

Mt 12:29 ἐὰν μὴ πρῶτον **δήσῃ** τὸν ἰσχυρόν;
Mt 13:30 τὰ ζιζάνια καὶ **δήσατε** αὐτὰ εἰς δέσμας
Mt 14:3 κρατήσας τὸν Ἰωάννην **ἔδησεν** [αὐτὸν] καὶ ἐν
Mt 16:19 καὶ ὃ ἐὰν **δήσῃς** ἐπὶ τῆς γῆς
Mt 16:19 τῆς γῆς ἔσται **δεδεμένον** ἐν τοῖς οὐρανοῖς,
Mt 18:18 ὅσα ἐὰν **δήσητε** ἐπὶ τῆς γῆς
Mt 18:18 τῆς γῆς ἔσται **δεδεμένα** ἐν οὐρανῷ,
Mt 21:2 εὐθέως εὑρήσετε ὄνον **δεδεμένην** καὶ πῶλον
Mt 22:13 **δήσαντες** αὐτοῦ πόδας καὶ
Mt 27:2 καὶ **δήσαντες** αὐτὸν ἀπήγαγον καὶ

δή (*dē*; 1/5) *indeed*

Mt 13:23 ὃς **δὴ** καρποφορεῖ καὶ ποιεῖ

δῆλος (*dēlos*; 1/3) *evident*

Mt 26:73 ἡ λαλιά σου **δῆλόν** σε ποιεῖ.

δηνάριον (*dēnarion*; 6/16) *denarius (Roman silver coin)*

Mt 18:28 ὤφειλεν αὐτῷ ἑκατὸν **δηνάρια**,
Mt 20:2 τῶν ἐργατῶν ἐκ **δηναρίου** τὴν ἡμέραν ἀπέστειλεν
Mt 20:9 ὥραν ἔλαβον ἀνὰ **δηνάριον**.
Mt 20:10 ἔλαβον [τὸ] ἀνὰ **δηνάριον** καὶ αὐτοί.
Mt 20:13 οὐχὶ **δηναρίου** συνεφώνησάς μοι;
Mt 22:19 δὲ προσήνεγκαν αὐτῷ **δηνάριον**.

διά (*dia*; 59/665[667]) *through, on account of*

Mt 1:22 ῥηθὲν ὑπὸ κυρίου **διὰ** τοῦ προφήτου λέγοντος·
Mt 2:5 οὕτως γὰρ γέγραπται **διὰ** τοῦ προφήτου·

Mt 2:12 **δι'** ἄλλης ὁδοῦ ἀνεχώρησαν
Mt 2:15 ῥηθὲν ὑπὸ κυρίου **διὰ** τοῦ προφήτου λέγοντος·
Mt 2:17 ἐπληρώθη τὸ ῥηθὲν **διὰ** Ἰερεμίου τοῦ προφήτου
Mt 2:23 πληρωθῇ τὸ ῥηθὲν **διὰ** τῶν προφητῶν ὅτι
Mt 3:3 ἐστιν ὁ ῥηθεὶς **διὰ** Ἠσαΐου τοῦ προφήτου
Mt 4:4 παντὶ ῥήματι ἐκπορευομένῳ **διὰ** στόματος θεοῦ.
Mt 4:14 πληρωθῇ τὸ ῥηθὲν **διὰ** Ἠσαΐου τοῦ προφήτου
Mt 6:25 **Διὰ** τοῦτο λέγω ὑμῖν·
Mt 7:13 Εἰσέλθατε **διὰ** τῆς στενῆς πύλης·
Mt 7:13 εἰσιν οἱ εἰσερχόμενοι **δι'** αὐτῆς·
Mt 8:17 πληρωθῇ τὸ ῥηθὲν **διὰ** Ἠσαΐου τοῦ προφήτου
Mt 8:28 ἰσχύειν τινα παρελθεῖν **διὰ** τῆς ὁδοῦ ἐκείνης.
Mt 9:11 **διὰ** τί μετὰ τῶν
Mt 9:14 **διὰ** τί ἡμεῖς καὶ
Mt 10:22 μισούμενοι ὑπὸ πάντων **διὰ** τὸ ὄνομά μου·
Mt 11:2 τοῦ Χριστοῦ πέμψας **διὰ** τῶν μαθητῶν αὐτοῦ
Mt 12:1 Ἰησοῦς τοῖς σάββασιν **διὰ** τῶν σπορίμων·
Mt 12:17 πληρωθῇ τὸ ῥηθὲν **διὰ** Ἠσαΐου τοῦ προφήτου
Mt 12:27 **διὰ** τοῦτο αὐτοὶ κριταὶ
Mt 12:31 **Διὰ** τοῦτο λέγω ὑμῖν,
Mt 12:43 διέρχεται **δι'** ἀνύδρων τόπων ζητοῦν
Mt 13:5 καὶ εὐθέως ἐξανέτειλεν **διὰ** τὸ μὴ ἔχειν
Mt 13:6 ἀνατείλαντος ἐκαυματίσθη καὶ **διὰ** τὸ μὴ ἔχειν
Mt 13:10 **διὰ** τί ἐν παραβολαῖς
Mt 13:13 **διὰ** τοῦτο ἐν παραβολαῖς
Mt 13:21 θλίψεως ἢ διωγμοῦ **διὰ** τὸν λόγον εὐθὺς
Mt 13:35 πληρωθῇ τὸ ῥηθὲν **διὰ** τοῦ προφήτου λέγοντος·
Mt 13:52 **διὰ** τοῦτο πᾶς γραμματεὺς
Mt 13:58 ἐκεῖ δυνάμεις πολλὰς **διὰ** τὴν ἀπιστίαν αὐτῶν.
Mt 14:2 τῶν νεκρῶν καὶ **διὰ** τοῦτο αἱ δυνάμεις
Mt 14:3 ἐν φυλακῇ ἀπέθετο **διὰ** Ἡρῳδιάδα τὴν γυναῖκα
Mt 14:9 λυπηθεὶς ὁ βασιλεὺς **διὰ** τοὺς ὅρκους καὶ
Mt 15:2 **διὰ** τί οἱ μαθηταί
Mt 15:3 **διὰ** τί καὶ ὑμεῖς
Mt 15:3 ἐντολὴν τοῦ θεοῦ **διὰ** τὴν παράδοσιν ὑμῶν;
Mt 15:6 λόγον τοῦ θεοῦ **διὰ** τὴν παράδοσιν ὑμῶν.
Mt 17:19 **διὰ** τί ἡμεῖς οὐκ
Mt 17:20 **διὰ** τὴν ὀλιγοπιστίαν ὑμῶν·
Mt 18:7 οὐαὶ τῷ ἀνθρώπῳ **δι'** οὗ τὸ σκάνδαλον
Mt 18:10 αὐτῶν ἐν οὐρανοῖς **διὰ** παντὸς βλέπουσι τὸ
Mt 18:23 **Διὰ** τοῦτο ὡμοιώθη ἡ
Mt 19:12 οἵτινες εὐνούχισαν ἑαυτοὺς **διὰ** τὴν βασιλείαν τῶν
Mt 19:24 εὐκοπώτερόν ἐστιν κάμηλον **διὰ** τρυπήματος ῥαφίδος διελθεῖν
Mt 21:4 πληρωθῇ τὸ ῥηθὲν **διὰ** τοῦ προφήτου λέγοντος·
Mt 21:25 **διὰ** τί οὖν οὐκ
Mt 21:43 **διὰ** τοῦτο λέγω ὑμῖν
Mt 23:34 **Διὰ** τοῦτο ἰδοὺ ἐγὼ
Mt 24:9 πάντων τῶν ἐθνῶν **διὰ** τὸ ὄνομά μου.
Mt 24:12 καὶ **διὰ** τὸ πληθυνθῆναι τὴν
Mt 24:15 ἐρημώσεως τὸ ῥηθὲν **διὰ** Δανιὴλ τοῦ προφήτου
Mt 24:22 **διὰ** δὲ τοὺς ἐκλεκτοὺς
Mt 24:44 **διὰ** τοῦτο καὶ ὑμεῖς
Mt 26:24 τῷ ἀνθρώπῳ ἐκείνῳ **δι'** οὗ ὁ υἱὸς
Mt 26:61 τοῦ θεοῦ καὶ **διὰ** τριῶν ἡμερῶν οἰκοδομῆσαι.
Mt 27:9 ἐπληρώθη τὸ ῥηθὲν **διὰ** Ἰερεμίου τοῦ προφήτου
Mt 27:18 ᾔδει γὰρ ὅτι **διὰ** φθόνον παρέδωκαν αὐτόν.
Mt 27:19 σήμερον κατ' ὄναρ **δι'** αὐτόν.

διαβλέπω (*diablepō*; 1/3) *see clearly*
Mt 7:5 καὶ τότε **διαβλέψεις** ἐκβαλεῖν τὸ κάρφος

διάβολος (*diabolos*; 6/37) *devil*
Mt 4:1 πειρασθῆναι ὑπὸ τοῦ **διαβόλου**.
Mt 4:5 παραλαμβάνει αὐτὸν ὁ **διάβολος** εἰς τὴν ἁγίαν
Mt 4:8 παραλαμβάνει αὐτὸν ὁ **διάβολος** εἰς ὄρος ὑψηλὸν
Mt 4:11 ἀφίησιν αὐτὸν ὁ **διάβολος**,
Mt 13:39 αὐτά ἐστιν ὁ **διάβολος**,
Mt 25:41 τὸ ἡτοιμασμένον τῷ **διαβόλῳ** καὶ τοῖς ἀγγέλοις

διαθήκη (*diathēkē*; 1/33) *covenant*
Mt 26:28 αἷμά μου τῆς **διαθήκης** τὸ περὶ πολλῶν

διακαθαρίζω (*diakatharizō*; 1/1) *clean out*
Mt 3:12 χειρὶ αὐτοῦ καὶ **διακαθαριεῖ** τὴν ἅλωνα αὐτοῦ

διακονέω (*diakoneō*; 6/37) *serve*
Mt 4:11 ἄγγελοι προσῆλθον καὶ **διηκόνουν** αὐτῷ.
Mt 8:15 καὶ ἠγέρθη καὶ **διηκόνει** αὐτῷ.
Mt 20:28 ἀνθρώπου οὐκ ἦλθεν **διακονηθῆναι** ἀλλὰ διακονῆσαι καὶ
Mt 20:28 ἦλθεν διακονηθῆναι ἀλλὰ **διακονῆσαι** καὶ δοῦναι τὴν
Mt 25:44 φυλακῇ καὶ οὐ **διηκονήσαμέν** σοι;
Mt 27:55 ἀπὸ τῆς Γαλιλαίας **διακονοῦσαι** αὐτῷ·

διάκονος (*diakonos*; 3/29) *servant*
Mt 20:26 γενέσθαι ἔσται ὑμῶν **διάκονος**,
Mt 22:13 βασιλεὺς εἶπεν τοῖς **διακόνοις**·
Mt 23:11 ὑμῶν ἔσται ὑμῶν **διάκονος**.

διακρίνω (*diakrinō*; 2/19) *evaluate, discern*
Mt 16:3 τοῦ οὐρανοῦ γινώσκετε **διακρίνειν**,
Mt 21:21 πίστιν καὶ μὴ **διακριθῆτε**,

διακωλύω (*diakōlyō*; 1/1) *prevent*
Mt 3:14 ὁ δὲ Ἰωάννης **διεκώλυεν** αὐτὸν λέγων·

διαλλάσσομαι (*diallassomai*; 1/1) *be reconciled to*
Mt 5:24 καὶ ὕπαγε πρῶτον **διαλλάγηθι** τῷ ἀδελφῷ σου,

διαλογίζομαι (*dialogizomai*; 3/16) *discuss*
Mt 16:7 οἱ δὲ **διελογίζοντο** ἐν ἑαυτοῖς λέγοντες
Mt 16:8 τί **διαλογίζεσθε** ἐν ἑαυτοῖς,
Mt 21:25 οἱ δὲ **διελογίζοντο** ἐν ἑαυτοῖς λέγοντες·

διαλογισμός (*dialogismos*; 1/14) *thought*
Mt 15:19 τῆς καρδίας ἐξέρχονται **διαλογισμοὶ** πονηροί,

διαμερίζω (*diamerizō*; 1/11) *divide*
Mt 27:35 Σταυρώσαντες δὲ αὐτὸν **διεμερίσαντο** τὰ ἱμάτια αὐτοῦ

διάνοια (*dianoia*; 1/12) *mind, understanding*
Mt 22:37 ἐν ὅλῃ τῇ **διανοίᾳ** σου·

διαπεράω (*diaperaō*; 2/6) *cross over*
Mt 9:1 ἐμβὰς εἰς πλοῖον **διεπέρασεν** καὶ ἦλθεν εἰς
Mt 14:34 Καὶ **διαπεράσαντες** ἦλθον ἐπὶ τὴν

διαρπάζω (*diarpazō*; 1/3) *plunder*
Mt 12:29 τὴν οἰκίαν αὐτοῦ **διαρπάσει**.

διαρρήσσω (*diarrēssō*; 1/5) *tear*
Mt 26:65 τότε ὁ ἀρχιερεὺς **διέρρηξεν** τὰ ἱμάτια αὐτοῦ

διασαφέω (*diasapheō*; 2/2) *explain*
Mt 13:36 **διασάφησον** ἡμῖν τὴν παραβολὴν
Mt 18:31 σφόδρα καὶ ἐλθόντες **διεσάφησαν** τῷ κυρίῳ ἑαυτῶν

διασκορπίζω (*diaskorpizō*; 3/9) *scatter*
Mt 25:24 συνάγων ὅθεν οὐ **διεσκόρπισας**,
Mt 25:26 συνάγω ὅθεν οὐ **διεσκόρπισα**;
Mt 26:31 καὶ **διασκορπισθήσονται** τὰ πρόβατα τῆς

διαστέλλω (*diastellō*; 1/8) *order*
Mt 16:20 τότε **διεστείλατο** τοῖς μαθηταῖς ἵνα

διαστρέφω (*diastrephō*; 1/7) *pervert*
Mt 17:17 γενεὰ ἄπιστος καὶ **διεστραμμένη**,

διασῴζω (*diasōzō*; 1/8) *bring safely through*
Mt 14:36 καὶ ὅσοι ἥψαντο **διεσώθησαν**.

διατάσσω (*diatassō*; 1/16) *command*
Mt 11:1 ἐτέλεσεν ὁ Ἰησοῦς **διατάσσων** τοῖς δώδεκα μαθηταῖς

διαφέρω (*diapherō*; 3/13) *be worth more than*
Mt 6:26 οὐχ ὑμεῖς μᾶλλον **διαφέρετε** αὐτῶν;
Mt 10:31 πολλῶν στρουθίων **διαφέρετε** ὑμεῖς.
Mt 12:12 πόσῳ οὖν **διαφέρει** ἄνθρωπος προβάτου.

διαφημίζω (*diaphēmizō*; 2/3) *spread around*
Mt 9:31 οἱ δὲ ἐξελθόντες **διεφήμισαν** αὐτὸν ἐν ὅλῃ
Mt 28:15 καὶ **διεφημίσθη** ὁ λόγος οὗτος

διδασκαλία (*didaskalia*; 1/21) *teaching*
Mt 15:9 σέβονταί με διδάσκοντες **διδασκαλίας** ἐντάλματα ἀνθρώπων.

διδάσκαλος (*didaskalos*; 12/58[59]) *teacher*
Mt 8:19 **διδάσκαλε**,
Mt 9:11 ἁμαρτωλῶν ἐσθίει ὁ **διδάσκαλος** ὑμῶν;
Mt 10:24 μαθητὴς ὑπὲρ τὸν **διδάσκαλον** οὐδὲ δοῦλος
Mt 10:25 γένηται ὡς ὁ **διδάσκαλος** αὐτοῦ καὶ ὁ
Mt 12:38 **διδάσκαλε**,
Mt 17:24 ὁ **διδάσκαλος** ὑμῶν οὐ τελεῖ
Mt 19:16 **διδάσκαλε**,
Mt 22:16 **διδάσκαλε**,
Mt 22:24 **διδάσκαλε**,
Mt 22:36 **διδάσκαλε**,
Mt 23:8 ἐστιν ὑμῶν ὁ **διδάσκαλος**,
Mt 26:18 ὁ **διδάσκαλος** λέγει·

διδάσκω (*didaskō*; 14/96) *teach*
Mt 4:23 ὅλῃ τῇ Γαλιλαίᾳ **διδάσκων** ἐν ταῖς συναγωγαῖς
Mt 5:2 τὸ στόμα αὐτοῦ **ἐδίδασκεν** αὐτοὺς λέγων·
Mt 5:19 τῶν ἐλαχίστων καὶ **διδάξῃ** οὕτως τοὺς ἀνθρώπους,
Mt 5:19 ἂν ποιήσῃ καὶ **διδάξῃ**,
Mt 7:29 ἦν γὰρ **διδάσκων** αὐτοὺς ὡς ἐξουσίαν
Mt 9:35 καὶ τὰς κώμας **διδάσκων** ἐν ταῖς συναγωγαῖς
Mt 11:1 μετέβη ἐκεῖθεν τοῦ **διδάσκειν** καὶ κηρύσσειν
Mt 13:54 τὴν πατρίδα αὐτοῦ **ἐδίδασκεν** αὐτοὺς ἐν τῇ
Mt 15:9 δὲ σέβονταί με **διδάσκοντες** διδασκαλίας ἐντάλματα ἀνθρώπων.
Mt 21:23 ἱερὸν προσῆλθον αὐτῷ **διδάσκοντι** οἱ ἀρχιερεῖς καὶ
Mt 22:16 θεοῦ ἐν ἀληθείᾳ **διδάσκεις** καὶ οὐ μέλει
Mt 26:55 τῷ ἱερῷ ἐκαθεζόμην **διδάσκων** καὶ οὐκ ἐκρατήσατέ
Mt 28:15 ἀργύρια ἐποίησαν ὡς **ἐδιδάχθησαν**.
Mt 28:20 **διδάσκοντες** αὐτοὺς τηρεῖν πάντα

διδαχή (*didachē*; 3/30) *teaching*
Mt 7:28 ὄχλοι ἐπὶ τῇ **διδαχῇ** αὐτοῦ·
Mt 16:12 ἀλλὰ ἀπὸ τῆς **διδαχῆς** τῶν Φαρισαίων καὶ
Mt 22:33 ἐξεπλήσσοντο ἐπὶ τῇ **διδαχῇ** αὐτοῦ.

δίδραχμον (*didrachmon*; 2/2) *didrachma*
Mt 17:24 προσῆλθον οἱ τὰ **δίδραχμα** λαμβάνοντες τῷ Πέτρῳ
Mt 17:24 οὐ τελεῖ [τὰ] **δίδραχμα**;

δίδωμι (*didōmi*; 56/415) *give*
Mt 4:9 ταῦτά σοι πάντα **δώσω**,
Mt 5:31 **δότω** αὐτῇ ἀποστάσιον.
Mt 5:42 τῷ αἰτοῦντί σε **δός**,
Mt 6:11 ἡμῶν τὸν ἐπιούσιον **δὸς** ἡμῖν σήμερον·
Mt 7:6 Μὴ **δῶτε** τὸ ἅγιον τοῖς
Mt 7:7 Αἰτεῖτε καὶ **δοθήσεται** ὑμῖν,
Mt 7:11 οἴδατε δόματα ἀγαθὰ **διδόναι** τοῖς τέκνοις ὑμῶν,
Mt 7:11 ἐν τοῖς οὐρανοῖς **δώσει** ἀγαθὰ τοῖς αἰτοῦσιν
Mt 9:8 τὸν θεὸν τὸν **δόντα** ἐξουσίαν τοιαύτην τοῖς

Mt 10:1 δώδεκα μαθητὰς αὐτοῦ **ἔδωκεν** αὐτοῖς ἐξουσίαν πνευμάτων
Mt 10:8 δωρεὰν **δότε**.
Mt 10:19 **δοθήσεται** γὰρ ὑμῖν ἐν
Mt 12:39 καὶ σημεῖον οὐ **δοθήσεται** αὐτῇ εἰ μὴ
Mt 13:8 τὴν καλὴν καὶ **ἐδίδου** καρπόν,
Mt 13:11 ὅτι ὑμῖν **δέδοται** γνῶναι τὰ μυστήρια
Mt 13:11 ἐκείνοις δὲ οὐ **δέδοται**.
Mt 13:12 **δοθήσεται** αὐτῷ καὶ περισσευθήσεται·
Mt 14:7 ὅρκου ὡμολόγησεν αὐτῇ **δοῦναι** ὃ ἐὰν αἰτήσηται.
Mt 14:8 **δός** μοι,
Mt 14:9 τοὺς συνανακειμένους ἐκέλευσεν **δοθῆναι**,
Mt 14:11 ἐπὶ πίνακι καὶ **ἐδόθη** τῷ κορασίῳ,
Mt 14:16 **δότε** αὐτοῖς ὑμεῖς φαγεῖν.
Mt 14:19 εὐλόγησεν καὶ κλάσας **ἔδωκεν** τοῖς μαθηταῖς
Mt 15:36 εὐχαριστήσας ἔκλασεν καὶ **ἐδίδου** τοῖς μαθηταῖς,
Mt 16:4 καὶ σημεῖον οὐ **δοθήσεται** αὐτῇ εἰ μὴ
Mt 16:19 **δώσω** σοι τὰς κλεῖδας
Mt 16:26 ἢ τί **δώσει** ἄνθρωπος ἀντάλλαγμα τῆς
Mt 17:27 ἐκεῖνον λαβὼν **δὸς** αὐτοῖς ἀντὶ ἐμοῦ
Mt 19:7 οὖν Μωϋσῆς ἐνετείλατο **δοῦναι** βιβλίον ἀποστασίου καὶ
Mt 19:11 [τοῦτον] ἀλλ' οἷς **δέδοται**.
Mt 19:21 τὰ ὑπάρχοντα καὶ **δὸς** [τοῖς] πτωχοῖς,
Mt 20:4 ἐὰν ᾖ δίκαιον **δώσω** ὑμῖν.
Mt 20:14 τούτῳ τῷ ἐσχάτῳ **δοῦναι** ὡς καὶ σοί·
Mt 20:23 ἔστιν ἐμὸν [τοῦτο] **δοῦναι**,
Mt 20:28 ἀλλὰ διακονῆσαι καὶ **δοῦναι** τὴν ψυχὴν αὐτοῦ
Mt 21:23 καὶ τίς σοι **ἔδωκεν** τὴν ἐξουσίαν ταύτην;
Mt 21:43 τοῦ θεοῦ καὶ **δοθήσεται** ἔθνει ποιοῦντι τοὺς
Mt 22:17 ἔξεστιν **δοῦναι** κῆνσον Καίσαρι ἢ
Mt 24:24 καὶ ψευδοπροφῆται καὶ **δώσουσιν** σημεῖα μεγάλα καὶ
Mt 24:29 ἡ σελήνη οὐ **δώσει** τὸ φέγγος αὐτῆς,
Mt 24:45 οἰκετείας αὐτοῦ τοῦ **δοῦναι** αὐτοῖς τὴν τροφὴν
Mt 25:8 **δότε** ἡμῖν ἐκ τοῦ
Mt 25:15 καὶ ᾧ μὲν **ἔδωκεν** πέντε τάλαντα,
Mt 25:28 τὸ τάλαντον καὶ **δότε** τῷ ἔχοντι τὰ
Mt 25:29 γὰρ ἔχοντι παντὶ **δοθήσεται** καὶ περισσευθήσεται,
Mt 25:35 ἐπείνασα γὰρ καὶ **ἐδώκατέ** μοι φαγεῖν,
Mt 25:42 γὰρ καὶ οὐκ **ἐδώκατέ** μοι φαγεῖν,
Mt 26:9 πραθῆναι πολλοῦ καὶ **δοθῆναι** πτωχοῖς.
Mt 26:15 τί θέλετέ μοι **δοῦναι**,
Mt 26:26 εὐλογήσας ἔκλασεν καὶ **δοὺς** τοῖς μαθηταῖς εἶπεν·
Mt 26:27 ποτήριον καὶ εὐχαριστήσας **ἔδωκεν** αὐτοῖς λέγων·
Mt 26:48 δὲ παραδιδοὺς αὐτὸν **ἔδωκεν** αὐτοῖς σημεῖον λέγων·
Mt 27:10 καὶ **ἔδωκαν** αὐτὰ εἰς τὸν
Mt 27:34 **ἔδωκαν** αὐτῷ πιεῖν οἶνον
Mt 28:12 λαβόντες ἀργύρια ἱκανὰ **ἔδωκαν** τοῖς στρατιώταις
Mt 28:18 **ἐδόθη** μοι πᾶσα ἐξουσία

διέξοδος (*diexodos*; 1/1) *where the roads leave the city or along the main streets*

Mt 22:9 οὖν ἐπὶ τὰς **διεξόδους** τῶν ὁδῶν καὶ

διέρχομαι (*dierchomai*; 2/43) *go or pass through*

Mt 12:43 **διέρχεται** δι' ἀνύδρων τόπων
Mt 19:24 διὰ τρυπήματος ῥαφίδος **διελθεῖν** ἢ πλούσιον εἰσελθεῖν

διετής (*dietēs*; 1/1) *two years old*

Mt 2:16 ὁρίοις αὐτῆς ἀπὸ **διετοῦς** καὶ κατωτέρω,

δίκαιος (*dikaios*; 17/79) *righteous*

Mt 1:19 **δίκαιος** ὢν καὶ μὴ
Mt 5:45 καὶ βρέχει ἐπὶ **δικαίους** καὶ ἀδίκους.
Mt 9:13 γὰρ ἦλθον καλέσαι **δικαίους** ἀλλὰ ἁμαρτωλούς.
Mt 10:41 καὶ ὁ δεχόμενος **δίκαιον** εἰς ὄνομα δικαίου
Mt 10:41 δίκαιον εἰς ὄνομα **δικαίου** μισθὸν δικαίου λήμψεται.
Mt 10:41 ὄνομα δικαίου μισθὸν **δικαίου** λήμψεται.
Mt 13:17 πολλοὶ προφῆται καὶ **δίκαιοι** ἐπεθύμησαν ἰδεῖν ἃ
Mt 13:43 τότε οἱ **δίκαιοι** ἐκλάμψουσιν ὡς ὁ
Mt 13:49 ἐκ μέσου τῶν **δικαίων**
Mt 20:4 ὃ ἐὰν ᾖ **δίκαιον** δώσω ὑμῖν.
Mt 23:28 φαίνεσθε τοῖς ἀνθρώποις **δίκαιοι**,
Mt 23:29 τὰ μνημεῖα τῶν **δικαίων**,
Mt 23:35 ὑμᾶς πᾶν αἷμα **δίκαιον** ἐκχυννόμενον ἐπὶ
Mt 23:35 αἵματος Ἅβελ τοῦ **δικαίου** ἕως τοῦ αἵματος
Mt 25:37 ἀποκριθήσονται αὐτῷ οἱ **δίκαιοι** λέγοντες·
Mt 25:46 οἱ δὲ δίκαιοι **εἰς** ζωὴν αἰώνιον.
Mt 27:19 σοὶ καὶ τῷ **δικαίῳ** ἐκείνῳ·

δικαιοσύνη (*dikaiosynē*; 7/92) *righteousness*

Mt 3:15 ἡμῖν πληρῶσαι πᾶσαν **δικαιοσύνην**.
Mt 5:6 καὶ διψῶντες τὴν **δικαιοσύνην**,
Mt 5:10 οἱ δεδιωγμένοι ἕνεκεν **δικαιοσύνης**,
Mt 5:20 περισσεύσῃ ὑμῶν ἡ **δικαιοσύνη** πλεῖον τῶν γραμματέων
Mt 6:1 Προσέχετε [δὲ] τὴν **δικαιοσύνην** ὑμῶν μὴ ποιεῖν
Mt 6:33 θεοῦ] καὶ τὴν **δικαιοσύνην** αὐτοῦ,
Mt 21:32 ὑμᾶς ἐν ὁδῷ **δικαιοσύνης**,

δικαιόω (*dikaioō*; 2/39) *justify*

Mt 11:19 καὶ **ἐδικαιώθη** ἡ σοφία ἀπὸ
Mt 12:37 τῶν λόγων σου **δικαιωθήσῃ**,

δίκτυον (*diktyon*; 2/12) *fishing net*

Mt 4:20 εὐθέως ἀφέντες τὰ **δίκτυα** ἠκολούθησαν αὐτῷ.
Mt 4:21 αὐτῶν καταρτίζοντας τὰ **δίκτυα** αὐτῶν,

διό (*dio*; 1/53) *therefore*

Mt 27:8 **διὸ** ἐκλήθη ὁ ἀγρὸς

διορύσσω (*dioryssō*; 3/4) *dig through*

Mt 6:19 καὶ ὅπου κλέπται **διορύσσουσιν** καὶ κλέπτουσιν·
Mt 6:20 ὅπου κλέπται οὐ **διορύσσουσιν** οὐδὲ κλέπτουσιν·
Mt 24:43 οὐκ ἂν εἴασεν **διορυχθῆναι** τὴν οἰκίαν αὐτοῦ.

διπλοῦς (*diplous*; 1/4) *double*
Mt 23:15 αὐτὸν υἱὸν γεέννης **διπλότερον** ὑμῶν.

διστάζω (*distazō*; 2/2) *doubt*
Mt 14:31 εἰς τί **ἐδίστασας**;
Mt 28:17 οἱ δὲ **ἐδίστασαν**.

διϋλίζω (*diulizō*; 1/1) *strain out*
Mt 23:24 οἱ **διϋλίζοντες** τὸν κώνωπα,

διχάζω (*dichazō*; 1/1) *turn against*
Mt 10:35 ἦλθον γὰρ **διχάσαι** ἄνθρωπον κατὰ τοῦ

διχοτομέω (*dichotomeō*; 1/2) *cut in pieces*
Mt 24:51 καὶ **διχοτομήσει** αὐτὸν καὶ τὸ

διψάω (*dipsaō*; 5/16) *be thirsty*
Mt 5:6 οἱ πεινῶντες καὶ **διψῶντες** τὴν δικαιοσύνην,
Mt 25:35 **ἐδίψησα** καὶ ἐποτίσατέ με,
Mt 25:37 ἢ **διψῶντα** καὶ ἐποτίσαμεν;
Mt 25:42 ἐδίψησα **καὶ** οὐκ ἐποτίσατέ με,
Mt 25:44 εἴδομεν πεινῶντα ἢ **διψῶντα** ἢ ξένον ἢ

διωγμός (*diōgmos*; 1/10) *persecution*
Mt 13:21 δὲ θλίψεως ἢ **διωγμοῦ** διὰ τὸν λόγον

διώκω (*diōkō*; 6/45) *pursue, persecute*
Mt 5:10 μακάριοι οἱ **δεδιωγμένοι** ἕνεκεν δικαιοσύνης,
Mt 5:11 ὀνειδίσωσιν ὑμᾶς καὶ **διώξωσιν** καὶ εἴπωσιν πᾶν
Mt 5:12 οὕτως γὰρ **ἐδίωξαν** τοὺς προφήτας τοὺς
Mt 5:44 προσεύχεσθε ὑπὲρ τῶν **διωκόντων** ὑμᾶς,
Mt 10:23 Ὅταν δὲ **διώκωσιν** ὑμᾶς ἐν τῇ
Mt 23:34 συναγωγαῖς ὑμῶν καὶ **διώξετε** ἀπὸ πόλεως

δοκέω (*dokeō*; 10/62) *think, seem*
Mt 3:9 καὶ μὴ **δόξητε** λέγειν ἐν ἑαυτοῖς·
Mt 6:7 **δοκοῦσιν** γὰρ ὅτι ἐν
Mt 17:25 τί σοι **δοκεῖ**,
Mt 18:12 Τί ὑμῖν **δοκεῖ**;
Mt 21:28 Τί δὲ ὑμῖν **δοκεῖ**;
Mt 22:17 ἡμῖν τί σοι **δοκεῖ**·
Mt 22:42 τί ὑμῖν **δοκεῖ** περὶ τοῦ χριστοῦ;
Mt 24:44 ὅτι ᾗ οὐ **δοκεῖτε** ὥρᾳ ὁ υἱὸς
Mt 26:53 ἢ **δοκεῖς** ὅτι οὐ δύναμαι
Mt 26:66 τί ὑμῖν **δοκεῖ**;

δοκός (*dokos*; 3/6) *log*
Mt 7:3 τῷ σῷ ὀφθαλμῷ **δοκὸν** οὐ κατανοεῖς;
Mt 7:4 καὶ ἰδοὺ ἡ **δοκὸς** ἐν τῷ ὀφθαλμῷ
Mt 7:5 ὀφθαλμοῦ σοῦ τὴν **δοκόν**,

δόλος (*dolos*; 1/11) *deceit*
Mt 26:4 ἵνα τὸν Ἰησοῦν **δόλῳ** κρατήσωσιν καὶ ἀποκτείνωσιν·

δόμα (*doma*; 1/4) *gift*
Mt 7:11 πονηροὶ ὄντες οἴδατε **δόματα** ἀγαθὰ διδόναι

δόξα (*doxa*; 7/166) *glory*
Mt 4:8 κόσμου καὶ τὴν **δόξαν** αὐτῶν
Mt 6:29 ἐν πάσῃ τῇ **δόξῃ** αὐτοῦ περιεβάλετο ὡς
Mt 16:27 ἔρχεσθαι ἐν τῇ **δόξῃ** τοῦ πατρὸς αὐτοῦ
Mt 19:28 ἀνθρώπου ἐπὶ θρόνου **δόξης** αὐτοῦ,
Mt 24:30 μετὰ δυνάμεως καὶ **δόξης** πολλῆς·
Mt 25:31 ἀνθρώπου ἐν τῇ **δόξῃ** αὐτοῦ καὶ πάντες
Mt 25:31 καθίσει ἐπὶ θρόνου **δόξης** αὐτοῦ·

δοξάζω (*doxazō*; 4/61) *praise, glorify*
Mt 5:16 καλὰ ἔργα καὶ **δοξάσωσιν** τὸν πατέρα ὑμῶν
Mt 6:2 ὅπως **δοξασθῶσιν** ὑπὸ τῶν ἀνθρώπων·
Mt 9:8 ὄχλοι ἐφοβήθησαν καὶ **ἐδόξασαν** τὸν θεὸν
Mt 15:31 καὶ **ἐδόξασαν** τὸν θεὸν Ἰσραήλ.

δουλεύω (*douleuō*; 2/25) *serve (pass. be enslaved)*
Mt 6:24 δύναται δυσὶ κυρίοις **δουλεύειν**·
Mt 6:24 οὐ δύνασθε θεῷ **δουλεύειν** καὶ μαμωνᾷ.

δοῦλος (*doulos*; 30/124) *slave*
Mt 8:9 καὶ τῷ **δούλῳ** μου·
Mt 10:24 τὸν διδάσκαλον οὐδὲ **δοῦλος** ὑπὲρ τὸν κύριον
Mt 10:25 αὐτοῦ καὶ ὁ **δοῦλος** ὡς ὁ κύριος
Mt 13:27 προσελθόντες δὲ οἱ **δοῦλοι** τοῦ οἰκοδεσπότου εἶπον
Mt 13:28 οἱ δὲ **δοῦλοι** λέγουσιν αὐτῷ·
Mt 18:23 λόγον μετὰ τῶν **δούλων** αὐτοῦ.
Mt 18:26 πεσὼν οὖν ὁ **δοῦλος** προσεκύνει αὐτῷ λέγων·
Mt 18:27 ὁ κύριος τοῦ **δούλου** ἐκείνου ἀπέλυσεν αὐτὸν
Mt 18:28 ἐξελθὼν δὲ ὁ **δοῦλος** ἐκεῖνος εὗρεν ἕνα
Mt 18:32 **δοῦλε** πονηρέ,
Mt 20:27 πρῶτος ἔσται ὑμῶν **δοῦλος**·
Mt 21:34 ἀπέστειλεν τοὺς **δούλους** αὐτοῦ πρὸς τοὺς
Mt 21:35 οἱ γεωργοὶ τοὺς **δούλους** αὐτοῦ ὃν μὲν
Mt 21:36 πάλιν ἀπέστειλεν ἄλλους **δούλους** πλείονας τῶν πρώτων,
Mt 22:3 καὶ ἀπέστειλεν τοὺς **δούλους** αὐτοῦ καλέσαι
Mt 22:4 πάλιν ἀπέστειλεν ἄλλους **δούλους** λέγων·
Mt 22:6 λοιποὶ κρατήσαντες τοὺς **δούλους** αὐτοῦ ὕβρισαν καὶ
Mt 22:8 τότε λέγει τοῖς **δούλοις** αὐτοῦ·
Mt 22:10 καὶ ἐξελθόντες οἱ **δοῦλοι** ἐκεῖνοι εἰς τὰς
Mt 24:45 ἐστὶν ὁ πιστὸς **δοῦλος** καὶ φρόνιμος ὃν
Mt 24:46 μακάριος ὁ **δοῦλος** ἐκεῖνος ὃν ἐλθὼν
Mt 24:48 εἴπῃ ὁ κακὸς **δοῦλος** ἐκεῖνος ἐν τῇ
Mt 24:50 ὁ κύριος τοῦ **δούλου** ἐκείνου ἐν ἡμέρᾳ
Mt 25:14 ἐκάλεσεν τοὺς ἰδίους **δούλους** καὶ παρέδωκεν αὐτοῖς
Mt 25:19 ὁ κύριος τῶν **δούλων** ἐκείνων καὶ συναίρει
Mt 25:21 **δοῦλε** ἀγαθὲ καὶ πιστέ,
Mt 25:23 **δοῦλε** ἀγαθὲ καὶ πιστέ,
Mt 25:26 πονηρὲ **δοῦλε** καὶ ὀκνηρέ,
Mt 25:30 καὶ τὸν ἀχρεῖον **δοῦλον** ἐκβάλετε εἰς τὸ
Mt 26:51 καὶ πατάξας τὸν **δοῦλον** τοῦ ἀρχιερέως ἀφεῖλεν

δύναμαι (*dynamai*; 27/210) *be able*
Mt 3:9 γὰρ ὑμῖν ὅτι **δύναται** ὁ θεὸς ἐκ

Mt 5:14 οὐ **δύναται** πόλις κρυβῆναι ἐπάνω
Mt 5:36 ὅτι οὐ **δύνασαι** μίαν τρίχα λευκὴν
Mt 6:24 Οὐδεὶς **δύναται** δυσὶ κυρίοις δουλεύειν·
Mt 6:24 οὐ **δύνασθε** θεῷ δουλεύειν καὶ
Mt 6:27 ἐξ ὑμῶν μεριμνῶν **δύναται** προσθεῖναι ἐπὶ
Mt 7:18 οὐ **δύναται** δένδρον ἀγαθὸν καρποὺς
Mt 8:2 ἐὰν θέλῃς **δύνασαί** με καθαρίσαι.
Mt 9:15 μὴ **δύνανται** οἱ υἱοὶ τοῦ
Mt 9:28 πιστεύετε ὅτι **δύναμαι** τοῦτο ποιῆσαι;
Mt 10:28 δὲ ψυχὴν μὴ **δυναμένων** ἀποκτεῖναι·
Mt 10:28 δὲ μᾶλλον τὸν **δυνάμενον** καὶ ψυχὴν καὶ
Mt 12:29 ἢ πῶς **δύναταί** τις εἰσελθεῖν εἰς
Mt 12:34 πῶς **δύνασθε** ἀγαθὰ λαλεῖν πονηροὶ
Mt 16:3 τῶν καιρῶν οὐ **δύνασθε]**
Mt 17:16 καὶ οὐκ **ἠδυνήθησαν** αὐτὸν θεραπεῦσαι.
Mt 17:19 τί ἡμεῖς οὐκ **ἠδυνήθημεν** ἐκβαλεῖν αὐτό;
Mt 19:12 ὁ δυνάμενος **χωρεῖν** χωρείτω.
Mt 19:25 τίς ἄρα **δύναται** σωθῆναι;
Mt 20:22 **δύνασθε** πιεῖν τὸ ποτήριον
Mt 20:22 **δυνάμεθα**.
Mt 22:46 καὶ οὐδεὶς **ἐδύνατο** ἀποκριθῆναι αὐτῷ λόγον
Mt 26:9 **ἐδύνατο** γὰρ τοῦτο πραθῆναι
Mt 26:42 εἰ οὐ **δύναται** τοῦτο παρελθεῖν ἐὰν
Mt 26:53 δοκεῖς ὅτι οὐ **δύναμαι** παρακαλέσαι τὸν πατέρα
Mt 26:61 **δύναμαι** καταλῦσαι τὸν ναὸν
Mt 27:42 ἑαυτὸν οὐ **δύναται** σῶσαι·

δύναμις (*dynamis*; 12/119) *power*

Mt 7:22 τῷ σῷ ὀνόματι **δυνάμεις** πολλὰς ἐποιήσαμεν;
Mt 11:20 ἐγένοντο αἱ πλεῖσται **δυνάμεις** αὐτοῦ,
Mt 11:21 Σιδῶνι ἐγένοντο αἱ **δυνάμεις** αἱ γενόμεναι
Mt 11:23 Σοδόμοις ἐγενήθησαν αἱ **δυνάμεις** αἱ γενόμεναι ἐν
Mt 13:54 αὕτη καὶ αἱ **δυνάμεις**;
Mt 13:58 οὐκ ἐποίησεν ἐκεῖ **δυνάμεις** πολλὰς διὰ τὴν
Mt 14:2 διὰ τοῦτο αἱ **δυνάμεις** ἐνεργοῦσιν ἐν αὐτῷ.
Mt 22:29 γραφὰς μηδὲ τὴν **δύναμιν** τοῦ θεοῦ·
Mt 24:29 καὶ αἱ **δυνάμεις** τῶν οὐρανῶν σαλευθήσονται.
Mt 24:30 τοῦ οὐρανοῦ μετὰ **δυνάμεως** καὶ δόξης πολλῆς·
Mt 25:15 κατὰ τὴν ἰδίαν **δύναμιν**,
Mt 26:64 ἐκ δεξιῶν τῆς **δυνάμεως** καὶ ἐρχόμενον ἐπὶ

δυνατός (*dynatos*; 3/32) *possible*

Mt 19:26 δὲ θεῷ πάντα **δυνατά**.
Mt 24:24 εἰ **δυνατόν**,
Mt 26:39 εἰ **δυνατόν** ἐστιν,

δύο (*dyo*; 40/134[135]) *two*

Mt 4:18 τῆς Γαλιλαίας εἶδεν **δύο** ἀδελφούς,
Mt 4:21 ἐκεῖθεν εἶδεν ἄλλους **δύο** ἀδελφούς,
Mt 5:41 ὕπαγε μετ' αὐτοῦ **δύο**.
Mt 6:24 Οὐδεὶς δύναται **δυσὶ** κυρίοις δουλεύειν·
Mt 8:28 Γαδαρηνῶν ὑπήντησαν αὐτῷ **δύο** δαιμονιζόμενοι ἐκ τῶν
Mt 9:27 Ἰησοῦ ἠκολούθησαν [αὐτῷ] **δύο** τυφλοὶ κράζοντες καὶ
Mt 10:10 εἰς ὁδὸν μηδὲ **δύο** χιτῶνας μηδὲ ὑποδήματα
Mt 10:29 οὐχὶ **δύο** στρουθία ἀσσαρίου πωλεῖται;
Mt 14:17 πέντε ἄρτους καὶ **δύο** ἰχθύας.
Mt 14:19 ἄρτους καὶ τοὺς **δύο** ἰχθύας,
Mt 18:8 ἢ χωλὸν ἢ **δύο** χεῖρας ἢ δύο
Mt 18:8 δύο χεῖρας ἢ **δύο** πόδας ἔχοντα βληθῆναι
Mt 18:9 ζωὴν εἰσελθεῖν ἢ **δύο** ὀφθαλμοὺς ἔχοντα βληθῆναι
Mt 18:16 ἔτι ἕνα ἢ **δύο**,
Mt 18:16 ἵνα ἐπὶ στόματος **δύο** μαρτύρων ἢ τριῶν
Mt 18:19 ὑμῖν ὅτι ἐὰν **δύο** συμφωνήσωσιν ἐξ ὑμῶν
Mt 18:20 οὗ γάρ εἰσιν **δύο** ἢ τρεῖς συνηγμένοι
Mt 19:5 καὶ ἔσονται οἱ **δύο** εἰς σάρκα μίαν.
Mt 19:6 ὥστε οὐκέτι εἰσὶν **δύο** ἀλλὰ σὰρξ μία.
Mt 20:21 καθίσωσιν οὗτοι οἱ **δύο** υἱοί μου εἷς
Mt 20:24 ἠγανάκτησαν περὶ τῶν **δύο** ἀδελφῶν.
Mt 20:30 καὶ ἰδοὺ **δύο** τυφλοὶ καθήμενοι παρὰ
Mt 21:1 τότε Ἰησοῦς ἀπέστειλεν **δύο** μαθητὰς
Mt 21:28 ἄνθρωπος εἶχεν τέκνα **δύο**.
Mt 21:31 τίς ἐκ τῶν **δύο** ἐποίησεν τὸ θέλημα
Mt 22:40 ἐν ταύταις ταῖς **δυσὶν** ἐντολαῖς ὅλος ὁ
Mt 24:40 τότε **δύο** ἔσονται ἐν τῷ
Mt 24:41 **δύο** ἀλήθουσαι ἐν τῷ
Mt 25:15 ᾧ δὲ **δύο**,
Mt 25:17 ὡσαύτως ὁ τὰ **δύο** ἐκέρδησεν ἄλλα δύο.
Mt 25:17 δύο ἐκέρδησεν ἄλλα **δύο**.
Mt 25:22 καὶ ὁ τὰ **δύο** τάλαντα εἶπεν·
Mt 25:22 **δύο** τάλαντά μοι παρέδωκας·
Mt 25:22 ἴδε ἄλλα **δύο** τάλαντα ἐκέρδησα.
Mt 26:2 οἴδατε ὅτι μετὰ **δύο** ἡμέρας τὸ πάσχα
Mt 26:37 Πέτρον καὶ τοὺς **δύο** υἱοὺς Ζεβεδαίου ἤρξατο
Mt 26:60 ὕστερον δὲ προσελθόντες **δύο**
Mt 27:21 θέλετε ἀπὸ τῶν **δύο** ἀπολύσω ὑμῖν;
Mt 27:38 σταυροῦνται σὺν αὐτῷ **δύο** λῃσταί,
Mt 27:51 ἕως κάτω εἰς **δύο** καὶ ἡ γῆ

δυσβάστακτος (*dysbastaktos*; 1/2) *hard to carry*

Mt 23:4 φορτία βαρέα [καὶ **δυσβάστακτα]** καὶ ἐπιτιθέασιν ἐπὶ

δυσκόλως (*dyskolōs*; 1/3) *with difficulty*

Mt 19:23 ὑμῖν ὅτι πλούσιος **δυσκόλως** εἰσελεύσεται

δυσμή (*dysmē*; 2/5) *west*

Mt 8:11 ἀπὸ ἀνατολῶν καὶ **δυσμῶν** ἥξουσιν καὶ ἀνακλιθήσονται
Mt 24:27 καὶ φαίνεται ἕως **δυσμῶν**,

δώδεκα (*dōdeka*; 13/75) *twelve*

Mt 9:20 ἰδοὺ γυνὴ αἱμορροοῦσα **δώδεκα** ἔτη προσελθοῦσα ὄπισθεν
Mt 10:1 Καὶ προσκαλεσάμενος τοὺς **δώδεκα** μαθητὰς αὐτοῦ ἔδωκεν
Mt 10:2 Τῶν δὲ **δώδεκα** ἀποστόλων τὰ ὀνόματά
Mt 10:5 Τούτους τοὺς **δώδεκα** ἀπέστειλεν ὁ Ἰησοῦς
Mt 11:1 Ἰησοῦς διατάσσων τοῖς **δώδεκα** μαθηταῖς αὐτοῦ,
Mt 14:20 περισσεῦον τῶν κλασμάτων **δώδεκα** κοφίνους πλήρεις.
Mt 19:28 καὶ ὑμεῖς ἐπὶ **δώδεκα** θρόνους κρίνοντες
Mt 19:28 θρόνους κρίνοντες τὰς **δώδεκα** φυλὰς τοῦ Ἰσραήλ.
Mt 20:17 Ἱεροσόλυμα παρέλαβεν τοὺς **δώδεκα** [μαθητὰς] κατ' ἰδίαν
Mt 26:14 πορευθεὶς εἷς τῶν **δώδεκα**,
Mt 26:20 ἀνέκειτο μετὰ τῶν **δώδεκα**.

Mt 26:47 Ἰούδας εἷς τῶν **δώδεκα** ἦλθεν καὶ μετ'
Mt 26:53 μοι ἄρτι πλείω **δώδεκα** λεγιῶνας ἀγγέλων;

δῶμα (*dōma*; 2/7) *roof*

Mt 10:27 κηρύξατε ἐπὶ τῶν **δωμάτων**.
Mt 24:17 ὁ ἐπὶ τοῦ **δώματος** μὴ καταβάτω ἆραι

δωρεάν (*dōrean*; 2/9) *without cost or cause*

Mt 10:8 **δωρεὰν** ἐλάβετε,
Mt 10:8 **δωρεὰν** δότε.

δῶρον (*dōron*; 9/19) *gift*

Mt 2:11 αὐτῶν προσήνεγκαν αὐτῷ **δῶρα**,
Mt 5:23 οὖν προσφέρῃς τὸ **δῶρόν** σου ἐπὶ τὸ
Mt 5:24 ἄφες ἐκεῖ τὸ **δῶρόν** σου ἔμπροσθεν τοῦ
Mt 5:24 ἐλθὼν πρόσφερε τὸ **δῶρόν** σου.
Mt 8:4 καὶ προσένεγκον τὸ **δῶρον** ὃ προσέταξεν Μωϋσῆς,
Mt 15:5 δῶρον **ὃ** ἐὰν ἐξ ἐμοῦ
Mt 23:18 ὀμόσῃ ἐν τῷ **δώρῳ** τῷ ἐπάνω αὐτοῦ,
Mt 23:19 τὸ **δῶρον** ἢ τὸ θυσιαστήριον
Mt 23:19 τὸ ἁγιάζον τὸ **δῶρον**;

ἐάν (*ean*; 62/333) *if*

Mt 4:9 **ἐὰν** πεσὼν προσκυνήσῃς μοι.
Mt 5:13 **ἐὰν** δὲ τὸ ἅλας
Mt 5:19 ὃς **ἐὰν** οὖν λύσῃ μίαν
Mt 5:20 γὰρ ὑμῖν ὅτι **ἐὰν** μὴ περισσεύσῃ ὑμῶν
Mt 5:23 **ἐὰν** οὖν προσφέρῃς τὸ
Mt 5:32 καὶ ὃς **ἐὰν** ἀπολελυμένην γαμήσῃ,
Mt 5:46 **ἐὰν** γὰρ ἀγαπήσητε τοὺς
Mt 5:47 καὶ **ἐὰν** ἀσπάσησθε τοὺς ἀδελφοὺς
Mt 6:14 **Ἐὰν** γὰρ ἀφῆτε τοῖς
Mt 6:15 **ἐὰν** δὲ μὴ ἀφῆτε
Mt 6:22 **ἐὰν** οὖν ᾖ ὁ
Mt 6:23 **ἐὰν** δὲ ὁ ὀφθαλμός
Mt 7:12 Πάντα οὖν ὅσα **ἐὰν** θέλητε ἵνα ποιῶσιν
Mt 8:2 **ἐὰν** θέλῃς δύνασαί με
Mt 8:19 ἀκολουθήσω σοι ὅπου **ἐὰν** ἀπέρχῃ.
Mt 9:21 **ἐὰν** μόνον ἅψωμαι τοῦ
Mt 10:13 καὶ **ἐὰν** μὲν ᾖ ἡ
Mt 10:13 **ἐὰν** δὲ μὴ ᾖ
Mt 11:6 μακάριός ἐστιν ὃς **ἐὰν** μὴ σκανδαλισθῇ ἐν
Mt 11:27 υἱὸς καὶ ᾧ **ἐὰν** βούληται ὁ υἱὸς
Mt 12:11 πρόβατον ἕν καὶ **ἐὰν** ἐμπέσῃ τοῦτο τοῖς
Mt 12:29 **ἐὰν** μὴ πρῶτον δήσῃ
Mt 12:32 καὶ ὃς **ἐὰν** εἴπῃ λόγον κατὰ
Mt 14:7 αὐτῇ δοῦναι ὃ **ἐὰν** αἰτήσηται.
Mt 15:5 δῶρον ὃ ἐὰν **ἐξ** ἐμοῦ ὠφεληθῇς,
Mt 15:14 τυφλὸς δὲ τυφλὸν **ἐὰν** ὁδηγῇ,
Mt 16:19 καὶ ὃ **ἐὰν** δήσῃς ἐπὶ τῆς
Mt 16:19 καὶ ὃ **ἐὰν** λύσῃς ἐπὶ τῆς
Mt 16:25 ὃς γὰρ **ἐὰν** θέλῃ τὴν ψυχὴν
Mt 16:26 γὰρ ὠφεληθήσεται ἄνθρωπος **ἐὰν** τὸν κόσμον ὅλον
Mt 17:20 **ἐὰν** ἔχητε πίστιν ὡς
Mt 18:3 **ἐὰν** μὴ στραφῆτε καὶ
Mt 18:5 καὶ ὃς **ἐὰν** δέξηται ἓν παιδίον
Mt 18:12 **ἐὰν** γένηταί τινι ἀνθρώπῳ
Mt 18:13 καὶ **ἐὰν** γένηται εὑρεῖν αὐτό,
Mt 18:15 **Ἐὰν** δὲ ἁμαρτήσῃ [εἰς
Mt 18:15 **ἐάν** σου ἀκούσῃ,
Mt 18:16 **ἐὰν** δὲ μὴ ἀκούσῃ,
Mt 18:17 **ἐὰν** δὲ παρακούσῃ αὐτῶν,
Mt 18:17 **ἐὰν** δὲ καὶ τῆς
Mt 18:18 ὅσα **ἐὰν** δήσητε ἐπὶ τῆς
Mt 18:18 καὶ ὅσα **ἐὰν** λύσητε ἐπὶ τῆς
Mt 18:19 λέγω ὑμῖν ὅτι **ἐὰν** δύο συμφωνήσωσιν ἐξ
Mt 18:19 παντὸς πράγματος οὗ **ἐὰν** αἰτήσωνται,
Mt 18:35 **ἐὰν** μὴ ἀφῆτε ἕκαστος
Mt 20:4 καὶ ὃ **ἐὰν** ᾖ δίκαιον δώσω
Mt 20:26 ἀλλ' ὃς **ἐὰν** θέλῃ ἐν ὑμῖν
Mt 21:3 καὶ **ἐάν** τις ὑμῖν εἴπῃ
Mt 21:21 **ἐὰν** ἔχητε πίστιν καὶ
Mt 21:24 ὃν **ἐὰν** εἴπητέ μοι κἀγὼ
Mt 21:25 **ἐὰν** εἴπωμεν·
Mt 21:26 **ἐὰν** δὲ εἴπωμεν·
Mt 22:9 ὁδῶν καὶ ὅσους **ἐὰν** εὕρητε καλέσατε εἰς
Mt 22:24 **ἐάν** τις ἀποθάνῃ μὴ
Mt 23:3 πάντα οὖν ὅσα **ἐὰν** εἴπωσιν ὑμῖν ποιήσατε
Mt 24:23 Τότε **ἐάν** τις ὑμῖν εἴπῃ·
Mt 24:26 **ἐὰν** οὖν εἴπωσιν ὑμῖν·
Mt 24:28 ὅπου **ἐὰν** ᾖ τὸ πτῶμα,
Mt 24:48 **ἐὰν** δὲ εἴπῃ ὁ
Mt 26:13 ὅπου **ἐὰν** κηρυχθῇ τὸ εὐαγγέλιον
Mt 26:42 δύναται τοῦτο παρελθεῖν **ἐὰν** μὴ αὐτὸ πίω,
Mt 28:14 καὶ **ἐὰν** ἀκουσθῇ τοῦτο ἐπὶ

ἑαυτοῦ (*heautou*; 32/319) *himself*

Mt 3:9 δόξητε λέγειν ἐν **ἑαυτοῖς**·
Mt 6:34 γὰρ αὔριον μεριμνήσει **ἑαυτῆς**·
Mt 8:22 νεκροὺς θάψαι τοὺς **ἑαυτῶν** νεκρούς.
Mt 9:3 γραμματέων εἶπαν ἐν **ἑαυτοῖς**·
Mt 9:21 ἔλεγεν γὰρ ἐν **ἑαυτῇ**·
Mt 12:25 βασιλεία μερισθεῖσα καθ' **ἑαυτῆς** ἐρημοῦται καὶ πᾶσα
Mt 12:25 οἰκία μερισθεῖσα καθ' **ἑαυτῆς** οὐ σταθήσεται.
Mt 12:26 ἐφ' **ἑαυτὸν** ἐμερίσθη·
Mt 12:45 καὶ παραλαμβάνει μεθ' **ἑαυτοῦ** ἑπτὰ ἕτερα πνεύματα
Mt 12:45 ἕτερα πνεύματα πονηρότερα **ἑαυτοῦ** καὶ εἰσελθόντα κατοικεῖ
Mt 13:21 δὲ ῥίζαν ἐν **ἑαυτῷ** ἀλλὰ πρόσκαιρός ἐστιν,
Mt 14:15 τὰς κώμας ἀγοράσωσιν **ἑαυτοῖς** βρώματα.
Mt 15:30 πολλοὶ ἔχοντες μεθ' **ἑαυτῶν** χωλούς,
Mt 16:7 δὲ διελογίζοντο ἐν **ἑαυτοῖς** λέγοντες ὅτι ἄρτους
Mt 16:8 τί διαλογίζεσθε ἐν **ἑαυτοῖς**,
Mt 16:24 ἀπαρνησάσθω **ἑαυτὸν** καὶ ἀράτω τὸν
Mt 18:4 ὅστις οὖν ταπεινώσει **ἑαυτὸν** ὡς τὸ παιδίον
Mt 18:31 διεσάφησαν τῷ κυρίῳ **ἑαυτῶν** πάντα τὰ γενόμενα.
Mt 19:12 εὐνοῦχοι οἵτινες εὐνούχισαν **ἑαυτοὺς** διὰ τὴν βασιλείαν
Mt 21:8 πλεῖστος ὄχλος ἔστρωσαν **ἑαυτῶν** τὰ ἱμάτια
Mt 21:25 δὲ διελογίζοντο ἐν **ἑαυτοῖς** λέγοντες·
Mt 21:38 υἱὸν εἶπον ἐν **ἑαυτοῖς**·
Mt 23:12 ὅστις δὲ ὑψώσει **ἑαυτὸν** ταπεινωθήσεται καὶ ὅστις
Mt 23:12 καὶ ὅστις ταπεινώσει **ἑαυτὸν** ὑψωθήσεται.
Mt 23:31 ὥστε μαρτυρεῖτε **ἑαυτοῖς** ὅτι υἱοί ἐστε
Mt 25:1 λαβοῦσαι τὰς λαμπάδας **ἑαυτῶν** ἐξῆλθον εἰς ὑπάντησιν
Mt 25:3 οὐκ ἔλαβον μεθ' **ἑαυτῶν** ἔλαιον.
Mt 25:4 μετὰ τῶν λαμπάδων **ἑαυτῶν**.
Mt 25:7 ἐκόσμησαν τὰς λαμπάδας **ἑαυτῶν**.

Mt 25:9 πωλοῦντας καὶ ἀγοράσατε **ἑαυταῖς**.
Mt 26:11 πτωχοὺς ἔχετε μεθ᾽ **ἑαυτῶν**,
Mt 27:42 **ἑαυτὸν** οὐ δύναται σῶσαι·

ἐάω (*eaō*; 1/11) *allow*

Mt 24:43 καὶ οὐκ ἂν **εἴασεν** διορυχθῆναι τὴν οἰκίαν

ἑβδομηκοντάκις (*hebdomēkontakis*; 1/1) *seventy times*

Mt 18:22 ἑπτάκις ἀλλὰ ἕως **ἑβδομηκοντάκις** ἑπτά.

ἐγγίζω (*engizō*; 7/42) *approach*

Mt 3:2 **ἤγγικεν** γὰρ ἡ βασιλεία
Mt 4:17 **ἤγγικεν** γὰρ ἡ βασιλεία
Mt 10:7 κηρύσσετε λέγοντες ὅτι **ἤγγικεν** ἡ βασιλεία
Mt 21:1 Καὶ ὅτε **ἤγγισαν** εἰς Ἱεροσόλυμα καὶ
Mt 21:34 ὅτε δὲ **ἤγγισεν** ὁ καιρὸς τῶν
Mt 26:45 ἰδοὺ **ἤγγικεν** ἡ ὥρα καὶ
Mt 26:46 ἰδοὺ **ἤγγικεν** ὁ παραδιδούς με.

ἐγγύς (*engys*; 3/31) *near*

Mt 24:32 γινώσκετε ὅτι **ἐγγὺς** τὸ θέρος·
Mt 24:33 γινώσκετε ὅτι **ἐγγύς** ἐστιν ἐπὶ θύραις.
Mt 26:18 ὁ καιρός μου **ἐγγύς** ἐστιν,

ἐγείρω (*egeirō*; 36/143[144]) *raise*

Mt 1:24 **ἐγερθεὶς** δὲ ὁ Ἰωσὴφ
Mt 2:13 **ἐγερθεὶς** παράλαβε τὸ παιδίον
Mt 2:14 ὁ δὲ **ἐγερθεὶς** παρέλαβεν τὸ παιδίον
Mt 2:20 **ἐγερθεὶς** παράλαβε τὸ παιδίον
Mt 2:21 ὁ δὲ **ἐγερθεὶς** παρέλαβεν τὸ παιδίον
Mt 3:9 τῶν λίθων τούτων **ἐγεῖραι** τέκνα τῷ Ἀβραάμ.
Mt 8:15 καὶ **ἠγέρθη** καὶ διηκόνει αὐτῷ.
Mt 8:25 καὶ προσελθόντες **ἤγειραν** αὐτὸν λέγοντες·
Mt 8:26 τότε **ἐγερθεὶς** ἐπετίμησεν τοῖς ἀνέμοις
Mt 9:5 **ἔγειρε** καὶ περιπάτει;
Mt 9:6 **ἐγερθεὶς** ἆρόν σου τὴν
Mt 9:7 καὶ **ἐγερθεὶς** ἀπῆλθεν εἰς τὸν
Mt 9:19 καὶ **ἐγερθεὶς** ὁ Ἰησοῦς ἠκολούθησεν
Mt 9:25 καὶ **ἠγέρθη** τὸ κοράσιον.
Mt 10:8 νεκροὺς **ἐγείρετε**,
Mt 11:5 καὶ νεκροὶ **ἐγείρονται** καὶ πτωχοὶ εὐαγγελίζονται·
Mt 11:11 οὐκ **ἐγήγερται** ἐν γεννητοῖς γυναικῶν
Mt 12:11 κρατήσει αὐτὸ καὶ **ἐγερεῖ**;
Mt 12:42 βασίλισσα νότου **ἐγερθήσεται** ἐν τῇ κρίσει
Mt 14:2 αὐτὸς **ἠγέρθη** ἀπὸ τῶν νεκρῶν
Mt 16:21 τῇ τρίτῃ ἡμέρᾳ **ἐγερθῆναι**.
Mt 17:7 **ἐγέρθητε** καὶ μὴ φοβεῖσθε.
Mt 17:9 ἀνθρώπου ἐκ νεκρῶν **ἐγερθῇ**.
Mt 17:23 τῇ τρίτῃ ἡμέρᾳ **ἐγερθήσεται**.
Mt 20:19 τῇ τρίτῃ ἡμέρᾳ **ἐγερθήσεται**.
Mt 24:7 **ἐγερθήσεται** γὰρ ἔθνος ἐπὶ
Mt 24:11 καὶ πολλοὶ ψευδοπροφῆται **ἐγερθήσονται** καὶ πλανήσουσιν πολλούς·
Mt 24:24 **ἐγερθήσονται** γὰρ ψευδόχριστοι καὶ
Mt 25:7 τότε **ἠγέρθησαν** πᾶσαι αἱ παρθένοι
Mt 26:32 μετὰ δὲ τὸ **ἐγερθῆναί** με προάξω ὑμᾶς
Mt 26:46 **ἐγείρεσθε** ἄγωμεν·
Mt 27:52 τῶν κεκοιμημένων ἁγίων **ἠγέρθησαν**,
Mt 27:63 μετὰ τρεῖς ἡμέρας **ἐγείρομαι**.
Mt 27:64 **ἠγέρθη** ἀπὸ τῶν νεκρῶν,
Mt 28:6 **ἠγέρθη** γὰρ καθὼς εἶπεν·
Mt 28:7 μαθηταῖς αὐτοῦ ὅτι **ἠγέρθη** ἀπὸ τῶν νεκρῶν,

ἔγερσις (*egersis*; 1/1) *resurrection*

Mt 27:53 μνημείων μετὰ τὴν **ἔγερσιν** αὐτοῦ εἰσῆλθον

ἐγκαταλείπω (*enkataleipō*; 1/10) *forsake*

Mt 27:46 ἱνατί με **ἐγκατέλιπες**;

ἐγκρύπτω (*enkryptō*; 1/2) *place or mix in*

Mt 13:33 ἣν λαβοῦσα γυνὴ **ἐνέκρυψεν** εἰς ἀλεύρου σάτα

ἐγώ (*egō*; 212/1715[1718]) *I*

Mt 2:6 ποιμανεῖ τὸν λαόν **μου** τὸν Ἰσραήλ.
Mt 2:8 ἀπαγγείλατέ **μοι**,
Mt 2:15 ἐκάλεσα τὸν υἱόν **μου**.
Mt 3:11 **Ἐγὼ** μὲν ὑμᾶς βαπτίζω
Mt 3:11 ὁ δὲ ὀπίσω **μου** ἐρχόμενος ἰσχυρότερός μού
Mt 3:11 μου ἐρχόμενος ἰσχυρότερός **μού** ἐστιν,
Mt 3:14 **ἐγὼ** χρείαν ἔχω ὑπὸ
Mt 3:14 σὺ ἔρχῃ πρός **με**;
Mt 3:17 ἐστιν ὁ υἱός **μου** ὁ ἀγαπητός,
Mt 4:9 ἐὰν πεσὼν προσκυνήσῃς **μοι**.
Mt 4:19 δεῦτε ὀπίσω **μου**,
Mt 5:11 ὑμῶν [ψευδόμενοι] ἕνεκεν **ἐμοῦ**.
Mt 5:22 **ἐγὼ** δὲ λέγω ὑμῖν
Mt 5:28 **ἐγὼ** δὲ λέγω ὑμῖν
Mt 5:32 **ἐγὼ** δὲ λέγω ὑμῖν
Mt 5:34 **ἐγὼ** δὲ λέγω ὑμῖν
Mt 5:39 **ἐγὼ** δὲ λέγω ὑμῖν
Mt 5:44 **ἐγὼ** δὲ λέγω ὑμῖν·
Mt 7:21 πᾶς ὁ λέγων **μοι**·
Mt 7:21 θέλημα τοῦ πατρός **μου** τοῦ ἐν τοῖς
Mt 7:22 πολλοὶ ἐροῦσίν **μοι** ἐν ἐκείνῃ τῇ
Mt 7:23 ἀποχωρεῖτε ἀπ᾽ **ἐμοῦ** οἱ ἐργαζόμενοι τὴν
Mt 7:24 οὖν ὅστις ἀκούει **μου** τοὺς λόγους τούτους
Mt 7:26 πᾶς ὁ ἀκούων **μου** τοὺς λόγους τούτους
Mt 8:2 ἐὰν θέλῃς δύνασαί **με** καθαρίσαι.
Mt 8:6 ὁ παῖς **μου** βέβληται ἐν τῇ
Mt 8:7 **ἐγὼ** ἐλθὼν θεραπεύσω αὐτόν.
Mt 8:8 εἰμὶ ἱκανὸς ἵνα **μου** ὑπὸ τὴν στέγην
Mt 8:8 ἰαθήσεται ὁ παῖς **μου**.
Mt 8:9 καὶ γὰρ **ἐγὼ** ἄνθρωπός εἰμι ὑπὸ
Mt 8:9 καὶ τῷ δούλῳ **μου**·
Mt 8:21 ἐπίτρεψόν **μοι** πρῶτον ἀπελθεῖν καὶ
Mt 8:21 θάψαι τὸν πατέρα **μου**.
Mt 8:22 ἀκολούθει **μοι** καὶ ἄφες τοὺς
Mt 9:9 ἀκολούθει **μοι**.
Mt 9:18 ὅτι ἡ θυγάτηρ **μου** ἄρτι ἐτελεύτησεν·
Mt 10:16 Ἰδοὺ **ἐγὼ** ἀποστέλλω ὑμᾶς ὡς
Mt 10:18 βασιλεῖς ἀχθήσεσθε ἕνεκεν **ἐμοῦ** εἰς μαρτύριον αὐτοῖς
Mt 10:22 διὰ τὸ ὄνομά **μου**·
Mt 10:32 ὅστις ὁμολογήσει ἐν **ἐμοὶ** ἔμπροσθεν τῶν ἀνθρώπων,
Mt 10:32 ἔμπροσθεν τοῦ πατρός **μου** τοῦ ἐν [τοῖς]
Mt 10:33 δ᾽ ἂν ἀρνήσηταί **με** ἔμπροσθεν τῶν ἀνθρώπων,
Mt 10:33 ἔμπροσθεν τοῦ πατρός **μου** τοῦ ἐν [τοῖς]
Mt 10:37 ἢ μητέρα ὑπὲρ **ἐμὲ** οὐκ ἔστιν μου
Mt 10:37 ἐμὲ οὐκ ἔστιν **μου** ἄξιος,

Mt 10:37 ἢ θυγατέρα ὑπὲρ **ἐμὲ** οὐκ ἔστιν μου
Mt 10:37 ἐμὲ οὐκ ἔστιν **μου** ἄξιος·
Mt 10:38 καὶ ἀκολουθεῖ ὀπίσω **μου**,
Mt 10:38 οὐκ ἔστιν **μου** ἄξιος.
Mt 10:39 ψυχὴν αὐτοῦ ἕνεκεν **ἐμοῦ** εὑρήσει αὐτήν.
Mt 10:40 Ὁ δεχόμενος ὑμᾶς **ἐμὲ** δέχεται,
Mt 10:40 καὶ ὁ **ἐμὲ** δεχόμενος δέχεται τὸν
Mt 10:40 δέχεται τὸν ἀποστείλαντά **με**.
Mt 11:6 μὴ σκανδαλισθῇ ἐν **ἐμοί**.
Mt 11:10 ἰδοὺ **ἐγὼ** ἀποστέλλω τὸν ἄγγελόν
Mt 11:10 ἀποστέλλω τὸν ἄγγελόν **μου** πρὸ προσώπου σου,
Mt 11:27 Πάντα **μοι** παρεδόθη ὑπὸ τοῦ
Mt 11:27 ὑπὸ τοῦ πατρός **μου**,
Mt 11:28 Δεῦτε πρός **με** πάντες οἱ κοπιῶντες
Mt 11:29 ἄρατε τὸν ζυγόν **μου** ἐφ' ὑμᾶς καὶ
Mt 11:29 καὶ μάθετε ἀπ' **ἐμοῦ**,
Mt 11:30 ὁ γὰρ ζυγός **μου** χρηστὸς καὶ τὸ
Mt 11:30 καὶ τὸ φορτίον **μου** ἐλαφρόν ἐστιν.
Mt 12:18 ἰδοὺ ὁ παῖς **μου** ὃν ᾑρέτισα,
Mt 12:18 ὁ ἀγαπητός **μου** εἰς ὃν εὐδόκησεν
Mt 12:18 εὐδόκησεν ἡ ψυχή **μου**·
Mt 12:18 θήσω τὸ πνεῦμά **μου** ἐπ' αὐτόν,
Mt 12:27 καὶ εἰ **ἐγὼ** ἐν Βεελζεβοὺλ ἐκβάλλω
Mt 12:28 ἐν πνεύματι θεοῦ **ἐγὼ** ἐκβάλλω τὰ δαιμόνια,
Mt 12:30 μὴ ὢν μετ' **ἐμοῦ** κατ' ἐμοῦ ἐστιν,
Mt 12:30 μετ' ἐμοῦ κατ' **ἐμοῦ** ἐστιν,
Mt 12:30 μὴ συνάγων μετ' **ἐμοῦ** σκορπίζει.
Mt 12:44 εἰς τὸν οἶκόν **μου** ἐπιστρέψω ὅθεν ἐξῆλθον·
Mt 12:48 ἐστιν ἡ μήτηρ **μου** καὶ τίνες εἰσὶν
Mt 12:48 εἰσὶν οἱ ἀδελφοί **μου**;
Mt 12:49 ἰδοὺ ἡ μήτηρ **μου** καὶ οἱ ἀδελφοί
Mt 12:49 καὶ οἱ ἀδελφοί **μου**.
Mt 12:50 θέλημα τοῦ πατρός **μου** τοῦ ἐν οὐρανοῖς
Mt 12:50 ἐν οὐρανοῖς αὐτός **μου** ἀδελφὸς καὶ ἀδελφὴ
Mt 13:30 εἰς τὴν ἀποθήκην **μου**.
Mt 13:35 παραβολαῖς τὸ στόμα **μου**,
Mt 14:8 δός **μοι**,
Mt 14:18 φέρετέ **μοι** ὧδε αὐτούς.
Mt 14:27 **ἐγώ** εἰμι·
Mt 14:28 κέλευσόν **με** ἐλθεῖν πρός σε
Mt 14:30 σῶσόν **με**.
Mt 15:5 ὃ ἐὰν ἐξ **ἐμοῦ** ὠφεληθῇς,
Mt 15:8 οὗτος τοῖς χείλεσίν **με** τιμᾷ,
Mt 15:8 πόρρω ἀπέχει ἀπ' **ἐμοῦ**·
Mt 15:9 μάτην δὲ σέβονταί **με** διδάσκοντες διδασκαλίας ἐντάλματα
Mt 15:13 ἐφύτευσεν ὁ πατήρ **μου** ὁ οὐράνιος ἐκριζωθήσεται.
Mt 15:22 ἐλέησόν **με**,
Mt 15:22 ἡ θυγάτηρ **μου** κακῶς δαιμονίζεται.
Mt 15:25 βοήθει **μοι**.
Mt 15:32 ἡμέραι τρεῖς προσμένουσίν **μοι** καὶ οὐκ ἔχουσιν
Mt 16:15 ὑμεῖς δὲ τίνα **με** λέγετε εἶναι;
Mt 16:17 ἀλλ' ὁ πατήρ **μου** ὁ ἐν τοῖς
Mt 16:18 τῇ πέτρᾳ οἰκοδομήσω **μου** τὴν ἐκκλησίαν καὶ
Mt 16:23 ὕπαγε ὀπίσω **μου**,
Mt 16:23 σκάνδαλον εἶ **ἐμοῦ**,
Mt 16:24 τις θέλει ὀπίσω **μου** ἐλθεῖν,
Mt 16:24 αὐτοῦ καὶ ἀκολουθείτω **μοι**.
Mt 16:25 ψυχὴν αὐτοῦ ἕνεκεν **ἐμοῦ** εὑρήσει αὐτήν.
Mt 17:5 ἐστιν ὁ υἱός **μου** ὁ ἀγαπητός,
Mt 17:15 ἐλέησόν **μου** τὸν υἱόν,
Mt 17:17 φέρετέ **μοι** αὐτὸν ὧδε.
Mt 17:27 δὸς αὐτοῖς ἀντὶ **ἐμοῦ** καὶ σοῦ.
Mt 18:5 ἐπὶ τῷ ὀνόματί **μου**,
Mt 18:5 **ἐμὲ** δέχεται.
Mt 18:6 τῶν πιστευόντων εἰς **ἐμέ**,
Mt 18:10 πρόσωπον τοῦ πατρός **μου** τοῦ ἐν οὐρανοῖς.
Mt 18:19 παρὰ τοῦ πατρός **μου** τοῦ ἐν οὐρανοῖς.
Mt 18:21 ποσάκις ἁμαρτήσει εἰς **ἐμὲ** ὁ ἀδελφός μου
Mt 18:21 ἐμὲ ὁ ἀδελφός **μου** καὶ ἀφήσω αὐτῷ;
Mt 18:26 μακροθύμησον ἐπ' **ἐμοί**,
Mt 18:29 μακροθύμησον ἐπ' **ἐμοί**,
Mt 18:32 ἐπεὶ παρεκάλεσάς **με**·
Mt 18:35 καὶ ὁ πατήρ **μου** ὁ οὐράνιος ποιήσει
Mt 19:14 αὐτὰ ἐλθεῖν πρός **με**,
Mt 19:17 τί **με** ἐρωτᾷς περὶ τοῦ
Mt 19:21 καὶ δεῦρο ἀκολούθει **μοι**.
Mt 19:28 ὑμεῖς οἱ ἀκολουθήσαντές **μοι** ἐν τῇ παλιγγενεσίᾳ,
Mt 19:29 ἕνεκεν τοῦ ὀνόματός **μου**,
Mt 20:13 οὐχὶ δηναρίου συνεφώνησάς **μοι**;
Mt 20:15 [ἢ] οὐκ ἔξεστίν **μοι** ὃ θέλω ποιῆσαι
Mt 20:15 πονηρός ἐστιν ὅτι **ἐγὼ** ἀγαθός εἰμι;
Mt 20:21 οἱ δύο υἱοί **μου** εἷς ἐκ δεξιῶν
Mt 20:22 τὸ ποτήριον ὃ **ἐγὼ** μέλλω πίνειν;
Mt 20:23 τὸ μὲν ποτήριόν **μου** πίεσθε,
Mt 20:23 καθίσαι ἐκ δεξιῶν **μου** καὶ ἐξ εὐωνύμων
Mt 20:23 ὑπὸ τοῦ πατρός **μου**.
Mt 21:2 λύσαντες ἀγάγετέ **μοι**.
Mt 21:13 ὁ οἶκός **μου** οἶκος προσευχῆς κληθήσεται,
Mt 21:24 ὃν ἐὰν εἴπητέ **μοι** κἀγὼ ὑμῖν ἐρῶ
Mt 21:27 οὐδὲ **ἐγὼ** λέγω ὑμῖν ἐν
Mt 21:30 **ἐγώ**,
Mt 21:37 ἐντραπήσονται τὸν υἱόν **μου**.
Mt 22:4 ἰδοὺ τὸ ἄριστόν **μου** ἡτοίμακα,
Mt 22:4 οἱ ταῦροί **μου** καὶ τὰ σιτιστὰ
Mt 22:18 τί **με** πειράζετε,
Mt 22:19 ἐπιδείξατέ **μοι** τὸ νόμισμα τοῦ
Mt 22:32 **ἐγώ** εἰμι ὁ θεὸς
Mt 22:44 κύριος τῷ κυρίῳ **μου**·
Mt 22:44 κάθου ἐκ δεξιῶν **μου**,
Mt 23:34 Διὰ τοῦτο ἰδοὺ **ἐγὼ** ἀποστέλλω πρὸς ὑμᾶς
Mt 23:39 οὐ μή **με** ἴδητε ἀπ' ἄρτι
Mt 24:5 ἐπὶ τῷ ὀνόματί **μου** λέγοντες·
Mt 24:5 **ἐγώ** εἰμι ὁ χριστός,
Mt 24:9 διὰ τὸ ὄνομά **μου**.
Mt 24:35 οἱ δὲ λόγοι **μου** οὐ μὴ παρέλθωσιν.
Mt 24:48 χρονίζει μου **ὁ** κύριος,
Mt 25:20 πέντε τάλαντά **μοι** παρέδωκας·
Mt 25:22 δύο τάλαντά **μοι** παρέδωκας·
Mt 25:27 βαλεῖν τὰ ἀργύριά **μου** τοῖς τραπεζίταις,
Mt 25:27 καὶ ἐλθὼν **ἐγὼ** ἐκομισάμην ἂν τὸ
Mt 25:34 εὐλογημένοι τοῦ πατρός **μου**,
Mt 25:35 γὰρ καὶ ἐδώκατέ **μοι** φαγεῖν,
Mt 25:35 ἐδίψησα καὶ ἐποτίσατέ **με**,
Mt 25:35 ἤμην καὶ συνηγάγετέ **με**,
Mt 25:36 γυμνὸς καὶ περιεβάλετέ **με**,
Mt 25:36 ἠσθένησα καὶ ἐπεσκέψασθέ **με**,
Mt 25:36 καὶ ἤλθατε πρός **με**.
Mt 25:40 τούτων τῶν ἀδελφῶν **μου** τῶν ἐλαχίστων,
Mt 25:40 **ἐμοὶ** ἐποιήσατε.
Mt 25:41 πορεύεσθε ἀπ' **ἐμοῦ** [οἱ] κατηραμένοι εἰς
Mt 25:42 καὶ οὐκ ἐδώκατέ **μοι** φαγεῖν,
Mt 25:42 καὶ οὐκ ἐποτίσατέ **με**,
Mt 25:43 καὶ οὐ συνηγάγετέ **με**,

Mt 25:43 καὶ οὐ περιεβάλετέ **με**,
Mt 25:43 καὶ οὐκ ἐπεσκέψασθέ **με**.
Mt 25:45 οὐδὲ **ἐμοὶ** ἐποιήσατε.
Mt 26:10 καλὸν ἠργάσατο εἰς **ἐμέ**·
Mt 26:11 **ἐμὲ** δὲ οὐ πάντοτε
Mt 26:12 ἐπὶ τοῦ σώματός **μου** πρὸς τὸ ἐνταφιάσαι
Mt 26:12 πρὸς τὸ ἐνταφιάσαι **με** ἐποίησεν.
Mt 26:15 τί θέλετέ **μοι** δοῦναι,
Mt 26:18 ὁ καιρός **μου** ἐγγύς ἐστιν,
Mt 26:18 μετὰ τῶν μαθητῶν **μου**.
Mt 26:21 ἐξ ὑμῶν παραδώσει **με**.
Mt 26:22 μήτι **ἐγώ** εἰμι,
Mt 26:23 ὁ ἐμβάψας μετ᾿ **ἐμοῦ** τὴν χεῖρα ἐν
Mt 26:23 τῷ τρυβλίῳ οὗτός **με** παραδώσει.
Mt 26:25 μήτι **ἐγώ** εἰμι,
Mt 26:26 ἐστιν τὸ σῶμά **μου**.
Mt 26:28 ἐστιν τὸ αἷμά **μου** τῆς διαθήκης τὸ
Mt 26:29 βασιλείᾳ τοῦ πατρός **μου**.
Mt 26:31 ὑμεῖς σκανδαλισθήσεσθε ἐν **ἐμοὶ** ἐν τῇ νυκτὶ
Mt 26:32 δὲ τὸ ἐγερθῆναί **με** προάξω ὑμᾶς εἰς
Mt 26:33 **ἐγὼ** οὐδέποτε σκανδαλισθήσομαι.
Mt 26:34 φωνῆσαι τρὶς ἀπαρνήσῃ **με**.
Mt 26:35 κἂν δέῃ **με** σὺν σοὶ ἀποθανεῖν,
Mt 26:38 ἐστιν ἡ ψυχή **μου** ἕως θανάτου·
Mt 26:38 καὶ γρηγορεῖτε μετ᾿ **ἐμοῦ**.
Mt 26:39 πάτερ **μου**,
Mt 26:39 παρελθάτω ἀπ᾿ **ἐμοῦ** τὸ ποτήριον τοῦτο·
Mt 26:39 πλὴν οὐχ ὡς **ἐγὼ** θέλω ἀλλ᾿ ὡς
Mt 26:40 ὥραν γρηγορῆσαι μετ᾿ **ἐμοῦ**;
Mt 26:42 πάτερ **μου**,
Mt 26:46 ἤγγικεν ὁ παραδιδούς **με**.
Mt 26:53 παρακαλέσαι τὸν πατέρα **μου**,
Mt 26:53 καὶ παραστήσει **μοι** ἄρτι πλείω δώδεκα
Mt 26:55 καὶ ξύλων συλλαβεῖν **με**;
Mt 26:55 καὶ οὐκ ἐκρατήσατέ **με**.
Mt 26:75 φωνῆσαι τρὶς ἀπαρνήσῃ **με**·
Mt 27:10 καθὰ συνέταξέν **μοι** κύριος.
Mt 27:46 Θεέ **μου** θεέ μου,
Mt 27:46 Θεέ μου θεέ **μου**,
Mt 27:46 ἱνατί **με** ἐγκατέλιπες;
Mt 28:10 ἀπαγγείλατε τοῖς ἀδελφοῖς **μου** ἵνα ἀπέλθωσιν εἰς
Mt 28:10 κἀκεῖ **με** ὄψονται.
Mt 28:18 ἐδόθη **μοι** πᾶσα ἐξουσία ἐν
Mt 28:20 καὶ ἰδοὺ **ἐγὼ** μεθ᾿ ὑμῶν εἰμι

Ἑζεκίας (*Hezekias*; 2/2) *Hezekiah*

Mt 1:9 δὲ ἐγέννησεν τὸν **Ἑζεκίαν**,
Mt 1:10 **Ἑζεκίας** δὲ ἐγέννησεν τὸν

ἐθνικός (*ethnikos*; 3/4) *pagan or Gentile*

Mt 5:47 οὐχὶ καὶ οἱ **ἐθνικοὶ** τὸ αὐτὸ ποιοῦσιν;
Mt 6:7 βατταλογήσητε ὥσπερ οἱ **ἐθνικοί**,
Mt 18:17 σοι ὥσπερ ὁ **ἐθνικὸς** καὶ ὁ τελώνης.

ἔθνος (*ethnos*; 15/162) *nation*

Mt 4:15 Γαλιλαία τῶν **ἐθνῶν**,
Mt 6:32 γὰρ ταῦτα τὰ **ἔθνη** ἐπιζητοῦσιν·
Mt 10:5 εἰς ὁδὸν **ἐθνῶν** μὴ ἀπέλθητε καὶ
Mt 10:18 αὐτοῖς καὶ τοῖς **ἔθνεσιν**.
Mt 12:18 καὶ κρίσιν τοῖς **ἔθνεσιν** ἀπαγγελεῖ.
Mt 12:21 τῷ ὀνόματι αὐτοῦ **ἔθνη** ἐλπιοῦσιν.
Mt 20:19 παραδώσουσιν αὐτὸν τοῖς **ἔθνεσιν** εἰς τὸ ἐμπαῖξαι
Mt 20:25 οἱ ἄρχοντες τῶν **ἐθνῶν** κατακυριεύουσιν αὐτῶν καὶ
Mt 21:43 θεοῦ καὶ δοθήσεται **ἔθνει** ποιοῦντι τοὺς καρποὺς
Mt 24:7 ἐγερθήσεται γὰρ **ἔθνος** ἐπὶ ἔθνος καὶ
Mt 24:7 γὰρ ἔθνος ἐπὶ **ἔθνος** καὶ βασιλεία ἐπὶ
Mt 24:9 ὑπὸ πάντων τῶν **ἐθνῶν** διὰ τὸ ὄνομά
Mt 24:14 μαρτύριον πᾶσιν τοῖς **ἔθνεσιν**,
Mt 25:32 αὐτοῦ πάντα τὰ **ἔθνη**,
Mt 28:19 μαθητεύσατε πάντα τὰ **ἔθνη**,

εἰ (*ei*; 55/502) *if, since*

Mt 4:3 **εἰ** υἱὸς εἶ τοῦ
Mt 4:6 **εἰ** υἱὸς εἶ τοῦ
Mt 5:13 οὐδὲν ἰσχύει ἔτι **εἰ** μὴ βληθὲν
Mt 5:29 **εἰ** δὲ ὁ ὀφθαλμός
Mt 5:30 καὶ **εἰ** ἡ δεξιά σου
Mt 6:1 **εἰ** δὲ μή γε,
Mt 6:23 **εἰ** οὖν τὸ φῶς
Mt 6:30 **εἰ** δὲ τὸν χόρτον
Mt 7:11 **εἰ** οὖν ὑμεῖς πονηροὶ
Mt 8:31 **εἰ** ἐκβάλλεις ἡμᾶς,
Mt 9:17 **εἰ** δὲ μή γε,
Mt 10:25 **εἰ** τὸν οἰκοδεσπότην Βεελζεβοὺλ
Mt 11:14 καὶ **εἰ** θέλετε δέξασθαι,
Mt 11:21 ὅτι **εἰ** ἐν Τύρῳ καὶ
Mt 11:23 ὅτι **εἰ** ἐν Σοδόμοις ἐγενήθησαν
Mt 11:27 ἐπιγινώσκει τὸν υἱὸν **εἰ** μὴ ὁ πατήρ,
Mt 11:27 πατέρα τις ἐπιγινώσκει **εἰ** μὴ ὁ υἱὸς
Mt 12:4 μετ᾿ αὐτοῦ **εἰ** μὴ τοῖς ἱερεῦσιν
Mt 12:7 **εἰ** δὲ ἐγνώκειτε τί
Mt 12:10 εἰ **ἔξεστιν** τοῖς σάββασιν θεραπεῦσαι;
Mt 12:24 ἐκβάλλει τὰ δαιμόνια **εἰ** μὴ ἐν τῷ
Mt 12:26 καὶ **εἰ** ὁ σατανᾶς τὸν
Mt 12:27 καὶ **εἰ** ἐγὼ ἐν Βεελζεβοὺλ
Mt 12:28 **εἰ** δὲ ἐν πνεύματι
Mt 12:39 οὐ δοθήσεται αὐτῇ **εἰ** μὴ τὸ σημεῖον
Mt 13:57 ἔστιν προφήτης ἄτιμος **εἰ** μὴ ἐν τῇ πατρίδι
Mt 14:17 οὐκ ἔχομεν ὧδε **εἰ** μὴ πέντε ἄρτους
Mt 14:28 **εἰ** σὺ εἶ,
Mt 15:24 οὐκ ἀπεστάλην **εἰ** μὴ εἰς τὰ
Mt 16:4 οὐ δοθήσεται αὐτῇ **εἰ** μὴ τὸ σημεῖον
Mt 16:24 **εἴ** τις θέλει ὀπίσω
Mt 17:4 **εἰ** θέλεις,
Mt 17:8 αὐτῶν οὐδένα εἶδον **εἰ** μὴ αὐτὸν Ἰησοῦν
Mt 18:8 **Εἰ** δὲ ἡ χείρ
Mt 18:9 καὶ **εἰ** ὁ ὀφθαλμός σου
Mt 18:28 ἀπόδος **εἴ** τι ὀφείλεις.
Mt 19:3 **εἰ** ἔξεστιν ἀνθρώπῳ ἀπολῦσαι
Mt 19:10 **εἰ** οὕτως ἐστὶν ἡ
Mt 19:17 **εἰ** δὲ θέλεις εἰς τὴν ζωὴν
Mt 19:21 **εἰ** θέλεις τέλειος εἶναι,
Mt 21:19 εὗρεν ἐν αὐτῇ **εἰ** μὴ φύλλα μόνον,
Mt 22:45 **εἰ** οὖν Δαυὶδ καλεῖ
Mt 23:30 **εἰ** ἤμεθα ἐν ταῖς
Mt 24:22 καὶ **εἰ** μὴ ἐκολοβώθησαν αἱ
Mt 24:24 **εἰ** δυνατόν,
Mt 24:36 **εἰ** μὴ ὁ πατὴρ
Mt 24:43 δὲ γινώσκετε ὅτι **εἰ** ᾔδει ὁ οἰκοδεσπότης
Mt 26:24 καλὸν ἦν αὐτῷ **εἰ** οὐκ ἐγεννήθη
Mt 26:33 **εἰ** πάντες σκανδαλισθήσονται ἐν
Mt 26:39 **εἰ** δυνατόν ἐστιν,

Mt 26:42 **εἰ** οὐ δύναται τοῦτο
Mt 26:63 ἵνα ἡμῖν εἴπῃς **εἰ** σὺ εἶ ὁ
Mt 27:40 **εἰ** υἱὸς εἶ τοῦ
Mt 27:43 ῥυσάσθω νῦν **εἰ** θέλει αὐτόν·
Mt 27:49 ἄφες ἴδωμεν **εἰ** ἔρχεται Ἠλίας σώσων

εἰδέα (*eidea*; 1/1) *appearance*

Mt 28:3 ἦν δὲ ἡ **εἰδέα** αὐτοῦ ὡς ἀστραπὴ

εἰκών (*eikōn*; 1/23) *likeness*

Mt 22:20 τίνος ἡ **εἰκὼν** αὕτη καὶ ἡ

εἰμί (*eimi*; 289/2460[2462]) *be*

Mt 1:18 ἡ γένεσις οὕτως **ἦν**.
Mt 1:19 δίκαιος **ὢν** καὶ μὴ θέλων
Mt 1:20 γεννηθὲν ἐκ πνεύματός **ἐστιν** ἁγίου.
Mt 1:23 ὅ **ἐστιν** μεθερμηνευόμενον μεθ᾽ ἡμῶν
Mt 2:2 ποῦ **ἐστιν** ὁ τεχθεὶς βασιλεὺς
Mt 2:6 οὐδαμῶς ἐλαχίστη **εἶ** ἐν τοῖς ἡγεμόσιν
Mt 2:9 ἐστάθη ἐπάνω οὗ **ἦν** τὸ παιδίον.
Mt 2:13 εἰς Αἴγυπτον καὶ **ἴσθι** ἐκεῖ ἕως ἂν
Mt 2:15 καὶ **ἦν** ἐκεῖ ἕως τῆς
Mt 2:18 ὅτι οὐκ **εἰσίν**.
Mt 3:3 οὗτος γάρ **ἐστιν** ὁ ῥηθεὶς διὰ
Mt 3:4 ἡ δὲ τροφὴ **ἦν** αὐτοῦ ἀκρίδες καὶ
Mt 3:11 ἐρχόμενος ἰσχυρότερός μού **ἐστιν**,
Mt 3:11 οὗ οὐκ **εἰμὶ** ἱκανὸς τὰ ὑποδήματα
Mt 3:15 οὕτως γὰρ πρέπον **ἐστὶν** ἡμῖν πληρῶσαι πᾶσαν
Mt 3:17 οὗτός **ἐστιν** ὁ υἱός μου
Mt 4:3 εἰ υἱὸς **εἶ** τοῦ θεοῦ,
Mt 4:6 εἰ υἱὸς **εἶ** τοῦ θεοῦ,
Mt 4:18 **ἦσαν** γὰρ ἁλιεῖς.
Mt 5:3 ὅτι αὐτῶν **ἐστιν** ἡ βασιλεία τῶν
Mt 5:10 ὅτι αὐτῶν **ἐστιν** ἡ βασιλεία τῶν
Mt 5:11 μακάριοί **ἐστε** ὅταν ὀνειδίσωσιν ὑμᾶς
Mt 5:13 ὑμεῖς **ἐστε** τὸ ἅλας τῆς
Mt 5:14 ὑμεῖς **ἐστε** τὸ φῶς τοῦ
Mt 5:21 ἔνοχος **ἔσται** τῇ κρίσει.
Mt 5:22 ἀδελφῷ αὐτοῦ ἔνοχος **ἔσται** τῇ κρίσει·
Mt 5:22 ἔνοχος **ἔσται** τῷ συνεδρίῳ·
Mt 5:22 ἔνοχος **ἔσται** εἰς τὴν γέενναν
Mt 5:25 **ἴσθι** εὐνοῶν τῷ ἀντιδίκῳ
Mt 5:25 ἕως ὅτου **εἶ** μετ᾽ αὐτοῦ ἐν
Mt 5:34 ὅτι θρόνος **ἐστὶν** τοῦ θεοῦ,
Mt 5:35 ὅτι ὑποπόδιόν **ἐστιν** τῶν ποδῶν αὐτοῦ,
Mt 5:35 ὅτι πόλις **ἐστὶν** τοῦ μεγάλου βασιλέως,
Mt 5:37 **ἔστω** δὲ ὁ λόγος
Mt 5:37 ἐκ τοῦ πονηροῦ **ἐστιν**.
Mt 5:48 **ἔσεσθε** οὖν ὑμεῖς τέλειοι
Mt 5:48 ὁ οὐράνιος τέλειός **ἐστιν**.
Mt 6:4 ὅπως **ᾖ** σου ἡ ἐλεημοσύνη
Mt 6:5 οὐκ **ἔσεσθε** ὡς οἱ ὑποκριταί,
Mt 6:21 ὅπου γάρ **ἐστιν** ὁ θησαυρός σου,
Mt 6:21 ἐκεῖ **ἔσται** καὶ ἡ καρδία
Mt 6:22 λύχνος τοῦ σώματός **ἐστιν** ὁ ὀφθαλμός.
Mt 6:22 ἐὰν οὖν **ᾖ** ὁ ὀφθαλμός σου
Mt 6:22 σῶμά σου φωτεινὸν **ἔσται**·
Mt 6:23 ὀφθαλμός σου πονηρὸς **ᾖ**,
Mt 6:23 σῶμά σου σκοτεινὸν **ἔσται**.
Mt 6:23 ἐν σοὶ σκότος **ἐστίν**,
Mt 6:25 ἡ ψυχὴ πλεῖόν **ἐστιν** τῆς τροφῆς καὶ
Mt 6:30 τοῦ ἀγροῦ σήμερον **ὄντα** καὶ αὔριον εἰς
Mt 7:9 ἢ τίς **ἐστιν** ἐξ ὑμῶν ἄνθρωπος,
Mt 7:11 οὖν ὑμεῖς πονηροὶ **ὄντες** οἴδατε δόματα ἀγαθὰ
Mt 7:12 οὗτος γάρ **ἐστιν** ὁ νόμος καὶ
Mt 7:13 ἀπώλειαν καὶ πολλοί **εἰσιν** οἱ εἰσερχόμενοι
Mt 7:14 ζωὴν καὶ ὀλίγοι **εἰσὶν** οἱ εὑρίσκοντες αὐτήν.
Mt 7:15 ἔσωθεν δέ **εἰσιν** λύκοι ἅρπαγες.
Mt 7:27 καὶ ἔπεσεν καὶ **ἦν** ἡ πτῶσις αὐτῆς
Mt 7:29 **ἦν** γὰρ διδάσκων αὐτοὺς
Mt 8:8 οὐκ **εἰμὶ** ἱκανὸς ἵνα μου
Mt 8:9 γὰρ ἐγὼ ἄνθρωπός **εἰμι** ὑπὸ ἐξουσίαν,
Mt 8:12 ἐκεῖ **ἔσται** ὁ κλαυθμὸς καὶ
Mt 8:26 τί δειλοί **ἐστε**,
Mt 8:27 ποταπός **ἐστιν** οὗτος ὅτι καὶ
Mt 8:30 **ἦν** δὲ μακρὰν ἀπ᾽
Mt 9:5 τί γάρ **ἐστιν** εὐκοπώτερον,
Mt 9:13 δὲ μάθετε τί **ἐστιν**·
Mt 9:15 ὅσον μετ᾽ αὐτῶν **ἐστιν** ὁ νυμφίος;
Mt 9:36 ὅτι **ἦσαν** ἐσκυλμένοι καὶ ἐρριμμένοι
Mt 10:2 ἀποστόλων τὰ ὀνόματά **ἐστιν** ταῦτα·
Mt 10:11 ἐν αὐτῇ ἄξιός **ἐστιν**·
Mt 10:13 καὶ ἐὰν μὲν **ᾖ** ἡ οἰκία ἀξία,
Mt 10:13 ἐὰν δὲ μὴ **ᾖ** ἀξία,
Mt 10:15 ἀνεκτότερον **ἔσται** γῇ Σοδόμων καὶ
Mt 10:20 οὐ γὰρ ὑμεῖς **ἐστε** οἱ λαλοῦντες ἀλλὰ
Mt 10:22 καὶ **ἔσεσθε** μισούμενοι ὑπὸ πάντων
Mt 10:24 Οὐκ **ἔστιν** μαθητὴς ὑπὲρ τὸν
Mt 10:26 οὐδὲν γάρ **ἐστιν** κεκαλυμμένον ὃ οὐκ
Mt 10:30 κεφαλῆς πᾶσαι ἠριθμημέναι **εἰσίν**.
Mt 10:37 ὑπὲρ ἐμὲ οὐκ **ἔστιν** μου ἄξιος,
Mt 10:37 ὑπὲρ ἐμὲ οὐκ **ἔστιν** μου ἄξιος·
Mt 10:38 οὐκ **ἔστιν** μου ἄξιος.
Mt 11:3 σὺ **εἶ** ὁ ἐρχόμενος ἢ
Mt 11:6 καὶ μακάριός **ἐστιν** ὃς ἐὰν μὴ
Mt 11:8 οἴκοις τῶν βασιλέων **εἰσίν**.
Mt 11:10 οὗτός **ἐστιν** περὶ οὗ γέγραπται·
Mt 11:11 οὐρανῶν μείζων αὐτοῦ **ἐστιν**.
Mt 11:14 αὐτός **ἐστιν** Ἠλίας ὁ μέλλων
Mt 11:16 ὁμοία **ἐστὶν** παιδίοις καθημένοις ἐν
Mt 11:22 καὶ Σιδῶνι ἀνεκτότερον **ἔσται** ἐν ἡμέρᾳ κρίσεως
Mt 11:24 γῇ Σοδόμων ἀνεκτότερον **ἔσται** ἐν ἡμέρᾳ κρίσεως
Mt 11:29 ὅτι πραΰς **εἰμι** καὶ ταπεινὸς τῇ
Mt 11:30 φορτίον μου ἐλαφρόν **ἐστιν**.
Mt 12:4 ὃ οὐκ ἐξὸν **ἦν** αὐτῷ φαγεῖν οὐδὲ
Mt 12:5 βεβηλοῦσιν καὶ ἀναίτιοί **εἰσιν**;
Mt 12:6 τοῦ ἱεροῦ μεῖζόν **ἐστιν** ὧδε.
Mt 12:7 δὲ ἐγνώκειτε τί **ἐστιν**·
Mt 12:8 κύριος γάρ **ἐστιν** τοῦ σαββάτου ὁ
Mt 12:11 τίς **ἔσται** ἐξ ὑμῶν ἄνθρωπος
Mt 12:23 μήτι οὗτός **ἐστιν** ὁ υἱὸς Δαυίδ;
Mt 12:27 τοῦτο αὐτοὶ κριταὶ **ἔσονται** ὑμῶν.
Mt 12:30 ὁ μὴ **ὢν** μετ᾽ ἐμοῦ κατ᾽
Mt 12:30 ἐμοῦ κατ᾽ ἐμοῦ **ἐστιν**,
Mt 12:34 ἀγαθὰ λαλεῖν πονηροὶ **ὄντες**;
Mt 12:40 ὥσπερ γὰρ **ἦν** Ἰωνᾶς ἐν τῇ
Mt 12:40 οὕτως **ἔσται** ὁ υἱὸς τοῦ
Mt 12:45 οὕτως **ἔσται** καὶ τῇ γενεᾷ
Mt 12:48 τίς **ἐστιν** ἡ μήτηρ μου
Mt 12:48 μου καὶ τίνες **εἰσὶν** οἱ ἀδελφοί μου;
Mt 12:50 ἀδελφὴ καὶ μήτηρ **ἐστίν**.
Mt 13:19 οὗτός **ἐστιν** ὁ παρὰ τὴν

Mt 13:20 οὗτός **ἐστιν** ὁ τὸν λόγον
Mt 13:21 ἑαυτῷ ἀλλὰ πρόσκαιρός **ἐστιν**,
Mt 13:22 οὗτός **ἐστιν** ὁ τὸν λόγον
Mt 13:23 οὗτός **ἐστιν** ὁ τὸν λόγον
Mt 13:31 ὁμοία **ἐστὶν** ἡ βασιλεία τῶν
Mt 13:32 ὃ μικρότερον μέν **ἐστιν** πάντων τῶν σπερμάτων,
Mt 13:32 μεῖζον τῶν λαχάνων **ἐστὶν** καὶ γίνεται δένδρον,
Mt 13:33 ὁμοία **ἐστὶν** ἡ βασιλεία τῶν
Mt 13:37 τὸ καλὸν σπέρμα **ἐστὶν** ὁ υἱὸς τοῦ
Mt 13:38 ὁ δὲ ἀγρός **ἐστιν** ὁ κόσμος,
Mt 13:38 καλὸν σπέρμα οὗτοί **εἰσιν** οἱ υἱοὶ τῆς
Mt 13:38 τὰ δὲ ζιζάνιά **εἰσιν** οἱ υἱοὶ τοῦ
Mt 13:39 ὁ σπείρας αὐτά **ἐστιν** ὁ διάβολος,
Mt 13:39 θερισμὸς συντέλεια αἰῶνός **ἐστιν**,
Mt 13:39 δὲ θερισταὶ ἄγγελοί **εἰσιν**.
Mt 13:40 οὕτως **ἔσται** ἐν τῇ συντελείᾳ
Mt 13:42 ἐκεῖ **ἔσται** ὁ κλαυθμὸς καὶ
Mt 13:44 Ὁμοία **ἐστὶν** ἡ βασιλεία τῶν
Mt 13:45 Πάλιν ὁμοία **ἐστὶν** ἡ βασιλεία τῶν
Mt 13:47 Πάλιν ὁμοία **ἐστὶν** ἡ βασιλεία τῶν
Mt 13:49 οὕτως **ἔσται** ἐν τῇ συντελείᾳ
Mt 13:50 ἐκεῖ **ἔσται** ὁ κλαυθμὸς καὶ
Mt 13:52 τῶν οὐρανῶν ὅμοιός **ἐστιν** ἀνθρώπῳ οἰκοδεσπότῃ,
Mt 13:55 οὐχ οὗτός **ἐστιν** ὁ τοῦ τέκτονος
Mt 13:56 πᾶσαι πρὸς ἡμᾶς **εἰσιν**;
Mt 13:57 οὐκ **ἔστιν** προφήτης ἄτιμος εἰ
Mt 14:2 οὗτός **ἐστιν** Ἰωάννης ὁ βαπτιστής·
Mt 14:15 ἔρημός **ἐστιν** ὁ τόπος καὶ
Mt 14:21 οἱ δὲ ἐσθίοντες **ἦσαν** ἄνδρες ὡσεὶ πεντακισχίλιοι
Mt 14:23 δὲ γενομένης μόνος **ἦν** ἐκεῖ.
Mt 14:24 **ἦν** γὰρ ἐναντίος ὁ
Mt 14:26 λέγοντες ὅτι φάντασμά **ἐστιν**,
Mt 14:27 ἐγώ **εἰμι**·
Mt 14:28 εἰ σὺ **εἶ**,
Mt 14:33 ἀληθῶς θεοῦ υἱὸς **εἶ**.
Mt 15:14 τυφλοί **εἰσιν** ὁδηγοί [τυφλῶν]·
Mt 15:16 καὶ ὑμεῖς ἀσύνετοί **ἐστε**;
Mt 15:20 ταῦτά **ἐστιν** τὰ κοινοῦντα τὸν
Mt 15:26 οὐκ **ἔστιν** καλὸν λαβεῖν τὸν
Mt 15:38 οἱ δὲ ἐσθίοντες **ἦσαν** τετρακισχίλιοι ἄνδρες χωρὶς
Mt 16:13 λέγουσιν οἱ ἄνθρωποι **εἶναι** τὸν υἱὸν τοῦ
Mt 16:15 τίνα με λέγετε **εἶναι**;
Mt 16:16 σὺ **εἶ** ὁ χριστὸς ὁ
Mt 16:17 μακάριος **εἶ**,
Mt 16:18 λέγω ὅτι σὺ **εἶ** Πέτρος,
Mt 16:19 ἐπὶ τῆς γῆς **ἔσται** δεδεμένον ἐν τοῖς
Mt 16:19 ἐπὶ τῆς γῆς **ἔσται** λελυμένον ἐν τοῖς
Mt 16:20 εἴπωσιν ὅτι αὐτός **ἐστιν** ὁ χριστός.
Mt 16:22 οὐ μὴ **ἔσται** σοι τοῦτο.
Mt 16:23 σκάνδαλον **εἶ** ἐμοῦ,
Mt 16:28 λέγω ὑμῖν ὅτι **εἰσίν** τινες τῶν ὧδε
Mt 17:4 καλόν **ἐστιν** ἡμᾶς ὧδε εἶναι·
Mt 17:4 ἐστιν ἡμᾶς ὧδε **εἶναι**·
Mt 17:5 οὗτός **ἐστιν** ὁ υἱός μου
Mt 17:17 πότε μεθ' ὑμῶν **ἔσομαι**;
Mt 17:26 ἄρα γε ἐλεύθεροί **εἰσιν** οἱ υἱοί.
Mt 18:1 τίς ἄρα μείζων **ἐστὶν** ἐν τῇ βασιλείᾳ
Mt 18:4 οὗτός **ἐστιν** ὁ μείζων ἐν
Mt 18:8 καλόν σοί **ἐστιν** εἰσελθεῖν εἰς τὴν
Mt 18:9 καλόν σοί **ἐστιν** μονόφθαλμον εἰς τὴν
Mt 18:14 οὕτως οὐκ **ἔστιν** θέλημα ἔμπροσθεν τοῦ
Mt 18:17 **ἔστω** σοι ὥσπερ ὁ
Mt 18:18 ἐπὶ τῆς γῆς **ἔσται** δεδεμένα ἐν οὐρανῷ,
Mt 18:18 ἐπὶ τῆς γῆς **ἔσται** λελυμένα ἐν οὐρανῷ.
Mt 18:20 οὗ γάρ **εἰσιν** δύο ἢ τρεῖς
Mt 18:20 ἐκεῖ **εἰμι** ἐν μέσῳ αὐτῶν.
Mt 19:5 καὶ **ἔσονται** οἱ δύο εἰς
Mt 19:6 ὥστε οὐκέτι **εἰσὶν** δύο ἀλλὰ σὰρξ
Mt 19:10 εἰ οὕτως **ἐστὶν** ἡ αἰτία τοῦ
Mt 19:12 **εἰσὶν** γὰρ εὐνοῦχοι οἵτινες
Mt 19:12 καὶ **εἰσὶν** εὐνοῦχοι οἵτινες εὐνουχίσθησαν
Mt 19:12 καὶ **εἰσὶν** εὐνοῦχοι οἵτινες εὐνούχισαν
Mt 19:14 τῶν γὰρ τοιούτων **ἐστὶν** ἡ βασιλεία τῶν
Mt 19:17 εἷς **ἐστιν** ὁ ἀγαθός·
Mt 19:21 εἰ θέλεις τέλειος **εἶναι**,
Mt 19:22 **ἦν** γὰρ ἔχων κτήματα
Mt 19:24 εὐκοπώτερόν **ἐστιν** κάμηλον διὰ τρυπήματος
Mt 19:26 ἀνθρώποις τοῦτο ἀδύνατόν **ἐστιν**,
Mt 19:27 τί ἄρα **ἔσται** ἡμῖν;
Mt 19:30 πολλοὶ δὲ **ἔσονται** πρῶτοι ἔσχατοι καὶ
Mt 20:1 Ὁμοία γάρ **ἐστιν** ἡ βασιλεία τῶν
Mt 20:4 καὶ ὃ ἐὰν **ᾖ** δίκαιον δώσω ὑμῖν.
Mt 20:15 ὀφθαλμός σου πονηρός **ἐστιν** ὅτι ἐγὼ ἀγαθός
Mt 20:15 ὅτι ἐγὼ ἀγαθός **εἰμι**;
Mt 20:16 οὕτως **ἔσονται** οἱ ἔσχατοι πρῶτοι
Mt 20:23 ἐξ εὐωνύμων οὐκ **ἔστιν** ἐμὸν [τοῦτο] δοῦναι,
Mt 20:26 οὐχ οὕτως **ἔσται** ἐν ὑμῖν,
Mt 20:26 ὑμῖν μέγας γενέσθαι **ἔσται** ὑμῶν διάκονος,
Mt 20:27 θέλῃ ἐν ὑμῖν **εἶναι** πρῶτος ἔσται ὑμῶν
Mt 20:27 ὑμῖν εἶναι πρῶτος **ἔσται** ὑμῶν δοῦλος·
Mt 21:10 τίς **ἐστιν** οὗτος;
Mt 21:11 οὗτός **ἐστιν** ὁ προφήτης Ἰησοῦς
Mt 21:25 τὸ Ἰωάννου πόθεν **ἦν**;
Mt 21:33 ἄνθρωπος **ἦν** οἰκοδεσπότης ὅστις ἐφύτευσεν
Mt 21:38 οὗτός **ἐστιν** ὁ κληρονόμος·
Mt 21:42 ἐγένετο αὕτη καὶ **ἔστιν** θαυμαστὴ ἐν ὀφθαλμοῖς
Mt 22:8 μὲν γάμος ἕτοιμός **ἐστιν**,
Mt 22:8 δὲ κεκλημένοι οὐκ **ἦσαν** ἄξιοι·
Mt 22:13 ἐκεῖ **ἔσται** ὁ κλαυθμὸς καὶ
Mt 22:14 πολλοὶ γάρ **εἰσιν** κλητοί,
Mt 22:16 οἴδαμεν ὅτι ἀληθὴς **εἶ** καὶ τὴν ὁδὸν
Mt 22:23 λέγοντες μὴ **εἶναι** ἀνάστασιν,
Mt 22:25 **ἦσαν** δὲ παρ' ἡμῖν
Mt 22:28 τίνος τῶν ἑπτὰ **ἔσται** γυνή;
Mt 22:30 ἐν τῷ οὐρανῷ **εἰσιν**.
Mt 22:32 ἐγώ **εἰμι** ὁ θεὸς Ἀβραὰμ
Mt 22:32 οὐκ **ἔστιν** [ὁ] θεὸς νεκρῶν
Mt 22:38 αὕτη **ἐστὶν** ἡ μεγάλη καὶ
Mt 22:42 τίνος υἱός **ἐστιν**;
Mt 22:45 πῶς υἱὸς αὐτοῦ **ἐστιν**;
Mt 23:8 εἷς γάρ **ἐστιν** ὑμῶν ὁ διδάσκαλος,
Mt 23:8 δὲ ὑμεῖς ἀδελφοί **ἐστε**.
Mt 23:9 εἷς γάρ **ἐστιν** ὑμῶν ὁ πατὴρ
Mt 23:10 ὅτι καθηγητὴς ὑμῶν **ἐστιν** εἷς ὁ Χριστός.
Mt 23:11 δὲ μείζων ὑμῶν **ἔσται** ὑμῶν διάκονος.
Mt 23:16 οὐδέν **ἐστιν**·
Mt 23:17 τίς γὰρ μείζων **ἐστίν**,
Mt 23:18 οὐδέν **ἐστιν**·
Mt 23:28 ἔσωθεν δέ **ἐστε** μεστοὶ ὑποκρίσεως καὶ
Mt 23:30 εἰ **ἤμεθα** ἐν ταῖς ἡμέραις
Mt 23:30 οὐκ ἂν **ἤμεθα** αὐτῶν κοινωνοὶ ἐν

Mt 23:31 ἑαυτοῖς ὅτι υἱοί **ἐστε** τῶν φονευσάντων
Mt 24:3 πότε ταῦτα **ἔσται** καὶ τί τὸ
Mt 24:5 ἐγώ **εἰμι** ὁ χριστός,
Mt 24:6 ἀλλ' οὔπω **ἐστὶν** τὸ τέλος.
Mt 24:7 ἐπὶ βασιλείαν καὶ **ἔσονται** λιμοὶ καὶ σεισμοὶ
Mt 24:9 καὶ **ἔσεσθε** μισούμενοι ὑπὸ πάντων
Mt 24:21 **ἔσται** γὰρ τότε θλῖψις
Mt 24:26 ἐν τῇ ἐρήμῳ **ἐστίν**,
Mt 24:27 οὕτως **ἔσται** ἡ παρουσία τοῦ
Mt 24:28 ὅπου ἐὰν **ᾖ** τὸ πτῶμα,
Mt 24:33 γινώσκετε ὅτι ἐγγύς **ἐστιν** ἐπὶ θύραις.
Mt 24:37 οὕτως **ἔσται** ἡ παρουσία τοῦ
Mt 24:38 ὡς γὰρ **ἦσαν** ἐν ταῖς ἡμέραις
Mt 24:39 οὕτως **ἔσται** [καὶ] ἡ παρουσία
Mt 24:40 τότε δύο **ἔσονται** ἐν τῷ ἀγρῷ,
Mt 24:45 Τίς ἄρα **ἐστὶν** ὁ πιστὸς δοῦλος
Mt 24:51 ἐκεῖ **ἔσται** ὁ κλαυθμὸς καὶ
Mt 25:2 δὲ ἐξ αὐτῶν **ἦσαν** μωραὶ καὶ πέντε
Mt 25:21 ἐπὶ ὀλίγα **ἦς** πιστός,
Mt 25:23 ἐπὶ ὀλίγα **ἦς** πιστός,
Mt 25:24 σε ὅτι σκληρὸς **εἶ** ἄνθρωπος,
Mt 25:30 ἐκεῖ **ἔσται** ὁ κλαυθμὸς καὶ
Mt 25:35 ξένος **ἤμην** καὶ συνηγάγετέ με,
Mt 25:36 ἐν φυλακῇ **ἤμην** καὶ ἤλθατε πρός
Mt 25:43 ξένος **ἤμην** καὶ οὐ συνηγάγετέ
Mt 26:18 καιρός μου ἐγγύς **ἐστιν**,
Mt 26:22 μήτι ἐγώ **εἰμι**,
Mt 26:24 καλὸν **ἦν** αὐτῷ εἰ οὐκ
Mt 26:25 μήτι ἐγώ **εἰμι**,
Mt 26:26 τοῦτό **ἐστιν** τὸ σῶμά μου.
Mt 26:28 τοῦτο γάρ **ἐστιν** τὸ αἷμά μου
Mt 26:38 περίλυπός **ἐστιν** ἡ ψυχή μου
Mt 26:39 εἰ δυνατόν **ἐστιν**,
Mt 26:43 **ἦσαν** γὰρ αὐτῶν οἱ
Mt 26:48 ἂν φιλήσω αὐτός **ἐστιν**,
Mt 26:63 εἴπῃς εἰ σὺ **εἶ** ὁ χριστὸς ὁ
Mt 26:66 ἔνοχος θανάτου **ἐστίν**.
Mt 26:68 τίς **ἐστιν** ὁ παίσας σε;
Mt 26:69 καὶ σὺ **ἦσθα** μετὰ Ἰησοῦ τοῦ
Mt 26:71 οὗτος **ἦν** μετὰ Ἰησοῦ τοῦ
Mt 26:73 σὺ ἐξ αὐτῶν **εἶ**,
Mt 27:6 ἐπεὶ τιμὴ αἵματός **ἐστιν**.
Mt 27:11 σὺ **εἶ** ὁ βασιλεὺς τῶν
Mt 27:24 ἀθῷός **εἰμι** ἀπὸ τοῦ αἵματος
Mt 27:33 ὅ **ἐστιν** Κρανίου Τόπος λεγόμενος,
Mt 27:37 οὗτός **ἐστιν** Ἰησοῦς ὁ βασιλεὺς
Mt 27:40 εἰ υἱὸς **εἶ** τοῦ θεοῦ,
Mt 27:42 βασιλεὺς Ἰσραήλ **ἐστιν**,
Mt 27:43 γὰρ ὅτι θεοῦ **εἰμι** υἱός.
Mt 27:46 τοῦτ' **ἔστιν**·
Mt 27:54 ἀληθῶς θεοῦ υἱὸς **ἦν** οὗτος.
Mt 27:55 **Ἦσαν** δὲ ἐκεῖ γυναῖκες
Mt 27:56 ἐν αἷς **ἦν** Μαρία ἡ Μαγδαληνὴ
Mt 27:61 **Ἦν** δὲ ἐκεῖ Μαριὰμ
Mt 27:62 ἥτις **ἐστὶν** μετὰ τὴν παρασκευήν,
Mt 27:64 καὶ **ἔσται** ἡ ἐσχάτη πλάνη
Mt 28:3 **ἦν** δὲ ἡ εἰδέα
Mt 28:6 οὐκ **ἔστιν** ὧδε,
Mt 28:20 ἐγὼ μεθ' ὑμῶν **εἰμι** πάσας τὰς ἡμέρας

εἰρήνη (*eirēnē*; 4/92) *peace*

Mt 10:13 ἐλθάτω ἡ **εἰρήνη** ὑμῶν ἐπ' αὐτήν,
Mt 10:13 ἡ **εἰρήνη** ὑμῶν πρὸς ὑμᾶς
Mt 10:34 ὅτι ἦλθον βαλεῖν **εἰρήνην** ἐπὶ τὴν γῆν·
Mt 10:34 οὐκ ἦλθον βαλεῖν **εἰρήνην** ἀλλὰ μάχαιραν.

εἰρηνοποιός (*eirēnopoios*; 1/1) *peacemaker*

Mt 5:9 μακάριοι οἱ **εἰρηνοποιοί**,

εἰς (*eis*; 218/1759[1767]) *into*

Mt 2:1 ἀπὸ ἀνατολῶν παρεγένοντο **εἰς** Ἱεροσόλυμα
Mt 2:8 καὶ πέμψας αὐτοὺς **εἰς** Βηθλέεμ εἶπεν·
Mt 2:11 καὶ ἐλθόντες **εἰς** τὴν οἰκίαν εἶδον
Mt 2:12 ἄλλης ὁδοῦ ἀνεχώρησαν **εἰς** τὴν χώραν αὐτῶν.
Mt 2:13 αὐτοῦ καὶ φεῦγε **εἰς** Αἴγυπτον καὶ ἴσθι
Mt 2:14 νυκτὸς καὶ ἀνεχώρησεν **εἰς** Αἴγυπτον,
Mt 2:20 αὐτοῦ καὶ πορεύου **εἰς** γῆν Ἰσραήλ·
Mt 2:21 καὶ εἰσῆλθεν **εἰς** γῆν Ἰσραήλ.
Mt 2:22 κατ' ὄναρ ἀνεχώρησεν **εἰς** τὰ μέρη τῆς
Mt 2:23 καὶ ἐλθὼν κατῴκησεν **εἰς** πόλιν λεγομένην Ναζαρέτ·
Mt 3:10 καλὸν ἐκκόπτεται καὶ **εἰς** πῦρ βάλλεται.
Mt 3:11 βαπτίζω ἐν ὕδατι **εἰς** μετάνοιαν,
Mt 3:12 τὸν σῖτον αὐτοῦ **εἰς** τὴν ἀποθήκην,
Mt 4:1 ὁ Ἰησοῦς ἀνήχθη **εἰς** τὴν ἔρημον ὑπὸ
Mt 4:5 αὐτὸν ὁ διάβολος **εἰς** τὴν ἁγίαν πόλιν
Mt 4:8 αὐτὸν ὁ διάβολος **εἰς** ὄρος ὑψηλὸν λίαν
Mt 4:12 Ἰωάννης παρεδόθη ἀνεχώρησεν **εἰς** τὴν Γαλιλαίαν.
Mt 4:13 Ναζαρὰ ἐλθὼν κατῴκησεν **εἰς** Καφαρναοὺμ τὴν παραθαλασσίαν
Mt 4:18 βάλλοντας ἀμφίβληστρον **εἰς** τὴν θάλασσαν·
Mt 4:24 ἡ ἀκοὴ αὐτοῦ **εἰς** ὅλην τὴν Συρίαν·
Mt 5:1 τοὺς ὄχλους ἀνέβη **εἰς** τὸ ὄρος,
Mt 5:13 **εἰς** οὐδὲν ἰσχύει ἔτι
Mt 5:20 οὐ μὴ εἰσέλθητε **εἰς** τὴν βασιλείαν
Mt 5:22 ἔνοχος ἔσται **εἰς** τὴν γέενναν τοῦ
Mt 5:25 τῷ ὑπηρέτῃ καὶ **εἰς** φυλακὴν βληθήσῃ·
Mt 5:29 σῶμά σου βληθῇ **εἰς** γέενναν.
Mt 5:30 τὸ σῶμά σου **εἰς** γέενναν ἀπέλθῃ.
Mt 5:35 μήτε **εἰς** Ἱεροσόλυμα,
Mt 5:39 ὅστις σε ῥαπίζει **εἰς** τὴν δεξιὰν σιαγόνα
Mt 6:6 εἴσελθε **εἰς** τὸ ταμεῖόν σου
Mt 6:13 εἰσενέγκῃς ἡμᾶς **εἰς** πειρασμόν,
Mt 6:26 ἐμβλέψατε **εἰς** τὰ πετεινὰ τοῦ
Mt 6:26 θερίζουσιν οὐδὲ συνάγουσιν **εἰς** ἀποθήκας,
Mt 6:30 ὄντα καὶ αὔριον **εἰς** κλίβανον βαλλόμενον ὁ
Mt 6:34 μὴ οὖν μεριμνήσητε **εἰς** τὴν αὔριον,
Mt 7:13 ἡ ἀπάγουσα **εἰς** τὴν ἀπώλειαν
Mt 7:14 ὁδὸς ἡ ἀπάγουσα **εἰς** τὴν ζωὴν καὶ
Mt 7:19 καλὸν ἐκκόπτεται καὶ **εἰς** πῦρ βάλλεται.
Mt 7:21 εἰσελεύσεται **εἰς** τὴν βασιλείαν
Mt 8:4 **εἰς** μαρτύριον αὐτοῖς.
Mt 8:5 αὐτοῦ **εἰς** Καφαρναοὺμ προσῆλθεν
Mt 8:12 τῆς βασιλείας ἐκβληθήσονται **εἰς** τὸ σκότος
Mt 8:14 ἐλθὼν ὁ Ἰησοῦς **εἰς** τὴν οἰκίαν Πέτρου
Mt 8:18 αὐτὸν ἐκέλευσεν ἀπελθεῖν **εἰς** τὸ πέραν.
Mt 8:23 Καὶ ἐμβάντι αὐτῷ **εἰς** τὸ πλοῖον ἠκολούθησαν
Mt 8:28 Καὶ ἐλθόντος αὐτοῦ **εἰς** τὸ πέραν εἰς
Mt 8:28 εἰς τὸ πέραν **εἰς** τὴν χώραν τῶν
Mt 8:31 ἀπόστειλον ἡμᾶς **εἰς** τὴν ἀγέλην τῶν
Mt 8:32 δὲ ἐξελθόντες ἀπῆλθον **εἰς** τοὺς χοίρους·
Mt 8:32 κατὰ τοῦ κρημνοῦ **εἰς** τὴν θάλασσαν καὶ
Mt 8:33 καὶ ἀπελθόντες **εἰς** τὴν πόλιν ἀπήγγειλαν
Mt 8:34 ἡ πόλις ἐξῆλθεν **εἰς** ὑπάντησιν τῷ Ἰησοῦ
Mt 9:1 Καὶ ἐμβὰς **εἰς** πλοῖον διεπέρασεν καὶ

Mt 9:1 διεπέρασεν καὶ ἦλθεν **εἰς** τὴν ἰδίαν πόλιν.
Mt 9:6 κλίνην καὶ ὕπαγε **εἰς** τὸν οἶκόν σου.
Mt 9:7 καὶ ἐγερθεὶς ἀπῆλθεν **εἰς** τὸν οἶκον αὐτοῦ.
Mt 9:17 βάλλουσιν οἶνον νέον **εἰς** ἀσκοὺς παλαιούς·
Mt 9:17 βάλλουσιν οἶνον νέον **εἰς** ἀσκοὺς καινούς,
Mt 9:23 ἐλθὼν ὁ Ἰησοῦς **εἰς** τὴν οἰκίαν τοῦ
Mt 9:26 ἡ φήμη αὕτη **εἰς** ὅλην τὴν γῆν
Mt 9:28 ἐλθόντι δὲ **εἰς** τὴν οἰκίαν προσῆλθον
Mt 9:38 ὅπως ἐκβάλῃ ἐργάτας **εἰς** τὸν θερισμὸν αὐτοῦ.
Mt 10:5 **εἰς** ὁδὸν ἐθνῶν μὴ
Mt 10:5 μὴ ἀπέλθητε καὶ **εἰς** πόλιν Σαμαριτῶν μὴ
Mt 10:9 ἄργυρον μηδὲ χαλκὸν **εἰς** τὰς ζώνας ὑμῶν,
Mt 10:10 μὴ πήραν **εἰς** ὁδὸν μηδὲ δύο
Mt 10:11 **εἰς** ἣν δ' ἂν
Mt 10:12 εἰσερχόμενοι δὲ **εἰς** τὴν οἰκίαν
Mt 10:17 παραδώσουσιν γὰρ ὑμᾶς **εἰς** συνέδρια καὶ ἐν
Mt 10:18 ἀχθήσεσθε ἕνεκεν ἐμοῦ **εἰς** μαρτύριον αὐτοῖς καὶ
Mt 10:21 δὲ ἀδελφὸς ἀδελφὸν **εἰς** θάνατον καὶ πατὴρ
Mt 10:22 ὁ δὲ ὑπομείνας **εἰς** τέλος οὗτος σωθήσεται.
Mt 10:23 φεύγετε **εἰς** τὴν ἑτέραν·
Mt 10:27 καὶ ὃ **εἰς** τὸ οὖς ἀκούετε
Mt 10:41 ὁ δεχόμενος προφήτην **εἰς** ὄνομα προφήτου μισθὸν
Mt 10:41 ὁ δεχόμενος δίκαιον **εἰς** ὄνομα δικαίου μισθὸν
Mt 10:42 ποτήριον ψυχροῦ μόνον **εἰς** ὄνομα μαθητοῦ,
Mt 11:7 τί ἐξήλθατε **εἰς** τὴν ἔρημον θεάσασθαι;
Mt 12:4 πῶς εἰσῆλθεν **εἰς** τὸν οἶκον τ
Mt 12:9 μεταβὰς ἐκεῖθεν ἦλθεν **εἰς** τὴν συναγωγὴν αὐτῶν·
Mt 12:11 τοῦτο τοῖς σάββασιν **εἰς** βόθυνον,
Mt 12:18 ὁ ἀγαπητός μου **εἰς** ὃν εὐδόκησεν ἡ
Mt 12:20 ἕως ἂν ἐκβάλῃ **εἰς** νῖκος τὴν κρίσιν.
Mt 12:29 τις εἰσελθεῖν **εἰς** τὴν οἰκίαν
Mt 12:41 ὅτι μετενόησαν **εἰς** τὸ κήρυγμα Ἰωνᾶ,
Mt 12:44 **εἰς** τὸν οἶκόν μου
Mt 13:2 ὥστε αὐτὸν **εἰς** πλοῖον ἐμβάντα καθῆσθαι,
Mt 13:22 ὁ δὲ **εἰς** τὰς ἀκάνθας σπαρείς,
Mt 13:30 καὶ δήσατε αὐτὰ **εἰς** δέσμας πρὸς τὸ
Mt 13:30 δὲ σῖτον συναγάγετε **εἰς** τὴν ἀποθήκην μου.
Mt 13:33 λαβοῦσα γυνὴ ἐνέκρυψεν **εἰς** ἀλεύρου σάτα τρία
Mt 13:36 τοὺς ὄχλους ἦλθεν **εἰς** τὴν οἰκίαν.
Mt 13:42 καὶ βαλοῦσιν αὐτοὺς **εἰς** τὴν κάμινον τοῦ
Mt 13:47 οὐρανῶν σαγήνῃ βληθείσῃ **εἰς** τὴν θάλασσαν
Mt 13:48 συνέλεξαν τὰ καλὰ **εἰς** ἄγγη,
Mt 13:50 καὶ βαλοῦσιν αὐτοὺς **εἰς** τὴν κάμινον τοῦ
Mt 13:54 καὶ ἐλθὼν **εἰς** τὴν πατρίδα αὐτοῦ
Mt 14:13 ἐκεῖθεν ἐν πλοίῳ **εἰς** ἔρημον τόπον κατ'
Mt 14:15 ἵνα ἀπελθόντες **εἰς** τὰς κώμας ἀγοράσωσιν
Mt 14:19 ἀναβλέψας **εἰς** τὸν οὐρανὸν εὐλόγησεν
Mt 14:22 τοὺς μαθητὰς ἐμβῆναι **εἰς** τὸ πλοῖον καὶ
Mt 14:22 καὶ προάγειν αὐτὸν **εἰς** τὸ πέραν,
Mt 14:23 τοὺς ὄχλους ἀνέβη **εἰς** τὸ ὄρος κατ'
Mt 14:31 **εἰς** τί ἐδίστασας;
Mt 14:32 καὶ ἀναβάντων αὐτῶν **εἰς** τὸ πλοῖον ἐκόπασεν
Mt 14:34 ἐπὶ τὴν γῆν **εἰς** Γεννησαρέτ.
Mt 14:35 τόπου ἐκείνου ἀπέστειλαν **εἰς** ὅλην τὴν περίχωρον
Mt 15:11 οὐ τὸ εἰσερχόμενον **εἰς** τὸ στόμα
Mt 15:14 ἀμφότεροι **εἰς** βόθυνον πεσοῦνται.
Mt 15:17 πᾶν τὸ εἰσπορευόμενον **εἰς** τὸ στόμα
Mt 15:17 τὸ στόμα **εἰς** τὴν κοιλίαν χωρεῖ
Mt 15:17 καὶ **εἰς** ἀφεδρῶνα ἐκβάλλεται;
Mt 15:21 ὁ Ἰησοῦς ἀνεχώρησεν **εἰς** τὰ μέρη Τύρου
Mt 15:24 ἀπεστάλην εἰ μὴ **εἰς** τὰ πρόβατα τὰ
Mt 15:29 καὶ ἀναβὰς **εἰς** τὸ ὄρος ἐκάθητο
Mt 15:39 τοὺς ὄχλους ἐνέβη **εἰς** τὸ πλοῖον καὶ
Mt 15:39 πλοῖον καὶ ἦλθεν **εἰς** τὰ ὅρια Μαγαδάν.
Mt 16:5 ἐλθόντες οἱ μαθηταὶ **εἰς** τὸ πέραν ἐπελάθοντο
Mt 16:13 δὲ ὁ Ἰησοῦς **εἰς** τὰ μέρη Καισαρείας
Mt 16:21 ὅτι δεῖ αὐτὸν **εἰς** Ἱεροσόλυμα ἀπελθεῖν καὶ
Mt 17:1 καὶ ἀναφέρει αὐτοὺς **εἰς** ὄρος ὑψηλὸν κατ'
Mt 17:15 πολλάκις γὰρ πίπτει **εἰς** τὸ πῦρ καὶ
Mt 17:15 πῦρ καὶ πολλάκις **εἰς** τὸ ὕδωρ.
Mt 17:22 τοῦ ἀνθρώπου παραδίδοσθαι **εἰς** χεῖρας ἀνθρώπων,
Mt 17:24 Ἐλθόντων δὲ αὐτῶν **εἰς** Καφαρναοὺμ προσῆλθον οἱ
Mt 17:25 καὶ ἐλθόντα **εἰς** τὴν οἰκίαν προέφθασεν
Mt 17:27 πορευθεὶς **εἰς** θάλασσαν βάλε ἄγκιστρον
Mt 18:3 οὐ μὴ εἰσέλθητε **εἰς** τὴν βασιλείαν
Mt 18:6 τούτων τῶν πιστευόντων **εἰς** ἐμέ,
Mt 18:8 εἰσελθεῖν **εἰς** τὴν ζωὴν κυλλὸν
Mt 18:8 δύο πόδας ἔχοντα βληθῆναι **εἰς** τὸ πῦρ
Mt 18:9 σοί ἐστιν μονόφθαλμον **εἰς** τὴν ζωὴν εἰσελθεῖν
Mt 18:9 ἔχοντα βληθῆναι **εἰς** τὴν γέενναν
Mt 18:15 Ἐὰν δὲ ἁμαρτήσῃ **[εἰς** σὲ] ὁ ἀδελφός
Mt 18:20 ἢ τρεῖς συνηγμένοι **εἰς** τὸ ἐμὸν ὄνομα,
Mt 18:21 ποσάκις ἁμαρτήσει **εἰς** ἐμὲ ὁ ἀδελφός
Mt 18:30 ἀπελθὼν ἔβαλεν αὐτὸν **εἰς** φυλακὴν ἕως ἀποδῷ
Mt 19:1 Γαλιλαίας καὶ ἦλθεν **εἰς** τὰ ὅρια τῆς
Mt 19:5 ἔσονται οἱ δύο **εἰς** σάρκα μίαν.
Mt 19:17 εἰ δὲ θέλεις **εἰς** τὴν ζωὴν εἰσελθεῖν,
Mt 19:23 δυσκόλως εἰσελεύσεται **εἰς** τὴν βασιλείαν
Mt 19:24 ἢ πλούσιον εἰσελθεῖν **εἰς** τὴν βασιλείαν
Mt 20:1 πρωῒ μισθώσασθαι ἐργάτας **εἰς** τὸν ἀμπελῶνα αὐτοῦ.
Mt 20:2 ἡμέραν ἀπέστειλεν αὐτοὺς **εἰς** τὸν ἀμπελῶνα αὐτοῦ.
Mt 20:4 ὑπάγετε καὶ ὑμεῖς **εἰς** τὸν ἀμπελῶνα,
Mt 20:7 ὑπάγετε καὶ ὑμεῖς **εἰς** τὸν ἀμπελῶνα.
Mt 20:17 ἀναβαίνων ὁ Ἰησοῦς **εἰς** Ἱεροσόλυμα παρέλαβεν τοὺς
Mt 20:18 ἰδοὺ ἀναβαίνομεν **εἰς** Ἱεροσόλυμα,
Mt 20:19 αὐτὸν τοῖς ἔθνεσιν **εἰς** τὸ ἐμπαῖξαι καὶ
Mt 21:1 Καὶ ὅτε ἤγγισαν **εἰς** Ἱεροσόλυμα καὶ ἦλθον
Mt 21:1 Ἱεροσόλυμα καὶ ἦλθον **εἰς** Βηθφαγὴ εἰς τὸ
Mt 21:1 ἦλθον εἰς Βηθφαγὴ **εἰς** τὸ ὄρος τῶν
Mt 21:2 πορεύεσθε **εἰς** τὴν κώμην τὴν
Mt 21:10 εἰσελθόντος αὐτοῦ **εἰς** Ἱεροσόλυμα ἐσείσθη
Mt 21:12 εἰσῆλθεν Ἰησοῦς **εἰς** τὸ ἱερὸν
Mt 21:17 ἔξω τῆς πόλεως **εἰς** Βηθανίαν καὶ ηὐλίσθη
Mt 21:18 Πρωῒ δὲ ἐπανάγων **εἰς** τὴν πόλιν ἐπείνασεν.
Mt 21:19 σοῦ καρπὸς γένηται **εἰς** τὸν αἰῶνα.
Mt 21:21 ἄρθητι καὶ βλήθητι **εἰς** τὴν θάλασσαν,
Mt 21:23 Καὶ ἐλθόντος αὐτοῦ **εἰς** τὸ ἱερὸν προσῆλθον
Mt 21:31 πόρναι προάγουσιν ὑμᾶς **εἰς** τὴν βασιλείαν
Mt 21:42 οὗτος ἐγενήθη **εἰς** κεφαλὴν γωνίας·
Mt 21:46 ἐπεὶ **εἰς** προφήτην αὐτὸν εἶχον.
Mt 22:3 καλέσαι τοὺς κεκλημένους **εἰς** τοὺς γάμους,
Mt 22:4 δεῦτε **εἰς** τοὺς γάμους.

Mt 22:5 ὃς μὲν **εἰς** τὸν ἴδιον ἀγρόν,
Mt 22:9 ἐὰν εὕρητε καλέσατε **εἰς** τοὺς γάμους.
Mt 22:10 οἱ δοῦλοι ἐκεῖνοι **εἰς** τὰς ὁδοὺς συνήγαγον
Mt 22:13 χεῖρας ἐκβάλετε αὐτὸν **εἰς** τὸ σκότος τὸ
Mt 22:16 οὐ γὰρ βλέπεις **εἰς** πρόσωπον ἀνθρώπων,
Mt 23:34 διώξετε ἀπὸ πόλεως **εἰς** πόλιν·
Mt 24:9 Τότε παραδώσουσιν ὑμᾶς **εἰς** θλῖψιν καὶ ἀποκτενοῦσιν
Mt 24:13 ὁ δὲ ὑπομείνας **εἰς** τέλος οὗτος σωθήσεται.
Mt 24:14 ὅλῃ τῇ οἰκουμένῃ **εἰς** μαρτύριον πᾶσιν τοῖς
Mt 24:16 τῇ Ἰουδαίᾳ φευγέτωσαν **εἰς** τὰ ὄρη,
Mt 24:38 ἡμέρας εἰσῆλθεν Νῶε **εἰς** τὴν κιβωτόν,
Mt 25:1 λαμπάδας ἑαυτῶν ἐξῆλθον **εἰς** ὑπάντησιν τοῦ νυμφίου.
Mt 25:6 ἐξέρχεσθε **εἰς** ἀπάντησιν [αὐτοῦ].
Mt 25:10 μετ' αὐτοῦ **εἰς** τοὺς γάμους
Mt 25:21 εἴσελθε **εἰς** τὴν χαρὰν
Mt 25:23 εἴσελθε **εἰς** τὴν χαρὰν
Mt 25:30 ἀχρεῖον δοῦλον ἐκβάλετε **εἰς** τὸ σκότος τὸ
Mt 25:41 ἐμοῦ [οἱ] κατηραμένοι **εἰς** τὸ πῦρ τὸ
Mt 25:46 καὶ ἀπελεύσονται οὗτοι **εἰς** κόλασιν αἰώνιον,
Mt 25:46 οἱ δὲ δίκαιοι **εἰς** ζωὴν αἰώνιον.
Mt 26:2 τοῦ ἀνθρώπου παραδίδοται **εἰς** τὸ σταυρωθῆναι.
Mt 26:3 πρεσβύτεροι τοῦ λαοῦ **εἰς** τὴν αὐλὴν τοῦ
Mt 26:8 **εἰς** τί ἡ ἀπώλεια
Mt 26:10 γὰρ καλὸν ἠργάσατο **εἰς** ἐμέ·
Mt 26:13 ὃ ἐποίησεν αὕτη **εἰς** μνημόσυνον αὐτῆς.
Mt 26:18 ὑπάγετε **εἰς** τὴν πόλιν πρὸς
Mt 26:28 περὶ πολλῶν ἐκχυννόμενον **εἰς** ἄφεσιν ἁμαρτιῶν.
Mt 26:30 Καὶ ὑμνήσαντες ἐξῆλθον **εἰς** τὸ ὄρος τῶν
Mt 26:32 με προάξω ὑμᾶς **εἰς** τὴν Γαλιλαίαν.
Mt 26:36 αὐτῶν ὁ Ἰησοῦς **εἰς** χωρίον λεγόμενον Γεθσημανὶ
Mt 26:41 ἵνα μὴ εἰσέλθητε **εἰς** πειρασμόν·
Mt 26:45 τοῦ ἀνθρώπου παραδίδοται **εἰς** χεῖρας ἁμαρτωλῶν.
Mt 26:52 τὴν μάχαιράν σου **εἰς** τὸν τόπον αὐτῆς·
Mt 26:67 Τότε ἐνέπτυσαν **εἰς** τὸ πρόσωπον αὐτοῦ
Mt 26:71 ἐξελθόντα δὲ **εἰς** τὸν πυλῶνα εἶδεν
Mt 27:5 ῥίψας τὰ ἀργύρια **εἰς** τὸν ναὸν ἀνεχώρησεν,
Mt 27:6 ἔξεστιν βαλεῖν αὐτὰ **εἰς** τὸν κορβανᾶν,
Mt 27:7 ἀγρὸν τοῦ κεραμέως **εἰς** ταφὴν τοῖς ξένοις.
Mt 27:10 καὶ ἔδωκαν αὐτὰ **εἰς** τὸν ἀγρὸν τοῦ
Mt 27:27 παραλαβόντες τὸν Ἰησοῦν **εἰς** τὸ πραιτώριον συνήγαγον
Mt 27:30 καὶ ἐμπτύσαντες **εἰς** αὐτὸν ἔλαβον τὸν
Mt 27:30 κάλαμον καὶ ἔτυπτον **εἰς** τὴν κεφαλὴν αὐτοῦ.
Mt 27:31 καὶ ἀπήγαγον αὐτὸν **εἰς** τὸ σταυρῶσαι.
Mt 27:33 Καὶ ἐλθόντες **εἰς** τόπον λεγόμενον Γολγοθᾶ,
Mt 27:51 ἄνωθεν ἕως κάτω **εἰς** δύο καὶ ἡ
Mt 27:53 εἰσῆλθον **εἰς** τὴν ἁγίαν πόλιν
Mt 28:1 τῇ ἐπιφωσκούσῃ **εἰς** μίαν σαββάτων ἦλθεν
Mt 28:7 ἰδοὺ προάγει ὑμᾶς **εἰς** τὴν Γαλιλαίαν,
Mt 28:10 μου ἵνα ἀπέλθωσιν **εἰς** τὴν Γαλιλαίαν,
Mt 28:11 τῆς κουστωδίας ἐλθόντες **εἰς** τὴν πόλιν ἀπήγγειλαν
Mt 28:16 ἕνδεκα μαθηταὶ ἐπορεύθησαν **εἰς** τὴν Γαλιλαίαν εἰς
Mt 28:16 εἰς τὴν Γαλιλαίαν **εἰς** τὸ ὄρος οὗ
Mt 28:19 βαπτίζοντες αὐτοὺς **εἰς** τὸ ὄνομα τοῦ

εἷς (*heis*; 66/343[345]) *one*

Mt 5:18 ἰῶτα **ἓν** ἢ μία κεραία
Mt 5:18 ἰῶτα ἓν ἢ **μία** κεραία οὐ μὴ
Mt 5:19 ἐὰν οὖν λύσῃ **μίαν** τῶν ἐντολῶν τούτων
Mt 5:29 σοι ἵνα ἀπόληται **ἓν** τῶν μελῶν σου
Mt 5:30 σοι ἵνα ἀπόληται **ἓν** τῶν μελῶν σου
Mt 5:36 ὅτι οὐ δύνασαι **μίαν** τρίχα λευκὴν ποιῆσαι
Mt 5:41 σε ἀγγαρεύσει μίλιον **ἕν**,
Mt 6:24 ἢ γὰρ τὸν **ἕνα** μισήσει καὶ τὸν
Mt 6:24 ἢ **ἑνὸς** ἀνθέξεται καὶ τοῦ
Mt 6:27 ἡλικίαν αὐτοῦ πῆχυν **ἕνα**;
Mt 6:29 αὐτοῦ περιεβάλετο ὡς **ἓν** τούτων.
Mt 8:19 καὶ προσελθὼν **εἷς** γραμματεὺς εἶπεν αὐτῷ·
Mt 9:18 ἰδοὺ ἄρχων **εἷς** ἐλθὼν προσεκύνει αὐτῷ
Mt 10:29 καὶ **ἓν** ἐξ αὐτῶν οὐ
Mt 10:42 ὃς ἂν ποτίσῃ **ἕνα** τῶν μικρῶν τούτων
Mt 12:11 ὃς ἕξει πρόβατον **ἕν** καὶ ἐὰν ἐμπέσῃ
Mt 13:46 εὑρὼν δὲ **ἕνα** πολύτιμον μαργαρίτην ἀπελθὼν
Mt 16:14 δὲ Ἰερεμίαν ἢ **ἕνα** τῶν προφητῶν.
Mt 17:4 σοὶ **μίαν** καὶ Μωϋσεῖ μίαν
Mt 17:4 μίαν καὶ Μωϋσεῖ **μίαν** καὶ Ἠλίᾳ μίαν.
Mt 17:4 μίαν καὶ Ἠλίᾳ **μίαν**.
Mt 18:5 ὃς ἐὰν δέξηται **ἓν** παιδίον τοιοῦτο ἐπὶ
Mt 18:6 δ' ἂν σκανδαλίσῃ **ἕνα** τῶν μικρῶν τούτων
Mt 18:10 Ὁρᾶτε μὴ καταφρονήσητε **ἑνὸς** τῶν μικρῶν τούτων·
Mt 18:12 πρόβατα καὶ πλανηθῇ **ἓν** ἐξ αὐτῶν,
Mt 18:14 οὐρανοῖς ἵνα ἀπόληται **ἓν** τῶν μικρῶν τούτων.
Mt 18:16 μετὰ σοῦ ἔτι **ἕνα** ἢ δύο,
Mt 18:24 συναίρειν προσηνέχθη αὐτῷ **εἷς** ὀφειλέτης μυρίων ταλάντων.
Mt 18:28 δοῦλος ἐκεῖνος εὗρεν **ἕνα** τῶν συνδούλων αὐτοῦ,
Mt 19:5 δύο εἰς σάρκα **μίαν**.
Mt 19:6 δύο ἀλλὰ σὰρξ **μία**.
Mt 19:16 Καὶ ἰδοὺ **εἷς** προσελθὼν αὐτῷ εἶπεν·
Mt 19:17 **εἷς** ἐστιν ὁ ἀγαθός·
Mt 20:12 οὗτοι οἱ ἔσχατοι **μίαν** ὥραν ἐποίησαν,
Mt 20:13 ὁ δὲ ἀποκριθεὶς **ἑνὶ** αὐτῶν εἶπεν·
Mt 20:21 δύο υἱοί μου **εἷς** ἐκ δεξιῶν σου
Mt 20:21 δεξιῶν σου καὶ **εἷς** ἐξ εὐωνύμων σου
Mt 21:19 καὶ ἰδὼν συκῆν **μίαν** ἐπὶ τῆς ὁδοῦ
Mt 21:24 ὑμᾶς κἀγὼ λόγον **ἕνα**,
Mt 22:35 καὶ ἐπηρώτησεν **εἷς** ἐξ αὐτῶν [νομικὸς]
Mt 23:8 **εἷς** γάρ ἐστιν ὑμῶν
Mt 23:9 **εἷς** γάρ ἐστιν ὑμῶν
Mt 23:10 καθηγητὴς ὑμῶν ἐστιν **εἷς** ὁ Χριστός.
Mt 23:15 τὴν ξηρὰν ποιῆσαι **ἕνα** προσήλυτον,
Mt 24:40 **εἷς** παραλαμβάνεται καὶ εἷς
Mt 24:40 εἷς παραλαμβάνεται καὶ **εἷς** ἀφίεται·
Mt 24:41 **μία** παραλαμβάνεται καὶ μία
Mt 24:41 μία παραλαμβάνεται καὶ **μία** ἀφίεται.
Mt 25:15 ᾧ δὲ **ἕν**,
Mt 25:18 ὁ δὲ τὸ **ἓν** λαβὼν ἀπελθὼν ὤρυξεν
Mt 25:24 καὶ ὁ τὸ **ἓν** τάλαντον εἰληφὼς εἶπεν·
Mt 25:40 ἐφ' ὅσον ἐποιήσατε **ἑνὶ** τούτων τῶν ἀδελφῶν
Mt 25:45 ὅσον οὐκ ἐποιήσατε **ἑνὶ** τούτων τῶν ἐλαχίστων,
Mt 26:14 Τότε πορευθεὶς **εἷς** τῶν δώδεκα,
Mt 26:21 λέγω ὑμῖν ὅτι **εἷς** ἐξ ὑμῶν παραδώσει
Mt 26:22 ἤρξαντο λέγειν αὐτῷ **εἷς** ἕκαστος·
Mt 26:40 οὕτως οὐκ ἰσχύσατε **μίαν** ὥραν γρηγορῆσαι

Mt 26:47 λαλοῦντος ἰδοὺ Ἰούδας **εἷς** τῶν δώδεκα ἦλθεν
Mt 26:51 Καὶ ἰδοὺ **εἷς** τῶν μετὰ Ἰησοῦ
Mt 26:69 καὶ προσῆλθεν αὐτῷ **μία** παιδίσκη λέγουσα·
Mt 27:14 αὐτῷ πρὸς οὐδὲ **ἓν** ῥῆμα,
Mt 27:15 ὁ ἡγεμὼν ἀπολύειν **ἕνα** τῷ ὄχλῳ δέσμιον
Mt 27:38 **εἷς** ἐκ δεξιῶν καὶ
Mt 27:38 ἐκ δεξιῶν καὶ **εἷς** ἐξ εὐωνύμων.
Mt 27:48 καὶ εὐθέως δραμὼν **εἷς** ἐξ αὐτῶν καὶ
Mt 28:1 τῇ ἐπιφωσκούσῃ εἰς **μίαν** σαββάτων ἦλθεν Μαριὰμ

εἰσακούω (*eisakouō*; 1/5) *hear*

Mt 6:7 τῇ πολυλογίᾳ αὐτῶν **εἰσακουσθήσονται**.

εἰσέρχομαι (*eiserchomai*; 36/194) *go into, enter*

Mt 2:21 μητέρα αὐτοῦ καὶ **εἰσῆλθεν** εἰς γῆν Ἰσραήλ.
Mt 5:20 οὐ μὴ **εἰσέλθητε** εἰς τὴν βασιλείαν
Mt 6:6 **εἴσελθε** εἰς τὸ ταμεῖόν
Mt 7:13 **Εἰσέλθατε** διὰ τῆς στενῆς
Mt 7:13 πολλοί εἰσιν οἱ **εἰσερχόμενοι** δι᾽ αὐτῆς·
Mt 7:21 **εἰσελεύσεται** εἰς τὴν βασιλείαν
Mt 8:5 **Εἰσελθόντος** δὲ αὐτοῦ εἰς
Mt 8:8 ὑπὸ τὴν στέγην **εἰσέλθῃς**,
Mt 9:25 ἐξεβλήθη ὁ ὄχλος **εἰσελθὼν** ἐκράτησεν τῆς χειρὸς
Mt 10:5 πόλιν Σαμαριτῶν μὴ **εἰσέλθητε**·
Mt 10:11 πόλιν ἢ κώμην **εἰσέλθητε**,
Mt 10:12 **εἰσερχόμενοι** δὲ εἰς τὴν
Mt 12:4 πῶς **εἰσῆλθεν** εἰς τὸν οἶκον
Mt 12:29 πῶς δύναταί τις **εἰσελθεῖν** εἰς τὴν οἰκίαν
Mt 12:45 πονηρότερα ἑαυτοῦ καὶ **εἰσελθόντα** κατοικεῖ ἐκεῖ·
Mt 15:11 οὐ τὸ **εἰσερχόμενον** εἰς τὸ στόμα
Mt 18:3 οὐ μὴ **εἰσέλθητε** εἰς τὴν βασιλείαν
Mt 18:8 καλόν σοί ἐστιν **εἰσελθεῖν** εἰς τὴν ζωὴν
Mt 18:9 εἰς τὴν ζωὴν **εἰσελθεῖν** ἢ δύο ὀφθαλμοὺς
Mt 19:17 εἰς τὴν ζωὴν **εἰσελθεῖν**,
Mt 19:23 ὅτι πλούσιος δυσκόλως **εἰσελεύσεται** εἰς τὴν βασιλείαν
Mt 19:24 διελθεῖν ἢ πλούσιον **εἰσελθεῖν** εἰς τὴν βασιλείαν
Mt 21:10 Καὶ **εἰσελθόντος** αὐτοῦ εἰς Ἱεροσόλυμα
Mt 21:12 Καὶ **εἰσῆλθεν** Ἰησοῦς εἰς τὸ
Mt 22:11 **εἰσελθὼν** δὲ ὁ βασιλεὺς
Mt 22:12 πῶς **εἰσῆλθες** ὧδε μὴ ἔχων
Mt 23:13 ὑμεῖς γὰρ οὐκ **εἰσέρχεσθε** οὐδὲ τοὺς εἰσερχομένους
Mt 23:13 εἰσέρχεσθε οὐδὲ τοὺς **εἰσερχομένους** ἀφίετε εἰσελθεῖν.
Mt 23:13 τοὺς εἰσερχομένους ἀφίετε **εἰσελθεῖν**.
Mt 24:38 ἄχρι ἧς ἡμέρας **εἰσῆλθεν** Νῶε εἰς τὴν
Mt 25:10 καὶ αἱ ἕτοιμοι **εἰσῆλθον** μετ᾽ αὐτοῦ εἰς
Mt 25:21 **εἴσελθε** εἰς τὴν χαρὰν
Mt 25:23 **εἴσελθε** εἰς τὴν χαρὰν
Mt 26:41 ἵνα μὴ **εἰσέλθητε** εἰς πειρασμόν·
Mt 26:58 τοῦ ἀρχιερέως καὶ **εἰσελθὼν** ἔσω ἐκάθητο μετὰ
Mt 27:53 τὴν ἔγερσιν αὐτοῦ **εἰσῆλθον** εἰς τὴν ἁγίαν

εἰσπορεύομαι (*eisporeuomai*; 1/18) *go or come in*

Mt 15:17 ὅτι πᾶν τὸ **εἰσπορευόμενον** εἰς τὸ στόμα

εἰσφέρω (*eispherō*; 1/8) *bring in*

Mt 6:13 καὶ μὴ **εἰσενέγκῃς** ἡμᾶς εἰς πειρασμόν,

εἴωθα (*eiōtha*; 1/4) *be accustomed*

Mt 27:15 Κατὰ δὲ ἑορτὴν **εἰώθει** ὁ ἡγεμὼν ἀπολύειν

ἐκ (*ek*; 82/912[914]) *from*

Mt 1:3 καὶ τὸν Ζάρα **ἐκ** τῆς Θαμάρ,
Mt 1:5 ἐγέννησεν τὸν Βόες **ἐκ** τῆς Ῥαχάβ,
Mt 1:5 ἐγέννησεν τὸν Ἰωβὴδ **ἐκ** τῆς Ῥούθ,
Mt 1:6 ἐγέννησεν τὸν Σολομῶνα **ἐκ** τῆς τοῦ Οὐρίου,
Mt 1:16 **ἐξ** ἧς ἐγεννήθη Ἰησοῦς
Mt 1:18 ἐν γαστρὶ ἔχουσα **ἐκ** πνεύματος ἁγίου.
Mt 1:20 ἐν αὐτῇ γεννηθὲν **ἐκ** πνεύματός ἐστιν ἁγίου.
Mt 2:6 **ἐκ** σοῦ γὰρ ἐξελεύσεται
Mt 2:15 **ἐξ** Αἰγύπτου ἐκάλεσα
Mt 3:9 δύναται ὁ θεὸς **ἐκ** τῶν λίθων τούτων
Mt 3:17 καὶ ἰδοὺ φωνὴ **ἐκ** τῶν οὐρανῶν λέγουσα·
Mt 5:37 δὲ περισσὸν τούτων **ἐκ** τοῦ πονηροῦ ἐστιν.
Mt 6:27 τίς δὲ **ἐξ** ὑμῶν μεριμνῶν δύναται
Mt 7:4 ἐκβάλω τὸ κάρφος **ἐκ** τοῦ ὀφθαλμοῦ σου,
Mt 7:5 ἔκβαλε πρῶτον **ἐκ** τοῦ ὀφθαλμοῦ σοῦ τ
Mt 7:5 ἐκβαλεῖν τὸ κάρφος **ἐκ** τοῦ ὀφθαλμοῦ
Mt 7:9 ἢ τίς ἐστιν **ἐξ** ὑμῶν ἄνθρωπος,
Mt 8:28 αὐτῷ δύο δαιμονιζόμενοι **ἐκ** τῶν μνημείων ἐξερχόμενοι,
Mt 10:29 καὶ ἓν **ἐξ** αὐτῶν οὐ πεσεῖται
Mt 12:11 τίς ἔσται **ἐξ** ὑμῶν ἄνθρωπος ὃς
Mt 12:33 **ἐκ** γὰρ τοῦ καρποῦ
Mt 12:34 **ἐκ** γὰρ τοῦ περισσεύματος
Mt 12:35 ὁ ἀγαθὸς ἄνθρωπος **ἐκ** τοῦ ἀγαθοῦ θησαυροῦ
Mt 12:35 ἄνθρωπος **ἐκ** τοῦ πονηροῦ θησαυροῦ
Mt 12:37 **ἐκ** γὰρ τῶν λόγων
Mt 12:37 καὶ **ἐκ** τῶν λόγων σου
Mt 12:42 ὅτι ἦλθεν **ἐκ** τῶν περάτων τῆς
Mt 13:41 καὶ συλλέξουσιν ἐκ **τῆς** βασιλείας αὐτοῦ πάντα
Mt 13:47 τὴν θάλασσαν καὶ **ἐκ** παντὸς γένους συναγαγούσῃ·
Mt 13:49 ἀφοριοῦσιν τοὺς πονηροὺς **ἐκ** μέσου τῶν δικαίων
Mt 13:52 ὅστις ἐκβάλλει **ἐκ** τοῦ θησαυροῦ αὐτοῦ
Mt 15:5 δῶρον ὃ ἐὰν **ἐξ** ἐμοῦ ὠφεληθῇς,
Mt 15:11 τὸ ἐκπορευόμενον **ἐκ** τοῦ στόματος τοῦτο
Mt 15:18 τὰ δὲ ἐκπορευόμενα **ἐκ** τοῦ στόματος
Mt 15:18 τοῦ στόματος **ἐκ** τῆς καρδίας ἐξέρχεται,
Mt 15:19 **ἐκ** γὰρ τῆς καρδίας
Mt 16:1 ἐπηρώτησαν αὐτὸν σημεῖον **ἐκ** τοῦ οὐρανοῦ ἐπιδεῖξαι
Mt 17:5 καὶ ἰδοὺ φωνὴ **ἐκ** τῆς νεφέλης λέγουσα·
Mt 17:9 Καὶ καταβαινόντων αὐτῶν **ἐκ** τοῦ ὄρους ἐνετείλατο
Mt 17:9 υἱὸς τοῦ ἀνθρώπου **ἐκ** νεκρῶν ἐγερθῇ.
Mt 18:12 καὶ πλανηθῇ ἓν **ἐξ** αὐτῶν,
Mt 18:19 ἐὰν δύο συμφωνήσωσιν **ἐξ** ὑμῶν ἐπὶ τῆς
Mt 19:12 γὰρ εὐνοῦχοι οἵτινες **ἐκ** κοιλίας μητρὸς ἐγεννήθησαν
Mt 20:2 μετὰ τῶν ἐργατῶν **ἐκ** δηναρίου τὴν ἡμέραν
Mt 20:21 υἱοί μου εἷς **ἐκ** δεξιῶν σου καὶ
Mt 20:21 σου καὶ εἷς **ἐξ** εὐωνύμων σου ἐν
Mt 20:23 τὸ δὲ καθίσαι **ἐκ** δεξιῶν μου καὶ

Mt 20:23 δεξιῶν μου καὶ **ἐξ** εὐωνύμων οὐκ ἔστιν
Mt 21:16 οὐδέποτε ἀνέγνωτε ὅτι **ἐκ** στόματος νηπίων
Mt 21:19 μηκέτι **ἐκ** σοῦ καρπὸς γένηται
Mt 21:25 **ἐξ** οὐρανοῦ ἢ ἐξ
Mt 21:25 ἐξ οὐρανοῦ ἢ **ἐξ** ἀνθρώπων;
Mt 21:25 **ἐξ** οὐρανοῦ,
Mt 21:26 **ἐξ** ἀνθρώπων,
Mt 21:31 τίς **ἐκ** τῶν δύο ἐποίησεν
Mt 22:35 καὶ ἐπηρώτησεν εἷς **ἐξ** αὐτῶν [νομικὸς] πειράζων
Mt 22:44 κάθου **ἐκ** δεξιῶν μου,
Mt 23:25 ἔσωθεν δὲ γέμουσιν **ἐξ** ἁρπαγῆς καὶ ἀκρασίας.
Mt 23:34 ἐξ **αὐτῶν** ἀποκτενεῖτε καὶ σταυρώσετε
Mt 23:34 καὶ σταυρώσετε καὶ **ἐξ** αὐτῶν μαστιγώσετε
Mt 24:17 καταβάτω ἆραι τὰ **ἐκ** τῆς οἰκίας αὐτοῦ,
Mt 24:31 τοὺς ἐκλεκτοὺς αὐτοῦ **ἐκ** τῶν τεσσάρων
Mt 25:2 πέντε δὲ **ἐξ** αὐτῶν ἦσαν μωραὶ
Mt 25:8 δότε ἡμῖν **ἐκ** τοῦ ἐλαίου ὑμῶν,
Mt 25:33 τὰ μὲν πρόβατα **ἐκ** δεξιῶν αὐτοῦ,
Mt 25:33 τὰ δὲ ἐρίφια **ἐξ** εὐωνύμων.
Mt 25:34 ὁ βασιλεὺς τοῖς **ἐκ** δεξιῶν αὐτοῦ·
Mt 25:41 ἐρεῖ καὶ τοῖς **ἐξ** εὐωνύμων·
Mt 26:21 ὑμῖν ὅτι εἷς **ἐξ** ὑμῶν παραδώσει με.
Mt 26:27 πίετε **ἐξ** αὐτοῦ πάντες,
Mt 26:29 πίω ἀπ' ἄρτι **ἐκ** τούτου τοῦ γενήματος
Mt 26:42 πάλιν **ἐκ** δευτέρου ἀπελθὼν προσηύξατο
Mt 26:44 πάλιν ἀπελθὼν προσηύξατο **ἐκ** τρίτου τὸν αὐτὸν
Mt 26:64 τοῦ ἀνθρώπου καθήμενον **ἐκ** δεξιῶν τῆς δυνάμεως
Mt 26:73 ἀληθῶς καὶ σὺ **ἐξ** αὐτῶν εἶ,
Mt 27:7 δὲ λαβόντες ἠγόρασαν **ἐξ** αὐτῶν τὸν ἀγρὸν
Mt 27:29 καὶ πλέξαντες στέφανον **ἐξ** ἀκανθῶν ἐπέθηκαν ἐπὶ
Mt 27:38 εἷς **ἐκ** δεξιῶν καὶ εἷς
Mt 27:38 δεξιῶν καὶ εἷς **ἐξ** εὐωνύμων.
Mt 27:48 εὐθέως δραμὼν εἷς **ἐξ** αὐτῶν καὶ λαβὼν
Mt 27:53 καὶ ἐξελθόντες **ἐκ** τῶν μνημείων μετὰ
Mt 28:2 γὰρ κυρίου καταβὰς **ἐξ** οὐρανοῦ καὶ προσελθὼν

ἕκαστος (*hekastos*; 4/81[82]) *each*

Mt 16:27 καὶ τότε ἀποδώσει **ἑκάστῳ** κατὰ τὴν πρᾶξιν
Mt 18:35 ἐὰν μὴ ἀφῆτε **ἕκαστος** τῷ ἀδελφῷ αὐτοῦ
Mt 25:15 **ἑκάστῳ** κατὰ τὴν ἰδίαν
Mt 26:22 λέγειν αὐτῷ εἷς **ἕκαστος**·

ἑκατόν (*hekaton*; 4/17) *one hundred*

Mt 13:8 ὃ μὲν **ἑκατόν**,
Mt 13:23 ποιεῖ ὃ μὲν **ἑκατόν**,
Mt 18:12 γένηταί τινι ἀνθρώπῳ **ἑκατὸν** πρόβατα καὶ πλανηθῇ
Mt 18:28 ὃς ὤφειλεν αὐτῷ **ἑκατὸν** δηνάρια,

ἑκατονταπλασίων (*hekatontaplasiōn*; 1/3) *a hundredfold*

Mt 19:29 **ἑκατονταπλασίονα** λήμψεται καὶ ζωὴν

ἑκατοντάρχης (*hekatontarchēs*; 4/20) *centurion*

Mt 8:5 Καφαρναοὺμ προσῆλθεν αὐτῷ **ἑκατόνταρχος** παρακαλῶν αὐτὸν
Mt 8:8 καὶ ἀποκριθεὶς ὁ **ἑκατόνταρχος** ἔφη·
Mt 8:13 ὁ Ἰησοῦς τῷ **ἑκατοντάρχῃ**·
Mt 27:54 Ὁ δὲ **ἑκατόνταρχος** καὶ οἱ μετ'

ἐκβάλλω (*ekballō*; 28/79[81]) *cast or drive out*

Mt 7:4 ἄφες **ἐκβάλω** τὸ κάρφος ἐκ
Mt 7:5 **ἔκβαλε** πρῶτον ἐκ τοῦ
Mt 7:5 καὶ τότε διαβλέψεις **ἐκβαλεῖν** τὸ κάρφος ἐκ
Mt 7:22 σῷ ὀνόματι δαιμόνια **ἐξεβάλομεν**,
Mt 8:12 υἱοὶ τῆς βασιλείας **ἐκβληθήσονται** εἰς τὸ σκότος
Mt 8:16 καὶ **ἐξέβαλεν** τὰ πνεύματα λόγῳ
Mt 8:31 εἰ **ἐκβάλλεις** ἡμᾶς,
Mt 9:25 ὅτε δὲ **ἐξεβλήθη** ὁ ὄχλος εἰσελθὼν
Mt 9:33 καὶ **ἐκβληθέντος** τοῦ δαιμονίου ἐλάλησεν
Mt 9:34 ἄρχοντι τῶν δαιμονίων **ἐκβάλλει** τὰ δαιμόνια.
Mt 9:38 τοῦ θερισμοῦ ὅπως **ἐκβάλῃ** ἐργάτας εἰς τὸν
Mt 10:1 πνευμάτων ἀκαθάρτων ὥστε **ἐκβάλλειν** αὐτὰ καὶ θεραπεύειν
Mt 10:8 δαιμόνια **ἐκβάλλετε**·
Mt 12:20 ἕως ἂν **ἐκβάλῃ** εἰς νῖκος τὴν
Mt 12:24 οὗτος οὐκ **ἐκβάλλει** τὰ δαιμόνια εἰ
Mt 12:26 σατανᾶς τὸν σατανᾶν **ἐκβάλλει**,
Mt 12:27 ἐγὼ ἐν Βεελζεβοὺλ **ἐκβάλλω** τὰ δαιμόνια,
Mt 12:27 ὑμῶν ἐν τίνι **ἐκβάλλουσιν**;
Mt 12:28 πνεύματι θεοῦ ἐγὼ **ἐκβάλλω** τὰ δαιμόνια,
Mt 12:35 τοῦ ἀγαθοῦ θησαυροῦ **ἐκβάλλει** ἀγαθά,
Mt 12:35 τοῦ πονηροῦ θησαυροῦ **ἐκβάλλει** πονηρά.
Mt 13:52 ὅστις **ἐκβάλλει** ἐκ τοῦ θησαυροῦ
Mt 15:17 καὶ εἰς ἀφεδρῶνα **ἐκβάλλεται**;
Mt 17:19 ἡμεῖς οὐκ ἠδυνήθημεν **ἐκβαλεῖν** αὐτό;
Mt 21:12 τὸ ἱερὸν καὶ **ἐξέβαλεν** πάντας τοὺς πωλοῦντας
Mt 21:39 καὶ λαβόντες αὐτὸν **ἐξέβαλον** ἔξω τοῦ ἀμπελῶνος
Mt 22:13 πόδας καὶ χεῖρας **ἐκβάλετε** αὐτὸν εἰς τὸ
Mt 25:30 τὸν ἀχρεῖον δοῦλον **ἐκβάλετε** εἰς τὸ σκότος

ἐκδίδωμι (*ekdidōmi*; 2/4) *let out*

Mt 21:33 ᾠκοδόμησεν πύργον καὶ **ἐξέδετο** αὐτὸν γεωργοῖς καὶ
Mt 21:41 καὶ τὸν ἀμπελῶνα **ἐκδώσεται** ἄλλοις γεωργοῖς,

ἐκδύω (*ekdyō*; 2/6) *take off*

Mt 27:28 καὶ **ἐκδύσαντες** αὐτὸν χλαμύδα κοκκίνην
Mt 27:31 **ἐξέδυσαν** αὐτὸν τὴν χλαμύδα

ἐκεῖ (*ekei*; 28/95) *there*

Mt 2:13 Αἴγυπτον καὶ ἴσθι **ἐκεῖ** ἕως ἂν εἴπω
Mt 2:15 καὶ ἦν **ἐκεῖ** ἕως τῆς τελευτῆς
Mt 2:22 αὐτοῦ Ἡρῴδου ἐφοβήθη **ἐκεῖ** ἀπελθεῖν·
Mt 5:24 ἄφες **ἐκεῖ** τὸ δῶρόν σου
Mt 6:21 **ἐκεῖ** ἔσται καὶ ἡ
Mt 8:12 **ἐκεῖ** ἔσται ὁ κλαυθμὸς
Mt 12:45 καὶ εἰσελθόντα κατοικεῖ **ἐκεῖ**·
Mt 13:42 **ἐκεῖ** ἔσται ὁ κλαυθμὸς
Mt 13:50 **ἐκεῖ** ἔσται ὁ κλαυθμὸς
Mt 13:58 καὶ οὐκ ἐποίησεν **ἐκεῖ** δυνάμεις πολλὰς διὰ
Mt 14:23 γενομένης μόνος ἦν **ἐκεῖ**.
Mt 15:29 εἰς τὸ ὄρος ἐκάθητο **ἐκεῖ**.
Mt 17:20 μετάβα ἔνθεν **ἐκεῖ**,
Mt 18:20 **ἐκεῖ** εἰμι ἐν μέσῳ

Mt 19:2 καὶ ἐθεράπευσεν αὐτοὺς **ἐκεῖ**.
Mt 21:17 Βηθανίαν καὶ ηὐλίσθη **ἐκεῖ**.
Mt 22:11 τοὺς ἀνακειμένους εἶδεν **ἐκεῖ** ἄνθρωπον οὐκ ἐνδεδυμένον
Mt 22:13 **ἐκεῖ** ἔσται ὁ κλαυθμὸς
Mt 24:28 **ἐκεῖ** συναχθήσονται οἱ ἀετοί.
Mt 24:51 **ἐκεῖ** ἔσται ὁ κλαυθμὸς
Mt 25:30 **ἐκεῖ** ἔσται ὁ κλαυθμὸς
Mt 26:36 ἕως [οὗ] ἀπελθὼν **ἐκεῖ** προσεύξωμαι.
Mt 26:71 καὶ λέγει τοῖς **ἐκεῖ**·
Mt 27:36 καθήμενοι ἐτήρουν αὐτὸν **ἐκεῖ**.
Mt 27:47 τινες δὲ τῶν **ἐκεῖ** ἑστηκότων ἀκούσαντες ἔλεγον
Mt 27:55 Ἦσαν δὲ **ἐκεῖ** γυναῖκες πολλαὶ ἀπὸ
Mt 27:61 Ἦν δὲ **ἐκεῖ** Μαριὰμ ἡ Μαγδαληνὴ
Mt 28:7 **ἐκεῖ** αὐτὸν ὄψεσθε·

ἐκεῖθεν (*ekeithen*; 12/27) *from there*

Mt 4:21 καὶ προβὰς **ἐκεῖθεν** εἶδεν ἄλλους δύο
Mt 5:26 οὐ μὴ ἐξέλθῃς **ἐκεῖθεν**,
Mt 9:9 παράγων ὁ Ἰησοῦς **ἐκεῖθεν** εἶδεν ἄνθρωπον καθήμενον
Mt 9:27 Καὶ παράγοντι **ἐκεῖθεν** τῷ Ἰησοῦ ἠκολούθησαν
Mt 11:1 μετέβη **ἐκεῖθεν** τοῦ διδάσκειν καὶ
Mt 12:9 Καὶ μεταβὰς **ἐκεῖθεν** ἦλθεν εἰς τὴν
Mt 12:15 Ἰησοῦς γνοὺς ἀνεχώρησεν **ἐκεῖθεν**.
Mt 13:53 μετῆρεν **ἐκεῖθεν**.
Mt 14:13 ὁ Ἰησοῦς ἀνεχώρησεν **ἐκεῖθεν** ἐν πλοίῳ εἰς
Mt 15:21 Καὶ ἐξελθὼν **ἐκεῖθεν** ὁ Ἰησοῦς ἀνεχώρησεν
Mt 15:29 Καὶ μεταβὰς **ἐκεῖθεν** ὁ Ἰησοῦς ἦλθεν
Mt 19:15 χεῖρας αὐτοῖς ἐπορεύθη **ἐκεῖθεν**.

ἐκεῖνος (*ekeinos*; 54/240[243]) *that*

Mt 3:1 δὲ ταῖς ἡμέραις **ἐκείναις** παραγίνεται Ἰωάννης ὁ
Mt 7:22 ἐροῦσίν μοι ἐν **ἐκείνῃ** τῇ ἡμέρᾳ·
Mt 7:25 προσέπεσαν τῇ οἰκίᾳ **ἐκείνῃ**,
Mt 7:27 προσέκοψαν τῇ οἰκίᾳ **ἐκείνῃ**,
Mt 8:13 ἐν τῇ ὥρᾳ **ἐκείνῃ**.
Mt 8:28 διὰ τῆς ὁδοῦ **ἐκείνης**.
Mt 9:22 ἀπὸ τῆς ὥρας **ἐκείνης**.
Mt 9:26 ὅλην τὴν γῆν **ἐκείνην**.
Mt 9:31 ὅλῃ τῇ γῇ **ἐκείνῃ**.
Mt 10:14 ἢ τῆς πόλεως **ἐκείνης** ἐκτινάξατε τὸν κονιορτὸν
Mt 10:15 ἢ τῇ πόλει **ἐκείνῃ**.
Mt 10:19 γὰρ ὑμῖν ἐν **ἐκείνῃ** τῇ ὥρᾳ τί
Mt 11:25 Ἐν **ἐκείνῳ** τῷ καιρῷ ἀποκριθεὶς
Mt 12:1 Ἐν **ἐκείνῳ** τῷ καιρῷ ἐπορεύθη
Mt 12:45 ἔσχατα τοῦ ἀνθρώπου **ἐκείνου** χείρονα τῶν πρώτων.
Mt 13:1 Ἐν τῇ ἡμέρᾳ **ἐκείνῃ** ἐξελθὼν ὁ Ἰησοῦς
Mt 13:11 **ἐκείνοις** δὲ οὐ δέδοται.
Mt 13:44 ἀγοράζει τὸν ἀγρὸν **ἐκεῖνον**.
Mt 14:1 Ἐν **ἐκείνῳ** τῷ καιρῷ ἤκουσεν
Mt 14:35 ἄνδρες τοῦ τόπου **ἐκείνου** ἀπέστειλαν εἰς ὅλην
Mt 14:35 ὅλην τὴν περίχωρον **ἐκείνην** καὶ προσήνεγκαν αὐτῷ
Mt 15:22 ἀπὸ τῶν ὁρίων **ἐκείνων** ἐξελθοῦσα ἔκραζεν λέγουσα·
Mt 15:28 ἀπὸ τῆς ὥρας **ἐκείνης**.
Mt 17:18 ἀπὸ τῆς ὥρας **ἐκείνης**.
Mt 17:27 **ἐκεῖνον** λαβὼν δὸς αὐτοῖς
Mt 18:1 Ἐν **ἐκείνῃ** τῇ ὥρᾳ προσῆλθον
Mt 18:27 κύριος τοῦ δούλου **ἐκείνου** ἀπέλυσεν αὐτὸν
Mt 18:28 δὲ ὁ δοῦλος **ἐκεῖνος** εὗρεν ἕνα τῶν
Mt 18:32 πᾶσαν τὴν ὀφειλὴν **ἐκείνην** ἀφῆκά σοι,
Mt 20:4 καὶ **ἐκείνοις** εἶπεν·
Mt 21:40 ποιήσει τοῖς γεωργοῖς **ἐκείνοις**;
Mt 22:7 ἀπώλεσεν τοὺς φονεῖς **ἐκείνους** καὶ τὴν πόλιν
Mt 22:10 ἐξελθόντες οἱ δοῦλοι **ἐκεῖνοι** εἰς τὰς ὁδοὺς
Mt 22:23 Ἐν **ἐκείνῃ** τῇ ἡμέρᾳ προσῆλθον
Mt 22:46 ἐτόλμησέν τις ἀπ᾽ **ἐκείνης** τῆς ἡμέρας ἐπερωτῆσαι
Mt 24:19 ταῖς θηλαζούσαις ἐν **ἐκείναις** ταῖς ἡμέραις.
Mt 24:22 ἐκολοβώθησαν αἱ ἡμέραι **ἐκεῖναι**,
Mt 24:22 κολοβωθήσονται αἱ ἡμέραι **ἐκεῖναι**.
Mt 24:29 θλῖψιν τῶν ἡμερῶν **ἐκείνων** ὁ ἥλιος σκοτισθήσεται,
Mt 24:36 δὲ τῆς ἡμέρας **ἐκείνης** καὶ ὥρας οὐδεὶς
Mt 24:38 ἐν ταῖς ἡμέραις **[ἐκείναις]** ταῖς πρὸ τοῦ
Mt 24:43 **Ἐκεῖνο** δὲ γινώσκετε ὅτι
Mt 24:46 μακάριος ὁ δοῦλος **ἐκεῖνος** ὃν ἐλθὼν ὁ
Mt 24:48 ὁ κακὸς δοῦλος **ἐκεῖνος** ἐν τῇ καρδίᾳ
Mt 24:50 κύριος τοῦ δούλου **ἐκείνου** ἐν ἡμέρᾳ ᾗ
Mt 25:7 πᾶσαι αἱ παρθένοι **ἐκεῖναι** καὶ ἐκόσμησαν
Mt 25:19 κύριος τῶν δούλων **ἐκείνων** καὶ συναίρει λόγον
Mt 26:24 δὲ τῷ ἀνθρώπῳ **ἐκείνῳ** δι᾽ οὗ ὁ
Mt 26:24 ἐγεννήθη ὁ ἄνθρωπος **ἐκεῖνος**.
Mt 26:29 ἕως τῆς ἡμέρας **ἐκείνης** ὅταν αὐτὸ πίνω
Mt 26:55 Ἐν **ἐκείνῃ** τῇ ὥρᾳ εἶπεν
Mt 27:8 ἐκλήθη ὁ ἀγρὸς **ἐκεῖνος** ἀγρὸς αἵματος ἕως
Mt 27:19 καὶ τῷ δικαίῳ **ἐκείνῳ**·
Mt 27:63 ἐμνήσθημεν ὅτι **ἐκεῖνος** ὁ πλάνος εἶπεν

ἐκκλησία (*ekklēsia*; 3/114) *church*

Mt 16:18 οἰκοδομήσω μου τὴν **ἐκκλησίαν** καὶ πύλαι ᾅδου
Mt 18:17 εἰπὲ τῇ **ἐκκλησίᾳ**·
Mt 18:17 δὲ καὶ τῆς **ἐκκλησίας** παρακούσῃ,

ἐκκόπτω (*ekkoptō*; 4/10) *cut off or down*

Mt 3:10 ποιοῦν καρπὸν καλὸν **ἐκκόπτεται** καὶ εἰς πῦρ
Mt 5:30 **ἔκκοψον** αὐτὴν καὶ βάλε
Mt 7:19 ποιοῦν καρπὸν καλὸν **ἐκκόπτεται** καὶ εἰς πῦρ
Mt 18:8 **ἔκκοψον** αὐτὸν καὶ βάλε

ἐκλάμπω (*eklampō*; 1/1) *shine*

Mt 13:43 τότε οἱ δίκαιοι **ἐκλάμψουσιν** ὡς ὁ ἥλιος

ἐκλεκτός (*eklektos*; 4/22) *chosen*

Mt 22:14 ὀλίγοι δὲ **ἐκλεκτοί**.
Mt 24:22 διὰ δὲ τοὺς **ἐκλεκτοὺς** κολοβωθήσονται αἱ ἡμέραι
Mt 24:24 καὶ τοὺς **ἐκλεκτούς**.
Mt 24:31 καὶ ἐπισυνάξουσιν τοὺς **ἐκλεκτοὺς** αὐτοῦ ἐκ

ἐκλύομαι (*eklyomai*; 1/5) *give up*

Mt 15:32 μήποτε **ἐκλυθῶσιν** ἐν τῇ ὁδῷ.

ἐκπειράζω (*ekpeirazō*; 1/4) *put to the test*
Mt 4:7 οὐκ **ἐκπειράσεις** κύριον τὸν θεόν

ἐκπλήσσω (*ekplēssō*; 4/13) *be amazed*
Mt 7:28 **ἐξεπλήσσοντο** οἱ ὄχλοι ἐπὶ
Mt 13:54 ὥστε **ἐκπλήσσεσθαι** αὐτοὺς καὶ λέγειν·
Mt 19:25 δὲ οἱ μαθηταὶ **ἐξεπλήσσοντο** σφόδρα λέγοντες·
Mt 22:33 ἀκούσαντες οἱ ὄχλοι **ἐξεπλήσσοντο** ἐπὶ τῇ διδαχῇ

ἐκπορεύομαι (*ekporeuomai*; 5/33) *go or come out*
Mt 3:5 Τότε **ἐξεπορεύετο** πρὸς αὐτὸν Ἱεροσόλυμα
Mt 4:4 ἐπὶ παντὶ ῥήματι **ἐκπορευομένῳ** διὰ στόματος θεοῦ.
Mt 15:11 ἀλλὰ τὸ **ἐκπορευόμενον** ἐκ τοῦ στόματος
Mt 15:18 τὰ δὲ **ἐκπορευόμενα** ἐκ τοῦ στόματος
Mt 20:29 Καὶ **ἐκπορευομένων** αὐτῶν ἀπὸ Ἰεριχὼ

ἐκριζόω (*ekrizoō*; 2/4) *uproot*
Mt 13:29 συλλέγοντες τὰ ζιζάνια **ἐκριζώσητε** ἅμα αὐτοῖς τὸν
Mt 15:13 μου ὁ οὐράνιος **ἐκριζωθήσεται**.

ἐκτείνω (*ekteinō*; 6/16) *stretch out*
Mt 8:3 καὶ **ἐκτείνας** τὴν χεῖρα ἥψατο
Mt 12:13 **Ἔκτεινόν** σου τὴν χεῖρα.
Mt 12:13 καὶ ἐξέτεινεν **καὶ** ἀπεκατεστάθη ὑγιὴς ὡς
Mt 12:49 καὶ **ἐκτείνας** τὴν χεῖρα αὐτοῦ
Mt 14:31 δὲ ὁ Ἰησοῦς **ἐκτείνας** τὴν χεῖρα ἐπελάβετο
Mt 26:51 τῶν μετὰ Ἰησοῦ **ἐκτείνας** τὴν χεῖρα ἀπέσπασεν

ἐκτινάσσω (*ektinassō*; 1/4) *shake off*
Mt 10:14 τῆς πόλεως ἐκείνης **ἐκτινάξατε** τὸν κονιορτὸν τῶν

ἐκτός (*ektos*; 1/8) *outside*
Mt 23:26 γένηται καὶ τὸ **ἐκτὸς** αὐτοῦ καθαρόν.

ἕκτος (*hektos*; 2/14) *sixth*
Mt 20:5 [δὲ] ἐξελθὼν περὶ **ἕκτην** καὶ ἐνάτην ὥραν
Mt 27:45 Ἀπὸ δὲ **ἕκτης** ὥρας σκότος ἐγένετο

ἐκφύω (*ekphyō*; 1/2) *put out*
Mt 24:32 καὶ τὰ φύλλα **ἐκφύῃ**,

ἐκχύννομαι (*ekchynnomai*; 3/27) *pour out*
Mt 9:17 καὶ ὁ οἶνος **ἐκχεῖται** καὶ οἱ ἀσκοὶ
Mt 23:35 πᾶν αἷμα δίκαιον **ἐκχυννόμενον** ἐπὶ τῆς γῆς
Mt 26:28 τὸ περὶ πολλῶν **ἐκχυννόμενον** εἰς ἄφεσιν ἁμαρτιῶν.

ἐλαία (*elaia*; 3/14[15]) *olive tree*
Mt 21:1 τὸ ὄρος τῶν **ἐλαιῶν**,
Mt 24:3 τοῦ ὄρους τῶν **ἐλαιῶν** προσῆλθον αὐτῷ οἱ
Mt 26:30 τὸ ὄρος τῶν **ἐλαιῶν**.

ἔλαιον (*elaion*; 3/11) *olive oil*
Mt 25:3 ἔλαβον μεθ᾽ ἑαυτῶν **ἔλαιον**.
Mt 25:4 δὲ φρόνιμοι ἔλαβον **ἔλαιον** ἐν τοῖς ἀγγείοις
Mt 25:8 ἡμῖν ἐκ τοῦ **ἐλαίου** ὑμῶν,

ἐλαφρός (*elaphros*; 1/2) *light, easy*
Mt 11:30 τὸ φορτίον μου **ἐλαφρόν** ἐστιν.

ἐλάχιστος (*elachistos*; 5/14) *least*
Mt 2:6 οὐδαμῶς **ἐλαχίστη** εἶ ἐν τοῖς
Mt 5:19 ἐντολῶν τούτων τῶν **ἐλαχίστων** καὶ διδάξῃ οὕτως
Mt 5:19 **ἐλάχιστος** κληθήσεται ἐν τῇ
Mt 25:40 ἀδελφῶν μου τῶν **ἐλαχίστων**,
Mt 25:45 ἑνὶ τούτων τῶν **ἐλαχίστων**,

Ἐλεάζαρ (*Eleazar*; 2/2) *Eleazar*
Mt 1:15 δὲ ἐγέννησεν τὸν **Ἐλεάζαρ**,
Mt 1:15 **Ἐλεάζαρ** δὲ ἐγέννησεν τὸν

ἐλέγχω (*elenchō*; 1/17) *expose, convict*
Mt 18:15 ὕπαγε **ἔλεγξον** αὐτὸν μεταξὺ σοῦ

ἐλεέω (*eleeō*; 8/28) *be merciful*
Mt 5:7 ὅτι αὐτοὶ **ἐλεηθήσονται**.
Mt 9:27 **ἐλέησον** ἡμᾶς,
Mt 15:22 **ἐλέησόν** με,
Mt 17:15 **ἐλέησόν** μου τὸν υἱόν,
Mt 18:33 ἔδει καὶ σὲ **ἐλεῆσαι** τὸν σύνδουλόν σου,
Mt 18:33 ὡς κἀγὼ σὲ **ἠλέησα**;
Mt 20:30 **ἐλέησον** ἡμᾶς,
Mt 20:31 **ἐλέησον** ἡμᾶς,

ἐλεημοσύνη (*eleēmosynē*; 3/13) *giving money to a needy person*
Mt 6:2 Ὅταν οὖν ποιῇς **ἐλεημοσύνην**,
Mt 6:3 σοῦ δὲ ποιοῦντος **ἐλεημοσύνην** μὴ γνώτω ἡ
Mt 6:4 ᾖ σου ἡ **ἐλεημοσύνη** ἐν τῷ κρυπτῷ·

ἐλεήμων (*eleēmōn*; 1/2) *merciful*
Mt 5:7 μακάριοι οἱ **ἐλεήμονες**,

ἔλεος (*eleos*; 3/27) *mercy*
Mt 9:13 **Ἔλεος** θέλω καὶ οὐ
Mt 12:7 **Ἔλεος** θέλω καὶ οὐ
Mt 23:23 κρίσιν καὶ τὸ **ἔλεος** καὶ τὴν πίστιν·

ἐλεύθερος (*eleutheros*; 1/23) *free*
Mt 17:26 ἄρα γε **ἐλεύθεροί** εἰσιν οἱ υἱοί.

Ἐλιακίμ (*Eliakim*; 2/3) *Eliakim*
Mt 1:13 δὲ ἐγέννησεν τὸν **Ἐλιακίμ**,
Mt 1:13 **Ἐλιακὶμ** δὲ ἐγέννησεν τὸν

Ἐλιούδ (*Elioud*; 2/2) *Eliud*
Mt 1:14 δὲ ἐγέννησεν τὸν **Ἐλιούδ**,
Mt 1:15 **Ἐλιοὺδ** δὲ ἐγέννησεν τὸν

ἐλπίζω (*elpizō*; 1/31) *hope*
Mt 12:21 ὀνόματι αὐτοῦ ἔθνη **ἐλπιοῦσιν**.

ἐμαυτοῦ (*emautou*; 1/37) *myself*
Mt 8:9 ἔχων ὑπ' **ἐμαυτὸν** στρατιώτας,

ἐμβαίνω (*embainō*; 5/16) *get into*
Mt 8:23 Καὶ **ἐμβάντι** αὐτῷ εἰς τὸ
Mt 9:1 Καὶ **ἐμβὰς** εἰς πλοῖον διεπέρασεν
Mt 13:2 αὐτὸν εἰς πλοῖον **ἐμβάντα** καθῆσθαι,
Mt 14:22 ἠνάγκασεν τοὺς μαθητὰς **ἐμβῆναι** εἰς τὸ πλοῖον
Mt 15:39 ἀπολύσας τοὺς ὄχλους **ἐνέβη** εἰς τὸ πλοῖον

ἐμβάπτω (*embaptō*; 1/2) *dip*
Mt 26:23 ὁ **ἐμβάψας** μετ' ἐμοῦ τὴν

ἐμβλέπω (*emblepō*; 2/12) *look straight at*
Mt 6:26 **ἐμβλέψατε** εἰς τὰ πετεινὰ
Mt 19:26 **ἐμβλέψας** δὲ ὁ Ἰησοῦς

ἐμβριμάομαι (*embrimaomai*; 1/5) *bristle*
Mt 9:30 καὶ **ἐνεβριμήθη** αὐτοῖς ὁ Ἰησοῦς

Ἐμμανουήλ (*Emmanouēl*; 1/1) *Emmanuel*
Mt 1:23 τὸ ὄνομα αὐτοῦ **Ἐμμανουήλ**,

ἐμός (*emos*; 4/76) *my*
Mt 18:20 συνηγμένοι εἰς τὸ **ἐμὸν** ὄνομα,
Mt 20:15 ποιῆσαι ἐν τοῖς **ἐμοῖς**;
Mt 20:23 εὐωνύμων οὐκ ἔστιν **ἐμὸν** [τοῦτο] δοῦναι,
Mt 25:27 ἐκομισάμην ἂν τὸ **ἐμὸν** σὺν τόκῳ.

ἐμπαίζω (*empaizō*; 5/13) *ridicule*
Mt 2:16 Ἡρῴδης ἰδὼν ὅτι **ἐνεπαίχθη** ὑπὸ τῶν μάγων
Mt 20:19 ἔθνεσιν εἰς τὸ **ἐμπαῖξαι** καὶ μαστιγῶσαι καὶ
Mt 27:29 γονυπετήσαντες ἔμπροσθεν αὐτοῦ **ἐνέπαιξαν** αὐτῷ λέγοντες·
Mt 27:31 καὶ ὅτε **ἐνέπαιξαν** αὐτῷ,
Mt 27:41 καὶ οἱ ἀρχιερεῖς **ἐμπαίζοντες** μετὰ τῶν γραμματέων

ἐμπίμπρημι (*empimprēmi*; 1/1) *set on fire*
Mt 22:7 τὴν πόλιν αὐτῶν **ἐνέπρησεν**.

ἐμπίπτω (*empiptō*; 1/7) *fall into or among*
Mt 12:11 ἓν καὶ ἐὰν **ἐμπέσῃ** τοῦτο τοῖς σάββασιν

ἐμπορία (*emporia*; 1/1) *business*
Mt 22:5 δὲ ἐπὶ τὴν **ἐμπορίαν** αὐτοῦ·

ἔμπορος (*emporos*; 1/5) *merchant*
Mt 13:45 τῶν οὐρανῶν ἀνθρώπῳ **ἐμπόρῳ** ζητοῦντι καλοὺς μαργαρίτας·

ἔμπροσθεν (*emprosthen*; 18/48) *before*
Mt 5:16 τὸ φῶς ὑμῶν **ἔμπροσθεν** τῶν ἀνθρώπων,
Mt 5:24 τὸ δῶρόν σου **ἔμπροσθεν** τοῦ θυσιαστηρίου
Mt 6:1 ὑμῶν μὴ ποιεῖν **ἔμπροσθεν** τῶν ἀνθρώπων
Mt 6:2 μὴ σαλπίσῃς **ἔμπροσθέν** σου,
Mt 7:6 τοὺς μαργαρίτας ὑμῶν **ἔμπροσθεν** τῶν χοίρων,
Mt 10:32 ὁμολογήσει ἐν ἐμοὶ **ἔμπροσθεν** τῶν ἀνθρώπων,
Mt 10:32 κἀγὼ ἐν αὐτῷ **ἔμπροσθεν** τοῦ πατρός μου
Mt 10:33 ἂν ἀρνήσηταί με **ἔμπροσθεν** τῶν ἀνθρώπων,
Mt 10:33 ἀρνήσομαι κἀγὼ αὐτὸν **ἔμπροσθεν** τοῦ πατρός μου
Mt 11:10 τὴν ὁδόν σου **ἔμπροσθέν** σου.
Mt 11:26 οὕτως εὐδοκία ἐγένετο **ἔμπροσθέν** σου.
Mt 17:2 καὶ μετεμορφώθη **ἔμπροσθεν** αὐτῶν,
Mt 18:14 οὐκ ἔστιν θέλημα **ἔμπροσθεν** τοῦ πατρὸς ὑμῶν
Mt 23:13 βασιλείαν τῶν οὐρανῶν **ἔμπροσθεν** τῶν ἀνθρώπων·
Mt 25:32 καὶ συναχθήσονται **ἔμπροσθεν** αὐτοῦ πάντα
Mt 26:70 ὁ δὲ ἠρνήσατο **ἔμπροσθεν** πάντων λέγων·
Mt 27:11 δὲ Ἰησοῦς ἐστάθη **ἔμπροσθεν** τοῦ ἡγεμόνος·
Mt 27:29 καὶ γονυπετήσαντες **ἔμπροσθεν** αὐτοῦ ἐνέπαιξαν αὐτῷ

ἐμπτύω (*emptyō*; 2/6) *spit on*
Mt 26:67 Τότε **ἐνέπτυσαν** εἰς τὸ πρόσωπον
Mt 27:30 καὶ **ἐμπτύσαντες** εἰς αὐτὸν ἔλαβον

ἐμφανίζω (*emphanizō*; 1/10) *show, inform*
Mt 27:53 ἁγίαν πόλιν καὶ **ἐνεφανίσθησαν** πολλοῖς.

ἐν (*en*; 293/2746[2752]) *in*
Mt 1:18 συνελθεῖν αὐτοὺς εὑρέθη **ἐν** γαστρὶ ἔχουσα
Mt 1:20 τὸ γὰρ **ἐν** αὐτῇ γεννηθὲν
Mt 1:23 ἰδοὺ ἡ παρθένος **ἐν** γαστρὶ ἕξει καὶ
Mt 2:1 δὲ Ἰησοῦ γεννηθέντος **ἐν** Βηθλέεμ τῆς Ἰουδαίας
Mt 2:1 Βηθλέεμ τῆς Ἰουδαίας **ἐν** ἡμέραις Ἡρῴδου
Mt 2:2 αὐτοῦ τὸν ἀστέρα **ἐν** τῇ ἀνατολῇ καὶ
Mt 2:5 **ἐν** Βηθλέεμ τῆς Ἰουδαίας·
Mt 2:6 οὐδαμῶς ἐλαχίστη εἶ **ἐν** τοῖς ἡγεμόσιν Ἰούδα·
Mt 2:9 ὃν εἶδον **ἐν** τῇ ἀνατολῇ,
Mt 2:16 τοὺς παῖδας τοὺς **ἐν** Βηθλέεμ καὶ ἐν
Mt 2:16 ἐν Βηθλέεμ καὶ **ἐν** πᾶσι τοῖς ὁρίοις
Mt 2:18 φωνὴ **ἐν** Ῥαμὰ ἠκούσθη,
Mt 2:19 ὄναρ τῷ Ἰωσὴφ **ἐν** Αἰγύπτῳ
Mt 3:1 **Ἐν** δὲ ταῖς ἡμέραις
Mt 3:1 ὁ βαπτιστὴς κηρύσσων **ἐν** τῇ ἐρήμῳ τῆς
Mt 3:3 φωνὴ βοῶντος **ἐν** τῇ ἐρήμῳ·
Mt 3:6 καὶ ἐβαπτίζοντο **ἐν** τῷ Ἰορδάνῃ ποταμῷ
Mt 3:9 μὴ δόξητε λέγειν **ἐν** ἑαυτοῖς·
Mt 3:11 μὲν ὑμᾶς βαπτίζω **ἐν** ὕδατι εἰς μετάνοιαν,
Mt 3:11 αὐτὸς ὑμᾶς βαπτίσει **ἐν** πνεύματι ἁγίῳ καὶ
Mt 3:12 οὗ τὸ πτύον **ἐν** τῇ χειρὶ αὐτοῦ
Mt 3:17 **ἐν** ᾧ εὐδόκησα.
Mt 4:13 Καφαρναοὺμ τὴν παραθαλασσίαν **ἐν** ὁρίοις Ζαβουλὼν καὶ
Mt 4:16 λαὸς ὁ καθήμενος **ἐν** σκότει φῶς εἶδεν
Mt 4:16 καὶ τοῖς καθημένοις **ἐν** χώρᾳ καὶ σκιᾷ
Mt 4:21 **ἐν** τῷ πλοίῳ μετὰ
Mt 4:23 Καὶ περιῆγεν **ἐν** ὅλῃ τῇ Γαλιλαίᾳ
Mt 4:23 τῇ Γαλιλαίᾳ διδάσκων **ἐν** ταῖς συναγωγαῖς αὐτῶν
Mt 4:23 καὶ πᾶσαν μαλακίαν **ἐν** τῷ λαῷ.

Mt 5:12 μισθὸς ὑμῶν πολὺς **ἐν** τοῖς οὐρανοῖς·
Mt 5:13 **ἐν** τίνι ἁλισθήσεται;
Mt 5:15 λάμπει πᾶσιν τοῖς **ἐν** τῇ οἰκίᾳ.
Mt 5:16 πατέρα ὑμῶν τὸν **ἐν** τοῖς οὐρανοῖς.
Mt 5:19 ἐλάχιστος κληθήσεται **ἐν** τῇ βασιλείᾳ
Mt 5:19 οὗτος μέγας κληθήσεται **ἐν** τῇ βασιλείᾳ
Mt 5:25 εἶ μετ' αὐτοῦ **ἐν** τῇ ὁδῷ,
Mt 5:28 ἤδη ἐμοίχευσεν αὐτὴν **ἐν** τῇ καρδίᾳ αὐτοῦ.
Mt 5:34 μήτε **ἐν** τῷ οὐρανῷ,
Mt 5:35 μήτε **ἐν** τῇ γῇ,
Mt 5:36 μήτε **ἐν** τῇ κεφαλῇ σου
Mt 5:45 πατρὸς ὑμῶν τοῦ **ἐν** οὐρανοῖς,
Mt 6:1 πατρὶ ὑμῶν τῷ **ἐν** τοῖς οὐρανοῖς.
Mt 6:2 οἱ ὑποκριταὶ ποιοῦσιν **ἐν** ταῖς συναγωγαῖς
Mt 6:2 ταῖς συναγωγαῖς καὶ **ἐν** ταῖς ῥύμαις,
Mt 6:4 σου ἡ ἐλεημοσύνη **ἐν** τῷ κρυπτῷ·
Mt 6:4 σου ὁ βλέπων **ἐν** τῷ κρυπτῷ ἀποδώσει
Mt 6:5 ὅτι φιλοῦσιν **ἐν** ταῖς συναγωγαῖς καὶ
Mt 6:5 ταῖς συναγωγαῖς καὶ **ἐν** ταῖς γωνίαις τῶν
Mt 6:6 πατρί σου τῷ **ἐν** τῷ κρυπτῷ·
Mt 6:6 σου ὁ βλέπων **ἐν** τῷ κρυπτῷ ἀποδώσει
Mt 6:7 δοκοῦσιν γὰρ ὅτι **ἐν** τῇ πολυλογίᾳ αὐτῶν
Mt 6:9 Πάτερ ἡμῶν ὁ **ἐν** τοῖς οὐρανοῖς·
Mt 6:10 ὡς **ἐν** οὐρανῷ καὶ ἐπὶ
Mt 6:18 πατρί σου τῷ **ἐν** τῷ κρυφαίῳ·
Mt 6:18 σου ὁ βλέπων **ἐν** τῷ κρυφαίῳ ἀποδώσει
Mt 6:20 δὲ ὑμῖν θησαυροὺς **ἐν** οὐρανῷ,
Mt 6:23 τὸ φῶς τὸ **ἐν** σοὶ σκότος ἐστίν,
Mt 6:29 ὅτι οὐδὲ Σολομὼν **ἐν** πάσῃ τῇ δόξῃ
Mt 7:2 **ἐν** ᾧ γὰρ κρίματι
Mt 7:2 καὶ **ἐν** ᾧ μέτρῳ μετρεῖτε
Mt 7:3 τὸ κάρφος τὸ **ἐν** τῷ ὀφθαλμῷ τοῦ
Mt 7:3 τὴν δὲ **ἐν** τῷ σῷ ὀφθαλμῷ
Mt 7:4 ἰδοὺ ἡ δοκὸς **ἐν** τῷ ὀφθαλμῷ σοῦ;
Mt 7:6 μήποτε καταπατήσουσιν αὐτοὺς **ἐν** τοῖς ποσὶν αὐτῶν
Mt 7:11 πατὴρ ὑμῶν ὁ **ἐν** τοῖς οὐρανοῖς δώσει
Mt 7:15 ἔρχονται πρὸς ὑμᾶς **ἐν** ἐνδύμασιν προβάτων,
Mt 7:21 πατρός μου τοῦ **ἐν** τοῖς οὐρανοῖς.
Mt 7:22 πολλοὶ ἐροῦσίν μοι **ἐν** ἐκείνῃ τῇ ἡμέρᾳ·
Mt 8:6 παῖς μου βέβληται **ἐν** τῇ οἰκίᾳ παραλυτικός,
Mt 8:10 οὐδενὶ τοσαύτην πίστιν **ἐν** τῷ 'Ισραὴλ εὗρον.
Mt 8:11 'Ισαὰκ καὶ 'Ιακὼβ **ἐν** τῇ βασιλείᾳ τῶν
Mt 8:13 ὁ παῖς [αὐτοῦ] **ἐν** τῇ ὥρᾳ ἐκείνῃ.
Mt 8:24 σεισμὸς μέγας ἐγένετο **ἐν** τῇ θαλάσσῃ,
Mt 8:32 θάλασσαν καὶ ἀπέθανον **ἐν** τοῖς ὕδασιν.
Mt 9:3 τῶν γραμματέων εἶπαν **ἐν** ἑαυτοῖς·
Mt 9:4 ἐνθυμεῖσθε πονηρὰ **ἐν** ταῖς καρδίαις ὑμῶν;
Mt 9:10 ἐγένετο αὐτοῦ ἀνακειμένου **ἐν** τῇ οἰκίᾳ,
Mt 9:21 ἔλεγεν γὰρ **ἐν** ἑαυτῇ·
Mt 9:31 ἐξελθόντες διεφήμισαν αὐτὸν **ἐν** ὅλῃ τῇ γῇ
Mt 9:33 οὐδέποτε ἐφάνη οὕτως **ἐν** τῷ 'Ισραήλ.
Mt 9:34 **ἐν** τῷ ἄρχοντι τῶν
Mt 9:35 τὰς κώμας διδάσκων **ἐν** ταῖς συναγωγαῖς αὐτῶν
Mt 10:11 ἐξετάσατε τίς ἐν **αὐτῇ** ἄξιός ἐστιν·
Mt 10:15 Σοδόμων καὶ Γομόρρων **ἐν** ἡμέρᾳ κρίσεως ἢ
Mt 10:16 ὑμᾶς ὡς πρόβατα **ἐν** μέσῳ λύκων·
Mt 10:17 εἰς συνέδρια καὶ **ἐν** ταῖς συναγωγαῖς αὐτῶν
Mt 10:19 δοθήσεται γὰρ ὑμῖν **ἐν** ἐκείνῃ τῇ ὥρᾳ
Mt 10:20 ὑμῶν τὸ λαλοῦν **ἐν** ὑμῖν.
Mt 10:23 δὲ διώκωσιν ὑμᾶς **ἐν** τῇ πόλει ταύτῃ,
Mt 10:27 ὃ λέγω ὑμῖν **ἐν** τῇ σκοτίᾳ εἴπατε
Mt 10:27 τῇ σκοτίᾳ εἴπατε **ἐν** τῷ φωτί,
Mt 10:28 καὶ σῶμα ἀπολέσαι **ἐν** γεέννῃ.
Mt 10:32 οὖν ὅστις ὁμολογήσει **ἐν** ἐμοὶ ἔμπροσθεν
Mt 10:32 ὁμολογήσω κἀγὼ **ἐν** αὐτῷ ἔμπροσθεν τοῦ
Mt 10:32 πατρός μου τοῦ **ἐν** [τοῖς] οὐρανοῖς·
Mt 10:33 πατρός μου τοῦ **ἐν** [τοῖς] οὐρανοῖς.
Mt 11:1 διδάσκειν καὶ κηρύσσειν **ἐν** ταῖς πόλεσιν αὐτῶν.
Mt 11:2 δὲ 'Ιωάννης ἀκούσας **ἐν** τῷ δεσμωτηρίῳ τὰ
Mt 11:6 ἐὰν μὴ σκανδαλισθῇ **ἐν** ἐμοί.
Mt 11:8 ἄνθρωπον **ἐν** μαλακοῖς ἠμφιεσμένον;
Mt 11:8 τὰ μαλακὰ φοροῦντες **ἐν** τοῖς οἴκοις τῶν
Mt 11:11 οὐκ ἐγήγερται **ἐν** γεννητοῖς γυναικῶν μείζων
Mt 11:11 ὁ δὲ μικρότερος **ἐν** τῇ βασιλείᾳ τῶν
Mt 11:16 ἐστὶν παιδίοις καθημένοις **ἐν** ταῖς ἀγοραῖς ἃ
Mt 11:20 ὀνειδίζειν τὰς πόλεις **ἐν** αἷς ἐγένοντο αἱ
Mt 11:21 ὅτι εἰ **ἐν** Τύρῳ καὶ Σιδῶνι
Mt 11:21 δυνάμεις αἱ γενόμεναι **ἐν** ὑμῖν,
Mt 11:21 πάλαι ἂν **ἐν** σάκκῳ καὶ σποδῷ
Mt 11:22 Σιδῶνι ἀνεκτότερον ἔσται **ἐν** ἡμέρᾳ κρίσεως ἢ
Mt 11:23 ὅτι εἰ **ἐν** Σοδόμοις ἐγενήθησαν αἱ
Mt 11:23 δυνάμεις αἱ γενόμεναι **ἐν** σοί,
Mt 11:24 Σοδόμων ἀνεκτότερον ἔσται **ἐν** ἡμέρᾳ κρίσεως ἢ
Mt 11:25 **'Εν** ἐκείνῳ τῷ καιρῷ
Mt 12:1 **'Εν** ἐκείνῳ τῷ καιρῷ
Mt 12:2 οὐκ ἔξεστιν ποιεῖν **ἐν** σαββάτῳ.
Mt 12:5 ἢ οὐκ ἀνέγνωτε **ἐν** τῷ νόμῳ ὅτι
Mt 12:5 σάββασιν οἱ ἱερεῖς **ἐν** τῷ ἱερῷ τὸ
Mt 12:19 οὐδὲ ἀκούσει τις **ἐν** ταῖς πλατείαις τὴν
Mt 12:24 δαιμόνια εἰ μὴ **ἐν** τῷ Βεελζεβοὺλ ἄρχοντι
Mt 12:27 καὶ εἰ ἐγὼ **ἐν** Βεελζεβοὺλ ἐκβάλλω τὰ
Mt 12:27 οἱ υἱοὶ ὑμῶν **ἐν** τίνι ἐκβάλλουσιν;
Mt 12:28 εἰ δὲ **ἐν** πνεύματι θεοῦ ἐγὼ
Mt 12:32 ἀφεθήσεται αὐτῷ οὔτε **ἐν** τούτῳ τῷ αἰῶνι
Mt 12:32 τῷ αἰῶνι οὔτε **ἐν** τῷ μέλλοντι.
Mt 12:36 περὶ αὐτοῦ λόγον **ἐν** ἡμέρᾳ κρίσεως·
Mt 12:40 γὰρ ἦν 'Ιωνᾶς **ἐν** τῇ κοιλίᾳ τοῦ
Mt 12:40 υἱὸς τοῦ ἀνθρώπου **ἐν** τῇ καρδίᾳ τῆς
Mt 12:41 ἄνδρες Νινευῖται ἀναστήσονται **ἐν** τῇ κρίσει μετὰ
Mt 12:42 βασίλισσα νότου ἐγερθήσεται **ἐν** τῇ κρίσει
Mt 12:50 πατρός μου τοῦ **ἐν** οὐρανοῖς αὐτός μου
Mt 13:1 **'Εν** τῇ ἡμέρᾳ ἐκείνῃ
Mt 13:3 ἐλάλησεν αὐτοῖς πολλὰ **ἐν** παραβολαῖς λέγων·
Mt 13:4 καὶ **ἐν** τῷ σπείρειν αὐτὸν
Mt 13:10 διὰ τί **ἐν** παραβολαῖς λαλεῖς αὐτοῖς;
Mt 13:13 διὰ τοῦτο **ἐν** παραβολαῖς αὐτοῖς λαλῶ,
Mt 13:19 ἁρπάζει τὸ ἐσπαρμένον **ἐν** τῇ καρδίᾳ αὐτοῦ,
Mt 13:21 ἔχει δὲ ῥίζαν **ἐν** ἑαυτῷ ἀλλὰ πρόσκαιρός
Mt 13:24 σπείραντι καλὸν σπέρμα **ἐν** τῷ ἀγρῷ αὐτοῦ.
Mt 13:25 **ἐν** δὲ τῷ καθεύδειν
Mt 13:27 καλὸν σπέρμα ἔσπειρας **ἐν** τῷ σῷ ἀγρῷ;
Mt 13:30 καὶ **ἐν** καιρῷ τοῦ θερισμοῦ
Mt 13:31 λαβὼν ἄνθρωπος ἔσπειρεν **ἐν** τῷ ἀγρῷ αὐτοῦ·
Mt 13:32 οὐρανοῦ καὶ κατασκηνοῦν **ἐν** τοῖς κλάδοις αὐτοῦ.
Mt 13:34 ἐλάλησεν ὁ 'Ιησοῦς **ἐν** παραβολαῖς τοῖς ὄχλοις

Mt 13:35 ἀνοίξω **ἐν** παραβολαῖς τὸ στόμα
Mt 13:40 οὕτως ἔσται **ἐν** τῇ συντελείᾳ τοῦ
Mt 13:43 ὡς ὁ ἥλιος **ἐν** τῇ βασιλείᾳ τοῦ
Mt 13:44 οὐρανῶν θησαυρῷ κεκρυμμένῳ **ἐν** τῷ ἀγρῷ,
Mt 13:49 οὕτως ἔσται **ἐν** τῇ συντελείᾳ τοῦ
Mt 13:54 αὐτοῦ ἐδίδασκεν αὐτοὺς **ἐν** τῇ συναγωγῇ αὐτῶν,
Mt 13:57 καὶ ἐσκανδαλίζοντο **ἐν** αὐτῷ.
Mt 13:57 ἄτιμος εἰ μὴ **ἐν** τῇ πατρίδι καὶ
Mt 13:57 τῇ πατρίδι καὶ **ἐν** τῇ οἰκίᾳ αὐτοῦ.
Mt 14:1 **Ἐν** ἐκείνῳ τῷ καιρῷ
Mt 14:2 αἱ δυνάμεις ἐνεργοῦσιν **ἐν** αὐτῷ.
Mt 14:3 ἔδησεν [αὐτὸν] καὶ **ἐν** φυλακῇ ἀπέθετο διὰ
Mt 14:6 θυγάτηρ τῆς Ἡρῳδιάδος **ἐν** τῷ μέσῳ καὶ
Mt 14:10 ἀπεκεφάλισεν [τὸν] Ἰωάννην **ἐν** τῇ φυλακῇ.
Mt 14:13 Ἰησοῦς ἀνεχώρησεν ἐκεῖθεν **ἐν** πλοίῳ εἰς ἔρημον
Mt 14:33 οἱ δὲ **ἐν** τῷ πλοίῳ προσεκύνησαν
Mt 15:32 μήποτε ἐκλυθῶσιν **ἐν** τῇ ὁδῷ.
Mt 15:33 πόθεν ἡμῖν **ἐν** ἐρημίᾳ ἄρτοι τοσοῦτοι
Mt 16:7 οἱ δὲ διελογίζοντο **ἐν** ἑαυτοῖς λέγοντες ὅτι
Mt 16:8 τί διαλογίζεσθε **ἐν** ἑαυτοῖς,
Mt 16:17 πατήρ μου ὁ **ἐν** τοῖς οὐρανοῖς.
Mt 16:19 γῆς ἔσται δεδεμένον **ἐν** τοῖς οὐρανοῖς,
Mt 16:19 γῆς ἔσται λελυμένον **ἐν** τοῖς οὐρανοῖς.
Mt 16:27 τοῦ ἀνθρώπου ἔρχεσθαι **ἐν** τῇ δόξῃ τοῦ
Mt 16:28 τοῦ ἀνθρώπου ἐρχόμενον **ἐν** τῇ βασιλείᾳ αὐτοῦ.
Mt 17:5 **ἐν** ᾧ εὐδόκησα·
Mt 17:12 αὐτὸν ἀλλὰ ἐποίησαν **ἐν** αὐτῷ ὅσα ἠθέλησαν·
Mt 17:22 Συστρεφομένων δὲ αὐτῶν **ἐν** τῇ Γαλιλαίᾳ εἶπεν
Mt 18:1 **Ἐν** ἐκείνῃ τῇ ὥρᾳ
Mt 18:1 ἄρα μείζων ἐστὶν **ἐν** τῇ βασιλείᾳ τῶν
Mt 18:2 παιδίον ἔστησεν αὐτὸ **ἐν** μέσῳ αὐτῶν
Mt 18:4 ἐστιν ὁ μείζων **ἐν** τῇ βασιλείᾳ τῶν
Mt 18:6 αὐτοῦ καὶ καταποντισθῇ **ἐν** τῷ πελάγει τῆς
Mt 18:10 οἱ ἄγγελοι αὐτῶν **ἐν** οὐρανοῖς διὰ παντὸς
Mt 18:10 πατρός μου τοῦ **ἐν** οὐρανοῖς.
Mt 18:14 πατρὸς ὑμῶν τοῦ **ἐν** οὐρανοῖς ἵνα ἀπόληται
Mt 18:18 γῆς ἔσται δεδεμένα **ἐν** οὐρανῷ,
Mt 18:18 γῆς ἔσται λελυμένα **ἐν** οὐρανῷ.
Mt 18:19 πατρός μου τοῦ **ἐν** οὐρανοῖς.
Mt 18:20 ἐκεῖ εἰμι **ἐν** μέσῳ αὐτῶν.
Mt 19:21 καὶ ἕξεις θησαυρὸν **ἐν** οὐρανοῖς,
Mt 19:28 οἱ ἀκολουθήσαντές μοι **ἐν** τῇ παλιγγενεσίᾳ,
Mt 20:3 εἶδεν ἄλλους ἑστῶτας **ἐν** τῇ ἀγορᾷ ἀργούς
Mt 20:15 ὃ θέλω ποιῆσαι **ἐν** τοῖς ἐμοῖς;
Mt 20:17 κατ' ἰδίαν καὶ **ἐν** τῇ ὁδῷ εἶπεν
Mt 20:21 ἐξ εὐωνύμων σου **ἐν** τῇ βασιλείᾳ σου.
Mt 20:26 οὐχ οὕτως ἔσται **ἐν** ὑμῖν,
Mt 20:26 ὃς ἐὰν θέλῃ **ἐν** ὑμῖν μέγας γενέσθαι
Mt 20:27 ὃς ἂν θέλῃ **ἐν** ὑμῖν εἶναι πρῶτος
Mt 21:8 ἑαυτῶν τὰ ἱμάτια **ἐν** τῇ ὁδῷ,
Mt 21:8 δένδρων καὶ ἐστρώννυον **ἐν** τῇ ὁδῷ.
Mt 21:9 εὐλογημένος ὁ ἐρχόμενος **ἐν** ὀνόματι κυρίου·
Mt 21:9 ὡσαννὰ **ἐν** τοῖς ὑψίστοις.
Mt 21:12 πωλοῦντας καὶ ἀγοράζοντας **ἐν** τῷ ἱερῷ,
Mt 21:14 τυφλοὶ καὶ χωλοὶ **ἐν** τῷ ἱερῷ,
Mt 21:15 παῖδας τοὺς κράζοντας **ἐν** τῷ ἱερῷ καὶ
Mt 21:19 καὶ οὐδὲν εὗρεν **ἐν** αὐτῇ εἰ μὴ
Mt 21:22 ὅσα ἂν αἰτήσητε **ἐν** τῇ προσευχῇ πιστεύοντες
Mt 21:23 **ἐν** ποίᾳ ἐξουσίᾳ ταῦτα
Mt 21:24 κἀγὼ ὑμῖν ἐρῶ **ἐν** ποίᾳ ἐξουσίᾳ ταῦτα
Mt 21:25 οἱ δὲ διελογίζοντο **ἐν** ἑαυτοῖς λέγοντες·
Mt 21:27 ἐγὼ λέγω ὑμῖν **ἐν** ποίᾳ ἐξουσίᾳ ταῦτα
Mt 21:28 ὕπαγε σήμερον ἐργάζου **ἐν** τῷ ἀμπελῶνι.
Mt 21:32 Ἰωάννης πρὸς ὑμᾶς **ἐν** ὁδῷ δικαιοσύνης,
Mt 21:33 περιέθηκεν καὶ ὤρυξεν **ἐν** αὐτῷ ληνὸν καὶ
Mt 21:38 τὸν υἱὸν εἶπον **ἐν** ἑαυτοῖς·
Mt 21:41 αὐτῷ τοὺς καρποὺς **ἐν** τοῖς καιροῖς αὐτῶν.
Mt 21:42 οὐδέποτε ἀνέγνωτε **ἐν** ταῖς γραφαῖς·
Mt 21:42 καὶ ἔστιν θαυμαστὴ **ἐν** ὀφθαλμοῖς ἡμῶν;
Mt 22:1 Ἰησοῦς πάλιν εἶπεν **ἐν** παραβολαῖς αὐτοῖς λέγων·
Mt 22:15 ὅπως αὐτὸν παγιδεύσωσιν **ἐν** λόγῳ.
Mt 22:16 ὁδὸν τοῦ θεοῦ **ἐν** ἀληθείᾳ διδάσκεις καὶ
Mt 22:23 **Ἐν** ἐκείνῃ τῇ ἡμέρᾳ
Mt 22:28 **ἐν** τῇ ἀναστάσει οὖν
Mt 22:30 **ἐν** γὰρ τῇ ἀναστάσει
Mt 22:30 ἀλλ' ὡς ἄγγελοι **ἐν** τῷ οὐρανῷ εἰσιν.
Mt 22:36 ποία ἐντολὴ μεγάλη **ἐν** τῷ νόμῳ;
Mt 22:37 τὸν θεόν σου **ἐν** ὅλῃ τῇ καρδίᾳ
Mt 22:37 καρδίᾳ σου καὶ **ἐν** ὅλῃ τῇ ψυχῇ
Mt 22:37 ψυχῇ σου καὶ **ἐν** ὅλῃ τῇ διανοίᾳ
Mt 22:40 **ἐν** ταύταις ταῖς δυσὶν
Mt 22:43 πῶς οὖν Δαυὶδ **ἐν** πνεύματι καλεῖ αὐτὸν
Mt 23:6 δὲ τὴν πρωτοκλισίαν **ἐν** τοῖς δείπνοις καὶ
Mt 23:6 καὶ τὰς πρωτοκαθεδρίας **ἐν** ταῖς συναγωγαῖς
Mt 23:7 καὶ τοὺς ἀσπασμοὺς **ἐν** ταῖς ἀγοραῖς καὶ
Mt 23:16 ὃς ἂν ὀμόσῃ **ἐν** τῷ ναῷ,
Mt 23:16 δ' ἂν ὀμόσῃ **ἐν** τῷ χρυσῷ τοῦ
Mt 23:18 ὃς ἂν ὀμόσῃ **ἐν** τῷ θυσιαστηρίῳ,
Mt 23:18 δ' ἂν ὀμόσῃ **ἐν** τῷ δώρῳ τῷ
Mt 23:20 ὁ οὖν ὀμόσας **ἐν** τῷ θυσιαστηρίῳ ὀμνύει
Mt 23:20 τῷ θυσιαστηρίῳ ὀμνύει **ἐν** αὐτῷ καὶ ἐν
Mt 23:20 ἐν αὐτῷ καὶ **ἐν** πᾶσι τοῖς ἐπάνω
Mt 23:21 καὶ ὁ ὀμόσας **ἐν** τῷ ναῷ ὀμνύει
Mt 23:21 τῷ ναῷ ὀμνύει **ἐν** αὐτῷ καὶ ἐν
Mt 23:21 ἐν αὐτῷ καὶ **ἐν** τῷ κατοικοῦντι αὐτόν,
Mt 23:22 καὶ ὁ ὀμόσας **ἐν** τῷ οὐρανῷ ὀμνύει
Mt 23:22 τῷ οὐρανῷ ὀμνύει **ἐν** τῷ θρόνῳ τοῦ
Mt 23:22 τοῦ θεοῦ καὶ **ἐν** τῷ καθημένῳ ἐπάνω
Mt 23:30 εἰ ἤμεθα **ἐν** ταῖς ἡμέραις τῶν
Mt 23:30 ἤμεθα αὐτῶν κοινωνοὶ **ἐν** τῷ αἵματι τῶν
Mt 23:34 ἐξ αὐτῶν μαστιγώσετε **ἐν** ταῖς συναγωγαῖς ὑμῶν
Mt 23:39 εὐλογημένος ὁ ἐρχόμενος **ἐν** ὀνόματι κυρίου.
Mt 24:14 εὐαγγέλιον τῆς βασιλείας **ἐν** ὅλῃ τῇ οἰκουμένῃ
Mt 24:15 τοῦ προφήτου ἑστὸς **ἐν** τόπῳ ἁγίῳ,
Mt 24:16 τότε οἱ **ἐν** τῇ Ἰουδαίᾳ φευγέτωσαν
Mt 24:18 καὶ ὁ **ἐν** τῷ ἀγρῷ μὴ
Mt 24:19 οὐαὶ δὲ ταῖς **ἐν** γαστρὶ ἐχούσαις καὶ
Mt 24:19 καὶ ταῖς θηλαζούσαις **ἐν** ἐκείναις ταῖς ἡμέραις.
Mt 24:26 ἰδοὺ **ἐν** τῇ ἐρήμῳ ἐστίν,
Mt 24:26 ἰδοὺ **ἐν** τοῖς ταμείοις,
Mt 24:30 υἱοῦ τοῦ ἀνθρώπου **ἐν** οὐρανῷ,
Mt 24:38 ὡς γὰρ ἦσαν **ἐν** ταῖς ἡμέραις [ἐκείναις]
Mt 24:40 τότε δύο ἔσονται **ἐν** τῷ ἀγρῷ,
Mt 24:41 δύο ἀλήθουσαι **ἐν** τῷ μύλῳ,

Mt 24:45 αὐτοῖς τὴν τροφὴν **ἐν** καιρῷ;
Mt 24:48 κακὸς δοῦλος ἐκεῖνος **ἐν** τῇ καρδίᾳ αὐτοῦ·
Mt 24:50 τοῦ δούλου ἐκείνου **ἐν** ἡμέρᾳ ᾗ οὐ
Mt 24:50 οὐ προσδοκᾷ καὶ **ἐν** ὥρᾳ ᾗ οὐ
Mt 25:4 φρόνιμοι ἔλαβον ἔλαιον **ἐν** τοῖς ἀγγείοις
Mt 25:16 τάλαντα λαβὼν ἠργάσατο **ἐν** αὐτοῖς καὶ ἐκέρδησεν
Mt 25:25 τὸ τάλαντόν σου **ἐν** τῇ γῇ·
Mt 25:31 υἱὸς τοῦ ἀνθρώπου **ἐν** τῇ δόξῃ αὐτοῦ
Mt 25:36 **ἐν** φυλακῇ ἤμην καὶ
Mt 25:39 εἴδομεν ἀσθενοῦντα ἢ **ἐν** φυλακῇ καὶ ἤλθομεν
Mt 25:43 ἀσθενὴς καὶ **ἐν** φυλακῇ καὶ οὐκ
Mt 25:44 ἢ ἀσθενῆ ἢ **ἐν** φυλακῇ καὶ οὐ
Mt 26:5 μὴ **ἐν** τῇ ἑορτῇ,
Mt 26:5 μὴ θόρυβος γένηται **ἐν** τῷ λαῷ.
Mt 26:6 δὲ Ἰησοῦ γενομένου **ἐν** Βηθανίᾳ ἐν οἰκίᾳ
Mt 26:6 γενομένου ἐν Βηθανίᾳ **ἐν** οἰκίᾳ Σίμωνος τοῦ
Mt 26:13 τὸ εὐαγγέλιον τοῦτο **ἐν** ὅλῳ τῷ κόσμῳ,
Mt 26:23 ἐμοῦ τὴν χεῖρα **ἐν** τῷ τρυβλίῳ οὗτός
Mt 26:29 μεθ' ὑμῶν καινὸν **ἐν** τῇ βασιλείᾳ τοῦ
Mt 26:31 πάντες ὑμεῖς σκανδαλισθήσεσθε **ἐν** ἐμοὶ ἐν
Mt 26:31 σκανδαλισθήσεσθε ἐν ἐμοὶ **ἐν** τῇ νυκτὶ ταύτῃ,
Mt 26:33 εἰ πάντες σκανδαλισθήσονται **ἐν** σοί,
Mt 26:34 λέγω σοι ὅτι **ἐν** ταύτῃ τῇ νυκτὶ
Mt 26:52 οἱ λαβόντες μάχαιραν **ἐν** μαχαίρῃ ἀπολοῦνται.
Mt 26:55 **Ἐν** ἐκείνῃ τῇ ὥρᾳ
Mt 26:55 καθ' ἡμέραν **ἐν** τῷ ἱερῷ ἐκαθεζόμην
Mt 26:69 Πέτρος ἐκάθητο ἔξω **ἐν** τῇ αὐλῇ·
Mt 27:12 καὶ **ἐν** τῷ κατηγορεῖσθαι αὐτὸν
Mt 27:29 αὐτοῦ καὶ κάλαμον **ἐν** τῇ δεξιᾷ αὐτοῦ,
Mt 27:40 τὸν ναὸν καὶ **ἐν** τρισὶν ἡμέραις οἰκοδομῶν,
Mt 27:56 **ἐν** αἷς ἦν Μαρία
Mt 27:59 ἐνετύλιξεν αὐτὸ **[ἐν]** σινδόνι καθαρᾷ
Mt 27:60 καὶ ἔθηκεν αὐτὸ **ἐν** τῷ καινῷ αὐτοῦ
Mt 27:60 μνημείῳ ὃ ἐλατόμησεν **ἐν** τῇ πέτρᾳ καὶ
Mt 28:18 μοι πᾶσα ἐξουσία **ἐν** οὐρανῷ καὶ ἐπὶ

ἐναντίος (*enantios*; 1/8) *against*
Mt 14:24 ἦν γὰρ **ἐναντίος** ὁ ἄνεμος.

ἔνατος (*enatos*; 3/10) *ninth*
Mt 20:5 περὶ ἕκτην καὶ **ἐνάτην** ὥραν ἐποίησεν ὡσαύτως.
Mt 27:45 γῆν ἕως ὥρας **ἐνάτης**.
Mt 27:46 περὶ δὲ τὴν **ἐνάτην** ὥραν ἀνεβόησεν ὁ

ἕνδεκα (*hendeka*; 1/5[6]) *eleven*
Mt 28:16 Οἱ δὲ **ἕνδεκα** μαθηταὶ ἐπορεύθησαν εἰς

ἑνδέκατος (*hendekatos*; 2/3) *eleventh*
Mt 20:6 περὶ δὲ τὴν **ἑνδεκάτην** ἐξελθὼν εὗρεν ἄλλους
Mt 20:9 οἱ περὶ τὴν **ἑνδεκάτην** ὥραν ἔλαβον ἀνὰ

ἔνδυμα (*endyma*; 7/8) *clothing*
Mt 3:4 Ἰωάννης εἶχεν τὸ **ἔνδυμα** αὐτοῦ ἀπὸ τριχῶν
Mt 6:25 τὸ σῶμα τοῦ **ἐνδύματος**;
Mt 6:28 καὶ περὶ **ἐνδύματος** τί μεριμνᾶτε;
Mt 7:15 πρὸς ὑμᾶς ἐν **ἐνδύμασιν** προβάτων,
Mt 22:11 ἄνθρωπον οὐκ ἐνδεδυμένον **ἔνδυμα** γάμου,
Mt 22:12 ὧδε μὴ ἔχων **ἔνδυμα** γάμου;
Mt 28:3 ἀστραπὴ καὶ τὸ **ἔνδυμα** αὐτοῦ λευκὸν ὡς

ἐνδύω (*endyō*; 3/27) *dress*
Mt 6:25 σώματι ὑμῶν τί **ἐνδύσησθε**.
Mt 22:11 ἐκεῖ ἄνθρωπον οὐκ **ἐνδεδυμένον** ἔνδυμα γάμου,
Mt 27:31 τὴν χλαμύδα καὶ **ἐνέδυσαν** αὐτὸν τὰ ἱμάτια

ἕνεκα (*heneka*; 7/26) *because of*
Mt 5:10 μακάριοι οἱ δεδιωγμένοι **ἕνεκεν** δικαιοσύνης,
Mt 5:11 καθ' ὑμῶν [ψευδόμενοι] **ἕνεκεν** ἐμοῦ.
Mt 10:18 καὶ βασιλεῖς ἀχθήσεσθε **ἕνεκεν** ἐμοῦ εἰς μαρτύριον
Mt 10:39 τὴν ψυχὴν αὐτοῦ **ἕνεκεν** ἐμοῦ εὑρήσει αὐτήν.
Mt 16:25 τὴν ψυχὴν αὐτοῦ **ἕνεκεν** ἐμοῦ εὑρήσει αὐτήν.
Mt 19:5 **ἕνεκα** τούτου καταλείψει ἄνθρωπος
Mt 19:29 τέκνα ἢ ἀγροὺς **ἕνεκεν** τοῦ ὀνόματός μου,

ἐνενήκοντα (*enenēkonta*; 2/4) *ninety*
Mt 18:12 οὐχὶ ἀφήσει τὰ **ἐνενήκοντα** ἐννέα ἐπὶ τὰ
Mt 18:13 ἢ ἐπὶ τοῖς **ἐνενήκοντα** ἐννέα τοῖς μὴ

ἐνεργέω (*energeō*; 1/21) *work*
Mt 14:2 τοῦτο αἱ δυνάμεις **ἐνεργοῦσιν** ἐν αὐτῷ.

ἔνθεν (*enthen*; 1/2) *from here*
Mt 17:20 μετάβα **ἔνθεν** ἐκεῖ,

ἐνθυμέομαι (*enthymeomai*; 2/2) *think about*
Mt 1:20 ταῦτα δὲ αὐτοῦ **ἐνθυμηθέντος** ἰδοὺ ἄγγελος κυρίου
Mt 9:4 ἱνατί **ἐνθυμεῖσθε** πονηρὰ ἐν ταῖς

ἐνθύμησις (*enthymēsis*; 2/4) *(inmost) thought, idea*
Mt 9:4 ὁ Ἰησοῦς τὰς **ἐνθυμήσεις** αὐτῶν εἶπεν·
Mt 12:25 εἰδὼς δὲ τὰς **ἐνθυμήσεις** αὐτῶν εἶπεν αὐτοῖς·

ἐννέα (*ennea*; 2/5) *nine*
Mt 18:12 ἀφήσει τὰ ἐνενήκοντα **ἐννέα** ἐπὶ τὰ ὄρη
Mt 18:13 ἐπὶ τοῖς ἐνενήκοντα **ἐννέα** τοῖς μὴ πεπλανημένοις.

ἔνοχος (*enochos*; 5/10) *liable*
Mt 5:21 **ἔνοχος** ἔσται τῇ κρίσει.
Mt 5:22 τῷ ἀδελφῷ αὐτοῦ **ἔνοχος** ἔσται τῇ κρίσει·
Mt 5:22 **ἔνοχος** ἔσται τῷ συνεδρίῳ·
Mt 5:22 **ἔνοχος** ἔσται εἰς τὴν
Mt 26:66 **ἔνοχος** θανάτου ἐστίν.

ἔνταλμα (*entalma*; 1/3) *commandment*
Mt 15:9 με διδάσκοντες διδασκαλίας **ἐντάλματα** ἀνθρώπων.

ἐνταφιάζω (*entaphiazō*; 1/2) *prepare for burial*
Mt 26:12 μου πρὸς τὸ **ἐνταφιάσαι** με ἐποίησεν.

ἐντέλλομαι (*entellomai*; 4/14[15]) *command*
Mt 4:6 τοῖς ἀγγέλοις αὐτοῦ **ἐντελεῖται** περὶ σοῦ
Mt 17:9 ἐκ τοῦ ὄρους **ἐνετείλατο** αὐτοῖς ὁ Ἰησοῦς
Mt 19:7 τι οὖν Μωϋσῆς **ἐνετείλατο** δοῦναι βιβλίον ἀποστασίου
Mt 28:20 τηρεῖν πάντα ὅσα **ἐνετειλάμην** ὑμῖν·

ἐντολή (*entolē*; 6/67) *commandment*
Mt 5:19 λύσῃ μίαν τῶν **ἐντολῶν** τούτων τῶν ἐλαχίστων
Mt 15:3 ὑμεῖς παραβαίνετε τὴν **ἐντολὴν** τοῦ θεοῦ
Mt 19:17 τήρησον τὰς **ἐντολάς**.
Mt 22:36 ποία **ἐντολὴ** μεγάλη ἐν τῷ
Mt 22:38 μεγάλη καὶ πρώτη **ἐντολή**.
Mt 22:40 ταύταις ταῖς δυσὶν **ἐντολαῖς** ὅλος ὁ νόμος

ἐντός (*entos*; 1/2) *within*
Mt 23:26 καθάρισον πρῶτον τὸ **ἐντὸς** τοῦ ποτηρίου,

ἐντρέπω (*entrepō*; 1/9) *make ashamed*
Mt 21:37 **ἐντραπήσονται** τὸν υἱόν μου.

ἐντυλίσσω (*entylissō*; 1/3) *wrap in, fold up*
Mt 27:59 σῶμα ὁ Ἰωσὴφ **ἐνετύλιξεν** αὐτὸ [ἐν] σινδόνι

ἕξ (*hex*; 1/13) *six*
Mt 17:1 Καὶ μεθ' ἡμέρας **ἓξ** παραλαμβάνει ὁ Ἰησοῦς

ἐξαιρέω (*exaireō*; 2/8) *pull out*
Mt 5:29 **ἔξελε** αὐτὸν καὶ βάλε
Mt 18:9 **ἔξελε** αὐτὸν καὶ βάλε

ἐξανατέλλω (*exanatellō*; 1/2) *sprout*
Mt 13:5 καὶ εὐθέως **ἐξανέτειλεν** διὰ τὸ μὴ

ἐξέρχομαι (*exerchomai*; 43/216[218]) *come or go out or forth*
Mt 2:6 ἐκ σοῦ γὰρ **ἐξελεύσεται** ἡγούμενος,
Mt 5:26 οὐ μὴ **ἐξέλθῃς** ἐκεῖθεν,
Mt 8:28 ἐκ τῶν μνημείων **ἐξερχόμενοι**,
Mt 8:32 οἱ δὲ **ἐξελθόντες** ἀπῆλθον εἰς τοὺς
Mt 8:34 πᾶσα ἡ πόλις **ἐξῆλθεν** εἰς ὑπάντησιν τῷ
Mt 9:26 καὶ **ἐξῆλθεν** ἡ φήμη αὕτη
Mt 9:31 οἱ δὲ **ἐξελθόντες** διεφήμισαν αὐτὸν ἐν
Mt 9:32 Αὐτῶν δὲ **ἐξερχομένων** ἰδοὺ προσήνεγκαν αὐτῷ
Mt 10:11 μείνατε ἕως ἂν **ἐξέλθητε**.
Mt 10:14 ἐξερχόμενοι **ἔξω** τῆς οἰκίας ἢ
Mt 11:7 τί **ἐξήλθατε** εἰς τὴν ἔρημον θεάσασθαι;
Mt 11:8 ἀλλὰ τί **ἐξήλθατε** ἰδεῖν;
Mt 11:9 ἀλλὰ τί **ἐξήλθατε** ἰδεῖν;
Mt 12:14 **ἐξελθόντες** δὲ οἱ Φαρισαῖοι
Mt 12:43 τὸ ἀκάθαρτον πνεῦμα **ἐξέλθῃ** ἀπὸ τοῦ ἀνθρώπου,
Mt 12:44 μου ἐπιστρέψω ὅθεν **ἐξῆλθον**·
Mt 13:1 τῇ ἡμέρᾳ ἐκείνῃ **ἐξελθὼν** ὁ Ἰησοῦς τῆς
Mt 13:3 ἰδοὺ ἐξῆλθεν **ὁ** σπείρων τοῦ σπείρειν.
Mt 13:49 **ἐξελεύσονται** οἱ ἄγγελοι καὶ
Mt 14:14 Καὶ **ἐξελθὼν** εἶδεν πολὺν ὄχλον
Mt 15:18 ἐκ τῆς καρδίας **ἐξέρχεται**,
Mt 15:19 γὰρ τῆς καρδίας **ἐξέρχονται** διαλογισμοὶ πονηροί,
Mt 15:21 Καὶ **ἐξελθὼν** ἐκεῖθεν ὁ Ἰησοῦς
Mt 15:22 τῶν ὁρίων ἐκείνων **ἐξελθοῦσα** ἔκραζεν λέγουσα·
Mt 17:18 ὁ Ἰησοῦς καὶ **ἐξῆλθεν** ἀπ' αὐτοῦ τὸ
Mt 18:28 **ἐξελθὼν** δὲ ὁ δοῦλος
Mt 20:1 ὅστις **ἐξῆλθεν** ἅμα πρωῒ μισθώσασθαι
Mt 20:3 καὶ **ἐξελθὼν** περὶ τρίτην ὥραν
Mt 20:5 πάλιν [δὲ] ἐξελθὼν **περὶ** ἕκτην καὶ ἐνάτην
Mt 20:6 δὲ τὴν ἑνδεκάτην **ἐξελθὼν** εὗρεν ἄλλους ἑστῶτας
Mt 21:17 καὶ καταλιπὼν αὐτοὺς **ἐξῆλθεν** ἔξω τῆς πόλεως
Mt 22:10 καὶ **ἐξελθόντες** οἱ δοῦλοι ἐκεῖνοι
Mt 24:1 Καὶ **ἐξελθὼν** ὁ Ἰησοῦς ἀπὸ
Mt 24:26 μὴ **ἐξέλθητε**·
Mt 24:27 γὰρ ἡ ἀστραπὴ **ἐξέρχεται** ἀπὸ ἀνατολῶν καὶ
Mt 25:1 τὰς λαμπάδας ἑαυτῶν **ἐξῆλθον** εἰς ὑπάντησιν τοῦ
Mt 25:6 **ἐξέρχεσθε** εἰς ἀπάντησιν [αὐτοῦ].
Mt 26:30 Καὶ ὑμνήσαντες **ἐξῆλθον** εἰς τὸ ὄρος
Mt 26:55 ὡς ἐπὶ λῃστὴν **ἐξήλθατε** μετὰ μαχαιρῶν καὶ
Mt 26:71 **ἐξελθόντα** δὲ εἰς τὸν
Mt 26:75 καὶ **ἐξελθὼν** ἔξω ἔκλαυσεν πικρῶς.
Mt 27:32 **Ἐξερχόμενοι** δὲ εὗρον ἄνθρωπον
Mt 27:53 καὶ **ἐξελθόντες** ἐκ τῶν μνημείων

ἔξεστιν (*exestin*; 9/31) *it is proper or lawful*
Mt 12:2 ποιοῦσιν ὃ οὐκ **ἔξεστιν** ποιεῖν ἐν σαββάτῳ.
Mt 12:4 ὃ οὐκ **ἐξὸν** ἦν αὐτῷ φαγεῖν
Mt 12:10 εἰ ἔξεστιν **τοῖς** σάββασιν θεραπεῦσαι;
Mt 12:12 ὥστε ἔξεστιν **τοῖς** σάββασιν καλῶς ποιεῖν.
Mt 14:4 οὐκ ἔξεστίν **σοι** ἔχειν αὐτήν.
Mt 19:3 εἰ **ἔξεστιν** ἀνθρώπῳ ἀπολῦσαι τὴν
Mt 20:15 [ἢ] οὐκ **ἔξεστίν** μοι ὃ θέλω
Mt 22:17 **ἔξεστιν** δοῦναι κῆνσον Καίσαρι
Mt 27:6 οὐκ **ἔξεστιν** βαλεῖν αὐτὰ εἰς

ἐξετάζω (*exetazō*; 2/3) *look for*
Mt 2:8 πορευθέντες **ἐξετάσατε** ἀκριβῶς περὶ τοῦ
Mt 10:11 ἐξετάσατε **τίς** ἐν αὐτῇ ἄξιός

ἑξήκοντα (*hexēkonta*; 2/9) *sixty*
Mt 13:8 ὃ δὲ **ἑξήκοντα**,
Mt 13:23 ὃ δὲ **ἑξήκοντα**,

ἐξίστημι (*existēmi*; 1/17) *be amazed or surprised*
Mt 12:23 καὶ **ἐξίσταντο** πάντες οἱ ὄχλοι

ἐξομολογέω (*exomologeō*; 2/10) *agree*
Mt 3:6 ποταμῷ ὑπ' αὐτοῦ **ἐξομολογούμενοι** τὰς ἁμαρτίας αὐτῶν.
Mt 11:25 **ἐξομολογοῦμαί** σοι,

ἐξορκίζω (*exorkizō*; 1/1) *put under oath*
Mt 26:63 **ἐξορκίζω** σε κατὰ τοῦ

ἐξουσία (*exousia*; 10/102) *authority*
Mt 7:29 διδάσκων αὐτοὺς ὡς **ἐξουσίαν** ἔχων καὶ οὐχ
Mt 8:9 ἄνθρωπός εἰμι ὑπὸ **ἐξουσίαν**,
Mt 9:6 δὲ εἰδῆτε ὅτι **ἐξουσίαν** ἔχει ὁ υἱὸς
Mt 9:8 θεὸν τὸν δόντα **ἐξουσίαν** τοιαύτην τοῖς ἀνθρώποις.
Mt 10:1 αὐτοῦ ἔδωκεν αὐτοῖς **ἐξουσίαν** πνευμάτων ἀκαθάρτων ὥστε
Mt 21:23 ἐν ποίᾳ **ἐξουσίᾳ** ταῦτα ποιεῖς;
Mt 21:23 σοι ἔδωκεν τὴν **ἐξουσίαν** ταύτην;
Mt 21:24 ἐρῶ ἐν ποίᾳ **ἐξουσίᾳ** ταῦτα ποιῶ·
Mt 21:27 ὑμῖν ἐν ποίᾳ **ἐξουσίᾳ** ταῦτα ποιῶ.
Mt 28:18 ἐδόθη μοι πᾶσα **ἐξουσία** ἐν οὐρανῷ καὶ

ἔξω (*exō*; 9/63) *out*
Mt 5:13 εἰ μὴ βληθὲν **ἔξω** καταπατεῖσθαι ὑπὸ τῶν
Mt 10:14 ἐξερχόμενοι ἔξω **τῆς** οἰκίας ἢ τῆς
Mt 12:46 ἀδελφοὶ αὐτοῦ εἱστήκεισαν **ἔξω** ζητοῦντες αὐτῷ λαλῆσαι.
Mt 12:47 οἱ ἀδελφοί σου **ἔξω** ἑστήκασιν ζητοῦντές σοι
Mt 13:48 τὰ δὲ σαπρὰ **ἔξω** ἔβαλον.
Mt 21:17 καταλιπὼν αὐτοὺς ἐξῆλθεν **ἔξω** τῆς πόλεως
Mt 21:39 λαβόντες αὐτὸν ἐξέβαλον **ἔξω** τοῦ ἀμπελῶνος καὶ
Mt 26:69 δὲ Πέτρος ἐκάθητο **ἔξω** ἐν τῇ αὐλῇ·
Mt 26:75 καὶ ἐξελθὼν **ἔξω** ἔκλαυσεν πικρῶς.

ἔξωθεν (*exōthen*; 3/13) *from outside*
Mt 23:25 ὅτι καθαρίζετε τὸ **ἔξωθεν** τοῦ ποτηρίου καὶ
Mt 23:27 οἵτινες **ἔξωθεν** μὲν φαίνονται ὡραῖοι,
Mt 23:28 οὕτως καὶ ὑμεῖς **ἔξωθεν** μὲν φαίνεσθε τοῖς

ἐξώτερος (*exōteros*; 3/3) *outer*
Mt 8:12 τὸ σκότος τὸ **ἐξώτερον**·
Mt 22:13 τὸ σκότος τὸ **ἐξώτερον**·
Mt 25:30 τὸ σκότος τὸ **ἐξώτερον**·

ἑορτή (*heortē*; 2/25) *festival*
Mt 26:5 μὴ ἐν τῇ **ἑορτῇ**,
Mt 27:15 Κατὰ δὲ **ἑορτὴν** εἰώθει ὁ ἡγεμὼν

ἐπαίρω (*epairō*; 1/19) *raise*
Mt 17:8 **ἐπάραντες** δὲ τοὺς ὀφθαλμοὺς

ἐπάν (*epan*; 1/3) *when*
Mt 2:8 **ἐπὰν** δὲ εὕρητε,

ἐπανάγω (*epanagō*; 1/3) *return*
Mt 21:18 Πρωῒ δὲ **ἐπανάγων** εἰς τὴν πόλιν

ἐπανίστημι (*epanistēmi*; 1/2) *turn against*
Mt 10:21 καὶ **ἐπαναστήσονται** τέκνα ἐπὶ γονεῖς

ἐπάνω (*epanō*; 8/19) *above, on*
Mt 2:9 ἕως ἐλθὼν ἐστάθη **ἐπάνω** οὗ ἦν τὸ
Mt 5:14 δύναται πόλις κρυβῆναι **ἐπάνω** ὄρους κειμένη·
Mt 21:7 καὶ ἐπεκάθισεν **ἐπάνω** αὐτῶν.
Mt 23:18 τῷ δώρῳ τῷ **ἐπάνω** αὐτοῦ,
Mt 23:20 ἐν πᾶσι τοῖς **ἐπάνω** αὐτοῦ·
Mt 23:22 ἐν τῷ καθημένῳ **ἐπάνω** αὐτοῦ.
Mt 27:37 Καὶ ἐπέθηκαν **ἐπάνω** τῆς κεφαλῆς αὐτοῦ
Mt 28:2 λίθον καὶ ἐκάθητο **ἐπάνω** αὐτοῦ.

ἐπαύριον (*epaurion*; 1/17) *the next day*
Mt 27:62 Τῇ δὲ **ἐπαύριον**,

ἐπεί (*epei*; 3/26) *since*
Mt 18:32 **ἐπεὶ** παρεκάλεσάς με·
Mt 21:46 ἐπεὶ **εἰς** προφήτην αὐτὸν εἶχον.
Mt 27:6 **ἐπεὶ** τιμὴ αἵματός ἐστιν.

ἐπερωτάω (*eperōtaō*; 8/56) *ask*
Mt 12:10 καὶ **ἐπηρώτησαν** αὐτὸν λέγοντες·
Mt 16:1 καὶ Σαδδουκαῖοι πειράζοντες **ἐπηρώτησαν** αὐτὸν σημεῖον ἐκ
Mt 17:10 Καὶ **ἐπηρώτησαν** αὐτὸν οἱ μαθηταὶ
Mt 22:23 καὶ **ἐπηρώτησαν** αὐτὸν
Mt 22:35 καὶ **ἐπηρώτησεν** εἷς ἐξ αὐτῶν
Mt 22:41 δὲ τῶν Φαρισαίων **ἐπηρώτησεν** αὐτοὺς ὁ Ἰησοῦς
Mt 22:46 ἐκείνης τῆς ἡμέρας **ἐπερωτῆσαι** αὐτὸν οὐκέτι.
Mt 27:11 καὶ **ἐπηρώτησεν** αὐτὸν ὁ ἡγεμὼν

ἐπί (*epi*; 122/886[890]) *on*
Mt 1:11 τοὺς ἀδελφοὺς αὐτοῦ **ἐπὶ** τῆς μετοικεσίας Βαβυλῶνος.
Mt 3:7 καὶ Σαδδουκαίων ἐρχομένους **ἐπὶ** τὸ βάπτισμα αὐτοῦ
Mt 3:13 ἀπὸ τῆς Γαλιλαίας **ἐπὶ** τὸν Ἰορδάνην πρὸς
Mt 3:16 περιστερὰν [καὶ] ἐρχόμενον **ἐπ'** αὐτόν·
Mt 4:4 οὐκ **ἐπ'** ἄρτῳ μόνῳ ζήσεται
Mt 4:4 ἀλλ' **ἐπὶ** παντὶ ῥήματι ἐκπορευομένῳ
Mt 4:5 καὶ ἔστησεν αὐτὸν **ἐπὶ** τὸ πτερύγιον τοῦ
Mt 4:6 περὶ σοῦ καὶ **ἐπὶ** χειρῶν ἀροῦσίν σε,
Mt 5:15 τὸν μόδιον ἀλλ' **ἐπὶ** τὴν λυχνίαν,
Mt 5:23 τὸ δῶρόν σου **ἐπὶ** τὸ θυσιαστήριον κἀκεῖ
Mt 5:45 ἥλιον αὐτοῦ ἀνατέλλει **ἐπὶ** πονηροὺς καὶ ἀγαθοὺς
Mt 5:45 ἀγαθοὺς καὶ βρέχει **ἐπὶ** δικαίους καὶ ἀδίκους.
Mt 6:10 ἐν οὐρανῷ καὶ **ἐπὶ** γῆς·
Mt 6:19 θησαυρίζετε ὑμῖν θησαυροὺς **ἐπὶ** τῆς γῆς,
Mt 6:27 μεριμνῶν δύναται προσθεῖναι **ἐπὶ** τὴν ἡλικίαν αὐτοῦ
Mt 7:24 αὐτοῦ τὴν οἰκίαν **ἐπὶ** τὴν πέτραν·
Mt 7:25 τεθεμελίωτο γὰρ **ἐπὶ** τὴν πέτραν.
Mt 7:26 αὐτοῦ τὴν οἰκίαν **ἐπὶ** τὴν ἄμμον·
Mt 7:28 ἐξεπλήσσοντο οἱ ὄχλοι **ἐπὶ** τῇ διδαχῇ αὐτοῦ·
Mt 9:2 προσέφερον αὐτῷ παραλυτικὸν **ἐπὶ** κλίνης βεβλημένον.
Mt 9:6 υἱὸς τοῦ ἀνθρώπου **ἐπὶ** τῆς γῆς ἀφιέναι
Mt 9:9 εἶδεν ἄνθρωπον καθήμενον **ἐπὶ** τὸ τελώνιον,
Mt 9:15 τοῦ νυμφῶνος πενθεῖν **ἐφ'** ὅσον μετ' αὐτῶν
Mt 9:16 ῥάκους ἀγνάφου **ἐπὶ** ἱματίῳ παλαιῷ·
Mt 9:18 τὴν χεῖρά σου **ἐπ'** αὐτήν,
Mt 10:13 ἡ εἰρήνη ὑμῶν **ἐπ'** αὐτήν,
Mt 10:18 καὶ **ἐπὶ** ἡγεμόνας δὲ καὶ
Mt 10:21 καὶ ἐπαναστήσονται τέκνα **ἐπὶ** γονεῖς καὶ θανατώσουσιν
Mt 10:27 οὓς ἀκούετε κηρύξατε **ἐπὶ** τῶν δωμάτων.
Mt 10:29 αὐτῶν οὐ πεσεῖται **ἐπὶ** τὴν γῆν ἄνευ

Mt 10:34 ἦλθον βαλεῖν εἰρήνην **ἐπὶ** τὴν γῆν·
Mt 11:29 τὸν ζυγόν μου **ἐφ'** ὑμᾶς καὶ μάθετε
Mt 12:18 τὸ πνεῦμά μου **ἐπ'** αὐτόν,
Mt 12:26 **ἐφ'** ἑαυτὸν ἐμερίσθη·
Mt 12:28 ἄρα ἔφθασεν **ἐφ'** ὑμᾶς ἡ βασιλεία
Mt 12:49 τὴν χεῖρα αὐτοῦ **ἐπὶ** τοὺς μαθητὰς αὐτοῦ
Mt 13:2 πᾶς ὁ ὄχλος **ἐπὶ** τὸν αἰγιαλὸν εἱστήκει.
Mt 13:5 ἄλλα δὲ ἔπεσεν **ἐπὶ** τὰ πετρώδη ὅπου
Mt 13:7 ἄλλα δὲ ἔπεσεν **ἐπὶ** τὰς ἀκάνθας,
Mt 13:8 ἄλλα δὲ ἔπεσεν **ἐπὶ** τὴν γῆν τὴν
Mt 13:20 ὁ δὲ **ἐπὶ** τὰ πετρώδη σπαρείς,
Mt 13:23 ὁ δὲ **ἐπὶ** τὴν καλὴν γῆν
Mt 13:48 ὅτε ἐπληρώθη ἀναβιβάσαντες **ἐπὶ** τὸν αἰγιαλὸν καὶ
Mt 14:8 ὧδε **ἐπὶ** πίνακι τὴν κεφαλὴν
Mt 14:11 ἡ κεφαλὴ αὐτοῦ **ἐπὶ** πίνακι καὶ ἐδόθη
Mt 14:14 ὄχλον καὶ ἐσπλαγχνίσθη **ἐπ'** αὐτοῖς καὶ ἐθεράπευσεν
Mt 14:19 τοὺς ὄχλους ἀνακλιθῆναι **ἐπὶ** τοῦ χόρτου,
Mt 14:25 πρὸς αὐτοὺς περιπατῶν **ἐπὶ** τὴν θάλασσαν.
Mt 14:26 μαθηταὶ ἰδόντες αὐτὸν **ἐπὶ** τῆς θαλάσσης περιπατοῦντα
Mt 14:28 ἐλθεῖν πρός σε **ἐπὶ** τὰ ὕδατα.
Mt 14:29 [ὁ] Πέτρος περιεπάτησεν **ἐπὶ** τὰ ὕδατα καὶ
Mt 14:34 Καὶ διαπεράσαντες ἦλθον **ἐπὶ** τὴν γῆν εἰς
Mt 15:32 σπλαγχνίζομαι **ἐπὶ** τὸν ὄχλον,
Mt 15:35 τῷ ὄχλῳ ἀναπεσεῖν **ἐπὶ** τὴν γῆν
Mt 16:18 καὶ **ἐπὶ** ταύτῃ τῇ πέτρᾳ
Mt 16:19 ὃ ἐὰν δήσῃς **ἐπὶ** τῆς γῆς ἔσται
Mt 16:19 ὃ ἐὰν λύσῃς **ἐπὶ** τῆς γῆς ἔσται
Mt 17:6 οἱ μαθηταὶ ἔπεσαν **ἐπὶ** πρόσωπον αὐτῶν καὶ
Mt 18:5 ἓν παιδίον τοιοῦτο **ἐπὶ** τῷ ὀνόματί μου,
Mt 18:12 τὰ ἐνενήκοντα ἐννέα **ἐπὶ** τὰ ὄρη καὶ
Mt 18:13 ὑμῖν ὅτι χαίρει **ἐπ'** αὐτῷ μᾶλλον ἢ
Mt 18:13 αὐτῷ μᾶλλον ἢ **ἐπὶ** τοῖς ἐνενήκοντα ἐννέα
Mt 18:16 ἵνα **ἐπὶ** στόματος δύο μαρτύρων
Mt 18:18 ὅσα ἐὰν δήσητε **ἐπὶ** τῆς γῆς ἔσται
Mt 18:18 ὅσα ἐὰν λύσητε **ἐπὶ** τῆς γῆς ἔσται
Mt 18:19 συμφωνήσωσιν ἐξ ὑμῶν **ἐπὶ** τῆς γῆς περὶ
Mt 18:26 μακροθύμησον **ἐπ'** ἐμοί,
Mt 18:29 μακροθύμησον **ἐπ'** ἐμοί,
Mt 19:9 γυναῖκα αὐτοῦ μὴ **ἐπὶ** πορνείᾳ καὶ γαμήσῃ
Mt 19:28 υἱὸς τοῦ ἀνθρώπου **ἐπὶ** θρόνου δόξης αὐτοῦ,
Mt 19:28 καθήσεσθε καὶ ὑμεῖς **ἐπὶ** δώδεκα θρόνους κρίνοντες
Mt 21:5 πραῢς καὶ ἐπιβεβηκὼς **ἐπὶ** ὄνον καὶ ἐπὶ
Mt 21:5 ἐπὶ ὄνον καὶ **ἐπὶ** πῶλον υἱὸν ὑποζυγίου.
Mt 21:7 πῶλον καὶ ἐπέθηκαν **ἐπ'** αὐτῶν τὰ ἱμάτια,
Mt 21:19 ἰδὼν συκῆν μίαν **ἐπὶ** τῆς ὁδοῦ ἦλθεν
Mt 21:19 τῆς ὁδοῦ ἦλθεν **ἐπ'** αὐτὴν καὶ οὐδὲν
Mt 21:44 [καὶ ὁ πεσὼν **ἐπὶ** τὸν λίθον τοῦτον
Mt 21:44 **ἐφ'** ὃν δ' ἂν
Mt 22:5 ὃς δὲ **ἐπὶ** τὴν ἐμπορίαν αὐτοῦ·
Mt 22:9 πορεύεσθε οὖν **ἐπὶ** τὰς διεξόδους τῶν
Mt 22:33 οἱ ὄχλοι ἐξεπλήσσοντο **ἐπὶ** τῇ διδαχῇ αὐτοῦ.
Mt 22:34 τοὺς Σαδδουκαίους συνήχθησαν **ἐπὶ** τὸ αὐτό,
Mt 23:2 **ἐπὶ** τῆς Μωϋσέως καθέδρας
Mt 23:4 δυσβάστακτα] καὶ ἐπιτιθέασιν **ἐπὶ** τοὺς ὤμους τῶν
Mt 23:9 μὴ καλέσητε ὑμῶν **ἐπὶ** τῆς γῆς,
Mt 23:35 ὅπως ἔλθῃ **ἐφ'** ὑμᾶς πᾶν αἷμα
Mt 23:35 αἷμα δίκαιον ἐκχυννόμενον **ἐπὶ** τῆς γῆς ἀπὸ
Mt 23:36 ἥξει ταῦτα πάντα **ἐπὶ** τὴν γενεὰν ταύτην.
Mt 24:2 ἀφεθῇ ὧδε λίθος **ἐπὶ** λίθον ὃς οὐ
Mt 24:3 Καθημένου δὲ αὐτοῦ **ἐπὶ** τοῦ ὄρους τῶν
Mt 24:5 πολλοὶ γὰρ ἐλεύσονται **ἐπὶ** τῷ ὀνόματί μου
Mt 24:7 ἐγερθήσεται γὰρ ἔθνος **ἐπὶ** ἔθνος καὶ βασιλεία
Mt 24:7 ἔθνος καὶ βασιλεία **ἐπὶ** βασιλείαν καὶ ἔσονται
Mt 24:17 ὁ **ἐπὶ** τοῦ δώματος μὴ
Mt 24:30 τοῦ ἀνθρώπου ἐρχόμενον **ἐπὶ** τῶν νεφελῶν
Mt 24:33 ὅτι ἐγγύς ἐστιν **ἐπὶ** θύραις.
Mt 24:45 κατέστησεν ὁ κύριος **ἐπὶ** τῆς οἰκετείας αὐτοῦ
Mt 24:47 λέγω ὑμῖν ὅτι **ἐπὶ** πᾶσιν τοῖς ὑπάρχουσιν
Mt 25:21 **ἐπὶ** ὀλίγα ἦς πιστός,
Mt 25:21 **ἐπὶ** πολλῶν σε καταστήσω·
Mt 25:23 **ἐπὶ** ὀλίγα ἦς πιστός,
Mt 25:23 **ἐπὶ** πολλῶν σε καταστήσω·
Mt 25:31 τότε καθίσει **ἐπὶ** θρόνου δόξης αὐτοῦ·
Mt 25:40 **ἐφ'** ὅσον ἐποιήσατε ἑνὶ
Mt 25:45 **ἐφ'** ὅσον οὐκ ἐποιήσατε
Mt 26:7 βαρυτίμου καὶ κατέχεεν **ἐπὶ** τῆς κεφαλῆς αὐτοῦ
Mt 26:12 τὸ μύρον τοῦτο **ἐπὶ** τοῦ σώματός μου
Mt 26:39 προελθὼν μικρὸν ἔπεσεν **ἐπὶ** πρόσωπον αὐτοῦ προσευχόμενος
Mt 26:50 **ἐφ'** ὃ πάρει.
Mt 26:50 ἐπέβαλον τὰς χεῖρας **ἐπὶ** τὸν Ἰησοῦν καὶ
Mt 26:55 ὡς ἐπὶ **λῃστὴν** ἐξήλθατε μετὰ μαχαιρῶν
Mt 26:64 δυνάμεως καὶ ἐρχόμενον **ἐπὶ** τῶν νεφελῶν
Mt 27:19 Καθημένου δὲ αὐτοῦ **ἐπὶ** τοῦ βήματος ἀπέστειλεν
Mt 27:25 τὸ αἷμα αὐτοῦ **ἐφ'** ἡμᾶς καὶ ἐπὶ
Mt 27:25 ἐφ' ἡμᾶς καὶ **ἐπὶ** τὰ τέκνα ἡμῶν.
Mt 27:27 τὸ πραιτώριον συνήγαγον **ἐπ'** αὐτὸν ὅλην
Mt 27:29 ἐξ ἀκανθῶν ἐπέθηκαν **ἐπὶ** τῆς κεφαλῆς αὐτοῦ
Mt 27:42 σταυροῦ καὶ πιστεύσομεν **ἐπ'** αὐτόν.
Mt 27:43 πέποιθεν **ἐπὶ** τὸν θεόν,
Mt 27:45 ὥρας σκότος ἐγένετο **ἐπὶ** πᾶσαν τὴν γῆν
Mt 28:14 ἐὰν ἀκουσθῇ τοῦτο **ἐπὶ** τοῦ ἡγεμόνος,
Mt 28:18 ἐν οὐρανῷ καὶ **ἐπὶ** [τῆς] γῆς.

ἐπιβαίνω (*epibainō*; 1/6) *go on board*

Mt 21:5 σοι πραῢς καὶ **ἐπιβεβηκὼς** ἐπὶ ὄνον καὶ

ἐπιβάλλω (*epiballō*; 2/18) *lay on*

Mt 9:16 οὐδεὶς δὲ **ἐπιβάλλει** ἐπίβλημα ῥάκους ἀγνάφου
Mt 26:50 τότε προσελθόντες **ἐπέβαλον** τὰς χεῖρας ἐπὶ

ἐπίβλημα (*epiblēma*; 1/4) *piece*

Mt 9:16 οὐδεὶς δὲ ἐπιβάλλει **ἐπίβλημα** ῥάκους ἀγνάφου ἐπὶ

ἐπιγαμβρεύω (*epigambreuō*; 1/1) *marry*

Mt 22:24 **ἐπιγαμβρεύσει** ὁ ἀδελφὸς αὐτοῦ

ἐπιγινώσκω (*epiginōskō*; 6/44) *know*

Mt 7:16 τῶν καρπῶν αὐτῶν **ἐπιγνώσεσθε** αὐτούς.
Mt 7:20 τῶν καρπῶν αὐτῶν **ἐπιγνώσεσθε** αὐτούς.
Mt 11:27 καὶ οὐδεὶς **ἐπιγινώσκει** τὸν υἱὸν εἰ
Mt 11:27 τὸν πατέρα τις **ἐπιγινώσκει** εἰ μὴ ὁ
Mt 14:35 καὶ **ἐπιγνόντες** αὐτὸν οἱ ἄνδρες

Mt 17:12 καὶ οὐκ **ἐπέγνωσαν** αὐτὸν ἀλλὰ ἐποίησαν

ἐπιγραφή (*epigraphē*; 1/5) *inscription*

Mt 22:20 αὕτη καὶ ἡ **ἐπιγραφή**;

ἐπιδείκνυμι (*epideiknymi*; 3/7) *show*

Mt 16:1 ἐκ τοῦ οὐρανοῦ **ἐπιδεῖξαι** αὐτοῖς.
Mt 22:19 **ἐπιδείξατέ** μοι τὸ νόμισμα
Mt 24:1 οἱ μαθηταὶ αὐτοῦ **ἐπιδεῖξαι** αὐτῷ τὰς οἰκοδομάς

ἐπιδίδωμι (*epididōmi*; 2/9) *give*

Mt 7:9 μὴ λίθον **ἐπιδώσει** αὐτῷ;
Mt 7:10 μὴ ὄφιν **ἐπιδώσει** αὐτῷ;

ἐπιζητέω (*epizēteō*; 3/13) *seek*

Mt 6:32 ταῦτα τὰ ἔθνη **ἐπιζητοῦσιν**·
Mt 12:39 καὶ μοιχαλὶς σημεῖον **ἐπιζητεῖ**,
Mt 16:4 καὶ μοιχαλὶς σημεῖον **ἐπιζητεῖ**,

ἐπιθυμέω (*epithymeō*; 2/16) *long for*

Mt 5:28 γυναῖκα πρὸς τὸ **ἐπιθυμῆσαι** αὐτὴν ἤδη ἐμοίχευσεν
Mt 13:17 προφῆται καὶ δίκαιοι **ἐπεθύμησαν** ἰδεῖν ἃ βλέπετε

ἐπικαθίζω (*epikathizō*; 1/1) *sit*

Mt 21:7 καὶ **ἐπεκάθισεν** ἐπάνω αὐτῶν.

ἐπικαλέω (*epikaleō*; 1/30) *call*

Mt 10:25 τὸν οἰκοδεσπότην Βεελζεβοὺλ **ἐπεκάλεσαν**,

ἐπιλαμβάνομαι (*epilambanomai*; 1/19) *take*

Mt 14:31 ἐκτείνας τὴν χεῖρα **ἐπελάβετο** αὐτοῦ καὶ λέγει

ἐπιλανθάνομαι (*epilanthanomai*; 1/8) *forget*

Mt 16:5 εἰς τὸ πέραν **ἐπελάθοντο** ἄρτους λαβεῖν.

ἐπιορκέω (*epiorkeō*; 1/1) *break an oath*

Mt 5:33 οὐκ **ἐπιορκήσεις**,

ἐπιούσιος (*epiousios*; 1/2) *for today*

Mt 6:11 ἄρτον ἡμῶν τὸν **ἐπιούσιον** δὸς ἡμῖν σήμερον·

ἐπίσημος (*episēmos*; 1/2) *well known*

Mt 27:16 δὲ τότε δέσμιον **ἐπίσημον** λεγόμενον [Ἰησοῦν] Βαραββᾶν.

ἐπισκέπτομαι (*episkeptomai*; 2/11) *visit*

Mt 25:36 ἠσθένησα καὶ **ἐπεσκέψασθέ** με,
Mt 25:43 φυλακῇ καὶ οὐκ **ἐπεσκέψασθέ** με.

ἐπισκιάζω (*episkiazō*; 1/5) *overshadow*

Mt 17:5 ἰδοὺ νεφέλη φωτεινὴ **ἐπεσκίασεν** αὐτούς,

ἐπισπείρω (*epispeirō*; 1/1) *sow in addition*

Mt 13:25 ὁ ἐχθρὸς καὶ **ἐπέσπειρεν** ζιζάνια ἀνὰ μέσον

ἐπιστρέφω (*epistrephō*; 4/36) *turn back*

Mt 10:13 ὑμῶν πρὸς ὑμᾶς **ἐπιστραφήτω**.
Mt 12:44 τὸν οἶκόν μου **ἐπιστρέψω** ὅθεν ἐξῆλθον·
Mt 13:15 καρδίᾳ συνῶσιν καὶ **ἐπιστρέψωσιν** καὶ ἰάσομαι αὐτούς.
Mt 24:18 τῷ ἀγρῷ μὴ **ἐπιστρεψάτω** ὀπίσω ἆραι τὸ

ἐπισυνάγω (*episynagō*; 3/8) *gather*

Mt 23:37 ποσάκις ἠθέλησα **ἐπισυναγαγεῖν** τὰ τέκνα σου,
Mt 23:37 ὃν τρόπον ὄρνις **ἐπισυνάγει** τὰ νοσσία αὐτῆς
Mt 24:31 καὶ **ἐπισυνάξουσιν** τοὺς ἐκλεκτοὺς αὐτοῦ

ἐπιτίθημι (*epitithēmi*; 7/38[39]) *put on*

Mt 9:18 ἀλλὰ ἐλθὼν **ἐπίθες** τὴν χεῖρά σου
Mt 19:13 ἵνα τὰς χεῖρας **ἐπιθῇ** αὐτοῖς καὶ προσεύξηται·
Mt 19:15 καὶ **ἐπιθεὶς** τὰς χεῖρας αὐτοῖς
Mt 21:7 τὸν πῶλον καὶ **ἐπέθηκαν** ἐπ' αὐτῶν τὰ
Mt 23:4 [καὶ δυσβάστακτα] καὶ **ἐπιτιθέασιν** ἐπὶ τοὺς ὤμους
Mt 27:29 στέφανον ἐξ ἀκανθῶν **ἐπέθηκαν** ἐπὶ τῆς κεφαλῆς
Mt 27:37 Καὶ **ἐπέθηκαν** ἐπάνω τῆς κεφαλῆς

ἐπιτιμάω (*epitimaō*; 6/29) *command, rebuke*

Mt 8:26 τότε ἐγερθεὶς **ἐπετίμησεν** τοῖς ἀνέμοις καὶ
Mt 12:16 καὶ **ἐπετίμησεν** αὐτοῖς ἵνα μὴ
Mt 16:22 ὁ Πέτρος ἤρξατο **ἐπιτιμᾶν** αὐτῷ λέγων·
Mt 17:18 καὶ **ἐπετίμησεν** αὐτῷ ὁ Ἰησοῦς
Mt 19:13 οἱ δὲ μαθηταὶ **ἐπετίμησαν** αὐτοῖς.
Mt 20:31 ὁ δὲ ὄχλος **ἐπετίμησεν** αὐτοῖς ἵνα σιωπήσωσιν·

ἐπιτρέπω (*epitrepō*; 2/18) *permit, let*

Mt 8:21 **ἐπίτρεψόν** μοι πρῶτον ἀπελθεῖν
Mt 19:8 τὴν σκληροκαρδίαν ὑμῶν **ἐπέτρεψεν** ὑμῖν ἀπολῦσαι τὰς

ἐπίτροπος (*epitropos*; 1/3) *steward*

Mt 20:8 τοῦ ἀμπελῶνος τῷ **ἐπιτρόπῳ** αὐτοῦ·

ἐπιφώσκω (*epiphōskō*; 1/2) *dawn*

Mt 28:1 τῇ **ἐπιφωσκούσῃ** εἰς μίαν σαββάτων

ἑπτά (*hepta*; 9/87[88]) *seven*

Mt 12:45 παραλαμβάνει μεθ' ἑαυτοῦ **ἑπτὰ** ἕτερα πνεύματα πονηρότερα
Mt 15:34 **ἑπτὰ** καὶ ὀλίγα ἰχθύδια.
Mt 15:36 ἔλαβεν τοὺς **ἑπτὰ** ἄρτους καὶ τοὺς
Mt 15:37 τῶν κλασμάτων ἦραν **ἑπτὰ** σπυρίδας πλήρεις.
Mt 16:10 οὐδὲ τοὺς **ἑπτὰ** ἄρτους τῶν τετρακισχιλίων
Mt 18:22 ἀλλὰ ἕως ἑβδομηκοντάκις **ἑπτά.**
Mt 22:25 δὲ παρ' ἡμῖν **ἑπτὰ** ἀδελφοί·
Mt 22:26 τρίτος ἕως τῶν **ἑπτά**.
Mt 22:28 οὖν τίνος τῶν **ἑπτὰ** ἔσται γυνή;

ἑπτάκις (*heptakis*; 2/4) *seven times*

Mt 18:21 ἕως **ἑπτάκις**;

Mt 18:22 λέγω σοι ἕως **ἑπτάκις** ἀλλὰ ἕως ἑβδομηκοντάκις

ἐργάζομαι (*ergazomai*; 4/41) *work*
Mt 7:23 ἀπ᾽ ἐμοῦ οἱ **ἐργαζόμενοι** τὴν ἀνομίαν.
Mt 21:28 ὕπαγε σήμερον **ἐργάζου** ἐν τῷ ἀμπελῶνι.
Mt 25:16 πέντε τάλαντα λαβὼν **ἠργάσατο** ἐν αὐτοῖς
Mt 26:10 ἔργον γὰρ καλὸν **ἠργάσατο** εἰς ἐμέ·

ἐργάτης (*ergatēs*; 6/16) *laborer*
Mt 9:37 οἱ δὲ **ἐργάται** ὀλίγοι·
Mt 9:38 θερισμοῦ ὅπως ἐκβάλῃ **ἐργάτας** εἰς τὸν θερισμὸν
Mt 10:10 ἄξιος γὰρ ὁ **ἐργάτης** τῆς τροφῆς αὐτοῦ.
Mt 20:1 ἅμα πρωῒ μισθώσασθαι **ἐργάτας** εἰς τὸν ἀμπελῶνα
Mt 20:2 δὲ μετὰ τῶν **ἐργατῶν** ἐκ δηναρίου τὴν
Mt 20:8 κάλεσον τοὺς **ἐργάτας** καὶ ἀπόδος αὐτοῖς

ἔργον (*ergon*; 6/169) *work*
Mt 5:16 ὑμῶν τὰ καλὰ **ἔργα** καὶ δοξάσωσιν τὸν
Mt 11:2 τῷ δεσμωτηρίῳ τὰ **ἔργα** τοῦ Χριστοῦ πέμψας
Mt 11:19 σοφία ἀπὸ τῶν **ἔργων** αὐτῆς.
Mt 23:3 κατὰ δὲ τὰ **ἔργα** αὐτῶν μὴ ποιεῖτε·
Mt 23:5 πάντα δὲ τὰ **ἔργα** αὐτῶν ποιοῦσιν πρὸς
Mt 26:10 **ἔργον** γὰρ καλὸν ἠργάσατο

ἐρεύγομαι (*ereugomai*; 1/1) *declare*
Mt 13:35 **ἐρεύξομαι** κεκρυμμένα ἀπὸ καταβολῆς

ἐρημία (*erēmia*; 1/4) *deserted place*
Mt 15:33 πόθεν ἡμῖν ἐν **ἐρημίᾳ** ἄρτοι τοσοῦτοι ὥστε

ἔρημος (*erēmos*; 8/48) *desert*
Mt 3:1 κηρύσσων ἐν τῇ **ἐρήμῳ** τῆς Ἰουδαίας
Mt 3:3 βοῶντος ἐν τῇ **ἐρήμῳ**·
Mt 4:1 ἀνήχθη εἰς τὴν **ἔρημον** ὑπὸ τοῦ πνεύματος
Mt 11:7 ἐξήλθατε εἰς τὴν **ἔρημον** θεάσασθαι;
Mt 14:13 ἐν πλοίῳ εἰς **ἔρημον** τόπον κατ᾽ ἰδίαν·
Mt 14:15 **ἔρημός** ἐστιν ὁ τόπος
Mt 23:38 ὁ οἶκος ὑμῶν **ἔρημος**.
Mt 24:26 ἰδοὺ ἐν τῇ **ἐρήμῳ** ἐστίν,

ἐρημόω (*erēmoō*; 1/5) *make waste or desolate*
Mt 12:25 μερισθεῖσα καθ᾽ ἑαυτῆς **ἐρημοῦται** καὶ πᾶσα πόλις

ἐρήμωσις (*erēmōsis*; 1/3) *desolation*
Mt 24:15 τὸ βδέλυγμα τῆς **ἐρημώσεως** τὸ ῥηθὲν διὰ

ἐρίζω (*erizō*; 1/1) *argue*
Mt 12:19 οὐκ **ἐρίσει** οὐδὲ κραυγάσει,

ἐρίφιον (*eriphion*; 1/1) *goat*
Mt 25:33 τὰ δὲ **ἐρίφια** ἐξ εὐωνύμων.

ἔριφος (*eriphos*; 1/2) *goat*
Mt 25:32 πρόβατα ἀπὸ τῶν **ἐρίφων**,

ἔρχομαι (*erchomai*; 114/631[632]) *come, go*
Mt 2:2 τῇ ἀνατολῇ καὶ **ἤλθομεν** προσκυνῆσαι αὐτῷ.
Mt 2:8 ὅπως κἀγὼ **ἐλθὼν** προσκυνήσω αὐτῷ.
Mt 2:9 ἕως **ἐλθὼν** ἐστάθη ἐπάνω οὗ
Mt 2:11 καὶ **ἐλθόντες** εἰς τὴν οἰκίαν
Mt 2:23 καὶ **ἐλθὼν** κατῴκησεν εἰς πόλιν
Mt 3:7 Φαρισαίων καὶ Σαδδουκαίων **ἐρχομένους** ἐπὶ τὸ βάπτισμα
Mt 3:11 δὲ ὀπίσω μου **ἐρχόμενος** ἰσχυρότερός μού ἐστιν,
Mt 3:14 καὶ σὺ **ἔρχῃ** πρός με;
Mt 3:16 ὡσεὶ περιστερὰν [καὶ] **ἐρχόμενον** ἐπ᾽ αὐτόν·
Mt 4:13 καταλιπὼν τὴν Ναζαρὰ **ἐλθὼν** κατῴκησεν εἰς Καφαρναοὺμ
Mt 5:17 Μὴ νομίσητε ὅτι **ἦλθον** καταλῦσαι τὸν νόμον
Mt 5:17 οὐκ **ἦλθον** καταλῦσαι ἀλλὰ πληρῶσαι.
Mt 5:24 καὶ τότε **ἐλθὼν** πρόσφερε τὸ δῶρόν
Mt 6:10 **ἐλθέτω** ἡ βασιλεία σου·
Mt 7:15 οἵτινες **ἔρχονται** πρὸς ὑμᾶς ἐν
Mt 7:25 ἡ βροχὴ καὶ **ἦλθον** οἱ ποταμοὶ καὶ
Mt 7:27 ἡ βροχὴ καὶ **ἦλθον** οἱ ποταμοὶ καὶ
Mt 8:7 ἐγὼ **ἐλθὼν** θεραπεύσω αὐτόν.
Mt 8:9 **ἔρχου**,
Mt 8:9 καὶ **ἔρχεται**,
Mt 8:14 Καὶ **ἐλθὼν** ὁ Ἰησοῦς εἰς
Mt 8:28 Καὶ **ἐλθόντος** αὐτοῦ εἰς τὸ
Mt 8:29 **ἦλθες** ὧδε πρὸ καιροῦ
Mt 9:1 πλοῖον διεπέρασεν καὶ **ἦλθεν** εἰς τὴν ἰδίαν
Mt 9:10 τελῶναι καὶ ἁμαρτωλοὶ **ἐλθόντες** συνανέκειντο τῷ Ἰησοῦ
Mt 9:13 οὐ γὰρ **ἦλθον** καλέσαι δικαίους ἀλλὰ
Mt 9:15 **ἐλεύσονται** δὲ ἡμέραι ὅταν
Mt 9:18 ἰδοὺ ἄρχων εἷς **ἐλθὼν** προσεκύνει αὐτῷ λέγων
Mt 9:18 ἀλλὰ **ἐλθὼν** ἐπίθες τὴν χεῖρά
Mt 9:23 Καὶ **ἐλθὼν** ὁ Ἰησοῦς εἰς
Mt 9:28 **ἐλθόντι** δὲ εἰς τὴν
Mt 10:13 **ἐλθάτω** ἡ εἰρήνη ὑμῶν
Mt 10:23 Ἰσραὴλ ἕως ἂν **ἔλθῃ** ὁ υἱὸς τοῦ
Mt 10:34 Μὴ νομίσητε ὅτι **ἦλθον** βαλεῖν εἰρήνην ἐπὶ
Mt 10:34 οὐκ **ἦλθον** βαλεῖν εἰρήνην ἀλλὰ
Mt 10:35 **ἦλθον** γὰρ διχάσαι ἄνθρωπον
Mt 11:3 σὺ εἶ ὁ **ἐρχόμενος** ἢ ἕτερον προσδοκῶμεν;
Mt 11:14 Ἠλίας ὁ μέλλων **ἔρχεσθαι**.
Mt 11:18 **ἦλθεν** γὰρ Ἰωάννης μήτε
Mt 11:19 **ἦλθεν** ὁ υἱὸς τοῦ
Mt 12:9 Καὶ μεταβὰς ἐκεῖθεν **ἦλθεν** εἰς τὴν συναγωγὴν
Mt 12:42 ὅτι **ἦλθεν** ἐκ τῶν περάτων
Mt 12:44 καὶ **ἐλθὸν** εὑρίσκει σχολάζοντα σεσαρωμένον
Mt 13:4 καὶ **ἐλθόντα** τὰ πετεινὰ κατέφαγεν
Mt 13:19 καὶ μὴ συνιέντος **ἔρχεται** ὁ πονηρὸς καὶ
Mt 13:25 καθεύδειν τοὺς ἀνθρώπους **ἦλθεν** αὐτοῦ ὁ ἐχθρὸς
Mt 13:32 ὥστε **ἐλθεῖν** τὰ πετεινὰ τοῦ
Mt 13:36 ἀφεὶς τοὺς ὄχλους **ἦλθεν** εἰς τὴν οἰκίαν.
Mt 13:54 καὶ **ἐλθὼν** εἰς τὴν πατρίδα
Mt 14:12 ἔθαψαν αὐτὸ[ν] καὶ **ἐλθόντες** ἀπήγγειλαν τῷ Ἰησοῦ.
Mt 14:25 φυλακῇ τῆς νυκτὸς **ἦλθεν** πρὸς αὐτοὺς περιπατῶν
Mt 14:28 κέλευσόν με **ἐλθεῖν** πρός σε ἐπὶ

Mt 14:29 **ἐλθέ**.
Mt 14:29 τὰ ὕδατα καὶ **ἦλθεν** πρὸς τὸν Ἰησοῦν.
Mt 14:34 Καὶ διαπεράσαντες **ἦλθον** ἐπὶ τὴν γῆν
Mt 15:25 ἡ δὲ **ἐλθοῦσα** προσεκύνει αὐτῷ λέγουσα·
Mt 15:29 ἐκεῖθεν ὁ Ἰησοῦς **ἦλθεν** παρὰ τὴν θάλασσαν
Mt 15:39 τὸ πλοῖον καὶ **ἦλθεν** εἰς τὰ ὅρια
Mt 16:5 Καὶ **ἐλθόντες** οἱ μαθηταὶ εἰς
Mt 16:13 **Ἐλθὼν** δὲ ὁ Ἰησοῦς
Mt 16:24 θέλει ὀπίσω μου **ἐλθεῖν**,
Mt 16:27 υἱὸς τοῦ ἀνθρώπου **ἔρχεσθαι** ἐν τῇ δόξῃ
Mt 16:28 υἱὸν τοῦ ἀνθρώπου **ἐρχόμενον** ἐν τῇ βασιλείᾳ
Mt 17:10 ὅτι Ἠλίαν δεῖ **ἐλθεῖν** πρῶτον;
Mt 17:11 Ἠλίας μὲν **ἔρχεται** καὶ ἀποκαταστήσει πάντα·
Mt 17:12 ὅτι Ἠλίας ἤδη **ἦλθεν**,
Mt 17:14 Καὶ **ἐλθόντων** πρὸς τὸν ὄχλον
Mt 17:24 **Ἐλθόντων** δὲ αὐτῶν εἰς
Mt 17:25 καὶ **ἐλθόντα** εἰς τὴν οἰκίαν
Mt 18:7 ἀνάγκη γὰρ **ἐλθεῖν** τὰ σκάνδαλα,
Mt 18:7 οὗ τὸ σκάνδαλον **ἔρχεται**.
Mt 18:31 ἐλυπήθησαν σφόδρα καὶ **ἐλθόντες** διεσάφησαν τῷ κυρίῳ
Mt 19:1 τῆς Γαλιλαίας καὶ **ἦλθεν** εἰς τὰ ὅρια
Mt 19:14 μὴ κωλύετε αὐτὰ **ἐλθεῖν** πρός με,
Mt 20:9 καὶ **ἐλθόντες** οἱ περὶ τὴν
Mt 20:10 καὶ **ἐλθόντες** οἱ πρῶτοι ἐνόμισαν
Mt 20:28 τοῦ ἀνθρώπου οὐκ **ἦλθεν** διακονηθῆναι ἀλλὰ διακονῆσαι
Mt 21:1 εἰς Ἱεροσόλυμα καὶ **ἦλθον** εἰς Βηθφαγὴ εἰς
Mt 21:5 ὁ βασιλεύς σου **ἔρχεταί** σοι πραῢς καὶ
Mt 21:9 εὐλογημένος ὁ **ἐρχόμενος** ἐν ὀνόματι κυρίου·
Mt 21:19 ἐπὶ τῆς ὁδοῦ **ἦλθεν** ἐπ' αὐτὴν καὶ
Mt 21:23 Καὶ **ἐλθόντος** αὐτοῦ εἰς τὸ
Mt 21:32 **ἦλθεν** γὰρ Ἰωάννης πρὸς
Mt 21:40 ὅταν οὖν **ἔλθῃ** ὁ κύριος τοῦ
Mt 22:3 καὶ οὐκ ἤθελον **ἐλθεῖν**.
Mt 23:35 ὅπως **ἔλθῃ** ἐφ' ὑμᾶς πᾶν
Mt 23:39 εὐλογημένος ὁ ἐρχόμενος **ἐν** ὀνόματι κυρίου.
Mt 24:5 πολλοὶ γὰρ **ἐλεύσονται** ἐπὶ τῷ ὀνόματί
Mt 24:30 υἱὸν τοῦ ἀνθρώπου **ἐρχόμενον** ἐπὶ τῶν νεφελῶν
Mt 24:39 οὐκ ἔγνωσαν ἕως **ἦλθεν** ὁ κατακλυσμὸς καὶ
Mt 24:42 ὁ κύριος ὑμῶν **ἔρχεται**.
Mt 24:43 φυλακῇ ὁ κλέπτης **ἔρχεται**,
Mt 24:44 υἱὸς τοῦ ἀνθρώπου **ἔρχεται**.
Mt 24:46 δοῦλος ἐκεῖνος ὃν **ἐλθὼν** ὁ κύριος αὐτοῦ
Mt 25:10 δὲ αὐτῶν ἀγοράσαι **ἦλθεν** ὁ νυμφίος,
Mt 25:11 ὕστερον δὲ **ἔρχονται** καὶ αἱ λοιπαὶ
Mt 25:19 δὲ πολὺν χρόνον **ἔρχεται** ὁ κύριος τῶν
Mt 25:27 καὶ **ἐλθὼν** ἐγὼ ἐκομισάμην ἂν
Mt 25:31 Ὅταν δὲ **ἔλθῃ** ὁ υἱὸς τοῦ
Mt 25:36 φυλακῇ ἤμην καὶ **ἤλθατε** πρός με.
Mt 25:39 ἐν φυλακῇ καὶ **ἤλθομεν** πρός σε;
Mt 26:36 Τότε **ἔρχεται** μετ' αὐτῶν ὁ
Mt 26:40 καὶ **ἔρχεται** πρὸς τοὺς μαθητὰς
Mt 26:43 καὶ **ἐλθὼν** πάλιν εὗρεν αὐτοὺς
Mt 26:45 τότε **ἔρχεται** πρὸς τοὺς μαθητὰς
Mt 26:47 εἷς τῶν δώδεκα **ἦλθεν** καὶ μετ' αὐτοῦ
Mt 26:64 τῆς δυνάμεως καὶ **ἐρχόμενον** ἐπὶ τῶν νεφελῶν
Mt 27:33 Καὶ **ἐλθόντες** εἰς τόπον λεγόμενον
Mt 27:49 ἄφες ἴδωμεν εἰ **ἔρχεται** Ἠλίας σώσων αὐτόν.
Mt 27:57 Ὀψίας δὲ γενομένης **ἦλθεν** ἄνθρωπος πλούσιος ἀπὸ
Mt 27:64 μήποτε **ἐλθόντες** οἱ μαθηταὶ αὐτοῦ
Mt 28:1 εἰς μίαν σαββάτων **ἦλθεν** Μαριὰμ ἡ Μαγδαληνὴ
Mt 28:11 τινες τῆς κουστωδίας **ἐλθόντες** εἰς τὴν πόλιν
Mt 28:13 μαθηταὶ αὐτοῦ νυκτὸς **ἐλθόντες** ἔκλεψαν αὐτὸν ἡμῶν

ἐρωτάω (*erōtaō*; 4/62[63]) *ask*

Mt 15:23 οἱ μαθηταὶ αὐτοῦ **ἠρώτουν** αὐτὸν λέγοντες·
Mt 16:13 Καισαρείας τῆς Φιλίππου **ἠρώτα** τοὺς μαθητὰς αὐτοῦ
Mt 19:17 τί με **ἐρωτᾷς** περὶ τοῦ ἀγαθοῦ;
Mt 21:24 **ἐρωτήσω** ὑμᾶς κἀγὼ λόγον

ἐσθίω (*esthiō*; 24/158) *eat*

Mt 6:25 ψυχῇ ὑμῶν τί **φάγητε** [ἢ τί πίητε],
Mt 6:31 τί **φάγωμεν**;
Mt 9:11 τελωνῶν καὶ ἁμαρτωλῶν **ἐσθίει** ὁ διδάσκαλος ὑμῶν;
Mt 11:18 γὰρ Ἰωάννης μήτε **ἐσθίων** μήτε πίνων,
Mt 11:19 υἱὸς τοῦ ἀνθρώπου **ἐσθίων** καὶ πίνων,
Mt 12:1 τίλλειν στάχυας καὶ **ἐσθίειν**.
Mt 12:4 ἄρτους τῆς προθέσεως **ἔφαγον**,
Mt 12:4 ἐξὸν ἦν αὐτῷ **φαγεῖν** οὐδὲ τοῖς μετ'
Mt 14:16 δότε αὐτοῖς ὑμεῖς **φαγεῖν**.
Mt 14:20 καὶ **ἔφαγον** πάντες καὶ ἐχορτάσθησαν,
Mt 14:21 οἱ δὲ **ἐσθίοντες** ἦσαν ἄνδρες ὡσεὶ
Mt 15:2 [αὐτῶν] ὅταν ἄρτον **ἐσθίωσιν**.
Mt 15:20 δὲ ἀνίπτοις χερσὶν **φαγεῖν** οὐ κοινοῖ τὸν
Mt 15:27 γὰρ τὰ κυνάρια **ἐσθίει** ἀπὸ τῶν ψιχίων
Mt 15:32 οὐκ ἔχουσιν τι **φάγωσιν**·
Mt 15:37 καὶ **ἔφαγον** πάντες καὶ ἐχορτάσθησαν.
Mt 15:38 οἱ δὲ **ἐσθίοντες** ἦσαν τετρακισχίλιοι ἄνδρες
Mt 24:49 **ἐσθίῃ** δὲ καὶ πίνῃ
Mt 25:35 καὶ ἐδώκατέ μοι **φαγεῖν**,
Mt 25:42 οὐκ ἐδώκατέ μοι **φαγεῖν**,
Mt 26:17 θέλεις ἑτοιμάσωμέν σοι **φαγεῖν** τὸ πάσχα;
Mt 26:21 καὶ **ἐσθιόντων** αὐτῶν εἶπεν·
Mt 26:26 **Ἐσθιόντων** δὲ αὐτῶν λαβὼν
Mt 26:26 λάβετε **φάγετε**,

Ἑσρώμ (*Hesrōm*; 2/3) *Hezron*

Mt 1:3 δὲ ἐγέννησεν τὸν **Ἑσρώμ**,
Mt 1:3 **Ἑσρὼμ** δὲ ἐγέννησεν τὸν

ἔσχατος (*eschatos*; 10/52) *last*

Mt 5:26 ἂν ἀποδῷς τὸν **ἔσχατον** κοδράντην.
Mt 12:45 καὶ γίνεται τὰ **ἔσχατα** τοῦ ἀνθρώπου ἐκείνου
Mt 19:30 δὲ ἔσονται πρῶτοι **ἔσχατοι** καὶ ἔσχατοι πρῶτοι.
Mt 19:30 πρῶτοι ἔσχατοι καὶ **ἔσχατοι** πρῶτοι.
Mt 20:8 ἀρξάμενος ἀπὸ τῶν **ἐσχάτων** ἕως τῶν πρώτων.
Mt 20:12 οὗτοι οἱ **ἔσχατοι** μίαν ὥραν ἐποίησαν,
Mt 20:14 δὲ τούτῳ τῷ **ἐσχάτῳ** δοῦναι ὡς καὶ
Mt 20:16 οὕτως ἔσονται οἱ **ἔσχατοι** πρῶτοι καὶ οἱ
Mt 20:16 καὶ οἱ πρῶτοι **ἔσχατοι**.

Mt 27:64 καὶ ἔσται ἡ **ἐσχάτη** πλάνη χείρων τῆς

ἔσω (*esō*; 1/9) *inside*
Mt 26:58 ἀρχιερέως καὶ εἰσελθὼν **ἔσω** ἐκάθητο μετὰ

ἔσωθεν (*esōthen*; 4/12) *within*
Mt 7:15 **ἔσωθεν** δέ εἰσιν λύκοι
Mt 23:25 **ἔσωθεν** δὲ γέμουσιν ἐξ
Mt 23:27 **ἔσωθεν** δὲ γέμουσιν ὀστέων
Mt 23:28 **ἔσωθεν** δέ ἐστε μεστοὶ

ἑταῖρος (*hetairos*; 3/3) *friend*
Mt 20:13 **ἑταῖρε**,
Mt 22:12 **ἑταῖρε**,
Mt 26:50 **ἑταῖρε**,

ἕτερος (*heteros*; 10/97[98]) *other*
Mt 6:24 μισήσει καὶ τὸν **ἕτερον** ἀγαπήσει,
Mt 6:24 ἀνθέξεται καὶ τοῦ **ἑτέρου** καταφρονήσει.
Mt 8:21 **ἕτερος** δὲ τῶν μαθητῶν
Mt 10:23 φεύγετε εἰς τὴν **ἑτέραν**·
Mt 11:3 ὁ ἐρχόμενος ἢ **ἕτερον** προσδοκῶμεν;
Mt 11:16 ἃ προσφωνοῦντα τοῖς **ἑτέροις**
Mt 12:45 μεθ᾽ ἑαυτοῦ ἑπτὰ **ἕτερα** πνεύματα πονηρότερα ἑαυτοῦ
Mt 15:30 καὶ **ἑτέρους** πολλοὺς καὶ ἔρριψαν
Mt 16:14 **ἕτεροι** δὲ Ἰερεμίαν ἢ
Mt 21:30 προσελθὼν δὲ τῷ **ἑτέρῳ** εἶπεν ὡσαύτως.

ἔτι (*eti*; 8/93) *still*
Mt 5:13 εἰς οὐδὲν ἰσχύει **ἔτι** εἰ μὴ βληθὲν
Mt 12:46 **Ἔτι** αὐτοῦ λαλοῦντος τοῖς
Mt 17:5 **ἔτι** αὐτοῦ λαλοῦντος ἰδοὺ
Mt 18:16 παράλαβε μετὰ σοῦ **ἔτι** ἕνα ἢ δύο,
Mt 19:20 τί **ἔτι** ὑστερῶ;
Mt 26:47 Καὶ **ἔτι** αὐτοῦ λαλοῦντος ἰδοὺ
Mt 26:65 τί **ἔτι** χρείαν ἔχομεν μαρτύρων;
Mt 27:63 ὁ πλάνος εἶπεν **ἔτι** ζῶν·

ἑτοιμάζω (*hetoimazō*; 7/40) *prepare*
Mt 3:3 **ἑτοιμάσατε** τὴν ὁδὸν κυρίου,
Mt 20:23 ἀλλ᾽ οἷς **ἡτοίμασται** ὑπὸ τοῦ πατρός
Mt 22:4 τὸ ἄριστόν μου **ἡτοίμακα**,
Mt 25:34 κληρονομήσατε τὴν **ἡτοιμασμένην** ὑμῖν βασιλείαν ἀπὸ
Mt 25:41 τὸ αἰώνιον τὸ **ἡτοιμασμένον** τῷ διαβόλῳ καὶ
Mt 26:17 ποῦ θέλεις **ἑτοιμάσωμέν** σοι φαγεῖν τὸ
Mt 26:19 ὁ Ἰησοῦς καὶ **ἡτοίμασαν** τὸ πάσχα.

ἕτοιμος (*hetoimos*; 4/17) *ready*
Mt 22:4 τεθυμένα καὶ πάντα **ἕτοιμα**·
Mt 22:8 ὁ μὲν γάμος **ἕτοιμός** ἐστιν,
Mt 24:44 καὶ ὑμεῖς γίνεσθε **ἕτοιμοι**,
Mt 25:10 καὶ αἱ **ἕτοιμοι** εἰσῆλθον μετ᾽ αὐτοῦ

ἔτος (*etos*; 1/49) *year*
Mt 9:20 γυνὴ αἱμορροοῦσα δώδεκα **ἔτη** προσελθοῦσα ὄπισθεν ἥψατο

εὖ (*eu*; 2/5) *well*
Mt 25:21 **εὖ**,
Mt 25:23 **εὖ**,

εὐαγγελίζω (*euangelizō*; 1/54) *bring good news*
Mt 11:5 ἐγείρονται καὶ πτωχοὶ **εὐαγγελίζονται**·

εὐαγγέλιον (*euangelion*; 4/75[76]) *good news*
Mt 4:23 καὶ κηρύσσων τὸ **εὐαγγέλιον** τῆς βασιλείας
Mt 9:35 καὶ κηρύσσων τὸ **εὐαγγέλιον** τῆς βασιλείας
Mt 24:14 κηρυχθήσεται τοῦτο τὸ **εὐαγγέλιον** τῆς βασιλείας ἐν
Mt 26:13 ἐὰν κηρυχθῇ τὸ **εὐαγγέλιον** τοῦτο ἐν ὅλῳ

εὐδία (*eudia*; 1/1) *fair weather*
Mt 16:2 **εὐδία**,

εὐδοκέω (*eudokeō*; 3/21) *be pleased*
Mt 3:17 ἐν ᾧ **εὐδόκησα**.
Mt 12:18 μου εἰς ὃν **εὐδόκησεν** ἡ ψυχή μου·
Mt 17:5 ἐν ᾧ **εὐδόκησα**·

εὐδοκία (*eudokia*; 1/9) *good will, pleasure*
Mt 11:26 ὅτι οὕτως **εὐδοκία** ἐγένετο ἔμπροσθέν σου.

εὐθέως (*eutheōs*; 13/36) *immediately*
Mt 4:20 οἱ δὲ **εὐθέως** ἀφέντες τὰ δίκτυα
Mt 4:22 οἱ δὲ **εὐθέως** ἀφέντες τὸ πλοῖον
Mt 8:3 καὶ **εὐθέως** ἐκαθαρίσθη αὐτοῦ ἡ
Mt 13:5 καὶ **εὐθέως** ἐξανέτειλεν διὰ τὸ
Mt 14:22 Καὶ **εὐθέως** ἠνάγκασεν τοὺς μαθητὰς
Mt 14:31 **εὐθέως** δὲ ὁ Ἰησοῦς
Mt 20:34 καὶ **εὐθέως** ἀνέβλεψαν καὶ ἠκολούθησαν
Mt 21:2 καὶ **εὐθέως** εὑρήσετε ὄνον δεδεμένην
Mt 24:29 **Εὐθέως** δὲ μετὰ τὴν
Mt 25:15 **εὐθέως**
Mt 26:49 καὶ **εὐθέως** προσελθὼν τῷ Ἰησοῦ
Mt 26:74 καὶ **εὐθέως** ἀλέκτωρ ἐφώνησεν.
Mt 27:48 καὶ **εὐθέως** δραμὼν εἷς ἐξ

εὐθύς (*euthys*; 6/59) *immediately*
Mt 3:3 **εὐθείας** ποιεῖτε τὰς τρίβους
Mt 3:16 δὲ ὁ Ἰησοῦς **εὐθὺς** ἀνέβη ἀπὸ τοῦ
Mt 13:20 λόγον ἀκούων καὶ **εὐθὺς** μετὰ χαρᾶς λαμβάνων
Mt 13:21 διὰ τὸν λόγον **εὐθὺς** σκανδαλίζεται.
Mt 14:27 **εὐθὺς** δὲ ἐλάλησεν [ὁ
Mt 21:3 **εὐθὺς** δὲ ἀποστελεῖ αὐτούς.

εὐκαιρία (*eukairia*; 1/2) *opportune moment*
Mt 26:16 ἀπὸ τότε ἐζήτει **εὐκαιρίαν** ἵνα αὐτὸν παραδῷ.

εὔκοπος (*eukopos*; 2/7) *easy*
Mt 9:5 τί γάρ ἐστιν **εὐκοπώτερον**,
Mt 19:24 **εὐκοπώτερόν** ἐστιν κάμηλον διὰ

εὐλογέω (*eulogeō*; 5/41) *bless*
Mt 14:19 εἰς τὸν οὐρανὸν **εὐλόγησεν** καὶ κλάσας ἔδωκεν
Mt 21:9 **εὐλογημένος** ὁ ἐρχόμενος ἐν
Mt 23:39 εὐλογημένος **ὁ** ἐρχόμενος ἐν ὀνόματι
Mt 25:34 δεῦτε οἱ **εὐλογημένοι** τοῦ πατρός μου,

Mt 26:26 ᾿Ιησοῦς ἄρτον καὶ **εὐλογήσας** ἔκλασεν καὶ δοὺς

εὐνοέω (*eunoeō*; 1/1) *make friends*

Mt 5:25 ἴσθι **εὐνοῶν** τῷ ἀντιδίκῳ σου

εὐνουχίζω (*eunouchizō*; 2/2) *castrate*

Mt 19:12 εἰσὶν εὐνοῦχοι οἵτινες **εὐνουχίσθησαν** ὑπὸ τῶν ἀνθρώπων,
Mt 19:12 εἰσὶν εὐνοῦχοι οἵτινες **εὐνούχισαν** ἑαυτοὺς

εὐνοῦχος (*eunouchos*; 3/8) *eunuch*

Mt 19:12 εἰσὶν γὰρ **εὐνοῦχοι** οἵτινες ἐκ κοιλίας
Mt 19:12 καὶ εἰσὶν **εὐνοῦχοι** οἵτινες εὐνουχίσθησαν
Mt 19:12 καὶ εἰσὶν **εὐνοῦχοι** οἵτινες εὐνούχισαν ἑαυτοὺς

εὑρίσκω (*heuriskō*; 27/176) *find*

Mt 1:18 ἢ συνελθεῖν αὐτοὺς **εὑρέθη** ἐν γαστρὶ ἔχουσα
Mt 2:8 ἐπὰν δὲ **εὕρητε**,
Mt 7:7 ζητεῖτε καὶ **εὑρήσετε**,
Mt 7:8 καὶ ὁ ζητῶν **εὑρίσκει** καὶ τῷ κρούοντι
Mt 7:14 ὀλίγοι εἰσὶν οἱ **εὑρίσκοντες** αὐτήν.
Mt 8:10 ἐν τῷ ᾿Ισραὴλ **εὗρον**.
Mt 10:39 ὁ **εὑρὼν** τὴν ψυχὴν αὐτοῦ
Mt 10:39 αὐτοῦ ἕνεκεν ἐμοῦ **εὑρήσει** αὐτήν.
Mt 11:29 καὶ **εὑρήσετε** ἀνάπαυσιν ταῖς ψυχαῖς
Mt 12:43 ἀνάπαυσιν καὶ οὐχ **εὑρίσκει**.
Mt 12:44 καὶ ἐλθὸν **εὑρίσκει** σχολάζοντα σεσαρωμένον καὶ
Mt 13:44 ὃν **εὑρὼν** ἄνθρωπος ἔκρυψεν,
Mt 13:46 **εὑρὼν** δὲ ἕνα πολύτιμον
Mt 16:25 αὐτοῦ ἕνεκεν ἐμοῦ **εὑρήσει** αὐτήν.
Mt 17:27 τὸ στόμα αὐτοῦ **εὑρήσεις** στατῆρα·
Mt 18:13 καὶ ἐὰν γένηται **εὑρεῖν** αὐτό,
Mt 18:28 ὁ δοῦλος ἐκεῖνος **εὗρεν** ἕνα τῶν συνδούλων
Mt 20:6 τὴν ἑνδεκάτην ἐξελθὼν **εὗρεν** ἄλλους ἑστῶτας καὶ
Mt 21:2 καὶ εὐθέως **εὑρήσετε** ὄνον δεδεμένην καὶ
Mt 21:19 αὐτὴν καὶ οὐδὲν **εὗρεν** ἐν αὐτῇ εἰ
Mt 22:9 καὶ ὅσους ἐὰν **εὕρητε** καλέσατε εἰς τοὺς
Mt 22:10 συνήγαγον πάντας οὓς **εὗρον**,
Mt 24:46 ὁ κύριος αὐτοῦ **εὑρήσει** οὕτως ποιοῦντα·
Mt 26:40 τοὺς μαθητὰς καὶ **εὑρίσκει** αὐτοὺς καθεύδοντας,
Mt 26:43 καὶ ἐλθὼν πάλιν **εὗρεν** αὐτοὺς καθεύδοντας,
Mt 26:60 καὶ οὐχ **εὗρον** πολλῶν προσελθόντων ψευδομαρτύρων.
Mt 27:32 ᾿Εξερχόμενοι δὲ **εὗρον** ἄνθρωπον Κυρηναῖον ὀνόματι

εὐρύχωρος (*eurychōros*; 1/1) *wide*

Mt 7:13 ἡ πύλη καὶ **εὐρύχωρος** ἡ ὁδὸς ἡ

εὐχαριστέω (*eucharisteō*; 2/38) *thank*

Mt 15:36 τοὺς ἰχθύας καὶ **εὐχαριστήσας** ἔκλασεν καὶ ἐδίδου
Mt 26:27 λαβὼν ποτήριον καὶ **εὐχαριστήσας** ἔδωκεν αὐτοῖς λέγων·

εὐώνυμος (*euōnymos*; 5/9) *left*

Mt 20:21 καὶ εἷς ἐξ **εὐωνύμων** σου ἐν τῇ
Mt 20:23 μου καὶ ἐξ **εὐωνύμων** οὐκ ἔστιν ἐμὸν
Mt 25:33 δὲ ἐρίφια ἐξ **εὐωνύμων**.
Mt 25:41 καὶ τοῖς ἐξ **εὐωνύμων**·
Mt 27:38 καὶ εἷς ἐξ **εὐωνύμων**.

ἐχθρός (*echthros*; 7/32) *enemy*

Mt 5:43 καὶ μισήσεις τὸν **ἐχθρόν** σου.
Mt 5:44 ἀγαπᾶτε τοὺς **ἐχθροὺς** ὑμῶν καὶ προσεύχεσθε
Mt 10:36 καὶ **ἐχθροὶ** τοῦ ἀνθρώπου οἱ
Mt 13:25 ἦλθεν αὐτοῦ ὁ **ἐχθρὸς** καὶ ἐπέσπειρεν ζιζάνια
Mt 13:28 **ἐχθρὸς** ἄνθρωπος τοῦτο ἐποίησεν.
Mt 13:39 ὁ δὲ **ἐχθρὸς** ὁ σπείρας αὐτά
Mt 22:44 ἂν θῶ τοὺς **ἐχθρούς** σου ὑποκάτω τῶν

ἔχιδνα (*echidna*; 3/5) *snake*

Mt 3:7 γεννήματα **ἐχιδνῶν**,
Mt 12:34 γεννήματα **ἐχιδνῶν**,
Mt 23:33 γεννήματα **ἐχιδνῶν**,

ἔχω (*echō*; 74/706[708]) *have, hold*

Mt 1:18 εὑρέθη ἐν γαστρὶ **ἔχουσα** ἐκ πνεύματος ἁγίου.
Mt 1:23 παρθένος ἐν γαστρὶ **ἕξει** καὶ τέξεται υἱόν,
Mt 3:4 δὲ ὁ ᾿Ιωάννης **εἶχεν** τὸ ἔνδυμα αὐτοῦ
Mt 3:9 πατέρα **ἔχομεν** τὸν ᾿Αβραάμ.
Mt 3:14 ἐγὼ χρείαν **ἔχω** ὑπὸ σοῦ βαπτισθῆναι,
Mt 4:24 πάντας τοὺς κακῶς **ἔχοντας** ποικίλαις νόσοις καὶ
Mt 5:23 ὁ ἀδελφός σου **ἔχει** τι κατὰ σοῦ,
Mt 5:46 τίνα μισθὸν **ἔχετε**;
Mt 6:1 μισθὸν οὐκ **ἔχετε** παρὰ τῷ πατρὶ
Mt 6:8 ὑμῶν ὧν χρείαν **ἔχετε** πρὸ τοῦ ὑμᾶς
Mt 7:29 αὐτοὺς ὡς ἐξουσίαν **ἔχων** καὶ οὐχ ὡς
Mt 8:9 **ἔχων** ὑπ᾿ ἐμαυτὸν στρατιώτας,
Mt 8:16 πάντας τοὺς κακῶς **ἔχοντας** ἐθεράπευσεν,
Mt 8:20 αἱ ἀλώπεκες φωλεοὺς **ἔχουσιν** καὶ τὰ πετεινὰ
Mt 8:20 τοῦ ἀνθρώπου οὐκ **ἔχει** ποῦ τὴν κεφαλὴν
Mt 9:6 εἰδῆτε ὅτι ἐξουσίαν **ἔχει** ὁ υἱὸς τοῦ
Mt 9:12 οὐ χρείαν **ἔχουσιν** οἱ ἰσχύοντες ἰατροῦ
Mt 9:12 ἀλλ᾿ οἱ κακῶς **ἔχοντες**.
Mt 9:36 ὡσεὶ πρόβατα μὴ **ἔχοντα** ποιμένα.
Mt 11:15 ὁ **ἔχων** ὦτα ἀκουέτω.
Mt 11:18 δαιμόνιον **ἔχει**.
Mt 12:10 ἰδοὺ ἄνθρωπος χεῖρα **ἔχων** ξηράν.
Mt 12:11 ὑμῶν ἄνθρωπος ὃς **ἕξει** πρόβατον ἓν καὶ
Mt 13:5 πετρώδη ὅπου οὐκ **εἶχεν** γῆν πολλήν,
Mt 13:5 διὰ τὸ μὴ **ἔχειν** βάθος γῆς·
Mt 13:6 διὰ τὸ μὴ **ἔχειν** ῥίζαν ἐξηράνθη.
Mt 13:9 ὁ **ἔχων** ὦτα ἀκουέτω.
Mt 13:12 ὅστις γὰρ **ἔχει**,
Mt 13:12 ὅστις δὲ οὐκ **ἔχει**,
Mt 13:12 καὶ ὃ **ἔχει** ἀρθήσεται ἀπ᾿ αὐτοῦ.
Mt 13:21 οὐκ **ἔχει** δὲ ῥίζαν ἐν
Mt 13:27 πόθεν οὖν **ἔχει** ζιζάνια;
Mt 13:43 ὁ **ἔχων** ὦτα ἀκουέτω.
Mt 13:44 πωλεῖ πάντα ὅσα **ἔχει** καὶ ἀγοράζει τὸν
Mt 13:46 πέπρακεν πάντα ὅσα **εἶχεν** καὶ ἠγόρασεν αὐτόν.

Mt 14:4 οὐκ ἔξεστίν σοι **ἔχειν** αὐτήν.
Mt 14:5 ὡς προφήτην αὐτὸν **εἶχον**.
Mt 14:16 οὐ χρείαν **ἔχουσιν** ἀπελθεῖν,
Mt 14:17 οὐκ **ἔχομεν** ὧδε εἰ μὴ
Mt 14:35 πάντας τοὺς κακῶς **ἔχοντας**
Mt 15:30 αὐτῷ ὄχλοι πολλοὶ **ἔχοντες** μεθ' ἑαυτῶν χωλούς,
Mt 15:32 μοι καὶ οὐκ **ἔχουσιν** τι φάγωσιν·
Mt 15:34 πόσους ἄρτους **ἔχετε**;
Mt 16:8 ὅτι ἄρτους οὐκ **ἔχετε**;
Mt 17:20 ἐὰν **ἔχητε** πίστιν ὡς κόκκον
Mt 18:8 ἢ δύο πόδας **ἔχοντα** βληθῆναι εἰς τὸ
Mt 18:9 ἢ δύο ὀφθαλμοὺς **ἔχοντα** βληθῆναι εἰς τὴν
Mt 18:25 μὴ **ἔχοντος** δὲ αὐτοῦ ἀποδοῦναι
Mt 18:25 καὶ πάντα ὅσα **ἔχει**,
Mt 19:16 ἀγαθὸν ποιήσω ἵνα **σχῶ** ζωὴν αἰώνιον;
Mt 19:21 καὶ **ἕξεις** θησαυρὸν ἐν οὐρανοῖς,
Mt 19:22 ἦν γὰρ **ἔχων** κτήματα πολλά.
Mt 21:3 κύριος αὐτῶν χρείαν **ἔχει**·
Mt 21:21 ἐὰν **ἔχητε** πίστιν καὶ μὴ
Mt 21:26 γὰρ ὡς προφήτην **ἔχουσιν** τὸν Ἰωάννην.
Mt 21:28 ἄνθρωπος **εἶχεν** τέκνα δύο.
Mt 21:38 ἀποκτείνωμεν αὐτὸν καὶ **σχῶμεν** τὴν κληρονομίαν αὐτοῦ,
Mt 21:46 εἰς προφήτην αὐτὸν **εἶχον**.
Mt 22:12 εἰσῆλθες ὧδε μὴ **ἔχων** ἔνδυμα γάμου;
Mt 22:24 τις ἀποθάνῃ μὴ **ἔχων** τέκνα,
Mt 22:25 καὶ μὴ **ἔχων** σπέρμα ἀφῆκεν τὴν
Mt 22:28 πάντες γὰρ **ἔσχον** αὐτήν·
Mt 24:19 ταῖς ἐν γαστρὶ **ἐχούσαις** καὶ ταῖς θηλαζούσαις
Mt 25:25 ἴδε **ἔχεις** τὸ σόν.
Mt 25:28 καὶ δότε τῷ **ἔχοντι** τὰ δέκα τάλαντα·
Mt 25:29 τῷ γὰρ **ἔχοντι** παντὶ δοθήσεται καὶ
Mt 25:29 τοῦ δὲ μὴ **ἔχοντος** καὶ ὃ ἔχει
Mt 25:29 ἔχοντος καὶ ὃ **ἔχει** ἀρθήσεται ἀπ' αὐτοῦ.
Mt 26:7 προσῆλθεν αὐτῷ γυνὴ **ἔχουσα** ἀλάβαστρον μύρου βαρυτίμου
Mt 26:11 γὰρ τοὺς πτωχοὺς **ἔχετε** μεθ' ἑαυτῶν,
Mt 26:11 δὲ οὐ πάντοτε **ἔχετε**·
Mt 26:65 τί ἔτι χρείαν **ἔχομεν** μαρτύρων;
Mt 27:16 **εἶχον** δὲ τότε δέσμιον
Mt 27:65 **ἔχετε** κουστωδίαν·

ἕως (*heōs*; 49/146) *until*

Mt 1:17 γενεαὶ ἀπὸ Ἀβραὰμ **ἕως** Δαυὶδ γενεαὶ δεκατέσσαρες,
Mt 1:17 καὶ ἀπὸ Δαυὶδ **ἕως** τῆς μετοικεσίας Βαβυλῶνος
Mt 1:17 τῆς μετοικεσίας Βαβυλῶνος **ἕως** τοῦ Χριστοῦ γενεαὶ
Mt 1:25 οὐκ ἐγίνωσκεν αὐτὴν **ἕως** οὗ ἔτεκεν υἱόν·
Mt 2:9 **ἕως** ἐλθὼν ἐστάθη ἐπάνω
Mt 2:13 καὶ ἴσθι ἐκεῖ **ἕως** ἂν εἴπω σοι·
Mt 2:15 καὶ ἦν ἐκεῖ **ἕως** τῆς τελευτῆς Ἡρῴδου·
Mt 5:18 **ἕως** ἂν παρέλθῃ ὁ
Mt 5:18 **ἕως** ἂν πάντα γένηται.
Mt 5:25 **ἕως** ὅτου εἶ μετ'
Mt 5:26 **ἕως** ἂν ἀποδῷς τὸν
Mt 10:11 κἀκεῖ μείνατε **ἕως** ἂν ἐξέλθητε.
Mt 10:23 πόλεις τοῦ Ἰσραὴλ **ἕως** ἂν ἔλθῃ ὁ
Mt 11:12 Ἰωάννου τοῦ βαπτιστοῦ **ἕως** ἄρτι ἡ βασιλεία
Mt 11:13 καὶ ὁ νόμος **ἕως** Ἰωάννου ἐπροφήτευσαν·
Mt 11:23 μὴ **ἕως** οὐρανοῦ ὑψωθήσῃ;
Mt 11:23 **ἕως** ᾅδου καταβήσῃ·
Mt 12:20 **ἕως** ἂν ἐκβάλῃ εἰς
Mt 13:30 ἄφετε συναυξάνεσθαι ἀμφότερα **ἕως** τοῦ θερισμοῦ,
Mt 13:33 ἀλεύρου σάτα τρία **ἕως** οὗ ἐζυμώθη ὅλον.
Mt 14:22 **ἕως** οὗ ἀπολύσῃ τοὺς
Mt 16:28 μὴ γεύσωνται θανάτου **ἕως** ἂν ἴδωσιν τὸν
Mt 17:9 εἴπητε τὸ ὅραμα **ἕως** οὗ ὁ υἱὸς
Mt 17:17 **ἕως** πότε μεθ' ὑμῶν
Mt 17:17 **ἕως** πότε ἀνέξομαι ὑμῶν;
Mt 18:21 **ἕως** ἑπτάκις;
Mt 18:22 οὐ λέγω σοι **ἕως** ἑπτάκις ἀλλὰ ἕως
Mt 18:22 ἕως ἑπτάκις ἀλλὰ **ἕως** ἑβδομηκοντάκις ἑπτά.
Mt 18:30 αὐτὸν εἰς φυλακὴν **ἕως** ἀποδῷ τὸ ὀφειλόμενον.
Mt 18:34 αὐτὸν τοῖς βασανισταῖς **ἕως** οὗ ἀποδῷ πᾶν
Mt 20:8 ἀπὸ τῶν ἐσχάτων **ἕως** τῶν πρώτων.
Mt 22:26 καὶ ὁ τρίτος **ἕως** τῶν ἑπτά.
Mt 22:44 **ἕως** ἂν θῶ τοὺς
Mt 23:35 Ἅβελ τοῦ δικαίου **ἕως** τοῦ αἵματος Ζαχαρίου
Mt 23:39 ἴδητε ἀπ' ἄρτι **ἕως** ἂν εἴπητε·
Mt 24:21 ἀπ' ἀρχῆς κόσμου **ἕως** τοῦ νῦν οὐδ'
Mt 24:27 ἀνατολῶν καὶ φαίνεται **ἕως** δυσμῶν,
Mt 24:31 ἀπ' ἄκρων οὐρανῶν **ἕως** [τῶν] ἄκρων αὐτῶν.
Mt 24:34 ἡ γενεὰ αὕτη **ἕως** ἂν πάντα ταῦτα
Mt 24:39 καὶ οὐκ ἔγνωσαν **ἕως** ἦλθεν ὁ κατακλυσμὸς
Mt 26:29 γενήματος τῆς ἀμπέλου **ἕως** τῆς ἡμέρας ἐκείνης
Mt 26:36 καθίσατε αὐτοῦ **ἕως** [οὗ] ἀπελθὼν ἐκεῖ
Mt 26:38 ἡ ψυχή μου **ἕως** θανάτου·
Mt 26:58 αὐτῷ ἀπὸ μακρόθεν **ἕως** τῆς αὐλῆς τοῦ
Mt 27:8 ἐκεῖνος ἀγρὸς αἵματος **ἕως** τῆς σήμερον.
Mt 27:45 πᾶσαν τὴν γῆν **ἕως** ὥρας ἐνάτης.
Mt 27:51 ἐσχίσθη ἀπ' ἄνωθεν **ἕως** κάτω εἰς δύο
Mt 27:64 ἀσφαλισθῆναι τὸν τάφον **ἕως** τῆς τρίτης ἡμέρας,
Mt 28:20 πάσας τὰς ἡμέρας **ἕως** τῆς συντελείας τοῦ

Ζαβουλών (*Zaboulōn*; 2/3) *Zebulun*

Mt 4:13 παραθαλασσίαν ἐν ὁρίοις **Ζαβουλὼν** καὶ Νεφθαλίμ·
Mt 4:15 γῆ **Ζαβουλὼν** καὶ γῆ Νεφθαλίμ,

Ζάρα (*Zara*; 1/1) *Zerah*

Mt 1:3 Φάρες καὶ τὸν **Ζάρα** ἐκ τῆς Θαμάρ,

Ζαχαρίας (*Zacharias*; 1/11) *Zechariah*

Mt 23:35 ἕως τοῦ αἵματος **Ζαχαρίου** υἱοῦ Βαραχίου,

ζάω (*zaō*; 6/139[140]) *live*

Mt 4:4 ἐπ' ἄρτῳ μόνῳ **ζήσεται** ὁ ἄνθρωπος,
Mt 9:18 καὶ **ζήσεται**.
Mt 16:16 τοῦ θεοῦ τοῦ **ζῶντος**.
Mt 22:32 θεὸς νεκρῶν ἀλλὰ **ζώντων**.
Mt 26:63 τοῦ θεοῦ τοῦ **ζῶντος** ἵνα ἡμῖν εἴπῃς
Mt 27:63 πλάνος εἶπεν ἔτι **ζῶν**·

Ζεβεδαῖος (*Zebedaios*; 6/12) *Zebedee*

Mt 4:21 Ἰάκωβον τὸν τοῦ **Ζεβεδαίου** καὶ Ἰωάννην τὸν
Mt 4:21 τῷ πλοίῳ μετὰ **Ζεβεδαίου** τοῦ πατρὸς αὐτῶν

Mt 10:2 Ἰάκωβος ὁ τοῦ **Ζεβεδαίου** καὶ Ἰωάννης ὁ
Mt 20:20 μήτηρ τῶν υἱῶν **Ζεβεδαίου** μετὰ τῶν υἱῶν
Mt 26:37 τοὺς δύο υἱοὺς **Ζεβεδαίου** ἤρξατο λυπεῖσθαι
Mt 27:56 μήτηρ τῶν υἱῶν **Ζεβεδαίου**.

ζημιόω (*zēmioō*; 1/6) *lose*
Mt 16:26 δὲ ψυχὴν αὐτοῦ **ζημιωθῇ**;

ζητέω (*zēteō*; 14/117) *seek*
Mt 2:13 μέλλει γὰρ Ἡρῴδης **ζητεῖν** τὸ παιδίον τοῦ
Mt 2:20 τεθνήκασιν γὰρ οἱ **ζητοῦντες** τὴν ψυχὴν
Mt 6:33 **ζητεῖτε** δὲ πρῶτον τὴν
Mt 7:7 **ζητεῖτε** καὶ εὑρήσετε,
Mt 7:8 λαμβάνει καὶ ὁ **ζητῶν** εὑρίσκει καὶ τῷ
Mt 12:43 δι' ἀνύδρων τόπων **ζητοῦν** ἀνάπαυσιν καὶ
Mt 12:46 αὐτοῦ εἱστήκεισαν ἔξω **ζητοῦντες** αὐτῷ λαλῆσαι.
Mt 12:47 σου ἔξω ἑστήκασιν **ζητοῦντές** σοι λαλῆσαι]
Mt 13:45 οὐρανῶν ἀνθρώπῳ ἐμπόρῳ **ζητοῦντι** καλοὺς μαργαρίτας·
Mt 18:12 ὄρη καὶ πορευθεὶς **ζητεῖ** τὸ πλανώμενον;
Mt 21:46 καὶ **ζητοῦντες** αὐτὸν κρατῆσαι ἐφοβήθησαν
Mt 26:16 καὶ ἀπὸ τότε **ἐζήτει** εὐκαιρίαν ἵνα αὐτὸν
Mt 26:59 τὸ συνέδριον ὅλον **ἐζήτουν** ψευδομαρτυρίαν
Mt 28:5 Ἰησοῦν τὸν ἐσταυρωμένον **ζητεῖτε**·

ζιζάνιον (*zizanion*; 8/8) *weed*
Mt 13:25 ἐχθρὸς καὶ ἐπέσπειρεν **ζιζάνια** ἀνὰ μέσον
Mt 13:26 ἐφάνη καὶ τὰ **ζιζάνια**.
Mt 13:27 πόθεν οὖν ἔχει **ζιζάνια**;
Mt 13:29 μήποτε συλλέγοντες τὰ **ζιζάνια** ἐκριζώσητε ἅμα αὐτοῖς
Mt 13:30 συλλέξατε πρῶτον τὰ **ζιζάνια** καὶ δήσατε αὐτὰ
Mt 13:36 τὴν παραβολὴν τῶν **ζιζανίων** τοῦ ἀγροῦ.
Mt 13:38 τὰ δὲ **ζιζάνιά** εἰσιν οἱ υἱοὶ
Mt 13:40 οὖν συλλέγεται τὰ **ζιζάνια** καὶ πυρὶ [κατα]καίεται,

Ζοροβαβέλ (*Zorobabel*; 2/3) *Zerubbabel*
Mt 1:12 δὲ ἐγέννησεν τὸν **Ζοροβαβέλ**,
Mt 1:13 **Ζοροβαβὲλ** δὲ ἐγέννησεν τὸν

ζυγός (*zygos*; 2/6) *yoke*
Mt 11:29 ἄρατε τὸν **ζυγόν** μου ἐφ' ὑμᾶς
Mt 11:30 ὁ γὰρ **ζυγός** μου χρηστὸς καὶ

ζύμη (*zymē*; 4/13) *yeast*
Mt 13:33 βασιλεία τῶν οὐρανῶν **ζύμη**,
Mt 16:6 προσέχετε ἀπὸ τῆς **ζύμης** τῶν Φαρισαίων
Mt 16:11 δὲ ἀπὸ τῆς **ζύμης** τῶν Φαρισαίων καὶ
Mt 16:12 προσέχειν ἀπὸ τῆς **ζύμης** τῶν ἄρτων ἀλλὰ

ζυμόω (*zymoō*; 1/4) *cause to rise*
Mt 13:33 τρία ἕως οὗ **ἐζυμώθη** ὅλον.

ζωή (*zōē*; 7/135) *life*
Mt 7:14 ἀπάγουσα εἰς τὴν **ζωὴν** καὶ ὀλίγοι εἰσὶν
Mt 18:8 εἰσελθεῖν εἰς τὴν **ζωὴν** κυλλὸν ἢ χωλὸν
Mt 18:9 μονόφθαλμον εἰς τὴν **ζωὴν** εἰσελθεῖν ἢ δύο
Mt 19:16 ποιήσω ἵνα σχῶ **ζωὴν** αἰώνιον;
Mt 19:17 θέλεις εἰς τὴν **ζωὴν** εἰσελθεῖν,
Mt 19:29 ἑκατονταπλασίονα λήμψεται καὶ **ζωὴν** αἰώνιον κληρονομήσει.
Mt 25:46 δὲ δίκαιοι εἰς **ζωὴν** αἰώνιον.

ζώνη (*zōnē*; 2/8) *belt*
Mt 3:4 τριχῶν καμήλου καὶ **ζώνην** δερματίνην περὶ
Mt 10:9 χαλκὸν εἰς τὰς **ζώνας** ὑμῶν,

ἤ (*ē*; 68/340) *or*
Mt 1:18 πρὶν **ἢ** συνελθεῖν αὐτοὺς εὑρέθη
Mt 5:17 καταλῦσαι τὸν νόμον **ἢ** τοὺς προφήτας·
Mt 5:18 ἰῶτα ἓν **ἢ** μία κεραία οὐ
Mt 5:36 τρίχα λευκὴν ποιῆσαι **ἢ** μέλαιναν.
Mt 6:24 **ἢ** γὰρ τὸν ἕνα
Mt 6:24 **ἢ** ἑνὸς ἀνθέξεται καὶ
Mt 6:25 ὑμῶν τί φάγητε [**ἢ** τί πίητε],
Mt 6:31 **ἤ**·
Mt 6:31 **ἤ**·
Mt 7:4 **ἢ** πῶς ἐρεῖς τῷ
Mt 7:9 **ἢ** τίς ἐστιν ἐξ
Mt 7:10 **ἢ** καὶ ἰχθὺν αἰτήσει,
Mt 7:16 ἀπὸ ἀκανθῶν σταφυλὰς **ἢ** ἀπὸ τριβόλων σῦκα;
Mt 9:5 **ἢ** εἰπεῖν·
Mt 10:11 δ' ἂν πόλιν **ἢ** κώμην εἰσέλθητε,
Mt 10:14 ἔξω τῆς οἰκίας **ἢ** τῆς πόλεως ἐκείνης
Mt 10:15 ἐν ἡμέρᾳ κρίσεως **ἢ** τῇ πόλει ἐκείνῃ.
Mt 10:19 μὴ μεριμνήσητε πῶς **ἢ** τί λαλήσητε·
Mt 10:37 Ὁ φιλῶν πατέρα **ἢ** μητέρα ὑπὲρ ἐμὲ
Mt 10:37 ὁ φιλῶν υἱὸν **ἢ** θυγατέρα ὑπὲρ ἐμὲ
Mt 11:3 εἶ ὁ ἐρχόμενος **ἢ** ἕτερον προσδοκῶμεν;
Mt 11:22 ἐν ἡμέρᾳ κρίσεως **ἢ** ὑμῖν.
Mt 11:24 ἐν ἡμέρᾳ κρίσεως **ἢ** σοί.
Mt 12:5 **ἢ** οὐκ ἀνέγνωτε ἐν
Mt 12:25 καὶ πᾶσα πόλις **ἢ** οἰκία μερισθεῖσα καθ'
Mt 12:29 **ἢ** πῶς δύναταί τις
Mt 12:33 **Ἢ** ποιήσατε τὸ δένδρον
Mt 12:33 **ἢ** ποιήσατε τὸ δένδρον
Mt 13:21 γενομένης δὲ θλίψεως **ἢ** διωγμοῦ διὰ τὸν
Mt 15:4 ὁ κακολογῶν πατέρα **ἢ** μητέρα θανάτῳ τελευτάτω.
Mt 15:5 εἴπῃ τῷ πατρὶ **ἢ** τῇ μητρί·
Mt 16:14 ἕτεροι δὲ Ἰερεμίαν **ἢ** ἕνα τῶν προφητῶν.
Mt 16:26 **ἢ** τί δώσει ἄνθρωπος
Mt 17:25 τίνων λαμβάνουσιν τέλη **ἢ** κῆνσον;
Mt 17:25 τῶν υἱῶν αὐτῶν **ἢ** ἀπὸ τῶν ἀλλοτρίων;
Mt 18:8 ἡ χείρ σου **ἢ** ὁ πούς σου
Mt 18:8 τὴν ζωὴν κυλλὸν **ἢ** χωλὸν ἢ δύο
Mt 18:8 κυλλὸν ἢ χωλὸν **ἢ** δύο χεῖρας ἢ
Mt 18:8 ἢ δύο χεῖρας **ἢ** δύο πόδας ἔχοντα
Mt 18:9 τὴν ζωὴν εἰσελθεῖν **ἢ** δύο ὀφθαλμοὺς ἔχοντα
Mt 18:13 ἐπ' αὐτῷ μᾶλλον **ἢ** ἐπὶ τοῖς ἐνενήκοντα
Mt 18:16 σοῦ ἔτι ἕνα **ἢ** δύο,
Mt 18:16 στόματος δύο μαρτύρων **ἢ** τριῶν σταθῇ πᾶν
Mt 18:20 γάρ εἰσιν δύο **ἢ** τρεῖς συνηγμένοι εἰς
Mt 19:24 τρυπήματος ῥαφίδος διελθεῖν **ἢ** πλούσιον εἰσελθεῖν εἰς
Mt 19:29 ὅστις ἀφῆκεν οἰκίας **ἢ** ἀδελφοὺς ἢ ἀδελφὰς
Mt 19:29 οἰκίας ἢ ἀδελφοὺς **ἢ** ἀδελφὰς ἢ πατέρα
Mt 19:29 ἀδελφοὺς ἢ ἀδελφὰς **ἢ** πατέρα ἢ μητέρα
Mt 19:29 ἀδελφὰς ἢ πατέρα **ἢ** μητέρα ἢ τέκνα
Mt 19:29 πατέρα ἢ μητέρα **ἢ** τέκνα ἢ ἀγροὺς
Mt 19:29 μητέρα ἢ τέκνα **ἢ** ἀγροὺς ἕνεκεν τοῦ

Mt 20:15 **[ἢ]** οὐκ ἔξεστίν μοι
Mt 20:15 **ἢ** ὁ ὀφθαλμός σου
Mt 21:25 ἐξ οὐρανοῦ **ἢ** ἐξ ἀνθρώπων;
Mt 22:17 δοῦναι κῆνσον Καίσαρι **ἢ** οὔ;
Mt 23:17 ὁ χρυσὸς **ἢ** ὁ ναὸς ὁ
Mt 23:19 τὸ δῶρον **ἢ** τὸ θυσιαστήριον τὸ
Mt 24:23 **ἤ**·
Mt 25:37 **ἢ** διψῶντα καὶ ἐποτίσαμεν;
Mt 25:38 **ἢ** γυμνὸν καὶ περιεβάλομεν;
Mt 25:39 σε εἴδομεν ἀσθενοῦντα **ἢ** ἐν φυλακῇ καὶ
Mt 25:44 σε εἴδομεν πεινῶντα **ἢ** διψῶντα ἢ ξένον
Mt 25:44 πεινῶντα ἢ διψῶντα **ἢ** ξένον ἢ γυμνὸν
Mt 25:44 διψῶντα ἢ ξένον **ἢ** γυμνὸν ἢ ἀσθενῆ
Mt 25:44 ξένον ἢ γυμνὸν **ἢ** ἀσθενῆ ἢ ἐν
Mt 25:44 γυμνὸν ἢ ἀσθενῆ **ἢ** ἐν φυλακῇ καὶ
Mt 26:53 **ἢ** δοκεῖς ὅτι οὐ
Mt 27:17 [Ἰησοῦν τὸν] Βαραββᾶν **ἢ** Ἰησοῦν τὸν λεγόμενον

ἡγεμών (*hēgemōn*; 10/20) *governor*

Mt 2:6 εἶ ἐν τοῖς **ἡγεμόσιν** Ἰούδα·
Mt 10:18 καὶ ἐπὶ **ἡγεμόνας** δὲ καὶ βασιλεῖς
Mt 27:2 παρέδωκαν Πιλάτῳ τῷ **ἡγεμόνι**.
Mt 27:11 ἐστάθη ἔμπροσθεν τοῦ **ἡγεμόνος**·
Mt 27:11 ἐπηρώτησεν αὐτὸν ὁ **ἡγεμὼν** λέγων·
Mt 27:14 ὥστε θαυμάζειν τὸν **ἡγεμόνα** λίαν.
Mt 27:15 ἑορτὴν εἰώθει ὁ **ἡγεμὼν** ἀπολύειν ἕνα τῷ
Mt 27:21 ἀποκριθεὶς δὲ ὁ **ἡγεμὼν** εἶπεν αὐτοῖς·
Mt 27:27 οἱ στρατιῶται τοῦ **ἡγεμόνος** παραλαβόντες τὸν Ἰησοῦν
Mt 28:14 τοῦτο ἐπὶ τοῦ **ἡγεμόνος**,

ἡγέομαι (*hēgeomai*; 1/28) *consider*

Mt 2:6 σοῦ γὰρ ἐξελεύσεται **ἡγούμενος**,

ἤδη (*ēdē*; 7/61) *already*

Mt 3:10 **ἤδη** δὲ ἡ ἀξίνη
Mt 5:28 τὸ ἐπιθυμῆσαι αὐτὴν **ἤδη** ἐμοίχευσεν αὐτὴν
Mt 14:15 καὶ ἡ ὥρα **ἤδη** παρῆλθεν·
Mt 14:24 τὸ δὲ πλοῖον **ἤδη** σταδίους πολλοὺς ἀπὸ
Mt 15:32 ὅτι **ἤδη** ἡμέραι τρεῖς προσμένουσίν
Mt 17:12 ὑμῖν ὅτι Ἠλίας **ἤδη** ἦλθεν,
Mt 24:32 ὅταν **ἤδη** ὁ κλάδος αὐτῆς

ἡδύοσμον (*hēdyosmon*; 1/2) *mint*

Mt 23:23 ὅτι ἀποδεκατοῦτε τὸ **ἡδύοσμον** καὶ τὸ ἄνηθον

ἥκω (*hēkō*; 4/26) *have come*

Mt 8:11 ἀνατολῶν καὶ δυσμῶν **ἥξουσιν** καὶ ἀνακλιθήσονται μετὰ
Mt 23:36 **ἥξει** ταῦτα πάντα ἐπὶ
Mt 24:14 καὶ τότε **ἥξει** τὸ τέλος.
Mt 24:50 **ἥξει** ὁ κύριος τοῦ

ηλι (*ēli*; 2/2) *my God*

Mt 27:46 **ηλι** ηλι λεμα σαβαχθανι;
Mt 27:46 ηλι **ηλι** λεμα σαβαχθανι;

Ἠλίας (*Ēlias*; 9/29) *Elijah*

Mt 11:14 αὐτός ἐστιν **Ἠλίας** ὁ μέλλων ἔρχεσθαι.
Mt 16:14 ἄλλοι δὲ **Ἠλίαν**,
Mt 17:3 αὐτοῖς Μωϋσῆς καὶ **Ἠλίας** συλλαλοῦντες μετ᾽ αὐτοῦ.
Mt 17:4 Μωϋσεῖ μίαν καὶ **Ἠλίᾳ** μίαν.
Mt 17:10 γραμματεῖς λέγουσιν ὅτι **Ἠλίαν** δεῖ ἐλθεῖν πρῶτον;
Mt 17:11 **Ἠλίας** μὲν ἔρχεται καὶ
Mt 17:12 δὲ ὑμῖν ὅτι **Ἠλίας** ἤδη ἦλθεν,
Mt 27:47 ἀκούσαντες ἔλεγον ὅτι **Ἠλίαν** φωνεῖ οὗτος.
Mt 27:49 ἴδωμεν εἰ ἔρχεται **Ἠλίας** σώσων αὐτόν.

ἡλικία (*hēlikia*; 1/8) *age*

Mt 6:27 προσθεῖναι ἐπὶ τὴν **ἡλικίαν** αὐτοῦ πῆχυν ἕνα;

ἥλιος (*hēlios*; 5/32) *sun*

Mt 5:45 ὅτι τὸν **ἥλιον** αὐτοῦ ἀνατέλλει ἐπὶ
Mt 13:6 **ἡλίου** δὲ ἀνατείλαντος ἐκαυματίσθη
Mt 13:43 ἐκλάμψουσιν ὡς ὁ **ἥλιος** ἐν τῇ βασιλείᾳ
Mt 17:2 αὐτοῦ ὡς ὁ **ἥλιος**,
Mt 24:29 ἡμερῶν ἐκείνων ὁ **ἥλιος** σκοτισθήσεται,

ἡμεῖς (*hēmeis*; 49/855) *we*

Mt 1:23 ἐστιν μεθερμηνευόμενον μεθ᾽ **ἡμῶν** ὁ θεός.
Mt 3:15 γὰρ πρέπον ἐστὶν **ἡμῖν** πληρῶσαι πᾶσαν δικαιοσύνην.
Mt 6:9 Πάτερ ἡμῶν **ὁ** ἐν τοῖς οὐρανοῖς·
Mt 6:11 τὸν ἄρτον **ἡμῶν** τὸν ἐπιούσιον δὸς
Mt 6:11 τὸν ἐπιούσιον δὸς **ἡμῖν** σήμερον·
Mt 6:12 καὶ ἄφες **ἡμῖν** τὰ ὀφειλήματα ἡμῶν,
Mt 6:12 ἡμῖν τὰ ὀφειλήματα **ἡμῶν**,
Mt 6:12 ὡς καὶ **ἡμεῖς** ἀφήκαμεν τοῖς ὀφειλέταις
Mt 6:12 ἀφήκαμεν τοῖς ὀφειλέταις **ἡμῶν**·
Mt 6:13 καὶ μὴ εἰσενέγκῃς **ἡμᾶς** εἰς πειρασμόν,
Mt 6:13 ἀλλὰ ῥῦσαι **ἡμᾶς** ἀπὸ τοῦ πονηροῦ.
Mt 8:17 αὐτὸς τὰς ἀσθενείας **ἡμῶν** ἔλαβεν καὶ τὰς
Mt 8:29 τί **ἡμῖν** καὶ σοί,
Mt 8:29 πρὸ καιροῦ βασανίσαι **ἡμᾶς**;
Mt 8:31 εἰ ἐκβάλλεις **ἡμᾶς**,
Mt 8:31 ἀπόστειλον **ἡμᾶς** εἰς τὴν ἀγέλην
Mt 9:14 διὰ τί **ἡμεῖς** καὶ οἱ Φαρισαῖοι
Mt 9:27 ἐλέησον **ἡμᾶς**,
Mt 13:36 διασάφησον **ἡμῖν** τὴν παραβολὴν τῶν
Mt 13:56 οὐχὶ πᾶσαι πρὸς **ἡμᾶς** εἰσιν;
Mt 15:15 φράσον **ἡμῖν** τὴν παραβολὴν [ταύτην].
Mt 15:23 ὅτι κράζει ὄπισθεν **ἡμῶν**.
Mt 15:33 πόθεν **ἡμῖν** ἐν ἐρημίᾳ ἄρτοι
Mt 17:4 καλόν ἐστιν **ἡμᾶς** ὧδε εἶναι·
Mt 17:19 διὰ τί **ἡμεῖς** οὐκ ἠδυνήθημεν ἐκβαλεῖν
Mt 19:27 ἰδοὺ **ἡμεῖς** ἀφήκαμεν πάντα καὶ
Mt 19:27 τί ἄρα ἔσται **ἡμῖν**;
Mt 20:7 ὅτι οὐδεὶς **ἡμᾶς** ἐμισθώσατο.
Mt 20:12 καὶ ἴσους **ἡμῖν** αὐτοὺς ἐποίησας τοῖς
Mt 20:30 ἐλέησον **ἡμᾶς**,
Mt 20:31 ἐλέησον **ἡμᾶς**,
Mt 20:33 ἀνοιγῶσιν οἱ ὀφθαλμοὶ **ἡμῶν**.
Mt 21:25 ἐρεῖ **ἡμῖν**·
Mt 21:42 θαυμαστὴ ἐν ὀφθαλμοῖς **ἡμῶν**;
Mt 22:17 εἰπὲ οὖν **ἡμῖν** τί σοι δοκεῖ·
Mt 22:25 ἦσαν δὲ παρ᾽ **ἡμῖν** ἑπτὰ ἀδελφοί·
Mt 23:30 ἡμέραις τῶν πατέρων **ἡμῶν**,
Mt 24:3 εἰπὲ **ἡμῖν**,
Mt 25:8 δότε **ἡμῖν** ἐκ τοῦ ἐλαίου
Mt 25:8 ὅτι αἱ λαμπάδες **ἡμῶν** σβέννυνται.

Mt 25:9 οὐ μὴ ἀρκέσῃ **ἡμῖν** καὶ ὑμῖν·
Mt 25:11 ἄνοιξον **ἡμῖν**.
Mt 26:63 τοῦ ζῶντος ἵνα **ἡμῖν** εἴπῃς εἰ σὺ
Mt 26:68 προφήτευσον **ἡμῖν**,
Mt 27:4 τί πρὸς **ἡμᾶς**;
Mt 27:25 αἷμα αὐτοῦ ἐφ' **ἡμᾶς** καὶ ἐπὶ τὰ
Mt 27:25 ἐπὶ τὰ τέκνα **ἡμῶν**.
Mt 28:13 ἐλθόντες ἔκλεψαν αὐτὸν **ἡμῶν** κοιμωμένων.
Mt 28:14 **ἡμεῖς** πείσομεν [αὐτὸν] καὶ

ἡμέρα (*hēmera*; 45/389) *day*

Mt 2:1 τῆς Ἰουδαίας ἐν **ἡμέραις** Ἡρῴδου τοῦ βασιλέως,
Mt 3:1 Ἐν δὲ ταῖς **ἡμέραις** ἐκείναις παραγίνεται Ἰωάννης
Mt 4:2 καὶ νηστεύσας **ἡμέρας** τεσσεράκοντα καὶ νύκτας
Mt 6:34 ἀρκετὸν τῇ **ἡμέρᾳ** ἡ κακία αὐτῆς.
Mt 7:22 ἐν ἐκείνῃ τῇ **ἡμέρᾳ**·
Mt 9:15 ἐλεύσονται δὲ **ἡμέραι** ὅταν ἀπαρθῇ ἀπ'
Mt 10:15 καὶ Γομόρρων ἐν **ἡμέρᾳ** κρίσεως ἢ τῇ
Mt 11:12 ἀπὸ δὲ τῶν **ἡμερῶν** Ἰωάννου τοῦ βαπτιστοῦ
Mt 11:22 ἀνεκτότερον ἔσται ἐν **ἡμέρᾳ** κρίσεως ἢ ὑμῖν.
Mt 11:24 ἀνεκτότερον ἔσται ἐν **ἡμέρᾳ** κρίσεως ἢ σοί.
Mt 12:36 αὐτοῦ λόγον ἐν **ἡμέρᾳ** κρίσεως·
Mt 12:40 τοῦ κήτους τρεῖς **ἡμέρας** καὶ τρεῖς νύκτας,
Mt 12:40 τῆς γῆς τρεῖς **ἡμέρας** καὶ τρεῖς νύκτας.
Mt 13:1 Ἐν τῇ **ἡμέρᾳ** ἐκείνῃ ἐξελθὼν ὁ
Mt 15:32 ὅτι ἤδη **ἡμέραι** τρεῖς προσμένουσίν μοι
Mt 16:21 καὶ τῇ τρίτῃ **ἡμέρᾳ** ἐγερθῆναι.
Mt 17:1 Καὶ μεθ' **ἡμέρας** ἓξ παραλαμβάνει ὁ
Mt 17:23 καὶ τῇ τρίτῃ **ἡμέρᾳ** ἐγερθήσεται.
Mt 20:2 ἐκ δηναρίου τὴν **ἡμέραν** ἀπέστειλεν αὐτοὺς
Mt 20:6 ἑστήκατε ὅλην τὴν **ἡμέραν** ἀργοί;
Mt 20:12 τὸ βάρος τῆς **ἡμέρας** καὶ τὸν καύσωνα.
Mt 20:19 καὶ τῇ τρίτῃ **ἡμέρᾳ** ἐγερθήσεται.
Mt 22:23 Ἐν ἐκείνῃ τῇ **ἡμέρᾳ** προσῆλθον αὐτῷ Σαδδουκαῖοι,
Mt 22:46 ἀπ' ἐκείνης τῆς **ἡμέρας** ἐπερωτῆσαι αὐτὸν οὐκέτι.
Mt 23:30 ἤμεθα ἐν ταῖς **ἡμέραις** τῶν πατέρων ἡμῶν,
Mt 24:19 ἐν ἐκείναις ταῖς **ἡμέραις**.
Mt 24:22 μὴ ἐκολοβώθησαν αἱ **ἡμέραι** ἐκεῖναι,
Mt 24:22 ἐκλεκτοὺς κολοβωθήσονται αἱ **ἡμέραι** ἐκεῖναι.
Mt 24:29 τὴν θλῖψιν τῶν **ἡμερῶν** ἐκείνων ὁ ἥλιος
Mt 24:36 Περὶ δὲ τῆς **ἡμέρας** ἐκείνης καὶ ὥρας
Mt 24:37 Ὥσπερ γὰρ αἱ **ἡμέραι** τοῦ Νῶε,
Mt 24:38 ἦσαν ἐν ταῖς **ἡμέραις** [ἐκείναις] ταῖς πρὸ
Mt 24:38 ἄχρι ἧς **ἡμέρας** εἰσῆλθεν Νῶε εἰς
Mt 24:42 οὐκ οἴδατε ποίᾳ **ἡμέρᾳ** ὁ κύριος ὑμῶν
Mt 24:50 δούλου ἐκείνου ἐν **ἡμέρᾳ** ᾗ οὐ προσδοκᾷ
Mt 25:13 οὐκ οἴδατε τὴν **ἡμέραν** οὐδὲ τὴν ὥραν.
Mt 26:2 ὅτι μετὰ δύο **ἡμέρας** τὸ πάσχα γίνεται,
Mt 26:29 ἀμπέλου ἕως τῆς **ἡμέρας** ἐκείνης ὅταν αὐτὸ
Mt 26:55 καθ' **ἡμέραν** ἐν τῷ ἱερῷ
Mt 26:61 καὶ διὰ τριῶν **ἡμερῶν** οἰκοδομῆσαι.
Mt 27:40 καὶ ἐν τρισὶν **ἡμέραις** οἰκοδομῶν,
Mt 27:63 μετὰ τρεῖς **ἡμέρας** ἐγείρομαι.
Mt 27:64 ἕως τῆς τρίτης **ἡμέρας**,
Mt 28:15 μέχρι τῆς σήμερον [**ἡμέρας**].
Mt 28:20 εἰμι πάσας τὰς **ἡμέρας** ἕως τῆς συντελείας

Ἡρῴδης (*Ērōdēs*; 13/43) *Herod*

Mt 2:1 Ἰουδαίας ἐν ἡμέραις **Ἡρῴδου** τοῦ βασιλέως,
Mt 2:3 δὲ ὁ βασιλεὺς **Ἡρῴδης** ἐταράχθη καὶ πᾶσα
Mt 2:7 Τότε **Ἡρῴδης** λάθρᾳ καλέσας τοὺς
Mt 2:12 μὴ ἀνακάμψαι πρὸς **Ἡρῴδην**,
Mt 2:13 μέλλει γὰρ **Ἡρῴδης** ζητεῖν τὸ παιδίον
Mt 2:15 ἕως τῆς τελευτῆς **Ἡρῴδου**·
Mt 2:16 Τότε **Ἡρῴδης** ἰδὼν ὅτι ἐνεπαίχθη
Mt 2:19 Τελευτήσαντος δὲ τοῦ **Ἡρῴδου** ἰδοὺ ἄγγελος κυρίου
Mt 2:22 τοῦ πατρὸς αὐτοῦ **Ἡρῴδου** ἐφοβήθη ἐκεῖ ἀπελθεῖν·
Mt 14:1 τῷ καιρῷ ἤκουσεν **Ἡρῴδης** ὁ τετραάρχης
Mt 14:3 Ὁ γὰρ **Ἡρῴδης** κρατήσας τὸν Ἰωάννην
Mt 14:6 δὲ γενομένοις τοῦ **Ἡρῴδου** ὠρχήσατο ἡ θυγάτηρ
Mt 14:6 καὶ ἤρεσεν τῷ **Ἡρῴδῃ**,

Ἡρῳδιανοί (*Ērōdianoi*; 1/3) *Herodians*

Mt 22:16 αὐτῶν μετὰ τῶν **Ἡρῳδιανῶν** λέγοντες·

Ἡρῳδιάς (*Ērōdias*; 2/6) *Herodias*

Mt 14:3 φυλακῇ ἀπέθετο διὰ **Ἡρῳδιάδα** τὴν γυναῖκα Φιλίππου
Mt 14:6 ἡ θυγάτηρ τῆς **Ἡρῳδιάδος** ἐν τῷ μέσῳ

Ἠσαΐας (*Ēsaias*; 6/22) *Isaiah*

Mt 3:3 ὁ ῥηθεὶς διὰ **Ἠσαΐου** τοῦ προφήτου λέγοντος·
Mt 4:14 τὸ ῥηθὲν διὰ **Ἠσαΐου** τοῦ προφήτου λέγοντος·
Mt 8:17 τὸ ῥηθὲν διὰ **Ἠσαΐου** τοῦ προφήτου λέγοντος·
Mt 12:17 τὸ ῥηθὲν διὰ **Ἠσαΐου** τοῦ προφήτου λέγοντος·
Mt 13:14 αὐτοῖς ἡ προφητεία **Ἠσαΐου** ἡ λέγουσα·
Mt 15:7 ἐπροφήτευσεν περὶ ὑμῶν **Ἠσαΐας** λέγων·

Θαδδαῖος (*Thaddaios*; 1/2) *Thaddaeus*

Mt 10:3 τοῦ Ἁλφαίου καὶ **Θαδδαῖος**,

θάλασσα (*thalassa*; 16/91) *sea, lake*

Mt 4:15 ὁδὸν **θαλάσσης**,
Mt 4:18 δὲ παρὰ τὴν **θάλασσαν** τῆς Γαλιλαίας εἶδεν
Mt 4:18 ἀμφίβληστρον εἰς τὴν **θάλασσαν**·
Mt 8:24 ἐγένετο ἐν τῇ **θαλάσσῃ**,
Mt 8:26 ἀνέμοις καὶ τῇ **θαλάσσῃ**,
Mt 8:27 ἄνεμοι καὶ ἡ **θάλασσα** αὐτῷ ὑπακούουσιν;
Mt 8:32 κρημνοῦ εἰς τὴν **θάλασσαν** καὶ ἀπέθανον ἐν
Mt 13:1 ἐκάθητο παρὰ τὴν **θάλασσαν**·
Mt 13:47 βληθείσῃ εἰς τὴν **θάλασσαν** καὶ ἐκ παντὸς
Mt 14:25 περιπατῶν ἐπὶ τὴν **θάλασσαν**.
Mt 14:26 αὐτὸν ἐπὶ τῆς **θαλάσσης** περιπατοῦντα ἐταράχθησαν λέγοντες
Mt 15:29 ἦλθεν παρὰ τὴν **θάλασσαν** τῆς Γαλιλαίας,
Mt 17:27 πορευθεὶς εἰς **θάλασσαν** βάλε ἄγκιστρον καὶ
Mt 18:6 τῷ πελάγει τῆς **θαλάσσης**.
Mt 21:21 βλήθητι εἰς τὴν **θάλασσαν**,
Mt 23:15 ὅτι περιάγετε τὴν **θάλασσαν** καὶ τὴν ξηρὰν

Θαμάρ (*Thamar*; 1/1) *Tamar*

Mt 1:3 Ζάρα ἐκ τῆς **Θαμάρ**,

θάνατος (*thanatos*; 7/120) *death*

Mt 4:16 χώρᾳ καὶ σκιᾷ **θανάτου** φῶς ἀνέτειλεν αὐτοῖς.
Mt 10:21 ἀδελφὸς ἀδελφὸν εἰς **θάνατον** καὶ πατὴρ τέκνον,
Mt 15:4 πατέρα ἢ μητέρα **θανάτῳ** τελευτάτω.
Mt 16:28 οὐ μὴ γεύσωνται **θανάτου** ἕως ἂν ἴδωσιν
Mt 20:18 καὶ κατακρινοῦσιν αὐτὸν **θανάτῳ**
Mt 26:38 ψυχή μου ἕως **θανάτου**·
Mt 26:66 ἔνοχος **θανάτου** ἐστίν.

θανατόω (*thanatoō*; 3/11) *kill*

Mt 10:21 ἐπὶ γονεῖς καὶ **θανατώσουσιν** αὐτούς.
Mt 26:59 Ἰησοῦ ὅπως αὐτὸν **θανατώσωσιν**,
Mt 27:1 τοῦ Ἰησοῦ ὥστε **θανατῶσαι** αὐτόν·

θάπτω (*thaptō*; 3/11) *bury*

Mt 8:21 πρῶτον ἀπελθεῖν καὶ **θάψαι** τὸν πατέρα μου.
Mt 8:22 ἄφες τοὺς νεκροὺς **θάψαι** τοὺς ἑαυτῶν νεκρούς.
Mt 14:12 τὸ πτῶμα καὶ **ἔθαψαν** αὐτὸ[ν] καὶ ἐλθόντες

θαρσέω (*tharseō*; 3/7) *have courage*

Mt 9:2 **θάρσει**,
Mt 9:22 **θάρσει**,
Mt 14:27 **θαρσεῖτε**,

θαυμάζω (*thaumazō*; 7/43) *marvel*

Mt 8:10 δὲ ὁ Ἰησοῦς **ἐθαύμασεν** καὶ εἶπεν τοῖς
Mt 8:27 οἱ δὲ ἄνθρωποι **ἐθαύμασαν** λέγοντες·
Mt 9:33 καὶ **ἐθαύμασαν** οἱ ὄχλοι λέγοντες·
Mt 15:31 ὥστε τὸν ὄχλον **θαυμάσαι** βλέποντας κωφοὺς λαλοῦντας,
Mt 21:20 ἰδόντες οἱ μαθηταὶ **ἐθαύμασαν** λέγοντες·
Mt 22:22 καὶ ἀκούσαντες **ἐθαύμασαν**,
Mt 27:14 ὥστε **θαυμάζειν** τὸν ἡγεμόνα λίαν.

θαυμάσιος (*thaumasios*; 1/1) *wonderful*

Mt 21:15 οἱ γραμματεῖς τὰ **θαυμάσια** ἃ ἐποίησεν καὶ

θαυμαστός (*thaumastos*; 1/6) *marvelous, astonishing*

Mt 21:42 αὕτη καὶ ἔστιν **θαυμαστὴ** ἐν ὀφθαλμοῖς ἡμῶν;

θεάομαι (*theaomai*; 4/20[22]) *see, observe*

Mt 6:1 ἀνθρώπων πρὸς τὸ **θεαθῆναι** αὐτοῖς·
Mt 11:7 εἰς τὴν ἔρημον **θεάσασθαι**;
Mt 22:11 δὲ ὁ βασιλεὺς **θεάσασθαι** τοὺς ἀνακειμένους εἶδεν
Mt 23:5 ποιοῦσιν πρὸς τὸ **θεαθῆναι** τοῖς ἀνθρώποις·

θέλημα (*thelēma*; 6/62) *will*

Mt 6:10 γενηθήτω τὸ **θέλημά** σου,
Mt 7:21 ὁ ποιῶν τὸ **θέλημα** τοῦ πατρός μου
Mt 12:50 ἂν ποιήσῃ τὸ **θέλημα** τοῦ πατρός μου
Mt 18:14 οὕτως οὐκ ἔστιν **θέλημα** ἔμπροσθεν τοῦ πατρὸς
Mt 21:31 δύο ἐποίησεν τὸ **θέλημα** τοῦ πατρός;
Mt 26:42 γενηθήτω τὸ **θέλημά** σου.

θέλω (*thelō*; 42/208) *wish, want*

Mt 1:19 ὢν καὶ μὴ **θέλων** αὐτὴν δειγματίσαι,
Mt 2:18 καὶ οὐκ **ἤθελεν** παρακληθῆναι,
Mt 5:40 καὶ τῷ **θέλοντί** σοι κριθῆναι καὶ
Mt 5:42 καὶ τὸν **θέλοντα** ἀπὸ σοῦ δανίσασθαι
Mt 7:12 οὖν ὅσα ἐὰν **θέλητε** ἵνα ποιῶσιν ὑμῖν
Mt 8:2 ἐὰν **θέλῃς** δύνασαί με καθαρίσαι.
Mt 8:3 **θέλω**,
Mt 9:13 ἔλεος **θέλω** καὶ οὐ θυσίαν·
Mt 11:14 καὶ εἰ **θέλετε** δέξασθαι,
Mt 12:7 ἔλεος **θέλω** καὶ οὐ θυσίαν,
Mt 12:38 **θέλομεν** ἀπὸ σοῦ σημεῖον
Mt 13:28 **θέλεις** οὖν ἀπελθόντες συλλέξωμεν
Mt 14:5 καὶ **θέλων** αὐτὸν ἀποκτεῖναι ἐφοβήθη
Mt 15:28 γενηθήτω σοι ὡς **θέλεις**.
Mt 15:32 αὐτοὺς νήστεις οὐ **θέλω**,
Mt 16:24 εἴ τις **θέλει** ὀπίσω μου ἐλθεῖν,
Mt 16:25 ὃς γὰρ ἐὰν **θέλῃ** τὴν ψυχὴν αὐτοῦ
Mt 17:4 εἰ **θέλεις**,
Mt 17:12 ἐν αὐτῷ ὅσα **ἠθέλησαν**·
Mt 18:23 ὃς **ἠθέλησεν** συνᾶραι λόγον μετὰ
Mt 18:30 ὁ δὲ οὐκ **ἤθελεν** ἀλλὰ ἀπελθὼν ἔβαλεν
Mt 19:17 εἰ δὲ **θέλεις** εἰς τὴν ζωὴν
Mt 19:21 εἰ **θέλεις** τέλειος εἶναι,
Mt 20:14 **θέλω** δὲ τούτῳ τῷ
Mt 20:15 ἔξεστίν μοι ὃ **θέλω** ποιῆσαι ἐν τοῖς
Mt 20:21 τί **θέλεις**;
Mt 20:26 ἀλλ' ὃς ἐὰν **θέλῃ** ἐν ὑμῖν μέγας
Mt 20:27 καὶ ὃς ἂν **θέλῃ** ἐν ὑμῖν εἶναι
Mt 20:32 τί **θέλετε** ποιήσω ὑμῖν;
Mt 21:29 οὐ **θέλω**,
Mt 22:3 καὶ οὐκ **ἤθελον** ἐλθεῖν.
Mt 23:4 δακτύλῳ αὐτῶν οὐ **θέλουσιν** κινῆσαι αὐτά.
Mt 23:37 ποσάκις **ἠθέλησα** ἐπισυναγαγεῖν τὰ τέκνα
Mt 23:37 καὶ οὐκ **ἠθελήσατε**.
Mt 26:15 τί **θέλετέ** μοι δοῦναι,
Mt 26:17 ποῦ **θέλεις** ἑτοιμάσωμέν σοι φαγεῖν
Mt 26:39 οὐχ ὡς ἐγὼ **θέλω** ἀλλ' ὡς σύ.
Mt 27:15 ὄχλῳ δέσμιον ὃν **ἤθελον**.
Mt 27:17 τίνα **θέλετε** ἀπολύσω ὑμῖν,
Mt 27:21 τίνα **θέλετε** ἀπὸ τῶν δύο
Mt 27:34 καὶ γευσάμενος οὐκ **ἠθέλησεν** πιεῖν.
Mt 27:43 ῥυσάσθω νῦν εἰ **θέλει** αὐτόν·

θεμελιόω (*themelioō*; 1/5) *establish*

Mt 7:25 **τεθεμελίωτο** γὰρ ἐπὶ τὴν

θεός (*theos*; 51/1316[1317]) *God*

Mt 1:23 μεθ' ἡμῶν ὁ **θεός**.
Mt 3:9 ὅτι δύναται ὁ **θεὸς** ἐκ τῶν λίθων
Mt 3:16 [τὸ] πνεῦμα [τοῦ] **θεοῦ** καταβαῖνον ὡσεὶ περιστερὰν
Mt 4:3 υἱὸς εἶ τοῦ **θεοῦ**,
Mt 4:4 ἐκπορευομένῳ διὰ στόματος **θεοῦ**.
Mt 4:6 υἱὸς εἶ τοῦ **θεοῦ**,
Mt 4:7 ἐκπειράσεις κύριον τὸν **θεόν** σου.
Mt 4:10 κύριον τὸν **θεόν** σου προσκυνήσεις καὶ
Mt 5:8 ὅτι αὐτοὶ τὸν **θεὸν** ὄψονται.

Mt 5:9 ὅτι αὐτοὶ υἱοὶ **θεοῦ** κληθήσονται.
Mt 5:34 θρόνος ἐστὶν τοῦ **θεοῦ**,
Mt 6:24 οὐ δύνασθε **θεῷ** δουλεύειν καὶ μαμωνᾷ.
Mt 6:30 κλίβανον βαλλόμενον ὁ **θεὸς** οὕτως ἀμφιέννυσιν,
Mt 6:33 τὴν βασιλείαν [τοῦ **θεοῦ**] καὶ τὴν δικαιοσύνην
Mt 8:29 υἱὲ τοῦ **θεοῦ**;
Mt 9:8 καὶ ἐδόξασαν τὸν **θεὸν** τὸν δόντα ἐξουσίαν
Mt 12:4 τὸν οἶκον τοῦ **θεοῦ** καὶ τοὺς ἄρτους
Mt 12:28 δὲ ἐν πνεύματι **θεοῦ** ἐγὼ ἐκβάλλω τὰ
Mt 12:28 ἡ βασιλεία τοῦ **θεοῦ**.
Mt 14:33 ἀληθῶς **θεοῦ** υἱὸς εἶ.
Mt 15:3 τὴν ἐντολὴν τοῦ **θεοῦ** διὰ τὴν παράδοσιν
Mt 15:4 ὁ γὰρ **θεὸς** εἶπεν·
Mt 15:6 τὸν λόγον τοῦ **θεοῦ** διὰ τὴν παράδοσιν
Mt 15:31 καὶ ἐδόξασαν τὸν **θεὸν** Ἰσραήλ.
Mt 16:16 ὁ υἱὸς τοῦ **θεοῦ** τοῦ ζῶντος.
Mt 16:23 φρονεῖς τὰ τοῦ **θεοῦ** ἀλλὰ τὰ τῶν
Mt 19:6 ὃ οὖν ὁ **θεὸς** συνέζευξεν ἄνθρωπος μὴ
Mt 19:24 τὴν βασιλείαν τοῦ **θεοῦ**.
Mt 19:26 παρὰ δὲ **θεῷ** πάντα δυνατά.
Mt 21:31 τὴν βασιλείαν τοῦ **θεοῦ**.
Mt 21:43 ἡ βασιλεία τοῦ **θεοῦ** καὶ δοθήσεται ἔθνει
Mt 22:16 τὴν ὁδὸν τοῦ **θεοῦ** ἐν ἀληθείᾳ διδάσκεις
Mt 22:21 καὶ τὰ τοῦ **θεοῦ** τῷ θεῷ.
Mt 22:21 τοῦ θεοῦ τῷ **θεῷ**.
Mt 22:29 τὴν δύναμιν τοῦ **θεοῦ**·
Mt 22:31 ὑμῖν ὑπὸ τοῦ **θεοῦ** λέγοντος·
Mt 22:32 ἐγώ εἰμι ὁ **θεὸς** Ἀβραὰμ καὶ ὁ
Mt 22:32 Ἀβραὰμ καὶ ὁ **θεὸς** Ἰσαὰκ καὶ ὁ
Mt 22:32 Ἰσαὰκ καὶ ὁ **θεὸς** Ἰακώβ;
Mt 22:32 οὐκ ἔστιν [ὁ] **θεὸς** νεκρῶν ἀλλὰ ζώντων.
Mt 22:37 ἀγαπήσεις κύριον τὸν **θεόν** σου ἐν ὅλῃ
Mt 23:22 τῷ θρόνῳ τοῦ **θεοῦ** καὶ ἐν τῷ
Mt 26:61 τὸν ναὸν τοῦ **θεοῦ** καὶ διὰ τριῶν
Mt 26:63 σε κατὰ τοῦ **θεοῦ** τοῦ ζῶντος ἵνα
Mt 26:63 ὁ υἱὸς τοῦ **θεοῦ**.
Mt 27:40 υἱὸς εἶ τοῦ **θεοῦ**,
Mt 27:43 πέποιθεν ἐπὶ τὸν **θεόν**,
Mt 27:43 εἶπεν γὰρ ὅτι **θεοῦ** εἰμι υἱός.
Mt 27:46 **Θεέ** μου θεέ μου,
Mt 27:46 Θεέ μου **θεέ** μου,
Mt 27:54 ἀληθῶς **θεοῦ** υἱὸς ἦν οὗτος.

θεραπεύω (*therapeuō*; 16/43) *heal*

Mt 4:23 τῆς βασιλείας καὶ **θεραπεύων** πᾶσαν νόσον
Mt 4:24 καὶ **ἐθεράπευσεν** αὐτούς.
Mt 8:7 ἐγὼ ἐλθὼν **θεραπεύσω** αὐτόν.
Mt 8:16 τοὺς κακῶς ἔχοντας **ἐθεράπευσεν**,
Mt 9:35 τῆς βασιλείας καὶ **θεραπεύων** πᾶσαν νόσον
Mt 10:1 ἐκβάλλειν αὐτὰ καὶ **θεραπεύειν** πᾶσαν νόσον
Mt 10:8 ἀσθενοῦντας **θεραπεύετε**,
Mt 12:10 ἔξεστιν τοῖς σάββασιν **θεραπεῦσαι**;
Mt 12:15 καὶ **ἐθεράπευσεν** αὐτοὺς πάντας
Mt 12:22 καὶ **ἐθεράπευσεν** αὐτόν,
Mt 14:14 ἐπ᾿ αὐτοῖς καὶ **ἐθεράπευσεν** τοὺς ἀρρώστους αὐτῶν.
Mt 15:30 καὶ **ἐθεράπευσεν** αὐτούς·
Mt 17:16 οὐκ ἠδυνήθησαν αὐτὸν **θεραπεῦσαι**.
Mt 17:18 τὸ δαιμόνιον καὶ **ἐθεραπεύθη** ὁ παῖς ἀπὸ
Mt 19:2 καὶ ἐθεράπευσεν **αὐτοὺς** ἐκεῖ.
Mt 21:14 καὶ **ἐθεράπευσεν** αὐτούς.

θερίζω (*therizō*; 3/21) *reap*

Mt 6:26 οὐ σπείρουσιν οὐδὲ **θερίζουσιν** οὐδὲ συνάγουσιν εἰς
Mt 25:24 **θερίζων** ὅπου οὐκ ἔσπειρας
Mt 25:26 ᾔδεις ὅτι **θερίζω** ὅπου οὐκ ἔσπειρα

θερισμός (*therismos*; 6/13) *harvest*

Mt 9:37 ὁ μὲν **θερισμὸς** πολύς,
Mt 9:38 τοῦ κυρίου τοῦ **θερισμοῦ** ὅπως ἐκβάλῃ ἐργάτας
Mt 9:38 ἐργάτας εἰς τὸν **θερισμὸν** αὐτοῦ.
Mt 13:30 ἀμφότερα ἕως τοῦ **θερισμοῦ**,
Mt 13:30 ἐν καιρῷ τοῦ **θερισμοῦ** ἐρῶ τοῖς θερισταῖς·
Mt 13:39 ὁ δὲ **θερισμὸς** συντέλεια αἰῶνός ἐστιν,

θεριστής (*theristēs*; 2/2) *reaper*

Mt 13:30 θερισμοῦ ἐρῶ τοῖς **θερισταῖς**·
Mt 13:39 οἱ δὲ **θερισταὶ** ἄγγελοί εἰσιν.

θέρος (*theros*; 1/3) *summer*

Mt 24:32 ὅτι ἐγγὺς τὸ **θέρος**·

θεωρέω (*theōreō*; 2/58) *see, perceive*

Mt 27:55 πολλαὶ ἀπὸ μακρόθεν **θεωροῦσαι**,
Mt 28:1 ἡ ἄλλη Μαρία **θεωρῆσαι** τὸν τάφον.

θηλάζω (*thēlazō*; 2/5) *nurse*

Mt 21:16 στόματος νηπίων καὶ **θηλαζόντων** κατηρτίσω αἶνον;
Mt 24:19 ἐχούσαις καὶ ταῖς **θηλαζούσαις** ἐν ἐκείναις

θῆλυς (*thēlys*; 1/5) *female*

Mt 19:4 ἀρχῆς ἄρσεν καὶ **θῆλυ** ἐποίησεν αὐτούς;

θησαυρίζω (*thēsaurizō*; 2/8) *store up*

Mt 6:19 Μὴ **θησαυρίζετε** ὑμῖν θησαυροὺς ἐπὶ
Mt 6:20 **θησαυρίζετε** δὲ ὑμῖν θησαυροὺς

θησαυρός (*thēsauros*; 9/17) *treasure*

Mt 2:11 καὶ ἀνοίξαντες τοὺς **θησαυροὺς** αὐτῶν προσήνεγκαν αὐτῷ
Mt 6:19 Μὴ θησαυρίζετε ὑμῖν **θησαυροὺς** ἐπὶ τῆς γῆς,
Mt 6:20 θησαυρίζετε δὲ ὑμῖν **θησαυροὺς** ἐν οὐρανῷ,
Mt 6:21 γάρ ἐστιν ὁ **θησαυρός** σου,
Mt 12:35 ἐκ τοῦ ἀγαθοῦ **θησαυροῦ** ἐκβάλλει ἀγαθά,
Mt 12:35 ἐκ τοῦ πονηροῦ **θησαυροῦ** ἐκβάλλει πονηρά.
Mt 13:44 βασιλεία τῶν οὐρανῶν **θησαυρῷ** κεκρυμμένῳ
Mt 13:52 ἐκβάλλει ἐκ τοῦ **θησαυροῦ** αὐτοῦ καινὰ καὶ
Mt 19:21 καὶ ἕξεις **θησαυρὸν** ἐν οὐρανοῖς,

θλίβω (*thlibō*; 1/10) *press hard*

Mt 7:14 ἡ πύλη καὶ **τεθλιμμένη** ἡ ὁδὸς ἡ

θλῖψις (*thlipsis*; 4/45) *tribulation, trouble*

Mt 13:21 γενομένης δὲ **θλίψεως** ἢ διωγμοῦ διὰ
Mt 24:9 παραδώσουσιν ὑμᾶς εἰς **θλῖψιν** καὶ ἀποκτενοῦσιν ὑμᾶς,
Mt 24:21 ἔσται γὰρ τότε **θλῖψις** μεγάλη οἵα οὐ
Mt 24:29 δὲ μετὰ τὴν **θλῖψιν** τῶν ἡμερῶν ἐκείνων

θνῄσκω (*thnēskō*; 1/9) *die*
Mt 2:20 **τεθνήκασιν** γὰρ οἱ ζητοῦντες

θορυβέω (*thorybeō*; 1/4) *set in an uproar*
Mt 9:23 καὶ τὸν ὄχλον **θορυβούμενον**

θόρυβος (*thorybos*; 2/7) *confusion*
Mt 26:5 ἵνα μὴ **θόρυβος** γένηται ἐν τῷ
Mt 27:24 ὠφελεῖ ἀλλὰ μᾶλλον **θόρυβος** γίνεται,

θρηνέω (*thrēneō*; 1/4) *mourn*
Mt 11:17 **ἐθρηνήσαμεν** καὶ οὐκ ἐκόψασθε.

θρίξ (*thrix*; 3/15) *hair*
Mt 3:4 ἔνδυμα αὐτοῦ ἀπὸ **τριχῶν** καμήλου καὶ ζώνην
Mt 5:36 οὐ δύνασαι μίαν **τρίχα** λευκὴν ποιῆσαι ἢ
Mt 10:30 δὲ καὶ αἱ **τρίχες** τῆς κεφαλῆς πᾶσαι

θροέω (*throeō*; 1/3) *be alarmed or startled*
Mt 24:6 ὁρᾶτε μὴ **θροεῖσθε**·

θρόνος (*thronos*; 5/62) *throne*
Mt 5:34 ὅτι **θρόνος** ἐστὶν τοῦ θεοῦ,
Mt 19:28 τοῦ ἀνθρώπου ἐπὶ **θρόνου** δόξης αὐτοῦ,
Mt 19:28 ὑμεῖς ἐπὶ δώδεκα **θρόνους** κρίνοντες τὰς δώδεκα
Mt 23:22 ὀμνύει ἐν τῷ **θρόνῳ** τοῦ θεοῦ καὶ
Mt 25:31 τότε καθίσει ἐπὶ **θρόνου** δόξης αὐτοῦ·

θυγάτηρ (*thygatēr*; 8/28) *daughter*
Mt 9:18 λέγων ὅτι ἡ **θυγάτηρ** μου ἄρτι ἐτελεύτησεν·
Mt 9:22 **θύγατερ**·
Mt 10:35 πατρὸς αὐτοῦ καὶ **θυγατέρα** κατὰ τῆς μητρὸς
Mt 10:37 φιλῶν υἱὸν ἢ **θυγατέρα** ὑπὲρ ἐμὲ οὐκ
Mt 14:6 Ἡρῴδου ὠρχήσατο ἡ **θυγάτηρ** τῆς Ἡρῳδιάδος ἐν
Mt 15:22 ἡ **θυγάτηρ** μου κακῶς δαιμονίζεται.
Mt 15:28 καὶ ἰάθη ἡ **θυγάτηρ** αὐτῆς ἀπὸ τῆς
Mt 21:5 εἴπατε τῇ **θυγατρὶ** Σιών·

θυμόω (*thymoō*; 1/1) *be furious*
Mt 2:16 ὑπὸ τῶν μάγων **ἐθυμώθη** λίαν,

θύρα (*thyra*; 4/39) *door, gate*
Mt 6:6 καὶ κλείσας τὴν **θύραν** σου πρόσευξαι τῷ
Mt 24:33 ἐγγύς ἐστιν ἐπὶ **θύραις**.
Mt 25:10 καὶ ἐκλείσθη ἡ **θύρα**.
Mt 27:60 λίθον μέγαν τῇ **θύρᾳ** τοῦ μνημείου ἀπῆλθεν.

θυσία (*thysia*; 2/28) *sacrifice*
Mt 9:13 θέλω καὶ οὐ **θυσίαν**·
Mt 12:7 θέλω καὶ οὐ **θυσίαν**,

θυσιαστήριον (*thysiastērion*; 6/23) *altar*
Mt 5:23 σου ἐπὶ τὸ **θυσιαστήριον** κἀκεῖ μνησθῇς ὅτι
Mt 5:24 σου ἔμπροσθεν τοῦ **θυσιαστηρίου** καὶ ὕπαγε πρῶτον
Mt 23:18 ὀμόσῃ ἐν τῷ **θυσιαστηρίῳ**,
Mt 23:19 δῶρον ἢ τὸ **θυσιαστήριον** τὸ ἁγιάζον τὸ
Mt 23:20 ὀμόσας ἐν τῷ **θυσιαστηρίῳ** ὀμνύει ἐν αὐτῷ
Mt 23:35 ναοῦ καὶ τοῦ **θυσιαστηρίου**.

θύω (*thyō*; 1/14) *slaughter*
Mt 22:4 καὶ τὰ σιτιστὰ **τεθυμένα** καὶ πάντα ἕτοιμα·

Θωμᾶς (*Thōmas*; 1/11) *Thomas*
Mt 10:3 **Θωμᾶς** καὶ Μαθθαῖος ὁ

Ἰακώβ (*Iakōb*; 6/27) *Jacob*
Mt 1:2 δὲ ἐγέννησεν τὸν **Ἰακώβ**,
Mt 1:2 **Ἰακὼβ** δὲ ἐγέννησεν τὸν
Mt 1:15 δὲ ἐγέννησεν τὸν **Ἰακώβ**,
Mt 1:16 **Ἰακὼβ** δὲ ἐγέννησεν τὸν
Mt 8:11 καὶ Ἰσαὰκ καὶ **Ἰακὼβ** ἐν τῇ βασιλείᾳ
Mt 22:32 καὶ ὁ θεὸς **Ἰακώβ**;

Ἰάκωβος (*Iakōbos*; 6/42) *James*
Mt 4:21 **Ἰάκωβον** τὸν τοῦ Ζεβεδαίου
Mt 10:2 καὶ **Ἰάκωβος** ὁ τοῦ Ζεβεδαίου
Mt 10:3 **Ἰάκωβος** ὁ τοῦ Ἁλφαίου
Mt 13:55 οἱ ἀδελφοὶ αὐτοῦ **Ἰάκωβος** καὶ Ἰωσὴφ καὶ
Mt 17:1 τὸν Πέτρον καὶ **Ἰάκωβον** καὶ Ἰωάννην τὸν
Mt 27:56 Μαρία ἡ τοῦ **Ἰακώβου** καὶ Ἰωσὴφ μήτηρ

ἰάομαι (*iaomai*; 4/26) *heal*
Mt 8:8 καὶ **ἰαθήσεται** ὁ παῖς μου.
Mt 8:13 καὶ **ἰάθη** ὁ παῖς [αὐτοῦ]
Mt 13:15 καὶ ἐπιστρέψωσιν καὶ **ἰάσομαι** αὐτούς.
Mt 15:28 καὶ **ἰάθη** ἡ θυγάτηρ αὐτῆς

ἰατρός (*iatros*; 1/7) *physician*
Mt 9:12 ἔχουσιν οἱ ἰσχύοντες **ἰατροῦ** ἀλλ' οἱ κακῶς

ἴδε (*ide*; 4/31) *look!*
Mt 25:20 **ἴδε** ἄλλα πέντε τάλαντα
Mt 25:22 **ἴδε** ἄλλα δύο τάλαντα
Mt 25:25 **ἴδε** ἔχεις τὸ σόν.
Mt 26:65 **ἴδε** νῦν ἠκούσατε τὴν

ἴδιος (*idios*; 10/114) *one's own*
Mt 9:1 ἦλθεν εἰς τὴν **ἰδίαν** πόλιν.
Mt 14:13 ἔρημον τόπον κατ' **ἰδίαν**·
Mt 14:23 τὸ ὄρος κατ' **ἰδίαν** προσεύξασθαι.
Mt 17:1 ὄρος ὑψηλὸν κατ' **ἰδίαν**.
Mt 17:19 τῷ Ἰησοῦ κατ' **ἰδίαν** εἶπον·
Mt 20:17 δώδεκα [μαθητὰς] κατ' **ἰδίαν** καὶ ἐν τῇ
Mt 22:5 μὲν εἰς τὸν **ἴδιον** ἀγρόν,
Mt 24:3 οἱ μαθηταὶ κατ' **ἰδίαν** λέγοντες·
Mt 25:14 ἀποδημῶν ἐκάλεσεν τοὺς **ἰδίους** δούλους καὶ παρέδωκεν
Mt 25:15 ἑκάστῳ κατὰ τὴν **ἰδίαν** δύναμιν,

ἰδού (*idou*; 62/200) *look!*
Mt 1:20 δὲ αὐτοῦ ἐνθυμηθέντος **ἰδοὺ** ἄγγελος κυρίου
Mt 1:23 **ἰδοὺ** ἡ παρθένος ἐν
Mt 2:1 **ἰδοὺ** μάγοι ἀπὸ ἀνατολῶν
Mt 2:9 βασιλέως ἐπορεύθησαν καὶ **ἰδοὺ** ὁ ἀστήρ,
Mt 2:13 Ἀναχωρησάντων δὲ αὐτῶν **ἰδοὺ** ἄγγελος κυρίου φαίνεται

Mt 2:19 δὲ τοῦ Ἡρῴδου **ἰδοὺ** ἄγγελος κυρίου φαίνεται
Mt 3:16 καὶ **ἰδοὺ** ἠνεῴχθησαν [αὐτῷ] οἱ
Mt 3:17 καὶ **ἰδοὺ** φωνὴ ἐκ τῶν
Mt 4:11 καὶ **ἰδοὺ** ἄγγελοι προσῆλθον καὶ
Mt 7:4 καὶ **ἰδοὺ** ἡ δοκὸς ἐν
Mt 8:2 καὶ **ἰδοὺ** λεπρὸς προσελθὼν προσεκύνει
Mt 8:24 καὶ **ἰδοὺ** σεισμὸς μέγας ἐγένετο
Mt 8:29 καὶ **ἰδοὺ** ἔκραξαν λέγοντες·
Mt 8:32 καὶ **ἰδοὺ** ὥρμησεν πᾶσα ἡ
Mt 8:34 καὶ **ἰδοὺ** πᾶσα ἡ πόλις
Mt 9:2 καὶ **ἰδοὺ** προσέφερον αὐτῷ παραλυτικὸν
Mt 9:3 καὶ **ἰδού** τινες τῶν γραμματέων
Mt 9:10 καὶ **ἰδοὺ** πολλοὶ τελῶναι καὶ
Mt 9:18 **ἰδοὺ** ἄρχων εἷς ἐλθὼν
Mt 9:20 Καὶ **ἰδοὺ** γυνὴ αἱμορροοῦσα δώδεκα
Mt 9:32 Αὐτῶν δὲ ἐξερχομένων **ἰδοὺ** προσήνεγκαν αὐτῷ ἄνθρωπον
Mt 10:16 **Ἰδοὺ** ἐγὼ ἀποστέλλω ὑμᾶς
Mt 11:8 **ἰδοὺ** οἱ τὰ μαλακὰ
Mt 11:10 **ἰδοὺ** ἐγὼ ἀποστέλλω τὸν
Mt 11:19 **ἰδοὺ** ἄνθρωπος φάγος καὶ
Mt 12:2 **ἰδοὺ** οἱ μαθηταί σου
Mt 12:10 καὶ **ἰδοὺ** ἄνθρωπος χεῖρα ἔχων
Mt 12:18 **ἰδοὺ** ὁ παῖς μου
Mt 12:41 καὶ **ἰδοὺ** πλεῖον Ἰωνᾶ ὧδε.
Mt 12:42 καὶ **ἰδοὺ** πλεῖον Σολομῶνος ὧδε.
Mt 12:46 λαλοῦντος τοῖς ὄχλοις **ἰδοὺ** ἡ μήτηρ καὶ
Mt 12:47 **ἰδοὺ** ἡ μήτηρ σου
Mt 12:49 **ἰδοὺ** ἡ μήτηρ μου
Mt 13:3 ἰδοὺ **ἐξῆλθεν** ὁ σπείρων τοῦ
Mt 15:22 καὶ **ἰδοὺ** γυνὴ Χαναναία ἀπὸ
Mt 17:3 καὶ **ἰδοὺ** ὤφθη αὐτοῖς Μωϋσῆς
Mt 17:5 ἔτι αὐτοῦ λαλοῦντος **ἰδοὺ** νεφέλη φωτεινὴ ἐπεσκίασεν
Mt 17:5 καὶ **ἰδοὺ** φωνὴ ἐκ τῆς
Mt 19:16 Καὶ **ἰδοὺ** εἷς προσελθὼν αὐτῷ
Mt 19:27 **ἰδοὺ** ἡμεῖς ἀφήκαμεν πάντα
Mt 20:18 **ἰδοὺ** ἀναβαίνομεν εἰς Ἱεροσόλυμα,
Mt 20:30 καὶ **ἰδοὺ** δύο τυφλοὶ καθήμενοι
Mt 21:5 **ἰδοὺ** ὁ βασιλεύς σου
Mt 22:4 **ἰδοὺ** τὸ ἄριστόν μου
Mt 23:34 Διὰ τοῦτο **ἰδοὺ** ἐγὼ ἀποστέλλω πρὸς
Mt 23:38 **ἰδοὺ** ἀφίεται ὑμῖν ὁ
Mt 24:23 **ἰδοὺ** ὧδε ὁ χριστός,
Mt 24:25 **ἰδοὺ** προείρηκα ὑμῖν.
Mt 24:26 **ἰδοὺ** ἐν τῇ ἐρήμῳ
Mt 24:26 **ἰδοὺ** ἐν τοῖς ταμείοις,
Mt 25:6 **ἰδοὺ** ὁ νυμφίος,
Mt 26:45 **ἰδοὺ** ἤγγικεν ἡ ὥρα
Mt 26:46 **ἰδοὺ** ἤγγικεν ὁ παραδιδούς
Mt 26:47 ἔτι αὐτοῦ λαλοῦντος **ἰδοὺ** Ἰούδας εἷς τῶν
Mt 26:51 Καὶ **ἰδοὺ** εἷς τῶν μετὰ
Mt 27:51 Καὶ **ἰδοὺ** τὸ καταπέτασμα τοῦ
Mt 28:2 καὶ **ἰδοὺ** σεισμὸς ἐγένετο μέγας·
Mt 28:7 καὶ **ἰδοὺ** προάγει ὑμᾶς εἰς
Mt 28:7 **ἰδοὺ** εἶπον ὑμῖν.
Mt 28:9 καὶ **ἰδοὺ** Ἰησοῦς ὑπήντησεν αὐταῖς
Mt 28:11 Πορευομένων δὲ αὐτῶν **ἰδού** τινες τῆς κουστωδίας
Mt 28:20 καὶ **ἰδοὺ** ἐγὼ μεθ' ὑμῶν

Ἰερεμίας (*Ieremias*; 3/3) *Jeremiah*

Mt 2:17 τὸ ῥηθὲν διὰ **Ἰερεμίου** τοῦ προφήτου λέγοντος·
Mt 16:14 ἕτεροι δὲ **Ἰερεμίαν** ἢ ἕνα τῶν
Mt 27:9 τὸ ῥηθὲν διὰ **Ἰερεμίου** τοῦ προφήτου λέγοντος·

ἱερεύς (*hiereus*; 3/31) *priest*

Mt 8:4 σεαυτὸν δεῖξον τῷ **ἱερεῖ** καὶ προσένεγκον
Mt 12:4 εἰ μὴ τοῖς **ἱερεῦσιν** μόνοις;
Mt 12:5 τοῖς σάββασιν οἱ **ἱερεῖς** ἐν τῷ ἱερῷ

Ἰεριχώ (*Ierichō*; 1/7) *Jericho*

Mt 20:29 ἐκπορευομένων αὐτῶν ἀπὸ **Ἰεριχὼ** ἠκολούθησεν αὐτῷ ὄχλος

ἱερόν (*hieron*; 11/70[72]) *temple area*

Mt 4:5 τὸ πτερύγιον τοῦ **ἱεροῦ**
Mt 12:5 ἱερεῖς ἐν τῷ **ἱερῷ** τὸ σάββατον βεβηλοῦσιν
Mt 12:6 ὑμῖν ὅτι τοῦ **ἱεροῦ** μεῖζόν ἐστιν ὧδε.
Mt 21:12 Ἰησοῦς εἰς τὸ **ἱερὸν** καὶ ἐξέβαλεν πάντας
Mt 21:12 ἀγοράζοντας ἐν τῷ **ἱερῷ**,
Mt 21:14 χωλοὶ ἐν τῷ **ἱερῷ**,
Mt 21:15 κράζοντας ἐν τῷ **ἱερῷ** καὶ λέγοντας·
Mt 21:23 αὐτοῦ εἰς τὸ **ἱερὸν** προσῆλθον αὐτῷ διδάσκοντι
Mt 24:1 Ἰησοῦς ἀπὸ τοῦ **ἱεροῦ** ἐπορεύετο,
Mt 24:1 τὰς οἰκοδομὰς τοῦ **ἱεροῦ**.
Mt 26:55 ἡμέραν ἐν τῷ **ἱερῷ** ἐκαθεζόμην διδάσκων καὶ

Ἰερουσαλήμ (*Ierousalēm*; 13/139) *Jerusalem*

Mt 2:1 ἀνατολῶν παρεγένοντο εἰς **Ἱεροσόλυμα**
Mt 2:3 ἐταράχθη καὶ πᾶσα **Ἱεροσόλυμα** μετ' αὐτοῦ,
Mt 3:5 ἐξεπορεύετο πρὸς αὐτὸν **Ἱεροσόλυμα** καὶ πᾶσα ἡ
Mt 4:25 καὶ Δεκαπόλεως καὶ **Ἱεροσολύμων** καὶ Ἰουδαίας καὶ
Mt 5:35 μήτε εἰς **Ἱεροσόλυμα**,
Mt 15:1 τῷ Ἰησοῦ ἀπὸ **Ἱεροσολύμων** Φαρισαῖοι καὶ γραμματεῖς
Mt 16:21 δεῖ αὐτὸν εἰς **Ἱεροσόλυμα** ἀπελθεῖν καὶ πολλὰ
Mt 20:17 ὁ Ἰησοῦς εἰς **Ἱεροσόλυμα** παρέλαβεν τοὺς δώδεκα
Mt 20:18 ἰδοὺ ἀναβαίνομεν εἰς **Ἱεροσόλυμα**,
Mt 21:1 ὅτε ἤγγισαν εἰς **Ἱεροσόλυμα** καὶ ἦλθον εἰς
Mt 21:10 εἰσελθόντος αὐτοῦ εἰς **Ἱεροσόλυμα** ἐσείσθη πᾶσα ἡ
Mt 23:37 **Ἰερουσαλὴμ** Ἰερουσαλήμ,
Mt 23:37 Ἰερουσαλὴμ **Ἰερουσαλήμ**,

Ἰεσσαί (*Iessai*; 2/5) *Jesse*

Mt 1:5 δὲ ἐγέννησεν τὸν **Ἰεσσαί**,
Mt 1:6 **Ἰεσσαὶ** δὲ ἐγέννησεν τὸν

Ἰεχονίας (*Iechonias*; 2/2) *Jechoniah*

Mt 1:11 δὲ ἐγέννησεν τὸν **Ἰεχονίαν** καὶ τοὺς ἀδελφοὺς
Mt 1:12 τὴν μετοικεσίαν Βαβυλῶνος **Ἰεχονίας** ἐγέννησεν τὸν Σαλαθιήλ,

Ἰησοῦς (*Iēsous*; 152/911[917]) *Jesus*

Mt 1:1 Βίβλος γενέσεως **Ἰησοῦ** Χριστοῦ υἱοῦ Δαυὶδ
Mt 1:16 ἐξ ἧς ἐγεννήθη **Ἰησοῦς** ὁ λεγόμενος χριστός.
Mt 1:18 Τοῦ δὲ **Ἰησοῦ** Χριστοῦ ἡ γένεσις
Mt 1:21 τὸ ὄνομα αὐτοῦ **Ἰησοῦν**·
Mt 1:25 τὸ ὄνομα αὐτοῦ **Ἰησοῦν**.
Mt 2:1 Τοῦ δὲ **Ἰησοῦ** γεννηθέντος ἐν Βηθλέεμ
Mt 3:13 Τότε παραγίνεται ὁ **Ἰησοῦς** ἀπὸ τῆς Γαλιλαίας
Mt 3:15 ἀποκριθεὶς δὲ ὁ **Ἰησοῦς** εἶπεν πρὸς αὐτόν·
Mt 3:16 βαπτισθεὶς δὲ ὁ **Ἰησοῦς** εὐθὺς ἀνέβη ἀπὸ
Mt 4:1 Τότε ὁ **Ἰησοῦς** ἀνήχθη εἰς τὴν
Mt 4:7 ἔφη αὐτῷ ὁ **Ἰησοῦς**·
Mt 4:10 λέγει αὐτῷ ὁ **Ἰησοῦς**·
Mt 4:17 τότε ἤρξατο ὁ **Ἰησοῦς** κηρύσσειν καὶ λέγειν·
Mt 7:28 ὅτε ἐτέλεσεν ὁ **Ἰησοῦς** τοὺς λόγους τούτους,
Mt 8:4 λέγει αὐτῷ ὁ **Ἰησοῦς**·
Mt 8:10 ἀκούσας δὲ ὁ **Ἰησοῦς** ἐθαύμασεν καὶ εἶπεν
Mt 8:13 καὶ εἶπεν ὁ **Ἰησοῦς** τῷ ἑκατοντάρχῃ·
Mt 8:14 Καὶ ἐλθὼν ὁ **Ἰησοῦς** εἰς τὴν οἰκίαν
Mt 8:18 ἰδὼν δὲ ὁ **Ἰησοῦς** ὄχλον περὶ αὐτὸν
Mt 8:20 λέγει αὐτῷ ὁ **Ἰησοῦς**·
Mt 8:22 ὁ δὲ **Ἰησοῦς** λέγει αὐτῷ·
Mt 8:34 εἰς ὑπάντησιν τῷ **Ἰησοῦ** καὶ ἰδόντες αὐτὸν
Mt 9:2 καὶ ἰδὼν ὁ **Ἰησοῦς** τὴν πίστιν αὐτῶν
Mt 9:4 καὶ ἰδὼν ὁ **Ἰησοῦς** τὰς ἐνθυμήσεις αὐτῶν
Mt 9:9 Καὶ παράγων ὁ **Ἰησοῦς** ἐκεῖθεν εἶδεν ἄνθρωπον
Mt 9:10 ἐλθόντες συνανέκειντο τῷ **Ἰησοῦ** καὶ τοῖς μαθηταῖς
Mt 9:15 εἶπεν αὐτοῖς ὁ **Ἰησοῦς**·
Mt 9:19 καὶ ἐγερθεὶς ὁ **Ἰησοῦς** ἠκολούθησεν αὐτῷ
Mt 9:22 ὁ δὲ **Ἰησοῦς** στραφεὶς καὶ ἰδὼν
Mt 9:23 Καὶ ἐλθὼν ὁ **Ἰησοῦς** εἰς τὴν οἰκίαν
Mt 9:27 παράγοντι ἐκεῖθεν τῷ **Ἰησοῦ** ἠκολούθησαν [αὐτῷ] δύο
Mt 9:28 λέγει αὐτοῖς ὁ **Ἰησοῦς**·
Mt 9:30 ἐνεβριμήθη αὐτοῖς ὁ **Ἰησοῦς** λέγων·
Mt 9:35 Καὶ περιῆγεν ὁ **Ἰησοῦς** τὰς πόλεις πάσας
Mt 10:5 δώδεκα ἀπέστειλεν ὁ **Ἰησοῦς** παραγγείλας αὐτοῖς λέγων·
Mt 11:1 ὅτε ἐτέλεσεν ὁ **Ἰησοῦς** διατάσσων τοῖς δώδεκα
Mt 11:4 καὶ ἀποκριθεὶς ὁ **Ἰησοῦς** εἶπεν αὐτοῖς·
Mt 11:7 πορευομένων ἤρξατο ὁ **Ἰησοῦς** λέγειν τοῖς ὄχλοις
Mt 11:25 καιρῷ ἀποκριθεὶς ὁ **Ἰησοῦς** εἶπεν·
Mt 12:1 καιρῷ ἐπορεύθη ὁ **Ἰησοῦς** τοῖς σάββασιν διὰ
Mt 12:15 Ὁ δὲ **Ἰησοῦς** γνοὺς ἀνεχώρησεν ἐκεῖθεν.
Mt 13:1 ἐκείνῃ ἐξελθὼν ὁ **Ἰησοῦς** τῆς οἰκίας ἐκάθητο
Mt 13:34 πάντα ἐλάλησεν ὁ **Ἰησοῦς** ἐν παραβολαῖς
Mt 13:53 ὅτε ἐτέλεσεν ὁ **Ἰησοῦς** τὰς παραβολὰς ταύτας,
Mt 13:57 ὁ δὲ **Ἰησοῦς** εἶπεν αὐτοῖς·
Mt 14:1 τετραάρχης τὴν ἀκοὴν **Ἰησοῦ**,
Mt 14:12 ἐλθόντες ἀπήγγειλαν τῷ **Ἰησοῦ**.
Mt 14:13 Ἀκούσας δὲ ὁ **Ἰησοῦς** ἀνεχώρησεν ἐκεῖθεν
Mt 14:16 ὁ δὲ **[Ἰησοῦς]** εἶπεν αὐτοῖς·
Mt 14:27 δὲ ἐλάλησεν [ὁ **Ἰησοῦς**] αὐτοῖς λέγων·
Mt 14:29 ἦλθεν πρὸς τὸν **Ἰησοῦν**.
Mt 14:31 εὐθέως δὲ ὁ **Ἰησοῦς** ἐκτείνας τὴν χεῖρα
Mt 15:1 Τότε προσέρχονται τῷ **Ἰησοῦ** ἀπὸ Ἱεροσολύμων Φαρισαῖοι
Mt 15:21 ἐξελθὼν ἐκεῖθεν ὁ **Ἰησοῦς** ἀνεχώρησεν εἰς
Mt 15:28 τότε ἀποκριθεὶς ὁ **Ἰησοῦς** εἶπεν αὐτῇ·
Mt 15:29 μεταβὰς ἐκεῖθεν ὁ **Ἰησοῦς** ἦλθεν παρὰ τὴν
Mt 15:32 Ὁ δὲ **Ἰησοῦς** προσκαλεσάμενος τοὺς μαθητὰς
Mt 15:34 λέγει αὐτοῖς ὁ **Ἰησοῦς**·
Mt 16:6 ὁ δὲ **Ἰησοῦς** εἶπεν αὐτοῖς·
Mt 16:8 γνοὺς δὲ ὁ **Ἰησοῦς** εἶπεν·
Mt 16:13 Ἐλθὼν δὲ ὁ **Ἰησοῦς** εἰς τὰ μέρη
Mt 16:17 ἀποκριθεὶς δὲ ὁ **Ἰησοῦς** εἶπεν αὐτῷ·
Mt 16:21 τότε ἤρξατο ὁ **Ἰησοῦς** δεικνύειν τοῖς μαθηταῖς
Mt 16:24 Τότε ὁ **Ἰησοῦς** εἶπεν τοῖς μαθηταῖς
Mt 17:1 ἓξ παραλαμβάνει ὁ **Ἰησοῦς** τὸν Πέτρον καὶ
Mt 17:4 Πέτρος εἶπεν τῷ **Ἰησοῦ**·
Mt 17:7 καὶ προσῆλθεν ὁ **Ἰησοῦς** καὶ ἁψάμενος αὐτῶν
Mt 17:8 εἰ μὴ αὐτὸν **Ἰησοῦν** μόνον.
Mt 17:9 ἐνετείλατο αὐτοῖς ὁ **Ἰησοῦς** λέγων·
Mt 17:17 ἀποκριθεὶς δὲ ὁ **Ἰησοῦς** εἶπεν·
Mt 17:18 ἐπετίμησεν αὐτῷ ὁ **Ἰησοῦς** καὶ ἐξῆλθεν ἀπ'
Mt 17:19 οἱ μαθηταὶ τῷ **Ἰησοῦ** κατ' ἰδίαν εἶπον·
Mt 17:22 εἶπεν αὐτοῖς ὁ **Ἰησοῦς**·
Mt 17:25 προέφθασεν αὐτὸν ὁ **Ἰησοῦς** λέγων·
Mt 17:26 ἔφη αὐτῷ ὁ **Ἰησοῦς**·
Mt 18:1 οἱ μαθηταὶ τῷ **Ἰησοῦ** λέγοντες·
Mt 18:22 λέγει αὐτῷ ὁ **Ἰησοῦς**·
Mt 19:1 ὅτε ἐτέλεσεν ὁ **Ἰησοῦς** τοὺς λόγους τούτους,
Mt 19:14 ὁ δὲ **Ἰησοῦς** εἶπεν·
Mt 19:18 ὁ δὲ **Ἰησοῦς** εἶπεν·
Mt 19:21 ἔφη αὐτῷ ὁ **Ἰησοῦς**·
Mt 19:23 Ὁ δὲ **Ἰησοῦς** εἶπεν τοῖς μαθηταῖς
Mt 19:26 ἐμβλέψας δὲ ὁ **Ἰησοῦς** εἶπεν αὐτοῖς·
Mt 19:28 ὁ δὲ **Ἰησοῦς** εἶπεν αὐτοῖς·
Mt 20:17 Καὶ ἀναβαίνων ὁ **Ἰησοῦς** εἰς Ἱεροσόλυμα παρέλαβεν
Mt 20:22 ἀποκριθεὶς δὲ ὁ **Ἰησοῦς** εἶπεν·
Mt 20:25 ὁ δὲ **Ἰησοῦς** προσκαλεσάμενος αὐτοὺς εἶπεν·
Mt 20:30 ὁδὸν ἀκούσαντες ὅτι **Ἰησοῦς** παράγει,
Mt 20:32 καὶ στὰς ὁ **Ἰησοῦς** ἐφώνησεν αὐτοὺς καὶ
Mt 20:34 σπλαγχνισθεὶς δὲ ὁ **Ἰησοῦς** ἥψατο τῶν ὀμμάτων
Mt 21:1 τότε **Ἰησοῦς** ἀπέστειλεν δύο μαθητὰς
Mt 21:6 συνέταξεν αὐτοῖς ὁ **Ἰησοῦς**
Mt 21:11 ἐστιν ὁ προφήτης **Ἰησοῦς** ὁ ἀπὸ Ναζαρὲθ
Mt 21:12 Καὶ εἰσῆλθεν **Ἰησοῦς** εἰς τὸ ἱερὸν
Mt 21:16 ὁ δὲ **Ἰησοῦς** λέγει αὐτοῖς·
Mt 21:21 ἀποκριθεὶς δὲ ὁ **Ἰησοῦς** εἶπεν αὐτοῖς·
Mt 21:24 ἀποκριθεὶς δὲ ὁ **Ἰησοῦς** εἶπεν αὐτοῖς·
Mt 21:27 καὶ ἀποκριθέντες τῷ **Ἰησοῦ** εἶπαν·
Mt 21:31 λέγει αὐτοῖς ὁ **Ἰησοῦς**·
Mt 21:42 Λέγει αὐτοῖς ὁ **Ἰησοῦς**·
Mt 22:1 Καὶ ἀποκριθεὶς ὁ **Ἰησοῦς** πάλιν εἶπεν ἐν
Mt 22:18 γνοὺς δὲ ὁ **Ἰησοῦς** τὴν πονηρίαν αὐτῶν
Mt 22:29 ἀποκριθεὶς δὲ ὁ **Ἰησοῦς** εἶπεν αὐτοῖς·
Mt 22:41 ἐπηρώτησεν αὐτοὺς ὁ **Ἰησοῦς**
Mt 23:1 Τότε ὁ **Ἰησοῦς** ἐλάλησεν τοῖς ὄχλοις

Mt 24:1 Καὶ ἐξελθὼν ὁ **Ἰησοῦς** ἀπὸ τοῦ ἱεροῦ
Mt 24:4 Καὶ ἀποκριθεὶς ὁ **Ἰησοῦς** εἶπεν αὐτοῖς·
Mt 26:1 ὅτε ἐτέλεσεν ὁ **Ἰησοῦς** πάντας τοὺς λόγους
Mt 26:4 συνεβουλεύσαντο ἵνα τὸν **Ἰησοῦν** δόλῳ κρατήσωσιν καὶ
Mt 26:6 Τοῦ δὲ **Ἰησοῦ** γενομένου ἐν Βηθανίᾳ
Mt 26:10 γνοὺς δὲ ὁ **Ἰησοῦς** εἶπεν αὐτοῖς·
Mt 26:17 οἱ μαθηταὶ τῷ **Ἰησοῦ** λέγοντες·
Mt 26:19 συνέταξεν αὐτοῖς ὁ **Ἰησοῦς** καὶ ἡτοίμασαν
Mt 26:26 αὐτῶν λαβὼν ὁ **Ἰησοῦς** ἄρτον καὶ εὐλογήσας
Mt 26:31 λέγει αὐτοῖς ὁ **Ἰησοῦς**·
Mt 26:34 ἔφη αὐτῷ ὁ **Ἰησοῦς**·
Mt 26:36 μετ᾽ αὐτῶν ὁ **Ἰησοῦς** εἰς χωρίον λεγόμενον
Mt 26:49 εὐθέως προσελθὼν τῷ **Ἰησοῦ** εἶπεν·
Mt 26:50 ὁ δὲ **Ἰησοῦς** εἶπεν αὐτῷ·
Mt 26:50 χεῖρας ἐπὶ τὸν **Ἰησοῦν** καὶ ἐκράτησαν αὐτόν.
Mt 26:51 εἷς τῶν μετὰ **Ἰησοῦ** ἐκτείνας τὴν χεῖρα
Mt 26:52 λέγει αὐτῷ ὁ **Ἰησοῦς**·
Mt 26:55 ὥρᾳ εἶπεν ὁ **Ἰησοῦς** τοῖς ὄχλοις·
Mt 26:57 δὲ κρατήσαντες τὸν **Ἰησοῦν** ἀπήγαγον πρὸς Καϊάφαν
Mt 26:59 ψευδομαρτυρίαν κατὰ τοῦ **Ἰησοῦ** ὅπως αὐτὸν θανατώσωσιν,
Mt 26:63 ὁ δὲ **Ἰησοῦς** ἐσιώπα.
Mt 26:64 λέγει αὐτῷ ὁ **Ἰησοῦς**·
Mt 26:69 σὺ ἦσθα μετὰ **Ἰησοῦ** τοῦ Γαλιλαίου.
Mt 26:71 οὗτος ἦν μετὰ **Ἰησοῦ** τοῦ Ναζωραίου.
Mt 26:75 Πέτρος τοῦ ῥήματος **Ἰησοῦ** εἰρηκότος ὅτι πρὶν
Mt 27:1 λαοῦ κατὰ τοῦ **Ἰησοῦ** ὥστε θανατῶσαι αὐτόν·
Mt 27:11 Ὁ δὲ **Ἰησοῦς** ἐστάθη ἔμπροσθεν τοῦ
Mt 27:11 ὁ δὲ **Ἰησοῦς** ἔφη·
Mt 27:16 δέσμιον ἐπίσημον λεγόμενον **[Ἰησοῦν]** Βαραββᾶν.
Mt 27:17 **[Ἰησοῦν** τὸν] Βαραββᾶν ἢ
Mt 27:17 τὸν] Βαραββᾶν ἢ **Ἰησοῦν** τὸν λεγόμενον χριστόν;
Mt 27:20 τὸν δὲ **Ἰησοῦν** ἀπολέσωσιν.
Mt 27:22 τί οὖν ποιήσω **Ἰησοῦν** τὸν λεγόμενον χριστόν;
Mt 27:26 τὸν δὲ Ἰησοῦν **φραγελλώσας** παρέδωκεν ἵνα σταυρωθῇ.
Mt 27:27 ἡγεμόνος παραλαβόντες τὸν **Ἰησοῦν** εἰς τὸ πραιτώριον
Mt 27:37 οὗτός ἐστιν **Ἰησοῦς** ὁ βασιλεὺς τῶν
Mt 27:46 ὥραν ἀνεβόησεν ὁ **Ἰησοῦς** φωνῇ μεγάλῃ λέγων·
Mt 27:50 ὁ δὲ **Ἰησοῦς** πάλιν κράξας φωνῇ
Mt 27:54 αὐτοῦ τηροῦντες τὸν **Ἰησοῦν** ἰδόντες τὸν σεισμὸν
Mt 27:55 αἵτινες ἠκολούθησαν τῷ **Ἰησοῦ** ἀπὸ τῆς Γαλιλαίας
Mt 27:57 αὐτὸς ἐμαθητεύθη τῷ **Ἰησοῦ**·
Mt 27:58 τὸ σῶμα τοῦ **Ἰησοῦ**.
Mt 28:5 οἶδα γὰρ ὅτι **Ἰησοῦν** τὸν ἐσταυρωμένον ζητεῖτε·
Mt 28:9 καὶ ἰδοὺ **Ἰησοῦς** ὑπήντησεν αὐταῖς λέγων·
Mt 28:10 λέγει αὐταῖς ὁ **Ἰησοῦς**·
Mt 28:16 ἐτάξατο αὐτοῖς ὁ **Ἰησοῦς**,
Mt 28:18 καὶ προσελθὼν ὁ **Ἰησοῦς** ἐλάλησεν αὐτοῖς λέγων·

ἱκανός (*hikanos*; 3/39) *worthy*

Mt 3:11 οὗ οὐκ εἰμὶ **ἱκανὸς** τὰ ὑποδήματα βαστάσαι·
Mt 8:8 οὐκ εἰμὶ **ἱκανὸς** ἵνα μου ὑπὸ
Mt 28:12 τε λαβόντες ἀργύρια **ἱκανὰ** ἔδωκαν τοῖς στρατιώταις

ἵλεως (*hileōs*; 1/2) *merciful*

Mt 16:22 **ἵλεώς** σοι,

ἱμάτιον (*himation*; 13/60) *garment*

Mt 5:40 αὐτῷ καὶ τὸ **ἱμάτιον**·
Mt 9:16 ῥάκους ἀγνάφου ἐπὶ **ἱματίῳ** παλαιῷ·
Mt 9:16 αὐτοῦ ἀπὸ τοῦ **ἱματίου** καὶ χεῖρον σχίσμα
Mt 9:20 τοῦ κρασπέδου τοῦ **ἱματίου** αὐτοῦ·
Mt 9:21 μόνον ἅψωμαι τοῦ **ἱματίου** αὐτοῦ σωθήσομαι.
Mt 14:36 τοῦ κρασπέδου τοῦ **ἱματίου** αὐτοῦ·
Mt 17:2 τὰ δὲ **ἱμάτια** αὐτοῦ ἐγένετο λευκὰ
Mt 21:7 ἐπ᾽ αὐτῶν τὰ **ἱμάτια**,
Mt 21:8 ἔστρωσαν ἑαυτῶν τὰ **ἱμάτια** ἐν τῇ ὁδῷ,
Mt 24:18 ὀπίσω ἆραι τὸ **ἱμάτιον** αὐτοῦ.
Mt 26:65 ἀρχιερεὺς διέρρηξεν τὰ **ἱμάτια** αὐτοῦ λέγων·
Mt 27:31 ἐνέδυσαν αὐτὸν τὰ **ἱμάτια** αὐτοῦ καὶ ἀπήγαγον
Mt 27:35 αὐτὸν διεμερίσαντο τὰ **ἱμάτια** αὐτοῦ βάλλοντες κλῆρον,

ἵνα (*hina*; 39/662[663]) *so that, in order that*

Mt 1:22 δὲ ὅλον γέγονεν **ἵνα** πληρωθῇ τὸ ῥηθὲν
Mt 2:15 **ἵνα** πληρωθῇ τὸ ῥηθὲν
Mt 4:3 εἰπὲ **ἵνα** οἱ λίθοι οὗτοι
Mt 4:14 **ἵνα** πληρωθῇ τὸ ῥηθὲν
Mt 5:29 συμφέρει γάρ σοι **ἵνα** ἀπόληται ἓν τῶν
Mt 5:30 συμφέρει γάρ σοι **ἵνα** ἀπόληται ἓν τῶν
Mt 7:1 **ἵνα** μὴ κριθῆτε·
Mt 7:12 ὅσα ἐὰν θέλητε **ἵνα** ποιῶσιν ὑμῖν οἱ
Mt 8:8 οὐκ εἰμὶ ἱκανὸς **ἵνα** μου ὑπὸ τὴν
Mt 9:6 **ἵνα** δὲ εἰδῆτε ὅτι
Mt 10:25 ἀρκετὸν τῷ μαθητῇ **ἵνα** γένηται ὡς ὁ
Mt 12:10 **ἵνα** κατηγορήσωσιν αὐτοῦ.
Mt 12:16 καὶ ἐπετίμησεν αὐτοῖς **ἵνα** μὴ φανερὸν αὐτὸν
Mt 12:17 **ἵνα** πληρωθῇ τὸ ῥηθὲν
Mt 14:15 **ἵνα** ἀπελθόντες εἰς τὰς
Mt 14:36 καὶ παρεκάλουν αὐτὸν **ἵνα** μόνον ἅψωνται
Mt 16:20 διεστείλατο τοῖς μαθηταῖς **ἵνα** μηδενὶ εἴπωσιν ὅτι
Mt 17:27 **ἵνα** δὲ μὴ σκανδαλίσωμεν
Mt 18:6 συμφέρει αὐτῷ **ἵνα** κρεμασθῇ μύλος ὀνικὸς
Mt 18:14 τοῦ ἐν οὐρανοῖς **ἵνα** ἀπόληται ἓν τῶν
Mt 18:16 **ἵνα** ἐπὶ στόματος δύο
Mt 19:13 προσηνέχθησαν αὐτῷ παιδία **ἵνα** τὰς χεῖρας ἐπιθῇ
Mt 19:16 τί ἀγαθὸν ποιήσω **ἵνα** σχῶ ζωὴν αἰώνιον;
Mt 20:21 εἰπὲ **ἵνα** καθίσωσιν οὗτοι οἱ
Mt 20:31 ὄχλος ἐπετίμησεν αὐτοῖς **ἵνα** σιωπήσωσιν·
Mt 20:33 **ἵνα** ἀνοιγῶσιν οἱ ὀφθαλμοὶ
Mt 21:4 τοῦτο δὲ γέγονεν **ἵνα** πληρωθῇ τὸ ῥηθὲν
Mt 23:26 **ἵνα** γένηται καὶ τὸ
Mt 24:20 προσεύχεσθε δὲ **ἵνα** μὴ γένηται ἡ
Mt 26:4 καὶ συνεβουλεύσαντο **ἵνα** τὸν Ἰησοῦν δόλῳ
Mt 26:5 **ἵνα** μὴ θόρυβος γένηται
Mt 26:16 τότε ἐζήτει εὐκαιρίαν **ἵνα** αὐτὸν παραδῷ.

Mt 26:41 **ἵνα** μὴ εἰσέλθητε εἰς
Mt 26:56 δὲ ὅλον γέγονεν **ἵνα** πληρωθῶσιν αἱ γραφαὶ
Mt 26:63 θεοῦ τοῦ ζῶντος **ἵνα** ἡμῖν εἴπῃς εἰ
Mt 27:20 ἔπεισαν τοὺς ὄχλους **ἵνα** αἰτήσωνται τὸν Βαραββᾶν,
Mt 27:26 Ἰησοῦν φραγελλώσας παρέδωκεν **ἵνα** σταυρωθῇ.
Mt 27:32 τοῦτον ἠγγάρευσαν **ἵνα** ἄρῃ τὸν σταυρὸν
Mt 28:10 τοῖς ἀδελφοῖς μου **ἵνα** ἀπέλθωσιν εἰς τὴν

ἱνατί (*hinati*; 2/6) *why*

Mt 9:4 **ἱνατί** ἐνθυμεῖσθε πονηρὰ ἐν
Mt 27:46 **ἱνατί** με ἐγκατέλιπες;

Ἰορδάνης (*Iordanēs*; 6/15) *Jordan River*

Mt 3:5 ἡ περίχωρος τοῦ **Ἰορδάνου**,
Mt 3:6 ἐβαπτίζοντο ἐν τῷ **Ἰορδάνῃ** ποταμῷ ὑπ' αὐτοῦ
Mt 3:13 Γαλιλαίας ἐπὶ τὸν **Ἰορδάνην** πρὸς τὸν Ἰωάννην
Mt 4:15 πέραν τοῦ **Ἰορδάνου**,
Mt 4:25 καὶ πέραν τοῦ **Ἰορδάνου**.
Mt 19:1 Ἰουδαίας πέραν τοῦ **Ἰορδάνου**.

Ἰουδαία (*Ioudaia*; 8/43) *Judea*

Mt 2:1 ἐν Βηθλέεμ τῆς **Ἰουδαίας** ἐν ἡμέραις Ἡρῴδου
Mt 2:5 ἐν Βηθλέεμ τῆς **Ἰουδαίας**·
Mt 2:22 Ἀρχέλαος βασιλεύει τῆς **Ἰουδαίας** ἀντὶ τοῦ πατρὸς
Mt 3:1 τῇ ἐρήμῳ τῆς **Ἰουδαίας**
Mt 3:5 καὶ πᾶσα ἡ **Ἰουδαία** καὶ πᾶσα ἡ
Mt 4:25 καὶ Ἱεροσολύμων καὶ **Ἰουδαίας** καὶ πέραν
Mt 19:1 τὰ ὅρια τῆς **Ἰουδαίας** πέραν τοῦ Ἰορδάνου.
Mt 24:16 οἱ ἐν τῇ **Ἰουδαίᾳ** φευγέτωσαν εἰς τὰ

Ἰουδαῖος (*Ioudaios*; 5/195) *Jew*

Mt 2:2 τεχθεὶς βασιλεὺς τῶν **Ἰουδαίων**;
Mt 27:11 ὁ βασιλεὺς τῶν **Ἰουδαίων**;
Mt 27:29 βασιλεῦ τῶν **Ἰουδαίων**,
Mt 27:37 ὁ βασιλεὺς τῶν **Ἰουδαίων**.
Mt 28:15 λόγος οὗτος παρὰ **Ἰουδαίοις** μέχρι τῆς σήμερον

Ἰούδας (*Ioudas*; 10/44) *Judas, Judah*

Mt 1:2 δὲ ἐγέννησεν τὸν **Ἰούδαν** καὶ τοὺς ἀδελφοὺς
Mt 1:3 **Ἰούδας** δὲ ἐγέννησεν τὸν
Mt 2:6 γῆ **Ἰούδα**,
Mt 2:6 ἐν τοῖς ἡγεμόσιν **Ἰούδα**·
Mt 10:4 ὁ Καναναῖος καὶ **Ἰούδας** ὁ Ἰσκαριώτης ὁ
Mt 13:55 καὶ Σίμων καὶ **Ἰούδας**;
Mt 26:14 ὁ λεγόμενος **Ἰούδας** Ἰσκαριώτης,
Mt 26:25 ἀποκριθεὶς δὲ **Ἰούδας** ὁ παραδιδοὺς αὐτὸν
Mt 26:47 αὐτοῦ λαλοῦντος ἰδοὺ **Ἰούδας** εἷς τῶν δώδεκα
Mt 27:3 Τότε ἰδὼν **Ἰούδας** ὁ παραδιδοὺς αὐτὸν

Ἰσαάκ (*Isaak*; 4/20) *Isaac*

Mt 1:2 Ἀβραὰμ ἐγέννησεν τὸν **Ἰσαάκ**,
Mt 1:2 **Ἰσαὰκ** δὲ ἐγέννησεν τὸν
Mt 8:11 μετὰ Ἀβραὰμ καὶ **Ἰσαὰκ** καὶ Ἰακὼβ ἐν
Mt 22:32 καὶ ὁ θεὸς **Ἰσαὰκ** καὶ ὁ θεὸς

Ἰσκαριώτης (*Iskariōtēs*; 2/11) *Iscariot*

Mt 10:4 καὶ Ἰούδας ὁ **Ἰσκαριώτης** ὁ καὶ παραδοὺς
Mt 26:14 ὁ λεγόμενος Ἰούδας **Ἰσκαριώτης**,

ἴσος (*isos*; 1/8) *equal*

Mt 20:12 καὶ **ἴσους** ἡμῖν αὐτοὺς ἐποίησας

Ἰσραήλ (*Israēl*; 12/68) *Israel*

Mt 2:6 λαόν μου τὸν **Ἰσραήλ**.
Mt 2:20 πορεύου εἰς γῆν **Ἰσραήλ**·
Mt 2:21 εἰσῆλθεν εἰς γῆν **Ἰσραήλ**.
Mt 8:10 πίστιν ἐν τῷ **Ἰσραὴλ** εὗρον.
Mt 9:33 οὕτως ἐν τῷ **Ἰσραήλ**.
Mt 10:6 τὰ ἀπολωλότα οἴκου **Ἰσραήλ**.
Mt 10:23 τὰς πόλεις τοῦ **Ἰσραὴλ** ἕως ἂν ἔλθῃ
Mt 15:24 τὰ ἀπολωλότα οἴκου **Ἰσραήλ**.
Mt 15:31 ἐδόξασαν τὸν θεὸν **Ἰσραήλ**.
Mt 19:28 δώδεκα φυλὰς τοῦ **Ἰσραήλ**.
Mt 27:9 ἐτιμήσαντο ἀπὸ υἱῶν **Ἰσραήλ**,
Mt 27:42 βασιλεὺς **Ἰσραήλ** ἐστιν,

ἵστημι (*histēmi*; 21/154[155]) *set, stand*

Mt 2:9 ἕως ἐλθὼν **ἐστάθη** ἐπάνω οὗ ἦν
Mt 4:5 ἁγίαν πόλιν καὶ **ἔστησεν** αὐτὸν ἐπὶ τὸ
Mt 6:5 γωνίαις τῶν πλατειῶν **ἑστῶτες** προσεύχεσθαι,
Mt 12:25 καθ' ἑαυτῆς οὐ **σταθήσεται**.
Mt 12:26 πῶς οὖν **σταθήσεται** ἡ βασιλεία αὐτοῦ;
Mt 12:46 οἱ ἀδελφοὶ αὐτοῦ **εἱστήκεισαν** ἔξω ζητοῦντες αὐτῷ
Mt 12:47 ἀδελφοί σου ἔξω **ἑστήκασιν** ζητοῦντές σοι λαλῆσαι]
Mt 13:2 ἐπὶ τὸν αἰγιαλὸν **εἱστήκει**.
Mt 16:28 τινες τῶν ὧδε **ἑστώτων** οἵτινες οὐ μὴ
Mt 18:2 καὶ προσκαλεσάμενος παιδίον **ἔστησεν** αὐτὸ ἐν μέσῳ
Mt 18:16 μαρτύρων ἢ τριῶν **σταθῇ** πᾶν ῥῆμα·
Mt 20:3 ὥραν εἶδεν ἄλλους **ἑστῶτας** ἐν τῇ ἀγορᾷ
Mt 20:6 ἐξελθὼν εὗρεν ἄλλους **ἑστῶτας** καὶ λέγει αὐτοῖς·
Mt 20:6 τί ὧδε **ἑστήκατε** ὅλην τὴν ἡμέραν
Mt 20:32 καὶ **στὰς** ὁ Ἰησοῦς ἐφώνησεν
Mt 24:15 Δανιὴλ τοῦ προφήτου **ἑστὸς** ἐν τόπῳ ἁγίῳ,
Mt 25:33 καὶ **στήσει** τὰ μὲν πρόβατα
Mt 26:15 οἱ δὲ **ἔστησαν** αὐτῷ τριάκοντα ἀργύρια.
Mt 26:73 δὲ προσελθόντες οἱ **ἑστῶτες** εἶπον τῷ Πέτρῳ·
Mt 27:11 Ὁ δὲ Ἰησοῦς **ἐστάθη** ἔμπροσθεν τοῦ ἡγεμόνος·
Mt 27:47 δὲ τῶν ἐκεῖ **ἑστηκότων** ἀκούσαντες ἔλεγον ὅτι

ἰσχυρός (*ischyros*; 4/29) *strong*

Mt 3:11 ὀπίσω μου ἐρχόμενος **ἰσχυρότερός** μού ἐστιν,
Mt 12:29 τὴν οἰκίαν τοῦ **ἰσχυροῦ** καὶ τὰ σκεύη
Mt 12:29 πρῶτον δήσῃ τὸν **ἰσχυρόν**;
Mt 14:30 δὲ τὸν ἄνεμον **[ἰσχυρὸν]** ἐφοβήθη,

ἰσχύω (*ischyō*; 4/28) *be able*

Mt 5:13 εἰς οὐδὲν **ἰσχύει** ἔτι εἰ μὴ
Mt 8:28 ὥστε μὴ **ἰσχύειν** τινα παρελθεῖν διὰ
Mt 9:12 χρείαν ἔχουσιν οἱ **ἰσχύοντες** ἰατροῦ ἀλλ' οἱ
Mt 26:40 οὕτως οὐκ **ἰσχύσατε** μίαν ὥραν γρηγορῆσαι

ἰχθύδιον (*ichthydion*; 1/2) *small fish*

Mt 15:34 ἑπτὰ καὶ ὀλίγα **ἰχθύδια**.

ἰχθύς (*ichthys*; 5/20) *fish*

Mt 7:10 ἢ καὶ **ἰχθὺν** αἰτήσει,
Mt 14:17 ἄρτους καὶ δύο **ἰχθύας**.
Mt 14:19 καὶ τοὺς δύο **ἰχθύας**,
Mt 15:36 ἄρτους καὶ τοὺς **ἰχθύας** καὶ εὐχαριστήσας ἔκλασεν
Mt 17:27 τὸν ἀναβάντα πρῶτον **ἰχθὺν** ἆρον,

Ἰωαθάμ (*Iōatham*; 2/2) *Jotham*

Mt 1:9 δὲ ἐγέννησεν τὸν **Ἰωαθάμ**,
Mt 1:9 **Ἰωαθὰμ** δὲ ἐγέννησεν τὸν

Ἰωάννης (*Iōannēs*; 26/135) *John*

Mt 3:1 ἡμέραις ἐκείναις παραγίνεται **Ἰωάννης** ὁ βαπτιστὴς κηρύσσων
Mt 3:4 αὐτὸς δὲ ὁ **Ἰωάννης** εἶχεν τὸ ἔνδυμα
Mt 3:13 Ἰορδάνην πρὸς τὸν **Ἰωάννην** τοῦ βαπτισθῆναι ὑπ'
Mt 3:14 ὁ δὲ **Ἰωάννης** διεκώλυεν αὐτὸν λέγων·
Mt 4:12 Ἀκούσας δὲ ὅτι **Ἰωάννης** παρεδόθη ἀνεχώρησεν εἰς
Mt 4:21 τοῦ Ζεβεδαίου καὶ **Ἰωάννην** τὸν ἀδελφὸν αὐτοῦ,
Mt 9:14 αὐτῷ οἱ μαθηταὶ **Ἰωάννου** λέγοντες·
Mt 10:2 τοῦ Ζεβεδαίου καὶ **Ἰωάννης** ὁ ἀδελφὸς αὐτοῦ,
Mt 11:2 Ὁ δὲ **Ἰωάννης** ἀκούσας ἐν τῷ
Mt 11:4 πορευθέντες ἀπαγγείλατε **Ἰωάννῃ** ἃ ἀκούετε
Mt 11:7 τοῖς ὄχλοις περὶ **Ἰωάννου**·
Mt 11:11 γεννητοῖς γυναικῶν μείζων **Ἰωάννου** τοῦ βαπτιστοῦ·
Mt 11:12 δὲ τῶν ἡμερῶν **Ἰωάννου** τοῦ βαπτιστοῦ ἕως
Mt 11:13 ὁ νόμος ἕως **Ἰωάννου** ἐπροφήτευσαν·
Mt 11:18 ἦλθεν γὰρ **Ἰωάννης** μήτε ἐσθίων μήτε
Mt 14:2 οὗτός ἐστιν **Ἰωάννης** ὁ βαπτιστής·
Mt 14:3 Ἡρῴδης κρατήσας τὸν **Ἰωάννην** ἔδησεν [αὐτὸν] καὶ
Mt 14:4 ἔλεγεν γὰρ ὁ **Ἰωάννης** αὐτῷ·
Mt 14:8 πίνακι τὴν κεφαλὴν **Ἰωάννου** τοῦ βαπτιστοῦ.
Mt 14:10 πέμψας ἀπεκεφάλισεν [τὸν] **Ἰωάννην** ἐν τῇ φυλακῇ.
Mt 16:14 οἱ μὲν **Ἰωάννην** τὸν βαπτιστήν,
Mt 17:1 καὶ Ἰάκωβον καὶ **Ἰωάννην** τὸν ἀδελφὸν αὐτοῦ
Mt 17:13 μαθηταὶ ὅτι περὶ **Ἰωάννου** τοῦ βαπτιστοῦ εἶπεν
Mt 21:25 τὸ βάπτισμα τὸ **Ἰωάννου** πόθεν ἦν;
Mt 21:26 προφήτην ἔχουσιν τὸν **Ἰωάννην**.
Mt 21:32 ἦλθεν γὰρ **Ἰωάννης** πρὸς ὑμᾶς ἐν

Ἰωβήδ (*Iōbēd*; 2/3) *Obed*

Mt 1:5 δὲ ἐγέννησεν τὸν **Ἰωβὴδ** ἐκ τῆς Ῥούθ,
Mt 1:5 **Ἰωβὴδ** δὲ ἐγέννησεν τὸν

Ἰωνᾶς (*Iōnas*; 5/9) *Jonah*

Mt 12:39 μὴ τὸ σημεῖον **Ἰωνᾶ** τοῦ προφήτου.
Mt 12:40 ὥσπερ γὰρ ἦν **Ἰωνᾶς** ἐν τῇ κοιλίᾳ
Mt 12:41 εἰς τὸ κήρυγμα **Ἰωνᾶ**,
Mt 12:41 καὶ ἰδοὺ πλεῖον **Ἰωνᾶ** ὧδε.
Mt 16:4 μὴ τὸ σημεῖον **Ἰωνᾶ**.

Ἰωράμ (*Iōram*; 2/2) *Joram*

Mt 1:8 δὲ ἐγέννησεν τὸν **Ἰωράμ**,
Mt 1:8 **Ἰωρὰμ** δὲ ἐγέννησεν τὸν

Ἰωσαφάτ (*Iōsaphat*; 2/2) *Jehoshaphat*

Mt 1:8 δὲ ἐγέννησεν τὸν **Ἰωσαφάτ**,
Mt 1:8 **Ἰωσαφὰτ** δὲ ἐγέννησεν τὸν

Ἰωσήφ (*Iōsēph*; 11/35) *Joseph*

Mt 1:16 δὲ ἐγέννησεν τὸν **Ἰωσὴφ** τὸν ἄνδρα Μαρίας,
Mt 1:18 αὐτοῦ Μαρίας τῷ **Ἰωσήφ**,
Mt 1:19 **Ἰωσὴφ** δὲ ὁ ἀνὴρ
Mt 1:20 **Ἰωσὴφ** υἱὸς Δαυίδ,
Mt 1:24 ἐγερθεὶς δὲ ὁ **Ἰωσὴφ** ἀπὸ τοῦ ὕπνου
Mt 2:13 κατ' ὄναρ τῷ **Ἰωσὴφ** λέγων·
Mt 2:19 κατ' ὄναρ τῷ **Ἰωσὴφ** ἐν Αἰγύπτῳ
Mt 13:55 αὐτοῦ Ἰάκωβος καὶ **Ἰωσὴφ** καὶ Σίμων καὶ
Mt 27:56 τοῦ Ἰακώβου καὶ **Ἰωσὴφ** μήτηρ καὶ ἡ
Mt 27:57 τοὔνομα **Ἰωσήφ**,
Mt 27:59 τὸ σῶμα ὁ **Ἰωσὴφ** ἐνετύλιξεν αὐτὸ [ἐν]

Ἰωσίας (*Iōsias*; 2/2) *Josiah*

Mt 1:10 δὲ ἐγέννησεν τὸν **Ἰωσίαν**,
Mt 1:11 **Ἰωσίας** δὲ ἐγέννησεν τὸν

ἰῶτα (*iōta*; 1/1) *iota*

Mt 5:18 **ἰῶτα** ἓν ἢ μία

κἀγώ (*kagō*; 9/84) *and I*

Mt 2:8 ὅπως **κἀγὼ** ἐλθὼν προσκυνήσω αὐτῷ.
Mt 10:32 ὁμολογήσω **κἀγὼ** ἐν αὐτῷ ἔμπροσθεν
Mt 10:33 ἀρνήσομαι **κἀγὼ** αὐτὸν ἔμπροσθεν τοῦ
Mt 11:28 **κἀγὼ** ἀναπαύσω ὑμᾶς.
Mt 16:18 **κἀγὼ** δέ σοι λέγω
Mt 18:33 ὡς **κἀγὼ** σὲ ἠλέησα;
Mt 21:24 ἐρωτήσω ὑμᾶς **κἀγὼ** λόγον ἕνα,
Mt 21:24 ἐὰν εἴπητέ μοι **κἀγὼ** ὑμῖν ἐρῶ ἐν
Mt 26:15 **κἀγὼ** ὑμῖν παραδώσω αὐτόν;

καθά (*katha*; 1/1) *as*

Mt 27:10 **καθὰ** συνέταξέν μοι κύριος.

καθαρίζω (*katharizō*; 7/31) *cleanse*

Mt 8:2 θέλῃς δύνασαί με **καθαρίσαι**.
Mt 8:3 **καθαρίσθητι**·
Mt 8:3 καὶ εὐθέως **ἐκαθαρίσθη** αὐτοῦ ἡ λέπρα.
Mt 10:8 λεπροὺς **καθαρίζετε**,
Mt 11:5 λεπροὶ **καθαρίζονται** καὶ κωφοὶ ἀκούουσιν,
Mt 23:25 ὅτι **καθαρίζετε** τὸ ἔξωθεν τοῦ
Mt 23:26 **καθάρισον** πρῶτον τὸ ἐντὸς

καθαρός (*katharos*; 3/27) *pure, clean*
Mt 5:8 μακάριοι οἱ **καθαροὶ** τῇ καρδίᾳ,
Mt 23:26 τὸ ἐκτὸς αὐτοῦ **καθαρόν**.
Mt 27:59 αὐτὸ [ἐν] σινδόνι **καθαρᾷ**

καθέδρα (*kathedra*; 2/3) *seat*
Mt 21:12 κατέστρεψεν καὶ τὰς **καθέδρας** τῶν πωλούντων τὰς
Mt 23:2 ἐπὶ τῆς Μωϋσέως **καθέδρας** ἐκάθισαν οἱ γραμματεῖς

καθέζομαι (*kathezomai*; 1/7) *sit*
Mt 26:55 ἐν τῷ ἱερῷ **ἐκαθεζόμην** διδάσκων καὶ οὐκ

καθεύδω (*katheudō*; 7/22) *sleep*
Mt 8:24 αὐτὸς δὲ **ἐκάθευδεν**.
Mt 9:24 τὸ κοράσιον ἀλλὰ **καθεύδει**.
Mt 13:25 ἐν δὲ τῷ **καθεύδειν** τοὺς ἀνθρώπους ἦλθεν
Mt 25:5 ἐνύσταξαν πᾶσαι καὶ **ἐκάθευδον**.
Mt 26:40 καὶ εὑρίσκει αὐτοὺς **καθεύδοντας**,
Mt 26:43 πάλιν εὗρεν αὐτοὺς **καθεύδοντας**,
Mt 26:45 **καθεύδετε** [τὸ] λοιπὸν καὶ

καθηγητής (*kathēgētēs*; 2/2) *teacher*
Mt 23:10 μηδὲ κληθῆτε **καθηγηταί**,
Mt 23:10 ὅτι **καθηγητὴς** ὑμῶν ἐστιν εἷς

κάθημαι (*kathēmai*; 19/91) *sit*
Mt 4:16 ὁ λαὸς ὁ **καθήμενος** ἐν σκότει φῶς
Mt 4:16 καὶ τοῖς **καθημένοις** ἐν χώρᾳ καὶ
Mt 9:9 ἐκεῖθεν εἶδεν ἄνθρωπον **καθήμενον** ἐπὶ τὸ τελώνιον,
Mt 11:16 ὁμοία ἐστὶν παιδίοις **καθημένοις** ἐν ταῖς ἀγοραῖς
Mt 13:1 Ἰησοῦς τῆς οἰκίας **ἐκάθητο** παρὰ τὴν θάλασσαν·
Mt 13:2 εἰς πλοῖον ἐμβάντα **καθῆσθαι**,
Mt 15:29 εἰς τὸ ὄρος **ἐκάθητο** ἐκεῖ.
Mt 19:28 **καθήσεσθε** καὶ ὑμεῖς ἐπὶ
Mt 20:30 ἰδοὺ δύο τυφλοὶ **καθήμενοι** παρὰ τὴν ὁδόν
Mt 22:44 **κάθου** ἐκ δεξιῶν μου,
Mt 23:22 καὶ ἐν τῷ **καθημένῳ** ἐπάνω αὐτοῦ.
Mt 24:3 **Καθημένου** δὲ αὐτοῦ ἐπὶ
Mt 26:58 καὶ εἰσελθὼν ἔσω **ἐκάθητο** μετὰ τῶν ὑπηρετῶν
Mt 26:64 υἱὸν τοῦ ἀνθρώπου **καθήμενον** ἐκ δεξιῶν
Mt 26:69 Ὁ δὲ Πέτρος **ἐκάθητο** ἔξω ἐν τῇ
Mt 27:19 **Καθημένου** δὲ αὐτοῦ ἐπὶ
Mt 27:36 καὶ **καθήμενοι** ἐτήρουν αὐτὸν ἐκεῖ.
Mt 27:61 ἡ ἄλλη Μαρία **καθήμεναι** ἀπέναντι τοῦ τάφου.
Mt 28:2 τὸν λίθον καὶ **ἐκάθητο** ἐπάνω αὐτοῦ.

καθίζω (*kathizō*; 8/44[46]) *sit down*
Mt 5:1 καὶ **καθίσαντος** αὐτοῦ προσῆλθαν αὐτῷ
Mt 13:48 τὸν αἰγιαλὸν καὶ **καθίσαντες** συνέλεξαν τὰ καλὰ
Mt 19:28 ὅταν **καθίσῃ** ὁ υἱὸς τοῦ
Mt 20:21 εἰπὲ ἵνα **καθίσωσιν** οὗτοι οἱ δύο
Mt 20:23 τὸ δὲ **καθίσαι** ἐκ δεξιῶν μου
Mt 23:2 τῆς Μωϋσέως καθέδρας **ἐκάθισαν** οἱ γραμματεῖς καὶ
Mt 25:31 τότε **καθίσει** ἐπὶ θρόνου δόξης
Mt 26:36 **καθίσατε** αὐτοῦ ἕως [οὗ]

καθίστημι (*kathistēmi*; 4/21) *put in charge*
Mt 24:45 καὶ φρόνιμος ὃν **κατέστησεν** ὁ κύριος ἐπὶ
Mt 24:47 τοῖς ὑπάρχουσιν αὐτοῦ **καταστήσει** αὐτόν.
Mt 25:21 ἐπὶ πολλῶν σε **καταστήσω**·
Mt 25:23 ἐπὶ πολλῶν σε **καταστήσω**·

καθώς (*kathōs*; 3/182) *just as*
Mt 21:6 μαθηταὶ καὶ ποιήσαντες **καθὼς** συνέταξεν αὐτοῖς ὁ
Mt 26:24 τοῦ ἀνθρώπου ὑπάγει **καθὼς** γέγραπται περὶ αὐτοῦ,
Mt 28:6 ἠγέρθη γὰρ **καθὼς** εἶπεν·

Καϊάφας (*Kaiaphas*; 2/9) *Caiaphas*
Mt 26:3 ἀρχιερέως τοῦ λεγομένου **Καϊάφα**
Mt 26:57 Ἰησοῦν ἀπήγαγον πρὸς **Καϊάφαν** τὸν ἀρχιερέα,

καινός (*kainos*; 4/41[42]) *new*
Mt 9:17 νέον εἰς ἀσκοὺς **καινούς**,
Mt 13:52 τοῦ θησαυροῦ αὐτοῦ **καινὰ** καὶ παλαιά.
Mt 26:29 πίνω μεθ' ὑμῶν **καινὸν** ἐν τῇ βασιλείᾳ
Mt 27:60 αὐτὸ ἐν τῷ **καινῷ** αὐτοῦ μνημείῳ ὃ

καιρός (*kairos*; 10/85) *time*
Mt 8:29 ἦλθες ὧδε πρὸ **καιροῦ** βασανίσαι ἡμᾶς;
Mt 11:25 Ἐν ἐκείνῳ τῷ **καιρῷ** ἀποκριθεὶς ὁ Ἰησοῦς
Mt 12:1 Ἐν ἐκείνῳ τῷ **καιρῷ** ἐπορεύθη ὁ Ἰησοῦς
Mt 13:30 καὶ ἐν **καιρῷ** τοῦ θερισμοῦ ἐρῶ
Mt 14:1 Ἐν ἐκείνῳ τῷ **καιρῷ** ἤκουσεν Ἡρῴδης ὁ
Mt 16:3 δὲ σημεῖα τῶν **καιρῶν** οὐ δύνασθε]
Mt 21:34 δὲ ἤγγισεν ὁ **καιρὸς** τῶν καρπῶν,
Mt 21:41 καρποὺς ἐν τοῖς **καιροῖς** αὐτῶν.
Mt 24:45 τὴν τροφὴν ἐν **καιρῷ**;
Mt 26:18 ὁ **καιρός** μου ἐγγύς ἐστιν,

Καῖσαρ (*Kaisar*; 4/29) *Caesar*
Mt 22:17 ἔξεστιν δοῦναι κῆνσον **Καίσαρι** ἢ οὔ;
Mt 22:21 **Καίσαρος**.
Mt 22:21 ἀπόδοτε οὖν τὰ **Καίσαρος** Καίσαρι καὶ τὰ
Mt 22:21 οὖν τὰ Καίσαρος **Καίσαρι** καὶ τὰ τοῦ

Καισάρεια (*Kaisareia*; 1/17) *Caesarea*
Mt 16:13 εἰς τὰ μέρη **Καισαρείας** τῆς Φιλίππου ἠρώτα

καίω (*kaiō*; 1/11) *light, burn*
Mt 5:15 οὐδὲ **καίουσιν** λύχνον καὶ τιθέασιν

κἀκεῖ (*kakei*; 3/10) *and there*
Mt 5:23 ἐπὶ τὸ θυσιαστήριον **κἀκεῖ** μνησθῇς ὅτι ὁ
Mt 10:11 **κἀκεῖ** μείνατε ἕως ἂν
Mt 28:10 **κἀκεῖ** με ὄψονται.

κἀκεῖνος (*kakeinos*; 2/20[22]) *and that one*
Mt 15:18 **κἀκεῖνα** κοινοῖ τὸν ἄνθρωπον.
Mt 23:23 [δὲ] ἔδει ποιῆσαι **κἀκεῖνα** μὴ ἀφιέναι.

κακία (*kakia*; 1/11) *evil*

Mt 6:34 τῇ ἡμέρᾳ ἡ **κακία** αὐτῆς.

κακολογέω (*kakologeō*; 1/4) *speak evil of*

Mt 15:4 ὁ **κακολογῶν** πατέρα ἢ μητέρα

κακός (*kakos*; 3/50) *evil*

Mt 21:41 **κακοὺς** κακῶς ἀπολέσει αὐτοὺς
Mt 24:48 δὲ εἴπῃ ὁ **κακὸς** δοῦλος ἐκεῖνος ἐν
Mt 27:23 τί γὰρ **κακὸν** ἐποίησεν;

κακῶς (*kakōs*; 7/16) *badly*

Mt 4:24 αὐτῷ πάντας τοὺς **κακῶς** ἔχοντας ποικίλαις νόσοις
Mt 8:16 καὶ πάντας τοὺς **κακῶς** ἔχοντας ἐθεράπευσεν,
Mt 9:12 ἰατροῦ ἀλλ' οἱ **κακῶς** ἔχοντες.
Mt 14:35 αὐτῷ πάντας τοὺς **κακῶς** ἔχοντας
Mt 15:22 ἡ θυγάτηρ μου **κακῶς** δαιμονίζεται.
Mt 17:15 ὅτι σεληνιάζεται καὶ **κακῶς** πάσχει·
Mt 21:41 κακοὺς **κακῶς** ἀπολέσει αὐτοὺς καὶ

κάλαμος (*kalamos*; 5/12) *reed*

Mt 11:7 **κάλαμον** ὑπὸ ἀνέμου σαλευόμενον;
Mt 12:20 **κάλαμον** συντετριμμένον οὐ κατεάξει
Mt 27:29 κεφαλῆς αὐτοῦ καὶ **κάλαμον** ἐν τῇ δεξιᾷ
Mt 27:30 αὐτὸν ἔλαβον τὸν **κάλαμον** καὶ ἔτυπτον εἰς
Mt 27:48 ὄξους καὶ περιθεὶς **καλάμῳ** ἐπότιζεν αὐτόν.

καλέω (*kaleō*; 26/148) *call*

Mt 1:21 καὶ **καλέσεις** τὸ ὄνομα αὐτοῦ
Mt 1:23 καὶ **καλέσουσιν** τὸ ὄνομα αὐτοῦ
Mt 1:25 καὶ **ἐκάλεσεν** τὸ ὄνομα αὐτοῦ
Mt 2:7 Τότε Ἡρῴδης λάθρᾳ **καλέσας** τοὺς μάγους ἠκρίβωσεν
Mt 2:15 ἐξ Αἰγύπτου **ἐκάλεσα** τὸν υἱόν μου.
Mt 2:23 προφητῶν ὅτι Ναζωραῖος **κληθήσεται**.
Mt 4:21 καὶ **ἐκάλεσεν** αὐτούς.
Mt 5:9 αὐτοὶ υἱοὶ θεοῦ **κληθήσονται**.
Mt 5:19 ἐλάχιστος **κληθήσεται** ἐν τῇ βασιλείᾳ
Mt 5:19 οὗτος μέγας **κληθήσεται** ἐν τῇ βασιλείᾳ
Mt 9:13 οὐ γὰρ ἦλθον **καλέσαι** δικαίους ἀλλὰ ἁμαρτωλούς.
Mt 20:8 **κάλεσον** τοὺς ἐργάτας καὶ
Mt 21:13 μου οἶκος προσευχῆς **κληθήσεται**,
Mt 22:3 τοὺς δούλους αὐτοῦ **καλέσαι** τοὺς κεκλημένους εἰς
Mt 22:3 αὐτοῦ καλέσαι τοὺς **κεκλημένους** εἰς τοὺς γάμους,
Mt 22:4 εἴπατε τοῖς **κεκλημένοις**·
Mt 22:8 οἱ δὲ κεκλημένοι **οὐκ** ἦσαν ἄξιοι·
Mt 22:9 ὅσους ἐὰν εὕρητε **καλέσατε** εἰς τοὺς γάμους.
Mt 22:43 Δαυὶδ ἐν πνεύματι **καλεῖ** αὐτὸν κύριον λέγων·
Mt 22:45 εἰ οὖν Δαυὶδ **καλεῖ** αὐτὸν κύριον,
Mt 23:7 ταῖς ἀγοραῖς καὶ **καλεῖσθαι** ὑπὸ τῶν ἀνθρώπων
Mt 23:8 ὑμεῖς δὲ μὴ **κληθῆτε** ῥαββί·
Mt 23:9 καὶ πατέρα μὴ **καλέσητε** ὑμῶν ἐπὶ τῆς
Mt 23:10 μηδὲ **κληθῆτε** καθηγηταί,
Mt 25:14 γὰρ ἄνθρωπος ἀποδημῶν **ἐκάλεσεν** τοὺς ἰδίους δούλους
Mt 27:8 διὸ **ἐκλήθη** ὁ ἀγρὸς ἐκεῖνος

καλός (*kalos*; 21/101) *good*

Mt 3:10 μὴ ποιοῦν καρπὸν **καλὸν** ἐκκόπτεται καὶ εἰς
Mt 5:16 ἴδωσιν ὑμῶν τὰ **καλὰ** ἔργα καὶ δοξάσωσιν
Mt 7:17 δένδρον ἀγαθὸν καρποὺς **καλοὺς** ποιεῖ,
Mt 7:18 δένδρον σαπρὸν καρποὺς **καλοὺς** ποιεῖν.
Mt 7:19 μὴ ποιοῦν καρπὸν **καλὸν** ἐκκόπτεται καὶ εἰς
Mt 12:33 ποιήσατε τὸ δένδρον **καλὸν** καὶ τὸν καρπὸν
Mt 12:33 τὸν καρπὸν αὐτοῦ **καλόν**,
Mt 13:8 τὴν γῆν τὴν **καλὴν** καὶ ἐδίδου καρπόν,
Mt 13:23 δὲ ἐπὶ τὴν **καλὴν** γῆν σπαρείς,
Mt 13:24 οὐρανῶν ἀνθρώπῳ σπείραντι **καλὸν** σπέρμα
Mt 13:27 οὐχὶ **καλὸν** σπέρμα ἔσπειρας ἐν
Mt 13:37 ὁ σπείρων τὸ **καλὸν** σπέρμα ἐστὶν ὁ
Mt 13:38 τὸ δὲ **καλὸν** σπέρμα οὗτοί εἰσιν
Mt 13:45 ἀνθρώπῳ ἐμπόρῳ ζητοῦντι **καλοὺς** μαργαρίτας·
Mt 13:48 καθίσαντες συνέλεξαν τὰ **καλὰ** εἰς ἄγγη,
Mt 15:26 οὐκ ἔστιν **καλὸν** λαβεῖν τὸν ἄρτον
Mt 17:4 **καλόν** ἐστιν ἡμᾶς ὧδε
Mt 18:8 **καλόν** σοί ἐστιν εἰσελθεῖν
Mt 18:9 **καλόν** σοί ἐστιν μονόφθαλμον
Mt 26:10 ἔργον γὰρ **καλὸν** ἠργάσατο εἰς ἐμέ·
Mt 26:24 **καλὸν** ἦν αὐτῷ εἰ

καλύπτω (*kalyptō*; 2/8) *cover*

Mt 8:24 ὥστε τὸ πλοῖον **καλύπτεσθαι** ὑπὸ τῶν κυμάτων,
Mt 10:26 οὐδὲν γάρ ἐστιν **κεκαλυμμένον** ὃ οὐκ ἀποκαλυφθήσεται

καλῶς (*kalōs*; 2/36[37]) *well*

Mt 12:12 ἔξεστιν τοῖς σάββασιν **καλῶς** ποιεῖν.
Mt 15:7 **καλῶς** ἐπροφήτευσεν περὶ ὑμῶν

κάμηλος (*kamēlos*; 3/6) *camel*

Mt 3:4 αὐτοῦ ἀπὸ τριχῶν **καμήλου** καὶ ζώνην δερματίνην
Mt 19:24 εὐκοπώτερόν ἐστιν **κάμηλον** διὰ τρυπήματος ῥαφίδος
Mt 23:24 τὴν δὲ **κάμηλον** καταπίνοντες.

κάμινος (*kaminos*; 2/4) *furnace*

Mt 13:42 αὐτοὺς εἰς τὴν **κάμινον** τοῦ πυρός·
Mt 13:50 αὐτοὺς εἰς τὴν **κάμινον** τοῦ πυρός·

καμμύω (*kammyō*; 1/2) *close*

Mt 13:15 τοὺς ὀφθαλμοὺς αὐτῶν **ἐκάμμυσαν**,

κἄν (*kan*; 2/16[17]) *and if*

Mt 21:21 ἀλλὰ **κἂν** τῷ ὄρει τούτῳ
Mt 26:35 **κἂν** δέῃ με σὺν

Καναναῖος (*Kananaios*; 1/2) *Cananaean*

Mt 10:4 Σίμων ὁ **Καναναῖος** καὶ Ἰούδας ὁ

καρδία (*kardia*; 16/156) *heart*

Mt 5:8 οἱ καθαροὶ τῇ **καρδίᾳ**,

Mt 5:28 αὐτὴν ἐν τῇ **καρδίᾳ** αὐτοῦ.
Mt 6:21 ἔσται καὶ ἡ **καρδία** σου.
Mt 9:4 πονηρὰ ἐν ταῖς **καρδίαις** ὑμῶν;
Mt 11:29 καὶ ταπεινὸς τῇ **καρδίᾳ**,
Mt 12:34 τοῦ περισσεύματος τῆς **καρδίας** τὸ στόμα λαλεῖ.
Mt 12:40 ἀνθρώπου ἐν τῇ **καρδίᾳ** τῆς γῆς τρεῖς
Mt 13:15 ἐπαχύνθη γὰρ ἡ **καρδία** τοῦ λαοῦ τούτου,
Mt 13:15 ἀκούσωσιν καὶ τῇ **καρδίᾳ** συνῶσιν καὶ ἐπιστρέψωσιν
Mt 13:19 ἐσπαρμένον ἐν τῇ **καρδίᾳ** αὐτοῦ,
Mt 15:8 ἡ δὲ **καρδία** αὐτῶν πόρρω ἀπέχει
Mt 15:18 στόματος ἐκ τῆς **καρδίας** ἐξέρχεται,
Mt 15:19 ἐκ γὰρ τῆς **καρδίας** ἐξέρχονται διαλογισμοὶ πονηροί,
Mt 18:35 αὐτοῦ ἀπὸ τῶν **καρδιῶν** ὑμῶν.
Mt 22:37 ἐν ὅλῃ τῇ **καρδίᾳ** σου καὶ ἐν
Mt 24:48 ἐκεῖνος ἐν τῇ **καρδίᾳ** αὐτοῦ·

καρπός (*karpos*; 19/66) *fruit*

Mt 3:8 ποιήσατε οὖν **καρπὸν** ἄξιον τῆς μετανοίας
Mt 3:10 δένδρον μὴ ποιοῦν **καρπὸν** καλὸν ἐκκόπτεται καὶ
Mt 7:16 ἀπὸ τῶν **καρπῶν** αὐτῶν ἐπιγνώσεσθε αὐτούς.
Mt 7:17 πᾶν δένδρον ἀγαθὸν **καρποὺς** καλοὺς ποιεῖ,
Mt 7:17 δὲ σαπρὸν δένδρον **καρποὺς** πονηροὺς ποιεῖ.
Mt 7:18 δύναται δένδρον ἀγαθὸν **καρποὺς** πονηροὺς ποιεῖν οὐδὲ
Mt 7:18 οὐδὲ δένδρον σαπρὸν **καρποὺς** καλοὺς ποιεῖν.
Mt 7:19 δένδρον μὴ ποιοῦν **καρπὸν** καλὸν ἐκκόπτεται καὶ
Mt 7:20 γε ἀπὸ τῶν **καρπῶν** αὐτῶν ἐπιγνώσεσθε αὐτούς.
Mt 12:33 καλὸν καὶ τὸν **καρπὸν** αὐτοῦ καλόν,
Mt 12:33 σαπρὸν καὶ τὸν **καρπὸν** αὐτοῦ σαπρόν·
Mt 12:33 ἐκ γὰρ τοῦ **καρποῦ** τὸ δένδρον γινώσκεται.
Mt 13:8 καλὴν καὶ ἐδίδου **καρπόν**,
Mt 13:26 ὁ χόρτος καὶ **καρπὸν** ἐποίησεν,
Mt 21:19 μηκέτι ἐκ σοῦ **καρπὸς** γένηται εἰς τὸν
Mt 21:34 ὁ καιρὸς τῶν **καρπῶν**,
Mt 21:34 γεωργοὺς λαβεῖν τοὺς **καρποὺς** αὐτοῦ.
Mt 21:41 ἀποδώσουσιν αὐτῷ τοὺς **καρποὺς** ἐν τοῖς καιροῖς
Mt 21:43 ἔθνει ποιοῦντι τοὺς **καρποὺς** αὐτῆς.

καρποφορέω (*karpophoreō*; 1/8) *bear fruit*

Mt 13:23 ὃς δὴ **καρποφορεῖ** καὶ ποιεῖ ὃ

κάρφος (*karphos*; 3/6) *speck*

Mt 7:3 δὲ βλέπεις τὸ **κάρφος** τὸ ἐν τῷ
Mt 7:4 ἄφες ἐκβάλω τὸ **κάρφος** ἐκ τοῦ ὀφθαλμοῦ
Mt 7:5 διαβλέψεις ἐκβαλεῖν τὸ **κάρφος** ἐκ τοῦ ὀφθαλμοῦ

κατά (*kata*; 37/472[473]) *according to, against*

Mt 1:20 ἰδοὺ ἄγγελος κυρίου **κατ'** ὄναρ ἐφάνη αὐτῷ
Mt 2:12 καὶ χρηματισθέντες **κατ'** ὄναρ μὴ ἀνακάμψαι
Mt 2:13 ἄγγελος κυρίου φαίνεται **κατ'** ὄναρ τῷ Ἰωσὴφ
Mt 2:16 **κατὰ** τὸν χρόνον ὃν
Mt 2:19 ἄγγελος κυρίου φαίνεται **κατ'** ὄναρ τῷ Ἰωσὴφ
Mt 2:22 χρηματισθεὶς δὲ **κατ'** ὄναρ ἀνεχώρησεν εἰς
Mt 5:11 εἴπωσιν πᾶν πονηρὸν **καθ'** ὑμῶν [ψευδόμενοι] ἕνεκεν
Mt 5:23 σου ἔχει τι **κατὰ** σοῦ,
Mt 8:32 πᾶσα ἡ ἀγέλη **κατὰ** τοῦ κρημνοῦ εἰς
Mt 9:29 **κατὰ** τὴν πίστιν ὑμῶν
Mt 10:35 γὰρ διχάσαι ἄνθρωπον **κατὰ** τοῦ πατρὸς αὐτοῦ
Mt 10:35 αὐτοῦ καὶ θυγατέρα **κατὰ** τῆς μητρὸς αὐτῆς
Mt 10:35 αὐτῆς καὶ νύμφην **κατὰ** τῆς πενθερᾶς αὐτῆς,
Mt 12:14 Φαρισαῖοι συμβούλιον ἔλαβον **κατ'** αὐτοῦ ὅπως αὐτὸν
Mt 12:25 πᾶσα βασιλεία μερισθεῖσα **καθ'** ἑαυτῆς ἐρημοῦται καὶ
Mt 12:25 ἢ οἰκία μερισθεῖσα **καθ'** ἑαυτῆς οὐ σταθήσεται.
Mt 12:30 ὢν μετ' ἐμοῦ **κατ'** ἐμοῦ ἐστιν,
Mt 12:32 ἐὰν εἴπῃ λόγον **κατὰ** τοῦ υἱοῦ τοῦ
Mt 12:32 δ' ἂν εἴπῃ **κατὰ** τοῦ πνεύματος τοῦ
Mt 14:13 εἰς ἔρημον τόπον **κατ'** ἰδίαν·
Mt 14:23 εἰς τὸ ὄρος **κατ'** ἰδίαν προσεύξασθαι.
Mt 16:27 τότε ἀποδώσει ἑκάστῳ **κατὰ** τὴν πρᾶξιν αὐτοῦ.
Mt 17:1 εἰς ὄρος ὑψηλὸν **κατ'** ἰδίαν.
Mt 17:19 μαθηταὶ τῷ Ἰησοῦ **κατ'** ἰδίαν εἶπον·
Mt 19:3 τὴν γυναῖκα αὐτοῦ **κατὰ** πᾶσαν αἰτίαν;
Mt 20:11 λαβόντες δὲ ἐγόγγυζον **κατὰ** τοῦ οἰκοδεσπότου
Mt 20:17 τοὺς δώδεκα [μαθητὰς] **κατ'** ἰδίαν καὶ ἐν
Mt 23:3 **κατὰ** δὲ τὰ ἔργα
Mt 24:3 αὐτῷ οἱ μαθηταὶ **κατ'** ἰδίαν λέγοντες·
Mt 24:7 λιμοὶ καὶ σεισμοὶ **κατὰ** τόπους·
Mt 25:15 ἑκάστῳ **κατὰ** τὴν ἰδίαν δύναμιν,
Mt 26:55 **καθ'** ἡμέραν ἐν τῷ
Mt 26:59 ὅλον ἐζήτουν ψευδομαρτυρίαν **κατὰ** τοῦ Ἰησοῦ ὅπως
Mt 26:63 ἐξορκίζω σε **κατὰ** τοῦ θεοῦ τοῦ
Mt 27:1 πρεσβύτεροι τοῦ λαοῦ **κατὰ** τοῦ Ἰησοῦ ὥστε
Mt 27:15 **Κατὰ** δὲ ἑορτὴν εἰώθει
Mt 27:19 γὰρ ἔπαθον σήμερον **κατ'** ὄναρ δι' αὐτόν.

καταβαίνω (*katabainō*; 11/81) *come or go down*

Mt 3:16 πνεῦμα [τοῦ] θεοῦ **καταβαῖνον** ὡσεὶ περιστερὰν [καὶ]
Mt 7:25 καὶ **κατέβη** ἡ βροχὴ καὶ
Mt 7:27 καὶ **κατέβη** ἡ βροχὴ καὶ
Mt 8:1 **Καταβάντος** δὲ αὐτοῦ ἀπὸ
Mt 11:23 ἕως ᾅδου **καταβήσῃ**·
Mt 14:29 καὶ **καταβὰς** ἀπὸ τοῦ πλοίου
Mt 17:9 Καὶ **καταβαινόντων** αὐτῶν ἐκ τοῦ
Mt 24:17 τοῦ δώματος μὴ **καταβάτω** ἆραι τὰ ἐκ
Mt 27:40 [καὶ] **κατάβηθι** ἀπὸ τοῦ σταυροῦ.
Mt 27:42 **καταβάτω** νῦν ἀπὸ τοῦ
Mt 28:2 ἄγγελος γὰρ κυρίου **καταβὰς** ἐξ οὐρανοῦ

καταβολή (*katabolē*; 2/11) *beginning*

Mt 13:35 ἐρεύξομαι κεκρυμμένα ἀπὸ **καταβολῆς** [κόσμου].
Mt 25:34 ὑμῖν βασιλείαν ἀπὸ **καταβολῆς** κόσμου.

καταγελάω (*katagelaō*; 1/3) *laugh at*
Mt 9:24 καὶ **κατεγέλων** αὐτοῦ.

κατάγνυμι (*katagnymi*; 1/4) *break*
Mt 12:20 κάλαμον συντετριμμένον οὐ **κατεάξει** καὶ λίνον τυφόμενον

καταδικάζω (*katadikazō*; 2/5) *condemn*
Mt 12:7 οὐκ ἂν **κατεδικάσατε** τοὺς ἀναιτίους.
Mt 12:37 τῶν λόγων σου **καταδικασθήσῃ**.

καταθεματίζω (*katathematizō*; 1/1) *curse*
Mt 26:74 τότε ἤρξατο **καταθεματίζειν** καὶ ὀμνύειν ὅτι

κατακαίω (*katakaiō*; 3/12) *burn up*
Mt 3:12 τὸ δὲ ἄχυρον **κατακαύσει** πυρὶ ἀσβέστῳ.
Mt 13:30 δέσμας πρὸς τὸ **κατακαῦσαι** αὐτά,
Mt 13:40 ζιζάνια καὶ πυρὶ **[κατα]καίεται**,

κατακλυσμός (*kataklysmos*; 2/4) *flood*
Mt 24:38 ταῖς πρὸ τοῦ **κατακλυσμοῦ** τρώγοντες καὶ πίνοντες,
Mt 24:39 ἕως ἦλθεν ὁ **κατακλυσμὸς** καὶ ἦρεν ἅπαντας,

κατακρίνω (*katakrinō*; 4/15[18]) *condemn*
Mt 12:41 γενεᾶς ταύτης καὶ **κατακρινοῦσιν** αὐτήν,
Mt 12:42 γενεᾶς ταύτης καὶ **κατακρινεῖ** αὐτήν,
Mt 20:18 καὶ **κατακρινοῦσιν** αὐτὸν θανάτῳ
Mt 27:3 παραδιδοὺς αὐτὸν ὅτι **κατεκρίθη**,

κατακυριεύω (*katakyrieuō*; 1/4) *have power over*
Mt 20:25 ἄρχοντες τῶν ἐθνῶν **κατακυριεύουσιν** αὐτῶν

καταλείπω (*kataleipō*; 4/23[24]) *leave*
Mt 4:13 καὶ **καταλιπὼν** τὴν Ναζαρὰ ἐλθὼν
Mt 16:4 καὶ καταλιπὼν **αὐτοὺς** ἀπῆλθεν.
Mt 19:5 ἕνεκα τούτου **καταλείψει** ἄνθρωπος τὸν πατέρα
Mt 21:17 καὶ **καταλιπὼν** αὐτοὺς ἐξῆλθεν ἔξω

καταλύω (*katalyō*; 5/17) *destroy*
Mt 5:17 νομίσητε ὅτι ἦλθον **καταλῦσαι** τὸν νόμον ἢ
Mt 5:17 οὐκ ἦλθον **καταλῦσαι** ἀλλὰ πληρῶσαι.
Mt 24:2 λίθον ὃς οὐ **καταλυθήσεται**.
Mt 26:61 δύναμαι **καταλῦσαι** τὸν ναὸν τοῦ
Mt 27:40 ὁ **καταλύων** τὸν ναὸν καὶ

καταμανθάνω (*katamanthanō*; 1/1) *consider*
Mt 6:28 **καταμάθετε** τὰ κρίνα τοῦ

καταμαρτυρέω (*katamartyreō*; 2/3) *testify against*
Mt 26:62 τί οὗτοί σου **καταμαρτυροῦσιν**;
Mt 27:13 ἀκούεις πόσα σου **καταμαρτυροῦσιν**;

κατανοέω (*katanoeō*; 1/14) *consider*
Mt 7:3 ὀφθαλμῷ δοκὸν οὐ **κατανοεῖς**;

καταπατέω (*katapateō*; 2/5) *trample on*
Mt 5:13 μὴ βληθὲν ἔξω **καταπατεῖσθαι** ὑπὸ τῶν ἀνθρώπων.
Mt 7:6 μήποτε **καταπατήσουσιν** αὐτοὺς ἐν τοῖς

καταπέτασμα (*katapetasma*; 1/6) *curtain*
Mt 27:51 Καὶ ἰδοὺ τὸ **καταπέτασμα** τοῦ ναοῦ ἐσχίσθη

καταπίνω (*katapinō*; 1/7) *swallow*
Mt 23:24 τὴν δὲ κάμηλον **καταπίνοντες**.

καταποντίζω (*katapontizō*; 2/2) *sink*
Mt 14:30 καὶ ἀρξάμενος καταποντίζεσθαι **ἔκραξεν** λέγων·
Mt 18:6 τράχηλον αὐτοῦ καὶ **καταποντισθῇ** ἐν τῷ πελάγει

καταράομαι (*kataraomai*; 1/5) *curse*
Mt 25:41 ἀπ᾽ ἐμοῦ [οἱ] **κατηραμένοι** εἰς τὸ πῦρ

καταρτίζω (*katartizō*; 2/13) *mend*
Mt 4:21 τοῦ πατρὸς αὐτῶν **καταρτίζοντας** τὰ δίκτυα αὐτῶν,
Mt 21:16 νηπίων καὶ θηλαζόντων **κατηρτίσω** αἶνον;

κατασκευάζω (*kataskeuazō*; 1/11) *prepare*
Mt 11:10 ὃς **κατασκευάσει** τὴν ὁδόν σου

κατασκηνόω (*kataskēnoō*; 1/4) *nest*
Mt 13:32 τοῦ οὐρανοῦ καὶ **κατασκηνοῦν** ἐν τοῖς κλάδοις

κατασκήνωσις (*kataskēnōsis*; 1/2) *nest*
Mt 8:20 πετεινὰ τοῦ οὐρανοῦ **κατασκηνώσεις**,

καταστρέφω (*katastrephō*; 1/2) *overturn*
Mt 21:12 τραπέζας τῶν κολλυβιστῶν **κατέστρεψεν** καὶ τὰς καθέδρας

καταφιλέω (*kataphileō*; 1/6) *kiss*
Mt 26:49 καὶ **κατεφίλησεν** αὐτόν.

καταφρονέω (*kataphroneō*; 2/9) *despise*
Mt 6:24 καὶ τοῦ ἑτέρου **καταφρονήσει**.
Mt 18:10 Ὁρᾶτε μὴ **καταφρονήσητε** ἑνὸς τῶν μικρῶν

καταχέω (*katacheō*; 1/2) *pour over*
Mt 26:7 μύρου βαρυτίμου καὶ **κατέχεεν** ἐπὶ τῆς κεφαλῆς

κατέναντι (*katenanti*; 1/8) *opposite*
Mt 21:2 τὴν κώμην τὴν **κατέναντι** ὑμῶν,

κατεξουσιάζω (*katexousiazō*; 1/2) *rule over*
Mt 20:25 καὶ οἱ μεγάλοι **κατεξουσιάζουσιν** αὐτῶν.

κατεσθίω (*katesthiō*; 1/14) *consume, eat up*
Mt 13:4 ἐλθόντα τὰ πετεινὰ **κατέφαγεν** αὐτά.

κατηγορέω (*katēgoreō*; 2/22[23]) *accuse*
Mt 12:10 ἵνα **κατηγορήσωσιν** αὐτοῦ.
Mt 27:12 καὶ ἐν τῷ **κατηγορεῖσθαι** αὐτὸν ὑπὸ τῶν

κατισχύω (*katischyō*; 1/3) *have strength*
Mt 16:18 πύλαι ᾅδου οὐ **κατισχύσουσιν** αὐτῆς.

κατοικέω (*katoikeō*; 4/44) *live*
Mt 2:23 καὶ ἐλθὼν **κατῴκησεν** εἰς πόλιν λεγομένην
Mt 4:13 τὴν Ναζαρὰ ἐλθὼν **κατῴκησεν** εἰς Καφαρναοὺμ τὴν
Mt 12:45 ἑαυτοῦ καὶ εἰσελθόντα **κατοικεῖ** ἐκεῖ·
Mt 23:21 καὶ ἐν τῷ **κατοικοῦντι** αὐτόν,

κάτω (*katō*; 2/8[9]) *down, below*
Mt 4:6 βάλε σεαυτὸν **κάτω**·
Mt 27:51 ἀπ᾽ ἄνωθεν ἕως **κάτω** εἰς δύο καὶ

κατωτέρω (*katōterō*; 1/1) *under*
Mt 2:16 ἀπὸ διετοῦς καὶ **κατωτέρω**,

καυματίζω (*kaumatizō*; 1/4) *scorch*
Mt 13:6 ἡλίου δὲ ἀνατείλαντος **ἐκαυματίσθη** καὶ διὰ

καύσων (*kausōn*; 1/3) *scorching*
Mt 20:12 ἡμέρας καὶ τὸν **καύσωνα**.

Καφαρναούμ (*Kapharnaoum*; 4/16) *Capernaum*
Mt 4:13 ἐλθὼν κατῴκησεν εἰς **Καφαρναοὺμ** τὴν παραθαλασσίαν ἐν
Mt 8:5 δὲ αὐτοῦ εἰς **Καφαρναοὺμ** προσῆλθεν αὐτῷ ἑκατόνταρχος
Mt 11:23 **Καφαρναούμ**,
Mt 17:24 δὲ αὐτῶν εἰς **Καφαρναοὺμ** προσῆλθον οἱ τὰ

κεῖμαι (*keimai*; 3/24) *lie*
Mt 3:10 ῥίζαν τῶν δένδρων **κεῖται**·
Mt 5:14 κρυβῆναι ἐπάνω ὄρους **κειμένη**·
Mt 28:6 τὸν τόπον ὅπου **ἔκειτο**.

κελεύω (*keleuō*; 7/25) *order*
Mt 8:18 ὄχλον περὶ αὐτὸν **ἐκέλευσεν** ἀπελθεῖν εἰς τὸ
Mt 14:9 καὶ τοὺς συνανακειμένους **ἐκέλευσεν** δοθῆναι,
Mt 14:19 καὶ **κελεύσας** τοὺς ὄχλους ἀνακλιθῆναι
Mt 14:28 **κέλευσόν** με ἐλθεῖν πρός
Mt 18:25 δὲ αὐτοῦ ἀποδοῦναι **ἐκέλευσεν** αὐτὸν ὁ κύριος
Mt 27:58 τότε ὁ Πιλᾶτος **ἐκέλευσεν** ἀποδοθῆναι.
Mt 27:64 **κέλευσον** οὖν ἀσφαλισθῆναι τὸν

κεραία (*keraia*; 1/2) *stroke*
Mt 5:18 ἓν ἢ μία **κεραία** οὐ μὴ παρέλθῃ

κεραμεύς (*kerameus*; 2/3) *potter*
Mt 27:7 τὸν ἀγρὸν τοῦ **κεραμέως** εἰς ταφὴν τοῖς
Mt 27:10 τὸν ἀγρὸν τοῦ **κεραμέως**,

κερδαίνω (*kerdainō*; 6/17) *gain*
Mt 16:26 τὸν κόσμον ὅλον **κερδήσῃ** τὴν δὲ ψυχὴν
Mt 18:15 **ἐκέρδησας** τὸν ἀδελφόν σου·
Mt 25:16 ἐν αὐτοῖς καὶ **ἐκέρδησεν** ἄλλα πέντε·
Mt 25:17 ὁ τὰ δύο **ἐκέρδησεν** ἄλλα δύο.
Mt 25:20 ἄλλα πέντε τάλαντα **ἐκέρδησα**.
Mt 25:22 ἄλλα δύο τάλαντα **ἐκέρδησα**.

κεφαλή (*kephalē*; 12/75) *head*
Mt 5:36 μήτε ἐν τῇ **κεφαλῇ** σου ὀμόσῃς,
Mt 6:17 ἄλειψαί σου τὴν **κεφαλὴν** καὶ τὸ πρόσωπόν
Mt 8:20 ἔχει ποῦ τὴν **κεφαλὴν** κλίνῃ.
Mt 10:30 αἱ τρίχες τῆς **κεφαλῆς** πᾶσαι ἠριθμημέναι εἰσίν.
Mt 14:8 ἐπὶ πίνακι τὴν **κεφαλὴν** Ἰωάννου τοῦ βαπτιστοῦ.
Mt 14:11 καὶ ἠνέχθη ἡ **κεφαλὴ** αὐτοῦ ἐπὶ πίνακι
Mt 21:42 οὗτος ἐγενήθη εἰς **κεφαλὴν** γωνίας·
Mt 26:7 κατέχεεν ἐπὶ τῆς **κεφαλῆς** αὐτοῦ ἀνακειμένου.
Mt 27:29 ἐπέθηκαν ἐπὶ τῆς **κεφαλῆς** αὐτοῦ καὶ κάλαμον
Mt 27:30 ἔτυπτον εἰς τὴν **κεφαλὴν** αὐτοῦ.
Mt 27:37 ἐπέθηκαν ἐπάνω τῆς **κεφαλῆς** αὐτοῦ τὴν αἰτίαν
Mt 27:39 αὐτὸν κινοῦντες τὰς **κεφαλὰς** αὐτῶν

κῆνσος (*kēnsos*; 3/4) *tax*
Mt 17:25 λαμβάνουσιν τέλη ἢ **κῆνσον**;
Mt 22:17 ἔξεστιν δοῦναι **κῆνσον** Καίσαρι ἢ οὔ;
Mt 22:19 τὸ νόμισμα τοῦ **κήνσου**.

κήρυγμα (*kērygma*; 1/8[9]) *preaching*
Mt 12:41 μετενόησαν εἰς τὸ **κήρυγμα** Ἰωνᾶ,

κηρύσσω (*kēryssō*; 9/59[61]) *proclaim*
Mt 3:1 Ἰωάννης ὁ βαπτιστὴς **κηρύσσων** ἐν τῇ ἐρήμῳ
Mt 4:17 ἤρξατο ὁ Ἰησοῦς **κηρύσσειν** καὶ λέγειν·
Mt 4:23 συναγωγαῖς αὐτῶν καὶ **κηρύσσων** τὸ εὐαγγέλιον τῆς
Mt 9:35 συναγωγαῖς αὐτῶν καὶ **κηρύσσων** τὸ εὐαγγέλιον τῆς
Mt 10:7 πορευόμενοι δὲ **κηρύσσετε** λέγοντες ὅτι ἤγγικεν
Mt 10:27 τὸ οὖς ἀκούετε **κηρύξατε** ἐπὶ τῶν δωμάτων.
Mt 11:1 τοῦ διδάσκειν καὶ **κηρύσσειν** ἐν ταῖς πόλεσιν
Mt 24:14 καὶ **κηρυχθήσεται** τοῦτο τὸ εὐαγγέλιον
Mt 26:13 ὅπου ἐὰν **κηρυχθῇ** τὸ εὐαγγέλιον τοῦτο

κῆτος (*kētos*; 1/1) *large sea creature*
Mt 12:40 τῇ κοιλίᾳ τοῦ **κήτους** τρεῖς ἡμέρας καὶ

κιβωτός (*kibōtos*; 1/6) *ark*
Mt 24:38 Νῶε εἰς τὴν **κιβωτόν**,

κινέω (*kineō*; 2/8) *move*
Mt 23:4 αὐτῶν οὐ θέλουσιν **κινῆσαι** αὐτά.
Mt 27:39 παραπορευόμενοι ἐβλασφήμουν αὐτὸν **κινοῦντες** τὰς κεφαλὰς αὐτῶν

κλάδος (*klados*; 3/11) *branch*
Mt 13:32 κατασκηνοῦν ἐν τοῖς **κλάδοις** αὐτοῦ.
Mt 21:8 ἄλλοι δὲ ἔκοπτον **κλάδους** ἀπὸ τῶν δένδρων
Mt 24:32 ὅταν ἤδη ὁ **κλάδος** αὐτῆς γένηται ἁπαλὸς

κλαίω (*klaiō*; 2/39[40]) *weep*
Mt 2:18 Ῥαχὴλ **κλαίουσα** τὰ τέκνα αὐτῆς,
Mt 26:75 καὶ ἐξελθὼν ἔξω **ἔκλαυσεν** πικρῶς.

κλάσμα (*klasma*; 2/9) *fragment*
Mt 14:20 τὸ περισσεῦον τῶν **κλασμάτων** δώδεκα κοφίνους πλήρεις.
Mt 15:37 τὸ περισσεῦον τῶν **κλασμάτων** ἦραν ἑπτὰ σπυρίδας

κλαυθμός (*klauthmos*; 7/9) *bitter crying*
Mt 2:18 **κλαυθμὸς** καὶ ὀδυρμὸς πολύς·
Mt 8:12 ἐκεῖ ἔσται ὁ **κλαυθμὸς** καὶ ὁ βρυγμὸς
Mt 13:42 ἐκεῖ ἔσται ὁ **κλαυθμὸς** καὶ ὁ βρυγμὸς
Mt 13:50 ἐκεῖ ἔσται ὁ **κλαυθμὸς** καὶ ὁ βρυγμὸς
Mt 22:13 ἐκεῖ ἔσται ὁ **κλαυθμὸς** καὶ ὁ βρυγμὸς
Mt 24:51 ἐκεῖ ἔσται ὁ **κλαυθμὸς** καὶ ὁ βρυγμὸς
Mt 25:30 ἐκεῖ ἔσται ὁ **κλαυθμὸς** καὶ ὁ βρυγμὸς

κλάω (*klaō*; 3/14) *break*
Mt 14:19 οὐρανὸν εὐλόγησεν καὶ **κλάσας** ἔδωκεν τοῖς μαθηταῖς
Mt 15:36 ἰχθύας καὶ εὐχαριστήσας **ἔκλασεν** καὶ ἐδίδου τοῖς
Mt 26:26 ἄρτον καὶ εὐλογήσας **ἔκλασεν** καὶ δοὺς τοῖς

κλείς (*kleis*; 1/6) *key*
Mt 16:19 δώσω σοι τὰς **κλεῖδας** τῆς βασιλείας τῶν

κλείω (*kleiō*; 3/16) *shut*
Mt 6:6 ταμεῖόν σου καὶ **κλείσας** τὴν θύραν σου
Mt 23:13 ὅτι **κλείετε** τὴν βασιλείαν τῶν
Mt 25:10 τοὺς γάμους καὶ **ἐκλείσθη** ἡ θύρα.

κλέπτης (*kleptēs*; 3/16) *thief*
Mt 6:19 ἀφανίζει καὶ ὅπου **κλέπται** διορύσσουσιν καὶ κλέπτουσιν·
Mt 6:20 ἀφανίζει καὶ ὅπου **κλέπται** οὐ διορύσσουσιν
Mt 24:43 ποίᾳ φυλακῇ ὁ **κλέπτης** ἔρχεται,

κλέπτω (*kleptō*; 5/13) *steal*
Mt 6:19 κλέπται διορύσσουσιν καὶ **κλέπτουσιν**·
Mt 6:20 οὐ διορύσσουσιν οὐδὲ **κλέπτουσιν**·
Mt 19:18 οὐ **κλέψεις**,
Mt 27:64 οἱ μαθηταὶ αὐτοῦ **κλέψωσιν** αὐτὸν καὶ εἴπωσιν
Mt 28:13 αὐτοῦ νυκτὸς ἐλθόντες **ἔκλεψαν** αὐτὸν ἡμῶν κοιμωμένων.

κληρονομέω (*klēronomeō*; 3/18) *inherit*
Mt 5:5 ὅτι αὐτοὶ **κληρονομήσουσιν** τὴν γῆν.
Mt 19:29 καὶ ζωὴν αἰώνιον **κληρονομήσει**.
Mt 25:34 **κληρονομήσατε** τὴν ἡτοιμασμένην ὑμῖν

κληρονομία (*klēronomia*; 1/14) *inheritance*
Mt 21:38 καὶ σχῶμεν τὴν **κληρονομίαν** αὐτοῦ,

κληρονόμος (*klēronomos*; 1/15) *heir*
Mt 21:38 οὗτός ἐστιν ὁ **κληρονόμος**·

κλῆρος (*klēros*; 1/11) *lot*
Mt 27:35 ἱμάτια αὐτοῦ βάλλοντες **κλῆρον**,

κλητός (*klētos*; 1/10) *called*
Mt 22:14 πολλοὶ γάρ εἰσιν **κλητοί**,

κλίβανος (*klibanos*; 1/2) *oven*
Mt 6:30 καὶ αὔριον εἰς **κλίβανον** βαλλόμενον ὁ θεὸς

κλίνη (*klinē*; 2/9) *bed*
Mt 9:2 αὐτῷ παραλυτικὸν ἐπὶ **κλίνης** βεβλημένον.
Mt 9:6 ἆρόν σου τὴν **κλίνην** καὶ ὕπαγε εἰς

κλίνω (*klinō*; 1/7) *bow*
Mt 8:20 ποῦ τὴν κεφαλὴν **κλίνῃ**.

κλοπή (*klopē*; 1/2) *theft*
Mt 15:19 **κλοπαί**,

κοδράντης (*kodrantēs*; 1/2) *quadrans*
Mt 5:26 ἀποδῷς τὸν ἔσχατον **κοδράντην**.

κοιλία (*koilia*; 3/22) *stomach, belly, womb*
Mt 12:40 Ἰωνᾶς ἐν τῇ **κοιλίᾳ** τοῦ κήτους τρεῖς
Mt 15:17 στόμα εἰς τὴν **κοιλίαν** χωρεῖ καὶ εἰς
Mt 19:12 εὐνοῦχοι οἵτινες ἐκ **κοιλίας** μητρὸς ἐγεννήθησαν οὕτως,

κοιμάομαι (*koimaomai*; 2/18) *sleep*
Mt 27:52 πολλὰ σώματα τῶν **κεκοιμημένων** ἁγίων ἠγέρθησαν,
Mt 28:13 ἔκλεψαν αὐτὸν ἡμῶν **κοιμωμένων**.

κοινόω (*koinoō*; 5/14) *defile*
Mt 15:11 εἰς τὸ στόμα **κοινοῖ** τὸν ἄνθρωπον,
Mt 15:11 τοῦ στόματος τοῦτο **κοινοῖ** τὸν ἄνθρωπον.
Mt 15:18 κἀκεῖνα **κοινοῖ** τὸν ἄνθρωπον.
Mt 15:20 ταῦτά ἐστιν τὰ **κοινοῦντα** τὸν ἄνθρωπον,
Mt 15:20 χερσὶν φαγεῖν οὐ **κοινοῖ** τὸν ἄνθρωπον.

κοινωνός (*koinōnos*; 1/10) *partner*
Mt 23:30 ἂν ἤμεθα αὐτῶν **κοινωνοὶ** ἐν τῷ αἵματι

κόκκινος (*kokkinos*; 1/6) *scarlet*
Mt 27:28 ἐκδύσαντες αὐτὸν χλαμύδα **κοκκίνην** περιέθηκαν αὐτῷ,

κόκκος (*kokkos*; 2/7) *seed*
Mt 13:31 βασιλεία τῶν οὐρανῶν **κόκκῳ** σινάπεως,
Mt 17:20 ἔχητε πίστιν ὡς **κόκκον** σινάπεως,

κόλασις (*kolasis*; 1/2) *punishment*
Mt 25:46 ἀπελεύσονται οὗτοι εἰς **κόλασιν** αἰώνιον,

κολαφίζω (*kolaphizō*; 1/5) *beat, harrass*
Mt 26:67 πρόσωπον αὐτοῦ καὶ **ἐκολάφισαν** αὐτόν,

κολλάω (*kollaō*; 1/12) *unite oneself with*
Mt 19:5 τὴν μητέρα καὶ **κολληθήσεται** τῇ γυναικὶ αὐτοῦ,

κολλυβιστής (*kollybistēs*; 1/3) *money-changer*
Mt 21:12 τὰς τραπέζας τῶν **κολλυβιστῶν** κατέστρεψεν

κολοβόω (*koloboō*; 2/4) *shorten*
Mt 24:22 καὶ εἰ μὴ **ἐκολοβώθησαν** αἱ ἡμέραι ἐκεῖναι,
Mt 24:22 δὲ τοὺς ἐκλεκτοὺς **κολοβωθήσονται** αἱ ἡμέραι ἐκεῖναι.

κομίζω (*komizō*; 1/10) *bring (mid. receive)*
Mt 25:27 καὶ ἐλθὼν ἐγὼ **ἐκομισάμην** ἂν τὸ ἐμὸν

κονιάω (*koniaō*; 1/2) *whitewash*
Mt 23:27 ὅτι παρομοιάζετε τάφοις **κεκονιαμένοις**,

κονιορτός (*koniortos*; 1/5) *dust*
Mt 10:14 ἐκείνης ἐκτινάξατε τὸν **κονιορτὸν** τῶν ποδῶν ὑμῶν.

κοπάζω (*kopazō*; 1/3) *cease*
Mt 14:32 εἰς τὸ πλοῖον **ἐκόπασεν** ὁ ἄνεμος.

κοπιάω (*kopiaō*; 2/23) *work*
Mt 6:28 οὐ **κοπιῶσιν** οὐδὲ νήθουσιν·
Mt 11:28 με πάντες οἱ **κοπιῶντες** καὶ πεφορτισμένοι,

κόπος (*kopos*; 1/18) *work*
Mt 26:10 τί **κόπους** παρέχετε τῇ γυναικί;

κόπτω (*koptō*; 3/8) *cut*
Mt 11:17 ἐθρηνήσαμεν καὶ οὐκ **ἐκόψασθε**.
Mt 21:8 ἄλλοι δὲ **ἔκοπτον** κλάδους ἀπὸ τῶν
Mt 24:30 καὶ τότε **κόψονται** πᾶσαι αἱ φυλαὶ

κοράσιον (*korasion*; 3/8) *girl*
Mt 9:24 γὰρ ἀπέθανεν τὸ **κοράσιον** ἀλλὰ καθεύδει.
Mt 9:25 καὶ ἠγέρθη τὸ **κοράσιον**.
Mt 14:11 καὶ ἐδόθη τῷ **κορασίῳ**,

κορβανᾶς (*korbanas*; 1/1) *temple treasury*
Mt 27:6 αὐτὰ εἰς τὸν **κορβανᾶν**,

κοσμέω (*kosmeō*; 3/10) *adorn*
Mt 12:44 σχολάζοντα σεσαρωμένον καὶ **κεκοσμημένον**.
Mt 23:29 τῶν προφητῶν καὶ **κοσμεῖτε** τὰ μνημεῖα τῶν
Mt 25:7 παρθένοι ἐκεῖναι καὶ **ἐκόσμησαν** τὰς λαμπάδας ἑαυτῶν.

κόσμος (*kosmos*; 9/185[186]) *world*
Mt 4:8 τὰς βασιλείας τοῦ **κόσμου** καὶ τὴν δόξαν
Mt 5:14 τὸ φῶς τοῦ **κόσμου**.
Mt 13:35 κεκρυμμένα ἀπὸ καταβολῆς [**κόσμου**].
Mt 13:38 ἀγρός ἐστιν ὁ **κόσμος**,
Mt 16:26 ἄνθρωπος ἐὰν τὸν **κόσμον** ὅλον κερδήσῃ τὴν
Mt 18:7 Οὐαὶ τῷ **κόσμῳ** ἀπὸ τῶν σκανδάλων·
Mt 24:21 γέγονεν ἀπ' ἀρχῆς **κόσμου** ἕως τοῦ νῦν
Mt 25:34 βασιλείαν ἀπὸ καταβολῆς **κόσμου**.
Mt 26:13 ἐν ὅλῳ τῷ **κόσμῳ**,

κουστωδία (*koustōdia*; 3/3) *guard*
Mt 27:65 ἔχετε **κουστωδίαν**·
Mt 27:66 λίθον μετὰ τῆς **κουστωδίας**.
Mt 28:11 ἰδού τινες τῆς **κουστωδίας** ἐλθόντες εἰς τὴν

κόφινος (*kophinos*; 2/6) *basket*
Mt 14:20 τῶν κλασμάτων δώδεκα **κοφίνους** πλήρεις.
Mt 16:9 πεντακισχιλίων καὶ πόσους **κοφίνους** ἐλάβετε;

κράζω (*krazō*; 12/55) *call out*
Mt 8:29 καὶ ἰδοὺ **ἔκραξαν** λέγοντες·
Mt 9:27 [αὐτῷ] δύο τυφλοὶ **κράζοντες** καὶ λέγοντες·
Mt 14:26 ἀπὸ τοῦ φόβου **ἔκραξαν**.
Mt 14:30 καὶ ἀρξάμενος καταποντίζεσθαι **ἔκραξεν** λέγων·
Mt 15:22 ὁρίων ἐκείνων ἐξελθοῦσα **ἔκραζεν** λέγουσα·
Mt 15:23 ὅτι **κράζει** ὄπισθεν ἡμῶν.
Mt 20:30 **ἔκραξαν** λέγοντες·
Mt 20:31 οἱ δὲ μεῖζον **ἔκραξαν** λέγοντες·
Mt 21:9 καὶ οἱ ἀκολουθοῦντες **ἔκραζον** λέγοντες·
Mt 21:15 τοὺς παῖδας τοὺς **κράζοντας** ἐν τῷ ἱερῷ
Mt 27:23 οἱ δὲ περισσῶς **ἔκραζον** λέγοντες·
Mt 27:50 δὲ Ἰησοῦς πάλιν **κράξας** φωνῇ μεγάλῃ ἀφῆκεν

κρανίον (*kranion*; 1/4) *skull*
Mt 27:33 ὅ ἐστιν **Κρανίου** Τόπος λεγόμενος,

κράσπεδον (*kraspedon*; 3/5) *fringe*
Mt 9:20 ὄπισθεν ἥψατο τοῦ **κρασπέδου** τοῦ ἱματίου αὐτοῦ·
Mt 14:36 μόνον ἅψωνται τοῦ **κρασπέδου** τοῦ ἱματίου αὐτοῦ·
Mt 23:5 καὶ μεγαλύνουσιν τὰ **κράσπεδα**,

κρατέω (*krateō*; 12/47) *hold*
Mt 9:25 ὁ ὄχλος εἰσελθὼν **ἐκράτησεν** τῆς χειρὸς αὐτῆς,
Mt 12:11 οὐχὶ **κρατήσει** αὐτὸ καὶ ἐγερεῖ;
Mt 14:3 Ὁ γὰρ Ἡρῴδης **κρατήσας** τὸν Ἰωάννην ἔδησεν
Mt 18:28 καὶ **κρατήσας** αὐτὸν ἔπνιγεν λέγων·
Mt 21:46 καὶ ζητοῦντες αὐτὸν **κρατῆσαι** ἐφοβήθησαν τοὺς ὄχλους,
Mt 22:6 οἱ δὲ λοιποὶ **κρατήσαντες** τοὺς δούλους αὐτοῦ
Mt 26:4 τὸν Ἰησοῦν δόλῳ **κρατήσωσιν** καὶ ἀποκτείνωσιν·
Mt 26:48 **κρατήσατε** αὐτόν.
Mt 26:50 τὸν Ἰησοῦν καὶ **ἐκράτησαν** αὐτόν.
Mt 26:55 διδάσκων καὶ οὐκ **ἐκρατήσατέ** με.
Mt 26:57 Οἱ δὲ **κρατήσαντες** τὸν Ἰησοῦν ἀπήγαγον
Mt 28:9 αἱ δὲ προσελθοῦσαι **ἐκράτησαν** αὐτοῦ τοὺς πόδας

κραυγάζω (*kraugazō*; 1/9) *call out*
Mt 12:19 οὐκ ἐρίσει οὐδὲ **κραυγάσει**,

κραυγή (*kraugē*; 1/6) *shout*
Mt 25:6 μέσης δὲ νυκτὸς **κραυγὴ** γέγονεν·

κρεμάννυμι (*kremannymi*; 2/7) *hang*
Mt 18:6 συμφέρει αὐτῷ ἵνα **κρεμασθῇ** μύλος ὀνικὸς
Mt 22:40 ὅλος ὁ νόμος **κρέμαται** καὶ οἱ προφῆται.

κρημνός (*krēmnos*; 1/3) *steep bank*
Mt 8:32 ἀγέλη κατὰ τοῦ **κρημνοῦ** εἰς τὴν θάλασσαν

κρίμα (*krima*; 1/27) *judgment*
Mt 7:2 ἐν ᾧ γὰρ **κρίματι** κρίνετε κριθήσεσθε,

κρίνον (*krinon*; 1/2) *lily*
Mt 6:28 καταμάθετε τὰ **κρίνα** τοῦ ἀγροῦ πῶς

κρίνω (*krinō*; 6/114) *judge*
Mt 5:40 τῷ θέλοντί σοι **κριθῆναι** καὶ τὸν χιτῶνά
Mt 7:1 Μὴ **κρίνετε**,
Mt 7:1 ἵνα μὴ **κριθῆτε**·
Mt 7:2 ᾧ γὰρ κρίματι **κρίνετε** κριθήσεσθε,
Mt 7:2 γὰρ κρίματι κρίνετε **κριθήσεσθε**,
Mt 19:28 ἐπὶ δώδεκα θρόνους **κρίνοντες** τὰς δώδεκα φυλὰς

κρίσις (*krisis*; 12/47) *judgment*
Mt 5:21 ἔνοχος ἔσται τῇ **κρίσει**.
Mt 5:22 ἔνοχος ἔσται τῇ **κρίσει**·
Mt 10:15 Γομόρρων ἐν ἡμέρᾳ **κρίσεως** ἢ τῇ πόλει
Mt 11:22 ἔσται ἐν ἡμέρᾳ **κρίσεως** ἢ ὑμῖν.
Mt 11:24 ἔσται ἐν ἡμέρᾳ **κρίσεως** ἢ σοί.
Mt 12:18 καὶ **κρίσιν** τοῖς ἔθνεσιν ἀπαγγελεῖ.
Mt 12:20 εἰς νῖκος τὴν **κρίσιν**.
Mt 12:36 λόγον ἐν ἡμέρᾳ **κρίσεως**·
Mt 12:41 ἀναστήσονται ἐν τῇ **κρίσει** μετὰ τῆς γενεᾶς
Mt 12:42 ἐγερθήσεται ἐν τῇ **κρίσει** μετὰ τῆς γενεᾶς
Mt 23:23 τὴν **κρίσιν** καὶ τὸ ἔλεος
Mt 23:33 φύγητε ἀπὸ τῆς **κρίσεως** τῆς γεέννης;

κριτής (*kritēs*; 3/19) *judge*
Mt 5:25 ὁ ἀντίδικος τῷ **κριτῇ** καὶ ὁ κριτὴς
Mt 5:25 κριτῇ καὶ ὁ **κριτὴς** τῷ ὑπηρέτῃ καὶ
Mt 12:27 διὰ τοῦτο αὐτοὶ **κριταὶ** ἔσονται ὑμῶν.

κρούω (*krouō*; 2/9) *knock*
Mt 7:7 **κρούετε** καὶ ἀνοιγήσεται ὑμῖν·
Mt 7:8 εὑρίσκει καὶ τῷ **κρούοντι** ἀνοιγήσεται.

κρυπτός (*kryptos*; 5/17) *secret*
Mt 6:4 ἐλεημοσύνη ἐν τῷ **κρυπτῷ**·
Mt 6:4 βλέπων ἐν τῷ **κρυπτῷ** ἀποδώσει σοι.
Mt 6:6 τῷ ἐν τῷ **κρυπτῷ**·
Mt 6:6 βλέπων ἐν τῷ **κρυπτῷ** ἀποδώσει σοι.
Mt 10:26 οὐκ ἀποκαλυφθήσεται καὶ **κρυπτὸν** ὃ οὐ γνωσθήσεται.

κρύπτω (*kryptō*; 7/18) *hide*
Mt 5:14 οὐ δύναται πόλις **κρυβῆναι** ἐπάνω ὄρους κειμένη·
Mt 11:25 ὅτι **ἔκρυψας** ταῦτα ἀπὸ σοφῶν
Mt 13:35 ἐρεύξομαι **κεκρυμμένα** ἀπὸ καταβολῆς [κόσμου].
Mt 13:44 τῶν οὐρανῶν θησαυρῷ **κεκρυμμένῳ** ἐν τῷ ἀγρῷ,
Mt 13:44 ὃν εὑρὼν ἄνθρωπος **ἔκρυψεν**,
Mt 25:18 ὤρυξεν γῆν καὶ **ἔκρυψεν** τὸ ἀργύριον τοῦ
Mt 25:25 καὶ φοβηθεὶς ἀπελθὼν **ἔκρυψα** τὸ τάλαντόν σου

κρυφαῖος (*kryphaios*; 2/2) *secret*
Mt 6:18 τῷ ἐν τῷ **κρυφαίῳ**·
Mt 6:18 βλέπων ἐν τῷ **κρυφαίῳ** ἀποδώσει σοι.

κτάομαι (*ktaomai*; 1/7) *acquire*
Mt 10:9 Μὴ **κτήσησθε** χρυσὸν μηδὲ ἄργυρον

κτῆμα (*ktēma*; 1/4) *possession*
Mt 19:22 ἦν γὰρ ἔχων **κτήματα** πολλά.

κτίζω (*ktizō*; 1/15) *create*
Mt 19:4 ἀνέγνωτε ὅτι ὁ **κτίσας** ἀπ' ἀρχῆς ἄρσεν

κυλλός (*kyllos*; 3/4) *crippled*
Mt 15:30 **κυλλούς**,
Mt 15:31 **κυλλοὺς** ὑγιεῖς καὶ χωλοὺς
Mt 18:8 εἰς τὴν ζωὴν **κυλλὸν** ἢ χωλὸν ἢ

κῦμα (*kyma*; 2/5) *wave*
Mt 8:24 καλύπτεσθαι ὑπὸ τῶν **κυμάτων**,
Mt 14:24 βασανιζόμενον ὑπὸ τῶν **κυμάτων**,

κύμινον (*kyminon*; 1/1) *cummin*
Mt 23:23 ἄνηθον καὶ τὸ **κύμινον** καὶ ἀφήκατε τὰ

κυνάριον (*kynarion*; 2/4) *house dog*
Mt 15:26 καὶ βαλεῖν τοῖς **κυναρίοις**.
Mt 15:27 καὶ γὰρ τὰ **κυνάρια** ἐσθίει ἀπὸ τῶν

Κυρηναῖος (*Kyrēnaios*; 1/6) *Cyrenian*
Mt 27:32 δὲ εὗρον ἄνθρωπον **Κυρηναῖον** ὀνόματι Σίμωνα,

κύριος (*kyrios*; 80/714[717]) *Lord, sir*
Mt 1:20 ἐνθυμηθέντος ἰδοὺ ἄγγελος **κυρίου** κατ' ὄναρ ἐφάνη
Mt 1:22 τὸ ῥηθὲν ὑπὸ **κυρίου** διὰ τοῦ προφήτου
Mt 1:24 αὐτῷ ὁ ἄγγελος **κυρίου** καὶ παρέλαβεν τὴν
Mt 2:13 αὐτῶν ἰδοὺ ἄγγελος **κυρίου** φαίνεται κατ' ὄναρ
Mt 2:15 τὸ ῥηθὲν ὑπὸ **κυρίου** διὰ τοῦ προφήτου
Mt 2:19 Ἡρῴδου ἰδοὺ ἄγγελος **κυρίου** φαίνεται κατ' ὄναρ
Mt 3:3 ἑτοιμάσατε τὴν ὁδὸν **κυρίου**,
Mt 4:7 οὐκ ἐκπειράσεις **κύριον** τὸν θεόν σου.
Mt 4:10 **κύριον** τὸν θεόν σου
Mt 5:33 ἀποδώσεις δὲ τῷ **κυρίῳ** τοὺς ὅρκους σου.

Mt 6:24 Οὐδεὶς δύναται δυσὶ **κυρίοις** δουλεύειν·
Mt 7:21 **κύριε** κύριε,
Mt 7:21 κύριε **κύριε**,
Mt 7:22 **κύριε** κύριε,
Mt 7:22 κύριε **κύριε**,
Mt 8:2 **κύριε**,
Mt 8:6 **κύριε**,
Mt 8:8 **κύριε**,
Mt 8:21 **κύριε**,
Mt 8:25 **κύριε**,
Mt 9:28 ναὶ **κύριε**.
Mt 9:38 δεήθητε οὖν τοῦ **κυρίου** τοῦ θερισμοῦ ὅπως
Mt 10:24 δοῦλος ὑπὲρ τὸν **κύριον** αὐτοῦ.
Mt 10:25 δοῦλος ὡς ὁ **κύριος** αὐτοῦ.
Mt 11:25 **κύριε** τοῦ οὐρανοῦ καὶ
Mt 12:8 **κύριος** γάρ ἐστιν τοῦ
Mt 13:27 **κύριε**,
Mt 14:28 **κύριε**,
Mt 14:30 **κύριε**,
Mt 15:22 **κύριε** υἱὸς Δαυίδ·
Mt 15:25 **κύριε**,
Mt 15:27 ναὶ **κύριε**,
Mt 15:27 τῆς τραπέζης τῶν **κυρίων** αὐτῶν.
Mt 16:22 **κύριε**·
Mt 17:4 **κύριε**,
Mt 17:15 **κύριε**,
Mt 18:21 **κύριε**,
Mt 18:25 ἐκέλευσεν αὐτὸν ὁ **κύριος** πραθῆναι καὶ τὴν
Mt 18:27 σπλαγχνισθεὶς δὲ ὁ **κύριος** τοῦ δούλου ἐκείνου
Mt 18:31 ἐλθόντες διεσάφησαν τῷ **κυρίῳ** ἑαυτῶν πάντα τὰ
Mt 18:32 προσκαλεσάμενος αὐτὸν ὁ **κύριος** αὐτοῦ λέγει αὐτῷ·
Mt 18:34 καὶ ὀργισθεὶς ὁ **κύριος** αὐτοῦ παρέδωκεν αὐτὸν
Mt 20:8 γενομένης λέγει ὁ **κύριος** τοῦ ἀμπελῶνος τῷ
Mt 20:30 **[κύριε]** υἱὸς Δαυίδ.
Mt 20:31 **κύριε**,
Mt 20:33 **κύριε**,
Mt 21:3 ἐρεῖτε ὅτι ὁ **κύριος** αὐτῶν χρείαν ἔχει·
Mt 21:9 ἐρχόμενος ἐν ὀνόματι **κυρίου**·
Mt 21:30 **κύριε**,
Mt 21:40 οὖν ἔλθῃ ὁ **κύριος** τοῦ ἀμπελῶνος,
Mt 21:42 παρὰ **κυρίου** ἐγένετο αὕτη καὶ
Mt 22:37 ἀγαπήσεις **κύριον** τὸν θεόν σου
Mt 22:43 πνεύματι καλεῖ αὐτὸν **κύριον** λέγων·
Mt 22:44 εἶπεν **κύριος** τῷ κυρίῳ μου·
Mt 22:44 εἶπεν κύριος τῷ **κυρίῳ** μου·
Mt 22:45 Δαυὶδ καλεῖ αὐτὸν **κύριον**,
Mt 23:39 ἐρχόμενος ἐν ὀνόματι **κυρίου**.
Mt 24:42 ποίᾳ ἡμέρᾳ ὁ **κύριος** ὑμῶν ἔρχεται.
Mt 24:45 ὃν κατέστησεν ὁ **κύριος** ἐπὶ τῆς οἰκετείας
Mt 24:46 ὃν ἐλθὼν ὁ **κύριος** αὐτοῦ εὑρήσει οὕτως
Mt 24:48 χρονίζει μου ὁ **κύριος**,
Mt 24:50 ἥξει ὁ **κύριος** τοῦ δούλου ἐκείνου
Mt 25:11 **κύριε** κύριε,
Mt 25:11 κύριε **κύριε**,
Mt 25:18 τὸ ἀργύριον τοῦ **κυρίου** αὐτοῦ.
Mt 25:19 χρόνον ἔρχεται ὁ **κύριος** τῶν δούλων ἐκείνων
Mt 25:20 **κύριε**,
Mt 25:21 ἔφη αὐτῷ ὁ **κύριος** αὐτοῦ·
Mt 25:21 τὴν χαρὰν τοῦ **κυρίου** σου.
Mt 25:22 **κύριε**,
Mt 25:23 ἔφη αὐτῷ ὁ **κύριος** αὐτοῦ·
Mt 25:23 τὴν χαρὰν τοῦ **κυρίου** σου.
Mt 25:24 **κύριε**,
Mt 25:26 ἀποκριθεὶς δὲ ὁ **κύριος** αὐτοῦ εἶπεν αὐτῷ·
Mt 25:37 **κύριε**,
Mt 25:44 **κύριε**,
Mt 26:22 **κύριε**;
Mt 27:10 καθὰ συνέταξέν μοι **κύριος**.
Mt 27:63 **κύριε**,
Mt 28:2 ἄγγελος γὰρ **κυρίου** καταβὰς ἐξ οὐρανοῦ

κύων (*kyōn*; 1/5) *dog*

Mt 7:6 τὸ ἅγιον τοῖς **κυσὶν** μηδὲ βάλητε τοὺς

κωλύω (*kōlyō*; 1/23) *hinder*

Mt 19:14 παιδία καὶ μὴ **κωλύετε** αὐτὰ ἐλθεῖν πρός

κώμη (*kōmē*; 4/27) *village*

Mt 9:35 πάσας καὶ τὰς **κώμας** διδάσκων ἐν ταῖς
Mt 10:11 ἂν πόλιν ἢ **κώμην** εἰσέλθητε,
Mt 14:15 ἀπελθόντες εἰς τὰς **κώμας** ἀγοράσωσιν ἑαυτοῖς βρώματα.
Mt 21:2 πορεύεσθε εἰς τὴν **κώμην** τὴν κατέναντι ὑμῶν,

κώνωψ (*kōnōps*; 1/1) *gnat*

Mt 23:24 οἱ διϋλίζοντες τὸν **κώνωπα**,

κωφός (*kōphos*; 7/14) *dumb*

Mt 9:32 προσήνεγκαν αὐτῷ ἄνθρωπον **κωφὸν** δαιμονιζόμενον.
Mt 9:33 δαιμονίου ἐλάλησεν ὁ **κωφός**.
Mt 11:5 λεπροὶ καθαρίζονται καὶ **κωφοὶ** ἀκούουσιν,
Mt 12:22 δαιμονιζόμενος τυφλὸς καὶ **κωφός**,
Mt 12:22 ὥστε τὸν **κωφὸν** λαλεῖν καὶ βλέπειν.
Mt 15:30 **κωφούς**,
Mt 15:31 ὄχλον θαυμάσαι βλέποντας **κωφοὺς** λαλοῦντας,

λάθρᾳ (*lathra*; 2/4) *secretly*

Mt 1:19 ἐβουλήθη **λάθρᾳ** ἀπολῦσαι αὐτήν.
Mt 2:7 Τότε Ἡρῴδης **λάθρᾳ** καλέσας τοὺς μάγους

λαλέω (*laleō*; 26/294[296]) *speak*

Mt 9:18 Ταῦτα αὐτοῦ **λαλοῦντος** αὐτοῖς,
Mt 9:33 ἐκβληθέντος τοῦ δαιμονίου **ἐλάλησεν** ὁ κωφός.
Mt 10:19 πῶς ἢ τί **λαλήσητε**·
Mt 10:19 τῇ ὥρᾳ τί **λαλήσητε**·
Mt 10:20 ὑμεῖς ἐστε οἱ **λαλοῦντες** ἀλλὰ τὸ πνεῦμα
Mt 10:20 πατρὸς ὑμῶν τὸ **λαλοῦν** ἐν ὑμῖν.
Mt 12:22 ὥστε τὸν κωφὸν **λαλεῖν** καὶ βλέπειν.
Mt 12:34 πῶς δύνασθε ἀγαθὰ **λαλεῖν** πονηροὶ ὄντες;
Mt 12:34 καρδίας τὸ στόμα **λαλεῖ**.
Mt 12:36 ῥῆμα ἀργὸν ὃ **λαλήσουσιν** οἱ ἄνθρωποι ἀποδώσουσιν
Mt 12:46 Ἔτι αὐτοῦ **λαλοῦντος** τοῖς ὄχλοις ἰδοὺ
Mt 12:46 ἔξω ζητοῦντες αὐτῷ **λαλῆσαι**.
Mt 12:47 ἑστήκασιν ζητοῦντές σοι **λαλῆσαι]**
Mt 13:3 Καὶ **ἐλάλησεν** αὐτοῖς πολλὰ ἐν
Mt 13:10 τί ἐν παραβολαῖς **λαλεῖς** αὐτοῖς;

Mt 13:13 ἐν παραβολαῖς αὐτοῖς **λαλῶ**,
Mt 13:33 Ἄλλην παραβολὴν **ἐλάλησεν** αὐτοῖς·
Mt 13:34 ταῦτα πάντα **ἐλάλησεν** ὁ Ἰησοῦς ἐν
Mt 13:34 χωρὶς παραβολῆς οὐδὲν **ἐλάλει** αὐτοῖς,
Mt 14:27 εὐθὺς δὲ **ἐλάλησεν** [ὁ Ἰησοῦς] αὐτοῖς
Mt 15:31 θαυμάσαι βλέποντας κωφοὺς **λαλοῦντας**,
Mt 17:5 ἔτι αὐτοῦ **λαλοῦντος** ἰδοὺ νεφέλη φωτεινὴ
Mt 23:1 Τότε ὁ Ἰησοῦς **ἐλάλησεν** τοῖς ὄχλοις καὶ
Mt 26:13 **λαληθήσεται** καὶ ὃ ἐποίησεν
Mt 26:47 Καὶ ἔτι αὐτοῦ **λαλοῦντος** ἰδοὺ Ἰούδας εἷς
Mt 28:18 προσελθὼν ὁ Ἰησοῦς **ἐλάλησεν** αὐτοῖς λέγων·

λαλιά (*lalia*; 1/3) *speech*

Mt 26:73 καὶ γὰρ ἡ **λαλιά** σου δῆλόν σε

λεμα (*lema*; 1/2) *why*

Mt 27:46 ηλι ηλι **λεμα** σαβαχθανι;

λαμβάνω (*lambanō*; 53/258) *take, receive*

Mt 5:40 τὸν χιτῶνά σου **λαβεῖν**,
Mt 7:8 γὰρ ὁ αἰτῶν **λαμβάνει** καὶ ὁ ζητῶν
Mt 8:17 τὰς ἀσθενείας ἡμῶν **ἔλαβεν** καὶ τὰς νόσους
Mt 10:8 δωρεὰν **ἐλάβετε**,
Mt 10:38 καὶ ὃς οὐ **λαμβάνει** τὸν σταυρὸν αὐτοῦ
Mt 10:41 προφήτου μισθὸν προφήτου **λήμψεται**,
Mt 10:41 δικαίου μισθὸν δικαίου **λήμψεται**.
Mt 12:14 οἱ Φαρισαῖοι συμβούλιον **ἔλαβον** κατ' αὐτοῦ ὅπως
Mt 13:20 εὐθὺς μετὰ χαρᾶς **λαμβάνων** αὐτόν,
Mt 13:31 ὃν **λαβὼν** ἄνθρωπος ἔσπειρεν ἐν
Mt 13:33 ἣν **λαβοῦσα** γυνὴ ἐνέκρυψεν εἰς
Mt 14:19 **λαβὼν** τοὺς πέντε ἄρτους
Mt 15:26 οὐκ ἔστιν καλὸν **λαβεῖν** τὸν ἄρτον τῶν
Mt 15:36 **ἔλαβεν** τοὺς ἑπτὰ ἄρτους
Mt 16:5 πέραν ἐπελάθοντο ἄρτους **λαβεῖν**.
Mt 16:7 ὅτι ἄρτους οὐκ **ἐλάβομεν**.
Mt 16:9 καὶ πόσους κοφίνους **ἐλάβετε**;
Mt 16:10 καὶ πόσας σπυρίδας **ἐλάβετε**;
Mt 17:24 οἱ τὰ δίδραχμα **λαμβάνοντες** τῷ Πέτρῳ καὶ
Mt 17:25 γῆς ἀπὸ τίνων **λαμβάνουσιν** τέλη ἢ κῆνσον;
Mt 17:27 ἐκεῖνον **λαβὼν** δὸς αὐτοῖς ἀντὶ
Mt 19:29 ἑκατονταπλασίονα **λήμψεται** καὶ ζωὴν αἰώνιον
Mt 20:9 τὴν ἑνδεκάτην ὥραν **ἔλαβον** ἀνὰ δηνάριον.
Mt 20:10 ἐνόμισαν ὅτι πλεῖον **λήμψονται**·
Mt 20:10 καὶ **ἔλαβον** [τὸ] ἀνὰ δηνάριον
Mt 20:11 **λαβόντες** δὲ ἐγόγγυζον κατὰ
Mt 21:22 τῇ προσευχῇ πιστεύοντες **λήμψεσθε**.
Mt 21:34 πρὸς τοὺς γεωργοὺς **λαβεῖν** τοὺς καρποὺς αὐτοῦ.
Mt 21:35 καὶ **λαβόντες** οἱ γεωργοὶ τοὺς
Mt 21:39 καὶ **λαβόντες** αὐτὸν ἐξέβαλον ἔξω
Mt 22:15 οἱ Φαρισαῖοι συμβούλιον **ἔλαβον** ὅπως αὐτὸν παγιδεύσωσιν
Mt 25:1 αἵτινες **λαβοῦσαι** τὰς λαμπάδας ἑαυτῶν
Mt 25:3 αἱ γὰρ μωραὶ **λαβοῦσαι** τὰς λαμπάδας αὐτῶν
Mt 25:3 λαμπάδας αὐτῶν οὐκ **ἔλαβον** μεθ' ἑαυτῶν ἔλαιον.
Mt 25:4 αἱ δὲ φρόνιμοι **ἔλαβον** ἔλαιον ἐν τοῖς
Mt 25:16 τὰ πέντε τάλαντα **λαβὼν** ἠργάσατο ἐν αὐτοῖς
Mt 25:18 δὲ τὸ ἓν **λαβὼν** ἀπελθὼν ὤρυξεν γῆν
Mt 25:20 τὰ πέντε τάλαντα **λαβὼν** προσήνεγκεν ἄλλα πέντε
Mt 25:24 τὸ ἓν τάλαντον **εἰληφὼς** εἶπεν·
Mt 26:26 Ἐσθιόντων δὲ αὐτῶν **λαβὼν** ὁ Ἰησοῦς ἄρτον
Mt 26:26 **λάβετε** φάγετε,
Mt 26:27 καὶ **λαβὼν** ποτήριον καὶ εὐχαριστήσας
Mt 26:52 πάντες γὰρ οἱ **λαβόντες** μάχαιραν ἐν μαχαίρῃ
Mt 27:1 δὲ γενομένης συμβούλιον **ἔλαβον** πάντες οἱ ἀρχιερεῖς
Mt 27:6 Οἱ δὲ ἀρχιερεῖς **λαβόντες** τὰ ἀργύρια εἶπαν·
Mt 27:7 συμβούλιον δὲ **λαβόντες** ἠγόρασαν ἐξ αὐτῶν
Mt 27:9 καὶ **ἔλαβον** τὰ τριάκοντα ἀργύρια,
Mt 27:24 **λαβὼν** ὕδωρ ἀπενίψατο τὰς
Mt 27:30 ἐμπτύσαντες εἰς αὐτὸν **ἔλαβον** τὸν κάλαμον
Mt 27:48 ἐξ αὐτῶν καὶ **λαβὼν** σπόγγον πλήσας τε
Mt 27:59 καὶ **λαβὼν** τὸ σῶμα ὁ
Mt 28:12 πρεσβυτέρων συμβούλιόν τε **λαβόντες** ἀργύρια ἱκανὰ ἔδωκαν
Mt 28:15 οἱ δὲ **λαβόντες** τὰ ἀργύρια ἐποίησαν

λαμπάς (*lampas*; 5/9) *lantern, lamp*

Mt 25:1 αἵτινες λαβοῦσαι τὰς **λαμπάδας** ἑαυτῶν ἐξῆλθον εἰς
Mt 25:3 μωραὶ λαβοῦσαι τὰς **λαμπάδας** αὐτῶν οὐκ ἔλαβον
Mt 25:4 ἀγγείοις μετὰ τῶν **λαμπάδων** ἑαυτῶν.
Mt 25:7 καὶ ἐκόσμησαν τὰς **λαμπάδας** ἑαυτῶν.
Mt 25:8 ὅτι αἱ **λαμπάδες** ἡμῶν σβέννυνται.

λάμπω (*lampō*; 3/7) *shine*

Mt 5:15 καὶ **λάμπει** πᾶσιν τοῖς ἐν
Mt 5:16 οὕτως **λαμψάτω** τὸ φῶς ὑμῶν
Mt 17:2 καὶ **ἔλαμψεν** τὸ πρόσωπον αὐτοῦ

λαός (*laos*; 14/141[142]) *people, nation*

Mt 1:21 γὰρ σώσει τὸν **λαὸν** αὐτοῦ ἀπὸ τῶν
Mt 2:4 καὶ γραμματεῖς τοῦ **λαοῦ** ἐπυνθάνετο παρ' αὐτῶν
Mt 2:6 ὅστις ποιμανεῖ τὸν **λαόν** μου τὸν Ἰσραήλ.
Mt 4:16 ὁ **λαὸς** ὁ καθήμενος ἐν
Mt 4:23 μαλακίαν ἐν τῷ **λαῷ**.
Mt 13:15 ἡ καρδία τοῦ **λαοῦ** τούτου,
Mt 15:8 ὁ **λαὸς** οὗτος τοῖς χείλεσίν
Mt 21:23 οἱ πρεσβύτεροι τοῦ **λαοῦ** λέγοντες·
Mt 26:3 οἱ πρεσβύτεροι τοῦ **λαοῦ** εἰς τὴν αὐλὴν
Mt 26:5 γένηται ἐν τῷ **λαῷ**.
Mt 26:47 καὶ πρεσβυτέρων τοῦ **λαοῦ**.
Mt 27:1 οἱ πρεσβύτεροι τοῦ **λαοῦ** κατὰ τοῦ Ἰησοῦ
Mt 27:25 ἀποκριθεὶς πᾶς ὁ **λαὸς** εἶπεν·
Mt 27:64 καὶ εἴπωσιν τῷ **λαῷ**·

λατομέω (*latomeō*; 1/2) *cut*

Mt 27:60 αὐτοῦ μνημείῳ ὃ **ἐλατόμησεν** ἐν τῇ πέτρᾳ

λατρεύω (*latreuō*; 1/21) *serve*

Mt 4:10 καὶ αὐτῷ μόνῳ **λατρεύσεις**.

λάχανον (*lachanon*; 1/4) *garden*

Mt 13:32 αὐξηθῇ μεῖζον τῶν **λαχάνων** ἐστὶν καὶ γίνεται

λεγιών (*legiōn*; 1/4) *legion*

Mt 26:53 ἄρτι πλείω δώδεκα **λεγιῶνας** ἀγγέλων;

λέγω (*legō*; 505/2345[2353]) *say*

Mt 1:16 ἐγεννήθη Ἰησοῦς ὁ **λεγόμενος** χριστός.
Mt 1:20 ὄναρ ἐφάνη αὐτῷ **λέγων**·
Mt 1:22 ἵνα πληρωθῇ τὸ **ῥηθὲν** ὑπὸ κυρίου διὰ
Mt 1:22 διὰ τοῦ προφήτου **λέγοντος**·
Mt 2:2 **λέγοντες**·
Mt 2:5 οἱ δὲ **εἶπαν** αὐτῷ·
Mt 2:8 αὐτοὺς εἰς Βηθλέεμ **εἶπεν**·
Mt 2:13 ὄναρ τῷ Ἰωσὴφ **λέγων**·
Mt 2:13 ἐκεῖ ἕως ἂν **εἴπω** σοι·
Mt 2:15 ἵνα πληρωθῇ τὸ **ῥηθὲν** ὑπὸ κυρίου διὰ
Mt 2:15 διὰ τοῦ προφήτου **λέγοντος**·
Mt 2:17 τότε ἐπληρώθη τὸ **ῥηθὲν** διὰ Ἰερεμίου τοῦ
Mt 2:17 Ἰερεμίου τοῦ προφήτου **λέγοντος**·
Mt 2:20 **λέγων**·
Mt 2:23 κατῴκησεν εἰς πόλιν **λεγομένην** Ναζαρέτ·
Mt 2:23 ὅπως πληρωθῇ τὸ **ῥηθὲν** διὰ τῶν προφητῶν
Mt 3:2 [καὶ] **λέγων**·
Mt 3:3 γάρ ἐστιν ὁ **ῥηθεὶς** διὰ Ἠσαΐου τοῦ
Mt 3:3 Ἠσαΐου τοῦ προφήτου **λέγοντος**·
Mt 3:7 τὸ βάπτισμα αὐτοῦ **εἶπεν** αὐτοῖς·
Mt 3:9 καὶ μὴ δόξητε **λέγειν** ἐν ἑαυτοῖς·
Mt 3:9 **λέγω** γὰρ ὑμῖν ὅτι
Mt 3:14 Ἰωάννης διεκώλυεν αὐτὸν **λέγων**·
Mt 3:15 δὲ ὁ Ἰησοῦς **εἶπεν** πρὸς αὐτόν·
Mt 3:17 ἐκ τῶν οὐρανῶν **λέγουσα**·
Mt 4:3 προσελθὼν ὁ πειράζων **εἶπεν** αὐτῷ·
Mt 4:3 **εἰπὲ** ἵνα οἱ λίθοι
Mt 4:4 ὁ δὲ ἀποκριθεὶς **εἶπεν**·
Mt 4:6 καὶ **λέγει** αὐτῷ·
Mt 4:9 καὶ **εἶπεν** αὐτῷ·
Mt 4:10 τότε **λέγει** αὐτῷ ὁ Ἰησοῦς·
Mt 4:14 ἵνα πληρωθῇ τὸ **ῥηθὲν** διὰ Ἠσαΐου τοῦ
Mt 4:14 Ἠσαΐου τοῦ προφήτου **λέγοντος**·
Mt 4:17 Ἰησοῦς κηρύσσειν καὶ **λέγειν**·
Mt 4:18 Σίμωνα τὸν **λεγόμενον** Πέτρον καὶ Ἀνδρέαν
Mt 4:19 καὶ **λέγει** αὐτοῖς·
Mt 5:2 αὐτοῦ ἐδίδασκεν αὐτοὺς **λέγων**·
Mt 5:11 καὶ διώξωσιν καὶ **εἴπωσιν** πᾶν πονηρὸν καθ'
Mt 5:18 ἀμὴν γὰρ **λέγω** ὑμῖν·
Mt 5:20 **Λέγω** γὰρ ὑμῖν ὅτι
Mt 5:21 Ἠκούσατε ὅτι **ἐρρέθη** τοῖς ἀρχαίοις·
Mt 5:22 ἐγὼ δὲ **λέγω** ὑμῖν ὅτι πᾶς
Mt 5:22 ὃς δ' ἂν **εἴπῃ** τῷ ἀδελφῷ αὐτοῦ·
Mt 5:22 ὃς δ' ἂν **εἴπῃ**·
Mt 5:26 ἀμὴν **λέγω** σοι,
Mt 5:27 Ἠκούσατε ὅτι **ἐρρέθη**·
Mt 5:28 ἐγὼ δὲ **λέγω** ὑμῖν ὅτι πᾶς
Mt 5:31 **Ἐρρέθη** δέ·
Mt 5:32 ἐγὼ δὲ **λέγω** ὑμῖν ὅτι πᾶς
Mt 5:33 Πάλιν ἠκούσατε ὅτι **ἐρρέθη** τοῖς ἀρχαίοις·
Mt 5:34 ἐγὼ δὲ **λέγω** ὑμῖν μὴ ὀμόσαι
Mt 5:38 Ἠκούσατε ὅτι **ἐρρέθη**·
Mt 5:39 ἐγὼ δὲ **λέγω** ὑμῖν μὴ ἀντιστῆναι
Mt 5:43 Ἠκούσατε ὅτι **ἐρρέθη**·
Mt 5:44 ἐγὼ δὲ **λέγω** ὑμῖν·
Mt 6:2 ἀμὴν **λέγω** ὑμῖν,
Mt 6:5 ἀμὴν **λέγω** ὑμῖν,
Mt 6:16 ἀμὴν **λέγω** ὑμῖν,
Mt 6:25 Διὰ τοῦτο **λέγω** ὑμῖν·
Mt 6:29 **λέγω** δὲ ὑμῖν ὅτι
Mt 6:31 μὴ οὖν μεριμνήσητε **λέγοντες**·
Mt 7:4 ἢ πῶς **ἐρεῖς** τῷ ἀδελφῷ σου·
Mt 7:21 Οὐ πᾶς ὁ **λέγων** μοι·
Mt 7:22 πολλοὶ **ἐροῦσίν** μοι ἐν ἐκείνῃ
Mt 8:2 προσελθὼν προσεκύνει αὐτῷ **λέγων**·
Mt 8:3 χεῖρα ἥψατο αὐτοῦ **λέγων**·
Mt 8:4 καὶ **λέγει** αὐτῷ ὁ Ἰησοῦς·
Mt 8:4 ὅρα μηδενὶ **εἴπῃς**,
Mt 8:6 καὶ **λέγων**·
Mt 8:7 καὶ **λέγει** αὐτῷ·
Mt 8:8 ἀλλὰ μόνον **εἰπὲ** λόγῳ,
Mt 8:9 καὶ **λέγω** τούτῳ·
Mt 8:10 Ἰησοῦς ἐθαύμασεν καὶ **εἶπεν** τοῖς ἀκολουθοῦσιν·
Mt 8:10 ἀμὴν **λέγω** ὑμῖν,
Mt 8:11 **λέγω** δὲ ὑμῖν ὅτι
Mt 8:13 καὶ **εἶπεν** ὁ Ἰησοῦς τῷ
Mt 8:17 ὅπως πληρωθῇ τὸ **ῥηθὲν** διὰ Ἠσαΐου τοῦ
Mt 8:17 Ἠσαΐου τοῦ προφήτου **λέγοντος**·
Mt 8:19 προσελθὼν εἷς γραμματεὺς **εἶπεν** αὐτῷ·
Mt 8:20 καὶ **λέγει** αὐτῷ ὁ Ἰησοῦς·
Mt 8:21 τῶν μαθητῶν [αὐτοῦ] **εἶπεν** αὐτῷ·
Mt 8:22 ὁ δὲ Ἰησοῦς **λέγει** αὐτῷ·
Mt 8:25 προσελθόντες ἤγειραν αὐτὸν **λέγοντες**·
Mt 8:26 καὶ **λέγει** αὐτοῖς·
Mt 8:27 δὲ ἄνθρωποι ἐθαύμασαν **λέγοντες**·
Mt 8:29 καὶ ἰδοὺ ἔκραξαν **λέγοντες**·
Mt 8:31 δαίμονες παρεκάλουν αὐτὸν **λέγοντες**·
Mt 8:32 καὶ **εἶπεν** αὐτοῖς·
Mt 9:2 τὴν πίστιν αὐτῶν **εἶπεν** τῷ παραλυτικῷ·
Mt 9:3 τινες τῶν γραμματέων **εἶπαν** ἐν ἑαυτοῖς·
Mt 9:4 τὰς ἐνθυμήσεις αὐτῶν **εἶπεν**·
Mt 9:5 **εἰπεῖν**·
Mt 9:5 ἢ **εἰπεῖν**·
Mt 9:6 τότε **λέγει** τῷ παραλυτικῷ·
Mt 9:9 Μαθθαῖον **λεγόμενον**,
Mt 9:9 καὶ **λέγει** αὐτῷ·
Mt 9:11 ἰδόντες οἱ Φαρισαῖοι **ἔλεγον** τοῖς μαθηταῖς αὐτοῦ·
Mt 9:12 ὁ δὲ ἀκούσας **εἶπεν**·
Mt 9:14 οἱ μαθηταὶ Ἰωάννου **λέγοντες**·
Mt 9:15 καὶ **εἶπεν** αὐτοῖς ὁ Ἰησοῦς·
Mt 9:18 ἐλθὼν προσεκύνει αὐτῷ **λέγων** ὅτι ἡ θυγάτηρ
Mt 9:21 **ἔλεγεν** γὰρ ἐν ἑαυτῇ·
Mt 9:22 καὶ ἰδὼν αὐτὴν **εἶπεν**·
Mt 9:24 **ἔλεγεν**·
Mt 9:27 τυφλοὶ κράζοντες καὶ **λέγοντες**·
Mt 9:28 καὶ **λέγει** αὐτοῖς ὁ Ἰησοῦς·
Mt 9:28 **λέγουσιν** αὐτῷ·
Mt 9:29 τῶν ὀφθαλμῶν αὐτῶν **λέγων**·
Mt 9:30 αὐτοῖς ὁ Ἰησοῦς **λέγων**·
Mt 9:33 ἐθαύμασαν οἱ ὄχλοι **λέγοντες**·
Mt 9:34 οἱ δὲ Φαρισαῖοι **ἔλεγον**·
Mt 9:37 τότε **λέγει** τοῖς μαθηταῖς αὐτοῦ·
Mt 10:2 πρῶτος Σίμων ὁ **λεγόμενος** Πέτρος καὶ Ἀνδρέας
Mt 10:5 Ἰησοῦς παραγγείλας αὐτοῖς **λέγων**·
Mt 10:7 πορευόμενοι δὲ κηρύσσετε **λέγοντες** ὅτι ἤγγικεν ἡ
Mt 10:15 ἀμὴν **λέγω** ὑμῖν,
Mt 10:23 ἀμὴν γὰρ **λέγω** ὑμῖν,
Mt 10:27 ὃ **λέγω** ὑμῖν ἐν τῇ
Mt 10:27 ἐν τῇ σκοτίᾳ **εἴπατε** ἐν τῷ φωτί,

Mt 10:42 ἀμὴν **λέγω** ὑμῖν,
Mt 11:3 **εἶπεν** αὐτῷ·
Mt 11:4 ἀποκριθεὶς ὁ Ἰησοῦς **εἶπεν** αὐτοῖς·
Mt 11:7 ἤρξατο ὁ Ἰησοῦς **λέγειν** τοῖς ὄχλοις περὶ
Mt 11:9 ναὶ **λέγω** ὑμῖν,
Mt 11:11 Ἀμὴν **λέγω** ὑμῖν·
Mt 11:17 **λέγουσιν**·
Mt 11:18 καὶ **λέγουσιν**·
Mt 11:19 καὶ **λέγουσιν**·
Mt 11:22 πλὴν **λέγω** ὑμῖν,
Mt 11:24 πλὴν **λέγω** ὑμῖν ὅτι γῇ
Mt 11:25 ἀποκριθεὶς ὁ Ἰησοῦς **εἶπεν**·
Mt 12:2 δὲ Φαρισαῖοι ἰδόντες **εἶπαν** αὐτῷ·
Mt 12:3 ὁ δὲ **εἶπεν** αὐτοῖς·
Mt 12:6 **λέγω** δὲ ὑμῖν ὅτι
Mt 12:10 καὶ ἐπηρώτησαν αὐτὸν **λέγοντες**·
Mt 12:11 ὁ δὲ **εἶπεν** αὐτοῖς·
Mt 12:13 τότε **λέγει** τῷ ἀνθρώπῳ·
Mt 12:17 ἵνα πληρωθῇ τὸ **ῥηθὲν** διὰ Ἠσαΐου τοῦ
Mt 12:17 Ἠσαΐου τοῦ προφήτου **λέγοντος**·
Mt 12:23 οἱ ὄχλοι καὶ **ἔλεγον**·
Mt 12:24 δὲ Φαρισαῖοι ἀκούσαντες **εἶπον**·
Mt 12:25 τὰς ἐνθυμήσεις αὐτῶν **εἶπεν** αὐτοῖς·
Mt 12:31 Διὰ τοῦτο **λέγω** ὑμῖν,
Mt 12:32 καὶ ὃς ἐὰν **εἴπῃ** λόγον κατὰ τοῦ
Mt 12:32 ὃς δ᾽ ἂν **εἴπῃ** κατὰ τοῦ πνεύματος
Mt 12:36 **λέγω** δὲ ὑμῖν ὅτι
Mt 12:38 γραμματέων καὶ Φαρισαίων **λέγοντες**·
Mt 12:39 ὁ δὲ ἀποκριθεὶς **εἶπεν** αὐτοῖς·
Mt 12:44 τότε **λέγει**·
Mt 12:47 [**εἶπεν** δέ τις αὐτῷ·
Mt 12:48 ὁ δὲ ἀποκριθεὶς **εἶπεν** τῷ λέγοντι αὐτῷ·
Mt 12:48 ἀποκριθεὶς εἶπεν τῷ **λέγοντι** αὐτῷ·
Mt 12:49 τοὺς μαθητὰς αὐτοῦ **εἶπεν**·
Mt 13:3 πολλὰ ἐν παραβολαῖς **λέγων**·
Mt 13:10 προσελθόντες οἱ μαθηταὶ **εἶπαν** αὐτῷ·
Mt 13:11 ὁ δὲ ἀποκριθεὶς **εἶπεν** αὐτοῖς·
Mt 13:14 προφητεία Ἠσαΐου ἡ **λέγουσα**·
Mt 13:17 ἀμὴν γὰρ **λέγω** ὑμῖν ὅτι πολλοὶ
Mt 13:24 παραβολὴν παρέθηκεν αὐτοῖς **λέγων**·
Mt 13:27 δοῦλοι τοῦ οἰκοδεσπότου **εἶπον** αὐτῷ·
Mt 13:28 οἱ δὲ δοῦλοι **λέγουσιν** αὐτῷ·
Mt 13:30 καιρῷ τοῦ θερισμοῦ **ἐρῶ** τοῖς θερισταῖς·
Mt 13:31 παραβολὴν παρέθηκεν αὐτοῖς **λέγων**·
Mt 13:35 ὅπως πληρωθῇ τὸ **ῥηθὲν** διὰ τοῦ προφήτου
Mt 13:35 διὰ τοῦ προφήτου **λέγοντος**·
Mt 13:36 οἱ μαθηταὶ αὐτοῦ **λέγοντες**·
Mt 13:37 ὁ δὲ ἀποκριθεὶς **εἶπεν**·
Mt 13:51 **λέγουσιν** αὐτῷ·
Mt 13:52 ὁ δὲ **εἶπεν** αὐτοῖς·
Mt 13:54 ἐκπλήσσεσθαι αὐτοὺς καὶ **λέγειν**·
Mt 13:55 ἡ μήτηρ αὐτοῦ **λέγεται** Μαριὰμ καὶ οἱ
Mt 13:57 ὁ δὲ Ἰησοῦς **εἶπεν** αὐτοῖς·
Mt 14:2 καὶ **εἶπεν** τοῖς παισὶν αὐτοῦ·
Mt 14:4 **ἔλεγεν** γὰρ ὁ Ἰωάννης
Mt 14:15 αὐτῷ οἱ μαθηταὶ **λέγοντες**·
Mt 14:16 ὁ δὲ [Ἰησοῦς] **εἶπεν** αὐτοῖς·
Mt 14:17 οἱ δὲ **λέγουσιν** αὐτῷ·
Mt 14:18 ὁ δὲ **εἶπεν**·
Mt 14:26 θαλάσσης περιπατοῦντα ἐταράχθησαν **λέγοντες** ὅτι φάντασμά ἐστιν,
Mt 14:27 [ὁ Ἰησοῦς] αὐτοῖς **λέγων**·
Mt 14:28 αὐτῷ ὁ Πέτρος **εἶπεν**·
Mt 14:29 ὁ δὲ **εἶπεν**·
Mt 14:30 ἀρξάμενος καταποντίζεσθαι ἔκραξεν **λέγων**·
Mt 14:31 ἐπελάβετο αὐτοῦ καὶ **λέγει** αὐτῷ·
Mt 14:33 πλοίῳ προσεκύνησαν αὐτῷ **λέγοντες**·
Mt 15:1 Φαρισαῖοι καὶ γραμματεῖς **λέγοντες**·
Mt 15:3 ὁ δὲ ἀποκριθεὶς **εἶπεν** αὐτοῖς·
Mt 15:4 ὁ γὰρ θεὸς **εἶπεν**·
Mt 15:5 ὑμεῖς δὲ **λέγετε**·
Mt 15:5 ὃς ἂν **εἴπῃ** τῷ πατρὶ ἢ
Mt 15:7 περὶ ὑμῶν Ἠσαΐας **λέγων**·
Mt 15:10 προσκαλεσάμενος τὸν ὄχλον **εἶπεν** αὐτοῖς·
Mt 15:12 προσελθόντες οἱ μαθηταὶ **λέγουσιν** αὐτῷ·
Mt 15:13 ὁ δὲ ἀποκριθεὶς **εἶπεν**·
Mt 15:15 δὲ ὁ Πέτρος **εἶπεν** αὐτῷ·
Mt 15:16 ὁ δὲ **εἶπεν**·
Mt 15:22 ἐκείνων ἐξελθοῦσα ἔκραζεν **λέγουσα**·
Mt 15:23 αὐτοῦ ἠρώτουν αὐτὸν **λέγοντες**·
Mt 15:24 ὁ δὲ ἀποκριθεὶς **εἶπεν**·
Mt 15:25 ἐλθοῦσα προσεκύνει αὐτῷ **λέγουσα**·
Mt 15:26 ὁ δὲ ἀποκριθεὶς **εἶπεν**·
Mt 15:27 ἡ δὲ **εἶπεν**·
Mt 15:28 ἀποκριθεὶς ὁ Ἰησοῦς **εἶπεν** αὐτῇ·
Mt 15:32 τοὺς μαθητὰς αὐτοῦ **εἶπεν**·
Mt 15:33 καὶ **λέγουσιν** αὐτῷ οἱ μαθηταί·
Mt 15:34 καὶ **λέγει** αὐτοῖς ὁ Ἰησοῦς·
Mt 15:34 οἱ δὲ **εἶπαν**·
Mt 16:2 ὁ δὲ ἀποκριθεὶς **εἶπεν** αὐτοῖς·
Mt 16:2 [ὀψίας γενομένης **λέγετε**·
Mt 16:6 ὁ δὲ Ἰησοῦς **εἶπεν** αὐτοῖς·
Mt 16:7 διελογίζοντο ἐν ἑαυτοῖς **λέγοντες** ὅτι ἄρτους οὐκ
Mt 16:8 δὲ ὁ Ἰησοῦς **εἶπεν**·
Mt 16:11 οὐ περὶ ἄρτων **εἶπον** ὑμῖν;
Mt 16:12 συνῆκαν ὅτι οὐκ **εἶπεν** προσέχειν ἀπὸ τῆς
Mt 16:13 τοὺς μαθητὰς αὐτοῦ **λέγων**·
Mt 16:13 τίνα **λέγουσιν** οἱ ἄνθρωποι εἶναι
Mt 16:14 οἱ δὲ **εἶπαν**·
Mt 16:15 **λέγει** αὐτοῖς·
Mt 16:15 δὲ τίνα με **λέγετε** εἶναι;
Mt 16:16 δὲ Σίμων Πέτρος **εἶπεν**·
Mt 16:17 δὲ ὁ Ἰησοῦς **εἶπεν** αὐτῷ·
Mt 16:18 κἀγὼ δέ σοι **λέγω** ὅτι σὺ εἶ
Mt 16:20 μαθηταῖς ἵνα μηδενὶ **εἴπωσιν** ὅτι αὐτός ἐστιν
Mt 16:22 ἤρξατο ἐπιτιμᾶν αὐτῷ **λέγων**·
Mt 16:23 ὁ δὲ στραφεὶς **εἶπεν** τῷ Πέτρῳ·
Mt 16:24 Τότε ὁ Ἰησοῦς **εἶπεν** τοῖς μαθηταῖς αὐτοῦ·
Mt 16:28 ἀμὴν **λέγω** ὑμῖν ὅτι εἰσίν
Mt 17:4 δὲ ὁ Πέτρος **εἶπεν** τῷ Ἰησοῦ·
Mt 17:5 ἐκ τῆς νεφέλης **λέγουσα**·
Mt 17:7 καὶ ἁψάμενος αὐτῶν **εἶπεν**·
Mt 17:9 αὐτοῖς ὁ Ἰησοῦς **λέγων**·
Mt 17:9 μηδενὶ **εἴπητε** τὸ ὅραμα ἕως
Mt 17:10 αὐτὸν οἱ μαθηταὶ **λέγοντες**·
Mt 17:10 οὖν οἱ γραμματεῖς **λέγουσιν** ὅτι Ἠλίαν δεῖ
Mt 17:11 ὁ δὲ ἀποκριθεὶς **εἶπεν**·
Mt 17:12 **λέγω** δὲ ὑμῖν ὅτι
Mt 17:13 Ἰωάννου τοῦ βαπτιστοῦ **εἶπεν** αὐτοῖς.
Mt 17:15 καὶ **λέγων**·
Mt 17:17 δὲ ὁ Ἰησοῦς **εἶπεν**·
Mt 17:19 Ἰησοῦ κατ᾽ ἰδίαν **εἶπον**·
Mt 17:20 ὁ δὲ **λέγει** αὐτοῖς·
Mt 17:20 ἀμὴν γὰρ **λέγω** ὑμῖν,
Mt 17:20 **ἐρεῖτε** τῷ ὄρει τούτῳ·
Mt 17:22 ἐν τῇ Γαλιλαίᾳ **εἶπεν** αὐτοῖς ὁ Ἰησοῦς·

Mt 17:24 τῷ Πέτρῳ καὶ **εἶπαν**·
Mt 17:25 **λέγει**·
Mt 17:25 αὐτὸν ὁ Ἰησοῦς **λέγων**·
Mt 17:26 **εἰπόντος** δέ·
Mt 18:1 μαθηταὶ τῷ Ἰησοῦ **λέγοντες**·
Mt 18:3 καὶ **εἶπεν**·
Mt 18:3 ἀμὴν **λέγω** ὑμῖν,
Mt 18:10 **λέγω** γὰρ ὑμῖν ὅτι
Mt 18:13 ἀμὴν **λέγω** ὑμῖν ὅτι χαίρει
Mt 18:17 **εἰπὲ** τῇ ἐκκλησίᾳ·
Mt 18:18 Ἀμὴν **λέγω** ὑμῖν·
Mt 18:19 Πάλιν [ἀμὴν] **λέγω** ὑμῖν ὅτι ἐὰν
Mt 18:21 προσελθὼν ὁ Πέτρος **εἶπεν** αὐτῷ·
Mt 18:22 **λέγει** αὐτῷ ὁ Ἰησοῦς·
Mt 18:22 οὐ **λέγω** σοι ἕως ἑπτάκις
Mt 18:26 δοῦλος προσεκύνει αὐτῷ **λέγων**·
Mt 18:28 κρατήσας αὐτὸν ἔπνιγεν **λέγων**·
Mt 18:29 αὐτοῦ παρεκάλει αὐτὸν **λέγων**·
Mt 18:32 ὁ κύριος αὐτοῦ **λέγει** αὐτῷ·
Mt 19:3 πειράζοντες αὐτὸν καὶ **λέγοντες**·
Mt 19:4 ὁ δὲ ἀποκριθεὶς **εἶπεν**·
Mt 19:5 καὶ **εἶπεν**·
Mt 19:7 **λέγουσιν** αὐτῷ·
Mt 19:8 **λέγει** αὐτοῖς ὅτι Μωϋσῆς
Mt 19:9 **λέγω** δὲ ὑμῖν ὅτι
Mt 19:10 **Λέγουσιν** αὐτῷ οἱ μαθηταὶ
Mt 19:11 ὁ δὲ **εἶπεν** αὐτοῖς·
Mt 19:14 ὁ δὲ Ἰησοῦς **εἶπεν**·
Mt 19:16 εἷς προσελθὼν αὐτῷ **εἶπεν**·
Mt 19:17 ὁ δὲ **εἶπεν** αὐτῷ·
Mt 19:18 **λέγει** αὐτῷ·
Mt 19:18 ὁ δὲ Ἰησοῦς **εἶπεν**·
Mt 19:20 **λέγει** αὐτῷ ὁ νεανίσκος·
Mt 19:23 Ὁ δὲ Ἰησοῦς **εἶπεν** τοῖς μαθηταῖς αὐτοῦ·
Mt 19:23 ἀμὴν **λέγω** ὑμῖν ὅτι πλούσιος
Mt 19:24 πάλιν δὲ **λέγω** ὑμῖν,
Mt 19:25 μαθηταὶ ἐξεπλήσσοντο σφόδρα **λέγοντες**·
Mt 19:26 δὲ ὁ Ἰησοῦς **εἶπεν** αὐτοῖς·
Mt 19:27 ἀποκριθεὶς ὁ Πέτρος **εἶπεν** αὐτῷ·
Mt 19:28 ὁ δὲ Ἰησοῦς **εἶπεν** αὐτοῖς·
Mt 19:28 ἀμὴν **λέγω** ὑμῖν ὅτι ὑμεῖς
Mt 20:4 καὶ ἐκείνοις **εἶπεν**·
Mt 20:6 ἄλλους ἑστῶτας καὶ **λέγει** αὐτοῖς·
Mt 20:7 **λέγουσιν** αὐτῷ·
Mt 20:7 **λέγει** αὐτοῖς·
Mt 20:8 ὀψίας δὲ γενομένης **λέγει** ὁ κύριος τοῦ
Mt 20:12 **λέγοντες**·
Mt 20:13 ἀποκριθεὶς ἑνὶ αὐτῶν **εἶπεν**·
Mt 20:17 ἐν τῇ ὁδῷ **εἶπεν** αὐτοῖς·
Mt 20:21 ὁ δὲ **εἶπεν** αὐτῇ·
Mt 20:21 **λέγει** αὐτῷ·
Mt 20:21 **εἰπὲ** ἵνα καθίσωσιν οὗτοι
Mt 20:22 δὲ ὁ Ἰησοῦς **εἶπεν**·
Mt 20:22 **λέγουσιν** αὐτῷ·
Mt 20:23 **λέγει** αὐτοῖς·
Mt 20:25 Ἰησοῦς προσκαλεσάμενος αὐτοὺς **εἶπεν**·
Mt 20:30 ἔκραξαν **λέγοντες**·
Mt 20:31 δὲ μεῖζον ἔκραξαν **λέγοντες**·
Mt 20:32 ἐφώνησεν αὐτοὺς καὶ **εἶπεν**·
Mt 20:33 **λέγουσιν** αὐτῷ·
Mt 21:2 **λέγων** αὐτοῖς·
Mt 21:3 ἐάν τις ὑμῖν **εἴπῃ** τι,
Mt 21:3 **ἐρεῖτε** ὅτι ὁ κύριος
Mt 21:4 ἵνα πληρωθῇ τὸ **ῥηθὲν** διὰ τοῦ προφήτου
Mt 21:4 διὰ τοῦ προφήτου **λέγοντος**·
Mt 21:5 **εἴπατε** τῇ θυγατρὶ Σιών·
Mt 21:9 οἱ ἀκολουθοῦντες ἔκραζον **λέγοντες**·
Mt 21:10 πᾶσα ἡ πόλις **λέγουσα**·
Mt 21:11 οἱ δὲ ὄχλοι **ἔλεγον**·
Mt 21:13 καὶ **λέγει** αὐτοῖς·
Mt 21:15 τῷ ἱερῷ καὶ **λέγοντας**·
Mt 21:16 καὶ **εἶπαν** αὐτῷ·
Mt 21:16 ἀκούεις τί οὗτοι **λέγουσιν**;
Mt 21:16 ὁ δὲ Ἰησοῦς **λέγει** αὐτοῖς·
Mt 21:19 καὶ **λέγει** αὐτῇ·
Mt 21:20 οἱ μαθηταὶ ἐθαύμασαν **λέγοντες**·
Mt 21:21 δὲ ὁ Ἰησοῦς **εἶπεν** αὐτοῖς·
Mt 21:21 ἀμὴν **λέγω** ὑμῖν,
Mt 21:21 τῷ ὄρει τούτῳ **εἴπητε**·
Mt 21:23 πρεσβύτεροι τοῦ λαοῦ **λέγοντες**·
Mt 21:24 δὲ ὁ Ἰησοῦς **εἶπεν** αὐτοῖς·
Mt 21:24 ὃν ἐὰν **εἴπητέ** μοι κἀγὼ ὑμῖν
Mt 21:24 μοι κἀγὼ ὑμῖν **ἐρῶ** ἐν ποίᾳ ἐξουσίᾳ
Mt 21:25 διελογίζοντο ἐν ἑαυτοῖς **λέγοντες**·
Mt 21:25 ἐὰν **εἴπωμεν**·
Mt 21:25 **ἐρεῖ** ἡμῖν·
Mt 21:26 ἐὰν δὲ **εἴπωμεν**·
Mt 21:27 ἀποκριθέντες τῷ Ἰησοῦ **εἶπαν**·
Mt 21:27 οὐδὲ ἐγὼ **λέγω** ὑμῖν ἐν ποίᾳ
Mt 21:28 προσελθὼν τῷ πρώτῳ **εἶπεν**·
Mt 21:29 ὁ δὲ ἀποκριθεὶς **εἶπεν**·
Mt 21:30 δὲ τῷ ἑτέρῳ **εἶπεν** ὡσαύτως.
Mt 21:30 ὁ δὲ ἀποκριθεὶς **εἶπεν**·
Mt 21:31 **λέγουσιν**·
Mt 21:31 **λέγει** αὐτοῖς ὁ Ἰησοῦς·
Mt 21:31 ἀμὴν **λέγω** ὑμῖν ὅτι οἱ
Mt 21:37 τὸν υἱὸν αὐτοῦ **λέγων**·
Mt 21:38 ἰδόντες τὸν υἱὸν **εἶπον** ἐν ἑαυτοῖς·
Mt 21:41 **λέγουσιν** αὐτῷ·
Mt 21:42 **Λέγει** αὐτοῖς ὁ Ἰησοῦς·
Mt 21:43 διὰ τοῦτο **λέγω** ὑμῖν ὅτι ἀρθήσεται
Mt 21:45 ὅτι περὶ αὐτῶν **λέγει**·
Mt 22:1 ὁ Ἰησοῦς πάλιν **εἶπεν** ἐν παραβολαῖς αὐτοῖς
Mt 22:1 ἐν παραβολαῖς αὐτοῖς **λέγων**·
Mt 22:4 ἀπέστειλεν ἄλλους δούλους **λέγων**·
Mt 22:4 **εἴπατε** τοῖς κεκλημένοις·
Mt 22:8 τότε **λέγει** τοῖς δούλοις αὐτοῦ·
Mt 22:12 καὶ **λέγει** αὐτῷ·
Mt 22:13 τότε ὁ βασιλεὺς **εἶπεν** τοῖς διακόνοις·
Mt 22:16 μετὰ τῶν Ἡρῳδιανῶν **λέγοντες**·
Mt 22:17 **εἰπὲ** οὖν ἡμῖν τί
Mt 22:18 τὴν πονηρίαν αὐτῶν **εἶπεν**·
Mt 22:20 καὶ **λέγει** αὐτοῖς·
Mt 22:21 **λέγουσιν** αὐτῷ·
Mt 22:21 τότε **λέγει** αὐτοῖς·
Mt 22:23 **λέγοντες** μὴ εἶναι ἀνάστασιν,
Mt 22:24 **λέγοντες**·
Mt 22:24 Μωϋσῆς **εἶπεν**·
Mt 22:29 δὲ ὁ Ἰησοῦς **εἶπεν** αὐτοῖς·
Mt 22:31 οὐκ ἀνέγνωτε τὸ **ῥηθὲν** ὑμῖν ὑπὸ τοῦ
Mt 22:31 ὑπὸ τοῦ θεοῦ **λέγοντος**·
Mt 22:42 **λέγων**·
Mt 22:42 **λέγουσιν** αὐτῷ·
Mt 22:43 **λέγει** αὐτοῖς·
Mt 22:43 καλεῖ αὐτὸν κύριον **λέγων**·
Mt 22:44 **εἶπεν** κύριος τῷ κυρίῳ
Mt 23:2 **λέγων**·

Mt 23:3 οὖν ὅσα ἐὰν **εἴπωσιν** ὑμῖν ποιήσατε καὶ
Mt 23:3 **λέγουσιν** γὰρ καὶ οὐ
Mt 23:16 ὁδηγοὶ τυφλοὶ οἱ **λέγοντες**·
Mt 23:30 καὶ **λέγετε**·
Mt 23:36 ἀμὴν **λέγω** ὑμῖν,
Mt 23:39 **λέγω** γὰρ ὑμῖν,
Mt 23:39 ἄρτι ἕως ἂν **εἴπητε**·
Mt 24:2 ὁ δὲ ἀποκριθεὶς **εἶπεν** αὐτοῖς·
Mt 24:2 ἀμὴν **λέγω** ὑμῖν,
Mt 24:3 μαθηταὶ κατ' ἰδίαν **λέγοντες**·
Mt 24:3 **εἰπὲ** ἡμῖν,
Mt 24:4 ἀποκριθεὶς ὁ Ἰησοῦς **εἶπεν** αὐτοῖς·
Mt 24:5 τῷ ὀνόματί μου **λέγοντες**·
Mt 24:15 τῆς ἐρημώσεως τὸ **ῥηθὲν** διὰ Δανιὴλ τοῦ
Mt 24:23 ἐάν τις ὑμῖν **εἴπῃ**·
Mt 24:26 ἐὰν οὖν **εἴπωσιν** ὑμῖν·
Mt 24:34 ἀμὴν **λέγω** ὑμῖν ὅτι οὐ
Mt 24:47 ἀμὴν **λέγω** ὑμῖν ὅτι ἐπὶ
Mt 24:48 ἐὰν δὲ **εἴπῃ** ὁ κακὸς δοῦλος
Mt 25:8 μωραὶ ταῖς φρονίμοις **εἶπαν**·
Mt 25:9 δὲ αἱ φρόνιμοι **λέγουσαι**·
Mt 25:11 αἱ λοιπαὶ παρθένοι **λέγουσαι**·
Mt 25:12 ὁ δὲ ἀποκριθεὶς **εἶπεν**·
Mt 25:12 ἀμὴν **λέγω** ὑμῖν,
Mt 25:20 ἄλλα πέντε τάλαντα **λέγων**·
Mt 25:22 τὰ δύο τάλαντα **εἶπεν**·
Mt 25:24 ἓν τάλαντον εἰληφὼς **εἶπεν**·
Mt 25:26 ὁ κύριος αὐτοῦ **εἶπεν** αὐτῷ·
Mt 25:34 τότε **ἐρεῖ** ὁ βασιλεὺς τοῖς
Mt 25:37 αὐτῷ οἱ δίκαιοι **λέγοντες**·
Mt 25:40 ἀποκριθεὶς ὁ βασιλεὺς **ἐρεῖ** αὐτοῖς·
Mt 25:40 ἀμὴν **λέγω** ὑμῖν,
Mt 25:41 τότε **ἐρεῖ** καὶ τοῖς ἐξ
Mt 25:44 ἀποκριθήσονται καὶ αὐτοὶ **λέγοντες**·
Mt 25:45 τότε ἀποκριθήσεται αὐτοῖς **λέγων**·
Mt 25:45 ἀμὴν **λέγω** ὑμῖν,
Mt 26:1 **εἶπεν** τοῖς μαθηταῖς αὐτοῦ·
Mt 26:3 τοῦ ἀρχιερέως τοῦ **λεγομένου** Καϊάφα
Mt 26:5 **ἔλεγον** δέ·
Mt 26:8 οἱ μαθηταὶ ἠγανάκτησαν **λέγοντες**·
Mt 26:10 δὲ ὁ Ἰησοῦς **εἶπεν** αὐτοῖς·
Mt 26:13 ἀμὴν **λέγω** ὑμῖν,
Mt 26:14 ὁ **λεγόμενος** Ἰούδας Ἰσκαριώτης,
Mt 26:15 **εἶπεν**·
Mt 26:17 μαθηταὶ τῷ Ἰησοῦ **λέγοντες**·
Mt 26:18 ὁ δὲ **εἶπεν**·
Mt 26:18 τὸν δεῖνα καὶ **εἴπατε** αὐτῷ·
Mt 26:18 ὁ διδάσκαλος **λέγει**·
Mt 26:21 καὶ ἐσθιόντων αὐτῶν **εἶπεν**·
Mt 26:21 ἀμὴν **λέγω** ὑμῖν ὅτι εἷς
Mt 26:22 λυπούμενοι σφόδρα ἤρξαντο **λέγειν** αὐτῷ εἷς ἕκαστος·
Mt 26:23 ὁ δὲ ἀποκριθεὶς **εἶπεν**·
Mt 26:25 ὁ παραδιδοὺς αὐτὸν **εἶπεν**·
Mt 26:25 **λέγει** αὐτῷ·
Mt 26:25 σὺ **εἶπας**.
Mt 26:26 δοὺς τοῖς μαθηταῖς **εἶπεν**·
Mt 26:27 εὐχαριστήσας ἔδωκεν αὐτοῖς **λέγων**·
Mt 26:29 **λέγω** δὲ ὑμῖν,
Mt 26:31 Τότε **λέγει** αὐτοῖς ὁ Ἰησοῦς·
Mt 26:33 δὲ ὁ Πέτρος **εἶπεν** αὐτῷ·
Mt 26:34 ἀμὴν **λέγω** σοι ὅτι ἐν
Mt 26:35 **λέγει** αὐτῷ ὁ Πέτρος·
Mt 26:35 πάντες οἱ μαθηταὶ **εἶπαν**.
Mt 26:36 Ἰησοῦς εἰς χωρίον **λεγόμενον** Γεθσημανὶ καὶ λέγει
Mt 26:36 λεγόμενον Γεθσημανὶ καὶ **λέγει** τοῖς μαθηταῖς·
Mt 26:38 τότε **λέγει** αὐτοῖς·
Mt 26:39 αὐτοῦ προσευχόμενος καὶ **λέγων**·
Mt 26:40 καὶ **λέγει** τῷ Πέτρῳ·
Mt 26:42 δευτέρου ἀπελθὼν προσηύξατο **λέγων**·
Mt 26:44 τὸν αὐτὸν λόγον **εἰπὼν** πάλιν.
Mt 26:45 τοὺς μαθητὰς καὶ **λέγει** αὐτοῖς·
Mt 26:48 ἔδωκεν αὐτοῖς σημεῖον **λέγων**·
Mt 26:49 προσελθὼν τῷ Ἰησοῦ **εἶπεν**·
Mt 26:50 ὁ δὲ Ἰησοῦς **εἶπεν** αὐτῷ·
Mt 26:52 τότε **λέγει** αὐτῷ ὁ Ἰησοῦς·
Mt 26:55 ἐκείνῃ τῇ ὥρᾳ **εἶπεν** ὁ Ἰησοῦς τοῖς
Mt 26:61 **εἶπαν**·
Mt 26:62 ἀναστὰς ὁ ἀρχιερεὺς **εἶπεν** αὐτῷ·
Mt 26:63 καὶ ὁ ἀρχιερεὺς **εἶπεν** αὐτῷ·
Mt 26:63 ζῶντος ἵνα ἡμῖν **εἴπῃς** εἰ σὺ εἶ
Mt 26:64 **λέγει** αὐτῷ ὁ Ἰησοῦς·
Mt 26:64 σὺ **εἶπας**.
Mt 26:64 πλὴν **λέγω** ὑμῖν·
Mt 26:65 τὰ ἱμάτια αὐτοῦ **λέγων**·
Mt 26:66 οἱ δὲ ἀποκριθέντες **εἶπαν**·
Mt 26:68 **λέγοντες**·
Mt 26:69 αὐτῷ μία παιδίσκη **λέγουσα**·
Mt 26:70 ἠρνήσατο ἔμπροσθεν πάντων **λέγων**·
Mt 26:70 οὐκ οἶδα τί **λέγεις**.
Mt 26:71 αὐτὸν ἄλλη καὶ **λέγει** τοῖς ἐκεῖ·
Mt 26:73 προσελθόντες οἱ ἑστῶτες **εἶπον** τῷ Πέτρῳ·
Mt 26:75 τοῦ ῥήματος Ἰησοῦ **εἰρηκότος** ὅτι πρὶν ἀλέκτορα
Mt 27:4 **λέγων**·
Mt 27:4 οἱ δὲ **εἶπαν**·
Mt 27:6 λαβόντες τὰ ἀργύρια **εἶπαν**·
Mt 27:9 τότε ἐπληρώθη τὸ **ῥηθὲν** διὰ Ἰερεμίου τοῦ
Mt 27:9 Ἰερεμίου τοῦ προφήτου **λέγοντος**·
Mt 27:11 αὐτὸν ὁ ἡγεμὼν **λέγων**·
Mt 27:11 σὺ **λέγεις**.
Mt 27:13 τότε **λέγει** αὐτῷ ὁ Πιλᾶτος·
Mt 27:16 τότε δέσμιον ἐπίσημον **λεγόμενον** [Ἰησοῦν] Βαραββᾶν.
Mt 27:17 συνηγμένων οὖν αὐτῶν **εἶπεν** αὐτοῖς ὁ Πιλᾶτος·
Mt 27:17 ἢ Ἰησοῦν τὸν **λεγόμενον** χριστόν;
Mt 27:19 ἡ γυνὴ αὐτοῦ **λέγουσα**·
Mt 27:21 δὲ ὁ ἡγεμὼν **εἶπεν** αὐτοῖς·
Mt 27:21 οἱ δὲ **εἶπαν**·
Mt 27:22 **λέγει** αὐτοῖς ὁ Πιλᾶτος·
Mt 27:22 ποιήσω Ἰησοῦν τὸν **λεγόμενον** χριστόν;
Mt 27:22 **λέγουσιν** πάντες·
Mt 27:23 δὲ περισσῶς ἔκραζον **λέγοντες**·
Mt 27:24 ἀπέναντι τοῦ ὄχλου **λέγων**·
Mt 27:25 πᾶς ὁ λαὸς **εἶπεν**·
Mt 27:29 αὐτοῦ ἐνέπαιξαν αὐτῷ **λέγοντες**·
Mt 27:33 ἐλθόντες εἰς τόπον **λεγόμενον** Γολγοθᾶ,
Mt 27:33 ἐστιν Κρανίου Τόπος **λεγόμενος**,
Mt 27:40 καὶ **λέγοντες**·
Mt 27:41 γραμματέων καὶ πρεσβυτέρων **ἔλεγον**·
Mt 27:43 **εἶπεν** γὰρ ὅτι θεοῦ
Mt 27:46 Ἰησοῦς φωνῇ μεγάλῃ **λέγων**·
Mt 27:47 ἐκεῖ ἑστηκότων ἀκούσαντες **ἔλεγον** ὅτι Ἠλίαν φωνεῖ
Mt 27:49 οἱ δὲ λοιποὶ **ἔλεγον**·

Mt 27:54 **λέγοντες**·
Mt 27:63 **λέγοντες**·
Mt 27:63 ἐκεῖνος ὁ πλάνος **εἶπεν** ἔτι ζῶν·
Mt 27:64 κλέψωσιν αὐτὸν καὶ **εἴπωσιν** τῷ λαῷ·
Mt 28:5 δὲ ὁ ἄγγελος **εἶπεν** ταῖς γυναιξίν·
Mt 28:6 ἠγέρθη γὰρ καθὼς **εἶπεν**·
Mt 28:7 καὶ ταχὺ πορευθεῖσαι **εἴπατε** τοῖς μαθηταῖς αὐτοῦ
Mt 28:7 ἰδοὺ **εἶπον** ὑμῖν.
Mt 28:9 Ἰησοῦς ὑπήντησεν αὐταῖς **λέγων**·
Mt 28:10 τότε **λέγει** αὐταῖς ὁ Ἰησοῦς·
Mt 28:13 **λέγοντες**·
Mt 28:13 **εἴπατε** ὅτι οἱ μαθηταὶ
Mt 28:18 Ἰησοῦς ἐλάλησεν αὐτοῖς **λέγων**·

λέπρα (*lepra*; 1/4) *leprosy*
Mt 8:3 ἐκαθαρίσθη αὐτοῦ ἡ **λέπρα**.

λεπρός (*lepros*; 4/9) *leper*
Mt 8:2 καὶ ἰδοὺ **λεπρὸς** προσελθὼν προσεκύνει αὐτῷ
Mt 10:8 **λεπροὺς** καθαρίζετε,
Mt 11:5 **λεπροὶ** καθαρίζονται καὶ κωφοὶ
Mt 26:6 οἰκίᾳ Σίμωνος τοῦ **λεπροῦ**,

λευκός (*leukos*; 3/25) *white*
Mt 5:36 δύνασαι μίαν τρίχα **λευκὴν** ποιῆσαι ἢ μέλαιναν.
Mt 17:2 ἱμάτια αὐτοῦ ἐγένετο **λευκὰ** ὡς τὸ φῶς.
Mt 28:3 τὸ ἔνδυμα αὐτοῦ **λευκὸν** ὡς χιών.

ληνός (*lēnos*; 1/5) *wine press*
Mt 21:33 ὤρυξεν ἐν αὐτῷ **ληνὸν** καὶ ᾠκοδόμησεν πύργον

λῃστής (*lēstēs*; 4/15) *robber, insurrectionist*
Mt 21:13 αὐτὸν ποιεῖτε σπήλαιον **λῃστῶν**.
Mt 26:55 ὡς ἐπὶ λῃστὴν **ἐξήλθατε** μετὰ μαχαιρῶν καὶ
Mt 27:38 σὺν αὐτῷ δύο **λῃσταί**,
Mt 27:44 αὐτὸ καὶ οἱ **λῃσταὶ** οἱ συσταυρωθέντες σὺν

λίαν (*lian*; 4/12) *exceedingly*
Mt 2:16 τῶν μάγων ἐθυμώθη **λίαν**,
Mt 4:8 εἰς ὄρος ὑψηλὸν **λίαν** καὶ δείκνυσιν αὐτῷ
Mt 8:28 χαλεποὶ **λίαν**,
Mt 27:14 θαυμάζειν τὸν ἡγεμόνα **λίαν**.

λίβανος (*libanos*; 1/2) *frankincense*
Mt 2:11 χρυσὸν καὶ **λίβανον** καὶ σμύρναν.

λιθοβολέω (*lithoboleō*; 2/7) *stone*
Mt 21:35 ὃν δὲ **ἐλιθοβόλησαν**.
Mt 23:37 τοὺς προφήτας καὶ **λιθοβολοῦσα** τοὺς ἀπεσταλμένους πρὸς

λίθος (*lithos*; 11/58[59]) *stone*
Mt 3:9 θεὸς ἐκ τῶν **λίθων** τούτων ἐγεῖραι τέκνα
Mt 4:3 εἰπὲ ἵνα οἱ **λίθοι** οὗτοι ἄρτοι γένωνται.
Mt 4:6 μήποτε προσκόψῃς πρὸς **λίθον** τὸν πόδα σου.
Mt 7:9 μὴ **λίθον** ἐπιδώσει αὐτῷ;
Mt 21:42 **λίθον** ὃν ἀπεδοκίμασαν οἱ
Mt 21:44 πεσὼν ἐπὶ τὸν **λίθον** τοῦτον συνθλασθήσεται·
Mt 24:2 μὴ ἀφεθῇ ὧδε **λίθος** ἐπὶ λίθον ὃς
Mt 24:2 ὧδε λίθος ἐπὶ **λίθον** ὃς οὐ καταλυθήσεται.
Mt 27:60 πέτρᾳ καὶ προσκυλίσας **λίθον** μέγαν τῇ θύρᾳ
Mt 27:66 τάφον σφραγίσαντες τὸν **λίθον** μετὰ τῆς κουστωδίας.
Mt 28:2 προσελθὼν ἀπεκύλισεν τὸν **λίθον** καὶ ἐκάθητο ἐπάνω

λικμάω (*likmaō*; 1/2) *crush*
Mt 21:44 δ' ἂν πέσῃ **λικμήσει** αὐτόν]

λιμός (*limos*; 1/12) *famine*
Mt 24:7 βασιλείαν καὶ ἔσονται **λιμοὶ** καὶ σεισμοὶ

λίνον (*linon*; 1/2) *linen*
Mt 12:20 οὐ κατεάξει καὶ **λίνον** τυφόμενον οὐ σβέσει,

λόγος (*logos*; 33/329[330]) *word*
Mt 5:32 γυναῖκα αὐτοῦ παρεκτὸς **λόγου** πορνείας ποιεῖ αὐτὴν
Mt 5:37 ἔστω δὲ ὁ **λόγος** ὑμῶν ναὶ ναί,
Mt 7:24 ἀκούει μου τοὺς **λόγους** τούτους καὶ ποιεῖ
Mt 7:26 ἀκούων μου τοὺς **λόγους** τούτους καὶ μὴ
Mt 7:28 ὁ Ἰησοῦς τοὺς **λόγους** τούτους,
Mt 8:8 ἀλλὰ μόνον εἰπὲ **λόγῳ**,
Mt 8:16 ἐξέβαλεν τὰ πνεύματα **λόγῳ** καὶ πάντας τοὺς
Mt 10:14 μηδὲ ἀκούσῃ τοὺς **λόγους** ὑμῶν,
Mt 12:32 ὃς ἐὰν εἴπῃ **λόγον** κατὰ τοῦ υἱοῦ
Mt 12:36 ἀποδώσουσιν περὶ αὐτοῦ **λόγον** ἐν ἡμέρᾳ κρίσεως·
Mt 12:37 ἐκ γὰρ τῶν **λόγων** σου δικαιωθήσῃ,
Mt 12:37 καὶ ἐκ τῶν **λόγων** σου καταδικασθήσῃ.
Mt 13:19 παντὸς ἀκούοντος τὸν **λόγον** τῆς βασιλείας
Mt 13:20 ἐστιν ὁ τὸν **λόγον** ἀκούων καὶ εὐθὺς
Mt 13:21 διωγμοῦ διὰ τὸν **λόγον** εὐθὺς σκανδαλίζεται.
Mt 13:22 ἐστιν ὁ τὸν **λόγον** ἀκούων,
Mt 13:22 πλούτου συμπνίγει τὸν **λόγον** καὶ ἄκαρπος γίνεται.
Mt 13:23 ἐστιν ὁ τὸν **λόγον** ἀκούων καὶ συνιείς,
Mt 15:6 καὶ ἠκυρώσατε τὸν **λόγον** τοῦ θεοῦ διὰ
Mt 15:12 Φαρισαῖοι ἀκούσαντες τὸν **λόγον** ἐσκανδαλίσθησαν;
Mt 15:23 οὐκ ἀπεκρίθη αὐτῇ **λόγον**.
Mt 18:23 ὃς ἠθέλησεν συνᾶραι **λόγον** μετὰ τῶν δούλων
Mt 19:1 ὁ Ἰησοῦς τοὺς **λόγους** τούτους,
Mt 19:11 πάντες χωροῦσιν τὸν **λόγον** [τοῦτον] ἀλλ' οἷς
Mt 19:22 ὁ νεανίσκος τὸν **λόγον** ἀπῆλθεν λυπούμενος·
Mt 21:24 ἐρωτήσω ὑμᾶς κἀγὼ **λόγον** ἕνα,
Mt 22:15 αὐτὸν παγιδεύσωσιν ἐν **λόγῳ**.
Mt 22:46 ἐδύνατο ἀποκριθῆναι αὐτῷ **λόγον** οὐδὲ ἐτόλμησέν τις
Mt 24:35 οἱ δὲ **λόγοι** μου οὐ μὴ
Mt 25:19 ἐκείνων καὶ συναίρει **λόγον** μετ' αὐτῶν.
Mt 26:1 Ἰησοῦς πάντας τοὺς **λόγους** τούτους,
Mt 26:44 τρίτου τὸν αὐτὸν **λόγον** εἰπὼν πάλιν.
Mt 28:15 καὶ διεφημίσθη ὁ **λόγος** οὗτος παρὰ Ἰουδαίοις

λοιπός (*loipos*; 4/54[55]) *rest, remaining*

Mt 22:6 οἱ δὲ **λοιποὶ** κρατήσαντες τοὺς δούλους
Mt 25:11 ἔρχονται καὶ αἱ **λοιπαὶ** παρθένοι λέγουσαι·
Mt 26:45 καθεύδετε [τὸ] **λοιπὸν** καὶ ἀναπαύεσθε·
Mt 27:49 οἱ δὲ **λοιποὶ** ἔλεγον·

λύκος (*lykos*; 2/6) *wolf*

Mt 7:15 ἔσωθεν δέ εἰσιν **λύκοι** ἅρπαγες.
Mt 10:16 πρόβατα ἐν μέσῳ **λύκων**·

λυπέω (*lypeō*; 6/26) *grieve*

Mt 14:9 καὶ **λυπηθεὶς** ὁ βασιλεὺς διὰ
Mt 17:23 καὶ **ἐλυπήθησαν** σφόδρα.
Mt 18:31 αὐτοῦ τὰ γενόμενα **ἐλυπήθησαν** σφόδρα καὶ ἐλθόντες
Mt 19:22 τὸν λόγον ἀπῆλθεν **λυπούμενος**·
Mt 26:22 καὶ **λυπούμενοι** σφόδρα ἤρξαντο λέγειν
Mt 26:37 υἱοὺς Ζεβεδαίου ἤρξατο **λυπεῖσθαι** καὶ ἀδημονεῖν.

λύτρον (*lytron*; 1/2) *ransom*

Mt 20:28 τὴν ψυχὴν αὐτοῦ **λύτρον** ἀντὶ πολλῶν.

λυχνία (*lychnia*; 1/12) *lampstand*

Mt 5:15 ἀλλ᾽ ἐπὶ τὴν **λυχνίαν**,

λύχνος (*lychnos*; 2/14) *lamp*

Mt 5:15 οὐδὲ καίουσιν **λύχνον** καὶ τιθέασιν αὐτὸν
Mt 6:22 Ὁ **λύχνος** τοῦ σώματός ἐστιν

λύω (*lyō*; 6/42) *loose*

Mt 5:19 ὃς ἐὰν οὖν **λύσῃ** μίαν τῶν ἐντολῶν
Mt 16:19 καὶ ὃ ἐὰν **λύσῃς** ἐπὶ τῆς γῆς
Mt 16:19 τῆς γῆς ἔσται **λελυμένον** ἐν τοῖς οὐρανοῖς.
Mt 18:18 καὶ ὅσα ἐὰν **λύσητε** ἐπὶ τῆς γῆς
Mt 18:18 τῆς γῆς ἔσται **λελυμένα** ἐν οὐρανῷ.
Mt 21:2 **λύσαντες** ἀγάγετέ μοι.

Μαγαδάν (*Magadan*; 1/1) *Magadan*

Mt 15:39 εἰς τὰ ὅρια **Μαγαδάν**.

Μαγδαληνή (*Magdalēnē*; 3/11[12]) *woman of Magdala*

Mt 27:56 ἦν Μαρία ἡ **Μαγδαληνὴ** καὶ Μαρία ἡ
Mt 27:61 ἐκεῖ Μαριὰμ ἡ **Μαγδαληνὴ** καὶ ἡ ἄλλη
Mt 28:1 ἦλθεν Μαριὰμ ἡ **Μαγδαληνὴ** καὶ ἡ ἄλλη

μάγος (*magos*; 4/6) *wise man*

Mt 2:1 ἰδοὺ **μάγοι** ἀπὸ ἀνατολῶν παρεγένοντο
Mt 2:7 λάθρᾳ καλέσας τοὺς **μάγους** ἠκρίβωσεν παρ᾽ αὐτῶν
Mt 2:16 ἐνεπαίχθη ὑπὸ τῶν **μάγων** ἐθυμώθη λίαν,
Mt 2:16 ἠκρίβωσεν παρὰ τῶν **μάγων**.

μαθητεύω (*mathēteuō*; 3/4) *make a disciple of*

Mt 13:52 τοῦτο πᾶς γραμματεὺς **μαθητευθεὶς** τῇ βασιλείᾳ τῶν
Mt 27:57 ὃς καὶ αὐτὸς **ἐμαθητεύθη** τῷ Ἰησοῦ·
Mt 28:19 πορευθέντες οὖν **μαθητεύσατε** πάντα τὰ ἔθνη,

μαθητής (*mathētēs*; 72/261) *disciple*

Mt 5:1 προσῆλθαν αὐτῷ οἱ **μαθηταὶ** αὐτοῦ·
Mt 8:21 ἕτερος δὲ τῶν **μαθητῶν** [αὐτοῦ] εἶπεν αὐτῷ·
Mt 8:23 ἠκολούθησαν αὐτῷ οἱ **μαθηταὶ** αὐτοῦ.
Mt 9:10 Ἰησοῦ καὶ τοῖς **μαθηταῖς** αὐτοῦ.
Mt 9:11 Φαρισαῖοι ἔλεγον τοῖς **μαθηταῖς** αὐτοῦ·
Mt 9:14 προσέρχονται αὐτῷ οἱ **μαθηταὶ** Ἰωάννου λέγοντες·
Mt 9:14 οἱ δὲ **μαθηταί** σου οὐ νηστεύουσιν;
Mt 9:19 αὐτῷ καὶ οἱ **μαθηταὶ** αὐτοῦ.
Mt 9:37 τότε λέγει τοῖς **μαθηταῖς** αὐτοῦ·
Mt 10:1 προσκαλεσάμενος τοὺς δώδεκα **μαθητὰς** αὐτοῦ ἔδωκεν αὐτοῖς
Mt 10:24 Οὐκ ἔστιν **μαθητὴς** ὑπὲρ τὸν διδάσκαλον
Mt 10:25 ἀρκετὸν τῷ **μαθητῇ** ἵνα γένηται ὡς
Mt 10:42 μόνον εἰς ὄνομα **μαθητοῦ**,
Mt 11:1 διατάσσων τοῖς δώδεκα **μαθηταῖς** αὐτοῦ,
Mt 11:2 πέμψας διὰ τῶν **μαθητῶν** αὐτοῦ
Mt 12:1 οἱ δὲ **μαθηταὶ** αὐτοῦ ἐπείνασαν καὶ
Mt 12:2 ἰδοὺ οἱ **μαθηταί** σου ποιοῦσιν ὃ
Mt 12:49 αὐτοῦ ἐπὶ τοὺς **μαθητὰς** αὐτοῦ εἶπεν·
Mt 13:10 Καὶ προσελθόντες οἱ **μαθηταὶ** εἶπαν αὐτῷ·
Mt 13:36 προσῆλθον αὐτῷ οἱ **μαθηταὶ** αὐτοῦ λέγοντες·
Mt 14:12 καὶ προσελθόντες οἱ **μαθηταὶ** αὐτοῦ ἦραν τὸ
Mt 14:15 προσῆλθον αὐτῷ οἱ **μαθηταὶ** λέγοντες·
Mt 14:19 κλάσας ἔδωκεν τοῖς **μαθηταῖς** τοὺς ἄρτους,
Mt 14:19 οἱ δὲ **μαθηταὶ** τοῖς ὄχλοις.
Mt 14:22 εὐθέως ἠνάγκασεν τοὺς **μαθητὰς** ἐμβῆναι
Mt 14:26 οἱ δὲ **μαθηταὶ** ἰδόντες αὐτὸν ἐπὶ
Mt 15:2 διὰ τί οἱ **μαθηταί** σου παραβαίνουσιν τὴν
Mt 15:12 Τότε προσελθόντες οἱ **μαθηταὶ** λέγουσιν αὐτῷ·
Mt 15:23 καὶ προσελθόντες οἱ **μαθηταὶ** αὐτοῦ ἠρώτουν αὐτὸν
Mt 15:32 Ἰησοῦς προσκαλεσάμενος τοὺς **μαθητὰς** αὐτοῦ εἶπεν·
Mt 15:33 λέγουσιν αὐτῷ οἱ **μαθηταί**·
Mt 15:36 καὶ ἐδίδου τοῖς **μαθηταῖς**,
Mt 15:36 οἱ δὲ **μαθηταὶ** τοῖς ὄχλοις.
Mt 16:5 Καὶ ἐλθόντες οἱ **μαθηταὶ** εἰς τὸ πέραν
Mt 16:13 Φιλίππου ἠρώτα τοὺς **μαθητὰς** αὐτοῦ λέγων·
Mt 16:20 τότε διεστείλατο τοῖς **μαθηταῖς** ἵνα μηδενὶ εἴπωσιν
Mt 16:21 Ἰησοῦς δεικνύειν τοῖς **μαθηταῖς** αὐτοῦ ὅτι δεῖ
Mt 16:24 Ἰησοῦς εἶπεν τοῖς **μαθηταῖς** αὐτοῦ·
Mt 17:6 καὶ ἀκούσαντες οἱ **μαθηταὶ** ἔπεσαν ἐπὶ πρόσωπον
Mt 17:10 ἐπηρώτησαν αὐτὸν οἱ **μαθηταὶ** λέγοντες·
Mt 17:13 τότε συνῆκαν οἱ **μαθηταὶ** ὅτι περὶ Ἰωάννου
Mt 17:16 προσήνεγκα αὐτὸν τοῖς **μαθηταῖς** σου,
Mt 17:19 Τότε προσελθόντες οἱ **μαθηταὶ** τῷ Ἰησοῦ
Mt 18:1 ὥρᾳ προσῆλθον οἱ **μαθηταὶ** τῷ Ἰησοῦ λέγοντες·
Mt 19:10 Λέγουσιν αὐτῷ οἱ **μαθηταὶ** [αὐτοῦ]·
Mt 19:13 οἱ δὲ **μαθηταὶ** ἐπετίμησαν αὐτοῖς.
Mt 19:23 Ἰησοῦς εἶπεν τοῖς **μαθηταῖς** αὐτοῦ·
Mt 19:25 ἀκούσαντες δὲ οἱ **μαθηταὶ** ἐξεπλήσσοντο σφόδρα λέγοντες·
Mt 20:17 παρέλαβεν τοὺς δώδεκα **[μαθητὰς]** κατ᾽ ἰδίαν
Mt 21:1 Ἰησοῦς ἀπέστειλεν δύο **μαθητὰς**
Mt 21:6 πορευθέντες δὲ οἱ **μαθηταὶ** καὶ ποιήσαντες καθὼς

Mt 21:20 Καὶ ἰδόντες οἱ **μαθηταὶ** ἐθαύμασαν λέγοντες·
Mt 22:16 ἀποστέλλουσιν αὐτῷ τοὺς **μαθητὰς** αὐτῶν μετὰ τῶν
Mt 23:1 ὄχλοις καὶ τοῖς **μαθηταῖς** αὐτοῦ
Mt 24:1 καὶ προσῆλθον οἱ **μαθηταὶ** αὐτοῦ ἐπιδεῖξαι αὐτῷ
Mt 24:3 προσῆλθον αὐτῷ οἱ **μαθηταὶ** κατ' ἰδίαν λέγοντες·
Mt 26:1 εἶπεν τοῖς **μαθηταῖς** αὐτοῦ·
Mt 26:8 ἰδόντες δὲ οἱ **μαθηταὶ** ἠγανάκτησαν λέγοντες·
Mt 26:17 ἀζύμων προσῆλθον οἱ **μαθηταὶ** τῷ Ἰησοῦ λέγοντες·
Mt 26:18 πάσχα μετὰ τῶν **μαθητῶν** μου.
Mt 26:19 καὶ ἐποίησαν οἱ **μαθηταὶ** ὡς συνέταξεν αὐτοῖς
Mt 26:26 καὶ δοὺς τοῖς **μαθηταῖς** εἶπεν·
Mt 26:35 καὶ πάντες οἱ **μαθηταὶ** εἶπαν.
Mt 26:36 καὶ λέγει τοῖς **μαθηταῖς**·
Mt 26:40 ἔρχεται πρὸς τοὺς **μαθητὰς** καὶ εὑρίσκει αὐτοὺς
Mt 26:45 ἔρχεται πρὸς τοὺς **μαθητὰς** καὶ λέγει αὐτοῖς·
Mt 26:56 Τότε οἱ μαθηταὶ **πάντες** ἀφέντες αὐτὸν ἔφυγον.
Mt 27:64 μήποτε ἐλθόντες οἱ **μαθηταὶ** αὐτοῦ κλέψωσιν αὐτὸν
Mt 28:7 πορευθεῖσαι εἴπατε τοῖς **μαθηταῖς** αὐτοῦ ὅτι ἠγέρθη
Mt 28:8 ἔδραμον ἀπαγγεῖλαι τοῖς **μαθηταῖς** αὐτοῦ.
Mt 28:13 εἴπατε ὅτι οἱ **μαθηταὶ** αὐτοῦ νυκτὸς ἐλθόντες
Mt 28:16 Οἱ δὲ ἕνδεκα **μαθηταὶ** ἐπορεύθησαν εἰς τὴν

Μαθθαῖος (*Maththaios*; 2/5) *Matthew*

Mt 9:9 **Μαθθαῖον** λεγόμενον,
Mt 10:3 Θωμᾶς καὶ **Μαθθαῖος** ὁ τελώνης,

μακάριος (*makarios*; 13/50) *blessed*

Mt 5:3 **Μακάριοι** οἱ πτωχοὶ τῷ
Mt 5:4 **μακάριοι** οἱ πενθοῦντες,
Mt 5:5 **μακάριοι** οἱ πραεῖς,
Mt 5:6 **μακάριοι** οἱ πεινῶντες καὶ
Mt 5:7 **μακάριοι** οἱ ἐλεήμονες,
Mt 5:8 **μακάριοι** οἱ καθαροὶ τῇ
Mt 5:9 **μακάριοι** οἱ εἰρηνοποιοί,
Mt 5:10 **μακάριοι** οἱ δεδιωγμένοι ἕνεκεν
Mt 5:11 **μακάριοί** ἐστε ὅταν ὀνειδίσωσιν
Mt 11:6 καὶ **μακάριός** ἐστιν ὃς ἐὰν
Mt 13:16 ὑμῶν δὲ **μακάριοι** οἱ ὀφθαλμοὶ ὅτι
Mt 16:17 **μακάριος** εἶ,
Mt 24:46 **μακάριος** ὁ δοῦλος ἐκεῖνος

μακράν (*makran*; 1/10) *far*

Mt 8:30 ἦν δὲ **μακρὰν** ἀπ' αὐτῶν ἀγέλη

μακρόθεν (*makrothen*; 2/14) *far off*

Mt 26:58 ἠκολούθει αὐτῷ ἀπὸ **μακρόθεν** ἕως τῆς αὐλῆς
Mt 27:55 γυναῖκες πολλαὶ ἀπὸ **μακρόθεν** θεωροῦσαι,

μακροθυμέω (*makrothymeō*; 2/10) *be patient*

Mt 18:26 **μακροθύμησον** ἐπ' ἐμοί,
Mt 18:29 **μακροθύμησον** ἐπ' ἐμοί,

μαλακία (*malakia*; 3/3) *sickness*

Mt 4:23 νόσον καὶ πᾶσαν **μαλακίαν** ἐν τῷ λαῷ.
Mt 9:35 νόσον καὶ πᾶσαν **μαλακίαν**.
Mt 10:1 νόσον καὶ πᾶσαν **μαλακίαν**.

μαλακός (*malakos*; 2/4) *soft*

Mt 11:8 ἄνθρωπον ἐν **μαλακοῖς** ἠμφιεσμένον;
Mt 11:8 ἰδοὺ οἱ τὰ **μαλακὰ** φοροῦντες ἐν τοῖς

μᾶλλον (*mallon*; 9/81) *more*

Mt 6:26 οὐχ ὑμεῖς **μᾶλλον** διαφέρετε αὐτῶν;
Mt 6:30 οὐ πολλῷ **μᾶλλον** ὑμᾶς,
Mt 7:11 πόσῳ **μᾶλλον** ὁ πατὴρ ὑμῶν
Mt 10:6 πορεύεσθε δὲ **μᾶλλον** πρὸς τὰ πρόβατα
Mt 10:25 πόσῳ **μᾶλλον** τοὺς οἰκιακοὺς αὐτοῦ.
Mt 10:28 φοβεῖσθε δὲ **μᾶλλον** τὸν δυνάμενον καὶ
Mt 18:13 χαίρει ἐπ' αὐτῷ **μᾶλλον** ἢ ἐπὶ τοῖς
Mt 25:9 πορεύεσθε **μᾶλλον** πρὸς τοὺς πωλοῦντας
Mt 27:24 οὐδὲν ὠφελεῖ ἀλλὰ **μᾶλλον** θόρυβος γίνεται,

μαμωνᾶς (*mamōnas*; 1/4) *money*

Mt 6:24 θεῷ δουλεύειν καὶ **μαμωνᾷ**.

Μανασσῆς (*Manassēs*; 2/3) *Manasseh*

Mt 1:10 δὲ ἐγέννησεν τὸν **Μανασσῆ**,
Mt 1:10 **Μανασσῆς** δὲ ἐγέννησεν τὸν

μανθάνω (*manthanō*; 3/25) *learn*

Mt 9:13 πορευθέντες δὲ **μάθετε** τί ἐστιν·
Mt 11:29 ἐφ' ὑμᾶς καὶ **μάθετε** ἀπ' ἐμοῦ,
Mt 24:32 δὲ τῆς συκῆς **μάθετε** τὴν παραβολήν·

μαργαρίτης (*margaritēs*; 3/9) *pearl*

Mt 7:6 μηδὲ βάλητε τοὺς **μαργαρίτας** ὑμῶν ἔμπροσθεν τῶν
Mt 13:45 ἐμπόρῳ ζητοῦντι καλοὺς **μαργαρίτας**·
Mt 13:46 δὲ ἕνα πολύτιμον **μαργαρίτην** ἀπελθὼν πέπρακεν πάντα

Μαρία (*Maria*; 11/53[54]) *Mary*

Mt 1:16 Ἰωσὴφ τὸν ἄνδρα **Μαρίας**,
Mt 1:18 τῆς μητρὸς αὐτοῦ **Μαρίας** τῷ Ἰωσήφ,
Mt 1:20 μὴ φοβηθῇς παραλαβεῖν **Μαρίαν** τὴν γυναῖκά σου·
Mt 2:11 τὸ παιδίον μετὰ **Μαρίας** τῆς μητρὸς αὐτοῦ,
Mt 13:55 μήτηρ αὐτοῦ λέγεται **Μαριὰμ** καὶ οἱ ἀδελφοὶ
Mt 27:56 ἐν αἷς ἦν **Μαρία** ἡ Μαγδαληνὴ καὶ
Mt 27:56 ἡ Μαγδαληνὴ καὶ **Μαρία** ἡ τοῦ Ἰακώβου
Mt 27:61 Ἦν δὲ ἐκεῖ **Μαριὰμ** ἡ Μαγδαληνὴ καὶ
Mt 27:61 καὶ ἡ ἄλλη **Μαρία** καθήμεναι ἀπέναντι τοῦ
Mt 28:1 μίαν σαββάτων ἦλθεν **Μαριὰμ** ἡ Μαγδαληνὴ
Mt 28:1 καὶ ἡ ἄλλη **Μαρία** θεωρῆσαι τὸν τάφον.

μαρτυρέω (*martyreō*; 1/76) *bear witness*

Mt 23:31 ὥστε **μαρτυρεῖτε** ἑαυτοῖς ὅτι υἱοί

μαρτύριον (*martyrion*; 3/19) *testimony*
Mt 8:4 εἰς **μαρτύριον** αὐτοῖς.
Mt 10:18 ἕνεκεν ἐμοῦ εἰς **μαρτύριον** αὐτοῖς καὶ τοῖς
Mt 24:14 τῇ οἰκουμένῃ εἰς **μαρτύριον** πᾶσιν τοῖς ἔθνεσιν,

μάρτυς (*martys*; 2/35) *witness*
Mt 18:16 ἐπὶ στόματος δύο **μαρτύρων** ἢ τριῶν σταθῇ
Mt 26:65 ἔτι χρείαν ἔχομεν **μαρτύρων**;

μαστιγόω (*mastigoō*; 3/7) *beat with a whip*
Mt 10:17 ταῖς συναγωγαῖς αὐτῶν **μαστιγώσουσιν** ὑμᾶς·
Mt 20:19 τὸ ἐμπαῖξαι καὶ **μαστιγῶσαι** καὶ σταυρῶσαι,
Mt 23:34 καὶ ἐξ αὐτῶν **μαστιγώσετε** ἐν ταῖς συναγωγαῖς

μάτην (*matēn*; 1/2) *in vain*
Mt 15:9 **μάτην** δὲ σέβονταί με

Ματθάν (*Matthan*; 2/2) *Matthan*
Mt 1:15 δὲ ἐγέννησεν τὸν **Ματθάν**,
Mt 1:15 **Ματθὰν** δὲ ἐγέννησεν τὸν

μάχαιρα (*machaira*; 7/29) *sword*
Mt 10:34 βαλεῖν εἰρήνην ἀλλὰ **μάχαιραν**.
Mt 26:47 ὄχλος πολὺς μετὰ **μαχαιρῶν** καὶ ξύλων ἀπὸ
Mt 26:51 χεῖρα ἀπέσπασεν τὴν **μάχαιραν** αὐτοῦ καὶ πατάξας
Mt 26:52 ἀπόστρεψον τὴν **μάχαιράν** σου εἰς τὸν
Mt 26:52 γὰρ οἱ λαβόντες **μάχαιραν** ἐν μαχαίρῃ ἀπολοῦνται.
Mt 26:52 λαβόντες μάχαιραν ἐν **μαχαίρῃ** ἀπολοῦνται.
Mt 26:55 λῃστὴν ἐξήλθατε μετὰ **μαχαιρῶν** καὶ ξύλων συλλαβεῖν

μεγαλύνω (*megalynō*; 1/8) *enlarge*
Mt 23:5 φυλακτήρια αὐτῶν καὶ **μεγαλύνουσιν** τὰ κράσπεδα,

μέγας (*megas*; 30/243) *great, large*
Mt 2:10 ἀστέρα ἐχάρησαν χαρὰν **μεγάλην** σφόδρα.
Mt 4:16 σκότει φῶς εἶδεν **μέγα**,
Mt 5:19 οὗτος **μέγας** κληθήσεται ἐν τῇ
Mt 5:35 πόλις ἐστὶν τοῦ **μεγάλου** βασιλέως,
Mt 7:27 ἡ πτῶσις αὐτῆς **μεγάλη**.
Mt 8:24 καὶ ἰδοὺ σεισμὸς **μέγας** ἐγένετο ἐν τῇ
Mt 8:26 καὶ ἐγένετο γαλήνη **μεγάλη**.
Mt 11:11 ἐν γεννητοῖς γυναικῶν **μείζων** Ἰωάννου τοῦ βαπτιστοῦ·
Mt 11:11 βασιλείᾳ τῶν οὐρανῶν **μείζων** αὐτοῦ ἐστιν.
Mt 12:6 ὅτι τοῦ ἱεροῦ **μεῖζόν** ἐστιν ὧδε.
Mt 13:32 ὅταν δὲ αὐξηθῇ **μεῖζον** τῶν λαχάνων ἐστὶν
Mt 15:28 **μεγάλη** σου ἡ πίστις·
Mt 18:1 τίς ἄρα **μείζων** ἐστὶν ἐν τῇ
Mt 18:4 οὗτός ἐστιν ὁ **μείζων** ἐν τῇ βασιλείᾳ
Mt 20:25 αὐτῶν καὶ οἱ **μεγάλοι** κατεξουσιάζουσιν αὐτῶν.
Mt 20:26 θέλῃ ἐν ὑμῖν **μέγας** γενέσθαι ἔσται ὑμῶν
Mt 20:31 οἱ δὲ **μεῖζον** ἔκραξαν λέγοντες·
Mt 22:36 ποία ἐντολὴ **μεγάλη** ἐν τῷ νόμῳ;
Mt 22:38 αὕτη ἐστὶν ἡ **μεγάλη** καὶ πρώτη ἐντολή.
Mt 23:11 ὁ δὲ **μείζων** ὑμῶν ἔσται ὑμῶν
Mt 23:17 τίς γὰρ **μείζων** ἐστίν,
Mt 23:19 τί γὰρ **μεῖζον**,
Mt 24:21 γὰρ τότε θλῖψις **μεγάλη** οἵα οὐ γέγονεν
Mt 24:24 καὶ δώσουσιν σημεῖα **μεγάλα** καὶ τέρατα ὥστε
Mt 24:31 αὐτοῦ μετὰ σάλπιγγος **μεγάλης**,
Mt 27:46 ὁ Ἰησοῦς φωνῇ **μεγάλῃ** λέγων·
Mt 27:50 πάλιν κράξας φωνῇ **μεγάλῃ** ἀφῆκεν τὸ πνεῦμα.
Mt 27:60 καὶ προσκυλίσας λίθον **μέγαν** τῇ θύρᾳ τοῦ
Mt 28:2 ἰδοὺ σεισμὸς ἐγένετο **μέγας**·
Mt 28:8 φόβου καὶ χαρᾶς **μεγάλης** ἔδραμον ἀπαγγεῖλαι τοῖς

μεθερμηνεύω (*methermēneuō*; 1/8) *translate*
Mt 1:23 ὅ ἐστιν **μεθερμηνευόμενον** μεθ' ἡμῶν ὁ

μεθύω (*methyō*; 1/5) *be drunk*
Mt 24:49 πίνῃ μετὰ τῶν **μεθυόντων**,

μέλας (*melas*; 1/6) *black or ink*
Mt 5:36 λευκὴν ποιῆσαι ἢ **μέλαιναν**.

μέλει (*melei*; 1/10) *it is of concern*
Mt 22:16 διδάσκεις καὶ οὐ **μέλει** σοι περὶ οὐδενός.

μέλι (*meli*; 1/4) *honey*
Mt 3:4 αὐτοῦ ἀκρίδες καὶ **μέλι** ἄγριον.

μέλλω (*mellō*; 9/109) *be about to happen*
Mt 2:13 **μέλλει** γὰρ Ἡρῴδης ζητεῖν
Mt 3:7 φυγεῖν ἀπὸ τῆς **μελλούσης** ὀργῆς;
Mt 11:14 ἐστιν Ἠλίας ὁ **μέλλων** ἔρχεσθαι.
Mt 12:32 οὔτε ἐν τῷ **μέλλοντι**.
Mt 16:27 **μέλλει** γὰρ ὁ υἱὸς
Mt 17:12 υἱὸς τοῦ ἀνθρώπου **μέλλει** πάσχειν ὑπ' αὐτῶν.
Mt 17:22 **μέλλει** ὁ υἱὸς τοῦ
Mt 20:22 ποτήριον ὃ ἐγὼ **μέλλω** πίνειν;
Mt 24:6 **μελλήσετε** δὲ ἀκούειν πολέμους

μέλος (*melos*; 2/34) *a bodily part*
Mt 5:29 ἀπόληται ἓν τῶν **μελῶν** σου καὶ μὴ
Mt 5:30 ἀπόληται ἓν τῶν **μελῶν** σου καὶ μὴ

μέν (*men*; 20/178[179]) *on the one hand*
Mt 3:11 Ἐγὼ **μὲν** ὑμᾶς βαπτίζω ἐν
Mt 9:37 ὁ **μὲν** θερισμὸς πολύς,
Mt 10:13 καὶ ἐὰν **μὲν** ᾖ ἡ οἰκία
Mt 13:4 σπείρειν αὐτὸν ἃ **μὲν** ἔπεσεν παρὰ τὴν
Mt 13:8 ὃ **μὲν** ἑκατόν,
Mt 13:23 καὶ ποιεῖ ὃ **μὲν** ἑκατόν,
Mt 13:32 ὃ μικρότερον **μέν** ἐστιν πάντων τῶν
Mt 16:3 τὸ **μὲν** πρόσωπον τοῦ οὐρανοῦ
Mt 16:14 οἱ **μὲν** Ἰωάννην τὸν βαπτιστήν,
Mt 17:11 Ἠλίας **μὲν** ἔρχεται καὶ ἀποκαταστήσει
Mt 20:23 τὸ **μὲν** ποτήριόν μου πίεσθε,
Mt 21:35 δούλους αὐτοῦ ὃν **μὲν** ἔδειραν,
Mt 22:5 ὃς **μὲν** εἰς τὸν ἴδιον

Mt 22:8 ὁ **μὲν** γάμος ἕτοιμός ἐστιν,
Mt 23:27 οἵτινες ἔξωθεν **μὲν** φαίνονται ὡραῖοι,
Mt 23:28 καὶ ὑμεῖς ἔξωθεν **μὲν** φαίνεσθε τοῖς ἀνθρώποις
Mt 25:15 καὶ ᾧ **μὲν** ἔδωκεν πέντε τάλαντα,
Mt 25:33 καὶ στήσει τὰ **μὲν** πρόβατα ἐκ δεξιῶν
Mt 26:24 ὁ **μὲν** υἱὸς τοῦ ἀνθρώπου
Mt 26:41 τὸ **μὲν** πνεῦμα πρόθυμον ἡ

μένω (*menō*; 3/118) *remain*

Mt 10:11 κἀκεῖ **μείνατε** ἕως ἂν ἐξέλθητε.
Mt 11:23 **ἔμεινεν** ἂν μέχρι τῆς
Mt 26:38 **μείνατε** ὧδε καὶ γρηγορεῖτε

μερίζω (*merizō*; 3/14) *divide*

Mt 12:25 πᾶσα βασιλεία **μερισθεῖσα** καθ' ἑαυτῆς ἐρημοῦται
Mt 12:25 πόλις ἢ οἰκία **μερισθεῖσα** καθ' ἑαυτῆς οὐ
Mt 12:26 ἐφ' ἑαυτὸν **ἐμερίσθη**·

μέριμνα (*merimna*; 1/6) *care*

Mt 13:22 καὶ ἡ **μέριμνα** τοῦ αἰῶνος καὶ

μεριμνάω (*merimnaō*; 7/19) *be anxious*

Mt 6:25 μὴ **μεριμνᾶτε** τῇ ψυχῇ ὑμῶν
Mt 6:27 δὲ ἐξ ὑμῶν **μεριμνῶν** δύναται προσθεῖναι
Mt 6:28 περὶ ἐνδύματος τί **μεριμνᾶτε**;
Mt 6:31 μὴ οὖν **μεριμνήσητε** λέγοντες·
Mt 6:34 μὴ οὖν **μεριμνήσητε** εἰς τὴν αὔριον,
Mt 6:34 ἡ γὰρ αὔριον **μεριμνήσει** ἑαυτῆς·
Mt 10:19 μὴ **μεριμνήσητε** πῶς ἢ τί

μέρος (*meros*; 4/42) *part*

Mt 2:22 ἀνεχώρησεν εἰς τὰ **μέρη** τῆς Γαλιλαίας,
Mt 15:21 ἀνεχώρησεν εἰς τὰ **μέρη** Τύρου καὶ Σιδῶνος.
Mt 16:13 Ἰησοῦς εἰς τὰ **μέρη** Καισαρείας τῆς Φιλίππου
Mt 24:51 αὐτὸν καὶ τὸ **μέρος** αὐτοῦ μετὰ τῶν

μέσος (*mesos*; 7/56[58]) *middle*

Mt 10:16 ὡς πρόβατα ἐν **μέσῳ** λύκων·
Mt 13:25 ἐπέσπειρεν ζιζάνια ἀνὰ **μέσον** τοῦ σίτου
Mt 13:49 τοὺς πονηροὺς ἐκ **μέσου** τῶν δικαίων
Mt 14:6 Ἡρῳδιάδος ἐν τῷ **μέσῳ** καὶ ἤρεσεν τῷ
Mt 18:2 ἔστησεν αὐτὸ ἐν **μέσῳ** αὐτῶν
Mt 18:20 ἐκεῖ εἰμι ἐν **μέσῳ** αὐτῶν.
Mt 25:6 **μέσης** δὲ νυκτὸς κραυγὴ

μεστός (*mestos*; 1/9) *full*

Mt 23:28 ἔσωθεν δέ ἐστε **μεστοὶ** ὑποκρίσεως καὶ ἀνομίας.

μετά (*meta*; 71/465[469]) *with, after*

Mt 1:12 **Μετὰ** δὲ τὴν μετοικεσίαν
Mt 1:23 ὅ ἐστιν μεθερμηνευόμενον **μεθ'** ἡμῶν ὁ θεός.
Mt 2:3 καὶ πᾶσα Ἱεροσόλυμα **μετ'** αὐτοῦ,
Mt 2:11 εἶδον τὸ παιδίον **μετὰ** Μαρίας τῆς μητρὸς
Mt 4:21 ἐν τῷ πλοίῳ **μετὰ** Ζεβεδαίου τοῦ πατρὸς
Mt 5:25 ἕως ὅτου εἶ **μετ'** αὐτοῦ ἐν τῇ
Mt 5:41 ὕπαγε **μετ'** αὐτοῦ δύο.
Mt 8:11 ἥξουσιν καὶ ἀνακλιθήσονται **μετὰ** Ἀβραὰμ καὶ Ἰσαὰκ
Mt 9:11 διὰ τί **μετὰ** τῶν τελωνῶν καὶ
Mt 9:15 πενθεῖν ἐφ' ὅσον **μετ'** αὐτῶν ἐστιν ὁ
Mt 12:3 ἐπείνασεν καὶ οἱ **μετ'** αὐτοῦ,
Mt 12:4 φαγεῖν οὐδὲ τοῖς **μετ'** αὐτοῦ εἰ μὴ
Mt 12:30 ὁ μὴ ὢν **μετ'** ἐμοῦ κατ' ἐμοῦ
Mt 12:30 ὁ μὴ συνάγων **μετ'** ἐμοῦ σκορπίζει.
Mt 12:41 ἐν τῇ κρίσει **μετὰ** τῆς γενεᾶς ταύτης
Mt 12:42 ἐν τῇ κρίσει **μετὰ** τῆς γενεᾶς ταύτης
Mt 12:45 πορεύεται καὶ παραλαμβάνει **μεθ'** ἑαυτοῦ ἑπτὰ ἕτερα
Mt 13:20 ἀκούων καὶ εὐθὺς **μετὰ** χαρᾶς λαμβάνων αὐτόν,
Mt 14:7 ὅθεν **μεθ'** ὅρκου ὡμολόγησεν αὐτῇ
Mt 15:30 ὄχλοι πολλοὶ ἔχοντες **μεθ'** ἑαυτῶν χωλούς,
Mt 16:27 τοῦ πατρὸς αὐτοῦ **μετὰ** τῶν ἀγγέλων αὐτοῦ,
Mt 17:1 Καὶ **μεθ'** ἡμέρας ἓξ παραλαμβάνει
Mt 17:3 καὶ Ἠλίας συλλαλοῦντες **μετ'** αὐτοῦ.
Mt 17:17 ἕως πότε **μεθ'** ὑμῶν ἔσομαι;
Mt 18:16 παράλαβε **μετὰ** σοῦ ἔτι ἕνα
Mt 18:23 ἠθέλησεν συνᾶραι λόγον **μετὰ** τῶν δούλων αὐτοῦ.
Mt 19:10 αἰτία τοῦ ἀνθρώπου **μετὰ** τῆς γυναικός,
Mt 20:2 συμφωνήσας δὲ **μετὰ** τῶν ἐργατῶν ἐκ
Mt 20:20 τῶν υἱῶν Ζεβεδαίου **μετὰ** τῶν υἱῶν αὐτῆς
Mt 21:2 δεδεμένην καὶ πῶλον **μετ'** αὐτῆς·
Mt 22:16 τοὺς μαθητὰς αὐτῶν **μετὰ** τῶν Ἡρῳδιανῶν λέγοντες·
Mt 24:29 Εὐθέως δὲ **μετὰ** τὴν θλῖψιν τῶν
Mt 24:30 νεφελῶν τοῦ οὐρανοῦ **μετὰ** δυνάμεως καὶ δόξης
Mt 24:31 τοὺς ἀγγέλους αὐτοῦ **μετὰ** σάλπιγγος μεγάλης,
Mt 24:49 δὲ καὶ πίνῃ **μετὰ** τῶν μεθυόντων,
Mt 24:51 τὸ μέρος αὐτοῦ **μετὰ** τῶν ὑποκριτῶν θήσει·
Mt 25:3 αὐτῶν οὐκ ἔλαβον **μεθ'** ἑαυτῶν ἔλαιον.
Mt 25:4 ἐν τοῖς ἀγγείοις **μετὰ** τῶν λαμπάδων ἑαυτῶν.
Mt 25:10 αἱ ἕτοιμοι εἰσῆλθον **μετ'** αὐτοῦ εἰς τοὺς
Mt 25:19 **μετὰ** δὲ πολὺν χρόνον
Mt 25:19 καὶ συναίρει λόγον **μετ'** αὐτῶν.
Mt 25:31 πάντες οἱ ἄγγελοι **μετ'** αὐτοῦ,
Mt 26:2 οἴδατε ὅτι **μετὰ** δύο ἡμέρας τὸ
Mt 26:11 τοὺς πτωχοὺς ἔχετε **μεθ'** ἑαυτῶν,
Mt 26:18 ποιῶ τὸ πάσχα **μετὰ** τῶν μαθητῶν μου.
Mt 26:20 δὲ γενομένης ἀνέκειτο **μετὰ** τῶν δώδεκα.
Mt 26:23 ὁ ἐμβάψας **μετ'** ἐμοῦ τὴν χεῖρα
Mt 26:29 ὅταν αὐτὸ πίνω **μεθ'** ὑμῶν καινὸν ἐν
Mt 26:32 **μετὰ** δὲ τὸ ἐγερθῆναί
Mt 26:36 Τότε ἔρχεται **μετ'** αὐτῶν ὁ Ἰησοῦς
Mt 26:38 ὧδε καὶ γρηγορεῖτε **μετ'** ἐμοῦ.
Mt 26:40 μίαν ὥραν γρηγορῆσαι **μετ'** ἐμοῦ;
Mt 26:47 δώδεκα ἦλθεν καὶ **μετ'** αὐτοῦ ὄχλος πολὺς
Mt 26:47 αὐτοῦ ὄχλος πολὺς **μετὰ** μαχαιρῶν καὶ ξύλων
Mt 26:51 ἰδοὺ εἷς τῶν **μετὰ** Ἰησοῦ ἐκτείνας τὴν
Mt 26:55 ἐπὶ λῃστὴν ἐξήλθατε **μετὰ** μαχαιρῶν καὶ ξύλων
Mt 26:58 εἰσελθὼν ἔσω ἐκάθητο **μετὰ** τῶν ὑπηρετῶν ἰδεῖν
Mt 26:69 καὶ σὺ ἦσθα **μετὰ** Ἰησοῦ τοῦ Γαλιλαίου.
Mt 26:71 οὗτος ἦν **μετὰ** Ἰησοῦ τοῦ Ναζωραίου.
Mt 26:72 καὶ πάλιν ἠρνήσατο **μετὰ** ὅρκου ὅτι οὐκ

Mt 26:73 **μετὰ** μικρὸν δὲ προσελθόντες
Mt 27:34 αὐτῷ πιεῖν οἶνον **μετὰ** χολῆς μεμιγμένον·
Mt 27:41 οἱ ἀρχιερεῖς ἐμπαίζοντες **μετὰ** τῶν γραμματέων καὶ
Mt 27:53 ἐκ τῶν μνημείων **μετὰ** τὴν ἔγερσιν αὐτοῦ
Mt 27:54 ἑκατόνταρχος καὶ οἱ **μετ'** αὐτοῦ τηροῦντες
Mt 27:62 ἥτις ἐστὶν **μετὰ** τὴν παρασκευήν,
Mt 27:63 **μετὰ** τρεῖς ἡμέρας ἐγείρομαι.
Mt 27:66 σφραγίσαντες τὸν λίθον **μετὰ** τῆς κουστωδίας.
Mt 28:8 ἀπὸ τοῦ μνημείου **μετὰ** φόβου καὶ χαρᾶς
Mt 28:12 καὶ συναχθέντες **μετὰ** τῶν πρεσβυτέρων συμβούλιόν
Mt 28:20 καὶ ἰδοὺ ἐγὼ **μεθ'** ὑμῶν εἰμι πάσας

μεταβαίνω (*metabainō*; 6/12) *leave, cross over*

Mt 8:34 αὐτὸν παρεκάλεσαν ὅπως **μεταβῇ** ἀπὸ τῶν ὁρίων
Mt 11:1 **μετέβη** ἐκεῖθεν τοῦ διδάσκειν
Mt 12:9 Καὶ **μεταβὰς** ἐκεῖθεν ἦλθεν εἰς
Mt 15:29 Καὶ **μεταβὰς** ἐκεῖθεν ὁ Ἰησοῦς
Mt 17:20 **μετάβα** ἔνθεν ἐκεῖ,
Mt 17:20 καὶ **μεταβήσεται**·

μεταίρω (*metairō*; 2/2) *go away*

Mt 13:53 **μετῆρεν** ἐκεῖθεν.
Mt 19:1 **μετῆρεν** ἀπὸ τῆς Γαλιλαίας

μεταμέλομαι (*metamelomai*; 3/6) *regret*

Mt 21:29 ὕστερον δὲ **μεταμεληθεὶς** ἀπῆλθεν.
Mt 21:32 δὲ ἰδόντες οὐδὲ **μετεμελήθητε** ὕστερον τοῦ πιστεῦσαι
Mt 27:3 **μεταμεληθεὶς** ἔστρεψεν τὰ τριάκοντα

μεταμορφόω (*metamorphoō*; 1/4) *change, be transformed*

Mt 17:2 καὶ **μετεμορφώθη** ἔμπροσθεν αὐτῶν,

μετανοέω (*metanoeō*; 5/34) *repent*

Mt 3:2 **μετανοεῖτε**·
Mt 4:17 **μετανοεῖτε**·
Mt 11:20 ὅτι οὐ **μετενόησαν**·
Mt 11:21 σάκκῳ καὶ σποδῷ **μετενόησαν**.
Mt 12:41 ὅτι **μετενόησαν** εἰς τὸ κήρυγμα

μετάνοια (*metanoia*; 2/22) *repentance*

Mt 3:8 καρπὸν ἄξιον τῆς **μετανοίας**
Mt 3:11 ἐν ὕδατι εἰς **μετάνοιαν**,

μεταξύ (*metaxy*; 2/9) *between, meanwhile*

Mt 18:15 ὕπαγε ἔλεγξον αὐτὸν **μεταξὺ** σοῦ καὶ αὐτοῦ
Mt 23:35 ὃν ἐφονεύσατε **μεταξὺ** τοῦ ναοῦ καὶ

μετοικεσία (*metoikesia*; 4/4) *carrying off*

Mt 1:11 αὐτοῦ ἐπὶ τῆς **μετοικεσίας** Βαβυλῶνος.
Mt 1:12 Μετὰ δὲ τὴν **μετοικεσίαν** Βαβυλῶνος Ἰεχονίας ἐγέννησεν
Mt 1:17 Δαυὶδ ἕως τῆς **μετοικεσίας** Βαβυλῶνος γενεαὶ δεκατέσσαρες,
Mt 1:17 καὶ ἀπὸ τῆς **μετοικεσίας** Βαβυλῶνος ἕως

μετρέω (*metreō*; 2/11) *measure*

Mt 7:2 ἐν ᾧ μέτρῳ **μετρεῖτε** μετρηθήσεται ὑμῖν.
Mt 7:2 ᾧ μέτρῳ μετρεῖτε **μετρηθήσεται** ὑμῖν.

μέτρον (*metron*; 2/14) *measure*

Mt 7:2 καὶ ἐν ᾧ **μέτρῳ** μετρεῖτε μετρηθήσεται ὑμῖν.
Mt 23:32 ὑμεῖς πληρώσατε τὸ **μέτρον** τῶν πατέρων ὑμῶν.

μέχρι (*mechri*; 2/17) *until*

Mt 11:23 ἔμεινεν ἂν **μέχρι** τῆς σήμερον.
Mt 28:15 οὗτος παρὰ Ἰουδαίοις **μέχρι** τῆς σήμερον [ἡμέρας].

μή (*mē*; 128/1041[1042]) *not*

Mt 1:19 δίκαιος ὢν καὶ **μὴ** θέλων αὐτὴν δειγματίσαι,
Mt 1:20 **μὴ** φοβηθῇς παραλαβεῖν Μαρίαν
Mt 2:12 χρηματισθέντες κατ' ὄναρ **μὴ** ἀνακάμψαι πρὸς Ἡρῴδην,
Mt 3:9 καὶ **μὴ** δόξητε λέγειν ἐν
Mt 3:10 πᾶν οὖν δένδρον **μὴ** ποιοῦν καρπὸν καλὸν
Mt 5:13 ἰσχύει ἔτι εἰ **μὴ** βληθὲν ἔξω καταπατεῖσθαι
Mt 5:17 **Μὴ** νομίσητε ὅτι ἦλθον
Mt 5:18 μία κεραία οὐ **μὴ** παρέλθῃ ἀπὸ τοῦ
Mt 5:20 ὑμῖν ὅτι ἐὰν **μὴ** περισσεύσῃ ὑμῶν ἡ
Mt 5:20 οὐ **μὴ** εἰσέλθητε εἰς τὴν
Mt 5:26 οὐ **μὴ** ἐξέλθῃς ἐκεῖθεν,
Mt 5:29 μελῶν σου καὶ **μὴ** ὅλον τὸ σῶμά
Mt 5:30 μελῶν σου καὶ **μὴ** ὅλον τὸ σῶμά
Mt 5:34 δὲ λέγω ὑμῖν **μὴ** ὀμόσαι ὅλως·
Mt 5:39 δὲ λέγω ὑμῖν **μὴ** ἀντιστῆναι τῷ πονηρῷ·
Mt 5:42 ἀπὸ σοῦ δανίσασθαι **μὴ** ἀποστραφῇς.
Mt 6:1 τὴν δικαιοσύνην ὑμῶν **μὴ** ποιεῖν ἔμπροσθεν
Mt 6:1 εἰ δὲ **μή** γε,
Mt 6:2 **μὴ** σαλπίσῃς ἔμπροσθέν σου,
Mt 6:3 δὲ ποιοῦντος ἐλεημοσύνην **μὴ** γνώτω ἡ ἀριστερά
Mt 6:7 Προσευχόμενοι δὲ **μὴ** βατταλογήσητε ὥσπερ
Mt 6:8 **μὴ** οὖν ὁμοιωθῆτε αὐτοῖς·
Mt 6:13 καὶ **μὴ** εἰσενέγκῃς ἡμᾶς εἰς
Mt 6:15 ἐὰν δὲ **μὴ** ἀφῆτε τοῖς ἀνθρώποις,
Mt 6:16 **μὴ** γίνεσθε ὡς οἱ
Mt 6:18 ὅπως **μὴ** φανῇς τοῖς ἀνθρώποις
Mt 6:19 **Μὴ** θησαυρίζετε ὑμῖν θησαυροὺς
Mt 6:25 **μὴ** μεριμνᾶτε τῇ ψυχῇ
Mt 6:31 **μὴ** οὖν μεριμνήσητε λέγοντες·
Mt 6:34 **μὴ** οὖν μεριμνήσητε εἰς
Mt 7:1 **Μὴ** κρίνετε,
Mt 7:1 ἵνα **μὴ** κριθῆτε·
Mt 7:6 **Μὴ** δῶτε τὸ ἅγιον
Mt 7:9 **μὴ** λίθον ἐπιδώσει αὐτῷ;
Mt 7:10 **μὴ** ὄφιν ἐπιδώσει αὐτῷ;
Mt 7:19 πᾶν δένδρον **μὴ** ποιοῦν καρπὸν καλὸν
Mt 7:26 λόγους τούτους καὶ **μὴ** ποιῶν αὐτοὺς ὁμοιωθήσεται
Mt 8:28 ὥστε **μὴ** ἰσχύειν τινα παρελθεῖν
Mt 9:15 **μὴ** δύνανται οἱ υἱοὶ
Mt 9:17 εἰ δὲ **μή** γε,
Mt 9:36 ἐρριμμένοι ὡσεὶ πρόβατα **μὴ** ἔχοντα ποιμένα.
Mt 10:5 εἰς ὁδὸν ἐθνῶν **μὴ** ἀπέλθητε καὶ εἰς
Mt 10:5 εἰς πόλιν Σαμαριτῶν **μὴ** εἰσέλθητε·
Mt 10:9 **Μὴ** κτήσησθε χρυσὸν μηδὲ

Mt 10:10 **μὴ** πήραν εἰς ὁδὸν
Mt 10:13 ἐὰν δὲ **μὴ** ᾖ ἀξία,
Mt 10:14 καὶ ὃς ἂν **μὴ** δέξηται ὑμᾶς μηδὲ
Mt 10:19 **μὴ** μεριμνήσητε πῶς ἢ
Mt 10:23 οὐ **μὴ** τελέσητε τὰς πόλεις
Mt 10:26 **Μὴ** οὖν φοβηθῆτε αὐτούς·
Mt 10:28 καὶ **μὴ** φοβεῖσθε ἀπὸ τῶν
Mt 10:28 τὴν δὲ ψυχὴν **μὴ** δυναμένων ἀποκτεῖναι·
Mt 10:31 **μὴ** οὖν φοβεῖσθε·
Mt 10:34 **Μὴ** νομίσητε ὅτι ἦλθον
Mt 10:42 οὐ **μὴ** ἀπολέσῃ τὸν μισθὸν
Mt 11:6 ἐστιν ὃς ἐὰν **μὴ** σκανδαλισθῇ ἐν ἐμοί.
Mt 11:23 **μὴ** ἕως οὐρανοῦ ὑψωθήσῃ;
Mt 11:27 τὸν υἱὸν εἰ **μὴ** ὁ πατήρ,
Mt 11:27 τις ἐπιγινώσκει εἰ **μὴ** ὁ υἱὸς καὶ
Mt 12:4 μετ' αὐτοῦ εἰ **μὴ** τοῖς ἱερεῦσιν μόνοις;
Mt 12:16 ἐπετίμησεν αὐτοῖς ἵνα **μὴ** φανερὸν αὐτὸν ποιήσωσιν,
Mt 12:24 τὰ δαιμόνια εἰ **μὴ** ἐν τῷ Βεελζεβοὺλ
Mt 12:29 ἐὰν **μὴ** πρῶτον δήσῃ τὸν
Mt 12:30 ὁ **μὴ** ὢν μετ' ἐμοῦ
Mt 12:30 καὶ ὁ **μὴ** συνάγων μετ' ἐμοῦ
Mt 12:39 δοθήσεται αὐτῇ εἰ **μὴ** τὸ σημεῖον Ἰωνᾶ
Mt 13:5 ἐξανέτειλεν διὰ τὸ **μὴ** ἔχειν βάθος γῆς·
Mt 13:6 καὶ διὰ τὸ **μὴ** ἔχειν ῥίζαν ἐξηράνθη.
Mt 13:14 ἀκούσετε καὶ οὐ **μὴ** συνῆτε,
Mt 13:14 βλέψετε καὶ οὐ **μὴ** ἴδητε.
Mt 13:19 τῆς βασιλείας καὶ **μὴ** συνιέντος ἔρχεται ὁ
Mt 13:57 προφήτης ἄτιμος εἰ **μὴ** ἐν τῇ πατρίδι
Mt 14:17 ἔχομεν ὧδε εἰ **μὴ** πέντε ἄρτους καὶ
Mt 14:27 **μὴ** φοβεῖσθε.
Mt 15:6 οὐ **μὴ** τιμήσει τὸν πατέρα
Mt 15:24 οὐκ ἀπεστάλην εἰ **μὴ** εἰς τὰ πρόβατα
Mt 16:4 δοθήσεται αὐτῇ εἰ **μὴ** τὸ σημεῖον Ἰωνᾶ.
Mt 16:22 οὐ **μὴ** ἔσται σοι τοῦτο.
Mt 16:28 ἑστώτων οἵτινες οὐ **μὴ** γεύσωνται θανάτου ἕως
Mt 17:7 ἐγέρθητε καὶ **μὴ** φοβεῖσθε.
Mt 17:8 οὐδένα εἶδον εἰ **μὴ** αὐτὸν Ἰησοῦν μόνον.
Mt 17:27 ἵνα δὲ **μὴ** σκανδαλίσωμεν αὐτούς,
Mt 18:3 ἐὰν **μὴ** στραφῆτε καὶ γένησθε
Mt 18:3 οὐ **μὴ** εἰσέλθητε εἰς τὴν
Mt 18:10 Ὁρᾶτε **μὴ** καταφρονήσητε ἑνὸς τῶν
Mt 18:13 ἐνενήκοντα ἐννέα τοῖς **μὴ** πεπλανημένοις.
Mt 18:16 ἐὰν δὲ **μὴ** ἀκούσῃ,
Mt 18:25 **μὴ** ἔχοντος δὲ αὐτοῦ
Mt 18:35 ἐὰν **μὴ** ἀφῆτε ἕκαστος τῷ
Mt 19:6 θεὸς συνέζευξεν ἄνθρωπος **μὴ** χωριζέτω.
Mt 19:9 τὴν γυναῖκα αὐτοῦ **μὴ** ἐπὶ πορνείᾳ καὶ
Mt 19:14 τὰ παιδία καὶ **μὴ** κωλύετε αὐτὰ ἐλθεῖν
Mt 21:19 ἐν αὐτῇ εἰ **μὴ** φύλλα μόνον,
Mt 21:21 ἔχητε πίστιν καὶ **μὴ** διακριθῆτε,
Mt 22:12 πῶς εἰσῆλθες ὧδε **μὴ** ἔχων ἔνδυμα γάμου;
Mt 22:23 λέγοντες **μὴ** εἶναι ἀνάστασιν,
Mt 22:24 ἐάν τις ἀποθάνῃ **μὴ** ἔχων τέκνα,
Mt 22:25 καὶ **μὴ** ἔχων σπέρμα ἀφῆκεν
Mt 22:29 πλανᾶσθε **μὴ** εἰδότες τὰς γραφὰς
Mt 23:3 τὰ ἔργα αὐτῶν **μὴ** ποιεῖτε·
Mt 23:8 ὑμεῖς δὲ **μὴ** κληθῆτε ῥαββί·
Mt 23:9 καὶ πατέρα **μὴ** καλέσητε ὑμῶν ἐπὶ
Mt 23:23 ἔδει ποιῆσαι κἀκεῖνα **μὴ** ἀφιέναι.
Mt 23:39 οὐ **μή** με ἴδητε ἀπ'
Mt 24:2 οὐ **μὴ** ἀφεθῇ ὧδε λίθος
Mt 24:4 βλέπετε **μή** τις ὑμᾶς πλανήσῃ·
Mt 24:6 ὁρᾶτε **μὴ** θροεῖσθε·
Mt 24:17 ἐπὶ τοῦ δώματος **μὴ** καταβάτω ἆραι τὰ
Mt 24:18 ἐν τῷ ἀγρῷ **μὴ** ἐπιστρεψάτω ὀπίσω ἆραι
Mt 24:20 προσεύχεσθε δὲ ἵνα **μὴ** γένηται ἡ φυγὴ
Mt 24:21 νῦν οὐδ' οὐ **μὴ** γένηται.
Mt 24:22 καὶ εἰ **μὴ** ἐκολοβώθησαν αἱ ἡμέραι
Mt 24:23 **μὴ** πιστεύσητε·
Mt 24:26 **μὴ** ἐξέλθητε·
Mt 24:26 **μὴ** πιστεύσητε·
Mt 24:34 ὑμῖν ὅτι οὐ **μὴ** παρέλθῃ ἡ γενεὰ
Mt 24:35 λόγοι μου οὐ **μὴ** παρέλθωσιν.
Mt 24:36 εἰ **μὴ** ὁ πατὴρ μόνος.
Mt 25:9 μήποτε οὐ **μὴ** ἀρκέσῃ ἡμῖν
Mt 25:29 τοῦ δὲ **μὴ** ἔχοντος καὶ ὃ
Mt 26:5 **μὴ** ἐν τῇ ἑορτῇ,
Mt 26:5 ἵνα **μὴ** θόρυβος γένηται ἐν
Mt 26:29 οὐ **μὴ** πίω ἀπ' ἄρτι
Mt 26:35 οὐ **μή** σε ἀπαρνήσομαι.
Mt 26:41 ἵνα **μὴ** εἰσέλθητε εἰς πειρασμόν·
Mt 26:42 τοῦτο παρελθεῖν ἐὰν **μὴ** αὐτὸ πίω,
Mt 28:5 **μὴ** φοβεῖσθε ὑμεῖς,
Mt 28:10 **μὴ** φοβεῖσθε·

μηδέ (*mēde*; 11/56) *nor*

Mt 6:25 **μηδὲ** τῷ σώματι ὑμῶν
Mt 7:6 ἅγιον τοῖς κυσὶν **μηδὲ** βάλητε τοὺς μαργαρίτας
Mt 10:9 Μὴ κτήσησθε χρυσὸν **μηδὲ** ἄργυρον μηδὲ χαλκὸν
Mt 10:9 χρυσὸν μηδὲ ἄργυρον **μηδὲ** χαλκὸν εἰς τὰς
Mt 10:10 πήραν εἰς ὁδὸν **μηδὲ** δύο χιτῶνας μηδὲ
Mt 10:10 μηδὲ δύο χιτῶνας **μηδὲ** ὑποδήματα μηδὲ ῥάβδον·
Mt 10:10 χιτῶνας μηδὲ ὑποδήματα **μηδὲ** ῥάβδον·
Mt 10:14 μὴ δέξηται ὑμᾶς **μηδὲ** ἀκούσῃ τοὺς λόγους
Mt 22:29 εἰδότες τὰς γραφὰς **μηδὲ** τὴν δύναμιν τοῦ
Mt 23:10 **μηδὲ** κληθῆτε καθηγηταί,
Mt 24:20 φυγὴ ὑμῶν χειμῶνος **μηδὲ** σαββάτῳ.

μηδείς (*mēdeis*; 5/90) *no one*

Mt 8:4 ὅρα **μηδενὶ** εἴπῃς,
Mt 9:30 ὁρᾶτε **μηδεὶς** γινωσκέτω.
Mt 16:20 τοῖς μαθηταῖς ἵνα **μηδενὶ** εἴπωσιν ὅτι αὐτός
Mt 17:9 **μηδενὶ** εἴπητε τὸ ὅραμα
Mt 27:19 **μηδὲν** σοὶ καὶ τῷ

μηκέτι (*mēketi*; 1/21[22]) *no longer*

Mt 21:19 **μηκέτι** ἐκ σοῦ καρπὸς

μήποτε (*mēpote*; 8/25) *lest*

Mt 4:6 **μήποτε** προσκόψῃς πρὸς λίθον
Mt 5:25 **μήποτέ** σε παραδῷ ὁ
Mt 7:6 **μήποτε** καταπατήσουσιν αὐτοὺς ἐν
Mt 13:15 **μήποτε** ἴδωσιν τοῖς ὀφθαλμοῖς
Mt 13:29 **μήποτε** συλλέγοντες τὰ ζιζάνια
Mt 15:32 **μήποτε** ἐκλυθῶσιν ἐν τῇ
Mt 25:9 **μήποτε** οὐ μὴ ἀρκέσῃ
Mt 27:64 **μήποτε** ἐλθόντες οἱ μαθηταὶ

μήτε (*mēte*; 6/34) *and not*

Mt 5:34 **μήτε** ἐν τῷ οὐρανῷ,
Mt 5:35 **μήτε** ἐν τῇ γῇ,
Mt 5:35 **μήτε** εἰς Ἱεροσόλυμα,

Mt 5:36 **μήτε** ἐν τῇ κεφαλῇ
Mt 11:18 ἦλθεν γὰρ Ἰωάννης **μήτε** ἐσθίων μήτε πίνων,
Mt 11:18 Ἰωάννης μήτε ἐσθίων **μήτε** πίνων,

μήτηρ (*mētēr*; 26/83) *mother*

Mt 1:18 μνηστευθείσης τῆς **μητρὸς** αὐτοῦ Μαρίας τῷ
Mt 2:11 μετὰ Μαρίας τῆς **μητρὸς** αὐτοῦ,
Mt 2:13 παιδίον καὶ τὴν **μητέρα** αὐτοῦ καὶ φεῦγε
Mt 2:14 παιδίον καὶ τὴν **μητέρα** αὐτοῦ νυκτὸς καὶ
Mt 2:20 παιδίον καὶ τὴν **μητέρα** αὐτοῦ καὶ πορεύου
Mt 2:21 παιδίον καὶ τὴν **μητέρα** αὐτοῦ καὶ εἰσῆλθεν
Mt 10:35 θυγατέρα κατὰ τῆς **μητρὸς** αὐτῆς καὶ νύμφην
Mt 10:37 φιλῶν πατέρα ἢ **μητέρα** ὑπὲρ ἐμὲ οὐκ
Mt 12:46 ὄχλοις ἰδοὺ ἡ **μήτηρ** καὶ οἱ ἀδελφοὶ
Mt 12:47 ἰδοὺ ἡ **μήτηρ** σου καὶ οἱ
Mt 12:48 τίς ἐστιν ἡ **μήτηρ** μου καὶ τίνες
Mt 12:49 ἰδοὺ ἡ **μήτηρ** μου καὶ οἱ
Mt 12:50 καὶ ἀδελφὴ καὶ **μήτηρ** ἐστίν.
Mt 13:55 οὐχ ἡ **μήτηρ** αὐτοῦ λέγεται Μαριὰμ
Mt 14:8 προβιβασθεῖσα ὑπὸ τῆς **μητρὸς** αὐτῆς·
Mt 14:11 καὶ ἤνεγκεν τῇ **μητρὶ** αὐτῆς.
Mt 15:4 πατέρα καὶ τὴν **μητέρα**,
Mt 15:4 κακολογῶν πατέρα ἢ **μητέρα** θανάτῳ τελευτάτω.
Mt 15:5 πατρὶ ἢ τῇ **μητρί**·
Mt 19:5 πατέρα καὶ τὴν **μητέρα** καὶ κολληθήσεται τῇ
Mt 19:12 οἵτινες ἐκ κοιλίας **μητρὸς** ἐγεννήθησαν οὕτως,
Mt 19:19 πατέρα καὶ τὴν **μητέρα**,
Mt 19:29 ἢ πατέρα ἢ **μητέρα** ἢ τέκνα ἢ
Mt 20:20 προσῆλθεν αὐτῷ ἡ **μήτηρ** τῶν υἱῶν Ζεβεδαίου
Mt 27:56 Ἰακώβου καὶ Ἰωσὴφ **μήτηρ** καὶ ἡ μήτηρ
Mt 27:56 μήτηρ καὶ ἡ **μήτηρ** τῶν υἱῶν Ζεβεδαίου.

μήτι (*mēti*; 4/18) *particle used in questions*

Mt 7:16 **μήτι** συλλέγουσιν ἀπὸ ἀκανθῶν
Mt 12:23 **μήτι** οὗτός ἐστιν ὁ
Mt 26:22 **μήτι** ἐγώ εἰμι,
Mt 26:25 **μήτι** ἐγώ εἰμι,

μίγνυμι (*mignymi*; 1/4) *mix*

Mt 27:34 οἶνον μετὰ χολῆς **μεμιγμένον**·

μικρός (*mikros*; 8/46) *little*

Mt 10:42 ποτίσῃ ἕνα τῶν **μικρῶν** τούτων ποτήριον ψυχροῦ
Mt 11:11 ὁ δὲ **μικρότερος** ἐν τῇ βασιλείᾳ
Mt 13:32 ὃ **μικρότερον** μέν ἐστιν πάντων
Mt 18:6 σκανδαλίσῃ ἕνα τῶν **μικρῶν** τούτων τῶν πιστευόντων
Mt 18:10 καταφρονήσητε ἑνὸς τῶν **μικρῶν** τούτων·
Mt 18:14 ἀπόληται ἓν τῶν **μικρῶν** τούτων.
Mt 26:39 καὶ προελθὼν **μικρὸν** ἔπεσεν ἐπὶ πρόσωπον
Mt 26:73 μετὰ **μικρὸν** δὲ προσελθόντες οἱ

μίλιον (*milion*; 1/1) *mile*

Mt 5:41 ὅστις σε ἀγγαρεύσει **μίλιον** ἕν,

μιμνῄσκομαι (*mimnēskomai*; 3/23) *remember*

Mt 5:23 τὸ θυσιαστήριον κἀκεῖ **μνησθῇς** ὅτι ὁ ἀδελφός
Mt 26:75 καὶ **ἐμνήσθη** ὁ Πέτρος τοῦ
Mt 27:63 **ἐμνήσθημεν** ὅτι ἐκεῖνος ὁ

μισέω (*miseō*; 5/40) *hate*

Mt 5:43 πλησίον σου καὶ **μισήσεις** τὸν ἐχθρόν σου.
Mt 6:24 γὰρ τὸν ἕνα **μισήσει** καὶ τὸν ἕτερον
Mt 10:22 καὶ ἔσεσθε **μισούμενοι** ὑπὸ πάντων διὰ
Mt 24:9 καὶ ἔσεσθε **μισούμενοι** ὑπὸ πάντων τῶν
Mt 24:10 ἀλλήλους παραδώσουσιν καὶ **μισήσουσιν** ἀλλήλους·

μισθός (*misthos*; 10/29) *pay*

Mt 5:12 ὅτι ὁ **μισθὸς** ὑμῶν πολὺς ἐν
Mt 5:46 τίνα **μισθὸν** ἔχετε;
Mt 6:1 **μισθὸν** οὐκ ἔχετε παρὰ
Mt 6:2 ἀπέχουσιν τὸν **μισθὸν** αὐτῶν.
Mt 6:5 ἀπέχουσιν τὸν **μισθὸν** αὐτῶν.
Mt 6:16 ἀπέχουσιν τὸν **μισθὸν** αὐτῶν.
Mt 10:41 εἰς ὄνομα προφήτου **μισθὸν** προφήτου λήμψεται,
Mt 10:41 εἰς ὄνομα δικαίου **μισθὸν** δικαίου λήμψεται.
Mt 10:42 μὴ ἀπολέσῃ τὸν **μισθὸν** αὐτοῦ.
Mt 20:8 ἀπόδος αὐτοῖς τὸν **μισθὸν** ἀρξάμενος ἀπὸ

μισθόω (*misthoō*; 2/2) *hire*

Mt 20:1 ἐξῆλθεν ἅμα πρωῒ **μισθώσασθαι** ἐργάτας εἰς
Mt 20:7 ὅτι οὐδεὶς ἡμᾶς **ἐμισθώσατο**.

μνημεῖον (*mnēmeion*; 7/40) *grave, tomb*

Mt 8:28 δαιμονιζόμενοι ἐκ τῶν **μνημείων** ἐξερχόμενοι,
Mt 23:29 καὶ κοσμεῖτε τὰ **μνημεῖα** τῶν δικαίων,
Mt 27:52 καὶ τὰ **μνημεῖα** ἀνεῴχθησαν καὶ πολλὰ
Mt 27:53 ἐξελθόντες ἐκ τῶν **μνημείων** μετὰ τὴν ἔγερσιν
Mt 27:60 τῷ καινῷ αὐτοῦ **μνημείῳ** ὃ ἐλατόμησεν ἐν
Mt 27:60 τῇ θύρᾳ τοῦ **μνημείου** ἀπῆλθεν.
Mt 28:8 ταχὺ ἀπὸ τοῦ **μνημείου** μετὰ φόβου καὶ

μνημονεύω (*mnēmoneuō*; 1/21) *remember*

Mt 16:9 οὐδὲ **μνημονεύετε** τοὺς πέντε ἄρτους

μνημόσυνον (*mnēmosynon*; 1/3) *memorial*

Mt 26:13 ἐποίησεν αὕτη εἰς **μνημόσυνον** αὐτῆς.

μνηστεύω (*mnēsteuō*; 1/3) *be engaged*

Mt 1:18 **μνηστευθείσης** τῆς μητρὸς αὐτοῦ

μόδιος (*modios*; 1/3) *basket*

Mt 5:15 αὐτὸν ὑπὸ τὸν **μόδιον** ἀλλ᾽ ἐπὶ τὴν

μοιχαλίς (*moichalis*; 2/7) *adulteress*

Mt 12:39 γενεὰ πονηρὰ καὶ **μοιχαλὶς** σημεῖον ἐπιζητεῖ,
Mt 16:4 γενεὰ πονηρὰ καὶ **μοιχαλὶς** σημεῖον ἐπιζητεῖ,

μοιχάω (*moichaō*; 2/4) *commit adultery*
Mt 5:32 **μοιχᾶται**.
Mt 19:9 καὶ γαμήσῃ ἄλλην **μοιχᾶται**.

μοιχεία (*moicheia*; 1/2[3]) *adultery*
Mt 15:19 **μοιχεῖαι**,

μοιχεύω (*moicheuō*; 4/14[15]) *commit adultery*
Mt 5:27 οὐ **μοιχεύσεις**.
Mt 5:28 ἐπιθυμῆσαι αὐτὴν ἤδη **ἐμοίχευσεν** αὐτὴν ἐν
Mt 5:32 πορνείας ποιεῖ αὐτὴν **μοιχευθῆναι**,
Mt 19:18 οὐ **μοιχεύσεις**,

μόνος (*monos*; 14/113[114]) *only*
Mt 4:4 οὐκ ἐπ' ἄρτῳ **μόνῳ** ζήσεται ὁ ἄνθρωπος,
Mt 4:10 προσκυνήσεις καὶ αὐτῷ **μόνῳ** λατρεύσεις.
Mt 5:47 τοὺς ἀδελφοὺς ὑμῶν **μόνον**,
Mt 8:8 ἀλλὰ **μόνον** εἰπὲ λόγῳ,
Mt 9:21 ἐὰν **μόνον** ἅψωμαι τοῦ ἱματίου
Mt 10:42 τούτων ποτήριον ψυχροῦ **μόνον** εἰς ὄνομα μαθητοῦ,
Mt 12:4 μὴ τοῖς ἱερεῦσιν **μόνοις**;
Mt 14:23 ὀψίας δὲ γενομένης **μόνος** ἦν ἐκεῖ.
Mt 14:36 παρεκάλουν αὐτὸν ἵνα **μόνον** ἅψωνται τοῦ κρασπέδου
Mt 17:8 μὴ αὐτὸν Ἰησοῦν **μόνον**.
Mt 18:15 σοῦ καὶ αὐτοῦ **μόνου**.
Mt 21:19 εἰ μὴ φύλλα **μόνον**,
Mt 21:21 οὐ **μόνον** τὸ τῆς συκῆς
Mt 24:36 μὴ ὁ πατὴρ **μόνος**.

μονόφθαλμος (*monophthalmos*; 1/2) *one-eyed*
Mt 18:9 καλόν σοί ἐστιν **μονόφθαλμον** εἰς τὴν ζωὴν

μύλος (*mylos*; 2/4) *mill*
Mt 18:6 αὐτῷ ἵνα κρεμασθῇ **μύλος** ὀνικὸς περὶ τὸν
Mt 24:41 ἀλήθουσαι ἐν τῷ **μύλῳ**,

μύριοι (*myrioi*; 1/1) *ten thousand*
Mt 18:24 αὐτῷ εἷς ὀφειλέτης **μυρίων** ταλάντων.

μύρον (*myron*; 2/14) *perfume*
Mt 26:7 γυνὴ ἔχουσα ἀλάβαστρον **μύρου** βαρυτίμου καὶ κατέχεεν
Mt 26:12 γὰρ αὕτη τὸ **μύρον** τοῦτο ἐπὶ τοῦ

μυστήριον (*mystērion*; 1/28) *secret, mystery*
Mt 13:11 δέδοται γνῶναι τὰ **μυστήρια** τῆς βασιλείας

μωραίνω (*mōrainō*; 1/4) *make foolish*
Mt 5:13 δὲ τὸ ἅλας **μωρανθῇ**,

μωρός (*mōros*; 6/12) *foolish*
Mt 5:22 **μωρέ**,
Mt 7:26 αὐτοὺς ὁμοιωθήσεται ἀνδρὶ **μωρῷ**,
Mt 23:17 **μωροὶ** καὶ τυφλοί,
Mt 25:2 ἐξ αὐτῶν ἦσαν **μωραὶ** καὶ πέντε φρόνιμοι.
Mt 25:3 αἱ γὰρ **μωραὶ** λαβοῦσαι τὰς λαμπάδας
Mt 25:8 αἱ δὲ **μωραὶ** ταῖς φρονίμοις εἶπαν·

Μωϋσῆς (*Mōysēs*; 7/79[80]) *Moses*
Mt 8:4 δῶρον ὃ προσέταξεν **Μωϋσῆς**,
Mt 17:3 ἰδοὺ ὤφθη αὐτοῖς **Μωϋσῆς** καὶ Ἠλίας συλλαλοῦντες
Mt 17:4 σοὶ μίαν καὶ **Μωϋσεῖ** μίαν καὶ Ἠλίᾳ
Mt 19:7 τι οὖν **Μωϋσῆς** ἐνετείλατο δοῦναι βιβλίον
Mt 19:8 λέγει αὐτοῖς ὅτι **Μωϋσῆς** πρὸς τὴν σκληροκαρδίαν
Mt 22:24 **Μωϋσῆς** εἶπεν·
Mt 23:2 ἐπὶ τῆς **Μωϋσέως** καθέδρας ἐκάθισαν οἱ

Ναασσών (*Naassōn*; 2/3) *Nahshon*
Mt 1:4 δὲ ἐγέννησεν τὸν **Ναασσών**,
Mt 1:4 **Ναασσὼν** δὲ ἐγέννησεν τὸν

Ναζαρέθ (*Nazareth*; 3/12) *Nazareth*
Mt 2:23 εἰς πόλιν λεγομένην **Ναζαρέτ**·
Mt 4:13 καὶ καταλιπὼν τὴν **Ναζαρὰ** ἐλθὼν κατῴκησεν εἰς
Mt 21:11 Ἰησοῦς ὁ ἀπὸ **Ναζαρὲθ** τῆς Γαλιλαίας.

Ναζωραῖος (*Nazōraios*; 2/13) *inhabitant of Nazareth*
Mt 2:23 τῶν προφητῶν ὅτι **Ναζωραῖος** κληθήσεται.
Mt 26:71 μετὰ Ἰησοῦ τοῦ **Ναζωραίου**.

ναί (*nai*; 9/33) *yes*
Mt 5:37 ὁ λόγος ὑμῶν **ναὶ** ναί,
Mt 5:37 λόγος ὑμῶν ναὶ **ναί**,
Mt 9:28 **ναὶ** κύριε.
Mt 11:9 **ναὶ** λέγω ὑμῖν,
Mt 11:26 **ναὶ** ὁ πατήρ,
Mt 13:51 **ναί**.
Mt 15:27 **ναὶ** κύριε,
Mt 17:25 **ναί**.
Mt 21:16 **ναί**.

ναός (*naos*; 9/45) *temple*
Mt 23:16 ὀμόσῃ ἐν τῷ **ναῷ**,
Mt 23:16 τῷ χρυσῷ τοῦ **ναοῦ**,
Mt 23:17 χρυσὸς ἢ ὁ **ναὸς** ὁ ἁγιάσας τὸν
Mt 23:21 ὀμόσας ἐν τῷ **ναῷ** ὀμνύει ἐν αὐτῷ
Mt 23:35 ἐφονεύσατε μεταξὺ τοῦ **ναοῦ** καὶ τοῦ θυσιαστηρίου.
Mt 26:61 δύναμαι καταλῦσαι τὸν **ναὸν** τοῦ θεοῦ καὶ
Mt 27:5 ἀργύρια εἰς τὸν **ναὸν** ἀνεχώρησεν,
Mt 27:40 ὁ καταλύων τὸν **ναὸν** καὶ ἐν τρισὶν
Mt 27:51 τὸ καταπέτασμα τοῦ **ναοῦ** ἐσχίσθη ἀπ' ἄνωθεν

νεανίσκος (*neaniskos*; 2/11) *young man*
Mt 19:20 λέγει αὐτῷ ὁ **νεανίσκος**·
Mt 19:22 ἀκούσας δὲ ὁ **νεανίσκος** τὸν λόγον ἀπῆλθεν

νεκρός (*nekros*; 12/128) *dead*
Mt 8:22 καὶ ἄφες τοὺς **νεκροὺς** θάψαι τοὺς ἑαυτῶν
Mt 8:22 θάψαι τοὺς ἑαυτῶν **νεκρούς**.
Mt 10:8 **νεκροὺς** ἐγείρετε,
Mt 11:5 καὶ **νεκροὶ** ἐγείρονται καὶ πτωχοὶ
Mt 14:2 ἠγέρθη ἀπὸ τῶν **νεκρῶν** καὶ διὰ τοῦτο
Mt 17:9 τοῦ ἀνθρώπου ἐκ **νεκρῶν** ἐγερθῇ.

Mt 22:31 τῆς ἀναστάσεως τῶν **νεκρῶν** οὐκ ἀνέγνωτε
Mt 22:32 ἔστιν [ὁ] θεὸς **νεκρῶν** ἀλλὰ ζώντων.
Mt 23:27 δὲ γέμουσιν ὀστέων **νεκρῶν** καὶ πάσης ἀκαθαρσίας.
Mt 27:64 ἠγέρθη ἀπὸ τῶν **νεκρῶν**,
Mt 28:4 καὶ ἐγενήθησαν ὡς **νεκροί**.
Mt 28:7 ἠγέρθη ἀπὸ τῶν **νεκρῶν**,

νέος (*neos*; 2/24) *young, new*

Mt 9:17 οὐδὲ βάλλουσιν οἶνον **νέον** εἰς ἀσκοὺς παλαιούς·
Mt 9:17 ἀλλὰ βάλλουσιν οἶνον **νέον** εἰς ἀσκοὺς καινούς,

νεφέλη (*nephelē*; 4/25) *cloud*

Mt 17:5 αὐτοῦ λαλοῦντος ἰδοὺ **νεφέλη** φωτεινὴ ἐπεσκίασεν αὐτούς,
Mt 17:5 φωνὴ ἐκ τῆς **νεφέλης** λέγουσα·
Mt 24:30 ἐρχόμενον ἐπὶ τῶν **νεφελῶν** τοῦ οὐρανοῦ
Mt 26:64 ἐρχόμενον ἐπὶ τῶν **νεφελῶν** τοῦ οὐρανοῦ.

Νεφθαλίμ (*Nephthalim*; 2/3) *Naphtali*

Mt 4:13 ὁρίοις Ζαβουλὼν καὶ **Νεφθαλίμ**·
Mt 4:15 Ζαβουλὼν καὶ γῆ **Νεφθαλίμ**,

νήθω (*nēthō*; 1/2) *spin*

Mt 6:28 οὐ κοπιῶσιν οὐδὲ **νήθουσιν**·

νήπιος (*nēpios*; 2/15) *infant, child*

Mt 11:25 καὶ ἀπεκάλυψας αὐτὰ **νηπίοις**·
Mt 21:16 ὅτι ἐκ στόματος **νηπίων** καὶ θηλαζόντων κατηρτίσω

νηστεύω (*nēsteuō*; 8/20) *fast*

Mt 4:2 καὶ **νηστεύσας** ἡμέρας τεσσεράκοντα καὶ
Mt 6:16 Ὅταν δὲ **νηστεύητε**,
Mt 6:16 φανῶσιν τοῖς ἀνθρώποις **νηστεύοντες**·
Mt 6:17 σὺ δὲ **νηστεύων** ἄλειψαί σου τὴν
Mt 6:18 φανῇς τοῖς ἀνθρώποις **νηστεύων** ἀλλὰ τῷ πατρί
Mt 9:14 καὶ οἱ Φαρισαῖοι **νηστεύομεν** [πολλά],
Mt 9:14 μαθηταί σου οὐ **νηστεύουσιν**;
Mt 9:15 καὶ τότε **νηστεύσουσιν**.

νῆστις (*nēstis*; 1/2) *hungry*

Mt 15:32 καὶ ἀπολῦσαι αὐτοὺς **νήστεις** οὐ θέλω,

νῖκος (*nikos*; 1/4) *victory*

Mt 12:20 ἂν ἐκβάλῃ εἰς **νῖκος** τὴν κρίσιν.

Νινευίτης (*Nineuitēs*; 1/3) *inhabitant of Nineveh*

Mt 12:41 ἄνδρες **Νινευῖται** ἀναστήσονται ἐν τῇ

νίπτω (*niptō*; 2/17) *wash*

Mt 6:17 τὸ πρόσωπόν σου **νίψαι**,
Mt 15:2 οὐ γὰρ **νίπτονται** τὰς χεῖρας [αὐτῶν]

νοέω (*noeō*; 4/14) *understand*

Mt 15:17 οὐ **νοεῖτε** ὅτι πᾶν τὸ
Mt 16:9 οὔπω **νοεῖτε**,
Mt 16:11 πῶς οὐ **νοεῖτε** ὅτι οὐ περὶ
Mt 24:15 ὁ ἀναγινώσκων **νοείτω**,

νομίζω (*nomizō*; 3/15) *think*

Mt 5:17 Μὴ **νομίσητε** ὅτι ἦλθον καταλῦσαι
Mt 10:34 Μὴ **νομίσητε** ὅτι ἦλθον βαλεῖν
Mt 20:10 ἐλθόντες οἱ πρῶτοι **ἐνόμισαν** ὅτι πλεῖον λήμψονται·

νομικός (*nomikos*; 1/9) *pertaining to the law*

Mt 22:35 εἷς ἐξ αὐτῶν [**νομικὸς**] πειράζων αὐτόν·

νόμισμα (*nomisma*; 1/1) *coin*

Mt 22:19 ἐπιδείξατέ μοι τὸ **νόμισμα** τοῦ κήνσου.

νόμος (*nomos*; 8/193[194]) *law*

Mt 5:17 ἦλθον καταλῦσαι τὸν **νόμον** ἢ τοὺς προφήτας·
Mt 5:18 παρέλθῃ ἀπὸ τοῦ **νόμου**,
Mt 7:12 γάρ ἐστιν ὁ **νόμος** καὶ οἱ προφῆται.
Mt 11:13 προφῆται καὶ ὁ **νόμος** ἕως Ἰωάννου ἐπροφήτευσαν·
Mt 12:5 ἀνέγνωτε ἐν τῷ **νόμῳ** ὅτι τοῖς σάββασιν
Mt 22:36 μεγάλη ἐν τῷ **νόμῳ**;
Mt 22:40 ἐντολαῖς ὅλος ὁ **νόμος** κρέμαται καὶ οἱ
Mt 23:23 τὰ βαρύτερα τοῦ **νόμου**,

νόσος (*nosos*; 5/11) *disease*

Mt 4:23 καὶ θεραπεύων πᾶσαν **νόσον** καὶ πᾶσαν μαλακίαν
Mt 4:24 κακῶς ἔχοντας ποικίλαις **νόσοις** καὶ βασάνοις συνεχομένους
Mt 8:17 ἔλαβεν καὶ τὰς **νόσους** ἐβάστασεν.
Mt 9:35 καὶ θεραπεύων πᾶσαν **νόσον** καὶ πᾶσαν μαλακίαν.
Mt 10:1 καὶ θεραπεύειν πᾶσαν **νόσον** καὶ πᾶσαν μαλακίαν.

νοσσίον (*nossion*; 1/1) *young bird*

Mt 23:37 ὄρνις ἐπισυνάγει τὰ **νοσσία** αὐτῆς ὑπὸ τὰς

νότος (*notos*; 1/7) *south wind*

Mt 12:42 βασίλισσα **νότου** ἐγερθήσεται ἐν τῇ

νύμφη (*nymphē*; 1/8) *bride*

Mt 10:35 μητρὸς αὐτῆς καὶ **νύμφην** κατὰ τῆς πενθερᾶς

νυμφίος (*nymphios*; 6/16) *bridegroom*

Mt 9:15 αὐτῶν ἐστιν ὁ **νυμφίος**;
Mt 9:15 ἀπ᾽ αὐτῶν ὁ **νυμφίος**,
Mt 25:1 εἰς ὑπάντησιν τοῦ **νυμφίου**.
Mt 25:5 χρονίζοντος δὲ τοῦ **νυμφίου** ἐνύσταξαν πᾶσαι καὶ
Mt 25:6 ἰδοὺ ὁ **νυμφίος**,
Mt 25:10 ἀγοράσαι ἦλθεν ὁ **νυμφίος**,

νυμφών (*nymphōn*; 1/3) *wedding hall*

Mt 9:15 οἱ υἱοὶ τοῦ **νυμφῶνος** πενθεῖν ἐφ᾽ ὅσον

νῦν (*nyn*; 4/146[147]) *now*
Mt 24:21 κόσμου ἕως τοῦ **νῦν** οὐδ᾽ οὐ μὴ·
Mt 26:65 ἴδε **νῦν** ἠκούσατε τὴν βλασφημίαν·
Mt 27:42 καταβάτω **νῦν** ἀπὸ τοῦ σταυροῦ
Mt 27:43 ῥυσάσθω **νῦν** εἰ θέλει αὐτόν·

νύξ (*nyx*; 9/61) *night*
Mt 2:14 τὴν μητέρα αὐτοῦ **νυκτὸς** καὶ ἀνεχώρησεν
Mt 4:2 ἡμέρας τεσσεράκοντα καὶ **νύκτας** τεσσεράκοντα,
Mt 12:40 ἡμέρας καὶ τρεῖς **νύκτας**,
Mt 12:40 ἡμέρας καὶ τρεῖς **νύκτας**.
Mt 14:25 δὲ φυλακῇ τῆς **νυκτὸς** ἦλθεν πρὸς αὐτοὺς
Mt 25:6 μέσης δὲ **νυκτὸς** κραυγὴ γέγονεν·
Mt 26:31 ἐμοὶ ἐν τῇ **νυκτὶ** ταύτῃ,
Mt 26:34 ἐν ταύτῃ τῇ **νυκτὶ** πρὶν ἀλέκτορα φωνῆσαι
Mt 28:13 οἱ μαθηταὶ αὐτοῦ **νυκτὸς** ἐλθόντες ἔκλεψαν αὐτὸν

νυστάζω (*nystazō*; 1/2) *grow drowsy*
Mt 25:5 δὲ τοῦ νυμφίου **ἐνύσταξαν** πᾶσαι καὶ ἐκάθευδον.

Νῶε (*Nōe*; 2/8) *Noah*
Mt 24:37 αἱ ἡμέραι τοῦ **Νῶε**,
Mt 24:38 ἧς ἡμέρας εἰσῆλθεν **Νῶε** εἰς τὴν κιβωτόν,

ξένος (*xenos*; 5/14) *strange, stranger*
Mt 25:35 **ξένος** ἤμην καὶ συνηγάγετέ
Mt 25:38 δέ σε εἴδομεν **ξένον** καὶ συνηγάγομεν,
Mt 25:43 **ξένος** ἤμην καὶ οὐ
Mt 25:44 ἢ διψῶντα ἢ **ξένον** ἢ γυμνὸν ἢ
Mt 27:7 εἰς ταφὴν τοῖς **ξένοις**.

ξηραίνω (*xērainō*; 3/15) *dry up*
Mt 13:6 μὴ ἔχειν ῥίζαν **ἐξηράνθη**.
Mt 21:19 καὶ **ἐξηράνθη** παραχρῆμα ἡ συκῆ.
Mt 21:20 πῶς παραχρῆμα **ἐξηράνθη** ἡ συκῆ;

ξηρός (*xēros*; 2/8) *dry*
Mt 12:10 ἄνθρωπος χεῖρα ἔχων **ξηράν**.
Mt 23:15 θάλασσαν καὶ τὴν **ξηρὰν** ποιῆσαι ἕνα προσήλυτον,

ξύλον (*xylon*; 2/20) *wood*
Mt 26:47 μετὰ μαχαιρῶν καὶ **ξύλων** ἀπὸ τῶν ἀρχιερέων
Mt 26:55 μετὰ μαχαιρῶν καὶ **ξύλων** συλλαβεῖν με;

ὁδηγέω (*hodēgeō*; 1/5) *lead*
Mt 15:14 δὲ τυφλὸν ἐὰν **ὁδηγῇ**,

ὁδηγός (*hodēgos*; 3/5) *guide*
Mt 15:14 τυφλοί εἰσιν **ὁδηγοί** [τυφλῶν]·
Mt 23:16 **ὁδηγοὶ** τυφλοὶ οἱ λέγοντες·
Mt 23:24 **ὁδηγοὶ** τυφλοί,

ὁδός (*hodos*; 22/101) *way*
Mt 2:12 δι᾽ ἄλλης **ὁδοῦ** ἀνεχώρησαν εἰς τὴν
Mt 3:3 ἑτοιμάσατε τὴν **ὁδὸν** κυρίου,
Mt 4:15 **ὁδὸν** θαλάσσης,
Mt 5:25 αὐτοῦ ἐν τῇ **ὁδῷ**,
Mt 7:13 καὶ εὐρύχωρος ἡ **ὁδὸς** ἡ ἀπάγουσα εἰς
Mt 7:14 καὶ τεθλιμμένη ἡ **ὁδὸς** ἡ ἀπάγουσα εἰς
Mt 8:28 παρελθεῖν διὰ τῆς **ὁδοῦ** ἐκείνης.
Mt 10:5 εἰς **ὁδὸν** ἐθνῶν μὴ ἀπέλθητε
Mt 10:10 μὴ πήραν εἰς **ὁδὸν** μηδὲ δύο χιτῶνας
Mt 11:10 ὃς κατασκευάσει τὴν **ὁδόν** σου ἔμπροσθέν σου.
Mt 13:4 ἔπεσεν παρὰ τὴν **ὁδόν**,
Mt 13:19 ὁ παρὰ τὴν **ὁδὸν** σπαρείς.
Mt 15:32 ἐκλυθῶσιν ἐν τῇ **ὁδῷ**.
Mt 20:17 καὶ ἐν τῇ **ὁδῷ** εἶπεν αὐτοῖς·
Mt 20:30 καθήμενοι παρὰ τὴν **ὁδόν** ἀκούσαντες ὅτι Ἰησοῦς
Mt 21:8 ἱμάτια ἐν τῇ **ὁδῷ**,
Mt 21:8 ἐστρώννυον ἐν τῇ **ὁδῷ**.
Mt 21:19 μίαν ἐπὶ τῆς **ὁδοῦ** ἦλθεν ἐπ᾽ αὐτὴν
Mt 21:32 πρὸς ὑμᾶς ἐν **ὁδῷ** δικαιοσύνης,
Mt 22:9 τὰς διεξόδους τῶν **ὁδῶν** καὶ ὅσους ἐὰν
Mt 22:10 ἐκεῖνοι εἰς τὰς **ὁδοὺς** συνήγαγον πάντας οὓς
Mt 22:16 εἶ καὶ τὴν **ὁδὸν** τοῦ θεοῦ ἐν

ὀδούς (*odous*; 8/12) *tooth*
Mt 5:38 ἀντὶ ὀφθαλμοῦ καὶ **ὀδόντα** ἀντὶ ὀδόντος.
Mt 5:38 καὶ ὀδόντα ἀντὶ **ὀδόντος**.
Mt 8:12 ὁ βρυγμὸς τῶν **ὀδόντων**.
Mt 13:42 ὁ βρυγμὸς τῶν **ὀδόντων**.
Mt 13:50 ὁ βρυγμὸς τῶν **ὀδόντων**.
Mt 22:13 ὁ βρυγμὸς τῶν **ὀδόντων**.
Mt 24:51 ὁ βρυγμὸς τῶν **ὀδόντων**.
Mt 25:30 ὁ βρυγμὸς τῶν **ὀδόντων**.

ὀδυρμός (*odyrmos*; 1/2) *mourning*
Mt 2:18 κλαυθμὸς καὶ **ὀδυρμὸς** πολύς·

Ὀζίας (*Ozias*; 2/2) *Uzziah*
Mt 1:8 δὲ ἐγέννησεν τὸν **Ὀζίαν**,
Mt 1:9 **Ὀζίας** δὲ ἐγέννησεν τὸν

ὅθεν (*hothen*; 4/15) *from where*
Mt 12:44 οἶκόν μου ἐπιστρέψω **ὅθεν** ἐξῆλθον·
Mt 14:7 **ὅθεν** μεθ᾽ ὅρκου ὡμολόγησεν
Mt 25:24 ἔσπειρας καὶ συνάγων **ὅθεν** οὐ διεσκόρπισας,
Mt 25:26 ἔσπειρα καὶ συνάγω **ὅθεν** οὐ διεσκόρπισα;

οἶδα (*oida*; 24/318) *know*
Mt 6:8 **οἶδεν** γὰρ ὁ πατὴρ
Mt 6:32 **οἶδεν** γὰρ ὁ πατὴρ
Mt 7:11 ὑμεῖς πονηροὶ ὄντες **οἴδατε** δόματα ἀγαθὰ διδόναι
Mt 9:6 ἵνα δὲ **εἰδῆτε** ὅτι ἐξουσίαν ἔχει
Mt 12:25 **εἰδὼς** δὲ τὰς ἐνθυμήσεις
Mt 15:12 **οἶδας** ὅτι οἱ Φαρισαῖοι
Mt 20:22 οὐκ **οἴδατε** τί αἰτεῖσθε.
Mt 20:25 **οἴδατε** ὅτι οἱ ἄρχοντες
Mt 21:27 οὐκ **οἴδαμεν**.
Mt 22:16 **οἴδαμεν** ὅτι ἀληθὴς εἶ
Mt 22:29 πλανᾶσθε μὴ **εἰδότες** τὰς γραφὰς μηδὲ
Mt 24:36 καὶ ὥρας οὐδεὶς **οἶδεν**,
Mt 24:42 ὅτι οὐκ **οἴδατε** ποίᾳ ἡμέρᾳ ὁ

Mt 24:43 γινώσκετε ὅτι εἰ **ᾔδει** ὁ οἰκοδεσπότης ποίᾳ
Mt 25:12 οὐκ **οἶδα** ὑμᾶς.
Mt 25:13 ὅτι οὐκ **οἴδατε** τὴν ἡμέραν οὐδὲ
Mt 25:26 **ᾔδεις** ὅτι θερίζω ὅπου
Mt 26:2 **οἴδατε** ὅτι μετὰ δύο
Mt 26:70 οὐκ **οἶδα** τί λέγεις.
Mt 26:72 ὅρκου ὅτι οὐκ **οἶδα** τὸν ἄνθρωπον.
Mt 26:74 ὀμνύειν ὅτι οὐκ **οἶδα** τὸν ἄνθρωπον.
Mt 27:18 **ᾔδει** γὰρ ὅτι διὰ
Mt 27:65 ὑπάγετε ἀσφαλίσασθε ὡς **οἴδατε**.
Mt 28:5 **οἶδα** γὰρ ὅτι Ἰησοῦν

οἰκετεία (*oiketeia*; 1/1) *household*
Mt 24:45 κύριος ἐπὶ τῆς **οἰκετείας** αὐτοῦ τοῦ δοῦναι

οἰκία (*oikia*; 25/93) *house*
Mt 2:11 ἐλθόντες εἰς τὴν **οἰκίαν** εἶδον τὸ παιδίον
Mt 5:15 τοῖς ἐν τῇ **οἰκίᾳ**.
Mt 7:24 ᾠκοδόμησεν αὐτοῦ τὴν **οἰκίαν** ἐπὶ τὴν πέτραν·
Mt 7:25 καὶ προσέπεσαν τῇ **οἰκίᾳ** ἐκείνῃ,
Mt 7:26 ᾠκοδόμησεν αὐτοῦ τὴν **οἰκίαν** ἐπὶ τὴν ἄμμον·
Mt 7:27 καὶ προσέκοψαν τῇ **οἰκίᾳ** ἐκείνῃ,
Mt 8:6 βέβληται ἐν τῇ **οἰκίᾳ** παραλυτικός,
Mt 8:14 Ἰησοῦς εἰς τὴν **οἰκίαν** Πέτρου εἶδεν τὴν
Mt 9:10 ἀνακειμένου ἐν τῇ **οἰκίᾳ**,
Mt 9:23 Ἰησοῦς εἰς τὴν **οἰκίαν** τοῦ ἄρχοντος καὶ
Mt 9:28 δὲ εἰς τὴν **οἰκίαν** προσῆλθον αὐτῷ οἱ
Mt 10:12 δὲ εἰς τὴν **οἰκίαν** ἀσπάσασθε αὐτήν·
Mt 10:13 μὲν ᾖ ἡ **οἰκία** ἀξία,
Mt 10:14 ἐξερχόμενοι ἔξω τῆς **οἰκίας** ἢ τῆς πόλεως
Mt 12:25 πᾶσα πόλις ἢ **οἰκία** μερισθεῖσα καθ' ἑαυτῆς
Mt 12:29 εἰσελθεῖν εἰς τὴν **οἰκίαν** τοῦ ἰσχυροῦ καὶ
Mt 12:29 καὶ τότε τὴν **οἰκίαν** αὐτοῦ διαρπάσει.
Mt 13:1 ὁ Ἰησοῦς τῆς **οἰκίας** ἐκάθητο παρὰ τὴν
Mt 13:36 ἦλθεν εἰς τὴν **οἰκίαν**.
Mt 13:57 καὶ ἐν τῇ **οἰκίᾳ** αὐτοῦ.
Mt 17:25 ἐλθόντα εἰς τὴν **οἰκίαν** προέφθασεν αὐτὸν ὁ
Mt 19:29 πᾶς ὅστις ἀφῆκεν **οἰκίας** ἢ ἀδελφοὺς ἢ
Mt 24:17 τὰ ἐκ τῆς **οἰκίας** αὐτοῦ,
Mt 24:43 εἴασεν διορυχθῆναι τὴν **οἰκίαν** αὐτοῦ.
Mt 26:6 ἐν Βηθανίᾳ ἐν **οἰκίᾳ** Σίμωνος τοῦ λεπροῦ,

οἰκιακός (*oikiakos*; 2/2) *member of a household*
Mt 10:25 πόσῳ μᾶλλον τοὺς **οἰκιακοὺς** αὐτοῦ.
Mt 10:36 τοῦ ἀνθρώπου οἱ **οἰκιακοὶ** αὐτοῦ.

οἰκοδεσπότης (*oikodespotēs*; 7/12) *householder*
Mt 10:25 εἰ τὸν **οἰκοδεσπότην** Βεελζεβοὺλ ἐπεκάλεσαν,
Mt 13:27 οἱ δοῦλοι τοῦ **οἰκοδεσπότου** εἶπον αὐτῷ·
Mt 13:52 ὅμοιός ἐστιν ἀνθρώπῳ **οἰκοδεσπότῃ**,
Mt 20:1 τῶν οὐρανῶν ἀνθρώπῳ **οἰκοδεσπότῃ**,
Mt 20:11 ἐγόγγυζον κατὰ τοῦ **οἰκοδεσπότου**
Mt 21:33 ἄνθρωπος ἦν **οἰκοδεσπότης** ὅστις ἐφύτευσεν ἀμπελῶνα
Mt 24:43 εἰ ᾔδει ὁ **οἰκοδεσπότης** ποίᾳ φυλακῇ ὁ

οἰκοδομέω (*oikodomeō*; 8/40) *build*
Mt 7:24 ὅστις **ᾠκοδόμησεν** αὐτοῦ τὴν οἰκίαν
Mt 7:26 ὅστις **ᾠκοδόμησεν** αὐτοῦ τὴν οἰκίαν
Mt 16:18 ταύτῃ τῇ πέτρᾳ **οἰκοδομήσω** μου τὴν ἐκκλησίαν
Mt 21:33 αὐτῷ ληνὸν καὶ **ᾠκοδόμησεν** πύργον καὶ ἐξέδετο
Mt 21:42 ὃν ἀπεδοκίμασαν οἱ **οἰκοδομοῦντες**,
Mt 23:29 ὅτι **οἰκοδομεῖτε** τοὺς τάφους τῶν
Mt 26:61 διὰ τριῶν ἡμερῶν **οἰκοδομῆσαι**.
Mt 27:40 ἐν τρισὶν ἡμέραις **οἰκοδομῶν**,

οἰκοδομή (*oikodomē*; 1/18) *building (up)*
Mt 24:1 ἐπιδεῖξαι αὐτῷ τὰς **οἰκοδομὰς** τοῦ ἱεροῦ.

οἶκος (*oikos*; 10/113[114]) *house*
Mt 9:6 ὕπαγε εἰς τὸν **οἶκόν** σου.
Mt 9:7 ἀπῆλθεν εἰς τὸν **οἶκον** αὐτοῦ.
Mt 10:6 πρόβατα τὰ ἀπολωλότα **οἴκου** Ἰσραήλ.
Mt 11:8 φοροῦντες ἐν τοῖς **οἴκοις** τῶν βασιλέων εἰσίν.
Mt 12:4 εἰσῆλθεν εἰς τὸν **οἶκον** τοῦ θεοῦ καὶ
Mt 12:44 εἰς τὸν **οἶκόν** μου ἐπιστρέψω ὅθεν
Mt 15:24 πρόβατα τὰ ἀπολωλότα **οἴκου** Ἰσραήλ.
Mt 21:13 ὁ **οἶκός** μου οἶκος προσευχῆς
Mt 21:13 ὁ οἶκός μου **οἶκος** προσευχῆς κληθήσεται,
Mt 23:38 ἀφίεται ὑμῖν ὁ **οἶκος** ὑμῶν ἔρημος.

οἰκουμένη (*oikoumenē*; 1/15) *world*
Mt 24:14 ἐν ὅλῃ τῇ **οἰκουμένῃ** εἰς μαρτύριον πᾶσιν

οἰνοπότης (*oinopotēs*; 1/2) *drinker*
Mt 11:19 ἄνθρωπος φάγος καὶ **οἰνοπότης**,

οἶνος (*oinos*; 4/34) *wine*
Mt 9:17 οὐδὲ βάλλουσιν **οἶνον** νέον εἰς ἀσκοὺς
Mt 9:17 ἀσκοὶ καὶ ὁ **οἶνος** ἐκχεῖται καὶ οἱ
Mt 9:17 ἀλλὰ βάλλουσιν **οἶνον** νέον εἰς ἀσκοὺς
Mt 27:34 ἔδωκαν αὐτῷ πιεῖν **οἶνον** μετὰ χολῆς μεμιγμένον·

οἷος (*hoios*; 1/14) *such as*
Mt 24:21 τότε θλῖψις μεγάλη **οἵα** οὐ γέγονεν ἀπ'

ὀκνηρός (*oknēros*; 1/3) *lazy*
Mt 25:26 πονηρὲ δοῦλε καὶ **ὀκνηρέ**,

ὀλιγοπιστία (*oligopistia*; 1/1) *smallness of faith*
Mt 17:20 διὰ τὴν **ὀλιγοπιστίαν** ὑμῶν·

ὀλιγόπιστος (*oligopistos*; 4/5) *of little faith*
Mt 6:30 **ὀλιγόπιστοι**;
Mt 8:26 **ὀλιγόπιστοι**;
Mt 14:31 **ὀλιγόπιστε**,
Mt 16:8 **ὀλιγόπιστοι**,

ὀλίγος (*oligos*; 6/40) *little*
Mt 7:14 τὴν ζωὴν καὶ **ὀλίγοι** εἰσὶν οἱ εὑρίσκοντες
Mt 9:37 οἱ δὲ ἐργάται **ὀλίγοι**·
Mt 15:34 ἑπτὰ καὶ **ὀλίγα** ἰχθύδια.
Mt 22:14 **ὀλίγοι** δὲ ἐκλεκτοί.
Mt 25:21 ἐπὶ **ὀλίγα** ἦς πιστός,
Mt 25:23 ἐπὶ **ὀλίγα** ἦς πιστός,

ὅλος (*holos*; 22/109) *whole*
Mt 1:22 τοῦτο δὲ **ὅλον** γέγονεν ἵνα πληρωθῇ
Mt 4:23 Καὶ περιῆγεν ἐν **ὅλῃ** τῇ Γαλιλαίᾳ διδάσκων
Mt 4:24 ἀκοὴ αὐτοῦ εἰς **ὅλην** τὴν Συρίαν·
Mt 5:29 σου καὶ μὴ **ὅλον** τὸ σῶμά σου
Mt 5:30 σου καὶ μὴ **ὅλον** τὸ σῶμά σου
Mt 6:22 **ὅλον** τὸ σῶμά σου
Mt 6:23 **ὅλον** τὸ σῶμά σου
Mt 9:26 φήμη αὕτη εἰς **ὅλην** τὴν γῆν ἐκείνην.
Mt 9:31 διεφήμισαν αὐτὸν ἐν **ὅλῃ** τῇ γῇ ἐκείνῃ.
Mt 13:33 ἕως οὗ ἐζυμώθη **ὅλον**.
Mt 14:35 ἐκείνου ἀπέστειλαν εἰς **ὅλην** τὴν περίχωρον ἐκείνην
Mt 16:26 ἐὰν τὸν κόσμον **ὅλον** κερδήσῃ τὴν δὲ
Mt 20:6 τί ὧδε ἑστήκατε **ὅλην** τὴν ἡμέραν ἀργοί;
Mt 22:37 θεόν σου ἐν **ὅλῃ** τῇ καρδίᾳ σου
Mt 22:37 σου καὶ ἐν **ὅλῃ** τῇ ψυχῇ σου
Mt 22:37 σου καὶ ἐν **ὅλῃ** τῇ διανοίᾳ σου·
Mt 22:40 ταῖς δυσὶν ἐντολαῖς **ὅλος** ὁ νόμος κρέμαται
Mt 24:14 τῆς βασιλείας ἐν **ὅλῃ** τῇ οἰκουμένῃ εἰς
Mt 26:13 εὐαγγέλιον τοῦτο ἐν **ὅλῳ** τῷ κόσμῳ,
Mt 26:56 τοῦτο δὲ **ὅλον** γέγονεν ἵνα πληρωθῶσιν
Mt 26:59 καὶ τὸ συνέδριον **ὅλον** ἐζήτουν ψευδομαρτυρίαν κατὰ
Mt 27:27 συνήγαγον ἐπ᾽ αὐτὸν **ὅλην** τὴν σπεῖραν.

ὅλως (*holōs*; 1/4) *at all*
Mt 5:34 ὑμῖν μὴ ὀμόσαι **ὅλως**·

ὄμμα (*omma*; 1/2) *eye*
Mt 20:34 Ἰησοῦς ἥψατο τῶν **ὀμμάτων** αὐτῶν,

ὀμνύω (*omnyō*; 13/26) *swear*
Mt 5:34 λέγω ὑμῖν μὴ **ὀμόσαι** ὅλως·
Mt 5:36 τῇ κεφαλῇ σου **ὀμόσῃς**,
Mt 23:16 ὃς ἂν **ὀμόσῃ** ἐν τῷ ναῷ,
Mt 23:16 ὃς δ᾽ ἂν **ὀμόσῃ** ἐν τῷ χρυσῷ
Mt 23:18 ὃς ἂν **ὀμόσῃ** ἐν τῷ θυσιαστηρίῳ,
Mt 23:18 ὃς δ᾽ ἂν **ὀμόσῃ** ἐν τῷ δώρῳ
Mt 23:20 ὁ οὖν **ὀμόσας** ἐν τῷ θυσιαστηρίῳ
Mt 23:20 ἐν τῷ θυσιαστηρίῳ **ὀμνύει** ἐν αὐτῷ καὶ
Mt 23:21 καὶ ὁ **ὀμόσας** ἐν τῷ ναῷ
Mt 23:21 ἐν τῷ ναῷ **ὀμνύει** ἐν αὐτῷ καὶ
Mt 23:22 καὶ ὁ **ὀμόσας** ἐν τῷ οὐρανῷ
Mt 23:22 ἐν τῷ οὐρανῷ **ὀμνύει** ἐν τῷ θρόνῳ
Mt 26:74 ἤρξατο καταθεματίζειν καὶ **ὀμνύειν** ὅτι οὐκ οἶδα

ὅμοιος (*homoios*; 9/45) *like*
Mt 11:16 **ὁμοία** ἐστὶν παιδίοις καθημένοις
Mt 13:31 **ὁμοία** ἐστὶν ἡ βασιλεία
Mt 13:33 **ὁμοία** ἐστὶν ἡ βασιλεία
Mt 13:44 **Ὁμοία** ἐστὶν ἡ βασιλεία
Mt 13:45 Πάλιν **ὁμοία** ἐστὶν ἡ βασιλεία
Mt 13:47 Πάλιν **ὁμοία** ἐστὶν ἡ βασιλεία
Mt 13:52 βασιλείᾳ τῶν οὐρανῶν **ὅμοιός** ἐστιν ἀνθρώπῳ οἰκοδεσπότῃ,
Mt 20:1 **Ὁμοία** γάρ ἐστιν ἡ
Mt 22:39 δευτέρα δὲ **ὁμοία** αὐτῇ·

ὁμοιόω (*homoioō*; 8/15) *make like*
Mt 6:8 μὴ οὖν **ὁμοιωθῆτε** αὐτοῖς·
Mt 7:24 **ὁμοιωθήσεται** ἀνδρὶ φρονίμῳ,
Mt 7:26 μὴ ποιῶν αὐτοὺς **ὁμοιωθήσεται** ἀνδρὶ μωρῷ,
Mt 11:16 Τίνι δὲ **ὁμοιώσω** τὴν γενεὰν ταύτην;
Mt 13:24 **ὡμοιώθη** ἡ βασιλεία τῶν
Mt 18:23 Διὰ τοῦτο **ὡμοιώθη** ἡ βασιλεία τῶν
Mt 22:2 **ὡμοιώθη** ἡ βασιλεία τῶν
Mt 25:1 Τότε **ὁμοιωθήσεται** ἡ βασιλεία τῶν

ὁμοίως (*homoiōs*; 3/30) *in the same way*
Mt 22:26 **ὁμοίως** καὶ ὁ δεύτερος
Mt 26:35 **ὁμοίως** καὶ πάντες οἱ
Mt 27:41 **ὁμοίως** καὶ οἱ ἀρχιερεῖς

ὁμολογέω (*homologeō*; 4/26) *confess*
Mt 7:23 καὶ τότε **ὁμολογήσω** αὐτοῖς ὅτι οὐδέποτε
Mt 10:32 Πᾶς οὖν ὅστις **ὁμολογήσει** ἐν ἐμοὶ ἔμπροσθεν
Mt 10:32 **ὁμολογήσω** κἀγὼ ἐν αὐτῷ
Mt 14:7 ὅθεν μεθ᾽ ὅρκου **ὡμολόγησεν** αὐτῇ δοῦναι ὃ

ὄναρ (*onar*; 6/6) *dream*
Mt 1:20 ἄγγελος κυρίου κατ᾽ **ὄναρ** ἐφάνη αὐτῷ λέγων·
Mt 2:12 καὶ χρηματισθέντες κατ᾽ **ὄναρ** μὴ ἀνακάμψαι
Mt 2:13 κυρίου φαίνεται κατ᾽ **ὄναρ** τῷ Ἰωσὴφ λέγων·
Mt 2:19 κυρίου φαίνεται κατ᾽ **ὄναρ** τῷ Ἰωσὴφ ἐν
Mt 2:22 χρηματισθεὶς δὲ κατ᾽ **ὄναρ** ἀνεχώρησεν εἰς
Mt 27:19 ἔπαθον σήμερον κατ᾽ **ὄναρ** δι᾽ αὐτόν.

ὀνειδίζω (*oneidizō*; 3/8[9]) *reproach*
Mt 5:11 μακάριοί ἐστε ὅταν **ὀνειδίσωσιν** ὑμᾶς καὶ διώξωσιν
Mt 11:20 Τότε ἤρξατο **ὀνειδίζειν** τὰς πόλεις ἐν
Mt 27:44 συσταυρωθέντες σὺν αὐτῷ **ὠνείδιζον** αὐτόν.

ὀνικός (*onikos*; 1/2) *of a donkey*
Mt 18:6 ἵνα κρεμασθῇ μύλος **ὀνικὸς** περὶ τὸν τράχηλον

ὄνομα (*onoma*; 22/229[230]) *name*
Mt 1:21 καὶ καλέσεις τὸ **ὄνομα** αὐτοῦ Ἰησοῦν·
Mt 1:23 καὶ καλέσουσιν τὸ **ὄνομα** αὐτοῦ Ἐμμανουήλ,
Mt 1:25 καὶ ἐκάλεσεν τὸ **ὄνομα** αὐτοῦ Ἰησοῦν.
Mt 6:9 ἁγιασθήτω τὸ **ὄνομά** σου·
Mt 7:22 οὐ τῷ σῷ **ὀνόματι** ἐπροφητεύσαμεν,
Mt 7:22 καὶ τῷ σῷ **ὀνόματι** δαιμόνια ἐξεβάλομεν,
Mt 7:22 καὶ τῷ σῷ **ὀνόματι** δυνάμεις πολλὰς ἐποιήσαμεν;
Mt 10:2 δώδεκα ἀποστόλων τὰ **ὀνόματά** ἐστιν ταῦτα·
Mt 10:22 πάντων διὰ τὸ **ὄνομά** μου·
Mt 10:41 δεχόμενος προφήτην εἰς **ὄνομα** προφήτου μισθὸν προφήτου
Mt 10:41 δεχόμενος δίκαιον εἰς **ὄνομα** δικαίου μισθὸν δικαίου
Mt 10:42 ψυχροῦ μόνον εἰς **ὄνομα** μαθητοῦ,
Mt 12:21 καὶ τῷ **ὀνόματι** αὐτοῦ ἔθνη ἐλπιοῦσιν.
Mt 18:5 τοιοῦτο ἐπὶ τῷ **ὀνόματί** μου,
Mt 18:20 εἰς τὸ ἐμὸν **ὄνομα**,
Mt 19:29 ἀγροὺς ἕνεκεν τοῦ **ὀνόματός** μου,
Mt 21:9 ὁ ἐρχόμενος ἐν **ὀνόματι** κυρίου·
Mt 23:39 ὁ ἐρχόμενος ἐν **ὀνόματι** κυρίου.
Mt 24:5 ἐλεύσονται ἐπὶ τῷ **ὀνόματί** μου λέγοντες·

Mt 24:9 ἐθνῶν διὰ τὸ **ὄνομά** μου.
Mt 27:32 εὗρον ἄνθρωπον Κυρηναῖον **ὀνόματι** Σίμωνα,
Mt 28:19 αὐτοὺς εἰς τὸ **ὄνομα** τοῦ πατρὸς καὶ

ὄνος (*onos*; 3/5) *donkey*
Mt 21:2 καὶ εὐθέως εὑρήσετε **ὄνον** δεδεμένην καὶ πῶλον
Mt 21:5 καὶ ἐπιβεβηκὼς ἐπὶ **ὄνον** καὶ ἐπὶ πῶλον
Mt 21:7 ἤγαγον τὴν **ὄνον** καὶ τὸν πῶλον

ὄξος (*oxos*; 1/6) *sour wine*
Mt 27:48 σπόγγον πλήσας τε **ὄξους** καὶ περιθεὶς καλάμῳ

ὄπισθεν (*opisthen*; 2/7) *behind*
Mt 9:20 δώδεκα ἔτη προσελθοῦσα **ὄπισθεν** ἥψατο τοῦ κρασπέδου
Mt 15:23 ὅτι κράζει **ὄπισθεν** ἡμῶν.

ὀπίσω (*opisō*; 6/35) *after*
Mt 3:11 ὁ δὲ **ὀπίσω** μου ἐρχόμενος ἰσχυρότερός
Mt 4:19 δεῦτε **ὀπίσω** μου,
Mt 10:38 αὐτοῦ καὶ ἀκολουθεῖ **ὀπίσω** μου,
Mt 16:23 ὕπαγε **ὀπίσω** μου,
Mt 16:24 εἴ τις θέλει **ὀπίσω** μου ἐλθεῖν,
Mt 24:18 ἀγρῷ μὴ ἐπιστρεψάτω **ὀπίσω** ἆραι τὸ ἱμάτιον

ὅπου (*hopou*; 13/82) *where*
Mt 6:19 **ὅπου** σὴς καὶ βρῶσις
Mt 6:19 βρῶσις ἀφανίζει καὶ **ὅπου** κλέπται διορύσσουσιν καὶ
Mt 6:20 **ὅπου** οὔτε σὴς οὔτε
Mt 6:20 βρῶσις ἀφανίζει καὶ **ὅπου** κλέπται οὐ διορύσσουσιν
Mt 6:21 **ὅπου** γάρ ἐστιν ὁ
Mt 8:19 ἀκολουθήσω σοι **ὅπου** ἐὰν ἀπέρχῃ.
Mt 13:5 ἐπὶ τὰ πετρώδη **ὅπου** οὐκ εἶχεν γῆν
Mt 24:28 **ὅπου** ἐὰν ᾖ τὸ
Mt 25:24 θερίζων **ὅπου** οὐκ ἔσπειρας καὶ
Mt 25:26 ᾔδεις ὅτι θερίζω **ὅπου** οὐκ ἔσπειρα καὶ
Mt 26:13 **ὅπου** ἐὰν κηρυχθῇ τὸ
Mt 26:57 **ὅπου** οἱ γραμματεῖς καὶ
Mt 28:6 ἴδετε τὸν τόπον **ὅπου** ἔκειτο.

ὅπως (*hopōs*; 17/53) *that*
Mt 2:8 **ὅπως** κἀγὼ ἐλθὼν προσκυνήσω
Mt 2:23 **ὅπως** πληρωθῇ τὸ ῥηθὲν
Mt 5:16 **ὅπως** ἴδωσιν ὑμῶν τὰ
Mt 5:45 **ὅπως** γένησθε υἱοὶ τοῦ
Mt 6:2 **ὅπως** δοξασθῶσιν ὑπὸ τῶν
Mt 6:4 **ὅπως** ᾖ σου ἡ
Mt 6:5 **ὅπως** φανῶσιν τοῖς ἀνθρώποις·
Mt 6:16 τὰ πρόσωπα αὐτῶν **ὅπως** φανῶσιν τοῖς ἀνθρώποις
Mt 6:18 **ὅπως** μὴ φανῇς τοῖς
Mt 8:17 **ὅπως** πληρωθῇ τὸ ῥηθὲν
Mt 8:34 ἰδόντες αὐτὸν παρεκάλεσαν **ὅπως** μεταβῇ
Mt 9:38 κυρίου τοῦ θερισμοῦ **ὅπως** ἐκβάλῃ ἐργάτας
Mt 12:14 ἔλαβον κατ' αὐτοῦ **ὅπως** αὐτὸν ἀπολέσωσιν.
Mt 13:35 **ὅπως** πληρωθῇ τὸ ῥηθὲν
Mt 22:15 Φαρισαῖοι συμβούλιον ἔλαβον **ὅπως** αὐτὸν παγιδεύσωσιν ἐν
Mt 23:35 **ὅπως** ἔλθῃ ἐφ' ὑμᾶς
Mt 26:59 κατὰ τοῦ Ἰησοῦ **ὅπως** αὐτὸν θανατώσωσιν,

ὅραμα (*horama*; 1/12) *vision*
Mt 17:9 μηδενὶ εἴπητε τὸ **ὅραμα** ἕως οὗ ὁ

ὁράω (*horaō*; 72/452) *see*
Mt 2:2 **εἴδομεν** γὰρ αὐτοῦ τὸν
Mt 2:9 ὃν **εἶδον** ἐν τῇ ἀνατολῇ,
Mt 2:10 **ἰδόντες** δὲ τὸν ἀστέρα
Mt 2:11 εἰς τὴν οἰκίαν **εἶδον** τὸ παιδίον μετὰ
Mt 2:16 Τότε Ἡρῴδης **ἰδὼν** ὅτι ἐνεπαίχθη ὑπὸ
Mt 3:7 **ἰδὼν** δὲ πολλοὺς τῶν
Mt 3:16 καὶ **εἶδεν** [τὸ] πνεῦμα [τοῦ]
Mt 4:16 ἐν σκότει φῶς **εἶδεν** μέγα,
Mt 4:18 θάλασσαν τῆς Γαλιλαίας **εἶδεν** δύο ἀδελφούς,
Mt 4:21 καὶ προβὰς ἐκεῖθεν **εἶδεν** ἄλλους δύο ἀδελφούς,
Mt 5:1 **ἰδὼν** δὲ τοὺς ὄχλους
Mt 5:8 αὐτοὶ τὸν θεὸν **ὄψονται**.
Mt 5:16 ὅπως **ἴδωσιν** ὑμῶν τὰ καλὰ
Mt 8:4 **ὅρα** μηδενὶ εἴπῃς,
Mt 8:14 τὴν οἰκίαν Πέτρου **εἶδεν** τὴν πενθερὰν αὐτοῦ
Mt 8:18 **ἰδὼν** δὲ ὁ Ἰησοῦς
Mt 8:34 τῷ Ἰησοῦ καὶ **ἰδόντες** αὐτὸν παρεκάλεσαν ὅπως
Mt 9:2 καὶ **ἰδὼν** ὁ Ἰησοῦς τὴν
Mt 9:4 καὶ **ἰδὼν** ὁ Ἰησοῦς τὰς
Mt 9:8 **ἰδόντες** δὲ οἱ ὄχλοι
Mt 9:9 ὁ Ἰησοῦς ἐκεῖθεν **εἶδεν** ἄνθρωπον καθήμενον
Mt 9:11 καὶ **ἰδόντες** οἱ Φαρισαῖοι ἔλεγον
Mt 9:22 Ἰησοῦς στραφεὶς καὶ **ἰδὼν** αὐτὴν εἶπεν·
Mt 9:23 τοῦ ἄρχοντος καὶ **ἰδὼν** τοὺς αὐλητὰς καὶ
Mt 9:30 **ὁρᾶτε** μηδεὶς γινωσκέτω.
Mt 9:36 **ἰδὼν** δὲ τοὺς ὄχλους
Mt 11:8 ἀλλὰ τί ἐξήλθατε **ἰδεῖν**;
Mt 11:9 ἀλλὰ τί ἐξήλθατε **ἰδεῖν**;
Mt 12:2 οἱ δὲ Φαρισαῖοι **ἰδόντες** εἶπαν αὐτῷ·
Mt 12:38 ἀπὸ σοῦ σημεῖον **ἰδεῖν**.
Mt 13:14 καὶ οὐ μὴ **ἴδητε**.
Mt 13:15 μήποτε **ἴδωσιν** τοῖς ὀφθαλμοῖς καὶ
Mt 13:17 καὶ δίκαιοι ἐπεθύμησαν **ἰδεῖν** ἃ βλέπετε καὶ
Mt 13:17 βλέπετε καὶ οὐκ **εἶδαν**,
Mt 14:14 Καὶ ἐξελθὼν **εἶδεν** πολὺν ὄχλον καὶ
Mt 14:26 οἱ δὲ μαθηταὶ **ἰδόντες** αὐτὸν ἐπὶ τῆς
Mt 16:6 **ὁρᾶτε** καὶ προσέχετε ἀπὸ
Mt 16:28 θανάτου ἕως ἂν **ἴδωσιν** τὸν υἱὸν τοῦ
Mt 17:3 καὶ ἰδοὺ **ὤφθη** αὐτοῖς Μωϋσῆς καὶ
Mt 17:8 ὀφθαλμοὺς αὐτῶν οὐδένα **εἶδον** εἰ μὴ αὐτὸν
Mt 18:10 **Ὁρᾶτε** μὴ καταφρονήσητε ἑνὸς
Mt 18:31 **ἰδόντες** οὖν οἱ σύνδουλοι
Mt 20:3 περὶ τρίτην ὥραν **εἶδεν** ἄλλους ἑστῶτας ἐν
Mt 21:15 **ἰδόντες** δὲ οἱ ἀρχιερεῖς
Mt 21:19 καὶ **ἰδὼν** συκῆν μίαν ἐπὶ
Mt 21:20 Καὶ **ἰδόντες** οἱ μαθηταὶ ἐθαύμασαν
Mt 21:32 ὑμεῖς δὲ **ἰδόντες** οὐδὲ μετεμελήθητε ὕστερον
Mt 21:38 οἱ δὲ γεωργοὶ **ἰδόντες** τὸν υἱὸν εἶπον
Mt 22:11 θεάσασθαι τοὺς ἀνακειμένους **εἶδεν** ἐκεῖ ἄνθρωπον οὐκ

Mt 23:39 οὐ μή με **ἴδητε** ἀπ' ἄρτι ἕως
Mt 24:6 **ὁρᾶτε** μὴ θροεῖσθε·
Mt 24:15 Ὅταν οὖν **ἴδητε** τὸ βδέλυγμα τῆς
Mt 24:30 τῆς γῆς καὶ **ὄψονται** τὸν υἱὸν τοῦ
Mt 24:33 ὅταν **ἴδητε** πάντα ταῦτα,
Mt 25:37 πότε σε **εἴδομεν** πεινῶντα καὶ ἐθρέψαμεν,
Mt 25:38 πότε δέ σε **εἴδομεν** ξένον καὶ συνηγάγομεν,
Mt 25:39 πότε δέ σε **εἴδομεν** ἀσθενοῦντα ἢ ἐν
Mt 25:44 πότε σε **εἴδομεν** πεινῶντα ἢ διψῶντα
Mt 26:8 **ἰδόντες** δὲ οἱ μαθηταὶ
Mt 26:58 μετὰ τῶν ὑπηρετῶν **ἰδεῖν** τὸ τέλος.
Mt 26:64 ἀπ' ἄρτι **ὄψεσθε** τὸν υἱὸν τοῦ
Mt 26:71 εἰς τὸν πυλῶνα **εἶδεν** αὐτὸν ἄλλη καὶ
Mt 27:3 Τότε **ἰδὼν** Ἰούδας ὁ παραδιδοὺς
Mt 27:4 σὺ **ὄψῃ**.
Mt 27:24 **ἰδὼν** δὲ ὁ Πιλᾶτος
Mt 27:24 ὑμεῖς **ὄψεσθε**.
Mt 27:49 ἄφες **ἴδωμεν** εἰ ἔρχεται Ἠλίας
Mt 27:54 τηροῦντες τὸν Ἰησοῦν **ἰδόντες** τὸν σεισμὸν
Mt 28:6 δεῦτε **ἴδετε** τὸν τόπον ὅπου
Mt 28:7 ἐκεῖ αὐτὸν **ὄψεσθε**·
Mt 28:10 κἀκεῖ με **ὄψονται**.
Mt 28:17 καὶ **ἰδόντες** αὐτὸν προσεκύνησαν,

ὀργή (*orgē*; 1/36) *wrath*

Mt 3:7 ἀπὸ τῆς μελλούσης **ὀργῆς**;

ὀργίζω (*orgizō*; 3/8) *be angry*

Mt 5:22 ὅτι πᾶς ὁ **ὀργιζόμενος** τῷ ἀδελφῷ αὐτοῦ
Mt 18:34 καὶ **ὀργισθεὶς** ὁ κύριος αὐτοῦ
Mt 22:7 ὁ δὲ βασιλεὺς **ὠργίσθη** καὶ πέμψας τὰ

ὅριον (*horion*; 6/12) *territory*

Mt 2:16 ἐν πᾶσι τοῖς **ὁρίοις** αὐτῆς ἀπὸ διετοῦς
Mt 4:13 τὴν παραθαλασσίαν ἐν **ὁρίοις** Ζαβουλὼν καὶ Νεφθαλίμ·
Mt 8:34 μεταβῇ ἀπὸ τῶν **ὁρίων** αὐτῶν.
Mt 15:22 Χαναναία ἀπὸ τῶν **ὁρίων** ἐκείνων ἐξελθοῦσα ἔκραζεν
Mt 15:39 ἦλθεν εἰς τὰ **ὅρια** Μαγαδάν.
Mt 19:1 ἦλθεν εἰς τὰ **ὅρια** τῆς Ἰουδαίας πέραν

ὅρκος (*horkos*; 4/10) *oath*

Mt 5:33 τῷ κυρίῳ τοὺς **ὅρκους** σου.
Mt 14:7 ὅθεν μεθ' **ὅρκου** ὡμολόγησεν αὐτῇ δοῦναι
Mt 14:9 βασιλεὺς διὰ τοὺς **ὅρκους** καὶ τοὺς συνανακειμένους
Mt 26:72 πάλιν ἠρνήσατο μετὰ **ὅρκου** ὅτι οὐκ οἶδα

ὁρμάω (*hormaō*; 1/5) *rush*

Mt 8:32 καὶ ἰδοὺ **ὥρμησεν** πᾶσα ἡ ἀγέλη

ὄρνις (*ornis*; 1/2) *hen*

Mt 23:37 ὃν τρόπον **ὄρνις** ἐπισυνάγει τὰ νοσσία

ὄρος (*oros*; 16/62[63]) *mountain*

Mt 4:8 ὁ διάβολος εἰς **ὄρος** ὑψηλὸν λίαν καὶ
Mt 5:1 ἀνέβη εἰς τὸ **ὄρος**,
Mt 5:14 πόλις κρυβῆναι ἐπάνω **ὄρους** κειμένη·
Mt 8:1 αὐτοῦ ἀπὸ τοῦ **ὄρους** ἠκολούθησαν αὐτῷ ὄχλοι
Mt 14:23 ἀνέβη εἰς τὸ **ὄρος** κατ' ἰδίαν προσεύξασθαι.
Mt 15:29 ἀναβὰς εἰς τὸ **ὄρος** ἐκάθητο ἐκεῖ.
Mt 17:1 ἀναφέρει αὐτοὺς εἰς **ὄρος** ὑψηλὸν κατ' ἰδίαν.
Mt 17:9 αὐτῶν ἐκ τοῦ **ὄρους** ἐνετείλατο αὐτοῖς ὁ
Mt 17:20 ἐρεῖτε τῷ **ὄρει** τούτῳ·
Mt 18:12 ἐννέα ἐπὶ τὰ **ὄρη** καὶ πορευθεὶς ζητεῖ
Mt 21:1 Βηθφαγὴ εἰς τὸ **ὄρος** τῶν ἐλαιῶν,
Mt 21:21 ἀλλὰ κἂν τῷ **ὄρει** τούτῳ εἴπητε·
Mt 24:3 αὐτοῦ ἐπὶ τοῦ **ὄρους** τῶν ἐλαιῶν προσῆλθον
Mt 24:16 φευγέτωσαν εἰς τὰ **ὄρη**,
Mt 26:30 ἐξῆλθον εἰς τὸ **ὄρος** τῶν ἐλαιῶν.
Mt 28:16 Γαλιλαίαν εἰς τὸ **ὄρος** οὗ ἐτάξατο αὐτοῖς

ὀρύσσω (*oryssō*; 2/3) *dig*

Mt 21:33 αὐτῷ περιέθηκεν καὶ **ὤρυξεν** ἐν αὐτῷ ληνὸν
Mt 25:18 ἓν λαβὼν ἀπελθὼν **ὤρυξεν** γῆν καὶ ἔκρυψεν

ὀρχέομαι (*orcheomai*; 2/4) *dance*

Mt 11:17 ὑμῖν καὶ οὐκ **ὠρχήσασθε**,
Mt 14:6 γενομένοις τοῦ Ἡρῴδου **ὠρχήσατο** ἡ θυγάτηρ τῆς

ὅς (*hos*; 125/1406[1407]) *who*

Mt 1:16 ἐξ **ἧς** ἐγεννήθη Ἰησοῦς ὁ
Mt 1:23 **ὅ** ἐστιν μεθερμηνευόμενον μεθ'
Mt 1:25 ἐγίνωσκεν αὐτὴν ἕως **οὗ** ἔτεκεν υἱόν·
Mt 2:9 **ὃν** εἶδον ἐν τῇ
Mt 2:16 κατὰ τὸν χρόνον **ὃν** ἠκρίβωσεν παρὰ τῶν
Mt 3:11 **οὗ** οὐκ εἰμὶ ἱκανὸς
Mt 3:12 **οὗ** τὸ πτύον ἐν
Mt 3:17 ἐν **ᾧ** εὐδόκησα.
Mt 5:19 **ὃς** ἐὰν οὖν λύσῃ
Mt 5:19 **ὃς** δ' ἂν ποιήσῃ
Mt 5:21 **ὃς** δ' ἂν φονεύσῃ,
Mt 5:22 **ὃς** δ' ἂν εἴπῃ
Mt 5:22 **ὃς** δ' ἂν εἴπῃ·
Mt 5:31 **ὃς** ἂν ἀπολύσῃ τὴν
Mt 5:32 καὶ **ὃς** ἐὰν ἀπολελυμένην γαμήσῃ,
Mt 6:8 ὁ πατὴρ ὑμῶν **ὧν** χρείαν ἔχετε πρὸ
Mt 7:2 ἐν **ᾧ** γὰρ κρίματι κρίνετε
Mt 7:2 καὶ ἐν **ᾧ** μέτρῳ μετρεῖτε μετρηθήσεται
Mt 7:9 **ὃν** αἰτήσει ὁ υἱὸς
Mt 8:4 προσένεγκον τὸ δῶρον **ὃ** προσέταξεν Μωϋσῆς,
Mt 10:11 εἰς **ἣν** δ' ἂν πόλιν
Mt 10:14 καὶ **ὃς** ἂν μὴ δέξηται
Mt 10:26 γάρ ἐστιν κεκαλυμμένον **ὃ** οὐκ ἀποκαλυφθήσεται καὶ
Mt 10:26 ἀποκαλυφθήσεται καὶ κρυπτὸν **ὃ** οὐ γνωσθήσεται.
Mt 10:27 **ὃ** λέγω ὑμῖν ἐν
Mt 10:27 καὶ **ὃ** εἰς τὸ οὖς
Mt 10:38 καὶ **ὃς** οὐ λαμβάνει τὸν
Mt 10:42 καὶ **ὃς** ἂν ποτίσῃ ἕνα
Mt 11:4 πορευθέντες ἀπαγγείλατε Ἰωάννῃ **ἃ** ἀκούετε καὶ βλέπετε·
Mt 11:6 καὶ μακάριός ἐστιν **ὃς** ἐὰν μὴ σκανδαλισθῇ
Mt 11:10 οὗτός ἐστιν περὶ **οὗ** γέγραπται·
Mt 11:10 **ὃς** κατασκευάσει τὴν ὁδόν
Mt 11:16 ἐν ταῖς ἀγοραῖς **ἃ** προσφωνοῦντα τοῖς ἑτέροις
Mt 11:20 τὰς πόλεις ἐν **αἷς** ἐγένοντο αἱ πλεῖσται
Mt 11:27 ὁ υἱὸς καὶ **ᾧ** ἐὰν βούληται ὁ

Mt 12:2 μαθηταί σου ποιοῦσιν **ὃ** οὐκ ἔξεστιν ποιεῖν
Mt 12:4 **ὃ** οὐκ ἐξὸν ἦν
Mt 12:11 ἐξ ὑμῶν ἄνθρωπος **ὃς** ἕξει πρόβατον ἕν
Mt 12:18 ὁ παῖς μου **ὃν** ᾑρέτισα,
Mt 12:18 ἀγαπητός μου εἰς **ὃν** εὐδόκησεν ἡ ψυχή
Mt 12:32 καὶ **ὃς** ἐὰν εἴπῃ λόγον
Mt 12:32 **ὃς** δ' ἂν εἴπῃ
Mt 12:36 πᾶν ῥῆμα ἀργὸν **ὃ** λαλήσουσιν οἱ ἄνθρωποι
Mt 13:4 τῷ σπείρειν αὐτὸν **ἃ** μὲν ἔπεσεν παρὰ
Mt 13:8 **ὃ** μὲν ἑκατόν,
Mt 13:8 **ὃ** δὲ ἑξήκοντα,
Mt 13:8 **ὃ** δὲ τριάκοντα.
Mt 13:12 καὶ **ὃ** ἔχει ἀρθήσεται ἀπ' αὐτοῦ.
Mt 13:17 δίκαιοι ἐπεθύμησαν ἰδεῖν **ἃ** βλέπετε καὶ οὐκ
Mt 13:17 καὶ ἀκοῦσαι **ἃ** ἀκούετε καὶ οὐκ
Mt 13:23 **ὃς** δὴ καρποφορεῖ καὶ
Mt 13:23 καρποφορεῖ καὶ ποιεῖ **ὃ** μὲν ἑκατόν,
Mt 13:23 **ὃ** δὲ ἑξήκοντα,
Mt 13:23 **ὃ** δὲ τριάκοντα.
Mt 13:31 **ὃν** λαβὼν ἄνθρωπος ἔσπειρεν
Mt 13:32 **ὃ** μικρότερον μέν ἐστιν
Mt 13:33 **ἣν** λαβοῦσα γυνὴ ἐνέκρυψεν
Mt 13:33 σάτα τρία ἕως **οὗ** ἐζυμώθη ὅλον.
Mt 13:44 **ὃν** εὑρὼν ἄνθρωπος ἔκρυψεν,
Mt 13:48 **ἣν** ὅτε ἐπληρώθη ἀναβιβάσαντες
Mt 14:7 ὡμολόγησεν αὐτῇ δοῦναι **ὃ** ἐὰν αἰτήσηται.
Mt 14:22 ἕως **οὗ** ἀπολύσῃ τοὺς ὄχλους.
Mt 15:5 **ὃς** ἂν εἴπῃ τῷ
Mt 15:5 δῶρον ὃ **ἐὰν** ἐξ ἐμοῦ ὠφεληθῇς,
Mt 15:13 πᾶσα φυτεία **ἣν** οὐκ ἐφύτευσεν ὁ
Mt 16:19 καὶ **ὃ** ἐὰν δήσῃς ἐπὶ
Mt 16:19 καὶ **ὃ** ἐὰν λύσῃς ἐπὶ
Mt 16:25 **ὃς** γὰρ ἐὰν θέλῃ
Mt 16:25 **ὃς** δ' ἂν ἀπολέσῃ
Mt 17:5 ἐν **ᾧ** εὐδόκησα·
Mt 17:9 τὸ ὅραμα ἕως **οὗ** ὁ υἱὸς τοῦ
Mt 18:5 καὶ **ὃς** ἐὰν δέξηται ἓν
Mt 18:6 **Ὃς** δ' ἂν σκανδαλίσῃ
Mt 18:7 τῷ ἀνθρώπῳ δι' **οὗ** τὸ σκάνδαλον ἔρχεται.
Mt 18:19 περὶ παντὸς πράγματος **οὗ** ἐὰν αἰτήσωνται,
Mt 18:23 **ὃς** ἠθέλησεν συνᾶραι λόγον
Mt 18:28 **ὃς** ὤφειλεν αὐτῷ ἑκατὸν
Mt 18:34 τοῖς βασανισταῖς ἕως **οὗ** ἀποδῷ πᾶν τὸ
Mt 19:6 ὃ **οὖν** ὁ θεὸς συνέζευξεν
Mt 19:9 δὲ ὑμῖν ὅτι **ὃς** ἂν ἀπολύσῃ τὴν
Mt 19:11 λόγον [τοῦτον] ἀλλ' **οἷς** δέδοται.
Mt 20:4 καὶ **ὃ** ἐὰν ᾖ δίκαιον
Mt 20:15 οὐκ ἔξεστίν μοι **ὃ** θέλω ποιῆσαι ἐν
Mt 20:22 πιεῖν τὸ ποτήριον **ὃ** ἐγὼ μέλλω πίνειν;
Mt 20:23 ἀλλ' **οἷς** ἡτοίμασται ὑπὸ τοῦ
Mt 20:26 ἀλλ' **ὃς** ἐὰν θέλῃ ἐν
Mt 20:27 καὶ **ὃς** ἂν θέλῃ ἐν
Mt 21:15 γραμματεῖς τὰ θαυμάσια **ἃ** ἐποίησεν καὶ
Mt 21:24 **ὃν** ἐὰν εἴπητέ μοι
Mt 21:35 τοὺς δούλους αὐτοῦ **ὃν** μὲν ἔδειραν,
Mt 21:35 **ὃν** δὲ ἀπέκτειναν,
Mt 21:35 **ὃν** δὲ ἐλιθοβόλησαν.
Mt 21:42 λίθον **ὃν** ἀπεδοκίμασαν οἱ οἰκοδομοῦντες,
Mt 21:44 ἐφ' **ὃν** δ' ἂν πέσῃ
Mt 22:5 **ὃς** μὲν εἰς τὸν
Mt 22:5 **ὃς** δὲ ἐπὶ τὴν
Mt 22:10 ὁδοὺς συνήγαγον πάντας **οὓς** εὗρον,
Mt 23:16 **ὃς** ἂν ὀμόσῃ ἐν
Mt 23:16 **ὃς** δ' ἂν ὀμόσῃ
Mt 23:18 **ὃς** ἂν ὀμόσῃ ἐν
Mt 23:18 **ὃς** δ' ἂν ὀμόσῃ
Mt 23:35 **ὃν** ἐφονεύσατε μεταξὺ τοῦ
Mt 23:37 **ὃν** τρόπον ὄρνις ἐπισυνάγει
Mt 24:2 λίθος ἐπὶ λίθον **ὃς** οὐ καταλυθήσεται.
Mt 24:38 ἄχρι **ἧς** ἡμέρας εἰσῆλθεν Νῶε
Mt 24:44 ὅτι **ᾗ** οὐ δοκεῖτε ὥρᾳ
Mt 24:45 δοῦλος καὶ φρόνιμος **ὃν** κατέστησεν ὁ κύριος
Mt 24:46 ὁ δοῦλος ἐκεῖνος **ὃν** ἐλθὼν ὁ κύριος
Mt 24:50 ἐκείνου ἐν ἡμέρᾳ **ᾗ** οὐ προσδοκᾷ καὶ
Mt 24:50 καὶ ἐν ὥρᾳ **ᾗ** οὐ γινώσκει,
Mt 25:15 καὶ **ᾧ** μὲν ἔδωκεν πέντε
Mt 25:15 **ᾧ** δὲ δύο,
Mt 25:15 **ᾧ** δὲ ἕν,
Mt 25:29 μὴ ἔχοντος καὶ **ὃ** ἔχει ἀρθήσεται ἀπ'
Mt 26:13 λαληθήσεται καὶ **ὃ** ἐποίησεν αὕτη εἰς
Mt 26:24 ἀνθρώπῳ ἐκείνῳ δι' **οὗ** ὁ υἱὸς τοῦ
Mt 26:36 καθίσατε αὐτοῦ ἕως **[οὗ]** ἀπελθὼν ἐκεῖ προσεύξωμαι.
Mt 26:48 **ὃν** ἂν φιλήσω αὐτός
Mt 26:50 ἐφ' **ὃ** πάρει.
Mt 27:9 τιμὴν τοῦ τετιμημένου **ὃν** ἐτιμήσαντο ἀπὸ υἱῶν
Mt 27:15 τῷ ὄχλῳ δέσμιον **ὃν** ἤθελον.
Mt 27:33 **ὅ** ἐστιν Κρανίου Τόπος
Mt 27:56 ἐν **αἷς** ἦν Μαρία ἡ
Mt 27:57 **ὃς** καὶ αὐτὸς ἐμαθητεύθη
Mt 27:60 καινῷ αὐτοῦ μνημείῳ **ὃ** ἐλατόμησεν ἐν τῇ

ὅσος (*hosos*; 15/110) *as much as (pl. as many as)*

Mt 7:12 Πάντα οὖν **ὅσα** ἐὰν θέλητε ἵνα
Mt 9:15 νυμφῶνος πενθεῖν ἐφ' **ὅσον** μετ' αὐτῶν ἐστιν
Mt 13:44 καὶ πωλεῖ πάντα **ὅσα** ἔχει καὶ ἀγοράζει
Mt 13:46 ἀπελθὼν πέπρακεν πάντα **ὅσα** εἶχεν καὶ ἠγόρασεν
Mt 14:36 καὶ **ὅσοι** ἥψαντο διεσώθησαν.
Mt 17:12 ἐποίησαν ἐν αὐτῷ **ὅσα** ἠθέλησαν·
Mt 18:18 **ὅσα** ἐὰν δήσητε ἐπὶ
Mt 18:18 καὶ **ὅσα** ἐὰν λύσητε ἐπὶ
Mt 18:25 τέκνα καὶ πάντα **ὅσα** ἔχει,
Mt 21:22 καὶ πάντα **ὅσα** ἂν αἰτήσητε ἐν
Mt 22:9 τῶν ὁδῶν καὶ **ὅσους** ἐὰν εὕρητε καλέσατε
Mt 23:3 πάντα οὖν **ὅσα** ἐὰν εἴπωσιν ὑμῖν
Mt 25:40 ἐφ' **ὅσον** ἐποιήσατε ἑνὶ τούτων
Mt 25:45 ἐφ' **ὅσον** οὐκ ἐποιήσατε ἑνὶ
Mt 28:20 αὐτοὺς τηρεῖν πάντα **ὅσα** ἐνετειλάμην ὑμῖν·

ὀστέον (*osteon*; 1/4) *bone*

Mt 23:27 ἔσωθεν δὲ γέμουσιν **ὀστέων** νεκρῶν καὶ πάσης

ὅστις (*hostis*; 30/144) *who*

Mt 2:6 **ὅστις** ποιμανεῖ τὸν λαόν
Mt 5:25 ἕως **ὅτου** εἶ μετ' αὐτοῦ
Mt 5:39 ἀλλ' **ὅστις** σε ῥαπίζει εἰς
Mt 5:41 καὶ **ὅστις** σε ἀγγαρεύσει μίλιον
Mt 7:15 **οἵτινες** ἔρχονται πρὸς ὑμᾶς
Mt 7:24 Πᾶς οὖν **ὅστις** ἀκούει μου τοὺς
Mt 7:24 **ὅστις** ᾠκοδόμησεν αὐτοῦ τὴν
Mt 7:26 **ὅστις** ᾠκοδόμησεν αὐτοῦ τὴν

Mt 10:32 Πᾶς οὖν **ὅστις** ὁμολογήσει ἐν ἐμοὶ
Mt 10:33 **ὅστις** δ᾽ ἂν ἀρνήσηταί
Mt 12:50 **ὅστις** γὰρ ἂν ποιήσῃ
Mt 13:12 **ὅστις** γὰρ ἔχει,
Mt 13:12 **ὅστις** δὲ οὐκ ἔχει,
Mt 13:52 **ὅστις** ἐκβάλλει ἐκ τοῦ
Mt 16:28 τῶν ὧδε ἑστώτων **οἵτινες** οὐ μὴ γεύσωνται
Mt 18:4 **ὅστις** οὖν ταπεινώσει ἑαυτὸν
Mt 19:12 εἰσὶν γὰρ εὐνοῦχοι **οἵτινες** ἐκ κοιλίας μητρὸς
Mt 19:12 καὶ εἰσὶν εὐνοῦχοι **οἵτινες** εὐνουχίσθησαν
Mt 19:12 καὶ εἰσὶν εὐνοῦχοι **οἵτινες** εὐνούχισαν ἑαυτοὺς διὰ
Mt 19:29 καὶ πᾶς **ὅστις** ἀφῆκεν οἰκίας ἢ
Mt 20:1 **ὅστις** ἐξῆλθεν ἅμα πρωῒ
Mt 21:33 ἄνθρωπος ἦν οἰκοδεσπότης **ὅστις** ἐφύτευσεν ἀμπελῶνα καὶ
Mt 21:41 **οἵτινες** ἀποδώσουσιν αὐτῷ τοὺς
Mt 22:2 **ὅστις** ἐποίησεν γάμους τῷ
Mt 23:12 **ὅστις** δὲ ὑψώσει ἑαυτὸν
Mt 23:12 ἑαυτὸν ταπεινωθήσεται καὶ **ὅστις** ταπεινώσει ἑαυτὸν ὑψωθήσεται.
Mt 23:27 **οἵτινες** ἔξωθεν μὲν φαίνονται
Mt 25:1 **αἵτινες** λαβοῦσαι τὰς λαμπάδας
Mt 27:55 **αἵτινες** ἠκολούθησαν τῷ Ἰησοῦ
Mt 27:62 **ἥτις** ἐστὶν μετὰ τὴν

ὀσφῦς (*osphys*; 1/8) *waist*

Mt 3:4 δερματίνην περὶ τὴν **ὀσφὺν** αὐτοῦ,

ὅταν (*hotan*; 19/123) *when*

Mt 5:11 μακάριοί ἐστε **ὅταν** ὀνειδίσωσιν ὑμᾶς καὶ
Mt 6:2 **Ὅταν** οὖν ποιῇς ἐλεημοσύνην,
Mt 6:5 Καὶ **ὅταν** προσεύχησθε,
Mt 6:6 σὺ δὲ **ὅταν** προσεύχῃ,
Mt 6:16 **Ὅταν** δὲ νηστεύητε,
Mt 9:15 ἐλεύσονται δὲ ἡμέραι **ὅταν** ἀπαρθῇ ἀπ᾽ αὐτῶν
Mt 10:19 **ὅταν** δὲ παραδῶσιν ὑμᾶς,
Mt 10:23 **Ὅταν** δὲ διώκωσιν ὑμᾶς
Mt 12:43 **Ὅταν** δὲ τὸ ἀκάθαρτον
Mt 13:32 **ὅταν** δὲ αὐξηθῇ μεῖζον
Mt 15:2 τὰς χεῖρας [αὐτῶν] **ὅταν** ἄρτον ἐσθίωσιν.
Mt 19:28 **ὅταν** καθίσῃ ὁ υἱὸς
Mt 21:40 **ὅταν** οὖν ἔλθῃ ὁ
Mt 23:15 καὶ **ὅταν** γένηται ποιεῖτε αὐτὸν
Mt 24:15 **Ὅταν** οὖν ἴδητε τὸ
Mt 24:32 **ὅταν** ἤδη ὁ κλάδος
Mt 24:33 **ὅταν** ἴδητε πάντα ταῦτα,
Mt 25:31 **Ὅταν** δὲ ἔλθῃ ὁ
Mt 26:29 τῆς ἡμέρας ἐκείνης **ὅταν** αὐτὸ πίνω μεθ᾽

ὅτε (*hote*; 12/103) *when*

Mt 7:28 Καὶ ἐγένετο **ὅτε** ἐτέλεσεν ὁ Ἰησοῦς
Mt 9:25 **ὅτε** δὲ ἐξεβλήθη ὁ
Mt 11:1 Καὶ ἐγένετο **ὅτε** ἐτέλεσεν ὁ Ἰησοῦς
Mt 12:3 τί ἐποίησεν Δαυὶδ **ὅτε** ἐπείνασεν καὶ οἱ
Mt 13:26 **ὅτε** δὲ ἐβλάστησεν ὁ
Mt 13:48 ἣν **ὅτε** ἐπληρώθη ἀναβιβάσαντες ἐπὶ
Mt 13:53 Καὶ ἐγένετο **ὅτε** ἐτέλεσεν ὁ Ἰησοῦς
Mt 19:1 Καὶ ἐγένετο **ὅτε** ἐτέλεσεν ὁ Ἰησοῦς
Mt 21:1 Καὶ **ὅτε** ἤγγισαν εἰς Ἱεροσόλυμα
Mt 21:34 **ὅτε** δὲ ἤγγισεν ὁ
Mt 26:1 Καὶ ἐγένετο **ὅτε** ἐτέλεσεν ὁ Ἰησοῦς
Mt 27:31 καὶ **ὅτε** ἐνέπαιξαν αὐτῷ,

ὅτι (*hoti*; 140/1294[1296]) *because, that*

Mt 2:16 Τότε Ἡρῴδης ἰδὼν **ὅτι** ἐνεπαίχθη ὑπὸ τῶν
Mt 2:18 **ὅτι** οὐκ εἰσίν.
Mt 2:22 Ἀκούσας δὲ **ὅτι** Ἀρχέλαος βασιλεύει τῆς
Mt 2:23 διὰ τῶν προφητῶν **ὅτι** Ναζωραῖος κληθήσεται.
Mt 3:9 λέγω γὰρ ὑμῖν **ὅτι** δύναται ὁ θεὸς
Mt 4:6 γέγραπται γὰρ **ὅτι** τοῖς ἀγγέλοις αὐτοῦ
Mt 4:12 Ἀκούσας δὲ **ὅτι** Ἰωάννης παρεδόθη ἀνεχώρησεν
Mt 5:3 **ὅτι** αὐτῶν ἐστιν ἡ
Mt 5:4 **ὅτι** αὐτοὶ παρακληθήσονται.
Mt 5:5 **ὅτι** αὐτοὶ κληρονομήσουσιν τὴν
Mt 5:6 **ὅτι** αὐτοὶ χορτασθήσονται.
Mt 5:7 **ὅτι** αὐτοὶ ἐλεηθήσονται.
Mt 5:8 **ὅτι** αὐτοὶ τὸν θεὸν
Mt 5:9 **ὅτι** αὐτοὶ υἱοὶ θεοῦ
Mt 5:10 **ὅτι** αὐτῶν ἐστιν ἡ
Mt 5:12 **ὅτι** ὁ μισθὸς ὑμῶν
Mt 5:17 Μὴ νομίσητε **ὅτι** ἦλθον καταλῦσαι τὸν
Mt 5:20 Λέγω γὰρ ὑμῖν **ὅτι** ἐὰν μὴ περισσεύσῃ
Mt 5:21 Ἠκούσατε **ὅτι** ἐρρέθη τοῖς ἀρχαίοις·
Mt 5:22 δὲ λέγω ὑμῖν **ὅτι** πᾶς ὁ ὀργιζόμενος
Mt 5:23 θυσιαστήριον κἀκεῖ μνησθῇς **ὅτι** ὁ ἀδελφός σου
Mt 5:27 Ἠκούσατε **ὅτι** ἐρρέθη·
Mt 5:28 δὲ λέγω ὑμῖν **ὅτι** πᾶς ὁ βλέπων
Mt 5:32 δὲ λέγω ὑμῖν **ὅτι** πᾶς ὁ ἀπολύων
Mt 5:33 Πάλιν ἠκούσατε **ὅτι** ἐρρέθη τοῖς ἀρχαίοις·
Mt 5:34 **ὅτι** θρόνος ἐστὶν τοῦ
Mt 5:35 **ὅτι** ὑποπόδιόν ἐστιν τῶν
Mt 5:35 **ὅτι** πόλις ἐστὶν τοῦ
Mt 5:36 **ὅτι** οὐ δύνασαι μίαν
Mt 5:38 Ἠκούσατε **ὅτι** ἐρρέθη·
Mt 5:43 Ἠκούσατε **ὅτι** ἐρρέθη·
Mt 5:45 **ὅτι** τὸν ἥλιον αὐτοῦ
Mt 6:5 **ὅτι** φιλοῦσιν ἐν ταῖς
Mt 6:7 δοκοῦσιν γὰρ **ὅτι** ἐν τῇ πολυλογίᾳ
Mt 6:26 πετεινὰ τοῦ οὐρανοῦ **ὅτι** οὐ σπείρουσιν
Mt 6:29 λέγω δὲ ὑμῖν **ὅτι** οὐδὲ Σολομὼν ἐν
Mt 6:32 ὑμῶν ὁ οὐράνιος **ὅτι** χρῄζετε τούτων ἁπάντων.
Mt 7:13 **ὅτι** πλατεῖα ἡ πύλη
Mt 7:23 τότε ὁμολογήσω αὐτοῖς **ὅτι** οὐδέποτε ἔγνων ὑμᾶς·
Mt 8:11 λέγω δὲ ὑμῖν **ὅτι** πολλοὶ ἀπὸ ἀνατολῶν
Mt 8:27 ποταπός ἐστιν οὗτος **ὅτι** καὶ οἱ ἄνεμοι
Mt 9:6 ἵνα δὲ εἰδῆτε **ὅτι** ἐξουσίαν ἔχει ὁ
Mt 9:18 προσεκύνει αὐτῷ λέγων **ὅτι** ἡ θυγάτηρ μου
Mt 9:28 πιστεύετε **ὅτι** δύναμαι τοῦτο ποιῆσαι;
Mt 9:36 **ὅτι** ἦσαν ἐσκυλμένοι καὶ
Mt 10:7 δὲ κηρύσσετε λέγοντες **ὅτι** ἤγγικεν ἡ βασιλεία
Mt 10:34 Μὴ νομίσητε **ὅτι** ἦλθον βαλεῖν εἰρήνην
Mt 11:20 **ὅτι** οὐ μετενόησαν·
Mt 11:21 **ὅτι** εἰ ἐν Τύρῳ
Mt 11:23 **ὅτι** εἰ ἐν Σοδόμοις
Mt 11:24 πλὴν λέγω ὑμῖν **ὅτι** γῇ Σοδόμων ἀνεκτότερον
Mt 11:25 **ὅτι** ἔκρυψας ταῦτα ἀπὸ
Mt 11:26 **ὅτι** οὕτως εὐδοκία ἐγένετο
Mt 11:29 **ὅτι** πραΰς εἰμι καὶ

Mt 12:5 ἐν τῷ νόμῳ **ὅτι** τοῖς σάββασιν οἱ
Mt 12:6 λέγω δὲ ὑμῖν **ὅτι** τοῦ ἱεροῦ μεῖζόν
Mt 12:36 λέγω δὲ ὑμῖν **ὅτι** πᾶν ῥῆμα ἀργὸν
Mt 12:41 **ὅτι** μετενόησαν εἰς τὸ
Mt 12:42 **ὅτι** ἦλθεν ἐκ τῶν
Mt 13:11 **ὅτι** ὑμῖν δέδοται γνῶναι
Mt 13:13 **ὅτι** βλέποντες οὐ βλέπουσιν
Mt 13:16 μακάριοι οἱ ὀφθαλμοὶ **ὅτι** βλέπουσιν καὶ τὰ
Mt 13:16 τὰ ὦτα ὑμῶν **ὅτι** ἀκούουσιν.
Mt 13:17 γὰρ λέγω ὑμῖν **ὅτι** πολλοὶ προφῆται καὶ
Mt 14:5 **ὅτι** ὡς προφήτην αὐτὸν
Mt 14:26 περιπατοῦντα ἐταράχθησαν λέγοντες **ὅτι** φάντασμά ἐστιν,
Mt 15:12 οἶδας **ὅτι** οἱ Φαρισαῖοι ἀκούσαντες
Mt 15:17 οὐ νοεῖτε **ὅτι** πᾶν τὸ εἰσπορευόμενον
Mt 15:23 **ὅτι** κράζει ὄπισθεν ἡμῶν.
Mt 15:32 **ὅτι** ἤδη ἡμέραι τρεῖς
Mt 16:7 ἐν ἑαυτοῖς λέγοντες **ὅτι** ἄρτους οὐκ ἐλάβομεν.
Mt 16:8 **ὅτι** ἄρτους οὐκ ἔχετε;
Mt 16:11 πῶς οὐ νοεῖτε **ὅτι** οὐ περὶ ἄρτων
Mt 16:12 τότε συνῆκαν **ὅτι** οὐκ εἶπεν προσέχειν
Mt 16:17 **ὅτι** σὰρξ καὶ αἷμα
Mt 16:18 δέ σοι λέγω **ὅτι** σὺ εἶ Πέτρος,
Mt 16:20 ἵνα μηδενὶ εἴπωσιν **ὅτι** αὐτός ἐστιν ὁ
Mt 16:21 τοῖς μαθηταῖς αὐτοῦ **ὅτι** δεῖ αὐτὸν εἰς
Mt 16:23 **ὅτι** οὐ φρονεῖς τὰ
Mt 16:28 ἀμὴν λέγω ὑμῖν **ὅτι** εἰσίν τινες τῶν
Mt 17:10 οἱ γραμματεῖς λέγουσιν **ὅτι** Ἠλίαν δεῖ ἐλθεῖν
Mt 17:12 λέγω δὲ ὑμῖν **ὅτι** Ἠλίας ἤδη ἦλθεν,
Mt 17:13 συνῆκαν οἱ μαθηταὶ **ὅτι** περὶ Ἰωάννου τοῦ
Mt 17:15 **ὅτι** σεληνιάζεται καὶ κακῶς
Mt 18:10 λέγω γὰρ ὑμῖν **ὅτι** οἱ ἄγγελοι αὐτῶν
Mt 18:13 ἀμὴν λέγω ὑμῖν **ὅτι** χαίρει ἐπ' αὐτῷ
Mt 18:19 [ἀμὴν] λέγω ὑμῖν **ὅτι** ἐὰν δύο συμφωνήσωσιν
Mt 19:4 οὐκ ἀνέγνωτε **ὅτι** ὁ κτίσας ἀπ'
Mt 19:8 λέγει αὐτοῖς **ὅτι** Μωϋσῆς πρὸς τὴν
Mt 19:9 λέγω δὲ ὑμῖν **ὅτι** ὃς ἂν ἀπολύσῃ
Mt 19:23 ἀμὴν λέγω ὑμῖν **ὅτι** πλούσιος δυσκόλως εἰσελεύσεται
Mt 19:28 ἀμὴν λέγω ὑμῖν **ὅτι** ὑμεῖς οἱ ἀκολουθήσαντές
Mt 20:7 **ὅτι** οὐδεὶς ἡμᾶς ἐμισθώσατο.
Mt 20:10 οἱ πρῶτοι ἐνόμισαν **ὅτι** πλεῖον λήμψονται·
Mt 20:15 σου πονηρός ἐστιν **ὅτι** ἐγὼ ἀγαθός εἰμι;
Mt 20:25 οἴδατε **ὅτι** οἱ ἄρχοντες τῶν
Mt 20:30 τὴν ὁδὸν ἀκούσαντες **ὅτι** Ἰησοῦς παράγει,
Mt 21:3 ἐρεῖτε **ὅτι** ὁ κύριος αὐτῶν
Mt 21:16 οὐδέποτε ἀνέγνωτε **ὅτι** ἐκ στόματος νηπίων
Mt 21:31 ἀμὴν λέγω ὑμῖν **ὅτι** οἱ τελῶναι καὶ
Mt 21:43 τοῦτο λέγω ὑμῖν **ὅτι** ἀρθήσεται ἀφ' ὑμῶν
Mt 21:45 παραβολὰς αὐτοῦ ἔγνωσαν **ὅτι** περὶ αὐτῶν λέγει·
Mt 22:16 οἴδαμεν **ὅτι** ἀληθὴς εἶ καὶ
Mt 22:34 δὲ Φαρισαῖοι ἀκούσαντες **ὅτι** ἐφίμωσεν τοὺς Σαδδουκαίους
Mt 23:10 **ὅτι** καθηγητὴς ὑμῶν ἐστιν
Mt 23:13 **ὅτι** κλείετε τὴν βασιλείαν
Mt 23:15 ὅτι **περιάγετε** τὴν θάλασσαν καὶ
Mt 23:23 **ὅτι** ἀποδεκατοῦτε τὸ ἡδύοσμον
Mt 23:25 **ὅτι** καθαρίζετε τὸ ἔξωθεν
Mt 23:27 ὅτι **παρομοιάζετε** τάφοις κεκονιαμένοις,
Mt 23:29 **ὅτι** οἰκοδομεῖτε τοὺς τάφους
Mt 23:31 ὥστε μαρτυρεῖτε ἑαυτοῖς **ὅτι** υἱοί ἐστε τῶν
Mt 24:32 γινώσκετε **ὅτι** ἐγγὺς τὸ θέρος·
Mt 24:33 γινώσκετε **ὅτι** ἐγγύς ἐστιν ἐπὶ
Mt 24:34 ἀμὴν λέγω ὑμῖν **ὅτι** οὐ μὴ παρέλθῃ
Mt 24:42 **ὅτι** οὐκ οἴδατε ποίᾳ
Mt 24:43 Ἐκεῖνο δὲ γινώσκετε **ὅτι** εἰ ᾔδει ὁ
Mt 24:44 **ὅτι** ᾗ οὐ δοκεῖτε
Mt 24:47 ἀμὴν λέγω ὑμῖν **ὅτι** ἐπὶ πᾶσιν τοῖς
Mt 25:8 **ὅτι** αἱ λαμπάδες ἡμῶν
Mt 25:13 **ὅτι** οὐκ οἴδατε τὴν
Mt 25:24 ἔγνων σε **ὅτι** σκληρὸς εἶ ἄνθρωπος,
Mt 25:26 ᾔδεις **ὅτι** θερίζω ὅπου οὐκ
Mt 26:2 οἴδατε **ὅτι** μετὰ δύο ἡμέρας
Mt 26:21 ἀμὴν λέγω ὑμῖν **ὅτι** εἷς ἐξ ὑμῶν
Mt 26:34 ἀμὴν λέγω σοι **ὅτι** ἐν ταύτῃ τῇ
Mt 26:53 ἢ δοκεῖς **ὅτι** οὐ δύναμαι παρακαλέσαι
Mt 26:54 πληρωθῶσιν αἱ γραφαὶ **ὅτι** οὕτως δεῖ γενέσθαι;
Mt 26:72 ἠρνήσατο μετὰ ὅρκου **ὅτι** οὐκ οἶδα τὸν
Mt 26:74 καταθεματίζειν καὶ ὀμνύειν **ὅτι** οὐκ οἶδα
Mt 26:75 ῥήματος Ἰησοῦ εἰρηκότος **ὅτι** πρὶν ἀλέκτορα φωνῆσαι
Mt 27:3 ὁ παραδιδοὺς αὐτὸν **ὅτι** κατεκρίθη,
Mt 27:18 ᾔδει γὰρ **ὅτι** διὰ φθόνον παρέδωκαν
Mt 27:24 δὲ ὁ Πιλᾶτος **ὅτι** οὐδὲν ὠφελεῖ ἀλλὰ
Mt 27:43 εἶπεν γὰρ **ὅτι** θεοῦ εἰμι υἱός.
Mt 27:47 ἑστηκότων ἀκούσαντες ἔλεγον **ὅτι** Ἠλίαν φωνεῖ οὗτος.
Mt 27:63 ἐμνήσθημεν **ὅτι** ἐκεῖνος ὁ πλάνος
Mt 28:5 οἶδα γὰρ **ὅτι** Ἰησοῦν τὸν ἐσταυρωμένον
Mt 28:7 τοῖς μαθηταῖς αὐτοῦ **ὅτι** ἠγέρθη ἀπὸ τῶν
Mt 28:13 εἴπατε **ὅτι** οἱ μαθηταὶ αὐτοῦ

οὐ (*ou*; 202/1621[1623]) *not*

Mt 1:25 καὶ **οὐκ** ἐγίνωσκεν αὐτὴν ἕως
Mt 2:18 καὶ **οὐκ** ἤθελεν παρακληθῆναι,
Mt 2:18 ὅτι **οὐκ** εἰσίν.
Mt 3:11 οὗ **οὐκ** εἰμὶ ἱκανὸς τὰ
Mt 4:4 **οὐκ** ἐπ' ἄρτῳ μόνῳ
Mt 4:7 **οὐκ** ἐκπειράσεις κύριον τὸν
Mt 5:14 **οὐ** δύναται πόλις κρυβῆναι
Mt 5:17 **οὐκ** ἦλθον καταλῦσαι ἀλλὰ
Mt 5:18 ἢ μία κεραία **οὐ** μὴ παρέλθῃ ἀπὸ
Mt 5:20 **οὐ** μὴ εἰσέλθητε εἰς
Mt 5:21 **οὐ** φονεύσεις·
Mt 5:26 **οὐ** μὴ ἐξέλθῃς ἐκεῖθεν,
Mt 5:27 **οὐ** μοιχεύσεις.
Mt 5:33 **οὐκ** ἐπιορκήσεις,
Mt 5:36 ὅτι **οὐ** δύνασαι μίαν τρίχα
Mt 5:37 **οὔ** οὔ·
Mt 5:37 οὔ **οὔ**·
Mt 6:1 μισθὸν **οὐκ** ἔχετε παρὰ τῷ
Mt 6:5 **οὐκ** ἔσεσθε ὡς οἱ
Mt 6:20 καὶ ὅπου κλέπται **οὐ** διορύσσουσιν
Mt 6:24 **οὐ** δύνασθε θεῷ δουλεύειν
Mt 6:26 ὅτι **οὐ** σπείρουσιν οὐδὲ θερίζουσιν
Mt 6:26 **οὐχ** ὑμεῖς μᾶλλον διαφέρετε αὐτῶν;
Mt 6:28 **οὐ** κοπιῶσιν οὐδὲ νήθουσιν·
Mt 6:30 **οὐ** πολλῷ μᾶλλον ὑμᾶς,
Mt 7:3 σῷ ὀφθαλμῷ δοκὸν **οὐ** κατανοεῖς;
Mt 7:18 **οὐ** δύναται δένδρον ἀγαθὸν
Mt 7:21 **Οὐ** πᾶς ὁ λέγων
Mt 7:22 **οὐ** τῷ σῷ ὀνόματι
Mt 7:25 καὶ **οὐκ** ἔπεσεν,

Mt 7:29 ἐξουσίαν ἔχων καὶ **οὐχ** ὡς οἱ γραμματεῖς
Mt 8:8 **οὐκ** εἰμὶ ἱκανὸς ἵνα
Mt 8:20 υἱὸς τοῦ ἀνθρώπου **οὐκ** ἔχει ποῦ
Mt 9:12 **οὐ** χρείαν ἔχουσιν οἱ
Mt 9:13 ἔλεος θέλω καὶ **οὐ** θυσίαν·
Mt 9:13 **οὐ** γὰρ ἦλθον καλέσαι
Mt 9:14 δὲ μαθηταί σου **οὐ** νηστεύουσιν;
Mt 9:24 **οὐ** γὰρ ἀπέθανεν τὸ
Mt 10:20 **οὐ** γὰρ ὑμεῖς ἐστε
Mt 10:23 **οὐ** μὴ τελέσητε τὰς
Mt 10:24 **Οὐκ** ἔστιν μαθητὴς ὑπὲρ
Mt 10:26 ὃ **οὐκ** ἀποκαλυφθήσεται
Mt 10:26 κρυπτὸν ὃ **οὐ** γνωσθήσεται.
Mt 10:29 ἐξ αὐτῶν **οὐ** πεσεῖται
Mt 10:34 **οὐκ** ἦλθον βαλεῖν εἰρήνην
Mt 10:37 μητέρα ὑπὲρ ἐμὲ **οὐκ** ἔστιν μου ἄξιος,
Mt 10:37 θυγατέρα ὑπὲρ ἐμὲ **οὐκ** ἔστιν μου ἄξιος·
Mt 10:38 καὶ ὃς **οὐ** λαμβάνει τὸν σταυρὸν
Mt 10:38 **οὐκ** ἔστιν μου ἄξιος.
Mt 10:42 **οὐ** μὴ ἀπολέσῃ τὸν
Mt 11:11 **οὐκ** ἐγήγερται ἐν γεννητοῖς
Mt 11:17 ηὐλήσαμεν ὑμῖν καὶ **οὐκ** ὠρχήσασθε,
Mt 11:17 ἐθρηνήσαμεν καὶ **οὐκ** ἐκόψασθε.
Mt 11:20 ὅτι **οὐ** μετενόησαν·
Mt 12:2 σου ποιοῦσιν ὃ **οὐκ** ἔξεστιν ποιεῖν ἐν
Mt 12:3 **οὐκ** ἀνέγνωτε τί ἐποίησεν
Mt 12:4 ὃ **οὐκ** ἐξὸν ἦν αὐτῷ
Mt 12:5 ἢ **οὐκ** ἀνέγνωτε ἐν τῷ
Mt 12:7 ἔλεος θέλω καὶ **οὐ** θυσίαν,
Mt 12:7 **οὐκ** ἂν κατεδικάσατε τοὺς
Mt 12:19 **οὐκ** ἐρίσει οὐδὲ κραυγάσει,
Mt 12:20 κάλαμον συντετριμμένον **οὐ** κατεάξει καὶ λίνον
Mt 12:20 καὶ λίνον τυφόμενον **οὐ** σβέσει,
Mt 12:24 οὗτος **οὐκ** ἐκβάλλει τὰ δαιμόνια
Mt 12:25 μερισθεῖσα καθ᾽ ἑαυτῆς **οὐ** σταθήσεται.
Mt 12:31 τοῦ πνεύματος βλασφημία **οὐκ** ἀφεθήσεται.
Mt 12:32 **οὐκ** ἀφεθήσεται αὐτῷ οὔτε
Mt 12:39 καὶ σημεῖον **οὐ** δοθήσεται αὐτῇ εἰ
Mt 12:43 ζητοῦν ἀνάπαυσιν καὶ **οὐχ** εὑρίσκει.
Mt 13:5 τὰ πετρώδη ὅπου **οὐκ** εἶχεν γῆν πολλήν,
Mt 13:11 ἐκείνοις δὲ **οὐ** δέδοται.
Mt 13:12 ὅστις δὲ **οὐκ** ἔχει,
Mt 13:13 ὅτι βλέποντες **οὐ** βλέπουσιν καὶ ἀκούοντες
Mt 13:13 βλέπουσιν καὶ ἀκούοντες **οὐκ** ἀκούουσιν οὐδὲ συνίουσιν,
Mt 13:14 ἀκοῇ ἀκούσετε καὶ **οὐ** μὴ συνῆτε,
Mt 13:14 βλέποντες βλέψετε καὶ **οὐ** μὴ ἴδητε.
Mt 13:17 ἃ βλέπετε καὶ **οὐκ** εἶδαν,
Mt 13:17 ἃ ἀκούετε καὶ **οὐκ** ἤκουσαν.
Mt 13:21 **οὐκ** ἔχει δὲ ῥίζαν
Mt 13:29 **οὔ**,
Mt 13:55 **οὐχ** οὗτός ἐστιν ὁ
Mt 13:55 **οὐχ** ἡ μήτηρ αὐτοῦ
Mt 13:57 **οὐκ** ἔστιν προφήτης ἄτιμος
Mt 13:58 καὶ **οὐκ** ἐποίησεν ἐκεῖ δυνάμεις
Mt 14:4 **οὐκ** ἔξεστίν σοι ἔχειν αὐτήν.
Mt 14:16 **οὐ** χρείαν ἔχουσιν ἀπελθεῖν,
Mt 14:17 **οὐκ** ἔχομεν ὧδε εἰ
Mt 15:2 **οὐ** γὰρ νίπτονται τὰς
Mt 15:6 **οὐ** μὴ τιμήσει τὸν
Mt 15:11 **οὐ** τὸ εἰσερχόμενον εἰς
Mt 15:13 πᾶσα φυτεία ἣν **οὐκ** ἐφύτευσεν ὁ πατήρ
Mt 15:17 **οὐ** νοεῖτε ὅτι πᾶν
Mt 15:20 ἀνίπτοις χερσὶν φαγεῖν **οὐ** κοινοῖ τὸν ἄνθρωπον.
Mt 15:23 ὁ δὲ **οὐκ** ἀπεκρίθη αὐτῇ λόγον.
Mt 15:24 **οὐκ** ἀπεστάλην εἰ μὴ
Mt 15:26 **οὐκ** ἔστιν καλὸν λαβεῖν
Mt 15:32 προσμένουσίν μοι καὶ **οὐκ** ἔχουσιν τι φάγωσιν·
Mt 15:32 ἀπολῦσαι αὐτοὺς νήστεις **οὐ** θέλω,
Mt 16:3 τῶν καιρῶν **οὐ** δύνασθε;
Mt 16:4 καὶ σημεῖον **οὐ** δοθήσεται αὐτῇ εἰ
Mt 16:7 λέγοντες ὅτι ἄρτους **οὐκ** ἐλάβομεν.
Mt 16:8 ὅτι ἄρτους **οὐκ** ἔχετε;
Mt 16:11 πῶς **οὐ** νοεῖτε ὅτι οὐ
Mt 16:11 οὐ νοεῖτε ὅτι **οὐ** περὶ ἄρτων εἶπον
Mt 16:12 τότε συνῆκαν ὅτι **οὐκ** εἶπεν προσέχειν ἀπὸ
Mt 16:17 σὰρξ καὶ αἷμα **οὐκ** ἀπεκάλυψέν σοι ἀλλ᾽
Mt 16:18 καὶ πύλαι ᾅδου **οὐ** κατισχύσουσιν αὐτῆς.
Mt 16:22 **οὐ** μὴ ἔσται σοι
Mt 16:23 ὅτι **οὐ** φρονεῖς τὰ τοῦ
Mt 16:28 ὧδε ἑστώτων οἵτινες **οὐ** μὴ γεύσωνται θανάτου
Mt 17:12 καὶ **οὐκ** ἐπέγνωσαν αὐτὸν ἀλλὰ
Mt 17:16 καὶ **οὐκ** ἠδυνήθησαν αὐτὸν θεραπεῦσαι.
Mt 17:19 διὰ τί ἡμεῖς **οὐκ** ἠδυνήθημεν ἐκβαλεῖν αὐτό;
Mt 17:24 ὁ διδάσκαλος ὑμῶν **οὐ** τελεῖ [τὰ] δίδραχμα;
Mt 18:3 **οὐ** μὴ εἰσέλθητε εἰς
Mt 18:14 οὕτως **οὐκ** ἔστιν θέλημα ἔμπροσθεν
Mt 18:22 **οὐ** λέγω σοι ἕως
Mt 18:30 ὁ δὲ **οὐκ** ἤθελεν ἀλλὰ ἀπελθὼν
Mt 18:33 **οὐκ** ἔδει καὶ σὲ
Mt 19:4 **οὐκ** ἀνέγνωτε ὅτι ὁ
Mt 19:8 ἀπ᾽ ἀρχῆς δὲ **οὐ** γέγονεν οὕτως.
Mt 19:10 **οὐ** συμφέρει γαμῆσαι.
Mt 19:11 **οὐ** πάντες χωροῦσιν τὸν
Mt 19:18 τὸ **οὐ** φονεύσεις,
Mt 19:18 **οὐ** μοιχεύσεις,
Mt 19:18 **οὐ** κλέψεις,
Mt 19:18 **οὐ** ψευδομαρτυρήσεις,
Mt 20:13 **οὐκ** ἀδικῶ σε·
Mt 20:15 [ἢ] **οὐκ** ἔξεστίν μοι ὃ
Mt 20:22 **οὐκ** οἴδατε τί αἰτεῖσθε.
Mt 20:23 καὶ ἐξ εὐωνύμων **οὐκ** ἔστιν ἐμὸν [τοῦτο]
Mt 20:26 **οὐχ** οὕτως ἔσται ἐν
Mt 20:28 υἱὸς τοῦ ἀνθρώπου **οὐκ** ἦλθεν διακονηθῆναι
Mt 21:21 **οὐ** μόνον τὸ τῆς
Mt 21:25 διὰ τί οὖν **οὐκ** ἐπιστεύσατε αὐτῷ;
Mt 21:27 **οὐκ** οἴδαμεν.
Mt 21:29 **οὐ** θέλω,
Mt 21:30 καὶ **οὐκ** ἀπῆλθεν.
Mt 21:32 καὶ **οὐκ** ἐπιστεύσατε αὐτῷ,
Mt 22:3 καὶ **οὐκ** ἤθελον ἐλθεῖν.
Mt 22:8 οἱ δὲ κεκλημένοι **οὐκ** ἦσαν ἄξιοι·
Mt 22:11 εἶδεν ἐκεῖ ἄνθρωπον **οὐκ** ἐνδεδυμένον ἔνδυμα γάμου,
Mt 22:16 ἀληθείᾳ διδάσκεις καὶ **οὐ** μέλει σοι περὶ
Mt 22:16 **οὐ** γὰρ βλέπεις εἰς
Mt 22:17 Καίσαρι ἢ **οὔ**;
Mt 22:31 ἀναστάσεως τῶν νεκρῶν **οὐκ** ἀνέγνωτε τὸ ῥηθὲν
Mt 22:32 **οὐκ** ἔστιν [ὁ] θεὸς
Mt 23:3 καὶ **οὐ** ποιοῦσιν.
Mt 23:4 τῷ δακτύλῳ αὐτῶν **οὐ** θέλουσιν κινῆσαι αὐτά.
Mt 23:13 ὑμεῖς γὰρ **οὐκ** εἰσέρχεσθε

Mt 23:30 **οὐκ** ἂν ἤμεθα αὐτῶν
Mt 23:37 καὶ **οὐκ** ἠθελήσατε.
Mt 23:39 **οὐ** μή με ἴδητε
Mt 24:2 **οὐ** βλέπετε ταῦτα πάντα;
Mt 24:2 **οὐ** μὴ ἀφεθῇ ὧδε
Mt 24:2 ἐπὶ λίθον ὃς **οὐ** καταλυθήσεται.
Mt 24:21 θλῖψις μεγάλη οἵα **οὐ** γέγονεν ἀπ' ἀρχῆς
Mt 24:21 τοῦ νῦν οὐδ' **οὐ** μὴ γένηται.
Mt 24:22 **οὐκ** ἂν ἐσώθη πᾶσα
Mt 24:29 καὶ ἡ σελήνη **οὐ** δώσει τὸ φέγγος
Mt 24:34 λέγω ὑμῖν ὅτι **οὐ** μὴ παρέλθῃ ἡ
Mt 24:35 λόγοι μου **οὐ** μὴ παρέλθωσιν.
Mt 24:39 καὶ **οὐκ** ἔγνωσαν ἕως ἦλθεν
Mt 24:42 ὅτι **οὐκ** οἴδατε ποίᾳ
Mt 24:43 ἐγρηγόρησεν ἂν καὶ **οὐκ** ἂν εἴασεν διορυχθῆναι
Mt 24:44 ὅτι ᾗ **οὐ** δοκεῖτε ὥρᾳ ὁ
Mt 24:50 ἐν ἡμέρᾳ ᾗ **οὐ** προσδοκᾷ καὶ ἐν
Mt 24:50 ἐν ὥρᾳ ᾗ **οὐ** γινώσκει,
Mt 25:3 τὰς λαμπάδας αὐτῶν **οὐκ** ἔλαβον μεθ' ἑαυτῶν
Mt 25:9 μήποτε **οὐ** μὴ ἀρκέσῃ ἡμῖν
Mt 25:12 **οὐκ** οἶδα ὑμᾶς.
Mt 25:13 ὅτι **οὐκ** οἴδατε τὴν ἡμέραν
Mt 25:24 θερίζων ὅπου **οὐκ** ἔσπειρας καὶ συνάγων
Mt 25:24 καὶ συνάγων ὅθεν **οὐ** διεσκόρπισας,
Mt 25:26 ὅτι θερίζω ὅπου **οὐκ** ἔσπειρα καὶ συνάγω
Mt 25:26 καὶ συνάγω ὅθεν **οὐ** διεσκόρπισα;
Mt 25:42 ἐπείνασα γὰρ καὶ **οὐκ** ἐδώκατέ μοι φαγεῖν,
Mt 25:42 ἐδίψησα καὶ οὐκ **ἐποτίσατέ** με,
Mt 25:43 ξένος ἤμην καὶ **οὐ** συνηγάγετέ με,
Mt 25:43 γυμνὸς καὶ **οὐ** περιεβάλετέ με,
Mt 25:43 ἐν φυλακῇ καὶ **οὐκ** ἐπεσκέψασθέ με.
Mt 25:44 ἐν φυλακῇ καὶ **οὐ** διηκονήσαμέν σοι;
Mt 25:45 ἐφ' ὅσον **οὐκ** ἐποιήσατε ἑνὶ τούτων
Mt 26:11 ἐμὲ δὲ **οὐ** πάντοτε ἔχετε·
Mt 26:24 ἦν αὐτῷ εἰ **οὐκ** ἐγεννήθη ὁ ἄνθρωπος
Mt 26:29 **οὐ** μὴ πίω ἀπ'
Mt 26:35 **οὐ** μή σε ἀπαρνήσομαι.
Mt 26:39 πλὴν **οὐχ** ὡς ἐγὼ θέλω
Mt 26:40 οὕτως **οὐκ** ἰσχύσατε μίαν ὥραν
Mt 26:42 εἰ **οὐ** δύναται τοῦτο παρελθεῖν
Mt 26:53 ἢ δοκεῖς ὅτι **οὐ** δύναμαι παρακαλέσαι τὸν
Mt 26:55 ἐκαθεζόμην διδάσκων καὶ **οὐκ** ἐκρατήσατέ με.
Mt 26:60 καὶ **οὐχ** εὗρον πολλῶν προσελθόντων
Mt 26:70 **οὐκ** οἶδα τί λέγεις.
Mt 26:72 μετὰ ὅρκου ὅτι **οὐκ** οἶδα τὸν ἄνθρωπον.
Mt 26:74 καὶ ὀμνύειν ὅτι **οὐκ** οἶδα τὸν ἄνθρωπον.
Mt 27:6 **οὐκ** ἔξεστιν βαλεῖν αὐτὰ
Mt 27:13 **οὐκ** ἀκούεις πόσα σου
Mt 27:14 καὶ **οὐκ** ἀπεκρίθη αὐτῷ πρὸς
Mt 27:34 καὶ γευσάμενος **οὐκ** ἠθέλησεν πιεῖν.
Mt 27:42 ἑαυτὸν **οὐ** δύναται σῶσαι·
Mt 28:6 **οὐκ** ἔστιν ὧδε,

οὗ (*hou*; 3/24) *where*

Mt 2:9 ἐλθὼν ἐστάθη ἐπάνω **οὗ** ἦν τὸ παιδίον.
Mt 18:20 **οὗ** γάρ εἰσιν δύο
Mt 28:16 εἰς τὸ ὄρος **οὗ** ἐτάξατο αὐτοῖς ὁ

οὐαί (*ouai*; 13/46) *woe*

Mt 11:21 **οὐαί** σοι,
Mt 11:21 **οὐαί** σοι,
Mt 18:7 **Οὐαὶ** τῷ κόσμῳ ἀπὸ
Mt 18:7 πλὴν **οὐαὶ** τῷ ἀνθρώπῳ δι'
Mt 23:13 **Οὐαὶ** δὲ ὑμῖν,
Mt 23:15 **Οὐαὶ** ὑμῖν,
Mt 23:16 **Οὐαὶ** ὑμῖν,
Mt 23:23 **Οὐαὶ** ὑμῖν,
Mt 23:25 **Οὐαὶ** ὑμῖν,
Mt 23:27 **Οὐαὶ** ὑμῖν,
Mt 23:29 **Οὐαὶ** ὑμῖν,
Mt 24:19 **οὐαὶ** δὲ ταῖς ἐν
Mt 26:24 **οὐαὶ** δὲ τῷ ἀνθρώπῳ

οὐδαμῶς (*oudamōs*; 1/1) *by no means*

Mt 2:6 **οὐδαμῶς** ἐλαχίστη εἶ ἐν

οὐδέ (*oude*; 27/141[143]) *neither, nor*

Mt 5:15 **οὐδὲ** καίουσιν λύχνον καὶ
Mt 6:15 **οὐδὲ** ὁ πατὴρ ὑμῶν
Mt 6:20 κλέπται οὐ διορύσσουσιν **οὐδὲ** κλέπτουσιν·
Mt 6:26 ὅτι οὐ σπείρουσιν **οὐδὲ** θερίζουσιν οὐδὲ συνάγουσιν
Mt 6:26 σπείρουσιν οὐδὲ θερίζουσιν **οὐδὲ** συνάγουσιν εἰς ἀποθήκας,
Mt 6:28 οὐ κοπιῶσιν **οὐδὲ** νήθουσιν·
Mt 6:29 δὲ ὑμῖν ὅτι **οὐδὲ** Σολομὼν ἐν πάσῃ
Mt 7:18 καρποὺς πονηροὺς ποιεῖν **οὐδὲ** δένδρον σαπρὸν καρποὺς
Mt 9:17 **οὐδὲ** βάλλουσιν οἶνον νέον
Mt 10:24 ὑπὲρ τὸν διδάσκαλον **οὐδὲ** δοῦλος ὑπὲρ τὸν
Mt 11:27 **οὐδὲ** τὸν πατέρα τις
Mt 12:4 ἦν αὐτῷ φαγεῖν **οὐδὲ** τοῖς μετ' αὐτοῦ
Mt 12:19 οὐκ ἐρίσει **οὐδὲ** κραυγάσει,
Mt 12:19 **οὐδὲ** ἀκούσει τις ἐν
Mt 13:13 ἀκούοντες οὐκ ἀκούουσιν **οὐδὲ** συνίουσιν,
Mt 16:9 **οὐδὲ** μνημονεύετε τοὺς πέντε
Mt 16:10 **οὐδὲ** τοὺς ἑπτὰ ἄρτους
Mt 21:27 **οὐδὲ** ἐγὼ λέγω ὑμῖν
Mt 21:32 ὑμεῖς δὲ ἰδόντες **οὐδὲ** μετεμελήθητε ὕστερον
Mt 22:46 ἀποκριθῆναι αὐτῷ λόγον **οὐδὲ** ἐτόλμησέν τις
Mt 23:13 γὰρ οὐκ εἰσέρχεσθε **οὐδὲ** τοὺς εἰσερχομένους ἀφίετε
Mt 24:21 ἕως τοῦ νῦν **οὐδ'** οὐ μὴ γένηται.
Mt 24:36 **οὐδὲ** οἱ ἄγγελοι τῶν
Mt 24:36 ἄγγελοι τῶν οὐρανῶν **οὐδὲ** ὁ υἱός,
Mt 25:13 οἴδατε τὴν ἡμέραν **οὐδὲ** τὴν ὥραν.
Mt 25:45 **οὐδὲ** ἐμοὶ ἐποιήσατε.
Mt 27:14 ἀπεκρίθη αὐτῷ πρὸς **οὐδὲ** ἓν ῥῆμα,

οὐδείς (*oudeis*; 19/225[227]) *no one*

Mt 5:13 εἰς **οὐδὲν** ἰσχύει ἔτι εἰ
Mt 6:24 **Οὐδεὶς** δύναται δυσὶ κυρίοις
Mt 8:10 παρ' **οὐδενὶ** τοσαύτην πίστιν ἐν
Mt 9:16 **οὐδεὶς** δὲ ἐπιβάλλει ἐπίβλημα
Mt 10:26 **οὐδὲν** γάρ ἐστιν κεκαλυμμένον
Mt 11:27 καὶ **οὐδεὶς** ἐπιγινώσκει τὸν υἱὸν
Mt 13:34 καὶ χωρὶς παραβολῆς **οὐδὲν** ἐλάλει αὐτοῖς,
Mt 17:8 τοὺς ὀφθαλμοὺς αὐτῶν **οὐδένα** εἶδον εἰ μὴ
Mt 17:20 καὶ οὐδὲν **ἀδυνατήσει** ὑμῖν.
Mt 20:7 ὅτι **οὐδεὶς** ἡμᾶς ἐμισθώσατο.
Mt 21:19 ἐπ' αὐτὴν καὶ **οὐδὲν** εὗρεν ἐν αὐτῇ
Mt 22:16 μέλει σοι περὶ **οὐδενός**.
Mt 22:46 καὶ **οὐδεὶς** ἐδύνατο ἀποκριθῆναι αὐτῷ
Mt 23:16 **οὐδέν** ἐστιν·

Mt 23:18 **οὐδέν** ἐστιν·
Mt 24:36 ἐκείνης καὶ ὥρας **οὐδεὶς** οἶδεν,
Mt 26:62 **οὐδὲν** ἀποκρίνῃ τί οὗτοί
Mt 27:12 ἀρχιερέων καὶ πρεσβυτέρων **οὐδὲν** ἀπεκρίνατο.
Mt 27:24 ὁ Πιλᾶτος ὅτι **οὐδὲν** ὠφελεῖ ἀλλὰ μᾶλλον

οὐδέποτε (*oudepote*; 5/16) *never*

Mt 7:23 ὁμολογήσω αὐτοῖς ὅτι **οὐδέποτε** ἔγνων ὑμᾶς·
Mt 9:33 **οὐδέποτε** ἐφάνη οὕτως ἐν
Mt 21:16 **οὐδέποτε** ἀνέγνωτε ὅτι ἐκ
Mt 21:42 **οὐδέποτε** ἀνέγνωτε ἐν ταῖς
Mt 26:33 ἐγὼ **οὐδέποτε** σκανδαλισθήσομαι.

οὐκέτι (*ouketi*; 2/47) *no longer*

Mt 19:6 ὥστε **οὐκέτι** εἰσὶν δύο ἀλλὰ
Mt 22:46 ἡμέρας ἐπερωτῆσαι αὐτὸν **οὐκέτι**.

οὖν (*oun*; 56/497[499]) *therefore*

Mt 1:17 Πᾶσαι **οὖν** αἱ γενεαὶ ἀπὸ
Mt 3:8 ποιήσατε **οὖν** καρπὸν ἄξιον τῆς
Mt 3:10 πᾶν **οὖν** δένδρον μὴ ποιοῦν
Mt 5:19 ὃς ἐὰν **οὖν** λύσῃ μίαν τῶν
Mt 5:23 ἐὰν **οὖν** προσφέρῃς τὸ δῶρόν
Mt 5:48 ἔσεσθε **οὖν** ὑμεῖς τέλειοι ὡς
Mt 6:2 Ὅταν **οὖν** ποιῇς ἐλεημοσύνην,
Mt 6:8 μὴ **οὖν** ὁμοιωθῆτε αὐτοῖς·
Mt 6:9 οὕτως **οὖν** προσεύχεσθε ὑμεῖς·
Mt 6:22 ἐὰν **οὖν** ᾖ ὁ ὀφθαλμός
Mt 6:23 εἰ **οὖν** τὸ φῶς τὸ
Mt 6:31 μὴ **οὖν** μεριμνήσητε λέγοντες·
Mt 6:34 μὴ **οὖν** μεριμνήσητε εἰς τὴν
Mt 7:11 εἰ **οὖν** ὑμεῖς πονηροὶ ὄντες
Mt 7:12 Πάντα **οὖν** ὅσα ἐὰν θέλητε
Mt 7:24 Πᾶς **οὖν** ὅστις ἀκούει μου
Mt 9:38 δεήθητε **οὖν** τοῦ κυρίου τοῦ
Mt 10:16 γίνεσθε **οὖν** φρόνιμοι ὡς οἱ
Mt 10:26 Μὴ **οὖν** φοβηθῆτε αὐτούς·
Mt 10:31 μὴ **οὖν** φοβεῖσθε·
Mt 10:32 Πᾶς **οὖν** ὅστις ὁμολογήσει ἐν
Mt 12:12 πόσῳ **οὖν** διαφέρει ἄνθρωπος προβάτου.
Mt 12:26 πῶς **οὖν** σταθήσεται ἡ βασιλεία
Mt 13:18 ὑμεῖς **οὖν** ἀκούσατε τὴν παραβολὴν
Mt 13:27 πόθεν **οὖν** ἔχει ζιζάνια;
Mt 13:28 θέλεις **οὖν** ἀπελθόντες συλλέξωμεν αὐτά;
Mt 13:40 ὥσπερ **οὖν** συλλέγεται τὰ ζιζάνια
Mt 13:56 πόθεν **οὖν** τούτῳ ταῦτα πάντα;
Mt 17:10 τί **οὖν** οἱ γραμματεῖς λέγουσιν
Mt 18:4 ὅστις **οὖν** ταπεινώσει ἑαυτὸν ὡς
Mt 18:26 πεσὼν **οὖν** ὁ δοῦλος προσεκύνει
Mt 18:29 πεσὼν **οὖν** ὁ σύνδουλος αὐτοῦ
Mt 18:31 ἰδόντες **οὖν** οἱ σύνδουλοι αὐτοῦ
Mt 19:6 ὃ οὖν **ὁ** θεὸς συνέζευξεν ἄνθρωπος
Mt 19:7 τι **οὖν** Μωϋσῆς ἐνετείλατο δοῦναι
Mt 21:25 διὰ τί **οὖν** οὐκ ἐπιστεύσατε αὐτῷ;
Mt 21:40 ὅταν **οὖν** ἔλθῃ ὁ κύριος
Mt 22:9 πορεύεσθε **οὖν** ἐπὶ τὰς διεξόδους
Mt 22:17 εἰπὲ **οὖν** ἡμῖν τί σοι
Mt 22:21 ἀπόδοτε **οὖν** τὰ Καίσαρος Καίσαρι
Mt 22:28 ἐν τῇ ἀναστάσει **οὖν** τίνος τῶν ἑπτὰ
Mt 22:43 πῶς **οὖν** Δαυὶδ ἐν πνεύματι
Mt 22:45 εἰ **οὖν** Δαυὶδ καλεῖ αὐτὸν
Mt 23:3 πάντα **οὖν** ὅσα ἐὰν εἴπωσιν
Mt 23:20 ὁ **οὖν** ὀμόσας ἐν τῷ
Mt 24:15 Ὅταν **οὖν** ἴδητε τὸ βδέλυγμα
Mt 24:26 ἐὰν **οὖν** εἴπωσιν ὑμῖν·
Mt 24:42 Γρηγορεῖτε **οὖν**,
Mt 25:13 γρηγορεῖτε **οὖν**,
Mt 25:27 ἔδει σε **οὖν** βαλεῖν τὰ ἀργύριά
Mt 25:28 ἄρατε **οὖν** ἀπ᾽ αὐτοῦ τὸ
Mt 26:54 πῶς **οὖν** πληρωθῶσιν αἱ γραφαὶ
Mt 27:17 συνηγμένων **οὖν** αὐτῶν εἶπεν αὐτοῖς
Mt 27:22 τί **οὖν** ποιήσω Ἰησοῦν τὸν
Mt 27:64 κέλευσον **οὖν** ἀσφαλισθῆναι τὸν τάφον
Mt 28:19 πορευθέντες **οὖν** μαθητεύσατε πάντα τὰ

οὔπω (*oupō*; 2/26) *not yet*

Mt 16:9 **οὔπω** νοεῖτε,
Mt 24:6 ἀλλ᾽ **οὔπω** ἐστὶν τὸ τέλος.

οὐράνιος (*ouranios*; 7/9) *heavenly*

Mt 5:48 πατὴρ ὑμῶν ὁ **οὐράνιος** τέλειός ἐστιν.
Mt 6:14 πατὴρ ὑμῶν ὁ **οὐράνιος**·
Mt 6:26 πατὴρ ὑμῶν ὁ **οὐράνιος** τρέφει αὐτά·
Mt 6:32 πατὴρ ὑμῶν ὁ **οὐράνιος** ὅτι χρῄζετε τούτων
Mt 15:13 πατήρ μου ὁ **οὐράνιος** ἐκριζωθήσεται.
Mt 18:35 πατήρ μου ὁ **οὐράνιος** ποιήσει ὑμῖν,
Mt 23:9 ὁ πατὴρ ὁ **οὐράνιος**.

οὐρανός (*ouranos*; 82/272[273]) *heaven*

Mt 3:2 ἡ βασιλεία τῶν **οὐρανῶν**.
Mt 3:16 ἠνεῴχθησαν [αὐτῷ] οἱ **οὐρανοί**,
Mt 3:17 φωνὴ ἐκ τῶν **οὐρανῶν** λέγουσα·
Mt 4:17 ἡ βασιλεία τῶν **οὐρανῶν**.
Mt 5:3 ἡ βασιλεία τῶν **οὐρανῶν**.
Mt 5:10 ἡ βασιλεία τῶν **οὐρανῶν**.
Mt 5:12 πολὺς ἐν τοῖς **οὐρανοῖς**·
Mt 5:16 τὸν ἐν τοῖς **οὐρανοῖς**.
Mt 5:18 ἂν παρέλθῃ ὁ **οὐρανὸς** καὶ ἡ γῆ,
Mt 5:19 τῇ βασιλείᾳ τῶν **οὐρανῶν**·
Mt 5:19 τῇ βασιλείᾳ τῶν **οὐρανῶν**.
Mt 5:20 τὴν βασιλείαν τῶν **οὐρανῶν**.
Mt 5:34 μήτε ἐν τῷ **οὐρανῷ**,
Mt 5:45 ὑμῶν τοῦ ἐν **οὐρανοῖς**,
Mt 6:1 τῷ ἐν τοῖς **οὐρανοῖς**.
Mt 6:9 ὁ ἐν τοῖς **οὐρανοῖς**·
Mt 6:10 ὡς ἐν **οὐρανῷ** καὶ ἐπὶ γῆς·
Mt 6:20 ὑμῖν θησαυροὺς ἐν **οὐρανῷ**,
Mt 6:26 τὰ πετεινὰ τοῦ **οὐρανοῦ** ὅτι οὐ σπείρουσιν
Mt 7:11 ὁ ἐν τοῖς **οὐρανοῖς** δώσει ἀγαθὰ τοῖς
Mt 7:21 τὴν βασιλείαν τῶν **οὐρανῶν**,
Mt 7:21 τοῦ ἐν τοῖς **οὐρανοῖς**.
Mt 8:11 τῇ βασιλείᾳ τῶν **οὐρανῶν**,
Mt 8:20 τὰ πετεινὰ τοῦ **οὐρανοῦ** κατασκηνώσεις,
Mt 10:7 ἡ βασιλεία τῶν **οὐρανῶν**.
Mt 10:32 τοῦ ἐν [τοῖς] **οὐρανοῖς**·
Mt 10:33 τοῦ ἐν [τοῖς] **οὐρανοῖς**.
Mt 11:11 τῇ βασιλείᾳ τῶν **οὐρανῶν** μείζων αὐτοῦ ἐστιν.
Mt 11:12 ἡ βασιλεία τῶν **οὐρανῶν** βιάζεται καὶ βιασταὶ
Mt 11:23 μὴ ἕως **οὐρανοῦ** ὑψωθήσῃ;
Mt 11:25 κύριε τοῦ **οὐρανοῦ** καὶ τῆς γῆς,
Mt 12:50 μου τοῦ ἐν **οὐρανοῖς** αὐτός μου ἀδελφὸς
Mt 13:11 τῆς βασιλείας τῶν **οὐρανῶν**,

Mt 13:24 ἡ βασιλεία τῶν **οὐρανῶν** ἀνθρώπῳ σπείραντι καλὸν
Mt 13:31 ἡ βασιλεία τῶν **οὐρανῶν** κόκκῳ σινάπεως,
Mt 13:32 τὰ πετεινὰ τοῦ **οὐρανοῦ** καὶ κατασκηνοῦν ἐν
Mt 13:33 ἡ βασιλεία τῶν **οὐρανῶν** ζύμῃ,
Mt 13:44 ἡ βασιλεία τῶν **οὐρανῶν** θησαυρῷ κεκρυμμένῳ ἐν
Mt 13:45 ἡ βασιλεία τῶν **οὐρανῶν** ἀνθρώπῳ ἐμπόρῳ ζητοῦντι
Mt 13:47 ἡ βασιλεία τῶν **οὐρανῶν** σαγήνῃ βληθείσῃ
Mt 13:52 τῇ βασιλείᾳ τῶν **οὐρανῶν** ὅμοιός ἐστιν ἀνθρώπῳ
Mt 14:19 ἀναβλέψας εἰς τὸν **οὐρανὸν** εὐλόγησεν καὶ κλάσας
Mt 16:1 σημεῖον ἐκ τοῦ **οὐρανοῦ** ἐπιδεῖξαι αὐτοῖς.
Mt 16:2 πυρράζει γὰρ ὁ **οὐρανός**·
Mt 16:3 γὰρ στυγνάζων ὁ **οὐρανός**.
Mt 16:3 μὲν πρόσωπον τοῦ **οὐρανοῦ** γινώσκετε διακρίνειν,
Mt 16:17 ὁ ἐν τοῖς **οὐρανοῖς**.
Mt 16:19 τῆς βασιλείας τῶν **οὐρανῶν**,
Mt 16:19 δεδεμένον ἐν τοῖς **οὐρανοῖς**,
Mt 16:19 λελυμένον ἐν τοῖς **οὐρανοῖς**.
Mt 18:1 τῇ βασιλείᾳ τῶν **οὐρανῶν**;
Mt 18:3 τὴν βασιλείαν τῶν **οὐρανῶν**.
Mt 18:4 τῇ βασιλείᾳ τῶν **οὐρανῶν**.
Mt 18:10 ἄγγελοι αὐτῶν ἐν **οὐρανοῖς** διὰ παντὸς βλέπουσι
Mt 18:10 μου τοῦ ἐν **οὐρανοῖς**.
Mt 18:14 ὑμῶν τοῦ ἐν **οὐρανοῖς** ἵνα ἀπόληται ἓν
Mt 18:18 ἔσται δεδεμένα ἐν **οὐρανῷ**,
Mt 18:18 ἔσται λελυμένα ἐν **οὐρανῷ**.
Mt 18:19 μου τοῦ ἐν **οὐρανοῖς**.
Mt 18:23 ἡ βασιλεία τῶν **οὐρανῶν** ἀνθρώπῳ βασιλεῖ,
Mt 19:12 τὴν βασιλείαν τῶν **οὐρανῶν**.
Mt 19:14 ἡ βασιλεία τῶν **οὐρανῶν**.
Mt 19:21 ἕξεις θησαυρὸν ἐν **οὐρανοῖς**,
Mt 19:23 τὴν βασιλείαν τῶν **οὐρανῶν**.
Mt 20:1 ἡ βασιλεία τῶν **οὐρανῶν** ἀνθρώπῳ οἰκοδεσπότῃ,
Mt 21:25 ἐξ **οὐρανοῦ** ἢ ἐξ ἀνθρώπων;
Mt 21:25 ἐξ **οὐρανοῦ**,
Mt 22:2 ἡ βασιλεία τῶν **οὐρανῶν** ἀνθρώπῳ βασιλεῖ,
Mt 22:30 ἄγγελοι ἐν τῷ **οὐρανῷ** εἰσιν.
Mt 23:13 τὴν βασιλείαν τῶν **οὐρανῶν** ἔμπροσθεν τῶν ἀνθρώπων·
Mt 23:22 ὀμόσας ἐν τῷ **οὐρανῷ** ὀμνύει ἐν τῷ
Mt 24:29 πεσοῦνται ἀπὸ τοῦ **οὐρανοῦ**,
Mt 24:29 αἱ δυνάμεις τῶν **οὐρανῶν** σαλευθήσονται.
Mt 24:30 τοῦ ἀνθρώπου ἐν **οὐρανῷ**,
Mt 24:30 τῶν νεφελῶν τοῦ **οὐρανοῦ** μετὰ δυνάμεως
Mt 24:31 ἀνέμων ἀπ' ἄκρων **οὐρανῶν** ἕως [τῶν] ἄκρων
Mt 24:35 ὁ **οὐρανὸς** καὶ ἡ γῆ
Mt 24:36 οἱ ἄγγελοι τῶν **οὐρανῶν** οὐδὲ ὁ υἱός,
Mt 25:1 ἡ βασιλεία τῶν **οὐρανῶν** δέκα παρθένοις,
Mt 26:64 τῶν νεφελῶν τοῦ **οὐρανοῦ**.
Mt 28:2 κυρίου καταβὰς ἐξ **οὐρανοῦ** καὶ προσελθὼν ἀπεκύλισεν
Mt 28:18 πᾶσα ἐξουσία ἐν **οὐρανῷ** καὶ ἐπὶ [τῆς]

Οὐρίας (*Ourias*; 1/1) *Uriah*

Mt 1:6 ἐκ τῆς τοῦ **Οὐρίου**,

οὖς (*ous*; 7/36) *ear*

Mt 10:27 ὃ εἰς τὸ **οὖς** ἀκούετε κηρύξατε ἐπὶ
Mt 11:15 ὁ ἔχων **ὦτα** ἀκουέτω.
Mt 13:9 ὁ ἔχων **ὦτα** ἀκουέτω.
Mt 13:15 καὶ τοῖς **ὠσὶν** βαρέως ἤκουσαν καὶ
Mt 13:15 ὀφθαλμοῖς καὶ τοῖς **ὠσὶν** ἀκούσωσιν καὶ τῇ
Mt 13:16 βλέπουσιν καὶ τὰ **ὦτα** ὑμῶν ὅτι ἀκούουσιν.
Mt 13:43 ὁ ἔχων **ὦτα** ἀκουέτω.

οὔτε (*oute*; 6/87) *not*

Mt 6:20 ὅπου **οὔτε** σὴς οὔτε βρῶσις
Mt 6:20 ὅπου οὔτε σὴς **οὔτε** βρῶσις ἀφανίζει καὶ
Mt 12:32 οὐκ ἀφεθήσεται αὐτῷ **οὔτε** ἐν τούτῳ τῷ
Mt 12:32 τούτῳ τῷ αἰῶνι **οὔτε** ἐν τῷ μέλλοντι.
Mt 22:30 γὰρ τῇ ἀναστάσει **οὔτε** γαμοῦσιν οὔτε γαμίζονται,
Mt 22:30 ἀναστάσει οὔτε γαμοῦσιν **οὔτε** γαμίζονται,

οὗτος (*houtos*; 147/1382[1387]) *this*

Mt 1:20 **ταῦτα** δὲ αὐτοῦ ἐνθυμηθέντος
Mt 1:22 **τοῦτο** δὲ ὅλον γέγονεν
Mt 3:3 **οὗτος** γάρ ἐστιν ὁ
Mt 3:9 ἐκ τῶν λίθων **τούτων** ἐγεῖραι τέκνα τῷ
Mt 3:17 **οὗτός** ἐστιν ὁ υἱός
Mt 4:3 ἵνα οἱ λίθοι **οὗτοι** ἄρτοι γένωνται.
Mt 4:9 **ταῦτά** σοι πάντα δώσω,
Mt 5:19 μίαν τῶν ἐντολῶν **τούτων** τῶν ἐλαχίστων
Mt 5:19 **οὗτος** μέγας κληθήσεται ἐν
Mt 5:37 τὸ δὲ περισσὸν **τούτων** ἐκ τοῦ πονηροῦ
Mt 6:25 Διὰ **τοῦτο** λέγω ὑμῖν·
Mt 6:29 περιεβάλετο ὡς ἓν **τούτων**.
Mt 6:32 πάντα γὰρ **ταῦτα** τὰ ἔθνη ἐπιζητοῦσιν·
Mt 6:32 οὐράνιος ὅτι χρῄζετε **τούτων** ἁπάντων.
Mt 6:33 καὶ **ταῦτα** πάντα προστεθήσεται ὑμῖν.
Mt 7:12 **οὗτος** γάρ ἐστιν ὁ
Mt 7:24 μου τοὺς λόγους **τούτους** καὶ ποιεῖ αὐτούς,
Mt 7:26 μου τοὺς λόγους **τούτους** καὶ μὴ ποιῶν
Mt 7:28 Ἰησοῦς τοὺς λόγους **τούτους**,
Mt 8:9 καὶ λέγω **τούτῳ**·
Mt 8:9 ποίησον **τοῦτο**,
Mt 8:27 ποταπός ἐστιν **οὗτος** ὅτι καὶ οἱ
Mt 9:3 **οὗτος** βλασφημεῖ.
Mt 9:18 **Ταῦτα** αὐτοῦ λαλοῦντος αὐτοῖς,
Mt 9:26 ἐξῆλθεν ἡ φήμη **αὕτη** εἰς ὅλην τὴν
Mt 9:28 πιστεύετε ὅτι δύναμαι **τοῦτο** ποιῆσαι;
Mt 10:2 τὰ ὀνόματά ἐστιν **ταῦτα**·
Mt 10:5 **Τούτους** τοὺς δώδεκα ἀπέστειλεν
Mt 10:22 ὑπομείνας εἰς τέλος **οὗτος** σωθήσεται.
Mt 10:23 ἐν τῇ πόλει **ταύτῃ**,
Mt 10:42 ἕνα τῶν μικρῶν **τούτων** ποτήριον ψυχροῦ μόνον
Mt 11:7 **Τούτων** δὲ πορευομένων ἤρξατο
Mt 11:10 **οὗτός** ἐστιν περὶ οὗ
Mt 11:16 ὁμοιώσω τὴν γενεὰν **ταύτην**;
Mt 11:25 ὅτι ἔκρυψας **ταῦτα** ἀπὸ σοφῶν καὶ
Mt 12:11 καὶ ἐὰν ἐμπέσῃ **τοῦτο** τοῖς σάββασιν εἰς
Mt 12:23 μήτι **οὗτός** ἐστιν ὁ υἱὸς
Mt 12:24 **οὗτος** οὐκ ἐκβάλλει τὰ
Mt 12:27 διὰ **τοῦτο** αὐτοὶ κριταὶ ἔσονται
Mt 12:31 Διὰ **τοῦτο** λέγω ὑμῖν,
Mt 12:32 αὐτῷ οὔτε ἐν **τούτῳ** τῷ αἰῶνι οὔτε
Mt 12:41 μετὰ τῆς γενεᾶς **ταύτης** καὶ κατακρινοῦσιν αὐτήν,

Mt 12:42 μετὰ τῆς γενεᾶς **ταύτης** καὶ κατακρινεῖ αὐτήν,
Mt 12:45 καὶ τῇ γενεᾷ **ταύτῃ** τῇ πονηρᾷ.
Mt 13:13 διὰ **τοῦτο** ἐν παραβολαῖς αὐτοῖς
Mt 13:15 καρδία τοῦ λαοῦ **τούτου**,
Mt 13:19 **οὗτός** ἐστιν ὁ παρὰ
Mt 13:20 **οὗτός** ἐστιν ὁ τὸν
Mt 13:22 **οὗτός** ἐστιν ὁ τὸν
Mt 13:23 **οὗτός** ἐστιν ὁ τὸν
Mt 13:28 ἐχθρὸς ἄνθρωπος **τοῦτο** ἐποίησεν.
Mt 13:34 **ταῦτα** πάντα ἐλάλησεν ὁ
Mt 13:38 δὲ καλὸν σπέρμα **οὗτοί** εἰσιν οἱ υἱοὶ
Mt 13:51 Συνήκατε **ταῦτα** πάντα;
Mt 13:52 διὰ **τοῦτο** πᾶς γραμματεὺς μαθητευθεὶς
Mt 13:53 Ἰησοῦς τὰς παραβολὰς **ταύτας**,
Mt 13:54 πόθεν **τούτῳ** ἡ σοφία αὕτη
Mt 13:54 τούτῳ ἡ σοφία **αὕτη** καὶ αἱ δυνάμεις;
Mt 13:55 οὐχ **οὗτός** ἐστιν ὁ τοῦ
Mt 13:56 πόθεν οὖν **τούτῳ** ταῦτα πάντα;
Mt 13:56 πόθεν οὖν τούτῳ **ταῦτα** πάντα;
Mt 14:2 **οὗτός** ἐστιν Ἰωάννης ὁ
Mt 14:2 νεκρῶν καὶ διὰ **τοῦτο** αἱ δυνάμεις ἐνεργοῦσιν
Mt 15:8 ὁ λαὸς **οὗτος** τοῖς χείλεσίν με
Mt 15:11 ἐκ τοῦ στόματος **τοῦτο** κοινοῖ τὸν ἄνθρωπον.
Mt 15:15 ἡμῖν τὴν παραβολὴν **[ταύτην]**.
Mt 15:20 **ταῦτά** ἐστιν τὰ κοινοῦντα
Mt 16:18 καὶ ἐπὶ **ταύτῃ** τῇ πέτρᾳ οἰκοδομήσω
Mt 16:22 μὴ ἔσται σοι **τοῦτο**.
Mt 17:5 **οὗτός** ἐστιν ὁ υἱός
Mt 17:20 ἐρεῖτε τῷ ὄρει **τούτῳ**·
Mt 18:4 ὡς τὸ παιδίον **τοῦτο**,
Mt 18:4 **οὗτός** ἐστιν ὁ μείζων
Mt 18:6 ἕνα τῶν μικρῶν **τούτων** τῶν πιστευόντων
Mt 18:10 ἑνὸς τῶν μικρῶν **τούτων**·
Mt 18:14 ἓν τῶν μικρῶν **τούτων**.
Mt 18:23 Διὰ **τοῦτο** ὡμοιώθη ἡ βασιλεία
Mt 19:1 Ἰησοῦς τοὺς λόγους **τούτους**,
Mt 19:5 ἕνεκα **τούτου** καταλείψει ἄνθρωπος τὸν
Mt 19:11 χωροῦσιν τὸν λόγον **[τοῦτον]** ἀλλ' οἷς δέδοται.
Mt 19:20 πάντα **ταῦτα** ἐφύλαξα·
Mt 19:26 παρὰ ἀνθρώποις **τοῦτο** ἀδύνατόν ἐστιν,
Mt 20:12 **οὗτοι** οἱ ἔσχατοι μίαν
Mt 20:14 θέλω δὲ **τούτῳ** τῷ ἐσχάτῳ δοῦναι
Mt 20:21 εἰπὲ ἵνα καθίσωσιν **οὗτοι** οἱ δύο υἱοί
Mt 20:23 οὐκ ἔστιν ἐμὸν **[τοῦτο]** δοῦναι,
Mt 21:4 **τοῦτο** δὲ γέγονεν ἵνα
Mt 21:10 τίς ἐστιν **οὗτος**;
Mt 21:11 **οὗτός** ἐστιν ὁ προφήτης
Mt 21:16 ἀκούεις τί **οὗτοι** λέγουσιν;
Mt 21:21 κἂν τῷ ὄρει **τούτῳ** εἴπητε·
Mt 21:23 ἐν ποίᾳ ἐξουσίᾳ **ταῦτα** ποιεῖς;
Mt 21:23 ἔδωκεν τὴν ἐξουσίαν **ταύτην**;
Mt 21:24 ἐν ποίᾳ ἐξουσίᾳ **ταῦτα** ποιῶ·
Mt 21:27 ἐν ποίᾳ ἐξουσίᾳ **ταῦτα** ποιῶ.
Mt 21:38 **οὗτός** ἐστιν ὁ κληρονόμος·
Mt 21:42 **οὗτος** ἐγενήθη εἰς κεφαλὴν
Mt 21:42 παρὰ κυρίου ἐγένετο **αὕτη** καὶ ἔστιν θαυμαστὴ
Mt 21:43 διὰ **τοῦτο** λέγω ὑμῖν ὅτι
Mt 21:44 ἐπὶ τὸν λίθον **τοῦτον** συνθλασθήσεται·
Mt 22:20 τίνος ἡ εἰκὼν **αὕτη** καὶ ἡ ἐπιγραφή;
Mt 22:38 **αὕτη** ἐστὶν ἡ μεγάλη
Mt 22:40 ἐν **ταύταις** ταῖς δυσὶν ἐντολαῖς
Mt 23:23 **ταῦτα** [δὲ] ἔδει ποιῆσαι
Mt 23:34 Διὰ **τοῦτο** ἰδοὺ ἐγὼ ἀποστέλλω
Mt 23:36 ἥξει **ταῦτα** πάντα ἐπὶ τὴν
Mt 23:36 ἐπὶ τὴν γενεὰν **ταύτην**.
Mt 24:2 οὐ βλέπετε **ταῦτα** πάντα;
Mt 24:3 πότε **ταῦτα** ἔσται καὶ τί
Mt 24:8 πάντα δὲ **ταῦτα** ἀρχὴ ὠδίνων.
Mt 24:13 ὑπομείνας εἰς τέλος **οὗτος** σωθήσεται.
Mt 24:14 καὶ κηρυχθήσεται **τοῦτο** τὸ εὐαγγέλιον τῆς
Mt 24:33 ὅταν ἴδητε πάντα **ταῦτα**,
Mt 24:34 παρέλθῃ ἡ γενεὰ **αὕτη** ἕως ἂν πάντα
Mt 24:34 ἕως ἂν πάντα **ταῦτα** γένηται.
Mt 24:44 διὰ **τοῦτο** καὶ ὑμεῖς γίνεσθε
Mt 25:40 ὅσον ἐποιήσατε ἑνὶ **τούτων** τῶν ἀδελφῶν μου
Mt 25:45 οὐκ ἐποιήσατε ἑνὶ **τούτων** τῶν ἐλαχίστων,
Mt 25:46 καὶ ἀπελεύσονται **οὗτοι** εἰς κόλασιν αἰώνιον,
Mt 26:1 πάντας τοὺς λόγους **τούτους**,
Mt 26:8 τί ἡ ἀπώλεια **αὕτη**;
Mt 26:9 ἐδύνατο γὰρ **τοῦτο** πραθῆναι πολλοῦ καὶ
Mt 26:12 βαλοῦσα γὰρ **αὕτη** τὸ μύρον τοῦτο
Mt 26:12 αὕτη τὸ μύρον **τοῦτο** ἐπὶ τοῦ σώματός
Mt 26:13 κηρυχθῇ τὸ εὐαγγέλιον **τοῦτο** ἐν ὅλῳ τῷ
Mt 26:13 καὶ ὃ ἐποίησεν **αὕτη** εἰς μνημόσυνον αὐτῆς.
Mt 26:23 ἐν τῷ τρυβλίῳ **οὗτός** με παραδώσει.
Mt 26:26 **τοῦτό** ἐστιν τὸ σῶμά
Mt 26:28 **τοῦτο** γάρ ἐστιν τὸ
Mt 26:29 ἀπ' ἄρτι ἐκ **τούτου** τοῦ γενήματος τῆς
Mt 26:31 ἐν τῇ νυκτὶ **ταύτῃ**,
Mt 26:34 σοι ὅτι ἐν **ταύτῃ** τῇ νυκτὶ πρὶν
Mt 26:39 ἐμοῦ τὸ ποτήριον **τοῦτο**·
Mt 26:42 εἰ οὐ δύναται **τοῦτο** παρελθεῖν ἐὰν μὴ
Mt 26:56 **τοῦτο** δὲ ὅλον γέγονεν
Mt 26:61 **οὗτος** ἔφη·
Mt 26:62 οὐδὲν ἀποκρίνῃ τί **οὗτοί** σου καταμαρτυροῦσιν;
Mt 26:71 **οὗτος** ἦν μετὰ Ἰησοῦ
Mt 27:24 ἀπὸ τοῦ αἵματος **τούτου**·
Mt 27:32 **τοῦτον** ἠγγάρευσαν ἵνα ἄρῃ
Mt 27:37 **οὗτός** ἐστιν Ἰησοῦς ὁ
Mt 27:46 **τοῦτ'** ἔστιν·
Mt 27:47 ὅτι Ἠλίαν φωνεῖ **οὗτος**.
Mt 27:54 θεοῦ υἱὸς ἦν **οὗτος**.
Mt 27:58 **οὗτος** προσελθὼν τῷ Πιλάτῳ
Mt 28:14 καὶ ἐὰν ἀκουσθῇ **τοῦτο** ἐπὶ τοῦ ἡγεμόνος,
Mt 28:15 διεφημίσθη ὁ λόγος **οὗτος** παρὰ Ἰουδαίοις μέχρι

οὕτως (*houtōs*; 32/208) *in this way*

Mt 1:18 Χριστοῦ ἡ γένεσις **οὕτως** ἦν.
Mt 2:5 **οὕτως** γὰρ γέγραπται διὰ
Mt 3:15 **οὕτως** γὰρ πρέπον ἐστὶν
Mt 5:12 **οὕτως** γὰρ ἐδίωξαν τοὺς
Mt 5:16 **οὕτως** λαμψάτω τὸ φῶς
Mt 5:19 ἐλαχίστων καὶ διδάξῃ **οὕτως** τοὺς ἀνθρώπους,
Mt 6:9 **οὕτως** οὖν προσεύχεσθε ὑμεῖς·
Mt 6:30 βαλλόμενον ὁ θεὸς **οὕτως** ἀμφιέννυσιν,
Mt 7:12 **οὕτως** καὶ ὑμεῖς ποιεῖτε
Mt 7:17 **οὕτως** πᾶν δένδρον ἀγαθὸν
Mt 9:33 οὐδέποτε ἐφάνη **οὕτως** ἐν τῷ Ἰσραήλ.

Mt 11:26 ὅτι **οὕτως** εὐδοκία ἐγένετο ἔμπροσθέν
Mt 12:40 **οὕτως** ἔσται ὁ υἱὸς
Mt 12:45 **οὕτως** ἔσται καὶ τῇ
Mt 13:40 **οὕτως** ἔσται ἐν τῇ
Mt 13:49 **οὕτως** ἔσται ἐν τῇ
Mt 17:12 **οὕτως** καὶ ὁ υἱὸς
Mt 18:14 **οὕτως** οὐκ ἔστιν θέλημα
Mt 18:35 **οὕτως** καὶ ὁ πατήρ
Mt 19:8 δὲ οὐ γέγονεν **οὕτως**.
Mt 19:10 εἰ **οὕτως** ἐστὶν ἡ αἰτία
Mt 19:12 κοιλίας μητρὸς ἐγεννήθησαν **οὕτως**,
Mt 20:16 **οὕτως** ἔσονται οἱ ἔσχατοι
Mt 20:26 οὐχ **οὕτως** ἔσται ἐν ὑμῖν,
Mt 23:28 **οὕτως** καὶ ὑμεῖς ἔξωθεν
Mt 24:27 **οὕτως** ἔσται ἡ παρουσία
Mt 24:33 **οὕτως** καὶ ὑμεῖς,
Mt 24:37 **οὕτως** ἔσται ἡ παρουσία
Mt 24:39 **οὕτως** ἔσται [καὶ] ἡ
Mt 24:46 κύριος αὐτοῦ εὑρήσει **οὕτως** ποιοῦντα·
Mt 26:40 **οὕτως** οὐκ ἰσχύσατε μίαν
Mt 26:54 αἱ γραφαὶ ὅτι **οὕτως** δεῖ γενέσθαι;

οὐχί (*ouchi*; 9/54) *not*

Mt 5:46 **οὐχὶ** καὶ οἱ τελῶναι
Mt 5:47 **οὐχὶ** καὶ οἱ ἐθνικοὶ
Mt 6:25 **οὐχὶ** ἡ ψυχὴ πλεῖόν
Mt 10:29 **οὐχὶ** δύο στρουθία ἀσσαρίου
Mt 12:11 **οὐχὶ** κρατήσει αὐτὸ καὶ
Mt 13:27 **οὐχὶ** καλὸν σπέρμα ἔσπειρας
Mt 13:56 αἱ ἀδελφαὶ αὐτοῦ **οὐχὶ** πᾶσαι πρὸς ἡμᾶς
Mt 18:12 **οὐχὶ** ἀφήσει τὰ ἐνενήκοντα
Mt 20:13 **οὐχὶ** δηναρίου συνεφώνησάς μοι;

ὀφειλέτης (*opheiletēs*; 2/7) *one who is under obligation*

Mt 6:12 ἡμεῖς ἀφήκαμεν τοῖς **ὀφειλέταις** ἡμῶν·
Mt 18:24 προσηνέχθη αὐτῷ εἷς **ὀφειλέτης** μυρίων ταλάντων.

ὀφειλή (*opheilē*; 1/3) *debt*

Mt 18:32 πᾶσαν τὴν **ὀφειλὴν** ἐκείνην ἀφῆκά σοι,

ὀφείλημα (*opheilēma*; 1/2) *debt*

Mt 6:12 ἄφες ἡμῖν τὰ **ὀφειλήματα** ἡμῶν,

ὀφείλω (*opheilō*; 6/35) *ought to*

Mt 18:28 ὃς **ὤφειλεν** αὐτῷ ἑκατὸν δηνάρια,
Mt 18:28 ἀπόδος εἴ τι **ὀφείλεις**.
Mt 18:30 ἕως ἀποδῷ τὸ **ὀφειλόμενον**.
Mt 18:34 ἀποδῷ πᾶν τὸ **ὀφειλόμενον**.
Mt 23:16 **ὀφείλει**.
Mt 23:18 **ὀφείλει**.

ὀφθαλμός (*ophthalmos*; 24/100) *eye*

Mt 5:29 εἰ δὲ ὁ **ὀφθαλμός** σου ὁ δεξιὸς
Mt 5:38 **ὀφθαλμὸν** ἀντὶ ὀφθαλμοῦ καὶ
Mt 5:38 ὀφθαλμὸν ἀντὶ **ὀφθαλμοῦ** καὶ ὀδόντα ἀντὶ
Mt 6:22 σώματός ἐστιν ὁ **ὀφθαλμός**.
Mt 6:22 οὖν ᾖ ὁ **ὀφθαλμός** σου ἁπλοῦς,
Mt 6:23 ἐὰν δὲ ὁ **ὀφθαλμός** σου πονηρὸς ᾖ,
Mt 7:3 τὸ ἐν τῷ **ὀφθαλμῷ** τοῦ ἀδελφοῦ σου,
Mt 7:3 ἐν τῷ σῷ **ὀφθαλμῷ** δοκὸν οὐ κατανοεῖς;
Mt 7:4 κάρφος ἐκ τοῦ **ὀφθαλμοῦ** σου,
Mt 7:4 δοκὸς ἐν τῷ **ὀφθαλμῷ** σοῦ;
Mt 7:5 πρῶτον ἐκ τοῦ **ὀφθαλμοῦ** σοῦ τὴν δοκόν,
Mt 7:5 κάρφος ἐκ τοῦ **ὀφθαλμοῦ** τοῦ ἀδελφοῦ σου.
Mt 9:29 τότε ἥψατο τῶν **ὀφθαλμῶν** αὐτῶν λέγων·
Mt 9:30 ἠνεῴχθησαν αὐτῶν οἱ **ὀφθαλμοί**.
Mt 13:15 ἤκουσαν καὶ τοὺς **ὀφθαλμοὺς** αὐτῶν ἐκάμμυσαν,
Mt 13:15 μήποτε ἴδωσιν τοῖς **ὀφθαλμοῖς** καὶ τοῖς ὠσὶν
Mt 13:16 δὲ μακάριοι οἱ **ὀφθαλμοὶ** ὅτι βλέπουσιν καὶ
Mt 17:8 ἐπάραντες δὲ τοὺς **ὀφθαλμοὺς** αὐτῶν οὐδένα εἶδον
Mt 18:9 καὶ εἰ ὁ **ὀφθαλμός** σου σκανδαλίζει σε,
Mt 18:9 εἰσελθεῖν ἢ δύο **ὀφθαλμοὺς** ἔχοντα βληθῆναι
Mt 20:15 ἢ ὁ **ὀφθαλμός** σου πονηρός ἐστιν
Mt 20:33 ἵνα ἀνοιγῶσιν οἱ **ὀφθαλμοὶ** ἡμῶν.
Mt 21:42 ἔστιν θαυμαστὴ ἐν **ὀφθαλμοῖς** ἡμῶν;
Mt 26:43 γὰρ αὐτῶν οἱ **ὀφθαλμοὶ** βεβαρημένοι.

ὄφις (*ophis*; 3/13[14]) *snake, serpent*

Mt 7:10 μὴ **ὄφιν** ἐπιδώσει αὐτῷ;
Mt 10:16 φρόνιμοι ὡς οἱ **ὄφεις** καὶ ἀκέραιοι ὡς
Mt 23:33 **ὄφεις**,

ὄχλος (*ochlos*; 50/175) *crowd*

Mt 4:25 καὶ ἠκολούθησαν αὐτῷ **ὄχλοι** πολλοὶ ἀπὸ
Mt 5:1 ἰδὼν δὲ τοὺς **ὄχλους** ἀνέβη εἰς τὸ
Mt 7:28 ἐξεπλήσσοντο οἱ **ὄχλοι** ἐπὶ τῇ διδαχῇ
Mt 8:1 ὄρους ἠκολούθησαν αὐτῷ **ὄχλοι** πολλοί.
Mt 8:18 δὲ ὁ Ἰησοῦς **ὄχλον** περὶ αὐτὸν ἐκέλευσεν
Mt 9:8 ἰδόντες δὲ οἱ **ὄχλοι** ἐφοβήθησαν καὶ ἐδόξασαν
Mt 9:23 αὐλητὰς καὶ τὸν **ὄχλον** θορυβούμενον
Mt 9:25 δὲ ἐξεβλήθη ὁ **ὄχλος** εἰσελθὼν ἐκράτησεν
Mt 9:33 καὶ ἐθαύμασαν οἱ **ὄχλοι** λέγοντες·
Mt 9:36 ἰδὼν δὲ τοὺς **ὄχλους** ἐσπλαγχνίσθη περὶ αὐτῶν,
Mt 11:7 Ἰησοῦς λέγειν τοῖς **ὄχλοις** περὶ Ἰωάννου·
Mt 12:15 καὶ ἠκολούθησαν αὐτῷ **[ὄχλοι]** πολλοί,
Mt 12:23 ἐξίσταντο πάντες οἱ **ὄχλοι** καὶ ἔλεγον·
Mt 12:46 αὐτοῦ λαλοῦντος τοῖς **ὄχλοις** ἰδοὺ ἡ μήτηρ
Mt 13:2 συνήχθησαν πρὸς αὐτὸν **ὄχλοι** πολλοί,
Mt 13:2 καὶ πᾶς ὁ **ὄχλος** ἐπὶ τὸν αἰγιαλὸν
Mt 13:34 ἐν παραβολαῖς τοῖς **ὄχλοις** καὶ χωρὶς παραβολῆς
Mt 13:36 Τότε ἀφεὶς τοὺς **ὄχλους** ἦλθεν εἰς τὴν
Mt 14:5 ἀποκτεῖναι ἐφοβήθη τὸν **ὄχλον**,
Mt 14:13 καὶ ἀκούσαντες οἱ **ὄχλοι** ἠκολούθησαν αὐτῷ πεζῇ
Mt 14:14 ἐξελθὼν εἶδεν πολὺν **ὄχλον** καὶ ἐσπλαγχνίσθη ἐπ'
Mt 14:15 ἀπόλυσον τοὺς **ὄχλους**,
Mt 14:19 καὶ κελεύσας τοὺς **ὄχλους** ἀνακλιθῆναι ἐπὶ
Mt 14:19 δὲ μαθηταὶ τοῖς **ὄχλοις**.
Mt 14:22 οὗ ἀπολύσῃ τοὺς **ὄχλους**.
Mt 14:23 καὶ ἀπολύσας τοὺς **ὄχλους** ἀνέβη εἰς τὸ
Mt 15:10 καὶ προσκαλεσάμενος τὸν **ὄχλον** εἶπεν αὐτοῖς·
Mt 15:30 καὶ προσῆλθον αὐτῷ **ὄχλοι** πολλοὶ ἔχοντες
Mt 15:31 ὥστε τὸν **ὄχλον** θαυμάσαι βλέποντας κωφοὺς
Mt 15:32 σπλαγχνίζομαι ἐπὶ τὸν **ὄχλον**,
Mt 15:33 τοσοῦτοι ὥστε χορτάσαι **ὄχλον** τοσοῦτον;
Mt 15:35 καὶ παραγγείλας τῷ **ὄχλῳ** ἀναπεσεῖν ἐπὶ τὴν
Mt 15:36 δὲ μαθηταὶ τοῖς **ὄχλοις**.

Mt 15:39 Καὶ ἀπολύσας τοὺς **ὄχλους** ἐνέβη εἰς τὸ
Mt 17:14 ἐλθόντων πρὸς τὸν **ὄχλον** προσῆλθεν αὐτῷ ἄνθρωπος
Mt 19:2 καὶ ἠκολούθησαν αὐτῷ **ὄχλοι** πολλοί,
Mt 20:29 Ἰεριχὼ ἠκολούθησεν αὐτῷ **ὄχλος** πολύς.
Mt 20:31 ὁ δὲ **ὄχλος** ἐπετίμησεν αὐτοῖς ἵνα
Mt 21:8 ὁ δὲ πλεῖστος **ὄχλος** ἔστρωσαν ἑαυτῶν τὰ
Mt 21:9 οἱ δὲ **ὄχλοι** οἱ προάγοντες αὐτὸν
Mt 21:11 οἱ δὲ **ὄχλοι** ἔλεγον·
Mt 21:26 φοβούμεθα τὸν **ὄχλον**,
Mt 21:46 κρατῆσαι ἐφοβήθησαν τοὺς **ὄχλους**,
Mt 22:33 καὶ ἀκούσαντες οἱ **ὄχλοι** ἐξεπλήσσοντο ἐπὶ
Mt 23:1 Ἰησοῦς ἐλάλησεν τοῖς **ὄχλοις** καὶ τοῖς μαθηταῖς
Mt 26:47 καὶ μετ᾽ αὐτοῦ **ὄχλος** πολὺς μετὰ μαχαιρῶν
Mt 26:55 ὁ Ἰησοῦς τοῖς **ὄχλοις**·
Mt 27:15 ἀπολύειν ἕνα τῷ **ὄχλῳ** δέσμιον ὃν ἤθελον.
Mt 27:20 πρεσβύτεροι ἔπεισαν τοὺς **ὄχλους** ἵνα αἰτήσωνται τὸν
Mt 27:24 χεῖρας ἀπέναντι τοῦ **ὄχλου** λέγων·

ὀψέ (*opse*; 1/3) *late in the day*
Mt 28:1 **Ὀψὲ** δὲ σαββάτων,

ὀψία (*opsia*; 7/14) *evening*
Mt 8:16 **Ὀψίας** δὲ γενομένης προσήνεγκαν
Mt 14:15 **Ὀψίας** δὲ γενομένης προσῆλθον
Mt 14:23 **ὀψίας** δὲ γενομένης μόνος
Mt 16:2 [**ὀψίας** γενομένης λέγετε·
Mt 20:8 **ὀψίας** δὲ γενομένης λέγει
Mt 26:20 **Ὀψίας** δὲ γενομένης ἀνέκειτο
Mt 27:57 **Ὀψίας** δὲ γενομένης ἦλθεν

παγιδεύω (*pagideuō*; 1/1) *trap*
Mt 22:15 ἔλαβον ὅπως αὐτὸν **παγιδεύσωσιν** ἐν λόγῳ.

παιδίον (*paidion*; 18/52) *child*
Mt 2:8 ἀκριβῶς περὶ τοῦ **παιδίου**·
Mt 2:9 οὗ ἦν τὸ **παιδίον**.
Mt 2:11 οἰκίαν εἶδον τὸ **παιδίον** μετὰ Μαρίας τῆς
Mt 2:13 ἐγερθεὶς παράλαβε τὸ **παιδίον** καὶ τὴν μητέρα
Mt 2:13 Ἡρῴδης ζητεῖν τὸ **παιδίον** τοῦ ἀπολέσαι αὐτό.
Mt 2:14 ἐγερθεὶς παρέλαβεν τὸ **παιδίον** καὶ τὴν μητέρα
Mt 2:20 ἐγερθεὶς παράλαβε τὸ **παιδίον** καὶ τὴν μητέρα
Mt 2:20 τὴν ψυχὴν τοῦ **παιδίου**.
Mt 2:21 ἐγερθεὶς παρέλαβεν τὸ **παιδίον** καὶ τὴν μητέρα
Mt 11:16 ὁμοία ἐστὶν **παιδίοις** καθημένοις ἐν ταῖς
Mt 14:21 χωρὶς γυναικῶν καὶ **παιδίων**.
Mt 15:38 χωρὶς γυναικῶν καὶ **παιδίων**.
Mt 18:2 καὶ προσκαλεσάμενος **παιδίον** ἔστησεν αὐτὸ
Mt 18:3 γένησθε ὡς τὰ **παιδία**,
Mt 18:4 ἑαυτὸν ὡς τὸ **παιδίον** τοῦτο,
Mt 18:5 ἐὰν δέξηται ἓν **παιδίον** τοιοῦτο ἐπὶ τῷ
Mt 19:13 Τότε προσηνέχθησαν αὐτῷ **παιδία** ἵνα τὰς χεῖρας
Mt 19:14 ἄφετε τὰ **παιδία** καὶ μὴ κωλύετε

παιδίσκη (*paidiskē*; 1/13) *maid*
Mt 26:69 προσῆλθεν αὐτῷ μία **παιδίσκη** λέγουσα·

παῖς (*pais*; 8/24) *servant*
Mt 2:16 ἀνεῖλεν πάντας τοὺς **παῖδας** τοὺς ἐν Βηθλέεμ
Mt 8:6 ὁ **παῖς** μου βέβληται ἐν
Mt 8:8 καὶ ἰαθήσεται ὁ **παῖς** μου.
Mt 8:13 καὶ ἰάθη ὁ **παῖς** [αὐτοῦ] ἐν τῇ
Mt 12:18 ἰδοὺ ὁ **παῖς** μου ὃν ᾑρέτισα,
Mt 14:2 καὶ εἶπεν τοῖς **παισὶν** αὐτοῦ·
Mt 17:18 καὶ ἐθεραπεύθη ὁ **παῖς** ἀπὸ τῆς ὥρας
Mt 21:15 ἐποίησεν καὶ τοὺς **παῖδας** τοὺς κράζοντας

παίω (*paiō*; 1/5) *strike*
Mt 26:68 τίς ἐστιν ὁ **παίσας** σε;

πάλαι (*palai*; 1/7) *long ago*
Mt 11:21 **πάλαι** ἂν ἐν σάκκῳ

παλαιός (*palaios*; 3/19) *old*
Mt 9:16 ἀγνάφου ἐπὶ ἱματίῳ **παλαιῷ**·
Mt 9:17 νέον εἰς ἀσκοὺς **παλαιούς**·
Mt 13:52 αὐτοῦ καινὰ καὶ **παλαιά**.

παλιγγενεσία (*palingenesia*; 1/2) *rebirth*
Mt 19:28 μοι ἐν τῇ **παλιγγενεσίᾳ**,

πάλιν (*palin*; 17/139[141]) *again*
Mt 4:7 **πάλιν** γέγραπται·
Mt 4:8 **Πάλιν** παραλαμβάνει αὐτὸν ὁ
Mt 5:33 **Πάλιν** ἠκούσατε ὅτι ἐρρέθη
Mt 13:45 **Πάλιν** ὁμοία ἐστὶν ἡ
Mt 13:47 **Πάλιν** ὁμοία ἐστὶν ἡ
Mt 18:19 **Πάλιν** [ἀμὴν] λέγω ὑμῖν
Mt 19:24 **πάλιν** δὲ λέγω ὑμῖν,
Mt 20:5 πάλιν **[δὲ]** ἐξελθὼν περὶ ἕκτην
Mt 21:36 **πάλιν** ἀπέστειλεν ἄλλους δούλους
Mt 22:1 ἀποκριθεὶς ὁ Ἰησοῦς **πάλιν** εἶπεν ἐν παραβολαῖς
Mt 22:4 **πάλιν** ἀπέστειλεν ἄλλους δούλους
Mt 26:42 **πάλιν** ἐκ δευτέρου ἀπελθὼν
Mt 26:43 καὶ ἐλθὼν **πάλιν** εὗρεν αὐτοὺς καθεύδοντας,
Mt 26:44 καὶ ἀφεὶς αὐτοὺς **πάλιν** ἀπελθὼν προσηύξατο ἐκ
Mt 26:44 αὐτὸν λόγον εἰπὼν **πάλιν**.
Mt 26:72 καὶ **πάλιν** ἠρνήσατο μετὰ ὅρκου
Mt 27:50 ὁ δὲ Ἰησοῦς **πάλιν** κράξας φωνῇ μεγάλῃ

πάντοτε (*pantote*; 2/41) *always*
Mt 26:11 **πάντοτε** γὰρ τοὺς πτωχοὺς
Mt 26:11 ἐμὲ δὲ οὐ **πάντοτε** ἔχετε·

παρά (*para*; 18/193[194]) *from, with, beside*
Mt 2:4 τοῦ λαοῦ ἐπυνθάνετο **παρ᾽** αὐτῶν ποῦ ὁ
Mt 2:7 τοὺς μάγους ἠκρίβωσεν **παρ᾽** αὐτῶν τὸν χρόνον
Mt 2:16 χρόνον ὃν ἠκρίβωσεν **παρὰ** τῶν μάγων.
Mt 4:18 Περιπατῶν δὲ **παρὰ** τὴν θάλασσαν τῆς
Mt 6:1 μισθὸν οὐκ ἔχετε **παρὰ** τῷ πατρὶ ὑμῶν
Mt 8:10 **παρ᾽** οὐδενὶ τοσαύτην πίστιν

Mt 13:1 τῆς οἰκίας ἐκάθητο **παρὰ** τὴν θάλασσαν·
Mt 13:4 ἃ μὲν ἔπεσεν **παρὰ** τὴν ὁδόν,
Mt 13:19 οὗτός ἐστιν ὁ **παρὰ** τὴν ὁδὸν σπαρείς.
Mt 15:29 ὁ Ἰησοῦς ἦλθεν **παρὰ** τὴν θάλασσαν τῆς
Mt 15:30 καὶ ἔρριψαν αὐτοὺς **παρὰ** τοὺς πόδας αὐτοῦ,
Mt 18:19 γενήσεται αὐτοῖς **παρὰ** τοῦ πατρός μου
Mt 19:26 **παρὰ** ἀνθρώποις τοῦτο ἀδύνατόν
Mt 19:26 **παρὰ** δὲ θεῷ πάντα
Mt 20:30 δύο τυφλοὶ καθήμενοι **παρὰ** τὴν ὁδόν ἀκούσαντες
Mt 21:42 **παρὰ** κυρίου ἐγένετο αὕτη
Mt 22:25 ἦσαν δὲ **παρ'** ἡμῖν ἑπτὰ ἀδελφοί·
Mt 28:15 ὁ λόγος οὗτος **παρὰ** Ἰουδαίοις μέχρι τῆς

παραβαίνω (*parabainō*; 2/3) *break, leave*

Mt 15:2 οἱ μαθηταί σου **παραβαίνουσιν** τὴν παράδοσιν τῶν
Mt 15:3 τί καὶ ὑμεῖς **παραβαίνετε** τὴν ἐντολὴν τοῦ

παραβολή (*parabolē*; 17/50) *parable*

Mt 13:3 αὐτοῖς πολλὰ ἐν **παραβολαῖς** λέγων·
Mt 13:10 διὰ τί ἐν **παραβολαῖς** λαλεῖς αὐτοῖς;
Mt 13:13 διὰ τοῦτο ἐν **παραβολαῖς** αὐτοῖς λαλῶ,
Mt 13:18 οὖν ἀκούσατε τὴν **παραβολὴν** τοῦ σπείραντος.
Mt 13:24 Ἄλλην **παραβολὴν** παρέθηκεν αὐτοῖς λέγων·
Mt 13:31 Ἄλλην **παραβολὴν** παρέθηκεν αὐτοῖς λέγων·
Mt 13:33 Ἄλλην **παραβολὴν** ἐλάλησεν αὐτοῖς·
Mt 13:34 ὁ Ἰησοῦς ἐν **παραβολαῖς** τοῖς ὄχλοις καὶ
Mt 13:34 ὄχλοις καὶ χωρὶς **παραβολῆς** οὐδὲν ἐλάλει αὐτοῖς,
Mt 13:35 ἀνοίξω ἐν **παραβολαῖς** τὸ στόμα μου,
Mt 13:36 διασάφησον ἡμῖν τὴν **παραβολὴν** τῶν ζιζανίων τοῦ
Mt 13:53 ὁ Ἰησοῦς τὰς **παραβολὰς** ταύτας,
Mt 15:15 φράσον ἡμῖν τὴν **παραβολὴν** [ταύτην].
Mt 21:33 Ἄλλην **παραβολὴν** ἀκούσατε.
Mt 21:45 οἱ Φαρισαῖοι τὰς **παραβολὰς** αὐτοῦ ἔγνωσαν ὅτι
Mt 22:1 πάλιν εἶπεν ἐν **παραβολαῖς** αὐτοῖς λέγων·
Mt 24:32 συκῆς μάθετε τὴν **παραβολήν**·

παραγγέλλω (*parangellō*; 2/31[32]) *command*

Mt 10:5 ἀπέστειλεν ὁ Ἰησοῦς **παραγγείλας** αὐτοῖς λέγων·
Mt 15:35 καὶ **παραγγείλας** τῷ ὄχλῳ ἀναπεσεῖν

παραγίνομαι (*paraginomai*; 3/36[37]) *come*

Mt 2:1 μάγοι ἀπὸ ἀνατολῶν **παρεγένοντο** εἰς Ἱεροσόλυμα
Mt 3:1 ταῖς ἡμέραις ἐκείναις **παραγίνεται** Ἰωάννης ὁ βαπτιστὴς
Mt 3:13 Τότε **παραγίνεται** ὁ Ἰησοῦς ἀπὸ

παράγω (*paragō*; 3/10) *pass by or away*

Mt 9:9 Καὶ **παράγων** ὁ Ἰησοῦς ἐκεῖθεν
Mt 9:27 Καὶ **παράγοντι** ἐκεῖθεν τῷ Ἰησοῦ
Mt 20:30 ἀκούσαντες ὅτι Ἰησοῦς **παράγει**,

παραδίδωμι (*paradidōmi*; 31/119) *hand or give over*

Mt 4:12 δὲ ὅτι Ἰωάννης **παρεδόθη** ἀνεχώρησεν εἰς
Mt 5:25 μήποτέ σε **παραδῷ** ὁ ἀντίδικος τῷ
Mt 10:4 Ἰσκαριώτης ὁ καὶ **παραδοὺς** αὐτόν.
Mt 10:17 **παραδώσουσιν** γὰρ ὑμᾶς εἰς
Mt 10:19 ὅταν δὲ **παραδῶσιν** ὑμᾶς,
Mt 10:21 **Παραδώσει** δὲ ἀδελφὸς ἀδελφὸν
Mt 11:27 Πάντα μοι **παρεδόθη** ὑπὸ τοῦ πατρός
Mt 17:22 υἱὸς τοῦ ἀνθρώπου **παραδίδοσθαι** εἰς χεῖρας ἀνθρώπων,
Mt 18:34 ὁ κύριος αὐτοῦ **παρέδωκεν** αὐτὸν τοῖς βασανισταῖς
Mt 20:18 υἱὸς τοῦ ἀνθρώπου **παραδοθήσεται** τοῖς ἀρχιερεῦσιν καὶ
Mt 20:19 καὶ **παραδώσουσιν** αὐτὸν τοῖς ἔθνεσιν
Mt 24:9 Τότε **παραδώσουσιν** ὑμᾶς εἰς θλῖψιν
Mt 24:10 πολλοὶ καὶ ἀλλήλους **παραδώσουσιν** καὶ μισήσουσιν ἀλλήλους·
Mt 25:14 ἰδίους δούλους καὶ **παρέδωκεν** αὐτοῖς τὰ ὑπάρχοντα
Mt 25:20 πέντε τάλαντά μοι **παρέδωκας**·
Mt 25:22 δύο τάλαντά μοι **παρέδωκας**·
Mt 26:2 υἱὸς τοῦ ἀνθρώπου **παραδίδοται** εἰς τὸ σταυρωθῆναι.
Mt 26:15 κἀγὼ ὑμῖν **παραδώσω** αὐτόν;
Mt 26:16 εὐκαιρίαν ἵνα αὐτὸν **παραδῷ**.
Mt 26:21 εἷς ἐξ ὑμῶν **παραδώσει** με.
Mt 26:23 τρυβλίῳ οὗτός με **παραδώσει**.
Mt 26:24 υἱὸς τοῦ ἀνθρώπου **παραδίδοται**·
Mt 26:25 δὲ Ἰούδας ὁ **παραδιδοὺς** αὐτὸν εἶπεν·
Mt 26:45 υἱὸς τοῦ ἀνθρώπου **παραδίδοται** εἰς χεῖρας ἁμαρτωλῶν.
Mt 26:46 ἰδοὺ ἤγγικεν ὁ **παραδιδούς** με.
Mt 26:48 ὁ δὲ **παραδιδοὺς** αὐτὸν ἔδωκεν αὐτοῖς
Mt 27:2 αὐτὸν ἀπήγαγον καὶ **παρέδωκαν** Πιλάτῳ τῷ ἡγεμόνι.
Mt 27:3 ἰδὼν Ἰούδας ὁ **παραδιδοὺς** αὐτὸν ὅτι κατεκρίθη,
Mt 27:4 ἥμαρτον **παραδοὺς** αἷμα ἀθῷον.
Mt 27:18 ὅτι διὰ φθόνον **παρέδωκαν** αὐτόν.
Mt 27:26 δὲ Ἰησοῦν φραγελλώσας **παρέδωκεν** ἵνα σταυρωθῇ.

παράδοσις (*paradosis*; 3/13) *tradition*

Mt 15:2 σου παραβαίνουσιν τὴν **παράδοσιν** τῶν πρεσβυτέρων;
Mt 15:3 θεοῦ διὰ τὴν **παράδοσιν** ὑμῶν;
Mt 15:6 θεοῦ διὰ τὴν **παράδοσιν** ὑμῶν.

παραθαλάσσιος (*parathalassios*; 1/1) *by the sea or lake*

Mt 4:13 εἰς Καφαρναοὺμ τὴν **παραθαλασσίαν** ἐν ὁρίοις Ζαβουλὼν

παρακαλέω (*parakaleō*; 9/109) *encourage, ask*

Mt 2:18 καὶ οὐκ ἤθελεν **παρακληθῆναι**,
Mt 5:4 ὅτι αὐτοὶ **παρακληθήσονται**.
Mt 8:5 προσῆλθεν αὐτῷ ἑκατόνταρχος **παρακαλῶν** αὐτὸν
Mt 8:31 οἱ δὲ δαίμονες **παρεκάλουν** αὐτὸν λέγοντες·

Mt 8:34 καὶ ἰδόντες αὐτὸν **παρεκάλεσαν** ὅπως μεταβῇ ἀπὸ
Mt 14:36 καὶ **παρεκάλουν** αὐτὸν ἵνα μόνον
Mt 18:29 ὁ σύνδουλος αὐτοῦ **παρεκάλει** αὐτὸν λέγων·
Mt 18:32 ἐπεὶ **παρεκάλεσάς** με·
Mt 26:53 ὅτι οὐ δύναμαι **παρακαλέσαι** τὸν πατέρα μου,

παρακούω (*parakouō*; 2/3) *refuse to listen*
Mt 18:17 ἐὰν δὲ **παρακούσῃ** αὐτῶν,
Mt 18:17 καὶ τῆς ἐκκλησίας **παρακούσῃ**,

παραλαμβάνω (*paralambanō*; 16/49) *take, receive*
Mt 1:20 μὴ φοβηθῇς **παραλαβεῖν** Μαρίαν τὴν γυναῖκά
Mt 1:24 ἄγγελος κυρίου καὶ **παρέλαβεν** τὴν γυναῖκα αὐτοῦ,
Mt 2:13 ἐγερθεὶς **παράλαβε** τὸ παιδίον καὶ
Mt 2:14 ὁ δὲ ἐγερθεὶς **παρέλαβεν** τὸ παιδίον καὶ
Mt 2:20 ἐγερθεὶς **παράλαβε** τὸ παιδίον καὶ
Mt 2:21 ὁ δὲ ἐγερθεὶς **παρέλαβεν** τὸ παιδίον καὶ
Mt 4:5 Τότε **παραλαμβάνει** αὐτὸν ὁ διάβολος
Mt 4:8 Πάλιν **παραλαμβάνει** αὐτὸν ὁ διάβολος
Mt 12:45 τότε πορεύεται καὶ **παραλαμβάνει** μεθ’ ἑαυτοῦ ἑπτὰ
Mt 17:1 μεθ’ ἡμέρας ἓξ **παραλαμβάνει** ὁ Ἰησοῦς τὸν
Mt 18:16 **παράλαβε** μετὰ σοῦ ἔτι
Mt 20:17 Ἰησοῦς εἰς Ἱεροσόλυμα **παρέλαβεν** τοὺς δώδεκα [μαθητὰς]
Mt 24:40 εἷς **παραλαμβάνεται** καὶ εἷς ἀφίεται·
Mt 24:41 μία **παραλαμβάνεται** καὶ μία ἀφίεται.
Mt 26:37 καὶ **παραλαβὼν** τὸν Πέτρον καὶ
Mt 27:27 στρατιῶται τοῦ ἡγεμόνος **παραλαβόντες** τὸν Ἰησοῦν εἰς

παραλυτικός (*paralytikos*; 5/10) *paralytic*
Mt 4:24 καὶ σεληνιαζομένους καὶ **παραλυτικούς**,
Mt 8:6 ἐν τῇ οἰκίᾳ **παραλυτικός**,
Mt 9:2 ἰδοὺ προσέφερον αὐτῷ **παραλυτικὸν** ἐπὶ κλίνης βεβλημένον.
Mt 9:2 αὐτῶν εἶπεν τῷ **παραλυτικῷ**·
Mt 9:6 τότε λέγει τῷ **παραλυτικῷ**·

παραπορεύομαι (*paraporeuomai*; 1/5) *pass by*
Mt 27:39 Οἱ δὲ **παραπορευόμενοι** ἐβλασφήμουν αὐτὸν κινοῦντες

παράπτωμα (*paraptōma*; 2/19) *sin*
Mt 6:14 τοῖς ἀνθρώποις τὰ **παραπτώματα** αὐτῶν,
Mt 6:15 ὑμῶν ἀφήσει τὰ **παραπτώματα** ὑμῶν.

παρασκευή (*paraskeuē*; 1/6) *day of preparation*
Mt 27:62 ἐστὶν μετὰ τὴν **παρασκευήν**,

παρατίθημι (*paratithēmi*; 2/19) *place or put before*
Mt 13:24 Ἄλλην παραβολὴν **παρέθηκεν** αὐτοῖς λέγων·
Mt 13:31 Ἄλλην παραβολὴν **παρέθηκεν** αὐτοῖς λέγων·

παραχρῆμα (*parachrēma*; 2/18) *immediately*
Mt 21:19 καὶ ἐξηράνθη **παραχρῆμα** ἡ συκῆ.
Mt 21:20 πῶς **παραχρῆμα** ἐξηράνθη ἡ συκῆ;

πάρειμι (*pareimi*; 1/24) *be present or here*
Mt 26:50 ἐφ’ ὃ **πάρει**.

παρεκτός (*parektos*; 1/3) *except*
Mt 5:32 τὴν γυναῖκα αὐτοῦ **παρεκτὸς** λόγου πορνείας ποιεῖ

παρέρχομαι (*parerchomai*; 9/29) *pass*
Mt 5:18 ἕως ἂν **παρέλθῃ** ὁ οὐρανὸς καὶ
Mt 5:18 κεραία οὐ μὴ **παρέλθῃ** ἀπὸ τοῦ νόμου,
Mt 8:28 μὴ ἰσχύειν τινα **παρελθεῖν** διὰ τῆς ὁδοῦ
Mt 14:15 ἡ ὥρα ἤδη **παρῆλθεν**·
Mt 24:34 ὅτι οὐ μὴ **παρέλθῃ** ἡ γενεὰ αὕτη
Mt 24:35 καὶ ἡ γῆ **παρελεύσεται**,
Mt 24:35 μου οὐ μὴ **παρέλθωσιν**.
Mt 26:39 **παρελθάτω** ἀπ’ ἐμοῦ τὸ
Mt 26:42 οὐ δύναται τοῦτο **παρελθεῖν** ἐὰν μὴ αὐτὸ

παρέχω (*parechō*; 1/16) *cause*
Mt 26:10 τί κόπους **παρέχετε** τῇ γυναικί;

παρθένος (*parthenos*; 4/15) *virgin*
Mt 1:23 ἰδοὺ ἡ **παρθένος** ἐν γαστρὶ ἕξει
Mt 25:1 τῶν οὐρανῶν δέκα **παρθένοις**,
Mt 25:7 ἠγέρθησαν πᾶσαι αἱ **παρθένοι** ἐκεῖναι καὶ ἐκόσμησαν
Mt 25:11 καὶ αἱ λοιπαὶ **παρθένοι** λέγουσαι·

παρίστημι (*paristēmi*; 1/41) *present, stand by*
Mt 26:53 καὶ **παραστήσει** μοι ἄρτι πλείω

παρομοιάζω (*paromoiazō*; 1/1) *be like*
Mt 23:27 ὅτι παρομοιάζετε **τάφοις** κεκονιαμένοις,

παρουσία (*parousia*; 4/24) *coming*
Mt 24:3 σημεῖον τῆς σῆς **παρουσίας** καὶ συντελείας
Mt 24:27 οὕτως ἔσται ἡ **παρουσία** τοῦ υἱοῦ τοῦ
Mt 24:37 οὕτως ἔσται ἡ **παρουσία** τοῦ υἱοῦ τοῦ
Mt 24:39 ἔσται [καὶ] ἡ **παρουσία** τοῦ υἱοῦ τοῦ

παροψίς (*paropsis*; 1/1) *plate*
Mt 23:25 ποτηρίου καὶ τῆς **παροψίδος**,

πᾶς (*pas*; 129/1240[1243]) *each, every (pl. all)*
Mt 1:17 **Πᾶσαι** οὖν αἱ γενεαὶ
Mt 2:3 Ἡρῴδης ἐταράχθη καὶ **πᾶσα** Ἱεροσόλυμα μετ’ αὐτοῦ,
Mt 2:4 καὶ συναγαγὼν **πάντας** τοὺς ἀρχιερεῖς καὶ
Mt 2:16 καὶ ἀποστείλας ἀνεῖλεν **πάντας** τοὺς παῖδας
Mt 2:16 Βηθλέεμ καὶ ἐν **πᾶσι** τοῖς ὁρίοις αὐτῆς
Mt 3:5 αὐτὸν Ἱεροσόλυμα καὶ **πᾶσα** ἡ Ἰουδαία καὶ
Mt 3:5 ἡ Ἰουδαία καὶ **πᾶσα** ἡ περίχωρος τοῦ
Mt 3:10 **πᾶν** οὖν δένδρον μὴ
Mt 3:15 ἐστὶν ἡμῖν πληρῶσαι **πᾶσαν** δικαιοσύνην.
Mt 4:4 ἀλλ’ ἐπὶ **παντὶ** ῥήματι ἐκπορευομένῳ διὰ
Mt 4:8 καὶ δείκνυσιν αὐτῷ **πάσας** τὰς βασιλείας

Mt 4:9 ταῦτά σοι **πάντα** δώσω,
Mt 4:23 βασιλείας καὶ θεραπεύων **πᾶσαν** νόσον καὶ πᾶσαν
Mt 4:23 πᾶσαν νόσον καὶ **πᾶσαν** μαλακίαν ἐν τῷ
Mt 4:24 καὶ προσήνεγκαν αὐτῷ **πάντας** τοὺς κακῶς ἔχοντας
Mt 5:11 διώξωσιν καὶ εἴπωσιν **πᾶν** πονηρὸν καθ' ὑμῶν
Mt 5:15 καὶ λάμπει **πᾶσιν** τοῖς ἐν τῇ
Mt 5:18 ἕως ἂν **πάντα** γένηται.
Mt 5:22 λέγω ὑμῖν ὅτι **πᾶς** ὁ ὀργιζόμενος τῷ
Mt 5:28 λέγω ὑμῖν ὅτι **πᾶς** ὁ βλέπων γυναῖκα
Mt 5:32 λέγω ὑμῖν ὅτι **πᾶς** ὁ ἀπολύων τὴν
Mt 6:29 οὐδὲ Σολομὼν ἐν **πάσῃ** τῇ δόξῃ αὐτοῦ
Mt 6:32 **πάντα** γὰρ ταῦτα τὰ
Mt 6:33 καὶ ταῦτα **πάντα** προστεθήσεται ὑμῖν.
Mt 7:8 **πᾶς** γὰρ ὁ αἰτῶν
Mt 7:12 **Πάντα** οὖν ὅσα ἐὰν
Mt 7:17 οὕτως **πᾶν** δένδρον ἀγαθὸν καρποὺς
Mt 7:19 **πᾶν** δένδρον μὴ ποιοῦν
Mt 7:21 Οὐ **πᾶς** ὁ λέγων μοι·
Mt 7:24 **Πᾶς** οὖν ὅστις ἀκούει
Mt 7:26 καὶ **πᾶς** ὁ ἀκούων μου
Mt 8:16 πνεύματα λόγῳ καὶ **πάντας** τοὺς κακῶς ἔχοντας
Mt 8:32 καὶ ἰδοὺ ὥρμησεν **πᾶσα** ἡ ἀγέλη κατὰ
Mt 8:33 τὴν πόλιν ἀπήγγειλαν **πάντα** καὶ τὰ τῶν
Mt 8:34 καὶ ἰδοὺ **πᾶσα** ἡ πόλις ἐξῆλθεν
Mt 9:35 Ἰησοῦς τὰς πόλεις **πάσας** καὶ τὰς κώμας
Mt 9:35 βασιλείας καὶ θεραπεύων **πᾶσαν** νόσον καὶ πᾶσαν
Mt 9:35 πᾶσαν νόσον καὶ **πᾶσαν** μαλακίαν.
Mt 10:1 αὐτὰ καὶ θεραπεύειν **πᾶσαν** νόσον καὶ πᾶσαν
Mt 10:1 πᾶσαν νόσον καὶ **πᾶσαν** μαλακίαν.
Mt 10:22 ἔσεσθε μισούμενοι ὑπὸ **πάντων** διὰ τὸ ὄνομά
Mt 10:30 τρίχες τῆς κεφαλῆς **πᾶσαι** ἠριθμημέναι εἰσίν.
Mt 10:32 **Πᾶς** οὖν ὅστις ὁμολογήσει
Mt 11:13 **πάντες** γὰρ οἱ προφῆται
Mt 11:27 **Πάντα** μοι παρεδόθη ὑπὸ
Mt 11:28 Δεῦτε πρός με **πάντες** οἱ κοπιῶντες καὶ
Mt 12:15 καὶ ἐθεράπευσεν αὐτοὺς **πάντας**
Mt 12:23 καὶ ἐξίσταντο **πάντες** οἱ ὄχλοι καὶ
Mt 12:25 **πᾶσα** βασιλεία μερισθεῖσα καθ'
Mt 12:25 ἑαυτῆς ἐρημοῦται καὶ **πᾶσα** πόλις ἢ οἰκία
Mt 12:31 **πᾶσα** ἁμαρτία καὶ βλασφημία
Mt 12:36 δὲ ὑμῖν ὅτι **πᾶν** ῥῆμα ἀργὸν ὃ
Mt 13:2 καὶ **πᾶς** ὁ ὄχλος ἐπὶ
Mt 13:19 **παντὸς** ἀκούοντος τὸν λόγον
Mt 13:32 μικρότερον μέν ἐστιν **πάντων** τῶν σπερμάτων,
Mt 13:34 ταῦτα **πάντα** ἐλάλησεν ὁ Ἰησοῦς
Mt 13:41 τῆς βασιλείας αὐτοῦ **πάντα** τὰ σκάνδαλα καὶ
Mt 13:44 ὑπάγει καὶ πωλεῖ **πάντα** ὅσα ἔχει καὶ
Mt 13:46 μαργαρίτην ἀπελθὼν πέπρακεν **πάντα** ὅσα εἶχεν καὶ
Mt 13:47 θάλασσαν καὶ ἐκ **παντὸς** γένους συναγαγούσῃ·
Mt 13:51 Συνήκατε ταῦτα **πάντα**;
Mt 13:52 διὰ τοῦτο **πᾶς** γραμματεὺς μαθητευθεὶς τῇ
Mt 13:56 ἀδελφαὶ αὐτοῦ οὐχὶ **πᾶσαι** πρὸς ἡμᾶς εἰσιν;
Mt 13:56 οὖν τούτῳ ταῦτα **πάντα**;
Mt 14:20 καὶ ἔφαγον **πάντες** καὶ ἐχορτάσθησαν,
Mt 14:35 καὶ προσήνεγκαν αὐτῷ **πάντας** τοὺς κακῶς ἔχοντας
Mt 15:13 **πᾶσα** φυτεία ἣν οὐκ
Mt 15:17 οὐ νοεῖτε ὅτι **πᾶν** τὸ εἰσπορευόμενον εἰς
Mt 15:37 καὶ ἔφαγον **πάντες** καὶ ἐχορτάσθησαν.
Mt 17:11 ἔρχεται καὶ ἀποκαταστήσει **πάντα**·
Mt 18:10 ἐν οὐρανοῖς διὰ **παντὸς** βλέπουσι τὸ πρόσωπον
Mt 18:16 ἢ τριῶν σταθῇ **πᾶν** ῥῆμα·
Mt 18:19 τῆς γῆς περὶ **παντὸς** πράγματος οὗ ἐὰν
Mt 18:25 τὰ τέκνα καὶ **πάντα** ὅσα ἔχει,
Mt 18:26 καὶ **πάντα** ἀποδώσω σοι.
Mt 18:31 τῷ κυρίῳ ἑαυτῶν **πάντα** τὰ γενόμενα.
Mt 18:32 **πᾶσαν** τὴν ὀφειλὴν ἐκείνην
Mt 18:34 ἕως οὗ ἀποδῷ **πᾶν** τὸ ὀφειλόμενον.
Mt 19:3 γυναῖκα αὐτοῦ κατὰ **πᾶσαν** αἰτίαν;
Mt 19:11 οὐ **πάντες** χωροῦσιν τὸν λόγον
Mt 19:20 **πάντα** ταῦτα ἐφύλαξα·
Mt 19:26 παρὰ δὲ θεῷ **πάντα** δυνατά.
Mt 19:27 ἰδοὺ ἡμεῖς ἀφήκαμεν **πάντα** καὶ ἠκολουθήσαμέν σοι·
Mt 19:29 καὶ **πᾶς** ὅστις ἀφῆκεν οἰκίας
Mt 21:10 εἰς Ἱεροσόλυμα ἐσείσθη **πᾶσα** ἡ πόλις λέγουσα·
Mt 21:12 ἱερὸν καὶ ἐξέβαλεν **πάντας** τοὺς πωλοῦντας
Mt 21:22 καὶ **πάντα** ὅσα ἂν αἰτήσητε
Mt 21:26 **πάντες** γὰρ ὡς προφήτην
Mt 22:4 σιτιστὰ τεθυμένα καὶ **πάντα** ἕτοιμα·
Mt 22:10 τὰς ὁδοὺς συνήγαγον **πάντας** οὓς εὗρον,
Mt 22:27 ὕστερον δὲ **πάντων** ἀπέθανεν ἡ γυνή.
Mt 22:28 **πάντες** γὰρ ἔσχον αὐτήν·
Mt 23:3 **πάντα** οὖν ὅσα ἐὰν
Mt 23:5 **πάντα** δὲ τὰ ἔργα
Mt 23:8 **πάντες** δὲ ὑμεῖς ἀδελφοί
Mt 23:20 αὐτῷ καὶ ἐν **πᾶσι** τοῖς ἐπάνω αὐτοῦ·
Mt 23:27 ὀστέων νεκρῶν καὶ **πάσης** ἀκαθαρσίας.
Mt 23:35 ἔλθῃ ἐφ' ὑμᾶς **πᾶν** αἷμα δίκαιον ἐκχυννόμενον
Mt 23:36 ἥξει ταῦτα **πάντα** ἐπὶ τὴν γενεὰν
Mt 24:2 οὐ βλέπετε ταῦτα **πάντα**;
Mt 24:8 **πάντα** δὲ ταῦτα ἀρχὴ
Mt 24:9 ἔσεσθε μισούμενοι ὑπὸ **πάντων** τῶν ἐθνῶν
Mt 24:14 οἰκουμένῃ εἰς μαρτύριον **πᾶσιν** τοῖς ἔθνεσιν,
Mt 24:22 οὐκ ἂν ἐσώθη **πᾶσα** σάρξ·
Mt 24:30 καὶ τότε κόψονται **πᾶσαι** αἱ φυλαὶ τῆς
Mt 24:33 ὅταν ἴδητε **πάντα** ταῦτα,
Mt 24:34 αὕτη ἕως ἂν **πάντα** ταῦτα γένηται.
Mt 24:47 ὑμῖν ὅτι ἐπὶ **πᾶσιν** τοῖς ὑπάρχουσιν αὐτοῦ
Mt 25:5 τοῦ νυμφίου ἐνύσταξαν **πᾶσαι** καὶ ἐκάθευδον.
Mt 25:7 τότε ἠγέρθησαν **πᾶσαι** αἱ παρθένοι ἐκεῖναι
Mt 25:29 τῷ γὰρ ἔχοντι **παντὶ** δοθήσεται καὶ περισσευθήσεται,
Mt 25:31 δόξῃ αὐτοῦ καὶ **πάντες** οἱ ἄγγελοι μετ'
Mt 25:32 συναχθήσονται ἔμπροσθεν αὐτοῦ **πάντα** τὰ ἔθνη,
Mt 26:1 ἐτέλεσεν ὁ Ἰησοῦς **πάντας** τοὺς λόγους τούτους,
Mt 26:27 πίετε ἐξ αὐτοῦ **πάντες**,
Mt 26:31 **πάντες** ὑμεῖς σκανδαλισθήσεσθε ἐν
Mt 26:33 εἰ **πάντες** σκανδαλισθήσονται ἐν σοί,
Mt 26:35 ὁμοίως καὶ **πάντες** οἱ μαθηταὶ εἶπαν.
Mt 26:52 **πάντες** γὰρ οἱ λαβόντες

Mt 26:56 Τότε οἱ μαθηταὶ **πάντες** ἀφέντες αὐτὸν ἔφυγον.
Mt 26:70 δὲ ἠρνήσατο ἔμπροσθεν **πάντων** λέγων·
Mt 27:1 γενομένης συμβούλιον ἔλαβον **πάντες** οἱ ἀρχιερεῖς καὶ
Mt 27:22 λέγουσιν **πάντες**·
Mt 27:25 καὶ ἀποκριθεὶς **πᾶς** ὁ λαὸς εἶπεν·
Mt 27:45 σκότος ἐγένετο ἐπὶ **πᾶσαν** τὴν γῆν ἕως
Mt 28:18 ἐδόθη μοι **πᾶσα** ἐξουσία ἐν οὐρανῷ
Mt 28:19 πορευθέντες οὖν μαθητεύσατε **πάντα** τὰ ἔθνη,
Mt 28:20 διδάσκοντες αὐτοὺς τηρεῖν **πάντα** ὅσα ἐνετειλάμην ὑμῖν·
Mt 28:20 μεθ' ὑμῶν εἰμι **πάσας** τὰς ἡμέρας ἕως

πάσχα (*pascha*; 4/29) *Passover*

Mt 26:2 δύο ἡμέρας τὸ **πάσχα** γίνεται,
Mt 26:17 σοι φαγεῖν τὸ **πάσχα**;
Mt 26:18 σὲ ποιῶ τὸ **πάσχα** μετὰ τῶν μαθητῶν
Mt 26:19 καὶ ἡτοίμασαν τὸ **πάσχα**.

πάσχω (*paschō*; 4/42) *suffer*

Mt 16:21 ἀπελθεῖν καὶ πολλὰ **παθεῖν** ἀπὸ τῶν πρεσβυτέρων
Mt 17:12 τοῦ ἀνθρώπου μέλλει **πάσχειν** ὑπ' αὐτῶν.
Mt 17:15 σεληνιάζεται καὶ κακῶς **πάσχει**·
Mt 27:19 πολλὰ γὰρ **ἔπαθον** σήμερον κατ' ὄναρ

πατάσσω (*patassō*; 2/10) *strike*

Mt 26:31 **πατάξω** τὸν ποιμένα,
Mt 26:51 μάχαιραν αὐτοῦ καὶ **πατάξας** τὸν δοῦλον

πατήρ (*patēr*; 63/413) *father*

Mt 2:22 Ἰουδαίας ἀντὶ τοῦ **πατρὸς** αὐτοῦ Ἡρῴδου ἐφοβήθη
Mt 3:9 **πατέρα** ἔχομεν τὸν Ἀβραάμ.
Mt 4:21 μετὰ Ζεβεδαίου τοῦ **πατρὸς** αὐτῶν καταρτίζοντας τὰ
Mt 4:22 πλοῖον καὶ τὸν **πατέρα** αὐτῶν ἠκολούθησαν αὐτῷ.
Mt 5:16 καὶ δοξάσωσιν τὸν **πατέρα** ὑμῶν τὸν ἐν
Mt 5:45 γένησθε υἱοὶ τοῦ **πατρὸς** ὑμῶν τοῦ ἐν
Mt 5:48 τέλειοι ὡς ὁ **πατὴρ** ὑμῶν ὁ οὐράνιος
Mt 6:1 ἔχετε παρὰ τῷ **πατρὶ** ὑμῶν τῷ ἐν
Mt 6:4 καὶ ὁ **πατήρ** σου ὁ βλέπων
Mt 6:6 σου πρόσευξαι τῷ **πατρί** σου τῷ ἐν
Mt 6:6 καὶ ὁ **πατήρ** σου ὁ βλέπων
Mt 6:8 οἶδεν γὰρ ὁ **πατὴρ** ὑμῶν ὧν χρείαν
Mt 6:9 Πάτερ **ἡμῶν** ὁ ἐν τοῖς
Mt 6:14 καὶ ὑμῖν ὁ **πατὴρ** ὑμῶν ὁ οὐράνιος·
Mt 6:15 οὐδὲ ὁ **πατὴρ** ὑμῶν ἀφήσει τὰ
Mt 6:18 νηστεύων ἀλλὰ τῷ **πατρί** σου τῷ ἐν
Mt 6:18 καὶ ὁ **πατήρ** σου ὁ βλέπων
Mt 6:26 καὶ ὁ **πατὴρ** ὑμῶν ὁ οὐράνιος
Mt 6:32 οἶδεν γὰρ ὁ **πατὴρ** ὑμῶν ὁ οὐράνιος
Mt 7:11 πόσῳ μᾶλλον ὁ **πατὴρ** ὑμῶν ὁ ἐν
Mt 7:21 τὸ θέλημα τοῦ **πατρός** μου τοῦ ἐν
Mt 8:21 καὶ θάψαι τὸν **πατέρα** μου.
Mt 10:20 τὸ πνεῦμα τοῦ **πατρὸς** ὑμῶν τὸ λαλοῦν
Mt 10:21 εἰς θάνατον καὶ **πατὴρ** τέκνον,
Mt 10:29 γῆν ἄνευ τοῦ **πατρὸς** ὑμῶν.
Mt 10:32 αὐτῷ ἔμπροσθεν τοῦ **πατρός** μου τοῦ ἐν
Mt 10:33 αὐτὸν ἔμπροσθεν τοῦ **πατρός** μου τοῦ ἐν
Mt 10:35 ἄνθρωπον κατὰ τοῦ **πατρὸς** αὐτοῦ καὶ θυγατέρα
Mt 10:37 Ὁ φιλῶν **πατέρα** ἢ μητέρα ὑπὲρ
Mt 11:25 **πάτερ**,
Mt 11:26 ναὶ ὁ **πατήρ**,
Mt 11:27 παρεδόθη ὑπὸ τοῦ **πατρός** μου,
Mt 11:27 εἰ μὴ ὁ **πατήρ**,
Mt 11:27 οὐδὲ τὸν **πατέρα** τις ἐπιγινώσκει εἰ
Mt 12:50 τὸ θέλημα τοῦ **πατρός** μου τοῦ ἐν
Mt 13:43 τῇ βασιλείᾳ τοῦ **πατρὸς** αὐτῶν.
Mt 15:4 τίμα τὸν **πατέρα** καὶ τὴν μητέρα,
Mt 15:4 ὁ κακολογῶν **πατέρα** ἢ μητέρα θανάτῳ
Mt 15:5 ἂν εἴπῃ τῷ **πατρὶ** ἢ τῇ μητρί·
Mt 15:6 μὴ τιμήσει τὸν **πατέρα** αὐτοῦ·
Mt 15:13 οὐκ ἐφύτευσεν ὁ **πατήρ** μου ὁ οὐράνιος
Mt 16:17 σοι ἀλλ' ὁ **πατήρ** μου ὁ ἐν
Mt 16:27 τῇ δόξῃ τοῦ **πατρὸς** αὐτοῦ μετὰ τῶν
Mt 18:10 τὸ πρόσωπον τοῦ **πατρός** μου τοῦ ἐν
Mt 18:14 θέλημα ἔμπροσθεν τοῦ **πατρὸς** ὑμῶν τοῦ ἐν
Mt 18:19 αὐτοῖς παρὰ τοῦ **πατρός** μου τοῦ ἐν
Mt 18:35 οὕτως καὶ ὁ **πατήρ** μου ὁ οὐράνιος
Mt 19:5 καταλείψει ἄνθρωπος τὸν **πατέρα** καὶ τὴν μητέρα
Mt 19:19 τίμα τὸν **πατέρα** καὶ τὴν μητέρα,
Mt 19:29 ἢ ἀδελφὰς ἢ **πατέρα** ἢ μητέρα ἢ
Mt 20:23 ἡτοίμασται ὑπὸ τοῦ **πατρός** μου.
Mt 21:31 τὸ θέλημα τοῦ **πατρός**;
Mt 23:9 καὶ **πατέρα** μὴ καλέσητε ὑμῶν
Mt 23:9 ἐστιν ὑμῶν ὁ **πατὴρ** ὁ οὐράνιος.
Mt 23:30 ταῖς ἡμέραις τῶν **πατέρων** ἡμῶν,
Mt 23:32 τὸ μέτρον τῶν **πατέρων** ὑμῶν.
Mt 24:36 εἰ μὴ ὁ **πατὴρ** μόνος.
Mt 25:34 οἱ εὐλογημένοι τοῦ **πατρός** μου,
Mt 26:29 τῇ βασιλείᾳ τοῦ **πατρός** μου.
Mt 26:39 **πάτερ** μου,
Mt 26:42 **πάτερ** μου,
Mt 26:53 δύναμαι παρακαλέσαι τὸν **πατέρα** μου,
Mt 28:19 τὸ ὄνομα τοῦ **πατρὸς** καὶ τοῦ υἱοῦ

πατρίς (*patris*; 2/8) *homeland*

Mt 13:54 ἐλθὼν εἰς τὴν **πατρίδα** αὐτοῦ ἐδίδασκεν αὐτοὺς
Mt 13:57 μὴ ἐν τῇ **πατρίδι** καὶ ἐν τῇ

παχύνω (*pachynō*; 1/2) *grow dull or insensitive*

Mt 13:15 **ἐπαχύνθη** γὰρ ἡ καρδία

πεζῇ (*pezē*; 1/2) *on foot*

Mt 14:13 ὄχλοι ἠκολούθησαν αὐτῷ **πεζῇ** ἀπὸ τῶν πόλεων.

πείθω (*peithō*; 3/52) *persuade*

Mt 27:20 καὶ οἱ πρεσβύτεροι **ἔπεισαν** τοὺς ὄχλους ἵνα
Mt 27:43 **πέποιθεν** ἐπὶ τὸν θεόν,
Mt 28:14 ἡμεῖς **πείσομεν** [αὐτὸν] καὶ ὑμᾶς

πεινάω (*peinaō*; 9/23) *be hungry*

Mt 4:2 ὕστερον **ἐπείνασεν**.
Mt 5:6 μακάριοι οἱ **πεινῶντες** καὶ διψῶντες τὴν
Mt 12:1 δὲ μαθηταὶ αὐτοῦ **ἐπείνασαν** καὶ ἤρξαντο τίλλειν
Mt 12:3 ἐποίησεν Δαυὶδ ὅτε **ἐπείνασεν** καὶ οἱ μετ'

Mt 21:18 εἰς τὴν πόλιν **ἐπείνασεν**.
Mt 25:35 **ἐπείνασα** γὰρ καὶ ἐδώκατέ
Mt 25:37 πότε σε εἴδομεν **πεινῶντα** καὶ ἐθρέψαμεν,
Mt 25:42 **ἐπείνασα** γὰρ καὶ οὐκ
Mt 25:44 πότε σε εἴδομεν **πεινῶντα** ἢ διψῶντα ἢ

πειράζω (*peirazō*; 6/37[38]) *test*

Mt 4:1 ὑπὸ τοῦ πνεύματος **πειρασθῆναι** ὑπὸ τοῦ διαβόλου.
Mt 4:3 καὶ προσελθὼν ὁ **πειράζων** εἶπεν αὐτῷ·
Mt 16:1 Φαρισαῖοι καὶ Σαδδουκαῖοι **πειράζοντες** ἐπηρώτησαν αὐτὸν σημεῖον
Mt 19:3 προσῆλθον αὐτῷ Φαρισαῖοι **πειράζοντες** αὐτὸν καὶ λέγοντες·
Mt 22:18 τί με **πειράζετε**,
Mt 22:35 ἐξ αὐτῶν [νομικὸς] **πειράζων** αὐτόν·

πειρασμός (*peirasmos*; 2/21) *testing*

Mt 6:13 εἰσενέγκῃς ἡμᾶς εἰς **πειρασμόν**,
Mt 26:41 μὴ εἰσέλθητε εἰς **πειρασμόν**·

πέλαγος (*pelagos*; 1/2) *depths*

Mt 18:6 καταποντισθῇ ἐν τῷ **πελάγει** τῆς θαλάσσης.

πέμπω (*pempō*; 4/79) *send*

Mt 2:8 καὶ **πέμψας** αὐτοὺς εἰς Βηθλέεμ
Mt 11:2 ἔργα τοῦ Χριστοῦ **πέμψας** διὰ τῶν μαθητῶν
Mt 14:10 καὶ **πέμψας** ἀπεκεφάλισεν [τὸν] Ἰωάννην
Mt 22:7 βασιλεὺς ὠργίσθη καὶ **πέμψας** τὰ στρατεύματα αὐτοῦ

πενθερά (*penthera*; 2/6) *mother-in-law*

Mt 8:14 Πέτρου εἶδεν τὴν **πενθερὰν** αὐτοῦ βεβλημένην καὶ
Mt 10:35 νύμφην κατὰ τῆς **πενθερᾶς** αὐτῆς,

πενθέω (*pentheō*; 2/9[10]) *mourn*

Mt 5:4 μακάριοι οἱ **πενθοῦντες**,
Mt 9:15 υἱοὶ τοῦ νυμφῶνος **πενθεῖν** ἐφ' ὅσον μετ'

πεντακισχίλιοι (*pentakischilioi*; 2/6) *five thousand*

Mt 14:21 ἦσαν ἄνδρες ὡσεὶ **πεντακισχίλιοι** χωρὶς γυναικῶν καὶ
Mt 16:9 πέντε ἄρτους τῶν **πεντακισχιλίων** καὶ πόσους κοφίνους

πέντε (*pente*; 12/38) *five*

Mt 14:17 ὧδε εἰ μὴ **πέντε** ἄρτους καὶ δύο
Mt 14:19 λαβὼν τοὺς **πέντε** ἄρτους καὶ τοὺς
Mt 16:9 οὐδὲ μνημονεύετε τοὺς **πέντε** ἄρτους τῶν πεντακισχιλίων
Mt 25:2 **πέντε** δὲ ἐξ αὐτῶν
Mt 25:2 ἦσαν μωραὶ καὶ **πέντε** φρόνιμοι.
Mt 25:15 ᾧ μὲν ἔδωκεν **πέντε** τάλαντα,
Mt 25:16 πορευθεὶς ὁ τὰ **πέντε** τάλαντα λαβὼν ἠργάσατο
Mt 25:16 καὶ ἐκέρδησεν ἄλλα **πέντε**·
Mt 25:20 προσελθὼν ὁ τὰ **πέντε** τάλαντα λαβὼν προσήνεγκεν
Mt 25:20 λαβὼν προσήνεγκεν ἄλλα **πέντε** τάλαντα λέγων·
Mt 25:20 **πέντε** τάλαντά μοι παρέδωκας·
Mt 25:20 ἴδε ἄλλα **πέντε** τάλαντα ἐκέρδησα.

πέραν (*peran*; 7/23) *beyond*

Mt 4:15 **πέραν** τοῦ Ἰορδάνου,
Mt 4:25 καὶ Ἰουδαίας καὶ **πέραν** τοῦ Ἰορδάνου.
Mt 8:18 ἀπελθεῖν εἰς τὸ **πέραν**.
Mt 8:28 αὐτοῦ εἰς τὸ **πέραν** εἰς τὴν χώραν
Mt 14:22 αὐτὸν εἰς τὸ **πέραν**,
Mt 16:5 μαθηταὶ εἰς τὸ **πέραν** ἐπελάθοντο ἄρτους λαβεῖν.
Mt 19:1 ὅρια τῆς Ἰουδαίας **πέραν** τοῦ Ἰορδάνου.

πέρας (*peras*; 1/4) *end*

Mt 12:42 ἦλθεν ἐκ τῶν **περάτων** τῆς γῆς ἀκοῦσαι

περί (*peri*; 28/332[333]) *concerning, around*

Mt 2:8 πορευθέντες ἐξετάσατε ἀκριβῶς **περὶ** τοῦ παιδίου·
Mt 3:4 καὶ ζώνην δερματίνην **περὶ** τὴν ὀσφὺν αὐτοῦ,
Mt 4:6 ἀγγέλοις αὐτοῦ ἐντελεῖται **περὶ** σοῦ καὶ ἐπὶ
Mt 6:28 καὶ **περὶ** ἐνδύματος τί μεριμνᾶτε;
Mt 8:18 ὁ Ἰησοῦς ὄχλον **περὶ** αὐτὸν ἐκέλευσεν ἀπελθεῖν
Mt 9:36 τοὺς ὄχλους ἐσπλαγχνίσθη **περὶ** αὐτῶν,
Mt 11:7 λέγειν τοῖς ὄχλοις **περὶ** Ἰωάννου·
Mt 11:10 οὗτός ἐστιν **περὶ** οὗ γέγραπται·
Mt 12:36 οἱ ἄνθρωποι ἀποδώσουσιν **περὶ** αὐτοῦ λόγον
Mt 15:7 καλῶς ἐπροφήτευσεν **περὶ** ὑμῶν Ἠσαΐας λέγων·
Mt 16:11 νοεῖτε ὅτι οὐ **περὶ** ἄρτων εἶπον ὑμῖν;
Mt 17:13 οἱ μαθηταὶ ὅτι **περὶ** Ἰωάννου τοῦ βαπτιστοῦ
Mt 18:6 κρεμασθῇ μύλος ὀνικὸς **περὶ** τὸν τράχηλον αὐτοῦ
Mt 18:19 ἐπὶ τῆς γῆς **περὶ** παντὸς πράγματος οὗ
Mt 19:17 τί με ἐρωτᾷς **περὶ** τοῦ ἀγαθοῦ;
Mt 20:3 καὶ ἐξελθὼν **περὶ** τρίτην ὥραν εἶδεν
Mt 20:5 πάλιν [δὲ] ἐξελθὼν **περὶ** ἕκτην καὶ ἐνάτην
Mt 20:6 **περὶ** δὲ τὴν ἑνδεκάτην
Mt 20:9 καὶ ἐλθόντες οἱ **περὶ** τὴν ἑνδεκάτην ὥραν
Mt 20:24 οἱ δέκα ἠγανάκτησαν **περὶ** τῶν δύο ἀδελφῶν.
Mt 21:45 αὐτοῦ ἔγνωσαν ὅτι **περὶ** αὐτῶν λέγει·
Mt 22:16 οὐ μέλει σοι **περὶ** οὐδενός.
Mt 22:31 **περὶ** δὲ τῆς ἀναστάσεως
Mt 22:42 τί ὑμῖν δοκεῖ **περὶ** τοῦ χριστοῦ;
Mt 24:36 **Περὶ** δὲ τῆς ἡμέρας
Mt 26:24 ὑπάγει καθὼς γέγραπται **περὶ** αὐτοῦ,
Mt 26:28 τῆς διαθήκης τὸ **περὶ** πολλῶν ἐκχυννόμενον
Mt 27:46 **περὶ** δὲ τὴν ἐνάτην

περιάγω (*periagō*; 3/6) *go around or about*

Mt 4:23 Καὶ **περιῆγεν** ἐν ὅλῃ τῇ
Mt 9:35 Καὶ **περιῆγεν** ὁ Ἰησοῦς τὰς
Mt 23:15 ὅτι περιάγετε **τὴν** θάλασσαν καὶ τὴν

περιβάλλω (*periballō*; 5/23) *put on*

Mt 6:29 τῇ δόξῃ αὐτοῦ **περιεβάλετο** ὡς ἓν τούτων.
Mt 6:31 τί **περιβαλώμεθα**;
Mt 25:36 γυμνὸς καὶ **περιεβάλετέ** με,
Mt 25:38 ἢ γυμνὸν καὶ **περιεβάλομεν**;

Mt 25:43 γυμνὸς καὶ οὐ **περιεβάλετέ** με,

περίλυπος (*perilypos*; 1/5) *very sad*
Mt 26:38 **περίλυπός** ἐστιν ἡ ψυχή

περιπατέω (*peripateō*; 7/94[95]) *walk*
Mt 4:18 **Περιπατῶν** δὲ παρὰ τὴν
Mt 9:5 ἔγειρε καὶ **περιπάτει**;
Mt 11:5 ἀναβλέπουσιν καὶ χωλοὶ **περιπατοῦσιν**,
Mt 14:25 ἦλθεν πρὸς αὐτοὺς **περιπατῶν** ἐπὶ τὴν θάλασσαν.
Mt 14:26 ἐπὶ τῆς θαλάσσης **περιπατοῦντα** ἐταράχθησαν λέγοντες ὅτι
Mt 14:29 πλοίου [ὁ] Πέτρος **περιεπάτησεν** ἐπὶ τὰ ὕδατα
Mt 15:31 ὑγιεῖς καὶ χωλοὺς **περιπατοῦντας** καὶ τυφλοὺς βλέποντας·

περίσσευμα (*perisseuma*; 1/5) *abundance*
Mt 12:34 ἐκ γὰρ τοῦ **περισσεύματος** τῆς καρδίας τὸ

περισσεύω (*perisseuō*; 5/39) *exceed, be left over*
Mt 5:20 ὅτι ἐὰν μὴ **περισσεύσῃ** ὑμῶν ἡ δικαιοσύνη
Mt 13:12 δοθήσεται αὐτῷ καὶ **περισσευθήσεται**·
Mt 14:20 καὶ ἦραν τὸ **περισσεῦον** τῶν κλασμάτων δώδεκα
Mt 15:37 καὶ τὸ **περισσεῦον** τῶν κλασμάτων ἦραν
Mt 25:29 παντὶ δοθήσεται καὶ **περισσευθήσεται**,

περισσός (*perissos*; 2/6) *abundant, more*
Mt 5:37 τὸ δὲ **περισσὸν** τούτων ἐκ τοῦ
Mt 5:47 τί **περισσὸν** ποιεῖτε;

περισσότερος (*perissoteros*; 1/16) *more*
Mt 11:9 καὶ **περισσότερον** προφήτου.

περισσῶς (*perissōs*; 1/4) *all the more*
Mt 27:23 οἱ δὲ **περισσῶς** ἔκραζον λέγοντες·

περιστερά (*peristera*; 3/10) *dove*
Mt 3:16 θεοῦ καταβαῖνον ὡσεὶ **περιστερὰν** [καὶ] ἐρχόμενον ἐπ'
Mt 10:16 ἀκέραιοι ὡς αἱ **περιστεραί**.
Mt 21:12 τῶν πωλούντων τὰς **περιστεράς**,

περιτίθημι (*peritithēmi*; 3/8) *put around*
Mt 21:33 καὶ φραγμὸν αὐτῷ **περιέθηκεν** καὶ ὤρυξεν ἐν
Mt 27:28 αὐτὸν χλαμύδα κοκκίνην **περιέθηκαν** αὐτῷ,
Mt 27:48 τε ὄξους καὶ **περιθεὶς** καλάμῳ ἐπότιζεν αὐτόν.

περίχωρος (*perichōros*; 2/9) *surrounding region*
Mt 3:5 καὶ πᾶσα ἡ **περίχωρος** τοῦ Ἰορδάνου,
Mt 14:35 εἰς ὅλην τὴν **περίχωρον** ἐκείνην καὶ προσήνεγκαν

πετεινόν (*peteinon*; 4/14) *bird*
Mt 6:26 ἐμβλέψατε εἰς τὰ **πετεινὰ** τοῦ οὐρανοῦ ὅτι
Mt 8:20 ἔχουσιν καὶ τὰ **πετεινὰ** τοῦ οὐρανοῦ κατασκηνώσεις,
Mt 13:4 καὶ ἐλθόντα τὰ **πετεινὰ** κατέφαγεν αὐτά.
Mt 13:32 ὥστε ἐλθεῖν τὰ **πετεινὰ** τοῦ οὐρανοῦ καὶ

πέτρα (*petra*; 5/15) *rock*
Mt 7:24 οἰκίαν ἐπὶ τὴν **πέτραν**·
Mt 7:25 γὰρ ἐπὶ τὴν **πέτραν**.
Mt 16:18 ἐπὶ ταύτῃ τῇ **πέτρᾳ** οἰκοδομήσω μου τὴν
Mt 27:51 ἐσείσθη καὶ αἱ **πέτραι** ἐσχίσθησαν,
Mt 27:60 ἐλατόμησεν ἐν τῇ **πέτρᾳ** καὶ προσκυλίσας λίθον

Πέτρος (*Petros*; 23/155[156]) *Peter*
Mt 4:18 Σίμωνα τὸν λεγόμενον **Πέτρον** καὶ Ἀνδρέαν
Mt 8:14 εἰς τὴν οἰκίαν **Πέτρου** εἶδεν τὴν πενθερὰν
Mt 10:2 Σίμων ὁ λεγόμενος **Πέτρος** καὶ Ἀνδρέας ὁ
Mt 14:28 δὲ αὐτῷ ὁ **Πέτρος** εἶπεν·
Mt 14:29 τοῦ πλοίου [ὁ] **Πέτρος** περιεπάτησεν ἐπὶ τὰ
Mt 15:15 Ἀποκριθεὶς δὲ ὁ **Πέτρος** εἶπεν αὐτῷ·
Mt 16:16 ἀποκριθεὶς δὲ Σίμων **Πέτρος** εἶπεν·
Mt 16:18 ὅτι σὺ εἶ **Πέτρος**,
Mt 16:22 προσλαβόμενος αὐτὸν ὁ **Πέτρος** ἤρξατο ἐπιτιμᾶν αὐτῷ
Mt 16:23 στραφεὶς εἶπεν τῷ **Πέτρῳ**·
Mt 17:1 ὁ Ἰησοῦς τὸν **Πέτρον** καὶ Ἰάκωβον καὶ
Mt 17:4 ἀποκριθεὶς δὲ ὁ **Πέτρος** εἶπεν τῷ Ἰησοῦ·
Mt 17:24 δίδραχμα λαμβάνοντες τῷ **Πέτρῳ** καὶ εἶπαν·
Mt 18:21 Τότε προσελθὼν ὁ **Πέτρος** εἶπεν αὐτῷ·
Mt 19:27 Τότε ἀποκριθεὶς ὁ **Πέτρος** εἶπεν αὐτῷ·
Mt 26:33 ἀποκριθεὶς δὲ ὁ **Πέτρος** εἶπεν αὐτῷ·
Mt 26:35 λέγει αὐτῷ ὁ **Πέτρος**·
Mt 26:37 καὶ παραλαβὼν τὸν **Πέτρον** καὶ τοὺς δύο
Mt 26:40 καὶ λέγει τῷ **Πέτρῳ**·
Mt 26:58 ὁ δὲ **Πέτρος** ἠκολούθει αὐτῷ ἀπὸ
Mt 26:69 Ὁ δὲ **Πέτρος** ἐκάθητο ἔξω ἐν
Mt 26:73 ἑστῶτες εἶπον τῷ **Πέτρῳ**·
Mt 26:75 καὶ ἐμνήσθη ὁ **Πέτρος** τοῦ ῥήματος Ἰησοῦ

πετρώδης (*petrōdēs*; 2/4) *rocky ground*
Mt 13:5 ἔπεσεν ἐπὶ τὰ **πετρώδη** ὅπου οὐκ εἶχεν
Mt 13:20 δὲ ἐπὶ τὰ **πετρώδη** σπαρείς,

πήρα (*pēra*; 1/6) *bag*
Mt 10:10 μὴ **πήραν** εἰς ὁδὸν μηδὲ

πῆχυς (*pēchys*; 1/4) *cubit*
Mt 6:27 τὴν ἡλικίαν αὐτοῦ **πῆχυν** ἕνα;

πικρῶς (*pikrōs*; 1/2) *bitterly*
Mt 26:75 ἐξελθὼν ἔξω ἔκλαυσεν **πικρῶς**.

Πιλᾶτος (*Pilatos*; 9/55) *Pilate*
Mt 27:2 ἀπήγαγον καὶ παρέδωκαν **Πιλάτῳ** τῷ ἡγεμόνι.
Mt 27:13 λέγει αὐτῷ ὁ **Πιλᾶτος**·
Mt 27:17 εἶπεν αὐτοῖς ὁ **Πιλᾶτος**·
Mt 27:22 λέγει αὐτοῖς ὁ **Πιλᾶτος**·
Mt 27:24 ἰδὼν δὲ ὁ **Πιλᾶτος** ὅτι οὐδὲν ὠφελεῖ
Mt 27:58 οὗτος προσελθὼν τῷ **Πιλάτῳ** ᾐτήσατο τὸ σῶμα
Mt 27:58 τότε ὁ **Πιλᾶτος** ἐκέλευσεν ἀποδοθῆναι.

Mt 27:62 οἱ Φαρισαῖοι πρὸς **Πιλᾶτον**
Mt 27:65 ἔφη αὐτοῖς ὁ **Πιλᾶτος**·

πίμπλημι (*pimplēmi*; 2/24) *fill*

Mt 22:10 καὶ **ἐπλήσθη** ὁ γάμος ἀνακειμένων.
Mt 27:48 καὶ λαβὼν σπόγγον **πλήσας** τε ὄξους καὶ

πίναξ (*pinax*; 2/5) *plate*

Mt 14:8 ὧδε ἐπὶ **πίνακι** τὴν κεφαλὴν Ἰωάννου
Mt 14:11 κεφαλὴ αὐτοῦ ἐπὶ **πίνακι** καὶ ἐδόθη τῷ

πίνω (*pinō*; 15/72[73]) *drink*

Mt 6:25 φάγητε [ἢ τί **πίητε**],
Mt 6:31 τί **πίωμεν**;
Mt 11:18 μήτε ἐσθίων μήτε **πίνων**,
Mt 11:19 ἀνθρώπου ἐσθίων καὶ **πίνων**,
Mt 20:22 δύνασθε **πιεῖν** τὸ ποτήριον ὃ
Mt 20:22 ὃ ἐγὼ μέλλω **πίνειν**;
Mt 20:23 μὲν ποτήριόν μου **πίεσθε**,
Mt 24:38 κατακλυσμοῦ τρώγοντες καὶ **πίνοντες**,
Mt 24:49 ἐσθίῃ δὲ καὶ **πίνῃ** μετὰ τῶν μεθυόντων,
Mt 26:27 **πίετε** ἐξ αὐτοῦ πάντες,
Mt 26:29 οὐ μὴ **πίω** ἀπ' ἄρτι ἐκ
Mt 26:29 ἐκείνης ὅταν αὐτὸ **πίνω** μεθ' ὑμῶν καινὸν
Mt 26:42 ἐὰν μὴ αὐτὸ **πίω**,
Mt 27:34 ἔδωκαν αὐτῷ **πιεῖν** οἶνον μετὰ χολῆς
Mt 27:34 γευσάμενος οὐκ ἠθέλησεν **πιεῖν**.

πιπράσκω (*pipraskō*; 3/9) *sell*

Mt 13:46 πολύτιμον μαργαρίτην ἀπελθὼν **πέπρακεν** πάντα ὅσα εἶχεν
Mt 18:25 αὐτὸν ὁ κύριος **πραθῆναι** καὶ τὴν γυναῖκα
Mt 26:9 ἐδύνατο γὰρ τοῦτο **πραθῆναι** πολλοῦ καὶ δοθῆναι

πίπτω (*piptō*; 19/90) *fall*

Mt 2:11 καὶ **πεσόντες** προσεκύνησαν αὐτῷ καὶ
Mt 4:9 ἐὰν **πεσὼν** προσκυνήσῃς μοι.
Mt 7:25 καὶ οὐκ **ἔπεσεν**,
Mt 7:27 καὶ **ἔπεσεν** καὶ ἦν ἡ
Mt 10:29 ἐξ αὐτῶν οὐ **πεσεῖται** ἐπὶ τὴν γῆν
Mt 13:4 αὐτὸν ἃ μὲν **ἔπεσεν** παρὰ τὴν ὁδόν,
Mt 13:5 ἄλλα δὲ **ἔπεσεν** ἐπὶ τὰ πετρώδη
Mt 13:7 ἄλλα δὲ **ἔπεσεν** ἐπὶ τὰς ἀκάνθας,
Mt 13:8 ἄλλα δὲ **ἔπεσεν** ἐπὶ τὴν γῆν
Mt 15:14 ἀμφότεροι εἰς βόθυνον **πεσοῦνται**.
Mt 15:27 τῶν ψιχίων τῶν **πιπτόντων** ἀπὸ τῆς τραπέζης
Mt 17:6 ἀκούσαντες οἱ μαθηταὶ **ἔπεσαν** ἐπὶ πρόσωπον αὐτῶν
Mt 17:15 πολλάκις γὰρ **πίπτει** εἰς τὸ πῦρ
Mt 18:26 **πεσὼν** οὖν ὁ δοῦλος
Mt 18:29 **πεσὼν** οὖν ὁ σύνδουλος
Mt 21:44 [καὶ ὁ **πεσὼν** ἐπὶ τὸν λίθον
Mt 21:44 ὃν δ' ἂν **πέσῃ** λικμήσει αὐτόν]
Mt 24:29 καὶ οἱ ἀστέρες **πεσοῦνται** ἀπὸ τοῦ οὐρανοῦ,
Mt 26:39 καὶ προελθὼν μικρὸν **ἔπεσεν** ἐπὶ πρόσωπον αὐτοῦ

πιστεύω (*pisteuō*; 11/237[241]) *believe*

Mt 8:13 ὡς **ἐπίστευσας** γενηθήτω σοι.
Mt 9:28 **πιστεύετε** ὅτι δύναμαι τοῦτο
Mt 18:6 μικρῶν τούτων τῶν **πιστευόντων** εἰς ἐμέ,
Mt 21:22 ἐν τῇ προσευχῇ **πιστεύοντες** λήμψεσθε.
Mt 21:25 τί οὖν οὐκ **ἐπιστεύσατε** αὐτῷ;
Mt 21:32 καὶ οὐκ **ἐπιστεύσατε** αὐτῷ,
Mt 21:32 καὶ αἱ πόρναι **ἐπίστευσαν** αὐτῷ·
Mt 21:32 μετεμελήθητε ὕστερον τοῦ **πιστεῦσαι** αὐτῷ.
Mt 24:23 μὴ **πιστεύσητε**·
Mt 24:26 μὴ **πιστεύσητε**·
Mt 27:42 τοῦ σταυροῦ καὶ **πιστεύσομεν** ἐπ' αὐτόν.

πίστις (*pistis*; 8/243) *faith*

Mt 8:10 παρ' οὐδενὶ τοσαύτην **πίστιν** ἐν τῷ Ἰσραὴλ
Mt 9:2 ὁ Ἰησοῦς τὴν **πίστιν** αὐτῶν εἶπεν τῷ
Mt 9:22 ἡ **πίστις** σου σέσωκέν σε.
Mt 9:29 κατὰ τὴν **πίστιν** ὑμῶν γενηθήτω ὑμῖν.
Mt 15:28 μεγάλη σου ἡ **πίστις**·
Mt 17:20 ἐὰν ἔχητε **πίστιν** ὡς κόκκον σινάπεως,
Mt 21:21 ἐὰν ἔχητε **πίστιν** καὶ μὴ διακριθῆτε,
Mt 23:23 ἔλεος καὶ τὴν **πίστιν**·

πιστός (*pistos*; 5/67) *believing*

Mt 24:45 ἄρα ἐστὶν ὁ **πιστὸς** δοῦλος καὶ φρόνιμος
Mt 25:21 δοῦλε ἀγαθὲ καὶ **πιστέ**,
Mt 25:21 ἐπὶ ὀλίγα ἦς **πιστός**,
Mt 25:23 δοῦλε ἀγαθὲ καὶ **πιστέ**,
Mt 25:23 ἐπὶ ὀλίγα ἦς **πιστός**,

πλανάω (*planaō*; 8/39) *lead astray*

Mt 18:12 ἑκατὸν πρόβατα καὶ **πλανηθῇ** ἓν ἐξ αὐτῶν,
Mt 18:12 πορευθεὶς ζητεῖ τὸ **πλανώμενον**;
Mt 18:13 ἐννέα τοῖς μὴ **πεπλανημένοις**.
Mt 22:29 **πλανᾶσθε** μὴ εἰδότες τὰς
Mt 24:4 μή τις ὑμᾶς **πλανήσῃ**·
Mt 24:5 καὶ πολλοὺς **πλανήσουσιν**.
Mt 24:11 ψευδοπροφῆται ἐγερθήσονται καὶ **πλανήσουσιν** πολλούς·
Mt 24:24 καὶ τέρατα ὥστε **πλανῆσαι**,

πλάνη (*planē*; 1/10) *error*

Mt 27:64 ἔσται ἡ ἐσχάτη **πλάνη** χείρων τῆς πρώτης.

πλάνος (*planos*; 1/5) *deceitful*

Mt 27:63 ὅτι ἐκεῖνος ὁ **πλάνος** εἶπεν ἔτι ζῶν·

πλατεῖα (*plateia*; 2/9) *wide street*

Mt 6:5 ταῖς γωνίαις τῶν **πλατειῶν** ἑστῶτες προσεύχεσθαι,
Mt 12:19 τις ἐν ταῖς **πλατείαις** τὴν φωνὴν αὐτοῦ.

πλατύνω (*platynō*; 1/3) *enlarge*

Mt 23:5 **πλατύνουσιν** γὰρ τὰ φυλακτήρια

πλατύς (*platys*; 1/1) *wide*

Mt 7:13 ὅτι **πλατεῖα** ἡ πύλη καὶ

πλέκω (*plekō*; 1/3) *weave*

Mt 27:29 καὶ **πλέξαντες** στέφανον ἐξ ἀκανθῶν

πληθύνω (*plēthynō*; 1/12) *increase*

Mt 24:12 καὶ διὰ τὸ **πληθυνθῆναι** τὴν ἀνομίαν ψυγήσεται

πλήν (*plēn*; 5/31) *but, except*

Mt 11:22 **πλὴν** λέγω ὑμῖν,
Mt 11:24 **πλὴν** λέγω ὑμῖν ὅτι
Mt 18:7 **πλὴν** οὐαὶ τῷ ἀνθρώπῳ
Mt 26:39 **πλὴν** οὐχ ὡς ἐγὼ
Mt 26:64 **πλὴν** λέγω ὑμῖν·

πλήρης (*plērēs*; 2/16) *full*

Mt 14:20 κλασμάτων δώδεκα κοφίνους **πλήρεις**.
Mt 15:37 ἦραν ἑπτὰ σπυρίδας **πλήρεις**.

πληρόω (*plēroō*; 16/86) *fulfill*

Mt 1:22 ὅλον γέγονεν ἵνα **πληρωθῇ** τὸ ῥηθὲν ὑπὸ
Mt 2:15 ἵνα **πληρωθῇ** τὸ ῥηθὲν ὑπὸ
Mt 2:17 τότε **ἐπληρώθη** τὸ ῥηθὲν διὰ
Mt 2:23 ὅπως **πληρωθῇ** τὸ ῥηθὲν διὰ
Mt 3:15 πρέπον ἐστὶν ἡμῖν **πληρῶσαι** πᾶσαν δικαιοσύνην.
Mt 4:14 ἵνα **πληρωθῇ** τὸ ῥηθὲν διὰ
Mt 5:17 ἦλθον καταλῦσαι ἀλλὰ **πληρῶσαι**.
Mt 8:17 ὅπως **πληρωθῇ** τὸ ῥηθὲν διὰ
Mt 12:17 ἵνα **πληρωθῇ** τὸ ῥηθὲν διὰ
Mt 13:35 ὅπως **πληρωθῇ** τὸ ῥηθὲν διὰ
Mt 13:48 ἣν ὅτε **ἐπληρώθη** ἀναβιβάσαντες ἐπὶ τὸν
Mt 21:4 δὲ γέγονεν ἵνα **πληρωθῇ** τὸ ῥηθὲν διὰ
Mt 23:32 καὶ ὑμεῖς **πληρώσατε** τὸ μέτρον τῶν
Mt 26:54 πῶς οὖν **πληρωθῶσιν** αἱ γραφαὶ ὅτι
Mt 26:56 ὅλον γέγονεν ἵνα **πληρωθῶσιν** αἱ γραφαὶ
Mt 27:9 τότε **ἐπληρώθη** τὸ ῥηθὲν διὰ

πλήρωμα (*plērōma*; 1/17) *fullness*

Mt 9:16 αἴρει γὰρ τὸ **πλήρωμα** αὐτοῦ ἀπὸ τοῦ

πλησίον (*plēsion*; 3/17) *near, neighbor*

Mt 5:43 ἀγαπήσεις τὸν **πλησίον** σου καὶ μισήσεις
Mt 19:19 καὶ ἀγαπήσεις τὸν **πλησίον** σου ὡς σεαυτόν.
Mt 22:39 ἀγαπήσεις τὸν **πλησίον** σου ὡς σεαυτόν.

πλοῖον (*ploion*; 13/67) *boat*

Mt 4:21 ἐν τῷ **πλοίῳ** μετὰ Ζεβεδαίου τοῦ
Mt 4:22 εὐθέως ἀφέντες τὸ **πλοῖον** καὶ τὸν πατέρα
Mt 8:23 αὐτῷ εἰς τὸ **πλοῖον** ἠκολούθησαν αὐτῷ οἱ
Mt 8:24 ὥστε τὸ **πλοῖον** καλύπτεσθαι ὑπὸ τῶν
Mt 9:1 Καὶ ἐμβὰς εἰς **πλοῖον** διεπέρασεν καὶ ἦλθεν
Mt 13:2 ὥστε αὐτὸν εἰς **πλοῖον** ἐμβάντα καθῆσθαι,
Mt 14:13 ἀνεχώρησεν ἐκεῖθεν ἐν **πλοίῳ** εἰς ἔρημον τόπον
Mt 14:22 ἐμβῆναι εἰς τὸ **πλοῖον** καὶ προάγειν αὐτὸν
Mt 14:24 τὸ δὲ **πλοῖον** ἤδη σταδίους πολλοὺς
Mt 14:29 καταβὰς ἀπὸ τοῦ **πλοίου** [ὁ] Πέτρος περιεπάτησεν
Mt 14:32 αὐτῶν εἰς τὸ **πλοῖον** ἐκόπασεν ὁ ἄνεμος.
Mt 14:33 δὲ ἐν τῷ **πλοίῳ** προσεκύνησαν αὐτῷ λέγοντες·
Mt 15:39 ἐνέβη εἰς τὸ **πλοῖον** καὶ ἦλθεν εἰς

πλούσιος (*plousios*; 3/28) *rich*

Mt 19:23 λέγω ὑμῖν ὅτι **πλούσιος** δυσκόλως εἰσελεύσεται εἰς
Mt 19:24 ῥαφίδος διελθεῖν ἢ **πλούσιον** εἰσελθεῖν εἰς
Mt 27:57 γενομένης ἦλθεν ἄνθρωπος **πλούσιος** ἀπὸ Ἁριμαθαίας,

πλοῦτος (*ploutos*; 1/22) *wealth, riches*

Mt 13:22 ἡ ἀπάτη τοῦ **πλούτου** συμπνίγει τὸν λόγον

πνεῦμα (*pneuma*; 19/379) *Spirit, spirit*

Mt 1:18 γαστρὶ ἔχουσα ἐκ **πνεύματος** ἁγίου.
Mt 1:20 αὐτῇ γεννηθὲν ἐκ **πνεύματός** ἐστιν ἁγίου.
Mt 3:11 ὑμᾶς βαπτίσει ἐν **πνεύματι** ἁγίῳ καὶ πυρί·
Mt 3:16 καὶ εἶδεν [τὸ] **πνεῦμα** [τοῦ] θεοῦ καταβαῖνον
Mt 4:1 ἔρημον ὑπὸ τοῦ **πνεύματος** πειρασθῆναι ὑπὸ
Mt 5:3 οἱ πτωχοὶ τῷ **πνεύματι**,
Mt 8:16 καὶ ἐξέβαλεν τὰ **πνεύματα** λόγῳ καὶ πάντας
Mt 10:1 ἔδωκεν αὐτοῖς ἐξουσίαν **πνευμάτων** ἀκαθάρτων ὥστε ἐκβάλλειν
Mt 10:20 λαλοῦντες ἀλλὰ τὸ **πνεῦμα** τοῦ πατρὸς ὑμῶν
Mt 12:18 θήσω τὸ **πνεῦμά** μου ἐπ' αὐτόν,
Mt 12:28 εἰ δὲ ἐν **πνεύματι** θεοῦ ἐγὼ ἐκβάλλω
Mt 12:31 ἡ δὲ τοῦ **πνεύματος** βλασφημία οὐκ ἀφεθήσεται.
Mt 12:32 εἴπῃ κατὰ τοῦ **πνεύματος** τοῦ ἁγίου,
Mt 12:43 δὲ τὸ ἀκάθαρτον **πνεῦμα** ἐξέλθῃ ἀπὸ τοῦ
Mt 12:45 ἑαυτοῦ ἑπτὰ ἕτερα **πνεύματα** πονηρότερα ἑαυτοῦ καὶ
Mt 22:43 οὖν Δαυὶδ ἐν **πνεύματι** καλεῖ αὐτὸν κύριον
Mt 26:41 τὸ μὲν **πνεῦμα** πρόθυμον ἡ δὲ
Mt 27:50 μεγάλῃ ἀφῆκεν τὸ **πνεῦμα**.
Mt 28:19 καὶ τοῦ ἁγίου **πνεύματος**,

πνέω (*pneō*; 2/7) *blow*

Mt 7:25 οἱ ποταμοὶ καὶ **ἔπνευσαν** οἱ ἄνεμοι καὶ
Mt 7:27 οἱ ποταμοὶ καὶ **ἔπνευσαν** οἱ ἄνεμοι καὶ

πνίγω (*pnigō*; 2/3) *choke*

Mt 13:7 αἱ ἄκανθαι καὶ **ἔπνιξαν** αὐτά.
Mt 18:28 καὶ κρατήσας αὐτὸν **ἔπνιγεν** λέγων·

πόθεν (*pothen*; 5/29) *from where*

Mt 13:27 **πόθεν** οὖν ἔχει ζιζάνια;
Mt 13:54 **πόθεν** τούτῳ ἡ σοφία
Mt 13:56 **πόθεν** οὖν τούτῳ ταῦτα
Mt 15:33 **πόθεν** ἡμῖν ἐν ἐρημίᾳ
Mt 21:25 βάπτισμα τὸ Ἰωάννου **πόθεν** ἦν;

ποιέω (*poieō*; 86/568) *do, make*

Mt 1:24 ἀπὸ τοῦ ὕπνου **ἐποίησεν** ὡς προσέταξεν αὐτῷ
Mt 3:3 εὐθείας **ποιεῖτε** τὰς τρίβους αὐτοῦ.
Mt 3:8 **ποιήσατε** οὖν καρπὸν ἄξιον
Mt 3:10 οὖν δένδρον μὴ **ποιοῦν** καρπὸν καλὸν ἐκκόπτεται
Mt 4:19 καὶ **ποιήσω** ὑμᾶς ἁλιεῖς ἀνθρώπων.
Mt 5:19 ὃς δ' ἂν **ποιήσῃ** καὶ διδάξῃ,
Mt 5:32 παρεκτὸς λόγου πορνείας **ποιεῖ** αὐτὴν μοιχευθῆναι,
Mt 5:36 μίαν τρίχα λευκὴν **ποιῆσαι** ἢ μέλαιναν.
Mt 5:46 τελῶναι τὸ αὐτὸ **ποιοῦσιν**;
Mt 5:47 τί περισσὸν **ποιεῖτε**;
Mt 5:47 ἐθνικοὶ τὸ αὐτὸ **ποιοῦσιν**;
Mt 6:1 δικαιοσύνην ὑμῶν μὴ **ποιεῖν** ἔμπροσθεν τῶν ἀνθρώπων
Mt 6:2 Ὅταν οὖν **ποιῇς** ἐλεημοσύνην,

Mt 6:2 ὥσπερ οἱ ὑποκριταὶ **ποιοῦσιν** ἐν ταῖς συναγωγαῖς
Mt 6:3 σοῦ δὲ **ποιοῦντος** ἐλεημοσύνην μὴ γνώτω
Mt 6:3 ἀριστερά σου τί **ποιεῖ** ἡ δεξιά σου,
Mt 7:12 ἐὰν θέλητε ἵνα **ποιῶσιν** ὑμῖν οἱ ἄνθρωποι,
Mt 7:12 οὕτως καὶ ὑμεῖς **ποιεῖτε** αὐτοῖς·
Mt 7:17 ἀγαθὸν καρποὺς καλοὺς **ποιεῖ**,
Mt 7:17 δένδρον καρποὺς πονηροὺς **ποιεῖ**.
Mt 7:18 ἀγαθὸν καρποὺς πονηροὺς **ποιεῖν** οὐδὲ δένδρον σαπρὸν
Mt 7:18 σαπρὸν καρποὺς καλοὺς **ποιεῖν**.
Mt 7:19 πᾶν δένδρον μὴ **ποιοῦν** καρπὸν καλὸν ἐκκόπτεται
Mt 7:21 ἀλλ' ὁ **ποιῶν** τὸ θέλημα τοῦ
Mt 7:22 ὀνόματι δυνάμεις πολλὰς **ἐποιήσαμεν**;
Mt 7:24 λόγους τούτους καὶ **ποιεῖ** αὐτούς,
Mt 7:26 τούτους καὶ μὴ **ποιῶν** αὐτοὺς ὁμοιωθήσεται ἀνδρὶ
Mt 8:9 **ποίησον** τοῦτο,
Mt 8:9 καὶ **ποιεῖ**.
Mt 9:28 ὅτι δύναμαι τοῦτο **ποιῆσαι**;
Mt 12:2 οἱ μαθηταί σου **ποιοῦσιν** ὃ οὐκ ἔξεστιν
Mt 12:2 ὃ οὐκ ἔξεστιν **ποιεῖν** ἐν σαββάτῳ.
Mt 12:3 οὐκ ἀνέγνωτε τί **ἐποίησεν** Δαυὶδ ὅτε ἐπείνασεν
Mt 12:12 τοῖς σάββασιν καλῶς **ποιεῖν**.
Mt 12:16 μὴ φανερὸν αὐτὸν **ποιήσωσιν**,
Mt 12:33 Ἢ **ποιήσατε** τὸ δένδρον καλὸν
Mt 12:33 ἢ **ποιήσατε** τὸ δένδρον σαπρὸν
Mt 12:50 ὅστις γὰρ ἂν **ποιήσῃ** τὸ θέλημα τοῦ
Mt 13:23 δὴ καρποφορεῖ καὶ **ποιεῖ** ὃ μὲν ἑκατόν,
Mt 13:26 χόρτος καὶ καρπὸν **ἐποίησεν**,
Mt 13:28 ἐχθρὸς ἄνθρωπος τοῦτο **ἐποίησεν**.
Mt 13:41 σκάνδαλα καὶ τοὺς **ποιοῦντας** τὴν ἀνομίαν
Mt 13:58 καὶ οὐκ **ἐποίησεν** ἐκεῖ δυνάμεις πολλὰς
Mt 17:4 **ποιήσω** ὧδε τρεῖς σκηνάς,
Mt 17:12 ἐπέγνωσαν αὐτὸν ἀλλὰ **ἐποίησαν** ἐν αὐτῷ ὅσα
Mt 18:35 μου ὁ οὐράνιος **ποιήσει** ὑμῖν,
Mt 19:4 ἄρσεν καὶ θῆλυ **ἐποίησεν** αὐτούς;
Mt 19:16 τί ἀγαθὸν **ποιήσω** ἵνα σχῶ ζωὴν
Mt 20:5 καὶ ἐνάτην ὥραν **ἐποίησεν** ὡσαύτως.
Mt 20:12 ἔσχατοι μίαν ὥραν **ἐποίησαν**,
Mt 20:12 ἴσους ἡμῖν αὐτοὺς **ἐποίησας** τοῖς βαστάσασι
Mt 20:15 μοι ὃ θέλω **ποιῆσαι** ἐν τοῖς ἐμοῖς;
Mt 20:32 τί θέλετε **ποιήσω** ὑμῖν;
Mt 21:6 οἱ μαθηταὶ καὶ **ποιήσαντες** καθὼς συνέταξεν αὐτοῖς
Mt 21:13 ὑμεῖς δὲ αὐτὸν **ποιεῖτε** σπήλαιον λῃστῶν.
Mt 21:15 τὰ θαυμάσια ἃ **ἐποίησεν** καὶ τοὺς παῖδας
Mt 21:21 τὸ τῆς συκῆς **ποιήσετε**,
Mt 21:23 ποίᾳ ἐξουσίᾳ ταῦτα **ποιεῖς**;
Mt 21:24 ποίᾳ ἐξουσίᾳ ταῦτα **ποιῶ**·
Mt 21:27 ποίᾳ ἐξουσίᾳ ταῦτα **ποιῶ**.
Mt 21:31 ἐκ τῶν δύο **ἐποίησεν** τὸ θέλημα τοῦ
Mt 21:36 καὶ **ἐποίησαν** αὐτοῖς ὡσαύτως.
Mt 21:40 τι **ποιήσει** τοῖς γεωργοῖς ἐκείνοις;
Mt 21:43 καὶ δοθήσεται ἔθνει **ποιοῦντι** τοὺς καρποὺς αὐτῆς.
Mt 22:2 ὅστις **ἐποίησεν** γάμους τῷ υἱῷ
Mt 23:3 ἐὰν εἴπωσιν ὑμῖν **ποιήσατε** καὶ τηρεῖτε,
Mt 23:3 ἔργα αὐτῶν μὴ **ποιεῖτε**·
Mt 23:3 γὰρ καὶ οὐ **ποιοῦσιν**.
Mt 23:5 τὰ ἔργα αὐτῶν **ποιοῦσιν** πρὸς τὸ θεαθῆναι
Mt 23:15 καὶ τὴν ξηρὰν **ποιῆσαι** ἕνα προσήλυτον,
Mt 23:15 καὶ ὅταν γένηται **ποιεῖτε** αὐτὸν υἱὸν γεέννης
Mt 23:23 ταῦτα [δὲ] ἔδει **ποιῆσαι** κἀκεῖνα μὴ ἀφιέναι.
Mt 24:46 αὐτοῦ εὑρήσει οὕτως **ποιοῦντα**·
Mt 25:40 ἐφ' ὅσον **ἐποιήσατε** ἑνὶ τούτων τῶν
Mt 25:40 ἐμοὶ **ἐποιήσατε**.
Mt 25:45 ἐφ' ὅσον οὐκ **ἐποιήσατε** ἑνὶ τούτων τῶν
Mt 25:45 οὐδὲ ἐμοὶ **ἐποιήσατε**.
Mt 26:12 τὸ ἐνταφιάσαι με **ἐποίησεν**.
Mt 26:13 λαληθήσεται καὶ ὃ **ἐποίησεν** αὕτη εἰς μνημόσυνον
Mt 26:18 πρὸς σὲ **ποιῶ** τὸ πάσχα μετὰ
Mt 26:19 καὶ **ἐποίησαν** οἱ μαθηταὶ ὡς
Mt 26:73 σου δῆλόν σε **ποιεῖ**.
Mt 27:22 τί οὖν **ποιήσω** Ἰησοῦν τὸν λεγόμενον
Mt 27:23 τί γὰρ κακὸν **ἐποίησεν**;
Mt 28:14 καὶ ὑμᾶς ἀμερίμνους **ποιήσομεν**.
Mt 28:15 λαβόντες τὰ ἀργύρια **ἐποίησαν** ὡς ἐδιδάχθησαν.

ποικίλος (*poikilos*; 1/10) *various kinds of*

Mt 4:24 τοὺς κακῶς ἔχοντας **ποικίλαις** νόσοις καὶ βασάνοις

ποιμαίνω (*poimainō*; 1/11) *tend like a shepherd*

Mt 2:6 ὅστις **ποιμανεῖ** τὸν λαόν μου

ποιμήν (*poimēn*; 3/18) *shepherd*

Mt 9:36 πρόβατα μὴ ἔχοντα **ποιμένα**.
Mt 25:32 ὥσπερ ὁ **ποιμὴν** ἀφορίζει τὰ πρόβατα
Mt 26:31 πατάξω τὸν **ποιμένα**,

ποίμνη (*poimnē*; 1/5) *flock*

Mt 26:31 τὰ πρόβατα τῆς **ποίμνης**.

ποῖος (*poios*; 7/33) *what kind of*

Mt 19:18 **ποίας**;
Mt 21:23 ἐν **ποίᾳ** ἐξουσίᾳ ταῦτα ποιεῖς;
Mt 21:24 ὑμῖν ἐρῶ ἐν **ποίᾳ** ἐξουσίᾳ ταῦτα ποιῶ·
Mt 21:27 λέγω ὑμῖν ἐν **ποίᾳ** ἐξουσίᾳ ταῦτα ποιῶ.
Mt 22:36 **ποία** ἐντολὴ μεγάλη ἐν
Mt 24:42 ὅτι οὐκ οἴδατε **ποίᾳ** ἡμέρᾳ ὁ κύριος
Mt 24:43 ᾔδει ὁ οἰκοδεσπότης **ποίᾳ** φυλακῇ ὁ κλέπτης

πόλεμος (*polemos*; 2/18) *war*

Mt 24:6 μελλήσετε δὲ ἀκούειν **πολέμους** καὶ ἀκοὰς πολέμων·
Mt 24:6 πολέμους καὶ ἀκοὰς **πολέμων**·

πόλις (*polis*; 27/163) *city, town*

Mt 2:23 ἐλθὼν κατῴκησεν εἰς **πόλιν** λεγομένην Ναζαρέτ·
Mt 4:5 εἰς τὴν ἁγίαν **πόλιν** καὶ ἔστησεν αὐτὸν
Mt 5:14 οὐ δύναται **πόλις** κρυβῆναι ἐπάνω ὄρους
Mt 5:35 ὅτι **πόλις** ἐστὶν τοῦ μεγάλου
Mt 8:33 ἀπελθόντες εἰς τὴν **πόλιν** ἀπήγγειλαν πάντα
Mt 8:34 ἰδοὺ πᾶσα ἡ **πόλις** ἐξῆλθεν εἰς ὑπάντησιν
Mt 9:1 εἰς τὴν ἰδίαν **πόλιν**.
Mt 9:35 ὁ Ἰησοῦς τὰς **πόλεις** πάσας καὶ τὰς
Mt 10:5 ἀπέλθητε καὶ εἰς **πόλιν** Σαμαριτῶν μὴ εἰσέλθητε·

Mt 10:11 ἣν δ᾽ ἂν **πόλιν** ἢ κώμην εἰσέλθητε,
Mt 10:14 οἰκίας ἢ τῆς **πόλεως** ἐκείνης ἐκτινάξατε τὸν
Mt 10:15 κρίσεως ἢ τῇ **πόλει** ἐκείνῃ.
Mt 10:23 ὑμᾶς ἐν τῇ **πόλει** ταύτῃ,
Mt 10:23 μὴ τελέσητε τὰς **πόλεις** τοῦ Ἰσραὴλ ἕως
Mt 11:1 κηρύσσειν ἐν ταῖς **πόλεσιν** αὐτῶν.
Mt 11:20 ἤρξατο ὀνειδίζειν τὰς **πόλεις** ἐν αἷς ἐγένοντο
Mt 12:25 ἐρημοῦται καὶ πᾶσα **πόλις** ἢ οἰκία μερισθεῖσα
Mt 14:13 πεζῇ ἀπὸ τῶν **πόλεων**.
Mt 21:10 ἐσείσθη πᾶσα ἡ **πόλις** λέγουσα·
Mt 21:17 ἐξῆλθεν ἔξω τῆς **πόλεως** εἰς Βηθανίαν καὶ
Mt 21:18 ἐπανάγων εἰς τὴν **πόλιν** ἐπείνασεν.
Mt 22:7 ἐκείνους καὶ τὴν **πόλιν** αὐτῶν ἐνέπρησεν.
Mt 23:34 καὶ διώξετε ἀπὸ **πόλεως** εἰς πόλιν·
Mt 23:34 ἀπὸ πόλεως εἰς **πόλιν**·
Mt 26:18 ὑπάγετε εἰς τὴν **πόλιν** πρὸς τὸν δεῖνα
Mt 27:53 εἰς τὴν ἁγίαν **πόλιν** καὶ ἐνεφανίσθησαν πολλοῖς.
Mt 28:11 ἐλθόντες εἰς τὴν **πόλιν** ἀπήγγειλαν τοῖς ἀρχιερεῦσιν

πολλάκις (*pollakis*; 2/18) *often*

Mt 17:15 **πολλάκις** γὰρ πίπτει εἰς
Mt 17:15 τὸ πῦρ καὶ **πολλάκις** εἰς τὸ ὕδωρ.

πολυλογία (*polylogia*; 1/1) *many words*

Mt 6:7 ὅτι ἐν τῇ **πολυλογίᾳ** αὐτῶν εἰσακουσθήσονται.

πολύς (*polys*; 60/417) *much (pl. many)*

Mt 2:18 κλαυθμὸς καὶ ὀδυρμὸς **πολύς**·
Mt 3:7 ἰδὼν δὲ **πολλοὺς** τῶν Φαρισαίων καὶ
Mt 4:25 ἠκολούθησαν αὐτῷ ὄχλοι **πολλοὶ** ἀπὸ τῆς Γαλιλαίας
Mt 5:12 ὁ μισθὸς ὑμῶν **πολὺς** ἐν τοῖς οὐρανοῖς·
Mt 5:20 ὑμῶν ἡ δικαιοσύνη **πλεῖον** τῶν γραμματέων
Mt 6:25 οὐχὶ ἡ ψυχὴ **πλεῖόν** ἐστιν τῆς τροφῆς
Mt 6:30 οὐ **πολλῷ** μᾶλλον ὑμᾶς,
Mt 7:13 τὴν ἀπώλειαν καὶ **πολλοί** εἰσιν οἱ εἰσερχόμενοι
Mt 7:22 **πολλοὶ** ἐροῦσίν μοι ἐν
Mt 7:22 σῷ ὀνόματι δυνάμεις **πολλὰς** ἐποιήσαμεν;
Mt 8:1 ἠκολούθησαν αὐτῷ ὄχλοι **πολλοί**.
Mt 8:11 δὲ ὑμῖν ὅτι **πολλοὶ** ἀπὸ ἀνατολῶν καὶ
Mt 8:16 προσήνεγκαν αὐτῷ δαιμονιζομένους **πολλούς**·
Mt 8:30 αὐτῶν ἀγέλη χοίρων **πολλῶν** βοσκομένη.
Mt 9:10 καὶ ἰδοὺ **πολλοὶ** τελῶναι καὶ ἁμαρτωλοὶ
Mt 9:14 οἱ Φαρισαῖοι νηστεύομεν **[πολλά]**,
Mt 9:37 ὁ μὲν θερισμὸς **πολύς**,
Mt 10:31 **πολλῶν** στρουθίων διαφέρετε ὑμεῖς.
Mt 11:20 αἷς ἐγένοντο αἱ **πλεῖσται** δυνάμεις αὐτοῦ,
Mt 12:15 ἠκολούθησαν αὐτῷ [ὄχλοι] **πολλοί**,
Mt 12:41 καὶ ἰδοὺ **πλεῖον** Ἰωνᾶ ὧδε.
Mt 12:42 καὶ ἰδοὺ **πλεῖον** Σολομῶνος ὧδε.
Mt 13:2 πρὸς αὐτὸν ὄχλοι **πολλοί**,
Mt 13:3 Καὶ ἐλάλησεν αὐτοῖς **πολλὰ** ἐν παραβολαῖς λέγων·
Mt 13:5 οὐκ εἶχεν γῆν **πολλήν**,
Mt 13:17 λέγω ὑμῖν ὅτι **πολλοὶ** προφῆται καὶ δίκαιοι
Mt 13:58 ἐποίησεν ἐκεῖ δυνάμεις **πολλὰς** διὰ τὴν ἀπιστίαν
Mt 14:14 Καὶ ἐξελθὼν εἶδεν **πολὺν** ὄχλον καὶ ἐσπλαγχνίσθη
Mt 14:24 πλοῖον ἤδη σταδίους **πολλοὺς** ἀπὸ τῆς γῆς
Mt 15:30 προσῆλθον αὐτῷ ὄχλοι **πολλοὶ** ἔχοντες μεθ᾽ ἑαυτῶν
Mt 15:30 καὶ ἑτέρους **πολλοὺς** καὶ ἔρριψαν αὐτοὺς
Mt 16:21 Ἱεροσόλυμα ἀπελθεῖν καὶ **πολλὰ** παθεῖν ἀπὸ
Mt 19:2 ἠκολούθησαν αὐτῷ ὄχλοι **πολλοί**,
Mt 19:22 γὰρ ἔχων κτήματα **πολλά**.
Mt 19:30 **πολλοὶ** δὲ ἔσονται πρῶτοι
Mt 20:10 πρῶτοι ἐνόμισαν ὅτι **πλεῖον** λήμψονται·
Mt 20:28 αὐτοῦ λύτρον ἀντὶ **πολλῶν**.
Mt 20:29 ἠκολούθησεν αὐτῷ ὄχλος **πολύς**.
Mt 21:8 ὁ δὲ **πλεῖστος** ὄχλος ἔστρωσαν ἑαυτῶν
Mt 21:36 ἀπέστειλεν ἄλλους δούλους **πλείονας** τῶν πρώτων,
Mt 22:14 **πολλοὶ** γάρ εἰσιν κλητοί,
Mt 24:5 **πολλοὶ** γὰρ ἐλεύσονται ἐπὶ
Mt 24:5 καὶ **πολλοὺς** πλανήσουσιν.
Mt 24:10 καὶ τότε σκανδαλισθήσονται **πολλοὶ** καὶ ἀλλήλους παραδώσουσιν
Mt 24:11 καὶ **πολλοὶ** ψευδοπροφῆται ἐγερθήσονται καὶ
Mt 24:11 ἐγερθήσονται καὶ πλανήσουσιν **πολλούς**·
Mt 24:12 ἡ ἀγάπη τῶν **πολλῶν**.
Mt 24:30 δυνάμεως καὶ δόξης **πολλῆς**·
Mt 25:19 μετὰ δὲ **πολὺν** χρόνον ἔρχεται ὁ
Mt 25:21 ἐπὶ **πολλῶν** σε καταστήσω·
Mt 25:23 ἐπὶ **πολλῶν** σε καταστήσω·
Mt 26:9 γὰρ τοῦτο πραθῆναι **πολλοῦ** καὶ δοθῆναι πτωχοῖς.
Mt 26:28 διαθήκης τὸ περὶ **πολλῶν** ἐκχυννόμενον εἰς ἄφεσιν
Mt 26:47 μετ᾽ αὐτοῦ ὄχλος **πολὺς** μετὰ μαχαιρῶν καὶ
Mt 26:53 παραστήσει μοι ἄρτι **πλείω** δώδεκα λεγιῶνας ἀγγέλων;
Mt 26:60 καὶ οὐχ εὗρον **πολλῶν** προσελθόντων ψευδομαρτύρων.
Mt 27:19 **πολλὰ** γὰρ ἔπαθον σήμερον
Mt 27:52 μνημεῖα ἀνεῴχθησαν καὶ **πολλὰ** σώματα τῶν κεκοιμημένων
Mt 27:53 πόλιν καὶ ἐνεφανίσθησαν **πολλοῖς**.
Mt 27:55 δὲ ἐκεῖ γυναῖκες **πολλαὶ** ἀπὸ μακρόθεν θεωροῦσαι,

πολύτιμος (*polytimos*; 1/3) *expensive*

Mt 13:46 εὑρὼν δὲ ἕνα **πολύτιμον** μαργαρίτην ἀπελθὼν πέπρακεν

πονηρία (*ponēria*; 1/7) *wickedness*

Mt 22:18 ὁ Ἰησοῦς τὴν **πονηρίαν** αὐτῶν εἶπεν·

πονηρός (*ponēros*; 26/78) *evil*

Mt 5:11 καὶ εἴπωσιν πᾶν **πονηρὸν** καθ᾽ ὑμῶν [ψευδόμενοι]
Mt 5:37 τούτων ἐκ τοῦ **πονηροῦ** ἐστιν.
Mt 5:39 μὴ ἀντιστῆναι τῷ **πονηρῷ**·
Mt 5:45 αὐτοῦ ἀνατέλλει ἐπὶ **πονηροὺς** καὶ ἀγαθοὺς
Mt 6:13 ἡμᾶς ἀπὸ τοῦ **πονηροῦ**.
Mt 6:23 ὁ ὀφθαλμός σου **πονηρὸς** ᾖ,
Mt 7:11 εἰ οὖν ὑμεῖς **πονηροὶ** ὄντες οἴδατε δόματα
Mt 7:17 σαπρὸν δένδρον καρποὺς **πονηροὺς** ποιεῖ.

Mt 7:18 δένδρον ἀγαθὸν καρποὺς **πονηροὺς** ποιεῖν οὐδὲ δένδρον
Mt 9:4 ἱνατί ἐνθυμεῖσθε **πονηρὰ** ἐν ταῖς καρδίαις
Mt 12:34 δύνασθε ἀγαθὰ λαλεῖν **πονηροὶ** ὄντες;
Mt 12:35 καὶ ὁ **πονηρὸς** ἄνθρωπος ἐκ τοῦ
Mt 12:35 ἄνθρωπος ἐκ τοῦ **πονηροῦ** θησαυροῦ ἐκβάλλει πονηρά.
Mt 12:35 πονηροῦ θησαυροῦ ἐκβάλλει **πονηρά**.
Mt 12:39 γενεὰ **πονηρὰ** καὶ μοιχαλὶς σημεῖον
Mt 12:45 ἑπτὰ ἕτερα πνεύματα **πονηρότερα** ἑαυτοῦ καὶ εἰσελθόντα
Mt 12:45 γενεᾷ ταύτῃ τῇ **πονηρᾷ**.
Mt 13:19 συνιέντος ἔρχεται ὁ **πονηρὸς** καὶ ἁρπάζει
Mt 13:38 οἱ υἱοὶ τοῦ **πονηροῦ**,
Mt 13:49 καὶ ἀφοριοῦσιν τοὺς **πονηροὺς** ἐκ μέσου
Mt 15:19 καρδίας ἐξέρχονται διαλογισμοὶ **πονηροί**,
Mt 16:4 γενεὰ **πονηρὰ** καὶ μοιχαλὶς σημεῖον
Mt 18:32 δοῦλε **πονηρέ**,
Mt 20:15 ὁ ὀφθαλμός σου **πονηρός** ἐστιν ὅτι ἐγὼ
Mt 22:10 **πονηρούς** τε καὶ ἀγαθούς·
Mt 25:26 **πονηρὲ** δοῦλε καὶ ὀκνηρέ,

πορεύομαι (*poreuomai*; 29/147[153]) *go*

Mt 2:8 **πορευθέντες** ἐξετάσατε ἀκριβῶς περὶ
Mt 2:9 ἀκούσαντες τοῦ βασιλέως **ἐπορεύθησαν** καὶ ἰδοὺ ὁ
Mt 2:20 μητέρα αὐτοῦ καὶ **πορεύου** εἰς γῆν Ἰσραήλ·
Mt 8:9 **πορεύθητι**,
Mt 8:9 καὶ **πορεύεται**,
Mt 9:13 **πορευθέντες** δὲ μάθετε τί
Mt 10:6 **πορεύεσθε** δὲ μᾶλλον πρὸς
Mt 10:7 **πορευόμενοι** δὲ κηρύσσετε λέγοντες
Mt 11:4 **πορευθέντες** ἀπαγγείλατε Ἰωάννῃ ἃ
Mt 11:7 Τούτων δὲ **πορευομένων** ἤρξατο ὁ Ἰησοῦς
Mt 12:1 ἐκείνῳ τῷ καιρῷ **ἐπορεύθη** ὁ Ἰησοῦς τοῖς
Mt 12:45 τότε **πορεύεται** καὶ παραλαμβάνει μεθ’
Mt 17:27 **πορευθεὶς** εἰς θάλασσαν βάλε
Mt 18:12 τὰ ὄρη καὶ **πορευθεὶς** ζητεῖ τὸ πλανώμενον;
Mt 19:15 τὰς χεῖρας αὐτοῖς **ἐπορεύθη** ἐκεῖθεν.
Mt 21:2 **πορεύεσθε** εἰς τὴν κώμην
Mt 21:6 **πορευθέντες** δὲ οἱ μαθηταὶ
Mt 22:9 **πορεύεσθε** οὖν ἐπὶ τὰς
Mt 22:15 Τότε **πορευθέντες** οἱ Φαρισαῖοι συμβούλιον
Mt 24:1 ἀπὸ τοῦ ἱεροῦ **ἐπορεύετο**,
Mt 25:9 **πορεύεσθε** μᾶλλον πρὸς τοὺς
Mt 25:16 **πορευθεὶς** ὁ τὰ πέντε
Mt 25:41 **πορεύεσθε** ἀπ’ ἐμοῦ [οἱ]
Mt 26:14 Τότε **πορευθεὶς** εἷς τῶν δώδεκα,
Mt 27:66 οἱ δὲ **πορευθέντες** ἠσφαλίσαντο τὸν τάφον
Mt 28:7 καὶ ταχὺ **πορευθεῖσαι** εἴπατε τοῖς μαθηταῖς
Mt 28:11 **Πορευομένων** δὲ αὐτῶν ἰδού
Mt 28:16 δὲ ἕνδεκα μαθηταὶ **ἐπορεύθησαν** εἰς τὴν Γαλιλαίαν
Mt 28:19 **πορευθέντες** οὖν μαθητεύσατε πάντα

πορνεία (*porneia*; 3/25) *sexual immorality*

Mt 5:32 αὐτοῦ παρεκτὸς λόγου **πορνείας** ποιεῖ αὐτὴν μοιχευθῆναι,
Mt 15:19 **πορνεῖαι**,
Mt 19:9 αὐτοῦ μὴ ἐπὶ **πορνείᾳ** καὶ γαμήσῃ ἄλλην

πόρνη (*pornē*; 2/12) *prostitute*

Mt 21:31 τελῶναι καὶ αἱ **πόρναι** προάγουσιν ὑμᾶς εἰς
Mt 21:32 τελῶναι καὶ αἱ **πόρναι** ἐπίστευσαν αὐτῷ·

πόρρω (*porrō*; 1/4) *far away*

Mt 15:8 δὲ καρδία αὐτῶν **πόρρω** ἀπέχει ἀπ’ ἐμοῦ·

ποσάκις (*posakis*; 2/3) *how often*

Mt 18:21 **ποσάκις** ἁμαρτήσει εἰς ἐμὲ
Mt 23:37 **ποσάκις** ἠθέλησα ἐπισυναγαγεῖν τὰ

πόσος (*posos*; 8/27) *how much*

Mt 6:23 τὸ σκότος **πόσον**.
Mt 7:11 **πόσῳ** μᾶλλον ὁ πατὴρ
Mt 10:25 **πόσῳ** μᾶλλον τοὺς οἰκιακοὺς
Mt 12:12 **πόσῳ** οὖν διαφέρει ἄνθρωπος
Mt 15:34 **πόσους** ἄρτους ἔχετε;
Mt 16:9 τῶν πεντακισχιλίων καὶ **πόσους** κοφίνους ἐλάβετε;
Mt 16:10 τῶν τετρακισχιλίων καὶ **πόσας** σπυρίδας ἐλάβετε;
Mt 27:13 οὐκ ἀκούεις **πόσα** σου καταμαρτυροῦσιν;

ποταμός (*potamos*; 3/17) *river*

Mt 3:6 ἐν τῷ Ἰορδάνῃ **ποταμῷ** ὑπ’ αὐτοῦ ἐξομολογούμενοι
Mt 7:25 καὶ ἦλθον οἱ **ποταμοὶ** καὶ ἔπνευσαν οἱ
Mt 7:27 καὶ ἦλθον οἱ **ποταμοὶ** καὶ ἔπνευσαν οἱ

ποταπός (*potapos*; 1/7) *of what sort or kind*

Mt 8:27 **ποταπός** ἐστιν οὗτος ὅτι

πότε (*pote*; 7/19) *when*

Mt 17:17 ἕως **πότε** μεθ’ ὑμῶν ἔσομαι;
Mt 17:17 ἕως **πότε** ἀνέξομαι ὑμῶν;
Mt 24:3 **πότε** ταῦτα ἔσται καὶ
Mt 25:37 **πότε** σε εἴδομεν πεινῶντα
Mt 25:38 **πότε** δέ σε εἴδομεν
Mt 25:39 **πότε** δέ σε εἴδομεν
Mt 25:44 **πότε** σε εἴδομεν πεινῶντα

ποτήριον (*potērion*; 7/31) *cup*

Mt 10:42 τῶν μικρῶν τούτων **ποτήριον** ψυχροῦ μόνον
Mt 20:22 δύνασθε πιεῖν τὸ **ποτήριον** ὃ ἐγὼ μέλλω
Mt 20:23 τὸ μὲν **ποτήριόν** μου πίεσθε,
Mt 23:25 τὸ ἔξωθεν τοῦ **ποτηρίου** καὶ τῆς παροψίδος,
Mt 23:26 τὸ ἐντὸς τοῦ **ποτηρίου**,
Mt 26:27 καὶ λαβὼν **ποτήριον** καὶ εὐχαριστήσας ἔδωκεν
Mt 26:39 ἀπ’ ἐμοῦ τὸ **ποτήριον** τοῦτο·

ποτίζω (*potizō*; 5/15) *give to drink*

Mt 10:42 καὶ ὃς ἂν **ποτίσῃ** ἕνα τῶν μικρῶν
Mt 25:35 ἐδίψησα καὶ **ἐποτίσατέ** με,
Mt 25:37 ἢ διψῶντα καὶ **ἐποτίσαμεν**;
Mt 25:42 ἐδίψησα καὶ οὐκ **ἐποτίσατέ** με,
Mt 27:48 καὶ περιθεὶς καλάμῳ **ἐπότιζεν** αὐτόν.

ποῦ (*pou*; 4/47[48]) *where*

Mt 2:2 **ποῦ** ἐστιν ὁ τεχθεὶς
Mt 2:4 ἐπυνθάνετο παρ’ αὐτῶν **ποῦ** ὁ χριστὸς γεννᾶται.
Mt 8:20 ἀνθρώπου οὐκ ἔχει **ποῦ** τὴν κεφαλὴν κλίνῃ.

Mt 26:17 **ποῦ** θέλεις ἑτοιμάσωμέν σοι

πούς (*pous*; 10/93) *foot*

Mt 4:6 πρὸς λίθον τὸν **πόδα** σου.
Mt 5:35 ὑποπόδιόν ἐστιν τῶν **ποδῶν** αὐτοῦ,
Mt 7:6 αὐτοὺς ἐν τοῖς **ποσὶν** αὐτῶν καὶ στραφέντες
Mt 10:14 τὸν κονιορτὸν τῶν **ποδῶν** ὑμῶν.
Mt 15:30 αὐτοὺς παρὰ τοὺς **πόδας** αὐτοῦ,
Mt 18:8 σου ἢ ὁ **πούς** σου σκανδαλίζει σε,
Mt 18:8 χεῖρας ἢ δύο **πόδας** ἔχοντα βληθῆναι εἰς
Mt 22:13 δήσαντες αὐτοῦ **πόδας** καὶ χεῖρας ἐκβάλετε
Mt 22:44 σου ὑποκάτω τῶν **ποδῶν** σου;
Mt 28:9 ἐκράτησαν αὐτοῦ τοὺς **πόδας** καὶ προσεκύνησαν αὐτῷ.

πρᾶγμα (*pragma*; 1/11) *matter*

Mt 18:19 γῆς περὶ παντὸς **πράγματος** οὗ ἐὰν αἰτήσωνται,

πραιτώριον (*praitōrion*; 1/8) *Praetorium, headquarters*

Mt 27:27 Ἰησοῦν εἰς τὸ **πραιτώριον** συνήγαγον ἐπ' αὐτὸν

πρᾶξις (*praxis*; 1/6) *deed*

Mt 16:27 ἑκάστῳ κατὰ τὴν **πρᾶξιν** αὐτοῦ.

πραΰς (*praus*; 3/4) *humble*

Mt 5:5 μακάριοι οἱ **πραεῖς**,
Mt 11:29 ὅτι **πραΰς** εἰμι καὶ ταπεινὸς
Mt 21:5 σου ἔρχεταί σοι **πραῢς** καὶ ἐπιβεβηκὼς ἐπὶ

πρέπω (*prepō*; 1/7) *it is fitting or proper*

Mt 3:15 οὕτως γὰρ **πρέπον** ἐστὶν ἡμῖν πληρῶσαι

πρεσβύτερος (*presbyteros*; 12/65[66]) *elder*

Mt 15:2 τὴν παράδοσιν τῶν **πρεσβυτέρων**;
Mt 16:21 παθεῖν ἀπὸ τῶν **πρεσβυτέρων** καὶ ἀρχιερέων
Mt 21:23 ἀρχιερεῖς καὶ οἱ **πρεσβύτεροι** τοῦ λαοῦ λέγοντες·
Mt 26:3 ἀρχιερεῖς καὶ οἱ **πρεσβύτεροι** τοῦ λαοῦ εἰς
Mt 26:47 τῶν ἀρχιερέων καὶ **πρεσβυτέρων** τοῦ λαοῦ.
Mt 26:57 γραμματεῖς καὶ οἱ **πρεσβύτεροι** συνήχθησαν.
Mt 27:1 ἀρχιερεῖς καὶ οἱ **πρεσβύτεροι** τοῦ λαοῦ
Mt 27:3 τοῖς ἀρχιερεῦσιν καὶ **πρεσβυτέροις**
Mt 27:12 τῶν ἀρχιερέων καὶ **πρεσβυτέρων** οὐδὲν ἀπεκρίνατο.
Mt 27:20 ἀρχιερεῖς καὶ οἱ **πρεσβύτεροι** ἔπεισαν τοὺς ὄχλους
Mt 27:41 τῶν γραμματέων καὶ **πρεσβυτέρων** ἔλεγον·
Mt 28:12 συναχθέντες μετὰ τῶν **πρεσβυτέρων** συμβούλιόν τε λαβόντες

πρίν (*prin*; 3/13) *before*

Mt 1:18 **πρὶν** ἢ συνελθεῖν αὐτοὺς
Mt 26:34 ταύτῃ τῇ νυκτὶ **πρὶν** ἀλέκτορα φωνῆσαι τρὶς
Mt 26:75 Ἰησοῦ εἰρηκότος ὅτι **πρὶν** ἀλέκτορα φωνῆσαι τρὶς

πρό (*pro*; 5/47) *before*

Mt 5:12 τοὺς προφήτας τοὺς **πρὸ** ὑμῶν.
Mt 6:8 ὧν χρείαν ἔχετε **πρὸ** τοῦ ὑμᾶς αἰτῆσαι
Mt 8:29 ἦλθες ὧδε **πρὸ** καιροῦ βασανίσαι ἡμᾶς;
Mt 11:10 τὸν ἄγγελόν μου **πρὸ** προσώπου σου,
Mt 24:38 ἡμέραις [ἐκείναις] ταῖς **πρὸ** τοῦ κατακλυσμοῦ τρώγοντες

προάγω (*proagō*; 6/20) *go before or ahead of*

Mt 2:9 **προῆγεν** αὐτούς,
Mt 14:22 τὸ πλοῖον καὶ **προάγειν** αὐτὸν εἰς τὸ
Mt 21:9 δὲ ὄχλοι οἱ **προάγοντες** αὐτὸν καὶ οἱ
Mt 21:31 καὶ αἱ πόρναι **προάγουσιν** ὑμᾶς εἰς τὴν
Mt 26:32 τὸ ἐγερθῆναί με **προάξω** ὑμᾶς εἰς τὴν
Mt 28:7 καὶ ἰδοὺ **προάγει** ὑμᾶς εἰς τὴν

προβαίνω (*probainō*; 1/5) *go on*

Mt 4:21 καὶ **προβὰς** ἐκεῖθεν εἶδεν ἄλλους

πρόβατον (*probaton*; 11/39) *sheep*

Mt 7:15 ὑμᾶς ἐν ἐνδύμασιν **προβάτων**,
Mt 9:36 καὶ ἐρριμμένοι ὡσεὶ **πρόβατα** μὴ ἔχοντα ποιμένα.
Mt 10:6 μᾶλλον πρὸς τὰ **πρόβατα** τὰ ἀπολωλότα οἴκου
Mt 10:16 ἀποστέλλω ὑμᾶς ὡς **πρόβατα** ἐν μέσῳ λύκων·
Mt 12:11 ἄνθρωπος ὃς ἕξει **πρόβατον** ἕν καὶ ἐὰν
Mt 12:12 οὖν διαφέρει ἄνθρωπος **προβάτου**.
Mt 15:24 μὴ εἰς τὰ **πρόβατα** τὰ ἀπολωλότα οἴκου
Mt 18:12 τινι ἀνθρώπῳ ἑκατὸν **πρόβατα** καὶ πλανηθῇ ἓν
Mt 25:32 ποιμὴν ἀφορίζει τὰ **πρόβατα** ἀπὸ τῶν ἐρίφων,
Mt 25:33 στήσει τὰ μὲν **πρόβατα** ἐκ δεξιῶν αὐτοῦ,
Mt 26:31 καὶ διασκορπισθήσονται τὰ **πρόβατα** τῆς ποίμνης.

προβιβάζω (*probibazō*; 1/1) *prompt*

Mt 14:8 ἡ δὲ **προβιβασθεῖσα** ὑπὸ τῆς μητρὸς

προέρχομαι (*proerchomai*; 1/9) *go ahead*

Mt 26:39 καὶ **προελθὼν** μικρὸν ἔπεσεν ἐπὶ

πρόθεσις (*prothesis*; 1/12) *purpose*

Mt 12:4 τοὺς ἄρτους τῆς **προθέσεως** ἔφαγον,

πρόθυμος (*prothymos*; 1/3) *willing*

Mt 26:41 τὸ μὲν πνεῦμα **πρόθυμον** ἡ δὲ σὰρξ

προλέγω (*prolegō*; 1/15) *say or warn beforehand*

Mt 24:25 ἰδοὺ **προείρηκα** ὑμῖν.

πρός (*pros*; 42/699[700]) *to, toward, at*

Mt 2:12 ὄναρ μὴ ἀνακάμψαι **πρὸς** Ἡρῴδην,
Mt 3:5 Τότε ἐξεπορεύετο **πρὸς** αὐτὸν Ἱεροσόλυμα
Mt 3:10 δὲ ἡ ἀξίνη **πρὸς** τὴν ῥίζαν τῶν
Mt 3:13 ἐπὶ τὸν Ἰορδάνην **πρὸς** τὸν Ἰωάννην τοῦ
Mt 3:14 καὶ σὺ ἔρχῃ **πρός** με;
Mt 3:15 ὁ Ἰησοῦς εἶπεν **πρὸς** αὐτόν·
Mt 4:6 μήποτε προσκόψῃς **πρὸς** λίθον τὸν πόδα
Mt 5:28 ὁ βλέπων γυναῖκα **πρὸς** τὸ ἐπιθυμῆσαι αὐτὴν

Mt 6:1 ἔμπροσθεν τῶν ἀνθρώπων **πρὸς** τὸ θεαθῆναι αὐτοῖς·
Mt 7:15 οἵτινες ἔρχονται **πρὸς** ὑμᾶς ἐν ἐνδύμασιν
Mt 10:6 πορεύεσθε δὲ μᾶλλον **πρὸς** τὰ πρόβατα τὰ
Mt 10:13 ἡ εἰρήνη ὑμῶν **πρὸς** ὑμᾶς ἐπιστραφήτω.
Mt 11:28 Δεῦτε **πρός** με πάντες οἱ
Mt 13:2 καὶ συνήχθησαν **πρὸς** αὐτὸν ὄχλοι πολλοί,
Mt 13:30 αὐτὰ εἰς δέσμας **πρὸς** τὸ κατακαῦσαι αὐτά,
Mt 13:56 αὐτοῦ οὐχὶ πᾶσαι **πρὸς** ἡμᾶς εἰσιν;
Mt 14:25 τῆς νυκτὸς ἦλθεν **πρὸς** αὐτοὺς περιπατῶν
Mt 14:28 κέλευσόν με ἐλθεῖν **πρός** σε ἐπὶ τὰ
Mt 14:29 ὕδατα καὶ ἦλθεν **πρὸς** τὸν Ἰησοῦν.
Mt 17:14 Καὶ ἐλθόντων **πρὸς** τὸν ὄχλον προσῆλθεν
Mt 19:8 αὐτοῖς ὅτι Μωϋσῆς **πρὸς** τὴν σκληροκαρδίαν ὑμῶν
Mt 19:14 κωλύετε αὐτὰ ἐλθεῖν **πρός** με,
Mt 21:32 ἦλθεν γὰρ Ἰωάννης **πρὸς** ὑμᾶς ἐν ὁδῷ
Mt 21:34 τοὺς δούλους αὐτοῦ **πρὸς** τοὺς γεωργοὺς λαβεῖν
Mt 21:37 ὕστερον δὲ ἀπέστειλεν **πρὸς** αὐτοὺς τὸν υἱὸν
Mt 23:5 ἔργα αὐτῶν ποιοῦσιν **πρὸς** τὸ θεαθῆναι τοῖς
Mt 23:34 ἰδοὺ ἐγὼ ἀποστέλλω **πρὸς** ὑμᾶς προφήτας
Mt 23:37 λιθοβολοῦσα τοὺς ἀπεσταλμένους **πρὸς** αὐτήν,
Mt 25:9 πορεύεσθε μᾶλλον **πρὸς** τοὺς πωλοῦντας καὶ
Mt 25:36 ἤμην καὶ ἤλθατε **πρός** με.
Mt 25:39 φυλακῇ καὶ ἤλθομεν **πρός** σε;
Mt 26:12 τοῦ σώματός μου **πρὸς** τὸ ἐνταφιάσαι με
Mt 26:14 **πρὸς** τοὺς ἀρχιερεῖς
Mt 26:18 εἰς τὴν πόλιν **πρὸς** τὸν δεῖνα καὶ
Mt 26:18 **πρὸς** σὲ ποιῶ τὸ
Mt 26:40 καὶ ἔρχεται **πρὸς** τοὺς μαθητὰς καὶ
Mt 26:45 τότε ἔρχεται **πρὸς** τοὺς μαθητὰς καὶ
Mt 26:57 τὸν Ἰησοῦν ἀπήγαγον **πρὸς** Καϊάφαν τὸν ἀρχιερέα,
Mt 27:4 τί **πρὸς** ἡμᾶς;
Mt 27:14 οὐκ ἀπεκρίθη αὐτῷ **πρὸς** οὐδὲ ἓν ῥῆμα,
Mt 27:19 τοῦ βήματος ἀπέστειλεν **πρὸς** αὐτὸν ἡ γυνὴ
Mt 27:62 καὶ οἱ Φαρισαῖοι **πρὸς** Πιλᾶτον

προσδοκάω (*prosdokaō*; 2/16) *wait for*

Mt 11:3 ἐρχόμενος ἢ ἕτερον **προσδοκῶμεν**;
Mt 24:50 ἡμέρᾳ ᾗ οὐ **προσδοκᾷ** καὶ ἐν ὥρᾳ

προσέρχομαι (*proserchomai*; 51/86) *come or go to*

Mt 4:3 καὶ **προσελθὼν** ὁ πειράζων εἶπεν
Mt 4:11 καὶ ἰδοὺ ἄγγελοι **προσῆλθον** καὶ διηκόνουν αὐτῷ.
Mt 5:1 καὶ καθίσαντος αὐτοῦ **προσῆλθαν** αὐτῷ οἱ μαθηταὶ
Mt 8:2 καὶ ἰδοὺ λεπρὸς **προσελθὼν** προσεκύνει αὐτῷ λέγων·
Mt 8:5 αὐτοῦ εἰς Καφαρναοὺμ **προσῆλθεν** αὐτῷ ἑκατόνταρχος παρακαλῶν
Mt 8:19 καὶ **προσελθὼν** εἷς γραμματεὺς εἶπεν
Mt 8:25 καὶ **προσελθόντες** ἤγειραν αὐτὸν λέγοντες·
Mt 9:14 Τότε **προσέρχονται** αὐτῷ οἱ μαθηταὶ
Mt 9:20 αἱμορροοῦσα δώδεκα ἔτη **προσελθοῦσα** ὄπισθεν ἥψατο τοῦ
Mt 9:28 εἰς τὴν οἰκίαν **προσῆλθον** αὐτῷ οἱ τυφλοί,
Mt 13:10 Καὶ **προσελθόντες** οἱ μαθηταὶ εἶπαν
Mt 13:27 **προσελθόντες** δὲ οἱ δοῦλοι
Mt 13:36 καὶ **προσῆλθον** αὐτῷ οἱ μαθηταὶ
Mt 14:12 καὶ **προσελθόντες** οἱ μαθηταὶ αὐτοῦ
Mt 14:15 Ὀψίας δὲ γενομένης **προσῆλθον** αὐτῷ οἱ μαθηταὶ
Mt 15:1 Τότε **προσέρχονται** τῷ Ἰησοῦ ἀπὸ
Mt 15:12 Τότε **προσελθόντες** οἱ μαθηταὶ λέγουσιν
Mt 15:23 καὶ **προσελθόντες** οἱ μαθηταὶ αὐτοῦ
Mt 15:30 καὶ **προσῆλθον** αὐτῷ ὄχλοι πολλοὶ
Mt 16:1 Καὶ **προσελθόντες** οἱ Φαρισαῖοι καὶ
Mt 17:7 καὶ **προσῆλθεν** ὁ Ἰησοῦς καὶ
Mt 17:14 πρὸς τὸν ὄχλον **προσῆλθεν** αὐτῷ ἄνθρωπος γονυπετῶν
Mt 17:19 Τότε **προσελθόντες** οἱ μαθηταὶ τῷ
Mt 17:24 αὐτῶν εἰς Καφαρναοὺμ **προσῆλθον** οἱ τὰ δίδραχμα
Mt 18:1 ἐκείνῃ τῇ ὥρᾳ **προσῆλθον** οἱ μαθηταὶ τῷ
Mt 18:21 Τότε **προσελθὼν** ὁ Πέτρος εἶπεν
Mt 19:3 Καὶ **προσῆλθον** αὐτῷ Φαρισαῖοι πειράζοντες
Mt 19:16 Καὶ ἰδοὺ εἷς **προσελθὼν** αὐτῷ εἶπεν·
Mt 20:20 Τότε **προσῆλθεν** αὐτῷ ἡ μήτηρ
Mt 21:14 καὶ **προσῆλθον** αὐτῷ τυφλοὶ καὶ
Mt 21:23 εἰς τὸ ἱερὸν **προσῆλθον** αὐτῷ διδάσκοντι οἱ
Mt 21:28 καὶ **προσελθὼν** τῷ πρώτῳ εἶπεν·
Mt 21:30 **προσελθὼν** δὲ τῷ ἑτέρῳ
Mt 22:23 ἐκείνῃ τῇ ἡμέρᾳ **προσῆλθον** αὐτῷ Σαδδουκαῖοι,
Mt 24:1 καὶ **προσῆλθον** οἱ μαθηταὶ αὐτοῦ
Mt 24:3 ὄρους τῶν ἐλαιῶν **προσῆλθον** αὐτῷ οἱ μαθηταὶ
Mt 25:20 καὶ **προσελθὼν** ὁ τὰ πέντε
Mt 25:22 **προσελθὼν** [δὲ] καὶ ὁ
Mt 25:24 **προσελθὼν** δὲ καὶ ὁ
Mt 26:7 **προσῆλθεν** αὐτῷ γυνὴ ἔχουσα
Mt 26:17 πρώτῃ τῶν ἀζύμων **προσῆλθον** οἱ μαθηταὶ
Mt 26:49 καὶ εὐθέως **προσελθὼν** τῷ Ἰησοῦ εἶπεν·
Mt 26:50 τότε **προσελθόντες** ἐπέβαλον τὰς χεῖρας
Mt 26:60 οὐχ εὗρον πολλῶν **προσελθόντων** ψευδομαρτύρων.
Mt 26:60 ὕστερον δὲ **προσελθόντες** δύο
Mt 26:69 καὶ **προσῆλθεν** αὐτῷ μία παιδίσκη
Mt 26:73 μετὰ μικρὸν δὲ **προσελθόντες** οἱ ἑστῶτες εἶπον
Mt 27:58 οὗτος **προσελθὼν** τῷ Πιλάτῳ ᾐτήσατο
Mt 28:2 ἐξ οὐρανοῦ καὶ **προσελθὼν** ἀπεκύλισεν τὸν λίθον
Mt 28:9 αἱ δὲ **προσελθοῦσαι** ἐκράτησαν αὐτοῦ τοὺς
Mt 28:18 καὶ **προσελθὼν** ὁ Ἰησοῦς ἐλάλησεν

προσευχή (*proseuchē*; 2/36) *prayer*

Mt 21:13 οἶκός μου οἶκος **προσευχῆς** κληθήσεται,
Mt 21:22 αἰτήσητε ἐν τῇ **προσευχῇ** πιστεύοντες λήμψεσθε.

προσεύχομαι (*proseuchomai*; 15/85) *pray*

Mt 5:44 ἐχθροὺς ὑμῶν καὶ **προσεύχεσθε** ὑπὲρ τῶν διωκόντων
Mt 6:5 Καὶ ὅταν **προσεύχησθε**,
Mt 6:5 τῶν πλατειῶν ἑστῶτες **προσεύχεσθαι**,
Mt 6:6 σὺ δὲ ὅταν **προσεύχῃ**,
Mt 6:6 τὴν θύραν σου **πρόσευξαι** τῷ πατρί σου
Mt 6:7 **Προσευχόμενοι** δὲ μὴ βατταλογήσητε
Mt 6:9 οὕτως οὖν **προσεύχεσθε** ὑμεῖς·

Mt 14:23 ὄρος κατ' ἰδίαν **προσεύξασθαι**.
Mt 19:13 ἐπιθῇ αὐτοῖς καὶ **προσεύξηται**·
Mt 24:20 **προσεύχεσθε** δὲ ἵνα μὴ
Mt 26:36 [οὗ] ἀπελθὼν ἐκεῖ **προσεύξωμαι**.
Mt 26:39 ἐπὶ πρόσωπον αὐτοῦ **προσευχόμενος** καὶ λέγων·
Mt 26:41 γρηγορεῖτε καὶ **προσεύχεσθε**,
Mt 26:42 ἐκ δευτέρου ἀπελθὼν **προσηύξατο** λέγων·
Mt 26:44 αὐτοὺς πάλιν ἀπελθὼν **προσηύξατο** ἐκ τρίτου τὸν

προσέχω (*prosechō*; 6/24) *pay close attention to*

Mt 6:1 **Προσέχετε** [δὲ] τὴν δικαιοσύνην
Mt 7:15 **Προσέχετε** ἀπὸ τῶν ψευδοπροφητῶν,
Mt 10:17 **Προσέχετε** δὲ ἀπὸ τῶν
Mt 16:6 ὁρᾶτε καὶ **προσέχετε** ἀπὸ τῆς ζύμης
Mt 16:11 **προσέχετε** δὲ ἀπὸ τῆς
Mt 16:12 ὅτι οὐκ εἶπεν **προσέχειν** ἀπὸ τῆς ζύμης

προσήλυτος (*prosēlytos*; 1/4) *proselyte*

Mt 23:15 ξηρὰν ποιῆσαι ἕνα **προσήλυτον**,

πρόσκαιρος (*proskairos*; 1/4) *not lasting*

Mt 13:21 ἐν ἑαυτῷ ἀλλὰ **πρόσκαιρός** ἐστιν,

προσκαλέομαι (*proskaleomai*; 6/29) *call to oneself*

Mt 10:1 Καὶ **προσκαλεσάμενος** τοὺς δώδεκα μαθητὰς
Mt 15:10 καὶ **προσκαλεσάμενος** τὸν ὄχλον εἶπεν
Mt 15:32 Ὁ δὲ Ἰησοῦς **προσκαλεσάμενος** τοὺς μαθητὰς αὐτοῦ
Mt 18:2 καὶ **προσκαλεσάμενος** παιδίον ἔστησεν αὐτὸ
Mt 18:32 τότε **προσκαλεσάμενος** αὐτὸν ὁ κύριος
Mt 20:25 ὁ δὲ Ἰησοῦς **προσκαλεσάμενος** αὐτοὺς εἶπεν·

προσκόπτω (*proskoptō*; 2/8) *stumble*

Mt 4:6 μήποτε **προσκόψῃς** πρὸς λίθον τὸν
Mt 7:27 οἱ ἄνεμοι καὶ **προσέκοψαν** τῇ οἰκίᾳ ἐκείνῃ,

προσκυλίω (*proskyliō*; 1/2) *roll against or to*

Mt 27:60 τῇ πέτρᾳ καὶ **προσκυλίσας** λίθον μέγαν τῇ

προσκυνέω (*proskyneō*; 13/60) *worship*

Mt 2:2 ἀνατολῇ καὶ ἤλθομεν **προσκυνῆσαι** αὐτῷ.
Mt 2:8 ὅπως κἀγὼ ἐλθὼν **προσκυνήσω** αὐτῷ.
Mt 2:11 καὶ πεσόντες **προσεκύνησαν** αὐτῷ καὶ ἀνοίξαντες
Mt 4:9 ἐὰν πεσὼν **προσκυνήσῃς** μοι.
Mt 4:10 τὸν θεόν σου **προσκυνήσεις** καὶ αὐτῷ μόνῳ
Mt 8:2 ἰδοὺ λεπρὸς προσελθὼν **προσεκύνει** αὐτῷ λέγων·
Mt 9:18 ἄρχων εἷς ἐλθὼν **προσεκύνει** αὐτῷ λέγων ὅτι
Mt 14:33 ἐν τῷ πλοίῳ **προσεκύνησαν** αὐτῷ λέγοντες·
Mt 15:25 ἡ δὲ ἐλθοῦσα **προσεκύνει** αὐτῷ λέγουσα·
Mt 18:26 οὖν ὁ δοῦλος **προσεκύνει** αὐτῷ λέγων·
Mt 20:20 τῶν υἱῶν αὐτῆς **προσκυνοῦσα** καὶ αἰτοῦσά τι
Mt 28:9 τοὺς πόδας καὶ **προσεκύνησαν** αὐτῷ.
Mt 28:17 καὶ ἰδόντες αὐτὸν **προσεκύνησαν**,

προσλαμβάνω (*proslambanō*; 1/12) *welcome*

Mt 16:22 καὶ **προσλαβόμενος** αὐτὸν ὁ Πέτρος

προσμένω (*prosmenō*; 1/7) *remain or stay with*

Mt 15:32 ἤδη ἡμέραι τρεῖς **προσμένουσίν** μοι καὶ οὐκ

προσπίπτω (*prospiptō*; 1/8) *fall at someone's feet*

Mt 7:25 οἱ ἄνεμοι καὶ **προσέπεσαν** τῇ οἰκίᾳ ἐκείνῃ,

προστάσσω (*prostassō*; 2/7) *command*

Mt 1:24 ὕπνου ἐποίησεν ὡς **προσέταξεν** αὐτῷ ὁ ἄγγελος
Mt 8:4 τὸ δῶρον ὃ **προσέταξεν** Μωϋσῆς,

προστίθημι (*prostithēmi*; 2/18) *add*

Mt 6:27 ὑμῶν μεριμνῶν δύναται **προσθεῖναι** ἐπὶ τὴν ἡλικίαν
Mt 6:33 καὶ ταῦτα πάντα **προστεθήσεται** ὑμῖν.

προσφέρω (*prospherō*; 15/47) *offer, bring*

Mt 2:11 τοὺς θησαυροὺς αὐτῶν **προσήνεγκαν** αὐτῷ δῶρα,
Mt 4:24 καὶ **προσήνεγκαν** αὐτῷ πάντας τοὺς
Mt 5:23 ἐὰν οὖν **προσφέρῃς** τὸ δῶρόν σου
Mt 5:24 καὶ τότε ἐλθὼν **πρόσφερε** τὸ δῶρόν σου.
Mt 8:4 τῷ ἱερεῖ καὶ **προσένεγκον** τὸ δῶρον ὃ
Mt 8:16 Ὀψίας δὲ γενομένης **προσήνεγκαν** αὐτῷ δαιμονιζομένους πολλούς·
Mt 9:2 καὶ ἰδοὺ **προσέφερον** αὐτῷ παραλυτικὸν ἐπὶ
Mt 9:32 δὲ ἐξερχομένων ἰδοὺ **προσήνεγκαν** αὐτῷ ἄνθρωπον κωφὸν
Mt 12:22 Τότε **προσηνέχθη** αὐτῷ δαιμονιζόμενος τυφλὸς
Mt 14:35 περίχωρον ἐκείνην καὶ **προσήνεγκαν** αὐτῷ πάντας τοὺς
Mt 17:16 καὶ **προσήνεγκα** αὐτὸν τοῖς μαθηταῖς
Mt 18:24 δὲ αὐτοῦ συναίρειν **προσηνέχθη** αὐτῷ εἷς ὀφειλέτης
Mt 19:13 Τότε **προσηνέχθησαν** αὐτῷ παιδία ἵνα
Mt 22:19 οἱ δὲ **προσήνεγκαν** αὐτῷ δηνάριον.
Mt 25:20 πέντε τάλαντα λαβὼν **προσήνεγκεν** ἄλλα πέντε τάλαντα

προσφωνέω (*prosphōneō*; 1/7) *call to (oneself)*

Mt 11:16 ταῖς ἀγοραῖς ἃ **προσφωνοῦντα** τοῖς ἑτέροις

πρόσωπον (*prosōpon*; 10/76) *face*

Mt 6:16 ἀφανίζουσιν γὰρ τὰ **πρόσωπα** αὐτῶν ὅπως φανῶσιν
Mt 6:17 κεφαλὴν καὶ τὸ **πρόσωπόν** σου νίψαι,
Mt 11:10 ἄγγελόν μου πρὸ **προσώπου** σου,
Mt 16:3 τὸ μὲν **πρόσωπον** τοῦ οὐρανοῦ γινώσκετε
Mt 17:2 καὶ ἔλαμψεν τὸ **πρόσωπον** αὐτοῦ ὡς ὁ
Mt 17:6 μαθηταὶ ἔπεσαν ἐπὶ **πρόσωπον** αὐτῶν καὶ ἐφοβήθησαν
Mt 18:10 παντὸς βλέπουσι τὸ **πρόσωπον** τοῦ πατρός μου
Mt 22:16 γὰρ βλέπεις εἰς **πρόσωπον** ἀνθρώπων,
Mt 26:39 μικρὸν ἔπεσεν ἐπὶ **πρόσωπον** αὐτοῦ προσευχόμενος καὶ

Mt 26:67 ἐνέπτυσαν εἰς τὸ **πρόσωπον** αὐτοῦ καὶ ἐκολάφισαν

προφητεία (*prophēteia*; 1/19) *prophecy*

Mt 13:14 ἀναπληροῦται αὐτοῖς ἡ **προφητεία** Ἠσαΐου ἡ λέγουσα·

προφητεύω (*prophēteuō*; 4/28) *prophesy*

Mt 7:22 τῷ σῷ ὀνόματι **ἐπροφητεύσαμεν**,
Mt 11:13 νόμος ἕως Ἰωάννου **ἐπροφήτευσαν**·
Mt 15:7 καλῶς **ἐπροφήτευσεν** περὶ ὑμῶν Ἠσαΐας
Mt 26:68 **προφήτευσον** ἡμῖν,

προφήτης (*prophētēs*; 37/144) *prophet*

Mt 1:22 κυρίου διὰ τοῦ **προφήτου** λέγοντος·
Mt 2:5 γέγραπται διὰ τοῦ **προφήτου**·
Mt 2:15 κυρίου διὰ τοῦ **προφήτου** λέγοντος·
Mt 2:17 διὰ Ἰερεμίου τοῦ **προφήτου** λέγοντος·
Mt 2:23 ῥηθὲν διὰ τῶν **προφητῶν** ὅτι Ναζωραῖος κληθήσεται.
Mt 3:3 διὰ Ἠσαΐου τοῦ **προφήτου** λέγοντος·
Mt 4:14 διὰ Ἠσαΐου τοῦ **προφήτου** λέγοντος·
Mt 5:12 γὰρ ἐδίωξαν τοὺς **προφήτας** τοὺς πρὸ ὑμῶν.
Mt 5:17 νόμον ἢ τοὺς **προφήτας**·
Mt 7:12 νόμος καὶ οἱ **προφῆται**.
Mt 8:17 διὰ Ἠσαΐου τοῦ **προφήτου** λέγοντος·
Mt 10:41 ὁ δεχόμενος **προφήτην** εἰς ὄνομα προφήτου
Mt 10:41 προφήτην εἰς ὄνομα **προφήτου** μισθὸν προφήτου λήμψεται,
Mt 10:41 ὄνομα προφήτου μισθὸν **προφήτου** λήμψεται,
Mt 11:9 **προφήτην**;
Mt 11:9 καὶ περισσότερον **προφήτου**.
Mt 11:13 πάντες γὰρ οἱ **προφῆται** καὶ ὁ νόμος
Mt 12:17 διὰ Ἠσαΐου τοῦ **προφήτου** λέγοντος·
Mt 12:39 σημεῖον Ἰωνᾶ τοῦ **προφήτου**.
Mt 13:17 ὑμῖν ὅτι πολλοὶ **προφῆται** καὶ δίκαιοι ἐπεθύμησαν
Mt 13:35 ῥηθὲν διὰ τοῦ **προφήτου** λέγοντος·
Mt 13:57 οὐκ ἔστιν **προφήτης** ἄτιμος εἰ μὴ
Mt 14:5 ὅτι ὡς **προφήτην** αὐτὸν εἶχον.
Mt 16:14 ἢ ἕνα τῶν **προφητῶν**.
Mt 21:4 ῥηθὲν διὰ τοῦ **προφήτου** λέγοντος·
Mt 21:11 οὗτός ἐστιν ὁ **προφήτης** Ἰησοῦς ὁ ἀπὸ
Mt 21:26 πάντες γὰρ ὡς **προφήτην** ἔχουσιν τὸν Ἰωάννην.
Mt 21:46 ἐπεὶ εἰς προφήτην **αὐτὸν** εἶχον.
Mt 22:40 κρέμαται καὶ οἱ **προφῆται**.
Mt 23:29 τοὺς τάφους τῶν **προφητῶν** καὶ κοσμεῖτε τὰ
Mt 23:30 τῷ αἵματι τῶν **προφητῶν**.
Mt 23:31 τῶν φονευσάντων τοὺς **προφήτας**.
Mt 23:34 ἀποστέλλω πρὸς ὑμᾶς **προφήτας** καὶ σοφοὺς
Mt 23:37 ἡ ἀποκτείνουσα τοὺς **προφήτας** καὶ λιθοβολοῦσα τοὺς
Mt 24:15 διὰ Δανιὴλ τοῦ **προφήτου** ἑστὸς ἐν τόπῳ
Mt 26:56 αἱ γραφαὶ τῶν **προφητῶν**.
Mt 27:9 διὰ Ἰερεμίου τοῦ **προφήτου** λέγοντος·

προφθάνω (*prophthanō*; 1/1) *come before*

Mt 17:25 εἰς τὴν οἰκίαν **προέφθασεν** αὐτὸν ὁ Ἰησοῦς

πρωΐ (*prōi*; 3/11[12]) *early morning*

Mt 16:3 καὶ **πρωΐ**·
Mt 20:1 ὅστις ἐξῆλθεν ἅμα **πρωῒ** μισθώσασθαι ἐργάτας εἰς
Mt 21:18 **Πρωῒ** δὲ ἐπανάγων εἰς

πρωΐα (*prōia*; 1/2) *morning*

Mt 27:1 **Πρωΐας** δὲ γενομένης συμβούλιον

πρωτοκαθεδρία (*prōtokathedria*; 1/4) *place of honor*

Mt 23:6 δείπνοις καὶ τὰς **πρωτοκαθεδρίας** ἐν ταῖς συναγωγαῖς

πρωτοκλισία (*prōtoklisia*; 1/5) *place of honor*

Mt 23:6 φιλοῦσιν δὲ τὴν **πρωτοκλισίαν** ἐν τοῖς δείπνοις

πρῶτος (*prōtos*; 25/152[155]) *first*

Mt 5:24 θυσιαστηρίου καὶ ὕπαγε **πρῶτον** διαλλάγηθι τῷ ἀδελφῷ
Mt 6:33 ζητεῖτε δὲ **πρῶτον** τὴν βασιλείαν [τοῦ
Mt 7:5 ἔκβαλε **πρῶτον** ἐκ τοῦ ὀφθαλμοῦ
Mt 8:21 ἐπίτρεψόν μοι **πρῶτον** ἀπελθεῖν καὶ θάψαι
Mt 10:2 **πρῶτος** Σίμων ὁ λεγόμενος
Mt 12:29 ἐὰν μὴ **πρῶτον** δήσῃ τὸν ἰσχυρόν;
Mt 12:45 ἐκείνου χείρονα τῶν **πρώτων**.
Mt 13:30 συλλέξατε **πρῶτον** τὰ ζιζάνια καὶ
Mt 17:10 Ἠλίαν δεῖ ἐλθεῖν **πρῶτον**;
Mt 17:27 καὶ τὸν ἀναβάντα **πρῶτον** ἰχθὺν ἆρον,
Mt 19:30 πολλοὶ δὲ ἔσονται **πρῶτοι** ἔσχατοι καὶ ἔσχατοι
Mt 19:30 ἔσχατοι καὶ ἔσχατοι **πρῶτοι**.
Mt 20:8 ἐσχάτων ἕως τῶν **πρώτων**.
Mt 20:10 καὶ ἐλθόντες οἱ **πρῶτοι** ἐνόμισαν ὅτι πλεῖον
Mt 20:16 ἔσονται οἱ ἔσχατοι **πρῶτοι** καὶ οἱ πρῶτοι
Mt 20:16 πρῶτοι καὶ οἱ **πρῶτοι** ἔσχατοι.
Mt 20:27 ἐν ὑμῖν εἶναι **πρῶτος** ἔσται ὑμῶν δοῦλος·
Mt 21:28 καὶ προσελθὼν τῷ **πρώτῳ** εἶπεν·
Mt 21:31 ὁ **πρῶτος**.
Mt 21:36 δούλους πλείονας τῶν **πρώτων**,
Mt 22:25 καὶ ὁ **πρῶτος** γήμας ἐτελεύτησεν,
Mt 22:38 ἡ μεγάλη καὶ **πρώτη** ἐντολή.
Mt 23:26 καθάρισον **πρῶτον** τὸ ἐντὸς τοῦ
Mt 26:17 Τῇ δὲ **πρώτῃ** τῶν ἀζύμων προσῆλθον
Mt 27:64 πλάνη χείρων τῆς **πρώτης**.

πτερύγιον (*pterygion*; 1/2) *highest point or parapet*

Mt 4:5 αὐτὸν ἐπὶ τὸ **πτερύγιον** τοῦ ἱεροῦ

πτέρυξ (*pteryx*; 1/5) *wing*

Mt 23:37 αὐτῆς ὑπὸ τὰς **πτέρυγας**,

πτύον (*ptyon*; 1/2) *winnowing*

Mt 3:12 οὗ τὸ **πτύον** ἐν τῇ χειρὶ

πτῶμα (*ptōma*; 2/7) *body*

Mt 14:12 αὐτοῦ ἦραν τὸ **πτῶμα** καὶ ἔθαψαν αὐτὸ[ν]
Mt 24:28 ἐὰν ᾖ τὸ **πτῶμα**,

πτῶσις (*ptōsis*; 1/2) *fall*

Mt 7:27 καὶ ἦν ἡ **πτῶσις** αὐτῆς μεγάλη.

πτωχός (*ptōchos*; 5/34) *poor*
Mt 5:3 Μακάριοι οἱ **πτωχοὶ** τῷ πνεύματι,
Mt 11:5 νεκροὶ ἐγείρονται καὶ **πτωχοὶ** εὐαγγελίζονται·
Mt 19:21 καὶ δὸς [τοῖς] **πτωχοῖς**,
Mt 26:9 πολλοῦ καὶ δοθῆναι **πτωχοῖς**.
Mt 26:11 πάντοτε γὰρ τοὺς **πτωχοὺς** ἔχετε μεθ' ἑαυτῶν,

πύλη (*pylē*; 4/10) *gate*
Mt 7:13 διὰ τῆς στενῆς **πύλης**·
Mt 7:13 ὅτι πλατεῖα ἡ **πύλη** καὶ εὐρύχωρος ἡ
Mt 7:14 τί στενὴ ἡ **πύλη** καὶ τεθλιμμένη ἡ
Mt 16:18 τὴν ἐκκλησίαν καὶ **πύλαι** ᾅδου οὐ κατισχύσουσιν

πυλών (*pylōn*; 1/18) *gate*
Mt 26:71 δὲ εἰς τὸν **πυλῶνα** εἶδεν αὐτὸν ἄλλη

πυνθάνομαι (*pynthanomai*; 1/12) *inquire*
Mt 2:4 γραμματεῖς τοῦ λαοῦ **ἐπυνθάνετο** παρ' αὐτῶν ποῦ

πῦρ (*pyr*; 12/71) *fire*
Mt 3:10 ἐκκόπτεται καὶ εἰς **πῦρ** βάλλεται.
Mt 3:11 πνεύματι ἁγίῳ καὶ **πυρί**·
Mt 3:12 δὲ ἄχυρον κατακαύσει **πυρὶ** ἀσβέστῳ.
Mt 5:22 τὴν γέενναν τοῦ **πυρός**.
Mt 7:19 ἐκκόπτεται καὶ εἰς **πῦρ** βάλλεται.
Mt 13:40 τὰ ζιζάνια καὶ **πυρὶ** [κατα]καίεται,
Mt 13:42 τὴν κάμινον τοῦ **πυρός**·
Mt 13:50 τὴν κάμινον τοῦ **πυρός**·
Mt 17:15 πίπτει εἰς τὸ **πῦρ** καὶ πολλάκις εἰς
Mt 18:8 βληθῆναι εἰς τὸ **πῦρ** τὸ αἰώνιον.
Mt 18:9 τὴν γέενναν τοῦ **πυρός**.
Mt 25:41 κατηραμένοι εἰς τὸ **πῦρ** τὸ αἰώνιον τὸ

πύργος (*pyrgos*; 1/4) *tower*
Mt 21:33 ληνὸν καὶ ᾠκοδόμησεν **πύργον** καὶ ἐξέδετο αὐτὸν

πυρέσσω (*pyressō*; 1/2) *be sick with fever*
Mt 8:14 αὐτοῦ βεβλημένην καὶ **πυρέσσουσαν**·

πυρετός (*pyretos*; 1/6) *fever*
Mt 8:15 ἀφῆκεν αὐτὴν ὁ **πυρετός**,

πυρράζω (*pyrrazō*; 2/2) *be red*
Mt 16:2 **πυρράζει** γὰρ ὁ οὐρανός·
Mt 16:3 **πυρράζει** γὰρ στυγνάζων ὁ

πωλέω (*pōleō*; 6/22) *sell*
Mt 10:29 δύο στρουθία ἀσσαρίου **πωλεῖται**;
Mt 13:44 αὐτοῦ ὑπάγει καὶ **πωλεῖ** πάντα ὅσα ἔχει
Mt 19:21 ὕπαγε **πώλησόν** σου τὰ ὑπάρχοντα
Mt 21:12 ἐξέβαλεν πάντας τοὺς **πωλοῦντας** καὶ ἀγοράζοντας ἐν
Mt 21:12 τὰς καθέδρας τῶν **πωλούντων** τὰς περιστεράς,
Mt 25:9 μᾶλλον πρὸς τοὺς **πωλοῦντας** καὶ ἀγοράσατε ἑαυταῖς.

πῶλος (*pōlos*; 3/12) *colt*
Mt 21:2 ὄνον δεδεμένην καὶ **πῶλον** μετ' αὐτῆς·
Mt 21:5 ὄνον καὶ ἐπὶ **πῶλον** υἱὸν ὑποζυγίου.
Mt 21:7 ὄνον καὶ τὸν **πῶλον** καὶ ἐπέθηκαν ἐπ'

πῶς (*pōs*; 14/103) *how*
Mt 6:28 κρίνα τοῦ ἀγροῦ **πῶς** αὐξάνουσιν·
Mt 7:4 ἢ **πῶς** ἐρεῖς τῷ ἀδελφῷ
Mt 10:19 μὴ μεριμνήσητε **πῶς** ἢ τί λαλήσητε·
Mt 12:4 **πῶς** εἰσῆλθεν εἰς τὸν
Mt 12:26 **πῶς** οὖν σταθήσεται ἡ
Mt 12:29 ἢ **πῶς** δύναταί τις εἰσελθεῖν
Mt 12:34 **πῶς** δύνασθε ἀγαθὰ λαλεῖν
Mt 16:11 **πῶς** οὐ νοεῖτε ὅτι
Mt 21:20 **πῶς** παραχρῆμα ἐξηράνθη ἡ
Mt 22:12 **πῶς** εἰσῆλθες ὧδε μὴ
Mt 22:43 **πῶς** οὖν Δαυὶδ ἐν
Mt 22:45 **πῶς** υἱὸς αὐτοῦ ἐστιν;
Mt 23:33 **πῶς** φύγητε ἀπὸ τῆς
Mt 26:54 **πῶς** οὖν πληρωθῶσιν αἱ

ῥαββι (*rhabbi*; 4/15) *rabbi*
Mt 23:7 ὑπὸ τῶν ἀνθρώπων **ῥαββί**.
Mt 23:8 δὲ μὴ κληθῆτε **ῥαββί**·
Mt 26:25 **ῥαββί**;
Mt 26:49 **ῥαββί**,

ῥάβδος (*rhabdos*; 1/12) *stick, staff, rod*
Mt 10:10 μηδὲ ὑποδήματα μηδὲ **ῥάβδον**·

ῥακά (*rhaka*; 1/1) *empty*
Mt 5:22 **ῥακά**,

ῥάκος (*rhakos*; 1/2) *piece of cloth*
Mt 9:16 δὲ ἐπιβάλλει ἐπίβλημα **ῥάκους** ἀγνάφου ἐπὶ ἱματίῳ

Ῥαμά (*Rhama*; 1/1) *Ramah*
Mt 2:18 φωνὴ ἐν **Ῥαμὰ** ἠκούσθη,

ῥαπίζω (*rhapizō*; 2/2) *hit*
Mt 5:39 ἀλλ' ὅστις σε **ῥαπίζει** εἰς τὴν δεξιὰν
Mt 26:67 οἱ δὲ **ἐράπισαν**

ῥαφίς (*rhaphis*; 1/2) *needle*
Mt 19:24 κάμηλον διὰ τρυπήματος **ῥαφίδος** διελθεῖν ἢ πλούσιον

Ῥαχάβ (*Rhachab*; 1/1) *Rahab*
Mt 1:5 Βόες ἐκ τῆς **Ῥαχάβ**,

Ῥαχήλ (*Rhachēl*; 1/1) *Rachel*
Mt 2:18 **Ῥαχὴλ** κλαίουσα τὰ τέκνα

ῥήγνυμι (*rhēgnymi*; 2/7) *burst, attack, break forth*
Mt 7:6 αὐτῶν καὶ στραφέντες **ῥήξωσιν** ὑμᾶς.
Mt 9:17 **ῥήγνυνται** οἱ ἀσκοὶ καὶ

ῥῆμα (*rhēma*; 5/68) *word*

Mt 4:4 ἀλλ᾽ ἐπὶ παντὶ **ῥήματι** ἐκπορευομένῳ διὰ στόματος
Mt 12:36 ὑμῖν ὅτι πᾶν **ῥῆμα** ἀργὸν ὃ λαλήσουσιν
Mt 18:16 τριῶν σταθῇ πᾶν **ῥῆμα**·
Mt 26:75 ὁ Πέτρος τοῦ **ῥήματος** Ἰησοῦ εἰρηκότος ὅτι
Mt 27:14 πρὸς οὐδὲ ἓν **ῥῆμα**,

ῥίζα (*rhiza*; 3/17) *root*

Mt 3:10 ἀξίνη πρὸς τὴν **ῥίζαν** τῶν δένδρων κεῖται·
Mt 13:6 τὸ μὴ ἔχειν **ῥίζαν** ἐξηράνθη.
Mt 13:21 οὐκ ἔχει δὲ **ῥίζαν** ἐν ἑαυτῷ ἀλλὰ

ῥίπτω (*rhiptō*; 3/7) *throw*

Mt 9:36 ἦσαν ἐσκυλμένοι καὶ **ἐρριμμένοι** ὡσεὶ πρόβατα μὴ
Mt 15:30 ἑτέρους πολλοὺς καὶ **ἔρριψαν** αὐτοὺς παρὰ
Mt 27:5 καὶ **ῥίψας** τὰ ἀργύρια εἰς

Ῥοβοάμ (*Rhoboam*; 2/2) *Rehoboam*

Mt 1:7 δὲ ἐγέννησεν τὸν **Ῥοβοάμ**,
Mt 1:7 **Ῥοβοὰμ** δὲ ἐγέννησεν τὸν

Ῥούθ (*Rhouth*; 1/1) *Ruth*

Mt 1:5 Ἰωβὴδ ἐκ τῆς **Ῥούθ**,

ῥύμη (*rhymē*; 1/4) *street*

Mt 6:2 καὶ ἐν ταῖς **ῥύμαις**,

ῥύομαι (*rhyomai*; 2/17) *save, rescue, deliver*

Mt 6:13 ἀλλὰ **ῥῦσαι** ἡμᾶς ἀπὸ τοῦ
Mt 27:43 **ῥυσάσθω** νῦν εἰ θέλει

σαβαχθανι (*sabachthani*; 1/2) *you have forsaken me*

Mt 27:46 ηλι ηλι λεμα **σαβαχθανι**;

σάββατον (*sabbaton*; 11/67[68]) *Sabbath*

Mt 12:1 ὁ Ἰησοῦς τοῖς **σάββασιν** διὰ τῶν σπορίμων·
Mt 12:2 ἔξεστιν ποιεῖν ἐν **σαββάτῳ**.
Mt 12:5 νόμῳ ὅτι τοῖς **σάββασιν** οἱ ἱερεῖς ἐν
Mt 12:5 τῷ ἱερῷ τὸ **σάββατον** βεβηλοῦσιν καὶ ἀναίτιοί
Mt 12:8 γάρ ἐστιν τοῦ **σαββάτου** ὁ υἱὸς τοῦ
Mt 12:10 εἰ ἔξεστιν τοῖς **σάββασιν** θεραπεῦσαι;
Mt 12:11 ἐμπέσῃ τοῦτο τοῖς **σάββασιν** εἰς βόθυνον,
Mt 12:12 ὥστε ἔξεστιν τοῖς **σάββασιν** καλῶς ποιεῖν.
Mt 24:20 ὑμῶν χειμῶνος μηδὲ **σαββάτῳ**.
Mt 28:1 Ὀψὲ δὲ **σαββάτων**,
Mt 28:1 ἐπιφωσκούσῃ εἰς μίαν **σαββάτων** ἦλθεν Μαριὰμ ἡ

σαγήνη (*sagēnē*; 1/1) *dragnet*

Mt 13:47 βασιλεία τῶν οὐρανῶν **σαγήνῃ** βληθείσῃ εἰς

Σαδδουκαῖος (*Saddoukaios*; 7/14) *Sadducee*

Mt 3:7 τῶν Φαρισαίων καὶ **Σαδδουκαίων** ἐρχομένους ἐπὶ τὸ
Mt 16:1 οἱ Φαρισαῖοι καὶ **Σαδδουκαῖοι** πειράζοντες ἐπηρώτησαν αὐτὸν
Mt 16:6 τῶν Φαρισαίων καὶ **Σαδδουκαίων**.
Mt 16:11 τῶν Φαρισαίων καὶ **Σαδδουκαίων**.
Mt 16:12 τῶν Φαρισαίων καὶ **Σαδδουκαίων**.
Mt 22:23 ἡμέρᾳ προσῆλθον αὐτῷ **Σαδδουκαῖοι**,
Mt 22:34 ὅτι ἐφίμωσεν τοὺς **Σαδδουκαίους** συνήχθησαν ἐπὶ τὸ

Σαδώκ (*Sadōk*; 2/2) *Zadok*

Mt 1:14 δὲ ἐγέννησεν τὸν **Σαδώκ**,
Mt 1:14 **Σαδὼκ** δὲ ἐγέννησεν τὸν

σάκκος (*sakkos*; 1/4) *sackcloth*

Mt 11:21 πάλαι ἂν ἐν **σάκκῳ** καὶ σποδῷ μετενόησαν.

Σαλαθιήλ (*Salathiēl*; 2/3) *Salathiel*

Mt 1:12 Ἰεχονίας ἐγέννησεν τὸν **Σαλαθιήλ**,
Mt 1:12 **Σαλαθιὴλ** δὲ ἐγέννησεν τὸν

σαλεύω (*saleuō*; 2/15) *shake*

Mt 11:7 κάλαμον ὑπὸ ἀνέμου **σαλευόμενον**;
Mt 24:29 δυνάμεις τῶν οὐρανῶν **σαλευθήσονται**.

Σαλμών (*Salmōn*; 2/2) *Salmon*

Mt 1:4 δὲ ἐγέννησεν τὸν **Σαλμών**,
Mt 1:5 **Σαλμὼν** δὲ ἐγέννησεν τὸν

σάλπιγξ (*salpigx*; 1/11) *trumpet*

Mt 24:31 ἀγγέλους αὐτοῦ μετὰ **σάλπιγγος** μεγάλης,

σαλπίζω (*salpizō*; 1/12) *sound a trumpet*

Mt 6:2 μὴ **σαλπίσῃς** ἔμπροσθέν σου,

Σαμαρίτης (*Samaritēs*; 1/9) *Samaritan*

Mt 10:5 καὶ εἰς πόλιν **Σαμαριτῶν** μὴ εἰσέλθητε·

σαπρός (*sapros*; 5/8) *bad*

Mt 7:17 τὸ δὲ **σαπρὸν** δένδρον καρποὺς πονηροὺς
Mt 7:18 ποιεῖν οὐδὲ δένδρον **σαπρὸν** καρποὺς καλοὺς ποιεῖν.
Mt 12:33 ποιήσατε τὸ δένδρον **σαπρὸν** καὶ τὸν καρπὸν
Mt 12:33 τὸν καρπὸν αὐτοῦ **σαπρόν**·
Mt 13:48 τὰ δὲ **σαπρὰ** ἔξω ἔβαλον.

σάρξ (*sarx*; 5/147) *flesh*

Mt 16:17 ὅτι **σὰρξ** καὶ αἷμα οὐκ
Mt 19:5 οἱ δύο εἰς **σάρκα** μίαν.
Mt 19:6 εἰσὶν δύο ἀλλὰ **σὰρξ** μία.
Mt 24:22 ἂν ἐσώθη πᾶσα **σάρξ**·
Mt 26:41 πρόθυμον ἡ δὲ **σὰρξ** ἀσθενής.

σαρόω (*saroō*; 1/3) *sweep*

Mt 12:44 ἐλθὸν εὑρίσκει σχολάζοντα **σεσαρωμένον** καὶ κεκοσμημένον.

σατανᾶς (*satanas*; 4/36) *Satan*

Mt 4:10 **σατανᾶ**·
Mt 12:26 καὶ εἰ ὁ **σατανᾶς** τὸν σατανᾶν ἐκβάλλει,
Mt 12:26 ὁ σατανᾶς τὸν **σατανᾶν** ἐκβάλλει,
Mt 16:23 **σατανᾶ**·

σάτον (*saton*; 1/2) *saton (dry measure)*
Mt 13:33 ἐνέκρυψεν εἰς ἀλεύρου **σάτα** τρία ἕως οὗ

σβέννυμι (*sbennymi*; 2/6) *extinguish*
Mt 12:20 λίνον τυφόμενον οὐ **σβέσει**,
Mt 25:8 αἱ λαμπάδες ἡμῶν **σβέννυνται**.

σεαυτοῦ (*seautou*; 5/43) *yourself*
Mt 4:6 βάλε **σεαυτὸν** κάτω·
Mt 8:4 ἀλλὰ ὕπαγε **σεαυτὸν** δεῖξον τῷ ἱερεῖ
Mt 19:19 πλησίον σου ὡς **σεαυτόν**.
Mt 22:39 πλησίον σου ὡς **σεαυτόν**.
Mt 27:40 σῶσον **σεαυτόν**,

σέβομαι (*sebomai*; 1/10) *worship*
Mt 15:9 μάτην δὲ **σέβονταί** με διδάσκοντες διδασκαλίας

σεισμός (*seismos*; 4/14) *earthquake*
Mt 8:24 καὶ ἰδοὺ **σεισμὸς** μέγας ἐγένετο ἐν
Mt 24:7 ἔσονται λιμοὶ καὶ **σεισμοὶ** κατὰ τόπους·
Mt 27:54 Ἰησοῦν ἰδόντες τὸν **σεισμὸν** καὶ τὰ γενόμενα
Mt 28:2 καὶ ἰδοὺ **σεισμὸς** ἐγένετο μέγας·

σείω (*seiō*; 3/5) *shake*
Mt 21:10 αὐτοῦ εἰς Ἱεροσόλυμα **ἐσείσθη** πᾶσα ἡ πόλις
Mt 27:51 καὶ ἡ γῆ **ἐσείσθη** καὶ αἱ πέτραι
Mt 28:4 τοῦ φόβου αὐτοῦ **ἐσείσθησαν** οἱ τηροῦντες

σελήνη (*selēnē*; 1/9) *moon*
Mt 24:29 καὶ ἡ **σελήνη** οὐ δώσει τὸ

σεληνιάζομαι (*selēniazomai*; 2/2) *be moon*
Mt 4:24 [καὶ] δαιμονιζομένους καὶ **σεληνιαζομένους** καὶ παραλυτικούς,
Mt 17:15 ὅτι **σεληνιάζεται** καὶ κακῶς πάσχει·

σημεῖον (*sēmeion*; 13/75[77]) *sign*
Mt 12:38 θέλομεν ἀπὸ σοῦ **σημεῖον** ἰδεῖν.
Mt 12:39 πονηρὰ καὶ μοιχαλὶς **σημεῖον** ἐπιζητεῖ,
Mt 12:39 καὶ **σημεῖον** οὐ δοθήσεται αὐτῇ
Mt 12:39 εἰ μὴ τὸ **σημεῖον** Ἰωνᾶ τοῦ προφήτου.
Mt 16:1 πειράζοντες ἐπηρώτησαν αὐτὸν **σημεῖον** ἐκ τοῦ οὐρανοῦ
Mt 16:3 τὰ δὲ **σημεῖα** τῶν καιρῶν οὐ
Mt 16:4 πονηρὰ καὶ μοιχαλὶς **σημεῖον** ἐπιζητεῖ,
Mt 16:4 καὶ **σημεῖον** οὐ δοθήσεται αὐτῇ
Mt 16:4 εἰ μὴ τὸ **σημεῖον** Ἰωνᾶ.
Mt 24:3 καὶ τί τὸ **σημεῖον** τῆς σῆς παρουσίας
Mt 24:24 ψευδοπροφῆται καὶ δώσουσιν **σημεῖα** μεγάλα καὶ τέρατα
Mt 24:30 τότε φανήσεται τὸ **σημεῖον** τοῦ υἱοῦ τοῦ
Mt 26:48 αὐτὸν ἔδωκεν αὐτοῖς **σημεῖον** λέγων·

σήμερον (*sēmeron*; 8/41) *today*
Mt 6:11 ἐπιούσιον δὸς ἡμῖν **σήμερον**·
Mt 6:30 χόρτον τοῦ ἀγροῦ **σήμερον** ὄντα καὶ αὔριον
Mt 11:23 ἂν μέχρι τῆς **σήμερον**.
Mt 16:3 **σήμερον** χειμών,
Mt 21:28 ὕπαγε **σήμερον** ἐργάζου ἐν τῷ
Mt 27:8 αἵματος ἕως τῆς **σήμερον**.
Mt 27:19 πολλὰ γὰρ ἔπαθον **σήμερον** κατ' ὄναρ δι'
Mt 28:15 Ἰουδαίοις μέχρι τῆς **σήμερον** [ἡμέρας].

σής (*sēs*; 2/3) *moth*
Mt 6:19 ὅπου **σὴς** καὶ βρῶσις ἀφανίζει
Mt 6:20 ὅπου οὔτε **σὴς** οὔτε βρῶσις ἀφανίζει

σιαγών (*siagōn*; 1/2) *cheek*
Mt 5:39 εἰς τὴν δεξιὰν **σιαγόνα** [σου],

Σιδών (*Sidōn*; 3/9) *Sidon*
Mt 11:21 ἐν Τύρῳ καὶ **Σιδῶνι** ἐγένοντο αἱ δυνάμεις
Mt 11:22 Τύρῳ καὶ **Σιδῶνι** ἀνεκτότερον ἔσται ἐν
Mt 15:21 μέρη Τύρου καὶ **Σιδῶνος**.

Σίμων (*Simōn*; 9/75) *Simon*
Mt 4:18 **Σίμωνα** τὸν λεγόμενον Πέτρον
Mt 10:2 πρῶτος **Σίμων** ὁ λεγόμενος Πέτρος
Mt 10:4 **Σίμων** ὁ Καναναῖος καὶ
Mt 13:55 καὶ Ἰωσὴφ καὶ **Σίμων** καὶ Ἰούδας;
Mt 16:16 ἀποκριθεὶς δὲ **Σίμων** Πέτρος εἶπεν·
Mt 16:17 **Σίμων** Βαριωνᾶ,
Mt 17:25 **Σίμων**;
Mt 26:6 Βηθανίᾳ ἐν οἰκίᾳ **Σίμωνος** τοῦ λεπροῦ,
Mt 27:32 ἄνθρωπον Κυρηναῖον ὀνόματι **Σίμωνα**,

σίναπι (*sinapi*; 2/5) *mustard*
Mt 13:31 τῶν οὐρανῶν κόκκῳ **σινάπεως**,
Mt 17:20 πίστιν ὡς κόκκον **σινάπεως**,

σινδών (*sindōn*; 1/6) *linen cloth*
Mt 27:59 ἐνετύλιξεν αὐτὸ [ἐν] **σινδόνι** καθαρᾷ

σιτιστός (*sitistos*; 1/1) *fattened*
Mt 22:4 μου καὶ τὰ **σιτιστὰ** τεθυμένα καὶ πάντα

σῖτος (*sitos*; 4/14) *grain*
Mt 3:12 καὶ συνάξει τὸν **σῖτον** αὐτοῦ εἰς τὴν
Mt 13:25 ἀνὰ μέσον τοῦ **σίτου** καὶ ἀπῆλθεν.
Mt 13:29 ἅμα αὐτοῖς τὸν **σῖτον**.
Mt 13:30 τὸν δὲ **σῖτον** συναγάγετε εἰς τὴν

Σιών (*Siōn*; 1/7) *Mount Zion*
Mt 21:5 εἴπατε τῇ θυγατρὶ **Σιών**·

σιωπάω (*siōpaō*; 2/10) *be silent or quiet*
Mt 20:31 ἐπετίμησεν αὐτοῖς ἵνα **σιωπήσωσιν**·
Mt 26:63 ὁ δὲ Ἰησοῦς **ἐσιώπα**.

σκανδαλίζω (*skandalizō*; 14/29) *cause to stumble*
Mt 5:29 σου ὁ δεξιὸς **σκανδαλίζει** σε,
Mt 5:30 δεξιά σου χεὶρ **σκανδαλίζει** σε,
Mt 11:6 ὃς ἐὰν μὴ **σκανδαλισθῇ** ἐν ἐμοί.
Mt 13:21 τὸν λόγον εὐθὺς **σκανδαλίζεται**.
Mt 13:57 καὶ **ἐσκανδαλίζοντο** ἐν αὐτῷ.
Mt 15:12 ἀκούσαντες τὸν λόγον **ἐσκανδαλίσθησαν**;
Mt 17:27 ἵνα δὲ μὴ **σκανδαλίσωμεν** αὐτούς,

Mt 18:6 Ὃς δ' ἂν **σκανδαλίσῃ** ἕνα τῶν μικρῶν
Mt 18:8 ὁ πούς σου **σκανδαλίζει** σε,
Mt 18:9 ὁ ὀφθαλμός σου **σκανδαλίζει** σε,
Mt 24:10 καὶ τότε **σκανδαλισθήσονται** πολλοὶ καὶ ἀλλήλους
Mt 26:31 πάντες ὑμεῖς **σκανδαλισθήσεσθε** ἐν ἐμοὶ ἐν
Mt 26:33 εἰ πάντες **σκανδαλισθήσονται** ἐν σοί,
Mt 26:33 ἐγὼ οὐδέποτε **σκανδαλισθήσομαι**.

σκάνδαλον (*skandalon*; 5/15) *stumbling block*

Mt 13:41 αὐτοῦ πάντα τὰ **σκάνδαλα** καὶ τοὺς ποιοῦντας
Mt 16:23 **σκάνδαλον** εἶ ἐμοῦ,
Mt 18:7 κόσμῳ ἀπὸ τῶν **σκανδάλων**·
Mt 18:7 γὰρ ἐλθεῖν τὰ **σκάνδαλα**,
Mt 18:7 δι' οὗ τὸ **σκάνδαλον** ἔρχεται.

σκεῦος (*skeuos*; 1/23) *object, jar*

Mt 12:29 ἰσχυροῦ καὶ τὰ **σκεύη** αὐτοῦ ἁρπάσαι,

σκηνή (*skēnē*; 1/20) *tent*

Mt 17:4 ποιήσω ὧδε τρεῖς **σκηνάς**,

σκιά (*skia*; 1/7) *shadow*

Mt 4:16 ἐν χώρᾳ καὶ **σκιᾷ** θανάτου φῶς ἀνέτειλεν

σκληροκαρδία (*sklērokardia*; 1/2[3]) *stubbornness*

Mt 19:8 Μωϋσῆς πρὸς τὴν **σκληροκαρδίαν** ὑμῶν ἐπέτρεψεν ὑμῖν

σκληρός (*sklēros*; 1/5) *hard*

Mt 25:24 ἔγνων σε ὅτι **σκληρὸς** εἶ ἄνθρωπος,

σκορπίζω (*skorpizō*; 1/5) *scatter*

Mt 12:30 συνάγων μετ' ἐμοῦ **σκορπίζει**.

σκοτεινός (*skoteinos*; 1/3) *dark*

Mt 6:23 τὸ σῶμά σου **σκοτεινὸν** ἔσται.

σκοτία (*skotia*; 1/16) *darkness*

Mt 10:27 ὑμῖν ἐν τῇ **σκοτίᾳ** εἴπατε ἐν τῷ

σκοτίζω (*skotizō*; 1/5) *be or become darkened*

Mt 24:29 ἐκείνων ὁ ἥλιος **σκοτισθήσεται**,

σκότος (*skotos*; 7/31) *darkness*

Mt 4:16 ὁ καθήμενος ἐν **σκότει** φῶς εἶδεν μέγα,
Mt 6:23 τὸ ἐν σοὶ **σκότος** ἐστίν,
Mt 6:23 τὸ **σκότος** πόσον.
Mt 8:12 ἐκβληθήσονται εἰς τὸ **σκότος** τὸ ἐξώτερον·
Mt 22:13 αὐτὸν εἰς τὸ **σκότος** τὸ ἐξώτερον·
Mt 25:30 ἐκβάλετε εἰς τὸ **σκότος** τὸ ἐξώτερον·
Mt 27:45 δὲ ἕκτης ὥρας **σκότος** ἐγένετο ἐπὶ πᾶσαν

σκυθρωπός (*skythrōpos*; 1/2) *sod*

Mt 6:16 ὡς οἱ ὑποκριταὶ **σκυθρωποί**,

σκύλλω (*skyllō*; 1/4) *trouble*

Mt 9:36 ὅτι ἦσαν **ἐσκυλμένοι** καὶ ἐρριμμένοι ὡσεὶ

σμύρνα (*smyrna*; 1/2) *myrrh*

Mt 2:11 καὶ λίβανον καὶ **σμύρναν**.

Σόδομα (*Sodoma*; 3/9) *Sodom*

Mt 10:15 ἀνεκτότερον ἔσται γῇ **Σοδόμων** καὶ Γομόρρων ἐν
Mt 11:23 ὅτι εἰ ἐν **Σοδόμοις** ἐγενήθησαν αἱ δυνάμεις
Mt 11:24 ὑμῖν ὅτι γῇ **Σοδόμων** ἀνεκτότερον ἔσται ἐν

Σολομών (*Solomōn*; 5/12) *Solomon*

Mt 1:6 δὲ ἐγέννησεν τὸν **Σολομῶνα** ἐκ τῆς τοῦ
Mt 1:7 **Σολομὼν** δὲ ἐγέννησεν τὸν
Mt 6:29 ὑμῖν ὅτι οὐδὲ **Σολομὼν** ἐν πάσῃ τῇ
Mt 12:42 ἀκοῦσαι τὴν σοφίαν **Σολομῶνος**,
Mt 12:42 καὶ ἰδοὺ πλεῖον **Σολομῶνος** ὧδε.

σός (*sos*; 8/25) *your (sg.)*

Mt 7:3 δὲ ἐν τῷ **σῷ** ὀφθαλμῷ δοκὸν οὐ
Mt 7:22 οὐ τῷ **σῷ** ὀνόματι ἐπροφητεύσαμεν,
Mt 7:22 καὶ τῷ **σῷ** ὀνόματι δαιμόνια ἐξεβάλομεν,
Mt 7:22 καὶ τῷ **σῷ** ὀνόματι δυνάμεις πολλὰς
Mt 13:27 ἔσπειρας ἐν τῷ **σῷ** ἀγρῷ;
Mt 20:14 ἆρον τὸ **σὸν** καὶ ὕπαγε.
Mt 24:3 τὸ σημεῖον τῆς **σῆς** παρουσίας καὶ συντελείας
Mt 25:25 ἴδε ἔχεις τὸ **σόν**.

σοφία (*sophia*; 3/51) *wisdom*

Mt 11:19 καὶ ἐδικαιώθη ἡ **σοφία** ἀπὸ τῶν ἔργων
Mt 12:42 γῆς ἀκοῦσαι τὴν **σοφίαν** Σολομῶνος,
Mt 13:54 πόθεν τούτῳ ἡ **σοφία** αὕτη καὶ αἱ

σοφός (*sophos*; 2/20) *wise*

Mt 11:25 ἔκρυψας ταῦτα ἀπὸ **σοφῶν** καὶ συνετῶν καὶ
Mt 23:34 ὑμᾶς προφήτας καὶ **σοφοὺς** καὶ γραμματεῖς·

σπεῖρα (*speira*; 1/7) *cohort*

Mt 27:27 αὐτὸν ὅλην τὴν **σπεῖραν**.

σπείρω (*speirō*; 17/52) *sow*

Mt 6:26 οὐρανοῦ ὅτι οὐ **σπείρουσιν** οὐδὲ θερίζουσιν οὐδὲ
Mt 13:3 ἰδοὺ ἐξῆλθεν ὁ **σπείρων** τοῦ σπείρειν.
Mt 13:3 ὁ σπείρων τοῦ **σπείρειν**.
Mt 13:4 καὶ ἐν τῷ **σπείρειν** αὐτὸν ἃ μὲν
Mt 13:18 τὴν παραβολὴν τοῦ **σπείραντος**.
Mt 13:19 καὶ ἁρπάζει τὸ **ἐσπαρμένον** ἐν τῇ καρδίᾳ
Mt 13:19 παρὰ τὴν ὁδὸν **σπαρείς**.
Mt 13:20 ἐπὶ τὰ πετρώδη **σπαρείς**,
Mt 13:22 εἰς τὰς ἀκάνθας **σπαρείς**,
Mt 13:23 τὴν καλὴν γῆν **σπαρείς**,
Mt 13:24 τῶν οὐρανῶν ἀνθρώπῳ **σπείραντι** καλὸν σπέρμα ἐν
Mt 13:27 οὐχὶ καλὸν σπέρμα **ἔσπειρας** ἐν τῷ σῷ
Mt 13:31 ὃν λαβὼν ἄνθρωπος **ἔσπειρεν** ἐν τῷ ἀγρῷ
Mt 13:37 ὁ **σπείρων** τὸ καλὸν σπέρμα
Mt 13:39 δὲ ἐχθρὸς ὁ **σπείρας** αὐτά ἐστιν ὁ

Mt 25:24 θερίζων ὅπου οὐκ **ἔσπειρας** καὶ συνάγων ὅθεν
Mt 25:26 θερίζω ὅπου οὐκ **ἔσπειρα** καὶ συνάγω ὅθεν

σπέρμα (*sperma*; 7/43) *seed*
Mt 13:24 ἀνθρώπῳ σπείραντι καλὸν **σπέρμα** ἐν τῷ ἀγρῷ
Mt 13:27 οὐχὶ καλὸν **σπέρμα** ἔσπειρας ἐν τῷ
Mt 13:32 ἐστιν πάντων τῶν **σπερμάτων**,
Mt 13:37 σπείρων τὸ καλὸν **σπέρμα** ἐστὶν ὁ υἱὸς
Mt 13:38 τὸ δὲ καλὸν **σπέρμα** οὗτοί εἰσιν οἱ
Mt 22:24 αὐτοῦ καὶ ἀναστήσει **σπέρμα** τῷ ἀδελφῷ αὐτοῦ.
Mt 22:25 καὶ μὴ ἔχων **σπέρμα** ἀφῆκεν τὴν γυναῖκα

σπήλαιον (*spēlaion*; 1/6) *cave*
Mt 21:13 δὲ αὐτὸν ποιεῖτε **σπήλαιον** λῃστῶν.

σπλαγχνίζομαι (*splanchnizomai*; 5/12) *have pity, compassion*
Mt 9:36 δὲ τοὺς ὄχλους **ἐσπλαγχνίσθη** περὶ αὐτῶν,
Mt 14:14 πολὺν ὄχλον καὶ **ἐσπλαγχνίσθη** ἐπ' αὐτοῖς
Mt 15:32 **σπλαγχνίζομαι** ἐπὶ τὸν ὄχλον,
Mt 18:27 **σπλαγχνισθεὶς** δὲ ὁ κύριος
Mt 20:34 **σπλαγχνισθεὶς** δὲ ὁ Ἰησοῦς

σπόγγος (*spongos*; 1/3) *sponge*
Mt 27:48 αὐτῶν καὶ λαβὼν **σπόγγον** πλήσας τε ὄξους

σποδός (*spodos*; 1/3) *ashes*
Mt 11:21 ἐν σάκκῳ καὶ **σποδῷ** μετενόησαν.

σπόριμος (*sporimos*; 1/3) *grainfield*
Mt 12:1 σάββασιν διὰ τῶν **σπορίμων**·

σπυρίς (*spyris*; 2/5) *basket*
Mt 15:37 κλασμάτων ἦραν ἑπτὰ **σπυρίδας** πλήρεις.
Mt 16:10 τετρακισχιλίων καὶ πόσας **σπυρίδας** ἐλάβετε;

στάδιον (*stadion*; 1/7) *stadion (c. 600 feet)*
Mt 14:24 δὲ πλοῖον ἤδη **σταδίους** πολλοὺς ἀπὸ τῆς

στατήρ (*statēr*; 1/1) *stater*
Mt 17:27 στόμα αὐτοῦ εὑρήσεις **στατῆρα**·

σταυρός (*stauros*; 5/27) *cross*
Mt 10:38 οὐ λαμβάνει τὸν **σταυρὸν** αὐτοῦ καὶ ἀκολουθεῖ
Mt 16:24 καὶ ἀράτω τὸν **σταυρὸν** αὐτοῦ καὶ ἀκολουθείτω
Mt 27:32 ἵνα ἄρῃ τὸν **σταυρὸν** αὐτοῦ.
Mt 27:40 κατάβηθι ἀπὸ τοῦ **σταυροῦ**.
Mt 27:42 νῦν ἀπὸ τοῦ **σταυροῦ** καὶ πιστεύσομεν ἐπ'

σταυρόω (*stauroō*; 10/46) *crucify*
Mt 20:19 καὶ μαστιγῶσαι καὶ **σταυρῶσαι**,
Mt 23:34 αὐτῶν ἀποκτενεῖτε καὶ **σταυρώσετε** καὶ ἐξ αὐτῶν
Mt 26:2 παραδίδοται εἰς τὸ **σταυρωθῆναι**.
Mt 27:22 **σταυρωθήτω**.
Mt 27:23 **σταυρωθήτω**.
Mt 27:26 φραγελλώσας παρέδωκεν ἵνα **σταυρωθῇ**.
Mt 27:31 αὐτὸν εἰς τὸ **σταυρῶσαι**.
Mt 27:35 **Σταυρώσαντες** δὲ αὐτὸν διεμερίσαντο
Mt 27:38 Τότε **σταυροῦνται** σὺν αὐτῷ δύο
Mt 28:5 ὅτι Ἰησοῦν τὸν **ἐσταυρωμένον** ζητεῖτε·

σταφυλή (*staphylē*; 1/3) *cluster of grapes*
Mt 7:16 συλλέγουσιν ἀπὸ ἀκανθῶν **σταφυλὰς** ἢ ἀπὸ τριβόλων

στάχυς (*stachys*; 1/5) *head of grain*
Mt 12:1 καὶ ἤρξαντο τίλλειν **στάχυας** καὶ ἐσθίειν.

στέγη (*stegē*; 1/3) *roof*
Mt 8:8 μου ὑπὸ τὴν **στέγην** εἰσέλθῃς,

στενός (*stenos*; 2/3) *narrow*
Mt 7:13 Εἰσέλθατε διὰ τῆς **στενῆς** πύλης·
Mt 7:14 τί **στενὴ** ἡ πύλη καὶ

στέφανος (*stephanos*; 1/18) *crown, wreath*
Mt 27:29 καὶ πλέξαντες **στέφανον** ἐξ ἀκανθῶν ἐπέθηκαν

στόμα (*stoma*; 11/78) *mouth*
Mt 4:4 ῥήματι ἐκπορευομένῳ διὰ **στόματος** θεοῦ.
Mt 5:2 καὶ ἀνοίξας τὸ **στόμα** αὐτοῦ ἐδίδασκεν αὐτοὺς
Mt 12:34 τῆς καρδίας τὸ **στόμα** λαλεῖ.
Mt 13:35 ἐν παραβολαῖς τὸ **στόμα** μου,
Mt 15:11 εἰσερχόμενον εἰς τὸ **στόμα** κοινοῖ τὸν ἄνθρωπον,
Mt 15:11 ἐκπορευόμενον ἐκ τοῦ **στόματος** τοῦτο κοινοῖ τὸν
Mt 15:17 εἰσπορευόμενον εἰς τὸ **στόμα** εἰς τὴν κοιλίαν
Mt 15:18 ἐκπορευόμενα ἐκ τοῦ **στόματος** ἐκ τῆς καρδίας
Mt 17:27 καὶ ἀνοίξας τὸ **στόμα** αὐτοῦ εὑρήσεις στατῆρα·
Mt 18:16 ἵνα ἐπὶ **στόματος** δύο μαρτύρων ἢ
Mt 21:16 ἀνέγνωτε ὅτι ἐκ **στόματος** νηπίων καὶ θηλαζόντων

στράτευμα (*strateuma*; 1/8) *troops, army*
Mt 22:7 καὶ πέμψας τὰ **στρατεύματα** αὐτοῦ ἀπώλεσεν

στρατιώτης (*stratiōtēs*; 3/26) *soldier*
Mt 8:9 ἔχων ὑπ' ἐμαυτὸν **στρατιώτας**,
Mt 27:27 Τότε οἱ **στρατιῶται** τοῦ ἡγεμόνος παραλαβόντες
Mt 28:12 ἱκανὰ ἔδωκαν τοῖς **στρατιώταις**

στρέφω (*strephō*; 6/21) *turn*
Mt 5:39 **στρέψον** αὐτῷ καὶ τὴν
Mt 7:6 ποσὶν αὐτῶν καὶ **στραφέντες** ῥήξωσιν ὑμᾶς.
Mt 9:22 ὁ δὲ Ἰησοῦς **στραφεὶς** καὶ ἰδὼν αὐτὴν
Mt 16:23 ὁ δὲ **στραφεὶς** εἶπεν τῷ Πέτρῳ·
Mt 18:3 ἐὰν μὴ **στραφῆτε** καὶ γένησθε ὡς

Mt 27:3 μεταμεληθεὶς **ἔστρεψεν** τὰ τριάκοντα ἀργύρια

στρουθίον (*strouthion*; 2/4) *sparrow*

Mt 10:29 οὐχὶ δύο **στρουθία** ἀσσαρίου πωλεῖται;
Mt 10:31 πολλῶν **στρουθίων** διαφέρετε ὑμεῖς.

στρώννυμι (*strōnnymi*; 2/6) *spread*

Mt 21:8 δὲ πλεῖστος ὄχλος **ἔστρωσαν** ἑαυτῶν τὰ ἱμάτια
Mt 21:8 τῶν δένδρων καὶ **ἐστρώννυον** ἐν τῇ ὁδῷ.

στυγνάζω (*stygnazō*; 1/2) *be shocked or sad*

Mt 16:3 πυρράζει γὰρ **στυγνάζων** ὁ οὐρανός.

σύ (*sy*; 209/1063[1067]) *you (sg.)*

Mt 1:20 Μαρίαν τὴν γυναῖκά **σου**·
Mt 2:6 καὶ **σὺ** Βηθλέεμ,
Mt 2:6 ἐκ **σοῦ** γὰρ ἐξελεύσεται ἡγούμενος,
Mt 2:13 ἕως ἂν εἴπω **σοι**·
Mt 3:14 χρείαν ἔχω ὑπὸ **σοῦ** βαπτισθῆναι,
Mt 3:14 καὶ **σὺ** ἔρχῃ πρός με;
Mt 4:6 αὐτοῦ ἐντελεῖται περὶ **σοῦ** καὶ ἐπὶ χειρῶν
Mt 4:6 ἐπὶ χειρῶν ἀροῦσίν **σε**,
Mt 4:6 λίθον τὸν πόδα **σου**.
Mt 4:7 κύριον τὸν θεόν **σου**.
Mt 4:9 ταῦτά **σοι** πάντα δώσω,
Mt 4:10 κύριον τὸν θεόν **σου** προσκυνήσεις καὶ αὐτῷ
Mt 5:23 προσφέρῃς τὸ δῶρόν **σου** ἐπὶ τὸ θυσιαστήριον
Mt 5:23 ὅτι ὁ ἀδελφός **σου** ἔχει τι κατὰ
Mt 5:23 ἔχει τι κατὰ **σοῦ**,
Mt 5:24 ἐκεῖ τὸ δῶρόν **σου** ἔμπροσθεν τοῦ θυσιαστηρίου
Mt 5:24 διαλλάγηθι τῷ ἀδελφῷ **σου**,
Mt 5:24 πρόσφερε τὸ δῶρόν **σου**.
Mt 5:25 εὐνοῶν τῷ ἀντιδίκῳ **σου** ταχύ,
Mt 5:25 μήποτέ **σε** παραδῷ ὁ ἀντίδικος
Mt 5:26 ἀμὴν λέγω **σοι**,
Mt 5:29 δὲ ὁ ὀφθαλμός **σου** ὁ δεξιὸς σκανδαλίζει
Mt 5:29 ὁ δεξιὸς σκανδαλίζει **σε**,
Mt 5:29 καὶ βάλε ἀπὸ **σοῦ**·
Mt 5:29 συμφέρει γάρ **σοι** ἵνα ἀπόληται ἓν
Mt 5:29 ἓν τῶν μελῶν **σου** καὶ μὴ ὅλον
Mt 5:29 ὅλον τὸ σῶμά **σου** βληθῇ εἰς γέενναν.
Mt 5:30 εἰ ἡ δεξιά **σου** χεὶρ σκανδαλίζει σε,
Mt 5:30 σου χεὶρ σκανδαλίζει **σε**,
Mt 5:30 καὶ βάλε ἀπὸ **σοῦ**·
Mt 5:30 συμφέρει γάρ **σοι** ἵνα ἀπόληται ἓν
Mt 5:30 ἓν τῶν μελῶν **σου** καὶ μὴ ὅλον
Mt 5:30 ὅλον τὸ σῶμά **σου** εἰς γέενναν ἀπέλθῃ.
Mt 5:33 κυρίῳ τοὺς ὅρκους **σου**.
Mt 5:36 ἐν τῇ κεφαλῇ **σου** ὀμόσῃς,
Mt 5:39 ἀλλ' ὅστις **σε** ῥαπίζει εἰς τὴν
Mt 5:39 εἰς τὴν δεξιὰν σιαγόνα **[σου]**,
Mt 5:40 καὶ τῷ θέλοντί **σοι** κριθῆναι καὶ τὸν
Mt 5:40 καὶ τὸν χιτῶνά **σου** λαβεῖν,
Mt 5:41 καὶ ὅστις **σε** ἀγγαρεύσει μίλιον ἕν,
Mt 5:42 τῷ αἰτοῦντί **σε** δός,
Mt 5:42 τὸν θέλοντα ἀπὸ **σοῦ** δανίσασθαι μὴ ἀποστραφῇς.
Mt 5:43 ἀγαπήσεις τὸν πλησίον **σου** καὶ μισήσεις
Mt 5:43 μισήσεις τὸν ἐχθρόν **σου**.
Mt 6:2 μὴ σαλπίσῃς ἔμπροσθέν **σου**,
Mt 6:3 **σοῦ** δὲ ποιοῦντος ἐλεημοσύνην
Mt 6:3 γνώτω ἡ ἀριστερά **σου** τί ποιεῖ ἡ
Mt 6:3 ποιεῖ ἡ δεξιά **σου**,
Mt 6:4 ὅπως ᾖ **σου** ἡ ἐλεημοσύνη ἐν
Mt 6:4 καὶ ὁ πατήρ **σου** ὁ βλέπων ἐν
Mt 6:4 τῷ κρυπτῷ ἀποδώσει **σοι**.
Mt 6:6 **σὺ** δὲ ὅταν προσεύχῃ,
Mt 6:6 εἰς τὸ ταμεῖόν **σου** καὶ κλείσας τὴν
Mt 6:6 κλείσας τὴν θύραν **σου** πρόσευξαι τῷ πατρί
Mt 6:6 πρόσευξαι τῷ πατρί **σου** τῷ ἐν τῷ
Mt 6:6 καὶ ὁ πατήρ **σου** ὁ βλέπων ἐν
Mt 6:6 τῷ κρυπτῷ ἀποδώσει **σοι**.
Mt 6:9 ἁγιασθήτω τὸ ὄνομά **σου**·
Mt 6:10 ἐλθέτω ἡ βασιλεία **σου**·
Mt 6:10 γενηθήτω τὸ θέλημά **σου**,
Mt 6:17 **σὺ** δὲ νηστεύων ἄλειψαί
Mt 6:17 δὲ νηστεύων ἄλειψαί **σου** τὴν κεφαλὴν καὶ
Mt 6:17 καὶ τὸ πρόσωπόν **σου** νίψαι,
Mt 6:18 ἀλλὰ τῷ πατρί **σου** τῷ ἐν τῷ
Mt 6:18 καὶ ὁ πατήρ **σου** ὁ βλέπων ἐν
Mt 6:18 τῷ κρυφαίῳ ἀποδώσει **σοι**.
Mt 6:21 ἐστιν ὁ θησαυρός **σου**,
Mt 6:21 καὶ ἡ καρδία **σου**.
Mt 6:22 ᾖ ὁ ὀφθαλμός **σου** ἁπλοῦς,
Mt 6:22 ὅλον τὸ σῶμά **σου** φωτεινὸν ἔσται·
Mt 6:23 δὲ ὁ ὀφθαλμός **σου** πονηρὸς ᾖ,
Mt 6:23 ὅλον τὸ σῶμά **σου** σκοτεινὸν ἔσται.
Mt 6:23 φῶς τὸ ἐν **σοὶ** σκότος ἐστίν,
Mt 7:3 ὀφθαλμῷ τοῦ ἀδελφοῦ **σου**,
Mt 7:4 ἐρεῖς τῷ ἀδελφῷ **σου**·
Mt 7:4 ἐκ τοῦ ὀφθαλμοῦ **σου**,
Mt 7:4 ἐν τῷ ὀφθαλμῷ **σοῦ**;
Mt 7:5 ἐκ τοῦ ὀφθαλμοῦ **σοῦ** τὴν δοκόν,
Mt 7:5 ὀφθαλμοῦ τοῦ ἀδελφοῦ **σου**.
Mt 8:13 ὡς ἐπίστευσας γενηθήτω **σοι**.
Mt 8:19 ἀκολουθήσω **σοι** ὅπου ἐὰν ἀπέρχῃ.
Mt 8:29 τί ἡμῖν καὶ **σοί**,
Mt 9:2 ἀφίενταί **σου** αἱ ἁμαρτίαι.
Mt 9:5 ἀφίενταί **σου** αἱ ἁμαρτίαι,
Mt 9:6 ἐγερθεὶς ἆρόν **σου** τὴν κλίνην καὶ
Mt 9:6 εἰς τὸν οἶκόν **σου**.
Mt 9:14 οἱ δὲ μαθηταί **σου** οὐ νηστεύουσιν;
Mt 9:18 ἐπίθες τὴν χεῖρά **σου** ἐπ' αὐτήν,
Mt 9:22 ἡ πίστις **σου** σέσωκέν σε.
Mt 9:22 πίστις σου σέσωκέν **σε**.
Mt 11:3 **σὺ** εἶ ὁ ἐρχόμενος
Mt 11:10 μου πρὸ προσώπου **σου**,
Mt 11:10 κατασκευάσει τὴν ὁδόν **σου** ἔμπροσθέν σου.
Mt 11:10 ὁδόν σου ἔμπροσθέν **σου**.
Mt 11:21 οὐαί **σοι**,
Mt 11:21 οὐαί **σοι**,
Mt 11:23 καὶ **σύ**,
Mt 11:23 αἱ γενόμεναι ἐν **σοί**,
Mt 11:24 ἡμέρᾳ κρίσεως ἢ **σοί**.
Mt 11:25 ἐξομολογοῦμαί **σοι**,
Mt 11:26 εὐδοκία ἐγένετο ἔμπροσθέν **σου**.
Mt 12:2 ἰδοὺ οἱ μαθηταί **σου** ποιοῦσιν ὃ οὐκ
Mt 12:13 ἔκτεινόν **σου** τὴν χεῖρα.
Mt 12:37 γὰρ τῶν λόγων **σου** δικαιωθήσῃ,
Mt 12:37 ἐκ τῶν λόγων **σου** καταδικασθήσῃ.
Mt 12:38 θέλομεν ἀπὸ **σοῦ** σημεῖον ἰδεῖν.
Mt 12:47 ἰδοὺ ἡ μήτηρ **σου** καὶ οἱ ἀδελφοί

Mt 12:47 καὶ οἱ ἀδελφοί **σου** ἔξω ἑστήκασιν ζητοῦντές
Mt 12:47 ἔξω ἑστήκασιν ζητοῦντές **σοι** λαλῆσαι]
Mt 14:4 οὐκ ἔξεστίν σοι **ἔχειν** αὐτήν.
Mt 14:28 εἰ **σὺ** εἶ,
Mt 14:28 με ἐλθεῖν πρός **σε** ἐπὶ τὰ ὕδατα.
Mt 15:2 τί οἱ μαθηταί **σου** παραβαίνουσιν τὴν παράδοσιν
Mt 15:28 μεγάλη **σου** ἡ πίστις·
Mt 15:28 γενηθήτω **σοι** ὡς θέλεις.
Mt 16:16 **σὺ** εἶ ὁ χριστὸς
Mt 16:17 αἷμα οὐκ ἀπεκάλυψέν **σοι** ἀλλ᾽ ὁ πατήρ
Mt 16:18 κἀγὼ δέ **σοι** λέγω ὅτι σὺ
Mt 16:18 σοι λέγω ὅτι **σὺ** εἶ Πέτρος,
Mt 16:19 δώσω **σοι** τὰς κλεῖδας τῆς
Mt 16:22 ἵλεώς **σοι**,
Mt 16:22 οὐ μὴ ἔσται **σοι** τοῦτο.
Mt 17:4 **σοὶ** μίαν καὶ Μωϋσεῖ
Mt 17:16 αὐτὸν τοῖς μαθηταῖς **σου**,
Mt 17:25 τί **σοι** δοκεῖ,
Mt 17:27 ἀντὶ ἐμοῦ καὶ **σοῦ**.
Mt 18:8 δὲ ἡ χείρ **σου** ἢ ὁ πούς
Mt 18:8 ἢ ὁ πούς **σου** σκανδαλίζει σε,
Mt 18:8 πούς σου σκανδαλίζει **σε**,
Mt 18:8 καὶ βάλε ἀπὸ **σοῦ**·
Mt 18:8 καλόν **σοί** ἐστιν εἰσελθεῖν εἰς
Mt 18:9 εἰ ὁ ὀφθαλμός **σου** σκανδαλίζει σε,
Mt 18:9 ὀφθαλμός σου σκανδαλίζει **σε**,
Mt 18:9 καὶ βάλε ἀπὸ **σοῦ**·
Mt 18:9 καλόν **σοί** ἐστιν μονόφθαλμον εἰς
Mt 18:15 δὲ ἁμαρτήσῃ [εἰς **σὲ]** ὁ ἀδελφός σου,
Mt 18:15 σὲ] ὁ ἀδελφός **σου**,
Mt 18:15 ἔλεγξον αὐτὸν μεταξὺ **σοῦ** καὶ αὐτοῦ μόνου.
Mt 18:15 ἐάν **σου** ἀκούσῃ,
Mt 18:15 ἐκέρδησας τὸν ἀδελφόν **σου**·
Mt 18:16 παράλαβε μετὰ **σοῦ** ἔτι ἕνα ἢ
Mt 18:17 ἔστω **σοι** ὥσπερ ὁ ἐθνικὸς
Mt 18:22 οὐ λέγω **σοι** ἕως ἑπτάκις ἀλλὰ
Mt 18:26 καὶ πάντα ἀποδώσω **σοι**.
Mt 18:29 καὶ ἀποδώσω **σοι**.
Mt 18:32 ὀφειλὴν ἐκείνην ἀφῆκά **σοι**,
Mt 18:33 οὐκ ἔδει καὶ **σὲ** ἐλεῆσαι τὸν σύνδουλόν
Mt 18:33 ἐλεῆσαι τὸν σύνδουλόν **σου**,
Mt 18:33 ὡς κἀγὼ **σὲ** ἠλέησα;
Mt 19:19 ἀγαπήσεις τὸν πλησίον **σου** ὡς σεαυτόν.
Mt 19:21 ὕπαγε πώλησόν **σου** τὰ ὑπάρχοντα καὶ
Mt 19:27 πάντα καὶ ἠκολουθήσαμέν **σοι**·
Mt 20:13 οὐκ ἀδικῶ **σε**·
Mt 20:14 δοῦναι ὡς καὶ **σοί**·
Mt 20:15 ἢ ὁ ὀφθαλμός **σου** πονηρός ἐστιν ὅτι
Mt 20:21 εἷς ἐκ δεξιῶν **σου** καὶ εἷς ἐξ
Mt 20:21 εἷς ἐξ εὐωνύμων **σου** ἐν τῇ βασιλείᾳ
Mt 20:21 ἐν τῇ βασιλείᾳ **σου**.
Mt 21:5 ἰδοὺ ὁ βασιλεύς **σου** ἔρχεταί σοι πραῢς
Mt 21:5 βασιλεύς σου ἔρχεταί **σοι** πραῢς καὶ ἐπιβεβηκὼς
Mt 21:19 μηκέτι ἐκ **σοῦ** καρπὸς γένηται εἰς
Mt 21:23 καὶ τίς σοι **ἔδωκεν** τὴν ἐξουσίαν ταύτην;
Mt 22:16 καὶ οὐ μέλει **σοι** περὶ οὐδενός.
Mt 22:17 οὖν ἡμῖν τί **σοι** δοκεῖ·
Mt 22:37 κύριον τὸν θεόν **σου** ἐν ὅλῃ τῇ
Mt 22:37 ὅλῃ τῇ καρδίᾳ **σου** καὶ ἐν ὅλῃ
Mt 22:37 ὅλῃ τῇ ψυχῇ **σου** καὶ ἐν ὅλῃ
Mt 22:37 ὅλῃ τῇ διανοίᾳ **σου**·
Mt 22:39 ἀγαπήσεις τὸν πλησίον **σου** ὡς σεαυτόν.
Mt 22:44 θῶ τοὺς ἐχθρούς **σου** ὑποκάτω τῶν ποδῶν
Mt 22:44 ὑποκάτω τῶν ποδῶν **σου**;
Mt 23:37 ἐπισυναγαγεῖν τὰ τέκνα **σου**,
Mt 25:21 ἐπὶ πολλῶν **σε** καταστήσω·
Mt 25:21 χαρὰν τοῦ κυρίου **σου**.
Mt 25:23 ἐπὶ πολλῶν **σε** καταστήσω·
Mt 25:23 χαρὰν τοῦ κυρίου **σου**.
Mt 25:24 ἔγνων **σε** ὅτι σκληρὸς εἶ
Mt 25:25 ἔκρυψα τὸ τάλαντόν **σου** ἐν τῇ γῇ·
Mt 25:27 ἔδει **σε** οὖν βαλεῖν τὰ
Mt 25:37 πότε **σε** εἴδομεν πεινῶντα καὶ
Mt 25:38 πότε δέ **σε** εἴδομεν ξένον καὶ
Mt 25:39 πότε δέ **σε** εἴδομεν ἀσθενοῦντα ἢ
Mt 25:39 καὶ ἤλθομεν πρός **σε**;
Mt 25:44 πότε **σε** εἴδομεν πεινῶντα ἢ
Mt 25:44 καὶ οὐ διηκονήσαμέν **σοι**;
Mt 26:17 ποῦ θέλεις ἑτοιμάσωμέν **σοι** φαγεῖν τὸ πάσχα;
Mt 26:18 πρὸς **σὲ** ποιῶ τὸ πάσχα
Mt 26:25 **σὺ** εἶπας.
Mt 26:33 πάντες σκανδαλισθήσονται ἐν **σοί**,
Mt 26:34 ἀμὴν λέγω **σοι** ὅτι ἐν ταύτῃ
Mt 26:35 κἂν δέῃ με σὺν **σοὶ** ἀποθανεῖν,
Mt 26:35 οὐ μή **σε** ἀπαρνήσομαι.
Mt 26:39 θέλω ἀλλ᾽ ὡς **σύ**.
Mt 26:42 γενηθήτω τὸ θέλημά **σου**.
Mt 26:52 ἀπόστρεψον τὴν μάχαιράν **σου** εἰς τὸν τόπον
Mt 26:62 ἀποκρίνῃ τί οὗτοί **σου** καταμαρτυροῦσιν;
Mt 26:63 ἐξορκίζω **σε** κατὰ τοῦ θεοῦ
Mt 26:63 ἡμῖν εἴπῃς εἰ **σὺ** εἶ ὁ χριστὸς
Mt 26:64 **σὺ** εἶπας.
Mt 26:68 ἐστιν ὁ παίσας **σε**;
Mt 26:69 καὶ **σὺ** ἦσθα μετὰ Ἰησοῦ
Mt 26:73 ἀληθῶς καὶ **σὺ** ἐξ αὐτῶν εἶ,
Mt 26:73 γὰρ ἡ λαλιά **σου** δῆλόν σε ποιεῖ.
Mt 26:73 λαλιά σου δῆλόν **σε** ποιεῖ.
Mt 27:4 **σὺ** ὄψῃ.
Mt 27:11 **σὺ** εἶ ὁ βασιλεὺς
Mt 27:11 **σὺ** λέγεις.
Mt 27:13 οὐκ ἀκούεις πόσα **σου** καταμαρτυροῦσιν;
Mt 27:19 μηδὲν **σοὶ** καὶ τῷ δικαίῳ

συζεύγνυμι (*syzeugnymi*; 1/2) *join together*

Mt 19:6 οὖν ὁ θεὸς **συνέζευξεν** ἄνθρωπος μὴ χωριζέτω.

συκῆ (*sykē*; 5/16) *fig tree*

Mt 21:19 καὶ ἰδὼν **συκῆν** μίαν ἐπὶ τῆς
Mt 21:19 ἐξηράνθη παραχρῆμα ἡ **συκῆ**.
Mt 21:20 παραχρῆμα ἐξηράνθη ἡ **συκῆ**;
Mt 21:21 μόνον τὸ τῆς **συκῆς** ποιήσετε,
Mt 24:32 Ἀπὸ δὲ τῆς **συκῆς** μάθετε τὴν παραβολήν·

σῦκον (*sykon*; 1/4) *fig*

Mt 7:16 ἢ ἀπὸ τριβόλων **σῦκα**;

συλλαλέω (*syllaleō*; 1/6) *talk or speak with*

Mt 17:3 Μωϋσῆς καὶ Ἠλίας **συλλαλοῦντες** μετ᾽ αὐτοῦ.

συλλαμβάνω (*syllambanō*; 1/16) *seize (mid. assist)*
Mt 26:55 μαχαιρῶν καὶ ξύλων **συλλαβεῖν** με;

συλλέγω (*syllegō*; 7/8) *gather*
Mt 7:16 μήτι **συλλέγουσιν** ἀπὸ ἀκανθῶν σταφυλὰς
Mt 13:28 θέλεις οὖν ἀπελθόντες **συλλέξωμεν** αὐτά;
Mt 13:29 μήποτε **συλλέγοντες** τὰ ζιζάνια ἐκριζώσητε
Mt 13:30 **συλλέξατε** πρῶτον τὰ ζιζάνια
Mt 13:40 ὥσπερ οὖν **συλλέγεται** τὰ ζιζάνια καὶ
Mt 13:41 καὶ συλλέξουσιν **ἐκ** τῆς βασιλείας αὐτοῦ
Mt 13:48 αἰγιαλὸν καὶ καθίσαντες **συνέλεξαν** τὰ καλὰ

συμβουλεύω (*symbouleuō*; 1/4) *advise*
Mt 26:4 καὶ **συνεβουλεύσαντο** ἵνα τὸν Ἰησοῦν

συμβούλιον (*symboulion*; 5/8) *plan*
Mt 12:14 δὲ οἱ Φαρισαῖοι **συμβούλιον** ἔλαβον κατ᾽ αὐτοῦ
Mt 22:15 πορευθέντες οἱ Φαρισαῖοι **συμβούλιον** ἔλαβον ὅπως αὐτὸν
Mt 27:1 Πρωΐας δὲ γενομένης **συμβούλιον** ἔλαβον πάντες οἱ
Mt 27:7 **συμβούλιον** δὲ λαβόντες ἠγόρασαν
Mt 28:12 μετὰ τῶν πρεσβυτέρων **συμβούλιόν** τε λαβόντες ἀργύρια

συμπνίγω (*sympnigō*; 1/5) *choke*
Mt 13:22 ἀπάτη τοῦ πλούτου **συμπνίγει** τὸν λόγον καὶ

συμφέρω (*sympherō*; 4/15) *be better*
Mt 5:29 **συμφέρει** γάρ σοι ἵνα
Mt 5:30 **συμφέρει** γάρ σοι ἵνα
Mt 18:6 **συμφέρει** αὐτῷ ἵνα κρεμασθῇ
Mt 19:10 οὐ **συμφέρει** γαμῆσαι.

συμφωνέω (*symphōneō*; 3/6) *agree with*
Mt 18:19 ὅτι ἐὰν δύο **συμφωνήσωσιν** ἐξ ὑμῶν ἐπὶ
Mt 20:2 **συμφωνήσας** δὲ μετὰ τῶν
Mt 20:13 οὐχὶ δηναρίου **συνεφώνησάς** μοι;

σύν (*syn*; 4/128) *with*
Mt 25:27 ἂν τὸ ἐμὸν **σὺν** τόκῳ.
Mt 26:35 κἂν δέῃ με **σὺν** σοὶ ἀποθανεῖν,
Mt 27:38 Τότε σταυροῦνται **σὺν** αὐτῷ δύο λῃσταί,
Mt 27:44 λῃσταὶ οἱ συσταυρωθέντες **σὺν** αὐτῷ ὠνείδιζον αὐτόν.

συνάγω (*synagō*; 24/59) *gather*
Mt 2:4 καὶ **συναγαγὼν** πάντας τοὺς ἀρχιερεῖς
Mt 3:12 ἅλωνα αὐτοῦ καὶ **συνάξει** τὸν σῖτον αὐτοῦ
Mt 6:26 οὐδὲ θερίζουσιν οὐδὲ **συνάγουσιν** εἰς ἀποθήκας,
Mt 12:30 καὶ ὁ μὴ **συνάγων** μετ᾽ ἐμοῦ σκορπίζει.
Mt 13:2 καὶ **συνήχθησαν** πρὸς αὐτὸν ὄχλοι
Mt 13:30 τὸν δὲ σῖτον **συναγάγετε** εἰς τὴν ἀποθήκην
Mt 13:47 ἐκ παντὸς γένους **συναγαγούσῃ**·
Mt 18:20 δύο ἢ τρεῖς **συνηγμένοι** εἰς τὸ ἐμὸν
Mt 22:10 εἰς τὰς ὁδοὺς **συνήγαγον** πάντας οὓς εὗρον,
Mt 22:34 ἐφίμωσεν τοὺς Σαδδουκαίους **συνήχθησαν** ἐπὶ τὸ αὐτό,
Mt 22:41 **Συνηγμένων** δὲ τῶν Φαρισαίων
Mt 24:28 ἐκεῖ **συναχθήσονται** οἱ ἀετοί.
Mt 25:24 οὐκ ἔσπειρας καὶ **συνάγων** ὅθεν οὐ διεσκόρπισας,
Mt 25:26 οὐκ ἔσπειρα καὶ **συνάγω** ὅθεν οὐ διεσκόρπισα;
Mt 25:32 καὶ **συναχθήσονται** ἔμπροσθεν αὐτοῦ πάντα
Mt 25:35 ξένος ἤμην καὶ **συνηγάγετέ** με,
Mt 25:38 εἴδομεν ξένον καὶ **συνηγάγομεν**,
Mt 25:43 ἤμην καὶ οὐ **συνηγάγετέ** με,
Mt 26:3 Τότε **συνήχθησαν** οἱ ἀρχιερεῖς καὶ
Mt 26:57 καὶ οἱ πρεσβύτεροι **συνήχθησαν**.
Mt 27:17 **συνηγμένων** οὖν αὐτῶν εἶπεν
Mt 27:27 εἰς τὸ πραιτώριον **συνήγαγον** ἐπ᾽ αὐτὸν ὅλην
Mt 27:62 **συνήχθησαν** οἱ ἀρχιερεῖς καὶ
Mt 28:12 καὶ **συναχθέντες** μετὰ τῶν πρεσβυτέρων

συναγωγή (*synagōgē*; 9/56) *synagogue*
Mt 4:23 διδάσκων ἐν ταῖς **συναγωγαῖς** αὐτῶν καὶ κηρύσσων
Mt 6:2 ποιοῦσιν ἐν ταῖς **συναγωγαῖς** καὶ ἐν ταῖς
Mt 6:5 φιλοῦσιν ἐν ταῖς **συναγωγαῖς** καὶ ἐν ταῖς
Mt 9:35 διδάσκων ἐν ταῖς **συναγωγαῖς** αὐτῶν καὶ κηρύσσων
Mt 10:17 καὶ ἐν ταῖς **συναγωγαῖς** αὐτῶν μαστιγώσουσιν ὑμᾶς·
Mt 12:9 ἦλθεν εἰς τὴν **συναγωγὴν** αὐτῶν·
Mt 13:54 αὐτοὺς ἐν τῇ **συναγωγῇ** αὐτῶν,
Mt 23:6 πρωτοκαθεδρίας ἐν ταῖς **συναγωγαῖς**
Mt 23:34 μαστιγώσετε ἐν ταῖς **συναγωγαῖς** ὑμῶν καὶ διώξετε

συναίρω (*synairō*; 3/3) *settle*
Mt 18:23 ὃς ἠθέλησεν **συνᾶραι** λόγον μετὰ τῶν
Mt 18:24 ἀρξαμένου δὲ αὐτοῦ **συναίρειν** προσηνέχθη αὐτῷ εἷς
Mt 25:19 δούλων ἐκείνων καὶ **συναίρει** λόγον μετ᾽ αὐτῶν.

συνανάκειμαι (*synanakeimai*; 2/7) *sit at table with*
Mt 9:10 καὶ ἁμαρτωλοὶ ἐλθόντες **συνανέκειντο** τῷ Ἰησοῦ καὶ
Mt 14:9 ὅρκους καὶ τοὺς **συνανακειμένους** ἐκέλευσεν δοθῆναι,

συναυξάνω (*synauxanō*; 1/1) *grow together*
Mt 13:30 ἄφετε **συναυξάνεσθαι** ἀμφότερα ἕως τοῦ

σύνδουλος (*syndoulos*; 5/10) *fellow-servant*
Mt 18:28 εὗρεν ἕνα τῶν **συνδούλων** αὐτοῦ,
Mt 18:29 πεσὼν οὖν ὁ **σύνδουλος** αὐτοῦ παρεκάλει αὐτὸν
Mt 18:31 ἰδόντες οὖν οἱ **σύνδουλοι** αὐτοῦ τὰ γενόμενα
Mt 18:33 σὲ ἐλεῆσαι τὸν **σύνδουλόν** σου,
Mt 24:49 ἄρξηται τύπτειν τοὺς **συνδούλους** αὐτοῦ,

συνέδριον (*synedrion*; 3/22) *Sanhedrin*
Mt 5:22 ἔνοχος ἔσται τῷ **συνεδρίῳ**·
Mt 10:17 γὰρ ὑμᾶς εἰς **συνέδρια** καὶ ἐν ταῖς

Mt 26:59 ἀρχιερεῖς καὶ τὸ **συνέδριον** ὅλον ἐζήτουν ψευδομαρτυρίαν

συνέρχομαι (*synerchomai*; 1/30) *come together*
Mt 1:18 πρὶν ἢ **συνελθεῖν** αὐτοὺς εὑρέθη ἐν

συνετός (*synetos*; 1/4) *intelligent*
Mt 11:25 ἀπὸ σοφῶν καὶ **συνετῶν** καὶ ἀπεκάλυψας αὐτὰ

συνέχω (*synechō*; 1/12) *surround, control*
Mt 4:24 νόσοις καὶ βασάνοις **συνεχομένους** [καὶ] δαιμονιζομένους καὶ

συνθλάω (*synthlaō*; 1/2) *break to pieces*
Mt 21:44 τὸν λίθον τοῦτον **συνθλασθήσεται**·

συνίημι (*syniēmi*; 9/26) *understand*
Mt 13:13 οὐκ ἀκούουσιν οὐδὲ **συνίουσιν**,
Mt 13:14 καὶ οὐ μὴ **συνῆτε**,
Mt 13:15 καὶ τῇ καρδίᾳ **συνῶσιν** καὶ ἐπιστρέψωσιν
Mt 13:19 βασιλείας καὶ μὴ **συνιέντος** ἔρχεται ὁ πονηρὸς
Mt 13:23 λόγον ἀκούων καὶ **συνιείς**,
Mt 13:51 **Συνήκατε** ταῦτα πάντα;
Mt 15:10 ἀκούετε καὶ **συνίετε**·
Mt 16:12 τότε **συνῆκαν** ὅτι οὐκ εἶπεν
Mt 17:13 τότε **συνῆκαν** οἱ μαθηταὶ ὅτι

συντάσσω (*syntassō*; 3/3) *direct*
Mt 21:6 καὶ ποιήσαντες καθὼς **συνέταξεν** αὐτοῖς ὁ Ἰησοῦς
Mt 26:19 οἱ μαθηταὶ ὡς **συνέταξεν** αὐτοῖς ὁ Ἰησοῦς
Mt 27:10 καθὰ **συνέταξέν** μοι κύριος.

συντέλεια (*synteleia*; 5/6) *end*
Mt 13:39 ὁ δὲ θερισμὸς **συντέλεια** αἰῶνός ἐστιν,
Mt 13:40 ἔσται ἐν τῇ **συντελείᾳ** τοῦ αἰῶνος·
Mt 13:49 ἔσται ἐν τῇ **συντελείᾳ** τοῦ αἰῶνος·
Mt 24:3 σῆς παρουσίας καὶ **συντελείας** τοῦ αἰῶνος;
Mt 28:20 ἡμέρας ἕως τῆς **συντελείας** τοῦ αἰῶνος.

συντηρέω (*syntēreō*; 1/3) *protect*
Mt 9:17 καὶ ἀμφότεροι **συντηροῦνται**.

συντρίβω (*syntribō*; 1/7) *break in pieces*
Mt 12:20 κάλαμον **συντετριμμένον** οὐ κατεάξει καὶ

Συρία (*Syria*; 1/8) *Syria*
Mt 4:24 εἰς ὅλην τὴν **Συρίαν**·

συσταυρόω (*systauroō*; 1/5) *be crucified together*
Mt 27:44 οἱ λῃσταὶ οἱ **συσταυρωθέντες** σὺν αὐτῷ ὠνείδιζον

συστρέφω (*systrephō*; 1/2) *gather up*
Mt 17:22 **Συστρεφομένων** δὲ αὐτῶν ἐν

σφόδρα (*sphodra*; 7/11) *very much*
Mt 2:10 ἐχάρησαν χαρὰν μεγάλην **σφόδρα**.
Mt 17:6 αὐτῶν καὶ ἐφοβήθησαν **σφόδρα**.
Mt 17:23 καὶ ἐλυπήθησαν **σφόδρα**.
Mt 18:31 τὰ γενόμενα ἐλυπήθησαν **σφόδρα** καὶ ἐλθόντες διεσάφησαν
Mt 19:25 οἱ μαθηταὶ ἐξεπλήσσοντο **σφόδρα** λέγοντες·
Mt 26:22 καὶ λυπούμενοι **σφόδρα** ἤρξαντο λέγειν αὐτῷ
Mt 27:54 τὰ γενόμενα ἐφοβήθησαν **σφόδρα**,

σφραγίζω (*sphragizō*; 1/15) *seal*
Mt 27:66 ἠσφαλίσαντο τὸν τάφον **σφραγίσαντες** τὸν λίθον μετὰ

σχίζω (*schizō*; 2/11) *split*
Mt 27:51 καταπέτασμα τοῦ ναοῦ **ἐσχίσθη** ἀπ' ἄνωθεν ἕως
Mt 27:51 καὶ αἱ πέτραι **ἐσχίσθησαν**,

σχίσμα (*schisma*; 1/8) *division*
Mt 9:16 ἱματίου καὶ χεῖρον **σχίσμα** γίνεται.

σχολάζω (*scholazō*; 1/2) *be empty or unoccupied*
Mt 12:44 καὶ ἐλθὸν εὑρίσκει **σχολάζοντα** σεσαρωμένον καὶ κεκοσμημένον.

σῴζω (*sōzō*; 15/105[106]) *save, preserve*
Mt 1:21 αὐτὸς γὰρ **σώσει** τὸν λαὸν αὐτοῦ
Mt 8:25 **σῶσον**,
Mt 9:21 τοῦ ἱματίου αὐτοῦ **σωθήσομαι**.
Mt 9:22 ἡ πίστις σου **σέσωκέν** σε.
Mt 9:22 καὶ **ἐσώθη** ἡ γυνὴ ἀπὸ
Mt 10:22 εἰς τέλος οὗτος **σωθήσεται**.
Mt 14:30 **σῶσόν** με.
Mt 16:25 τὴν ψυχὴν αὐτοῦ **σῶσαι** ἀπολέσει αὐτήν·
Mt 19:25 τίς ἄρα δύναται **σωθῆναι**;
Mt 24:13 εἰς τέλος οὗτος **σωθήσεται**.
Mt 24:22 οὐκ ἂν **ἐσώθη** πᾶσα σάρξ·
Mt 27:40 **σῶσον** σεαυτόν,
Mt 27:42 ἄλλους **ἔσωσεν**,
Mt 27:42 ἑαυτὸν οὐ δύναται **σῶσαι**·
Mt 27:49 εἰ ἔρχεται Ἠλίας **σώσων** αὐτόν.

σῶμα (*sōma*; 14/142) *body*
Mt 5:29 μὴ ὅλον τὸ **σῶμά** σου βληθῇ εἰς
Mt 5:30 μὴ ὅλον τὸ **σῶμά** σου εἰς γέενναν
Mt 6:22 Ὁ λύχνος τοῦ **σώματός** ἐστιν ὁ ὀφθαλμός.
Mt 6:22 ὅλον τὸ **σῶμά** σου φωτεινὸν ἔσται·
Mt 6:23 ὅλον τὸ **σῶμά** σου σκοτεινὸν ἔσται.
Mt 6:25 μηδὲ τῷ **σώματι** ὑμῶν τί ἐνδύσησθε.
Mt 6:25 τροφῆς καὶ τὸ **σῶμα** τοῦ ἐνδύματος;
Mt 10:28 τῶν ἀποκτεννόντων τὸ **σῶμα**,
Mt 10:28 καὶ ψυχὴν καὶ **σῶμα** ἀπολέσαι ἐν γεέννῃ.
Mt 26:12 τοῦτο ἐπὶ τοῦ **σώματός** μου πρὸς τὸ
Mt 26:26 τοῦτό ἐστιν τὸ **σῶμά** μου.
Mt 27:52 ἀνεῴχθησαν καὶ πολλὰ **σώματα** τῶν κεκοιμημένων ἁγίων
Mt 27:58 Πιλάτῳ ᾐτήσατο τὸ **σῶμα** τοῦ Ἰησοῦ.
Mt 27:59 καὶ λαβὼν τὸ **σῶμα** ὁ Ἰωσὴφ ἐνετύλιξεν

τάλαντον (*talanton*; 14/14) *talent (Greek coin)*
Mt 18:24 εἷς ὀφειλέτης μυρίων **ταλάντων**.
Mt 25:15 μὲν ἔδωκεν πέντε **τάλαντα**,
Mt 25:16 ὁ τὰ πέντε **τάλαντα** λαβὼν ἠργάσατο ἐν
Mt 25:20 ὁ τὰ πέντε **τάλαντα** λαβὼν προσήνεγκεν
Mt 25:20 προσήνεγκεν ἄλλα πέντε **τάλαντα** λέγων·
Mt 25:20 πέντε **τάλαντά** μοι παρέδωκας·
Mt 25:20 ἴδε ἄλλα πέντε **τάλαντα** ἐκέρδησα.
Mt 25:22 ὁ τὰ δύο **τάλαντα** εἶπεν·
Mt 25:22 δύο **τάλαντά** μοι παρέδωκας·
Mt 25:22 ἴδε ἄλλα δύο **τάλαντα** ἐκέρδησα.
Mt 25:24 ὁ τὸ ἓν **τάλαντον** εἰληφὼς εἶπεν·
Mt 25:25 ἀπελθὼν ἔκρυψα τὸ **τάλαντόν** σου ἐν τῇ
Mt 25:28 ἀπ᾽ αὐτοῦ τὸ **τάλαντον** καὶ δότε τῷ
Mt 25:28 ἔχοντι τὰ δέκα **τάλαντα**·

ταμεῖον (*tameion*; 2/4) *inner or private room*
Mt 6:6 εἴσελθε εἰς τὸ **ταμεῖόν** σου καὶ κλείσας
Mt 24:26 ἰδοὺ ἐν τοῖς **ταμείοις**,

ταπεινός (*tapeinos*; 1/8) *humble*
Mt 11:29 πραΰς εἰμι καὶ **ταπεινὸς** τῇ καρδίᾳ,

ταπεινόω (*tapeinoō*; 3/14) *humble*
Mt 18:4 ὅστις οὖν **ταπεινώσει** ἑαυτὸν ὡς τὸ
Mt 23:12 δὲ ὑψώσει ἑαυτὸν **ταπεινωθήσεται** καὶ ὅστις ταπεινώσει
Mt 23:12 ταπεινωθήσεται καὶ ὅστις **ταπεινώσει** ἑαυτὸν ὑψωθήσεται.

ταράσσω (*tarassō*; 2/17) *trouble*
Mt 2:3 ὁ βασιλεὺς Ἡρῴδης **ἐταράχθη** καὶ πᾶσα Ἱεροσόλυμα
Mt 14:26 τῆς θαλάσσης περιπατοῦντα **ἐταράχθησαν** λέγοντες ὅτι φάντασμά

τάσσω (*tassō*; 1/8) *appoint*
Mt 28:16 τὸ ὄρος οὗ **ἐτάξατο** αὐτοῖς ὁ Ἰησοῦς,

ταῦρος (*tauros*; 1/4) *bull*
Mt 22:4 οἱ **ταῦροί** μου καὶ τὰ

ταφή (*taphē*; 1/1) *burial*
Mt 27:7 τοῦ κεραμέως εἰς **ταφὴν** τοῖς ξένοις.

τάφος (*taphos*; 6/7) *grave*
Mt 23:27 ὅτι παρομοιάζετε τάφοις **κεκονιαμένοις**,
Mt 23:29 ὅτι οἰκοδομεῖτε τοὺς **τάφους** τῶν προφητῶν
Mt 27:61 καθήμεναι ἀπέναντι τοῦ **τάφου**.
Mt 27:64 οὖν ἀσφαλισθῆναι τὸν **τάφον** ἕως τῆς τρίτης
Mt 27:66 πορευθέντες ἠσφαλίσαντο τὸν **τάφον** σφραγίσαντες τὸν λίθον
Mt 28:1 Μαρία θεωρῆσαι τὸν **τάφον**.

ταχύς (*tachys*; 3/13) *quick*
Mt 5:25 τῷ ἀντιδίκῳ σου **ταχύ**,
Mt 28:7 καὶ **ταχὺ** πορευθεῖσαι εἴπατε τοῖς
Mt 28:8 Καὶ ἀπελθοῦσαι **ταχὺ** ἀπὸ τοῦ μνημείου

τέ (*te*; 3/215) *and*
Mt 22:10 πονηρούς **τε** καὶ ἀγαθούς·
Mt 27:48 λαβὼν σπόγγον πλήσας **τε** ὄξους καὶ περιθεὶς
Mt 28:12 τῶν πρεσβυτέρων συμβούλιόν **τε** λαβόντες ἀργύρια ἱκανὰ

τέκνον (*teknon*; 14/99) *child*
Mt 2:18 Ῥαχὴλ κλαίουσα τὰ **τέκνα** αὐτῆς,
Mt 3:9 λίθων τούτων ἐγεῖραι **τέκνα** τῷ Ἀβραάμ.
Mt 7:11 ἀγαθὰ διδόναι τοῖς **τέκνοις** ὑμῶν,
Mt 9:2 **τέκνον**,
Mt 10:21 θάνατον καὶ πατὴρ **τέκνον**,
Mt 10:21 καὶ ἐπαναστήσονται **τέκνα** ἐπὶ γονεῖς καὶ
Mt 15:26 τὸν ἄρτον τῶν **τέκνων** καὶ βαλεῖν τοῖς
Mt 18:25 γυναῖκα καὶ τὰ **τέκνα** καὶ πάντα ὅσα
Mt 19:29 ἢ μητέρα ἢ **τέκνα** ἢ ἀγροὺς ἕνεκεν
Mt 21:28 ἄνθρωπος εἶχεν **τέκνα** δύο.
Mt 21:28 **τέκνον**,
Mt 22:24 ἀποθάνῃ μὴ ἔχων **τέκνα**,
Mt 23:37 ἠθέλησα ἐπισυναγαγεῖν τὰ **τέκνα** σου,
Mt 27:25 καὶ ἐπὶ τὰ **τέκνα** ἡμῶν.

τέκτων (*tektōn*; 1/2) *wood*
Mt 13:55 ἐστιν ὁ τοῦ **τέκτονος** υἱός;

τέλειος (*teleios*; 3/19) *complete, perfect, mature*
Mt 5:48 ἔσεσθε οὖν ὑμεῖς **τέλειοι** ὡς ὁ πατὴρ
Mt 5:48 ὑμῶν ὁ οὐράνιος **τέλειός** ἐστιν.
Mt 19:21 εἰ θέλεις **τέλειος** εἶναι,

τελευτάω (*teleutaō*; 4/11) *die*
Mt 2:19 **Τελευτήσαντος** δὲ τοῦ Ἡρῴδου
Mt 9:18 θυγάτηρ μου ἄρτι **ἐτελεύτησεν**·
Mt 15:4 ἢ μητέρα θανάτῳ **τελευτάτω**.
Mt 22:25 ὁ πρῶτος γήμας **ἐτελεύτησεν**,

τελευτή (*teleutē*; 1/1) *death*
Mt 2:15 ἐκεῖ ἕως τῆς **τελευτῆς** Ἡρῴδου·

τελέω (*teleō*; 7/28) *finish*
Mt 7:28 Καὶ ἐγένετο ὅτε **ἐτέλεσεν** ὁ Ἰησοῦς τοὺς
Mt 10:23 οὐ μὴ **τελέσητε** τὰς πόλεις τοῦ
Mt 11:1 Καὶ ἐγένετο ὅτε **ἐτέλεσεν** ὁ Ἰησοῦς διατάσσων
Mt 13:53 Καὶ ἐγένετο ὅτε **ἐτέλεσεν** ὁ Ἰησοῦς τὰς
Mt 17:24 διδάσκαλος ὑμῶν οὐ **τελεῖ** [τὰ] δίδραχμα;
Mt 19:1 Καὶ ἐγένετο ὅτε **ἐτέλεσεν** ὁ Ἰησοῦς τοὺς
Mt 26:1 Καὶ ἐγένετο ὅτε **ἐτέλεσεν** ὁ Ἰησοῦς πάντας

τέλος (*telos*; 6/41) *end*
Mt 10:22 δὲ ὑπομείνας εἰς **τέλος** οὗτος σωθήσεται.
Mt 17:25 ἀπὸ τίνων λαμβάνουσιν **τέλη** ἢ κῆνσον;
Mt 24:6 οὔπω ἐστὶν τὸ **τέλος**.
Mt 24:13 δὲ ὑπομείνας εἰς **τέλος** οὗτος σωθήσεται.
Mt 24:14 τότε ἥξει τὸ **τέλος**.
Mt 26:58 ὑπηρετῶν ἰδεῖν τὸ **τέλος**.

τελώνης (*telōnēs*; 8/21) *tax-collector*
Mt 5:46 οὐχὶ καὶ οἱ **τελῶναι** τὸ αὐτὸ ποιοῦσιν;

Mt 9:10 καὶ ἰδοὺ πολλοὶ **τελῶναι** καὶ ἁμαρτωλοὶ ἐλθόντες
Mt 9:11 τί μετὰ τῶν **τελωνῶν** καὶ ἁμαρτωλῶν ἐσθίει
Mt 10:3 καὶ Μαθθαῖος ὁ **τελώνης**,
Mt 11:19 **τελωνῶν** φίλος καὶ ἁμαρτωλῶν.
Mt 18:17 ἐθνικὸς καὶ ὁ **τελώνης**.
Mt 21:31 ὑμῖν ὅτι οἱ **τελῶναι** καὶ αἱ πόρναι
Mt 21:32 οἱ δὲ **τελῶναι** καὶ αἱ πόρναι

τελώνιον (*telōnion*; 1/3) *tax or revenue office*
Mt 9:9 καθήμενον ἐπὶ τὸ **τελώνιον**,

τέρας (*teras*; 1/16) *wonder*
Mt 24:24 σημεῖα μεγάλα καὶ **τέρατα** ὥστε πλανῆσαι,

τέσσαρες (*tessares*; 1/40) *four*
Mt 24:31 αὐτοῦ ἐκ τῶν **τεσσάρων** ἀνέμων ἀπ᾽ ἄκρων

τεσσεράκοντα (*tesserakonta*; 2/22) *forty*
Mt 4:2 καὶ νηστεύσας ἡμέρας **τεσσεράκοντα** καὶ νύκτας τεσσεράκοντα,
Mt 4:2 τεσσεράκοντα καὶ νύκτας **τεσσεράκοντα**,

τέταρτος (*tetartos*; 1/10) *fourth*
Mt 14:25 **τετάρτῃ** δὲ φυλακῇ τῆς

τετρακισχίλιοι (*tetrakischilioi*; 2/5) *four thousand*
Mt 15:38 δὲ ἐσθίοντες ἦσαν **τετρακισχίλιοι** ἄνδρες χωρὶς γυναικῶν
Mt 16:10 ἑπτὰ ἄρτους τῶν **τετρακισχιλίων** καὶ πόσας σπυρίδας

τετραάρχης (*tetraarchēs*; 1/4) *tetrarch*
Mt 14:1 ἤκουσεν Ἡρῴδης ὁ **τετραάρχης** τὴν ἀκοὴν Ἰησοῦ,

τηρέω (*tēreō*; 6/70) *keep*
Mt 19:17 **τήρησον** τὰς ἐντολάς.
Mt 23:3 ὑμῖν ποιήσατε καὶ **τηρεῖτε**,
Mt 27:36 καὶ καθήμενοι **ἐτήρουν** αὐτὸν ἐκεῖ.
Mt 27:54 οἱ μετ᾽ αὐτοῦ **τηροῦντες** τὸν Ἰησοῦν ἰδόντες
Mt 28:4 αὐτοῦ ἐσείσθησαν οἱ **τηροῦντες** καὶ ἐγενήθησαν ὡς
Mt 28:20 διδάσκοντες αὐτοὺς **τηρεῖν** πάντα ὅσα ἐνετειλάμην

τίθημι (*tithēmi*; 5/100) *put, place, appoint*
Mt 5:15 καίουσιν λύχνον καὶ **τιθέασιν** αὐτὸν ὑπὸ
Mt 12:18 **θήσω** τὸ πνεῦμά μου
Mt 22:44 ἕως ἂν **θῶ** τοὺς ἐχθρούς σου
Mt 24:51 μετὰ τῶν ὑποκριτῶν **θήσει**·
Mt 27:60 καὶ **ἔθηκεν** αὐτὸ ἐν τῷ

τίκτω (*tiktō*; 4/18) *bear*
Mt 1:21 **τέξεται** δὲ υἱόν,
Mt 1:23 γαστρὶ ἕξει καὶ **τέξεται** υἱόν,
Mt 1:25 αὐτὴν ἕως οὗ **ἔτεκεν** υἱόν·
Mt 2:2 ποῦ ἐστιν ὁ **τεχθεὶς** βασιλεὺς τῶν Ἰουδαίων;

τίλλω (*tillō*; 1/3) *pluck*
Mt 12:1 ἐπείνασαν καὶ ἤρξαντο **τίλλειν** στάχυας καὶ ἐσθίειν.

τιμάω (*timaō*; 6/21) *honor*
Mt 15:4 **τίμα** τὸν πατέρα καὶ
Mt 15:6 οὐ μὴ **τιμήσει** τὸν πατέρα αὐτοῦ·
Mt 15:8 τοῖς χείλεσίν με **τιμᾷ**,
Mt 19:19 **τίμα** τὸν πατέρα καὶ
Mt 27:9 τὴν τιμὴν τοῦ **τετιμημένου** ὃν ἐτιμήσαντο
Mt 27:9 τοῦ τετιμημένου ὃν **ἐτιμήσαντο** ἀπὸ υἱῶν Ἰσραήλ,

τιμή (*timē*; 2/41) *honor*
Mt 27:6 ἐπεὶ **τιμὴ** αἵματός ἐστιν.
Mt 27:9 τὴν **τιμὴν** τοῦ τετιμημένου ὃν

τίς (*tis*; 88/545[546]) *who; what, why*
Mt 3:7 **τίς** ὑπέδειξεν ὑμῖν φυγεῖν
Mt 5:13 ἐν **τίνι** ἁλισθήσεται;
Mt 5:46 **τίνα** μισθὸν ἔχετε;
Mt 5:47 **τί** περισσὸν ποιεῖτε;
Mt 6:3 ἡ ἀριστερά σου **τί** ποιεῖ ἡ δεξιά
Mt 6:25 τῇ ψυχῇ ὑμῶν **τί** φάγητε [ἢ τί
Mt 6:25 τί φάγητε [ἢ **τί** πίητε],
Mt 6:25 τῷ σώματι ὑμῶν **τί** ἐνδύσησθε.
Mt 6:27 **τίς** δὲ ἐξ ὑμῶν
Mt 6:28 καὶ περὶ ἐνδύματος **τί** μεριμνᾶτε;
Mt 6:31 **τί** φάγωμεν;
Mt 6:31 **τί** πίωμεν;
Mt 6:31 **τί** περιβαλώμεθα;
Mt 7:3 **τί** δὲ βλέπεις τὸ
Mt 7:9 ἢ **τίς** ἐστιν ἐξ ὑμῶν
Mt 7:14 **τί** στενὴ ἡ πύλη
Mt 8:26 **τί** δειλοί ἐστε,
Mt 8:29 **τί** ἡμῖν καὶ σοί,
Mt 9:5 **τί** γάρ ἐστιν εὐκοπώτερον,
Mt 9:11 διὰ **τί** μετὰ τῶν τελωνῶν
Mt 9:13 πορευθέντες δὲ μάθετε **τί** ἐστιν·
Mt 9:14 διὰ **τί** ἡμεῖς καὶ οἱ
Mt 10:11 ἐξετάσατε τίς **ἐν** αὐτῇ ἄξιός ἐστιν·
Mt 10:19 μεριμνήσητε πῶς ἢ **τί** λαλήσητε·
Mt 10:19 ἐκείνῃ τῇ ὥρᾳ **τί** λαλήσητε·
Mt 11:7 **τί** ἐξήλθατε εἰς τὴν ἔρημον
Mt 11:8 ἀλλὰ **τί** ἐξήλθατε ἰδεῖν;
Mt 11:9 ἀλλὰ **τί** ἐξήλθατε ἰδεῖν;
Mt 11:16 **Τίνι** δὲ ὁμοιώσω τὴν
Mt 12:3 οὐκ ἀνέγνωτε **τί** ἐποίησεν Δαυὶδ ὅτε
Mt 12:7 εἰ δὲ ἐγνώκειτε **τί** ἐστιν·
Mt 12:11 **τίς** ἔσται ἐξ ὑμῶν
Mt 12:27 υἱοὶ ὑμῶν ἐν **τίνι** ἐκβάλλουσιν;
Mt 12:48 **τίς** ἐστιν ἡ μήτηρ
Mt 12:48 μήτηρ μου καὶ **τίνες** εἰσὶν οἱ ἀδελφοί
Mt 13:10 διὰ **τί** ἐν παραβολαῖς λαλεῖς
Mt 14:31 εἰς **τί** ἐδίστασας;
Mt 15:2 διὰ **τί** οἱ μαθηταί σου
Mt 15:3 διὰ **τί** καὶ ὑμεῖς παραβαίνετε
Mt 16:8 **τί** διαλογίζεσθε ἐν ἑαυτοῖς,
Mt 16:13 **τίνα** λέγουσιν οἱ ἄνθρωποι
Mt 16:15 ὑμεῖς δὲ **τίνα** με λέγετε εἶναι;

Mt 16:26 **τί** γὰρ ὠφεληθήσεται ἄνθρωπος
Mt 16:26 ἢ **τί** δώσει ἄνθρωπος ἀντάλλαγμα
Mt 17:10 **τί** οὖν οἱ γραμματεῖς
Mt 17:19 διὰ **τί** ἡμεῖς οὐκ ἠδυνήθημεν
Mt 17:25 **τί** σοι δοκεῖ,
Mt 17:25 τῆς γῆς ἀπὸ **τίνων** λαμβάνουσιν τέλη ἢ
Mt 18:1 **τίς** ἄρα μείζων ἐστὶν
Mt 18:12 **Τί** ὑμῖν δοκεῖ;
Mt 19:16 **τί** ἀγαθὸν ποιήσω ἵνα
Mt 19:17 **τί** με ἐρωτᾷς περὶ
Mt 19:20 **τί** ἔτι ὑστερῶ;
Mt 19:25 **τίς** ἄρα δύναται σωθῆναι;
Mt 19:27 **τί** ἄρα ἔσται ἡμῖν;
Mt 20:6 **τί** ὧδε ἑστήκατε ὅλην
Mt 20:21 **τί** θέλεις;
Mt 20:22 οὐκ οἴδατε **τί** αἰτεῖσθε.
Mt 20:32 **τί** θέλετε ποιήσω ὑμῖν;
Mt 21:10 **τίς** ἐστιν οὗτος;
Mt 21:16 ἀκούεις **τί** οὗτοι λέγουσιν;
Mt 21:23 καὶ τίς **σοι** ἔδωκεν τὴν ἐξουσίαν
Mt 21:25 διὰ **τί** οὖν οὐκ ἐπιστεύσατε
Mt 21:28 **Τί** δὲ ὑμῖν δοκεῖ;
Mt 21:31 **τίς** ἐκ τῶν δύο
Mt 22:17 εἰπὲ οὖν ἡμῖν **τί** σοι δοκεῖ·
Mt 22:18 **τί** με πειράζετε,
Mt 22:20 **τίνος** ἡ εἰκὼν αὕτη
Mt 22:28 τῇ ἀναστάσει οὖν **τίνος** τῶν ἑπτὰ ἔσται
Mt 22:42 **τί** ὑμῖν δοκεῖ περὶ
Mt 22:42 **τίνος** υἱός ἐστιν;
Mt 23:17 **τίς** γὰρ μείζων ἐστίν,
Mt 23:19 **τί** γὰρ μεῖζον,
Mt 24:3 ταῦτα ἔσται καὶ **τί** τὸ σημεῖον τῆς
Mt 24:45 **Τίς** ἄρα ἐστὶν ὁ
Mt 26:8 εἰς **τί** ἡ ἀπώλεια αὕτη;
Mt 26:10 **τί** κόπους παρέχετε τῇ
Mt 26:15 **τί** θέλετέ μοι δοῦναι,
Mt 26:62 οὐδὲν ἀποκρίνῃ **τί** οὗτοί σου καταμαρτυροῦσιν;
Mt 26:65 **τί** ἔτι χρείαν ἔχομεν
Mt 26:66 **τί** ὑμῖν δοκεῖ;
Mt 26:68 **τίς** ἐστιν ὁ παίσας
Mt 26:70 οὐκ οἶδα **τί** λέγεις.
Mt 27:4 **τί** πρὸς ἡμᾶς;
Mt 27:17 **τίνα** θέλετε ἀπολύσω ὑμῖν,
Mt 27:21 **τίνα** θέλετε ἀπὸ τῶν
Mt 27:22 **τί** οὖν ποιήσω Ἰησοῦν
Mt 27:23 **τί** γὰρ κακὸν ἐποίησεν;

τις (*tis*; 24/542[543]) *anyone, anything*

Mt 5:23 ἀδελφός σου ἔχει **τι** κατὰ σοῦ,
Mt 8:28 ὥστε μὴ ἰσχύειν **τινα** παρελθεῖν διὰ τῆς
Mt 9:3 καὶ ἰδού **τινες** τῶν γραμματέων εἶπαν
Mt 11:27 οὐδὲ τὸν πατέρα **τις** ἐπιγινώσκει εἰ μὴ
Mt 12:19 οὐδὲ ἀκούσει **τις** ἐν ταῖς πλατείαις
Mt 12:29 ἢ πῶς δύναταί **τις** εἰσελθεῖν εἰς τὴν
Mt 12:38 Τότε ἀπεκρίθησαν αὐτῷ **τινες** τῶν γραμματέων καὶ
Mt 12:47 [εἶπεν δέ **τις** αὐτῷ·
Mt 15:32 καὶ οὐκ ἔχουσιν **τι** φάγωσιν·
Mt 16:24 εἴ **τις** θέλει ὀπίσω μου
Mt 16:28 ὑμῖν ὅτι εἰσίν **τινες** τῶν ὧδε ἑστώτων
Mt 18:12 ἐὰν γένηταί **τινι** ἀνθρώπῳ ἑκατὸν πρόβατα
Mt 18:28 ἀπόδος εἴ **τι** ὀφείλεις.
Mt 19:7 **τι** οὖν Μωϋσῆς ἐνετείλατο
Mt 20:20 προσκυνοῦσα καὶ αἰτοῦσά **τι** ἀπ᾽ αὐτοῦ.
Mt 21:3 καὶ ἐάν **τις** ὑμῖν εἴπῃ τι,
Mt 21:3 τις ὑμῖν εἴπῃ **τι**,
Mt 21:40 **τι** ποιήσει τοῖς γεωργοῖς
Mt 22:24 ἐάν **τις** ἀποθάνῃ μὴ ἔχων
Mt 22:46 λόγον οὐδὲ ἐτόλμησέν **τις** ἀπ᾽ ἐκείνης τῆς
Mt 24:4 βλέπετε μή **τις** ὑμᾶς πλανήσῃ·
Mt 24:23 Τότε ἐάν **τις** ὑμῖν εἴπῃ·
Mt 27:47 **τινες** δὲ τῶν ἐκεῖ
Mt 28:11 δὲ αὐτῶν ἰδού **τινες** τῆς κουστωδίας ἐλθόντες

τοιοῦτος (*toioutos*; 3/56[57]) *such*

Mt 9:8 τὸν δόντα ἐξουσίαν **τοιαύτην** τοῖς ἀνθρώποις.
Mt 18:5 δέξηται ἓν παιδίον **τοιοῦτο** ἐπὶ τῷ ὀνόματί
Mt 19:14 τῶν γὰρ **τοιούτων** ἐστὶν ἡ βασιλεία

τόκος (*tokos*; 1/2) *interest*

Mt 25:27 τὸ ἐμὸν σὺν **τόκῳ**.

τολμάω (*tolmaō*; 1/16) *dare*

Mt 22:46 αὐτῷ λόγον οὐδὲ **ἐτόλμησέν** τις ἀπ᾽ ἐκείνης

τόπος (*topos*; 10/94) *place*

Mt 12:43 διέρχεται δι᾽ ἀνύδρων **τόπων** ζητοῦν ἀνάπαυσιν καὶ
Mt 14:13 πλοίῳ εἰς ἔρημον **τόπον** κατ᾽ ἰδίαν·
Mt 14:15 ἔρημός ἐστιν ὁ **τόπος** καὶ ἡ ὥρα
Mt 14:35 οἱ ἄνδρες τοῦ **τόπου** ἐκείνου ἀπέστειλαν εἰς
Mt 24:7 καὶ σεισμοὶ κατὰ **τόπους**·
Mt 24:15 προφήτου ἑστὸς ἐν **τόπῳ** ἁγίῳ,
Mt 26:52 σου εἰς τὸν **τόπον** αὐτῆς·
Mt 27:33 Καὶ ἐλθόντες εἰς **τόπον** λεγόμενον Γολγοθᾶ,
Mt 27:33 ὅ ἐστιν Κρανίου **Τόπος** λεγόμενος,
Mt 28:6 δεῦτε ἴδετε τὸν **τόπον** ὅπου ἔκειτο.

τοσοῦτος (*tosoutos*; 3/20) *so much (pl. so many)*

Mt 8:10 παρ᾽ οὐδενὶ **τοσαύτην** πίστιν ἐν τῷ
Mt 15:33 ἐν ἐρημίᾳ ἄρτοι **τοσοῦτοι** ὥστε χορτάσαι ὄχλον
Mt 15:33 ὥστε χορτάσαι ὄχλον **τοσοῦτον**;

τότε (*tote*; 90/160) *then*

Mt 2:7 **Τότε** Ἡρῴδης λάθρᾳ καλέσας
Mt 2:16 **Τότε** Ἡρῴδης ἰδὼν ὅτι
Mt 2:17 **τότε** ἐπληρώθη τὸ ῥηθὲν
Mt 3:5 **Τότε** ἐξεπορεύετο πρὸς αὐτὸν
Mt 3:13 **Τότε** παραγίνεται ὁ Ἰησοῦς
Mt 3:15 **τότε** ἀφίησιν αὐτόν.
Mt 4:1 **Τότε** ὁ Ἰησοῦς ἀνήχθη
Mt 4:5 **Τότε** παραλαμβάνει αὐτὸν ὁ
Mt 4:10 **τότε** λέγει αὐτῷ ὁ
Mt 4:11 **Τότε** ἀφίησιν αὐτὸν ὁ
Mt 4:17 Ἀπὸ **τότε** ἤρξατο ὁ Ἰησοῦς
Mt 5:24 καὶ **τότε** ἐλθὼν πρόσφερε τὸ
Mt 7:5 καὶ **τότε** διαβλέψεις ἐκβαλεῖν τὸ
Mt 7:23 καὶ **τότε** ὁμολογήσω αὐτοῖς ὅτι
Mt 8:26 **τότε** ἐγερθεὶς ἐπετίμησεν τοῖς
Mt 9:6 **τότε** λέγει τῷ παραλυτικῷ·
Mt 9:14 **Τότε** προσέρχονται αὐτῷ οἱ

Mt 9:15 καὶ **τότε** νηστεύσουσιν.
Mt 9:29 **τότε** ἥψατο τῶν ὀφθαλμῶν
Mt 9:37 **τότε** λέγει τοῖς μαθηταῖς
Mt 11:20 **Τότε** ἤρξατο ὀνειδίζειν τὰς
Mt 12:13 **τότε** λέγει τῷ ἀνθρώπῳ·
Mt 12:22 **Τότε** προσηνέχθη αὐτῷ δαιμονιζόμενος
Mt 12:29 καὶ **τότε** τὴν οἰκίαν αὐτοῦ
Mt 12:38 **Τότε** ἀπεκρίθησαν αὐτῷ τινες
Mt 12:44 **τότε** λέγει·
Mt 12:45 **τότε** πορεύεται καὶ παραλαμβάνει
Mt 13:26 **τότε** ἐφάνη καὶ τὰ
Mt 13:36 **Τότε** ἀφεὶς τοὺς ὄχλους
Mt 13:43 **τότε** οἱ δίκαιοι ἐκλάμψουσιν
Mt 15:1 **Τότε** προσέρχονται τῷ Ἰησοῦ
Mt 15:12 **Τότε** προσελθόντες οἱ μαθηταὶ
Mt 15:28 **τότε** ἀποκριθεὶς ὁ Ἰησοῦς
Mt 16:12 **τότε** συνῆκαν ὅτι οὐκ
Mt 16:20 **τότε** διεστείλατο τοῖς μαθηταῖς
Mt 16:21 Ἀπὸ **τότε** ἤρξατο ὁ Ἰησοῦς
Mt 16:24 **Τότε** ὁ Ἰησοῦς εἶπεν
Mt 16:27 καὶ **τότε** ἀποδώσει ἑκάστῳ κατὰ
Mt 17:13 **τότε** συνῆκαν οἱ μαθηταὶ
Mt 17:19 **Τότε** προσελθόντες οἱ μαθηταὶ
Mt 18:21 **Τότε** προσελθὼν ὁ Πέτρος
Mt 18:32 **τότε** προσκαλεσάμενος αὐτὸν ὁ
Mt 19:13 **Τότε** προσηνέχθησαν αὐτῷ παιδία
Mt 19:27 **Τότε** ἀποκριθεὶς ὁ Πέτρος
Mt 20:20 **Τότε** προσῆλθεν αὐτῷ ἡ
Mt 21:1 **τότε** Ἰησοῦς ἀπέστειλεν δύο
Mt 22:8 **τότε** λέγει τοῖς δούλοις
Mt 22:13 **τότε** ὁ βασιλεὺς εἶπεν
Mt 22:15 **Τότε** πορευθέντες οἱ Φαρισαῖοι
Mt 22:21 **τότε** λέγει αὐτοῖς·
Mt 23:1 **Τότε** ὁ Ἰησοῦς ἐλάλησεν
Mt 24:9 **Τότε** παραδώσουσιν ὑμᾶς εἰς
Mt 24:10 καὶ **τότε** σκανδαλισθήσονται πολλοὶ καὶ
Mt 24:14 καὶ **τότε** ἥξει τὸ τέλος.
Mt 24:16 **τότε** οἱ ἐν τῇ
Mt 24:21 ἔσται γὰρ **τότε** θλῖψις μεγάλη οἵα
Mt 24:23 **Τότε** ἐάν τις ὑμῖν
Mt 24:30 καὶ **τότε** φανήσεται τὸ σημεῖον
Mt 24:30 καὶ **τότε** κόψονται πᾶσαι αἱ
Mt 24:40 **τότε** δύο ἔσονται ἐν
Mt 25:1 **Τότε** ὁμοιωθήσεται ἡ βασιλεία
Mt 25:7 **τότε** ἠγέρθησαν πᾶσαι αἱ
Mt 25:31 **τότε** καθίσει ἐπὶ θρόνου
Mt 25:34 **τότε** ἐρεῖ ὁ βασιλεὺς
Mt 25:37 **τότε** ἀποκριθήσονται αὐτῷ οἱ
Mt 25:41 **τότε** ἐρεῖ καὶ τοῖς
Mt 25:44 **τότε** ἀποκριθήσονται καὶ αὐτοὶ
Mt 25:45 **τότε** ἀποκριθήσεται αὐτοῖς λέγων·
Mt 26:3 **Τότε** συνήχθησαν οἱ ἀρχιερεῖς
Mt 26:14 **Τότε** πορευθεὶς εἷς τῶν
Mt 26:16 καὶ ἀπὸ **τότε** ἐζήτει εὐκαιρίαν ἵνα
Mt 26:31 **Τότε** λέγει αὐτοῖς ὁ
Mt 26:36 **Τότε** ἔρχεται μετ' αὐτῶν
Mt 26:38 **τότε** λέγει αὐτοῖς·
Mt 26:45 **τότε** ἔρχεται πρὸς τοὺς
Mt 26:50 **τότε** προσελθόντες ἐπέβαλον τὰς
Mt 26:52 **τότε** λέγει αὐτῷ ὁ
Mt 26:56 Τότε **οἱ** μαθηταὶ πάντες ἀφέντες
Mt 26:65 **τότε** ὁ ἀρχιερεὺς διέρρηξεν
Mt 26:67 **Τότε** ἐνέπτυσαν εἰς τὸ
Mt 26:74 **τότε** ἤρξατο καταθεματίζειν καὶ
Mt 27:3 **Τότε** ἰδὼν Ἰούδας ὁ
Mt 27:9 **τότε** ἐπληρώθη τὸ ῥηθὲν
Mt 27:13 **τότε** λέγει αὐτῷ ὁ
Mt 27:16 εἶχον δὲ **τότε** δέσμιον ἐπίσημον λεγόμενον
Mt 27:26 **τότε** ἀπέλυσεν αὐτοῖς τὸν
Mt 27:27 **Τότε** οἱ στρατιῶται τοῦ
Mt 27:38 **Τότε** σταυροῦνται σὺν αὐτῷ
Mt 27:58 **τότε** ὁ Πιλᾶτος ἐκέλευσεν
Mt 28:10 **τότε** λέγει αὐταῖς ὁ

τράπεζα (*trapeza*; 2/15) *table*
Mt 15:27 πιπτόντων ἀπὸ τῆς **τραπέζης** τῶν κυρίων αὐτῶν.
Mt 21:12 καὶ τὰς **τραπέζας** τῶν κολλυβιστῶν κατέστρεψεν

τραπεζίτης (*trapezitēs*; 1/1) *money-changer*
Mt 25:27 ἀργύριά μου τοῖς **τραπεζίταις**,

τράχηλος (*trachēlos*; 1/7) *neck*
Mt 18:6 ὀνικὸς περὶ τὸν **τράχηλον** αὐτοῦ καὶ καταποντισθῇ

τρεῖς (*treis*; 12/69) *three*
Mt 12:40 κοιλίᾳ τοῦ κήτους **τρεῖς** ἡμέρας καὶ τρεῖς
Mt 12:40 τρεῖς ἡμέρας καὶ **τρεῖς** νύκτας,
Mt 12:40 καρδίᾳ τῆς γῆς **τρεῖς** ἡμέρας καὶ τρεῖς
Mt 12:40 τρεῖς ἡμέρας καὶ **τρεῖς** νύκτας.
Mt 13:33 εἰς ἀλεύρου σάτα **τρία** ἕως οὗ ἐζυμώθη
Mt 15:32 ὅτι ἤδη ἡμέραι **τρεῖς** προσμένουσίν μοι καὶ
Mt 17:4 ποιήσω ὧδε **τρεῖς** σκηνάς,
Mt 18:16 δύο μαρτύρων ἢ **τριῶν** σταθῇ πᾶν ῥῆμα·
Mt 18:20 εἰσιν δύο ἢ **τρεῖς** συνηγμένοι εἰς τὸ
Mt 26:61 θεοῦ καὶ διὰ **τριῶν** ἡμερῶν οἰκοδομῆσαι.
Mt 27:40 ναὸν καὶ ἐν **τρισὶν** ἡμέραις οἰκοδομῶν,
Mt 27:63 μετὰ **τρεῖς** ἡμέρας ἐγείρομαι.

τρέφω (*trephō*; 2/9) *feed*
Mt 6:26 ὑμῶν ὁ οὐράνιος **τρέφει** αὐτά·
Mt 25:37 εἴδομεν πεινῶντα καὶ **ἐθρέψαμεν**,

τρέχω (*trechō*; 2/20) *run*
Mt 27:48 καὶ εὐθέως **δραμὼν** εἷς ἐξ αὐτῶν
Mt 28:8 καὶ χαρᾶς μεγάλης **ἔδραμον** ἀπαγγεῖλαι τοῖς μαθηταῖς

τριάκοντα (*triakonta*; 5/11) *thirty*
Mt 13:8 ὃ δὲ **τριάκοντα**.
Mt 13:23 ὃ δὲ **τριάκοντα**.
Mt 26:15 δὲ ἔστησαν αὐτῷ **τριάκοντα** ἀργύρια.
Mt 27:3 μεταμεληθεὶς ἔστρεψεν τὰ **τριάκοντα** ἀργύρια τοῖς ἀρχιερεῦσιν
Mt 27:9 καὶ ἔλαβον τὰ **τριάκοντα** ἀργύρια,

τρίβολος (*tribolos*; 1/2) *briar*
Mt 7:16 σταφυλὰς ἢ ἀπὸ **τριβόλων** σῦκα;

τρίβος (*tribos*; 1/3) *path*
Mt 3:3 εὐθείας ποιεῖτε τὰς **τρίβους** αὐτοῦ.

τρίς (*tris*; 2/12) *three times*
Mt 26:34 πρὶν ἀλέκτορα φωνῆσαι **τρὶς** ἀπαρνήσῃ με.
Mt 26:75 πρὶν ἀλέκτορα φωνῆσαι **τρὶς** ἀπαρνήσῃ με·

τρίτος (*tritos*; 7/56) *third*
Mt 16:21 ἀποκτανθῆναι καὶ τῇ **τρίτῃ** ἡμέρᾳ ἐγερθῆναι.
Mt 17:23 καὶ τῇ **τρίτῃ** ἡμέρᾳ ἐγερθήσεται.
Mt 20:3 καὶ ἐξελθὼν περὶ **τρίτην** ὥραν εἶδεν ἄλλους
Mt 20:19 καὶ τῇ τρίτῃ **ἡμέρᾳ** ἐγερθήσεται.
Mt 22:26 δεύτερος καὶ ὁ **τρίτος** ἕως τῶν ἑπτά.
Mt 26:44 ἀπελθὼν προσηύξατο ἐκ **τρίτου** τὸν αὐτὸν λόγον
Mt 27:64 τάφον ἕως τῆς **τρίτης** ἡμέρας,

τρόπος (*tropos*; 1/13) *way*
Mt 23:37 ὃν **τρόπον** ὄρνις ἐπισυνάγει τὰ

τροφή (*trophē*; 4/16) *food*
Mt 3:4 ἡ δὲ **τροφὴ** ἦν αὐτοῦ ἀκρίδες
Mt 6:25 πλεῖόν ἐστιν τῆς **τροφῆς** καὶ τὸ σῶμα
Mt 10:10 ὁ ἐργάτης τῆς **τροφῆς** αὐτοῦ.
Mt 24:45 δοῦναι αὐτοῖς τὴν **τροφὴν** ἐν καιρῷ;

τρύβλιον (*tryblion*; 1/2) *dish*
Mt 26:23 χεῖρα ἐν τῷ **τρυβλίῳ** οὗτός με παραδώσει.

τρύπημα (*trypēma*; 1/1) *eye of a needle*
Mt 19:24 ἐστιν κάμηλον διὰ **τρυπήματος** ῥαφίδος διελθεῖν ἢ

τρώγω (*trōgō*; 1/6) *eat*
Mt 24:38 πρὸ τοῦ κατακλυσμοῦ **τρώγοντες** καὶ πίνοντες,

τύπτω (*typtō*; 2/13) *beat*
Mt 24:49 καὶ ἄρξηται **τύπτειν** τοὺς συνδούλους αὐτοῦ,
Mt 27:30 τὸν κάλαμον καὶ **ἔτυπτον** εἰς τὴν κεφαλὴν

Τύρος (*Tyros*; 3/11) *Tyre*
Mt 11:21 ὅτι εἰ ἐν **Τύρῳ** καὶ Σιδῶνι ἐγένοντο
Mt 11:22 **Τύρῳ** καὶ Σιδῶνι ἀνεκτότερον
Mt 15:21 εἰς τὰ μέρη **Τύρου** καὶ Σιδῶνος.

τυφλός (*typhlos*; 17/50) *blind*
Mt 9:27 ἠκολούθησαν [αὐτῷ] δύο **τυφλοὶ** κράζοντες καὶ λέγοντες·
Mt 9:28 προσῆλθον αὐτῷ οἱ **τυφλοί**,
Mt 11:5 **τυφλοὶ** ἀναβλέπουσιν καὶ χωλοὶ
Mt 12:22 προσηνέχθη αὐτῷ δαιμονιζόμενος **τυφλὸς** καὶ κωφός,
Mt 15:14 **τυφλοί** εἰσιν ὁδηγοί [τυφλῶν]·
Mt 15:14 τυφλοί εἰσιν ὁδηγοί **[τυφλῶν]**·
Mt 15:14 **τυφλὸς** δὲ τυφλὸν ἐὰν ὁδηγῇ,
Mt 15:14 τυφλὸς δὲ **τυφλὸν** ἐὰν ὁδηγῇ,
Mt 15:30 **τυφλούς**,
Mt 15:31 χωλοὺς περιπατοῦντας καὶ **τυφλοὺς** βλέποντας·
Mt 20:30 καὶ ἰδοὺ δύο **τυφλοὶ** καθήμενοι παρὰ τὴν
Mt 21:14 καὶ προσῆλθον αὐτῷ **τυφλοὶ** καὶ χωλοὶ ἐν
Mt 23:16 ὁδηγοὶ **τυφλοὶ** οἱ λέγοντες·
Mt 23:17 μωροὶ καὶ **τυφλοί**,
Mt 23:19 **τυφλοί**,
Mt 23:24 ὁδηγοὶ **τυφλοί**,
Mt 23:26 Φαρισαῖε **τυφλέ**,

τύφω (*typhō*; 1/1) *smolder*
Mt 12:20 κατεάξει καὶ λίνον **τυφόμενον** οὐ σβέσει,

ὑβρίζω (*hybrizō*; 1/5) *treat disgracefully*
Mt 22:6 τοὺς δούλους αὐτοῦ **ὕβρισαν** καὶ ἀπέκτειναν.

ὑγιής (*hygiēs*; 2/11) *whole*
Mt 12:13 ἐξέτεινεν καὶ ἀπεκατεστάθη **ὑγιὴς** ὡς ἡ ἄλλη.
Mt 15:31 κυλλοὺς **ὑγιεῖς** καὶ χωλοὺς περιπατοῦντας

ὕδωρ (*hydōr*; 7/76) *water*
Mt 3:11 ὑμᾶς βαπτίζω ἐν **ὕδατι** εἰς μετάνοιαν,
Mt 3:16 ἀνέβη ἀπὸ τοῦ **ὕδατος**·
Mt 8:32 ἀπέθανον ἐν τοῖς **ὕδασιν**.
Mt 14:28 σε ἐπὶ τὰ **ὕδατα**.
Mt 14:29 περιεπάτησεν ἐπὶ τὰ **ὕδατα** καὶ ἦλθεν πρὸς
Mt 17:15 πολλάκις εἰς τὸ **ὕδωρ**.
Mt 27:24 λαβὼν **ὕδωρ** ἀπενίψατο τὰς χεῖρας

υἱός (*huios*; 89/377) *son*
Mt 1:1 γενέσεως Ἰησοῦ Χριστοῦ **υἱοῦ** Δαυὶδ υἱοῦ Ἀβραάμ.
Mt 1:1 Χριστοῦ υἱοῦ Δαυὶδ **υἱοῦ** Ἀβραάμ.
Mt 1:20 Ἰωσὴφ **υἱὸς** Δαυίδ,
Mt 1:21 τέξεται δὲ **υἱόν**,
Mt 1:23 ἕξει καὶ τέξεται **υἱόν**,
Mt 1:25 ἕως οὗ ἔτεκεν **υἱόν**·
Mt 2:15 Αἰγύπτου ἐκάλεσα τὸν **υἱόν** μου.
Mt 3:17 οὗτός ἐστιν ὁ **υἱός** μου ὁ ἀγαπητός,
Mt 4:3 εἰ **υἱὸς** εἶ τοῦ θεοῦ,
Mt 4:6 εἰ **υἱὸς** εἶ τοῦ θεοῦ,
Mt 5:9 ὅτι αὐτοὶ **υἱοὶ** θεοῦ κληθήσονται.
Mt 5:45 ὅπως γένησθε **υἱοὶ** τοῦ πατρὸς ὑμῶν
Mt 7:9 ὃν αἰτήσει ὁ **υἱὸς** αὐτοῦ ἄρτον,
Mt 8:12 οἱ δὲ **υἱοὶ** τῆς βασιλείας ἐκβληθήσονται
Mt 8:20 ὁ δὲ **υἱὸς** τοῦ ἀνθρώπου οὐκ
Mt 8:29 **υἱὲ** τοῦ θεοῦ;
Mt 9:6 ἐξουσίαν ἔχει ὁ **υἱὸς** τοῦ ἀνθρώπου ἐπὶ
Mt 9:15 μὴ δύνανται οἱ **υἱοὶ** τοῦ νυμφῶνος πενθεῖν
Mt 9:27 **υἱὸς** Δαυίδ.
Mt 10:23 ἂν ἔλθῃ ὁ **υἱὸς** τοῦ ἀνθρώπου.
Mt 10:37 καὶ ὁ φιλῶν **υἱὸν** ἢ θυγατέρα ὑπὲρ
Mt 11:19 ἦλθεν ὁ **υἱὸς** τοῦ ἀνθρώπου ἐσθίων
Mt 11:27 οὐδεὶς ἐπιγινώσκει τὸν **υἱὸν** εἰ μὴ ὁ
Mt 11:27 εἰ μὴ ὁ **υἱὸς** καὶ ᾧ ἐὰν
Mt 11:27 ἐὰν βούληται ὁ **υἱὸς** ἀποκαλύψαι.
Mt 12:8 τοῦ σαββάτου ὁ **υἱὸς** τοῦ ἀνθρώπου.
Mt 12:23 οὗτός ἐστιν ὁ **υἱὸς** Δαυίδ;
Mt 12:27 οἱ **υἱοὶ** ὑμῶν ἐν τίνι
Mt 12:32 λόγον κατὰ τοῦ **υἱοῦ** τοῦ ἀνθρώπου,
Mt 12:40 οὕτως ἔσται ὁ **υἱὸς** τοῦ ἀνθρώπου ἐν
Mt 13:37 σπέρμα ἐστὶν ὁ **υἱὸς** τοῦ ἀνθρώπου,
Mt 13:38 οὗτοί εἰσιν οἱ **υἱοὶ** τῆς βασιλείας·
Mt 13:38 ζιζάνιά εἰσιν οἱ **υἱοὶ** τοῦ πονηροῦ,
Mt 13:41 ἀποστελεῖ ὁ **υἱὸς** τοῦ ἀνθρώπου τοὺς

Mt 13:55 ὁ τοῦ τέκτονος **υἱός**;
Mt 14:33 ἀληθῶς θεοῦ **υἱὸς** εἶ.
Mt 15:22 κύριε **υἱὸς** Δαυίδ·
Mt 16:13 ἄνθρωποι εἶναι τὸν **υἱὸν** τοῦ ἀνθρώπου;
Mt 16:16 ὁ χριστὸς ὁ **υἱὸς** τοῦ θεοῦ τοῦ
Mt 16:27 μέλλει γὰρ ὁ **υἱὸς** τοῦ ἀνθρώπου ἔρχεσθαι
Mt 16:28 ἂν ἴδωσιν τὸν **υἱὸν** τοῦ ἀνθρώπου ἐρχόμενον
Mt 17:5 οὗτός ἐστιν ὁ **υἱός** μου ὁ ἀγαπητός,
Mt 17:9 ἕως οὗ ὁ **υἱὸς** τοῦ ἀνθρώπου ἐκ
Mt 17:12 οὕτως καὶ ὁ **υἱὸς** τοῦ ἀνθρώπου μέλλει
Mt 17:15 ἐλέησόν μου τὸν **υἱόν**,
Mt 17:22 μέλλει ὁ **υἱὸς** τοῦ ἀνθρώπου παραδίδοσθαι
Mt 17:25 ἀπὸ τῶν **υἱῶν** αὐτῶν ἢ ἀπὸ
Mt 17:26 ἐλεύθεροί εἰσιν οἱ **υἱοί**.
Mt 19:28 ὅταν καθίσῃ ὁ **υἱὸς** τοῦ ἀνθρώπου ἐπὶ
Mt 20:18 καὶ ὁ **υἱὸς** τοῦ ἀνθρώπου παραδοθήσεται
Mt 20:20 ἡ μήτηρ τῶν **υἱῶν** Ζεβεδαίου μετὰ τῶν
Mt 20:20 Ζεβεδαίου μετὰ τῶν **υἱῶν** αὐτῆς προσκυνοῦσα καὶ
Mt 20:21 οὗτοι οἱ δύο **υἱοί** μου εἷς ἐκ
Mt 20:28 ὥσπερ ὁ **υἱὸς** τοῦ ἀνθρώπου οὐκ
Mt 20:30 [κύριε] **υἱὸς** Δαυίδ.
Mt 20:31 **υἱὸς** Δαυίδ.
Mt 21:5 καὶ ἐπὶ πῶλον **υἱὸν** ὑποζυγίου.
Mt 21:9 ὡσαννὰ τῷ **υἱῷ** Δαυίδ·
Mt 21:15 ὡσαννὰ τῷ **υἱῷ** Δαυίδ,
Mt 21:37 πρὸς αὐτοὺς τὸν **υἱὸν** αὐτοῦ λέγων·
Mt 21:37 ἐντραπήσονται τὸν **υἱόν** μου.
Mt 21:38 γεωργοὶ ἰδόντες τὸν **υἱὸν** εἶπον ἐν ἑαυτοῖς·
Mt 22:2 ἐποίησεν γάμους τῷ **υἱῷ** αὐτοῦ.
Mt 22:42 τίνος **υἱός** ἐστιν;
Mt 22:45 πῶς **υἱὸς** αὐτοῦ ἐστιν;
Mt 23:15 γένηται ποιεῖτε αὐτὸν **υἱὸν** γεέννης διπλότερον ὑμῶν.
Mt 23:31 μαρτυρεῖτε ἑαυτοῖς ὅτι **υἱοί** ἐστε τῶν φονευσάντων
Mt 23:35 τοῦ αἵματος Ζαχαρίου **υἱοῦ** Βαραχίου,
Mt 24:27 ἡ παρουσία τοῦ **υἱοῦ** τοῦ ἀνθρώπου·
Mt 24:30 τὸ σημεῖον τοῦ **υἱοῦ** τοῦ ἀνθρώπου ἐν
Mt 24:30 καὶ ὄψονται τὸν **υἱὸν** τοῦ ἀνθρώπου ἐρχόμενον
Mt 24:36 οὐρανῶν οὐδὲ ὁ **υἱός**,
Mt 24:37 ἡ παρουσία τοῦ **υἱοῦ** τοῦ ἀνθρώπου.
Mt 24:39 ἡ παρουσία τοῦ **υἱοῦ** τοῦ ἀνθρώπου.
Mt 24:44 δοκεῖτε ὥρᾳ ὁ **υἱὸς** τοῦ ἀνθρώπου ἔρχεται.
Mt 25:31 δὲ ἔλθῃ ὁ **υἱὸς** τοῦ ἀνθρώπου ἐν
Mt 26:2 καὶ ὁ **υἱὸς** τοῦ ἀνθρώπου παραδίδοται
Mt 26:24 ὁ μὲν **υἱὸς** τοῦ ἀνθρώπου ὑπάγει
Mt 26:24 δι' οὗ ὁ **υἱὸς** τοῦ ἀνθρώπου παραδίδοται·
Mt 26:37 καὶ τοὺς δύο **υἱοὺς** Ζεβεδαίου ἤρξατο λυπεῖσθαι
Mt 26:45 ὥρα καὶ ὁ **υἱὸς** τοῦ ἀνθρώπου παραδίδοται
Mt 26:63 ὁ χριστὸς ὁ **υἱὸς** τοῦ θεοῦ.
Mt 26:64 ἄρτι ὄψεσθε τὸν **υἱὸν** τοῦ ἀνθρώπου καθήμενον
Mt 27:9 ὃν ἐτιμήσαντο ἀπὸ **υἱῶν** Ἰσραήλ,
Mt 27:40 εἰ **υἱὸς** εἶ τοῦ θεοῦ,
Mt 27:43 ὅτι θεοῦ εἰμι **υἱός**.
Mt 27:54 ἀληθῶς θεοῦ **υἱὸς** ἦν οὗτος.
Mt 27:56 ἡ μήτηρ τῶν **υἱῶν** Ζεβεδαίου.
Mt 28:19 πατρὸς καὶ τοῦ **υἱοῦ** καὶ τοῦ ἁγίου

ὑμεῖς (*hymeis*; 248/1832) *you (pl.)*

Mt 3:7 τίς ὑπέδειξεν **ὑμῖν** φυγεῖν ἀπὸ τῆς
Mt 3:9 λέγω γὰρ **ὑμῖν** ὅτι δύναται ὁ
Mt 3:11 Ἐγὼ μὲν **ὑμᾶς** βαπτίζω ἐν ὕδατι
Mt 3:11 αὐτὸς **ὑμᾶς** βαπτίσει ἐν πνεύματι
Mt 4:19 καὶ ποιήσω **ὑμᾶς** ἁλιεῖς ἀνθρώπων.
Mt 5:11 ἐστε ὅταν ὀνειδίσωσιν **ὑμᾶς** καὶ διώξωσιν
Mt 5:11 πᾶν πονηρὸν καθ' **ὑμῶν** [ψευδόμενοι] ἕνεκεν ἐμοῦ.
Mt 5:12 ὅτι ὁ μισθὸς **ὑμῶν** πολὺς ἐν τοῖς
Mt 5:12 προφήτας τοὺς πρὸ **ὑμῶν**.
Mt 5:13 **Ὑμεῖς** ἐστε τὸ ἅλας
Mt 5:14 **Ὑμεῖς** ἐστε τὸ φῶς
Mt 5:16 λαμψάτω τὸ φῶς **ὑμῶν** ἔμπροσθεν τῶν ἀνθρώπων,
Mt 5:16 ὅπως ἴδωσιν **ὑμῶν** τὰ καλὰ ἔργα
Mt 5:16 δοξάσωσιν τὸν πατέρα **ὑμῶν** τὸν ἐν τοῖς
Mt 5:18 ἀμὴν γὰρ λέγω **ὑμῖν**·
Mt 5:20 Λέγω γὰρ **ὑμῖν** ὅτι ἐὰν μὴ
Mt 5:20 ἐὰν μὴ περισσεύσῃ **ὑμῶν** ἡ δικαιοσύνη πλεῖον
Mt 5:22 ἐγὼ δὲ λέγω **ὑμῖν** ὅτι πᾶς ὁ
Mt 5:28 ἐγὼ δὲ λέγω **ὑμῖν** ὅτι πᾶς ὁ
Mt 5:32 ἐγὼ δὲ λέγω **ὑμῖν** ὅτι πᾶς ὁ
Mt 5:34 ἐγὼ δὲ λέγω **ὑμῖν** μὴ ὀμόσαι ὅλως·
Mt 5:37 δὲ ὁ λόγος **ὑμῶν** ναὶ ναί,
Mt 5:39 ἐγὼ δὲ λέγω **ὑμῖν** μὴ ἀντιστῆναι τῷ
Mt 5:44 ἐγὼ δὲ λέγω **ὑμῖν**·
Mt 5:44 ἀγαπᾶτε τοὺς ἐχθροὺς **ὑμῶν** καὶ προσεύχεσθε ὑπὲρ
Mt 5:44 ὑπὲρ τῶν διωκόντων **ὑμᾶς**,
Mt 5:45 υἱοὶ τοῦ πατρὸς **ὑμῶν** τοῦ ἐν οὐρανοῖς,
Mt 5:46 ἀγαπήσητε τοὺς ἀγαπῶντας **ὑμᾶς**,
Mt 5:47 ἀσπάσησθε τοὺς ἀδελφοὺς **ὑμῶν** μόνον,
Mt 5:48 ἔσεσθε οὖν **ὑμεῖς** τέλειοι ὡς ὁ
Mt 5:48 ὡς ὁ πατὴρ **ὑμῶν** ὁ οὐράνιος τέλειός
Mt 6:1 [δὲ] τὴν δικαιοσύνην **ὑμῶν** μὴ ποιεῖν ἔμπροσθεν
Mt 6:1 παρὰ τῷ πατρὶ **ὑμῶν** τῷ ἐν τοῖς
Mt 6:2 ἀμὴν λέγω **ὑμῖν**,
Mt 6:5 ἀμὴν λέγω **ὑμῖν**,
Mt 6:8 γὰρ ὁ πατὴρ **ὑμῶν** ὧν χρείαν ἔχετε
Mt 6:8 ἔχετε πρὸ τοῦ **ὑμᾶς** αἰτῆσαι αὐτόν.
Mt 6:9 οὕτως οὖν προσεύχεσθε **ὑμεῖς**·
Mt 6:14 ἀφήσει καὶ **ὑμῖν** ὁ πατὴρ ὑμῶν
Mt 6:14 ὑμῖν ὁ πατὴρ **ὑμῶν** ὁ οὐράνιος·
Mt 6:15 οὐδὲ ὁ πατὴρ **ὑμῶν** ἀφήσει τὰ παραπτώματα
Mt 6:15 ἀφήσει τὰ παραπτώματα **ὑμῶν**.
Mt 6:16 ἀμὴν λέγω **ὑμῖν**,
Mt 6:19 Μὴ θησαυρίζετε **ὑμῖν** θησαυροὺς ἐπὶ τῆς
Mt 6:20 θησαυρίζετε δὲ **ὑμῖν** θησαυροὺς ἐν οὐρανῷ,
Mt 6:25 Διὰ τοῦτο λέγω **ὑμῖν**·
Mt 6:25 μεριμνᾶτε τῇ ψυχῇ **ὑμῶν** τί φάγητε [ἢ
Mt 6:25 μηδὲ τῷ σώματι **ὑμῶν** τί ἐνδύσησθε.
Mt 6:26 καὶ ὁ πατὴρ **ὑμῶν** ὁ οὐράνιος τρέφει
Mt 6:26 οὐχ **ὑμεῖς** μᾶλλον διαφέρετε αὐτῶν;
Mt 6:27 τίς δὲ ἐξ **ὑμῶν** μεριμνῶν δύναται προσθεῖναι
Mt 6:29 λέγω δὲ **ὑμῖν** ὅτι οὐδὲ Σολομὼν
Mt 6:30 οὐ πολλῷ μᾶλλον **ὑμᾶς**,
Mt 6:32 γὰρ ὁ πατὴρ **ὑμῶν** ὁ οὐράνιος ὅτι
Mt 6:33 ταῦτα πάντα προστεθήσεται **ὑμῖν**.
Mt 7:2 μέτρῳ μετρεῖτε μετρηθήσεται **ὑμῖν**.

Mt 7:6 βάλητε τοὺς μαργαρίτας **ὑμῶν** ἔμπροσθεν τῶν χοίρων,
Mt 7:6 καὶ στραφέντες ῥήξωσιν **ὑμᾶς**.
Mt 7:7 Αἰτεῖτε καὶ δοθήσεται **ὑμῖν**,
Mt 7:7 κρούετε καὶ ἀνοιγήσεται **ὑμῖν**·
Mt 7:9 τίς ἐστιν ἐξ **ὑμῶν** ἄνθρωπος,
Mt 7:11 εἰ οὖν **ὑμεῖς** πονηροὶ ὄντες οἴδατε
Mt 7:11 διδόναι τοῖς τέκνοις **ὑμῶν**,
Mt 7:11 μᾶλλον ὁ πατὴρ **ὑμῶν** ὁ ἐν τοῖς
Mt 7:12 θέλητε ἵνα ποιῶσιν **ὑμῖν** οἱ ἄνθρωποι,
Mt 7:12 οὕτως καὶ **ὑμεῖς** ποιεῖτε αὐτοῖς·
Mt 7:15 οἵτινες ἔρχονται πρὸς **ὑμᾶς** ἐν ἐνδύμασιν προβάτων,
Mt 7:23 ὅτι οὐδέποτε ἔγνων **ὑμᾶς**·
Mt 8:10 ἀμὴν λέγω **ὑμῖν**,
Mt 8:11 λέγω δὲ **ὑμῖν** ὅτι πολλοὶ ἀπὸ
Mt 9:4 ἐν ταῖς καρδίαις **ὑμῶν**;
Mt 9:11 ἐσθίει ὁ διδάσκαλος **ὑμῶν**;
Mt 9:29 κατὰ τὴν πίστιν **ὑμῶν** γενηθήτω ὑμῖν.
Mt 9:29 πίστιν ὑμῶν γενηθήτω **ὑμῖν**.
Mt 10:9 εἰς τὰς ζώνας **ὑμῶν**,
Mt 10:13 ἐλθάτω ἡ εἰρήνη **ὑμῶν** ἐπ' αὐτήν,
Mt 10:13 ἡ εἰρήνη **ὑμῶν** πρὸς ὑμᾶς ἐπιστραφήτω.
Mt 10:13 εἰρήνη ὑμῶν πρὸς **ὑμᾶς** ἐπιστραφήτω.
Mt 10:14 ἂν μὴ δέξηται **ὑμᾶς** μηδὲ ἀκούσῃ τοὺς
Mt 10:14 ἀκούσῃ τοὺς λόγους **ὑμῶν**,
Mt 10:14 κονιορτὸν τῶν ποδῶν **ὑμῶν**.
Mt 10:15 ἀμὴν λέγω **ὑμῖν**,
Mt 10:16 Ἰδοὺ ἐγὼ ἀποστέλλω **ὑμᾶς** ὡς πρόβατα ἐν
Mt 10:17 παραδώσουσιν γὰρ **ὑμᾶς** εἰς συνέδρια καὶ
Mt 10:17 συναγωγαῖς αὐτῶν μαστιγώσουσιν **ὑμᾶς**·
Mt 10:19 ὅταν δὲ παραδῶσιν **ὑμᾶς**,
Mt 10:19 δοθήσεται γὰρ **ὑμῖν** ἐν ἐκείνῃ τῇ
Mt 10:20 οὐ γὰρ **ὑμεῖς** ἐστε οἱ λαλοῦντες
Mt 10:20 πνεῦμα τοῦ πατρὸς **ὑμῶν** τὸ λαλοῦν ἐν
Mt 10:20 τὸ λαλοῦν ἐν **ὑμῖν**.
Mt 10:23 Ὅταν δὲ διώκωσιν **ὑμᾶς** ἐν τῇ πόλει
Mt 10:23 ἀμὴν γὰρ λέγω **ὑμῖν**,
Mt 10:27 ὃ λέγω **ὑμῖν** ἐν τῇ σκοτίᾳ
Mt 10:29 ἄνευ τοῦ πατρὸς **ὑμῶν**.
Mt 10:30 **ὑμῶν** δὲ καὶ αἱ
Mt 10:31 πολλῶν στρουθίων διαφέρετε **ὑμεῖς**.
Mt 10:40 Ὁ δεχόμενος **ὑμᾶς** ἐμὲ δέχεται,
Mt 10:42 ἀμὴν λέγω **ὑμῖν**,
Mt 11:9 ναὶ λέγω **ὑμῖν**,
Mt 11:11 Ἀμὴν λέγω **ὑμῖν**·
Mt 11:17 ηὐλήσαμεν **ὑμῖν** καὶ οὐκ ὠρχήσασθε,
Mt 11:21 αἱ γενόμεναι ἐν **ὑμῖν**,
Mt 11:22 πλὴν λέγω **ὑμῖν**,
Mt 11:22 ἡμέρᾳ κρίσεως ἢ **ὑμῖν**.
Mt 11:24 πλὴν λέγω **ὑμῖν** ὅτι γῇ Σοδόμων
Mt 11:28 κἀγὼ ἀναπαύσω **ὑμᾶς**.
Mt 11:29 ζυγόν μου ἐφ' **ὑμᾶς** καὶ μάθετε ἀπ'
Mt 11:29 ἀνάπαυσιν ταῖς ψυχαῖς **ὑμῶν**·
Mt 12:6 λέγω δὲ **ὑμῖν** ὅτι τοῦ ἱεροῦ
Mt 12:11 τίς ἔσται ἐξ **ὑμῶν** ἄνθρωπος ὃς ἕξει
Mt 12:27 οἱ υἱοὶ **ὑμῶν** ἐν τίνι ἐκβάλλουσιν;
Mt 12:27 αὐτοὶ κριταὶ ἔσονται **ὑμῶν**.
Mt 12:28 ἄρα ἔφθασεν ἐφ' **ὑμᾶς** ἡ βασιλεία τοῦ
Mt 12:31 Διὰ τοῦτο λέγω **ὑμῖν**,
Mt 12:36 λέγω δὲ **ὑμῖν** ὅτι πᾶν ῥῆμα
Mt 13:11 ὅτι **ὑμῖν** δέδοται γνῶναι τὰ
Mt 13:16 **ὑμῶν** δὲ μακάριοι οἱ
Mt 13:16 καὶ τὰ ὦτα **ὑμῶν** ὅτι ἀκούουσιν.
Mt 13:17 ἀμὴν γὰρ λέγω **ὑμῖν** ὅτι πολλοὶ προφῆται
Mt 13:18 **Ὑμεῖς** οὖν ἀκούσατε τὴν
Mt 14:16 δότε αὐτοῖς **ὑμεῖς** φαγεῖν.
Mt 15:3 διὰ τί καὶ **ὑμεῖς** παραβαίνετε τὴν ἐντολὴν
Mt 15:3 διὰ τὴν παράδοσιν **ὑμῶν**;
Mt 15:5 **ὑμεῖς** δὲ λέγετε·
Mt 15:6 διὰ τὴν παράδοσιν **ὑμῶν**.
Mt 15:7 καλῶς ἐπροφήτευσεν περὶ **ὑμῶν** Ἠσαΐας λέγων·
Mt 15:16 ἀκμὴν καὶ **ὑμεῖς** ἀσύνετοί ἐστε;
Mt 16:11 περὶ ἄρτων εἶπον **ὑμῖν**;
Mt 16:15 **ὑμεῖς** δὲ τίνα με
Mt 16:28 ἀμὴν λέγω **ὑμῖν** ὅτι εἰσίν τινες
Mt 17:12 λέγω δὲ **ὑμῖν** ὅτι Ἠλίας ἤδη
Mt 17:17 ἕως πότε μεθ' **ὑμῶν** ἔσομαι;
Mt 17:17 ἕως πότε ἀνέξομαι **ὑμῶν**;
Mt 17:20 διὰ τὴν ὀλιγοπιστίαν **ὑμῶν**·
Mt 17:20 ἀμὴν γὰρ λέγω **ὑμῖν**,
Mt 17:20 καὶ οὐδὲν ἀδυνατήσει **ὑμῖν**.
Mt 17:24 ὁ διδάσκαλος **ὑμῶν** οὐ τελεῖ [τὰ]
Mt 18:3 ἀμὴν λέγω **ὑμῖν**,
Mt 18:10 λέγω γὰρ **ὑμῖν** ὅτι οἱ ἄγγελοι
Mt 18:12 Τί **ὑμῖν** δοκεῖ;
Mt 18:13 ἀμὴν λέγω **ὑμῖν** ὅτι χαίρει ἐπ'
Mt 18:14 ἔμπροσθεν τοῦ πατρὸς **ὑμῶν** τοῦ ἐν οὐρανοῖς
Mt 18:18 Ἀμὴν λέγω **ὑμῖν**·
Mt 18:19 Πάλιν [ἀμὴν] λέγω **ὑμῖν** ὅτι ἐὰν δύο
Mt 18:19 δύο συμφωνήσωσιν ἐξ **ὑμῶν** ἐπὶ τῆς γῆς
Mt 18:35 ὁ οὐράνιος ποιήσει **ὑμῖν**,
Mt 18:35 ἀπὸ τῶν καρδιῶν **ὑμῶν**.
Mt 19:8 πρὸς τὴν σκληροκαρδίαν **ὑμῶν** ἐπέτρεψεν ὑμῖν ἀπολῦσαι
Mt 19:8 σκληροκαρδίαν ὑμῶν ἐπέτρεψεν **ὑμῖν** ἀπολῦσαι τὰς γυναῖκας
Mt 19:8 ἀπολῦσαι τὰς γυναῖκας **ὑμῶν**,
Mt 19:9 λέγω δὲ **ὑμῖν** ὅτι ὃς ἂν
Mt 19:23 ἀμὴν λέγω **ὑμῖν** ὅτι πλούσιος δυσκόλως
Mt 19:24 πάλιν δὲ λέγω **ὑμῖν**,
Mt 19:28 ἀμὴν λέγω **ὑμῖν** ὅτι ὑμεῖς οἱ
Mt 19:28 λέγω ὑμῖν ὅτι **ὑμεῖς** οἱ ἀκολουθήσαντές μοι
Mt 19:28 καθήσεσθε καὶ **ὑμεῖς** ἐπὶ δώδεκα θρόνους
Mt 20:4 ὑπάγετε καὶ **ὑμεῖς** εἰς τὸν ἀμπελῶνα,
Mt 20:4 ὃ δίκαιον δώσω **ὑμῖν**.
Mt 20:7 ὑπάγετε καὶ **ὑμεῖς** εἰς τὸν ἀμπελῶνα.
Mt 20:26 οὕτως ἔσται ἐν **ὑμῖν**,
Mt 20:26 ἐὰν θέλῃ ἐν **ὑμῖν** μέγας γενέσθαι ἔσται
Mt 20:26 μέγας γενέσθαι ἔσται **ὑμῶν** διάκονος,
Mt 20:27 ἂν θέλῃ ἐν **ὑμῖν** εἶναι πρῶτος ἔσται
Mt 20:27 εἶναι πρῶτος ἔσται **ὑμῶν** δοῦλος·
Mt 20:32 τί θέλετε ποιήσω **ὑμῖν**;
Mt 21:2 κώμην τὴν κατέναντι **ὑμῶν**,
Mt 21:3 καὶ ἐάν τις **ὑμῖν** εἴπῃ τι,
Mt 21:13 **ὑμεῖς** δὲ αὐτὸν ποιεῖτε
Mt 21:21 ἀμὴν λέγω **ὑμῖν**,
Mt 21:24 ἐρωτήσω **ὑμᾶς** κἀγὼ λόγον ἕνα,
Mt 21:24 εἴπητέ μοι κἀγὼ **ὑμῖν** ἐρῶ ἐν ποίᾳ
Mt 21:27 οὐδὲ ἐγὼ λέγω **ὑμῖν** ἐν ποίᾳ ἐξουσίᾳ
Mt 21:28 Τί δὲ **ὑμῖν** δοκεῖ;
Mt 21:31 ἀμὴν λέγω **ὑμῖν** ὅτι οἱ τελῶναι
Mt 21:31 αἱ πόρναι προάγουσιν **ὑμᾶς** εἰς τὴν βασιλείαν
Mt 21:32 γὰρ Ἰωάννης πρὸς **ὑμᾶς** ἐν ὁδῷ δικαιοσύνης,

Mt 21:32 **ὑμεῖς** δὲ ἰδόντες οὐδὲ
Mt 21:43 διὰ τοῦτο λέγω **ὑμῖν** ὅτι ἀρθήσεται ἀφ'
Mt 21:43 ὅτι ἀρθήσεται ἀφ' **ὑμῶν** ἡ βασιλεία τοῦ
Mt 22:31 ἀνέγνωτε τὸ ῥηθὲν **ὑμῖν** ὑπὸ τοῦ θεοῦ
Mt 22:42 τί **ὑμῖν** δοκεῖ περὶ τοῦ
Mt 23:3 ὅσα ἐὰν εἴπωσιν **ὑμῖν** ποιήσατε καὶ τηρεῖτε,
Mt 23:8 **ὑμεῖς** δὲ μὴ κληθῆτε
Mt 23:8 εἷς γάρ ἐστιν **ὑμῶν** ὁ διδάσκαλος,
Mt 23:8 πάντες δὲ **ὑμεῖς** ἀδελφοί ἐστε.
Mt 23:9 πατέρα μὴ καλέσητε **ὑμῶν** ἐπὶ τῆς γῆς,
Mt 23:9 εἷς γάρ ἐστιν **ὑμῶν** ὁ πατὴρ ὁ
Mt 23:10 ὅτι καθηγητὴς **ὑμῶν** ἐστιν εἷς ὁ
Mt 23:11 ὁ δὲ μείζων **ὑμῶν** ἔσται ὑμῶν διάκονος.
Mt 23:11 μείζων ὑμῶν ἔσται **ὑμῶν** διάκονος.
Mt 23:13 Οὐαὶ δὲ **ὑμῖν**,
Mt 23:13 **ὑμεῖς** γὰρ οὐκ εἰσέρχεσθε
Mt 23:15 Οὐαὶ **ὑμῖν**,
Mt 23:15 υἱὸν γεέννης διπλότερον **ὑμῶν**.
Mt 23:16 Οὐαὶ **ὑμῖν**,
Mt 23:23 Οὐαὶ **ὑμῖν**,
Mt 23:25 Οὐαὶ **ὑμῖν**,
Mt 23:27 Οὐαὶ **ὑμῖν**,
Mt 23:28 οὕτως καὶ **ὑμεῖς** ἔξωθεν μὲν φαίνεσθε
Mt 23:29 Οὐαὶ **ὑμῖν**,
Mt 23:32 καὶ **ὑμεῖς** πληρώσατε τὸ μέτρον
Mt 23:32 μέτρον τῶν πατέρων **ὑμῶν**.
Mt 23:34 ἐγὼ ἀποστέλλω πρὸς **ὑμᾶς** προφήτας καὶ σοφοὺς
Mt 23:34 ἐν ταῖς συναγωγαῖς **ὑμῶν** καὶ διώξετε ἀπὸ
Mt 23:35 ὅπως ἔλθῃ ἐφ' **ὑμᾶς** πᾶν αἷμα δίκαιον
Mt 23:36 ἀμὴν λέγω **ὑμῖν**,
Mt 23:38 ἰδοὺ ἀφίεται **ὑμῖν** ὁ οἶκος ὑμῶν
Mt 23:38 ὑμῖν ὁ οἶκος **ὑμῶν** ἔρημος.
Mt 23:39 λέγω γὰρ **ὑμῖν**,
Mt 24:2 ἀμὴν λέγω **ὑμῖν**,
Mt 24:4 βλέπετε μή τις **ὑμᾶς** πλανήσῃ·
Mt 24:9 Τότε παραδώσουσιν **ὑμᾶς** εἰς θλῖψιν καὶ
Mt 24:9 θλῖψιν καὶ ἀποκτενοῦσιν **ὑμᾶς**,
Mt 24:20 γένηται ἡ φυγὴ **ὑμῶν** χειμῶνος μηδὲ σαββάτῳ.
Mt 24:23 Τότε ἐάν τις **ὑμῖν** εἴπῃ·
Mt 24:25 ἰδοὺ προείρηκα **ὑμῖν**.
Mt 24:26 ἐὰν οὖν εἴπωσιν **ὑμῖν**·
Mt 24:33 οὕτως καὶ **ὑμεῖς**,
Mt 24:34 ἀμὴν λέγω **ὑμῖν** ὅτι οὐ μὴ
Mt 24:42 ἡμέρᾳ ὁ κύριος **ὑμῶν** ἔρχεται.
Mt 24:44 διὰ τοῦτο καὶ **ὑμεῖς** γίνεσθε ἕτοιμοι,
Mt 24:47 ἀμὴν λέγω **ὑμῖν** ὅτι ἐπὶ πᾶσιν
Mt 25:8 ἐκ τοῦ ἐλαίου **ὑμῶν**,
Mt 25:9 ἀρκέσῃ ἡμῖν καὶ **ὑμῖν**·
Mt 25:12 ἀμὴν λέγω **ὑμῖν**,
Mt 25:12 οὐκ οἶδα **ὑμᾶς**.
Mt 25:34 κληρονομήσατε τὴν ἡτοιμασμένην **ὑμῖν** βασιλείαν ἀπὸ καταβολῆς
Mt 25:40 ἀμὴν λέγω **ὑμῖν**,
Mt 25:45 ἀμὴν λέγω **ὑμῖν**,
Mt 26:13 ἀμὴν λέγω **ὑμῖν**,
Mt 26:15 κἀγὼ **ὑμῖν** παραδώσω αὐτόν;
Mt 26:21 ἀμὴν λέγω **ὑμῖν** ὅτι εἷς ἐξ
Mt 26:21 ὅτι εἷς ἐξ **ὑμῶν** παραδώσει με.
Mt 26:29 λέγω δὲ **ὑμῖν**,
Mt 26:29 αὐτὸ πίνω μεθ' **ὑμῶν** καινὸν ἐν τῇ
Mt 26:31 πάντες **ὑμεῖς** σκανδαλισθήσεσθε ἐν ἐμοὶ
Mt 26:32 ἐγερθῆναί με προάξω **ὑμᾶς** εἰς τὴν Γαλιλαίαν.
Mt 26:64 πλὴν λέγω **ὑμῖν**·
Mt 26:66 τί **ὑμῖν** δοκεῖ;
Mt 27:17 τίνα θέλετε ἀπολύσω **ὑμῖν**,
Mt 27:21 τῶν δύο ἀπολύσω **ὑμῖν**;
Mt 27:24 **ὑμεῖς** ὄψεσθε.
Mt 28:5 μὴ φοβεῖσθε **ὑμεῖς**,
Mt 28:7 καὶ ἰδοὺ προάγει **ὑμᾶς** εἰς τὴν Γαλιλαίαν,
Mt 28:7 ἰδοὺ εἶπον **ὑμῖν**.
Mt 28:14 πείσομεν [αὐτὸν] καὶ **ὑμᾶς** ἀμερίμνους ποιήσομεν.
Mt 28:20 πάντα ὅσα ἐνετειλάμην **ὑμῖν**·
Mt 28:20 ἰδοὺ ἐγὼ μεθ' **ὑμῶν** εἰμι πάσας τὰς

ὑμνέω (*hymneō*; 1/4) *sing a hymn*

Mt 26:30 Καὶ **ὑμνήσαντες** ἐξῆλθον εἰς τὸ

ὑπάγω (*hypagō*; 19/79) *go*

Mt 4:10 **ὕπαγε**,
Mt 5:24 τοῦ θυσιαστηρίου καὶ **ὕπαγε** πρῶτον διαλλάγηθι τῷ
Mt 5:41 **ὕπαγε** μετ' αὐτοῦ δύο.
Mt 8:4 ἀλλὰ **ὕπαγε** σεαυτὸν δεῖξον τῷ
Mt 8:13 **ὕπαγε**,
Mt 8:32 **ὑπάγετε**.
Mt 9:6 τὴν κλίνην καὶ **ὕπαγε** εἰς τὸν οἶκόν
Mt 13:44 τῆς χαρᾶς αὐτοῦ **ὑπάγει** καὶ πωλεῖ πάντα
Mt 16:23 **ὕπαγε** ὀπίσω μου,
Mt 18:15 **ὕπαγε** ἔλεγξον αὐτὸν μεταξὺ
Mt 19:21 **ὕπαγε** πώλησόν σου τὰ
Mt 20:4 **ὑπάγετε** καὶ ὑμεῖς εἰς
Mt 20:7 **ὑπάγετε** καὶ ὑμεῖς εἰς
Mt 20:14 τὸ σὸν καὶ **ὕπαγε**.
Mt 21:28 **ὕπαγε** σήμερον ἐργάζου ἐν
Mt 26:18 **ὑπάγετε** εἰς τὴν πόλιν
Mt 26:24 υἱὸς τοῦ ἀνθρώπου **ὑπάγει** καθὼς γέγραπται
Mt 27:65 **ὑπάγετε** ἀσφαλίσασθε ὡς οἴδατε.
Mt 28:10 **ὑπάγετε** ἀπαγγείλατε τοῖς ἀδελφοῖς

ὑπακούω (*hypakouō*; 1/21) *obey*

Mt 8:27 ἡ θάλασσα αὐτῷ **ὑπακούουσιν**;

ὑπαντάω (*hypantaō*; 2/10) *meet*

Mt 8:28 χώραν τῶν Γαδαρηνῶν **ὑπήντησαν** αὐτῷ δύο δαιμονιζόμενοι
Mt 28:9 καὶ ἰδοὺ Ἰησοῦς **ὑπήντησεν** αὐταῖς λέγων·

ὑπάντησις (*hypantēsis*; 2/3) *meeting*

Mt 8:34 πόλις ἐξῆλθεν εἰς **ὑπάντησιν** τῷ Ἰησοῦ καὶ
Mt 25:1 ἑαυτῶν ἐξῆλθον εἰς **ὑπάντησιν** τοῦ νυμφίου.

ὑπάρχω (*hyparchō*; 3/60) *be*

Mt 19:21 πώλησόν σου τὰ **ὑπάρχοντα** καὶ δὸς [τοῖς]
Mt 24:47 ἐπὶ πᾶσιν τοῖς **ὑπάρχουσιν** αὐτοῦ καταστήσει αὐτόν.
Mt 25:14 παρέδωκεν αὐτοῖς τὰ **ὑπάρχοντα** αὐτοῦ,

ὑπέρ (*hyper*; 5/150) *for, concerning, over*

Mt 5:44 ὑμῶν καὶ προσεύχεσθε **ὑπὲρ** τῶν διωκόντων ὑμᾶς,

Mt 10:24 Οὐκ ἔστιν μαθητὴς **ὑπὲρ** τὸν διδάσκαλον οὐδὲ
Mt 10:24 διδάσκαλον οὐδὲ δοῦλος **ὑπὲρ** τὸν κύριον αὐτοῦ.
Mt 10:37 πατέρα ἢ μητέρα **ὑπὲρ** ἐμὲ οὐκ ἔστιν
Mt 10:37 υἱὸν ἢ θυγατέρα **ὑπὲρ** ἐμὲ οὐκ ἔστιν

ὑπηρέτης (*hypēretēs*; 2/20) *servant*

Mt 5:25 ὁ κριτὴς τῷ **ὑπηρέτῃ** καὶ εἰς φυλακὴν
Mt 26:58 ἐκάθητο μετὰ τῶν **ὑπηρετῶν** ἰδεῖν τὸ τέλος.

ὕπνος (*hypnos*; 1/6) *sleep*

Mt 1:24 Ἰωσὴφ ἀπὸ τοῦ **ὕπνου** ἐποίησεν ὡς προσέταξεν

ὑπό (*hypo*; 28/219[220]) *by, under*

Mt 1:22 πληρωθῇ τὸ ῥηθὲν **ὑπὸ** κυρίου διὰ τοῦ
Mt 2:15 πληρωθῇ τὸ ῥηθὲν **ὑπὸ** κυρίου διὰ τοῦ
Mt 2:16 ἰδὼν ὅτι ἐνεπαίχθη **ὑπὸ** τῶν μάγων ἐθυμώθη
Mt 3:6 τῷ Ἰορδάνῃ ποταμῷ **ὑπ'** αὐτοῦ ἐξομολογούμενοι τὰς
Mt 3:13 Ἰωάννην τοῦ βαπτισθῆναι **ὑπ'** αὐτοῦ.
Mt 3:14 ἐγὼ χρείαν ἔχω **ὑπὸ** σοῦ βαπτισθῆναι,
Mt 4:1 εἰς τὴν ἔρημον **ὑπὸ** τοῦ πνεύματος πειρασθῆναι
Mt 4:1 τοῦ πνεύματος πειρασθῆναι **ὑπὸ** τοῦ διαβόλου.
Mt 5:13 βληθὲν ἔξω καταπατεῖσθαι **ὑπὸ** τῶν ἀνθρώπων.
Mt 5:15 καὶ τιθέασιν αὐτὸν **ὑπὸ** τὸν μόδιον ἀλλ'
Mt 6:2 ὅπως δοξασθῶσιν **ὑπὸ** τῶν ἀνθρώπων·
Mt 8:8 ἱκανὸς ἵνα μου **ὑπὸ** τὴν στέγην εἰσέλθῃς,
Mt 8:9 ἐγὼ ἄνθρωπός εἰμι **ὑπὸ** ἐξουσίαν,
Mt 8:9 ἔχων **ὑπ'** ἐμαυτὸν στρατιώτας,
Mt 8:24 τὸ πλοῖον καλύπτεσθαι **ὑπὸ** τῶν κυμάτων,
Mt 10:22 καὶ ἔσεσθε μισούμενοι **ὑπὸ** πάντων διὰ τὸ
Mt 11:7 κάλαμον **ὑπὸ** ἀνέμου σαλευόμενον;
Mt 11:27 Πάντα μοι παρεδόθη **ὑπὸ** τοῦ πατρός μου,
Mt 14:8 ἡ δὲ προβιβασθεῖσα **ὑπὸ** τῆς μητρὸς αὐτῆς·
Mt 14:24 γῆς ἀπεῖχεν βασανιζόμενον **ὑπὸ** τῶν κυμάτων,
Mt 17:12 ἀνθρώπου μέλλει πάσχειν **ὑπ'** αὐτῶν.
Mt 19:12 εὐνοῦχοι οἵτινες εὐνουχίσθησαν **ὑπὸ** τῶν ἀνθρώπων,
Mt 20:23 ἀλλ' οἷς ἡτοίμασται **ὑπὸ** τοῦ πατρός μου.
Mt 22:31 τὸ ῥηθὲν ὑμῖν **ὑπὸ** τοῦ θεοῦ λέγοντος·
Mt 23:7 ἀγοραῖς καὶ καλεῖσθαι **ὑπὸ** τῶν ἀνθρώπων ῥαββί.
Mt 23:37 τὰ νοσσία αὐτῆς **ὑπὸ** τὰς πτέρυγας,
Mt 24:9 καὶ ἔσεσθε μισούμενοι **ὑπὸ** πάντων τῶν ἐθνῶν
Mt 27:12 τῷ κατηγορεῖσθαι αὐτὸν **ὑπὸ** τῶν ἀρχιερέων

ὑποδείκνυμι (*hypodeiknymi*; 1/6) *show*

Mt 3:7 τίς **ὑπέδειξεν** ὑμῖν φυγεῖν ἀπὸ

ὑπόδημα (*hypodēma*; 2/10) *sandal*

Mt 3:11 εἰμὶ ἱκανὸς τὰ **ὑποδήματα** βαστάσαι·
Mt 10:10 δύο χιτῶνας μηδὲ **ὑποδήματα** μηδὲ ῥάβδον·

ὑποζύγιον (*hypozygion*; 1/2) *donkey*

Mt 21:5 ἐπὶ πῶλον υἱὸν **ὑποζυγίου**.

ὑποκάτω (*hypokatō*; 1/11) *under*

Mt 22:44 τοὺς ἐχθρούς σου **ὑποκάτω** τῶν ποδῶν σου;

ὑπόκρισις (*hypokrisis*; 1/6) *hypocrisy*

Mt 23:28 δέ ἐστε μεστοὶ **ὑποκρίσεως** καὶ ἀνομίας.

ὑποκριτής (*hypokritēs*; 13/17) *hypocrite*

Mt 6:2 ὥσπερ οἱ **ὑποκριταὶ** ποιοῦσιν ἐν ταῖς
Mt 6:5 ἔσεσθε ὡς οἱ **ὑποκριταί**,
Mt 6:16 γίνεσθε ὡς οἱ **ὑποκριταὶ** σκυθρωποί,
Mt 7:5 **ὑποκριτά**,
Mt 15:7 **ὑποκριταί**,
Mt 22:18 **ὑποκριταί**;
Mt 23:13 γραμματεῖς καὶ Φαρισαῖοι **ὑποκριταί**,
Mt 23:15 γραμματεῖς καὶ Φαρισαῖοι **ὑποκριταί**,
Mt 23:23 γραμματεῖς καὶ Φαρισαῖοι **ὑποκριταί**,
Mt 23:25 γραμματεῖς καὶ Φαρισαῖοι **ὑποκριταί**,
Mt 23:27 γραμματεῖς καὶ Φαρισαῖοι **ὑποκριταί**,
Mt 23:29 γραμματεῖς καὶ Φαρισαῖοι **ὑποκριταί**,
Mt 24:51 αὐτοῦ μετὰ τῶν **ὑποκριτῶν** θήσει·

ὑπομένω (*hypomenō*; 2/17) *endure*

Mt 10:22 ὁ δὲ **ὑπομείνας** εἰς τέλος οὗτος
Mt 24:13 ὁ δὲ **ὑπομείνας** εἰς τέλος οὗτος

ὑποπόδιον (*hypopodion*; 1/7) *footstool*

Mt 5:35 ὅτι **ὑποπόδιόν** ἐστιν τῶν ποδῶν

ὑστερέω (*hystereō*; 1/16) *lack*

Mt 19:20 τί ἔτι **ὑστερῶ**;

ὕστερος (*hysteros*; 7/11[12]) *last, later*

Mt 4:2 **ὕστερον** ἐπείνασεν.
Mt 21:29 **ὕστερον** δὲ μεταμεληθεὶς ἀπῆλθεν.
Mt 21:32 ἰδόντες οὐδὲ μετεμελήθητε **ὕστερον** τοῦ πιστεῦσαι αὐτῷ.
Mt 21:37 **ὕστερον** δὲ ἀπέστειλεν πρὸς
Mt 22:27 **ὕστερον** δὲ πάντων ἀπέθανεν
Mt 25:11 **ὕστερον** δὲ ἔρχονται καὶ
Mt 26:60 **ὕστερον** δὲ προσελθόντες δύο

ὑψηλός (*hypsēlos*; 2/11) *high*

Mt 4:8 διάβολος εἰς ὄρος **ὑψηλὸν** λίαν καὶ δείκνυσιν
Mt 17:1 αὐτοὺς εἰς ὄρος **ὑψηλὸν** κατ' ἰδίαν.

ὕψιστος (*hypsistos*; 1/13) *highest*

Mt 21:9 ὡσαννὰ ἐν τοῖς **ὑψίστοις**.

ὑψόω (*hypsoō*; 3/20) *exalt, lift up, raise*

Mt 11:23 μὴ ἕως οὐρανοῦ **ὑψωθήσῃ**;
Mt 23:12 ὅστις δὲ **ὑψώσει** ἑαυτὸν ταπεινωθήσεται καὶ
Mt 23:12 ὅστις ταπεινώσει ἑαυτὸν **ὑψωθήσεται**.

φάγος (*phagos*; 1/2) *glutton*

Mt 11:19 ἰδοὺ ἄνθρωπος **φάγος** καὶ οἰνοπότης,

φαίνω (*phainō*; 13/30[31]) *shine*

Mt 1:20 κυρίου κατ' ὄναρ **ἐφάνη** αὐτῷ λέγων·
Mt 2:7 τὸν χρόνον τοῦ **φαινομένου** ἀστέρος,

Mt 2:13 ἰδοὺ ἄγγελος κυρίου **φαίνεται** κατ' ὄναρ τῷ
Mt 2:19 ἰδοὺ ἄγγελος κυρίου **φαίνεται** κατ' ὄναρ τῷ
Mt 6:5 ὅπως **φανῶσιν** τοῖς ἀνθρώποις·
Mt 6:16 πρόσωπα αὐτῶν ὅπως **φανῶσιν** τοῖς ἀνθρώποις νηστεύοντες·
Mt 6:18 ὅπως μὴ **φανῇς** τοῖς ἀνθρώποις νηστεύων
Mt 9:33 οὐδέποτε **ἐφάνη** οὕτως ἐν τῷ
Mt 13:26 τότε **ἐφάνη** καὶ τὰ ζιζάνια.
Mt 23:27 οἵτινες ἔξωθεν μὲν **φαίνονται** ὡραῖοι,
Mt 23:28 ὑμεῖς ἔξωθεν μὲν **φαίνεσθε** τοῖς ἀνθρώποις δίκαιοι,
Mt 24:27 ἀπὸ ἀνατολῶν καὶ **φαίνεται** ἕως δυσμῶν,
Mt 24:30 καὶ τότε **φανήσεται** τὸ σημεῖον τοῦ

φανερός (*phaneros*; 1/18) *known*

Mt 12:16 αὐτοῖς ἵνα μὴ **φανερὸν** αὐτὸν ποιήσωσιν,

φάντασμα (*phantasma*; 1/2) *ghost*

Mt 14:26 ἐταράχθησαν λέγοντες ὅτι **φάντασμά** ἐστιν,

Φάρες (*Phares*; 2/3) *Perez*

Mt 1:3 δὲ ἐγέννησεν τὸν **Φάρες** καὶ τὸν Ζάρα
Mt 1:3 **Φάρες** δὲ ἐγέννησεν τὸν

Φαρισαῖος (*Pharisaios*; 29/97[98]) *Pharisee*

Mt 3:7 δὲ πολλοὺς τῶν **Φαρισαίων** καὶ Σαδδουκαίων ἐρχομένους
Mt 5:20 τῶν γραμματέων καὶ **Φαρισαίων**,
Mt 9:11 καὶ ἰδόντες οἱ **Φαρισαῖοι** ἔλεγον τοῖς μαθηταῖς
Mt 9:14 ἡμεῖς καὶ οἱ **Φαρισαῖοι** νηστεύομεν [πολλά],
Mt 9:34 οἱ δὲ **Φαρισαῖοι** ἔλεγον·
Mt 12:2 οἱ δὲ **Φαρισαῖοι** ἰδόντες εἶπαν αὐτῷ·
Mt 12:14 ἐξελθόντες δὲ οἱ **Φαρισαῖοι** συμβούλιον ἔλαβον κατ'
Mt 12:24 οἱ δὲ **Φαρισαῖοι** ἀκούσαντες εἶπον·
Mt 12:38 τῶν γραμματέων καὶ **Φαρισαίων** λέγοντες·
Mt 15:1 Ἰησοῦ ἀπὸ Ἱεροσολύμων **Φαρισαῖοι** καὶ γραμματεῖς λέγοντες·
Mt 15:12 οἶδας ὅτι οἱ **Φαρισαῖοι** ἀκούσαντες τὸν λόγον
Mt 16:1 Καὶ προσελθόντες οἱ **Φαρισαῖοι** καὶ Σαδδουκαῖοι πειράζοντες
Mt 16:6 τῆς ζύμης τῶν **Φαρισαίων** καὶ Σαδδουκαίων.
Mt 16:11 τῆς ζύμης τῶν **Φαρισαίων** καὶ Σαδδουκαίων.
Mt 16:12 τῆς διδαχῆς τῶν **Φαρισαίων** καὶ Σαδδουκαίων.
Mt 19:3 Καὶ προσῆλθον αὐτῷ **Φαρισαῖοι** πειράζοντες αὐτὸν καὶ
Mt 21:45 ἀρχιερεῖς καὶ οἱ **Φαρισαῖοι** τὰς παραβολὰς αὐτοῦ
Mt 22:15 Τότε πορευθέντες οἱ **Φαρισαῖοι** συμβούλιον ἔλαβον ὅπως
Mt 22:34 Οἱ δὲ **Φαρισαῖοι** ἀκούσαντες ὅτι ἐφίμωσεν
Mt 22:41 Συνηγμένων δὲ τῶν **Φαρισαίων** ἐπηρώτησεν αὐτοὺς ὁ
Mt 23:2 γραμματεῖς καὶ οἱ **Φαρισαῖοι**.
Mt 23:13 γραμματεῖς καὶ **Φαρισαῖοι** ὑποκριταί,
Mt 23:15 γραμματεῖς καὶ **Φαρισαῖοι** ὑποκριταί,
Mt 23:23 γραμματεῖς καὶ **Φαρισαῖοι** ὑποκριταί,
Mt 23:25 γραμματεῖς καὶ **Φαρισαῖοι** ὑποκριταί,
Mt 23:26 **Φαρισαῖε** τυφλέ,
Mt 23:27 γραμματεῖς καὶ **Φαρισαῖοι** ὑποκριταί,
Mt 23:29 γραμματεῖς καὶ **Φαρισαῖοι** ὑποκριταί,
Mt 27:62 ἀρχιερεῖς καὶ οἱ **Φαρισαῖοι** πρὸς Πιλᾶτον

φέγγος (*phengos*; 1/2) *light*

Mt 24:29 οὐ δώσει τὸ **φέγγος** αὐτῆς,

φέρω (*pherō*; 4/66) *bring*

Mt 14:11 καὶ **ἠνέχθη** ἡ κεφαλὴ αὐτοῦ
Mt 14:11 καὶ **ἤνεγκεν** τῇ μητρὶ αὐτῆς.
Mt 14:18 **φέρετέ** μοι ὧδε αὐτούς.
Mt 17:17 **φέρετέ** μοι αὐτὸν ὧδε.

φεύγω (*pheugō*; 7/29) *flee*

Mt 2:13 μητέρα αὐτοῦ καὶ **φεῦγε** εἰς Αἴγυπτον καὶ
Mt 3:7 τίς ὑπέδειξεν ὑμῖν **φυγεῖν** ἀπὸ τῆς μελλούσης
Mt 8:33 οἱ δὲ βόσκοντες **ἔφυγον**,
Mt 10:23 **φεύγετε** εἰς τὴν ἑτέραν·
Mt 23:33 πῶς **φύγητε** ἀπὸ τῆς κρίσεως
Mt 24:16 ἐν τῇ Ἰουδαίᾳ **φευγέτωσαν** εἰς τὰ ὄρη,
Mt 26:56 πάντες ἀφέντες αὐτὸν **ἔφυγον**.

φήμη (*phēmē*; 1/2) *report*

Mt 9:26 καὶ ἐξῆλθεν ἡ **φήμη** αὕτη εἰς ὅλην

φημί (*phēmi*; 16/66) *say*

Mt 4:7 **ἔφη** αὐτῷ ὁ Ἰησοῦς·
Mt 8:8 ἀποκριθεὶς ὁ ἑκατόνταρχος **ἔφη**·
Mt 13:28 ὁ δὲ **ἔφη** αὐτοῖς·
Mt 13:29 ὁ δέ **φησιν**·
Mt 14:8 **φησίν**,
Mt 17:26 **ἔφη** αὐτῷ ὁ Ἰησοῦς·
Mt 19:21 **ἔφη** αὐτῷ ὁ Ἰησοῦς·
Mt 21:27 **ἔφη** αὐτοῖς καὶ αὐτός·
Mt 22:37 ὁ δὲ **ἔφη** αὐτῷ·
Mt 25:21 **ἔφη** αὐτῷ ὁ κύριος
Mt 25:23 **ἔφη** αὐτῷ ὁ κύριος
Mt 26:34 **ἔφη** αὐτῷ ὁ Ἰησοῦς·
Mt 26:61 οὗτος **ἔφη**·
Mt 27:11 ὁ δὲ Ἰησοῦς **ἔφη**·
Mt 27:23 ὁ δὲ **ἔφη**·
Mt 27:65 **ἔφη** αὐτοῖς ὁ Πιλᾶτος·

φθάνω (*phthanō*; 1/7) *come upon, attain*

Mt 12:28 ἄρα **ἔφθασεν** ἐφ' ὑμᾶς ἡ

φθόνος (*phthonos*; 1/9) *envy*

Mt 27:18 γὰρ ὅτι διὰ **φθόνον** παρέδωκαν αὐτόν.

φιλέω (*phileō*; 5/25) *love*

Mt 6:5 ὅτι **φιλοῦσιν** ἐν ταῖς συναγωγαῖς
Mt 10:37 Ὁ **φιλῶν** πατέρα ἢ μητέρα
Mt 10:37 καὶ ὁ **φιλῶν** υἱὸν ἢ θυγατέρα
Mt 23:6 **φιλοῦσιν** δὲ τὴν πρωτοκλισίαν
Mt 26:48 ὃν ἂν **φιλήσω** αὐτός ἐστιν,

Φίλιππος (*Philippos*; 3/36) *Philip*

Mt 10:3 **Φίλιππος** καὶ Βαρθολομαῖος,
Mt 14:3 Ἡρῳδιάδα τὴν γυναῖκα **Φιλίππου** τοῦ ἀδελφοῦ αὐτοῦ·

Mt 16:13 μέρη Καισαρείας τῆς **Φιλίππου** ἠρώτα τοὺς μαθητὰς

φίλος (*philos*; 1/29) *friend*
Mt 11:19 τελωνῶν **φίλος** καὶ ἁμαρτωλῶν.

φιμόω (*phimoō*; 2/7) *silence*
Mt 22:12 ὁ δὲ **ἐφιμώθη**.
Mt 22:34 Φαρισαῖοι ἀκούσαντες ὅτι **ἐφίμωσεν** τοὺς Σαδδουκαίους συνήχθησαν

φοβέομαι (*phobeomai*; 18/95) *fear*
Mt 1:20 μὴ **φοβηθῇς** παραλαβεῖν Μαρίαν τὴν
Mt 2:22 πατρὸς αὐτοῦ Ἡρῴδου **ἐφοβήθη** ἐκεῖ ἀπελθεῖν·
Mt 9:8 δὲ οἱ ὄχλοι **ἐφοβήθησαν** καὶ ἐδόξασαν τὸν
Mt 10:26 Μὴ οὖν **φοβηθῆτε** αὐτούς·
Mt 10:28 καὶ μὴ **φοβεῖσθε** ἀπὸ τῶν ἀποκτεννόντων
Mt 10:28 **φοβεῖσθε** δὲ μᾶλλον τὸν
Mt 10:31 μὴ οὖν **φοβεῖσθε**·
Mt 14:5 θέλων αὐτὸν ἀποκτεῖναι **ἐφοβήθη** τὸν ὄχλον,
Mt 14:27 μὴ **φοβεῖσθε**.
Mt 14:30 τὸν ἄνεμον [ἰσχυρὸν] **ἐφοβήθη**,
Mt 17:6 πρόσωπον αὐτῶν καὶ **ἐφοβήθησαν** σφόδρα.
Mt 17:7 ἐγέρθητε καὶ μὴ **φοβεῖσθε**.
Mt 21:26 **φοβούμεθα** τὸν ὄχλον,
Mt 21:46 ζητοῦντες αὐτὸν κρατῆσαι **ἐφοβήθησαν** τοὺς ὄχλους,
Mt 25:25 καὶ **φοβηθεὶς** ἀπελθὼν ἔκρυψα τὸ
Mt 27:54 καὶ τὰ γενόμενα **ἐφοβήθησαν** σφόδρα,
Mt 28:5 μὴ **φοβεῖσθε** ὑμεῖς,
Mt 28:10 μὴ **φοβεῖσθε**·

φόβος (*phobos*; 3/47) *fear*
Mt 14:26 καὶ ἀπὸ τοῦ **φόβου** ἔκραξαν.
Mt 28:4 ἀπὸ δὲ τοῦ **φόβου** αὐτοῦ ἐσείσθησαν οἱ
Mt 28:8 τοῦ μνημείου μετὰ **φόβου** καὶ χαρᾶς μεγάλης

φονεύς (*phoneus*; 1/7) *murderer*
Mt 22:7 αὐτοῦ ἀπώλεσεν τοὺς **φονεῖς** ἐκείνους καὶ

φονεύω (*phoneuō*; 5/12) *murder*
Mt 5:21 οὐ **φονεύσεις**·
Mt 5:21 ὃς δ' ἂν **φονεύσῃ**,
Mt 19:18 τὸ οὐ **φονεύσεις**,
Mt 23:31 υἱοί ἐστε τῶν **φονευσάντων** τοὺς προφήτας.
Mt 23:35 ὃν **ἐφονεύσατε** μεταξὺ τοῦ ναοῦ

φόνος (*phonos*; 1/9) *murder*
Mt 15:19 **φόνοι**,

φορέω (*phoreō*; 1/6) *wear*
Mt 11:8 οἱ τὰ μαλακὰ **φοροῦντες** ἐν τοῖς οἴκοις

φορτίζω (*phortizō*; 1/2) *burden*
Mt 11:28 οἱ κοπιῶντες καὶ **πεφορτισμένοι**,

φορτίον (*phortion*; 2/6) *burden*
Mt 11:30 χρηστὸς καὶ τὸ **φορτίον** μου ἐλαφρόν ἐστιν.
Mt 23:4 δεσμεύουσιν δὲ **φορτία** βαρέα [καὶ δυσβάστακτα]

φραγελλόω (*phragelloō*; 1/2) *beat with a whip*
Mt 27:26 τὸν δὲ Ἰησοῦν **φραγελλώσας** παρέδωκεν ἵνα σταυρωθῇ.

φραγμός (*phragmos*; 1/4) *fence*
Mt 21:33 ἐφύτευσεν ἀμπελῶνα καὶ **φραγμὸν** αὐτῷ περιέθηκεν καὶ

φράζω (*phrazō*; 1/1) *explain*
Mt 15:15 **φράσον** ἡμῖν τὴν παραβολὴν

φρονέω (*phroneō*; 1/26) *think*
Mt 16:23 ὅτι οὐ **φρονεῖς** τὰ τοῦ θεοῦ

φρόνιμος (*phronimos*; 7/14) *wise*
Mt 7:24 ὁμοιωθήσεται ἀνδρὶ **φρονίμῳ**,
Mt 10:16 γίνεσθε οὖν **φρόνιμοι** ὡς οἱ ὄφεις
Mt 24:45 πιστὸς δοῦλος καὶ **φρόνιμος** ὃν κατέστησεν
Mt 25:2 μωραὶ καὶ πέντε **φρόνιμοι**.
Mt 25:4 αἱ δὲ **φρόνιμοι** ἔλαβον ἔλαιον ἐν
Mt 25:8 δὲ μωραὶ ταῖς **φρονίμοις** εἶπαν·
Mt 25:9 ἀπεκρίθησαν δὲ αἱ **φρόνιμοι** λέγουσαι·

φυγή (*phygē*; 1/1) *flight*
Mt 24:20 μὴ γένηται ἡ **φυγὴ** ὑμῶν χειμῶνος μηδὲ

φυλακή (*phylakē*; 10/47) *prison*
Mt 5:25 ὑπηρέτῃ καὶ εἰς **φυλακὴν** βληθήσῃ·
Mt 14:3 [αὐτὸν] καὶ ἐν **φυλακῇ** ἀπέθετο διὰ Ἡρῳδιάδα
Mt 14:10 Ἰωάννην ἐν τῇ **φυλακῇ**.
Mt 14:25 τετάρτῃ δὲ **φυλακῇ** τῆς νυκτὸς ἦλθεν
Mt 18:30 ἔβαλεν αὐτὸν εἰς **φυλακὴν** ἕως ἀποδῷ τὸ
Mt 24:43 ὁ οἰκοδεσπότης ποίᾳ **φυλακῇ** ὁ κλέπτης ἔρχεται,
Mt 25:36 ἐν **φυλακῇ** ἤμην καὶ ἤλθατε
Mt 25:39 ἀσθενοῦντα ἢ ἐν **φυλακῇ** καὶ ἤλθομεν πρός
Mt 25:43 ἀσθενὴς καὶ ἐν **φυλακῇ** καὶ οὐκ ἐπεσκέψασθέ
Mt 25:44 ἀσθενῆ ἢ ἐν **φυλακῇ** καὶ οὐ διηκονήσαμέν

φυλακτήριον (*phylaktērion*; 1/1) *phylactery*
Mt 23:5 πλατύνουσιν γὰρ τὰ **φυλακτήρια** αὐτῶν καὶ μεγαλύνουσιν

φυλάσσω (*phylassō*; 1/31) *guard*
Mt 19:20 πάντα ταῦτα **ἐφύλαξα**·

φυλή (*phylē*; 2/31) *tribe*
Mt 19:28 κρίνοντες τὰς δώδεκα **φυλὰς** τοῦ Ἰσραήλ.
Mt 24:30 κόψονται πᾶσαι αἱ **φυλαὶ** τῆς γῆς καὶ

φύλλον (*phyllon*; 2/6) *leaf*
Mt 21:19 αὐτῇ εἰ μὴ **φύλλα** μόνον,
Mt 24:32 ἁπαλὸς καὶ τὰ **φύλλα** ἐκφύῃ,

φυτεία (*phyteia*; 1/1) *plant*
Mt 15:13 πᾶσα **φυτεία** ἣν οὐκ ἐφύτευσεν

<u>φυτεύω (*phyteuō*; 2/11) *plant*</u>
Mt 15:13 φυτεία ἣν οὐκ **ἐφύτευσεν** ὁ πατήρ μου
Mt 21:33 ἦν οἰκοδεσπότης ὅστις **ἐφύτευσεν** ἀμπελῶνα καὶ φραγμὸν

<u>φωλεός (*phōleos*; 1/2) *hole*</u>
Mt 8:20 αἱ ἀλώπεκες **φωλεοὺς** ἔχουσιν καὶ τὰ

<u>φωνέω (*phōneō*; 5/43) *call*</u>
Mt 20:32 στὰς ὁ Ἰησοῦς **ἐφώνησεν** αὐτοὺς καὶ εἶπεν·
Mt 26:34 νυκτὶ πρὶν ἀλέκτορα **φωνῆσαι** τρὶς ἀπαρνήσῃ με.
Mt 26:74 καὶ εὐθέως ἀλέκτωρ **ἐφώνησεν**.
Mt 26:75 ὅτι πρὶν ἀλέκτορα **φωνῆσαι** τρὶς ἀπαρνήσῃ με·
Mt 27:47 ἔλεγον ὅτι Ἠλίαν **φωνεῖ** οὗτος.

<u>φωνή (*phōnē*; 7/139) *voice*</u>
Mt 2:18 **φωνὴ** ἐν Ῥαμὰ ἠκούσθη,
Mt 3:3 **φωνὴ** βοῶντος ἐν τῇ
Mt 3:17 καὶ ἰδοὺ **φωνὴ** ἐκ τῶν οὐρανῶν
Mt 12:19 ταῖς πλατείαις τὴν **φωνὴν** αὐτοῦ.
Mt 17:5 καὶ ἰδοὺ **φωνὴ** ἐκ τῆς νεφέλης
Mt 27:46 ἀνεβόησεν ὁ Ἰησοῦς **φωνῇ** μεγάλῃ λέγων·
Mt 27:50 Ἰησοῦς πάλιν κράξας **φωνῇ** μεγάλῃ ἀφῆκεν

<u>φῶς (*phōs*; 7/73) *light*</u>
Mt 4:16 καθήμενος ἐν σκότει **φῶς** εἶδεν μέγα,
Mt 4:16 καὶ σκιᾷ θανάτου **φῶς** ἀνέτειλεν αὐτοῖς.
Mt 5:14 ὑμεῖς ἐστε τὸ **φῶς** τοῦ κόσμου.
Mt 5:16 οὕτως λαμψάτω τὸ **φῶς** ὑμῶν ἔμπροσθεν τῶν
Mt 6:23 εἰ οὖν τὸ **φῶς** τὸ ἐν σοὶ
Mt 10:27 εἴπατε ἐν τῷ **φωτί**,
Mt 17:2 λευκὰ ὡς τὸ **φῶς**.

<u>φωτεινός (*phōteinos*; 2/5) *full of light*</u>
Mt 6:22 τὸ σῶμά σου **φωτεινὸν** ἔσται·
Mt 17:5 λαλοῦντος ἰδοὺ νεφέλη **φωτεινὴ** ἐπεσκίασεν αὐτούς,

<u>χαίρω (*chairō*; 6/74) *rejoice*</u>
Mt 2:10 δὲ τὸν ἀστέρα **ἐχάρησαν** χαρὰν μεγάλην σφόδρα.
Mt 5:12 **χαίρετε** καὶ ἀγαλλιᾶσθε,
Mt 18:13 λέγω ὑμῖν ὅτι **χαίρει** ἐπ᾽ αὐτῷ μᾶλλον
Mt 26:49 **χαῖρε**,
Mt 27:29 **χαῖρε**,
Mt 28:9 **χαίρετε**.

<u>χαλεπός (*chalepos*; 1/2) *hard*</u>
Mt 8:28 **χαλεποὶ** λίαν,

<u>χαλκός (*chalkos*; 1/5) *copper*</u>
Mt 10:9 μηδὲ ἄργυρον μηδὲ **χαλκὸν** εἰς τὰς ζώνας

<u>Χαναναῖος (*Chananaios*; 1/1) *Canaanite*</u>
Mt 15:22 καὶ ἰδοὺ γυνὴ **Χαναναία** ἀπὸ τῶν ὁρίων

<u>χαρά (*chara*; 6/59) *joy*</u>
Mt 2:10 τὸν ἀστέρα ἐχάρησαν **χαρὰν** μεγάλην σφόδρα.
Mt 13:20 καὶ εὐθὺς μετὰ **χαρᾶς** λαμβάνων αὐτόν,
Mt 13:44 καὶ ἀπὸ τῆς **χαρᾶς** αὐτοῦ ὑπάγει καὶ
Mt 25:21 εἴσελθε εἰς τὴν **χαρὰν** τοῦ κυρίου σου.
Mt 25:23 εἴσελθε εἰς τὴν **χαρὰν** τοῦ κυρίου σου.
Mt 28:8 μετὰ φόβου καὶ **χαρᾶς** μεγάλης ἔδραμον ἀπαγγεῖλαι

<u>χεῖλος (*cheilos*; 1/7) *lip*</u>
Mt 15:8 λαὸς οὗτος τοῖς **χείλεσίν** με τιμᾷ,

<u>χειμών (*cheimōn*; 2/6) *winter*</u>
Mt 16:3 σήμερον **χειμών**,
Mt 24:20 ἡ φυγὴ ὑμῶν **χειμῶνος** μηδὲ σαββάτῳ.

<u>χείρ (*cheir*; 24/175[177]) *hand*</u>
Mt 3:12 πτύον ἐν τῇ **χειρὶ** αὐτοῦ καὶ διακαθαριεῖ
Mt 4:6 σοῦ καὶ ἐπὶ **χειρῶν** ἀροῦσίν σε,
Mt 5:30 ἡ δεξιά σου **χεὶρ** σκανδαλίζει σε,
Mt 8:3 καὶ ἐκτείνας τὴν **χεῖρα** ἥψατο αὐτοῦ λέγων·
Mt 8:15 καὶ ἥψατο τῆς **χειρὸς** αὐτῆς,
Mt 9:18 ἐλθὼν ἐπίθες τὴν **χεῖρά** σου ἐπ᾽ αὐτήν,
Mt 9:25 εἰσελθὼν ἐκράτησεν τῆς **χειρὸς** αὐτῆς,
Mt 12:10 καὶ ἰδοὺ ἄνθρωπος **χεῖρα** ἔχων ξηράν.
Mt 12:13 ἔκτεινόν σου τὴν **χεῖρα**.
Mt 12:49 καὶ ἐκτείνας τὴν **χεῖρα** αὐτοῦ ἐπὶ τοὺς
Mt 14:31 Ἰησοῦς ἐκτείνας τὴν **χεῖρα** ἐπελάβετο αὐτοῦ
Mt 15:2 γὰρ νίπτονται τὰς **χεῖρας** [αὐτῶν] ὅταν ἄρτον
Mt 15:20 τὸ δὲ ἀνίπτοις **χερσὶν** φαγεῖν οὐ κοινοῖ
Mt 17:22 ἀνθρώπου παραδίδοσθαι εἰς **χεῖρας** ἀνθρώπων,
Mt 18:8 Εἰ δὲ ἡ **χείρ** σου ἢ ὁ
Mt 18:8 χωλὸν ἢ δύο **χεῖρας** ἢ δύο πόδας
Mt 19:13 παιδία ἵνα τὰς **χεῖρας** ἐπιθῇ αὐτοῖς καὶ
Mt 19:15 καὶ ἐπιθεὶς τὰς **χεῖρας** αὐτοῖς ἐπορεύθη ἐκεῖθεν.
Mt 22:13 αὐτοῦ πόδας καὶ **χεῖρας** ἐκβάλετε αὐτὸν εἰς
Mt 26:23 μετ᾽ ἐμοῦ τὴν **χεῖρα** ἐν τῷ τρυβλίῳ
Mt 26:45 ἀνθρώπου παραδίδοται εἰς **χεῖρας** ἁμαρτωλῶν.
Mt 26:50 προσελθόντες ἐπέβαλον τὰς **χεῖρας** ἐπὶ τὸν Ἰησοῦν
Mt 26:51 Ἰησοῦ ἐκτείνας τὴν **χεῖρα** ἀπέσπασεν τὴν μάχαιραν
Mt 27:24 ὕδωρ ἀπενίψατο τὰς **χεῖρας** ἀπέναντι τοῦ ὄχλου

<u>χείρων (*cheirōn*; 3/11) *worse*</u>
Mt 9:16 τοῦ ἱματίου καὶ **χεῖρον** σχίσμα γίνεται.
Mt 12:45 τοῦ ἀνθρώπου ἐκείνου **χείρονα** τῶν πρώτων.
Mt 27:64 ἡ ἐσχάτη πλάνη **χείρων** τῆς πρώτης.

<u>χιτών (*chitōn*; 2/11) *tunic*</u>
Mt 5:40 κριθῆναι καὶ τὸν **χιτῶνά** σου λαβεῖν,
Mt 10:10 ὁδὸν μηδὲ δύο **χιτῶνας** μηδὲ ὑποδήματα μηδὲ

<u>χιών (*chiōn*; 1/2) *snow*</u>
Mt 28:3 αὐτοῦ λευκὸν ὡς **χιών**.

<u>χλαμύς (*chlamys*; 2/2) *cloak*</u>
Mt 27:28 καὶ ἐκδύσαντες αὐτὸν **χλαμύδα** κοκκίνην περιέθηκαν αὐτῷ,
Mt 27:31 ἐξέδυσαν αὐτὸν τὴν **χλαμύδα** καὶ ἐνέδυσαν αὐτὸν

<u>χοῖρος (*choiros*; 4/12) *pig*</u>
Mt 7:6 ὑμῶν ἔμπροσθεν τῶν **χοίρων**,
Mt 8:30 ἀπ' αὐτῶν ἀγέλη **χοίρων** πολλῶν βοσκομένη.
Mt 8:31 τὴν ἀγέλην τῶν **χοίρων**.
Mt 8:32 ἀπῆλθον εἰς τοὺς **χοίρους**·

<u>χολή (*cholē*; 1/2) *gall*</u>
Mt 27:34 πιεῖν οἶνον μετὰ **χολῆς** μεμιγμένον·

<u>Χοραζίν (*Chorazin*; 1/2) *Chorazin*</u>
Mt 11:21 **Χοραζίν**,

<u>χορτάζω (*chortazō*; 4/16) *feed*</u>
Mt 5:6 ὅτι αὐτοὶ **χορτασθήσονται**.
Mt 14:20 ἔφαγον πάντες καὶ **ἐχορτάσθησαν**,
Mt 15:33 ἄρτοι τοσοῦτοι ὥστε **χορτάσαι** ὄχλον τοσοῦτον;
Mt 15:37 ἔφαγον πάντες καὶ **ἐχορτάσθησαν**.

<u>χόρτος (*chortos*; 3/15) *grass, hay*</u>
Mt 6:30 εἰ δὲ τὸν **χόρτον** τοῦ ἀγροῦ σήμερον
Mt 13:26 δὲ ἐβλάστησεν ὁ **χόρτος** καὶ καρπὸν ἐποίησεν,
Mt 14:19 ἀνακλιθῆναι ἐπὶ τοῦ **χόρτου**,

<u>χρεία (*chreia*; 6/49) *need*</u>
Mt 3:14 ἐγὼ **χρείαν** ἔχω ὑπὸ σοῦ
Mt 6:8 πατὴρ ὑμῶν ὧν **χρείαν** ἔχετε πρὸ τοῦ
Mt 9:12 οὐ **χρείαν** ἔχουσιν οἱ ἰσχύοντες
Mt 14:16 οὐ **χρείαν** ἔχουσιν ἀπελθεῖν,
Mt 21:3 ὁ κύριος αὐτῶν **χρείαν** ἔχει·
Mt 26:65 τί ἔτι **χρείαν** ἔχομεν μαρτύρων;

<u>χρῄζω (*chrēzō*; 1/5) *need*</u>
Mt 6:32 ὁ οὐράνιος ὅτι **χρῄζετε** τούτων ἁπάντων.

<u>χρηματίζω (*chrēmatizō*; 2/9) *warn, be called*</u>
Mt 2:12 καὶ **χρηματισθέντες** κατ' ὄναρ μὴ
Mt 2:22 **χρηματισθεὶς** δὲ κατ' ὄναρ

<u>χρηστός (*chrēstos*; 1/7) *kind*</u>
Mt 11:30 γὰρ ζυγός μου **χρηστὸς** καὶ τὸ φορτίον

<u>Χριστός (*Christos*; 16/529) *Christ*</u>
Mt 1:1 Βίβλος γενέσεως Ἰησοῦ **Χριστοῦ** υἱοῦ Δαυὶδ υἱοῦ
Mt 1:16 Ἰησοῦς ὁ λεγόμενος **χριστός**.
Mt 1:17 Βαβυλῶνος ἕως τοῦ **Χριστοῦ** γενεαὶ δεκατέσσαρες.
Mt 1:18 Τοῦ δὲ Ἰησοῦ **Χριστοῦ** ἡ γένεσις οὕτως
Mt 2:4 αὐτῶν ποῦ ὁ **χριστὸς** γεννᾶται.
Mt 11:2 τὰ ἔργα τοῦ **Χριστοῦ** πέμψας διὰ τῶν
Mt 16:16 σὺ εἶ ὁ **χριστὸς** ὁ υἱὸς τοῦ
Mt 16:20 αὐτός ἐστιν ὁ **χριστός**.
Mt 22:42 δοκεῖ περὶ τοῦ **χριστοῦ**;
Mt 23:10 ἐστιν εἷς ὁ **Χριστός**.
Mt 24:5 ἐγώ εἰμι ὁ **χριστός**,
Mt 24:23 ἰδοὺ ὧδε ὁ **χριστός**,
Mt 26:63 σὺ εἶ ὁ **χριστὸς** ὁ υἱὸς τοῦ
Mt 26:68 χριστέ,
Mt 27:17 Ἰησοῦν τὸν λεγόμενον **χριστόν**;
Mt 27:22 Ἰησοῦν τὸν λεγόμενον **χριστόν**;

<u>χρονίζω (*chronizō*; 2/5) *delay*</u>
Mt 24:48 χρονίζει **μου** ὁ κύριος,
Mt 25:5 **χρονίζοντος** δὲ τοῦ νυμφίου

<u>χρόνος (*chronos*; 3/54) *time*</u>
Mt 2:7 παρ' αὐτῶν τὸν **χρόνον** τοῦ φαινομένου ἀστέρος,
Mt 2:16 κατὰ τὸν **χρόνον** ὃν ἠκρίβωσεν παρὰ
Mt 25:19 μετὰ δὲ πολὺν **χρόνον** ἔρχεται ὁ κύριος

<u>χρυσός (*chrysos*; 5/10) *gold*</u>
Mt 2:11 **χρυσὸν** καὶ λίβανον καὶ
Mt 10:9 Μὴ κτήσησθε **χρυσὸν** μηδὲ ἄργυρον μηδὲ
Mt 23:16 ὀμόσῃ ἐν τῷ **χρυσῷ** τοῦ ναοῦ,
Mt 23:17 ὁ **χρυσὸς** ἢ ὁ ναὸς
Mt 23:17 ὁ ἁγιάσας τὸν **χρυσόν**;

<u>χωλός (*chōlos*; 5/14) *lame*</u>
Mt 11:5 τυφλοὶ ἀναβλέπουσιν καὶ **χωλοὶ** περιπατοῦσιν,
Mt 15:30 ἔχοντες μεθ' ἑαυτῶν **χωλούς**,
Mt 15:31 κυλλοὺς ὑγιεῖς καὶ **χωλοὺς** περιπατοῦντας καὶ τυφλοὺς
Mt 18:8 ζωὴν κυλλὸν ἢ **χωλὸν** ἢ δύο χεῖρας
Mt 21:14 αὐτῷ τυφλοὶ καὶ **χωλοὶ** ἐν τῷ ἱερῷ,

<u>χώρα (*chōra*; 3/28) *country*</u>
Mt 2:12 ἀνεχώρησαν εἰς τὴν **χώραν** αὐτῶν.
Mt 4:16 τοῖς καθημένοις ἐν **χώρᾳ** καὶ σκιᾷ θανάτου
Mt 8:28 πέραν εἰς τὴν **χώραν** τῶν Γαδαρηνῶν ὑπήντησαν

<u>χωρέω (*chōreō*; 4/10) *hold, have or make room*</u>
Mt 15:17 εἰς τὴν κοιλίαν **χωρεῖ** καὶ εἰς ἀφεδρῶνα
Mt 19:11 οὐ πάντες **χωροῦσιν** τὸν λόγον [τοῦτον]
Mt 19:12 ὁ δυνάμενος χωρεῖν **χωρείτω**.
Mt 19:12 ὁ δυνάμενος χωρεῖν **χωρείτω**.

<u>χωρίζω (*chōrizō*; 1/13) *separate*</u>
Mt 19:6 συνέζευξεν ἄνθρωπος μὴ **χωριζέτω**.

<u>χωρίον (*chōrion*; 1/10) *piece of land*</u>
Mt 26:36 ὁ Ἰησοῦς εἰς **χωρίον** λεγόμενον Γεθσημανὶ

<u>χωρίς (*chōris*; 3/41) *without*</u>
Mt 13:34 τοῖς ὄχλοις καὶ **χωρὶς** παραβολῆς οὐδὲν ἐλάλει
Mt 14:21 ἄνδρες ὡσεὶ πεντακισχίλιοι **χωρὶς** γυναικῶν καὶ παιδίων.

Mt 15:38 ἦσαν τετρακισχίλιοι ἄνδρες **χωρὶς** γυναικῶν καὶ παιδίων.

ψεύδομαι (*pseudomai*; 1/12) *lie, speak falsehood*

Mt 5:11 πονηρὸν καθ' ὑμῶν [**ψευδόμενοι**] ἕνεκεν ἐμοῦ.

ψευδομαρτυρέω (*pseudomartyreō*; 1/5) *give false testimony*

Mt 19:18 οὐ **ψευδομαρτυρήσεις**,

ψευδομαρτυρία (*pseudomartyria*; 2/2) *false testimony*

Mt 15:19 **ψευδομαρτυρίαι**,
Mt 26:59 συνέδριον ὅλον ἐζήτουν **ψευδομαρτυρίαν** κατὰ τοῦ Ἰησοῦ

ψευδόμαρτυς (*pseudomartys*; 1/2) *false witness*

Mt 26:60 εὗρον πολλῶν προσελθόντων **ψευδομαρτύρων**.

ψευδοπροφήτης (*pseudoprophētēs*; 3/11) *false prophet*

Mt 7:15 Προσέχετε ἀπὸ τῶν **ψευδοπροφητῶν**,
Mt 24:11 καὶ πολλοὶ **ψευδοπροφῆται** ἐγερθήσονται καὶ πλανήσουσιν
Mt 24:24 γὰρ ψευδόχριστοι καὶ **ψευδοπροφῆται** καὶ δώσουσιν σημεῖα

ψευδόχριστος (*pseudochristos*; 1/2) *false messiah*

Mt 24:24 ἐγερθήσονται γὰρ **ψευδόχριστοι** καὶ ψευδοπροφῆται καὶ

ψιχίον (*psichion*; 1/2) *small crumb*

Mt 15:27 ἐσθίει ἀπὸ τῶν **ψιχίων** τῶν πιπτόντων ἀπὸ

ψυχή (*psychē*; 16/103) *soul, life, self*

Mt 2:20 οἱ ζητοῦντες τὴν **ψυχὴν** τοῦ παιδίου.
Mt 6:25 μὴ μεριμνᾶτε τῇ **ψυχῇ** ὑμῶν τί φάγητε
Mt 6:25 οὐχὶ ἡ **ψυχὴ** πλεῖόν ἐστιν τῆς
Mt 10:28 τὴν δὲ **ψυχὴν** μὴ δυναμένων ἀποκτεῖναι·
Mt 10:28 τὸν δυνάμενον καὶ **ψυχὴν** καὶ σῶμα ἀπολέσαι
Mt 10:39 ὁ εὑρὼν τὴν **ψυχὴν** αὐτοῦ ἀπολέσει αὐτήν,
Mt 10:39 ὁ ἀπολέσας τὴν **ψυχὴν** αὐτοῦ ἕνεκεν ἐμοῦ
Mt 11:29 εὑρήσετε ἀνάπαυσιν ταῖς **ψυχαῖς** ὑμῶν·
Mt 12:18 ὃν εὐδόκησεν ἡ **ψυχή** μου·
Mt 16:25 ἐὰν θέλῃ τὴν **ψυχὴν** αὐτοῦ σῶσαι ἀπολέσει
Mt 16:25 ἂν ἀπολέσῃ τὴν **ψυχὴν** αὐτοῦ ἕνεκεν ἐμοῦ
Mt 16:26 κερδήσῃ τὴν δὲ **ψυχὴν** αὐτοῦ ζημιωθῇ;
Mt 16:26 ἄνθρωπος ἀντάλλαγμα τῆς **ψυχῆς** αὐτοῦ;
Mt 20:28 καὶ δοῦναι τὴν **ψυχὴν** αὐτοῦ λύτρον ἀντὶ
Mt 22:37 ἐν ὅλῃ τῇ **ψυχῇ** σου καὶ ἐν
Mt 26:38 περίλυπός ἐστιν ἡ **ψυχή** μου ἕως θανάτου·

ψυχρός (*psychros*; 1/4) *cold*

Mt 10:42 μικρῶν τούτων ποτήριον **ψυχροῦ** μόνον εἰς ὄνομα

ψύχω (*psychō*; 1/1) *go out, be extinguished*

Mt 24:12 πληθυνθῆναι τὴν ἀνομίαν **ψυγήσεται** ἡ ἀγάπη τῶν

ὦ (*ō*; 2/20) *O*

Mt 15:28 **ὦ** γύναι,
Mt 17:17 **ὦ** γενεὰ ἄπιστος καὶ

ὧδε (*hōde*; 18/61) *here*

Mt 8:29 ἦλθες **ὧδε** πρὸ καιροῦ βασανίσαι
Mt 12:6 ἱεροῦ μεῖζόν ἐστιν **ὧδε**.
Mt 12:41 ἰδοὺ πλεῖον Ἰωνᾶ **ὧδε**.
Mt 12:42 ἰδοὺ πλεῖον Σολομῶνος **ὧδε**.
Mt 14:8 **ὧδε** ἐπὶ πίνακι τὴν
Mt 14:17 οὐκ ἔχομεν **ὧδε** εἰ μὴ πέντε
Mt 14:18 φέρετέ μοι **ὧδε** αὐτούς.
Mt 16:28 εἰσίν τινες τῶν **ὧδε** ἑστώτων οἵτινες οὐ
Mt 17:4 καλόν ἐστιν ἡμᾶς **ὧδε** εἶναι·
Mt 17:4 ποιήσω **ὧδε** τρεῖς σκηνάς,
Mt 17:17 φέρετέ μοι αὐτὸν **ὧδε**.
Mt 20:6 τί **ὧδε** ἑστήκατε ὅλην τὴν
Mt 22:12 πῶς εἰσῆλθες **ὧδε** μὴ ἔχων ἔνδυμα
Mt 24:2 οὐ μὴ ἀφεθῇ **ὧδε** λίθος ἐπὶ λίθον
Mt 24:23 ἰδοὺ **ὧδε** ὁ χριστός,
Mt 24:23 **ὧδε**,
Mt 26:38 μείνατε **ὧδε** καὶ γρηγορεῖτε μετ'
Mt 28:6 οὐκ ἔστιν **ὧδε**,

ὠδίν (*ōdin*; 1/4) *birth*

Mt 24:8 δὲ ταῦτα ἀρχὴ **ὠδίνων**.

ὦμος (*ōmos*; 1/2) *shoulder*

Mt 23:4 ἐπιτιθέασιν ἐπὶ τοὺς **ὤμους** τῶν ἀνθρώπων,

ὥρα (*hōra*; 21/106) *hour*

Mt 8:13 [αὐτοῦ] ἐν τῇ **ὥρᾳ** ἐκείνῃ.
Mt 9:22 γυνὴ ἀπὸ τῆς **ὥρας** ἐκείνης.
Mt 10:19 ἐν ἐκείνῃ τῇ **ὥρᾳ** τί λαλήσητε·
Mt 14:15 τόπος καὶ ἡ **ὥρα** ἤδη παρῆλθεν·
Mt 15:28 αὐτῆς ἀπὸ τῆς **ὥρας** ἐκείνης.
Mt 17:18 παῖς ἀπὸ τῆς **ὥρας** ἐκείνης.
Mt 18:1 Ἐν ἐκείνῃ τῇ **ὥρᾳ** προσῆλθον οἱ μαθηταὶ
Mt 20:3 ἐξελθὼν περὶ τρίτην **ὥραν** εἶδεν ἄλλους ἑστῶτας
Mt 20:5 ἕκτην καὶ ἐνάτην **ὥραν** ἐποίησεν ὡσαύτως.
Mt 20:9 περὶ τὴν ἑνδεκάτην **ὥραν** ἔλαβον ἀνὰ δηνάριον.
Mt 20:12 οἱ ἔσχατοι μίαν **ὥραν** ἐποίησαν,
Mt 24:36 ἡμέρας ἐκείνης καὶ **ὥρας** οὐδεὶς οἶδεν,
Mt 24:44 ᾗ οὐ δοκεῖτε **ὥρᾳ** ὁ υἱὸς τοῦ
Mt 24:50 προσδοκᾷ καὶ ἐν **ὥρᾳ** ᾗ οὐ γινώσκει,
Mt 25:13 ἡμέραν οὐδὲ τὴν **ὥραν**.
Mt 26:40 οὐκ ἰσχύσατε μίαν **ὥραν** γρηγορῆσαι μετ' ἐμοῦ;
Mt 26:45 ἰδοὺ ἤγγικεν ἡ **ὥρα** καὶ ὁ υἱὸς
Mt 26:55 Ἐν ἐκείνῃ τῇ **ὥρᾳ** εἶπεν ὁ Ἰησοῦς
Mt 27:45 Ἀπὸ δὲ ἕκτης **ὥρας** σκότος ἐγένετο ἐπὶ
Mt 27:45 τὴν γῆν ἕως **ὥρας** ἐνάτης.
Mt 27:46 δὲ τὴν ἐνάτην **ὥραν** ἀνεβόησεν ὁ Ἰησοῦς

ὡραῖος (*hōraios*; 1/4) *beautiful*

Mt 23:27 ἔξωθεν μὲν φαίνονται **ὡραῖοι**,

ὡς (*hōs*; 40/503[504]) *as*

Mt 1:24 τοῦ ὕπνου ἐποίησεν **ὡς** προσέταξεν αὐτῷ ὁ
Mt 5:48 οὖν ὑμεῖς τέλειοι **ὡς** ὁ πατὴρ ὑμῶν
Mt 6:5 οὐκ ἔσεσθε **ὡς** οἱ ὑποκριταί,
Mt 6:10 **ὡς** ἐν οὐρανῷ καὶ
Mt 6:12 **ὡς** καὶ ἡμεῖς ἀφήκαμεν
Mt 6:16 μὴ γίνεσθε **ὡς** οἱ ὑποκριταὶ σκυθρωποί,
Mt 6:29 δόξῃ αὐτοῦ περιεβάλετο **ὡς** ἓν τούτων.
Mt 7:29 γὰρ διδάσκων αὐτοὺς **ὡς** ἐξουσίαν ἔχων καὶ
Mt 7:29 ἔχων καὶ οὐχ **ὡς** οἱ γραμματεῖς αὐτῶν.
Mt 8:13 **ὡς** ἐπίστευσας γενηθήτω σοι.
Mt 10:16 ἐγὼ ἀποστέλλω ὑμᾶς **ὡς** πρόβατα ἐν μέσῳ
Mt 10:16 γίνεσθε οὖν φρόνιμοι **ὡς** οἱ ὄφεις καὶ
Mt 10:16 ὄφεις καὶ ἀκέραιοι **ὡς** αἱ περιστεραί.
Mt 10:25 μαθητῇ ἵνα γένηται **ὡς** ὁ διδάσκαλος αὐτοῦ
Mt 10:25 καὶ ὁ δοῦλος **ὡς** ὁ κύριος αὐτοῦ.
Mt 12:13 καὶ ἀπεκατεστάθη ὑγιὴς **ὡς** ἡ ἄλλη.
Mt 13:43 οἱ δίκαιοι ἐκλάμψουσιν **ὡς** ὁ ἥλιος ἐν
Mt 14:5 ὅτι **ὡς** προφήτην αὐτὸν εἶχον.
Mt 15:28 γενηθήτω σοι **ὡς** θέλεις.
Mt 17:2 τὸ πρόσωπον αὐτοῦ **ὡς** ὁ ἥλιος,
Mt 17:2 αὐτοῦ ἐγένετο λευκὰ **ὡς** τὸ φῶς.
Mt 17:20 ἐὰν ἔχητε πίστιν **ὡς** κόκκον σινάπεως,
Mt 18:3 στραφῆτε καὶ γένησθε **ὡς** τὰ παιδία,
Mt 18:4 οὖν ταπεινώσει ἑαυτὸν **ὡς** τὸ παιδίον τοῦτο,
Mt 18:33 **ὡς** κἀγὼ σὲ ἠλέησα;
Mt 19:19 τὸν πλησίον σου **ὡς** σεαυτόν.
Mt 20:14 τῷ ἐσχάτῳ δοῦναι **ὡς** καὶ σοί·
Mt 21:26 πάντες γὰρ **ὡς** προφήτην ἔχουσιν τὸν
Mt 22:30 ἀλλ᾽ **ὡς** ἄγγελοι ἐν τῷ
Mt 22:39 τὸν πλησίον σου **ὡς** σεαυτόν.
Mt 24:38 **ὡς** γὰρ ἦσαν ἐν
Mt 26:19 ἐποίησαν οἱ μαθηταὶ **ὡς** συνέταξεν αὐτοῖς ὁ
Mt 26:39 πλὴν οὐχ **ὡς** ἐγὼ θέλω ἀλλ᾽
Mt 26:39 ἐγὼ θέλω ἀλλ᾽ **ὡς** σύ.
Mt 26:55 ὡς **ἐπὶ** λῃστὴν ἐξήλθατε μετὰ
Mt 27:65 ὑπάγετε ἀσφαλίσασθε **ὡς** οἴδατε.
Mt 28:3 ἡ εἰδέα αὐτοῦ **ὡς** ἀστραπὴ καὶ τὸ
Mt 28:3 ἔνδυμα αὐτοῦ λευκὸν **ὡς** χιών.
Mt 28:4 τηροῦντες καὶ ἐγενήθησαν **ὡς** νεκροί.
Mt 28:15 τὰ ἀργύρια ἐποίησαν **ὡς** ἐδιδάχθησαν.

ὡσαννά (*hōsanna*; 3/6) *hosanna*

Mt 21:9 **ὡσαννὰ** τῷ υἱῷ Δαυίδ·
Mt 21:9 **ὡσαννὰ** ἐν τοῖς ὑψίστοις.
Mt 21:15 **ὡσαννὰ** τῷ υἱῷ Δαυίδ,

ὡσαύτως (*hōsautōs*; 4/17) *in the same way*

Mt 20:5 ἐνάτην ὥραν ἐποίησεν **ὡσαύτως**.
Mt 21:30 τῷ ἑτέρῳ εἶπεν **ὡσαύτως**.
Mt 21:36 καὶ ἐποίησαν αὐτοῖς **ὡσαύτως**.
Mt 25:17 **ὡσαύτως** ὁ τὰ δύο

ὡσεί (*hōsei*; 3/21) *like*

Mt 3:16 [τοῦ] θεοῦ καταβαῖνον **ὡσεὶ** περιστερὰν [καὶ] ἐρχόμενον
Mt 9:36 ἐσκυλμένοι καὶ ἐρριμμένοι **ὡσεὶ** πρόβατα μὴ ἔχοντα
Mt 14:21 ἐσθίοντες ἦσαν ἄνδρες **ὡσεὶ** πεντακισχίλιοι χωρὶς γυναικῶν

ὥσπερ (*hōsper*; 10/36) *just as, like*

Mt 6:2 **ὥσπερ** οἱ ὑποκριταὶ ποιοῦσιν
Mt 6:7 δὲ μὴ βατταλογήσητε **ὥσπερ** οἱ ἐθνικοί,
Mt 12:40 **ὥσπερ** γὰρ ἦν Ἰωνᾶς
Mt 13:40 **ὥσπερ** οὖν συλλέγεται τὰ
Mt 18:17 ἔστω σοι **ὥσπερ** ὁ ἐθνικὸς καὶ
Mt 20:28 **ὥσπερ** ὁ υἱὸς τοῦ
Mt 24:27 **ὥσπερ** γὰρ ἡ ἀστραπὴ
Mt 24:37 **Ὥσπερ** γὰρ αἱ ἡμέραι
Mt 25:14 **Ὥσπερ** γὰρ ἄνθρωπος ἀποδημῶν
Mt 25:32 **ὥσπερ** ὁ ποιμὴν ἀφορίζει

ὥστε (*hōste*; 15/83) *so that*

Mt 8:24 **ὥστε** τὸ πλοῖον καλύπτεσθαι
Mt 8:28 **ὥστε** μὴ ἰσχύειν τινα
Mt 10:1 ἐξουσίαν πνευμάτων ἀκαθάρτων **ὥστε** ἐκβάλλειν αὐτὰ καὶ
Mt 12:12 ὥστε **ἔξεστιν** τοῖς σάββασιν καλῶς
Mt 12:22 **ὥστε** τὸν κωφὸν λαλεῖν
Mt 13:2 **ὥστε** αὐτὸν εἰς πλοῖον
Mt 13:32 **ὥστε** ἐλθεῖν τὰ πετεινὰ
Mt 13:54 **ὥστε** ἐκπλήσσεσθαι αὐτοὺς καὶ
Mt 15:31 **ὥστε** τὸν ὄχλον θαυμάσαι
Mt 15:33 ἐρημίᾳ ἄρτοι τοσοῦτοι **ὥστε** χορτάσαι ὄχλον τοσοῦτον;
Mt 19:6 **ὥστε** οὐκέτι εἰσὶν δύο
Mt 23:31 **ὥστε** μαρτυρεῖτε ἑαυτοῖς ὅτι
Mt 24:24 μεγάλα καὶ τέρατα **ὥστε** πλανῆσαι,
Mt 27:1 κατὰ τοῦ Ἰησοῦ **ὥστε** θανατῶσαι αὐτόν·
Mt 27:14 **ὥστε** θαυμάζειν τὸν ἡγεμόνα

ὠτίον (*ōtion*; 1/3) *ear*

Mt 26:51 ἀφεῖλεν αὐτοῦ τὸ **ὠτίον**.

ὠφελέω (*ōpheleō*; 3/15) *gain, profit*

Mt 15:5 ἐὰν ἐξ ἐμοῦ **ὠφεληθῇς**,
Mt 16:26 τί γὰρ **ὠφεληθήσεται** ἄνθρωπος ἐὰν τὸν
Mt 27:24 Πιλᾶτος ὅτι οὐδὲν **ὠφελεῖ** ἀλλὰ μᾶλλον θόρυβος

Frequency List (Alphabetical Order)

1 Ἅβελ
2 Ἀβιά
2* Ἀβιούδ
7 Ἀβραάμ
16 ἀγαθός
1 ἀγαλλιάω
3 ἀγανακτέω
8 ἀγαπάω
1 ἀγάπη
3 ἀγαπητός
2 ἀγγαρεύω
1* ἀγγεῖον
20 ἄγγελος
1* ἄγγος
3 ἀγέλη
3 ἁγιάζω
10 ἅγιος
1* ἄγκιστρον
1 ἄγναφος
3 ἀγορά
7 ἀγοράζω
1 ἄγριος
17 ἀγρός
4 ἄγω
3 ἀδελφή
39 ἀδελφός
1 ἀδημονέω
2 ᾅδης
1 ἀδικέω
1 ἄδικος
1 ἀδυνατέω
1 ἀδύνατος
1 ἀετός
1 ἄζυμος
2* Ἀζώρ
2* ἀθῷος
2 αἰγιαλός
4 Αἴγυπτος
11 αἷμα
1* αἱμορροέω
1 αἶνος
1* αἱρετίζω
19 αἴρω
14 αἰτέω
3 αἰτία
8 αἰών
6 αἰώνιος
1 ἀκαθαρσία
2 ἀκάθαρτος
5 ἄκανθα
1 ἄκαρπος
1 ἀκέραιος
1* ἀκμήν
4 ἀκοή
25 ἀκολουθέω
63 ἀκούω
1 ἀκρασία
2* ἀκριβόω
1 ἀκριβῶς
1 ἀκρίς
2 ἄκρον
1 ἀκυρόω
1 ἀλάβαστρος
2 ἅλας
1 ἀλείφω
3 ἀλέκτωρ
1 ἄλευρον
1 ἀλήθεια
1 ἀληθής
1 ἀλήθω
3 ἀληθῶς
2 ἁλιεύς
1 ἁλίζω
37 ἀλλά
3 ἀλλήλων
29 ἄλλος
2 ἀλλότριος
1 Ἁλφαῖος
1 ἅλων
1 ἀλώπηξ
2 ἅμα
3 ἁμαρτάνω
7 ἁμαρτία
5 ἁμαρτωλός
1 ἀμελέω
1 ἀμέριμνος
31 ἀμήν
2 Ἀμιναδάβ
1 ἄμμος
1 ἄμπελος
10 ἀμπελών
1* ἀμφίβληστρον
2 ἀμφιέννυμι
3 ἀμφότεροι
2 Ἀμώς
42 ἄν
3 ἀνά
9 ἀναβαίνω
1* ἀναβιβάζω
3 ἀναβλέπω
1* ἀναβοάω
7 ἀναγινώσκω
1 ἀναγκάζω
1 ἀνάγκη
1 ἀνάγω
1 ἀναιρέω
2* ἀναίτιος
1 ἀνακάμπτω
5 ἀνάκειμαι
2 ἀνακλίνω
2 ἀνάπαυσις
2 ἀναπαύω
1 ἀναπίπτω
1 ἀναπληρόω
4 ἀνάστασις
3 ἀνατέλλω
5 ἀνατολή
1 ἀναφέρω
10 ἀναχωρέω
2 Ἀνδρέας
3 ἀνεκτός
9 ἄνεμος
1 ἄνευ
1 ἀνέχομαι
1* ἄνηθον
8 ἀνήρ
1 ἀνθίστημι
115 ἄνθρωπος
1 ἄνιπτος
4 ἀνίστημι
11 ἀνοίγω
4 ἀνομία
1 ἀντάλλαγμα
1 ἀντέχομαι
5 ἀντί
2 ἀντίδικος
1 ἄνυδρος
1 ἄνωθεν
1 ἀξίνη
9 ἄξιος
8 ἀπαγγέλλω
1* ἀπάγχω
5 ἀπάγω
1 ἀπαίρω
1 ἁπαλός
1 ἀπάντησις
4 ἀπαρνέομαι
3 ἅπας
1 ἀπάτη
2 ἀπέναντι
35 ἀπέρχομαι
5 ἀπέχω
1 ἀπιστία
1 ἄπιστος
1 ἁπλοῦς
115 ἀπό
1 ἀποδεκατόω
3 ἀποδημέω
18 ἀποδίδωμι
1 ἀποδοκιμάζω
3 ἀποθήκη
5 ἀποθνήσκω
2 ἀποκαθίστημι
4 ἀποκαλύπτω
1 ἀποκεφαλίζω
55 ἀποκρίνομαι
13 ἀποκτείνω
1 ἀποκυλίω
19 ἀπόλλυμι
19 ἀπολύω
1* ἀπονίπτω
1 ἀποσπάω
2 ἀποστάσιον
22 ἀποστέλλω
1 ἀπόστολος
2 ἀποστρέφω
1 ἀποτίθημι
1 ἀποχωρέω
9 ἅπτω
2 ἀπώλεια
7 ἄρα
2* Ἀράμ
3 ἀργός
9 ἀργύριον
1 ἄργυρος
1 ἀρέσκω
1 ἀριθμέω
1 Ἁριμαθαία
1 ἀριστερός
1 ἄριστον
2 ἀρκετός
1 ἀρκέω
4 ἀρνέομαι
1 ἁρπαγή
3 ἁρπάζω
1 ἅρπαξ
1 ἄρρωστος
1 ἄρσην
7 ἄρτι
21 ἄρτος
2 ἀρχαῖος
1* Ἀρχέλαος
4 ἀρχή
25 ἀρχιερεύς
13 ἄρχω
5 ἄρχων
2* Ἀσάφ
1 ἄσβεστος
1 ἀσθένεια
3 ἀσθενέω
3 ἀσθενής
4 ἀσκός
2 ἀσπάζομαι
1 ἀσπασμός
1 ἀσσάριον
5 ἀστήρ
2 ἀστραπή
1 ἀσύνετος
3 ἀσφαλίζω
1 ἄτιμος
1 αὐλέω
3 αὐλή
1 αὐλητής
1 αὐλίζομαι
2 αὐξάνω
3 αὔριον
922° αὐτός
1 αὐτοῦ
1 ἀφαιρέω
3 ἀφανίζω
1 ἀφεδρών
1 ἄφεσις
47 ἀφίημι
3 ἀφορίζω
2* Ἀχάζ
2* Ἀχίμ
1 ἀχρεῖος
1 ἄχρι
1 ἄχυρον
4 Βαβυλών
1 βάθος
34 βάλλω
7 βαπτίζω
2 βάπτισμα
7 βαπτιστής
5 Βαραββᾶς
1* Βαραχίας
1 βαρέω
1 βαρέως
1 Βαρθολομαῖος
1* Βαριωνᾶ
1 βάρος
2 βαρύς
1* βαρύτιμος
3 βασανίζω
1* βασανιστής
1 βάσανος
55 βασιλεία
22 βασιλεύς
1 βασιλεύω
1 βασίλισσα
3 βαστάζω
1* βατταλογέω
1 βδέλυγμα
1 βεβηλόω
3 Βεελζεβούλ
2 Βηθανία
5 Βηθλέεμ
1 Βηθσαϊδά
1 Βηθφαγή
1 βῆμα
1 βιάζω
1* βιαστής
1 βιβλίον
1 βίβλος
1 βλαστάνω
3 βλασφημέω
4 βλασφημία
20 βλέπω
1 βοάω
2* Βόες
1 βοηθέω
2 βόθυνος
2 βόσκω
2 βούλομαι
1 βρέχω
2* βροχή
6 βρυγμός
1 βρῶμα
2 βρῶσις
1* Γαδαρηνός
1 γαλήνη
16 Γαλιλαία
1 Γαλιλαῖος
6 γαμέω
2 γαμίζω
9 γάμος
124 γάρ

3 γαστήρ
4 γέ
7 γέεννα
1 Γεθσημανί
2 γέμω
13 γενεά
1 γενέσια
2 γένεσις
1 γένημα
45 γεννάω
3 γέννημα
1 Γεννησαρέτ
1 γεννητός
1 γένος
2 γεύομαι
6 γεωργός
43 γῆ
75 γίνομαι
20 γινώσκω
1 γογγύζω
1 Γολγοθᾶ
1 Γόμορρα
1 γονεύς
2 γονυπετέω
22 γραμματεύς
4 γραφή
10 γράφω
6 γρηγορέω
4 γυμνός
29 γυνή
2 γωνία
7 δαιμονίζομαι
11 δαιμόνιον
1* δαίμων
1 δάκτυλος
1 δανείζω
1* δάνειον
1* Δανιήλ
17 Δαυίδ
494 δέ
8 δεῖ
1 δειγματίζω
3 δείκνυμι
1 δειλός
1* δεῖνα
1 δεινῶς
1 δεῖπνον
3 δέκα
1 Δεκάπολις
3 δεκατέσσαρες
12 δένδρον
12 δεξιός
1 δέομαι
1 δερμάτινος
1 δέρω
1 δεσμεύω
1* δέσμη
2 δέσμιος
1 δεσμωτήριον
1 δεῦρο
6 δεῦτε
3 δεύτερος
10 δέχομαι
10 δέω
1 δή
1 δῆλος
6 δηνάριον
59 διά
1 διαβλέπω
6 διάβολος
1 διαθήκη
1* διακαθαρίζω
6 διακονέω
3 διάκονος
2 διακρίνω
1* διακωλύω
1* διαλλάσσομαι
3 διαλογίζομαι
1 διαλογισμός
1 διαμερίζω
1 διάνοια
2 διαπεράω
1 διαρπάζω
1 διαρρήσσω
2* διασαφέω
3 διασκορπίζω
1 διαστέλλω
1 διαστρέφω
1 διασῴζω
1 διατάσσω
3 διαφέρω
2 διαφημίζω
1 διδασκαλία
12 διδάσκαλος
14 διδάσκω
3 διδαχή
2* δίδραχμον
56 δίδωμι
1* διέξοδος
2 διέρχομαι
1* διετής
17 δίκαιος
7 δικαιοσύνη
2 δικαιόω
2 δίκτυον
1 διό
3 διορύσσω
1 διπλοῦς
2* διστάζω
1* διϋλίζω
1* διχάζω
1 διχοτομέω
5 διψάω
1 διωγμός
6 διώκω
10 δοκέω
3 δοκός
1 δόλος
1 δόμα
7 δόξα
4 δοξάζω
2 δουλεύω
30 δοῦλος
27 δύναμαι
12 δύναμις
3 δυνατός
40 δύο
1 δυσβάστακτος
1 δυσκόλως
2 δυσμή
13 δώδεκα
2 δῶμα
2 δωρεάν
9 δῶρον
62 ἐάν
32 ἑαυτοῦ
1 ἐάω
1* ἑβδομηκοντάκις
7 ἐγγίζω
3 ἐγγύς
36 ἐγείρω
1* ἔγερσις
1 ἐγκαταλείπω
1 ἐγκρύπτω
212 ἐγώ
2* Ἑζεκίας
3 ἐθνικός
15 ἔθνος
55 εἰ
1* εἰδέα
1 εἰκών
289 εἰμί
4 εἰρήνη
1* εἰρηνοποιός
218 εἰς
66 εἷς
1 εἰσακούω
36 εἰσέρχομαι
1 εἰσπορεύομαι
1 εἰσφέρω
1 εἴωθα
82 ἐκ
4 ἕκαστος
4 ἑκατόν
1 ἑκατονταπλασίων
4 ἑκατοντάρχης
28 ἐκβάλλω
2 ἐκδίδωμι
2 ἐκδύω
28 ἐκεῖ
12 ἐκεῖθεν
54 ἐκεῖνος
3 ἐκκλησία
4 ἐκκόπτω
1* ἐκλάμπω
4 ἐκλεκτός
1 ἐκλύομαι
1 ἐκπειράζω
4 ἐκπλήσσω
5 ἐκπορεύομαι
2 ἐκριζόω
6 ἐκτείνω
1 ἐκτινάσσω
1 ἐκτός
2 ἕκτος
1 ἐκφύω
3 ἐκχύννομαι
3 ἐλαία
3 ἔλαιον
1 ἐλαφρός
5 ἐλάχιστος
2* Ἐλεάζαρ
1 ἐλέγχω
8 ἐλεέω
3 ἐλεημοσύνη
1 ἐλεήμων
3 ἔλεος
1 ἐλεύθερος
2 Ἐλιακίμ
2* Ἐλιούδ
1 ἐλπίζω
1 ἐμαυτοῦ
5 ἐμβαίνω
1 ἐμβάπτω
2 ἐμβλέπω
1 ἐμβριμάομαι
1* Ἐμμανουήλ
4 ἐμός
5 ἐμπαίζω
1* ἐμπίμπρημι
1 ἐμπίπτω
1* ἐμπορία
1 ἔμπορος
18 ἔμπροσθεν
2 ἐμπτύω
1 ἐμφανίζω
293 ἐν
1 ἐναντίος
3 ἔνατος
1 ἕνδεκα
2 ἑνδέκατος
7 ἔνδυμα
3 ἐνδύω
7 ἕνεκα
2 ἐνενήκοντα
1 ἐνεργέω
1 ἔνθεν
2* ἐνθυμέομαι
2 ἐνθύμησις
2 ἐννέα
5 ἔνοχος
1 ἔνταλμα
1 ἐνταφιάζω
4 ἐντέλλομαι
6 ἐντολή
1 ἐντός
1 ἐντρέπω
1 ἐντυλίσσω
1 ἕξ
2 ἐξαιρέω
1 ἐξανατέλλω
43 ἐξέρχομαι
9 ἔξεστιν
2 ἐξετάζω
2 ἑξήκοντα
1 ἐξίστημι
2 ἐξομολογέω
1* ἐξορκίζω
10 ἐξουσία
9 ἔξω
3 ἔξωθεν
3* ἐξώτερος
2 ἑορτή
1 ἐπαίρω
1 ἐπάν
1 ἐπανάγω
1 ἐπανίστημι
8 ἐπάνω
1 ἐπαύριον
3 ἐπεί
8 ἐπερωτάω
122 ἐπί
1 ἐπιβαίνω
2 ἐπιβάλλω
1 ἐπίβλημα
1* ἐπιγαμβρεύω
6 ἐπιγινώσκω
1 ἐπιγραφή
3 ἐπιδείκνυμι
2 ἐπιδίδωμι
3 ἐπιζητέω
2 ἐπιθυμέω
1* ἐπικαθίζω
1 ἐπικαλέω
1 ἐπιλαμβάνομαι
1 ἐπιλανθάνομαι
1* ἐπιορκέω
1 ἐπιούσιος
1 ἐπίσημος
2 ἐπισκέπτομαι
1 ἐπισκιάζω
1* ἐπισπείρω
4 ἐπιστρέφω
3 ἐπισυνάγω
7 ἐπιτίθημι
6 ἐπιτιμάω
2 ἐπιτρέπω
1 ἐπίτροπος
1 ἐπιφώσκω
9 ἑπτά
2 ἑπτάκις
4 ἐργάζομαι
6 ἐργάτης
6 ἔργον
1* ἐρεύγομαι
1 ἐρημία
8 ἔρημος
1 ἐρημόω
1 ἐρήμωσις
1* ἐρίζω
1* ἐρίφιον
1 ἔριφος
114 ἔρχομαι
4 ἐρωτάω
24 ἐσθίω
2 Ἑσρώμ
10 ἔσχατος
1 ἔσω
4 ἔσωθεν
3* ἑταῖρος
10 ἕτερος

8 ἔτι
7 ἑτοιμάζω
4 ἕτοιμος
1 ἔτος
2 εὖ
1 εὐαγγελίζω
4 εὐαγγέλιον
1* εὐδία
3 εὐδοκέω
1 εὐδοκία
13 εὐθέως
6 εὐθύς
1 εὐκαιρία
2 εὔκοπος
5 εὐλογέω
1* εὐνοέω
2* εὐνουχίζω
3 εὐνοῦχος
27 εὑρίσκω
1* εὐρύχωρος
2 εὐχαριστέω
5 εὐώνυμος
7 ἐχθρός
3 ἔχιδνα
74 ἔχω
49 ἕως
2 Ζαβουλών
1* Ζάρα
1 Ζαχαρίας
6 ζάω
6 Ζεβεδαῖος
1 ζημιόω
14 ζητέω
8* ζιζάνιον
2 Ζοροβαβέλ
2 ζυγός
4 ζύμη
1 ζυμόω
7 ζωή
2 ζώνη
68 ἤ
10 ἡγεμών
1 ἡγέομαι
7 ἤδη
1 ἡδύοσμον
4 ἥκω
2* ηλι
9 Ἠλίας
1 ἡλικία
5 ἥλιος
49 ἡμεῖς
45 ἡμέρα
13 Ἡρῴδης
1 Ἡρῳδιανοί
2 Ἡρῳδιάς
6 Ἠσαΐας
1 Θαδδαῖος
16 θάλασσα
1* Θαμάρ
7 θάνατος
3 θανατόω
3 θάπτω
3 θαρσέω
7 θαυμάζω
1* θαυμάσιος
1 θαυμαστός
4 θεάομαι
6 θέλημα
42 θέλω
1 θεμελιόω
51 θεός
16 θεραπεύω
3 θερίζω
6 θερισμός
2* θεριστής
1 θέρος
2 θεωρέω
2 θηλάζω
1 θῆλυς
2 θησαυρίζω
9 θησαυρός
1 θλίβω
4 θλῖψις
1 θνῄσκω
1 θορυβέω
2 θόρυβος
1 θρηνέω
3 θρίξ
1 θροέω
5 θρόνος
8 θυγάτηρ
1* θυμόω
4 θύρα
2 θυσία
6 θυσιαστήριον
1 θύω
1 Θωμᾶς
6 Ἰακώβ
6 Ἰάκωβος
4 ἰάομαι
1 ἰατρός
4 ἴδε
10 ἴδιος
62 ἰδού
3* Ἰερεμίας
3 ἱερεύς
1 Ἰεριχώ
11 ἱερόν
13 Ἰερουσαλήμ
2 Ἰεσσαί
2* Ἰεχονίας
152 Ἰησοῦς
3 ἱκανός
1 ἵλεως
13 ἱμάτιον
39 ἵνα
2 ἱνατί
6 Ἰορδάνης
8 Ἰουδαία
5 Ἰουδαῖος
10 Ἰούδας
4 Ἰσαάκ
2 Ἰσκαριώτης
1 ἴσος
12 Ἰσραήλ
21 ἵστημι
4 ἰσχυρός
4 ἰσχύω
1 ἰχθύδιον
5 ἰχθύς
2* Ἰωαθάμ
26 Ἰωάννης
2 Ἰωβήδ
5 Ἰωνᾶς
2* Ἰωράμ
2* Ἰωσαφάτ
11 Ἰωσήφ
2* Ἰωσίας
1* ἰῶτα
9 κἀγώ
1* καθά
7 καθαρίζω
3 καθαρός
2 καθέδρα
1 καθέζομαι
7 καθεύδω
2* καθηγητής
19 κάθημαι
8 καθίζω
4 καθίστημι
3 καθώς
1178° καί
2 Καϊάφας
4 καινός
10 καιρός
4 Καῖσαρ
1 Καισάρεια
1 καίω
3 κἀκεῖ
2 κἀκεῖνος
1 κακία
1 κακολογέω
3 κακός
7 κακῶς
5 κάλαμος
26 καλέω
21 καλός
2 καλύπτω
2 καλῶς
3 κάμηλος
2 κάμινος
1 καμμύω
2 κἄν
1 Καναναῖος
16 καρδία
19 καρπός
1 καρποφορέω
3 κάρφος
37 κατά
11 καταβαίνω
2 καταβολή
1 καταγελάω
1 κατάγνυμι
2 καταδικάζω
1* καταθεματίζω
3 κατακαίω
2 κατακλυσμός
4 κατακρίνω
1 κατακυριεύω
4 καταλείπω
5 καταλύω
1* καταμανθάνω
2 καταμαρτυρέω
1 κατανοέω
2 καταπατέω
1 καταπέτασμα
1 καταπίνω
2* καταποντίζω
1 καταράομαι
2 καταρτίζω
1 κατασκευάζω
1 κατασκηνόω
1 κατασκήνωσις
1 καταστρέφω
1 καταφιλέω
2 καταφρονέω
1 καταχέω
1 κατέναντι
1 κατεξουσιάζω
1 κατεσθίω
2 κατηγορέω
1 κατισχύω
4 κατοικέω
2 κάτω
1* κατωτέρω
1 καυματίζω
1 καύσων
4 Καφαρναούμ
3 κεῖμαι
7 κελεύω
1 κεραία
2 κεραμεύς
6 κερδαίνω
12 κεφαλή
3 κῆνσος
1 κήρυγμα
9 κηρύσσω
1* κῆτος
1 κιβωτός
2 κινέω
3 κλάδος
2 κλαίω
2 κλάσμα
7 κλαυθμός
3 κλάω
1 κλείς
3 κλείω
3 κλέπτης
5 κλέπτω
3 κληρονομέω
1 κληρονομία
1 κληρονόμος
1 κλῆρος
1 κλητός
1 κλίβανος
2 κλίνη
1 κλίνω
1 κλοπή
1 κοδράντης
3 κοιλία
2 κοιμάομαι
5 κοινόω
1 κοινωνός
1 κόκκινος
2 κόκκος
1 κόλασις
1 κολαφίζω
1 κολλάω
1 κολλυβιστής
2 κολοβόω
1 κομίζω
1 κονιάω
1 κονιορτός
1 κοπάζω
2 κοπιάω
1 κόπος
3 κόπτω
3 κοράσιον
1* κορβανᾶς
3 κοσμέω
9 κόσμος
3* κουστωδία
2 κόφινος
12 κράζω
1 κρανίον
3 κράσπεδον
12 κρατέω
1 κραυγάζω
1 κραυγή
2 κρεμάννυμι
1 κρημνός
1 κρίμα
1 κρίνον
6 κρίνω
12 κρίσις
3 κριτής
2 κρούω
5 κρυπτός
7 κρύπτω
2* κρυφαῖος
1 κτάομαι
1 κτῆμα
1 κτίζω
3 κυλλός
2 κῦμα
1* κύμινον
2 κυνάριον
1 Κυρηναῖος
80 κύριος
1 κύων
1 κωλύω
4 κώμη
1* κώνωψ
7 κωφός
2 λάθρᾳ
26 λαλέω
1 λαλιά
1 λεμα
53 λαμβάνω
5 λαμπάς
3 λάμπω
14 λαός
1 λατομέω

1 λατρεύω
1 λάχανον
1 λεγιών
505 λέγω
1 λέπρα
4 λεπρός
3 λευκός
1 ληνός
4 λῃστής
4 λίαν
1 λίβανος
2 λιθοβολέω
11 λίθος
1 λικμάω
1 λιμός
1 λίνον
33 λόγος
4 λοιπός
2 λύκος
6 λυπέω
1 λύτρον
1 λυχνία
2 λύχνος
6 λύω
1* Μαγαδάν
3 Μαγδαληνή
4 μάγος
3 μαθητεύω
72 μαθητής
2 Μαθθαῖος
13 μακάριος
1 μακράν
2 μακρόθεν
2 μακροθυμέω
3* μαλακία
2 μαλακός
9 μᾶλλον
1 μαμωνᾶς
2 Μανασσῆς
3 μανθάνω
3 μαργαρίτης
11 Μαρία
1 μαρτυρέω
3 μαρτύριον
2 μάρτυς
3 μαστιγόω
1 μάτην
2* Ματθάν
7 μάχαιρα
1 μεγαλύνω
30 μέγας
1 μεθερμηνεύω
1 μεθύω
1 μέλας
1 μέλει
1 μέλι
9 μέλλω
2 μέλος
20 μέν
3 μένω
3 μερίζω
1 μέριμνα
7 μεριμνάω
4 μέρος
7 μέσος
1 μεστός
71 μετά
6 μεταβαίνω
2* μεταίρω
3 μεταμέλομαι
1 μεταμορφόω
5 μετανοέω
2 μετάνοια
2 μεταξύ
4* μετοικεσία
2 μετρέω
2 μέτρον
2 μέχρι
128 μή
11 μηδέ
5 μηδείς
1 μηκέτι
8 μήποτε
6 μήτε
26 μήτηρ
4 μήτι
1 μίγνυμι
8 μικρός
1* μίλιον
3 μιμνήσκομαι
5 μισέω
10 μισθός
2* μισθόω
7 μνημεῖον
1 μνημονεύω
1 μνημόσυνον
1 μνηστεύω
1 μόδιος
2 μοιχαλίς
2 μοιχάω
1 μοιχεία
4 μοιχεύω
14 μόνος
1 μονόφθαλμος
2 μύλος
1* μύριοι
2 μύρον
1 μυστήριον
1 μωραίνω
6 μωρός
7 Μωϋσῆς
2 Ναασσών
3 Ναζαρέθ
2 Ναζωραῖος
9 ναί
9 ναός
2 νεανίσκος
12 νεκρός
2 νέος
4 νεφέλη
2 Νεφθαλίμ
1 νήθω
2 νήπιος
8 νηστεύω
1 νῆστις
1 νῖκος
1 Νινευίτης
2 νίπτω
4 νοέω
3 νομίζω
1 νομικός
1* νόμισμα
8 νόμος
5 νόσος
1* νοσσίον
1 νότος
1 νύμφη
6 νυμφίος
1 νυμφών
4 νῦν
9 νύξ
1 νυστάζω
2 Νῶε
5 ξένος
3 ξηραίνω
2 ξηρός
2 ξύλον
2783° ὁ
1 ὁδηγέω
3 ὁδηγός
22 ὁδός
8 ὀδούς
1 ὀδυρμός
2* Ὀζίας
4 ὅθεν
24 οἶδα
1* οἰκετεία
25 οἰκία
2* οἰκιακός
7 οἰκοδεσπότης
8 οἰκοδομέω
1 οἰκοδομή
10 οἶκος
1 οἰκουμένη
1 οἰνοπότης
4 οἶνος
1 οἷος
1 ὀκνηρός
1* ὀλιγοπιστία
4 ὀλιγόπιστος
6 ὀλίγος
22 ὅλος
1 ὅλως
1 ὄμμα
13 ὀμνύω
9 ὅμοιος
8 ὁμοιόω
3 ὁμοίως
4 ὁμολογέω
6* ὄναρ
3 ὀνειδίζω
1 ὀνικός
22 ὄνομα
3 ὄνος
1 ὄξος
2 ὄπισθεν
6 ὀπίσω
13 ὅπου
17 ὅπως
1 ὅραμα
72 ὁράω
1 ὀργή
3 ὀργίζω
6 ὅριον
4 ὅρκος
1 ὁρμάω
1 ὄρνις
16 ὄρος
2 ὀρύσσω
2 ὀρχέομαι
125 ὅς
15 ὅσος
1 ὀστέον
30 ὅστις
1 ὀσφῦς
19 ὅταν
12 ὅτε
140 ὅτι
202 οὐ
3 οὗ
13 οὐαί
1* οὐδαμῶς
27 οὐδέ
19 οὐδείς
5 οὐδέποτε
2 οὐκέτι
56 οὖν
2 οὔπω
7 οὐράνιος
82 οὐρανός
1* Οὐρίας
7 οὖς
6 οὔτε
147 οὗτος
32 οὕτως
9 οὐχί
2 ὀφειλέτης
1 ὀφειλή
1 ὀφείλημα
6 ὀφείλω
24 ὀφθαλμός
3 ὄφις
50 ὄχλος
1 ὀψέ
7 ὀψία
1* παγιδεύω
18 παιδίον
1 παιδίσκη
8 παῖς
1 παίω
1 πάλαι
3 παλαιός
1 παλιγγενεσία
17 πάλιν
2 πάντοτε
18 παρά
2 παραβαίνω
17 παραβολή
2 παραγγέλλω
3 παραγίνομαι
3 παράγω
31 παραδίδωμι
3 παράδοσις
1* παραθαλάσσιος
9 παρακαλέω
2 παρακούω
16 παραλαμβάνω
5 παραλυτικός
1 παραπορεύομαι
2 παράπτωμα
1 παρασκευή
2 παρατίθημι
2 παραχρῆμα
1 πάρειμι
1 παρεκτός
9 παρέρχομαι
1 παρέχω
4 παρθένος
1 παρίστημι
1* παρομοιάζω
4 παρουσία
1* παροψίς
129 πᾶς
4 πάσχα
4 πάσχω
2 πατάσσω
63 πατήρ
2 πατρίς
1 παχύνω
1 πεζῇ
3 πείθω
9 πεινάω
6 πειράζω
2 πειρασμός
1 πέλαγος
4 πέμπω
2 πενθερά
2 πενθέω
2 πεντακισχίλιοι
12 πέντε
7 πέραν
1 πέρας
28 περί
3 περιάγω
5 περιβάλλω
1 περίλυπος
7 περιπατέω
1 περίσσευμα
5 περισσεύω
2 περισσός
1 περισσότερος
1 περισσῶς
3 περιστερά
3 περιτίθημι
2 περίχωρος
4 πετεινόν
5 πέτρα
23 Πέτρος
2 πετρώδης
1 πήρα
1 πῆχυς
1 πικρῶς
9 Πιλᾶτος
2 πίμπλημι

2 πίναξ
15 πίνω
3 πιπράσκω
19 πίπτω
11 πιστεύω
8 πίστις
5 πιστός
8 πλανάω
1 πλάνη
1 πλάνος
2 πλατεῖα
1 πλατύνω
1* πλατύς
1 πλέκω
1 πληθύνω
5 πλήν
2 πλήρης
16 πληρόω
1 πλήρωμα
3 πλησίον
13 πλοῖον
3 πλούσιος
1 πλοῦτος
19 πνεῦμα
2 πνέω
2 πνίγω
5 πόθεν
86 ποιέω
1 ποικίλος
1 ποιμαίνω
3 ποιμήν
1 ποίμνη
7 ποῖος
2 πόλεμος
27 πόλις
2 πολλάκις
1* πολυλογία
60 πολύς
1 πολύτιμος
1 πονηρία
26 πονηρός
29 πορεύομαι
3 πορνεία
2 πόρνη
1 πόρρω
2 ποσάκις
8 πόσος
3 ποταμός
1 ποταπός
7 πότε
7 ποτήριον
5 ποτίζω
4 ποῦ
10 πούς
1 πρᾶγμα
1 πραιτώριον
1 πρᾶξις
3 πραΰς
1 πρέπω
12 πρεσβύτερος
3 πρίν
5 πρό
6 προάγω
1 προβαίνω
11 πρόβατον
1* προβιβάζω
1 προέρχομαι
1 πρόθεσις
1 πρόθυμος
1 προλέγω
42 πρός
2 προσδοκάω
51 προσέρχομαι
2 προσευχή
15 προσεύχομαι
6 προσέχω
1 προσήλυτος
1 πρόσκαιρος
6 προσκαλέομαι
2 προσκόπτω
1 προσκυλίω
13 προσκυνέω
1 προσλαμβάνω
1 προσμένω
1 προσπίπτω
2 προστάσσω
2 προστίθημι
15 προσφέρω
1 προσφωνέω
10 πρόσωπον
1 προφητεία
4 προφητεύω
37 προφήτης
1* προφθάνω
3 πρωΐ
1 πρωΐα
1 πρωτοκαθεδρία
1 πρωτοκλισία
25 πρῶτος
1 πτερύγιον
1 πτέρυξ
1 πτύον
2 πτῶμα
1 πτῶσις
5 πτωχός
4 πύλη
1 πυλών
1 πυνθάνομαι
12 πῦρ
1 πύργος
1 πυρέσσω
1 πυρετός
2* πυρράζω
6 πωλέω
3 πῶλος
14 πῶς
4 ῥαββι
1 ῥάβδος
1* ῥακά
1 ῥάκος
1*῾Ραμά
2* ῥαπίζω
1 ῥαφίς
1*῾Ραχάβ
1*῾Ραχήλ
2 ῥήγνυμι
5 ῥῆμα
3 ῥίζα
3 ῥίπτω
2*῾Ροβοάμ
1*῾Ρούθ
1 ῥύμη
2 ῥύομαι
1 σαβαχθανι
11 σάββατον
1* σαγήνη
7 Σαδδουκαῖος
2* Σαδώκ
1 σάκκος
2 Σαλαθιήλ
2 σαλεύω
2* Σαλμών
1 σάλπιγξ
1 σαλπίζω
1 Σαμαρίτης
5 σαπρός
5 σάρξ
1 σαρόω
4 σατανᾶς
1 σάτον
2 σβέννυμι
5 σεαυτοῦ
1 σέβομαι
4 σεισμός
3 σείω
1 σελήνη
2* σεληνιάζομαι
13 σημεῖον
8 σήμερον
2 σής
1 σιαγών
3 Σιδών
9 Σίμων
2 σίναπι
1 σινδών
1* σιτιστός
4 σῖτος
1 Σιών
2 σιωπάω
14 σκανδαλίζω
5 σκάνδαλον
1 σκεῦος
1 σκηνή
1 σκιά
1 σκληροκαρδία
1 σκληρός
1 σκορπίζω
1 σκοτεινός
1 σκοτία
1 σκοτίζω
7 σκότος
1 σκυθρωπός
1 σκύλλω
1 σμύρνα
3 Σόδομα
5 Σολομών
8 σός
3 σοφία
2 σοφός
1 σπεῖρα
17 σπείρω
7 σπέρμα
1 σπήλαιον
5 σπλαγχνίζομαι
1 σπόγγος
1 σποδός
1 σπόριμος
2 σπυρίς
1 στάδιον
1* στατήρ
5 σταυρός
10 σταυρόω
1 σταφυλή
1 στάχυς
1 στέγη
2 στενός
1 στέφανος
11 στόμα
1 στράτευμα
3 στρατιώτης
6 στρέφω
2 στρουθίον
2 στρώννυμι
1 στυγνάζω
209 σύ
1 συζεύγνυμι
5 συκῆ
1 σῦκον
1 συλλαλέω
1 συλλαμβάνω
7 συλλέγω
1 συμβουλεύω
5 συμβούλιον
1 συμπνίγω
4 συμφέρω
3 συμφωνέω
4 σύν
24 συνάγω
9 συναγωγή
3* συναίρω
2 συνανάκειμαι
1* συναυξάνω
5 σύνδουλος
3 συνέδριον
1 συνέρχομαι
1 συνετός
1 συνέχω
1 συνθλάω
9 συνίημι
3* συντάσσω
5 συντέλεια
1 συντηρέω
1 συντρίβω
1 Συρία
1 συσταυρόω
1 συστρέφω
7 σφόδρα
1 σφραγίζω
2 σχίζω
1 σχίσμα
1 σχολάζω
15 σῴζω
14 σῶμα
14* τάλαντον
2 ταμεῖον
1 ταπεινός
3 ταπεινόω
2 ταράσσω
1 τάσσω
1 ταῦρος
1* ταφή
6 τάφος
3 ταχύς
3 τέ
14 τέκνον
1 τέκτων
3 τέλειος
4 τελευτάω
1* τελευτή
7 τελέω
6 τέλος
8 τελώνης
1 τελώνιον
1 τέρας
1 τέσσαρες
2 τεσσεράκοντα
1 τέταρτος
2 τετρακισχίλιοι
1 τετραάρχης
6 τηρέω
5 τίθημι
4 τίκτω
1 τίλλω
6 τιμάω
2 τιμή
88 τίς
24 τις
5 τό
3 τοιοῦτος
1 τόκος
1 τολμάω
10 τόπος
3 τοσοῦτος
90 τότε
2 τράπεζα
1* τραπεζίτης
1 τράχηλος
12 τρεῖς
2 τρέφω
2 τρέχω
5 τριάκοντα
1 τρίβολος
1 τρίβος
2 τρίς
7 τρίτος
1 τρόπος
4 τροφή
1 τρύβλιον
1* τρύπημα
1 τρώγω
2 τύπτω
3 Τύρος
17 τυφλός

1* τύφω
1 ὑβρίζω
2 ὑγιής
7 ὕδωρ
89 υἱός
248 ὑμεῖς
1 ὑμνέω
19 ὑπάγω
1 ὑπακούω
2 ὑπαντάω
2 ὑπάντησις
3 ὑπάρχω
5 ὑπέρ
2 ὑπηρέτης
1 ὕπνος
28 ὑπό
1 ὑποδείκνυμι
2 ὑπόδημα
1 ὑποζύγιον
1 ὑποκάτω
1 ὑπόκρισις
13 ὑποκριτής
2 ὑπομένω
1 ὑποπόδιον
1 ὑστερέω
7 ὕστερος
2 ὑψηλός
1 ὕψιστος
3 ὑψόω
1 φάγος
13 φαίνω
1 φανερός
1 φάντασμα
2 Φάρες
29 Φαρισαῖος
1 φέγγος
4 φέρω
7 φεύγω
1 φήμη
16 φημί
1 φθάνω
1 φθόνος
5 φιλέω
3 Φίλιππος
1 φίλος
2 φιμόω
18 φοβέομαι
3 φόβος
1 φονεύς
5 φονεύω
1 φόνος
1 φορέω
1 φορτίζω
2 φορτίον
1 φραγελλόω
1 φραγμός
1* φράζω
1 φρονέω
7 φρόνιμος
1* φυγή
10 φυλακή
1* φυλακτήριον
1 φυλάσσω
2 φυλή
2 φύλλον
1* φυτεία
2 φυτεύω
1 φωλεός
5 φωνέω
7 φωνή
7 φῶς
2 φωτεινός
6 χαίρω
1 χαλεπός
1 χαλκός
1* Χαναναῖος
6 χαρά
1 χεῖλος
2 χειμών
24 χείρ
3 χείρων
2 χιτών
1 χιών
2* χλαμύς
4 χοῖρος
1 χολή
1 Χοραζίν
4 χορτάζω
3 χόρτος
6 χρεία
1 χρῄζω
2 χρηματίζω
1 χρηστός
16 Χριστός
2 χρονίζω
3 χρόνος
5 χρυσός
5 χωλός
3 χώρα
4 χωρέω
1 χωρίζω
1 χωρίον
3 χωρίς
1 ψεύδομαι
1 ψευδομαρτυρέω
2* ψευδομαρτυρία
1 ψευδόμαρτυς
3 ψευδοπροφήτης
1 ψευδόχριστος
1 ψιχίον
16 ψυχή
1 ψυχρός
1* ψύχω
2 ὦ
18 ὧδε
1 ὠδίν
1 ὦμος
21 ὥρα
1 ὡραῖος
40 ὡς
3 ὡσαννά
4 ὡσαύτως
3 ὡσεί
10 ὥσπερ
15 ὥστε
1 ὠτίον
3 ὠφελέω

° Not included in concordance
* Word only occurs in this book

Frequency List (in Order of Occurrence)

2783° ὁ
1178° καί
922° αὐτός
505 λέγω
494 δέ
293 ἐν
289 εἰμί
248 ὑμεῖς
218 εἰς
212 ἐγώ
209 σύ
202 οὐ
152 Ἰησοῦς
147 οὗτος
140 ὅτι
129 πᾶς
128 μή
125 ὅς
124 γάρ
122 ἐπί
115 ἄνθρωπος
115 ἀπό
114 ἔρχομαι
90 τότε
89 υἱός
88 τίς
86 ποιέω
82 ἐκ
82 οὐρανός
80 κύριος
75 γίνομαι
74 ἔχω
72 μαθητής
72 ὁράω
71 μετά
68 ἤ
66 εἷς
63 ἀκούω
63 πατήρ
62 ἐάν
62 ἰδού
60 πολύς
59 διά
56 δίδωμι
56 οὖν
55 ἀποκρίνομαι
55 βασιλεία
55 εἰ
54 ἐκεῖνος
53 λαμβάνω
51 θεός
51 προσέρχομαι
50 ὄχλος
49 ἕως
49 ἡμεῖς
47 ἀφίημι
45 γεννάω
45 ἡμέρα
43 γῆ
43 ἐξέρχομαι
42 ἄν
42 θέλω
42 πρός
40 δύο
40 ὡς
39 ἀδελφός
39 ἵνα
37 ἀλλά
37 κατά
37 προφήτης
36 ἐγείρω
36 εἰσέρχομαι
35 ἀπέρχομαι
34 βάλλω
33 λόγος
32 ἑαυτοῦ
32 οὕτως
31 ἀμήν
31 παραδίδωμι
30 δοῦλος
30 μέγας
30 ὅστις
29 ἄλλος
29 γυνή
29 πορεύομαι
29 Φαρισαῖος
28 ἐκβάλλω
28 ἐκεῖ
28 περί
28 ὑπό
27 δύναμαι
27 εὑρίσκω
27 οὐδέ
27 πόλις
26 Ἰωάννης
26 καλέω
26 λαλέω
26 μήτηρ
26 πονηρός
25 ἀκολουθέω
25 ἀρχιερεύς
25 οἰκία
25 πρῶτος
24 ἐσθίω
24 οἶδα
24 ὀφθαλμός
24 συνάγω
24 τις
24 χείρ
23 Πέτρος
22 ἀποστέλλω
22 βασιλεύς
22 γραμματεύς
22 ὁδός
22 ὅλος
22 ὄνομα
21 ἄρτος
21 ἵστημι
21 καλός
21 ὥρα
20 ἄγγελος
20 βλέπω
20 γινώσκω
20 μέν
19 αἴρω
19 ἀπόλλυμι
19 ἀπολύω
19 κάθημαι
19 καρπός
19 ὅταν
19 οὐδείς
19 πίπτω
19 πνεῦμα
19 ὑπάγω
18 ἀποδίδωμι
18 ἔμπροσθεν
18 παιδίον
18 παρά
18 φοβέομαι
18 ὧδε
17 ἀγρός
17 Δαυίδ
17 δίκαιος
17 ὅπως
17 πάλιν
17 παραβολή
17 σπείρω
17 τυφλός
16 ἀγαθός
16 Γαλιλαία
16 θάλασσα
16 θεραπεύω
16 καρδία
16 ὄρος
16 παραλαμβάνω
16 πληρόω
16 φημί
16 Χριστός
16 ψυχή
15 ἔθνος
15 ὅσος
15 πίνω
15 προσεύχομαι
15 προσφέρω
15 σῴζω
15 ὥστε
14 αἰτέω
14 διδάσκω
14 ζητέω
14 λαός
14 μόνος
14 πῶς
14 σκανδαλίζω
14 σῶμα
14* τάλαντον
14 τέκνον
13 ἀποκτείνω
13 ἄρχω
13 γενεά
13 δώδεκα
13 εὐθέως
13 Ἡρῴδης
13 Ἰερουσαλήμ
13 ἱμάτιον
13 μακάριος
13 ὀμνύω
13 ὅπου
13 οὐαί
13 πλοῖον
13 προσκυνέω
13 σημεῖον
13 ὑποκριτής
13 φαίνω
12 δένδρον
12 δεξιός
12 διδάσκαλος
12 δύναμις
12 ἐκεῖθεν
12 Ἰσραήλ
12 κεφαλή
12 κράζω
12 κρατέω
12 κρίσις
12 νεκρός
12 ὅτε
12 πέντε
12 πρεσβύτερος
12 πῦρ
12 τρεῖς
11 αἷμα
11 ἀνοίγω
11 δαιμόνιον
11 ἱερόν
11 Ἰωσήφ
11 καταβαίνω
11 λίθος
11 Μαρία
11 μηδέ
11 πιστεύω
11 πρόβατον
11 σάββατον
11 στόμα
10 ἅγιος
10 ἀμπελών
10 ἀναχωρέω
10 γράφω
10 δέχομαι
10 δέω
10 δοκέω
10 ἐξουσία
10 ἔσχατος
10 ἕτερος
10 ἡγεμών
10 ἴδιος
10 Ἰούδας
10 καιρός
10 μισθός
10 οἶκος
10 πούς
10 πρόσωπον
10 σταυρόω
10 τόπος
10 φυλακή
10 ὥσπερ
9 ἀναβαίνω
9 ἄνεμος
9 ἄξιος
9 ἅπτω
9 ἀργύριον
9 γάμος
9 δῶρον
9 ἔξεστιν
9 ἔξω
9 ἑπτά
9 Ἠλίας
9 θησαυρός
9 κἀγώ
9 κηρύσσω
9 κόσμος
9 μᾶλλον
9 μέλλω
9 ναί
9 ναός
9 νύξ
9 ὅμοιος
9 οὐχί
9 παρακαλέω
9 παρέρχομαι
9 πεινάω
9 Πιλᾶτος
9 Σίμων
9 συναγωγή
9 συνίημι
8 ἀγαπάω
8 αἰών
8 ἀνήρ
8 ἀπαγγέλλω
8 δεῖ
8 ἐλεέω
8 ἐπάνω
8 ἐπερωτάω
8 ἔρημος
8 ἔτι
8* ζιζάνιον
8 θυγάτηρ
8 Ἰουδαία
8 καθίζω
8 μήποτε
8 μικρός
8 νηστεύω
8 νόμος
8 ὀδούς
8 οἰκοδομέω
8 ὁμοιόω
8 παῖς
8 πίστις
8 πλανάω
8 πόσος
8 σήμερον
8 σός

8 τελώνης
7 ᾿Αβραάμ
7 ἀγοράζω
7 ἁμαρτία
7 ἀναγινώσκω
7 ἄρα
7 ἄρτι
7 βαπτίζω
7 βαπτιστής
7 γέεννα
7 δαιμονίζομαι
7 δικαιοσύνη
7 δόξα
7 ἐγγίζω
7 ἔνδυμα
7 ἕνεκα
7 ἐπιτίθημι
7 ἑτοιμάζω
7 ἐχθρός
7 ζωή
7 ἤδη
7 θάνατος
7 θαυμάζω
7 καθαρίζω
7 καθεύδω
7 κακῶς
7 κελεύω
7 κλαυθμός
7 κρύπτω
7 κωφός
7 μάχαιρα
7 μεριμνάω
7 μέσος
7 μνημεῖον
7 Μωϋσῆς
7 οἰκοδεσπότης
7 οὐράνιος
7 οὖς
7 ὀψία
7 πέραν
7 περιπατέω
7 ποῖος
7 πότε
7 ποτήριον
7 Σαδδουκαῖος
7 σκότος
7 σπέρμα
7 συλλέγω
7 σφόδρα
7 τελέω
7 τρίτος
7 ὕδωρ
7 ὕστερος
7 φεύγω
7 φρόνιμος
7 φωνή
7 φῶς
6 αἰώνιος
6 βρυγμός
6 γαμέω
6 γεωργός
6 γρηγορέω
6 δεῦτε
6 δηνάριον
6 διάβολος
6 διακονέω
6 διώκω
6 ἐκτείνω
6 ἐντολή
6 ἐπιγινώσκω
6 ἐπιτιμάω
6 ἐργάτης
6 ἔργον
6 εὐθύς
6 ζάω
6 Ζεβεδαῖος
6 ᾿Ησαΐας
6 θέλημα
6 θερισμός
6 θυσιαστήριον
6 ᾿Ιακώβ
6 ᾿Ιάκωβος
6 ᾿Ιορδάνης
6 κερδαίνω
6 κρίνω
6 λυπέω
6 λύω
6 μεταβαίνω
6 μήτε
6 μωρός
6 νυμφίος
6 ὀλίγος
6* ὄναρ
6 ὀπίσω
6 ὅριον
6 οὔτε
6 ὀφείλω
6 πειράζω
6 προάγω
6 προσέχω
6 προσκαλέομαι
6 πωλέω
6 στρέφω
6 τάφος
6 τέλος
6 τηρέω
6 τιμάω
6 χαίρω
6 χαρά
6 χρεία
5 ἄκανθα
5 ἁμαρτωλός
5 ἀνάκειμαι
5 ἀνατολή
5 ἀντί
5 ἀπάγω
5 ἀπέχω
5 ἀποθνήσκω
5 ἄρχων
5 ἀστήρ
5 Βαραββᾶς
5 Βηθλέεμ
5 διψάω
5 ἐκπορεύομαι
5 ἐλάχιστος
5 ἐμβαίνω
5 ἐμπαίζω
5 ἔνοχος
5 εὐλογέω
5 εὐώνυμος
5 ἥλιος
5 θρόνος
5 ᾿Ιουδαῖος
5 ἰχθύς
5 ᾿Ιωνᾶς
5 κάλαμος
5 καταλύω
5 κλέπτω
5 κοινόω
5 κρυπτός
5 λαμπάς
5 μετανοέω
5 μηδείς
5 μισέω
5 νόσος
5 ξένος
5 οὐδέποτε
5 παραλυτικός
5 περιβάλλω
5 περισσεύω
5 πέτρα
5 πιστός
5 πλήν
5 πόθεν
5 ποτίζω
5 πρό
5 πτωχός
5 ῥῆμα
5 σαπρός
5 σάρξ
5 σεαυτοῦ
5 σκάνδαλον
5 Σολομών
5 σπλαγχνίζομαι
5 σταυρός
5 συκῆ
5 συμβούλιον
5 σύνδουλος
5 συντέλεια
5 τίθημι
5 τό
5 τριάκοντα
5 ὑπέρ
5 φιλέω
5 φονεύω
5 φωνέω
5 χρυσός
5 χωλός
4 ἄγω
4 Αἴγυπτος
4 ἀκοή
4 ἀνάστασις
4 ἀνίστημι
4 ἀνομία
4 ἀπαρνέομαι
4 ἀποκαλύπτω
4 ἀρνέομαι
4 ἀρχή
4 ἀσκός
4 Βαβυλών
4 βλασφημία
4 γέ
4 γραφή
4 γυμνός
4 δοξάζω
4 εἰρήνη
4 ἕκαστος
4 ἑκατόν
4 ἑκατοντάρχης
4 ἐκκόπτω
4 ἐκλεκτός
4 ἐκπλήσσω
4 ἐμός
4 ἐντέλλομαι
4 ἐπιστρέφω
4 ἐργάζομαι
4 ἐρωτάω
4 ἔσωθεν
4 ἕτοιμος
4 εὐαγγέλιον
4 ζύμη
4 ἥκω
4 θεάομαι
4 θλῖψις
4 θύρα
4 ἰάομαι
4 ἴδε
4 ᾿Ισαάκ
4 ἰσχυρός
4 ἰσχύω
4 καθίστημι
4 καινός
4 Καῖσαρ
4 κατακρίνω
4 καταλείπω
4 κατοικέω
4 Καφαρναούμ
4 κώμη
4 λεπρός
4 λῃστής
4 λίαν
4 λοιπός
4 μάγος
4 μέρος
4* μετοικεσία
4 μήτι
4 μοιχεύω
4 νεφέλη
4 νοέω
4 νῦν
4 ὅθεν
4 οἶνος
4 ὀλιγόπιστος
4 ὁμολογέω
4 ὅρκος
4 παρθένος
4 παρουσία
4 πάσχα
4 πάσχω
4 πέμπω
4 πετεινόν
4 ποῦ
4 προφητεύω
4 πύλη
4 ῥαββι
4 σατανᾶς
4 σεισμός
4 σῖτος
4 συμφέρω
4 σύν
4 τελευτάω
4 τίκτω
4 τροφή
4 φέρω
4 χοῖρος
4 χορτάζω
4 χωρέω
4 ὡσαύτως
3 ἀγανακτέω
3 ἀγαπητός
3 ἀγέλη
3 ἁγιάζω
3 ἀγορά
3 ἀδελφή
3 αἰτία
3 ἀλέκτωρ
3 ἀληθῶς
3 ἀλλήλων
3 ἁμαρτάνω
3 ἀμφότεροι
3 ἀνά
3 ἀναβλέπω
3 ἀνατέλλω
3 ἀνεκτός
3 ἅπας
3 ἀποδημέω
3 ἀποθήκη
3 ἀργός
3 ἁρπάζω
3 ἀσθενέω
3 ἀσθενής
3 ἀσφαλίζω
3 αὐλή
3 αὔριον
3 ἀφανίζω
3 ἀφορίζω
3 βασανίζω
3 βαστάζω
3 Βεελζεβούλ
3 βλασφημέω
3 γαστήρ
3 γέννημα
3 δείκνυμι
3 δέκα
3 δεκατέσσαρες
3 δεύτερος
3 διάκονος
3 διαλογίζομαι
3 διασκορπίζω
3 διαφέρω
3 διδαχή
3 διορύσσω
3 δοκός
3 δυνατός
3 ἐγγύς

3 ἐθνικός
3 ἐκκλησία
3 ἐκχύννομαι
3 ἐλαία
3 ἔλαιον
3 ἐλεημοσύνη
3 ἔλεος
3 ἔνατος
3 ἐνδύω
3 ἔξωθεν
3* ἐξώτερος
3 ἐπεί
3 ἐπιδείκνυμι
3 ἐπιζητέω
3 ἐπισυνάγω
3* ἑταῖρος
3 εὐδοκέω
3 εὐνοῦχος
3 ἔχιδνα
3 θανατόω
3 θάπτω
3 θαρσέω
3 θερίζω
3 θρίξ
3* Ἰερεμίας
3 ἱερεύς
3 ἱκανός
3 καθαρός
3 καθώς
3 κἀκεῖ
3 κακός
3 κάμηλος
3 κάρφος
3 κατακαίω
3 κεῖμαι
3 κῆνσος
3 κλάδος
3 κλάω
3 κλείω
3 κλέπτης
3 κληρονομέω
3 κοιλία
3 κόπτω
3 κοράσιον
3 κοσμέω
3* κουστωδία
3 κράσπεδον
3 κριτής
3 κυλλός
3 λάμπω
3 λευκός
3 Μαγδαληνή
3 μαθητεύω
3* μαλακία
3 μανθάνω
3 μαργαρίτης
3 μαρτύριον
3 μαστιγόω
3 μένω
3 μερίζω
3 μεταμέλομαι
3 μιμνῄσκομαι
3 Ναζαρέθ
3 νομίζω
3 ξηραίνω
3 ὁδηγός
3 ὁμοίως
3 ὀνειδίζω
3 ὄνος
3 ὀργίζω
3 οὗ
3 ὄφις
3 παλαιός
3 παραγίνομαι
3 παράγω
3 παράδοσις
3 πείθω
3 περιάγω
3 περιστερά
3 περιτίθημι
3 πιπράσκω
3 πλησίον
3 πλούσιος
3 ποιμήν
3 πορνεία
3 ποταμός
3 πραΰς
3 πρίν
3 πρωΐ
3 πῶλος
3 ῥίζα
3 ῥίπτω
3 σείω
3 Σιδών
3 Σόδομα
3 σοφία
3 στρατιώτης
3 συμφωνέω
3* συναίρω
3 συνέδριον
3* συντάσσω
3 ταπεινόω
3 ταχύς
3 τέ
3 τέλειος
3 τοιοῦτος
3 τοσοῦτος
3 Τύρος
3 ὑπάρχω
3 ὑψόω
3 Φίλιππος
3 φόβος
3 χείρων
3 χόρτος
3 χρόνος
3 χώρα
3 χωρίς
3 ψευδοπροφήτης
3 ὡσαννά
3 ὡσεί
3 ὠφελέω
2 Ἀβιά
2* Ἀβιούδ
2 ἀγγαρεύω
2 ᾅδης
2* Ἀζώρ
2* ἀθῷος
2 αἰγιαλός
2 ἀκάθαρτος
2* ἀκριβόω
2 ἄκρον
2 ἅλας
2 ἁλιεύς
2 ἀλλότριος
2 ἅμα
2 Ἀμιναδάβ
2 ἀμφιέννυμι
2 Ἀμώς
2* ἀναίτιος
2 ἀνακλίνω
2 ἀνάπαυσις
2 ἀναπαύω
2 Ἀνδρέας
2 ἀντίδικος
2 ἀπέναντι
2 ἀποκαθίστημι
2 ἀποστάσιον
2 ἀποστρέφω
2 ἀπώλεια
2* Ἀράμ
2 ἀρκετός
2 ἀρχαῖος
2* Ἀσάφ
2 ἀσπάζομαι
2 ἀστραπή
2 αὐξάνω
2* Ἀχάζ
2* Ἀχίμ
2 βάπτισμα
2 βαρύς
2 Βηθανία
2* Βόες
2 βόθυνος
2 βόσκω
2 βούλομαι
2* βροχή
2 βρῶσις
2 γαμίζω
2 γέμω
2 γένεσις
2 γεύομαι
2 γονυπετέω
2 γωνία
2 δέσμιος
2 διακρίνω
2 διαπεράω
2* διασαφέω
2 διαφημίζω
2* δίδραχμον
2 διέρχομαι
2 δικαιόω
2 δίκτυον
2* διστάζω
2 δουλεύω
2 δυσμή
2 δῶμα
2 δωρεάν
2* Ἑζεκίας
2 ἐκδίδωμι
2 ἐκδύω
2 ἐκριζόω
2 ἔκτος
2* Ἐλεάζαρ
2 Ἐλιακίμ
2* Ἐλιούδ
2 ἐμβλέπω
2 ἐμπτύω
2 ἑνδέκατος
2 ἐνενήκοντα
2* ἐνθυμέομαι
2 ἐνθύμησις
2 ἐννέα
2 ἐξαιρέω
2 ἐξετάζω
2 ἑξήκοντα
2 ἐξομολογέω
2 ἑορτή
2 ἐπιβάλλω
2 ἐπιδίδωμι
2 ἐπιθυμέω
2 ἐπισκέπτομαι
2 ἐπιτρέπω
2 ἑπτάκις
2 Ἑσρώμ
2 εὖ
2 εὔκοπος
2* εὐνουχίζω
2 εὐχαριστέω
2 Ζαβουλών
2 Ζοροβαβέλ
2 ζυγός
2 ζώνη
2* ηλι
2 Ἡρῳδιάς
2* θεριστής
2 θεωρέω
2 θηλάζω
2 θησαυρίζω
2 θόρυβος
2 θυσία
2 Ἰεσσαί
2* Ἰεχονίας
2 ἱνατί
2 Ἰσκαριώτης
2* Ἰωαθάμ
2 Ἰωβήδ
2* Ἰωράμ
2* Ἰωσαφάτ
2* Ἰωσίας
2 καθέδρα
2* καθηγητής
2 Καϊάφας
2 κἀκεῖνος
2 καλύπτω
2 καλῶς
2 κάμινος
2 κἄν
2 καταβολή
2 καταδικάζω
2 κατακλυσμός
2 καταμαρτυρέω
2 καταπατέω
2* καταποντίζω
2 καταρτίζω
2 καταφρονέω
2 κατηγορέω
2 κάτω
2 κεραμεύς
2 κινέω
2 κλαίω
2 κλάσμα
2 κλίνη
2 κοιμάομαι
2 κόκκος
2 κολοβόω
2 κοπιάω
2 κόφινος
2 κρεμάννυμι
2 κρούω
2* κρυφαῖος
2 κῦμα
2 κυνάριον
2 λάθρᾳ
2 λιθοβολέω
2 λύκος
2 λύχνος
2 Μαθθαῖος
2 μακρόθεν
2 μακροθυμέω
2 μαλακός
2 Μανασσῆς
2 μάρτυς
2* Ματθάν
2 μέλος
2* μεταίρω
2 μετάνοια
2 μεταξύ
2 μετρέω
2 μέτρον
2 μέχρι
2* μισθόω
2 μοιχαλίς
2 μοιχάω
2 μύλος
2 μύρον
2 Ναασσών
2 Ναζωραῖος
2 νεανίσκος
2 νέος
2 Νεφθαλίμ
2 νήπιος
2 νίπτω
2 Νῶε
2 ξηρός
2 ξύλον
2* Ὀζίας
2* οἰκιακός
2 ὄπισθεν
2 ὀρύσσω
2 ὀρχέομαι
2 οὐκέτι
2 οὔπω

2 ὀφειλέτης
2 πάντοτε
2 παραβαίνω
2 παραγγέλλω
2 παρακούω
2 παράπτωμα
2 παρατίθημι
2 παραχρῆμα
2 πατάσσω
2 πατρίς
2 πειρασμός
2 πενθερά
2 πενθέω
2 πεντακισχίλιοι
2 περισσός
2 περίχωρος
2 πετρώδης
2 πίμπλημι
2 πίναξ
2 πλατεῖα
2 πλήρης
2 πνέω
2 πνίγω
2 πόλεμος
2 πολλάκις
2 πόρνη
2 ποσάκις
2 προσδοκάω
2 προσευχή
2 προσκόπτω
2 προστάσσω
2 προστίθημι
2 πτῶμα
2* πυρράζω
2* ῥαπίζω
2 ῥήγνυμι
2* Ῥοβοάμ
2 ῥύομαι
2* Σαδώκ
2 Σαλαθιήλ
2 σαλεύω
2* Σαλμών
2 σβέννυμι
2* σεληνιάζομαι
2 σής
2 σίναπι
2 σιωπάω
2 σοφός
2 σπυρίς
2 στενός
2 στρουθίον
2 στρώννυμι
2 συνανάκειμαι
2 σχίζω
2 ταμεῖον
2 ταράσσω
2 τεσσεράκοντα
2 τετρακισχίλιοι
2 τιμή
2 τράπεζα
2 τρέφω
2 τρέχω
2 τρίς
2 τύπτω
2 ὑγιής
2 ὑπαντάω
2 ὑπάντησις
2 ὑπηρέτης
2 ὑπόδημα
2 ὑπομένω
2 ὑψηλός
2 Φάρες
2 φιμόω
2 φορτίον
2 φυλή
2 φύλλον
2 φυτεύω
2 φωτεινός
2 χειμών
2 χιτών
2* χλαμύς
2 χρηματίζω
2 χρονίζω
2* ψευδομαρτυρία
2 ὦ
1 Ἅβελ
1 ἀγαλλιάω
1 ἀγάπη
1* ἀγγεῖον
1* ἄγγος
1* ἄγκιστρον
1 ἄγναφος
1 ἄγριος
1 ἀδημονέω
1 ἀδικέω
1 ἄδικος
1 ἀδυνατέω
1 ἀδύνατος
1 ἀετός
1 ἄζυμος
1* αἱμορροέω
1 αἶνος
1* αἱρετίζω
1 ἀκαθαρσία
1 ἄκαρπος
1 ἀκέραιος
1* ἀκμήν
1 ἀκρασία
1 ἀκριβῶς
1 ἀκρίς
1 ἀκυρόω
1 ἀλάβαστρος
1 ἀλείφω
1 ἄλευρον
1 ἀλήθεια
1 ἀληθής
1 ἀλήθω
1 ἁλίζω
1 Ἁλφαῖος
1 ἅλων
1 ἀλώπηξ
1 ἀμελέω
1 ἀμέριμνος
1 ἄμμος
1 ἄμπελος
1* ἀμφίβληστρον
1* ἀναβιβάζω
1* ἀναβοάω
1 ἀναγκάζω
1 ἀνάγκη
1 ἀνάγω
1 ἀναιρέω
1 ἀνακάμπτω
1 ἀναπίπτω
1 ἀναπληρόω
1 ἀναφέρω
1 ἄνευ
1 ἀνέχομαι
1* ἄνηθον
1 ἀνθίστημι
1 ἄνιπτος
1 ἀντάλλαγμα
1 ἀντέχομαι
1 ἄνυδρος
1 ἄνωθεν
1 ἀξίνη
1* ἀπάγχω
1 ἀπαίρω
1 ἁπαλός
1 ἀπάντησις
1 ἀπάτη
1 ἀπιστία
1 ἄπιστος
1 ἁπλοῦς
1 ἀποδεκατόω
1 ἀποδοκιμάζω
1 ἀποκεφαλίζω
1 ἀποκυλίω
1* ἀπονίπτω
1 ἀποσπάω
1 ἀπόστολος
1 ἀποτίθημι
1 ἀποχωρέω
1 ἄργυρος
1 ἀρέσκω
1 ἀριθμέω
1 Ἀριμαθαία
1 ἀριστερός
1 ἄριστον
1 ἀρκέω
1 ἁρπαγή
1 ἅρπαξ
1 ἄρρωστος
1 ἄρσην
1* Ἀρχέλαος
1 ἄσβεστος
1 ἀσθένεια
1 ἀσπασμός
1 ἀσσάριον
1 ἀσύνετος
1 ἄτιμος
1 αὐλέω
1 αὐλητής
1 αὐλίζομαι
1 αὐτοῦ
1 ἀφαιρέω
1 ἀφεδρών
1 ἄφεσις
1 ἀχρεῖος
1 ἄχρι
1 ἄχυρον
1 βάθος
1* Βαραχίας
1 βαρέω
1 βαρέως
1 Βαρθολομαῖος
1* Βαριωνᾶ
1 βάρος
1* βαρύτιμος
1* βασανιστής
1 βάσανος
1 βασιλεύω
1 βασίλισσα
1* βατταλογέω
1 βδέλυγμα
1 βεβηλόω
1 Βηθσαϊδά
1 Βηθφαγή
1 βῆμα
1 βιάζω
1* βιαστής
1 βιβλίον
1 βίβλος
1 βλαστάνω
1 βοάω
1 βοηθέω
1 βρέχω
1 βρῶμα
1* Γαδαρηνός
1 γαλήνη
1 Γαλιλαῖος
1 Γεθσημανί
1 γενέσια
1 γένημα
1 Γεννησαρέτ
1 γεννητός
1 γένος
1 γογγύζω
1 Γολγοθᾶ
1 Γόμορρα
1 γονεύς
1* δαίμων
1 δάκτυλος
1 δανείζω
1* δάνειον
1* Δανιήλ
1 δειγματίζω
1 δειλός
1* δεῖνα
1 δεινῶς
1 δεῖπνον
1 Δεκάπολις
1 δέομαι
1 δερμάτινος
1 δέρω
1 δεσμεύω
1* δέσμη
1 δεσμωτήριον
1 δεῦρο
1 δή
1 δῆλος
1 διαβλέπω
1 διαθήκη
1* διακαθαρίζω
1* διακωλύω
1* διαλλάσσομαι
1 διαλογισμός
1 διαμερίζω
1 διάνοια
1 διαρπάζω
1 διαρρήσσω
1 διαστέλλω
1 διαστρέφω
1 διασῴζω
1 διατάσσω
1 διδασκαλία
1* διέξοδος
1* διετής
1 διό
1 διπλοῦς
1* διϋλίζω
1* διχάζω
1 διχοτομέω
1 διωγμός
1 δόλος
1 δόμα
1 δυσβάστακτος
1 δυσκόλως
1 ἐάω
1* ἑβδομηκοντάκις
1* ἔγερσις
1 ἐγκαταλείπω
1 ἐγκρύπτω
1* εἰδέα
1 εἰκών
1* εἰρηνοποιός
1 εἰσακούω
1 εἰσπορεύομαι
1 εἰσφέρω
1 εἴωθα
1 ἑκατονταπλασίων
1* ἐκλάμπω
1 ἐκλύομαι
1 ἐκπειράζω
1 ἐκτινάσσω
1 ἐκτός
1 ἐκφύω
1 ἐλαφρός
1 ἐλέγχω
1 ἐλεήμων
1 ἐλεύθερος
1 ἐλπίζω
1 ἐμαυτοῦ
1 ἐμβάπτω
1 ἐμβριμάομαι
1* Ἐμμανουήλ
1* ἐμπίμπρημι
1 ἐμπίπτω
1* ἐμπορία
1 ἔμπορος

1 ἐμφανίζω
1 ἐναντίος
1 ἕνδεκα
1 ἐνεργέω
1 ἔνθεν
1 ἔνταλμα
1 ἐνταφιάζω
1 ἐντός
1 ἐντρέπω
1 ἐντυλίσσω
1 ἕξ
1 ἐξανατέλλω
1 ἐξίστημι
1* ἐξορκίζω
1 ἐπαίρω
1 ἐπάν
1 ἐπανάγω
1 ἐπανίστημι
1 ἐπαύριον
1 ἐπιβαίνω
1 ἐπίβλημα
1* ἐπιγαμβρεύω
1 ἐπιγραφή
1* ἐπικαθίζω
1 ἐπικαλέω
1 ἐπιλαμβάνομαι
1 ἐπιλανθάνομαι
1* ἐπιορκέω
1 ἐπιούσιος
1 ἐπίσημος
1 ἐπισκιάζω
1* ἐπισπείρω
1 ἐπίτροπος
1 ἐπιφώσκω
1* ἐρεύγομαι
1 ἐρημία
1 ἐρημόω
1 ἐρήμωσις
1* ἐρίζω
1* ἐρίφιον
1 ἔριφος
1 ἔσω
1 ἔτος
1 εὐαγγελίζω
1* εὐδία
1 εὐδοκία
1 εὐκαιρία
1* εὐνοέω
1* εὐρύχωρος
1* Ζάρα
1 Ζαχαρίας
1 ζημιόω
1 ζυμόω
1 ἡγέομαι
1 ἡδύοσμον
1 ἡλικία
1 Ἡρῳδιανοί
1 Θαδδαῖος
1* Θαμάρ
1* θαυμάσιος
1 θαυμαστός
1 θεμελιόω
1 θέρος
1 θῆλυς
1 θλίβω
1 θνῄσκω
1 θορυβέω
1 θρηνέω
1 θροέω
1* θυμόω
1 θύω
1 Θωμᾶς
1 ἰατρός
1 Ἰεριχώ
1 ἵλεως
1 ἴσος
1 ἰχθύδιον
1* ἰῶτα
1* καθά
1 καθέζομαι
1 Καισάρεια
1 καίω
1 κακία
1 κακολογέω
1 καμμύω
1 Καναναῖος
1 καρποφορέω
1 καταγελάω
1 κατάγνυμι
1* καταθεματίζω
1 κατακυριεύω
1* καταμανθάνω
1 κατανοέω
1 καταπέτασμα
1 καταπίνω
1 καταράομαι
1 κατασκευάζω
1 κατασκηνόω
1 κατασκήνωσις
1 καταστρέφω
1 καταφιλέω
1 καταχέω
1 κατέναντι
1 κατεξουσιάζω
1 κατεσθίω
1 κατισχύω
1* κατωτέρω
1 καυματίζω
1 καύσων
1 κεραία
1 κήρυγμα
1* κῆτος
1 κιβωτός
1 κλείς
1 κληρονομία
1 κληρονόμος
1 κλῆρος
1 κλητός
1 κλίβανος
1 κλίνω
1 κλοπή
1 κοδράντης
1 κοινωνός
1 κόκκινος
1 κόλασις
1 κολαφίζω
1 κολλάω
1 κολλυβιστής
1 κομίζω
1 κονιάω
1 κονιορτός
1 κοπάζω
1 κόπος
1* κορβανᾶς
1 κρανίον
1 κραυγάζω
1 κραυγή
1 κρημνός
1 κρίμα
1 κρίνον
1 κτάομαι
1 κτῆμα
1 κτίζω
1* κύμινον
1 Κυρηναῖος
1 κύων
1 κωλύω
1* κώνωψ
1 λαλιά
1 λεμα
1 λατομέω
1 λατρεύω
1 λάχανον
1 λεγιών
1 λέπρα
1 ληνός
1 λίβανος
1 λικμάω
1 λιμός
1 λίνον
1 λύτρον
1 λυχνία
1* Μαγαδάν
1 μακράν
1 μαμωνᾶς
1 μαρτυρέω
1 μάτην
1 μεγαλύνω
1 μεθερμηνεύω
1 μεθύω
1 μέλας
1 μέλει
1 μέλι
1 μέριμνα
1 μεστός
1 μεταμορφόω
1 μηκέτι
1 μίγνυμι
1* μίλιον
1 μνημονεύω
1 μνημόσυνον
1 μνηστεύω
1 μόδιος
1 μοιχεία
1 μονόφθαλμος
1* μύριοι
1 μυστήριον
1 μωραίνω
1 νήθω
1 νῆστις
1 νῖκος
1 Νινευίτης
1 νομικός
1* νόμισμα
1* νοσσίον
1 νότος
1 νύμφη
1 νυμφών
1 νυστάζω
1 ὁδηγέω
1 ὀδυρμός
1* οἰκετεία
1 οἰκοδομή
1 οἰκουμένη
1 οἰνοπότης
1 οἷος
1 ὀκνηρός
1* ὀλιγοπιστία
1 ὅλως
1 ὄμμα
1 ὀνικός
1 ὄξος
1 ὅραμα
1 ὀργή
1 ὁρμάω
1 ὄρνις
1 ὀστέον
1 ὀσφῦς
1* οὐδαμῶς
1* Οὐρίας
1 ὀφειλή
1 ὀφείλημα
1 ὀψέ
1* παγιδεύω
1 παιδίσκη
1 παίω
1 πάλαι
1 παλιγγενεσία
1* παραθαλάσσιος
1 παραπορεύομαι
1 παρασκευή
1 πάρειμι
1 παρεκτός
1 παρέχω
1 παρίστημι
1* παρομοιάζω
1* παροψίς
1 παχύνω
1 πεζῇ
1 πέλαγος
1 πέρας
1 περίλυπος
1 περίσσευμα
1 περισσότερος
1 περισσῶς
1 πήρα
1 πῆχυς
1 πικρῶς
1 πλάνη
1 πλάνος
1 πλατύνω
1* πλατύς
1 πλέκω
1 πληθύνω
1 πλήρωμα
1 πλοῦτος
1 ποικίλος
1 ποιμαίνω
1 ποίμνη
1* πολυλογία
1 πολύτιμος
1 πονηρία
1 πόρρω
1 ποταπός
1 πρᾶγμα
1 πραιτώριον
1 πρᾶξις
1 πρέπω
1 προβαίνω
1* προβιβάζω
1 προέρχομαι
1 πρόθεσις
1 πρόθυμος
1 προλέγω
1 προσήλυτος
1 πρόσκαιρος
1 προσκυλίω
1 προσλαμβάνω
1 προσμένω
1 προσπίπτω
1 προσφωνέω
1 προφητεία
1* προφθάνω
1 πρωΐα
1 πρωτοκαθεδρία
1 πρωτοκλισία
1 πτερύγιον
1 πτέρυξ
1 πτύον
1 πτῶσις
1 πυλών
1 πυνθάνομαι
1 πύργος
1 πυρέσσω
1 πυρετός
1 ῥάβδος
1* ῥακά
1 ῥάκος
1* Ῥαμά
1 ῥαφίς
1* Ῥαχάβ
1* Ῥαχήλ
1* Ῥούθ
1 ῥύμη
1 σαβαχθανι
1* σαγήνη
1 σάκκος
1 σάλπιγξ
1 σαλπίζω
1 Σαμαρίτης

1 σαρόω
1 σάτον
1 σέβομαι
1 σελήνη
1 σιαγών
1 σινδών
1* σιτιστός
1 Σιών
1 σκεῦος
1 σκηνή
1 σκιά
1 σκληροκαρδία
1 σκληρός
1 σκορπίζω
1 σκοτεινός
1 σκοτία
1 σκοτίζω
1 σκυθρωπός
1 σκύλλω
1 σμύρνα
1 σπεῖρα
1 σπήλαιον
1 σπόγγος
1 σποδός
1 σπόριμος
1 στάδιον
1* στατήρ
1 σταφυλή
1 στάχυς
1 στέγη
1 στέφανος
1 στράτευμα
1 στυγνάζω
1 συζεύγνυμι
1 σῦκον
1 συλλαλέω
1 συλλαμβάνω
1 συμβουλεύω
1 συμπνίγω
1* συναυξάνω
1 συνέρχομαι
1 συνετός
1 συνέχω
1 συνθλάω
1 συντηρέω
1 συντρίβω
1 Συρία
1 συσταυρόω
1 συστρέφω
1 σφραγίζω
1 σχίσμα
1 σχολάζω
1 ταπεινός
1 τάσσω
1 ταῦρος
1* ταφή
1 τέκτων
1* τελευτή
1 τελώνιον
1 τέρας
1 τέσσαρες
1 τέταρτος
1 τετραάρχης
1 τίλλω
1 τόκος
1 τολμάω
1* τραπεζίτης
1 τράχηλος
1 τρίβολος
1 τρίβος
1 τρόπος
1 τρύβλιον
1* τρύπημα
1 τρώγω
1* τύφω
1 ὑβρίζω
1 ὑμνέω
1 ὑπακούω
1 ὕπνος
1 ὑποδείκνυμι
1 ὑποζύγιον
1 ὑποκάτω
1 ὑπόκρισις
1 ὑποπόδιον
1 ὑστερέω
1 ὕψιστος
1 φάγος
1 φανερός
1 φάντασμα
1 φέγγος
1 φήμη
1 φθάνω
1 φθόνος
1 φίλος
1 φονεύς
1 φόνος
1 φορέω
1 φορτίζω
1 φραγελλόω
1 φραγμός
1* φράζω
1 φρονέω
1* φυγή
1* φυλακτήριον
1 φυλάσσω
1* φυτεία
1 φωλεός
1 χαλεπός
1 χαλκός
1* Χαναναῖος
1 χεῖλος
1 χιών
1 χολή
1 Χοραζίν
1 χρήζω
1 χρηστός
1 χωρίζω
1 χωρίον
1 ψεύδομαι
1 ψευδομαρτυρέω
1 ψευδόμαρτυς
1 ψευδόχριστος
1 ψιχίον
1 ψυχρός
1* ψύχω
1 ὠδίν
1 ὦμος
1 ὡραῖος
1 ὠτίον

° Not included in concordance
* Word only occurs in this book

Mark – Statistics

1339 Total word count
169 Number of words occurring at least 10 times
632 Number of words occurring once

Words whose occurrences in this book account for at least 25% of occurrences in the entire NT

100%

4/4 ἐκθαμβέω (*ekthambeō*; be greatly surprised or alarmed)

3/3 ἄλαλος (*alalos*; unable to speak), θαμβέω (*thambeō*; be amazed or shocked), Ἰωσῆς (*Iōsēs*; Joses), κεντυρίων (*kentyriōn*; centurion)

2/2[3] σκληροκαρδία (*sklērokardia*; stubbornness)

2/2 ἀφρίζω (*aphrizō*; foam at the mouth), ελωι (*elōi*; my God), ἐναγκαλίζομαι (*enankalizomai*; take into one's arms), θυγάτριον (*thygatrion*; little daughter), πρασιά (*prasia*; garden plot), Σαλώμη (*Salōmē*; Salome), συμπόσιον (*symposion*; group sharing a meal), συνθλίβω (*synthlibō*; crowd)

1/1[2] βλάπτω (*blaptō*; harm), ἐξαγγέλλω (*exangellō*; proclaim), κύπτω (*kyptō*; bend or stoop down), συντόμως (*syntomōs*; briefly)

1/1 Ἀβιαθάρ (*Abiathar*; Abiathar), ἀγρεύω (*agreuō*; trap), ἀλεκτοροφωνία (*alektorophōnia*; before dawn), ἀλλαχοῦ (*allachou*; elsewhere), ἀμφιβάλλω (*amphiballō*; cast a fishnet), ἄμφοδον (*amphodon*; street), ἄναλος (*analos*; without salt), ἀναπηδάω (*anapēdaō*; jump up), ἀναστενάζω (*anastenazō*; give a deep groan), ἀπόδημος (*apodēmos*; away from home on a journey), ἀποστεγάζω (*apostegazō*; unroof), Βαρτιμαῖος (*Bartimaios*; Bartimaeus), βοανηργές (*boanērges*; Boanerges), γναφεύς (*gnapheus*; one who bleaches), Δαλμανουθά (*Dalmanoutha*; Dalmanutha), δισχίλιοι (*dischilioi*; two thousand), δύσκολος (*dyskolos*; hard), ἐκθαυμάζω (*ekthaumazō*; be completely amazed), ἐκπερισσῶς (*ekperissōs*; emphatically), ἐνειλέω (*eneileō*; wrap in), ἔννυχος (*ennychos*; in the night), ἐξάπινα (*exapina*; suddenly), ἐξουδενέω (*exoudeneō*; treat with contempt), ἐπιράπτω (*epiraptō*; sew on), ἐπισυντρέχω (*episyntrechō*; gather rapidly), ἐσχάτως (*eschatōs*; finally), εφφαθα (*ephphatha*; be opened), Ἰδουμαία (*Idoumaia*; Idumea), καταβαρύνω (*katabarynō*; be very heavy), καταδιώκω (*katadiōkō*; search for diligently), κατακόπτω (*katakoptō*; beat), κατευλογέω (*kateulogeō*; bless), κατοίκησις (*katoikēsis*; home), κεφαλιόω (*kephalioō*; beat over the head), κορβᾶν (*korban*; a gift for God), κουμ (*koum*; stand up), κυλίω (*kyliō*; roll about), κωμόπολις (*kōmopolis*; country town), μηκύνω (*mēkynō*; grow), μογιλάλος (*mogilalos*; having difficulty in speaking), μυρίζω (*myrizō*; pour perfume on), νουνεχῶς (*nounechōs*; wisely), ξέστης (*xestēs*; pitcher), οὐά (*oua*; aha), παιδιόθεν (*paidiothen*; from childhood), παρόμοιος (*paromoios*; like), περιτρέχω (*peritrechō*; run about), προαύλιον (*proaulion*; gateway), προμεριμνάω (*promerimnaō*; worry ahead of time), προσάββατον (*prosabbaton*; the day before the Sabbath), προσκεφάλαιον (*proskephalaion*; cushion), προσορμίζω (*prosormizō*; moor, tie up), προσπορεύομαι (*prosporeuomai*; come to), πυγμή (*pygmē*; fist), σκώληξ (*skōlēx*; worm), σμυρνίζω (*smyrnizō*; flavor with myrrh), σπεκουλάτωρ (*spekoulatōr*; soldier on special duty), στασιαστής (*stasiastēs*; rebel), στιβάς (*stibas*; leafy branch), στίλβω (*stilbō*; glisten), συλλυπέω (*syllypeō*; be deeply grieved), Συροφοινίκισσα (*Syrophoinikissa*; Syrophoenician woman), σύσσημον (*syssēmon*; sign), ταλιθα (*talitha*; girl), τηλαυγῶς (*tēlaugōs*; clearly), Τιμαῖος (*Timaios*; Timaeus), τρίζω (*trizō*; grind), τρυμαλιά (*trymalia*; eye), ὑπερηφανία (*hyperēphania*; arrogance), ὑπερπερισσῶς (*hyperperissōs*; completely), ὑπολήνιον (*hypolēnion*; trough placed under a wine press), χαλκίον (*chalkion*; copper)

85%

6/7 περιβλέπω (*periblepō*; look around)

80%
4/5 παραπορεύομαι (*paraporeuomai*; pass by)

75%
3/4[5] ἄρρωστος (*arrōstos*; sick)

71%
42/59 εὐθύς (*euthys*; immediately)

66%
4/6 Ναζαρηνός (*Nazarēnos*; inhabitant of Nazareth), σινδών (*sindōn*; linen cloth)
2/3 γονυπετέω (*gonypeteō*; kneel), Δεκάπολις (*Dekapolis*; Decapolis), διαρπάζω (*diarpazō*; plunder), ἐκπνέω (*ekpneō*; die), Ἡρῳδιανοί (*Hērōdianoi*; Herodians), κοπάζω (*kopazō*; cease), ὀψέ (*opse*; late in the day), πέδη (*pedē*; chain), προστρέχω (*prostrechō*; run up or ahead), πτύω (*ptyō*; spit), σπαράσσω (*sparassō*; throw into convulsions), συνακολουθέω (*synakoloutheō*; follow)

62%
5/8 διαστέλλω (*diastellō*; order), κοράσιον (*korasion*; girl)

60%
6/10 συζητέω (*syzēteō*; argue)
3/5 γαζοφυλάκιον (*gazophylakion*; temple treasury), στάχυς (*stachys*; head of grain), ψευδομαρτυρέω (*pseudomartyreō*; give false testimony)

54%
6/11[12] πρωΐ (*prōi*; early morning)

50%
5/10 παραλυτικός (*paralytikos*; paralytic), σιωπάω (*siōpaō*; be silent or quiet)
3/6 ἐμπτύω (*emptyō*; spit on), Ἡρῳδιάς (*Hērōdias*; Herodias), μάστιξ (*mastix*; whip), φύλλον (*phyllon*; leaf)
2/4 ἀλάβαστρος (*alabastros*; alabaster jar), ἁμάρτημα (*hamartēma*; sin), ἀποκεφαλίζω (*apokephalizō*; behead), ἀποκυλίω (*apokyliō*; roll away), κακολογέω (*kakologeō*; speak evil of), κολοβόω (*koloboō*; shorten), κυνάριον (*kynarion*; house dog), λεγιών (*legiōn*; legion), μοιχάω (*moichaō*; commit adultery), περισσῶς (*perissōs*; all the more), πετρώδης (*petrōdēs*; rocky ground), πορφύρα (*porphyra*; purple cloth or garment)
1/2[3] μοιχεία (*moicheia*; adultery), μορφή (*morphē*; form)
1/2 ἄγναφος (*agnaphos*; new), ἀκάνθινος (*akanthinos*; thorny, of thorns), ἀλαλάζω (*alalazō*; wail loudly, clang), ἁλίζω (*halizō*; salt), ἀνάγαιον (*anagaion*; upstairs room), ἀνασείω (*anaseiō*; incite), ἄνιπτος (*aniptos*; not washed according to ritual law), ἀντάλλαγμα (*antallagma*; something offered in exchange), ἁπαλός (*hapalos*; putting out leaves), ἀπαντάω (*apantaō*; meet), ἀποβάλλω (*apoballō*; throw out), ἀποπλανάω (*apoplanaō*; mislead), αὐτόματος (*automatos*; by itself), ἀφεδρών (*aphedrōn*; latrine), βουλευτής (*bouleutēs*; council member), Γεθσημανί (*Gethsēmani*; Gethsemane), γενέσια (*genesia*; birthday celebration), δερμάτινος (*dermatinos*; of leather), διασπάω (*diaspaō*; pull or tear apart), δύνω (*dynō*; set), ἔκφοβος (*ekphobos*; frightened), ἐκφύω (*ekphyō*; put out), Ἑλληνίς (*Hellēnis*; Greek or Gentile woman), ἐμβάπτω (*embaptō*; dip), ἐνδιδύσκω (*endidyskō*; dress or clothe in), ἐνταφιασμός (*entaphiasmos*; preparation for burial, burial), ἐξανατέλλω (*exanatellō*; sprout), ἐξορύσσω (*exoryssō*; dig out), ἐπανίστημι (*epanistēmi*; turn against), ἐπιλύω (*epilyō*; explain),

εὔκαιρος (*eukairos*; suitable), εὐκαίρως (*eukairōs*; when the time is right), Θαδδαῖος (*Thaddaios*; Thaddaeus), Ἰάϊρος (*Iairos*; Jairus), Ἱεροσολυμίτης (*Hierosolymitēs*; inhabitant of Jerusalem), ἱματίζω (*himatizō*; clothe), ἰχθύδιον (*ichthydion*; small fish), Καναναῖος (*Kananaios*; Cananaean), κατακλάω (*kataklaō*; break in pieces), καταστρέφω (*katastrephō*; overturn), καταχέω (*katacheō*; pour over), κατεξουσιάζω (*katexousiazō*; rule over), κεράμιον (*keramion*; jar), κλοπή (*klopē*; theft), κοδράντης (*kodrantēs*; quadrans), λεμα (*lema*; why), λατομέω (*latomeō*; cut), λευκαίνω (*leukainō*; make whole), λύτρον (*lytron*; ransom), μάτην (*matēn*; in vain), μονόφθαλμος (*monophthalmos*; one-eyed), νάρδος (*nardos*; oil of nard), νῆστις (*nēstis*; hungry), ὄμμα (*omma*; eye), ὀνικός (*onikos*; of a donkey), ὁρκίζω (*horkizō*; beg), πεζῇ (*pezē*; on foot), πιστικός (*pistikos*; pure), προσαίτης (*prosaitēs*; beggar), προσκολλάω (*proskollaō*; be united), προσκυλίω (*proskyliō*; roll against or to), πυρέσσω (*pyressō*; be sick with fever), ῥαββουνί (*rhabbouni*; rabbi), ῥάκος (*rhakos*; piece of cloth), ῥαφίς (*rhaphis*; needle), Ῥοῦφος (*Rhouphos*; Rufus), σαβαχθανι (*sabachthani*; you have forsaken me), σανδάλιον (*sandalion*; sandal), σπάω (*spaō*; draw), στυγνάζω (*stygnazō*; be shocked or sad), συγκάθημαι (*synkathēmai*; sit with), συζεύγνυμι (*syzeugnymi*; join together), συναναβαίνω (*synanabainō*; come up together with), συσπαράσσω (*sysparassō*; throw into convulsions), τέκτων (*tektōn*; wood), τριακόσιοι (*triakosioi*; three hundred), τρύβλιον (*tryblion*; dish), ὑστέρησις (*hysterēsis*; need), φάντασμα (*phantasma*; ghost), φέγγος (*phengos*; light), φραγελλόω (*phragelloō*; beat with a whip), χοῦς (*chous*; dust), ψευδόχριστος (*pseudochristos*; false messiah), ψιχίον (*psichion*; small crumb), ὠτάριον (*ōtarion*; ear)

<u>45%</u>
5/11 κράβαττος (*krabattos*; bed)

<u>44%</u>
25/56 ἐπερωτάω (*eperōtaō*; ask)
8/18 εἰσπορεύομαι (*eisporeuomai*; go or come in)
4/9 ἀρχισυνάγωγος (*archisynagōgos*; ruler of a synagogue), κλάσμα (*klasma*; fragment)

<u>43%</u>
7/16 διαλογίζομαι (*dialogizomai*; discuss)

<u>42%</u>
3/7 ἀγανακτέω (*aganakteō*; be indignant or angry)

<u>41%</u>
5/12 ὅριον (*horion*; territory)

<u>40%</u>
6/15 ξηραίνω (*xērainō*; 6/15) dry up)
4/10 ἐπιτάσσω (*epitassō*; command)
2/5 ἁλιεύς (*halieus*; fisherman), Ἁλφαῖος (*Halphaios*; Alphaeus), ἀνακράζω (*anakrazō*; cry out), ἐμβριμάομαι (*embrimaomai*; bristle), ἐπιγραφή (*epigraphē*; inscription), ἡδέως (*hēdeōs*; gladly), περίλυπος (*perilypos*; very sad), πίναξ (*pinax*; plate), πωρόω (*pōroō*; harden), σπυρίς (*spyris*; basket), συμπνίγω (*sympnigō*; choke), τετρακισχίλιοι (*tetrakischilioi*; four thousand), χαλκός (*chalkos*; copper)

<u>38%</u>
5/13 ἐκπλήσσω (*ekplēssō*; be amazed), παράδοσις (*paradosis*; tradition)

37%
3/8 ἅλας (*halas*; salt), ἀποκαθίστημι (*apokathistēmi*; reestablish), κατέναντι (*katenanti*; opposite), κύκλῳ (*kyklō*; around, in a circle), μεθερμηνεύω (*methermēneuō*; translate), περιτίθημι (*peritithēmi*; put around), προσπίπτω (*prospiptō*; fall at someone's feet)

36%
8/22 καθεύδω (*katheudō*; sleep)
4/11[12] Μαγδαληνή (*Magdalēnē*; woman of Magdala)
4/11 ἀπαρνέομαι (*aparneomai*; disown)

35%
15/42 Ἰάκωβος (*Iakōbos*; 15/42) James
5/14 κοινόω (*koinoō*; defile), μακρόθεν (*makrothen*; far off), ὀψία (*opsia*; evening)

34%
11/32 ἀκάθαρτος (*akathartos*; unclean)

33%
21/62[63] γραμματεύς (*grammateus*; scribe)
11/33 ἐκπορεύομαι (*ekporeuomai*; go or come out)
4/12 ἀλέκτωρ (*alektōr*; rooster), ἀσκός (*askos*; wine skin), Βηθανία (*Bēthania*; Bethany), ἐμβλέπω (*emblepō*; look straight at), Ζεβεδαῖος (*Zebedaios*; Zebedee), κατάκειμαι (*katakeimai*; lie), λίαν (*lian*; exceedingly), πῶλος (*pōlos*; colt), σπλαγχνίζομαι (*splanchnizomai*; have pity, compassion), χοῖρος (*choiros*; pig)
3/9 κλίνη (*klinē*; bed)
2/6[8] ἀπιστέω (*apisteō*; fail or refuse to believe)
2/6[7] πανταχοῦ (*pantachou*; everywhere)
2/6 ἄκρον (*akron*; boundary), ἀναμιμνῄσκω (*anamimnēskō*; remind), ἀποκόπτω (*apokoptō*; cut off), διαπεράω (*diaperaō*; cross over), δίς (*dis*; twice), θερμαίνω (*thermainō*; warm oneself), κάμηλος (*kamēlos*; camel), κόφινος (*kophinos*; basket), πεντακισχίλιοι (*pentakischilioi*; five thousand), σπόρος (*sporos*; seed), στρώννυμι (*strōnnymi*; spread), ὡσαννά (*hōsanna*; hosanna)
1/3[4] ἐπακολουθέω (*epakoloutheō*; follow), παρακολουθέω (*parakoloutheō*; follow closely)
1/3 αββα (*abba*; Father), ἀγγαρεύω (*angareuō*; force), ἄγριος (*agrios*; wild), ἀδημονέω (*adēmoneō*; be distressed or troubled), ἀκυρόω (*akyroō*; cancel), ἀπαίρω (*apairō*; take away), ἀπόκρυφος (*apokryphos*; secret), ἀποστάσιον (*apostasion*; written notice of divorce), ἀρτύω (*artyō*; season), ἄσβεστος (*asbestos*; unquenchable), ἀσφαλῶς (*asphalōs*; safely), ἀχειροποίητος (*acheiropoiētos*; not made by human hand[s]), Βηθφαγή (*Bēthphagē*; Bethphage), γαλήνη (*galēnē*; calm), Γεννησαρέτ (*Gennēsaret*; Gennesaret), Γερασηνός (*Gerasēnos*; of Gerasa), Γολγοθᾶ (*Golgotha*; Golgotha), δειλός (*deilos*; cowardly), διαβλέπω (*diablepō*; see clearly), διαγίνομαι (*diaginomai*; pass [of time]), διαφημίζω (*diaphēmizō*; spread around), δυσκόλως (*dyskolōs*; with difficulty), δωρέομαι (*dōreomai*; give), ἑκατονταπλασίων (*hekatontaplasiōn*; a hundredfold), ἐνέχω (*enechō*; have a grudge against), ἔνταλμα (*entalma*; commandment), ἐξανίστημι (*exanistēmi*; have children), ἐρήμωσις (*erēmōsis*; desolation), εὐκαιρέω (*eukaireō*; have time or opportunity), θέρος (*theros*; summer), θροέω (*throeō*; be alarmed or startled), καθέδρα (*kathedra*; seat), καταγελάω (*katagelaō*; laugh at), κατάλυμα (*katalyma*; room), καταμαρτυρέω (*katamartyreō*; testify against), κολλυβιστής (*kollybistēs*; money-changer), κρημνός (*krēmnos*; steep bank), λαῖλαψ (*lailaps*; storm), λεπτόν (*lepton*; lepton [Jewish bronze or copper coin]), μεγιστάν (*megistan*; person of high status), μισθωτός (*misthōtos*; hired man, laborer), μνημόσυνον (*mnēmosynon*; memorial), μόδιος (*modios*; basket), νυμφών (*nymphōn*; wedding hall), ὁλοκαύτωμα (*holokautōma*; whole burnt offering), ὀρύσσω (*oryssō*; dig), πάντοθεν (*pantothen*;

on all sides), παρακούω (*parakouō*; refuse to listen), περικαλύπτω (*perikalyptō*; cover), περιφέρω (*peripherō*; carry about), πλέκω (*plekō*; weave), πνίγω (*pnigō*; choke), πολυτελής (*polytelēs*; expensive), πρόθυμος (*prothymos*; willing), προλαμβάνω (*prolambanō*; do [something] ahead of time), πρύμνα (*prymna*; stern), πώρωσις (*pōrōsis*; hardening), ῥάπισμα (*rhapisma*; blow), ῥύσις (*rhysis*; flow), σπόγγος (*spongos*; sponge), σπόριμος (*sporimos*; grainfield), στέγη (*stegē*; roof), συναποθνήσκω (*synapothnēskō*; die together or with), συντηρέω (*syntēreō*; protect), συντρέχω (*syntrechō*; run together), τελώνιον (*telōnion*; tax or revenue office), τίλλω (*tillō*; pluck), τρέμω (*tremō*; tremble), τρίβος (*tribos*; path), ὑποδέω (*hypodeō*; put on), φανερῶς (*phanerōs*; openly)

31%

27/85[86] ἄρχω (*archō*; rule, govern; mid. begin)
15/47 κρατέω (*krateō*; hold)
9/29 ἐπιτιμάω (*epitimaō*; command, rebuke), Ἠλίας (*Ēlias*; Elijah), προσκαλέομαι (*proskaleomai*; call to oneself)
5/16 ἐμβαίνω (*embainō*; get into)

30%

7/23 πέραν (*peran*; beyond)
6/20 νηστεύω (*nēsteuō*; fast)
4/13 Ἀνδρέας (*Andreas*; Andrew), δαιμονίζομαι (*daimonizomai*; be demon-possessed)
3/10[11] ἀπιστία (*apistia*; unbelief)
3/10 παράγω (*paragō*; pass by or away)

29%

9/31 ἴδε (*ide*; look!)

28%

11/39 ἅπτω (*haptō*; touch)
4/14 μερίζω (*merizō*; divide)
2/7 ἀγέλη (*agelē*; herd), Βηθσαϊδά (*Bēthsaida*; Bethsaida), ἔκστασις (*ekstasis*; amazement), εὔκοπος (*eukopos*; easy), θαρσέω (*tharseō*; have courage), θόρυβος (*thorybos*; confusion), ἰατρός (*iatros*; physician), Ἰεριχώ (*Ierichō*; Jericho), ποταπός (*potapos*; of what sort or kind), πτῶμα (*ptōma*; body), ῥήγνυμι (*rhēgnymi*; burst, attack, break forth), συνανάκειμαι (*synanakeimai*; sit at table with), συντρίβω (*syntribō*; break in pieces), φιμόω (*phimoō*; silence)

27%

8/29 σκανδαλίζω (*skandalizō*; cause to stumble)
6/22 γρηγορέω (*grēgoreō*; watch, keep awake)
3/11 ἀγορά (*agora*; market place), ἅλυσις (*halysis*; chain), Βαραββᾶς (*Barabbas*; Barabbas), Τύρος (*Tyros*; Tyre), ὑποκάτω (*hypokatō*; under)

26%

13/50 παραβολή (*parabolē*; parable)
5/19 γεωργός (*geōrgos*; vinedresser, farmer), πότε (*pote*; when)
4/15 εἶτα (*eita*; then), Ἰορδάνης (*Iordanēs*; Jordan River)

25%

9/35[36] ἀγρός (*agros*; field)
7/27 κώμη (*kōmē*; village)
17/67 πλοῖον (*ploion*; boat)

Mark – Concordance

αββα (*abba*; 1/3) *Father*
Mk 14:36 **αββα** ὁ πατήρ,

Ἀβιαθάρ (*Abiathar*; 1/1) *Abiathar*
Mk 2:26 τοῦ θεοῦ ἐπὶ **Ἀβιαθὰρ** ἀρχιερέως καὶ τοὺς

Ἀβραάμ (*Abraam*; 1/73) *Abraham*
Mk 12:26 ἐγὼ ὁ θεὸς **Ἀβραὰμ** καὶ [ὁ] θεὸς

ἀγαθός (*agathos*; 4/102) *good*
Mk 3:4 ἔξεστιν τοῖς σάββασιν **ἀγαθὸν** ποιῆσαι ἢ κακοποιῆσαι,
Mk 10:17 διδάσκαλε **ἀγαθέ**,
Mk 10:18 τί με λέγεις **ἀγαθόν**;
Mk 10:18 οὐδεὶς **ἀγαθὸς** εἰ μὴ εἷς

ἀγανακτέω (*aganakteō*; 3/7) *be indignant or angry*
Mk 10:14 δὲ ὁ Ἰησοῦς **ἠγανάκτησεν** καὶ εἶπεν αὐτοῖς·
Mk 10:41 οἱ δέκα ἤρξαντο **ἀγανακτεῖν** περὶ Ἰακώβου
Mk 14:4 ἦσαν δέ τινες **ἀγανακτοῦντες** πρὸς ἑαυτούς·

ἀγαπάω (*agapaō*; 5/143) *love*
Mk 10:21 Ἰησοῦς ἐμβλέψας αὐτῷ **ἠγάπησεν** αὐτὸν καὶ εἶπεν
Mk 12:30 καὶ **ἀγαπήσεις** κύριον τὸν θεόν
Mk 12:31 **ἀγαπήσεις** τὸν πλησίον σου
Mk 12:33 καὶ τὸ **ἀγαπᾶν** αὐτὸν ἐξ ὅλης
Mk 12:33 ἰσχύος καὶ τὸ **ἀγαπᾶν** τὸν πλησίον ὡς

ἀγαπητός (*agapētos*; 3/61) *beloved*
Mk 1:11 υἱός μου ὁ **ἀγαπητός**,
Mk 9:7 υἱός μου ὁ **ἀγαπητός**,
Mk 12:6 ἕνα εἶχεν υἱὸν **ἀγαπητόν**·

ἀγγαρεύω (*angareuō*; 1/3) *force*
Mk 15:21 καὶ **ἀγγαρεύουσιν** παράγοντά τινα Σίμωνα

ἄγγελος (*angelos*; 6/175) *angel, messenger*
Mk 1:2 ἰδοὺ ἀποστέλλω τὸν **ἄγγελόν** μου πρὸ προσώπου
Mk 1:13 καὶ οἱ **ἄγγελοι** διηκόνουν αὐτῷ.
Mk 8:38 αὐτοῦ μετὰ τῶν **ἀγγέλων** τῶν ἁγίων.
Mk 12:25 ἀλλ' εἰσὶν ὡς **ἄγγελοι** ἐν τοῖς οὐρανοῖς.
Mk 13:27 τότε ἀποστελεῖ τοὺς **ἀγγέλους** καὶ ἐπισυνάξει τοὺς
Mk 13:32 οὐδὲ οἱ **ἄγγελοι** ἐν οὐρανῷ οὐδὲ

ἀγέλη (*agelē*; 2/7) *herd*
Mk 5:11 πρὸς τῷ ὄρει **ἀγέλη** χοίρων μεγάλη βοσκομένη·
Mk 5:13 καὶ ὥρμησεν ἡ **ἀγέλη** κατὰ τοῦ κρημνοῦ

ἅγιος (*hagios*; 7/233) *holy, set apart*
Mk 1:8 ὑμᾶς ἐν πνεύματι **ἁγίῳ**.
Mk 1:24 ὁ **ἅγιος** τοῦ θεοῦ.
Mk 3:29 τὸ πνεῦμα τὸ **ἅγιον**,
Mk 6:20 ἄνδρα δίκαιον καὶ **ἅγιον**,
Mk 8:38 τῶν ἀγγέλων τῶν **ἁγίων**.
Mk 12:36 τῷ πνεύματι τῷ **ἁγίῳ**·
Mk 13:11 τὸ πνεῦμα τὸ **ἅγιον**.

ἄγναφος (*agnaphos*; 1/2) *new*
Mk 2:21 Οὐδεὶς ἐπίβλημα ῥάκους **ἀγνάφου** ἐπιράπτει ἐπὶ ἱμάτιον

ἀγνοέω (*agnoeō*; 1/22) *be ignorant*
Mk 9:32 οἱ δὲ **ἠγνόουν** τὸ ῥῆμα,

ἀγορά (*agora*; 3/11) *market place*
Mk 6:56 ἐν ταῖς **ἀγοραῖς** ἐτίθεσαν τοὺς ἀσθενοῦντας
Mk 7:4 καὶ ἀπ' **ἀγορᾶς** ἐὰν μὴ βαπτίσωνται
Mk 12:38 ἀσπασμοὺς ἐν ταῖς **ἀγοραῖς**

ἀγοράζω (*agorazō*; 5/30) *buy*
Mk 6:36 ἀγροὺς καὶ κώμας **ἀγοράσωσιν** ἑαυτοῖς τί φάγωσιν.
Mk 6:37 ἀπελθόντες **ἀγοράσωμεν** δηναρίων διακοσίων ἄρτους
Mk 11:15 πωλοῦντας καὶ τοὺς **ἀγοράζοντας** ἐν τῷ ἱερῷ,
Mk 15:46 καὶ **ἀγοράσας** σινδόνα καθελὼν αὐτὸν
Mk 16:1 Ἰακώβου καὶ Σαλώμη **ἠγόρασαν** ἀρώματα ἵνα ἐλθοῦσαι

ἀγρεύω (*agreuō*; 1/1) *trap*
Mk 12:13 Ἡρῳδιανῶν ἵνα αὐτὸν **ἀγρεύσωσιν** λόγῳ.

ἄγριος (*agrios*; 1/3) *wild*
Mk 1:6 ἀκρίδας καὶ μέλι **ἄγριον**.

ἀγρός (*agros*; 8[9]/35[36]) *field*
Mk 5:14 καὶ εἰς τοὺς **ἀγρούς**·
Mk 6:36 εἰς τοὺς κύκλῳ **ἀγροὺς** καὶ κώμας ἀγοράσωσιν
Mk 6:56 πόλεις ἢ εἰς **ἀγρούς**,
Mk 10:29 ἢ τέκνα ἢ **ἀγροὺς** ἕνεκεν ἐμοῦ καὶ
Mk 10:30 καὶ τέκνα καὶ **ἀγροὺς** μετὰ διωγμῶν,
Mk 11:8 κόψαντες ἐκ τῶν **ἀγρῶν**.
Mk 13:16 ὁ εἰς τὸν **ἀγρὸν** μὴ ἐπιστρεψάτω εἰς
Mk 15:21 Κυρηναῖον ἐρχόμενον ἀπ' **ἀγροῦ**,
[Mk 16:12] μορφῇ πορευομένοις εἰς **ἀγρόν**·

ἀγρυπνέω (*agrypneō*; 1/4) *be alert*
Mk 13:33 **ἀγρυπνεῖτε**·

ἄγω (*agō*; 3/68[69]) *lead*
Mk 1:38 **ἄγωμεν** ἀλλαχοῦ εἰς τὰς
Mk 13:11 καὶ ὅταν **ἄγωσιν** ὑμᾶς παραδιδόντες,
Mk 14:42 ἐγείρεσθε **ἄγωμεν**·

ἀδελφή (*adelphē*; 5/26) *sister*
Mk 3:32 σου [καὶ αἱ **ἀδελφαί** σου] ἔξω ζητοῦσίν
Mk 3:35 ἀδελφός μου καὶ **ἀδελφὴ** καὶ μήτηρ ἐστίν.
Mk 6:3 οὐκ εἰσὶν αἱ **ἀδελφαὶ** αὐτοῦ ὧδε πρὸς

Mk 10:29 ἢ ἀδελφοὺς ἢ **ἀδελφὰς** ἢ μητέρα ἢ
Mk 10:30 καὶ ἀδελφοὺς καὶ **ἀδελφὰς** καὶ μητέρας καὶ

ἀδελφός (*adelphos*; 20/343) *brother*

Mk 1:16 καὶ Ἀνδρέαν τὸν **ἀδελφὸν** Σίμωνος ἀμφιβάλλοντας ἐν
Mk 1:19 καὶ Ἰωάννην τὸν **ἀδελφὸν** αὐτοῦ καὶ αὐτοὺς
Mk 3:17 καὶ Ἰωάννην τὸν **ἀδελφὸν** τοῦ Ἰακώβου καὶ
Mk 3:31 αὐτοῦ καὶ οἱ **ἀδελφοὶ** αὐτοῦ καὶ ἔξω
Mk 3:32 σου καὶ οἱ **ἀδελφοί** σου [καὶ αἱ
Mk 3:33 μου καὶ οἱ **ἀδελφοί** [μου];
Mk 3:34 μου καὶ οἱ **ἀδελφοί** μου.
Mk 3:35 οὗτος **ἀδελφός** μου καὶ ἀδελφὴ
Mk 5:37 καὶ Ἰωάννην τὸν **ἀδελφὸν** Ἰακώβου.
Mk 6:3 τῆς Μαρίας καὶ **ἀδελφὸς** Ἰακώβου καὶ Ἰωσῆτος
Mk 6:17 γυναῖκα Φιλίππου τοῦ **ἀδελφοῦ** αὐτοῦ,
Mk 6:18 τὴν γυναῖκα τοῦ **ἀδελφοῦ** σου.
Mk 10:29 ἀφῆκεν οἰκίαν ἢ **ἀδελφοὺς** ἢ ἀδελφὰς ἢ
Mk 10:30 τούτῳ οἰκίας καὶ **ἀδελφοὺς** καὶ ἀδελφὰς καὶ
Mk 12:19 ὅτι ἐάν τινος **ἀδελφὸς** ἀποθάνῃ καὶ καταλίπῃ
Mk 12:19 ἵνα λάβῃ ὁ **ἀδελφὸς** αὐτοῦ τὴν γυναῖκα
Mk 12:19 ἐξαναστήσῃ σπέρμα τῷ **ἀδελφῷ** αὐτοῦ.
Mk 12:20 ἑπτὰ **ἀδελφοὶ** ἦσαν·
Mk 13:12 καὶ παραδώσει **ἀδελφὸς** ἀδελφὸν εἰς θάνατον
Mk 13:12 καὶ παραδώσει ἀδελφὸς **ἀδελφὸν** εἰς θάνατον καὶ

ἀδημονέω (*adēmoneō*; 1/3) *be distressed or troubled*

Mk 14:33 ἤρξατο ἐκθαμβεῖσθαι καὶ **ἀδημονεῖν**

ἀδύνατος (*adynatos*; 1/10) *impossible*

Mk 10:27 παρὰ ἀνθρώποις **ἀδύνατον**,

ἄζυμος (*azymos*; 2/9) *without yeast*

Mk 14:1 πάσχα καὶ τὰ **ἄζυμα** μετὰ δύο ἡμέρας.
Mk 14:12 πρώτῃ ἡμέρᾳ τῶν **ἀζύμων**,

ἀθετέω (*atheteō*; 2/16) *reject*

Mk 6:26 ἀνακειμένους οὐκ ἠθέλησεν **ἀθετῆσαι** αὐτήν·
Mk 7:9 καλῶς **ἀθετεῖτε** τὴν ἐντολὴν τοῦ

αἷμα (*haima*; 3/97) *blood*

Mk 5:25 οὖσα ἐν ῥύσει **αἵματος** δώδεκα ἔτη
Mk 5:29 ἡ πηγὴ τοῦ **αἵματος** αὐτῆς καὶ ἔγνω
Mk 14:24 τοῦτό ἐστιν τὸ **αἷμά** μου τῆς διαθήκης

αἴρω (*airō*; 19[20]/100[101]) *take, take up or away*

Mk 2:3 πρὸς αὐτὸν παραλυτικὸν **αἰρόμενον** ὑπὸ τεσσάρων.
Mk 2:9 ἔγειρε καὶ **ἆρον** τὸν κράβαττόν σου
Mk 2:11 ἔγειρε **ἆρον** τὸν κράβαττόν σου
Mk 2:12 ἠγέρθη καὶ εὐθὺς **ἄρας** τὸν κράβαττον ἐξῆλθεν
Mk 2:21 **αἴρει** τὸ πλήρωμα ἀπ᾽
Mk 4:15 ὁ σατανᾶς καὶ **αἴρει** τὸν λόγον τὸν
Mk 4:25 καὶ ὃ ἔχει **ἀρθήσεται** ἀπ᾽ αὐτοῦ.
Mk 6:8 αὐτοῖς ἵνα μηδὲν **αἴρωσιν** εἰς ὁδὸν εἰ
Mk 6:29 αὐτοῦ ἦλθον καὶ **ἦραν** τὸ πτῶμα αὐτοῦ
Mk 6:43 καὶ **ἦραν** κλάσματα δώδεκα κοφίνων
Mk 8:8 καὶ **ἦραν** περισσεύματα κλασμάτων ἑπτὰ
Mk 8:19 κοφίνους κλασμάτων πλήρεις **ἤρατε**;
Mk 8:20 σπυρίδων πληρώματα κλασμάτων **ἤρατε**;
Mk 8:34 ἀπαρνησάσθω ἑαυτὸν καὶ **ἀράτω** τὸν σταυρὸν αὐτοῦ
Mk 11:23 **ἄρθητι** καὶ βλήθητι εἰς
Mk 13:15 καταβάτω μηδὲ εἰσελθάτω **ἆραί** τι ἐκ τῆς
Mk 13:16 εἰς τὰ ὀπίσω **ἆραι** τὸ ἱμάτιον αὐτοῦ.
Mk 15:21 ἵνα **ἄρῃ** τὸν σταυρὸν αὐτοῦ.
Mk 15:24 αὐτὰ τίς τί **ἄρῃ**.
[Mk 16:18] ταῖς χερσὶν] ὄφεις **ἀροῦσιν** κἂν θανάσιμόν τι

αἰτέω (*aiteō*; 9/70) *ask*

Mk 6:22 **αἴτησόν** με ὃ ἐὰν
Mk 6:23 τι ἐάν με **αἰτήσῃς** δώσω σοι ἕως
Mk 6:24 τί **αἰτήσωμαι**;
Mk 6:25 πρὸς τὸν βασιλέα **ᾐτήσατο** λέγουσα·
Mk 10:35 ἵνα ὃ ἐὰν **αἰτήσωμέν** σε ποιήσῃς ἡμῖν.
Mk 10:38 οὐκ οἴδατε τί **αἰτεῖσθε**.
Mk 11:24 ὅσα προσεύχεσθε καὶ **αἰτεῖσθε**,
Mk 15:8 ὁ ὄχλος ἤρξατο **αἰτεῖσθαι** καθὼς ἐποίει αὐτοῖς.
Mk 15:43 τὸν Πιλᾶτον καὶ **ᾐτήσατο** τὸ σῶμα τοῦ

αἰτία (*aitia*; 1/20) *reason, charge*

Mk 15:26 ἡ ἐπιγραφὴ τῆς **αἰτίας** αὐτοῦ ἐπιγεγραμμένη·

αἰών (*aiōn*; 4/122) *age*

Mk 3:29 ἄφεσιν εἰς τὸν **αἰῶνα**,
Mk 4:19 αἱ μέριμναι τοῦ **αἰῶνος** καὶ ἡ ἀπάτη
Mk 10:30 καὶ ἐν τῷ **αἰῶνι** τῷ ἐρχομένῳ ζωὴν
Mk 11:14 μηκέτι εἰς τὸν **αἰῶνα** ἐκ σοῦ μηδεὶς

αἰώνιος (*aiōnios*; 3[4]/70[71]) *eternal*

Mk 3:29 ἀλλὰ ἔνοχός ἐστιν **αἰωνίου** ἁμαρτήματος.
Mk 10:17 ποιήσω ἵνα ζωὴν **αἰώνιον** κληρονομήσω;
Mk 10:30 τῷ ἐρχομένῳ ζωὴν **αἰώνιον**.
[Mk 16:8] ἄφθαρτον κήρυγμα τῆς **αἰωνίου** σωτηρίας.

ἀκάθαρτος (*akathartos*; 11/32) *unclean*

Mk 1:23 ἄνθρωπος ἐν πνεύματι **ἀκαθάρτῳ** καὶ ἀνέκραξεν
Mk 1:26 τὸ πνεῦμα τὸ **ἀκάθαρτον** καὶ φωνῆσαν φωνῇ
Mk 1:27 τοῖς πνεύμασι τοῖς **ἀκαθάρτοις** ἐπιτάσσει,
Mk 3:11 τὰ πνεύματα τὰ **ἀκάθαρτα**,
Mk 3:30 πνεῦμα **ἀκάθαρτον** ἔχει.
Mk 5:2 ἄνθρωπος ἐν πνεύματι **ἀκαθάρτῳ**,
Mk 5:8 τὸ πνεῦμα τὸ **ἀκάθαρτον** ἐκ τοῦ ἀνθρώπου.
Mk 5:13 τὰ πνεύματα τὰ **ἀκάθαρτα** εἰσῆλθον εἰς τοὺς
Mk 6:7 τῶν πνευμάτων τῶν **ἀκαθάρτων**,
Mk 7:25 θυγάτριον αὐτῆς πνεῦμα **ἀκάθαρτον**,
Mk 9:25 τῷ πνεύματι τῷ **ἀκαθάρτῳ** λέγων αὐτῷ·

ἄκανθα (*akantha*; 3/14) *thorn*

Mk 4:7 ἔπεσεν εἰς τὰς **ἀκάνθας**,
Mk 4:7 καὶ ἀνέβησαν αἱ **ἄκανθαι** καὶ συνέπνιξαν αὐτό,

Mk 4:18 οἱ εἰς τὰς **ἀκάνθας** σπειρόμενοι·

ἀκάνθινος (*akanthinos*; 1/2) *thorny, of thorns*
Mk 15:17 περιτιθέασιν αὐτῷ πλέξαντες **ἀκάνθινον** στέφανον·

ἄκαρπος (*akarpos*; 1/7) *barren*
Mk 4:19 τὸν λόγον καὶ **ἄκαρπος** γίνεται.

ἀκοή (*akoē*; 3/24) *report*
Mk 1:28 καὶ ἐξῆλθεν ἡ **ἀκοὴ** αὐτοῦ εὐθὺς πανταχοῦ
Mk 7:35 ἠνοίγησαν αὐτοῦ αἱ **ἀκοαί**,
Mk 13:7 ἀκούσητε πολέμους καὶ **ἀκοὰς** πολέμων,

ἀκολουθέω (*akoloutheō*; 18/90) *follow*
Mk 1:18 ἀφέντες τὰ δίκτυα **ἠκολούθησαν** αὐτῷ.
Mk 2:14 **ἀκολούθει** μοι.
Mk 2:14 καὶ ἀναστὰς **ἠκολούθησεν** αὐτῷ.
Mk 2:15 γὰρ πολλοὶ καὶ **ἠκολούθουν** αὐτῷ.
Mk 3:7 ἀπὸ τῆς Γαλιλαίας **[ἠκολούθησεν]**,
Mk 5:24 καὶ **ἠκολούθει** αὐτῷ ὄχλος πολὺς
Mk 6:1 καὶ **ἀκολουθοῦσιν** αὐτῷ οἱ μαθηταὶ
Mk 8:34 θέλει ὀπίσω μου **ἀκολουθεῖν**,
Mk 8:34 σταυρὸν αὐτοῦ καὶ **ἀκολουθείτω** μοι.
Mk 9:38 ὅτι οὐκ **ἠκολούθει** ἡμῖν.
Mk 10:21 καὶ δεῦρο **ἀκολούθει** μοι.
Mk 10:28 ἀφήκαμεν πάντα καὶ **ἠκολουθήκαμέν** σοι.
Mk 10:32 οἱ δὲ **ἀκολουθοῦντες** ἐφοβοῦντο.
Mk 10:52 εὐθὺς ἀνέβλεψεν καὶ **ἠκολούθει** αὐτῷ ἐν τῇ
Mk 11:9 προάγοντες καὶ οἱ **ἀκολουθοῦντες** ἔκραζον·
Mk 14:13 **ἀκολουθήσατε** αὐτῷ
Mk 14:54 Πέτρος ἀπὸ μακρόθεν **ἠκολούθησεν** αὐτῷ ἕως ἔσω
Mk 15:41 ἐν τῇ Γαλιλαίᾳ **ἠκολούθουν** αὐτῷ καὶ διηκόνουν

ἀκούω (*akouō*; 43[44]/426[428]) *hear*
Mk 2:1 Καφαρναοὺμ δι' ἡμερῶν **ἠκούσθη** ὅτι ἐν οἴκῳ
Mk 2:17 καὶ **ἀκούσας** ὁ Ἰησοῦς λέγει
Mk 3:8 Σιδῶνα πλῆθος πολὺ **ἀκούοντες** ὅσα ἐποίει ἦλθον
Mk 3:21 καὶ **ἀκούσαντες** οἱ παρ' αὐτοῦ
Mk 4:3 **Ἀκούετε**.
Mk 4:9 ὃς ἔχει ὦτα **ἀκούειν** ἀκουέτω.
Mk 4:9 ἔχει ὦτα ἀκούειν **ἀκουέτω**.
Mk 4:12 καὶ **ἀκούοντες** ἀκούωσιν καὶ μὴ
Mk 4:12 καὶ ἀκούοντες **ἀκούωσιν** καὶ μὴ συνιῶσιν,
Mk 4:15 λόγος καὶ ὅταν **ἀκούσωσιν**,
Mk 4:16 οἳ ὅταν **ἀκούσωσιν** τὸν λόγον εὐθὺς
Mk 4:18 οἱ τὸν λόγον **ἀκούσαντες**,
Mk 4:20 οἵτινες **ἀκούουσιν** τὸν λόγον καὶ
Mk 4:23 τις ἔχει ὦτα **ἀκούειν** ἀκουέτω.
Mk 4:23 ἔχει ὦτα ἀκούειν **ἀκουέτω**.
Mk 4:24 βλέπετε τί **ἀκούετε**.
Mk 4:33 λόγον καθὼς ἠδύναντο **ἀκούειν**·
Mk 5:27 **ἀκούσασα** περὶ τοῦ Ἰησοῦ,
Mk 6:2 καὶ πολλοὶ **ἀκούοντες** ἐξεπλήσσοντο λέγοντες·
Mk 6:11 δέξηται ὑμᾶς μηδὲ **ἀκούσωσιν** ὑμῶν,
Mk 6:14 Καὶ **ἤκουσεν** ὁ βασιλεὺς Ἡρῴδης,
Mk 6:16 **ἀκούσας** δὲ ὁ Ἡρῴδης
Mk 6:20 καὶ **ἀκούσας** αὐτοῦ πολλὰ ἠπόρει,
Mk 6:20 καὶ ἡδέως αὐτοῦ **ἤκουεν**.
Mk 6:29 καὶ **ἀκούσαντες** οἱ μαθηταὶ αὐτοῦ
Mk 6:55 ἔχοντας περιφέρειν ὅπου **ἤκουον** ὅτι ἐστίν.
Mk 7:14 **ἀκούσατέ** μου πάντες καὶ
Mk 7:25 ἀλλ' εὐθὺς **ἀκούσασα** γυνὴ περὶ αὐτοῦ,
Mk 7:37 τοὺς κωφοὺς ποιεῖ **ἀκούειν** καὶ [τοὺς] ἀλάλους
Mk 8:18 ὦτα ἔχοντες οὐκ **ἀκούετε**;
Mk 9:7 **ἀκούετε** αὐτοῦ.
Mk 10:41 Καὶ **ἀκούσαντες** οἱ δέκα ἤρξαντο
Mk 10:47 καὶ **ἀκούσας** ὅτι Ἰησοῦς ὁ
Mk 11:14 καὶ **ἤκουον** οἱ μαθηταὶ αὐτοῦ.
Mk 11:18 Καὶ **ἤκουσαν** οἱ ἀρχιερεῖς καὶ
Mk 12:28 εἷς τῶν γραμματέων **ἀκούσας** αὐτῶν συζητούντων,
Mk 12:29 **ἄκουε**,
Mk 12:37 [ὁ] πολὺς ὄχλος **ἤκουεν** αὐτοῦ ἡδέως.
Mk 13:7 ὅταν δὲ **ἀκούσητε** πολέμους καὶ ἀκοὰς
Mk 14:11 οἱ δὲ **ἀκούσαντες** ἐχάρησαν καὶ ἐπηγγείλαντο
Mk 14:58 ὅτι ἡμεῖς **ἠκούσαμεν** αὐτοῦ λέγοντος ὅτι
Mk 14:64 **ἠκούσατε** τῆς βλασφημίας·
Mk 15:35 τινες τῶν παρεστηκότων **ἀκούσαντες** ἔλεγον·
[Mk 16:11] κἀκεῖνοι **ἀκούσαντες** ὅτι ζῇ καὶ

ἀκρίς (*akris*; 1/4) *locust*
Mk 1:6 αὐτοῦ καὶ ἐσθίων **ἀκρίδας** καὶ μέλι ἄγριον.

ἄκρον (*akron*; 2/6) *boundary*
Mk 13:27 τεσσάρων ἀνέμων ἀπ' **ἄκρου** γῆς ἕως ἄκρου
Mk 13:27 ἄκρου γῆς ἕως **ἄκρου** οὐρανοῦ.

ἀκυρόω (*akyroō*; 1/3) *cancel*
Mk 7:13 **ἀκυροῦντες** τὸν λόγον τοῦ

ἀλάβαστρος (*alabastros*; 2/4) *alabaster jar*
Mk 14:3 ἦλθεν γυνὴ ἔχουσα **ἀλάβαστρον** μύρου νάρδου πιστικῆς
Mk 14:3 συντρίψασα τὴν **ἀλάβαστρον** κατέχεεν αὐτοῦ τῆς

ἀλαλάζω (*alalazō*; 1/2) *wail loudly, clang*
Mk 5:38 καὶ κλαίοντας καὶ **ἀλαλάζοντας** πολλά,

ἄλαλος (*alalos*; 3/3) *unable to speak*
Mk 7:37 ἀκούειν καὶ [τοὺς] **ἀλάλους** λαλεῖν.
Mk 9:17 ἔχοντα πνεῦμα **ἄλαλον**·
Mk 9:25 τὸ **ἄλαλον** καὶ κωφὸν πνεῦμα,

ἅλας (*halas*; 3/8) *salt*
Mk 9:50 καλὸν τὸ **ἅλας**·
Mk 9:50 ἐὰν δὲ τὸ **ἅλας** ἄναλον γένηται,
Mk 9:50 ἔχετε ἐν ἑαυτοῖς **ἅλα** καὶ εἰρηνεύετε ἐν

ἀλείφω (*aleiphō*; 2/9) *anoint*
Mk 6:13 καὶ **ἤλειφον** ἐλαίῳ πολλοὺς ἀρρώστους
Mk 16:1 ἀρώματα ἵνα ἐλθοῦσαι **ἀλείψωσιν** αὐτόν.

ἀλεκτοροφωνία (*alektorophōnia*; 1/1) *before dawn*

Mk 13:35 ἢ μεσονύκτιον ἢ **ἀλεκτοροφωνίας** ἢ πρωΐ,

ἀλέκτωρ (*alektōr*; 4/12) *rooster*

Mk 14:30 πρὶν ἢ δὶς **ἀλέκτορα** φωνῆσαι τρίς με
Mk 14:68 τὸ προαύλιον [καὶ **ἀλέκτωρ** ἐφώνησεν].
Mk 14:72 εὐθὺς ἐκ δευτέρου **ἀλέκτωρ** ἐφώνησεν.
Mk 14:72 Ἰησοῦς ὅτι πρὶν **ἀλέκτορα** φωνῆσαι δὶς τρίς

Ἀλέξανδρος (*Alexandros*; 1/6) *Alexander*

Mk 15:21 τὸν πατέρα **Ἀλεξάνδρου** καὶ Ῥούφου,

ἀλήθεια (*alētheia*; 3/109) *truth*

Mk 5:33 αὐτῷ πᾶσαν τὴν **ἀλήθειαν**.
Mk 12:14 ἀλλ' ἐπ' **ἀληθείας** τὴν ὁδὸν τοῦ
Mk 12:32 ἐπ' **ἀληθείας** εἶπες ὅτι εἷς

ἀληθής (*alēthēs*; 1/26) *true*

Mk 12:14 οἴδαμεν ὅτι **ἀληθὴς** εἶ καὶ οὐ

ἀληθῶς (*alēthōs*; 2/18) *truly*

Mk 14:70 **ἀληθῶς** ἐξ αὐτῶν εἶ,
Mk 15:39 **ἀληθῶς** οὗτος ὁ ἄνθρωπος

ἁλιεύς (*halieus*; 2/5) *fisherman*

Mk 1:16 ἦσαν γὰρ **ἁλιεῖς**.
Mk 1:17 ποιήσω ὑμᾶς γενέσθαι **ἁλιεῖς** ἀνθρώπων.

ἁλίζω (*halizō*; 1/2) *salt*

Mk 9:49 Πᾶς γὰρ πυρὶ **ἁλισθήσεται**.

ἀλλά (*alla*; 45/638) *but*

Mk 1:44 **ἀλλὰ** ὕπαγε σεαυτὸν δεῖξον
Mk 1:45 **ἀλλ'** ἔξω ἐπ' ἐρήμοις
Mk 2:17 οἱ ἰσχύοντες ἰατροῦ **ἀλλ'** οἱ κακῶς ἔχοντες·
Mk 2:17 ἦλθον καλέσαι δικαίους **ἀλλὰ** ἁμαρτωλούς.
Mk 2:22 **ἀλλὰ** οἶνον νέον εἰς
Mk 3:26 οὐ δύναται στῆναι **ἀλλὰ** τέλος ἔχει.
Mk 3:27 **ἀλλ'** οὐ δύναται οὐδεὶς
Mk 3:29 **ἀλλὰ** ἔνοχός ἐστιν αἰωνίου
Mk 4:17 ῥίζαν ἐν ἑαυτοῖς **ἀλλὰ** πρόσκαιροί εἰσιν,
Mk 4:22 οὐδὲ ἐγένετο ἀπόκρυφον **ἀλλ'** ἵνα ἔλθῃ εἰς
Mk 5:19 **ἀλλὰ** λέγει αὐτῷ·
Mk 5:26 καὶ μηδὲν ὠφεληθεῖσα **ἀλλὰ** μᾶλλον εἰς τὸ
Mk 5:39 παιδίον οὐκ ἀπέθανεν **ἀλλὰ** καθεύδει.
Mk 6:9 **ἀλλὰ** ὑποδεδεμένους σανδάλια,
Mk 6:52 **ἀλλ'** ἦν αὐτῶν ἡ
Mk 7:5 **ἀλλὰ** κοιναῖς χερσὶν ἐσθίουσιν
Mk 7:15 **ἀλλὰ** τὰ ἐκ τοῦ
Mk 7:19 εἰς τὴν καρδίαν **ἀλλ'** εἰς τὴν κοιλίαν,
Mk 7:25 **ἀλλ'** εὐθὺς ἀκούσασα γυνὴ
Mk 8:33 τὰ τοῦ θεοῦ **ἀλλὰ** τὰ τῶν ἀνθρώπων.
Mk 9:8 οὐκέτι οὐδένα εἶδον **ἀλλὰ** τὸν Ἰησοῦν μόνον
Mk 9:13 **ἀλλὰ** λέγω ὑμῖν ὅτι
Mk 9:22 **ἀλλ'** εἴ τι δύνῃ,
Mk 9:37 οὐκ ἐμὲ δέχεται **ἀλλὰ** τὸν ἀποστείλαντά με.
Mk 10:8 οὐκέτι εἰσὶν δύο **ἀλλὰ** μία σάρξ.
Mk 10:27 ἀλλ' **οὐ** παρὰ θεῷ·
Mk 10:40 **ἀλλ'** οἷς ἡτοίμασται.
Mk 10:43 **ἀλλ'** ὃς ἂν θέλῃ
Mk 10:45 οὐκ ἦλθεν διακονηθῆναι **ἀλλὰ** διακονῆσαι καὶ δοῦναι
Mk 11:23 τῇ καρδίᾳ αὐτοῦ **ἀλλὰ** πιστεύῃ ὅτι ὃ
Mk 11:32 **ἀλλὰ** εἴπωμεν·
Mk 12:14 **ἀλλ'** ἐπ' ἀληθείας τὴν
Mk 12:25 **ἀλλ'** εἰσὶν ὡς ἄγγελοι
Mk 12:27 ἔστιν θεὸς νεκρῶν **ἀλλὰ** ζώντων·
Mk 13:7 **ἀλλ'** οὔπω τὸ τέλος.
Mk 13:11 **ἀλλ'** ὃ ἐὰν δοθῇ
Mk 13:11 ὑμεῖς οἱ λαλοῦντες **ἀλλὰ** τὸ πνεῦμα τὸ
Mk 13:20 **ἀλλὰ** διὰ τοὺς ἐκλεκτοὺς
Mk 13:24 **Ἀλλὰ** ἐν ἐκείναις ταῖς
Mk 14:28 **ἀλλὰ** μετὰ τὸ ἐγερθῆναί
Mk 14:29 **ἀλλ'** οὐκ ἐγώ.
Mk 14:36 **ἀλλ'** οὐ τί ἐγὼ
Mk 14:36 τί ἐγὼ θέλω **ἀλλὰ** τί σύ.
Mk 14:49 **ἀλλ'** ἵνα πληρωθῶσιν αἱ
Mk 16:7 **ἀλλὰ** ὑπάγετε εἴπατε τοῖς

ἀλλαχοῦ (*allachou*; 1/1) *elsewhere*

Mk 1:38 ἄγωμεν **ἀλλαχοῦ** εἰς τὰς ἐχομένας

ἀλλήλων (*allēlōn*; 5/100) *one another*

Mk 4:41 καὶ ἔλεγον πρὸς **ἀλλήλους**·
Mk 8:16 καὶ διελογίζοντο πρὸς **ἀλλήλους** ὅτι ἄρτους
Mk 9:34 πρὸς **ἀλλήλους** γὰρ διελέχθησαν ἐν
Mk 9:50 καὶ εἰρηνεύετε ἐν **ἀλλήλοις**.
Mk 15:31 ἀρχιερεῖς ἐμπαίζοντες πρὸς **ἀλλήλους** μετὰ τῶν γραμματέων

ἄλλος (*allos*; 22/155) *other, another*

Mk 4:5 καὶ **ἄλλο** ἔπεσεν ἐπὶ τὸ
Mk 4:7 καὶ **ἄλλο** ἔπεσεν εἰς τὰς
Mk 4:8 καὶ **ἄλλα** ἔπεσεν εἰς τὴν
Mk 4:18 καὶ **ἄλλοι** εἰσὶν οἱ εἰς
Mk 4:36 καὶ **ἄλλα** πλοῖα ἦν μετ'
Mk 6:15 **ἄλλοι** δὲ ἔλεγον ὅτι
Mk 6:15 **ἄλλοι** δὲ ἔλεγον ὅτι
Mk 7:4 καὶ **ἄλλα** πολλά ἐστιν ἃ
Mk 8:28 καὶ **ἄλλοι** Ἠλίαν,
Mk 8:28 **ἄλλοι** δὲ ὅτι εἷς
Mk 10:11 αὐτοῦ καὶ γαμήσῃ **ἄλλην** μοιχᾶται ἐπ' αὐτήν·
Mk 10:12 ἄνδρα αὐτῆς γαμήσῃ **ἄλλον** μοιχᾶται.
Mk 11:8 **ἄλλοι** δὲ στιβάδας κόψαντες
Mk 12:4 ἀπέστειλεν πρὸς αὐτοὺς **ἄλλον** δοῦλον·
Mk 12:5 καὶ **ἄλλον** ἀπέστειλεν·
Mk 12:5 καὶ πολλοὺς **ἄλλους**,
Mk 12:9 δώσει τὸν ἀμπελῶνα **ἄλλοις**.
Mk 12:31 μείζων τούτων **ἄλλη** ἐντολὴ οὐκ ἔστιν.
Mk 12:32 καὶ οὐκ ἔστιν **ἄλλος** πλὴν αὐτοῦ·
Mk 14:58 διὰ τριῶν ἡμερῶν **ἄλλον** ἀχειροποίητον οἰκοδομήσω.
Mk 15:31 **ἄλλους** ἔσωσεν,
Mk 15:41 καὶ **ἄλλαι** πολλαὶ αἱ συναναβᾶσαι

ἅλυσις (*halysis*; 3/11) *chain*

Mk 5:3 καὶ οὐδὲ **ἁλύσει** οὐκέτι οὐδεὶς ἐδύνατο
Mk 5:4 πολλάκις πέδαις καὶ **ἁλύσεσιν** δεδέσθαι καὶ διεσπάσθαι
Mk 5:4 ὑπ' αὐτοῦ τὰς **ἁλύσεις** καὶ τὰς πέδας

̔Αλφαῖος (*Halphaios*; 2/5) *Alphaeus*

Mk 2:14 Λευὶν τὸν τοῦ **̔Αλφαίου** καθήμενον ἐπὶ τὸ
Mk 3:18 Ἰάκωβον τὸν τοῦ **̔Αλφαίου** καὶ Θαδδαῖον

ἁμάρτημα (*hamartēma*; 2/4) *sin*

Mk 3:28 τῶν ἀνθρώπων τὰ **ἁμαρτήματα** καὶ αἱ βλασφημίαι
Mk 3:29 ἔνοχός ἐστιν αἰωνίου **ἁμαρτήματος**.

ἁμαρτία (*hamartia*; 6/173) *sin*

Mk 1:4 μετανοίας εἰς ἄφεσιν **ἁμαρτιῶν**.
Mk 1:5 ποταμῷ ἐξομολογούμενοι τὰς **ἁμαρτίας** αὐτῶν.
Mk 2:5 ἀφίενταί σου αἱ **ἁμαρτίαι**.
Mk 2:7 τίς δύναται ἀφιέναι **ἁμαρτίας** εἰ μὴ εἷς
Mk 2:9 ἀφίενταί σου αἱ **ἁμαρτίαι**,
Mk 2:10 τοῦ ἀνθρώπου ἀφιέναι **ἁμαρτίας** ἐπὶ τῆς γῆς

ἁμαρτωλός (*hamartōlos*; 6/47) *sinful*

Mk 2:15 πολλοὶ τελῶναι καὶ **ἁμαρτωλοὶ** συνανέκειντο τῷ Ἰησοῦ
Mk 2:16 ἐσθίει μετὰ τῶν **ἁμαρτωλῶν** καὶ τελωνῶν ἔλεγον
Mk 2:16 τῶν τελωνῶν καὶ **ἁμαρτωλῶν** ἐσθίει;
Mk 2:17 καλέσαι δικαίους ἀλλὰ **ἁμαρτωλούς**.
Mk 8:38 τῇ μοιχαλίδι καὶ **ἁμαρτωλῷ**,
Mk 14:41 τὰς χεῖρας τῶν **ἁμαρτωλῶν**.

ἀμήν (*amēn*; 13[14]/128[129]) *truly*

Mk 3:28 **Ἀμὴν** λέγω ὑμῖν ὅτι
Mk 8:12 **ἀμὴν** λέγω ὑμῖν,
Mk 9:1 **ἀμὴν** λέγω ὑμῖν ὅτι
Mk 9:41 **ἀμὴν** λέγω ὑμῖν ὅτι
Mk 10:15 **ἀμὴν** λέγω ὑμῖν,
Mk 10:29 **ἀμὴν** λέγω ὑμῖν,
Mk 11:23 **ἀμὴν** λέγω ὑμῖν ὅτι
Mk 12:43 **ἀμὴν** λέγω ὑμῖν ὅτι
Mk 13:30 **Ἀμὴν** λέγω ὑμῖν ὅτι
Mk 14:9 **ἀμὴν** δὲ λέγω ὑμῖν,
Mk 14:18 ἀμὴν **λέγω** ὑμῖν ὅτι εἷς
Mk 14:25 **ἀμὴν** λέγω ὑμῖν ὅτι
Mk 14:30 **ἀμὴν** λέγω σοι ὅτι
[Mk 16:8] **ἀμήν]]**

ἄμπελος (*ampelos*; 1/9) *vineyard*

Mk 14:25 τοῦ γενήματος τῆς **ἀμπέλου** ἕως τῆς ἡμέρας

ἀμπελών (*ampelōn*; 5/23) *vineyard*

Mk 12:1 **ἀμπελῶνα** ἄνθρωπος ἐφύτευσεν καὶ
Mk 12:2 τῶν καρπῶν τοῦ **ἀμπελῶνος**·
Mk 12:8 αὐτὸν ἔξω τοῦ **ἀμπελῶνος**.
Mk 12:9 ὁ κύριος τοῦ **ἀμπελῶνος**;
Mk 12:9 καὶ δώσει τὸν **ἀμπελῶνα** ἄλλοις.

ἀμφιβάλλω (*amphiballō*; 1/1) *cast a fishnet*

Mk 1:16 τὸν ἀδελφὸν Σίμωνος **ἀμφιβάλλοντας** ἐν τῇ θαλάσσῃ·

ἄμφοδον (*amphodon*; 1/1) *street*

Mk 11:4 ἔξω ἐπὶ τοῦ **ἀμφόδου** καὶ λύουσιν αὐτόν.

ἄν (*an*; 20/166) *particle indicating contingency*

Mk 3:29 ὃς δ' **ἂν** βλασφημήσῃ εἰς τὸ
Mk 3:35 ὃς [γὰρ] **ἂν** ποιήσῃ τὸ θέλημα
Mk 6:10 ἐκεῖ μένετε ἕως **ἂν** ἐξέλθητε ἐκεῖθεν.
Mk 6:11 καὶ ὃς **ἂν** τόπος μὴ δέξηται
Mk 6:56 καὶ ὅπου **ἂν** εἰσεπορεύετο εἰς κώμας
Mk 6:56 καὶ ὅσοι **ἂν** ἥψαντο αὐτοῦ ἐσῴζοντο.
Mk 8:35 ὃς δ' **ἂν** ἀπολέσει τὴν ψυχὴν
Mk 9:1 γεύσωνται θανάτου ἕως **ἂν** ἴδωσιν τὴν βασιλείαν
Mk 9:37 ὃς **ἂν** ἓν τῶν τοιούτων
Mk 9:37 καὶ ὃς **ἂν** ἐμὲ δέχηται,
Mk 9:41 Ὃς γὰρ **ἂν** ποτίσῃ ὑμᾶς ποτήριον
Mk 9:42 Καὶ ὃς **ἂν** σκανδαλίσῃ ἕνα τῶν
Mk 10:11 ὃς **ἂν** ἀπολύσῃ τὴν γυναῖκα
Mk 10:15 ὃς **ἂν** μὴ δέξηται τὴν
Mk 10:43 ἀλλ' ὃς **ἂν** θέλῃ μέγας γενέσθαι
Mk 10:44 καὶ ὃς **ἂν** θέλῃ ἐν ὑμῖν
Mk 11:23 ὑμῖν ὅτι ὃς **ἂν** εἴπῃ τῷ ὄρει
Mk 12:36 ἕως **ἂν** θῶ τοὺς ἐχθρούς
Mk 13:20 οὐκ **ἂν** ἐσώθη πᾶσα σάρξ·
Mk 14:44 ὃν **ἂν** φιλήσω αὐτός ἐστιν,

ἀνά (*ana*; 1/13) *each*

Mk 7:31 θάλασσαν τῆς Γαλιλαίας **ἀνὰ** μέσον τῶν ὁρίων

ἀναβαίνω (*anabainō*; 9/82) *go up*

Mk 1:10 καὶ εὐθὺς **ἀναβαίνων** ἐκ τοῦ ὕδατος
Mk 3:13 Καὶ **ἀναβαίνει** εἰς τὸ ὄρος
Mk 4:7 καὶ **ἀνέβησαν** αἱ ἄκανθαι καὶ
Mk 4:8 καὶ ἐδίδου καρπὸν **ἀναβαίνοντα** καὶ αὐξανόμενα καὶ
Mk 4:32 **ἀναβαίνει** καὶ γίνεται μεῖζον
Mk 6:51 καὶ **ἀνέβη** πρὸς αὐτοὺς εἰς
Mk 10:32 ἐν τῇ ὁδῷ **ἀναβαίνοντες** εἰς Ἱεροσόλυμα,
Mk 10:33 ὅτι ἰδοὺ **ἀναβαίνομεν** εἰς Ἱεροσόλυμα,
Mk 15:8 καὶ **ἀναβὰς** ὁ ὄχλος ἤρξατο

ἀναβλέπω (*anablepō*; 6/25) *look up*

Mk 6:41 τοὺς δύο ἰχθύας **ἀναβλέψας** εἰς τὸν οὐρανὸν
Mk 7:34 καὶ **ἀναβλέψας** εἰς τὸν οὐρανὸν
Mk 8:24 καὶ **ἀναβλέψας** ἔλεγεν·
Mk 10:51 ἵνα **ἀναβλέψω**.
Mk 10:52 καὶ εὐθὺς **ἀνέβλεψεν** καὶ ἠκολούθει αὐτῷ
Mk 16:4 καὶ **ἀναβλέψασαι** θεωροῦσιν ὅτι ἀποκεκύλισται

ἀνάγαιον (*anagaion*; 1/2) *upstairs room*

Mk 14:15 αὐτὸς ὑμῖν δείξει **ἀνάγαιον** μέγα ἐστρωμένον ἕτοιμον·

ἀναγινώσκω (*anaginōskō*; 4/32) *read*

Mk 2:25 οὐδέποτε **ἀνέγνωτε** τί ἐποίησεν Δαυὶδ
Mk 12:10 τὴν γραφὴν ταύτην **ἀνέγνωτε**·
Mk 12:26 ὅτι ἐγείρονται οὐκ **ἀνέγνωτε** ἐν τῇ βίβλῳ
Mk 13:14 ὁ **ἀναγινώσκων** νοείτω,

ἀναγκάζω (*anankazō*; 1/9) *force*

Mk 6:45 Καὶ εὐθὺς **ἠνάγκασεν** τοὺς μαθητὰς αὐτοῦ

ἀναθεματίζω (*anathematizō*; 1/4) *curse*
Mk 14:71 ὁ δὲ ἤρξατο **ἀναθεματίζειν** καὶ ὀμνύναι ὅτι

ἀνάκειμαι (*anakeimai*; 2[3]/13[14]) *be seated at table*
Mk 6:26 ὅρκους καὶ τοὺς **ἀνακειμένους** οὐκ ἠθέλησεν ἀθετῆσαι
Mk 14:18 καὶ **ἀνακειμένων** αὐτῶν καὶ ἐσθιόντων
[Mk 16:14] Ὕστερον [δὲ] **ἀνακειμένοις** αὐτοῖς τοῖς ἕνδεκα

ἀνακλίνω (*anaklinō*; 1/6) *seat at table*
Mk 6:39 καὶ ἐπέταξεν αὐτοῖς **ἀνακλῖναι** πάντας συμπόσια συμπόσια

ἀνακράζω (*anakrazō*; 2/5) *cry out*
Mk 1:23 πνεύματι ἀκαθάρτῳ καὶ **ἀνέκραξεν**
Mk 6:49 καὶ **ἀνέκραξαν**·

ἀναλαμβάνω (*analambanō*; 0[1]/12[13]) *take up*
[Mk 16:19] τὸ λαλῆσαι αὐτοῖς **ἀνελήμφθη** εἰς τὸν οὐρανὸν

ἄναλος (*analos*; 1/1) *without salt*
Mk 9:50 δὲ τὸ ἅλας **ἄναλον** γένηται,

ἀναμιμνῄσκω (*anamimnēskō*; 2/6) *remind*
Mk 11:21 καὶ **ἀναμνησθεὶς** ὁ Πέτρος λέγει
Mk 14:72 καὶ **ἀνεμνήσθη** ὁ Πέτρος τὸ

ἀναπαύω (*anapauō*; 2/12) *give rest*
Mk 6:31 ἔρημον τόπον καὶ **ἀναπαύσασθε** ὀλίγον.
Mk 14:41 τὸ λοιπὸν καὶ **ἀναπαύεσθε**·

ἀναπηδάω (*anapēdaō*; 1/1) *jump up*
Mk 10:50 τὸ ἱμάτιον αὐτοῦ **ἀναπηδήσας** ἦλθεν πρὸς

ἀναπίπτω (*anapiptō*; 2/12) *sit, recline*
Mk 6:40 καὶ **ἀνέπεσαν** πρασιαὶ πρασιαὶ κατὰ
Mk 8:6 παραγγέλλει τῷ ὄχλῳ **ἀναπεσεῖν** ἐπὶ τῆς γῆς·

ἀνασείω (*anaseiō*; 1/2) *incite*
Mk 15:11 οἱ δὲ ἀρχιερεῖς **ἀνέσεισαν** τὸν ὄχλον ἵνα

ἀνάστασις (*anastasis*; 2/42) *resurrection*
Mk 12:18 οἵτινες λέγουσιν **ἀνάστασιν** μὴ εἶναι,
Mk 12:23 ἐν τῇ **ἀναστάσει** [ὅταν ἀναστῶσιν] τίνος

ἀναστενάζω (*anastenazō*; 1/1) *give a deep groan*
Mk 8:12 καὶ **ἀναστενάξας** τῷ πνεύματι αὐτοῦ

ἀνατέλλω (*anatellō*; 2/9) *rise*
Mk 4:6 καὶ ὅτε **ἀνέτειλεν** ὁ ἥλιος ἐκαυματίσθη
Mk 16:2 ἐπὶ τὸ μνημεῖον **ἀνατείλαντος** τοῦ ἡλίου.

ἀνατολή (*anatolē*; 0[1]/10[11]) *rising*
[Mk 16:8] ὁ Ἰησοῦς ἀπὸ **ἀνατολῆς** καὶ ἄχρι δύσεως

ἀναφέρω (*anapherō*; 1/10) *offer (sacrifice)*
Mk 9:2 τὸν Ἰωάννην καὶ **ἀναφέρει** αὐτοὺς εἰς ὄρος

ἀναχωρέω (*anachōreō*; 1/14) *withdraw*
Mk 3:7 τῶν μαθητῶν αὐτοῦ **ἀνεχώρησεν** πρὸς τὴν θάλασσαν,

Ἀνδρέας (*Andreas*; 4/13) *Andrew*
Mk 1:16 εἶδεν Σίμωνα καὶ **Ἀνδρέαν** τὸν ἀδελφὸν Σίμωνος
Mk 1:29 οἰκίαν Σίμωνος καὶ **Ἀνδρέου** μετὰ Ἰακώβου
Mk 3:18 καὶ **Ἀνδρέαν** καὶ Φίλιππον καὶ
Mk 13:3 καὶ Ἰωάννης καὶ **Ἀνδρέας**·

ἄνεμος (*anemos*; 7/31) *wind*
Mk 4:37 γίνεται λαῖλαψ μεγάλη **ἀνέμου** καὶ τὰ κύματα
Mk 4:39 διεγερθεὶς ἐπετίμησεν τῷ **ἀνέμῳ** καὶ εἶπεν
Mk 4:39 καὶ ἐκόπασεν ὁ **ἄνεμος** καὶ ἐγένετο γαλήνη
Mk 4:41 ὅτι καὶ ὁ **ἄνεμος** καὶ ἡ θάλασσα
Mk 6:48 ἦν γὰρ ὁ **ἄνεμος** ἐναντίος αὐτοῖς,
Mk 6:51 καὶ ἐκόπασεν ὁ **ἄνεμος**,
Mk 13:27 ἐκ τῶν τεσσάρων **ἀνέμων** ἀπ' ἄκρου γῆς

ἀνέχομαι (*anechomai*; 1/15) *endure*
Mk 9:19 ἕως πότε **ἀνέξομαι** ὑμῶν;

ἀνήρ (*anēr*; 4/216) *man, husband*
Mk 6:20 εἰδὼς αὐτὸν **ἄνδρα** δίκαιον καὶ ἅγιον,
Mk 6:44 [τοὺς ἄρτους] πεντακισχίλιοι **ἄνδρες**.
Mk 10:2 αὐτὸν εἰ ἔξεστιν **ἀνδρὶ** γυναῖκα ἀπολῦσαι,
Mk 10:12 αὐτὴ ἀπολύσασα τὸν **ἄνδρα** αὐτῆς γαμήσῃ ἄλλον

ἄνθρωπος (*anthrōpos*; 56/550) *man, human being (pl. people)*
Mk 1:17 ὑμᾶς γενέσθαι ἁλιεῖς **ἀνθρώπων**.
Mk 1:23 τῇ συναγωγῇ αὐτῶν **ἄνθρωπος** ἐν πνεύματι ἀκαθάρτῳ
Mk 2:10 ὁ υἱὸς τοῦ **ἀνθρώπου** ἀφιέναι ἁμαρτίας ἐπὶ
Mk 2:27 σάββατον διὰ τὸν **ἄνθρωπον** ἐγένετο καὶ
Mk 2:27 καὶ οὐχ ὁ **ἄνθρωπος** διὰ τὸ σάββατον·
Mk 2:28 ὁ υἱὸς τοῦ **ἀνθρώπου** καὶ τοῦ σαββάτου.
Mk 3:1 καὶ ἦν ἐκεῖ **ἄνθρωπος** ἐξηραμμένην ἔχων
Mk 3:3 καὶ λέγει τῷ **ἀνθρώπῳ** τῷ τὴν ξηρὰν
Mk 3:5 αὐτῶν λέγει τῷ **ἀνθρώπῳ**·
Mk 3:28 τοῖς υἱοῖς τῶν **ἀνθρώπων** τὰ ἁμαρτήματα
Mk 4:26 τοῦ θεοῦ ὡς **ἄνθρωπος** βάλῃ τὸν σπόρον
Mk 5:2 ἐκ τῶν μνημείων **ἄνθρωπος** ἐν πνεύματι ἀκαθάρτῳ,
Mk 5:8 ἀκάθαρτον ἐκ τοῦ **ἀνθρώπου**.
Mk 7:7 διδάσκοντες διδασκαλίας ἐντάλματα **ἀνθρώπων**.
Mk 7:8 τὴν παράδοσιν τῶν **ἀνθρώπων**.
Mk 7:11 ἐὰν εἴπῃ **ἄνθρωπος** τῷ πατρὶ ἢ
Mk 7:15 ἔστιν ἔξωθεν τοῦ **ἀνθρώπου** εἰσπορευόμενον εἰς αὐτὸν
Mk 7:15 τὰ ἐκ τοῦ **ἀνθρώπου** ἐκπορευόμενά ἐστιν τὰ

Mk 7:15 τὰ κοινοῦντα τὸν **ἄνθρωπον**.
Mk 7:18 εἰσπορευόμενον εἰς τὸν **ἄνθρωπον** οὐ δύναται αὐτὸν
Mk 7:20 τὸ ἐκ τοῦ **ἀνθρώπου** ἐκπορευόμενον,
Mk 7:20 ἐκεῖνο κοινοῖ τὸν **ἄνθρωπον**.
Mk 7:21 τῆς καρδίας τῶν **ἀνθρώπων** οἱ διαλογισμοὶ
Mk 7:23 καὶ κοινοῖ τὸν **ἄνθρωπον**.
Mk 8:24 βλέπω τοὺς **ἀνθρώπους** ὅτι ὡς δένδρα
Mk 8:27 με λέγουσιν οἱ **ἄνθρωποι** εἶναι;
Mk 8:31 τὸν υἱὸν τοῦ **ἀνθρώπου** πολλὰ παθεῖν καὶ
Mk 8:33 ἀλλὰ τὰ τῶν **ἀνθρώπων**.
Mk 8:36 τί γὰρ ὠφελεῖ **ἄνθρωπον** κερδῆσαι τὸν κόσμον
Mk 8:37 τί γὰρ δοῖ **ἄνθρωπος** ἀντάλλαγμα τῆς ψυχῆς
Mk 8:38 ὁ υἱὸς τοῦ **ἀνθρώπου** ἐπαισχυνθήσεται αὐτόν,
Mk 9:9 ὁ υἱὸς τοῦ **ἀνθρώπου** ἐκ νεκρῶν ἀναστῇ.
Mk 9:12 τὸν υἱὸν τοῦ **ἀνθρώπου** ἵνα πολλὰ πάθῃ
Mk 9:31 ὁ υἱὸς τοῦ **ἀνθρώπου** παραδίδοται εἰς χεῖρας
Mk 9:31 παραδίδοται εἰς χεῖρας **ἀνθρώπων**,
Mk 10:7 ἕνεκεν τούτου καταλείψει **ἄνθρωπος** τὸν πατέρα αὐτοῦ
Mk 10:9 ὁ θεὸς συνέζευξεν **ἄνθρωπος** μὴ χωριζέτω.
Mk 10:27 παρὰ **ἀνθρώποις** ἀδύνατον,
Mk 10:33 ὁ υἱὸς τοῦ **ἀνθρώπου** παραδοθήσεται τοῖς ἀρχιερεῦσιν
Mk 10:45 ὁ υἱὸς τοῦ **ἀνθρώπου** οὐκ ἦλθεν διακονηθῆναι
Mk 11:2 ὃν οὐδεὶς οὔπω **ἀνθρώπων** ἐκάθισεν·
Mk 11:30 ἦν ἢ ἐξ **ἀνθρώπων**;
Mk 11:32 ἐξ **ἀνθρώπων**;
Mk 12:1 ἀμπελῶνα **ἄνθρωπος** ἐφύτευσεν καὶ περιέθηκεν
Mk 12:14 βλέπεις εἰς πρόσωπον **ἀνθρώπων**,
Mk 13:26 τὸν υἱὸν τοῦ **ἀνθρώπου** ἐρχόμενον ἐν νεφέλαις
Mk 13:34 Ὡς **ἄνθρωπος** ἀπόδημος ἀφεὶς τὴν
Mk 14:13 καὶ ἀπαντήσει ὑμῖν **ἄνθρωπος** κεράμιον ὕδατος βαστάζων·
Mk 14:21 μὲν υἱὸς τοῦ **ἀνθρώπου** ὑπάγει καθὼς γέγραπται
Mk 14:21 οὐαὶ δὲ τῷ **ἀνθρώπῳ** ἐκείνῳ δι᾽ οὗ
Mk 14:21 ὁ υἱὸς τοῦ **ἀνθρώπου** παραδίδοται·
Mk 14:21 οὐκ ἐγεννήθη ὁ **ἄνθρωπος** ἐκεῖνος.
Mk 14:41 ὁ υἱὸς τοῦ **ἀνθρώπου** εἰς τὰς χεῖρας
Mk 14:62 τὸν υἱὸν τοῦ **ἀνθρώπου** ἐκ δεξιῶν καθήμενον
Mk 14:71 οὐκ οἶδα τὸν **ἄνθρωπον** τοῦτον ὃν λέγετε.
Mk 15:39 ἀληθῶς οὗτος ὁ **ἄνθρωπος** υἱὸς θεοῦ ἦν.

ἄνιπτος (*aniptos*; 1/2) *not washed according to ritual law*

Mk 7:2 τοῦτ᾽ ἔστιν **ἀνίπτοις**,

ἀνίστημι (*anistēmi*; 16[17]/107[108]) *raise, rise*

Mk 1:35 πρωῒ ἔννυχα λίαν **ἀναστὰς** ἐξῆλθεν καὶ ἀπῆλθεν
Mk 2:14 καὶ **ἀναστὰς** ἠκολούθησεν αὐτῷ.
Mk 3:26 εἰ ὁ σατανᾶς **ἀνέστη** ἐφ᾽ ἑαυτὸν καὶ
Mk 5:42 καὶ εὐθὺς **ἀνέστη** τὸ κοράσιον καὶ
Mk 7:24 Ἐκεῖθεν δὲ **ἀναστὰς** ἀπῆλθεν εἰς τὰ
Mk 8:31 μετὰ τρεῖς ἡμέρας **ἀναστῆναι**·
Mk 9:9 ἀνθρώπου ἐκ νεκρῶν **ἀναστῇ**.
Mk 9:10 τὸ ἐκ νεκρῶν **ἀναστῆναι**.
Mk 9:27 καὶ **ἀνέστη**.
Mk 9:31 μετὰ τρεῖς ἡμέρας **ἀναστήσεται**.
Mk 10:1 Καὶ ἐκεῖθεν **ἀναστὰς** ἔρχεται εἰς τὰ
Mk 10:34 μετὰ τρεῖς ἡμέρας **ἀναστήσεται**.
Mk 12:23 τῇ ἀναστάσει [ὅταν **ἀναστῶσιν**] τίνος αὐτῶν ἔσται
Mk 12:25 γὰρ ἐκ νεκρῶν **ἀναστῶσιν** οὔτε γαμοῦσιν οὔτε
Mk 14:57 καί τινες **ἀναστάντες** ἐψευδομαρτύρουν κατ᾽ αὐτοῦ
Mk 14:60 καὶ **ἀναστὰς** ὁ ἀρχιερεὺς εἰς
[Mk 16:9] [[**Ἀναστὰς** δὲ πρωῒ πρώτῃ

ἀνοίγω (*anoigō*; 1/77) *open*

Mk 7:35 καὶ [εὐθέως] **ἠνοίγησαν** αὐτοῦ αἱ ἀκοαί,

ἀντάλλαγμα (*antallagma*; 1/2) *something offered in exchange*

Mk 8:37 γὰρ δοῖ ἄνθρωπος **ἀντάλλαγμα** τῆς ψυχῆς αὐτοῦ;

ἀντί (*anti*; 1/22) *instead of*

Mk 10:45 ψυχὴν αὐτοῦ λύτρον **ἀντὶ** πολλῶν.

ἄνωθεν (*anōthen*; 1/13) *from above*

Mk 15:38 εἰς δύο ἀπ᾽ **ἄνωθεν** ἕως κάτω.

ἀπαγγέλλω (*apangellō*; 3[5]/43[45]) *proclaim*

Mk 5:14 αὐτοὺς ἔφυγον καὶ **ἀπήγγειλαν** εἰς τὴν πόλιν
Mk 5:19 τοὺς σοὺς καὶ **ἀπάγγειλον** αὐτοῖς ὅσα ὁ
Mk 6:30 τὸν Ἰησοῦν καὶ **ἀπήγγειλαν** αὐτῷ πάντα ὅσα
[Mk 16:10] ἐκείνη πορευθεῖσα **ἀπήγγειλεν** τοῖς μετ᾽ αὐτοῦ
[Mk 16:13] κἀκεῖνοι ἀπελθόντες **ἀπήγγειλαν** τοῖς λοιποῖς·

ἀπάγω (*apagō*; 3/15) *lead away by force*

Mk 14:44 κρατήσατε αὐτὸν καὶ **ἀπάγετε** ἀσφαλῶς.
Mk 14:53 Καὶ **ἀπήγαγον** τὸν Ἰησοῦν πρὸς
Mk 15:16 Οἱ δὲ στρατιῶται **ἀπήγαγον** αὐτὸν ἔσω τῆς

ἀπαίρω (*apairō*; 1/3) *take away*

Mk 2:20 δὲ ἡμέραι ὅταν **ἀπαρθῇ** ἀπ᾽ αὐτῶν ὁ

ἁπαλός (*hapalos*; 1/2) *putting out leaves*

Mk 13:28 ὁ κλάδος αὐτῆς **ἁπαλὸς** γένηται καὶ ἐκφύῃ

ἀπαντάω (*apantaō*; 1/2) *meet*

Mk 14:13 καὶ **ἀπαντήσει** ὑμῖν ἄνθρωπος κεράμιον

ἀπαρνέομαι (*aparneomai*; 4/11) *disown*

Mk 8:34 **ἀπαρνησάσθω** ἑαυτὸν καὶ ἀράτω
Mk 14:30 φωνῆσαι τρίς με **ἀπαρνήσῃ**.
Mk 14:31 οὐ μή σε **ἀπαρνήσομαι**.
Mk 14:72 δὶς τρίς με **ἀπαρνήσῃ**·

ἅπας (*hapas*; 3[4]/33[34]) *all*
Mk 1:27 καὶ ἐθαμβήθησαν **ἅπαντες** ὥστε συζητεῖν
Mk 8:25 καὶ ἐνέβλεπεν τηλαυγῶς **ἅπαντα**.
Mk 11:32 **ἅπαντες** γὰρ εἶχον τὸν
[Mk 16:15] εἰς τὸν κόσμον **ἅπαντα** κηρύξατε τὸ εὐαγγέλιον

ἀπάτη (*apatē*; 1/7) *deception*
Mk 4:19 αἰῶνος καὶ ἡ **ἀπάτη** τοῦ πλούτου καὶ

ἀπέρχομαι (*aperchomai*; 22[23]/116[117]) *go, go away, depart*
Mk 1:20 μετὰ τῶν μισθωτῶν **ἀπῆλθον** ὀπίσω αὐτοῦ.
Mk 1:35 ἀναστὰς ἐξῆλθεν καὶ **ἀπῆλθεν** εἰς ἔρημον τόπον
Mk 1:42 καὶ εὐθὺς **ἀπῆλθεν** ἀπ' αὐτοῦ ἡ
Mk 3:13 καὶ **ἀπῆλθον** πρὸς αὐτόν.
Mk 5:17 ἤρξαντο παρακαλεῖν αὐτὸν **ἀπελθεῖν** ἀπὸ τῶν ὁρίων
Mk 5:20 καὶ **ἀπῆλθεν** καὶ ἤρξατο κηρύσσειν
Mk 5:24 καὶ **ἀπῆλθεν** μετ' αὐτοῦ.
Mk 6:27 καὶ **ἀπελθὼν** ἀπεκεφάλισεν αὐτὸν ἐν
Mk 6:32 Καὶ **ἀπῆλθον** ἐν τῷ πλοίῳ
Mk 6:36 ἵνα **ἀπελθόντες** εἰς τοὺς κύκλῳ
Mk 6:37 **ἀπελθόντες** ἀγοράσωμεν δηναρίων διακοσίων
Mk 6:46 καὶ ἀποταξάμενος αὐτοῖς **ἀπῆλθεν** εἰς τὸ ὄρος
Mk 7:24 Ἐκεῖθεν δὲ ἀναστὰς **ἀπῆλθεν** εἰς τὰ ὅρια
Mk 7:30 καὶ **ἀπελθοῦσα** εἰς τὸν οἶκον
Mk 8:13 αὐτοὺς πάλιν ἐμβὰς **ἀπῆλθεν** εἰς τὸ πέραν.
Mk 9:43 δύο χεῖρας ἔχοντα **ἀπελθεῖν** εἰς τὴν γέενναν,
Mk 10:22 ἐπὶ τῷ λόγῳ **ἀπῆλθεν** λυπούμενος·
Mk 11:4 καὶ **ἀπῆλθον** καὶ εὗρον πῶλον
Mk 12:12 καὶ ἀφέντες αὐτὸν **ἀπῆλθον**.
Mk 14:10 εἷς τῶν δώδεκα **ἀπῆλθεν** πρὸς τοὺς ἀρχιερεῖς
Mk 14:12 ποῦ θέλεις **ἀπελθόντες** ἑτοιμάσωμεν ἵνα φάγῃς
Mk 14:39 καὶ πάλιν **ἀπελθὼν** προσηύξατο τὸν αὐτὸν
[Mk 16:13] κἀκεῖνοι **ἀπελθόντες** ἀπήγγειλαν τοῖς λοιποῖς·

ἀπέχω (*apechō*; 2/19) *receive in full*
Mk 7:6 καρδία αὐτῶν πόρρω **ἀπέχει** ἀπ' ἐμοῦ·
Mk 14:41 **ἀπέχει**·

ἀπιστέω (*apisteō*; 0[2]/6[8]) *fail or refuse to believe*
[Mk 16:11] ἐθεάθη ὑπ' αὐτῆς **ἠπίστησαν**.
[Mk 16:16] ὁ δὲ **ἀπιστήσας** κατακριθήσεται.

ἀπιστία (*apistia*; 2[3]/10[11]) *unbelief*
Mk 6:6 ἐθαύμαζεν διὰ τὴν **ἀπιστίαν** αὐτῶν.
Mk 9:24 βοήθει μου τῇ **ἀπιστίᾳ**.
[Mk 16:14] καὶ ὠνείδισεν τὴν **ἀπιστίαν** αὐτῶν καὶ σκληροκαρδίαν

ἄπιστος (*apistos*; 1/23) *unfaithful*
Mk 9:19 ὦ γενεὰ **ἄπιστος**,

ἀπό (*apo*; 47[48]/643[646]) *from*
Mk 1:9 ἡμέραις ἦλθεν Ἰησοῦς **ἀπὸ** Ναζαρὲτ τῆς Γαλιλαίας
Mk 1:42 καὶ εὐθὺς ἀπῆλθεν **ἀπ'** αὐτοῦ ἡ λέπρα,
Mk 2:20 ἡμέραι ὅταν ἀπαρθῇ **ἀπ'** αὐτῶν ὁ νυμφίος,
Mk 2:21 αἴρει τὸ πλήρωμα **ἀπ'** αὐτοῦ τὸ καινὸν
Mk 3:7 καὶ πολὺ πλῆθος **ἀπὸ** τῆς Γαλιλαίας [ἠκολούθησεν],
Mk 3:7 καὶ **ἀπὸ** τῆς Ἰουδαίας
Mk 3:8 καὶ **ἀπὸ** Ἱεροσολύμων καὶ ἀπὸ
Mk 3:8 ἀπὸ Ἱεροσολύμων καὶ **ἀπὸ** τῆς Ἰδουμαίας
Mk 3:22 οἱ γραμματεῖς οἱ **ἀπὸ** Ἱεροσολύμων καταβάντες ἔλεγον
Mk 4:25 ὃ ἔχει ἀρθήσεται **ἀπ'** αὐτοῦ.
Mk 5:6 ἰδὼν τὸν Ἰησοῦν **ἀπὸ** μακρόθεν ἔδραμεν καὶ
Mk 5:17 παρακαλεῖν αὐτὸν ἀπελθεῖν **ἀπὸ** τῶν ὁρίων αὐτῶν.
Mk 5:29 σώματι ὅτι ἴαται **ἀπὸ** τῆς μάστιγος.
Mk 5:34 καὶ ἴσθι ὑγιὴς **ἀπὸ** τῆς μάστιγός σου.
Mk 5:35 αὐτοῦ λαλοῦντος ἔρχονται **ἀπὸ** τοῦ ἀρχισυναγώγου λέγοντες
Mk 6:33 πολλοὶ καὶ πεζῇ **ἀπὸ** πασῶν τῶν πόλεων
Mk 6:43 κοφίνων πληρώματα καὶ **ἀπὸ** τῶν ἰχθύων.
Mk 7:1 τῶν γραμματέων ἐλθόντες **ἀπὸ** Ἱεροσολύμων.
Mk 7:4 καὶ **ἀπ'** ἀγορᾶς ἐὰν μὴ
Mk 7:6 αὐτῶν πόρρω ἀπέχει **ἀπ'** ἐμοῦ·
Mk 7:17 εἰσῆλθεν εἰς οἶκον **ἀπὸ** τοῦ ὄχλου,
Mk 7:28 τῆς τραπέζης ἐσθίουσιν **ἀπὸ** τῶν ψιχίων
Mk 7:33 καὶ ἀπολαβόμενος αὐτὸν **ἀπὸ** τοῦ ὄχλου κατ'
Mk 8:3 καί τινες αὐτῶν **ἀπὸ** μακρόθεν ἥκασιν.
Mk 8:11 παρ' αὐτοῦ σημεῖον **ἀπὸ** τοῦ οὐρανοῦ,
Mk 8:15 βλέπετε **ἀπὸ** τῆς ζύμης τῶν
Mk 10:6 **ἀπὸ** δὲ ἀρχῆς κτίσεως
Mk 10:46 Καὶ ἐκπορευομένου αὐτοῦ **ἀπὸ** Ἰεριχὼ καὶ
Mk 11:12 ἐπαύριον ἐξελθόντων αὐτῶν **ἀπὸ** Βηθανίας ἐπείνασεν.
Mk 11:13 καὶ ἰδὼν συκῆν **ἀπὸ** μακρόθεν ἔχουσαν φύλλα
Mk 12:2 τῶν γεωργῶν λάβῃ **ἀπὸ** τῶν καρπῶν τοῦ
Mk 12:34 οὐ μακρὰν εἶ **ἀπὸ** τῆς βασιλείας τοῦ
Mk 12:38 βλέπετε **ἀπὸ** τῶν γραμματέων τῶν
Mk 13:19 οὐ γέγονεν τοιαύτη **ἀπ'** ἀρχῆς κτίσεως ἣν
Mk 13:27 τῶν τεσσάρων ἀνέμων **ἀπ'** ἄκρου γῆς ἕως
Mk 13:28 **Ἀπὸ** δὲ τῆς συκῆς
Mk 14:35 δυνατόν ἐστιν παρέλθῃ **ἀπ'** αὐτοῦ ἡ ὥρα,
Mk 14:36 τὸ ποτήριον τοῦτο **ἀπ'** ἐμοῦ·
Mk 14:54 καὶ ὁ Πέτρος **ἀπὸ** μακρόθεν ἠκολούθησεν αὐτῷ
Mk 15:21 Σίμωνα Κυρηναῖον ἐρχόμενον **ἀπ'** ἀγροῦ,
Mk 15:30 σῶσον σεαυτὸν καταβὰς **ἀπὸ** τοῦ σταυροῦ.
Mk 15:32 Ἰσραὴλ καταβάτω νῦν **ἀπὸ** τοῦ σταυροῦ,
Mk 15:38 ἐσχίσθη εἰς δύο **ἀπ'** ἄνωθεν ἕως κάτω.
Mk 15:40 δὲ καὶ γυναῖκες **ἀπὸ** μακρόθεν θεωροῦσαι,
Mk 15:43 ἐλθὼν Ἰωσὴφ [ὁ] **ἀπὸ** Ἀριμαθαίας εὐσχήμων βουλευτής,
Mk 15:45 καὶ γνοὺς **ἀπὸ** τοῦ κεντυρίωνος ἐδωρήσατο
Mk 16:8 καὶ ἐξελθοῦσαι ἔφυγον **ἀπὸ** τοῦ μνημείου,
[Mk 16:8] αὐτὸς ὁ Ἰησοῦς **ἀπὸ** ἀνατολῆς καὶ ἄχρι

ἀποβάλλω (*apoballō*; 1/2) *throw out*
Mk 10:50 ὁ δὲ **ἀποβαλὼν** τὸ ἱμάτιον αὐτοῦ

ἀποδημέω (*apodēmeō*; 1/6) *leave*
Mk 12:1 αὐτὸν γεωργοῖς καὶ **ἀπεδήμησεν**.

ἀπόδημος (*apodēmos*; 1/1) *away from home on a journey*
Mk 13:34 Ὡς ἄνθρωπος **ἀπόδημος** ἀφεὶς τὴν οἰκίαν

ἀποδίδωμι (*apodidōmi*; 1/48) *give back, repay*
Mk 12:17 τὰ Καίσαρος **ἀπόδοτε** Καίσαρι καὶ τὰ

ἀποδοκιμάζω (*apodokimazō*; 2/9) *reject*
Mk 8:31 πολλὰ παθεῖν καὶ **ἀποδοκιμασθῆναι** ὑπὸ τῶν πρεσβυτέρων
Mk 12:10 λίθον ὃν **ἀπεδοκίμασαν** οἱ οἰκοδομοῦντες,

ἀποθνῄσκω (*apothnēskō*; 8/111) *die*
Mk 5:35 ἡ θυγάτηρ σου **ἀπέθανεν**·
Mk 5:39 τὸ παιδίον οὐκ **ἀπέθανεν** ἀλλὰ καθεύδει.
Mk 9:26 πολλοὺς λέγειν ὅτι **ἀπέθανεν**.
Mk 12:19 ἐάν τινος ἀδελφὸς **ἀποθάνῃ** καὶ καταλίπῃ γυναῖκα
Mk 12:20 ἔλαβεν γυναῖκα καὶ **ἀποθνῄσκων** οὐκ ἀφῆκεν σπέρμα·
Mk 12:21 ἔλαβεν αὐτὴν καὶ **ἀπέθανεν** μὴ καταλιπὼν σπέρμα·
Mk 12:22 καὶ ἡ γυνὴ **ἀπέθανεν**.
Mk 15:44 αὐτὸν εἰ πάλαι **ἀπέθανεν**·

ἀποκαθίστημι (*apokathistēmi*; 3/8) *reestablish*
Mk 3:5 καὶ ἐξέτεινεν καὶ **ἀπεκατεστάθη** ἡ χεὶρ αὐτοῦ.
Mk 8:25 καὶ διέβλεψεν καὶ **ἀπεκατέστη** καὶ ἐνέβλεπεν τηλαυγῶς
Mk 9:12 μὲν ἐλθὼν πρῶτον **ἀποκαθιστάνει** πάντα·

ἀποκεφαλίζω (*apokephalizō*; 2/4) *behead*
Mk 6:16 ὃν ἐγὼ **ἀπεκεφάλισα** Ἰωάννην,
Mk 6:27 καὶ ἀπελθὼν **ἀπεκεφάλισεν** αὐτὸν ἐν τῇ

ἀποκόπτω (*apokoptō*; 2/6) *cut off*
Mk 9:43 **ἀπόκοψον** αὐτήν·
Mk 9:45 **ἀπόκοψον** αὐτόν·

ἀποκρίνομαι (*apokrinomai*; 30/231) *answer*
Mk 3:33 καὶ **ἀποκριθεὶς** αὐτοῖς λέγει·
Mk 6:37 ὁ δὲ **ἀποκριθεὶς** εἶπεν αὐτοῖς·
Mk 7:28 ἡ δὲ **ἀπεκρίθη** καὶ λέγει αὐτῷ·
Mk 8:4 καὶ **ἀπεκρίθησαν** αὐτῷ οἱ μαθηταὶ
Mk 8:29 **ἀποκριθεὶς** ὁ Πέτρος λέγει
Mk 9:5 καὶ **ἀποκριθεὶς** ὁ Πέτρος λέγει
Mk 9:6 γὰρ ᾔδει τί **ἀποκριθῇ**,
Mk 9:17 καὶ **ἀπεκρίθη** αὐτῷ εἷς ἐκ
Mk 9:19 ὁ δὲ **ἀποκριθεὶς** αὐτοῖς λέγει·
Mk 10:3 ὁ δὲ **ἀποκριθεὶς** εἶπεν αὐτοῖς·
Mk 10:24 δὲ Ἰησοῦς πάλιν **ἀποκριθεὶς** λέγει αὐτοῖς·
Mk 10:51 καὶ **ἀποκριθεὶς** αὐτῷ ὁ Ἰησοῦς
Mk 11:14 καὶ **ἀποκριθεὶς** εἶπεν αὐτῇ·
Mk 11:22 καὶ **ἀποκριθεὶς** ὁ Ἰησοῦς λέγει
Mk 11:29 καὶ **ἀποκρίθητέ** μοι καὶ ἐρῶ
Mk 11:30 **ἀποκρίθητέ** μοι.
Mk 11:33 καὶ **ἀποκριθέντες** τῷ Ἰησοῦ λέγουσιν·
Mk 12:28 ἰδὼν ὅτι καλῶς **ἀπεκρίθη** αὐτοῖς ἐπηρώτησεν αὐτόν·
Mk 12:29 **ἀπεκρίθη** ὁ Ἰησοῦς ὅτι
Mk 12:34 [αὐτὸν] ὅτι νουνεχῶς **ἀπεκρίθη** εἶπεν αὐτῷ·
Mk 12:35 Καὶ **ἀποκριθεὶς** ὁ Ἰησοῦς ἔλεγεν
Mk 14:40 οὐκ ᾔδεισαν τί **ἀποκριθῶσιν** αὐτῷ.
Mk 14:48 Καὶ **ἀποκριθεὶς** ὁ Ἰησοῦς εἶπεν
Mk 14:60 οὐκ **ἀποκρίνῃ** οὐδὲν τί οὗτοί
Mk 14:61 ἐσιώπα καὶ οὐκ **ἀπεκρίνατο** οὐδέν.
Mk 15:2 ὁ δὲ **ἀποκριθεὶς** αὐτῷ λέγει·
Mk 15:4 οὐκ **ἀποκρίνῃ** οὐδέν;
Mk 15:5 Ἰησοῦς οὐκέτι οὐδὲν **ἀπεκρίθη**,
Mk 15:9 ὁ δὲ Πιλᾶτος **ἀπεκρίθη** αὐτοῖς λέγων·
Mk 15:12 δὲ Πιλᾶτος πάλιν **ἀποκριθεὶς** ἔλεγεν αὐτοῖς·

ἀπόκρυφος (*apokryphos*; 1/3) *secret*
Mk 4:22 οὐδὲ ἐγένετο **ἀπόκρυφον** ἀλλ' ἵνα ἔλθῃ

ἀποκτείνω (*apokteinō*; 11/74) *kill*
Mk 3:4 ψυχὴν σῶσαι ἢ **ἀποκτεῖναι**;
Mk 6:19 καὶ ἤθελεν αὐτὸν **ἀποκτεῖναι**,
Mk 8:31 τῶν γραμματέων καὶ **ἀποκτανθῆναι** καὶ μετὰ τρεῖς
Mk 9:31 καὶ **ἀποκτενοῦσιν** αὐτόν,
Mk 9:31 καὶ **ἀποκτανθεὶς** μετὰ τρεῖς ἡμέρας
Mk 10:34 μαστιγώσουσιν αὐτὸν καὶ **ἀποκτενοῦσιν**,
Mk 12:5 κἀκεῖνον **ἀπέκτειναν**,
Mk 12:5 οὓς δὲ **ἀποκτέννοντες**.
Mk 12:7 δεῦτε **ἀποκτείνωμεν** αὐτόν,
Mk 12:8 καὶ λαβόντες **ἀπέκτειναν** αὐτὸν καὶ ἐξέβαλον
Mk 14:1 ἐν δόλῳ κρατήσαντες **ἀποκτείνωσιν**·

ἀποκυλίω (*apokyliō*; 2/4) *roll away*
Mk 16:3 τίς **ἀποκυλίσει** ἡμῖν τὸν λίθον
Mk 16:4 ἀναβλέψασαι θεωροῦσιν ὅτι **ἀποκεκύλισται** ὁ λίθος·

ἀπολαμβάνω (*apolambanō*; 1/10) *receive*
Mk 7:33 καὶ **ἀπολαβόμενος** αὐτὸν ἀπὸ τοῦ

ἀπόλλυμι (*apollymi*; 10/90) *destroy*
Mk 1:24 ἦλθες **ἀπολέσαι** ἡμᾶς;
Mk 2:22 καὶ ὁ οἶνος **ἀπόλλυται** καὶ οἱ ἀσκοί·
Mk 3:6 αὐτοῦ ὅπως αὐτὸν **ἀπολέσωσιν**.
Mk 4:38 μέλει σοι ὅτι **ἀπολλύμεθα**;
Mk 8:35 ψυχὴν αὐτοῦ σῶσαι **ἀπολέσει** αὐτήν·
Mk 8:35 ὃς δ' ἂν **ἀπολέσει** τὴν ψυχὴν αὐτοῦ
Mk 9:22 εἰς ὕδατα ἵνα **ἀπολέσῃ** αὐτόν·
Mk 9:41 ὅτι οὐ μὴ **ἀπολέσῃ** τὸν μισθὸν αὐτοῦ.
Mk 11:18 ἐζήτουν πῶς αὐτὸν **ἀπολέσωσιν**·
Mk 12:9 ἐλεύσεται καὶ **ἀπολέσει** τοὺς γεωργοὺς καὶ

ἀπολύω (*apolyō*; 12/66) *release*
Mk 6:36 **ἀπόλυσον** αὐτούς,
Mk 6:45 ἕως αὐτὸς **ἀπολύει** τὸν ὄχλον.
Mk 8:3 καὶ ἐὰν **ἀπολύσω** αὐτοὺς νήστεις εἰς
Mk 8:9 καὶ **ἀπέλυσεν** αὐτούς.
Mk 10:2 ἔξεστιν ἀνδρὶ γυναῖκα **ἀπολῦσαι**,
Mk 10:4 ἀποστασίου γράψαι καὶ **ἀπολῦσαι**.
Mk 10:11 ὃς ἂν **ἀπολύσῃ** τὴν γυναῖκα αὐτοῦ
Mk 10:12 καὶ ἐὰν αὐτὴ **ἀπολύσασα** τὸν ἄνδρα αὐτῆς

Mk 15:6 Κατὰ δὲ ἑορτὴν **ἀπέλυεν** αὐτοῖς ἕνα δέσμιον
Mk 15:9 θέλετε **ἀπολύσω** ὑμῖν τὸν βασιλέα
Mk 15:11 μᾶλλον τὸν Βαραββᾶν **ἀπολύσῃ** αὐτοῖς.
Mk 15:15 τὸ ἱκανὸν ποιῆσαι **ἀπέλυσεν** αὐτοῖς τὸν Βαραββᾶν,

ἀποπλανάω (*apoplanaō*; 1/2) *mislead*
Mk 13:22 τέρατα πρὸς τὸ **ἀποπλανᾶν**,

ἀπορέω (*aporeō*; 1/6) *be at a loss*
Mk 6:20 ἀκούσας αὐτοῦ πολλὰ **ἠπόρει**,

ἀποστάσιον (*apostasion*; 1/3) *written notice of divorce*
Mk 10:4 ἐπέτρεψεν Μωϋσῆς βιβλίον **ἀποστασίου** γράψαι καὶ ἀπολῦσαι.

ἀποστεγάζω (*apostegazō*; 1/1) *unroof*
Mk 2:4 διὰ τὸν ὄχλον **ἀπεστέγασαν** τὴν στέγην ὅπου

ἀποστέλλω (*apostellō*; 20/132) *send*
Mk 1:2 ἰδοὺ **ἀποστέλλω** τὸν ἄγγελόν μου
Mk 3:14 αὐτοῦ καὶ ἵνα **ἀποστέλλῃ** αὐτοὺς κηρύσσειν
Mk 3:31 καὶ ἔξω στήκοντες **ἀπέστειλαν** πρὸς αὐτὸν καλοῦντες
Mk 4:29 εὐθὺς ἀποστέλλει **τὸ** δρέπανον,
Mk 5:10 ἵνα μὴ αὐτὰ **ἀποστείλῃ** ἔξω τῆς χώρας.
Mk 6:7 καὶ ἤρξατο αὐτοὺς **ἀποστέλλειν** δύο δύο καὶ
Mk 6:17 γὰρ ὁ Ἡρῴδης **ἀποστείλας** ἐκράτησεν τὸν Ἰωάννην
Mk 6:27 καὶ εὐθὺς **ἀποστείλας** ὁ βασιλεὺς σπεκουλάτορα
Mk 8:26 καὶ **ἀπέστειλεν** αὐτὸν εἰς οἶκον
Mk 9:37 δέχεται ἀλλὰ τὸν **ἀποστείλαντά** με.
Mk 11:1 **ἀποστέλλει** δύο τῶν μαθητῶν
Mk 11:3 καὶ εὐθὺς αὐτὸν **ἀποστέλλει** πάλιν ὧδε.
Mk 12:2 καὶ **ἀπέστειλεν** πρὸς τοὺς γεωργοὺς
Mk 12:3 αὐτὸν ἔδειραν καὶ **ἀπέστειλαν** κενόν.
Mk 12:4 καὶ πάλιν **ἀπέστειλεν** πρὸς αὐτοὺς ἄλλον
Mk 12:5 καὶ ἄλλον **ἀπέστειλεν**·
Mk 12:6 **ἀπέστειλεν** αὐτὸν ἔσχατον πρὸς
Mk 12:13 Καὶ **ἀποστέλλουσιν** πρός αὐτόν τινας
Mk 13:27 καὶ τότε **ἀποστελεῖ** τοὺς ἀγγέλους καὶ
Mk 14:13 καὶ **ἀποστέλλει** δύο τῶν μαθητῶν

ἀποστερέω (*apostereō*; 1/6) *defraud*
Mk 10:19 μὴ **ἀποστερήσῃς**,

ἀπόστολος (*apostolos*; 2/80) *apostle, messenger*
Mk 3:14 δώδεκα [οὓς καὶ **ἀποστόλους** ὠνόμασεν] ἵνα ὦσιν
Mk 6:30 Καὶ συνάγονται οἱ **ἀπόστολοι** πρὸς τὸν Ἰησοῦν

ἀποτάσσω (*apotassō*; 1/6) *say goodbye*
Mk 6:46 καὶ **ἀποταξάμενος** αὐτοῖς ἀπῆλθεν εἰς

ἀποφέρω (*apopherō*; 1/6) *take or carry away*
Mk 15:1 δήσαντες τὸν Ἰησοῦν **ἀπήνεγκαν** καὶ παρέδωκαν Πιλάτῳ.

ἅπτω (*haptō*; 11/39) *touch*
Mk 1:41 τὴν χεῖρα αὐτοῦ **ἥψατο** καὶ λέγει αὐτῷ·
Mk 3:10 αὐτῷ ἵνα αὐτοῦ **ἅψωνται** ὅσοι εἶχον μάστιγας.
Mk 5:27 τῷ ὄχλῳ ὄπισθεν **ἥψατο** τοῦ ἱματίου αὐτοῦ·
Mk 5:28 γὰρ ὅτι ἐὰν **ἅψωμαι** κἂν τῶν ἱματίων
Mk 5:30 τίς μου **ἥψατο** τῶν ἱματίων;
Mk 5:31 τίς μου **ἥψατο**;
Mk 6:56 τοῦ ἱματίου αὐτοῦ **ἅψωνται**·
Mk 6:56 καὶ ὅσοι ἂν **ἥψαντο** αὐτοῦ ἐσῴζοντο.
Mk 7:33 αὐτοῦ καὶ πτύσας **ἥψατο** τῆς γλώσσης αὐτοῦ,
Mk 8:22 αὐτὸν ἵνα αὐτοῦ **ἅψηται**.
Mk 10:13 παιδία ἵνα αὐτῶν **ἅψηται**·

ἀπώλεια (*apōleia*; 1/18) *destruction*
Mk 14:4 εἰς τί ἡ **ἀπώλεια** αὕτη τοῦ μύρου

ἄρα (*ara*; 2/49) *therefore, then, thus*
Mk 4:41 τίς **ἄρα** οὗτός ἐστιν ὅτι
Mk 11:13 εἰ **ἄρα** τι εὑρήσει ἐν

ἀργύριον (*argyrion*; 1/20) *silver coin*
Mk 14:11 καὶ ἐπηγγείλαντο αὐτῷ **ἀργύριον** δοῦναι.

ἀρέσκω (*areskō*; 1/17) *try to please*
Mk 6:22 Ἡρῳδιάδος καὶ ὀρχησαμένης **ἤρεσεν** τῷ Ἡρῴδῃ καὶ

Ἀριμαθαία (*Arimathaia*; 1/4) *Arimathea*
Mk 15:43 Ἰωσὴφ [ὁ] ἀπὸ **Ἀριμαθαίας** εὐσχήμων βουλευτής,

ἀριστερός (*aristeros*; 1/4) *left*
Mk 10:37 καὶ εἷς ἐξ **ἀριστερῶν** καθίσωμεν ἐν τῇ

ἀρνέομαι (*arneomai*; 2/33) *deny*
Mk 14:68 ὁ δὲ **ἠρνήσατο** λέγων·
Mk 14:70 ὁ δὲ πάλιν **ἠρνεῖτο**.

ἄρρωστος (*arrōstos*; 2[3]/4[5]) *sick*
Mk 6:5 εἰ μὴ ὀλίγοις **ἀρρώστοις** ἐπιθεὶς τὰς χεῖρας
Mk 6:13 ἤλειφον ἐλαίῳ πολλοὺς **ἀρρώστους** καὶ ἐθεράπευον.
[Mk 16:18] ἐπὶ **ἀρρώστους** χεῖρας ἐπιθήσουσιν καὶ

ἄρσην (*arsēn*; 1/9) *male*
Mk 10:6 δὲ ἀρχῆς κτίσεως **ἄρσεν** καὶ θῆλυ ἐποίησεν

ἄρτος (*artos*; 21/97) *bread*
Mk 2:26 ἀρχιερέως καὶ τοὺς **ἄρτους** τῆς προθέσεως ἔφαγεν,
Mk 3:20 δύνασθαι αὐτοὺς μηδὲ **ἄρτον** φαγεῖν.
Mk 6:8 μὴ **ἄρτον**,
Mk 6:37 ἀγοράσωμεν δηναρίων διακοσίων **ἄρτους** καὶ δώσομεν αὐτοῖς
Mk 6:38 πόσους **ἄρτους** ἔχετε;
Mk 6:41 λαβὼν τοὺς πέντε **ἄρτους** καὶ τοὺς δύο
Mk 6:41 καὶ κατέκλασεν τοὺς **ἄρτους** καὶ ἐδίδου τοῖς

Mk 6:44 οἱ φαγόντες [τοὺς **ἄρτους**] πεντακισχίλιοι ἄνδρες.
Mk 6:52 συνῆκαν ἐπὶ τοῖς **ἄρτοις**,
Mk 7:2 ἐσθίουσιν τοὺς **ἄρτους**
Mk 7:5 χερσὶν ἐσθίουσιν τὸν **ἄρτον**;
Mk 7:27 καλὸν λαβεῖν τὸν **ἄρτον** τῶν τέκνων καὶ
Mk 8:4 τις ὧδε χορτάσαι **ἄρτων** ἐπ' ἐρημίας;
Mk 8:5 πόσους ἔχετε **ἄρτους**;
Mk 8:6 λαβὼν τοὺς ἑπτὰ **ἄρτους** εὐχαριστήσας ἔκλασεν καὶ
Mk 8:14 Καὶ ἐπελάθοντο λαβεῖν **ἄρτους** καὶ εἰ μὴ
Mk 8:14 εἰ μὴ ἕνα **ἄρτον** οὐκ εἶχον μεθ'
Mk 8:16 πρὸς ἀλλήλους ὅτι **ἄρτους** οὐκ ἔχουσιν.
Mk 8:17 τί διαλογίζεσθε ὅτι **ἄρτους** οὐκ ἔχετε;
Mk 8:19 ὅτε τοὺς πέντε **ἄρτους** ἔκλασα εἰς τοὺς
Mk 14:22 ἐσθιόντων αὐτῶν λαβὼν **ἄρτον** εὐλογήσας ἔκλασεν καὶ

<u>ἀρτύω (*artyō*; 1/3) *season*</u>
Mk 9:50 ἐν τίνι αὐτὸ **ἀρτύσετε**;

<u>ἀρχή (*archē*; 4/55) *beginning*</u>
Mk 1:1 **'Ἀρχὴ** τοῦ εὐαγγελίου Ἰησοῦ
Mk 10:6 ἀπὸ δὲ **ἀρχῆς** κτίσεως ἄρσεν καὶ
Mk 13:8 **ἀρχὴ** ὠδίνων ταῦτα.
Mk 13:19 γέγονεν τοιαύτη ἀπ' **ἀρχῆς** κτίσεως ἣν ἔκτισεν

<u>ἀρχιερεύς (*archiereus*; 22/122) *high priest*</u>
Mk 2:26 θεοῦ ἐπὶ Ἀβιαθὰρ **ἀρχιερέως** καὶ τοὺς ἄρτους
Mk 8:31 πρεσβυτέρων καὶ τῶν **ἀρχιερέων** καὶ τῶν γραμματέων
Mk 10:33 ἀνθρώπου παραδοθήσεται τοῖς **ἀρχιερεῦσιν** καὶ τοῖς γραμματεῦσιν,
Mk 11:18 Καὶ ἤκουσαν οἱ **ἀρχιερεῖς** καὶ οἱ γραμματεῖς
Mk 11:27 πρὸς αὐτὸν οἱ **ἀρχιερεῖς** καὶ οἱ γραμματεῖς
Mk 14:1 καὶ ἐζήτουν οἱ **ἀρχιερεῖς** καὶ οἱ γραμματεῖς
Mk 14:10 ἀπῆλθεν πρὸς τοὺς **ἀρχιερεῖς** ἵνα αὐτὸν παραδοῖ
Mk 14:43 ξύλων παρὰ τῶν **ἀρχιερέων** καὶ τῶν γραμματέων
Mk 14:47 τὸν δοῦλον τοῦ **ἀρχιερέως** καὶ ἀφεῖλεν αὐτοῦ
Mk 14:53 Ἰησοῦν πρὸς τὸν **ἀρχιερέα**,
Mk 14:53 συνέρχονται πάντες οἱ **ἀρχιερεῖς** καὶ οἱ πρεσβύτεροι
Mk 14:54 τὴν αὐλὴν τοῦ **ἀρχιερέως** καὶ ἦν συγκαθήμενος
Mk 14:55 Οἱ δὲ **ἀρχιερεῖς** καὶ ὅλον τὸ
Mk 14:60 καὶ ἀναστὰς ὁ **ἀρχιερεὺς** εἰς μέσον ἐπηρώτησεν
Mk 14:61 πάλιν ὁ **ἀρχιερεὺς** ἐπηρώτα αὐτὸν καὶ
Mk 14:63 ὁ δὲ **ἀρχιερεὺς** διαρρήξας τοὺς χιτῶνας
Mk 14:66 τῶν παιδισκῶν τοῦ **ἀρχιερέως**
Mk 15:1 συμβούλιον ποιήσαντες οἱ **ἀρχιερεῖς** μετὰ τῶν πρεσβυτέρων
Mk 15:3 κατηγόρουν αὐτοῦ οἱ **ἀρχιερεῖς** πολλά.
Mk 15:10 παραδεδώκεισαν αὐτὸν οἱ **ἀρχιερεῖς**.
Mk 15:11 οἱ δὲ **ἀρχιερεῖς** ἀνέσεισαν τὸν ὄχλον
Mk 15:31 ὁμοίως καὶ οἱ **ἀρχιερεῖς** ἐμπαίζοντες πρὸς ἀλλήλους

<u>ἀρχισυνάγωγος (*archisynagōgos*; 4/9) *ruler of a synagogue*</u>
Mk 5:22 ἔρχεται εἷς τῶν **ἀρχισυναγώγων**,
Mk 5:35 ἔρχονται ἀπὸ τοῦ **ἀρχισυναγώγου** λέγοντες
Mk 5:36 λαλούμενον λέγει τῷ **ἀρχισυναγώγῳ**·
Mk 5:38 τὸν οἶκον τοῦ **ἀρχισυναγώγου**,

<u>ἄρχω (*archō*; 27/85[86]) *rule, govern (mid. begin)*</u>
Mk 1:45 ὁ δὲ ἐξελθὼν **ἤρξατο** κηρύσσειν πολλὰ καὶ
Mk 2:23 οἱ μαθηταὶ αὐτοῦ **ἤρξαντο** ὁδὸν ποιεῖν τίλλοντες
Mk 4:1 Καὶ πάλιν **ἤρξατο** διδάσκειν παρὰ τὴν
Mk 5:17 καὶ **ἤρξαντο** παρακαλεῖν αὐτὸν ἀπελθεῖν
Mk 5:20 καὶ ἀπῆλθεν καὶ **ἤρξατο** κηρύσσειν ἐν τῇ
Mk 6:2 καὶ γενομένου σαββάτου **ἤρξατο** διδάσκειν
Mk 6:7 τοὺς δώδεκα καὶ **ἤρξατο** αὐτοὺς ἀποστέλλειν δύο
Mk 6:34 καὶ **ἤρξατο** διδάσκειν αὐτοὺς πολλά.
Mk 6:55 χώραν ἐκείνην καὶ **ἤρξαντο** ἐπὶ τοῖς κραβάττοις
Mk 8:11 οἱ Φαρισαῖοι καὶ **ἤρξαντο** συζητεῖν αὐτῷ,
Mk 8:31 Καὶ **ἤρξατο** διδάσκειν αὐτοὺς ὅτι
Mk 8:32 ὁ Πέτρος αὐτὸν **ἤρξατο** ἐπιτιμᾶν αὐτῷ.
Mk 10:28 **Ἤρξατο** λέγειν ὁ Πέτρος
Mk 10:32 πάλιν τοὺς δώδεκα **ἤρξατο** αὐτοῖς λέγειν τὰ
Mk 10:41 ἀκούσαντες οἱ δέκα **ἤρξαντο** ἀγανακτεῖν περὶ Ἰακώβου
Mk 10:42 ὅτι οἱ δοκοῦντες **ἄρχειν** τῶν ἐθνῶν κατακυριεύουσιν
Mk 10:47 ὁ Ναζαρηνός ἐστιν **ἤρξατο** κράζειν καὶ λέγειν·
Mk 11:15 εἰς τὸ ἱερὸν **ἤρξατο** ἐκβάλλειν τοὺς πωλοῦντας
Mk 12:1 Καὶ **ἤρξατο** αὐτοῖς ἐν παραβολαῖς
Mk 13:5 ὁ δὲ Ἰησοῦς **ἤρξατο** λέγειν αὐτοῖς·
Mk 14:19 **ἤρξαντο** λυπεῖσθαι καὶ λέγειν
Mk 14:33 μετ' αὐτοῦ καὶ **ἤρξατο** ἐκθαμβεῖσθαι καὶ ἀδημονεῖν
Mk 14:65 Καὶ **ἤρξαντό** τινες ἐμπτύειν αὐτῷ
Mk 14:69 παιδίσκη ἰδοῦσα αὐτὸν **ἤρξατο** πάλιν λέγειν
Mk 14:71 ὁ δὲ **ἤρξατο** ἀναθεματίζειν καὶ ὀμνύναι
Mk 15:8 ἀναβὰς ὁ ὄχλος **ἤρξατο** αἰτεῖσθαι καθὼς ἐποίει
Mk 15:18 καὶ **ἤρξαντο** ἀσπάζεσθαι αὐτόν·

<u>ἄρχων (*archōn*; 1/37) *ruler*</u>
Mk 3:22 ὅτι ἐν τῷ **ἄρχοντι** τῶν δαιμονίων ἐκβάλλει

<u>ἄρωμα (*arōma*; 1/4) *aromatic spice or oil*</u>
Mk 16:1 καὶ Σαλώμη ἠγόρασαν **ἀρώματα** ἵνα ἐλθοῦσαι ἀλείψωσιν

<u>ἄσβεστος (*asbestos*; 1/3) *unquenchable*</u>
Mk 9:43 τὸ πῦρ τὸ **ἄσβεστον**.

<u>ἀσέλγεια (*aselgeia*; 1/10) *sensuality*</u>
Mk 7:22 **ἀσέλγεια**,

ἀσθενέω (astheneō; 1/33) be sick or ill
Mk 6:56 ἀγοραῖς ἐτίθεσαν τοὺς **ἀσθενοῦντας** καὶ παρεκάλουν αὐτὸν

ἀσθενής (asthenēs; 1/26) sick
Mk 14:38 ἡ δὲ σὰρξ **ἀσθενής**.

ἀσκός (askos; 4/12) wine skin
Mk 2:22 οἶνον νέον εἰς **ἀσκοὺς** παλαιούς·
Mk 2:22 ὁ οἶνος τοὺς **ἀσκοὺς** καὶ ὁ οἶνος
Mk 2:22 ἀπόλλυται καὶ οἱ **ἀσκοί**·
Mk 2:22 οἶνον νέον εἰς **ἀσκοὺς** καινούς.

ἀσπάζομαι (aspazomai; 2/59) greet
Mk 9:15 ἐξεθαμβήθησαν καὶ προστρέχοντες **ἠσπάζοντο** αὐτόν.
Mk 15:18 καὶ ἤρξαντο **ἀσπάζεσθαι** αὐτόν·

ἀσπασμός (aspasmos; 1/10) greeting
Mk 12:38 στολαῖς περιπατεῖν καὶ **ἀσπασμοὺς** ἐν ταῖς ἀγοραῖς

ἀστήρ (astēr; 1/24) star
Mk 13:25 καὶ οἱ **ἀστέρες** ἔσονται ἐκ τοῦ

ἀσύνετος (asynetos; 1/5) without understanding
Mk 7:18 οὕτως καὶ ὑμεῖς **ἀσύνετοί** ἐστε;

ἀσφαλῶς (asphalōs; 1/3) safely
Mk 14:44 αὐτὸν καὶ ἀπάγετε **ἀσφαλῶς**.

ἀτιμάζω (atimazō; 1/7) dishonor
Mk 12:4 κἀκεῖνον ἐκεφαλίωσαν καὶ **ἠτίμασαν**.

ἄτιμος (atimos; 1/4) without honor
Mk 6:4 οὐκ ἔστιν προφήτης **ἄτιμος** εἰ μὴ ἐν

αὐλή (aulē; 3/12) courtyard, sheepfold
Mk 14:54 ἔσω εἰς τὴν **αὐλὴν** τοῦ ἀρχιερέως καὶ
Mk 14:66 κάτω ἐν τῇ **αὐλῇ** ἔρχεται μία τῶν
Mk 15:16 αὐτὸν ἔσω τῆς **αὐλῆς**,

αὐξάνω (auxanō; 1/23) grow
Mk 4:8 καρπὸν ἀναβαίνοντα καὶ **αὐξανόμενα** καὶ ἔφερεν ἓν

αὐτόματος (automatos; 1/2) by itself
Mk 4:28 **αὐτομάτη** ἡ γῆ καρποφορεῖ,

ἀφαιρέω (aphaireō; 1/10) take away
Mk 14:47 τοῦ ἀρχιερέως καὶ **ἀφεῖλεν** αὐτοῦ τὸ ὠτάριον.

ἀφεδρών (aphedrōn; 1/2) latrine
Mk 7:19 καὶ εἰς τὸν **ἀφεδρῶνα** ἐκπορεύεται,

ἄφεσις (aphesis; 2/17) forgiveness
Mk 1:4 βάπτισμα μετανοίας εἰς **ἄφεσιν** ἁμαρτιῶν.
Mk 3:29 οὐκ ἔχει **ἄφεσιν** εἰς τὸν αἰῶνα,

ἄφθαρτος (aphthartos; 0[1]/7[8]) imperishable
[Mk 16:8] τὸ ἱερὸν καὶ **ἄφθαρτον** κήρυγμα τῆς αἰωνίου

ἀφίημι (aphiēmi; 34/143) leave, forgive
Mk 1:18 καὶ εὐθὺς **ἀφέντες** τὰ δίκτυα ἠκολούθησαν
Mk 1:20 καὶ **ἀφέντες** τὸν πατέρα αὐτῶν
Mk 1:31 καὶ **ἀφῆκεν** αὐτὴν ὁ πυρετός,
Mk 1:34 ἐξέβαλεν καὶ οὐκ **ἤφιεν** λαλεῖν τὰ δαιμόνια,
Mk 2:5 **ἀφίενταί** σου αἱ ἁμαρτίαι.
Mk 2:7 τίς δύναται **ἀφιέναι** ἁμαρτίας εἰ μὴ
Mk 2:9 **ἀφίενταί** σου αἱ ἁμαρτίαι,
Mk 2:10 υἱὸς τοῦ ἀνθρώπου **ἀφιέναι** ἁμαρτίας ἐπὶ
Mk 3:28 ὑμῖν ὅτι πάντα **ἀφεθήσεται** τοῖς υἱοῖς τῶν
Mk 4:12 μήποτε ἐπιστρέψωσιν καὶ **ἀφεθῇ** αὐτοῖς.
Mk 4:36 καὶ **ἀφέντες** τὸν ὄχλον παραλαμβάνουσιν
Mk 5:19 καὶ οὐκ **ἀφῆκεν** αὐτόν,
Mk 5:37 καὶ οὐκ **ἀφῆκεν** οὐδένα μετ' αὐτοῦ
Mk 7:8 **ἀφέντες** τὴν ἐντολὴν τοῦ
Mk 7:12 οὐκέτι **ἀφίετε** αὐτὸν οὐδὲν ποιῆσαι
Mk 7:27 **ἄφες** πρῶτον χορτασθῆναι τὰ
Mk 8:13 καὶ **ἀφεὶς** αὐτοὺς πάλιν ἐμβὰς
Mk 10:14 **ἄφετε** τὰ παιδία ἔρχεσθαι
Mk 10:28 ἰδοὺ ἡμεῖς **ἀφήκαμεν** πάντα καὶ ἠκολουθήκαμέν
Mk 10:29 οὐδείς ἐστιν ὃς **ἀφῆκεν** οἰκίαν ἢ ἀδελφοὺς
Mk 11:6 καὶ **ἀφῆκαν** αὐτούς.
Mk 11:16 καὶ οὐκ **ἤφιεν** ἵνα τις διενέγκῃ
Mk 11:25 **ἀφίετε** εἴ τι ἔχετε
Mk 11:25 ἐν τοῖς οὐρανοῖς **ἀφῇ** ὑμῖν τὰ παραπτώματα
Mk 12:12 καὶ **ἀφέντες** αὐτὸν ἀπῆλθον.
Mk 12:19 γυναῖκα καὶ μὴ **ἀφῇ** τέκνον,
Mk 12:20 καὶ ἀποθνῄσκων οὐκ **ἀφῆκεν** σπέρμα·
Mk 12:22 οἱ ἑπτὰ οὐκ **ἀφῆκαν** σπέρμα.
Mk 13:2 οὐ μὴ **ἀφεθῇ** ὧδε λίθος ἐπὶ
Mk 13:34 Ὡς ἄνθρωπος ἀπόδημος **ἀφεὶς** τὴν οἰκίαν αὐτοῦ
Mk 14:6 **ἄφετε** αὐτήν·
Mk 14:50 Καὶ **ἀφέντες** αὐτὸν ἔφυγον πάντες.
Mk 15:36 ἄφετε **ἴδωμεν** εἰ ἔρχεται Ἠλίας
Mk 15:37 ὁ δὲ Ἰησοῦς **ἀφεὶς** φωνὴν μεγάλην ἐξέπνευσεν.

ἀφρίζω (aphrizō; 2/2) foam at the mouth
Mk 9:18 καὶ **ἀφρίζει** καὶ τρίζει τοὺς
Mk 9:20 τῆς γῆς ἐκυλίετο **ἀφρίζων**.

ἀφροσύνη (aphrosynē; 1/4) folly
Mk 7:22 ἀφροσύνη·

ἀχειροποίητος (acheiropoiētos; 1/3) not made by human hand(s)
Mk 14:58 τριῶν ἡμερῶν ἄλλον **ἀχειροποίητον** οἰκοδομήσω.

ἄχρι (achri; 0[1]/48[49]) until
[Mk 16:8] ἀπὸ ἀνατολῆς καὶ **ἄχρι** δύσεως ἐξαπέστειλεν δι'

βάθος (bathos; 1/8) depth
Mk 4:5 τὸ μὴ ἔχειν **βάθος** γῆς·

βάλλω (*ballō*; 18/121[122]) *throw*

Mk 2:22 καὶ οὐδεὶς **βάλλει** οἶνον νέον εἰς
Mk 4:26 θεοῦ ὡς ἄνθρωπος **βάλῃ** τὸν σπόρον ἐπὶ
Mk 7:27 καὶ τοῖς κυναρίοις **βαλεῖν**.
Mk 7:30 εὗρεν τὸ παιδίον **βεβλημένον** ἐπὶ τὴν κλίνην
Mk 7:33 ὄχλου κατ' ἰδίαν **ἔβαλεν** τοὺς δακτύλους αὐτοῦ
Mk 9:22 εἰς πῦρ αὐτὸν **ἔβαλεν** καὶ εἰς ὕδατα
Mk 9:42 τράχηλον αὐτοῦ καὶ **βέβληται** εἰς τὴν θάλασσαν.
Mk 9:45 δύο πόδας ἔχοντα **βληθῆναι** εἰς τὴν γέενναν.
Mk 9:47 δύο ὀφθαλμοὺς ἔχοντα **βληθῆναι** εἰς τὴν γέενναν,
Mk 11:23 ἄρθητι καὶ **βλήθητι** εἰς τὴν θάλασσαν,
Mk 12:41 πῶς ὁ ὄχλος **βάλλει** χαλκὸν εἰς τὸ
Mk 12:41 καὶ πολλοὶ πλούσιοι **ἔβαλλον** πολλά·
Mk 12:42 μία χήρα πτωχὴ **ἔβαλεν** λεπτὰ δύο,
Mk 12:43 πτωχὴ πλεῖον πάντων **ἔβαλεν** τῶν βαλλόντων
Mk 12:43 πάντων ἔβαλεν τῶν **βαλλόντων** εἰς τὸ γαζοφυλάκιον·
Mk 12:44 τοῦ περισσεύοντος αὐτοῖς **ἔβαλον**,
Mk 12:44 πάντα ὅσα εἶχεν **ἔβαλεν** ὅλον τὸν βίον
Mk 15:24 **βάλλοντες** κλῆρον ἐπ' αὐτὰ

βαπτίζω (*baptizō*; 12[13]/76[77]) *baptize*

Mk 1:4 ἐγένετο Ἰωάννης [ὁ] **βαπτίζων** ἐν τῇ ἐρήμῳ
Mk 1:5 καὶ ἐβαπτίζοντο **ὑπ'** αὐτοῦ ἐν τῷ
Mk 1:8 ἐγὼ **ἐβάπτισα** ὑμᾶς ὕδατι,
Mk 1:8 αὐτὸς δὲ **βαπτίσει** ὑμᾶς ἐν πνεύματι
Mk 1:9 τῆς Γαλιλαίας καὶ **ἐβαπτίσθη** εἰς τὸν Ἰορδάνην
Mk 6:14 ὅτι Ἰωάννης ὁ **βαπτίζων** ἐγήγερται ἐκ νεκρῶν
Mk 6:24 κεφαλὴν Ἰωάννου τοῦ **βαπτίζοντος**.
Mk 7:4 ἀγορᾶς ἐὰν μὴ **βαπτίσωνται** οὐκ ἐσθίουσιν,
Mk 10:38 βάπτισμα ὃ ἐγὼ **βαπτίζομαι** βαπτισθῆναι;
Mk 10:38 ὃ ἐγὼ βαπτίζομαι **βαπτισθῆναι**;
Mk 10:39 βάπτισμα ὃ ἐγὼ **βαπτίζομαι** βαπτισθήσεσθε,
Mk 10:39 ὃ ἐγὼ βαπτίζομαι **βαπτισθήσεσθε**,
[Mk 16:16] ὁ πιστεύσας καὶ **βαπτισθεὶς** σωθήσεται,

βάπτισμα (*baptisma*; 4/19) *baptism*

Mk 1:4 ἐρήμῳ καὶ κηρύσσων **βάπτισμα** μετανοίας εἰς ἄφεσιν
Mk 10:38 πίνω ἢ τὸ **βάπτισμα** ὃ ἐγὼ βαπτίζομαι
Mk 10:39 πίεσθε καὶ τὸ **βάπτισμα** ὃ ἐγὼ βαπτίζομαι
Mk 11:30 τὸ **βάπτισμα** τὸ Ἰωάννου ἐξ

βαπτισμός (*baptismos*; 1/4) *baptism, (ritual) washing*

Mk 7:4 **βαπτισμοὺς** ποτηρίων καὶ ξεστῶν

βαπτιστής (*baptistēs*; 2/12) *Baptist*

Mk 6:25 κεφαλὴν Ἰωάννου τοῦ **βαπτιστοῦ**.
Mk 8:28 [ὅτι] Ἰωάννην τὸν **βαπτιστήν**,

Βαραββᾶς (*Barabbas*; 3/11) *Barabbas*

Mk 15:7 δὲ ὁ λεγόμενος **Βαραββᾶς** μετὰ τῶν στασιαστῶν
Mk 15:11 ἵνα μᾶλλον τὸν **Βαραββᾶν** ἀπολύσῃ αὐτοῖς.
Mk 15:15 ἀπέλυσεν αὐτοῖς τὸν **Βαραββᾶν**,

Βαρθολομαῖος (*Bartholomaios*; 1/4) *Bartholomew*

Mk 3:18 καὶ Φίλιππον καὶ **Βαρθολομαῖον** καὶ Μαθθαῖον καὶ

Βαρτιμαῖος (*Bartimaios*; 1/1) *Bartimaeus*

Mk 10:46 ὁ υἱὸς Τιμαίου **Βαρτιμαῖος**,

βασανίζω (*basanizō*; 2/12) *torment*

Mk 5:7 μή με **βασανίσῃς**.
Mk 6:48 καὶ ἰδὼν αὐτοὺς **βασανιζομένους** ἐν τῷ ἐλαύνειν,

βασιλεία (*basileia*; 20/162) *kingdom*

Mk 1:15 καὶ ἤγγικεν ἡ **βασιλεία** τοῦ θεοῦ·
Mk 3:24 καὶ ἐὰν **βασιλεία** ἐφ' ἑαυτὴν μερισθῇ,
Mk 3:24 δύναται σταθῆναι ἡ **βασιλεία** ἐκείνη·
Mk 4:11 μυστήριον δέδοται τῆς **βασιλείας** τοῦ θεοῦ·
Mk 4:26 οὕτως ἐστὶν ἡ **βασιλεία** τοῦ θεοῦ ὡς
Mk 4:30 πῶς ὁμοιώσωμεν τὴν **βασιλείαν** τοῦ θεοῦ ἢ
Mk 6:23 ἕως ἡμίσους τῆς **βασιλείας** μου.
Mk 9:1 ἂν ἴδωσιν τὴν **βασιλείαν** τοῦ θεοῦ ἐληλυθυῖαν
Mk 9:47 εἰσελθεῖν εἰς τὴν **βασιλείαν** τοῦ θεοῦ ἢ
Mk 10:14 τοιούτων ἐστὶν ἡ **βασιλεία** τοῦ θεοῦ.
Mk 10:15 μὴ δέξηται τὴν **βασιλείαν** τοῦ θεοῦ ὡς
Mk 10:23 ἔχοντες εἰς τὴν **βασιλείαν** τοῦ θεοῦ εἰσελεύσονται.
Mk 10:24 ἐστιν εἰς τὴν **βασιλείαν** τοῦ θεοῦ εἰσελθεῖν·
Mk 10:25 πλούσιον εἰς τὴν **βασιλείαν** τοῦ θεοῦ εἰσελθεῖν.
Mk 11:10 εὐλογημένη ἡ ἐρχομένη **βασιλεία** τοῦ πατρὸς ἡμῶν
Mk 12:34 εἶ ἀπὸ τῆς **βασιλείας** τοῦ θεοῦ.
Mk 13:8 ἐπ' ἔθνος καὶ **βασιλεία** ἐπὶ βασιλείαν,
Mk 13:8 καὶ βασιλεία ἐπὶ **βασιλείαν**,
Mk 14:25 καινὸν ἐν τῇ **βασιλείᾳ** τοῦ θεοῦ.
Mk 15:43 ἦν προσδεχόμενος τὴν **βασιλείαν** τοῦ θεοῦ,

βασιλεύς (*basileus*; 12/115) *king*

Mk 6:14 Καὶ ἤκουσεν ὁ **βασιλεὺς** Ἡρῴδης,
Mk 6:22 εἶπεν ὁ **βασιλεὺς** τῷ κορασίῳ·
Mk 6:25 σπουδῆς πρὸς τὸν **βασιλέα** ᾐτήσατο λέγουσα·
Mk 6:26 περίλυπος γενόμενος ὁ **βασιλεὺς** διὰ τοὺς ὅρκους
Mk 6:27 εὐθὺς ἀποστείλας ὁ **βασιλεὺς** σπεκουλάτορα ἐπέταξεν ἐνέγκαι
Mk 13:9 ἐπὶ ἡγεμόνων καὶ **βασιλέων** σταθήσεσθε ἕνεκεν ἐμοῦ
Mk 15:2 σὺ εἶ ὁ **βασιλεὺς** τῶν Ἰουδαίων;
Mk 15:9 ἀπολύσω ὑμῖν τὸν **βασιλέα** τῶν Ἰουδαίων;
Mk 15:12 [ὃν λέγετε] τὸν **βασιλέα** τῶν Ἰουδαίων;
Mk 15:18 **βασιλεῦ** τῶν Ἰουδαίων·
Mk 15:26 ὁ βασιλεὺς **τῶν** Ἰουδαίων.
Mk 15:32 ὁ χριστὸς ὁ **βασιλεὺς** Ἰσραὴλ καταβάτω νῦν

βαστάζω (*bastazō*; 1/27) *carry, pick up*

Mk 14:13 ἄνθρωπος κεράμιον ὕδατος **βαστάζων**·

βάτος (*batos*; 1/5) *bath*
Mk 12:26 Μωϋσέως ἐπὶ τοῦ **βάτου** πῶς εἶπεν αὐτῷ

βδέλυγμα (*bdelygma*; 1/6) *something detestable*
Mk 13:14 δὲ ἴδητε τὸ **βδέλυγμα** τῆς ἐρημώσεως ἑστηκότα

βεβαιόω (*bebaioō*; 0[1]/7[8]) *confirm*
[Mk 16:20] καὶ τὸν λόγον **βεβαιοῦντος** διὰ τῶν ἐπακολουθούντων

Βεελζεβούλ (*Beelzeboul*; 1/7) *Beelzebul*
Mk 3:22 καταβάντες ἔλεγον ὅτι **Βεελζεβοὺλ** ἔχει καὶ

Βηθανία (*Bēthania*; 4/12) *Bethany*
Mk 11:1 εἰς Βηθφαγὴ καὶ **Βηθανίαν** πρὸς τὸ ὄρος
Mk 11:11 ἐξῆλθεν εἰς **Βηθανίαν** μετὰ τῶν δώδεκα.
Mk 11:12 ἐξελθόντων αὐτῶν ἀπὸ **Βηθανίας** ἐπείνασεν.
Mk 14:3 ὄντος αὐτοῦ ἐν **Βηθανίᾳ** ἐν τῇ οἰκίᾳ

Βηθσαϊδά (*Bēthsaida*; 2/7) *Bethsaida*
Mk 6:45 τὸ πέραν πρὸς **Βηθσαϊδάν**,
Mk 8:22 Καὶ ἔρχονται εἰς **Βηθσαϊδάν**.

Βηθφαγή (*Bēthphagē*; 1/3) *Bethphage*
Mk 11:1 εἰς Ἱεροσόλυμα εἰς **Βηθφαγὴ** καὶ Βηθανίαν

βιβλίον (*biblion*; 1/34) *book*
Mk 10:4 ἐπέτρεψεν Μωϋσῆς **βιβλίον** ἀποστασίου γράψαι καὶ

βίβλος (*biblos*; 1/10) *book*
Mk 12:26 ἀνέγνωτε ἐν τῇ **βίβλῳ** Μωϋσέως ἐπὶ τοῦ

βίος (*bios*; 1/10) *life*
Mk 12:44 ἔβαλεν ὅλον τὸν **βίον** αὐτῆς.

βλάπτω (*blaptō*; 0[1]/1[2]) *harm*
[Mk 16:18] οὐ μὴ αὐτοὺς **βλάψῃ**,

βλαστάνω (*blastanō*; 1/4) *sprout*
Mk 4:27 καὶ ὁ σπόρος **βλαστᾷ** καὶ μηκύνηται ὡς

βλασφημέω (*blasphēmeō*; 4/34) *blaspheme*
Mk 2:7 **βλασφημεῖ**·
Mk 3:28 βλασφημίαι ὅσα ἐὰν **βλασφημήσωσιν**·
Mk 3:29 ὃς δ᾿ ἂν **βλασφημήσῃ** εἰς τὸ πνεῦμα
Mk 15:29 Καὶ οἱ παραπορευόμενοι **ἐβλασφήμουν** αὐτὸν κινοῦντες τὰς

βλασφημία (*blasphēmia*; 3/18) *blasphemy*
Mk 3:28 ἁμαρτήματα καὶ αἱ **βλασφημίαι** ὅσα ἐὰν βλασφημήσωσιν·
Mk 7:22 **βλασφημία**,
Mk 14:64 ἠκούσατε τῆς **βλασφημίας**·

βλέπω (*blepō*; 15/132) *see*
Mk 4:12 ἵνα **βλέποντες** βλέπωσιν καὶ μὴ
Mk 4:12 ἵνα βλέποντες **βλέπωσιν** καὶ μὴ ἴδωσιν,
Mk 4:24 **βλέπετε** τί ἀκούετε.
Mk 5:31 **βλέπεις** τὸν ὄχλον συνθλίβοντά
Mk 8:15 **βλέπετε** ἀπὸ τῆς ζύμης
Mk 8:18 ὀφθαλμοὺς ἔχοντες οὐ **βλέπετε** καὶ ὦτα ἔχοντες
Mk 8:23 εἴ τι **βλέπεις**;
Mk 8:24 **βλέπω** τοὺς ἀνθρώπους ὅτι
Mk 12:14 οὐ γὰρ **βλέπεις** εἰς πρόσωπον ἀνθρώπων,
Mk 12:38 **βλέπετε** ἀπὸ τῶν γραμματέων
Mk 13:2 **βλέπεις** ταύτας τὰς μεγάλας
Mk 13:5 **βλέπετε** μή τις ὑμᾶς
Mk 13:9 **Βλέπετε** δὲ ὑμεῖς ἑαυτούς·
Mk 13:23 ὑμεῖς δὲ **βλέπετε**·
Mk 13:33 **Βλέπετε**,

βοανηργές (*boanērges*; 1/1) *Boanerges*
Mk 3:17 ἐπέθηκεν αὐτοῖς ὀνόμα[τα] **βοανηργές**,

βοάω (*boaō*; 2/12) *call*
Mk 1:3 φωνὴ **βοῶντος** ἐν τῇ ἐρήμῳ·
Mk 15:34 τῇ ἐνάτῃ ὥρᾳ **ἐβόησεν** ὁ Ἰησοῦς φωνῇ

βοηθέω (*boētheō*; 2/8) *help*
Mk 9:22 **βοήθησον** ἡμῖν σπλαγχνισθεὶς ἐφ᾿
Mk 9:24 **βοήθει** μου τῇ ἀπιστίᾳ.

βόσκω (*boskō*; 2/9) *tend*
Mk 5:11 ἀγέλη χοίρων μεγάλη **βοσκομένη**·
Mk 5:14 Καὶ οἱ **βόσκοντες** αὐτοὺς ἔφυγον καὶ

βουλευτής (*bouleutēs*; 1/2) *council member*
Mk 15:43 ἀπὸ Ἀριμαθαίας εὐσχήμων **βουλευτής**,

βούλομαι (*boulomai*; 1/37) *want*
Mk 15:15 Ὁ δὲ Πιλᾶτος **βουλόμενος** τῷ ὄχλῳ τὸ

βροντή (*brontē*; 1/12) *thunder*
Mk 3:17 ὅ ἐστιν υἱοὶ **βροντῆς**·

βρῶμα (*brōma*; 1/17) *food*
Mk 7:19 καθαρίζων πάντα τὰ **βρώματα**;

γαζοφυλάκιον (*gazophylakion*; 3/5) *temple treasury*
Mk 12:41 καθίσας κατέναντι τοῦ **γαζοφυλακίου** ἐθεώρει πῶς ὁ
Mk 12:41 χαλκὸν εἰς τὸ **γαζοφυλάκιον**.
Mk 12:43 βαλλόντων εἰς τὸ **γαζοφυλάκιον**·

γαλήνη (*galēnē*; 1/3) *calm*
Mk 4:39 ἄνεμος καὶ ἐγένετο **γαλήνη** μεγάλη.

Γαλιλαία (*Galilaia*; 12/61) *Galilee*
Mk 1:9 ἀπὸ Ναζαρὲτ τῆς **Γαλιλαίας** καὶ ἐβαπτίσθη
Mk 1:14 Ἰησοῦς εἰς τὴν **Γαλιλαίαν** κηρύσσων τὸ εὐαγγέλιον
Mk 1:16 τὴν θάλασσαν τῆς **Γαλιλαίας** εἶδεν Σίμωνα
Mk 1:28 τὴν περίχωρον τῆς **Γαλιλαίας**.
Mk 1:39 εἰς ὅλην τὴν **Γαλιλαίαν** καὶ τὰ δαιμόνια
Mk 3:7 πλῆθος ἀπὸ τῆς **Γαλιλαίας** [ἠκολούθησεν],

Mk 6:21 τοῖς πρώτοις τῆς **Γαλιλαίας**,
Mk 7:31 τὴν θάλασσαν τῆς **Γαλιλαίας** ἀνὰ μέσον τῶν
Mk 9:30 παρεπορεύοντο διὰ τῆς **Γαλιλαίας**,
Mk 14:28 ὑμᾶς εἰς τὴν **Γαλιλαίαν**.
Mk 15:41 ἦν ἐν τῇ **Γαλιλαίᾳ** ἠκολούθουν αὐτῷ καὶ
Mk 16:7 ὑμᾶς εἰς τὴν **Γαλιλαίαν**·

Γαλιλαῖος (*Galilaios*; 1/11) *Galilean*
Mk 14:70 καὶ γὰρ **Γαλιλαῖος** εἶ.

γαμέω (*gameō*; 4/28) *marry*
Mk 6:17 ὅτι αὐτὴν **ἐγάμησεν**·
Mk 10:11 γυναῖκα αὐτοῦ καὶ **γαμήσῃ** ἄλλην μοιχᾶται
Mk 10:12 τὸν ἄνδρα αὐτῆς **γαμήσῃ** ἄλλον μοιχᾶται.
Mk 12:25 νεκρῶν ἀναστῶσιν οὔτε **γαμοῦσιν** οὔτε γαμίζονται,

γαμίζω (*gamizō*; 1/7) *give in marriage*
Mk 12:25 οὔτε γαμοῦσιν οὔτε **γαμίζονται**,

γάρ (*gar*; 66/1041) *for*
Mk 1:16 ἦσαν **γὰρ** ἁλιεῖς.
Mk 1:22 ἦν **γὰρ** διδάσκων αὐτοὺς ὡς
Mk 1:38 εἰς τοῦτο **γὰρ** ἐξῆλθον.
Mk 2:15 ἦσαν **γὰρ** πολλοὶ καὶ ἠκολούθουν
Mk 3:10 πολλοὺς **γὰρ** ἐθεράπευσεν,
Mk 3:21 ἔλεγον **γὰρ** ὅτι ἐξέστη.
Mk 3:35 ὃς **[γὰρ]** ἂν ποιήσῃ τὸ
Mk 4:22 οὐ **γάρ** ἐστιν κρυπτὸν ἐὰν
Mk 4:25 ὃς **γὰρ** ἔχει,
Mk 5:8 ἔλεγεν **γὰρ** αὐτῷ·
Mk 5:28 ἔλεγεν **γὰρ** ὅτι ἐὰν ἅψωμαι
Mk 5:42 ἦν **γὰρ** ἐτῶν δώδεκα.
Mk 6:14 φανερὸν **γὰρ** ἐγένετο τὸ ὄνομα
Mk 6:17 Αὐτὸς **γὰρ** ὁ Ἡρῴδης ἀποστείλας
Mk 6:18 ἔλεγεν **γὰρ** ὁ Ἰωάννης τῷ
Mk 6:20 ὁ **γὰρ** Ἡρῴδης ἐφοβεῖτο τὸν
Mk 6:31 ἦσαν **γὰρ** οἱ ἐρχόμενοι καὶ
Mk 6:48 ἦν **γὰρ** ὁ ἄνεμος ἐναντίος
Mk 6:50 πάντες **γὰρ** αὐτὸν εἶδον καὶ
Mk 6:52 οὐ **γὰρ** συνῆκαν ἐπὶ τοῖς
Mk 7:3 οἱ **γὰρ** Φαρισαῖοι καὶ πάντες
Mk 7:10 Μωϋσῆς **γὰρ** εἶπεν·
Mk 7:21 ἔσωθεν **γὰρ** ἐκ τῆς καρδίας
Mk 7:27 οὐ **γάρ** ἐστιν καλὸν λαβεῖν
Mk 8:35 ὃς **γὰρ** ἐὰν θέλῃ τὴν
Mk 8:36 τί **γὰρ** ὠφελεῖ ἄνθρωπον κερδῆσαι
Mk 8:37 τί **γὰρ** δοῖ ἄνθρωπος ἀντάλλαγμα
Mk 8:38 ὃς **γὰρ** ἐὰν ἐπαισχυνθῇ με
Mk 9:6 οὐ **γὰρ** ᾔδει τί ἀποκριθῇ,
Mk 9:6 ἔκφοβοι **γὰρ** ἐγένοντο.
Mk 9:31 ἐδίδασκεν **γὰρ** τοὺς μαθητὰς αὐτοῦ
Mk 9:34 πρὸς ἀλλήλους **γὰρ** διελέχθησαν ἐν τῇ
Mk 9:39 οὐδεὶς **γάρ** ἐστιν ὃς ποιήσει
Mk 9:40 ὃς **γὰρ** οὐκ ἔστιν καθ'
Mk 9:41 Ὃς **γὰρ** ἂν ποτίσῃ ὑμᾶς
Mk 9:49 Πᾶς **γὰρ** πυρὶ ἁλισθήσεται.
Mk 10:14 τῶν **γὰρ** τοιούτων ἐστὶν ἡ
Mk 10:22 ἦν **γὰρ** ἔχων κτήματα πολλά.
Mk 10:27 πάντα **γὰρ** δυνατὰ παρὰ τῷ
Mk 10:45 καὶ **γὰρ** ὁ υἱὸς τοῦ
Mk 11:13 ὁ **γὰρ** καιρὸς οὐκ ἦν
Mk 11:18 ἐφοβοῦντο **γὰρ** αὐτόν,
Mk 11:18 πᾶς **γὰρ** ὁ ὄχλος ἐξεπλήσσετο
Mk 11:32 ἅπαντες **γὰρ** εἶχον τὸν Ἰωάννην
Mk 12:12 ἔγνωσαν **γὰρ** ὅτι πρὸς αὐτοὺς
Mk 12:14 οὐ **γὰρ** βλέπεις εἰς πρόσωπον
Mk 12:23 οἱ **γὰρ** ἑπτὰ ἔσχον αὐτὴν
Mk 12:25 ὅταν **γὰρ** ἐκ νεκρῶν ἀναστῶσιν
Mk 12:44 πάντες **γὰρ** ἐκ τοῦ περισσεύοντος
Mk 13:8 ἐγερθήσεται **γὰρ** ἔθνος ἐπ' ἔθνος
Mk 13:11 οὐ **γάρ** ἐστε ὑμεῖς οἱ
Mk 13:19 ἔσονται **γὰρ** αἱ ἡμέραι ἐκεῖναι
Mk 13:22 ἐγερθήσονται **γὰρ** ψευδόχριστοι καὶ ψευδοπροφῆται
Mk 13:33 οὐκ οἴδατε **γὰρ** πότε ὁ καιρός
Mk 13:35 οὐκ οἴδατε **γὰρ** πότε ὁ κύριος
Mk 14:2 ἔλεγον **γάρ**·
Mk 14:5 ἠδύνατο **γὰρ** τοῦτο τὸ μύρον
Mk 14:7 πάντοτε **γὰρ** τοὺς πτωχοὺς ἔχετε
Mk 14:40 ἦσαν **γὰρ** αὐτῶν οἱ ὀφθαλμοὶ
Mk 14:56 πολλοὶ **γὰρ** ἐψευδομαρτύρουν κατ' αὐτοῦ,
Mk 14:70 καὶ **γὰρ** Γαλιλαῖος εἶ.
Mk 15:10 ἐγίνωσκεν **γὰρ** ὅτι διὰ φθόνον
Mk 15:14 τί **γὰρ** ἐποίησεν κακόν;
Mk 16:4 ἦν γὰρ **μέγας** σφόδρα.
Mk 16:8 εἶχεν **γὰρ** αὐτὰς τρόμος καὶ
Mk 16:8 ἐφοβοῦντο **γάρ**.

γαστήρ (*gastēr*; 1/9) *womb*
Mk 13:17 δὲ ταῖς ἐν **γαστρὶ** ἐχούσαις καὶ ταῖς

γέεννα (*geenna*; 3/12) *hell*
Mk 9:43 ἀπελθεῖν εἰς τὴν **γέενναν**,
Mk 9:45 βληθῆναι εἰς τὴν **γέενναν**.
Mk 9:47 βληθῆναι εἰς τὴν **γέενναν**,

Γεθσημανί (*Gethsēmani*; 1/2) *Gethsemane*
Mk 14:32 οὗ τὸ ὄνομα **Γεθσημανὶ** καὶ λέγει τοῖς

γεμίζω (*gemizō*; 2/8) *fill*
Mk 4:37 ὥστε ἤδη **γεμίζεσθαι** τὸ πλοῖον.
Mk 15:36 δέ τις [καὶ] **γεμίσας** σπόγγον ὄξους περιθεὶς

γενεά (*genea*; 5/43) *generation*
Mk 8:12 τί ἡ **γενεὰ** αὕτη ζητεῖ σημεῖον;
Mk 8:12 εἰ δοθήσεται τῇ **γενεᾷ** ταύτῃ σημεῖον.
Mk 8:38 λόγους ἐν τῇ **γενεᾷ** ταύτῃ τῇ μοιχαλίδι
Mk 9:19 ὦ **γενεὰ** ἄπιστος,
Mk 13:30 μὴ παρέλθῃ ἡ **γενεὰ** αὕτη μέχρις οὗ

γενέσια (*genesia*; 1/2) *birthday celebration*
Mk 6:21 ὅτε Ἡρῴδης τοῖς **γενεσίοις** αὐτοῦ δεῖπνον ἐποίησεν

γένημα (*genēma*; 1/4) *product*
Mk 14:25 πίω ἐκ τοῦ **γενήματος** τῆς ἀμπέλου ἕως

γεννάω (*gennaō*; 1/97) *give birth (pass. be born)*
Mk 14:21 αὐτῷ εἰ οὐκ **ἐγεννήθη** ὁ ἄνθρωπος ἐκεῖνος.

Γεννησαρέτ (*Gennēsaret*; 1/3) *Gennesaret*

Mk 6:53 γῆν ἦλθον εἰς **Γεννησαρὲτ** καὶ προσωρμίσθησαν.

γένος (*genos*; 2/20) *family, race, nation*

Mk 7:26 Συροφοινίκισσα τῷ **γένει**·
Mk 9:29 τοῦτο τὸ **γένος** ἐν οὐδενὶ δύναται

Γερασηνός (*Gerasēnos*; 1/3) *of Gerasa*

Mk 5:1 τὴν χώραν τῶν **Γερασηνῶν**.

γεύομαι (*geuomai*; 1/15) *taste*

Mk 9:1 οἵτινες οὐ μὴ **γεύσωνται** θανάτου ἕως ἂν

γεωργός (*geōrgos*; 5/19) *vinedresser, farmer*

Mk 12:1 καὶ ἐξέδετο αὐτὸν **γεωργοῖς** καὶ ἀπεδήμησεν.
Mk 12:2 ἀπέστειλεν πρὸς τοὺς **γεωργοὺς** τῷ καιρῷ δοῦλον
Mk 12:2 ἵνα παρὰ τῶν **γεωργῶν** λάβῃ ἀπὸ τῶν
Mk 12:7 ἐκεῖνοι δὲ οἱ **γεωργοὶ** πρὸς ἑαυτοὺς εἶπαν
Mk 12:9 καὶ ἀπολέσει τοὺς **γεωργοὺς** καὶ δώσει τὸν

γῆ (*gē*; 19/248[250]) *earth, land*

Mk 2:10 ἁμαρτίας ἐπὶ τῆς **γῆς**
Mk 4:1 θάλασσαν ἐπὶ τῆς **γῆς** ἦσαν.
Mk 4:5 ὅπου οὐκ εἶχεν **γῆν** πολλήν,
Mk 4:5 μὴ ἔχειν βάθος **γῆς**·
Mk 4:8 ἔπεσεν εἰς τὴν **γῆν** τὴν καλὴν καὶ
Mk 4:20 οἱ ἐπὶ τὴν **γῆν** τὴν καλὴν σπαρέντες,
Mk 4:26 σπόρον ἐπὶ τῆς **γῆς**
Mk 4:28 αὐτομάτη ἡ **γῆ** καρποφορεῖ,
Mk 4:31 σπαρῇ ἐπὶ τῆς **γῆς**,
Mk 4:31 τῶν ἐπὶ τῆς **γῆς**,
Mk 6:47 μόνος ἐπὶ τῆς **γῆς**.
Mk 6:53 διαπεράσαντες ἐπὶ τὴν **γῆν** ἦλθον εἰς Γεννησαρὲτ
Mk 8:6 ἀναπεσεῖν ἐπὶ τῆς **γῆς**·
Mk 9:3 γναφεὺς ἐπὶ τῆς **γῆς** οὐ δύναται οὕτως
Mk 9:20 πεσὼν ἐπὶ τῆς **γῆς** ἐκυλίετο ἀφρίζων.
Mk 13:27 ἀνέμων ἀπ' ἄκρου **γῆς** ἕως ἄκρου οὐρανοῦ.
Mk 13:31 οὐρανὸς καὶ ἡ **γῆ** παρελεύσονται,
Mk 14:35 ἔπιπτεν ἐπὶ τῆς **γῆς** καὶ προσηύχετο ἵνα
Mk 15:33 ἐφ' ὅλην τὴν **γῆν** ἕως ὥρας ἐνάτης.

γίνομαι (*ginomai*; 54[55]/668[669]) *be, become*

Mk 1:4 **ἐγένετο** Ἰωάννης [ὁ] βαπτίζων
Mk 1:9 Καὶ **ἐγένετο** ἐν ἐκείναις ταῖς
Mk 1:11 καὶ φωνὴ **ἐγένετο** ἐκ τῶν οὐρανῶν·
Mk 1:17 καὶ ποιήσω ὑμᾶς **γενέσθαι** ἁλιεῖς ἀνθρώπων.
Mk 1:32 Ὀψίας δὲ **γενομένης**,
Mk 2:15 Καὶ **γίνεται** κατακεῖσθαι αὐτὸν ἐν
Mk 2:21 καὶ χεῖρον σχίσμα **γίνεται**.
Mk 2:23 Καὶ **ἐγένετο** αὐτὸν ἐν τοῖς
Mk 2:27 διὰ τὸν ἄνθρωπον **ἐγένετο** καὶ οὐχ ὁ
Mk 4:4 καὶ **ἐγένετο** ἐν τῷ σπείρειν
Mk 4:10 Καὶ ὅτε **ἐγένετο** κατὰ μόνας,
Mk 4:11 παραβολαῖς τὰ πάντα **γίνεται**,
Mk 4:17 εἶτα **γενομένης** θλίψεως ἢ διωγμοῦ
Mk 4:19 λόγον καὶ ἄκαρπος **γίνεται**.
Mk 4:22 οὐδὲ **ἐγένετο** ἀπόκρυφον ἀλλ' ἵνα
Mk 4:32 ἀναβαίνει καὶ **γίνεται** μεῖζον πάντων τῶν
Mk 4:35 τῇ ἡμέρᾳ ὀψίας **γενομένης**·
Mk 4:37 καὶ **γίνεται** λαῖλαψ μεγάλη ἀνέμου
Mk 4:39 ὁ ἄνεμος καὶ **ἐγένετο** γαλήνη μεγάλη.
Mk 5:14 τί ἐστιν τὸ **γεγονὸς**
Mk 5:16 οἱ ἰδόντες πῶς **ἐγένετο** τῷ δαιμονιζομένῳ
Mk 5:33 εἰδυῖα ὃ **γέγονεν** αὐτῇ,
Mk 6:2 καὶ **γενομένου** σαββάτου ἤρξατο διδάσκειν
Mk 6:2 τῶν χειρῶν αὐτοῦ **γινόμεναι**;
Mk 6:14 φανερὸν γὰρ **ἐγένετο** τὸ ὄνομα αὐτοῦ,
Mk 6:21 Καὶ **γενομένης** ἡμέρας εὐκαίρου ὅτε
Mk 6:26 καὶ περίλυπος **γενόμενος** ὁ βασιλεὺς διὰ
Mk 6:35 ἤδη ὥρας πολλῆς **γενομένης** προσελθόντες αὐτῷ οἱ
Mk 6:47 καὶ ὀψίας **γενομένης** ἦν τὸ πλοῖον
Mk 9:3 τὰ ἱμάτια αὐτοῦ **ἐγένετο** στίλβοντα λευκὰ λίαν,
Mk 9:6 ἔκφοβοι γὰρ **ἐγένοντο**.
Mk 9:7 καὶ **ἐγένετο** νεφέλη ἐπισκιάζουσα αὐτοῖς,
Mk 9:7 καὶ **ἐγένετο** φωνὴ ἐκ τῆς
Mk 9:21 ἐστὶν ὡς τοῦτο **γέγονεν** αὐτῷ;
Mk 9:26 καὶ **ἐγένετο** ὡσεὶ νεκρός,
Mk 9:33 ἐν τῇ οἰκίᾳ **γενόμενος** ἐπηρώτα αὐτούς·
Mk 9:50 τὸ ἅλας ἄναλον **γένηται**,
Mk 10:43 ἂν θέλῃ μέγας **γενέσθαι** ἐν ὑμῖν ἔσται
Mk 11:19 Καὶ ὅταν ὀψὲ **ἐγένετο**,
Mk 11:23 ὅτι ὃ λαλεῖ **γίνεται**,
Mk 12:10 οὗτος **ἐγενήθη** εἰς κεφαλὴν γωνίας·
Mk 12:11 παρὰ κυρίου **ἐγένετο** αὕτη καὶ ἔστιν
Mk 13:7 δεῖ **γενέσθαι**,
Mk 13:18 δὲ ἵνα μὴ **γένηται** χειμῶνος·
Mk 13:19 θλῖψις οἵα οὐ **γέγονεν** τοιαύτη ἀπ' ἀρχῆς
Mk 13:19 καὶ οὐ μὴ **γένηται**.
Mk 13:28 κλάδος αὐτῆς ἁπαλὸς **γένηται** καὶ ἐκφύῃ τὰ
Mk 13:29 ὅταν ἴδητε ταῦτα **γινόμενα**,
Mk 13:30 οὗ ταῦτα πάντα **γένηται**.
Mk 14:4 αὕτη τοῦ μύρου **γέγονεν**;
Mk 14:17 Καὶ ὀψίας **γενομένης** ἔρχεται μετὰ τῶν
Mk 15:33 Καὶ **γενομένης** ὥρας ἕκτης σκότος
Mk 15:33 ὥρας ἕκτης σκότος **ἐγένετο** ἐφ' ὅλην τὴν
Mk 15:42 Καὶ ἤδη ὀψίας **γενομένης**,
[Mk 16:10] τοῖς μετ' αὐτοῦ **γενομένοις** πενθοῦσι καὶ κλαίουσιν·

γινώσκω (*ginōskō*; 12/222) *know*

Mk 4:13 πάσας τὰς παραβολὰς **γνώσεσθε**;
Mk 5:29 αἵματος αὐτῆς καὶ **ἔγνω** τῷ σώματι ὅτι
Mk 5:43 πολλὰ ἵνα μηδεὶς **γνοῖ** τοῦτο,
Mk 6:38 καὶ γνόντες **λέγουσιν**·
Mk 7:24 οἰκίαν οὐδένα ἤθελεν **γνῶναι**,
Mk 8:17 καὶ **γνοὺς** λέγει αὐτοῖς·
Mk 9:30 ἤθελεν ἵνα τις **γνοῖ**·
Mk 12:12 **ἔγνωσαν** γὰρ ὅτι πρὸς
Mk 13:28 **γινώσκετε** ὅτι ἐγγὺς τὸ
Mk 13:29 **γινώσκετε** ὅτι ἐγγύς ἐστιν
Mk 15:10 **ἐγίνωσκεν** γὰρ ὅτι διὰ
Mk 15:45 καὶ **γνοὺς** ἀπὸ τοῦ κεντυρίωνος

γλῶσσα (*glōssa*; 2[3]/49[50]) *tongue, language*

Mk 7:33 πτύσας ἥψατο τῆς **γλώσσης** αὐτοῦ,
Mk 7:35 ὁ δεσμὸς τῆς **γλώσσης** αὐτοῦ καὶ ἐλάλει
[Mk 16:17] **γλώσσαις** λαλήσουσιν καιναῖς,

γναφεύς (*gnapheus*; 1/1) *one who bleaches*
Mk 9:3 οἷα **γναφεὺς** ἐπὶ τῆς γῆς

Γολγοθᾶ (*Golgotha*; 1/3) *Golgotha*
Mk 15:22 αὐτὸν ἐπὶ τὸν **Γολγοθᾶν** τόπον,

γονεύς (*goneus*; 1/20) *parent*
Mk 13:12 ἐπαναστήσονται τέκνα ἐπὶ **γονεῖς** καὶ θανατώσουσιν αὐτούς·

γόνυ (*gony*; 1/12) *knee*
Mk 15:19 καὶ τιθέντες τὰ **γόνατα** προσεκύνουν αὐτῷ.

γονυπετέω (*gonypeteō*; 2/3) *kneel*
Mk 1:40 παρακαλῶν αὐτὸν [καὶ **γονυπετῶν**] καὶ λέγων αὐτῷ
Mk 10:17 προσδραμὼν εἷς καὶ **γονυπετήσας** αὐτὸν ἐπηρώτα αὐτόν·

γραμματεύς (*grammateus*; 21/62[63]) *scribe*
Mk 1:22 οὐχ ὡς οἱ **γραμματεῖς**.
Mk 2:6 δέ τινες τῶν **γραμματέων** ἐκεῖ καθήμενοι καὶ
Mk 2:16 καὶ οἱ **γραμματεῖς** τῶν Φαρισαίων ἰδόντες
Mk 3:22 Καὶ οἱ **γραμματεῖς** οἱ ἀπὸ Ἱεροσολύμων
Mk 7:1 καί τινες τῶν **γραμματέων** ἐλθόντες ἀπὸ Ἱεροσολύμων.
Mk 7:5 Φαρισαῖοι καὶ οἱ **γραμματεῖς**·
Mk 8:31 ἀρχιερέων καὶ τῶν **γραμματέων** καὶ ἀποκτανθῆναι καὶ
Mk 9:11 ὅτι λέγουσιν οἱ **γραμματεῖς** ὅτι Ἠλίαν δεῖ
Mk 9:14 περὶ αὐτοὺς καὶ **γραμματεῖς** συζητοῦντας πρὸς αὐτούς.
Mk 10:33 ἀρχιερεῦσιν καὶ τοῖς **γραμματεῦσιν**,
Mk 11:18 ἀρχιερεῖς καὶ οἱ **γραμματεῖς** καὶ ἐζήτουν πῶς
Mk 11:27 ἀρχιερεῖς καὶ οἱ **γραμματεῖς** καὶ οἱ πρεσβύτεροι
Mk 12:28 προσελθὼν εἷς τῶν **γραμματέων** ἀκούσας αὐτῶν συζητούντων,
Mk 12:32 εἶπεν αὐτῷ ὁ **γραμματεύς**·
Mk 12:35 πῶς λέγουσιν οἱ **γραμματεῖς** ὅτι ὁ χριστὸς
Mk 12:38 βλέπετε ἀπὸ τῶν **γραμματέων** τῶν θελόντων
Mk 14:1 ἀρχιερεῖς καὶ οἱ **γραμματεῖς** πῶς αὐτὸν ἐν
Mk 14:43 ἀρχιερέων καὶ τῶν **γραμματέων** καὶ τῶν πρεσβυτέρων.
Mk 14:53 πρεσβύτεροι καὶ οἱ **γραμματεῖς**.
Mk 15:1 τῶν πρεσβυτέρων καὶ **γραμματέων** καὶ ὅλον
Mk 15:31 ἀλλήλους μετὰ τῶν **γραμματέων** ἔλεγον·

γραφή (*graphē*; 3/50) *Scripture*
Mk 12:10 οὐδὲ τὴν **γραφὴν** ταύτην ἀνέγνωτε·
Mk 12:24 μὴ εἰδότες τὰς **γραφὰς** μηδὲ τὴν δύναμιν
Mk 14:49 ἵνα πληρωθῶσιν αἱ **γραφαί**.

γράφω (*graphō*; 10/190[191]) *write*
Mk 1:2 Καθὼς **γέγραπται** ἐν τῷ Ἠσαΐᾳ
Mk 7:6 ὡς **γέγραπται** [ὅτι] οὗτος ὁ
Mk 9:12 καὶ πῶς γέγραπται **ἐπὶ** τὸν υἱὸν τοῦ
Mk 9:13 καθὼς **γέγραπται** ἐπ' αὐτόν.
Mk 10:4 Μωϋσῆς βιβλίον ἀποστασίου **γράψαι** καὶ ἀπολῦσαι.
Mk 10:5 τὴν σκληροκαρδίαν ὑμῶν **ἔγραψεν** ὑμῖν τὴν ἐντολὴν
Mk 11:17 οὐ **γέγραπται** ὅτι ὁ οἶκός
Mk 12:19 Μωϋσῆς **ἔγραψεν** ἡμῖν ὅτι ἐάν
Mk 14:21 ἀνθρώπου ὑπάγει καθὼς **γέγραπται** περὶ αὐτοῦ,
Mk 14:27 ὅτι **γέγραπται**·

γρηγορέω (*grēgoreō*; 6/22) *watch, keep awake*
Mk 13:34 θυρωρῷ ἐνετείλατο ἵνα **γρηγορῇ**.
Mk 13:35 **γρηγορεῖτε** οὖν·
Mk 13:37 **γρηγορεῖτε**.
Mk 14:34 μείνατε ὧδε καὶ **γρηγορεῖτε**.
Mk 14:37 ἴσχυσας μίαν ὥραν **γρηγορῆσαι**;
Mk 14:38 **γρηγορεῖτε** καὶ προσεύχεσθε,

γυμνός (*gymnos*; 2/15) *naked*
Mk 14:51 περιβεβλημένος σινδόνα ἐπὶ **γυμνοῦ**,
Mk 14:52 καταλιπὼν τὴν σινδόνα **γυμνὸς** ἔφυγεν.

γυνή (*gynē*; 17/211[215]) *woman, wife*
Mk 5:25 Καὶ **γυνὴ** οὖσα ἐν ῥύσει
Mk 5:33 ἡ δὲ **γυνὴ** φοβηθεῖσα καὶ τρέμουσα,
Mk 6:17 διὰ Ἡρῳδιάδα τὴν **γυναῖκα** Φιλίππου τοῦ ἀδελφοῦ
Mk 6:18 σοι ἔχειν τὴν **γυναῖκα** τοῦ ἀδελφοῦ σου.
Mk 7:25 ἀλλ' εὐθὺς ἀκούσασα **γυνὴ** περὶ αὐτοῦ,
Mk 7:26 ἡ δὲ **γυνὴ** ἦν Ἑλληνίς,
Mk 10:2 εἰ ἔξεστιν ἀνδρὶ **γυναῖκα** ἀπολῦσαι,
Mk 10:7 προσκολληθήσεται πρὸς τὴν **γυναῖκα** αὐτοῦ],
Mk 10:11 ἂν ἀπολύσῃ τὴν **γυναῖκα** αὐτοῦ καὶ γαμήσῃ
Mk 12:19 ἀποθάνῃ καὶ καταλίπῃ **γυναῖκα** καὶ μὴ ἀφῇ
Mk 12:19 ἀδελφὸς αὐτοῦ τὴν **γυναῖκα** καὶ ἐξαναστήσῃ σπέρμα
Mk 12:20 ὁ πρῶτος ἔλαβεν **γυναῖκα** καὶ ἀποθνῄσκων
Mk 12:22 πάντων καὶ ἡ **γυνὴ** ἀπέθανεν.
Mk 12:23 τίνος αὐτῶν ἔσται **γυνή**;
Mk 12:23 ἑπτὰ ἔσχον αὐτὴν **γυναῖκα**.
Mk 14:3 κατακειμένου αὐτοῦ ἦλθεν **γυνὴ** ἔχουσα ἀλάβαστρον μύρου
Mk 15:40 Ἦσαν δὲ καὶ **γυναῖκες** ἀπὸ μακρόθεν θεωροῦσαι,

γωνία (*gōnia*; 1/9) *corner*
Mk 12:10 ἐγενήθη εἰς κεφαλὴν **γωνίας**·

δαιμονίζομαι (*daimonizomai*; 4/13) *be demon-possessed*
Mk 1:32 ἔχοντας καὶ τοὺς **δαιμονιζομένους**·
Mk 5:15 καὶ θεωροῦσιν τὸν **δαιμονιζόμενον** καθήμενον ἱματισμένον καὶ
Mk 5:16 πῶς ἐγένετο τῷ **δαιμονιζομένῳ** καὶ περὶ τῶν
Mk 5:18 παρεκάλει αὐτὸν ὁ **δαιμονισθεὶς** ἵνα μετ' αὐτοῦ

δαιμόνιον (*daimonion*; 11[13]/61[63]) *demon*
Mk 1:34 ποικίλαις νόσοις καὶ **δαιμόνια** πολλὰ ἐξέβαλεν καὶ
Mk 1:34 ἤφιεν λαλεῖν τὰ **δαιμόνια**,
Mk 1:39 Γαλιλαίαν καὶ τὰ **δαιμόνια** ἐκβάλλων.
Mk 3:15 ἐξουσίαν ἐκβάλλειν τὰ **δαιμόνια**·

Mk 3:22 τῷ ἄρχοντι τῶν **δαιμονίων** ἐκβάλλει τὰ δαιμόνια.
Mk 3:22 δαιμονίων ἐκβάλλει τὰ **δαιμόνια**.
Mk 6:13 καὶ **δαιμόνια** πολλὰ ἐξέβαλλον,
Mk 7:26 αὐτὸν ἵνα τὸ **δαιμόνιον** ἐκβάλῃ ἐκ τῆς
Mk 7:29 θυγατρός σου τὸ **δαιμόνιον**.
Mk 7:30 κλίνην καὶ τὸ **δαιμόνιον** ἐξεληλυθός.
Mk 9:38 ὀνόματί σου ἐκβάλλοντα **δαιμόνια** καὶ ἐκωλύομεν αὐτόν,
[Mk 16:9] ἧς ἐκβεβλήκει ἑπτὰ **δαιμόνια**.
[Mk 16:17] τῷ ὀνόματί μου **δαιμόνια** ἐκβαλοῦσιν,

δάκτυλος (*daktylos*; 1/7[8]) *finger*
Mk 7:33 ἰδίαν ἔβαλεν τοὺς **δακτύλους** αὐτοῦ εἰς τὰ

Δαλμανουθά (*Dalmanoutha*; 1/1) *Dalmanutha*
Mk 8:10 εἰς τὰ μέρη **Δαλμανουθά**.

δαμάζω (*damazō*; 1/4) *subdue, tame, control*
Mk 5:4 οὐδεὶς ἴσχυεν αὐτὸν **δαμάσαι**·

δαπανάω (*dapanaō*; 1/5) *spend*
Mk 5:26 πολλῶν ἰατρῶν καὶ **δαπανήσασα** τὰ παρ' αὐτῆς

Δαυίδ (*Dauid*; 7/59) *David*
Mk 2:25 ἀνέγνωτε τί ἐποίησεν **Δαυὶδ** ὅτε χρείαν ἔσχεν
Mk 10:47 υἱὲ **Δαυὶδ** Ἰησοῦ,
Mk 10:48 υἱὲ **Δαυίδ**,
Mk 11:10 τοῦ πατρὸς ἡμῶν **Δαυίδ**·
Mk 12:35 ὁ χριστὸς υἱὸς **Δαυίδ** ἐστιν;
Mk 12:36 αὐτὸς **Δαυὶδ** εἶπεν ἐν τῷ
Mk 12:37 αὐτὸς **Δαυὶδ** λέγει αὐτὸν κύριον,

δέ (*de*; 155[163]/2773[2792]) *but, and*
Mk 1:8 αὐτὸς **δὲ** βαπτίσει ὑμᾶς ἐν
Mk 1:14 Μετὰ **δὲ** τὸ παραδοθῆναι τὸν
Mk 1:30 ἡ **δὲ** πενθερὰ Σίμωνος κατέκειτο
Mk 1:32 Ὀψίας **δὲ** γενομένης,
Mk 1:45 ὁ **δὲ** ἐξελθὼν ἤρξατο κηρύσσειν
Mk 2:6 ἦσαν **δέ** τινες τῶν γραμματέων
Mk 2:10 ἵνα **δὲ** εἰδῆτε ὅτι ἐξουσίαν
Mk 2:18 οἱ **δὲ** σοὶ μαθηταὶ οὐ
Mk 2:20 ἐλεύσονται **δὲ** ἡμέραι ὅταν ἀπαρθῇ
Mk 2:21 εἰ **δὲ** μή,
Mk 2:22 εἰ **δὲ** μή,
Mk 3:4 οἱ **δὲ** ἐσιώπων.
Mk 3:29 ὃς **δ'** ἂν βλασφημήσῃ εἰς
Mk 4:11 ἐκείνοις **δὲ** τοῖς ἔξω ἐν
Mk 4:15 οὗτοι **δέ** εἰσιν οἱ παρὰ
Mk 4:29 ὅταν **δὲ** παραδοῖ ὁ καρπός,
Mk 4:34 χωρὶς **δὲ** παραβολῆς οὐκ ἐλάλει
Mk 4:34 κατ' ἰδίαν **δὲ** τοῖς ἰδίοις μαθηταῖς
Mk 5:11 ἦν **δὲ** ἐκεῖ πρὸς τῷ
Mk 5:33 ἡ **δὲ** γυνὴ φοβηθεῖσα καὶ
Mk 5:34 ὁ **δὲ** εἶπεν αὐτῇ·
Mk 5:36 ὁ **δὲ** Ἰησοῦς παρακούσας τὸν
Mk 5:40 αὐτὸς **δὲ** ἐκβαλὼν πάντας παραλαμβάνει
Mk 6:15 ἄλλοι **δὲ** ἔλεγον ὅτι Ἠλίας
Mk 6:15 ἄλλοι **δὲ** ἔλεγον ὅτι προφήτης
Mk 6:16 ἀκούσας **δὲ** ὁ Ἡρῴδης ἔλεγεν·
Mk 6:19 ἡ **δὲ** Ἡρῳδιὰς ἐνεῖχεν αὐτῷ
Mk 6:24 ἡ **δὲ** εἶπεν·
Mk 6:37 ὁ **δὲ** ἀποκριθεὶς εἶπεν αὐτοῖς·
Mk 6:38 ὁ **δὲ** λέγει αὐτοῖς·
Mk 6:49 οἱ **δὲ** ἰδόντες αὐτὸν ἐπὶ
Mk 6:50 ὁ **δὲ** εὐθὺς ἐλάλησεν μετ'
Mk 7:6 Ὁ **δὲ** εἶπεν αὐτοῖς·
Mk 7:6 ἡ **δὲ** καρδία αὐτῶν πόρρω
Mk 7:7 μάτην **δὲ** σέβονταί με διδάσκοντες
Mk 7:11 ὑμεῖς **δὲ** λέγετε·
Mk 7:20 ἔλεγεν **δὲ** ὅτι τὸ ἐκ
Mk 7:24 Ἐκεῖθεν **δὲ** ἀναστὰς ἀπῆλθεν εἰς
Mk 7:26 ἡ **δὲ** γυνὴ ἦν Ἑλληνίς,
Mk 7:28 ἡ **δὲ** ἀπεκρίθη καὶ λέγει
Mk 7:36 ὅσον δὲ **αὐτοῖς** διεστέλλετο,
Mk 8:5 οἱ **δὲ** εἶπαν·
Mk 8:9 ἦσαν **δὲ** ὡς τετρακισχίλιοι.
Mk 8:28 οἱ **δὲ** εἶπαν αὐτῷ λέγοντες
Mk 8:28 ἄλλοι **δὲ** ὅτι εἷς τῶν
Mk 8:29 ὑμεῖς **δὲ** τίνα με λέγετε
Mk 8:33 ὁ **δὲ** ἐπιστραφεὶς καὶ ἰδὼν
Mk 8:35 ὃς **δ'** ἂν ἀπολέσει τὴν
Mk 9:12 ὁ **δὲ** ἔφη αὐτοῖς·
Mk 9:19 ὁ **δὲ** ἀποκριθεὶς αὐτοῖς λέγει·
Mk 9:21 ὁ **δὲ** εἶπεν·
Mk 9:23 ὁ **δὲ** Ἰησοῦς εἶπεν αὐτῷ·
Mk 9:25 ἰδὼν **δὲ** ὁ Ἰησοῦς ὅτι
Mk 9:27 ὁ **δὲ** Ἰησοῦς κρατήσας τῆς
Mk 9:32 οἱ **δὲ** ἠγνόουν τὸ ῥῆμα,
Mk 9:34 οἱ **δὲ** ἐσιώπων·
Mk 9:39 ὁ **δὲ** Ἰησοῦς εἶπεν·
Mk 9:50 ἐὰν **δὲ** τὸ ἅλας ἄναλον
Mk 10:3 ὁ **δὲ** ἀποκριθεὶς εἶπεν αὐτοῖς·
Mk 10:4 οἱ **δὲ** εἶπαν·
Mk 10:5 ὁ **δὲ** Ἰησοῦς εἶπεν αὐτοῖς·
Mk 10:6 ἀπὸ **δὲ** ἀρχῆς κτίσεως ἄρσεν
Mk 10:13 οἱ **δὲ** μαθηταὶ ἐπετίμησαν αὐτοῖς.
Mk 10:14 ἰδὼν **δὲ** ὁ Ἰησοῦς ἠγανάκτησεν
Mk 10:18 ὁ **δὲ** Ἰησοῦς εἶπεν αὐτῷ·
Mk 10:20 ὁ **δὲ** ἔφη αὐτῷ·
Mk 10:21 ὁ **δὲ** Ἰησοῦς ἐμβλέψας αὐτῷ
Mk 10:22 ὁ **δὲ** στυγνάσας ἐπὶ τῷ
Mk 10:24 οἱ **δὲ** μαθηταὶ ἐθαμβοῦντο ἐπὶ
Mk 10:24 ὁ **δὲ** Ἰησοῦς πάλιν ἀποκριθεὶς
Mk 10:26 οἱ **δὲ** περισσῶς ἐξεπλήσσοντο λέγοντες
Mk 10:31 πολλοὶ **δὲ** ἔσονται πρῶτοι ἔσχατοι
Mk 10:32 Ἦσαν **δὲ** ἐν τῇ ὁδῷ
Mk 10:32 οἱ **δὲ** ἀκολουθοῦντες ἐφοβοῦντο.
Mk 10:36 ὁ **δὲ** εἶπεν αὐτοῖς·
Mk 10:37 οἱ **δὲ** εἶπαν αὐτῷ·
Mk 10:38 ὁ **δὲ** Ἰησοῦς εἶπεν αὐτοῖς·
Mk 10:39 οἱ **δὲ** εἶπαν αὐτῷ·
Mk 10:39 ὁ **δὲ** Ἰησοῦς εἶπεν αὐτοῖς·
Mk 10:40 τὸ **δὲ** καθίσαι ἐκ δεξιῶν
Mk 10:43 οὐχ οὕτως **δέ** ἐστιν ἐν ὑμῖν,
Mk 10:48 ὁ **δὲ** πολλῷ μᾶλλον ἔκραζεν·
Mk 10:50 ὁ **δὲ** ἀποβαλὼν τὸ ἱμάτιον
Mk 10:51 ὁ **δὲ** τυφλὸς εἶπεν αὐτῷ·
Mk 11:6 οἱ **δὲ** εἶπαν αὐτοῖς καθὼς
Mk 11:8 ἄλλοι **δὲ** στιβάδας κόψαντες ἐκ
Mk 11:17 ὑμεῖς **δὲ** πεποιήκατε αὐτὸν σπήλαιον
Mk 11:29 ὁ **δὲ** Ἰησοῦς εἶπεν αὐτοῖς·
Mk 12:5 οὓς **δὲ** ἀποκτέννοντες.
Mk 12:7 ἐκεῖνοι **δὲ** οἱ γεωργοὶ πρὸς

Mk 12:15 ὁ **δὲ** εἰδὼς αὐτῶν τὴν
Mk 12:16 οἱ **δὲ** ἤνεγκαν.
Mk 12:16 οἱ **δὲ** εἶπαν αὐτῷ·
Mk 12:17 ὁ **δὲ** Ἰησοῦς εἶπεν αὐτοῖς·
Mk 12:26 περὶ **δὲ** τῶν νεκρῶν ὅτι
Mk 12:44 αὕτη **δὲ** ἐκ τῆς ὑστερήσεως
Mk 13:5 ὁ **δὲ** Ἰησοῦς ἤρξατο λέγειν
Mk 13:7 ὅταν **δὲ** ἀκούσητε πολέμους καὶ
Mk 13:9 Βλέπετε **δὲ** ὑμεῖς ἑαυτούς·
Mk 13:13 ὁ **δὲ** ὑπομείνας εἰς τέλος
Mk 13:14 Ὅταν **δὲ** ἴδητε τὸ βδέλυγμα
Mk 13:15 ὁ **[δὲ]** ἐπὶ τοῦ δώματος
Mk 13:17 οὐαὶ **δὲ** ταῖς ἐν γαστρὶ
Mk 13:18 προσεύχεσθε **δὲ** ἵνα μὴ γένηται
Mk 13:23 ὑμεῖς **δὲ** βλέπετε·
Mk 13:28 Ἀπὸ **δὲ** τῆς συκῆς μάθετε
Mk 13:31 οἱ **δὲ** λόγοι μου οὐ
Mk 13:32 Περὶ **δὲ** τῆς ἡμέρας ἐκείνης
Mk 13:37 ὃ **δὲ** ὑμῖν λέγω πᾶσιν
Mk 14:1 Ἦν **δὲ** τὸ πάσχα καὶ
Mk 14:4 ἦσαν **δέ** τινες ἀγανακτοῦντες πρὸς
Mk 14:6 ὁ **δὲ** Ἰησοῦς εἶπεν·
Mk 14:7 ἐμὲ **δὲ** οὐ πάντοτε ἔχετε.
Mk 14:9 ἀμὴν **δὲ** λέγω ὑμῖν,
Mk 14:11 οἱ **δὲ** ἀκούσαντες ἐχάρησαν καὶ
Mk 14:20 ὁ **δὲ** εἶπεν αὐτοῖς·
Mk 14:21 οὐαὶ **δὲ** τῷ ἀνθρώπῳ ἐκείνῳ
Mk 14:29 ὁ **δὲ** Πέτρος ἔφη αὐτῷ·
Mk 14:31 ὁ **δὲ** ἐκπερισσῶς ἐλάλει·
Mk 14:31 ὡσαύτως **δὲ** καὶ πάντες ἔλεγον.
Mk 14:38 πνεῦμα πρόθυμον ἡ **δὲ** σὰρξ ἀσθενής.
Mk 14:44 δεδώκει **δὲ** ὁ παραδιδοὺς αὐτὸν
Mk 14:46 οἱ **δὲ** ἐπέβαλον τὰς χεῖρας
Mk 14:47 εἷς **δέ** [τις] τῶν παρεστηκότων
Mk 14:52 ὁ **δὲ** καταλιπὼν τὴν σινδόνα
Mk 14:55 Οἱ **δὲ** ἀρχιερεῖς καὶ ὅλον
Mk 14:61 ὁ **δὲ** ἐσιώπα καὶ οὐκ
Mk 14:62 ὁ **δὲ** Ἰησοῦς εἶπεν·
Mk 14:63 ὁ **δὲ** ἀρχιερεὺς διαρρήξας τοὺς
Mk 14:64 οἱ **δὲ** πάντες κατέκριναν αὐτὸν
Mk 14:68 ὁ **δὲ** ἠρνήσατο λέγων·
Mk 14:70 ὁ **δὲ** πάλιν ἠρνεῖτο.
Mk 14:71 ὁ **δὲ** ἤρξατο ἀναθεματίζειν καὶ
Mk 15:2 ὁ **δὲ** ἀποκριθεὶς αὐτῷ λέγει·
Mk 15:4 ὁ **δὲ** Πιλᾶτος πάλιν ἐπηρώτα
Mk 15:5 ὁ **δὲ** Ἰησοῦς οὐκέτι οὐδὲν
Mk 15:6 Κατὰ **δὲ** ἑορτὴν ἀπέλυεν αὐτοῖς
Mk 15:7 ἦν **δὲ** ὁ λεγόμενος Βαραββᾶς
Mk 15:9 ὁ **δὲ** Πιλᾶτος ἀπεκρίθη αὐτοῖς
Mk 15:11 οἱ **δὲ** ἀρχιερεῖς ἀνέσεισαν τὸν
Mk 15:12 ὁ **δὲ** Πιλᾶτος πάλιν ἀποκριθεὶς
Mk 15:13 οἱ **δὲ** πάλιν ἔκραξαν·
Mk 15:14 ὁ **δὲ** Πιλᾶτος ἔλεγεν αὐτοῖς·
Mk 15:14 οἱ **δὲ** περισσῶς ἔκραξαν·
Mk 15:15 Ὁ **δὲ** Πιλᾶτος βουλόμενος τῷ
Mk 15:16 Οἱ **δὲ** στρατιῶται ἀπήγαγον αὐτὸν
Mk 15:23 ὃς **δὲ** οὐκ ἔλαβεν.
Mk 15:25 ἦν **δὲ** ὥρα τρίτη καὶ
Mk 15:36 δραμὼν **δέ** τις [καὶ] γεμίσας
Mk 15:37 ὁ **δὲ** Ἰησοῦς ἀφεὶς φωνὴν
Mk 15:39 ἰδὼν **δὲ** ὁ κεντυρίων ὁ
Mk 15:40 Ἦσαν **δὲ** καὶ γυναῖκες ἀπὸ
Mk 15:44 ὁ **δὲ** Πιλᾶτος ἐθαύμασεν εἰ
Mk 15:47 ἡ **δὲ** Μαρία ἡ Μαγδαληνὴ
Mk 16:6 ὁ **δὲ** λέγει αὐταῖς·
[Mk 16:8] [[πάντα **δὲ** τὰ παρηγγελμένα τοῖς
[Mk 16:8] Μετὰ **δὲ** ταῦτα καὶ αὐτὸς
[Mk 16:9] [[Ἀναστὰς **δὲ** πρωῒ πρώτῃ σαββάτου
[Mk 16:12] Μετὰ **δὲ** ταῦτα δυσὶν ἐξ
[Mk 16:14] Ὕστερον **[δὲ]** ἀνακειμένοις αὐτοῖς τοῖς
[Mk 16:16] ὁ **δὲ** ἀπιστήσας κατακριθήσεται.
[Mk 16:17] σημεῖα **δὲ** τοῖς πιστεύσασιν ταῦτα
[Mk 16:20] ἐκεῖνοι **δὲ** ἐξελθόντες ἐκήρυξαν πανταχοῦ,

δεῖ (*dei*; 6/101) *it is necessary*

Mk 8:31 διδάσκειν αὐτοὺς ὅτι **δεῖ** τὸν υἱὸν τοῦ
Mk 9:11 γραμματεῖς ὅτι Ἠλίαν **δεῖ** ἐλθεῖν πρῶτον;
Mk 13:7 **δεῖ** γενέσθαι,
Mk 13:10 τὰ ἔθνη πρῶτον **δεῖ** κηρυχθῆναι τὸ εὐαγγέλιον.
Mk 13:14 ἑστηκότα ὅπου οὐ **δεῖ**,
Mk 14:31 ἐὰν **δέῃ** με συναποθανεῖν σοι,

δείκνυμι (*deiknymi*; 2/33) *show*

Mk 1:44 ἀλλὰ ὕπαγε σεαυτὸν **δεῖξον** τῷ ἱερεῖ καὶ
Mk 14:15 καὶ αὐτὸς ὑμῖν **δείξει** ἀνάγαιον μέγα ἐστρωμένον

δειλός (*deilos*; 1/3) *cowardly*

Mk 4:40 τί **δειλοί** ἐστε;

δεῖπνον (*deipnon*; 2/16) *dinner, feast*

Mk 6:21 τοῖς γενεσίοις αὐτοῦ **δεῖπνον** ἐποίησεν τοῖς μεγιστᾶσιν
Mk 12:39 πρωτοκλισίας ἐν τοῖς **δείπνοις**,

δέκα (*deka*; 1/25) *ten*

Mk 10:41 Καὶ ἀκούσαντες οἱ **δέκα** ἤρξαντο ἀγανακτεῖν περὶ

Δεκάπολις (*Dekapolis*; 2/3) *Decapolis*

Mk 5:20 κηρύσσειν ἐν τῇ **Δεκαπόλει** ὅσα ἐποίησεν αὐτῷ
Mk 7:31 μέσον τῶν ὁρίων **Δεκαπόλεως**.

δένδρον (*dendron*; 1/25) *tree*

Mk 8:24 ἀνθρώπους ὅτι ὡς **δένδρα** ὁρῶ περιπατοῦντας.

δεξιός (*dexios*; 6[7]/53[54]) *right*

Mk 10:37 εἷς σου ἐκ **δεξιῶν** καὶ εἷς ἐξ
Mk 10:40 δὲ καθίσαι ἐκ **δεξιῶν** μου ἢ ἐξ
Mk 12:36 κάθου ἐκ **δεξιῶν** μου,
Mk 14:62 τοῦ ἀνθρώπου ἐκ **δεξιῶν** καθήμενον τῆς δυνάμεως
Mk 15:27 ἕνα ἐκ **δεξιῶν** καὶ ἕνα ἐξ
Mk 16:5 καθήμενον ἐν τοῖς **δεξιοῖς** περιβεβλημένον στολὴν λευκήν,
[Mk 16:19] καὶ ἐκάθισεν ἐκ **δεξιῶν** τοῦ θεοῦ.

δερμάτινος (*dermatinos*; 1/2) *of leather*

Mk 1:6 καμήλου καὶ ζώνην **δερματίνην** περὶ τὴν ὀσφὺν

δέρω (*derō*; 3/15) *beat*

Mk 12:3 καὶ λαβόντες αὐτὸν **ἔδειραν** καὶ ἀπέστειλαν κενόν.
Mk 12:5 οὓς μὲν **δέροντες**,
Mk 13:9 καὶ εἰς συναγωγὰς **δαρήσεσθε** καὶ ἐπὶ ἡγεμόνων

δέσμιος (*desmios*; 1/16) *prisoner*

Mk 15:6 ἀπέλυεν αὐτοῖς ἕνα **δέσμιον** ὃν παρῃτοῦντο.

δεσμός (*desmos*; 1/18) *bond*

Mk 7:35 καὶ ἐλύθη ὁ **δεσμὸς** τῆς γλώσσης αὐτοῦ

δεῦρο (*deuro*; 1/9) *come*

Mk 10:21 καὶ **δεῦρο** ἀκολούθει μοι.

δεῦτε (*deute*; 3/12) *come*

Mk 1:17 **δεῦτε** ὀπίσω μου,
Mk 6:31 **δεῦτε** ὑμεῖς αὐτοὶ κατ'
Mk 12:7 **δεῦτε** ἀποκτείνωμεν αὐτόν,

δεύτερος (*deuteros*; 3/43) *second*

Mk 12:21 καὶ ὁ **δεύτερος** ἔλαβεν αὐτὴν καὶ
Mk 12:31 **δευτέρα** αὕτη·
Mk 14:72 καὶ εὐθὺς ἐκ **δευτέρου** ἀλέκτωρ ἐφώνησεν.

δέχομαι (*dechomai*; 6/56) *take, receive*

Mk 6:11 ἂν τόπος μὴ **δέξηται** ὑμᾶς μηδὲ ἀκούσωσιν
Mk 9:37 τῶν τοιούτων παιδίων **δέξηται** ἐπὶ τῷ ὀνόματί
Mk 9:37 ἐμὲ **δέχεται**·
Mk 9:37 ὃς ἂν ἐμὲ **δέχηται**,
Mk 9:37 οὐκ ἐμὲ **δέχεται** ἀλλὰ τὸν ἀποστείλαντά
Mk 10:15 ὃς ἂν μὴ **δέξηται** τὴν βασιλείαν τοῦ

δέω (*deō*; 8/43) *bind*

Mk 3:27 πρῶτον τὸν ἰσχυρὸν **δήσῃ**,
Mk 5:3 οὐδεὶς ἐδύνατο αὐτὸν **δῆσαι**
Mk 5:4 πέδαις καὶ ἁλύσεσιν **δεδέσθαι** καὶ διεσπάσθαι ὑπ'
Mk 6:17 τὸν Ἰωάννην καὶ **ἔδησεν** αὐτὸν ἐν φυλακῇ
Mk 11:2 αὐτὴν εὑρήσετε πῶλον **δεδεμένον** ἐφ' ὃν οὐδεὶς
Mk 11:4 καὶ εὗρον πῶλον **δεδεμένον** πρὸς θύραν ἔξω
Mk 15:1 **δήσαντες** τὸν Ἰησοῦν ἀπήνεγκαν
Mk 15:7 μετὰ τῶν στασιαστῶν **δεδεμένος** οἵτινες ἐν

δηνάριον (*dēnarion*; 3/16) *denarius (Roman silver coin)*

Mk 6:37 ἀπελθόντες ἀγοράσωμεν **δηναρίων** διακοσίων ἄρτους καὶ
Mk 12:15 φέρετέ μοι **δηνάριον** ἵνα ἴδω.
Mk 14:5 μύρον πραθῆναι ἐπάνω **δηναρίων** τριακοσίων καὶ δοθῆναι

διά (*dia*; 31[33]/665[667]) *through, on account of*

Mk 2:1 πάλιν εἰς Καφαρναοὺμ **δι'** ἡμερῶν ἠκούσθη
Mk 2:4 δυνάμενοι προσενέγκαι αὐτῷ **διὰ** τὸν ὄχλον ἀπεστέγασαν
Mk 2:18 **διὰ** τί οἱ μαθηταὶ
Mk 2:23 τοῖς σάββασιν παραπορεύεσθαι **διὰ** τῶν σπορίμων,
Mk 2:27 τὸ σάββατον **διὰ** τὸν ἄνθρωπον ἐγένετο
Mk 2:27 οὐχ ὁ ἄνθρωπος **διὰ** τὸ σάββατον·
Mk 3:9 πλοιάριον προσκαρτερῇ αὐτῷ **διὰ** τὸν ὄχλον
Mk 4:5 καὶ εὐθὺς ἐξανέτειλεν **διὰ** τὸ μὴ ἔχειν
Mk 4:6 ἥλιος ἐκαυματίσθη καὶ **διὰ** τὸ μὴ ἔχειν
Mk 4:17 θλίψεως ἢ διωγμοῦ **διὰ** τὸν λόγον εὐθὺς
Mk 5:4 **διὰ** τὸ αὐτὸν πολλάκις
Mk 5:5 καὶ **διὰ** παντὸς νυκτὸς καὶ
Mk 6:2 αἱ δυνάμεις τοιαῦται **διὰ** τῶν χειρῶν αὐτοῦ
Mk 6:6 καὶ ἐθαύμαζεν **διὰ** τὴν ἀπιστίαν αὐτῶν.
Mk 6:14 ἐκ νεκρῶν καὶ **διὰ** τοῦτο ἐνεργοῦσιν αἱ
Mk 6:17 αὐτὸν ἐν φυλακῇ **διὰ** Ἡρῳδιάδα τὴν γυναῖκα
Mk 6:26 γενόμενος ὁ βασιλεὺς **διὰ** τοὺς ὅρκους καὶ
Mk 7:5 **διὰ** τί οὐ περιπατοῦσιν
Mk 7:29 **διὰ** τοῦτον τὸν λόγον
Mk 7:31 ὁρίων Τύρου ἦλθεν **διὰ** Σιδῶνος εἰς τὴν
Mk 9:30 Κἀκεῖθεν ἐξελθόντες παρεπορεύοντο **διὰ** τῆς Γαλιλαίας,
Mk 10:25 εὐκοπώτερόν ἐστιν κάμηλον **διὰ** [τῆς] τρυμαλιᾶς [τῆς]
Mk 11:16 τις διενέγκῃ σκεῦος **διὰ** τοῦ ἱεροῦ.
Mk 11:24 **διὰ** τοῦτο λέγω ὑμῖν,
Mk 11:31 διὰ **τί** [οὖν] οὐκ ἐπιστεύσατε
Mk 12:24 οὐ **διὰ** τοῦτο πλανᾶσθε μὴ
Mk 13:13 μισούμενοι ὑπὸ πάντων **διὰ** τὸ ὄνομά μου.
Mk 13:20 ἀλλὰ **διὰ** τοὺς ἐκλεκτοὺς οὓς
Mk 14:21 τῷ ἀνθρώπῳ ἐκείνῳ **δι'** οὗ ὁ υἱὸς
Mk 14:58 τὸν χειροποίητον καὶ **διὰ** τριῶν ἡμερῶν ἄλλον
Mk 15:10 ἐγίνωσκεν γὰρ ὅτι **διὰ** φθόνον παραδεδώκεισαν αὐτὸν
[Mk 16:8] ἄχρι δύσεως ἐξαπέστειλεν **δι'** αὐτῶν τὸ ἱερὸν
[Mk 16:20] τὸν λόγον βεβαιοῦντος **διὰ** τῶν ἐπακολουθούντων σημείων]]

διαβλέπω (*diablepō*; 1/3) *see clearly*

Mk 8:25 καὶ **διέβλεψεν** καὶ ἀπεκατέστη καὶ

διαγίνομαι (*diaginomai*; 1/3) *pass (of time)*

Mk 16:1 Καὶ **διαγενομένου** τοῦ σαββάτου Μαρία

διαθήκη (*diathēkē*; 1/33) *covenant*

Mk 14:24 αἷμά μου τῆς **διαθήκης** τὸ ἐκχυννόμενον

διακονέω (*diakoneō*; 5/37) *serve*

Mk 1:13 καὶ οἱ ἄγγελοι **διηκόνουν** αὐτῷ.
Mk 1:31 καὶ **διηκόνει** αὐτοῖς.
Mk 10:45 ἀνθρώπου οὐκ ἦλθεν **διακονηθῆναι** ἀλλὰ διακονῆσαι καὶ
Mk 10:45 ἦλθεν διακονηθῆναι ἀλλὰ **διακονῆσαι** καὶ δοῦναι τὴν
Mk 15:41 ἠκολούθουν αὐτῷ καὶ **διηκόνουν** αὐτῷ,

διάκονος (*diakonos*; 2/29) *servant*

Mk 9:35 ἔσχατος καὶ πάντων **διάκονος**.
Mk 10:43 ὑμῖν ἔσται ὑμῶν **διάκονος**,

διακόσιοι (*diakosioi*; 1/8) *two hundred*
Mk 6:37 ἀπελθόντες ἀγοράσωμεν δηναρίων **διακοσίων** ἄρτους καὶ δώσομεν

διακρίνω (*diakrinō*; 1/19) *evaluate, discern*
Mk 11:23 καὶ μὴ **διακριθῇ** ἐν τῇ καρδίᾳ

διαλέγομαι (*dialegomai*; 1/13) *discuss*
Mk 9:34 πρὸς ἀλλήλους γὰρ **διελέχθησαν** ἐν τῇ ὁδῷ

διαλογίζομαι (*dialogizomai*; 7/16) *discuss*
Mk 2:6 ἐκεῖ καθήμενοι καὶ **διαλογιζόμενοι** ἐν ταῖς καρδίαις
Mk 2:8 αὐτοῦ ὅτι οὕτως **διαλογίζονται** ἐν ἑαυτοῖς λέγει
Mk 2:8 τί ταῦτα **διαλογίζεσθε** ἐν ταῖς καρδίαις
Mk 8:16 καὶ **διελογίζοντο** πρὸς ἀλλήλους ὅτι
Mk 8:17 τί **διαλογίζεσθε** ὅτι ἄρτους οὐκ
Mk 9:33 ἐν τῇ ὁδῷ **διελογίζεσθε**;
Mk 11:31 καὶ **διελογίζοντο** πρὸς ἑαυτοὺς λέγοντες·

διαλογισμός (*dialogismos*; 1/14) *thought*
Mk 7:21 τῶν ἀνθρώπων οἱ **διαλογισμοὶ** οἱ κακοὶ ἐκπορεύονται,

διαμερίζω (*diamerizō*; 1/11) *divide*
Mk 15:24 σταυροῦσιν αὐτὸν καὶ **διαμερίζονται** τὰ ἱμάτια αὐτοῦ,

διάνοια (*dianoia*; 1/12) *mind, understanding*
Mk 12:30 ἐξ ὅλης τῆς **διανοίας** σου καὶ ἐξ

διανοίγω (*dianoigō*; 1/8) *open*
Mk 7:34 ὅ ἐστιν **διανοίχθητι**.

διαπεράω (*diaperaō*; 2/6) *cross over*
Mk 5:21 Καὶ **διαπεράσαντος** τοῦ Ἰησοῦ [ἐν
Mk 6:53 Καὶ **διαπεράσαντες** ἐπὶ τὴν γῆν

διαρπάζω (*diarpazō*; 2/3) *plunder*
Mk 3:27 τὰ σκεύη αὐτοῦ **διαρπάσαι**,
Mk 3:27 τὴν οἰκίαν αὐτοῦ **διαρπάσει**.

διαρρήσσω (*diarrēssō*; 1/5) *tear*
Mk 14:63 ὁ δὲ ἀρχιερεὺς **διαρρήξας** τοὺς χιτῶνας αὐτοῦ

διασκορπίζω (*diaskorpizō*; 1/9) *scatter*
Mk 14:27 καὶ τὰ πρόβατα **διασκορπισθήσονται**.

διασπάω (*diaspaō*; 1/2) *pull or tear apart*
Mk 5:4 ἁλύσεσιν δεδέσθαι καὶ **διεσπάσθαι** ὑπ' αὐτοῦ τὰς

διαστέλλω (*diastellō*; 5/8) *order*
Mk 5:43 καὶ **διεστείλατο** αὐτοῖς πολλὰ ἵνα
Mk 7:36 καὶ **διεστείλατο** αὐτοῖς ἵνα μηδενὶ
Mk 7:36 ὅσον δὲ αὐτοῖς **διεστέλλετο**,
Mk 8:15 καὶ **διεστέλλετο** αὐτοῖς λέγων·
Mk 9:9 ἐκ τοῦ ὄρους **διεστείλατο** αὐτοῖς ἵνα μηδενὶ

διαφέρω (*diapherō*; 1/13) *be worth more than*
Mk 11:16 ἤφιεν ἵνα τις **διενέγκῃ** σκεῦος διὰ τοῦ

διαφημίζω (*diaphēmizō*; 1/3) *spread around*
Mk 1:45 κηρύσσειν πολλὰ καὶ **διαφημίζειν** τὸν λόγον,

διδασκαλία (*didaskalia*; 1/21) *teaching*
Mk 7:7 σέβονταί με διδάσκοντες **διδασκαλίας** ἐντάλματα ἀνθρώπων.

διδάσκαλος (*didaskalos*; 12/58[59]) *teacher*
Mk 4:38 **διδάσκαλε**,
Mk 5:35 ἔτι σκύλλεις τὸν **διδάσκαλον**;
Mk 9:17 **διδάσκαλε**,
Mk 9:38 **διδάσκαλε**,
Mk 10:17 **διδάσκαλε** ἀγαθέ,
Mk 10:20 **διδάσκαλε**,
Mk 10:35 **διδάσκαλε**,
Mk 12:14 **διδάσκαλε**,
Mk 12:19 **διδάσκαλε**,
Mk 12:32 **διδάσκαλε**,
Mk 13:1 **διδάσκαλε**,
Mk 14:14 οἰκοδεσπότῃ ὅτι ὁ **διδάσκαλος** λέγει·

διδάσκω (*didaskō*; 17/96) *teach*
Mk 1:21 εἰς τὴν συναγωγὴν **ἐδίδασκεν**.
Mk 1:22 ἦν γὰρ **διδάσκων** αὐτοὺς ὡς ἐξουσίαν
Mk 2:13 καὶ **ἐδίδασκεν** αὐτούς.
Mk 4:1 Καὶ πάλιν ἤρξατο **διδάσκειν** παρὰ τὴν θάλασσαν·
Mk 4:2 καὶ **ἐδίδασκεν** αὐτοὺς ἐν παραβολαῖς
Mk 6:2 γενομένου σαββάτου ἤρξατο **διδάσκειν** ἐν τῇ συναγωγῇ,
Mk 6:6 τὰς κώμας κύκλῳ **διδάσκων**.
Mk 6:30 ἐποίησαν καὶ ὅσα **ἐδίδαξαν**.
Mk 6:34 καὶ ἤρξατο **διδάσκειν** αὐτοὺς πολλά.
Mk 7:7 δὲ σέβονταί με **διδάσκοντες** διδασκαλίας ἐντάλματα ἀνθρώπων.
Mk 8:31 Καὶ ἤρξατο **διδάσκειν** αὐτοὺς ὅτι δεῖ
Mk 9:31 **ἐδίδασκεν** γὰρ τοὺς μαθητὰς
Mk 10:1 ὡς εἰώθει πάλιν **ἐδίδασκεν** αὐτούς.
Mk 11:17 καὶ **ἐδίδασκεν** καὶ ἔλεγεν αὐτοῖς·
Mk 12:14 ὁδὸν τοῦ θεοῦ **διδάσκεις**·
Mk 12:35 ὁ Ἰησοῦς ἔλεγεν **διδάσκων** ἐν τῷ ἱερῷ·
Mk 14:49 ἐν τῷ ἱερῷ **διδάσκων** καὶ οὐκ ἐκρατήσατέ

διδαχή (*didachē*; 5/30) *teaching*
Mk 1:22 ἐξεπλήσσοντο ἐπὶ τῇ **διδαχῇ** αὐτοῦ·
Mk 1:27 **διδαχὴ** καινὴ κατ' ἐξουσίαν·
Mk 4:2 αὐτοῖς ἐν τῇ **διδαχῇ** αὐτοῦ·
Mk 11:18 ἐξεπλήσσετο ἐπὶ τῇ **διδαχῇ** αὐτοῦ.
Mk 12:38 Καὶ ἐν τῇ **διδαχῇ** αὐτοῦ ἔλεγεν·

δίδωμι (*didōmi*; 39/415) *give*
Mk 2:26 καὶ **ἔδωκεν** καὶ τοῖς σὺν
Mk 3:6 τῶν Ἡρῳδιανῶν συμβούλιον **ἐδίδουν** κατ' αὐτοῦ ὅπως
Mk 4:7 καὶ καρπὸν οὐκ **ἔδωκεν**.
Mk 4:8 τὴν καλὴν καὶ **ἐδίδου** καρπὸν ἀναβαίνοντα
Mk 4:11 ὑμῖν τὸ μυστήριον **δέδοται** τῆς βασιλείας

Mk 4:25 **δοθήσεται** αὐτῷ·
Mk 5:43 καὶ εἶπεν **δοθῆναι** αὐτῇ φαγεῖν.
Mk 6:2 ἡ σοφία ἡ **δοθεῖσα** τούτῳ,
Mk 6:7 δύο δύο καὶ **ἐδίδου** αὐτοῖς ἐξουσίαν τῶν
Mk 6:22 καὶ **δώσω** σοι·
Mk 6:23 ἐάν με αἰτήσῃς **δώσω** σοι ἕως ἡμίσους
Mk 6:25 θέλω ἵνα ἐξαυτῆς **δῷς** μοι ἐπὶ πίνακι
Mk 6:28 ἐπὶ πίνακι καὶ **ἔδωκεν** αὐτὴν τῷ κορασίῳ,
Mk 6:28 καὶ τὸ κοράσιον **ἔδωκεν** αὐτὴν τῇ μητρὶ
Mk 6:37 **δότε** αὐτοῖς ὑμεῖς φαγεῖν.
Mk 6:37 διακοσίων ἄρτους καὶ **δώσομεν** αὐτοῖς φαγεῖν;
Mk 6:41 τοὺς ἄρτους καὶ **ἐδίδου** τοῖς μαθηταῖς [αὐτοῦ]
Mk 8:6 εὐχαριστήσας ἔκλασεν καὶ **ἐδίδου** τοῖς μαθηταῖς αὐτοῦ
Mk 8:12 εἰ **δοθήσεται** τῇ γενεᾷ ταύτῃ
Mk 8:37 τί γὰρ **δοῖ** ἄνθρωπος ἀντάλλαγμα τῆς
Mk 10:21 ἔχεις πώλησον καὶ **δὸς** [τοῖς] πτωχοῖς,
Mk 10:37 **δὸς** ἡμῖν ἵνα εἷς
Mk 10:40 οὐκ ἔστιν ἐμὸν **δοῦναι**,
Mk 10:45 ἀλλὰ διακονῆσαι καὶ **δοῦναι** τὴν ψυχὴν αὐτοῦ
Mk 11:28 ἢ τίς σοι **ἔδωκεν** τὴν ἐξουσίαν ταύτην
Mk 12:9 τοὺς γεωργοὺς καὶ **δώσει** τὸν ἀμπελῶνα ἄλλοις.
Mk 12:14 ἔξεστιν **δοῦναι** κῆνσον Καίσαρι ἢ
Mk 12:14 **δῶμεν** ἢ μὴ δῶμεν;
Mk 12:14 δῶμεν ἢ μὴ **δῶμεν**;
Mk 13:11 ἀλλ᾽ ὃ ἐὰν **δοθῇ** ὑμῖν ἐν ἐκείνῃ
Mk 13:22 καὶ ψευδοπροφῆται καὶ **δώσουσιν** σημεῖα καὶ τέρατα
Mk 13:24 ἡ σελήνη οὐ **δώσει** τὸ φέγγος αὐτῆς,
Mk 13:34 οἰκίαν αὐτοῦ καὶ **δοὺς** τοῖς δούλοις αὐτοῦ
Mk 14:5 δηναρίων τριακοσίων καὶ **δοθῆναι** τοῖς πτωχοῖς·
Mk 14:11 ἐπηγγείλαντο αὐτῷ ἀργύριον **δοῦναι**.
Mk 14:22 εὐλογήσας ἔκλασεν καὶ **ἔδωκεν** αὐτοῖς καὶ εἶπεν·
Mk 14:23 λαβὼν ποτήριον εὐχαριστήσας **ἔδωκεν** αὐτοῖς,
Mk 14:44 **δεδώκει** δὲ ὁ παραδιδοὺς
Mk 15:23 καὶ **ἐδίδουν** αὐτῷ ἐσμυρνισμένον οἶνον·

διεγείρω (*diegeirō*; 1/6) *arise, awake*
Mk 4:39 καὶ **διεγερθεὶς** ἐπετίμησεν τῷ ἀνέμῳ

διέρχομαι (*dierchomai*; 2/43) *go or pass through*
Mk 4:35 **διέλθωμεν** εἰς τὸ πέραν.
Mk 10:25 τρυμαλιᾶς [τῆς] ῥαφίδος **διελθεῖν** ἢ πλούσιον εἰς

διηγέομαι (*diēgeomai*; 2/8) *tell*
Mk 5:16 καὶ **διηγήσαντο** αὐτοῖς οἱ ἰδόντες
Mk 9:9 μηδενὶ ἃ εἶδον **διηγήσωνται**,

δίκαιος (*dikaios*; 2/79) *righteous*
Mk 2:17 οὐκ ἦλθον καλέσαι **δικαίους** ἀλλὰ ἁμαρτωλούς.
Mk 6:20 εἰδὼς αὐτὸν ἄνδρα **δίκαιον** καὶ ἅγιον,

δίκτυον (*diktyon*; 2/12) *fishing net*
Mk 1:18 εὐθὺς ἀφέντες τὰ **δίκτυα** ἠκολούθησαν αὐτῷ.
Mk 1:19 πλοίῳ καταρτίζοντας τὰ **δίκτυα**,

δίς (*dis*; 2/6) *twice*
Mk 14:30 νυκτὶ πρὶν ἢ **δὶς** ἀλέκτορα φωνῆσαι τρίς
Mk 14:72 πρὶν ἀλέκτορα φωνῆσαι **δὶς** τρίς με ἀπαρνήσῃ·

δισχίλιοι (*dischilioi*; 1/1) *two thousand*
Mk 5:13 ὡς **δισχίλιοι**,

διωγμός (*diōgmos*; 2/10) *persecution*
Mk 4:17 γενομένης θλίψεως ἢ **διωγμοῦ** διὰ τὸν λόγον
Mk 10:30 καὶ ἀγροὺς μετὰ **διωγμῶν**,

δοκέω (*dokeō*; 2/62) *think, seem*
Mk 6:49 τῆς θαλάσσης περιπατοῦντα **ἔδοξαν** ὅτι φάντασμά ἐστιν,
Mk 10:42 οἴδατε ὅτι οἱ **δοκοῦντες** ἄρχειν τῶν ἐθνῶν

δόλος (*dolos*; 2/11) *deceit*
Mk 7:22 **δόλος**,
Mk 14:1 πῶς αὐτὸν ἐν **δόλῳ** κρατήσαντες ἀποκτείνωσιν·

δόξα (*doxa*; 3/166) *glory*
Mk 8:38 ἔλθῃ ἐν τῇ **δόξῃ** τοῦ πατρὸς αὐτοῦ
Mk 10:37 καθίσωμεν ἐν τῇ **δόξῃ** σου.
Mk 13:26 δυνάμεως πολλῆς καὶ **δόξης**.

δοξάζω (*doxazō*; 1/61) *praise, glorify*
Mk 2:12 ἐξίστασθαι πάντας καὶ **δοξάζειν** τὸν θεὸν λέγοντας

δοῦλος (*doulos*; 5/124) *slave*
Mk 10:44 πρῶτος ἔσται πάντων **δοῦλος**·
Mk 12:2 γεωργοὺς τῷ καιρῷ **δοῦλον** ἵνα παρὰ τῶν
Mk 12:4 πρὸς αὐτοὺς ἄλλον **δοῦλον**·
Mk 13:34 καὶ δοὺς τοῖς **δούλοις** αὐτοῦ τὴν ἐξουσίαν
Mk 14:47 μάχαιραν ἔπαισεν τὸν **δοῦλον** τοῦ ἀρχιερέως

δρέπανον (*drepanon*; 1/8) *sickle*
Mk 4:29 εὐθὺς ἀποστέλλει τὸ **δρέπανον**,

δύναμαι (*dynamai*; 33/210) *be able*
Mk 1:40 ὅτι ἐὰν θέλῃς **δύνασαί** με καθαρίσαι.
Mk 1:45 ὥστε μηκέτι αὐτὸν **δύνασθαι** φανερῶς εἰς πόλιν
Mk 2:4 καὶ μὴ **δυνάμενοι** προσενέγκαι αὐτῷ διὰ
Mk 2:7 τίς **δύναται** ἀφιέναι ἁμαρτίας εἰ
Mk 2:19 μὴ **δύνανται** οἱ υἱοὶ τοῦ
Mk 2:19 μετ᾽ αὐτῶν οὐ **δύνανται** νηστεύειν.
Mk 3:20 ὥστε μὴ **δύνασθαι** αὐτοὺς μηδὲ ἄρτον
Mk 3:23 πῶς **δύναται** σατανᾶς σατανᾶν ἐκβάλλειν;
Mk 3:24 οὐ **δύναται** σταθῆναι ἡ βασιλεία
Mk 3:25 οὐ **δυνήσεται** ἡ οἰκία ἐκείνη
Mk 3:26 οὐ **δύναται** στῆναι ἀλλὰ τέλος
Mk 3:27 ἀλλ᾽ οὐ **δύναται** οὐδεὶς εἰς τὴν
Mk 4:32 ὥστε **δύνασθαι** ὑπὸ τὴν σκιὰν

Mk 4:33 τὸν λόγον καθὼς **ἠδύναντο** ἀκούειν·
Mk 5:3 ἁλύσει οὐκέτι οὐδεὶς **ἐδύνατο** αὐτὸν δῆσαι
Mk 6:5 καὶ οὐκ **ἐδύνατο** ἐκεῖ ποιῆσαι οὐδεμίαν
Mk 6:19 καὶ οὐκ **ἠδύνατο**·
Mk 7:15 εἰς αὐτὸν ὃ **δύναται** κοινῶσαι αὐτόν,
Mk 7:18 τὸν ἄνθρωπον οὐ **δύναται** αὐτὸν κοινῶσαι
Mk 7:24 καὶ οὐκ **ἠδυνήθη** λαθεῖν·
Mk 8:4 ὅτι πόθεν τούτους **δυνήσεταί** τις ὧδε χορτάσαι
Mk 9:3 τῆς γῆς οὐ **δύναται** οὕτως λευκᾶναι.
Mk 9:22 ἀλλ᾽ εἴ τι **δύνῃ**,
Mk 9:23 τὸ εἰ **δύνῃ**,
Mk 9:28 ὅτι ἡμεῖς οὐκ **ἠδυνήθημεν** ἐκβαλεῖν αὐτό;
Mk 9:29 γένος ἐν οὐδενὶ **δύναται** ἐξελθεῖν εἰ μὴ
Mk 9:39 ὀνόματί μου καὶ **δυνήσεται** ταχὺ κακολογῆσαί με·
Mk 10:26 καὶ τίς **δύναται** σωθῆναι;
Mk 10:38 **δύνασθε** πιεῖν τὸ ποτήριον
Mk 10:39 **δυνάμεθα**.
Mk 14:5 **ἠδύνατο** γὰρ τοῦτο τὸ
Mk 14:7 καὶ ὅταν θέλητε **δύνασθε** αὐτοῖς εὖ ποιῆσαι,
Mk 15:31 ἑαυτὸν οὐ **δύναται** σῶσαι·

δύναμις (*dynamis*; 10/119) *power*

Mk 5:30 τὴν ἐξ αὐτοῦ **δύναμιν** ἐξελθοῦσαν ἐπιστραφεὶς ἐν
Mk 6:2 καὶ αἱ **δυνάμεις** τοιαῦται διὰ τῶν
Mk 6:5 ἐκεῖ ποιῆσαι οὐδεμίαν **δύναμιν**,
Mk 6:14 τοῦτο ἐνεργοῦσιν αἱ **δυνάμεις** ἐν αὐτῷ.
Mk 9:1 θεοῦ ἐληλυθυῖαν ἐν **δυνάμει**.
Mk 9:39 ἐστιν ὃς ποιήσει **δύναμιν** ἐπὶ τῷ ὀνόματί
Mk 12:24 γραφὰς μηδὲ τὴν **δύναμιν** τοῦ θεοῦ;
Mk 13:25 καὶ αἱ **δυνάμεις** αἱ ἐν τοῖς
Mk 13:26 ἐν νεφέλαις μετὰ **δυνάμεως** πολλῆς καὶ δόξης.
Mk 14:62 δεξιῶν καθήμενον τῆς **δυνάμεως** καὶ ἐρχόμενον μετὰ

δυνατός (*dynatos*; 5/32) *possible*

Mk 9:23 πάντα **δυνατὰ** τῷ πιστεύοντι.
Mk 10:27 πάντα γὰρ **δυνατὰ** παρὰ τῷ θεῷ.
Mk 13:22 εἰ δυνατόν,
Mk 14:35 προσηύχετο ἵνα εἰ **δυνατόν** ἐστιν παρέλθῃ
Mk 14:36 πάντα **δυνατά** σοι·

δύνω (*dynō*; 1/2) *set*

Mk 1:32 ὅτε **ἔδυ** ὁ ἥλιος,

δύο (*dyo*; 17[18]/134[135]) *two*

Mk 6:7 ἤρξατο αὐτοὺς ἀποστέλλειν **δύο** δύο καὶ ἐδίδου
Mk 6:7 αὐτοὺς ἀποστέλλειν δύο **δύο** καὶ ἐδίδου αὐτοῖς
Mk 6:9 καὶ μὴ ἐνδύσησθε **δύο** χιτῶνας.
Mk 6:38 καὶ **δύο** ἰχθύας.
Mk 6:41 ἄρτους καὶ τοὺς **δύο** ἰχθύας ἀναβλέψας εἰς
Mk 6:41 καὶ τοὺς **δύο** ἰχθύας ἐμέρισεν πᾶσιν.
Mk 9:43 ζωὴν ἢ τὰς **δύο** χεῖρας ἔχοντα ἀπελθεῖν
Mk 9:45 χωλὸν ἢ τοὺς **δύο** πόδας ἔχοντα βληθῆναι
Mk 9:47 τοῦ θεοῦ ἢ **δύο** ὀφθαλμοὺς ἔχοντα βληθῆναι
Mk 10:8 καὶ ἔσονται οἱ **δύο** εἰς σάρκα μίαν·
Mk 10:8 ὥστε οὐκέτι εἰσὶν **δύο** ἀλλὰ μία σάρξ.
Mk 11:1 ἀποστέλλει **δύο** τῶν μαθητῶν αὐτοῦ
Mk 12:42 πτωχὴ ἔβαλεν λεπτὰ **δύο**,
Mk 14:1 τὰ ἄζυμα μετὰ **δύο** ἡμέρας.
Mk 14:13 καὶ ἀποστέλλει **δύο** τῶν μαθητῶν αὐτοῦ
Mk 15:27 σὺν αὐτῷ σταυροῦσιν **δύο** λῃστάς,
Mk 15:38 ναοῦ ἐσχίσθη εἰς **δύο** ἀπ᾽ ἄνωθεν ἕως
[Mk 16:12] Μετὰ δὲ ταῦτα **δυσὶν** ἐξ αὐτῶν περιπατοῦσιν

δύσις (*dysis*; 0[1]/0[1]) *west*

[Mk 16:8] ἀνατολῆς καὶ ἄχρι **δύσεως** ἐξαπέστειλεν δι᾽ αὐτῶν

δύσκολος (*dyskolos*; 1/1) *hard*

Mk 10:24 πῶς **δύσκολόν** ἐστιν εἰς τὴν

δυσκόλως (*dyskolōs*; 1/3) *with difficulty*

Mk 10:23 πῶς **δυσκόλως** οἱ τὰ χρήματα

δώδεκα (*dōdeka*; 15/75) *twelve*

Mk 3:14 καὶ ἐποίησεν **δώδεκα** [οὓς καὶ ἀποστόλους
Mk 3:16 [καὶ ἐποίησεν τοὺς **δώδεκα**] καὶ ἐπέθηκεν ὄνομα
Mk 4:10 αὐτὸν σὺν τοῖς **δώδεκα** τὰς παραβολάς.
Mk 5:25 ἐν ῥύσει αἵματος **δώδεκα** ἔτη
Mk 5:42 ἦν γὰρ ἐτῶν **δώδεκα**.
Mk 6:7 Καὶ προσκαλεῖται τοὺς **δώδεκα** καὶ ἤρξατο αὐτοὺς
Mk 6:43 καὶ ἦραν κλάσματα **δώδεκα** κοφίνων πληρώματα καὶ
Mk 8:19 **δώδεκα**.
Mk 9:35 καθίσας ἐφώνησεν τοὺς **δώδεκα** καὶ λέγει αὐτοῖς·
Mk 10:32 παραλαβὼν πάλιν τοὺς **δώδεκα** ἤρξατο αὐτοῖς λέγειν
Mk 11:11 Βηθανίαν μετὰ τῶν **δώδεκα**.
Mk 14:10 ὁ εἷς τῶν **δώδεκα** ἀπῆλθεν πρὸς τοὺς
Mk 14:17 ἔρχεται μετὰ τῶν **δώδεκα**.
Mk 14:20 εἷς τῶν **δώδεκα**,
Mk 14:43 Ἰούδας εἷς τῶν **δώδεκα** καὶ μετ᾽ αὐτοῦ

δῶμα (*dōma*; 1/7) *roof*

Mk 13:15 [δὲ] ἐπὶ τοῦ **δώματος** μὴ καταβάτω μηδὲ

δωρέομαι (*dōreomai*; 1/3) *give*

Mk 15:45 ἀπὸ τοῦ κεντυρίωνος **ἐδωρήσατο** τὸ πτῶμα

δῶρον (*dōron*; 1/19) *gift*

Mk 7:11 ὅ ἐστιν **δῶρον**,

ἐάν (*ean*; 33/333) *if*

Mk 1:40 λέγων αὐτῷ ὅτι **ἐὰν** θέλῃς δύνασαί με
Mk 3:24 καὶ **ἐὰν** βασιλεία ἐφ᾽ ἑαυτὴν
Mk 3:25 καὶ **ἐὰν** οἰκία ἐφ᾽ ἑαυτὴν
Mk 3:27 **ἐὰν** μὴ πρῶτον τὸν
Mk 3:28 αἱ βλασφημίαι ὅσα **ἐὰν** βλασφημήσωσιν·
Mk 4:22 γάρ ἐστιν κρυπτὸν **ἐὰν** μὴ ἵνα φανερωθῇ,
Mk 5:28 ἔλεγεν γὰρ ὅτι **ἐὰν** ἅψωμαι κἂν τῶν
Mk 6:10 ὅπου **ἐὰν** εἰσέλθητε εἰς οἰκίαν,
Mk 6:22 αἴτησόν με ὃ **ἐὰν** θέλῃς,
Mk 6:23 [πολλὰ] ὅ τι **ἐάν** με αἰτήσῃς δώσω
Mk 7:3 πάντες οἱ Ἰουδαῖοι **ἐὰν** μὴ πυγμῇ νίψωνται

Mk 7:4 καὶ ἀπ’ ἀγορᾶς **ἐὰν** μὴ βαπτίσωνται οὐκ
Mk 7:11 **ἐὰν** εἴπῃ ἄνθρωπος τῷ
Mk 7:11 ὃ **ἐὰν** ἐξ ἐμοῦ ὠφεληθῇς,
Mk 8:3 καὶ **ἐὰν** ἀπολύσω αὐτοὺς νήστεις
Mk 8:35 ὃς γὰρ **ἐὰν** θέλῃ τὴν ψυχὴν
Mk 8:38 ὃς γὰρ **ἐὰν** ἐπαισχυνθῇ με καὶ
Mk 9:18 καὶ ὅπου **ἐὰν** αὐτὸν καταλάβῃ ῥήσσει
Mk 9:43 Καὶ **ἐὰν** σκανδαλίζῃ σε ἡ
Mk 9:45 καὶ **ἐὰν** ὁ πούς σου
Mk 9:47 καὶ **ἐὰν** ὁ ὀφθαλμός σου
Mk 9:50 **ἐὰν** δὲ τὸ ἅλας
Mk 10:12 καὶ **ἐὰν** αὐτὴ ἀπολύσασα τὸν
Mk 10:30 **ἐὰν** μὴ λάβῃ ἑκατονταπλασίονα
Mk 10:35 θέλομεν ἵνα ὃ **ἐὰν** αἰτήσωμέν σε ποιήσῃς
Mk 11:3 καὶ **ἐάν** τις ὑμῖν εἴπῃ·
Mk 11:31 **ἐὰν** εἴπωμεν·
Mk 12:19 ἔγραψεν ἡμῖν ὅτι **ἐάν** τινος ἀδελφὸς ἀποθάνῃ
Mk 13:11 ἀλλ’ ὃ **ἐὰν** δοθῇ ὑμῖν ἐν
Mk 13:21 Καὶ τότε **ἐάν** τις ὑμῖν εἴπῃ·
Mk 14:9 ὅπου **ἐὰν** κηρυχθῇ τὸ εὐαγγέλιον
Mk 14:14 καὶ ὅπου **ἐὰν** εἰσέλθῃ εἴπατε τῷ
Mk 14:31 **ἐὰν** δέῃ με συναποθανεῖν

ἑαυτοῦ (*heautou*; 24/319) *himself*

Mk 1:27 ὥστε συζητεῖν πρὸς **ἑαυτοὺς** λέγοντας·
Mk 2:8 οὕτως διαλογίζονται ἐν **ἑαυτοῖς** λέγει αὐτοῖς·
Mk 3:24 ἐὰν βασιλεία ἐφ’ **ἑαυτὴν** μερισθῇ,
Mk 3:25 ἐὰν οἰκία ἐφ’ **ἑαυτὴν** μερισθῇ,
Mk 3:26 σατανᾶς ἀνέστη ἐφ’ **ἑαυτὸν** καὶ ἐμερίσθη,
Mk 4:17 ἔχουσιν ῥίζαν ἐν **ἑαυτοῖς** ἀλλὰ πρόσκαιροί εἰσιν,
Mk 5:5 κράζων καὶ κατακόπτων **ἑαυτὸν** λίθοις.
Mk 5:30 Ἰησοῦς ἐπιγνοὺς ἐν **ἑαυτῷ** τὴν ἐξ αὐτοῦ
Mk 6:36 καὶ κώμας ἀγοράσωσιν **ἑαυτοῖς** τί φάγωσιν.
Mk 6:51 [ἐκ περισσοῦ] ἐν **ἑαυτοῖς** ἐξίσταντο·
Mk 8:14 οὐκ εἶχον μεθ’ **ἑαυτῶν** ἐν τῷ πλοίῳ.
Mk 8:34 ἀπαρνησάσθω **ἑαυτὸν** καὶ ἀράτω τὸν
Mk 9:8 Ἰησοῦν μόνον μεθ’ **ἑαυτῶν**.
Mk 9:10 λόγον ἐκράτησαν πρὸς **ἑαυτοὺς** συζητοῦντες τί ἐστιν
Mk 9:50 ἔχετε ἐν **ἑαυτοῖς** ἅλα καὶ εἰρηνεύετε
Mk 10:26 ἐξεπλήσσοντο λέγοντες πρὸς **ἑαυτούς**·
Mk 11:31 καὶ διελογίζοντο πρὸς **ἑαυτοὺς** λέγοντες·
Mk 12:7 οἱ γεωργοὶ πρὸς **ἑαυτοὺς** εἶπαν ὅτι οὗτός
Mk 12:33 τὸν πλησίον ὡς **ἑαυτὸν** περισσότερόν ἐστιν πάντων
Mk 13:9 Βλέπετε δὲ ὑμεῖς **ἑαυτούς**·
Mk 14:4 τινες ἀγανακτοῦντες πρὸς **ἑαυτούς**·
Mk 14:7 πτωχοὺς ἔχετε μεθ’ **ἑαυτῶν** καὶ ὅταν θέλητε
Mk 15:31 **ἑαυτὸν** οὐ δύναται σῶσαι·
Mk 16:3 καὶ ἔλεγον πρὸς **ἑαυτάς**·

ἐγγίζω (*engizō*; 3/42) *approach*

Mk 1:15 ὁ καιρὸς καὶ **ἤγγικεν** ἡ βασιλεία τοῦ
Mk 11:1 Καὶ ὅτε **ἐγγίζουσιν** εἰς Ἱεροσόλυμα εἰς
Mk 14:42 ὁ παραδιδούς με **ἤγγικεν**.

ἐγγύς (*engys*; 2/31) *near*

Mk 13:28 γινώσκετε ὅτι **ἐγγὺς** τὸ θέρος ἐστίν·
Mk 13:29 γινώσκετε ὅτι **ἐγγύς** ἐστιν ἐπὶ θύραις.

ἐγείρω (*egeirō*; 18[19]/143[144]) *raise*

Mk 1:31 καὶ προσελθὼν **ἤγειρεν** αὐτὴν κρατήσας τῆς
Mk 2:9 **ἔγειρε** καὶ ἆρον τὸν
Mk 2:11 **ἔγειρε** ἆρον τὸν κράβαττόν
Mk 2:12 καὶ **ἠγέρθη** καὶ εὐθὺς ἄρας
Mk 3:3 ἔγειρε **εἰς** τὸ μέσον.
Mk 4:27 καὶ καθεύδῃ καὶ **ἐγείρηται** νύκτα καὶ ἡμέραν,
Mk 4:38 καὶ **ἐγείρουσιν** αὐτὸν καὶ λέγουσιν
Mk 5:41 **ἔγειρε**.
Mk 6:14 Ἰωάννης ὁ βαπτίζων **ἐγήγερται** ἐκ νεκρῶν
Mk 6:16 οὗτος **ἠγέρθη**.
Mk 9:27 τῆς χειρὸς αὐτοῦ **ἤγειρεν** αὐτόν,
Mk 10:49 **ἔγειρε**,
Mk 12:26 τῶν νεκρῶν ὅτι **ἐγείρονται** οὐκ ἀνέγνωτε ἐν
Mk 13:8 **ἐγερθήσεται** γὰρ ἔθνος ἐπ’
Mk 13:22 **ἐγερθήσονται** γὰρ ψευδόχριστοι καὶ
Mk 14:28 ἀλλὰ μετὰ τὸ **ἐγερθῆναί** με προάξω ὑμᾶς
Mk 14:42 **ἐγείρεσθε** ἄγωμεν·
Mk 16:6 **ἠγέρθη**,
[Mk 16:14] τοῖς θεασαμένοις αὐτὸν **ἐγηγερμένον** οὐκ ἐπίστευσαν.

ἐγκαταλείπω (*enkataleipō*; 1/10) *forsake*

Mk 15:34 εἰς τί **ἐγκατέλιπές** με;

ἐγώ (*egō*; 106[107]/1715[1718]) *I*

Mk 1:2 ἀποστέλλω τὸν ἄγγελόν **μου** πρὸ προσώπου σου,
Mk 1:7 ἔρχεται ὁ ἰσχυρότερός **μου** ὀπίσω μου,
Mk 1:7 ἰσχυρότερός μου ὀπίσω **μου**,
Mk 1:8 **ἐγὼ** ἐβάπτισα ὑμᾶς ὕδατι,
Mk 1:11 εἶ ὁ υἱός **μου** ὁ ἀγαπητός,
Mk 1:17 δεῦτε ὀπίσω **μου**,
Mk 1:40 ἐὰν θέλῃς δύνασαί **με** καθαρίσαι.
Mk 2:14 ἀκολούθει **μοι**.
Mk 3:33 ἐστιν ἡ μήτηρ **μου** καὶ οἱ ἀδελφοί
Mk 3:33 οἱ ἀδελφοί **[μου]**;
Mk 3:34 ἴδε ἡ μήτηρ **μου** καὶ οἱ ἀδελφοί
Mk 3:34 καὶ οἱ ἀδελφοί **μου**.
Mk 3:35 οὗτος ἀδελφός **μου** καὶ ἀδελφὴ καὶ
Mk 5:7 τί **ἐμοὶ** καὶ σοί,
Mk 5:7 μή **με** βασανίσῃς.
Mk 5:9 λεγιὼν ὄνομά **μοι**,
Mk 5:23 ὅτι τὸ θυγάτριόν **μου** ἐσχάτως ἔχει,
Mk 5:30 τίς **μου** ἥψατο τῶν ἱματίων;
Mk 5:31 τίς **μου** ἥψατο;
Mk 6:16 ὃν **ἐγὼ** ἀπεκεφάλισα Ἰωάννην,
Mk 6:22 αἴτησόν **με** ὃ ἐὰν θέλῃς,
Mk 6:23 ὅ τι ἐάν **με** αἰτήσῃς δώσω σοι
Mk 6:23 ἡμίσους τῆς βασιλείας **μου**.
Mk 6:25 ἵνα ἐξαυτῆς δῷς **μοι** ἐπὶ πίνακι τὴν
Mk 6:50 **ἐγώ** εἰμι·
Mk 7:6 λαὸς τοῖς χείλεσίν **με** τιμᾷ,
Mk 7:6 πόρρω ἀπέχει ἀπ’ **ἐμοῦ**·
Mk 7:7 μάτην δὲ σέβονταί **με** διδάσκοντες διδασκαλίας ἐντάλματα
Mk 7:11 ὃ ἐὰν ἐξ **ἐμοῦ** ὠφεληθῇς,
Mk 7:14 ἀκούσατέ **μου** πάντες καὶ σύνετε.
Mk 8:2 ἡμέραι τρεῖς προσμένουσίν **μοι** καὶ οὐκ ἔχουσιν
Mk 8:27 τίνα **με** λέγουσιν οἱ ἄνθρωποι
Mk 8:29 ὑμεῖς δὲ τίνα **με** λέγετε εἶναι;

Mk 8:33 ὕπαγε ὀπίσω **μου**,
Mk 8:34 τις θέλει ὀπίσω **μου** ἀκολουθεῖν,
Mk 8:34 αὐτοῦ καὶ ἀκολουθείτω **μοι**.
Mk 8:35 ψυχὴν αὐτοῦ ἕνεκεν **ἐμοῦ** καὶ τοῦ εὐαγγελίου
Mk 8:38 γὰρ ἐὰν ἐπαισχυνθῇ **με** καὶ τοὺς ἐμοὺς
Mk 9:7 ἐστιν ὁ υἱός **μου** ὁ ἀγαπητός,
Mk 9:17 ἤνεγκα τὸν υἱόν **μου** πρὸς σέ,
Mk 9:19 φέρετε αὐτὸν πρός **με**.
Mk 9:24 βοήθει **μου** τῇ ἀπιστίᾳ.
Mk 9:25 **ἐγὼ** ἐπιτάσσω σοι,
Mk 9:37 ἐπὶ τῷ ὀνόματί **μου**,
Mk 9:37 **ἐμὲ** δέχεται·
Mk 9:37 καὶ ὃς ἂν **ἐμὲ** δέχηται,
Mk 9:37 οὐκ **ἐμὲ** δέχεται ἀλλὰ τὸν
Mk 9:37 ἀλλὰ τὸν ἀποστείλαντά **με**.
Mk 9:39 ἐπὶ τῷ ὀνόματί **μου** καὶ δυνήσεται ταχὺ
Mk 9:39 δυνήσεται ταχὺ κακολογῆσαί **με**·
Mk 9:42 τῶν πιστευόντων [εἰς **ἐμέ**],
Mk 10:14 παιδία ἔρχεσθαι πρός **με**,
Mk 10:18 τί **με** λέγεις ἀγαθόν;
Mk 10:20 ἐφυλαξάμην ἐκ νεότητός **μου**.
Mk 10:21 καὶ δεῦρο ἀκολούθει **μοι**.
Mk 10:29 ἢ ἀγροὺς ἕνεκεν **ἐμοῦ** καὶ ἕνεκεν τοῦ
Mk 10:36 τί θέλετέ **[με]** ποιήσω ὑμῖν;
Mk 10:38 τὸ ποτήριον ὃ **ἐγὼ** πίνω ἢ τὸ
Mk 10:38 τὸ βάπτισμα ὃ **ἐγὼ** βαπτίζομαι βαπτισθῆναι;
Mk 10:39 τὸ ποτήριον ὃ **ἐγὼ** πίνω πίεσθε καὶ
Mk 10:39 τὸ βάπτισμα ὃ **ἐγὼ** βαπτίζομαι βαπτισθήσεσθε,
Mk 10:40 καθίσαι ἐκ δεξιῶν **μου** ἢ ἐξ εὐωνύμων
Mk 10:47 ἐλέησόν **με**.
Mk 10:48 ἐλέησόν **με**.
Mk 11:17 ὅτι ὁ οἶκός **μου** οἶκος προσευχῆς κληθήσεται
Mk 11:29 καὶ ἀποκρίθητέ **μοι** καὶ ἐρῶ ὑμῖν
Mk 11:30 ἀποκρίθητέ μοι.
Mk 11:33 οὐδὲ **ἐγὼ** λέγω ὑμῖν ἐν
Mk 12:6 ἐντραπήσονται τὸν υἱόν **μου**.
Mk 12:15 τί **με** πειράζετε;
Mk 12:15 φέρετέ **μοι** δηνάριον ἵνα ἴδω.
Mk 12:26 **ἐγὼ** ὁ θεὸς Ἀβραὰμ
Mk 12:36 κύριος τῷ κυρίῳ **μου**·
Mk 12:36 κάθου ἐκ δεξιῶν **μου**,
Mk 13:6 ἐπὶ τῷ ὀνόματί **μου** λέγοντες ὅτι ἐγώ
Mk 13:6 μου λέγοντες ὅτι **ἐγώ** εἰμι,
Mk 13:9 βασιλέων σταθήσεσθε ἕνεκεν **ἐμοῦ** εἰς μαρτύριον αὐτοῖς.
Mk 13:13 διὰ τὸ ὄνομά **μου**.
Mk 13:31 οἱ δὲ λόγοι **μου** οὐ μὴ παρελεύσονται.
Mk 14:6 ἔργον ἠργάσατο ἐν **ἐμοί**.
Mk 14:7 **ἐμὲ** δὲ οὐ πάντοτε
Mk 14:8 μυρίσαι τὸ σῶμά **μου** εἰς τὸν ἐνταφιασμόν.
Mk 14:14 ἐστιν τὸ κατάλυμά **μου** ὅπου τὸ πάσχα
Mk 14:14 μετὰ τῶν μαθητῶν **μου** φάγω;
Mk 14:18 ἐξ ὑμῶν παραδώσει **με** ὁ ἐσθίων μετ'
Mk 14:18 ὁ ἐσθίων μετ' **ἐμοῦ**.
Mk 14:19 μήτι **ἐγώ**;
Mk 14:20 ὁ ἐμβαπτόμενος μετ' **ἐμοῦ** εἰς τὸ τρύβλιον.
Mk 14:22 ἐστιν τὸ σῶμά **μου**.
Mk 14:24 ἐστιν τὸ αἷμά **μου** τῆς διαθήκης τὸ
Mk 14:28 μετὰ τὸ ἐγερθῆναί **με** προάξω ὑμᾶς εἰς
Mk 14:29 ἀλλ' οὐκ **ἐγώ**.
Mk 14:30 ἀλέκτορα φωνῆσαι τρίς **με** ἀπαρνήσῃ.
Mk 14:31 ἐὰν δέῃ **με** συναποθανεῖν σοι,
Mk 14:34 ἐστιν ἡ ψυχή **μου** ἕως θανάτου·
Mk 14:36 ποτήριον τοῦτο ἀπ' **ἐμοῦ**·
Mk 14:36 ἀλλ' οὐ τί **ἐγὼ** θέλω ἀλλὰ τί
Mk 14:42 ἰδοὺ ὁ παραδιδούς **με** ἤγγικεν.
Mk 14:48 καὶ ξύλων συλλαβεῖν **με**;
Mk 14:49 καὶ οὐκ ἐκρατήσατέ **με**·
Mk 14:58 αὐτοῦ λέγοντος ὅτι **ἐγὼ** καταλύσω τὸν ναὸν
Mk 14:62 **ἐγώ** εἰμι,
Mk 14:72 φωνῆσαι δὶς τρίς **με** ἀπαρνήσῃ·
Mk 15:34 ὁ θεός **μου** ὁ θεός μου,
Mk 15:34 μου ὁ θεός **μου**,
Mk 15:34 εἰς τί ἐγκατέλιπές **με**;
[Mk 16:17] ἐν τῷ ὀνόματί **μου** δαιμόνια ἐκβαλοῦσιν,

<u>ἔθνος (*ethnos*; 6/162) *nation*</u>

Mk 10:33 παραδώσουσιν αὐτὸν τοῖς **ἔθνεσιν**
Mk 10:42 δοκοῦντες ἄρχειν τῶν **ἐθνῶν** κατακυριεύουσιν αὐτῶν καὶ
Mk 11:17 κληθήσεται πᾶσιν τοῖς **ἔθνεσιν**;
Mk 13:8 ἐγερθήσεται γὰρ **ἔθνος** ἐπ' ἔθνος καὶ
Mk 13:8 γὰρ ἔθνος ἐπ' **ἔθνος** καὶ βασιλεία ἐπὶ
Mk 13:10 εἰς πάντα τὰ **ἔθνη** πρῶτον δεῖ κηρυχθῆναι

<u>εἰ (*ei*; 35/502) *if, since*</u>

Mk 2:7 δύναται ἀφιέναι ἁμαρτίας **εἰ** μὴ εἷς ὁ
Mk 2:21 **εἰ** δὲ μή,
Mk 2:22 **εἰ** δὲ μή,
Mk 2:26 φαγεῖν **εἰ** μὴ τοὺς ἱερεῖς,
Mk 3:2 καὶ παρετήρουν αὐτὸν **εἰ** τοῖς σάββασιν θεραπεύσει
Mk 3:26 καὶ **εἰ** ὁ σατανᾶς ἀνέστη
Mk 4:23 **εἴ** τις ἔχει ὦτα
Mk 5:37 μετ' αὐτοῦ συνακολουθῆσαι **εἰ** μὴ τὸν Πέτρον
Mk 6:4 προφήτης ἄτιμος **εἰ** μὴ ἐν τῇ πατρίδι
Mk 6:5 **εἰ** μὴ ὀλίγοις ἀρρώστοις
Mk 6:8 αἴρωσιν εἰς ὁδὸν **εἰ** μὴ ῥάβδον μόνον,
Mk 8:12 **εἰ** δοθήσεται τῇ γενεᾷ
Mk 8:14 λαβεῖν ἄρτους καὶ **εἰ** μὴ ἕνα ἄρτον
Mk 8:23 **εἴ** τι βλέπεις;
Mk 8:34 **εἴ** τις θέλει ὀπίσω
Mk 9:9 **εἰ** μὴ ὅταν ὁ
Mk 9:22 ἀλλ' **εἴ** τι δύνῃ,
Mk 9:23 τὸ **εἰ** δύνῃ,
Mk 9:29 οὐδενὶ δύναται ἐξελθεῖν **εἰ** μὴ ἐν προσευχῇ.
Mk 9:35 **εἴ** τις θέλει πρῶτος
Mk 9:42 ἐστιν αὐτῷ μᾶλλον **εἰ** περίκειται μύλος
Mk 10:2 Φαρισαῖοι ἐπηρώτων αὐτὸν **εἰ** ἔξεστιν ἀνδρὶ γυναῖκα
Mk 10:18 οὐδεὶς ἀγαθὸς **εἰ** μὴ εἷς ὁ
Mk 11:13 **εἰ** ἄρα τι εὑρήσει
Mk 11:13 αὐτὴν οὐδὲν εὗρεν **εἰ** μὴ φύλλα·
Mk 11:25 ἀφίετε **εἴ** τι ἔχετε κατά
Mk 13:20 καὶ **εἰ** μὴ ἐκολόβωσεν κύριος
Mk 13:22 εἰ **δυνατόν**,
Mk 13:32 **εἰ** μὴ ὁ πατήρ.
Mk 14:21 καλὸν αὐτῷ **εἰ** οὐκ ἐγεννήθη ὁ
Mk 14:29 **εἰ** καὶ πάντες σκανδαλισθήσονται,
Mk 14:35 καὶ προσηύχετο ἵνα **εἰ** δυνατόν ἐστιν παρέλθῃ
Mk 15:36 ἄφετε ἴδωμεν εἰ **ἔρχεται** Ἠλίας καθελεῖν αὐτόν.
Mk 15:44 δὲ Πιλᾶτος ἐθαύμασεν **εἰ** ἤδη τέθνηκεν καὶ

Mk 15:44 κεντυρίωνα ἐπηρώτησεν αὐτὸν **εἰ** πάλαι ἀπέθανεν·

εἰκών (*eikōn*; 1/23) *likeness*

Mk 12:16 τίνος ἡ **εἰκὼν** αὕτη καὶ ἡ

εἰμί (*eimi*; 192/2460[2462]) *be*

Mk 1:6 καὶ **ἦν** ὁ Ἰωάννης ἐνδεδυμένος
Mk 1:7 οὗ οὐκ **εἰμὶ** ἱκανὸς κύψας λῦσαι
Mk 1:11 σὺ **εἶ** ὁ υἱός μου
Mk 1:13 καὶ **ἦν** ἐν τῇ ἐρήμῳ
Mk 1:13 καὶ **ἦν** μετὰ τῶν θηρίων,
Mk 1:16 **ἦσαν** γὰρ ἁλιεῖς.
Mk 1:22 **ἦν** γὰρ διδάσκων αὐτοὺς
Mk 1:23 Καὶ εὐθὺς **ἦν** ἐν τῇ συναγωγῇ
Mk 1:24 οἶδά σε τίς **εἶ**,
Mk 1:27 τί **ἐστιν** τοῦτο;
Mk 1:33 καὶ **ἦν** ὅλη ἡ πόλις
Mk 1:45 ἐπ' ἐρήμοις τόποις **ἦν**·
Mk 2:1 ὅτι ἐν οἴκῳ **ἐστίν**.
Mk 2:4 τὴν στέγην ὅπου **ἦν**,
Mk 2:6 **ἦσαν** δέ τινες τῶν
Mk 2:9 τί **ἐστιν** εὐκοπώτερον,
Mk 2:15 **ἦσαν** γὰρ πολλοὶ καὶ
Mk 2:18 Καὶ **ἦσαν** οἱ μαθηταὶ Ἰωάννου
Mk 2:19 νυμφίος μετ' αὐτῶν **ἐστιν** νηστεύειν;
Mk 2:26 τοῖς σὺν αὐτῷ **οὖσιν**;
Mk 2:28 ὥστε κύριός **ἐστιν** ὁ υἱὸς τοῦ
Mk 3:1 καὶ **ἦν** ἐκεῖ ἄνθρωπος ἐξηραμμένην
Mk 3:11 λέγοντες ὅτι σὺ **εἶ** ὁ υἱὸς τοῦ
Mk 3:14 ἀποστόλους ὠνόμασεν] ἵνα **ὦσιν** μετ' αὐτοῦ
Mk 3:17 ὅ **ἐστιν** υἱοὶ βροντῆς·
Mk 3:29 ἀλλὰ ἔνοχός **ἐστιν** αἰωνίου ἁμαρτήματος.
Mk 3:33 τίς **ἐστιν** ἡ μήτηρ μου
Mk 3:35 ἀδελφὴ καὶ μήτηρ **ἐστίν**.
Mk 4:1 ἐπὶ τῆς γῆς **ἦσαν**.
Mk 4:15 οὗτοι δέ **εἰσιν** οἱ παρὰ τὴν
Mk 4:16 καὶ οὗτοί **εἰσιν** οἱ ἐπὶ τὰ
Mk 4:17 ἑαυτοῖς ἀλλὰ πρόσκαιροί **εἰσιν**,
Mk 4:18 καὶ ἄλλοι **εἰσὶν** οἱ εἰς τὰς
Mk 4:18 οὗτοί **εἰσιν** οἱ τὸν λόγον
Mk 4:20 καὶ ἐκεῖνοί **εἰσιν** οἱ ἐπὶ τὴν
Mk 4:22 οὐ γάρ **ἐστιν** κρυπτὸν ἐὰν μὴ
Mk 4:26 οὕτως **ἐστὶν** ἡ βασιλεία τοῦ
Mk 4:31 μικρότερον **ὂν** πάντων τῶν σπερμάτων
Mk 4:36 παραλαμβάνουσιν αὐτὸν ὡς **ἦν** ἐν τῷ πλοίῳ,
Mk 4:36 καὶ ἄλλα πλοῖα **ἦν** μετ' αὐτοῦ.
Mk 4:38 καὶ αὐτὸς **ἦν** ἐν τῇ πρύμνῃ
Mk 4:40 τί δειλοί **ἐστε**;
Mk 4:41 τίς ἄρα οὗτός **ἐστιν** ὅτι καὶ ὁ
Mk 5:5 ἐν τοῖς ὄρεσιν **ἦν** κράζων καὶ κατακόπτων
Mk 5:9 ὅτι πολλοί **ἐσμεν**.
Mk 5:11 **Ἦν** δὲ ἐκεῖ πρὸς
Mk 5:14 ἦλθον ἰδεῖν τί **ἐστιν** τὸ γεγονὸς
Mk 5:18 ἵνα μετ' αὐτοῦ **ᾖ**.
Mk 5:21 καὶ **ἦν** παρὰ τὴν θάλασσαν.
Mk 5:25 Καὶ γυνὴ **οὖσα** ἐν ῥύσει αἵματος
Mk 5:34 εἰς εἰρήνην καὶ **ἴσθι** ὑγιὴς ἀπὸ τῆς
Mk 5:40 καὶ εἰσπορεύεται ὅπου **ἦν** τὸ παιδίον.
Mk 5:41 ὅ **ἐστιν** μεθερμηνευόμενον·
Mk 5:42 **ἦν** γὰρ ἐτῶν δώδεκα.
Mk 6:3 οὐχ οὗτός **ἐστιν** ὁ τέκτων,
Mk 6:3 καὶ οὐκ **εἰσὶν** αἱ ἀδελφαὶ αὐτοῦ
Mk 6:4 Ἰησοῦς ὅτι οὐκ **ἔστιν** προφήτης ἄτιμος εἰ
Mk 6:15 ἔλεγον ὅτι Ἠλίας **ἐστίν**·
Mk 6:31 **ἦσαν** γὰρ οἱ ἐρχόμενοι
Mk 6:34 ὅτι **ἦσαν** ὡς πρόβατα μὴ
Mk 6:35 ἔλεγον ὅτι ἔρημός **ἐστιν** ὁ τόπος καὶ
Mk 6:44 καὶ **ἦσαν** οἱ φαγόντες [τοὺς
Mk 6:47 καὶ ὀψίας γενομένης **ἦν** τὸ πλοῖον ἐν
Mk 6:48 **ἦν** γὰρ ὁ ἄνεμος
Mk 6:49 ἔδοξαν ὅτι φάντασμά **ἐστιν**,
Mk 6:50 ἐγώ **εἰμι**·
Mk 6:52 ἀλλ' **ἦν** αὐτῶν ἡ καρδία
Mk 6:55 ὅπου ἤκουον ὅτι **ἐστίν**.
Mk 7:2 τοῦτ' **ἔστιν** ἀνίπτοις,
Mk 7:4 καὶ ἄλλα πολλά **ἐστιν** ἃ παρέλαβον κρατεῖν,
Mk 7:11 ὅ **ἐστιν** δῶρον,
Mk 7:15 οὐδέν **ἐστιν** ἔξωθεν τοῦ ἀνθρώπου
Mk 7:15 τοῦ ἀνθρώπου ἐκπορευόμενά **ἐστιν** τὰ κοινοῦντα τὸν
Mk 7:18 καὶ ὑμεῖς ἀσύνετοί **ἐστε**;
Mk 7:26 ἡ δὲ γυνὴ **ἦν** Ἑλληνίς,
Mk 7:27 οὐ γάρ **ἐστιν** καλὸν λαβεῖν τὸν
Mk 7:34 ὅ **ἐστιν** διανοίχθητι.
Mk 8:1 πάλιν πολλοῦ ὄχλου **ὄντος** καὶ μὴ ἐχόντων
Mk 8:9 **ἦσαν** δὲ ὡς τετρακισχίλιοι.
Mk 8:27 λέγουσιν οἱ ἄνθρωποι **εἶναι**;
Mk 8:29 τίνα με λέγετε **εἶναι**;
Mk 8:29 σὺ **εἶ** ὁ χριστός.
Mk 9:1 λέγω ὑμῖν ὅτι **εἰσίν** τινες ὧδε τῶν
Mk 9:4 σὺν Μωϋσεῖ καὶ **ἦσαν** συλλαλοῦντες τῷ Ἰησοῦ.
Mk 9:5 καλόν **ἐστιν** ἡμᾶς ὧδε εἶναι,
Mk 9:5 ἐστιν ἡμᾶς ὧδε **εἶναι**,
Mk 9:7 οὗτός ἐστιν **ὁ** υἱός μου ὁ
Mk 9:10 ἑαυτοὺς συζητοῦντες τί **ἐστιν** τὸ ἐκ νεκρῶν
Mk 9:19 πότε πρὸς ὑμᾶς **ἔσομαι**;
Mk 9:21 πόσος χρόνος **ἐστὶν** ὡς τοῦτο γέγονεν
Mk 9:35 τις θέλει πρῶτος **εἶναι**,
Mk 9:35 **ἔσται** πάντων ἔσχατος καὶ
Mk 9:39 οὐδεὶς γάρ **ἐστιν** ὃς ποιήσει δύναμιν
Mk 9:40 ὃς γὰρ οὐκ **ἔστιν** καθ' ἡμῶν,
Mk 9:40 ὑπὲρ ἡμῶν **ἐστιν**.
Mk 9:41 ὀνόματι ὅτι Χριστοῦ **ἐστε**,
Mk 9:42 καλόν **ἐστιν** αὐτῷ μᾶλλον εἰ
Mk 9:43 καλόν **ἐστίν** σε κυλλὸν εἰσελθεῖν
Mk 9:45 καλόν **ἐστίν** σε εἰσελθεῖν εἰς
Mk 9:47 καλόν σέ **ἐστιν** μονόφθαλμον εἰσελθεῖν εἰς
Mk 10:8 καὶ **ἔσονται** οἱ δύο εἰς
Mk 10:8 ὥστε οὐκέτι εἰσὶν **δύο** ἀλλὰ μία σάρξ.
Mk 10:14 τῶν γὰρ τοιούτων **ἐστὶν** ἡ βασιλεία τοῦ
Mk 10:22 **ἦν** γὰρ ἔχων κτήματα
Mk 10:24 πῶς δύσκολόν **ἐστιν** εἰς τὴν βασιλείαν
Mk 10:25 εὐκοπώτερόν **ἐστιν** κάμηλον διὰ [τῆς]
Mk 10:29 οὐδείς **ἐστιν** ὃς ἀφῆκεν οἰκίαν
Mk 10:31 πολλοὶ δὲ **ἔσονται** πρῶτοι ἔσχατοι καὶ
Mk 10:32 **Ἦσαν** δὲ ἐν τῇ
Mk 10:32 καὶ **ἦν** προάγων αὐτοὺς ὁ
Mk 10:40 ἐξ εὐωνύμων οὐκ **ἔστιν** ἐμὸν δοῦναι,
Mk 10:43 οὐχ οὕτως δέ **ἐστιν** ἐν ὑμῖν,
Mk 10:43 γενέσθαι ἐν ὑμῖν **ἔσται** ὑμῶν διάκονος,
Mk 10:44 θέλῃ ἐν ὑμῖν **εἶναι** πρῶτος ἔσται πάντων
Mk 10:44 ὑμῖν εἶναι πρῶτος **ἔσται** πάντων δοῦλος·
Mk 10:47 Ἰησοῦς ὁ Ναζαρηνός **ἐστιν** ἤρξατο κράζειν
Mk 11:11 ὀψίας ἤδη οὔσης **τῆς** ὥρας,
Mk 11:13 γὰρ καιρὸς οὐκ **ἦν** σύκων.
Mk 11:23 **ἔσται** αὐτῷ.

Mk 11:24 καὶ **ἔσται** ὑμῖν.
Mk 11:30 Ἰωάννου ἐξ οὐρανοῦ **ἦν** ἢ ἐξ ἀνθρώπων;
Mk 11:32 ὄντως ὅτι προφήτης **ἦν**.
Mk 12:7 εἶπαν ὅτι οὗτός **ἐστιν** ὁ κληρονόμος·
Mk 12:7 καὶ ἡμῶν **ἔσται** ἡ κληρονομία.
Mk 12:11 ἐγένετο αὕτη καὶ **ἔστιν** θαυμαστὴ ἐν ὀφθαλμοῖς
Mk 12:14 οἴδαμεν ὅτι ἀληθὴς **εἶ** καὶ οὐ μέλει
Mk 12:18 λέγουσιν ἀνάστασιν μὴ **εἶναι**,
Mk 12:20 ἑπτὰ ἀδελφοὶ **ἦσαν**·
Mk 12:23 ἀναστῶσιν] τίνος αὐτῶν **ἔσται** γυνή;
Mk 12:25 ἀλλ' **εἰσὶν** ὡς ἄγγελοι ἐν
Mk 12:27 οὐκ **ἔστιν** θεὸς νεκρῶν ἀλλὰ
Mk 12:28 ποία **ἐστὶν** ἐντολὴ πρώτη πάντων;
Mk 12:29 Ἰησοῦς ὅτι πρώτη **ἐστίν**·
Mk 12:29 ἡμῶν κύριος εἷς **ἐστιν**,
Mk 12:31 ἄλλη ἐντολὴ οὐκ **ἔστιν**.
Mk 12:32 εἶπες ὅτι εἷς **ἐστιν** καὶ οὐκ ἔστιν
Mk 12:32 ἔστιν καὶ οὐκ **ἔστιν** ἄλλος πλὴν αὐτοῦ·
Mk 12:33 ὡς ἑαυτὸν περισσότερόν **ἐστιν** πάντων τῶν ὁλοκαυτωμάτων
Mk 12:34 οὐ μακρὰν **εἶ** ἀπὸ τῆς βασιλείας
Mk 12:35 χριστὸς υἱὸς Δαυίδ **ἐστιν**;
Mk 12:37 καὶ πόθεν αὐτοῦ **ἐστιν** υἱός;
Mk 12:42 ὅ **ἐστιν** κοδράντης.
Mk 13:4 πότε ταῦτα **ἔσται** καὶ τί τὸ
Mk 13:6 λέγοντες ὅτι ἐγώ **εἰμι**,
Mk 13:8 **ἔσονται** σεισμοὶ κατὰ τόπους,
Mk 13:8 **ἔσονται** λιμοί·
Mk 13:11 οὐ γάρ **ἐστε** ὑμεῖς οἱ λαλοῦντες
Mk 13:13 καὶ **ἔσεσθε** μισούμενοι ὑπὸ πάντων
Mk 13:19 **ἔσονται** γὰρ αἱ ἡμέραι
Mk 13:25 καὶ οἱ ἀστέρες **ἔσονται** ἐκ τοῦ οὐρανοῦ
Mk 13:28 ἐγγὺς τὸ θέρος **ἐστίν**·
Mk 13:29 γινώσκετε ὅτι ἐγγύς **ἐστιν** ἐπὶ θύραις.
Mk 13:33 πότε ὁ καιρός **ἐστιν**.
Mk 14:1 **Ἦν** δὲ τὸ πάσχα
Mk 14:2 μήποτε **ἔσται** θόρυβος τοῦ λαοῦ.
Mk 14:3 Καὶ **ὄντος** αὐτοῦ ἐν Βηθανίᾳ
Mk 14:4 **ἦσαν** δέ τινες ἀγανακτοῦντες
Mk 14:14 ποῦ **ἐστιν** τὸ κατάλυμά μου
Mk 14:22 τοῦτό **ἐστιν** τὸ σῶμά μου.
Mk 14:24 τοῦτό **ἐστιν** τὸ αἷμά μου
Mk 14:34 περίλυπός **ἐστιν** ἡ ψυχή μου
Mk 14:35 ἵνα εἰ δυνατόν **ἐστιν** παρέλθῃ ἀπ' αὐτοῦ
Mk 14:40 **ἦσαν** γὰρ αὐτῶν οἱ
Mk 14:44 ἂν φιλήσω αὐτός **ἐστιν**,
Mk 14:49 καθ' ἡμέραν **ἤμην** πρὸς ὑμᾶς ἐν
Mk 14:54 τοῦ ἀρχιερέως καὶ **ἦν** συγκαθήμενος μετὰ
Mk 14:56 αἱ μαρτυρίαι οὐκ **ἦσαν**.
Mk 14:59 οὐδὲ οὕτως ἴση **ἦν** ἡ μαρτυρία αὐτῶν.
Mk 14:61 σὺ **εἶ** ὁ χριστὸς ὁ
Mk 14:62 ἐγώ **εἰμι**,
Mk 14:64 κατέκριναν αὐτὸν ἔνοχον **εἶναι** θανάτου.
Mk 14:66 Καὶ **ὄντος** τοῦ Πέτρου κάτω
Mk 14:67 μετὰ τοῦ Ναζαρηνοῦ **ἦσθα** τοῦ Ἰησοῦ.
Mk 14:69 οὗτος ἐξ αὐτῶν **ἐστιν**.
Mk 14:70 ἀληθῶς ἐξ αὐτῶν **εἶ**,
Mk 14:70 καὶ γὰρ Γαλιλαῖος **εἶ**.
Mk 15:2 σὺ **εἶ** ὁ βασιλεὺς τῶν
Mk 15:7 **ἦν** δὲ ὁ λεγόμενος
Mk 15:16 ὅ **ἐστιν** πραιτώριον,
Mk 15:22 ὅ **ἐστιν** μεθερμηνευόμενον Κρανίου Τόπος.
Mk 15:25 **ἦν** δὲ ὥρα τρίτη
Mk 15:26 καὶ **ἦν** ἡ ἐπιγραφὴ τῆς
Mk 15:34 ὅ **ἐστιν** μεθερμηνευόμενον·
Mk 15:39 ἄνθρωπος υἱὸς θεοῦ **ἦν**.
Mk 15:40 **Ἦσαν** δὲ καὶ γυναῖκες
Mk 15:41 αἳ ὅτε **ἦν** ἐν τῇ Γαλιλαίᾳ
Mk 15:42 ἐπεὶ **ἦν** παρασκευὴ ὅ ἐστιν
Mk 15:42 ἦν παρασκευὴ ὅ **ἐστιν** προσάββατον,
Mk 15:43 ὃς καὶ αὐτὸς **ἦν** προσδεχόμενος τὴν βασιλείαν
Mk 15:46 ἐν μνημείῳ ὃ **ἦν** λελατομημένον ἐκ πέτρας
Mk 16:4 ἦν **γὰρ** μέγας σφόδρα.
Mk 16:6 οὐκ **ἔστιν** ὧδε·

εἰρηνεύω (*eirēneuō*; 1/4) *live or be at peace*

Mk 9:50 ἑαυτοῖς ἅλα καὶ **εἰρηνεύετε** ἐν ἀλλήλοις.

εἰρήνη (*eirēnē*; 1/92) *peace*

Mk 5:34 ὕπαγε εἰς **εἰρήνην** καὶ ἴσθι ὑγιὴς

εἰς (*eis*; 165[168]/1759[1767]) *into*

Mk 1:4 κηρύσσων βάπτισμα μετανοίας **εἰς** ἄφεσιν ἁμαρτιῶν.
Mk 1:9 Γαλιλαίας καὶ ἐβαπτίσθη **εἰς** τὸν Ἰορδάνην
Mk 1:10 ὡς περιστερὰν καταβαῖνον **εἰς** αὐτόν·
Mk 1:12 πνεῦμα αὐτὸν ἐκβάλλει **εἰς** τὴν ἔρημον.
Mk 1:14 ἦλθεν ὁ Ἰησοῦς **εἰς** τὴν Γαλιλαίαν κηρύσσων
Mk 1:21 Καὶ εἰσπορεύονται **εἰς** Καφαρναούμ·
Mk 1:21 εἰσελθὼν **εἰς** τὴν συναγωγὴν ἐδίδασκεν.
Mk 1:28 αὐτοῦ εὐθὺς πανταχοῦ **εἰς** ὅλην τὴν περίχωρον
Mk 1:29 συναγωγῆς ἐξελθόντες ἦλθον **εἰς** τὴν οἰκίαν Σίμωνος
Mk 1:35 ἐξῆλθεν καὶ ἀπῆλθεν **εἰς** ἔρημον τόπον κἀκεῖ
Mk 1:38 ἄγωμεν ἀλλαχοῦ **εἰς** τὰς ἐχομένας κωμοπόλεις,
Mk 1:38 **εἰς** τοῦτο γὰρ ἐξῆλθον.
Mk 1:39 Καὶ ἦλθεν κηρύσσων **εἰς** τὰς συναγωγὰς αὐτῶν
Mk 1:39 τὰς συναγωγὰς αὐτῶν **εἰς** ὅλην τὴν Γαλιλαίαν
Mk 1:44 **εἰς** μαρτύριον αὐτοῖς.
Mk 1:45 αὐτὸν δύνασθαι φανερῶς **εἰς** πόλιν εἰσελθεῖν,
Mk 2:1 Καὶ εἰσελθὼν πάλιν **εἰς** Καφαρναοὺμ
Mk 2:11 σου καὶ ὕπαγε **εἰς** τὸν οἶκόν σου.
Mk 2:22 βάλλει οἶνον νέον **εἰς** ἀσκοὺς παλαιούς·
Mk 2:22 ἀλλὰ οἶνον νέον **εἰς** ἀσκοὺς καινούς.
Mk 2:26 πῶς εἰσῆλθεν **εἰς** τὸν οἶκον
Mk 3:1 εἰσῆλθεν πάλιν **εἰς** τὴν συναγωγήν.
Mk 3:3 ἔγειρε εἰς **τὸ** μέσον.
Mk 3:13 Καὶ ἀναβαίνει **εἰς** τὸ ὄρος καὶ
Mk 3:20 Καὶ ἔρχεται **εἰς** οἶκον·
Mk 3:27 οὐ δύναται οὐδεὶς **εἰς** τὴν οἰκίαν τοῦ
Mk 3:29 δ' ἂν βλασφημήσῃ **εἰς** τὸ πνεῦμα τὸ
Mk 3:29 οὐκ ἔχει ἄφεσιν **εἰς** τὸν αἰῶνα,
Mk 4:1 ὥστε αὐτὸν **εἰς** πλοῖον ἐμβάντα καθῆσθαι
Mk 4:7 καὶ ἄλλο ἔπεσεν **εἰς** τὰς ἀκάνθας,
Mk 4:8 καὶ ἄλλα ἔπεσεν **εἰς** τὴν γῆν τὴν
Mk 4:15 λόγον τὸν ἐσπαρμένον **εἰς** αὐτούς.
Mk 4:18 ἄλλοι εἰσὶν οἱ **εἰς** τὰς ἀκάνθας σπειρόμενοι·
Mk 4:22 ἀλλ' ἵνα ἔλθῃ **εἰς** φανερόν.

Mk 4:35 διέλθωμεν **εἰς** τὸ πέραν.
Mk 4:37 τὰ κύματα ἐπέβαλλεν **εἰς** τὸ πλοῖον,
Mk 5:1 Καὶ ἦλθον **εἰς** τὸ πέραν τῆς
Mk 5:1 πέραν τῆς θαλάσσης **εἰς** τὴν χώραν τῶν
Mk 5:12 πέμψον ἡμᾶς **εἰς** τοὺς χοίρους,
Mk 5:12 ἵνα **εἰς** αὐτοὺς εἰσέλθωμεν.
Mk 5:13 εἰσῆλθον **εἰς** τοὺς χοίρους,
Mk 5:13 κατὰ τοῦ κρημνοῦ **εἰς** τὴν θάλασσαν,
Mk 5:14 ἔφυγον καὶ ἀπήγγειλαν **εἰς** τὴν πόλιν καὶ
Mk 5:14 τὴν πόλιν καὶ **εἰς** τοὺς ἀγρούς·
Mk 5:18 Καὶ ἐμβαίνοντος αὐτοῦ **εἰς** τὸ πλοῖον παρεκάλει
Mk 5:19 ὕπαγε **εἰς** τὸν οἶκόν σου
Mk 5:21 τῷ πλοίῳ] πάλιν **εἰς** τὸ πέραν συνήχθη
Mk 5:26 ὠφεληθεῖσα ἀλλὰ μᾶλλον **εἰς** τὸ χεῖρον ἐλθοῦσα,
Mk 5:34 ὕπαγε **εἰς** εἰρήνην καὶ ἴσθι
Mk 5:38 καὶ ἔρχονται **εἰς** τὸν οἶκον τοῦ
Mk 6:1 ἐκεῖθεν καὶ ἔρχεται **εἰς** τὴν πατρίδα αὐτοῦ,
Mk 6:8 ἵνα μηδὲν αἴρωσιν **εἰς** ὁδὸν εἰ μὴ
Mk 6:8 μὴ **εἰς** τὴν ζώνην χαλκόν,
Mk 6:10 ἐὰν εἰσέλθητε **εἰς** οἰκίαν,
Mk 6:11 τῶν ποδῶν ὑμῶν **εἰς** μαρτύριον αὐτοῖς.
Mk 6:31 αὐτοὶ κατ' ἰδίαν **εἰς** ἔρημον τόπον καὶ
Mk 6:32 ἐν τῷ πλοίῳ **εἰς** ἔρημον τόπον κατ'
Mk 6:36 ἵνα ἀπελθόντες **εἰς** τοὺς κύκλῳ ἀγροὺς
Mk 6:41 δύο ἰχθύας ἀναβλέψας **εἰς** τὸν οὐρανὸν εὐλόγησεν
Mk 6:45 μαθητὰς αὐτοῦ ἐμβῆναι **εἰς** τὸ πλοῖον καὶ
Mk 6:45 πλοῖον καὶ προάγειν **εἰς** τὸ πέραν πρὸς
Mk 6:46 ἀποταξάμενος αὐτοῖς ἀπῆλθεν **εἰς** τὸ ὄρος προσεύξασθαι.
Mk 6:51 ἀνέβη πρὸς αὐτοὺς **εἰς** τὸ πλοῖον καὶ
Mk 6:53 τὴν γῆν ἦλθον **εἰς** Γεννησαρὲτ καὶ προσωρμίσθησαν.
Mk 6:56 ἂν εἰσεπορεύετο **εἰς** κώμας
Mk 6:56 ἢ **εἰς** πόλεις
Mk 6:56 ἢ **εἰς** ἀγρούς,
Mk 7:15 εἰσπορευόμενον **εἰς** αὐτὸν
Mk 7:17 Καὶ ὅτε εἰσῆλθεν **εἰς** οἶκον
Mk 7:18 εἰσπορευόμενον **εἰς** τὸν ἄνθρωπον
Mk 7:19 εἰσπορεύεται αὐτοῦ **εἰς** τὴν καρδίαν
Mk 7:19 ἀλλ' **εἰς** τὴν κοιλίαν,
Mk 7:19 καὶ **εἰς** τὸν ἀφεδρῶνα ἐκπορεύεται,
Mk 7:24 δὲ ἀναστὰς ἀπῆλθεν **εἰς** τὰ ὅρια Τύρου.
Mk 7:24 Καὶ εἰσελθὼν **εἰς** οἰκίαν οὐδένα
Mk 7:30 καὶ ἀπελθοῦσα **εἰς** τὸν οἶκον αὐτῆς
Mk 7:31 ἦλθεν διὰ Σιδῶνος **εἰς** τὴν θάλασσαν τῆς
Mk 7:33 τοὺς δακτύλους αὐτοῦ **εἰς** τὰ ὦτα αὐτοῦ
Mk 7:34 καὶ ἀναβλέψας **εἰς** τὸν οὐρανὸν ἐστέναξεν
Mk 8:3 ἀπολύσω αὐτοὺς νήστεις **εἰς** οἶκον αὐτῶν,
Mk 8:10 Καὶ εὐθὺς ἐμβὰς **εἰς** τὸ πλοῖον μετὰ
Mk 8:10 μαθητῶν αὐτοῦ ἦλθεν **εἰς** τὰ μέρη Δαλμανουθά.
Mk 8:13 πάλιν ἐμβὰς ἀπῆλθεν **εἰς** τὸ πέραν.
Mk 8:19 πέντε ἄρτους ἔκλασα **εἰς** τοὺς πεντακισχιλίους,
Mk 8:20 ὅτε τοὺς ἑπτὰ **εἰς** τοὺς τετρακισχιλίους,
Mk 8:22 Καὶ ἔρχονται **εἰς** Βηθσαϊδάν.
Mk 8:23 κώμης καὶ πτύσας **εἰς** τὰ ὄμματα αὐτοῦ,
Mk 8:26 καὶ ἀπέστειλεν αὐτὸν **εἰς** οἶκον αὐτοῦ λέγων·
Mk 8:26 μηδὲ **εἰς** τὴν κώμην εἰσέλθῃς.
Mk 8:27 οἱ μαθηταὶ αὐτοῦ **εἰς** τὰς κώμας Καισαρείας
Mk 9:2 καὶ ἀναφέρει αὐτοὺς **εἰς** ὄρος ὑψηλὸν κατ'
Mk 9:22 καὶ πολλάκις καὶ **εἰς** πῦρ αὐτὸν ἔβαλεν
Mk 9:22 αὐτὸν ἔβαλεν καὶ **εἰς** ὕδατα ἵνα ἀπολέσῃ
Mk 9:25 μηκέτι εἰσέλθῃς **εἰς** αὐτόν.
Mk 9:28 εἰσελθόντος αὐτοῦ **εἰς** οἶκον οἱ μαθηταὶ
Mk 9:31 τοῦ ἀνθρώπου παραδίδοται **εἰς** χεῖρας ἀνθρώπων,
Mk 9:33 Καὶ ἦλθον **εἰς** Καφαρναούμ.
Mk 9:42 τούτων τῶν πιστευόντων [**εἰς** ἐμέ],
Mk 9:42 αὐτοῦ καὶ βέβληται **εἰς** τὴν θάλασσαν.
Mk 9:43 εἰσελθεῖν **εἰς** τὴν ζωὴν
Mk 9:43 ἀπελθεῖν **εἰς** τὴν γέενναν,
Mk 9:43 **εἰς** τὸ πῦρ τὸ ἄσβεστον.
Mk 9:45 εἰσελθεῖν **εἰς** τὴν ζωὴν
Mk 9:45 βληθῆναι **εἰς** τὴν γέενναν.
Mk 9:47 εἰσελθεῖν **εἰς** τὴν βασιλείαν
Mk 9:47 βληθῆναι **εἰς** τὴν γέενναν,
Mk 10:1 ἐκεῖθεν ἀναστὰς ἔρχεται **εἰς** τὰ ὅρια τῆς
Mk 10:8 ἔσονται οἱ δύο **εἰς** σάρκα μίαν·
Mk 10:10 Καὶ **εἰς** τὴν οἰκίαν πάλιν
Mk 10:15 οὐ μὴ εἰσέλθῃ **εἰς** αὐτήν.
Mk 10:17 Καὶ ἐκπορευομένου αὐτοῦ **εἰς** ὁδὸν προσδραμὼν εἷς
Mk 10:23 τὰ χρήματα ἔχοντες **εἰς** τὴν βασιλείαν τοῦ
Mk 10:24 πῶς δύσκολόν ἐστιν **εἰς** τὴν βασιλείαν τοῦ
Mk 10:25 διελθεῖν ἢ πλούσιον **εἰς** τὴν βασιλείαν τοῦ
Mk 10:32 τῇ ὁδῷ ἀναβαίνοντες **εἰς** Ἱεροσόλυμα,
Mk 10:33 ὅτι ἰδοὺ ἀναβαίνομεν **εἰς** Ἱεροσόλυμα,
Mk 10:46 Καὶ ἔρχονται **εἰς** Ἰεριχώ.
Mk 11:1 Καὶ ὅτε ἐγγίζουσιν **εἰς** Ἱεροσόλυμα εἰς Βηθφαγὴ
Mk 11:1 ἐγγίζουσιν εἰς Ἱεροσόλυμα **εἰς** Βηθφαγὴ καὶ Βηθανίαν
Mk 11:2 ὑπάγετε **εἰς** τὴν κώμην τὴν
Mk 11:2 εὐθὺς εἰσπορευόμενοι **εἰς** αὐτὴν εὑρήσετε
Mk 11:8 ἱμάτια αὐτῶν ἔστρωσαν **εἰς** τὴν ὁδόν,
Mk 11:11 Καὶ εἰσῆλθεν **εἰς** Ἱεροσόλυμα
Mk 11:11 Ἱεροσόλυμα **εἰς** τὸ ἱερὸν
Mk 11:11 ἐξῆλθεν **εἰς** Βηθανίαν μετὰ τῶν δώδεκα.
Mk 11:14 μηκέτι **εἰς** τὸν αἰῶνα ἐκ
Mk 11:15 Καὶ ἔρχονται **εἰς** Ἱεροσόλυμα.
Mk 11:15 Καὶ εἰσελθὼν **εἰς** τὸ ἱερὸν
Mk 11:23 ἄρθητι καὶ βλήθητι **εἰς** τὴν θάλασσαν,
Mk 11:27 Καὶ ἔρχονται πάλιν **εἰς** Ἱεροσόλυμα.
Mk 12:10 οὗτος ἐγενήθη **εἰς** κεφαλὴν γωνίας·
Mk 12:14 οὐ γὰρ βλέπεις **εἰς** πρόσωπον ἀνθρώπων,
Mk 12:41 ὄχλος βάλλει χαλκὸν **εἰς** τὸ γαζοφυλάκιον.
Mk 12:43 ἔβαλεν τῶν βαλλόντων **εἰς** τὸ γαζοφυλάκιον·
Mk 13:3 Καὶ καθημένου αὐτοῦ **εἰς** τὸ ὄρος τῶν
Mk 13:9 παραδώσουσιν ὑμᾶς **εἰς** συνέδρια καὶ εἰς
Mk 13:9 εἰς συνέδρια καὶ **εἰς** συναγωγὰς δαρήσεσθε
Mk 13:9 σταθήσεσθε ἕνεκεν ἐμοῦ **εἰς** μαρτύριον αὐτοῖς.
Mk 13:10 καὶ **εἰς** πάντα τὰ ἔθνη
Mk 13:12 παραδώσει ἀδελφὸς ἀδελφὸν **εἰς** θάνατον καὶ πατὴρ
Mk 13:13 ὁ δὲ ὑπομείνας **εἰς** τέλος οὗτος σωθήσεται.
Mk 13:14 τῇ Ἰουδαίᾳ φευγέτωσαν **εἰς** τὰ ὄρη,
Mk 13:16 καὶ ὁ **εἰς** τὸν ἀγρὸν μὴ
Mk 13:16 ἀγρὸν μὴ ἐπιστρεψάτω **εἰς** τὰ ὀπίσω ἆραι
Mk 14:4 **εἰς** τί ἡ ἀπώλεια
Mk 14:8 τὸ σῶμά μου **εἰς** τὸν ἐνταφιασμόν.
Mk 14:9 κηρυχθῇ τὸ εὐαγγέλιον **εἰς** ὅλον τὸν κόσμον,

Mk 14:9 ἐποίησεν αὕτη λαληθήσεται **εἰς** μνημόσυνον αὐτῆς.
Mk 14:13 ὑπάγετε **εἰς** τὴν πόλιν,
Mk 14:16 μαθηταὶ καὶ ἦλθον **εἰς** τὴν πόλιν καὶ
Mk 14:20 ἐμβαπτόμενος μετ᾽ ἐμοῦ **εἰς** τὸ τρύβλιον.
Mk 14:26 Καὶ ὑμνήσαντες ἐξῆλθον **εἰς** τὸ ὄρος τῶν
Mk 14:28 με προάξω ὑμᾶς **εἰς** τὴν Γαλιλαίαν.
Mk 14:32 Καὶ ἔρχονται **εἰς** χωρίον οὗ τὸ
Mk 14:38 ἵνα μὴ ἔλθητε **εἰς** πειρασμόν·
Mk 14:41 υἱὸς τοῦ ἀνθρώπου **εἰς** τὰς χεῖρας τῶν
Mk 14:54 αὐτῷ ἕως ἔσω **εἰς** τὴν αὐλὴν τοῦ
Mk 14:55 τοῦ Ἰησοῦ μαρτυρίαν **εἰς** τὸ θανατῶσαι αὐτόν,
Mk 14:60 ἀναστὰς ὁ ἀρχιερεὺς **εἰς** μέσον ἐπηρώτησεν
Mk 14:68 καὶ ἐξῆλθεν ἔξω **εἰς** τὸ προαύλιον [καὶ
Mk 15:34 **εἰς** τί ἐγκατέλιπές με;
Mk 15:38 τοῦ ναοῦ ἐσχίσθη **εἰς** δύο ἀπ᾽ ἄνωθεν
Mk 15:41 αἱ συναναβᾶσαι αὐτῷ **εἰς** Ἱεροσόλυμα.
Mk 16:5 Καὶ εἰσελθοῦσαι **εἰς** τὸ μνημεῖον
Mk 16:7 ὅτι προάγει ὑμᾶς **εἰς** τὴν Γαλιλαίαν·
[Mk 16:12] ἑτέρᾳ μορφῇ πορευομένοις **εἰς** ἀγρόν·
[Mk 16:15] πορευθέντες **εἰς** τὸν κόσμον ἅπαντα
[Mk 16:19] λαλῆσαι αὐτοῖς ἀνελήμφθη **εἰς** τὸν οὐρανὸν καὶ

εἷς (*heis*; 44/343[345]) *one*

Mk 2:7 ἁμαρτίας εἰ μὴ **εἷς** ὁ θεός;
Mk 4:8 αὐξανόμενα καὶ ἔφερεν **ἓν** τριάκοντα καὶ ἓν
Mk 4:8 ἓν τριάκοντα καὶ **ἓν** ἑξήκοντα καὶ ἓν
Mk 4:8 ἓν ἑξήκοντα καὶ **ἓν** ἑκατόν.
Mk 4:20 παραδέχονται καὶ καρποφοροῦσιν **ἓν** τριάκοντα καὶ ἓν
Mk 4:20 ἓν τριάκοντα καὶ **ἓν** ἑξήκοντα καὶ ἓν
Mk 4:20 ἓν ἑξήκοντα καὶ **ἓν** ἑκατόν.
Mk 5:22 Καὶ ἔρχεται **εἷς** τῶν ἀρχισυναγώγων,
Mk 6:15 ὅτι προφήτης ὡς **εἷς** τῶν προφητῶν.
Mk 8:14 καὶ εἰ μὴ **ἕνα** ἄρτον οὐκ εἶχον
Mk 8:28 ἄλλοι δὲ ὅτι **εἷς** τῶν προφητῶν.
Mk 9:5 σοὶ **μίαν** καὶ Μωϋσεῖ μίαν
Mk 9:5 μίαν καὶ Μωϋσεῖ **μίαν** καὶ Ἠλίᾳ μίαν.
Mk 9:5 μίαν καὶ Ἠλίᾳ **μίαν**.
Mk 9:17 καὶ ἀπεκρίθη αὐτῷ **εἷς** ἐκ τοῦ ὄχλου·
Mk 9:37 ὃς ἂν **ἓν** τῶν τοιούτων παιδίων
Mk 9:42 ὃς ἂν σκανδαλίσῃ **ἕνα** τῶν μικρῶν τούτων
Mk 10:8 δύο εἰς σάρκα **μίαν**·
Mk 10:8 εἰσὶν δύο ἀλλὰ **μία** σάρξ.
Mk 10:17 εἰς ὁδὸν προσδραμὼν **εἷς** καὶ γονυπετήσας αὐτὸν
Mk 10:18 ἀγαθὸς εἰ μὴ **εἷς** ὁ θεός.
Mk 10:21 **ἕν** σε ὑστερεῖ·
Mk 10:37 δὸς ἡμῖν ἵνα **εἷς** σου ἐκ δεξιῶν
Mk 10:37 ἐκ δεξιῶν καὶ **εἷς** ἐξ ἀριστερῶν καθίσωμεν
Mk 11:29 ἐπερωτήσω ὑμᾶς **ἕνα** λόγον,
Mk 12:6 ἔτι **ἕνα** εἶχεν υἱὸν ἀγαπητόν·
Mk 12:28 Καὶ προσελθὼν **εἷς** τῶν γραμματέων ἀκούσας
Mk 12:29 θεὸς ἡμῶν κύριος **εἷς** ἐστιν,
Mk 12:32 ἀληθείας εἶπες ὅτι **εἷς** ἐστιν καὶ οὐκ
Mk 12:42 καὶ ἐλθοῦσα **μία** χήρα πτωχὴ ἔβαλεν
Mk 13:1 ἱεροῦ λέγει αὐτῷ **εἷς** τῶν μαθητῶν αὐτοῦ·
Mk 14:10 Ἰούδας Ἰσκαριὼθ ὁ **εἷς** τῶν δώδεκα ἀπῆλθεν
Mk 14:18 λέγω ὑμῖν ὅτι **εἷς** ἐξ ὑμῶν παραδώσει
Mk 14:19 καὶ λέγειν αὐτῷ **εἷς** κατὰ εἷς·
Mk 14:19 αὐτῷ εἷς κατὰ **εἷς**·
Mk 14:20 **εἷς** τῶν δώδεκα,
Mk 14:37 οὐκ ἴσχυσας **μίαν** ὥραν γρηγορῆσαι;
Mk 14:43 λαλοῦντος παραγίνεται Ἰούδας **εἷς** τῶν δώδεκα καὶ
Mk 14:47 **εἷς** δέ [τις] τῶν
Mk 14:66 τῇ αὐλῇ ἔρχεται **μία** τῶν παιδισκῶν τοῦ
Mk 15:6 ἑορτὴν ἀπέλυεν αὐτοῖς **ἕνα** δέσμιον ὃν παρῃτοῦντο.
Mk 15:27 **ἕνα** ἐκ δεξιῶν καὶ
Mk 15:27 ἐκ δεξιῶν καὶ **ἕνα** ἐξ εὐωνύμων αὐτοῦ.
Mk 16:2 λίαν πρωῒ τῇ **μιᾷ** τῶν σαββάτων ἔρχονται

εἰσέρχομαι (*eiserchomai*; 30/194) *go into, enter*

Mk 1:21 εὐθὺς τοῖς σάββασιν **εἰσελθὼν** εἰς τὴν συναγωγὴν
Mk 1:45 φανερῶς εἰς πόλιν **εἰσελθεῖν**,
Mk 2:1 Καὶ **εἰσελθὼν** πάλιν εἰς Καφαρναοὺμ
Mk 2:26 πῶς **εἰσῆλθεν** εἰς τὸν οἶκον
Mk 3:1 Καὶ **εἰσῆλθεν** πάλιν εἰς τὴν
Mk 3:27 οἰκίαν τοῦ ἰσχυροῦ **εἰσελθὼν** τὰ σκεύη αὐτοῦ
Mk 5:12 ἵνα εἰς αὐτοὺς **εἰσέλθωμεν**.
Mk 5:13 πνεύματα τὰ ἀκάθαρτα **εἰσῆλθον** εἰς τοὺς χοίρους,
Mk 5:39 καὶ **εἰσελθὼν** λέγει αὐτοῖς·
Mk 6:10 ὅπου ἐὰν **εἰσέλθητε** εἰς οἰκίαν,
Mk 6:22 καὶ **εἰσελθούσης** τῆς θυγατρὸς αὐτοῦ
Mk 6:25 καὶ **εἰσελθοῦσα** εὐθὺς μετὰ σπουδῆς
Mk 7:17 Καὶ ὅτε **εἰσῆλθεν** εἰς οἶκον ἀπὸ
Mk 7:24 Καὶ **εἰσελθὼν** εἰς οἰκίαν οὐδένα
Mk 8:26 εἰς τὴν κώμην **εἰσέλθῃς**.
Mk 9:25 αὐτοῦ καὶ μηκέτι **εἰσέλθῃς** εἰς αὐτόν.
Mk 9:28 Καὶ **εἰσελθόντος** αὐτοῦ εἰς οἶκον
Mk 9:43 ἐστίν σε κυλλὸν **εἰσελθεῖν** εἰς τὴν ζωὴν
Mk 9:45 καλόν ἐστίν σε **εἰσελθεῖν** εἰς τὴν ζωὴν
Mk 9:47 σέ ἐστιν μονόφθαλμον **εἰσελθεῖν** εἰς τὴν βασιλείαν
Mk 10:15 οὐ μὴ **εἰσέλθῃ** εἰς αὐτήν.
Mk 10:23 βασιλείαν τοῦ θεοῦ **εἰσελεύσονται**.
Mk 10:24 βασιλείαν τοῦ θεοῦ **εἰσελθεῖν**·
Mk 10:25 βασιλείαν τοῦ θεοῦ **εἰσελθεῖν**.
Mk 11:11 Καὶ **εἰσῆλθεν** εἰς Ἱεροσόλυμα εἰς
Mk 11:15 Καὶ **εἰσελθὼν** εἰς τὸ ἱερὸν
Mk 13:15 μὴ καταβάτω μηδὲ **εἰσελθάτω** ἆραί τι ἐκ
Mk 14:14 καὶ ὅπου ἐὰν **εἰσέλθῃ** εἴπατε τῷ οἰκοδεσπότῃ
Mk 15:43 τολμήσας **εἰσῆλθεν** πρὸς τὸν Πιλᾶτον
Mk 16:5 Καὶ **εἰσελθοῦσαι** εἰς τὸ μνημεῖον

εἰσπορεύομαι (*eisporeuomai*; 8/18) *go or come in*

Mk 1:21 Καὶ **εἰσπορεύονται** εἰς Καφαρναούμ·
Mk 4:19 τὰ λοιπὰ ἐπιθυμίαι **εἰσπορευόμεναι** συμπνίγουσιν τὸν λόγον
Mk 5:40 μετ᾽ αὐτοῦ καὶ **εἰσπορεύεται** ὅπου ἦν τὸ
Mk 6:56 καὶ ὅπου ἂν **εἰσεπορεύετο** εἰς κώμας ἢ
Mk 7:15 ἔξωθεν τοῦ ἀνθρώπου **εἰσπορευόμενον** εἰς αὐτὸν ὃ
Mk 7:18 πᾶν τὸ ἔξωθεν **εἰσπορευόμενον** εἰς τὸν ἄνθρωπον
Mk 7:19 ὅτι οὐκ **εἰσπορεύεται** αὐτοῦ εἰς τὴν

Mk 11:2 καὶ εὐθὺς **εἰσπορευόμενοι** εἰς αὐτὴν εὑρήσετε

εἶτα (*eita*; 4/15) *then*

Mk 4:17 **εἶτα** γενομένης θλίψεως ἢ
Mk 4:28 πρῶτον χόρτον **εἶτα** στάχυν εἶτα πλήρη[ς]
Mk 4:28 χόρτον εἶτα στάχυν **εἶτα** πλήρη[ς] σῖτον ἐν
Mk 8:25 **εἶτα** πάλιν ἐπέθηκεν τὰς

εἴωθα (*eiōtha*; 1/4) *be accustomed*

Mk 10:1 καὶ ὡς **εἰώθει** πάλιν ἐδίδασκεν αὐτούς.

ἐκ (*ek*; 65[67]/912[914]) *from*

Mk 1:10 καὶ εὐθὺς ἀναβαίνων **ἐκ** τοῦ ὕδατος εἶδεν
Mk 1:11 καὶ φωνὴ ἐγένετο **ἐκ** τῶν οὐρανῶν·
Mk 1:25 φιμώθητι καὶ ἔξελθε **ἐξ** αὐτοῦ.
Mk 1:26 φωνῇ μεγάλῃ ἐξῆλθεν **ἐξ** αὐτοῦ.
Mk 1:29 Καὶ εὐθὺς **ἐκ** τῆς συναγωγῆς ἐξελθόντες
Mk 5:2 καὶ ἐξελθόντος αὐτοῦ **ἐκ** τοῦ πλοίου εὐθὺς
Mk 5:2 εὐθὺς ὑπήντησεν αὐτῷ **ἐκ** τῶν μνημείων ἄνθρωπος
Mk 5:8 πνεῦμα τὸ ἀκάθαρτον **ἐκ** τοῦ ἀνθρώπου.
Mk 5:30 ἐν ἑαυτῷ τὴν **ἐξ** αὐτοῦ δύναμιν ἐξελθοῦσαν
Mk 6:14 ὁ βαπτίζων ἐγήγερται **ἐκ** νεκρῶν καὶ διὰ
Mk 6:51 καὶ λίαν [**ἐκ** περισσοῦ] ἐν ἑαυτοῖς
Mk 6:54 καὶ ἐξελθόντων αὐτῶν **ἐκ** τοῦ πλοίου εὐθὺς
Mk 7:11 ὃ ἐὰν **ἐξ** ἐμοῦ ὠφεληθῇς,
Mk 7:15 ἀλλὰ τὰ **ἐκ** τοῦ ἀνθρώπου ἐκπορευόμενά
Mk 7:20 δὲ ὅτι τὸ **ἐκ** τοῦ ἀνθρώπου ἐκπορευόμενον,
Mk 7:21 ἔσωθεν γὰρ **ἐκ** τῆς καρδίας τῶν
Mk 7:26 τὸ δαιμόνιον ἐκβάλῃ **ἐκ** τῆς θυγατρὸς
Mk 7:29 ἐξελήλυθεν **ἐκ** τῆς θυγατρός σου
Mk 7:31 Καὶ πάλιν ἐξελθὼν **ἐκ** τῶν ὁρίων Τύρου
Mk 9:7 καὶ ἐγένετο φωνὴ **ἐκ** τῆς νεφέλης·
Mk 9:9 Καὶ καταβαινόντων αὐτῶν **ἐκ** τοῦ ὄρους διεστείλατο
Mk 9:9 υἱὸς τοῦ ἀνθρώπου **ἐκ** νεκρῶν ἀναστῇ.
Mk 9:10 τί ἐστιν τὸ **ἐκ** νεκρῶν ἀναστῆναι.
Mk 9:17 ἀπεκρίθη αὐτῷ εἷς **ἐκ** τοῦ ὄχλου·
Mk 9:21 **ἐκ** παιδιόθεν·
Mk 9:25 ἔξελθε **ἐξ** αὐτοῦ καὶ μηκέτι
Mk 10:20 ταῦτα πάντα ἐφυλαξάμην **ἐκ** νεότητός μου.
Mk 10:37 ἵνα εἷς σου **ἐκ** δεξιῶν καὶ εἷς
Mk 10:37 δεξιῶν καὶ εἷς **ἐξ** ἀριστερῶν καθίσωμεν ἐν
Mk 10:40 τὸ δὲ καθίσαι **ἐκ** δεξιῶν μου ἢ
Mk 10:40 δεξιῶν μου ἢ **ἐξ** εὐωνύμων οὐκ ἔστιν
Mk 11:8 δὲ στιβάδας κόψαντες **ἐκ** τῶν ἀγρῶν.
Mk 11:14 εἰς τὸν αἰῶνα **ἐκ** σοῦ μηδεὶς καρπὸν
Mk 11:20 τὴν συκῆν ἐξηραμμένην **ἐκ** ῥιζῶν.
Mk 11:30 βάπτισμα τὸ Ἰωάννου **ἐξ** οὐρανοῦ ἦν ἢ
Mk 11:30 οὐρανοῦ ἦν ἢ **ἐξ** ἀνθρώπων;
Mk 11:31 **ἐξ** οὐρανοῦ,
Mk 11:32 **ἐξ** ἀνθρώπων;
Mk 12:25 ὅταν γὰρ **ἐκ** νεκρῶν ἀναστῶσιν οὔτε
Mk 12:30 τὸν θεόν σου **ἐξ** ὅλης τῆς καρδίας
Mk 12:30 καρδίας σου καὶ **ἐξ** ὅλης τῆς ψυχῆς
Mk 12:30 ψυχῆς σου καὶ **ἐξ** ὅλης τῆς διανοίας
Mk 12:30 διανοίας σου καὶ **ἐξ** ὅλης τῆς ἰσχύος
Mk 12:33 τὸ ἀγαπᾶν αὐτὸν **ἐξ** ὅλης τῆς καρδίας
Mk 12:33 τῆς καρδίας καὶ **ἐξ** ὅλης τῆς συνέσεως
Mk 12:33 τῆς συνέσεως καὶ **ἐξ** ὅλης τῆς ἰσχύος
Mk 12:36 κάθου **ἐκ** δεξιῶν μου,
Mk 12:44 πάντες γὰρ **ἐκ** τοῦ περισσεύοντος αὐτοῖς
Mk 12:44 αὕτη δὲ **ἐκ** τῆς ὑστερήσεως αὐτῆς
Mk 13:1 Καὶ ἐκπορευομένου αὐτοῦ **ἐκ** τοῦ ἱεροῦ
Mk 13:15 εἰσελθάτω ἆραί τι **ἐκ** τῆς οἰκίας αὐτοῦ,
Mk 13:25 οἱ ἀστέρες ἔσονται **ἐκ** τοῦ οὐρανοῦ πίπτοντες,
Mk 13:27 τοὺς ἐκλεκτοὺς [αὐτοῦ] **ἐκ** τῶν τεσσάρων
Mk 14:18 ὑμῖν ὅτι εἷς **ἐξ** ὑμῶν παραδώσει με
Mk 14:23 καὶ ἔπιον **ἐξ** αὐτοῦ πάντες.
Mk 14:25 οὐ μὴ πίω **ἐκ** τοῦ γενήματος τῆς
Mk 14:62 υἱὸν τοῦ ἀνθρώπου **ἐκ** δεξιῶν καθήμενον
Mk 14:69 παρεστῶσιν ὅτι οὗτος **ἐξ** αὐτῶν ἐστιν.
Mk 14:70 ἀληθῶς **ἐξ** αὐτῶν εἶ,
Mk 14:72 καὶ εὐθὺς **ἐκ** δευτέρου ἀλέκτωρ ἐφώνησεν.
Mk 15:27 ἕνα **ἐκ** δεξιῶν καὶ ἕνα
Mk 15:27 δεξιῶν καὶ ἕνα **ἐξ** εὐωνύμων αὐτοῦ.
Mk 15:39 κεντυρίων ὁ παρεστηκὼς **ἐξ** ἐναντίας αὐτοῦ
Mk 15:46 ὃ ἦν λελατομημένον **ἐκ** πέτρας καὶ προσεκύλισεν
Mk 16:3 ἡμῖν τὸν λίθον **ἐκ** τῆς θύρας τοῦ
[Mk 16:12] δὲ ταῦτα δυσὶν **ἐξ** αὐτῶν περιπατοῦσιν ἐφανερώθη
[Mk 16:19] οὐρανὸν καὶ ἐκάθισεν **ἐκ** δεξιῶν τοῦ θεοῦ.

ἕκαστος (*hekastos*; 1/81[82]) *each*

Mk 13:34 αὐτοῦ τὴν ἐξουσίαν **ἑκάστῳ** τὸ ἔργον αὐτοῦ

ἑκατόν (*hekaton*; 3/17) *one hundred*

Mk 4:8 ἑξήκοντα καὶ ἓν **ἑκατόν**.
Mk 4:20 ἑξήκοντα καὶ ἓν **ἑκατόν**.
Mk 6:40 πρασιαὶ πρασιαὶ κατὰ **ἑκατὸν** καὶ κατὰ πεντήκοντα.

ἑκατονταπλασίων (*hekatontaplasiōn*; 1/3) *a hundredfold*

Mk 10:30 ἐὰν μὴ λάβῃ **ἑκατονταπλασίονα** νῦν ἐν τῷ

ἐκβάλλω (*ekballō*; 16[18]/79[81]) *cast or drive out*

Mk 1:12 τὸ πνεῦμα αὐτὸν **ἐκβάλλει** εἰς τὴν ἔρημον.
Mk 1:34 καὶ δαιμόνια πολλὰ **ἐξέβαλεν** καὶ οὐκ ἤφιεν
Mk 1:39 καὶ τὰ δαιμόνια **ἐκβάλλων**.
Mk 1:43 ἐμβριμησάμενος αὐτῷ εὐθὺς **ἐξέβαλεν** αὐτόν
Mk 3:15 καὶ ἔχειν ἐξουσίαν **ἐκβάλλειν** τὰ δαιμόνια·
Mk 3:22 ἄρχοντι τῶν δαιμονίων **ἐκβάλλει** τὰ δαιμόνια.
Mk 3:23 δύναται σατανᾶς σατανᾶν **ἐκβάλλειν**;
Mk 5:40 αὐτὸς δὲ **ἐκβαλὼν** πάντας παραλαμβάνει τὸν
Mk 6:13 καὶ δαιμόνια πολλὰ **ἐξέβαλλον**,
Mk 7:26 ἵνα τὸ δαιμόνιον **ἐκβάλῃ** ἐκ τῆς θυγατρὸς
Mk 9:18 σου ἵνα αὐτὸ **ἐκβάλωσιν**,
Mk 9:28 ἡμεῖς οὐκ ἠδυνήθημεν **ἐκβαλεῖν** αὐτό;
Mk 9:38 τῷ ὀνόματί σου **ἐκβάλλοντα** δαιμόνια καὶ ἐκωλύομεν
Mk 9:47 **ἔκβαλε** αὐτόν·
Mk 11:15 τὸ ἱερὸν ἤρξατο **ἐκβάλλειν** τοὺς πωλοῦντας
Mk 12:8 ἀπέκτειναν αὐτὸν καὶ **ἐξέβαλον** αὐτὸν ἔξω
[Mk 16:9] παρ᾽ ἧς **ἐκβεβλήκει** ἑπτὰ δαιμόνια.
[Mk 16:17] ὀνόματί μου δαιμόνια **ἐκβαλοῦσιν**,

ἐκδίδωμι (*ekdidōmi*; 1/4) *let out*

Mk 12:1 ᾠκοδόμησεν πύργον καὶ **ἐξέδετο** αὐτὸν γεωργοῖς καὶ

ἐκδύω (*ekdyō*; 1/6) *take off*

Mk 15:20 **ἐξέδυσαν** αὐτὸν τὴν πορφύραν

ἐκεῖ (*ekei*; 11/95) *there*

Mk 1:38 ἵνα καὶ **ἐκεῖ** κηρύξω·
Mk 2:6 τινες τῶν γραμματέων **ἐκεῖ** καθήμενοι καὶ διαλογιζόμενοι
Mk 3:1 καὶ ἦν **ἐκεῖ** ἄνθρωπος ἐξηραμμένην ἔχων
Mk 5:11 ἦν δὲ **ἐκεῖ** πρὸς τῷ ὄρει
Mk 6:5 καὶ οὐκ ἐδύνατο **ἐκεῖ** ποιῆσαι οὐδεμίαν δύναμιν,
Mk 6:10 **ἐκεῖ** μένετε ἕως ἂν
Mk 6:33 τῶν πόλεων συνέδραμον **ἐκεῖ** καὶ προῆλθον αὐτούς.
Mk 11:5 καί τινες τῶν **ἐκεῖ** ἑστηκότων ἔλεγον αὐτοῖς·
Mk 13:21 ἴδε **ἐκεῖ**,
Mk 14:15 καὶ **ἐκεῖ** ἑτοιμάσατε ἡμῖν.
Mk 16:7 **ἐκεῖ** αὐτὸν ὄψεσθε,

ἐκεῖθεν (*ekeithen*; 5/27) *from there*

Mk 6:1 Καὶ ἐξῆλθεν **ἐκεῖθεν** καὶ ἔρχεται εἰς
Mk 6:10 ἕως ἂν ἐξέλθητε **ἐκεῖθεν**.
Mk 6:11 ἐκπορευόμενοι **ἐκεῖθεν** ἐκτινάξατε τὸν χοῦν
Mk 7:24 **Ἐκεῖθεν** δὲ ἀναστὰς ἀπῆλθεν
Mk 10:1 Καὶ **ἐκεῖθεν** ἀναστὰς ἔρχεται εἰς

ἐκεῖνος (*ekeinos*; 20[23]/240[243]) *that*

Mk 1:9 Καὶ ἐγένετο ἐν **ἐκείναις** ταῖς ἡμέραις ἦλθεν
Mk 2:20 τότε νηστεύσουσιν ἐν **ἐκείνῃ** τῇ ἡμέρᾳ.
Mk 3:24 σταθῆναι ἡ βασιλεία **ἐκείνη**·
Mk 3:25 δυνήσεται ἡ οἰκία **ἐκείνη** σταθῆναι.
Mk 4:11 **ἐκείνοις** δὲ τοῖς ἔξω
Mk 4:20 καὶ **ἐκεῖνοί** εἰσιν οἱ ἐπὶ
Mk 4:35 λέγει αὐτοῖς ἐν **ἐκείνῃ** τῇ ἡμέρᾳ ὀψίας
Mk 6:55 ὅλην τὴν χώραν **ἐκείνην** καὶ ἤρξαντο ἐπὶ
Mk 7:20 **ἐκεῖνο** κοινοῖ τὸν ἄνθρωπον.
Mk 8:1 Ἐν **ἐκείναις** ταῖς ἡμέραις πάλιν
Mk 12:7 **ἐκεῖνοι** δὲ οἱ γεωργοὶ
Mk 13:11 δοθῇ ὑμῖν ἐν **ἐκείνῃ** τῇ ὥρᾳ τοῦτο
Mk 13:17 ταῖς θηλαζούσαις ἐν **ἐκείναις** ταῖς ἡμέραις.
Mk 13:19 γὰρ αἱ ἡμέραι **ἐκεῖναι** θλῖψις οἵα οὐ
Mk 13:24 Ἀλλὰ ἐν **ἐκείναις** ταῖς ἡμέραις μετὰ
Mk 13:24 μετὰ τὴν θλῖψιν **ἐκείνην** ὁ ἥλιος σκοτισθήσεται,
Mk 13:32 δὲ τῆς ἡμέρας **ἐκείνης** ἢ τῆς ὥρας
Mk 14:21 δὲ τῷ ἀνθρώπῳ **ἐκείνῳ** δι' οὗ ὁ
Mk 14:21 ἐγεννήθη ὁ ἄνθρωπος **ἐκεῖνος**.
Mk 14:25 ἕως τῆς ἡμέρας **ἐκείνης** ὅταν αὐτὸ πίνω
[Mk 16:10] **ἐκείνη** πορευθεῖσα ἀπήγγειλεν τοῖς
[Mk 16:13] οὐδὲ **ἐκείνοις** ἐπίστευσαν.
[Mk 16:20] **ἐκεῖνοι** δὲ ἐξελθόντες ἐκήρυξαν

ἐκθαμβέω (*ekthambeō*; 4/4) *be greatly surprised or alarmed*

Mk 9:15 ὄχλος ἰδόντες αὐτὸν **ἐξεθαμβήθησαν** καὶ προστρέχοντες ἠσπάζοντο
Mk 14:33 αὐτοῦ καὶ ἤρξατο **ἐκθαμβεῖσθαι** καὶ ἀδημονεῖν
Mk 16:5 καὶ **ἐξεθαμβήθησαν**.
Mk 16:6 μὴ **ἐκθαμβεῖσθε**·

ἐκθαυμάζω (*ekthaumazō*; 1/1) *be completely amazed*

Mk 12:17 καὶ **ἐξεθαύμαζον** ἐπ' αὐτῷ.

ἐκλέγομαι (*eklegomai*; 1/22) *choose*

Mk 13:20 τοὺς ἐκλεκτοὺς οὓς **ἐξελέξατο** ἐκολόβωσεν τὰς ἡμέρας.

ἐκλεκτός (*eklektos*; 3/22) *chosen*

Mk 13:20 ἀλλὰ διὰ τοὺς **ἐκλεκτοὺς** οὓς ἐξελέξατο ἐκολόβωσεν
Mk 13:22 τοὺς **ἐκλεκτούς**.
Mk 13:27 καὶ ἐπισυνάξει τοὺς **ἐκλεκτοὺς** [αὐτοῦ] ἐκ

ἐκλύομαι (*eklyomai*; 1/5) *give up*

Mk 8:3 **ἐκλυθήσονται** ἐν τῇ ὁδῷ·

ἐκπερισσῶς (*ekperissōs*; 1/1) *emphatically*

Mk 14:31 ὁ δὲ **ἐκπερισσῶς** ἐλάλει·

ἐκπλήσσω (*ekplēssō*; 5/13) *be amazed*

Mk 1:22 καὶ **ἐξεπλήσσοντο** ἐπὶ τῇ διδαχῇ
Mk 6:2 καὶ πολλοὶ ἀκούοντες **ἐξεπλήσσοντο** λέγοντες·
Mk 7:37 καὶ ὑπερπερισσῶς **ἐξεπλήσσοντο** λέγοντες·
Mk 10:26 οἱ δὲ περισσῶς **ἐξεπλήσσοντο** λέγοντες πρὸς ἑαυτούς·
Mk 11:18 γὰρ ὁ ὄχλος **ἐξεπλήσσετο** ἐπὶ τῇ διδαχῇ

ἐκπνέω (*ekpneō*; 2/3) *die*

Mk 15:37 ἀφεὶς φωνὴν μεγάλην **ἐξέπνευσεν**.
Mk 15:39 αὐτοῦ ὅτι οὕτως **ἐξέπνευσεν** εἶπεν·

ἐκπορεύομαι (*ekporeuomai*; 11/33) *go or come out*

Mk 1:5 καὶ **ἐξεπορεύετο** πρὸς αὐτὸν πᾶσα
Mk 6:11 **ἐκπορευόμενοι** ἐκεῖθεν ἐκτινάξατε τὸν
Mk 7:15 ἐκ τοῦ ἀνθρώπου **ἐκπορευόμενά** ἐστιν τὰ κοινοῦντα
Mk 7:19 εἰς τὸν ἀφεδρῶνα **ἐκπορεύεται**,
Mk 7:20 ἐκ τοῦ ἀνθρώπου **ἐκπορευόμενον**,
Mk 7:21 διαλογισμοὶ οἱ κακοὶ **ἐκπορεύονται**,
Mk 7:23 τὰ πονηρὰ ἔσωθεν **ἐκπορεύεται** καὶ κοινοῖ
Mk 10:17 Καὶ **ἐκπορευομένου** αὐτοῦ εἰς ὁδὸν
Mk 10:46 Καὶ **ἐκπορευομένου** αὐτοῦ ἀπὸ Ἰεριχὼ
Mk 11:19 **ἐξεπορεύοντο** ἔξω τῆς πόλεως.
Mk 13:1 Καὶ **ἐκπορευομένου** αὐτοῦ ἐκ τοῦ

ἔκστασις (*ekstasis*; 2/7) *amazement*

Mk 5:42 καὶ ἐξέστησαν [εὐθὺς] **ἐκστάσει** μεγάλῃ.
Mk 16:8 αὐτὰς τρόμος καὶ **ἔκστασις**·

ἐκτείνω (*ekteinō*; 3/16) *stretch out*

Mk 1:41 καὶ σπλαγχνισθεὶς **ἐκτείνας** τὴν χεῖρα αὐτοῦ

Mk 3:5 **ἔκτεινον** τὴν χεῖρα.
Mk 3:5 καὶ ἐξέτεινεν **καὶ** ἀπεκατεστάθη ἡ χεὶρ

ἐκτινάσσω (*ektinassō*; 1/4) *shake off*
Mk 6:11 ἐκπορευόμενοι ἐκεῖθεν **ἐκτινάξατε** τὸν χοῦν

ἕκτος (*hektos*; 1/14) *sixth*
Mk 15:33 Καὶ γενομένης ὥρας **ἕκτης** σκότος ἐγένετο

ἐκφέρω (*ekpherō*; 1/8) *carry or bring out*
Mk 8:23 χειρὸς τοῦ τυφλοῦ **ἐξήνεγκεν** αὐτὸν ἔξω τῆς

ἔκφοβος (*ekphobos*; 1/2) *frightened*
Mk 9:6 **ἔκφοβοι** γὰρ ἐγένοντο.

ἐκφύω (*ekphyō*; 1/2) *put out*
Mk 13:28 ἁπαλὸς γένηται καὶ **ἐκφύῃ** τὰ φύλλα,

ἐκχύννομαι (*ekchynnomai*; 1/27) *pour out*
Mk 14:24 τῆς διαθήκης τὸ **ἐκχυννόμενον** ὑπὲρ πολλῶν.

ἐλαία (*elaia*; 3/14[15]) *olive tree*
Mk 11:1 τὸ ὄρος τῶν **ἐλαιῶν**,
Mk 13:3 τὸ ὄρος τῶν **ἐλαιῶν** κατέναντι τοῦ ἱεροῦ
Mk 14:26 τὸ ὄρος τῶν **ἐλαιῶν**.

ἔλαιον (*elaion*; 1/11) *olive oil*
Mk 6:13 καὶ ἤλειφον **ἐλαίῳ** πολλοὺς ἀρρώστους καὶ

ἐλαύνω (*elaunō*; 1/5) *row, drive*
Mk 6:48 βασανιζομένους ἐν τῷ **ἐλαύνειν**,

ἐλεέω (*eleeō*; 3/28) *be merciful*
Mk 5:19 σοι πεποίηκεν καὶ **ἠλέησέν** σε.
Mk 10:47 **ἐλέησόν** με.
Mk 10:48 **ἐλέησόν** με.

Ἑλληνίς (*Hellēnis*; 1/2) *Greek or Gentile woman*
Mk 7:26 δὲ γυνὴ ἦν **Ἑλληνίς**,

ελωι (*elōi*; 2/2) *my God*
Mk 15:34 **ελωϊ** ελωϊ λεμα σαβαχθανι;
Mk 15:34 ελωϊ **ελωϊ** λεμα σαβαχθανι;

ἐμβαίνω (*embainō*; 5/16) *get into*
Mk 4:1 αὐτὸν εἰς πλοῖον **ἐμβάντα** καθῆσθαι ἐν τῇ
Mk 5:18 Καὶ **ἐμβαίνοντος** αὐτοῦ εἰς τὸ
Mk 6:45 τοὺς μαθητὰς αὐτοῦ **ἐμβῆναι** εἰς τὸ πλοῖον
Mk 8:10 Καὶ εὐθὺς **ἐμβὰς** εἰς τὸ πλοῖον
Mk 8:13 ἀφεὶς αὐτοὺς πάλιν **ἐμβὰς** ἀπῆλθεν εἰς τὸ

ἐμβάπτω (*embaptō*; 1/2) *dip*
Mk 14:20 ὁ **ἐμβαπτόμενος** μετ' ἐμοῦ εἰς

ἐμβλέπω (*emblepō*; 4/12) *look straight at*
Mk 8:25 καὶ ἀπεκατέστη καὶ **ἐνέβλεπεν** τηλαυγῶς ἅπαντα.
Mk 10:21 ὁ δὲ Ἰησοῦς **ἐμβλέψας** αὐτῷ ἠγάπησεν αὐτὸν
Mk 10:27 **ἐμβλέψας** αὐτοῖς ὁ Ἰησοῦς
Mk 14:67 τὸν Πέτρον θερμαινόμενον **ἐμβλέψασα** αὐτῷ λέγει·

ἐμβριμάομαι (*embrimaomai*; 2/5) *bristle*
Mk 1:43 καὶ **ἐμβριμησάμενος** αὐτῷ εὐθὺς ἐξέβαλεν
Mk 14:5 καὶ **ἐνεβριμῶντο** αὐτῇ.

ἐμός (*emos*; 2/76) *my*
Mk 8:38 με καὶ τοὺς **ἐμοὺς** λόγους ἐν τῇ
Mk 10:40 εὐωνύμων οὐκ ἔστιν **ἐμὸν** δοῦναι,

ἐμπαίζω (*empaizō*; 3/13) *ridicule*
Mk 10:34 καὶ **ἐμπαίξουσιν** αὐτῷ καὶ ἐμπτύσουσιν
Mk 15:20 καὶ ὅτε **ἐνέπαιξαν** αὐτῷ,
Mk 15:31 καὶ οἱ ἀρχιερεῖς **ἐμπαίζοντες** πρὸς ἀλλήλους μετὰ

ἔμπροσθεν (*emprosthen*; 2/48) *before*
Mk 2:12 τὸν κράβαττον ἐξῆλθεν **ἔμπροσθεν** πάντων,
Mk 9:2 καὶ μετεμορφώθη **ἔμπροσθεν** αὐτῶν,

ἐμπτύω (*emptyō*; 3/6) *spit on*
Mk 10:34 ἐμπαίξουσιν αὐτῷ καὶ **ἐμπτύσουσιν** αὐτῷ καὶ μαστιγώσουσιν
Mk 14:65 Καὶ ἤρξαντό τινες **ἐμπτύειν** αὐτῷ καὶ περικαλύπτειν
Mk 15:19 κεφαλὴν καλάμῳ καὶ **ἐνέπτυον** αὐτῷ καὶ τιθέντες

ἐν (*en*; 132[135]/2746[2752]) *in*
Mk 1:2 Καθὼς γέγραπται **ἐν** τῷ Ἠσαΐᾳ τῷ
Mk 1:3 φωνὴ βοῶντος **ἐν** τῇ ἐρήμῳ·
Mk 1:4 Ἰωάννης [ὁ] βαπτίζων **ἐν** τῇ ἐρήμῳ καὶ
Mk 1:5 ἐβαπτίζοντο ὑπ' αὐτοῦ **ἐν** τῷ Ἰορδάνῃ ποταμῷ
Mk 1:8 δὲ βαπτίσει ὑμᾶς **ἐν** πνεύματι ἁγίῳ.
Mk 1:9 Καὶ ἐγένετο **ἐν** ἐκείναις ταῖς ἡμέραις
Mk 1:11 **ἐν** σοὶ εὐδόκησα.
Mk 1:13 καὶ ἦν **ἐν** τῇ ἐρήμῳ τεσσεράκοντα
Mk 1:15 μετανοεῖτε καὶ πιστεύετε **ἐν** τῷ εὐαγγελίῳ.
Mk 1:16 ἀδελφὸν Σίμωνος ἀμφιβάλλοντας **ἐν** τῇ θαλάσσῃ·
Mk 1:19 αὐτοῦ καὶ αὐτοὺς **ἐν** τῷ πλοίῳ καταρτίζοντας
Mk 1:20 πατέρα αὐτῶν Ζεβεδαῖον **ἐν** τῷ πλοίῳ μετὰ
Mk 1:23 Καὶ εὐθὺς ἦν **ἐν** τῇ συναγωγῇ αὐτῶν
Mk 1:23 συναγωγῇ αὐτῶν ἄνθρωπος **ἐν** πνεύματι ἀκαθάρτῳ καὶ
Mk 2:1 ἡμερῶν ἠκούσθη ὅτι **ἐν** οἴκῳ ἐστίν.
Mk 2:6 καθήμενοι καὶ διαλογιζόμενοι **ἐν** ταῖς καρδίαις αὐτῶν·
Mk 2:8 ὅτι οὕτως διαλογίζονται **ἐν** ἑαυτοῖς λέγει αὐτοῖς·
Mk 2:8 τί ταῦτα διαλογίζεσθε **ἐν** ταῖς καρδίαις ὑμῶν;
Mk 2:15 γίνεται κατακεῖσθαι αὐτὸν **ἐν** τῇ οἰκίᾳ αὐτοῦ,
Mk 2:19 υἱοὶ τοῦ νυμφῶνος **ἐν** ᾧ ὁ νυμφίος
Mk 2:20 καὶ τότε νηστεύσουσιν **ἐν** ἐκείνῃ τῇ ἡμέρᾳ.

Mk 2:23 Καὶ ἐγένετο αὐτὸν **ἐν** τοῖς σάββασιν παραπορεύεσθαι
Mk 3:22 ἔχει καὶ ὅτι **ἐν** τῷ ἄρχοντι τῶν
Mk 3:23 Καὶ προσκαλεσάμενος αὐτοὺς **ἐν** παραβολαῖς ἔλεγεν αὐτοῖς·
Mk 4:1 πλοῖον ἐμβάντα καθῆσθαι **ἐν** τῇ θαλάσσῃ,
Mk 4:2 καὶ ἐδίδασκεν αὐτοὺς **ἐν** παραβολαῖς πολλὰ
Mk 4:2 καὶ ἔλεγεν αὐτοῖς **ἐν** τῇ διδαχῇ αὐτοῦ·
Mk 4:4 καὶ ἐγένετο **ἐν** τῷ σπείρειν ὃ
Mk 4:11 δὲ τοῖς ἔξω **ἐν** παραβολαῖς τὰ πάντα
Mk 4:17 οὐκ ἔχουσιν ῥίζαν **ἐν** ἑαυτοῖς ἀλλὰ πρόσκαιροί
Mk 4:24 **ἐν** ᾧ μέτρῳ μετρεῖτε
Mk 4:28 εἶτα πλήρη[ς] σῖτον **ἐν** τῷ στάχυϊ.
Mk 4:30 τοῦ θεοῦ ἢ **ἐν** τίνι αὐτὴν παραβολῇ
Mk 4:35 Καὶ λέγει αὐτοῖς **ἐν** ἐκείνῃ τῇ ἡμέρᾳ
Mk 4:36 αὐτὸν ὡς ἦν **ἐν** τῷ πλοίῳ,
Mk 4:38 καὶ αὐτὸς ἦν **ἐν** τῇ πρύμνῃ ἐπὶ
Mk 5:2 τῶν μνημείων ἄνθρωπος **ἐν** πνεύματι ἀκαθάρτῳ,
Mk 5:3 τὴν κατοίκησιν εἶχεν **ἐν** τοῖς μνήμασιν,
Mk 5:5 νυκτὸς καὶ ἡμέρας **ἐν** τοῖς μνήμασιν καὶ
Mk 5:5 τοῖς μνήμασιν καὶ **ἐν** τοῖς ὄρεσιν ἦν
Mk 5:13 καὶ ἐπνίγοντο **ἐν** τῇ θαλάσσῃ.
Mk 5:20 καὶ ἤρξατο κηρύσσειν **ἐν** τῇ Δεκαπόλει ὅσα
Mk 5:21 διαπεράσαντος τοῦ Ἰησοῦ [**ἐν** τῷ πλοίῳ] πάλιν
Mk 5:25 Καὶ γυνὴ οὖσα **ἐν** ῥύσει αἵματος δώδεκα
Mk 5:27 ἐλθοῦσα **ἐν** τῷ ὄχλῳ ὄπισθεν
Mk 5:30 ὁ Ἰησοῦς ἐπιγνοὺς **ἐν** ἑαυτῷ τὴν ἐξ
Mk 5:30 δύναμιν ἐξελθοῦσαν ἐπιστραφεὶς **ἐν** τῷ ὄχλῳ ἔλεγεν·
Mk 6:2 σαββάτου ἤρξατο διδάσκειν **ἐν** τῇ συναγωγῇ,
Mk 6:3 καὶ ἐσκανδαλίζοντο **ἐν** αὐτῷ.
Mk 6:4 ἄτιμος εἰ μὴ **ἐν** τῇ πατρίδι αὐτοῦ
Mk 6:4 πατρίδι αὐτοῦ καὶ **ἐν** τοῖς συγγενεῦσιν αὐτοῦ
Mk 6:4 συγγενεῦσιν αὐτοῦ καὶ **ἐν** τῇ οἰκίᾳ αὐτοῦ.
Mk 6:14 αἱ δυνάμεις **ἐν** αὐτῷ.
Mk 6:17 καὶ ἔδησεν αὐτὸν **ἐν** φυλακῇ διὰ Ἡρῳδιάδα
Mk 6:27 ἀπελθὼν ἀπεκεφάλισεν αὐτὸν **ἐν** τῇ φυλακῇ
Mk 6:29 καὶ ἔθηκαν αὐτὸ **ἐν** μνημείῳ.
Mk 6:32 Καὶ ἀπῆλθον **ἐν** τῷ πλοίῳ εἰς
Mk 6:47 ἦν τὸ πλοῖον **ἐν** μέσῳ τῆς θαλάσσης,
Mk 6:48 ἰδὼν αὐτοὺς βασανιζομένους **ἐν** τῷ ἐλαύνειν,
Mk 6:51 λίαν [ἐκ περισσοῦ] **ἐν** ἑαυτοῖς ἐξίσταντο·
Mk 6:56 **ἐν** ταῖς ἀγοραῖς ἐτίθεσαν
Mk 8:1 **Ἐν** ἐκείναις ταῖς ἡμέραις
Mk 8:3 ἐκλυθήσονται **ἐν** τῇ ὁδῷ·
Mk 8:14 εἶχον μεθ' ἑαυτῶν **ἐν** τῷ πλοίῳ.
Mk 8:27 καὶ **ἐν** τῇ ὁδῷ ἐπηρώτα
Mk 8:38 τοὺς ἐμοὺς λόγους **ἐν** τῇ γενεᾷ ταύτῃ
Mk 8:38 ὅταν ἔλθῃ **ἐν** τῇ δόξῃ τοῦ
Mk 9:1 τοῦ θεοῦ ἐληλυθυῖαν **ἐν** δυνάμει.
Mk 9:29 τοῦτο τὸ γένος **ἐν** οὐδενὶ δύναται ἐξελθεῖν
Mk 9:29 ἐξελθεῖν εἰ μὴ **ἐν** προσευχῇ.
Mk 9:33 Καὶ **ἐν** τῇ οἰκίᾳ γενόμενος
Mk 9:33 τί **ἐν** τῇ ὁδῷ διελογίζεσθε;
Mk 9:34 ἀλλήλους γὰρ διελέχθησαν **ἐν** τῇ ὁδῷ τίς
Mk 9:36 παιδίον ἔστησεν αὐτὸ **ἐν** μέσῳ αὐτῶν καὶ
Mk 9:38 εἴδομέν τινα **ἐν** τῷ ὀνόματί σου
Mk 9:41 ὑμᾶς ποτήριον ὕδατος **ἐν** ὀνόματι ὅτι Χριστοῦ
Mk 9:50 **ἐν** τίνι αὐτὸ ἀρτύσετε;
Mk 9:50 ἔχετε **ἐν** ἑαυτοῖς ἅλα καὶ
Mk 9:50 ἅλα καὶ εἰρηνεύετε **ἐν** ἀλλήλοις.
Mk 10:21 καὶ ἕξεις θησαυρὸν **ἐν** οὐρανῷ,
Mk 10:30 λάβῃ ἑκατονταπλασίονα νῦν **ἐν** τῷ καιρῷ τούτῳ
Mk 10:30 καὶ **ἐν** τῷ αἰῶνι τῷ
Mk 10:32 Ἦσαν δὲ **ἐν** τῇ ὁδῷ ἀναβαίνοντες
Mk 10:37 ἐξ ἀριστερῶν καθίσωμεν **ἐν** τῇ δόξῃ σου.
Mk 10:43 οὕτως δέ ἐστιν **ἐν** ὑμῖν,
Mk 10:43 θέλῃ μέγας γενέσθαι **ἐν** ὑμῖν ἔσται ὑμῶν
Mk 10:44 ὃς ἂν θέλῃ **ἐν** ὑμῖν εἶναι πρῶτος
Mk 10:52 καὶ ἠκολούθει αὐτῷ **ἐν** τῇ ὁδῷ.
Mk 11:9 εὐλογημένος ὁ ἐρχόμενος **ἐν** ὀνόματι κυρίου·
Mk 11:10 ὡσαννὰ **ἐν** τοῖς ὑψίστοις.
Mk 11:13 ἄρα τι εὑρήσει **ἐν** αὐτῇ,
Mk 11:15 καὶ τοὺς ἀγοράζοντας **ἐν** τῷ ἱερῷ,
Mk 11:23 καὶ μὴ διακριθῇ **ἐν** τῇ καρδίᾳ αὐτοῦ
Mk 11:25 πατὴρ ὑμῶν ὁ **ἐν** τοῖς οὐρανοῖς ἀφῇ
Mk 11:27 καὶ **ἐν** τῷ ἱερῷ περιπατοῦντος
Mk 11:28 **ἐν** ποίᾳ ἐξουσίᾳ ταῦτα
Mk 11:29 καὶ ἐρῶ ὑμῖν **ἐν** ποίᾳ ἐξουσίᾳ ταῦτα
Mk 11:33 ἐγὼ λέγω ὑμῖν **ἐν** ποίᾳ ἐξουσίᾳ ταῦτα
Mk 12:1 Καὶ ἤρξατο αὐτοῖς **ἐν** παραβολαῖς λαλεῖν·
Mk 12:11 καὶ ἔστιν θαυμαστὴ **ἐν** ὀφθαλμοῖς ἡμῶν;
Mk 12:23 **ἐν** τῇ ἀναστάσει [ὅταν
Mk 12:25 εἰσὶν ὡς ἄγγελοι **ἐν** τοῖς οὐρανοῖς.
Mk 12:26 ἐγείρονται οὐκ ἀνέγνωτε **ἐν** τῇ βίβλῳ Μωϋσέως
Mk 12:35 Ἰησοῦς ἔλεγεν διδάσκων **ἐν** τῷ ἱερῷ·
Mk 12:36 αὐτὸς Δαυὶδ εἶπεν **ἐν** τῷ πνεύματι τῷ
Mk 12:38 Καὶ **ἐν** τῇ διδαχῇ αὐτοῦ
Mk 12:38 γραμματέων τῶν θελόντων **ἐν** στολαῖς περιπατεῖν καὶ
Mk 12:38 περιπατεῖν καὶ ἀσπασμοὺς **ἐν** ταῖς ἀγοραῖς
Mk 12:39 καὶ πρωτοκαθεδρίας **ἐν** ταῖς συναγωγαῖς καὶ
Mk 12:39 συναγωγαῖς καὶ πρωτοκλισίας **ἐν** τοῖς δείπνοις,
Mk 13:11 ἐὰν δοθῇ ὑμῖν **ἐν** ἐκείνῃ τῇ ὥρᾳ
Mk 13:14 τότε οἱ **ἐν** τῇ Ἰουδαίᾳ φευγέτωσαν
Mk 13:17 οὐαὶ δὲ ταῖς **ἐν** γαστρὶ ἐχούσαις καὶ
Mk 13:17 καὶ ταῖς θηλαζούσαις **ἐν** ἐκείναις ταῖς ἡμέραις.
Mk 13:24 Ἀλλὰ **ἐν** ἐκείναις ταῖς ἡμέραις
Mk 13:25 αἱ δυνάμεις αἱ **ἐν** τοῖς οὐρανοῖς σαλευθήσονται.
Mk 13:26 τοῦ ἀνθρώπου ἐρχόμενον **ἐν** νεφέλαις μετὰ δυνάμεως
Mk 13:32 οὐδὲ οἱ ἄγγελοι **ἐν** οὐρανῷ οὐδὲ ὁ
Mk 14:1 γραμματεῖς πῶς αὐτὸν **ἐν** δόλῳ κρατήσαντες ἀποκτείνωσιν·
Mk 14:2 μὴ **ἐν** τῇ ἑορτῇ,
Mk 14:3 Καὶ ὄντος αὐτοῦ **ἐν** Βηθανίᾳ ἐν τῇ
Mk 14:3 αὐτοῦ ἐν Βηθανίᾳ **ἐν** τῇ οἰκίᾳ Σίμωνος
Mk 14:6 καλὸν ἔργον ἠργάσατο **ἐν** ἐμοί.
Mk 14:25 αὐτὸ πίνω καινὸν **ἐν** τῇ βασιλείᾳ τοῦ
Mk 14:49 ἤμην πρὸς ὑμᾶς **ἐν** τῷ ἱερῷ διδάσκων
Mk 14:66 τοῦ Πέτρου κάτω **ἐν** τῇ αὐλῇ ἔρχεται
Mk 15:7 στασιαστῶν δεδεμένος οἵτινες **ἐν** τῇ στάσει φόνον
Mk 15:29 ναὸν καὶ οἰκοδομῶν **ἐν** τρισὶν ἡμέραις,

Mk 15:40 **ἐν** αἷς καὶ Μαρία
Mk 15:41 αἳ ὅτε ἦν **ἐν** τῇ Γαλιλαίᾳ ἠκολούθουν
Mk 15:46 ἔθηκεν αὐτὸν **ἐν** μνημείῳ
Mk 16:5 εἶδον νεανίσκον καθήμενον **ἐν** τοῖς δεξιοῖς περιβεβλημένον
[Mk 16:12] αὐτῶν περιπατοῦσιν ἐφανερώθη **ἐν** ἑτέρᾳ μορφῇ πορευομένοις
[Mk 16:17] **ἐν** τῷ ὀνόματί μου
[Mk 16:18] [καὶ **ἐν** ταῖς χερσὶν] ὄφεις

ἐναγκαλίζομαι (*enankalizomai*; 2/2) *take into one's arms*
Mk 9:36 μέσῳ αὐτῶν καὶ **ἐναγκαλισάμενος** αὐτὸ εἶπεν αὐτοῖς·
Mk 10:16 καὶ **ἐναγκαλισάμενος** αὐτὰ κατευλόγει τιθεὶς

ἐναντίος (*enantios*; 2/8) *against*
Mk 6:48 γὰρ ὁ ἄνεμος **ἐναντίος** αὐτοῖς,
Mk 15:39 ὁ παρεστηκὼς ἐξ **ἐναντίας** αὐτοῦ ὅτι οὕτως

ἔνατος (*enatos*; 2/10) *ninth*
Mk 15:33 γῆν ἕως ὥρας **ἐνάτης**.
Mk 15:34 καὶ τῇ **ἐνάτῃ** ὥρᾳ ἐβόησεν ὁ

ἕνδεκα (*hendeka*; 0[1]/5[6]) *eleven*
[Mk 16:14] ἀνακειμένοις αὐτοῖς τοῖς **ἕνδεκα** ἐφανερώθη καὶ ὠνείδισεν

ἐνδιδύσκω (*endidyskō*; 1/2) *dress or clothe in*
Mk 15:17 καὶ **ἐνδιδύσκουσιν** αὐτὸν πορφύραν καὶ

ἐνδύω (*endyō*; 3/27) *dress*
Mk 1:6 ἦν ὁ Ἰωάννης **ἐνδεδυμένος** τρίχας καμήλου
Mk 6:9 καὶ μὴ **ἐνδύσησθε** δύο χιτῶνας.
Mk 15:20 τὴν πορφύραν καὶ **ἐνέδυσαν** αὐτὸν τὰ ἱμάτια

ἐνειλέω (*eneileō*; 1/1) *wrap in*
Mk 15:46 σινδόνα καθελὼν αὐτὸν **ἐνείλησεν** τῇ σινδόνι καὶ

ἕνεκα (*heneka*; 5/26) *because of*
Mk 8:35 τὴν ψυχὴν αὐτοῦ **ἕνεκεν** ἐμοῦ καὶ τοῦ
Mk 10:7 **ἕνεκεν** τούτου καταλείψει ἄνθρωπος
Mk 10:29 τέκνα ἢ ἀγροὺς **ἕνεκεν** ἐμοῦ καὶ ἕνεκεν
Mk 10:29 ἕνεκεν ἐμοῦ καὶ **ἕνεκεν** τοῦ εὐαγγελίου,
Mk 13:9 καὶ βασιλέων σταθήσεσθε **ἕνεκεν** ἐμοῦ εἰς μαρτύριον

ἐνεργέω (*energeō*; 1/21) *work*
Mk 6:14 καὶ διὰ τοῦτο **ἐνεργοῦσιν** αἱ δυνάμεις ἐν

ἐνέχω (*enechō*; 1/3) *have a grudge against*
Mk 6:19 ἡ δὲ Ἡρῳδιὰς **ἐνεῖχεν** αὐτῷ καὶ ἤθελεν

ἔννυχος (*ennychos*; 1/1) *in the night*
Mk 1:35 Καὶ πρωῒ **ἔννυχα** λίαν ἀναστὰς ἐξῆλθεν

ἔνοχος (*enochos*; 2/10) *liable*
Mk 3:29 ἀλλὰ **ἔνοχός** ἐστιν αἰωνίου ἁμαρτήματος.
Mk 14:64 πάντες κατέκριναν αὐτὸν **ἔνοχον** εἶναι θανάτου.

ἔνταλμα (*entalma*; 1/3) *commandment*
Mk 7:7 με διδάσκοντες διδασκαλίας **ἐντάλματα** ἀνθρώπων.

ἐνταφιασμός (*entaphiasmos*; 1/2) *preparation for burial, burial*
Mk 14:8 μου εἰς τὸν **ἐνταφιασμόν**.

ἐντέλλομαι (*entellomai*; 2/14[15]) *command*
Mk 10:3 τί ὑμῖν **ἐνετείλατο** Μωϋσῆς;
Mk 13:34 καὶ τῷ θυρωρῷ **ἐνετείλατο** ἵνα γρηγορῇ.

ἐντολή (*entolē*; 6/67) *commandment*
Mk 7:8 ἀφέντες τὴν **ἐντολὴν** τοῦ θεοῦ κρατεῖτε
Mk 7:9 καλῶς ἀθετεῖτε τὴν **ἐντολὴν** τοῦ θεοῦ,
Mk 10:5 ἔγραψεν ὑμῖν τὴν **ἐντολὴν** ταύτην.
Mk 10:19 τὰς **ἐντολὰς** οἶδας·
Mk 12:28 ποία ἐστὶν **ἐντολὴ** πρώτη πάντων;
Mk 12:31 μείζων τούτων ἄλλη **ἐντολὴ** οὐκ ἔστιν.

ἐντρέπω (*entrepō*; 1/9) *make ashamed*
Mk 12:6 αὐτοὺς λέγων ὅτι **ἐντραπήσονται** τὸν υἱόν μου.

ἕξ (*hex*; 1/13) *six*
Mk 9:2 Καὶ μετὰ ἡμέρας **ἓξ** παραλαμβάνει ὁ Ἰησοῦς

ἐξαγγέλλω (*exangellō*; 0[1]/1[2]) *proclaim*
[Mk 16:8] τὸν Πέτρον συντόμως **ἐξήγγειλαν**.

ἐξάγω (*exagō*; 1/12) *lead or bring out*
Mk 15:20 Καὶ **ἐξάγουσιν** αὐτὸν ἵνα σταυρώσωσιν

ἐξαίφνης (*exaiphnēs*; 1/5) *suddenly*
Mk 13:36 μὴ ἐλθὼν **ἐξαίφνης** εὕρῃ ὑμᾶς καθεύδοντας.

ἐξανατέλλω (*exanatellō*; 1/2) *sprout*
Mk 4:5 καὶ εὐθὺς **ἐξανέτειλεν** διὰ τὸ μὴ

ἐξανίστημι (*exanistēmi*; 1/3) *have children*
Mk 12:19 τὴν γυναῖκα καὶ **ἐξαναστήσῃ** σπέρμα τῷ ἀδελφῷ

ἐξάπινα (*exapina*; 1/1) *suddenly*
Mk 9:8 καὶ **ἐξάπινα** περιβλεψάμενοι οὐκέτι οὐδένα

ἐξαποστέλλω (*exapostellō*; 0[1]/12[13]) *send off or away*
[Mk 16:8] καὶ ἄχρι δύσεως **ἐξαπέστειλεν** δι᾽ αὐτῶν

ἐξαυτῆς (*exautēs*; 1/6) *at once*
Mk 6:25 θέλω ἵνα **ἐξαυτῆς** δῷς μοι ἐπὶ

ἐξέρχομαι (*exerchomai*; 38[39]/216[218]) *come or go out or forth*

Mk 1:25 φιμώθητι καὶ **ἔξελθε** ἐξ αὐτοῦ.
Mk 1:26 φωνῆσαν φωνῇ μεγάλῃ **ἐξῆλθεν** ἐξ αὐτοῦ.
Mk 1:28 καὶ **ἐξῆλθεν** ἡ ἀκοὴ αὐτοῦ
Mk 1:29 ἐκ τῆς συναγωγῆς **ἐξελθόντες** ἦλθον εἰς τὴν
Mk 1:35 ἔννυχα λίαν ἀναστὰς **ἐξῆλθεν** καὶ ἀπῆλθεν
Mk 1:38 εἰς τοῦτο γὰρ **ἐξῆλθον**.
Mk 1:45 ὁ δὲ **ἐξελθὼν** ἤρξατο κηρύσσειν πολλὰ
Mk 2:12 ἄρας τὸν κράβαττον **ἐξῆλθεν** ἔμπροσθεν πάντων,
Mk 2:13 Καὶ **ἐξῆλθεν** πάλιν παρὰ τὴν
Mk 3:6 καὶ **ἐξελθόντες** οἱ Φαρισαῖοι εὐθὺς
Mk 3:21 οἱ παρ' αὐτοῦ **ἐξῆλθον** κρατῆσαι αὐτόν·
Mk 4:3 ἰδοὺ **ἐξῆλθεν** ὁ σπείρων σπεῖραι.
Mk 5:2 καὶ **ἐξελθόντος** αὐτοῦ ἐκ τοῦ
Mk 5:8 **ἔξελθε** τὸ πνεῦμα τὸ
Mk 5:13 καὶ **ἐξελθόντα** τὰ πνεύματα τὰ
Mk 5:30 ἐξ αὐτοῦ δύναμιν **ἐξελθοῦσαν** ἐπιστραφεὶς
Mk 6:1 Καὶ **ἐξῆλθεν** ἐκεῖθεν καὶ ἔρχεται
Mk 6:10 μένετε ἕως ἂν **ἐξέλθητε** ἐκεῖθεν.
Mk 6:12 Καὶ **ἐξελθόντες** ἐκήρυξαν ἵνα μετανοῶσιν,
Mk 6:24 καὶ **ἐξελθοῦσα** εἶπεν τῇ μητρὶ
Mk 6:34 Καὶ **ἐξελθὼν** εἶδεν πολὺν ὄχλον
Mk 6:54 καὶ **ἐξελθόντων** αὐτῶν ἐκ τοῦ
Mk 7:29 **ἐξελήλυθεν** ἐκ τῆς θυγατρός
Mk 7:30 καὶ τὸ δαιμόνιον **ἐξεληλυθός**.
Mk 7:31 Καὶ πάλιν **ἐξελθὼν** ἐκ τῶν ὁρίων
Mk 8:11 Καὶ **ἐξῆλθον** οἱ Φαρισαῖοι καὶ
Mk 8:27 Καὶ **ἐξῆλθεν** ὁ Ἰησοῦς καὶ
Mk 9:25 **ἔξελθε** ἐξ αὐτοῦ καὶ
Mk 9:26 καὶ πολλὰ σπαράξας **ἐξῆλθεν**·
Mk 9:29 ἐν οὐδενὶ δύναται **ἐξελθεῖν** εἰ μὴ ἐν
Mk 9:30 Κἀκεῖθεν **ἐξελθόντες** παρεπορεύοντο διὰ
Mk 11:11 **ἐξῆλθεν** εἰς Βηθανίαν μετὰ
Mk 11:12 Καὶ τῇ ἐπαύριον **ἐξελθόντων** αὐτῶν ἀπὸ Βηθανίας
Mk 14:16 καὶ **ἐξῆλθον** οἱ μαθηταὶ καὶ
Mk 14:26 Καὶ ὑμνήσαντες **ἐξῆλθον** εἰς τὸ ὄρος
Mk 14:48 ὡς ἐπὶ λῃστὴν **ἐξήλθατε** μετὰ μαχαιρῶν καὶ
Mk 14:68 καὶ **ἐξῆλθεν** ἔξω εἰς τὸ
Mk 16:8 καὶ **ἐξελθοῦσαι** ἔφυγον ἀπὸ τοῦ
[Mk 16:20] ἐκεῖνοι δὲ **ἐξελθόντες** ἐκήρυξαν πανταχοῦ,

ἔξεστιν (*exestin*; 6/31) *it is proper or lawful*

Mk 2:24 σάββασιν ὃ οὐκ **ἔξεστιν**;
Mk 2:26 οὓς οὐκ **ἔξεστιν** φαγεῖν εἰ μὴ
Mk 3:4 **ἔξεστιν** τοῖς σάββασιν ἀγαθὸν
Mk 6:18 Ἡρῴδῃ ὅτι οὐκ **ἔξεστίν** σοι ἔχειν τὴν
Mk 10:2 ἐπηρώτων αὐτὸν εἰ **ἔξεστιν** ἀνδρὶ γυναῖκα ἀπολῦσαι,
Mk 12:14 **ἔξεστιν** δοῦναι κῆνσον Καίσαρι

ἑξήκοντα (*hexēkonta*; 2/9) *sixty*

Mk 4:8 τριάκοντα καὶ ἓν **ἑξήκοντα** καὶ ἓν ἑκατόν.
Mk 4:20 τριάκοντα καὶ ἓν **ἑξήκοντα** καὶ ἓν ἑκατόν.

ἐξίστημι (*existēmi*; 4/17) *be amazed or surprised*

Mk 2:12 ὥστε **ἐξίστασθαι** πάντας καὶ δοξάζειν
Mk 3:21 ἔλεγον γὰρ ὅτι **ἐξέστη**.
Mk 5:42 καὶ **ἐξέστησαν** [εὐθὺς] ἐκστάσει μεγάλῃ.
Mk 6:51 περισσοῦ] ἐν ἑαυτοῖς **ἐξίσταντο**·

ἐξομολογέω (*exomologeō*; 1/10) *agree*

Mk 1:5 τῷ Ἰορδάνῃ ποταμῷ **ἐξομολογούμενοι** τὰς ἁμαρτίας αὐτῶν.

ἐξορύσσω (*exoryssō*; 1/2) *dig out*

Mk 2:4 καὶ **ἐξορύξαντες** χαλῶσι τὸν κράβαττον

ἐξουδενέω (*exoudeneō*; 1/1) *treat with contempt*

Mk 9:12 πολλὰ πάθῃ καὶ **ἐξουδενηθῇ**;

ἐξουσία (*exousia*; 10/102) *authority*

Mk 1:22 διδάσκων αὐτοὺς ὡς **ἐξουσίαν** ἔχων καὶ οὐχ
Mk 1:27 διδαχὴ καινὴ κατ' **ἐξουσίαν**·
Mk 2:10 δὲ εἰδῆτε ὅτι **ἐξουσίαν** ἔχει ὁ υἱὸς
Mk 3:15 καὶ ἔχειν **ἐξουσίαν** ἐκβάλλειν τὰ δαιμόνια·
Mk 6:7 καὶ ἐδίδου αὐτοῖς **ἐξουσίαν** τῶν πνευμάτων
Mk 11:28 ἐν ποίᾳ **ἐξουσίᾳ** ταῦτα ποιεῖς;
Mk 11:28 σοι ἔδωκεν τὴν **ἐξουσίαν** ταύτην ἵνα ταῦτα
Mk 11:29 ὑμῖν ἐν ποίᾳ **ἐξουσίᾳ** ταῦτα ποιῶ·
Mk 11:33 ὑμῖν ἐν ποίᾳ **ἐξουσίᾳ** ταῦτα ποιῶ.
Mk 13:34 δούλοις αὐτοῦ τὴν **ἐξουσίαν** ἑκάστῳ τὸ ἔργον

ἔξω (*exō*; 10/63) *out*

Mk 1:45 ἀλλ' **ἔξω** ἐπ' ἐρήμοις τόποις
Mk 3:31 ἀδελφοὶ αὐτοῦ καὶ **ἔξω** στήκοντες ἀπέστειλαν πρὸς
Mk 3:32 αἱ ἀδελφαί σου] **ἔξω** ζητοῦσίν σε.
Mk 4:11 ἐκείνοις δὲ τοῖς **ἔξω** ἐν παραβολαῖς τὰ
Mk 5:10 μὴ αὐτὰ ἀποστείλῃ **ἔξω** τῆς χώρας.
Mk 8:23 τυφλοῦ ἐξήνεγκεν αὐτὸν **ἔξω** τῆς κώμης καὶ
Mk 11:4 δεδεμένον πρὸς θύραν **ἔξω** ἐπὶ τοῦ ἀμφόδου
Mk 11:19 ἐξεπορεύοντο **ἔξω** τῆς πόλεως.
Mk 12:8 καὶ ἐξέβαλον αὐτὸν **ἔξω** τοῦ ἀμπελῶνος.
Mk 14:68 καὶ ἐξῆλθεν **ἔξω** εἰς τὸ προαύλιον

ἔξωθεν (*exōthen*; 2/13) *from outside*

Mk 7:15 οὐδέν ἐστιν **ἔξωθεν** τοῦ ἀνθρώπου εἰσπορευόμενον
Mk 7:18 ὅτι πᾶν τὸ **ἔξωθεν** εἰσπορευόμενον εἰς τὸν

ἑορτή (*heortē*; 2/25) *festival*

Mk 14:2 μὴ ἐν τῇ **ἑορτῇ**,
Mk 15:6 Κατὰ δὲ **ἑορτὴν** ἀπέλυεν αὐτοῖς ἕνα

ἐπαγγέλλομαι (*epangellomai*; 1/15) *promise*

Mk 14:11 ἀκούσαντες ἐχάρησαν καὶ **ἐπηγγείλαντο** αὐτῷ ἀργύριον δοῦναι.

ἐπαισχύνομαι (*epaischynomai*; 2/11) *be ashamed*

Mk 8:38 ὃς γὰρ ἐὰν **ἐπαισχυνθῇ** με καὶ τοὺς
Mk 8:38 υἱὸς τοῦ ἀνθρώπου **ἐπαισχυνθήσεται** αὐτόν,

ἐπακολουθέω (*epakoloutheō*; 0[1]/3[4]) *follow*

[Mk 16:20] βεβαιοῦντος διὰ τῶν **ἐπακολουθούντων** σημείων]]

ἐπανίστημι (*epanistēmi*; 1/2) *turn against*
Mk 13:12 καὶ **ἐπαναστήσονται** τέκνα ἐπὶ γονεῖς

ἐπάνω (*epanō*; 1/19) *above, on*
Mk 14:5 τὸ μύρον πραθῆναι **ἐπάνω** δηναρίων τριακοσίων καὶ

ἐπαύριον (*epaurion*; 1/17) *the next day*
Mk 11:12 Καὶ τῇ **ἐπαύριον** ἐξελθόντων αὐτῶν ἀπὸ

ἐπεί (*epei*; 1/26) *since*
Mk 15:42 **ἐπεὶ** ἦν παρασκευὴ ὅ

ἐπερωτάω (*eperōtaō*; 25/56) *ask*
Mk 5:9 καὶ **ἐπηρώτα** αὐτόν·
Mk 7:5 καὶ **ἐπερωτῶσιν** αὐτὸν οἱ Φαρισαῖοι
Mk 7:17 **ἐπηρώτων** αὐτὸν οἱ μαθηταὶ
Mk 8:23 τὰς χεῖρας αὐτῷ **ἐπηρώτα** αὐτόν·
Mk 8:27 ἐν τῇ ὁδῷ **ἐπηρώτα** τοὺς μαθητὰς αὐτοῦ
Mk 8:29 καὶ αὐτὸς **ἐπηρώτα** αὐτούς·
Mk 9:11 Καὶ **ἐπηρώτων** αὐτὸν λέγοντες·
Mk 9:16 καὶ **ἐπηρώτησεν** αὐτούς·
Mk 9:21 καὶ **ἐπηρώτησεν** τὸν πατέρα αὐτοῦ·
Mk 9:28 αὐτοῦ κατ᾽ ἰδίαν **ἐπηρώτων** αὐτόν·
Mk 9:32 καὶ ἐφοβοῦντο αὐτὸν **ἐπερωτῆσαι**.
Mk 9:33 τῇ οἰκίᾳ γενόμενος **ἐπηρώτα** αὐτούς·
Mk 10:2 Καὶ προσελθόντες Φαρισαῖοι **ἐπηρώτων** αὐτὸν εἰ ἔξεστιν
Mk 10:10 μαθηταὶ περὶ τούτου **ἐπηρώτων** αὐτόν.
Mk 10:17 καὶ γονυπετήσας αὐτὸν **ἐπηρώτα** αὐτόν·
Mk 11:29 **ἐπερωτήσω** ὑμᾶς ἕνα λόγον,
Mk 12:18 καὶ **ἐπηρώτων** αὐτὸν λέγοντες·
Mk 12:28 καλῶς ἀπεκρίθη αὐτοῖς **ἐπηρώτησεν** αὐτόν·
Mk 12:34 οὐκέτι ἐτόλμα αὐτὸν **ἐπερωτῆσαι**.
Mk 13:3 κατέναντι τοῦ ἱεροῦ **ἐπηρώτα** αὐτὸν κατ᾽ ἰδίαν
Mk 14:60 ἀρχιερεὺς εἰς μέσον **ἐπηρώτησεν** τὸν Ἰησοῦν λέγων·
Mk 14:61 πάλιν ὁ ἀρχιερεὺς **ἐπηρώτα** αὐτὸν καὶ λέγει
Mk 15:2 Καὶ **ἐπηρώτησεν** αὐτὸν ὁ Πιλᾶτος·
Mk 15:4 δὲ Πιλᾶτος πάλιν **ἐπηρώτα** αὐτὸν λέγων·
Mk 15:44 προσκαλεσάμενος τὸν κεντυρίωνα **ἐπηρώτησεν** αὐτὸν εἰ πάλαι

ἐπί (*epi*; 71[72]/886[890]) *on*
Mk 1:22 καὶ ἐξεπλήσσοντο **ἐπὶ** τῇ διδαχῇ αὐτοῦ·
Mk 1:45 ἀλλ᾽ ἔξω **ἐπ᾽** ἐρήμοις τόποις ἦν·
Mk 2:10 ἀνθρώπου ἀφιέναι ἁμαρτίας **ἐπὶ** τῆς γῆς
Mk 2:14 τοῦ Ἁλφαίου καθήμενον **ἐπὶ** τὸ τελώνιον,
Mk 2:21 ἀγνάφου ἐπιράπτει **ἐπὶ** ἱμάτιον παλαιόν·
Mk 2:26 οἶκον τοῦ θεοῦ **ἐπὶ** Ἀβιαθὰρ ἀρχιερέως καὶ
Mk 3:5 συλλυπούμενος **ἐπὶ** τῇ πωρώσει τῆς
Mk 3:24 καὶ ἐὰν βασιλεία **ἐφ᾽** ἑαυτὴν μερισθῇ,
Mk 3:25 καὶ ἐὰν οἰκία **ἐφ᾽** ἑαυτὴν μερισθῇ,
Mk 3:26 ὁ σατανᾶς ἀνέστη **ἐφ᾽** ἑαυτὸν καὶ ἐμερίσθη,
Mk 4:1 πρὸς τὴν θάλασσαν **ἐπὶ** τῆς γῆς ἦσαν.
Mk 4:5 καὶ ἄλλο ἔπεσεν **ἐπὶ** τὸ πετρῶδες ὅπου
Mk 4:16 οὗτοί εἰσιν οἱ **ἐπὶ** τὰ πετρώδη σπειρόμενοι,
Mk 4:20 ἐκεῖνοί εἰσιν οἱ **ἐπὶ** τὴν γῆν τὴν
Mk 4:21 οὐχ ἵνα **ἐπὶ** τὴν λυχνίαν τεθῇ;
Mk 4:26 βάλῃ τὸν σπόρον **ἐπὶ** τῆς γῆς
Mk 4:31 ὃς ὅταν σπαρῇ **ἐπὶ** τῆς γῆς,
Mk 4:31 τῶν σπερμάτων τῶν **ἐπὶ** τῆς γῆς,
Mk 4:38 ἐν τῇ πρύμνῃ **ἐπὶ** τὸ προσκεφάλαιον καθεύδων.
Mk 5:21 συνήχθη ὄχλος πολὺς **ἐπ᾽** αὐτόν,
Mk 6:25 ἐξαυτῆς δῷς μοι **ἐπὶ** πίνακι τὴν κεφαλὴν
Mk 6:28 τὴν κεφαλὴν αὐτοῦ **ἐπὶ** πίνακι καὶ ἔδωκεν
Mk 6:34 ὄχλον καὶ ἐσπλαγχνίσθη **ἐπ᾽** αὐτούς,
Mk 6:39 πάντας συμπόσια συμπόσια **ἐπὶ** τῷ χλωρῷ χόρτῳ.
Mk 6:47 καὶ αὐτὸς μόνος **ἐπὶ** τῆς γῆς.
Mk 6:48 πρὸς αὐτοὺς περιπατῶν **ἐπὶ** τῆς θαλάσσης
Mk 6:49 δὲ ἰδόντες αὐτὸν **ἐπὶ** τῆς θαλάσσης περιπατοῦντα
Mk 6:52 οὐ γὰρ συνῆκαν **ἐπὶ** τοῖς ἄρτοις,
Mk 6:53 Καὶ διαπεράσαντες **ἐπὶ** τὴν γῆν ἦλθον
Mk 6:55 ἐκείνην καὶ ἤρξαντο **ἐπὶ** τοῖς κραβάττοις
Mk 7:30 τὸ παιδίον βεβλημένον **ἐπὶ** τὴν κλίνην καὶ
Mk 8:2 σπλαγχνίζομαι **ἐπὶ** τὸν ὄχλον,
Mk 8:4 ὧδε χορτάσαι ἄρτων **ἐπ᾽** ἐρημίας;
Mk 8:6 τῷ ὄχλῳ ἀναπεσεῖν **ἐπὶ** τῆς γῆς·
Mk 8:25 ἐπέθηκεν τὰς χεῖρας **ἐπὶ** τοὺς ὀφθαλμοὺς αὐτοῦ,
Mk 9:3 οἷα γναφεὺς **ἐπὶ** τῆς γῆς οὐ
Mk 9:12 καὶ πῶς γέγραπται **ἐπὶ** τὸν υἱὸν τοῦ
Mk 9:13 καθὼς γέγραπται **ἐπ᾽** αὐτόν.
Mk 9:20 καὶ πεσὼν **ἐπὶ** τῆς γῆς ἐκυλίετο
Mk 9:22 βοήθησον ἡμῖν σπλαγχνισθεὶς **ἐφ᾽** ἡμᾶς.
Mk 9:37 τοιούτων παιδίων δέξηται **ἐπὶ** τῷ ὀνόματί μου,
Mk 9:39 ὃς ποιήσει δύναμιν **ἐπὶ** τῷ ὀνόματί μου
Mk 10:11 γαμήσῃ ἄλλην μοιχᾶται **ἐπ᾽** αὐτήν·
Mk 10:16 τιθεὶς τὰς χεῖρας **ἐπ᾽** αὐτά.
Mk 10:22 ὁ δὲ στυγνάσας **ἐπὶ** τῷ λόγῳ ἀπῆλθεν
Mk 10:24 δὲ μαθηταὶ ἐθαμβοῦντο **ἐπὶ** τοῖς λόγοις αὐτοῦ.
Mk 11:2 εὑρήσετε πῶλον δεδεμένον **ἐφ᾽** ὃν οὐδεὶς οὔπω
Mk 11:4 πρὸς θύραν ἔξω **ἐπὶ** τοῦ ἀμφόδου καὶ
Mk 11:7 καὶ ἐκάθισεν **ἐπ᾽** αὐτόν.
Mk 11:13 καὶ ἐλθὼν **ἐπ᾽** αὐτὴν οὐδὲν εὗρεν
Mk 11:18 ὁ ὄχλος ἐξεπλήσσετο **ἐπὶ** τῇ διδαχῇ αὐτοῦ.
Mk 12:14 ἀλλ᾽ **ἐπ᾽** ἀληθείας τὴν ὁδὸν
Mk 12:17 καὶ ἐξεθαύμαζον **ἐπ᾽** αὐτῷ.
Mk 12:26 τῇ βίβλῳ Μωϋσέως **ἐπὶ** τοῦ βάτου πῶς
Mk 12:32 **ἐπ᾽** ἀληθείας εἶπες ὅτι
Mk 13:2 ἀφεθῇ ὧδε λίθος **ἐπὶ** λίθον ὃς οὐ
Mk 13:6 πολλοὶ ἐλεύσονται **ἐπὶ** τῷ ὀνόματί μου
Mk 13:8 ἐγερθήσεται γὰρ ἔθνος **ἐπ᾽** ἔθνος καὶ βασιλεία
Mk 13:8 ἔθνος καὶ βασιλεία **ἐπὶ** βασιλείαν,
Mk 13:9 συναγωγὰς δαρήσεσθε καὶ **ἐπὶ** ἡγεμόνων καὶ βασιλέων
Mk 13:12 καὶ ἐπαναστήσονται τέκνα **ἐπὶ** γονεῖς καὶ θανατώσουσιν
Mk 13:15 ὁ [δὲ] **ἐπὶ** τοῦ δώματος μὴ
Mk 13:29 ὅτι ἐγγύς ἐστιν **ἐπὶ** θύραις.
Mk 14:35 προελθὼν μικρὸν ἔπιπτεν **ἐπὶ** τῆς γῆς καὶ
Mk 14:48 ὡς **ἐπὶ** λῃστὴν ἐξήλθατε μετὰ
Mk 14:51 αὐτῷ περιβεβλημένος σινδόνα **ἐπὶ** γυμνοῦ,
Mk 15:22 Καὶ φέρουσιν αὐτὸν **ἐπὶ** τὸν Γολγοθᾶν τόπον,
Mk 15:24 βάλλοντες κλῆρον **ἐπ᾽** αὐτὰ τίς τί
Mk 15:33 ἕκτης σκότος ἐγένετο **ἐφ᾽** ὅλην τὴν γῆν
Mk 15:46 καὶ προσεκύλισεν λίθον **ἐπὶ** τὴν θύραν τοῦ

Mk 16:2 τῶν σαββάτων ἔρχονται **ἐπὶ** τὸ μνημεῖον ἀνατείλαντος
[Mk 16:18] **ἐπὶ** ἀρρώστους χεῖρας ἐπιθήσουσιν

ἐπιβάλλω (*epiballō*; 4/18) *lay on*

Mk 4:37 καὶ τὰ κύματα **ἐπέβαλλεν** εἰς τὸ πλοῖον,
Mk 11:7 τὸν Ἰησοῦν καὶ **ἐπιβάλλουσιν** αὐτῷ τὰ ἱμάτια
Mk 14:46 οἱ δὲ **ἐπέβαλον** τὰς χεῖρας αὐτῷ
Mk 14:72 καὶ **ἐπιβαλὼν** ἔκλαιεν.

ἐπίβλημα (*epiblēma*; 1/4) *piece*

Mk 2:21 Οὐδεὶς **ἐπίβλημα** ῥάκους ἀγνάφου ἐπιράπτει

ἐπιγινώσκω (*epiginōskō*; 4/44) *know*

Mk 2:8 καὶ εὐθὺς **ἐπιγνοὺς** ὁ Ἰησοῦς τῷ
Mk 5:30 εὐθὺς ὁ Ἰησοῦς **ἐπιγνοὺς** ἐν ἑαυτῷ τὴν
Mk 6:33 αὐτοὺς ὑπάγοντας καὶ **ἐπέγνωσαν** πολλοὶ καὶ πεζῇ
Mk 6:54 τοῦ πλοίου εὐθὺς **ἐπιγνόντες** αὐτὸν

ἐπιγραφή (*epigraphē*; 2/5) *inscription*

Mk 12:16 αὕτη καὶ ἡ **ἐπιγραφή**;
Mk 15:26 καὶ ἦν ἡ **ἐπιγραφὴ** τῆς αἰτίας αὐτοῦ

ἐπιγράφω (*epigraphō*; 1/5) *write on or in*

Mk 15:26 τῆς αἰτίας αὐτοῦ **ἐπιγεγραμμένη**·

ἐπιθυμία (*epithymia*; 1/38) *desire*

Mk 4:19 περὶ τὰ λοιπὰ **ἐπιθυμίαι** εἰσπορευόμεναι συμπνίγουσιν τὸν

ἐπιλαμβάνομαι (*epilambanomai*; 1/19) *take*

Mk 8:23 καὶ **ἐπιλαβόμενος** τῆς χειρὸς τοῦ

ἐπιλανθάνομαι (*epilanthanomai*; 1/8) *forget*

Mk 8:14 Καὶ **ἐπελάθοντο** λαβεῖν ἄρτους καὶ

ἐπιλύω (*epilyō*; 1/2) *explain*

Mk 4:34 τοῖς ἰδίοις μαθηταῖς **ἐπέλυεν** πάντα.

ἐπιπίπτω (*epipiptō*; 1/11) *fall or come upon*

Mk 3:10 ὥστε **ἐπιπίπτειν** αὐτῷ ἵνα αὐτοῦ

ἐπιράπτω (*epiraptō*; 1/1) *sew on*

Mk 2:21 ἐπίβλημα ῥάκους ἀγνάφου **ἐπιράπτει** ἐπὶ ἱμάτιον παλαιόν·

ἐπισκιάζω (*episkiazō*; 1/5) *overshadow*

Mk 9:7 καὶ ἐγένετο νεφέλη **ἐπισκιάζουσα** αὐτοῖς,

ἐπίσταμαι (*epistamai*; 1/14) *know*

Mk 14:68 οὔτε οἶδα οὔτε **ἐπίσταμαι** σὺ τί λέγεις.

ἐπιστρέφω (*epistrephō*; 4/36) *turn back*

Mk 4:12 μήποτε **ἐπιστρέψωσιν** καὶ ἀφεθῇ αὐτοῖς.
Mk 5:30 αὐτοῦ δύναμιν ἐξελθοῦσαν **ἐπιστραφεὶς** ἐν τῷ ὄχλῳ
Mk 8:33 ὁ δὲ **ἐπιστραφεὶς** καὶ ἰδὼν τοὺς
Mk 13:16 τὸν ἀγρὸν μὴ **ἐπιστρεψάτω** εἰς τὰ ὀπίσω

ἐπισυνάγω (*episynagō*; 2/8) *gather*

Mk 1:33 ὅλη ἡ πόλις **ἐπισυνηγμένη** πρὸς τὴν θύραν.
Mk 13:27 τοὺς ἀγγέλους καὶ **ἐπισυνάξει** τοὺς ἐκλεκτοὺς [αὐτοῦ]

ἐπισυντρέχω (*episyntrechō*; 1/1) *gather rapidly*

Mk 9:25 ὁ Ἰησοῦς ὅτι **ἐπισυντρέχει** ὄχλος,

ἐπιτάσσω (*epitassō*; 4/10) *command*

Mk 1:27 πνεύμασι τοῖς ἀκαθάρτοις **ἐπιτάσσει**,
Mk 6:27 ὁ βασιλεὺς σπεκουλάτορα **ἐπέταξεν** ἐνέγκαι τὴν κεφαλὴν
Mk 6:39 καὶ **ἐπέταξεν** αὐτοῖς ἀνακλῖναι πάντας
Mk 9:25 ἐγὼ **ἐπιτάσσω** σοι,

ἐπιτίθημι (*epitithēmi*; 7[8]/38[39]) *put on*

Mk 3:16 τοὺς δώδεκα] καὶ **ἐπέθηκεν** ὄνομα τῷ Σίμωνι
Mk 3:17 τοῦ Ἰακώβου καὶ **ἐπέθηκεν** αὐτοῖς ὀνόμα[τα] βοανηργές,
Mk 5:23 ἵνα ἐλθὼν **ἐπιθῇς** τὰς χεῖρας αὐτῇ
Mk 6:5 μὴ ὀλίγοις ἀρρώστοις **ἐπιθεὶς** τὰς χεῖρας ἐθεράπευσεν.
Mk 7:32 παρακαλοῦσιν αὐτὸν ἵνα **ἐπιθῇ** αὐτῷ τὴν χεῖρα.
Mk 8:23 **ἐπιθεὶς** τὰς χεῖρας αὐτῷ
Mk 8:25 εἶτα πάλιν **ἐπέθηκεν** τὰς χεῖρας ἐπὶ
[Mk 16:18] ἐπὶ ἀρρώστους χεῖρας **ἐπιθήσουσιν** καὶ καλῶς ἕξουσιν.

ἐπιτιμάω (*epitimaō*; 9/29) *command, rebuke*

Mk 1:25 καὶ **ἐπετίμησεν** αὐτῷ ὁ Ἰησοῦς
Mk 3:12 καὶ πολλὰ **ἐπετίμα** αὐτοῖς ἵνα μὴ
Mk 4:39 καὶ διεγερθεὶς **ἐπετίμησεν** τῷ ἀνέμῳ καὶ
Mk 8:30 καὶ **ἐπετίμησεν** αὐτοῖς ἵνα μηδενὶ
Mk 8:32 Πέτρος αὐτὸν ἤρξατο **ἐπιτιμᾶν** αὐτῷ.
Mk 8:33 τοὺς μαθητὰς αὐτοῦ **ἐπετίμησεν** Πέτρῳ καὶ λέγει·
Mk 9:25 **ἐπετίμησεν** τῷ πνεύματι τῷ
Mk 10:13 οἱ δὲ μαθηταὶ **ἐπετίμησαν** αὐτοῖς.
Mk 10:48 καὶ **ἐπετίμων** αὐτῷ πολλοὶ ἵνα

ἐπιτρέπω (*epitrepō*; 2/18) *permit, let*

Mk 5:13 καὶ **ἐπέτρεψεν** αὐτοῖς.
Mk 10:4 **ἐπέτρεψεν** Μωϋσῆς βιβλίον ἀποστασίου

ἑπτά (*hepta*; 8[9]/87[88]) *seven*

Mk 8:5 **ἑπτά**.
Mk 8:6 καὶ λαβὼν τοὺς **ἑπτὰ** ἄρτους εὐχαριστήσας ἔκλασεν
Mk 8:8 ἦραν περισσεύματα κλασμάτων **ἑπτὰ** σπυρίδας.
Mk 8:20 ὅτε τοὺς **ἑπτὰ** εἰς τοὺς τετρακισχιλίους,
Mk 8:20 **ἑπτά**.
Mk 12:20 **ἑπτὰ** ἀδελφοὶ ἦσαν·
Mk 12:22 καὶ οἱ **ἑπτὰ** οὐκ ἀφῆκαν σπέρμα.
Mk 12:23 οἱ γὰρ **ἑπτὰ** ἔσχον αὐτὴν γυναῖκα.
[Mk 16:9] παρ' ἧς ἐκβεβλήκει **ἑπτὰ** δαιμόνια.

ἐργάζομαι (*ergazomai*; 1/41) *work*

Mk 14:6 καλὸν ἔργον **ἠργάσατο** ἐν ἐμοί.

ἔργον (*ergon*; 2/169) *work*

Mk 13:34 ἐξουσίαν ἑκάστῳ τὸ **ἔργον** αὐτοῦ καὶ τῷ
Mk 14:6 καλὸν **ἔργον** ἠργάσατο ἐν ἐμοί.

ἐρημία (*erēmia*; 1/4) *deserted place*

Mk 8:4 χορτάσαι ἄρτων ἐπ' **ἐρημίας**;

ἔρημος (*erēmos*; 9/48) *desert*

Mk 1:3 βοῶντος ἐν τῇ **ἐρήμῳ**·
Mk 1:4 βαπτίζων ἐν τῇ **ἐρήμῳ** καὶ κηρύσσων βάπτισμα
Mk 1:12 ἐκβάλλει εἰς τὴν **ἔρημον**.
Mk 1:13 ἦν ἐν τῇ **ἐρήμῳ** τεσσεράκοντα ἡμέρας πειραζόμενος
Mk 1:35 καὶ ἀπῆλθεν εἰς **ἔρημον** τόπον κἀκεῖ προσηύχετο.
Mk 1:45 ἀλλ' ἔξω ἐπ' **ἐρήμοις** τόποις ἦν·
Mk 6:31 κατ' ἰδίαν εἰς **ἔρημον** τόπον καὶ ἀναπαύσασθε
Mk 6:32 τῷ πλοίῳ εἰς **ἔρημον** τόπον κατ' ἰδίαν.
Mk 6:35 αὐτοῦ ἔλεγον ὅτι **ἔρημός** ἐστιν ὁ τόπος

ἐρήμωσις (*erēmōsis*; 1/3) *desolation*

Mk 13:14 τὸ βδέλυγμα τῆς **ἐρημώσεως** ἑστηκότα ὅπου

ἔρχομαι (*erchomai*; 85/631[632]) *come, go*

Mk 1:7 **ἔρχεται** ὁ ἰσχυρότερός μου
Mk 1:9 ἐκείναις ταῖς ἡμέραις **ἦλθεν** Ἰησοῦς ἀπὸ Ναζαρὲτ
Mk 1:14 παραδοθῆναι τὸν Ἰωάννην **ἦλθεν** ὁ Ἰησοῦς
Mk 1:24 **ἦλθες** ἀπολέσαι ἡμᾶς;
Mk 1:29 τῆς συναγωγῆς ἐξελθόντες **ἦλθον** εἰς τὴν οἰκίαν
Mk 1:39 Καὶ **ἦλθεν** κηρύσσων εἰς τὰς
Mk 1:40 Καὶ **ἔρχεται** πρὸς αὐτὸν λεπρὸς
Mk 1:45 καὶ **ἤρχοντο** πρὸς αὐτὸν πάντοθεν.
Mk 2:3 καὶ **ἔρχονται** φέροντες πρὸς αὐτὸν
Mk 2:13 πᾶς ὁ ὄχλος **ἤρχετο** πρὸς αὐτόν,
Mk 2:17 οὐκ **ἦλθον** καλέσαι δικαίους ἀλλὰ
Mk 2:18 καὶ **ἔρχονται** καὶ λέγουσιν αὐτῷ·
Mk 2:20 **ἐλεύσονται** δὲ ἡμέραι ὅταν
Mk 3:8 ἀκούοντες ὅσα ἐποίει **ἦλθον** πρὸς αὐτόν.
Mk 3:20 Καὶ **ἔρχεται** εἰς οἶκον·
Mk 3:31 Καὶ **ἔρχεται** ἡ μήτηρ αὐτοῦ
Mk 4:4 καὶ **ἦλθεν** τὰ πετεινὰ καὶ
Mk 4:15 εὐθὺς **ἔρχεται** ὁ σατανᾶς καὶ
Mk 4:21 μήτι **ἔρχεται** ὁ λύχνος ἵνα
Mk 4:22 ἀπόκρυφον ἀλλ' ἵνα **ἔλθῃ** εἰς φανερόν.
Mk 5:1 Καὶ **ἦλθον** εἰς τὸ πέραν
Mk 5:14 καὶ **ἦλθον** ἰδεῖν τί ἐστιν
Mk 5:15 καὶ **ἔρχονται** πρὸς τὸν Ἰησοῦν
Mk 5:22 Καὶ **ἔρχεται** εἷς τῶν ἀρχισυναγώγων,
Mk 5:23 ἵνα **ἐλθὼν** ἐπιθῇς τὰς χεῖρας
Mk 5:26 εἰς τὸ χεῖρον **ἐλθοῦσα**,
Mk 5:27 **ἐλθοῦσα** ἐν τῷ ὄχλῳ
Mk 5:33 **ἦλθεν** καὶ προσέπεσεν αὐτῷ
Mk 5:35 Ἔτι αὐτοῦ λαλοῦντος **ἔρχονται** ἀπὸ τοῦ ἀρχισυναγώγου
Mk 5:38 καὶ **ἔρχονται** εἰς τὸν οἶκον
Mk 6:1 ἐξῆλθεν ἐκεῖθεν καὶ **ἔρχεται** εἰς τὴν πατρίδα
Mk 6:29 οἱ μαθηταὶ αὐτοῦ **ἦλθον** καὶ ἦραν τὸ
Mk 6:31 ἦσαν γὰρ οἱ **ἐρχόμενοι** καὶ οἱ ὑπάγοντες
Mk 6:48 φυλακὴν τῆς νυκτὸς **ἔρχεται** πρὸς αὐτοὺς περιπατῶν
Mk 6:53 ἐπὶ τὴν γῆν **ἦλθον** εἰς Γεννησαρὲτ καὶ
Mk 7:1 τινες τῶν γραμματέων **ἐλθόντες** ἀπὸ Ἱεροσολύμων.
Mk 7:25 **ἐλθοῦσα** προσέπεσεν πρὸς τοὺς
Mk 7:31 τῶν ὁρίων Τύρου **ἦλθεν** διὰ Σιδῶνος εἰς
Mk 8:10 τῶν μαθητῶν αὐτοῦ **ἦλθεν** εἰς τὰ μέρη
Mk 8:22 Καὶ **ἔρχονται** εἰς Βηθσαϊδάν.
Mk 8:38 ὅταν **ἔλθῃ** ἐν τῇ δόξῃ
Mk 9:1 βασιλείαν τοῦ θεοῦ **ἐληλυθυῖαν** ἐν δυνάμει.
Mk 9:11 ὅτι Ἠλίαν δεῖ **ἐλθεῖν** πρῶτον;
Mk 9:12 Ἠλίας μὲν **ἐλθὼν** πρῶτον ἀποκαθιστάνει πάντα·
Mk 9:13 ὅτι καὶ Ἠλίας **ἐλήλυθεν**,
Mk 9:14 Καὶ **ἐλθόντες** πρὸς τοὺς μαθητὰς
Mk 9:33 Καὶ **ἦλθον** εἰς Καφαρναούμ.
Mk 10:1 Καὶ ἐκεῖθεν ἀναστὰς **ἔρχεται** εἰς τὰ ὅρια
Mk 10:14 ἄφετε τὰ παιδία **ἔρχεσθαι** πρός με,
Mk 10:30 τῷ αἰῶνι τῷ **ἐρχομένῳ** ζωὴν αἰώνιον.
Mk 10:45 τοῦ ἀνθρώπου οὐκ **ἦλθεν** διακονηθῆναι ἀλλὰ διακονῆσαι
Mk 10:46 Καὶ **ἔρχονται** εἰς Ἰεριχώ.
Mk 10:50 ἱμάτιον αὐτοῦ ἀναπηδήσας **ἦλθεν** πρὸς τὸν Ἰησοῦν.
Mk 11:9 εὐλογημένος ὁ **ἐρχόμενος** ἐν ὀνόματι κυρίου·
Mk 11:10 εὐλογημένη ἡ **ἐρχομένη** βασιλεία τοῦ πατρὸς
Mk 11:13 μακρόθεν ἔχουσαν φύλλα **ἦλθεν**,
Mk 11:13 καὶ **ἐλθὼν** ἐπ' αὐτὴν οὐδὲν
Mk 11:15 Καὶ **ἔρχονται** εἰς Ἱεροσόλυμα.
Mk 11:27 Καὶ **ἔρχονται** πάλιν εἰς Ἱεροσόλυμα.
Mk 11:27 ἱερῷ περιπατοῦντος αὐτοῦ **ἔρχονται** πρὸς αὐτὸν οἱ
Mk 12:9 **ἐλεύσεται** καὶ ἀπολέσει τοὺς
Mk 12:14 καὶ **ἐλθόντες** λέγουσιν αὐτῷ·
Mk 12:18 Καὶ **ἔρχονται** Σαδδουκαῖοι πρὸς αὐτόν,
Mk 12:42 καὶ **ἐλθοῦσα** μία χήρα πτωχὴ
Mk 13:6 πολλοὶ **ἐλεύσονται** ἐπὶ τῷ ὀνόματί
Mk 13:26 υἱὸν τοῦ ἀνθρώπου **ἐρχόμενον** ἐν νεφέλαις
Mk 13:35 κύριος τῆς οἰκίας **ἔρχεται**,
Mk 13:36 μὴ **ἐλθὼν** ἐξαίφνης εὕρῃ ὑμᾶς
Mk 14:3 κατακειμένου αὐτοῦ **ἦλθεν** γυνὴ ἔχουσα ἀλάβαστρον
Mk 14:16 οἱ μαθηταὶ καὶ **ἦλθον** εἰς τὴν πόλιν
Mk 14:17 Καὶ ὀψίας γενομένης **ἔρχεται** μετὰ τῶν δώδεκα.
Mk 14:32 Καὶ **ἔρχονται** εἰς χωρίον οὗ
Mk 14:37 καὶ **ἔρχεται** καὶ εὑρίσκει αὐτοὺς
Mk 14:38 ἵνα μὴ **ἔλθητε** εἰς πειρασμόν·
Mk 14:40 καὶ πάλιν **ἐλθὼν** εὗρεν αὐτοὺς καθεύδοντας,
Mk 14:41 καὶ **ἔρχεται** τὸ τρίτον καὶ
Mk 14:41 **ἦλθεν** ἡ ὥρα,
Mk 14:45 καὶ **ἐλθὼν** εὐθὺς προσελθὼν αὐτῷ
Mk 14:62 τῆς δυνάμεως καὶ **ἐρχόμενον** μετὰ τῶν νεφελῶν
Mk 14:66 ἐν τῇ αὐλῇ **ἔρχεται** μία τῶν παιδισκῶν
Mk 15:21 τινα Σίμωνα Κυρηναῖον **ἐρχόμενον** ἀπ' ἀγροῦ,

Mk 15:36 ἄφετε ἴδωμεν εἰ **ἔρχεται** Ἠλίας καθελεῖν αὐτόν.
Mk 15:43 **ἐλθὼν** Ἰωσὴφ [ὁ] ἀπὸ
Mk 16:1 ἠγόρασαν ἀρώματα ἵνα **ἐλθοῦσαι** ἀλείψωσιν αὐτόν.
Mk 16:2 μιᾷ τῶν σαββάτων **ἔρχονται** ἐπὶ τὸ μνημεῖον

ἐρωτάω (*erōtaō*; 3/62[63]) *ask*

Mk 4:10 **ἠρώτων** αὐτὸν οἱ περὶ
Mk 7:26 καὶ **ἠρώτα** αὐτὸν ἵνα τὸ
Mk 8:5 καὶ **ἠρώτα** αὐτούς·

ἐσθίω (*esthiō*; 27/158) *eat*

Mk 1:6 ὀσφὺν αὐτοῦ καὶ **ἐσθίων** ἀκρίδας καὶ μέλι
Mk 2:16 Φαρισαίων ἰδόντες ὅτι **ἐσθίει** μετὰ τῶν ἁμαρτωλῶν
Mk 2:16 τελωνῶν καὶ ἁμαρτωλῶν **ἐσθίει**;
Mk 2:26 ἄρτους τῆς προθέσεως **ἔφαγεν**,
Mk 2:26 οὓς οὐκ ἔξεστιν **φαγεῖν** εἰ μὴ τοὺς
Mk 3:20 αὐτοὺς μηδὲ ἄρτον **φαγεῖν**.
Mk 5:43 εἶπεν δοθῆναι αὐτῇ **φαγεῖν**.
Mk 6:31 καὶ οὐδὲ **φαγεῖν** εὐκαίρουν.
Mk 6:36 ἀγοράσωσιν ἑαυτοῖς τί **φάγωσιν**.
Mk 6:37 δότε αὐτοῖς ὑμεῖς **φαγεῖν**.
Mk 6:37 καὶ δώσομεν αὐτοῖς **φαγεῖν**;
Mk 6:42 καὶ **ἔφαγον** πάντες καὶ ἐχορτάσθησαν,
Mk 6:44 καὶ ἦσαν οἱ **φαγόντες** [τοὺς ἄρτους] πεντακισχίλιοι
Mk 7:2 **ἐσθίουσιν** τοὺς ἄρτους
Mk 7:3 τὰς χεῖρας οὐκ **ἐσθίουσιν**,
Mk 7:4 μὴ βαπτίσωνται οὐκ **ἐσθίουσιν**,
Mk 7:5 ἀλλὰ κοιναῖς χερσὶν **ἐσθίουσιν** τὸν ἄρτον;
Mk 7:28 ὑποκάτω τῆς τραπέζης **ἐσθίουσιν** ἀπὸ τῶν ψιχίων
Mk 8:1 μὴ ἐχόντων τί **φάγωσιν**,
Mk 8:2 οὐκ ἔχουσιν τί **φάγωσιν**·
Mk 8:8 καὶ **ἔφαγον** καὶ ἐχορτάσθησαν,
Mk 11:14 σοῦ μηδεὶς καρπὸν **φάγοι**.
Mk 14:12 ἀπελθόντες ἑτοιμάσωμεν ἵνα **φάγῃς** τὸ πάσχα;
Mk 14:14 τῶν μαθητῶν μου **φάγω**;
Mk 14:18 ἀνακειμένων αὐτῶν καὶ **ἐσθιόντων** ὁ Ἰησοῦς εἶπεν·
Mk 14:18 παραδώσει με ὁ **ἐσθίων** μετ' ἐμοῦ.
Mk 14:22 Καὶ **ἐσθιόντων** αὐτῶν λαβὼν ἄρτον

ἔσχατος (*eschatos*; 5/52) *last*

Mk 9:35 ἔσται πάντων **ἔσχατος** καὶ πάντων διάκονος.
Mk 10:31 δὲ ἔσονται πρῶτοι **ἔσχατοι** καὶ [οἱ] ἔσχατοι
Mk 10:31 ἔσχατοι καὶ [οἱ] **ἔσχατοι** πρῶτοι.
Mk 12:6 ἀπέστειλεν αὐτὸν **ἔσχατον** πρὸς αὐτοὺς λέγων
Mk 12:22 **ἔσχατον** πάντων καὶ ἡ

ἐσχάτως (*eschatōs*; 1/1) *finally*

Mk 5:23 τὸ θυγάτριόν μου **ἐσχάτως** ἔχει,

ἔσω (*esō*; 2/9) *inside*

Mk 14:54 ἠκολούθησεν αὐτῷ ἕως **ἔσω** εἰς τὴν αὐλὴν
Mk 15:16 στρατιῶται ἀπήγαγον αὐτὸν **ἔσω** τῆς αὐλῆς,

ἔσωθεν (*esōthen*; 2/12) *within*

Mk 7:21 **ἔσωθεν** γὰρ ἐκ τῆς
Mk 7:23 ταῦτα τὰ πονηρὰ **ἔσωθεν** ἐκπορεύεται καὶ κοινοῖ

ἕτερος (*heteros*; 0[1]/97[98]) *other*

[Mk 16:12] περιπατοῦσιν ἐφανερώθη ἐν **ἑτέρᾳ** μορφῇ πορευομένοις εἰς

ἔτι (*eti*; 5/93) *still*

Mk 5:35 **Ἔτι** αὐτοῦ λαλοῦντος ἔρχονται
Mk 5:35 τί **ἔτι** σκύλλεις τὸν διδάσκαλον;
Mk 12:6 **ἔτι** ἕνα εἶχεν υἱὸν
Mk 14:43 Καὶ εὐθὺς **ἔτι** αὐτοῦ λαλοῦντος παραγίνεται
Mk 14:63 τί **ἔτι** χρείαν ἔχομεν μαρτύρων;

ἑτοιμάζω (*hetoimazō*; 5/40) *prepare*

Mk 1:3 **ἑτοιμάσατε** τὴν ὁδὸν κυρίου,
Mk 10:40 ἀλλ' οἷς **ἡτοίμασται**.
Mk 14:12 ποῦ θέλεις ἀπελθόντες **ἑτοιμάσωμεν** ἵνα φάγῃς τὸ
Mk 14:15 καὶ ἐκεῖ **ἑτοιμάσατε** ἡμῖν.
Mk 14:16 εἶπεν αὐτοῖς καὶ **ἡτοίμασαν** τὸ πάσχα.

ἕτοιμος (*hetoimos*; 1/17) *ready*

Mk 14:15 ἀνάγαιον μέγα ἐστρωμένον **ἕτοιμον**·

ἔτος (*etos*; 2/49) *year*

Mk 5:25 ῥύσει αἵματος δώδεκα **ἔτη**
Mk 5:42 ἦν γὰρ **ἐτῶν** δώδεκα.

εὖ (*eu*; 1/5) *well*

Mk 14:7 θέλητε δύνασθε αὐτοῖς **εὖ** ποιῆσαι,

εὐαγγέλιον (*euangelion*; 7[8]/75[76]) *good news*

Mk 1:1 Ἀρχὴ τοῦ **εὐαγγελίου** Ἰησοῦ Χριστοῦ [υἱοῦ
Mk 1:14 Γαλιλαίαν κηρύσσων τὸ **εὐαγγέλιον** τοῦ θεοῦ
Mk 1:15 πιστεύετε ἐν τῷ **εὐαγγελίῳ**.
Mk 8:35 ἐμοῦ καὶ τοῦ **εὐαγγελίου** σώσει αὐτήν.
Mk 10:29 καὶ ἕνεκεν τοῦ **εὐαγγελίου**,
Mk 13:10 δεῖ κηρυχθῆναι τὸ **εὐαγγέλιον**.
Mk 14:9 ἐὰν κηρυχθῇ τὸ **εὐαγγέλιον** εἰς ὅλον τὸν
[Mk 16:15] ἅπαντα κηρύξατε τὸ **εὐαγγέλιον** πάσῃ τῇ κτίσει.

εὐδοκέω (*eudokeō*; 1/21) *be pleased*

Mk 1:11 ἐν σοὶ **εὐδόκησα**.

εὐθέως (*eutheōs*; 1/36) *immediately*

Mk 7:35 καὶ **[εὐθέως]** ἠνοίγησαν αὐτοῦ αἱ

εὐθύς (*euthys*; 42/59) *immediately*

Mk 1:3 **εὐθείας** ποιεῖτε τὰς τρίβους
Mk 1:10 καὶ **εὐθὺς** ἀναβαίνων ἐκ τοῦ
Mk 1:12 Καὶ **εὐθὺς** τὸ πνεῦμα αὐτὸν
Mk 1:18 καὶ **εὐθὺς** ἀφέντες τὰ δίκτυα
Mk 1:20 καὶ **εὐθὺς** ἐκάλεσεν αὐτούς.
Mk 1:21 καὶ **εὐθὺς** τοῖς σάββασιν εἰσελθὼν

Mk 1:23 Καὶ **εὐθὺς** ἦν ἐν τῇ
Mk 1:28 ἡ ἀκοὴ αὐτοῦ **εὐθὺς** πανταχοῦ εἰς ὅλην
Mk 1:29 Καὶ **εὐθὺς** ἐκ τῆς συναγωγῆς
Mk 1:30 καὶ **εὐθὺς** λέγουσιν αὐτῷ περὶ
Mk 1:42 καὶ **εὐθὺς** ἀπῆλθεν ἀπ' αὐτοῦ
Mk 1:43 καὶ ἐμβριμησάμενος αὐτῷ **εὐθὺς** ἐξέβαλεν αὐτόν
Mk 2:8 καὶ **εὐθὺς** ἐπιγνοὺς ὁ Ἰησοῦς
Mk 2:12 καὶ ἠγέρθη καὶ **εὐθὺς** ἄρας τὸν κράβαττον
Mk 3:6 ἐξελθόντες οἱ Φαρισαῖοι **εὐθὺς** μετὰ τῶν Ἡρῳδιανῶν
Mk 4:5 καὶ **εὐθὺς** ἐξανέτειλεν διὰ τὸ
Mk 4:15 **εὐθὺς** ἔρχεται ὁ σατανᾶς
Mk 4:16 ἀκούσωσιν τὸν λόγον **εὐθὺς** μετὰ χαρᾶς λαμβάνουσιν
Mk 4:17 διὰ τὸν λόγον **εὐθὺς** σκανδαλίζονται.
Mk 4:29 εὐθὺς **ἀποστέλλει** τὸ δρέπανον,
Mk 5:2 ἐκ τοῦ πλοίου **εὐθὺς** ὑπήντησεν αὐτῷ ἐκ
Mk 5:29 καὶ **εὐθὺς** ἐξηράνθη ἡ πηγὴ
Mk 5:30 καὶ **εὐθὺς** ὁ Ἰησοῦς ἐπιγνοὺς
Mk 5:42 καὶ **εὐθὺς** ἀνέστη τὸ κοράσιον
Mk 5:42 καὶ ἐξέστησαν **[εὐθὺς]** ἐκστάσει μεγάλῃ.
Mk 6:25 καὶ εἰσελθοῦσα **εὐθὺς** μετὰ σπουδῆς πρὸς
Mk 6:27 καὶ **εὐθὺς** ἀποστείλας ὁ βασιλεὺς
Mk 6:45 Καὶ **εὐθὺς** ἠνάγκασεν τοὺς μαθητὰς
Mk 6:50 ὁ δὲ **εὐθὺς** ἐλάλησεν μετ' αὐτῶν,
Mk 6:54 ἐκ τοῦ πλοίου **εὐθὺς** ἐπιγνόντες αὐτὸν
Mk 7:25 ἀλλ' **εὐθὺς** ἀκούσασα γυνὴ περὶ
Mk 8:10 Καὶ **εὐθὺς** ἐμβὰς εἰς τὸ
Mk 9:15 καὶ **εὐθὺς** πᾶς ὁ ὄχλος
Mk 9:20 αὐτὸν τὸ πνεῦμα **εὐθὺς** συνεσπάραξεν αὐτόν,
Mk 9:24 **εὐθὺς** κράξας ὁ πατὴρ
Mk 10:52 καὶ **εὐθὺς** ἀνέβλεψεν καὶ ἠκολούθει
Mk 11:2 καὶ **εὐθὺς** εἰσπορευόμενοι εἰς αὐτὴν
Mk 11:3 καὶ **εὐθὺς** αὐτὸν ἀποστέλλει πάλιν
Mk 14:43 Καὶ **εὐθὺς** ἔτι αὐτοῦ λαλοῦντος
Mk 14:45 καὶ ἐλθὼν **εὐθὺς** προσελθὼν αὐτῷ λέγει·
Mk 14:72 καὶ **εὐθὺς** ἐκ δευτέρου ἀλέκτωρ
Mk 15:1 Καὶ **εὐθὺς** πρωῒ συμβούλιον ποιήσαντες

εὐκαιρέω (*eukaireō*; 1/3) *have time or opportunity*

Mk 6:31 καὶ οὐδὲ φαγεῖν **εὐκαίρουν**.

εὔκαιρος (*eukairos*; 1/2) *suitable*

Mk 6:21 Καὶ γενομένης ἡμέρας **εὐκαίρου** ὅτε Ἡρῴδης

εὐκαίρως (*eukairōs*; 1/2) *when the time is right*

Mk 14:11 ἐζήτει πῶς αὐτὸν **εὐκαίρως** παραδοῖ.

εὔκοπος (*eukopos*; 2/7) *easy*

Mk 2:9 τί ἐστιν **εὐκοπώτερον**,
Mk 10:25 **εὐκοπώτερόν** ἐστιν κάμηλον διὰ

εὐλογέω (*eulogeō*; 5/41) *bless*

Mk 6:41 εἰς τὸν οὐρανὸν **εὐλόγησεν** καὶ κατέκλασεν
Mk 8:7 καὶ **εὐλογήσας** αὐτὰ εἶπεν καὶ
Mk 11:9 **εὐλογημένος** ὁ ἐρχόμενος ἐν
Mk 11:10 **εὐλογημένη** ἡ ἐρχομένη βασιλεία
Mk 14:22 αὐτῶν λαβὼν ἄρτον **εὐλογήσας** ἔκλασεν καὶ ἔδωκεν

εὐλογητός (*eulogētos*; 1/8) *blessed*

Mk 14:61 ὁ υἱὸς τοῦ **εὐλογητοῦ**;

εὑρίσκω (*heuriskō*; 11/176) *find*

Mk 1:37 καὶ **εὗρον** αὐτὸν καὶ λέγουσιν
Mk 7:30 τὸν οἶκον αὐτῆς **εὗρεν** τὸ παιδίον βεβλημένον
Mk 11:2 εἰσπορευόμενοι εἰς αὐτὴν **εὑρήσετε** πῶλον δεδεμένον ἐφ'
Mk 11:4 καὶ ἀπῆλθον καὶ **εὗρον** πῶλον δεδεμένον
Mk 11:13 εἰ ἄρα τι **εὑρήσει** ἐν αὐτῇ,
Mk 11:13 ἐπ' αὐτὴν οὐδὲν **εὗρεν** εἰ μὴ φύλλα·
Mk 13:36 μὴ ἐλθὼν ἐξαίφνης **εὕρῃ** ὑμᾶς καθεύδοντας.
Mk 14:16 τὴν πόλιν καὶ **εὗρον** καθὼς εἶπεν αὐτοῖς
Mk 14:37 καὶ ἔρχεται καὶ **εὑρίσκει** αὐτοὺς καθεύδοντας,
Mk 14:40 καὶ πάλιν ἐλθὼν **εὗρεν** αὐτοὺς καθεύδοντας,
Mk 14:55 καὶ οὐχ **ηὕρισκον**·

εὐσχήμων (*euschēmōn*; 1/5) *respected*

Mk 15:43 [ὁ] ἀπὸ Ἀριμαθαίας **εὐσχήμων** βουλευτής,

εὐχαριστέω (*eucharisteō*; 2/38) *thank*

Mk 8:6 τοὺς ἑπτὰ ἄρτους **εὐχαριστήσας** ἔκλασεν καὶ ἐδίδου
Mk 14:23 καὶ λαβὼν ποτήριον **εὐχαριστήσας** ἔδωκεν αὐτοῖς,

εὐώνυμος (*euōnymos*; 2/9) *left*

Mk 10:40 μου ἢ ἐξ **εὐωνύμων** οὐκ ἔστιν ἐμὸν
Mk 15:27 καὶ ἕνα ἐξ **εὐωνύμων** αὐτοῦ.

εφφαθα (*ephphatha*; 1/1) *be opened*

Mk 7:34 **Εφφαθα**,

ἐχθρός (*echthros*; 1/32) *enemy*

Mk 12:36 ἂν θῶ τοὺς **ἐχθρούς** σου ὑποκάτω τῶν

ἔχω (*echō*; 69[70]/706[708]) *have, hold*

Mk 1:22 αὐτοὺς ὡς ἐξουσίαν **ἔχων** καὶ οὐχ ὡς
Mk 1:32 πάντας τοὺς κακῶς **ἔχοντας** καὶ τοὺς δαιμονιζομένους·
Mk 1:34 ἐθεράπευσεν πολλοὺς κακῶς **ἔχοντας** ποικίλαις νόσοις καὶ
Mk 1:38 ἀλλαχοῦ εἰς τὰς **ἐχομένας** κωμοπόλεις,
Mk 2:10 εἰδῆτε ὅτι ἐξουσίαν **ἔχει** ὁ υἱὸς τοῦ
Mk 2:17 [ὅτι] οὐ χρείαν **ἔχουσιν** οἱ ἰσχύοντες ἰατροῦ
Mk 2:17 ἀλλ' οἱ κακῶς **ἔχοντες**·
Mk 2:19 ὅσον χρόνον **ἔχουσιν** τὸν νυμφίον μετ'
Mk 2:25 Δαυὶδ ὅτε χρείαν **ἔσχεν** καὶ ἐπείνασεν αὐτὸς
Mk 3:1 ἐκεῖ ἄνθρωπος ἐξηραμμένην **ἔχων** τὴν χεῖρα.
Mk 3:3 τὴν ξηρὰν χεῖρα **ἔχοντι**·
Mk 3:10 αὐτοῦ ἅψωνται ὅσοι **εἶχον** μάστιγας.
Mk 3:15 καὶ **ἔχειν** ἐξουσίαν ἐκβάλλειν τὰ
Mk 3:22 ἔλεγον ὅτι Βεελζεβοὺλ **ἔχει** καὶ ὅτι ἐν
Mk 3:26 στῆναι ἀλλὰ τέλος **ἔχει**.

Mk 3:29 οὐκ **ἔχει** ἄφεσιν εἰς τὸν
Mk 3:30 πνεῦμα ἀκάθαρτον **ἔχει**.
Mk 4:5 πετρῶδες ὅπου οὐκ **εἶχεν** γῆν πολλήν,
Mk 4:5 διὰ τὸ μὴ **ἔχειν** βάθος γῆς·
Mk 4:6 διὰ τὸ μὴ **ἔχειν** ῥίζαν ἐξηράνθη.
Mk 4:9 ὃς **ἔχει** ὦτα ἀκούειν ἀκουέτω.
Mk 4:17 καὶ οὐκ **ἔχουσιν** ῥίζαν ἐν ἑαυτοῖς
Mk 4:23 εἴ τις **ἔχει** ὦτα ἀκούειν ἀκουέτω.
Mk 4:25 ὃς γὰρ **ἔχει**,
Mk 4:25 καὶ ὃς οὐκ **ἔχει**,
Mk 4:25 καὶ ὃ **ἔχει** ἀρθήσεται ἀπ' αὐτοῦ.
Mk 4:40 οὔπω **ἔχετε** πίστιν;
Mk 5:3 ὃς τὴν κατοίκησιν **εἶχεν** ἐν τοῖς μνήμασιν,
Mk 5:15 τὸν **ἐσχηκότα** τὸν λεγιῶνα,
Mk 5:23 θυγάτριόν μου ἐσχάτως **ἔχει**,
Mk 6:18 οὐκ ἔξεστίν σοι **ἔχειν** τὴν γυναῖκα τοῦ
Mk 6:34 ὡς πρόβατα μὴ **ἔχοντα** ποιμένα,
Mk 6:38 πόσους ἄρτους **ἔχετε**;
Mk 6:55 κραβάττοις τοὺς κακῶς **ἔχοντας** περιφέρειν ὅπου ἤκουον
Mk 7:25 ἧς **εἶχεν** τὸ θυγάτριον αὐτῆς
Mk 8:1 ὄντος καὶ μὴ **ἐχόντων** τί φάγωσιν,
Mk 8:2 μοι καὶ οὐκ **ἔχουσιν** τί φάγωσιν·
Mk 8:5 πόσους **ἔχετε** ἄρτους;
Mk 8:7 καὶ **εἶχον** ἰχθύδια ὀλίγα·
Mk 8:14 ἕνα ἄρτον οὐκ **εἶχον** μεθ' ἑαυτῶν ἐν
Mk 8:16 ὅτι ἄρτους οὐκ **ἔχουσιν**.
Mk 8:17 ὅτι ἄρτους οὐκ **ἔχετε**;
Mk 8:17 πεπωρωμένην **ἔχετε** τὴν καρδίαν ὑμῶν;
Mk 8:18 ὀφθαλμοὺς **ἔχοντες** οὐ βλέπετε καὶ
Mk 8:18 βλέπετε καὶ ὦτα **ἔχοντες** οὐκ ἀκούετε;
Mk 9:17 **ἔχοντα** πνεῦμα ἄλαλον·
Mk 9:43 τὰς δύο χεῖρας **ἔχοντα** ἀπελθεῖν εἰς τὴν
Mk 9:45 τοὺς δύο πόδας **ἔχοντα** βληθῆναι εἰς τὴν
Mk 9:47 ἢ δύο ὀφθαλμοὺς **ἔχοντα** βληθῆναι εἰς τὴν
Mk 9:50 **ἔχετε** ἐν ἑαυτοῖς ἅλα
Mk 10:21 ὅσα **ἔχεις** πώλησον καὶ δὸς
Mk 10:21 καὶ **ἕξεις** θησαυρὸν ἐν οὐρανῷ,
Mk 10:22 ἦν γὰρ **ἔχων** κτήματα πολλά.
Mk 10:23 οἱ τὰ χρήματα **ἔχοντες** εἰς τὴν βασιλείαν
Mk 11:3 κύριος αὐτοῦ χρείαν **ἔχει**,
Mk 11:13 συκῆν ἀπὸ μακρόθεν **ἔχουσαν** φύλλα ἦλθεν,
Mk 11:22 **ἔχετε** πίστιν θεοῦ.
Mk 11:25 ἀφίετε εἴ τι **ἔχετε** κατά τινος,
Mk 11:32 ἅπαντες γὰρ **εἶχον** τὸν Ἰωάννην ὄντως
Mk 12:6 ἔτι ἕνα **εἶχεν** υἱὸν ἀγαπητόν·
Mk 12:23 οἱ γὰρ ἑπτὰ **ἔσχον** αὐτὴν γυναῖκα.
Mk 12:44 αὐτῆς πάντα ὅσα **εἶχεν** ἔβαλεν ὅλον τὸν
Mk 13:17 ταῖς ἐν γαστρὶ **ἐχούσαις** καὶ ταῖς θηλαζούσαις
Mk 14:3 αὐτοῦ ἦλθεν γυνὴ **ἔχουσα** ἀλάβαστρον μύρου νάρδου
Mk 14:7 γὰρ τοὺς πτωχοὺς **ἔχετε** μεθ' ἑαυτῶν καὶ
Mk 14:7 δὲ οὐ πάντοτε **ἔχετε**.
Mk 14:8 ὃ **ἔσχεν** ἐποίησεν·
Mk 14:63 τί ἔτι χρείαν **ἔχομεν** μαρτύρων;
Mk 16:8 **εἶχεν** γὰρ αὐτὰς τρόμος
[Mk 16:18] ἐπιθήσουσιν καὶ καλῶς **ἕξουσιν**.

ἕως (*heōs*; 15/146) *until*

Mk 6:10 ἐκεῖ μένετε **ἕως** ἂν ἐξέλθητε ἐκεῖθεν.
Mk 6:23 αἰτήσῃς δώσω σοι **ἕως** ἡμίσους τῆς βασιλείας
Mk 6:45 **ἕως** αὐτὸς ἀπολύει τὸν
Mk 9:1 μὴ γεύσωνται θανάτου **ἕως** ἂν ἴδωσιν τὴν
Mk 9:19 **ἕως** πότε πρὸς ὑμᾶς
Mk 9:19 **ἕως** πότε ἀνέξομαι ὑμῶν;
Mk 12:36 **ἕως** ἂν θῶ τοὺς
Mk 13:19 ἔκτισεν ὁ θεὸς **ἕως** τοῦ νῦν καὶ
Mk 13:27 ἀπ' ἄκρου γῆς **ἕως** ἄκρου οὐρανοῦ.
Mk 14:25 γενήματος τῆς ἀμπέλου **ἕως** τῆς ἡμέρας ἐκείνης
Mk 14:32 καθίσατε ὧδε **ἕως** προσεύξωμαι.
Mk 14:34 ἡ ψυχή μου **ἕως** θανάτου·
Mk 14:54 μακρόθεν ἠκολούθησεν αὐτῷ **ἕως** ἔσω εἰς
Mk 15:33 ὅλην τὴν γῆν **ἕως** ὥρας ἐνάτης.
Mk 15:38 δύο ἀπ' ἄνωθεν **ἕως** κάτω.

ζάω (*zaō*; 2[3]/139[140]) *live*

Mk 5:23 ἵνα σωθῇ καὶ **ζήσῃ**.
Mk 12:27 θεὸς νεκρῶν ἀλλὰ **ζώντων**·
[Mk 16:11] κἀκεῖνοι ἀκούσαντες ὅτι **ζῇ** καὶ ἐθεάθη

Ζεβεδαῖος (*Zebedaios*; 4/12) *Zebedee*

Mk 1:19 Ἰάκωβον τὸν τοῦ **Ζεβεδαίου** καὶ Ἰωάννην τὸν
Mk 1:20 τὸν πατέρα αὐτῶν **Ζεβεδαῖον** ἐν τῷ πλοίῳ
Mk 3:17 Ἰάκωβον τὸν τοῦ **Ζεβεδαίου** καὶ Ἰωάννην τὸν
Mk 10:35 Ἰωάννης οἱ υἱοὶ **Ζεβεδαίου** λέγοντες αὐτῷ·

ζημιόω (*zēmioō*; 1/6) *lose*

Mk 8:36 κόσμον ὅλον καὶ **ζημιωθῆναι** τὴν ψυχὴν αὐτοῦ;

ζητέω (*zēteō*; 10/117) *seek*

Mk 1:37 αὐτῷ ὅτι πάντες **ζητοῦσίν** σε.
Mk 3:32 ἀδελφαί σου] ἔξω **ζητοῦσίν** σε.
Mk 8:11 ζητοῦντες **παρ'** αὐτοῦ σημεῖον ἀπὸ
Mk 8:12 ἡ γενεὰ αὕτη **ζητεῖ** σημεῖον;
Mk 11:18 οἱ γραμματεῖς καὶ **ἐζήτουν** πῶς αὐτὸν ἀπολέσωσιν·
Mk 12:12 Καὶ **ἐζήτουν** αὐτὸν κρατῆσαι,
Mk 14:1 καὶ **ἐζήτουν** οἱ ἀρχιερεῖς καὶ
Mk 14:11 καὶ **ἐζήτει** πῶς αὐτὸν εὐκαίρως
Mk 14:55 ὅλον τὸ συνέδριον **ἐζήτουν** κατὰ τοῦ Ἰησοῦ
Mk 16:6 Ἰησοῦν **ζητεῖτε** τὸν Ναζαρηνὸν τὸν

ζύμη (*zymē*; 2/13) *yeast*

Mk 8:15 βλέπετε ἀπὸ τῆς **ζύμης** τῶν Φαρισαίων καὶ
Mk 8:15 Φαρισαίων καὶ τῆς **ζύμης** Ἡρῴδου.

ζωή (*zōē*; 4/135) *life*

Mk 9:43 εἰσελθεῖν εἰς τὴν **ζωὴν** ἢ τὰς δύο
Mk 9:45 εἰσελθεῖν εἰς τὴν **ζωὴν** χωλὸν ἢ τοὺς
Mk 10:17 τί ποιήσω ἵνα **ζωὴν** αἰώνιον κληρονομήσω;
Mk 10:30 αἰῶνι τῷ ἐρχομένῳ **ζωὴν** αἰώνιον.

ζώνη (*zōnē*; 2/8) *belt*

Mk 1:6 τρίχας καμήλου καὶ **ζώνην** δερματίνην περὶ
Mk 6:8 μὴ εἰς τὴν **ζώνην** χαλκόν,

ἤ (*ē*; 33/340) *or*

Mk 2:9 **ἢ** εἰπεῖν·
Mk 3:4 σάββασιν ἀγαθὸν ποιῆσαι **ἢ** κακοποιῆσαι,

Mk 3:4 ψυχὴν σῶσαι **ἢ** ἀποκτεῖναι;
Mk 4:17 εἶτα γενομένης θλίψεως **ἢ** διωγμοῦ διὰ τὸν
Mk 4:21 τὸν μόδιον τεθῇ **ἢ** ὑπὸ τὴν κλίνην;
Mk 4:30 βασιλείαν τοῦ θεοῦ **ἢ** ἐν τίνι αὐτὴν
Mk 6:56 εἰσεπορεύετο εἰς κώμας **ἢ** εἰς πόλεις ἢ
Mk 6:56 ἢ εἰς πόλεις **ἢ** εἰς ἀγρούς,
Mk 7:10 ὁ κακολογῶν πατέρα **ἢ** μητέρα θανάτῳ τελευτάτω.
Mk 7:11 ἄνθρωπος τῷ πατρὶ **ἢ** τῇ μητρί·
Mk 7:12 ποιῆσαι τῷ πατρὶ **ἢ** τῇ μητρί,
Mk 9:43 εἰς τὴν ζωὴν **ἢ** τὰς δύο χεῖρας
Mk 9:45 τὴν ζωὴν χωλὸν **ἢ** τοὺς δύο πόδας
Mk 9:47 βασιλείαν τοῦ θεοῦ **ἢ** δύο ὀφθαλμοὺς ἔχοντα
Mk 10:25 [τῆς] ῥαφίδος διελθεῖν **ἢ** πλούσιον εἰς τὴν
Mk 10:29 ὃς ἀφῆκεν οἰκίαν **ἢ** ἀδελφοὺς ἢ ἀδελφὰς
Mk 10:29 οἰκίαν ἢ ἀδελφοὺς **ἢ** ἀδελφὰς ἢ μητέρα
Mk 10:29 ἀδελφοὺς ἢ ἀδελφὰς **ἢ** μητέρα ἢ πατέρα
Mk 10:29 ἀδελφὰς ἢ μητέρα **ἢ** πατέρα ἢ τέκνα
Mk 10:29 μητέρα ἢ πατέρα **ἢ** τέκνα ἢ ἀγροὺς
Mk 10:29 πατέρα ἢ τέκνα **ἢ** ἀγροὺς ἕνεκεν ἐμοῦ
Mk 10:38 ὃ ἐγὼ πίνω **ἢ** τὸ βάπτισμα ὃ
Mk 10:40 ἐκ δεξιῶν μου **ἢ** ἐξ εὐωνύμων οὐκ
Mk 11:28 **ἢ** τίς σοι ἔδωκεν
Mk 11:30 ἐξ οὐρανοῦ ἦν **ἢ** ἐξ ἀνθρώπων;
Mk 12:14 δοῦναι κῆνσον Καίσαρι **ἢ** οὔ;
Mk 12:14 δῶμεν **ἢ** μὴ δῶμεν;
Mk 13:32 τῆς ἡμέρας ἐκείνης **ἢ** τῆς ὥρας οὐδεὶς
Mk 13:35 **ἢ** ὀψὲ ἢ μεσονύκτιον
Mk 13:35 ἢ ὀψὲ **ἢ** μεσονύκτιον ἢ ἀλεκτοροφωνίας
Mk 13:35 ὀψὲ ἢ μεσονύκτιον **ἢ** ἀλεκτοροφωνίας ἢ πρωΐ,
Mk 13:35 μεσονύκτιον ἢ ἀλεκτοροφωνίας **ἢ** πρωΐ,
Mk 14:30 τῇ νυκτὶ πρὶν **ἢ** δὶς ἀλέκτορα φωνῆσαι

ἡγεμών (*hēgemōn*; 1/20) *governor*

Mk 13:9 δαρήσεσθε καὶ ἐπὶ **ἡγεμόνων** καὶ βασιλέων σταθήσεσθε

ἡδέως (*hēdeōs*; 2/5) *gladly*

Mk 6:20 καὶ **ἡδέως** αὐτοῦ ἤκουεν.
Mk 12:37 ὄχλος ἤκουεν αὐτοῦ **ἡδέως**.

ἤδη (*ēdē*; 8/61) *already*

Mk 4:37 ὥστε **ἤδη** γεμίζεσθαι τὸ πλοῖον.
Mk 6:35 Καὶ **ἤδη** ὥρας πολλῆς γενομένης
Mk 6:35 ὁ τόπος καὶ **ἤδη** ὥρα πολλή·
Mk 8:2 ὅτι **ἤδη** ἡμέραι τρεῖς προσμένουσίν
Mk 11:11 ὀψίας ἤδη **οὔσης** τῆς ὥρας,
Mk 13:28 ὅταν **ἤδη** ὁ κλάδος αὐτῆς
Mk 15:42 Καὶ **ἤδη** ὀψίας γενομένης,
Mk 15:44 Πιλᾶτος ἐθαύμασεν εἰ **ἤδη** τέθνηκεν καὶ προσκαλεσάμενος

ἥκω (*hēkō*; 1/26) *have come*

Mk 8:3 αὐτῶν ἀπὸ μακρόθεν **ἥκασιν**.

Ἠλίας (*Ēlias*; 9/29) *Elijah*

Mk 6:15 δὲ ἔλεγον ὅτι **Ἠλίας** ἐστίν·
Mk 8:28 καὶ ἄλλοι **Ἠλίαν**,
Mk 9:4 καὶ ὤφθη αὐτοῖς **Ἠλίας** σὺν Μωϋσεῖ καὶ
Mk 9:5 Μωϋσεῖ μίαν καὶ **Ἠλίᾳ** μίαν.
Mk 9:11 οἱ γραμματεῖς ὅτι **Ἠλίαν** δεῖ ἐλθεῖν πρῶτον;
Mk 9:12 **Ἠλίας** μὲν ἐλθὼν πρῶτον
Mk 9:13 ὑμῖν ὅτι καὶ **Ἠλίας** ἐλήλυθεν,
Mk 15:35 ἴδε **Ἠλίαν** φωνεῖ.
Mk 15:36 ἴδωμεν εἰ ἔρχεται **Ἠλίας** καθελεῖν αὐτόν.

ἥλιος (*hēlios*; 4/32) *sun*

Mk 1:32 ὅτε ἔδυ ὁ **ἥλιος**,
Mk 4:6 ὅτε ἀνέτειλεν ὁ **ἥλιος** ἐκαυματίσθη καὶ διὰ
Mk 13:24 θλῖψιν ἐκείνην ὁ **ἥλιος** σκοτισθήσεται,
Mk 16:2 μνημεῖον ἀνατείλαντος τοῦ **ἡλίου**.

ἡμεῖς (*hēmeis*; 23/855) *we*

Mk 1:24 τί **ἡμῖν** καὶ σοί,
Mk 1:24 ἦλθες ἀπολέσαι **ἡμᾶς**;
Mk 5:12 πέμψον **ἡμᾶς** εἰς τοὺς χοίρους,
Mk 6:3 αὐτοῦ ὧδε πρὸς **ἡμᾶς**;
Mk 9:5 καλόν ἐστιν **ἡμᾶς** ὧδε εἶναι,
Mk 9:22 βοήθησον **ἡμῖν** σπλαγχνισθεὶς ἐφ᾽ ἡμᾶς.
Mk 9:22 ἡμῖν σπλαγχνισθεὶς ἐφ᾽ **ἡμᾶς**.
Mk 9:28 ὅτι **ἡμεῖς** οὐκ ἠδυνήθημεν ἐκβαλεῖν
Mk 9:38 ὅτι οὐκ ἠκολούθει **ἡμῖν**.
Mk 9:40 οὐκ ἔστιν καθ᾽ **ἡμῶν**,
Mk 9:40 ὑπὲρ **ἡμῶν** ἐστιν.
Mk 10:28 ἰδοὺ **ἡμεῖς** ἀφήκαμεν πάντα καὶ
Mk 10:35 αἰτήσωμέν σε ποιήσῃς **ἡμῖν**.
Mk 10:37 δὸς **ἡμῖν** ἵνα εἷς σου
Mk 11:10 βασιλεία τοῦ πατρὸς **ἡμῶν** Δαυίδ·
Mk 12:7 καὶ **ἡμῶν** ἔσται ἡ κληρονομία.
Mk 12:11 θαυμαστὴ ἐν ὀφθαλμοῖς **ἡμῶν**;
Mk 12:19 Μωϋσῆς ἔγραψεν **ἡμῖν** ὅτι ἐάν τινος
Mk 12:29 κύριος ὁ θεὸς **ἡμῶν** κύριος εἷς ἐστιν,
Mk 13:4 εἰπὸν **ἡμῖν**,
Mk 14:15 καὶ ἐκεῖ ἑτοιμάσατε **ἡμῖν**.
Mk 14:58 ὅτι **ἡμεῖς** ἠκούσαμεν αὐτοῦ λέγοντος
Mk 16:3 τίς ἀποκυλίσει **ἡμῖν** τὸν λίθον ἐκ

ἡμέρα (*hēmera*; 27/389) *day*

Mk 1:9 ἐν ἐκείναις ταῖς **ἡμέραις** ἦλθεν Ἰησοῦς ἀπὸ
Mk 1:13 τῇ ἐρήμῳ τεσσεράκοντα **ἡμέρας** πειραζόμενος ὑπὸ τοῦ
Mk 2:1 εἰς Καφαρναοὺμ δι᾽ **ἡμερῶν** ἠκούσθη ὅτι ἐν
Mk 2:20 ἐλεύσονται δὲ **ἡμέραι** ὅταν ἀπαρθῇ ἀπ᾽
Mk 2:20 ἐν ἐκείνῃ τῇ **ἡμέρᾳ**.
Mk 4:27 ἐγείρηται νύκτα καὶ **ἡμέραν**,
Mk 4:35 ἐν ἐκείνῃ τῇ **ἡμέρᾳ** ὀψίας γενομένης·
Mk 5:5 παντὸς νυκτὸς καὶ **ἡμέρας** ἐν τοῖς μνήμασιν
Mk 6:21 Καὶ γενομένης **ἡμέρας** εὐκαίρου ὅτε Ἡρῴδης
Mk 8:1 Ἐν ἐκείναις ταῖς **ἡμέραις** πάλιν πολλοῦ ὄχλου
Mk 8:2 ὅτι ἤδη **ἡμέραι** τρεῖς προσμένουσίν μοι
Mk 8:31 καὶ μετὰ τρεῖς **ἡμέρας** ἀναστῆναι·
Mk 9:2 Καὶ μετὰ **ἡμέρας** ἓξ παραλαμβάνει ὁ
Mk 9:31 ἀποκτανθεὶς μετὰ τρεῖς **ἡμέρας** ἀναστήσεται.
Mk 10:34 καὶ μετὰ τρεῖς **ἡμέρας** ἀναστήσεται.
Mk 13:17 ἐν ἐκείναις ταῖς **ἡμέραις**.
Mk 13:19 ἔσονται γὰρ αἱ **ἡμέραι** ἐκεῖναι θλῖψις οἵα
Mk 13:20 ἐκολόβωσεν κύριος τὰς **ἡμέρας**,
Mk 13:20 ἐξελέξατο ἐκολόβωσεν τὰς **ἡμέρας**.
Mk 13:24 ἐν ἐκείναις ταῖς **ἡμέραις** μετὰ τὴν θλῖψιν
Mk 13:32 Περὶ δὲ τῆς **ἡμέρας** ἐκείνης ἢ τῆς
Mk 14:1 ἄζυμα μετὰ δύο **ἡμέρας**.

Mk 14:12 Καὶ τῇ πρώτῃ **ἡμέρᾳ** τῶν ἀζύμων,
Mk 14:25 ἀμπέλου ἕως τῆς **ἡμέρας** ἐκείνης ὅταν αὐτὸ
Mk 14:49 καθ' **ἡμέραν** ἤμην πρὸς ὑμᾶς
Mk 14:58 καὶ διὰ τριῶν **ἡμερῶν** ἄλλον ἀχειροποίητον οἰκοδομήσω.
Mk 15:29 οἰκοδομῶν ἐν τρισὶν **ἡμέραις**,

ἥμισυς (*hēmisys*; 1/5) *half*

Mk 6:23 δώσω σοι ἕως **ἡμίσους** τῆς βασιλείας μου.

Ἡρῴδης (*Ērōdēs*; 8/43) *Herod*

Mk 6:14 ἤκουσεν ὁ βασιλεὺς **Ἡρῴδης**,
Mk 6:16 ἀκούσας δὲ ὁ **Ἡρῴδης** ἔλεγεν·
Mk 6:17 Αὐτὸς γὰρ ὁ **Ἡρῴδης** ἀποστείλας ἐκράτησεν
Mk 6:18 ὁ Ἰωάννης τῷ **Ἡρῴδῃ** ὅτι οὐκ ἔξεστίν
Mk 6:20 ὁ γὰρ **Ἡρῴδης** ἐφοβεῖτο τὸν Ἰωάννην,
Mk 6:21 ἡμέρας εὐκαίρου ὅτε **Ἡρῴδης** τοῖς γενεσίοις αὐτοῦ
Mk 6:22 ὀρχησαμένης ἤρεσεν τῷ **Ἡρῴδῃ** καὶ τοῖς συνανακειμένοις.
Mk 8:15 καὶ τῆς ζύμης **Ἡρῴδου**.

Ἡρῳδιανοί (*Ērōdianoi*; 2/3) *Herodians*

Mk 3:6 εὐθὺς μετὰ τῶν **Ἡρῳδιανῶν** συμβούλιον ἐδίδουν κατ'
Mk 12:13 Φαρισαίων καὶ τῶν **Ἡρῳδιανῶν** ἵνα αὐτὸν ἀγρεύσωσιν

Ἡρῳδιάς (*Ērōdias*; 3/6) *Herodias*

Mk 6:17 ἐν φυλακῇ διὰ **Ἡρῳδιάδα** τὴν γυναῖκα Φιλίππου
Mk 6:19 ἡ δὲ **Ἡρῳδιὰς** ἐνεῖχεν αὐτῷ καὶ
Mk 6:22 τῆς θυγατρὸς αὐτοῦ **Ἡρῳδιάδος** καὶ ὀρχησαμένης ἤρεσεν

Ἠσαΐας (*Ēsaias*; 2/22) *Isaiah*

Mk 1:2 γέγραπται ἐν τῷ **Ἠσαΐᾳ** τῷ προφήτῃ·
Mk 7:6 καλῶς ἐπροφήτευσεν **Ἠσαΐας** περὶ ὑμῶν τῶν

Θαδδαῖος (*Thaddaios*; 1/2) *Thaddaeus*

Mk 3:18 τοῦ Ἁλφαίου καὶ **Θαδδαῖον** καὶ Σίμωνα τὸν

θάλασσα (*thalassa*; 19/91) *sea, lake*

Mk 1:16 παράγων παρὰ τὴν **θάλασσαν** τῆς Γαλιλαίας εἶδεν
Mk 1:16 ἀμφιβάλλοντας ἐν τῇ **θαλάσσῃ**·
Mk 2:13 πάλιν παρὰ τὴν **θάλασσαν**·
Mk 3:7 ἀνεχώρησεν πρὸς τὴν **θάλασσαν**,
Mk 4:1 διδάσκειν παρὰ τὴν **θάλασσαν**·
Mk 4:1 καθῆσθαι ἐν τῇ **θαλάσσῃ**,
Mk 4:1 ὄχλος πρὸς τὴν **θάλασσαν** ἐπὶ τῆς γῆς
Mk 4:39 καὶ εἶπεν τῇ **θαλάσσῃ**·
Mk 4:41 ἄνεμος καὶ ἡ **θάλασσα** ὑπακούει αὐτῷ;
Mk 5:1 τὸ πέραν τῆς **θαλάσσης** εἰς τὴν χώραν
Mk 5:13 κρημνοῦ εἰς τὴν **θάλασσαν**,
Mk 5:13 ἐπνίγοντο ἐν τῇ **θαλάσσῃ**.
Mk 5:21 ἦν παρὰ τὴν **θάλασσαν**.
Mk 6:47 ἐν μέσῳ τῆς **θαλάσσης**,
Mk 6:48 περιπατῶν ἐπὶ τῆς **θαλάσσης** καὶ ἤθελεν παρελθεῖν
Mk 6:49 αὐτὸν ἐπὶ τῆς **θαλάσσης** περιπατοῦντα ἔδοξαν ὅτι
Mk 7:31 Σιδῶνος εἰς τὴν **θάλασσαν** τῆς Γαλιλαίας
Mk 9:42 βέβληται εἰς τὴν **θάλασσαν**.
Mk 11:23 βλήθητι εἰς τὴν **θάλασσαν**,

θαμβέω (*thambeō*; 3/3) *be amazed or shocked*

Mk 1:27 καὶ **ἐθαμβήθησαν** ἅπαντες ὥστε συζητεῖν
Mk 10:24 οἱ δὲ μαθηταὶ **ἐθαμβοῦντο** ἐπὶ τοῖς λόγοις
Mk 10:32 καὶ **ἐθαμβοῦντο**,

θανάσιμος (*thanasimos*; 0[1]/0[1]) *deadly poison*

[Mk 16:18] ὄφεις ἀροῦσιν κἂν **θανάσιμόν** τι πίωσιν

θάνατος (*thanatos*; 6/120) *death*

Mk 7:10 πατέρα ἢ μητέρα **θανάτῳ** τελευτάτω.
Mk 9:1 οὐ μὴ γεύσωνται **θανάτου** ἕως ἂν ἴδωσιν
Mk 10:33 καὶ κατακρινοῦσιν αὐτὸν **θανάτῳ** καὶ παραδώσουσιν αὐτὸν
Mk 13:12 ἀδελφὸς ἀδελφὸν εἰς **θάνατον** καὶ πατὴρ τέκνον,
Mk 14:34 ψυχή μου ἕως **θανάτου**·
Mk 14:64 αὐτὸν ἔνοχον εἶναι **θανάτου**.

θανατόω (*thanatoō*; 2/11) *kill*

Mk 13:12 ἐπὶ γονεῖς καὶ **θανατώσουσιν** αὐτούς·
Mk 14:55 μαρτυρίαν εἰς τὸ **θανατῶσαι** αὐτόν,

θαρσέω (*tharseō*; 2/7) *have courage*

Mk 6:50 **θαρσεῖτε**,
Mk 10:49 **θάρσει**,

θαυμάζω (*thaumazō*; 4/43) *marvel*

Mk 5:20 καὶ πάντες **ἐθαύμαζον**.
Mk 6:6 καὶ **ἐθαύμαζεν** διὰ τὴν ἀπιστίαν
Mk 15:5 ὥστε **θαυμάζειν** τὸν Πιλᾶτον.
Mk 15:44 ὁ δὲ Πιλᾶτος **ἐθαύμασεν** εἰ ἤδη τέθνηκεν

θαυμαστός (*thaumastos*; 1/6) *marvelous, astonishing*

Mk 12:11 αὕτη καὶ ἔστιν **θαυμαστὴ** ἐν ὀφθαλμοῖς ἡμῶν;

θεάομαι (*theaomai*; 0[2]/20[22]) *see, observe*

[Mk 16:11] ὅτι ζῇ καὶ **ἐθεάθη** ὑπ' αὐτῆς ἠπίστησαν.
[Mk 16:14] σκληροκαρδίαν ὅτι τοῖς **θεασαμένοις** αὐτὸν ἐγηγερμένον οὐκ

θέλημα (*thelēma*; 1/62) *will*

Mk 3:35 ἂν ποιήσῃ τὸ **θέλημα** τοῦ θεοῦ,

θέλω (*thelō*; 25/208) *wish, want*

Mk 1:40 αὐτῷ ὅτι ἐὰν **θέλῃς** δύνασαί με καθαρίσαι.
Mk 1:41 **θέλω**,
Mk 3:13 καὶ προσκαλεῖται οὓς **ἤθελεν** αὐτός,
Mk 6:19 ἐνεῖχεν αὐτῷ καὶ **ἤθελεν** αὐτὸν ἀποκτεῖναι,
Mk 6:22 με ὃ ἐὰν **θέλῃς**,
Mk 6:25 **θέλω** ἵνα ἐξαυτῆς δῷς

Mk 6:26 τοὺς ἀνακειμένους οὐκ **ἠθέλησεν** ἀθετῆσαι αὐτήν·
Mk 6:48 τῆς θαλάσσης καὶ **ἤθελεν** παρελθεῖν αὐτούς.
Mk 7:24 εἰς οἰκίαν οὐδένα **ἤθελεν** γνῶναι,
Mk 8:34 εἴ τις **θέλει** ὀπίσω μου ἀκολουθεῖν,
Mk 8:35 ὃς γὰρ ἐὰν **θέλῃ** τὴν ψυχὴν αὐτοῦ
Mk 9:13 ἐποίησαν αὐτῷ ὅσα **ἤθελον**,
Mk 9:30 καὶ οὐκ **ἤθελεν** ἵνα τις γνοῖ·
Mk 9:35 εἴ τις **θέλει** πρῶτος εἶναι,
Mk 10:35 **θέλομεν** ἵνα ὃ ἐὰν
Mk 10:36 τί **θέλετέ** [με] ποιήσω ὑμῖν;
Mk 10:43 ἀλλ' ὃς ἂν **θέλῃ** μέγας γενέσθαι ἐν
Mk 10:44 καὶ ὃς ἂν **θέλῃ** ἐν ὑμῖν εἶναι
Mk 10:51 τί σοι **θέλεις** ποιήσω;
Mk 12:38 τῶν γραμματέων τῶν **θελόντων** ἐν στολαῖς περιπατεῖν
Mk 14:7 ἑαυτῶν καὶ ὅταν **θέλητε** δύνασθε αὐτοῖς εὖ
Mk 14:12 ποῦ **θέλεις** ἀπελθόντες ἑτοιμάσωμεν ἵνα
Mk 14:36 οὐ τί ἐγὼ **θέλω** ἀλλὰ τί σύ.
Mk 15:9 **θέλετε** ἀπολύσω ὑμῖν τὸν
Mk 15:12 τί οὖν **[θέλετε]** ποιήσω [ὃν λέγετε]

θεός (*theos*; 48[49]/1316[1317]) *God*

Mk 1:1 Ἰησοῦ Χριστοῦ [υἱοῦ **θεοῦ**].
Mk 1:14 τὸ εὐαγγέλιον τοῦ **θεοῦ**
Mk 1:15 ἡ βασιλεία τοῦ **θεοῦ**·
Mk 1:24 ὁ ἅγιος τοῦ **θεοῦ**.
Mk 2:7 μὴ εἷς ὁ **θεός**;
Mk 2:12 καὶ δοξάζειν τὸν **θεὸν** λέγοντας ὅτι οὕτως
Mk 2:26 τὸν οἶκον τοῦ **θεοῦ** ἐπὶ Ἀβιαθὰρ ἀρχιερέως
Mk 3:11 ὁ υἱὸς τοῦ **θεοῦ**.
Mk 3:35 τὸ θέλημα τοῦ **θεοῦ**,
Mk 4:11 τῆς βασιλείας τοῦ **θεοῦ**·
Mk 4:26 ἡ βασιλεία τοῦ **θεοῦ** ὡς ἄνθρωπος βάλῃ
Mk 4:30 τὴν βασιλείαν τοῦ **θεοῦ** ἢ ἐν τίνι
Mk 5:7 Ἰησοῦ υἱὲ τοῦ **θεοῦ** τοῦ ὑψίστου;
Mk 5:7 ὁρκίζω σε τὸν **θεόν**,
Mk 7:8 τὴν ἐντολὴν τοῦ **θεοῦ** κρατεῖτε τὴν παράδοσιν
Mk 7:9 τὴν ἐντολὴν τοῦ **θεοῦ**,
Mk 7:13 τὸν λόγον τοῦ **θεοῦ** τῇ παραδόσει ὑμῶν
Mk 8:33 φρονεῖς τὰ τοῦ **θεοῦ** ἀλλὰ τὰ τῶν
Mk 9:1 τὴν βασιλείαν τοῦ **θεοῦ** ἐληλυθυῖαν ἐν δυνάμει.
Mk 9:47 τὴν βασιλείαν τοῦ **θεοῦ** ἢ δύο ὀφθαλμοὺς
Mk 10:9 ὃ οὖν ὁ **θεὸς** συνέζευξεν ἄνθρωπος μὴ
Mk 10:14 ἡ βασιλεία τοῦ **θεοῦ**.
Mk 10:15 τὴν βασιλείαν τοῦ **θεοῦ** ὡς παιδίον,
Mk 10:18 μὴ εἷς ὁ **θεός**.
Mk 10:23 τὴν βασιλείαν τοῦ **θεοῦ** εἰσελεύσονται.
Mk 10:24 τὴν βασιλείαν τοῦ **θεοῦ** εἰσελθεῖν·
Mk 10:25 τὴν βασιλείαν τοῦ **θεοῦ** εἰσελθεῖν.
Mk 10:27 ἀλλ' οὐ παρὰ **θεῷ**·
Mk 10:27 δυνατὰ παρὰ τῷ **θεῷ**.
Mk 11:22 ἔχετε πίστιν **θεοῦ**.
Mk 12:14 τὴν ὁδὸν τοῦ **θεοῦ** διδάσκεις·
Mk 12:17 καὶ τὰ τοῦ **θεοῦ** τῷ θεῷ.
Mk 12:17 τοῦ θεοῦ τῷ **θεῷ**.
Mk 12:24 τὴν δύναμιν τοῦ **θεοῦ**;
Mk 12:26 εἶπεν αὐτῷ ὁ **θεὸς** λέγων·
Mk 12:26 ἐγὼ ὁ **θεὸς** Ἀβραὰμ καὶ [ὁ]
Mk 12:26 Ἀβραὰμ καὶ [ὁ] **θεὸς** Ἰσαὰκ καὶ [ὁ]
Mk 12:26 Ἰσαὰκ καὶ [ὁ] **θεὸς** Ἰακώβ;
Mk 12:27 οὐκ ἔστιν **θεὸς** νεκρῶν ἀλλὰ ζώντων·
Mk 12:29 κύριος ὁ **θεὸς** ἡμῶν κύριος εἷς
Mk 12:30 ἀγαπήσεις κύριον τὸν **θεόν** σου ἐξ ὅλης
Mk 12:34 τῆς βασιλείας τοῦ **θεοῦ**.
Mk 13:19 ἣν ἔκτισεν ὁ **θεὸς** ἕως τοῦ νῦν
Mk 14:25 τῇ βασιλείᾳ τοῦ **θεοῦ**.
Mk 15:34 ὁ **θεός** μου ὁ θεός
Mk 15:34 θεός μου ὁ **θεός** μου,
Mk 15:39 ὁ ἄνθρωπος υἱὸς **θεοῦ** ἦν.
Mk 15:43 τὴν βασιλείαν τοῦ **θεοῦ**,
[Mk 16:19] ἐκ δεξιῶν τοῦ **θεοῦ**.

θεραπεύω (*therapeuō*; 5/43) *heal*

Mk 1:34 καὶ **ἐθεράπευσεν** πολλοὺς κακῶς ἔχοντας
Mk 3:2 εἰ τοῖς σάββασιν **θεραπεύσει** αὐτόν,
Mk 3:10 πολλοὺς γὰρ **ἐθεράπευσεν**,
Mk 6:5 ἐπιθεὶς τὰς χεῖρας **ἐθεράπευσεν**.
Mk 6:13 πολλοὺς ἀρρώστους καὶ **ἐθεράπευον**.

θερισμός (*therismos*; 1/13) *harvest*

Mk 4:29 ὅτι παρέστηκεν ὁ **θερισμός**.

θερμαίνω (*thermainō*; 2/6) *warm oneself*

Mk 14:54 τῶν ὑπηρετῶν καὶ **θερμαινόμενος** πρὸς τὸ φῶς.
Mk 14:67 ἰδοῦσα τὸν Πέτρον **θερμαινόμενον** ἐμβλέψασα αὐτῷ λέγει·

θέρος (*theros*; 1/3) *summer*

Mk 13:28 ὅτι ἐγγὺς τὸ **θέρος** ἐστίν·

θεωρέω (*theōreō*; 7/58) *see, perceive*

Mk 3:11 ὅταν αὐτὸν **ἐθεώρουν**,
Mk 5:15 τὸν Ἰησοῦν καὶ **θεωροῦσιν** τὸν δαιμονιζόμενον καθήμενον
Mk 5:38 καὶ **θεωρεῖ** θόρυβον καὶ κλαίοντας
Mk 12:41 κατέναντι τοῦ γαζοφυλακίου **ἐθεώρει** πῶς ὁ ὄχλος
Mk 15:40 γυναῖκες ἀπὸ μακρόθεν **θεωροῦσαι**,
Mk 15:47 Μαρία ἡ Ἰωσῆτος **ἐθεώρουν** ποῦ τέθειται.
Mk 16:4 καὶ ἀναβλέψασαι **θεωροῦσιν** ὅτι ἀποκεκύλισται ὁ

θηλάζω (*thēlazō*; 1/5) *nurse*

Mk 13:17 ἐχούσαις καὶ ταῖς **θηλαζούσαις** ἐν ἐκείναις

θῆλυς (*thēlys*; 1/5) *female*

Mk 10:6 κτίσεως ἄρσεν καὶ **θῆλυ** ἐποίησεν αὐτούς·

θηρίον (*thērion*; 1/46) *animal*

Mk 1:13 ἦν μετὰ τῶν **θηρίων**,

θησαυρός (*thēsauros*; 1/17) *treasure*

Mk 10:21 καὶ ἕξεις **θησαυρὸν** ἐν οὐρανῷ,

θλίβω (*thlibō*; 1/10) *press hard*

Mk 3:9 ὄχλον ἵνα μὴ **θλίβωσιν** αὐτόν·

θλῖψις (*thlipsis*; 3/45) *tribulation, trouble*

Mk 4:17 εἶτα γενομένης **θλίψεως** ἢ διωγμοῦ διὰ
Mk 13:19 αἱ ἡμέραι ἐκεῖναι **θλῖψις** οἵα οὐ γέγονεν

Mk 13:24 ἡμέραις μετὰ τὴν **θλῖψιν** ἐκείνην ὁ ἥλιος

θνῄσκω (*thnēskō*; 1/9) *die*

Mk 15:44 ἐθαύμασεν εἰ ἤδη **τέθνηκεν** καὶ προσκαλεσάμενος τὸν

θορυβέω (*thorybeō*; 1/4) *set in an uproar*

Mk 5:39 τί **θορυβεῖσθε** καὶ κλαίετε;

θόρυβος (*thorybos*; 2/7) *confusion*

Mk 5:38 καὶ θεωρεῖ **θόρυβον** καὶ κλαίοντας καὶ
Mk 14:2 μήποτε ἔσται **θόρυβος** τοῦ λαοῦ.

θρίξ (*thrix*; 1/15) *hair*

Mk 1:6 ὁ Ἰωάννης ἐνδεδυμένος **τρίχας** καμήλου καὶ ζώνην

θροέω (*throeō*; 1/3) *be alarmed or startled*

Mk 13:7 μὴ **θροεῖσθε**·

θυγάτηρ (*thygatēr*; 5/28) *daughter*

Mk 5:34 **θυγάτηρ**,
Mk 5:35 λέγοντες ὅτι ἡ **θυγάτηρ** σου ἀπέθανεν·
Mk 6:22 καὶ εἰσελθούσης τῆς **θυγατρὸς** αὐτοῦ Ἡρῳδιάδος καὶ
Mk 7:26 ἐκβάλῃ ἐκ τῆς **θυγατρὸς** αὐτῆς.
Mk 7:29 ἐξελήλυθεν ἐκ τῆς **θυγατρός** σου τὸ δαιμόνιον.

θυγάτριον (*thygatrion*; 2/2) *little daughter*

Mk 5:23 λέγων ὅτι τὸ **θυγάτριόν** μου ἐσχάτως ἔχει,
Mk 7:25 ἧς εἶχεν τὸ **θυγάτριον** αὐτῆς πνεῦμα ἀκάθαρτον,

θύρα (*thyra*; 6/39) *door, gate*

Mk 1:33 ἐπισυνηγμένη πρὸς τὴν **θύραν**.
Mk 2:2 τὰ πρὸς τὴν **θύραν**,
Mk 11:4 πῶλον δεδεμένον πρὸς **θύραν** ἔξω ἐπὶ τοῦ
Mk 13:29 ἐγγύς ἐστιν ἐπὶ **θύραις**.
Mk 15:46 λίθον ἐπὶ τὴν **θύραν** τοῦ μνημείου.
Mk 16:3 λίθον ἐκ τῆς **θύρας** τοῦ μνημείου;

θυρωρός (*thyrōros*; 1/4) *doorkeeper*

Mk 13:34 αὐτοῦ καὶ τῷ **θυρωρῷ** ἐνετείλατο ἵνα γρηγορῇ.

θυσία (*thysia*; 1/28) *sacrifice*

Mk 12:33 τῶν ὁλοκαυτωμάτων καὶ **θυσιῶν**.

θύω (*thyō*; 1/14) *slaughter*

Mk 14:12 ὅτε τὸ πάσχα **ἔθυον**,

Θωμᾶς (*Thōmas*; 1/11) *Thomas*

Mk 3:18 καὶ Μαθθαῖον καὶ **Θωμᾶν** καὶ Ἰάκωβον τὸν

Ἰάϊρος (*Iairos*; 1/2) *Jairus*

Mk 5:22 ὀνόματι **Ἰάϊρος**,

Ἰακώβ (*Iakōb*; 1/27) *Jacob*

Mk 12:26 καὶ [ὁ] θεὸς **Ἰακώβ**;

Ἰάκωβος (*Iakōbos*; 15/42) *James*

Mk 1:19 προβὰς ὀλίγον εἶδεν **Ἰάκωβον** τὸν τοῦ Ζεβεδαίου
Mk 1:29 καὶ Ἀνδρέου μετὰ **Ἰακώβου** καὶ Ἰωάννου.
Mk 3:17 καὶ **Ἰάκωβον** τὸν τοῦ Ζεβεδαίου
Mk 3:17 τὸν ἀδελφὸν τοῦ **Ἰακώβου** καὶ ἐπέθηκεν αὐτοῖς
Mk 3:18 καὶ Θωμᾶν καὶ **Ἰάκωβον** τὸν τοῦ Ἁλφαίου
Mk 5:37 τὸν Πέτρον καὶ **Ἰάκωβον** καὶ Ἰωάννην τὸν
Mk 5:37 Ἰωάννην τὸν ἀδελφὸν **Ἰακώβου**.
Mk 6:3 Μαρίας καὶ ἀδελφὸς **Ἰακώβου** καὶ Ἰωσῆτος
Mk 9:2 Πέτρον καὶ τὸν **Ἰάκωβον** καὶ τὸν Ἰωάννην
Mk 10:35 Καὶ προσπορεύονται αὐτῷ **Ἰάκωβος** καὶ Ἰωάννης οἱ
Mk 10:41 ἤρξαντο ἀγανακτεῖν περὶ **Ἰακώβου** καὶ Ἰωάννου.
Mk 13:3 ἰδίαν Πέτρος καὶ **Ἰάκωβος** καὶ Ἰωάννης καὶ
Mk 14:33 Πέτρον καὶ [τὸν] **Ἰάκωβον** καὶ [τὸν] Ἰωάννην
Mk 15:40 καὶ Μαρία ἡ **Ἰακώβου** τοῦ μικροῦ καὶ
Mk 16:1 Μαρία ἡ [τοῦ] **Ἰακώβου** καὶ Σαλώμη ἠγόρασαν

ἰάομαι (*iaomai*; 1/26) *heal*

Mk 5:29 τῷ σώματι ὅτι **ἴαται** ἀπὸ τῆς μάστιγος.

ἰατρός (*iatros*; 2/7) *physician*

Mk 2:17 ἔχουσιν οἱ ἰσχύοντες **ἰατροῦ** ἀλλ' οἱ κακῶς
Mk 5:26 παθοῦσα ὑπὸ πολλῶν **ἰατρῶν** καὶ δαπανήσασα τὰ

ἴδε (*ide*; 9/31) *look!*

Mk 2:24 **ἴδε** τί ποιοῦσιν τοῖς
Mk 3:34 **ἴδε** ἡ μήτηρ μου
Mk 11:21 **ἴδε** ἡ συκῆ ἣν
Mk 13:1 **ἴδε** ποταποὶ λίθοι καὶ
Mk 13:21 **ἴδε** ὧδε ὁ χριστός,
Mk 13:21 **ἴδε** ἐκεῖ,
Mk 15:4 **ἴδε** πόσα σου κατηγοροῦσιν.
Mk 15:35 **ἴδε** Ἠλίαν φωνεῖ.
Mk 16:6 **ἴδε** ὁ τόπος ὅπου

ἴδιος (*idios*; 8/114) *one's own*

Mk 4:34 κατ' **ἰδίαν** δὲ τοῖς ἰδίοις
Mk 4:34 ἰδίαν δὲ τοῖς **ἰδίοις** μαθηταῖς ἐπέλυεν πάντα.
Mk 6:31 ὑμεῖς αὐτοὶ κατ' **ἰδίαν** εἰς ἔρημον τόπον
Mk 6:32 ἔρημον τόπον κατ' **ἰδίαν**.
Mk 7:33 τοῦ ὄχλου κατ' **ἰδίαν** ἔβαλεν τοὺς δακτύλους
Mk 9:2 ὄρος ὑψηλὸν κατ' **ἰδίαν** μόνους.
Mk 9:28 μαθηταὶ αὐτοῦ κατ' **ἰδίαν** ἐπηρώτων αὐτόν·
Mk 13:3 ἐπηρώτα αὐτὸν κατ' **ἰδίαν** Πέτρος καὶ Ἰάκωβος

ἰδού (*idou*; 7/200) *look!*

Mk 1:2 **ἰδοὺ** ἀποστέλλω τὸν ἄγγελόν
Mk 3:32 **ἰδοὺ** ἡ μήτηρ σου
Mk 4:3 **ἰδοὺ** ἐξῆλθεν ὁ σπείρων

Mk 10:28 **ἰδοὺ** ἡμεῖς ἀφήκαμεν πάντα
Mk 10:33 ὅτι **ἰδοὺ** ἀναβαίνομεν εἰς Ἱεροσόλυμα,
Mk 14:41 **ἰδοὺ** παραδίδοται ὁ υἱὸς
Mk 14:42 **ἰδοὺ** ὁ παραδιδούς με

Ἰδουμαία (*Idoumaia*; 1/1) *Idumea*

Mk 3:8 καὶ ἀπὸ τῆς **Ἰδουμαίας** καὶ πέραν τοῦ

ἱερεύς (*hiereus*; 2/31) *priest*

Mk 1:44 σεαυτὸν δεῖξον τῷ **ἱερεῖ** καὶ προσένεγκε
Mk 2:26 εἰ μὴ τοὺς **ἱερεῖς**,

Ἰεριχώ (*Ierichō*; 2/7) *Jericho*

Mk 10:46 Καὶ ἔρχονται εἰς **Ἰεριχώ**.
Mk 10:46 ἐκπορευομένου αὐτοῦ ἀπὸ **Ἰεριχὼ** καὶ τῶν μαθητῶν

ἱερόν (*hieron*; 9[10]/70[72]) *temple area*

Mk 11:11 Ἱεροσόλυμα εἰς τὸ **ἱερὸν** καὶ περιβλεψάμενος πάντα,
Mk 11:15 εἰσελθὼν εἰς τὸ **ἱερὸν** ἤρξατο ἐκβάλλειν
Mk 11:15 ἀγοράζοντας ἐν τῷ **ἱερῷ**,
Mk 11:16 σκεῦος διὰ τοῦ **ἱεροῦ**.
Mk 11:27 καὶ ἐν τῷ **ἱερῷ** περιπατοῦντος αὐτοῦ ἔρχονται
Mk 12:35 διδάσκων ἐν τῷ **ἱερῷ**·
Mk 13:1 αὐτοῦ ἐκ τοῦ **ἱεροῦ** λέγει αὐτῷ εἷς
Mk 13:3 ἐλαιῶν κατέναντι τοῦ **ἱεροῦ** ἐπηρώτα αὐτὸν
Mk 14:49 ὑμᾶς ἐν τῷ **ἱερῷ** διδάσκων καὶ οὐκ
[Mk 16:8] δι᾽ αὐτῶν τὸ **ἱερὸν** καὶ ἄφθαρτον κήρυγμα

Ἱεροσολυμίτης (*Hierosolymitēs*; 1/2) *inhabitant of Jerusalem*

Mk 1:5 χώρα καὶ οἱ **Ἱεροσολυμῖται** πάντες,

Ἰερουσαλήμ (*Ierousalēm*; 10/139) *Jerusalem*

Mk 3:8 καὶ ἀπὸ **Ἱεροσολύμων** καὶ ἀπὸ τῆς
Mk 3:22 γραμματεῖς οἱ ἀπὸ **Ἱεροσολύμων** καταβάντες ἔλεγον ὅτι
Mk 7:1 γραμματέων ἐλθόντες ἀπὸ **Ἱεροσολύμων**.
Mk 10:32 ὁδῷ ἀναβαίνοντες εἰς **Ἱεροσόλυμα**,
Mk 10:33 ἰδοὺ ἀναβαίνομεν εἰς **Ἱεροσόλυμα**,
Mk 11:1 ὅτε ἐγγίζουσιν εἰς **Ἱεροσόλυμα** εἰς Βηθφαγὴ
Mk 11:11 Καὶ εἰσῆλθεν εἰς **Ἱεροσόλυμα** εἰς τὸ ἱερὸν
Mk 11:15 Καὶ ἔρχονται εἰς **Ἱεροσόλυμα**.
Mk 11:27 ἔρχονται πάλιν εἰς **Ἱεροσόλυμα**.
Mk 15:41 συναναβᾶσαι αὐτῷ εἰς **Ἱεροσόλυμα**.

Ἰησοῦς (*Iēsous*; 80[82]/911[917]) *Jesus*

Mk 1:1 Ἀρχὴ τοῦ εὐαγγελίου **Ἰησοῦ** Χριστοῦ [υἱοῦ θεοῦ].
Mk 1:9 ταῖς ἡμέραις ἦλθεν **Ἰησοῦς** ἀπὸ Ναζαρὲτ τῆς
Mk 1:14 Ἰωάννην ἦλθεν ὁ **Ἰησοῦς** εἰς τὴν Γαλιλαίαν
Mk 1:17 εἶπεν αὐτοῖς ὁ **Ἰησοῦς**·
Mk 1:24 **Ἰησοῦ** Ναζαρηνέ;
Mk 1:25 ἐπετίμησεν αὐτῷ ὁ **Ἰησοῦς** λέγων·
Mk 2:5 καὶ ἰδὼν ὁ **Ἰησοῦς** τὴν πίστιν αὐτῶν
Mk 2:8 εὐθὺς ἐπιγνοὺς ὁ **Ἰησοῦς** τῷ πνεύματι αὐτοῦ
Mk 2:15 ἁμαρτωλοὶ συνανέκειντο τῷ **Ἰησοῦ** καὶ τοῖς μαθηταῖς
Mk 2:17 καὶ ἀκούσας ὁ **Ἰησοῦς** λέγει αὐτοῖς [ὅτι]
Mk 2:19 εἶπεν αὐτοῖς ὁ **Ἰησοῦς**·
Mk 3:7 Καὶ ὁ **Ἰησοῦς** μετὰ τῶν μαθητῶν
Mk 5:6 καὶ ἰδὼν τὸν **Ἰησοῦν** ἀπὸ μακρόθεν ἔδραμεν
Mk 5:7 **Ἰησοῦ** υἱὲ τοῦ θεοῦ
Mk 5:15 ἔρχονται πρὸς τὸν **Ἰησοῦν** καὶ θεωροῦσιν
Mk 5:20 ἐποίησεν αὐτῷ ὁ **Ἰησοῦς**,
Mk 5:21 Καὶ διαπεράσαντος τοῦ **Ἰησοῦ** [ἐν τῷ πλοίῳ]
Mk 5:27 ἀκούσασα περὶ τοῦ **Ἰησοῦ**,
Mk 5:30 καὶ εὐθὺς ὁ **Ἰησοῦς** ἐπιγνοὺς ἐν ἑαυτῷ
Mk 5:36 ὁ δὲ **Ἰησοῦς** παρακούσας τὸν λόγον
Mk 6:4 ἔλεγεν αὐτοῖς ὁ **Ἰησοῦς** ὅτι οὐκ ἔστιν
Mk 6:30 ἀπόστολοι πρὸς τὸν **Ἰησοῦν** καὶ ἀπήγγειλαν αὐτῷ
Mk 8:27 Καὶ ἐξῆλθεν ὁ **Ἰησοῦς** καὶ οἱ μαθηταὶ
Mk 9:2 ἓξ παραλαμβάνει ὁ **Ἰησοῦς** τὸν Πέτρον καὶ
Mk 9:4 ἦσαν συλλαλοῦντες τῷ **Ἰησοῦ**.
Mk 9:5 Πέτρος λέγει τῷ **Ἰησοῦ**·
Mk 9:8 εἶδον ἀλλὰ τὸν **Ἰησοῦν** μόνον μεθ᾽ ἑαυτῶν.
Mk 9:23 ὁ δὲ **Ἰησοῦς** εἶπεν αὐτῷ·
Mk 9:25 ἰδὼν δὲ ὁ **Ἰησοῦς** ὅτι ἐπισυντρέχει ὄχλος,
Mk 9:27 ὁ δὲ **Ἰησοῦς** κρατήσας τῆς χειρὸς
Mk 9:39 ὁ δὲ **Ἰησοῦς** εἶπεν·
Mk 10:5 ὁ δὲ **Ἰησοῦς** εἶπεν αὐτοῖς·
Mk 10:14 ἰδὼν δὲ ὁ **Ἰησοῦς** ἠγανάκτησεν καὶ εἶπεν
Mk 10:18 ὁ δὲ **Ἰησοῦς** εἶπεν αὐτῷ·
Mk 10:21 ὁ δὲ **Ἰησοῦς** ἐμβλέψας αὐτῷ ἠγάπησεν
Mk 10:23 Καὶ περιβλεψάμενος ὁ **Ἰησοῦς** λέγει τοῖς μαθηταῖς
Mk 10:24 ὁ δὲ **Ἰησοῦς** πάλιν ἀποκριθεὶς λέγει
Mk 10:27 ἐμβλέψας αὐτοῖς ὁ **Ἰησοῦς** λέγει·
Mk 10:29 ἔφη ὁ **Ἰησοῦς**·
Mk 10:32 προάγων αὐτοὺς ὁ **Ἰησοῦς**,
Mk 10:38 ὁ δὲ **Ἰησοῦς** εἶπεν αὐτοῖς·
Mk 10:39 ὁ δὲ **Ἰησοῦς** εἶπεν αὐτοῖς·
Mk 10:42 προσκαλεσάμενος αὐτοὺς ὁ **Ἰησοῦς** λέγει αὐτοῖς·
Mk 10:47 καὶ ἀκούσας ὅτι **Ἰησοῦς** ὁ Ναζαρηνός ἐστιν
Mk 10:47 υἱὲ Δαυὶδ **Ἰησοῦ**,
Mk 10:49 καὶ στὰς ὁ **Ἰησοῦς** εἶπεν·
Mk 10:50 ἦλθεν πρὸς τὸν **Ἰησοῦν**.
Mk 10:51 ἀποκριθεὶς αὐτῷ ὁ **Ἰησοῦς** εἶπεν·
Mk 10:52 καὶ ὁ **Ἰησοῦς** εἶπεν αὐτῷ·
Mk 11:6 καθὼς εἶπεν ὁ **Ἰησοῦς**,
Mk 11:7 πῶλον πρὸς τὸν **Ἰησοῦν** καὶ ἐπιβάλλουσιν αὐτῷ
Mk 11:22 καὶ ἀποκριθεὶς ὁ **Ἰησοῦς** λέγει αὐτοῖς·
Mk 11:29 ὁ δὲ **Ἰησοῦς** εἶπεν αὐτοῖς·
Mk 11:33 καὶ ἀποκριθέντες τῷ **Ἰησοῦ** λέγουσιν·
Mk 11:33 καὶ ὁ Ἰησοῦς **λέγει** αὐτοῖς·
Mk 12:17 ὁ δὲ **Ἰησοῦς** εἶπεν αὐτοῖς·
Mk 12:24 ἔφη αὐτοῖς ὁ **Ἰησοῦς**·
Mk 12:29 ἀπεκρίθη ὁ **Ἰησοῦς** ὅτι πρώτη ἐστίν·
Mk 12:34 καὶ ὁ **Ἰησοῦς** ἰδὼν [αὐτὸν] ὅτι
Mk 12:35 Καὶ ἀποκριθεὶς ὁ **Ἰησοῦς** ἔλεγεν διδάσκων
Mk 13:2 καὶ ὁ **Ἰησοῦς** εἶπεν αὐτῷ·
Mk 13:5 ὁ δὲ **Ἰησοῦς** ἤρξατο λέγειν αὐτοῖς·
Mk 14:6 ὁ δὲ **Ἰησοῦς** εἶπεν·
Mk 14:18 καὶ ἐσθιόντων ὁ **Ἰησοῦς** εἶπεν·
Mk 14:27 λέγει αὐτοῖς ὁ **Ἰησοῦς** ὅτι πάντες σκανδαλισθήσεσθε,

Mk 14:30 λέγει αὐτῷ ὁ **Ἰησοῦς**·
Mk 14:48 Καὶ ἀποκριθεὶς ὁ **Ἰησοῦς** εἶπεν αὐτοῖς·
Mk 14:53 Καὶ ἀπήγαγον τὸν **Ἰησοῦν** πρὸς τὸν ἀρχιερέα,
Mk 14:55 ἐζήτουν κατὰ τοῦ **Ἰησοῦ** μαρτυρίαν εἰς τὸ
Mk 14:60 μέσον ἐπηρώτησεν τὸν **Ἰησοῦν** λέγων·
Mk 14:62 ὁ δὲ **Ἰησοῦς** εἶπεν·
Mk 14:67 Ναζαρηνοῦ ἦσθα τοῦ **Ἰησοῦ**.
Mk 14:72 εἶπεν αὐτῷ ὁ **Ἰησοῦς** ὅτι πρὶν ἀλέκτορα
Mk 15:1 δήσαντες τὸν **Ἰησοῦν** ἀπήνεγκαν καὶ παρέδωκαν
Mk 15:5 ὁ δὲ **Ἰησοῦς** οὐκέτι οὐδὲν ἀπεκρίθη,
Mk 15:15 καὶ παρέδωκεν τὸν **Ἰησοῦν** φραγελλώσας ἵνα σταυρωθῇ.
Mk 15:34 ὥρᾳ ἐβόησεν ὁ **Ἰησοῦς** φωνῇ μεγάλῃ·
Mk 15:37 ὁ δὲ **Ἰησοῦς** ἀφεὶς φωνὴν μεγάλην
Mk 15:43 τὸ σῶμα τοῦ **Ἰησοῦ**.
Mk 16:6 **Ἰησοῦν** ζητεῖτε τὸν Ναζαρηνὸν
[Mk 16:8] καὶ αὐτὸς ὁ **Ἰησοῦς** ἀπὸ ἀνατολῆς καὶ
[Mk 16:19] μὲν οὖν κύριος **Ἰησοῦς** μετὰ τὸ λαλῆσαι

ἱκανός (*hikanos*; 3/39) *worthy*

Mk 1:7 οὗ οὐκ εἰμὶ **ἱκανὸς** κύψας λῦσαι τὸν
Mk 10:46 αὐτοῦ καὶ ὄχλου **ἱκανοῦ** ὁ υἱὸς Τιμαίου
Mk 15:15 τῷ ὄχλῳ τὸ **ἱκανὸν** ποιῆσαι ἀπέλυσεν αὐτοῖς

ἱμάς (*himas*; 1/4) *strap*

Mk 1:7 κύψας λῦσαι τὸν **ἱμάντα** τῶν ὑποδημάτων αὐτοῦ.

ἱματίζω (*himatizō*; 1/2) *clothe*

Mk 5:15 τὸν δαιμονιζόμενον καθήμενον **ἱματισμένον** καὶ σωφρονοῦντα,

ἱμάτιον (*himation*; 12/60) *garment*

Mk 2:21 ἀγνάφου ἐπιράπτει ἐπὶ **ἱμάτιον** παλαιόν·
Mk 5:27 ὄπισθεν ἥψατο τοῦ **ἱματίου** αὐτοῦ·
Mk 5:28 ἅψωμαι κἂν τῶν **ἱματίων** αὐτοῦ σωθήσομαι.
Mk 5:30 μου ἥψατο τῶν **ἱματίων**;
Mk 6:56 τοῦ κρασπέδου τοῦ **ἱματίου** αὐτοῦ ἅψωνται·
Mk 9:3 καὶ τὰ **ἱμάτια** αὐτοῦ ἐγένετο στίλβοντα
Mk 10:50 δὲ ἀποβαλὼν τὸ **ἱμάτιον** αὐτοῦ ἀναπηδήσας ἦλθεν
Mk 11:7 ἐπιβάλλουσιν αὐτῷ τὰ **ἱμάτια** αὐτῶν,
Mk 11:8 καὶ πολλοὶ τὰ **ἱμάτια** αὐτῶν ἔστρωσαν εἰς
Mk 13:16 ὀπίσω ἆραι τὸ **ἱμάτιον** αὐτοῦ.
Mk 15:20 ἐνέδυσαν αὐτὸν τὰ **ἱμάτια** αὐτοῦ.
Mk 15:24 καὶ διαμερίζονται τὰ **ἱμάτια** αὐτοῦ,

ἵνα (*hina*; 64/662[663]) *so that, in order that*

Mk 1:38 **ἵνα** καὶ ἐκεῖ κηρύξω·
Mk 2:10 **ἵνα** δὲ εἰδῆτε ὅτι
Mk 3:2 **ἵνα** κατηγορήσωσιν αὐτοῦ.
Mk 3:9 τοῖς μαθηταῖς αὐτοῦ **ἵνα** πλοιάριον προσκαρτερῇ αὐτῷ
Mk 3:9 διὰ τὸν ὄχλον **ἵνα** μὴ θλίβωσιν αὐτόν·
Mk 3:10 ὥστε ἐπιπίπτειν αὐτῷ **ἵνα** αὐτοῦ ἅψωνται ὅσοι
Mk 3:12 πολλὰ ἐπετίμα αὐτοῖς **ἵνα** μὴ αὐτὸν φανερὸν
Mk 3:14 καὶ ἀποστόλους ὠνόμασεν] **ἵνα** ὦσιν μετ' αὐτοῦ
Mk 3:14 μετ' αὐτοῦ καὶ **ἵνα** ἀποστέλλῃ αὐτοὺς κηρύσσειν
Mk 4:12 **ἵνα** βλέποντες βλέπωσιν καὶ
Mk 4:21 ἔρχεται ὁ λύχνος **ἵνα** ὑπὸ τὸν μόδιον
Mk 4:21 οὐχ **ἵνα** ἐπὶ τὴν λυχνίαν
Mk 4:22 κρυπτὸν ἐὰν μὴ **ἵνα** φανερωθῇ,
Mk 4:22 ἐγένετο ἀπόκρυφον ἀλλ' **ἵνα** ἔλθῃ εἰς φανερόν.
Mk 5:10 παρεκάλει αὐτὸν πολλὰ **ἵνα** μὴ αὐτὰ ἀποστείλῃ
Mk 5:12 **ἵνα** εἰς αὐτοὺς εἰσέλθωμεν.
Mk 5:18 αὐτὸν ὁ δαιμονισθεὶς **ἵνα** μετ' αὐτοῦ ᾖ.
Mk 5:23 **ἵνα** ἐλθὼν ἐπιθῇς τὰς
Mk 5:23 τὰς χεῖρας αὐτῇ **ἵνα** σωθῇ καὶ ζήσῃ.
Mk 5:43 διεστείλατο αὐτοῖς πολλὰ **ἵνα** μηδεὶς γνοῖ τοῦτο,
Mk 6:8 καὶ παρήγγειλεν αὐτοῖς **ἵνα** μηδὲν αἴρωσιν
Mk 6:12 Καὶ ἐξελθόντες ἐκήρυξαν **ἵνα** μετανοῶσιν,
Mk 6:25 θέλω **ἵνα** ἐξαυτῆς δῷς μοι
Mk 6:36 **ἵνα** ἀπελθόντες εἰς τοὺς
Mk 6:41 τοῖς μαθηταῖς [αὐτοῦ] **ἵνα** παρατιθῶσιν αὐτοῖς,
Mk 6:56 καὶ παρεκάλουν αὐτὸν **ἵνα** κἂν τοῦ κρασπέδου
Mk 7:9 **ἵνα** τὴν παράδοσιν ὑμῶν
Mk 7:26 καὶ ἠρώτα αὐτὸν **ἵνα** τὸ δαιμόνιον ἐκβάλῃ
Mk 7:32 καὶ παρακαλοῦσιν αὐτὸν **ἵνα** ἐπιθῇ αὐτῷ
Mk 7:36 καὶ διεστείλατο αὐτοῖς **ἵνα** μηδενὶ λέγωσιν·
Mk 8:6 τοῖς μαθηταῖς αὐτοῦ **ἵνα** παρατιθῶσιν,
Mk 8:22 καὶ παρακαλοῦσιν αὐτὸν **ἵνα** αὐτοῦ ἅψηται.
Mk 8:30 καὶ ἐπετίμησεν αὐτοῖς **ἵνα** μηδενὶ λέγωσιν
Mk 9:9 ὄρους διεστείλατο αὐτοῖς **ἵνα** μηδενὶ ἃ εἶδον
Mk 9:12 υἱὸν τοῦ ἀνθρώπου **ἵνα** πολλὰ πάθῃ καὶ
Mk 9:18 τοῖς μαθηταῖς σου **ἵνα** αὐτὸ ἐκβάλωσιν,
Mk 9:22 καὶ εἰς ὕδατα **ἵνα** ἀπολέσῃ αὐτόν·
Mk 9:30 καὶ οὐκ ἤθελεν **ἵνα** τις γνοῖ·
Mk 10:13 προσέφερον αὐτῷ παιδία **ἵνα** αὐτῶν ἅψηται·
Mk 10:17 τί ποιήσω **ἵνα** ζωὴν αἰώνιον κληρονομήσω;
Mk 10:35 θέλομεν **ἵνα** ὃ ἐὰν αἰτήσωμέν
Mk 10:37 δὸς ἡμῖν **ἵνα** εἷς σου ἐκ
Mk 10:48 ἐπετίμων αὐτῷ πολλοὶ **ἵνα** σιωπήσῃ·
Mk 10:51 **ἵνα** ἀναβλέψω.
Mk 11:16 καὶ οὐκ ἤφιεν **ἵνα** τις διενέγκῃ σκεῦος
Mk 11:25 **ἵνα** καὶ ὁ πατὴρ
Mk 11:28 τὴν ἐξουσίαν ταύτην **ἵνα** ταῦτα ποιῇς;
Mk 12:2 τῷ καιρῷ δοῦλον **ἵνα** παρὰ τῶν γεωργῶν
Mk 12:13 καὶ τῶν Ἡρῳδιανῶν **ἵνα** αὐτὸν ἀγρεύσωσιν λόγῳ.
Mk 12:15 φέρετέ μοι δηνάριον **ἵνα** ἴδω.
Mk 12:19 **ἵνα** λάβῃ ὁ ἀδελφὸς
Mk 13:18 προσεύχεσθε δὲ **ἵνα** μὴ γένηται χειμῶνος·
Mk 13:34 τῷ θυρωρῷ ἐνετείλατο **ἵνα** γρηγορῇ.
Mk 14:10 πρὸς τοὺς ἀρχιερεῖς **ἵνα** αὐτὸν παραδοῖ αὐτοῖς.
Mk 14:12 θέλεις ἀπελθόντες ἑτοιμάσωμεν **ἵνα** φάγῃς τὸ πάσχα;
Mk 14:35 γῆς καὶ προσηύχετο **ἵνα** εἰ δυνατόν ἐστιν
Mk 14:38 **ἵνα** μὴ ἔλθητε εἰς
Mk 14:49 ἀλλ' **ἵνα** πληρωθῶσιν αἱ γραφαί.
Mk 15:11 ἀνέσεισαν τὸν ὄχλον **ἵνα** μᾶλλον τὸν Βαραββᾶν
Mk 15:15 τὸν Ἰησοῦν φραγελλώσας **ἵνα** σταυρωθῇ.
Mk 15:20 Καὶ ἐξάγουσιν αὐτὸν **ἵνα** σταυρώσωσιν αὐτόν.
Mk 15:21 **ἵνα** ἄρῃ τὸν σταυρὸν

Mk 15:32 **ἵνα** ἴδωμεν καὶ πιστεύσωμεν.
Mk 16:1 Σαλώμη ἠγόρασαν ἀρώματα **ἵνα** ἐλθοῦσαι ἀλείψωσιν αὐτόν.

Ἰορδάνης (*Iordanēs*; 4/15) *Jordan River*

Mk 1:5 αὐτοῦ ἐν τῷ **Ἰορδάνῃ** ποταμῷ ἐξομολογούμενοι τὰς
Mk 1:9 ἐβαπτίσθη εἰς τὸν **Ἰορδάνην** ὑπὸ Ἰωάννου.
Mk 3:8 καὶ πέραν τοῦ **Ἰορδάνου** καὶ περὶ Τύρον
Mk 10:1 [καὶ] πέραν τοῦ **Ἰορδάνου**,

Ἰουδαία (*Ioudaia*; 3/43) *Judea*

Mk 3:7 καὶ ἀπὸ τῆς **Ἰουδαίας**
Mk 10:1 τὰ ὅρια τῆς **Ἰουδαίας** [καὶ] πέραν τοῦ
Mk 13:14 οἱ ἐν τῇ **Ἰουδαίᾳ** φευγέτωσαν εἰς τὰ

Ἰουδαῖος (*Ioudaios*; 7/195) *Jew*

Mk 1:5 αὐτὸν πᾶσα ἡ **Ἰουδαία** χώρα καὶ οἱ
Mk 7:3 καὶ πάντες οἱ **Ἰουδαῖοι** ἐὰν μὴ πυγμῇ
Mk 15:2 ὁ βασιλεὺς τῶν **Ἰουδαίων**;
Mk 15:9 τὸν βασιλέα τῶν **Ἰουδαίων**;
Mk 15:12 τὸν βασιλέα τῶν **Ἰουδαίων**;
Mk 15:18 βασιλεῦ τῶν **Ἰουδαίων**·
Mk 15:26 ὁ βασιλεὺς τῶν **Ἰουδαίων**.

Ἰούδας (*Ioudas*; 4/44) *Judas, Judah*

Mk 3:19 καὶ **Ἰούδαν** Ἰσκαριώθ,
Mk 6:3 καὶ Ἰωσῆτος καὶ **Ἰούδα** καὶ Σίμωνος;
Mk 14:10 Καὶ **Ἰούδας** Ἰσκαριὼθ ὁ εἷς
Mk 14:43 αὐτοῦ λαλοῦντος παραγίνεται **Ἰούδας** εἷς τῶν δώδεκα

Ἰσαάκ (*Isaak*; 1/20) *Isaac*

Mk 12:26 καὶ [ὁ] θεὸς **Ἰσαὰκ** καὶ [ὁ] θεὸς

Ἰσκαριώτης (*Iskariōtēs*; 2/11) *Iscariot*

Mk 3:19 καὶ Ἰούδαν **Ἰσκαριώθ**,
Mk 14:10 Καὶ Ἰούδας **Ἰσκαριὼθ** ὁ εἷς τῶν

ἴσος (*isos*; 2/8) *equal*

Mk 14:56 καὶ **ἴσαι** αἱ μαρτυρίαι οὐκ
Mk 14:59 καὶ οὐδὲ οὕτως **ἴση** ἦν ἡ μαρτυρία

Ἰσραήλ (*Israēl*; 2/68) *Israel*

Mk 12:29 **Ἰσραήλ**,
Mk 15:32 χριστὸς ὁ βασιλεὺς **Ἰσραὴλ** καταβάτω νῦν

ἵστημι (*histēmi*; 10/154[155]) *set, stand*

Mk 3:24 οὐ δύναται **σταθῆναι** ἡ βασιλεία ἐκείνη·
Mk 3:25 ἡ οἰκία ἐκείνη **σταθῆναι**.
Mk 3:26 οὐ δύναται **στῆναι** ἀλλὰ τέλος ἔχει.
Mk 7:9 τὴν παράδοσιν ὑμῶν **στήσητε**.
Mk 9:1 τινες ὧδε τῶν **ἑστηκότων** οἵτινες οὐ μὴ
Mk 9:36 καὶ λαβὼν παιδίον **ἔστησεν** αὐτὸ ἐν μέσῳ
Mk 10:49 καὶ **στὰς** ὁ Ἰησοῦς εἶπεν·
Mk 11:5 τινες τῶν ἐκεῖ **ἑστηκότων** ἔλεγον αὐτοῖς·
Mk 13:9 ἡγεμόνων καὶ βασιλέων **σταθήσεσθε** ἕνεκεν ἐμοῦ εἰς
Mk 13:14 βδέλυγμα τῆς ἐρημώσεως **ἑστηκότα** ὅπου οὐ δεῖ,

ἰσχυρός (*ischyros*; 3/29) *strong*

Mk 1:7 ἔρχεται ὁ **ἰσχυρότερός** μου ὀπίσω μου,
Mk 3:27 τὴν οἰκίαν τοῦ **ἰσχυροῦ** εἰσελθὼν τὰ σκεύη
Mk 3:27 μὴ πρῶτον τὸν **ἰσχυρὸν** δήσῃ,

ἰσχύς (*ischys*; 2/10) *strength*

Mk 12:30 ἐξ ὅλης τῆς **ἰσχύος** σου.
Mk 12:33 ἐξ ὅλης τῆς **ἰσχύος** καὶ τὸ ἀγαπᾶν

ἰσχύω (*ischyō*; 4/28) *be able*

Mk 2:17 χρείαν ἔχουσιν οἱ **ἰσχύοντες** ἰατροῦ ἀλλ' οἱ
Mk 5:4 καὶ οὐδεὶς **ἴσχυεν** αὐτὸν δαμάσαι·
Mk 9:18 καὶ οὐκ **ἴσχυσαν**.
Mk 14:37 οὐκ **ἴσχυσας** μίαν ὥραν γρηγορῆσαι;

ἰχθύδιον (*ichthydion*; 1/2) *small fish*

Mk 8:7 καὶ εἶχον **ἰχθύδια** ὀλίγα·

ἰχθύς (*ichthys*; 4/20) *fish*

Mk 6:38 καὶ δύο **ἰχθύας**.
Mk 6:41 καὶ τοὺς δύο **ἰχθύας** ἀναβλέψας εἰς τὸν
Mk 6:41 καὶ τοὺς δύο **ἰχθύας** ἐμέρισεν πᾶσιν.
Mk 6:43 καὶ ἀπὸ τῶν **ἰχθύων**.

Ἰωάννης (*Iōannēs*; 26/135) *John*

Mk 1:4 ἐγένετο **Ἰωάννης** [ὁ] βαπτίζων ἐν
Mk 1:6 καὶ ἦν ὁ **Ἰωάννης** ἐνδεδυμένος τρίχας καμήλου
Mk 1:9 τὸν Ἰορδάνην ὑπὸ **Ἰωάννου**.
Mk 1:14 τὸ παραδοθῆναι τὸν **Ἰωάννην** ἦλθεν ὁ Ἰησοῦς
Mk 1:19 τοῦ Ζεβεδαίου καὶ **Ἰωάννην** τὸν ἀδελφὸν αὐτοῦ
Mk 1:29 μετὰ Ἰακώβου καὶ **Ἰωάννου**.
Mk 2:18 ἦσαν οἱ μαθηταὶ **Ἰωάννου** καὶ οἱ Φαρισαῖοι
Mk 2:18 τί οἱ μαθηταὶ **Ἰωάννου** καὶ οἱ μαθηταὶ
Mk 3:17 τοῦ Ζεβεδαίου καὶ **Ἰωάννην** τὸν ἀδελφὸν τοῦ
Mk 5:37 καὶ Ἰάκωβον καὶ **Ἰωάννην** τὸν ἀδελφὸν Ἰακώβου.
Mk 6:14 καὶ ἔλεγον ὅτι **Ἰωάννης** ὁ βαπτίζων ἐγήγερται
Mk 6:16 ὃν ἐγὼ ἀπεκεφάλισα **Ἰωάννην**,
Mk 6:17 ἀποστείλας ἐκράτησεν τὸν **Ἰωάννην** καὶ ἔδησεν αὐτὸν
Mk 6:18 ἔλεγεν γὰρ ὁ **Ἰωάννης** τῷ Ἡρῴδῃ ὅτι
Mk 6:20 Ἡρῴδης ἐφοβεῖτο τὸν **Ἰωάννην**,
Mk 6:24 τὴν κεφαλὴν **Ἰωάννου** τοῦ βαπτίζοντος.
Mk 6:25 πίνακι τὴν κεφαλὴν **Ἰωάννου** τοῦ βαπτιστοῦ.
Mk 8:28 αὐτῷ λέγοντες [ὅτι] **Ἰωάννην** τὸν βαπτιστήν,
Mk 9:2 Ἰάκωβον καὶ τὸν **Ἰωάννην** καὶ ἀναφέρει αὐτοὺς
Mk 9:38 Ἔφη αὐτῷ ὁ **Ἰωάννης**·
Mk 10:35 αὐτῷ Ἰάκωβος καὶ **Ἰωάννης** οἱ υἱοὶ Ζεβεδαίου
Mk 10:41 περὶ Ἰακώβου καὶ **Ἰωάννου**.
Mk 11:30 τὸ βάπτισμα τὸ **Ἰωάννου** ἐξ οὐρανοῦ ἦν
Mk 11:32 γὰρ εἶχον τὸν **Ἰωάννην** ὄντως ὅτι προφήτης
Mk 13:3 καὶ Ἰάκωβος καὶ **Ἰωάννης** καὶ Ἀνδρέας·
Mk 14:33 Ἰάκωβον καὶ [τὸν] **Ἰωάννην** μετ' αὐτοῦ καὶ

Ἰωσῆς (*Iōsēs*; 3/3) *Joses*

Mk 6:3 ἀδελφὸς Ἰακώβου καὶ **Ἰωσῆτος** καὶ Ἰούδα καὶ
Mk 15:40 τοῦ μικροῦ καὶ **Ἰωσῆτος** μήτηρ καὶ Σαλώμη,
Mk 15:47 καὶ Μαρία ἡ **Ἰωσῆτος** ἐθεώρουν ποῦ τέθειται.

Ἰωσήφ (*Iōsēph*; 2/35) *Joseph*

Mk 15:43 ἐλθὼν **Ἰωσὴφ** [ὁ] ἀπὸ Ἀριμαθαίας
Mk 15:45 τὸ πτῶμα τῷ **Ἰωσήφ**.

καθαιρέω (*kathaireō*; 2/9) *take down*

Mk 15:36 εἰ ἔρχεται Ἠλίας **καθελεῖν** αὐτόν.
Mk 15:46 καὶ ἀγοράσας σινδόνα **καθελὼν** αὐτὸν ἐνείλησεν τῇ

καθαρίζω (*katharizō*; 4/31) *cleanse*

Mk 1:40 θέλῃς δύνασαί με **καθαρίσαι**.
Mk 1:41 **καθαρίσθητι**·
Mk 1:42 καὶ **ἐκαθαρίσθη**.
Mk 7:19 **καθαρίζων** πάντα τὰ βρώματα;

καθαρισμός (*katharismos*; 1/7) *cleansing, purification*

Mk 1:44 προσένεγκε περὶ τοῦ **καθαρισμοῦ** σου ἃ προσέταξεν

καθέδρα (*kathedra*; 1/3) *seat*

Mk 11:15 κολλυβιστῶν καὶ τὰς **καθέδρας** τῶν πωλούντων τὰς

καθεύδω (*katheudō*; 8/22) *sleep*

Mk 4:27 καὶ **καθεύδῃ** καὶ ἐγείρηται νύκτα
Mk 4:38 ἐπὶ τὸ προσκεφάλαιον **καθεύδων**.
Mk 5:39 οὐκ ἀπέθανεν ἀλλὰ **καθεύδει**.
Mk 13:36 ἐξαίφνης εὕρῃ ὑμᾶς **καθεύδοντας**.
Mk 14:37 καὶ εὑρίσκει αὐτοὺς **καθεύδοντας**,
Mk 14:37 **καθεύδεις**;
Mk 14:40 ἐλθὼν εὗρεν αὐτοὺς **καθεύδοντας**,
Mk 14:41 **καθεύδετε** τὸ λοιπὸν καὶ

κάθημαι (*kathēmai*; 11/91) *sit*

Mk 2:6 τῶν γραμματέων ἐκεῖ **καθήμενοι** καὶ διαλογιζόμενοι ἐν
Mk 2:14 τὸν τοῦ Ἁλφαίου **καθήμενον** ἐπὶ τὸ τελώνιον,
Mk 3:32 καὶ **ἐκάθητο** περὶ αὐτὸν ὄχλος,
Mk 3:34 περὶ αὐτὸν κύκλῳ **καθημένους** λέγει·
Mk 4:1 εἰς πλοῖον ἐμβάντα **καθῆσθαι** ἐν τῇ θαλάσσῃ,
Mk 5:15 θεωροῦσιν τὸν δαιμονιζόμενον **καθήμενον** ἱματισμένον καὶ σωφρονοῦντα,
Mk 10:46 ἐκάθητο **παρὰ** τὴν ὁδόν.
Mk 12:36 **κάθου** ἐκ δεξιῶν μου,
Mk 13:3 Καὶ **καθημένου** αὐτοῦ εἰς τὸ
Mk 14:62 ἀνθρώπου ἐκ δεξιῶν **καθήμενον** τῆς δυνάμεως καὶ
Mk 16:5 μνημεῖον εἶδον νεανίσκον **καθήμενον** ἐν τοῖς δεξιοῖς

καθίζω (*kathizō*; 7[8]/44[46]) *sit down*

Mk 9:35 καὶ **καθίσας** ἐφώνησεν τοὺς δώδεκα
Mk 10:37 εἷς ἐξ ἀριστερῶν **καθίσωμεν** ἐν τῇ δόξῃ
Mk 10:40 τὸ δὲ **καθίσαι** ἐκ δεξιῶν μου
Mk 11:2 οὐδεὶς οὔπω ἀνθρώπων **ἐκάθισεν**·
Mk 11:7 καὶ **ἐκάθισεν** ἐπ' αὐτόν.
Mk 12:41 Καὶ **καθίσας** κατέναντι τοῦ γαζοφυλακίου
Mk 14:32 **καθίσατε** ὧδε ἕως προσεύξωμαι.
[Mk 16:19] τὸν οὐρανὸν καὶ **ἐκάθισεν** ἐκ δεξιῶν τοῦ

καθώς (*kathōs*; 8/182) *just as*

Mk 1:2 **Καθὼς** γέγραπται ἐν τῷ
Mk 4:33 αὐτοῖς τὸν λόγον **καθὼς** ἠδύναντο ἀκούειν·
Mk 9:13 **καθὼς** γέγραπται ἐπ' αὐτόν.
Mk 11:6 δὲ εἶπαν αὐτοῖς **καθὼς** εἶπεν ὁ Ἰησοῦς,
Mk 14:16 πόλιν καὶ εὗρον **καθὼς** εἶπεν αὐτοῖς καὶ
Mk 14:21 τοῦ ἀνθρώπου ὑπάγει **καθὼς** γέγραπται περὶ αὐτοῦ,
Mk 15:8 ὄχλος ἤρξατο αἰτεῖσθαι **καθὼς** ἐποίει αὐτοῖς.
Mk 16:7 **καθὼς** εἶπεν ὑμῖν.

καινός (*kainos*; 4[5]/41[42]) *new*

Mk 1:27 διδαχὴ **καινὴ** κατ' ἐξουσίαν·
Mk 2:21 ἀπ' αὐτοῦ τὸ **καινὸν** τοῦ παλαιοῦ καὶ
Mk 2:22 νέον εἰς ἀσκοὺς **καινούς**.
Mk 14:25 ὅταν αὐτὸ πίνω **καινὸν** ἐν τῇ βασιλείᾳ
[Mk 16:17] γλώσσαις λαλήσουσιν **καιναῖς**,

καιρός (*kairos*; 5/85) *time*

Mk 1:15 ὅτι πεπλήρωται ὁ **καιρὸς** καὶ ἤγγικεν ἡ
Mk 10:30 νῦν ἐν τῷ **καιρῷ** τούτῳ οἰκίας καὶ
Mk 11:13 ὁ γὰρ **καιρὸς** οὐκ ἦν σύκων.
Mk 12:2 τοὺς γεωργοὺς τῷ **καιρῷ** δοῦλον ἵνα παρὰ
Mk 13:33 γὰρ πότε ὁ **καιρός** ἐστιν.

Καῖσαρ (*Kaisar*; 4/29) *Caesar*

Mk 12:14 ἔξεστιν δοῦναι κῆνσον **Καίσαρι** ἢ οὔ;
Mk 12:16 **Καίσαρος**.
Mk 12:17 τὰ **Καίσαρος** ἀπόδοτε Καίσαρι καὶ
Mk 12:17 τὰ Καίσαρος ἀπόδοτε **Καίσαρι** καὶ τὰ τοῦ

Καισάρεια (*Kaisareia*; 1/17) *Caesarea*

Mk 8:27 εἰς τὰς κώμας **Καισαρείας** τῆς Φιλίππου·

κἀκεῖθεν (*kakeithen*; 1/10) *from there*

Mk 9:30 **Κἀκεῖθεν** ἐξελθόντες παρεπορεύοντο διὰ

κἀκεῖ (*kakei*; 1/10) *and there*

Mk 1:35 εἰς ἔρημον τόπον **κἀκεῖ** προσηύχετο.

κἀκεῖνος (*kakeinos*; 2[4]/20[22]) *and that one*

Mk 12:4 **κἀκεῖνον** ἐκεφαλίωσαν καὶ ἠτίμασαν.
Mk 12:5 **κἀκεῖνον** ἀπέκτειναν,
[Mk 16:11] **κἀκεῖνοι** ἀκούσαντες ὅτι ζῇ
[Mk 16:13] **κἀκεῖνοι** ἀπελθόντες ἀπήγγειλαν τοῖς

κακολογέω (*kakologeō*; 2/4) *speak evil of*

Mk 7:10 ὁ **κακολογῶν** πατέρα ἢ μητέρα
Mk 9:39 καὶ δυνήσεται ταχὺ **κακολογῆσαί** με·

κακοποιέω (*kakopoieō*; 1/4) *do evil or wrong*
Mk 3:4 ἀγαθὸν ποιῆσαι ἢ **κακοποιῆσαι**,

κακός (*kakos*; 2/50) *evil*
Mk 7:21 οἱ διαλογισμοὶ οἱ **κακοὶ** ἐκπορεύονται,
Mk 15:14 τί γὰρ ἐποίησεν **κακόν**;

κακῶς (*kakōs*; 4/16) *badly*
Mk 1:32 αὐτὸν πάντας τοὺς **κακῶς** ἔχοντας καὶ τοὺς
Mk 1:34 καὶ ἐθεράπευσεν πολλοὺς **κακῶς** ἔχοντας ποικίλαις νόσοις
Mk 2:17 ἰατροῦ ἀλλ' οἱ **κακῶς** ἔχοντες·
Mk 6:55 τοῖς κραβάττοις τοὺς **κακῶς** ἔχοντας περιφέρειν ὅπου

κάλαμος (*kalamos*; 2/12) *reed*
Mk 15:19 αὐτοῦ τὴν κεφαλὴν **καλάμῳ** καὶ ἐνέπτυον αὐτῷ
Mk 15:36 σπόγγον ὄξους περιθεὶς **καλάμῳ** ἐπότιζεν αὐτόν λέγων·

καλέω (*kaleō*; 4/148) *call*
Mk 1:20 καὶ εὐθὺς **ἐκάλεσεν** αὐτούς.
Mk 2:17 οὐκ ἦλθον **καλέσαι** δικαίους ἀλλὰ ἁμαρτωλούς.
Mk 3:31 ἀπέστειλαν πρὸς αὐτὸν **καλοῦντες** αὐτόν.
Mk 11:17 μου οἶκος προσευχῆς **κληθήσεται** πᾶσιν τοῖς ἔθνεσιν;

καλός (*kalos*; 11/101) *good*
Mk 4:8 τὴν γῆν τὴν **καλὴν** καὶ ἐδίδου καρπὸν
Mk 4:20 τὴν γῆν τὴν **καλὴν** σπαρέντες,
Mk 7:27 οὐ γάρ ἐστιν **καλὸν** λαβεῖν τὸν ἄρτον
Mk 9:5 **καλόν** ἐστιν ἡμᾶς ὧδε
Mk 9:42 **καλόν** ἐστιν αὐτῷ μᾶλλον
Mk 9:43 **καλόν** ἐστίν σε κυλλὸν
Mk 9:45 **καλόν** ἐστίν σε εἰσελθεῖν
Mk 9:47 **καλόν** σέ ἐστιν μονόφθαλμον
Mk 9:50 **καλὸν** τὸ ἅλας·
Mk 14:6 **καλὸν** ἔργον ἠργάσατο ἐν
Mk 14:21 **καλὸν** αὐτῷ εἰ οὐκ

καλῶς (*kalōs*; 5[6]/36[37]) *well*
Mk 7:6 **καλῶς** ἐπροφήτευσεν Ἠσαΐας περὶ
Mk 7:9 **καλῶς** ἀθετεῖτε τὴν ἐντολὴν
Mk 7:37 **καλῶς** πάντα πεποίηκεν,
Mk 12:28 ἰδὼν ὅτι **καλῶς** ἀπεκρίθη αὐτοῖς ἐπηρώτησεν
Mk 12:32 **καλῶς**,
[Mk 16:18] χεῖρας ἐπιθήσουσιν καὶ **καλῶς** ἕξουσιν.

κάμηλος (*kamēlos*; 2/6) *camel*
Mk 1:6 Ἰωάννης ἐνδεδυμένος τρίχας **καμήλου** καὶ ζώνην δερματίνην
Mk 10:25 εὐκοπώτερόν ἐστιν **κάμηλον** διὰ [τῆς] τρυμαλιᾶς

κἄν (*kan*; 2[3]/16[17]) *and if*
Mk 5:28 ὅτι ἐὰν ἅψωμαι **κἂν** τῶν ἱματίων αὐτοῦ
Mk 6:56 παρεκάλουν αὐτὸν ἵνα **κἂν** τοῦ κρασπέδου
[Mk 16:18] χερσὶν] ὄφεις ἀροῦσιν **κἂν** θανάσιμόν τι πίωσιν

Καναναῖος (*Kananaios*; 1/2) *Cananaean*
Mk 3:18 καὶ Σίμωνα τὸν **Καναναῖον**

καρδία (*kardia*; 11/156) *heart*
Mk 2:6 διαλογιζόμενοι ἐν ταῖς **καρδίαις** αὐτῶν·
Mk 2:8 διαλογίζεσθε ἐν ταῖς **καρδίαις** ὑμῶν;
Mk 3:5 τῇ πωρώσει τῆς **καρδίας** αὐτῶν λέγει τῷ
Mk 6:52 ἦν αὐτῶν ἡ **καρδία** πεπωρωμένη.
Mk 7:6 ἡ δὲ **καρδία** αὐτῶν πόρρω ἀπέχει
Mk 7:19 αὐτοῦ εἰς τὴν **καρδίαν** ἀλλ' εἰς τὴν
Mk 7:21 γὰρ ἐκ τῆς **καρδίας** τῶν ἀνθρώπων οἱ
Mk 8:17 πεπωρωμένην ἔχετε τὴν **καρδίαν** ὑμῶν;
Mk 11:23 διακριθῇ ἐν τῇ **καρδίᾳ** αὐτοῦ ἀλλὰ πιστεύῃ
Mk 12:30 ἐξ ὅλης τῆς **καρδίας** σου καὶ ἐξ
Mk 12:33 ἐξ ὅλης τῆς **καρδίας** καὶ ἐξ ὅλης

καρπός (*karpos*; 5/66) *fruit*
Mk 4:7 καὶ **καρπὸν** οὐκ ἔδωκεν.
Mk 4:8 καλὴν καὶ ἐδίδου **καρπὸν** ἀναβαίνοντα καὶ αὐξανόμενα
Mk 4:29 δὲ παραδοῖ ὁ **καρπός**,
Mk 11:14 ἐκ σοῦ μηδεὶς **καρπὸν** φάγοι.
Mk 12:2 λάβῃ ἀπὸ τῶν **καρπῶν** τοῦ ἀμπελῶνος·

καρποφορέω (*karpophoreō*; 2/8) *bear fruit*
Mk 4:20 καὶ παραδέχονται καὶ **καρποφοροῦσιν** ἓν τριάκοντα καὶ
Mk 4:28 αὐτομάτη ἡ γῆ **καρποφορεῖ**,

κατά (*kata*; 23/472[473]) *according to, against*
Mk 1:27 διδαχὴ καινὴ **κατ'** ἐξουσίαν·
Mk 3:6 Ἡρῳδιανῶν συμβούλιον ἐδίδουν **κατ'** αὐτοῦ ὅπως αὐτὸν
Mk 4:10 Καὶ ὅτε ἐγένετο **κατὰ** μόνας,
Mk 4:34 **κατ'** ἰδίαν δὲ τοῖς
Mk 5:13 ὥρμησεν ἡ ἀγέλη **κατὰ** τοῦ κρημνοῦ εἰς
Mk 6:31 δεῦτε ὑμεῖς αὐτοὶ **κατ'** ἰδίαν εἰς ἔρημον
Mk 6:32 εἰς ἔρημον τόπον **κατ'** ἰδίαν.
Mk 6:40 ἀνέπεσαν πρασιαὶ πρασιαὶ **κατὰ** ἑκατὸν καὶ
Mk 6:40 κατὰ ἑκατὸν καὶ **κατὰ** πεντήκοντα.
Mk 7:5 οἱ μαθηταί σου **κατὰ** τὴν παράδοσιν τῶν
Mk 7:33 ἀπὸ τοῦ ὄχλου **κατ'** ἰδίαν ἔβαλεν τοὺς
Mk 9:2 εἰς ὄρος ὑψηλὸν **κατ'** ἰδίαν μόνους.
Mk 9:28 οἱ μαθηταὶ αὐτοῦ **κατ'** ἰδίαν ἐπηρώτων αὐτόν·
Mk 9:40 γὰρ οὐκ ἔστιν **καθ'** ἡμῶν,
Mk 11:25 εἴ τι ἔχετε **κατά** τινος,
Mk 13:3 ἱεροῦ ἐπηρώτα αὐτὸν **κατ'** ἰδίαν Πέτρος καὶ
Mk 13:8 ἔσονται σεισμοὶ **κατὰ** τόπους,
Mk 14:19 λέγειν αὐτῷ εἷς **κατὰ** εἷς·
Mk 14:49 **καθ'** ἡμέραν ἤμην πρὸς
Mk 14:55 τὸ συνέδριον ἐζήτουν **κατὰ** τοῦ Ἰησοῦ μαρτυρίαν
Mk 14:56 πολλοὶ γὰρ ἐψευδομαρτύρουν **κατ'** αὐτοῦ,
Mk 14:57 τινες ἀναστάντες ἐψευδομαρτύρουν **κατ'** αὐτοῦ λέγοντες
Mk 15:6 **Κατὰ** δὲ ἑορτὴν ἀπέλυεν

καταβαίνω (*katabainō*; 6/81) *come or go down*
Mk 1:10 πνεῦμα ὡς περιστερὰν **καταβαῖνον** εἰς αὐτόν·
Mk 3:22 οἱ ἀπὸ Ἱεροσολύμων **καταβάντες** ἔλεγον ὅτι Βεελζεβοὺλ
Mk 9:9 Καὶ **καταβαινόντων** αὐτῶν ἐκ τοῦ
Mk 13:15 τοῦ δώματος μὴ **καταβάτω** μηδὲ εἰσελθάτω ἆραί
Mk 15:30 σῶσον σεαυτὸν **καταβὰς** ἀπὸ τοῦ σταυροῦ.
Mk 15:32 ὁ βασιλεὺς Ἰσραὴλ **καταβάτω** νῦν ἀπὸ τοῦ

καταβαρύνω (*katabarynō*; 1/1) *be very heavy*
Mk 14:40 αὐτῶν οἱ ὀφθαλμοὶ **καταβαρυνόμενοι**,

καταγελάω (*katagelaō*; 1/3) *laugh at*
Mk 5:40 καὶ **κατεγέλων** αὐτοῦ.

καταδιώκω (*katadiōkō*; 1/1) *search for diligently*
Mk 1:36 καὶ **κατεδίωξεν** αὐτὸν Σίμων καὶ

κατάκειμαι (*katakeimai*; 4/12) *lie*
Mk 1:30 δὲ πενθερὰ Σίμωνος **κατέκειτο** πυρέσσουσα,
Mk 2:4 ὅπου ὁ παραλυτικὸς **κατέκειτο**.
Mk 2:15 Καὶ γίνεται **κατακεῖσθαι** αὐτὸν ἐν τῇ
Mk 14:3 **κατακειμένου** αὐτοῦ ἦλθεν γυνὴ

κατακλάω (*kataklaō*; 1/2) *break in pieces*
Mk 6:41 οὐρανὸν εὐλόγησεν καὶ **κατέκλασεν** τοὺς ἄρτους καὶ

κατακόπτω (*katakoptō*; 1/1) *beat*
Mk 5:5 ἦν κράζων καὶ **κατακόπτων** ἑαυτὸν λίθοις.

κατακρίνω (*katakrinō*; 2[3]/15[18]) *condemn*
Mk 10:33 καὶ **κατακρινοῦσιν** αὐτὸν θανάτῳ καὶ
Mk 14:64 οἱ δὲ πάντες **κατέκριναν** αὐτὸν ἔνοχον εἶναι
[Mk 16:16] ὁ δὲ ἀπιστήσας **κατακριθήσεται**.

κατακυριεύω (*katakyrieuō*; 1/4) *have power over*
Mk 10:42 ἄρχειν τῶν ἐθνῶν **κατακυριεύουσιν** αὐτῶν

καταλαμβάνω (*katalambanō*; 1/13[15]) *obtain, overcome*
Mk 9:18 ὅπου ἐὰν αὐτὸν **καταλάβῃ** ῥήσσει αὐτόν,

καταλείπω (*kataleipō*; 4/23[24]) *leave*
Mk 10:7 ἕνεκεν τούτου **καταλείψει** ἄνθρωπος τὸν πατέρα
Mk 12:19 ἀδελφὸς ἀποθάνῃ καὶ **καταλίπῃ** γυναῖκα καὶ
Mk 12:21 καὶ ἀπέθανεν μὴ **καταλιπὼν** σπέρμα·
Mk 14:52 ὁ δὲ **καταλιπὼν** τὴν σινδόνα γυμνὸς

κατάλυμα (*katalyma*; 1/3) *room*
Mk 14:14 ποῦ ἐστιν τὸ **κατάλυμά** μου ὅπου τὸ

καταλύω (*katalyō*; 3/17) *destroy*
Mk 13:2 ὃς οὐ μὴ **καταλυθῇ**.
Mk 14:58 λέγοντος ὅτι ἐγὼ **καταλύσω** τὸν ναὸν τοῦτον
Mk 15:29 οὐὰ ὁ **καταλύων** τὸν ναὸν καὶ

καταμαρτυρέω (*katamartyreō*; 1/3) *testify against*
Mk 14:60 τί οὗτοί σου **καταμαρτυροῦσιν**;

καταπέτασμα (*katapetasma*; 1/6) *curtain*
Mk 15:38 Καὶ τὸ **καταπέτασμα** τοῦ ναοῦ ἐσχίσθη

καταράομαι (*kataraomai*; 1/5) *curse*
Mk 11:21 ἡ συκῆ ἣν **κατηράσω** ἐξήρανται.

καταρτίζω (*katartizō*; 1/13) *mend*
Mk 1:19 ἐν τῷ πλοίῳ **καταρτίζοντας** τὰ δίκτυα,

κατασκευάζω (*kataskeuazō*; 1/11) *prepare*
Mk 1:2 ὃς **κατασκευάσει** τὴν ὁδόν σου·

κατασκηνόω (*kataskēnoō*; 1/4) *nest*
Mk 4:32 πετεινὰ τοῦ οὐρανοῦ **κατασκηνοῦν**.

καταστρέφω (*katastrephō*; 1/2) *overturn*
Mk 11:15 πωλούντων τὰς περιστερὰς **κατέστρεψεν**,

καταφιλέω (*kataphileō*; 1/6) *kiss*
Mk 14:45 καὶ **κατεφίλησεν** αὐτόν·

καταχέω (*katacheō*; 1/2) *pour over*
Mk 14:3 συντρίψασα τὴν ἀλάβαστρον **κατέχεεν** αὐτοῦ τῆς κεφαλῆς.

κατέναντι (*katenanti*; 3/8) *opposite*
Mk 11:2 τὴν κώμην τὴν **κατέναντι** ὑμῶν,
Mk 12:41 Καὶ καθίσας **κατέναντι** τοῦ γαζοφυλακίου ἐθεώρει
Mk 13:3 ὄρος τῶν ἐλαιῶν **κατέναντι** τοῦ ἱεροῦ ἐπηρώτα

κατεξουσιάζω (*katexousiazō*; 1/2) *rule over*
Mk 10:42 οἱ μεγάλοι αὐτῶν **κατεξουσιάζουσιν** αὐτῶν.

κατεσθίω (*katesthiō*; 2/14) *consume, eat up*
Mk 4:4 τὰ πετεινὰ καὶ **κατέφαγεν** αὐτό.
Mk 12:40 οἱ **κατεσθίοντες** τὰς οἰκίας τῶν

κατευλογέω (*kateulogeō*; 1/1) *bless*
Mk 10:16 καὶ ἐναγκαλισάμενος αὐτὰ **κατευλόγει** τιθεὶς τὰς χεῖρας

κατηγορέω (*katēgoreō*; 3/22[23]) *accuse*
Mk 3:2 ἵνα **κατηγορήσωσιν** αὐτοῦ.
Mk 15:3 καὶ **κατηγόρουν** αὐτοῦ οἱ ἀρχιερεῖς
Mk 15:4 ἴδε πόσα σου **κατηγοροῦσιν**.

κατοίκησις (*katoikēsis*; 1/1) *home*
Mk 5:3 ὃς τὴν **κατοίκησιν** εἶχεν ἐν τοῖς

κάτω (*katō*; 2/8[9]) *down, below*
Mk 14:66 ὄντος τοῦ Πέτρου **κάτω** ἐν τῇ αὐλῇ
Mk 15:38 ἀπ' ἄνωθεν ἕως **κάτω**.

καυματίζω (*kaumatizō*; 1/4) *scorch*
Mk 4:6 ἀνέτειλεν ὁ ἥλιος **ἐκαυματίσθη** καὶ διὰ τὸ

Καφαρναούμ (*Kapharnaoum*; 3/16) *Capernaum*
Mk 1:21 Καὶ εἰσπορεύονται εἰς **Καφαρναούμ**·
Mk 2:1 εἰσελθὼν πάλιν εἰς **Καφαρναοὺμ** δι' ἡμερῶν ἠκούσθη
Mk 9:33 Καὶ ἦλθον εἰς **Καφαρναούμ**.

κενός (*kenos*; 1/18) *empty, in vain*
Mk 12:3 ἔδειραν καὶ ἀπέστειλαν **κενόν**.

κεντυρίων (*kentyriōn*; 3/3) *centurion*
Mk 15:39 ἰδὼν δὲ ὁ **κεντυρίων** ὁ παρεστηκὼς ἐξ
Mk 15:44 καὶ προσκαλεσάμενος τὸν **κεντυρίωνα** ἐπηρώτησεν αὐτὸν εἰ
Mk 15:45 γνοὺς ἀπὸ τοῦ **κεντυρίωνος** ἐδωρήσατο τὸ πτῶμα

κεράμιον (*keramion*; 1/2) *jar*
Mk 14:13 ἀπαντήσει ὑμῖν ἄνθρωπος **κεράμιον** ὕδατος βαστάζων·

κερδαίνω (*kerdainō*; 1/17) *gain*
Mk 8:36 γὰρ ὠφελεῖ ἄνθρωπον **κερδῆσαι** τὸν κόσμον ὅλον

κεφαλή (*kephalē*; 8/75) *head*
Mk 6:24 τὴν **κεφαλὴν** Ἰωάννου τοῦ βαπτίζοντος.
Mk 6:25 ἐπὶ πίνακι τὴν **κεφαλὴν** Ἰωάννου τοῦ βαπτιστοῦ.
Mk 6:27 ἐπέταξεν ἐνέγκαι τὴν **κεφαλὴν** αὐτοῦ.
Mk 6:28 καὶ ἤνεγκεν τὴν **κεφαλὴν** αὐτοῦ ἐπὶ πίνακι
Mk 12:10 οὗτος ἐγενήθη εἰς **κεφαλὴν** γωνίας·
Mk 14:3 κατέχεεν αὐτοῦ τῆς **κεφαλῆς**.
Mk 15:19 ἔτυπτον αὐτοῦ τὴν **κεφαλὴν** καλάμῳ καὶ ἐνέπτυον
Mk 15:29 αὐτὸν κινοῦντες τὰς **κεφαλὰς** αὐτῶν καὶ λέγοντες·

κεφαλιόω (*kephalioō*; 1/1) *beat over the head*
Mk 12:4 κἀκεῖνον **ἐκεφαλίωσαν** καὶ ἠτίμασαν.

κῆνσος (*kēnsos*; 1/4) *tax*
Mk 12:14 ἔξεστιν δοῦναι **κῆνσον** Καίσαρι ἢ οὔ;

κήρυγμα (*kērygma*; 0[1]/8[9]) *preaching*
[Mk 16:8] ἱερὸν καὶ ἄφθαρτον **κήρυγμα** τῆς αἰωνίου σωτηρίας.

κηρύσσω (*kēryssō*; 12[14]/59[61]) *proclaim*
Mk 1:4 τῇ ἐρήμῳ καὶ **κηρύσσων** βάπτισμα μετανοίας
Mk 1:7 Καὶ **ἐκήρυσσεν** λέγων·
Mk 1:14 εἰς τὴν Γαλιλαίαν **κηρύσσων** τὸ εὐαγγέλιον
Mk 1:38 ἵνα καὶ ἐκεῖ **κηρύξω**·
Mk 1:39 Καὶ ἦλθεν **κηρύσσων** εἰς τὰς συναγωγὰς
Mk 1:45 δὲ ἐξελθὼν ἤρξατο **κηρύσσειν** πολλὰ καὶ διαφημίζειν
Mk 3:14 ἵνα ἀποστέλλῃ αὐτοὺς **κηρύσσειν**
Mk 5:20 ἀπῆλθεν καὶ ἤρξατο **κηρύσσειν** ἐν τῇ Δεκαπόλει
Mk 6:12 Καὶ ἐξελθόντες **ἐκήρυξαν** ἵνα μετανοῶσιν,
Mk 7:36 αὐτοὶ μᾶλλον περισσότερον **ἐκήρυσσον**.
Mk 13:10 ἔθνη πρῶτον δεῖ **κηρυχθῆναι** τὸ εὐαγγέλιον.
Mk 14:9 ὅπου ἐὰν **κηρυχθῇ** τὸ εὐαγγέλιον εἰς
[Mk 16:15] τὸν κόσμον ἅπαντα **κηρύξατε** τὸ εὐαγγέλιον πάσῃ
[Mk 16:20] ἐκεῖνοι δὲ ἐξελθόντες **ἐκήρυξαν** πανταχοῦ,

κινέω (*kineō*; 1/8) *move*
Mk 15:29 παραπορευόμενοι ἐβλασφήμουν αὐτὸν **κινοῦντες** τὰς κεφαλὰς αὐτῶν

κλάδος (*klados*; 2/11) *branch*
Mk 4:32 λαχάνων καὶ ποιεῖ **κλάδους** μεγάλους,
Mk 13:28 ὅταν ἤδη ὁ **κλάδος** αὐτῆς ἁπαλὸς γένηται

κλαίω (*klaiō*; 3[4]/39[40]) *weep*
Mk 5:38 θεωρεῖ θόρυβον καὶ **κλαίοντας** καὶ ἀλαλάζοντας πολλά,
Mk 5:39 τί θορυβεῖσθε καὶ **κλαίετε**;
Mk 14:72 καὶ ἐπιβαλὼν **ἔκλαιεν**.
[Mk 16:10] γενομένοις πενθοῦσι καὶ **κλαίουσιν**·

κλάσμα (*klasma*; 4/9) *fragment*
Mk 6:43 καὶ ἦραν **κλάσματα** δώδεκα κοφίνων πληρώματα
Mk 8:8 καὶ ἦραν περισσεύματα **κλασμάτων** ἑπτὰ σπυρίδας.
Mk 8:19 πόσους κοφίνους **κλασμάτων** πλήρεις ἤρατε;
Mk 8:20 πόσων σπυρίδων πληρώματα **κλασμάτων** ἤρατε;

κλάω (*klaō*; 3/14) *break*
Mk 8:6 ἑπτὰ ἄρτους εὐχαριστήσας **ἔκλασεν** καὶ ἐδίδου τοῖς
Mk 8:19 τοὺς πέντε ἄρτους **ἔκλασα** εἰς τοὺς πεντακισχιλίους,
Mk 14:22 λαβὼν ἄρτον εὐλογήσας **ἔκλασεν** καὶ ἔδωκεν αὐτοῖς

κλέπτω (*kleptō*; 1/13) *steal*
Mk 10:19 μὴ **κλέψῃς**,

κληρονομέω (*klēronomeō*; 1/18) *inherit*
Mk 10:17 ἵνα ζωὴν αἰώνιον **κληρονομήσω**;

κληρονομία (*klēronomia*; 1/14) *inheritance*
Mk 12:7 ἡμῶν ἔσται ἡ **κληρονομία**.

κληρονόμος (*klēronomos*; 1/15) *heir*
Mk 12:7 οὗτός ἐστιν ὁ **κληρονόμος**·

κλῆρος (*klēros*; 1/11) *lot*
Mk 15:24 βάλλοντες **κλῆρον** ἐπ᾽ αὐτὰ τίς

κλίνη (*klinē*; 3/9) *bed*
Mk 4:21 ἢ ὑπὸ τὴν **κλίνην**;
Mk 7:4 καὶ χαλκίων [καὶ **κλινῶν**]
Mk 7:30 βεβλημένον ἐπὶ τὴν **κλίνην** καὶ τὸ δαιμόνιον

κλοπή (*klopē*; 1/2) *theft*
Mk 7:21 **κλοπαί**,

κοδράντης (*kodrantēs*; 1/2) *quadrans*
Mk 12:42 ὅ ἐστιν **κοδράντης**.

κοιλία (*koilia*; 1/22) *stomach, belly, womb*
Mk 7:19 ἀλλ᾽ εἰς τὴν **κοιλίαν**,

κοινός (*koinos*; 2/14) *common*
Mk 7:2 μαθητῶν αὐτοῦ ὅτι **κοιναῖς** χερσίν,
Mk 7:5 ἀλλὰ **κοιναῖς** χερσὶν ἐσθίουσιν τὸν

κοινόω (*koinoō*; 5/14) *defile*
Mk 7:15 αὐτὸν ὃ δύναται **κοινῶσαι** αὐτόν,
Mk 7:15 ἐκπορευόμενά ἐστιν τὰ **κοινοῦντα** τὸν ἄνθρωπον.
Mk 7:18 οὐ δύναται αὐτὸν **κοινῶσαι**
Mk 7:20 ἐκεῖνο **κοινοῖ** τὸν ἄνθρωπον.
Mk 7:23 ἔσωθεν ἐκπορεύεται καὶ **κοινοῖ** τὸν ἄνθρωπον.

κόκκος (*kokkos*; 1/7) *seed*
Mk 4:31 ὡς **κόκκῳ** σινάπεως,

κολαφίζω (*kolaphizō*; 1/5) *beat, harrass*
Mk 14:65 τὸ πρόσωπον καὶ **κολαφίζειν** αὐτὸν καὶ λέγειν

κολλυβιστής (*kollybistēs*; 1/3) *money-changer*
Mk 11:15 τὰς τραπέζας τῶν **κολλυβιστῶν** καὶ τὰς καθέδρας

κολοβόω (*koloboō*; 2/4) *shorten*
Mk 13:20 καὶ εἰ μὴ **ἐκολόβωσεν** κύριος τὰς ἡμέρας,
Mk 13:20 ἐκλεκτοὺς οὓς ἐξελέξατο **ἐκολόβωσεν** τὰς ἡμέρας.

κοπάζω (*kopazō*; 2/3) *cease*
Mk 4:39 καὶ **ἐκόπασεν** ὁ ἄνεμος καὶ
Mk 6:51 τὸ πλοῖον καὶ **ἐκόπασεν** ὁ ἄνεμος,

κόπος (*kopos*; 1/18) *work*
Mk 14:6 τί αὐτῇ **κόπους** παρέχετε;

κόπτω (*koptō*; 1/8) *cut*
Mk 11:8 ἄλλοι δὲ στιβάδας **κόψαντες** ἐκ τῶν ἀγρῶν.

κοράσιον (*korasion*; 5/8) *girl*
Mk 5:41 τὸ **κοράσιον**,
Mk 5:42 εὐθὺς ἀνέστη τὸ **κοράσιον** καὶ περιεπάτει·
Mk 6:22 ὁ βασιλεὺς τῷ **κορασίῳ**·
Mk 6:28 ἔδωκεν αὐτὴν τῷ **κορασίῳ**,
Mk 6:28 καὶ τὸ **κοράσιον** ἔδωκεν αὐτὴν τῇ

κορβᾶν (*korban*; 1/1) *a gift for God*
Mk 7:11 **κορβᾶν**,

κόσμος (*kosmos*; 2[3]/185[186]) *world*
Mk 8:36 ἄνθρωπον κερδῆσαι τὸν **κόσμον** ὅλον καὶ ζημιωθῆναι
Mk 14:9 εἰς ὅλον τὸν **κόσμον**,
[Mk 16:15] πορευθέντες εἰς τὸν **κόσμον** ἅπαντα κηρύξατε τὸ

κουμ (*koum*; 1/1) *stand up*
Mk 5:41 ταλιθα **κουμ**,

κόφινος (*kophinos*; 2/6) *basket*
Mk 6:43 ἦραν κλάσματα δώδεκα **κοφίνων** πληρώματα
Mk 8:19 πόσους **κοφίνους** κλασμάτων πλήρεις ἤρατε;

κράβαττος (*krabattos*; 5/11) *bed*
Mk 2:4 ἐξορύξαντες χαλῶσι τὸν **κράβαττον** ὅπου ὁ παραλυτικὸς
Mk 2:9 καὶ ἆρον τὸν **κράβαττόν** σου καὶ περιπάτει;
Mk 2:11 ἔγειρε ἆρον τὸν **κράβαττόν** σου καὶ ὕπαγε
Mk 2:12 εὐθὺς ἄρας τὸν **κράβαττον** ἐξῆλθεν ἔμπροσθεν πάντων,
Mk 6:55 ἤρξαντο ἐπὶ τοῖς **κραβάττοις** τοὺς κακῶς ἔχοντας

κράζω (*krazō*; 10/55) *call out*
Mk 3:11 προσέπιπτον αὐτῷ καὶ **ἔκραζον** λέγοντες ὅτι σὺ
Mk 5:5 τοῖς ὄρεσιν ἦν **κράζων** καὶ κατακόπτων ἑαυτὸν
Mk 5:7 καὶ **κράξας** φωνῇ μεγάλῃ λέγει·
Mk 9:24 εὐθὺς **κράξας** ὁ πατὴρ τοῦ
Mk 9:26 καὶ **κράξας** καὶ πολλὰ σπαράξας
Mk 10:47 Ναζαρηνός ἐστιν ἤρξατο **κράζειν** καὶ λέγειν·
Mk 10:48 δὲ πολλῷ μᾶλλον **ἔκραζεν**·
Mk 11:9 καὶ οἱ ἀκολουθοῦντες **ἔκραζον**·
Mk 15:13 οἱ δὲ πάλιν **ἔκραξαν**·
Mk 15:14 οἱ δὲ περισσῶς **ἔκραξαν**·

κρανίον (*kranion*; 1/4) *skull*
Mk 15:22 ὅ ἐστιν μεθερμηνευόμενον **Κρανίου** Τόπος.

κράσπεδον (*kraspedon*; 1/5) *fringe*
Mk 6:56 ἵνα κἂν τοῦ **κρασπέδου** τοῦ ἱματίου αὐτοῦ

κρατέω (*krateō*; 15/47) *hold*
Mk 1:31 προσελθὼν ἤγειρεν αὐτὴν **κρατήσας** τῆς χειρός·
Mk 3:21 παρ᾽ αὐτοῦ ἐξῆλθον **κρατῆσαι** αὐτόν·
Mk 5:41 καὶ **κρατήσας** τῆς χειρὸς τοῦ
Mk 6:17 ὁ Ἡρῴδης ἀποστείλας **ἐκράτησεν** τὸν Ἰωάννην καὶ
Mk 7:3 **κρατοῦντες** τὴν παράδοσιν τῶν
Mk 7:4 ἐστιν ἃ παρέλαβον **κρατεῖν**,

Mk 7:8 ἐντολὴν τοῦ θεοῦ **κρατεῖτε** τὴν παράδοσιν
Mk 9:10 καὶ τὸν λόγον **ἐκράτησαν** πρὸς ἑαυτοὺς συζητοῦντες
Mk 9:27 ὁ δὲ Ἰησοῦς **κρατήσας** τῆς χειρὸς αὐτοῦ
Mk 12:12 Καὶ ἐζήτουν αὐτὸν **κρατῆσαι**,
Mk 14:1 αὐτὸν ἐν δόλῳ **κρατήσαντες** ἀποκτείνωσιν·
Mk 14:44 **κρατήσατε** αὐτὸν καὶ ἀπάγετε
Mk 14:46 χεῖρας αὐτῷ καὶ **ἐκράτησαν** αὐτόν.
Mk 14:49 διδάσκων καὶ οὐκ **ἐκρατήσατέ** με·
Mk 14:51 καὶ **κρατοῦσιν** αὐτόν·

κρημνός (*krēmnos*; 1/3) *steep bank*

Mk 5:13 ἀγέλη κατὰ τοῦ **κρημνοῦ** εἰς τὴν θάλασσαν,

κρίμα (*krima*; 1/27) *judgment*

Mk 12:40 οὗτοι λήμψονται περισσότερον **κρίμα**.

κρυπτός (*kryptos*; 1/17) *secret*

Mk 4:22 οὐ γάρ ἐστιν **κρυπτὸν** ἐὰν μὴ ἵνα

κτῆμα (*ktēma*; 1/4) *possession*

Mk 10:22 ἦν γὰρ ἔχων **κτήματα** πολλά.

κτίζω (*ktizō*; 1/15) *create*

Mk 13:19 ἀρχῆς κτίσεως ἣν **ἔκτισεν** ὁ θεὸς ἕως

κτίσις (*ktisis*; 2[3]/18[19]) *creation*

Mk 10:6 ἀπὸ δὲ ἀρχῆς **κτίσεως** ἄρσεν καὶ θῆλυ
Mk 13:19 τοιαύτη ἀπ' ἀρχῆς **κτίσεως** ἣν ἔκτισεν ὁ
[Mk 16:15] εὐαγγέλιον πάσῃ τῇ **κτίσει**.

κύκλῳ (*kyklō*; 3/8) *around, in a circle*

Mk 3:34 τοὺς περὶ αὐτὸν **κύκλῳ** καθημένους λέγει·
Mk 6:6 περιῆγεν τὰς κώμας **κύκλῳ** διδάσκων.
Mk 6:36 ἀπελθόντες εἰς τοὺς **κύκλῳ** ἀγροὺς καὶ κώμας

κυλίω (*kyliō*; 1/1) *roll about*

Mk 9:20 ἐπὶ τῆς γῆς **ἐκυλίετο** ἀφρίζων.

κυλλός (*kyllos*; 1/4) *crippled*

Mk 9:43 καλόν ἐστίν σε **κυλλὸν** εἰσελθεῖν εἰς τὴν

κῦμα (*kyma*; 1/5) *wave*

Mk 4:37 ἀνέμου καὶ τὰ **κύματα** ἐπέβαλλεν εἰς τὸ

κυνάριον (*kynarion*; 2/4) *house dog*

Mk 7:27 τέκνων καὶ τοῖς **κυναρίοις** βαλεῖν.
Mk 7:28 καὶ τὰ **κυνάρια** ὑποκάτω τῆς τραπέζης

κύπτω (*kyptō*; 1/1[2]) *bend or stoop down*

Mk 1:7 οὐκ εἰμὶ ἱκανὸς **κύψας** λῦσαι τὸν ἱμάντα

Κυρηναῖος (*Kyrēnaios*; 1/6) *Cyrenian*

Mk 15:21 παράγοντά τινα Σίμωνα **Κυρηναῖον** ἐρχόμενον ἀπ' ἀγροῦ,

κύριος (*kyrios*; 16[18]/714[717]) *Lord, sir*

Mk 1:3 ἑτοιμάσατε τὴν ὁδὸν **κυρίου**,
Mk 2:28 ὥστε **κύριός** ἐστιν ὁ υἱὸς
Mk 5:19 αὐτοῖς ὅσα ὁ **κύριός** σοι πεποίηκεν καὶ
Mk 7:28 **κύριε**·
Mk 11:3 ὁ **κύριος** αὐτοῦ χρείαν ἔχει,
Mk 11:9 ἐρχόμενος ἐν ὀνόματι **κυρίου**·
Mk 12:9 [οὖν] ποιήσει ὁ **κύριος** τοῦ ἀμπελῶνος;
Mk 12:11 παρὰ **κυρίου** ἐγένετο αὕτη καὶ
Mk 12:29 **κύριος** ὁ θεὸς ἡμῶν
Mk 12:29 ὁ θεὸς ἡμῶν **κύριος** εἷς ἐστιν,
Mk 12:30 καὶ ἀγαπήσεις **κύριον** τὸν θεόν σου
Mk 12:36 εἶπεν **κύριος** τῷ κυρίῳ μου·
Mk 12:36 εἶπεν κύριος τῷ **κυρίῳ** μου·
Mk 12:37 Δαυὶδ λέγει αὐτὸν **κύριον**,
Mk 13:20 εἰ μὴ ἐκολόβωσεν **κύριος** τὰς ἡμέρας,
Mk 13:35 γὰρ πότε ὁ **κύριος** τῆς οἰκίας ἔρχεται,
[Mk 16:19] Ὁ μὲν οὖν **κύριος** Ἰησοῦς μετὰ τὸ
[Mk 16:20] τοῦ **κυρίου** συνεργοῦντος καὶ τὸν

κωλύω (*kōlyō*; 3/23) *hinder*

Mk 9:38 ἐκβάλλοντα δαιμόνια καὶ **ἐκωλύομεν** αὐτόν,
Mk 9:39 μὴ **κωλύετε** αὐτόν.
Mk 10:14 μὴ **κωλύετε** αὐτά,

κώμη (*kōmē*; 7/27) *village*

Mk 6:6 Καὶ περιῆγεν τὰς **κώμας** κύκλῳ διδάσκων.
Mk 6:36 κύκλῳ ἀγροὺς καὶ **κώμας** ἀγοράσωσιν ἑαυτοῖς τί
Mk 6:56 ἂν εἰσεπορεύετο εἰς **κώμας** ἢ εἰς πόλεις
Mk 8:23 αὐτὸν ἔξω τῆς **κώμης** καὶ πτύσας εἰς
Mk 8:26 μηδὲ εἰς τὴν **κώμην** εἰσέλθῃς.
Mk 8:27 αὐτοῦ εἰς τὰς **κώμας** Καισαρείας τῆς Φιλίππου·
Mk 11:2 ὑπάγετε εἰς τὴν **κώμην** τὴν κατέναντι ὑμῶν,

κωμόπολις (*kōmopolis*; 1/1) *country town*

Mk 1:38 εἰς τὰς ἐχομένας **κωμοπόλεις**,

κωφός (*kōphos*; 3/14) *dumb*

Mk 7:32 Καὶ φέρουσιν αὐτῷ **κωφὸν** καὶ μογιλάλον
Mk 7:37 καὶ τοὺς **κωφοὺς** ποιεῖ ἀκούειν καὶ
Mk 9:25 τὸ ἄλαλον καὶ **κωφὸν** πνεῦμα,

λαῖλαψ (*lailaps*; 1/3) *storm*

Mk 4:37 καὶ γίνεται **λαῖλαψ** μεγάλη ἀνέμου καὶ

λαλέω (*laleō*; 19[21]/294[296]) *speak*

Mk 1:34 καὶ οὐκ ἤφιεν **λαλεῖν** τὰ δαιμόνια,
Mk 2:2 καὶ **ἐλάλει** αὐτοῖς τὸν λόγον.
Mk 2:7 τί οὗτος οὕτως **λαλεῖ**;
Mk 4:33 τοιαύταις παραβολαῖς πολλαῖς **ἐλάλει** αὐτοῖς τὸν λόγον
Mk 4:34 δὲ παραβολῆς οὐκ **ἐλάλει** αὐτοῖς,
Mk 5:35 Ἔτι αὐτοῦ **λαλοῦντος** ἔρχονται ἀπὸ τοῦ
Mk 5:36 παρακούσας τὸν λόγον **λαλούμενον** λέγει τῷ ἀρχισυναγώγῳ·
Mk 6:50 ὁ δὲ εὐθὺς **ἐλάλησεν** μετ' αὐτῶν,
Mk 7:35 γλώσσης αὐτοῦ καὶ **ἐλάλει** ὀρθῶς.
Mk 7:37 καὶ [τοὺς] ἀλάλους **λαλεῖν**.
Mk 8:32 παρρησίᾳ τὸν λόγον **ἐλάλει**.
Mk 11:23 πιστεύῃ ὅτι ὃ **λαλεῖ** γίνεται,
Mk 12:1 αὐτοῖς ἐν παραβολαῖς **λαλεῖν**·
Mk 13:11 μὴ προμεριμνᾶτε τί **λαλήσητε**,

Mk 13:11 τῇ ὥρᾳ τοῦτο **λαλεῖτε**·
Mk 13:11 ἐστε ὑμεῖς οἱ **λαλοῦντες** ἀλλὰ τὸ πνεῦμα
Mk 14:9 ὃ ἐποίησεν αὕτη **λαληθήσεται** εἰς μνημόσυνον αὐτῆς.
Mk 14:31 ὁ δὲ ἐκπερισσῶς **ἐλάλει**·
Mk 14:43 εὐθὺς ἔτι αὐτοῦ **λαλοῦντος** παραγίνεται Ἰούδας εἷς
[Mk 16:17] γλώσσαις **λαλήσουσιν** καιναῖς,
[Mk 16:19] Ἰησοῦς μετὰ τὸ **λαλῆσαι** αὐτοῖς ἀνελήμφθη εἰς

λεμα (*lema*; 1/2) *why*

Mk 15:34 ελωϊ ελωϊ **λεμα** σαβαχθανι;

λαμβάνω (*lambanō*; 20/258) *take, receive*

Mk 4:16 εὐθὺς μετὰ χαρᾶς **λαμβάνουσιν** αὐτόν,
Mk 6:41 καὶ **λαβὼν** τοὺς πέντε ἄρτους
Mk 7:27 γάρ ἐστιν καλὸν **λαβεῖν** τὸν ἄρτον τῶν
Mk 8:6 καὶ **λαβὼν** τοὺς ἑπτὰ ἄρτους
Mk 8:14 Καὶ ἐπελάθοντο **λαβεῖν** ἄρτους καὶ εἰ
Mk 9:36 καὶ **λαβὼν** παιδίον ἔστησεν αὐτὸ
Mk 10:30 ἐὰν μὴ **λάβῃ** ἑκατονταπλασίονα νῦν ἐν
Mk 11:24 πιστεύετε ὅτι **ἐλάβετε**,
Mk 12:2 παρὰ τῶν γεωργῶν **λάβῃ** ἀπὸ τῶν καρπῶν
Mk 12:3 καὶ **λαβόντες** αὐτὸν ἔδειραν καὶ
Mk 12:8 καὶ **λαβόντες** ἀπέκτειναν αὐτὸν καὶ
Mk 12:19 ἵνα **λάβῃ** ὁ ἀδελφὸς αὐτοῦ
Mk 12:20 καὶ ὁ πρῶτος **ἔλαβεν** γυναῖκα καὶ ἀποθνῄσκων
Mk 12:21 καὶ ὁ δεύτερος **ἔλαβεν** αὐτὴν καὶ ἀπέθανεν
Mk 12:40 οὗτοι **λήμψονται** περισσότερον κρίμα.
Mk 14:22 Καὶ ἐσθιόντων αὐτῶν **λαβὼν** ἄρτον εὐλογήσας ἔκλασεν
Mk 14:22 **λάβετε**,
Mk 14:23 καὶ **λαβὼν** ποτήριον εὐχαριστήσας ἔδωκεν
Mk 14:65 ὑπηρέται ῥαπίσμασιν αὐτὸν **ἔλαβον**.
Mk 15:23 ὃς δὲ οὐκ **ἔλαβεν**.

λανθάνω (*lanthanō*; 1/6) *be hidden*

Mk 7:24 καὶ οὐκ ἠδυνήθη **λαθεῖν**·

λαός (*laos*; 2/141[142]) *people, nation*

Mk 7:6 [ὅτι] οὗτος ὁ **λαὸς** τοῖς χείλεσίν με
Mk 14:2 ἔσται θόρυβος τοῦ **λαοῦ**.

λατομέω (*latomeō*; 1/2) *cut*

Mk 15:46 μνημείῳ ὃ ἦν **λελατομημένον** ἐκ πέτρας καὶ

λάχανον (*lachanon*; 1/4) *garden*

Mk 4:32 μεῖζον πάντων τῶν **λαχάνων** καὶ ποιεῖ κλάδους

λεγιών (*legiōn*; 2/4) *legion*

Mk 5:9 **λεγιὼν** ὄνομά μοι,
Mk 5:15 τὸν ἐσχηκότα τὸν **λεγιῶνα**,

λέγω (*legō*; 289[290]/2345[2353]) *say*

Mk 1:7 Καὶ ἐκήρυσσεν **λέγων**·
Mk 1:15 καὶ **λέγων** ὅτι πεπλήρωται ὁ
Mk 1:17 καὶ **εἶπεν** αὐτοῖς ὁ Ἰησοῦς·
Mk 1:24 **λέγων**·
Mk 1:25 αὐτῷ ὁ Ἰησοῦς **λέγων**·
Mk 1:27 συζητεῖν πρὸς ἑαυτοὺς **λέγοντας**·
Mk 1:30 καὶ εὐθὺς **λέγουσιν** αὐτῷ περὶ αὐτῆς.
Mk 1:37 εὗρον αὐτὸν καὶ **λέγουσιν** αὐτῷ ὅτι πάντες
Mk 1:38 καὶ **λέγει** αὐτοῖς·
Mk 1:40 [καὶ γονυπετῶν] καὶ **λέγων** αὐτῷ ὅτι ἐὰν
Mk 1:41 αὐτοῦ ἥψατο καὶ **λέγει** αὐτῷ·
Mk 1:44 καὶ **λέγει** αὐτῷ·
Mk 1:44 ὅρα μηδενὶ μηδὲν **εἴπῃς**,
Mk 2:5 τὴν πίστιν αὐτῶν **λέγει** τῷ παραλυτικῷ·
Mk 2:8 διαλογίζονται ἐν ἑαυτοῖς **λέγει** αὐτοῖς·
Mk 2:9 **εἰπεῖν** τῷ παραλυτικῷ·
Mk 2:9 ἢ **εἰπεῖν**·
Mk 2:10 **λέγει** τῷ παραλυτικῷ·
Mk 2:11 σοὶ **λέγω**,
Mk 2:12 δοξάζειν τὸν θεὸν **λέγοντας** ὅτι οὕτως οὐδέποτε
Mk 2:14 καὶ **λέγει** αὐτῷ·
Mk 2:16 ἁμαρτωλῶν καὶ τελωνῶν **ἔλεγον** τοῖς μαθηταῖς αὐτοῦ·
Mk 2:17 ἀκούσας ὁ Ἰησοῦς **λέγει** αὐτοῖς [ὅτι] οὐ
Mk 2:18 καὶ ἔρχονται καὶ **λέγουσιν** αὐτῷ·
Mk 2:19 καὶ **εἶπεν** αὐτοῖς ὁ Ἰησοῦς·
Mk 2:24 καὶ οἱ Φαρισαῖοι **ἔλεγον** αὐτῷ·
Mk 2:25 καὶ **λέγει** αὐτοῖς·
Mk 2:27 καὶ **ἔλεγεν** αὐτοῖς·
Mk 3:3 καὶ **λέγει** τῷ ἀνθρώπῳ τῷ
Mk 3:4 καὶ **λέγει** αὐτοῖς·
Mk 3:5 τῆς καρδίας αὐτῶν **λέγει** τῷ ἀνθρώπῳ·
Mk 3:9 καὶ **εἶπεν** τοῖς μαθηταῖς αὐτοῦ
Mk 3:11 αὐτῷ καὶ ἔκραζον **λέγοντες** ὅτι σὺ εἶ
Mk 3:21 **ἔλεγον** γὰρ ὅτι ἐξέστη.
Mk 3:22 ἀπὸ Ἱεροσολύμων καταβάντες **ἔλεγον** ὅτι Βεελζεβοὺλ ἔχει
Mk 3:23 αὐτοὺς ἐν παραβολαῖς **ἔλεγεν** αὐτοῖς·
Mk 3:28 Ἀμὴν **λέγω** ὑμῖν ὅτι πάντα
Mk 3:30 ὅτι **ἔλεγον**·
Mk 3:32 καὶ **λέγουσιν** αὐτῷ·
Mk 3:33 καὶ ἀποκριθεὶς αὐτοῖς **λέγει**·
Mk 3:34 αὐτὸν κύκλῳ καθημένους **λέγει**·
Mk 4:2 παραβολαῖς πολλὰ καὶ **ἔλεγεν** αὐτοῖς ἐν τῇ
Mk 4:9 καὶ **ἔλεγεν**·
Mk 4:11 καὶ **ἔλεγεν** αὐτοῖς·
Mk 4:13 Καὶ **λέγει** αὐτοῖς·
Mk 4:21 Καὶ **ἔλεγεν** αὐτοῖς·
Mk 4:24 Καὶ **ἔλεγεν** αὐτοῖς·
Mk 4:26 Καὶ **ἔλεγεν**·
Mk 4:30 Καὶ **ἔλεγεν**·
Mk 4:35 Καὶ **λέγει** αὐτοῖς ἐν ἐκείνῃ
Mk 4:38 ἐγείρουσιν αὐτὸν καὶ **λέγουσιν** αὐτῷ·
Mk 4:39 τῷ ἀνέμῳ καὶ **εἶπεν** τῇ θαλάσσῃ·
Mk 4:40 καὶ **εἶπεν** αὐτοῖς·
Mk 4:41 φόβον μέγαν καὶ **ἔλεγον** πρὸς ἀλλήλους·
Mk 5:7 κράξας φωνῇ μεγάλῃ **λέγει**·
Mk 5:8 **ἔλεγεν** γὰρ αὐτῷ·
Mk 5:9 καὶ **λέγει** αὐτῷ·
Mk 5:12 καὶ παρεκάλεσαν αὐτὸν **λέγοντες**·
Mk 5:19 ἀλλὰ **λέγει** αὐτῷ·
Mk 5:23 παρακαλεῖ αὐτὸν πολλὰ **λέγων** ὅτι τὸ θυγάτριόν
Mk 5:28 **ἔλεγεν** γὰρ ὅτι ἐὰν
Mk 5:30 ἐν τῷ ὄχλῳ **ἔλεγεν**·
Mk 5:31 καὶ **ἔλεγον** αὐτῷ οἱ μαθηταὶ
Mk 5:31 συνθλίβοντά σε καὶ **λέγεις**·

Mk 5:33 προσέπεσεν αὐτῷ καὶ **εἶπεν** αὐτῷ πᾶσαν τὴν
Mk 5:34 ὁ δὲ **εἶπεν** αὐτῇ·
Mk 5:35 ἀπὸ τοῦ ἀρχισυναγώγου **λέγοντες** ὅτι ἡ θυγάτηρ
Mk 5:36 τὸν λόγον λαλούμενον **λέγει** τῷ ἀρχισυναγώγῳ·
Mk 5:39 καὶ εἰσελθὼν **λέγει** αὐτοῖς·
Mk 5:41 χειρὸς τοῦ παιδίου **λέγει** αὐτῇ·
Mk 5:41 σοὶ **λέγω**,
Mk 5:43 καὶ **εἶπεν** δοθῆναι αὐτῇ φαγεῖν.
Mk 6:2 πολλοὶ ἀκούοντες ἐξεπλήσσοντο **λέγοντες**·
Mk 6:4 καὶ **ἔλεγεν** αὐτοῖς ὁ Ἰησοῦς
Mk 6:10 καὶ **ἔλεγεν** αὐτοῖς·
Mk 6:14 καὶ **ἔλεγον** ὅτι Ἰωάννης ὁ
Mk 6:15 ἄλλοι δὲ **ἔλεγον** ὅτι Ἠλίας ἐστίν·
Mk 6:15 ἄλλοι δὲ **ἔλεγον** ὅτι προφήτης ὡς
Mk 6:16 δὲ ὁ Ἡρῴδης **ἔλεγεν**·
Mk 6:18 **ἔλεγεν** γὰρ ὁ Ἰωάννης
Mk 6:22 **εἶπεν** ὁ βασιλεὺς τῷ
Mk 6:24 καὶ ἐξελθοῦσα **εἶπεν** τῇ μητρὶ αὐτῆς·
Mk 6:24 ἡ δὲ **εἶπεν**·
Mk 6:25 τὸν βασιλέα ᾐτήσατο **λέγουσα**·
Mk 6:31 καὶ **λέγει** αὐτοῖς·
Mk 6:35 οἱ μαθηταὶ αὐτοῦ **ἔλεγον** ὅτι ἔρημός ἐστιν
Mk 6:37 ὁ δὲ ἀποκριθεὶς **εἶπεν** αὐτοῖς·
Mk 6:37 καὶ **λέγουσιν** αὐτῷ·
Mk 6:38 ὁ δὲ **λέγει** αὐτοῖς·
Mk 6:38 καὶ γνόντες λέγουσιν·
Mk 6:50 καὶ **λέγει** αὐτοῖς·
Mk 7:6 Ὁ δὲ **εἶπεν** αὐτοῖς·
Mk 7:9 καὶ **ἔλεγεν** αὐτοῖς·
Mk 7:10 Μωϋσῆς γὰρ **εἶπεν**·
Mk 7:11 ὑμεῖς δὲ **λέγετε**·
Mk 7:11 ἐὰν **εἴπῃ** ἄνθρωπος τῷ πατρὶ
Mk 7:14 πάλιν τὸν ὄχλον **ἔλεγεν** αὐτοῖς·
Mk 7:18 καὶ **λέγει** αὐτοῖς·
Mk 7:20 **ἔλεγεν** δὲ ὅτι τὸ
Mk 7:27 καὶ **ἔλεγεν** αὐτῇ·
Mk 7:28 δὲ ἀπεκρίθη καὶ **λέγει** αὐτῷ·
Mk 7:29 καὶ **εἶπεν** αὐτῇ·
Mk 7:34 οὐρανὸν ἐστέναξεν καὶ **λέγει** αὐτῷ·
Mk 7:36 αὐτοῖς ἵνα μηδενὶ **λέγωσιν**·
Mk 7:37 καὶ ὑπερπερισσῶς ἐξεπλήσσοντο **λέγοντες**·
Mk 8:1 προσκαλεσάμενος τοὺς μαθητὰς **λέγει** αὐτοῖς·
Mk 8:5 οἱ δὲ **εἶπαν**·
Mk 8:7 καὶ εὐλογήσας αὐτὰ **εἶπεν** καὶ ταῦτα παρατιθέναι.
Mk 8:12 τῷ πνεύματι αὐτοῦ **λέγει**·
Mk 8:12 ἀμὴν **λέγω** ὑμῖν,
Mk 8:15 καὶ διεστέλλετο αὐτοῖς **λέγων**·
Mk 8:17 καὶ γνοὺς **λέγει** αὐτοῖς·
Mk 8:19 **λέγουσιν** αὐτῷ·
Mk 8:20 καὶ **λέγουσιν** [αὐτῷ]·
Mk 8:21 καὶ **ἔλεγεν** αὐτοῖς·
Mk 8:24 καὶ ἀναβλέψας **ἔλεγεν**·
Mk 8:26 εἰς οἶκον αὐτοῦ **λέγων**·
Mk 8:27 τοὺς μαθητὰς αὐτοῦ **λέγων** αὐτοῖς·
Mk 8:27 τίνα με **λέγουσιν** οἱ ἄνθρωποι εἶναι;
Mk 8:28 οἱ δὲ **εἶπαν** αὐτῷ λέγοντες [ὅτι]
Mk 8:28 δὲ εἶπαν αὐτῷ **λέγοντες** [ὅτι] Ἰωάννην τὸν
Mk 8:29 δὲ τίνα με **λέγετε** εἶναι;
Mk 8:29 ἀποκριθεὶς ὁ Πέτρος **λέγει** αὐτῷ·
Mk 8:30 αὐτοῖς ἵνα μηδενὶ **λέγωσιν** περὶ αὐτοῦ.
Mk 8:33 ἐπετίμησεν Πέτρῳ καὶ **λέγει**·
Mk 8:34 τοῖς μαθηταῖς αὐτοῦ **εἶπεν** αὐτοῖς·
Mk 9:1 Καὶ **ἔλεγεν** αὐτοῖς·
Mk 9:1 ἀμὴν **λέγω** ὑμῖν ὅτι εἰσίν
Mk 9:5 ἀποκριθεὶς ὁ Πέτρος **λέγει** τῷ Ἰησοῦ·
Mk 9:11 Καὶ ἐπηρώτων αὐτὸν **λέγοντες**·
Mk 9:11 ὅτι **λέγουσιν** οἱ γραμματεῖς ὅτι
Mk 9:13 ἀλλὰ **λέγω** ὑμῖν ὅτι καὶ
Mk 9:18 καὶ **εἶπα** τοῖς μαθηταῖς σου
Mk 9:19 δὲ ἀποκριθεὶς αὐτοῖς **λέγει**·
Mk 9:21 ὁ δὲ **εἶπεν**·
Mk 9:23 ὁ δὲ Ἰησοῦς **εἶπεν** αὐτῷ·
Mk 9:24 πατὴρ τοῦ παιδίου **ἔλεγεν**·
Mk 9:25 πνεύματι τῷ ἀκαθάρτῳ **λέγων** αὐτῷ·
Mk 9:26 ὥστε τοὺς πολλοὺς **λέγειν** ὅτι ἀπέθανεν.
Mk 9:29 καὶ **εἶπεν** αὐτοῖς·
Mk 9:31 μαθητὰς αὐτοῦ καὶ **ἔλεγεν** αὐτοῖς ὅτι ὁ
Mk 9:35 τοὺς δώδεκα καὶ **λέγει** αὐτοῖς·
Mk 9:36 καὶ ἐναγκαλισάμενος αὐτὸ **εἶπεν** αὐτοῖς·
Mk 9:39 ὁ δὲ Ἰησοῦς **εἶπεν**·
Mk 9:41 ἀμὴν **λέγω** ὑμῖν ὅτι οὐ
Mk 10:3 ὁ δὲ ἀποκριθεὶς **εἶπεν** αὐτοῖς·
Mk 10:4 οἱ δὲ **εἶπαν**·
Mk 10:5 ὁ δὲ Ἰησοῦς **εἶπεν** αὐτοῖς·
Mk 10:11 καὶ **λέγει** αὐτοῖς·
Mk 10:14 Ἰησοῦς ἠγανάκτησεν καὶ **εἶπεν** αὐτοῖς·
Mk 10:15 ἀμὴν **λέγω** ὑμῖν,
Mk 10:18 ὁ δὲ Ἰησοῦς **εἶπεν** αὐτῷ·
Mk 10:18 τί με **λέγεις** ἀγαθόν;
Mk 10:21 ἠγάπησεν αὐτὸν καὶ **εἶπεν** αὐτῷ·
Mk 10:23 περιβλεψάμενος ὁ Ἰησοῦς **λέγει** τοῖς μαθηταῖς αὐτοῦ·
Mk 10:24 Ἰησοῦς πάλιν ἀποκριθεὶς **λέγει** αὐτοῖς·
Mk 10:26 δὲ περισσῶς ἐξεπλήσσοντο **λέγοντες** πρὸς ἑαυτούς·
Mk 10:27 αὐτοῖς ὁ Ἰησοῦς **λέγει**·
Mk 10:28 Ἤρξατο **λέγειν** ὁ Πέτρος αὐτῷ·
Mk 10:29 ἀμὴν **λέγω** ὑμῖν,
Mk 10:32 δώδεκα ἤρξατο αὐτοῖς **λέγειν** τὰ μέλλοντα αὐτῷ
Mk 10:35 οἱ υἱοὶ Ζεβεδαίου **λέγοντες** αὐτῷ·
Mk 10:36 ὁ δὲ **εἶπεν** αὐτοῖς·
Mk 10:37 οἱ δὲ **εἶπαν** αὐτῷ·
Mk 10:38 ὁ δὲ Ἰησοῦς **εἶπεν** αὐτοῖς·
Mk 10:39 οἱ δὲ **εἶπαν** αὐτῷ·
Mk 10:39 ὁ δὲ Ἰησοῦς **εἶπεν** αὐτοῖς·
Mk 10:42 αὐτοὺς ὁ Ἰησοῦς **λέγει** αὐτοῖς·
Mk 10:47 ἤρξατο κράζειν καὶ **λέγειν**·
Mk 10:49 στὰς ὁ Ἰησοῦς **εἶπεν**·
Mk 10:49 φωνοῦσιν τὸν τυφλὸν **λέγοντες** αὐτῷ·
Mk 10:51 αὐτῷ ὁ Ἰησοῦς **εἶπεν**·
Mk 10:51 ὁ δὲ τυφλὸς **εἶπεν** αὐτῷ·
Mk 10:52 καὶ ὁ Ἰησοῦς **εἶπεν** αὐτῷ·
Mk 11:2 καὶ **λέγει** αὐτοῖς·
Mk 11:3 ἐάν τις ὑμῖν **εἴπῃ**·
Mk 11:3 **εἴπατε**·
Mk 11:5 τῶν ἐκεῖ ἑστηκότων **ἔλεγον** αὐτοῖς·
Mk 11:6 οἱ δὲ **εἶπαν** αὐτοῖς καθὼς εἶπεν
Mk 11:6 εἶπαν αὐτοῖς καθὼς **εἶπεν** ὁ Ἰησοῦς,
Mk 11:14 καὶ ἀποκριθεὶς **εἶπεν** αὐτῇ·
Mk 11:17 καὶ ἐδίδασκεν καὶ **ἔλεγεν** αὐτοῖς·
Mk 11:21 ἀναμνησθεὶς ὁ Πέτρος **λέγει** αὐτῷ·
Mk 11:22 ἀποκριθεὶς ὁ Ἰησοῦς **λέγει** αὐτοῖς·
Mk 11:23 ἀμὴν **λέγω** ὑμῖν ὅτι ὃς

Mk 11:23 ὅτι ὃς ἂν **εἴπῃ** τῷ ὄρει τούτῳ·
Mk 11:24 διὰ τοῦτο **λέγω** ὑμῖν,
Mk 11:28 καὶ **ἔλεγον** αὐτῷ·
Mk 11:29 ὁ δὲ Ἰησοῦς **εἶπεν** αὐτοῖς·
Mk 11:29 ἀποκρίθητέ μοι καὶ **ἐρῶ** ὑμῖν ἐν ποίᾳ
Mk 11:31 διελογίζοντο πρὸς ἑαυτοὺς **λέγοντες**·
Mk 11:31 ἐὰν **εἴπωμεν**·
Mk 11:31 **ἐρεῖ**·
Mk 11:32 ἀλλὰ **εἴπωμεν**·
Mk 11:33 ἀποκριθέντες τῷ Ἰησοῦ **λέγουσιν**·
Mk 11:33 καὶ ὁ Ἰησοῦς **λέγει** αὐτοῖς·
Mk 11:33 οὐδὲ ἐγὼ **λέγω** ὑμῖν ἐν ποίᾳ
Mk 12:6 ἔσχατον πρὸς αὐτοὺς **λέγων** ὅτι ἐντραπήσονται τὸν
Mk 12:7 γεωργοὶ πρὸς ἑαυτοὺς **εἶπαν** ὅτι οὗτός ἐστιν
Mk 12:12 αὐτοὺς τὴν παραβολὴν **εἶπεν**.
Mk 12:14 καὶ ἐλθόντες **λέγουσιν** αὐτῷ·
Mk 12:15 αὐτῶν τὴν ὑπόκρισιν **εἶπεν** αὐτοῖς·
Mk 12:16 καὶ **λέγει** αὐτοῖς·
Mk 12:16 οἱ δὲ **εἶπαν** αὐτῷ·
Mk 12:17 ὁ δὲ Ἰησοῦς **εἶπεν** αὐτοῖς·
Mk 12:18 οἵτινες **λέγουσιν** ἀνάστασιν μὴ εἶναι,
Mk 12:18 καὶ ἐπηρώτων αὐτὸν **λέγοντες**·
Mk 12:26 τοῦ βάτου πῶς **εἶπεν** αὐτῷ ὁ θεὸς
Mk 12:26 αὐτῷ ὁ θεὸς **λέγων**·
Mk 12:32 καὶ **εἶπεν** αὐτῷ ὁ γραμματεύς·
Mk 12:32 ἐπ' ἀληθείας **εἶπες** ὅτι εἷς ἐστιν
Mk 12:34 ὅτι νουνεχῶς ἀπεκρίθη **εἶπεν** αὐτῷ·
Mk 12:35 ἀποκριθεὶς ὁ Ἰησοῦς **ἔλεγεν** διδάσκων ἐν τῷ
Mk 12:35 πῶς **λέγουσιν** οἱ γραμματεῖς ὅτι
Mk 12:36 αὐτὸς Δαυὶδ **εἶπεν** ἐν τῷ πνεύματι
Mk 12:36 **εἶπεν** κύριος τῷ κυρίῳ
Mk 12:37 αὐτὸς Δαυὶδ **λέγει** αὐτὸν κύριον,
Mk 12:38 τῇ διδαχῇ αὐτοῦ **ἔλεγεν**·
Mk 12:43 τοὺς μαθητὰς αὐτοῦ **εἶπεν** αὐτοῖς·
Mk 12:43 ἀμὴν **λέγω** ὑμῖν ὅτι ἡ
Mk 13:1 ἐκ τοῦ ἱεροῦ **λέγει** αὐτῷ εἷς τῶν
Mk 13:2 καὶ ὁ Ἰησοῦς **εἶπεν** αὐτῷ·
Mk 13:4 **εἰπὸν** ἡμῖν,
Mk 13:5 δὲ Ἰησοῦς ἤρξατο **λέγειν** αὐτοῖς·
Mk 13:6 τῷ ὀνόματί μου **λέγοντες** ὅτι ἐγώ εἰμι,
Mk 13:21 ἐάν τις ὑμῖν **εἴπῃ**·
Mk 13:30 Ἀμὴν **λέγω** ὑμῖν ὅτι οὐ
Mk 13:37 ὃ δὲ ὑμῖν **λέγω** πᾶσιν λέγω,
Mk 13:37 ὑμῖν λέγω πᾶσιν **λέγω**,
Mk 14:2 **ἔλεγον** γάρ·
Mk 14:6 ὁ δὲ Ἰησοῦς **εἶπεν**·
Mk 14:9 ἀμὴν δὲ **λέγω** ὑμῖν,
Mk 14:12 **λέγουσιν** αὐτῷ οἱ μαθηταὶ
Mk 14:13 μαθητῶν αὐτοῦ καὶ **λέγει** αὐτοῖς·
Mk 14:14 ὅπου ἐὰν εἰσέλθῃ **εἴπατε** τῷ οἰκοδεσπότῃ
Mk 14:14 ὅτι ὁ διδάσκαλος **λέγει**·
Mk 14:16 καὶ εὗρον καθὼς **εἶπεν** αὐτοῖς καὶ ἡτοίμασαν
Mk 14:18 ἐσθιόντων ὁ Ἰησοῦς **εἶπεν**·
Mk 14:18 ἀμὴν λέγω **ὑμῖν** ὅτι εἷς ἐξ
Mk 14:19 ἤρξαντο λυπεῖσθαι καὶ **λέγειν** αὐτῷ εἷς
Mk 14:20 ὁ δὲ **εἶπεν** αὐτοῖς·
Mk 14:22 ἔδωκεν αὐτοῖς καὶ **εἶπεν**·
Mk 14:24 καὶ **εἶπεν** αὐτοῖς·
Mk 14:25 ἀμὴν **λέγω** ὑμῖν ὅτι οὐκέτι
Mk 14:27 καὶ **λέγει** αὐτοῖς ὁ Ἰησοῦς
Mk 14:30 καὶ **λέγει** αὐτῷ ὁ Ἰησοῦς·
Mk 14:30 ἀμὴν **λέγω** σοι ὅτι σὺ
Mk 14:31 δὲ καὶ πάντες **ἔλεγον**.
Mk 14:32 ὄνομα Γεθσημανὶ καὶ **λέγει** τοῖς μαθηταῖς αὐτοῦ·
Mk 14:34 καὶ **λέγει** αὐτοῖς·
Mk 14:36 καὶ **ἔλεγεν**·
Mk 14:37 καὶ **λέγει** τῷ Πέτρῳ·
Mk 14:39 τὸν αὐτὸν λόγον **εἰπών**.
Mk 14:41 τὸ τρίτον καὶ **λέγει** αὐτοῖς·
Mk 14:44 αὐτὸν σύσσημον αὐτοῖς **λέγων**·
Mk 14:45 εὐθὺς προσελθὼν αὐτῷ **λέγει**·
Mk 14:48 ἀποκριθεὶς ὁ Ἰησοῦς **εἶπεν** αὐτοῖς·
Mk 14:57 ἐψευδομαρτύρουν κατ' αὐτοῦ **λέγοντες**
Mk 14:58 ἡμεῖς ἠκούσαμεν αὐτοῦ **λέγοντος** ὅτι ἐγὼ καταλύσω
Mk 14:60 ἐπηρώτησεν τὸν Ἰησοῦν **λέγων**·
Mk 14:61 ἐπηρώτα αὐτὸν καὶ **λέγει** αὐτῷ·
Mk 14:62 ὁ δὲ Ἰησοῦς **εἶπεν**·
Mk 14:63 τοὺς χιτῶνας αὐτοῦ **λέγει**·
Mk 14:65 κολαφίζειν αὐτὸν καὶ **λέγειν** αὐτῷ·
Mk 14:67 θερμαινόμενον ἐμβλέψασα αὐτῷ **λέγει**·
Mk 14:68 ὁ δὲ ἠρνήσατο **λέγων**·
Mk 14:68 ἐπίσταμαι σὺ τί **λέγεις**.
Mk 14:69 αὐτὸν ἤρξατο πάλιν **λέγειν** τοῖς παρεστῶσιν
Mk 14:70 πάλιν οἱ παρεστῶτες **ἔλεγον** τῷ Πέτρῳ·
Mk 14:71 ἄνθρωπον τοῦτον ὃν **λέγετε**.
Mk 14:72 τὸ ῥῆμα ὡς **εἶπεν** αὐτῷ ὁ Ἰησοῦς
Mk 15:2 δὲ ἀποκριθεὶς αὐτῷ **λέγει**·
Mk 15:2 σὺ **λέγεις**.
Mk 15:4 πάλιν ἐπηρώτα αὐτὸν **λέγων**·
Mk 15:7 ἦν δὲ ὁ **λεγόμενος** Βαραββᾶς μετὰ τῶν
Mk 15:9 Πιλᾶτος ἀπεκρίθη αὐτοῖς **λέγων**·
Mk 15:12 Πιλᾶτος πάλιν ἀποκριθεὶς **ἔλεγεν** αὐτοῖς·
Mk 15:12 ποιήσω [ὃν **λέγετε**] τὸν βασιλέα
Mk 15:14 ὁ δὲ Πιλᾶτος **ἔλεγεν** αὐτοῖς·
Mk 15:29 κεφαλὰς αὐτῶν καὶ **λέγοντες**·
Mk 15:31 μετὰ τῶν γραμματέων **ἔλεγον**·
Mk 15:35 τῶν παρεστηκότων ἀκούσαντες **ἔλεγον**·
Mk 15:36 καλάμῳ ἐπότιζεν αὐτόν **λέγων**·
Mk 15:39 ὅτι οὕτως ἐξέπνευσεν **εἶπεν**·
Mk 16:3 καὶ **ἔλεγον** πρὸς ἑαυτάς·
Mk 16:6 ὁ δὲ **λέγει** αὐταῖς·
Mk 16:7 ἀλλὰ ὑπάγετε **εἴπατε** τοῖς μαθηταῖς αὐτοῦ
Mk 16:7 καθὼς **εἶπεν** ὑμῖν.
Mk 16:8 καὶ οὐδενὶ οὐδὲν **εἶπαν**·
[Mk 16:15] καὶ **εἶπεν** αὐτοῖς·

λέπρα (*lepra*; 1/4) *leprosy*

Mk 1:42 ἀπ' αὐτοῦ ἡ **λέπρα**,

λεπρός (*lepros*; 2/9) *leper*

Mk 1:40 ἔρχεται πρὸς αὐτὸν **λεπρὸς** παρακαλῶν αὐτὸν [καὶ
Mk 14:3 οἰκίᾳ Σίμωνος τοῦ **λεπροῦ**,

λεπτόν (*lepton*; 1/3) *lepton (Jewish bronze or copper coin)*

Mk 12:42 χήρα πτωχὴ ἔβαλεν **λεπτὰ** δύο,

Λευί (*Leui*; 1/8) *Levi*

Mk 2:14 Καὶ παράγων εἶδεν **Λευὶν** τὸν τοῦ Ἁλφαίου

λευκαίνω (*leukainō*; 1/2) *make whole*
Mk 9:3 οὐ δύναται οὕτως **λευκᾶναι**.

λευκός (*leukos*; 2/25) *white*
Mk 9:3 αὐτοῦ ἐγένετο στίλβοντα **λευκὰ** λίαν,
Mk 16:5 δεξιοῖς περιβεβλημένον στολὴν **λευκήν**,

λῃστής (*lēstēs*; 3/15) *robber, insurrectionist*
Mk 11:17 πεποιήκατε αὐτὸν σπήλαιον **λῃστῶν**.
Mk 14:48 ὡς ἐπὶ **λῃστὴν** ἐξήλθατε μετὰ μαχαιρῶν
Mk 15:27 αὐτῷ σταυροῦσιν δύο **λῃστάς**,

λίαν (*lian*; 4/12) *exceedingly*
Mk 1:35 Καὶ πρωῒ ἔννυχα **λίαν** ἀναστὰς ἐξῆλθεν καὶ
Mk 6:51 καὶ **λίαν** [ἐκ περισσοῦ] ἐν
Mk 9:3 ἐγένετο στίλβοντα λευκὰ **λίαν**,
Mk 16:2 καὶ **λίαν** πρωῒ τῇ μιᾷ

λίθος (*lithos*; 8/58[59]) *stone*
Mk 5:5 καὶ κατακόπτων ἑαυτὸν **λίθοις**.
Mk 12:10 **λίθον** ὃν ἀπεδοκίμασαν οἱ
Mk 13:1 ἴδε ποταποὶ **λίθοι** καὶ ποταπαὶ οἰκοδομαί.
Mk 13:2 μὴ ἀφεθῇ ὧδε **λίθος** ἐπὶ λίθον ὃς
Mk 13:2 ὧδε λίθος ἐπὶ **λίθον** ὃς οὐ μὴ
Mk 15:46 πέτρας καὶ προσεκύλισεν **λίθον** ἐπὶ τὴν θύραν
Mk 16:3 ἀποκυλίσει ἡμῖν τὸν **λίθον** ἐκ τῆς θύρας
Mk 16:4 ὅτι ἀποκεκύλισται ὁ **λίθος**·

λιμός (*limos*; 1/12) *famine*
Mk 13:8 ἔσονται **λιμοί**·

λόγος (*logos*; 23[24]/329[330]) *word*
Mk 1:45 καὶ διαφημίζειν τὸν **λόγον**,
Mk 2:2 ἐλάλει αὐτοῖς τὸν **λόγον**.
Mk 4:14 ὁ σπείρων τὸν **λόγον** σπείρει.
Mk 4:15 ὅπου σπείρεται ὁ **λόγος** καὶ ὅταν ἀκούσωσιν,
Mk 4:15 καὶ αἴρει τὸν **λόγον** τὸν ἐσπαρμένον εἰς
Mk 4:16 ὅταν ἀκούσωσιν τὸν **λόγον** εὐθὺς μετὰ χαρᾶς
Mk 4:17 διωγμοῦ διὰ τὸν **λόγον** εὐθὺς σκανδαλίζονται.
Mk 4:18 εἰσιν οἱ τὸν **λόγον** ἀκούσαντες,
Mk 4:19 εἰσπορευόμεναι συμπνίγουσιν τὸν **λόγον** καὶ ἄκαρπος γίνεται.
Mk 4:20 οἵτινες ἀκούουσιν τὸν **λόγον** καὶ παραδέχονται καὶ
Mk 4:33 ἐλάλει αὐτοῖς τὸν **λόγον** καθὼς ἠδύναντο ἀκούειν·
Mk 5:36 Ἰησοῦς παρακούσας τὸν **λόγον** λαλούμενον λέγει τῷ
Mk 7:13 ἀκυροῦντες τὸν **λόγον** τοῦ θεοῦ τῇ
Mk 7:29 διὰ τοῦτον τὸν **λόγον** ὕπαγε,
Mk 8:32 καὶ παρρησίᾳ τὸν **λόγον** ἐλάλει.
Mk 8:38 καὶ τοὺς ἐμοὺς **λόγους** ἐν τῇ γενεᾷ
Mk 9:10 καὶ τὸν **λόγον** ἐκράτησαν πρὸς ἑαυτοὺς
Mk 10:22 στυγνάσας ἐπὶ τῷ **λόγῳ** ἀπῆλθεν λυπούμενος·
Mk 10:24 ἐθαμβοῦντο ἐπὶ τοῖς **λόγοις** αὐτοῦ.
Mk 11:29 ἐπερωτήσω ὑμᾶς ἕνα **λόγον**,
Mk 12:13 ἵνα αὐτὸν ἀγρεύσωσιν **λόγῳ**.
Mk 13:31 οἱ δὲ **λόγοι** μου οὐ μὴ
Mk 14:39 προσηύξατο τὸν αὐτὸν **λόγον** εἰπών.
[Mk 16:20] συνεργοῦντος καὶ τὸν **λόγον** βεβαιοῦντος διὰ τῶν

λοιπός (*loipos*; 2[3]/54[55]) *rest, remaining*
Mk 4:19 αἱ περὶ τὰ **λοιπὰ** ἐπιθυμίαι εἰσπορευόμεναι συμπνίγουσιν
Mk 14:41 καθεύδετε τὸ **λοιπὸν** καὶ ἀναπαύεσθε·
[Mk 16:13] ἀπελθόντες ἀπήγγειλαν τοῖς **λοιποῖς**·

λυπέω (*lypeō*; 2/26) *grieve*
Mk 10:22 τῷ λόγῳ ἀπῆλθεν **λυπούμενος**·
Mk 14:19 ἤρξαντο **λυπεῖσθαι** καὶ λέγειν αὐτῷ

λύτρον (*lytron*; 1/2) *ransom*
Mk 10:45 τὴν ψυχὴν αὐτοῦ **λύτρον** ἀντὶ πολλῶν.

λυχνία (*lychnia*; 1/12) *lampstand*
Mk 4:21 ἵνα ἐπὶ τὴν **λυχνίαν** τεθῇ;

λύχνος (*lychnos*; 1/14) *lamp*
Mk 4:21 μήτι ἔρχεται ὁ **λύχνος** ἵνα ὑπὸ τὸν

λύω (*lyō*; 5/42) *loose*
Mk 1:7 εἰμὶ ἱκανὸς κύψας **λῦσαι** τὸν ἱμάντα τῶν
Mk 7:35 καὶ **ἐλύθη** ὁ δεσμὸς τῆς
Mk 11:2 **λύσατε** αὐτὸν καὶ φέρετε.
Mk 11:4 τοῦ ἀμφόδου καὶ **λύουσιν** αὐτόν.
Mk 11:5 τί ποιεῖτε **λύοντες** τὸν πῶλον;

Μαγδαληνή (*Magdalēnē*; 3[4]/11[12]) *woman of Magdala*
Mk 15:40 καὶ Μαρία ἡ **Μαγδαληνὴ** καὶ Μαρία ἡ
Mk 15:47 δὲ Μαρία ἡ **Μαγδαληνὴ** καὶ Μαρία ἡ
Mk 16:1 σαββάτου Μαρία ἡ **Μαγδαληνὴ** καὶ Μαρία ἡ
[Mk 16:9] πρῶτον Μαρίᾳ τῇ **Μαγδαληνῇ**,

μαθητής (*mathētēs*; 46/261) *disciple*
Mk 2:15 Ἰησοῦ καὶ τοῖς **μαθηταῖς** αὐτοῦ·
Mk 2:16 τελωνῶν ἔλεγον τοῖς **μαθηταῖς** αὐτοῦ·
Mk 2:18 Καὶ ἦσαν οἱ **μαθηταὶ** Ἰωάννου καὶ οἱ
Mk 2:18 διὰ τί οἱ **μαθηταὶ** Ἰωάννου καὶ οἱ
Mk 2:18 Ἰωάννου καὶ οἱ **μαθηταὶ** τῶν Φαρισαίων νηστεύουσιν,
Mk 2:18 οἱ δὲ σοὶ **μαθηταὶ** οὐ νηστεύουσιν;
Mk 2:23 καὶ οἱ **μαθηταὶ** αὐτοῦ ἤρξαντο ὁδὸν
Mk 3:7 Ἰησοῦς μετὰ τῶν **μαθητῶν** αὐτοῦ ἀνεχώρησεν
Mk 3:9 καὶ εἶπεν τοῖς **μαθηταῖς** αὐτοῦ ἵνα πλοιάριον
Mk 4:34 δὲ τοῖς ἰδίοις **μαθηταῖς** ἐπέλυεν πάντα.
Mk 5:31 ἔλεγον αὐτῷ οἱ **μαθηταὶ** αὐτοῦ·
Mk 6:1 ἀκολουθοῦσιν αὐτῷ οἱ **μαθηταὶ** αὐτοῦ.
Mk 6:29 καὶ ἀκούσαντες οἱ **μαθηταὶ** αὐτοῦ ἦλθον καὶ
Mk 6:35 προσελθόντες αὐτῷ οἱ **μαθηταὶ** αὐτοῦ ἔλεγον ὅτι
Mk 6:41 καὶ ἐδίδου τοῖς **μαθηταῖς** [αὐτοῦ] ἵνα παρατιθῶσιν
Mk 6:45 εὐθὺς ἠνάγκασεν τοὺς **μαθητὰς** αὐτοῦ ἐμβῆναι εἰς

Mk 7:2 ἰδόντες τινας τῶν **μαθητῶν** αὐτοῦ ὅτι κοιναῖς
Mk 7:5 οὐ περιπατοῦσιν οἱ **μαθηταί** σου κατὰ τὴν
Mk 7:17 ἐπηρώτων αὐτὸν οἱ **μαθηταὶ** αὐτοῦ τὴν παραβολήν.
Mk 8:1 προσκαλεσάμενος τοὺς **μαθητὰς** λέγει αὐτοῖς·
Mk 8:4 ἀπεκρίθησαν αὐτῷ οἱ **μαθηταὶ** αὐτοῦ ὅτι πόθεν
Mk 8:6 καὶ ἐδίδου τοῖς **μαθηταῖς** αὐτοῦ ἵνα παρατιθῶσιν,
Mk 8:10 πλοῖον μετὰ τῶν **μαθητῶν** αὐτοῦ ἦλθεν εἰς
Mk 8:27 Ἰησοῦς καὶ οἱ **μαθηταὶ** αὐτοῦ εἰς τὰς
Mk 8:27 ὁδῷ ἐπηρώτα τοὺς **μαθητὰς** αὐτοῦ λέγων αὐτοῖς·
Mk 8:33 καὶ ἰδὼν τοὺς **μαθητὰς** αὐτοῦ ἐπετίμησεν Πέτρῳ
Mk 8:34 ὄχλον σὺν τοῖς **μαθηταῖς** αὐτοῦ εἶπεν αὐτοῖς·
Mk 9:14 ἐλθόντες πρὸς τοὺς **μαθητὰς** εἶδον ὄχλον πολὺν
Mk 9:18 καὶ εἶπα τοῖς **μαθηταῖς** σου ἵνα αὐτὸ
Mk 9:28 εἰς οἶκον οἱ **μαθηταὶ** αὐτοῦ κατ' ἰδίαν
Mk 9:31 ἐδίδασκεν γὰρ τοὺς **μαθητὰς** αὐτοῦ καὶ ἔλεγεν
Mk 10:10 οἰκίαν πάλιν οἱ **μαθηταὶ** περὶ τούτου ἐπηρώτων
Mk 10:13 οἱ δὲ **μαθηταὶ** ἐπετίμησαν αὐτοῖς.
Mk 10:23 Ἰησοῦς λέγει τοῖς **μαθηταῖς** αὐτοῦ·
Mk 10:24 οἱ δὲ **μαθηταὶ** ἐθαμβοῦντο ἐπὶ τοῖς
Mk 10:46 Ἰεριχὼ καὶ τῶν **μαθητῶν** αὐτοῦ καὶ ὄχλου
Mk 11:1 ἀποστέλλει δύο τῶν **μαθητῶν** αὐτοῦ
Mk 11:14 καὶ ἤκουον οἱ **μαθηταὶ** αὐτοῦ.
Mk 12:43 καὶ προσκαλεσάμενος τοὺς **μαθητὰς** αὐτοῦ εἶπεν αὐτοῖς·
Mk 13:1 αὐτῷ εἷς τῶν **μαθητῶν** αὐτοῦ·
Mk 14:12 λέγουσιν αὐτῷ οἱ **μαθηταὶ** αὐτοῦ·
Mk 14:13 ἀποστέλλει δύο τῶν **μαθητῶν** αὐτοῦ καὶ λέγει
Mk 14:14 πάσχα μετὰ τῶν **μαθητῶν** μου φάγω;
Mk 14:16 καὶ ἐξῆλθον οἱ **μαθηταὶ** καὶ ἦλθον εἰς
Mk 14:32 καὶ λέγει τοῖς **μαθηταῖς** αὐτοῦ·
Mk 16:7 ὑπάγετε εἴπατε τοῖς **μαθηταῖς** αὐτοῦ καὶ τῷ

Μαθθαῖος (*Maththaios*; 1/5) *Matthew*

Mk 3:18 καὶ Βαρθολομαῖον καὶ **Μαθθαῖον** καὶ Θωμᾶν

μακράν (*makran*; 1/10) *far*

Mk 12:34 οὐ **μακρὰν** εἶ ἀπὸ τῆς

μακρόθεν (*makrothen*; 5/14) *far off*

Mk 5:6 τὸν Ἰησοῦν ἀπὸ **μακρόθεν** ἔδραμεν καὶ προσεκύνησεν
Mk 8:3 τινες αὐτῶν ἀπὸ **μακρόθεν** ἥκασιν.
Mk 11:13 ἰδὼν συκῆν ἀπὸ **μακρόθεν** ἔχουσαν φύλλα ἦλθεν,
Mk 14:54 ὁ Πέτρος ἀπὸ **μακρόθεν** ἠκολούθησεν αὐτῷ
Mk 15:40 καὶ γυναῖκες ἀπὸ **μακρόθεν** θεωροῦσαι,

μακρός (*makros*; 1/4) *long*

Mk 12:40 χηρῶν καὶ προφάσει **μακρὰ** προσευχόμενοι·

μᾶλλον (*mallon*; 5/81) *more*

Mk 5:26 μηδὲν ὠφεληθεῖσα ἀλλὰ **μᾶλλον** εἰς τὸ χεῖρον
Mk 7:36 αὐτοὶ **μᾶλλον** περισσότερον ἐκήρυσσον.
Mk 9:42 καλόν ἐστιν αὐτῷ **μᾶλλον** εἰ περίκειται μύλος
Mk 10:48 ὁ δὲ πολλῷ **μᾶλλον** ἔκραζεν·
Mk 15:11 τὸν ὄχλον ἵνα **μᾶλλον** τὸν Βαραββᾶν ἀπολύσῃ

μανθάνω (*manthanō*; 1/25) *learn*

Mk 13:28 δὲ τῆς συκῆς **μάθετε** τὴν παραβολήν·

Μαρία (*Maria*; 7[8]/53[54]) *Mary*

Mk 6:3 ὁ υἱὸς τῆς **Μαρίας** καὶ ἀδελφὸς Ἰακώβου
Mk 15:40 ἐν αἷς καὶ **Μαρία** ἡ Μαγδαληνὴ καὶ
Mk 15:40 ἡ Μαγδαληνὴ καὶ **Μαρία** ἡ Ἰακώβου τοῦ
Mk 15:47 ἡ δὲ **Μαρία** ἡ Μαγδαληνὴ καὶ
Mk 15:47 ἡ Μαγδαληνὴ καὶ **Μαρία** ἡ Ἰωσῆτος ἐθεώρουν
Mk 16:1 διαγενομένου τοῦ σαββάτου **Μαρία** ἡ Μαγδαληνὴ καὶ
Mk 16:1 ἡ Μαγδαληνὴ καὶ **Μαρία** ἡ [τοῦ] Ἰακώβου
[Mk 16:9] σαββάτου ἐφάνη πρῶτον **Μαρίᾳ** τῇ Μαγδαληνῇ,

μαρτυρία (*martyria*; 3/37) *testimony*

Mk 14:55 κατὰ τοῦ Ἰησοῦ **μαρτυρίαν** εἰς τὸ θανατῶσαι
Mk 14:56 καὶ ἴσαι αἱ **μαρτυρίαι** οὐκ ἦσαν.
Mk 14:59 ἴση ἦν ἡ **μαρτυρία** αὐτῶν.

μαρτύριον (*martyrion*; 3/19) *testimony*

Mk 1:44 εἰς **μαρτύριον** αὐτοῖς.
Mk 6:11 ποδῶν ὑμῶν εἰς **μαρτύριον** αὐτοῖς.
Mk 13:9 ἕνεκεν ἐμοῦ εἰς **μαρτύριον** αὐτοῖς.

μάρτυς (*martys*; 1/35) *witness*

Mk 14:63 ἔτι χρείαν ἔχομεν **μαρτύρων**;

μαστιγόω (*mastigoō*; 1/7) *beat with a whip*

Mk 10:34 ἐμπτύσουσιν αὐτῷ καὶ **μαστιγώσουσιν** αὐτὸν καὶ ἀποκτενοῦσιν,

μάστιξ (*mastix*; 3/6) *whip*

Mk 3:10 ἅψωνται ὅσοι εἶχον **μάστιγας**.
Mk 5:29 ἴαται ἀπὸ τῆς **μάστιγος**.
Mk 5:34 ὑγιὴς ἀπὸ τῆς **μάστιγός** σου.

μάτην (*matēn*; 1/2) *in vain*

Mk 7:7 **μάτην** δὲ σέβονταί με

μάχαιρα (*machaira*; 3/29) *sword*

Mk 14:43 αὐτοῦ ὄχλος μετὰ **μαχαιρῶν** καὶ ξύλων παρὰ
Mk 14:47 παρεστηκότων σπασάμενος τὴν **μάχαιραν** ἔπαισεν τὸν δοῦλον
Mk 14:48 λῃστὴν ἐξήλθατε μετὰ **μαχαιρῶν** καὶ ξύλων συλλαβεῖν

μέγας (*megas*; 18/243) *great, large*

Mk 1:26 καὶ φωνῆσαν φωνῇ **μεγάλῃ** ἐξῆλθεν ἐξ αὐτοῦ.
Mk 4:32 ἀναβαίνει καὶ γίνεται **μεῖζον** πάντων τῶν λαχάνων
Mk 4:32 καὶ ποιεῖ κλάδους **μεγάλους**,
Mk 4:37 καὶ γίνεται λαῖλαψ **μεγάλη** ἀνέμου καὶ τὰ
Mk 4:39 καὶ ἐγένετο γαλήνη **μεγάλη**.
Mk 4:41 καὶ ἐφοβήθησαν φόβον **μέγαν** καὶ ἔλεγον
Mk 5:7 καὶ κράξας φωνῇ **μεγάλῃ** λέγει·
Mk 5:11 ὄρει ἀγέλη χοίρων **μεγάλη** βοσκομένη·
Mk 5:42 ἐξέστησαν [εὐθὺς] ἐκστάσει **μεγάλῃ**.
Mk 9:34 τῇ ὁδῷ τίς **μείζων**.
Mk 10:42 αὐτῶν καὶ οἱ **μεγάλοι** αὐτῶν κατεξουσιάζουσιν αὐτῶν.
Mk 10:43 ὃς ἂν θέλῃ **μέγας** γενέσθαι ἐν ὑμῖν
Mk 12:31 **μείζων** τούτων ἄλλη ἐντολὴ
Mk 13:2 βλέπεις ταύτας τὰς **μεγάλας** οἰκοδομάς;
Mk 14:15 ὑμῖν δείξει ἀνάγαιον **μέγα** ἐστρωμένον ἕτοιμον·
Mk 15:34 ὁ Ἰησοῦς φωνῇ **μεγάλῃ**·
Mk 15:37 Ἰησοῦς ἀφεὶς φωνὴν **μεγάλην** ἐξέπνευσεν.
Mk 16:4 ἦν γὰρ μέγας **σφόδρα**.

μεγιστάν (*megistan*; 1/3) *person of high status*

Mk 6:21 δεῖπνον ἐποίησεν τοῖς **μεγιστᾶσιν** αὐτοῦ καὶ

μεθερμηνεύω (*methermēneuō*; 3/8) *translate*

Mk 5:41 ὅ ἐστιν **μεθερμηνευόμενον**·
Mk 15:22 ὅ ἐστιν **μεθερμηνευόμενον** Κρανίου Τόπος.
Mk 15:34 ὅ ἐστιν **μεθερμηνευόμενον**·

μέλει (*melei*; 2/10) *it is of concern*

Mk 4:38 οὐ **μέλει** σοι ὅτι ἀπολλύμεθα;
Mk 12:14 εἶ καὶ οὐ **μέλει** σοι περὶ οὐδενός·

μέλι (*meli*; 1/4) *honey*

Mk 1:6 ἐσθίων ἀκρίδας καὶ **μέλι** ἄγριον.

μέλλω (*mellō*; 2/109) *be about to happen*

Mk 10:32 αὐτοῖς λέγειν τὰ **μέλλοντα** αὐτῷ συμβαίνειν
Mk 13:4 τὸ σημεῖον ὅταν **μέλλῃ** ταῦτα συντελεῖσθαι πάντα;

μέν (*men*; 5[6]/178[179]) *on the one hand*

Mk 4:4 τῷ σπείρειν ὃ **μὲν** ἔπεσεν παρὰ τὴν
Mk 9:12 Ἠλίας **μὲν** ἐλθὼν πρῶτον ἀποκαθιστάνει
Mk 12:5 οὓς **μὲν** δέροντες,
Mk 14:21 ὅτι ὁ **μὲν** υἱὸς τοῦ ἀνθρώπου
Mk 14:38 τὸ **μὲν** πνεῦμα πρόθυμον ἡ
[Mk 16:19] Ὁ **μὲν** οὖν κύριος Ἰησοῦς

μένω (*menō*; 2/118) *remain*

Mk 6:10 ἐκεῖ **μένετε** ἕως ἂν ἐξέλθητε
Mk 14:34 **μείνατε** ὧδε καὶ γρηγορεῖτε.

μερίζω (*merizō*; 4/14) *divide*

Mk 3:24 βασιλεία ἐφ᾽ ἑαυτὴν **μερισθῇ**,
Mk 3:25 οἰκία ἐφ᾽ ἑαυτὴν **μερισθῇ**,
Mk 3:26 ἐφ᾽ ἑαυτὸν καὶ **ἐμερίσθη**,
Mk 6:41 τοὺς δύο ἰχθύας **ἐμέρισεν** πᾶσιν.

μέριμνα (*merimna*; 1/6) *care*

Mk 4:19 καὶ αἱ **μέριμναι** τοῦ αἰῶνος καὶ

μέρος (*meros*; 1/42) *part*

Mk 8:10 ἦλθεν εἰς τὰ **μέρη** Δαλμανουθά.

μεσονύκτιον (*mesonyktion*; 1/4) *midnight*

Mk 13:35 ἢ ὀψὲ ἢ **μεσονύκτιον** ἢ ἀλεκτοροφωνίας ἢ

μέσος (*mesos*; 5/56[58]) *middle*

Mk 3:3 ἔγειρε εἰς τὸ **μέσον**.
Mk 6:47 τὸ πλοῖον ἐν **μέσῳ** τῆς θαλάσσης,
Mk 7:31 τῆς Γαλιλαίας ἀνὰ **μέσον** τῶν ὁρίων Δεκαπόλεως.
Mk 9:36 ἔστησεν αὐτὸ ἐν **μέσῳ** αὐτῶν καὶ ἐναγκαλισάμενος
Mk 14:60 ὁ ἀρχιερεὺς εἰς **μέσον** ἐπηρώτησεν τὸν Ἰησοῦν

μετά (*meta*; 52[56]/465[469]) *with, after*

Mk 1:13 καὶ ἦν **μετὰ** τῶν θηρίων,
Mk 1:14 **Μετὰ** δὲ τὸ παραδοθῆναι
Mk 1:20 ἐν τῷ πλοίῳ **μετὰ** τῶν μισθωτῶν ἀπῆλθον
Mk 1:29 Σίμωνος καὶ Ἀνδρέου **μετὰ** Ἰακώβου καὶ Ἰωάννου.
Mk 1:36 Σίμων καὶ οἱ **μετ᾽** αὐτοῦ,
Mk 2:16 ἰδόντες ὅτι ἐσθίει **μετὰ** τῶν ἁμαρτωλῶν καὶ
Mk 2:16 ὅτι **μετὰ** τῶν τελωνῶν καὶ
Mk 2:19 ᾧ ὁ νυμφίος **μετ᾽** αὐτῶν ἐστιν νηστεύειν;
Mk 2:19 ἔχουσιν τὸν νυμφίον **μετ᾽** αὐτῶν οὐ δύνανται
Mk 2:25 αὐτὸς καὶ οἱ **μετ᾽** αὐτοῦ,
Mk 3:5 καὶ περιβλεψάμενος αὐτοὺς **μετ᾽** ὀργῆς,
Mk 3:6 οἱ Φαρισαῖοι εὐθὺς **μετὰ** τῶν Ἡρῳδιανῶν συμβούλιον
Mk 3:7 Καὶ ὁ Ἰησοῦς **μετὰ** τῶν μαθητῶν αὐτοῦ
Mk 3:14 ὠνόμασεν] ἵνα ὦσιν **μετ᾽** αὐτοῦ καὶ ἵνα
Mk 4:16 τὸν λόγον εὐθὺς **μετὰ** χαρᾶς λαμβάνουσιν αὐτόν,
Mk 4:36 ἄλλα πλοῖα ἦν **μετ᾽** αὐτοῦ.
Mk 5:18 ὁ δαιμονισθεὶς ἵνα **μετ᾽** αὐτοῦ ᾖ.
Mk 5:24 καὶ ἀπῆλθεν **μετ᾽** αὐτοῦ.
Mk 5:37 οὐκ ἀφῆκεν οὐδένα **μετ᾽** αὐτοῦ συνακολουθῆσαι εἰ
Mk 5:40 μητέρα καὶ τοὺς **μετ᾽** αὐτοῦ καὶ εἰσπορεύεται
Mk 6:25 καὶ εἰσελθοῦσα εὐθὺς **μετὰ** σπουδῆς πρὸς
Mk 6:50 δὲ εὐθὺς ἐλάλησεν **μετ᾽** αὐτῶν,
Mk 8:10 εἰς τὸ πλοῖον **μετὰ** τῶν μαθητῶν αὐτοῦ
Mk 8:14 ἄρτον οὐκ εἶχον **μεθ᾽** ἑαυτῶν ἐν τῷ
Mk 8:31 καὶ ἀποκτανθῆναι καὶ **μετὰ** τρεῖς ἡμέρας ἀναστῆναι·
Mk 8:38 τοῦ πατρὸς αὐτοῦ **μετὰ** τῶν ἀγγέλων τῶν
Mk 9:2 Καὶ **μετὰ** ἡμέρας ἓξ παραλαμβάνει
Mk 9:8 τὸν Ἰησοῦν μόνον **μεθ᾽** ἑαυτῶν.
Mk 9:31 καὶ ἀποκτανθεὶς **μετὰ** τρεῖς ἡμέρας ἀναστήσεται.
Mk 10:30 τέκνα καὶ ἀγροὺς **μετὰ** διωγμῶν,
Mk 10:34 καὶ **μετὰ** τρεῖς ἡμέρας ἀναστήσεται.
Mk 11:11 ἐξῆλθεν εἰς Βηθανίαν **μετὰ** τῶν δώδεκα.
Mk 13:24 ἐκείναις ταῖς ἡμέραις **μετὰ** τὴν θλῖψιν ἐκείνην

Mk 13:26 ἐρχόμενον ἐν νεφέλαις **μετὰ** δυνάμεως πολλῆς καὶ
Mk 14:1 καὶ τὰ ἄζυμα **μετὰ** δύο ἡμέρας.
Mk 14:7 τοὺς πτωχοὺς ἔχετε **μεθ'** ἑαυτῶν καὶ ὅταν
Mk 14:14 ὅπου τὸ πάσχα **μετὰ** τῶν μαθητῶν μου
Mk 14:17 ὀψίας γενομένης ἔρχεται **μετὰ** τῶν δώδεκα.
Mk 14:18 με ὁ ἐσθίων **μετ'** ἐμοῦ.
Mk 14:20 ὁ ἐμβαπτόμενος **μετ'** ἐμοῦ εἰς τὸ
Mk 14:28 ἀλλὰ **μετὰ** τὸ ἐγερθῆναί με
Mk 14:33 καὶ [τὸν] Ἰωάννην **μετ'** αὐτοῦ καὶ ἤρξατο
Mk 14:43 τῶν δώδεκα καὶ **μετ'** αὐτοῦ ὄχλος μετὰ
Mk 14:43 μετ' αὐτοῦ ὄχλος **μετὰ** μαχαιρῶν καὶ ξύλων
Mk 14:48 ἐπὶ λῃστὴν ἐξήλθατε **μετὰ** μαχαιρῶν καὶ ξύλων
Mk 14:54 καὶ ἦν συγκαθήμενος **μετὰ** τῶν ὑπηρετῶν
Mk 14:62 δυνάμεως καὶ ἐρχόμενον **μετὰ** τῶν νεφελῶν
Mk 14:67 καὶ σὺ **μετὰ** τοῦ Ναζαρηνοῦ ἦσθα
Mk 14:70 καὶ **μετὰ** μικρὸν πάλιν οἱ
Mk 15:1 ποιήσαντες οἱ ἀρχιερεῖς **μετὰ** τῶν πρεσβυτέρων καὶ
Mk 15:7 ὁ λεγόμενος Βαραββᾶς **μετὰ** τῶν στασιαστῶν δεδεμένος
Mk 15:31 ἐμπαίζοντες πρὸς ἀλλήλους **μετὰ** τῶν γραμματέων ἔλεγον·
[Mk 16:8] **Μετὰ** δὲ ταῦτα καὶ
[Mk 16:10] πορευθεῖσα ἀπήγγειλεν τοῖς **μετ'** αὐτοῦ γενομένοις πενθοῦσι
[Mk 16:12] **Μετὰ** δὲ ταῦτα δυσὶν
[Mk 16:19] οὖν κύριος Ἰησοῦς **μετὰ** τὸ λαλῆσαι αὐτοῖς

μεταμορφόω (*metamorphoō*; 1/4) *change, be transformed*

Mk 9:2 καὶ **μετεμορφώθη** ἔμπροσθεν αὐτῶν,

μετανοέω (*metanoeō*; 2/34) *repent*

Mk 1:15 **μετανοεῖτε** καὶ πιστεύετε ἐν
Mk 6:12 ἐξελθόντες ἐκήρυξαν ἵνα **μετανοῶσιν**,

μετάνοια (*metanoia*; 1/22) *repentance*

Mk 1:4 καὶ κηρύσσων βάπτισμα **μετανοίας** εἰς ἄφεσιν ἁμαρτιῶν.

μετρέω (*metreō*; 2/11) *measure*

Mk 4:24 ἐν ᾧ μέτρῳ **μετρεῖτε** μετρηθήσεται ὑμῖν καὶ
Mk 4:24 ᾧ μέτρῳ μετρεῖτε **μετρηθήσεται** ὑμῖν καὶ προστεθήσεται

μέτρον (*metron*; 1/14) *measure*

Mk 4:24 ἐν ᾧ **μέτρῳ** μετρεῖτε μετρηθήσεται ὑμῖν

μέχρι (*mechri*; 1/17) *until*

Mk 13:30 ἡ γενεὰ αὕτη **μέχρις** οὗ ταῦτα πάντα

μή (*mē*; 76[77]/1041[1042]) *not*

Mk 2:4 καὶ **μὴ** δυνάμενοι προσενέγκαι αὐτῷ
Mk 2:7 ἀφιέναι ἁμαρτίας εἰ **μὴ** εἷς ὁ θεός;
Mk 2:19 **μὴ** δύνανται οἱ υἱοὶ
Mk 2:21 εἰ δὲ **μή**,
Mk 2:22 εἰ δὲ **μή**,
Mk 2:26 ἔξεστιν φαγεῖν εἰ **μὴ** τοὺς ἱερεῖς,
Mk 3:9 τὸν ὄχλον ἵνα **μὴ** θλίβωσιν αὐτόν·
Mk 3:12 ἐπετίμα αὐτοῖς ἵνα **μὴ** αὐτὸν φανερὸν ποιήσωσιν.
Mk 3:20 ὥστε **μὴ** δύνασθαι αὐτοὺς μηδὲ
Mk 3:27 ἐὰν **μὴ** πρῶτον τὸν ἰσχυρὸν
Mk 4:5 ἐξανέτειλεν διὰ τὸ **μὴ** ἔχειν βάθος γῆς·
Mk 4:6 καὶ διὰ τὸ **μὴ** ἔχειν ῥίζαν ἐξηράνθη.
Mk 4:12 βλέποντες βλέπωσιν καὶ **μὴ** ἴδωσιν,
Mk 4:12 ἀκούοντες ἀκούωσιν καὶ **μὴ** συνιῶσιν,
Mk 4:22 ἐστιν κρυπτὸν ἐὰν **μὴ** ἵνα φανερωθῇ,
Mk 5:7 **μή** με βασανίσῃς.
Mk 5:10 αὐτὸν πολλὰ ἵνα **μὴ** αὐτὰ ἀποστείλῃ ἔξω
Mk 5:36 **μὴ** φοβοῦ,
Mk 5:37 αὐτοῦ συνακολουθῆσαι εἰ **μὴ** τὸν Πέτρον
Mk 6:4 προφήτης ἄτιμος εἰ **μὴ** ἐν τῇ πατρίδι
Mk 6:5 εἰ **μὴ** ὀλίγοις ἀρρώστοις ἐπιθεὶς
Mk 6:8 εἰς ὁδὸν εἰ **μὴ** ῥάβδον μόνον,
Mk 6:8 **μὴ** ἄρτον,
Mk 6:8 **μὴ** πήραν,
Mk 6:8 **μὴ** εἰς τὴν ζώνην
Mk 6:9 καὶ **μὴ** ἐνδύσησθε δύο χιτῶνας.
Mk 6:11 ὃς ἂν τόπος **μὴ** δέξηται ὑμᾶς μηδὲ
Mk 6:34 ἦσαν ὡς πρόβατα **μὴ** ἔχοντα ποιμένα,
Mk 6:50 **μὴ** φοβεῖσθε.
Mk 7:3 οἱ Ἰουδαῖοι ἐὰν **μὴ** πυγμῇ νίψωνται τὰς
Mk 7:4 ἀπ' ἀγορᾶς ἐὰν **μὴ** βαπτίσωνται οὐκ ἐσθίουσιν,
Mk 8:1 ὄχλου ὄντος καὶ **μὴ** ἐχόντων τί φάγωσιν,
Mk 8:14 ἄρτους καὶ εἰ **μὴ** ἕνα ἄρτον οὐκ
Mk 9:1 ἑστηκότων οἵτινες οὐ **μὴ** γεύσωνται θανάτου ἕως
Mk 9:9 εἰ **μὴ** ὅταν ὁ υἱὸς
Mk 9:29 δύναται ἐξελθεῖν εἰ **μὴ** ἐν προσευχῇ.
Mk 9:39 **μὴ** κωλύετε αὐτόν.
Mk 9:41 ὑμῖν ὅτι οὐ **μὴ** ἀπολέσῃ τὸν μισθὸν
Mk 10:9 θεὸς συνέζευξεν ἄνθρωπος **μὴ** χωριζέτω.
Mk 10:14 **μὴ** κωλύετε αὐτά,
Mk 10:15 ὃς ἂν **μὴ** δέξηται τὴν βασιλείαν
Mk 10:15 οὐ **μὴ** εἰσέλθῃ εἰς αὐτήν.
Mk 10:18 οὐδεὶς ἀγαθὸς εἰ **μὴ** εἷς ὁ θεός.
Mk 10:19 **μὴ** φονεύσῃς,
Mk 10:19 **μὴ** μοιχεύσῃς,
Mk 10:19 **μὴ** κλέψῃς,
Mk 10:19 **μὴ** ψευδομαρτυρήσῃς,
Mk 10:19 **μὴ** ἀποστερήσῃς,
Mk 10:30 ἐὰν **μὴ** λάβῃ ἑκατονταπλασίονα νῦν
Mk 11:13 οὐδὲν εὗρεν εἰ **μὴ** φύλλα·
Mk 11:23 καὶ **μὴ** διακριθῇ ἐν τῇ
Mk 12:14 δῶμεν ἢ **μὴ** δῶμεν;
Mk 12:18 οἵτινες λέγουσιν ἀνάστασιν **μὴ** εἶναι,
Mk 12:19 καταλίπῃ γυναῖκα καὶ **μὴ** ἀφῇ τέκνον,
Mk 12:21 αὐτὴν καὶ ἀπέθανεν **μὴ** καταλιπὼν σπέρμα·
Mk 12:24 διὰ τοῦτο πλανᾶσθε **μὴ** εἰδότες τὰς γραφὰς
Mk 13:2 οὐ **μὴ** ἀφεθῇ ὧδε λίθος
Mk 13:2 λίθον ὃς οὐ **μὴ** καταλυθῇ.
Mk 13:5 βλέπετε **μή** τις ὑμᾶς πλανήσῃ·
Mk 13:7 **μὴ** θροεῖσθε·
Mk 13:11 **μὴ** προμεριμνᾶτε τί λαλήσητε,
Mk 13:15 ἐπὶ τοῦ δώματος **μὴ** καταβάτω μηδὲ εἰσελθάτω
Mk 13:16 εἰς τὸν ἀγρὸν **μὴ** ἐπιστρεψάτω εἰς τὰ
Mk 13:18 προσεύχεσθε δὲ ἵνα **μὴ** γένηται χειμῶνος·
Mk 13:19 νῦν καὶ οὐ **μὴ** γένηται.
Mk 13:20 καὶ εἰ **μὴ** ἐκολόβωσεν κύριος τὰς
Mk 13:21 **μὴ** πιστεύετε·

Mk 13:30 ὑμῖν ὅτι οὐ **μὴ** παρέλθῃ ἡ γενεὰ
Mk 13:31 λόγοι μου οὐ **μὴ** παρελεύσονται.
Mk 13:32 εἰ **μὴ** ὁ πατήρ.
Mk 13:36 **μὴ** ἐλθὼν ἐξαίφνης εὕρῃ
Mk 14:2 **μὴ** ἐν τῇ ἑορτῇ,
Mk 14:25 ὅτι οὐκέτι οὐ **μὴ** πίω ἐκ τοῦ
Mk 14:31 οὐ **μή** σε ἀπαρνήσομαι.
Mk 14:38 ἵνα **μὴ** ἔλθητε εἰς πειρασμόν·
Mk 16:6 **μὴ** ἐκθαμβεῖσθε·
[Mk 16:18] τι πίωσιν οὐ **μὴ** αὐτοὺς βλάψῃ,

μηδέ (*mēde*; 6/56) *nor*
Mk 2:2 ὥστε μηκέτι χωρεῖν **μηδὲ** τὰ πρὸς τὴν
Mk 3:20 μὴ δύνασθαι αὐτοὺς **μηδὲ** ἄρτον φαγεῖν.
Mk 6:11 μὴ δέξηται ὑμᾶς **μηδὲ** ἀκούσωσιν ὑμῶν,
Mk 8:26 **μηδὲ** εἰς τὴν κώμην
Mk 12:24 εἰδότες τὰς γραφὰς **μηδὲ** τὴν δύναμιν τοῦ
Mk 13:15 δώματος μὴ καταβάτω **μηδὲ** εἰσελθάτω ἆραί τι

μηδείς (*mēdeis*; 9/90) *no one*
Mk 1:44 ὅρα **μηδενὶ** μηδὲν εἴπῃς,
Mk 1:44 ὅρα μηδενὶ **μηδὲν** εἴπῃς,
Mk 5:26 αὐτῆς πάντα καὶ **μηδὲν** ὠφεληθεῖσα ἀλλὰ μᾶλλον
Mk 5:43 αὐτοῖς πολλὰ ἵνα **μηδεὶς** γνοῖ τοῦτο,
Mk 6:8 παρήγγειλεν αὐτοῖς ἵνα **μηδὲν** αἴρωσιν εἰς ὁδὸν
Mk 7:36 διεστείλατο αὐτοῖς ἵνα **μηδενὶ** λέγωσιν·
Mk 8:30 ἐπετίμησεν αὐτοῖς ἵνα **μηδενὶ** λέγωσιν περὶ αὐτοῦ.
Mk 9:9 διεστείλατο αὐτοῖς ἵνα **μηδενὶ** ἃ εἶδον διηγήσωνται,
Mk 11:14 αἰῶνα ἐκ σοῦ **μηδεὶς** καρπὸν φάγοι.

μηκέτι (*mēketi*; 4/21[22]) *no longer*
Mk 1:45 ὥστε **μηκέτι** αὐτὸν δύνασθαι φανερῶς
Mk 2:2 συνήχθησαν πολλοὶ ὥστε **μηκέτι** χωρεῖν μηδὲ
Mk 9:25 ἐξ αὐτοῦ καὶ **μηκέτι** εἰσέλθῃς εἰς αὐτόν.
Mk 11:14 **μηκέτι** εἰς τὸν αἰῶνα

μηκύνω (*mēkynō*; 1/1) *grow*
Mk 4:27 σπόρος βλαστᾷ καὶ **μηκύνηται** ὡς οὐκ οἶδεν

μήποτε (*mēpote*; 2/25) *lest*
Mk 4:12 **μήποτε** ἐπιστρέψωσιν καὶ ἀφεθῇ
Mk 14:2 **μήποτε** ἔσται θόρυβος τοῦ

μήτηρ (*mētēr*; 17/83) *mother*
Mk 3:31 Καὶ ἔρχεται ἡ **μήτηρ** αὐτοῦ καὶ οἱ
Mk 3:32 ἰδοὺ ἡ **μήτηρ** σου καὶ οἱ
Mk 3:33 τίς ἐστιν ἡ **μήτηρ** μου καὶ οἱ
Mk 3:34 ἴδε ἡ **μήτηρ** μου καὶ οἱ
Mk 3:35 καὶ ἀδελφὴ καὶ **μήτηρ** ἐστίν.
Mk 5:40 παιδίου καὶ τὴν **μητέρα** καὶ τοὺς μετ'
Mk 6:24 ἐξελθοῦσα εἶπεν τῇ **μητρὶ** αὐτῆς·
Mk 6:28 ἔδωκεν αὐτὴν τῇ **μητρὶ** αὐτῆς.
Mk 7:10 σου καὶ τὴν **μητέρα** σου,
Mk 7:10 κακολογῶν πατέρα ἢ **μητέρα** θανάτῳ τελευτάτω.
Mk 7:11 πατρὶ ἢ τῇ **μητρί**·
Mk 7:12 πατρὶ ἢ τῇ **μητρί**,
Mk 10:7 αὐτοῦ καὶ τὴν **μητέρα** [καὶ προσκολληθήσεται πρὸς
Mk 10:19 σου καὶ τὴν **μητέρα**.
Mk 10:29 ἢ ἀδελφὰς ἢ **μητέρα** ἢ πατέρα ἢ
Mk 10:30 καὶ ἀδελφὰς καὶ **μητέρας** καὶ τέκνα καὶ
Mk 15:40 μικροῦ καὶ Ἰωσῆτος **μήτηρ** καὶ Σαλώμη,

μήτι (*mēti*; 2/18) *particle used in questions*
Mk 4:21 **μήτι** ἔρχεται ὁ λύχνος
Mk 14:19 **μήτι** ἐγώ;

μικρός (*mikros*; 5/46) *little*
Mk 4:31 **μικρότερον** ὂν πάντων τῶν
Mk 9:42 σκανδαλίσῃ ἕνα τῶν **μικρῶν** τούτων τῶν πιστευόντων
Mk 14:35 καὶ προελθὼν **μικρὸν** ἔπιπτεν ἐπὶ τῆς
Mk 14:70 καὶ μετὰ **μικρὸν** πάλιν οἱ παρεστῶτες
Mk 15:40 ἡ Ἰακώβου τοῦ **μικροῦ** καὶ Ἰωσῆτος μήτηρ

μισέω (*miseō*; 1/40) *hate*
Mk 13:13 καὶ ἔσεσθε **μισούμενοι** ὑπὸ πάντων διὰ

μισθός (*misthos*; 1/29) *pay*
Mk 9:41 μὴ ἀπολέσῃ τὸν **μισθὸν** αὐτοῦ.

μισθωτός (*misthōtos*; 1/3) *hired man, laborer*
Mk 1:20 πλοίῳ μετὰ τῶν **μισθωτῶν** ἀπῆλθον ὀπίσω αὐτοῦ.

μνῆμα (*mnēma*; 2/8) *grave*
Mk 5:3 εἶχεν ἐν τοῖς **μνήμασιν**,
Mk 5:5 ἡμέρας ἐν τοῖς **μνήμασιν** καὶ ἐν τοῖς

μνημεῖον (*mnēmeion*; 8/40) *grave, tomb*
Mk 5:2 αὐτῷ ἐκ τῶν **μνημείων** ἄνθρωπος ἐν πνεύματι
Mk 6:29 ἔθηκαν αὐτὸ ἐν **μνημείῳ**.
Mk 15:46 ἔθηκεν αὐτὸν ἐν **μνημείῳ** ὃ ἦν λελατομημένον
Mk 15:46 τὴν θύραν τοῦ **μνημείου**.
Mk 16:2 ἔρχονται ἐπὶ τὸ **μνημεῖον** ἀνατείλαντος τοῦ ἡλίου.
Mk 16:3 τῆς θύρας τοῦ **μνημείου**;
Mk 16:5 εἰσελθοῦσαι εἰς τὸ **μνημεῖον** εἶδον νεανίσκον καθήμενον
Mk 16:8 ἔφυγον ἀπὸ τοῦ **μνημείου**,

μνημονεύω (*mnēmoneuō*; 1/21) *remember*
Mk 8:18 καὶ οὐ **μνημονεύετε**,

μνημόσυνον (*mnēmosynon*; 1/3) *memorial*
Mk 14:9 αὕτη λαληθήσεται εἰς **μνημόσυνον** αὐτῆς.

μογιλάλος (*mogilalos*; 1/1) *having difficulty in speaking*
Mk 7:32 αὐτῷ κωφὸν καὶ **μογιλάλον** καὶ παρακαλοῦσιν αὐτὸν

μόδιος (*modios*; 1/3) *basket*
Mk 4:21 ἵνα ὑπὸ τὸν **μόδιον** τεθῇ ἢ ὑπὸ

μοιχαλίς (*moichalis*; 1/7) *adulteress*
Mk 8:38 γενεᾷ ταύτῃ τῇ **μοιχαλίδι** καὶ ἁμαρτωλῷ,

μοιχάω (*moichaō*; 2/4) *commit adultery*
Mk 10:11 καὶ γαμήσῃ ἄλλην **μοιχᾶται** ἐπ' αὐτήν·
Mk 10:12 αὐτῆς γαμήσῃ ἄλλον **μοιχᾶται**.

μοιχεία (*moicheia*; 1/2[3]) *adultery*
Mk 7:22 **μοιχεῖαι**,

μοιχεύω (*moicheuō*; 1/14[15]) *commit adultery*
Mk 10:19 μὴ **μοιχεύσῃς**,

μόνος (*monos*; 6/113[114]) *only*
Mk 4:10 ὅτε ἐγένετο κατὰ **μόνας**,
Mk 5:36 **μόνον** πίστευε.
Mk 6:8 εἰ μὴ ῥάβδον **μόνον**,
Mk 6:47 καὶ αὐτὸς **μόνος** ἐπὶ τῆς γῆς.
Mk 9:2 ὑψηλὸν κατ' ἰδίαν **μόνους**.
Mk 9:8 ἀλλὰ τὸν Ἰησοῦν **μόνον** μεθ' ἑαυτῶν.

μονόφθαλμος (*monophthalmos*; 1/2) *one-eyed*
Mk 9:47 καλόν σέ ἐστιν **μονόφθαλμον** εἰσελθεῖν εἰς

μορφή (*morphē*; 0[1]/2[3]) *form*
[Mk 16:12] ἐφανερώθη ἐν ἑτέρᾳ **μορφῇ** πορευομένοις εἰς ἀγρόν·

μύλος (*mylos*; 1/4) *mill*
Mk 9:42 μᾶλλον εἰ περίκειται **μύλος** ὀνικὸς περὶ τὸν

μυρίζω (*myrizō*; 1/1) *pour perfume on*
Mk 14:8 προέλαβεν **μυρίσαι** τὸ σῶμά μου

μύρον (*myron*; 3/14) *perfume*
Mk 14:3 γυνὴ ἔχουσα ἀλάβαστρον **μύρου** νάρδου πιστικῆς πολυτελοῦς,
Mk 14:4 ἀπώλεια αὕτη τοῦ **μύρου** γέγονεν;
Mk 14:5 γὰρ τοῦτο τὸ **μύρον** πραθῆναι ἐπάνω δηναρίων

μυστήριον (*mystērion*; 1/28) *secret, mystery*
Mk 4:11 ὑμῖν τὸ **μυστήριον** δέδοται τῆς βασιλείας

Μωϋσῆς (*Mōysēs*; 8/79[80]) *Moses*
Mk 1:44 σου ἃ προσέταξεν **Μωϋσῆς**,
Mk 7:10 **Μωϋσῆς** γὰρ εἶπεν·
Mk 9:4 αὐτοῖς Ἠλίας σὺν **Μωϋσεῖ** καὶ ἦσαν συλλαλοῦντες
Mk 9:5 σοὶ μίαν καὶ **Μωϋσεῖ** μίαν καὶ Ἠλίᾳ
Mk 10:3 τί ὑμῖν ἐνετείλατο **Μωϋσῆς**;
Mk 10:4 ἐπέτρεψεν **Μωϋσῆς** βιβλίον ἀποστασίου γράψαι
Mk 12:19 **Μωϋσῆς** ἔγραψεν ἡμῖν ὅτι
Mk 12:26 ἐν τῇ βίβλῳ **Μωϋσέως** ἐπὶ τοῦ βάτου

Ναζαρέθ (*Nazareth*; 1/12) *Nazareth*
Mk 1:9 ἦλθεν Ἰησοῦς ἀπὸ **Ναζαρὲτ** τῆς Γαλιλαίας

Ναζαρηνός (*Nazarēnos*; 4/6) *inhabitant of Nazareth*
Mk 1:24 Ἰησοῦ **Ναζαρηνέ**;
Mk 10:47 ὅτι Ἰησοῦς ὁ **Ναζαρηνός** ἐστιν ἤρξατο κράζειν
Mk 14:67 σὺ μετὰ τοῦ **Ναζαρηνοῦ** ἦσθα τοῦ Ἰησοῦ.
Mk 16:6 Ἰησοῦν ζητεῖτε τὸν **Ναζαρηνὸν** τὸν ἐσταυρωμένον·

ναός (*naos*; 3/45) *temple*
Mk 14:58 ἐγὼ καταλύσω τὸν **ναὸν** τοῦτον τὸν χειροποίητον
Mk 15:29 ὁ καταλύων τὸν **ναὸν** καὶ οἰκοδομῶν ἐν
Mk 15:38 τὸ καταπέτασμα τοῦ **ναοῦ** ἐσχίσθη εἰς δύο

νάρδος (*nardos*; 1/2) *oil of nard*
Mk 14:3 ἔχουσα ἀλάβαστρον μύρου **νάρδου** πιστικῆς πολυτελοῦς,

νεανίσκος (*neaniskos*; 2/11) *young man*
Mk 14:51 καὶ **νεανίσκος** τις συνηκολούθει αὐτῷ
Mk 16:5 τὸ μνημεῖον εἶδον **νεανίσκον** καθήμενον ἐν

νεκρός (*nekros*; 7/128) *dead*
Mk 6:14 βαπτίζων ἐγήγερται ἐκ **νεκρῶν** καὶ διὰ τοῦτο
Mk 9:9 τοῦ ἀνθρώπου ἐκ **νεκρῶν** ἀναστῇ.
Mk 9:10 ἐστιν τὸ ἐκ **νεκρῶν** ἀναστῆναι.
Mk 9:26 καὶ ἐγένετο ὡσεὶ **νεκρός**,
Mk 12:25 ὅταν γὰρ ἐκ **νεκρῶν** ἀναστῶσιν οὔτε γαμοῦσιν
Mk 12:26 περὶ δὲ τῶν **νεκρῶν** ὅτι ἐγείρονται οὐκ
Mk 12:27 οὐκ ἔστιν θεὸς **νεκρῶν** ἀλλὰ ζώντων·

νέος (*neos*; 2/24) *young, new*
Mk 2:22 οὐδεὶς βάλλει οἶνον **νέον** εἰς ἀσκοὺς παλαιούς·
Mk 2:22 ἀλλὰ οἶνον **νέον** εἰς ἀσκοὺς καινούς.

νεότης (*neotēs*; 1/4) *youth*
Mk 10:20 πάντα ἐφυλαξάμην ἐκ **νεότητός** μου.

νεφέλη (*nephelē*; 4/25) *cloud*
Mk 9:7 καὶ ἐγένετο **νεφέλη** ἐπισκιάζουσα αὐτοῖς,
Mk 9:7 φωνὴ ἐκ τῆς **νεφέλης**·
Mk 13:26 ἀνθρώπου ἐρχόμενον ἐν **νεφέλαις** μετὰ δυνάμεως πολλῆς
Mk 14:62 ἐρχόμενον μετὰ τῶν **νεφελῶν** τοῦ οὐρανοῦ.

νηστεύω (*nēsteuō*; 6/20) *fast*
Mk 2:18 καὶ οἱ Φαρισαῖοι **νηστεύοντες**.
Mk 2:18 μαθηταὶ τῶν Φαρισαίων **νηστεύουσιν**,
Mk 2:18 σοὶ μαθηταὶ οὐ **νηστεύουσιν**;
Mk 2:19 μετ' αὐτῶν ἐστιν **νηστεύειν**;
Mk 2:19 αὐτῶν οὐ δύνανται **νηστεύειν**.
Mk 2:20 καὶ τότε **νηστεύσουσιν** ἐν ἐκείνῃ τῇ

νῆστις (*nēstis*; 1/2) *hungry*
Mk 8:3 ἐὰν ἀπολύσω αὐτοὺς **νήστεις** εἰς οἶκον αὐτῶν,

νίπτω (*niptō*; 1/17) *wash*
Mk 7:3 ἐὰν μὴ πυγμῇ **νίψωνται** τὰς χεῖρας οὐκ

νοέω (*noeō*; 3/14) *understand*
Mk 7:18 οὐ **νοεῖτε** ὅτι πᾶν τὸ
Mk 8:17 οὔπω **νοεῖτε** οὐδὲ συνίετε;
Mk 13:14 ὁ ἀναγινώσκων **νοείτω**,

νόσος (*nosos*; 1/11) *disease*
Mk 1:34 κακῶς ἔχοντας ποικίλαις **νόσοις** καὶ δαιμόνια πολλὰ

νουνεχῶς (*nounechōs*; 1/1) *wisely*
Mk 12:34 ἰδὼν [αὐτὸν] ὅτι **νουνεχῶς** ἀπεκρίθη εἶπεν αὐτῷ·

νυμφίος (*nymphios*; 3/16) *bridegroom*
Mk 2:19 ἐν ᾧ ὁ **νυμφίος** μετ' αὐτῶν ἐστιν
Mk 2:19 χρόνον ἔχουσιν τὸν **νυμφίον** μετ' αὐτῶν οὐ
Mk 2:20 ἀπ' αὐτῶν ὁ **νυμφίος**,

νυμφών (*nymphōn*; 1/3) *wedding hall*
Mk 2:19 οἱ υἱοὶ τοῦ **νυμφῶνος** ἐν ᾧ ὁ

νῦν (*nyn*; 3/146[147]) *now*
Mk 10:30 μὴ λάβῃ ἑκατονταπλασίονα **νῦν** ἐν τῷ καιρῷ
Mk 13:19 θεὸς ἕως τοῦ **νῦν** καὶ οὐ μὴ
Mk 15:32 βασιλεὺς Ἰσραὴλ καταβάτω **νῦν** ἀπὸ τοῦ σταυροῦ,

νύξ (*nyx*; 4/61) *night*
Mk 4:27 καθεύδῃ καὶ ἐγείρηται **νύκτα** καὶ ἡμέραν,
Mk 5:5 καὶ διὰ παντὸς **νυκτὸς** καὶ ἡμέρας ἐν
Mk 6:48 τετάρτην φυλακὴν τῆς **νυκτὸς** ἔρχεται πρὸς αὐτοὺς
Mk 14:30 σήμερον ταύτῃ τῇ **νυκτὶ** πρὶν ἢ δὶς

ξέστης (*xestēs*; 1/1) *pitcher*
Mk 7:4 βαπτισμοὺς ποτηρίων καὶ **ξεστῶν** καὶ χαλκίων [καὶ

ξηραίνω (*xērainō*; 6/15) *dry up*
Mk 3:1 ἦν ἐκεῖ ἄνθρωπος **ἐξηραμμένην** ἔχων τὴν χεῖρα.
Mk 4:6 μὴ ἔχειν ῥίζαν **ἐξηράνθη**.
Mk 5:29 καὶ εὐθὺς **ἐξηράνθη** ἡ πηγὴ τοῦ
Mk 9:18 τοὺς ὀδόντας καὶ **ξηραίνεται**·
Mk 11:20 εἶδον τὴν συκῆν **ἐξηραμμένην** ἐκ ῥιζῶν.
Mk 11:21 συκῆ ἣν κατηράσω **ἐξήρανται**.

ξηρός (*xēros*; 1/8) *dry*
Mk 3:3 ἀνθρώπῳ τῷ τὴν **ξηρὰν** χεῖρα ἔχοντι·

ξύλον (*xylon*; 2/20) *wood*
Mk 14:43 μετὰ μαχαιρῶν καὶ **ξύλων** παρὰ τῶν ἀρχιερέων
Mk 14:48 μετὰ μαχαιρῶν καὶ **ξύλων** συλλαβεῖν με;

ὁδός (*hodos*; 16/101) *way*
Mk 1:2 ὃς κατασκευάσει τὴν **ὁδόν** σου·
Mk 1:3 ἑτοιμάσατε τὴν **ὁδὸν** κυρίου,
Mk 2:23 μαθηταὶ αὐτοῦ ἤρξαντο **ὁδὸν** ποιεῖν τίλλοντες τοὺς
Mk 4:4 ἔπεσεν παρὰ τὴν **ὁδόν**,
Mk 4:15 οἱ παρὰ τὴν **ὁδόν**·
Mk 6:8 μηδὲν αἴρωσιν εἰς **ὁδὸν** εἰ μὴ ῥάβδον
Mk 8:3 ἐκλυθήσονται ἐν τῇ **ὁδῷ**·
Mk 8:27 καὶ ἐν τῇ **ὁδῷ** ἐπηρώτα τοὺς μαθητὰς
Mk 9:33 τί ἐν τῇ **ὁδῷ** διελογίζεσθε;
Mk 9:34 διελέχθησαν ἐν τῇ **ὁδῷ** τίς μείζων.
Mk 10:17 ἐκπορευομένου αὐτοῦ εἰς **ὁδὸν** προσδραμὼν
Mk 10:32 δὲ ἐν τῇ **ὁδῷ** ἀναβαίνοντες εἰς Ἱεροσόλυμα,
Mk 10:46 ἐκάθητο παρὰ τὴν **ὁδόν**.
Mk 10:52 αὐτῷ ἐν τῇ **ὁδῷ**.
Mk 11:8 ἔστρωσαν εἰς τὴν **ὁδόν**,
Mk 12:14 ἐπ' ἀληθείας τὴν **ὁδὸν** τοῦ θεοῦ διδάσκεις·

ὀδούς (*odous*; 1/12) *tooth*
Mk 9:18 καὶ τρίζει τοὺς **ὀδόντας** καὶ ξηραίνεται·

οἶδα (*oida*; 21/318) *know*
Mk 1:24 **οἶδά** σε τίς εἶ,
Mk 1:34 ὅτι ᾔδεισαν **αὐτόν**.
Mk 2:10 ἵνα δὲ **εἰδῆτε** ὅτι ἐξουσίαν ἔχει
Mk 4:13 οὐκ **οἴδατε** τὴν παραβολὴν ταύτην,
Mk 4:27 μηκύνηται ὡς οὐκ **οἶδεν** αὐτός.
Mk 5:33 **εἰδυῖα** ὃ γέγονεν αὐτῇ,
Mk 6:20 **εἰδὼς** αὐτὸν ἄνδρα δίκαιον
Mk 9:6 οὐ γὰρ **ᾔδει** τί ἀποκριθῇ,
Mk 10:19 τὰς ἐντολὰς **οἶδας**·
Mk 10:38 οὐκ **οἴδατε** τί αἰτεῖσθε.
Mk 10:42 **οἴδατε** ὅτι οἱ δοκοῦντες
Mk 11:33 οὐκ **οἴδαμεν**.
Mk 12:14 **οἴδαμεν** ὅτι ἀληθὴς εἶ
Mk 12:15 ὁ δὲ **εἰδὼς** αὐτῶν τὴν ὑπόκρισιν
Mk 12:24 τοῦτο πλανᾶσθε μὴ **εἰδότες** τὰς γραφὰς μηδὲ
Mk 13:32 τῆς ὥρας οὐδεὶς **οἶδεν**,
Mk 13:33 οὐκ **οἴδατε** γὰρ πότε ὁ
Mk 13:35 οὐκ **οἴδατε** γὰρ πότε ὁ
Mk 14:40 καὶ οὐκ **ᾔδεισαν** τί ἀποκριθῶσιν αὐτῷ.
Mk 14:68 οὔτε **οἶδα** οὔτε ἐπίσταμαι σὺ
Mk 14:71 ὀμνύναι ὅτι οὐκ **οἶδα** τὸν ἄνθρωπον τοῦτον

οἰκία (*oikia*; 18/93) *house*
Mk 1:29 ἦλθον εἰς τὴν **οἰκίαν** Σίμωνος καὶ Ἀνδρέου
Mk 2:15 αὐτὸν ἐν τῇ **οἰκίᾳ** αὐτοῦ,
Mk 3:25 καὶ ἐὰν **οἰκία** ἐφ' ἑαυτὴν μερισθῇ,
Mk 3:25 οὐ δυνήσεται ἡ **οἰκία** ἐκείνη σταθῆναι.
Mk 3:27 οὐδεὶς εἰς τὴν **οἰκίαν** τοῦ ἰσχυροῦ εἰσελθὼν
Mk 3:27 καὶ τότε τὴν **οἰκίαν** αὐτοῦ διαρπάσει.
Mk 6;4 καὶ ἐν τῇ **οἰκίᾳ** αὐτοῦ.
Mk 6:10 ἐὰν εἰσέλθητε εἰς **οἰκίαν**,
Mk 7:24 Καὶ εἰσελθὼν εἰς **οἰκίαν** οὐδένα ἤθελεν γνῶναι,
Mk 9:33 Καὶ ἐν τῇ **οἰκίᾳ** γενόμενος ἐπηρώτα αὐτούς·
Mk 10:10 Καὶ εἰς τὴν **οἰκίαν** πάλιν οἱ μαθηταὶ
Mk 10:29 ἔστιν ὃς ἀφῆκεν **οἰκίαν** ἢ ἀδελφοὺς ἢ
Mk 10:30 τῷ καιρῷ τούτῳ **οἰκίας** καὶ ἀδελφοὺς καὶ
Mk 12:40 οἱ κατεσθίοντες τὰς **οἰκίας** τῶν χηρῶν καὶ
Mk 13:15 τι ἐκ τῆς **οἰκίας** αὐτοῦ,
Mk 13:34 ἀπόδημος ἀφεὶς τὴν **οἰκίαν** αὐτοῦ καὶ δοὺς
Mk 13:35 ὁ κύριος τῆς **οἰκίας** ἔρχεται,
Mk 14:3 Βηθανίᾳ ἐν τῇ **οἰκίᾳ** Σίμωνος τοῦ λεπροῦ,

οἰκοδεσπότης (*oikodespotēs*; 1/12) *householder*

Mk 14:14 εἰσέλθῃ εἴπατε τῷ **οἰκοδεσπότῃ** ὅτι ὁ διδάσκαλος

οἰκοδομέω (*oikodomeō*; 4/40) *build*

Mk 12:1 ὤρυξεν ὑπολήνιον καὶ **ᾠκοδόμησεν** πύργον καὶ ἐξέδετο
Mk 12:10 ὃν ἀπεδοκίμασαν οἱ **οἰκοδομοῦντες**,
Mk 14:58 ἡμερῶν ἄλλον ἀχειροποίητον **οἰκοδομήσω**.
Mk 15:29 τὸν ναὸν καὶ **οἰκοδομῶν** ἐν τρισὶν ἡμέραις,

οἰκοδομή (*oikodomē*; 2/18) *building (up)*

Mk 13:1 λίθοι καὶ ποταπαὶ **οἰκοδομαί**.
Mk 13:2 ταύτας τὰς μεγάλας **οἰκοδομάς**;

οἶκος (*oikos*; 13/113[114]) *house*

Mk 2:1 ἠκούσθη ὅτι ἐν **οἴκῳ** ἐστίν.
Mk 2:11 ὕπαγε εἰς τὸν **οἶκόν** σου.
Mk 2:26 εἰσῆλθεν εἰς τὸν **οἶκον** τοῦ θεοῦ ἐπὶ
Mk 3:20 Καὶ ἔρχεται εἰς **οἶκον**·
Mk 5:19 ὕπαγε εἰς τὸν **οἶκόν** σου πρὸς τοὺς
Mk 5:38 ἔρχονται εἰς τὸν **οἶκον** τοῦ ἀρχισυναγώγου,
Mk 7:17 ὅτε εἰσῆλθεν εἰς **οἶκον** ἀπὸ τοῦ ὄχλου,
Mk 7:30 ἀπελθοῦσα εἰς τὸν **οἶκον** αὐτῆς εὗρεν τὸ
Mk 8:3 αὐτοὺς νήστεις εἰς **οἶκον** αὐτῶν,
Mk 8:26 ἀπέστειλεν αὐτὸν εἰς **οἶκον** αὐτοῦ λέγων·
Mk 9:28 εἰσελθόντος αὐτοῦ εἰς **οἶκον** οἱ μαθηταὶ αὐτοῦ
Mk 11:17 γέγραπται ὅτι ὁ **οἶκός** μου οἶκος προσευχῆς
Mk 11:17 ὁ οἶκός μου **οἶκος** προσευχῆς κληθήσεται πᾶσιν

οἶνος (*oinos*; 5/34) *wine*

Mk 2:22 καὶ οὐδεὶς βάλλει **οἶνον** νέον εἰς ἀσκοὺς
Mk 2:22 ῥήξει ὁ **οἶνος** τοὺς ἀσκοὺς καὶ
Mk 2:22 ἀσκοὺς καὶ ὁ **οἶνος** ἀπόλλυται καὶ οἱ
Mk 2:22 ἀλλὰ **οἶνον** νέον εἰς ἀσκοὺς
Mk 15:23 ἐδίδουν αὐτῷ ἐσμυρνισμένον **οἶνον**·

οἷος (*hoios*; 2/14) *such as*

Mk 9:3 **οἷα** γναφεὺς ἐπὶ τῆς
Mk 13:19 ἡμέραι ἐκεῖναι θλῖψις **οἵα** οὐ γέγονεν τοιαύτη

ὀλίγος (*oligos*; 4/40) *little*

Mk 1:19 Καὶ προβὰς **ὀλίγον** εἶδεν Ἰάκωβον τὸν
Mk 6:5 εἰ μὴ **ὀλίγοις** ἀρρώστοις ἐπιθεὶς τὰς
Mk 6:31 τόπον καὶ ἀναπαύσασθε **ὀλίγον**.
Mk 8:7 καὶ εἶχον ἰχθύδια **ὀλίγα**·

ὁλοκαύτωμα (*holokautōma*; 1/3) *whole burnt offering*

Mk 12:33 ἐστιν πάντων τῶν **ὁλοκαυτωμάτων** καὶ θυσιῶν.

ὅλος (*holos*; 18/109) *whole*

Mk 1:28 εὐθὺς πανταχοῦ εἰς **ὅλην** τὴν περίχωρον
Mk 1:33 καὶ ἦν **ὅλη** ἡ πόλις ἐπισυνηγμένη
Mk 1:39 συναγωγὰς αὐτῶν εἰς **ὅλην** τὴν Γαλιλαίαν
Mk 6:55 περιέδραμον **ὅλην** τὴν χώραν ἐκείνην
Mk 8:36 κερδῆσαι τὸν κόσμον **ὅλον** καὶ ζημιωθῆναι
Mk 12:30 θεόν σου ἐξ **ὅλης** τῆς καρδίας σου
Mk 12:30 σου καὶ ἐξ **ὅλης** τῆς ψυχῆς σου
Mk 12:30 σου καὶ ἐξ **ὅλης** τῆς διανοίας σου
Mk 12:30 σου καὶ ἐξ **ὅλης** τῆς ἰσχύος σου.
Mk 12:33 ἀγαπᾶν αὐτὸν ἐξ **ὅλης** τῆς καρδίας καὶ
Mk 12:33 καρδίας καὶ ἐξ **ὅλης** τῆς συνέσεως καὶ
Mk 12:33 συνέσεως καὶ ἐξ **ὅλης** τῆς ἰσχύος καὶ
Mk 12:44 ὅσα εἶχεν ἔβαλεν **ὅλον** τὸν βίον αὐτῆς.
Mk 14:9 τὸ εὐαγγέλιον εἰς **ὅλον** τὸν κόσμον,
Mk 14:55 δὲ ἀρχιερεῖς καὶ **ὅλον** τὸ συνέδριον ἐζήτουν
Mk 15:1 καὶ γραμματέων καὶ **ὅλον** τὸ συνέδριον,
Mk 15:16 καὶ συγκαλοῦσιν **ὅλην** τὴν σπεῖραν.
Mk 15:33 σκότος ἐγένετο ἐφ᾽ **ὅλην** τὴν γῆν ἕως

ὄμμα (*omma*; 1/2) *eye*

Mk 8:23 πτύσας εἰς τὰ **ὄμματα** αὐτοῦ,

ὀμνύω (*omnyō*; 2/26) *swear*

Mk 6:23 καὶ **ὤμοσεν** αὐτῇ [πολλὰ] ὅ
Mk 14:71 ἤρξατο ἀναθεματίζειν καὶ **ὀμνύναι** ὅτι οὐκ οἶδα

ὁμοιόω (*homoioō*; 1/15) *make like*

Mk 4:30 πῶς **ὁμοιώσωμεν** τὴν βασιλείαν τοῦ

ὁμοίως (*homoiōs*; 1/30) *in the same way*

Mk 15:31 **ὁμοίως** καὶ οἱ ἀρχιερεῖς

ὀνειδίζω (*oneidizō*; 1[2]/8[9]) *reproach*

Mk 15:32 συνεσταυρωμένοι σὺν αὐτῷ **ὠνείδιζον** αὐτόν.
[Mk 16:14] ἕνδεκα ἐφανερώθη καὶ **ὠνείδισεν** τὴν ἀπιστίαν αὐτῶν

ὀνικός (*onikos*; 1/2) *of a donkey*

Mk 9:42 εἰ περίκειται μύλος **ὀνικὸς** περὶ τὸν τράχηλον

ὄνομα (*onoma*; 14[15]/229[230]) *name*

Mk 3:16 δώδεκα] καὶ ἐπέθηκεν **ὄνομα** τῷ Σίμωνι Πέτρον,
Mk 3:17 καὶ ἐπέθηκεν αὐτοῖς **ὀνόμα[τα]** βοανηργές,
Mk 5:9 τί **ὄνομά** σοι;
Mk 5:9 λεγιὼν **ὄνομά** μοι,
Mk 5:22 **ὀνόματι** Ἰάϊρος,
Mk 6:14 γὰρ ἐγένετο τὸ **ὄνομα** αὐτοῦ,
Mk 9:37 δέξηται ἐπὶ τῷ **ὀνόματί** μου,
Mk 9:38 τινα ἐν τῷ **ὀνόματί** σου ἐκβάλλοντα δαιμόνια
Mk 9:39 δύναμιν ἐπὶ τῷ **ὀνόματί** μου καὶ δυνήσεται
Mk 9:41 ποτήριον ὕδατος ἐν **ὀνόματι** ὅτι Χριστοῦ ἐστε,
Mk 11:9 ὁ ἐρχόμενος ἐν **ὀνόματι** κυρίου·
Mk 13:6 ἐλεύσονται ἐπὶ τῷ **ὀνόματί** μου λέγοντες ὅτι
Mk 13:13 πάντων διὰ τὸ **ὄνομά** μου.
Mk 14:32 χωρίον οὗ τὸ **ὄνομα** Γεθσημανὶ καὶ λέγει
[Mk 16:17] ἐν τῷ **ὀνόματί** μου δαιμόνια ἐκβαλοῦσιν,

ὀνομάζω (*onomazō*; 1/10) *name*

Mk 3:14 [οὓς καὶ ἀποστόλους **ὠνόμασεν**] ἵνα ὦσιν

ὄντως (*ontōs*; 1/10) *really*
Mk 11:32 εἶχον τὸν Ἰωάννην **ὄντως** ὅτι προφήτης ἦν.

ὄξος (*oxos*; 1/6) *sour wine*
Mk 15:36 [καὶ] γεμίσας σπόγγον **ὄξους** περιθεὶς καλάμῳ ἐπότιζεν

ὄπισθεν (*opisthen*; 1/7) *behind*
Mk 5:27 ἐν τῷ ὄχλῳ **ὄπισθεν** ἥψατο τοῦ ἱματίου

ὀπίσω (*opisō*; 6/35) *after*
Mk 1:7 ὁ ἰσχυρότερός μου **ὀπίσω** μου,
Mk 1:17 δεῦτε **ὀπίσω** μου,
Mk 1:20 τῶν μισθωτῶν ἀπῆλθον **ὀπίσω** αὐτοῦ.
Mk 8:33 ὕπαγε **ὀπίσω** μου,
Mk 8:34 εἴ τις θέλει **ὀπίσω** μου ἀκολουθεῖν,
Mk 13:16 ἐπιστρεψάτω εἰς τὰ **ὀπίσω** ἆραι τὸ ἱμάτιον

ὅπου (*hopou*; 15/82) *where*
Mk 2:4 ἀπεστέγασαν τὴν στέγην **ὅπου** ἦν,
Mk 2:4 χαλῶσι τὸν κράβαττον **ὅπου** ὁ παραλυτικὸς κατέκειτο.
Mk 4:5 ἐπὶ τὸ πετρῶδες **ὅπου** οὐκ εἶχεν γῆν
Mk 4:15 **ὅπου** σπείρεται ὁ λόγος
Mk 5:40 αὐτοῦ καὶ εἰσπορεύεται **ὅπου** ἦν τὸ παιδίον.
Mk 6:10 **ὅπου** ἐὰν εἰσέλθητε εἰς
Mk 6:55 κακῶς ἔχοντας περιφέρειν **ὅπου** ἤκουον ὅτι ἐστίν.
Mk 6:56 καὶ **ὅπου** ἂν εἰσεπορεύετο εἰς
Mk 9:18 καὶ **ὅπου** ἐὰν αὐτὸν καταλάβῃ
Mk 9:48 **ὅπου** ὁ σκώληξ αὐτῶν
Mk 13:14 τῆς ἐρημώσεως ἑστηκότα **ὅπου** οὐ δεῖ,
Mk 14:9 **ὅπου** ἐὰν κηρυχθῇ τὸ
Mk 14:14 καὶ **ὅπου** ἐὰν εἰσέλθῃ εἴπατε
Mk 14:14 τὸ κατάλυμά μου **ὅπου** τὸ πάσχα μετὰ
Mk 16:6 ἴδε ὁ τόπος **ὅπου** ἔθηκαν αὐτόν.

ὅπως (*hopōs*; 1/53) *that*
Mk 3:6 ἐδίδουν κατ᾽ αὐτοῦ **ὅπως** αὐτὸν ἀπολέσωσιν.

ὁράω (*horaō*; 50/452) *see*
Mk 1:10 ἐκ τοῦ ὕδατος **εἶδεν** σχιζομένους τοὺς οὐρανοὺς
Mk 1:16 θάλασσαν τῆς Γαλιλαίας **εἶδεν** Σίμωνα καὶ Ἀνδρέαν
Mk 1:19 Καὶ προβὰς ὀλίγον **εἶδεν** Ἰάκωβον τὸν τοῦ
Mk 1:44 **ὅρα** μηδενὶ μηδὲν εἴπῃς,
Mk 2:5 καὶ **ἰδὼν** ὁ Ἰησοῦς τὴν
Mk 2:12 ὅτι οὕτως οὐδέποτε **εἴδομεν**.
Mk 2:14 Καὶ παράγων **εἶδεν** Λευὶν τὸν τοῦ
Mk 2:16 γραμματεῖς τῶν Φαρισαίων **ἰδόντες** ὅτι ἐσθίει μετὰ
Mk 4:12 βλέπωσιν καὶ μὴ **ἴδωσιν**,
Mk 5:6 καὶ **ἰδὼν** τὸν Ἰησοῦν ἀπὸ
Mk 5:14 καὶ ἦλθον **ἰδεῖν** τί ἐστιν τὸ
Mk 5:16 διηγήσαντο αὐτοῖς οἱ **ἰδόντες** πῶς ἐγένετο
Mk 5:22 καὶ **ἰδὼν** αὐτὸν πίπτει πρὸς
Mk 5:32 καὶ περιεβλέπετο **ἰδεῖν** τὴν τοῦτο ποιήσασαν.
Mk 6:33 καὶ **εἶδον** αὐτοὺς ὑπάγοντας καὶ
Mk 6:34 Καὶ ἐξελθὼν **εἶδεν** πολὺν ὄχλον καὶ
Mk 6:38 ὑπάγετε **ἴδετε**.
Mk 6:48 καὶ **ἰδὼν** αὐτοὺς βασανιζομένους ἐν
Mk 6:49 οἱ δὲ **ἰδόντες** αὐτὸν ἐπὶ τῆς
Mk 6:50 πάντες γὰρ αὐτὸν **εἶδον** καὶ ἐταράχθησαν.
Mk 7:2 καὶ **ἰδόντες** τινας τῶν μαθητῶν
Mk 8:15 **ὁρᾶτε**,
Mk 8:24 ὅτι ὡς δένδρα **ὁρῶ** περιπατοῦντας.
Mk 8:33 δὲ ἐπιστραφεὶς καὶ **ἰδὼν** τοὺς μαθητὰς αὐτοῦ
Mk 9:1 θανάτου ἕως ἂν **ἴδωσιν** τὴν βασιλείαν τοῦ
Mk 9:4 καὶ **ὤφθη** αὐτοῖς Ἠλίας σὺν
Mk 9:8 περιβλεψάμενοι οὐκέτι οὐδένα **εἶδον** ἀλλὰ τὸν Ἰησοῦν
Mk 9:9 ἵνα μηδενὶ ἃ **εἶδον** διηγήσωνται,
Mk 9:14 πρὸς τοὺς μαθητὰς **εἶδον** ὄχλον πολὺν περὶ
Mk 9:15 πᾶς ὁ ὄχλος **ἰδόντες** αὐτὸν ἐξεθαμβήθησαν
Mk 9:20 καὶ **ἰδὼν** αὐτὸν τὸ πνεῦμα
Mk 9:25 **ἰδὼν** δὲ ὁ Ἰησοῦς
Mk 9:38 **εἴδομέν** τινα ἐν τῷ
Mk 10:14 **ἰδὼν** δὲ ὁ Ἰησοῦς
Mk 11:13 καὶ **ἰδὼν** συκῆν ἀπὸ μακρόθεν
Mk 11:20 Καὶ παραπορευόμενοι πρωῒ **εἶδον** τὴν συκῆν ἐξηραμμένην
Mk 12:15 μοι δηνάριον ἵνα **ἴδω**.
Mk 12:28 **ἰδὼν** ὅτι καλῶς ἀπεκρίθη
Mk 12:34 καὶ ὁ Ἰησοῦς **ἰδὼν** [αὐτὸν] ὅτι νουνεχῶς
Mk 13:14 Ὅταν δὲ **ἴδητε** τὸ βδέλυγμα τῆς
Mk 13:26 καὶ τότε **ὄψονται** τὸν υἱὸν τοῦ
Mk 13:29 ὅταν **ἴδητε** ταῦτα γινόμενα,
Mk 14:62 καὶ **ὄψεσθε** τὸν υἱὸν τοῦ
Mk 14:67 καὶ **ἰδοῦσα** τὸν Πέτρον θερμαινόμενον
Mk 14:69 καὶ ἡ παιδίσκη **ἰδοῦσα** αὐτὸν ἤρξατο πάλιν
Mk 15:32 ἵνα **ἴδωμεν** καὶ πιστεύσωμεν.
Mk 15:36 ἄφετε ἴδωμεν **εἰ** ἔρχεται Ἠλίας καθελεῖν
Mk 15:39 **ἰδὼν** δὲ ὁ κεντυρίων
Mk 16:5 εἰς τὸ μνημεῖον **εἶδον** νεανίσκον καθήμενον
Mk 16:7 ἐκεῖ αὐτὸν **ὄψεσθε**,

ὀργή (*orgē*; 1/36) *wrath*
Mk 3:5 περιβλεψάμενος αὐτοὺς μετ᾽ **ὀργῆς**,

ὀρθῶς (*orthōs*; 1/4) *rightly*
Mk 7:35 αὐτοῦ καὶ ἐλάλει **ὀρθῶς**.

ὅριον (*horion*; 5/12) *territory*
Mk 5:17 ἀπελθεῖν ἀπὸ τῶν **ὁρίων** αὐτῶν.
Mk 7:24 ἀπῆλθεν εἰς τὰ **ὅρια** Τύρου.
Mk 7:31 ἐξελθὼν ἐκ τῶν **ὁρίων** Τύρου ἦλθεν διὰ
Mk 7:31 ἀνὰ μέσον τῶν **ὁρίων** Δεκαπόλεως.
Mk 10:1 ἔρχεται εἰς τὰ **ὅρια** τῆς Ἰουδαίας [καὶ]

ὁρκίζω (*horkizō*; 1/2) *beg*
Mk 5:7 **ὁρκίζω** σε τὸν θεόν,

ὅρκος (*horkos*; 1/10) *oath*
Mk 6:26 βασιλεὺς διὰ τοὺς **ὅρκους** καὶ τοὺς ἀνακειμένους

ὁρμάω (*hormaō*; 1/5) *rush*
Mk 5:13 καὶ **ὥρμησεν** ἡ ἀγέλη κατὰ

ὄρος (*oros*; 11/62[63]) *mountain*
Mk 3:13 ἀναβαίνει εἰς τὸ **ὄρος** καὶ προσκαλεῖται οὓς

Mk 5:5 καὶ ἐν τοῖς **ὄρεσιν** ἦν κράζων καὶ
Mk 5:11 ἐκεῖ πρὸς τῷ **ὄρει** ἀγέλη χοίρων μεγάλη
Mk 6:46 ἀπῆλθεν εἰς τὸ **ὄρος** προσεύξασθαι.
Mk 9:2 ἀναφέρει αὐτοὺς εἰς **ὄρος** ὑψηλὸν κατ' ἰδίαν
Mk 9:9 αὐτῶν ἐκ τοῦ **ὄρους** διεστείλατο αὐτοῖς ἵνα
Mk 11:1 Βηθανίαν πρὸς τὸ **ὄρος** τῶν ἐλαιῶν,
Mk 11:23 ἂν εἴπῃ τῷ **ὄρει** τούτῳ·
Mk 13:3 αὐτοῦ εἰς τὸ **ὄρος** τῶν ἐλαιῶν κατέναντι
Mk 13:14 φευγέτωσαν εἰς τὰ **ὄρη**,
Mk 14:26 ἐξῆλθον εἰς τὸ **ὄρος** τῶν ἐλαιῶν.

ὀρύσσω (*oryssō*; 1/3) *dig*

Mk 12:1 περιέθηκεν φραγμὸν καὶ **ὤρυξεν** ὑπολήνιον καὶ ᾠκοδόμησεν

ὀρχέομαι (*orcheomai*; 1/4) *dance*

Mk 6:22 αὐτοῦ Ἡρῳδιάδος καὶ **ὀρχησαμένης** ἤρεσεν τῷ Ἡρῴδῃ

ὅς (*hos*; 87[88]/1406[1407]) *who*

Mk 1:2 **ὃς** κατασκευάσει τὴν ὁδόν
Mk 1:7 **οὗ** οὐκ εἰμὶ ἱκανὸς
Mk 1:44 τοῦ καθαρισμοῦ σου **ἃ** προσέταξεν Μωϋσῆς,
Mk 2:19 τοῦ νυμφῶνος ἐν **ᾧ** ὁ νυμφίος μετ'
Mk 2:24 ποιοῦσιν τοῖς σάββασιν **ὃ** οὐκ ἔξεστιν;
Mk 2:26 **οὓς** οὐκ ἔξεστιν φαγεῖν
Mk 3:13 ὄρος καὶ προσκαλεῖται **οὓς** ἤθελεν αὐτός,
Mk 3:14 καὶ ἐποίησεν δώδεκα [**οὓς** καὶ ἀποστόλους ὠνόμασεν]
Mk 3:17 **ὅ** ἐστιν υἱοὶ βροντῆς·
Mk 3:19 **ὃς** καὶ παρέδωκεν αὐτόν.
Mk 3:29 **ὃς** δ' ἂν βλασφημήσῃ
Mk 3:35 **ὃς** [γὰρ] ἂν ποιήσῃ
Mk 4:4 ἐν τῷ σπείρειν **ὃ** μὲν ἔπεσεν παρὰ
Mk 4:9 **ὃς** ἔχει ὦτα ἀκούειν
Mk 4:16 **οἳ** ὅταν ἀκούσωσιν τὸν
Mk 4:24 ἐν **ᾧ** μέτρῳ μετρεῖτε μετρηθήσεται
Mk 4:25 **ὃς** γὰρ ἔχει,
Mk 4:25 καὶ **ὃς** οὐκ ἔχει,
Mk 4:25 καὶ **ὃ** ἔχει ἀρθήσεται ἀπ'
Mk 4:31 **ὃς** ὅταν σπαρῇ ἐπὶ
Mk 5:3 **ὃς** τὴν κατοίκησιν εἶχεν
Mk 5:33 εἰδυῖα **ὃ** γέγονεν αὐτῇ,
Mk 5:41 **ὅ** ἐστιν μεθερμηνευόμενον·
Mk 6:11 καὶ **ὃς** ἂν τόπος μὴ
Mk 6:16 **ὃν** ἐγὼ ἀπεκεφάλισα Ἰωάννην,
Mk 6:22 αἴτησόν με **ὃ** ἐὰν θέλῃς,
Mk 6:23 ὤμοσεν αὐτῇ [πολλὰ] **ὅ** τι ἐάν με
Mk 7:4 ἄλλα πολλά ἐστιν **ἃ** παρέλαβον κρατεῖν,
Mk 7:11 **ὅ** ἐστιν δῶρον,
Mk 7:11 **ὃ** ἐὰν ἐξ ἐμοῦ
Mk 7:13 τῇ παραδόσει ὑμῶν **ᾗ** παρεδώκατε·
Mk 7:15 εἰσπορευόμενον εἰς αὐτὸν **ὃ** δύναται κοινῶσαι αὐτόν,
Mk 7:25 **ἧς** εἶχεν τὸ θυγάτριον
Mk 7:34 **ὅ** ἐστιν διανοίχθητι.
Mk 8:35 **ὃς** γὰρ ἐὰν θέλῃ
Mk 8:35 **ὃς** δ' ἂν ἀπολέσει
Mk 8:38 **ὃς** γὰρ ἐὰν ἐπαισχυνθῇ
Mk 9:9 αὐτοῖς ἵνα μηδενὶ **ἃ** εἶδον διηγήσωνται,
Mk 9:37 **ὃς** ἂν ἓν τῶν
Mk 9:37 καὶ **ὃς** ἂν ἐμὲ δέχηται,
Mk 9:39 οὐδεὶς γάρ ἐστιν **ὃς** ποιήσει δύναμιν ἐπὶ
Mk 9:40 **ὃς** γὰρ οὐκ ἔστιν
Mk 9:41 **Ὃς** γὰρ ἂν ποτίσῃ
Mk 9:42 Καὶ **ὃς** ἂν σκανδαλίσῃ ἕνα
Mk 10:9 **ὃ** οὖν ὁ θεὸς
Mk 10:11 **ὃς** ἂν ἀπολύσῃ τὴν
Mk 10:15 **ὃς** ἂν μὴ δέξηται
Mk 10:29 οὐδείς ἐστιν **ὃς** ἀφῆκεν οἰκίαν ἢ
Mk 10:35 θέλομεν ἵνα **ὃ** ἐὰν αἰτήσωμέν σε
Mk 10:38 πιεῖν τὸ ποτήριον **ὃ** ἐγὼ πίνω ἢ
Mk 10:38 ἢ τὸ βάπτισμα **ὃ** ἐγὼ βαπτίζομαι βαπτισθῆναι;
Mk 10:39 τὸ ποτήριον **ὃ** ἐγὼ πίνω πίεσθε
Mk 10:39 καὶ τὸ βάπτισμα **ὃ** ἐγὼ βαπτίζομαι βαπτισθήσεσθε,
Mk 10:40 ἀλλ' **οἷς** ἡτοίμασται.
Mk 10:43 ἀλλ' **ὃς** ἂν θέλῃ μέγας
Mk 10:44 καὶ **ὃς** ἂν θέλῃ ἐν
Mk 11:2 πῶλον δεδεμένον ἐφ' **ὃν** οὐδεὶς οὔπω ἀνθρώπων
Mk 11:21 ἴδε ἡ συκῆ **ἣν** κατηράσω ἐξήρανται.
Mk 11:23 λέγω ὑμῖν ὅτι **ὃς** ἂν εἴπῃ τῷ
Mk 11:23 ἀλλὰ πιστεύῃ ὅτι **ὃ** λαλεῖ γίνεται,
Mk 12:5 **οὓς** μὲν δέροντες,
Mk 12:5 **οὓς** δὲ ἀποκτέννοντες.
Mk 12:10 λίθον **ὃν** ἀπεδοκίμασαν οἱ οἰκοδομοῦντες,
Mk 12:42 **ὅ** ἐστιν κοδράντης.
Mk 13:2 λίθος ἐπὶ λίθον **ὃς** οὐ μὴ καταλυθῇ.
Mk 13:11 ἀλλ' **ὃ** ἐὰν δοθῇ ὑμῖν
Mk 13:19 ἀπ' ἀρχῆς κτίσεως **ἣν** ἔκτισεν ὁ θεὸς
Mk 13:20 διὰ τοὺς ἐκλεκτοὺς **οὓς** ἐξελέξατο ἐκολόβωσεν τὰς
Mk 13:30 γενεὰ αὕτη μέχρις **οὗ** ταῦτα πάντα γένηται.
Mk 13:37 **ὃ** δὲ ὑμῖν λέγω
Mk 14:8 **ὃ** ἔσχεν ἐποίησεν·
Mk 14:9 καὶ **ὃ** ἐποίησεν αὕτη λαληθήσεται
Mk 14:21 ἀνθρώπῳ ἐκείνῳ δι' **οὗ** ὁ υἱὸς τοῦ
Mk 14:32 ἔρχονται εἰς χωρίον **οὗ** τὸ ὄνομα Γεθσημανὶ
Mk 14:44 **ὃν** ἂν φιλήσω αὐτός
Mk 14:71 τὸν ἄνθρωπον τοῦτον **ὃν** λέγετε.
Mk 15:6 αὐτοῖς ἕνα δέσμιον **ὃν** παρῃτοῦντο.
Mk 15:12 οὖν [θέλετε] ποιήσω [**ὃν** λέγετε] τὸν βασιλέα
Mk 15:16 **ὅ** ἐστιν πραιτώριον,
Mk 15:22 **ὅ** ἐστιν μεθερμηνευόμενον Κρανίου
Mk 15:23 **ὃς** δὲ οὐκ ἔλαβεν.
Mk 15:34 **ὅ** ἐστιν μεθερμηνευόμενον·
Mk 15:40 ἐν **αἷς** καὶ Μαρία ἡ
Mk 15:41 **αἳ** ὅτε ἦν ἐν
Mk 15:42 ἐπεὶ ἦν παρασκευὴ **ὅ** ἐστιν προσάββατον,
Mk 15:43 **ὃς** καὶ αὐτὸς ἦν
Mk 15:46 αὐτὸν ἐν μνημείῳ **ὃ** ἦν λελατομημένον ἐκ
[Mk 16:9] παρ' **ἧς** ἐκβεβλήκει ἑπτὰ δαιμόνια.

ὅσος (*hosos*; 14/110) *as much as (pl. as many as)*

Mk 2:19 **ὅσον** χρόνον ἔχουσιν τὸν
Mk 3:8 πλῆθος πολὺ ἀκούοντες **ὅσα** ἐποίει ἦλθον
Mk 3:10 ἵνα αὐτοῦ ἅψωνται **ὅσοι** εἶχον μάστιγας.
Mk 3:28 καὶ αἱ βλασφημίαι **ὅσα** ἐὰν βλασφημήσωσιν·
Mk 5:19 καὶ ἀπάγγειλον αὐτοῖς **ὅσα** ὁ κύριός σοι
Mk 5:20 ἐν τῇ Δεκαπόλει **ὅσα** ἐποίησεν αὐτῷ ὁ
Mk 6:30 ἀπήγγειλαν αὐτῷ πάντα **ὅσα** ἐποίησαν καὶ ὅσα

Mk 6:30 ὅσα ἐποίησαν καὶ **ὅσα** ἐδίδαξαν.
Mk 6:56 καὶ **ὅσοι** ἂν ἥψαντο αὐτοῦ
Mk 7:36 ὅσον **δὲ** αὐτοῖς διεστέλλετο,
Mk 9:13 καὶ ἐποίησαν αὐτῷ **ὅσα** ἤθελον,
Mk 10:21 **ὅσα** ἔχεις πώλησον καὶ
Mk 11:24 πάντα **ὅσα** προσεύχεσθε καὶ αἰτεῖσθε,
Mk 12:44 ὑστερήσεως αὐτῆς πάντα **ὅσα** εἶχεν ἔβαλεν ὅλον

ὅστις (*hostis*; 4/144) *who*

Mk 4:20 **οἵτινες** ἀκούουσιν τὸν λόγον
Mk 9:1 ὧδε τῶν ἑστηκότων **οἵτινες** οὐ μὴ γεύσωνται
Mk 12:18 **οἵτινες** λέγουσιν ἀνάστασιν μὴ
Mk 15:7 τῶν στασιαστῶν δεδεμένος **οἵτινες** ἐν τῇ στάσει

ὀσφῦς (*osphys*; 1/8) *waist*

Mk 1:6 δερματίνην περὶ τὴν **ὀσφὺν** αὐτοῦ καὶ ἐσθίων

ὅταν (*hotan*; 21/123) *when*

Mk 2:20 ἐλεύσονται δὲ ἡμέραι **ὅταν** ἀπαρθῇ ἀπ' αὐτῶν
Mk 3:11 **ὅταν** αὐτὸν ἐθεώρουν,
Mk 4:15 ὁ λόγος καὶ **ὅταν** ἀκούσωσιν,
Mk 4:16 οἳ **ὅταν** ἀκούσωσιν τὸν λόγον
Mk 4:29 **ὅταν** δὲ παραδοῖ ὁ
Mk 4:31 ὃς **ὅταν** σπαρῇ ἐπὶ τῆς
Mk 4:32 καὶ **ὅταν** σπαρῇ,
Mk 8:38 **ὅταν** ἔλθῃ ἐν τῇ
Mk 9:9 εἰ μὴ **ὅταν** ὁ υἱὸς τοῦ
Mk 11:19 Καὶ **ὅταν** ὀψὲ ἐγένετο,
Mk 11:25 Καὶ **ὅταν** στήκετε προσευχόμενοι,
Mk 12:23 ἐν τῇ ἀναστάσει [**ὅταν** ἀναστῶσιν] τίνος αὐτῶν
Mk 12:25 **ὅταν** γὰρ ἐκ νεκρῶν
Mk 13:4 τί τὸ σημεῖον **ὅταν** μέλλῃ ταῦτα συντελεῖσθαι
Mk 13:7 **ὅταν** δὲ ἀκούσητε πολέμους
Mk 13:11 καὶ **ὅταν** ἄγωσιν ὑμᾶς παραδιδόντες,
Mk 13:14 **Ὅταν** δὲ ἴδητε τὸ
Mk 13:28 **ὅταν** ἤδη ὁ κλάδος
Mk 13:29 **ὅταν** ἴδητε ταῦτα γινόμενα,
Mk 14:7 μεθ' ἑαυτῶν καὶ **ὅταν** θέλητε δύνασθε αὐτοῖς
Mk 14:25 τῆς ἡμέρας ἐκείνης **ὅταν** αὐτὸ πίνω καινὸν

ὅτε (*hote*; 12/103) *when*

Mk 1:32 **ὅτε** ἔδυ ὁ ἥλιος,
Mk 2:25 τί ἐποίησεν Δαυὶδ **ὅτε** χρείαν ἔσχεν καὶ
Mk 4:6 καὶ **ὅτε** ἀνέτειλεν ὁ ἥλιος
Mk 4:10 Καὶ **ὅτε** ἐγένετο κατὰ μόνας,
Mk 6:21 γενομένης ἡμέρας εὐκαίρου **ὅτε** Ἡρῴδης τοῖς γενεσίοις
Mk 7:17 Καὶ **ὅτε** εἰσῆλθεν εἰς οἶκον
Mk 8:19 **ὅτε** τοὺς πέντε ἄρτους
Mk 8:20 **ὅτε** τοὺς ἑπτὰ εἰς
Mk 11:1 Καὶ **ὅτε** ἐγγίζουσιν εἰς Ἱεροσόλυμα
Mk 14:12 **ὅτε** τὸ πάσχα ἔθυον,
Mk 15:20 καὶ **ὅτε** ἐνέπαιξαν αὐτῷ,
Mk 15:41 αἳ **ὅτε** ἦν ἐν τῇ

ὅτι (*hoti*; 100[102]/1294[1296]) *because, that*

Mk 1:15 καὶ λέγων **ὅτι** πεπλήρωται ὁ καιρὸς
Mk 1:34 ὅτι **ᾔδεισαν** αὐτόν.
Mk 1:37 καὶ λέγουσιν αὐτῷ **ὅτι** πάντες ζητοῦσίν σε.
Mk 1:40 καὶ λέγων αὐτῷ **ὅτι** ἐὰν θέλῃς δύνασαί
Mk 2:1 δι' ἡμερῶν ἠκούσθη **ὅτι** ἐν οἴκῳ ἐστίν.
Mk 2:8 τῷ πνεύματι αὐτοῦ **ὅτι** οὕτως διαλογίζονται
Mk 2:10 ἵνα δὲ εἰδῆτε **ὅτι** ἐξουσίαν ἔχει ὁ
Mk 2:12 τὸν θεὸν λέγοντας **ὅτι** οὕτως οὐδέποτε εἴδομεν.
Mk 2:16 τῶν Φαρισαίων ἰδόντες **ὅτι** ἐσθίει μετὰ τῶν
Mk 2:16 **ὅτι** μετὰ τῶν τελωνῶν
Mk 2:17 Ἰησοῦς λέγει αὐτοῖς [**ὅτι**] οὐ χρείαν ἔχουσιν
Mk 3:11 καὶ ἔκραζον λέγοντες **ὅτι** σὺ εἶ ὁ
Mk 3:21 ἔλεγον γὰρ **ὅτι** ἐξέστη.
Mk 3:22 Ἱεροσολύμων καταβάντες ἔλεγον **ὅτι** Βεελζεβοὺλ ἔχει καὶ
Mk 3:22 Βεελζεβοὺλ ἔχει καὶ **ὅτι** ἐν τῷ ἄρχοντι
Mk 3:28 Ἀμὴν λέγω ὑμῖν **ὅτι** πάντα ἀφεθήσεται τοῖς
Mk 3:30 **ὅτι** ἔλεγον·
Mk 4:29 **ὅτι** παρέστηκεν ὁ θερισμός.
Mk 4:38 οὐ μέλει σοι **ὅτι** ἀπολλύμεθα;
Mk 4:41 ἄρα οὗτός ἐστιν **ὅτι** καὶ ὁ ἄνεμος
Mk 5:9 **ὅτι** πολλοί ἐσμεν.
Mk 5:23 αὐτὸν πολλὰ λέγων **ὅτι** τὸ θυγάτριόν μου
Mk 5:28 ἔλεγεν γὰρ **ὅτι** ἐὰν ἅψωμαι κἂν
Mk 5:29 ἔγνω τῷ σώματι **ὅτι** ἴαται ἀπὸ τῆς
Mk 5:35 τοῦ ἀρχισυναγώγου λέγοντες **ὅτι** ἡ θυγάτηρ σου
Mk 6:4 αὐτοῖς ὁ Ἰησοῦς **ὅτι** οὐκ ἔστιν προφήτης
Mk 6:14 καὶ ἔλεγον **ὅτι** Ἰωάννης ὁ βαπτίζων
Mk 6:15 ἄλλοι δὲ ἔλεγον **ὅτι** Ἠλίας ἐστίν·
Mk 6:15 ἄλλοι δὲ ἔλεγον **ὅτι** προφήτης ὡς εἷς
Mk 6:17 **ὅτι** αὐτὴν ἐγάμησεν·
Mk 6:18 Ἰωάννης τῷ Ἡρῴδῃ **ὅτι** οὐκ ἔξεστίν σοι
Mk 6:34 **ὅτι** ἦσαν ὡς πρόβατα
Mk 6:35 μαθηταὶ αὐτοῦ ἔλεγον **ὅτι** ἔρημός ἐστιν ὁ
Mk 6:49 θαλάσσης περιπατοῦντα ἔδοξαν **ὅτι** φάντασμά ἐστιν,
Mk 6:55 περιφέρειν ὅπου ἤκουον **ὅτι** ἐστίν.
Mk 7:2 τῶν μαθητῶν αὐτοῦ **ὅτι** κοιναῖς χερσίν,
Mk 7:6 ὡς γέγραπται [**ὅτι**] οὗτος ὁ λαὸς
Mk 7:18 οὐ νοεῖτε **ὅτι** πᾶν τὸ ἔξωθεν
Mk 7:19 **ὅτι** οὐκ εἰσπορεύεται αὐτοῦ
Mk 7:20 ἔλεγεν δὲ **ὅτι** τὸ ἐκ τοῦ
Mk 8:2 **ὅτι** ἤδη ἡμέραι τρεῖς
Mk 8:4 οἱ μαθηταὶ αὐτοῦ **ὅτι** πόθεν τούτους δυνήσεταί
Mk 8:16 διελογίζοντο πρὸς ἀλλήλους **ὅτι** ἄρτους οὐκ ἔχουσιν.
Mk 8:17 τί διαλογίζεσθε **ὅτι** ἄρτους οὐκ ἔχετε;
Mk 8:24 βλέπω τοὺς ἀνθρώπους **ὅτι** ὡς δένδρα ὁρῶ
Mk 8:28 εἶπαν αὐτῷ λέγοντες [**ὅτι**] Ἰωάννην τὸν βαπτιστήν,
Mk 8:28 ἄλλοι δὲ **ὅτι** εἷς τῶν προφητῶν.
Mk 8:31 ἤρξατο διδάσκειν αὐτοὺς **ὅτι** δεῖ τὸν υἱὸν
Mk 8:33 **ὅτι** οὐ φρονεῖς τὰ
Mk 9:1 ἀμὴν λέγω ὑμῖν **ὅτι** εἰσίν τινες ὧδε
Mk 9:11 **ὅτι** λέγουσιν οἱ γραμματεῖς
Mk 9:11 λέγουσιν οἱ γραμματεῖς **ὅτι** Ἠλίαν δεῖ ἐλθεῖν
Mk 9:13 ἀλλὰ λέγω ὑμῖν **ὅτι** καὶ Ἠλίας ἐλήλυθεν,
Mk 9:25 δὲ ὁ Ἰησοῦς **ὅτι** ἐπισυντρέχει ὄχλος,

Mk 9:26 τοὺς πολλοὺς λέγειν **ὅτι** ἀπέθανεν.
Mk 9:28 **ὅτι** ἡμεῖς οὐκ ἠδυνήθημεν
Mk 9:31 καὶ ἔλεγεν αὐτοῖς **ὅτι** ὁ υἱὸς τοῦ
Mk 9:38 **ὅτι** οὐκ ἠκολούθει ἡμῖν.
Mk 9:41 ὕδατος ἐν ὀνόματι **ὅτι** Χριστοῦ ἐστε,
Mk 9:41 ἀμὴν λέγω ὑμῖν **ὅτι** οὐ μὴ ἀπολέσῃ
Mk 10:33 **ὅτι** ἰδοὺ ἀναβαίνομεν εἰς
Mk 10:42 οἴδατε **ὅτι** οἱ δοκοῦντες ἄρχειν
Mk 10:47 καὶ ἀκούσας **ὅτι** Ἰησοῦς ὁ Ναζαρηνός
Mk 11:17 οὐ γέγραπται **ὅτι** ὁ οἶκός μου
Mk 11:23 ἀμὴν λέγω ὑμῖν **ὅτι** ὃς ἂν εἴπῃ
Mk 11:23 αὐτοῦ ἀλλὰ πιστεύῃ **ὅτι** ὃ λαλεῖ γίνεται,
Mk 11:24 πιστεύετε **ὅτι** ἐλάβετε,
Mk 11:32 τὸν Ἰωάννην ὄντως **ὅτι** προφήτης ἦν.
Mk 12:6 πρὸς αὐτοὺς λέγων **ὅτι** ἐντραπήσονται τὸν υἱόν
Mk 12:7 πρὸς ἑαυτοὺς εἶπαν **ὅτι** οὗτός ἐστιν ὁ
Mk 12:12 ἔγνωσαν γὰρ **ὅτι** πρὸς αὐτοὺς τὴν
Mk 12:14 οἴδαμεν **ὅτι** ἀληθὴς εἶ καὶ
Mk 12:19 Μωϋσῆς ἔγραψεν ἡμῖν **ὅτι** ἐάν τινος ἀδελφὸς
Mk 12:26 δὲ τῶν νεκρῶν **ὅτι** ἐγείρονται οὐκ ἀνέγνωτε
Mk 12:28 ἰδὼν **ὅτι** καλῶς ἀπεκρίθη αὐτοῖς
Mk 12:29 ἀπεκρίθη ὁ Ἰησοῦς **ὅτι** πρώτη ἐστίν·
Mk 12:32 ἐπ' ἀληθείας εἶπες **ὅτι** εἷς ἐστιν καὶ
Mk 12:34 Ἰησοῦς ἰδὼν [αὐτὸν] **ὅτι** νουνεχῶς ἀπεκρίθη εἶπεν
Mk 12:35 λέγουσιν οἱ γραμματεῖς **ὅτι** ὁ χριστὸς υἱὸς
Mk 12:43 ἀμὴν λέγω ὑμῖν **ὅτι** ἡ χήρα αὕτη
Mk 13:6 ὀνόματί μου λέγοντες **ὅτι** ἐγώ εἰμι,
Mk 13:28 γινώσκετε **ὅτι** ἐγγὺς τὸ θέρος
Mk 13:29 γινώσκετε **ὅτι** ἐγγύς ἐστιν ἐπὶ
Mk 13:30 Ἀμὴν λέγω ὑμῖν **ὅτι** οὐ μὴ παρέλθῃ
Mk 14:14 εἴπατε τῷ οἰκοδεσπότῃ **ὅτι** ὁ διδάσκαλος λέγει·
Mk 14:18 ἀμὴν λέγω ὑμῖν **ὅτι** εἷς ἐξ ὑμῶν
Mk 14:21 **ὅτι** ὁ μὲν υἱὸς
Mk 14:25 ἀμὴν λέγω ὑμῖν **ὅτι** οὐκέτι οὐ μὴ
Mk 14:27 αὐτοῖς ὁ Ἰησοῦς **ὅτι** πάντες σκανδαλισθήσεσθε,
Mk 14:27 **ὅτι** γέγραπται·
Mk 14:30 ἀμὴν λέγω σοι **ὅτι** σὺ σήμερον ταύτῃ
Mk 14:58 **ὅτι** ἡμεῖς ἠκούσαμεν αὐτοῦ
Mk 14:58 ἠκούσαμεν αὐτοῦ λέγοντος **ὅτι** ἐγὼ καταλύσω τὸν
Mk 14:69 λέγειν τοῖς παρεστῶσιν **ὅτι** οὗτος ἐξ αὐτῶν
Mk 14:71 ἀναθεματίζειν καὶ ὀμνύναι **ὅτι** οὐκ οἶδα τὸν
Mk 14:72 αὐτῷ ὁ Ἰησοῦς **ὅτι** πρὶν ἀλέκτορα φωνῆσαι
Mk 15:10 ἐγίνωσκεν γὰρ **ὅτι** διὰ φθόνον παραδεδώκεισαν
Mk 15:39 ἐξ ἐναντίας αὐτοῦ **ὅτι** οὕτως ἐξέπνευσεν εἶπεν·
Mk 16:4 καὶ ἀναβλέψασαι θεωροῦσιν **ὅτι** ἀποκεκύλισται ὁ λίθος·
Mk 16:7 καὶ τῷ Πέτρῳ **ὅτι** προάγει ὑμᾶς εἰς
[Mk 16:11] κἀκεῖνοι ἀκούσαντες **ὅτι** ζῇ καὶ ἐθεάθη
[Mk 16:14] αὐτῶν καὶ σκληροκαρδίαν **ὅτι** τοῖς θεασαμένοις αὐτὸν

οὐ (*ou*; 116[118]/1621[1623]) *not*

Mk 1:7 οὗ **οὐκ** εἰμὶ ἱκανὸς κύψας
Mk 1:22 ἐξουσίαν ἔχων καὶ **οὐχ** ὡς οἱ γραμματεῖς.
Mk 1:34 πολλὰ ἐξέβαλεν καὶ **οὐκ** ἤφιεν λαλεῖν τὰ
Mk 2:17 λέγει αὐτοῖς [ὅτι] **οὐ** χρείαν ἔχουσιν οἱ
Mk 2:17 **οὐκ** ἦλθον καλέσαι δικαίους
Mk 2:18 δὲ σοὶ μαθηταὶ **οὐ** νηστεύουσιν;
Mk 2:19 νυμφίον μετ' αὐτῶν **οὐ** δύνανται νηστεύειν.
Mk 2:24 τοῖς σάββασιν ὃ **οὐκ** ἔξεστιν;
Mk 2:26 οὓς **οὐκ** ἔξεστιν φαγεῖν εἰ
Mk 2:27 ἄνθρωπον ἐγένετο καὶ **οὐχ** ὁ ἄνθρωπος διὰ
Mk 3:24 **οὐ** δύναται σταθῆναι ἡ
Mk 3:25 **οὐ** δυνήσεται ἡ οἰκία
Mk 3:26 **οὐ** δύναται στῆναι ἀλλὰ
Mk 3:27 ἀλλ' **οὐ** δύναται οὐδεὶς εἰς
Mk 3:29 **οὐκ** ἔχει ἄφεσιν εἰς
Mk 4:5 τὸ πετρῶδες ὅπου **οὐκ** εἶχεν γῆν πολλήν,
Mk 4:7 καὶ καρπὸν **οὐκ** ἔδωκεν.
Mk 4:13 **οὐκ** οἴδατε τὴν παραβολὴν
Mk 4:17 καὶ **οὐκ** ἔχουσιν ῥίζαν ἐν
Mk 4:21 **οὐχ** ἵνα ἐπὶ τὴν
Mk 4:22 **οὐ** γάρ ἐστιν κρυπτὸν
Mk 4:25 καὶ ὃς **οὐκ** ἔχει,
Mk 4:27 καὶ μηκύνηται ὡς **οὐκ** οἶδεν αὐτός.
Mk 4:34 χωρὶς δὲ παραβολῆς **οὐκ** ἐλάλει αὐτοῖς,
Mk 4:38 **οὐ** μέλει σοι ὅτι
Mk 5:19 καὶ **οὐκ** ἀφῆκεν αὐτόν,
Mk 5:37 καὶ **οὐκ** ἀφῆκεν οὐδένα μετ'
Mk 5:39 τὸ παιδίον **οὐκ** ἀπέθανεν ἀλλὰ καθεύδει.
Mk 6:3 **οὐχ** οὗτός ἐστιν ὁ
Mk 6:3 καὶ **οὐκ** εἰσὶν αἱ ἀδελφαὶ
Mk 6:4 ὁ Ἰησοῦς ὅτι **οὐκ** ἔστιν προφήτης ἄτιμος
Mk 6:5 καὶ **οὐκ** ἐδύνατο ἐκεῖ ποιῆσαι
Mk 6:18 τῷ Ἡρῴδῃ ὅτι **οὐκ** ἔξεστίν σοι ἔχειν
Mk 6:19 καὶ **οὐκ** ἠδύνατο·
Mk 6:26 καὶ τοὺς ἀνακειμένους **οὐκ** ἠθέλησεν ἀθετῆσαι αὐτήν·
Mk 6:52 **οὐ** γὰρ συνῆκαν ἐπὶ
Mk 7:3 νίψωνται τὰς χεῖρας **οὐκ** ἐσθίουσιν,
Mk 7:4 ἐὰν μὴ βαπτίσωνται **οὐκ** ἐσθίουσιν,
Mk 7:5 διὰ τί **οὐ** περιπατοῦσιν οἱ μαθηταί
Mk 7:18 **οὐ** νοεῖτε ὅτι πᾶν
Mk 7:18 εἰς τὸν ἄνθρωπον **οὐ** δύναται αὐτὸν κοινῶσαι
Mk 7:19 ὅτι **οὐκ** εἰσπορεύεται αὐτοῦ εἰς
Mk 7:24 καὶ **οὐκ** ἠδυνήθη λαθεῖν·
Mk 7:27 **οὐ** γάρ ἐστιν καλὸν
Mk 8:2 προσμένουσίν μοι καὶ **οὐκ** ἔχουσιν τί φάγωσιν·
Mk 8:14 μὴ ἕνα ἄρτον **οὐκ** εἶχον μεθ' ἑαυτῶν
Mk 8:16 ἀλλήλους ὅτι ἄρτους **οὐκ** ἔχουσιν.
Mk 8:17 διαλογίζεσθε ὅτι ἄρτους **οὐκ** ἔχετε;
Mk 8:18 ὀφθαλμοὺς ἔχοντες **οὐ** βλέπετε καὶ ὦτα
Mk 8:18 ὦτα ἔχοντες **οὐκ** ἀκούετε;
Mk 8:18 καὶ **οὐ** μνημονεύετε,
Mk 8:33 ὅτι **οὐ** φρονεῖς τὰ τοῦ
Mk 9:1 τῶν ἑστηκότων οἵτινες **οὐ** μὴ γεύσωνται θανάτου
Mk 9:3 ἐπὶ τῆς γῆς **οὐ** δύναται οὕτως λευκᾶναι.
Mk 9:6 **οὐ** γὰρ ᾔδει τί
Mk 9:18 καὶ **οὐκ** ἴσχυσαν.
Mk 9:28 ὅτι ἡμεῖς **οὐκ** ἠδυνήθημεν ἐκβαλεῖν αὐτό;
Mk 9:30 καὶ **οὐκ** ἤθελεν ἵνα τις
Mk 9:37 **οὐκ** ἐμὲ δέχεται ἀλλὰ
Mk 9:38 ὅτι **οὐκ** ἠκολούθει ἡμῖν.
Mk 9:40 ὃς γὰρ **οὐκ** ἔστιν καθ' ἡμῶν,
Mk 9:41 λέγω ὑμῖν ὅτι **οὐ** μὴ ἀπολέσῃ τὸν
Mk 9:48 ὁ σκώληξ αὐτῶν **οὐ** τελευτᾷ καὶ τὸ
Mk 9:48 καὶ τὸ πῦρ **οὐ** σβέννυται.

Mk 10:15 **οὐ** μὴ εἰσέλθῃ εἰς
Mk 10:27 ἀλλ᾽ οὐ **παρὰ** θεῷ·
Mk 10:38 **οὐκ** οἴδατε τί αἰτεῖσθε.
Mk 10:40 ἢ ἐξ εὐωνύμων **οὐκ** ἔστιν ἐμὸν δοῦναι,
Mk 10:43 **οὐχ** οὕτως δέ ἐστιν
Mk 10:45 υἱὸς τοῦ ἀνθρώπου **οὐκ** ἦλθεν διακονηθῆναι
Mk 11:13 ὁ γὰρ καιρὸς **οὐκ** ἦν σύκων.
Mk 11:16 καὶ **οὐκ** ἤφιεν ἵνα τις
Mk 11:17 **οὐ** γέγραπται ὅτι ὁ
Mk 11:31 διὰ τί [οὖν] **οὐκ** ἐπιστεύσατε αὐτῷ;
Mk 11:33 **οὐκ** οἴδαμεν.
Mk 12:14 ἀληθὴς εἶ καὶ **οὐ** μέλει σοι περὶ
Mk 12:14 **οὐ** γὰρ βλέπεις εἰς πρόσωπον
Mk 12:14 Καίσαρι ἢ **οὔ**;
Mk 12:20 γυναῖκα καὶ ἀποθνῄσκων **οὐκ** ἀφῆκεν σπέρμα·
Mk 12:22 καὶ οἱ ἑπτὰ **οὐκ** ἀφῆκαν σπέρμα.
Mk 12:24 **οὐ** διὰ τοῦτο πλανᾶσθε
Mk 12:26 νεκρῶν ὅτι ἐγείρονται **οὐκ** ἀνέγνωτε ἐν τῇ
Mk 12:27 **οὐκ** ἔστιν θεὸς νεκρῶν
Mk 12:31 τούτων ἄλλη ἐντολὴ **οὐκ** ἔστιν.
Mk 12:32 εἷς ἐστιν καὶ **οὐκ** ἔστιν ἄλλος πλὴν
Mk 12:34 **οὐ** μακρὰν εἶ ἀπὸ
Mk 13:2 **οὐ** μὴ ἀφεθῇ ὧδε
Mk 13:2 ἐπὶ λίθον ὃς **οὐ** μὴ καταλυθῇ.
Mk 13:11 **οὐ** γάρ ἐστε ὑμεῖς
Mk 13:14 ἐρημώσεως ἑστηκότα ὅπου **οὐ** δεῖ,
Mk 13:19 ἐκεῖναι θλῖψις οἵα **οὐ** γέγονεν τοιαύτη ἀπ᾽
Mk 13:19 τοῦ νῦν καὶ **οὐ** μὴ γένηται.
Mk 13:20 **οὐκ** ἂν ἐσώθη πᾶσα
Mk 13:24 καὶ ἡ σελήνη **οὐ** δώσει τὸ φέγγος
Mk 13:30 λέγω ὑμῖν ὅτι **οὐ** μὴ παρέλθῃ ἡ
Mk 13:31 λόγοι μου **οὐ** μὴ παρελεύσονται.
Mk 13:33 **οὐκ** οἴδατε γὰρ πότε
Mk 13:35 **οὐκ** οἴδατε γὰρ πότε
Mk 14:7 ἐμὲ δὲ **οὐ** πάντοτε ἔχετε.
Mk 14:21 καλὸν αὐτῷ εἰ **οὐκ** ἐγεννήθη
Mk 14:25 ὅτι οὐκέτι **οὐ** μὴ πίω
Mk 14:29 ἀλλ᾽ **οὐκ** ἐγώ.
Mk 14:31 **οὐ** μή σε ἀπαρνήσομαι.
Mk 14:36 ἀλλ᾽ **οὐ** τί ἐγὼ θέλω
Mk 14:37 **οὐκ** ἴσχυσας μίαν ὥραν
Mk 14:40 καὶ **οὐκ** ᾔδεισαν τί ἀποκριθῶσιν
Mk 14:49 ἱερῷ διδάσκων καὶ **οὐκ** ἐκρατήσατέ με·
Mk 14:55 καὶ **οὐχ** ηὕρισκον·
Mk 14:56 ἴσαι αἱ μαρτυρίαι **οὐκ** ἦσαν.
Mk 14:60 **οὐκ** ἀποκρίνῃ οὐδὲν τί
Mk 14:61 δὲ ἐσιώπα καὶ **οὐκ** ἀπεκρίνατο οὐδέν.
Mk 14:71 καὶ ὀμνύναι ὅτι **οὐκ** οἶδα τὸν ἄνθρωπον
Mk 15:4 **οὐκ** ἀποκρίνῃ οὐδέν;
Mk 15:23 ὃς δὲ **οὐκ** ἔλαβεν.
Mk 15:31 ἑαυτὸν **οὐ** δύναται σῶσαι·
Mk 16:6 **οὐκ** ἔστιν ὧδε·
[Mk 16:14] θεασαμένοις αὐτὸν ἐγηγερμένον **οὐκ** ἐπίστευσαν.
[Mk 16:18] θανάσιμόν τι πίωσιν **οὐ** μὴ αὐτοὺς βλάψῃ,

οὐά (*oua*; 1/1) *aha*

Mk 15:29 **οὐὰ** ὁ καταλύων τὸν

οὐαί (*ouai*; 2/46) *woe*

Mk 13:17 **οὐαὶ** δὲ ταῖς ἐν
Mk 14:21 **οὐαὶ** δὲ τῷ ἀνθρώπῳ

οὐδέ (*oude*; 9[10]/141[143]) *neither, nor*

Mk 4:22 **οὐδὲ** ἐγένετο ἀπόκρυφον ἀλλ᾽
Mk 5:3 καὶ **οὐδὲ** ἁλύσει οὐκέτι οὐδεὶς
Mk 6:31 καὶ **οὐδὲ** φαγεῖν εὐκαίρουν.
Mk 8:17 οὔπω νοεῖτε **οὐδὲ** συνίετε;
Mk 11:33 **οὐδὲ** ἐγὼ λέγω ὑμῖν
Mk 12:10 **οὐδὲ** τὴν γραφὴν ταύτην
Mk 13:32 **οὐδὲ** οἱ ἄγγελοι ἐν
Mk 13:32 ἄγγελοι ἐν οὐρανῷ **οὐδὲ** ὁ υἱός,
Mk 14:59 καὶ **οὐδὲ** οὕτως ἴση ἦν
[Mk 16:13] **οὐδὲ** ἐκείνοις ἐπίστευσαν.

οὐδείς (*oudeis*; 26/225[227]) *no one*

Mk 2:21 **Οὐδεὶς** ἐπίβλημα ῥάκους ἀγνάφου
Mk 2:22 καὶ **οὐδεὶς** βάλλει οἶνον νέον
Mk 3:27 ἀλλ᾽ οὐ δύναται **οὐδεὶς** εἰς τὴν οἰκίαν
Mk 5:3 οὐδὲ ἁλύσει οὐκέτι **οὐδεὶς** ἐδύνατο αὐτὸν δῆσαι
Mk 5:4 καὶ **οὐδεὶς** ἴσχυεν αὐτὸν δαμάσαι·
Mk 5:37 καὶ οὐκ ἀφῆκεν **οὐδένα** μετ᾽ αὐτοῦ συνακολουθῆσαι
Mk 6:5 ἐδύνατο ἐκεῖ ποιῆσαι **οὐδεμίαν** δύναμιν,
Mk 7:12 οὐκέτι ἀφίετε αὐτὸν **οὐδὲν** ποιῆσαι τῷ πατρὶ
Mk 7:15 **οὐδέν** ἐστιν ἔξωθεν τοῦ
Mk 7:24 εἰσελθὼν εἰς οἰκίαν **οὐδένα** ἤθελεν γνῶναι,
Mk 9:8 ἐξάπινα περιβλεψάμενοι οὐκέτι **οὐδένα** εἶδον ἀλλὰ τὸν
Mk 9:29 τὸ γένος ἐν **οὐδενὶ** δύναται ἐξελθεῖν εἰ
Mk 9:39 **οὐδεὶς** γάρ ἐστιν ὃς
Mk 10:18 **οὐδεὶς** ἀγαθὸς εἰ μὴ
Mk 10:29 **οὐδείς** ἐστιν ὃς ἀφῆκεν
Mk 11:2 δεδεμένον ἐφ᾽ ὃν **οὐδεὶς** οὔπω ἀνθρώπων ἐκάθισεν·
Mk 11:13 ἐλθὼν ἐπ᾽ αὐτὴν **οὐδὲν** εὗρεν εἰ μὴ
Mk 12:14 μέλει σοι περὶ **οὐδενός**·
Mk 12:34 καὶ **οὐδεὶς** οὐκέτι ἐτόλμα αὐτὸν
Mk 13:32 ἢ τῆς ὥρας **οὐδεὶς** οἶδεν,
Mk 14:60 οὐκ ἀποκρίνῃ **οὐδὲν** τί οὗτοί σου
Mk 14:61 καὶ οὐκ ἀπεκρίνατο **οὐδέν**.
Mk 15:4 οὐκ ἀποκρίνῃ **οὐδέν**;
Mk 15:5 δὲ Ἰησοῦς οὐκέτι **οὐδὲν** ἀπεκρίθη,
Mk 16:8 καὶ **οὐδενὶ** οὐδὲν εἶπαν·
Mk 16:8 καὶ οὐδενὶ **οὐδὲν** εἶπαν·

οὐδέποτε (*oudepote*; 2/16) *never*

Mk 2:12 λέγοντας ὅτι οὕτως **οὐδέποτε** εἴδομεν.
Mk 2:25 **οὐδέποτε** ἀνέγνωτε τί ἐποίησεν

οὐκέτι (*ouketi*; 7/47) *no longer*

Mk 5:3 καὶ οὐδὲ ἁλύσει **οὐκέτι** οὐδεὶς ἐδύνατο αὐτὸν
Mk 7:12 **οὐκέτι** ἀφίετε αὐτὸν οὐδὲν
Mk 9:8 καὶ ἐξάπινα περιβλεψάμενοι **οὐκέτι** οὐδένα εἶδον ἀλλὰ
Mk 10:8 ὥστε οὐκέτι **εἰσὶν** δύο ἀλλὰ μία
Mk 12:34 καὶ οὐδεὶς **οὐκέτι** ἐτόλμα αὐτὸν ἐπερωτῆσαι.
Mk 14:25 λέγω ὑμῖν ὅτι **οὐκέτι** οὐ μὴ πίω
Mk 15:5 ὁ δὲ Ἰησοῦς **οὐκέτι** οὐδὲν ἀπεκρίθη,

οὖν (*oun*; 5[6]/497[499]) *therefore*

Mk 10:9 ὃ **οὖν** ὁ θεὸς συνέζευξεν
Mk 11:31 διὰ τί [**οὖν**] **οὐκ** ἐπιστεύσατε αὐτῷ;

Mk 12:9 τί **[οὖν]** ποιήσει ὁ κύριος
Mk 13:35 γρηγορεῖτε **οὖν**·
Mk 15:12 τί **οὖν** [θέλετε] ποιήσω [ὃν
[Mk 16:19] Ὁ μὲν **οὖν** κύριος Ἰησοῦς μετὰ

οὔπω (*oupō*; 5/26) *not yet*

Mk 4:40 **οὔπω** ἔχετε πίστιν;
Mk 8:17 **οὔπω** νοεῖτε οὐδὲ συνίετε;
Mk 8:21 **οὔπω** συνίετε;
Mk 11:2 ἐφ' ὃν οὐδεὶς **οὔπω** ἀνθρώπων ἐκάθισεν·
Mk 13:7 ἀλλ' **οὔπω** τὸ τέλος.

οὐρανός (*ouranos*; 17[18]/272[273]) *heaven*

Mk 1:10 εἶδεν σχιζομένους τοὺς **οὐρανοὺς** καὶ τὸ πνεῦμα
Mk 1:11 ἐγένετο ἐκ τῶν **οὐρανῶν**·
Mk 4:32 τὰ πετεινὰ τοῦ **οὐρανοῦ** κατασκηνοῦν.
Mk 6:41 ἀναβλέψας εἰς τὸν **οὐρανὸν** εὐλόγησεν καὶ κατέκλασεν
Mk 7:34 ἀναβλέψας εἰς τὸν **οὐρανὸν** ἐστέναξεν καὶ λέγει
Mk 8:11 σημεῖον ἀπὸ τοῦ **οὐρανοῦ**,
Mk 10:21 ἕξεις θησαυρὸν ἐν **οὐρανῷ**,
Mk 11:25 ὁ ἐν τοῖς **οὐρανοῖς** ἀφῇ ὑμῖν τὰ
Mk 11:30 τὸ Ἰωάννου ἐξ **οὐρανοῦ** ἦν ἢ ἐξ
Mk 11:31 ἐξ **οὐρανοῦ**,
Mk 12:25 ἄγγελοι ἐν τοῖς **οὐρανοῖς**.
Mk 13:25 ἔσονται ἐκ τοῦ **οὐρανοῦ** πίπτοντες,
Mk 13:25 αἱ ἐν τοῖς **οὐρανοῖς** σαλευθήσονται.
Mk 13:27 γῆς ἕως ἄκρου **οὐρανοῦ**.
Mk 13:31 ὁ **οὐρανὸς** καὶ ἡ γῆ
Mk 13:32 οἱ ἄγγελοι ἐν **οὐρανῷ** οὐδὲ ὁ υἱός,
Mk 14:62 τῶν νεφελῶν τοῦ **οὐρανοῦ**.
[Mk 16:19] ἀνελήμφθη εἰς τὸν **οὐρανὸν** καὶ ἐκάθισεν

οὖς (*ous*; 4/36) *ear*

Mk 4:9 ὃς ἔχει **ὦτα** ἀκούειν ἀκουέτω.
Mk 4:23 εἴ τις ἔχει **ὦτα** ἀκούειν ἀκουέτω.
Mk 7:33 αὐτοῦ εἰς τὰ **ὦτα** αὐτοῦ καὶ πτύσας
Mk 8:18 οὐ βλέπετε καὶ **ὦτα** ἔχοντες οὐκ ἀκούετε;

οὔτε (*oute*; 4/87) *not*

Mk 12:25 ἐκ νεκρῶν ἀναστῶσιν **οὔτε** γαμοῦσιν οὔτε γαμίζονται,
Mk 12:25 ἀναστῶσιν οὔτε γαμοῦσιν **οὔτε** γαμίζονται,
Mk 14:68 **οὔτε** οἶδα οὔτε ἐπίσταμαι
Mk 14:68 οὔτε οἶδα **οὔτε** ἐπίσταμαι σὺ τί

οὗτος (*houtos*; 76[79]/1382[1387]) *this*

Mk 1:27 τί ἐστιν **τοῦτο**;
Mk 1:38 εἰς **τοῦτο** γὰρ ἐξῆλθον.
Mk 2:7 τί **οὗτος** οὕτως λαλεῖ;
Mk 2:8 τί **ταῦτα** διαλογίζεσθε ἐν ταῖς
Mk 3:35 **οὗτος** ἀδελφός μου καὶ
Mk 4:13 οἴδατε τὴν παραβολὴν **ταύτην**,
Mk 4:15 **οὗτοι** δέ εἰσιν οἱ
Mk 4:16 καὶ **οὗτοί** εἰσιν οἱ ἐπὶ
Mk 4:18 **οὗτοί** εἰσιν οἱ τὸν
Mk 4:41 τίς ἄρα **οὗτός** ἐστιν ὅτι καὶ
Mk 5:32 περιεβλέπετο ἰδεῖν τὴν **τοῦτο** ποιήσασαν.
Mk 5:43 ἵνα μηδεὶς γνοῖ **τοῦτο**,
Mk 6:2 πόθεν **τούτῳ** ταῦτα,
Mk 6:2 πόθεν τούτῳ **ταῦτα**,
Mk 6:2 σοφία ἡ δοθεῖσα **τούτῳ**,
Mk 6:3 οὐχ **οὗτός** ἐστιν ὁ τέκτων,
Mk 6:14 νεκρῶν καὶ διὰ **τοῦτο** ἐνεργοῦσιν αἱ δυνάμεις
Mk 6:16 **οὗτος** ἠγέρθη.
Mk 7:2 **τοῦτ'** ἔστιν ἀνίπτοις,
Mk 7:6 ὡς γέγραπται [ὅτι] **οὗτος** ὁ λαὸς τοῖς
Mk 7:23 πάντα **ταῦτα** τὰ πονηρὰ ἔσωθεν
Mk 7:29 διὰ **τοῦτον** τὸν λόγον ὕπαγε,
Mk 8:4 αὐτοῦ ὅτι πόθεν **τούτους** δυνήσεταί τις ὧδε
Mk 8:7 αὐτὰ εἶπεν καὶ **ταῦτα** παρατιθέναι.
Mk 8:12 τί ἡ γενεὰ **αὕτη** ζητεῖ σημεῖον;
Mk 8:12 δοθήσεται τῇ γενεᾷ **ταύτῃ** σημεῖον.
Mk 8:38 ἐν τῇ γενεᾷ **ταύτῃ** τῇ μοιχαλίδι καὶ
Mk 9:7 οὗτός **ἐστιν** ὁ υἱός μου
Mk 9:21 χρόνος ἐστὶν ὡς **τοῦτο** γέγονεν αὐτῷ;
Mk 9:29 **τοῦτο** τὸ γένος ἐν
Mk 9:42 ἕνα τῶν μικρῶν **τούτων** τῶν πιστευόντων
Mk 10:5 ὑμῖν τὴν ἐντολὴν **ταύτην**.
Mk 10:7 ἕνεκεν **τούτου** καταλείψει ἄνθρωπος τὸν
Mk 10:10 οἱ μαθηταὶ περὶ **τούτου** ἐπηρώτων αὐτόν.
Mk 10:20 **ταῦτα** πάντα ἐφυλαξάμην ἐκ
Mk 10:30 ἐν τῷ καιρῷ **τούτῳ** οἰκίας καὶ ἀδελφοὺς
Mk 11:3 τί ποιεῖτε **τοῦτο**;
Mk 11:23 εἴπῃ τῷ ὄρει **τούτῳ**·
Mk 11:24 διὰ **τοῦτο** λέγω ὑμῖν,
Mk 11:28 ἐν ποίᾳ ἐξουσίᾳ **ταῦτα** ποιεῖς;
Mk 11:28 ἔδωκεν τὴν ἐξουσίαν **ταύτην** ἵνα ταῦτα ποιῇς;
Mk 11:28 ἐξουσίαν ταύτην ἵνα **ταῦτα** ποιῇς;
Mk 11:29 ἐν ποίᾳ ἐξουσίᾳ **ταῦτα** ποιῶ·
Mk 11:33 ἐν ποίᾳ ἐξουσίᾳ **ταῦτα** ποιῶ.
Mk 12:7 ἑαυτοὺς εἶπαν ὅτι **οὗτός** ἐστιν ὁ κληρονόμος·
Mk 12:10 οὐδὲ τὴν γραφὴν **ταύτην** ἀνέγνωτε·
Mk 12:10 **οὗτος** ἐγενήθη εἰς κεφαλὴν
Mk 12:11 παρὰ κυρίου ἐγένετο **αὕτη** καὶ ἔστιν θαυμαστὴ
Mk 12:16 τίνος ἡ εἰκὼν **αὕτη** καὶ ἡ ἐπιγραφή;
Mk 12:24 οὐ διὰ **τοῦτο** πλανᾶσθε μὴ εἰδότες
Mk 12:31 δευτέρα **αὕτη**·
Mk 12:31 μείζων **τούτων** ἄλλη ἐντολὴ οὐκ
Mk 12:40 **οὗτοι** λήμψονται περισσότερον κρίμα.
Mk 12:43 ὅτι ἡ χήρα **αὕτη** ἡ πτωχὴ πλεῖον
Mk 12:44 **αὕτη** δὲ ἐκ τῆς
Mk 13:2 βλέπεις **ταύτας** τὰς μεγάλας οἰκοδομάς;
Mk 13:4 πότε **ταῦτα** ἔσται καὶ τί
Mk 13:4 σημεῖον ὅταν μέλλῃ **ταῦτα** συντελεῖσθαι πάντα;
Mk 13:8 ἀρχὴ ὠδίνων **ταῦτα**.
Mk 13:11 ἐκείνῃ τῇ ὥρᾳ **τοῦτο** λαλεῖτε·
Mk 13:13 ὑπομείνας εἰς τέλος **οὗτος** σωθήσεται.
Mk 13:29 ὅταν ἴδητε **ταῦτα** γινόμενα,
Mk 13:30 παρέλθῃ ἡ γενεὰ **αὕτη** μέχρις οὗ ταῦτα
Mk 13:30 αὕτη μέχρις οὗ **ταῦτα** πάντα γένηται.
Mk 14:4 τί ἡ ἀπώλεια **αὕτη** τοῦ μύρου γέγονεν;
Mk 14:5 ἠδύνατο γὰρ **τοῦτο** τὸ μύρον πραθῆναι
Mk 14:9 καὶ ὃ ἐποίησεν **αὕτη** λαληθήσεται εἰς μνημόσυνον
Mk 14:22 **τοῦτό** ἐστιν τὸ σῶμά
Mk 14:24 **τοῦτό** ἐστιν τὸ αἷμά
Mk 14:30 ὅτι σὺ σήμερον **ταύτῃ** τῇ νυκτὶ πρὶν
Mk 14:36 παρένεγκε τὸ ποτήριον **τοῦτο** ἀπ' ἐμοῦ·

Mk 14:58 καταλύσω τὸν ναὸν **τοῦτον** τὸν χειροποίητον καὶ
Mk 14:60 ἀποκρίνῃ οὐδὲν τί **οὗτοί** σου καταμαρτυροῦσιν;
Mk 14:69 τοῖς παρεστῶσιν ὅτι **οὗτος** ἐξ αὐτῶν ἐστιν.
Mk 14:71 οἶδα τὸν ἄνθρωπον **τοῦτον** ὃν λέγετε.
Mk 15:39 ἀληθῶς **οὗτος** ὁ ἄνθρωπος υἱὸς
[Mk 16:8] Μετὰ δὲ **ταῦτα** καὶ αὐτὸς ὁ
[Mk 16:12] Μετὰ δὲ **ταῦτα** δυσὶν ἐξ αὐτῶν
[Mk 16:17] δὲ τοῖς πιστεύσασιν **ταῦτα** παρακολουθήσει·

οὕτως (*houtōs*; 10/208) *in this way*

Mk 2:7 τί οὗτος **οὕτως** λαλεῖ;
Mk 2:8 πνεύματι αὐτοῦ ὅτι **οὕτως** διαλογίζονται ἐν ἑαυτοῖς
Mk 2:12 θεὸν λέγοντας ὅτι **οὕτως** οὐδέποτε εἴδομεν.
Mk 4:26 **οὕτως** ἐστὶν ἡ βασιλεία
Mk 7:18 **οὕτως** καὶ ὑμεῖς ἀσύνετοί
Mk 9:3 γῆς οὐ δύναται **οὕτως** λευκᾶναι.
Mk 10:43 οὐχ **οὕτως** δέ ἐστιν ἐν
Mk 13:29 **οὕτως** καὶ ὑμεῖς,
Mk 14:59 καὶ οὐδὲ **οὕτως** ἴση ἦν ἡ
Mk 15:39 ἐναντίας αὐτοῦ ὅτι **οὕτως** ἐξέπνευσεν εἶπεν·

ὀφθαλμός (*ophthalmos*; 7/100) *eye*

Mk 7:22 **ὀφθαλμὸς** πονηρός,
Mk 8:18 **ὀφθαλμοὺς** ἔχοντες οὐ βλέπετε
Mk 8:25 χεῖρας ἐπὶ τοὺς **ὀφθαλμοὺς** αὐτοῦ,
Mk 9:47 καὶ ἐὰν ὁ **ὀφθαλμός** σου σκανδαλίζῃ σε,
Mk 9:47 θεοῦ ἢ δύο **ὀφθαλμοὺς** ἔχοντα βληθῆναι εἰς
Mk 12:11 ἔστιν θαυμαστὴ ἐν **ὀφθαλμοῖς** ἡμῶν;
Mk 14:40 γὰρ αὐτῶν οἱ **ὀφθαλμοὶ** καταβαρυνόμενοι,

ὄφις (*ophis*; 0[1]/13[14]) *snake, serpent*

[Mk 16:18] ἐν ταῖς χερσὶν] **ὄφεις** ἀροῦσιν κἂν θανάσιμόν

ὄχλος (*ochlos*; 38/175) *crowd*

Mk 2:4 αὐτῷ διὰ τὸν **ὄχλον** ἀπεστέγασαν τὴν στέγην
Mk 2:13 καὶ πᾶς ὁ **ὄχλος** ἤρχετο πρὸς αὐτόν,
Mk 3:9 αὐτῷ διὰ τὸν **ὄχλον** ἵνα μὴ θλίβωσιν
Mk 3:20 συνέρχεται πάλιν [ὁ] **ὄχλος**,
Mk 3:32 ἐκάθητο περὶ αὐτὸν **ὄχλος**,
Mk 4:1 συνάγεται πρὸς αὐτὸν **ὄχλος** πλεῖστος,
Mk 4:1 καὶ πᾶς ὁ **ὄχλος** πρὸς τὴν θάλασσαν
Mk 4:36 καὶ ἀφέντες τὸν **ὄχλον** παραλαμβάνουσιν αὐτὸν ὡς
Mk 5:21 τὸ πέραν συνήχθη **ὄχλος** πολὺς ἐπ' αὐτόν,
Mk 5:24 καὶ ἠκολούθει αὐτῷ **ὄχλος** πολὺς καὶ συνέθλιβον
Mk 5:27 ἐλθοῦσα ἐν τῷ **ὄχλῳ** ὄπισθεν ἥψατο τοῦ
Mk 5:30 ἐπιστραφεὶς ἐν τῷ **ὄχλῳ** ἔλεγεν·
Mk 5:31 βλέπεις τὸν **ὄχλον** συνθλίβοντά σε καὶ
Mk 6:34 ἐξελθὼν εἶδεν πολὺν **ὄχλον** καὶ ἐσπλαγχνίσθη ἐπ'
Mk 6:45 αὐτὸς ἀπολύει τὸν **ὄχλον**.
Mk 7:14 προσκαλεσάμενος πάλιν τὸν **ὄχλον** ἔλεγεν αὐτοῖς·
Mk 7:17 οἶκον ἀπὸ τοῦ **ὄχλου**,
Mk 7:33 αὐτὸν ἀπὸ τοῦ **ὄχλου** κατ' ἰδίαν ἔβαλεν
Mk 8:1 ἡμέραις πάλιν πολλοῦ **ὄχλου** ὄντος καὶ μὴ
Mk 8:2 σπλαγχνίζομαι ἐπὶ τὸν **ὄχλον**,
Mk 8:6 καὶ παραγγέλλει τῷ **ὄχλῳ** ἀναπεσεῖν ἐπὶ τῆς
Mk 8:6 καὶ παρέθηκαν τῷ **ὄχλῳ**.
Mk 8:34 Καὶ προσκαλεσάμενος τὸν **ὄχλον** σὺν τοῖς μαθηταῖς
Mk 9:14 τοὺς μαθητὰς εἶδον **ὄχλον** πολὺν περὶ αὐτοὺς
Mk 9:15 εὐθὺς πᾶς ὁ **ὄχλος** ἰδόντες αὐτὸν ἐξεθαμβήθησαν
Mk 9:17 εἷς ἐκ τοῦ **ὄχλου**·
Mk 9:25 Ἰησοῦς ὅτι ἐπισυντρέχει **ὄχλος**,
Mk 10:1 καὶ συμπορεύονται πάλιν **ὄχλοι** πρὸς αὐτόν,
Mk 10:46 μαθητῶν αὐτοῦ καὶ **ὄχλου** ἱκανοῦ ὁ υἱὸς
Mk 11:18 πᾶς γὰρ ὁ **ὄχλος** ἐξεπλήσσετο ἐπὶ τῇ
Mk 11:32 ἐφοβοῦντο τὸν **ὄχλον**·
Mk 12:12 καὶ ἐφοβήθησαν τὸν **ὄχλον**,
Mk 12:37 Καὶ [ὁ] πολὺς **ὄχλος** ἤκουεν αὐτοῦ ἡδέως.
Mk 12:41 ἐθεώρει πῶς ὁ **ὄχλος** βάλλει χαλκὸν εἰς
Mk 14:43 καὶ μετ' αὐτοῦ **ὄχλος** μετὰ μαχαιρῶν καὶ
Mk 15:8 καὶ ἀναβὰς ὁ **ὄχλος** ἤρξατο αἰτεῖσθαι καθὼς
Mk 15:11 ἀρχιερεῖς ἀνέσεισαν τὸν **ὄχλον** ἵνα μᾶλλον
Mk 15:15 Πιλᾶτος βουλόμενος τῷ **ὄχλῳ** τὸ ἱκανὸν ποιῆσαι

ὀψέ (*opse*; 2/3) *late in the day*

Mk 11:19 Καὶ ὅταν **ὀψὲ** ἐγένετο,
Mk 13:35 ἢ **ὀψὲ** ἢ μεσονύκτιον ἢ

ὀψία (*opsia*; 5/14) *evening*

Mk 1:32 **Ὀψίας** δὲ γενομένης,
Mk 4:35 ἐκείνῃ τῇ ἡμέρᾳ **ὀψίας** γενομένης·
Mk 6:47 καὶ **ὀψίας** γενομένης ἦν τὸ
Mk 14:17 Καὶ **ὀψίας** γενομένης ἔρχεται μετὰ
Mk 15:42 Καὶ ἤδη **ὀψίας** γενομένης,

ὄψιος (*opsios*; 1/13) *late*

Mk 11:11 ὀψίας **ἤδη** οὔσης τῆς ὥρας,

παιδιόθεν (*paidiothen*; 1/1) *from childhood*

Mk 9:21 ἐκ **παιδιόθεν**·

παιδίον (*paidion*; 12/52) *child*

Mk 5:39 τὸ **παιδίον** οὐκ ἀπέθανεν ἀλλὰ
Mk 5:40 τὸν πατέρα τοῦ **παιδίου** καὶ τὴν μητέρα
Mk 5:40 ὅπου ἦν τὸ **παιδίον**.
Mk 5:41 τῆς χειρὸς τοῦ **παιδίου** λέγει αὐτῇ·
Mk 7:28 τῶν ψιχίων τῶν **παιδίων**.
Mk 7:30 αὐτῆς εὗρεν τὸ **παιδίον** βεβλημένον ἐπὶ τὴν
Mk 9:24 ὁ πατὴρ τοῦ **παιδίου** ἔλεγεν·
Mk 9:36 καὶ λαβὼν **παιδίον** ἔστησεν αὐτὸ ἐν
Mk 9:37 ἓν τῶν τοιούτων **παιδίων** δέξηται ἐπὶ τῷ
Mk 10:13 Καὶ προσέφερον αὐτῷ **παιδία** ἵνα αὐτῶν ἅψηται·
Mk 10:14 ἄφετε τὰ **παιδία** ἔρχεσθαι πρός με,
Mk 10:15 τοῦ θεοῦ ὡς **παιδίον**,

παιδίσκη (*paidiskē*; 2/13) *maid*

Mk 14:66 ἔρχεται μία τῶν **παιδισκῶν** τοῦ ἀρχιερέως
Mk 14:69 καὶ ἡ **παιδίσκη** ἰδοῦσα αὐτὸν ἤρξατο

παίω (*paiō*; 1/5) *strike*
Mk 14:47 σπασάμενος τὴν μάχαιραν **ἔπαισεν** τὸν δοῦλον τοῦ

πάλαι (*palai*; 1/7) *long ago*
Mk 15:44 ἐπηρώτησεν αὐτὸν εἰ **πάλαι** ἀπέθανεν·

παλαιός (*palaios*; 3/19) *old*
Mk 2:21 ἐπιράπτει ἐπὶ ἱμάτιον **παλαιόν**·
Mk 2:21 τὸ καινὸν τοῦ **παλαιοῦ** καὶ χεῖρον σχίσμα
Mk 2:22 νέον εἰς ἀσκοὺς **παλαιούς**·

πάλιν (*palin*; 28/139[141]) *again*
Mk 2:1 Καὶ εἰσελθὼν **πάλιν** εἰς Καφαρναοὺμ δι'
Mk 2:13 Καὶ ἐξῆλθεν **πάλιν** παρὰ τὴν θάλασσαν·
Mk 3:1 Καὶ εἰσῆλθεν **πάλιν** εἰς τὴν συναγωγήν.
Mk 3:20 καὶ συνέρχεται **πάλιν** [ὁ] ὄχλος,
Mk 4:1 Καὶ **πάλιν** ἤρξατο διδάσκειν παρὰ
Mk 5:21 [ἐν τῷ πλοίῳ] **πάλιν** εἰς τὸ πέραν
Mk 7:14 Καὶ προσκαλεσάμενος **πάλιν** τὸν ὄχλον ἔλεγεν
Mk 7:31 Καὶ **πάλιν** ἐξελθὼν ἐκ τῶν
Mk 8:1 ἐκείναις ταῖς ἡμέραις **πάλιν** πολλοῦ ὄχλου ὄντος
Mk 8:13 καὶ ἀφεὶς αὐτοὺς **πάλιν** ἐμβὰς ἀπῆλθεν εἰς
Mk 8:25 εἶτα **πάλιν** ἐπέθηκεν τὰς χεῖρας
Mk 10:1 καὶ συμπορεύονται **πάλιν** ὄχλοι πρὸς αὐτόν,
Mk 10:1 καὶ ὡς εἰώθει **πάλιν** ἐδίδασκεν αὐτούς.
Mk 10:10 εἰς τὴν οἰκίαν **πάλιν** οἱ μαθηταὶ περὶ
Mk 10:24 ὁ δὲ Ἰησοῦς **πάλιν** ἀποκριθεὶς λέγει αὐτοῖς·
Mk 10:32 καὶ παραλαβὼν **πάλιν** τοὺς δώδεκα ἤρξατο
Mk 11:3 εὐθὺς αὐτὸν ἀποστέλλει **πάλιν** ὧδε.
Mk 11:27 Καὶ ἔρχονται **πάλιν** εἰς Ἱεροσόλυμα.
Mk 12:4 καὶ **πάλιν** ἀπέστειλεν πρὸς αὐτοὺς
Mk 14:39 καὶ **πάλιν** ἀπελθὼν προσηύξατο τὸν
Mk 14:40 καὶ **πάλιν** ἐλθὼν εὗρεν αὐτοὺς
Mk 14:61 **πάλιν** ὁ ἀρχιερεὺς ἐπηρώτα
Mk 14:69 ἰδοῦσα αὐτὸν ἤρξατο **πάλιν** λέγειν τοῖς παρεστῶσιν
Mk 14:70 ὁ δὲ **πάλιν** ἠρνεῖτο.
Mk 14:70 καὶ μετὰ μικρὸν **πάλιν** οἱ παρεστῶτες ἔλεγον
Mk 15:4 ὁ δὲ Πιλᾶτος **πάλιν** ἐπηρώτα αὐτὸν λέγων·
Mk 15:12 ὁ δὲ Πιλᾶτος **πάλιν** ἀποκριθεὶς ἔλεγεν αὐτοῖς·
Mk 15:13 οἱ δὲ **πάλιν** ἔκραξαν·

πανταχοῦ (*pantachou*; 1[2]/6[7]) *everywhere*
Mk 1:28 ἀκοὴ αὐτοῦ εὐθὺς **πανταχοῦ** εἰς ὅλην τὴν
[Mk 16:20] δὲ ἐξελθόντες ἐκήρυξαν **πανταχοῦ**,

πάντοθεν (*pantothen*; 1/3) *on all sides*
Mk 1:45 ἤρχοντο πρὸς αὐτὸν **πάντοθεν**.

πάντοτε (*pantote*; 2/41) *always*
Mk 14:7 **πάντοτε** γὰρ τοὺς πτωχοὺς
Mk 14:7 ἐμὲ δὲ οὐ **πάντοτε** ἔχετε.

παρά (*para*; 16[17]/193[194]) *from, with, beside*
Mk 1:16 Καὶ παράγων **παρὰ** τὴν θάλασσαν
Mk 2:13 Καὶ ἐξῆλθεν πάλιν **παρὰ** τὴν θάλασσαν·
Mk 3:21 καὶ ἀκούσαντες οἱ **παρ'** αὐτοῦ ἐξῆλθον κρατῆσαι
Mk 4:1 πάλιν ἤρξατο διδάσκειν **παρὰ** τὴν θάλασσαν·
Mk 4:4 ὃ μὲν ἔπεσεν **παρὰ** τὴν ὁδόν,
Mk 4:15 δέ εἰσιν οἱ **παρὰ** τὴν ὁδόν·
Mk 5:21 καὶ ἦν **παρὰ** τὴν θάλασσαν.
Mk 5:26 καὶ δαπανήσασα τὰ **παρ'** αὐτῆς πάντα καὶ
Mk 8:11 ζητοῦντες παρ' **αὐτοῦ** σημεῖον ἀπὸ τοῦ
Mk 10:27 **παρὰ** ἀνθρώποις ἀδύνατον,
Mk 10:27 ἀλλ' οὐ παρὰ **θεῷ**·
Mk 10:27 πάντα γὰρ δυνατὰ **παρὰ** τῷ θεῷ.
Mk 10:46 ἐκάθητο παρὰ **τὴν** ὁδόν.
Mk 12:2 καιρῷ δοῦλον ἵνα **παρὰ** τῶν γεωργῶν λάβη
Mk 12:11 **παρὰ** κυρίου ἐγένετο αὕτη
Mk 14:43 μαχαιρῶν καὶ ξύλων **παρὰ** τῶν ἀρχιερέων
[Mk 16:9] **παρ'** ἧς ἐκβεβλήκει ἑπτὰ

παραβολή (*parabolē*; 13/50) *parable*
Mk 3:23 προσκαλεσάμενος αὐτοὺς ἐν **παραβολαῖς** ἔλεγεν αὐτοῖς·
Mk 4:2 ἐδίδασκεν αὐτοὺς ἐν **παραβολαῖς** πολλὰ καὶ ἔλεγεν
Mk 4:10 τοῖς δώδεκα τὰς **παραβολάς**.
Mk 4:11 τοῖς ἔξω ἐν **παραβολαῖς** τὰ πάντα γίνεται,
Mk 4:13 οὐκ οἴδατε τὴν **παραβολὴν** ταύτην,
Mk 4:13 πῶς πάσας τὰς **παραβολὰς** γνώσεσθε;
Mk 4:30 ἐν τίνι αὐτὴν **παραβολῇ** θῶμεν;
Mk 4:33 Καὶ τοιαύταις **παραβολαῖς** πολλαῖς ἐλάλει αὐτοῖς
Mk 4:34 χωρὶς δὲ **παραβολῆς** οὐκ ἐλάλει αὐτοῖς,
Mk 7:17 μαθηταὶ αὐτοῦ τὴν **παραβολήν**.
Mk 12:1 ἤρξατο αὐτοῖς ἐν **παραβολαῖς** λαλεῖν·
Mk 12:12 πρὸς αὐτοὺς τὴν **παραβολὴν** εἶπεν.
Mk 13:28 συκῆς μάθετε τὴν **παραβολήν**·

παραγγέλλω (*parangellō*; 2[3]/31[32]) *command*
Mk 6:8 καὶ **παρήγγειλεν** αὐτοῖς ἵνα μηδὲν
Mk 8:6 καὶ **παραγγέλλει** τῷ ὄχλῳ ἀναπεσεῖν
[Mk 16:8] [[πάντα δὲ τὰ **παρηγγελμένα** τοῖς περὶ τὸν

παραγίνομαι (*paraginomai*; 1/36[37]) *come*
Mk 14:43 ἔτι αὐτοῦ λαλοῦντος **παραγίνεται** Ἰούδας

παράγω (*paragō*; 3/10) *pass by or away*
Mk 1:16 Καὶ **παράγων** παρὰ τὴν θάλασσαν
Mk 2:14 Καὶ **παράγων** εἶδεν Λευὶν τὸν
Mk 15:21 καὶ ἀγγαρεύουσιν **παράγοντά** τινα Σίμωνα Κυρηναῖον

παραδέχομαι (*paradechomai*; 1/6) *accept*
Mk 4:20 τὸν λόγον καὶ **παραδέχονται** καὶ καρποφοροῦσιν ἓν

παραδίδωμι (*paradidōmi*; 20/119) *hand or give over*
Mk 1:14 Μετὰ δὲ τὸ **παραδοθῆναι** τὸν Ἰωάννην ἦλθεν
Mk 3:19 ὃς καὶ **παρέδωκεν** αὐτόν.
Mk 4:29 ὅταν δὲ **παραδοῖ** ὁ καρπός,
Mk 7:13 παραδόσει ὑμῶν ᾗ **παρεδώκατε**·

Mk 9:31 υἱὸς τοῦ ἀνθρώπου **παραδίδοται** εἰς χεῖρας ἀνθρώπων,
Mk 10:33 υἱὸς τοῦ ἀνθρώπου **παραδοθήσεται** τοῖς ἀρχιερεῦσιν καὶ
Mk 10:33 αὐτὸν θανάτῳ καὶ **παραδώσουσιν** αὐτὸν τοῖς ἔθνεσιν
Mk 13:9 **παραδώσουσιν** ὑμᾶς εἰς συνέδρια
Mk 13:11 ὅταν ἄγωσιν ὑμᾶς **παραδιδόντες**,
Mk 13:12 καὶ **παραδώσει** ἀδελφὸς ἀδελφὸν εἰς
Mk 14:10 ἀρχιερεῖς ἵνα αὐτὸν **παραδοῖ** αὐτοῖς.
Mk 14:11 πῶς αὐτὸν εὐκαίρως **παραδοῖ**.
Mk 14:18 εἷς ἐξ ὑμῶν **παραδώσει** με ὁ ἐσθίων
Mk 14:21 υἱὸς τοῦ ἀνθρώπου **παραδίδοται**·
Mk 14:41 ἰδοὺ **παραδίδοται** ὁ υἱὸς τοῦ
Mk 14:42 ἰδοὺ ὁ **παραδιδούς** με ἤγγικεν.
Mk 14:44 δεδώκει δὲ ὁ **παραδιδοὺς** αὐτὸν σύσσημον αὐτοῖς
Mk 15:1 Ἰησοῦν ἀπήνεγκαν καὶ **παρέδωκαν** Πιλάτῳ.
Mk 15:10 ὅτι διὰ φθόνον **παραδεδώκεισαν** αὐτὸν οἱ ἀρχιερεῖς.
Mk 15:15 καὶ **παρέδωκεν** τὸν Ἰησοῦν φραγελλώσας

παράδοσις (*paradosis*; 5/13) *tradition*

Mk 7:3 κρατοῦντες τὴν **παράδοσιν** τῶν πρεσβυτέρων,
Mk 7:5 σου κατὰ τὴν **παράδοσιν** τῶν πρεσβυτέρων,
Mk 7:8 θεοῦ κρατεῖτε τὴν **παράδοσιν** τῶν ἀνθρώπων.
Mk 7:9 ἵνα τὴν **παράδοσιν** ὑμῶν στήσητε.
Mk 7:13 τοῦ θεοῦ τῇ **παραδόσει** ὑμῶν ᾗ παρεδώκατε·

παραιτέομαι (*paraiteomai*; 1/12) *ask for*

Mk 15:6 ἕνα δέσμιον ὃν **παρῃτοῦντο**.

παρακαλέω (*parakaleō*; 9/109) *encourage, ask*

Mk 1:40 πρὸς αὐτὸν λεπρὸς **παρακαλῶν** αὐτὸν [καὶ γονυπετῶν]
Mk 5:10 καὶ **παρεκάλει** αὐτὸν πολλὰ ἵνα
Mk 5:12 καὶ **παρεκάλεσαν** αὐτὸν λέγοντες·
Mk 5:17 καὶ ἤρξαντο **παρακαλεῖν** αὐτὸν ἀπελθεῖν
Mk 5:18 εἰς τὸ πλοῖον **παρεκάλει** αὐτὸν ὁ δαιμονισθεὶς
Mk 5:23 καὶ **παρακαλεῖ** αὐτὸν πολλὰ λέγων
Mk 6:56 τοὺς ἀσθενοῦντας καὶ **παρεκάλουν** αὐτὸν ἵνα κἂν
Mk 7:32 καὶ μογιλάλον καὶ **παρακαλοῦσιν** αὐτὸν ἵνα ἐπιθῇ
Mk 8:22 αὐτῷ τυφλὸν καὶ **παρακαλοῦσιν** αὐτὸν ἵνα αὐτοῦ

παρακολουθέω (*parakoloutheō*; 0[1]/3[4]) *follow closely*

[Mk 16:17] τοῖς πιστεύσασιν ταῦτα **παρακολουθήσει**·

παρακούω (*parakouō*; 1/3) *refuse to listen*

Mk 5:36 ὁ δὲ Ἰησοῦς **παρακούσας** τὸν λόγον λαλούμενον

παραλαμβάνω (*paralambanō*; 6/49) *take, receive*

Mk 4:36 ἀφέντες τὸν ὄχλον **παραλαμβάνουσιν** αὐτὸν ὡς ἦν
Mk 5:40 δὲ ἐκβαλὼν πάντας **παραλαμβάνει** τὸν πατέρα τοῦ
Mk 7:4 πολλά ἐστιν ἃ **παρέλαβον** κρατεῖν,
Mk 9:2 μετὰ ἡμέρας ἓξ **παραλαμβάνει** ὁ Ἰησοῦς τὸν
Mk 10:32 καὶ **παραλαβὼν** πάλιν τοὺς δώδεκα
Mk 14:33 καὶ **παραλαμβάνει** τὸν Πέτρον καὶ

παραλυτικός (*paralytikos*; 5/10) *paralytic*

Mk 2:3 φέροντες πρὸς αὐτὸν **παραλυτικὸν** αἰρόμενον ὑπὸ τεσσάρων.
Mk 2:4 κράβαττον ὅπου ὁ **παραλυτικὸς** κατέκειτο.
Mk 2:5 αὐτῶν λέγει τῷ **παραλυτικῷ**·
Mk 2:9 εἰπεῖν τῷ **παραλυτικῷ**·
Mk 2:10 λέγει τῷ **παραλυτικῷ**·

παραπορεύομαι (*paraporeuomai*; 4/5) *pass by*

Mk 2:23 ἐν τοῖς σάββασιν **παραπορεύεσθαι** διὰ τῶν σπορίμων,
Mk 9:30 Κἀκεῖθεν ἐξελθόντες **παρεπορεύοντο** διὰ τῆς Γαλιλαίας,
Mk 11:20 Καὶ **παραπορευόμενοι** πρωῒ εἶδον τὴν
Mk 15:29 Καὶ οἱ **παραπορευόμενοι** ἐβλασφήμουν αὐτὸν κινοῦντες

παράπτωμα (*paraptōma*; 1/19) *sin*

Mk 11:25 ἀφῇ ὑμῖν τὰ **παραπτώματα** ὑμῶν.

παρασκευή (*paraskeuē*; 1/6) *day of preparation*

Mk 15:42 ἐπεὶ ἦν **παρασκευὴ** ὅ ἐστιν προσάββατον,

παρατηρέω (*paratēreō*; 1/6) *watch, keep*

Mk 3:2 καὶ **παρετήρουν** αὐτὸν εἰ τοῖς

παρατίθημι (*paratithēmi*; 4/19) *place or put before*

Mk 6:41 μαθηταῖς [αὐτοῦ] ἵνα **παρατιθῶσιν** αὐτοῖς,
Mk 8:6 μαθηταῖς αὐτοῦ ἵνα **παρατιθῶσιν**,
Mk 8:6 καὶ **παρέθηκαν** τῷ ὄχλῳ.
Mk 8:7 εἶπεν καὶ ταῦτα **παρατιθέναι**.

παραφέρω (*parapherō*; 1/4) *take away*

Mk 14:36 **παρένεγκε** τὸ ποτήριον τοῦτο

παρέρχομαι (*parerchomai*; 5/29) *pass*

Mk 6:48 θαλάσσης καὶ ἤθελεν **παρελθεῖν** αὐτούς.
Mk 13:30 ὅτι οὐ μὴ **παρέλθῃ** ἡ γενεὰ αὕτη
Mk 13:31 καὶ ἡ γῆ **παρελεύσονται**,
Mk 13:31 μου οὐ μὴ **παρελεύσονται**.
Mk 14:35 εἰ δυνατόν ἐστιν **παρέλθῃ** ἀπ᾽ αὐτοῦ ἡ

παρέχω (*parechō*; 1/16) *cause*

Mk 14:6 τί αὐτῇ κόπους **παρέχετε**;

παρίστημι (*paristēmi*; 6/41) *present, stand by*

Mk 4:29 ὅτι **παρέστηκεν** ὁ θερισμός.
Mk 14:47 δέ [τις] τῶν **παρεστηκότων** σπασάμενος τὴν μάχαιραν
Mk 14:69 πάλιν λέγειν τοῖς **παρεστῶσιν** ὅτι οὗτος ἐξ
Mk 14:70 μικρὸν πάλιν οἱ **παρεστῶτες** ἔλεγον τῷ Πέτρῳ·

Mk 15:35 καί τινες τῶν **παρεστηκότων** ἀκούσαντες ἔλεγον·
Mk 15:39 ὁ κεντυρίων ὁ **παρεστηκὼς** ἐξ ἐναντίας αὐτοῦ

παρόμοιος (*paromoios*; 1/1) *like*

Mk 7:13 καὶ **παρόμοια** τοιαῦτα πολλὰ ποιεῖτε.

παρρησία (*parrēsia*; 1/31) *boldness*

Mk 8:32 καὶ **παρρησίᾳ** τὸν λόγον ἐλάλει.

πᾶς (*pas*; 66[68]/1240[1243]) *each, every (pl. all)*

Mk 1:5 ἐξεπορεύετο πρὸς αὐτὸν **πᾶσα** ἡ Ἰουδαία χώρα
Mk 1:5 καὶ οἱ Ἱεροσολυμῖται **πάντες**,
Mk 1:32 ἔφερον πρὸς αὐτὸν **πάντας** τοὺς κακῶς ἔχοντας
Mk 1:37 λέγουσιν αὐτῷ ὅτι **πάντες** ζητοῦσίν σε.
Mk 2:12 κράβαττον ἐξῆλθεν ἔμπροσθεν **πάντων**,
Mk 2:12 ὥστε ἐξίστασθαι **πάντας** καὶ δοξάζειν τὸν
Mk 2:13 καὶ **πᾶς** ὁ ὄχλος ἤρχετο
Mk 3:28 λέγω ὑμῖν ὅτι **πάντα** ἀφεθήσεται τοῖς υἱοῖς
Mk 4:1 καὶ **πᾶς** ὁ ὄχλος πρὸς
Mk 4:11 ἐν παραβολαῖς τὰ **πάντα** γίνεται,
Mk 4:13 καὶ πῶς **πάσας** τὰς παραβολὰς γνώσεσθε;
Mk 4:31 μικρότερον ὂν **πάντων** τῶν σπερμάτων τῶν
Mk 4:32 καὶ γίνεται μεῖζον **πάντων** τῶν λαχάνων καὶ
Mk 4:34 ἰδίοις μαθηταῖς ἐπέλυεν **πάντα**.
Mk 5:5 καὶ διὰ **παντὸς** νυκτὸς καὶ ἡμέρας
Mk 5:20 καὶ **πάντες** ἐθαύμαζον.
Mk 5:26 τὰ παρ' αὐτῆς **πάντα** καὶ μηδὲν ὠφεληθεῖσα
Mk 5:33 καὶ εἶπεν αὐτῷ **πᾶσαν** τὴν ἀλήθειαν.
Mk 5:40 αὐτὸς δὲ ἐκβαλὼν **πάντας** παραλαμβάνει τὸν πατέρα
Mk 6:30 καὶ ἀπήγγειλαν αὐτῷ **πάντα** ὅσα ἐποίησαν
Mk 6:33 καὶ πεζῇ ἀπὸ **πασῶν** τῶν πόλεων συνέδραμον
Mk 6:39 ἐπέταξεν αὐτοῖς ἀνακλῖναι **πάντας** συμπόσια συμπόσια ἐπὶ
Mk 6:41 δύο ἰχθύας ἐμέρισεν **πᾶσιν**.
Mk 6:42 καὶ ἔφαγον **πάντες** καὶ ἐχορτάσθησαν,
Mk 6:50 **πάντες** γὰρ αὐτὸν εἶδον
Mk 7:3 γὰρ Φαρισαῖοι καὶ **πάντες** οἱ Ἰουδαῖοι ἐὰν
Mk 7:14 ἀκούσατέ μου **πάντες** καὶ σύνετε.
Mk 7:18 οὐ νοεῖτε ὅτι **πᾶν** τὸ ἔξωθεν εἰσπορευόμενον
Mk 7:19 καθαρίζων **πάντα** τὰ βρώματα;
Mk 7:23 **πάντα** ταῦτα τὰ πονηρὰ
Mk 7:37 καλῶς **πάντα** πεποίηκεν,
Mk 9:12 ἐλθὼν πρῶτον ἀποκαθιστάνει **πάντα**·
Mk 9:15 καὶ εὐθὺς **πᾶς** ὁ ὄχλος ἰδόντες
Mk 9:23 **πάντα** δυνατὰ τῷ πιστεύοντι.
Mk 9:35 ἔσται **πάντων** ἔσχατος καὶ πάντων
Mk 9:35 πάντων ἔσχατος καὶ **πάντων** διάκονος.
Mk 9:49 **Πᾶς** γὰρ πυρὶ ἁλισθήσεται.
Mk 10:20 ταῦτα **πάντα** ἐφυλαξάμην ἐκ νεότητός
Mk 10:27 **πάντα** γὰρ δυνατὰ παρὰ
Mk 10:28 ἰδοὺ ἡμεῖς ἀφήκαμεν **πάντα** καὶ ἠκολουθήκαμέν σοι.
Mk 10:44 εἶναι πρῶτος ἔσται **πάντων** δοῦλος·
Mk 11:11 ἱερὸν καὶ περιβλεψάμενος **πάντα**,
Mk 11:17 οἶκος προσευχῆς κληθήσεται **πᾶσιν** τοῖς ἔθνεσιν;
Mk 11:18 **πᾶς** γὰρ ὁ ὄχλος
Mk 11:24 **πάντα** ὅσα προσεύχεσθε καὶ
Mk 12:22 ἔσχατον **πάντων** καὶ ἡ γυνὴ
Mk 12:28 ἐστὶν ἐντολὴ πρώτη **πάντων**;
Mk 12:33 ἑαυτὸν περισσότερόν ἐστιν **πάντων** τῶν ὁλοκαυτωμάτων καὶ
Mk 12:43 ἡ πτωχὴ πλεῖον **πάντων** ἔβαλεν τῶν βαλλόντων
Mk 12:44 **πάντες** γὰρ ἐκ τοῦ
Mk 12:44 τῆς ὑστερήσεως αὐτῆς **πάντα** ὅσα εἶχεν ἔβαλεν
Mk 13:4 μέλλῃ ταῦτα συντελεῖσθαι **πάντα**;
Mk 13:10 καὶ εἰς **πάντα** τὰ ἔθνη πρῶτον
Mk 13:13 ἔσεσθε μισούμενοι ὑπὸ **πάντων** διὰ τὸ ὄνομά
Mk 13:20 οὐκ ἂν ἐσώθη **πᾶσα** σάρξ·
Mk 13:23 προείρηκα ὑμῖν **πάντα**.
Mk 13:30 μέχρις οὗ ταῦτα **πάντα** γένηται.
Mk 13:37 δὲ ὑμῖν λέγω **πᾶσιν** λέγω,
Mk 14:23 ἔπιον ἐξ αὐτοῦ **πάντες**.
Mk 14:27 ὁ Ἰησοῦς ὅτι **πάντες** σκανδαλισθήσεσθε,
Mk 14:29 εἰ καὶ **πάντες** σκανδαλισθήσονται,
Mk 14:31 ὡσαύτως δὲ καὶ **πάντες** ἔλεγον.
Mk 14:36 **πάντα** δυνατά σοι·
Mk 14:50 ἀφέντες αὐτὸν ἔφυγον **πάντες**.
Mk 14:53 καὶ συνέρχονται **πάντες** οἱ ἀρχιερεῖς καὶ
Mk 14:64 οἱ δὲ **πάντες** κατέκριναν αὐτὸν ἔνοχον
[Mk 16:8] [[**πάντα** δὲ τὰ παρηγγελμένα
[Mk 16:15] κηρύξατε τὸ εὐαγγέλιον **πάσῃ** τῇ κτίσει.

πάσχα (*pascha*; 5/29) *Passover*

Mk 14:1 Ἦν δὲ τὸ **πάσχα** καὶ τὰ ἄζυμα
Mk 14:12 ὅτε τὸ **πάσχα** ἔθυον,
Mk 14:12 ἵνα φάγῃς τὸ **πάσχα**;
Mk 14:14 μου ὅπου τὸ **πάσχα** μετὰ τῶν μαθητῶν
Mk 14:16 καὶ ἡτοίμασαν τὸ **πάσχα**.

πάσχω (*paschō*; 3/42) *suffer*

Mk 5:26 καὶ πολλὰ **παθοῦσα** ὑπὸ πολλῶν ἰατρῶν
Mk 8:31 τοῦ ἀνθρώπου πολλὰ **παθεῖν** καὶ ἀποδοκιμασθῆναι ὑπὸ
Mk 9:12 ἀνθρώπου ἵνα πολλὰ **πάθῃ** καὶ ἐξουδενηθῇ;

πατάσσω (*patassō*; 1/10) *strike*

Mk 14:27 πατάξω **τὸν** ποιμένα,

πατήρ (*patēr*; 18/413) *father*

Mk 1:20 καὶ ἀφέντες τὸν **πατέρα** αὐτῶν Ζεβεδαῖον ἐν
Mk 5:40 πάντας παραλαμβάνει τὸν **πατέρα** τοῦ παιδίου καὶ
Mk 7:10 τίμα τὸν **πατέρα** σου καὶ τὴν
Mk 7:10 ὁ κακολογῶν **πατέρα** ἢ μητέρα θανάτῳ
Mk 7:11 εἴπῃ ἄνθρωπος τῷ **πατρὶ** ἢ τῇ μητρί·
Mk 7:12 οὐδὲν ποιῆσαι τῷ **πατρὶ** ἢ τῇ μητρί,
Mk 8:38 τῇ δόξῃ τοῦ **πατρὸς** αὐτοῦ μετὰ τῶν
Mk 9:21 καὶ ἐπηρώτησεν τὸν **πατέρα** αὐτοῦ·
Mk 9:24 εὐθὺς κράξας ὁ **πατὴρ** τοῦ παιδίου ἔλεγεν·
Mk 10:7 καταλείψει ἄνθρωπος τὸν **πατέρα** αὐτοῦ καὶ
Mk 10:19 τίμα τὸν **πατέρα** σου καὶ τὴν
Mk 10:29 ἢ μητέρα ἢ **πατέρα** ἢ τέκνα ἢ
Mk 11:10 ἐρχομένη βασιλεία τοῦ **πατρὸς** ἡμῶν Δαυίδ·
Mk 11:25 ἵνα καὶ ὁ **πατὴρ** ὑμῶν ὁ ἐν

Mk 13:12 εἰς θάνατον καὶ **πατὴρ** τέκνον,
Mk 13:32 εἰ μὴ ὁ **πατήρ**.
Mk 14:36 αββα ὁ **πατήρ**,
Mk 15:21 τὸν **πατέρα** Ἀλεξάνδρου καὶ Ῥούφου,

πατρίς (*patris*; 2/8) *homeland*
Mk 6:1 ἔρχεται εἰς τὴν **πατρίδα** αὐτοῦ,
Mk 6:4 μὴ ἐν τῇ **πατρίδι** αὐτοῦ καὶ ἐν

πέδη (*pedē*; 2/3) *chain*
Mk 5:4 τὸ αὐτὸν πολλάκις **πέδαις** καὶ ἁλύσεσιν δεδέσθαι
Mk 5:4 ἁλύσεις καὶ τὰς **πέδας** συντετρῖφθαι,

πεζῇ (*pezē*; 1/2) *on foot*
Mk 6:33 ἐπέγνωσαν πολλοὶ καὶ **πεζῇ** ἀπὸ πασῶν τῶν

πεινάω (*peinaō*; 2/23) *be hungry*
Mk 2:25 χρείαν ἔσχεν καὶ **ἐπείνασεν** αὐτὸς καὶ οἱ
Mk 11:12 αὐτῶν ἀπὸ Βηθανίας **ἐπείνασεν**.

πειράζω (*peirazō*; 4/37[38]) *test*
Mk 1:13 ἐρήμῳ τεσσεράκοντα ἡμέρας **πειραζόμενος** ὑπὸ τοῦ σατανᾶ,
Mk 8:11 **πειράζοντες** αὐτόν.
Mk 10:2 **πειράζοντες** αὐτόν.
Mk 12:15 τί με **πειράζετε**;

πειρασμός (*peirasmos*; 1/21) *testing*
Mk 14:38 μὴ ἔλθητε εἰς **πειρασμόν**·

πέμπω (*pempō*; 1/79) *send*
Mk 5:12 **πέμψον** ἡμᾶς εἰς τοὺς

πενθερά (*penthera*; 1/6) *mother-in-law*
Mk 1:30 ἡ δὲ **πενθερὰ** Σίμωνος κατέκειτο πυρέσσουσα,

πενθέω (*pentheō*; 0[1]/9[10]) *mourn*
[Mk 16:10] μετ᾽ αὐτοῦ γενομένοις **πενθοῦσι** καὶ κλαίουσιν·

πεντακισχίλιοι (*pentakischilioi*; 2/6) *five thousand*
Mk 6:44 φαγόντες [τοὺς ἄρτους] **πεντακισχίλιοι** ἄνδρες.
Mk 8:19 ἔκλασα εἰς τοὺς **πεντακισχιλίους**,

πέντε (*pente*; 3/38) *five*
Mk 6:38 **πέντε**,
Mk 6:41 καὶ λαβὼν τοὺς **πέντε** ἄρτους καὶ τοὺς
Mk 8:19 ὅτε τοὺς **πέντε** ἄρτους ἔκλασα εἰς

πεντήκοντα (*pentēkonta*; 1/7) *fifty*
Mk 6:40 ἑκατὸν καὶ κατὰ **πεντήκοντα**.

πέραν (*peran*; 7/23) *beyond*
Mk 3:8 τῆς Ἰδουμαίας καὶ **πέραν** τοῦ Ἰορδάνου καὶ
Mk 4:35 διέλθωμεν εἰς τὸ **πέραν**.
Mk 5:1 ἦλθον εἰς τὸ **πέραν** τῆς θαλάσσης εἰς
Mk 5:21 πάλιν εἰς τὸ **πέραν** συνήχθη ὄχλος πολὺς
Mk 6:45 προάγειν εἰς τὸ **πέραν** πρὸς Βηθσαϊδάν,
Mk 8:13 ἀπῆλθεν εἰς τὸ **πέραν**.
Mk 10:1 τῆς Ἰουδαίας [καὶ] **πέραν** τοῦ Ἰορδάνου,

περί (*peri*; 22[23]/332[333]) *concerning, around*
Mk 1:6 καὶ ζώνην δερματίνην **περὶ** τὴν ὀσφὺν αὐτοῦ
Mk 1:30 εὐθὺς λέγουσιν αὐτῷ **περὶ** αὐτῆς.
Mk 1:44 ἱερεῖ καὶ προσένεγκε **περὶ** τοῦ καθαρισμοῦ σου
Mk 3:8 τοῦ Ἰορδάνου καὶ **περὶ** Τύρον καὶ Σιδῶνα
Mk 3:32 καὶ ἐκάθητο **περὶ** αὐτὸν ὄχλος,
Mk 3:34 καὶ περιβλεψάμενος τοὺς **περὶ** αὐτὸν κύκλῳ καθημένους
Mk 4:10 ἠρώτων αὐτὸν οἱ **περὶ** αὐτὸν σὺν τοῖς
Mk 4:19 πλούτου καὶ αἱ **περὶ** τὰ λοιπὰ ἐπιθυμίαι
Mk 5:16 τῷ δαιμονιζομένῳ καὶ **περὶ** τῶν χοίρων.
Mk 5:27 ἀκούσασα **περὶ** τοῦ Ἰησοῦ,
Mk 6:48 **περὶ** τετάρτην φυλακὴν τῆς
Mk 7:6 καλῶς ἐπροφήτευσεν Ἠσαΐας **περὶ** ὑμῶν τῶν ὑποκριτῶν,
Mk 7:25 εὐθὺς ἀκούσασα γυνὴ **περὶ** αὐτοῦ,
Mk 8:30 ἵνα μηδενὶ λέγωσιν **περὶ** αὐτοῦ.
Mk 9:14 εἶδον ὄχλον πολὺν **περὶ** αὐτοὺς καὶ γραμματεῖς
Mk 9:42 μύλος ὀνικὸς **περὶ** τὸν τράχηλον αὐτοῦ
Mk 10:10 πάλιν οἱ μαθηταὶ **περὶ** τούτου ἐπηρώτων αὐτόν.
Mk 10:41 δέκα ἤρξαντο ἀγανακτεῖν **περὶ** Ἰακώβου καὶ Ἰωάννου.
Mk 12:14 οὐ μέλει σοι **περὶ** οὐδενός·
Mk 12:26 **περὶ** δὲ τῶν νεκρῶν
Mk 13:32 **Περὶ** δὲ τῆς ἡμέρας
Mk 14:21 ὑπάγει καθὼς γέγραπται **περὶ** αὐτοῦ,
[Mk 16:8] τὰ παρηγγελμένα τοῖς **περὶ** τὸν Πέτρον συντόμως

περιάγω (*periagō*; 1/6) *go around or about*
Mk 6:6 Καὶ **περιῆγεν** τὰς κώμας κύκλῳ

περιβάλλω (*periballō*; 2/23) *put on*
Mk 14:51 τις συνηκολούθει αὐτῷ **περιβεβλημένος** σινδόνα ἐπὶ γυμνοῦ,
Mk 16:5 ἐν τοῖς δεξιοῖς **περιβεβλημένον** στολὴν λευκήν,

περιβλέπω (*periblepō*; 6/7) *look around*
Mk 3:5 καὶ **περιβλεψάμενος** αὐτοὺς μετ᾽ ὀργῆς,
Mk 3:34 καὶ **περιβλεψάμενος** τοὺς περὶ αὐτὸν
Mk 5:32 καὶ **περιεβλέπετο** ἰδεῖν τὴν τοῦτο
Mk 9:8 καὶ ἐξάπινα **περιβλεψάμενοι** οὐκέτι οὐδένα εἶδον
Mk 10:23 Καὶ **περιβλεψάμενος** ὁ Ἰησοῦς λέγει
Mk 11:11 τὸ ἱερὸν καὶ **περιβλεψάμενος** πάντα,

περικαλύπτω (*perikalyptō*; 1/3) *cover*
Mk 14:65 ἐμπτύειν αὐτῷ καὶ **περικαλύπτειν** αὐτοῦ τὸ πρόσωπον

περίκειμαι (*perikeimai*; 1/5) *be placed around*
Mk 9:42 αὐτῷ μᾶλλον εἰ **περίκειται** μύλος ὀνικὸς

περίλυπος (*perilypos*; 2/5) *very sad*
Mk 6:26 καὶ **περίλυπος** γενόμενος ὁ βασιλεὺς
Mk 14:34 **περίλυπός** ἐστιν ἡ ψυχή

περιπατέω (*peripateō*; 8[9]/94[95]) *walk*
Mk 2:9 κράβαττόν σου καὶ **περιπάτει**;
Mk 5:42 τὸ κοράσιον καὶ **περιεπάτει**·
Mk 6:48 ἔρχεται πρὸς αὐτοὺς **περιπατῶν** ἐπὶ τῆς θαλάσσης
Mk 6:49 ἐπὶ τῆς θαλάσσης **περιπατοῦντα** ἔδοξαν ὅτι φάντασμά
Mk 7:5 διὰ τί οὐ **περιπατοῦσιν** οἱ μαθηταί σου
Mk 8:24 ὡς δένδρα ὁρῶ **περιπατοῦντας**.
Mk 11:27 ἐν τῷ ἱερῷ **περιπατοῦντος** αὐτοῦ ἔρχονται
Mk 12:38 θελόντων ἐν στολαῖς **περιπατεῖν** καὶ ἀσπασμοὺς ἐν
[Mk 16:12] δυσὶν ἐξ αὐτῶν **περιπατοῦσιν** ἐφανερώθη ἐν ἑτέρᾳ

περίσσευμα (*perisseuma*; 1/5) *abundance*
Mk 8:8 καὶ ἦραν **περισσεύματα** κλασμάτων ἑπτὰ σπυρίδας.

περισσεύω (*perisseuō*; 1/39) *exceed, be left over*
Mk 12:44 γὰρ ἐκ τοῦ **περισσεύοντος** αὐτοῖς ἔβαλον,

περισσός (*perissos*; 1/6) *abundant, more*
Mk 6:51 καὶ λίαν [ἐκ **περισσοῦ**] ἐν ἑαυτοῖς ἐξίσταντο·

περισσότερος (*perissoteros*; 3/16) *more*
Mk 7:36 αὐτοὶ μᾶλλον **περισσότερον** ἐκήρυσσον.
Mk 12:33 πλησίον ὡς ἑαυτὸν **περισσότερόν** ἐστιν πάντων τῶν
Mk 12:40 οὗτοι λήμψονται **περισσότερον** κρίμα.

περισσῶς (*perissōs*; 2/4) *all the more*
Mk 10:26 οἱ δὲ **περισσῶς** ἐξεπλήσσοντο λέγοντες πρὸς
Mk 15:14 οἱ δὲ **περισσῶς** ἔκραξαν·

περιστερά (*peristera*; 2/10) *dove*
Mk 1:10 τὸ πνεῦμα ὡς **περιστερὰν** καταβαῖνον εἰς αὐτόν·
Mk 11:15 τῶν πωλούντων τὰς **περιστερὰς** κατέστρεψεν,

περιτίθημι (*peritithēmi*; 3/8) *put around*
Mk 12:1 ἄνθρωπος ἐφύτευσεν καὶ **περιέθηκεν** φραγμὸν καὶ ὤρυξεν
Mk 15:17 αὐτὸν πορφύραν καὶ **περιτιθέασιν** αὐτῷ πλέξαντες ἀκάνθινον
Mk 15:36 γεμίσας σπόγγον ὄξους **περιθεὶς** καλάμῳ ἐπότιζεν αὐτόν

περιτρέχω (*peritrechō*; 1/1) *run about*
Mk 6:55 **περιέδραμον** ὅλην τὴν χώραν

περιφέρω (*peripherō*; 1/3) *carry about*
Mk 6:55 τοὺς κακῶς ἔχοντας **περιφέρειν** ὅπου ἤκουον ὅτι

περίχωρος (*perichōros*; 1/9) *surrounding region*
Mk 1:28 εἰς ὅλην τὴν **περίχωρον** τῆς Γαλιλαίας.

πετεινόν (*peteinon*; 2/14) *bird*
Mk 4:4 καὶ ἦλθεν τὰ **πετεινὰ** καὶ κατέφαγεν αὐτό.
Mk 4:32 σκιὰν αὐτοῦ τὰ **πετεινὰ** τοῦ οὐρανοῦ κατασκηνοῦν.

πέτρα (*petra*; 1/15) *rock*
Mk 15:46 ἦν λελατομημένον ἐκ **πέτρας** καὶ προσεκύλισεν λίθον

Πέτρος (*Petros*; 19[20]/155[156]) *Peter*
Mk 3:16 ὄνομα τῷ Σίμωνι **Πέτρον**,
Mk 5:37 εἰ μὴ τὸν **Πέτρον** καὶ Ἰάκωβον καὶ
Mk 8:29 ἀποκριθεὶς ὁ **Πέτρος** λέγει αὐτῷ·
Mk 8:32 καὶ προσλαβόμενος ὁ **Πέτρος** αὐτὸν ἤρξατο ἐπιτιμᾶν
Mk 8:33 μαθητὰς αὐτοῦ ἐπετίμησεν **Πέτρῳ** καὶ λέγει·
Mk 9:2 ὁ Ἰησοῦς τὸν **Πέτρον** καὶ τὸν Ἰάκωβον
Mk 9:5 καὶ ἀποκριθεὶς ὁ **Πέτρος** λέγει τῷ Ἰησοῦ·
Mk 10:28 Ἤρξατο λέγειν ὁ **Πέτρος** αὐτῷ·
Mk 11:21 καὶ ἀναμνησθεὶς ὁ **Πέτρος** λέγει αὐτῷ·
Mk 13:3 αὐτὸν κατ' ἰδίαν **Πέτρος** καὶ Ἰάκωβος καὶ
Mk 14:29 ὁ δὲ **Πέτρος** ἔφη αὐτῷ·
Mk 14:33 καὶ παραλαμβάνει τὸν **Πέτρον** καὶ [τὸν] Ἰάκωβον
Mk 14:37 καὶ λέγει τῷ **Πέτρῳ**·
Mk 14:54 καὶ ὁ **Πέτρος** ἀπὸ μακρόθεν ἠκολούθησεν
Mk 14:66 Καὶ ὄντος τοῦ **Πέτρου** κάτω ἐν τῇ
Mk 14:67 καὶ ἰδοῦσα τὸν **Πέτρον** θερμαινόμενον ἐμβλέψασα αὐτῷ
Mk 14:70 παρεστῶτες ἔλεγον τῷ **Πέτρῳ**·
Mk 14:72 καὶ ἀνεμνήσθη ὁ **Πέτρος** τὸ ῥῆμα ὡς
Mk 16:7 αὐτοῦ καὶ τῷ **Πέτρῳ** ὅτι προάγει ὑμᾶς
[Mk 16:8] τοῖς περὶ τὸν **Πέτρον** συντόμως ἐξήγγειλαν.

πετρώδης (*petrōdēs*; 2/4) *rocky ground*
Mk 4:5 ἔπεσεν ἐπὶ τὸ **πετρῶδες** ὅπου οὐκ εἶχεν
Mk 4:16 οἱ ἐπὶ τὰ **πετρώδη** σπειρόμενοι,

πηγή (*pēgē*; 1/11) *spring*
Mk 5:29 εὐθὺς ἐξηράνθη ἡ **πηγὴ** τοῦ αἵματος αὐτῆς

πήρα (*pēra*; 1/6) *bag*
Mk 6:8 μὴ **πήραν**,

Πιλᾶτος (*Pilatos*; 10/55) *Pilate*
Mk 15:1 ἀπήνεγκαν καὶ παρέδωκαν **Πιλάτῳ**.
Mk 15:2 ἐπηρώτησεν αὐτὸν ὁ **Πιλᾶτος**·
Mk 15:4 ὁ δὲ **Πιλᾶτος** πάλιν ἐπηρώτα αὐτὸν
Mk 15:5 ὥστε θαυμάζειν τὸν **Πιλᾶτον**.
Mk 15:9 ὁ δὲ **Πιλᾶτος** ἀπεκρίθη αὐτοῖς λέγων·
Mk 15:12 ὁ δὲ **Πιλᾶτος** πάλιν ἀποκριθεὶς ἔλεγεν
Mk 15:14 ὁ δὲ **Πιλᾶτος** ἔλεγεν αὐτοῖς·

Mk 15:15 Ὁ δὲ **Πιλᾶτος** βουλόμενος τῷ ὄχλῳ
Mk 15:43 εἰσῆλθεν πρὸς τὸν **Πιλᾶτον** καὶ ᾐτήσατο τὸ
Mk 15:44 ὁ δὲ **Πιλᾶτος** ἐθαύμασεν εἰ ἤδη

πίναξ (*pinax*; 2/5) *plate*
Mk 6:25 δῷς μοι ἐπὶ **πίνακι** τὴν κεφαλὴν Ἰωάννου
Mk 6:28 κεφαλὴν αὐτοῦ ἐπὶ **πίνακι** καὶ ἔδωκεν αὐτὴν

πίνω (*pinō*; 7[8]/72[73]) *drink*
Mk 10:38 δύνασθε **πιεῖν** τὸ ποτήριον ὃ
Mk 10:38 ποτήριον ὃ ἐγὼ **πίνω** ἢ τὸ βάπτισμα
Mk 10:39 ποτήριον ὃ ἐγὼ **πίνω** πίεσθε καὶ τὸ
Mk 10:39 ὃ ἐγὼ πίνω **πίεσθε** καὶ τὸ βάπτισμα
Mk 14:23 καὶ **ἔπιον** ἐξ αὐτοῦ πάντες.
Mk 14:25 οὐκέτι οὐ μὴ **πίω** ἐκ τοῦ γενήματος
Mk 14:25 ἐκείνης ὅταν αὐτὸ **πίνω** καινὸν ἐν τῇ
[Mk 16:18] κἂν θανάσιμόν τι **πίωσιν** οὐ μὴ αὐτοὺς

πιπράσκω (*pipraskō*; 1/9) *sell*
Mk 14:5 τοῦτο τὸ μύρον **πραθῆναι** ἐπάνω δηναρίων τριακοσίων

πίπτω (*piptō*; 8/90) *fall*
Mk 4:4 σπείρειν ὃ μὲν **ἔπεσεν** παρὰ τὴν ὁδόν,
Mk 4:5 καὶ ἄλλο **ἔπεσεν** ἐπὶ τὸ πετρῶδες
Mk 4:7 καὶ ἄλλο **ἔπεσεν** εἰς τὰς ἀκάνθας,
Mk 4:8 καὶ ἄλλα **ἔπεσεν** εἰς τὴν γῆν
Mk 5:22 καὶ ἰδὼν αὐτὸν **πίπτει** πρὸς τοὺς πόδας
Mk 9:20 καὶ **πεσὼν** ἐπὶ τῆς γῆς
Mk 13:25 ἐκ τοῦ οὐρανοῦ **πίπτοντες**,
Mk 14:35 καὶ προελθὼν μικρὸν **ἔπιπτεν** ἐπὶ τῆς γῆς

πιστεύω (*pisteuō*; 10[14]/237[241]) *believe*
Mk 1:15 μετανοεῖτε καὶ **πιστεύετε** ἐν τῷ εὐαγγελίῳ.
Mk 5:36 μόνον **πίστευε**.
Mk 9:23 πάντα δυνατὰ τῷ **πιστεύοντι**.
Mk 9:24 **πιστεύω**·
Mk 9:42 μικρῶν τούτων τῶν **πιστευόντων** [εἰς ἐμέ],
Mk 11:23 καρδίᾳ αὐτοῦ ἀλλὰ **πιστεύῃ** ὅτι ὃ λαλεῖ
Mk 11:24 **πιστεύετε** ὅτι ἐλάβετε,
Mk 11:31 τί [οὖν] οὐκ **ἐπιστεύσατε** αὐτῷ;
Mk 13:21 μὴ **πιστεύετε**·
Mk 15:32 ἵνα ἴδωμεν καὶ **πιστεύσωμεν**.
[Mk 16:13] οὐδὲ ἐκείνοις **ἐπίστευσαν**.
[Mk 16:14] αὐτὸν ἐγηγερμένον οὐκ **ἐπίστευσαν**.
[Mk 16:16] ὁ **πιστεύσας** καὶ βαπτισθεὶς σωθήσεται,
[Mk 16:17] σημεῖα δὲ τοῖς **πιστεύσασιν** ταῦτα παρακολουθήσει·

πιστικός (*pistikos*; 1/2) *pure*
Mk 14:3 ἀλάβαστρον μύρου νάρδου **πιστικῆς** πολυτελοῦς,

πίστις (*pistis*; 5/243) *faith*
Mk 2:5 ὁ Ἰησοῦς τὴν **πίστιν** αὐτῶν λέγει τῷ
Mk 4:40 οὔπω ἔχετε **πίστιν**;
Mk 5:34 ἡ **πίστις** σου σέσωκέν σε·
Mk 10:52 ἡ **πίστις** σου σέσωκέν σε.
Mk 11:22 ἔχετε **πίστιν** θεοῦ.

πλανάω (*planaō*; 4/39) *lead astray*
Mk 12:24 οὐ διὰ τοῦτο **πλανᾶσθε** μὴ εἰδότες τὰς
Mk 12:27 πολὺ **πλανᾶσθε**.
Mk 13:5 μή τις ὑμᾶς **πλανήσῃ**·
Mk 13:6 καὶ πολλοὺς **πλανήσουσιν**.

πλέκω (*plekō*; 1/3) *weave*
Mk 15:17 καὶ περιτιθέασιν αὐτῷ **πλέξαντες** ἀκάνθινον στέφανον·

πλεονεξία (*pleonexia*; 1/10) *greed*
Mk 7:22 **πλεονεξίαι**,

πλῆθος (*plēthos*; 2/31) *multitude, crowd*
Mk 3:7 καὶ πολὺ **πλῆθος** ἀπὸ τῆς Γαλιλαίας
Mk 3:8 Τύρον καὶ Σιδῶνα **πλῆθος** πολὺ ἀκούοντες ὅσα

πλήν (*plēn*; 1/31) *but, except*
Mk 12:32 οὐκ ἔστιν ἄλλος **πλὴν** αὐτοῦ·

πλήρης (*plērēs*; 2/16) *full*
Mk 4:28 εἶτα στάχυν εἶτα **πλήρη[ς]** σῖτον ἐν τῷ
Mk 8:19 πόσους κοφίνους κλασμάτων **πλήρεις** ἤρατε;

πληρόω (*plēroō*; 2/86) *fulfill*
Mk 1:15 καὶ λέγων ὅτι **πεπλήρωται** ὁ καιρὸς καὶ
Mk 14:49 ἀλλ᾽ ἵνα **πληρωθῶσιν** αἱ γραφαί.

πλήρωμα (*plērōma*; 3/17) *fullness*
Mk 2:21 αἴρει τὸ **πλήρωμα** ἀπ᾽ αὐτοῦ τὸ
Mk 6:43 κλάσματα δώδεκα κοφίνων **πληρώματα** καὶ ἀπὸ τῶν
Mk 8:20 πόσων σπυρίδων **πληρώματα** κλασμάτων ἤρατε;

πλησίον (*plēsion*; 2/17) *near, neighbor*
Mk 12:31 ἀγαπήσεις τὸν **πλησίον** σου ὡς σεαυτόν.
Mk 12:33 τὸ ἀγαπᾶν τὸν **πλησίον** ὡς ἑαυτὸν περισσότερόν

πλοιάριον (*ploiarion*; 1/5) *boat*
Mk 3:9 μαθηταῖς αὐτοῦ ἵνα **πλοιάριον** προσκαρτερῇ αὐτῷ διὰ

πλοῖον (*ploion*; 17/67) *boat*
Mk 1:19 αὐτοὺς ἐν τῷ **πλοίῳ** καταρτίζοντας τὰ δίκτυα,
Mk 1:20 Ζεβεδαῖον ἐν τῷ **πλοίῳ** μετὰ τῶν μισθωτῶν
Mk 4:1 ὥστε αὐτὸν εἰς **πλοῖον** ἐμβάντα καθῆσθαι ἐν
Mk 4:36 ἦν ἐν τῷ **πλοίῳ**,
Mk 4:36 καὶ ἄλλα **πλοῖα** ἦν μετ᾽ αὐτοῦ.
Mk 4:37 ἐπέβαλλεν εἰς τὸ **πλοῖον**,
Mk 4:37 ἤδη γεμίζεσθαι τὸ **πλοῖον**.
Mk 5:2 αὐτοῦ ἐκ τοῦ **πλοίου** εὐθὺς ὑπήντησεν αὐτῷ
Mk 5:18 αὐτοῦ εἰς τὸ **πλοῖον** παρεκάλει αὐτὸν ὁ
Mk 5:21 Ἰησοῦ [ἐν τῷ **πλοίῳ]** πάλιν εἰς τὸ
Mk 6:32 ἀπῆλθον ἐν τῷ **πλοίῳ** εἰς ἔρημον τόπον
Mk 6:45 ἐμβῆναι εἰς τὸ **πλοῖον** καὶ προάγειν εἰς
Mk 6:47 γενομένης ἦν τὸ **πλοῖον** ἐν μέσῳ τῆς

Mk 6:51 αὐτοὺς εἰς τὸ **πλοῖον** καὶ ἐκόπασεν ὁ
Mk 6:54 αὐτῶν ἐκ τοῦ **πλοίου** εὐθὺς ἐπιγνόντες αὐτὸν
Mk 8:10 ἐμβὰς εἰς τὸ **πλοῖον** μετὰ τῶν μαθητῶν
Mk 8:14 ἑαυτῶν ἐν τῷ **πλοίῳ**.

πλούσιος (*plousios*; 2/28) *rich*

Mk 10:25 ῥαφίδος διελθεῖν ἢ **πλούσιον** εἰς τὴν βασιλείαν
Mk 12:41 καὶ πολλοὶ **πλούσιοι** ἔβαλλον πολλά·

πλοῦτος (*ploutos*; 1/22) *wealth, riches*

Mk 4:19 ἡ ἀπάτη τοῦ **πλούτου** καὶ αἱ περὶ

πνεῦμα (*pneuma*; 23/379) *Spirit, spirit*

Mk 1:8 βαπτίσει ὑμᾶς ἐν **πνεύματι** ἁγίῳ.
Mk 1:10 οὐρανοὺς καὶ τὸ **πνεῦμα** ὡς περιστερὰν καταβαῖνον
Mk 1:12 Καὶ εὐθὺς τὸ **πνεῦμα** αὐτὸν ἐκβάλλει εἰς
Mk 1:23 αὐτῶν ἄνθρωπος ἐν **πνεύματι** ἀκαθάρτῳ καὶ ἀνέκραξεν
Mk 1:26 σπαράξαν αὐτὸν τὸ **πνεῦμα** τὸ ἀκάθαρτον
Mk 1:27 καὶ τοῖς **πνεύμασι** τοῖς ἀκαθάρτοις ἐπιτάσσει,
Mk 2:8 ὁ Ἰησοῦς τῷ **πνεύματι** αὐτοῦ ὅτι οὕτως
Mk 3:11 καὶ τὰ **πνεύματα** τὰ ἀκάθαρτα,
Mk 3:29 βλασφημήσῃ εἰς τὸ **πνεῦμα** τὸ ἅγιον,
Mk 3:30 **πνεῦμα** ἀκάθαρτον ἔχει.
Mk 5:2 μνημείων ἄνθρωπος ἐν **πνεύματι** ἀκαθάρτῳ,
Mk 5:8 ἔξελθε τὸ **πνεῦμα** τὸ ἀκάθαρτον ἐκ
Mk 5:13 καὶ ἐξελθόντα τὰ **πνεύματα** τὰ ἀκάθαρτα εἰσῆλθον
Mk 6:7 αὐτοῖς ἐξουσίαν τῶν **πνευμάτων** τῶν ἀκαθάρτων,
Mk 7:25 τὸ θυγάτριον αὐτῆς **πνεῦμα** ἀκάθαρτον,
Mk 8:12 καὶ ἀναστενάξας τῷ **πνεύματι** αὐτοῦ λέγει·
Mk 9:17 ἔχοντα **πνεῦμα** ἄλαλον·
Mk 9:20 ἰδὼν αὐτὸν τὸ **πνεῦμα** εὐθὺς συνεσπάραξεν αὐτόν,
Mk 9:25 ἐπετίμησεν τῷ **πνεύματι** τῷ ἀκαθάρτῳ λέγων
Mk 9:25 ἄλαλον καὶ κωφὸν **πνεῦμα**,
Mk 12:36 εἶπεν ἐν τῷ **πνεύματι** τῷ ἁγίῳ·
Mk 13:11 λαλοῦντες ἀλλὰ τὸ **πνεῦμα** τὸ ἅγιον.
Mk 14:38 τὸ μὲν **πνεῦμα** πρόθυμον ἡ δὲ

πνίγω (*pnigō*; 1/3) *choke*

Mk 5:13 καὶ **ἐπνίγοντο** ἐν τῇ θαλάσσῃ.

πόθεν (*pothen*; 3/29) *from where*

Mk 6:2 **πόθεν** τούτῳ ταῦτα,
Mk 8:4 μαθηταὶ αὐτοῦ ὅτι **πόθεν** τούτους δυνήσεταί τις
Mk 12:37 καὶ **πόθεν** αὐτοῦ ἐστιν υἱός;

ποιέω (*poieō*; 47/568) *do, make*

Mk 1:3 εὐθείας **ποιεῖτε** τὰς τρίβους αὐτοῦ,
Mk 1:17 καὶ **ποιήσω** ὑμᾶς γενέσθαι ἁλιεῖς
Mk 2:23 αὐτοῦ ἤρξαντο ὁδὸν **ποιεῖν** τίλλοντες τοὺς στάχυας.
Mk 2:24 ἴδε τί **ποιοῦσιν** τοῖς σάββασιν ὃ
Mk 2:25 οὐδέποτε ἀνέγνωτε τί **ἐποίησεν** Δαυὶδ ὅτε χρείαν
Mk 3:4 τοῖς σάββασιν ἀγαθὸν **ποιῆσαι** ἢ κακοποιῆσαι,
Mk 3:8 πολὺ ἀκούοντες ὅσα **ἐποίει** ἦλθον πρὸς αὐτόν.
Mk 3:12 μὴ αὐτὸν φανερὸν **ποιήσωσιν**.
Mk 3:14 καὶ **ἐποίησεν** δώδεκα [οὓς καὶ
Mk 3:16 [καὶ **ἐποίησεν** τοὺς δώδεκα] καὶ
Mk 3:35 ὃς [γὰρ] ἂν **ποιήσῃ** τὸ θέλημα τοῦ
Mk 4:32 τῶν λαχάνων καὶ **ποιεῖ** κλάδους μεγάλους,
Mk 5:19 ὁ κύριός σοι **πεποίηκεν** καὶ ἠλέησέν σε.
Mk 5:20 τῇ Δεκαπόλει ὅσα **ἐποίησεν** αὐτῷ ὁ Ἰησοῦς,
Mk 5:32 ἰδεῖν τὴν τοῦτο **ποιήσασαν**.
Mk 6:5 οὐκ ἐδύνατο ἐκεῖ **ποιῆσαι** οὐδεμίαν δύναμιν,
Mk 6:21 γενεσίοις αὐτοῦ δεῖπνον **ἐποίησεν** τοῖς μεγιστᾶσιν αὐτοῦ
Mk 6:30 αὐτῷ πάντα ὅσα **ἐποίησαν** καὶ ὅσα ἐδίδαξαν.
Mk 7:12 ἀφίετε αὐτὸν οὐδὲν **ποιῆσαι** τῷ πατρὶ ἢ
Mk 7:13 παρόμοια τοιαῦτα πολλὰ **ποιεῖτε**.
Mk 7:37 καλῶς πάντα **πεποίηκεν**,
Mk 7:37 καὶ τοὺς κωφοὺς **ποιεῖ** ἀκούειν καὶ [τοὺς]
Mk 9:5 καὶ **ποιήσωμεν** τρεῖς σκηνάς,
Mk 9:13 καὶ **ἐποίησαν** αὐτῷ ὅσα ἤθελον,
Mk 9:39 γάρ ἐστιν ὃς **ποιήσει** δύναμιν ἐπὶ τῷ
Mk 10:6 ἄρσεν καὶ θῆλυ **ἐποίησεν** αὐτούς·
Mk 10:17 τί **ποιήσω** ἵνα ζωὴν αἰώνιον
Mk 10:35 ἐὰν αἰτήσωμέν σε **ποιήσῃς** ἡμῖν.
Mk 10:36 τί θέλετέ [με] **ποιήσω** ὑμῖν;
Mk 10:51 τί σοι θέλεις **ποιήσω**;
Mk 11:3 τί **ποιεῖτε** τοῦτο;
Mk 11:5 τί **ποιεῖτε** λύοντες τὸν πῶλον;
Mk 11:17 ὑμεῖς δὲ **πεποιήκατε** αὐτὸν σπήλαιον λῃστῶν.
Mk 11:28 ποίᾳ ἐξουσίᾳ ταῦτα **ποιεῖς**;
Mk 11:28 ταύτην ἵνα ταῦτα **ποιῇς**;
Mk 11:29 ποίᾳ ἐξουσίᾳ ταῦτα **ποιῶ**·
Mk 11:33 ποίᾳ ἐξουσίᾳ ταῦτα **ποιῶ**.
Mk 12:9 τί [οὖν] **ποιήσει** ὁ κύριος τοῦ
Mk 14:7 δύνασθε αὐτοῖς εὖ **ποιῆσαι**,
Mk 14:8 ὃ ἔσχεν **ἐποίησεν**·
Mk 14:9 καὶ ὃ **ἐποίησεν** αὕτη λαληθήσεται εἰς
Mk 15:1 εὐθὺς πρωὶ συμβούλιον **ποιήσαντες** οἱ ἀρχιερεῖς μετὰ
Mk 15:7 τῇ στάσει φόνον **πεποιήκεισαν**.
Mk 15:8 ἤρξατο αἰτεῖσθαι καθὼς **ἐποίει** αὐτοῖς.
Mk 15:12 τί οὖν [θέλετε] **ποιήσω** [ὃν λέγετε] τὸν
Mk 15:14 τί γὰρ **ἐποίησεν** κακόν;
Mk 15:15 ὄχλῳ τὸ ἱκανὸν **ποιῆσαι** ἀπέλυσεν αὐτοῖς

ποικίλος (*poikilos*; 1/10) *various kinds of*

Mk 1:34 πολλοὺς κακῶς ἔχοντας **ποικίλαις** νόσοις καὶ δαιμόνια

ποιμήν (*poimēn*; 2/18) *shepherd*

Mk 6:34 πρόβατα μὴ ἔχοντα **ποιμένα**,
Mk 14:27 πατάξω τὸν ποιμένα,

ποῖος (*poios*; 4/33) *what kind of*

Mk 11:28 ἐν **ποίᾳ** ἐξουσίᾳ ταῦτα ποιεῖς;
Mk 11:29 ἐρῶ ὑμῖν ἐν **ποίᾳ** ἐξουσίᾳ ταῦτα ποιῶ·
Mk 11:33 λέγω ὑμῖν ἐν **ποίᾳ** ἐξουσίᾳ ταῦτα ποιῶ.
Mk 12:28 **ποία** ἐστὶν ἐντολὴ πρώτη

πόλεμος (*polemos*; 2/18) *war*

Mk 13:7 ὅταν δὲ ἀκούσητε **πολέμους** καὶ ἀκοὰς πολέμων,
Mk 13:7 πολέμους καὶ ἀκοὰς **πολέμων**,

πόλις (*polis*; 8/163) *city, town*

Mk 1:33 ἦν ὅλη ἡ **πόλις** ἐπισυνηγμένη πρὸς τὴν
Mk 1:45 δύνασθαι φανερῶς εἰς **πόλιν** εἰσελθεῖν,
Mk 5:14 ἀπήγγειλαν εἰς τὴν **πόλιν** καὶ εἰς τοὺς
Mk 6:33 ἀπὸ πασῶν τῶν **πόλεων** συνέδραμον ἐκεῖ καὶ
Mk 6:56 κώμας ἢ εἰς **πόλεις** ἢ εἰς ἀγρούς,
Mk 11:19 ἐξεπορεύοντο ἔξω τῆς **πόλεως**.
Mk 14:13 ὑπάγετε εἰς τὴν **πόλιν**,
Mk 14:16 ἦλθον εἰς τὴν **πόλιν** καὶ εὗρον καθὼς

πολλάκις (*pollakis*; 2/18) *often*

Mk 5:4 διὰ τὸ αὐτὸν **πολλάκις** πέδαις καὶ ἁλύσεσιν
Mk 9:22 καὶ **πολλάκις** καὶ εἰς πῦρ

πολύς (*polys*; 61/417) *much (pl. many)*

Mk 1:34 καὶ ἐθεράπευσεν **πολλοὺς** κακῶς ἔχοντας ποικίλαις
Mk 1:34 νόσοις καὶ δαιμόνια **πολλὰ** ἐξέβαλεν καὶ οὐκ
Mk 1:45 ἐξελθὼν ἤρξατο κηρύσσειν **πολλὰ** καὶ διαφημίζειν τὸν
Mk 2:2 καὶ συνήχθησαν **πολλοὶ** ὥστε μηκέτι χωρεῖν
Mk 2:15 καὶ **πολλοὶ** τελῶναι καὶ ἁμαρτωλοὶ
Mk 2:15 ἦσαν γὰρ **πολλοὶ** καὶ ἠκολούθουν αὐτῷ.
Mk 3:7 καὶ **πολὺ** πλῆθος ἀπὸ τῆς
Mk 3:8 καὶ Σιδῶνα πλῆθος **πολὺ** ἀκούοντες ὅσα ἐποίει
Mk 3:10 **πολλοὺς** γὰρ ἐθεράπευσεν,
Mk 3:12 καὶ **πολλὰ** ἐπετίμα αὐτοῖς ἵνα
Mk 4:1 πρὸς αὐτὸν ὄχλος **πλεῖστος**,
Mk 4:2 αὐτοὺς ἐν παραβολαῖς **πολλὰ** καὶ ἔλεγεν αὐτοῖς
Mk 4:5 οὐκ εἶχεν γῆν **πολλήν**,
Mk 4:33 Καὶ τοιαύταις παραβολαῖς **πολλαῖς** ἐλάλει αὐτοῖς τὸν
Mk 5:9 ὅτι **πολλοί** ἐσμεν.
Mk 5:10 καὶ παρεκάλει αὐτὸν **πολλὰ** ἵνα μὴ αὐτὰ
Mk 5:21 πέραν συνήχθη ὄχλος **πολὺς** ἐπ᾽ αὐτόν,
Mk 5:23 καὶ παρακαλεῖ αὐτὸν **πολλὰ** λέγων ὅτι τὸ
Mk 5:24 ἠκολούθει αὐτῷ ὄχλος **πολὺς** καὶ συνέθλιβον αὐτόν.
Mk 5:26 καὶ **πολλὰ** παθοῦσα ὑπὸ πολλῶν
Mk 5:26 πολλὰ παθοῦσα ὑπὸ **πολλῶν** ἰατρῶν καὶ δαπανήσασα
Mk 5:38 κλαίοντας καὶ ἀλαλάζοντας **πολλά**,
Mk 5:43 καὶ διεστείλατο αὐτοῖς **πολλὰ** ἵνα μηδεὶς γνοῖ
Mk 6:2 καὶ **πολλοὶ** ἀκούοντες ἐξεπλήσσοντο λέγοντες·
Mk 6:13 καὶ δαιμόνια **πολλὰ** ἐξέβαλλον,
Mk 6:13 καὶ ἤλειφον ἐλαίῳ **πολλοὺς** ἀρρώστους καὶ ἐθεράπευον.
Mk 6:20 καὶ ἀκούσας αὐτοῦ **πολλὰ** ἠπόρει,
Mk 6:23 καὶ ὤμοσεν αὐτῇ **[πολλὰ]** ὅ τι ἐάν
Mk 6:31 καὶ οἱ ὑπάγοντες **πολλοί**,
Mk 6:33 ὑπάγοντας καὶ ἐπέγνωσαν **πολλοὶ** καὶ πεζῇ
Mk 6:34 Καὶ ἐξελθὼν εἶδεν **πολὺν** ὄχλον καὶ ἐσπλαγχνίσθη
Mk 6:34 ἤρξατο διδάσκειν αὐτοὺς **πολλά**.
Mk 6:35 Καὶ ἤδη ὥρας **πολλῆς** γενομένης προσελθόντες αὐτῷ
Mk 6:35 καὶ ἤδη ὥρα **πολλή**·
Mk 7:4 καὶ ἄλλα **πολλά** ἐστιν ἃ παρέλαβον
Mk 7:13 καὶ παρόμοια τοιαῦτα **πολλὰ** ποιεῖτε.
Mk 8:1 ταῖς ἡμέραις πάλιν **πολλοῦ** ὄχλου ὄντος καὶ
Mk 8:31 υἱὸν τοῦ ἀνθρώπου **πολλὰ** παθεῖν καὶ ἀποδοκιμασθῆναι
Mk 9:12 τοῦ ἀνθρώπου ἵνα **πολλὰ** πάθῃ καὶ ἐξουδενηθῇ;
Mk 9:14 μαθητὰς εἶδον ὄχλον **πολὺν** περὶ αὐτοὺς καὶ
Mk 9:26 καὶ κράξας καὶ **πολλὰ** σπαράξας ἐξῆλθεν·
Mk 9:26 ὥστε τοὺς **πολλοὺς** λέγειν ὅτι ἀπέθανεν.
Mk 10:22 γὰρ ἔχων κτήματα **πολλά**.
Mk 10:31 **πολλοὶ** δὲ ἔσονται πρῶτοι
Mk 10:45 αὐτοῦ λύτρον ἀντὶ **πολλῶν**.
Mk 10:48 καὶ ἐπετίμων αὐτῷ **πολλοὶ** ἵνα σιωπήσῃ·
Mk 10:48 ὁ δὲ **πολλῷ** μᾶλλον ἔκραζεν·
Mk 11:8 καὶ **πολλοὶ** τὰ ἱμάτια αὐτῶν
Mk 12:5 καὶ **πολλοὺς** ἄλλους,
Mk 12:27 **πολὺ** πλανᾶσθε.
Mk 12:37 Καὶ [ὁ] **πολὺς** ὄχλος ἤκουεν αὐτοῦ
Mk 12:41 καὶ **πολλοὶ** πλούσιοι ἔβαλλον πολλά·
Mk 12:41 πολλοὶ πλούσιοι ἔβαλλον **πολλά**·
Mk 12:43 αὕτη ἡ πτωχὴ **πλεῖον** πάντων ἔβαλεν τῶν
Mk 13:6 **πολλοὶ** ἐλεύσονται ἐπὶ τῷ
Mk 13:6 καὶ **πολλοὺς** πλανήσουσιν.
Mk 13:26 νεφέλαις μετὰ δυνάμεως **πολλῆς** καὶ δόξης.
Mk 14:24 τὸ ἐκχυννόμενον ὑπὲρ **πολλῶν**.
Mk 14:56 **πολλοὶ** γὰρ ἐψευδομαρτύρουν κατ᾽
Mk 15:3 αὐτοῦ οἱ ἀρχιερεῖς **πολλά**.
Mk 15:41 καὶ ἄλλαι **πολλαὶ** αἱ συναναβᾶσαι αὐτῷ

πολυτελής (*polytelēs*; 1/3) *expensive*

Mk 14:3 μύρου νάρδου πιστικῆς **πολυτελοῦς**,

πονηρία (*ponēria*; 1/7) *wickedness*

Mk 7:22 **πονηρίαι**,

πονηρός (*ponēros*; 2/78) *evil*

Mk 7:22 ὀφθαλμὸς **πονηρός**,
Mk 7:23 πάντα ταῦτα τὰ **πονηρὰ** ἔσωθεν ἐκπορεύεται

πορεύομαι (*poreuomai*; 0[3]/147[153]) *go*

[Mk 16:10] ἐκείνη **πορευθεῖσα** ἀπήγγειλεν τοῖς μετ᾽
[Mk 16:12] ἐν ἑτέρᾳ μορφῇ **πορευομένοις** εἰς ἀγρόν·
[Mk 16:15] **πορευθέντες** εἰς τὸν κόσμον

πορνεία (*porneia*; 1/25) *sexual immorality*

Mk 7:21 **πορνεῖαι**,

πόρρω (*porrō*; 1/4) *far away*

Mk 7:6 δὲ καρδία αὐτῶν **πόρρω** ἀπέχει ἀπ᾽ ἐμοῦ·

πορφύρα (*porphyra*; 2/4) *purple cloth or garment*

Mk 15:17 καὶ ἐνδιδύσκουσιν αὐτὸν **πορφύραν** καὶ περιτιθέασιν αὐτῷ
Mk 15:20 ἐξέδυσαν αὐτὸν τὴν **πορφύραν** καὶ ἐνέδυσαν αὐτὸν

πόσος (*posos*; 6/27) *how much*
Mk 6:38 **πόσους** ἄρτους ἔχετε;
Mk 8:5 **πόσους** ἔχετε ἄρτους;
Mk 8:19 **πόσους** κοφίνους κλασμάτων πλήρεις
Mk 8:20 **πόσων** σπυρίδων πληρώματα κλασμάτων
Mk 9:21 **πόσος** χρόνος ἐστὶν ὡς
Mk 15:4 ἴδε **πόσα** σου κατηγοροῦσιν.

ποταμός (*potamos*; 1/17) *river*
Mk 1:5 ἐν τῷ Ἰορδάνῃ **ποταμῷ** ἐξομολογούμενοι τὰς ἁμαρτίας

ποταπός (*potapos*; 2/7) *of what sort or kind*
Mk 13:1 ἴδε **ποταποὶ** λίθοι καὶ ποταπαὶ
Mk 13:1 ποταποὶ λίθοι καὶ **ποταπαὶ** οἰκοδομαί.

πότε (*pote*; 5/19) *when*
Mk 9:19 ἕως **πότε** πρὸς ὑμᾶς ἔσομαι;
Mk 9:19 ἕως **πότε** ἀνέξομαι ὑμῶν;
Mk 13:4 **πότε** ταῦτα ἔσται καὶ
Mk 13:33 οὐκ οἴδατε γὰρ **πότε** ὁ καιρός ἐστιν.
Mk 13:35 οὐκ οἴδατε γὰρ **πότε** ὁ κύριος τῆς

ποτήριον (*potērion*; 6/31) *cup*
Mk 7:4 βαπτισμοὺς **ποτηρίων** καὶ ξεστῶν καὶ
Mk 9:41 ἂν ποτίσῃ ὑμᾶς **ποτήριον** ὕδατος ἐν ὀνόματι
Mk 10:38 δύνασθε πιεῖν τὸ **ποτήριον** ὃ ἐγὼ πίνω
Mk 10:39 τὸ **ποτήριον** ὃ ἐγὼ πίνω
Mk 14:23 καὶ λαβὼν **ποτήριον** εὐχαριστήσας ἔδωκεν αὐτοῖς,
Mk 14:36 παρένεγκε τὸ **ποτήριον** τοῦτο ἀπ' ἐμοῦ·

ποτίζω (*potizō*; 2/15) *give to drink*
Mk 9:41 Ὃς γὰρ ἂν **ποτίσῃ** ὑμᾶς ποτήριον ὕδατος
Mk 15:36 ὄξους περιθεὶς καλάμῳ **ἐπότιζεν** αὐτόν λέγων·

ποῦ (*pou*; 3/47[48]) *where*
Mk 14:12 **ποῦ** θέλεις ἀπελθόντες ἑτοιμάσωμεν
Mk 14:14 **ποῦ** ἐστιν τὸ κατάλυμά
Mk 15:47 ἡ Ἰωσῆτος ἐθεώρουν **ποῦ** τέθειται.

πούς (*pous*; 6/93) *foot*
Mk 5:22 πίπτει πρὸς τοὺς **πόδας** αὐτοῦ
Mk 6:11 τὸν ὑποκάτω τῶν **ποδῶν** ὑμῶν εἰς μαρτύριον
Mk 7:25 προσέπεσεν πρὸς τοὺς **πόδας** αὐτοῦ·
Mk 9:45 καὶ ἐὰν ὁ **πούς** σου σκανδαλίζῃ σε,
Mk 9:45 ἢ τοὺς δύο **πόδας** ἔχοντα βληθῆναι εἰς
Mk 12:36 σου ὑποκάτω τῶν **ποδῶν** σου.

πραιτώριον (*praitōrion*; 1/8) *Praetorium, headquarters*
Mk 15:16 ὅ ἐστιν **πραιτώριον**,

πρασιά (*prasia*; 2/2) *garden plot*
Mk 6:40 καὶ ἀνέπεσαν **πρασιαὶ** πρασιαὶ κατὰ ἑκατὸν
Mk 6:40 καὶ ἀνέπεσαν πρασιαὶ **πρασιαὶ** κατὰ ἑκατὸν

πρεσβύτερος (*presbyteros*; 7/65[66]) *elder*
Mk 7:3 τὴν παράδοσιν τῶν **πρεσβυτέρων**,
Mk 7:5 τὴν παράδοσιν τῶν **πρεσβυτέρων**,
Mk 8:31 ἀποδοκιμασθῆναι ὑπὸ τῶν **πρεσβυτέρων** καὶ τῶν ἀρχιερέων
Mk 11:27 γραμματεῖς καὶ οἱ **πρεσβύτεροι**
Mk 14:43 γραμματέων καὶ τῶν **πρεσβυτέρων**.
Mk 14:53 ἀρχιερεῖς καὶ οἱ **πρεσβύτεροι** καὶ οἱ γραμματεῖς.
Mk 15:1 ἀρχιερεῖς μετὰ τῶν **πρεσβυτέρων** καὶ γραμματέων καὶ

πρίν (*prin*; 2/13) *before*
Mk 14:30 ταύτῃ τῇ νυκτὶ **πρὶν** ἢ δὶς ἀλέκτορα
Mk 14:72 ὁ Ἰησοῦς ὅτι **πρὶν** ἀλέκτορα φωνῆσαι δὶς

πρό (*pro*; 1/47) *before*
Mk 1:2 τὸν ἄγγελόν μου **πρὸ** προσώπου σου,

προάγω (*proagō*; 5/20) *go before or ahead of*
Mk 6:45 τὸ πλοῖον καὶ **προάγειν** εἰς τὸ πέραν
Mk 10:32 καὶ ἦν **προάγων** αὐτοὺς ὁ Ἰησοῦς,
Mk 11:9 καὶ οἱ **προάγοντες** καὶ οἱ ἀκολουθοῦντες
Mk 14:28 τὸ ἐγερθῆναί με **προάξω** ὑμᾶς εἰς τὴν
Mk 16:7 τῷ Πέτρῳ ὅτι **προάγει** ὑμᾶς εἰς τὴν

προαύλιον (*proaulion*; 1/1) *gateway*
Mk 14:68 ἔξω εἰς τὸ **προαύλιον** [καὶ ἀλέκτωρ ἐφώνησεν].

προβαίνω (*probainō*; 1/5) *go on*
Mk 1:19 Καὶ **προβὰς** ὀλίγον εἶδεν Ἰάκωβον

πρόβατον (*probaton*; 2/39) *sheep*
Mk 6:34 ὅτι ἦσαν ὡς **πρόβατα** μὴ ἔχοντα ποιμένα,
Mk 14:27 καὶ τὰ **πρόβατα** διασκορπισθήσονται.

προέρχομαι (*proerchomai*; 2/9) *go ahead*
Mk 6:33 συνέδραμον ἐκεῖ καὶ **προῆλθον** αὐτούς.
Mk 14:35 καὶ **προελθὼν** μικρὸν ἔπιπτεν ἐπὶ

πρόθεσις (*prothesis*; 1/12) *purpose*
Mk 2:26 τοὺς ἄρτους τῆς **προθέσεως** ἔφαγεν,

πρόθυμος (*prothymos*; 1/3) *willing*
Mk 14:38 τὸ μὲν πνεῦμα **πρόθυμον** ἡ δὲ σὰρξ

προλαμβάνω (*prolambanō*; 1/3) *do (something) ahead of time*
Mk 14:8 **προέλαβεν** μυρίσαι τὸ σῶμά

προλέγω (*prolegō*; 1/15) *say or warn beforehand*
Mk 13:23 **προείρηκα** ὑμῖν πάντα.

προμεριμνάω (*promerimnaō*; 1/1) *worry ahead of time*
Mk 13:11 μὴ **προμεριμνᾶτε** τί λαλήσητε,

πρός (*pros*; 65/699[700]) *to, toward, at*
Mk 1:5 καὶ ἐξεπορεύετο **πρὸς** αὐτὸν πᾶσα ἡ

Mk 1:27 ἅπαντες ὥστε συζητεῖν **πρὸς** ἑαυτοὺς λέγοντας·
Mk 1:32 ἔφερον **πρὸς** αὐτὸν πάντας τοὺς
Mk 1:33 ἡ πόλις ἐπισυνηγμένη **πρὸς** τὴν θύραν.
Mk 1:40 Καὶ ἔρχεται **πρὸς** αὐτὸν λεπρὸς παρακαλῶν
Mk 1:45 καὶ ἤρχοντο **πρὸς** αὐτὸν πάντοθεν.
Mk 2:2 χωρεῖν μηδὲ τὰ **πρὸς** τὴν θύραν,
Mk 2:3 καὶ ἔρχονται φέροντες **πρὸς** αὐτὸν παραλυτικὸν αἰρόμενον
Mk 2:13 ὁ ὄχλος ἤρχετο **πρὸς** αὐτόν,
Mk 3:7 μαθητῶν αὐτοῦ ἀνεχώρησεν **πρὸς** τὴν θάλασσαν,
Mk 3:8 ὅσα ἐποίει ἦλθον **πρὸς** αὐτόν.
Mk 3:13 καὶ ἀπῆλθον **πρὸς** αὐτόν.
Mk 3:31 ἔξω στήκοντες ἀπέστειλαν **πρὸς** αὐτὸν καλοῦντες αὐτόν.
Mk 4:1 καὶ συνάγεται **πρὸς** αὐτὸν ὄχλος πλεῖστος,
Mk 4:1 πᾶς ὁ ὄχλος **πρὸς** τὴν θάλασσαν ἐπὶ
Mk 4:41 μέγαν καὶ ἔλεγον **πρὸς** ἀλλήλους·
Mk 5:11 ἦν δὲ ἐκεῖ **πρὸς** τῷ ὄρει ἀγέλη
Mk 5:15 καὶ ἔρχονται **πρὸς** τὸν Ἰησοῦν καὶ
Mk 5:19 τὸν οἶκόν σου **πρὸς** τοὺς σοὺς καὶ
Mk 5:22 ἰδὼν αὐτὸν πίπτει **πρὸς** τοὺς πόδας αὐτοῦ
Mk 6:3 ἀδελφαὶ αὐτοῦ ὧδε **πρὸς** ἡμᾶς;
Mk 6:25 εὐθὺς μετὰ σπουδῆς **πρὸς** τὸν βασιλέα ᾐτήσατο
Mk 6:30 συνάγονται οἱ ἀπόστολοι **πρὸς** τὸν Ἰησοῦν
Mk 6:45 εἰς τὸ πέραν **πρὸς** Βηθσαϊδάν,
Mk 6:48 τῆς νυκτὸς ἔρχεται **πρὸς** αὐτοὺς περιπατῶν
Mk 6:51 καὶ ἀνέβη **πρὸς** αὐτοὺς εἰς τὸ
Mk 7:1 Καὶ συνάγονται **πρὸς** αὐτὸν οἱ Φαρισαῖοι
Mk 7:25 ἐλθοῦσα προσέπεσεν **πρὸς** τοὺς πόδας αὐτοῦ·
Mk 8:16 καὶ διελογίζοντο **πρὸς** ἀλλήλους ὅτι ἄρτους
Mk 9:10 τὸν λόγον ἐκράτησαν **πρὸς** ἑαυτοὺς συζητοῦντες τί
Mk 9:14 Καὶ ἐλθόντες **πρὸς** τοὺς μαθητὰς εἶδον
Mk 9:14 καὶ γραμματεῖς συζητοῦντας **πρὸς** αὐτούς.
Mk 9:16 τί συζητεῖτε **πρὸς** αὐτούς;
Mk 9:17 τὸν υἱόν μου **πρὸς** σέ,
Mk 9:19 ἕως πότε **πρὸς** ὑμᾶς ἔσομαι;
Mk 9:19 φέρετε αὐτὸν **πρός** με.
Mk 9:20 καὶ ἤνεγκαν αὐτὸν **πρὸς** αὐτόν.
Mk 9:34 **πρὸς** ἀλλήλους γὰρ διελέχθησαν
Mk 10:1 συμπορεύονται πάλιν ὄχλοι **πρὸς** αὐτόν,
Mk 10:5 **πρὸς** τὴν σκληροκαρδίαν ὑμῶν
Mk 10:7 μητέρα [καὶ προσκολληθήσεται **πρὸς** τὴν γυναῖκα αὐτοῦ],
Mk 10:14 τὰ παιδία ἔρχεσθαι **πρός** με,
Mk 10:26 περισσῶς ἐξεπλήσσοντο λέγοντες **πρὸς** ἑαυτούς·
Mk 10:50 αὐτοῦ ἀναπηδήσας ἦλθεν **πρὸς** τὸν Ἰησοῦν.
Mk 11:1 Βηθφαγὴ καὶ Βηθανίαν **πρὸς** τὸ ὄρος τῶν
Mk 11:4 εὗρον πῶλον δεδεμένον **πρὸς** θύραν ἔξω ἐπὶ
Mk 11:7 φέρουσιν τὸν πῶλον **πρὸς** τὸν Ἰησοῦν καὶ
Mk 11:27 περιπατοῦντος αὐτοῦ ἔρχονται **πρὸς** αὐτὸν οἱ ἀρχιερεῖς
Mk 11:31 καὶ διελογίζοντο **πρὸς** ἑαυτοὺς λέγοντες·
Mk 12:2 καὶ ἀπέστειλεν **πρὸς** τοὺς γεωργοὺς τῷ
Mk 12:4 καὶ πάλιν ἀπέστειλεν **πρὸς** αὐτοὺς ἄλλον δοῦλον·
Mk 12:6 ἀπέστειλεν αὐτὸν ἔσχατον **πρὸς** αὐτοὺς λέγων ὅτι
Mk 12:7 δὲ οἱ γεωργοὶ **πρὸς** ἑαυτοὺς εἶπαν ὅτι
Mk 12:12 ἔγνωσαν γὰρ ὅτι **πρὸς** αὐτοὺς τὴν παραβολὴν
Mk 12:13 Καὶ ἀποστέλλουσιν **πρὸς** αὐτόν τινας τῶν
Mk 12:18 Καὶ ἔρχονται Σαδδουκαῖοι **πρὸς** αὐτόν,
Mk 13:22 σημεῖα καὶ τέρατα **πρὸς** τὸ ἀποπλανᾶν,
Mk 14:4 δέ τινες ἀγανακτοῦντες **πρὸς** ἑαυτούς·
Mk 14:10 τῶν δώδεκα ἀπῆλθεν **πρὸς** τοὺς ἀρχιερεῖς
Mk 14:49 καθ' ἡμέραν ἤμην **πρὸς** ὑμᾶς ἐν τῷ
Mk 14:53 ἀπήγαγον τὸν Ἰησοῦν **πρὸς** τὸν ἀρχιερέα,
Mk 14:54 ὑπηρετῶν καὶ θερμαινόμενος **πρὸς** τὸ φῶς.
Mk 15:31 οἱ ἀρχιερεῖς ἐμπαίζοντες **πρὸς** ἀλλήλους μετὰ τῶν
Mk 15:43 τολμήσας εἰσῆλθεν **πρὸς** τὸν Πιλᾶτον καὶ
Mk 16:3 καὶ ἔλεγον **πρὸς** ἑαυτάς·

προσάββατον (*prosabbaton*; 1/1) *the day before the Sabbath*

Mk 15:42 παρασκευὴ ὅ ἐστιν **προσάββατον**,

προσαίτης (*prosaitēs*; 1/2) *beggar*

Mk 10:46 τυφλὸς **προσαίτης**,

προσδέχομαι (*prosdechomai*; 1/14) *wait for*

Mk 15:43 καὶ αὐτὸς ἦν **προσδεχόμενος** τὴν βασιλείαν

προσέρχομαι (*proserchomai*; 5/86) *come or go to*

Mk 1:31 καὶ **προσελθὼν** ἤγειρεν αὐτὴν κρατήσας
Mk 6:35 ὥρας πολλῆς γενομένης **προσελθόντες** αὐτῷ οἱ μαθηταὶ
Mk 10:2 Καὶ **προσελθόντες** Φαρισαῖοι ἐπηρώτων αὐτὸν
Mk 12:28 Καὶ **προσελθὼν** εἷς τῶν γραμματέων
Mk 14:45 καὶ ἐλθὼν εὐθὺς **προσελθὼν** αὐτῷ λέγει·

προσευχή (*proseuchē*; 2/36) *prayer*

Mk 9:29 εἰ μὴ ἐν **προσευχῇ**.
Mk 11:17 οἶκός μου οἶκος **προσευχῆς** κληθήσεται πᾶσιν τοῖς

προσεύχομαι (*proseuchomai*; 10/85) *pray*

Mk 1:35 ἔρημον τόπον κἀκεῖ **προσηύχετο**.
Mk 6:46 εἰς τὸ ὄρος **προσεύξασθαι**.
Mk 11:24 πάντα ὅσα **προσεύχεσθε** καὶ αἰτεῖσθε,
Mk 11:25 Καὶ ὅταν στήκετε **προσευχόμενοι**,
Mk 12:40 καὶ προφάσει μακρὰ **προσευχόμενοι**·
Mk 13:18 **προσεύχεσθε** δὲ ἵνα μὴ
Mk 14:32 καθίσατε ὧδε ἕως **προσεύξωμαι**.
Mk 14:35 τῆς γῆς καὶ **προσηύχετο** ἵνα εἰ δυνατόν
Mk 14:38 γρηγορεῖτε καὶ **προσεύχεσθε**,
Mk 14:39 καὶ πάλιν ἀπελθὼν **προσηύξατο** τὸν αὐτὸν λόγον

πρόσκαιρος (*proskairos*; 1/4) *not lasting*

Mk 4:17 ἐν ἑαυτοῖς ἀλλὰ **πρόσκαιροί** εἰσιν,

προσκαλέομαι (*proskaleomai*; 9/29) *call to oneself*

Mk 3:13 τὸ ὄρος καὶ **προσκαλεῖται** οὓς ἤθελεν αὐτός,

Mk 3:23 Καὶ **προσκαλεσάμενος** αὐτοὺς ἐν παραβολαῖς
Mk 6:7 Καὶ **προσκαλεῖται** τοὺς δώδεκα καὶ
Mk 7:14 Καὶ **προσκαλεσάμενος** πάλιν τὸν ὄχλον
Mk 8:1 **προσκαλεσάμενος** τοὺς μαθητὰς λέγει
Mk 8:34 Καὶ **προσκαλεσάμενος** τὸν ὄχλον σὺν
Mk 10:42 καὶ **προσκαλεσάμενος** αὐτοὺς ὁ Ἰησοῦς
Mk 12:43 καὶ **προσκαλεσάμενος** τοὺς μαθητὰς αὐτοῦ
Mk 15:44 ἤδη τέθνηκεν καὶ **προσκαλεσάμενος** τὸν κεντυρίωνα ἐπηρώτησεν

προσκαρτερέω (*proskartereō*; 1/10) *devote oneself to*

Mk 3:9 αὐτοῦ ἵνα πλοιάριον **προσκαρτερῇ** αὐτῷ διὰ

προσκεφάλαιον (*proskephalaion*; 1/1) *cushion*

Mk 4:38 πρύμνῃ ἐπὶ τὸ **προσκεφάλαιον** καθεύδων.

προσκολλάω (*proskollaō*; 1/2) *be united*

Mk 10:7 τὴν μητέρα [καὶ **προσκολληθήσεται** πρὸς τὴν γυναῖκα

προσκυλίω (*proskyliō*; 1/2) *roll against or to*

Mk 15:46 ἐκ πέτρας καὶ **προσεκύλισεν** λίθον ἐπὶ τὴν

προσκυνέω (*proskyneō*; 2/60) *worship*

Mk 5:6 μακρόθεν ἔδραμεν καὶ **προσεκύνησεν** αὐτῷ
Mk 15:19 τιθέντες τὰ γόνατα **προσεκύνουν** αὐτῷ.

προσλαμβάνω (*proslambanō*; 1/12) *welcome*

Mk 8:32 καὶ **προσλαβόμενος** ὁ Πέτρος αὐτὸν

προσμένω (*prosmenō*; 1/7) *remain or stay with*

Mk 8:2 ἤδη ἡμέραι τρεῖς **προσμένουσίν** μοι καὶ οὐκ

προσορμίζω (*prosormizō*; 1/1) *moor, tie up*

Mk 6:53 εἰς Γεννησαρὲτ καὶ **προσωρμίσθησαν**.

προσπίπτω (*prospiptō*; 3/8) *fall at someone's feet*

Mk 3:11 **προσέπιπτον** αὐτῷ καὶ ἔκραζον
Mk 5:33 ἦλθεν καὶ **προσέπεσεν** αὐτῷ καὶ εἶπεν
Mk 7:25 ἐλθοῦσα **προσέπεσεν** πρὸς τοὺς πόδας

προσπορεύομαι (*prosporeuomai*; 1/1) *come to*

Mk 10:35 Καὶ **προσπορεύονται** αὐτῷ Ἰάκωβος καὶ

προστάσσω (*prostassō*; 1/7) *command*

Mk 1:44 καθαρισμοῦ σου ἃ **προσέταξεν** Μωϋσῆς,

προστίθημι (*prostithēmi*; 1/18) *add*

Mk 4:24 μετρηθήσεται ὑμῖν καὶ **προστεθήσεται** ὑμῖν.

προστρέχω (*prostrechō*; 2/3) *run up or ahead*

Mk 9:15 αὐτὸν ἐξεθαμβήθησαν καὶ **προστρέχοντες** ἠσπάζοντο αὐτόν.
Mk 10:17 αὐτοῦ εἰς ὁδὸν **προσδραμὼν** εἷς καὶ γονυπετήσας

προσφέρω (*prospherō*; 3/47) *offer, bring*

Mk 1:44 τῷ ἱερεῖ καὶ **προσένεγκε** περὶ τοῦ καθαρισμοῦ
Mk 2:4 καὶ μὴ δυνάμενοι **προσενέγκαι** αὐτῷ διὰ τὸν
Mk 10:13 Καὶ **προσέφερον** αὐτῷ παιδία ἵνα

πρόσωπον (*prosōpon*; 3/76) *face*

Mk 1:2 ἄγγελόν μου πρὸ **προσώπου** σου,
Mk 12:14 γὰρ βλέπεις εἰς **πρόσωπον** ἀνθρώπων,
Mk 14:65 περικαλύπτειν αὐτοῦ τὸ **πρόσωπον** καὶ κολαφίζειν αὐτὸν

πρόφασις (*prophasis*; 1/6) *excuse, false motive*

Mk 12:40 τῶν χηρῶν καὶ **προφάσει** μακρὰ προσευχόμενοι·

προφητεύω (*prophēteuō*; 2/28) *prophesy*

Mk 7:6 καλῶς **ἐπροφήτευσεν** Ἠσαΐας περὶ ὑμῶν
Mk 14:65 **προφήτευσον**,

προφήτης (*prophētēs*; 6/144) *prophet*

Mk 1:2 τῷ Ἠσαΐᾳ τῷ **προφήτῃ**·
Mk 6:4 ὅτι οὐκ ἔστιν **προφήτης** ἄτιμος εἰ μὴ
Mk 6:15 δὲ ἔλεγον ὅτι **προφήτης** ὡς εἷς τῶν
Mk 6:15 ὡς εἷς τῶν **προφητῶν**.
Mk 8:28 ὅτι εἷς τῶν **προφητῶν**.
Mk 11:32 Ἰωάννην ὄντως ὅτι **προφήτης** ἦν.

πρύμνα (*prymna*; 1/3) *stern*

Mk 4:38 ἦν ἐν τῇ **πρύμνῃ** ἐπὶ τὸ προσκεφάλαιον

πρωΐ (*prōi*; 5[6]/11[12]) *early morning*

Mk 1:35 Καὶ **πρωῒ** ἔννυχα λίαν ἀναστὰς
Mk 11:20 Καὶ παραπορευόμενοι **πρωῒ** εἶδον τὴν συκῆν
Mk 13:35 ἢ ἀλεκτοροφωνίας ἢ **πρωΐ**,
Mk 15:1 Καὶ εὐθὺς **πρωῒ** συμβούλιον ποιήσαντες οἱ
Mk 16:2 καὶ λίαν **πρωῒ** τῇ μιᾷ τῶν
[Mk 16:9] [[Ἀναστὰς δὲ **πρωῒ** πρώτῃ σαββάτου ἐφάνη

πρωτοκαθεδρία (*prōtokathedria*; 1/4) *place of honor*

Mk 12:39 καὶ **πρωτοκαθεδρίας** ἐν ταῖς συναγωγαῖς

πρωτοκλισία (*prōtoklisia*; 1/5) *place of honor*

Mk 12:39 ταῖς συναγωγαῖς καὶ **πρωτοκλισίας** ἐν τοῖς δείπνοις,

πρῶτος (*prōtos*; 15[17]/152[155]) *first*

Mk 3:27 ἐὰν μὴ **πρῶτον** τὸν ἰσχυρὸν δήσῃ,
Mk 4:28 **πρῶτον** χόρτον εἶτα στάχυν
Mk 6:21 χιλιάρχοις καὶ τοῖς **πρώτοις** τῆς Γαλιλαίας,
Mk 7:27 ἄφες **πρῶτον** χορτασθῆναι τὰ τέκνα,
Mk 9:11 Ἠλίαν δεῖ ἐλθεῖν **πρῶτον**;
Mk 9:12 Ἠλίας μὲν ἐλθὼν **πρῶτον** ἀποκαθιστάνει πάντα·
Mk 9:35 εἴ τις θέλει **πρῶτος** εἶναι,
Mk 10:31 πολλοὶ δὲ ἔσονται **πρῶτοι** ἔσχατοι καὶ [οἱ]
Mk 10:31 καὶ [οἱ] ἔσχατοι **πρῶτοι**.
Mk 10:44 ἐν ὑμῖν εἶναι **πρῶτος** ἔσται πάντων δοῦλος·

Mk 12:20 καὶ ὁ **πρῶτος** ἔλαβεν γυναῖκα καὶ
Mk 12:28 ποία ἐστὶν ἐντολὴ **πρώτη** πάντων;
Mk 12:29 ὁ Ἰησοῦς ὅτι **πρώτη** ἐστίν·
Mk 13:10 πάντα τὰ ἔθνη **πρῶτον** δεῖ κηρυχθῆναι τὸ
Mk 14:12 Καὶ τῇ **πρώτῃ** ἡμέρᾳ τῶν ἀζύμων,
[Mk 16:9] [[Ἀναστὰς δὲ πρωῒ **πρώτῃ** σαββάτου ἐφάνη πρῶτον
[Mk 16:9] πρώτῃ σαββάτου ἐφάνη **πρῶτον** Μαρίᾳ τῇ Μαγδαληνῇ,

πτύω (*ptyō*; 2/3) *spit*
Mk 7:33 ὦτα αὐτοῦ καὶ **πτύσας** ἥψατο τῆς γλώσσης
Mk 8:23 τῆς κώμης καὶ **πτύσας** εἰς τὰ ὄμματα

πτῶμα (*ptōma*; 2/7) *body*
Mk 6:29 καὶ ἦραν τὸ **πτῶμα** αὐτοῦ καὶ ἔθηκαν
Mk 15:45 κεντυρίωνος ἐδωρήσατο τὸ **πτῶμα** τῷ Ἰωσήφ.

πτωχός (*ptōchos*; 5/34) *poor*
Mk 10:21 καὶ δὸς [τοῖς] **πτωχοῖς**,
Mk 12:42 ἐλθοῦσα μία χήρα **πτωχὴ** ἔβαλεν λεπτὰ δύο,
Mk 12:43 χήρα αὕτη ἡ **πτωχὴ** πλεῖον πάντων ἔβαλεν
Mk 14:5 καὶ δοθῆναι τοῖς **πτωχοῖς**·
Mk 14:7 πάντοτε γὰρ τοὺς **πτωχοὺς** ἔχετε μεθ' ἑαυτῶν

πυγμή (*pygmē*; 1/1) *fist*
Mk 7:3 Ἰουδαῖοι ἐὰν μὴ **πυγμῇ** νίψωνται τὰς χεῖρας

πῦρ (*pyr*; 4/71) *fire*
Mk 9:22 πολλάκις καὶ εἰς **πῦρ** αὐτὸν ἔβαλεν καὶ
Mk 9:43 εἰς τὸ **πῦρ** τὸ ἄσβεστον.
Mk 9:48 τελευτᾷ καὶ τὸ **πῦρ** οὐ σβέννυται.
Mk 9:49 Πᾶς γὰρ **πυρὶ** ἁλισθήσεται.

πύργος (*pyrgos*; 1/4) *tower*
Mk 12:1 ὑπολήνιον καὶ ᾠκοδόμησεν **πύργον** καὶ ἐξέδετο αὐτὸν

πυρέσσω (*pyressō*; 1/2) *be sick with fever*
Mk 1:30 πενθερὰ Σίμωνος κατέκειτο **πυρέσσουσα**,

πυρετός (*pyretos*; 1/6) *fever*
Mk 1:31 ἀφῆκεν αὐτὴν ὁ **πυρετός**,

πωλέω (*pōleō*; 3/22) *sell*
Mk 10:21 ὅσα ἔχεις **πώλησον** καὶ δὸς [τοῖς]
Mk 11:15 ἤρξατο ἐκβάλλειν τοὺς **πωλοῦντας** καὶ τοὺς ἀγοράζοντας
Mk 11:15 τὰς καθέδρας τῶν **πωλούντων** τὰς περιστερὰς κατέστρεψεν,

πῶλος (*pōlos*; 4/12) *colt*
Mk 11:2 εἰς αὐτὴν εὑρήσετε **πῶλον** δεδεμένον ἐφ' ὃν
Mk 11:4 ἀπῆλθον καὶ εὗρον **πῶλον** δεδεμένον πρὸς θύραν
Mk 11:5 ποιεῖτε λύοντες τὸν **πῶλον**;
Mk 11:7 καὶ φέρουσιν τὸν **πῶλον** πρὸς τὸν Ἰησοῦν

πωρόω (*pōroō*; 2/5) *harden*
Mk 6:52 αὐτῶν ἡ καρδία **πεπωρωμένη**.
Mk 8:17 **πεπωρωμένην** ἔχετε τὴν καρδίαν

πώρωσις (*pōrōsis*; 1/3) *hardening*
Mk 3:5 συλλυπούμενος ἐπὶ τῇ **πωρώσει** τῆς καρδίας αὐτῶν

πῶς (*pōs*; 14/103) *how*
Mk 2:26 **πῶς** εἰσῆλθεν εἰς τὸν
Mk 3:23 **πῶς** δύναται σατανᾶς σατανᾶν
Mk 4:13 καὶ **πῶς** πάσας τὰς παραβολὰς
Mk 4:30 **πῶς** ὁμοιώσωμεν τὴν βασιλείαν
Mk 5:16 αὐτοῖς οἱ ἰδόντες **πῶς** ἐγένετο τῷ δαιμονιζομένῳ
Mk 9:12 καὶ πῶς **γέγραπται** ἐπὶ τὸν υἱὸν
Mk 10:23 **πῶς** δυσκόλως οἱ τὰ
Mk 10:24 **πῶς** δύσκολόν ἐστιν εἰς
Mk 11:18 γραμματεῖς καὶ ἐζήτουν **πῶς** αὐτὸν ἀπολέσωσιν·
Mk 12:26 ἐπὶ τοῦ βάτου **πῶς** εἶπεν αὐτῷ ὁ
Mk 12:35 **πῶς** λέγουσιν οἱ γραμματεῖς
Mk 12:41 τοῦ γαζοφυλακίου ἐθεώρει **πῶς** ὁ ὄχλος βάλλει
Mk 14:1 καὶ οἱ γραμματεῖς **πῶς** αὐτὸν ἐν δόλῳ
Mk 14:11 καὶ ἐζήτει **πῶς** αὐτὸν εὐκαίρως παραδοῖ.

ῥαββι (*rhabbi*; 3/15) *rabbi*
Mk 9:5 **ῥαββί**,
Mk 11:21 **ῥαββί**,
Mk 14:45 **ῥαββί**,

ῥαββουνί (*rhabbouni*; 1/2) *rabbi*
Mk 10:51 **ῥαββουνί**,

ῥάβδος (*rhabdos*; 1/12) *stick, staff, rod*
Mk 6:8 ὁδὸν εἰ μὴ **ῥάβδον** μόνον,

ῥάκος (*rhakos*; 1/2) *piece of cloth*
Mk 2:21 Οὐδεὶς ἐπίβλημα **ῥάκους** ἀγνάφου ἐπιράπτει

ῥάπισμα (*rhapisma*; 1/3) *blow*
Mk 14:65 καὶ οἱ ὑπηρέται **ῥαπίσμασιν** αὐτὸν ἔλαβον.

ῥαφίς (*rhaphis*; 1/2) *needle*
Mk 10:25 [τῆς] τρυμαλιᾶς [τῆς] **ῥαφίδος** διελθεῖν ἢ πλούσιον

ῥήγνυμι (*rhēgnymi*; 2/7) *burst, attack, break forth*
Mk 2:22 **ῥήξει** ὁ οἶνος τοὺς
Mk 9:18 ἐὰν αὐτὸν καταλάβῃ **ῥήσσει** αὐτόν,

ῥῆμα (*rhēma*; 2/68) *word*
Mk 9:32 δὲ ἠγνόουν τὸ **ῥῆμα**,
Mk 14:72 ὁ Πέτρος τὸ **ῥῆμα** ὡς εἶπεν αὐτῷ

ῥίζα (*rhiza*; 3/17) *root*
Mk 4:6 τὸ μὴ ἔχειν **ῥίζαν** ἐξηράνθη.
Mk 4:17 καὶ οὐκ ἔχουσιν **ῥίζαν** ἐν ἑαυτοῖς ἀλλὰ

Mk 11:20 συκῆν ἐξηραμμένην ἐκ **ῥιζῶν**.

Ῥοῦφος (*Rhouphos*; 1/2) *Rufus*
Mk 15:21 πατέρα Ἀλεξάνδρου καὶ **Ῥούφου**,

ῥύσις (*rhysis*; 1/3) *flow*
Mk 5:25 γυνὴ οὖσα ἐν **ῥύσει** αἵματος δώδεκα ἔτη

σαβαχθανι (*sabachthani*; 1/2) *you have forsaken me*
Mk 15:34 ελωϊ ελωϊ λεμα **σαβαχθανι**;

σάββατον (*sabbaton*; 11[12]/67[68]) *Sabbath*
Mk 1:21 καὶ εὐθὺς τοῖς **σάββασιν** εἰσελθὼν εἰς τὴν
Mk 2:23 αὐτὸν ἐν τοῖς **σάββασιν** παραπορεύεσθαι
Mk 2:24 τί ποιοῦσιν τοῖς **σάββασιν** ὃ οὐκ ἔξεστιν;
Mk 2:27 τὸ **σάββατον** διὰ τὸν ἄνθρωπον
Mk 2:27 ἄνθρωπος διὰ τὸ **σάββατον**·
Mk 2:28 ἀνθρώπου καὶ τοῦ **σαββάτου**.
Mk 3:2 αὐτὸν εἰ τοῖς **σάββασιν** θεραπεύσει αὐτόν,
Mk 3:4 ἔξεστιν τοῖς **σάββασιν** ἀγαθὸν ποιῆσαι ἢ
Mk 6:2 καὶ γενομένου **σαββάτου** ἤρξατο διδάσκειν
Mk 16:1 Καὶ διαγενομένου τοῦ **σαββάτου** Μαρία ἡ Μαγδαληνὴ
Mk 16:2 τῇ μιᾷ τῶν **σαββάτων** ἔρχονται ἐπὶ τὸ
[Mk 16:9] δὲ πρωῒ πρώτῃ **σαββάτου** ἐφάνη πρῶτον Μαρίᾳ

Σαδδουκαῖος (*Saddoukaios*; 1/14) *Sadducee*
Mk 12:18 Καὶ ἔρχονται **Σαδδουκαῖοι** πρὸς αὐτόν,

σαλεύω (*saleuō*; 1/15) *shake*
Mk 13:25 ἐν τοῖς οὐρανοῖς **σαλευθήσονται**.

Σαλώμη (*Salōmē*; 2/2) *Salome*
Mk 15:40 Ἰωσῆτος μήτηρ καὶ **Σαλώμη**,
Mk 16:1 [τοῦ] Ἰακώβου καὶ **Σαλώμη** ἠγόρασαν ἀρώματα ἵνα

σανδάλιον (*sandalion*; 1/2) *sandal*
Mk 6:9 ἀλλὰ ὑποδεδεμένους **σανδάλια**,

σάρξ (*sarx*; 4/147) *flesh*
Mk 10:8 οἱ δύο εἰς **σάρκα** μίαν·
Mk 10:8 δύο ἀλλὰ μία **σάρξ**.
Mk 13:20 ἂν ἐσώθη πᾶσα **σάρξ**·
Mk 14:38 πρόθυμον ἡ δὲ **σὰρξ** ἀσθενής.

σατανᾶς (*satanas*; 6/36) *Satan*
Mk 1:13 πειραζόμενος ὑπὸ τοῦ **σατανᾶ**,
Mk 3:23 πῶς δύναται **σατανᾶς** σατανᾶν ἐκβάλλειν;
Mk 3:23 πῶς δύναται σατανᾶς **σατανᾶν** ἐκβάλλειν;
Mk 3:26 καὶ εἰ ὁ **σατανᾶς** ἀνέστη ἐφ' ἑαυτὸν
Mk 4:15 εὐθὺς ἔρχεται ὁ **σατανᾶς** καὶ αἴρει τὸν
Mk 8:33 **σατανᾶ**,

σβέννυμι (*sbennymi*; 1/6) *extinguish*
Mk 9:48 τὸ πῦρ οὐ **σβέννυται**.

σεαυτοῦ (*seautou*; 3/43) *yourself*
Mk 1:44 ἀλλὰ ὕπαγε **σεαυτὸν** δεῖξον τῷ ἱερεῖ
Mk 12:31 πλησίον σου ὡς **σεαυτόν**.
Mk 15:30 σῶσον **σεαυτὸν** καταβὰς ἀπὸ τοῦ

σέβομαι (*sebomai*; 1/10) *worship*
Mk 7:7 μάτην δὲ **σέβονταί** με διδάσκοντες διδασκαλίας

σεισμός (*seismos*; 1/14) *earthquake*
Mk 13:8 ἔσονται **σεισμοὶ** κατὰ τόπους,

σελήνη (*selēnē*; 1/9) *moon*
Mk 13:24 καὶ ἡ **σελήνη** οὐ δώσει τὸ

σημεῖον (*sēmeion*; 5[7]/75[77]) *sign*
Mk 8:11 ζητοῦντες παρ' αὐτοῦ **σημεῖον** ἀπὸ τοῦ οὐρανοῦ,
Mk 8:12 γενεὰ αὕτη ζητεῖ **σημεῖον**;
Mk 8:12 τῇ γενεᾷ ταύτῃ **σημεῖον**.
Mk 13:4 καὶ τί τὸ **σημεῖον** ὅταν μέλλῃ ταῦτα
Mk 13:22 ψευδοπροφῆται καὶ δώσουσιν **σημεῖα** καὶ τέρατα πρὸς
[Mk 16:17] **σημεῖα** δὲ τοῖς πιστεύσασιν
[Mk 16:20] διὰ τῶν ἐπακολουθούντων **σημείων]]**

σήμερον (*sēmeron*; 1/41) *today*
Mk 14:30 σοι ὅτι σὺ **σήμερον** ταύτῃ τῇ νυκτὶ

Σιδών (*Sidōn*; 2/9) *Sidon*
Mk 3:8 περὶ Τύρον καὶ **Σιδῶνα** πλῆθος πολὺ ἀκούοντες
Mk 7:31 Τύρου ἦλθεν διὰ **Σιδῶνος** εἰς τὴν θάλασσαν

Σίμων (*Simōn*; 11/75) *Simon*
Mk 1:16 τῆς Γαλιλαίας εἶδεν **Σίμωνα** καὶ Ἀνδρέαν
Mk 1:16 Ἀνδρέαν τὸν ἀδελφὸν **Σίμωνος** ἀμφιβάλλοντας ἐν τῇ
Mk 1:29 εἰς τὴν οἰκίαν **Σίμωνος** καὶ Ἀνδρέου μετὰ
Mk 1:30 ἡ δὲ πενθερὰ **Σίμωνος** κατέκειτο πυρέσσουσα,
Mk 1:36 καὶ κατεδίωξεν αὐτὸν **Σίμων** καὶ οἱ μετ'
Mk 3:16 ἐπέθηκεν ὄνομα τῷ **Σίμωνι** Πέτρον,
Mk 3:18 καὶ Θαδδαῖον καὶ **Σίμωνα** τὸν Καναναῖον
Mk 6:3 καὶ Ἰούδα καὶ **Σίμωνος**;
Mk 14:3 ἐν τῇ οἰκίᾳ **Σίμωνος** τοῦ λεπροῦ,
Mk 14:37 **Σίμων**,
Mk 15:21 ἀγγαρεύουσιν παράγοντά τινα **Σίμωνα** Κυρηναῖον ἐρχόμενον ἀπ'

σίναπι (*sinapi*; 1/5) *mustard*
Mk 4:31 ὡς κόκκῳ **σινάπεως**,

σινδών (*sindōn*; 4/6) *linen cloth*
Mk 14:51 συνηκολούθει αὐτῷ περιβεβλημένος **σινδόνα** ἐπὶ γυμνοῦ,
Mk 14:52 δὲ καταλιπὼν τὴν **σινδόνα** γυμνὸς ἔφυγεν.
Mk 15:46 καὶ ἀγοράσας **σινδόνα** καθελὼν αὐτὸν ἐνείλησεν
Mk 15:46 αὐτὸν ἐνείλησεν τῇ **σινδόνι** καὶ ἔθηκεν αὐτὸν

σῖτος (*sitos*; 1/14) *grain*
Mk 4:28 στάχυν εἶτα πλήρη[ς] **σῖτον** ἐν τῷ στάχυϊ.

σιωπάω (*siōpaō*; 5/10) *be silent or quiet*
Mk 3:4 οἱ δὲ **ἐσιώπων**.
Mk 4:39 **σιώπα**,
Mk 9:34 οἱ δὲ **ἐσιώπων**·
Mk 10:48 αὐτῷ πολλοὶ ἵνα **σιωπήσῃ**·
Mk 14:61 ὁ δὲ **ἐσιώπα** καὶ οὐκ ἀπεκρίνατο

σκανδαλίζω (*skandalizō*; 8/29) *cause to stumble*
Mk 4:17 τὸν λόγον εὐθὺς **σκανδαλίζονται**.
Mk 6:3 καὶ **ἐσκανδαλίζοντο** ἐν αὐτῷ.
Mk 9:42 Καὶ ὃς ἂν **σκανδαλίσῃ** ἕνα τῶν μικρῶν
Mk 9:43 Καὶ ἐὰν **σκανδαλίζῃ** σε ἡ χείρ
Mk 9:45 ὁ πούς σου **σκανδαλίζῃ** σε,
Mk 9:47 ὁ ὀφθαλμός σου **σκανδαλίζῃ** σε,
Mk 14:27 Ἰησοῦς ὅτι πάντες **σκανδαλισθήσεσθε**,
Mk 14:29 εἰ καὶ πάντες **σκανδαλισθήσονται**,

σκεῦος (*skeuos*; 2/23) *object, jar*
Mk 3:27 ἰσχυροῦ εἰσελθὼν τὰ **σκεύη** αὐτοῦ διαρπάσαι,
Mk 11:16 ἵνα τις διενέγκῃ **σκεῦος** διὰ τοῦ ἱεροῦ.

σκηνή (*skēnē*; 1/20) *tent*
Mk 9:5 καὶ ποιήσωμεν τρεῖς **σκηνάς**,

σκιά (*skia*; 1/7) *shadow*
Mk 4:32 δύνασθαι ὑπὸ τὴν **σκιὰν** αὐτοῦ τὰ πετεινὰ

σκληροκαρδία (*sklērokardia*; 1[2]/2[3]) *stubbornness*
Mk 10:5 πρὸς τὴν **σκληροκαρδίαν** ὑμῶν ἔγραψεν ὑμῖν
[Mk 16:14] ἀπιστίαν αὐτῶν καὶ **σκληροκαρδίαν** ὅτι τοῖς θεασαμένοις

σκοτίζω (*skotizō*; 1/5) *be or become darkened*
Mk 13:24 ἐκείνην ὁ ἥλιος **σκοτισθήσεται**,

σκότος (*skotos*; 1/31) *darkness*
Mk 15:33 γενομένης ὥρας ἕκτης **σκότος** ἐγένετο ἐφ' ὅλην

σκύλλω (*skyllō*; 1/4) *trouble*
Mk 5:35 τί ἔτι **σκύλλεις** τὸν διδάσκαλον;

σκώληξ (*skōlēx*; 1/1) *worm*
Mk 9:48 ὅπου ὁ **σκώληξ** αὐτῶν οὐ τελευτᾷ

σμυρνίζω (*smyrnizō*; 1/1) *flavor with myrrh*
Mk 15:23 καὶ ἐδίδουν αὐτῷ **ἐσμυρνισμένον** οἶνον·

σός (*sos*; 2/25) *your (sg.)*
Mk 2:18 οἱ δὲ **σοὶ** μαθηταὶ οὐ νηστεύουσιν;
Mk 5:19 σου πρὸς τοὺς **σούς** καὶ ἀπάγγειλον αὐτοῖς

σοφία (*sophia*; 1/51) *wisdom*
Mk 6:2 καὶ τίς ἡ **σοφία** ἡ δοθεῖσα τούτῳ,

σπαράσσω (*sparassō*; 2/3) *throw into convulsions*
Mk 1:26 καὶ **σπαράξαν** αὐτὸν τὸ πνεῦμα
Mk 9:26 κράξας καὶ πολλὰ **σπαράξας** ἐξῆλθεν·

σπάω (*spaō*; 1/2) *draw*
Mk 14:47 [τις] τῶν παρεστηκότων **σπασάμενος** τὴν μάχαιραν ἔπαισεν

σπεῖρα (*speira*; 1/7) *cohort*
Mk 15:16 συγκαλοῦσιν ὅλην τὴν **σπεῖραν**.

σπείρω (*speirō*; 12/52) *sow*
Mk 4:3 ἰδοὺ ἐξῆλθεν ὁ **σπείρων** σπεῖραι.
Mk 4:3 ἐξῆλθεν ὁ σπείρων **σπεῖραι**.
Mk 4:4 ἐγένετο ἐν τῷ **σπείρειν** ὃ μὲν ἔπεσεν
Mk 4:14 ὁ **σπείρων** τὸν λόγον σπείρει.
Mk 4:14 σπείρων τὸν λόγον **σπείρει**.
Mk 4:15 ὅπου **σπείρεται** ὁ λόγος καὶ
Mk 4:15 τὸν λόγον τὸν **ἐσπαρμένον** εἰς αὐτούς.
Mk 4:16 ἐπὶ τὰ πετρώδη **σπειρόμενοι**,
Mk 4:18 εἰς τὰς ἀκάνθας **σπειρόμενοι**·
Mk 4:20 γῆν τὴν καλὴν **σπαρέντες**,
Mk 4:31 ὃς ὅταν **σπαρῇ** ἐπὶ τῆς γῆς,
Mk 4:32 καὶ ὅταν **σπαρῇ**,

σπεκουλάτωρ (*spekoulatōr*; 1/1) *soldier on special duty*
Mk 6:27 ἀποστείλας ὁ βασιλεὺς **σπεκουλάτορα** ἐπέταξεν ἐνέγκαι τὴν

σπέρμα (*sperma*; 5/43) *seed*
Mk 4:31 ὃν πάντων τῶν **σπερμάτων** τῶν ἐπὶ τῆς
Mk 12:19 γυναῖκα καὶ ἐξαναστήσῃ **σπέρμα** τῷ ἀδελφῷ αὐτοῦ.
Mk 12:20 ἀποθνῄσκων οὐκ ἀφῆκεν **σπέρμα**·
Mk 12:21 ἀπέθανεν μὴ καταλιπὼν **σπέρμα**·
Mk 12:22 ἑπτὰ οὐκ ἀφῆκαν **σπέρμα**.

σπήλαιον (*spēlaion*; 1/6) *cave*
Mk 11:17 δὲ πεποιήκατε αὐτὸν **σπήλαιον** λῃστῶν.

σπλαγχνίζομαι (*splanchnizomai*; 4/12) *have pity, compassion*
Mk 1:41 καὶ **σπλαγχνισθεὶς** ἐκτείνας τὴν χεῖρα
Mk 6:34 πολὺν ὄχλον καὶ **ἐσπλαγχνίσθη** ἐπ' αὐτούς,
Mk 8:2 **σπλαγχνίζομαι** ἐπὶ τὸν ὄχλον,
Mk 9:22 βοήθησον ἡμῖν **σπλαγχνισθεὶς** ἐφ' ἡμᾶς.

σπόγγος (*spongos*; 1/3) *sponge*
Mk 15:36 τις [καὶ] γεμίσας **σπόγγον** ὄξους περιθεὶς καλάμῳ

σπόριμος (*sporimos*; 1/3) *grainfield*
Mk 2:23 παραπορεύεσθαι διὰ τῶν **σπορίμων**,

σπόρος (*sporos*; 2/6) *seed*
Mk 4:26 ἄνθρωπος βάλῃ τὸν **σπόρον** ἐπὶ τῆς γῆς
Mk 4:27 καὶ ὁ **σπόρος** βλαστᾷ καὶ μηκύνηται

σπουδή (*spoudē*; 1/12) *earnestness*
Mk 6:25 εἰσελθοῦσα εὐθὺς μετὰ **σπουδῆς** πρὸς τὸν βασιλέα

σπυρίς (*spyris*; 2/5) *basket*
Mk 8:8 περισσεύματα κλασμάτων ἑπτὰ **σπυρίδας**.
Mk 8:20 πόσων **σπυρίδων** πληρώματα κλασμάτων ἤρατε;

στασιαστής (*stasiastēs*; 1/1) *rebel*
Mk 15:7 Βαραββᾶς μετὰ τῶν **στασιαστῶν** δεδεμένος οἵτινες ἐν

στάσις (*stasis*; 1/9) *dispute, riot, standing*
Mk 15:7 οἵτινες ἐν τῇ **στάσει** φόνον πεποιήκεισαν.

σταυρός (*stauros*; 4/27) *cross*
Mk 8:34 καὶ ἀράτω τὸν **σταυρὸν** αὐτοῦ καὶ ἀκολουθείτω
Mk 15:21 ἵνα ἄρῃ τὸν **σταυρὸν** αὐτοῦ.
Mk 15:30 καταβὰς ἀπὸ τοῦ **σταυροῦ**.
Mk 15:32 νῦν ἀπὸ τοῦ **σταυροῦ**,

σταυρόω (*stauroō*; 8/46) *crucify*
Mk 15:13 **σταύρωσον** αὐτόν.
Mk 15:14 **σταύρωσον** αὐτόν.
Mk 15:15 Ἰησοῦν φραγελλώσας ἵνα **σταυρωθῇ**.
Mk 15:20 ἐξάγουσιν αὐτὸν ἵνα **σταυρώσωσιν** αὐτόν.
Mk 15:24 Καὶ **σταυροῦσιν** αὐτὸν καὶ διαμερίζονται
Mk 15:25 ὥρα τρίτη καὶ **ἐσταύρωσαν** αὐτόν.
Mk 15:27 Καὶ σὺν αὐτῷ **σταυροῦσιν** δύο λῃστάς,
Mk 16:6 τὸν Ναζαρηνὸν τὸν **ἐσταυρωμένον**·

στάχυς (*stachys*; 3/5) *head of grain*
Mk 2:23 ποιεῖν τίλλοντες τοὺς **στάχυας**.
Mk 4:28 πρῶτον χόρτον εἶτα **στάχυν** εἶτα πλήρη[ς] σῖτον
Mk 4:28 σῖτον ἐν τῷ **στάχυϊ**.

στέγη (*stegē*; 1/3) *roof*
Mk 2:4 ὄχλον ἀπεστέγασαν τὴν **στέγην** ὅπου ἦν,

στενάζω (*stenazō*; 1/6) *sigh*
Mk 7:34 εἰς τὸν οὐρανὸν **ἐστέναξεν** καὶ λέγει αὐτῷ·

στέφανος (*stephanos*; 1/18) *crown, wreath*
Mk 15:17 αὐτῷ πλέξαντες ἀκάνθινον **στέφανον**·

στήκω (*stēkō*; 2/9) *stand*
Mk 3:31 αὐτοῦ καὶ ἔξω **στήκοντες** ἀπέστειλαν πρὸς αὐτὸν
Mk 11:25 Καὶ ὅταν **στήκετε** προσευχόμενοι,

στιβάς (*stibas*; 1/1) *leafy branch*
Mk 11:8 ἄλλοι δὲ **στιβάδας** κόψαντες ἐκ τῶν

στίλβω (*stilbō*; 1/1) *glisten*
Mk 9:3 ἱμάτια αὐτοῦ ἐγένετο **στίλβοντα** λευκὰ λίαν,

στολή (*stolē*; 2/9) *robe*
Mk 12:38 τῶν θελόντων ἐν **στολαῖς** περιπατεῖν καὶ ἀσπασμοὺς
Mk 16:5 τοῖς δεξιοῖς περιβεβλημένον **στολὴν** λευκήν,

στρατιώτης (*stratiōtēs*; 1/26) *soldier*
Mk 15:16 Οἱ δὲ **στρατιῶται** ἀπήγαγον αὐτὸν ἔσω

στρώννυμι (*strōnnymi*; 2/6) *spread*
Mk 11:8 τὰ ἱμάτια αὐτῶν **ἔστρωσαν** εἰς τὴν ὁδόν,
Mk 14:15 δείξει ἀνάγαιον μέγα **ἐστρωμένον** ἕτοιμον·

στυγνάζω (*stygnazō*; 1/2) *be shocked or sad*
Mk 10:22 ὁ δὲ **στυγνάσας** ἐπὶ τῷ λόγῳ

σύ (*sy*; 89/1063[1067]) *you (sg.)*
Mk 1:2 μου πρὸ προσώπου **σου**,
Mk 1:2 κατασκευάσει τὴν ὁδόν **σου**·
Mk 1:11 **σὺ** εἶ ὁ υἱός
Mk 1:11 ἐν **σοὶ** εὐδόκησα.
Mk 1:24 τί ἡμῖν καὶ **σοί**,
Mk 1:24 οἶδά **σε** τίς εἶ,
Mk 1:37 ὅτι πάντες ζητοῦσίν **σε**.
Mk 1:44 περὶ τοῦ καθαρισμοῦ **σου** ἃ προσέταξεν Μωϋσῆς,
Mk 2:5 ἀφίενταί **σου** αἱ ἁμαρτίαι.
Mk 2:9 ἀφίενταί **σου** αἱ ἁμαρτίαι,
Mk 2:9 ἆρον τὸν κράβαττόν **σου** καὶ περιπάτει;
Mk 2:11 **σοὶ** λέγω,
Mk 2:11 ἆρον τὸν κράβαττόν **σου** καὶ ὕπαγε εἰς
Mk 2:11 εἰς τὸν οἶκόν **σου**.
Mk 3:11 ἔκραζον λέγοντες ὅτι **σὺ** εἶ ὁ υἱὸς
Mk 3:32 ἰδοὺ ἡ μήτηρ **σου** καὶ οἱ ἀδελφοί
Mk 3:32 καὶ οἱ ἀδελφοί **σου** [καὶ αἱ ἀδελφαί]
Mk 3:32 αἱ ἀδελφαί **σου]** ἔξω ζητοῦσίν σε.
Mk 3:32 αἱ ἀδελφαί σου] ἔξω ζητοῦσίν **σε**.
Mk 4:38 οὐ μέλει **σοι** ὅτι ἀπολλύμεθα;
Mk 5:7 τί ἐμοὶ καὶ **σοί**,
Mk 5:7 ὁρκίζω **σε** τὸν θεόν,
Mk 5:9 τί ὄνομά **σοι**;
Mk 5:19 εἰς τὸν οἶκόν **σου** πρὸς τοὺς σοὺς
Mk 5:19 ὅσα ὁ κύριός **σοι** πεποίηκεν καὶ ἠλέησέν
Mk 5:19 πεποίηκεν καὶ ἠλέησέν **σε**.
Mk 5:31 τὸν ὄχλον συνθλίβοντά **σε** καὶ λέγεις·
Mk 5:34 ἡ πίστις **σου** σέσωκέν σε·
Mk 5:34 πίστις σου σέσωκέν **σε**·
Mk 5:34 ἀπὸ τῆς μάστιγός **σου**.
Mk 5:35 ὅτι ἡ θυγάτηρ **σου** ἀπέθανεν·
Mk 5:41 **σοὶ** λέγω,
Mk 6:18 ὅτι οὐκ ἔξεστίν **σοι** ἔχειν τὴν γυναῖκα
Mk 6:18 γυναῖκα τοῦ ἀδελφοῦ **σου**.
Mk 6:22 καὶ δώσω **σοι**·
Mk 6:23 με αἰτήσῃς δώσω **σοι** ἕως ἡμίσους τῆς
Mk 7:5 περιπατοῦσιν οἱ μαθηταί **σου** κατὰ τὴν παράδοσιν
Mk 7:10 τίμα τὸν πατέρα **σου** καὶ τὴν μητέρα
Mk 7:10 καὶ τὴν μητέρα **σου**,
Mk 7:29 ἐκ τῆς θυγατρός **σου** τὸ δαιμόνιον.
Mk 8:29 **σὺ** εἶ ὁ χριστός.
Mk 9:5 **σοὶ** μίαν καὶ Μωϋσεῖ
Mk 9:17 υἱόν μου πρὸς **σέ**,
Mk 9:18 εἶπα τοῖς μαθηταῖς **σου** ἵνα αὐτὸ ἐκβάλωσιν,
Mk 9:25 ἐγὼ ἐπιτάσσω **σοι**,

Mk 9:38 ἐν τῷ ὀνόματί **σου** ἐκβάλλοντα δαιμόνια καὶ
Mk 9:43 Καὶ ἐὰν σκανδαλίζῃ **σε** ἡ χείρ σου,
Mk 9:43 σε ἡ χείρ **σου**,
Mk 9:43 καλόν ἐστίν **σε** κυλλὸν εἰσελθεῖν εἰς
Mk 9:45 ἐὰν ὁ πούς **σου** σκανδαλίζῃ σε,
Mk 9:45 πούς σου σκανδαλίζῃ **σε**,
Mk 9:45 καλόν ἐστίν **σε** εἰσελθεῖν εἰς τὴν
Mk 9:47 ἐὰν ὁ ὀφθαλμός **σου** σκανδαλίζῃ σε,
Mk 9:47 ὀφθαλμός σου σκανδαλίζῃ **σε**,
Mk 9:47 καλόν **σέ** ἐστιν μονόφθαλμον εἰσελθεῖν
Mk 10:19 τίμα τὸν πατέρα **σου** καὶ τὴν μητέρα.
Mk 10:21 ἕν **σε** ὑστερεῖ·
Mk 10:28 πάντα καὶ ἠκολουθήκαμέν **σοι**.
Mk 10:35 ὃ ἐὰν αἰτήσωμέν **σε** ποιήσῃς ἡμῖν.
Mk 10:37 ἡμῖν ἵνα εἷς **σου** ἐκ δεξιῶν καὶ
Mk 10:37 ἐν τῇ δόξῃ **σου**.
Mk 10:49 φωνεῖ **σε**.
Mk 10:51 τί **σοι** θέλεις ποιήσω;
Mk 10:52 ἡ πίστις **σου** σέσωκέν σε.
Mk 10:52 πίστις σου σέσωκέν **σε**.
Mk 11:14 τὸν αἰῶνα ἐκ **σοῦ** μηδεὶς καρπὸν φάγοι.
Mk 11:28 ἢ τίς **σοι** ἔδωκεν τὴν ἐξουσίαν
Mk 12:14 καὶ οὐ μέλει **σοι** περὶ οὐδενός·
Mk 12:30 κύριον τὸν θεόν **σου** ἐξ ὅλης τῆς
Mk 12:30 ὅλης τῆς καρδίας **σου** καὶ ἐξ ὅλης
Mk 12:30 ὅλης τῆς ψυχῆς **σου** καὶ ἐξ ὅλης
Mk 12:30 ὅλης τῆς διανοίας **σου** καὶ ἐξ ὅλης
Mk 12:30 ὅλης τῆς ἰσχύος **σου**.
Mk 12:31 ἀγαπήσεις τὸν πλησίον **σου** ὡς σεαυτόν.
Mk 12:36 θῶ τοὺς ἐχθρούς **σου** ὑποκάτω τῶν ποδῶν
Mk 12:36 ὑποκάτω τῶν ποδῶν **σου**.
Mk 14:30 ἀμὴν λέγω **σοι** ὅτι σὺ σήμερον
Mk 14:30 λέγω σοι ὅτι **σὺ** σήμερον ταύτῃ τῇ
Mk 14:31 δέῃ με συναποθανεῖν **σοι**,
Mk 14:31 οὐ μή **σε** ἀπαρνήσομαι.
Mk 14:36 πάντα δυνατά **σοι**·
Mk 14:36 θέλω ἀλλὰ τί **σύ**.
Mk 14:60 οὐδὲν τί οὗτοί **σου** καταμαρτυροῦσιν;
Mk 14:61 **σὺ** εἶ ὁ χριστὸς
Mk 14:67 καὶ **σὺ** μετὰ τοῦ Ναζαρηνοῦ
Mk 14:68 οἶδα οὔτε ἐπίσταμαι **σὺ** τί λέγεις.
Mk 15:2 **σὺ** εἶ ὁ βασιλεὺς
Mk 15:2 **σὺ** λέγεις.
Mk 15:4 ἴδε πόσα **σου** κατηγοροῦσιν.

συγγενής (*syngenēs*; 1/11) *relative*
Mk 6:4 καὶ ἐν τοῖς **συγγενεῦσιν** αὐτοῦ καὶ ἐν

συγκάθημαι (*synkathēmai*; 1/2) *sit with*
Mk 14:54 ἀρχιερέως καὶ ἦν **συγκαθήμενος** μετὰ τῶν ὑπηρετῶν

συγκαλέω (*synkaleō*; 1/8) *call together*
Mk 15:16 καὶ **συγκαλοῦσιν** ὅλην τὴν σπεῖραν.

συζεύγνυμι (*syzeugnymi*; 1/2) *join together*
Mk 10:9 οὖν ὁ θεὸς **συνέζευξεν** ἄνθρωπος μὴ χωριζέτω.

συζητέω (*syzēteō*; 6/10) *argue*
Mk 1:27 ἐθαμβήθησαν ἅπαντες ὥστε **συζητεῖν** πρὸς ἑαυτοὺς λέγοντας·
Mk 8:11 Φαρισαῖοι καὶ ἤρξαντο **συζητεῖν** αὐτῷ,
Mk 9:10 ἐκράτησαν πρὸς ἑαυτοὺς **συζητοῦντες** τί ἐστιν τὸ
Mk 9:14 αὐτοὺς καὶ γραμματεῖς **συζητοῦντας** πρὸς αὐτούς.
Mk 9:16 τί **συζητεῖτε** πρὸς αὐτούς;
Mk 12:28 γραμματέων ἀκούσας αὐτῶν **συζητούντων**,

συκῆ (*sykē*; 4/16) *fig tree*
Mk 11:13 καὶ ἰδὼν **συκῆν** ἀπὸ μακρόθεν ἔχουσαν
Mk 11:20 πρωῒ εἶδον τὴν **συκῆν** ἐξηραμμένην ἐκ ῥιζῶν.
Mk 11:21 ἴδε ἡ **συκῆ** ἣν κατηράσω ἐξήρανται.
Mk 13:28 Ἀπὸ δὲ τῆς **συκῆς** μάθετε τὴν παραβολήν·

σῦκον (*sykon*; 1/4) *fig*
Mk 11:13 καιρὸς οὐκ ἦν **σύκων**.

συλλαλέω (*syllaleō*; 1/6) *talk or speak with*
Mk 9:4 Μωϋσεῖ καὶ ἦσαν **συλλαλοῦντες** τῷ Ἰησοῦ.

συλλαμβάνω (*syllambanō*; 1/16) *seize (mid. assist)*
Mk 14:48 μαχαιρῶν καὶ ξύλων **συλλαβεῖν** με;

συλλυπέω (*syllypeō*; 1/1) *be deeply grieved*
Mk 3:5 **συλλυπούμενος** ἐπὶ τῇ πωρώσει

συμβαίνω (*symbainō*; 1/8) *happen*
Mk 10:32 τὰ μέλλοντα αὐτῷ **συμβαίνειν**

συμβούλιον (*symboulion*; 2/8) *plan*
Mk 3:6 μετὰ τῶν Ἡρῳδιανῶν **συμβούλιον** ἐδίδουν κατ' αὐτοῦ
Mk 15:1 Καὶ εὐθὺς πρωῒ **συμβούλιον** ποιήσαντες οἱ ἀρχιερεῖς

συμπνίγω (*sympnigō*; 2/5) *choke*
Mk 4:7 αἱ ἄκανθαι καὶ **συνέπνιξαν** αὐτό,
Mk 4:19 λοιπὰ ἐπιθυμίαι εἰσπορευόμεναι **συμπνίγουσιν** τὸν λόγον καὶ

συμπορεύομαι (*symporeuomai*; 1/4) *go or walk along with*
Mk 10:1 καὶ **συμπορεύονται** πάλιν ὄχλοι πρὸς

συμπόσιον (*symposion*; 2/2) *group sharing a meal*
Mk 6:39 αὐτοῖς ἀνακλῖναι πάντας **συμπόσια** συμπόσια ἐπὶ τῷ
Mk 6:39 ἀνακλῖναι πάντας συμπόσια **συμπόσια** ἐπὶ τῷ χλωρῷ

σύν (*syn*; 6/128) *with*
Mk 2:26 ἔδωκεν καὶ τοῖς **σὺν** αὐτῷ οὖσιν;
Mk 4:10 οἱ περὶ αὐτὸν **σὺν** τοῖς δώδεκα τὰς
Mk 8:34 προσκαλεσάμενος τὸν ὄχλον **σὺν** τοῖς μαθηταῖς αὐτοῦ
Mk 9:4 ὤφθη αὐτοῖς Ἠλίας **σὺν** Μωϋσεῖ καὶ ἦσαν
Mk 15:27 Καὶ **σὺν** αὐτῷ σταυροῦσιν δύο

Mk 15:32 καὶ οἱ συνεσταυρωμένοι **σὺν** αὐτῷ ὠνείδιζον αὐτόν.

συνάγω (*synagō*; 5/59) *gather*

Mk 2:2 καὶ **συνήχθησαν** πολλοὶ ὥστε μηκέτι
Mk 4:1 καὶ **συνάγεται** πρὸς αὐτὸν ὄχλος
Mk 5:21 εἰς τὸ πέραν **συνήχθη** ὄχλος πολὺς ἐπ'
Mk 6:30 Καὶ **συνάγονται** οἱ ἀπόστολοι πρὸς
Mk 7:1 Καὶ **συνάγονται** πρὸς αὐτὸν οἱ

συναγωγή (*synagōgē*; 8/56) *synagogue*

Mk 1:21 εἰσελθὼν εἰς τὴν **συναγωγὴν** ἐδίδασκεν.
Mk 1:23 ἦν ἐν τῇ **συναγωγῇ** αὐτῶν ἄνθρωπος ἐν
Mk 1:29 εὐθὺς ἐκ τῆς **συναγωγῆς** ἐξελθόντες ἦλθον
Mk 1:39 κηρύσσων εἰς τὰς **συναγωγὰς** αὐτῶν εἰς ὅλην
Mk 3:1 πάλιν εἰς τὴν **συναγωγήν**.
Mk 6:2 διδάσκειν ἐν τῇ **συναγωγῇ**,
Mk 12:39 πρωτοκαθεδρίας ἐν ταῖς **συναγωγαῖς** καὶ πρωτοκλισίας ἐν
Mk 13:9 συνέδρια καὶ εἰς **συναγωγὰς** δαρήσεσθε καὶ

συνακολουθέω (*synakoloutheō*; 2/3) *follow*

Mk 5:37 οὐδένα μετ' αὐτοῦ **συνακολουθῆσαι** εἰ μὴ
Mk 14:51 καὶ νεανίσκος τις **συνηκολούθει** αὐτῷ περιβεβλημένος σινδόνα

συναναβαίνω (*synanabainō*; 1/2) *come up together with*

Mk 15:41 ἄλλαι πολλαὶ αἱ **συναναβᾶσαι** αὐτῷ εἰς Ἱεροσόλυμα.

συνανάκειμαι (*synanakeimai*; 2/7) *sit at table with*

Mk 2:15 τελῶναι καὶ ἁμαρτωλοὶ **συνανέκειντο** τῷ Ἰησοῦ καὶ
Mk 6:22 Ἡρῴδῃ καὶ τοῖς **συνανακειμένοις**.

συναποθνῄσκω (*synapothnēskō*; 1/3) *die together or with*

Mk 14:31 ἐὰν δέῃ με **συναποθανεῖν** σοι,

συνέδριον (*synedrion*; 3/22) *Sanhedrin*

Mk 13:9 παραδώσουσιν ὑμᾶς εἰς **συνέδρια** καὶ εἰς συναγωγὰς
Mk 14:55 καὶ ὅλον τὸ **συνέδριον** ἐζήτουν κατὰ τοῦ
Mk 15:1 καὶ ὅλον τὸ **συνέδριον**,

συνεργέω (*synergeō*; 0[1]/4[5]) *work with*

[Mk 16:20] τοῦ κυρίου **συνεργοῦντος** καὶ τὸν λόγον

συνέρχομαι (*synerchomai*; 2/30) *come together*

Mk 3:20 καὶ **συνέρχεται** πάλιν [ὁ] ὄχλος,
Mk 14:53 καὶ **συνέρχονται** πάντες οἱ ἀρχιερεῖς

σύνεσις (*synesis*; 1/7) *understanding*

Mk 12:33 ἐξ ὅλης τῆς **συνέσεως** καὶ ἐξ ὅλης

συνθλίβω (*synthlibō*; 2/2) *crowd*

Mk 5:24 ὄχλος πολὺς καὶ **συνέθλιβον** αὐτόν.
Mk 5:31 βλέπεις τὸν ὄχλον **συνθλίβοντά** σε καὶ λέγεις·

συνίημι (*syniēmi*; 5/26) *understand*

Mk 4:12 ἀκούωσιν καὶ μὴ **συνιῶσιν**,
Mk 6:52 οὐ γὰρ **συνῆκαν** ἐπὶ τοῖς ἄρτοις,
Mk 7:14 μου πάντες καὶ **σύνετε**.
Mk 8:17 οὔπω νοεῖτε οὐδὲ **συνίετε**;
Mk 8:21 οὔπω **συνίετε**;

συντελέω (*synteleō*; 1/6) *end*

Mk 13:4 ὅταν μέλλῃ ταῦτα **συντελεῖσθαι** πάντα;

συντηρέω (*syntēreō*; 1/3) *protect*

Mk 6:20 καὶ **συνετήρει** αὐτόν,

συντόμως (*syntomōs*; 0[1]/1[2]) *briefly*

[Mk 16:8] περὶ τὸν Πέτρον **συντόμως** ἐξήγγειλαν.

συντρέχω (*syntrechō*; 1/3) *run together*

Mk 6:33 πασῶν τῶν πόλεων **συνέδραμον** ἐκεῖ καὶ προῆλθον

συντρίβω (*syntribō*; 2/7) *break in pieces*

Mk 5:4 καὶ τὰς πέδας **συντετρῖφθαι**,
Mk 14:3 **συντρίψασα** τὴν ἀλάβαστρον κατέχεεν

Συροφοινίκισσα (*Syrophoinikissa*; 1/1) *Syrophoenician woman*

Mk 7:26 **Συροφοινίκισσα** τῷ γένει·

συσπαράσσω (*sysparassō*; 1/2) *throw into convulsions*

Mk 9:20 τὸ πνεῦμα εὐθὺς **συνεσπάραξεν** αὐτόν,

σύσσημον (*syssēmon*; 1/1) *sign*

Mk 14:44 ὁ παραδιδοὺς αὐτὸν **σύσσημον** αὐτοῖς λέγων·

συσταυρόω (*systauroō*; 1/5) *be crucified together*

Mk 15:32 καὶ οἱ **συνεσταυρωμένοι** σὺν αὐτῷ ὠνείδιζον

σφόδρα (*sphodra*; 1/11) *very much*

Mk 16:4 ἦν γὰρ μέγας **σφόδρα**.

σχίζω (*schizō*; 2/11) *split*

Mk 1:10 τοῦ ὕδατος εἶδεν **σχιζομένους** τοὺς οὐρανοὺς καὶ
Mk 15:38 καταπέτασμα τοῦ ναοῦ **ἐσχίσθη** εἰς δύο ἀπ'

σχίσμα (*schisma*; 1/8) *division*

Mk 2:21 παλαιοῦ καὶ χεῖρον **σχίσμα** γίνεται.

σῴζω (*sōzō*; 14[15]/105[106]) *save, preserve*

Mk 3:4 ψυχὴν **σῶσαι** ἢ ἀποκτεῖναι;
Mk 5:23 χεῖρας αὐτῇ ἵνα **σωθῇ** καὶ ζήσῃ.
Mk 5:28 τῶν ἱματίων αὐτοῦ **σωθήσομαι**.

Mk 5:34 ἡ πίστις σου **σέσωκέν** σε·
Mk 6:56 ἂν ἥψαντο αὐτοῦ **ἐσῴζοντο**.
Mk 8:35 τὴν ψυχὴν αὐτοῦ **σῶσαι** ἀπολέσει αὐτήν·
Mk 8:35 καὶ τοῦ εὐαγγελίου **σώσει** αὐτήν.
Mk 10:26 καὶ τίς δύναται **σωθῆναι**;
Mk 10:52 ἡ πίστις σου **σέσωκέν** σε.
Mk 13:13 εἰς τέλος οὗτος **σωθήσεται**.
Mk 13:20 οὐκ ἂν **ἐσώθη** πᾶσα σάρξ·
Mk 15:30 **σῶσον** σεαυτὸν καταβὰς ἀπὸ
Mk 15:31 ἄλλους **ἔσωσεν**,
Mk 15:31 ἑαυτὸν οὐ δύναται **σῶσαι**·
[Mk 16:16] πιστεύσας καὶ βαπτισθεὶς **σωθήσεται**,

σῶμα (*sōma*; 4/142) *body*
Mk 5:29 καὶ ἔγνω τῷ **σώματι** ὅτι ἴαται ἀπὸ
Mk 14:8 προέλαβεν μυρίσαι τὸ **σῶμά** μου εἰς τὸν
Mk 14:22 τοῦτό ἐστιν τὸ **σῶμά** μου.
Mk 15:43 καὶ ᾐτήσατο τὸ **σῶμα** τοῦ Ἰησοῦ.

σωτηρία (*sōtēria*; 0[1]/45[46]) *salvation*
[Mk 16:8] κήρυγμα τῆς αἰωνίου **σωτηρίας**.

σωφρονέω (*sōphroneō*; 1/6) *be in one's right mind, be sensible*
Mk 5:15 καθήμενον ἱματισμένον καὶ **σωφρονοῦντα**,

ταλιθα (*talitha*; 1/1) *girl*
Mk 5:41 **ταλιθα** κουμ,

ταράσσω (*tarassō*; 1/17) *trouble*
Mk 6:50 αὐτὸν εἶδον καὶ **ἐταράχθησαν**.

ταχύς (*tachys*; 1/13) *quick*
Mk 9:39 μου καὶ δυνήσεται **ταχὺ** κακολογῆσαί με·

τέκνον (*teknon*; 9/99) *child*
Mk 2:5 **τέκνον**,
Mk 7:27 πρῶτον χορτασθῆναι τὰ **τέκνα**,
Mk 7:27 τὸν ἄρτον τῶν **τέκνων** καὶ τοῖς κυναρίοις
Mk 10:24 **τέκνα**,
Mk 10:29 ἢ πατέρα ἢ **τέκνα** ἢ ἀγροὺς ἕνεκεν
Mk 10:30 καὶ μητέρας καὶ **τέκνα** καὶ ἀγροὺς μετὰ
Mk 12:19 καὶ μὴ ἀφῇ **τέκνον**,
Mk 13:12 θάνατον καὶ πατὴρ **τέκνον**,
Mk 13:12 καὶ ἐπαναστήσονται **τέκνα** ἐπὶ γονεῖς καὶ

τέκτων (*tektōn*; 1/2) *wood*
Mk 6:3 οὗτός ἐστιν ὁ **τέκτων**,

τελευτάω (*teleutaō*; 2/11) *die*
Mk 7:10 ἢ μητέρα θανάτῳ **τελευτάτω**.
Mk 9:48 σκώληξ αὐτῶν οὐ **τελευτᾷ** καὶ τὸ πῦρ

τέλος (*telos*; 3/41) *end*
Mk 3:26 δύναται στῆναι ἀλλὰ **τέλος** ἔχει.
Mk 13:7 ἀλλ' οὔπω τὸ **τέλος**.
Mk 13:13 δὲ ὑπομείνας εἰς **τέλος** οὗτος σωθήσεται.

τελώνης (*telōnēs*; 3/21) *tax-collector*
Mk 2:15 καὶ πολλοὶ **τελῶναι** καὶ ἁμαρτωλοὶ συνανέκειντο
Mk 2:16 τῶν ἁμαρτωλῶν καὶ **τελωνῶν** ἔλεγον τοῖς μαθηταῖς
Mk 2:16 ὅτι μετὰ τῶν **τελωνῶν** καὶ ἁμαρτωλῶν ἐσθίει;

τελώνιον (*telōnion*; 1/3) *tax or revenue office*
Mk 2:14 καθήμενον ἐπὶ τὸ **τελώνιον**,

τέρας (*teras*; 1/16) *wonder*
Mk 13:22 δώσουσιν σημεῖα καὶ **τέρατα** πρὸς τὸ ἀποπλανᾶν,

τέσσαρες (*tessares*; 2/40) *four*
Mk 2:3 παραλυτικὸν αἰρόμενον ὑπὸ **τεσσάρων**.
Mk 13:27 [αὐτοῦ] ἐκ τῶν **τεσσάρων** ἀνέμων ἀπ' ἄκρου

τεσσεράκοντα (*tesserakonta*; 1/22) *forty*
Mk 1:13 ἐν τῇ ἐρήμῳ **τεσσεράκοντα** ἡμέρας πειραζόμενος ὑπὸ

τέταρτος (*tetartos*; 1/10) *fourth*
Mk 6:48 περὶ **τετάρτην** φυλακὴν τῆς νυκτὸς

τετρακισχίλιοι (*tetrakischilioi*; 2/5) *four thousand*
Mk 8:9 ἦσαν δὲ ὡς **τετρακισχίλιοι**.
Mk 8:20 ἑπτὰ εἰς τοὺς **τετρακισχιλίους**,

τηλαυγῶς (*tēlaugōs*; 1/1) *clearly*
Mk 8:25 ἀπεκατέστη καὶ ἐνέβλεπεν **τηλαυγῶς** ἅπαντα.

τίθημι (*tithēmi*; 11/100) *put, place, appoint*
Mk 4:21 ὑπὸ τὸν μόδιον **τεθῇ** ἢ ὑπὸ τὴν
Mk 4:21 ἐπὶ τὴν λυχνίαν **τεθῇ**;
Mk 4:30 τίνι αὐτὴν παραβολῇ **θῶμεν**;
Mk 6:29 πτῶμα αὐτοῦ καὶ **ἔθηκαν** αὐτὸ ἐν μνημείῳ.
Mk 6:56 ἐν ταῖς ἀγοραῖς **ἐτίθεσαν** τοὺς ἀσθενοῦντας
Mk 10:16 ἐναγκαλισάμενος αὐτὰ κατευλόγει **τιθεὶς** τὰς χεῖρας ἐπ'
Mk 12:36 ἕως ἂν **θῶ** τοὺς ἐχθρούς σου
Mk 15:19 ἐνέπτυον αὐτῷ καὶ **τιθέντες** τὰ γόνατα προσεκύνουν
Mk 15:46 τῇ σινδόνι καὶ **ἔθηκεν** αὐτὸν ἐν μνημείῳ
Mk 15:47 Ἰωσῆτος ἐθεώρουν ποῦ **τέθειται**.
Mk 16:6 ὁ τόπος ὅπου **ἔθηκαν** αὐτόν.

τίλλω (*tillō*; 1/3) *pluck*
Mk 2:23 ἤρξαντο ὁδὸν ποιεῖν **τίλλοντες** τοὺς στάχυας.

Τιμαῖος (*Timaios*; 1/1) *Timaeus*
Mk 10:46 ἱκανοῦ ὁ υἱὸς **Τιμαίου** Βαρτιμαῖος,

τιμάω (*timaō*; 3/21) *honor*
Mk 7:6 τοῖς χείλεσίν με **τιμᾷ**,
Mk 7:10 **τίμα** τὸν πατέρα σου
Mk 10:19 **τίμα** τὸν πατέρα σου

τίς (*tis*; 72/545[546]) *who; what, why*

Mk 1:24 **τί** ἡμῖν καὶ σοί,
Mk 1:24 οἶδά σε **τίς** εἶ,
Mk 1:27 **τί** ἐστιν τοῦτο;
Mk 2:7 **τί** οὗτος οὕτως λαλεῖ;
Mk 2:7 **τίς** δύναται ἀφιέναι ἁμαρτίας
Mk 2:8 **τί** ταῦτα διαλογίζεσθε ἐν
Mk 2:9 **τί** ἐστιν εὐκοπώτερον,
Mk 2:18 διὰ **τί** οἱ μαθηταὶ Ἰωάννου
Mk 2:24 ἴδε **τί** ποιοῦσιν τοῖς σάββασιν
Mk 2:25 οὐδέποτε ἀνέγνωτε **τί** ἐποίησεν Δαυὶδ ὅτε
Mk 3:33 **τίς** ἐστιν ἡ μήτηρ
Mk 4:24 βλέπετε **τί** ἀκούετε.
Mk 4:30 θεοῦ ἢ ἐν **τίνι** αὐτὴν παραβολῇ θῶμεν;
Mk 4:40 **τί** δειλοί ἐστε;
Mk 4:41 **τίς** ἄρα οὗτός ἐστιν
Mk 5:7 **τί** ἐμοὶ καὶ σοί,
Mk 5:9 **τί** ὄνομά σοι;
Mk 5:14 καὶ ἦλθον ἰδεῖν **τί** ἐστιν τὸ γεγονὸς
Mk 5:30 **τίς** μου ἥψατο τῶν
Mk 5:31 **τίς** μου ἥψατο;
Mk 5:35 **τί** ἔτι σκύλλεις τὸν
Mk 5:39 **τί** θορυβεῖσθε καὶ κλαίετε;
Mk 6:2 καὶ **τίς** ἡ σοφία ἡ
Mk 6:24 **τί** αἰτήσωμαι;
Mk 6:36 κώμας ἀγοράσωσιν ἑαυτοῖς **τί** φάγωσιν.
Mk 7:5 διὰ **τί** οὐ περιπατοῦσιν οἱ
Mk 8:1 καὶ μὴ ἐχόντων **τί** φάγωσιν,
Mk 8:2 καὶ οὐκ ἔχουσιν **τί** φάγωσιν·
Mk 8:12 **τί** ἡ γενεὰ αὕτη
Mk 8:17 **τί** διαλογίζεσθε ὅτι ἄρτους
Mk 8:27 **τίνα** με λέγουσιν οἱ
Mk 8:29 ὑμεῖς δὲ **τίνα** με λέγετε εἶναι;
Mk 8:36 **τί** γὰρ ὠφελεῖ ἄνθρωπον
Mk 8:37 **τί** γὰρ δοῖ ἄνθρωπος
Mk 9:6 οὐ γὰρ ᾔδει **τί** ἀποκριθῇ,
Mk 9:10 πρὸς ἑαυτοὺς συζητοῦντες **τί** ἐστιν τὸ ἐκ
Mk 9:16 **τί** συζητεῖτε πρὸς αὐτούς;
Mk 9:33 **τί** ἐν τῇ ὁδῷ
Mk 9:34 ἐν τῇ ὁδῷ **τίς** μείζων.
Mk 9:50 ἐν **τίνι** αὐτὸ ἀρτύσετε;
Mk 10:3 **τί** ὑμῖν ἐνετείλατο Μωϋσῆς;
Mk 10:17 **τί** ποιήσω ἵνα ζωὴν
Mk 10:18 **τί** με λέγεις ἀγαθόν;
Mk 10:26 καὶ **τίς** δύναται σωθῆναι;
Mk 10:36 **τί** θέλετέ [με] ποιήσω
Mk 10:38 οὐκ οἴδατε **τί** αἰτεῖσθε.
Mk 10:51 **τί** σοι θέλεις ποιήσω;
Mk 11:3 **τί** ποιεῖτε τοῦτο;
Mk 11:5 **τί** ποιεῖτε λύοντες τὸν
Mk 11:28 ἢ **τίς** σοι ἔδωκεν τὴν
Mk 11:31 διὰ τί **[οὖν]** οὐκ ἐπιστεύσατε αὐτῷ;
Mk 12:9 **τί** [οὖν] ποιήσει ὁ
Mk 12:15 **τί** με πειράζετε;
Mk 12:16 **τίνος** ἡ εἰκὼν αὕτη
Mk 12:23 ἀναστάσει [ὅταν ἀναστῶσιν] **τίνος** αὐτῶν ἔσται γυνή;
Mk 13:4 ταῦτα ἔσται καὶ **τί** τὸ σημεῖον ὅταν
Mk 13:11 μὴ προμεριμνᾶτε **τί** λαλήσητε,
Mk 14:4 εἰς **τί** ἡ ἀπώλεια αὕτη
Mk 14:6 **τί** αὐτῇ κόπους παρέχετε;
Mk 14:36 ἀλλ’ οὐ **τί** ἐγὼ θέλω ἀλλὰ
Mk 14:36 ἐγὼ θέλω ἀλλὰ **τί** σύ.
Mk 14:40 καὶ οὐκ ᾔδεισαν **τί** ἀποκριθῶσιν αὐτῷ.
Mk 14:60 οὐκ ἀποκρίνῃ οὐδὲν **τί** οὗτοί σου καταμαρτυροῦσιν;
Mk 14:63 **τί** ἔτι χρείαν ἔχομεν
Mk 14:64 τί **ὑμῖν** φαίνεται;
Mk 14:68 οὔτε ἐπίσταμαι σὺ **τί** λέγεις.
Mk 15:12 **τί** οὖν [θέλετε] ποιήσω
Mk 15:14 **τί** γὰρ ἐποίησεν κακόν;
Mk 15:24 κλῆρον ἐπ’ αὐτὰ **τίς** τί ἄρῃ.
Mk 15:24 ἐπ’ αὐτὰ τίς **τί** ἄρῃ.
Mk 15:34 εἰς **τί** ἐγκατέλιπές με;
Mk 16:3 **τίς** ἀποκυλίσει ἡμῖν τὸν

τις (*tis*; 33[34]/542[543]) *anyone, anything*

Mk 2:6 ἦσαν δέ **τινες** τῶν γραμματέων ἐκεῖ
Mk 4:23 εἴ **τις** ἔχει ὦτα ἀκούειν
Mk 6:23 αὐτῇ [πολλὰ] ὅ **τι** ἐάν με αἰτήσῃς
Mk 7:1 οἱ Φαρισαῖοι καί **τινες** τῶν γραμματέων ἐλθόντες
Mk 7:2 καὶ ἰδόντες **τινας** τῶν μαθητῶν αὐτοῦ
Mk 8:3 καί **τινες** αὐτῶν ἀπὸ μακρόθεν
Mk 8:4 πόθεν τούτους δυνήσεταί **τις** ὧδε χορτάσαι ἄρτων
Mk 8:23 εἴ **τι** βλέπεις;
Mk 8:34 εἴ **τις** θέλει ὀπίσω μου
Mk 9:1 ὑμῖν ὅτι εἰσίν **τινες** ὧδε τῶν ἑστηκότων
Mk 9:22 ἀλλ’ εἴ **τι** δύνῃ,
Mk 9:30 οὐκ ἤθελεν ἵνα **τις** γνοῖ·
Mk 9:35 εἴ **τις** θέλει πρῶτος εἶναι,
Mk 9:38 εἴδομέν **τινα** ἐν τῷ ὀνόματί
Mk 11:3 καὶ ἐάν **τις** ὑμῖν εἴπῃ·
Mk 11:5 καί **τινες** τῶν ἐκεῖ ἑστηκότων
Mk 11:13 εἰ ἄρα **τι** εὑρήσει ἐν αὐτῇ,
Mk 11:16 οὐκ ἤφιεν ἵνα **τις** διενέγκῃ σκεῦος διὰ
Mk 11:25 ἀφίετε εἴ **τι** ἔχετε κατά τινος,
Mk 11:25 τι ἔχετε κατά **τινος**,
Mk 12:13 ἀποστέλλουσιν πρὸς αὐτόν **τινας** τῶν Φαρισαίων καὶ
Mk 12:19 ἡμῖν ὅτι ἐάν **τινος** ἀδελφὸς ἀποθάνῃ καὶ
Mk 13:5 βλέπετε μή **τις** ὑμᾶς πλανήσῃ·
Mk 13:15 μηδὲ εἰσελθάτω ἆραί **τι** ἐκ τῆς οἰκίας
Mk 13:21 Καὶ τότε ἐάν **τις** ὑμῖν εἴπῃ·
Mk 14:4 ἦσαν δέ **τινες** ἀγανακτοῦντες πρὸς ἑαυτούς·
Mk 14:47 εἷς δέ **[τις]** τῶν παρεστηκότων σπασάμενος
Mk 14:51 καὶ νεανίσκος **τις** συνηκολούθει αὐτῷ περιβεβλημένος
Mk 14:57 καί **τινες** ἀναστάντες ἐψευδομαρτύρουν κατ’
Mk 14:65 Καὶ ἤρξαντό **τινες** ἐμπτύειν αὐτῷ καὶ
Mk 15:21 καὶ ἀγγαρεύουσιν παράγοντά **τινα** Σίμωνα Κυρηναῖον ἐρχόμενον
Mk 15:35 καί **τινες** τῶν παρεστηκότων ἀκούσαντες
Mk 15:36 δραμὼν δέ **τις** [καὶ] γεμίσας σπόγγον
[Mk 16:18] ἀροῦσιν κἂν θανάσιμόν **τι** πίωσιν οὐ μὴ

τοιοῦτος (*toioutos*; 6/56[57]) *such*

Mk 4:33 Καὶ **τοιαύταις** παραβολαῖς πολλαῖς ἐλάλει
Mk 6:2 καὶ αἱ δυνάμεις **τοιαῦται** διὰ τῶν χειρῶν
Mk 7:13 καὶ παρόμοια **τοιαῦτα** πολλὰ ποιεῖτε.
Mk 9:37 ἂν ἓν τῶν **τοιούτων** παιδίων δέξηται ἐπὶ
Mk 10:14 τῶν γὰρ **τοιούτων** ἐστὶν ἡ βασιλεία
Mk 13:19 οἵα οὐ γέγονεν **τοιαύτη** ἀπ’ ἀρχῆς κτίσεως

τολμάω (*tolmaō*; 2/16) *dare*

Mk 12:34 καὶ οὐδεὶς οὐκέτι **ἐτόλμα** αὐτὸν ἐπερωτῆσαι.

Mk 15:43 **τολμήσας** εἰσῆλθεν πρὸς τὸν

τόπος (*topos*; 10/94) *place*

Mk 1:35 ἀπῆλθεν εἰς ἔρημον **τόπον** κἀκεῖ προσηύχετο.
Mk 1:45 ἔξω ἐπ᾽ ἐρήμοις **τόποις** ἦν·
Mk 6:11 καὶ ὃς ἂν **τόπος** μὴ δέξηται ὑμᾶς
Mk 6:31 ἰδίαν εἰς ἔρημον **τόπον** καὶ ἀναπαύσασθε ὀλίγον.
Mk 6:32 πλοίῳ εἰς ἔρημον **τόπον** κατ᾽ ἰδίαν.
Mk 6:35 ἔρημός ἐστιν ὁ **τόπος** καὶ ἤδη ὥρα
Mk 13:8 ἔσονται σεισμοὶ κατὰ **τόπους**,
Mk 15:22 ἐπὶ τὸν Γολγοθᾶν **τόπον**,
Mk 15:22 ἐστιν μεθερμηνευόμενον Κρανίου **Τόπος**.
Mk 16:6 ἴδε ὁ **τόπος** ὅπου ἔθηκαν αὐτόν.

τότε (*tote*; 6/160) *then*

Mk 2:20 καὶ **τότε** νηστεύσουσιν ἐν ἐκείνῃ
Mk 3:27 καὶ **τότε** τὴν οἰκίαν αὐτοῦ
Mk 13:14 **τότε** οἱ ἐν τῇ
Mk 13:21 Καὶ **τότε** ἐάν τις ὑμῖν
Mk 13:26 καὶ **τότε** ὄψονται τὸν υἱὸν
Mk 13:27 καὶ **τότε** ἀποστελεῖ τοὺς ἀγγέλους

τράπεζα (*trapeza*; 2/15) *table*

Mk 7:28 κυνάρια ὑποκάτω τῆς **τραπέζης** ἐσθίουσιν
Mk 11:15 καὶ τὰς **τραπέζας** τῶν κολλυβιστῶν καὶ

τράχηλος (*trachēlos*; 1/7) *neck*

Mk 9:42 ὀνικὸς περὶ τὸν **τράχηλον** αὐτοῦ καὶ βέβληται

τρεῖς (*treis*; 7/69) *three*

Mk 8:2 ὅτι ἤδη ἡμέραι **τρεῖς** προσμένουσίν μοι καὶ
Mk 8:31 ἀποκτανθῆναι καὶ μετὰ **τρεῖς** ἡμέρας ἀναστῆναι·
Mk 9:5 καὶ ποιήσωμεν **τρεῖς** σκηνάς,
Mk 9:31 καὶ ἀποκτανθεὶς μετὰ **τρεῖς** ἡμέρας ἀναστήσεται.
Mk 10:34 καὶ μετὰ **τρεῖς** ἡμέρας ἀναστήσεται.
Mk 14:58 χειροποίητον καὶ διὰ **τριῶν** ἡμερῶν ἄλλον ἀχειροποίητον
Mk 15:29 καὶ οἰκοδομῶν ἐν **τρισὶν** ἡμέραις,

τρέμω (*tremō*; 1/3) *tremble*

Mk 5:33 γυνὴ φοβηθεῖσα καὶ **τρέμουσα**,

τρέχω (*trechō*; 2/20) *run*

Mk 5:6 Ἰησοῦν ἀπὸ μακρόθεν **ἔδραμεν** καὶ προσεκύνησεν αὐτῷ
Mk 15:36 **δραμὼν** δέ τις [καὶ]

τριάκοντα (*triakonta*; 2/11) *thirty*

Mk 4:8 καὶ ἔφερεν ἓν **τριάκοντα** καὶ ἓν ἑξήκοντα
Mk 4:20 καὶ καρποφοροῦσιν ἓν **τριάκοντα** καὶ ἓν ἑξήκοντα

τριακόσιοι (*triakosioi*; 1/2) *three hundred*

Mk 14:5 πραθῆναι ἐπάνω δηναρίων **τριακοσίων** καὶ δοθῆναι τοῖς

τρίβος (*tribos*; 1/3) *path*

Mk 1:3 εὐθείας ποιεῖτε τὰς **τρίβους** αὐτοῦ,

τρίζω (*trizō*; 1/1) *grind*

Mk 9:18 καὶ ἀφρίζει καὶ **τρίζει** τοὺς ὀδόντας καὶ

τρίς (*tris*; 2/12) *three times*

Mk 14:30 δὶς ἀλέκτορα φωνῆσαι **τρίς** με ἀπαρνήσῃ.
Mk 14:72 ἀλέκτορα φωνῆσαι δὶς **τρίς** με ἀπαρνήσῃ·

τρίτος (*tritos*; 3/56) *third*

Mk 12:21 καὶ ὁ **τρίτος** ὡσαύτως·
Mk 14:41 καὶ ἔρχεται τὸ **τρίτον** καὶ λέγει αὐτοῖς·
Mk 15:25 ἦν δὲ ὥρα **τρίτη** καὶ ἐσταύρωσαν αὐτόν.

τρόμος (*tromos*; 1/5) *trembling*

Mk 16:8 εἶχεν γὰρ αὐτὰς **τρόμος** καὶ ἔκστασις·

τρύβλιον (*tryblion*; 1/2) *dish*

Mk 14:20 ἐμοῦ εἰς τὸ **τρύβλιον**.

τρυμαλιά (*trymalia*; 1/1) *eye*

Mk 10:25 κάμηλον διὰ [τῆς] **τρυμαλιᾶς** [τῆς] ῥαφίδος διελθεῖν

τύπτω (*typtō*; 1/13) *beat*

Mk 15:19 καὶ **ἔτυπτον** αὐτοῦ τὴν κεφαλὴν

Τύρος (*Tyros*; 3/11) *Tyre*

Mk 3:8 Ἰορδάνου καὶ περὶ **Τύρον** καὶ Σιδῶνα πλῆθος
Mk 7:24 εἰς τὰ ὅρια **Τύρου**.
Mk 7:31 ἐκ τῶν ὁρίων **Τύρου** ἦλθεν διὰ Σιδῶνος

τυφλός (*typhlos*; 5/50) *blind*

Mk 8:22 Καὶ φέρουσιν αὐτῷ **τυφλὸν** καὶ παρακαλοῦσιν αὐτὸν
Mk 8:23 τῆς χειρὸς τοῦ **τυφλοῦ** ἐξήνεγκεν αὐτὸν ἔξω
Mk 10:46 **τυφλὸς** προσαίτης,
Mk 10:49 καὶ φωνοῦσιν τὸν **τυφλὸν** λέγοντες αὐτῷ·
Mk 10:51 ὁ δὲ **τυφλὸς** εἶπεν αὐτῷ·

ὑγιής (*hygiēs*; 1/11) *whole*

Mk 5:34 εἰρήνην καὶ ἴσθι **ὑγιὴς** ἀπὸ τῆς μάστιγός

ὕδωρ (*hydōr*; 5/76) *water*

Mk 1:8 ἐγὼ ἐβάπτισα ὑμᾶς **ὕδατι**,
Mk 1:10 ἀναβαίνων ἐκ τοῦ **ὕδατος** εἶδεν σχιζομένους
Mk 9:22 ἔβαλεν καὶ εἰς **ὕδατα** ἵνα ἀπολέσῃ αὐτόν·
Mk 9:41 ποτίσῃ ὑμᾶς ποτήριον **ὕδατος** ἐν ὀνόματι
Mk 14:13 ὑμῖν ἄνθρωπος κεράμιον **ὕδατος** βαστάζων·

υἱός (*huios*; 35/377) *son*

Mk 1:1 εὐαγγελίου Ἰησοῦ Χριστοῦ [**υἱοῦ** θεοῦ].
Mk 1:11 σὺ εἶ ὁ **υἱός** μου ὁ ἀγαπητός,
Mk 2:10 ἐξουσίαν ἔχει ὁ **υἱὸς** τοῦ ἀνθρώπου ἀφιέναι
Mk 2:19 μὴ δύνανται οἱ **υἱοὶ** τοῦ νυμφῶνος ἐν
Mk 2:28 κύριός ἐστιν ὁ **υἱὸς** τοῦ ἀνθρώπου καὶ
Mk 3:11 σὺ εἶ ὁ **υἱὸς** τοῦ θεοῦ.
Mk 3:17 ὅ ἐστιν **υἱοὶ** βροντῆς·

Mk 3:28 πάντα ἀφεθήσεται τοῖς **υἱοῖς** τῶν ἀνθρώπων
Mk 5:7 Ἰησοῦ **υἱὲ** τοῦ θεοῦ τοῦ
Mk 6:3 ὁ **υἱὸς** τῆς Μαρίας καὶ
Mk 8:31 ὅτι δεῖ τὸν **υἱὸν** τοῦ ἀνθρώπου πολλὰ
Mk 8:38 καὶ ὁ υἱὸς **τοῦ** ἀνθρώπου ἐπαισχυνθήσεται αὐτόν,
Mk 9:7 οὗτός ἐστιν ὁ **υἱός** μου ὁ ἀγαπητός,
Mk 9:9 μὴ ὅταν ὁ **υἱὸς** τοῦ ἀνθρώπου ἐκ
Mk 9:12 γέγραπται ἐπὶ τὸν **υἱὸν** τοῦ ἀνθρώπου ἵνα
Mk 9:17 ἤνεγκα τὸν **υἱόν** μου πρὸς σέ,
Mk 9:31 αὐτοῖς ὅτι ὁ **υἱὸς** τοῦ ἀνθρώπου παραδίδοται
Mk 10:33 καὶ ὁ **υἱὸς** τοῦ ἀνθρώπου παραδοθήσεται
Mk 10:35 καὶ Ἰωάννης οἱ **υἱοὶ** Ζεβεδαίου λέγοντες αὐτῷ·
Mk 10:45 καὶ γὰρ ὁ **υἱὸς** τοῦ ἀνθρώπου οὐκ
Mk 10:46 ὄχλου ἱκανοῦ ὁ **υἱὸς** Τιμαίου Βαρτιμαῖος,
Mk 10:47 **υἱὲ** Δαυὶδ Ἰησοῦ,
Mk 10:48 **υἱὲ** Δαυίδ,
Mk 12:6 ἔτι ἕνα εἶχεν **υἱὸν** ἀγαπητόν·
Mk 12:6 ὅτι ἐντραπήσονται τὸν **υἱόν** μου.
Mk 12:35 ὅτι ὁ χριστὸς **υἱὸς** Δαυίδ ἐστιν;
Mk 12:37 πόθεν αὐτοῦ ἐστιν **υἱός**;
Mk 13:26 τότε ὄψονται τὸν **υἱὸν** τοῦ ἀνθρώπου ἐρχόμενον
Mk 13:32 οὐρανῷ οὐδὲ ὁ **υἱός**,
Mk 14:21 ὅτι ὁ μὲν **υἱὸς** τοῦ ἀνθρώπου ὑπάγει
Mk 14:21 δι᾿ οὗ ὁ **υἱὸς** τοῦ ἀνθρώπου παραδίδοται·
Mk 14:41 ἰδοὺ παραδίδοται ὁ **υἱὸς** τοῦ ἀνθρώπου εἰς
Mk 14:61 ὁ χριστὸς ὁ **υἱὸς** τοῦ εὐλογητοῦ;
Mk 14:62 καὶ ὄψεσθε τὸν **υἱὸν** τοῦ ἀνθρώπου ἐκ
Mk 15:39 οὗτος ὁ ἄνθρωπος **υἱὸς** θεοῦ ἦν.

ὑμεῖς (*hymeis*; 75/1832) *you (pl.)*

Mk 1:8 ἐγὼ ἐβάπτισα **ὑμᾶς** ὕδατι,
Mk 1:8 αὐτὸς δὲ βαπτίσει **ὑμᾶς** ἐν πνεύματι ἁγίῳ.
Mk 1:17 καὶ ποιήσω **ὑμᾶς** γενέσθαι ἁλιεῖς ἀνθρώπων.
Mk 2:8 ἐν ταῖς καρδίαις **ὑμῶν**;
Mk 3:28 Ἀμὴν λέγω **ὑμῖν** ὅτι πάντα ἀφεθήσεται
Mk 4:11 **ὑμῖν** τὸ μυστήριον δέδοται
Mk 4:24 μέτρῳ μετρεῖτε μετρηθήσεται **ὑμῖν** καὶ προστεθήσεται ὑμῖν.
Mk 4:24 ὑμῖν καὶ προστεθήσεται **ὑμῖν**.
Mk 6:11 τόπος μὴ δέξηται **ὑμᾶς** μηδὲ ἀκούσωσιν ὑμῶν,
Mk 6:11 ὑμᾶς μηδὲ ἀκούσωσιν **ὑμῶν**,
Mk 6:11 ὑποκάτω τῶν ποδῶν **ὑμῶν** εἰς μαρτύριον αὐτοῖς.
Mk 6:31 δεῦτε **ὑμεῖς** αὐτοὶ κατ᾿ ἰδίαν
Mk 6:37 δότε αὐτοῖς **ὑμεῖς** φαγεῖν.
Mk 7:6 ἐπροφήτευσεν Ἠσαΐας περὶ **ὑμῶν** τῶν ὑποκριτῶν,
Mk 7:9 ἵνα τὴν παράδοσιν **ὑμῶν** στήσητε.
Mk 7:11 **ὑμεῖς** δὲ λέγετε·
Mk 7:13 θεοῦ τῇ παραδόσει **ὑμῶν** ᾗ παρεδώκατε·
Mk 7:18 οὕτως καὶ **ὑμεῖς** ἀσύνετοί ἐστε;
Mk 8:12 ἀμὴν λέγω **ὑμῖν**,
Mk 8:17 ἔχετε τὴν καρδίαν **ὑμῶν**;
Mk 8:29 **ὑμεῖς** δὲ τίνα με
Mk 9:1 ἀμὴν λέγω **ὑμῖν** ὅτι εἰσίν τινες
Mk 9:13 ἀλλὰ λέγω **ὑμῖν** ὅτι καὶ Ἠλίας
Mk 9:19 ἕως πότε πρὸς **ὑμᾶς** ἔσομαι;
Mk 9:19 ἕως πότε ἀνέξομαι **ὑμῶν**;
Mk 9:41 γὰρ ἂν ποτίσῃ **ὑμᾶς** ποτήριον ὕδατος ἐν
Mk 9:41 ἀμὴν λέγω **ὑμῖν** ὅτι οὐ μὴ
Mk 10:3 τί **ὑμῖν** ἐνετείλατο Μωϋσῆς;
Mk 10:5 πρὸς τὴν σκληροκαρδίαν **ὑμῶν** ἔγραψεν ὑμῖν
Mk 10:5 σκληροκαρδίαν ὑμῶν ἔγραψεν **ὑμῖν** τὴν ἐντολὴν ταύτην.
Mk 10:15 ἀμὴν λέγω **ὑμῖν**,
Mk 10:29 ἀμὴν λέγω **ὑμῖν**,
Mk 10:36 θέλετέ [με] ποιήσω **ὑμῖν**;
Mk 10:43 δέ ἐστιν ἐν **ὑμῖν**,
Mk 10:43 μέγας γενέσθαι ἐν **ὑμῖν** ἔσται ὑμῶν διάκονος,
Mk 10:43 ἐν ὑμῖν ἔσται **ὑμῶν** διάκονος,
Mk 10:44 ἂν θέλῃ ἐν **ὑμῖν** εἶναι πρῶτος ἔσται
Mk 11:2 κώμην τὴν κατέναντι **ὑμῶν**,
Mk 11:3 καὶ ἐάν τις **ὑμῖν** εἴπῃ·
Mk 11:17 **ὑμεῖς** δὲ πεποιήκατε αὐτὸν
Mk 11:23 ἀμὴν λέγω **ὑμῖν** ὅτι ὃς ἂν
Mk 11:24 διὰ τοῦτο λέγω **ὑμῖν**,
Mk 11:24 καὶ ἔσται **ὑμῖν**.
Mk 11:25 καὶ ὁ πατὴρ **ὑμῶν** ὁ ἐν τοῖς
Mk 11:25 τοῖς οὐρανοῖς ἀφῇ **ὑμῖν** τὰ παραπτώματα ὑμῶν.
Mk 11:25 ὑμῖν τὰ παραπτώματα **ὑμῶν**.
Mk 11:29 ἐπερωτήσω **ὑμᾶς** ἕνα λόγον,
Mk 11:29 μοι καὶ ἐρῶ **ὑμῖν** ἐν ποίᾳ ἐξουσίᾳ
Mk 11:33 οὐδὲ ἐγὼ λέγω **ὑμῖν** ἐν ποίᾳ ἐξουσίᾳ
Mk 12:43 ἀμὴν λέγω **ὑμῖν** ὅτι ἡ χήρα
Mk 13:5 βλέπετε μή τις **ὑμᾶς** πλανήσῃ·
Mk 13:9 Βλέπετε δὲ **ὑμεῖς** ἑαυτούς·
Mk 13:9 παραδώσουσιν **ὑμᾶς** εἰς συνέδρια καὶ
Mk 13:11 καὶ ὅταν ἄγωσιν **ὑμᾶς** παραδιδόντες,
Mk 13:11 ὃ ἐὰν δοθῇ **ὑμῖν** ἐν ἐκείνῃ τῇ
Mk 13:11 οὐ γάρ ἐστε **ὑμεῖς** οἱ λαλοῦντες ἀλλὰ
Mk 13:21 τότε ἐάν τις **ὑμῖν** εἴπῃ·
Mk 13:23 **ὑμεῖς** δὲ βλέπετε·
Mk 13:23 προείρηκα **ὑμῖν** πάντα.
Mk 13:29 οὕτως καὶ **ὑμεῖς**,
Mk 13:30 Ἀμὴν λέγω **ὑμῖν** ὅτι οὐ μὴ
Mk 13:36 ἐλθὼν ἐξαίφνης εὕρῃ **ὑμᾶς** καθεύδοντας.
Mk 13:37 ὃ δὲ **ὑμῖν** λέγω πᾶσιν λέγω,
Mk 14:9 ἀμὴν δὲ λέγω **ὑμῖν**,
Mk 14:13 καὶ ἀπαντήσει **ὑμῖν** ἄνθρωπος κεράμιον ὕδατος
Mk 14:15 καὶ αὐτὸς **ὑμῖν** δείξει ἀνάγαιον μέγα
Mk 14:18 ἀμὴν λέγω ὑμῖν **ὅτι** εἷς ἐξ ὑμῶν
Mk 14:18 ὅτι εἷς ἐξ **ὑμῶν** παραδώσει με ὁ
Mk 14:25 ἀμὴν λέγω **ὑμῖν** ὅτι οὐκέτι οὐ
Mk 14:28 ἐγερθῆναί με προάξω **ὑμᾶς** εἰς τὴν Γαλιλαίαν.
Mk 14:49 ἡμέραν ἤμην πρὸς **ὑμᾶς** ἐν τῷ ἱερῷ
Mk 14:64 τί ὑμῖν **φαίνεται**;
Mk 15:9 θέλετε ἀπολύσω **ὑμῖν** τὸν βασιλέα τῶν
Mk 16:7 Πέτρῳ ὅτι προάγει **ὑμᾶς** εἰς τὴν Γαλιλαίαν·
Mk 16:7 καθὼς εἶπεν **ὑμῖν**.

ὑμνέω (*hymneō*; 1/4) *sing a hymn*

Mk 14:26 Καὶ **ὑμνήσαντες** ἐξῆλθον εἰς τὸ

ὑπάγω (*hypagō*; 15/79) *go*

Mk 1:44 ἀλλὰ **ὕπαγε** σεαυτὸν δεῖξον τῷ
Mk 2:11 κράβαττόν σου καὶ **ὕπαγε** εἰς τὸν οἶκόν
Mk 5:19 **ὕπαγε** εἰς τὸν οἶκόν
Mk 5:34 **ὕπαγε** εἰς εἰρήνην καὶ
Mk 6:31 ἐρχόμενοι καὶ οἱ **ὑπάγοντες** πολλοί,

Mk 6:33 καὶ εἶδον αὐτοὺς **ὑπάγοντας** καὶ ἐπέγνωσαν πολλοὶ
Mk 6:38 **ὑπάγετε** ἴδετε.
Mk 7:29 τοῦτον τὸν λόγον **ὕπαγε**,
Mk 8:33 **ὕπαγε** ὀπίσω μου,
Mk 10:21 **ὕπαγε**,
Mk 10:52 **ὕπαγε**,
Mk 11:2 **ὑπάγετε** εἰς τὴν κώμην
Mk 14:13 **ὑπάγετε** εἰς τὴν πόλιν,
Mk 14:21 υἱὸς τοῦ ἀνθρώπου **ὑπάγει** καθὼς γέγραπται
Mk 16:7 ἀλλὰ **ὑπάγετε** εἴπατε τοῖς μαθηταῖς

ὑπακούω (*hypakouō*; 2/21) *obey*
Mk 1:27 καὶ **ὑπακούουσιν** αὐτῷ.
Mk 4:41 καὶ ἡ θάλασσα **ὑπακούει** αὐτῷ;

ὑπαντάω (*hypantaō*; 1/10) *meet*
Mk 5:2 τοῦ πλοίου εὐθὺς **ὑπήντησεν** αὐτῷ ἐκ τῶν

ὑπέρ (*hyper*; 2/150) *for, concerning, over*
Mk 9:40 **ὑπὲρ** ἡμῶν ἐστιν.
Mk 14:24 διαθήκης τὸ ἐκχυννόμενον **ὑπὲρ** πολλῶν.

ὑπερηφανία (*hyperēphania*; 1/1) *arrogance*
Mk 7:22 **ὑπερηφανία**,

ὑπερπερισσῶς (*hyperperissōs*; 1/1) *completely*
Mk 7:37 καὶ **ὑπερπερισσῶς** ἐξεπλήσσοντο λέγοντες·

ὑπηρέτης (*hypēretēs*; 2/20) *servant*
Mk 14:54 συγκαθήμενος μετὰ τῶν **ὑπηρετῶν** καὶ θερμαινόμενος πρὸς
Mk 14:65 καὶ οἱ **ὑπηρέται** ῥαπίσμασιν αὐτὸν ἔλαβον.

ὑπό (*hypo*; 11[12]/219[220]) *by, under*
Mk 1:5 καὶ ἐβαπτίζοντο ὑπ' **αὐτοῦ** ἐν τῷ Ἰορδάνῃ
Mk 1:9 εἰς τὸν Ἰορδάνην **ὑπὸ** Ἰωάννου.
Mk 1:13 τεσσεράκοντα ἡμέρας πειραζόμενος **ὑπὸ** τοῦ σατανᾶ,
Mk 2:3 αὐτὸν παραλυτικὸν αἰρόμενον **ὑπὸ** τεσσάρων.
Mk 4:21 ὁ λύχνος ἵνα **ὑπὸ** τὸν μόδιον τεθῇ
Mk 4:21 μόδιον τεθῇ ἢ **ὑπὸ** τὴν κλίνην;
Mk 4:32 ὥστε δύνασθαι **ὑπὸ** τὴν σκιὰν αὐτοῦ
Mk 5:4 δεδέσθαι καὶ διεσπάσθαι **ὑπ'** αὐτοῦ τὰς ἁλύσεις
Mk 5:26 καὶ πολλὰ παθοῦσα **ὑπὸ** πολλῶν ἰατρῶν καὶ
Mk 8:31 παθεῖν καὶ ἀποδοκιμασθῆναι **ὑπὸ** τῶν πρεσβυτέρων καὶ
Mk 13:13 καὶ ἔσεσθε μισούμενοι **ὑπὸ** πάντων διὰ τὸ
[Mk 16:11] ζῇ καὶ ἐθεάθη **ὑπ'** αὐτῆς ἠπίστησαν.

ὑποδέω (*hypodeō*; 1/3) *put on*
Mk 6:9 ἀλλὰ **ὑποδεδεμένους** σανδάλια,

ὑπόδημα (*hypodēma*; 1/10) *sandal*
Mk 1:7 τὸν ἱμάντα τῶν **ὑποδημάτων** αὐτοῦ.

ὑποκάτω (*hypokatō*; 3/11) *under*
Mk 6:11 τὸν χοῦν τὸν **ὑποκάτω** τῶν ποδῶν ὑμῶν
Mk 7:28 καὶ τὰ κυνάρια **ὑποκάτω** τῆς τραπέζης ἐσθίουσιν
Mk 12:36 τοὺς ἐχθρούς σου **ὑποκάτω** τῶν ποδῶν σου.

ὑπόκρισις (*hypokrisis*; 1/6) *hypocrisy*
Mk 12:15 εἰδὼς αὐτῶν τὴν **ὑπόκρισιν** εἶπεν αὐτοῖς·

ὑποκριτής (*hypokritēs*; 1/17) *hypocrite*
Mk 7:6 περὶ ὑμῶν τῶν **ὑποκριτῶν**,

ὑπολήνιον (*hypolēnion*; 1/1) *trough placed under a wine press*
Mk 12:1 φραγμὸν καὶ ὤρυξεν **ὑπολήνιον** καὶ ᾠκοδόμησεν πύργον

ὑπομένω (*hypomenō*; 1/17) *endure*
Mk 13:13 ὁ δὲ **ὑπομείνας** εἰς τέλος οὗτος

ὑστερέω (*hystereō*; 1/16) *lack*
Mk 10:21 ἕν σε **ὑστερεῖ**·

ὑστέρησις (*hysterēsis*; 1/2) *need*
Mk 12:44 δὲ ἐκ τῆς **ὑστερήσεως** αὐτῆς πάντα ὅσα

ὕστερος (*hysteros*; 0[1]/11[12]) *last, later*
[Mk 16:14] **Ὕστερον** [δὲ] ἀνακειμένοις αὐτοῖς

ὑψηλός (*hypsēlos*; 1/11) *high*
Mk 9:2 αὐτοὺς εἰς ὄρος **ὑψηλὸν** κατ' ἰδίαν μόνους.

ὕψιστος (*hypsistos*; 2/13) *highest*
Mk 5:7 τοῦ θεοῦ τοῦ **ὑψίστου**;
Mk 11:10 ὡσαννὰ ἐν τοῖς **ὑψίστοις**.

φαίνω (*phainō*; 1[2]/30[31]) *shine*
Mk 14:64 τί ὑμῖν φαίνεται;
[Mk 16:9] πρωῒ πρώτῃ σαββάτου **ἐφάνη** πρῶτον Μαρίᾳ τῇ

φανερός (*phaneros*; 3/18) *known*
Mk 3:12 ἵνα μὴ αὐτὸν **φανερὸν** ποιήσωσιν.
Mk 4:22 ἵνα ἔλθῃ εἰς **φανερόν**.
Mk 6:14 **φανερὸν** γὰρ ἐγένετο τὸ

φανερόω (*phaneroō*; 2[3]/47[49]) *make make known, reveal*
Mk 4:22 ἐὰν μὴ ἵνα **φανερωθῇ**,
[Mk 16:12] ἐξ αὐτῶν περιπατοῦσιν **ἐφανερώθη** ἐν ἑτέρᾳ μορφῇ
[Mk 16:14] αὐτοῖς τοῖς ἕνδεκα **ἐφανερώθη** καὶ ὠνείδισεν τὴν

φανερῶς (*phanerōs*; 1/3) *openly*
Mk 1:45 μηκέτι αὐτὸν δύνασθαι **φανερῶς** εἰς πόλιν εἰσελθεῖν,

φάντασμα (*phantasma*; 1/2) *ghost*
Mk 6:49 περιπατοῦντα ἔδοξαν ὅτι **φάντασμά** ἐστιν,

Φαρισαῖος (*Pharisaios*; 12/97[98]) *Pharisee*
Mk 2:16 οἱ γραμματεῖς τῶν **Φαρισαίων** ἰδόντες ὅτι ἐσθίει
Mk 2:18 Ἰωάννου καὶ οἱ **Φαρισαῖοι** νηστεύοντες.
Mk 2:18 οἱ μαθηταὶ τῶν **Φαρισαίων** νηστεύουσιν,
Mk 2:24 καὶ οἱ **Φαρισαῖοι** ἔλεγον αὐτῷ·
Mk 3:6 καὶ ἐξελθόντες οἱ **Φαρισαῖοι** εὐθὺς μετὰ
Mk 7:1 πρὸς αὐτὸν οἱ **Φαρισαῖοι** καί τινες τῶν
Mk 7:3 οἱ γὰρ **Φαρισαῖοι** καὶ πάντες οἱ
Mk 7:5 ἐπερωτῶσιν αὐτὸν οἱ **Φαρισαῖοι** καὶ οἱ γραμματεῖς·
Mk 8:11 Καὶ ἐξῆλθον οἱ **Φαρισαῖοι** καὶ ἤρξαντο συζητεῖν
Mk 8:15 τῆς ζύμης τῶν **Φαρισαίων** καὶ τῆς ζύμης
Mk 10:2 Καὶ προσελθόντες **Φαρισαῖοι** ἐπηρώτων αὐτὸν εἰ
Mk 12:13 αὐτόν τινας τῶν **Φαρισαίων** καὶ τῶν Ἡρῳδιανῶν

φέγγος (*phengos*; 1/2) *light*
Mk 13:24 οὐ δώσει τὸ **φέγγος** αὐτῆς,

φέρω (*pherō*; 15/66) *bring*
Mk 1:32 **ἔφερον** πρὸς αὐτὸν πάντας
Mk 2:3 καὶ ἔρχονται **φέροντες** πρὸς αὐτὸν παραλυτικὸν
Mk 4:8 καὶ αὐξανόμενα καὶ **ἔφερεν** ἓν τριάκοντα
Mk 6:27 βασιλεὺς σπεκουλάτορα ἐπέταξεν **ἐνέγκαι** τὴν κεφαλὴν αὐτοῦ.
Mk 6:28 καὶ **ἤνεγκεν** τὴν κεφαλὴν αὐτοῦ
Mk 7:32 Καὶ **φέρουσιν** αὐτῷ κωφὸν καὶ
Mk 8:22 Καὶ **φέρουσιν** αὐτῷ τυφλὸν καὶ
Mk 9:17 **ἤνεγκα** τὸν υἱόν μου
Mk 9:19 **φέρετε** αὐτὸν πρός με.
Mk 9:20 καὶ **ἤνεγκαν** αὐτὸν πρὸς αὐτόν.
Mk 11:2 λύσατε αὐτὸν καὶ **φέρετε**.
Mk 11:7 καὶ **φέρουσιν** τὸν πῶλον πρὸς
Mk 12:15 **φέρετέ** μοι δηνάριον ἵνα
Mk 12:16 οἱ δὲ **ἤνεγκαν**.
Mk 15:22 Καὶ **φέρουσιν** αὐτὸν ἐπὶ τὸν

φεύγω (*pheugō*; 5/29) *flee*
Mk 5:14 οἱ βόσκοντες αὐτοὺς **ἔφυγον** καὶ ἀπήγγειλαν
Mk 13:14 ἐν τῇ Ἰουδαίᾳ **φευγέτωσαν** εἰς τὰ ὄρη,
Mk 14:50 Καὶ ἀφέντες αὐτὸν **ἔφυγον** πάντες.
Mk 14:52 τὴν σινδόνα γυμνὸς **ἔφυγεν**.
Mk 16:8 καὶ ἐξελθοῦσαι **ἔφυγον** ἀπὸ τοῦ μνημείου,

φημί (*phēmi*; 6/66) *say*
Mk 9:12 ὁ δὲ **ἔφη** αὐτοῖς·
Mk 9:38 **Ἔφη** αὐτῷ ὁ Ἰωάννης·
Mk 10:20 ὁ δὲ **ἔφη** αὐτῷ·
Mk 10:29 **ἔφη** ὁ Ἰησοῦς·
Mk 12:24 **ἔφη** αὐτοῖς ὁ Ἰησοῦς·
Mk 14:29 ὁ δὲ Πέτρος **ἔφη** αὐτῷ·

φθόνος (*phthonos*; 1/9) *envy*
Mk 15:10 γὰρ ὅτι διὰ **φθόνον** παραδεδώκεισαν αὐτὸν

φιλέω (*phileō*; 1/25) *love*
Mk 14:44 ὃν ἂν **φιλήσω** αὐτός ἐστιν,

Φίλιππος (*Philippos*; 3/36) *Philip*
Mk 3:18 καὶ Ἀνδρέαν καὶ **Φίλιππον** καὶ Βαρθολομαῖον καὶ
Mk 6:17 Ἡρῳδιάδα τὴν γυναῖκα **Φιλίππου** τοῦ ἀδελφοῦ αὐτοῦ,
Mk 8:27 κώμας Καισαρείας τῆς **Φιλίππου**·

φιμόω (*phimoō*; 2/7) *silence*
Mk 1:25 **φιμώθητι** καὶ ἔξελθε ἐξ
Mk 4:39 **πεφίμωσο**.

φοβέομαι (*phobeomai*; 12/95) *fear*
Mk 4:41 καὶ **ἐφοβήθησαν** φόβον μέγαν καὶ
Mk 5:15 καὶ **ἐφοβήθησαν**.
Mk 5:33 ἡ δὲ γυνὴ **φοβηθεῖσα** καὶ τρέμουσα,
Mk 5:36 μὴ **φοβοῦ**,
Mk 6:20 ὁ γὰρ Ἡρῴδης **ἐφοβεῖτο** τὸν Ἰωάννην,
Mk 6:50 μὴ **φοβεῖσθε**.
Mk 9:32 καὶ **ἐφοβοῦντο** αὐτὸν ἐπερωτῆσαι.
Mk 10:32 οἱ δὲ ἀκολουθοῦντες **ἐφοβοῦντο**.
Mk 11:18 **ἐφοβοῦντο** γὰρ αὐτόν,
Mk 11:32 **ἐφοβοῦντο** τὸν ὄχλον·
Mk 12:12 καὶ **ἐφοβήθησαν** τὸν ὄχλον,
Mk 16:8 **ἐφοβοῦντο** γάρ.

φόβος (*phobos*; 1/47) *fear*
Mk 4:41 καὶ ἐφοβήθησαν **φόβον** μέγαν καὶ ἔλεγον

φονεύω (*phoneuō*; 1/12) *murder*
Mk 10:19 μὴ **φονεύσῃς**,

φόνος (*phonos*; 2/9) *murder*
Mk 7:21 **φόνοι**,
Mk 15:7 ἐν τῇ στάσει **φόνον** πεποιήκεισαν.

φραγελλόω (*phragelloō*; 1/2) *beat with a whip*
Mk 15:15 παρέδωκεν τὸν Ἰησοῦν **φραγελλώσας** ἵνα σταυρωθῇ.

φραγμός (*phragmos*; 1/4) *fence*
Mk 12:1 ἐφύτευσεν καὶ περιέθηκεν **φραγμὸν** καὶ ὤρυξεν ὑπολήνιον

φρονέω (*phroneō*; 1/26) *think*
Mk 8:33 ὅτι οὐ **φρονεῖς** τὰ τοῦ θεοῦ

φυλακή (*phylakē*; 3/47) *prison*
Mk 6:17 ἔδησεν αὐτὸν ἐν **φυλακῇ** διὰ Ἡρῳδιάδα τὴν
Mk 6:27 αὐτὸν ἐν τῇ **φυλακῇ**
Mk 6:48 περὶ τετάρτην **φυλακὴν** τῆς νυκτὸς ἔρχεται

φυλάσσω (*phylassō*; 1/31) *guard*
Mk 10:20 ταῦτα πάντα **ἐφυλαξάμην** ἐκ νεότητός μου.

φύλλον (*phyllon*; 3/6) *leaf*
Mk 11:13 ἀπὸ μακρόθεν ἔχουσαν **φύλλα** ἦλθεν,
Mk 11:13 εὗρεν εἰ μὴ **φύλλα**·
Mk 13:28 καὶ ἐκφύῃ τὰ **φύλλα**,

φυτεύω (*phyteuō*; 1/11) *plant*

Mk 12:1 ἀμπελῶνα ἄνθρωπος **ἐφύτευσεν** καὶ περιέθηκεν φραγμὸν

φωνέω (*phōneō*; 10/43) *call*

Mk 1:26 τὸ ἀκάθαρτον καὶ **φωνῆσαν** φωνῇ μεγάλῃ ἐξῆλθεν
Mk 9:35 καὶ καθίσας **ἐφώνησεν** τοὺς δώδεκα καὶ
Mk 10:49 **φωνήσατε** αὐτόν.
Mk 10:49 καὶ **φωνοῦσιν** τὸν τυφλὸν λέγοντες
Mk 10:49 **φωνεῖ** σε.
Mk 14:30 ἢ δὶς ἀλέκτορα **φωνῆσαι** τρίς με ἀπαρνήσῃ.
Mk 14:68 προαύλιον [καὶ ἀλέκτωρ **ἐφώνησεν**].
Mk 14:72 ἐκ δευτέρου ἀλέκτωρ **ἐφώνησεν**.
Mk 14:72 ὅτι πρὶν ἀλέκτορα **φωνῆσαι** δὶς τρίς με
Mk 15:35 ἴδε Ἠλίαν **φωνεῖ**.

φωνή (*phōnē*; 7/139) *voice*

Mk 1:3 **φωνὴ** βοῶντος ἐν τῇ
Mk 1:11 καὶ **φωνὴ** ἐγένετο ἐκ τῶν
Mk 1:26 ἀκάθαρτον καὶ φωνῆσαν **φωνῇ** μεγάλῃ ἐξῆλθεν ἐξ
Mk 5:7 καὶ κράξας **φωνῇ** μεγάλῃ λέγει·
Mk 9:7 καὶ ἐγένετο **φωνὴ** ἐκ τῆς νεφέλης·
Mk 15:34 ἐβόησεν ὁ Ἰησοῦς **φωνῇ** μεγάλῃ·
Mk 15:37 δὲ Ἰησοῦς ἀφεὶς **φωνὴν** μεγάλην ἐξέπνευσεν.

φῶς (*phōs*; 1/73) *light*

Mk 14:54 θερμαινόμενος πρὸς τὸ **φῶς**.

χαίρω (*chairō*; 2/74) *rejoice*

Mk 14:11 οἱ δὲ ἀκούσαντες **ἐχάρησαν** καὶ ἐπηγγείλαντο αὐτῷ
Mk 15:18 **χαῖρε**,

χαλάω (*chalaō*; 1/7) *lower*

Mk 2:4 καὶ ἐξορύξαντες **χαλῶσι** τὸν κράβαττον ὅπου

χαλκίον (*chalkion*; 1/1) *copper*

Mk 7:4 καὶ ξεστῶν καὶ **χαλκίων** [καὶ κλινῶν]

χαλκός (*chalkos*; 2/5) *copper*

Mk 6:8 εἰς τὴν ζώνην **χαλκόν**,
Mk 12:41 ὁ ὄχλος βάλλει **χαλκὸν** εἰς τὸ γαζοφυλάκιον.

χαρά (*chara*; 1/59) *joy*

Mk 4:16 λόγον εὐθὺς μετὰ **χαρᾶς** λαμβάνουσιν αὐτόν,

χεῖλος (*cheilos*; 1/7) *lip*

Mk 7:6 ὁ λαὸς τοῖς **χείλεσίν** με τιμᾷ,

χειμών (*cheimōn*; 1/6) *winter*

Mk 13:18 ἵνα μὴ γένηται **χειμῶνος**·

χείρ (*cheir*; 24[26]/175[177]) *hand*

Mk 1:31 αὐτὴν κρατήσας τῆς **χειρός**·
Mk 1:41 σπλαγχνισθεὶς ἐκτείνας τὴν **χεῖρα** αὐτοῦ ἥψατο καὶ
Mk 3:1 ἐξηραμμένην ἔχων τὴν **χεῖρα**.
Mk 3:3 τῷ τὴν ξηρὰν **χεῖρα** ἔχοντι·
Mk 3:5 ἔκτεινον τὴν **χεῖρα**.
Mk 3:5 καὶ ἀπεκατεστάθη ἡ **χεὶρ** αὐτοῦ.
Mk 5:23 ἐλθὼν ἐπιθῇς τὰς **χεῖρας** αὐτῇ ἵνα σωθῇ
Mk 5:41 καὶ κρατήσας τῆς **χειρὸς** τοῦ παιδίου λέγει
Mk 6:2 τοιαῦται διὰ τῶν **χειρῶν** αὐτοῦ γινόμεναι;
Mk 6:5 ἀρρώστοις ἐπιθεὶς τὰς **χεῖρας** ἐθεράπευσεν.
Mk 7:2 αὐτοῦ ὅτι κοιναῖς **χερσίν**,
Mk 7:3 πυγμῇ νίψωνται τὰς **χεῖρας** οὐκ ἐσθίουσιν,
Mk 7:5 ἀλλὰ κοιναῖς **χερσὶν** ἐσθίουσιν τὸν ἄρτον;
Mk 7:32 ἐπιθῇ αὐτῷ τὴν **χεῖρα**.
Mk 8:23 καὶ ἐπιλαβόμενος τῆς **χειρὸς** τοῦ τυφλοῦ ἐξήνεγκεν
Mk 8:23 ἐπιθεὶς τὰς **χεῖρας** αὐτῷ ἐπηρώτα αὐτόν·
Mk 8:25 πάλιν ἐπέθηκεν τὰς **χεῖρας** ἐπὶ τοὺς ὀφθαλμοὺς
Mk 9:27 Ἰησοῦς κρατήσας τῆς **χειρὸς** αὐτοῦ ἤγειρεν αὐτόν,
Mk 9:31 ἀνθρώπου παραδίδοται εἰς **χεῖρας** ἀνθρώπων,
Mk 9:43 σκανδαλίζῃ σε ἡ **χείρ** σου,
Mk 9:43 ἢ τὰς δύο **χεῖρας** ἔχοντα ἀπελθεῖν εἰς
Mk 10:16 κατευλόγει τιθεὶς τὰς **χεῖρας** ἐπ᾽ αὐτά.
Mk 14:41 ἀνθρώπου εἰς τὰς **χεῖρας** τῶν ἁμαρτωλῶν.
Mk 14:46 δὲ ἐπέβαλον τὰς **χεῖρας** αὐτῷ καὶ ἐκράτησαν
[Mk 16:18] [καὶ ἐν ταῖς **χερσὶν**] ὄφεις ἀροῦσιν κἂν
[Mk 16:18] ἐπὶ ἀρρώστους **χεῖρας** ἐπιθήσουσιν καὶ καλῶς

χειροποίητος (*cheiropoiētos*; 1/6) *made by human hands*

Mk 14:58 ναὸν τοῦτον τὸν **χειροποίητον** καὶ διὰ τριῶν

χείρων (*cheirōn*; 2/11) *worse*

Mk 2:21 τοῦ παλαιοῦ καὶ **χεῖρον** σχίσμα γίνεται.
Mk 5:26 μᾶλλον εἰς τὸ **χεῖρον** ἐλθοῦσα,

χήρα (*chēra*; 3/26) *widow*

Mk 12:40 τὰς οἰκίας τῶν **χηρῶν** καὶ προφάσει μακρὰ
Mk 12:42 καὶ ἐλθοῦσα μία **χήρα** πτωχὴ ἔβαλεν λεπτὰ
Mk 12:43 ὑμῖν ὅτι ἡ **χήρα** αὕτη ἡ πτωχὴ

χιλίαρχος (*chiliarchos*; 1/21) *tribune, officer*

Mk 6:21 αὐτοῦ καὶ τοῖς **χιλιάρχοις** καὶ τοῖς πρώτοις

χιτών (*chitōn*; 2/11) *tunic*

Mk 6:9 μὴ ἐνδύσησθε δύο **χιτῶνας**.
Mk 14:63 ἀρχιερεὺς διαρρήξας τοὺς **χιτῶνας** αὐτοῦ λέγει·

χλωρός (*chlōros*; 1/4) *green, pale*

Mk 6:39 συμπόσια ἐπὶ τῷ **χλωρῷ** χόρτῳ.

χοῖρος (*choiros*; 4/12) *pig*

Mk 5:11 τῷ ὄρει ἀγέλη **χοίρων** μεγάλη βοσκομένη·
Mk 5:12 ἡμᾶς εἰς τοὺς **χοίρους**,
Mk 5:13 εἰσῆλθον εἰς τοὺς **χοίρους**,
Mk 5:16 καὶ περὶ τῶν **χοίρων**.

χορτάζω (*chortazō*; 4/16) *feed*
Mk 6:42 ἔφαγον πάντες καὶ **ἐχορτάσθησαν**,
Mk 7:27 ἄφες πρῶτον **χορτασθῆναι** τὰ τέκνα,
Mk 8:4 δυνήσεταί τις ὧδε **χορτάσαι** ἄρτων ἐπ᾽ ἐρημίας;
Mk 8:8 καὶ ἔφαγον καὶ **ἐχορτάσθησαν**,

χόρτος (*chortos*; 2/15) *grass, hay*
Mk 4:28 πρῶτον **χόρτον** εἶτα στάχυν εἶτα
Mk 6:39 ἐπὶ τῷ χλωρῷ **χόρτῳ**.

χοῦς (*chous*; 1/2) *dust*
Mk 6:11 ἐκεῖθεν ἐκτινάξατε τὸν **χοῦν** τὸν ὑποκάτω

χρεία (*chreia*; 4/49) *need*
Mk 2:17 αὐτοῖς [ὅτι] οὐ **χρείαν** ἔχουσιν οἱ ἰσχύοντες
Mk 2:25 ἐποίησεν Δαυὶδ ὅτε **χρείαν** ἔσχεν καὶ ἐπείνασεν
Mk 11:3 ὁ κύριος αὐτοῦ **χρείαν** ἔχει,
Mk 14:63 τί ἔτι **χρείαν** ἔχομεν μαρτύρων;

χρῆμα (*chrēma*; 1/6) *possessions*
Mk 10:23 δυσκόλως οἱ τὰ **χρήματα** ἔχοντες εἰς τὴν

Χριστός (*Christos*; 7/529) *Christ*
Mk 1:1 τοῦ εὐαγγελίου Ἰησοῦ **Χριστοῦ** [υἱοῦ θεοῦ].
Mk 8:29 σὺ εἶ ὁ **χριστός**.
Mk 9:41 ἐν ὀνόματι ὅτι **Χριστοῦ** ἐστε,
Mk 12:35 γραμματεῖς ὅτι ὁ **χριστὸς** υἱὸς Δαυίδ ἐστιν;
Mk 13:21 ἴδε ὧδε ὁ **χριστός**,
Mk 14:61 σὺ εἶ ὁ **χριστὸς** ὁ υἱὸς τοῦ
Mk 15:32 ὁ **χριστὸς** ὁ βασιλεὺς Ἰσραὴλ

χρόνος (*chronos*; 2/54) *time*
Mk 2:19 ὅσον **χρόνον** ἔχουσιν τὸν νυμφίον
Mk 9:21 πόσος **χρόνος** ἐστὶν ὡς τοῦτο

χωλός (*chōlos*; 1/14) *lame*
Mk 9:45 εἰς τὴν ζωὴν **χωλὸν** ἢ τοὺς δύο

χώρα (*chōra*; 4/28) *country*
Mk 1:5 πᾶσα ἡ Ἰουδαία **χώρα** καὶ οἱ Ἱεροσολυμῖται
Mk 5:1 θαλάσσης εἰς τὴν **χώραν** τῶν Γερασηνῶν.
Mk 5:10 ἀποστείλῃ ἔξω τῆς **χώρας**.
Mk 6:55 περιέδραμον ὅλην τὴν **χώραν** ἐκείνην καὶ ἤρξαντο

χωρέω (*chōreō*; 1/10) *hold, have or make room*
Mk 2:2 πολλοὶ ὥστε μηκέτι **χωρεῖν** μηδὲ τὰ πρὸς

χωρίζω (*chōrizō*; 1/13) *separate*
Mk 10:9 συνέζευξεν ἄνθρωπος μὴ **χωριζέτω**.

χωρίον (*chōrion*; 1/10) *piece of land*
Mk 14:32 Καὶ ἔρχονται εἰς **χωρίον** οὗ τὸ ὄνομα

χωρίς (*chōris*; 1/41) *without*
Mk 4:34 **χωρὶς** δὲ παραβολῆς οὐκ

ψευδομαρτυρέω (*pseudomartyreō*; 3/5) *give false testimony*
Mk 10:19 μὴ **ψευδομαρτυρήσῃς**,
Mk 14:56 πολλοὶ γὰρ **ἐψευδομαρτύρουν** κατ᾽ αὐτοῦ,
Mk 14:57 καί τινες ἀναστάντες **ἐψευδομαρτύρουν** κατ᾽ αὐτοῦ λέγοντες

ψευδοπροφήτης (*pseudoprophētēs*; 1/11) *false prophet*
Mk 13:22 γὰρ ψευδόχριστοι καὶ **ψευδοπροφῆται** καὶ δώσουσιν σημεῖα

ψευδόχριστος (*pseudochristos*; 1/2) *false messiah*
Mk 13:22 ἐγερθήσονται γὰρ **ψευδόχριστοι** καὶ ψευδοπροφῆται καὶ

ψιχίον (*psichion*; 1/2) *small crumb*
Mk 7:28 ἐσθίουσιν ἀπὸ τῶν **ψιχίων** τῶν παιδίων.

ψυχή (*psychē*; 8/103) *soul, life, self*
Mk 3:4 **ψυχὴν** σῶσαι ἢ ἀποκτεῖναι;
Mk 8:35 ἐὰν θέλῃ τὴν **ψυχὴν** αὐτοῦ σῶσαι ἀπολέσει
Mk 8:35 ἂν ἀπολέσει τὴν **ψυχὴν** αὐτοῦ ἕνεκεν ἐμοῦ
Mk 8:36 καὶ ζημιωθῆναι τὴν **ψυχὴν** αὐτοῦ;
Mk 8:37 ἄνθρωπος ἀντάλλαγμα τῆς **ψυχῆς** αὐτοῦ;
Mk 10:45 καὶ δοῦναι τὴν **ψυχὴν** αὐτοῦ λύτρον ἀντὶ
Mk 12:30 ἐξ ὅλης τῆς **ψυχῆς** σου καὶ ἐξ
Mk 14:34 περίλυπός ἐστιν ἡ **ψυχή** μου ἕως θανάτου·

ὦ (*ō*; 1/20) *O*
Mk 9:19 **ὦ** γενεὰ ἄπιστος,

ὧδε (*hōde*; 10/61) *here*
Mk 6:3 αἱ ἀδελφαὶ αὐτοῦ **ὧδε** πρὸς ἡμᾶς;
Mk 8:4 τούτους δυνήσεταί τις **ὧδε** χορτάσαι ἄρτων
Mk 9:1 ὅτι εἰσίν τινες **ὧδε** τῶν ἑστηκότων οἵτινες
Mk 9:5 καλόν ἐστιν ἡμᾶς **ὧδε** εἶναι,
Mk 11:3 αὐτὸν ἀποστέλλει πάλιν **ὧδε**.
Mk 13:2 οὐ μὴ ἀφεθῇ **ὧδε** λίθος ἐπὶ λίθον
Mk 13:21 ἴδε **ὧδε** ὁ χριστός,
Mk 14:32 καθίσατε **ὧδε** ἕως προσεύξωμαι.
Mk 14:34 μείνατε **ὧδε** καὶ γρηγορεῖτε.
Mk 16:6 οὐκ ἔστιν **ὧδε**·

ὠδίν (*ōdin*; 1/4) *birth*
Mk 13:8 ἀρχὴ **ὠδίνων** ταῦτα.

ὥρα (*hōra*; 12/106) *hour*
Mk 6:35 Καὶ ἤδη **ὥρας** πολλῆς γενομένης προσελθόντες
Mk 6:35 τόπος καὶ ἤδη **ὥρα** πολλή·
Mk 11:11 ἤδη οὔσης τῆς **ὥρας**,
Mk 13:11 ἐν ἐκείνῃ τῇ **ὥρᾳ** τοῦτο λαλεῖτε·
Mk 13:32 ἐκείνης ἢ τῆς **ὥρας** οὐδεὶς οἶδεν,
Mk 14:35 ἀπ᾽ αὐτοῦ ἡ **ὥρα**,
Mk 14:37 οὐκ ἴσχυσας μίαν **ὥραν** γρηγορῆσαι;
Mk 14:41 ἦλθεν ἡ **ὥρα**,
Mk 15:25 ἦν δὲ **ὥρα** τρίτη καὶ ἐσταύρωσαν
Mk 15:33 Καὶ γενομένης **ὥρας** ἕκτης σκότος ἐγένετο

Mk 15:33 τὴν γῆν ἕως **ὥρας** ἐνάτης.
Mk 15:34 καὶ τῇ ἐνάτῃ **ὥρᾳ** ἐβόησεν ὁ Ἰησοῦς

ὡς (*hōs*; 22/503[504]) *as*

Mk 1:10 καὶ τὸ πνεῦμα **ὡς** περιστερὰν καταβαῖνον
Mk 1:22 γὰρ διδάσκων αὐτοὺς **ὡς** ἐξουσίαν ἔχων καὶ
Mk 1:22 ἔχων καὶ οὐχ **ὡς** οἱ γραμματεῖς.
Mk 4:26 βασιλεία τοῦ θεοῦ **ὡς** ἄνθρωπος βάλῃ τὸν
Mk 4:27 βλαστᾷ καὶ μηκύνηται **ὡς** οὐκ οἶδεν αὐτός.
Mk 4:31 **ὡς** κόκκῳ σινάπεως,
Mk 4:36 ὄχλον παραλαμβάνουσιν αὐτὸν **ὡς** ἦν ἐν τῷ
Mk 5:13 **ὡς** δισχίλιοι,
Mk 6:15 ἔλεγον ὅτι προφήτης **ὡς** εἷς τῶν προφητῶν.
Mk 6:34 ὅτι ἦσαν **ὡς** πρόβατα μὴ ἔχοντα
Mk 7:6 **ὡς** γέγραπται [ὅτι] οὗτος
Mk 8:9 ἦσαν δὲ **ὡς** τετρακισχίλιοι.
Mk 8:24 τοὺς ἀνθρώπους ὅτι **ὡς** δένδρα ὁρῶ περιπατοῦντας.
Mk 9:21 πόσος χρόνος ἐστὶν **ὡς** τοῦτο γέγονεν αὐτῷ;
Mk 10:1 καὶ **ὡς** εἰώθει πάλιν ἐδίδασκεν
Mk 10:15 βασιλείαν τοῦ θεοῦ **ὡς** παιδίον,
Mk 12:25 ἀλλ᾽ εἰσὶν **ὡς** ἄγγελοι ἐν τοῖς
Mk 12:31 τὸν πλησίον σου **ὡς** σεαυτόν.
Mk 12:33 ἀγαπᾶν τὸν πλησίον **ὡς** ἑαυτὸν περισσότερόν ἐστιν
Mk 13:34 **Ὡς** ἄνθρωπος ἀπόδημος ἀφεὶς
Mk 14:48 **ὡς** ἐπὶ λῃστὴν ἐξήλθατε
Mk 14:72 Πέτρος τὸ ῥῆμα **ὡς** εἶπεν αὐτῷ ὁ

ὡσαννά (*hōsanna*; 2/6) *hosanna*

Mk 11:9 **ὡσαννά**·
Mk 11:10 **ὡσαννὰ** ἐν τοῖς ὑψίστοις.

ὡσαύτως (*hōsautōs*; 2/17) *in the same way*

Mk 12:21 καὶ ὁ τρίτος **ὡσαύτως**·
Mk 14:31 **ὡσαύτως** δὲ καὶ πάντες

ὡσεί (*hōsei*; 1/21) *like*

Mk 9:26 καὶ ἐγένετο **ὡσεὶ** νεκρός,

ὥστε (*hōste*; 13/83) *so that*

Mk 1:27 καὶ ἐθαμβήθησαν ἅπαντες **ὥστε** συζητεῖν πρὸς ἑαυτοὺς
Mk 1:45 **ὥστε** μηκέτι αὐτὸν δύνασθαι
Mk 2:2 καὶ συνήχθησαν πολλοὶ **ὥστε** μηκέτι χωρεῖν μηδὲ
Mk 2:12 **ὥστε** ἐξίστασθαι πάντας καὶ
Mk 2:28 **ὥστε** κύριός ἐστιν ὁ
Mk 3:10 **ὥστε** ἐπιπίπτειν αὐτῷ ἵνα
Mk 3:20 **ὥστε** μὴ δύνασθαι αὐτοὺς
Mk 4:1 **ὥστε** αὐτὸν εἰς πλοῖον
Mk 4:32 **ὥστε** δύνασθαι ὑπὸ τὴν
Mk 4:37 **ὥστε** ἤδη γεμίζεσθαι τὸ
Mk 9:26 **ὥστε** τοὺς πολλοὺς λέγειν
Mk 10:8 ὥστε **οὐκέτι** εἰσὶν δύο ἀλλὰ
Mk 15:5 **ὥστε** θαυμάζειν τὸν Πιλᾶτον.

ὠτάριον (*ōtarion*; 1/2) *ear*

Mk 14:47 ἀφεῖλεν αὐτοῦ τὸ **ὠτάριον**.

ὠφελέω (*ōpheleō*; 3/15) *gain, profit*

Mk 5:26 πάντα καὶ μηδὲν **ὠφεληθεῖσα** ἀλλὰ μᾶλλον
Mk 7:11 ἐὰν ἐξ ἐμοῦ **ὠφεληθῇς**,
Mk 8:36 τί γὰρ **ὠφελεῖ** ἄνθρωπον κερδῆσαι τὸν

Frequency List (Alphabetical Order)

1 αββα
1*'Αβιαθάρ
1 'Αβραάμ
4 ἀγαθός
3 ἀγανακτέω
5 ἀγαπάω
3 ἀγαπητός
1 ἀγγαρεύω
6 ἄγγελος
2 ἀγέλη
7 ἅγιος
1 ἄγναφος
1 ἀγνοέω
3 ἀγορά
5 ἀγοράζω
1* ἀγρεύω
1 ἄγριος
9 ἀγρός
1 ἀγρυπνέω
3 ἄγω
5 ἀδελφή
20 ἀδελφός
1 ἀδημονέω
1 ἀδύνατος
2 ἄζυμος
2 ἀθετέω
3 αἷμα
20 αἴρω
9 αἰτέω
1 αἰτία
4 αἰών
4 αἰώνιος
11 ἀκάθαρτος
3 ἄκανθα
1 ἀκάνθινος
1 ἄκαρπος
3 ἀκοή
18 ἀκολουθέω
44 ἀκούω
1 ἀκρίς
2 ἄκρον
1 ἀκυρόω
2 ἀλάβαστρος
1 ἀλαλάζω
3* ἄλαλος
3 ἅλας
2 ἀλείφω
1* ἀλεκτοροφωνία
4 ἀλέκτωρ
1 'Αλέξανδρος
3 ἀλήθεια
1 ἀληθής
2 ἀληθῶς
2 ἁλιεύς
1 ἁλίζω
45 ἀλλά
1* ἀλλαχοῦ
5 ἀλλήλων
22 ἄλλος
3 ἅλυσις
2 'Αλφαῖος
2 ἁμάρτημα
6 ἁμαρτία
6 ἁμαρτωλός
14 ἀμήν
1 ἄμπελος
5 ἀμπελών
1* ἀμφιβάλλω
1* ἄμφοδον
20 ἄν
1 ἀνά
9 ἀναβαίνω
6 ἀναβλέπω
1 ἀνάγαιον
4 ἀναγινώσκω
1 ἀναγκάζω
1 ἀναθεματίζω
3 ἀνάκειμαι
1 ἀνακλίνω
2 ἀνακράζω
1 ἀναλαμβάνω
1* ἄναλος
2 ἀναμιμνήσκω
2 ἀναπαύω
1* ἀναπηδάω
2 ἀναπίπτω
1 ἀνασείω
2 ἀνάστασις
1* ἀναστενάζω
2 ἀνατέλλω
1 ἀνατολή
1 ἀναφέρω
1 ἀναχωρέω
4 'Ανδρέας
7 ἄνεμος
1 ἀνέχομαι
4 ἀνήρ
56 ἄνθρωπος
1 ἄνιπτος
17 ἀνίστημι
1 ἀνοίγω
1 ἀντάλλαγμα
1 ἀντί
1 ἄνωθεν
5 ἀπαγγέλλω
3 ἀπάγω
1 ἀπαίρω
1 ἁπαλός
1 ἀπαντάω
4 ἀπαρνέομαι
4 ἅπας
1 ἀπάτη
23 ἀπέρχομαι
2 ἀπέχω
2 ἀπιστέω
3 ἀπιστία
1 ἄπιστος
48 ἀπό
1 ἀποβάλλω
1 ἀποδημέω
1* ἀπόδημος
1 ἀποδίδωμι
2 ἀποδοκιμάζω
8 ἀποθνῄσκω
3 ἀποκαθίστημι
2 ἀποκεφαλίζω
2 ἀποκόπτω
30 ἀποκρίνομαι
1 ἀπόκρυφος
11 ἀποκτείνω
2 ἀποκυλίω
1 ἀπολαμβάνω
10 ἀπόλλυμι
12 ἀπολύω
1 ἀποπλανάω
1 ἀπορέω
1 ἀποστάσιον
1* ἀποστεγάζω
20 ἀποστέλλω
1 ἀποστερέω
2 ἀπόστολος
1 ἀποτάσσω
1 ἀποφέρω
11 ἅπτω
1 ἀπώλεια
2 ἄρα
1 ἀργύριον
1 ἀρέσκω
1 'Αριμαθαία
1 ἀριστερός
2 ἀρνέομαι
3 ἄρρωστος
1 ἄρσην
21 ἄρτος
1 ἀρτύω
4 ἀρχή
22 ἀρχιερεύς
4 ἀρχισυνάγωγος
27 ἄρχω
1 ἄρχων
1 ἄρωμα
1 ἄσβεστος
1 ἀσέλγεια
1 ἀσθενέω
1 ἀσθενής
4 ἀσκός
2 ἀσπάζομαι
1 ἀσπασμός
1 ἀστήρ
1 ἀσύνετος
1 ἀσφαλῶς
1 ἀτιμάζω
1 ἄτιμος
3 αὐλή
1 αὐξάνω
1 αὐτόματος
760° αὐτός
1 ἀφαιρέω
1 ἀφεδρών
2 ἄφεσις
1 ἄφθαρτος
34 ἀφίημι
2* ἀφρίζω
1 ἀφροσύνη
1 ἀχειροποίητος
1 ἄχρι
1 βάθος
18 βάλλω
13 βαπτίζω
4 βάπτισμα
1 βαπτισμός
2 βαπτιστής
3 Βαραββᾶς
1 Βαρθολομαῖος
1* Βαρτιμαῖος
2 βασανίζω
20 βασιλεία
12 βασιλεύς
1 βαστάζω
1 βάτος
1 βδέλυγμα
1 βεβαιόω
1 Βεελζεβούλ
4 Βηθανία
2 Βηθσαϊδά
1 Βηθφαγή
1 βιβλίον
1 βίβλος
1 βίος
1* βλάπτω
1 βλαστάνω
4 βλασφημέω
3 βλασφημία
15 βλέπω
1* βοανηργές
2 βοάω
2 βοηθέω
2 βόσκω
1 βουλευτής
1 βούλομαι
1 βροντή
1 βρῶμα
3 γαζοφυλάκιον
1 γαλήνη
12 Γαλιλαία
1 Γαλιλαῖος
4 γαμέω
1 γαμίζω
66 γάρ
1 γαστήρ
3 γέεννα
1 Γεθσημανί
2 γεμίζω
5 γενεά
1 γενέσια
1 γένημα
1 γεννάω
1 Γεννησαρέτ
2 γένος
1 Γερασηνός
1 γεύομαι
5 γεωργός
19 γῆ
55 γίνομαι
12 γινώσκω
3 γλῶσσα
1* γναφεύς
1 Γολγοθᾶ
1 γονεύς
1 γόνυ
2 γονυπετέω
21 γραμματεύς
3 γραφή
10 γράφω
6 γρηγορέω
2 γυμνός
17 γυνή
1 γωνία
4 δαιμονίζομαι
13 δαιμόνιον
1 δάκτυλος
1* Δαλμανουθά
1 δαμάζω
1 δαπανάω
7 Δαυίδ
163 δέ
6 δεῖ
2 δείκνυμι
1 δειλός
2 δεῖπνον
1 δέκα
2 Δεκάπολις
1 δένδρον
7 δεξιός
1 δερμάτινος
3 δέρω
1 δέσμιος
1 δεσμός
1 δεῦρο
3 δεῦτε
3 δεύτερος
6 δέχομαι
8 δέω
3 δηνάριον
33 διά
1 διαβλέπω
1 διαγίνομαι
1 διαθήκη
5 διακονέω
2 διάκονος
1 διακόσιοι
1 διακρίνω
1 διαλέγομαι
7 διαλογίζομαι
1 διαλογισμός
1 διαμερίζω
1 διάνοια
1 διανοίγω
2 διαπεράω
2 διαρπάζω

1 διαρρήσσω
1 διασκορπίζω
1 διασπάω
5 διαστέλλω
1 διαφέρω
1 διαφημίζω
1 διδασκαλία
12 διδάσκαλος
17 διδάσκω
5 διδαχή
39 δίδωμι
1 διεγείρω
2 διέρχομαι
2 διηγέομαι
2 δίκαιος
2 δίκτυον
2 δίς
1* δισχίλιοι
2 διωγμός
2 δοκέω
2 δόλος
3 δόξα
1 δοξάζω
5 δοῦλος
1 δρέπανον
33 δύναμαι
10 δύναμις
5 δυνατός
1 δύνω
18 δύο
1* δύσις
1* δύσκολος
1 δυσκόλως
15 δώδεκα
1 δῶμα
1 δωρέομαι
1 δῶρον
33 ἐάν
24 ἑαυτοῦ
3 ἐγγίζω
2 ἐγγύς
19 ἐγείρω
1 ἐγκαταλείπω
107 ἐγώ
6 ἔθνος
35 εἰ
1 εἰκών
192 εἰμί
1 εἰρηνεύω
1 εἰρήνη
168 εἰς
44 εἷς
30 εἰσέρχομαι
8 εἰσπορεύομαι
4 εἶτα
1 εἴωθα
67 ἐκ
1 ἕκαστος
3 ἑκατόν
1 ἑκατονταπλασίων
18 ἐκβάλλω
1 ἐκδίδωμι
1 ἐκδύω
11 ἐκεῖ
5 ἐκεῖθεν
23 ἐκεῖνος
4* ἐκθαμβέω
1* ἐκθαυμάζω
1 ἐκλέγομαι
3 ἐκλεκτός
1 ἐκλύομαι
1* ἐκπερισσῶς
5 ἐκπλήσσω
2 ἐκπνέω
11 ἐκπορεύομαι
2 ἔκστασις
3 ἐκτείνω
1 ἐκτινάσσω
1 ἔκτος
1 ἐκφέρω
1 ἔκφοβος
1 ἐκφύω
1 ἐκχύννομαι
3 ἐλαία
1 ἔλαιον
1 ἐλαύνω
3 ἐλεέω
1 Ἑλληνίς
2* ελωι
5 ἐμβαίνω
1 ἐμβάπτω
4 ἐμβλέπω
2 ἐμβριμάομαι
2 ἐμός
3 ἐμπαίζω
2 ἔμπροσθεν
3 ἐμπτύω
135 ἐν
2* ἐναγκαλίζομαι
2 ἐναντίος
2 ἔνατος
1 ἕνδεκα
1 ἐνδιδύσκω
3 ἐνδύω
1* ἐνειλέω
5 ἕνεκα
1 ἐνεργέω
1 ἐνέχω
1* ἔννυχος
2 ἔνοχος
1 ἔνταλμα
1 ἐνταφιασμός
2 ἐντέλλομαι
6 ἐντολή
1 ἐντρέπω
1 ἕξ
1 ἐξαγγέλλω
1 ἐξάγω
1 ἐξαίφνης
1 ἐξανατέλλω
1 ἐξανίστημι
1* ἐξάπινα
1 ἐξαποστέλλω
1 ἐξαυτῆς
39 ἐξέρχομαι
6 ἔξεστιν
2 ἑξήκοντα
4 ἐξίστημι
1 ἐξομολογέω
1 ἐξορύσσω
1* ἐξουδενέω
10 ἐξουσία
10 ἔξω
2 ἔξωθεν
2 ἑορτή
1 ἐπαγγέλλομαι
2 ἐπαισχύνομαι
1 ἐπακολουθέω
1 ἐπανίστημι
1 ἐπάνω
1 ἐπαύριον
1 ἐπεί
25 ἐπερωτάω
72 ἐπί
4 ἐπιβάλλω
1 ἐπίβλημα
4 ἐπιγινώσκω
2 ἐπιγραφή
1 ἐπιγράφω
1 ἐπιθυμία
1 ἐπιλαμβάνομαι
1 ἐπιλανθάνομαι
1 ἐπιλύω
1 ἐπιπίπτω
1* ἐπιράπτω
1 ἐπισκιάζω
1 ἐπίσταμαι
4 ἐπιστρέφω
2 ἐπισυνάγω
1* ἐπισυντρέχω
4 ἐπιτάσσω
8 ἐπιτίθημι
9 ἐπιτιμάω
2 ἐπιτρέπω
9 ἑπτά
1 ἐργάζομαι
2 ἔργον
1 ἐρημία
9 ἔρημος
1 ἐρήμωσις
85 ἔρχομαι
3 ἐρωτάω
27 ἐσθίω
5 ἔσχατος
1* ἐσχάτως
2 ἔσω
2 ἔσωθεν
1 ἕτερος
5 ἔτι
5 ἑτοιμάζω
1 ἕτοιμος
2 ἔτος
1 εὖ
8 εὐαγγέλιον
1 εὐδοκέω
1 εὐθέως
42 εὐθύς
1 εὐκαιρέω
1 εὔκαιρος
1 εὐκαίρως
2 εὔκοπος
5 εὐλογέω
1 εὐλογητός
11 εὑρίσκω
1 εὐσχήμων
2 εὐχαριστέω
2 εὐώνυμος
1* εφφαθα
1 ἐχθρός
70 ἔχω
15 ἕως
3 ζάω
4 Ζεβεδαῖος
1 ζημιόω
10 ζητέω
2 ζύμη
4 ζωή
2 ζώνη
33 ἤ
1 ἡγεμών
2 ἡδέως
8 ἤδη
1 ἥκω
9 Ἠλίας
4 ἥλιος
23 ἡμεῖς
27 ἡμέρα
1 ἥμισυς
8 Ἡρῴδης
2 Ἡρῳδιανοί
3 Ἡρῳδιάς
2 Ἠσαΐας
1 Θαδδαῖος
19 θάλασσα
3* θαμβέω
1 θανάσιμος
6 θάνατος
2 θανατόω
2 θαρσέω
4 θαυμάζω
1 θαυμαστός
2 θεάομαι
1 θέλημα
25 θέλω
49 θεός
5 θεραπεύω
1 θερισμός
2 θερμαίνω
1 θέρος
7 θεωρέω
1 θηλάζω
1 θῆλυς
1 θηρίον
1 θησαυρός
1 θλίβω
3 θλῖψις
1 θνήσκω
1 θορυβέω
2 θόρυβος
1 θρίξ
1 θροέω
5 θυγάτηρ
2* θυγάτριον
6 θύρα
1 θυρωρός
1 θυσία
1 θύω
1 Θωμᾶς
1 Ἰάϊρος
1 Ἰακώβ
15 Ἰάκωβος
1 ἰάομαι
2 ἰατρός
9 ἴδε
8 ἴδιος
7 ἰδού
1* Ἰδουμαία
2 ἱερεύς
2 Ἰεριχώ
10 ἱερόν
1 Ἱεροσολυμίτης
10 Ἰερουσαλήμ
82 Ἰησοῦς
3 ἱκανός
1 ἱμάς
1 ἱματίζω
12 ἱμάτιον
64 ἵνα
4 Ἰορδάνης
3 Ἰουδαία
7 Ἰουδαῖος
4 Ἰούδας
1 Ἰσαάκ
2 Ἰσκαριώτης
2 ἴσος
2 Ἰσραήλ
10 ἵστημι
3 ἰσχυρός
2 ἰσχύς
4 ἰσχύω
1 ἰχθύδιον
4 ἰχθύς
26 Ἰωάννης
3* Ἰωσῆς
2 Ἰωσήφ
2 καθαιρέω
4 καθαρίζω
1 καθαρισμός
1 καθέδρα
8 καθεύδω
11 κάθημαι
8 καθίζω
8 καθώς
1091° καί
5 καινός
5 καιρός
4 Καῖσαρ
1 Καισάρεια
1 κἀκεῖθεν
1 κἀκεῖ
4 κἀκεῖνος
2 κακολογέω
1 κακοποιέω
2 κακός

4 κακῶς
2 κάλαμος
4 καλέω
11 καλός
6 καλῶς
2 κάμηλος
3 κἄν
1 Καναναῖος
11 καρδία
5 καρπός
2 καρποφορέω
23 κατά
6 καταβαίνω
1* καταβαρύνω
1 καταγελάω
1* καταδιώκω
4 κατάκειμαι
1 κατακλάω
1* κατακόπτω
3 κατακρίνω
1 κατακυριεύω
1 καταλαμβάνω
4 καταλείπω
1 κατάλυμα
3 καταλύω
1 καταμαρτυρέω
1 καταπέτασμα
1 καταράομαι
1 καταρτίζω
1 κατασκευάζω
1 κατασκηνόω
1 καταστρέφω
1 καταφιλέω
1 καταχέω
3 κατέναντι
1 κατεξουσιάζω
2 κατεσθίω
1* κατευλογέω
3 κατηγορέω
1* κατοίκησις
2 κάτω
1 καυματίζω
3 Καφαρναούμ
1 κενός
3* κεντυρίων
1 κεράμιον
1 κερδαίνω
8 κεφαλή
1* κεφαλιόω
1 κῆνσος
1 κήρυγμα
14 κηρύσσω
1 κινέω
2 κλάδος
4 κλαίω
4 κλάσμα
3 κλάω
1 κλέπτω
1 κληρονομέω
1 κληρονομία
1 κληρονόμος
1 κλῆρος
3 κλίνη
1 κλοπή
1 κοδράντης
1 κοιλία
2 κοινός
5 κοινόω
1 κόκκος
1 κολαφίζω
1 κολλυβιστής
2 κολοβόω
2 κοπάζω
1 κόπος
1 κόπτω
5 κοράσιον
1* κορβᾶν
3 κόσμος
1* κουμ
2 κόφινος
5 κράβαττος
10 κράζω
1 κρανίον
1 κράσπεδον
15 κρατέω
1 κρημνός
1 κρίμα
1 κρυπτός
1 κτῆμα
1 κτίζω
3 κτίσις
3 κύκλῳ
1* κυλίω
1 κυλλός
1 κῦμα
2 κυνάριον
1* κύπτω
1 Κυρηναῖος
18 κύριος
3 κωλύω
7 κώμη
1* κωμόπολις
3 κωφός
1 λαῖλαψ
21 λαλέω
1 λεμα
20 λαμβάνω
1 λανθάνω
2 λαός
1 λατομέω
1 λάχανον
2 λεγιών
290 λέγω
1 λέπρα
2 λεπρός
1 λεπτόν
1 Λευί
1 λευκαίνω
2 λευκός
3 ληστής
4 λίαν
8 λίθος
1 λιμός
24 λόγος
3 λοιπός
2 λυπέω
1 λύτρον
1 λυχνία
1 λύχνος
5 λύω
4 Μαγδαληνή
46 μαθητής
1 Μαθθαῖος
1 μακράν
5 μακρόθεν
1 μακρός
5 μᾶλλον
1 μανθάνω
8 Μαρία
3 μαρτυρία
3 μαρτύριον
1 μάρτυς
1 μαστιγόω
3 μάστιξ
1 μάτην
3 μάχαιρα
18 μέγας
1 μεγιστάν
3 μεθερμηνεύω
2 μέλει
1 μέλι
2 μέλλω
6 μέν
2 μένω
4 μερίζω
1 μέριμνα
1 μέρος
1 μεσονύκτιον
5 μέσος
56 μετά
1 μεταμορφόω
2 μετανοέω
1 μετάνοια
2 μετρέω
1 μέτρον
1 μέχρι
77 μή
6 μηδέ
9 μηδείς
4 μηκέτι
1* μηκύνω
2 μήποτε
17 μήτηρ
2 μήτι
5 μικρός
1 μισέω
1 μισθός
1 μισθωτός
2 μνῆμα
8 μνημεῖον
1 μνημονεύω
1 μνημόσυνον
1* μογιλάλος
1 μόδιος
1 μοιχαλίς
2 μοιχάω
1 μοιχεία
1 μοιχεύω
6 μόνος
1 μονόφθαλμος
1 μορφή
1 μύλος
1* μυρίζω
3 μύρον
1 μυστήριον
8 Μωϋσῆς
1 Ναζαρέθ
4 Ναζαρηνός
3 ναός
1 νάρδος
2 νεανίσκος
7 νεκρός
2 νέος
1 νεότης
4 νεφέλη
6 νηστεύω
1 νῆστις
1 νίπτω
3 νοέω
1 νόσος
1* νουνεχῶς
3 νυμφίος
1 νυμφών
3 νῦν
4 νύξ
1* ξέστης
6 ξηραίνω
1 ξηρός
2 ξύλον
1510° ὁ
16 ὁδός
1 ὀδούς
21 οἶδα
18 οἰκία
1 οἰκοδεσπότης
4 οἰκοδομέω
2 οἰκοδομή
13 οἶκος
5 οἶνος
2 οἷος
4 ὀλίγος
1 ὁλοκαύτωμα
18 ὅλος
1 ὄμμα
2 ὀμνύω
1 ὁμοιόω
1 ὁμοίως
2 ὀνειδίζω
1 ὀνικός
15 ὄνομα
1 ὀνομάζω
1 ὄντως
1 ὄξος
1 ὄπισθεν
6 ὀπίσω
15 ὅπου
1 ὅπως
50 ὁράω
1 ὀργή
1 ὀρθῶς
5 ὅριον
1 ὁρκίζω
1 ὅρκος
1 ὁρμάω
11 ὄρος
1 ὀρύσσω
1 ὀρχέομαι
88 ὅς
14 ὅσος
4 ὅστις
1 ὀσφῦς
21 ὅταν
12 ὅτε
102 ὅτι
118 οὐ
1* οὐά
2 οὐαί
10 οὐδέ
26 οὐδείς
2 οὐδέποτε
7 οὐκέτι
6 οὖν
5 οὔπω
18 οὐρανός
4 οὖς
4 οὔτε
79 οὗτος
10 οὕτως
7 ὀφθαλμός
1 ὄφις
38 ὄχλος
2 ὀψέ
5 ὀψία
1 ὄψιος
1* παιδιόθεν
12 παιδίον
2 παιδίσκη
1 παίω
1 πάλαι
3 παλαιός
28 πάλιν
2 πανταχοῦ
1 πάντοθεν
2 πάντοτε
17 παρά
13 παραβολή
3 παραγγέλλω
1 παραγίνομαι
3 παράγω
1 παραδέχομαι
20 παραδίδωμι
5 παράδοσις
1 παραιτέομαι
9 παρακαλέω
1 παρακολουθέω
1 παρακούω
6 παραλαμβάνω
5 παραλυτικός
4 παραπορεύομαι
1 παράπτωμα
1 παρασκευή
1 παρατηρέω
4 παρατίθημι
1 παραφέρω

5 παρέρχομαι
1 παρέχω
6 παρίστημι
1* παρόμοιος
1 παρρησία
68 πᾶς
5 πάσχα
3 πάσχω
1 πατάσσω
18 πατήρ
2 πατρίς
2 πέδη
1 πεζῇ
2 πεινάω
4 πειράζω
1 πειρασμός
1 πέμπω
1 πενθερά
1 πενθέω
2 πεντακισχίλιοι
3 πέντε
1 πεντήκοντα
7 πέραν
23 περί
1 περιάγω
2 περιβάλλω
6 περιβλέπω
1 περικαλύπτω
1 περίκειμαι
2 περίλυπος
9 περιπατέω
1 περίσσευμα
1 περισσεύω
1 περισσός
3 περισσότερος
2 περισσῶς
2 περιστερά
3 περιτίθημι
1* περιτρέχω
1 περιφέρω
1 περίχωρος
2 πετεινόν
1 πέτρα
20 Πέτρος
2 πετρώδης
1 πηγή
1 πήρα
10 Πιλᾶτος
2 πίναξ
8 πίνω
1 πιπράσκω
8 πίπτω
14 πιστεύω
1 πιστικός
5 πίστις
4 πλανάω
1 πλέκω
1 πλεονεξία
2 πλῆθος
1 πλήν
2 πλήρης
2 πληρόω
3 πλήρωμα
2 πλησίον
1 πλοιάριον
17 πλοῖον
2 πλούσιος
1 πλοῦτος
23 πνεῦμα
1 πνίγω
3 πόθεν
47 ποιέω
1 ποικίλος
2 ποιμήν
4 ποῖος
2 πόλεμος
8 πόλις
2 πολλάκις
61 πολύς
1 πολυτελής
1 πονηρία
2 πονηρός
3 πορεύομαι
1 πορνεία
1 πόρρω
2 πορφύρα
6 πόσος
1 ποταμός
2 ποταπός
5 πότε
6 ποτήριον
2 ποτίζω
3 ποῦ
6 πούς
1 πραιτώριον
2* πρασιά
7 πρεσβύτερος
2 πρίν
1 πρό
5 προάγω
1* προαύλιον
1 προβαίνω
2 πρόβατον
2 προέρχομαι
1 πρόθεσις
1 πρόθυμος
1 προλαμβάνω
1 προλέγω
1* προμεριμνάω
65 πρός
1* προσάββατον
1 προσαίτης
1 προσδέχομαι
5 προσέρχομαι
2 προσευχή
10 προσεύχομαι
1 πρόσκαιρος
9 προσκαλέομαι
1 προσκαρτερέω
1* προσκεφάλαιον
1 προσκολλάω
1 προσκυλίω
2 προσκυνέω
1 προσλαμβάνω
1 προσμένω
1* προσορμίζω
3 προσπίπτω
1* προσπορεύομαι
1 προστάσσω
1 προστίθημι
2 προστρέχω
3 προσφέρω
3 πρόσωπον
1 πρόφασις
2 προφητεύω
6 προφήτης
1 πρύμνα
6 πρωΐ
1 πρωτοκαθεδρία
1 πρωτοκλισία
17 πρῶτος
2 πτύω
2 πτῶμα
5 πτωχός
1* πυγμή
4 πῦρ
1 πύργος
1 πυρέσσω
1 πυρετός
3 πωλέω
4 πῶλος
2 πωρόω
1 πώρωσις
14 πῶς
3 ῥαββι
1 ῥαββουνί
1 ῥάβδος
1 ῥάκος
1 ῥάπισμα
1 ῥαφίς
2 ῥήγνυμι
2 ῥῆμα
3 ῥίζα
1 Ῥοῦφος
1 ῥύσις
1 σαβαχθανι
12 σάββατον
1 Σαδδουκαῖος
1 σαλεύω
2* Σαλώμη
1 σανδάλιον
4 σάρξ
6 σατανᾶς
1 σβέννυμι
3 σεαυτοῦ
1 σέβομαι
1 σεισμός
1 σελήνη
7 σημεῖον
1 σήμερον
2 Σιδών
11 Σίμων
1 σίναπι
4 σινδών
1 σῖτος
5 σιωπάω
8 σκανδαλίζω
2 σκεῦος
1 σκηνή
1 σκιά
2* σκληροκαρδία
1 σκοτίζω
1 σκότος
1 σκύλλω
1* σκώληξ
1* σμυρνίζω
2 σός
1 σοφία
2 σπαράσσω
1 σπάω
1 σπεῖρα
12 σπείρω
1* σπεκουλάτωρ
5 σπέρμα
1 σπήλαιον
4 σπλαγχνίζομαι
1 σπόγγος
1 σπόριμος
2 σπόρος
1 σπουδή
2 σπυρίς
1* στασιαστής
1 στάσις
4 σταυρός
8 σταυρόω
3 στάχυς
1 στέγη
1 στενάζω
1 στέφανος
2 στήκω
1* στιβάς
1* στίλβω
2 στολή
1 στρατιώτης
2 στρώννυμι
1 στυγνάζω
89 σύ
1 συγγενής
1 συγκάθημαι
1 συγκαλέω
1 συζεύγνυμι
6 συζητέω
4 συκῆ
1 σῦκον
1 συλλαλέω
1 συλλαμβάνω
1* συλλυπέω
1 συμβαίνω
2 συμβούλιον
2 συμπνίγω
1 συμπορεύομαι
2* συμπόσιον
6 σύν
5 συνάγω
8 συναγωγή
2 συνακολουθέω
1 συναναβαίνω
2 συνανάκειμαι
1 συναποθνῄσκω
3 συνέδριον
1 συνεργέω
2 συνέρχομαι
1 σύνεσις
2* συνθλίβω
5 συνίημι
1 συντελέω
1 συντηρέω
1 συντόμως
1 συντρέχω
2 συντρίβω
1* Συροφοινίκισσα
1 συσπαράσσω
1* σύσσημον
1 συσταυρόω
1 σφόδρα
2 σχίζω
1 σχίσμα
15 σῴζω
4 σῶμα
1 σωτηρία
1 σωφρονέω
1* ταλιθα
1 ταράσσω
1 ταχύς
9 τέκνον
1 τέκτων
2 τελευτάω
3 τέλος
3 τελώνης
1 τελώνιον
1 τέρας
2 τέσσαρες
1 τεσσεράκοντα
1 τέταρτος
2 τετρακισχίλιοι
1* τηλαυγῶς
11 τίθημι
1 τίλλω
1* Τιμαῖος
3 τιμάω
72 τίς
34 τις
4 τό
6 τοιοῦτος
2 τολμάω
10 τόπος
6 τότε
2 τράπεζα
1 τράχηλος
7 τρεῖς
1 τρέμω
2 τρέχω
2 τριάκοντα
1 τριακόσιοι
1 τρίβος
1* τρίζω
2 τρίς
3 τρίτος
1 τρόμος
1 τρύβλιον
1* τρυμαλιά
1 τύπτω

3 Τύρος
5 τυφλός
1 ὑγιής
5 ὕδωρ
35 υἱός
75 ὑμεῖς
1 ὑμνέω
15 ὑπάγω
2 ὑπακούω
1 ὑπαντάω
2 ὑπέρ
1* ὑπερηφανία
1* ὑπερπερισσῶς
2 ὑπηρέτης
12 ὑπό
1 ὑποδέω
1 ὑπόδημα
3 ὑποκάτω
1 ὑπόκρισις
1 ὑποκριτής
1* ὑπολήνιον
1 ὑπομένω
1 ὑστερέω
1 ὑστέρησις
1 ὕστερος
1 ὑψηλός
2 ὕψιστος
2 φαίνω
3 φανερός
3 φανερόω
1 φανερῶς
1 φάντασμα
12 Φαρισαῖος
1 φέγγος
15 φέρω
5 φεύγω
6 φημί
1 φθόνος
1 φιλέω
3 Φίλιππος
2 φιμόω
12 φοβέομαι
1 φόβος
1 φονεύω
2 φόνος
1 φραγελλόω
1 φραγμός
1 φρονέω
3 φυλακή
1 φυλάσσω
3 φύλλον
1 φυτεύω
10 φωνέω
7 φωνή
1 φῶς
2 χαίρω
1 χαλάω
1* χαλκίον
2 χαλκός
1 χαρά
1 χεῖλος
1 χειμών
26 χείρ
1 χειροποίητος
2 χείρων
3 χήρα
1 χιλίαρχος
2 χιτών
1 χλωρός
4 χοῖρος
4 χορτάζω
2 χόρτος
1 χοῦς
4 χρεία
1 χρῆμα
7 Χριστός
2 χρόνος
1 χωλός
4 χώρα
1 χωρέω
1 χωρίζω
1 χωρίον
1 χωρίς
3 ψευδομαρτυρέω
1 ψευδοπροφήτης
1 ψευδόχριστος
1 ψιχίον
8 ψυχή
1 ὦ
10 ὧδε
1 ὠδίν
12 ὥρα
22 ὡς
2 ὡσαννά
2 ὡσαύτως
1 ὡσεί
13 ὥστε
1 ὠτάριον
3 ὠφελέω

° Not included in concordance
* Word only occurs in this book

Frequency List (in Order of Occurrence)

1510° ὁ
1091° καί
760° αὐτός
290 λέγω
192 εἰμί
168 εἰς
163 δέ
135 ἐν
118 οὐ
107 ἐγώ
102 ὅτι
89 σύ
88 ὅς
85 ἔρχομαι
82 Ἰησοῦς
79 οὗτος
77 μή
75 ὑμεῖς
72 ἐπί
72 τίς
70 ἔχω
68 πᾶς
67 ἐκ
66 γάρ
65 πρός
64 ἵνα
61 πολύς
56 ἄνθρωπος
56 μετά
55 γίνομαι
50 ὁράω
49 θεός
48 ἀπό
47 ποιέω
46 μαθητής
45 ἀλλά
44 ἀκούω
44 εἷς
42 εὐθύς
39 δίδωμι
39 ἐξέρχομαι
38 ὄχλος
35 εἰ
35 υἱός
34 ἀφίημι
34 τις
33 διά
33 δύναμαι
33 ἐάν
33 ἤ
30 ἀποκρίνομαι
30 εἰσέρχομαι
28 πάλιν
27 ἄρχω
27 ἐσθίω
27 ἡμέρα
26 Ἰωάννης
26 οὐδείς
26 χείρ
25 ἐπερωτάω
25 θέλω
24 ἑαυτοῦ
24 λόγος
23 ἀπέρχομαι
23 ἐκεῖνος
23 ἡμεῖς
23 κατά
23 περί
23 πνεῦμα
22 ἄλλος
22 ἀρχιερεύς
22 ὡς
21 ἄρτος
21 γραμματεύς
21 λαλέω
21 οἶδα
21 ὅταν
20 ἀδελφός
20 αἴρω
20 ἄν
20 ἀποστέλλω
20 βασιλεία
20 λαμβάνω
20 παραδίδωμι
20 Πέτρος
19 γῆ
19 ἐγείρω
19 θάλασσα
18 ἀκολουθέω
18 βάλλω
18 δύο
18 ἐκβάλλω
18 κύριος
18 μέγας
18 οἰκία
18 ὅλος
18 οὐρανός
18 πατήρ
17 ἀνίστημι
17 γυνή
17 διδάσκω
17 μήτηρ
17 παρά
17 πλοῖον
17 πρῶτος
16 ὁδός
15 βλέπω
15 δώδεκα
15 ἕως
15 Ἰάκωβος
15 κρατέω
15 ὄνομα
15 ὅπου
15 σῴζω
15 ὑπάγω
15 φέρω
14 ἀμήν
14 κηρύσσω
14 ὅσος
14 πιστεύω
14 πῶς
13 βαπτίζω
13 δαιμόνιον
13 οἶκος
13 παραβολή
13 ὥστε
12 ἀπολύω
12 βασιλεύς
12 Γαλιλαία
12 γινώσκω
12 διδάσκαλος
12 ἱμάτιον
12 ὅτε
12 παιδίον
12 σάββατον
12 σπείρω
12 ὑπό
12 Φαρισαῖος
12 φοβέομαι
12 ὥρα
11 ἀκάθαρτος
11 ἀποκτείνω
11 ἅπτω
11 ἐκεῖ
11 ἐκπορεύομαι
11 εὑρίσκω
11 κάθημαι
11 καλός
11 καρδία
11 ὄρος
11 Σίμων
11 τίθημι
10 ἀπόλλυμι
10 γράφω
10 δύναμις
10 ἐξουσία
10 ἔξω
10 ζητέω
10 ἱερόν
10 Ἱερουσαλήμ
10 ἵστημι
10 κράζω
10 οὐδέ
10 οὕτως
10 Πιλᾶτος
10 προσεύχομαι
10 τόπος
10 φωνέω
10 ὧδε
9 ἀγρός
9 αἰτέω
9 ἀναβαίνω
9 ἐπιτιμάω
9 ἑπτά
9 ἔρημος
9 Ἠλίας
9 ἴδε
9 μηδείς
9 παρακαλέω
9 περιπατέω
9 προσκαλέομαι
9 τέκνον
8 ἀποθνῄσκω
8 δέω
8 εἰσπορεύομαι
8 ἐπιτίθημι
8 εὐαγγέλιον
8 ἤδη
8 Ἡρῴδης
8 ἴδιος
8 καθεύδω
8 καθίζω
8 καθώς
8 κεφαλή
8 λίθος
8 Μαρία
8 μνημεῖον
8 Μωϋσῆς
8 πίνω
8 πίπτω
8 πόλις
8 σκανδαλίζω
8 σταυρόω
8 συναγωγή
8 ψυχή
7 ἅγιος
7 ἄνεμος
7 Δαυίδ
7 δεξιός
7 διαλογίζομαι
7 θεωρέω
7 ἰδού
7 Ἰουδαῖος
7 κώμη
7 νεκρός
7 οὐκέτι
7 ὀφθαλμός
7 πέραν
7 πρεσβύτερος
7 σημεῖον
7 τρεῖς
7 φωνή
7 Χριστός
6 ἄγγελος
6 ἁμαρτία
6 ἁμαρτωλός
6 ἀναβλέπω
6 γρηγορέω
6 δεῖ
6 δέχομαι
6 ἔθνος
6 ἐντολή
6 ἔξεστιν
6 θάνατος
6 θύρα
6 καλῶς
6 καταβαίνω
6 μέν
6 μηδέ
6 μόνος
6 νηστεύω
6 ξηραίνω
6 ὀπίσω
6 οὖν
6 παραλαμβάνω
6 παρίστημι
6 περιβλέπω
6 πόσος
6 ποτήριον
6 πούς
6 προφήτης
6 πρωΐ
6 σατανᾶς
6 συζητέω
6 σύν
6 τοιοῦτος
6 τότε
6 φημί
5 ἀγαπάω
5 ἀγοράζω
5 ἀδελφή
5 ἀλλήλων
5 ἀμπελών
5 ἀπαγγέλλω
5 γενεά
5 γεωργός
5 διακονέω
5 διαστέλλω
5 διδαχή
5 δοῦλος
5 δυνατός
5 ἐκεῖθεν
5 ἐκπλήσσω
5 ἐμβαίνω
5 ἕνεκα
5 ἔσχατος
5 ἔτι
5 ἑτοιμάζω
5 εὐλογέω
5 θεραπεύω
5 θυγάτηρ
5 καινός
5 καιρός
5 καρπός
5 κοινόω
5 κοράσιον
5 κράβαττος
5 λύω
5 μακρόθεν
5 μᾶλλον
5 μέσος
5 μικρός
5 οἶνος
5 ὅριον
5 οὔπω
5 ὀψία
5 παράδοσις
5 παραλυτικός
5 παρέρχομαι
5 πάσχα

5 πίστις
5 πότε
5 προάγω
5 προσέρχομαι
5 πτωχός
5 σιωπάω
5 σπέρμα
5 συνάγω
5 συνίημι
5 τυφλός
5 ὕδωρ
5 φεύγω
4 ἀγαθός
4 αἰών
4 αἰώνιος
4 ἀλέκτωρ
4 ἀναγινώσκω
4 Ἀνδρέας
4 ἀνήρ
4 ἀπαρνέομαι
4 ἅπας
4 ἀρχή
4 ἀρχισυνάγωγος
4 ἀσκός
4 βάπτισμα
4 Βηθανία
4 βλασφημέω
4 γαμέω
4 δαιμονίζομαι
4 εἶτα
4* ἐκθαμβέω
4 ἐμβλέπω
4 ἐξίστημι
4 ἐπιβάλλω
4 ἐπιγινώσκω
4 ἐπιστρέφω
4 ἐπιτάσσω
4 Ζεβεδαῖος
4 ζωή
4 ἥλιος
4 θαυμάζω
4 Ἰορδάνης
4 Ἰούδας
4 ἰσχύω
4 ἰχθύς
4 καθαρίζω
4 Καῖσαρ
4 κἀκεῖνος
4 κακῶς
4 καλέω
4 κατάκειμαι
4 καταλείπω
4 κλαίω
4 κλάσμα
4 λίαν
4 Μαγδαληνή
4 μερίζω
4 μηκέτι
4 Ναζαρηνός
4 νεφέλη
4 νύξ
4 οἰκοδομέω
4 ὀλίγος
4 ὅστις
4 οὖς
4 οὔτε
4 παραπορεύομαι
4 παρατίθημι
4 πειράζω
4 πλανάω
4 ποῖος
4 πῦρ
4 πῶλος
4 σάρξ
4 σινδών
4 σπλαγχνίζομαι
4 σταυρός
4 συκῆ
4 σῶμα
4 τό
4 χοῖρος
4 χορτάζω
4 χρεία
4 χώρα
3 ἀγανακτέω
3 ἀγαπητός
3 ἀγορά
3 ἄγω
3 αἷμα
3 ἄκανθα
3 ἀκοή
3* ἄλαλος
3 ἅλας
3 ἀλήθεια
3 ἅλυσις
3 ἀνάκειμαι
3 ἀπάγω
3 ἀπιστία
3 ἀποκαθίστημι
3 ἄρρωστος
3 αὐλή
3 Βαραββᾶς
3 βλασφημία
3 γαζοφυλάκιον
3 γέεννα
3 γλῶσσα
3 γραφή
3 δέρω
3 δεῦτε
3 δεύτερος
3 δηνάριον
3 δόξα
3 ἐγγίζω
3 ἑκατόν
3 ἐκλεκτός
3 ἐκτείνω
3 ἐλαία
3 ἐλεέω
3 ἐμπαίζω
3 ἐμπτύω
3 ἐνδύω
3 ἐρωτάω
3 ζάω
3 Ἡρῳδιάς
3* θαμβέω
3 θλῖψις
3 ἱκανός
3 Ἰουδαία
3 ἰσχυρός
3* Ἰωσῆς
3 κἄν
3 κατακρίνω
3 καταλύω
3 κατέναντι
3 κατηγορέω
3 Καφαρναούμ
3* κεντυρίων
3 κλάω
3 κλίνη
3 κόσμος
3 κτίσις
3 κύκλῳ
3 κωλύω
3 κωφός
3 λῃστής
3 λοιπός
3 μαρτυρία
3 μαρτύριον
3 μάστιξ
3 μάχαιρα
3 μεθερμηνεύω
3 μύρον
3 ναός
3 νοέω
3 νυμφίος
3 νῦν
3 παλαιός
3 παραγγέλλω
3 παράγω
3 πάσχω
3 πέντε
3 περισσότερος
3 περιτίθημι
3 πλήρωμα
3 πόθεν
3 πορεύομαι
3 ποῦ
3 προσπίπτω
3 προσφέρω
3 πρόσωπον
3 πωλέω
3 ῥαββι
3 ῥίζα
3 σεαυτοῦ
3 στάχυς
3 συνέδριον
3 τέλος
3 τελώνης
3 τιμάω
3 τρίτος
3 Τύρος
3 ὑποκάτω
3 φανερός
3 φανερόω
3 Φίλιππος
3 φυλακή
3 φύλλον
3 χήρα
3 ψευδομαρτυρέω
3 ὠφελέω
2 ἀγέλη
2 ἄζυμος
2 ἀθετέω
2 ἄκρον
2 ἀλάβαστρος
2 ἀλείφω
2 ἀληθῶς
2 ἁλιεύς
2 Ἁλφαῖος
2 ἁμάρτημα
2 ἀνακράζω
2 ἀναμιμνήσκω
2 ἀναπαύω
2 ἀναπίπτω
2 ἀνάστασις
2 ἀνατέλλω
2 ἀπέχω
2 ἀπιστέω
2 ἀποδοκιμάζω
2 ἀποκεφαλίζω
2 ἀποκόπτω
2 ἀποκυλίω
2 ἀπόστολος
2 ἄρα
2 ἀρνέομαι
2 ἀσπάζομαι
2 ἄφεσις
2* ἀφρίζω
2 βαπτιστής
2 βασανίζω
2 Βηθσαϊδά
2 βοάω
2 βοηθέω
2 βόσκω
2 γεμίζω
2 γένος
2 γονυπετέω
2 γυμνός
2 δείκνυμι
2 δεῖπνον
2 Δεκάπολις
2 διάκονος
2 διαπεράω
2 διαρπάζω
2 διέρχομαι
2 διηγέομαι
2 δίκαιος
2 δίκτυον
2 δίς
2 διωγμός
2 δοκέω
2 δόλος
2 ἐγγύς
2 ἐκπνέω
2 ἔκστασις
2* ελωι
2 ἐμβριμάομαι
2 ἐμός
2 ἔμπροσθεν
2* ἐναγκαλίζομαι
2 ἐναντίος
2 ἔνατος
2 ἔνοχος
2 ἐντέλλομαι
2 ἑξήκοντα
2 ἔξωθεν
2 ἑορτή
2 ἐπαισχύνομαι
2 ἐπιγραφή
2 ἐπισυνάγω
2 ἐπιτρέπω
2 ἔργον
2 ἔσω
2 ἔσωθεν
2 ἔτος
2 εὔκοπος
2 εὐχαριστέω
2 εὐώνυμος
2 ζύμη
2 ζώνη
2 ἡδέως
2 Ἡρῳδιανοί
2 Ἠσαΐας
2 θανατόω
2 θαρσέω
2 θεάομαι
2 θερμαίνω
2 θόρυβος
2* θυγάτριον
2 ἰατρός
2 ἱερεύς
2 Ἰεριχώ
2 Ἰσκαριώτης
2 ἴσος
2 Ἰσραήλ
2 ἰσχύς
2 Ἰωσήφ
2 καθαιρέω
2 κακολογέω
2 κακός
2 κάλαμος
2 κάμηλος
2 καρποφορέω
2 κατεσθίω
2 κάτω
2 κλάδος
2 κοινός
2 κολοβόω
2 κοπάζω
2 κόφινος
2 κυνάριον
2 λαός
2 λεγιών
2 λεπρός
2 λευκός
2 λυπέω
2 μέλει
2 μέλλω
2 μένω
2 μετανοέω
2 μετρέω
2 μήποτε
2 μήτι
2 μνῆμα
2 μοιχάω

2 νεανίσκος
2 νέος
2 ξύλον
2 οἰκοδομή
2 οἷος
2 ὀμνύω
2 ὀνειδίζω
2 οὐαί
2 οὐδέποτε
2 ὀψέ
2 παιδίσκη
2 πανταχοῦ
2 πάντοτε
2 πατρίς
2 πέδη
2 πεινάω
2 πεντακισχίλιοι
2 περιβάλλω
2 περίλυπος
2 περισσῶς
2 περιστερά
2 πετεινόν
2 πετρώδης
2 πίναξ
2 πλῆθος
2 πλήρης
2 πληρόω
2 πλησίον
2 πλούσιος
2 ποιμήν
2 πόλεμος
2 πολλάκις
2 πονηρός
2 πορφύρα
2 ποταπός
2 ποτίζω
2* πρασιά
2 πρίν
2 πρόβατον
2 προέρχομαι
2 προσευχή
2 προσκυνέω
2 προστρέχω
2 προφητεύω
2 πτύω
2 πτῶμα
2 πωρόω
2 ῥήγνυμι
2 ῥῆμα
2* Σαλώμη
2 Σιδών
2 σκεῦος
2* σκληροκαρδία
2 σός
2 σπαράσσω
2 σπόρος
2 σπυρίς
2 στήκω
2 στολή
2 στρώννυμι
2 συμβούλιον
2 συμπνίγω
2* συμπόσιον
2 συνακολουθέω
2 συνανάκειμαι
2 συνέρχομαι
2* συνθλίβω
2 συντρίβω
2 σχίζω
2 τελευτάω
2 τέσσαρες
2 τετρακισχίλιοι
2 τολμάω
2 τράπεζα
2 τρέχω
2 τριάκοντα
2 τρίς
2 ὑπακούω
2 ὑπέρ
2 ὑπηρέτης
2 ὕψιστος
2 φαίνω
2 φιμόω
2 φόνος
2 χαίρω
2 χαλκός
2 χείρων
2 χιτών
2 χόρτος
2 χρόνος
2 ὡσαννά
2 ὡσαύτως
1 αββα
1* Ἀβιαθάρ
1 Ἀβραάμ
1 ἀγγαρεύω
1 ἄγναφος
1 ἀγνοέω
1* ἀγρεύω
1 ἄγριος
1 ἀγρυπνέω
1 ἀδημονέω
1 ἀδύνατος
1 αἰτία
1 ἀκάνθινος
1 ἄκαρπος
1 ἀκρίς
1 ἀκυρόω
1 ἀλαλάζω
1* ἀλεκτοροφωνία
1 Ἀλέξανδρος
1 ἀληθής
1 ἁλίζω
1* ἀλλαχοῦ
1 ἄμπελος
1* ἀμφιβάλλω
1* ἄμφοδον
1 ἀνά
1 ἀνάγαιον
1 ἀναγκάζω
1 ἀναθεματίζω
1 ἀνακλίνω
1 ἀναλαμβάνω
1* ἄναλος
1* ἀναπηδάω
1 ἀνασείω
1* ἀναστενάζω
1 ἀνατολή
1 ἀναφέρω
1 ἀναχωρέω
1 ἀνέχομαι
1 ἄνιπτος
1 ἀνοίγω
1 ἀντάλλαγμα
1 ἀντί
1 ἄνωθεν
1 ἀπαίρω
1 ἁπαλός
1 ἀπαντάω
1 ἀπάτη
1 ἄπιστος
1 ἀποβάλλω
1 ἀποδημέω
1* ἀπόδημος
1 ἀποδίδωμι
1 ἀπόκρυφος
1 ἀπολαμβάνω
1 ἀποπλανάω
1 ἀπορέω
1 ἀποστάσιον
1* ἀποστεγάζω
1 ἀποστερέω
1 ἀποτάσσω
1 ἀποφέρω
1 ἀπώλεια
1 ἀργύριον
1 ἀρέσκω
1 Ἀριμαθαία
1 ἀριστερός
1 ἄρσην
1 ἀρτύω
1 ἄρχων
1 ἄρωμα
1 ἄσβεστος
1 ἀσέλγεια
1 ἀσθενέω
1 ἀσθενής
1 ἀσπασμός
1 ἀστήρ
1 ἀσύνετος
1 ἀσφαλῶς
1 ἀτιμάζω
1 ἄτιμος
1 αὐξάνω
1 αὐτόματος
1 ἀφαιρέω
1 ἀφεδρών
1 ἄφθαρτος
1 ἀφροσύνη
1 ἀχειροποίητος
1 ἄχρι
1 βάθος
1 βαπτισμός
1 Βαρθολομαῖος
1* Βαρτιμαῖος
1 βαστάζω
1 βάτος
1 βδέλυγμα
1 βεβαιόω
1 Βεελζεβούλ
1 Βηθφαγή
1 βιβλίον
1 βίβλος
1 βίος
1* βλάπτω
1 βλαστάνω
1* βοανηργές
1 βουλευτής
1 βούλομαι
1 βροντή
1 βρῶμα
1 γαλήνη
1 Γαλιλαῖος
1 γαμίζω
1 γαστήρ
1 Γεθσημανί
1 γενέσια
1 γένημα
1 γεννάω
1 Γεννησαρέτ
1 Γερασηνός
1 γεύομαι
1* γναφεύς
1 Γολγοθᾶ
1 γονεύς
1 γόνυ
1 γωνία
1 δάκτυλος
1* Δαλμανουθά
1 δαμάζω
1 δαπανάω
1 δειλός
1 δέκα
1 δένδρον
1 δερμάτινος
1 δέσμιος
1 δεσμός
1 δεῦρο
1 διαβλέπω
1 διαγίνομαι
1 διαθήκη
1 διακόσιοι
1 διακρίνω
1 διαλέγομαι
1 διαλογισμός
1 διαμερίζω
1 διάνοια
1 διανοίγω
1 διαρρήσσω
1 διασκορπίζω
1 διασπάω
1 διαφέρω
1 διαφημίζω
1 διδασκαλία
1 διεγείρω
1* δισχίλιοι
1 δοξάζω
1 δρέπανον
1 δύνω
1* δύσις
1* δύσκολος
1 δυσκόλως
1 δῶμα
1 δωρέομαι
1 δῶρον
1 ἐγκαταλείπω
1 εἰκών
1 εἰρηνεύω
1 εἰρήνη
1 εἴωθα
1 ἕκαστος
1 ἑκατονταπλασίων
1 ἐκδίδωμι
1 ἐκδύω
1* ἐκθαυμάζω
1 ἐκλέγομαι
1 ἐκλύομαι
1* ἐκπερισσῶς
1 ἐκτινάσσω
1 ἐκτος
1 ἐκφέρω
1 ἔκφοβος
1 ἐκφύω
1 ἐκχύννομαι
1 ἔλαιον
1 ἐλαύνω
1 Ἑλληνίς
1 ἐμβάπτω
1 ἕνδεκα
1 ἐνδιδύσκω
1* ἐνειλέω
1 ἐνεργέω
1 ἐνέχω
1* ἔννυχος
1 ἔνταλμα
1 ἐνταφιασμός
1 ἐντρέπω
1 ἕξ
1 ἐξαγγέλλω
1 ἐξάγω
1 ἐξαίφνης
1 ἐξανατέλλω
1 ἐξανίστημι
1* ἐξάπινα
1 ἐξαποστέλλω
1 ἐξαυτῆς
1 ἐξομολογέω
1 ἐξορύσσω
1* ἐξουδενέω
1 ἐπαγγέλλομαι
1 ἐπακολουθέω
1 ἐπανίστημι
1 ἐπάνω
1 ἐπαύριον
1 ἐπεί
1 ἐπίβλημα
1 ἐπιγράφω
1 ἐπιθυμία
1 ἐπιλαμβάνομαι
1 ἐπιλανθάνομαι
1 ἐπιλύω
1 ἐπιπίπτω

1* ἐπιράπτω
1 ἐπισκιάζω
1 ἐπίσταμαι
1* ἐπισυντρέχω
1 ἐργάζομαι
1 ἐρημία
1 ἐρήμωσις
1* ἐσχάτως
1 ἕτερος
1 ἕτοιμος
1 εὖ
1 εὐδοκέω
1 εὐθέως
1 εὐκαιρέω
1 εὔκαιρος
1 εὐκαίρως
1 εὐλογητός
1 εὐσχήμων
1* εφφαθα
1 ἐχθρός
1 ζημιόω
1 ἡγεμών
1 ἥκω
1 ἥμισυς
1 Θαδδαῖος
1 θανάσιμος
1 θαυμαστός
1 θέλημα
1 θερισμός
1 θέρος
1 θηλάζω
1 θῆλυς
1 θηρίον
1 θησαυρός
1 θλίβω
1 θνήσκω
1 θορυβέω
1 θρίξ
1 θροέω
1 θυρωρός
1 θυσία
1 θύω
1 Θωμᾶς
1 Ἰάϊρος
1 Ἰακώβ
1 ἰάομαι
1* Ἰδουμαία
1 Ἱεροσολυμίτης
1 ἱμάς
1 ἱματίζω
1 Ἰσαάκ
1 ἰχθύδιον
1 καθαρισμός
1 καθέδρα
1 Καισάρεια
1 κἀκεῖθεν
1 κἀκεῖ
1 κακοποιέω
1 Καναναῖος
1* καταβαρύνω
1 καταγελάω
1* καταδιώκω
1 κατακλάω
1* κατακόπτω
1 κατακυριεύω
1 καταλαμβάνω
1 κατάλυμα
1 καταμαρτυρέω
1 καταπέτασμα
1 καταράομαι
1 καταρτίζω
1 κατασκευάζω
1 κατασκηνόω
1 καταστρέφω
1 καταφιλέω
1 καταχέω
1 κατεξουσιάζω
1* κατευλογέω
1* κατοίκησις
1 καυματίζω
1 κενός
1 κεράμιον
1 κερδαίνω
1* κεφαλιόω
1 κῆνσος
1 κήρυγμα
1 κινέω
1 κλέπτω
1 κληρονομέω
1 κληρονομία
1 κληρονόμος
1 κλῆρος
1 κλοπή
1 κοδράντης
1 κοιλία
1 κόκκος
1 κολαφίζω
1 κολλυβιστής
1 κόπος
1 κόπτω
1* κορβᾶν
1* κουμ
1 κρανίον
1 κράσπεδον
1 κρημνός
1 κρίμα
1 κρυπτός
1 κτῆμα
1 κτίζω
1* κυλίω
1 κυλλός
1 κῦμα
1* κύπτω
1 Κυρηναῖος
1* κωμόπολις
1 λαῖλαψ
1 λεμα
1 λανθάνω
1 λατομέω
1 λάχανον
1 λέπρα
1 λεπτόν
1 Λευί
1 λευκαίνω
1 λιμός
1 λύτρον
1 λυχνία
1 λύχνος
1 Μαθθαῖος
1 μακράν
1 μακρός
1 μανθάνω
1 μάρτυς
1 μαστιγόω
1 μάτην
1 μεγιστάν
1 μέλι
1 μέριμνα
1 μέρος
1 μεσονύκτιον
1 μεταμορφόω
1 μετάνοια
1 μέτρον
1 μέχρι
1* μηκύνω
1 μισέω
1 μισθός
1 μισθωτός
1 μνημονεύω
1 μνημόσυνον
1* μογιλάλος
1 μόδιος
1 μοιχαλίς
1 μοιχεία
1 μοιχεύω
1 μονόφθαλμος
1 μορφή
1 μύλος
1* μυρίζω
1 μυστήριον
1 Ναζαρέθ
1 νάρδος
1 νεότης
1 νῆστις
1 νίπτω
1 νόσος
1* νουνεχῶς
1 νυμφών
1* ξέστης
1 ξηρός
1 ὀδούς
1 οἰκοδεσπότης
1 ὁλοκαύτωμα
1 ὄμμα
1 ὁμοιόω
1 ὁμοίως
1 ὀνικός
1 ὀνομάζω
1 ὄντως
1 ὄξος
1 ὄπισθεν
1 ὅπως
1 ὀργή
1 ὀρθῶς
1 ὁρκίζω
1 ὅρκος
1 ὁρμάω
1 ὀρύσσω
1 ὀρχέομαι
1 ὀσφῦς
1* οὐά
1 ὄφις
1 ὄψιος
1* παιδιόθεν
1 παίω
1 πάλαι
1 πάντοθεν
1 παραγίνομαι
1 παραδέχομαι
1 παραιτέομαι
1 παρακολουθέω
1 παρακούω
1 παράπτωμα
1 παρασκευή
1 παρατηρέω
1 παραφέρω
1 παρέχω
1* παρόμοιος
1 παρρησία
1 πατάσσω
1 πεζῇ
1 πειρασμός
1 πέμπω
1 πενθερά
1 πενθέω
1 πεντήκοντα
1 περιάγω
1 περικαλύπτω
1 περίκειμαι
1 περίσσευμα
1 περισσεύω
1 περισσός
1* περιτρέχω
1 περιφέρω
1 περίχωρος
1 πέτρα
1 πηγή
1 πήρα
1 πιπράσκω
1 πιστικός
1 πλέκω
1 πλεονεξία
1 πλήν
1 πλοιάριον
1 πλοῦτος
1 πνίγω
1 ποικίλος
1 πολυτελής
1 πονηρία
1 πορνεία
1 πόρρω
1 ποταμός
1 πραιτώριον
1 πρό
1* προαύλιον
1 προβαίνω
1 πρόθεσις
1 πρόθυμος
1 προλαμβάνω
1 προλέγω
1* προμεριμνάω
1* προσάββατον
1 προσαίτης
1 προσδέχομαι
1 πρόσκαιρος
1 προσκαρτερέω
1* προσκεφάλαιον
1 προσκολλάω
1 προσκυλίω
1 προσλαμβάνω
1 προσμένω
1* προσορμίζω
1* προσπορεύομαι
1 προστάσσω
1 προστίθημι
1 πρόφασις
1 πρύμνα
1 πρωτοκαθεδρία
1 πρωτοκλισία
1* πυγμή
1 πύργος
1 πυρέσσω
1 πυρετός
1 πώρωσις
1 ῥαββουνί
1 ῥάβδος
1 ῥάκος
1 ῥάπισμα
1 ῥαφίς
1 Ῥοῦφος
1 ῥύσις
1 σαβαχθανι
1 Σαδδουκαῖος
1 σαλεύω
1 σανδάλιον
1 σβέννυμι
1 σέβομαι
1 σεισμός
1 σελήνη
1 σήμερον
1 σίναπι
1 σῖτος
1 σκηνή
1 σκιά
1 σκοτίζω
1 σκότος
1 σκύλλω
1* σκώληξ
1* σμυρνίζω
1 σοφία
1 σπάω
1 σπεῖρα
1* σπεκουλάτωρ
1 σπήλαιον
1 σπόγγος
1 σπόριμος
1 σπουδή
1* στασιαστής
1 στάσις
1 στέγη
1 στενάζω
1 στέφανος

1* στιβάς
1* στίλβω
1 στρατιώτης
1 στυγνάζω
1 συγγενής
1 συγκάθημαι
1 συγκαλέω
1 συζεύγνυμι
1 σῦκον
1 συλλαλέω
1 συλλαμβάνω
1* συλλυπέω
1 συμβαίνω
1 συμπορεύομαι
1 συναναβαίνω
1 συναποθνῄσκω
1 συνεργέω
1 σύνεσις
1 συντελέω
1 συντηρέω
1 συντόμως
1 συντρέχω
1* Συροφοινίκισσα
1 συσπαράσσω
1* σύσσημον
1 συσταυρόω
1 σφόδρα
1 σχίσμα
1 σωτηρία
1 σωφρονέω
1* ταλιθα
1 ταράσσω
1 ταχύς
1 τέκτων
1 τελώνιον
1 τέρας
1 τεσσεράκοντα
1 τέταρτος
1* τηλαυγῶς
1 τίλλω
1* Τιμαῖος
1 τράχηλος
1 τρέμω
1 τριακόσιοι
1 τρίβος
1* τρίζω
1 τρόμος
1 τρύβλιον
1* τρυμαλιά
1 τύπτω
1 ὑγιής
1 ὑμνέω
1 ὑπαντάω
1* ὑπερηφανία
1* ὑπερπερισσῶς
1 ὑποδέω
1 ὑπόδημα
1 ὑπόκρισις
1 ὑποκριτής
1* ὑπολήνιον
1 ὑπομένω
1 ὑστερέω
1 ὑστέρησις
1 ὕστερος
1 ὑψηλός
1 φανερῶς
1 φάντασμα
1 φέγγος
1 φθόνος
1 φιλέω
1 φόβος
1 φονεύω
1 φραγελλόω
1 φραγμός
1 φρονέω
1 φυλάσσω
1 φυτεύω
1 φῶς
1 χαλάω
1* χαλκίον
1 χαρά
1 χεῖλος
1 χειμών
1 χειροποίητος
1 χιλίαρχος
1 χλωρός
1 χοῦς
1 χρῆμα
1 χωλός
1 χωρέω
1 χωρίζω
1 χωρίον
1 χωρίς
1 ψευδοπροφήτης
1 ψευδόχριστος
1 ψιχίον
1 ὦ
1 ὠδίν
1 ὡσεί
1 ὠτάριον

° Not included in concordance
* Word only occurs in this book

Luke – Statistics

2039 Total word count
257 Number of words occurring at least 10 times
962 Number of words occurring once

Words whose occurrences in this book account for at least 25% of occurrences in the entire NT

100%

9/9 Ἐλισάβετ (*Elisabet*; Elizabeth), μνᾶ (*mna*; mina)
7/7 ἐπιστάτης (*epistatēs*; Master)
5/5 κατακλίνω (*kataklinō*; cause to sit down)
4/4 βαλλάντιον (*ballantion*; purse), φάτνη (*phatnē*; manger)
3/3 δραχμή (*drachmē*; drachma), Ζακχαῖος (*Zakchaios*; Zacchaeus), σιτευτός (*siteutos*; fatted), σκάπτω (*skaptō*; dig), σκιρτάω (*skirtaō*; stir), τετρααρχέω (*tetraarcheō*; be tetrarch)
2/2[4] ἀνακύπτω (*anakyptō*; straighten up)
2/2 ἄγρα (*agra*; catch), ἀνάπειρος (*anapeiros*; a cripple), ἀντιπαρέρχομαι (*antiparerchomai*; pass by on the other side of the road), ἀπαιτέω (*apaiteō*; demand in return), ἀποπνίγω (*apopnigō*; choke), ἀστράπτω (*astraptō*; flash), ἄτεκνος (*ateknos*; childless), ἄτερ (*ater*; without), αὐστηρός (*austēros*; hard, strict), βουνός (*bounos*; hill), Γαβριήλ (*Gabriēl*; Gabriel), γελάω (*gelaō*; laugh), δεκαοκτώ (*dekaoktō*; eighteen), διαγογγύζω (*diagongyzō*; complain), διαλαλέω (*dialaleō*; discuss), δοχή (*dochē*; banquet), ἐκμυκτηρίζω (*ekmyktērizō*; make fun of), ἐκτελέω (*ekteleō*; finish), ἐπαιτέω (*epaiteō*; beg), ἐπανέρχομαι (*epanerchomai*; return), ἐφημερία (*ephēmeria*; division), ζεῦγος (*zeugos*; yoke), ἡγεμονεύω (*hēgemoneuō*; be governor), Ἰωάννα (*Iōanna*; Joanna), Καϊνάμ (*Kainam*; Cainan), κλινίδιον (*klinidion*; bed), Μαθθάτ (*Maththat*; Matthat), Ματταθίας (*Mattathias*; Mattathias), Μελχί (*Melchi*; Melchi), μίσθιος (*misthios*; hired man), ὀγδοήκοντα (*ogdoēkonta*; eighty), ὀρεινός (*oreinos*; hill country), οὐσία (*ousia*; property), πράκτωρ (*praktōr*; officer), πρεσβεία (*presbeia*; messenger), προσρήσσω (*prosrēssō*; burst upon), προφέρω (*propherō*; bring out), πτοέω (*ptoeō*; be terrified or startled), Σαλά (*Sala*; Shelah), σπαργανόω (*sparganoō*; wrap in baby clothes), συκοφαντέω (*sykophanteō*; take money), ὑποχωρέω (*hypochōreō*; withdraw), χρεοφειλέτης (*chreopheiletēs*; debtor)
1/1[2] βλάπτω (*blaptō*; harm)
1/1 Ἀβιληνή (*Abilēnē*; Abilene), ἀγκάλη (*ankalē*; arm), ἀγραυλέω (*agrauleō*; be or live outdoors), ἀγωνία (*agōnia*; anguish), Ἀδδί (*Addi*; Addi), Ἀδμίν (*Admin*; Admin), ἀθροίζω (*athroizō*; gather together), αἰσθάνομαι (*aisthanomai*; perceive the meaning of), αἰχμάλωτος (*aichmalōtos*; captive), ἀλλογενής (*allogenēs*; foreigner), ἀμπελουργός (*ampelourgos*; vinedresser), ἀμφιέζω (*amphiezō*; clothe), ἀνάβλεψις (*anablepsis*; restoration of sight), ἀνάδειξις (*anadeixis*; public appearance), ἀνάθημα (*anathēma*; votive gift), ἀναίδεια (*anaideia*; shameless persistence), ἀνάλημψις (*analēmpsis*; taking up), ἀναπτύσσω (*anaptyssō*; open), ἀνατάσσομαι (*anatassomai*; compile), ἀναφωνέω (*anaphōneō*; call out), ἀνέκλειπτος (*anekleiptos*; never decreasing), ἀνένδεκτος (*anendektos*; impossible), ἀνθομολογέομαι (*anthomologeomai*; give thanks), ἀντιβάλλω (*antiballō*; exchange), ἀντικαλέω (*antikaleō*; invite in return), ἀντιμετρέω (*antimetreō*; measure out in return), ἀντιπέρα (*antipera*; opposite), ἀπαρτισμός (*apartismos*; completion), ἀπελπίζω (*apelpizō*; expect in return), ἀποθλίβω (*apothlibō*; crowd in upon), ἀποκλείω (*apokleiō*; close), ἀπομάσσω (*apomassō*; wipe off), ἀπορία (*aporia*; despair), ἀποστοματίζω (*apostomatizō*; attack with questions), ἀποψύχω (*apopsychō*; faint), ἀρήν (*arēn*; lamb), Ἀρνί (*Arni*; Arni), ἄροτρον (*arotron*; plow), Ἀρφαξάδ (*Arphaxad*; Arphaxad), ἀρχιτελώνης (*architelōnēs*; chief tax collector), ἀσώτως (*asōtōs*; recklessly), Αὐγοῦστος (*Augoustos*; Augustus), αὐτόπτης (*autoptēs*; eyewitness), ἄφαντος (*aphantos*; invisible), ἀφρός (*aphros*; foam), ἀφυπνόω (*aphypnoō*; fall asleep), βαθύνω (*bathynō*; go deep), βελόνη (*belonē*;

sewing needle), βλητέος (*blēteos*; must be put or poured), βολή (*bolē*; a throw), Βόος (*Boos*; Boaz), βρώσιμος (*brōsimos*; eatable), βύσσος (*byssos*; fine linen), γαμίσκω (*gamiskō*; give), γῆρας (*gēras*; old age), δακτύλιος (*daktylios*; ring), δανιστής (*danistēs*; moneylender), δαπάνη (*dapanē*; cost), διαβάλλω (*diaballō*; bring charges), διαγρηγορέω (*diagrēgoreō*; become fully awake or stay awake), διακαθαίρω (*diakathairō*; clean out), διαλείπω (*dialeipō*; cease), διαμερισμός (*diamerismos*; division), διανεύω (*dianeuō*; make signs), διανόημα (*dianoēma*; thought), διανυκτερεύω (*dianyktereuō*; spend the night), διαπραγματεύομαι (*diapragmateuomai*; make a profit), διασείω (*diaseiō*; take money by violence or force), διαταράσσω (*diatarassō*; be deeply confused or troubled), διαφυλάσσω (*diaphylassō*; protect), διαχωρίζω (*diachōrizō*; leave), διήγησις (*diēgēsis*; account), ἔα (*ea*; ah), Ἔβερ (*Eber*; Eber), ἐγκάθετος (*enkathetos*; spy), ἔγκυος (*enkyos*; pregnant), ἐδαφίζω (*edaphizō*; raze to the ground), ἐθίζω (*ethizō*; accustom), ἐκκομίζω (*ekkomizō*; carry out for burial), ἐκκρεμάννυμι (*ekkremannymi*; hang upon), ἐκχωρέω (*ekchōreō*; leave), Ἐλιέζερ (*Eliezer*; Eliezer), Ἐλισαῖος (*Elisaios*; Elisha), ἑλκόω (*helkoō*; be covered with sores), Ἐλμαδάμ (*Elmadam*; Elmadam), ἐμβάλλω (*emballō*; throw), Ἐμμαοῦς (*Emmaous*; Emmaus), ἐνδέχομαι (*endechomai*; it is possible), ἔνειμι (*eneimi*; be in or inside), ἐννεύω (*enneuō*; inquire by making signs), Ἐνώς (*Enōs*; Enos), ἐξαιτέω (*exaiteō*; ask permission), ἐξαστράπτω (*exastraptō*; flash like lightning), ἐπαθροίζω (*epathroizō*; increase), ἐπειδήπερ (*epeidēper*; inasmuch as), ἐπεισέρχομαι (*epeiserchomai*; come upon), ἐπικρίνω (*epikrinō*; decide), ἐπιλείχω (*epileichō*; lick), ἐπιμελῶς (*epimelōs*; carefully), ἐπιπορεύομαι (*epiporeuomai*; come to), ἐπισιτισμός (*episitismos*; food), ἐπισχύω (*epischyō*; insist), ἐπιχέω (*epicheō*; pour on), Ἑσλί (*Hesli*; Esli), εὖγε (*euge*; well done), εὐεργέτης (*euergetēs*; benefactor), εὐφορέω (*euphoreō*; produce good crops), ἡγεμονία (*hēgemonia*; reign), Ἠλί (*Ēli*; Heli), ἡμιθανής (*hēmithanēs*; half dead), Ἤρ (*Ēr*; Er), ἦχος (*ēchos*; roar), Θάρα (*Thara*; Terah), θεωρία (*theōria*; sight), θηρεύω (*thēreuō*; catch), θορυβάζω (*thorybazō*; trouble), θραύω (*thrauō*; oppress), θρόμβος (*thrombos*; drop), θυμιάω (*thymiaō*; offer incense), Ἰανναί (*Iannai*; Jannai), Ἰάρετ (*Iaret*; Jared), ἱδρώς (*hidrōs*; sweat), ἱερατεύω (*hierateuō*; serve as a priest), ἰκμάς (*ikmas*; moisture), ἰσάγγελος (*isangelos*; like or equal to an angel), ἴσως (*isōs*; perhaps), Ἰτουραῖος (*Itouraios*; Ituraean), Ἰωανάν (*Iōanan*; Joanan), Ἰωδά (*Iōda*; Joda), Ἰωνάμ (*Iōnam*; Jonam), Ἰωρίμ (*Iōrim*; Jorim), Ἰωσήχ (*Iōsēch*; Josech), καθοπλίζω (*kathoplizō*; arm fully), κατάβασις (*katabasis*; descent), καταδέω (*katadeō*; bandage), κατακρημνίζω (*katakrēmnizō*; throw down from a cliff), καταλιθάζω (*katalithazō*; stone), κατανεύω (*kataneuō*; signal), καταπλέω (*katapleō*; sail), κατασύρω (*katasyrō*; drag), κατασφάζω (*katasphazō*; slay), καταψύχω (*katapsychō*; cool), κέραμος (*keramos*; roof tile), κεράτιον (*keration*; pod), κίχρημι (*kichrēmi*; lend), Κλεοπᾶς (*Kleopas*; Cleopas), κλισία (*klisia*; group), κοπρία (*kopria*; dung), κόπριον (*koprion*; manure), κόραξ (*korax*; crow), κόρος (*koros*; cor), κραιπάλη (*kraipalē*; drunken dissipation), κρύπτη (*kryptē*; cellar), Κυρήνιος (*Kyrēnios*; Quirinius), Κωσάμ (*Kōsam*; Cosam), Λάμεχ (*Lamech*; Lamech), λαμπρῶς (*lamprōs*; splendidly), λαξευτός (*laxeutos*; cut out in the rock), λεῖος (*leios*; smooth), λῆρος (*lēros*; nonsense), Λυσανίας (*Lysanias*; Lysanias), λυσιτελέω (*lysiteleō*; it is advantageous or better), Μάαθ (*Maath*; Maath), Μαθουσαλά (*Mathousala*; Methuselah), Μαλελεήλ (*Maleleēl*; Maleleel), Ματταθά (*Mattatha*; Mattatha), Μελεά (*Melea*; Melea), Μεννά (*Menna*; Menna), μενοῦν (*menoun*; rather), μεριστής (*meristēs*; divider), μετεωρίζομαι (*meteōrizomai*; worry), μόγις (*mogis*; hardly), μυλικός (*mylikos*; pertaining to a mill), Ναγγαί (*Nangai*; Naggai), Ναθάμ (*Natham*; Nathan), Ναιμάν (*Naiman*; Naaman), Ναΐν (*Nain*; Nain), Ναούμ (*Naoum*; Nahum), Ναχώρ (*Nachōr*; Nahor), Νηρί (*Nēri*; Neri), νοσσιά (*nossia*; brood), νοσσός (*nossos*; young), ὁδεύω (*hodeuō*; travel), οἰκονομέω (*oikonomeō*; be manager), ὄμβρος (*ombros*; shower), ὄνειδος (*oneidos*; disgrace), ὀπτός (*optos*; broiled), ὀρθρίζω (*orthrizō*; come early in the morning), ὀρθρινός (*orthrinos*; early in the morning), ὀφρῦς (*ophrys*; brow), παμπληθεί (*pamplēthei*; together), πανδοχεῖον (*pandocheion*; inn), πανδοχεύς (*pandocheus*; inn), παράδοξος (*paradoxos*; incredible), παρακαθέζομαι (*parakathezomai*; sit), παρακαλύπτω (*parakalyptō*; be hidden or concealed), παράλιος (*paralios*; coastal district), παρατήρησις (*paratērēsis*; observation), παρεμβάλλω (*paremballō*; set up), παρθενία (*parthenia*; virginity), πεδινός (*pedinos*; level), πενιχρός (*penichros*; poor), πεντεκαιδέκατος (*pentekaidekatos*; fifteenth), περιάπτω (*periaptō*; kindle), περικρύβω (*perikrybō*; keep in seclusion), περικυκλόω (*perikykloō*; surround), περιοικέω (*perioikeō*; live in the neighborhood of), περίοικος (*perioikos*; neighbor), περισπάω (*perispaō*; be distracted or worried), πήγανον (*pēganon*; rue), πιέζω (*piezō*; press down), πινακίδιον (*pinakidion*; writing tablet), πλήμμυρα (*plēmmyra*; flood), πολλαπλασίων (*pollaplasiōn*; more), πραγματεύομαι (*pragmateuomai*; trade), προμελετάω (*promeletaō*; prepare ahead of time), προσαναβαίνω (*prosanabainō*; move up), προσαναλόω (*prosanaloō*; spend), προσδαπανάω (*prosdapanaō*; spend in addition), προσεργάζομαι (*prosergazomai*; make more [profit]), προσποιέω (*prospoieō*; act as if), προσψαύω (*prospsauō*; touch), πτύσσω (*ptyssō*; close), Ῥαγαύ (*Rhagau*; Reu), ῥῆγμα (*rhēgma*; ruin), Ῥησά (*Rhēsa*; Rhesa), σάλος (*salos*; wave), Σάρεπτα (*Sarepta*; Zarephath), Σεμεΐν (*Semein*; Semein), Σερούχ (*Serouch*; Serug), Σήθ (*Sēth*; Seth), Σήμ (*Sēm*; Shem), σίκερα (*sikera*; strong drink), σινιάζω (*siniazō*; sift), σιτομέτριον (*sitometrion*; food allowance), σκῦλον (*skylon*; spoils), σορός (*soros*; a stand on which a corpse is carried), Σουσάννα (*Sousanna*; Susanna), στιγμή (*stigmē*; moment), στρατόπεδον (*stratopedon*; army), συγγενίς (*syngenis*; kinswoman), συγκαλύπτω (*synkalyptō*; cover up), συγκατατίθημι (*synkatatithēmi*; agree with), συγκύπτω (*synkyptō*; bend double), συγκυρία (*synkyria*; chance), συκάμινος (*sykaminos*; mulberry tree), συκομορέα (*sykomorea*; sycamore tree or fig mulberry tree), συλλογίζομαι (*syllogizomai*; discuss), συμπαραγίνομαι (*symparaginomai*; assemble), συμπίπτω (*sympiptō*; collapse), συμφύω (*symphyō*; grow up with), συμφωνία (*symphōnia*; music), σύνειμι (*syneimi*; gather), συνοδία (*synodia*; group of travelers), συντυγχάνω (*syntynchanō*; reach), Σύρος (*Syros*; Syrian), τελεσφορέω (*telesphoreō*; produce mature fruit), τετραπλοῦς (*tetraplous*; four times as much), Τιβέριος (*Tiberios*; Tiberius), τραῦμα (*trauma*; wound), Τραχωνῖτις (*Trachōnitis*; Trachonitis), τρῆμα (*trēma*; eye [of a needle]), τρυγών (*trygōn*; dove), ὑγρός (*hygros*; green), ὑδρωπικός (*hydrōpikos*; suffering from dropsy), ὑπερεκχύννω (*hyperekchynnō*; run over), ὑποκρίνομαι (*hypokrinomai*; pretend), ὑποστρωννύω (*hypostrōnnyō*; spread out), Φάλεκ (*Phalek*; Peleg), Φανουήλ (*Phanouēl*; Phanuel), φάραγξ (*pharanx*; valley), φιλονεικία (*philoneikia*; dispute), φόβητρον (*phobētron*; dreadful sight or event), φρονίμως (*phronimōs*; wisely), χάραξ (*charax*; barricade), χάσμα (*chasma*; chasm), χορός (*choros*; dancing), Χουζᾶς (*Chouzas*; Chuza), ψώχω (*psōchō*; rub), ᾠόν (*ōon*; egg)

90%

10/11 Ζαχαρίας (*Zacharias*; Zechariah)

75%

3/4 ἀπογράφω (*apographō*; register), γείτων (*geitōn*; neighbor), δανείζω (*daneizō*; lend), ἐκλείπω (*ekleipō*; fail), κακοῦργος (*kakourgos*; criminal), Λώτ (*Lōt*; Lot), μακρός (*makros*; long), μαμωνᾶς (*mamōnas*; money), ὀδυνάω (*odynaō*; be in great pain), ὀρθῶς (*orthōs*; rightly), συμπορεύομαι (*symporeuomai*; go or walk along with)

66%

6/9 νομικός (*nomikos*; pertaining to the law)

4/6 πήρα (*pēra*; bag)

2/3 ἀλώπηξ (*alōpēx*; fox), ἀναζητέω (*anazēteō*; search after), ἄριστον (*ariston*; meal), βάσανος (*basanos*; torment), Γερασηνός (*Gerasēnos*; of Gerasa), διΐστημι (*diistēmi*; part), δούλη (*doulē*; female servant or slave), ἐπάν (*epan*; when), ἐπανάγω (*epanagō*; return), ἐπιβιβάζω (*epibibazō*; set or place upon), ἐπιβλέπω (*epiblepō*; look upon with care), ἐπιμελέομαι (*epimeleomai*; take care of), εὔθετος (*euthetos*; fit, suitable), θάμβος (*thambos*; amazement), θεραπεία (*therapeia*; healing), κατάλυμα (*katalyma*; room), κατισχύω (*katischyō*; have strength), λεπτόν (*lepton*; lepton [Jewish bronze or copper coin]), λύτρωσις (*lytrōsis*; redemption), μαστός (*mastos*; chest, breast), μνηστεύω (*mnēsteuō*; be engaged), Νινευίτης (*Nineuitēs*; inhabitant of Nineveh), οἰκτίρμων (*oiktirmōn*; merciful), ῥύσις (*rhysis*; flow), σαρόω (*saroō*; sweep), σκοτεινός (*skoteinos*; dark), συμπληρόω (*symplēroō*; draw near), φύω (*phyō*; grow)

62%
5/8 βρέφος (*brephos*; baby)

60%
21/35 ὑποστρέφω (*hypostrephō*; return)
3/5 αἴτιος (*aitios*; cause), ἀνακράζω (*anakrazō*; cry out), ἀναπέμπω (*anapempō*; send, send back or up), βάτος (*batos*; bath), διαπορεύομαι (*diaporeuomai*; go or travel through), ἐναντίον (*enantion*; in the judgment of), ἐννέα (*ennea*; nine), προβαίνω (*probainō*; go on), πρωτοκλισία (*prōtoklisia*; place of honor), στεῖρα (*steira*; a woman incapable of having children), φωτεινός (*phōteinos*; full of light)

57%
4/7 κλίνω (*klinō*; bow), προσφωνέω (*prosphōneō*; call to [oneself])

55%
10/18 παραχρῆμα (*parachrēma*; immediately)
5/9 ἐπιδίδωμι (*epididōmi*; give), περίχωρος (*perichōros*; surrounding region)

54%
13/24 πίμπλημι (*pimplēmi*; fill)
6/11 διαμερίζω (*diamerizō*; divide)

53%
7/13 ὕψιστος (*hypsistos*; highest)

51%
15/29 φίλος (*philos*; friend)

50%
6/12 συνέχω (*synechō*; surround, control)
5/10 ἀπολαμβάνω (*apolambanō*; receive), ἀσπασμός (*aspasmos*; greeting), βίος (*bios*; life)
4/8 διανοίγω (*dianoigō*; open), εἰσφέρω (*eispherō*; bring in), Λευί (*Leui*; Levi), συγκαλέω (*synkaleō*; call together)
3/6 ἀνακλίνω (*anaklinō*; seat at table), ἀποθήκη (*apothēkē*; barn), δοκός (*dokos*; log), κάρφος (*karphos*; speck), καταφιλέω (*kataphileō*; kiss), κόλπος (*kolpos*; chest, side), μόσχος (*moschos*; calf, young bull, ox), παρατηρέω (*paratēreō*; watch, keep), πενθερά (*penthera*; mother-in-law), περιζώννυμι (*perizōnnymi*; wrap around), σπεύδω (*speudō*; hasten), συλλαλέω (*syllaleō*; talk or speak with), ὑποδείκνυμι (*hypodeiknymi*; show)
2/4 ἀποβαίνω (*apobainō*; get out), ἀποδεκατόω (*apodekatoō*; give a tenth), ἀπόκρισις (*apokrisis*; answer), ἄρωμα (*arōma*; aromatic spice or oil), δειπνέω (*deipneō*; eat), διαδίδωμι (*diadidōmi*; distribute), ἐκπειράζω (*ekpeirazō*; put to the test), ἔνδοξος (*endoxos*; glorious), ἐνενήκοντα (*enenēkonta*; ninety), ἐπίβλημα (*epiblēma*; piece), ἑπτάκις (*heptakis*; seven times), θεμέλιον (*themelion*; foundation), θρηνέω (*thrēneō*; mourn), κραταιόω (*krataioō*; become strong), λέπρα (*lepra*;

leprosy), ὁμιλέω (*homileō*; talk), ὀπτασία (*optasia*; vision), πολίτης (*politēs*; citizen), πόρρω (*porrō*; far away), πρωτοκαθεδρία (*prōtokathedria*; place of honor), πύργος (*pyrgos*; tower), σκύλλω (*skyllō*; trouble), στρουθίον (*strouthion*; sparrow), σωτήριον (*sōtērion*; salvation), ταμεῖον (*tameion*; inner or private room), τετραάρχης (*tetraarchēs*; tetrarch), ὑποδέχομαι (*hypodechomai*; receive or welcome as a guest)

1/2[3] ὄρθρος (*orthros*; early morning)

1/2 ἄδηλος (*adēlos*; indistinct), ἀδυνατέω (*adynateō*; be impossible), αἶνος (*ainos*; praise), αἰφνίδιος (*aiphnidios*; sudden), ἄλευρον (*aleuron*; wheat flour), ἀλήθω (*alēthō*; grind), ἅλων (*halōn*; threshing floor), ἀνάγαιον (*anagaion*; upstairs room), ἀναδείκνυμι (*anadeiknymi*; appoint), ἀναζάω (*anazaō*; come back to life), ἀνακαθίζω (*anakathizō*; sit up), ἀναλόω (*analoō*; consume), ἀναλύω (*analyō*; come back), ἀνάπτω (*anaptō*; kindle), ἀνασείω (*anaseiō*; incite), ἀνασπάω (*anaspaō*; pull out), ἀναφαίνω (*anaphainō*; come in sight of), ἀνευρίσκω (*aneuriskō*; find), ἄνοια (*anoia*; foolishness, fury), ἀνταπόδομα (*antapodoma*; repayment), ἀνταποκρίνομαι (*antapokrinomai*; reply), ἀνώτερος (*anōteros*; first), ἀξίνη (*axinē*; axe), ἀπαντάω (*apantaō*; meet), ἁπλοῦς (*haplous*; sound), ἀπογραφή (*apographē*; registration), ἀποτελέω (*apoteleō*; accomplish), ἀποτινάσσω (*apotinassō*; shake off), Ἀσήρ (*Asēr*; Asher), ἀσσάριον (*assarion*; assarion [Roman copper coin]), αὐλίζομαι (*aulizomai*; spend the night), ἀχάριστος (*acharistos*; ungrateful), ἀχρεῖος (*achreios*; worthless), ἄχυρον (*achyron*; chaff), βασίλειος (*basileios*; royal), βιάζω (*biazō*; exercise force), βορρᾶς (*borras*; north), βουλευτής (*bouleutēs*; council member), βυθίζω (*bythizō*; sink), γεννητός (*gennētos*; born), δεινῶς (*deinōs*; terribly), διαιρέω (*diaireō*; divide, distribute), διατηρέω (*diatēreō*; keep), διϊσχυρίζομαι (*diischyrizomai*; insist), διοδεύω (*diodeuō*; go about), διχοτομέω (*dichotomeō*; cut in pieces), δύνω (*dynō*; set), δυσβάστακτος (*dysbastaktos*; hard to carry), ἐγκρύπτω (*enkryptō*; place or mix in), ἔναντι (*enanti*; before), ἐνδιδύσκω (*endidyskō*; dress or clothe in), ἐνεδρεύω (*enedreuō*; lie in ambush), ἔνθεν (*enthen*; from here), ἐνισχύω (*enischyō*; regain strength), ἐνοχλέω (*enochleō*; trouble), ἐντός (*entos*; within), ἐπαναπαύομαι (*epanapauomai*; rest upon), ἐπεῖδον (*epeidon*; concern oneself with), ἐπηρεάζω (*epēreazō*; mistreat), ἐπιούσιος (*epiousios*; for today), ἐπιρίπτω (*epiriptō*; throw on), ἐπιφώσκω (*epiphōskō*; dawn), ἔριφος (*eriphos*; goat), εὐκαιρία (*eukairia*; opportune moment), εὐτόνως (*eutonōs*; vehemently), ζωγρέω (*zōgreō*; catch), ἡδύοσμον (*hēdyosmon*; mint), Θεόφιλος (*Theophilos*; Theophilus), Ἰάϊρος (*Iairos*; Jairus), ἱερατεία (*hierateia*; priestly office), ἱλάσκομαι (*hilaskomai*; bring about forgiveness for, propitiate), ἱματίζω (*himatizō*; clothe), κατακλάω (*kataklaō*; break in pieces), κατακλείω (*katakleiō*; shut up), κατακολουθέω (*katakoloutheō*; follow), κατασκήνωσις (*kataskēnōsis*; nest), κεραία (*keraia*; stroke), κεράμιον (*keramion*; jar), κλάσις (*klasis*; breaking), κλίβανος (*klibanos*; oven), κλύδων (*klydōn*; rough water), κρίνον (*krinon*; lily), λικμάω (*likmaō*; crush), λοιμός (*loimos*; plague), μακαρίζω (*makarizō*; consider blessed), μήτρα (*mētra*; womb), νήθω (*nēthō*; spin), οἰνοπότης (*oinopotēs*; drinker), ὄρνις (*ornis*; hen), ὁσιότης (*hosiotēs*; holiness), παντελής (*pantelēs*; complete), παραβιάζομαι (*parabiazomai*; urge), παρίημι (*pariēmi*; neglect), παροικέω (*paroikeō*; live in), πεντακόσιοι (*pentakosioi*; five hundred), περιέχω (*periechō*; seize), περιλάμπω (*perilampō*; shine around), πικρῶς (*pikrōs*; bitterly), πορεία (*poreia*; journey), πόρρωθεν (*porrōthen*; at or from a distance), προβάλλω (*proballō*; put forward), προπορεύομαι (*proporeuomai*; go before or in front of), προσδοκία (*prosdokia*; expectation), προτρέχω (*protrechō*; run on ahead), προϋπάρχω (*prouparchō*; be or exist previously), προφῆτις (*prophētis*; prophetess), πτερύγιον (*pterygion*; highest point or parapet), πτύον (*ptyon*; winnowing), πτῶσις (*ptōsis*; fall), σάτον (*saton*; saton [dry measure]), σιαγών (*siagōn*; cheek), Σιδώνιος (*Sidōnios*; of Sidon), σκυθρωπός (*skythrōpos*; sod), στρατιά (*stratia*; army), συγκαθίζω (*synkathizō*; sit together with), συναντιλαμβάνομαι (*synantilambanomai*; help), σύνειμι (*syneimi*; be present), συνθλάω (*synthlaō*; break to pieces), συνοχή (*synochē*; distress), συσπαράσσω (*sysparassō*; throw into convulsions), σωματικός (*sōmatikos*; bodily), τελείωσις (*teleiōsis*; fulfillment), τόκος (*tokos*; interest), τραυματίζω (*traumatizō*; injure), τραχύς (*trachys*; rough), τρυφή (*tryphē*; luxury), ὑπωπιάζω (*hypōpiazō*; wear out), φάγος (*phagos*; glutton), φήμη (*phēmē*; report), φιλάργυρος (*philargyros*; fond of money), φορτίζω (*phortizō*; burden), φρόνησις (*phronēsis*; insight), φωλεός (*phōleos*; hole), χαριτόω (*charitoō*; bestow on freely), Χοραζίν (*Chorazin*; Chorazin), ψηφίζω (*psēphizō*; figure out), ὦμος (*ōmos*; shoulder)

48%
15/31 πλήν (*plēn*; but, except)

47%
10/21 τελώνης (*telōnēs*; tax-collector)

45%
5/11 Γαλιλαῖος (*Galilaios*; Galilean), λίμνη (*limnē*; lake)

44%
12/27 κώμη (*kōmē*; village)
11/25 δέκα (*deka*; ten)
4/9 ἀγαθοποιέω (*agathopoieō*; do good), Ἰωνᾶς (*Iōnas*; Jonah), κρούω (*krouō*; knock)

43%
7/16 συλλαμβάνω (*syllambanō*; seize; mid. assist)

42%
18/42 ἐγγίζω (*engizō*; approach)
11/26 ἰάομαι (*iaomai*; heal)
9/21 ὡσεί (*hōsei*; like)
6/14 διαλογισμός (*dialogismos*; thought), εὐφραίνω (*euphrainō*; make glad), λύχνος (*lychnos*; lamp)
3/7[8] δάκτυλος (*daktylos*; finger)
3/7 Βεελζεβούλ (*Beelzeboul*; Beelzebul), βρέχω (*brechō*; rain), δῶμα (*dōma*; roof), εὔκοπος (*eukopos*; easy), ἰατρός (*iatros*; physician), Ἰεριχώ (*Ierichō*; Jericho), νότος (*notos*; south wind), πεντήκοντα (*pentēkonta*; fifty), συγχαίρω (*synchairō*; rejoice with or together), Συμεών (*Symeōn*; Simeon), συνανάκειμαι (*synanakeimai*; sit at table with)

41%
12/29 ἐπιτιμάω (*epitimaō*; command, rebuke)
5/12 Ναζαρέθ (*Nazareth*; Nazareth)

40%
4/10 ἀφαιρέω (*aphaireō*; take away), ἐπιτάσσω (*epitassō*; command), οἰκονόμος (*oikonomos*; steward), ὑπόδημα (*hypodēma*; sandal)
2/5[6] ἕνδεκα (*hendeka*; eleven)
2/5 ἀγαλλίασις (*agalliasis*; extreme joy or gladness), ἀνεκτός (*anektos*; tolerable), ἀντίδικος (*antidikos*; opponent at law), δεκτός (*dektos*; acceptable), διαμένω (*diamenō*; stay), διαρρήσσω (*diarrēssō*; tear), δυσμή (*dysmē*; west), ἑβδομήκοντα (*hebdomēkonta*; seventy), εἶδος (*eidos*; visible form, sight), ἐκμάσσω (*ekmassō*; wipe), ἐμπίπλημι (*empiplēmi*; fill), ἔμφοβος (*emphobos*; full of fear), ἔντιμος (*entimos*; valuable), ἐξαίφνης (*exaiphnēs*; suddenly), ἑξῆς (*hexēs*; on the next day), ἐπιγραφή (*epigraphē*; inscription), ἐπισκιάζω (*episkiazō*; overshadow), ἡσυχάζω (*hēsychazō*; be silent or quiet),

θηλάζω (*thēlazō*; nurse), ἱματισμός (*himatismos*; clothing), καθεξῆς (*kathexēs*; in order or sequence), καταδικάζω (*katadikazō*; condemn), καταπατέω (*katapateō*; trample on), κονιορτός (*koniortos*; dust), παραλύω (*paralyō*; be paralyzed or weak), πατέω (*pateō*; trample), περίλυπος (*perilypos*; very sad), σίναπι (*sinapi*; mustard), σκορπίος (*skorpios*; scorpion), στῆθος (*stēthos*; chest), συμπνίγω (*sympnigō*; choke), ὑβρίζω (*hybrizō*; treat disgracefully), ὑπολαμβάνω (*hypolambanō*; suppose, answer, take away, support), φόρος (*phoros*; tax), χρῄζω (*chrēzō*; need), χρονίζω (*chronizō*; delay)

39%
11/28 πλούσιος (*plousios*; rich)

38%
18/47 ἁμαρτωλός (*hamartōlos*; sinful)
7/18 προστίθημι (*prostithēmi*; add)
5/13 ἐμπαίζω (*empaizō*; ridicule)

37%
23/61[63] δαιμόνιον (*daimonion*; demon)
9/24 παῖς (*pais*; servant)
6/16 διαλογίζομαι (*dialogizomai*; discuss), προσδοκάω (*prosdokaō*; wait for)
3/8 αἰνέω (*aineō*; praise), βοῦς (*bous*; ox), ἐπισυνάγω (*episynagō*; gather), ἡλικία (*hēlikia*; age), μνῆμα (*mnēma*; grave), Νῶε (*Nōe*; Noah), ξηρός (*xēros*; dry), ὀκτώ (*oktō*; eight), προσπίπτω (*prospiptō*; fall at someone's feet)

36%
31/85[86] ἄρχω (*archō*; rule, govern; mid. begin)
18/50 παραβολή (*parabolē*; parable)
11/30 ὁμοίως (*homoiōs*; in the same way)
8/22 δέομαι (*deomai*; ask)
4/11 νόσος (*nosos*; disease), συγγενής (*syngenēs*; relative), φυτεύω (*phyteuō*; plant)

35%
14/40 ἑτοιμάζω (*hetoimazō*; prepare)
7/20 ἰχθύς (*ichthys*; fish)
5/14 ἀμφότεροι (*amphoteroi*; both), προσδέχομαι (*prosdechomai*; wait for), ταπεινόω (*tapeinoō*; humble)

34%
51/147[153] πορεύομαι (*poreuomai*; go)
15/43 γενεά (*genea*; generation)
9/26 χήρα (*chēra*; widow)

33%
18/54 οὐχί (*ouchi*; not)
13/39 ἅπτω (*haptō*; touch)
11/33[34] ἅπας (*hapas*; all)
7/21 ἐφίστημι (*ephistēmi*; come up, be present or imminent), στρέφω (*strephō*; turn)
5/15 δέρω (*derō*; beat)

4/12 ἄδικος (*adikos*; evil), ἀναπίπτω (*anapiptō*; sit, recline), ἀσκός (*askos*; wine skin), βοάω (*boaō*; call), δίκτυον (*diktyon*; fishing net), λιμός (*limos*; famine), οἰκοδεσπότης (*oikodespotēs*; householder), πῶλος (*pōlos*; colt), χοῖρος (*choiros*; pig)

3/9 ἀλείφω (*aleiphō*; anoint), ἀποδοκιμάζω (*apodokimazō*; reject), ἀστραπή (*astrapē*; lightning), βόσκω (*boskō*; tend), διασκορπίζω (*diaskorpizō*; scatter), ἐκδίκησις (*ekdikēsis*; rendering of justice), ἐντρέπω (*entrepō*; make ashamed), ἐπέρχομαι (*eperchomai*; come, come upon), καθαιρέω (*kathaireō*; take down), κλίνη (*klinē*; bed), λεπρός (*lepros*; leper), μονογενής (*monogenēs*; only, unique), οἰκονομία (*oikonomia*; management of a household), πλατεῖα (*plateia*; wide street), Σαμαρίτης (*Samaritēs*; Samaritan), Σιδών (*Sidōn*; Sidon), τρέφω (*trephō*; feed)

2/6[8] ἀπιστέω (*apisteō*; fail or refuse to believe)

2/6 ἀποδημέω (*apodēmeō*; leave), ἀποτάσσω (*apotassō*; say goodbye), βαρέω (*bareō*; burden), διεγείρω (*diegeirō*; arise, awake), ἐκδικέω (*ekdikeō*; help someone get justice), θυμίαμα (*thymiama*; incense), καθότι (*kathoti*; because), μέριμνα (*merimna*; care), Ναζαρηνός (*Nazarēnos*; inhabitant of Nazareth), πυρετός (*pyretos*; fever), σπόρος (*sporos*; seed), συμβάλλω (*symballō*; meet), συναντάω (*synantaō*; meet), συντελέω (*synteleō*; end), ὕψος (*hypsos*; height), φορτίον (*phortion*; burden)

1/3[4] παρακολουθέω (*parakoloutheō*; follow closely)

1/3 Ἀβιά (*Abia*; Abijah), αἴτημα (*aitēma*; request), Ἀμιναδάβ (*Aminadab*; Amminadab), ἀμφιέννυμι (*amphiennymi*; clothe), Ἀμώς (*Amōs*; Amos), ἀνορθόω (*anorthoō*; restore), ἀντιλαμβάνομαι (*antilambanomai*; help), ἀπαίρω (*apairō*; take away), ἀπαλλάσσω (*apallassō*; set free), ἀπόκρυφος (*apokryphos*; secret), ἀποχωρέω (*apochōreō*; go away), ἆρα (*ara*; interrogative particle expecting a negative response), ἀριθμέω (*arithmeō*; count), ἀριστάω (*aristaō*; eat breakfast), ἀροτριάω (*arotriaō*; plow), ἁρπαγή (*harpagē*; taking [something] by violence or greed), ἀρτύω (*artyō*; season), ἄσβεστος (*asbestos*; unquenchable), ἀσφάλεια (*asphaleia*; security), αὐλέω (*auleō*; play a flute), Βηθφαγή (*Bēthphagē*; Bethphage), βιωτικός (*biōtikos*; pertaining to everyday life), βόθυνος (*bothynos*; ditch), βραδύς (*bradys*; slow), βραχίων (*brachiōn*; arm), γαλήνη (*galēnē*; calm), Γεννησαρέτ (*Gennēsaret*; Gennesaret), δεσμεύω (*desmeuō*; tie), διαβαίνω (*diabainō*; cross), διαβλέπω (*diablepō*; see clearly), διαγγέλλω (*diangellō*; proclaim), δυνάστης (*dynastēs*; ruler), δυσκόλως (*dyskolōs*; with difficulty), ἐγγράφω (*engraphō*; write), ἑκατονταπλασίων (*hekatontaplasiōn*; a hundredfold), ἐκπνέω (*ekpneō*; die), ἐκτενῶς (*ektenōs*; earnestly), Ἐλιακίμ (*Eliakim*; Eliakim), ἕλκος (*helkos*; sore), ἐνέχω (*enechō*; have a grudge against), ἐντυλίσσω (*entylissō*; wrap in, fold up), Ἑνώχ (*Henōch*; Enoch), ἐξανίστημι (*exanistēmi*; have children), ἔξοδος (*exodos*; departure), ἐπίτροπος (*epitropos*; steward), ἐπιχειρέω (*epicheireō*; undertake), ἐρήμωσις (*erēmōsis*; desolation), ἑσπέρα (*hespera*; evening), Ἑσρώμ (*Hesrōm*; Hezron), εὐγενής (*eugenēs*; of high or noble birth), Ζοροβαβέλ (*Zorobabel*; Zerubbabel), ζῳογονέω (*zōogoneō*; give life to), ἦχος (*ēchos*; sound), θέρος (*theros*; summer), ἴασις (*iasis*; healing), Ἰωβήδ (*Iōbēd*; Obed), καταγελάω (*katagelaō*; laugh at), καταξιόω (*kataxioō*; count worthy), καταπίπτω (*katapiptō*; fall), κατευθύνω (*kateuthynō*; direct), καύσων (*kausōn*; scorching), κρημνός (*krēmnos*; steep bank), λαῖλαψ (*lailaps*; storm), Λευίτης (*Leuitēs*; Levite), λυτρόω (*lytroō*; redeem), μεγαλειότης (*megaleiotēs*; majesty), μέθη (*methē*; drunkenness), μόδιος (*modios*; basket), μοιχός (*moichos*; adulterer), Ναασσών (*Naassōn*; Nahshon), νομοδιδάσκαλος (*nomodidaskalos*; teacher or interpreter of the law), νυμφών (*nymphōn*; wedding hall), πανοπλία (*panoplia*; armor), πάντοθεν (*pantothen*; on all sides), παράδεισος (*paradeisos*; paradise), πατριά (*patria*; family), πέδη (*pedē*; chain), περικαλύπτω (*perikalyptō*; cover), περιπίπτω (*peripiptō*; encounter), περιποιέω (*peripoieō*; obtain), πλύνω (*plynō*; wash), Πόντιος (*Pontios*; Pontius), ποσάκις (*posakis*; how often), πρεσβυτέριον (*presbyterion*; body of elders), πρεσβύτης (*presbytēs*; old or elderly man), προδότης (*prodotēs*; traitor), πυκνός (*pyknos*; frequent), Σαλαθιήλ (*Salathiēl*; Salathiel), σής (*sēs*; moth), Σιλωάμ (*Silōam*; Siloam), σπαράσσω (*sparassō*; throw into convulsions), σποδός (*spodos*; ashes), σπόριμος (*sporimos*; grainfield), σταφυλή (*staphylē*; cluster of grapes), στέγη (*stegē*; roof), στενός (*stenos*;

narrow), συγγένεια (*syngeneia*; kindred), συνακολουθέω (*synakoloutheō*; follow), συντηρέω (*syntēreō*; protect), συντίθημι (*syntithēmi*; agree), τελώνιον (*telōnion*; tax or revenue office), τίλλω (*tillō*; pluck), τοίνυν (*toinyn*; therefore), τρέμω (*tremō*; tremble), τρίβος (*tribos*; path), τρυγάω (*trygaō*; gather), Φάρες (*Phares*; Perez), ὠτίον (*ōtion*; ear)

32%
32/97[98] ἕτερος (*heteros*; other)
17/53[54] Μαρία (*Maria*; Mary)
15/46 οὐαί (*ouai*; woe)
14/43 Ἡρῴδης (*Ērōdēs*; Herod), θεραπεύω (*therapeuō*; heal)
9/28 θυγάτηρ (*thygatēr*; daughter), χώρα (*chōra*; country)

31%
13/41 εὐλογέω (*eulogeō*; bless)
9/29 παρέρχομαι (*parerchomai*; pass)
7/22 κοιλία (*koilia*; stomach, belly, womb)
6/19 ἐπαίρω (*epairō*; raise), κριτής (*kritēs*; judge)
5/16 ἀθετέω (*atheteō*; reject), δεῖπνον (*deipnon*; dinner, feast)

30%
27/90 ἀπόλλυμι (*apollymi*; destroy)
17/56 ἐπερωτάω (*eperōtaō*; ask)
15/50 μακάριος (*makarios*; blessed)
15/49 ἔτος (*etos*; year)
13/43 θαυμάζω (*thaumazō*; marvel)
12/40 οἰκοδομέω (*oikodomeō*; build)
8/26 γέ (*ge*; enclitic particle adding emphasis to the word with which it is associated)
7/23 ἀμπελών (*ampelōn*; vineyard)
6/20 γονεύς (*goneus*; parent), ὑψόω (*hypsoō*; exalt, lift up, raise)
4/13 Μάρθα (*Martha*; Martha), τύπτω (*typtō*; beat)
3/10 ἐκκόπτω (*ekkoptō*; cut off or down), σιγάω (*sigaō*; keep silent)

29%
43/148 καλέω (*kaleō*; call)
33/113[114] οἶκος (*oikos*; house)
20/67[68] σάββατον (*sabbaton*; Sabbath)
17/58[59] διδάσκαλος (*didaskalos*; teacher)
10/34 πτωχός (*ptōchos*; poor)
7/24 νέος (*neos*; young, new)
5/17 ἄφεσις (*aphesis*; forgiveness)

28%
57/200 ἰδού (*idou*; look!)
46/162 βασιλεία (*basileia*; kingdom)
16/56 δέχομαι (*dechomai*; take, receive)
11/39[40] κλαίω (*klaiō*; weep)
8/28 ἰσχύω (*ischyō*; be able)
7/25 ἀναβλέπω (*anablepō*; look up), δένδρον (*dendron*; tree), μήποτε (*mēpote*; lest)

6/21 πειρασμός (*peirasmos*; testing)
4/14[15] ἐλαία (*elaia*; olive tree)
4/14 ἄκανθα (*akantha*; thorn), αὔριον (*aurion*; tomorrow), ἀφίστημι (*aphistēmi*; leave), ἐλάχιστος (*elachistos*; least), θύω (*thyō*; slaughter), κατανοέω (*katanoeō*; consider), κωφός (*kōphos*; dumb), μακρόθεν (*makrothen*; far off), μύρον (*myron*; perfume), πετεινόν (*peteinon*; bird), σῖτος (*sitos*; grain)
2/7 ἀγέλη (*agelē*; herd), ἀνταποδίδωμι (*antapodidōmi*; repay), ἀποδέχομαι (*apodechomai*; welcome), Βηθσαϊδά (*Bēthsaida*; Bethsaida), γαμίζω (*gamizō*; give in marriage), διαστρέφω (*diastrephō*; pervert), διατίθημι (*diatithēmi*; make [covenant]), ἐκζητέω (*ekzēteō*; seek or search diligently), ἐμπίπτω (*empiptō*; fall into or among), ἐπίκειμαι (*epikeimai*; lie), καθαρισμός (*katharismos*; cleansing, purification), κόκκος (*kokkos*; seed), κτάομαι (*ktaomai*; acquire), ὄπισθεν (*opisthen*; behind), οὐθείς (*outheis*; no one), ποταπός (*potapos*; of what sort or kind), ῥήγνυμι (*rhēgnymi*; burst, attack, break forth), ῥίπτω (*rhiptō*; throw), τράχηλος (*trachēlos*; neck), φίλημα (*philēma*; kiss), χαλάω (*chalaō*; lower), χρηστός (*chrēstos*; kind), ψαλμός (*psalmos*; psalm)

<u>27%</u>
27/97[98] Φαρισαῖος (*Pharisaios*; Pharisee)
19/68 ῥῆμα (*rhēma*; word)
6/22 πωλέω (*pōleō*; sell)
5/18 εἰσπορεύομαι (*eisporeuomai*; go or come in), ἐπιβάλλω (*epiballō*; lay on), μήν (*mēn*; month), τίκτω (*tiktō*; bear)
3/11 ἀγορά (*agora*; market place), ἀντιλέγω (*antilegō*; oppose), ἀπαρνέομαι (*aparneomai*; disown), εἰσάγω (*eisagō*; lead or bring in or into), ἔλαιον (*elaion*; olive oil), ἐπισκέπτομαι (*episkeptomai*; visit), θάπτω (*thaptō*; bury), σχίζω (*schizō*; split), Τύρος (*Tyros*; Tyre), χιτών (*chitōn*; tunic)

<u>26%</u>
15/56 συναγωγή (*synagōgē*; synagogue)
11/41 σήμερον (*sēmeron*; today)
9/34 μετανοέω (*metanoeō*; repent)
6/23 κωλύω (*kōlyō*; hinder), μιμνῄσκομαι (*mimnēskomai*; remember)
5/19 γεωργός (*geōrgos*; vinedresser, farmer), ἐπάνω (*epanō*; above, on), ἐπιλαμβάνομαι (*epilambanomai*; take), μεριμνάω (*merimnaō*; be anxious), παλαιός (*palaios*; old), παρατίθημι (*paratithēmi*; place or put before)
4/15 ἀπάγω (*apagō*; lead away by force), θρίξ (*thrix*; hair), Λάζαρος (*Lazaros*; Lazarus), λῃστής (*lēstēs*; robber, insurrectionist), σαλεύω (*saleuō*; shake), τράπεζα (*trapeza*; table)

<u>25%</u>
50/194 εἰσέρχομαι (*eiserchomai*; go into, enter)
45/176 εὑρίσκω (*heuriskō*; find)
36/141[142] λαός (*laos*; people, nation)
27/107[108] ἀνίστημι (*anistēmi*; raise or rise)
24/93 οἰκία (*oikia*; house)
20/79[81] ἐκβάλλω (*ekballō*; cast or drive out)
11/43[45] ἀπαγγέλλω (*apangellō*; proclaim)
9/35[36] ἀγρός (*agros*; field)
8/31 πλῆθος (*plēthos*; multitude, crowd)

Luke – Concordance

'Ααρών (*Aarōn*; 1/5) *Aaron*
Lk 1:5 ἐκ τῶν θυγατέρων **'Ααρὼν** καὶ τὸ ὄνομα

"Αβελ (*Habel*; 1/4) *Abel*
Lk 11:51 ἀπὸ αἵματος **"Αβελ** ἕως αἵματος Ζαχαρίου

'Αβιά (*Abia*; 1/3) *Abijah*
Lk 1:5 Ζαχαρίας ἐξ ἐφημερίας **'Αβιά**,

'Αβιληνή (*Abilēnē*; 1/1) *Abilene*
Lk 3:1 καὶ Λυσανίου τῆς **'Αβιληνῆς** τετρααρχοῦντος,

'Αβραάμ (*Abraam*; 15/73) *Abraham*
Lk 1:55 τῷ **'Αβραὰμ** καὶ τῷ σπέρματι
Lk 1:73 ὃν ὤμοσεν πρὸς **'Αβραὰμ** τὸν πατέρα ἡμῶν,
Lk 3:8 πατέρα ἔχομεν τὸν **'Αβραάμ**.
Lk 3:8 ἐγεῖραι τέκνα τῷ **'Αβραάμ**.
Lk 3:34 τοῦ 'Ισαὰκ τοῦ **'Αβραὰμ** τοῦ Θάρα τοῦ
Lk 13:16 ταύτην δὲ θυγατέρα **'Αβραὰμ** οὖσαν,
Lk 13:28 ὅταν ὄψησθε **'Αβραὰμ** καὶ 'Ισαὰκ καὶ
Lk 16:22 εἰς τὸν κόλπον **'Αβραάμ**·
Lk 16:23 ὁρᾷ **'Αβραὰμ** ἀπὸ μακρόθεν καὶ
Lk 16:24 πάτερ **'Αβραάμ**,
Lk 16:25 εἶπεν δὲ **'Αβραάμ**·
Lk 16:29 λέγει δὲ **'Αβραάμ**·
Lk 16:30 πάτερ **'Αβραάμ**,
Lk 19:9 καὶ αὐτὸς υἱὸς **'Αβραάμ** ἐστιν·
Lk 20:37 κύριον τὸν θεὸν **'Αβραὰμ** καὶ θεὸν 'Ισαὰκ

ἄβυσσος (*abyssos*; 1/9) *abyss*
Lk 8:31 αὐτοῖς εἰς τὴν **ἄβυσσον** ἀπελθεῖν.

ἀγαθοποιέω (*agathopoieō*; 4/9) *do good*
Lk 6:9 ἔξεστιν τῷ σαββάτῳ **ἀγαθοποιῆσαι** ἢ κακοποιῆσαι,
Lk 6:33 καὶ [γὰρ] ἐὰν **ἀγαθοποιῆτε** τοὺς ἀγαθοποιοῦντας ὑμᾶς,
Lk 6:33 ἐὰν ἀγαθοποιῆτε τοὺς **ἀγαθοποιοῦντας** ὑμᾶς,
Lk 6:35 ἐχθροὺς ὑμῶν καὶ **ἀγαθοποιεῖτε** καὶ δανίζετε μηδὲν

ἀγαθός (*agathos*; 16/102) *good*
Lk 1:53 πεινῶντας ἐνέπλησεν **ἀγαθῶν** καὶ πλουτοῦντας ἐξαπέστειλεν
Lk 6:45 ὁ **ἀγαθὸς** ἄνθρωπος ἐκ τοῦ
Lk 6:45 ἄνθρωπος ἐκ τοῦ **ἀγαθοῦ** θησαυροῦ τῆς καρδίας
Lk 6:45 καρδίας προφέρει τὸ **ἀγαθόν**,
Lk 8:8 τὴν γῆν τὴν **ἀγαθὴν** καὶ φυὲν ἐποίησεν
Lk 8:15 καρδίᾳ καλῇ καὶ **ἀγαθῇ** ἀκούσαντες τὸν λόγον
Lk 10:42 Μαριὰμ γὰρ τὴν **ἀγαθὴν** μερίδα ἐξελέξατο ἥτις
Lk 11:13 ὑπάρχοντες οἴδατε δόματα **ἀγαθὰ** διδόναι τοῖς τέκνοις
Lk 12:18 σῖτον καὶ τὰ **ἀγαθά** μου
Lk 12:19 ἔχεις πολλὰ **ἀγαθὰ** κείμενα εἰς ἔτη
Lk 16:25 ὅτι ἀπέλαβες τὰ **ἀγαθά** σου ἐν τῇ
Lk 18:18 διδάσκαλε **ἀγαθέ**,
Lk 18:19 τί με λέγεις **ἀγαθόν**;
Lk 18:19 οὐδεὶς **ἀγαθὸς** εἰ μὴ εἷς
Lk 19:17 **ἀγαθὲ** δοῦλε,
Lk 23:50 ὑπάρχων [καὶ] ἀνὴρ **ἀγαθὸς** καὶ δίκαιος

ἀγαλλίασις (*agalliasis*; 2/5) *extreme joy or gladness*
Lk 1:14 χαρά σοι καὶ **ἀγαλλίασις** καὶ πολλοὶ ἐπὶ
Lk 1:44 ἐσκίρτησεν ἐν **ἀγαλλιάσει** τὸ βρέφος ἐν

ἀγαλλιάω (*agalliaō*; 2/11) *rejoice, be glad*
Lk 1:47 καὶ **ἠγαλλίασεν** τὸ πνεῦμά μου
Lk 10:21 αὐτῇ τῇ ὥρᾳ **ἠγαλλιάσατο** [ἐν] τῷ πνεύματι

ἀγανακτέω (*aganakteō*; 1/7) *be indignant or angry*
Lk 13:14 **ἀγανακτῶν** ὅτι τῷ σαββάτῳ

ἀγαπάω (*agapaō*; 13/143) *love*
Lk 6:27 **ἀγαπᾶτε** τοὺς ἐχθροὺς ὑμῶν,
Lk 6:32 καὶ εἰ **ἀγαπᾶτε** τοὺς ἀγαπῶντας ὑμᾶς,
Lk 6:32 εἰ ἀγαπᾶτε τοὺς **ἀγαπῶντας** ὑμᾶς,
Lk 6:32 οἱ ἁμαρτωλοὶ τοὺς **ἀγαπῶντας** αὐτοὺς ἀγαπῶσιν.
Lk 6:32 τοὺς ἀγαπῶντας αὐτοὺς **ἀγαπῶσιν**.
Lk 6:35 πλὴν **ἀγαπᾶτε** τοὺς ἐχθροὺς ὑμῶν
Lk 7:5 **ἀγαπᾷ** γὰρ τὸ ἔθνος
Lk 7:42 οὖν αὐτῶν πλεῖον **ἀγαπήσει** αὐτόν;
Lk 7:47 ὅτι **ἠγάπησεν** πολύ·
Lk 7:47 ὀλίγον **ἀγαπᾷ**.
Lk 10:27 **ἀγαπήσεις** κύριον τὸν θεόν
Lk 11:43 ὅτι **ἀγαπᾶτε** τὴν πρωτοκαθεδρίαν ἐν
Lk 16:13 καὶ τὸν ἕτερον **ἀγαπήσει**,

ἀγάπη (*agapē*; 1/116) *love*
Lk 11:42 κρίσιν καὶ τὴν **ἀγάπην** τοῦ θεοῦ·

ἀγαπητός (*agapētos*; 2/61) *beloved*
Lk 3:22 υἱός μου ὁ **ἀγαπητός**,
Lk 20:13 υἱόν μου τὸν **ἀγαπητόν**·

ἄγγελος (*angelos*; 25/175) *angel, messenger*
Lk 1:11 ὤφθη δὲ αὐτῷ **ἄγγελος** κυρίου ἑστὼς ἐκ
Lk 1:13 πρὸς αὐτὸν ὁ **ἄγγελος**·
Lk 1:18 Ζαχαρίας πρὸς τὸν **ἄγγελον**·
Lk 1:19 καὶ ἀποκριθεὶς ὁ **ἄγγελος** εἶπεν αὐτῷ·
Lk 1:26 ἕκτῳ ἀπεστάλη ὁ **ἄγγελος** Γαβριὴλ ἀπὸ τοῦ
Lk 1:30 καὶ εἶπεν ὁ **ἄγγελος** αὐτῇ·
Lk 1:34 Μαριὰμ πρὸς τὸν **ἄγγελον**·
Lk 1:35 καὶ ἀποκριθεὶς ὁ **ἄγγελος** εἶπεν αὐτῇ·
Lk 1:38 ἀπ' αὐτῆς ὁ **ἄγγελος**.
Lk 2:9 καὶ **ἄγγελος** κυρίου ἐπέστη αὐτοῖς
Lk 2:10 εἶπεν αὐτοῖς ὁ **ἄγγελος**·
Lk 2:13 ἐγένετο σὺν τῷ **ἀγγέλῳ** πλῆθος στρατιᾶς οὐρανίου
Lk 2:15 τὸν οὐρανὸν οἱ **ἄγγελοι**,

Lk 2:21 κληθὲν ὑπὸ τοῦ **ἀγγέλου** πρὸ τοῦ συλλημφθῆναι
Lk 4:10 γὰρ ὅτι τοῖς **ἀγγέλοις** αὐτοῦ ἐντελεῖται
Lk 7:24 Ἀπελθόντων δὲ τῶν **ἀγγέλων** Ἰωάννου ἤρξατο λέγειν
Lk 7:27 ἰδοὺ ἀποστέλλω τὸν **ἄγγελόν** μου πρὸ προσώπου
Lk 9:26 καὶ τῶν ἁγίων **ἀγγέλων**.
Lk 9:52 καὶ ἀπέστειλεν **ἀγγέλους** πρὸ προσώπου αὐτοῦ.
Lk 12:8 αὐτῷ ἔμπροσθεν τῶν **ἀγγέλων** τοῦ θεοῦ·
Lk 12:9 ἀπαρνηθήσεται ἐνώπιον τῶν **ἀγγέλων** τοῦ θεοῦ.
Lk 15:10 χαρὰ ἐνώπιον τῶν **ἀγγέλων** τοῦ θεοῦ ἐπὶ
Lk 16:22 αὐτὸν ὑπὸ τῶν **ἀγγέλων** εἰς τὸν κόλπον
Lk 22:43 [[ὤφθη δὲ αὐτῷ **ἄγγελος** ἀπ' οὐρανοῦ ἐνισχύων
Lk 24:23 λέγουσαι καὶ ὀπτασίαν **ἀγγέλων** ἑωρακέναι,

ἀγέλη (*agelē*; 2/7) *herd*
Lk 8:32 ἦν δὲ ἐκεῖ **ἀγέλη** χοίρων ἱκανῶν βοσκομένη
Lk 8:33 καὶ ὥρμησεν ἡ **ἀγέλη** κατὰ τοῦ κρημνοῦ

ἁγιάζω (*hagiazō*; 1/28) *set apart as sacred to God, consecrate, sanctify, purify*
Lk 11:2 **ἁγιασθήτω** τὸ ὄνομά σου·

ἅγιος (*hagios*; 20/233) *holy, set apart*
Lk 1:15 καὶ πνεύματος **ἁγίου** πλησθήσεται ἔτι ἐκ
Lk 1:35 πνεῦμα **ἅγιον** ἐπελεύσεται ἐπὶ σὲ
Lk 1:35 καὶ τὸ γεννώμενον **ἅγιον** κληθήσεται υἱὸς θεοῦ.
Lk 1:41 καὶ ἐπλήσθη πνεύματος **ἁγίου** ἡ Ἐλισάβετ,
Lk 1:49 καὶ **ἅγιον** τὸ ὄνομα αὐτοῦ,
Lk 1:67 αὐτοῦ ἐπλήσθη πνεύματος **ἁγίου** καὶ ἐπροφήτευσεν λέγων·
Lk 1:70 διὰ στόματος τῶν **ἁγίων** ἀπ' αἰῶνος προφητῶν
Lk 1:72 καὶ μνησθῆναι διαθήκης **ἁγίας** αὐτοῦ,
Lk 2:23 ἄρσεν διανοῖγον μήτραν **ἅγιον** τῷ κυρίῳ κληθήσεται,
Lk 2:25 καὶ πνεῦμα ἦν **ἅγιον** ἐπ' αὐτόν·
Lk 2:26 τοῦ πνεύματος τοῦ **ἁγίου** μὴ ἰδεῖν θάνατον
Lk 3:16 βαπτίσει ἐν πνεύματι **ἁγίῳ** καὶ πυρί·
Lk 3:22 τὸ πνεῦμα τὸ **ἅγιον** σωματικῷ εἴδει ὡς
Lk 4:1 δὲ πλήρης πνεύματος **ἁγίου** ὑπέστρεψεν ἀπὸ
Lk 4:34 ὁ **ἅγιος** τοῦ θεοῦ.
Lk 9:26 πατρὸς καὶ τῶν **ἁγίων** ἀγγέλων.
Lk 10:21 τῷ πνεύματι τῷ **ἁγίῳ** καὶ εἶπεν·
Lk 11:13 οὐρανοῦ δώσει πνεῦμα **ἅγιον** τοῖς αἰτοῦσιν αὐτόν.
Lk 12:10 δὲ εἰς τὸ **ἅγιον** πνεῦμα βλασφημήσαντι οὐκ
Lk 12:12 τὸ γὰρ **ἅγιον** πνεῦμα διδάξει ὑμᾶς

ἀγκάλη (*ankalē*; 1/1) *arm*
Lk 2:28 αὐτὸ εἰς τὰς **ἀγκάλας** καὶ εὐλόγησεν τὸν

ἀγνοέω (*agnoeō*; 1/22) *be ignorant*
Lk 9:45 οἱ δὲ **ἠγνόουν** τὸ ῥῆμα τοῦτο

ἀγορά (*agora*; 3/11) *market place*
Lk 7:32 παιδίοις τοῖς ἐν **ἀγορᾷ** καθημένοις καὶ προσφωνοῦσιν
Lk 11:43 ἀσπασμοὺς ἐν ταῖς **ἀγοραῖς**.
Lk 20:46 ἀσπασμοὺς ἐν ταῖς **ἀγοραῖς** καὶ πρωτοκαθεδρίας ἐν

ἀγοράζω (*agorazō*; 5/30) *buy*
Lk 9:13 μήτι πορευθέντες ἡμεῖς **ἀγοράσωμεν** εἰς πάντα τὸν
Lk 14:18 ἀγρὸν **ἠγόρασα** καὶ ἔχω ἀνάγκην
Lk 14:19 ζεύγη βοῶν **ἠγόρασα** πέντε καὶ πορεύομαι
Lk 17:28 **ἠγόραζον**,
Lk 22:36 ἱμάτιον αὐτοῦ καὶ **ἀγορασάτω** μάχαιραν.

ἄγρα (*agra*; 2/2) *catch*
Lk 5:4 δίκτυα ὑμῶν εἰς **ἄγραν**.
Lk 5:9 αὐτῷ ἐπὶ τῇ **ἄγρᾳ** τῶν ἰχθύων ὧν

ἀγραυλέω (*agrauleō*; 1/1) *be or live outdoors*
Lk 2:8 χώρᾳ τῇ αὐτῇ **ἀγραυλοῦντες** καὶ φυλάσσοντες φυλακὰς

ἀγρός (*agros*; 9/35[36]) *field*
Lk 8:34 καὶ εἰς τοὺς **ἀγρούς**.
Lk 9:12 κύκλῳ κώμας καὶ **ἀγροὺς** καταλύσωσιν καὶ εὕρωσιν
Lk 12:28 εἰ δὲ ἐν **ἀγρῷ** τὸν χόρτον ὄντα
Lk 14:18 **ἀγρὸν** ἠγόρασα καὶ ἔχω
Lk 15:15 αὐτὸν εἰς τοὺς **ἀγροὺς** αὐτοῦ βόσκειν χοίρους,
Lk 15:25 ὁ πρεσβύτερος ἐν **ἀγρῷ**·
Lk 17:7 εἰσελθόντι ἐκ τοῦ **ἀγροῦ** ἐρεῖ αὐτῷ·
Lk 17:31 καὶ ὁ ἐν **ἀγρῷ** ὁμοίως μὴ ἐπιστρεψάτω
Lk 23:26 Κυρηναῖον ἐρχόμενον ἀπ' **ἀγροῦ** ἐπέθηκαν αὐτῷ τὸν

ἀγρυπνέω (*agrypneō*; 1/4) *be alert*
Lk 21:36 **ἀγρυπνεῖτε** δὲ ἐν παντὶ

ἄγω (*agō*; 13/68[69]) *lead*
Lk 4:1 τοῦ Ἰορδάνου καὶ **ἤγετο** ἐν τῷ πνεύματι
Lk 4:9 **Ἤγαγεν** δὲ αὐτὸν εἰς
Lk 4:29 τῆς πόλεως καὶ **ἤγαγον** αὐτὸν ἕως ὀφρύος
Lk 4:40 ἀσθενοῦντας νόσοις ποικίλαις **ἤγαγον** αὐτοὺς πρὸς αὐτόν·
Lk 10:34 τὸ ἴδιον κτῆνος **ἤγαγεν** αὐτὸν εἰς πανδοχεῖον
Lk 18:40 Ἰησοῦς ἐκέλευσεν αὐτὸν **ἀχθῆναι** πρὸς αὐτόν.
Lk 19:27 βασιλεῦσαι ἐπ' αὐτοὺς **ἀγάγετε** ὧδε καὶ κατασφάξατε
Lk 19:30 καὶ λύσαντες αὐτὸν **ἀγάγετε**.
Lk 19:35 καὶ **ἤγαγον** αὐτὸν πρὸς τὸν
Lk 22:54 Συλλαβόντες δὲ αὐτὸν **ἤγαγον** καὶ εἰσήγαγον εἰς
Lk 23:1 τὸ πλῆθος αὐτῶν **ἤγαγον** αὐτὸν ἐπὶ τὸν
Lk 23:32 **Ἤγοντο** δὲ καὶ ἕτεροι
Lk 24:21 τρίτην ταύτην ἡμέραν **ἄγει** ἀφ' οὗ ταῦτα

ἀγωνία (*agōnia*; 1/1) *anguish*
Lk 22:44 καὶ γενόμενος ἐν **ἀγωνίᾳ** ἐκτενέστερον προσηύχετο·

ἀγωνίζομαι (*agōnizomai*; 1/8) *struggle, fight*
Lk 13:24 **ἀγωνίζεσθε** εἰσελθεῖν διὰ τῆς

Ἀδάμ (*Adam*; 1/9) *Adam*
Lk 3:38 τοῦ Σὴθ τοῦ **Ἀδὰμ** τοῦ θεοῦ.

Ἀδδί (*Addi*; 1/1) *Addi*
Lk 3:28 τοῦ Μελχὶ τοῦ **Ἀδδὶ** τοῦ Κωσὰμ τοῦ

ἀδελφή (*adelphē*; 3/26) *sister*
Lk 10:39 καὶ τῇδε ἦν **ἀδελφὴ** καλουμένη Μαριάμ,
Lk 10:40 σοι ὅτι ἡ **ἀδελφή** μου μόνην με
Lk 14:26 ἀδελφοὺς καὶ τὰς **ἀδελφὰς** ἔτι τε καὶ

ἀδελφός (*adelphos*; 24/343) *brother*
Lk 3:1 Φιλίππου δὲ τοῦ **ἀδελφοῦ** αὐτοῦ τετρααρχοῦντος τῆς
Lk 3:19 τῆς γυναικὸς τοῦ **ἀδελφοῦ** αὐτοῦ καὶ περὶ
Lk 6:14 καὶ Ἀνδρέαν τὸν **ἀδελφὸν** αὐτοῦ,
Lk 6:41 τῷ ὀφθαλμῷ τοῦ **ἀδελφοῦ** σου,
Lk 6:42 δύνασαι λέγειν τῷ **ἀδελφῷ** σου·
Lk 6:42 **ἀδελφέ**,
Lk 6:42 τῷ ὀφθαλμῷ τοῦ **ἀδελφοῦ** σου ἐκβαλεῖν.
Lk 8:19 μήτηρ καὶ οἱ **ἀδελφοὶ** αὐτοῦ καὶ οὐκ
Lk 8:20 σου καὶ οἱ **ἀδελφοί** σου ἑστήκασιν ἔξω
Lk 8:21 μήτηρ μου καὶ **ἀδελφοί** μου οὗτοί εἰσιν
Lk 12:13 εἰπὲ τῷ **ἀδελφῷ** μου μερίσασθαι μετ’
Lk 14:12 σου μηδὲ τοὺς **ἀδελφούς** σου μηδὲ τοὺς
Lk 14:26 τέκνα καὶ τοὺς **ἀδελφοὺς** καὶ τὰς ἀδελφὰς
Lk 15:27 αὐτῷ ὅτι ὁ **ἀδελφός** σου ἥκει,
Lk 15:32 ὅτι ὁ **ἀδελφός** σου οὗτος νεκρὸς
Lk 16:28 ἔχω γὰρ πέντε **ἀδελφούς**,
Lk 17:3 Ἐὰν ἁμάρτῃ ὁ **ἀδελφός** σου ἐπιτίμησον αὐτῷ,
Lk 18:29 ἢ γυναῖκα ἢ **ἀδελφοὺς** ἢ γονεῖς ἢ
Lk 20:28 ἐάν τινος **ἀδελφὸς** ἀποθάνῃ ἔχων γυναῖκα,
Lk 20:28 ἵνα λάβῃ ὁ **ἀδελφὸς** αὐτοῦ τὴν γυναῖκα
Lk 20:28 ἐξαναστήσῃ σπέρμα τῷ **ἀδελφῷ** αὐτοῦ.
Lk 20:29 ἑπτὰ οὖν **ἀδελφοὶ** ἦσαν·
Lk 21:16 ὑπὸ γονέων καὶ **ἀδελφῶν** καὶ συγγενῶν καὶ
Lk 22:32 ἐπιστρέψας στήρισον τοὺς **ἀδελφούς** σου.

ἄδηλος (*adēlos*; 1/2) *indistinct*
Lk 11:44 τὰ μνημεῖα τὰ **ἄδηλα**,

ᾅδης (*hadēs*; 2/10) *Hades*
Lk 10:15 ἕως τοῦ **ᾅδου** καταβήσῃ.
Lk 16:23 καὶ ἐν τῷ **ᾅδῃ** ἐπάρας τοὺς ὀφθαλμοὺς

ἀδικέω (*adikeō*; 1/28) *do or be in the wrong*
Lk 10:19 ὑμᾶς οὐ μὴ **ἀδικήσῃ**.

ἀδικία (*adikia*; 4/25) *unrighteousness*
Lk 13:27 ἐμοῦ πάντες ἐργάται **ἀδικίας**.
Lk 16:8 τὸν οἰκονόμον τῆς **ἀδικίας** ὅτι φρονίμως ἐποίησεν·
Lk 16:9 τοῦ μαμωνᾶ τῆς **ἀδικίας**,
Lk 18:6 ὁ κριτὴς τῆς **ἀδικίας** λέγει·

ἄδικος (*adikos*; 4/12) *evil*
Lk 16:10 ὁ ἐν ἐλαχίστῳ **ἄδικος** καὶ ἐν πολλῷ
Lk 16:10 καὶ ἐν πολλῷ **ἄδικός** ἐστιν.
Lk 16:11 οὖν ἐν τῷ **ἀδίκῳ** μαμωνᾷ πιστοὶ οὐκ
Lk 18:11 **ἄδικοι**,

Ἀδμίν (*Admin*; 1/1) *Admin*
Lk 3:33 τοῦ Ἀμιναδὰβ τοῦ **Ἀδμὶν** τοῦ Ἀρνὶ τοῦ

ἀδυνατέω (*adynateō*; 1/2) *be impossible*
Lk 1:37 ὅτι οὐκ **ἀδυνατήσει** παρὰ τοῦ θεοῦ

ἀδύνατος (*adynatos*; 1/10) *impossible*
Lk 18:27 τὰ **ἀδύνατα** παρὰ ἀνθρώποις δυνατὰ

ἀετός (*aetos*; 1/5) *eagle*
Lk 17:37 ἐκεῖ καὶ οἱ **ἀετοὶ** ἐπισυναχθήσονται.

ἄζυμος (*azymos*; 2/9) *without yeast*
Lk 22:1 ἡ ἑορτὴ τῶν **ἀζύμων** ἡ λεγομένη πάσχα.
Lk 22:7 ἡ ἡμέρα τῶν **ἀζύμων**,

ἀθετέω (*atheteō*; 5/16) *reject*
Lk 7:30 βουλὴν τοῦ θεοῦ **ἠθέτησαν** εἰς ἑαυτοὺς μὴ
Lk 10:16 καὶ ὁ ἀθετῶν **ὑμᾶς** ἐμὲ ἀθετεῖ·
Lk 10:16 ἀθετῶν ὑμᾶς ἐμὲ **ἀθετεῖ**·
Lk 10:16 ὁ δὲ ἐμὲ **ἀθετῶν** ἀθετεῖ τὸν ἀποστείλαντά
Lk 10:16 δὲ ἐμὲ ἀθετῶν **ἀθετεῖ** τὸν ἀποστείλαντά με.

ἀθροίζω (*athroizō*; 1/1) *gather together*
Lk 24:33 Ἰερουσαλὴμ καὶ εὗρον **ἠθροισμένους** τοὺς ἕνδεκα καὶ

αἷμα (*haima*; 8/97) *blood*
Lk 8:43 οὖσα ἐν ῥύσει **αἵματος** ἀπὸ ἐτῶν δώδεκα,
Lk 8:44 ἡ ῥύσις τοῦ **αἵματος** αὐτῆς.
Lk 11:50 ἵνα ἐκζητηθῇ τὸ **αἷμα** πάντων τῶν προφητῶν
Lk 11:51 ἀπὸ **αἵματος** Ἅβελ ἕως αἵματος
Lk 11:51 αἵματος Ἅβελ ἕως **αἵματος** Ζαχαρίου τοῦ ἀπολομένου
Lk 13:1 Γαλιλαίων ὧν τὸ **αἷμα** Πιλᾶτος ἔμιξεν μετὰ
Lk 22:20 διαθήκη ἐν τῷ **αἵματί** μου τὸ ὑπὲρ
Lk 22:44 αὐτοῦ ὡσεὶ θρόμβοι **αἵματος** καταβαίνοντες

αἰνέω (*aineō*; 3/8) *praise*
Lk 2:13 πλῆθος στρατιᾶς οὐρανίου **αἰνούντων** τὸν θεὸν καὶ
Lk 2:20 ποιμένες δοξάζοντες καὶ **αἰνοῦντες** τὸν θεὸν ἐπὶ
Lk 19:37 τῶν μαθητῶν χαίροντες **αἰνεῖν** τὸν θεὸν φωνῇ

αἶνος (*ainos*; 1/2) *praise*
Lk 18:43 λαὸς ἰδὼν ἔδωκεν **αἶνον** τῷ θεῷ.

αἴρω (*airō*; 20/100[101]) *take, take up or away*
Lk 4:11 ὅτι ἐπὶ χειρῶν **ἀροῦσίν** σε,
Lk 5:24 ἔγειρε καὶ **ἄρας** τὸ κλινίδιόν σου

Lk 5:25 **ἄρας** ἐφ' ὃ κατέκειτο,
Lk 6:29 καὶ ἀπὸ τοῦ **αἴροντός** σου τὸ ἱμάτιον
Lk 6:30 καὶ ἀπὸ τοῦ **αἴροντος** τὰ σὰ μὴ
Lk 8:12 ὁ διάβολος καὶ **αἴρει** τὸν λόγον ἀπὸ
Lk 8:18 ὃ δοκεῖ ἔχειν **ἀρθήσεται** ἀπ' αὐτοῦ.
Lk 9:3 μηδὲν **αἴρετε** εἰς τὴν ὁδόν,
Lk 9:17 καὶ **ἤρθη** τὸ περισσεῦσαν αὐτοῖς
Lk 9:23 ἀρνησάσθω ἑαυτὸν καὶ **ἀράτω** τὸν σταυρὸν αὐτοῦ
Lk 11:22 τὴν πανοπλίαν αὐτοῦ **αἴρει** ἐφ' ᾗ ἐπεποίθει
Lk 11:52 ὅτι **ἤρατε** τὴν κλεῖδα τῆς
Lk 17:13 καὶ αὐτοὶ **ἦραν** φωνὴν λέγοντες·
Lk 17:31 μὴ καταβάτω **ἆραι** αὐτά,
Lk 19:21 **αἴρεις** ὃ οὐκ ἔθηκας
Lk 19:22 **αἴρων** ὃ οὐκ ἔθηκα
Lk 19:24 **ἄρατε** ἀπ' αὐτοῦ τὴν
Lk 19:26 καὶ ὃ ἔχει **ἀρθήσεται**.
Lk 22:36 ὁ ἔχων βαλλάντιον **ἀράτω**,
Lk 23:18 **αἶρε** τοῦτον,

αἰσθάνομαι (*aisthanomai*; 1/1) *perceive the meaning of*
Lk 9:45 αὐτῶν ἵνα μὴ **αἴσθωνται** αὐτό,

αἰσχύνη (*aischynē*; 1/6) *shame*
Lk 14:9 τότε ἄρξῃ μετὰ **αἰσχύνης** τὸν ἔσχατον τόπον

αἰσχύνω (*aischynō*; 1/5) *be ashamed*
Lk 16:3 ἐπαιτεῖν **αἰσχύνομαι**.

αἰτέω (*aiteō*; 11/70) *ask*
Lk 1:63 καὶ **αἰτήσας** πινακίδιον ἔγραψεν λέγων·
Lk 6:30 παντὶ **αἰτοῦντί** σε δίδου,
Lk 11:9 **αἰτεῖτε** καὶ δοθήσεται ὑμῖν,
Lk 11:10 πᾶς γὰρ ὁ **αἰτῶν** λαμβάνει καὶ ὁ
Lk 11:11 ὑμῶν τὸν πατέρα **αἰτήσει** ὁ υἱὸς ἰχθύν,
Lk 11:12 ἢ καὶ **αἰτήσει** ᾠόν,
Lk 11:13 πνεῦμα ἅγιον τοῖς **αἰτοῦσιν** αὐτόν.
Lk 12:48 περισσότερον **αἰτήσουσιν** αὐτόν.
Lk 23:23 ἐπέκειντο φωναῖς μεγάλαις **αἰτούμενοι** αὐτὸν σταυρωθῆναι,
Lk 23:25 εἰς φυλακὴν ὃν **ᾐτοῦντο**,
Lk 23:52 προσελθὼν τῷ Πιλάτῳ **ᾐτήσατο** τὸ σῶμα τοῦ

αἴτημα (*aitēma*; 1/3) *request*
Lk 23:24 ἐπέκρινεν γενέσθαι τὸ **αἴτημα** αὐτῶν·

αἰτία (*aitia*; 1/20) *reason, charge*
Lk 8:47 αὐτῷ δι' ἣν **αἰτίαν** ἥψατο αὐτοῦ ἀπήγγειλεν

αἴτιος (*aitios*; 3/5) *cause*
Lk 23:4 οὐδὲν εὑρίσκω **αἴτιον** ἐν τῷ ἀνθρώπῳ
Lk 23:14 τῷ ἀνθρώπῳ τούτῳ **αἴτιον** ὧν κατηγορεῖτε
Lk 23:22 οὐδὲν **αἴτιον** θανάτου εὗρον ἐν

αἰφνίδιος (*aiphnidios*; 1/2) *sudden*
Lk 21:34 ἐπιστῇ ἐφ' ὑμᾶς **αἰφνίδιος** ἡ ἡμέρα ἐκείνη

αἰχμαλωτίζω (*aichmalōtizō*; 1/4) *make captive or prisoner*
Lk 21:24 στόματι μαχαίρης καὶ **αἰχμαλωτισθήσονται** εἰς τὰ ἔθνη

αἰχμάλωτος (*aichmalōtos*; 1/1) *captive*
Lk 4:18 κηρύξαι **αἰχμαλώτοις** ἄφεσιν καὶ τυφλοῖς

αἰών (*aiōn*; 7/122) *age*
Lk 1:33 Ἰακὼβ εἰς τοὺς **αἰῶνας** καὶ τῆς βασιλείας
Lk 1:55 αὐτοῦ εἰς τὸν **αἰῶνα**.
Lk 1:70 τῶν ἁγίων ἀπ' **αἰῶνος** προφητῶν αὐτοῦ,
Lk 16:8 οἱ υἱοὶ τοῦ **αἰῶνος** τούτου φρονιμώτεροι
Lk 18:30 καὶ ἐν τῷ **αἰῶνι** τῷ ἐρχομένῳ ζωὴν
Lk 20:34 οἱ υἱοὶ τοῦ **αἰῶνος** τούτου γαμοῦσιν καὶ
Lk 20:35 δὲ καταξιωθέντες τοῦ **αἰῶνος** ἐκείνου τυχεῖν καὶ

αἰώνιος (*aiōnios*; 4/70[71]) *eternal*
Lk 10:25 τί ποιήσας ζωὴν **αἰώνιον** κληρονομήσω;
Lk 16:9 ὑμᾶς εἰς τὰς **αἰωνίους** σκηνάς.
Lk 18:18 τί ποιήσας ζωὴν **αἰώνιον** κληρονομήσω;
Lk 18:30 τῷ ἐρχομένῳ ζωὴν **αἰώνιον**.

ἀκάθαρτος (*akathartos*; 6/32) *unclean*
Lk 4:33 ἔχων πνεῦμα δαιμονίου **ἀκαθάρτου** καὶ ἀνέκραξεν φωνῇ
Lk 4:36 δυνάμει ἐπιτάσσει τοῖς **ἀκαθάρτοις** πνεύμασιν καὶ ἐξέρχονται;
Lk 6:18 ἐνοχλούμενοι ἀπὸ πνευμάτων **ἀκαθάρτων** ἐθεραπεύοντο,
Lk 8:29 τῷ πνεύματι τῷ **ἀκαθάρτῳ** ἐξελθεῖν ἀπὸ τοῦ
Lk 9:42 τῷ πνεύματι τῷ **ἀκαθάρτῳ** καὶ ἰάσατο τὸν
Lk 11:24 Ὅταν τὸ **ἀκάθαρτον** πνεῦμα ἐξέλθῃ ἀπὸ

ἄκανθα (*akantha*; 4/14) *thorn*
Lk 6:44 οὐ γὰρ ἐξ **ἀκανθῶν** συλλέγουσιν σῦκα οὐδὲ
Lk 8:7 ἐν μέσῳ τῶν **ἀκανθῶν**,
Lk 8:7 καὶ συμφυεῖσαι αἱ **ἄκανθαι** ἀπέπνιξαν αὐτό.
Lk 8:14 δὲ εἰς τὰς **ἀκάνθας** πεσόν,

ἀκαταστασία (*akatastasia*; 1/5) *disorder*
Lk 21:9 ἀκούσητε πολέμους καὶ **ἀκαταστασίας**,

ἀκοή (*akoē*; 1/24) *report*
Lk 7:1 αὐτοῦ εἰς τὰς **ἀκοὰς** τοῦ λαοῦ,

ἀκολουθέω (*akoloutheō*; 17/90) *follow*
Lk 5:11 γῆν ἀφέντες πάντα **ἠκολούθησαν** αὐτῷ.
Lk 5:27 **ἀκολούθει** μοι.
Lk 5:28 καταλιπὼν πάντα ἀναστὰς **ἠκολούθει** αὐτῷ.
Lk 7:9 καὶ στραφεὶς τῷ **ἀκολουθοῦντι** αὐτῷ ὄχλῳ εἶπεν·
Lk 9:11 δὲ ὄχλοι γνόντες **ἠκολούθησαν** αὐτῷ·
Lk 9:23 καθ' ἡμέραν καὶ **ἀκολουθείτω** μοι.
Lk 9:49 ὅτι οὐκ **ἀκολουθεῖ** μεθ' ἡμῶν.
Lk 9:57 **ἀκολουθήσω** σοι ὅπου ἐὰν
Lk 9:59 **ἀκολούθει** μοι.
Lk 9:61 **ἀκολουθήσω** σοι,
Lk 18:22 καὶ δεῦρο ἀκολούθει **μοι**.
Lk 18:28 ἀφέντες τὰ ἴδια **ἠκολουθήσαμέν** σοι.

Lk 18:43 παραχρῆμα ἀνέβλεψεν καὶ **ἠκολούθει** αὐτῷ δοξάζων τὸν
Lk 22:10 **ἀκολουθήσατε** αὐτῷ εἰς τὴν
Lk 22:39 **ἠκολούθησαν** δὲ αὐτῷ καὶ
Lk 22:54 ὁ δὲ Πέτρος **ἠκολούθει** μακρόθεν.
Lk 23:27 **Ἠκολούθει** δὲ αὐτῷ πολὺ

ἀκούω (*akouō*; 65/426[428]) *hear*

Lk 1:41 καὶ ἐγένετο ὡς **ἤκουσεν** τὸν ἀσπασμὸν τῆς
Lk 1:58 καὶ **ἤκουσαν** οἱ περίοικοι καὶ
Lk 1:66 ἔθεντο πάντες οἱ **ἀκούσαντες** ἐν τῇ καρδίᾳ
Lk 2:18 καὶ πάντες οἱ **ἀκούσαντες** ἐθαύμασαν περὶ
Lk 2:20 ἐπὶ πᾶσιν οἷς **ἤκουσαν** καὶ εἶδον καθὼς
Lk 2:46 τῶν διδασκάλων καὶ **ἀκούοντα** αὐτῶν καὶ ἐπερωτῶντα
Lk 2:47 δὲ πάντες οἱ **ἀκούοντες** αὐτοῦ ἐπὶ τῇ
Lk 4:23 ὅσα **ἠκούσαμεν** γενόμενα εἰς τὴν
Lk 4:28 ἐν τῇ συναγωγῇ **ἀκούοντες** ταῦτα
Lk 5:1 ἐπικεῖσθαι αὐτῷ καὶ **ἀκούειν** τὸν λόγον τοῦ
Lk 5:15 συνήρχοντο ὄχλοι πολλοὶ **ἀκούειν** καὶ θεραπεύεσθαι ἀπὸ
Lk 6:18 οἳ ἦλθον **ἀκοῦσαι** αὐτοῦ καὶ ἰαθῆναι
Lk 6:27 ὑμῖν λέγω τοῖς **ἀκούουσιν**·
Lk 6:47 πρός με καὶ **ἀκούων** μου τῶν λόγων
Lk 6:49 ὁ δὲ **ἀκούσας** καὶ μὴ ποιήσας
Lk 7:3 **ἀκούσας** δὲ περὶ τοῦ
Lk 7:9 **ἀκούσας** δὲ ταῦτα ὁ
Lk 7:22 ἃ εἴδετε καὶ **ἠκούσατε**·
Lk 7:22 καθαρίζονται καὶ κωφοὶ **ἀκούουσιν**,
Lk 7:29 πᾶς ὁ λαὸς **ἀκούσας** καὶ οἱ τελῶναι
Lk 8:8 ὁ ἔχων ὦτα **ἀκούειν** ἀκουέτω.
Lk 8:8 ἔχων ὦτα ἀκούειν **ἀκουέτω**.
Lk 8:10 μὴ βλέπωσιν καὶ **ἀκούοντες** μὴ συνιῶσιν.
Lk 8:12 ὁδόν εἰσιν οἱ **ἀκούσαντες**,
Lk 8:13 πέτρας οἳ ὅταν **ἀκούσωσιν** μετὰ χαρᾶς δέχονται
Lk 8:14 οὗτοί εἰσιν οἱ **ἀκούσαντες**,
Lk 8:15 καλῇ καὶ ἀγαθῇ **ἀκούσαντες** τὸν λόγον κατέχουσιν
Lk 8:18 Βλέπετε οὖν πῶς **ἀκούετε**·
Lk 8:21 λόγον τοῦ θεοῦ **ἀκούοντες** καὶ ποιοῦντες.
Lk 8:50 ὁ δὲ Ἰησοῦς **ἀκούσας** ἀπεκρίθη αὐτῷ·
Lk 9:7 **Ἤκουσεν** δὲ Ἡρῴδης ὁ
Lk 9:9 οὗτος περὶ οὗ **ἀκούω** τοιαῦτα;
Lk 9:35 αὐτοῦ **ἀκούετε**.
Lk 10:16 Ὁ **ἀκούων** ὑμῶν ἐμοῦ ἀκούει,
Lk 10:16 ἀκούων ὑμῶν ἐμοῦ **ἀκούει**,
Lk 10:24 καὶ **ἀκοῦσαι** ἃ ἀκούετε καὶ
Lk 10:24 καὶ ἀκοῦσαι ἃ **ἀκούετε** καὶ οὐκ ἤκουσαν.
Lk 10:24 ἀκούετε καὶ οὐκ **ἤκουσαν**.
Lk 10:39 πόδας τοῦ κυρίου **ἤκουεν** τὸν λόγον αὐτοῦ.
Lk 11:28 μενοῦν μακάριοι οἱ **ἀκούοντες** τὸν λόγον
Lk 11:31 περάτων τῆς γῆς **ἀκοῦσαι** τὴν σοφίαν Σολομῶνος,
Lk 12:3 ἐν τῷ φωτὶ **ἀκουσθήσεται**,
Lk 14:15 **Ἀκούσας** δέ τις τῶν
Lk 14:35 ὁ ἔχων ὦτα **ἀκούειν** ἀκουέτω.
Lk 14:35 ἔχων ὦτα ἀκούειν **ἀκουέτω**.
Lk 15:1 καὶ οἱ ἁμαρτωλοὶ **ἀκούειν** αὐτοῦ.
Lk 15:25 **ἤκουσεν** συμφωνίας καὶ χορῶν,
Lk 16:2 τί τοῦτο **ἀκούω** περὶ σοῦ;
Lk 16:14 **Ἤκουον** δὲ ταῦτα πάντα
Lk 16:29 **ἀκουσάτωσαν** αὐτῶν.
Lk 16:31 τῶν προφητῶν οὐκ **ἀκούουσιν**,
Lk 18:6 **ἀκούσατε** τί ὁ κριτὴς
Lk 18:22 **ἀκούσας** δὲ ὁ Ἰησοῦς
Lk 18:23 ὁ δὲ **ἀκούσας** ταῦτα περίλυπος ἐγενήθη·
Lk 18:26 εἶπαν δὲ οἱ **ἀκούσαντες**·
Lk 18:36 **ἀκούσας** δὲ ὄχλου διαπορευομένου
Lk 19:11 **Ἀκουόντων** δὲ αὐτῶν ταῦτα
Lk 19:48 ἅπας ἐξεκρέματο αὐτοῦ **ἀκούων**.
Lk 20:16 **ἀκούσαντες** δὲ εἶπαν·
Lk 20:45 **Ἀκούοντος** δὲ παντὸς τοῦ
Lk 21:9 ὅταν δὲ **ἀκούσητε** πολέμους καὶ ἀκαταστασίας,
Lk 21:38 ἐν τῷ ἱερῷ **ἀκούειν** αὐτοῦ.
Lk 22:71 αὐτοὶ γὰρ **ἠκούσαμεν** ἀπὸ τοῦ στόματος
Lk 23:6 Πιλᾶτος δὲ **ἀκούσας** ἐπηρώτησεν εἰ ὁ
Lk 23:8 αὐτὸν διὰ τὸ **ἀκούειν** περὶ αὐτοῦ καὶ

ἀκριβῶς (*akribōs*; 1/9) *accurately*

Lk 1:3 παρηκολουθηκότι ἄνωθεν πᾶσιν **ἀκριβῶς** καθεξῆς σοι γράψαι,

ἄκρον (*akron*; 1/6) *boundary*

Lk 16:24 ἵνα βάψῃ τὸ **ἄκρον** τοῦ δακτύλου αὐτοῦ

ἀλάβαστρος (*alabastros*; 1/4) *alabaster jar*

Lk 7:37 κομίσασα **ἀλάβαστρον** μύρου

ἅλας (*halas*; 2/8) *salt*

Lk 14:34 Καλὸν οὖν τὸ **ἅλας**·
Lk 14:34 δὲ καὶ τὸ **ἅλας** μωρανθῇ,

ἀλείφω (*aleiphō*; 3/9) *anoint*

Lk 7:38 πόδας αὐτοῦ καὶ **ἤλειφεν** τῷ μύρῳ.
Lk 7:46 κεφαλήν μου οὐκ **ἤλειψας**·
Lk 7:46 αὕτη δὲ μύρῳ **ἤλειψεν** τοὺς πόδας μου.

ἀλέκτωρ (*alektōr*; 3/12) *rooster*

Lk 22:34 οὐ φωνήσει σήμερον **ἀλέκτωρ** ἕως τρίς με
Lk 22:60 λαλοῦντος αὐτοῦ ἐφώνησεν **ἀλέκτωρ**.
Lk 22:61 αὐτῷ ὅτι πρὶν **ἀλέκτορα** φωνῆσαι σήμερον ἀπαρνήσῃ

ἄλευρον (*aleuron*; 1/2) *wheat flour*

Lk 13:21 γυνὴ [ἐν]έκρυψεν εἰς **ἀλεύρου** σάτα τρία ἕως

ἀλήθεια (*alētheia*; 3/109) *truth*

Lk 4:25 ἐπ' **ἀληθείας** δὲ λέγω ὑμῖν,
Lk 20:21 ἀλλ' ἐπ' **ἀληθείας** τὴν ὁδὸν τοῦ
Lk 22:59 ἐπ' **ἀληθείας** καὶ οὗτος μετ'

ἀληθινός (*alēthinos*; 1/28) *true, real*

Lk 16:11 τὸ **ἀληθινὸν** τίς ὑμῖν πιστεύσει;

ἀλήθω (*alēthō*; 1/2) *grind*

Lk 17:35 ἔσονται δύο **ἀλήθουσαι** ἐπὶ τὸ αὐτό,

ἀληθῶς (*alēthōs*; 3/18) *truly*

Lk 9:27 λέγω δὲ ὑμῖν **ἀληθῶς**,
Lk 12:44 **ἀληθῶς** λέγω ὑμῖν ὅτι
Lk 21:3 **ἀληθῶς** λέγω ὑμῖν ὅτι

ἁλιεύς (*halieus*; 1/5) *fisherman*

Lk 5:2 οἱ δὲ **ἁλιεῖς** ἀπ' αὐτῶν ἀποβάντες

ἀλλά (*alla*; 35/638) *but*

Lk 1:60 **ἀλλὰ** κληθήσεται Ἰωάννης.
Lk 5:14 **ἀλλὰ** ἀπελθὼν δεῖξον σεαυτὸν
Lk 5:31 οἱ ὑγιαίνοντες ἰατροῦ **ἀλλὰ** οἱ κακῶς ἔχοντες·
Lk 5:32 ἐλήλυθα καλέσαι δικαίους **ἀλλὰ** ἁμαρτωλοὺς εἰς μετάνοιαν.
Lk 5:38 **ἀλλὰ** οἶνον νέον εἰς
Lk 6:27 **Ἀλλὰ** ὑμῖν λέγω τοῖς
Lk 7:7 **ἀλλὰ** εἰπὲ λόγῳ,
Lk 7:25 **ἀλλὰ** τί ἐξήλθατε ἰδεῖν;
Lk 7:26 **ἀλλὰ** τί ἐξήλθατε ἰδεῖν;
Lk 8:16 **ἀλλ'** ἐπὶ λυχνίας τίθησιν,
Lk 8:27 οἰκίᾳ οὐκ ἔμενεν **ἀλλ'** ἐν τοῖς μνήμασιν.
Lk 8:52 οὐ γὰρ ἀπέθανεν **ἀλλὰ** καθεύδει.
Lk 11:33 ὑπὸ τὸν μόδιον] **ἀλλ'** ἐπὶ τὴν λυχνίαν,
Lk 11:42 **ἀλλὰ** οὐαὶ ὑμῖν τοῖς
Lk 12:7 **ἀλλὰ** καὶ αἱ τρίχες
Lk 12:51 **ἀλλ'** ἢ διαμερισμόν.
Lk 13:3 **ἀλλ'** ἐὰν μὴ μετανοῆτε
Lk 13:5 **ἀλλ'** ἐὰν μὴ μετανοῆτε
Lk 14:10 **ἀλλ'** ὅταν κληθῇς,
Lk 14:13 **ἀλλ'** ὅταν δοχὴν ποιῇς,
Lk 16:21 **ἀλλὰ** καὶ οἱ κύνες
Lk 16:30 **ἀλλ'** ἐάν τις ἀπὸ
Lk 17:8 **ἀλλ'** οὐχὶ ἐρεῖ αὐτῷ·
Lk 18:13 **ἀλλ'** ἔτυπτεν τὸ στῆθος
Lk 20:21 **ἀλλ'** ἐπ' ἀληθείας τὴν
Lk 20:38 οὐκ ἔστιν νεκρῶν **ἀλλὰ** ζώντων,
Lk 21:9 **ἀλλ'** οὐκ εὐθέως τὸ
Lk 22:26 **ἀλλ'** ὁ μείζων ἐν
Lk 22:36 **ἀλλὰ** νῦν ὁ ἔχων
Lk 22:42 τὸ θέλημά μου **ἀλλὰ** τὸ σὸν γινέσθω.
Lk 22:53 **ἀλλ'** αὕτη ἐστὶν ὑμῶν
Lk 23:15 **ἀλλ'** οὐδὲ Ἡρῴδης,
Lk 24:6 **ἀλλὰ** ἠγέρθη.
Lk 24:21 **ἀλλά** γε καὶ σὺν
Lk 24:22 **ἀλλὰ** καὶ γυναῖκές τινες

ἀλλήλων (*allēlōn*; 11/100) *one another*

Lk 2:15 ποιμένες ἐλάλουν πρὸς **ἀλλήλους**·
Lk 4:36 καὶ συνελάλουν πρὸς **ἀλλήλους** λέγοντες·
Lk 6:11 καὶ διελάλουν πρὸς **ἀλλήλους** τί ἂν ποιήσαιεν
Lk 7:32 καθημένοις καὶ προσφωνοῦσιν **ἀλλήλοις** ἃ λέγει·
Lk 8:25 ἐθαύμασαν λέγοντες πρὸς **ἀλλήλους**·
Lk 12:1 ὥστε καταπατεῖν **ἀλλήλους**,
Lk 20:14 γεωργοὶ διελογίζοντο πρὸς **ἀλλήλους** λέγοντες·
Lk 23:12 τῇ ἡμέρᾳ μετ' **ἀλλήλων**·
Lk 24:14 αὐτοὶ ὡμίλουν πρὸς **ἀλλήλους** περὶ πάντων
Lk 24:17 οὓς ἀντιβάλλετε πρὸς **ἀλλήλους** περιπατοῦντες;
Lk 24:32 καὶ εἶπαν πρὸς **ἀλλήλους**·

ἀλλογενής (*allogenēs*; 1/1) *foreigner*

Lk 17:18 εἰ μὴ ὁ **ἀλλογενὴς** οὗτος;

ἄλλος (*allos*; 11/155) *other, another*

Lk 5:29 πολὺς τελωνῶν καὶ **ἄλλων** οἳ ἦσαν μετ'
Lk 6:29 πάρεχε καὶ τὴν **ἄλλην**,
Lk 7:8 καὶ **ἄλλῳ**·
Lk 7:19 ὁ ἐρχόμενος ἢ **ἄλλον** προσδοκῶμεν;
Lk 7:20 ὁ ἐρχόμενος ἢ **ἄλλον** προσδοκῶμεν;
Lk 9:8 **ἄλλων** δὲ ὅτι προφήτης
Lk 9:19 **ἄλλοι** δὲ Ἠλίαν,
Lk 9:19 **ἄλλοι** δὲ ὅτι προφήτης
Lk 20:16 δώσει τὸν ἀμπελῶνα **ἄλλοις**.
Lk 22:59 ὡσεὶ ὥρας μιᾶς **ἄλλος** τις διϊσχυρίζετο λέγων·
Lk 23:35 ἄλλους **ἔσωσεν**,

ἀλλότριος (*allotrios*; 1/14) *belonging to another*

Lk 16:12 εἰ ἐν τῷ **ἀλλοτρίῳ** πιστοὶ οὐκ ἐγένεσθε,

ἅλυσις (*halysis*; 1/11) *chain*

Lk 8:29 αὐτὸν καὶ ἐδεσμεύετο **ἁλύσεσιν** καὶ πέδαις φυλασσόμενος

Ἁλφαῖος (*Halphaios*; 1/5) *Alphaeus*

Lk 6:15 Θωμᾶν καὶ Ἰάκωβον **Ἁλφαίου** καὶ Σίμωνα τὸν

ἅλων (*halōn*; 1/2) *threshing floor*

Lk 3:17 αὐτοῦ διακαθᾶραι τὴν **ἅλωνα** αὐτοῦ καὶ συναγαγεῖν

ἀλώπηξ (*alōpēx*; 2/3) *fox*

Lk 9:58 αἱ **ἀλώπεκες** φωλεοὺς ἔχουσιν καὶ
Lk 13:32 πορευθέντες εἴπατε τῇ **ἀλώπεκι** ταύτῃ·

ἁμαρτάνω (*hamartanō*; 4/42[43]) *sin*

Lk 15:18 **ἥμαρτον** εἰς τὸν οὐρανὸν
Lk 15:21 **ἥμαρτον** εἰς τὸν οὐρανὸν
Lk 17:3 Ἐὰν **ἁμάρτῃ** ὁ ἀδελφός σου
Lk 17:4 ἑπτάκις τῆς ἡμέρας **ἁμαρτήσῃ** εἰς σὲ καὶ

ἁμαρτία (*hamartia*; 11/173) *sin*

Lk 1:77 αὐτοῦ ἐν ἀφέσει **ἁμαρτιῶν** αὐτῶν,
Lk 3:3 μετανοίας εἰς ἄφεσιν **ἁμαρτιῶν**,
Lk 5:20 ἀφέωνταί σοι αἱ **ἁμαρτίαι** σου.
Lk 5:21 τίς δύναται **ἁμαρτίας** ἀφεῖναι εἰ μὴ
Lk 5:23 ἀφέωνταί σοι αἱ **ἁμαρτίαι** σου,
Lk 5:24 τῆς γῆς ἀφιέναι **ἁμαρτίας**
Lk 7:47 ἀφέωνται αἱ **ἁμαρτίαι** αὐτῆς αἱ πολλαί,
Lk 7:48 ἀφέωνταί σου αἱ **ἁμαρτίαι**.
Lk 7:49 ἐστιν ὃς καὶ **ἁμαρτίας** ἀφίησιν;
Lk 11:4 ἄφες ἡμῖν τὰς **ἁμαρτίας** ἡμῶν,
Lk 24:47 μετάνοιαν εἰς ἄφεσιν **ἁμαρτιῶν** εἰς πάντα

ἁμαρτωλός (*hamartōlos*; 18/47) *sinful*

Lk 5:8 ὅτι ἀνὴρ **ἁμαρτωλός** εἰμι,
Lk 5:30 τῶν τελωνῶν καὶ **ἁμαρτωλῶν** ἐσθίετε καὶ πίνετε;
Lk 5:32 καλέσαι δικαίους ἀλλὰ **ἁμαρτωλοὺς** εἰς μετάνοιαν.
Lk 6:32 καὶ γὰρ οἱ **ἁμαρτωλοὶ** τοὺς ἀγαπῶντας αὐτοὺς

Lk 6:33 καὶ οἱ **ἁμαρτωλοὶ** τὸ αὐτὸ ποιοῦσιν.
Lk 6:34 καὶ **ἁμαρτωλοὶ** ἁμαρτωλοῖς δανίζουσιν ἵνα
Lk 6:34 καὶ ἁμαρτωλοὶ **ἁμαρτωλοῖς** δανίζουσιν ἵνα ἀπολάβωσιν
Lk 7:34 φίλος τελωνῶν καὶ **ἁμαρτωλῶν**.
Lk 7:37 ἐν τῇ πόλει **ἁμαρτωλός**,
Lk 7:39 ὅτι **ἁμαρτωλός** ἐστιν.
Lk 13:2 οἱ Γαλιλαῖοι οὗτοι **ἁμαρτωλοὶ** παρὰ πάντας
Lk 15:1 τελῶναι καὶ οἱ **ἁμαρτωλοὶ** ἀκούειν αὐτοῦ.
Lk 15:2 λέγοντες ὅτι οὗτος **ἁμαρτωλοὺς** προσδέχεται καὶ συνεσθίει
Lk 15:7 ἔσται ἐπὶ ἑνὶ **ἁμαρτωλῷ** μετανοοῦντι ἢ ἐπὶ
Lk 15:10 θεοῦ ἐπὶ ἑνὶ **ἁμαρτωλῷ** μετανοοῦντι.
Lk 18:13 ἱλάσθητί μοι τῷ **ἁμαρτωλῷ**.
Lk 19:7 λέγοντες ὅτι παρὰ **ἁμαρτωλῷ** ἀνδρὶ εἰσῆλθεν καταλῦσαι.
Lk 24:7 εἰς χεῖρας ἀνθρώπων **ἁμαρτωλῶν** καὶ σταυρωθῆναι καὶ

ἄμεμπτος (*amemptos*; 1/5) *blameless*
Lk 1:6 δικαιώμασιν τοῦ κυρίου **ἄμεμπτοι**.

ἀμήν (*amēn*; 6/128[129]) *truly*
Lk 4:24 **ἀμὴν** λέγω ὑμῖν ὅτι
Lk 12:37 **ἀμὴν** λέγω ὑμῖν ὅτι
Lk 18:17 **ἀμὴν** λέγω ὑμῖν,
Lk 18:29 **ἀμὴν** λέγω ὑμῖν ὅτι
Lk 21:32 **ἀμὴν** λέγω ὑμῖν ὅτι
Lk 23:43 **ἀμήν** σοι λέγω,

Ἀμιναδάβ (*Aminadab*; 1/3) *Amminadab*
Lk 3:33 τοῦ **Ἀμιναδὰβ** τοῦ Ἀδμὶν τοῦ

ἄμπελος (*ampelos*; 1/9) *vineyard*
Lk 22:18 τοῦ γενήματος τῆς **ἀμπέλου** ἕως οὗ ἡ

ἀμπελουργός (*ampelourgos*; 1/1) *vinedresser*
Lk 13:7 δὲ πρὸς τὸν **ἀμπελουργόν**·

ἀμπελών (*ampelōn*; 7/23) *vineyard*
Lk 13:6 πεφυτευμένην ἐν τῷ **ἀμπελῶνι** αὐτοῦ,
Lk 20:9 ἄνθρωπός [τις] ἐφύτευσεν **ἀμπελῶνα** καὶ ἐξέδετο αὐτὸν
Lk 20:10 τοῦ καρποῦ τοῦ **ἀμπελῶνος** δώσουσιν αὐτῷ·
Lk 20:13 ὁ κύριος τοῦ **ἀμπελῶνος**·
Lk 20:15 αὐτὸν ἔξω τοῦ **ἀμπελῶνος** ἀπέκτειναν.
Lk 20:15 ὁ κύριος τοῦ **ἀμπελῶνος**;
Lk 20:16 καὶ δώσει τὸν **ἀμπελῶνα** ἄλλοις.

ἀμφιέζω (*amphiezō*; 1/1) *clothe*
Lk 12:28 ὁ θεὸς οὕτως **ἀμφιέζει**,

ἀμφιέννυμι (*amphiennymi*; 1/3) *clothe*
Lk 7:25 ἐν μαλακοῖς ἱματίοις **ἠμφιεσμένον**;

ἀμφότεροι (*amphoteroi*; 5/14) *both*
Lk 1:6 ἦσαν δὲ δίκαιοι **ἀμφότεροι** ἐναντίον τοῦ θεοῦ,
Lk 1:7 καὶ **ἀμφότεροι** προβεβηκότες ἐν ταῖς
Lk 5:7 ἦλθον καὶ ἔπλησαν **ἀμφότερα** τὰ πλοῖα ὥστε
Lk 6:39 οὐχὶ **ἀμφότεροι** εἰς βόθυνον ἐμπεσοῦνται;
Lk 7:42 ἐχόντων αὐτῶν ἀποδοῦναι **ἀμφοτέροις** ἐχαρίσατο.

Ἀμώς (*Amōs*; 1/3) *Amos*
Lk 3:25 τοῦ Ματταθίου τοῦ **Ἀμὼς** τοῦ Ναοὺμ τοῦ

ἄν (*an*; 32/166) *particle indicating contingency*
Lk 1:62 αὐτοῦ τὸ τί **ἂν** θέλοι καλεῖσθαι αὐτό.
Lk 2:26 θάνατον πρὶν [ἢ] **ἂν** ἴδῃ τὸν χριστὸν
Lk 2:35 ὅπως **ἂν** ἀποκαλυφθῶσιν ἐκ πολλῶν
Lk 6:11 πρὸς ἀλλήλους τί **ἂν** ποιήσαιεν τῷ Ἰησοῦ.
Lk 7:39 ἐγίνωσκεν **ἂν** τίς καὶ ποταπὴ
Lk 8:18 ὃς **ἂν** γὰρ ἔχῃ,
Lk 8:18 καὶ ὃς **ἂν** μὴ ἔχῃ,
Lk 9:4 καὶ εἰς ἣν **ἂν** οἰκίαν εἰσέλθητε,
Lk 9:5 καὶ ὅσοι **ἂν** μὴ δέχωνται ὑμᾶς,
Lk 9:24 ὃς γὰρ **ἂν** θέλῃ τὴν ψυχὴν
Lk 9:24 ὃς δ' **ἂν** ἀπολέσῃ τὴν ψυχὴν
Lk 9:26 ὃς γὰρ **ἂν** ἐπαισχυνθῇ με καὶ
Lk 9:27 γεύσωνται θανάτου ἕως **ἂν** ἴδωσιν τὴν βασιλείαν
Lk 9:46 τὸ τίς **ἂν** εἴη μείζων αὐτῶν.
Lk 9:48 καὶ ὃς **ἂν** ἐμὲ δέξηται,
Lk 10:5 εἰς ἣν δ' **ἂν** εἰσέλθητε οἰκίαν,
Lk 10:8 καὶ εἰς ἣν **ἂν** πόλιν εἰσέρχησθε καὶ
Lk 10:10 εἰς ἣν δ' **ἂν** πόλιν εἰσέλθητε καὶ
Lk 10:13 πάλαι **ἂν** ἐν σάκκῳ καὶ
Lk 10:35 καὶ ὅ τι **ἂν** προσδαπανήσῃς ἐγὼ ἐν
Lk 12:8 πᾶς ὃς **ἂν** ὁμολογήσῃ ἐν ἐμοὶ
Lk 12:39 οὐκ **ἂν** ἀφῆκεν διορυχθῆναι τὸν
Lk 13:25 ἀφ' οὗ **ἂν** ἐγερθῇ ὁ οἰκοδεσπότης
Lk 15:26 παίδων ἐπυνθάνετο τί **ἂν** εἴη ταῦτα.
Lk 17:6 ἐλέγετε **ἂν** τῇ συκαμίνῳ [ταύτῃ]·
Lk 17:6 καὶ ὑπήκουσεν **ἂν** ὑμῖν.
Lk 17:33 ὃς δ' **ἂν** ἀπολέσῃ ζῳογονήσει αὐτήν.
Lk 18:17 ὃς ἂν **μὴ** δέξηται τὴν βασιλείαν
Lk 19:23 ἐλθὼν σὺν τόκῳ **ἂν** αὐτὸ ἔπραξα.
Lk 20:18 ἐφ' ὃν δ' **ἂν** πέσῃ,
Lk 20:43 ἕως **ἂν** θῶ τοὺς ἐχθρούς
Lk 21:32 γενεὰ αὕτη ἕως **ἂν** πάντα γένηται.

ἀνά (*ana*; 3/13) *each*
Lk 9:3 μήτε ἀργύριον μήτε **[ἀνὰ]** δύο χιτῶνας ἔχειν.
Lk 9:14 αὐτοὺς κλισίας [ὡσεὶ] **ἀνὰ** πεντήκοντα.
Lk 10:1 καὶ ἀπέστειλεν αὐτοὺς **ἀνὰ** δύο [δύο] πρὸ

ἀναβαίνω (*anabainō*; 9/82) *go up*
Lk 2:4 **Ἀνέβη** δὲ καὶ Ἰωσὴφ
Lk 2:42 **ἀναβαινόντων** αὐτῶν κατὰ τὸ
Lk 5:19 **ἀναβάντες** ἐπὶ τὸ δῶμα
Lk 9:28 Ἰωάννην καὶ Ἰάκωβον **ἀνέβη** εἰς τὸ ὄρος
Lk 18:10 Ἄνθρωποι δύο **ἀνέβησαν** εἰς τὸ ἱερὸν
Lk 18:31 ἰδοὺ **ἀναβαίνομεν** εἰς Ἰερουσαλήμ,
Lk 19:4 εἰς τὸ ἔμπροσθεν **ἀνέβη** ἐπὶ συκομορέαν ἵνα
Lk 19:28 ταῦτα ἐπορεύετο ἔμπροσθεν **ἀναβαίνων** εἰς Ἱεροσόλυμα.
Lk 24:38 διὰ τί διαλογισμοὶ **ἀναβαίνουσιν** ἐν τῇ καρδίᾳ

ἀναβλέπω (*anablepō*; 7/25) *look up*
Lk 7:22 τυφλοὶ **ἀναβλέπουσιν**,

Lk 9:16 τοὺς δύο ἰχθύας **ἀναβλέψας** εἰς τὸν οὐρανὸν
Lk 18:41 ἵνα **ἀναβλέψω**.
Lk 18:42 **ἀνάβλεψον**·
Lk 18:43 καὶ παραχρῆμα **ἀνέβλεψεν** καὶ ἠκολούθει αὐτῷ
Lk 19:5 **ἀναβλέψας** ὁ Ἰησοῦς εἶπεν
Lk 21:1 **Ἀναβλέψας** δὲ εἶδεν τοὺς

ἀνάβλεψις (*anablepsis*; 1/1) *restoration of sight*
Lk 4:18 ἄφεσιν καὶ τυφλοῖς **ἀνάβλεψιν**,

ἀνάγαιον (*anagaion*; 1/2) *upstairs room*
Lk 22:12 κἀκεῖνος ὑμῖν δείξει **ἀνάγαιον** μέγα ἐστρωμένον·

ἀναγινώσκω (*anaginōskō*; 3/32) *read*
Lk 4:16 συναγωγὴν καὶ ἀνέστη **ἀναγνῶναι**.
Lk 6:3 οὐδὲ τοῦτο **ἀνέγνωτε** ὃ ἐποίησεν Δαυὶδ
Lk 10:26 πῶς **ἀναγινώσκεις**;

ἀναγκάζω (*anankazō*; 1/9) *force*
Lk 14:23 καὶ φραγμοὺς καὶ **ἀνάγκασον** εἰσελθεῖν,

ἀνάγκη (*anankē*; 2/17) *distress*
Lk 14:18 ἠγόρασα καὶ ἔχω **ἀνάγκην** ἐξελθὼν ἰδεῖν αὐτόν·
Lk 21:23 ἔσται γὰρ **ἀνάγκη** μεγάλη ἐπὶ τῆς

ἀνάγω (*anagō*; 3/23) *lead or bring up*
Lk 2:22 **ἀνήγαγον** αὐτὸν εἰς Ἱεροσόλυμα
Lk 4:5 Καὶ **ἀναγαγὼν** αὐτὸν ἔδειξεν αὐτῷ
Lk 8:22 καὶ **ἀνήχθησαν**.

ἀναδείκνυμι (*anadeiknymi*; 1/2) *appoint*
Lk 10:1 Μετὰ δὲ ταῦτα **ἀνέδειξεν** ὁ κύριος ἑτέρους

ἀνάδειξις (*anadeixis*; 1/1) *public appearance*
Lk 1:80 ἐρήμοις ἕως ἡμέρας **ἀναδείξεως** αὐτοῦ πρὸς

ἀναζάω (*anazaō*; 1/2) *come back to life*
Lk 15:24 νεκρὸς ἦν καὶ **ἀνέζησεν**,

ἀναζητέω (*anazēteō*; 2/3) *search after*
Lk 2:44 ἡμέρας ὁδὸν καὶ **ἀνεζήτουν** αὐτὸν ἐν τοῖς
Lk 2:45 ὑπέστρεψαν εἰς Ἰερουσαλὴμ **ἀναζητοῦντες** αὐτόν.

ἀνάθημα (*anathēma*; 1/1) *votive gift*
Lk 21:5 λίθοις καλοῖς καὶ **ἀναθήμασιν** κεκόσμηται εἶπεν·

ἀναίδεια (*anaideia*; 1/1) *shameless persistence*
Lk 11:8 διά γε τὴν **ἀναίδειαν** αὐτοῦ ἐγερθεὶς δώσει

ἀναιρέω (*anaireō*; 2/24) *do away with*
Lk 22:2 γραμματεῖς τὸ πῶς **ἀνέλωσιν** αὐτόν,
Lk 23:32 δύο σὺν αὐτῷ **ἀναιρεθῆναι**.

ἀνακαθίζω (*anakathizō*; 1/2) *sit up*
Lk 7:15 καὶ **ἀνεκάθισεν** ὁ νεκρὸς καὶ

ἀνακάμπτω (*anakamptō*; 1/4) *return*
Lk 10:6 ἐφ' ὑμᾶς **ἀνακάμψει**.

ἀνάκειμαι (*anakeimai*; 2/13[14]) *be seated at table*
Lk 22:27 ὁ **ἀνακείμενος** ἢ ὁ διακονῶν;
Lk 22:27 οὐχὶ ὁ **ἀνακείμενος**;

ἀνακλίνω (*anaklinō*; 3/6) *seat at table*
Lk 2:7 ἐσπαργάνωσεν αὐτὸν καὶ **ἀνέκλινεν** αὐτὸν ἐν φάτνῃ,
Lk 12:37 ὅτι περιζώσεται καὶ **ἀνακλινεῖ** αὐτοὺς καὶ παρελθὼν
Lk 13:29 καὶ νότου καὶ **ἀνακλιθήσονται** ἐν τῇ βασιλείᾳ

ἀνακράζω (*anakrazō*; 3/5) *cry out*
Lk 4:33 δαιμονίου ἀκαθάρτου καὶ **ἀνέκραξεν** φωνῇ μεγάλῃ·
Lk 8:28 δὲ τὸν Ἰησοῦν **ἀνακράξας** προσέπεσεν αὐτῷ
Lk 23:18 **Ἀνέκραγον** δὲ παμπληθεὶ λέγοντες·

ἀνακρίνω (*anakrinō*; 1/16) *question, examine*
Lk 23:14 ἐγὼ ἐνώπιον ὑμῶν **ἀνακρίνας** οὐθὲν εὗρον

ἀνακύπτω (*anakyptō*; 2/2[4]) *straighten up*
Lk 13:11 καὶ μὴ δυναμένη **ἀνακύψαι** εἰς τὸ παντελές.
Lk 21:28 δὲ τούτων γίνεσθαι **ἀνακύψατε** καὶ ἐπάρατε

ἀνάλημψις (*analēmpsis*; 1/1) *taking up*
Lk 9:51 τὰς ἡμέρας τῆς **ἀναλήμψεως** αὐτοῦ καὶ αὐτὸς

ἀναλόω (*analoō*; 1/2) *consume*
Lk 9:54 τοῦ οὐρανοῦ καὶ **ἀναλῶσαι** αὐτούς;

ἀναλύω (*analyō*; 1/2) *come back*
Lk 12:36 κύριον ἑαυτῶν πότε **ἀναλύσῃ** ἐκ τῶν γάμων,

ἀνάμνησις (*anamnēsis*; 1/4) *reminder*
Lk 22:19 εἰς τὴν ἐμὴν **ἀνάμνησιν**.

ἀνάπαυσις (*anapausis*; 1/5) *rest*
Lk 11:24 ἀνύδρων τόπων ζητοῦν **ἀνάπαυσιν** καὶ μὴ εὑρίσκον·

ἀναπαύω (*anapauō*; 1/12) *give rest*
Lk 12:19 **ἀναπαύου**,

ἀνάπειρος (*anapeiros*; 2/2) *a cripple*
Lk 14:13 **ἀναπείρους**,
Lk 14:21 τοὺς πτωχοὺς καὶ **ἀναπείρους** καὶ τυφλοὺς

<u>ἀναπέμπω (*anapempō*; 3/5) *send, send back or up*</u>

Lk 23:7 ἐξουσίας Ἡρῴδου ἐστὶν **ἀνέπεμψεν** αὐτὸν πρὸς Ἡρῴδην,
Lk 23:11 περιβαλὼν ἐσθῆτα λαμπρὰν **ἀνέπεμψεν** αὐτὸν τῷ Πιλάτῳ.
Lk 23:15 **ἀνέπεμψεν** γὰρ αὐτὸν πρὸς

<u>ἀναπίπτω (*anapiptō*; 4/12) *sit, recline*</u>

Lk 11:37 εἰσελθὼν δὲ **ἀνέπεσεν**.
Lk 14:10 πορευθεὶς **ἀνάπεσε** εἰς τὸν ἔσχατον
Lk 17:7 εὐθέως παρελθὼν **ἀνάπεσε**,
Lk 22:14 **ἀνέπεσεν** καὶ οἱ ἀπόστολοι

<u>ἀναπτύσσω (*anaptyssō*; 1/1) *open*</u>

Lk 4:17 προφήτου Ἠσαΐου καὶ **ἀναπτύξας** τὸ βιβλίον εὗρεν

<u>ἀνάπτω (*anaptō*; 1/2) *kindle*</u>

Lk 12:49 θέλω εἰ ἤδη **ἀνήφθη**.

<u>ἀνασείω (*anaseiō*; 1/2) *incite*</u>

Lk 23:5 ἐπίσχυον λέγοντες ὅτι **ἀνασείει** τὸν λαὸν διδάσκων

<u>ἀνασπάω (*anaspaō*; 1/2) *pull out*</u>

Lk 14:5 καὶ οὐκ εὐθέως **ἀνασπάσει** αὐτὸν ἐν ἡμέρᾳ

<u>ἀνάστασις (*anastasis*; 6/42) *resurrection*</u>

Lk 2:34 εἰς πτῶσιν καὶ **ἀνάστασιν** πολλῶν ἐν τῷ
Lk 14:14 σοι ἐν τῇ **ἀναστάσει** τῶν δικαίων.
Lk 20:27 οἱ [ἀντι]λέγοντες **ἀνάστασιν** μὴ εἶναι,
Lk 20:33 οὖν ἐν τῇ **ἀναστάσει** τίνος αὐτῶν γίνεται
Lk 20:35 τυχεῖν καὶ τῆς **ἀναστάσεως** τῆς ἐκ νεκρῶν
Lk 20:36 εἰσιν θεοῦ τῆς **ἀναστάσεως** υἱοὶ ὄντες.

<u>ἀνατάσσομαι (*anatassomai*; 1/1) *compile*</u>

Lk 1:1 ἐπειδήπερ πολλοὶ ἐπεχείρησαν **ἀνατάξασθαι** διήγησιν περὶ τῶν

<u>ἀνατέλλω (*anatellō*; 1/9) *rise*</u>

Lk 12:54 ἴδητε [τὴν] νεφέλην **ἀνατέλλουσαν** ἐπὶ δυσμῶν,

<u>ἀνατολή (*anatolē*; 2/10[11]) *rising*</u>

Lk 1:78 οἷς ἐπισκέψεται ἡμᾶς **ἀνατολὴ** ἐξ ὕψους,
Lk 13:29 καὶ ἥξουσιν ἀπὸ **ἀνατολῶν** καὶ δυσμῶν καὶ

<u>ἀναφαίνω (*anaphainō*; 1/2) *come in sight of*</u>

Lk 19:11 βασιλεία τοῦ θεοῦ **ἀναφαίνεσθαι**.

<u>ἀναφέρω (*anapherō*; 1/10) *offer (sacrifice)*</u>

Lk 24:51 ἀπ᾽ αὐτῶν καὶ **ἀνεφέρετο** εἰς τὸν οὐρανόν.

<u>ἀναφωνέω (*anaphōneō*; 1/1) *call out*</u>

Lk 1:42 καὶ **ἀνεφώνησεν** κραυγῇ μεγάλῃ καὶ

<u>Ἀνδρέας (*Andreas*; 1/13) *Andrew*</u>

Lk 6:14 καὶ **Ἀνδρέαν** τὸν ἀδελφὸν αὐτοῦ,

<u>ἀνέκλειπτος (*anekleiptos*; 1/1) *never decreasing*</u>

Lk 12:33 θησαυρὸν **ἀνέκλειπτον** ἐν τοῖς οὐρανοῖς,

<u>ἀνεκτός (*anektos*; 2/5) *tolerable*</u>

Lk 10:12 τῇ ἡμέρᾳ ἐκείνῃ **ἀνεκτότερον** ἔσται ἢ τῇ
Lk 10:14 Τύρῳ καὶ Σιδῶνι **ἀνεκτότερον** ἔσται ἐν τῇ

<u>ἄνεμος (*anemos*; 4/31) *wind*</u>

Lk 7:24 κάλαμον ὑπὸ **ἀνέμου** σαλευόμενον;
Lk 8:23 καὶ κατέβη λαῖλαψ **ἀνέμου** εἰς τὴν λίμνην
Lk 8:24 διεγερθεὶς ἐπετίμησεν τῷ **ἀνέμῳ** καὶ τῷ κλύδωνι
Lk 8:25 ὅτι καὶ τοῖς **ἀνέμοις** ἐπιτάσσει καὶ τῷ

<u>ἀνένδεκτος (*anendektos*; 1/1) *impossible*</u>

Lk 17:1 **ἀνένδεκτόν** ἐστιν τοῦ τὰ

<u>ἀνευρίσκω (*aneuriskō*; 1/2) *find*</u>

Lk 2:16 ἦλθαν σπεύσαντες καὶ **ἀνεῦραν** τήν τε Μαριὰμ

<u>ἀνέχομαι (*anechomai*; 1/15) *endure*</u>

Lk 9:41 πρὸς ὑμᾶς καὶ **ἀνέξομαι** ὑμῶν;

<u>ἀνήρ (*anēr*; 27/216) *man, husband*</u>

Lk 1:27 πρὸς παρθένον ἐμνηστευμένην **ἀνδρὶ** ᾧ ὄνομα Ἰωσὴφ
Lk 1:34 ἐπεὶ **ἄνδρα** οὐ γινώσκω;
Lk 2:36 ζήσασα μετὰ **ἀνδρὸς** ἔτη ἑπτὰ ἀπὸ
Lk 5:8 ὅτι **ἀνὴρ** ἁμαρτωλός εἰμι,
Lk 5:12 πόλεων καὶ ἰδοὺ **ἀνὴρ** πλήρης λέπρας·
Lk 5:18 καὶ ἰδοὺ **ἄνδρες** φέροντες ἐπὶ κλίνης
Lk 6:8 εἶπεν δὲ τῷ **ἀνδρὶ** τῷ ξηρὰν ἔχοντι
Lk 7:20 πρὸς αὐτὸν οἱ **ἄνδρες** εἶπαν·
Lk 8:27 τὴν γῆν ὑπήντησεν **ἀνήρ** τις ἐκ τῆς
Lk 8:38 δὲ αὐτοῦ ὁ **ἀνὴρ** ἀφ᾽ οὗ ἐξεληλύθει
Lk 8:41 καὶ ἰδοὺ ἦλθεν **ἀνὴρ** ᾧ ὄνομα Ἰάϊρος
Lk 9:14 ἦσαν γὰρ ὡσεὶ **ἄνδρες** πεντακισχίλιοι.
Lk 9:30 καὶ ἰδοὺ **ἄνδρες** δύο συνελάλουν αὐτῷ,
Lk 9:32 καὶ τοὺς δύο **ἄνδρας** τοὺς συνεστῶτας αὐτῷ.
Lk 9:38 καὶ ἰδοὺ **ἀνὴρ** ἀπὸ τοῦ ὄχλου
Lk 11:31 κρίσει μετὰ τῶν **ἀνδρῶν** τῆς γενεᾶς ταύτης
Lk 11:32 **ἄνδρες** Νινευῖται ἀναστήσονται ἐν
Lk 14:24 ὅτι οὐδεὶς τῶν **ἀνδρῶν** ἐκείνων τῶν κεκλημένων
Lk 16:18 ὁ ἀπολελυμένην ἀπὸ **ἀνδρὸς** γαμῶν μοιχεύει.
Lk 17:12 [αὐτῷ] δέκα λεπροὶ **ἄνδρες**,
Lk 19:2 Καὶ ἰδοὺ **ἀνὴρ** ὀνόματι καλούμενος Ζακχαῖος,
Lk 19:7 ὅτι παρὰ ἁμαρτωλῷ **ἀνδρὶ** εἰσῆλθεν καταλῦσαι.
Lk 22:63 Καὶ οἱ **ἄνδρες** οἱ συνέχοντες αὐτὸν
Lk 23:50 Καὶ ἰδοὺ **ἀνὴρ** ὀνόματι Ἰωσὴφ βουλευτὴς
Lk 23:50 βουλευτὴς ὑπάρχων [καὶ] **ἀνὴρ** ἀγαθὸς καὶ δίκαιος
Lk 24:4 τούτου καὶ ἰδοὺ **ἄνδρες** δύο ἐπέστησαν αὐταῖς
Lk 24:19 ὃς ἐγένετο **ἀνὴρ** προφήτης δυνατὸς ἐν

ἀνθίστημι (*anthistēmi*; 1/14) *resist*

Lk 21:15 ἣ οὐ δυνήσονται **ἀντιστῆναι** ἢ ἀντειπεῖν ἅπαντες

ἀνθομολογέομαι (*anthomologeomai*; 1/1) *give thanks*

Lk 2:38 τῇ ὥρᾳ ἐπιστᾶσα **ἀνθωμολογεῖτο** τῷ θεῷ καὶ

ἄνθρωπος (*anthrōpos*; 95/550) *man, human being (pl. people)*

Lk 1:25 ὄνειδός μου ἐν **ἀνθρώποις**.
Lk 2:14 γῆς εἰρήνη ἐν **ἀνθρώποις** εὐδοκίας.
Lk 2:25 Καὶ ἰδοὺ **ἄνθρωπος** ἦν ἐν Ἰερουσαλὴμ
Lk 2:25 Συμεὼν καὶ ὁ **ἄνθρωπος** οὗτος δίκαιος καὶ
Lk 2:52 παρὰ θεῷ καὶ **ἀνθρώποις**.
Lk 4:4 μόνῳ ζήσεται ὁ **ἄνθρωπος**.
Lk 4:33 τῇ συναγωγῇ ἦν **ἄνθρωπος** ἔχων πνεῦμα δαιμονίου
Lk 5:10 ἀπὸ τοῦ νῦν **ἀνθρώπους** ἔσῃ ζωγρῶν.
Lk 5:18 φέροντες ἐπὶ κλίνης **ἄνθρωπον** ὃς ἦν παραλελυμένος
Lk 5:20 **ἄνθρωπε**,
Lk 5:24 ὁ υἱὸς τοῦ **ἀνθρώπου** ἐξουσίαν ἔχει ἐπὶ
Lk 6:5 ὁ υἱὸς τοῦ **ἀνθρώπου**.
Lk 6:6 καὶ ἦν **ἄνθρωπος** ἐκεῖ καὶ ἡ
Lk 6:22 μισήσωσιν ὑμᾶς οἱ **ἄνθρωποι** καὶ ὅταν ἀφορίσωσιν
Lk 6:22 τοῦ υἱοῦ τοῦ **ἀνθρώπου**·
Lk 6:26 εἴπωσιν πάντες οἱ **ἄνθρωποι**·
Lk 6:31 ποιῶσιν ὑμῖν οἱ **ἄνθρωποι** ποιεῖτε αὐτοῖς ὁμοίως.
Lk 6:45 ὁ ἀγαθὸς **ἄνθρωπος** ἐκ τοῦ ἀγαθοῦ
Lk 6:48 ὅμοιός ἐστιν **ἀνθρώπῳ** οἰκοδομοῦντι οἰκίαν ὃς
Lk 6:49 ποιήσας ὅμοιός ἐστιν **ἀνθρώπῳ** οἰκοδομήσαντι οἰκίαν ἐπὶ
Lk 7:8 καὶ γὰρ ἐγὼ **ἄνθρωπός** εἰμι ὑπὸ ἐξουσίαν
Lk 7:25 **ἄνθρωπον** ἐν μαλακοῖς ἱματίοις
Lk 7:31 οὖν ὁμοιώσω τοὺς **ἀνθρώπους** τῆς γενεᾶς ταύτης
Lk 7:34 ὁ υἱὸς τοῦ **ἀνθρώπου** ἐσθίων καὶ πίνων,
Lk 7:34 ἰδοὺ **ἄνθρωπος** φάγος καὶ οἰνοπότης,
Lk 8:29 ἐξελθεῖν ἀπὸ τοῦ **ἀνθρώπου**.
Lk 8:33 δαιμόνια ἀπὸ τοῦ **ἀνθρώπου** εἰσῆλθον εἰς
Lk 8:35 εὗρον καθήμενον τὸν **ἄνθρωπον** ἀφ᾽ οὗ τὰ
Lk 9:22 τὸν υἱὸν τοῦ **ἀνθρώπου** πολλὰ παθεῖν καὶ
Lk 9:25 τί γὰρ ὠφελεῖται **ἄνθρωπος** κερδήσας τὸν κόσμον
Lk 9:26 ὁ υἱὸς τοῦ **ἀνθρώπου** ἐπαισχυνθήσεται,
Lk 9:44 γὰρ υἱὸς τοῦ **ἀνθρώπου** μέλλει παραδίδοσθαι εἰς
Lk 9:44 παραδίδοσθαι εἰς χεῖρας **ἀνθρώπων**.
Lk 9:58 δὲ υἱὸς τοῦ **ἀνθρώπου** οὐκ ἔχει ποῦ
Lk 10:30 **ἄνθρωπός** τις κατέβαινεν ἀπὸ
Lk 11:24 ἐξέλθῃ ἀπὸ τοῦ **ἀνθρώπου**,
Lk 11:26 τὰ ἔσχατα τοῦ **ἀνθρώπου** ἐκείνου χείρονα
Lk 11:30 ὁ υἱὸς τοῦ **ἀνθρώπου** τῇ γενεᾷ ταύτῃ.
Lk 11:44 καὶ οἱ **ἄνθρωποι** [οἱ] περιπατοῦντες ἐπάνω
Lk 11:46 ὅτι φορτίζετε τοὺς **ἀνθρώπους** φορτία δυσβάστακτα,
Lk 12:8 ἐμοὶ ἔμπροσθεν τῶν **ἀνθρώπων**,
Lk 12:8 ὁ υἱὸς τοῦ **ἀνθρώπου** ὁμολογήσει ἐν αὐτῷ
Lk 12:9 με ἐνώπιον τῶν **ἀνθρώπων** ἀπαρνηθήσεται ἐνώπιον τῶν
Lk 12:10 τὸν υἱὸν τοῦ **ἀνθρώπου**,
Lk 12:14 **ἄνθρωπε**,
Lk 12:16 **ἀνθρώπου** τινος πλουσίου εὐφόρησεν
Lk 12:36 καὶ ὑμεῖς ὅμοιοι **ἀνθρώποις** προσδεχομένοις τὸν κύριον
Lk 12:40 ὁ υἱὸς τοῦ **ἀνθρώπου** ἔρχεται.
Lk 13:4 παρὰ πάντας τοὺς **ἀνθρώπους** τοὺς κατοικοῦντας Ἰερουσαλήμ;
Lk 13:19 ὃν λαβὼν **ἄνθρωπος** ἔβαλεν εἰς κῆπον
Lk 14:2 Καὶ ἰδοὺ **ἄνθρωπός** τις ἦν ὑδρωπικὸς
Lk 14:16 **ἄνθρωπός** τις ἐποίει δεῖπνον
Lk 14:30 ὅτι οὗτος ὁ **ἄνθρωπος** ἤρξατο οἰκοδομεῖν
Lk 15:4 τίς **ἄνθρωπος** ἐξ ὑμῶν ἔχων
Lk 15:11 **ἄνθρωπός** τις εἶχεν δύο
Lk 16:1 **ἄνθρωπός** τις ἦν πλούσιος
Lk 16:15 ἑαυτοὺς ἐνώπιον τῶν **ἀνθρώπων**,
Lk 16:15 ὅτι τὸ ἐν **ἀνθρώποις** ὑψηλὸν βδέλυγμα ἐνώπιον
Lk 16:19 **Ἄνθρωπος** δέ τις ἦν
Lk 17:22 τοῦ υἱοῦ τοῦ **ἀνθρώπου** ἰδεῖν καὶ οὐκ
Lk 17:24 ὁ υἱὸς τοῦ **ἀνθρώπου** [ἐν τῇ ἡμέρᾳ
Lk 17:26 τοῦ υἱοῦ τοῦ **ἀνθρώπου**·
Lk 17:30 ὁ υἱὸς τοῦ **ἀνθρώπου** ἀποκαλύπτεται.
Lk 18:2 μὴ φοβούμενος καὶ **ἄνθρωπον** μὴ ἐντρεπόμενος.
Lk 18:4 οὐ φοβοῦμαι οὐδὲ **ἄνθρωπον** ἐντρέπομαι,
Lk 18:8 ὁ υἱὸς τοῦ **ἀνθρώπου** ἐλθὼν ἆρα εὑρήσει
Lk 18:10 **Ἄνθρωποι** δύο ἀνέβησαν εἰς
Lk 18:11 οἱ λοιποὶ τῶν **ἀνθρώπων**,
Lk 18:27 τὰ ἀδύνατα παρὰ **ἀνθρώποις** δυνατὰ παρὰ
Lk 18:31 τῷ υἱῷ τοῦ **ἀνθρώπου**·
Lk 19:10 ὁ υἱὸς τοῦ **ἀνθρώπου** ζητῆσαι καὶ σῶσαι
Lk 19:12 **ἄνθρωπός** τις εὐγενὴς ἐπορεύθη
Lk 19:21 ὅτι **ἄνθρωπος** αὐστηρὸς εἶ,
Lk 19:22 ᾔδεις ὅτι ἐγὼ **ἄνθρωπος** αὐστηρός εἰμι,
Lk 19:30 ὃν οὐδεὶς πώποτε **ἀνθρώπων** ἐκάθισεν,
Lk 20:4 ἦν ἢ ἐξ **ἀνθρώπων**;
Lk 20:6 ἐξ **ἀνθρώπων**,
Lk 20:9 **ἄνθρωπός** [τις] ἐφύτευσεν ἀμπελῶνα
Lk 21:26 ἀποψυχόντων **ἀνθρώπων** ἀπὸ φόβου καὶ
Lk 21:27 τὸν υἱὸν τοῦ **ἀνθρώπου** ἐρχόμενον ἐν νεφέλῃ
Lk 21:36 τοῦ υἱοῦ τοῦ **ἀνθρώπου**.
Lk 22:10 πόλιν συναντήσει ὑμῖν **ἄνθρωπος** κεράμιον ὕδατος βαστάζων·
Lk 22:22 υἱὸς μὲν τοῦ **ἀνθρώπου** κατὰ τὸ ὡρισμένον
Lk 22:22 πλὴν οὐαὶ τῷ **ἀνθρώπῳ** ἐκείνῳ δι᾽ οὗ
Lk 22:48 τὸν υἱὸν τοῦ **ἀνθρώπου** παραδίδως;
Lk 22:58 **ἄνθρωπε**,
Lk 22:60 **ἄνθρωπε**,
Lk 22:69 ὁ υἱὸς τοῦ **ἀνθρώπου** καθήμενος ἐκ δεξιῶν
Lk 23:4 αἴτιον ἐν τῷ **ἀνθρώπῳ** τούτῳ.
Lk 23:6 ἐπηρώτησεν εἰ ὁ **ἄνθρωπος** Γαλιλαῖός ἐστιν,
Lk 23:14 προσηνέγκατέ μοι τὸν **ἄνθρωπον** τοῦτον ὡς ἀποστρέφοντα
Lk 23:14 εὗρον ἐν τῷ **ἀνθρώπῳ** τούτῳ αἴτιον ὧν
Lk 23:47 ὄντως ὁ **ἄνθρωπος** οὗτος δίκαιος ἦν.
Lk 24:7 τὸν υἱὸν τοῦ **ἀνθρώπου** ὅτι δεῖ παραδοθῆναι
Lk 24:7 παραδοθῆναι εἰς χεῖρας **ἀνθρώπων** ἁμαρτωλῶν καὶ σταυρωθῆναι

ἀνίστημι (*anistēmi*; 27/107[108]) *raise or rise*
Lk 1:39 **᾿Αναστᾶσα** δὲ Μαριὰμ ἐν
Lk 4:16 τὴν συναγωγὴν καὶ **ἀνέστη** ἀναγνῶναι.
Lk 4:29 καὶ **ἀναστάντες** ἐξέβαλον αὐτὸν ἔξω
Lk 4:38 **᾿Αναστὰς** δὲ ἀπὸ τῆς
Lk 4:39 παραχρῆμα δὲ **ἀναστᾶσα** διηκόνει αὐτοῖς.
Lk 5:25 καὶ παραχρῆμα **ἀναστὰς** ἐνώπιον αὐτῶν,
Lk 5:28 καὶ καταλιπὼν πάντα **ἀναστὰς** ἠκολούθει αὐτῷ.
Lk 6:8 καὶ **ἀναστὰς** ἔστη.
Lk 8:55 πνεῦμα αὐτῆς καὶ **ἀνέστη** παραχρῆμα καὶ διέταξεν
Lk 9:8 τις τῶν ἀρχαίων **ἀνέστη**.
Lk 9:19 τις τῶν ἀρχαίων **ἀνέστη**.
Lk 10:25 ἰδοὺ νομικός τις **ἀνέστη** ἐκπειράζων αὐτὸν λέγων·
Lk 11:7 οὐ δύναμαι **ἀναστὰς** δοῦναί σοι.
Lk 11:8 οὐ δώσει αὐτῷ **ἀναστὰς** διὰ τὸ εἶναι
Lk 11:32 ἄνδρες Νινευῖται **ἀναστήσονται** ἐν τῇ κρίσει
Lk 15:18 **ἀναστὰς** πορεύσομαι πρὸς τὸν
Lk 15:20 καὶ **ἀναστὰς** ἦλθεν πρὸς τὸν
Lk 16:31 τις ἐκ νεκρῶν **ἀναστῇ** πεισθήσονται.
Lk 17:19 **ἀναστὰς** πορεύου·
Lk 18:33 ἡμέρᾳ τῇ τρίτῃ **ἀναστήσεται**.
Lk 22:45 καὶ **ἀναστὰς** ἀπὸ τῆς προσευχῆς
Lk 22:46 **ἀναστάντες** προσεύχεσθε,
Lk 23:1 Καὶ **ἀναστὰν** ἅπαν τὸ πλῆθος
Lk 24:7 τῇ τρίτῃ ἡμέρᾳ **ἀναστῆναι**.
Lk 24:12 ῾Ο δὲ Πέτρος **ἀναστὰς** ἔδραμεν ἐπὶ τὸ
Lk 24:33 Καὶ **ἀναστάντες** αὐτῇ τῇ ὥρᾳ
Lk 24:46 τὸν χριστὸν καὶ **ἀναστῆναι** ἐκ νεκρῶν τῇ

῞Αννας (*Hannas*; 1/4) *Annas*
Lk 3:2 ἐπὶ ἀρχιερέως **῞Αννα** καὶ Καϊάφα,

ἀνόητος (*anoētos*; 1/6) *foolish*
Lk 24:25 ὦ **ἀνόητοι** καὶ βραδεῖς τῇ

ἄνοια (*anoia*; 1/2) *foolishness, fury*
Lk 6:11 αὐτοὶ δὲ ἐπλήσθησαν **ἀνοίας** καὶ διελάλουν

ἀνοίγω (*anoigō*; 6/77) *open*
Lk 1:64 **ἀνεῴχθη** δὲ τὸ στόμα
Lk 3:21 βαπτισθέντος καὶ προσευχομένου **ἀνεῳχθῆναι** τὸν οὐρανὸν
Lk 11:9 κρούετε καὶ **ἀνοιγήσεται** ὑμῖν·
Lk 11:10 καὶ τῷ κρούοντι **ἀνοιγ[ήσ]εται**.
Lk 12:36 καὶ κρούσαντος εὐθέως **ἀνοίξωσιν** αὐτῷ.
Lk 13:25 **ἄνοιξον** ἡμῖν,

ἄνομος (*anomos*; 1/9) *lawless*
Lk 22:37 καὶ μετὰ **ἀνόμων** ἐλογίσθη·

ἀνορθόω (*anorthoō*; 1/3) *restore*
Lk 13:13 καὶ παραχρῆμα **ἀνωρθώθη** καὶ ἐδόξαζεν τὸν

ἀνταποδίδωμι (*antapodidōmi*; 2/7) *repay*
Lk 14:14 ὅτι οὐκ ἔχουσιν **ἀνταποδοῦναί** σοι,
Lk 14:14 **ἀνταποδοθήσεται** γάρ σοι ἐν

ἀνταπόδομα (*antapodoma*; 1/2) *repayment*
Lk 14:12 σε καὶ γένηται **ἀνταπόδομά** σοι.

ἀνταποκρίνομαι (*antapokrinomai*; 1/2) *reply*
Lk 14:6 καὶ οὐκ ἴσχυσαν **ἀνταποκριθῆναι** πρὸς ταῦτα.

ἀντέχομαι (*antechomai*; 1/4) *be loyal to*
Lk 16:13 ἢ ἑνὸς **ἀνθέξεται** καὶ τοῦ ἑτέρου

ἀντί (*anti*; 4/22) *instead of*
Lk 1:20 **ἀνθ᾽** ὧν οὐκ ἐπίστευσας
Lk 11:11 καὶ **ἀντὶ** ἰχθύος ὄφιν αὐτῷ
Lk 12:3 **ἀνθ᾽** ὧν ὅσα ἐν
Lk 19:44 **ἀνθ᾽** ὧν οὐκ ἔγνως

ἀντιβάλλω (*antiballō*; 1/1) *exchange*
Lk 24:17 λόγοι οὗτοι οὓς **ἀντιβάλλετε** πρὸς ἀλλήλους περιπατοῦντες;

ἀντίδικος (*antidikos*; 2/5) *opponent at law*
Lk 12:58 ὑπάγεις μετὰ τοῦ **ἀντιδίκου** σου ἐπ᾽ ἄρχοντα,
Lk 18:3 με ἀπὸ τοῦ **ἀντιδίκου** μου.

ἀντικαλέω (*antikaleō*; 1/1) *invite in return*
Lk 14:12 μήποτε καὶ αὐτοὶ **ἀντικαλέσωσίν** σε καὶ γένηται

ἀντίκειμαι (*antikeimai*; 2/8) *oppose*
Lk 13:17 κατῃσχύνοντο πάντες οἱ **ἀντικείμενοι** αὐτῷ,
Lk 21:15 ἀντειπεῖν ἅπαντες οἱ **ἀντικείμενοι** ὑμῖν.

ἀντιλαμβάνομαι (*antilambanomai*; 1/3) *help*
Lk 1:54 **ἀντελάβετο** ᾿Ισραὴλ παιδὸς αὐτοῦ,

ἀντιλέγω (*antilegō*; 3/11) *oppose*
Lk 2:34 καὶ εἰς σημεῖον **ἀντιλεγόμενον**
Lk 20:27 οἱ **[ἀντι]λέγοντες** ἀνάστασιν μὴ εἶναι,
Lk 21:15 δυνήσονται ἀντιστῆναι ἢ **ἀντειπεῖν** ἅπαντες οἱ ἀντικείμενοι

ἀντιμετρέω (*antimetreō*; 1/1) *measure out in return*
Lk 6:38 γὰρ μέτρῳ μετρεῖτε **ἀντιμετρηθήσεται** ὑμῖν.

ἀντιπαρέρχομαι (*antiparerchomai*; 2/2) *pass by on the other side of the road*
Lk 10:31 καὶ ἰδὼν αὐτὸν **ἀντιπαρῆλθεν**·
Lk 10:32 ἐλθὼν καὶ ἰδὼν **ἀντιπαρῆλθεν**.

ἀντιπέρα (*antipera*; 1/1) *opposite*
Lk 8:26 ἥτις ἐστὶν **ἀντιπέρα** τῆς Γαλιλαίας.

ἄνυδρος (*anydros*; 1/4) *waterless*
Lk 11:24 διέρχεται δι᾽ **ἀνύδρων** τόπων ζητοῦν ἀνάπαυσιν

ἄνωθεν (*anōthen*; 1/13) *from above*
Lk 1:3 ἔδοξε κἀμοὶ παρηκολουθηκότι **ἄνωθεν** πᾶσιν ἀκριβῶς καθεξῆς

ἀνώτερος (*anōteros*; 1/2) *first*
Lk 14:10 προσανάβηθι **ἀνώτερον**·

ἀξίνη (*axinē*; 1/2) *axe*
Lk 3:9 δὲ καὶ ἡ **ἀξίνη** πρὸς τὴν ῥίζαν

ἄξιος (*axios*; 8/41) *worthy*
Lk 3:8 ποιήσατε οὖν καρποὺς **ἀξίους** τῆς μετανοίας καὶ
Lk 7:4 σπουδαίως λέγοντες ὅτι **ἄξιός** ἐστιν ᾧ παρέξῃ
Lk 10:7 **ἄξιος** γὰρ ὁ ἐργάτης
Lk 12:48 ποιήσας δὲ **ἄξια** πληγῶν δαρήσεται ὀλίγας.
Lk 15:19 οὐκέτι εἰμὶ **ἄξιος** κληθῆναι υἱός σου·
Lk 15:21 οὐκέτι εἰμὶ **ἄξιος** κληθῆναι υἱός σου.
Lk 23:15 καὶ ἰδοὺ οὐδὲν **ἄξιον** θανάτου ἐστὶν πεπραγμένον
Lk 23:41 **ἄξια** γὰρ ὧν ἐπράξαμεν

ἀξιόω (*axioō*; 1/7) *consider worthy*
Lk 7:7 διὸ οὐδὲ ἐμαυτὸν **ἠξίωσα** πρὸς σὲ ἐλθεῖν·

ἀπαγγέλλω (*apangellō*; 11/43[45]) *proclaim*
Lk 7:18 Καὶ **ἀπήγγειλαν** Ἰωάννῃ οἱ μαθηταὶ
Lk 7:22 πορευθέντες **ἀπαγγείλατε** Ἰωάννῃ ἃ εἴδετε
Lk 8:20 **ἀπηγγέλη** δὲ αὐτῷ·
Lk 8:34 γεγονὸς ἔφυγον καὶ **ἀπήγγειλαν** εἰς τὴν πόλιν
Lk 8:36 **ἀπήγγειλαν** δὲ αὐτοῖς οἱ
Lk 8:47 αἰτίαν ἥψατο αὐτοῦ **ἀπήγγειλεν** ἐνώπιον παντὸς τοῦ
Lk 9:36 ἐσίγησαν καὶ οὐδενὶ **ἀπήγγειλαν** ἐν ἐκείναις
Lk 13:1 αὐτῷ τῷ καιρῷ **ἀπαγγέλλοντες** αὐτῷ περὶ
Lk 14:21 παραγενόμενος ὁ δοῦλος **ἀπήγγειλεν** τῷ κυρίῳ αὐτοῦ
Lk 18:37 **ἀπήγγειλαν** δὲ αὐτῷ ὅτι
Lk 24:9 ἀπὸ τοῦ μνημείου **ἀπήγγειλαν** ταῦτα πάντα

ἀπάγω (*apagō*; 4/15) *lead away by force*
Lk 13:15 τῆς φάτνης καὶ **ἀπαγαγὼν** ποτίζει;
Lk 21:12 **ἀπαγομένους** ἐπὶ βασιλεῖς καὶ
Lk 22:66 καὶ **ἀπήγαγον** αὐτὸν εἰς τὸ
Lk 23:26 Καὶ ὡς **ἀπήγαγον** αὐτόν,

ἀπαίρω (*apairō*; 1/3) *take away*
Lk 5:35 καὶ ὅταν **ἀπαρθῇ** ἀπ' αὐτῶν ὁ

ἀπαιτέω (*apaiteō*; 2/2) *demand in return*
Lk 6:30 τὰ σὰ μὴ **ἀπαίτει**.
Lk 12:20 τὴν ψυχήν σου **ἀπαιτοῦσιν** ἀπὸ σοῦ·

ἀπαλλάσσω (*apallassō*; 1/3) *set free*
Lk 12:58 ὁδῷ δὸς ἐργασίαν **ἀπηλλάχθαι** ἀπ' αὐτοῦ,

ἀπαντάω (*apantaō*; 1/2) *meet*
Lk 17:12 εἴς τινα κώμην **ἀπήντησαν** [αὐτῷ] δέκα λεπροὶ

ἀπαρνέομαι (*aparneomai*; 3/11) *disown*
Lk 12:9 ἐνώπιον τῶν ἀνθρώπων **ἀπαρνηθήσεται** ἐνώπιον τῶν ἀγγέλων
Lk 22:34 ἕως τρίς με **ἀπαρνήσῃ** εἰδέναι.
Lk 22:61 ἀλέκτορα φωνῆσαι σήμερον **ἀπαρνήσῃ** με τρίς.

ἀπαρτισμός (*apartismos*; 1/1) *completion*
Lk 14:28 εἰ ἔχει εἰς **ἀπαρτισμόν**;

ἅπας (*hapas*; 11/33[34]) *all*
Lk 3:21 ἐν τῷ βαπτισθῆναι **ἅπαντα** τὸν λαὸν καὶ
Lk 4:6 τὴν ἐξουσίαν ταύτην **ἅπασαν** καὶ τὴν δόξαν
Lk 4:40 δὲ τοῦ ἡλίου **ἅπαντες** ὅσοι εἶχον ἀσθενοῦντας
Lk 5:26 καὶ ἔκστασις ἔλαβεν **ἅπαντας** καὶ ἐδόξαζον
Lk 8:37 καὶ ἠρώτησεν αὐτὸν **ἅπαν** τὸ πλῆθος τῆς
Lk 9:15 οὕτως καὶ κατέκλιναν **ἅπαντας**.
Lk 19:37 τῶν ἐλαιῶν ἤρξαντο **ἅπαν** τὸ πλῆθος τῶν
Lk 19:48 ὁ λαὸς γὰρ **ἅπας** ἐξεκρέματο αὐτοῦ ἀκούων.
Lk 20:6 ὁ λαὸς **ἅπας** καταλιθάσει ἡμᾶς,
Lk 21:15 ἀντιστῆναι ἢ ἀντειπεῖν **ἅπαντες** οἱ ἀντικείμενοι ὑμῖν.
Lk 23:1 Καὶ ἀναστὰν **ἅπαν** τὸ πλῆθος αὐτῶν

ἀπειθής (*apeithēs*; 1/6) *disobedient*
Lk 1:17 ἐπὶ τέκνα καὶ **ἀπειθεῖς** ἐν φρονήσει δικαίων,

ἀπελπίζω (*apelpizō*; 1/1) *expect in return*
Lk 6:35 καὶ δανίζετε μηδὲν **ἀπελπίζοντες**·

ἀπέρχομαι (*aperchomai*; 20/116[117]) *go, go away, depart*
Lk 1:23 **ἀπῆλθεν** εἰς τὸν οἶκον
Lk 1:38 καὶ **ἀπῆλθεν** ἀπ' αὐτῆς ὁ
Lk 2:15 Καὶ ἐγένετο ὡς **ἀπῆλθον** ἀπ' αὐτῶν εἰς
Lk 5:13 εὐθέως ἡ λέπρα **ἀπῆλθεν** ἀπ' αὐτοῦ.
Lk 5:14 ἀλλὰ **ἀπελθὼν** δεῖξον σεαυτὸν τῷ
Lk 5:25 **ἀπῆλθεν** εἰς τὸν οἶκον
Lk 7:24 **Ἀπελθόντων** δὲ τῶν ἀγγέλων
Lk 8:31 εἰς τὴν ἄβυσσον **ἀπελθεῖν**.
Lk 8:37 περιχώρου τῶν Γερασηνῶν **ἀπελθεῖν** ἀπ' αὐτῶν,
Lk 8:39 καὶ **ἀπῆλθεν** καθ' ὅλην τὴν
Lk 9:57 σοι ὅπου ἐὰν **ἀπέρχῃ**.
Lk 9:59 [κύριε] ἐπίτρεψόν μοι **ἀπελθόντι** πρῶτον θάψαι τὸν
Lk 9:60 σὺ δὲ **ἀπελθὼν** διάγγελλε τὴν βασιλείαν
Lk 10:30 καὶ πληγὰς ἐπιθέντες **ἀπῆλθον** ἀφέντες ἡμιθανῆ.
Lk 17:23 μὴ **ἀπέλθητε** μηδὲ διώξητε.
Lk 19:32 **ἀπελθόντες** δὲ οἱ ἀπεσταλμένοι
Lk 22:4 καὶ **ἀπελθὼν** συνελάλησεν τοῖς ἀρχιερεῦσιν
Lk 22:13 **ἀπελθόντες** δὲ εὗρον καθὼς
Lk 24:12 καὶ **ἀπῆλθεν** πρὸς ἑαυτὸν θαυμάζων
Lk 24:24 καὶ **ἀπῆλθόν** τινες τῶν σὺν

ἀπέχω (*apechō*; 4/19) *receive in full*

Lk 6:24 ὅτι **ἀπέχετε** τὴν παράκλησιν ὑμῶν.
Lk 7:6 αὐτοῦ οὐ μακρὰν **ἀπέχοντος** ἀπὸ τῆς οἰκίας
Lk 15:20 δὲ αὐτοῦ μακρὰν **ἀπέχοντος** εἶδεν αὐτὸν ὁ
Lk 24:13 πορευόμενοι εἰς κώμην **ἀπέχουσαν** σταδίους ἑξήκοντα ἀπὸ

ἀπιστέω (*apisteō*; 2/6[8]) *fail or refuse to believe*

Lk 24:11 καὶ **ἠπίστουν** αὐταῖς.
Lk 24:41 ἔτι δὲ **ἀπιστούντων** αὐτῶν ἀπὸ τῆς

ἄπιστος (*apistos*; 2/23) *unfaithful*

Lk 9:41 ὦ γενεὰ ἄπιστος **καὶ** διεστραμμένη,
Lk 12:46 αὐτοῦ μετὰ τῶν **ἀπίστων** θήσει.

ἁπλοῦς (*haplous*; 1/2) *sound*

Lk 11:34 ὁ ὀφθαλμός σου **ἁπλοῦς** ᾖ,

ἀπό (*apo*; 125/643[646]) *from*

Lk 1:2 παρέδοσαν ἡμῖν οἱ **ἀπ'** ἀρχῆς αὐτόπται καὶ
Lk 1:26 ὁ ἄγγελος Γαβριὴλ **ἀπὸ** τοῦ θεοῦ εἰς
Lk 1:38 καὶ ἀπῆλθεν **ἀπ'** αὐτῆς ὁ ἄγγελος.
Lk 1:48 ἰδοὺ γὰρ **ἀπὸ** τοῦ νῦν μακαριοῦσίν
Lk 1:52 καθεῖλεν δυνάστας **ἀπὸ** θρόνων καὶ ὕψωσεν
Lk 1:70 στόματος τῶν ἁγίων **ἀπ'** αἰῶνος προφητῶν αὐτοῦ,
Lk 2:4 δὲ καὶ Ἰωσὴφ **ἀπὸ** τῆς Γαλιλαίας ἐκ
Lk 2:15 ἐγένετο ὡς ἀπῆλθον **ἀπ'** αὐτῶν εἰς τὸν
Lk 2:36 ἀνδρὸς ἔτη ἑπτὰ **ἀπὸ** τῆς παρθενίας αὐτῆς
Lk 3:7 ὑπέδειξεν ὑμῖν φυγεῖν **ἀπὸ** τῆς μελλούσης ὀργῆς;
Lk 4:1 πνεύματος ἁγίου ὑπέστρεψεν **ἀπὸ** τοῦ Ἰορδάνου καὶ
Lk 4:13 ὁ διάβολος ἀπέστη **ἀπ'** αὐτοῦ ἄχρι καιροῦ.
Lk 4:35 φιμώθητι καὶ ἔξελθε **ἀπ'** αὐτοῦ.
Lk 4:35 τὸ μέσον ἐξῆλθεν **ἀπ'** αὐτοῦ μηδὲν βλάψαν
Lk 4:38 Ἀναστὰς δὲ **ἀπὸ** τῆς συναγωγῆς εἰσῆλθεν
Lk 4:41 δὲ καὶ δαιμόνια **ἀπὸ** πολλῶν κρ[αυγ]άζοντα
Lk 4:42 τοῦ μὴ πορεύεσθαι **ἀπ'** αὐτῶν.
Lk 5:2 οἱ δὲ ἁλιεῖς **ἀπ'** αὐτῶν ἀποβάντες ἔπλυνον
Lk 5:3 ἠρώτησεν αὐτὸν **ἀπὸ** τῆς γῆς ἐπαναγαγεῖν
Lk 5:8 ἔξελθε **ἀπ'** ἐμοῦ,
Lk 5:10 **ἀπὸ** τοῦ νῦν ἀνθρώπους
Lk 5:13 ἡ λέπρα ἀπῆλθεν **ἀπ'** αὐτοῦ.
Lk 5:15 ἀκούειν καὶ θεραπεύεσθαι **ἀπὸ** τῶν ἀσθενειῶν αὐτῶν·
Lk 5:35 καὶ ὅταν ἀπαρθῇ **ἀπ'** αὐτῶν ὁ νυμφίος,
Lk 5:36 ὅτι οὐδεὶς ἐπίβλημα **ἀπὸ** ἱματίου καινοῦ σχίσας
Lk 5:36 τὸ ἐπίβλημα τὸ **ἀπὸ** τοῦ καινοῦ.
Lk 6:13 καὶ ἐκλεξάμενος **ἀπ'** αὐτῶν δώδεκα,
Lk 6:17 πολὺ τοῦ λαοῦ **ἀπὸ** πάσης τῆς Ἰουδαίας
Lk 6:18 αὐτοῦ καὶ ἰαθῆναι **ἀπὸ** τῶν νόσων αὐτῶν·
Lk 6:18 καὶ οἱ ἐνοχλούμενοι **ἀπὸ** πνευμάτων ἀκαθάρτων ἐθεραπεύοντο,
Lk 6:29 καὶ **ἀπὸ** τοῦ αἴροντός σου
Lk 6:30 καὶ **ἀπὸ** τοῦ αἴροντος τὰ
Lk 7:6 οὐ μακρὰν ἀπέχοντος **ἀπὸ** τῆς οἰκίας ἔπεμψεν
Lk 7:21 ὥρᾳ ἐθεράπευσεν πολλοὺς **ἀπὸ** νόσων καὶ μαστίγων
Lk 7:35 ἐδικαιώθη ἡ σοφία **ἀπὸ** πάντων τῶν τέκνων
Lk 7:45 αὕτη δὲ **ἀφ'** ἧς εἰσῆλθον οὐ
Lk 8:2 αἳ ἦσαν τεθεραπευμέναι **ἀπὸ** πνευμάτων πονηρῶν καὶ
Lk 8:2 **ἀφ'** ἧς δαιμόνια ἑπτὰ
Lk 8:12 αἴρει τὸν λόγον **ἀπὸ** τῆς καρδίας αὐτῶν,
Lk 8:18 δοκεῖ ἔχειν ἀρθήσεται **ἀπ'** αὐτοῦ.
Lk 8:29 τῷ ἀκαθάρτῳ ἐξελθεῖν **ἀπὸ** τοῦ ἀνθρώπου.
Lk 8:33 δὲ τὰ δαιμόνια **ἀπὸ** τοῦ ἀνθρώπου εἰσῆλθον
Lk 8:35 καθήμενον τὸν ἄνθρωπον **ἀφ'** οὗ τὰ δαιμόνια
Lk 8:37 τῶν Γερασηνῶν ἀπελθεῖν **ἀπ'** αὐτῶν,
Lk 8:38 αὐτοῦ ὁ ἀνὴρ **ἀφ'** οὗ ἐξεληλύθει τὰ
Lk 8:43 ἐν ῥύσει αἵματος **ἀπὸ** ἐτῶν δώδεκα,
Lk 8:43 βίον] οὐκ ἴσχυσεν **ἀπ'** οὐδενὸς θεραπευθῆναι,
Lk 8:46 ἔγνων δύναμιν ἐξεληλυθυῖαν **ἀπ'** ἐμοῦ.
Lk 9:5 ἐξερχόμενοι **ἀπὸ** τῆς πόλεως ἐκείνης
Lk 9:5 ἐκείνης τὸν κονιορτὸν **ἀπὸ** τῶν ποδῶν ὑμῶν
Lk 9:22 παθεῖν καὶ ἀποδοκιμασθῆναι **ἀπὸ** τῶν πρεσβυτέρων καὶ
Lk 9:33 τῷ διαχωρίζεσθαι αὐτοὺς **ἀπ'** αὐτοῦ εἶπεν ὁ
Lk 9:37 ἡμέρᾳ κατελθόντων αὐτῶν **ἀπὸ** τοῦ ὄρους συνήντησεν
Lk 9:38 καὶ ἰδοὺ ἀνὴρ **ἀπὸ** τοῦ ὄχλου ἐβόησεν
Lk 9:39 καὶ μόγις ἀποχωρεῖ **ἀπ'** αὐτοῦ συντρῖβον αὐτόν·
Lk 9:45 καὶ ἦν παρακεκαλυμμένον **ἀπ'** αὐτῶν ἵνα μὴ
Lk 9:54 εἴπωμεν πῦρ καταβῆναι **ἀπὸ** τοῦ οὐρανοῦ
Lk 10:21 ὅτι ἀπέκρυψας ταῦτα **ἀπὸ** σοφῶν καὶ συνετῶν
Lk 10:30 ἄνθρωπός τις κατέβαινεν **ἀπὸ** Ἰερουσαλὴμ εἰς Ἰεριχὼ
Lk 11:24 ἀκάθαρτον πνεῦμα ἐξέλθῃ **ἀπὸ** τοῦ ἀνθρώπου,
Lk 11:50 προφητῶν τὸ ἐκκεχυμένον **ἀπὸ** καταβολῆς κόσμου ἀπὸ
Lk 11:50 ἀπὸ καταβολῆς κόσμου **ἀπὸ** τῆς γενεᾶς ταύτης,
Lk 11:51 **ἀπὸ** αἵματος Ἅβελ ἕως
Lk 11:51 ἐκζητηθήσεται **ἀπὸ** τῆς γενεᾶς ταύτης.
Lk 12:1 προσέχετε ἑαυτοῖς **ἀπὸ** τῆς ζύμης,
Lk 12:4 μὴ φοβηθῆτε ἀπὸ **τῶν** ἀποκτεινόντων τὸ σῶμα
Lk 12:15 ὁρᾶτε καὶ φυλάσσεσθε **ἀπὸ** πάσης πλεονεξίας,
Lk 12:20 ψυχήν σου ἀπαιτοῦσιν **ἀπὸ** σοῦ·
Lk 12:52 ἔσονται γὰρ **ἀπὸ** τοῦ νῦν πέντε
Lk 12:57 Τί δὲ καὶ **ἀφ'** ἑαυτῶν οὐ κρίνετε
Lk 12:58 δὸς ἐργασίαν ἀπηλλάχθαι **ἀπ'** αὐτοῦ,
Lk 13:7 ἰδοὺ τρία ἔτη **ἀφ'** οὗ ἔρχομαι ζητῶν
Lk 13:15 ἢ τὸν ὄνον **ἀπὸ** τῆς φάτνης καὶ
Lk 13:16 οὐκ ἔδει λυθῆναι **ἀπὸ** τοῦ δεσμοῦ τούτου
Lk 13:25 **ἀφ'** οὗ ἂν ἐγερθῇ
Lk 13:27 ἀπόστητε **ἀπ'** ἐμοῦ πάντες ἐργάται
Lk 13:29 καὶ ἥξουσιν **ἀπὸ** ἀνατολῶν καὶ δυσμῶν
Lk 13:29 καὶ δυσμῶν καὶ **ἀπὸ** βορρᾶ καὶ νότου
Lk 14:18 καὶ ἤρξαντο **ἀπὸ** μιᾶς πάντες παραιτεῖσθαι.
Lk 16:3 ἀφαιρεῖται τὴν οἰκονομίαν **ἀπ'** ἐμοῦ;
Lk 16:16 **ἀπὸ** τότε ἡ βασιλεία
Lk 16:18 καὶ ὁ ἀπολελυμένην **ἀπὸ** ἀνδρὸς γαμῶν μοιχεύει.
Lk 16:21 καὶ ἐπιθυμῶν χορτασθῆναι **ἀπὸ** τῶν πιπτόντων ἀπὸ

Lk 16:21 ἀπὸ τῶν πιπτόντων **ἀπὸ** τῆς τραπέζης τοῦ
Lk 16:23 ὁρᾷ Ἀβραὰμ **ἀπὸ** μακρόθεν καὶ Λάζαρον
Lk 16:30 ἀλλ' ἐάν τις **ἀπὸ** νεκρῶν πορευθῇ πρὸς
Lk 17:25 παθεῖν καὶ ἀποδοκιμασθῆναι **ἀπὸ** τῆς γενεᾶς ταύτης.
Lk 17:29 ἡμέρᾳ ἐξῆλθεν Λὼτ **ἀπὸ** Σοδόμων,
Lk 17:29 πῦρ καὶ θεῖον **ἀπ'** οὐρανοῦ καὶ ἀπώλεσεν
Lk 18:3 ἐκδίκησόν με **ἀπὸ** τοῦ ἀντιδίκου μου.
Lk 18:34 ῥῆμα τοῦτο κεκρυμμένον **ἀπ'** αὐτῶν καὶ οὐκ
Lk 19:3 καὶ οὐκ ἠδύνατο **ἀπὸ** τοῦ ὄχλου,
Lk 19:24 ἄρατε **ἀπ'** αὐτοῦ τὴν μνᾶν
Lk 19:26 **ἀπὸ** δὲ τοῦ μὴ
Lk 19:39 τινες τῶν Φαρισαίων **ἀπὸ** τοῦ ὄχλου εἶπαν
Lk 19:42 νῦν δὲ ἐκρύβη **ἀπὸ** ὀφθαλμῶν σου.
Lk 20:10 γεωργοὺς δοῦλον ἵνα **ἀπὸ** τοῦ καρποῦ τοῦ
Lk 20:46 προσέχετε **ἀπὸ** τῶν γραμματέων τῶν
Lk 21:11 φόβητρά τε καὶ **ἀπ'** οὐρανοῦ σημεῖα μεγάλα
Lk 21:26 ἀποψυχόντων ἀνθρώπων **ἀπὸ** φόβου καὶ προσδοκίας
Lk 21:30 βλέποντες **ἀφ'** ἑαυτῶν γινώσκετε ὅτι
Lk 22:18 οὐ μὴ πίω **ἀπὸ** τοῦ νῦν ἀπὸ
Lk 22:18 ἀπὸ τοῦ νῦν **ἀπὸ** τοῦ γενήματος τῆς
Lk 22:41 καὶ αὐτὸς ἀπεσπάσθη **ἀπ'** αὐτῶν ὡσεὶ λίθου
Lk 22:42 τοῦτο τὸ ποτήριον **ἀπ'** ἐμοῦ·
Lk 22:43 δὲ αὐτῷ ἄγγελος **ἀπ'** οὐρανοῦ ἐνισχύων αὐτόν.
Lk 22:45 καὶ ἀναστὰς **ἀπὸ** τῆς προσευχῆς ἐλθὼν
Lk 22:45 εὗρεν κοιμωμένους αὐτοὺς **ἀπὸ** τῆς λύπης,
Lk 22:69 **ἀπὸ** τοῦ νῦν δὲ
Lk 22:71 αὐτοὶ γὰρ ἠκούσαμεν **ἀπὸ** τοῦ στόματος αὐτοῦ.
Lk 23:5 καὶ ἀρξάμενος **ἀπὸ** τῆς Γαλιλαίας ἕως
Lk 23:26 τινα Κυρηναῖον ἐρχόμενον **ἀπ'** ἀγροῦ ἐπέθηκαν αὐτῷ
Lk 23:49 οἱ γνωστοὶ αὐτῷ **ἀπὸ** μακρόθεν καὶ γυναῖκες
Lk 23:49 αἱ συνακολουθοῦσαι αὐτῷ **ἀπὸ** τῆς Γαλιλαίας ὁρῶσαι
Lk 23:51 **ἀπὸ** Ἁριμαθαίας πόλεως τῶν
Lk 24:2 τὸν λίθον ἀποκεκυλισμένον **ἀπὸ** τοῦ μνημείου,
Lk 24:9 Καὶ ὑποστρέψασαι **ἀπὸ** τοῦ μνημείου ἀπήγγειλαν
Lk 24:13 ἀπέχουσαν σταδίους ἑξήκοντα **ἀπὸ** Ἰερουσαλήμ,
Lk 24:21 ταύτην ἡμέραν ἄγει **ἀφ'** οὗ ταῦτα ἐγένετο.
Lk 24:27 καὶ ἀρξάμενος **ἀπὸ** Μωϋσέως καὶ ἀπὸ
Lk 24:27 ἀπὸ Μωϋσέως καὶ **ἀπὸ** πάντων τῶν προφητῶν
Lk 24:31 αὐτὸς ἄφαντος ἐγένετο **ἀπ'** αὐτῶν.
Lk 24:41 δὲ ἀπιστούντων αὐτῶν **ἀπὸ** τῆς χαρᾶς καὶ
Lk 24:47 ἀρξάμενοι **ἀπὸ** Ἰερουσαλὴμ
Lk 24:51 αὐτὸν αὐτοὺς διέστη **ἀπ'** αὐτῶν καὶ ἀνεφέρετο

ἀποβαίνω (*apobainō*; 2/4) *get out*

Lk 5:2 ἁλιεῖς ἀπ' αὐτῶν **ἀποβάντες** ἔπλυνον τὰ δίκτυα.
Lk 21:13 **ἀποβήσεται** ὑμῖν εἰς μαρτύριον.

ἀπογραφή (*apographē*; 1/2) *registration*

Lk 2:2 αὕτη **ἀπογραφὴ** πρώτη ἐγένετο ἡγεμονεύοντος

ἀπογράφω (*apographō*; 3/4) *register*

Lk 2:1 παρὰ Καίσαρος Αὐγούστου **ἀπογράφεσθαι** πᾶσαν τὴν οἰκουμένην.
Lk 2:3 καὶ ἐπορεύοντο πάντες **ἀπογράφεσθαι**,
Lk 2:5 **ἀπογράψασθαι** σὺν Μαριὰμ τῇ

ἀποδεκατόω (*apodekatoō*; 2/4) *give a tenth*

Lk 11:42 ὅτι **ἀποδεκατοῦτε** τὸ ἡδύοσμον καὶ
Lk 18:12 **ἀποδεκατῶ** πάντα ὅσα κτῶμαι.

ἀποδέχομαι (*apodechomai*; 2/7) *welcome*

Lk 8:40 ὑποστρέφειν τὸν Ἰησοῦν **ἀπεδέξατο** αὐτὸν ὁ ὄχλος·
Lk 9:11 καὶ **ἀποδεξάμενος** αὐτοὺς ἐλάλει αὐτοῖς

ἀποδημέω (*apodēmeō*; 2/6) *leave*

Lk 15:13 ὁ νεώτερος υἱὸς **ἀπεδήμησεν** εἰς χώραν μακρὰν
Lk 20:9 αὐτὸν γεωργοῖς καὶ **ἀπεδήμησεν** χρόνους ἱκανούς.

ἀποδίδωμι (*apodidōmi*; 8/48) *give back, repay*

Lk 4:20 πτύξας τὸ βιβλίον **ἀποδοὺς** τῷ ὑπηρέτῃ ἐκάθισεν·
Lk 7:42 μὴ ἐχόντων αὐτῶν **ἀποδοῦναι** ἀμφοτέροις ἐχαρίσατο.
Lk 9:42 τὸν παῖδα καὶ **ἀπέδωκεν** αὐτὸν τῷ πατρὶ
Lk 10:35 τῷ ἐπανέρχεσθαί με **ἀποδώσω** σοι.
Lk 12:59 τὸ ἔσχατον λεπτὸν **ἀποδῷς**.
Lk 16:2 **ἀπόδος** τὸν λόγον τῆς
Lk 19:8 τινος τι ἐσυκοφάντησα **ἀποδίδωμι** τετραπλοῦν.
Lk 20:25 τοίνυν **ἀπόδοτε** τὰ Καίσαρος Καίσαρι

ἀποδοκιμάζω (*apodokimazō*; 3/9) *reject*

Lk 9:22 πολλὰ παθεῖν καὶ **ἀποδοκιμασθῆναι** ἀπὸ τῶν πρεσβυτέρων
Lk 17:25 πολλὰ παθεῖν καὶ **ἀποδοκιμασθῆναι** ἀπὸ τῆς γενεᾶς
Lk 20:17 λίθον ὃν **ἀπεδοκίμασαν** οἱ οἰκοδομοῦντες,

ἀποθήκη (*apothēkē*; 3/6) *barn*

Lk 3:17 σῖτον εἰς τὴν **ἀποθήκην** αὐτοῦ,
Lk 12:18 καθελῶ μου τὰς **ἀποθήκας** καὶ μείζονας οἰκοδομήσω
Lk 12:24 ἔστιν ταμεῖον οὐδὲ **ἀποθήκη**,

ἀποθλίβω (*apothlibō*; 1/1) *crowd in upon*

Lk 8:45 συνέχουσίν σε καὶ **ἀποθλίβουσιν**.

ἀποθνῄσκω (*apothnēskō*; 10/111) *die*

Lk 8:42 δώδεκα καὶ αὐτὴ **ἀπέθνῃσκεν**.
Lk 8:52 οὐ γὰρ **ἀπέθανεν** ἀλλὰ καθεύδει.
Lk 8:53 αὐτοῦ εἰδότες ὅτι **ἀπέθανεν**.
Lk 16:22 ἐγένετο δὲ **ἀποθανεῖν** τὸν πτωχὸν καὶ
Lk 16:22 **ἀπέθανεν** δὲ καὶ ὁ
Lk 20:28 ἐάν τινος ἀδελφὸς **ἀποθάνῃ** ἔχων γυναῖκα,
Lk 20:29 πρῶτος λαβὼν γυναῖκα **ἀπέθανεν** ἄτεκνος·
Lk 20:31 κατέλιπον τέκνα καὶ **ἀπέθανον**.
Lk 20:32 καὶ ἡ γυνὴ **ἀπέθανεν**.
Lk 20:36 οὐδὲ γὰρ **ἀποθανεῖν** ἔτι δύνανται,

ἀποκαθίστημι (*apokathistēmi*; 1/8) *reestablish*

Lk 6:10 δὲ ἐποίησεν καὶ **ἀπεκατεστάθη** ἡ χεὶρ αὐτοῦ.

ἀποκαλύπτω (*apokalyptō*; 5/26) *reveal*

Lk 2:35 ὅπως ἂν **ἀποκαλυφθῶσιν** ἐκ πολλῶν καρδιῶν
Lk 10:21 καὶ συνετῶν καὶ **ἀπεκάλυψας** αὐτὰ νηπίοις·
Lk 10:22 βούληται ὁ υἱὸς **ἀποκαλύψαι**.
Lk 12:2 ἐστὶν ὃ οὐκ **ἀποκαλυφθήσεται** καὶ κρυπτὸν ὃ
Lk 17:30 υἱὸς τοῦ ἀνθρώπου **ἀποκαλύπτεται**.

ἀποκάλυψις (*apokalypsis*; 1/18) *revelation*

Lk 2:32 φῶς εἰς **ἀποκάλυψιν** ἐθνῶν καὶ δόξαν

ἀπόκειμαι (*apokeimai*; 1/4) *be stored away*

Lk 19:20 σου ἣν εἶχον **ἀποκειμένην** ἐν σουδαρίῳ·

ἀποκεφαλίζω (*apokephalizō*; 1/4) *behead*

Lk 9:9 Ἰωάννην ἐγὼ **ἀπεκεφάλισα**·

ἀποκλείω (*apokleiō*; 1/1) *close*

Lk 13:25 ὁ οἰκοδεσπότης καὶ **ἀποκλείσῃ** τὴν θύραν

ἀποκρίνομαι (*apokrinomai*; 46/231) *answer*

Lk 1:19 καὶ **ἀποκριθεὶς** ὁ ἄγγελος εἶπεν
Lk 1:35 καὶ **ἀποκριθεὶς** ὁ ἄγγελος εἶπεν
Lk 1:60 καὶ **ἀποκριθεῖσα** ἡ μήτηρ αὐτοῦ
Lk 3:11 **ἀποκριθεὶς** δὲ ἔλεγεν αὐτοῖς·
Lk 3:16 **ἀπεκρίνατο** λέγων πᾶσιν ὁ
Lk 4:4 καὶ **ἀπεκρίθη** πρὸς αὐτὸν ὁ
Lk 4:8 καὶ **ἀποκριθεὶς** ὁ Ἰησοῦς εἶπεν
Lk 4:12 καὶ **ἀποκριθεὶς** εἶπεν αὐτῷ ὁ
Lk 5:5 καὶ **ἀποκριθεὶς** Σίμων εἶπεν·
Lk 5:22 τοὺς διαλογισμοὺς αὐτῶν **ἀποκριθεὶς** εἶπεν πρὸς αὐτούς·
Lk 5:31 καὶ **ἀποκριθεὶς** ὁ Ἰησοῦς εἶπεν
Lk 6:3 καὶ **ἀποκριθεὶς** πρὸς αὐτοὺς εἶπεν
Lk 7:22 καὶ **ἀποκριθεὶς** εἶπεν αὐτοῖς·
Lk 7:40 καὶ **ἀποκριθεὶς** ὁ Ἰησοῦς εἶπεν
Lk 7:43 **ἀποκριθεὶς** Σίμων εἶπεν·
Lk 8:21 ὁ δὲ **ἀποκριθεὶς** εἶπεν πρὸς αὐτούς·
Lk 8:50 δὲ Ἰησοῦς ἀκούσας **ἀπεκρίθη** αὐτῷ·
Lk 9:19 οἱ δὲ **ἀποκριθέντες** εἶπαν·
Lk 9:20 Πέτρος δὲ **ἀποκριθεὶς** εἶπεν·
Lk 9:41 **ἀποκριθεὶς** δὲ ὁ Ἰησοῦς
Lk 9:49 **Ἀποκριθεὶς** δὲ Ἰωάννης εἶπεν·
Lk 10:27 ὁ δὲ **ἀποκριθεὶς** εἶπεν·
Lk 10:28 ὀρθῶς **ἀπεκρίθης**·
Lk 10:41 **ἀποκριθεὶς** δὲ εἶπεν αὐτῇ
Lk 11:7 κἀκεῖνος ἔσωθεν **ἀποκριθεὶς** εἴπῃ,
Lk 11:45 **Ἀποκριθεὶς** δέ τις τῶν
Lk 13:2 καὶ **ἀποκριθεὶς** εἶπεν αὐτοῖς·
Lk 13:8 ὁ δὲ **ἀποκριθεὶς** λέγει αὐτῷ·
Lk 13:14 **ἀποκριθεὶς** δὲ ὁ ἀρχισυνάγωγος,
Lk 13:15 **ἀπεκρίθη** δὲ αὐτῷ ὁ
Lk 13:25 καὶ **ἀποκριθεὶς** ἐρεῖ ὑμῖν·
Lk 14:3 καὶ **ἀποκριθεὶς** ὁ Ἰησοῦς εἶπεν
Lk 15:29 ὁ δὲ **ἀποκριθεὶς** εἶπεν τῷ πατρὶ
Lk 17:17 **ἀποκριθεὶς** δὲ ὁ Ἰησοῦς
Lk 17:20 βασιλεία τοῦ θεοῦ **ἀπεκρίθη** αὐτοῖς καὶ εἶπεν·
Lk 17:37 καὶ **ἀποκριθέντες** λέγουσιν αὐτῷ·
Lk 19:40 καὶ **ἀποκριθεὶς** εἶπεν·
Lk 20:3 **ἀποκριθεὶς** δὲ εἶπεν πρὸς
Lk 20:7 καὶ **ἀπεκρίθησαν** μὴ εἰδέναι πόθεν.
Lk 20:39 **Ἀποκριθέντες** δέ τινες τῶν
Lk 22:51 **ἀποκριθεὶς** δὲ ὁ Ἰησοῦς
Lk 22:68 οὐ μὴ ἀποκριθῆτε.
Lk 23:3 ὁ δὲ **ἀποκριθεὶς** αὐτῷ ἔφη·
Lk 23:9 αὐτὸς δὲ οὐδὲν **ἀπεκρίνατο** αὐτῷ.
Lk 23:40 **ἀποκριθεὶς** δὲ ὁ ἕτερος
Lk 24:18 **ἀποκριθεὶς** δὲ εἷς ὀνόματι

ἀπόκρισις (*apokrisis*; 2/4) *answer*

Lk 2:47 συνέσει καὶ ταῖς **ἀποκρίσεσιν** αὐτοῦ.
Lk 20:26 θαυμάσαντες ἐπὶ τῇ **ἀποκρίσει** αὐτοῦ ἐσίγησαν.

ἀποκρύπτω (*apokryptō*; 1/4) *hide*

Lk 10:21 ὅτι **ἀπέκρυψας** ταῦτα ἀπὸ σοφῶν

ἀπόκρυφος (*apokryphos*; 1/3) *secret*

Lk 8:17 φανερὸν γενήσεται οὐδὲ **ἀπόκρυφον** ὃ οὐ μὴ

ἀποκτείνω (*apokteinō*; 12/74) *kill*

Lk 9:22 καὶ γραμματέων καὶ **ἀποκτανθῆναι** καὶ τῇ τρίτῃ
Lk 11:47 δὲ πατέρες ὑμῶν **ἀπέκτειναν** αὐτούς.
Lk 11:48 ὅτι αὐτοὶ μὲν **ἀπέκτειναν** αὐτούς,
Lk 11:49 καὶ ἐξ αὐτῶν **ἀποκτενοῦσιν** καὶ διώξουσιν,
Lk 12:4 φοβηθῆτε ἀπὸ τῶν **ἀποκτεινόντων** τὸ σῶμα
Lk 12:5 τὸν μετὰ τὸ **ἀποκτεῖναι** ἔχοντα ἐξουσίαν ἐμβαλεῖν
Lk 13:4 τῷ Σιλωὰμ καὶ **ἀπέκτεινεν** αὐτούς,
Lk 13:31 Ἡρῴδης θέλει σε **ἀποκτεῖναι**.
Lk 13:34 ἡ ἀποκτείνουσα **τοὺς** προφήτας καὶ λιθοβολοῦσα
Lk 18:33 καὶ μαστιγώσαντες **ἀποκτενοῦσιν** αὐτόν,
Lk 20:14 **ἀποκτείνωμεν** αὐτόν,
Lk 20:15 ἔξω τοῦ ἀμπελῶνος **ἀπέκτειναν**.

ἀποκυλίω (*apokyliō*; 1/4) *roll away*

Lk 24:2 δὲ τὸν λίθον **ἀποκεκυλισμένον** ἀπὸ τοῦ μνημείου,

ἀπολαμβάνω (*apolambanō*; 5/10) *receive*

Lk 6:34 ἁμαρτωλοῖς δανίζουσιν ἵνα **ἀπολάβωσιν** τὰ ἴσα.
Lk 15:27 ὅτι ὑγιαίνοντα αὐτὸν **ἀπέλαβεν**.
Lk 16:25 μνήσθητι ὅτι **ἀπέλαβες** τὰ ἀγαθά σου
Lk 18:30 ὃς οὐχὶ μὴ **[ἀπο]λάβῃ** πολλαπλασίονα ἐν τῷ
Lk 23:41 γὰρ ὧν ἐπράξαμεν **ἀπολαμβάνομεν**·

ἀπόλλυμι (*apollymi*; 27/90) *destroy*

Lk 4:34 ἦλθες **ἀπολέσαι** ἡμᾶς;
Lk 5:37 καὶ οἱ ἀσκοὶ **ἀπολοῦνται**·
Lk 6:9 ψυχὴν σῶσαι ἢ **ἀπολέσαι**;
Lk 8:24 **ἀπολλύμεθα**.
Lk 9:24 ψυχὴν αὐτοῦ σῶσαι **ἀπολέσει** αὐτήν·
Lk 9:24 ὃς δ' ἂν **ἀπολέσῃ** τὴν ψυχὴν αὐτοῦ
Lk 9:25 ὅλον ἑαυτὸν δὲ **ἀπολέσας** ἢ ζημιωθείς;
Lk 11:51 αἵματος Ζαχαρίου τοῦ **ἀπολομένου** μεταξὺ τοῦ θυσιαστηρίου
Lk 13:3 μετανοῆτε πάντες ὁμοίως **ἀπολεῖσθε**.

Lk 13:5 μετανοῆτε πάντες ὡσαύτως **ἀπολεῖσθε**.
Lk 13:33 οὐκ ἐνδέχεται προφήτην **ἀπολέσθαι** ἔξω Ἰερουσαλήμ.
Lk 15:4 ἑκατὸν πρόβατα καὶ **ἀπολέσας** ἐξ αὐτῶν ἓν
Lk 15:4 πορεύεται ἐπὶ τὸ **ἀπολωλὸς** ἕως εὕρῃ αὐτό;
Lk 15:6 πρόβατόν μου τὸ **ἀπολωλός**.
Lk 15:8 ἔχουσα δέκα ἐὰν **ἀπολέσῃ** δραχμὴν μίαν,
Lk 15:9 τὴν δραχμὴν ἣν **ἀπώλεσα**.
Lk 15:17 δὲ λιμῷ ὧδε **ἀπόλλυμαι**.
Lk 15:24 ἦν **ἀπολωλὼς** καὶ εὑρέθη.
Lk 15:32 καὶ **ἀπολωλὼς** καὶ εὑρέθη.
Lk 17:27 ὁ κατακλυσμὸς καὶ **ἀπώλεσεν** πάντας.
Lk 17:29 ἀπ' οὐρανοῦ καὶ **ἀπώλεσεν** πάντας.
Lk 17:33 ψυχὴν αὐτοῦ περιποιήσασθαι **ἀπολέσει** αὐτήν,
Lk 17:33 ὃς δ' ἂν **ἀπολέσῃ** ζῳογονήσει αὐτήν.
Lk 19:10 καὶ σῶσαι τὸ **ἀπολωλός**.
Lk 19:47 γραμματεῖς ἐζήτουν αὐτὸν **ἀπολέσαι** καὶ οἱ πρῶτοι
Lk 20:16 ἐλεύσεται καὶ **ἀπολέσει** τοὺς γεωργοὺς τούτους
Lk 21:18 ὑμῶν οὐ μὴ **ἀπόληται**.

ἀπολογέομαι (*apologeomai*; 1/10) *speak in one's defense*

Lk 12:11 πῶς ἢ τί **ἀπολογήσησθε** ἢ τί εἴπητε·
Lk 21:14 ὑμῶν μὴ προμελετᾶν **ἀπολογηθῆναι**·

ἀπολύτρωσις (*apolytrōsis*; 1/10) *release, redemption, deliverance*

Lk 21:28 διότι ἐγγίζει ἡ **ἀπολύτρωσις** ὑμῶν.

ἀπολύω (*apolyō*; 14/66) *release*

Lk 2:29 νῦν **ἀπολύεις** τὸν δοῦλόν σου,
Lk 6:37 **ἀπολύετε**,
Lk 6:37 καὶ **ἀπολυθήσεσθε**·
Lk 8:38 **ἀπέλυσεν** δὲ αὐτὸν λέγων·
Lk 9:12 **ἀπόλυσον** τὸν ὄχλον,
Lk 13:12 **ἀπολέλυσαι** τῆς ἀσθενείας σου,
Lk 14:4 ἰάσατο αὐτὸν καὶ **ἀπέλυσεν**.
Lk 16:18 Πᾶς ὁ **ἀπολύων** τὴν γυναῖκα αὐτοῦ
Lk 16:18 καὶ ὁ **ἀπολελυμένην** ἀπὸ ἀνδρὸς γαμῶν
Lk 23:16 παιδεύσας οὖν αὐτὸν **ἀπολύσω**.
Lk 23:18 **ἀπόλυσον** δὲ ἡμῖν τὸν
Lk 23:20 προσεφώνησεν αὐτοῖς θέλων **ἀπολῦσαι** τὸν Ἰησοῦν.
Lk 23:22 παιδεύσας οὖν αὐτὸν **ἀπολύσω**.
Lk 23:25 **ἀπέλυσεν** δὲ τὸν διὰ

ἀπομάσσω (*apomassō*; 1/1) *wipe off*

Lk 10:11 εἰς τοὺς πόδας **ἀπομασσόμεθα** ὑμῖν·

ἀποπνίγω (*apopnigō*; 2/2) *choke*

Lk 8:7 συμφυεῖσαι αἱ ἄκανθαι **ἀπέπνιξαν** αὐτό.
Lk 8:33 τὴν λίμνην καὶ **ἀπεπνίγη**.

ἀπορέω (*aporeō*; 1/6) *be at a loss*

Lk 24:4 ἐγένετο ἐν τῷ **ἀπορεῖσθαι** αὐτὰς περὶ τούτου

ἀπορία (*aporia*; 1/1) *despair*

Lk 21:25 συνοχὴ ἐθνῶν ἐν **ἀπορίᾳ** ἤχους θαλάσσης

ἀποσπάω (*apospaō*; 1/4) *draw or lead away*

Lk 22:41 καὶ αὐτὸς **ἀπεσπάσθη** ἀπ' αὐτῶν ὡσεὶ

ἀποστέλλω (*apostellō*; 26/132) *send*

Lk 1:19 τοῦ θεοῦ καὶ **ἀπεστάλην** λαλῆσαι πρὸς σὲ
Lk 1:26 μηνὶ τῷ ἕκτῳ **ἀπεστάλη** ὁ ἄγγελος Γαβριὴλ
Lk 4:18 ἀπέσταλκέν **με**,
Lk 4:18 **ἀποστεῖλαι** τεθραυσμένους ἐν ἀφέσει,
Lk 4:43 ὅτι ἐπὶ τοῦτο **ἀπεστάλην**.
Lk 7:3 περὶ τοῦ Ἰησοῦ **ἀπέστειλεν** πρὸς αὐτὸν πρεσβυτέρους
Lk 7:20 Ἰωάννης ὁ βαπτιστὴς **ἀπέστειλεν** ἡμᾶς πρὸς σὲ
Lk 7:27 ἰδοὺ **ἀποστέλλω** τὸν ἄγγελόν μου
Lk 9:2 καὶ **ἀπέστειλεν** αὐτοὺς κηρύσσειν τὴν
Lk 9:48 δέχεται τὸν ἀποστείλαντά **με**·
Lk 9:52 καὶ **ἀπέστειλεν** ἀγγέλους πρὸ προσώπου
Lk 10:1 ἑβδομήκοντα [δύο] καὶ **ἀπέστειλεν** αὐτοὺς ἀνὰ δύο
Lk 10:3 ἰδοὺ **ἀποστέλλω** ὑμᾶς ὡς ἄρνας
Lk 10:16 ἀθετῶν ἀθετεῖ τὸν **ἀποστείλαντά** με.
Lk 11:49 **ἀποστελῶ** εἰς αὐτοὺς προφήτας
Lk 13:34 καὶ λιθοβολοῦσα τοὺς **ἀπεσταλμένους** πρὸς αὐτήν,
Lk 14:17 καὶ **ἀπέστειλεν** τὸν δοῦλον αὐτοῦ
Lk 14:32 πόρρω ὄντος πρεσβείαν **ἀποστείλας** ἐρωτᾷ
Lk 19:14 ἐμίσουν αὐτὸν καὶ **ἀπέστειλαν** πρεσβείαν ὀπίσω αὐτοῦ
Lk 19:29 **ἀπέστειλεν** δύο τῶν μαθητῶν
Lk 19:32 ἀπελθόντες δὲ οἱ **ἀπεσταλμένοι** εὗρον καθὼς εἶπεν
Lk 20:10 καὶ καιρῷ **ἀπέστειλεν** πρὸς τοὺς γεωργοὺς
Lk 20:20 Καὶ παρατηρήσαντες **ἀπέστειλαν** ἐγκαθέτους ὑποκρινομένους ἑαυτοὺς
Lk 22:8 καὶ **ἀπέστειλεν** Πέτρον καὶ Ἰωάννην
Lk 22:35 ὅτε **ἀπέστειλα** ὑμᾶς ἄτερ βαλλαντίου
Lk 24:49 καὶ [ἰδοὺ] ἐγὼ **ἀποστέλλω** τὴν ἐπαγγελίαν

ἀπόστολος (*apostolos*; 6/80) *apostle, messenger*

Lk 6:13 οὓς καὶ **ἀποστόλους** ὠνόμασεν·
Lk 9:10 Καὶ ὑποστρέψαντες οἱ **ἀπόστολοι** διηγήσαντο αὐτῷ ὅσα
Lk 11:49 αὐτοὺς προφήτας καὶ **ἀποστόλους**,
Lk 17:5 Καὶ εἶπαν οἱ **ἀπόστολοι** τῷ κυρίῳ·
Lk 22:14 ἀνέπεσεν καὶ οἱ **ἀπόστολοι** σὺν αὐτῷ.
Lk 24:10 ἔλεγον πρὸς τοὺς **ἀποστόλους** ταῦτα,

ἀποστοματίζω (*apostomatizō*; 1/1) *attack with questions*

Lk 11:53 δεινῶς ἐνέχειν καὶ **ἀποστοματίζειν** αὐτὸν περὶ πλειόνων,

ἀποστρέφω (*apostrephō*; 1/9) *turn away*

Lk 23:14 ἄνθρωπον τοῦτον ὡς **ἀποστρέφοντα** τὸν λαόν,

ἀποτάσσω (*apotassō*; 2/6) *say goodbye*

Lk 9:61 δὲ ἐπίτρεψόν μοι **ἀποτάξασθαι** τοῖς εἰς τὸν

Lk 14:33 ὑμῶν ὃς οὐκ **ἀποτάσσεται** πᾶσιν τοῖς ἑαυτοῦ

ἀποτελέω (*apoteleō*; 1/2) *accomplish*

Lk 13:32 δαιμόνια καὶ ἰάσεις **ἀποτελῶ** σήμερον καὶ αὔριον

ἀποτινάσσω (*apotinassō*; 1/2) *shake off*

Lk 9:5 τῶν ποδῶν ὑμῶν **ἀποτινάσσετε** εἰς μαρτύριον ἐπ'

ἀποφέρω (*apopherō*; 1/6) *take or carry away*

Lk 16:22 τὸν πτωχὸν καὶ **ἀπενεχθῆναι** αὐτὸν ὑπὸ τῶν

ἀποχωρέω (*apochōreō*; 1/3) *go away*

Lk 9:39 ἀφροῦ καὶ μόγις **ἀποχωρεῖ** ἀπ' αὐτοῦ συντρῖβον

ἀποψύχω (*apopsychō*; 1/1) *faint*

Lk 21:26 **ἀποψυχόντων** ἀνθρώπων ἀπὸ φόβου

ἅπτω (*haptō*; 13/39) *touch*

Lk 5:13 ἐκτείνας τὴν χεῖρα **ἥψατο** αὐτοῦ λέγων·
Lk 6:19 ὁ ὄχλος ἐζήτουν **ἅπτεσθαι** αὐτοῦ,
Lk 7:14 καὶ προσελθὼν **ἥψατο** τῆς σοροῦ,
Lk 7:39 ἡ γυνὴ ἥτις **ἅπτεται** αὐτοῦ,
Lk 8:16 Οὐδεὶς δὲ λύχνον **ἅψας** καλύπτει αὐτὸν σκεύει
Lk 8:44 προσελθοῦσα ὄπισθεν **ἥψατο** τοῦ κρασπέδου
Lk 8:45 τίς ὁ **ἁψάμενός** μου;
Lk 8:46 **ἥψατό** μού τις,
Lk 8:47 δι' ἣν αἰτίαν **ἥψατο** αὐτοῦ ἀπήγγειλεν ἐνώπιον
Lk 11:33 Οὐδεὶς λύχνον **ἅψας** εἰς κρύπτην τίθησιν
Lk 15:8 οὐχὶ **ἅπτει** λύχνον καὶ σαροῖ
Lk 18:15 βρέφη ἵνα αὐτῶν **ἅπτηται**·
Lk 22:51 καὶ **ἁψάμενος** τοῦ ὠτίου ἰάσατο

ἄρα (*ara*; 6/49) *therefore, then, thus*

Lk 1:66 τί **ἄρα** τὸ παιδίον τοῦτο
Lk 8:25 τίς **ἄρα** οὗτός ἐστιν ὅτι
Lk 11:20 **ἄρα** ἔφθασεν ἐφ' ὑμᾶς
Lk 11:48 **ἄρα** μάρτυρές ἐστε καὶ
Lk 12:42 τίς **ἄρα** ἐστὶν ὁ πιστὸς
Lk 22:23 ἑαυτοὺς τὸ τίς **ἄρα** εἴη ἐξ αὐτῶν

ἆρα (*ara*; 1/3) *interrogative particle expecting a negative response*

Lk 18:8 τοῦ ἀνθρώπου ἐλθὼν **ἆρα** εὑρήσει τὴν πίστιν

ἀργύριον (*argyrion*; 4/20) *silver coin*

Lk 9:3 μήτε ἄρτον μήτε **ἀργύριον** μήτε [ἀνὰ] δύο
Lk 19:15 οἷς δεδώκει τὸ **ἀργύριον**,
Lk 19:23 ἔδωκάς μου τὸ **ἀργύριον** ἐπὶ τράπεζαν;
Lk 22:5 καὶ συνέθεντο αὐτῷ **ἀργύριον** δοῦναι.

ἀρήν (*arēn*; 1/1) *lamb*

Lk 10:3 ἀποστέλλω ὑμᾶς ὡς **ἄρνας** ἐν μέσῳ λύκων.

ἀριθμέω (*arithmeō*; 1/3) *count*

Lk 12:7 κεφαλῆς ὑμῶν πᾶσαι **ἠρίθμηνται**.

ἀριθμός (*arithmos*; 1/18) *number*

Lk 22:3 ὄντα ἐκ τοῦ **ἀριθμοῦ** τῶν δώδεκα·

Ἁριμαθαία (*Arimathaia*; 1/4) *Arimathea*

Lk 23:51 ἀπὸ **Ἁριμαθαίας** πόλεως τῶν Ἰουδαίων,

ἀριστάω (*aristaō*; 1/3) *eat breakfast*

Lk 11:37 αὐτὸν Φαρισαῖος ὅπως **ἀριστήσῃ** παρ' αὐτῷ·

ἀριστερός (*aristeros*; 1/4) *left*

Lk 23:33 ὃν δὲ ἐξ **ἀριστερῶν**.

ἄριστον (*ariston*; 2/3) *meal*

Lk 11:38 ἐβαπτίσθη πρὸ τοῦ **ἀρίστου**.
Lk 14:12 ὅταν ποιῇς **ἄριστον** ἢ δεῖπνον,

ἀρκέω (*arkeō*; 1/8) *be enough or sufficient*

Lk 3:14 μηδὲ συκοφαντήσητε καὶ **ἀρκεῖσθε** τοῖς ὀψωνίοις ὑμῶν.

ἀρνέομαι (*arneomai*; 4/33) *deny*

Lk 8:45 **ἀρνουμένων** δὲ πάντων εἶπεν
Lk 9:23 **ἀρνησάσθω** ἑαυτὸν καὶ ἀράτω
Lk 12:9 ὁ δὲ **ἀρνησάμενός** με ἐνώπιον τῶν
Lk 22:57 ὁ δὲ **ἠρνήσατο** λέγων·

Ἀρνί (*Arni*; 1/1) *Arni*

Lk 3:33 τοῦ Ἀδμὶν τοῦ **Ἀρνὶ** τοῦ Ἑσρὼμ τοῦ

ἀροτριάω (*arotriaō*; 1/3) *plow*

Lk 17:7 ὑμῶν δοῦλον ἔχων **ἀροτριῶντα** ἢ ποιμαίνοντα,

ἄροτρον (*arotron*; 1/1) *plow*

Lk 9:62 τὴν χεῖρα ἐπ' **ἄροτρον** καὶ βλέπων εἰς

ἁρπαγή (*harpagē*; 1/3) *taking (something) by violence or greed*

Lk 11:39 ἔσωθεν ὑμῶν γέμει **ἁρπαγῆς** καὶ πονηρίας.

ἅρπαξ (*harpax*; 1/5) *grasping*

Lk 18:11 **ἅρπαγες**,

ἄρσην (*arsēn*; 1/9) *male*

Lk 2:23 κυρίου ὅτι πᾶν **ἄρσεν** διανοῖγον μήτραν ἅγιον

ἄρτος (*artos*; 15/97) *bread*

Lk 4:3 τούτῳ ἵνα γένηται **ἄρτος**.
Lk 4:4 ὅτι οὐκ ἐπ' **ἄρτῳ** μόνῳ ζήσεται ὁ
Lk 6:4 θεοῦ καὶ τοὺς **ἄρτους** τῆς προθέσεως λαβὼν
Lk 7:33 βαπτιστὴς μὴ ἐσθίων **ἄρτον** μήτε πίνων οἶνον,
Lk 9:3 μήτε πήραν μήτε **ἄρτον** μήτε ἀργύριον μήτε
Lk 9:13 ἡμῖν πλεῖον ἢ **ἄρτοι** πέντε καὶ ἰχθύες
Lk 9:16 δὲ τοὺς πέντε **ἄρτους** καὶ τοὺς δύο

Lk 11:3 τὸν **ἄρτον** ἡμῶν τὸν ἐπιούσιον
Lk 11:5 χρῆσόν μοι τρεῖς **ἄρτους**,
Lk 14:1 Φαρισαίων σαββάτῳ φαγεῖν **ἄρτον** καὶ αὐτοὶ ἦσαν
Lk 14:15 μακάριος ὅστις φάγεται **ἄρτον** ἐν τῇ βασιλείᾳ
Lk 15:17 πατρός μου περισσεύονται **ἄρτων**,
Lk 22:19 καὶ λαβὼν **ἄρτον** εὐχαριστήσας ἔκλασεν καὶ
Lk 24:30 αὐτῶν λαβὼν τὸν **ἄρτον** εὐλόγησεν καὶ κλάσας
Lk 24:35 τῇ κλάσει τοῦ **ἄρτου**.

ἀρτύω (*artyō*; 1/3) *season*

Lk 14:34 ἐν τίνι **ἀρτυθήσεται**;

Ἀρφαξάδ (*Arphaxad*; 1/1) *Arphaxad*

Lk 3:36 τοῦ Καϊνὰμ τοῦ **Ἀρφαξὰδ** τοῦ Σὴμ τοῦ

ἀρχαῖος (*archaios*; 2/11) *old*

Lk 9:8 προφήτης τις τῶν **ἀρχαίων** ἀνέστη.
Lk 9:19 προφήτης τις τῶν **ἀρχαίων** ἀνέστη.

ἀρχή (*archē*; 3/55) *beginning*

Lk 1:2 ἡμῖν οἱ ἀπ᾽ **ἀρχῆς** αὐτόπται καὶ ὑπηρέται
Lk 12:11 συναγωγὰς καὶ τὰς **ἀρχὰς** καὶ τὰς ἐξουσίας,
Lk 20:20 παραδοῦναι αὐτὸν τῇ **ἀρχῇ** καὶ τῇ ἐξουσίᾳ

ἀρχιερεύς (*archiereus*; 15/122) *high priest*

Lk 3:2 ἐπὶ **ἀρχιερέως** Ἅννα καὶ Καϊάφα,
Lk 9:22 τῶν πρεσβυτέρων καὶ **ἀρχιερέων** καὶ γραμματέων καὶ
Lk 19:47 οἱ δὲ **ἀρχιερεῖς** καὶ οἱ γραμματεῖς
Lk 20:1 εὐαγγελιζομένου ἐπέστησαν οἱ **ἀρχιερεῖς** καὶ οἱ γραμματεῖς
Lk 20:19 γραμματεῖς καὶ οἱ **ἀρχιερεῖς** ἐπιβαλεῖν ἐπ᾽ αὐτὸν
Lk 22:2 καὶ ἐζήτουν οἱ **ἀρχιερεῖς** καὶ οἱ γραμματεῖς
Lk 22:4 ἀπελθὼν συνελάλησεν τοῖς **ἀρχιερεῦσιν** καὶ στρατηγοῖς τὸ
Lk 22:50 ἐξ αὐτῶν τοῦ **ἀρχιερέως** τὸν δοῦλον καὶ
Lk 22:52 παραγενομένους ἐπ᾽ αὐτὸν **ἀρχιερεῖς** καὶ στρατηγοὺς τοῦ
Lk 22:54 τὴν οἰκίαν τοῦ **ἀρχιερέως**·
Lk 22:66 **ἀρχιερεῖς** τε καὶ γραμματεῖς,
Lk 23:4 εἶπεν πρὸς τοὺς **ἀρχιερεῖς** καὶ τοὺς ὄχλους·
Lk 23:10 εἱστήκεισαν δὲ οἱ **ἀρχιερεῖς** καὶ οἱ γραμματεῖς
Lk 23:13 δὲ συγκαλεσάμενος τοὺς **ἀρχιερεῖς** καὶ τοὺς ἄρχοντας
Lk 24:20 παρέδωκαν αὐτὸν οἱ **ἀρχιερεῖς** καὶ οἱ ἄρχοντες

ἀρχισυνάγωγος (*archisynagōgos*; 2/9) *ruler of a synagogue*

Lk 8:49 τις παρὰ τοῦ **ἀρχισυναγώγου** λέγων ὅτι τέθνηκεν
Lk 13:14 ἀποκριθεὶς δὲ ὁ **ἀρχισυνάγωγος**,

ἀρχιτελώνης (*architelōnēs*; 1/1) *chief tax collector*

Lk 19:2 καὶ αὐτὸς ἦν **ἀρχιτελώνης** καὶ αὐτὸς πλούσιος·

ἄρχω (*archō*; 31/85[86]) *rule, govern (mid. begin)*

Lk 3:8 μετανοίας καὶ μὴ **ἄρξησθε** λέγειν ἐν ἑαυτοῖς·
Lk 3:23 αὐτὸς ἦν Ἰησοῦς **ἀρχόμενος** ὡσεὶ ἐτῶν τριάκοντα,
Lk 4:21 **ἤρξατο** δὲ λέγειν πρὸς
Lk 5:21 καὶ **ἤρξαντο** διαλογίζεσθαι οἱ γραμματεῖς
Lk 7:15 ὁ νεκρὸς καὶ **ἤρξατο** λαλεῖν,
Lk 7:24 τῶν ἀγγέλων Ἰωάννου **ἤρξατο** λέγειν πρὸς
Lk 7:38 κλαίουσα τοῖς δάκρυσιν **ἤρξατο** βρέχειν τοὺς πόδας
Lk 7:49 καὶ **ἤρξαντο** οἱ συνανακείμενοι λέγειν
Lk 9:12 Ἡ δὲ ἡμέρα **ἤρξατο** κλίνειν·
Lk 11:29 δὲ ὄχλων ἐπαθροιζομένων **ἤρξατο** λέγειν·
Lk 11:53 Κἀκεῖθεν ἐξελθόντος αὐτοῦ **ἤρξαντο** οἱ γραμματεῖς καὶ
Lk 12:1 **ἤρξατο** λέγειν πρὸς τοὺς
Lk 12:45 καὶ ἄρξηται **τύπτειν** τοὺς παῖδας καὶ
Lk 13:25 τὴν θύραν καὶ **ἄρξησθε** ἔξω ἑστάναι καὶ
Lk 13:26 τότε **ἄρξεσθε** λέγειν·
Lk 14:9 καὶ τότε **ἄρξῃ** μετὰ αἰσχύνης τὸν
Lk 14:18 καὶ **ἤρξαντο** ἀπὸ μιᾶς πάντες
Lk 14:29 πάντες οἱ θεωροῦντες **ἄρξωνται** αὐτῷ ἐμπαίζειν
Lk 14:30 οὗτος ὁ ἄνθρωπος **ἤρξατο** οἰκοδομεῖν καὶ
Lk 15:14 καὶ αὐτὸς **ἤρξατο** ὑστερεῖσθαι.
Lk 15:24 καὶ **ἤρξαντο** εὐφραίνεσθαι.
Lk 19:37 ὄρους τῶν ἐλαιῶν **ἤρξαντο** ἅπαν τὸ πλῆθος
Lk 19:45 εἰς τὸ ἱερὸν **ἤρξατο** ἐκβάλλειν τοὺς πωλοῦντας
Lk 20:9 **Ἤρξατο** δὲ πρὸς τὸν
Lk 21:28 **ἀρχομένων** δὲ τούτων γίνεσθαι
Lk 22:23 καὶ αὐτοὶ **ἤρξαντο** συζητεῖν πρὸς ἑαυτοὺς
Lk 23:2 **Ἤρξαντο** δὲ κατηγορεῖν αὐτοῦ
Lk 23:5 καὶ **ἀρξάμενος** ἀπὸ τῆς Γαλιλαίας
Lk 23:30 τότε **ἄρξονται** λέγειν τοῖς ὄρεσιν·
Lk 24:27 καὶ **ἀρξάμενος** ἀπὸ Μωϋσέως καὶ
Lk 24:47 **ἀρξάμενοι** ἀπὸ Ἰερουσαλὴμ

ἄρχων (*archōn*; 8/37) *ruler*

Lk 8:41 Ἰάϊρος καὶ οὗτος **ἄρχων** τῆς συναγωγῆς ὑπῆρχεν,
Lk 11:15 ἐν Βεελζεβοὺλ τῷ **ἄρχοντι** τῶν δαιμονίων ἐκβάλλει
Lk 12:58 ἀντιδίκου σου ἐπ᾽ **ἄρχοντα**,
Lk 14:1 οἶκόν τινος τῶν **ἀρχόντων** [τῶν] Φαρισαίων σαββάτῳ
Lk 18:18 ἐπηρώτησέν τις αὐτὸν **ἄρχων** λέγων·
Lk 23:13 ἀρχιερεῖς καὶ τοὺς **ἄρχοντας** καὶ τὸν λαὸν
Lk 23:35 δὲ καὶ οἱ **ἄρχοντες** λέγοντες·
Lk 24:20 ἀρχιερεῖς καὶ οἱ **ἄρχοντες** ἡμῶν εἰς κρίμα

ἄρωμα (*arōma*; 2/4) *aromatic spice or oil*

Lk 23:56 ὑποστρέψασαι δὲ ἡτοίμασαν **ἀρώματα** καὶ μύρα.
Lk 24:1 φέρουσαι ἃ ἡτοίμασαν **ἀρώματα**.

ἄσβεστος (*asbestos*; 1/3) *unquenchable*
Lk 3:17 ἄχυρον κατακαύσει πυρὶ **ἀσβέστῳ**.

Ἀσήρ (*Asēr*; 1/2) *Asher*
Lk 2:36 ἐκ φυλῆς **Ἀσήρ**·

ἀσθένεια (*astheneia*; 4/24) *weakness, sickness*
Lk 5:15 θεραπεύεσθαι ἀπὸ τῶν **ἀσθενειῶν** αὐτῶν·
Lk 8:2 πνευμάτων πονηρῶν καὶ **ἀσθενειῶν**,
Lk 13:11 γυνὴ πνεῦμα ἔχουσα **ἀσθενείας** ἔτη δεκαοκτὼ καὶ
Lk 13:12 ἀπολέλυσαι τῆς **ἀσθενείας** σου,

ἀσθενέω (*astheneō*; 1/33) *be sick or ill*
Lk 4:40 ἅπαντες ὅσοι εἶχον **ἀσθενοῦντας** νόσοις ποικίλαις ἤγαγον

ἀσθενής (*asthenēs*; 2/26) *sick*
Lk 9:2 καὶ ἰᾶσθαι [τοὺς **ἀσθενεῖς**],
Lk 10:9 τοὺς ἐν αὐτῇ **ἀσθενεῖς** καὶ λέγετε αὐτοῖς·

ἀσκός (*askos*; 4/12) *wine skin*
Lk 5:37 οἶνον νέον εἰς **ἀσκοὺς** παλαιούς·
Lk 5:37 ὁ νέος τοὺς **ἀσκοὺς** καὶ αὐτὸς ἐκχυθήσεται
Lk 5:37 ἐκχυθήσεται καὶ οἱ **ἀσκοὶ** ἀπολοῦνται·
Lk 5:38 οἶνον νέον εἰς **ἀσκοὺς** καινοὺς βλητέον.

ἀσπάζομαι (*aspazomai*; 2/59) *greet*
Lk 1:40 οἶκον Ζαχαρίου καὶ **ἠσπάσατο** τὴν Ἐλισάβετ.
Lk 10:4 κατὰ τὴν ὁδὸν **ἀσπάσησθε**.

ἀσπασμός (*aspasmos*; 5/10) *greeting*
Lk 1:29 ποταπὸς εἴη ὁ **ἀσπασμὸς** οὗτος.
Lk 1:41 ὡς ἤκουσεν τὸν **ἀσπασμὸν** τῆς Μαρίας ἡ
Lk 1:44 ἡ φωνὴ τοῦ **ἀσπασμοῦ** σου εἰς τὰ
Lk 11:43 συναγωγαῖς καὶ τοὺς **ἀσπασμοὺς** ἐν ταῖς ἀγοραῖς.
Lk 20:46 στολαῖς καὶ φιλούντων **ἀσπασμοὺς** ἐν ταῖς ἀγοραῖς

ἀσσάριον (*assarion*; 1/2) *assarion (Roman copper coin)*
Lk 12:6 πέντε στρουθία πωλοῦνται **ἀσσαρίων** δύο;

ἀστραπή (*astrapē*; 3/9) *lightning*
Lk 10:18 τὸν σατανᾶν ὡς **ἀστραπὴν** ἐκ τοῦ οὐρανοῦ
Lk 11:36 ὁ λύχνος τῇ **ἀστραπῇ** φωτίζῃ σε.
Lk 17:24 ὥσπερ γὰρ ἡ **ἀστραπὴ** ἀστράπτουσα ἐκ τῆς

ἀστράπτω (*astraptō*; 2/2) *flash*
Lk 17:24 γὰρ ἡ ἀστραπὴ **ἀστράπτουσα** ἐκ τῆς ὑπὸ
Lk 24:4 αὐταῖς ἐν ἐσθῆτι **ἀστραπτούσῃ**.

ἄστρον (*astron*; 1/4) *star*
Lk 21:25 καὶ σελήνῃ καὶ **ἄστροις**,

ἀσφάλεια (*asphaleia*; 1/3) *security*
Lk 1:4 κατηχήθης λόγων τὴν **ἀσφάλειαν**.

ἀσώτως (*asōtōs*; 1/1) *recklessly*
Lk 15:13 οὐσίαν αὐτοῦ ζῶν **ἀσώτως**.

ἄτεκνος (*ateknos*; 2/2) *childless*
Lk 20:28 καὶ οὗτος **ἄτεκνος** ᾖ,
Lk 20:29 λαβὼν γυναῖκα ἀπέθανεν **ἄτεκνος**·

ἀτενίζω (*atenizō*; 2/14) *fix one's gaze at*
Lk 4:20 τῇ συναγωγῇ ἦσαν **ἀτενίζοντες** αὐτῷ.
Lk 22:56 τὸ φῶς καὶ **ἀτενίσασα** αὐτῷ εἶπεν·

ἄτερ (*ater*; 2/2) *without*
Lk 22:6 τοῦ παραδοῦναι αὐτὸν **ἄτερ** ὄχλου αὐτοῖς.
Lk 22:35 ὅτε ἀπέστειλα ὑμᾶς **ἄτερ** βαλλαντίου καὶ πήρας

ἀτιμάζω (*atimazō*; 1/7) *dishonor*
Lk 20:11 κἀκεῖνον δείραντες καὶ **ἀτιμάσαντες** ἐξαπέστειλαν κενόν.

ἄτοπος (*atopos*; 1/4) *improper, unusual*
Lk 23:41 οὗτος δὲ οὐδὲν **ἄτοπον** ἔπραξεν.

Αὐγοῦστος (*Augoustos*; 1/1) *Augustus*
Lk 2:1 δόγμα παρὰ Καίσαρος **Αὐγούστου** ἀπογράφεσθαι πᾶσαν τὴν

αὐλέω (*auleō*; 1/3) *play a flute*
Lk 7:32 **ηὐλήσαμεν** ὑμῖν καὶ οὐκ

αὐλή (*aulē*; 2/12) *courtyard, sheepfold*
Lk 11:21 φυλάσσῃ τὴν ἑαυτοῦ **αὐλήν**,
Lk 22:55 ἐν μέσῳ τῆς **αὐλῆς** καὶ συγκαθισάντων ἐκάθητο

αὐλίζομαι (*aulizomai*; 1/2) *spend the night*
Lk 21:37 δὲ νύκτας ἐξερχόμενος **ηὐλίζετο** εἰς τὸ ὄρος

αὐξάνω (*auxanō*; 4/23) *grow*
Lk 1:80 Τὸ δὲ παιδίον **ηὔξανεν** καὶ ἐκραταιοῦτο πνεύματι,
Lk 2:40 Τὸ δὲ παιδίον **ηὔξανεν** καὶ ἐκραταιοῦτο πληρούμενον
Lk 12:27 τὰ κρίνα πῶς **αὐξάνει**·
Lk 13:19 καὶ **ηὔξησεν** καὶ ἐγένετο εἰς

αὔριον (*aurion*; 4/14) *tomorrow*
Lk 10:35 καὶ ἐπὶ τὴν **αὔριον** ἐκβαλὼν ἔδωκεν δύο
Lk 12:28 ὄντα σήμερον καὶ **αὔριον** εἰς κλίβανον βαλλόμενον
Lk 13:32 ἀποτελῶ σήμερον καὶ **αὔριον** καὶ τῇ τρίτῃ
Lk 13:33 με σήμερον καὶ **αὔριον** καὶ τῇ ἐχομένῃ

αὐστηρός (*austēros*; 2/2) *hard, strict*
Lk 19:21 ὅτι ἄνθρωπος **αὐστηρὸς** εἶ,
Lk 19:22 ὅτι ἐγὼ ἄνθρωπος **αὐστηρός** εἰμι,

αὐτόπτης (*autoptēs*; 1/1) *eyewitness*
Lk 1:2 οἱ ἀπ' ἀρχῆς **αὐτόπται** καὶ ὑπηρέται γενόμενοι

αὐτοῦ (*autou*; 1/4) *here*
Lk 9:27 εἰσίν τινες τῶν **αὐτοῦ** ἑστηκότων οἳ οὐ

ἀφαιρέω (*aphaireō*; 4/10) *take away*
Lk 1:25 ἡμέραις αἷς ἐπεῖδεν **ἀφελεῖν** ὄνειδός μου ἐν
Lk 10:42 ἐξελέξατο ἥτις οὐκ **ἀφαιρεθήσεται** αὐτῆς.
Lk 16:3 ὁ κύριός μου **ἀφαιρεῖται** τὴν οἰκονομίαν ἀπ'
Lk 22:50 τὸν δοῦλον καὶ **ἀφεῖλεν** τὸ οὖς αὐτοῦ

ἄφαντος (*aphantos*; 1/1) *invisible*
Lk 24:31 καὶ αὐτὸς **ἄφαντος** ἐγένετο ἀπ' αὐτῶν.

ἄφεσις (*aphesis*; 5/17) *forgiveness*
Lk 1:77 λαῷ αὐτοῦ ἐν **ἀφέσει** ἁμαρτιῶν αὐτῶν,
Lk 3:3 βάπτισμα μετανοίας εἰς **ἄφεσιν** ἁμαρτιῶν,
Lk 4:18 κηρύξαι αἰχμαλώτοις **ἄφεσιν** καὶ τυφλοῖς ἀνάβλεψιν,
Lk 4:18 ἀποστεῖλαι τεθραυσμένους ἐν **ἀφέσει**,
Lk 24:47 αὐτοῦ μετάνοιαν εἰς **ἄφεσιν** ἁμαρτιῶν εἰς πάντα

ἀφίημι (*aphiēmi*; 31/143) *leave, forgive*
Lk 4:39 τῷ πυρετῷ καὶ **ἀφῆκεν** αὐτήν·
Lk 5:11 ἐπὶ τὴν γῆν **ἀφέντες** πάντα ἠκολούθησαν αὐτῷ.
Lk 5:20 **ἀφέωνταί** σοι αἱ ἁμαρτίαι
Lk 5:21 τίς δύναται ἁμαρτίας **ἀφεῖναι** εἰ μὴ μόνος
Lk 5:23 **ἀφέωνταί** σοι αἱ ἁμαρτίαι
Lk 5:24 ἐπὶ τῆς γῆς **ἀφιέναι** ἁμαρτίας
Lk 6:42 **ἄφες** ἐκβάλω τὸ κάρφος
Lk 7:47 **ἀφέωνται** αἱ ἁμαρτίαι αὐτῆς
Lk 7:47 ᾧ δὲ ὀλίγον **ἀφίεται**,
Lk 7:48 **ἀφέωνταί** σου αἱ ἁμαρτίαι.
Lk 7:49 ὃς καὶ ἁμαρτίας **ἀφίησιν**;
Lk 8:51 τὴν οἰκίαν οὐκ **ἀφῆκεν** εἰσελθεῖν τινα σὺν
Lk 9:60 **ἄφες** τοὺς νεκροὺς θάψαι
Lk 10:30 πληγὰς ἐπιθέντες ἀπῆλθον **ἀφέντες** ἡμιθανῆ.
Lk 11:4 καὶ **ἄφες** ἡμῖν τὰς ἁμαρτίας
Lk 11:4 καὶ γὰρ αὐτοὶ **ἀφίομεν** παντὶ ὀφείλοντι ἡμῖν·
Lk 12:10 **ἀφεθήσεται** αὐτῷ·
Lk 12:10 πνεῦμα βλασφημήσαντι οὐκ **ἀφεθήσεται**.
Lk 12:39 οὐκ ἂν **ἀφῆκεν** διορυχθῆναι τὸν οἶκον
Lk 13:8 **ἄφες** αὐτὴν καὶ τοῦτο
Lk 13:35 ἰδοὺ **ἀφίεται** ὑμῖν ὁ οἶκος
Lk 17:3 καὶ ἐὰν μετανοήσῃ **ἄφες** αὐτῷ.
Lk 17:4 **ἀφήσεις** αὐτῷ.
Lk 17:34 καὶ ὁ ἕτερος **ἀφεθήσεται**·
Lk 17:35 ἡ δὲ ἑτέρα **ἀφεθήσεται**.
Lk 18:16 **ἄφετε** τὰ παιδία ἔρχεσθαι
Lk 18:28 ἰδοὺ ἡμεῖς **ἀφέντες** τὰ ἴδια ἠκολουθήσαμέν
Lk 18:29 οὐδείς ἐστιν ὃς **ἀφῆκεν** οἰκίαν ἢ γυναῖκα
Lk 19:44 καὶ οὐκ **ἀφήσουσιν** λίθον ἐπὶ λίθον
Lk 21:6 ἐν αἷς οὐκ **ἀφεθήσεται** λίθος ἐπὶ λίθῳ
Lk 23:34 **ἄφες** αὐτοῖς,

ἀφίστημι (*aphistēmi*; 4/14) *leave*
Lk 2:37 ἣ οὐκ **ἀφίστατο** τοῦ ἱεροῦ νηστείαις
Lk 4:13 πειρασμὸν ὁ διάβολος **ἀπέστη** ἀπ' αὐτοῦ
Lk 8:13 ἐν καιρῷ πειρασμοῦ **ἀφίστανται**.
Lk 13:27 **ἀπόστητε** ἀπ' ἐμοῦ πάντες

ἀφόβως (*aphobōs*; 1/4) *without fear*
Lk 1:74 **ἀφόβως** ἐκ χειρὸς ἐχθρῶν

ἀφορίζω (*aphorizō*; 1/10) *separate*
Lk 6:22 ἄνθρωποι καὶ ὅταν **ἀφορίσωσιν** ὑμᾶς καὶ ὀνειδίσωσιν

ἀφρός (*aphros*; 1/1) *foam*
Lk 9:39 σπαράσσει αὐτὸν μετὰ **ἀφροῦ** καὶ μόγις ἀποχωρεῖ

ἄφρων (*aphrōn*; 2/11) *fool*
Lk 11:40 **ἄφρονες**,
Lk 12:20 **ἄφρων**,

ἀφυπνόω (*aphypnoō*; 1/1) *fall asleep*
Lk 8:23 πλεόντων δὲ αὐτῶν **ἀφύπνωσεν**.

ἀχάριστος (*acharistos*; 1/2) *ungrateful*
Lk 6:35 ἐστιν ἐπὶ τοὺς **ἀχαρίστους** καὶ πονηρούς.

ἀχρεῖος (*achreios*; 1/2) *worthless*
Lk 17:10 λέγετε ὅτι δοῦλοι **ἀχρεῖοί** ἐσμεν,

ἄχρι (*achri*; 4/48[49]) *until*
Lk 1:20 μὴ δυνάμενος λαλῆσαι **ἄχρι** ἧς ἡμέρας γένηται
Lk 4:13 ἀπέστη ἀπ' αὐτοῦ **ἄχρι** καιροῦ.
Lk 17:27 **ἄχρι** ἧς ἡμέρας εἰσῆλθεν
Lk 21:24 **ἄχρι** οὗ πληρωθῶσιν καιροὶ

ἄχυρον (*achyron*; 1/2) *chaff*
Lk 3:17 τὸ δὲ **ἄχυρον** κατακαύσει πυρὶ ἀσβέστῳ.

βάθος (*bathos*; 1/8) *depth*
Lk 5:4 ἐπανάγαγε εἰς τὸ **βάθος** καὶ χαλάσατε τὰ

βαθύνω (*bathynō*; 1/1) *go deep*
Lk 6:48 ὃς ἔσκαψεν καὶ **ἐβάθυνεν** καὶ ἔθηκεν θεμέλιον

βαθύς (*bathys*; 1/4) *deep*
Lk 24:1 τῶν σαββάτων ὄρθρου **βαθέως** ἐπὶ τὸ μνῆμα

βαλλάντιον (*ballantion*; 4/4) *purse*
Lk 10:4 μὴ βαστάζετε **βαλλάντιον**,
Lk 12:33 ποιήσατε ἑαυτοῖς **βαλλάντια** μὴ παλαιούμενα,
Lk 22:35 ἀπέστειλα ὑμᾶς ἄτερ **βαλλαντίου** καὶ πήρας
Lk 22:36 νῦν ὁ ἔχων **βαλλάντιον** ἀράτω,

βάλλω (*ballō*; 18/121[122]) *throw*
Lk 3:9 καὶ εἰς πῦρ **βάλλεται**.
Lk 4:9 βάλε **σεαυτὸν** ἐντεῦθεν κάτω·
Lk 5:37 καὶ οὐδεὶς **βάλλει** οἶνον νέον εἰς

Lk 12:28 αὔριον εἰς κλίβανον **βαλλόμενον** ὁ θεὸς οὕτως
Lk 12:49 Πῦρ ἦλθον **βαλεῖν** ἐπὶ τὴν γῆν,
Lk 12:58 ὁ πράκτωρ σε **βαλεῖ** εἰς φυλακήν.
Lk 13:8 περὶ αὐτὴν καὶ **βάλω** κόπρια,
Lk 13:19 ὃν λαβὼν ἄνθρωπος **ἔβαλεν** εἰς κῆπον ἑαυτοῦ,
Lk 14:35 ἔξω **βάλλουσιν** αὐτό.
Lk 16:20 τις ὀνόματι Λάζαρος **ἐβέβλητο** πρὸς τὸν πυλῶνα
Lk 21:1 δὲ εἶδεν τοὺς **βάλλοντας** εἰς τὸ γαζοφυλάκιον
Lk 21:2 τινα χήραν πενιχρὰν **βάλλουσαν** ἐκεῖ λεπτὰ δύο,
Lk 21:3 πτωχὴ πλεῖον πάντων **ἔβαλεν**·
Lk 21:4 τοῦ περισσεύοντος αὐτοῖς **ἔβαλον** εἰς τὰ δῶρα,
Lk 21:4 βίον ὃν εἶχεν **ἔβαλεν**.
Lk 23:19 πόλει καὶ φόνον **βληθεὶς** ἐν τῇ φυλακῇ.
Lk 23:25 στάσιν καὶ φόνον **βεβλημένον** εἰς φυλακὴν ὃν
Lk 23:34 τὰ ἱμάτια αὐτοῦ **ἔβαλον** κλήρους.

βαπτίζω (*baptizō*; 10/76[77]) *baptize*

Lk 3:7 τοῖς ἐκπορευομένοις ὄχλοις **βαπτισθῆναι** ὑπ' αὐτοῦ·
Lk 3:12 δὲ καὶ τελῶναι **βαπτισθῆναι** καὶ εἶπαν πρὸς
Lk 3:16 ἐγὼ μὲν ὕδατι **βαπτίζω** ὑμᾶς·
Lk 3:16 αὐτὸς ὑμᾶς **βαπτίσει** ἐν πνεύματι ἁγίῳ
Lk 3:21 δὲ ἐν τῷ **βαπτισθῆναι** ἅπαντα τὸν λαὸν
Lk 3:21 λαὸν καὶ Ἰησοῦ **βαπτισθέντος** καὶ προσευχομένου ἀνεῳχθῆναι
Lk 7:29 ἐδικαίωσαν τὸν θεὸν **βαπτισθέντες** τὸ βάπτισμα Ἰωάννου·
Lk 7:30 εἰς ἑαυτοὺς μὴ **βαπτισθέντες** ὑπ' αὐτοῦ.
Lk 11:38 ὅτι οὐ πρῶτον **ἐβαπτίσθη** πρὸ τοῦ ἀρίστου.
Lk 12:50 βάπτισμα δὲ ἔχω **βαπτισθῆναι**,

βάπτισμα (*baptisma*; 4/19) *baptism*

Lk 3:3 τοῦ Ἰορδάνου κηρύσσων **βάπτισμα** μετανοίας εἰς ἄφεσιν
Lk 7:29 θεὸν βαπτισθέντες τὸ **βάπτισμα** Ἰωάννου·
Lk 12:50 **βάπτισμα** δὲ ἔχω βαπτισθῆναι,
Lk 20:4 τὸ **βάπτισμα** Ἰωάννου ἐξ οὐρανοῦ

βαπτιστής (*baptistēs*; 3/12) *Baptist*

Lk 7:20 Ἰωάννης ὁ **βαπτιστὴς** ἀπέστειλεν ἡμᾶς πρὸς
Lk 7:33 γὰρ Ἰωάννης ὁ **βαπτιστὴς** μὴ ἐσθίων ἄρτον
Lk 9:19 Ἰωάννην τὸν **βαπτιστήν**,

βάπτω (*baptō*; 1/4) *dip*

Lk 16:24 πέμψον Λάζαρον ἵνα **βάψῃ** τὸ ἄκρον τοῦ

Βαραββᾶς (*Barabbas*; 1/11) *Barabbas*

Lk 23:18 δὲ ἡμῖν τὸν **Βαραββᾶν**·

βαρέω (*bareō*; 2/6) *burden*

Lk 9:32 σὺν αὐτῷ ἦσαν **βεβαρημένοι** ὕπνῳ·
Lk 21:34 δὲ ἑαυτοῖς μήποτε **βαρηθῶσιν** ὑμῶν αἱ καρδίαι

Βαρθολομαῖος (*Bartholomaios*; 1/4) *Bartholomew*

Lk 6:14 καὶ Φίλιππον καὶ **Βαρθολομαῖον**

βασανίζω (*basanizō*; 1/12) *torment*

Lk 8:28 μή με **βασανίσῃς**.

βάσανος (*basanos*; 2/3) *torment*

Lk 16:23 ὑπάρχων ἐν **βασάνοις**,
Lk 16:28 τόπον τοῦτον τῆς **βασάνου**.

βασιλεία (*basileia*; 46/162) *kingdom*

Lk 1:33 αἰῶνας καὶ τῆς **βασιλείας** αὐτοῦ οὐκ ἔσται
Lk 4:5 αὐτῷ πάσας τὰς **βασιλείας** τῆς οἰκουμένης
Lk 4:43 με δεῖ τὴν **βασιλείαν** τοῦ θεοῦ,
Lk 6:20 ὑμετέρα ἐστὶν ἡ **βασιλεία** τοῦ θεοῦ.
Lk 7:28 μικρότερος ἐν τῇ **βασιλείᾳ** τοῦ θεοῦ μείζων
Lk 8:1 καὶ εὐαγγελιζόμενος τὴν **βασιλείαν** τοῦ θεοῦ καὶ
Lk 8:10 τὰ μυστήρια τῆς **βασιλείας** τοῦ θεοῦ,
Lk 9:2 αὐτοὺς κηρύσσειν τὴν **βασιλείαν** τοῦ θεοῦ
Lk 9:11 αὐτοῖς περὶ τῆς **βασιλείας** τοῦ θεοῦ,
Lk 9:27 ἂν ἴδωσιν τὴν **βασιλείαν** τοῦ θεοῦ.
Lk 9:60 ἀπελθὼν διάγγελλε τὴν **βασιλείαν** τοῦ θεοῦ.
Lk 9:62 εὔθετός ἐστιν τῇ **βασιλείᾳ** τοῦ θεοῦ.
Lk 10:9 ἐφ' ὑμᾶς ἡ **βασιλεία** τοῦ θεοῦ.
Lk 10:11 ὅτι ἤγγικεν ἡ **βασιλεία** τοῦ θεοῦ.
Lk 11:2 ἐλθέτω ἡ **βασιλεία** σου·
Lk 11:17 πᾶσα **βασιλεία** ἐφ' ἑαυτὴν διαμερισθεῖσα
Lk 11:18 πῶς σταθήσεται ἡ **βασιλεία** αὐτοῦ;
Lk 11:20 ἐφ' ὑμᾶς ἡ **βασιλεία** τοῦ θεοῦ.
Lk 12:31 πλὴν ζητεῖτε τὴν **βασιλείαν** αὐτοῦ,
Lk 12:32 δοῦναι ὑμῖν τὴν **βασιλείαν**.
Lk 13:18 ὁμοία ἐστὶν ἡ **βασιλεία** τοῦ θεοῦ καὶ
Lk 13:20 τίνι ὁμοιώσω τὴν **βασιλείαν** τοῦ θεοῦ;
Lk 13:28 προφήτας ἐν τῇ **βασιλείᾳ** τοῦ θεοῦ,
Lk 13:29 ἀνακλιθήσονται ἐν τῇ **βασιλείᾳ** τοῦ θεοῦ.
Lk 14:15 ἄρτον ἐν τῇ **βασιλείᾳ** τοῦ θεοῦ.
Lk 16:16 ἀπὸ τότε ἡ **βασιλεία** τοῦ θεοῦ εὐαγγελίζεται
Lk 17:20 πότε ἔρχεται ἡ **βασιλεία** τοῦ θεοῦ ἀπεκρίθη
Lk 17:20 οὐκ ἔρχεται ἡ **βασιλεία** τοῦ θεοῦ μετὰ
Lk 17:21 ἰδοὺ γὰρ ἡ **βασιλεία** τοῦ θεοῦ ἐντὸς
Lk 18:16 τοιούτων ἐστὶν ἡ **βασιλεία** τοῦ θεοῦ.
Lk 18:17 μὴ δέξηται τὴν **βασιλείαν** τοῦ θεοῦ ὡς
Lk 18:24 ἔχοντες εἰς τὴν **βασιλείαν** τοῦ θεοῦ εἰσπορεύονται·
Lk 18:25 πλούσιον εἰς τὴν **βασιλείαν** τοῦ θεοῦ εἰσελθεῖν.
Lk 18:29 τέκνα ἕνεκεν τῆς **βασιλείας** τοῦ θεοῦ,
Lk 19:11 παραχρῆμα μέλλει ἡ **βασιλεία** τοῦ θεοῦ ἀναφαίνεσθαι.
Lk 19:12 μακρὰν λαβεῖν ἑαυτῷ **βασιλείαν** καὶ ὑποστρέψαι.
Lk 19:15 αὐτὸν λαβόντα τὴν **βασιλείαν** καὶ εἶπεν φωνηθῆναι
Lk 21:10 ἐπ' ἔθνος καὶ **βασιλεία** ἐπὶ βασιλείαν,
Lk 21:10 καὶ βασιλεία ἐπὶ **βασιλείαν**,
Lk 21:31 ἐγγύς ἐστιν ἡ **βασιλεία** τοῦ θεοῦ.
Lk 22:16 πληρωθῇ ἐν τῇ **βασιλείᾳ** τοῦ θεοῦ.
Lk 22:18 ἕως οὗ ἡ **βασιλεία** τοῦ θεοῦ ἔλθῃ.
Lk 22:29 ὁ πατήρ μου **βασιλείαν**,
Lk 22:30 μου ἐν τῇ **βασιλείᾳ** μου,
Lk 23:42 ἔλθῃς εἰς τὴν **βασιλείαν** σου.

Lk 23:51 ὃς προσεδέχετο τὴν **βασιλείαν** τοῦ θεοῦ,

βασίλειος (*basileios*; 1/2) *royal*

Lk 7:25 ὑπάρχοντες ἐν τοῖς **βασιλείοις** εἰσίν.

βασιλεύς (*basileus*; 11/115) *king*

Lk 1:5 ταῖς ἡμέραις Ἡρῴδου **βασιλέως** τῆς Ἰουδαίας ἱερεύς
Lk 10:24 πολλοὶ προφῆται καὶ **βασιλεῖς** ἠθέλησαν ἰδεῖν ἃ
Lk 14:31 Ἢ τίς **βασιλεὺς** πορευόμενος ἑτέρῳ βασιλεῖ
Lk 14:31 βασιλεὺς πορευόμενος ἑτέρῳ **βασιλεῖ** συμβαλεῖν εἰς πόλεμον
Lk 19:38 ὁ **βασιλεὺς** ἐν ὀνόματι κυρίου·
Lk 21:12 ἀπαγομένους ἐπὶ **βασιλεῖς** καὶ ἡγεμόνας ἕνεκεν
Lk 22:25 οἱ **βασιλεῖς** τῶν ἐθνῶν κυριεύουσιν
Lk 23:2 λέγοντα ἑαυτὸν χριστὸν **βασιλέα** εἶναι.
Lk 23:3 σὺ εἶ ὁ **βασιλεὺς** τῶν Ἰουδαίων;
Lk 23:37 σὺ εἶ ὁ **βασιλεὺς** τῶν Ἰουδαίων,
Lk 23:38 ὁ **βασιλεὺς** τῶν Ἰουδαίων οὗτος.

βασιλεύω (*basileuō*; 3/21) *rule*

Lk 1:33 καὶ **βασιλεύσει** ἐπὶ τὸν οἶκον
Lk 19:14 οὐ θέλομεν τοῦτον **βασιλεῦσαι** ἐφ᾽ ἡμᾶς.
Lk 19:27 μὴ θελήσαντάς με **βασιλεῦσαι** ἐπ᾽ αὐτοὺς ἀγάγετε

βασίλισσα (*basilissa*; 1/4) *queen*

Lk 11:31 **βασίλισσα** νότου ἐγερθήσεται ἐν

βαστάζω (*bastazō*; 5/27) *carry, pick up*

Lk 7:14 οἱ δὲ **βαστάζοντες** ἔστησαν,
Lk 10:4 μὴ **βαστάζετε** βαλλάντιον,
Lk 11:27 ἡ κοιλία ἡ **βαστάσασά** σε καὶ μαστοὶ
Lk 14:27 ὅστις οὐ **βαστάζει** τὸν σταυρὸν ἑαυτοῦ
Lk 22:10 ἄνθρωπος κεράμιον ὕδατος **βαστάζων**·

βάτος (*batos*; 3/5) *bath*

Lk 6:44 σῦκα οὐδὲ ἐκ **βάτου** σταφυλὴν τρυγῶσιν.
Lk 16:6 ἑκατὸν **βάτους** ἐλαίου.
Lk 20:37 ἐμήνυσεν ἐπὶ τῆς **βάτου**,

βδέλυγμα (*bdelygma*; 1/6) *something detestable*

Lk 16:15 ἐν ἀνθρώποις ὑψηλὸν **βδέλυγμα** ἐνώπιον τοῦ θεοῦ.

Βεελζεβούλ (*Beelzeboul*; 3/7) *Beelzebul*

Lk 11:15 ἐν **Βεελζεβοὺλ** τῷ ἄρχοντι τῶν
Lk 11:18 ὅτι λέγετε ἐν **Βεελζεβοὺλ** ἐκβάλλειν με τὰ
Lk 11:19 δὲ ἐγὼ ἐν **Βεελζεβοὺλ** ἐκβάλλω τὰ δαιμόνια,

βελόνη (*belonē*; 1/1) *sewing needle*

Lk 18:25 κάμηλον διὰ τρήματος **βελόνης** εἰσελθεῖν ἢ πλούσιον

Βηθανία (*Bēthania*; 2/12) *Bethany*

Lk 19:29 εἰς Βηθφαγὴ καὶ **Βηθανία[ν]** πρὸς τὸ ὄρος
Lk 24:50 [ἔξω] ἕως πρὸς **Βηθανίαν**,

Βηθλέεμ (*Bēthleem*; 2/8) *Bethlehem*

Lk 2:4 Δαυὶδ ἥτις καλεῖται **Βηθλέεμ**,
Lk 2:15 διέλθωμεν δὴ ἕως **Βηθλέεμ** καὶ ἴδωμεν τὸ

Βηθσαϊδά (*Bēthsaida*; 2/7) *Bethsaida*

Lk 9:10 εἰς πόλιν καλουμένην **Βηθσαϊδά**.
Lk 10:13 **Βηθσαϊδά**·

Βηθφαγή (*Bēthphagē*; 1/3) *Bethphage*

Lk 19:29 ὡς ἤγγισεν εἰς **Βηθφαγὴ** καὶ Βηθανία[ν]

βιάζω (*biazō*; 1/2) *exercise force*

Lk 16:16 πᾶς εἰς αὐτὴν **βιάζεται**.

βιβλίον (*biblion*; 3/34) *book*

Lk 4:17 καὶ ἐπεδόθη αὐτῷ **βιβλίον** τοῦ προφήτου Ἠσαΐου
Lk 4:17 καὶ ἀναπτύξας τὸ **βιβλίον** εὗρεν τὸν τόπον
Lk 4:20 καὶ πτύξας τὸ **βιβλίον** ἀποδοὺς τῷ ὑπηρέτῃ

βίβλος (*biblos*; 2/10) *book*

Lk 3:4 ὡς γέγραπται ἐν **βίβλῳ** λόγων Ἠσαΐου τοῦ
Lk 20:42 Δαυὶδ λέγει ἐν **βίβλῳ** ψαλμῶν·

βίος (*bios*; 5/10) *life*

Lk 8:14 καὶ ἡδονῶν τοῦ **βίου** πορευόμενοι συμπνίγονται καὶ
Lk 8:43 προσαναλώσασα ὅλον τὸν **βίον]** οὐκ ἴσχυσεν
Lk 15:12 διεῖλεν αὐτοῖς τὸν **βίον**.
Lk 15:30 καταφαγών σου τὸν **βίον** μετὰ πορνῶν ἦλθεν,
Lk 21:4 αὐτῆς πάντα τὸν **βίον** ὃν εἶχεν ἔβαλεν.

βιωτικός (*biōtikos*; 1/3) *pertaining to everyday life*

Lk 21:34 μέθῃ καὶ μερίμναις **βιωτικαῖς** καὶ ἐπιστῇ ἐφ᾽

βλάπτω (*blaptō*; 1/1[2]) *harm*

Lk 4:35 ἀπ᾽ αὐτοῦ μηδὲν **βλάψαν** αὐτόν.

βλασφημέω (*blasphēmeō*; 3/34) *blaspheme*

Lk 12:10 τὸ ἅγιον πνεῦμα **βλασφημήσαντι** οὐκ ἀφεθήσεται.
Lk 22:65 καὶ ἕτερα πολλὰ **βλασφημοῦντες** ἔλεγον εἰς αὐτόν.
Lk 23:39 τῶν κρεμασθέντων κακούργων **ἐβλασφήμει** αὐτὸν λέγων·

βλασφημία (*blasphēmia*; 1/18) *blasphemy*

Lk 5:21 οὗτος ὃς λαλεῖ **βλασφημίας**;

βλέπω (*blepō*; 16/132) *see*

Lk 6:41 Τί δὲ **βλέπεις** τὸ κάρφος τὸ
Lk 6:42 σου δοκὸν οὐ **βλέπων**;
Lk 7:21 τυφλοῖς πολλοῖς ἐχαρίσατο **βλέπειν**.
Lk 7:44 **βλέπεις** ταύτην τὴν γυναῖκα;
Lk 8:10 ἵνα **βλέποντες** μὴ βλέπωσιν καὶ
Lk 8:10 ἵνα βλέποντες μὴ **βλέπωσιν** καὶ ἀκούοντες
Lk 8:16 ἵνα οἱ εἰσπορευόμενοι **βλέπωσιν** τὸ φῶς.
Lk 8:18 **Βλέπετε** οὖν πῶς ἀκούετε·

Lk 9:62 ἐπ' ἄροτρον καὶ **βλέπων** εἰς τὰ ὀπίσω
Lk 10:23 οἱ ὀφθαλμοὶ οἱ **βλέποντες** ἃ βλέπετε.
Lk 10:23 οἱ βλέποντες ἃ **βλέπετε**.
Lk 10:24 ἰδεῖν ἃ ὑμεῖς **βλέπετε** καὶ οὐκ εἶδαν,
Lk 11:33 εἰσπορευόμενοι τὸ φῶς **βλέπωσιν**.
Lk 21:8 **βλέπετε** μὴ πλανηθῆτε·
Lk 21:30 **βλέποντες** ἀφ' ἑαυτῶν γινώσκετε
Lk 24:12 μνημεῖον καὶ παρακύψας **βλέπει** τὰ ὀθόνια μόνα,

βλητέος (*blēteos*; 1/1) *must be put or poured*
Lk 5:38 εἰς ἀσκοὺς καινοὺς **βλητέον**.

βοάω (*boaō*; 4/12) *call*
Lk 3:4 φωνὴ **βοῶντος** ἐν τῇ ἐρήμῳ·
Lk 9:38 ἀπὸ τοῦ ὄχλου **ἐβόησεν** λέγων·
Lk 18:7 ἐκλεκτῶν αὐτοῦ τῶν **βοώντων** αὐτῷ ἡμέρας
Lk 18:38 καὶ **ἐβόησεν** λέγων·

βόθυνος (*bothynos*; 1/3) *ditch*
Lk 6:39 οὐχὶ ἀμφότεροι εἰς **βόθυνον** ἐμπεσοῦνται;

βολή (*bolē*; 1/1) *a throw*
Lk 22:41 αὐτῶν ὡσεὶ λίθου **βολὴν** καὶ θεὶς τὰ

Βόος (*Boos*; 1/1) *Boaz*
Lk 3:32 τοῦ Ἰωβὴδ τοῦ **Βόος** τοῦ Σαλὰ τοῦ

βορρᾶς (*borras*; 1/2) *north*
Lk 13:29 δυσμῶν καὶ ἀπὸ **βορρᾶ** καὶ νότου καὶ

βόσκω (*boskō*; 3/9) *tend*
Lk 8:32 ἀγέλη χοίρων ἱκανῶν **βοσκομένη** ἐν τῷ ὄρει·
Lk 8:34 ἰδόντες δὲ οἱ **βόσκοντες** τὸ γεγονὸς ἔφυγον
Lk 15:15 τοὺς ἀγροὺς αὐτοῦ **βόσκειν** χοίρους,

βουλευτής (*bouleutēs*; 1/2) *council member*
Lk 23:50 ἀνὴρ ὀνόματι Ἰωσὴφ **βουλευτὴς** ὑπάρχων [καὶ] ἀνὴρ

βουλεύομαι (*bouleuomai*; 1/6) *plan, plot*
Lk 14:31 οὐχὶ καθίσας πρῶτον **βουλεύσεται** εἰ δυνατός ἐστιν

βουλή (*boulē*; 2/12) *purpose*
Lk 7:30 οἱ νομικοὶ τὴν **βουλὴν** τοῦ θεοῦ ἠθέτησαν
Lk 23:51 ἦν συγκατατεθειμένος τῇ **βουλῇ** καὶ τῇ πράξει

βούλομαι (*boulomai*; 2/37) *want*
Lk 10:22 καὶ ᾧ ἐὰν **βούληται** ὁ υἱὸς ἀποκαλύψαι.
Lk 22:42 εἰ **βούλει** παρένεγκε τοῦτο τὸ

βουνός (*bounos*; 2/2) *hill*
Lk 3:5 πᾶν ὄρος καὶ **βουνὸς** ταπεινωθήσεται,
Lk 23:30 καὶ τοῖς **βουνοῖς**·

βοῦς (*bous*; 3/8) *ox*
Lk 13:15 οὐ λύει τὸν **βοῦν** αὐτοῦ ἢ τὸν
Lk 14:5 ὑμῶν υἱὸς ἢ **βοῦς** εἰς φρέαρ πεσεῖται,
Lk 14:19 ζεύγη **βοῶν** ἠγόρασα πέντε καὶ

βραδύς (*bradys*; 1/3) *slow*
Lk 24:25 ὦ ἀνόητοι καὶ **βραδεῖς** τῇ καρδίᾳ τοῦ

βραχίων (*brachiōn*; 1/3) *arm*
Lk 1:51 Ἐποίησεν κράτος ἐν **βραχίονι** αὐτοῦ,

βραχύς (*brachys*; 1/7) *little*
Lk 22:58 καὶ μετὰ **βραχὺ** ἕτερος ἰδὼν αὐτὸν

βρέφος (*brephos*; 5/8) *baby*
Lk 1:41 ἐσκίρτησεν τὸ **βρέφος** ἐν τῇ κοιλίᾳ
Lk 1:44 ἐν ἀγαλλιάσει τὸ **βρέφος** ἐν τῇ κοιλίᾳ
Lk 2:12 εὑρήσετε **βρέφος** ἐσπαργανωμένον καὶ κείμενον
Lk 2:16 Ἰωσὴφ καὶ τὸ **βρέφος** κείμενον ἐν τῇ
Lk 18:15 αὐτῷ καὶ τὰ **βρέφη** ἵνα αὐτῶν ἅπτηται·

βρέχω (*brechō*; 3/7) *rain*
Lk 7:38 τοῖς δάκρυσιν ἤρξατο **βρέχειν** τοὺς πόδας αὐτοῦ
Lk 7:44 δὲ τοῖς δάκρυσιν **ἔβρεξέν** μου τοὺς πόδας
Lk 17:29 **ἔβρεξεν** πῦρ καὶ θεῖον

βρυγμός (*brygmos*; 1/7) *grinding*
Lk 13:28 κλαυθμὸς καὶ ὁ **βρυγμὸς** τῶν ὀδόντων,

βρῶμα (*brōma*; 2/17) *food*
Lk 3:11 καὶ ὁ ἔχων **βρώματα** ὁμοίως ποιείτω.
Lk 9:13 τὸν λαὸν τοῦτον **βρώματα**.

βρώσιμος (*brōsimos*; 1/1) *eatable*
Lk 24:41 ἔχετέ τι **βρώσιμον** ἐνθάδε;

βυθίζω (*bythizō*; 1/2) *sink*
Lk 5:7 τὰ πλοῖα ὥστε **βυθίζεσθαι** αὐτά.

βύσσος (*byssos*; 1/1) *fine linen*
Lk 16:19 ἐνεδιδύσκετο πορφύραν καὶ **βύσσον** εὐφραινόμενος καθ' ἡμέραν

Γαβριήλ (*Gabriēl*; 2/2) *Gabriel*
Lk 1:19 ἐγώ εἰμι **Γαβριὴλ** ὁ παρεστηκὼς ἐνώπιον
Lk 1:26 ἀπεστάλη ὁ ἄγγελος **Γαβριὴλ** ἀπὸ τοῦ θεοῦ

γαζοφυλάκιον (*gazophylakion*; 1/5) *temple treasury*
Lk 21:1 βάλλοντας εἰς τὸ **γαζοφυλάκιον** τὰ δῶρα αὐτῶν

γαλήνη (*galēnē*; 1/3) *calm*
Lk 8:24 ἐπαύσαντο καὶ ἐγένετο **γαλήνη**.

Γαλιλαία (*Galilaia*; 13/61) *Galilee*
Lk 1:26 εἰς πόλιν τῆς **Γαλιλαίας** ᾗ ὄνομα Ναζαρὲθ
Lk 2:4 Ἰωσὴφ ἀπὸ τῆς **Γαλιλαίας** ἐκ πόλεως Ναζαρὲθ

Lk 2:39 ἐπέστρεψαν εἰς τὴν **Γαλιλαίαν** εἰς πόλιν ἑαυτῶν
Lk 3:1 καὶ τετρααρχοῦντος τῆς **Γαλιλαίας** Ἡρῴδου,
Lk 4:14 πνεύματος εἰς τὴν **Γαλιλαίαν**.
Lk 4:31 Καφαρναοὺμ πόλιν τῆς **Γαλιλαίας**.
Lk 5:17 πάσης κώμης τῆς **Γαλιλαίας** καὶ Ἰουδαίας
Lk 8:26 ἐστὶν ἀντιπέρα τῆς **Γαλιλαίας**.
Lk 17:11 μέσον Σαμαρείας καὶ **Γαλιλαίας**.
Lk 23:5 ἀρξάμενος ἀπὸ τῆς **Γαλιλαίας** ἕως ὧδε.
Lk 23:49 αὐτῷ ἀπὸ τῆς **Γαλιλαίας** ὁρῶσαι ταῦτα.
Lk 23:55 συνεληλυθυῖαι ἐκ τῆς **Γαλιλαίας** αὐτῷ,
Lk 24:6 ὢν ἐν τῇ **Γαλιλαίᾳ**

Γαλιλαῖος (*Galilaios*; 5/11) *Galilean*

Lk 13:1 αὐτῷ περὶ τῶν **Γαλιλαίων** ὧν τὸ αἷμα
Lk 13:2 δοκεῖτε ὅτι οἱ **Γαλιλαῖοι** οὗτοι ἁμαρτωλοὶ
Lk 13:2 παρὰ πάντας τοὺς **Γαλιλαίους** ἐγένοντο,
Lk 22:59 καὶ γὰρ **Γαλιλαῖός** ἐστιν.
Lk 23:6 εἰ ὁ ἄνθρωπος **Γαλιλαῖός** ἐστιν,

γαμέω (*gameō*; 6/28) *marry*

Lk 14:20 γυναῖκα **ἔγημα** καὶ διὰ τοῦτο
Lk 16:18 γυναῖκα αὐτοῦ καὶ **γαμῶν** ἑτέραν μοιχεύει,
Lk 16:18 ἀπολελυμένην ἀπὸ ἀνδρὸς **γαμῶν** μοιχεύει.
Lk 17:27 **ἐγάμουν**,
Lk 20:34 τοῦ αἰῶνος τούτου **γαμοῦσιν** καὶ γαμίσκονται,
Lk 20:35 ἐκ νεκρῶν οὔτε **γαμοῦσιν** οὔτε γαμίζονται·

γαμίζω (*gamizō*; 2/7) *give in marriage*

Lk 17:27 **ἐγαμίζοντο**,
Lk 20:35 οὔτε γαμοῦσιν οὔτε **γαμίζονται**·

γαμίσκω (*gamiskō*; 1/1) *give*

Lk 20:34 τούτου γαμοῦσιν καὶ **γαμίσκονται**,

γάμος (*gamos*; 2/16) *wedding*

Lk 12:36 ἀναλύσῃ ἐκ τῶν **γάμων**,
Lk 14:8 ὑπό τινος εἰς **γάμους**,

γάρ (*gar*; 97/1041) *for*

Lk 1:15 ἔσται **γὰρ** μέγας ἐνώπιον [τοῦ]
Lk 1:18 ἐγὼ **γάρ** εἰμι πρεσβύτης καὶ
Lk 1:30 εὗρες **γὰρ** χάριν παρὰ τῷ
Lk 1:44 ἰδοὺ **γὰρ** ὡς ἐγένετο ἡ
Lk 1:48 ἰδοὺ **γὰρ** ἀπὸ τοῦ νῦν
Lk 1:66 καὶ **γὰρ** χεὶρ κυρίου ἦν
Lk 1:76 προπορεύσῃ **γὰρ** ἐνώπιον κυρίου ἑτοιμάσαι
Lk 2:10 ἰδοὺ **γὰρ** εὐαγγελίζομαι ὑμῖν χαρὰν
Lk 3:8 λέγω **γὰρ** ὑμῖν ὅτι δύναται
Lk 4:10 γέγραπται **γὰρ** ὅτι τοῖς ἀγγέλοις
Lk 5:9 θάμβος **γὰρ** περιέσχεν αὐτὸν καὶ
Lk 5:39 λέγει **γάρ**·
Lk 6:23 ἰδοὺ **γὰρ** ὁ μισθὸς ὑμῶν
Lk 6:23 κατὰ τὰ αὐτὰ **γὰρ** ἐποίουν τοῖς προφήταις
Lk 6:26 κατὰ τὰ αὐτὰ **γὰρ** ἐποίουν τοῖς ψευδοπροφήταις
Lk 6:32 καὶ **γὰρ** οἱ ἁμαρτωλοὶ τοὺς
Lk 6:33 καὶ **[γὰρ]** ἐὰν ἀγαθοποιῆτε τοὺς
Lk 6:38 ᾧ **γὰρ** μέτρῳ μετρεῖτε ἀντιμετρηθήσεται
Lk 6:43 Οὐ **γάρ** ἐστιν δένδρον καλὸν
Lk 6:44 ἕκαστον **γὰρ** δένδρον ἐκ τοῦ
Lk 6:44 οὐ **γὰρ** ἐξ ἀκανθῶν συλλέγουσιν
Lk 6:45 ἐκ **γὰρ** περισσεύματος καρδίας λαλεῖ
Lk 7:5 ἀγαπᾷ **γὰρ** τὸ ἔθνος ἡμῶν
Lk 7:6 οὐ **γὰρ** ἱκανός εἰμι ἵνα
Lk 7:8 καὶ **γὰρ** ἐγὼ ἄνθρωπός εἰμι
Lk 7:33 ἐλήλυθεν **γὰρ** Ἰωάννης ὁ βαπτιστὴς
Lk 8:17 οὐ **γάρ** ἐστιν κρυπτὸν ὃ
Lk 8:18 ὃς ἂν **γὰρ** ἔχῃ,
Lk 8:29 παρήγγειλεν **γὰρ** τῷ πνεύματι τῷ
Lk 8:29 πολλοῖς **γὰρ** χρόνοις συνηρπάκει αὐτὸν
Lk 8:40 ἦσαν **γὰρ** πάντες προσδοκῶντες αὐτόν.
Lk 8:46 ἐγὼ **γὰρ** ἔγνων δύναμιν ἐξεληλυθυῖαν
Lk 8:52 οὐ **γὰρ** ἀπέθανεν ἀλλὰ καθεύδει.
Lk 9:14 ἦσαν **γὰρ** ὡσεὶ ἄνδρες πεντακισχίλιοι.
Lk 9:24 ὃς **γὰρ** ἂν θέλῃ τὴν
Lk 9:25 τί **γὰρ** ὠφελεῖται ἄνθρωπος κερδήσας
Lk 9:26 ὃς **γὰρ** ἂν ἐπαισχυνθῇ με
Lk 9:44 ὁ **γὰρ** υἱὸς τοῦ ἀνθρώπου
Lk 9:48 ὁ **γὰρ** μικρότερος ἐν πᾶσιν
Lk 9:50 ὃς **γὰρ** οὐκ ἔστιν καθ'
Lk 10:7 ἄξιος **γὰρ** ὁ ἐργάτης τοῦ
Lk 10:24 λέγω **γὰρ** ὑμῖν ὅτι πολλοὶ
Lk 10:42 Μαριὰμ **γὰρ** τὴν ἀγαθὴν μερίδα
Lk 11:4 καὶ **γὰρ** αὐτοὶ ἀφίομεν παντὶ
Lk 11:10 πᾶς **γὰρ** ὁ αἰτῶν λαμβάνει
Lk 11:30 καθὼς **γὰρ** ἐγένετο Ἰωνᾶς τοῖς
Lk 12:12 τὸ **γὰρ** ἅγιον πνεῦμα διδάξει
Lk 12:23 ἡ **γὰρ** ψυχὴ πλεῖόν ἐστιν
Lk 12:30 ταῦτα **γὰρ** πάντα τὰ ἔθνη
Lk 12:34 ὅπου **γάρ** ἐστιν ὁ θησαυρὸς
Lk 12:52 ἔσονται **γὰρ** ἀπὸ τοῦ νῦν
Lk 12:58 ὡς **γὰρ** ὑπάγεις μετὰ τοῦ
Lk 14:14 ἀνταποδοθήσεται **γάρ** σοι ἐν τῇ
Lk 14:24 λέγω **γὰρ** ὑμῖν ὅτι οὐδεὶς
Lk 14:28 Τίς **γὰρ** ἐξ ὑμῶν θέλων
Lk 16:2 οὐ **γὰρ** δύνῃ ἔτι οἰκονομεῖν.
Lk 16:13 ἢ **γὰρ** τὸν ἕνα μισήσει
Lk 16:28 ἔχω **γὰρ** πέντε ἀδελφούς,
Lk 17:21 ἰδοὺ **γὰρ** ἡ βασιλεία τοῦ
Lk 17:24 ὥσπερ **γὰρ** ἡ ἀστραπὴ ἀστράπτουσα
Lk 18:16 τῶν γὰρ **τοιούτων** ἐστὶν ἡ βασιλεία
Lk 18:23 ἦν **γὰρ** πλούσιος σφόδρα.
Lk 18:25 εὐκοπώτερον **γάρ** ἐστιν κάμηλον διὰ
Lk 18:32 παραδοθήσεται **γὰρ** τοῖς ἔθνεσιν καὶ
Lk 19:5 σήμερον **γὰρ** ἐν τῷ οἴκῳ
Lk 19:10 ἦλθεν **γὰρ** ὁ υἱὸς τοῦ
Lk 19:21 ἐφοβούμην **γάρ** σε,
Lk 19:48 ὁ λαὸς **γὰρ** ἅπας ἐξεκρέματο αὐτοῦ
Lk 20:6 πεπεισμένος **γάρ** ἐστιν Ἰωάννην προφήτην
Lk 20:19 ἔγνωσαν **γὰρ** ὅτι πρὸς αὐτοὺς
Lk 20:33 οἱ **γὰρ** ἑπτὰ ἔσχον αὐτὴν
Lk 20:36 οὐδὲ **γὰρ** ἀποθανεῖν ἔτι δύνανται,
Lk 20:36 ἰσάγγελοι **γάρ** εἰσιν καὶ υἱοί
Lk 20:38 πάντες **γὰρ** αὐτῷ ζῶσιν.
Lk 20:40 οὐκέτι **γὰρ** ἐτόλμων ἐπερωτᾶν αὐτὸν
Lk 20:42 αὐτὸς **γὰρ** Δαυὶδ λέγει ἐν
Lk 21:4 πάντες **γὰρ** οὗτοι ἐκ τοῦ
Lk 21:8 πολλοὶ **γὰρ** ἐλεύσονται ἐπὶ τῷ
Lk 21:9 δεῖ **γὰρ** ταῦτα γενέσθαι πρῶτον,
Lk 21:15 ἐγὼ **γὰρ** δώσω ὑμῖν στόμα
Lk 21:23 ἔσται **γὰρ** ἀνάγκη μεγάλη ἐπὶ
Lk 21:26 αἱ **γὰρ** δυνάμεις τῶν οὐρανῶν
Lk 21:35 ἐπεισελεύσεται **γὰρ** ἐπὶ πάντας τοὺς

Lk 22:2 ἐφοβοῦντο **γὰρ** τὸν λαόν.
Lk 22:16 λέγω **γὰρ** ὑμῖν ὅτι οὐ
Lk 22:18 λέγω **γὰρ** ὑμῖν,
Lk 22:27 τίς **γὰρ** μείζων,
Lk 22:37 λέγω **γὰρ** ὑμῖν ὅτι τοῦτο
Lk 22:37 καὶ **γὰρ** τὸ περὶ ἐμοῦ
Lk 22:59 καὶ **γὰρ** Γαλιλαῖός ἐστιν.
Lk 22:71 αὐτοὶ **γὰρ** ἠκούσαμεν ἀπὸ τοῦ
Lk 23:8 ἦν **γὰρ** ἐξ ἱκανῶν χρόνων
Lk 23:12 προϋπῆρχον **γὰρ** ἐν ἔχθρᾳ ὄντες
Lk 23:15 ἀνέπεμψεν **γὰρ** αὐτὸν πρὸς ἡμᾶς,
Lk 23:22 τί **γὰρ** κακὸν ἐποίησεν οὗτος;
Lk 23:34 οὐ **γὰρ** οἴδασιν τί ποιοῦσιν]
Lk 23:41 ἄξια **γὰρ** ὧν ἐπράξαμεν ἀπολαμβάνομεν·

γαστήρ (*gastēr*; 2/9) *womb*
Lk 1:31 ἰδοὺ συλλήμψῃ ἐν **γαστρὶ** καὶ τέξῃ υἱὸν
Lk 21:23 οὐαὶ ταῖς ἐν **γαστρὶ** ἐχούσαις καὶ ταῖς

γέ (*ge*; 8/26) *enclitic particle adding emphasis to the word with which it is associated*
Lk 5:36 εἰ δὲ μή **γε**,
Lk 5:37 εἰ δὲ μή **γε**,
Lk 10:6 εἰ δὲ μή **γε**,
Lk 11:8 διά **γε** τὴν ἀναίδειαν αὐτοῦ
Lk 13:9 εἰ δὲ μή **γε**,
Lk 14:32 εἰ δὲ μή **γε**,
Lk 18:5 διά **γε** τὸ παρέχειν μοι
Lk 24:21 ἀλλά **γε** καὶ σὺν πᾶσιν

γέεννα (*geenna*; 1/12) *hell*
Lk 12:5 ἐμβαλεῖν εἰς τὴν **γέενναν**.

γείτων (*geitōn*; 3/4) *neighbor*
Lk 14:12 συγγενεῖς σου μηδὲ **γείτονας** πλουσίους,
Lk 15:6 φίλους καὶ τοὺς **γείτονας** λέγων αὐτοῖς·
Lk 15:9 τὰς φίλας καὶ **γείτονας** λέγουσα·

γελάω (*gelaō*; 2/2) *laugh*
Lk 6:21 ὅτι **γελάσετε**.
Lk 6:25 οἱ **γελῶντες** νῦν,

γεμίζω (*gemizō*; 1/8) *fill*
Lk 14:23 ἵνα **γεμισθῇ** μου ὁ οἶκος·

γέμω (*gemō*; 1/11) *be full*
Lk 11:39 δὲ ἔσωθεν ὑμῶν **γέμει** ἁρπαγῆς καὶ πονηρίας.

γενεά (*genea*; 15/43) *generation*
Lk 1:48 με πᾶσαι αἱ **γενεαί**,
Lk 1:50 ἔλεος αὐτοῦ εἰς **γενεὰς** καὶ γενεὰς τοῖς
Lk 1:50 εἰς γενεὰς καὶ **γενεὰς** τοῖς φοβουμένοις αὐτόν.
Lk 7:31 τοὺς ἀνθρώπους τῆς **γενεᾶς** ταύτης καὶ τίνι
Lk 9:41 ὦ γενεὰ **ἄπιστος** καὶ διεστραμμένη,
Lk 11:29 ἡ **γενεὰ** αὕτη γενεὰ πονηρά
Lk 11:29 ἡ γενεὰ αὕτη **γενεὰ** πονηρά ἐστιν·
Lk 11:30 τοῦ ἀνθρώπου τῇ **γενεᾷ** ταύτῃ.
Lk 11:31 τῶν ἀνδρῶν τῆς **γενεᾶς** ταύτης καὶ κατακρινεῖ
Lk 11:32 κρίσει μετὰ τῆς **γενεᾶς** ταύτης καὶ κατακρινοῦσιν
Lk 11:50 κόσμου ἀπὸ τῆς **γενεᾶς** ταύτης,
Lk 11:51 ἐκζητηθήσεται ἀπὸ τῆς **γενεᾶς** ταύτης.
Lk 16:8 φωτὸς εἰς τὴν **γενεὰν** τὴν ἑαυτῶν εἰσιν.
Lk 17:25 ἀποδοκιμασθῆναι ἀπὸ τῆς **γενεᾶς** ταύτης.
Lk 21:32 μὴ παρέλθῃ ἡ **γενεὰ** αὕτη ἕως ἂν

γένεσις (*genesis*; 1/5) *birth*
Lk 1:14 πολλοὶ ἐπὶ τῇ **γενέσει** αὐτοῦ χαρήσονται.

γένημα (*genēma*; 1/4) *product*
Lk 22:18 νῦν ἀπὸ τοῦ **γενήματος** τῆς ἀμπέλου ἕως

γεννάω (*gennaō*; 4/97) *give birth (pass. be born)*
Lk 1:13 γυνή σου Ἐλισάβετ **γεννήσει** υἱόν σοι καὶ
Lk 1:35 διὸ καὶ τὸ **γεννώμενον** ἅγιον κληθήσεται υἱὸς
Lk 1:57 τεκεῖν αὐτὴν καὶ **ἐγέννησεν** υἱόν.
Lk 23:29 κοιλίαι αἳ οὐκ **ἐγέννησαν** καὶ μαστοὶ οἳ

γέννημα (*gennēma*; 1/4) *offspring*
Lk 3:7 **γεννήματα** ἐχιδνῶν,

Γεννησαρέτ (*Gennēsaret*; 1/3) *Gennesaret*
Lk 5:1 παρὰ τὴν λίμνην **Γεννησαρὲτ**

γεννητός (*gennētos*; 1/2) *born*
Lk 7:28 μείζων ἐν **γεννητοῖς** γυναικῶν Ἰωάννου οὐδείς

Γερασηνός (*Gerasēnos*; 2/3) *of Gerasa*
Lk 8:26 τὴν χώραν τῶν **Γερασηνῶν**,
Lk 8:37 τῆς περιχώρου τῶν **Γερασηνῶν** ἀπελθεῖν ἀπ' αὐτῶν,

γεύομαι (*geuomai*; 2/15) *taste*
Lk 9:27 οἳ οὐ μὴ **γεύσωνται** θανάτου ἕως ἂν
Lk 14:24 ἐκείνων τῶν κεκλημένων **γεύσεταί** μου τοῦ δείπνου.

γεωργός (*geōrgos*; 5/19) *vinedresser, farmer*
Lk 20:9 καὶ ἐξέδετο αὐτὸν **γεωργοῖς** καὶ ἀπεδήμησεν χρόνους
Lk 20:10 ἀπέστειλεν πρὸς τοὺς **γεωργοὺς** δοῦλον ἵνα
Lk 20:10 οἱ δὲ **γεωργοὶ** ἐξαπέστειλαν αὐτὸν δείραντες
Lk 20:14 δὲ αὐτὸν οἱ **γεωργοὶ** διελογίζοντο πρὸς ἀλλήλους
Lk 20:16 καὶ ἀπολέσει τοὺς **γεωργοὺς** τούτους καὶ δώσει

γῆ (*gē*; 25/248[250]) *earth, land*
Lk 2:14 θεῷ καὶ ἐπὶ **γῆς** εἰρήνη ἐν ἀνθρώποις
Lk 4:25 ἐπὶ πᾶσαν τὴν **γῆν**,
Lk 5:3 αὐτὸν ἀπὸ τῆς **γῆς** ἐπαναγαγεῖν ὀλίγον·
Lk 5:11 πλοῖα ἐπὶ τὴν **γῆν** ἀφέντες πάντα ἠκολούθησαν
Lk 5:24 ἔχει ἐπὶ τῆς **γῆς** ἀφιέναι ἁμαρτίας

Lk 6:49 οἰκίαν ἐπὶ τὴν **γῆν** χωρὶς θεμελίου,
Lk 8:8 ἔπεσεν εἰς τὴν **γῆν** τὴν ἀγαθὴν καὶ
Lk 8:15 ἐν τῇ καλῇ **γῇ**,
Lk 8:27 αὐτῷ ἐπὶ τὴν **γῆν** ὑπήντησεν ἀνήρ τις
Lk 10:21 οὐρανοῦ καὶ τῆς **γῆς**,
Lk 11:31 τῶν περάτων τῆς **γῆς** ἀκοῦσαι τὴν σοφίαν
Lk 12:49 βαλεῖν ἐπὶ τὴν **γῆν**,
Lk 12:51 δοῦναι ἐν τῇ **γῇ**;
Lk 12:56 τὸ πρόσωπον τῆς **γῆς** καὶ τοῦ οὐρανοῦ
Lk 13:7 ἱνατί καὶ τὴν **γῆν** καταργεῖ;
Lk 14:35 οὔτε εἰς **γῆν** οὔτε εἰς κοπρίαν
Lk 16:17 οὐρανὸν καὶ τὴν **γῆν** παρελθεῖν ἢ τοῦ
Lk 18:8 πίστιν ἐπὶ τῆς **γῆς**;
Lk 21:23 μεγάλη ἐπὶ τῆς **γῆς** καὶ ὀργὴ τῷ
Lk 21:25 καὶ ἐπὶ τῆς **γῆς** συνοχὴ ἐθνῶν ἐν
Lk 21:33 οὐρανὸς καὶ ἡ **γῆ** παρελεύσονται,
Lk 21:35 πρόσωπον πάσης τῆς **γῆς**.
Lk 22:44 καταβαίνοντες ἐπὶ τὴν **γῆν**]]
Lk 23:44 ἐφ᾽ ὅλην τὴν **γῆν** ἕως ὥρας ἐνάτης
Lk 24:5 πρόσωπα εἰς τὴν **γῆν** εἶπαν πρὸς αὐτάς·

γῆρας (*gēras*; 1/1) *old age*

Lk 1:36 συνείληφεν υἱὸν ἐν **γήρει** αὐτῆς καὶ οὗτος

γίνομαι (*ginomai*; 131/668[669]) *be, become*

Lk 1:2 αὐτόπται καὶ ὑπηρέται **γενόμενοι** τοῦ λόγου,
Lk 1:5 **᾿Εγένετο** ἐν ταῖς ἡμέραις
Lk 1:8 **᾿Εγένετο** δὲ ἐν τῷ
Lk 1:20 ἄχρι ἧς ἡμέρας **γένηται** ταῦτα,
Lk 1:23 καὶ **ἐγένετο** ὡς ἐπλήσθησαν αἱ
Lk 1:38 **γένοιτό** μοι κατὰ τὸ
Lk 1:41 καὶ **ἐγένετο** ὡς ἤκουσεν τὸν
Lk 1:44 ἰδοὺ γὰρ ὡς **ἐγένετο** ἡ φωνὴ τοῦ
Lk 1:59 Καὶ **ἐγένετο** ἐν τῇ ἡμέρᾳ
Lk 1:65 Καὶ **ἐγένετο** ἐπὶ πάντας φόβος
Lk 2:1 **᾿Εγένετο** δὲ ἐν ταῖς
Lk 2:2 αὕτη ἀπογραφὴ πρώτη **ἐγένετο** ἡγεμονεύοντος τῆς Συρίας
Lk 2:6 **᾿Εγένετο** δὲ ἐν τῷ
Lk 2:13 καὶ ἐξαίφνης **ἐγένετο** σὺν τῷ ἀγγέλῳ
Lk 2:15 Καὶ **ἐγένετο** ὡς ἀπῆλθον ἀπ᾽
Lk 2:15 ῥῆμα τοῦτο τὸ **γεγονὸς** ὃ ὁ κύριος
Lk 2:42 Καὶ ὅτε **ἐγένετο** ἐτῶν δώδεκα,
Lk 2:46 καὶ **ἐγένετο** μετὰ ἡμέρας τρεῖς
Lk 3:2 **ἐγένετο** ῥῆμα θεοῦ ἐπὶ
Lk 3:21 **᾿Εγένετο** δὲ ἐν τῷ
Lk 3:22 φωνὴν ἐξ οὐρανοῦ **γενέσθαι**·
Lk 4:3 λίθῳ τούτῳ ἵνα **γένηται** ἄρτος.
Lk 4:23 ὅσα ἠκούσαμεν **γενόμενα** εἰς τὴν Καφαρναοὺμ
Lk 4:25 ὡς **ἐγένετο** λιμὸς μέγας ἐπὶ
Lk 4:36 καὶ **ἐγένετο** θάμβος ἐπὶ πάντας
Lk 4:42 **Γενομένης** δὲ ἡμέρας ἐξελθὼν
Lk 5:1 **᾿Εγένετο** δὲ ἐν τῷ
Lk 5:12 Καὶ **ἐγένετο** ἐν τῷ εἶναι
Lk 5:17 Καὶ **ἐγένετο** ἐν μιᾷ τῶν
Lk 6:1 **᾿Εγένετο** δὲ ἐν σαββάτῳ
Lk 6:6 **᾿Εγένετο** δὲ ἐν ἑτέρῳ
Lk 6:12 **᾿Εγένετο** δὲ ἐν ταῖς
Lk 6:13 καὶ ὅτε **ἐγένετο** ἡμέρα,
Lk 6:16 ὃς **ἐγένετο** προδότης.
Lk 6:36 **Γίνεσθε** οἰκτίρμονες καθὼς [καὶ]
Lk 6:48 πλημμύρης δὲ **γενομένης** προσέρηξεν ὁ ποταμὸς
Lk 6:49 εὐθὺς συνέπεσεν καὶ **ἐγένετο** τὸ ῥῆγμα τῆς
Lk 7:11 Καὶ **ἐγένετο** ἐν τῷ ἑξῆς
Lk 8:1 Καὶ **ἐγένετο** ἐν τῷ καθεξῆς
Lk 8:17 ὃ οὐ φανερὸν **γενήσεται** οὐδὲ ἀπόκρυφον ὃ
Lk 8:22 **᾿Εγένετο** δὲ ἐν μιᾷ
Lk 8:24 καὶ ἐπαύσαντο καὶ **ἐγένετο** γαλήνη.
Lk 8:34 οἱ βόσκοντες τὸ **γεγονὸς** ἔφυγον καὶ ἀπήγγειλαν
Lk 8:35 δὲ ἰδεῖν τὸ **γεγονὸς** καὶ ἦλθον πρὸς
Lk 8:56 μηδενὶ εἰπεῖν τὸ **γεγονός**.
Lk 9:7 ὁ τετραάρχης τὰ **γινόμενα** πάντα καὶ διηπόρει
Lk 9:18 Καὶ **ἐγένετο** ἐν τῷ εἶναι
Lk 9:28 **᾿Εγένετο** δὲ μετὰ τοὺς
Lk 9:29 καὶ **ἐγένετο** ἐν τῷ προσεύχεσθαι
Lk 9:33 καὶ **ἐγένετο** ἐν τῷ διαχωρίζεσθαι
Lk 9:34 δὲ αὐτοῦ λέγοντος **ἐγένετο** νεφέλη καὶ ἐπεσκίαζεν
Lk 9:35 καὶ φωνὴ **ἐγένετο** ἐκ τῆς νεφέλης
Lk 9:36 καὶ ἐν τῷ **γενέσθαι** τὴν φωνὴν εὑρέθη
Lk 9:37 **᾿Εγένετο** δὲ τῇ ἑξῆς
Lk 9:51 **᾿Εγένετο** δὲ ἐν τῷ
Lk 10:13 Τύρῳ καὶ Σιδῶνι **ἐγενήθησαν** αἱ δυνάμεις αἱ
Lk 10:13 αἱ δυνάμεις αἱ **γενόμεναι** ἐν ὑμῖν,
Lk 10:21 ὅτι οὕτως εὐδοκία **ἐγένετο** ἔμπροσθέν σου.
Lk 10:32 δὲ καὶ Λευίτης **[γενόμενος]** κατὰ τὸν τόπον
Lk 10:36 πλησίον δοκεῖ σοι **γεγονέναι** τοῦ ἐμπεσόντος εἰς
Lk 11:1 Καὶ **ἐγένετο** ἐν τῷ εἶναι
Lk 11:14 **ἐγένετο** δὲ τοῦ δαιμονίου
Lk 11:26 καὶ **γίνεται** τὰ ἔσχατα τοῦ
Lk 11:27 **᾿Εγένετο** δὲ ἐν τῷ
Lk 11:30 καθὼς γὰρ **ἐγένετο** ᾿Ιωνᾶς τοῖς Νινευίταις
Lk 12:40 καὶ ὑμεῖς **γίνεσθε** ἕτοιμοι,
Lk 12:54 καὶ **γίνεται** οὕτως·
Lk 12:55 καὶ **γίνεται**.
Lk 13:2 πάντας τοὺς Γαλιλαίους **ἐγένοντο**,
Lk 13:4 ὅτι αὐτοὶ ὀφειλέται **ἐγένοντο** παρὰ πάντας
Lk 13:17 τοῖς ἐνδόξοις τοῖς **γινομένοις** ὑπ᾽ αὐτοῦ.
Lk 13:19 καὶ ηὔξησεν καὶ **ἐγένετο** εἰς δένδρον,
Lk 14:1 Καὶ **ἐγένετο** ἐν τῷ ἐλθεῖν
Lk 14:12 ἀντικαλέσωσίν σε καὶ **γένηται** ἀνταπόδομά σοι.
Lk 14:22 **γέγονεν** ὃ ἐπέταξας,
Lk 15:10 **γίνεται** χαρὰ ἐνώπιον τῶν
Lk 15:14 δὲ αὐτοῦ πάντα **ἐγένετο** λιμὸς ἰσχυρὰ κατὰ
Lk 16:11 μαμωνᾷ πιστοὶ οὐκ **ἐγένεσθε**,
Lk 16:12 ἀλλοτρίῳ πιστοὶ οὐκ **ἐγένεσθε**,
Lk 16:22 **ἐγένετο** δὲ ἀποθανεῖν τὸν
Lk 17:11 Καὶ **ἐγένετο** ἐν τῷ πορεύεσθαι
Lk 17:14 καὶ **ἐγένετο** ἐν τῷ ὑπάγειν
Lk 17:26 καὶ καθὼς **ἐγένετο** ἐν ταῖς ἡμέραις
Lk 17:28 ὁμοίως καθὼς **ἐγένετο** ἐν ταῖς ἡμέραις
Lk 18:23 ἀκούσας ταῦτα περίλυπος **ἐγενήθη**·
Lk 18:24 ὁ ᾿Ιησοῦς [περίλυπον **γενόμενον**] εἶπεν·
Lk 18:35 **᾿Εγένετο** δὲ ἐν τῷ
Lk 19:9 τῷ οἴκῳ τούτῳ **ἐγένετο**,
Lk 19:15 καὶ **ἐγένετο** ἐν τῷ ἐπανελθεῖν
Lk 19:17 ἐν ἐλαχίστῳ πιστὸς **ἐγένου**,
Lk 19:19 καὶ σὺ ἐπάνω **γίνου** πέντε πόλεων.
Lk 19:29 Καὶ **ἐγένετο** ὡς ἤγγισεν εἰς
Lk 20:1 Καὶ **ἐγένετο** ἐν μιᾷ τῶν
Lk 20:14 ἵνα ἡμῶν **γένηται** ἡ κληρονομία.
Lk 20:16 μὴ **γένοιτο**.

Lk 20:17 οὗτος **ἐγενήθη** εἰς κεφαλὴν γωνίας;
Lk 20:33 ἀναστάσει τίνος αὐτῶν **γίνεται** γυνή;
Lk 21:7 ὅταν μέλλῃ ταῦτα **γίνεσθαι**;
Lk 21:9 δεῖ γὰρ ταῦτα **γενέσθαι** πρῶτον,
Lk 21:28 ἀρχομένων δὲ τούτων **γίνεσθαι** ἀνακύψατε καὶ ἐπάρατε
Lk 21:31 ὅταν ἴδητε ταῦτα **γινόμενα**,
Lk 21:32 ἕως ἂν πάντα **γένηται**.
Lk 21:36 πάντα τὰ μέλλοντα **γίνεσθαι** καὶ σταθῆναι ἔμπροσθεν
Lk 22:14 Καὶ ὅτε **ἐγένετο** ἡ ὥρα,
Lk 22:24 **Ἐγένετο** δὲ καὶ φιλονεικία
Lk 22:26 μείζων ἐν ὑμῖν **γινέσθω** ὡς ὁ νεώτερος
Lk 22:40 **γενόμενος** δὲ ἐπὶ τοῦ
Lk 22:42 ἀλλὰ τὸ σὸν **γινέσθω**.
Lk 22:44 καὶ **γενόμενος** ἐν ἀγωνίᾳ ἐκτενέστερον
Lk 22:44 καὶ **ἐγένετο** ὁ ἱδρὼς αὐτοῦ
Lk 22:66 Καὶ ὡς **ἐγένετο** ἡμέρα,
Lk 23:8 ἰδεῖν ὑπ' αὐτοῦ **γινόμενον**.
Lk 23:12 **ἐγένοντο** δὲ φίλοι ὅ
Lk 23:19 διὰ στάσιν τινα **γενομένην** ἐν τῇ πόλει
Lk 23:24 Καὶ Πιλᾶτος ἐπέκρινεν **γενέσθαι** τὸ αἴτημα αὐτῶν·
Lk 23:31 τῷ ξηρῷ τί **γένηται**;
Lk 23:44 ἕκτη καὶ σκότος **ἐγένετο** ἐφ' ὅλην τὴν
Lk 23:47 ὁ ἑκατοντάρχης τὸ **γενόμενον** ἐδόξαζεν τὸν θεὸν
Lk 23:48 θεωρήσαντες τὰ **γενόμενα**,
Lk 24:4 καὶ **ἐγένετο** ἐν τῷ ἀπορεῖσθαι
Lk 24:5 ἐμφόβων δὲ **γενομένων** αὐτῶν καὶ κλινουσῶν
Lk 24:12 ἑαυτὸν θαυμάζων τὸ **γεγονός**.
Lk 24:15 καὶ **ἐγένετο** ἐν τῷ ὁμιλεῖν
Lk 24:18 οὐκ ἔγνως τὰ **γενόμενα** ἐν αὐτῇ ἐν
Lk 24:19 ὃς **ἐγένετο** ἀνὴρ προφήτης δυνατὸς
Lk 24:21 ἀφ' οὗ ταῦτα **ἐγένετο**.
Lk 24:22 **γενόμεναι** ὀρθριναὶ ἐπὶ τὸ
Lk 24:30 καὶ **ἐγένετο** ἐν τῷ κατακλιθῆναι
Lk 24:31 καὶ αὐτὸς ἄφαντος **ἐγένετο** ἀπ' αὐτῶν.
Lk 24:37 δὲ καὶ ἔμφοβοι **γενόμενοι** ἐδόκουν πνεῦμα θεωρεῖν.
Lk 24:51 καὶ **ἐγένετο** ἐν τῷ εὐλογεῖν

γινώσκω (*ginōskō*; 28/222) *know*

Lk 1:18 κατὰ τί **γνώσομαι** τοῦτο;
Lk 1:34 ἐπεὶ ἄνδρα οὐ **γινώσκω**;
Lk 2:43 καὶ οὐκ **ἔγνωσαν** οἱ γονεῖς αὐτοῦ.
Lk 6:44 τοῦ ἰδίου καρποῦ **γινώσκεται**·
Lk 7:39 **ἐγίνωσκεν** ἂν τίς καὶ
Lk 8:10 ὑμῖν δέδοται **γνῶναι** τὰ μυστήρια τῆς
Lk 8:17 ὃ οὐ μὴ **γνωσθῇ** καὶ εἰς φανερὸν
Lk 8:46 ἐγὼ γὰρ **ἔγνων** δύναμιν ἐξεληλυθυῖαν ἀπ'
Lk 9:11 οἱ δὲ ὄχλοι **γνόντες** ἠκολούθησαν αὐτῷ·
Lk 10:11 πλὴν τοῦτο **γινώσκετε** ὅτι ἤγγικεν ἡ
Lk 10:22 καὶ οὐδεὶς **γινώσκει** τίς ἐστιν ὁ
Lk 12:2 κρυπτὸν ὃ οὐ **γνωσθήσεται**.
Lk 12:39 τοῦτο δὲ **γινώσκετε** ὅτι εἰ ᾔδει
Lk 12:46 ὥρᾳ ᾗ οὐ **γινώσκει**,
Lk 12:47 ὁ δοῦλος ὁ **γνοὺς** τὸ θέλημα τοῦ
Lk 12:48 ὁ δὲ μὴ **γνούς**,
Lk 16:4 **ἔγνων** τί ποιήσω,
Lk 16:15 ὁ δὲ θεὸς **γινώσκει** τὰς καρδίας ὑμῶν·
Lk 18:34 αὐτῶν καὶ οὐκ **ἐγίνωσκον** τὰ λεγόμενα.
Lk 19:15 ἵνα **γνοῖ** τί διεπραγματεύσαντο.
Lk 19:42 λέγων ὅτι εἰ **ἔγνως** ἐν τῇ ἡμέρᾳ
Lk 19:44 ἀνθ' ὧν οὐκ **ἔγνως** τὸν καιρὸν τῆς
Lk 20:19 **ἔγνωσαν** γὰρ ὅτι πρὸς
Lk 21:20 τότε **γνῶτε** ὅτι ἤγγικεν ἡ
Lk 21:30 βλέποντες ἀφ' ἑαυτῶν **γινώσκετε** ὅτι ἤδη ἐγγὺς
Lk 21:31 **γινώσκετε** ὅτι ἐγγύς ἐστιν
Lk 24:18 Ἰερουσαλὴμ καὶ οὐκ **ἔγνως** τὰ γενόμενα ἐν
Lk 24:35 ὁδῷ καὶ ὡς **ἐγνώσθη** αὐτοῖς ἐν τῇ

γλῶσσα (*glōssa*; 2/49[50]) *tongue, language*

Lk 1:64 παραχρῆμα καὶ ἡ **γλῶσσα** αὐτοῦ,
Lk 16:24 καὶ καταψύξῃ τὴν **γλῶσσάν** μου,

γνωρίζω (*gnōrizō*; 2/25) *make known*

Lk 2:15 ὃ ὁ κύριος **ἐγνώρισεν** ἡμῖν.
Lk 2:17 ἰδόντες δὲ **ἐγνώρισαν** περὶ τοῦ ῥήματος

γνῶσις (*gnōsis*; 2/29) *knowledge*

Lk 1:77 τοῦ δοῦναι **γνῶσιν** σωτηρίας τῷ λαῷ
Lk 11:52 τὴν κλεῖδα τῆς **γνώσεως**·

γνωστός (*gnōstos*; 2/15) *known*

Lk 2:44 συγγενεῦσιν καὶ τοῖς **γνωστοῖς**,
Lk 23:49 δὲ πάντες οἱ **γνωστοὶ** αὐτῷ ἀπὸ μακρόθεν

γογγύζω (*gongyzō*; 1/8) *grumble*

Lk 5:30 καὶ **ἐγόγγυζον** οἱ Φαρισαῖοι καὶ

γονεύς (*goneus*; 6/20) *parent*

Lk 2:27 τῷ εἰσαγαγεῖν τοὺς **γονεῖς** τὸ παιδίον Ἰησοῦν
Lk 2:41 Καὶ ἐπορεύοντο οἱ **γονεῖς** αὐτοῦ κατ' ἔτος
Lk 2:43 οὐκ ἔγνωσαν οἱ **γονεῖς** αὐτοῦ.
Lk 8:56 καὶ ἐξέστησαν οἱ **γονεῖς** αὐτῆς·
Lk 18:29 ἢ ἀδελφοὺς ἢ **γονεῖς** ἢ τέκνα ἕνεκεν
Lk 21:16 δὲ καὶ ὑπὸ **γονέων** καὶ ἀδελφῶν καὶ

γόνυ (*gony*; 2/12) *knee*

Lk 5:8 Πέτρος προσέπεσεν τοῖς **γόνασιν** Ἰησοῦ λέγων·
Lk 22:41 καὶ θεὶς τὰ **γόνατα** προσηύχετο

γράμμα (*gramma*; 2/14) *letter of the alphabet*

Lk 16:6 δέξαι σου τὰ **γράμματα** καὶ καθίσας ταχέως
Lk 16:7 δέξαι σου τὰ **γράμματα** καὶ γράψον ὀγδοήκοντα.

γραμματεύς (*grammateus*; 14/62[63]) *scribe*

Lk 5:21 ἤρξαντο διαλογίζεσθαι οἱ **γραμματεῖς** καὶ οἱ Φαρισαῖοι
Lk 5:30 Φαρισαῖοι καὶ οἱ **γραμματεῖς** αὐτῶν πρὸς
Lk 6:7 δὲ αὐτὸν οἱ **γραμματεῖς** καὶ οἱ Φαρισαῖοι
Lk 9:22 καὶ ἀρχιερέων καὶ **γραμματέων** καὶ ἀποκτανθῆναι καὶ
Lk 11:53 αὐτοῦ ἤρξαντο οἱ **γραμματεῖς** καὶ οἱ Φαρισαῖοι
Lk 15:2 Φαρισαῖοι καὶ οἱ **γραμματεῖς** λέγοντες ὅτι οὗτος
Lk 19:47 ἀρχιερεῖς καὶ οἱ **γραμματεῖς** ἐζήτουν αὐτὸν ἀπολέσαι

Lk 20:1 ἀρχιερεῖς καὶ οἱ **γραμματεῖς** σὺν τοῖς πρεσβυτέροις
Lk 20:19 Καὶ ἐζήτησαν οἱ **γραμματεῖς** καὶ οἱ ἀρχιερεῖς
Lk 20:39 δέ τινες τῶν **γραμματέων** εἶπαν·
Lk 20:46 προσέχετε ἀπὸ τῶν **γραμματέων** τῶν θελόντων περιπατεῖν
Lk 22:2 ἀρχιερεῖς καὶ οἱ **γραμματεῖς** τὸ πῶς ἀνέλωσιν
Lk 22:66 ἀρχιερεῖς τε καὶ **γραμματεῖς**,
Lk 23:10 ἀρχιερεῖς καὶ οἱ **γραμματεῖς** εὐτόνως κατηγοροῦντες αὐτοῦ.

γραφή (*graphē*; 4/50) *Scripture*

Lk 4:21 σήμερον πεπλήρωται ἡ **γραφὴ** αὕτη ἐν τοῖς
Lk 24:27 ἐν πάσαις ταῖς **γραφαῖς** τὰ περὶ ἑαυτοῦ.
Lk 24:32 διήνοιγεν ἡμῖν τὰς **γραφάς**;
Lk 24:45 τοῦ συνιέναι τὰς **γραφάς**·

γράφω (*graphō*; 20/190[191]) *write*

Lk 1:3 ἀκριβῶς καθεξῆς σοι **γράψαι**,
Lk 1:63 καὶ αἰτήσας πινακίδιον **ἔγραψεν** λέγων·
Lk 2:23 καθὼς **γέγραπται** ἐν νόμῳ κυρίου
Lk 3:4 ὡς **γέγραπται** ἐν βίβλῳ λόγων
Lk 4:4 **γέγραπται** ὅτι οὐκ ἐπ'
Lk 4:8 **γέγραπται**·
Lk 4:10 **γέγραπται** γὰρ ὅτι τοῖς
Lk 4:17 τόπον οὗ ἦν **γεγραμμένον**·
Lk 7:27 ἐστιν περὶ οὗ **γέγραπται**·
Lk 10:26 τῷ νόμῳ τί **γέγραπται**;
Lk 16:6 καὶ καθίσας ταχέως **γράψον** πεντήκοντα.
Lk 16:7 τὰ γράμματα καὶ **γράψον** ὀγδοήκοντα.
Lk 18:31 τελεσθήσεται πάντα τὰ **γεγραμμένα** διὰ τῶν προφητῶν
Lk 19:46 γέγραπται·
Lk 20:17 οὖν ἐστιν τὸ **γεγραμμένον** τοῦτο·
Lk 20:28 Μωϋσῆς **ἔγραψεν** ἡμῖν,
Lk 21:22 πλησθῆναι πάντα τὰ **γεγραμμένα**.
Lk 22:37 ὅτι τοῦτο τὸ **γεγραμμένον** δεῖ τελεσθῆναι ἐν
Lk 24:44 πληρωθῆναι πάντα τὰ **γεγραμμένα** ἐν τῷ νόμῳ
Lk 24:46 αὐτοῖς ὅτι οὕτως **γέγραπται** παθεῖν τὸν χριστὸν

γρηγορέω (*grēgoreō*; 1/22) *watch, keep awake*

Lk 12:37 ὁ κύριος εὑρήσει **γρηγοροῦντας**·

γυνή (*gynē*; 41/211[215]) *woman, wife*

Lk 1:5 καὶ **γυνὴ** αὐτῷ ἐκ τῶν
Lk 1:13 καὶ ἡ **γυνή** σου Ἐλισάβετ γεννήσει
Lk 1:18 πρεσβύτης καὶ ἡ **γυνή** μου προβεβηκυῖα ἐν
Lk 1:24 συνέλαβεν Ἐλισάβετ ἡ **γυνὴ** αὐτοῦ καὶ περιέκρυβεν
Lk 1:42 εὐλογημένη σὺ ἐν **γυναιξὶν** καὶ εὐλογημένος
Lk 3:19 περὶ Ἡρῳδιάδος τῆς **γυναικὸς** τοῦ ἀδελφοῦ αὐτοῦ
Lk 4:26 τῆς Σιδωνίας πρὸς **γυναῖκα** χήραν.
Lk 7:28 μείζων ἐν γεννητοῖς **γυναικῶν** Ἰωάννου οὐδείς ἐστιν·
Lk 7:37 καὶ ἰδοὺ **γυνὴ** ἥτις ἦν ἐν
Lk 7:39 καὶ ποταπὴ ἡ **γυνὴ** ἥτις ἅπτεται αὐτοῦ,
Lk 7:44 στραφεὶς πρὸς τὴν **γυναῖκα** τῷ Σίμωνι ἔφη·
Lk 7:44 βλέπεις ταύτην τὴν **γυναῖκα**;
Lk 7:50 δὲ πρὸς τὴν **γυναῖκα**·
Lk 8:2 καὶ **γυναῖκές** τινες αἳ ἦσαν
Lk 8:3 καὶ Ἰωάννα **γυνὴ** Χουζᾶ ἐπιτρόπου Ἡρῴδου
Lk 8:43 Καὶ **γυνὴ** οὖσα ἐν ῥύσει
Lk 8:47 ἰδοῦσα δὲ ἡ **γυνὴ** ὅτι οὐκ ἔλαθεν,
Lk 10:38 **γυνὴ** δέ τις ὀνόματι
Lk 11:27 ἐπάρασά τις φωνὴν **γυνὴ** ἐκ τοῦ ὄχλου
Lk 13:11 καὶ ἰδοὺ **γυνὴ** πνεῦμα ἔχουσα ἀσθενείας
Lk 13:12 **γύναι**,
Lk 13:21 ἣν λαβοῦσα **γυνὴ** [ἐν]έκρυψεν εἰς ἀλεύρου
Lk 14:20 **γυναῖκα** ἔγημα καὶ διὰ
Lk 14:26 μητέρα καὶ τὴν **γυναῖκα** καὶ τὰ τέκνα
Lk 15:8 Ἢ τίς **γυνὴ** δραχμὰς ἔχουσα δέκα
Lk 16:18 ὁ ἀπολύων τὴν **γυναῖκα** αὐτοῦ καὶ γαμῶν
Lk 17:32 μνημονεύετε τῆς **γυναικὸς** Λώτ.
Lk 18:29 ἀφῆκεν οἰκίαν ἢ **γυναῖκα** ἢ ἀδελφοὺς ἢ
Lk 20:28 ἀδελφὸς ἀποθάνῃ ἔχων **γυναῖκα**,
Lk 20:28 ἀδελφὸς αὐτοῦ τὴν **γυναῖκα** καὶ ἐξαναστήσῃ σπέρμα
Lk 20:29 ὁ πρῶτος λαβὼν **γυναῖκα** ἀπέθανεν ἄτεκνος·
Lk 20:32 ὕστερον καὶ ἡ **γυνὴ** ἀπέθανεν.
Lk 20:33 ἡ **γυνὴ** οὖν ἐν τῇ
Lk 20:33 τίνος αὐτῶν γίνεται **γυνή**;
Lk 20:33 ἑπτὰ ἔσχον αὐτὴν **γυναῖκα**.
Lk 22:57 **γύναι**.
Lk 23:27 τοῦ λαοῦ καὶ **γυναικῶν** αἳ ἐκόπτοντο καὶ
Lk 23:49 ἀπὸ μακρόθεν καὶ **γυναῖκες** αἱ συνακολουθοῦσαι αὐτῷ
Lk 23:55 Κατακολουθήσασαι δὲ αἱ **γυναῖκες**,
Lk 24:22 ἀλλὰ καὶ **γυναῖκές** τινες ἐξ ἡμῶν
Lk 24:24 καθὼς καὶ αἱ **γυναῖκες** εἶπον,

γωνία (*gōnia*; 1/9) *corner*

Lk 20:17 ἐγενήθη εἰς κεφαλὴν **γωνίας**;

δαιμονίζομαι (*daimonizomai*; 1/13) *be demon-possessed*

Lk 8:36 πῶς ἐσώθη ὁ **δαιμονισθείς**.

δαιμόνιον (*daimonion*; 23/61[63]) *demon*

Lk 4:33 ἄνθρωπος ἔχων πνεῦμα **δαιμονίου** ἀκαθάρτου καὶ ἀνέκραξεν
Lk 4:35 ῥίψαν αὐτὸν τὸ **δαιμόνιον** εἰς τὸ μέσον
Lk 4:41 ἐξήρχετο δὲ καὶ **δαιμόνια** ἀπὸ πολλῶν κρ[αυγ]άζοντα
Lk 7:33 **δαιμόνιον** ἔχει.
Lk 8:2 ἀφ' ἧς **δαιμόνια** ἑπτὰ ἐξεληλύθει,
Lk 8:27 τῆς πόλεως ἔχων **δαιμόνια** καὶ χρόνῳ ἱκανῷ
Lk 8:29 ἠλαύνετο ὑπὸ τοῦ **δαιμονίου** εἰς τὰς ἐρήμους.
Lk 8:30 ὅτι εἰσῆλθεν **δαιμόνια** πολλὰ εἰς αὐτόν.
Lk 8:33 ἐξελθόντα δὲ τὰ **δαιμόνια** ἀπὸ τοῦ ἀνθρώπου
Lk 8:35 ἀφ' οὗ τὰ **δαιμόνια** ἐξῆλθεν ἱματισμένον καὶ
Lk 8:38 οὗ ἐξεληλύθει τὰ **δαιμόνια** εἶναι σὺν αὐτῷ·
Lk 9:1 ἐπὶ πάντα τὰ **δαιμόνια** καὶ νόσους θεραπεύειν
Lk 9:42 ἔρρηξεν αὐτὸν τὸ **δαιμόνιον** καὶ συνεσπάραξεν·
Lk 9:49 ὀνόματί σου ἐκβάλλοντα **δαιμόνια** καὶ ἐκωλύομεν αὐτόν,
Lk 10:17 καὶ τὰ **δαιμόνια** ὑποτάσσεται ἡμῖν ἐν

Lk 11:14 Καὶ ἦν ἐκβάλλων **δαιμόνιον** [καὶ αὐτὸ ἦν]
Lk 11:14 ἐγένετο δὲ τοῦ **δαιμονίου** ἐξελθόντος ἐλάλησεν ὁ
Lk 11:15 τῷ ἄρχοντι τῶν **δαιμονίων** ἐκβάλλει τὰ δαιμόνια·
Lk 11:15 δαιμονίων ἐκβάλλει τὰ **δαιμόνια**·
Lk 11:18 ἐκβάλλειν με τὰ **δαιμόνια**.
Lk 11:19 Βεελζεβοὺλ ἐκβάλλω τὰ **δαιμόνια**,
Lk 11:20 [ἐγὼ] ἐκβάλλω τὰ **δαιμόνια**,
Lk 13:32 ἰδοὺ ἐκβάλλω **δαιμόνια** καὶ ἰάσεις ἀποτελῶ

δάκρυον (*dakryon*; 2/10) *tear*

Lk 7:38 αὐτοῦ κλαίουσα τοῖς **δάκρυσιν** ἤρξατο βρέχειν τοὺς
Lk 7:44 αὕτη δὲ τοῖς **δάκρυσιν** ἔβρεξέν μου τοὺς

δακτύλιος (*daktylios*; 1/1) *ring*

Lk 15:22 καὶ δότε **δακτύλιον** εἰς τὴν χεῖρα

δάκτυλος (*daktylos*; 3/7[8]) *finger*

Lk 11:20 εἰ δὲ ἐν **δακτύλῳ** θεοῦ [ἐγὼ] ἐκβάλλω
Lk 11:46 αὐτοὶ ἑνὶ τῶν **δακτύλων** ὑμῶν οὐ προσψαύετε
Lk 16:24 τὸ ἄκρον τοῦ **δακτύλου** αὐτοῦ ὕδατος καὶ

δανείζω (*daneizō*; 3/4) *lend*

Lk 6:34 καὶ ἐὰν **δανίσητε** παρ' ὧν ἐλπίζετε
Lk 6:34 καὶ ἁμαρτωλοὶ ἁμαρτωλοῖς **δανίζουσιν** ἵνα ἀπολάβωσιν τὰ
Lk 6:35 καὶ ἀγαθοποιεῖτε καὶ **δανίζετε** μηδὲν ἀπελπίζοντες·

δανιστής (*danistēs*; 1/1) *moneylender*

Lk 7:41 δύο χρεοφειλέται ἦσαν **δανιστῇ** τινι·

δαπανάω (*dapanaō*; 1/5) *spend*

Lk 15:14 **δαπανήσαντος** δὲ αὐτοῦ πάντα

δαπάνη (*dapanē*; 1/1) *cost*

Lk 14:28 καθίσας ψηφίζει τὴν **δαπάνην**,

Δαυίδ (*Dauid*; 13/59) *David*

Lk 1:27 Ἰωσὴφ ἐξ οἴκου **Δαυὶδ** καὶ τὸ ὄνομα
Lk 1:32 θεὸς τὸν θρόνον **Δαυὶδ** τοῦ πατρὸς αὐτοῦ,
Lk 1:69 ἡμῖν ἐν οἴκῳ **Δαυὶδ** παιδὸς αὐτοῦ,
Lk 2:4 Ἰουδαίαν εἰς πόλιν **Δαυὶδ** ἥτις καλεῖται Βηθλέεμ,
Lk 2:4 οἴκου καὶ πατριᾶς **Δαυίδ**,
Lk 2:11 κύριος ἐν πόλει **Δαυίδ**.
Lk 3:31 τοῦ Ναθὰμ τοῦ **Δαυὶδ**
Lk 6:3 ἀνέγνωτε ὃ ἐποίησεν **Δαυὶδ** ὅτε ἐπείνασεν αὐτὸς
Lk 18:38 Ἰησοῦ υἱὲ **Δαυίδ**,
Lk 18:39 υἱὲ **Δαυίδ**,
Lk 20:41 τὸν χριστὸν εἶναι **Δαυὶδ** υἱόν;
Lk 20:42 αὐτὸς γὰρ **Δαυὶδ** λέγει ἐν βίβλῳ
Lk 20:44 **Δαυὶδ** οὖν κύριον αὐτὸν

δέ (*de*; 542/2773[2792]) *but, and*

Lk 1:6 ἦσαν **δὲ** δίκαιοι ἀμφότεροι ἐναντίον
Lk 1:8 Ἐγένετο **δὲ** ἐν τῷ ἱερατεύειν
Lk 1:11 ὤφθη **δὲ** αὐτῷ ἄγγελος κυρίου
Lk 1:13 εἶπεν **δὲ** πρὸς αὐτὸν ὁ
Lk 1:22 ἐξελθὼν **δὲ** οὐκ ἐδύνατο λαλῆσαι
Lk 1:24 Μετὰ **δὲ** ταύτας τὰς ἡμέρας
Lk 1:26 Ἐν **δὲ** τῷ μηνὶ τῷ
Lk 1:29 ἡ **δὲ** ἐπὶ τῷ λόγῳ
Lk 1:34 εἶπεν **δὲ** Μαριὰμ πρὸς τὸν
Lk 1:38 εἶπεν **δὲ** Μαριάμ·
Lk 1:39 Ἀναστᾶσα **δὲ** Μαριὰμ ἐν ταῖς
Lk 1:56 Ἔμεινεν **δὲ** Μαριὰμ σὺν αὐτῇ
Lk 1:57 Τῇ **δὲ** Ἐλισάβετ ἐπλήσθη ὁ
Lk 1:62 ἐνένευον **δὲ** τῷ πατρὶ αὐτοῦ
Lk 1:64 ἀνεῴχθη **δὲ** τὸ στόμα αὐτοῦ
Lk 1:76 Καὶ σὺ **δέ**,
Lk 1:80 Τὸ **δὲ** παιδίον ηὔξανεν καὶ
Lk 2:1 Ἐγένετο **δὲ** ἐν ταῖς ἡμέραις
Lk 2:4 Ἀνέβη **δὲ** καὶ Ἰωσὴφ ἀπὸ
Lk 2:6 Ἐγένετο **δὲ** ἐν τῷ εἶναι
Lk 2:17 ἰδόντες **δὲ** ἐγνώρισαν περὶ τοῦ
Lk 2:19 ἡ **δὲ** Μαριὰμ πάντα συνετήρει
Lk 2:35 καὶ σοῦ **[δὲ]** αὐτῆς τὴν ψυχὴν
Lk 2:40 Τὸ **δὲ** παιδίον ηὔξανεν καὶ
Lk 2:44 νομίσαντες **δὲ** αὐτὸν εἶναι ἐν
Lk 2:47 ἐξίσταντο **δὲ** πάντες οἱ ἀκούοντες
Lk 3:1 Ἐν ἔτει **δὲ** πεντεκαιδεκάτῳ τῆς ἡγεμονίας
Lk 3:1 Φιλίππου **δὲ** τοῦ ἀδελφοῦ αὐτοῦ
Lk 3:9 ἤδη **δὲ** καὶ ἡ ἀξίνη
Lk 3:11 ἀποκριθεὶς **δὲ** ἔλεγεν αὐτοῖς·
Lk 3:12 ἦλθον **δὲ** καὶ τελῶναι βαπτισθῆναι
Lk 3:13 ὁ **δὲ** εἶπεν πρὸς αὐτούς·
Lk 3:14 ἐπηρώτων **δὲ** αὐτὸν καὶ στρατευόμενοι
Lk 3:15 Προσδοκῶντος **δὲ** τοῦ λαοῦ καὶ
Lk 3:16 ἔρχεται **δὲ** ὁ ἰσχυρότερός μου,
Lk 3:17 τὸ **δὲ** ἄχυρον κατακαύσει πυρὶ
Lk 3:19 Ὁ **δὲ** Ἡρῴδης ὁ τετραάρχης,
Lk 3:21 Ἐγένετο **δὲ** ἐν τῷ βαπτισθῆναι
Lk 4:1 Ἰησοῦς **δὲ** πλήρης πνεύματος ἁγίου
Lk 4:3 εἶπεν **δὲ** αὐτῷ ὁ διάβολος·
Lk 4:9 Ἤγαγεν **δὲ** αὐτὸν εἰς Ἰερουσαλὴμ
Lk 4:21 ἤρξατο **δὲ** λέγειν πρὸς αὐτοὺς
Lk 4:24 εἶπεν **δέ**·
Lk 4:25 ἐπ' ἀληθείας **δὲ** λέγω ὑμῖν,
Lk 4:30 αὐτὸς **δὲ** διελθὼν διὰ μέσου
Lk 4:38 Ἀναστὰς **δὲ** ἀπὸ τῆς συναγωγῆς
Lk 4:38 πενθερὰ **δὲ** τοῦ Σίμωνος ἦν
Lk 4:39 παραχρῆμα **δὲ** ἀναστᾶσα διηκόνει αὐτοῖς.
Lk 4:40 Δύνοντος **δὲ** τοῦ ἡλίου ἅπαντες
Lk 4:40 ὁ **δὲ** ἑνὶ ἑκάστῳ αὐτῶν
Lk 4:41 ἐξήρχετο **δὲ** καὶ δαιμόνια ἀπὸ
Lk 4:42 Γενομένης **δὲ** ἡμέρας ἐξελθὼν ἐπορεύθη
Lk 4:43 ὁ **δὲ** εἶπεν πρὸς αὐτοὺς
Lk 5:1 Ἐγένετο **δὲ** ἐν τῷ τὸν
Lk 5:2 οἱ **δὲ** ἁλιεῖς ἀπ' αὐτῶν
Lk 5:3 ἐμβὰς **δὲ** εἰς ἓν τῶν
Lk 5:3 καθίσας **δὲ** ἐκ τοῦ πλοίου
Lk 5:4 Ὡς **δὲ** ἐπαύσατο λαλῶν,
Lk 5:5 ἐπὶ **δὲ** τῷ ῥήματί σου
Lk 5:6 διερρήσσετο **δὲ** τὰ δίκτυα αὐτῶν.
Lk 5:8 ἰδὼν **δὲ** Σίμων Πέτρος προσέπεσεν
Lk 5:10 ὁμοίως **δὲ** καὶ Ἰάκωβον καὶ
Lk 5:12 ἰδὼν **δὲ** τὸν Ἰησοῦν,
Lk 5:15 διήρχετο **δὲ** μᾶλλον ὁ λόγος
Lk 5:16 αὐτὸς **δὲ** ἦν ὑποχωρῶν ἐν
Lk 5:22 ἐπιγνοὺς **δὲ** ὁ Ἰησοῦς τοὺς

Lk 5:24 ἵνα **δὲ** εἰδῆτε ὅτι ὁ
Lk 5:33 Οἱ **δὲ** εἶπαν πρὸς αὐτόν·
Lk 5:33 οἱ **δὲ** σοὶ ἐσθίουσιν
Lk 5:34 ὁ **δὲ** Ἰησοῦς εἶπεν πρὸς
Lk 5:35 ἐλεύσονται **δὲ** ἡμέραι,
Lk 5:36 Ἔλεγεν **δὲ** καὶ παραβολὴν πρὸς
Lk 5:36 εἰ **δὲ** μή γε,
Lk 5:37 εἰ **δὲ** μή γε,
Lk 6:1 Ἐγένετο **δὲ** ἐν σαββάτῳ διαπορεύεσθαι
Lk 6:2 τινες **δὲ** τῶν Φαρισαίων εἶπαν·
Lk 6:6 Ἐγένετο **δὲ** ἐν ἑτέρῳ σαββάτῳ
Lk 6:7 παρετηροῦντο **δὲ** αὐτὸν οἱ γραμματεῖς
Lk 6:8 αὐτὸς **δὲ** ᾔδει τοὺς διαλογισμοὺς
Lk 6:8 εἶπεν **δὲ** τῷ ἀνδρὶ τῷ
Lk 6:9 εἶπεν **δὲ** ὁ Ἰησοῦς πρὸς
Lk 6:10 ὁ **δὲ** ἐποίησεν καὶ ἀπεκατεστάθη
Lk 6:11 αὐτοὶ **δὲ** ἐπλήσθησαν ἀνοίας καὶ
Lk 6:12 Ἐγένετο **δὲ** ἐν ταῖς ἡμέραις
Lk 6:39 Εἶπεν **δὲ** καὶ παραβολὴν αὐτοῖς·
Lk 6:40 κατηρτισμένος **δὲ** πᾶς ἔσται ὡς
Lk 6:41 Τί **δὲ** βλέπεις τὸ κάρφος
Lk 6:41 τὴν **δὲ** δοκὸν τὴν ἐν
Lk 6:46 Τί **δέ** με καλεῖτε·
Lk 6:48 πλημμύρης **δὲ** γενομένης προσέρηξεν ὁ
Lk 6:49 ὁ **δὲ** ἀκούσας καὶ μὴ
Lk 7:2 Ἑκατοντάρχου **δέ** τινος δοῦλος κακῶς
Lk 7:3 ἀκούσας **δὲ** περὶ τοῦ Ἰησοῦ
Lk 7:4 οἱ **δὲ** παραγενόμενοι πρὸς τὸν
Lk 7:6 ὁ **δὲ** Ἰησοῦς ἐπορεύετο σὺν
Lk 7:6 ἤδη **δὲ** αὐτοῦ οὐ μακρὰν
Lk 7:9 ἀκούσας **δὲ** ταῦτα ὁ Ἰησοῦς
Lk 7:12 ὡς **δὲ** ἤγγισεν τῇ πύλῃ
Lk 7:14 οἱ **δὲ** βαστάζοντες ἔστησαν,
Lk 7:16 ἔλαβεν **δὲ** φόβος πάντας καὶ
Lk 7:20 παραγενόμενοι **δὲ** πρὸς αὐτὸν οἱ
Lk 7:24 Ἀπελθόντων **δὲ** τῶν ἀγγέλων Ἰωάννου
Lk 7:28 ὁ **δὲ** μικρότερος ἐν τῇ
Lk 7:30 οἱ **δὲ** Φαρισαῖοι καὶ οἱ
Lk 7:36 Ἠρώτα **δέ** τις αὐτὸν τῶν
Lk 7:39 ἰδὼν **δὲ** ὁ Φαρισαῖος ὁ
Lk 7:40 ὁ **δέ**·
Lk 7:41 ὁ **δὲ** ἕτερος πεντήκοντα.
Lk 7:43 ὁ **δὲ** εἶπεν αὐτῷ·
Lk 7:44 αὕτη **δὲ** τοῖς δάκρυσιν ἔβρεξέν
Lk 7:45 αὕτη **δὲ** ἀφ' ἧς εἰσῆλθον
Lk 7:46 αὕτη **δὲ** μύρῳ ἤλειψεν τοὺς
Lk 7:47 ᾧ **δὲ** ὀλίγον ἀφίεται,
Lk 7:48 εἶπεν **δὲ** αὐτῇ·
Lk 7:50 εἶπεν **δὲ** πρὸς τὴν γυναῖκα·
Lk 8:4 Συνιόντος **δὲ** ὄχλου πολλοῦ καὶ
Lk 8:9 Ἐπηρώτων **δὲ** αὐτὸν οἱ μαθηταὶ
Lk 8:10 ὁ **δὲ** εἶπεν·
Lk 8:10 τοῖς **δὲ** λοιποῖς ἐν παραβολαῖς,
Lk 8:11 Ἔστιν **δὲ** αὕτη ἡ παραβολή·
Lk 8:12 οἱ **δὲ** παρὰ τὴν ὁδόν
Lk 8:13 οἱ **δὲ** ἐπὶ τῆς πέτρας
Lk 8:14 τὸ **δὲ** εἰς τὰς ἀκάνθας
Lk 8:15 τὸ **δὲ** ἐν τῇ καλῇ
Lk 8:16 Οὐδεὶς **δὲ** λύχνον ἅψας καλύπτει
Lk 8:19 Παρεγένετο **δὲ** πρὸς αὐτὸν ἡ
Lk 8:20 ἀπηγγέλη **δὲ** αὐτῷ·
Lk 8:21 ὁ **δὲ** ἀποκριθεὶς εἶπεν πρὸς
Lk 8:22 Ἐγένετο **δὲ** ἐν μιᾷ τῶν
Lk 8:23 πλεόντων **δὲ** αὐτῶν ἀφύπνωσεν.
Lk 8:24 προσελθόντες **δὲ** διήγειραν αὐτὸν λέγοντες·
Lk 8:24 ὁ **δὲ** διεγερθεὶς ἐπετίμησεν τῷ
Lk 8:25 εἶπεν **δὲ** αὐτοῖς·
Lk 8:25 φοβηθέντες **δὲ** ἐθαύμασαν λέγοντες πρὸς
Lk 8:27 ἐξελθόντι **δὲ** αὐτῷ ἐπὶ τὴν
Lk 8:28 ἰδὼν **δὲ** τὸν Ἰησοῦν ἀνακράξας
Lk 8:30 ἐπηρώτησεν **δὲ** αὐτὸν ὁ Ἰησοῦς·
Lk 8:30 ὁ **δὲ** εἶπεν·
Lk 8:32 ἦν **δὲ** ἐκεῖ ἀγέλη χοίρων
Lk 8:33 ἐξελθόντα **δὲ** τὰ δαιμόνια ἀπὸ
Lk 8:34 ἰδόντες **δὲ** οἱ βόσκοντες τὸ
Lk 8:35 ἐξῆλθον **δὲ** ἰδεῖν τὸ γεγονὸς
Lk 8:36 ἀπήγγειλαν **δὲ** αὐτοῖς οἱ ἰδόντες
Lk 8:37 αὐτὸς **δὲ** ἐμβὰς εἰς πλοῖον
Lk 8:38 ἐδεῖτο **δὲ** αὐτοῦ ὁ ἀνὴρ
Lk 8:38 ἀπέλυσεν **δὲ** αὐτὸν λέγων·
Lk 8:40 Ἐν **δὲ** τῷ ὑποστρέφειν τὸν
Lk 8:42 Ἐν **δὲ** τῷ ὑπάγειν αὐτὸν
Lk 8:45 ἀρνουμένων **δὲ** πάντων εἶπεν ὁ
Lk 8:46 ὁ **δὲ** Ἰησοῦς εἶπεν·
Lk 8:47 ἰδοῦσα **δὲ** ἡ γυνὴ ὅτι
Lk 8:48 ὁ **δὲ** εἶπεν αὐτῇ·
Lk 8:50 ὁ **δὲ** Ἰησοῦς ἀκούσας ἀπεκρίθη
Lk 8:51 ἐλθὼν **δὲ** εἰς τὴν οἰκίαν
Lk 8:52 ἔκλαιον **δὲ** πάντες καὶ ἐκόπτοντο
Lk 8:52 ὁ **δὲ** εἶπεν·
Lk 8:54 αὐτὸς **δὲ** κρατήσας τῆς χειρὸς
Lk 8:56 ὁ **δὲ** παρήγγειλεν αὐτοῖς μηδενὶ
Lk 9:1 Συγκαλεσάμενος **δὲ** τοὺς δώδεκα ἔδωκεν
Lk 9:6 ἐξερχόμενοι **δὲ** διήρχοντο κατὰ τὰς
Lk 9:7 Ἤκουσεν **δὲ** Ἡρῴδης ὁ τετραάρχης
Lk 9:8 ὑπό τινων **δὲ** ὅτι Ἠλίας ἐφάνη,
Lk 9:8 ἄλλων **δὲ** ὅτι προφήτης τις
Lk 9:9 εἶπεν **δὲ** Ἡρῴδης·
Lk 9:9 τίς **δέ** ἐστιν οὗτος περὶ
Lk 9:11 οἱ **δὲ** ὄχλοι γνόντες ἠκολούθησαν
Lk 9:12 Ἡ **δὲ** ἡμέρα ἤρξατο κλίνειν·
Lk 9:12 προσελθόντες **δὲ** οἱ δώδεκα εἶπαν
Lk 9:13 εἶπεν **δὲ** πρὸς αὐτούς·
Lk 9:13 οἱ **δὲ** εἶπαν·
Lk 9:14 εἶπεν **δὲ** πρὸς τοὺς μαθητὰς
Lk 9:16 λαβὼν **δὲ** τοὺς πέντε ἄρτους
Lk 9:19 οἱ **δὲ** ἀποκριθέντες εἶπαν·
Lk 9:19 ἄλλοι **δὲ** Ἠλίαν,
Lk 9:19 ἄλλοι **δὲ** ὅτι προφήτης τις
Lk 9:20 εἶπεν **δὲ** αὐτοῖς·
Lk 9:20 ὑμεῖς **δὲ** τίνα με λέγετε
Lk 9:20 Πέτρος **δὲ** ἀποκριθεὶς εἶπεν·
Lk 9:21 ὁ **δὲ** ἐπιτιμήσας αὐτοῖς παρήγγειλεν
Lk 9:23 Ἔλεγεν **δὲ** πρὸς πάντας·
Lk 9:24 ὃς **δ'** ἂν ἀπολέσῃ τὴν
Lk 9:25 κόσμον ὅλον ἑαυτὸν **δὲ** ἀπολέσας ἢ ζημιωθείς;
Lk 9:27 λέγω **δὲ** ὑμῖν ἀληθῶς,
Lk 9:28 Ἐγένετο **δὲ** μετὰ τοὺς λόγους
Lk 9:32 ὁ **δὲ** Πέτρος καὶ οἱ
Lk 9:32 διαγρηγορήσαντες **δὲ** εἶδον τὴν δόξαν
Lk 9:34 ταῦτα **δὲ** αὐτοῦ λέγοντος ἐγένετο
Lk 9:34 ἐφοβήθησαν **δὲ** ἐν τῷ εἰσελθεῖν
Lk 9:37 Ἐγένετο **δὲ** τῇ ἑξῆς ἡμέρᾳ
Lk 9:41 ἀποκριθεὶς **δὲ** ὁ Ἰησοῦς εἶπεν·
Lk 9:42 ἔτι **δὲ** προσερχομένου αὐτοῦ ἔρρηξεν
Lk 9:42 ἐπετίμησεν **δὲ** ὁ Ἰησοῦς τῷ
Lk 9:43 ἐξεπλήσσοντο **δὲ** πάντες ἐπὶ τῇ

Lk 9:43 Πάντων **δὲ** θαυμαζόντων ἐπὶ πᾶσιν
Lk 9:45 οἱ **δὲ** ἠγνόουν τὸ ῥῆμα
Lk 9:46 Εἰσῆλθεν **δὲ** διαλογισμὸς ἐν αὐτοῖς,
Lk 9:47 ὁ **δὲ** Ἰησοῦς εἰδὼς τὸν
Lk 9:49 Ἀποκριθεὶς **δὲ** Ἰωάννης εἶπεν·
Lk 9:50 εἶπεν **δὲ** πρὸς αὐτὸν ὁ
Lk 9:51 Ἐγένετο **δὲ** ἐν τῷ συμπληροῦσθαι
Lk 9:54 ἰδόντες **δὲ** οἱ μαθηταὶ Ἰάκωβος
Lk 9:55 στραφεὶς **δὲ** ἐπετίμησεν αὐτοῖς.
Lk 9:58 ὁ **δὲ** υἱὸς τοῦ ἀνθρώπου
Lk 9:59 Εἶπεν **δὲ** πρὸς ἕτερον·
Lk 9:59 ὁ **δὲ** εἶπεν·
Lk 9:60 εἶπεν **δὲ** αὐτῷ·
Lk 9:60 σὺ **δὲ** ἀπελθὼν διάγγελλε τὴν
Lk 9:61 Εἶπεν **δὲ** καὶ ἕτερος·
Lk 9:61 πρῶτον **δὲ** ἐπίτρεψόν μοι ἀποτάξασθαι
Lk 9:62 εἶπεν **δὲ** [πρὸς αὐτὸν] ὁ
Lk 10:1 Μετὰ **δὲ** ταῦτα ἀνέδειξεν ὁ
Lk 10:2 ἔλεγεν **δὲ** πρὸς αὐτούς·
Lk 10:2 οἱ **δὲ** ἐργάται ὀλίγοι·
Lk 10:5 εἰς ἣν **δ'** ἂν εἰσέλθητε οἰκίαν,
Lk 10:6 εἰ **δὲ** μή γε,
Lk 10:7 ἐν αὐτῇ **δὲ** τῇ οἰκίᾳ μένετε
Lk 10:10 εἰς ἣν **δ'** ἂν πόλιν εἰσέλθητε
Lk 10:16 ὁ **δὲ** ἐμὲ ἀθετῶν ἀθετεῖ
Lk 10:17 Ὑπέστρεψαν **δὲ** οἱ ἑβδομήκοντα [δύο]
Lk 10:18 εἶπεν **δὲ** αὐτοῖς·
Lk 10:20 χαίρετε **δὲ** ὅτι τὰ ὀνόματα
Lk 10:26 ὁ **δὲ** εἶπεν πρὸς αὐτόν·
Lk 10:27 ὁ **δὲ** ἀποκριθεὶς εἶπεν·
Lk 10:28 εἶπεν **δὲ** αὐτῷ·
Lk 10:29 ὁ **δὲ** θέλων δικαιῶσαι ἑαυτὸν
Lk 10:31 κατὰ συγκυρίαν **δὲ** ἱερεύς τις κατέβαινεν
Lk 10:32 ὁμοίως **δὲ** καὶ Λευίτης [γενόμενος]
Lk 10:33 Σαμαρίτης **δέ** τις ὁδεύων ἦλθεν
Lk 10:34 ἐπιβιβάσας **δὲ** αὐτὸν ἐπὶ τὸ
Lk 10:37 ὁ **δὲ** εἶπεν·
Lk 10:37 εἶπεν **δὲ** αὐτῷ ὁ Ἰησοῦς·
Lk 10:38 Ἐν **δὲ** τῷ πορεύεσθαι αὐτοὺς
Lk 10:38 γυνὴ **δέ** τις ὀνόματι Μάρθα
Lk 10:40 ἡ **δὲ** Μάρθα περιεσπᾶτο περὶ
Lk 10:40 ἐπιστᾶσα **δὲ** εἶπεν,
Lk 10:41 ἀποκριθεὶς **δὲ** εἶπεν αὐτῇ ὁ
Lk 10:42 ἑνὸς **δέ** ἐστιν χρεία·
Lk 11:2 εἶπεν **δὲ** αὐτοῖς·
Lk 11:11 τίνα **δὲ** ἐξ ὑμῶν τὸν
Lk 11:14 ἐγένετο **δὲ** τοῦ δαιμονίου ἐξελθόντος
Lk 11:15 τινες **δὲ** ἐξ αὐτῶν εἶπον·
Lk 11:16 ἕτεροι **δὲ** πειράζοντες σημεῖον ἐξ
Lk 11:17 αὐτὸς **δὲ** εἰδὼς αὐτῶν τὰ
Lk 11:18 εἰ **δὲ** καὶ ὁ σατανᾶς
Lk 11:19 εἰ **δὲ** ἐγὼ ἐν Βεελζεβοὺλ
Lk 11:20 εἰ **δὲ** ἐν δακτύλῳ θεοῦ
Lk 11:22 ἐπὰν **δὲ** ἰσχυρότερος αὐτοῦ ἐπελθὼν
Lk 11:27 Ἐγένετο **δὲ** ἐν τῷ λέγειν
Lk 11:28 αὐτὸς **δὲ** εἶπεν·
Lk 11:29 Τῶν **δὲ** ὄχλων ἐπαθροιζομένων ἤρξατο
Lk 11:34 ἐπὰν **δὲ** πονηρὸς ᾖ,
Lk 11:37 Ἐν **δὲ** τῷ λαλῆσαι ἐρωτᾷ
Lk 11:37 εἰσελθὼν **δὲ** ἀνέπεσεν.
Lk 11:38 ὁ **δὲ** Φαρισαῖος ἰδὼν ἐθαύμασεν
Lk 11:39 εἶπεν **δὲ** ὁ κύριος πρὸς
Lk 11:39 τὸ δὲ **ἔσωθεν** ὑμῶν γέμει ἁρπαγῆς
Lk 11:42 ταῦτα **δὲ** ἔδει ποιῆσαι κἀκεῖνα
Lk 11:45 Ἀποκριθεὶς **δέ** τις τῶν νομικῶν
Lk 11:46 ὁ **δὲ** εἶπεν·
Lk 11:47 οἱ **δὲ** πατέρες ὑμῶν ἀπέκτειναν
Lk 11:48 ὑμεῖς **δὲ** οἰκοδομεῖτε.
Lk 12:2 Οὐδὲν **δὲ** συγκεκαλυμμένον ἐστὶν ὃ
Lk 12:4 Λέγω **δὲ** ὑμῖν τοῖς φίλοις
Lk 12:5 ὑποδείξω **δὲ** ὑμῖν τίνα φοβηθῆτε·
Lk 12:8 Λέγω **δὲ** ὑμῖν,
Lk 12:9 ὁ **δὲ** ἀρνησάμενός με ἐνώπιον
Lk 12:10 τῷ **δὲ** εἰς τὸ ἅγιον
Lk 12:11 Ὅταν **δὲ** εἰσφέρωσιν ὑμᾶς ἐπὶ
Lk 12:13 Εἶπεν **δέ** τις ἐκ τοῦ
Lk 12:14 ὁ **δὲ** εἶπεν αὐτῷ·
Lk 12:15 εἶπεν **δὲ** πρὸς αὐτούς·
Lk 12:16 Εἶπεν **δὲ** παραβολὴν πρὸς αὐτοὺς
Lk 12:20 εἶπεν **δὲ** αὐτῷ ὁ θεός·
Lk 12:20 ἃ **δὲ** ἡτοίμασας,
Lk 12:22 Εἶπεν **δὲ** πρὸς τοὺς μαθητὰς
Lk 12:25 τίς **δὲ** ἐξ ὑμῶν μεριμνῶν
Lk 12:27 λέγω **δὲ** ὑμῖν,
Lk 12:28 εἰ **δὲ** ἐν ἀγρῷ τὸν
Lk 12:30 ὑμῶν **δὲ** ὁ πατὴρ οἶδεν
Lk 12:39 τοῦτο **δὲ** γινώσκετε ὅτι εἰ
Lk 12:41 Εἶπεν **δὲ** ὁ Πέτρος·
Lk 12:45 ἐὰν **δὲ** εἴπῃ ὁ δοῦλος
Lk 12:47 Ἐκεῖνος **δὲ** ὁ δοῦλος ὁ
Lk 12:48 ὁ **δὲ** μὴ γνούς,
Lk 12:48 ποιήσας **δὲ** ἄξια πληγῶν δαρήσεται
Lk 12:48 παντὶ **δὲ** ᾧ ἐδόθη πολύ,
Lk 12:50 βάπτισμα **δὲ** ἔχω βαπτισθῆναι,
Lk 12:54 Ἔλεγεν **δὲ** καὶ τοῖς ὄχλοις·
Lk 12:56 τὸν καιρὸν **δὲ** τοῦτον πῶς οὐκ
Lk 12:57 Τί **δὲ** καὶ ἀφ' ἑαυτῶν
Lk 13:1 Παρῆσαν **δέ** τινες ἐν αὐτῷ
Lk 13:6 Ἔλεγεν **δὲ** ταύτην τὴν παραβολήν·
Lk 13:7 εἶπεν **δὲ** πρὸς τὸν ἀμπελουργόν·
Lk 13:8 ὁ **δὲ** ἀποκριθεὶς λέγει αὐτῷ·
Lk 13:9 εἰ **δὲ** μή γε,
Lk 13:10 Ἦν **δὲ** διδάσκων ἐν μιᾷ
Lk 13:12 ἰδὼν **δὲ** αὐτὴν ὁ Ἰησοῦς
Lk 13:14 ἀποκριθεὶς **δὲ** ὁ ἀρχισυνάγωγος,
Lk 13:15 ἀπεκρίθη **δὲ** αὐτῷ ὁ κύριος
Lk 13:16 ταύτην **δὲ** θυγατέρα Ἀβραὰμ οὖσαν,
Lk 13:23 Εἶπεν **δέ** τις αὐτῷ·
Lk 13:23 ὁ **δὲ** εἶπεν πρὸς αὐτούς·
Lk 13:28 ὑμᾶς **δὲ** ἐκβαλλομένους ἔξω.
Lk 13:35 λέγω **[δὲ]** ὑμῖν,
Lk 14:4 οἱ **δὲ** ἡσύχασαν.
Lk 14:7 Ἔλεγεν **δὲ** πρὸς τοὺς κεκλημένους
Lk 14:12 Ἔλεγεν **δὲ** καὶ τῷ κεκληκότι
Lk 14:15 Ἀκούσας **δέ** τις τῶν συνανακειμένων
Lk 14:16 Ὁ **δὲ** εἶπεν αὐτῷ·
Lk 14:25 Συνεπορεύοντο **δὲ** αὐτῷ ὄχλοι πολλοί,
Lk 14:32 εἰ **δὲ** μή γε,
Lk 14:34 ἐὰν **δὲ** καὶ τὸ ἅλας
Lk 15:1 Ἦσαν **δὲ** αὐτῷ ἐγγίζοντες πάντες
Lk 15:3 Εἶπεν **δὲ** πρὸς αὐτοὺς τὴν
Lk 15:11 Εἶπεν **δέ**·
Lk 15:12 ὁ **δὲ** διεῖλεν αὐτοῖς τὸν
Lk 15:14 δαπανήσαντος **δὲ** αὐτοῦ πάντα ἐγένετο
Lk 15:17 εἰς ἑαυτὸν **δὲ** ἐλθὼν ἔφη·
Lk 15:17 ἐγὼ **δὲ** λιμῷ ὧδε ἀπόλλυμαι.
Lk 15:20 Ἔτι **δὲ** αὐτοῦ μακρὰν ἀπέχοντος
Lk 15:21 εἶπεν **δὲ** ὁ υἱὸς αὐτῷ·

Lk 15:22 εἶπεν **δὲ** ὁ πατὴρ πρὸς
Lk 15:25 Ἦν **δὲ** ὁ υἱὸς αὐτοῦ
Lk 15:27 ὁ **δὲ** εἶπεν αὐτῷ ὅτι
Lk 15:28 ὠργίσθη **δὲ** καὶ οὐκ ἤθελεν
Lk 15:28 ὁ **δὲ** πατὴρ αὐτοῦ ἐξελθὼν
Lk 15:29 ὁ **δὲ** ἀποκριθεὶς εἶπεν τῷ
Lk 15:30 ὅτε **δὲ** ὁ υἱός σου
Lk 15:31 ὁ **δὲ** εἶπεν αὐτῷ·
Lk 15:32 εὐφρανθῆναι **δὲ** καὶ χαρῆναι ἔδει,
Lk 16:1 Ἔλεγεν **δὲ** καὶ πρὸς τοὺς
Lk 16:3 εἶπεν **δὲ** ἐν ἑαυτῷ ὁ
Lk 16:6 ὁ **δὲ** εἶπεν·
Lk 16:6 ὁ **δὲ** εἶπεν αὐτῷ·
Lk 16:7 σὺ δὲ **πόσον** ὀφείλεις;
Lk 16:7 ὁ **δὲ** εἶπεν·
Lk 16:14 Ἤκουον **δὲ** ταῦτα πάντα οἱ
Lk 16:15 ὁ **δὲ** θεὸς γινώσκει τὰς
Lk 16:17 εὐκοπώτερον **δέ** ἐστιν τὸν οὐρανὸν
Lk 16:19 Ἄνθρωπος **δέ** τις ἦν πλούσιος,
Lk 16:20 πτωχὸς **δέ** τις ὀνόματι Λάζαρος
Lk 16:22 ἐγένετο **δὲ** ἀποθανεῖν τὸν πτωχὸν
Lk 16:22 ἀπέθανεν **δὲ** καὶ ὁ πλούσιος
Lk 16:25 εἶπεν **δὲ** Ἀβραάμ·
Lk 16:25 νῦν **δὲ** ὧδε παρακαλεῖται,
Lk 16:25 σὺ **δὲ** ὀδυνᾶσαι.
Lk 16:27 εἶπεν **δέ**·
Lk 16:29 λέγει **δὲ** Ἀβραάμ·
Lk 16:30 ὁ **δὲ** εἶπεν·
Lk 16:31 εἶπεν **δὲ** αὐτῷ·
Lk 17:1 Εἶπεν **δὲ** πρὸς τοὺς μαθητὰς
Lk 17:6 εἶπεν **δὲ** ὁ κύριος·
Lk 17:7 Τίς **δὲ** ἐξ ὑμῶν δοῦλον
Lk 17:15 εἷς **δὲ** ἐξ αὐτῶν,
Lk 17:17 ἀποκριθεὶς **δὲ** ὁ Ἰησοῦς εἶπεν·
Lk 17:17 οἱ **δὲ** ἐννέα ποῦ;
Lk 17:20 Ἐπερωτηθεὶς **δὲ** ὑπὸ τῶν Φαρισαίων
Lk 17:22 Εἶπεν **δὲ** πρὸς τοὺς μαθητάς·
Lk 17:25 πρῶτον **δὲ** δεῖ αὐτὸν πολλὰ
Lk 17:29 ᾗ **δὲ** ἡμέρᾳ ἐξῆλθεν Λώτ
Lk 17:33 ὃς **δ'** ἂν ἀπολέσῃ ζῳογονήσει
Lk 17:35 ἡ **δὲ** ἑτέρα ἀφεθήσεται.
Lk 17:37 ὁ **δὲ** εἶπεν αὐτοῖς·
Lk 18:1 Ἔλεγεν **δὲ** παραβολὴν αὐτοῖς πρὸς
Lk 18:3 χήρα **δὲ** ἦν ἐν τῇ
Lk 18:4 μετὰ **δὲ** ταῦτα εἶπεν ἐν
Lk 18:6 Εἶπεν **δὲ** ὁ κύριος·
Lk 18:7 ὁ **δὲ** θεὸς οὐ μὴ
Lk 18:9 Εἶπεν **δὲ** καὶ πρός τινας
Lk 18:13 ὁ **δὲ** τελώνης μακρόθεν ἑστὼς
Lk 18:14 ὁ **δὲ** ταπεινῶν ἑαυτὸν ὑψωθήσεται.
Lk 18:15 Προσέφερον **δὲ** αὐτῷ καὶ τὰ
Lk 18:15 ἰδόντες **δὲ** οἱ μαθηταὶ ἐπετίμων
Lk 18:16 ὁ **δὲ** Ἰησοῦς προσεκαλέσατο αὐτὰ
Lk 18:19 εἶπεν **δὲ** αὐτῷ ὁ Ἰησοῦς·
Lk 18:21 ὁ **δὲ** εἶπεν·
Lk 18:22 ἀκούσας **δὲ** ὁ Ἰησοῦς εἶπεν
Lk 18:23 ὁ **δὲ** ἀκούσας ταῦτα περίλυπος
Lk 18:24 ἰδὼν **δὲ** αὐτὸν ὁ Ἰησοῦς
Lk 18:26 εἶπαν **δὲ** οἱ ἀκούσαντες·
Lk 18:27 ὁ **δὲ** εἶπεν·
Lk 18:28 Εἶπεν **δὲ** ὁ Πέτρος·
Lk 18:29 ὁ **δὲ** εἶπεν αὐτοῖς·
Lk 18:31 Παραλαβὼν **δὲ** τοὺς δώδεκα εἶπεν
Lk 18:35 Ἐγένετο **δὲ** ἐν τῷ ἐγγίζειν
Lk 18:36 ἀκούσας **δὲ** ὄχλου διαπορευομένου ἐπυνθάνετο
Lk 18:37 ἀπήγγειλαν **δὲ** αὐτῷ ὅτι Ἰησοῦς
Lk 18:39 αὐτὸς **δὲ** πολλῷ μᾶλλον ἔκραζεν·
Lk 18:40 σταθεὶς **δὲ** ὁ Ἰησοῦς ἐκέλευσεν
Lk 18:40 ἐγγίσαντος **δὲ** αὐτοῦ ἐπηρώτησεν αὐτόν·
Lk 18:41 ὁ **δὲ** εἶπεν·
Lk 19:8 σταθεὶς **δὲ** Ζακχαῖος εἶπεν πρὸς
Lk 19:9 εἶπεν **δὲ** πρὸς αὐτὸν ὁ
Lk 19:11 Ἀκουόντων **δὲ** αὐτῶν ταῦτα προσθεὶς
Lk 19:13 καλέσας **δὲ** δέκα δούλους ἑαυτοῦ
Lk 19:14 οἱ **δὲ** πολῖται αὐτοῦ ἐμίσουν
Lk 19:16 παρεγένετο **δὲ** ὁ πρῶτος λέγων·
Lk 19:19 εἶπεν **δὲ** καὶ τούτῳ·
Lk 19:26 ἀπὸ **δὲ** τοῦ μὴ ἔχοντος
Lk 19:32 ἀπελθόντες **δὲ** οἱ ἀπεσταλμένοι εὗρον
Lk 19:33 λυόντων **δὲ** αὐτῶν τὸν πῶλον
Lk 19:34 οἱ **δὲ** εἶπαν·
Lk 19:36 πορευομένου **δὲ** αὐτοῦ ὑπεστρώννυον τὰ
Lk 19:37 ἐγγίζοντος **δὲ** αὐτοῦ ἤδη πρὸς
Lk 19:42 νῦν **δὲ** ἐκρύβη ἀπὸ ὀφθαλμῶν
Lk 19:46 ὑμεῖς **δὲ** αὐτὸν ἐποιήσατε σπήλαιον
Lk 19:47 οἱ **δὲ** ἀρχιερεῖς καὶ οἱ
Lk 20:3 ἀποκριθεὶς **δὲ** εἶπεν πρὸς αὐτούς·
Lk 20:5 οἱ **δὲ** συνελογίσαντο πρὸς ἑαυτοὺς
Lk 20:6 ἐὰν **δὲ** εἴπωμεν·
Lk 20:9 Ἤρξατο **δὲ** πρὸς τὸν λαὸν
Lk 20:10 οἱ **δὲ** γεωργοὶ ἐξαπέστειλαν αὐτὸν
Lk 20:11 οἱ **δὲ** κἀκεῖνον δείραντες καὶ
Lk 20:12 οἱ **δὲ** καὶ τοῦτον τραυματίσαντες
Lk 20:13 εἶπεν **δὲ** ὁ κύριος τοῦ
Lk 20:14 ἰδόντες **δὲ** αὐτὸν οἱ γεωργοὶ
Lk 20:16 ἀκούσαντες **δὲ** εἶπαν·
Lk 20:17 ὁ **δὲ** ἐμβλέψας αὐτοῖς εἶπεν·
Lk 20:18 ἐφ' ὃν **δ'** ἂν πέσῃ,
Lk 20:23 κατανοήσας **δὲ** αὐτῶν τὴν πανουργίαν
Lk 20:24 οἱ **δὲ** εἶπαν·
Lk 20:25 ὁ **δὲ** εἶπεν πρὸς αὐτούς·
Lk 20:27 Προσελθόντες **δέ** τινες τῶν Σαδδουκαίων,
Lk 20:31 ὡσαύτως **δὲ** καὶ οἱ ἑπτὰ
Lk 20:35 οἱ **δὲ** καταξιωθέντες τοῦ αἰῶνος
Lk 20:37 ὅτι **δὲ** ἐγείρονται οἱ νεκροί,
Lk 20:38 θεὸς **δὲ** οὐκ ἔστιν νεκρῶν
Lk 20:39 Ἀποκριθέντες **δέ** τινες τῶν γραμματέων
Lk 20:41 Εἶπεν **δὲ** πρὸς αὐτούς·
Lk 20:45 Ἀκούοντος **δὲ** παντὸς τοῦ λαοῦ
Lk 21:1 Ἀναβλέψας **δὲ** εἶδεν τοὺς βάλλοντας
Lk 21:2 εἶδεν **δέ** τινα χήραν πενιχρὰν
Lk 21:4 αὕτη **δὲ** ἐκ τοῦ ὑστερήματος
Lk 21:7 Ἐπηρώτησαν **δὲ** αὐτὸν λέγοντες·
Lk 21:8 ὁ **δὲ** εἶπεν·
Lk 21:9 ὅταν **δὲ** ἀκούσητε πολέμους καὶ
Lk 21:12 Πρὸ **δὲ** τούτων πάντων ἐπιβαλοῦσιν
Lk 21:16 παραδοθήσεσθε **δὲ** καὶ ὑπὸ γονέων
Lk 21:20 Ὅταν **δὲ** ἴδητε κυκλουμένην ὑπὸ
Lk 21:28 ἀρχομένων **δὲ** τούτων γίνεσθαι ἀνακύψατε
Lk 21:33 οἱ **δὲ** λόγοι μου οὐ
Lk 21:34 Προσέχετε **δὲ** ἑαυτοῖς μήποτε βαρηθῶσιν
Lk 21:36 ἀγρυπνεῖτε **δὲ** ἐν παντὶ καιρῷ
Lk 21:37 Ἦν **δὲ** τὰς ἡμέρας ἐν
Lk 21:37 τὰς **δὲ** νύκτας ἐξερχόμενος ηὐλίζετο
Lk 22:1 Ἤγγιζεν **δὲ** ἡ ἑορτὴ τῶν
Lk 22:3 Εἰσῆλθεν **δὲ** σατανᾶς εἰς Ἰούδαν
Lk 22:7 Ἦλθεν **δὲ** ἡ ἡμέρα τῶν

Lk 22:9 οἱ **δὲ** εἶπαν αὐτῷ·
Lk 22:10 ὁ **δὲ** εἶπεν αὐτοῖς·
Lk 22:13 ἀπελθόντες **δὲ** εὗρον καθὼς εἰρήκει
Lk 22:24 Ἐγένετο **δὲ** καὶ φιλονεικία ἐν
Lk 22:25 ὁ **δὲ** εἶπεν αὐτοῖς·
Lk 22:26 ὑμεῖς **δὲ** οὐχ οὕτως,
Lk 22:27 ἐγὼ **δὲ** ἐν μέσῳ ὑμῶν
Lk 22:28 ὑμεῖς **δέ** ἐστε οἱ διαμεμενηκότες
Lk 22:32 ἐγὼ **δὲ** ἐδεήθην περὶ σοῦ
Lk 22:33 ὁ **δὲ** εἶπεν αὐτῷ·
Lk 22:34 ὁ **δὲ** εἶπεν·
Lk 22:35 οἱ **δὲ** εἶπαν·
Lk 22:36 εἶπεν **δὲ** αὐτοῖς·
Lk 22:38 οἱ **δὲ** εἶπαν·
Lk 22:38 ὁ **δὲ** εἶπεν αὐτοῖς·
Lk 22:39 ἠκολούθησαν **δὲ** αὐτῷ καὶ οἱ
Lk 22:40 γενόμενος **δὲ** ἐπὶ τοῦ τόπου
Lk 22:43 [[ὤφθη **δὲ** αὐτῷ ἄγγελος ἀπ᾽
Lk 22:48 Ἰησοῦς **δὲ** εἶπεν αὐτῷ·
Lk 22:49 ἰδόντες **δὲ** οἱ περὶ αὐτὸν
Lk 22:51 ἀποκριθεὶς **δὲ** ὁ Ἰησοῦς εἶπεν·
Lk 22:52 Εἶπεν **δὲ** Ἰησοῦς πρὸς τοὺς
Lk 22:54 Συλλαβόντες **δὲ** αὐτὸν ἤγαγον καὶ
Lk 22:54 ὁ **δὲ** Πέτρος ἠκολούθει μακρόθεν.
Lk 22:55 περιαψάντων **δὲ** πῦρ ἐν μέσῳ
Lk 22:56 ἰδοῦσα **δὲ** αὐτὸν παιδίσκη τις
Lk 22:57 ὁ **δὲ** ἠρνήσατο λέγων·
Lk 22:58 ὁ **δὲ** Πέτρος ἔφη·
Lk 22:60 εἶπεν **δὲ** ὁ Πέτρος·
Lk 22:67 εἶπεν **δὲ** αὐτοῖς·
Lk 22:68 ἐὰν **δὲ** ἐρωτήσω,
Lk 22:69 ἀπὸ τοῦ νῦν **δὲ** ἔσται ὁ υἱὸς
Lk 22:70 εἶπαν **δὲ** πάντες·
Lk 22:70 ὁ **δὲ** πρὸς αὐτοὺς ἔφη·
Lk 22:71 οἱ **δὲ** εἶπαν·
Lk 23:2 Ἤρξαντο **δὲ** κατηγορεῖν αὐτοῦ λέγοντες·
Lk 23:3 ὁ **δὲ** Πιλᾶτος ἠρώτησεν αὐτὸν
Lk 23:3 ὁ **δὲ** ἀποκριθεὶς αὐτῷ ἔφη·
Lk 23:4 ὁ **δὲ** Πιλᾶτος εἶπεν πρὸς
Lk 23:5 οἱ **δὲ** ἐπίσχυον λέγοντες ὅτι
Lk 23:6 Πιλᾶτος **δὲ** ἀκούσας ἐπηρώτησεν εἰ
Lk 23:8 Ὁ **δὲ** Ἡρῴδης ἰδὼν τὸν
Lk 23:9 ἐπηρώτα **δὲ** αὐτὸν ἐν λόγοις
Lk 23:9 αὐτὸς **δὲ** οὐδὲν ἀπεκρίνατο αὐτῷ.
Lk 23:10 εἱστήκεισαν **δὲ** οἱ ἀρχιερεῖς καὶ
Lk 23:11 ἐξουθενήσας **δὲ** αὐτὸν [καὶ] ὁ
Lk 23:12 ἐγένοντο **δὲ** φίλοι ὅ τε
Lk 23:13 Πιλᾶτος **δὲ** συγκαλεσάμενος τοὺς ἀρχιερεῖς
Lk 23:18 Ἀνέκραγον **δὲ** παμπληθεὶ λέγοντες·
Lk 23:18 ἀπόλυσον **δὲ** ἡμῖν τὸν Βαραββᾶν·
Lk 23:20 πάλιν **δὲ** ὁ Πιλᾶτος προσεφώνησεν
Lk 23:21 οἱ **δὲ** ἐπεφώνουν λέγοντες·
Lk 23:22 ὁ **δὲ** τρίτον εἶπεν πρὸς
Lk 23:23 οἱ **δὲ** ἐπέκειντο φωναῖς μεγάλαις
Lk 23:25 ἀπέλυσεν **δὲ** τὸν διὰ στάσιν
Lk 23:25 τὸν **δὲ** Ἰησοῦν παρέδωκεν τῷ
Lk 23:27 Ἠκολούθει **δὲ** αὐτῷ πολὺ πλῆθος
Lk 23:28 στραφεὶς **δὲ** πρὸς αὐτὰς [ὁ]
Lk 23:32 Ἤγοντο **δὲ** καὶ ἕτεροι κακοῦργοι
Lk 23:33 ἐκ δεξιῶν ὃν **δὲ** ἐξ ἀριστερῶν.
Lk 23:34 [[ὁ **δὲ** Ἰησοῦς ἔλεγεν·
Lk 23:34 τί ποιοῦσιν]] διαμεριζόμενοι **δὲ** τὰ ἱμάτια αὐτοῦ
Lk 23:35 ἐξεμυκτήριζον **δὲ** καὶ οἱ ἄρχοντες
Lk 23:36 ἐνέπαιξαν **δὲ** αὐτῷ καὶ οἱ
Lk 23:38 ἦν **δὲ** καὶ ἐπιγραφὴ ἐπ᾽
Lk 23:39 Εἷς **δὲ** τῶν κρεμασθέντων κακούργων
Lk 23:40 ἀποκριθεὶς **δὲ** ὁ ἕτερος ἐπιτιμῶν
Lk 23:41 οὗτος **δὲ** οὐδὲν ἄτοπον ἔπραξεν.
Lk 23:45 ἐσχίσθη **δὲ** τὸ καταπέτασμα τοῦ
Lk 23:46 τοῦτο **δὲ** εἰπὼν ἐξέπνευσεν.
Lk 23:47 ἰδὼν **δὲ** ὁ ἑκατοντάρχης τὸ
Lk 23:49 Εἱστήκεισαν **δὲ** πάντες οἱ γνωστοὶ
Lk 23:55 Κατακολουθήσασαι **δὲ** αἱ γυναῖκες,
Lk 23:56 ὑποστρέψασαι **δὲ** ἡτοίμασαν ἀρώματα καὶ
Lk 24:1 Τῇ **δὲ** μιᾷ τῶν σαββάτων
Lk 24:2 εὗρον **δὲ** τὸν λίθον ἀποκεκυλισμένον
Lk 24:3 εἰσελθοῦσαι **δὲ** οὐχ εὗρον τὸ
Lk 24:5 ἐμφόβων **δὲ** γενομένων αὐτῶν καὶ
Lk 24:10 ἦσαν **δὲ** ἡ Μαγδαληνὴ Μαρία
Lk 24:12 Ὁ **δὲ** Πέτρος ἀναστὰς ἔδραμεν
Lk 24:16 οἱ **δὲ** ὀφθαλμοὶ αὐτῶν ἐκρατοῦντο
Lk 24:17 εἶπεν **δὲ** πρὸς αὐτούς·
Lk 24:18 ἀποκριθεὶς **δὲ** εἷς ὀνόματι Κλεοπᾶς
Lk 24:19 οἱ **δὲ** εἶπαν αὐτῷ·
Lk 24:21 ἡμεῖς **δὲ** ἠλπίζομεν ὅτι αὐτός
Lk 24:24 αὐτὸν **δὲ** οὐκ εἶδον.
Lk 24:31 αὐτῶν **δὲ** διηνοίχθησαν οἱ ὀφθαλμοὶ
Lk 24:36 Ταῦτα **δὲ** αὐτῶν λαλούντων αὐτὸς
Lk 24:37 πτοηθέντες **δὲ** καὶ ἔμφοβοι γενόμενοι
Lk 24:41 ἔτι **δὲ** ἀπιστούντων αὐτῶν ἀπὸ
Lk 24:42 οἱ **δὲ** ἐπέδωκαν αὐτῷ ἰχθύος
Lk 24:44 Εἶπεν **δὲ** πρὸς αὐτούς·
Lk 24:49 ὑμεῖς **δὲ** καθίσατε ἐν τῇ
537Lk 24:50 Ἐξήγαγεν **δὲ** αὐτοὺς [ἔξω] ἕως

δέησις (*deēsis*; 3/18) *prayer*

Lk 1:13 διότι εἰσηκούσθη ἡ **δέησίς** σου,
Lk 2:37 ἱεροῦ νηστείαις καὶ **δεήσεσιν** λατρεύουσα νύκτα καὶ
Lk 5:33 νηστεύουσιν πυκνὰ καὶ **δεήσεις** ποιοῦνται ὁμοίως καὶ

δεῖ (*dei*; 18/101) *it is necessary*

Lk 2:49 τοῦ πατρός μου **δεῖ** εἶναί με;
Lk 4:43 πόλεσιν εὐαγγελίσασθαί με **δεῖ** τὴν βασιλείαν τοῦ
Lk 9:22 εἰπὼν ὅτι **δεῖ** τὸν υἱὸν τοῦ
Lk 11:42 ταῦτα δὲ **ἔδει** ποιῆσαι κἀκεῖνα μὴ
Lk 12:12 τῇ ὥρᾳ ἃ **δεῖ** εἰπεῖν.
Lk 13:14 εἰσὶν ἐν αἷς **δεῖ** ἐργάζεσθαι·
Lk 13:16 οὐκ **ἔδει** λυθῆναι ἀπὸ τοῦ
Lk 13:33 πλὴν **δεῖ** με σήμερον καὶ
Lk 15:32 δὲ καὶ χαρῆναι **ἔδει**,
Lk 17:25 πρῶτον δὲ **δεῖ** αὐτὸν πολλὰ παθεῖν
Lk 18:1 αὐτοῖς πρὸς τὸ **δεῖν** πάντοτε προσεύχεσθαι αὐτοὺς
Lk 19:5 τῷ οἴκῳ σου **δεῖ** με μεῖναι.
Lk 21:9 **δεῖ** γὰρ ταῦτα γενέσθαι
Lk 22:7 [ἐν] ᾗ **ἔδει** θύεσθαι τὸ πάσχα·
Lk 22:37 τοῦτο τὸ γεγραμμένον **δεῖ** τελεσθῆναι ἐν ἐμοί,
Lk 24:7 τοῦ ἀνθρώπου ὅτι **δεῖ** παραδοθῆναι εἰς χεῖρας
Lk 24:26 οὐχὶ ταῦτα **ἔδει** παθεῖν τὸν χριστὸν
Lk 24:44 ὅτι **δεῖ** πληρωθῆναι πάντα τὰ

δείκνυμι (*deiknymi*; 5/33) *show*

Lk 4:5 Καὶ ἀναγαγὼν αὐτὸν **ἔδειξεν** αὐτῷ πάσας
Lk 5:14 ἀλλὰ ἀπελθὼν **δεῖξον** σεαυτὸν τῷ ἱερεῖ
Lk 20:24 **δείξατέ** μοι δηνάριον·
Lk 22:12 κἀκεῖνος ὑμῖν **δείξει** ἀνάγαιον μέγα ἐστρωμένον·
Lk 24:40 καὶ τοῦτο εἰπὼν **ἔδειξεν** αὐτοῖς τὰς χεῖρας

δεινῶς (*deinōs*; 1/2) *terribly*

Lk 11:53 καὶ οἱ Φαρισαῖοι **δεινῶς** ἐνέχειν καὶ ἀποστοματίζειν

δειπνέω (*deipneō*; 2/4) *eat*

Lk 17:8 ἑτοίμασον τί **δειπνήσω** καὶ περιζωσάμενος διακόνει
Lk 22:20 ὡσαύτως μετὰ τὸ **δειπνῆσαι**,

δεῖπνον (*deipnon*; 5/16) *dinner, feast*

Lk 14:12 ποιῇς ἄριστον ἢ **δεῖπνον**,
Lk 14:16 ἄνθρωπός τις ἐποίει **δεῖπνον** μέγα,
Lk 14:17 τῇ ὥρᾳ τοῦ **δείπνου** εἰπεῖν τοῖς κεκλημένοις·
Lk 14:24 γεύσεταί μου τοῦ **δείπνου**.
Lk 20:46 πρωτοκλισίας ἐν τοῖς **δείπνοις**,

δέκα (*deka*; 11/25) *ten*

Lk 13:16 ὁ σατανᾶς ἰδοὺ **δέκα** καὶ ὀκτὼ ἔτη,
Lk 14:31 δυνατός ἐστιν ἐν **δέκα** χιλιάσιν ὑπαντῆσαι
Lk 15:8 γυνὴ δραχμὰς ἔχουσα **δέκα** ἐὰν ἀπολέσῃ δραχμὴν
Lk 17:12 κώμην ἀπήντησαν [αὐτῷ] **δέκα** λεπροὶ ἄνδρες,
Lk 17:17 οὐχὶ οἱ **δέκα** ἐκαθαρίσθησαν;
Lk 19:13 καλέσας δὲ **δέκα** δούλους ἑαυτοῦ ἔδωκεν
Lk 19:13 ἑαυτοῦ ἔδωκεν αὐτοῖς **δέκα** μνᾶς καὶ εἶπεν
Lk 19:16 ἡ μνᾶ σου **δέκα** προσηργάσατο μνᾶς.
Lk 19:17 ἐξουσίαν ἔχων ἐπάνω **δέκα** πόλεων.
Lk 19:24 δότε τῷ τὰς **δέκα** μνᾶς ἔχοντι
Lk 19:25 ἔχει **δέκα** μνᾶς

δεκαοκτώ (*dekaoktō*; 2/2) *eighteen*

Lk 13:4 ἢ ἐκεῖνοι οἱ **δεκαοκτὼ** ἐφ' οὓς ἔπεσεν
Lk 13:11 ἔχουσα ἀσθενείας ἔτη **δεκαοκτὼ** καὶ ἦν συγκύπτουσα

δεκτός (*dektos*; 2/5) *acceptable*

Lk 4:19 κηρύξαι ἐνιαυτὸν κυρίου **δεκτόν**.
Lk 4:24 ὅτι οὐδεὶς προφήτης **δεκτός** ἐστιν ἐν τῇ

δένδρον (*dendron*; 7/25) *tree*

Lk 3:9 τὴν ῥίζαν τῶν **δένδρων** κεῖται·
Lk 3:9 πᾶν οὖν **δένδρον** μὴ ποιοῦν καρπὸν
Lk 6:43 Οὐ γάρ ἐστιν **δένδρον** καλὸν ποιοῦν καρπὸν
Lk 6:43 οὐδὲ πάλιν **δένδρον** σαπρὸν ποιοῦν καρπὸν
Lk 6:44 ἕκαστον γὰρ **δένδρον** ἐκ τοῦ ἰδίου
Lk 13:19 καὶ ἐγένετο εἰς **δένδρον**,
Lk 21:29 καὶ πάντα τὰ **δένδρα**·

δεξιός (*dexios*; 6/53[54]) *right*

Lk 1:11 κυρίου ἑστὼς ἐκ **δεξιῶν** τοῦ θυσιαστηρίου
Lk 6:6 χεὶρ αὐτοῦ ἡ **δεξιὰ** ἦν ξηρά.
Lk 20:42 κάθου ἐκ **δεξιῶν** μου,
Lk 22:50 οὖς αὐτοῦ τὸ **δεξιόν**.
Lk 22:69 ἀνθρώπου καθήμενος ἐκ **δεξιῶν** τῆς δυνάμεως τοῦ
Lk 23:33 ὃν μὲν ἐκ **δεξιῶν** ὃν δὲ ἐξ

δέομαι (*deomai*; 8/22) *ask*

Lk 5:12 πεσὼν ἐπὶ πρόσωπον **ἐδεήθη** αὐτοῦ λέγων·
Lk 8:28 **δέομαί** σου,
Lk 8:38 **ἐδεῖτο** δὲ αὐτοῦ ὁ
Lk 9:38 **δέομαί** σου ἐπιβλέψαι ἐπὶ
Lk 9:40 καὶ **ἐδεήθην** τῶν μαθητῶν σου
Lk 10:2 **δεήθητε** οὖν τοῦ κυρίου
Lk 21:36 ἐν παντὶ καιρῷ **δεόμενοι** ἵνα κατισχύσητε ἐκφυγεῖν
Lk 22:32 ἐγὼ δὲ **ἐδεήθην** περὶ σοῦ ἵνα

δέρω (*derō*; 5/15) *beat*

Lk 12:47 τὸ θέλημα αὐτοῦ **δαρήσεται** πολλάς·
Lk 12:48 δὲ ἄξια πληγῶν **δαρήσεται** ὀλίγας.
Lk 20:10 γεωργοὶ ἐξαπέστειλαν αὐτὸν **δείραντες** κενόν.
Lk 20:11 οἱ δὲ κἀκεῖνον **δείραντες** καὶ ἀτιμάσαντες ἐξαπέστειλαν
Lk 22:63 αὐτὸν ἐνέπαιζον αὐτῷ **δέροντες**,

δεσμεύω (*desmeuō*; 1/3) *tie*

Lk 8:29 συνηρπάκει αὐτὸν καὶ **ἐδεσμεύετο** ἁλύσεσιν καὶ πέδαις

δεσμός (*desmos*; 2/18) *bond*

Lk 8:29 καὶ διαρρήσσων τὰ **δεσμὰ** ἠλαύνετο ὑπὸ τοῦ
Lk 13:16 λυθῆναι ἀπὸ τοῦ **δεσμοῦ** τούτου τῇ ἡμέρᾳ

δεσπότης (*despotēs*; 1/10) *master*

Lk 2:29 **δέσποτα**,

δεῦρο (*deuro*; 1/9) *come*

Lk 18:22 καὶ δεῦρο **ἀκολούθει** μοι.

δεύτερος (*deuteros*; 3/43) *second*

Lk 12:38 κἂν ἐν τῇ **δευτέρᾳ** κἂν ἐν τῇ
Lk 19:18 καὶ ἦλθεν ὁ **δεύτερος** λέγων·
Lk 20:30 καὶ ὁ **δεύτερος**

δέχομαι (*dechomai*; 16/56) *take, receive*

Lk 2:28 καὶ αὐτὸς **ἐδέξατο** αὐτὸ εἰς τὰς
Lk 8:13 ἀκούσωσιν μετὰ χαρᾶς **δέχονται** τὸν λόγον,
Lk 9:5 ὅσοι ἂν μὴ **δέχωνται** ὑμᾶς,
Lk 9:48 ὃς ἐὰν **δέξηται** τοῦτο τὸ παιδίον
Lk 9:48 ἐμὲ **δέχεται**·
Lk 9:48 ὃς ἂν ἐμὲ **δέξηται**,
Lk 9:48 δέχεται **τὸν** ἀποστείλαντά με·
Lk 9:53 καὶ οὐκ **ἐδέξαντο** αὐτόν,
Lk 10:8 πόλιν εἰσέρχησθε καὶ **δέχωνται** ὑμᾶς,
Lk 10:10 εἰσέλθητε καὶ μὴ **δέχωνται** ὑμᾶς,
Lk 16:4 ἐκ τῆς οἰκονομίας **δέξωνταί** με εἰς τοὺς
Lk 16:6 **δέξαι** σου τὰ γράμματα
Lk 16:7 **δέξαι** σου τὰ γράμματα
Lk 16:9 ἵνα ὅταν ἐκλίπῃ **δέξωνται** ὑμᾶς εἰς τὰς
Lk 18:17 ὃς ἂν μὴ **δέξηται** τὴν βασιλείαν τοῦ

Lk 22:17 καὶ **δεξάμενος** ποτήριον εὐχαριστήσας εἶπεν·

δέω (*deō*; 2/43) *bind*

Lk 13:16 ἣν **ἔδησεν** ὁ σατανᾶς ἰδοὺ
Lk 19:30 εἰσπορευόμενοι εὑρήσετε πῶλον **δεδεμένον**,

δή (*dē*; 1/5) *indeed*

Lk 2:15 διέλθωμεν **δὴ** ἕως Βηθλέεμ καὶ

δηνάριον (*dēnarion*; 3/16) *denarius (Roman silver coin)*

Lk 7:41 ὁ εἷς ὤφειλεν **δηνάρια** πεντακόσια,
Lk 10:35 ἐκβαλὼν ἔδωκεν δύο **δηνάρια** τῷ πανδοχεῖ
Lk 20:24 δείξατέ μοι **δηνάριον**·

διά (*dia*; 39/665[667]) *through, on account of*

Lk 1:70 καθὼς ἐλάλησεν **διὰ** στόματος τῶν ἁγίων
Lk 1:78 **διὰ** σπλάγχνα ἐλέους θεοῦ
Lk 2:4 **διὰ** τὸ εἶναι αὐτὸν
Lk 4:30 αὐτὸς δὲ διελθὼν **διὰ** μέσου αὐτῶν ἐπορεύετο.
Lk 5:5 **δι'** ὅλης νυκτὸς κοπιάσαντες
Lk 5:19 ποίας εἰσενέγκωσιν αὐτὸν **διὰ** τὸν ὄχλον,
Lk 5:19 ἐπὶ τὸ δῶμα **διὰ** τῶν κεράμων καθῆκαν
Lk 5:30 **διὰ** τί μετὰ τῶν
Lk 6:1 σαββάτῳ διαπορεύεσθαι αὐτὸν **διὰ** σπορίμων,
Lk 6:48 ἴσχυσεν σαλεῦσαι αὐτὴν **διὰ** τὸ καλῶς οἰκοδομῆσθαι
Lk 8:4 πρὸς αὐτὸν εἶπεν **διὰ** παραβολῆς·
Lk 8:6 καὶ φυὲν ἐξηράνθη **διὰ** τὸ μὴ ἔχειν
Lk 8:19 ἠδύναντο συντυχεῖν αὐτῷ **διὰ** τὸν ὄχλον.
Lk 8:47 καὶ προσπεσοῦσα αὐτῷ **δι'** ἣν αἰτίαν ἥψατο
Lk 9:7 πάντα καὶ διηπόρει **διὰ** τὸ λέγεσθαι ὑπό
Lk 11:8 δώσει αὐτῷ ἀναστὰς **διὰ** τὸ εἶναι φίλον
Lk 11:8 **διά** γε τὴν ἀναίδειαν
Lk 11:19 **διὰ** τοῦτο αὐτοὶ ὑμῶν
Lk 11:24 διέρχεται **δι'** ἀνύδρων τόπων ζητοῦν
Lk 11:49 **διὰ** τοῦτο καὶ ἡ
Lk 12:22 **διὰ** τοῦτο λέγω ὑμῖν·
Lk 13:24 ἀγωνίζεσθε εἰσελθεῖν **διὰ** τῆς στενῆς θύρας,
Lk 14:20 γυναῖκα ἔγημα καὶ **διὰ** τοῦτο οὐ δύναμαι
Lk 17:1 πλὴν οὐαὶ **δι'** οὗ ἔρχεται·
Lk 17:11 καὶ αὐτὸς διήρχετο **διὰ** μέσον Σαμαρείας
Lk 18:5 **διά** γε τὸ παρέχειν
Lk 18:25 γάρ ἐστιν κάμηλον **διὰ** τρήματος βελόνης εἰσελθεῖν
Lk 18:31 πάντα τὰ γεγραμμένα **διὰ** τῶν προφητῶν τῷ
Lk 19:11 προσθεὶς εἶπεν παραβολὴν **διὰ** τὸ ἐγγὺς εἶναι
Lk 19:23 καὶ **διὰ** τί οὐκ ἔδωκάς
Lk 19:31 **διὰ** τί λύετε;
Lk 20:5 **διὰ** τί οὐκ ἐπιστεύσατε
Lk 21:17 μισούμενοι ὑπὸ πάντων **διὰ** τὸ ὄνομά μου.
Lk 22:22 τῷ ἀνθρώπῳ ἐκείνῳ **δι'** οὗ παραδίδοται.
Lk 23:8 θέλων ἰδεῖν αὐτὸν **διὰ** τὸ ἀκούειν περὶ
Lk 23:19 ὅστις ἦν **διὰ** στάσιν τινα γενομένην
Lk 23:25 ἀπέλυσεν δὲ τὸν **διὰ** στάσιν καὶ φόνον
Lk 24:38 τεταραγμένοι ἐστὲ καὶ **διὰ** τί διαλογισμοὶ ἀναβαίνουσιν
Lk 24:53 καὶ ἦσαν **διὰ** παντὸς ἐν τῷ

διαβαίνω (*diabainō*; 1/3) *cross*

Lk 16:26 ὅπως οἱ θέλοντες **διαβῆναι** ἔνθεν πρὸς ὑμᾶς

διαβάλλω (*diaballō*; 1/1) *bring charges*

Lk 16:1 καὶ οὗτος **διεβλήθη** αὐτῷ ὡς διασκορπίζων

διαβλέπω (*diablepō*; 1/3) *see clearly*

Lk 6:42 καὶ τότε **διαβλέψεις** τὸ κάρφος τὸ

διάβολος (*diabolos*; 5/37) *devil*

Lk 4:2 πειραζόμενος ὑπὸ τοῦ **διαβόλου**.
Lk 4:3 δὲ αὐτῷ ὁ **διάβολος**·
Lk 4:6 εἶπεν αὐτῷ ὁ **διάβολος**·
Lk 4:13 πάντα πειρασμὸν ὁ **διάβολος** ἀπέστη ἀπ' αὐτοῦ
Lk 8:12 εἶτα ἔρχεται ὁ **διάβολος** καὶ αἴρει τὸν

διαγγέλλω (*diangellō*; 1/3) *proclaim*

Lk 9:60 σὺ δὲ ἀπελθὼν **διάγγελλε** τὴν βασιλείαν τοῦ

διαγογγύζω (*diagongyzō*; 2/2) *complain*

Lk 15:2 καὶ **διεγόγγυζον** οἵ τε Φαρισαῖοι
Lk 19:7 καὶ ἰδόντες πάντες **διεγόγγυζον** λέγοντες ὅτι παρὰ

διαγρηγορέω (*diagrēgoreō*; 1/1) *become fully awake or stay awake*

Lk 9:32 **διαγρηγορήσαντες** δὲ εἶδον τὴν

διαδίδωμι (*diadidōmi*; 2/4) *distribute*

Lk 11:22 τὰ σκῦλα αὐτοῦ **διαδίδωσιν**.
Lk 18:22 ἔχεις πώλησον καὶ **διάδος** πτωχοῖς,

διαθήκη (*diathēkē*; 2/33) *covenant*

Lk 1:72 ἡμῶν καὶ μνησθῆναι **διαθήκης** ἁγίας αὐτοῦ,
Lk 22:20 ποτήριον ἡ καινὴ **διαθήκη** ἐν τῷ αἵματί

διαιρέω (*diaireō*; 1/2) *divide, distribute*

Lk 15:12 ὁ δὲ **διεῖλεν** αὐτοῖς τὸν βίον.

διακαθαίρω (*diakathairō*; 1/1) *clean out*

Lk 3:17 τῇ χειρὶ αὐτοῦ **διακαθᾶραι** τὴν ἅλωνα αὐτοῦ

διακονέω (*diakoneō*; 8/37) *serve*

Lk 4:39 παραχρῆμα δὲ ἀναστᾶσα **διηκόνει** αὐτοῖς.
Lk 8:3 αἵτινες **διηκόνουν** αὐτοῖς ἐκ τῶν
Lk 10:40 μόνην με κατέλιπεν **διακονεῖν**;
Lk 12:37 αὐτοὺς καὶ παρελθὼν **διακονήσει** αὐτοῖς.
Lk 17:8 δειπνήσω καὶ περιζωσάμενος **διακόνει** μοι ἕως φάγω
Lk 22:26 ἡγούμενος ὡς ὁ **διακονῶν**.
Lk 22:27 ἀνακείμενος ἢ ὁ **διακονῶν**;
Lk 22:27 εἰμι ὡς ὁ **διακονῶν**.

διακονία (*diakonia*; 1/34) *ministry, service*

Lk 10:40 περιεσπᾶτο περὶ πολλὴν **διακονίαν**·

<u>διαλαλέω (*dialaleō*; 2/2) *discuss*</u>
Lk 1:65 ὀρεινῇ τῆς Ἰουδαίας **διελαλεῖτο** πάντα τὰ ῥήματα
Lk 6:11 ἐπλήσθησαν ἀνοίας καὶ **διελάλουν** πρὸς ἀλλήλους τί

<u>διαλείπω (*dialeipō*; 1/1) *cease*</u>
Lk 7:45 ἧς εἰσῆλθον οὐ **διέλιπεν** καταφιλοῦσά μου

<u>διαλογίζομαι (*dialogizomai*; 6/16) *discuss*</u>
Lk 1:29 λόγῳ διεταράχθη καὶ **διελογίζετο** ποταπὸς εἴη ὁ
Lk 3:15 τοῦ λαοῦ καὶ **διαλογιζομένων** πάντων ἐν
Lk 5:21 καὶ ἤρξαντο **διαλογίζεσθαι** οἱ γραμματεῖς
Lk 5:22 τί **διαλογίζεσθε** ἐν ταῖς καρδίαις
Lk 12:17 καὶ **διελογίζετο** ἐν ἑαυτῷ λέγων·
Lk 20:14 αὐτὸν οἱ γεωργοὶ **διελογίζοντο** πρὸς ἀλλήλους λέγοντες·

<u>διαλογισμός (*dialogismos*; 6/14) *thought*</u>
Lk 2:35 ἐκ πολλῶν καρδιῶν **διαλογισμοί**.
Lk 5:22 ὁ Ἰησοῦς τοὺς **διαλογισμοὺς** αὐτῶν ἀποκριθεὶς εἶπεν
Lk 6:8 δὲ ᾔδει τοὺς **διαλογισμοὺς** αὐτῶν,
Lk 9:46 Εἰσῆλθεν δὲ **διαλογισμὸς** ἐν αὐτοῖς,
Lk 9:47 Ἰησοῦς εἰδὼς τὸν **διαλογισμὸν** τῆς καρδίας αὐτῶν,
Lk 24:38 καὶ διὰ τί **διαλογισμοὶ** ἀναβαίνουσιν ἐν τῇ

<u>διαμαρτύρομαι (*diamartyromai*; 1/15) *declare solemnly and emphatically*</u>
Lk 16:28 ὅπως **διαμαρτύρηται** αὐτοῖς,

<u>διαμένω (*diamenō*; 2/5) *stay*</u>
Lk 1:22 διανεύων αὐτοῖς καὶ **διέμενεν** κωφός.
Lk 22:28 δέ ἐστε οἱ **διαμεμενηκότες** μετ᾽ ἐμοῦ ἐν

<u>διαμερίζω (*diamerizō*; 6/11) *divide*</u>
Lk 11:17 βασιλεία ἐφ᾽ ἑαυτὴν **διαμερισθεῖσα** ἐρημοῦται καὶ οἶκος
Lk 11:18 σατανᾶς ἐφ᾽ ἑαυτὸν **διεμερίσθη**,
Lk 12:52 ἐν ἑνὶ οἴκῳ **διαμεμερισμένοι**,
Lk 12:53 **διαμερισθήσονται** πατὴρ ἐπὶ υἱῷ
Lk 22:17 λάβετε τοῦτο καὶ **διαμερίσατε** εἰς ἑαυτούς·
Lk 23:34 οἴδασιν τί ποιοῦσιν]] **διαμεριζόμενοι** δὲ τὰ ἱμάτια

<u>διαμερισμός (*diamerismos*; 1/1) *division*</u>
Lk 12:51 ἀλλ᾽ ἢ **διαμερισμόν**.

<u>διανεύω (*dianeuō*; 1/1) *make signs*</u>
Lk 1:22 καὶ αὐτὸς ἦν **διανεύων** αὐτοῖς καὶ διέμενεν

<u>διανόημα (*dianoēma*; 1/1) *thought*</u>
Lk 11:17 εἰδὼς αὐτῶν τὰ **διανοήματα** εἶπεν αὐτοῖς·

<u>διάνοια (*dianoia*; 2/12) *mind, understanding*</u>
Lk 1:51 διεσκόρπισεν ὑπερηφάνους **διανοίᾳ** καρδίας αὐτῶν·
Lk 10:27 ἐν ὅλῃ τῇ **διανοίᾳ** σου,

<u>διανοίγω (*dianoigō*; 4/8) *open*</u>
Lk 2:23 ὅτι πᾶν ἄρσεν **διανοῖγον** μήτραν ἅγιον τῷ
Lk 24:31 αὐτῶν δὲ **διηνοίχθησαν** οἱ ὀφθαλμοὶ καὶ
Lk 24:32 ὡς **διήνοιγεν** ἡμῖν τὰς γραφάς;
Lk 24:45 τότε **διήνοιξεν** αὐτῶν τὸν νοῦν

<u>διανυκτερεύω (*dianyktereuō*; 1/1) *spend the night*</u>
Lk 6:12 καὶ ἦν **διανυκτερεύων** ἐν τῇ προσευχῇ

<u>διαπεράω (*diaperaō*; 1/6) *cross over*</u>
Lk 16:26 ἐκεῖθεν πρὸς ἡμᾶς **διαπερῶσιν**.

<u>διαπορεύομαι (*diaporeuomai*; 3/5) *go or travel through*</u>
Lk 6:1 δὲ ἐν σαββάτῳ **διαπορεύεσθαι** αὐτὸν διὰ σπορίμων,
Lk 13:22 Καὶ **διεπορεύετο** κατὰ πόλεις καὶ
Lk 18:36 ἀκούσας δὲ ὄχλου **διαπορευομένου** ἐπυνθάνετο τί εἴη

<u>διαπορέω (*diaporeō*; 1/4) *be very confused*</u>
Lk 9:7 γινόμενα πάντα καὶ **διηπόρει** διὰ τὸ λέγεσθαι

<u>διαπραγματεύομαι (*diapragmateuomai*; 1/1) *make a profit*</u>
Lk 19:15 ἵνα γνοῖ τί **διεπραγματεύσαντο**.

<u>διαρρήσσω (*diarrēssō*; 2/5) *tear*</u>
Lk 5:6 **διερρήσσετο** δὲ τὰ δίκτυα
Lk 8:29 πέδαις φυλασσόμενος καὶ **διαρρήσσων** τὰ δεσμὰ ἠλαύνετο

<u>διασείω (*diaseiō*; 1/1) *take money by violence or force*</u>
Lk 3:14 μηδένα **διασείσητε** μηδὲ συκοφαντήσητε καὶ

<u>διασκορπίζω (*diaskorpizō*; 3/9) *scatter*</u>
Lk 1:51 **διεσκόρπισεν** ὑπερηφάνους διανοίᾳ καρδίας
Lk 15:13 μακρὰν καὶ ἐκεῖ **διεσκόρπισεν** τὴν οὐσίαν αὐτοῦ
Lk 16:1 διεβλήθη αὐτῷ ὡς **διασκορπίζων** τὰ ὑπάρχοντα αὐτοῦ.

<u>διαστρέφω (*diastrephō*; 2/7) *pervert*</u>
Lk 9:41 γενεὰ ἄπιστος καὶ **διεστραμμένη**,
Lk 23:2 τοῦτον εὕραμεν **διαστρέφοντα** τὸ ἔθνος ἡμῶν

<u>διασῴζω (*diasōzō*; 1/8) *bring safely through*</u>
Lk 7:3 αὐτὸν ὅπως ἐλθὼν **διασώσῃ** τὸν δοῦλον αὐτοῦ.

<u>διαταράσσω (*diatarassō*; 1/1) *be deeply confused or troubled*</u>
Lk 1:29 ἐπὶ τῷ λόγῳ **διεταράχθη** καὶ διελογίζετο ποταπὸς

διατάσσω (*diatassō*; 4/16) *command*

Lk 3:13 πλέον παρὰ τὸ **διατεταγμένον** ὑμῖν πράσσετε.
Lk 8:55 ἀνέστη παραχρῆμα καὶ **διέταξεν** αὐτῇ δοθῆναι φαγεῖν.
Lk 17:9 ὅτι ἐποίησεν τὰ **διαταχθέντα**;
Lk 17:10 ποιήσητε πάντα τὰ **διαταχθέντα** ὑμῖν,

διατηρέω (*diatēreō*; 1/2) *keep*

Lk 2:51 ἡ μήτηρ αὐτοῦ **διετήρει** πάντα τὰ ῥήματα

διατίθημι (*diatithēmi*; 2/7) *make (covenant)*

Lk 22:29 κἀγὼ **διατίθεμαι** ὑμῖν καθὼς διέθετό
Lk 22:29 διατίθεμαι ὑμῖν καθὼς **διέθετό** μοι ὁ πατήρ

διαφέρω (*diapherō*; 2/13) *be worth more than*

Lk 12:7 πολλῶν στρουθίων **διαφέρετε**.
Lk 12:24 πόσῳ μᾶλλον ὑμεῖς **διαφέρετε** τῶν πετεινῶν.

διαφθείρω (*diaphtheirō*; 1/6) *destroy*

Lk 12:33 ἐγγίζει οὐδὲ σὴς **διαφθείρει**·

διαφυλάσσω (*diaphylassō*; 1/1) *protect*

Lk 4:10 περὶ σοῦ τοῦ **διαφυλάξαι** σε

διαχωρίζω (*diachōrizō*; 1/1) *leave*

Lk 9:33 ἐγένετο ἐν τῷ **διαχωρίζεσθαι** αὐτοὺς ἀπ' αὐτοῦ

διδάσκαλος (*didaskalos*; 17/58[59]) *teacher*

Lk 2:46 ἐν μέσῳ τῶν **διδασκάλων** καὶ ἀκούοντα αὐτῶν
Lk 3:12 **διδάσκαλε**,
Lk 6:40 μαθητὴς ὑπὲρ τὸν **διδάσκαλον**·
Lk 6:40 ἔσται ὡς ὁ **διδάσκαλος** αὐτοῦ.
Lk 7:40 **διδάσκαλε**,
Lk 8:49 μηκέτι σκύλλε τὸν **διδάσκαλον**.
Lk 9:38 **διδάσκαλε**,
Lk 10:25 **διδάσκαλε**,
Lk 11:45 **διδάσκαλε**,
Lk 12:13 **διδάσκαλε**,
Lk 18:18 **διδάσκαλε** ἀγαθέ,
Lk 19:39 **διδάσκαλε**,
Lk 20:21 **διδάσκαλε**,
Lk 20:28 **διδάσκαλε**,
Lk 20:39 **διδάσκαλε**,
Lk 21:7 **διδάσκαλε**,
Lk 22:11 λέγει σοι ὁ **διδάσκαλος**·

διδάσκω (*didaskō*; 17/96) *teach*

Lk 4:15 καὶ αὐτὸς **ἐδίδασκεν** ἐν ταῖς συναγωγαῖς
Lk 4:31 καὶ ἦν **διδάσκων** αὐτοὺς ἐν τοῖς
Lk 5:3 ἐκ τοῦ πλοίου **ἐδίδασκεν** τοὺς ὄχλους.
Lk 5:17 καὶ αὐτὸς ἦν **διδάσκων**,
Lk 6:6 τὴν συναγωγὴν καὶ **διδάσκειν**.
Lk 11:1 **δίδαξον** ἡμᾶς προσεύχεσθαι,
Lk 11:1 καθὼς καὶ Ἰωάννης **ἐδίδαξεν** τοὺς μαθητὰς αὐτοῦ.
Lk 12:12 γὰρ ἅγιον πνεῦμα **διδάξει** ὑμᾶς ἐν αὐτῇ
Lk 13:10 Ἦν δὲ **διδάσκων** ἐν μιᾷ τῶν
Lk 13:22 πόλεις καὶ κώμας **διδάσκων** καὶ πορείαν ποιούμενος
Lk 13:26 ταῖς πλατείαις ἡμῶν **ἐδίδαξας**·
Lk 19:47 Καὶ ἦν **διδάσκων** τὸ καθ' ἡμέραν
Lk 20:1 μιᾷ τῶν ἡμερῶν **διδάσκοντος** αὐτοῦ τὸν λαὸν
Lk 20:21 ὀρθῶς λέγεις καὶ **διδάσκεις** καὶ οὐ λαμβάνεις
Lk 20:21 ὁδὸν τοῦ θεοῦ **διδάσκεις**·
Lk 21:37 ἐν τῷ ἱερῷ **διδάσκων**,
Lk 23:5 ἀνασείει τὸν λαὸν **διδάσκων** καθ' ὅλης τῆς

διδαχή (*didachē*; 1/30) *teaching*

Lk 4:32 ἐξεπλήσσοντο ἐπὶ τῇ **διδαχῇ** αὐτοῦ,

δίδωμι (*didōmi*; 60/415) *give*

Lk 1:32 ὑψίστου κληθήσεται καὶ **δώσει** αὐτῷ κύριος
Lk 1:73 τοῦ **δοῦναι** ἡμῖν
Lk 1:77 τοῦ **δοῦναι** γνῶσιν σωτηρίας τῷ
Lk 2:24 καὶ τοῦ **δοῦναι** θυσίαν κατὰ τὸ
Lk 4:6 σοὶ **δώσω** τὴν ἐξουσίαν ταύτην
Lk 4:6 ᾧ ἐὰν θέλω **δίδωμι** αὐτήν·
Lk 6:4 λαβὼν ἔφαγεν καὶ **ἔδωκεν** τοῖς μετ' αὐτοῦ,
Lk 6:30 παντὶ αἰτοῦντί σε **δίδου**,
Lk 6:38 **δίδοτε**,
Lk 6:38 καὶ **δοθήσεται** ὑμῖν·
Lk 6:38 πεπιεσμένον σεσαλευμένον ὑπερεκχυννόμενον **δώσουσιν** εἰς τὸν κόλπον
Lk 7:15 καὶ **ἔδωκεν** αὐτὸν τῇ μητρὶ
Lk 7:44 ἐπὶ πόδας οὐκ **ἔδωκας**·
Lk 7:45 φίλημά μοι οὐκ **ἔδωκας**·
Lk 8:10 ὑμῖν **δέδοται** γνῶναι τὰ μυστήρια
Lk 8:18 **δοθήσεται** αὐτῷ·
Lk 8:55 καὶ διέταξεν αὐτῇ **δοθῆναι** φαγεῖν.
Lk 9:1 δὲ τοὺς δώδεκα **ἔδωκεν** αὐτοῖς δύναμιν καὶ
Lk 9:13 **δότε** αὐτοῖς ὑμεῖς φαγεῖν.
Lk 9:16 καὶ κατέκλασεν καὶ **ἐδίδου** τοῖς μαθηταῖς παραθεῖναι
Lk 10:19 ἰδοὺ **δέδωκα** ὑμῖν τὴν ἐξουσίαν
Lk 10:35 τὴν αὔριον ἐκβαλὼν **ἔδωκεν** δύο δηνάρια τῷ
Lk 11:3 ἡμῶν τὸν ἐπιούσιον **δίδου** ἡμῖν τὸ καθ'
Lk 11:7 οὐ δύναμαι ἀναστὰς **δοῦναί** σοι.
Lk 11:8 εἰ καὶ οὐ **δώσει** αὐτῷ ἀναστὰς διὰ
Lk 11:8 ἀναίδειαν αὐτοῦ ἐγερθεὶς **δώσει** αὐτῷ ὅσων χρῄζει.
Lk 11:9 αἰτεῖτε καὶ **δοθήσεται** ὑμῖν,
Lk 11:13 οἴδατε δόματα ἀγαθὰ **διδόναι** τοῖς τέκνοις ὑμῶν,
Lk 11:13 [ὁ] ἐξ οὐρανοῦ **δώσει** πνεῦμα ἅγιον τοῖς
Lk 11:29 καὶ σημεῖον οὐ **δοθήσεται** αὐτῇ εἰ μὴ
Lk 11:41 πλὴν τὰ ἐνόντα **δότε** ἐλεημοσύνην,
Lk 12:32 ὁ πατὴρ ὑμῶν **δοῦναι** ὑμῖν τὴν βασιλείαν.
Lk 12:33 ὑπάρχοντα ὑμῶν καὶ **δότε** ἐλεημοσύνην·
Lk 12:42 θεραπείας αὐτοῦ τοῦ **διδόναι** ἐν καιρῷ [τὸ]
Lk 12:48 παντὶ δὲ ᾧ **ἐδόθη** πολύ,
Lk 12:51 ὅτι εἰρήνην παρεγενόμην **δοῦναι** ἐν τῇ γῇ;
Lk 12:58 ἐν τῇ ὁδῷ **δὸς** ἐργασίαν ἀπηλλάχθαι ἀπ'
Lk 14:9 **δὸς** τούτῳ τόπον,
Lk 15:12 **δός** μοι τὸ ἐπιβάλλον
Lk 15:16 καὶ οὐδεὶς **ἐδίδου** αὐτῷ.
Lk 15:22 καὶ **δότε** δακτύλιον εἰς τὴν
Lk 15:29 καὶ ἐμοὶ οὐδέποτε **ἔδωκας** ἔριφον ἵνα μετὰ
Lk 16:12 ὑμέτερον τίς ὑμῖν **δώσει**;

Lk 17:18 οὐχ εὑρέθησαν ὑποστρέψαντες **δοῦναι** δόξαν τῷ θεῷ
Lk 18:43 ὁ λαὸς ἰδὼν **ἔδωκεν** αἶνον τῷ θεῷ.
Lk 19:8 τοῖς πτωχοῖς **δίδωμι**,
Lk 19:13 δέκα δούλους ἑαυτοῦ **ἔδωκεν** αὐτοῖς δέκα μνᾶς
Lk 19:15 δούλους τούτους οἷς **δεδώκει** τὸ ἀργύριον,
Lk 19:23 διὰ τί οὐκ **ἔδωκάς** μου τὸ ἀργύριον
Lk 19:24 τὴν μνᾶν καὶ **δότε** τῷ τὰς δέκα
Lk 19:26 παντὶ τῷ ἔχοντι **δοθήσεται**,
Lk 20:2 τίς ἐστιν ὁ **δούς** σοι τὴν ἐξουσίαν
Lk 20:10 καρποῦ τοῦ ἀμπελῶνος **δώσουσιν** αὐτῷ·
Lk 20:16 γεωργοὺς τούτους καὶ **δώσει** τὸν ἀμπελῶνα ἄλλοις.
Lk 20:22 ἡμᾶς Καίσαρι φόρον **δοῦναι** ἢ οὔ;
Lk 21:15 ἐγὼ γὰρ **δώσω** ὑμῖν στόμα καὶ
Lk 22:5 συνέθεντο αὐτῷ ἀργύριον **δοῦναι**.
Lk 22:19 εὐχαριστήσας ἔκλασεν καὶ **ἔδωκεν** αὐτοῖς λέγων·
Lk 22:19 τὸ ὑπὲρ ὑμῶν **διδόμενον**·
Lk 23:2 κωλύοντα φόρους Καίσαρι **διδόναι** καὶ λέγοντα ἑαυτὸν

διεγείρω (*diegeirō*; 2/6) *arise, awake*
Lk 8:24 προσελθόντες δὲ **διήγειραν** αὐτὸν λέγοντες·
Lk 8:24 ὁ δὲ **διεγερθεὶς** ἐπετίμησεν τῷ ἀνέμῳ

διερμηνεύω (*diermēneuō*; 1/6) *interpret*
Lk 24:27 πάντων τῶν προφητῶν **διερμήνευσεν** αὐτοῖς ἐν πάσαις

διέρχομαι (*dierchomai*; 10/43) *go or pass through*
Lk 2:15 **διέλθωμεν** δὴ ἕως Βηθλέεμ
Lk 2:35 αὐτῆς τὴν ψυχὴν **διελεύσεται** ῥομφαία
Lk 4:30 αὐτὸς δὲ **διελθὼν** διὰ μέσου αὐτῶν
Lk 5:15 **διήρχετο** δὲ μᾶλλον ὁ
Lk 8:22 **διέλθωμεν** εἰς τὸ πέραν
Lk 9:6 ἐξερχόμενοι δὲ **διήρχοντο** κατὰ τὰς κώμας
Lk 11:24 **διέρχεται** δι' ἀνύδρων τόπων
Lk 17:11 Ἰερουσαλὴμ καὶ αὐτὸς **διήρχετο** διὰ μέσον Σαμαρείας
Lk 19:1 Καὶ εἰσελθὼν **διήρχετο** τὴν Ἰεριχώ.
Lk 19:4 ὅτι ἐκείνης ἤμελλεν **διέρχεσθαι**.

διηγέομαι (*diēgeomai*; 2/8) *tell*
Lk 8:39 οἶκόν σου καὶ **διηγοῦ** ὅσα σοι ἐποίησεν
Lk 9:10 ὑποστρέψαντες οἱ ἀπόστολοι **διηγήσαντο** αὐτῷ ὅσα ἐποίησαν.

διήγησις (*diēgēsis*; 1/1) *account*
Lk 1:1 πολλοὶ ἐπεχείρησαν ἀνατάξασθαι **διήγησιν** περὶ τῶν πεπληροφορημένων

διΐστημι (*diistēmi*; 2/3) *part*
Lk 22:59 καὶ **διαστάσης** ὡσεὶ ὥρας μιᾶς
Lk 24:51 εὐλογεῖν αὐτὸν αὐτοὺς **διέστη** ἀπ' αὐτῶν

διϊσχυρίζομαι (*diischyrizomai*; 1/2) *insist*
Lk 22:59 μιᾶς ἄλλος τις **διϊσχυρίζετο** λέγων·

δίκαιος (*dikaios*; 11/79) *righteous*
Lk 1:6 ἦσαν δὲ **δίκαιοι** ἀμφότεροι ἐναντίον τοῦ
Lk 1:17 ἀπειθεῖς ἐν φρονήσει **δικαίων**,
Lk 2:25 ὁ ἄνθρωπος οὗτος **δίκαιος** καὶ εὐλαβὴς προσδεχόμενος
Lk 5:32 οὐκ ἐλήλυθα καλέσαι **δικαίους** ἀλλὰ ἁμαρτωλοὺς εἰς
Lk 12:57 οὐ κρίνετε τὸ **δίκαιον**;
Lk 14:14 τῇ ἀναστάσει τῶν **δικαίων**.
Lk 15:7 ἐπὶ ἐνενήκοντα ἐννέα **δικαίοις** οἵτινες οὐ χρείαν
Lk 18:9 ἑαυτοῖς ὅτι εἰσὶν **δίκαιοι** καὶ ἐξουθενοῦντας τοὺς
Lk 20:20 ἐγκαθέτους ὑποκρινομένους ἑαυτοὺς **δικαίους** εἶναι,
Lk 23:47 ὁ ἄνθρωπος οὗτος **δίκαιος** ἦν.
Lk 23:50 ἀνὴρ ἀγαθὸς καὶ **δίκαιος**

δικαιοσύνη (*dikaiosynē*; 1/92) *righteousness*
Lk 1:75 ἐν ὁσιότητι καὶ **δικαιοσύνῃ** ἐνώπιον αὐτοῦ πάσαις

δικαιόω (*dikaioō*; 5/39) *justify*
Lk 7:29 καὶ οἱ τελῶναι **ἐδικαίωσαν** τὸν θεὸν βαπτισθέντες
Lk 7:35 καὶ **ἐδικαιώθη** ἡ σοφία ἀπὸ
Lk 10:29 ὁ δὲ θέλων **δικαιῶσαι** ἑαυτὸν εἶπεν πρὸς
Lk 16:15 ὑμεῖς ἐστε οἱ **δικαιοῦντες** ἑαυτοὺς ἐνώπιον
Lk 18:14 κατέβη οὗτος **δεδικαιωμένος** εἰς τὸν οἶκον

δικαίωμα (*dikaiōma*; 1/10) *regulation, decree*
Lk 1:6 ταῖς ἐντολαῖς καὶ **δικαιώμασιν** τοῦ κυρίου ἄμεμπτοι.

δικαίως (*dikaiōs*; 1/5) *righteously, justly*
Lk 23:41 καὶ ἡμεῖς μὲν **δικαίως**,

δίκτυον (*diktyon*; 4/12) *fishing net*
Lk 5:2 ἀποβάντες ἔπλυνον τὰ **δίκτυα**.
Lk 5:4 καὶ χαλάσατε τὰ **δίκτυα** ὑμῶν εἰς ἄγραν.
Lk 5:5 σου χαλάσω τὰ **δίκτυα**.
Lk 5:6 διερρήσσετο δὲ τὰ **δίκτυα** αὐτῶν.

διό (*dio*; 2/53) *therefore*
Lk 1:35 **διὸ** καὶ τὸ γεννώμενον
Lk 7:7 **διὸ** οὐδὲ ἐμαυτὸν ἠξίωσα

διοδεύω (*diodeuō*; 1/2) *go about*
Lk 8:1 καθεξῆς καὶ αὐτὸς **διώδευεν** κατὰ πόλιν καὶ

διορύσσω (*dioryssō*; 1/4) *dig through*
Lk 12:39 οὐκ ἂν ἀφῆκεν **διορυχθῆναι** τὸν οἶκον αὐτοῦ.

διότι (*dioti*; 3/23) *because*
Lk 1:13 **διότι** εἰσηκούσθη ἡ δέησίς
Lk 2:7 **διότι** οὐκ ἦν αὐτοῖς
Lk 21:28 **διότι** ἐγγίζει ἡ ἀπολύτρωσις

δίς (*dis*; 1/6) *twice*
Lk 18:12 νηστεύω **δὶς** τοῦ σαββάτου,

διχοτομέω (*dichotomeō*; 1/2) *cut in pieces*
Lk 12:46 καὶ **διχοτομήσει** αὐτὸν καὶ τὸ

διώκω (*diōkō*; 3/45) *pursue, persecute*
Lk 11:49 αὐτῶν ἀποκτενοῦσιν καὶ **διώξουσιν**,
Lk 17:23 μὴ ἀπέλθητε μηδὲ **διώξητε**.
Lk 21:12 χεῖρας αὐτῶν καὶ **διώξουσιν**,

δόγμα (*dogma*; 1/5) *rule*
Lk 2:1 ἡμέραις ἐκείναις ἐξῆλθεν **δόγμα** παρὰ Καίσαρος Αὐγούστου

δοκέω (*dokeō*; 10/62) *think, seem*
Lk 1:3 **ἔδοξε** κἀμοὶ παρηκολουθηκότι ἄνωθεν
Lk 8:18 καὶ ὃ **δοκεῖ** ἔχειν ἀρθήσεται ἀπ᾽
Lk 10:36 τῶν τριῶν πλησίον **δοκεῖ** σοι γεγονέναι τοῦ
Lk 12:40 ᾗ ὥρᾳ οὐ **δοκεῖτε** ὁ υἱὸς τοῦ
Lk 12:51 **δοκεῖτε** ὅτι εἰρήνην παρεγενόμην
Lk 13:2 **δοκεῖτε** ὅτι οἱ Γαλιλαῖοι
Lk 13:4 **δοκεῖτε** ὅτι αὐτοὶ ὀφειλέται
Lk 19:11 Ἰερουσαλὴμ αὐτὸν καὶ **δοκεῖν** αὐτοὺς ὅτι παραχρῆμα
Lk 22:24 τὸ τίς αὐτῶν **δοκεῖ** εἶναι μείζων.
Lk 24:37 καὶ ἔμφοβοι γενόμενοι **ἐδόκουν** πνεῦμα θεωρεῖν.

δοκιμάζω (*dokimazō*; 3/22) *test*
Lk 12:56 τοῦ οὐρανοῦ οἴδατε **δοκιμάζειν**,
Lk 12:56 πῶς οὐκ οἴδατε **δοκιμάζειν**;
Lk 14:19 πέντε καὶ πορεύομαι **δοκιμάσαι** αὐτά·

δοκός (*dokos*; 3/6) *log*
Lk 6:41 τὴν δὲ **δοκὸν** τὴν ἐν τῷ
Lk 6:42 τῷ ὀφθαλμῷ σου **δοκὸν** οὐ βλέπων;
Lk 6:42 ἔκβαλε πρῶτον τὴν **δοκὸν** ἐκ τοῦ ὀφθαλμοῦ

δόμα (*doma*; 1/4) *gift*
Lk 11:13 πονηροὶ ὑπάρχοντες οἴδατε **δόματα** ἀγαθὰ διδόναι τοῖς

δόξα (*doxa*; 13/166) *glory*
Lk 2:9 ἐπέστη αὐτοῖς καὶ **δόξα** κυρίου περιέλαμψεν αὐτούς,
Lk 2:14 **Δόξα** ἐν ὑψίστοις θεῷ
Lk 2:32 ἀποκάλυψιν ἐθνῶν καὶ **δόξαν** λαοῦ σου Ἰσραήλ.
Lk 4:6 ἅπασαν καὶ τὴν **δόξαν** αὐτῶν,
Lk 9:26 ἔλθῃ ἐν τῇ **δόξῃ** αὐτοῦ καὶ τοῦ
Lk 9:31 οἳ ὀφθέντες ἐν **δόξῃ** ἔλεγον τὴν ἔξοδον
Lk 9:32 δὲ εἶδον τὴν **δόξαν** αὐτοῦ καὶ τοὺς
Lk 12:27 ἐν πάσῃ τῇ **δόξῃ** αὐτοῦ περιεβάλετο ὡς
Lk 14:10 τότε ἔσται σοι **δόξα** ἐνώπιον πάντων τῶν
Lk 17:18 εὑρέθησαν ὑποστρέψαντες δοῦναι **δόξαν** τῷ θεῷ εἰ
Lk 19:38 οὐρανῷ εἰρήνη καὶ **δόξα** ἐν ὑψίστοις.
Lk 21:27 μετὰ δυνάμεως καὶ **δόξης** πολλῆς.
Lk 24:26 εἰσελθεῖν εἰς τὴν **δόξαν** αὐτοῦ;

δοξάζω (*doxazō*; 9/61) *praise, glorify*
Lk 2:20 ὑπέστρεψαν οἱ ποιμένες **δοξάζοντες** καὶ αἰνοῦντες τὸν
Lk 4:15 ταῖς συναγωγαῖς αὐτῶν **δοξαζόμενος** ὑπὸ πάντων.
Lk 5:25 τὸν οἶκον αὐτοῦ **δοξάζων** τὸν θεόν.
Lk 5:26 ἔλαβεν ἅπαντας καὶ **ἐδόξαζον** τὸν θεὸν καὶ
Lk 7:16 φόβος πάντας καὶ **ἐδόξαζον** τὸν θεὸν λέγοντες
Lk 13:13 παραχρῆμα ἀνωρθώθη καὶ **ἐδόξαζεν** τὸν θεόν.
Lk 17:15 μετὰ φωνῆς μεγάλης **δοξάζων** τὸν θεόν,
Lk 18:43 καὶ ἠκολούθει αὐτῷ **δοξάζων** τὸν θεόν.
Lk 23:47 ἑκατοντάρχης τὸ γενόμενον **ἐδόξαζεν** τὸν θεὸν λέγων·

δουλεύω (*douleuō*; 3/25) *serve (pass. be enslaved)*
Lk 15:29 ἰδοὺ τοσαῦτα ἔτη **δουλεύω** σοι καὶ οὐδέποτε
Lk 16:13 δύναται δυσὶ κυρίοις **δουλεύειν**·
Lk 16:13 οὐ δύνασθε θεῷ **δουλεύειν** καὶ μαμωνᾷ.

δούλη (*doulē*; 2/3) *female servant or slave*
Lk 1:38 ἰδοὺ ἡ **δούλη** κυρίου·
Lk 1:48 τὴν ταπείνωσιν τῆς **δούλης** αὐτοῦ.

δοῦλος (*doulos*; 26/124) *slave*
Lk 2:29 νῦν ἀπολύεις τὸν **δοῦλόν** σου,
Lk 7:2 Ἑκατοντάρχου δέ τινος **δοῦλος** κακῶς ἔχων ἤμελλεν
Lk 7:3 ἐλθὼν διασώσῃ τὸν **δοῦλον** αὐτοῦ.
Lk 7:8 καὶ τῷ **δούλῳ** μου·
Lk 7:10 πεμφθέντες εὗρον τὸν **δοῦλον** ὑγιαίνοντα.
Lk 12:37 μακάριοι οἱ **δοῦλοι** ἐκεῖνοι,
Lk 12:43 μακάριος ὁ **δοῦλος** ἐκεῖνος,
Lk 12:45 δὲ εἴπῃ ὁ **δοῦλος** ἐκεῖνος ἐν τῇ
Lk 12:46 ὁ κύριος τοῦ **δούλου** ἐκείνου ἐν ἡμέρᾳ
Lk 12:47 Ἐκεῖνος δὲ ὁ **δοῦλος** ὁ γνοὺς τὸ
Lk 14:17 καὶ ἀπέστειλεν τὸν **δοῦλον** αὐτοῦ τῇ ὥρᾳ
Lk 14:21 καὶ παραγενόμενος ὁ **δοῦλος** ἀπήγγειλεν τῷ κυρίῳ
Lk 14:21 οἰκοδεσπότης εἶπεν τῷ **δούλῳ** αὐτοῦ·
Lk 14:22 καὶ εἶπεν ὁ **δοῦλος**·
Lk 14:23 κύριος πρὸς τὸν **δοῦλον**·
Lk 15:22 πατὴρ πρὸς τοὺς **δούλους** αὐτοῦ·
Lk 17:7 δὲ ἐξ ὑμῶν **δοῦλον** ἔχων ἀροτριῶντα ἢ
Lk 17:9 ἔχει χάριν τῷ **δούλῳ** ὅτι ἐποίησεν τὰ
Lk 17:10 λέγετε ὅτι **δοῦλοι** ἀχρεῖοί ἐσμεν,
Lk 19:13 καλέσας δὲ δέκα **δούλους** ἑαυτοῦ ἔδωκεν αὐτοῖς
Lk 19:15 φωνηθῆναι αὐτῷ τοὺς **δούλους** τούτους οἷς δεδώκει
Lk 19:17 ἀγαθὲ **δοῦλε**,
Lk 19:22 πονηρὲ **δοῦλε**.
Lk 20:10 πρὸς τοὺς γεωργοὺς **δοῦλον** ἵνα ἀπὸ τοῦ
Lk 20:11 προσέθετο ἕτερον πέμψαι **δοῦλον**·
Lk 22:50 τοῦ ἀρχιερέως τὸν **δοῦλον** καὶ ἀφεῖλεν τὸ

δοχή (*dochē*; 2/2) *banquet*
Lk 5:29 Καὶ ἐποίησεν **δοχὴν** μεγάλην Λευὶς αὐτῷ
Lk 14:13 ἀλλ᾽ ὅταν **δοχὴν** ποιῇς,

δραχμή (*drachmē*; 3/3) *drachma*
Lk 15:8 Ἢ τίς γυνὴ **δραχμὰς** ἔχουσα δέκα ἐὰν
Lk 15:8 δέκα ἐὰν ἀπολέσῃ **δραχμὴν** μίαν,
Lk 15:9 ὅτι εὗρον τὴν **δραχμὴν** ἣν ἀπώλεσα.

δύναμαι (*dynamai*; 26/210) *be able*
Lk 1:20 σιωπῶν καὶ μὴ **δυνάμενος** λαλῆσαι ἄχρι ἧς
Lk 1:22 ἐξελθὼν δὲ οὐκ **ἐδύνατο** λαλῆσαι αὐτοῖς,
Lk 3:8 γὰρ ὑμῖν ὅτι **δύναται** ὁ θεὸς ἐκ
Lk 5:12 ἐὰν θέλῃς **δύνασαί** με καθαρίσαι.
Lk 5:21 τίς **δύναται** ἁμαρτίας ἀφεῖναι εἰ
Lk 5:34 μὴ **δύνασθε** τοὺς υἱοὺς τοῦ
Lk 6:39 μήτι **δύναται** τυφλὸς τυφλὸν ὁδηγεῖν;
Lk 6:42 πῶς **δύνασαι** λέγειν τῷ ἀδελφῷ
Lk 8:19 αὐτοῦ καὶ οὐκ **ἠδύναντο** συντυχεῖν αὐτῷ διὰ
Lk 9:40 καὶ οὐκ **ἠδυνήθησαν**.
Lk 11:7 οὐ **δύναμαι** ἀναστὰς δοῦναί σοι.
Lk 12:25 ἐξ ὑμῶν μεριμνῶν **δύναται** ἐπὶ τὴν ἡλικίαν
Lk 12:26 οὖν οὐδὲ ἐλάχιστον **δύνασθε**,
Lk 13:11 συγκύπτουσα καὶ μὴ **δυναμένη** ἀνακύψαι εἰς
Lk 14:20 διὰ τοῦτο οὐ **δύναμαι** ἐλθεῖν.
Lk 14:26 οὐ **δύναται** εἶναί μου μαθητής.
Lk 14:27 οὐ **δύναται** εἶναί μου μαθητής.
Lk 14:33 ἑαυτοῦ ὑπάρχουσιν οὐ **δύναται** εἶναί μου μαθητής.
Lk 16:2 οὐ γὰρ **δύνῃ** ἔτι οἰκονομεῖν.
Lk 16:13 Οὐδεὶς οἰκέτης **δύναται** δυσὶ κυρίοις δουλεύειν·
Lk 16:13 οὐ δύνασθε **θεῷ** δουλεύειν καὶ μαμωνᾷ.
Lk 16:26 πρὸς ὑμᾶς μὴ **δύνωνται**,
Lk 18:26 καὶ τίς **δύναται** σωθῆναι;
Lk 19:3 ἔστιν καὶ οὐκ **ἠδύνατο** ἀπὸ τοῦ ὄχλου,
Lk 20:36 γὰρ ἀποθανεῖν ἔτι **δύνανται**,
Lk 21:15 σοφίαν ἣ οὐ **δυνήσονται** ἀντιστῆναι ἢ ἀντειπεῖν

δύναμις (*dynamis*; 15/119) *power*
Lk 1:17 ἐν πνεύματι καὶ **δυνάμει** Ἠλίου,
Lk 1:35 ἐπὶ σὲ καὶ **δύναμις** ὑψίστου ἐπισκιάσει σοι·
Lk 4:14 Ἰησοῦς ἐν τῇ **δυνάμει** τοῦ πνεύματος εἰς
Lk 4:36 ἐν ἐξουσίᾳ καὶ **δυνάμει** ἐπιτάσσει τοῖς ἀκαθάρτοις
Lk 5:17 καὶ **δύναμις** κυρίου ἦν εἰς
Lk 6:19 ὅτι **δύναμις** παρ᾽ αὐτοῦ ἐξήρχετο
Lk 8:46 ἐγὼ γὰρ ἔγνων **δύναμιν** ἐξεληλυθυῖαν ἀπ᾽ ἐμοῦ.
Lk 9:1 δώδεκα ἔδωκεν αὐτοῖς **δύναμιν** καὶ ἐξουσίαν
Lk 10:13 Σιδῶνι ἐγενήθησαν αἱ **δυνάμεις** αἱ γενόμεναι ἐν
Lk 10:19 ἐπὶ πᾶσαν τὴν **δύναμιν** τοῦ ἐχθροῦ,
Lk 19:37 πασῶν ὧν εἶδον **δυνάμεων**,
Lk 21:26 αἱ γὰρ **δυνάμεις** τῶν οὐρανῶν σαλευθήσονται.
Lk 21:27 ἐν νεφέλῃ μετὰ **δυνάμεως** καὶ δόξης πολλῆς.
Lk 22:69 ἐκ δεξιῶν τῆς **δυνάμεως** τοῦ θεοῦ.
Lk 24:49 ἐνδύσησθε ἐξ ὕψους **δύναμιν**.

δυνάστης (*dynastēs*; 1/3) *ruler*
Lk 1:52 καθεῖλεν **δυνάστας** ἀπὸ θρόνων καὶ

δυνατός (*dynatos*; 4/32) *possible*
Lk 1:49 μοι μεγάλα ὁ **δυνατός**.
Lk 14:31 πρῶτον βουλεύσεται εἰ **δυνατός** ἐστιν ἐν δέκα
Lk 18:27 ἀδύνατα παρὰ ἀνθρώποις **δυνατὰ** παρὰ τῷ θεῷ
Lk 24:19 ἐγένετο ἀνὴρ προφήτης **δυνατὸς** ἐν ἔργῳ

δύνω (*dynō*; 1/2) *set*
Lk 4:40 **Δύνοντος** δὲ τοῦ ἡλίου

δύο (*dyo*; 29/134[135]) *two*
Lk 2:24 ζεῦγος τρυγόνων ἢ **δύο** νοσσοὺς περιστερῶν.
Lk 3:11 ὁ ἔχων **δύο** χιτῶνας μεταδότω τῷ
Lk 5:2 καὶ εἶδεν **δύο** πλοῖα ἑστῶτα παρὰ
Lk 7:18 καὶ προσκαλεσάμενος **δύο** τινας τῶν μαθητῶν
Lk 7:41 **δύο** χρεοφειλέται ἦσαν δανιστῇ
Lk 9:3 ἀργύριον μήτε [ἀνὰ] **δύο** χιτῶνας ἔχειν.
Lk 9:13 πέντε καὶ ἰχθύες **δύο**,
Lk 9:16 ἄρτους καὶ τοὺς **δύο** ἰχθύας ἀναβλέψας εἰς
Lk 9:30 καὶ ἰδοὺ ἄνδρες **δύο** συνελάλουν αὐτῷ,
Lk 9:32 αὐτοῦ καὶ τοὺς **δύο** ἄνδρας τοὺς συνεστῶτας
Lk 10:1 κύριος ἑτέρους ἑβδομήκοντα **[δύο]** καὶ ἀπέστειλεν αὐτοὺς
Lk 10:1 ἀπέστειλεν αὐτοὺς ἀνὰ **δύο** [δύο] πρὸ προσώπου
Lk 10:1 ἀνὰ δύο **[δύο]** πρὸ προσώπου αὐτοῦ
Lk 10:17 δὲ οἱ ἑβδομήκοντα **[δύο]** μετὰ χαρᾶς λέγοντες·
Lk 10:35 αὔριον ἐκβαλὼν ἔδωκεν **δύο** δηνάρια τῷ πανδοχεῖ
Lk 12:6 στρουθία πωλοῦνται ἀσσαρίων **δύο**;
Lk 12:52 τρεῖς ἐπὶ **δυσὶν** καὶ δύο ἐπὶ
Lk 12:52 ἐπὶ δυσὶν καὶ **δύο** ἐπὶ τρισίν,
Lk 15:11 ἄνθρωπός τις εἶχεν **δύο** υἱούς.
Lk 16:13 Οὐδεὶς οἰκέτης δύναται **δυσὶ** κυρίοις δουλεύειν·
Lk 17:34 τῇ νυκτὶ ἔσονται **δύο** ἐπὶ κλίνης μιᾶς,
Lk 17:35 ἔσονται **δύο** ἀλήθουσαι ἐπὶ τὸ
Lk 18:10 Ἄνθρωποι **δύο** ἀνέβησαν εἰς τὸ
Lk 19:29 ἀπέστειλεν **δύο** τῶν μαθητῶν
Lk 21:2 βάλλουσαν ἐκεῖ λεπτὰ **δύο**,
Lk 22:38 ἰδοὺ μάχαιραι ὧδε **δύο**.
Lk 23:32 καὶ ἕτεροι κακοῦργοι **δύο** σὺν αὐτῷ ἀναιρεθῆναι.
Lk 24:4 καὶ ἰδοὺ ἄνδρες **δύο** ἐπέστησαν αὐταῖς ἐν
Lk 24:13 Καὶ ἰδοὺ **δύο** ἐξ αὐτῶν ἐν

δυσβάστακτος (*dysbastaktos*; 1/2) *hard to carry*
Lk 11:46 τοὺς ἀνθρώπους φορτία **δυσβάστακτα**,

δυσκόλως (*dyskolōs*; 1/3) *with difficulty*
Lk 18:24 πῶς **δυσκόλως** οἱ τὰ χρήματα

δυσμή (*dysmē*; 2/5) *west*
Lk 12:54 νεφέλην ἀνατέλλουσαν ἐπὶ **δυσμῶν**,
Lk 13:29 ἀπὸ ἀνατολῶν καὶ **δυσμῶν** καὶ ἀπὸ βορρᾶ

δώδεκα (*dōdeka*; 12/75) *twelve*
Lk 2:42 ὅτε ἐγένετο ἐτῶν **δώδεκα**,
Lk 6:13 ἐκλεξάμενος ἀπ᾽ αὐτῶν **δώδεκα**,

Lk 8:1 θεοῦ καὶ οἱ **δώδεκα** σὺν αὐτῷ,
Lk 8:42 αὐτῷ ὡς ἐτῶν **δώδεκα** καὶ αὐτὴ ἀπέθνῃσκεν.
Lk 8:43 αἵματος ἀπὸ ἐτῶν **δώδεκα**,
Lk 9:1 Συγκαλεσάμενος δὲ τοὺς **δώδεκα** ἔδωκεν αὐτοῖς δύναμιν
Lk 9:12 προσελθόντες δὲ οἱ **δώδεκα** εἶπαν αὐτῷ·
Lk 9:17 αὐτοῖς κλασμάτων κόφινοι **δώδεκα**.
Lk 18:31 Παραλαβὼν δὲ τοὺς **δώδεκα** εἶπεν πρὸς αὐτούς·
Lk 22:3 τοῦ ἀριθμοῦ τῶν **δώδεκα**·
Lk 22:30 ἐπὶ θρόνων τὰς **δώδεκα** φυλὰς κρίνοντες
Lk 22:47 Ἰούδας εἷς τῶν **δώδεκα** προήρχετο αὐτοὺς

δῶμα (*dōma*; 3/7) *roof*

Lk 5:19 ἀναβάντες ἐπὶ τὸ **δῶμα** διὰ τῶν κεράμων
Lk 12:3 κηρυχθήσεται ἐπὶ τῶν **δωμάτων**.
Lk 17:31 ἔσται ἐπὶ τοῦ **δώματος** καὶ τὰ σκεύη

δῶρον (*dōron*; 2/19) *gift*

Lk 21:1 τὸ γαζοφυλάκιον τὰ **δῶρα** αὐτῶν πλουσίους.
Lk 21:4 ἔβαλον εἰς τὰ **δῶρα**,

ἔα (*ea*; 1/1) *ah*

Lk 4:34 **ἔα**,

ἐάν (*ean*; 28/333) *if*

Lk 4:6 παραδέδοται καὶ ᾧ **ἐὰν** θέλω δίδωμι αὐτήν·
Lk 4:7 σὺ οὖν **ἐὰν** προσκυνήσῃς ἐνώπιον ἐμοῦ,
Lk 5:12 **ἐὰν** θέλῃς δύνασαί με
Lk 6:33 καὶ [γὰρ] **ἐὰν** ἀγαθοποιῆτε τοὺς ἀγαθοποιοῦντας
Lk 6:34 καὶ **ἐὰν** δανίσητε παρ᾽ ὧν
Lk 7:23 μακάριός ἐστιν ὃς **ἐὰν** μὴ σκανδαλισθῇ ἐν
Lk 9:48 ὃς **ἐὰν** δέξηται τοῦτο τὸ
Lk 9:57 ἀκολουθήσω σοι ὅπου **ἐὰν** ἀπέρχῃ.
Lk 10:6 καὶ **ἐὰν** ἐκεῖ ᾖ υἱὸς
Lk 10:22 υἱὸς καὶ ᾧ **ἐὰν** βούληται ὁ υἱὸς
Lk 12:45 **ἐὰν** δὲ εἴπῃ ὁ
Lk 13:3 ἀλλ᾽ **ἐὰν** μὴ μετανοῆτε πάντες
Lk 13:5 ἀλλ᾽ **ἐὰν** μὴ μετανοῆτε πάντες
Lk 14:34 **ἐὰν** δὲ καὶ τὸ
Lk 15:8 δραχμὰς ἔχουσα δέκα **ἐὰν** ἀπολέσῃ δραχμὴν μίαν,
Lk 16:30 ἀλλ᾽ **ἐάν** τις ἀπὸ νεκρῶν
Lk 16:31 οὐδ᾽ **ἐάν** τις ἐκ νεκρῶν
Lk 17:3 **Ἐὰν** ἁμάρτῃ ὁ ἀδελφός
Lk 17:3 καὶ **ἐὰν** μετανοήσῃ ἄφες αὐτῷ.
Lk 17:4 καὶ **ἐὰν** ἑπτάκις τῆς ἡμέρας
Lk 17:33 ὃς **ἐὰν** ζητήσῃ τὴν ψυχὴν
Lk 19:31 καὶ **ἐάν** τις ὑμᾶς ἐρωτᾷ·
Lk 19:40 **ἐὰν** οὗτοι σιωπήσουσιν,
Lk 20:5 ἑαυτοὺς λέγοντες ὅτι **ἐὰν** εἴπωμεν·
Lk 20:6 **ἐὰν** δὲ εἴπωμεν·
Lk 20:28 **ἐάν** τινος ἀδελφὸς ἀποθάνῃ
Lk 22:67 **ἐὰν** ὑμῖν εἴπω,
Lk 22:68 **ἐὰν** δὲ ἐρωτήσω,

ἑαυτοῦ (*heautou*; 57/319) *himself*

Lk 1:24 αὐτοῦ καὶ περιέκρυβεν **ἑαυτὴν** μῆνας πέντε λέγουσα
Lk 2:3 ἕκαστος εἰς τὴν **ἑαυτοῦ** πόλιν.
Lk 2:39 Γαλιλαίαν εἰς πόλιν **ἑαυτῶν** Ναζαρέθ.
Lk 3:8 ἄρξησθε λέγειν ἐν **ἑαυτοῖς**·
Lk 7:30 θεοῦ ἠθέτησαν εἰς **ἑαυτοὺς** μὴ βαπτισθέντες
Lk 7:39 αὐτὸν εἶπεν ἐν **ἑαυτῷ** λέγων·
Lk 7:49 συνανακείμενοι λέγειν ἐν **ἑαυτοῖς**·
Lk 9:23 ἀρνησάσθω **ἑαυτὸν** καὶ ἀράτω τὸν
Lk 9:25 τὸν κόσμον ὅλον **ἑαυτὸν** δὲ ἀπολέσας ἢ
Lk 9:47 ἔστησεν αὐτὸ παρ᾽ **ἑαυτῷ**
Lk 9:60 νεκροὺς θάψαι τοὺς **ἑαυτῶν** νεκρούς,
Lk 10:29 δὲ θέλων δικαιῶσαι **ἑαυτὸν** εἶπεν πρὸς τὸν
Lk 11:17 πᾶσα βασιλεία ἐφ᾽ **ἑαυτὴν** διαμερισθεῖσα ἐρημοῦται καὶ
Lk 11:18 ὁ σατανᾶς ἐφ᾽ **ἑαυτὸν** διεμερίσθη,
Lk 11:21 καθωπλισμένος φυλάσσῃ τὴν **ἑαυτοῦ** αὐλήν,
Lk 11:26 ἕτερα πνεύματα πονηρότερα **ἑαυτοῦ** ἑπτὰ καὶ εἰσελθόντα
Lk 12:1 προσέχετε **ἑαυτοῖς** ἀπὸ τῆς ζύμης,
Lk 12:17 καὶ διελογίζετο ἐν **ἑαυτῷ** λέγων·
Lk 12:21 οὕτως ὁ θησαυρίζων **ἑαυτῷ** καὶ μὴ εἰς
Lk 12:33 ποιήσατε **ἑαυτοῖς** βαλλάντια μὴ παλαιούμενα,
Lk 12:36 προσδεχομένοις τὸν κύριον **ἑαυτῶν** πότε ἀναλύσῃ ἐκ
Lk 12:57 δὲ καὶ ἀφ᾽ **ἑαυτῶν** οὐ κρίνετε τὸ
Lk 13:19 ἔβαλεν εἰς κῆπον **ἑαυτοῦ**,
Lk 13:34 τρόπον ὄρνις τὴν **ἑαυτῆς** νοσσιὰν ὑπὸ τὰς
Lk 14:11 πᾶς ὁ ὑψῶν **ἑαυτὸν** ταπεινωθήσεται,
Lk 14:11 καὶ ὁ ταπεινῶν **ἑαυτὸν** ὑψωθήσεται.
Lk 14:26 μισεῖ τὸν πατέρα **ἑαυτοῦ** καὶ τὴν μητέρα
Lk 14:26 καὶ τὴν ψυχὴν **ἑαυτοῦ**,
Lk 14:27 βαστάζει τὸν σταυρὸν **ἑαυτοῦ** καὶ ἔρχεται ὀπίσω
Lk 14:33 ἀποτάσσεται πᾶσιν τοῖς **ἑαυτοῦ** ὑπάρχουσιν οὐ δύναται
Lk 15:17 εἰς **ἑαυτὸν** δὲ ἐλθὼν ἔφη·
Lk 15:20 πρὸς τὸν πατέρα **ἑαυτοῦ**.
Lk 16:3 εἶπεν δὲ ἐν **ἑαυτῷ** ὁ οἰκονόμος·
Lk 16:5 χρεοφειλετῶν τοῦ κυρίου **ἑαυτοῦ** ἔλεγεν τῷ πρώτῳ·
Lk 16:8 τὴν γενεὰν τὴν **ἑαυτῶν** εἰσιν.
Lk 16:9 **ἑαυτοῖς** ποιήσατε φίλους ἐκ
Lk 16:15 ἐστε οἱ δικαιοῦντες **ἑαυτοὺς** ἐνώπιον τῶν ἀνθρώπων,
Lk 17:3 προσέχετε **ἑαυτοῖς**.
Lk 17:14 πορευθέντες ἐπιδείξατε ἑαυτοὺς **τοῖς** ἱερεῦσιν.
Lk 18:4 ταῦτα εἶπεν ἐν **ἑαυτῷ**·
Lk 18:9 τοὺς πεποιθότας ἐφ᾽ **ἑαυτοῖς** ὅτι εἰσὶν δίκαιοι
Lk 18:11 Φαρισαῖος σταθεὶς πρὸς **ἑαυτὸν** ταῦτα προσηύχετο·
Lk 18:14 πᾶς ὁ ὑψῶν **ἑαυτὸν** ταπεινωθήσεται,
Lk 18:14 ὁ δὲ ταπεινῶν **ἑαυτὸν** ὑψωθήσεται.
Lk 19:12 χώραν μακρὰν λαβεῖν **ἑαυτῷ** βασιλείαν καὶ ὑποστρέψαι.
Lk 19:13 δὲ δέκα δούλους **ἑαυτοῦ** ἔδωκεν αὐτοῖς δέκα
Lk 20:5 δὲ συνελογίσαντο πρὸς **ἑαυτοὺς** λέγοντες ὅτι ἐὰν
Lk 20:20 ἀπέστειλαν ἐγκαθέτους ὑποκρινομένους **ἑαυτοὺς** δικαίους εἶναι,
Lk 21:30 βλέποντες ἀφ᾽ **ἑαυτῶν** γινώσκετε ὅτι ἤδη
Lk 21:34 Προσέχετε δὲ **ἑαυτοῖς** μήποτε βαρηθῶσιν ὑμῶν
Lk 22:17 καὶ διαμερίσατε εἰς **ἑαυτούς**·
Lk 22:23 ἤρξαντο συζητεῖν πρὸς **ἑαυτοὺς** τὸ τίς ἄρα

Lk 23:2 διδόναι καὶ λέγοντα **ἑαυτὸν** χριστὸν βασιλέα εἶναι.
Lk 23:28 πλὴν ἐφ' **ἑαυτὰς** κλαίετε καὶ ἐπὶ
Lk 23:35 σωσάτω **ἑαυτόν**,
Lk 24:12 καὶ ἀπῆλθεν πρὸς **ἑαυτὸν** θαυμάζων τὸ γεγονός.
Lk 24:27 γραφαῖς τὰ περὶ **ἑαυτοῦ**.

ἐάω (*eaō*; 2/11) *allow*

Lk 4:41 καὶ ἐπιτιμῶν οὐκ **εἴα** αὐτὰ λαλεῖν,
Lk 22:51 **ἐᾶτε** ἕως τούτου·

ἑβδομήκοντα (*hebdomēkonta*; 2/5) *seventy*

Lk 10:1 ὁ κύριος ἑτέρους **ἑβδομήκοντα** [δύο] καὶ ἀπέστειλεν
Lk 10:17 Ὑπέστρεψαν δὲ οἱ **ἑβδομήκοντα** [δύο] μετὰ χαρᾶς

Ἔβερ (*Eber*; 1/1) *Eber*

Lk 3:35 τοῦ Φάλεκ τοῦ **Ἔβερ** τοῦ Σαλὰ

ἐγγίζω (*engizō*; 18/42) *approach*

Lk 7:12 ὡς δὲ **ἤγγισεν** τῇ πύλῃ τῆς
Lk 10:9 **ἤγγικεν** ἐφ' ὑμᾶς ἡ
Lk 10:11 τοῦτο γινώσκετε ὅτι **ἤγγικεν** ἡ βασιλεία τοῦ
Lk 12:33 ὅπου κλέπτης οὐκ **ἐγγίζει** οὐδὲ σὴς διαφθείρει·
Lk 15:1 Ἦσαν δὲ αὐτῷ **ἐγγίζοντες** πάντες οἱ τελῶναι
Lk 15:25 καὶ ὡς ἐρχόμενος **ἤγγισεν** τῇ οἰκίᾳ,
Lk 18:35 δὲ ἐν τῷ **ἐγγίζειν** αὐτὸν εἰς Ἰεριχὼ
Lk 18:40 **ἐγγίσαντος** δὲ αὐτοῦ ἐπηρώτησεν
Lk 19:29 Καὶ ἐγένετο ὡς **ἤγγισεν** εἰς Βηθφαγὴ καὶ
Lk 19:37 **ἐγγίζοντος** δὲ αὐτοῦ ἤδη
Lk 19:41 Καὶ ὡς **ἤγγισεν** ἰδὼν τὴν πόλιν
Lk 21:8 ὁ καιρὸς **ἤγγικεν**.
Lk 21:20 τότε γνῶτε ὅτι **ἤγγικεν** ἡ ἐρήμωσις αὐτῆς.
Lk 21:28 διότι **ἐγγίζει** ἡ ἀπολύτρωσις ὑμῶν.
Lk 22:1 **Ἤγγιζεν** δὲ ἡ ἑορτὴ
Lk 22:47 προήρχετο αὐτοὺς καὶ **ἤγγισεν** τῷ Ἰησοῦ φιλῆσαι
Lk 24:15 καὶ αὐτὸς Ἰησοῦς **ἐγγίσας** συνεπορεύετο αὐτοῖς,
Lk 24:28 Καὶ **ἤγγισαν** εἰς τὴν κώμην

ἐγγράφω (*engraphō*; 1/3) *write*

Lk 10:20 τὰ ὀνόματα ὑμῶν **ἐγγέγραπται** ἐν τοῖς οὐρανοῖς.

ἐγγύς (*engys*; 3/31) *near*

Lk 19:11 παραβολὴν διὰ τὸ **ἐγγὺς** εἶναι Ἰερουσαλὴμ αὐτὸν
Lk 21:30 γινώσκετε ὅτι ἤδη **ἐγγὺς** τὸ θέρος ἐστίν·
Lk 21:31 γινώσκετε ὅτι **ἐγγύς** ἐστιν ἡ βασιλεία

ἐγείρω (*egeirō*; 18/143[144]) *raise*

Lk 1:69 καὶ **ἤγειρεν** κέρας σωτηρίας ἡμῖν
Lk 3:8 τῶν λίθων τούτων **ἐγεῖραι** τέκνα τῷ Ἀβραάμ.
Lk 5:23 **ἔγειρε** καὶ περιπάτει;
Lk 5:24 **ἔγειρε** καὶ ἄρας τὸ
Lk 6:8 **ἔγειρε** καὶ στῆθι εἰς
Lk 7:14 **ἐγέρθητι**.
Lk 7:16 ὅτι προφήτης μέγας **ἠγέρθη** ἐν ἡμῖν καὶ
Lk 7:22 νεκροὶ **ἐγείρονται**,
Lk 8:54 **ἔγειρε**.
Lk 9:7 τινων ὅτι Ἰωάννης **ἠγέρθη** ἐκ νεκρῶν,
Lk 9:22 τῇ τρίτῃ ἡμέρᾳ **ἐγερθῆναι**.
Lk 11:8 τὴν ἀναίδειαν αὐτοῦ **ἐγερθεὶς** δώσει αὐτῷ ὅσων
Lk 11:31 βασίλισσα νότου **ἐγερθήσεται** ἐν τῇ κρίσει
Lk 13:25 ἀφ' οὗ ἂν **ἐγερθῇ** ὁ οἰκοδεσπότης καὶ
Lk 20:37 ὅτι δὲ **ἐγείρονται** οἱ νεκροί,
Lk 21:10 **ἐγερθήσεται** ἔθνος ἐπ' ἔθνος
Lk 24:6 ἀλλὰ **ἠγέρθη**.
Lk 24:34 λέγοντας ὅτι ὄντως **ἠγέρθη** ὁ κύριος καὶ

ἐγκάθετος (*enkathetos*; 1/1) *spy*

Lk 20:20 Καὶ παρατηρήσαντες ἀπέστειλαν **ἐγκαθέτους** ὑποκρινομένους ἑαυτοὺς δικαίους

ἐγκακέω (*enkakeō*; 1/6) *become discouraged*

Lk 18:1 αὐτοὺς καὶ μὴ **ἐγκακεῖν**,

ἐγκρύπτω (*enkryptō*; 1/2) *place or mix in*

Lk 13:21 ἣν λαβοῦσα γυνὴ **[ἐν]ἔκρυψεν** εἰς ἀλεύρου σάτα

ἔγκυος (*enkyos*; 1/1) *pregnant*

Lk 2:5 οὔσῃ **ἐγκύῳ**.

ἐγώ (*egō*; 213/1715[1718]) *I*

Lk 1:18 **ἐγὼ** γάρ εἰμι πρεσβύτης
Lk 1:18 καὶ ἡ γυνή **μου** προβεβηκυῖα ἐν ταῖς
Lk 1:19 **ἐγώ** εἰμι Γαβριὴλ ὁ
Lk 1:20 ἐπίστευσας τοῖς λόγοις **μου**,
Lk 1:25 ὅτι οὕτως **μοι** πεποίηκεν κύριος ἐν
Lk 1:25 ἐπεῖδεν ἀφελεῖν ὄνειδός **μου** ἐν ἀνθρώποις.
Lk 1:38 γένοιτό **μοι** κατὰ τὸ ῥῆμά
Lk 1:43 καὶ πόθεν **μοι** τοῦτο ἵνα ἔλθῃ
Lk 1:43 μήτηρ τοῦ κυρίου **μου** πρὸς ἐμέ;
Lk 1:43 κυρίου μου πρὸς **ἐμέ**;
Lk 1:44 εἰς τὰ ὦτά **μου**,
Lk 1:44 ἐν τῇ κοιλίᾳ **μου**.
Lk 1:46 Μεγαλύνει ἡ ψυχή **μου** τὸν κύριον,
Lk 1:47 ἠγαλλίασεν τὸ πνεῦμά **μου** ἐπὶ τῷ θεῷ
Lk 1:47 θεῷ τῷ σωτῆρί **μου**,
Lk 1:48 τοῦ νῦν μακαριοῦσίν **με** πᾶσαι αἱ γενεαί,
Lk 1:49 ὅτι ἐποίησέν **μοι** μεγάλα ὁ δυνατός.
Lk 2:30 εἶδον οἱ ὀφθαλμοί **μου** τὸ σωτήριόν σου,
Lk 2:49 τί ὅτι ἐζητεῖτέ **με**;
Lk 2:49 τοῖς τοῦ πατρός **μου** δεῖ εἶναί με;
Lk 2:49 μου δεῖ εἶναί **με**;
Lk 3:16 **ἐγὼ** μὲν ὕδατι βαπτίζω
Lk 3:16 δὲ ὁ ἰσχυρότερός **μου**,
Lk 3:22 εἶ ὁ υἱός **μου** ὁ ἀγαπητός,
Lk 4:6 ὅτι **ἐμοὶ** παραδέδοται καὶ ᾧ
Lk 4:7 ἐὰν προσκυνήσῃς ἐνώπιον **ἐμοῦ**,
Lk 4:18 πνεῦμα κυρίου ἐπ' **ἐμὲ** οὗ εἵνεκεν ἔχρισέν
Lk 4:18 οὗ εἵνεκεν ἔχρισέν **με** εὐαγγελίσασθαι πτωχοῖς,
Lk 4:18 ἀπέσταλκέν με,
Lk 4:23 πάντως ἐρεῖτέ **μοι** τὴν παραβολὴν ταύτην·
Lk 4:43 ἑτέραις πόλεσιν εὐαγγελίσασθαί **με** δεῖ τὴν βασιλείαν

Lk 5:8 ἔξελθε ἀπ’ **ἐμοῦ**,
Lk 5:12 ἐὰν θέλῃς δύνασαί **με** καθαρίσαι.
Lk 5:27 ἀκολούθει **μοι**.
Lk 6:46 Τί δέ **με** καλεῖτε·
Lk 6:47 ὁ ἐρχόμενος πρός **με** καὶ ἀκούων μου
Lk 6:47 με καὶ ἀκούων **μου** τῶν λόγων καὶ
Lk 7:6 ὑπὸ τὴν στέγην **μου** εἰσέλθῃς·
Lk 7:7 ἰαθήτω ὁ παῖς **μου**.
Lk 7:8 καὶ γὰρ **ἐγὼ** ἄνθρωπός εἰμι ὑπὸ
Lk 7:8 καὶ τῷ δούλῳ **μου**·
Lk 7:23 μὴ σκανδαλισθῇ ἐν **ἐμοί**.
Lk 7:27 ἀποστέλλω τὸν ἄγγελόν **μου** πρὸ προσώπου σου,
Lk 7:44 ὕδωρ **μοι** ἐπὶ πόδας οὐκ
Lk 7:44 ταῖς δάκρυσιν ἔβρεξέν **μου** τοὺς πόδας καὶ
Lk 7:45 φίλημά **μοι** οὐκ ἔδωκας·
Lk 7:45 οὐ διέλιπεν καταφιλοῦσά **μου** τοὺς πόδας.
Lk 7:46 ἐλαίῳ τὴν κεφαλήν **μου** οὐκ ἤλειψας·
Lk 7:46 ἤλειψεν τοὺς πόδας **μου**.
Lk 8:21 μήτηρ μου **καὶ** ἀδελφοί μου οὗτοί
Lk 8:21 μου καὶ ἀδελφοί **μου** οὗτοί εἰσιν οἱ
Lk 8:28 τί **ἐμοὶ** καὶ σοί,
Lk 8:28 μή **με** βασανίσῃς.
Lk 8:45 τίς ὁ ἁψάμενός **μου**;
Lk 8:46 ἥψατό **μού** τις,
Lk 8:46 **ἐγὼ** γὰρ ἔγνων δύναμιν
Lk 8:46 δύναμιν ἐξεληλυθυῖαν ἀπ’ **ἐμοῦ**.
Lk 9:9 Ἰωάννην **ἐγὼ** ἀπεκεφάλισα·
Lk 9:18 τίνα **με** λέγουσιν οἱ ὄχλοι
Lk 9:20 ὑμεῖς δὲ τίνα **με** λέγετε εἶναι;
Lk 9:23 τις θέλει ὀπίσω **μου** ἔρχεσθαι,
Lk 9:23 ἡμέραν καὶ ἀκολουθείτω **μοι**.
Lk 9:24 ψυχὴν αὐτοῦ ἕνεκεν **ἐμοῦ** οὗτος σώσει αὐτήν.
Lk 9:26 γὰρ ἂν ἐπαισχυνθῇ **με** καὶ τοὺς ἐμοὺς
Lk 9:35 ἐστιν ὁ υἱός **μου** ὁ ἐκλελεγμένος,
Lk 9:38 ἐπὶ τὸν υἱόν **μου**,
Lk 9:38 ὅτι μονογενής **μοί** ἐστιν,
Lk 9:48 ἐπὶ τῷ ὀνόματί **μου**,
Lk 9:48 **ἐμὲ** δέχεται·
Lk 9:48 καὶ ὃς ἂν **ἐμὲ** δέξηται,
Lk 9:48 δέχεται τὸν ἀποστείλαντά **με**·
Lk 9:59 ἀκολούθει **μοι**.
Lk 9:59 [κύριε] ἐπίτρεψόν **μοι** ἀπελθόντι πρῶτον θάψαι
Lk 9:59 θάψαι τὸν πατέρα **μου**.
Lk 9:61 πρῶτον δὲ ἐπίτρεψόν **μοι** ἀποτάξασθαι τοῖς
Lk 9:61 εἰς τὸν οἶκόν **μου**.
Lk 10:16 Ὁ ἀκούων ὑμῶν **ἐμοῦ** ἀκούει,
Lk 10:16 ὁ ἀθετῶν ὑμᾶς **ἐμὲ** ἀθετεῖ·
Lk 10:16 ὁ δὲ **ἐμὲ** ἀθετῶν ἀθετεῖ τὸν
Lk 10:16 ἀθετεῖ τὸν ἀποστείλαντά **με**.
Lk 10:22 πάντα **μοι** παρεδόθη ὑπὸ τοῦ
Lk 10:22 ὑπὸ τοῦ πατρός **μου**,
Lk 10:29 καὶ τίς ἐστίν **μου** πλησίον;
Lk 10:35 τι ἂν προσδαπανήσῃς **ἐγὼ** ἐν τῷ ἐπανέρχεσθαί
Lk 10:35 ἐν τῷ ἐπανέρχεσθαί **με** ἀποδώσω σοι.
Lk 10:40 ὅτι ἡ ἀδελφή **μου** μόνην με κατέλιπεν
Lk 10:40 ἀδελφή μου μόνην **με** κατέλιπεν διακονεῖν;
Lk 10:40 οὖν αὐτῇ ἵνα **μοι** συναντιλάβηται.
Lk 11:5 χρῆσόν **μοι** τρεῖς ἄρτους,
Lk 11:6 ἐπειδὴ φίλος **μου** παρεγένετο ἐξ ὁδοῦ
Lk 11:6 ἐξ ὁδοῦ πρός **με** καὶ οὐκ ἔχω
Lk 11:7 μή **μοι** κόπους πάρεχε·
Lk 11:7 καὶ τὰ παιδία **μου** μετ’ ἐμοῦ εἰς
Lk 11:7 παιδία μου μετ’ **ἐμοῦ** εἰς τὴν κοίτην
Lk 11:18 ἐν Βεελζεβοὺλ ἐκβάλλειν **με** τὰ δαιμόνια.
Lk 11:19 εἰ δὲ **ἐγὼ** ἐν Βεελζεβοὺλ ἐκβάλλω
Lk 11:20 ἐν δακτύλῳ θεοῦ **[ἐγὼ]** ἐκβάλλω τὰ δαιμόνια,
Lk 11:23 μὴ ὢν μετ’ **ἐμοῦ** κατ’ ἐμοῦ ἐστιν,
Lk 11:23 μετ’ ἐμοῦ κατ’ **ἐμοῦ** ἐστιν,
Lk 11:23 μὴ συνάγων μετ’ **ἐμοῦ** σκορπίζει.
Lk 11:24 εἰς τὸν οἶκόν **μου** ὅθεν ἐξῆλθον·
Lk 12:4 ὑμῖν τοῖς φίλοις **μου**,
Lk 12:8 ἂν ὁμολογήσῃ ἐν **ἐμοὶ** ἔμπροσθεν τῶν ἀνθρώπων,
Lk 12:9 ὁ δὲ ἀρνησάμενός **με** ἐνώπιον τῶν ἀνθρώπων
Lk 12:13 εἰπὲ τῷ ἀδελφῷ **μου** μερίσασθαι μετ’ ἐμοῦ
Lk 12:13 μου μερίσασθαι μετ’ **ἐμοῦ** τὴν κληρονομίαν.
Lk 12:14 τίς **με** κατέστησεν κριτὴν ἢ
Lk 12:17 συνάξω τοὺς καρπούς **μου**;
Lk 12:18 καθελῶ **μου** τὰς ἀποθήκας καὶ
Lk 12:18 καὶ τὰ ἀγαθά **μου**
Lk 12:19 ἐρῶ τῇ ψυχῇ **μου**,
Lk 12:45 χρονίζει ὁ κύριός **μου** ἔρχεσθαι,
Lk 13:27 ἀπόστητε ἀπ’ **ἐμοῦ** πάντες ἐργάται ἀδικίας.
Lk 13:33 πλὴν δεῖ **με** σήμερον καὶ αὔριον
Lk 13:35 οὐ μὴ ἴδητέ **με** ἕως [ἥξει ὅτε]
Lk 14:18 ἔχε **με** παρῃτημένον.
Lk 14:19 ἔχε **με** παρῃτημένον.
Lk 14:23 ἵνα γεμισθῇ **μου** ὁ οἶκος·
Lk 14:24 τῶν κεκλημένων γεύσεταί **μου** τοῦ δείπνου.
Lk 14:26 τις ἔρχεται πρός **με** καὶ οὐ μισεῖ
Lk 14:26 οὐ δύναται εἶναί **μου** μαθητής.
Lk 14:27 καὶ ἔρχεται ὀπίσω **μου**,
Lk 14:27 οὐ δύναται εἶναί **μου** μαθητής.
Lk 14:33 οὐ δύναται εἶναί **μου** μαθητής.
Lk 15:6 συγχάρητέ **μοι**,
Lk 15:6 εὗρον τὸ πρόβατόν **μου** τὸ ἀπολωλός.
Lk 15:9 συγχάρητέ **μοι**,
Lk 15:12 δός **μοι** τὸ ἐπιβάλλον μέρος
Lk 15:17 μίσθιοι τοῦ πατρός **μου** περισσεύονται ἄρτων,
Lk 15:17 **ἐγὼ** δὲ λιμῷ ὧδε
Lk 15:18 πρὸς τὸν πατέρα **μου** καὶ ἐρῶ αὐτῷ·
Lk 15:19 ποίησόν **με** ὡς ἕνα τῶν
Lk 15:24 οὗτος ὁ υἱός **μου** νεκρὸς ἦν καὶ
Lk 15:29 καὶ **ἐμοὶ** οὐδέποτε ἔδωκας ἔριφον
Lk 15:29 μετὰ τῶν φίλων **μου** εὐφρανθῶ·
Lk 15:31 σὺ πάντοτε μετ’ **ἐμοῦ** εἶ,
Lk 16:3 ὅτι ὁ κύριός **μου** ἀφαιρεῖται τὴν οἰκονομίαν
Lk 16:3 τὴν οἰκονομίαν ἀπ’ **ἐμοῦ**;
Lk 16:4 τῆς οἰκονομίας δέξωνταί **με** εἰς τοὺς οἴκους
Lk 16:5 ὀφείλεις τῷ κυρίῳ **μου**;
Lk 16:9 Καὶ **ἐγὼ** ὑμῖν λέγω,
Lk 16:24 ἐλέησόν **με** καὶ πέμψον Λάζαρον
Lk 16:24 καταψύξῃ τὴν γλῶσσάν **μου**,
Lk 16:27 οἶκον τοῦ πατρός **μου**,
Lk 17:8 καὶ περιζωσάμενος διακόνει **μοι** ἕως φάγω
Lk 18:3 ἐκδίκησόν **με** ἀπὸ τοῦ ἀντιδίκου
Lk 18:3 ἀπὸ τοῦ ἀντιδίκου **μου**.
Lk 18:5 γε τὸ παρέχειν **μοι** κόπον τὴν χήραν
Lk 18:5 τέλος ἐρχομένη ὑπωπιάζῃ **με**.
Lk 18:13 ἱλάσθητί **μοι** τῷ ἁμαρτωλῷ.
Lk 18:16 παιδία ἔρχεσθαι πρός **με** καὶ μὴ κωλύετε
Lk 18:19 τί **με** λέγεις ἀγαθόν;

Lk 18:22 καὶ δεῦρο ἀκολούθει **μοι**.
Lk 18:38 ἐλέησόν **με**.
Lk 18:39 ἐλέησόν **με**.
Lk 19:5 οἴκῳ σου δεῖ **με** μεῖναι.
Lk 19:8 ἰδοὺ τὰ ἡμίσιά **μου** τῶν ὑπαρχόντων,
Lk 19:22 ᾔδεις ὅτι **ἐγὼ** ἄνθρωπος αὐστηρός εἰμι,
Lk 19:23 τί οὐκ ἔδωκάς **μου** τὸ ἀργύριον ἐπὶ
Lk 19:27 πλὴν τοὺς ἐχθρούς **μου** τούτους τοὺς μὴ
Lk 19:27 τοὺς μὴ θελήσαντάς **με** βασιλεῦσαι ἐπ' αὐτοὺς
Lk 19:27 κατασφάξατε αὐτοὺς ἔμπροσθέν **μου**.
Lk 19:46 ἔσται ὁ οἶκός **μου** οἶκος προσευχῆς,
Lk 20:3 καὶ εἴπατέ **μοι**·
Lk 20:8 οὐδὲ **ἐγὼ** λέγω ὑμῖν ἐν
Lk 20:13 πέμψω τὸν υἱόν **μου** τὸν ἀγαπητόν·
Lk 20:24 δείξατέ **μοι** δηνάριον·
Lk 20:42 κύριος τῷ κυρίῳ **μου**·
Lk 20:42 κάθου ἐκ δεξιῶν **μου**,
Lk 21:8 ἐπὶ τῷ ὀνόματί **μου** λέγοντες·
Lk 21:8 **ἐγώ** εἰμι,
Lk 21:12 ἕνεκεν τοῦ ὀνόματός **μου**·
Lk 21:15 **ἐγὼ** γὰρ δώσω ὑμῖν
Lk 21:17 διὰ τὸ ὄνομά **μου**.
Lk 21:33 οἱ δὲ λόγοι **μου** οὐ μὴ παρελεύσονται.
Lk 22:11 μετὰ τῶν μαθητῶν **μου** φάγω;
Lk 22:15 ὑμῶν πρὸ τοῦ **με** παθεῖν·
Lk 22:19 ἐστιν τὸ σῶμά **μου** τὸ ὑπὲρ ὑμῶν
Lk 22:20 ἐν τῷ αἵματί **μου** τὸ ὑπὲρ ὑμῶν
Lk 22:21 χεὶρ τοῦ παραδιδόντος **με** μετ' ἐμοῦ ἐπὶ
Lk 22:21 παραδιδόντος με μετ' **ἐμοῦ** ἐπὶ τῆς τραπέζης.
Lk 22:27 **ἐγὼ** δὲ ἐν μέσῳ
Lk 22:28 οἱ διαμεμενηκότες μετ' **ἐμοῦ** ἐν τοῖς πειρασμοῖς
Lk 22:28 ἐν τοῖς πειρασμοῖς **μου**·
Lk 22:29 ὑμῖν καθὼς διέθετό **μοι** ὁ πατήρ μου
Lk 22:29 μοι ὁ πατήρ **μου** βασιλείαν,
Lk 22:30 ἐπὶ τῆς τραπέζης **μου** ἐν τῇ βασιλείᾳ
Lk 22:30 ἐν τῇ βασιλείᾳ **μου**,
Lk 22:32 **ἐγὼ** δὲ ἐδεήθην περὶ
Lk 22:34 ἀλέκτωρ ἕως τρίς **με** ἀπαρνήσῃ εἰδέναι.
Lk 22:37 δεῖ τελεσθῆναι ἐν **ἐμοί**,
Lk 22:37 γὰρ τὸ περὶ **ἐμοῦ** τέλος ἔχει.
Lk 22:42 τὸ ποτήριον ἀπ' **ἐμοῦ**·
Lk 22:42 μὴ τὸ θέλημά **μου** ἀλλὰ τὸ σὸν
Lk 22:53 καθ' ἡμέραν ὄντος **μου** μεθ' ὑμῶν ἐν
Lk 22:53 τὰς χεῖρας ἐπ' **ἐμέ**,
Lk 22:61 φωνῆσαι σήμερον ἀπαρνήσῃ **με** τρίς.
Lk 22:70 ὑμεῖς λέγετε ὅτι **ἐγώ** εἰμι.
Lk 23:14 προσηνέγκατέ **μοι** τὸν ἄνθρωπον τοῦτον
Lk 23:14 καὶ ἰδοὺ **ἐγὼ** ἐνώπιον ὑμῶν ἀνακρίνας
Lk 23:28 μὴ κλαίετε ἐπ' **ἐμέ**·
Lk 23:42 μνήσθητί **μου** ὅταν ἔλθῃς εἰς
Lk 23:43 σήμερον μετ' **ἐμοῦ** ἔσῃ ἐν τῷ
Lk 23:46 παρατίθεμαι τὸ πνεῦμά **μου**.
Lk 24:39 ἴδετε τὰς χεῖράς **μου** καὶ τοὺς πόδας
Lk 24:39 καὶ τοὺς πόδας **μου** ὅτι ἐγώ εἰμι
Lk 24:39 πόδας μου ὅτι **ἐγώ** εἰμι αὐτός·
Lk 24:39 ψηλαφήσατέ **με** καὶ ἴδετε,
Lk 24:39 οὐκ ἔχει καθὼς **ἐμὲ** θεωρεῖτε ἔχοντα.
Lk 24:44 οὗτοι οἱ λόγοι **μου** οὓς ἐλάλησα πρὸς
Lk 24:44 καὶ ψαλμοῖς περὶ **ἐμοῦ**.
Lk 24:49 καὶ [ἰδοὺ] **ἐγὼ** ἀποστέλλω τὴν ἐπαγγελίαν
Lk 24:49 ἐπαγγελίαν τοῦ πατρός **μου** ἐφ' ὑμᾶς·

ἐδαφίζω (*edaphizō*; 1/1) *raze to the ground*

Lk 19:44 καὶ **ἐδαφιοῦσίν** σε καὶ τὰ

ἐθίζω (*ethizō*; 1/1) *accustom*

Lk 2:27 αὐτοὺς κατὰ τὸ **εἰθισμένον** τοῦ νόμου περὶ

ἔθνος (*ethnos*; 13/162) *nation*

Lk 2:32 φῶς εἰς ἀποκάλυψιν **ἐθνῶν** καὶ δόξαν λαοῦ
Lk 7:5 ἀγαπᾷ γὰρ τὸ **ἔθνος** ἡμῶν καὶ τὴν
Lk 12:30 γὰρ πάντα τὰ **ἔθνη** τοῦ κόσμου ἐπιζητοῦσιν,
Lk 18:32 παραδοθήσεται γὰρ τοῖς **ἔθνεσιν** καὶ ἐμπαιχθήσεται καὶ
Lk 21:10 ἐγερθήσεται **ἔθνος** ἐπ' ἔθνος καὶ
Lk 21:10 ἐγερθήσεται ἔθνος ἐπ' **ἔθνος** καὶ βασιλεία
Lk 21:24 αἰχμαλωτισθήσονται εἰς τὰ **ἔθνη** πάντα,
Lk 21:24 ἔσται πατουμένη ὑπὸ **ἐθνῶν**,
Lk 21:24 οὗ πληρωθῶσιν καιροὶ **ἐθνῶν**.
Lk 21:25 τῆς γῆς συνοχὴ **ἐθνῶν** ἐν ἀπορίᾳ ἤχους
Lk 22:25 οἱ βασιλεῖς τῶν **ἐθνῶν** κυριεύουσιν αὐτῶν
Lk 23:2 εὕραμεν διαστρέφοντα τὸ **ἔθνος** ἡμῶν καὶ κωλύοντα
Lk 24:47 εἰς πάντα τὰ **ἔθνη**.

ἔθος (*ethos*; 3/12) *custom*

Lk 1:9 κατὰ τὸ **ἔθος** τῆς ἱερατείας ἔλαχε
Lk 2:42 αὐτῶν κατὰ τὸ **ἔθος** τῆς ἑορτῆς
Lk 22:39 ἐπορεύθη κατὰ τὸ **ἔθος** εἰς τὸ ὄρος

εἰ (*ei*; 53/502) *if, since*

Lk 4:3 **εἰ** υἱὸς εἶ τοῦ
Lk 4:9 **εἰ** υἱὸς εἶ τοῦ θεοῦ,
Lk 4:26 αὐτῶν ἐπέμφθη Ἠλίας **εἰ** μὴ εἰς Σάρεπτα
Lk 4:27 ἐκαθαρίσθη **εἰ** μὴ Ναιμὰν ὁ Σύρος.
Lk 5:21 ἁμαρτίας ἀφεῖναι **εἰ** μὴ μόνος ὁ θεός;
Lk 5:36 **εἰ** δὲ μή γε,
Lk 5:37 **εἰ** δὲ μή γε,
Lk 6:4 ἔξεστιν φαγεῖν **εἰ** μὴ μόνους τ
Lk 6:7 καὶ οἱ Φαρισαῖοι **εἰ** ἐν τῷ σαββάτῳ
Lk 6:9 ἐπερωτῶ ὑμᾶς **εἰ** ἔξεστιν τῷ σαββάτῳ
Lk 6:32 καὶ **εἰ** ἀγαπᾶτε τοὺς ἀγαπῶντας
Lk 7:39 οὗτος **εἰ** ἦν προφήτης,
Lk 8:51 τινα σὺν αὐτῷ **εἰ** μὴ Πέτρον κ
Lk 9:13 **εἰ** μήτι πορευθέντες ἡμεῖς
Lk 9:23 **εἴ** τις θέλει ὀπίσω
Lk 10:6 **εἰ** δὲ μή γε,
Lk 10:13 ὅτι **εἰ** ἐν Τύρῳ καὶ
Lk 10:22 ὁ υἱὸς **εἰ** μὴ ὁ πατήρ,
Lk 10:22 ὁ πατὴρ **εἰ** μὴ ὁ υἱὸς
Lk 11:8 **εἰ** καὶ οὐ δώσει
Lk 11:13 **εἰ** οὖν ὑμεῖς πονηροὶ
Lk 11:18 **εἰ** δὲ καὶ ὁ
Lk 11:19 **εἰ** δὲ ἐγὼ ἐν
Lk 11:20 **εἰ** δὲ ἐν δακτύλῳ
Lk 11:29 οὐ δοθήσεται αὐτῇ **εἰ** μὴ τὸ σημεῖον
Lk 11:36 **εἰ** οὖν τὸ σῶμά
Lk 12:26 **εἰ** οὖν οὐδὲ ἐλάχιστον
Lk 12:28 **εἰ** δὲ ἐν ἀγρῷ
Lk 12:39 δὲ γινώσκετε ὅτι **εἰ** ᾔδει ὁ οἰκοδεσπότης
Lk 12:49 καὶ τί θέλω **εἰ** ἤδη ἀνήφθη.
Lk 13:9 **εἰ** δὲ μή γε,
Lk 13:23 **εἰ** ὀλίγοι οἱ σῳζόμενοι;
Lk 14:26 **εἴ** τις ἔρχεται πρός
Lk 14:28 **εἰ** ἔχει εἰς ἀπαρτισμόν;

Lk 14:31 πρῶτον βουλεύσεται **εἰ** δυνατός ἐστιν
Lk 14:32 **εἰ** δὲ μή γε,
Lk 16:11 **εἰ** οὖν ἐν τῷ
Lk 16:12 καὶ **εἰ** ἐν τῷ ἀλλοτρίῳ
Lk 16:31 **εἰ** Μωϋσέως καὶ τῶν
Lk 17:2 λυσιτελεῖ αὐτῷ **εἰ** λίθος μυλικὸς περίκειται
Lk 17:6 **εἰ** ἔχετε πίστιν ὡς
Lk 17:18 δόξαν τῷ θεῷ **εἰ** μὴ ὁ ἀλλογενὴς
Lk 18:4 **εἰ** καὶ τὸν θεὸν
Lk 18:19 οὐδεὶς ἀγαθὸς **εἰ** μὴ εἷς ὁ
Lk 19:8 καὶ **εἴ** τινος τι ἐσυκοφάντησα
Lk 19:42 λέγων ὅτι **εἰ** ἔγνως ἐν τῇ
Lk 22:42 **εἰ** βούλει παρένεγκε τοῦτο
Lk 22:49 **εἰ** πατάξομεν ἐν μαχαίρῃ;
Lk 22:67 **εἰ** σὺ εἶ ὁ
Lk 23:6 δὲ ἀκούσας ἐπηρώτησεν **εἰ** ὁ ἄνθρωπος Γαλιλαῖός
Lk 23:31 ὅτι **εἰ** ἐν τῷ ὑγρῷ
Lk 23:35 **εἰ** οὗτός ἐστιν ὁ
Lk 23:37 **εἰ** σὺ εἶ ὁ

εἶδος (*eidos*; 2/5) *visible form, sight*

Lk 3:22 τὸ ἅγιον σωματικῷ **εἴδει** ὡς περιστερὰν ἐπ'
Lk 9:29 προσεύχεσθαι αὐτὸν τὸ **εἶδος** τοῦ προσώπου αὐτοῦ

εἴκοσι (*eikosi*; 1/11) *twenty*

Lk 14:31 ὑπαντῆσαι τῷ μετὰ **εἴκοσι** χιλιάδων ἐρχομένῳ ἐπ'

εἰκών (*eikōn*; 1/23) *likeness*

Lk 20:24 τίνος ἔχει **εἰκόνα** καὶ ἐπιγραφήν;

εἰμί (*eimi*; 361/2460[2462]) *be*

Lk 1:6 **ἦσαν** δὲ δίκαιοι ἀμφότεροι
Lk 1:7 καὶ οὐκ **ἦν** αὐτοῖς τέκνον,
Lk 1:7 καθότι **ἦν** ἡ Ἐλισάβετ στεῖρα,
Lk 1:7 ταῖς ἡμέραις αὐτῶν **ἦσαν**.
Lk 1:10 πᾶν τὸ πλῆθος **ἦν** τοῦ λαοῦ προσευχόμενον
Lk 1:14 καὶ **ἔσται** χαρά σοι καὶ
Lk 1:15 **ἔσται** γὰρ μέγας ἐνώπιον
Lk 1:18 ἐγὼ γάρ **εἰμι** πρεσβύτης καὶ ἡ
Lk 1:19 ἐγώ **εἰμι** Γαβριὴλ ὁ παρεστηκὼς
Lk 1:20 καὶ ἰδοὺ **ἔσῃ** σιωπῶν καὶ μὴ
Lk 1:21 Καὶ **ἦν** ὁ λαὸς προσδοκῶν
Lk 1:22 καὶ αὐτὸς **ἦν** διανεύων αὐτοῖς καὶ
Lk 1:29 καὶ διελογίζετο ποταπὸς **εἴη** ὁ ἀσπασμὸς οὗτος.
Lk 1:32 οὗτος **ἔσται** μέγας καὶ υἱὸς
Lk 1:33 βασιλείας αὐτοῦ οὐκ **ἔσται** τέλος.
Lk 1:34 πῶς **ἔσται** τοῦτο,
Lk 1:36 οὗτος μὴν ἕκτος **ἐστὶν** αὐτῇ τῇ καλουμένῃ
Lk 1:45 ἡ πιστεύσασα ὅτι **ἔσται** τελείωσις τοῖς λελαλημένοις
Lk 1:61 αὐτὴν ὅτι οὐδείς **ἐστιν** ἐκ τῆς συγγενείας
Lk 1:63 Ἰωάννης **ἐστὶν** ὄνομα αὐτοῦ.
Lk 1:66 τὸ παιδίον τοῦτο **ἔσται**;
Lk 1:66 γὰρ χεὶρ κυρίου **ἦν** μετ' αὐτοῦ.
Lk 1:80 καὶ **ἦν** ἐν ταῖς ἐρήμοις
Lk 2:4 διὰ τὸ **εἶναι** αὐτὸν ἐξ οἴκου
Lk 2:5 **οὔσῃ** ἐγκύῳ.
Lk 2:6 δὲ ἐν τῷ **εἶναι** αὐτοὺς ἐκεῖ ἐπλήσθησαν
Lk 2:7 διότι οὐκ **ἦν** αὐτοῖς τόπος ἐν
Lk 2:8 Καὶ ποιμένες **ἦσαν** ἐν τῇ χώρᾳ
Lk 2:10 χαρὰν μεγάλην ἥτις **ἔσται** παντὶ τῷ λαῷ,
Lk 2:11 σήμερον σωτὴρ ὅς **ἐστιν** χριστὸς κύριος ἐν
Lk 2:25 Καὶ ἰδοὺ ἄνθρωπος **ἦν** ἐν Ἰερουσαλὴμ ᾧ
Lk 2:25 καὶ πνεῦμα **ἦν** ἅγιον ἐπ' αὐτόν·
Lk 2:26 καὶ **ἦν** αὐτῷ κεχρηματισμένον ὑπὸ
Lk 2:33 καὶ **ἦν** ὁ πατὴρ αὐτοῦ
Lk 2:36 Καὶ **ἦν** Ἅννα προφῆτις,
Lk 2:40 καὶ χάρις θεοῦ **ἦν** ἐπ' αὐτό.
Lk 2:44 νομίσαντες δὲ αὐτὸν **εἶναι** ἐν τῇ συνοδίᾳ
Lk 2:49 πατρός μου δεῖ **εἶναί** με;
Lk 2:51 εἰς Ναζαρὲθ καὶ **ἦν** ὑποτασσόμενος αὐτοῖς.
Lk 3:5 καὶ **ἔσται** τὰ σκολιὰ εἰς
Lk 3:15 μήποτε αὐτὸς **εἴη** ὁ χριστός,
Lk 3:16 οὗ οὐκ **εἰμὶ** ἱκανὸς λῦσαι τὸν
Lk 3:22 σὺ **εἶ** ὁ υἱός μου
Lk 3:23 Καὶ αὐτὸς **ἦν** Ἰησοῦς ἀρχόμενος ὡσεὶ
Lk 3:23 **ὢν** υἱός,
Lk 4:3 εἰ υἱὸς **εἶ** τοῦ θεοῦ,
Lk 4:7 **ἔσται** σοῦ πᾶσα.
Lk 4:9 εἰ υἱὸς **εἶ** τοῦ θεοῦ,
Lk 4:16 οὗ **ἦν** τεθραμμένος,
Lk 4:17 τὸν τόπον οὗ **ἦν** γεγραμμένον·
Lk 4:20 ἐν τῇ συναγωγῇ **ἦσαν** ἀτενίζοντες αὐτῷ.
Lk 4:22 οὐχὶ υἱός **ἐστιν** Ἰωσὴφ οὗτος;
Lk 4:24 οὐδεὶς προφήτης δεκτός **ἐστιν** ἐν τῇ πατρίδι
Lk 4:25 πολλαὶ χῆραι **ἦσαν** ἐν ταῖς ἡμέραις
Lk 4:27 καὶ πολλοὶ λεπροὶ **ἦσαν** ἐν τῷ Ἰσραὴλ
Lk 4:31 καὶ **ἦν** διδάσκων αὐτοὺς ἐν
Lk 4:32 ὅτι ἐν ἐξουσίᾳ **ἦν** ὁ λόγος αὐτοῦ.
Lk 4:33 ἐν τῇ συναγωγῇ **ἦν** ἄνθρωπος ἔχων πνεῦμα
Lk 4:34 οἶδά σε τίς **εἶ**,
Lk 4:38 δὲ τοῦ Σίμωνος **ἦν** συνεχομένη πυρετῷ μεγάλῳ
Lk 4:41 λέγοντα ὅτι σὺ **εἶ** ὁ υἱὸς τοῦ
Lk 4:41 τὸν χριστὸν αὐτὸν **εἶναι**.
Lk 4:44 Καὶ **ἦν** κηρύσσων εἰς τὰς
Lk 5:1 θεοῦ καὶ αὐτὸς **ἦν** ἑστὼς παρὰ τὴν
Lk 5:3 ὃ **ἦν** Σίμωνος,
Lk 5:8 ὅτι ἀνὴρ ἁμαρτωλός **εἰμι**,
Lk 5:10 οἳ **ἦσαν** κοινωνοὶ τῷ Σίμωνι.
Lk 5:10 τοῦ νῦν ἀνθρώπους **ἔσῃ** ζωγρῶν.
Lk 5:12 ἐγένετο ἐν τῷ **εἶναι** αὐτὸν ἐν μιᾷ
Lk 5:16 αὐτὸς δὲ **ἦν** ὑποχωρῶν ἐν ταῖς
Lk 5:17 ἡμερῶν καὶ αὐτὸς **ἦν** διδάσκων,
Lk 5:17 καὶ **ἦσαν** καθήμενοι Φαρισαῖοι καὶ
Lk 5:17 καὶ νομοδιδάσκαλοι οἳ **ἦσαν** ἐληλυθότες ἐκ πάσης
Lk 5:17 καὶ δύναμις κυρίου **ἦν** εἰς τὸ ἰᾶσθαι
Lk 5:18 κλίνης ἄνθρωπον ὃς **ἦν** παραλελυμένος καὶ ἐζήτουν
Lk 5:21 τίς **ἐστιν** οὗτος ὃς λαλεῖ
Lk 5:23 τί **ἐστιν** εὐκοπώτερον,
Lk 5:29 καὶ **ἦν** ὄχλος πολὺς τελωνῶν
Lk 5:29 καὶ ἄλλων οἳ **ἦσαν** μετ' αὐτῶν κατακείμενοι.
Lk 5:34 νυμφίος μετ' αὐτῶν **ἐστιν** ποιῆσαι νηστεῦσαι;
Lk 5:39 ὁ παλαιὸς χρηστός **ἐστιν**.
Lk 6:3 οἱ μετ' αὐτοῦ **[ὄντες]**,
Lk 6:5 κύριός **ἐστιν** τοῦ σαββάτου ὁ
Lk 6:6 καὶ **ἦν** ἄνθρωπος ἐκεῖ καὶ
Lk 6:6 αὐτοῦ ἡ δεξιὰ **ἦν** ξηρά.
Lk 6:12 καὶ **ἦν** διανυκτερεύων ἐν τῇ

Lk 6:20 ὅτι ὑμετέρα **ἐστὶν** ἡ βασιλεία τοῦ
Lk 6:22 μακάριοί **ἐστε** ὅταν μισήσωσιν ὑμᾶς
Lk 6:32 ποία ὑμῖν χάρις **ἐστίν**;
Lk 6:33 ποία ὑμῖν χάρις **ἐστίν**;
Lk 6:34 ποία ὑμῖν χάρις **[ἐστίν]**;
Lk 6:35 καὶ **ἔσται** ὁ μισθὸς ὑμῶν
Lk 6:35 καὶ **ἔσεσθε** υἱοὶ ὑψίστου,
Lk 6:35 ὅτι αὐτὸς χρηστός **ἐστιν** ἐπὶ τοὺς ἀχαρίστους
Lk 6:36 πατὴρ ὑμῶν οἰκτίρμων **ἐστίν**.
Lk 6:40 οὐκ **ἔστιν** μαθητὴς ὑπὲρ τὸν
Lk 6:40 κατηρτισμένος δὲ πᾶς **ἔσται** ὡς ὁ διδάσκαλος
Lk 6:43 Οὐ γάρ **ἐστιν** δένδρον καλὸν ποιοῦν
Lk 6:47 ὑποδείξω ὑμῖν τίνι **ἐστὶν** ὅμοιος·
Lk 6:48 ὅμοιός **ἐστιν** ἀνθρώπῳ οἰκοδομοῦντι οἰκίαν
Lk 6:49 μὴ ποιήσας ὅμοιός **ἐστιν** ἀνθρώπῳ οἰκοδομήσαντι οἰκίαν
Lk 7:2 ὃς **ἦν** αὐτῷ ἔντιμος.
Lk 7:4 λέγοντες ὅτι ἄξιός **ἐστιν** ᾧ παρέξῃ τοῦτο·
Lk 7:6 οὐ γὰρ ἱκανός **εἰμι** ἵνα ὑπὸ τὴν
Lk 7:8 γὰρ ἐγὼ ἄνθρωπός **εἰμι** ὑπὸ ἐξουσίαν τασσόμενος
Lk 7:12 αὐτοῦ καὶ αὐτὴ **ἦν** χήρα,
Lk 7:12 τῆς πόλεως ἱκανὸς **ἦν** σὺν αὐτῇ.
Lk 7:19 σὺ **εἶ** ὁ ἐρχόμενος ἢ
Lk 7:20 σὺ **εἶ** ὁ ἐρχόμενος ἢ
Lk 7:23 καὶ μακάριός **ἐστιν** ὃς ἐὰν μὴ
Lk 7:25 ἐν τοῖς βασιλείοις **εἰσίν**.
Lk 7:27 οὗτός **ἐστιν** περὶ οὗ γέγραπται·
Lk 7:28 γυναικῶν Ἰωάννου οὐδείς **ἐστιν**·
Lk 7:28 θεοῦ μείζων αὐτοῦ **ἐστιν**.
Lk 7:31 ταύτης καὶ τίνι **εἰσὶν** ὅμοιοι;
Lk 7:32 ὅμοιοί **εἰσιν** παιδίοις τοῖς ἐν
Lk 7:37 ἰδοὺ γυνὴ ἥτις **ἦν** ἐν τῇ πόλει
Lk 7:39 οὗτος εἰ **ἦν** προφήτης,
Lk 7:39 ὅτι ἁμαρτωλός **ἐστιν**.
Lk 7:41 δύο χρεοφειλέται **ἦσαν** δανιστῇ τινι·
Lk 7:49 τίς οὗτός **ἐστιν** ὃς καὶ ἁμαρτίας
Lk 8:2 γυναῖκές τινες αἳ **ἦσαν** τεθεραπευμέναι ἀπὸ πνευμάτων
Lk 8:9 αὐτοῦ τίς αὕτη **εἴη** ἡ παραβολή.
Lk 8:11 **Ἔστιν** δὲ αὕτη ἡ
Lk 8:11 ὁ σπόρος **ἐστὶν** ὁ λόγος τοῦ
Lk 8:12 παρὰ τὴν ὁδόν **εἰσιν** οἱ ἀκούσαντες,
Lk 8:14 οὗτοί **εἰσιν** οἱ ἀκούσαντες,
Lk 8:15 οὗτοί **εἰσιν** οἵτινες ἐν καρδίᾳ
Lk 8:17 οὐ γάρ **ἐστιν** κρυπτὸν ὃ οὐ
Lk 8:21 ἀδελφοί μου οὗτοί **εἰσιν** οἱ τὸν λόγον
Lk 8:25 τίς ἄρα οὗτός **ἐστιν** ὅτι καὶ τοῖς
Lk 8:26 ἥτις **ἐστὶν** ἀντιπέρα τῆς Γαλιλαίας.
Lk 8:30 τί σοι ὄνομά **ἐστιν**;
Lk 8:32 **ἦν** δὲ ἐκεῖ ἀγέλη
Lk 8:38 ἐξεληλύθει τὰ δαιμόνια **εἶναι** σὺν αὐτῷ·
Lk 8:40 **ἦσαν** γὰρ πάντες προσδοκῶντες
Lk 8:42 ὅτι θυγάτηρ μονογενὴς **ἦν** αὐτῷ ὡς ἐτῶν
Lk 8:43 Καὶ γυνὴ **οὖσα** ἐν ῥύσει αἵματος
Lk 9:9 τίς δέ **ἐστιν** οὗτος περὶ οὗ
Lk 9:12 ἐν ἐρήμῳ τόπῳ **ἐσμέν**.
Lk 9:13 οὐκ **εἰσὶν** ἡμῖν πλεῖον ἢ
Lk 9:14 **ἦσαν** γὰρ ὡσεὶ ἄνδρες
Lk 9:18 ἐγένετο ἐν τῷ **εἶναι** αὐτὸν προσευχόμενον
Lk 9:18 λέγουσιν οἱ ὄχλοι **εἶναι**;
Lk 9:20 τίνα με λέγετε **εἶναι**;
Lk 9:27 **εἰσίν** τινες τῶν αὐτοῦ
Lk 9:30 οἵτινες **ἦσαν** Μωϋσῆς καὶ Ἠλίας,
Lk 9:32 οἱ σὺν αὐτῷ **ἦσαν** βεβαρημένοι ὕπνῳ·
Lk 9:33 καλόν **ἐστιν** ἡμᾶς ὧδε εἶναι,
Lk 9:33 ἐστιν ἡμᾶς ὧδε **εἶναι**,
Lk 9:35 οὗτός **ἐστιν** ὁ υἱός μου
Lk 9:38 ὅτι μονογενής μοί **ἐστιν**,
Lk 9:41 ἕως πότε **ἔσομαι** πρὸς ὑμᾶς καὶ
Lk 9:45 ῥῆμα τοῦτο καὶ **ἦν** παρακεκαλυμμένον ἀπ' αὐτῶν
Lk 9:46 τὸ τίς ἂν **εἴη** μείζων αὐτῶν.
Lk 9:48 ὑμῖν ὑπάρχων οὗτός **ἐστιν** μέγας.
Lk 9:50 ὃς γὰρ οὐκ **ἔστιν** καθ' ὑμῶν,
Lk 9:50 ὑπὲρ ὑμῶν **ἐστιν**.
Lk 9:53 τὸ πρόσωπον αὐτοῦ **ἦν** πορευόμενον εἰς Ἰερουσαλήμ.
Lk 9:62 τὰ ὀπίσω εὔθετός **ἐστιν** τῇ βασιλείᾳ τοῦ
Lk 10:6 καὶ ἐὰν ἐκεῖ **ᾖ** υἱὸς εἰρήνης,
Lk 10:12 ἡμέρᾳ ἐκείνῃ ἀνεκτότερον **ἔσται** ἢ τῇ πόλει
Lk 10:14 καὶ Σιδῶνι ἀνεκτότερον **ἔσται** ἐν τῇ κρίσει
Lk 10:22 οὐδεὶς γινώσκει τίς **ἐστιν** ὁ υἱὸς εἰ
Lk 10:22 καὶ τίς **ἐστιν** ὁ πατὴρ εἰ
Lk 10:29 καὶ τίς **ἐστίν** μου πλησίον;
Lk 10:39 καὶ τῇδε **ἦν** ἀδελφὴ καλουμένη Μαριάμ,
Lk 10:42 ἑνὸς δέ **ἐστιν** χρεία·
Lk 11:1 ἐγένετο ἐν τῷ **εἶναι** αὐτὸν ἐν τόπῳ
Lk 11:7 εἰς τὴν κοίτην **εἰσίν**·
Lk 11:8 ἀναστὰς διὰ τὸ **εἶναι** φίλον αὐτοῦ,
Lk 11:14 Καὶ **ἦν** ἐκβάλλων δαιμόνιον [καὶ
Lk 11:14 δαιμόνιον [καὶ αὐτὸ **ἦν]** κωφόν·
Lk 11:19 αὐτοὶ ὑμῶν κριταὶ **ἔσονται**.
Lk 11:21 ἐν εἰρήνῃ **ἐστὶν** τὰ ὑπάρχοντα αὐτοῦ·
Lk 11:23 Ὁ μὴ **ὢν** μετ' ἐμοῦ κατ'
Lk 11:23 ἐμοῦ κατ' ἐμοῦ **ἐστιν**,
Lk 11:29 αὕτη γενεὰ πονηρά **ἐστιν**·
Lk 11:30 οὕτως **ἔσται** καὶ ὁ υἱὸς
Lk 11:34 λύχνος τοῦ σώματός **ἐστιν** ὁ ὀφθαλμός σου.
Lk 11:34 ὀφθαλμός σου ἁπλοῦς **ᾖ**,
Lk 11:34 σῶμά σου φωτεινόν **ἐστιν**·
Lk 11:34 ἐπὰν δὲ πονηρὸς **ᾖ**,
Lk 11:35 ἐν σοὶ σκότος **ἐστίν**.
Lk 11:36 **ἔσται** φωτεινὸν ὅλον ὡς
Lk 11:41 πάντα καθαρὰ ὑμῖν **ἐστιν**.
Lk 11:44 ὅτι **ἐστὲ** ὡς τὰ μνημεῖα
Lk 11:48 ἄρα μάρτυρές **ἐστε** καὶ συνευδοκεῖτε τοῖς
Lk 12:1 ἥτις **ἐστὶν** ὑπόκρισις,
Lk 12:2 Οὐδὲν δὲ συγκεκαλυμμένον **ἐστὶν** ὃ οὐκ ἀποκαλυφθήσεται
Lk 12:6 ἐξ αὐτῶν οὐκ **ἔστιν** ἐπιλελησμένον ἐνώπιον
Lk 12:15 ἡ ζωὴ αὐτοῦ **ἐστιν** ἐκ τῶν ὑπαρχόντων
Lk 12:20 τίνι **ἔσται**;
Lk 12:23 γὰρ ψυχὴ πλεῖόν **ἐστιν** τῆς τροφῆς καὶ
Lk 12:24 οἷς οὐκ **ἔστιν** ταμεῖον οὐδὲ ἀποθήκη,
Lk 12:28 ἀγρῷ τὸν χόρτον **ὄντα** σήμερον καὶ αὔριον
Lk 12:34 ὅπου γάρ **ἐστιν** ὁ θησαυρὸς ὑμῶν,
Lk 12:34 ἡ καρδία ὑμῶν **ἔσται**.
Lk 12:35 **Ἔστωσαν** ὑμῶν αἱ ὀσφύες
Lk 12:38 μακάριοί **εἰσιν** ἐκεῖνοι.
Lk 12:42 τίς ἄρα **ἐστὶν** ὁ πιστὸς οἰκονόμος
Lk 12:52 **ἔσονται** γὰρ ἀπὸ τοῦ
Lk 12:55 λέγετε ὅτι καύσων **ἔσται**,
Lk 13:10 **Ἦν** δὲ διδάσκων ἐν
Lk 13:11 ἔτη δεκαοκτὼ καὶ **ἦν** συγκύπτουσα καὶ μὴ
Lk 13:14 ὅτι ἓξ ἡμέραι **εἰσὶν** ἐν αἷς δεῖ

Lk 13:16 δὲ θυγατέρα ᾿Αβραὰμ **οὖσαν**,
Lk 13:18 τίνι ὁμοία **ἐστὶν** ἡ βασιλεία τοῦ
Lk 13:19 ὁμοία **ἐστὶν** κόκκῳ σινάπεως,
Lk 13:21 ὁμοία **ἐστὶν** ζύμῃ,
Lk 13:25 οἶδα ὑμᾶς πόθεν **ἐστέ**.
Lk 13:27 οἶδα [ὑμᾶς] πόθεν **ἐστέ**·
Lk 13:28 ἐκεῖ **ἔσται** ὁ κλαυθμὸς καὶ
Lk 13:30 καὶ ἰδοὺ **εἰσὶν** ἔσχατοι οἳ ἔσονται
Lk 13:30 εἰσὶν ἔσχατοι οἳ **ἔσονται** πρῶτοι καὶ εἰσὶν
Lk 13:30 ἔσονται πρῶτοι καὶ **εἰσὶν** πρῶτοι οἳ ἔσονται
Lk 13:30 εἰσὶν πρῶτοι οἳ **ἔσονται** ἔσχατοι.
Lk 14:1 ἄρτον καὶ αὐτοὶ **ἦσαν** παρατηρούμενοι αὐτόν.
Lk 14:2 ἰδοὺ ἄνθρωπός τις **ἦν** ὑδρωπικὸς ἔμπροσθεν αὐτοῦ.
Lk 14:8 μήποτε ἐντιμότερός σου **ᾖ** κεκλημένος ὑπ᾽ αὐτοῦ,
Lk 14:10 τότε **ἔσται** σοι δόξα ἐνώπιον
Lk 14:14 καὶ μακάριος **ἔσῃ**,
Lk 14:17 ὅτι ἤδη ἕτοιμά **ἐστιν**.
Lk 14:22 καὶ ἔτι τόπος **ἐστίν**.
Lk 14:26 οὐ δύναται **εἶναί** μου μαθητής.
Lk 14:27 οὐ δύναται **εἶναί** μου μαθητής.
Lk 14:31 βουλεύσεται εἰ δυνατός **ἐστιν** ἐν δέκα χιλιάσιν
Lk 14:32 ἔτι αὐτοῦ πόρρω **ὄντος** πρεσβείαν ἀποστείλας ἐρωτᾷ
Lk 14:33 ὑπάρχουσιν οὐ δύναται **εἶναί** μου μαθητής.
Lk 14:35 εἰς κοπρίαν εὔθετόν **ἐστιν**,
Lk 15:1 **Ἦσαν** δὲ αὐτῷ ἐγγίζοντες
Lk 15:7 ἐν τῷ οὐρανῷ **ἔσται** ἐπὶ ἑνὶ ἁμαρτωλῷ
Lk 15:19 οὐκέτι **εἰμὶ** ἄξιος κληθῆναι υἱός
Lk 15:21 οὐκέτι **εἰμὶ** ἄξιος κληθῆναι υἱός
Lk 15:24 υἱός μου νεκρὸς **ἦν** καὶ ἀνέζησεν,
Lk 15:24 **ἦν** ἀπολωλὼς καὶ εὑρέθη.
Lk 15:25 **Ἦν** δὲ ὁ υἱὸς
Lk 15:26 ἐπυνθάνετο τί ἂν **εἴη** ταῦτα.
Lk 15:31 πάντοτε μετ᾽ ἐμοῦ **εἶ**,
Lk 15:31 τὰ ἐμὰ σά **ἐστιν**·
Lk 15:32 σου οὗτος νεκρὸς **ἦν** καὶ ἔζησεν,
Lk 16:1 ἄνθρωπός τις **ἦν** πλούσιος ὃς εἶχεν
Lk 16:8 γενεὰν τὴν ἑαυτῶν **εἰσιν**.
Lk 16:10 ἐν πολλῷ πιστός **ἐστιν**,
Lk 16:10 ἐν πολλῷ ἄδικός **ἐστιν**.
Lk 16:15 ὑμεῖς **ἐστε** οἱ δικαιοῦντες ἑαυτοὺς
Lk 16:17 εὐκοπώτερον δέ **ἐστιν** τὸν οὐρανὸν καὶ
Lk 16:19 Ἄνθρωπος δέ τις **ἦν** πλούσιος,
Lk 17:1 ἀνένδεκτόν **ἐστιν** τοῦ τὰ σκάνδαλα
Lk 17:10 ὅτι δοῦλοι ἀχρεῖοί **ἐσμεν**,
Lk 17:16 καὶ αὐτὸς **ἦν** Σαμαρίτης.
Lk 17:21 θεοῦ ἐντὸς ὑμῶν **ἐστιν**.
Lk 17:24 οὕτως **ἔσται** ὁ υἱὸς τοῦ
Lk 17:26 οὕτως **ἔσται** καὶ ἐν ταῖς
Lk 17:30 κατὰ τὰ αὐτὰ **ἔσται** ᾗ ἡμέρᾳ ὁ
Lk 17:31 τῇ ἡμέρᾳ ὃς **ἔσται** ἐπὶ τοῦ δώματος
Lk 17:34 ταύτῃ τῇ νυκτὶ **ἔσονται** δύο ἐπὶ κλίνης
Lk 17:35 **ἔσονται** δύο ἀλήθουσαι ἐπὶ
Lk 18:2 κριτής τις **ἦν** ἔν τινι πόλει
Lk 18:3 χήρα δὲ **ἦν** ἐν τῇ πόλει
Lk 18:9 ἐφ᾽ ἑαυτοῖς ὅτι **εἰσὶν** δίκαιοι καὶ ἐξουθενοῦντας
Lk 18:11 σοι ὅτι οὐκ **εἰμὶ** ὥσπερ οἱ λοιποὶ
Lk 18.16 τῶν γὰρ τοιούτων **ἐστὶν** ἡ βασιλεία τοῦ
Lk 18:23 **ἦν** γὰρ πλούσιος σφόδρα.
Lk 18:25 εὐκοπώτερον γάρ **ἐστιν** κάμηλον διὰ τρήματος
Lk 18:27 παρὰ τῷ θεῷ **ἐστιν**.
Lk 18:29 ὑμῖν ὅτι οὐδείς **ἐστιν** ὃς ἀφῆκεν οἰκίαν
Lk 18:34 τούτων συνῆκαν καὶ **ἦν** τὸ ῥῆμα τοῦτο
Lk 18:36 διαπορευομένου ἐπυνθάνετο τί **εἴη** τοῦτο.
Lk 19:2 καὶ αὐτὸς **ἦν** ἀρχιτελώνης καὶ αὐτὸς
Lk 19:3 τὸν ᾿Ιησοῦν τίς **ἐστιν** καὶ οὐκ ἠδύνατο
Lk 19:3 τῇ ἡλικίᾳ μικρὸς **ἦν**.
Lk 19:9 αὐτὸς υἱὸς ᾿Αβραάμ **ἐστιν**·
Lk 19:11 διὰ τὸ ἐγγὺς **εἶναι** ᾿Ιερουσαλὴμ αὐτὸν καὶ
Lk 19:17 **ἴσθι** ἐξουσίαν ἔχων ἐπάνω
Lk 19:21 ὅτι ἄνθρωπος αὐστηρὸς **εἶ**,
Lk 19:22 ἐγὼ ἄνθρωπος αὐστηρός **εἰμι**,
Lk 19:46 καὶ **ἔσται** ὁ οἶκός μου
Lk 19:47 Καὶ **ἦν** διδάσκων τὸ καθ᾽
Lk 20:2 ἢ τίς **ἐστιν** ὁ δούς σοι
Lk 20:4 ᾿Ιωάννου ἐξ οὐρανοῦ **ἦν** ἢ ἐξ ἀνθρώπων;
Lk 20:6 πεπεισμένος γάρ **ἐστιν** ᾿Ιωάννην προφήτην εἶναι.
Lk 20:6 ἐστιν ᾿Ιωάννην προφήτην **εἶναι**.
Lk 20:14 οὗτός **ἐστιν** ὁ κληρονόμος·
Lk 20:17 τί οὖν **ἐστιν** τὸ γεγραμμένον τοῦτο·
Lk 20:20 ὑποκρινομένους ἑαυτοὺς δικαίους **εἶναι**,
Lk 20:27 [ἀντι]λέγοντες ἀνάστασιν μὴ **εἶναι**,
Lk 20:28 καὶ οὗτος ἄτεκνος **ᾖ**,
Lk 20:29 ἑπτὰ οὖν ἀδελφοὶ **ἦσαν**·
Lk 20:36 ἰσάγγελοι γάρ **εἰσιν** καὶ υἱοί εἰσιν
Lk 20:36 εἰσιν καὶ υἱοί **εἰσιν** θεοῦ τῆς ἀναστάσεως
Lk 20:36 τῆς ἀναστάσεως υἱοὶ **ὄντες**.
Lk 20:38 θεὸς δὲ οὐκ **ἔστιν** νεκρῶν ἀλλὰ ζώντων,
Lk 20:41 λέγουσιν τὸν χριστὸν **εἶναι** Δαυὶδ υἱόν;
Lk 20:44 πῶς αὐτοῦ υἱός **ἐστιν**;
Lk 21:7 πότε οὖν ταῦτα **ἔσται** καὶ τί τὸ
Lk 21:8 ἐγώ **εἰμι**,
Lk 21:11 λιμοὶ καὶ λοιμοὶ **ἔσονται**,
Lk 21:11 οὐρανοῦ σημεῖα μεγάλα **ἔσται**.
Lk 21:17 καὶ **ἔσεσθε** μισούμενοι ὑπὸ πάντων
Lk 21:22 ἡμέραι ἐκδικήσεως αὗταί **εἰσιν** τοῦ πλησθῆναι πάντα
Lk 21:23 **ἔσται** γὰρ ἀνάγκη μεγάλη
Lk 21:24 καὶ ᾿Ιερουσαλὴμ **ἔσται** πατουμένη ὑπὸ ἐθνῶν,
Lk 21:25 Καὶ **ἔσονται** σημεῖα ἐν ἡλίῳ
Lk 21:30 ἐγγὺς τὸ θέρος **ἐστίν**·
Lk 21:31 γινώσκετε ὅτι ἐγγύς **ἐστιν** ἡ βασιλεία τοῦ
Lk 21:37 **Ἦν** δὲ τὰς ἡμέρας
Lk 22:3 **ὄντα** ἐκ τοῦ ἀριθμοῦ
Lk 22:11 ποῦ ἐστιν **τὸ** κατάλυμα ὅπου τὸ
Lk 22:19 τοῦτό **ἐστιν** τὸ σῶμά μου
Lk 22:23 τὸ τίς ἄρα **εἴη** ἐξ αὐτῶν ὁ
Lk 22:24 τίς αὐτῶν δοκεῖ **εἶναι** μείζων.
Lk 22:27 ἐν μέσῳ ὑμῶν **εἰμι** ὡς ὁ διακονῶν.
Lk 22:28 ὑμεῖς δέ **ἐστε** οἱ διαμεμενηκότες μετ᾽
Lk 22:33 μετὰ σοῦ ἕτοιμός **εἰμι** καὶ εἰς φυλακὴν
Lk 22:38 ἱκανόν **ἐστιν**.
Lk 22:49 περὶ αὐτὸν τὸ **ἐσόμενον** εἶπαν·
Lk 22:53 καθ᾽ ἡμέραν **ὄντος** μου μεθ᾽ ὑμῶν
Lk 22:53 ἀλλ᾽ αὕτη **ἐστὶν** ὑμῶν ἡ ὥρα
Lk 22:56 οὗτος σὺν αὐτῷ **ἦν**.
Lk 22:58 σὺ ἐξ αὐτῶν **εἶ**.
Lk 22:58 οὐκ **εἰμί**.
Lk 22:59 οὗτος μετ᾽ αὐτοῦ **ἦν**,
Lk 22:59 καὶ γὰρ Γαλιλαῖός **ἐστιν**.

Lk 22:64 τίς **ἐστιν** ὁ παίσας σε;
Lk 22:67 εἰ σὺ **εἶ** ὁ χριστός,
Lk 22:69 τοῦ νῦν δὲ **ἔσται** ὁ υἱὸς τοῦ
Lk 22:70 σὺ οὖν **εἶ** ὁ υἱὸς τοῦ
Lk 22:70 λέγετε ὅτι ἐγώ **εἰμι**.
Lk 23:2 ἑαυτὸν χριστὸν βασιλέα **εἶναι**.
Lk 23:3 σὺ **εἶ** ὁ βασιλεὺς τῶν
Lk 23:6 ὁ ἄνθρωπος Γαλιλαῖός **ἐστιν**,
Lk 23:7 τῆς ἐξουσίας Ἡρῴδου **ἐστὶν** ἀνέπεμψεν αὐτὸν πρὸς
Lk 23:7 **ὄντα** καὶ αὐτὸν ἐν
Lk 23:8 **ἦν** γὰρ ἐξ ἱκανῶν
Lk 23:12 γὰρ ἐν ἔχθρᾳ **ὄντες** πρὸς αὐτούς.
Lk 23:15 οὐδὲν ἄξιον θανάτου **ἐστὶν** πεπραγμένον αὐτῷ·
Lk 23:19 ὅστις **ἦν** διὰ στάσιν τινα
Lk 23:35 εἰ οὗτός **ἐστιν** ὁ χριστὸς τοῦ
Lk 23:37 εἰ σὺ **εἶ** ὁ βασιλεὺς τῶν
Lk 23:38 **ἦν** δὲ καὶ ἐπιγραφὴ
Lk 23:39 οὐχὶ σὺ **εἶ** ὁ χριστός;
Lk 23:40 τῷ αὐτῷ κρίματι **εἶ**;
Lk 23:43 σήμερον μετ᾽ ἐμοῦ **ἔσῃ** ἐν τῷ παραδείσῳ.
Lk 23:44 Καὶ **ἦν** ἤδη ὡσεὶ ὥρα
Lk 23:47 ἄνθρωπος οὗτος δίκαιος **ἦν**.
Lk 23:51 οὗτος οὐκ **ἦν** συγκατατεθειμένος τῇ βουλῇ
Lk 23:53 λαξευτῷ οὗ οὐκ **ἦν** οὐδεὶς οὔπω κείμενος.
Lk 23:54 καὶ ἡμέρα **ἦν** παρασκευῆς καὶ σάββατον
Lk 23:55 αἵτινες **ἦσαν** συνεληλυθυῖαι ἐκ τῆς
Lk 24:6 οὐκ **ἔστιν** ὧδε,
Lk 24:6 ἐλάλησεν ὑμῖν ἔτι **ὢν** ἐν τῇ Γαλιλαίᾳ
Lk 24:10 **ἦσαν** δὲ ἡ Μαγδαληνὴ
Lk 24:13 αὐτῇ τῇ ἡμέρᾳ **ἦσαν** πορευόμενοι εἰς κώμην
Lk 24:21 ἠλπίζομεν ὅτι αὐτός **ἐστιν** ὁ μέλλων λυτροῦσθαι
Lk 24:29 ὅτι πρὸς ἑσπέραν **ἐστὶν** καὶ κέκλικεν ἤδη
Lk 24:32 καρδία ἡμῶν καιομένη **ἦν** [ἐν ἡμῖν] ὡς
Lk 24:38 τί τεταραγμένοι **ἐστὲ** καὶ διὰ τί
Lk 24:39 μου ὅτι ἐγώ **εἰμι** αὐτός·
Lk 24:44 πρὸς ὑμᾶς ἔτι **ὢν** σὺν ὑμῖν,
Lk 24:53 καὶ **ἦσαν** διὰ παντὸς ἐν

εἰρήνη (*eirēnē*; 14/92) *peace*

Lk 1:79 ἡμῶν εἰς ὁδὸν **εἰρήνης**.
Lk 2:14 καὶ ἐπὶ γῆς **εἰρήνη** ἐν ἀνθρώποις εὐδοκίας.
Lk 2:29 ῥῆμά σου ἐν **εἰρήνῃ**·
Lk 7:50 πορεύου εἰς **εἰρήνην**.
Lk 8:48 πορεύου εἰς **εἰρήνην**.
Lk 10:5 **εἰρήνη** τῷ οἴκῳ τούτῳ.
Lk 10:6 ἐκεῖ ᾖ υἱὸς **εἰρήνης**,
Lk 10:6 ἐπ᾽ αὐτὸν ἡ **εἰρήνη** ὑμῶν·
Lk 11:21 ἐν **εἰρήνῃ** ἐστὶν τὰ ὑπάρχοντα
Lk 12:51 δοκεῖτε ὅτι **εἰρήνην** παρεγενόμην δοῦναι ἐν
Lk 14:32 ἐρωτᾷ τὰ πρὸς **εἰρήνην**.
Lk 19:38 ἐν οὐρανῷ **εἰρήνη** καὶ δόξα ἐν
Lk 19:42 σὺ τὰ πρὸς **εἰρήνην**·
Lk 24:36 **εἰρήνη** ὑμῖν.

εἰς (*eis*; 226/1759[1767]) *into*

Lk 1:9 τοῦ θυμιᾶσαι εἰσελθὼν **εἰς** τὸν ναὸν
Lk 1:20 οἵτινες πληρωθήσονται **εἰς** τὸν καιρὸν αὐτῶν.
Lk 1:23 ἀπῆλθεν **εἰς** τὸν οἶκον αὐτοῦ.
Lk 1:26 ἀπὸ τοῦ θεοῦ **εἰς** πόλιν τῆς Γαλιλαίας
Lk 1:33 τὸν οἶκον Ἰακὼβ **εἰς** τοὺς αἰῶνας καὶ
Lk 1:39 ἡμέραις ταύταις ἐπορεύθη **εἰς** τὴν ὀρεινὴν
Lk 1:39 ὀρεινὴν μετὰ σπουδῆς **εἰς** πόλιν Ἰούδα,
Lk 1:40 καὶ εἰσῆλθεν **εἰς** τὸν οἶκον
Lk 1:44 τοῦ ἀσπασμοῦ σου **εἰς** τὰ ὦτά μου,
Lk 1:50 τὸ ἔλεος αὐτοῦ **εἰς** γενεὰς καὶ γενεὰς
Lk 1:55 τῷ σπέρματι αὐτοῦ **εἰς** τὸν αἰῶνα.
Lk 1:56 καὶ ὑπέστρεψεν **εἰς** τὸν οἶκον αὐτῆς.
Lk 1:79 τοὺς πόδας ἡμῶν **εἰς** ὁδὸν εἰρήνης.
Lk 2:3 ἕκαστος **εἰς** τὴν ἑαυτοῦ πόλιν.
Lk 2:4 ἐκ πόλεως Ναζαρὲθ **εἰς** τὴν Ἰουδαίαν εἰς
Lk 2:4 εἰς τὴν Ἰουδαίαν **εἰς** πόλιν Δαυὶδ ἥτις
Lk 2:15 ἀπῆλθον ἀπ᾽ αὐτῶν **εἰς** τὸν οὐρανὸν οἱ
Lk 2:22 ἀνήγαγον αὐτὸν **εἰς** Ἱεροσόλυμα παραστῆσαι
Lk 2:27 ἐν τῷ πνεύματι **εἰς** τὸ ἱερόν·
Lk 2:28 αὐτὸς ἐδέξατο αὐτὸ **εἰς** τὰς ἀγκάλας καὶ
Lk 2:32 φῶς **εἰς** ἀποκάλυψιν ἐθνῶν καὶ
Lk 2:34 ἰδοὺ οὗτος κεῖται **εἰς** πτῶσιν καὶ ἀνάστασιν
Lk 2:34 τῷ Ἰσραὴλ καὶ **εἰς** σημεῖον ἀντιλεγόμενον
Lk 2:39 ἐπέστρεψαν **εἰς** τὴν Γαλιλαίαν εἰς
Lk 2:39 εἰς τὴν Γαλιλαίαν **εἰς** πόλιν ἑαυτῶν Ναζαρέθ.
Lk 2:41 αὐτοῦ κατ᾽ ἔτος **εἰς** Ἰερουσαλὴμ τῇ ἑορτῇ
Lk 2:45 μὴ εὑρόντες ὑπέστρεψαν **εἰς** Ἰερουσαλὴμ ἀναζητοῦντες αὐτόν.
Lk 2:51 αὐτῶν καὶ ἦλθεν **εἰς** Ναζαρὲθ καὶ ἦν
Lk 3:3 καὶ ἦλθεν **εἰς** πᾶσαν [τὴν] περίχωρον
Lk 3:3 κηρύσσων βάπτισμα μετανοίας **εἰς** ἄφεσιν ἁμαρτιῶν,
Lk 3:5 ἔσται τὰ σκολιὰ **εἰς** εὐθείαν καὶ αἱ
Lk 3:5 καὶ αἱ τραχεῖαι **εἰς** ὁδοὺς λείας·
Lk 3:9 καλὸν ἐκκόπτεται καὶ **εἰς** πῦρ βάλλεται.
Lk 3:17 συναγαγεῖν τὸν σῖτον **εἰς** τὴν ἀποθήκην αὐτοῦ,
Lk 4:9 Ἤγαγεν δὲ αὐτὸν **εἰς** Ἰερουσαλὴμ καὶ ἔστησεν
Lk 4:14 δυνάμει τοῦ πνεύματος **εἰς** τὴν Γαλιλαίαν.
Lk 4:16 Καὶ ἦλθεν **εἰς** Ναζαρά,
Lk 4:16 τῶν σαββάτων **εἰς** τὴν συναγωγὴν
Lk 4:23 ὅσα ἠκούσαμεν γενόμενα **εἰς** τὴν Καφαρναοὺμ ποίησον
Lk 4:26 Ἠλίας εἰ μὴ **εἰς** Σάρεπτα τῆς Σιδωνίας
Lk 4:31 Καὶ κατῆλθεν **εἰς** Καφαρναοὺμ πόλιν τῆς
Lk 4:35 αὐτὸν τὸ δαιμόνιον **εἰς** τὸ μέσον ἐξῆλθεν
Lk 4:37 ἦχος περὶ αὐτοῦ **εἰς** πάντα τόπον τῆς
Lk 4:38 τῆς συναγωγῆς εἰσῆλθεν **εἰς** τὴν οἰκίαν
Lk 4:42 ἡμέρας ἐξελθὼν ἐπορεύθη **εἰς** ἔρημον τόπον·
Lk 4:44 Καὶ ἦν κηρύσσων **εἰς** τὰς συναγωγὰς τῆς
Lk 5:3 ἐμβὰς δὲ **εἰς** ἓν τῶν πλοίων,
Lk 5:4 ἐπανάγαγε **εἰς** τὸ βάθος καὶ
Lk 5:4 τὰ δίκτυα ὑμῶν **εἰς** ἄγραν.
Lk 5:14 **εἰς** μαρτύριον αὐτοῖς.
Lk 5:17 δύναμις κυρίου ἦν **εἰς** τὸ ἰᾶσθαι αὐτόν.
Lk 5:19 σὺν τῷ κλινιδίῳ **εἰς** τὸ μέσον ἔμπροσθεν
Lk 5:24 κλινίδιόν σου πορεύου **εἰς** τὸν οἶκόν σου.
Lk 5:25 ἀπῆλθεν **εἰς** τὸν οἶκον αὐτοῦ
Lk 5:32 δικαίους ἀλλὰ ἁμαρτωλοὺς **εἰς** μετάνοιαν.
Lk 5:37 βάλλει οἶνον νέον **εἰς** ἀσκοὺς παλαιούς·
Lk 5:38 ἀλλὰ οἶνον νέον **εἰς** ἀσκοὺς καινοὺς βλητέον.
Lk 6:4 [ὡς] εἰσῆλθεν **εἰς** τὸν οἶκον
Lk 6:6 εἰσελθεῖν αὐτὸν **εἰς** τὴν συναγωγὴν
Lk 6:8 ἔγειρε καὶ στῆθι **εἰς** τὸ μέσον·

Lk 6:12 ταύταις ἐξελθεῖν αὐτὸν **εἰς** τὸ ὄρος προσεύξασθαι,
Lk 6:20 τοὺς ὀφθαλμοὺς αὐτοῦ **εἰς** τοὺς μαθητὰς αὐτοῦ
Lk 6:38 σεσαλευμένον ὑπερεκχυννόμενον δώσουσιν **εἰς** τὸν κόλπον ὑμῶν·
Lk 6:39 οὐχὶ ἀμφότεροι **εἰς** βόθυνον ἐμπεσοῦνται;
Lk 7:1 τὰ ῥήματα αὐτοῦ **εἰς** τὰς ἀκοὰς τοῦ
Lk 7:1 εἰσῆλθεν **εἰς** Καφαρναούμ.
Lk 7:10 Καὶ ὑποστρέψαντες **εἰς** τὸν οἶκον οἱ
Lk 7:11 τῷ ἑξῆς ἐπορεύθη **εἰς** πόλιν καλουμένην Ναῒν
Lk 7:24 τί ἐξήλθατε **εἰς** τὴν ἔρημον θεάσασθαι;
Lk 7:30 τοῦ θεοῦ ἠθέτησαν **εἰς** ἑαυτοὺς μὴ βαπτισθέντες
Lk 7:36 καὶ εἰσελθὼν **εἰς** τὸν οἶκον
Lk 7:44 εἰσῆλθόν σου **εἰς** τὴν οἰκίαν,
Lk 7:50 πορεύου **εἰς** εἰρήνην.
Lk 8:8 καὶ ἕτερον ἔπεσεν **εἰς** τὴν γῆν τὴν
Lk 8:14 τὸ δὲ **εἰς** τὰς ἀκάνθας πεσόν,
Lk 8:17 μὴ γνωσθῇ καὶ **εἰς** φανερὸν ἔλθῃ.
Lk 8:22 καὶ αὐτὸς ἐνέβη **εἰς** πλοῖον καὶ οἱ
Lk 8:22 διέλθωμεν **εἰς** τὸ πέραν τῆς
Lk 8:23 κατέβη λαῖλαψ ἀνέμου **εἰς** τὴν λίμνην καὶ
Lk 8:26 Καὶ κατέπλευσαν **εἰς** τὴν χώραν τῶν
Lk 8:29 ὑπὸ τοῦ δαιμονίου **εἰς** τὰς ἐρήμους.
Lk 8:30 δαιμόνια πολλὰ **εἰς** αὐτόν.
Lk 8:31 μὴ ἐπιτάξῃ αὐτοῖς **εἰς** τὴν ἄβυσσον ἀπελθεῖν.
Lk 8:32 ἵνα ἐπιτρέψῃ αὐτοῖς **εἰς** ἐκείνους εἰσελθεῖν·
Lk 8:33 εἰσῆλθον **εἰς** τοὺς χοίρους,
Lk 8:33 κατὰ τοῦ κρημνοῦ **εἰς** τὴν λίμνην
Lk 8:34 ἔφυγον καὶ ἀπήγγειλαν **εἰς** τὴν πόλιν καὶ
Lk 8:34 τὴν πόλιν καὶ **εἰς** τοὺς ἀγρούς.
Lk 8:37 αὐτὸς δὲ ἐμβὰς **εἰς** πλοῖον ὑπέστρεψεν.
Lk 8:39 ὑπόστρεφε **εἰς** τὸν οἶκόν σου
Lk 8:41 εἰσελθεῖν **εἰς** τὸν οἶκον αὐτοῦ,
Lk 8:48 πορεύου **εἰς** εἰρήνην.
Lk 8:51 ἐλθὼν δὲ **εἰς** τὴν οἰκίαν οὐκ
Lk 9:3 μηδὲν αἴρετε **εἰς** τὴν ὁδόν,
Lk 9:4 καὶ **εἰς** ἣν ἂν οἰκίαν
Lk 9:5 ποδῶν ὑμῶν ἀποτινάσσετε **εἰς** μαρτύριον ἐπ' αὐτούς.
Lk 9:10 ὑπεχώρησεν κατ' ἰδίαν **εἰς** πόλιν καλουμένην Βηθσαϊδά.
Lk 9:12 ἵνα πορευθέντες **εἰς** τὰς κύκλῳ κώμας
Lk 9:13 πορευθέντες ἡμεῖς ἀγοράσωμεν **εἰς** πάντα τὸν λαὸν
Lk 9:16 δύο ἰχθύας ἀναβλέψας **εἰς** τὸν οὐρανὸν εὐλόγησεν
Lk 9:28 καὶ Ἰάκωβον ἀνέβη **εἰς** τὸ ὄρος προσεύξασθαι.
Lk 9:34 ἐν τῷ εἰσελθεῖν αὐτοὺς **εἰς** τὴν νεφέλην.
Lk 9:44 θέσθε ὑμεῖς **εἰς** τὰ ὦτα ὑμῶν
Lk 9:44 ἀνθρώπου μέλλει παραδίδοσθαι **εἰς** χεῖρας ἀνθρώπων.
Lk 9:51 ἐστήρισεν τοῦ πορεύεσθαι **εἰς** Ἰερουσαλήμ.
Lk 9:52 εἰσῆλθον **εἰς** κώμην Σαμαριτῶν
Lk 9:53 αὐτοῦ ἦν πορευόμενον **εἰς** Ἰερουσαλήμ.
Lk 9:56 καὶ ἐπορεύθησαν **εἰς** ἑτέραν κώμην.
Lk 9:61 μοι ἀποτάξασθαι τοῖς **εἰς** τὸν οἶκόν μου.
Lk 9:62 ἄροτρον καὶ βλέπων **εἰς** τὰ ὀπίσω εὔθετός
Lk 10:1 πρὸ προσώπου αὐτοῦ **εἰς** πᾶσαν πόλιν καὶ
Lk 10:2 ὅπως ἐργάτας ἐκβάλῃ **εἰς** τὸν θερισμὸν αὐτοῦ.
Lk 10:5 **εἰς** ἣν δ' ἂν
Lk 10:7 μεταβαίνετε ἐξ οἰκίας **εἰς** οἰκίαν.
Lk 10:8 καὶ **εἰς** ἣν ἂν πόλιν
Lk 10:10 **εἰς** ἣν δ' ἂν
Lk 10:10 ἐξελθόντες **εἰς** τὰς πλατείας
Lk 10:11 τῆς πόλεως ὑμῶν **εἰς** τοὺς πόδας ἀπομασσόμεθα
Lk 10:30 κατέβαινεν ἀπὸ Ἰερουσαλὴμ **εἰς** Ἰεριχὼ καὶ λῃσταῖς
Lk 10:34 κτῆνος ἤγαγεν αὐτὸν **εἰς** πανδοχεῖον καὶ ἐπεμελήθη
Lk 10:36 γεγονέναι τοῦ ἐμπεσόντος **εἰς** τοὺς λῃστάς;
Lk 10:38 αὐτὸς εἰσῆλθεν **εἰς** κώμην τινά·
Lk 11:4 καὶ μὴ εἰσενέγκῃς ἡμᾶς **εἰς** πειρασμόν.
Lk 11:7 μου μετ' ἐμοῦ **εἰς** τὴν κοίτην εἰσίν·
Lk 11:24 ὑποστρέψω **εἰς** τὸν οἶκόν μου
Lk 11:32 ὅτι μετενόησαν **εἰς** τὸ κήρυγμα Ἰωνᾶ,
Lk 11:33 Οὐδεὶς λύχνον ἅψας **εἰς** κρύπτην τίθησιν [οὐδὲ
Lk 11:49 ἀποστελῶ **εἰς** αὐτοὺς προφήτας καὶ
Lk 12:5 ἔχοντα ἐξουσίαν ἐμβαλεῖν **εἰς** τὴν γέενναν.
Lk 12:10 ὃς ἐρεῖ λόγον **εἰς** τὸν υἱὸν τοῦ
Lk 12:10 τῷ δὲ **εἰς** τὸ ἅγιον πνεῦμα
Lk 12:19 πολλὰ ἀγαθὰ κείμενα **εἰς** ἔτη πολλά·
Lk 12:21 ἑαυτῷ καὶ μὴ **εἰς** θεὸν πλουτῶν.
Lk 12:28 σήμερον καὶ αὔριον **εἰς** κλίβανον βαλλόμενον ὁ
Lk 12:58 πράκτωρ σε βαλεῖ **εἰς** φυλακήν.
Lk 13:9 μὲν ποιήσῃ καρπὸν **εἰς** τὸ μέλλον·
Lk 13:11 μὴ δυναμένη ἀνακύψαι **εἰς** τὸ παντελές.
Lk 13:19 λαβὼν ἄνθρωπος ἔβαλεν **εἰς** κῆπον ἑαυτοῦ,
Lk 13:19 ηὔξησεν καὶ ἐγένετο **εἰς** δένδρον,
Lk 13:21 λαβοῦσα γυνὴ [ἐν]έκρυψεν **εἰς** ἀλεύρου σάτα τρία
Lk 13:22 καὶ πορείαν ποιούμενος **εἰς** Ἱεροσόλυμα.
Lk 14:1 τῷ ἐλθεῖν αὐτὸν **εἰς** οἶκόν τινος τῶν
Lk 14:5 υἱὸς ἢ βοῦς **εἰς** φρέαρ πεσεῖται,
Lk 14:8 κληθῇς ὑπό τινος **εἰς** γάμους,
Lk 14:8 μὴ κατακλιθῇς **εἰς** τὴν πρωτοκλισίαν,
Lk 14:10 πορευθεὶς ἀνάπεσε **εἰς** τὸν ἔσχατον τόπον,
Lk 14:21 ἔξελθε ταχέως **εἰς** τὰς πλατείας καὶ
Lk 14:23 ἔξελθε **εἰς** τὰς ὁδοὺς καὶ
Lk 14:28 εἰ ἔχει **εἰς** ἀπαρτισμόν;
Lk 14:31 ἑτέρῳ βασιλεῖ συμβαλεῖν **εἰς** πόλεμον οὐχὶ καθίσας
Lk 14:35 οὔτε **εἰς** γῆν οὔτε εἰς
Lk 14:35 εἰς γῆν οὔτε **εἰς** κοπρίαν εὔθετόν ἐστιν,
Lk 15:6 καὶ ἐλθὼν **εἰς** τὸν οἶκον συγκαλεῖ
Lk 15:13 νεώτερος υἱὸς ἀπεδήμησεν **εἰς** χώραν μακρὰν καὶ
Lk 15:15 καὶ ἔπεμψεν αὐτὸν **εἰς** τοὺς ἀγροὺς αὐτοῦ
Lk 15:17 **εἰς** ἑαυτὸν δὲ ἐλθὼν
Lk 15:18 ἥμαρτον **εἰς** τὸν οὐρανὸν καὶ
Lk 15:21 ἥμαρτον **εἰς** τὸν οὐρανὸν καὶ
Lk 15:22 καὶ δότε δακτύλιον **εἰς** τὴν χεῖρα αὐτοῦ
Lk 15:22 αὐτοῦ καὶ ὑποδήματα **εἰς** τοὺς πόδας,
Lk 16:4 οἰκονομίας δέξωνταί με **εἰς** τοὺς οἴκους αὐτῶν.
Lk 16:8 υἱοὺς τοῦ φωτὸς **εἰς** τὴν γενεὰν τὴν
Lk 16:9 ἐκλίπῃ δέξωνται ὑμᾶς **εἰς** τὰς αἰωνίους σκηνάς.
Lk 16:16 εὐαγγελίζεται καὶ πᾶς **εἰς** αὐτὴν βιάζεται.

Lk 16:22 ὑπὸ τῶν ἀγγέλων **εἰς** τὸν κόλπον Ἀβραάμ·
Lk 16:27 ἵνα πέμψῃς αὐτὸν **εἰς** τὸν οἶκον τοῦ
Lk 16:28 καὶ αὐτοὶ ἔλθωσιν **εἰς** τὸν τόπον τοῦτον
Lk 17:2 αὐτοῦ καὶ ἔρριπται **εἰς** τὴν θάλασσαν ἢ
Lk 17:4 τῆς ἡμέρας ἁμαρτήσῃ **εἰς** σὲ καὶ ἑπτάκις
Lk 17:11 ἐν τῷ πορεύεσθαι **εἰς** Ἰερουσαλὴμ καὶ αὐτὸς
Lk 17:12 εἰσερχομένου αὐτοῦ **εἴς** τινα κώμην
Lk 17:24 ὑπὸ τὸν οὐρανὸν **εἰς** τὴν ὑπ' οὐρανὸν
Lk 17:27 εἰσῆλθεν Νῶε **εἰς** τὴν κιβωτὸν
Lk 17:31 ὁμοίως μὴ ἐπιστρεψάτω **εἰς** τὰ ὀπίσω.
Lk 18:5 ἵνα μὴ **εἰς** τέλος ἐρχομένη ὑπωπιάζῃ
Lk 18:10 Ἄνθρωποι δύο ἀνέβησαν **εἰς** τὸ ἱερὸν προσεύξασθαι,
Lk 18:13 τοὺς ὀφθαλμοὺς ἐπᾶραι **εἰς** τὸν οὐρανόν,
Lk 18:14 κατέβη οὗτος δεδικαιωμένος **εἰς** τὸν οἶκον αὐτοῦ
Lk 18:17 οὐ μὴ εἰσέλθῃ **εἰς** αὐτήν.
Lk 18:24 τὰ χρήματα ἔχοντες **εἰς** τὴν βασιλείαν τοῦ
Lk 18:25 ἢ πλούσιον **εἰς** τὴν βασιλείαν
Lk 18:31 ἰδοὺ ἀναβαίνομεν **εἰς** Ἰερουσαλήμ,
Lk 18:35 τῷ ἐγγίζειν αὐτὸν **εἰς** Ἰεριχὼ τυφλός τις
Lk 19:4 καὶ προδραμὼν **εἰς** τὸ ἔμπροσθεν ἀνέβη
Lk 19:12 τις εὐγενὴς ἐπορεύθη **εἰς** χώραν μακρὰν λαβεῖν
Lk 19:28 ἐπορεύετο ἔμπροσθεν ἀναβαίνων **εἰς** Ἱεροσόλυμα.
Lk 19:29 ἐγένετο ὡς ἤγγισεν **εἰς** Βηθφαγὴ καὶ Βηθανία[ν]
Lk 19:30 ὑπάγετε **εἰς** τὴν κατέναντι κώμην,
Lk 19:45 Καὶ εἰσελθὼν **εἰς** τὸ ἱερὸν ἤρξατο
Lk 20:17 οὗτος ἐγενήθη **εἰς** κεφαλὴν γωνίας;
Lk 21:1 εἶδεν τοὺς βάλλοντας **εἰς** τὸ γαζοφυλάκιον
Lk 21:4 περισσεύοντος αὐτοῖς ἔβαλον **εἰς** τὰ δῶρα,
Lk 21:12 παραδιδόντες **εἰς** τὰς συναγωγὰς καὶ
Lk 21:13 ἀποβήσεται ὑμῖν **εἰς** μαρτύριον.
Lk 21:21 τῇ Ἰουδαίᾳ φευγέτωσαν **εἰς** τὰ ὄρη καὶ
Lk 21:21 μὴ εἰσερχέσθωσαν **εἰς** αὐτήν,
Lk 21:24 μαχαίρης καὶ αἰχμαλωτισθήσονται **εἰς** τὰ ἔθνη πάντα,
Lk 21:37 νύκτας ἐξερχόμενος ηὐλίζετο **εἰς** τὸ ὄρος
Lk 22:3 δὲ σατανᾶς **εἰς** Ἰούδαν τὸν καλούμενον
Lk 22:10 εἰσελθόντων ὑμῶν **εἰς** τὴν πόλιν
Lk 22:10 ἀκολουθήσατε αὐτῷ **εἰς** τὴν οἰκίαν
Lk 22:10 τὴν οἰκίαν **εἰς** ἣν εἰσπορεύεται,
Lk 22:17 τοῦτο καὶ διαμερίσατε **εἰς** ἑαυτούς·
Lk 22:19 τοῦτο ποιεῖτε **εἰς** τὴν ἐμὴν ἀνάμνησιν.
Lk 22:33 ἕτοιμός εἰμι καὶ **εἰς** φυλακὴν καὶ εἰς
Lk 22:33 εἰς φυλακὴν καὶ **εἰς** θάνατον πορεύεσθαι.
Lk 22:39 κατὰ τὸ ἔθος **εἰς** τὸ ὄρος τῶν
Lk 22:40 μὴ εἰσελθεῖν **εἰς** πειρασμόν.
Lk 22:46 ἵνα μὴ εἰσέλθητε **εἰς** πειρασμόν.
Lk 22:54 καὶ εἰσήγαγον **εἰς** τὴν οἰκίαν
Lk 22:65 πολλὰ βλασφημοῦντες ἔλεγον **εἰς** αὐτόν.
Lk 22:66 καὶ ἀπήγαγον αὐτὸν **εἰς** τὸ συνέδριον αὐτῶν
Lk 23:25 καὶ φόνον βεβλημένον **εἰς** φυλακὴν ὃν ᾐτοῦντο,
Lk 23:42 μου ὅταν ἔλθῃς **εἰς** τὴν βασιλείαν σου.
Lk 23:46 **εἰς** χεῖράς σου παρατίθεμαι
Lk 24:5 κλινουσῶν τὰ πρόσωπα **εἰς** τὴν γῆν εἶπαν
Lk 24:7 ὅτι δεῖ παραδοθῆναι **εἰς** χεῖρας ἀνθρώπων ἁμαρτωλῶν
Lk 24:13 ἡμέρᾳ ἦσαν πορευόμενοι **εἰς** κώμην ἀπέχουσαν σταδίους
Lk 24:20 οἱ ἄρχοντες ἡμῶν **εἰς** κρίμα θανάτου καὶ
Lk 24:26 καὶ εἰσελθεῖν **εἰς** τὴν δόξαν αὐτοῦ;
Lk 24:28 Καὶ ἤγγισαν **εἰς** τὴν κώμην οὗ
Lk 24:33 τῇ ὥρᾳ ὑπέστρεψαν **εἰς** Ἰερουσαλὴμ καὶ εὗρον
Lk 24:47 ὀνόματι αὐτοῦ μετάνοιαν **εἰς** ἄφεσιν ἁμαρτιῶν εἰς
Lk 24:47 εἰς ἄφεσιν ἁμαρτιῶν **εἰς** πάντα τὰ ἔθνη.
Lk 24:51 αὐτῶν καὶ ἀνεφέρετο **εἰς** τὸν οὐρανόν.
Lk 24:52 προσκυνήσαντες αὐτὸν ὑπέστρεψαν **εἰς** Ἰερουσαλὴμ μετὰ χαρᾶς

εἷς (*heis*; 43/343[345]) *one*

Lk 4:40 ὁ δὲ **ἑνὶ** ἑκάστῳ αὐτῶν τὰς
Lk 5:3 ἐμβὰς δὲ εἰς **ἓν** τῶν πλοίων,
Lk 5:12 εἶναι αὐτὸν ἐν **μιᾷ** τῶν πόλεων καὶ
Lk 5:17 Καὶ ἐγένετο ἐν **μιᾷ** τῶν ἡμερῶν καὶ
Lk 7:41 ὁ **εἷς** ὤφειλεν δηνάρια πεντακόσια,
Lk 8:22 Ἐγένετο δὲ ἐν **μιᾷ** τῶν ἡμερῶν καὶ
Lk 9:33 **μίαν** σοὶ καὶ μίαν
Lk 9:33 μίαν σοὶ καὶ **μίαν** Μωϋσεῖ καὶ μίαν
Lk 9:33 μίαν Μωϋσεῖ καὶ **μίαν** Ἠλίᾳ,
Lk 10:42 **ἑνὸς** δέ ἐστιν χρεία·
Lk 11:46 καὶ αὐτοὶ **ἑνὶ** τῶν δακτύλων ὑμῶν
Lk 12:6 καὶ **ἓν** ἐξ αὐτῶν οὐκ
Lk 12:27 αὐτοῦ περιεβάλετο ὡς **ἓν** τούτων.
Lk 12:52 νῦν πέντε ἐν **ἑνὶ** οἴκῳ διαμεμερισμένοι,
Lk 13:10 δὲ διδάσκων ἐν **μιᾷ** τῶν συναγωγῶν ἐν
Lk 14:18 καὶ ἤρξαντο ἀπὸ **μιᾶς** πάντες παραιτεῖσθαι.
Lk 15:4 ἀπολέσας ἐξ αὐτῶν **ἓν** οὐ καταλείπει τὰ
Lk 15:7 οὐρανῷ ἔσται ἐπὶ **ἑνὶ** ἁμαρτωλῷ μετανοοῦντι ἢ
Lk 15:8 ἐὰν ἀπολέσῃ δραχμὴν **μίαν**,
Lk 15:10 τοῦ θεοῦ ἐπὶ **ἑνὶ** ἁμαρτωλῷ μετανοοῦντι.
Lk 15:15 καὶ πορευθεὶς ἐκολλήθη **ἑνὶ** τῶν πολιτῶν
Lk 15:19 ποίησόν με ὡς **ἕνα** τῶν μισθίων σου.
Lk 15:26 καὶ προσκαλεσάμενος **ἕνα** τῶν παίδων ἐπυνθάνετο
Lk 16:5 καὶ προσκαλεσάμενος **ἕνα** ἕκαστον τῶν χρεοφειλετῶν
Lk 16:13 ἢ γὰρ τὸν **ἕνα** μισήσει καὶ τὸν
Lk 16:13 ἢ **ἑνὸς** ἀνθέξεται καὶ τοῦ
Lk 16:17 ἢ τοῦ νόμου **μίαν** κεραίαν πεσεῖν.
Lk 17:2 τῶν μικρῶν τούτων **ἕνα**.
Lk 17:15 **εἷς** δὲ ἐξ αὐτῶν,
Lk 17:22 ἡμέραι ὅτε ἐπιθυμήσετε **μίαν** τῶν ἡμερῶν
Lk 17:34 δύο ἐπὶ κλίνης **μιᾶς**,
Lk 17:34 ὁ **εἷς** παραλημφθήσεται καὶ ὁ
Lk 17:35 ἡ **μία** παραλημφθήσεται,
Lk 18:10 ὁ **εἷς** Φαρισαῖος καὶ ὁ
Lk 18:19 ἀγαθὸς εἰ μὴ **εἷς** ὁ θεός.
Lk 18:22 ἔτι **ἕν** σοι λείπει·
Lk 20:1 Καὶ ἐγένετο ἐν **μιᾷ** τῶν ἡμερῶν διδάσκοντος
Lk 22:47 ὁ λεγόμενος Ἰούδας **εἷς** τῶν δώδεκα προήρχετο
Lk 22:50 καὶ ἐπάταξεν **εἷς** τις ἐξ αὐτῶν
Lk 22:59 διαστάσης ὡσεὶ ὥρας **μιᾶς** ἄλλος τις διϊσχυρίζετο
Lk 23:39 **Εἷς** δὲ τῶν κρεμασθέντων
Lk 24:1 Τῇ δὲ **μιᾷ** τῶν σαββάτων ὄρθρου
Lk 24:18 ἀποκριθεὶς δὲ **εἷς** ὀνόματι Κλεοπᾶς εἶπεν

εἰσάγω (*eisagō*; 3/11) *lead or bring in or into*
Lk 2:27 καὶ ἐν τῷ **εἰσαγαγεῖν** τοὺς γονεῖς τὸ
Lk 14:21 τυφλοὺς καὶ χωλοὺς **εἰσάγαγε** ὧδε.
Lk 22:54 αὐτὸν ἤγαγον καὶ **εἰσήγαγον** εἰς τὴν οἰκίαν

εἰσακούω (*eisakouō*; 1/5) *hear*
Lk 1:13 διότι **εἰσηκούσθη** ἡ δέησίς σου,

εἰσέρχομαι (*eiserchomai*; 50/194) *go into, enter*
Lk 1:9 ἔλαχε τοῦ θυμιᾶσαι **εἰσελθὼν** εἰς τὸν ναὸν
Lk 1:28 καὶ **εἰσελθὼν** πρὸς αὐτὴν εἶπεν·
Lk 1:40 καὶ **εἰσῆλθεν** εἰς τὸν οἶκον
Lk 4:16 καὶ **εἰσῆλθεν** κατὰ τὸ εἰωθὸς
Lk 4:38 ἀπὸ τῆς συναγωγῆς **εἰσῆλθεν** εἰς τὴν οἰκίαν
Lk 6:4 [ὡς] **εἰσῆλθεν** εἰς τὸν οἶκον
Lk 6:6 ἐν ἑτέρῳ σαββάτῳ **εἰσελθεῖν** αὐτὸν εἰς τὴν
Lk 7:1 **εἰσῆλθεν** εἰς Καφαρναούμ.
Lk 7:6 τὴν στέγην μου **εἰσέλθῃς**·
Lk 7:36 καὶ **εἰσελθὼν** εἰς τὸν οἶκον
Lk 7:44 **εἰσῆλθόν** σου εἰς τὴν
Lk 7:45 δὲ ἀφ' ἧς **εἰσῆλθον** οὐ διέλιπεν καταφιλοῦσά
Lk 8:30 ὅτι **εἰσῆλθεν** δαιμόνια πολλὰ εἰς
Lk 8:32 αὐτοῖς εἰς ἐκείνους **εἰσελθεῖν**·
Lk 8:33 ἀπὸ τοῦ ἀνθρώπου **εἰσῆλθον** εἰς τοὺς χοίρους,
Lk 8:41 Ἰησοῦ παρεκάλει αὐτὸν **εἰσελθεῖν** εἰς τὸν οἶκον
Lk 8:51 οἰκίαν οὐκ ἀφῆκεν **εἰσελθεῖν** τινα σὺν αὐτῷ
Lk 9:4 ἣν ἂν οἰκίαν **εἰσέλθητε**,
Lk 9:34 δὲ ἐν τῷ **εἰσελθεῖν** αὐτοὺς εἰς τὴν
Lk 9:46 **Εἰσῆλθεν** δὲ διαλογισμὸς ἐν
Lk 9:52 καὶ πορευθέντες **εἰσῆλθον** εἰς κώμην Σαμαριτῶν
Lk 10:5 ἣν δ' ἂν **εἰσέλθητε** οἰκίαν,
Lk 10:8 ἣν ἂν πόλιν **εἰσέρχησθε** καὶ δέχωνται ὑμᾶς,
Lk 10:10 δ' ἂν πόλιν **εἰσέλθητε** καὶ μὴ δέχωνται
Lk 10:38 πορεύεσθαι αὐτοὺς αὐτὸς **εἰσῆλθεν** εἰς κώμην τινα·
Lk 11:26 ἑαυτοῦ ἑπτὰ καὶ **εἰσελθόντα** κατοικεῖ ἐκεῖ·
Lk 11:37 **εἰσελθὼν** δὲ ἀνέπεσεν.
Lk 11:52 αὐτοὶ οὐκ **εἰσήλθατε** καὶ τοὺς εἰσερχομένους
Lk 11:52 εἰσήλθατε καὶ τοὺς **εἰσερχομένους** ἐκωλύσατε.
Lk 13:24 ἀγωνίζεσθε **εἰσελθεῖν** διὰ τῆς στενῆς
Lk 13:24 ζητήσουσιν **εἰσελθεῖν** καὶ οὐκ ἰσχύσουσιν.
Lk 14:23 φραγμοὺς καὶ ἀνάγκασον **εἰσελθεῖν**,
Lk 15:28 καὶ οὐκ ἤθελεν **εἰσελθεῖν**,
Lk 17:7 ὃς **εἰσελθόντι** ἐκ τοῦ ἀγροῦ
Lk 17:12 Καὶ **εἰσερχομένου** αὐτοῦ εἴς τινα
Lk 17:27 ἄχρι ἧς ἡμέρας **εἰσῆλθεν** Νῶε εἰς τὴν
Lk 18:17 οὐ μὴ **εἰσέλθῃ** εἰς αὐτήν.
Lk 18:25 διὰ τρήματος βελόνης **εἰσελθεῖν** ἢ πλούσιον
Lk 18:25 βασιλείαν τοῦ θεοῦ **εἰσελθεῖν**.
Lk 19:1 Καὶ **εἰσελθὼν** διήρχετο τὴν Ἰεριχώ.
Lk 19:7 παρὰ ἁμαρτωλῷ ἀνδρὶ **εἰσῆλθεν** καταλῦσαι.
Lk 19:45 Καὶ **εἰσελθὼν** εἰς τὸ ἱερὸν
Lk 21:21 ταῖς χώραις μὴ **εἰσερχέσθωσαν** εἰς αὐτήν,
Lk 22:3 **Εἰσῆλθεν** δὲ σατανᾶς εἰς
Lk 22:10 ἰδοὺ **εἰσελθόντων** ὑμῶν εἰς τὴν
Lk 22:40 προσεύχεσθε μὴ **εἰσελθεῖν** εἰς πειρασμόν.
Lk 22:46 ἵνα μὴ **εἰσέλθητε** εἰς πειρασμόν.
Lk 24:3 **εἰσελθοῦσαι** δὲ οὐχ εὗρον
Lk 24:26 τὸν χριστὸν καὶ **εἰσελθεῖν** εἰς τὴν δόξαν
Lk 24:29 καὶ **εἰσῆλθεν** τοῦ μεῖναι σὺν

εἰσπορεύομαι (*eisporeuomai*; 5/18) *go or come in*
Lk 8:16 ἵνα οἱ **εἰσπορευόμενοι** βλέπωσιν τὸ φῶς.
Lk 11:33 ἵνα οἱ **εἰσπορευόμενοι** τὸ φῶς βλέπωσιν.
Lk 18:24 βασιλείαν τοῦ θεοῦ **εἰσπορεύονται**·
Lk 19:30 ἐν ᾗ **εἰσπορευόμενοι** εὑρήσετε πῶλον δεδεμένον,
Lk 22:10 οἰκίαν εἰς ἣν **εἰσπορεύεται**,

εἰσφέρω (*eispherō*; 4/8) *bring in*
Lk 5:18 καὶ ἐζήτουν αὐτὸν **εἰσενεγκεῖν** καὶ θεῖναι [αὐτὸν]
Lk 5:19 μὴ εὑρόντες ποίας **εἰσενέγκωσιν** αὐτὸν διὰ
Lk 11:4 καὶ μὴ **εἰσενέγκῃς** ἡμᾶς εἰς πειρασμόν.
Lk 12:11 Ὅταν δὲ **εἰσφέρωσιν** ὑμᾶς ἐπὶ τὰς

εἶτα (*eita*; 1/15) *then*
Lk 8:12 **εἶτα** ἔρχεται ὁ διάβολος

εἴωθα (*eiōtha*; 1/4) *be accustomed*
Lk 4:16 εἰσῆλθεν κατὰ τὸ **εἰωθὸς** αὐτῷ ἐν τῇ

ἐκ (*ek*; 87/912[914]) *from*
Lk 1:5 τις ὀνόματι Ζαχαρίας **ἐξ** ἐφημερίας Ἀβιά,
Lk 1:5 καὶ γυνὴ αὐτῷ **ἐκ** τῶν θυγατέρων Ἀαρὼν
Lk 1:11 ἄγγελος κυρίου ἑστὼς **ἐκ** δεξιῶν τοῦ θυσιαστηρίου
Lk 1:15 ἁγίου πλησθήσεται ἔτι **ἐκ** κοιλίας μητρὸς αὐτοῦ,
Lk 1:27 ᾧ ὄνομα Ἰωσὴφ **ἐξ** οἴκου Δαυὶδ καὶ
Lk 1:61 ὅτι οὐδείς ἐστιν **ἐκ** τῆς συγγενείας σου
Lk 1:71 σωτηρίαν **ἐξ** ἐχθρῶν ἡμῶν καὶ
Lk 1:71 ἐχθρῶν ἡμῶν καὶ **ἐκ** χειρὸς πάντων τῶν
Lk 1:74 ἀφόβως **ἐκ** χειρὸς ἐχθρῶν ῥυσθέντας
Lk 1:78 ἐπισκέψεται ἡμᾶς ἀνατολὴ **ἐξ** ὕψους,
Lk 2:4 ἀπὸ τῆς Γαλιλαίας **ἐκ** πόλεως Ναζαρὲθ εἰς
Lk 2:4 τὸ εἶναι αὐτὸν **ἐξ** οἴκου καὶ πατριᾶς
Lk 2:35 ὅπως ἂν ἀποκαλυφθῶσιν **ἐκ** πολλῶν καρδιῶν διαλογισμοί.
Lk 2:36 **ἐκ** φυλῆς Ἀσήρ·
Lk 3:8 δύναται ὁ θεὸς **ἐκ** τῶν λίθων τούτων
Lk 3:22 καὶ φωνὴν **ἐξ** οὐρανοῦ γενέσθαι·
Lk 4:22 τοῖς ἐκπορευομένοις **ἐκ** τοῦ στόματος
Lk 5:3 καθίσας δὲ **ἐκ** τοῦ πλοίου ἐδίδασκεν
Lk 5:17 οἳ ἦσαν ἐληλυθότες **ἐκ** πάσης κώμης τῆς
Lk 6:42 τὴν δοκὸν **ἐκ** τοῦ ὀφθαλμοῦ σου,
Lk 6:44 ἕκαστον γὰρ δένδρον **ἐκ** τοῦ ἰδίου καρποῦ
Lk 6:44 οὐ γὰρ **ἐξ** ἀκανθῶν συλλέγουσιν σῦκα
Lk 6:44 συλλέγουσιν σῦκα οὐδὲ **ἐκ** βάτου σταφυλὴν τρυγῶσιν.
Lk 6:45 ὁ ἀγαθὸς ἄνθρωπος **ἐκ** τοῦ ἀγαθοῦ θησαυροῦ
Lk 6:45 καὶ ὁ πονηρὸς **ἐκ** τοῦ πονηροῦ προφέρει
Lk 6:45 **ἐκ** γὰρ περισσεύματος καρδίας
Lk 8:3 αἵτινες διηκόνουν αὐτοῖς **ἐκ** τῶν ὑπαρχόντων αὐταῖς.
Lk 8:27 ὑπήντησεν ἀνήρ τις **ἐκ** τῆς πόλεως ἔχων
Lk 9:7 ὅτι Ἰωάννης ἠγέρθη **ἐκ** νεκρῶν,
Lk 9:35 καὶ φωνὴ ἐγένετο **ἐκ** τῆς νεφέλης λέγουσα·

Lk 10:7 μὴ μεταβαίνετε **ἐξ** οἰκίας εἰς οἰκίαν.
Lk 10:11 τὸν κολληθέντα ἡμῖν **ἐκ** τῆς πόλεως ὑμῶν
Lk 10:18 σατανᾶν ὡς ἀστραπὴν **ἐκ** τοῦ οὐρανοῦ πεσόντα.
Lk 10:27 τὸν θεόν σου **ἐξ** ὅλης [τῆς] καρδίας
Lk 11:5 τίς **ἐξ** ὑμῶν ἕξει φίλον
Lk 11:6 φίλος μου παρεγένετο **ἐξ** ὁδοῦ πρός με
Lk 11:11 τίνα δὲ **ἐξ** ὑμῶν τὸν πατέρα
Lk 11:13 ὁ πατὴρ [ὁ] **ἐξ** οὐρανοῦ δώσει πνεῦμα
Lk 11:15 τινες δὲ **ἐξ** αὐτῶν εἶπον·
Lk 11:16 δὲ πειράζοντες σημεῖον **ἐξ** οὐρανοῦ ἐζήτουν
Lk 11:27 τις φωνὴν γυνὴ **ἐκ** τοῦ ὄχλου εἶπεν
Lk 11:31 ὅτι ἦλθεν **ἐκ** τῶν περάτων τῆς
Lk 11:49 καὶ **ἐξ** αὐτῶν ἀποκτενοῦσιν καὶ
Lk 11:54 αὐτὸν θηρεῦσαί τι **ἐκ** τοῦ στόματος αὐτοῦ.
Lk 12:6 καὶ ἓν **ἐξ** αὐτῶν οὐκ ἔστιν
Lk 12:13 Εἶπεν δέ τις **ἐκ** τοῦ ὄχλου αὐτῷ·
Lk 12:15 ζωὴ αὐτοῦ ἐστιν **ἐκ** τῶν ὑπαρχόντων αὐτῷ.
Lk 12:25 τίς δὲ **ἐξ** ὑμῶν μεριμνῶν δύναται
Lk 12:36 ἑαυτῶν πότε ἀναλύσῃ **ἐκ** τῶν γάμων,
Lk 14:28 Τίς γὰρ **ἐξ** ὑμῶν θέλων πύργον
Lk 14:33 οὕτως οὖν πᾶς **ἐξ** ὑμῶν ὃς οὐκ
Lk 15:4 τίς ἄνθρωπος **ἐξ** ὑμῶν ἔχων ἑκατὸν
Lk 15:4 πρόβατα καὶ ἀπολέσας **ἐξ** αὐτῶν ἓν οὐ
Lk 15:16 καὶ ἐπεθύμει χορτασθῆναι **ἐκ** τῶν κερατίων ὧν
Lk 16:4 ἵνα ὅταν μετασταθῶ **ἐκ** τῆς οἰκονομίας δέξωνταί
Lk 16:9 ἑαυτοῖς ποιήσατε φίλους **ἐκ** τοῦ μαμωνᾶ τῆς
Lk 16:31 οὐδ' ἐάν τις **ἐκ** νεκρῶν ἀναστῇ πεισθήσονται.
Lk 17:7 Τίς δὲ **ἐξ** ὑμῶν δοῦλον ἔχων
Lk 17:7 ὃς εἰσελθόντι **ἐκ** τοῦ ἀγροῦ ἐρεῖ
Lk 17:15 εἷς δὲ **ἐξ** αὐτῶν,
Lk 17:24 ἡ ἀστραπὴ ἀστράπτουσα **ἐκ** τῆς ὑπὸ τὸν
Lk 18:21 ταῦτα πάντα ἐφύλαξα **ἐκ** νεότητος.
Lk 19:22 **ἐκ** τοῦ στόματός σου
Lk 20:4 τὸ βάπτισμα Ἰωάννου **ἐξ** οὐρανοῦ ἦν ἢ
Lk 20:4 οὐρανοῦ ἦν ἢ **ἐξ** ἀνθρώπων;
Lk 20:5 **ἐξ** οὐρανοῦ,
Lk 20:6 **ἐξ** ἀνθρώπων,
Lk 20:35 τῆς **ἐκ** νεκρῶν οὔτε γαμοῦσιν
Lk 20:42 κάθου **ἐκ** δεξιῶν μου,
Lk 21:4 πάντες γὰρ οὗτοι **ἐκ** τοῦ περισσεύοντος αὐτοῖς
Lk 21:4 αὕτη δὲ **ἐκ** τοῦ ὑστερήματος αὐτῆς
Lk 21:16 καὶ θανατώσουσιν ἐξ **ὑμῶν**,
Lk 21:18 καὶ θρὶξ **ἐκ** τῆς κεφαλῆς ὑμῶν
Lk 22:3 ὄντα **ἐκ** τοῦ ἀριθμοῦ τῶν
Lk 22:23 τίς ἄρα εἴη **ἐξ** αὐτῶν ὁ τοῦτο
Lk 22:50 ἐπάταξεν εἷς τις **ἐξ** αὐτῶν τοῦ ἀρχιερέως
Lk 22:58 καὶ σὺ **ἐξ** αὐτῶν εἶ.
Lk 22:69 τοῦ ἀνθρώπου καθήμενος **ἐκ** δεξιῶν τῆς δυνάμεως
Lk 23:7 καὶ ἐπιγνοὺς ὅτι **ἐκ** τῆς ἐξουσίας Ἡρῴδου
Lk 23:8 ἦν γὰρ **ἐξ** ἱκανῶν χρόνων θέλων
Lk 23:33 ὃν μὲν **ἐκ** δεξιῶν
Lk 23:33 ὃν δὲ **ἐξ** ἀριστερῶν.
Lk 23:55 αἵτινες ἦσαν συνεληλυθυῖαι **ἐκ** τῆς Γαλιλαίας αὐτῷ,
Lk 24:13 Καὶ ἰδοὺ δύο **ἐξ** αὐτῶν ἐν αὐτῇ
Lk 24:22 καὶ γυναῖκές τινες **ἐξ** ἡμῶν ἐξέστησαν ἡμᾶς,
Lk 24:46 χριστὸν καὶ ἀναστῆναι **ἐκ** νεκρῶν τῇ τρίτῃ
Lk 24:49 ἕως οὗ ἐνδύσησθε **ἐξ** ὕψους δύναμιν.

ἕκαστος (*hekastos*; 5/81[82]) *each*

Lk 2:3 **ἕκαστος** εἰς τὴν ἑαυτοῦ
Lk 4:40 ὁ δὲ ἑνὶ **ἑκάστῳ** αὐτῶν τὰς χεῖρας
Lk 6:44 **ἕκαστον** γὰρ δένδρον ἐκ
Lk 13:15 **ἕκαστος** ὑμῶν τῷ σαββάτῳ
Lk 16:5 καὶ προσκαλεσάμενος ἕνα **ἕκαστον** τῶν χρεοφειλετῶν τοῦ

ἑκατόν (*hekaton*; 3/17) *one hundred*

Lk 15:4 ἐξ ὑμῶν ἔχων **ἑκατὸν** πρόβατα καὶ ἀπολέσας
Lk 16:6 **ἑκατὸν** βάτους ἐλαίου.
Lk 16:7 **ἑκατὸν** κόρους σίτου.

ἑκατονταπλασίων (*hekatontaplasiōn*; 1/3) *a hundredfold*

Lk 8:8 φυὲν ἐποίησεν καρπὸν **ἑκατονταπλασίονα**.

ἑκατοντάρχης (*hekatontarchēs*; 3/20) *centurion*

Lk 7:2 **Ἑκατοντάρχου** δέ τινος δοῦλος
Lk 7:6 ἔπεμψεν φίλους ὁ **ἑκατοντάρχης** λέγων αὐτῷ·
Lk 23:47 ἰδὼν δὲ ὁ **ἑκατοντάρχης** τὸ γενόμενον ἐδόξαζεν

ἐκβάλλω (*ekballō*; 20/79[81]) *cast or drive out*

Lk 4:29 καὶ ἀναστάντες **ἐξέβαλον** αὐτὸν ἔξω τῆς
Lk 6:22 καὶ ὀνειδίσωσιν καὶ **ἐκβάλωσιν** τὸ ὄνομα ὑμῶν
Lk 6:42 ἄφες **ἐκβάλω** τὸ κάρφος τὸ
Lk 6:42 **ἔκβαλε** πρῶτον τὴν δοκὸν
Lk 6:42 τοῦ ἀδελφοῦ σου **ἐκβαλεῖν**.
Lk 9:40 μαθητῶν σου ἵνα **ἐκβάλωσιν** αὐτό,
Lk 9:49 τῷ ὀνόματί σου **ἐκβάλλοντα** δαιμόνια καὶ ἐκωλύομεν
Lk 10:2 θερισμοῦ ὅπως ἐργάτας **ἐκβάλῃ** εἰς τὸν θερισμὸν
Lk 10:35 ἐπὶ τὴν αὔριον **ἐκβαλὼν** ἔδωκεν δύο δηνάρια
Lk 11:14 Καὶ ἦν **ἐκβάλλων** δαιμόνιον [καὶ αὐτὸ
Lk 11:15 ἄρχοντι τῶν δαιμονίων **ἐκβάλλει** τὰ δαιμόνια·
Lk 11:18 λέγετε ἐν Βεελζεβοὺλ **ἐκβάλλειν** με τὰ δαιμόνια.
Lk 11:19 ἐγὼ ἐν Βεελζεβοὺλ **ἐκβάλλω** τὰ δαιμόνια,
Lk 11:19 ὑμῶν ἐν τίνι **ἐκβάλλουσιν**;
Lk 11:20 δακτύλῳ θεοῦ [ἐγὼ] **ἐκβάλλω** τὰ δαιμόνια,
Lk 13:28 ὑμᾶς δὲ **ἐκβαλλομένους** ἔξω.
Lk 13:32 ἰδοὺ **ἐκβάλλω** δαιμόνια καὶ ἰάσεις
Lk 19:45 τὸ ἱερὸν ἤρξατο **ἐκβάλλειν** τοὺς πωλοῦντας
Lk 20:12 καὶ τοῦτον τραυματίσαντες **ἐξέβαλον**.
Lk 20:15 καὶ **ἐκβαλόντες** αὐτὸν ἔξω τοῦ

ἐκδίδωμι (*ekdidōmi*; 1/4) *let out*

Lk 20:9 ἐφύτευσεν ἀμπελῶνα καὶ **ἐξέδετο** αὐτὸν γεωργοῖς καὶ

ἐκδικέω (*ekdikeō*; 2/6) *help someone get justice*

Lk 18:3 **ἐκδίκησόν** με ἀπὸ τοῦ
Lk 18:5 τὴν χήραν ταύτην **ἐκδικήσω** αὐτήν,

ἐκδίκησις (*ekdikēsis*; 3/9) *rendering of justice*
Lk 18:7 μὴ ποιήσῃ τὴν **ἐκδίκησιν** τῶν ἐκλεκτῶν αὐτοῦ
Lk 18:8 ὅτι ποιήσει τὴν **ἐκδίκησιν** αὐτῶν ἐν τάχει.
Lk 21:22 ὅτι ἡμέραι **ἐκδικήσεως** αὗταί εἰσιν τοῦ

ἐκδύω (*ekdyō*; 1/6) *take off*
Lk 10:30 οἳ καὶ **ἐκδύσαντες** αὐτὸν καὶ πληγὰς

ἐκεῖ (*ekei*; 16/95) *there*
Lk 2:6 τῷ εἶναι αὐτοὺς **ἐκεῖ** ἐπλήσθησαν αἱ ἡμέραι
Lk 6:6 καὶ ἦν ἄνθρωπος **ἐκεῖ** καὶ ἡ χεὶρ
Lk 8:32 ἦν δὲ **ἐκεῖ** ἀγέλη χοίρων ἱκανῶν
Lk 9:4 **ἐκεῖ** μένετε καὶ ἐκεῖθεν
Lk 10:6 καὶ ἐὰν **ἐκεῖ** ᾖ υἱὸς εἰρήνης,
Lk 11:26 καὶ εἰσελθόντα κατοικεῖ **ἐκεῖ**·
Lk 12:18 οἰκοδομήσω καὶ συνάξω **ἐκεῖ** πάντα τὸν σῖτον
Lk 12:34 **ἐκεῖ** καὶ ἡ καρδία
Lk 13:28 **ἐκεῖ** ἔσται ὁ κλαυθμὸς
Lk 15:13 χώραν μακρὰν καὶ **ἐκεῖ** διεσκόρπισεν τὴν οὐσίαν
Lk 17:21 **ἐκεῖ**,
Lk 17:23 ἰδοὺ **ἐκεῖ**,
Lk 17:37 **ἐκεῖ** καὶ οἱ ἀετοὶ
Lk 21:2 χήραν πενιχρὰν βάλλουσαν **ἐκεῖ** λεπτὰ δύο,
Lk 22:12 **ἐκεῖ** ἑτοιμάσατε.
Lk 23:33 **ἐκεῖ** ἐσταύρωσαν αὐτὸν καὶ

ἐκεῖθεν (*ekeithen*; 3/27) *from there*
Lk 9:4 ἐκεῖ μένετε καὶ **ἐκεῖθεν** ἐξέρχεσθε.
Lk 12:59 οὐ μὴ ἐξέλθῃς **ἐκεῖθεν**,
Lk 16:26 μηδὲ **ἐκεῖθεν** πρὸς ἡμᾶς διαπερῶσιν.

ἐκεῖνος (*ekeinos*; 33/240[243]) *that*
Lk 2:1 ἐν ταῖς ἡμέραις **ἐκείναις** ἐξῆλθεν δόγμα
Lk 4:2 ἐν ταῖς ἡμέραις **ἐκείναις** καὶ συντελεσθεισῶν αὐτῶν
Lk 5:35 τότε νηστεύσουσιν ἐν **ἐκείναις** ταῖς ἡμέραις.
Lk 6:23 χάρητε ἐν **ἐκείνῃ** τῇ ἡμέρᾳ καὶ
Lk 6:48 ποταμὸς τῇ οἰκίᾳ **ἐκείνῃ**,
Lk 6:49 ῥῆγμα τῆς οἰκίας **ἐκείνης** μέγα.
Lk 7:21 ἐν **ἐκείνῃ** τῇ ὥρᾳ ἐθεράπευσεν
Lk 8:32 ἐπιτρέψῃ αὐτοῖς εἰς **ἐκείνους** εἰσελθεῖν·
Lk 9:5 ἀπὸ τῆς πόλεως **ἐκείνης** τὸν κονιορτὸν ἀπὸ
Lk 9:36 οὐδενὶ ἀπήγγειλαν ἐν **ἐκείναις** ταῖς ἡμέραις οὐδὲν
Lk 10:12 ἐν τῇ ἡμέρᾳ **ἐκείνῃ** ἀνεκτότερον ἔσται ἢ
Lk 10:12 ἢ τῇ πόλει **ἐκείνῃ**.
Lk 10:31 ἐν τῇ ὁδῷ **ἐκείνῃ** καὶ ἰδὼν αὐτὸν
Lk 11:26 ἔσχατα τοῦ ἀνθρώπου **ἐκείνου** χείρονα τῶν πρώτων.
Lk 12:37 μακάριοι οἱ δοῦλοι **ἐκεῖνοι**,
Lk 12:38 μακάριοί εἰσιν **ἐκεῖνοι**.
Lk 12:43 μακάριος ὁ δοῦλος **ἐκεῖνος**,
Lk 12:45 εἴπῃ ὁ δοῦλος **ἐκεῖνος** ἐν τῇ καρδίᾳ
Lk 12:46 κύριος τοῦ δούλου **ἐκείνου** ἐν ἡμέρᾳ ᾗ
Lk 12:47 **Ἐκεῖνος** δὲ ὁ δοῦλος
Lk 13:4 ἢ **ἐκεῖνοι** οἱ δεκαοκτὼ ἐφ'
Lk 14:24 οὐδεὶς τῶν ἀνδρῶν **ἐκείνων** τῶν κεκλημένων γεύσεταί
Lk 15:14 κατὰ τὴν χώραν **ἐκείνην**,
Lk 15:15 πολιτῶν τῆς χώρας **ἐκείνης**,
Lk 17:31 ἐν **ἐκείνῃ** τῇ ἡμέρᾳ ὃς
Lk 18:3 ἐν τῇ πόλει **ἐκείνῃ** καὶ ἤρχετο πρὸς
Lk 18:14 οἶκον αὐτοῦ παρ' **ἐκεῖνον**·
Lk 19:4 ἴδῃ αὐτὸν ὅτι **ἐκείνης** ἤμελλεν διέρχεσθαι.
Lk 20:18 ὁ πεσὼν ἐπ' **ἐκεῖνον** τὸν λίθον συνθλασθήσεται·
Lk 20:35 καταξιωθέντες τοῦ αἰῶνος **ἐκείνου** τυχεῖν
Lk 21:23 ταῖς θηλαζούσαις ἐν **ἐκείναις** ταῖς ἡμέραις·
Lk 21:34 αἰφνίδιος ἡ ἡμέρα **ἐκείνη**
Lk 22:22 οὐαὶ τῷ ἀνθρώπῳ **ἐκείνῳ** δι' οὗ παραδίδοται.

ἐκζητέω (*ekzēteō*; 2/7) *seek or search diligently*
Lk 11:50 ἵνα **ἐκζητηθῇ** τὸ αἷμα πάντων
Lk 11:51 **ἐκζητηθήσεται** ἀπὸ τῆς γενεᾶς

ἐκκομίζω (*ekkomizō*; 1/1) *carry out for burial*
Lk 7:12 καὶ ἰδοὺ **ἐξεκομίζετο** τεθνηκὼς μονογενὴς υἱὸς

ἐκκόπτω (*ekkoptō*; 3/10) *cut off or down*
Lk 3:9 ποιοῦν καρπὸν καλὸν **ἐκκόπτεται** καὶ εἰς πῦρ
Lk 13:7 **ἔκκοψον** [οὖν] αὐτήν,
Lk 13:9 **ἐκκόψεις** αὐτήν.

ἐκκρεμάννυμι (*ekkremannymi*; 1/1) *hang upon*
Lk 19:48 λαὸς γὰρ ἅπας **ἐξεκρέματο** αὐτοῦ ἀκούων.

ἐκλέγομαι (*eklegomai*; 4/22) *choose*
Lk 6:13 καὶ **ἐκλεξάμενος** ἀπ' αὐτῶν δώδεκα,
Lk 9:35 υἱός μου ὁ **ἐκλελεγμένος**,
Lk 10:42 τὴν ἀγαθὴν μερίδα **ἐξελέξατο** ἥτις οὐκ ἀφαιρεθήσεται
Lk 14:7 πῶς τὰς πρωτοκλισίας **ἐξελέγοντο**,

ἐκλείπω (*ekleipō*; 3/4) *fail*
Lk 16:9 ἵνα ὅταν **ἐκλίπῃ** δέξωνται ὑμᾶς εἰς
Lk 22:32 σοῦ ἵνα μὴ **ἐκλίπῃ** ἡ πίστις σου·
Lk 23:45 τοῦ ἡλίου **ἐκλιπόντος**,

ἐκλεκτός (*eklektos*; 2/22) *chosen*
Lk 18:7 τὴν ἐκδίκησιν τῶν **ἐκλεκτῶν** αὐτοῦ τῶν βοώντων
Lk 23:35 τοῦ θεοῦ ὁ **ἐκλεκτός**.

ἐκμάσσω (*ekmassō*; 2/5) *wipe*
Lk 7:38 τῆς κεφαλῆς αὐτῆς **ἐξέμασσεν** καὶ κατεφίλει
Lk 7:44 ταῖς θριξὶν αὐτῆς **ἐξέμαξεν**.

ἐκμυκτηρίζω (*ekmyktērizō*; 2/2) *make fun of*
Lk 16:14 φιλάργυροι ὑπάρχοντες καὶ **ἐξεμυκτήριζον** αὐτόν.
Lk 23:35 **ἐξεμυκτήριζον** δὲ καὶ οἱ

ἐκπειράζω (*ekpeirazō*; 2/4) *put to the test*
Lk 4:12 οὐκ **ἐκπειράσεις** κύριον τὸν θεόν
Lk 10:25 νομικός τις ἀνέστη **ἐκπειράζων** αὐτὸν λέγων·

ἐκπλήσσω (*ekplēssō*; 3/13) *be amazed*
Lk 2:48 καὶ ἰδόντες αὐτὸν **ἐξεπλάγησαν**,
Lk 4:32 καὶ **ἐξεπλήσσοντο** ἐπὶ τῇ διδαχῇ
Lk 9:43 **ἐξεπλήσσοντο** δὲ πάντες ἐπὶ

ἐκπνέω (*ekpneō*; 1/3) *die*
Lk 23:46 τοῦτο δὲ εἰπὼν **ἐξέπνευσεν**.

ἐκπορεύομαι (*ekporeuomai*; 3/33) *go or come out*
Lk 3:7 Ἔλεγεν οὖν τοῖς **ἐκπορευομένοις** ὄχλοις βαπτισθῆναι ὑπ'
Lk 4:22 τῆς χάριτος τοῖς **ἐκπορευομένοις** ἐκ τοῦ στόματος
Lk 4:37 καὶ **ἐξεπορεύετο** ἦχος περὶ αὐτοῦ

ἐκριζόω (*ekrizoō*; 1/4) *uproot*
Lk 17:6 **ἐκριζώθητι** καὶ φυτεύθητι ἐν

ἔκστασις (*ekstasis*; 1/7) *amazement*
Lk 5:26 καὶ **ἔκστασις** ἔλαβεν ἅπαντας καὶ

ἐκτείνω (*ekteinō*; 3/16) *stretch out*
Lk 5:13 καὶ **ἐκτείνας** τὴν χεῖρα ἥψατο
Lk 6:10 **ἔκτεινον** τὴν χεῖρά σου.
Lk 22:53 τῷ ἱερῷ οὐκ **ἐξετείνατε** τὰς χεῖρας ἐπ'

ἐκτελέω (*ekteleō*; 2/2) *finish*
Lk 14:29 καὶ μὴ ἰσχύοντος **ἐκτελέσαι** πάντες οἱ θεωροῦντες
Lk 14:30 καὶ οὐκ ἴσχυσεν **ἐκτελέσαι**.

ἐκτενῶς (*ektenōs*; 1/3) *earnestly*
Lk 22:44 γενόμενος ἐν ἀγωνίᾳ **ἐκτενέστερον** προσηύχετο·

ἕκτος (*hektos*; 3/14) *sixth*
Lk 1:26 τῷ μηνὶ τῷ **ἕκτῳ** ἀπεστάλη ὁ ἄγγελος
Lk 1:36 καὶ οὗτος μὴν **ἕκτος** ἐστὶν αὐτῇ τῇ
Lk 23:44 ἤδη ὡσεὶ ὥρα **ἕκτη** καὶ σκότος ἐγένετο

ἐκφέρω (*ekpherō*; 1/8) *carry or bring out*
Lk 15:22 ταχὺ **ἐξενέγκατε** στολὴν τὴν πρώτην

ἐκφεύγω (*ekpheugō*; 1/8) *escape*
Lk 21:36 δεόμενοι ἵνα κατισχύσητε **ἐκφυγεῖν** ταῦτα πάντα τὰ

ἐκχύννομαι (*ekchynnomai*; 3/27) *pour out*
Lk 5:37 ἀσκοὺς καὶ αὐτὸς **ἐκχυθήσεται** καὶ οἱ ἀσκοὶ
Lk 11:50 τῶν προφητῶν τὸ **ἐκκεχυμένον** ἀπὸ καταβολῆς κόσμου
Lk 22:20 τὸ ὑπὲρ ὑμῶν **ἐκχυννόμενον**.

ἐκχωρέω (*ekchōreō*; 1/1) *leave*
Lk 21:21 ἐν μέσῳ αὐτῆς **ἐκχωρείτωσαν** καὶ οἱ ἐν

ἐλαία (*elaia*; 4/14[15]) *olive tree*
Lk 19:29 ὄρος τὸ καλούμενον **Ἐλαιῶν**,
Lk 19:37 τοῦ ὄρους τῶν **ἐλαιῶν** ἤρξαντο ἅπαν τὸ
Lk 21:37 ὄρος τὸ καλούμενον **Ἐλαιῶν**·
Lk 22:39 τὸ ὄρος τῶν **ἐλαιῶν**,

ἔλαιον (*elaion*; 3/11) *olive oil*
Lk 7:46 **ἐλαίῳ** τὴν κεφαλήν μου
Lk 10:34 τραύματα αὐτοῦ ἐπιχέων **ἔλαιον** καὶ οἶνον,
Lk 16:6 ἑκατὸν βάτους **ἐλαίου**.

ἐλαύνω (*elaunō*; 1/5) *row, drive*
Lk 8:29 διαρρήσσων τὰ δεσμὰ **ἠλαύνετο** ὑπὸ τοῦ δαιμονίου

ἐλάχιστος (*elachistos*; 4/14) *least*
Lk 12:26 εἰ οὖν οὐδὲ **ἐλάχιστον** δύνασθε,
Lk 16:10 Ὁ πιστὸς ἐν **ἐλαχίστῳ** καὶ ἐν πολλῷ
Lk 16:10 καὶ ὁ ἐν **ἐλαχίστῳ** ἄδικος καὶ ἐν
Lk 19:17 ὅτι ἐν **ἐλαχίστῳ** πιστὸς ἐγένου,

ἐλέγχω (*elenchō*; 1/17) *expose, convict*
Lk 3:19 **ἐλεγχόμενος** ὑπ' αὐτοῦ περὶ

ἐλεέω (*eleeō*; 4/28) *be merciful*
Lk 16:24 **ἐλέησόν** με καὶ πέμψον
Lk 17:13 **ἐλέησον** ἡμᾶς.
Lk 18:38 **ἐλέησόν** με.
Lk 18:39 **ἐλέησόν** με.

ἐλεημοσύνη (*eleēmosynē*; 2/13) *giving money to a needy person*
Lk 11:41 τὰ ἐνόντα δότε **ἐλεημοσύνην**,
Lk 12:33 ὑμῶν καὶ δότε **ἐλεημοσύνην**·

ἔλεος (*eleos*; 6/27) *mercy*
Lk 1:50 καὶ τὸ **ἔλεος** αὐτοῦ εἰς γενεὰς
Lk 1:54 μνησθῆναι **ἐλέους**,
Lk 1:58 ἐμεγάλυνεν κύριος τὸ **ἔλεος** αὐτοῦ μετ' αὐτῆς
Lk 1:72 ποιῆσαι **ἔλεος** μετὰ τῶν πατέρων
Lk 1:78 διὰ σπλάγχνα **ἐλέους** θεοῦ ἡμῶν,
Lk 10:37 ὁ ποιήσας τὸ **ἔλεος** μετ' αὐτοῦ.

Ἐλιακίμ (*Eliakim*; 1/3) *Eliakim*
Lk 3:30 τοῦ Ἰωνὰμ τοῦ **Ἐλιακὶμ**

Ἐλιέζερ (*Eliezer*; 1/1) *Eliezer*
Lk 3:29 τοῦ Ἰησοῦ τοῦ **Ἐλιέζερ** τοῦ Ἰωρὶμ τοῦ

Ἐλισάβετ (*Elisabet*; 9/9) *Elizabeth*
Lk 1:5 τὸ ὄνομα αὐτῆς **Ἐλισάβετ**.
Lk 1:7 καθότι ἦν ἡ **Ἐλισάβετ** στεῖρα,
Lk 1:13 ἡ γυνή σου **Ἐλισάβετ** γεννήσει υἱόν σοι
Lk 1:24 τὰς ἡμέρας συνέλαβεν **Ἐλισάβετ** ἡ γυνὴ αὐτοῦ
Lk 1:36 καὶ ἰδοὺ **Ἐλισάβετ** ἡ συγγενίς σου
Lk 1:40 καὶ ἠσπάσατο τὴν **Ἐλισάβετ**.
Lk 1:41 τῆς Μαρίας ἡ **Ἐλισάβετ**,
Lk 1:41 πνεύματος ἁγίου ἡ **Ἐλισάβετ**,
Lk 1:57 Τῇ δὲ **Ἐλισάβετ** ἐπλήσθη ὁ χρόνος

Ἐλισαῖος (*Elisaios*; 1/1) *Elisha*
Lk 4:27 τῷ Ἰσραὴλ ἐπὶ **Ἐλισαίου** τοῦ προφήτου,

ἕλκος (*helkos*; 1/3) *sore*
Lk 16:21 ἐρχόμενοι ἐπέλειχον τὰ **ἕλκη** αὐτοῦ.

ἑλκόω (*helkoō*; 1/1) *be covered with sores*
Lk 16:20 τὸν πυλῶνα αὐτοῦ **εἱλκωμένος**

Ἐλμαδάμ (*Elmadam*; 1/1) *Elmadam*
Lk 3:28 τοῦ Κωσὰμ τοῦ **Ἐλμαδὰμ** τοῦ Ἤρ

ἐλπίζω (*elpizō*; 3/31) *hope*
Lk 6:34 δανίσητε παρ᾽ ὧν **ἐλπίζετε** λαβεῖν,
Lk 23:8 περὶ αὐτοῦ καὶ **ἤλπιζέν** τι σημεῖον ἰδεῖν
Lk 24:21 ἡμεῖς δὲ **ἠλπίζομεν** ὅτι αὐτός ἐστιν

ἐμαυτοῦ (*emautou*; 2/37) *myself*
Lk 7:7 διὸ οὐδὲ **ἐμαυτὸν** ἠξίωσα πρὸς σὲ
Lk 7:8 τασσόμενος ἔχων ὑπ᾽ **ἐμαυτὸν** στρατιώτας,

ἐμβαίνω (*embainō*; 3/16) *get into*
Lk 5:3 **ἐμβὰς** δὲ εἰς ἓν
Lk 8:22 ἡμερῶν καὶ αὐτὸς **ἐνέβη** εἰς πλοῖον καὶ
Lk 8:37 αὐτὸς δὲ **ἐμβὰς** εἰς πλοῖον ὑπέστρεψεν.

ἐμβάλλω (*emballō*; 1/1) *throw*
Lk 12:5 ἀποκτεῖναι ἔχοντα ἐξουσίαν **ἐμβαλεῖν** εἰς τὴν γέενναν.

ἐμβλέπω (*emblepō*; 2/12) *look straight at*
Lk 20:17 ὁ δὲ **ἐμβλέψας** αὐτοῖς εἶπεν·
Lk 22:61 στραφεὶς ὁ κύριος **ἐνέβλεψεν** τῷ Πέτρῳ,

Ἐμμαοῦς (*Emmaous*; 1/1) *Emmaus*
Lk 24:13 ᾗ ὄνομα **Ἐμμαοῦς**,

ἐμός (*emos*; 3/76) *my*
Lk 9:26 με καὶ τοὺς **ἐμοὺς** λόγους,
Lk 15:31 καὶ πάντα τὰ **ἐμὰ** σά ἐστιν·
Lk 22:19 ποιεῖτε εἰς τὴν **ἐμὴν** ἀνάμνησιν.

ἐμπαίζω (*empaizō*; 5/13) *ridicule*
Lk 14:29 θεωροῦντες ἄρξωνται αὐτῷ **ἐμπαίζειν**
Lk 18:32 τοῖς ἔθνεσιν καὶ **ἐμπαιχθήσεται** καὶ ὑβρισθήσεται καὶ
Lk 22:63 οἱ συνέχοντες αὐτὸν **ἐνέπαιζον** αὐτῷ δέροντες,
Lk 23:11 στρατεύμασιν αὐτοῦ καὶ **ἐμπαίξας** περιβαλὼν ἐσθῆτα λαμπρὰν
Lk 23:36 **ἐνέπαιξαν** δὲ αὐτῷ καὶ

ἐμπίπλημι (*empiplēmi*; 2/5) *fill*
Lk 1:53 πεινῶντας **ἐνέπλησεν** ἀγαθῶν καὶ πλουτοῦντας
Lk 6:25 οἱ **ἐμπεπλησμένοι** νῦν,

ἐμπίπτω (*empiptō*; 2/7) *fall into or among*
Lk 6:39 ἀμφότεροι εἰς βόθυνον **ἐμπεσοῦνται**;
Lk 10:36 σοι γεγονέναι τοῦ **ἐμπεσόντος** εἰς τοὺς λῃστάς;

ἔμπροσθεν (*emprosthen*; 10/48) *before*
Lk 5:19 εἰς τὸ μέσον **ἔμπροσθεν** τοῦ Ἰησοῦ.
Lk 7:27 τὴν ὁδόν σου **ἔμπροσθέν** σου.
Lk 10:21 οὕτως εὐδοκία ἐγένετο **ἔμπροσθέν** σου.
Lk 12:8 ὁμολογήσῃ ἐν ἐμοὶ **ἔμπροσθεν** τῶν ἀνθρώπων,
Lk 12:8 ὁμολογήσει ἐν αὐτῷ **ἔμπροσθεν** τῶν ἀγγέλων
Lk 14:2 τις ἦν ὑδρωπικὸς **ἔμπροσθεν** αὐτοῦ.
Lk 19:4 προδραμὼν εἰς τὸ **ἔμπροσθεν** ἀνέβη ἐπὶ συκομορέαν
Lk 19:27 καὶ κατασφάξατε αὐτοὺς **ἔμπροσθέν** μου.
Lk 19:28 εἰπὼν ταῦτα ἐπορεύετο **ἔμπροσθεν** ἀναβαίνων εἰς Ἱεροσόλυμα.
Lk 21:36 γίνεσθαι καὶ σταθῆναι **ἔμπροσθεν** τοῦ υἱοῦ

ἐμπτύω (*emptyō*; 1/6) *spit on*
Lk 18:32 καὶ ὑβρισθήσεται καὶ **ἐμπτυσθήσεται**

ἔμφοβος (*emphobos*; 2/5) *full of fear*
Lk 24:5 **ἐμφόβων** δὲ γενομένων αὐτῶν
Lk 24:37 πτοηθέντες δὲ καὶ **ἔμφοβοι** γενόμενοι ἐδόκουν πνεῦμα

ἐν (*en*; 361/2746[2752]) *in*
Lk 1:1 περὶ τῶν πεπληροφορημένων **ἐν** ἡμῖν πραγμάτων,
Lk 1:5 Ἐγένετο **ἐν** ταῖς ἡμέραις Ἡρῴδου
Lk 1:6 πορευόμενοι **ἐν** πάσαις ταῖς ἐντολαῖς
Lk 1:7 καὶ ἀμφότεροι προβεβηκότες **ἐν** ταῖς ἡμέραις αὐτῶν
Lk 1:8 Ἐγένετο δὲ **ἐν** τῷ ἱερατεύειν αὐτὸν
Lk 1:8 τῷ ἱερατεύειν αὐτὸν **ἐν** τῇ τάξει τῆς
Lk 1:17 ἐνώπιον αὐτοῦ **ἐν** πνεύματι
Lk 1:17 καὶ ἀπειθεῖς **ἐν** φρονήσει δικαίων,
Lk 1:18 γυνή μου προβεβηκυῖα **ἐν** ταῖς ἡμέραις αὐτῆς.
Lk 1:21 Ζαχαρίαν καὶ ἐθαύμαζον **ἐν** τῷ χρονίζειν ἐν
Lk 1:21 ἐν τῷ χρονίζειν **ἐν** τῷ ναῷ αὐτόν.
Lk 1:22 ὅτι ὀπτασίαν ἑώρακεν **ἐν** τῷ ναῷ·
Lk 1:25 μοι πεποίηκεν κύριος **ἐν** ἡμέραις αἷς ἐπεῖδεν
Lk 1:25 ἀφελεῖν ὄνειδός μου **ἐν** ἀνθρώποις.
Lk 1:26 **Ἐν** δὲ τῷ μηνὶ
Lk 1:31 καὶ ἰδοὺ συλλήμψῃ **ἐν** γαστρὶ καὶ τέξῃ
Lk 1:36 αὐτὴ συνείληφεν υἱὸν **ἐν** γήρει αὐτῆς καὶ
Lk 1:39 Ἀναστᾶσα δὲ Μαριὰμ **ἐν** ταῖς ἡμέραις ταύταις
Lk 1:41 ἐσκίρτησεν τὸ βρέφος **ἐν** τῇ κοιλίᾳ αὐτῆς,
Lk 1:42 εὐλογημένη σὺ **ἐν** γυναιξὶν καὶ εὐλογημένος
Lk 1:44 ἐσκίρτησεν **ἐν** ἀγαλλιάσει τὸ βρέφος
Lk 1:44 ἀγαλλιάσει τὸ βρέφος **ἐν** τῇ κοιλίᾳ μου.
Lk 1:51 Ἐποίησεν κράτος **ἐν** βραχίονι αὐτοῦ,
Lk 1:59 Καὶ ἐγένετο **ἐν** τῇ ἡμέρᾳ τῇ
Lk 1:65 καὶ **ἐν** ὅλῃ τῇ ὀρεινῇ
Lk 1:66 πάντες οἱ ἀκούσαντες **ἐν** τῇ καρδίᾳ αὐτῶν
Lk 1:69 κέρας σωτηρίας ἡμῖν **ἐν** οἴκῳ Δαυὶδ παιδὸς
Lk 1:75 **ἐν** ὁσιότητι καὶ δικαιοσύνῃ
Lk 1:77 τῷ λαῷ αὐτοῦ **ἐν** ἀφέσει ἁμαρτιῶν αὐτῶν,
Lk 1:78 **ἐν** οἷς ἐπισκέψεται ἡμᾶς
Lk 1:79 ἐπιφᾶναι τοῖς **ἐν** σκότει καὶ σκιᾷ

Lk 1:80 καὶ ἦν **ἐν** ταῖς ἐρήμοις ἕως
Lk 2:1 Ἐγένετο δὲ **ἐν** ταῖς ἡμέραις ἐκείναις
Lk 2:6 Ἐγένετο δὲ **ἐν** τῷ εἶναι αὐτοὺς
Lk 2:7 καὶ ἀνέκλινεν αὐτὸν **ἐν** φάτνῃ,
Lk 2:7 ἦν αὐτοῖς τόπος **ἐν** τῷ καταλύματι.
Lk 2:8 Καὶ ποιμένες ἦσαν **ἐν** τῇ χώρᾳ τῇ
Lk 2:11 ἐστιν χριστὸς κύριος **ἐν** πόλει Δαυίδ.
Lk 2:12 ἐσπαργανωμένον καὶ κείμενον **ἐν** φάτνῃ.
Lk 2:14 δόξα **ἐν** ὑψίστοις θεῷ καὶ
Lk 2:14 ἐπὶ γῆς εἰρήνη **ἐν** ἀνθρώποις εὐδοκίας.
Lk 2:16 τὸ βρέφος κείμενον **ἐν** τῇ φάτνῃ·
Lk 2:19 ῥήματα ταῦτα συμβάλλουσα **ἐν** τῇ καρδίᾳ αὐτῆς.
Lk 2:21 τοῦ συλλημφθῆναι αὐτὸν **ἐν** τῇ κοιλίᾳ.
Lk 2:23 καθὼς γέγραπται **ἐν** νόμῳ κυρίου ὅτι
Lk 2:24 κατὰ τὸ εἰρημένον **ἐν** τῷ νόμῳ κυρίου,
Lk 2:25 ἰδοὺ ἄνθρωπος ἦν **ἐν** Ἰερουσαλὴμ ᾧ ὄνομα
Lk 2:27 καὶ ἦλθεν **ἐν** τῷ πνεύματι εἰς
Lk 2:27 καὶ **ἐν** τῷ εἰσαγαγεῖν τοὺς
Lk 2:29 τὸ ῥῆμά σου **ἐν** εἰρήνῃ·
Lk 2:34 καὶ ἀνάστασιν πολλῶν **ἐν** τῷ Ἰσραὴλ καὶ
Lk 2:36 αὕτη προβεβηκυῖα **ἐν** ἡμέραις πολλαῖς,
Lk 2:43 **ἐν** τῷ ὑποστρέφειν αὐτοὺς
Lk 2:43 Ἰησοῦς ὁ παῖς **ἐν** Ἰερουσαλήμ,
Lk 2:44 δὲ αὐτὸν εἶναι **ἐν** τῇ συνοδίᾳ ἦλθον
Lk 2:44 καὶ ἀνεζήτουν αὐτὸν **ἐν** τοῖς συγγενεῦσιν
Lk 2:46 τρεῖς εὗρον αὐτὸν **ἐν** τῷ ἱερῷ καθεζόμενον
Lk 2:46 τῷ ἱερῷ καθεζόμενον **ἐν** μέσῳ τῶν διδασκάλων
Lk 2:49 οὐκ ᾔδειτε ὅτι **ἐν** τοῖς τοῦ πατρός
Lk 2:51 πάντα τὰ ῥήματα **ἐν** τῇ καρδίᾳ αὐτῆς.
Lk 2:52 Καὶ Ἰησοῦς προέκοπτεν **[ἐν** τῇ] σοφίᾳ καὶ
Lk 3:1 **Ἐν** ἔτει δὲ πεντεκαιδεκάτῳ
Lk 3:2 τὸν Ζαχαρίου υἱὸν **ἐν** τῇ ἐρήμῳ.
Lk 3:4 ὡς γέγραπται **ἐν** βίβλῳ λόγων Ἠσαΐου
Lk 3:4 φωνὴ βοῶντος **ἐν** τῇ ἐρήμῳ·
Lk 3:8 μὴ ἄρξησθε λέγειν **ἐν** ἑαυτοῖς·
Lk 3:15 καὶ διαλογιζομένων πάντων **ἐν** ταῖς καρδίαις αὐτῶν
Lk 3:16 αὐτὸς ὑμᾶς βαπτίσει **ἐν** πνεύματι ἁγίῳ καὶ
Lk 3:17 οὗ τὸ πτύον **ἐν** τῇ χειρὶ αὐτοῦ
Lk 3:20 κατέκλεισεν τὸν Ἰωάννην **ἐν** φυλακῇ.
Lk 3:21 Ἐγένετο δὲ **ἐν** τῷ βαπτισθῆναι ἅπαντα
Lk 3:22 **ἐν** σοὶ εὐδόκησα.
Lk 4:1 Ἰορδάνου καὶ ἤγετο **ἐν** τῷ πνεύματι ἐν
Lk 4:1 ἐν τῷ πνεύματι **ἐν** τῇ ἐρήμῳ
Lk 4:2 οὐκ ἔφαγεν οὐδὲν **ἐν** ταῖς ἡμέραις ἐκείναις
Lk 4:5 βασιλείας τῆς οἰκουμένης **ἐν** στιγμῇ χρόνου
Lk 4:14 ὑπέστρεψεν ὁ Ἰησοῦς **ἐν** τῇ δυνάμει τοῦ
Lk 4:15 καὶ αὐτὸς ἐδίδασκεν **ἐν** ταῖς συναγωγαῖς αὐτῶν
Lk 4:16 τὸ εἰωθὸς αὐτῷ **ἐν** τῇ ἡμέρᾳ τῶν
Lk 4:18 ἀποστεῖλαι τεθραυσμένους **ἐν** ἀφέσει,
Lk 4:20 πάντων οἱ ὀφθαλμοὶ **ἐν** τῇ συναγωγῇ ἦσαν
Lk 4:21 ἡ γραφὴ αὕτη **ἐν** τοῖς ὠσὶν ὑμῶν.
Lk 4:23 ποίησον καὶ ὧδε **ἐν** τῇ πατρίδι σου.
Lk 4:24 προφήτης δεκτός ἐστιν **ἐν** τῇ πατρίδι αὐτοῦ.
Lk 4:25 πολλαὶ χῆραι ἦσαν **ἐν** ταῖς ἡμέραις Ἠλίου
Lk 4:25 ταῖς ἡμέραις Ἠλίου **ἐν** τῷ Ἰσραήλ,
Lk 4:27 πολλοὶ λεπροὶ ἦσαν **ἐν** τῷ Ἰσραὴλ ἐπὶ
Lk 4:28 ἐπλήσθησαν πάντες θυμοῦ **ἐν** τῇ συναγωγῇ ἀκούοντες
Lk 4:31 ἦν διδάσκων αὐτοὺς **ἐν** τοῖς σάββασιν·
Lk 4:32 ὅτι **ἐν** ἐξουσίᾳ ἦν ὁ
Lk 4:33 Καὶ **ἐν** τῇ συναγωγῇ ἦν
Lk 4:36 λόγος οὗτος ὅτι **ἐν** ἐξουσίᾳ καὶ δυνάμει
Lk 5:1 Ἐγένετο δὲ **ἐν** τῷ τὸν ὄχλον
Lk 5:7 κατένευσαν τοῖς μετόχοις **ἐν** τῷ ἑτέρῳ πλοίῳ
Lk 5:12 Καὶ ἐγένετο **ἐν** τῷ εἶναι αὐτὸν
Lk 5:12 τῷ εἶναι αὐτὸν **ἐν** μιᾷ τῶν πόλεων
Lk 5:16 δὲ ἦν ὑποχωρῶν **ἐν** ταῖς ἐρήμοις καὶ
Lk 5:17 Καὶ ἐγένετο **ἐν** μιᾷ τῶν ἡμερῶν
Lk 5:22 τί διαλογίζεσθε **ἐν** ταῖς καρδίαις ὑμῶν;
Lk 5:29 μεγάλην Λευὶς αὐτῷ **ἐν** τῇ οἰκίᾳ αὐτοῦ,
Lk 5:34 υἱοὺς τοῦ νυμφῶνος **ἐν** ᾧ ὁ νυμφίος
Lk 5:35 τότε νηστεύσουσιν **ἐν** ἐκείναις ταῖς ἡμέραις.
Lk 6:1 Ἐγένετο δὲ **ἐν** σαββάτῳ διαπορεύεσθαι αὐτὸν
Lk 6:6 Ἐγένετο δὲ **ἐν** ἑτέρῳ σαββάτῳ εἰσελθεῖν
Lk 6:7 οἱ Φαρισαῖοι εἰ **ἐν** τῷ σαββάτῳ θεραπεύει,
Lk 6:12 Ἐγένετο δὲ **ἐν** ταῖς ἡμέραις ταύταις
Lk 6:12 καὶ ἦν διανυκτερεύων **ἐν** τῇ προσευχῇ τοῦ
Lk 6:23 χάρητε **ἐν** ἐκείνῃ τῇ ἡμέρᾳ
Lk 6:23 μισθὸς ὑμῶν πολὺς **ἐν** τῷ οὐρανῷ·
Lk 6:41 τὸ κάρφος τὸ **ἐν** τῷ ὀφθαλμῷ τοῦ
Lk 6:41 δὲ δοκὸν τὴν **ἐν** τῷ ἰδίῳ ὀφθαλμῷ
Lk 6:42 τὸ κάρφος τὸ **ἐν** τῷ ὀφθαλμῷ σου,
Lk 6:42 αὐτὸς τὴν **ἐν** τῷ ὀφθαλμῷ σου
Lk 6:42 τὸ κάρφος τὸ **ἐν** τῷ ὀφθαλμῷ τοῦ
Lk 7:9 οὐδὲ **ἐν** τῷ Ἰσραὴλ τοσαύτην
Lk 7:11 Καὶ ἐγένετο **ἐν** τῷ ἑξῆς ἐπορεύθη
Lk 7:16 προφήτης μέγας ἠγέρθη **ἐν** ἡμῖν καὶ ὅτι
Lk 7:17 ὁ λόγος οὗτος **ἐν** ὅλῃ τῇ Ἰουδαίᾳ
Lk 7:21 **ἐν** ἐκείνῃ τῇ ὥρᾳ
Lk 7:23 ἐὰν μὴ σκανδαλισθῇ **ἐν** ἐμοί.
Lk 7:25 ἄνθρωπον **ἐν** μαλακοῖς ἱματίοις ἠμφιεσμένον;
Lk 7:25 ἰδοὺ οἱ ἐν **ἱματισμῷ** ἐνδόξῳ καὶ τρυφῇ
Lk 7:25 καὶ τρυφῇ ὑπάρχοντες **ἐν** τοῖς βασιλείοις εἰσίν.
Lk 7:28 μείζων **ἐν** γεννητοῖς γυναικῶν Ἰωάννου
Lk 7:28 ὁ δὲ μικρότερος **ἐν** τῇ βασιλείᾳ τοῦ
Lk 7:32 εἰσιν παιδίοις τοῖς **ἐν** ἀγορᾷ καθημένοις
Lk 7:37 γυνὴ ἥτις ἦν **ἐν** τῇ πόλει ἁμαρτωλός,
Lk 7:37 ἐπιγνοῦσα ὅτι κατάκειται **ἐν** τῇ οἰκίᾳ τοῦ
Lk 7:39 καλέσας αὐτὸν εἶπεν **ἐν** ἑαυτῷ λέγων·
Lk 7:49 οἱ συνανακείμενοι λέγειν **ἐν** ἑαυτοῖς·
Lk 8:1 Καὶ ἐγένετο **ἐν** τῷ καθεξῆς καὶ
Lk 8:5 καὶ **ἐν** τῷ σπείρειν αὐτὸν
Lk 8:7 καὶ ἕτερον ἔπεσεν **ἐν** μέσῳ τῶν ἀκανθῶν,
Lk 8:10 τοῖς δὲ λοιποῖς **ἐν** παραβολαῖς,
Lk 8:13 καιρὸν πιστεύουσιν καὶ **ἐν** καιρῷ πειρασμοῦ ἀφίστανται.
Lk 8:15 τὸ δὲ **ἐν** τῇ καλῇ γῇ,
Lk 8:15 οὗτοί εἰσιν οἵτινες **ἐν** καρδίᾳ καλῇ καὶ
Lk 8:15 κατέχουσιν καὶ καρποφοροῦσιν **ἐν** ὑπομονῇ.
Lk 8:22 Ἐγένετο δὲ **ἐν** μιᾷ τῶν ἡμερῶν
Lk 8:27 καὶ **ἐν** οἰκίᾳ οὐκ ἔμενεν
Lk 8:27 ἀλλ' **ἐν** τοῖς μνήμασιν.
Lk 8:32 χοίρων ἱκανῶν βοσκομένη **ἐν** τῷ ὄρει·
Lk 8:40 **Ἐν** δὲ τῷ ὑποστρέφειν
Lk 8:42 **Ἐν** δὲ τῷ ὑπάγειν
Lk 8:43 Καὶ γυνὴ οὖσα **ἐν** ῥύσει αἵματος ἀπὸ
Lk 9:12 ὅτι ὧδε **ἐν** ἐρήμῳ τόπῳ ἐσμέν.
Lk 9:18 Καὶ ἐγένετο **ἐν** τῷ εἶναι αὐτὸν
Lk 9:26 ὅταν ἔλθῃ **ἐν** τῇ δόξῃ αὐτοῦ

Lk 9:29 καὶ ἐγένετο **ἐν** τῷ προσεύχεσθαι αὐτὸν
Lk 9:31 οἳ ὀφθέντες **ἐν** δόξῃ ἔλεγον τὴν
Lk 9:31 ἣν ἤμελλεν πληροῦν **ἐν** Ἰερουσαλήμ.
Lk 9:33 καὶ ἐγένετο **ἐν** τῷ διαχωρίζεσθαι αὐτοὺς
Lk 9:34 ἐφοβήθησαν δὲ **ἐν** τῷ εἰσελθεῖν αὐτοὺς
Lk 9:36 καὶ **ἐν** τῷ γενέσθαι τὴν
Lk 9:36 καὶ οὐδενὶ ἀπήγγειλαν **ἐν** ἐκείναις ταῖς ἡμέραις
Lk 9:46 Εἰσῆλθεν δὲ διαλογισμὸς **ἐν** αὐτοῖς,
Lk 9:48 ὁ γὰρ μικρότερος **ἐν** πᾶσιν ὑμῖν ὑπάρχων
Lk 9:49 εἴδομέν τινα **ἐν** τῷ ὀνόματί σου
Lk 9:51 Ἐγένετο δὲ **ἐν** τῷ συμπληροῦσθαι τὰς
Lk 9:57 Καὶ πορευομένων αὐτῶν **ἐν** τῇ ὁδῷ εἶπέν
Lk 10:3 ὑμᾶς ὡς ἄρνας **ἐν** μέσῳ λύκων.
Lk 10:7 **ἐν** αὐτῇ δὲ τῇ
Lk 10:9 καὶ θεραπεύετε τοὺς **ἐν** αὐτῇ ἀσθενεῖς καὶ
Lk 10:12 ὑμῖν ὅτι Σοδόμοις **ἐν** τῇ ἡμέρᾳ ἐκείνῃ
Lk 10:13 ὅτι εἰ **ἐν** Τύρῳ καὶ Σιδῶνι
Lk 10:13 δυνάμεις αἱ γενόμεναι **ἐν** ὑμῖν,
Lk 10:13 πάλαι ἂν **ἐν** σάκκῳ καὶ σποδῷ
Lk 10:14 Σιδῶνι ἀνεκτότερον ἔσται **ἐν** τῇ κρίσει ἢ
Lk 10:17 δαιμόνια ὑποτάσσεται ἡμῖν **ἐν** τῷ ὀνόματί σου.
Lk 10:20 πλὴν **ἐν** τούτῳ μὴ χαίρετε
Lk 10:20 ὀνόματα ὑμῶν ἐγγέγραπται **ἐν** τοῖς οὐρανοῖς.
Lk 10:21 **Ἐν** αὐτῇ τῇ ὥρᾳ
Lk 10:21 ἠγαλλιάσατο **[ἐν]** τῷ πνεύματι
Lk 10:26 **ἐν** τῷ νόμῳ τί
Lk 10:27 καρδίας σου καὶ **ἐν** ὅλῃ τῇ ψυχῇ
Lk 10:27 ψυχῇ σου καὶ **ἐν** ὅλῃ τῇ ἰσχύϊ
Lk 10:27 ἰσχύϊ σου καὶ **ἐν** ὅλῃ τῇ διανοίᾳ
Lk 10:31 ἱερεύς τις κατέβαινεν **ἐν** τῇ ὁδῷ ἐκείνῃ
Lk 10:35 ἂν προσδαπανήσῃς ἐγὼ **ἐν** τῷ ἐπανέρχεσθαί με
Lk 10:38 **Ἐν** δὲ τῷ πορεύεσθαι
Lk 11:1 Καὶ ἐγένετο **ἐν** τῷ εἶναι αὐτὸν
Lk 11:1 τῷ εἶναι αὐτὸν **ἐν** τόπῳ τινι προσευχόμενον,
Lk 11:15 **ἐν** Βεελζεβοὺλ τῷ ἄρχοντι
Lk 11:18 ὅτι λέγετε **ἐν** Βεελζεβοὺλ ἐκβάλλειν με
Lk 11:19 εἰ δὲ ἐγὼ **ἐν** Βεελζεβοὺλ ἐκβάλλω τὰ
Lk 11:19 οἱ υἱοὶ ὑμῶν **ἐν** τίνι ἐκβάλλουσιν;
Lk 11:20 εἰ δὲ **ἐν** δακτύλῳ θεοῦ [ἐγὼ]
Lk 11:21 **ἐν** εἰρήνῃ ἐστὶν τὰ
Lk 11:27 Ἐγένετο δὲ **ἐν** τῷ λέγειν αὐτὸν
Lk 11:31 βασίλισσα νότου ἐγερθήσεται **ἐν** τῇ κρίσει
Lk 11:32 ἄνδρες Νινευῖται ἀναστήσονται **ἐν** τῇ κρίσει μετὰ
Lk 11:35 τὸ φῶς τὸ **ἐν** σοὶ σκότος ἐστίν.
Lk 11:37 **Ἐν** δὲ τῷ λαλῆσαι
Lk 11:43 ἀγαπᾶτε τὴν πρωτοκαθεδρίαν **ἐν** ταῖς συναγωγαῖς καὶ
Lk 11:43 καὶ τοὺς ἀσπασμοὺς **ἐν** ταῖς ἀγοραῖς.
Lk 12:1 **Ἐν** οἷς ἐπισυναχθεισῶν τῶν
Lk 12:3 ἀνθ' ὧν ὅσα **ἐν** τῇ σκοτίᾳ εἴπατε
Lk 12:3 τῇ σκοτίᾳ εἴπατε **ἐν** τῷ φωτὶ ἀκουσθήσεται,
Lk 12:3 τὸ οὖς ἐλαλήσατε **ἐν** τοῖς ταμείοις κηρυχθήσεται
Lk 12:8 ὃς ἂν ὁμολογήσῃ **ἐν** ἐμοὶ ἔμπροσθεν τῶν
Lk 12:8 τοῦ ἀνθρώπου ὁμολογήσει **ἐν** αὐτῷ ἔμπροσθεν τῶν
Lk 12:12 πνεῦμα διδάξει ὑμᾶς **ἐν** αὐτῇ τῇ ὥρᾳ
Lk 12:15 ὅτι οὐκ **ἐν** τῷ περισσεύειν τινι
Lk 12:17 καὶ διελογίζετο **ἐν** ἑαυτῷ λέγων·
Lk 12:27 οὐδὲ Σολομὼν **ἐν** πάσῃ τῇ δόξῃ
Lk 12:28 εἰ δὲ **ἐν** ἀγρῷ τὸν χόρτον
Lk 12:33 θησαυρὸν ἀνέκλειπτον **ἐν** τοῖς οὐρανοῖς,
Lk 12:38 κἂν **ἐν** τῇ δευτέρᾳ κἂν
Lk 12:38 τῇ δευτέρᾳ κἂν **ἐν** τῇ τρίτῃ φυλακῇ
Lk 12:42 αὐτοῦ τοῦ διδόναι **ἐν** καιρῷ [τὸ] σιτομέτριον;
Lk 12:45 ὁ δοῦλος ἐκεῖνος **ἐν** τῇ καρδίᾳ αὐτοῦ·
Lk 12:46 τοῦ δούλου ἐκείνου **ἐν** ἡμέρᾳ ᾗ οὐ
Lk 12:46 οὐ προσδοκᾷ καὶ **ἐν** ὥρᾳ ᾗ οὐ
Lk 12:51 εἰρήνην παρεγενόμην δοῦναι **ἐν** τῇ γῇ;
Lk 12:52 τοῦ νῦν πέντε **ἐν** ἑνὶ οἴκῳ διαμεμερισμένοι,
Lk 12:58 **ἐν** τῇ ὁδῷ δὸς
Lk 13:1 Παρῆσαν δέ τινες **ἐν** αὐτῷ τῷ καιρῷ
Lk 13:4 ἔπεσεν ὁ πύργος **ἐν** τῷ Σιλωὰμ καὶ
Lk 13:6 εἶχέν τις πεφυτευμένην **ἐν** τῷ ἀμπελῶνι αὐτοῦ,
Lk 13:6 ἦλθεν ζητῶν καρπὸν **ἐν** αὐτῇ καὶ οὐχ
Lk 13:7 ἔρχομαι ζητῶν καρπὸν **ἐν** τῇ συκῇ ταύτῃ
Lk 13:10 Ἦν δὲ διδάσκων **ἐν** μιᾷ τῶν συναγωγῶν
Lk 13:10 μιᾷ τῶν συναγωγῶν **ἐν** τοῖς σάββασιν.
Lk 13:14 ἓξ ἡμέραι εἰσὶν **ἐν** αἷς δεῖ ἐργάζεσθαι·
Lk 13:14 **ἐν** αὐταῖς οὖν ἐρχόμενοι
Lk 13:19 τοῦ οὐρανοῦ κατεσκήνωσεν **ἐν** τοῖς κλάδοις αὐτοῦ.
Lk 13:26 καὶ **ἐν** ταῖς πλατείαις ἡμῶν
Lk 13:28 πάντας τοὺς προφήτας **ἐν** τῇ βασιλείᾳ τοῦ
Lk 13:29 νότου καὶ ἀνακλιθήσονται **ἐν** τῇ βασιλείᾳ
Lk 13:31 **Ἐν** αὐτῇ τῇ ὥρᾳ
Lk 13:35 εὐλογημένος ὁ ἐρχόμενος **ἐν** ὀνόματι κυρίου.
Lk 14:1 Καὶ ἐγένετο **ἐν** τῷ ἐλθεῖν αὐτὸν
Lk 14:5 εὐθέως ἀνασπάσει αὐτὸν **ἐν** ἡμέρᾳ τοῦ σαββάτου;
Lk 14:14 ἀνταποδοθήσεται γάρ σοι **ἐν** τῇ ἀναστάσει
Lk 14:15 ὅστις φάγεται ἄρτον **ἐν** τῇ βασιλείᾳ τοῦ
Lk 14:31 εἰ δυνατός ἐστιν **ἐν** δέκα χιλιάσιν ὑπαντῆσαι
Lk 14:34 **ἐν** τίνι ἀρτυθήσεται;
Lk 15:4 τὰ ἐνενήκοντα ἐννέα **ἐν** τῇ ἐρήμῳ
Lk 15:7 ὅτι οὕτως χαρὰ **ἐν** τῷ οὐρανῷ ἔσται
Lk 15:25 αὐτοῦ ὁ πρεσβύτερος **ἐν** ἀγρῷ·
Lk 16:3 εἶπεν δὲ **ἐν** ἑαυτῷ ὁ οἰκονόμος·
Lk 16:10 Ὁ πιστὸς **ἐν** ἐλαχίστῳ καὶ ἐν
Lk 16:10 ἐν ἐλαχίστῳ καὶ **ἐν** πολλῷ πιστός ἐστιν,
Lk 16:10 καὶ ὁ **ἐν** ἐλαχίστῳ ἄδικος καὶ
Lk 16:10 ἐλαχίστῳ ἄδικος καὶ **ἐν** πολλῷ ἄδικός ἐστιν.
Lk 16:11 εἰ οὖν **ἐν** τῷ ἀδίκῳ μαμωνᾷ
Lk 16:12 καὶ εἰ **ἐν** τῷ ἀλλοτρίῳ πιστοὶ
Lk 16:15 ὅτι τὸ **ἐν** ἀνθρώποις ὑψηλὸν
Lk 16:23 καὶ **ἐν** τῷ ᾅδῃ ἐπάρας
Lk 16:23 ὑπάρχων **ἐν** βασάνοις,
Lk 16:23 μακρόθεν καὶ Λάζαρον **ἐν** τοῖς κόλποις αὐτοῦ.
Lk 16:24 ὅτι ὀδυνῶμαι **ἐν** τῇ φλογὶ ταύτῃ.
Lk 16:25 τὰ ἀγαθά σου **ἐν** τῇ ζωῇ σου,
Lk 16:26 καὶ **ἐν** πᾶσι τούτοις μεταξὺ
Lk 17:6 ἐκριζώθητι καὶ φυτεύθητι **ἐν** τῇ θαλάσσῃ·
Lk 17:11 Καὶ ἐγένετο **ἐν** τῷ πορεύεσθαι εἰς
Lk 17:14 καὶ ἐγένετο **ἐν** τῷ ὑπάγειν αὐτοὺς
Lk 17:24 υἱὸς τοῦ ἀνθρώπου **[ἐν** τῇ ἡμέρᾳ αὐτοῦ].
Lk 17:26 καὶ καθὼς ἐγένετο **ἐν** ταῖς ἡμέραις Νῶε,
Lk 17:26 οὕτως ἔσται καὶ **ἐν** ταῖς ἡμέραις τοῦ
Lk 17:28 ὁμοίως καθὼς ἐγένετο **ἐν** ταῖς ἡμέραις Λώτ·

Lk 17:31 **ἐν** ἐκείνῃ τῇ ἡμέρᾳ
Lk 17:31 τὰ σκεύη αὐτοῦ **ἐν** τῇ οἰκίᾳ,
Lk 17:31 καὶ ὁ **ἐν** ἀγρῷ ὁμοίως μὴ
Lk 18:2 κριτής τις ἦν **ἔν** τινι πόλει τὸν
Lk 18:3 χήρα δὲ ἦν **ἐν** τῇ πόλει ἐκείνῃ
Lk 18:4 δὲ ταῦτα εἶπεν **ἐν** ἑαυτῷ·
Lk 18:8 τὴν ἐκδίκησιν αὐτῶν **ἐν** τάχει.
Lk 18:22 καὶ ἕξεις θησαυρὸν **ἐν** [τοῖς] οὐρανοῖς,
Lk 18:30 μὴ [ἀπο]λάβῃ πολλαπλασίονα **ἐν** τῷ καιρῷ τούτῳ
Lk 18:30 καιρῷ τούτῳ καὶ **ἐν** τῷ αἰῶνι τῷ
Lk 18:35 Ἐγένετο δὲ **ἐν** τῷ ἐγγίζειν αὐτὸν
Lk 19:5 σήμερον γὰρ **ἐν** τῷ οἴκῳ σου
Lk 19:13 πραγματεύσασθε **ἐν** ᾧ ἔρχομαι.
Lk 19:15 καὶ ἐγένετο **ἐν** τῷ ἐπανελθεῖν αὐτὸν
Lk 19:17 ὅτι **ἐν** ἐλαχίστῳ πιστὸς ἐγένου,
Lk 19:20 ἣν εἶχον ἀποκειμένην **ἐν** σουδαρίῳ·
Lk 19:30 **ἐν** ᾗ εἰσπορευόμενοι εὑρήσετε
Lk 19:36 τὰ ἱμάτια αὐτῶν **ἐν** τῇ ὁδῷ.
Lk 19:38 ὁ βασιλεὺς **ἐν** ὀνόματι κυρίου·
Lk 19:38 **ἐν** οὐρανῷ εἰρήνη καὶ
Lk 19:38 εἰρήνη καὶ δόξα **ἐν** ὑψίστοις.
Lk 19:42 ὅτι εἰ ἔγνως **ἐν** τῇ ἡμέρᾳ ταύτῃ
Lk 19:44 τὰ τέκνα σου **ἐν** σοί,
Lk 19:44 λίθον ἐπὶ λίθον **ἐν** σοί,
Lk 19:47 τὸ καθ' ἡμέραν **ἐν** τῷ ἱερῷ.
Lk 20:1 Καὶ ἐγένετο **ἐν** μιᾷ τῶν ἡμερῶν
Lk 20:1 αὐτοῦ τὸν λαὸν **ἐν** τῷ ἱερῷ καὶ
Lk 20:2 εἰπὸν ἡμῖν **ἐν** ποίᾳ ἐξουσίᾳ ταῦτα
Lk 20:8 ἐγὼ λέγω ὑμῖν **ἐν** ποίᾳ ἐξουσίᾳ ταῦτα
Lk 20:19 αὐτὸν τὰς χεῖρας **ἐν** αὐτῇ τῇ ὥρᾳ,
Lk 20:33 ἡ γυνὴ οὖν **ἐν** τῇ ἀναστάσει τίνος
Lk 20:42 γὰρ Δαυὶδ λέγει **ἐν** βίβλῳ ψαλμῶν·
Lk 20:46 τῶν θελόντων περιπατεῖν **ἐν** στολαῖς καὶ φιλούντων
Lk 20:46 καὶ φιλούντων ἀσπασμοὺς **ἐν** ταῖς ἀγοραῖς
Lk 20:46 ἀγοραῖς καὶ πρωτοκαθεδρίας **ἐν** ταῖς συναγωγαῖς καὶ
Lk 20:46 συναγωγαῖς καὶ πρωτοκλισίας **ἐν** τοῖς δείπνοις,
Lk 21:6 θεωρεῖτε ἐλεύσονται ἡμέραι **ἐν** αἷς οὐκ ἀφεθήσεται
Lk 21:14 θέτε οὖν **ἐν** ταῖς καρδίαις ὑμῶν
Lk 21:19 **ἐν** τῇ ὑπομονῇ ὑμῶν
Lk 21:21 τότε οἱ **ἐν** τῇ Ἰουδαίᾳ φευγέτωσαν
Lk 21:21 ὄρη καὶ οἱ **ἐν** μέσῳ αὐτῆς ἐκχωρείτωσαν
Lk 21:21 ἐκχωρείτωσαν καὶ οἱ **ἐν** ταῖς χώραις μὴ
Lk 21:23 οὐαὶ ταῖς **ἐν** γαστρὶ ἐχούσαις καὶ
Lk 21:23 καὶ ταῖς θηλαζούσαις **ἐν** ἐκείναις ταῖς ἡμέραις·
Lk 21:25 Καὶ ἔσονται σημεῖα **ἐν** ἡλίῳ καὶ σελήνῃ
Lk 21:25 γῆς συνοχὴ ἐθνῶν **ἐν** ἀπορίᾳ ἤχους θαλάσσης
Lk 21:27 τοῦ ἀνθρώπου ἐρχόμενον **ἐν** νεφέλῃ μετὰ δυνάμεως
Lk 21:34 ὑμῶν αἱ καρδίαι **ἐν** κραιπάλῃ καὶ μέθῃ
Lk 21:36 ἀγρυπνεῖτε δὲ **ἐν** παντὶ καιρῷ δεόμενοι
Lk 21:37 δὲ τὰς ἡμέρας **ἐν** τῷ ἱερῷ διδάσκων,
Lk 21:38 ὤρθριζεν πρὸς αὐτὸν **ἐν** τῷ ἱερῷ ἀκούειν
Lk 22:7 **[ἐν]** ᾗ ἔδει θύεσθαι
Lk 22:16 ἕως ὅτου πληρωθῇ **ἐν** τῇ βασιλείᾳ τοῦ
Lk 22:20 ἡ καινὴ διαθήκη **ἐν** τῷ αἵματί μου
Lk 22:24 δὲ καὶ φιλονεικία **ἐν** αὐτοῖς,
Lk 22:26 ἀλλ' ὁ μείζων **ἐν** ὑμῖν γινέσθω ὡς
Lk 22:27 ἐγὼ δὲ **ἐν** μέσῳ ὑμῶν εἰμι
Lk 22:28 διαμεμενηκότες μετ' ἐμοῦ **ἐν** τοῖς πειρασμοῖς μου·
Lk 22:30 τῆς τραπέζης μου **ἐν** τῇ βασιλείᾳ μου,
Lk 22:37 γεγραμμένον δεῖ τελεσθῆναι **ἐν** ἐμοί,
Lk 22:44 καὶ γενόμενος **ἐν** ἀγωνίᾳ ἐκτενέστερον προσηύχετο·
Lk 22:49 εἰ πατάξομεν **ἐν** μαχαίρῃ;
Lk 22:53 μου μεθ' ὑμῶν **ἐν** τῷ ἱερῷ οὐκ
Lk 22:55 περιαψάντων δὲ πῦρ **ἐν** μέσῳ τῆς αὐλῆς
Lk 23:4 οὐδὲν εὑρίσκω αἴτιον **ἐν** τῷ ἀνθρώπῳ τούτῳ.
Lk 23:7 ὄντα καὶ αὐτὸν **ἐν** Ἱεροσολύμοις ἐν ταύταις
Lk 23:7 αὐτὸν ἐν Ἱεροσολύμοις **ἐν** ταύταις ταῖς ἡμέραις.
Lk 23:9 ἐπηρώτα δὲ αὐτὸν **ἐν** λόγοις ἱκανοῖς,
Lk 23:12 καὶ ὁ Πιλᾶτος **ἐν** αὐτῇ τῇ ἡμέρᾳ
Lk 23:12 προϋπῆρχον γὰρ **ἐν** ἔχθρᾳ ὄντες πρὸς
Lk 23:14 οὐθὲν εὗρον **ἐν** τῷ ἀνθρώπῳ τούτῳ
Lk 23:19 στάσιν τινα γενομένην **ἐν** τῇ πόλει καὶ
Lk 23:19 καὶ φόνον βληθεὶς **ἐν** τῇ φυλακῇ.
Lk 23:22 αἴτιον θανάτου εὗρον **ἐν** αὐτῷ·
Lk 23:29 ἰδοὺ ἔρχονται ἡμέραι **ἐν** αἷς ἐροῦσιν·
Lk 23:31 ὅτι εἰ **ἐν** τῷ ὑγρῷ ξύλῳ
Lk 23:31 **ἐν** τῷ ξηρῷ τί
Lk 23:40 ὅτι **ἐν** τῷ αὐτῷ κρίματι
Lk 23:43 μετ' ἐμοῦ ἔσῃ **ἐν** τῷ παραδείσῳ.
Lk 23:53 καὶ ἔθηκεν αὐτὸν **ἐν** μνήματι λαξευτῷ
Lk 24:4 καὶ ἐγένετο **ἐν** τῷ ἀπορεῖσθαι αὐτὰς
Lk 24:4 δύο ἐπέστησαν αὐταῖς **ἐν** ἐσθῆτι ἀστραπτούσῃ.
Lk 24:6 ὑμῖν ἔτι ὢν **ἐν** τῇ Γαλιλαίᾳ
Lk 24:13 δύο ἐξ αὐτῶν **ἐν** αὐτῇ τῇ ἡμέρᾳ
Lk 24:15 καὶ ἐγένετο **ἐν** τῷ ὁμιλεῖν αὐτοὺς
Lk 24:18 ἔγνως τὰ γενόμενα **ἐν** αὐτῇ ἐν ταῖς
Lk 24:18 γενόμενα ἐν αὐτῇ **ἐν** ταῖς ἡμέραις ταύταις;
Lk 24:19 ἀνὴρ προφήτης δυνατὸς **ἐν** ἔργῳ καὶ λόγῳ
Lk 24:27 προφητῶν διερμήνευσεν αὐτοῖς **ἐν** πάσαις ταῖς γραφαῖς
Lk 24:30 καὶ ἐγένετο **ἐν** τῷ κατακλιθῆναι αὐτὸν
Lk 24:32 ἡμῶν καιομένη ἦν **[ἐν** ἡμῖν] ὡς ἐλάλει
Lk 24:32 ὡς ἐλάλει ἡμῖν **ἐν** τῇ ὁδῷ,
Lk 24:35 αὐτοὶ ἐξηγοῦντο τὰ **ἐν** τῇ ὁδῷ καὶ
Lk 24:35 ὡς ἐγνώσθη αὐτοῖς **ἐν** τῇ κλάσει τοῦ
Lk 24:36 λαλούντων αὐτὸς ἔστη **ἐν** μέσῳ αὐτῶν καὶ
Lk 24:38 τί διαλογισμοὶ ἀναβαίνουσιν **ἐν** τῇ καρδίᾳ ὑμῶν;
Lk 24:44 πάντα τὰ γεγραμμένα **ἐν** τῷ νόμῳ Μωϋσέως
Lk 24:49 ὑμεῖς δὲ καθίσατε **ἐν** τῇ πόλει ἕως
Lk 24:51 καὶ ἐγένετο **ἐν** τῷ εὐλογεῖν αὐτὸν
Lk 24:53 ἦσαν διὰ παντὸς **ἐν** τῷ ἱερῷ εὐλογοῦντες

ἔναντι (*enanti*; 1/2) *before*

Lk 1:8 τῆς ἐφημερίας αὐτοῦ **ἔναντι** τοῦ θεοῦ,

ἐναντίον (*enantion*; 3/5) *in the judgment of*

Lk 1:6 δὲ δίκαιοι ἀμφότεροι **ἐναντίον** τοῦ θεοῦ,
Lk 20:26 ἐπιλαβέσθαι αὐτοῦ ῥήματος **ἐναντίον** τοῦ λαοῦ καὶ
Lk 24:19 ἔργῳ καὶ λόγῳ **ἐναντίον** τοῦ θεοῦ καὶ

ἔνατος (*enatos*; 1/10) *ninth*

Lk 23:44 γῆν ἕως ὥρας **ἐνάτης**

ἕνδεκα (*hendeka*; 2/5[6]) *eleven*
Lk 24:9 ταῦτα πάντα τοῖς **ἕνδεκα** καὶ πᾶσιν τοῖς
Lk 24:33 εὗρον ἠθροισμένους τοὺς **ἕνδεκα** καὶ τοὺς

ἐνδέχομαι (*endechomai*; 1/1) *it is possible*
Lk 13:33 ὅτι οὐκ **ἐνδέχεται** προφήτην ἀπολέσθαι ἔξω

ἐνδιδύσκω (*endidyskō*; 1/2) *dress or clothe in*
Lk 16:19 καὶ **ἐνεδιδύσκετο** πορφύραν καὶ βύσσον

ἔνδοξος (*endoxos*; 2/4) *glorious*
Lk 7:25 οἱ ἐν ἱματισμῷ **ἐνδόξῳ** καὶ τρυφῇ ὑπάρχοντες
Lk 13:17 ἐπὶ πᾶσιν τοῖς **ἐνδόξοις** τοῖς γινομένοις ὑπ'

ἔνδυμα (*endyma*; 1/8) *clothing*
Lk 12:23 τὸ σῶμα τοῦ **ἐνδύματος**.

ἐνδύω (*endyō*; 4/27) *dress*
Lk 8:27 χρόνῳ ἱκανῷ οὐκ **ἐνεδύσατο** ἱμάτιον καὶ ἐν
Lk 12:22 τῷ σώματι τί **ἐνδύσησθε**.
Lk 15:22 τὴν πρώτην καὶ **ἐνδύσατε** αὐτόν,
Lk 24:49 πόλει ἕως οὗ **ἐνδύσησθε** ἐξ ὕψους δύναμιν.

ἐνεδρεύω (*enedreuō*; 1/2) *lie in ambush*
Lk 11:54 **ἐνεδρεύοντες** αὐτὸν θηρεῦσαί τι

ἔνειμι (*eneimi*; 1/1) *be in or inside*
Lk 11:41 πλὴν τὰ **ἐνόντα** δότε ἐλεημοσύνην,

ἕνεκα (*heneka*; 5/26) *because of*
Lk 4:18 ἐπ' ἐμὲ οὗ **εἵνεκεν** ἔχρισέν με εὐαγγελίσασθαι
Lk 6:22 ὑμῶν ὡς πονηρὸν **ἕνεκα** τοῦ υἱοῦ τοῦ
Lk 9:24 τὴν ψυχὴν αὐτοῦ **ἕνεκεν** ἐμοῦ οὗτος σώσει
Lk 18:29 γονεῖς ἢ τέκνα **ἕνεκεν** τῆς βασιλείας τοῦ
Lk 21:12 βασιλεῖς καὶ ἡγεμόνας **ἕνεκεν** τοῦ ὀνόματός μου·

ἐνενήκοντα (*enenēkonta*; 2/4) *ninety*
Lk 15:4 οὐ καταλείπει τὰ **ἐνενήκοντα** ἐννέα ἐν τῇ
Lk 15:7 μετανοοῦντι ἢ ἐπὶ **ἐνενήκοντα** ἐννέα δικαίοις οἵτινες

ἐνέχω (*enechō*; 1/3) *have a grudge against*
Lk 11:53 οἱ Φαρισαῖοι δεινῶς **ἐνέχειν** καὶ ἀποστοματίζειν αὐτὸν

ἐνθάδε (*enthade*; 1/8) *here*
Lk 24:41 ἔχετέ τι βρώσιμον **ἐνθάδε**;

ἔνθεν (*enthen*; 1/2) *from here*
Lk 16:26 οἱ θέλοντες διαβῆναι **ἔνθεν** πρὸς ὑμᾶς μὴ

ἐνιαυτός (*eniautos*; 1/14) *year*
Lk 4:19 κηρύξαι **ἐνιαυτὸν** κυρίου δεκτόν.

ἐνισχύω (*enischyō*; 1/2) *regain strength*
Lk 22:43 ἄγγελος ἀπ' οὐρανοῦ **ἐνισχύων** αὐτόν.

ἐννέα (*ennea*; 3/5) *nine*
Lk 15:4 καταλείπει τὰ ἐνενήκοντα **ἐννέα** ἐν τῇ ἐρήμῳ
Lk 15:7 ἢ ἐπὶ ἐνενήκοντα **ἐννέα** δικαίοις οἵτινες οὐ
Lk 17:17 οἱ δὲ **ἐννέα** ποῦ;

ἐννεύω (*enneuō*; 1/1) *inquire by making signs*
Lk 1:62 **ἐνένευον** δὲ τῷ πατρὶ

ἐνοχλέω (*enochleō*; 1/2) *trouble*
Lk 6:18 καὶ οἱ **ἐνοχλούμενοι** ἀπὸ πνευμάτων ἀκαθάρτων

ἐντέλλομαι (*entellomai*; 1/14[15]) *command*
Lk 4:10 τοῖς ἀγγέλοις αὐτοῦ **ἐντελεῖται** περὶ σοῦ

ἐντεῦθεν (*enteuthen*; 2/10) *from here*
Lk 4:9 βάλε σεαυτὸν ἐντεῦθεν **κάτω**·
Lk 13:31 ἔξελθε καὶ πορεύου **ἐντεῦθεν**,

ἔντιμος (*entimos*; 2/5) *valuable*
Lk 7:2 ὃς ἦν αὐτῷ **ἔντιμος**.
Lk 14:8 μήποτε **ἐντιμότερός** σου ᾖ κεκλημένος

ἐντολή (*entolē*; 4/67) *commandment*
Lk 1:6 ἐν πάσαις ταῖς **ἐντολαῖς** καὶ δικαιώμασιν
Lk 15:29 σοι καὶ οὐδέποτε **ἐντολήν** σου παρῆλθον,
Lk 18:20 τὰς **ἐντολὰς** οἶδας·
Lk 23:56 ἡσύχασαν κατὰ τὴν **ἐντολήν**.

ἐντός (*entos*; 1/2) *within*
Lk 17:21 βασιλεία τοῦ θεοῦ **ἐντὸς** ὑμῶν ἐστιν.

ἐντρέπω (*entrepō*; 3/9) *make ashamed*
Lk 18:2 καὶ ἄνθρωπον μὴ **ἐντρεπόμενος**.
Lk 18:4 φοβοῦμαι οὐδὲ ἄνθρωπον **ἐντρέπομαι**,
Lk 20:13 ἴσως τοῦτον **ἐντραπήσονται**.

ἐντυλίσσω (*entylissō*; 1/3) *wrap in, fold up*
Lk 23:53 καὶ καθελὼν **ἐνετύλιξεν** αὐτὸ σινδόνι καὶ

ἐνώπιον (*enōpion*; 22/94) *before*
Lk 1:15 ἔσται γὰρ μέγας **ἐνώπιον** [τοῦ] κυρίου,
Lk 1:17 καὶ αὐτὸς προελεύσεται **ἐνώπιον** αὐτοῦ ἐν πνεύματι
Lk 1:19 Γαβριὴλ ὁ παρεστηκὼς **ἐνώπιον** τοῦ θεοῦ
Lk 1:75 ὁσιότητι καὶ δικαιοσύνῃ **ἐνώπιον** αὐτοῦ πάσαις ταῖς
Lk 1:76 προπορεύσῃ γὰρ **ἐνώπιον** κυρίου ἑτοιμάσαι ὁδοὺς
Lk 4:7 οὖν ἐὰν προσκυνήσῃς **ἐνώπιον** ἐμοῦ,
Lk 5:18 καὶ θεῖναι [αὐτὸν] **ἐνώπιον** αὐτοῦ.
Lk 5:25 καὶ παραχρῆμα ἀναστὰς **ἐνώπιον** αὐτῶν,
Lk 8:47 ἥψατο αὐτοῦ ἀπήγγειλεν **ἐνώπιον** παντὸς τοῦ λαοῦ
Lk 12:6 οὐκ ἔστιν ἐπιλελησμένον **ἐνώπιον** τοῦ θεοῦ.
Lk 12:9 δὲ ἀρνησάμενός με **ἐνώπιον** τῶν ἀνθρώπων ἀπαρνηθήσεται
Lk 12:9 τῶν ἀνθρώπων ἀπαρνηθήσεται **ἐνώπιον** τῶν ἀγγέλων τοῦ

Lk 13:26 ἐφάγομεν **ἐνώπιόν** σου καὶ ἐπίομεν
Lk 14:10 ἔσται σοι δόξα **ἐνώπιον** πάντων τῶν συνανακειμένων
Lk 15:10 γίνεται χαρὰ **ἐνώπιον** τῶν ἀγγέλων τοῦ
Lk 15:18 τὸν οὐρανὸν καὶ **ἐνώπιόν** σου,
Lk 15:21 τὸν οὐρανὸν καὶ **ἐνώπιόν** σου,
Lk 16:15 οἱ δικαιοῦντες ἑαυτοὺς **ἐνώπιον** τῶν ἀνθρώπων,
Lk 16:15 ἀνθρώποις ὑψηλὸν βδέλυγμα **ἐνώπιον** τοῦ θεοῦ.
Lk 23:14 καὶ ἰδοὺ ἐγὼ **ἐνώπιον** ὑμῶν ἀνακρίνας οὐθὲν
Lk 24:11 καὶ ἐφάνησαν **ἐνώπιον** αὐτῶν ὡσεὶ λῆρος
Lk 24:43 καὶ λαβὼν **ἐνώπιον** αὐτῶν ἔφαγεν.

Ἐνώς (*Enōs*; 1/1) *Enos*
Lk 3:38 τοῦ **Ἐνὼς** τοῦ Σὴθ τοῦ

Ἑνώχ (*Henōch*; 1/3) *Enoch*
Lk 3:37 τοῦ Μαθουσαλὰ τοῦ **Ἑνὼχ** τοῦ Ἰάρετ τοῦ

ἕξ (*hex*; 2/13) *six*
Lk 4:25 τρία καὶ μῆνας **ἕξ**,
Lk 13:14 τῷ ὄχλῳ ὅτι **ἓξ** ἡμέραι εἰσὶν ἐν

ἐξάγω (*exagō*; 1/12) *lead or bring out*
Lk 24:50 **Ἐξήγαγεν** δὲ αὐτοὺς [ἔξω]

ἐξαιτέω (*exaiteō*; 1/1) *ask permission*
Lk 22:31 ἰδοὺ ὁ σατανᾶς **ἐξῃτήσατο** ὑμᾶς τοῦ σινιάσαι

ἐξαίφνης (*exaiphnēs*; 2/5) *suddenly*
Lk 2:13 καὶ **ἐξαίφνης** ἐγένετο σὺν τῷ
Lk 9:39 λαμβάνει αὐτὸν καὶ **ἐξαίφνης** κράζει καὶ σπαράσσει

ἐξανίστημι (*exanistēmi*; 1/3) *have children*
Lk 20:28 τὴν γυναῖκα καὶ **ἐξαναστήσῃ** σπέρμα τῷ ἀδελφῷ

ἐξαποστέλλω (*exapostellō*; 3/12[13]) *send off or away*
Lk 1:53 ἀγαθῶν καὶ πλουτοῦντας **ἐξαπέστειλεν** κενούς.
Lk 20:10 οἱ δὲ γεωργοὶ **ἐξαπέστειλαν** αὐτὸν δείραντες κενόν.
Lk 20:11 δείραντες καὶ ἀτιμάσαντες **ἐξαπέστειλαν** κενόν.

ἐξαστράπτω (*exastraptō*; 1/1) *flash like lightning*
Lk 9:29 ἱματισμὸς αὐτοῦ λευκὸς **ἐξαστράπτων**.

ἐξέρχομαι (*exerchomai*; 44/216[218]) *come or go out or forth*
Lk 1:22 **ἐξελθὼν** δὲ οὐκ ἐδύνατο
Lk 2:1 ταῖς ἡμέραις ἐκείναις **ἐξῆλθεν** δόγμα παρὰ Καίσαρος
Lk 4:14 καὶ φήμη **ἐξῆλθεν** καθ' ὅλης τῆς
Lk 4:35 φιμώθητι καὶ **ἔξελθε** ἀπ' αὐτοῦ.
Lk 4:35 εἰς τὸ μέσον **ἐξῆλθεν** ἀπ' αὐτοῦ μηδὲν
Lk 4:36 ἀκαθάρτοις πνεύμασιν καὶ **ἐξέρχονται**;
Lk 4:41 **ἐξήρχετο** δὲ καὶ δαιμόνια
Lk 4:42 Γενομένης δὲ ἡμέρας **ἐξελθὼν** ἐπορεύθη εἰς ἔρημον
Lk 5:8 **ἔξελθε** ἀπ' ἐμοῦ,
Lk 5:27 Καὶ μετὰ ταῦτα **ἐξῆλθεν** καὶ ἐθεάσατο τελώνην
Lk 6:12 ταῖς ἡμέραις ταύταις **ἐξελθεῖν** αὐτὸν εἰς τὸ
Lk 6:19 δύναμις παρ' αὐτοῦ **ἐξήρχετο** καὶ ἰᾶτο πάντας.
Lk 7:17 καὶ **ἐξῆλθεν** ὁ λόγος οὗτος
Lk 7:24 τί **ἐξήλθατε** εἰς τὴν ἔρημον
Lk 7:25 ἀλλὰ τί **ἐξήλθατε** ἰδεῖν;
Lk 7:26 ἀλλὰ τί **ἐξήλθατε** ἰδεῖν;
Lk 8:2 ἧς δαιμόνια ἑπτὰ **ἐξεληλύθει**,
Lk 8:5 **ἐξῆλθεν** ὁ σπείρων τοῦ
Lk 8:27 **ἐξελθόντι** δὲ αὐτῷ ἐπὶ
Lk 8:29 πνεύματι τῷ ἀκαθάρτῳ **ἐξελθεῖν** ἀπὸ τοῦ ἀνθρώπου.
Lk 8:33 **ἐξελθόντα** δὲ τὰ δαιμόνια
Lk 8:35 **ἐξῆλθον** δὲ ἰδεῖν τὸ
Lk 8:35 οὗ τὰ δαιμόνια **ἐξῆλθεν** ἱματισμένον καὶ σωφρονοῦντα
Lk 8:38 ἀνὴρ ἀφ' οὗ **ἐξεληλύθει** τὰ δαιμόνια εἶναι
Lk 8:46 γὰρ ἔγνων δύναμιν **ἐξεληλυθυῖαν** ἀπ' ἐμοῦ.
Lk 9:4 μένετε καὶ ἐκεῖθεν **ἐξέρχεσθε**.
Lk 9:5 **ἐξερχόμενοι** ἀπὸ τῆς πόλεως
Lk 9:6 **ἐξερχόμενοι** δὲ διήρχοντο κατὰ
Lk 10:10 **ἐξελθόντες** εἰς τὰς πλατείας
Lk 11:14 δὲ τοῦ δαιμονίου **ἐξελθόντος** ἐλάλησεν ὁ κωφὸς
Lk 11:24 τὸ ἀκάθαρτον πνεῦμα **ἐξέλθῃ** ἀπὸ τοῦ ἀνθρώπου,
Lk 11:24 οἶκόν μου ὅθεν **ἐξῆλθον**·
Lk 11:53 Κἀκεῖθεν **ἐξελθόντος** αὐτοῦ ἤρξαντο οἱ
Lk 12:59 οὐ μὴ **ἐξέλθῃς** ἐκεῖθεν,
Lk 13:31 **Ἔξελθε** καὶ πορεύου ἐντεῦθεν,
Lk 14:18 καὶ ἔχω ἀνάγκην **ἐξελθὼν** ἰδεῖν αὐτόν·
Lk 14:21 **Ἔξελθε** ταχέως εἰς τὰς
Lk 14:23 **Ἔξελθε** εἰς τὰς ὁδοὺς
Lk 15:28 δὲ πατὴρ αὐτοῦ **ἐξελθὼν** παρεκάλει αὐτόν.
Lk 17:29 ᾗ δὲ ἡμέρᾳ **ἐξῆλθεν** Λὼτ ἀπὸ Σοδόμων,
Lk 21:37 τὰς δὲ νύκτας **ἐξερχόμενος** ηὐλίζετο εἰς τὸ
Lk 22:39 Καὶ **ἐξελθὼν** ἐπορεύθη κατὰ τὸ
Lk 22:52 ὡς ἐπὶ λῃστὴν **ἐξήλθατε** μετὰ μαχαιρῶν καὶ
Lk 22:62 καὶ **ἐξελθὼν** ἔξω ἔκλαυσεν πικρῶς.

ἔξεστιν (*exestin*; 5/31) *it is proper or lawful*
Lk 6:2 ποιεῖτε ὃ οὐκ **ἔξεστιν** τοῖς σάββασιν;
Lk 6:4 οὓς οὐκ **ἔξεστιν** φαγεῖν εἰ μὴ
Lk 6:9 ἐπερωτῶ ὑμᾶς εἰ **ἔξεστιν** τῷ σαββάτῳ ἀγαθοποιῆσαι
Lk 14:3 **Ἔξεστιν** τῷ σαββάτῳ θεραπεῦσαι
Lk 20:22 **ἔξεστιν** ἡμᾶς Καίσαρι φόρον

ἐξηγέομαι (*exēgeomai*; 1/6) *tell, explain*
Lk 24:35 καὶ αὐτοὶ **ἐξηγοῦντο** τὰ ἐν τῇ

ἑξήκοντα (*hexēkonta*; 1/9) *sixty*
Lk 24:13 κώμην ἀπέχουσαν σταδίους **ἑξήκοντα** ἀπὸ Ἰερουσαλήμ,

ἑξῆς (*hexēs*; 2/5) *on the next day*

Lk 7:11 ἐγένετο ἐν τῷ **ἑξῆς** ἐπορεύθη εἰς πόλιν
Lk 9:37 Ἐγένετο δὲ τῇ **ἑξῆς** ἡμέρᾳ κατελθόντων αὐτῶν

ἐξίστημι (*existēmi*; 3/17) *be amazed or surprised*

Lk 2:47 **ἐξίσταντο** δὲ πάντες οἱ
Lk 8:56 καὶ **ἐξέστησαν** οἱ γονεῖς αὐτῆς·
Lk 24:22 τινες ἐξ ἡμῶν **ἐξέστησαν** ἡμᾶς,

ἔξοδος (*exodos*; 1/3) *departure*

Lk 9:31 δόξῃ ἔλεγον τὴν **ἔξοδον** αὐτοῦ,

ἐξομολογέω (*exomologeō*; 2/10) *agree*

Lk 10:21 **ἐξομολογοῦμαί** σοι,
Lk 22:6 καὶ **ἐξωμολόγησεν**,

ἐξουθενέω (*exoutheneō*; 2/11) *despise*

Lk 18:9 εἰσὶν δίκαιοι καὶ **ἐξουθενοῦντας** τοὺς λοιποὺς τὴν
Lk 23:11 **ἐξουθενήσας** δὲ αὐτὸν [καὶ]

ἐξουσία (*exousia*; 16/102) *authority*

Lk 4:6 σοὶ δώσω τὴν **ἐξουσίαν** ταύτην ἅπασαν καὶ
Lk 4:32 ὅτι ἐν **ἐξουσίᾳ** ἦν ὁ λόγος
Lk 4:36 οὗτος ὅτι ἐν **ἐξουσίᾳ** καὶ δυνάμει ἐπιτάσσει
Lk 5:24 υἱὸς τοῦ ἀνθρώπου **ἐξουσίαν** ἔχει ἐπὶ τῆς
Lk 7:8 ἄνθρωπός εἰμι ὑπὸ **ἐξουσίαν** τασσόμενος ἔχων ὑπ᾽
Lk 9:1 αὐτοῖς δύναμιν καὶ **ἐξουσίαν** ἐπὶ πάντα τὰ
Lk 10:19 δέδωκα ὑμῖν τὴν **ἐξουσίαν** τοῦ πατεῖν ἐπάνω
Lk 12:5 τὸ ἀποκτεῖναι ἔχοντα **ἐξουσίαν** ἐμβαλεῖν εἰς
Lk 12:11 ἀρχὰς καὶ τὰς **ἐξουσίας**,
Lk 19:17 ἴσθι **ἐξουσίαν** ἔχων ἐπάνω δέκα
Lk 20:2 ἡμῖν ἐν ποίᾳ **ἐξουσίᾳ** ταῦτα ποιεῖς,
Lk 20:2 δούς σοι τὴν **ἐξουσίαν** ταύτην;
Lk 20:8 ὑμῖν ἐν ποίᾳ **ἐξουσίᾳ** ταῦτα ποιῶ.
Lk 20:20 ἀρχῇ καὶ τῇ **ἐξουσίᾳ** τοῦ ἡγεμόνος.
Lk 22:53 ὥρα καὶ ἡ **ἐξουσία** τοῦ σκότους.
Lk 23:7 ὅτι ἐκ τῆς **ἐξουσίας** Ἡρῴδου ἐστὶν ἀνέπεμψεν

ἐξουσιάζω (*exousiazō*; 1/4) *have power over*

Lk 22:25 αὐτῶν καὶ οἱ **ἐξουσιάζοντες** αὐτῶν εὐεργέται καλοῦνται.

ἔξω (*exō*; 10/63) *out*

Lk 1:10 τοῦ λαοῦ προσευχόμενον **ἔξω** τῇ ὥρᾳ τοῦ
Lk 4:29 ἀναστάντες ἐξέβαλον αὐτὸν **ἔξω** τῆς πόλεως
Lk 8:20 ἀδελφοί σου ἑστήκασιν **ἔξω** ἰδεῖν θέλοντές σε.
Lk 13:25 θύραν καὶ ἄρξησθε **ἔξω** ἑστάναι καὶ κρούειν
Lk 13:28 ὑμᾶς δὲ ἐκβαλλομένους **ἔξω**.
Lk 13:33 ἐνδέχεται προφήτην ἀπολέσθαι **ἔξω** Ἰερουσαλήμ.
Lk 14:35 **ἔξω** βάλλουσιν αὐτό.
Lk 20:15 καὶ ἐκβαλόντες αὐτὸν **ἔξω** τοῦ ἀμπελῶνος ἀπέκτειναν.
Lk 22:62 καὶ ἐξελθὼν **ἔξω** ἔκλαυσεν πικρῶς.
Lk 24:50 Ἐξήγαγεν δὲ αὐτοὺς [**ἔξω**] ἕως πρὸς Βηθανίαν,

ἔξωθεν (*exōthen*; 2/13) *from outside*

Lk 11:39 οἱ Φαρισαῖοι τὸ **ἔξωθεν** τοῦ ποτηρίου καὶ
Lk 11:40 ὁ ποιήσας τὸ **ἔξωθεν** καὶ τὸ ἔσωθεν

ἑορτή (*heortē*; 3/25) *festival*

Lk 2:41 εἰς Ἰερουσαλὴμ τῇ **ἑορτῇ** τοῦ πάσχα.
Lk 2:42 τὸ ἔθος τῆς **ἑορτῆς**
Lk 22:1 Ἤγγιζεν δὲ ἡ **ἑορτὴ** τῶν ἀζύμων ἡ

ἐπαγγελία (*epangelia*; 1/52) *promise*

Lk 24:49 ἐγὼ ἀποστέλλω τὴν **ἐπαγγελίαν** τοῦ πατρός μου

ἐπαθροίζω (*epathroizō*; 1/1) *increase*

Lk 11:29 Τῶν δὲ ὄχλων **ἐπαθροιζομένων** ἤρξατο λέγειν·

ἐπαινέω (*epaineō*; 1/6) *commend*

Lk 16:8 καὶ **ἐπῄνεσεν** ὁ κύριος τὸν

ἐπαίρω (*epairō*; 6/19) *raise*

Lk 6:20 Καὶ αὐτὸς **ἐπάρας** τοὺς ὀφθαλμοὺς αὐτοῦ
Lk 11:27 λέγειν αὐτὸν ταῦτα **ἐπάρασά** τις φωνὴν γυνὴ
Lk 16:23 ἐν τῷ ᾅδῃ **ἐπάρας** τοὺς ὀφθαλμοὺς αὐτοῦ,
Lk 18:13 οὐδὲ τοὺς ὀφθαλμοὺς **ἐπᾶραι** εἰς τὸν οὐρανόν,
Lk 21:28 γίνεσθαι ἀνακύψατε καὶ **ἐπάρατε** τὰς κεφαλὰς ὑμῶν,
Lk 24:50 καὶ **ἐπάρας** τὰς χεῖρας αὐτοῦ

ἐπαισχύνομαι (*epaischynomai*; 2/11) *be ashamed*

Lk 9:26 ὃς γὰρ ἂν **ἐπαισχυνθῇ** με καὶ τοὺς
Lk 9:26 υἱὸς τοῦ ἀνθρώπου **ἐπαισχυνθήσεται**,

ἐπαιτέω (*epaiteō*; 2/2) *beg*

Lk 16:3 **ἐπαιτεῖν** αἰσχύνομαι.
Lk 18:35 παρὰ τὴν ὁδὸν **ἐπαιτῶν**.

ἐπάν (*epan*; 2/3) *when*

Lk 11:22 **ἐπὰν** δὲ ἰσχυρότερος αὐτοῦ
Lk 11:34 **ἐπὰν** δὲ πονηρὸς ᾖ,

ἐπανάγω (*epanagō*; 2/3) *return*

Lk 5:3 ἀπὸ τῆς γῆς **ἐπαναγαγεῖν** ὀλίγον·
Lk 5:4 **ἐπανάγαγε** εἰς τὸ βάθος

ἐπαναπαύομαι (*epanapauomai*; 1/2) *rest upon*

Lk 10:6 **ἐπαναπαήσεται** ἐπ᾽ αὐτὸν ἡ

ἐπανέρχομαι (*epanerchomai*; 2/2) *return*

Lk 10:35 ἐγὼ ἐν τῷ **ἐπανέρχεσθαί** με ἀποδώσω σοι.
Lk 19:15 ἐγένετο ἐν τῷ **ἐπανελθεῖν** αὐτὸν λαβόντα

ἐπάνω (*epanō*; 5/19) *above, on*

Lk 4:39 καὶ ἐπιστὰς **ἐπάνω** αὐτῆς ἐπετίμησεν τῷ
Lk 10:19 ἐξουσίαν τοῦ πατεῖν **ἐπάνω** ὄφεων καὶ σκορπίων,
Lk 11:44 ἄνθρωποι [οἱ] περιπατοῦντες **ἐπάνω** οὐκ οἴδασιν.
Lk 19:17 ἴσθι ἐξουσίαν ἔχων **ἐπάνω** δέκα πόλεων.
Lk 19:19 καὶ σὺ **ἐπάνω** γίνου πέντε πόλεων.

ἐπεί (*epei*; 1/26) *since*

Lk 1:34 **ἐπεὶ** ἄνδρα οὐ γινώσκω;

ἐπειδή (*epeidē*; 2/10) *since*

Lk 7:1 **Ἐπειδὴ** ἐπλήρωσεν πάντα τὰ
Lk 11:6 **ἐπειδὴ** φίλος μου παρεγένετο

ἐπειδήπερ (*epeidēper*; 1/1) *inasmuch as*

Lk 1:1 **ἐπειδήπερ** πολλοὶ ἐπεχείρησαν ἀνατάξασθαι

ἐπεῖδον (*epeidon*; 1/2) *concern oneself with*

Lk 1:25 ἐν ἡμέραις αἷς **ἐπεῖδεν** ἀφελεῖν ὄνειδός μου

ἐπεισέρχομαι (*epeiserchomai*; 1/1) *come upon*

Lk 21:35 **ἐπεισελεύσεται** γὰρ ἐπὶ πάντας

ἔπειτα (*epeita*; 1/16) *then*

Lk 16:7 **ἔπειτα** ἑτέρῳ εἶπεν·

ἐπέρχομαι (*eperchomai*; 3/9) *come, come upon*

Lk 1:35 πνεῦμα ἅγιον **ἐπελεύσεται** ἐπὶ σὲ καὶ
Lk 11:22 δὲ ἰσχυρότερος αὐτοῦ **ἐπελθὼν** νικήσῃ αὐτόν,
Lk 21:26 καὶ προσδοκίας τῶν **ἐπερχομένων** τῇ οἰκουμένῃ,

ἐπερωτάω (*eperōtaō*; 17/56) *ask*

Lk 2:46 ἀκούοντα αὐτῶν καὶ **ἐπερωτῶντα** αὐτούς·
Lk 3:10 Καὶ **ἐπηρώτων** αὐτὸν οἱ ὄχλοι
Lk 3:14 **ἐπηρώτων** δὲ αὐτὸν καὶ
Lk 6:9 **ἐπερωτῶ** ὑμᾶς εἰ ἔξεστιν
Lk 8:9 **Ἐπηρώτων** δὲ αὐτὸν οἱ
Lk 8:30 **ἐπηρώτησεν** δὲ αὐτὸν ὁ
Lk 9:18 καὶ **ἐπηρώτησεν** αὐτοὺς λέγων·
Lk 17:20 **Ἐπερωτηθεὶς** δὲ ὑπὸ τῶν
Lk 18:18 Καὶ **ἐπηρώτησέν** τις αὐτὸν ἄρχων
Lk 18:40 ἐγγίσαντος δὲ αὐτοῦ **ἐπηρώτησεν** αὐτόν·
Lk 20:21 καὶ **ἐπηρώτησαν** αὐτὸν λέγοντες·
Lk 20:27 **ἐπηρώτησαν** αὐτὸν
Lk 20:40 οὐκέτι γὰρ ἐτόλμων **ἐπερωτᾶν** αὐτὸν οὐδέν.
Lk 21:7 **Ἐπηρώτησαν** δὲ αὐτὸν λέγοντες·
Lk 22:64 καὶ περικαλύψαντες αὐτὸν **ἐπηρώτων** λέγοντες·
Lk 23:6 Πιλᾶτος δὲ ἀκούσας **ἐπηρώτησεν** εἰ ὁ ἄνθρωπος
Lk 23:9 **ἐπηρώτα** δὲ αὐτὸν ἐν

ἐπέχω (*epechō*; 1/5) *notice*

Lk 14:7 **ἐπέχων** πῶς τὰς πρωτοκλισίας

ἐπηρεάζω (*epēreazō*; 1/2) *mistreat*

Lk 6:28 προσεύχεσθε περὶ τῶν **ἐπηρεαζόντων** ὑμᾶς.

ἐπί (*epi*; 161/886[890]) *on*

Lk 1:12 καὶ φόβος ἐπέπεσεν **ἐπ'** αὐτόν.
Lk 1:14 ἀγαλλίασις καὶ πολλοὶ **ἐπὶ** τῇ γενέσει αὐτοῦ
Lk 1:16 υἱῶν Ἰσραὴλ ἐπιστρέψει **ἐπὶ** κύριον τὸν θεὸν
Lk 1:17 ἐπιστρέψαι καρδίας πατέρων **ἐπὶ** τέκνα καὶ ἀπειθεῖς
Lk 1:29 ἡ δὲ **ἐπὶ** τῷ λόγῳ διεταράχθη
Lk 1:33 καὶ βασιλεύσει **ἐπὶ** τὸν οἶκον Ἰακὼβ
Lk 1:35 πνεῦμα ἅγιον ἐπελεύσεται **ἐπὶ** σὲ καὶ δύναμις
Lk 1:47 τὸ πνεῦμά μου **ἐπὶ** τῷ θεῷ τῷ
Lk 1:48 ὅτι ἐπέβλεψεν **ἐπὶ** τὴν ταπείνωσιν τῆς
Lk 1:59 καὶ ἐκάλουν αὐτὸ **ἐπὶ** τῷ ὀνόματι τοῦ
Lk 1:65 Καὶ ἐγένετο **ἐπὶ** πάντας φόβος τοὺς
Lk 2:8 φυλακὰς τῆς νυκτὸς **ἐπὶ** τὴν ποίμνην αὐτῶν.
Lk 2:14 ὑψίστοις θεῷ καὶ **ἐπὶ** γῆς εἰρήνη ἐν
Lk 2:20 αἰνοῦντες τὸν θεὸν **ἐπὶ** πᾶσιν οἷς ἤκουσαν
Lk 2:25 πνεῦμα ἦν ἅγιον **ἐπ'** αὐτόν·
Lk 2:33 ἡ μήτηρ θαυμάζοντες **ἐπὶ** τοῖς λαλουμένοις
Lk 2:40 χάρις θεοῦ ἦν **ἐπ'** αὐτό.
Lk 2:47 οἱ ἀκούοντες αὐτοῦ **ἐπὶ** τῇ συνέσει καὶ
Lk 3:2 **ἐπὶ** ἀρχιερέως Ἅννα καὶ
Lk 3:2 ἐγένετο ῥῆμα θεοῦ **ἐπὶ** Ἰωάννην τὸν Ζαχαρίου
Lk 3:20 προσέθηκεν καὶ τοῦτο **ἐπὶ** πᾶσιν [καὶ] κατέκλεισεν
Lk 3:22 εἴδει ὡς περιστερὰν **ἐπ'** αὐτόν,
Lk 4:4 γέγραπται ὅτι οὐκ **ἐπ'** ἄρτῳ μόνῳ ζήσεται
Lk 4:9 Ἰερουσαλὴμ καὶ ἔστησεν **ἐπὶ** τὸ πτερύγιον
Lk 4:11 καὶ ὅτι **ἐπὶ** χειρῶν ἀροῦσίν σε,
Lk 4:18 πνεῦμα κυρίου **ἐπ'** ἐμὲ οὗ εἵνεκεν
Lk 4:22 αὐτῷ καὶ ἐθαύμαζον **ἐπὶ** τοῖς λόγοις τῆς
Lk 4:25 **ἐπ'** ἀληθείας δὲ λέγω
Lk 4:25 ἐκλείσθη ὁ οὐρανὸς **ἐπὶ** ἔτη τρία καὶ
Lk 4:25 ἐγένετο λιμὸς μέγας **ἐπὶ** πᾶσαν τὴν γῆν,
Lk 4:27 ἐν τῷ Ἰσραὴλ **ἐπὶ** Ἐλισαίου τοῦ προφήτου,
Lk 4:29 ὀφρύος τοῦ ὄρους **ἐφ'** οὗ ἡ πόλις
Lk 4:32 καὶ ἐξεπλήσσοντο **ἐπὶ** τῇ διδαχῇ αὐτοῦ,
Lk 4:36 καὶ ἐγένετο θάμβος **ἐπὶ** πάντας καὶ συνελάλουν
Lk 4:43 ὅτι **ἐπὶ** τοῦτο ἀπεστάλην.
Lk 5:5 **ἐπὶ** δὲ τῷ ῥήματί
Lk 5:9 τοὺς σὺν αὐτῷ **ἐπὶ** τῇ ἄγρᾳ τῶν
Lk 5:11 καταγαγόντες τὰ πλοῖα **ἐπὶ** τὴν γῆν ἀφέντες
Lk 5:12 πεσὼν **ἐπὶ** πρόσωπον ἐδεήθη αὐτοῦ
Lk 5:18 ἰδοὺ ἄνδρες φέροντες **ἐπὶ** κλίνης ἄνθρωπον ὃς
Lk 5:19 ἀναβάντες **ἐπὶ** τὸ δῶμα διὰ
Lk 5:24 ἀνθρώπου ἐξουσίαν ἔχει **ἐπὶ** τῆς γῆς ἀφιέναι
Lk 5:25 ἄρας **ἐφ'** ὃ κατέκειτο,
Lk 5:27 ὀνόματι Λευὶν καθήμενον **ἐπὶ** τὸ τελώνιον,
Lk 5:36 σχίσας ἐπιβάλλει **ἐπὶ** ἱμάτιον παλαιόν·
Lk 6:17 μετ' αὐτῶν ἔστη **ἐπὶ** τόπου πεδινοῦ,
Lk 6:29 τῷ τύπτοντί σε **ἐπὶ** τὴν σιαγόνα πάρεχε
Lk 6:35 αὐτὸς χρηστός ἐστιν **ἐπὶ** τοὺς ἀχαρίστους
Lk 6:48 καὶ ἔθηκεν θεμέλιον **ἐπὶ** τὴν πέτραν·
Lk 6:49 ἀνθρώπῳ οἰκοδομήσαντι οἰκίαν **ἐπὶ** τὴν γῆν χωρὶς
Lk 7:13 ὁ κύριος ἐσπλαγχνίσθη **ἐπ'** αὐτῇ καὶ εἶπεν

Lk 7:44 ὕδωρ μοι **ἐπὶ** πόδας οὐκ ἔδωκας·
Lk 8:6 καὶ ἕτερον κατέπεσεν **ἐπὶ** τὴν πέτραν,
Lk 8:13 οἱ δὲ **ἐπὶ** τῆς πέτρας οἳ
Lk 8:16 ἀλλ' **ἐπὶ** λυχνίας τίθησιν,
Lk 8:27 ἐξελθόντι δὲ αὐτῷ **ἐπὶ** τὴν γῆν ὑπήντησεν
Lk 9:1 δύναμιν καὶ ἐξουσίαν **ἐπὶ** πάντα τὰ δαιμόνια
Lk 9:5 ἀποτινάσσετε εἰς μαρτύριον **ἐπ'** αὐτούς.
Lk 9:38 δέομαί σου ἐπιβλέψαι **ἐπὶ** τὸν υἱόν μου,
Lk 9:43 ἐξεπλήσσοντο δὲ πάντες **ἐπὶ** τῇ μεγαλειότητι τοῦ
Lk 9:43 Πάντων δὲ θαυμαζόντων **ἐπὶ** πᾶσιν οἷς ἐποίει
Lk 9:48 τοῦτο τὸ παιδίον **ἐπὶ** τῷ ὀνόματί μου,
Lk 9:62 ἐπιβαλὼν τὴν χεῖρα **ἐπ'** ἄροτρον καὶ βλέπων
Lk 10:6 ἐπαναπαήσεται **ἐπ'** αὐτὸν ἡ εἰρήνη
Lk 10:6 **ἐφ'** ὑμᾶς ἀνακάμψει.
Lk 10:9 ἤγγικεν **ἐφ'** ὑμᾶς ἡ βασιλεία
Lk 10:19 καὶ **ἐπὶ** πᾶσαν τὴν δύναμιν
Lk 10:34 ἐπιβιβάσας δὲ αὐτὸν **ἐπὶ** τὸ ἴδιον κτῆνος
Lk 10:35 καὶ **ἐπὶ** τὴν αὔριον ἐκβαλὼν
Lk 11:17 πᾶσα βασιλεία **ἐφ'** ἑαυτὴν διαμερισθεῖσα ἐρημοῦται
Lk 11:17 ἐρημοῦται καὶ οἶκος **ἐπὶ** οἶκον πίπτει.
Lk 11:18 καὶ ὁ σατανᾶς **ἐφ'** ἑαυτὸν διεμερίσθη,
Lk 11:20 ἄρα ἔφθασεν **ἐφ'** ὑμᾶς ἡ βασιλεία
Lk 11:22 πανοπλίαν αὐτοῦ αἴρει **ἐφ'** ᾗ ἐπεποίθει καὶ
Lk 11:33 τὸν μόδιον] ἀλλ' **ἐπὶ** τὴν λυχνίαν,
Lk 12:3 τοῖς ταμείοις κηρυχθήσεται **ἐπὶ** τῶν δωμάτων.
Lk 12:11 δὲ εἰσφέρωσιν ὑμᾶς **ἐπὶ** τὰς συναγωγὰς καὶ
Lk 12:14 κριτὴν ἢ μεριστὴν **ἐφ'** ὑμᾶς;
Lk 12:25 ὑμῶν μεριμνῶν δύναται **ἐπὶ** τὴν ἡλικίαν αὐτοῦ
Lk 12:42 καταστήσει ὁ κύριος **ἐπὶ** τῆς θεραπείας αὐτοῦ
Lk 12:44 λέγω ὑμῖν ὅτι **ἐπὶ** πᾶσιν τοῖς ὑπάρχουσιν
Lk 12:49 Πῦρ ἦλθον βαλεῖν **ἐπὶ** τὴν γῆν,
Lk 12:52 τρεῖς **ἐπὶ** δυσὶν καὶ δύο
Lk 12:52 δυσὶν καὶ δύο **ἐπὶ** τρισίν,
Lk 12:53 διαμερισθήσονται πατὴρ **ἐπὶ** υἱῷ καὶ υἱὸς
Lk 12:53 υἱῷ καὶ υἱὸς **ἐπὶ** πατρί,
Lk 12:53 μήτηρ **ἐπὶ** τὴν θυγατέρα καὶ
Lk 12:53 θυγατέρα καὶ θυγάτηρ **ἐπὶ** τὴν μητέρα,
Lk 12:53 πενθερὰ **ἐπὶ** τὴν νύμφην αὐτῆς
Lk 12:53 αὐτῆς καὶ νύμφη **ἐπὶ** τὴν πενθεράν.
Lk 12:54 [τὴν] νεφέλην ἀνατέλλουσαν **ἐπὶ** δυσμῶν,
Lk 12:58 τοῦ ἀντιδίκου σου **ἐπ'** ἄρχοντα,
Lk 13:4 ἐκεῖνοι οἱ δεκαοκτὼ **ἐφ'** οὓς ἔπεσεν ὁ
Lk 13:17 ὁ ὄχλος ἔχαιρεν **ἐπὶ** πᾶσιν τοῖς ἐνδόξοις
Lk 14:31 εἴκοσι χιλιάδων ἐρχομένῳ **ἐπ'** αὐτόν;
Lk 15:4 ἐρήμῳ καὶ πορεύεται **ἐπὶ** τὸ ἀπολωλὸς ἕως
Lk 15:5 καὶ εὑρὼν ἐπιτίθησιν **ἐπὶ** τοὺς ὤμους αὐτοῦ
Lk 15:7 τῷ οὐρανῷ ἔσται **ἐπὶ** ἑνὶ ἁμαρτωλῷ μετανοοῦντι
Lk 15:7 ἁμαρτωλῷ μετανοοῦντι ἢ **ἐπὶ** ἐνενήκοντα ἐννέα δικαίοις
Lk 15:10 ἀγγέλων τοῦ θεοῦ **ἐπὶ** ἑνὶ ἁμαρτωλῷ μετανοοῦντι.
Lk 15:20 καὶ δραμὼν ἐπέπεσεν **ἐπὶ** τὸν τράχηλον αὐτοῦ
Lk 17:16 καὶ ἔπεσεν **ἐπὶ** πρόσωπον παρὰ τοὺς
Lk 17:31 ἡμέρᾳ ὃς ἔσται **ἐπὶ** τοῦ δώματος καὶ
Lk 17:34 νυκτὶ ἔσονται δύο **ἐπὶ** κλίνης μιᾶς,
Lk 17:35 ἔσονται δύο ἀλήθουσαι **ἐπὶ** τὸ αὐτό,
Lk 18:4 καὶ οὐκ ἤθελεν **ἐπὶ** χρόνον.
Lk 18:7 καὶ μακροθυμεῖ **ἐπ'** αὐτοῖς;
Lk 18:8 εὑρήσει τὴν πίστιν **ἐπὶ** τῆς γῆς;
Lk 18:9 τινας τοὺς πεποιθότας **ἐφ'** ἑαυτοῖς ὅτι εἰσὶν
Lk 19:4 τὸ ἔμπροσθεν ἀνέβη **ἐπὶ** συκομορέαν ἵνα ἴδῃ
Lk 19:5 καὶ ὡς ἦλθεν **ἐπὶ** τὸν τόπον,
Lk 19:14 θέλομεν τοῦτον βασιλεῦσαι **ἐφ'** ἡμᾶς.
Lk 19:23 μου τὸ ἀργύριον **ἐπὶ** τράπεζαν;
Lk 19:27 θελήσαντάς με βασιλεῦσαι **ἐπ'** αὐτοὺς ἀγάγετε ὧδε
Lk 19:30 **ἐφ'** ὃν οὐδεὶς πώποτε
Lk 19:35 αὐτῶν τὰ ἱμάτια **ἐπὶ** τὸν πῶλον ἐπεβίβασαν
Lk 19:41 τὴν πόλιν ἔκλαυσεν **ἐπ'** αὐτὴν
Lk 19:43 ὅτι ἥξουσιν ἡμέραι **ἐπὶ** σὲ καὶ παρεμβαλοῦσιν
Lk 19:44 οὐκ ἀφήσουσιν λίθον **ἐπὶ** λίθον ἐν σοί,
Lk 20:18 πᾶς ὁ πεσὼν **ἐπ'** ἐκεῖνον τὸν λίθον
Lk 20:18 **ἐφ'** ὃν δ' ἂν
Lk 20:19 οἱ ἀρχιερεῖς ἐπιβαλεῖν **ἐπ'** αὐτὸν τὰς χεῖρας
Lk 20:21 ἀλλ' **ἐπ'** ἀληθείας τὴν ὁδὸν
Lk 20:26 λαοῦ καὶ θαυμάσαντες **ἐπὶ** τῇ ἀποκρίσει αὐτοῦ
Lk 20:37 καὶ Μωϋσῆς ἐμήνυσεν **ἐπὶ** τῆς βάτου,
Lk 21:6 οὐκ ἀφεθήσεται λίθος **ἐπὶ** λίθῳ ὃς οὐ
Lk 21:8 πολλοὶ γὰρ ἐλεύσονται **ἐπὶ** τῷ ὀνόματί μου
Lk 21:10 ἐγερθήσεται ἔθνος **ἐπ'** ἔθνος καὶ βασιλεία
Lk 21:10 ἔθνος καὶ βασιλεία **ἐπὶ** βασιλείαν,
Lk 21:12 τούτων πάντων ἐπιβαλοῦσιν **ἐφ'** ὑμᾶς τὰς χεῖρας
Lk 21:12 ἀπαγομένους **ἐπὶ** βασιλεῖς καὶ ἡγεμόνας
Lk 21:23 γὰρ ἀνάγκη μεγάλη **ἐπὶ** τῆς γῆς καὶ
Lk 21:25 καὶ **ἐπὶ** τῆς γῆς συνοχὴ
Lk 21:34 βιωτικαῖς καὶ ἐπιστῇ **ἐφ'** ὑμᾶς αἰφνίδιος ἡ
Lk 21:35 ἐπεισελεύσεται γὰρ **ἐπὶ** πάντας τοὺς καθημένους
Lk 21:35 πάντας τοὺς καθημένους **ἐπὶ** πρόσωπον πάσης τῆς
Lk 22:21 με μετ' ἐμοῦ **ἐπὶ** τῆς τραπέζης.
Lk 22:30 ἔσθητε καὶ πίνητε **ἐπὶ** τῆς τραπέζης μου
Lk 22:30 καὶ καθήσεσθε **ἐπὶ** θρόνων τὰς δώδεκα
Lk 22:40 γενόμενος δὲ **ἐπὶ** τοῦ τόπου εἶπεν
Lk 22:44 θρόμβοι αἵματος καταβαίνοντες **ἐπὶ** τὴν γῆν]]
Lk 22:52 πρὸς τοὺς παραγενομένους **ἐπ'** αὐτὸν ἀρχιερεῖς καὶ
Lk 22:52 ὡς **ἐπὶ** λῃστὴν ἐξήλθατε μετὰ
Lk 22:53 ἐξετείνατε τὰς χεῖρας **ἐπ'** ἐμέ,
Lk 22:59 **ἐπ'** ἀληθείας καὶ οὗτος
Lk 23:1 αὐτῶν ἤγαγον αὐτὸν **ἐπὶ** τὸν Πιλᾶτον.
Lk 23:28 μὴ κλαίετε **ἐπ'** ἐμέ·
Lk 23:28 πλὴν **ἐφ'** ἑαυτὰς κλαίετε καὶ
Lk 23:28 ἑαυτὰς κλαίετε καὶ **ἐπὶ** τὰ τέκνα ὑμῶν,
Lk 23:30 πέσετε ἐφ' **ἡμᾶς**,
Lk 23:33 Καὶ ὅτε ἦλθον **ἐπὶ** τὸν τόπον τὸν
Lk 23:38 δὲ καὶ ἐπιγραφὴ **ἐπ'** αὐτῷ·
Lk 23:44 καὶ σκότος ἐγένετο **ἐφ'** ὅλην τὴν γῆν
Lk 23:48 οἱ συμπαραγενόμενοι ὄχλοι **ἐπὶ** τὴν θεωρίαν ταύτην,
Lk 24:1 σαββάτων ὄρθρου βαθέως **ἐπὶ** τὸ μνῆμα ἦλθον
Lk 24:12 Πέτρος ἀναστὰς ἔδραμεν **ἐπὶ** τὸ μνημεῖον

Lk 24:22 γενόμεναι ὀρθριναὶ **ἐπὶ** τὸ μνημεῖον,
Lk 24:24 τῶν σὺν ἡμῖν **ἐπὶ** τὸ μνημεῖον καὶ
Lk 24:25 καρδίᾳ τοῦ πιστεύειν **ἐπὶ** πᾶσιν οἷς ἐλάλησαν
Lk 24:47 καὶ κηρυχθῆναι **ἐπὶ** τῷ ὀνόματι αὐτοῦ
Lk 24:49 τοῦ πατρός μου **ἐφ'** ὑμᾶς·

ἐπιβάλλω (*epiballō*; 5/18) *lay on*
Lk 5:36 ἱματίου καινοῦ σχίσας **ἐπιβάλλει** ἐπὶ ἱμάτιον παλαιόν·
Lk 9:62 οὐδεὶς **ἐπιβαλὼν** τὴν χεῖρα ἐπ'
Lk 15:12 δός μοι τὸ **ἐπιβάλλον** μέρος τῆς οὐσίας.
Lk 20:19 καὶ οἱ ἀρχιερεῖς **ἐπιβαλεῖν** ἐπ' αὐτὸν τὰς
Lk 21:12 δὲ τούτων πάντων **ἐπιβαλοῦσιν** ἐφ' ὑμᾶς τὰς

ἐπιβιβάζω (*epibibazō*; 2/3) *set or place upon*
Lk 10:34 **ἐπιβιβάσας** δὲ αὐτὸν ἐπὶ
Lk 19:35 ἐπὶ τὸν πῶλον **ἐπεβίβασαν** τὸν Ἰησοῦν.

ἐπιβλέπω (*epiblepō*; 2/3) *look upon with care*
Lk 1:48 ὅτι **ἐπέβλεψεν** ἐπὶ τὴν ταπείνωσιν
Lk 9:38 δέομαί σου **ἐπιβλέψαι** ἐπὶ τὸν υἱόν

ἐπίβλημα (*epiblēma*; 2/4) *piece*
Lk 5:36 αὐτοὺς ὅτι οὐδεὶς **ἐπίβλημα** ἀπὸ ἱματίου καινοῦ
Lk 5:36 οὐ συμφωνήσει τὸ **ἐπίβλημα** τὸ ἀπὸ τοῦ

ἐπιγινώσκω (*epiginōskō*; 7/44) *know*
Lk 1:4 ἵνα **ἐπιγνῷς** περὶ ὧν κατηχήθης
Lk 1:22 καὶ **ἐπέγνωσαν** ὅτι ὀπτασίαν ἑώρακεν
Lk 5:22 **ἐπιγνοὺς** δὲ ὁ Ἰησοῦς
Lk 7:37 καὶ **ἐπιγνοῦσα** ὅτι κατάκειται ἐν
Lk 23:7 καὶ **ἐπιγνοὺς** ὅτι ἐκ τῆς
Lk 24:16 ἐκρατοῦντο τοῦ μὴ **ἐπιγνῶναι** αὐτόν.
Lk 24:31 οἱ ὀφθαλμοὶ καὶ **ἐπέγνωσαν** αὐτόν·

ἐπιγραφή (*epigraphē*; 2/5) *inscription*
Lk 20:24 ἔχει εἰκόνα καὶ **ἐπιγραφήν**;
Lk 23:38 ἦν δὲ καὶ **ἐπιγραφὴ** ἐπ' αὐτῷ·

ἐπιδείκνυμι (*epideiknymi*; 1/7) *show*
Lk 17:14 πορευθέντες ἐπιδείξατε **ἑαυτοὺς** τοῖς ἱερεῦσιν.

ἐπιδίδωμι (*epididōmi*; 5/9) *give*
Lk 4:17 καὶ **ἐπεδόθη** αὐτῷ βιβλίον τοῦ
Lk 11:11 ἰχθύος ὄφιν αὐτῷ **ἐπιδώσει**;
Lk 11:12 **ἐπιδώσει** αὐτῷ σκορπίον;
Lk 24:30 εὐλόγησεν καὶ κλάσας **ἐπεδίδου** αὐτοῖς,
Lk 24:42 οἱ δὲ **ἐπέδωκαν** αὐτῷ ἰχθύος ὀπτοῦ

ἐπιζητέω (*epizēteō*; 2/13) *seek*
Lk 4:42 καὶ οἱ ὄχλοι **ἐπεζήτουν** αὐτὸν καὶ ἦλθον
Lk 12:30 ἔθνη τοῦ κόσμου **ἐπιζητοῦσιν**,

ἐπιθυμέω (*epithymeō*; 4/16) *long for*
Lk 15:16 καὶ **ἐπεθύμει** χορτασθῆναι ἐκ τῶν
Lk 16:21 καὶ **ἐπιθυμῶν** χορτασθῆναι ἀπὸ τῶν
Lk 17:22 ἐλεύσονται ἡμέραι ὅτε **ἐπιθυμήσετε** μίαν τῶν ἡμερῶν
Lk 22:15 ἐπιθυμίᾳ **ἐπεθύμησα** τοῦτο τὸ πάσχα

ἐπιθυμία (*epithymia*; 1/38) *desire*
Lk 22:15 **ἐπιθυμίᾳ** ἐπεθύμησα τοῦτο τὸ

ἐπίκειμαι (*epikeimai*; 2/7) *lie*
Lk 5:1 τῷ τὸν ὄχλον **ἐπικεῖσθαι** αὐτῷ καὶ ἀκούειν
Lk 23:23 οἱ δὲ **ἐπέκειντο** φωναῖς μεγάλαις αἰτούμενοι

ἐπικρίνω (*epikrinō*; 1/1) *decide*
Lk 23:24 Καὶ Πιλᾶτος **ἐπέκρινεν** γενέσθαι τὸ αἴτημα

ἐπιλαμβάνομαι (*epilambanomai*; 5/19) *take*
Lk 9:47 **ἐπιλαβόμενος** παιδίον ἔστησεν αὐτὸ
Lk 14:4 καὶ **ἐπιλαβόμενος** ἰάσατο αὐτὸν καὶ
Lk 20:20 ἵνα **ἐπιλάβωνται** αὐτοῦ λόγου,
Lk 20:26 καὶ οὐκ ἴσχυσαν **ἐπιλαβέσθαι** αὐτοῦ ῥήματος ἐναντίον
Lk 23:26 **ἐπιλαβόμενοι** Σίμωνά τινα Κυρηναῖον

ἐπιλανθάνομαι (*epilanthanomai*; 1/8) *forget*
Lk 12:6 αὐτῶν οὐκ ἔστιν **ἐπιλελησμένον** ἐνώπιον τοῦ θεοῦ.

ἐπιλείχω (*epileichō*; 1/1) *lick*
Lk 16:21 οἱ κύνες ἐρχόμενοι **ἐπέλειχον** τὰ ἕλκη αὐτοῦ.

ἐπιμελέομαι (*epimeleomai*; 2/3) *take care of*
Lk 10:34 εἰς πανδοχεῖον καὶ **ἐπεμελήθη** αὐτοῦ.
Lk 10:35 **ἐπιμελήθητι** αὐτοῦ,

ἐπιμελῶς (*epimelōs*; 1/1) *carefully*
Lk 15:8 οἰκίαν καὶ ζητεῖ **ἐπιμελῶς** ἕως οὗ εὕρῃ;

ἐπιούσιος (*epiousios*; 1/2) *for today*
Lk 11:3 ἄρτον ἡμῶν τὸν **ἐπιούσιον** δίδου ἡμῖν τὸ

ἐπιπίπτω (*epipiptō*; 2/11) *fall or come upon*
Lk 1:12 ἰδὼν καὶ φόβος **ἐπέπεσεν** ἐπ' αὐτόν.
Lk 15:20 ἐσπλαγχνίσθη καὶ δραμὼν **ἐπέπεσεν** ἐπὶ τὸν τράχηλον

ἐπιπορεύομαι (*epiporeuomai*; 1/1) *come to*
Lk 8:4 τῶν κατὰ πόλιν **ἐπιπορευομένων** πρὸς αὐτὸν εἶπεν

ἐπιρίπτω (*epiriptō*; 1/2) *throw on*
Lk 19:35 τὸν Ἰησοῦν καὶ **ἐπιρίψαντες** αὐτῶν τὰ ἱμάτια

ἐπισιτισμός (*episitismos*; 1/1) *food*
Lk 9:12 καταλύσωσιν καὶ εὕρωσιν **ἐπισιτισμόν**,

ἐπισκέπτομαι (*episkeptomai*; 3/11) *visit*
Lk 1:68 ὅτι **ἐπεσκέψατο** καὶ ἐποίησεν λύτρωσιν
Lk 1:78 ἐν οἷς **ἐπισκέψεται** ἡμᾶς ἀνατολὴ ἐξ
Lk 7:16 ἡμῖν καὶ ὅτι **ἐπεσκέψατο** ὁ θεὸς τὸν

ἐπισκιάζω (*episkiazō*; 2/5) *overshadow*
Lk 1:35 καὶ δύναμις ὑψίστου **ἐπισκιάσει** σοι·
Lk 9:34 ἐγένετο νεφέλη καὶ **ἐπεσκίαζεν** αὐτούς·

ἐπισκοπή (*episkopē*; 1/4) *visitation*
Lk 19:44 τὸν καιρὸν τῆς **ἐπισκοπῆς** σου.

ἐπιστάτης (*epistatēs*; 7/7) *Master*
Lk 5:5 **ἐπιστάτα**,
Lk 8:24 **ἐπιστάτα** ἐπιστάτα,
Lk 8:24 ἐπιστάτα **ἐπιστάτα**,
Lk 8:45 **ἐπιστάτα**,
Lk 9:33 **ἐπιστάτα**,
Lk 9:49 **ἐπιστάτα**,
Lk 17:13 Ἰησοῦ **ἐπιστάτα**,

ἐπιστρέφω (*epistrephō*; 7/36) *turn back*
Lk 1:16 τῶν υἱῶν Ἰσραὴλ **ἐπιστρέψει** ἐπὶ κύριον τὸν
Lk 1:17 **ἐπιστρέψαι** καρδίας πατέρων ἐπὶ
Lk 2:39 **ἐπέστρεψαν** εἰς τὴν Γαλιλαίαν
Lk 8:55 καὶ **ἐπέστρεψεν** τὸ πνεῦμα αὐτῆς
Lk 17:4 σὲ καὶ ἑπτάκις **ἐπιστρέψῃ** πρὸς σὲ λέγων·
Lk 17:31 ἀγρῷ ὁμοίως μὴ **ἐπιστρεψάτω** εἰς τὰ ὀπίσω.
Lk 22:32 καὶ σύ ποτε **ἐπιστρέψας** στήρισον τοὺς ἀδελφούς

ἐπισυνάγω (*episynagō*; 3/8) *gather*
Lk 12:1 Ἐν οἷς **ἐπισυναχθεισῶν** τῶν μυριάδων τοῦ
Lk 13:34 ποσάκις ἠθέλησα **ἐπισυνάξαι** τὰ τέκνα σου
Lk 17:37 καὶ οἱ ἀετοὶ **ἐπισυναχθήσονται**.

ἐπισχύω (*epischyō*; 1/1) *insist*
Lk 23:5 οἱ δὲ **ἐπίσχυον** λέγοντες ὅτι ἀνασείει

ἐπιτάσσω (*epitassō*; 4/10) *command*
Lk 4:36 ἐξουσίᾳ καὶ δυνάμει **ἐπιτάσσει** τοῖς ἀκαθάρτοις πνεύμασιν
Lk 8:25 καὶ τοῖς ἀνέμοις **ἐπιτάσσει** καὶ τῷ ὕδατι,
Lk 8:31 αὐτὸν ἵνα μὴ **ἐπιτάξῃ** αὐτοῖς εἰς τὴν
Lk 14:22 γέγονεν ὃ **ἐπέταξας**,

ἐπιτίθημι (*epitithēmi*; 5/38[39]) *put on*
Lk 4:40 αὐτῶν τὰς χεῖρας **ἐπιτιθεὶς** ἐθεράπευεν αὐτούς.
Lk 10:30 αὐτὸν καὶ πληγὰς **ἐπιθέντες** ἀπῆλθον ἀφέντες ἡμιθανῆ.
Lk 13:13 καὶ **ἐπέθηκεν** αὐτῇ τὰς χεῖρας·
Lk 15:5 καὶ εὑρὼν **ἐπιτίθησιν** ἐπὶ τοὺς ὤμους
Lk 23:26 ἐρχόμενον ἀπ' ἀγροῦ **ἐπέθηκαν** αὐτῷ τὸν σταυρὸν

ἐπιτιμάω (*epitimaō*; 12/29) *command, rebuke*
Lk 4:35 καὶ **ἐπετίμησεν** αὐτῷ ὁ Ἰησοῦς
Lk 4:39 ἐπιστὰς ἐπάνω αὐτῆς **ἐπετίμησεν** τῷ πυρετῷ
Lk 4:41 καὶ **ἐπιτιμῶν** οὐκ εἴα αὐτὰ
Lk 8:24 ὁ δὲ διεγερθεὶς **ἐπετίμησεν** τῷ ἀνέμῳ καὶ
Lk 9:21 ὁ δὲ **ἐπιτιμήσας** αὐτοῖς παρήγγειλεν μηδενὶ
Lk 9:42 **ἐπετίμησεν** δὲ ὁ Ἰησοῦς
Lk 9:55 στραφεὶς δὲ **ἐπετίμησεν** αὐτοῖς.
Lk 17:3 ὁ ἀδελφός σου **ἐπιτίμησον** αὐτῷ,
Lk 18:15 δὲ οἱ μαθηταὶ **ἐπετίμων** αὐτοῖς.
Lk 18:39 καὶ οἱ προάγοντες **ἐπετίμων** αὐτῷ ἵνα σιγήσῃ,
Lk 19:39 **ἐπιτίμησον** τοῖς μαθηταῖς σου.
Lk 23:40 δὲ ὁ ἕτερος **ἐπιτιμῶν** αὐτῷ ἔφη·

ἐπιτρέπω (*epitrepō*; 4/18) *permit, let*
Lk 8:32 παρεκάλεσαν αὐτὸν ἵνα **ἐπιτρέψῃ** αὐτοῖς εἰς ἐκείνους
Lk 8:32 καὶ **ἐπέτρεψεν** αὐτοῖς.
Lk 9:59 [κύριε] **ἐπίτρεψόν** μοι ἀπελθόντι πρῶτον
Lk 9:61 πρῶτον δὲ **ἐπίτρεψόν** μοι ἀποτάξασθαι τοῖς

ἐπίτροπος (*epitropos*; 1/3) *steward*
Lk 8:3 Ἰωάννα γυνὴ Χουζᾶ **ἐπιτρόπου** Ἡρῴδου καὶ Σουσάννα

ἐπιφαίνω (*epiphainō*; 1/4) *appear*
Lk 1:79 **ἐπιφᾶναι** τοῖς ἐν σκότει

ἐπιφωνέω (*epiphōneō*; 1/4) *shout*
Lk 23:21 οἱ δὲ **ἐπεφώνουν** λέγοντες·

ἐπιφώσκω (*epiphōskō*; 1/2) *dawn*
Lk 23:54 παρασκευῆς καὶ σάββατον **ἐπέφωσκεν**.

ἐπιχειρέω (*epicheireō*; 1/3) *undertake*
Lk 1:1 ἐπειδήπερ πολλοὶ **ἐπεχείρησαν** ἀνατάξασθαι διήγησιν περὶ

ἐπιχέω (*epicheō*; 1/1) *pour on*
Lk 10:34 τὰ τραύματα αὐτοῦ **ἐπιχέων** ἔλαιον καὶ οἶνον,

ἑπτά (*hepta*; 6/87[88]) *seven*
Lk 2:36 μετὰ ἀνδρὸς ἔτη **ἑπτὰ** ἀπὸ τῆς παρθενίας
Lk 8:2 ἀφ' ἧς δαιμόνια **ἑπτὰ** ἐξεληλύθει,
Lk 11:26 πνεύματα πονηρότερα ἑαυτοῦ **ἑπτὰ** καὶ εἰσελθόντα κατοικεῖ
Lk 20:29 **ἑπτὰ** οὖν ἀδελφοὶ ἦσαν·
Lk 20:31 δὲ καὶ οἱ **ἑπτὰ** οὐ κατέλιπον τέκνα
Lk 20:33 οἱ γὰρ **ἑπτὰ** ἔσχον αὐτὴν γυναῖκα.

ἑπτάκις (*heptakis*; 2/4) *seven times*
Lk 17:4 καὶ ἐὰν **ἑπτάκις** τῆς ἡμέρας ἁμαρτήσῃ
Lk 17:4 εἰς σὲ καὶ **ἑπτάκις** ἐπιστρέψῃ πρὸς σὲ

ἐργάζομαι (*ergazomai*; 1/41) *work*
Lk 13:14 ἐν αἷς δεῖ **ἐργάζεσθαι**·

ἐργασία (*ergasia*; 1/6) *gain*
Lk 12:58 τῇ ὁδῷ δὸς **ἐργασίαν** ἀπηλλάχθαι ἀπ' αὐτοῦ,

ἐργάτης (*ergatēs*; 4/16) *laborer*
Lk 10:2 οἱ δὲ **ἐργάται** ὀλίγοι·
Lk 10:2 τοῦ θερισμοῦ ὅπως **ἐργάτας** ἐκβάλῃ εἰς τὸν
Lk 10:7 ἄξιος γὰρ ὁ **ἐργάτης** τοῦ μισθοῦ αὐτοῦ.
Lk 13:27 ἀπ' ἐμοῦ πάντες **ἐργάται** ἀδικίας.

ἔργον (*ergon*; 2/169) *work*

Lk 11:48 καὶ συνευδοκεῖτε τοῖς **ἔργοις** τῶν πατέρων ὑμῶν,
Lk 24:19 προφήτης δυνατὸς ἐν **ἔργῳ** καὶ λόγῳ ἐναντίον

ἔρημος (*erēmos*; 10/48) *desert*

Lk 1:80 ἦν ἐν ταῖς **ἐρήμοις** ἕως ἡμέρας ἀναδείξεως
Lk 3:2 υἱὸν ἐν τῇ **ἐρήμῳ**.
Lk 3:4 βοῶντος ἐν τῇ **ἐρήμῳ**·
Lk 4:1 πνεύματι ἐν τῇ **ἐρήμῳ**
Lk 4:42 ἐξελθὼν ἐπορεύθη εἰς **ἔρημον** τόπον·
Lk 5:16 ὑποχωρῶν ἐν ταῖς **ἐρήμοις** καὶ προσευχόμενος.
Lk 7:24 ἐξήλθατε εἰς τὴν **ἔρημον** θεάσασθαι;
Lk 8:29 δαιμονίου εἰς τὰς **ἐρήμους**.
Lk 9:12 ὅτι ὧδε ἐν **ἐρήμῳ** τόπῳ ἐσμέν.
Lk 15:4 ἐννέα ἐν τῇ **ἐρήμῳ** καὶ πορεύεται ἐπὶ

ἐρημόω (*erēmoō*; 1/5) *make waste or desolate*

Lk 11:17 ἐφ' ἑαυτὴν διαμερισθεῖσα **ἐρημοῦται** καὶ οἶκος ἐπὶ

ἐρήμωσις (*erēmōsis*; 1/3) *desolation*

Lk 21:20 ὅτι ἤγγικεν ἡ **ἐρήμωσις** αὐτῆς.

ἔριφος (*eriphos*; 1/2) *goat*

Lk 15:29 ἐμοὶ οὐδέποτε ἔδωκας **ἔριφον** ἵνα μετὰ τῶν

ἔρχομαι (*erchomai*; 101/631[632]) *come, go*

Lk 1:43 μοι τοῦτο ἵνα **ἔλθῃ** ἡ μήτηρ τοῦ
Lk 1:59 ἡμέρᾳ τῇ ὀγδόῃ **ἦλθον** περιτεμεῖν τὸ παιδίον
Lk 2:16 καὶ **ἦλθαν** σπεύσαντες καὶ ἀνεῦραν
Lk 2:27 καὶ **ἦλθεν** ἐν τῷ πνεύματι
Lk 2:44 ἐν τῇ συνοδίᾳ **ἦλθον** ἡμέρας ὁδὸν καὶ
Lk 2:51 μετ' αὐτῶν καὶ **ἦλθεν** εἰς Ναζαρὲθ καὶ
Lk 3:3 καὶ **ἦλθεν** εἰς πᾶσαν [τὴν]
Lk 3:12 **ἦλθον** δὲ καὶ τελῶναι
Lk 3:16 **ἔρχεται** δὲ ὁ ἰσχυρότερός
Lk 4:16 Καὶ **ἦλθεν** εἰς Ναζαρά,
Lk 4:34 **ἦλθες** ἀπολέσαι ἡμᾶς;
Lk 4:42 ἐπεζήτουν αὐτὸν καὶ **ἦλθον** ἕως αὐτοῦ καὶ
Lk 5:7 ἑτέρῳ πλοίῳ τοῦ **ἐλθόντας** συλλαβέσθαι αὐτοῖς·
Lk 5:7 καὶ **ἦλθον** καὶ ἔπλησαν ἀμφότερα
Lk 5:17 νομοδιδάσκαλοι οἳ ἦσαν **ἐληλυθότες** ἐκ πάσης κώμης
Lk 5:32 οὐκ **ἐλήλυθα** καλέσαι δικαίους ἀλλὰ
Lk 5:35 **ἐλεύσονται** δὲ ἡμέραι,
Lk 6:18 οἳ **ἦλθον** ἀκοῦσαι αὐτοῦ καὶ
Lk 6:47 Πᾶς ὁ **ἐρχόμενος** πρός με καὶ
Lk 7:3 ἐρωτῶν αὐτὸν ὅπως **ἐλθὼν** διασώσῃ τὸν δοῦλον
Lk 7:7 ἠξίωσα πρὸς σὲ **ἐλθεῖν**·
Lk 7:8 **ἔρχου**,
Lk 7:8 καὶ **ἔρχεται**,
Lk 7:19 σὺ εἶ ὁ **ἐρχόμενος** ἢ ἄλλον προσδοκῶμεν;
Lk 7:20 σὺ εἶ ὁ **ἐρχόμενος** ἢ ἄλλον προσδοκῶμεν;
Lk 7:33 **ἐλήλυθεν** γὰρ Ἰωάννης ὁ
Lk 7:34 **ἐλήλυθεν** ὁ υἱὸς τοῦ
Lk 8:12 εἶτα **ἔρχεται** ὁ διάβολος καὶ
Lk 8:17 καὶ εἰς φανερὸν **ἔλθῃ**.
Lk 8:35 τὸ γεγονὸς καὶ **ἦλθον** πρὸς τὸν Ἰησοῦν
Lk 8:41 καὶ ἰδοὺ **ἦλθεν** ἀνὴρ ᾧ ὄνομα
Lk 8:47 τρέμουσα **ἦλθεν** καὶ προσπεσοῦσα αὐτῷ
Lk 8:49 Ἔτι αὐτοῦ λαλοῦντος **ἔρχεταί** τις παρὰ τοῦ
Lk 8:51 **ἐλθὼν** δὲ εἰς τὴν
Lk 9:23 θέλει ὀπίσω μου **ἔρχεσθαι**,
Lk 9:26 ὅταν **ἔλθῃ** ἐν τῇ δόξῃ
Lk 10:1 οὗ ἤμελλεν αὐτὸς **ἔρχεσθαι**.
Lk 10:32 κατὰ τὸν τόπον **ἐλθὼν** καὶ ἰδὼν ἀντιπαρῆλθεν.
Lk 10:33 δέ τις ὁδεύων **ἦλθεν** κατ' αὐτὸν καὶ
Lk 11:2 **ἐλθέτω** ἡ βασιλεία σου·
Lk 11:25 καὶ **ἐλθὸν** εὑρίσκει σεσαρωμένον καὶ
Lk 11:31 ὅτι **ἦλθεν** ἐκ τῶν περάτων
Lk 12:36 ἵνα **ἐλθόντος** καὶ κρούσαντος εὐθέως
Lk 12:37 οὓς **ἐλθὼν** ὁ κύριος εὑρήσει
Lk 12:38 τῇ τρίτῃ φυλακῇ **ἔλθῃ** καὶ εὕρῃ οὕτως,
Lk 12:39 ὥρᾳ ὁ κλέπτης **ἔρχεται**,
Lk 12:40 υἱὸς τοῦ ἀνθρώπου **ἔρχεται**.
Lk 12:43 ὃν **ἐλθὼν** ὁ κύριος αὐτοῦ
Lk 12:45 ὁ κύριός μου **ἔρχεσθαι**,
Lk 12:49 Πῦρ **ἦλθον** βαλεῖν ἐπὶ τὴν
Lk 12:54 λέγετε ὅτι ὄμβρος **ἔρχεται**,
Lk 13:6 καὶ **ἦλθεν** ζητῶν καρπὸν ἐν
Lk 13:7 ἔτη ἀφ' οὗ **ἔρχομαι** ζητῶν καρπὸν ἐν
Lk 13:14 ἐν αὐταῖς οὖν **ἐρχόμενοι** θεραπεύεσθε καὶ
Lk 13:35 εὐλογημένος ὁ **ἐρχόμενος** ἐν ὀνόματι κυρίου.
Lk 14:1 ἐγένετο ἐν τῷ **ἐλθεῖν** αὐτὸν εἰς οἶκόν
Lk 14:9 καὶ **ἐλθὼν** ὁ σὲ καὶ
Lk 14:10 ἵνα ὅταν **ἔλθῃ** ὁ κεκληκώς σε
Lk 14:17 **ἔρχεσθε**,
Lk 14:20 τοῦτο οὐ δύναμαι **ἐλθεῖν**.
Lk 14:26 εἴ τις **ἔρχεται** πρός με καὶ
Lk 14:27 σταυρὸν ἑαυτοῦ καὶ **ἔρχεται** ὀπίσω μου,
Lk 14:31 μετὰ εἴκοσι χιλιάδων **ἐρχομένῳ** ἐπ' αὐτόν;
Lk 15:6 καὶ **ἐλθὼν** εἰς τὸν οἶκον
Lk 15:17 εἰς ἑαυτὸν δὲ **ἐλθὼν** ἔφη·
Lk 15:20 καὶ ἀναστὰς **ἦλθεν** πρὸς τὸν πατέρα
Lk 15:25 καὶ ὡς **ἐρχόμενος** ἤγγισεν τῇ οἰκίᾳ,
Lk 15:30 βίον μετὰ πορνῶν **ἦλθεν**,
Lk 16:21 καὶ οἱ κύνες **ἐρχόμενοι** ἐπέλειχον τὰ ἕλκη
Lk 16:28 μὴ καὶ αὐτοὶ **ἔλθωσιν** εἰς τὸν τόπον
Lk 17:1 τὰ σκάνδαλα μὴ **ἐλθεῖν**,
Lk 17:1 οὐαὶ δι' οὗ **ἔρχεται**·
Lk 17:20 τῶν Φαρισαίων πότε **ἔρχεται** ἡ βασιλεία τοῦ
Lk 17:20 οὐκ **ἔρχεται** ἡ βασιλεία τοῦ
Lk 17:22 **ἐλεύσονται** ἡμέραι ὅτε ἐπιθυμήσετε
Lk 17:27 τὴν κιβωτὸν καὶ **ἦλθεν** ὁ κατακλυσμὸς καὶ
Lk 18:3 πόλει ἐκείνῃ καὶ **ἤρχετο** πρὸς αὐτὸν λέγουσα·
Lk 18:5 μὴ εἰς τέλος **ἐρχομένη** ὑπωπιάζῃ με.
Lk 18:8 υἱὸς τοῦ ἀνθρώπου **ἐλθὼν** ἆρα εὑρήσει τὴν
Lk 18:16 ἄφετε τὰ παιδία **ἔρχεσθαι** πρός με καὶ
Lk 18:30 τῷ αἰῶνι τῷ **ἐρχομένῳ** ζωὴν αἰώνιον.
Lk 19:5 καὶ ὡς **ἦλθεν** ἐπὶ τὸν τόπον,
Lk 19:10 **ἦλθεν** γὰρ ὁ υἱὸς
Lk 19:13 πραγματεύσασθε ἐν ᾧ **ἔρχομαι**.
Lk 19:18 καὶ **ἦλθεν** ὁ δεύτερος λέγων·
Lk 19:20 καὶ ὁ ἕτερος **ἦλθεν** λέγων·
Lk 19:23 κἀγὼ **ἐλθὼν** σὺν τόκῳ ἂν
Lk 19:38 εὐλογημένος ὁ **ἐρχόμενος**,
Lk 20:16 **ἐλεύσεται** καὶ ἀπολέσει τοὺς

Lk 21:6 ταῦτα ἃ θεωρεῖτε **ἐλεύσονται** ἡμέραι ἐν αἷς
Lk 21:8 πολλοὶ γὰρ **ἐλεύσονται** ἐπὶ τῷ ὀνόματί
Lk 21:27 υἱὸν τοῦ ἀνθρώπου **ἐρχόμενον** ἐν νεφέλῃ
Lk 22:7 **Ἦλθεν** δὲ ἡ ἡμέρα
Lk 22:18 βασιλεία τοῦ θεοῦ **ἔλθῃ**.
Lk 22:45 ἀπὸ τῆς προσευχῆς **ἐλθὼν** πρὸς τοὺς μαθητὰς
Lk 23:26 Σίμωνά τινα Κυρηναῖον **ἐρχόμενον** ἀπ' ἀγροῦ ἐπέθηκαν
Lk 23:29 ὅτι ἰδοὺ **ἔρχονται** ἡμέραι ἐν αἷς
Lk 23:33 Καὶ ὅτε **ἦλθον** ἐπὶ τὸν τόπον
Lk 23:42 μνήσθητί μου ὅταν **ἔλθῃς** εἰς τὴν βασιλείαν
Lk 24:1 ἐπὶ τὸ μνῆμα **ἦλθον** φέρουσαι ἃ ἡτοίμασαν
Lk 24:23 τὸ σῶμα αὐτοῦ **ἦλθον** λέγουσαι καὶ ὀπτασίαν

ἐρωτάω (*erōtaō*; 15/62[63]) *ask*

Lk 4:38 πυρετῷ μεγάλῳ καὶ **ἠρώτησαν** αὐτὸν περὶ αὐτῆς.
Lk 5:3 **ἠρώτησεν** αὐτὸν ἀπὸ τῆς
Lk 7:3 πρεσβυτέρους τῶν Ἰουδαίων **ἐρωτῶν** αὐτὸν ὅπως ἐλθὼν
Lk 7:36 **Ἠρώτα** δέ τις αὐτὸν
Lk 8:37 καὶ **ἠρώτησεν** αὐτὸν ἅπαν τὸ
Lk 9:45 καὶ ἐφοβοῦντο **ἐρωτῆσαι** αὐτὸν περὶ τοῦ
Lk 11:37 δὲ τῷ λαλῆσαι **ἐρωτᾷ** αὐτὸν Φαρισαῖος ὅπως
Lk 14:18 **ἐρωτῶ** σε,
Lk 14:19 **ἐρωτῶ** σε,
Lk 14:32 ὄντος πρεσβείαν ἀποστείλας **ἐρωτᾷ** τὰ πρὸς εἰρήνην.
Lk 16:27 **ἐρωτῶ** σε οὖν,
Lk 19:31 ἐάν τις ὑμᾶς **ἐρωτᾷ**·
Lk 20:3 **ἐρωτήσω** ὑμᾶς κἀγὼ λόγον,
Lk 22:68 ἐὰν δὲ **ἐρωτήσω**,
Lk 23:3 ὁ δὲ Πιλᾶτος **ἠρώτησεν** αὐτὸν λέγων·

ἐσθής (*esthēs*; 2/8) *clothing*

Lk 23:11 καὶ ἐμπαίξας περιβαλὼν **ἐσθῆτα** λαμπρὰν ἀνέπεμψεν αὐτὸν
Lk 24:4 ἐπέστησαν αὐταῖς ἐν **ἐσθῆτι** ἀστραπτούσῃ.

ἐσθίω (*esthiō*; 33/158) *eat*

Lk 4:2 Καὶ οὐκ **ἔφαγεν** οὐδὲν ἐν ταῖς
Lk 5:30 τελωνῶν καὶ ἁμαρτωλῶν **ἐσθίετε** καὶ πίνετε;
Lk 5:33 οἱ δὲ σοὶ **ἐσθίουσιν** καὶ πίνουσιν.
Lk 6:1 μαθηταὶ αὐτοῦ καὶ **ἤσθιον** τοὺς στάχυας ψώχοντες
Lk 6:4 τῆς προθέσεως λαβὼν **ἔφαγεν** καὶ ἔδωκεν
Lk 6:4 οὓς οὐκ ἔξεστιν **φαγεῖν** εἰ μὴ μόνους
Lk 7:33 ὁ βαπτιστὴς μὴ **ἐσθίων** ἄρτον μήτε πίνων
Lk 7:34 υἱὸς τοῦ ἀνθρώπου **ἐσθίων** καὶ πίνων,
Lk 7:36 τῶν Φαρισαίων ἵνα **φάγῃ** μετ' αὐτοῦ,
Lk 8:55 διέταξεν αὐτῇ δοθῆναι **φαγεῖν**.
Lk 9:13 δότε αὐτοῖς ὑμεῖς **φαγεῖν**.
Lk 9:17 καὶ **ἔφαγον** καὶ ἐχορτάσθησαν πάντες,
Lk 10:7 τῇ οἰκίᾳ μένετε **ἐσθίοντες** καὶ πίνοντες τὰ
Lk 10:8 **ἐσθίετε** τὰ παρατιθέμενα ὑμῖν
Lk 12:19 **φάγε**,
Lk 12:22 τῇ ψυχῇ τί **φάγητε**,
Lk 12:29 μὴ ζητεῖτε τί **φάγητε** καὶ τί πίητε
Lk 12:45 **ἐσθίειν** τε καὶ πίνειν
Lk 13:26 **ἐφάγομεν** ἐνώπιόν σου καὶ
Lk 14:1 [τῶν] Φαρισαίων σαββάτῳ **φαγεῖν** ἄρτον καὶ αὐτοὶ
Lk 14:15 μακάριος ὅστις **φάγεται** ἄρτον ἐν τῇ
Lk 15:16 τῶν κερατίων ὧν **ἤσθιον** οἱ χοῖροι,
Lk 15:23 καὶ **φαγόντες** εὐφρανθῶμεν,
Lk 17:8 διακόνει μοι ἕως **φάγω** καὶ πίω,
Lk 17:8 καὶ μετὰ ταῦτα **φάγεσαι** καὶ πίεσαι σύ;
Lk 17:27 **ἤσθιον**,
Lk 17:28 **ἤσθιον**,
Lk 22:8 τὸ πάσχα ἵνα **φάγωμεν**.
Lk 22:11 τῶν μαθητῶν μου **φάγω**;
Lk 22:15 τοῦτο τὸ πάσχα **φαγεῖν** μεθ' ὑμῶν πρὸ
Lk 22:16 ὅτι οὐ μὴ **φάγω** αὐτὸ ἕως ὅτου
Lk 22:30 ἵνα **ἔσθητε** καὶ πίνητε ἐπὶ
Lk 24:43 λαβὼν ἐνώπιον αὐτῶν **ἔφαγεν**.

Ἑσλί (*Hesli*; 1/1) *Esli*

Lk 3:25 τοῦ Ναοὺμ τοῦ **Ἑσλὶ** τοῦ Ναγγαὶ

ἑσπέρα (*hespera*; 1/3) *evening*

Lk 24:29 ὅτι πρὸς **ἑσπέραν** ἐστὶν καὶ κέκλικεν

Ἑσρώμ (*Hesrōm*; 1/3) *Hezron*

Lk 3:33 τοῦ Ἀρνὶ τοῦ **Ἑσρὼμ** τοῦ Φάρες τοῦ

ἔσχατος (*eschatos*; 6/52) *last*

Lk 11:26 καὶ γίνεται τὰ **ἔσχατα** τοῦ ἀνθρώπου ἐκείνου
Lk 12:59 ἕως καὶ τὸ **ἔσχατον** λεπτὸν ἀποδῷς.
Lk 13:30 καὶ ἰδοὺ εἰσὶν **ἔσχατοι** οἳ ἔσονται πρῶτοι
Lk 13:30 πρῶτοι οἳ ἔσονται **ἔσχατοι**.
Lk 14:9 μετὰ αἰσχύνης τὸν **ἔσχατον** τόπον κατέχειν.
Lk 14:10 ἀνάπεσε εἰς τὸν **ἔσχατον** τόπον,

ἔσωθεν (*esōthen*; 3/12) *within*

Lk 11:7 κἀκεῖνος **ἔσωθεν** ἀποκριθεὶς εἴπῃ,
Lk 11:39 τὸ δὲ ἔσωθεν **ὑμῶν** γέμει ἁρπαγῆς καὶ
Lk 11:40 ἔξωθεν καὶ τὸ **ἔσωθεν** ἐποίησεν;

ἕτερος (*heteros*; 32/97[98]) *other*

Lk 3:18 μὲν οὖν καὶ **ἕτερα** παρακαλῶν εὐηγγελίζετο
Lk 4:43 ὅτι καὶ ταῖς **ἑτέραις** πόλεσιν εὐαγγελίσασθαί με
Lk 5:7 μετόχοις ἐν τῷ **ἑτέρῳ** πλοίῳ τοῦ ἐλθόντας
Lk 6:6 Ἐγένετο δὲ ἐν **ἑτέρῳ** σαββάτῳ εἰσελθεῖν αὐτὸν
Lk 7:41 ὁ δὲ **ἕτερος** πεντήκοντα.
Lk 8:3 καὶ Σουσάννα καὶ **ἕτεραι** πολλαί,
Lk 8:6 καὶ **ἕτερον** κατέπεσεν ἐπὶ τὴν
Lk 8:7 καὶ **ἕτερον** ἔπεσεν ἐν μέσῳ
Lk 8:8 καὶ **ἕτερον** ἔπεσεν εἰς τὴν
Lk 9:29 τοῦ προσώπου αὐτοῦ **ἕτερον** καὶ ὁ ἱματισμὸς
Lk 9:56 καὶ ἐπορεύθησαν εἰς **ἑτέραν** κώμην.
Lk 9:59 Εἶπεν δὲ πρὸς **ἕτερον**·
Lk 9:61 Εἶπεν δὲ καὶ **ἕτερος**·
Lk 10:1 ἀνέδειξεν ὁ κύριος **ἑτέρους** ἑβδομήκοντα [δύο] καὶ
Lk 11:16 **ἕτεροι** δὲ πειράζοντες σημεῖον
Lk 11:26 πορεύεται καὶ παραλαμβάνει **ἕτερα** πνεύματα πονηρότερα ἑαυτοῦ
Lk 14:19 καὶ **ἕτερος** εἶπεν·
Lk 14:20 καὶ **ἕτερος** εἶπεν,

Lk 14:31 τίς βασιλεὺς πορευόμενος **ἑτέρῳ** βασιλεῖ συμβαλεῖν εἰς
Lk 16:7 ἔπειτα **ἑτέρῳ** εἶπεν·
Lk 16:13 μισήσει καὶ τὸν **ἕτερον** ἀγαπήσει,
Lk 16:13 ἀνθέξεται καὶ τοῦ **ἑτέρου** καταφρονήσει.
Lk 16:18 αὐτοῦ καὶ γαμῶν **ἑτέραν** μοιχεύει,
Lk 17:34 παραλημφθήσεται καὶ ὁ **ἕτερος** ἀφεθήσεται·
Lk 17:35 ἡ δὲ **ἑτέρα** ἀφεθήσεται.
Lk 18:10 Φαρισαῖος καὶ ὁ **ἕτερος** τελώνης.
Lk 19:20 καὶ ὁ **ἕτερος** ἦλθεν λέγων·
Lk 20:11 καὶ προσέθετο **ἕτερον** πέμψαι δοῦλον·
Lk 22:58 καὶ μετὰ βραχὺ **ἕτερος** ἰδὼν αὐτὸν ἔφη·
Lk 22:65 καὶ **ἕτερα** πολλὰ βλασφημοῦντες ἔλεγον
Lk 23:32 Ἤγοντο δὲ καὶ **ἕτεροι** κακοῦργοι δύο σὺν
Lk 23:40 ἀποκριθεὶς δὲ ὁ **ἕτερος** ἐπιτιμῶν αὐτῷ ἔφη·

ἔτι (*eti*; 16/93) *still*

Lk 1:15 πνεύματος ἁγίου πλησθήσεται **ἔτι** ἐκ κοιλίας μητρὸς
Lk 8:49 **Ἔτι** αὐτοῦ λαλοῦντος ἔρχεταί
Lk 9:42 **ἔτι** δὲ προσερχομένου αὐτοῦ
Lk 14:22 καὶ **ἔτι** τόπος ἐστίν.
Lk 14:26 καὶ τὰς ἀδελφὰς **ἔτι** τε καὶ τὴν
Lk 14:32 **ἔτι** αὐτοῦ πόρρω ὄντος
Lk 15:20 **Ἔτι** δὲ αὐτοῦ μακρὰν
Lk 16:2 οὐ γὰρ δύνῃ **ἔτι** οἰκονομεῖν.
Lk 18:22 **ἔτι** ἕν σοι λείπει·
Lk 20:36 οὐδὲ γὰρ ἀποθανεῖν **ἔτι** δύνανται,
Lk 22:47 **Ἔτι** αὐτοῦ λαλοῦντος ἰδοὺ
Lk 22:60 καὶ παραχρῆμα **ἔτι** λαλοῦντος αὐτοῦ ἐφώνησεν
Lk 22:71 τί **ἔτι** ἔχομεν μαρτυρίας χρείαν;
Lk 24:6 ὡς ἐλάλησεν ὑμῖν **ἔτι** ὢν ἐν τῇ
Lk 24:41 **ἔτι** δὲ ἀπιστούντων αὐτῶν
Lk 24:44 ἐλάλησα πρὸς ὑμᾶς **ἔτι** ὢν σὺν ὑμῖν,

ἑτοιμάζω (*hetoimazō*; 14/40) *prepare*

Lk 1:17 **ἑτοιμάσαι** κυρίῳ λαὸν κατεσκευασμένον.
Lk 1:76 γὰρ ἐνώπιον κυρίου **ἑτοιμάσαι** ὁδοὺς αὐτοῦ,
Lk 2:31 ὃ **ἡτοίμασας** κατὰ πρόσωπον πάντων
Lk 3:4 **ἑτοιμάσατε** τὴν ὁδὸν κυρίου,
Lk 9:52 κώμην Σαμαριτῶν ὡς **ἑτοιμάσαι** αὐτῷ·
Lk 12:20 ἃ δὲ ἡτοίμασας,
Lk 12:47 αὐτοῦ καὶ μὴ **ἑτοιμάσας** ἢ ποιήσας πρὸς
Lk 17:8 **ἑτοίμασον** τί δειπνήσω καὶ
Lk 22:8 πορευθέντες **ἑτοιμάσατε** ἡμῖν τὸ πάσχα
Lk 22:9 ποῦ θέλεις **ἑτοιμάσωμεν**;
Lk 22:12 ἐκεῖ **ἑτοιμάσατε**.
Lk 22:13 εἰρήκει αὐτοῖς καὶ **ἡτοίμασαν** τὸ πάσχα.
Lk 23:56 ὑποστρέψασαι δὲ **ἡτοίμασαν** ἀρώματα καὶ μύρα.
Lk 24:1 ἦλθον φέρουσαι ἃ **ἡτοίμασαν** ἀρώματα.

ἕτοιμος (*hetoimos*; 3/17) *ready*

Lk 12:40 καὶ ὑμεῖς γίνεσθε **ἕτοιμοι**,
Lk 14:17 ὅτι ἤδη **ἕτοιμά** ἐστιν.
Lk 22:33 μετὰ σοῦ **ἕτοιμός** εἰμι καὶ εἰς

ἔτος (*etos*; 15/49) *year*

Lk 2:36 ζήσασα μετὰ ἀνδρὸς **ἔτη** ἑπτὰ ἀπὸ τῆς
Lk 2:37 αὐτὴ χήρα ἕως **ἐτῶν** ὀγδοήκοντα τεσσάρων,
Lk 2:41 γονεῖς αὐτοῦ κατ' **ἔτος** εἰς Ἰερουσαλὴμ τῇ
Lk 2:42 Καὶ ὅτε ἐγένετο **ἐτῶν** δώδεκα,
Lk 3:1 Ἐν **ἔτει** δὲ πεντεκαιδεκάτῳ τῆς
Lk 3:23 Ἰησοῦς ἀρχόμενος ὡσεὶ **ἐτῶν** τριάκοντα,
Lk 4:25 ὁ οὐρανὸς ἐπὶ **ἔτη** τρία καὶ μῆνας
Lk 8:42 ἦν αὐτῷ ὡς **ἐτῶν** δώδεκα καὶ αὐτὴ
Lk 8:43 ῥύσει αἵματος ἀπὸ **ἐτῶν** δώδεκα,
Lk 12:19 ἀγαθὰ κείμενα εἰς **ἔτη** πολλά·
Lk 13:7 ἰδοὺ τρία **ἔτη** ἀφ' οὗ ἔρχομαι
Lk 13:8 καὶ τοῦτο τὸ **ἔτος**,
Lk 13:11 πνεῦμα ἔχουσα ἀσθενείας **ἔτη** δεκαοκτὼ καὶ ἦν
Lk 13:16 δέκα καὶ ὀκτὼ **ἔτη**,
Lk 15:29 ἰδοὺ τοσαῦτα **ἔτη** δουλεύω σοι καὶ

εὐαγγελίζω (*euangelizō*; 10/54) *bring good news*

Lk 1:19 πρὸς σὲ καὶ **εὐαγγελίσασθαί** σοι ταῦτα·
Lk 2:10 ἰδοὺ γὰρ **εὐαγγελίζομαι** ὑμῖν χαρὰν μεγάλην
Lk 3:18 καὶ ἕτερα παρακαλῶν **εὐηγγελίζετο** τὸν λαόν.
Lk 4:18 εἵνεκεν ἔχρισέν με **εὐαγγελίσασθαι** πτωχοῖς,
Lk 4:43 ταῖς ἑτέραις πόλεσιν **εὐαγγελίσασθαί** με δεῖ
Lk 7:22 πτωχοὶ **εὐαγγελίζονται**·
Lk 8:1 κώμην κηρύσσων καὶ **εὐαγγελιζόμενος** τὴν βασιλείαν τοῦ
Lk 9:6 κατὰ τὰς κώμας **εὐαγγελιζόμενοι** καὶ θεραπεύοντες πανταχοῦ.
Lk 16:16 βασιλεία τοῦ θεοῦ **εὐαγγελίζεται** καὶ πᾶς
Lk 20:1 τῷ ἱερῷ καὶ **εὐαγγελιζομένου** ἐπέστησαν οἱ ἀρχιερεῖς

εὖγε (*euge*; 1/1) *well done*

Lk 19:17 **εὖγε**,

εὐγενής (*eugenēs*; 1/3) *of high or noble birth*

Lk 19:12 ἄνθρωπός τις **εὐγενὴς** ἐπορεύθη εἰς χώραν

εὐδοκέω (*eudokeō*; 2/21) *be pleased*

Lk 3:22 ἐν σοὶ **εὐδόκησα**.
Lk 12:32 ὅτι **εὐδόκησεν** ὁ πατὴρ ὑμῶν

εὐδοκία (*eudokia*; 2/9) *good will, pleasure*

Lk 2:14 εἰρήνη ἐν ἀνθρώποις **εὐδοκίας**.
Lk 10:21 ὅτι οὕτως **εὐδοκία** ἐγένετο ἔμπροσθέν σου.

εὐεργέτης (*euergetēs*; 1/1) *benefactor*

Lk 22:25 οἱ ἐξουσιάζοντες αὐτῶν **εὐεργέται** καλοῦνται.

εὔθετος (*euthetos*; 2/3) *fit, suitable*

Lk 9:62 εἰς τὰ ὀπίσω **εὔθετός** ἐστιν τῇ βασιλείᾳ
Lk 14:35 οὔτε εἰς κοπρίαν **εὔθετόν** ἐστιν,

εὐθέως (*eutheōs*; 6/36) *immediately*

Lk 5:13 καὶ **εὐθέως** ἡ λέπρα ἀπῆλθεν
Lk 12:36 ἐλθόντος καὶ κρούσαντος **εὐθέως** ἀνοίξωσιν αὐτῷ.
Lk 12:54 **εὐθέως** λέγετε ὅτι ὄμβρος
Lk 14:5 καὶ οὐκ εὐθέως **ἀνασπάσει** αὐτὸν ἐν ἡμέρᾳ
Lk 17:7 **εὐθέως** παρελθὼν ἀνάπεσε,
Lk 21:9 ἀλλ' οὐκ **εὐθέως** τὸ τέλος.

εὐθύς (*euthys*; 3/59) *immediately*

Lk 3:4 **εὐθείας** ποιεῖτε τὰς τρίβους
Lk 3:5 τὰ σκολιὰ εἰς **εὐθείαν** καὶ αἱ τραχεῖαι
Lk 6:49 καὶ **εὐθὺς** συνέπεσεν καὶ ἐγένετο

εὐκαιρία (*eukairia*; 1/2) *opportune moment*

Lk 22:6 καὶ ἐζήτει **εὐκαιρίαν** τοῦ παραδοῦναι αὐτὸν

εὔκοπος (*eukopos*; 3/7) *easy*

Lk 5:23 τί ἐστιν **εὐκοπώτερον**,
Lk 16:17 **εὐκοπώτερον** δέ ἐστιν τὸν
Lk 18:25 **εὐκοπώτερον** γάρ ἐστιν κάμηλον

εὐλαβής (*eulabēs*; 1/4) *devout*

Lk 2:25 οὗτος δίκαιος καὶ **εὐλαβὴς** προσδεχόμενος παράκλησιν τοῦ

εὐλογέω (*eulogeō*; 13/41) *bless*

Lk 1:42 **εὐλογημένη** σὺ ἐν γυναιξὶν
Lk 1:42 ἐν γυναιξὶν καὶ **εὐλογημένος** ὁ καρπὸς τῆς
Lk 1:64 καὶ ἐλάλει **εὐλογῶν** τὸν θεόν.
Lk 2:28 τὰς ἀγκάλας καὶ **εὐλόγησεν** τὸν θεὸν καὶ
Lk 2:34 καὶ **εὐλόγησεν** αὐτοὺς Συμεὼν καὶ
Lk 6:28 **εὐλογεῖτε** τοὺς καταρωμένους ὑμᾶς,
Lk 9:16 εἰς τὸν οὐρανὸν **εὐλόγησεν** αὐτοὺς καὶ κατέκλασεν
Lk 13:35 **εὐλογημένος** ὁ ἐρχόμενος ἐν
Lk 19:38 **εὐλογημένος** ὁ ἐρχόμενος,
Lk 24:30 λαβὼν τὸν ἄρτον **εὐλόγησεν** καὶ κλάσας ἐπεδίδου
Lk 24:50 τὰς χεῖρας αὐτοῦ **εὐλόγησεν** αὐτούς.
Lk 24:51 ἐγένετο ἐν τῷ **εὐλογεῖν** αὐτὸν αὐτοὺς διέστη
Lk 24:53 ἐν τῷ ἱερῷ **εὐλογοῦντες** τὸν θεόν.

εὐλογητός (*eulogētos*; 1/8) *blessed*

Lk 1:68 **Εὐλογητὸς** κύριος ὁ θεὸς

εὑρίσκω (*heuriskō*; 45/176) *find*

Lk 1:30 **εὗρες** γὰρ χάριν παρὰ
Lk 2:12 **εὑρήσετε** βρέφος ἐσπαργανωμένον καὶ
Lk 2:45 καὶ μὴ **εὑρόντες** ὑπέστρεψαν εἰς Ἰερουσαλὴμ
Lk 2:46 μετὰ ἡμέρας τρεῖς **εὗρον** αὐτὸν ἐν τῷ
Lk 4:17 ἀναπτύξας τὸ βιβλίον **εὗρεν** τὸν τόπον οὗ
Lk 5:19 καὶ μὴ **εὑρόντες** ποίας εἰσενέγκωσιν αὐτὸν
Lk 6:7 ἵνα **εὕρωσιν** κατηγορεῖν αὐτοῦ.
Lk 7:9 Ἰσραὴλ τοσαύτην πίστιν **εὗρον**.
Lk 7:10 οἶκον οἱ πεμφθέντες **εὗρον** τὸν δοῦλον ὑγιαίνοντα.
Lk 8:35 τὸν Ἰησοῦν καὶ **εὗρον** καθήμενον τὸν ἄνθρωπον
Lk 9:12 ἀγροὺς καταλύσωσιν καὶ **εὕρωσιν** ἐπισιτισμόν,
Lk 9:36 γενέσθαι τὴν φωνὴν **εὑρέθη** Ἰησοῦς μόνος.
Lk 11:9 ζητεῖτε καὶ **εὑρήσετε**,
Lk 11:10 καὶ ὁ ζητῶν **εὑρίσκει** καὶ τῷ κρούοντι
Lk 11:24 ἀνάπαυσιν καὶ μὴ **εὑρίσκον**·
Lk 11:25 καὶ ἐλθὸν **εὑρίσκει** σεσαρωμένον καὶ κεκοσμημένον.
Lk 12:37 ἐλθὼν ὁ κύριος **εὑρήσει** γρηγοροῦντας·
Lk 12:38 φυλακῇ ἔλθῃ καὶ **εὕρῃ** οὕτως,
Lk 12:43 ὁ κύριος αὐτοῦ **εὑρήσει** ποιοῦντα οὕτως.
Lk 13:6 αὐτῇ καὶ οὐχ **εὗρεν**.
Lk 13:7 ταύτῃ καὶ οὐχ **εὑρίσκω**.
Lk 15:4 τὸ ἀπολωλὸς ἕως **εὕρῃ** αὐτό;
Lk 15:5 καὶ **εὑρὼν** ἐπιτίθησιν ἐπὶ τοὺς
Lk 15:6 ὅτι **εὗρον** τὸ πρόβατόν μου
Lk 15:8 ἐπιμελῶς ἕως οὗ **εὕρῃ**;
Lk 15:9 καὶ **εὑροῦσα** συγκαλεῖ τὰς φίλας
Lk 15:9 ὅτι **εὗρον** τὴν δραχμὴν ἣν
Lk 15:24 ἦν ἀπολωλὼς καὶ **εὑρέθη**.
Lk 15:32 καὶ ἀπολωλὼς καὶ **εὑρέθη**.
Lk 17:18 οὐχ **εὑρέθησαν** ὑποστρέψαντες δοῦναι δόξαν
Lk 18:8 ἀνθρώπου ἐλθὼν ἆρα **εὑρήσει** τὴν πίστιν
Lk 19:30 ἐν ᾗ εἰσπορευόμενοι **εὑρήσετε** πῶλον δεδεμένον,
Lk 19:32 δὲ οἱ ἀπεσταλμένοι **εὗρον** καθὼς εἶπεν αὐτοῖς.
Lk 19:48 καὶ οὐχ **εὕρισκον** τὸ τί ποιήσωσιν,
Lk 22:13 ἀπελθόντες δὲ **εὗρον** καθὼς εἰρήκει αὐτοῖς
Lk 22:45 πρὸς τοὺς μαθητὰς **εὗρεν** κοιμωμένους αὐτοὺς ἀπὸ
Lk 23:2 τοῦτον **εὕραμεν** διαστρέφοντα τὸ ἔθνος
Lk 23:4 οὐδὲν **εὑρίσκω** αἴτιον ἐν τῷ
Lk 23:14 ὑμῶν ἀνακρίνας οὐθὲν **εὗρον** ἐν τῷ ἀνθρώπῳ
Lk 23:22 οὐδὲν αἴτιον θανάτου **εὗρον** ἐν αὐτῷ·
Lk 24:2 **εὗρον** δὲ τὸν λίθον
Lk 24:3 εἰσελθοῦσαι δὲ οὐχ **εὗρον** τὸ σῶμα τοῦ
Lk 24:23 καὶ μὴ **εὑροῦσαι** τὸ σῶμα αὐτοῦ
Lk 24:24 τὸ μνημεῖον καὶ **εὗρον** οὕτως καθὼς καὶ
Lk 24:33 εἰς Ἰερουσαλὴμ καὶ **εὗρον** ἠθροισμένους τοὺς ἕνδεκα

εὐτόνως (*eutonōs*; 1/2) *vehemently*

Lk 23:10 καὶ οἱ γραμματεῖς **εὐτόνως** κατηγοροῦντες αὐτοῦ.

εὐφορέω (*euphoreō*; 1/1) *produce good crops*

Lk 12:16 ἀνθρώπου τινος πλουσίου **εὐφόρησεν** ἡ χώρα.

εὐφραίνω (*euphrainō*; 6/14) *make glad*

Lk 12:19 **εὐφραίνου**.
Lk 15:23 καὶ φαγόντες **εὐφρανθῶμεν**,
Lk 15:24 καὶ ἤρξαντο **εὐφραίνεσθαι**.
Lk 15:29 τῶν φίλων μου **εὐφρανθῶ**·
Lk 15:32 **εὐφρανθῆναι** δὲ καὶ χαρῆναι
Lk 16:19 πορφύραν καὶ βύσσον **εὐφραινόμενος** καθ' ἡμέραν λαμπρῶς.

εὐχαριστέω (*eucharisteō*; 4/38) *thank*

Lk 17:16 τοὺς πόδας αὐτοῦ **εὐχαριστῶν** αὐτῷ·
Lk 18:11 **εὐχαριστῶ** σοι ὅτι οὐκ
Lk 22:17 καὶ δεξάμενος ποτήριον **εὐχαριστήσας** εἶπεν·
Lk 22:19 καὶ λαβὼν ἄρτον **εὐχαριστήσας** ἔκλασεν καὶ ἔδωκεν

ἐφημερία (*ephēmeria*; 2/2) *division*

Lk 1:5 ὀνόματι Ζαχαρίας ἐξ **ἐφημερίας** Ἀβιά,
Lk 1:8 τῇ τάξει τῆς **ἐφημερίας** αὐτοῦ ἔναντι τοῦ

ἐφίστημι (*ephistēmi*; 7/21) *come up, be present or imminent*

Lk 2:9 καὶ ἄγγελος κυρίου **ἐπέστη** αὐτοῖς καὶ δόξα
Lk 2:38 αὐτῇ τῇ ὥρᾳ **ἐπιστᾶσα** ἀνθωμολογεῖτο τῷ θεῷ
Lk 4:39 καὶ **ἐπιστὰς** ἐπάνω αὐτῆς ἐπετίμησεν
Lk 10:40 **ἐπιστᾶσα** δὲ εἶπεν,
Lk 20:1 ἱερῷ καὶ εὐαγγελιζομένου **ἐπέστησαν** οἱ ἀρχιερεῖς καὶ
Lk 21:34 μερίμναις βιωτικαῖς καὶ **ἐπιστῇ** ἐφ' ὑμᾶς αἰφνίδιος
Lk 24:4 ἰδοὺ ἄνδρες δύο **ἐπέστησαν** αὐταῖς ἐν ἐσθῆτι

ἔχθρα (*echthra*; 1/6) *hostility*

Lk 23:12 προϋπῆρχον γὰρ ἐν **ἔχθρᾳ** ὄντες πρὸς αὐτούς.

ἐχθρός (*echthros*; 8/32) *enemy*

Lk 1:71 σωτηρίαν ἐξ **ἐχθρῶν** ἡμῶν καὶ ἐκ
Lk 1:74 ἀφόβως ἐκ χειρὸς **ἐχθρῶν** ῥυσθέντας λατρεύειν αὐτῷ
Lk 6:27 ἀγαπᾶτε τοὺς **ἐχθροὺς** ὑμῶν,
Lk 6:35 πλὴν ἀγαπᾶτε τοὺς **ἐχθροὺς** ὑμῶν καὶ ἀγαθοποιεῖτε
Lk 10:19 τὴν δύναμιν τοῦ **ἐχθροῦ**,
Lk 19:27 πλὴν τοὺς **ἐχθρούς** μου τούτους τοὺς
Lk 19:43 καὶ παρεμβαλοῦσιν οἱ **ἐχθροί** σου χάρακά σοι
Lk 20:43 ἂν θῶ τοὺς **ἐχθρούς** σου ὑποπόδιον τῶν

ἔχιδνα (*echidna*; 1/5) *snake*

Lk 3:7 γεννήματα **ἐχιδνῶν**,

ἔχω (*echō*; 77/706[708]) *have, hold*

Lk 3:8 πατέρα **ἔχομεν** τὸν 'Αβραάμ.
Lk 3:11 ὁ **ἔχων** δύο χιτῶνας μεταδότω
Lk 3:11 μεταδότω τῷ μὴ **ἔχοντι**,
Lk 3:11 καὶ ὁ **ἔχων** βρώματα ὁμοίως ποιείτω.
Lk 4:33 συναγωγῇ ἦν ἄνθρωπος **ἔχων** πνεῦμα δαιμονίου ἀκαθάρτου
Lk 4:40 ἡλίου ἅπαντες ὅσοι **εἶχον** ἀσθενοῦντας νόσοις ποικίλαις
Lk 5:24 τοῦ ἀνθρώπου ἐξουσίαν **ἔχει** ἐπὶ τῆς γῆς
Lk 5:31 οὐ χρείαν **ἔχουσιν** οἱ ὑγιαίνοντες ἰατροῦ
Lk 5:31 ἀλλὰ οἱ κακῶς **ἔχοντες**·
Lk 6:8 ἀνδρὶ τῷ ξηρὰν **ἔχοντι** τὴν χεῖρα·
Lk 7:2 τινος δοῦλος κακῶς **ἔχων** ἤμελλεν τελευτᾶν,
Lk 7:8 ὑπὸ ἐξουσίαν τασσόμενος **ἔχων** ὑπ' ἐμαυτὸν στρατιώτας,
Lk 7:33 δαιμόνιον **ἔχει**.
Lk 7:40 **ἔχω** σοί τι εἰπεῖν.
Lk 7:42 μὴ **ἐχόντων** αὐτῶν ἀποδοῦναι ἀμφοτέροις
Lk 8:6 διὰ τὸ μὴ **ἔχειν** ἰκμάδα.
Lk 8:8 ὁ **ἔχων** ὦτα ἀκούειν ἀκουέτω.
Lk 8:13 οὗτοι ῥίζαν οὐκ **ἔχουσιν**,
Lk 8:18 ὃς ἂν γὰρ **ἔχῃ**,
Lk 8:18 ὃς ἂν μὴ **ἔχῃ**,
Lk 8:18 καὶ ὃ δοκεῖ **ἔχειν** ἀρθήσεται ἀπ' αὐτοῦ.
Lk 8:27 ἐκ τῆς πόλεως **ἔχων** δαιμόνια καὶ χρόνῳ
Lk 9:3 [ἀνὰ] δύο χιτῶνας **ἔχειν**.
Lk 9:11 καὶ τοὺς χρείαν **ἔχοντας** θεραπείας ἰᾶτο.
Lk 9:58 αἱ ἀλώπεκες φωλεοὺς **ἔχουσιν** καὶ τὰ πετεινὰ
Lk 9:58 τοῦ ἀνθρώπου οὐκ **ἔχει** ποῦ τὴν κεφαλὴν
Lk 11:5 τίς ἐξ ὑμῶν **ἕξει** φίλον καὶ πορεύσεται
Lk 11:6 με καὶ οὐκ **ἔχω** ὃ παραθήσω αὐτῷ·
Lk 11:36 μὴ **ἔχον** μέρος τι σκοτεινόν,
Lk 12:4 μετὰ ταῦτα μὴ **ἐχόντων** περισσότερόν τι ποιῆσαι.
Lk 12:5 μετὰ τὸ ἀποκτεῖναι **ἔχοντα** ἐξουσίαν ἐμβαλεῖν εἰς
Lk 12:17 ὅτι οὐκ **ἔχω** ποῦ συνάξω τοὺς
Lk 12:19 **ἔχεις** πολλὰ ἀγαθὰ κείμενα
Lk 12:50 βάπτισμα δὲ **ἔχω** βαπτισθῆναι,
Lk 13:6 συκῆν **εἶχέν** τις πεφυτευμένην ἐν
Lk 13:11 ἰδοὺ γυνὴ πνεῦμα **ἔχουσα** ἀσθενείας ἔτη δεκαοκτὼ
Lk 13:33 αὔριον καὶ τῇ **ἐχομένῃ** πορεύεσθαι,
Lk 14:14 ὅτι οὐκ **ἔχουσιν** ἀνταποδοῦναί σοι,
Lk 14:18 ἀγρὸν ἠγόρασα καὶ **ἔχω** ἀνάγκην ἐξελθὼν ἰδεῖν
Lk 14:18 **ἔχε** με παρῃτημένον.
Lk 14:19 **ἔχε** με παρῃτημένον.
Lk 14:28 εἰ **ἔχει** εἰς ἀπαρτισμόν;
Lk 14:35 ὁ **ἔχων** ὦτα ἀκούειν ἀκουέτω.
Lk 15:4 ἄνθρωπος ἐξ ὑμῶν **ἔχων** ἑκατὸν πρόβατα καὶ
Lk 15:7 οἵτινες οὐ χρείαν **ἔχουσιν** μετανοίας.
Lk 15:8 τίς γυνὴ δραχμὰς **ἔχουσα** δέκα ἐὰν ἀπολέσῃ
Lk 15:11 ἄνθρωπός τις **εἶχεν** δύο υἱούς.
Lk 16:1 ἦν πλούσιος ὃς **εἶχεν** οἰκονόμον,
Lk 16:28 **ἔχω** γὰρ πέντε ἀδελφούς,
Lk 16:29 **ἔχουσι** Μωϋσέα καὶ τοὺς
Lk 17:6 εἰ **ἔχετε** πίστιν ὡς κόκκον
Lk 17:7 ἐξ ὑμῶν δοῦλον **ἔχων** ἀροτριῶντα ἢ ποιμαίνοντα,
Lk 17:9 μὴ **ἔχει** χάριν τῷ δούλῳ
Lk 18:22 πάντα ὅσα **ἔχεις** πώλησον καὶ διάδος
Lk 18:22 καὶ **ἕξεις** θησαυρὸν ἐν [τοῖς]
Lk 18:24 οἱ τὰ χρήματα **ἔχοντες** εἰς τὴν βασιλείαν
Lk 19:17 ἴσθι ἐξουσίαν **ἔχων** ἐπάνω δέκα πόλεων.
Lk 19:20 μνᾶ σου ἣν **εἶχον** ἀποκειμένην ἐν σουδαρίῳ·
Lk 19:24 τὰς δέκα μνᾶς **ἔχοντι**
Lk 19:25 **ἔχει** δέκα μνᾶς
Lk 19:26 ὅτι παντὶ τῷ **ἔχοντι** δοθήσεται,
Lk 19:26 δὲ τοῦ μὴ **ἔχοντος** καὶ ὃ ἔχει
Lk 19:26 ἔχοντος καὶ ὃ **ἔχει** ἀρθήσεται.
Lk 19:31 κύριος αὐτοῦ χρείαν **ἔχει**.
Lk 19:34 κύριος αὐτοῦ χρείαν **ἔχει**.
Lk 20:24 τίνος **ἔχει** εἰκόνα καὶ ἐπιγραφήν;
Lk 20:28 τινος ἀδελφὸς ἀποθάνῃ **ἔχων** γυναῖκα,
Lk 20:33 οἱ γὰρ ἑπτὰ **ἔσχον** αὐτὴν γυναῖκα.
Lk 21:4 τὸν βίον ὃν **εἶχεν** ἔβαλεν.
Lk 21:23 ταῖς ἐν γαστρὶ **ἐχούσαις** καὶ ταῖς θηλαζούσαις
Lk 22:36 ἀλλὰ νῦν ὁ **ἔχων** βαλλάντιον ἀράτω,
Lk 22:36 καὶ ὁ μὴ **ἔχων** πωλησάτω τὸ ἱμάτιον
Lk 22:37 περὶ ἐμοῦ τέλος **ἔχει**.
Lk 22:71 τί ἔτι **ἔχομεν** μαρτυρίας χρείαν;
Lk 24:39 καὶ ὀστέα οὐκ **ἔχει** καθὼς ἐμὲ θεωρεῖτε
Lk 24:39 καθὼς ἐμὲ θεωρεῖτε **ἔχοντα**.
Lk 24:41 **ἔχετέ** τι βρώσιμον ἐνθάδε;

ἕως (*heōs*; 28/146) *until*

Lk 1:80 ἐν ταῖς ἐρήμοις **ἕως** ἡμέρας ἀναδείξεως αὐτοῦ

Lk 2:15 διέλθωμεν δὴ **ἕως** Βηθλέεμ καὶ ἴδωμεν
Lk 2:37 καὶ αὐτὴ χήρα **ἕως** ἐτῶν ὀγδοήκοντα τεσσάρων,
Lk 4:29 καὶ ἤγαγον αὐτὸν **ἕως** ὀφρύος τοῦ ὄρους
Lk 4:42 αὐτὸν καὶ ἦλθον **ἕως** αὐτοῦ καὶ κατεῖχον
Lk 9:27 μὴ γεύσωνται θανάτου **ἕως** ἂν ἴδωσιν τὴν
Lk 9:41 **ἕως** πότε ἔσομαι πρὸς
Lk 10:15 μὴ **ἕως** οὐρανοῦ ὑψωθήσῃ;
Lk 10:15 **ἕως** τοῦ ᾅδου καταβήσῃ.
Lk 11:51 ἀπὸ αἵματος Ἅβελ **ἕως** αἵματος Ζαχαρίου
Lk 12:50 καὶ πῶς συνέχομαι **ἕως** ὅτου τελεσθῇ.
Lk 12:59 **ἕως** καὶ τὸ ἔσχατον
Lk 13:8 **ἕως** ὅτου σκάψω περὶ
Lk 13:21 ἀλεύρου σάτα τρία **ἕως** οὗ ἐζυμώθη ὅλον.
Lk 13:35 μὴ ἴδητέ με **ἕως** [ἥξει ὅτε] εἴπητε·
Lk 15:4 ἐπὶ τὸ ἀπολωλὸς **ἕως** εὕρῃ αὐτό;
Lk 15:8 καὶ ζητεῖ ἐπιμελῶς **ἕως** οὗ εὕρῃ;
Lk 17:8 περιζωσάμενος διακόνει μοι **ἕως** φάγω καὶ πίω,
Lk 20:43 **ἕως** ἂν θῶ τοὺς
Lk 21:32 ἡ γενεὰ αὕτη **ἕως** ἂν πάντα γένηται.
Lk 22:16 μὴ φάγω αὐτὸ **ἕως** ὅτου πληρωθῇ ἐν
Lk 22:18 γενήματος τῆς ἀμπέλου **ἕως** οὗ ἡ βασιλεία
Lk 22:34 φωνήσει σήμερον ἀλέκτωρ **ἕως** τρίς με ἀπαρνήσῃ
Lk 22:51 ἐᾶτε **ἕως** τούτου·
Lk 23:5 ἀπὸ τῆς Γαλιλαίας **ἕως** ὧδε.
Lk 23:44 ὅλην τὴν γῆν **ἕως** ὥρας ἐνάτης
Lk 24:49 ἐν τῇ πόλει **ἕως** οὗ ἐνδύσησθε ἐξ
Lk 24:50 δὲ αὐτοὺς [ἔξω] **ἕως** πρὸς Βηθανίαν,

Ζακχαῖος (*Zakchaios*; 3/3) *Zacchaeus*

Lk 19:2 ἀνὴρ ὀνόματι καλούμενος **Ζακχαῖος**,
Lk 19:5 **Ζακχαῖε**,
Lk 19:8 σταθεὶς δὲ **Ζακχαῖος** εἶπεν πρὸς τὸν

Ζαχαρίας (*Zacharias*; 10/11) *Zechariah*

Lk 1:5 ἱερεύς τις ὀνόματι **Ζαχαρίας** ἐξ ἐφημερίας Ἀβιά,
Lk 1:12 καὶ ἐταράχθη **Ζαχαρίας** ἰδὼν καὶ φόβος
Lk 1:13 **Ζαχαρία**,
Lk 1:18 καὶ εἶπεν **Ζαχαρίας** πρὸς τὸν ἄγγελον·
Lk 1:21 λαὸς προσδοκῶν τὸν **Ζαχαρίαν** καὶ ἐθαύμαζον ἐν
Lk 1:40 εἰς τὸν οἶκον **Ζαχαρίου** καὶ ἠσπάσατο τὴν
Lk 1:59 τοῦ πατρὸς αὐτοῦ **Ζαχαρίαν**.
Lk 1:67 Καὶ **Ζαχαρίας** ὁ πατὴρ αὐτοῦ
Lk 3:2 ἐπὶ Ἰωάννην τὸν **Ζαχαρίου** υἱὸν ἐν τῇ
Lk 11:51 Ἅβελ ἕως αἵματος **Ζαχαρίου** τοῦ ἀπολομένου μεταξὺ

ζάω (*zaō*; 9/139[140]) *live*

Lk 2:36 **ζήσασα** μετὰ ἀνδρὸς ἔτη
Lk 4:4 ἐπ᾽ ἄρτῳ μόνῳ **ζήσεται** ὁ ἄνθρωπος.
Lk 10:28 τοῦτο ποίει καὶ **ζήσῃ**.
Lk 15:13 τὴν οὐσίαν αὐτοῦ **ζῶν** ἀσώτως.
Lk 15:32 νεκρὸς ἦν καὶ **ἔζησεν**,
Lk 20:38 ἔστιν νεκρῶν ἀλλὰ **ζώντων**,
Lk 20:38 πάντες γὰρ αὐτῷ **ζῶσιν**.
Lk 24:5 τί ζητεῖτε τὸν **ζῶντα** μετὰ τῶν νεκρῶν·
Lk 24:23 οἳ λέγουσιν αὐτὸν **ζῆν**.

Ζεβεδαῖος (*Zebedaios*; 1/12) *Zebedee*

Lk 5:10 καὶ Ἰωάννην υἱοὺς **Ζεβεδαίου**,

ζεῦγος (*zeugos*; 2/2) *yoke*

Lk 2:24 **ζεῦγος** τρυγόνων ἢ δύο
Lk 14:19 **ζεύγη** βοῶν ἠγόρασα πέντε

ζηλωτής (*zēlōtēs*; 1/8) *one who is zealous or eager*

Lk 6:15 Σίμωνα τὸν καλούμενον **ζηλωτὴν**

ζημιόω (*zēmioō*; 1/6) *lose*

Lk 9:25 δὲ ἀπολέσας ἢ **ζημιωθείς**;

ζητέω (*zēteō*; 25/117) *seek*

Lk 2:48 σου κἀγὼ ὀδυνώμενοι **ἐζητοῦμέν** σε.
Lk 2:49 τί ὅτι **ἐζητεῖτέ** με;
Lk 5:18 ἦν παραλελυμένος καὶ **ἐζήτουν** αὐτὸν εἰσενεγκεῖν καὶ
Lk 6:19 πᾶς ὁ ὄχλος **ἐζήτουν** ἅπτεσθαι αὐτοῦ,
Lk 9:9 καὶ **ἐζήτει** ἰδεῖν αὐτόν.
Lk 11:9 **ζητεῖτε** καὶ εὑρήσετε,
Lk 11:10 λαμβάνει καὶ ὁ **ζητῶν** εὑρίσκει καὶ τῷ
Lk 11:16 σημεῖον ἐξ οὐρανοῦ **ἐζήτουν** παρ᾽ αὐτοῦ.
Lk 11:24 δι᾽ ἀνύδρων τόπων **ζητοῦν** ἀνάπαυσιν καὶ
Lk 11:29 σημεῖον **ζητεῖ**,
Lk 12:29 καὶ ὑμεῖς μὴ **ζητεῖτε** τί φάγητε καὶ
Lk 12:31 πλὴν **ζητεῖτε** τὴν βασιλείαν αὐτοῦ,
Lk 12:48 πολὺ **ζητηθήσεται** παρ᾽ αὐτοῦ,
Lk 13:6 καὶ ἦλθεν **ζητῶν** καρπὸν ἐν αὐτῇ
Lk 13:7 ἀφ᾽ οὗ ἔρχομαι **ζητῶν** καρπὸν ἐν τῇ
Lk 13:24 **ζητήσουσιν** εἰσελθεῖν καὶ οὐκ
Lk 15:8 τὴν οἰκίαν καὶ **ζητεῖ** ἐπιμελῶς ἕως οὗ
Lk 17:33 ὃς ἐὰν **ζητήσῃ** τὴν ψυχὴν αὐτοῦ
Lk 19:3 καὶ **ἐζήτει** ἰδεῖν τὸν Ἰησοῦν
Lk 19:10 υἱὸς τοῦ ἀνθρώπου **ζητῆσαι** καὶ σῶσαι τὸ
Lk 19:47 καὶ οἱ γραμματεῖς **ἐζήτουν** αὐτὸν ἀπολέσαι
Lk 20:19 Καὶ **ἐζήτησαν** οἱ γραμματεῖς καὶ
Lk 22:2 καὶ **ἐζήτουν** οἱ ἀρχιερεῖς καὶ
Lk 22:6 καὶ **ἐζήτει** εὐκαιρίαν τοῦ παραδοῦναι
Lk 24:5 τί **ζητεῖτε** τὸν ζῶντα μετὰ

Ζοροβαβέλ (*Zorobabel*; 1/3) *Zerubbabel*

Lk 3:27 τοῦ Ῥησὰ τοῦ **Ζοροβαβὲλ** τοῦ Σαλαθιὴλ τοῦ

ζύμη (*zymē*; 2/13) *yeast*

Lk 12:1 ἑαυτοῖς ἀπὸ τῆς **ζύμης**,
Lk 13:21 ὁμοία ἐστὶν **ζύμῃ**,

ζυμόω (*zymoō*; 1/4) *cause to rise*

Lk 13:21 τρία ἕως οὗ **ἐζυμώθη** ὅλον.

ζωγρέω (*zōgreō*; 1/2) *catch*

Lk 5:10 νῦν ἀνθρώπους ἔσῃ **ζωγρῶν**.

ζωή (*zōē*; 5/135) *life*

Lk 10:25 τί ποιήσας **ζωὴν** αἰώνιον κληρονομήσω;
Lk 12:15 περισσεύειν τινι ἡ **ζωὴ** αὐτοῦ ἐστιν ἐκ
Lk 16:25 σου ἐν τῇ **ζωῇ** σου,
Lk 18:18 τί ποιήσας **ζωὴν** αἰώνιον κληρονομήσω;

Lk 18:30 αἰῶνι τῷ ἐρχομένῳ **ζωὴν** αἰώνιον.

ζῳογονέω (*zōogoneō*; 1/3) *give life to*
Lk 17:33 δ' ἂν ἀπολέσῃ **ζῳογονήσει** αὐτήν.

ἤ (*ē*; 45/340) *or*
Lk 2:24 ζεῦγος τρυγόνων **ἢ** δύο νοσσοὺς περιστερῶν.
Lk 2:26 ἰδεῖν θάνατον πρὶν [**ἢ**] ἂν ἴδῃ τὸν
Lk 5:23 ἢ **εἰπεῖν**·
Lk 6:9 τῷ σαββάτῳ ἀγαθοποιῆσαι **ἢ** κακοποιῆσαι,
Lk 6:9 ψυχὴν σῶσαι **ἢ** ἀπολέσαι;
Lk 7:19 εἶ ὁ ἐρχόμενος **ἢ** ἄλλον προσδοκῶμεν;
Lk 7:20 εἶ ὁ ἐρχόμενος **ἢ** ἄλλον προσδοκῶμεν;
Lk 8:16 καλύπτει αὐτὸν σκεύει **ἢ** ὑποκάτω κλίνης τίθησιν,
Lk 9:13 εἰσὶν ἡμῖν πλεῖον **ἢ** ἄρτοι πέντε καὶ
Lk 9:25 ἑαυτὸν δὲ ἀπολέσας **ἢ** ζημιωθείς;
Lk 10:12 ἐκείνῃ ἀνεκτότερον ἔσται **ἢ** τῇ πόλει ἐκείνῃ.
Lk 10:14 ἐν τῇ κρίσει **ἢ** ὑμῖν.
Lk 11:12 **ἢ** καὶ αἰτήσει ᾠόν,
Lk 12:11 μὴ μεριμνήσητε πῶς **ἢ** τί ἀπολογήσησθε ἢ
Lk 12:11 ἢ τί ἀπολογήσησθε **ἢ** τί εἴπητε·
Lk 12:14 με κατέστησεν κριτὴν **ἢ** μεριστὴν ἐφ' ὑμᾶς;
Lk 12:41 παραβολὴν ταύτην λέγεις **ἢ** καὶ πρὸς πάντας;
Lk 12:47 καὶ μὴ ἑτοιμάσας **ἢ** ποιήσας πρὸς τὸ
Lk 12:51 ἀλλ' **ἢ** διαμερισμόν.
Lk 13:4 **ἢ** ἐκεῖνοι οἱ δεκαοκτὼ
Lk 13:15 τὸν βοῦν αὐτοῦ **ἢ** τὸν ὄνον ἀπὸ
Lk 14:3 τῷ σαββάτῳ θεραπεῦσαι **ἢ** οὔ;
Lk 14:5 τίνος ὑμῶν υἱὸς **ἢ** βοῦς εἰς φρέαρ
Lk 14:12 ὅταν ποιῇς ἄριστον **ἢ** δεῖπνον,
Lk 14:31 **Ἢ** τίς βασιλεὺς πορευόμενος
Lk 15:7 ἑνὶ ἁμαρτωλῷ μετανοοῦντι **ἢ** ἐπὶ ἐνενήκοντα ἐννέα
Lk 15:8 **Ἢ** τίς γυνὴ δραχμὰς
Lk 16:13 **ἢ** γὰρ τὸν ἕνα
Lk 16:13 **ἢ** ἑνὸς ἀνθέξεται καὶ
Lk 16:17 τὴν γῆν παρελθεῖν **ἢ** τοῦ νόμου μίαν
Lk 17:2 εἰς τὴν θάλασσαν **ἢ** ἵνα σκανδαλίσῃ τῶν
Lk 17:7 δοῦλον ἔχων ἀροτριῶντα **ἢ** ποιμαίνοντα,
Lk 17:21 ἰδοὺ ὧδε **ἤ**·
Lk 17:23 [**ἤ**] ἰδοὺ ὧδε·
Lk 18:11 **ἢ** καὶ ὡς οὗτος
Lk 18:25 τρήματος βελόνης εἰσελθεῖν **ἢ** πλούσιον εἰς
Lk 18:29 ὃς ἀφῆκεν οἰκίαν **ἢ** γυναῖκα ἢ ἀδελφοὺς
Lk 18:29 οἰκίαν ἢ γυναῖκα **ἢ** ἀδελφοὺς ἢ γονεῖς
Lk 18:29 γυναῖκα ἢ ἀδελφοὺς **ἢ** γονεῖς ἢ τέκνα
Lk 18:29 ἀδελφοὺς ἢ γονεῖς **ἢ** τέκνα ἕνεκεν τῆς
Lk 20:2 **ἢ** τίς ἐστιν ὁ
Lk 20:4 ἐξ οὐρανοῦ ἦν **ἢ** ἐξ ἀνθρώπων;
Lk 20:22 Καίσαρι φόρον δοῦναι **ἢ** οὔ;
Lk 21:15 οὐ δυνήσονται ἀντιστῆναι **ἢ** ἀντειπεῖν ἅπαντες οἱ
Lk 22:27 ὁ ἀνακείμενος **ἢ** ὁ διακονῶν;

ἡγεμονεύω (*hēgemoneuō*; 2/2) *be governor*
Lk 2:2 ἀπογραφὴ πρώτη ἐγένετο **ἡγεμονεύοντος** τῆς Συρίας Κυρηνίου.
Lk 3:1 **ἡγεμονεύοντος** Ποντίου Πιλάτου τῆς

ἡγεμονία (*hēgemonia*; 1/1) *reign*
Lk 3:1 δὲ πεντεκαιδεκάτῳ τῆς **ἡγεμονίας** Τιβερίου Καίσαρος,

ἡγεμών (*hēgemōn*; 2/20) *governor*
Lk 20:20 τῇ ἐξουσίᾳ τοῦ **ἡγεμόνος**.
Lk 21:12 ἐπὶ βασιλεῖς καὶ **ἡγεμόνας** ἕνεκεν τοῦ ὀνόματός

ἡγέομαι (*hēgeomai*; 1/28) *consider*
Lk 22:26 νεώτερος καὶ ὁ **ἡγούμενος** ὡς ὁ διακονῶν.

ἤδη (*ēdē*; 10/61) *already*
Lk 3:9 **ἤδη** δὲ καὶ ἡ
Lk 7:6 **ἤδη** δὲ αὐτοῦ οὐ
Lk 11:7 **ἤδη** ἡ θύρα κέκλεισται
Lk 12:49 τί θέλω εἰ **ἤδη** ἀνήφθη.
Lk 14:17 ὅτι **ἤδη** ἕτοιμά ἐστιν.
Lk 19:37 ἐγγίζοντος δὲ αὐτοῦ **ἤδη** πρὸς τῇ καταβάσει
Lk 21:30 ὅταν προβάλωσιν **ἤδη**,
Lk 21:30 ἑαυτῶν γινώσκετε ὅτι **ἤδη** ἐγγὺς τὸ θέρος
Lk 23:44 Καὶ ἦν **ἤδη** ὡσεὶ ὥρα ἕκτη
Lk 24:29 ἐστὶν καὶ κέκλικεν **ἤδη** ἡ ἡμέρα.

ἡδονή (*hēdonē*; 1/5) *pleasure*
Lk 8:14 καὶ πλούτου καὶ **ἡδονῶν** τοῦ βίου πορευόμενοι

ἡδύοσμον (*hēdyosmon*; 1/2) *mint*
Lk 11:42 ὅτι ἀποδεκατοῦτε τὸ **ἡδύοσμον** καὶ τὸ πήγανον

ἥκω (*hēkō*; 5/26) *have come*
Lk 12:46 **ἥξει** ὁ κύριος τοῦ
Lk 13:29 καὶ **ἥξουσιν** ἀπὸ ἀνατολῶν καὶ
Lk 13:35 ἴδητέ με ἕως [**ἥξει** ὅτε] εἴπητε·
Lk 15:27 ὁ ἀδελφός σου **ἥκει**,
Lk 19:43 ὅτι **ἥξουσιν** ἡμέραι ἐπὶ σὲ

Ἠλί (*Ēli*; 1/1) *Heli*
Lk 3:23 Ἰωσὴφ τοῦ **Ἠλὶ**

Ἠλίας (*Ēlias*; 7/29) *Elijah*
Lk 1:17 πνεύματι καὶ δυνάμει **Ἠλίου**,
Lk 4:25 ἐν ταῖς ἡμέραις **Ἠλίου** ἐν τῷ Ἰσραήλ,
Lk 4:26 οὐδεμίαν αὐτῶν ἐπέμφθη **Ἠλίας** εἰ μὴ εἰς
Lk 9:8 τινων δὲ ὅτι **Ἠλίας** ἐφάνη,
Lk 9:19 ἄλλοι δὲ **Ἠλίαν**,
Lk 9:30 ἦσαν Μωϋσῆς καὶ **Ἠλίας**,
Lk 9:33 Μωϋσεῖ καὶ μίαν **Ἠλίᾳ**,

ἡλικία (*hēlikia*; 3/8) *age*
Lk 2:52 τῇ] σοφίᾳ καὶ **ἡλικίᾳ** καὶ χάριτι παρὰ
Lk 12:25 δύναται ἐπὶ τὴν **ἡλικίαν** αὐτοῦ προσθεῖναι πῆχυν;
Lk 19:3 ὅτι τῇ **ἡλικίᾳ** μικρὸς ἦν.

ἥλιος (*hēlios*; 3/32) *sun*
Lk 4:40 Δύνοντος δὲ τοῦ **ἡλίου** ἅπαντες ὅσοι εἶχον
Lk 21:25 ἔσονται σημεῖα ἐν **ἡλίῳ** καὶ σελήνῃ καὶ

Lk 23:45 τοῦ **ἡλίου** ἐκλιπόντος,

ἡμεῖς (*hēmeis*; 69/855) *we*

Lk 1:1 τῶν πεπληροφορημένων ἐν **ἡμῖν** πραγμάτων,
Lk 1:2 καθὼς παρέδοσαν **ἡμῖν** οἱ ἀπ' ἀρχῆς
Lk 1:55 πρὸς τοὺς πατέρας **ἡμῶν**,
Lk 1:69 ἤγειρεν κέρας σωτηρίας **ἡμῖν** ἐν οἴκῳ Δαυὶδ
Lk 1:71 σωτηρίαν ἐξ ἐχθρῶν **ἡμῶν** καὶ ἐκ χειρὸς
Lk 1:71 πάντων τῶν μισούντων **ἡμᾶς**,
Lk 1:72 μετὰ τῶν πατέρων **ἡμῶν** καὶ μνησθῆναι διαθήκης
Lk 1:73 Ἀβραὰμ τὸν πατέρα **ἡμῶν**,
Lk 1:73 τοῦ δοῦναι **ἡμῖν**
Lk 1:75 πάσαις ταῖς ἡμέραις **ἡμῶν**.
Lk 1:78 σπλάγχνα ἐλέους θεοῦ **ἡμῶν**,
Lk 1:78 ἐν οἷς ἐπισκέψεται **ἡμᾶς** ἀνατολὴ ἐξ ὕψους,
Lk 1:79 κατευθῦναι τοὺς πόδας **ἡμῶν** εἰς ὁδὸν εἰρήνης.
Lk 2:15 ὁ κύριος ἐγνώρισεν **ἡμῖν**.
Lk 2:48 τί ἐποίησας **ἡμῖν** οὕτως;
Lk 3:14 τί ποιήσωμεν καὶ **ἡμεῖς**;
Lk 4:34 τί **ἡμῖν** καὶ σοί,
Lk 4:34 ἦλθες ἀπολέσαι **ἡμᾶς**;
Lk 7:5 γὰρ τὸ ἔθνος **ἡμῶν** καὶ τὴν συναγωγὴν
Lk 7:5 συναγωγὴν αὐτὸς ᾠκοδόμησεν **ἡμῖν**.
Lk 7:16 μέγας ἠγέρθη ἐν **ἡμῖν** καὶ ὅτι ἐπεσκέψατο
Lk 7:20 ὁ βαπτιστὴς ἀπέστειλεν **ἡμᾶς** πρὸς σὲ λέγων·
Lk 9:13 οὐκ εἰσὶν **ἡμῖν** πλεῖον ἢ ἄρτοι
Lk 9:13 εἰ μήτι πορευθέντες **ἡμεῖς** ἀγοράσωμεν εἰς πάντα
Lk 9:33 καλόν ἐστιν **ἡμᾶς** ὧδε εἶναι,
Lk 9:49 οὐκ ἀκολουθεῖ μεθ' **ἡμῶν**.
Lk 10:11 κονιορτὸν τὸν κολληθέντα **ἡμῖν** ἐκ τῆς πόλεως
Lk 10:17 τὰ δαιμόνια ὑποτάσσεται **ἡμῖν** ἐν τῷ ὀνόματί
Lk 11:1 δίδαξον **ἡμᾶς** προσεύχεσθαι,
Lk 11:3 τὸν ἄρτον **ἡμῶν** τὸν ἐπιούσιον δίδου
Lk 11:3 τὸν ἐπιούσιον δίδου **ἡμῖν** τὸ καθ' ἡμέραν·
Lk 11:4 καὶ ἄφες **ἡμῖν** τὰς ἁμαρτίας ἡμῶν,
Lk 11:4 ἡμῖν τὰς ἁμαρτίας **ἡμῶν**,
Lk 11:4 ἀφίομεν παντὶ ὀφείλοντι **ἡμῖν**·
Lk 11:4 καὶ μὴ εἰσενέγκῃς **ἡμᾶς** εἰς πειρασμόν.
Lk 11:45 ταῦτα λέγων καὶ **ἡμᾶς** ὑβρίζεις.
Lk 12:41 πρὸς **ἡμᾶς** τὴν παραβολὴν ταύτην
Lk 13:25 ἄνοιξον **ἡμῖν**,
Lk 13:26 ἐν ταῖς πλατείαις **ἡμῶν** ἐδίδαξας·
Lk 16:26 πᾶσι τούτοις μεταξὺ **ἡμῶν** καὶ ὑμῶν χάσμα
Lk 16:26 μηδὲ ἐκεῖθεν πρὸς **ἡμᾶς** διαπερῶσιν.
Lk 17:5 πρόσθες **ἡμῖν** πίστιν.
Lk 17:13 ἐλέησον **ἡμᾶς**.
Lk 18:28 ἰδοὺ **ἡμεῖς** ἀφέντες τὰ ἴδια
Lk 19:14 τοῦτον βασιλεῦσαι ἐφ' **ἡμᾶς**.
Lk 20:2 εἰπὸν **ἡμῖν** ἐν ποίᾳ ἐξουσίᾳ
Lk 20:6 λαὸς ἅπας καταλιθάσει **ἡμᾶς**,
Lk 20:14 ἵνα **ἡμῶν** γένηται ἡ κληρονομία.
Lk 20:22 ἔξεστιν **ἡμᾶς** Καίσαρι φόρον δοῦναι
Lk 20:28 Μωϋσῆς ἔγραψεν **ἡμῖν**,
Lk 22:8 πορευθέντες ἑτοιμάσατε **ἡμῖν** τὸ πάσχα ἵνα
Lk 22:67 εἰπὸν **ἡμῖν**.
Lk 23:2 διαστρέφοντα τὸ ἔθνος **ἡμῶν** καὶ κωλύοντα φόρους
Lk 23:15 γὰρ αὐτὸν πρὸς **ἡμᾶς**,
Lk 23:18 ἀπόλυσον δὲ **ἡμῖν** τὸν Βαραββᾶν·
Lk 23:30 πέσετε ἐφ' ἡμᾶς,
Lk 23:30 καλύψατε **ἡμᾶς**·
Lk 23:39 σῶσον σεαυτὸν καὶ **ἡμᾶς**.
Lk 23:41 καὶ **ἡμεῖς** μὲν δικαίως,
Lk 24:20 καὶ οἱ ἄρχοντες **ἡμῶν** εἰς κρίμα θανάτου
Lk 24:21 **ἡμεῖς** δὲ ἠλπίζομεν ὅτι
Lk 24:22 γυναῖκές τινες ἐξ **ἡμῶν** ἐξέστησαν ἡμᾶς,
Lk 24:22 ἐξ ἡμῶν ἐξέστησαν **ἡμᾶς**,
Lk 24:24 τινες τῶν σὺν **ἡμῖν** ἐπὶ τὸ μνημεῖον
Lk 24:29 μεῖνον μεθ' **ἡμῶν**,
Lk 24:32 οὐχὶ ἡ καρδία **ἡμῶν** καιομένη ἦν [ἐν
Lk 24:32 καιομένη ἦν [ἐν **ἡμῖν**] ὡς ἐλάλει
Lk 24:32 ὡς ἐλάλει **ἡμῖν** ἐν τῇ ὁδῷ,
Lk 24:32 ὡς διήνοιγεν **ἡμῖν** τὰς γραφάς;

ἡμέρα (*hēmera*; 83/389) *day*

Lk 1:5 Ἐγένετο ἐν ταῖς **ἡμέραις** Ἡρῴδου βασιλέως
Lk 1:7 προβεβηκότες ἐν ταῖς **ἡμέραις** αὐτῶν ἦσαν.
Lk 1:18 προβεβηκυῖα ἐν ταῖς **ἡμέραις** αὐτῆς.
Lk 1:20 λαλῆσαι ἄχρι ἧς **ἡμέρας** γένηται ταῦτα,
Lk 1:23 ὡς ἐπλήσθησαν αἱ **ἡμέραι** τῆς λειτουργίας αὐτοῦ,
Lk 1:24 δὲ ταύτας τὰς **ἡμέρας** συνέλαβεν Ἐλισάβετ ἡ
Lk 1:25 πεποίηκεν κύριος ἐν **ἡμέραις** αἷς ἐπεῖδεν ἀφελεῖν
Lk 1:39 Μαριὰμ ἐν ταῖς **ἡμέραις** ταύταις ἐπορεύθη
Lk 1:59 ἐγένετο ἐν τῇ **ἡμέρᾳ** τῇ ὀγδόῃ ἦλθον
Lk 1:75 αὐτοῦ πάσαις ταῖς **ἡμέραις** ἡμῶν.
Lk 1:80 ταῖς ἐρήμοις ἕως **ἡμέρας** ἀναδείξεως αὐτοῦ
Lk 2:1 δὲ ἐν ταῖς **ἡμέραις** ἐκείναις ἐξῆλθεν δόγμα
Lk 2:6 ἐκεῖ ἐπλήσθησαν αἱ **ἡμέραι** τοῦ τεκεῖν αὐτήν,
Lk 2:21 Καὶ ὅτε ἐπλήσθησαν **ἡμέραι** ὀκτὼ τοῦ περιτεμεῖν
Lk 2:22 ὅτε ἐπλήσθησαν αἱ **ἡμέραι** τοῦ καθαρισμοῦ αὐτῶν
Lk 2:36 αὕτη προβεβηκυῖα ἐν **ἡμέραις** πολλαῖς,
Lk 2:37 λατρεύουσα νύκτα καὶ **ἡμέραν**.
Lk 2:43 καὶ τελειωσάντων τὰς **ἡμέρας**,
Lk 2:44 τῇ συνοδίᾳ ἦλθον **ἡμέρας** ὁδὸν καὶ ἀνεζήτουν
Lk 2:46 καὶ ἐγένετο μετὰ **ἡμέρας** τρεῖς εὗρον αὐτὸν
Lk 4:2 **ἡμέρας** τεσσεράκοντα πειραζόμενος ὑπὸ
Lk 4:2 οὐδὲν ἐν ταῖς **ἡμέραις** ἐκείναις καὶ συντελεσθεισῶν
Lk 4:16 αὐτῷ ἐν τῇ **ἡμέρᾳ** τῶν σαββάτων εἰς
Lk 4:25 ἦσαν ἐν ταῖς **ἡμέραις** Ἠλίου ἐν τῷ
Lk 4:42 Γενομένης δὲ **ἡμέρας** ἐξελθὼν ἐπορεύθη εἰς
Lk 5:17 ἐν μιᾷ τῶν **ἡμερῶν** καὶ αὐτὸς ἦν
Lk 5:35 ἐλεύσονται δὲ **ἡμέραι**,
Lk 5:35 ἐν ἐκείναις ταῖς **ἡμέραις**.
Lk 6:12 δὲ ἐν ταῖς **ἡμέραις** ταύταις ἐξελθεῖν αὐτὸν
Lk 6:13 καὶ ὅτε ἐγένετο **ἡμέρα**,
Lk 6:23 ἐν ἐκείνῃ τῇ **ἡμέρᾳ** καὶ σκιρτήσατε,
Lk 8:22 ἐν μιᾷ τῶν **ἡμερῶν** καὶ αὐτὸς ἐνέβη
Lk 9:12 Ἡ δὲ **ἡμέρα** ἤρξατο κλίνειν·
Lk 9:22 καὶ τῇ τρίτῃ **ἡμέρᾳ** ἐγερθῆναι.

Lk 9:23 σταυρὸν αὐτοῦ καθ' **ἡμέραν** καὶ ἀκολουθείτω μοι.
Lk 9:28 λόγους τούτους ὡσεὶ **ἡμέραι** ὀκτὼ [καὶ] παραλαβὼν
Lk 9:36 ἐν ἐκείναις ταῖς **ἡμέραις** οὐδὲν ὧν ἑώρακαν.
Lk 9:37 δὲ τῇ ἑξῆς **ἡμέρᾳ** κατελθόντων αὐτῶν ἀπὸ
Lk 9:51 τῷ συμπληροῦσθαι τὰς **ἡμέρας** τῆς ἀναλήμψεως αὐτοῦ
Lk 10:12 Σοδόμοις ἐν τῇ **ἡμέρᾳ** ἐκείνῃ ἀνεκτότερον ἔσται
Lk 11:3 ἡμῖν τὸ καθ' **ἡμέραν**·
Lk 12:46 δούλου ἐκείνου ἐν **ἡμέρᾳ** ᾗ οὐ προσδοκᾷ
Lk 13:14 ὄχλῳ ὅτι ἓξ **ἡμέραι** εἰσὶν ἐν αἷς
Lk 13:14 καὶ μὴ τῇ **ἡμέρᾳ** τοῦ σαββάτου.
Lk 13:16 δεσμοῦ τούτου τῇ **ἡμέρᾳ** τοῦ σαββάτου;
Lk 14:5 ἀνασπάσει αὐτὸν ἐν **ἡμέρᾳ** τοῦ σαββάτου;
Lk 15:13 μετ' οὐ πολλὰς **ἡμέρας** συναγαγὼν πάντα ὁ
Lk 16:19 βύσσον εὐφραινόμενος καθ' **ἡμέραν** λαμπρῶς.
Lk 17:4 ἐὰν ἑπτάκις τῆς **ἡμέρας** ἁμαρτήσῃ εἰς σὲ
Lk 17:22 ἐλεύσονται **ἡμέραι** ὅτε ἐπιθυμήσετε μίαν
Lk 17:22 ἐπιθυμήσετε μίαν τῶν **ἡμερῶν** τοῦ υἱοῦ τοῦ
Lk 17:24 ἀνθρώπου [ἐν τῇ **ἡμέρᾳ** αὐτοῦ].
Lk 17:26 ἐγένετο ἐν ταῖς **ἡμέραις** Νῶε,
Lk 17:26 καὶ ἐν ταῖς **ἡμέραις** τοῦ υἱοῦ τοῦ
Lk 17:27 ἄχρι ἧς **ἡμέρας** εἰσῆλθεν Νῶε εἰς
Lk 17:28 ἐγένετο ἐν ταῖς **ἡμέραις** Λώτ·
Lk 17:29 ᾗ δὲ **ἡμέρᾳ** ἐξῆλθεν Λὼτ ἀπὸ
Lk 17:30 αὐτὰ ἔσται ᾗ **ἡμέρᾳ** ὁ υἱὸς τοῦ
Lk 17:31 ἐν ἐκείνῃ τῇ **ἡμέρᾳ** ὃς ἔσται ἐπὶ
Lk 18:7 τῶν βοώντων αὐτῷ **ἡμέρας** καὶ νυκτός,
Lk 18:33 καὶ τῇ **ἡμέρᾳ** τῇ τρίτῃ ἀναστήσεται.
Lk 19:42 ἔγνως ἐν τῇ **ἡμέρᾳ** ταύτῃ καὶ σὺ
Lk 19:43 ὅτι ἥξουσιν **ἡμέραι** ἐπὶ σὲ καὶ
Lk 19:47 διδάσκων τὸ καθ' **ἡμέραν** ἐν τῷ ἱερῷ.
Lk 20:1 ἐν μιᾷ τῶν **ἡμερῶν** διδάσκοντος αὐτοῦ τὸν
Lk 21:6 ἃ θεωρεῖτε ἐλεύσονται **ἡμέραι** ἐν αἷς οὐκ
Lk 21:22 ὅτι **ἡμέραι** ἐκδικήσεως αὗταί εἰσιν
Lk 21:23 ἐν ἐκείναις ταῖς **ἡμέραις**·
Lk 21:34 ὑμᾶς αἰφνίδιος ἡ **ἡμέρα** ἐκείνη
Lk 21:37 Ἦν δὲ τὰς **ἡμέρας** ἐν τῷ ἱερῷ
Lk 22:7 Ἦλθεν δὲ ἡ **ἡμέρα** τῶν ἀζύμων,
Lk 22:53 καθ' **ἡμέραν** ὄντος μου μεθ'
Lk 22:66 Καὶ ὡς ἐγένετο **ἡμέρα**,
Lk 23:7 ἐν ταύταις ταῖς **ἡμέραις**.
Lk 23:12 ἐν αὐτῇ τῇ **ἡμέρᾳ** μετ' ἀλλήλων·
Lk 23:29 ὅτι ἰδοὺ ἔρχονται **ἡμέραι** ἐν αἷς ἐροῦσιν·
Lk 23:54 καὶ **ἡμέρα** ἦν παρασκευῆς καὶ
Lk 24:7 καὶ τῇ τρίτῃ **ἡμέρᾳ** ἀναστῆναι.
Lk 24:13 ἐν αὐτῇ τῇ **ἡμέρᾳ** ἦσαν πορευόμενοι εἰς
Lk 24:18 αὐτῇ ἐν ταῖς **ἡμέραις** ταύταις;
Lk 24:21 τούτοις τρίτην ταύτην **ἡμέραν** ἄγει ἀφ' οὗ
Lk 24:29 κέκλικεν ἤδη ἡ **ἡμέρα**.
Lk 24:46 νεκρῶν τῇ τρίτῃ **ἡμέρᾳ**,

ἡμιθανής (*hēmithanēs*; 1/1) *half dead*
Lk 10:30 ἐπιθέντες ἀπῆλθον ἀφέντες **ἡμιθανῆ**.

ἥμισυς (*hēmisys*; 1/5) *half*
Lk 19:8 ἰδοὺ τὰ **ἡμίσιά** μου τῶν ὑπαρχόντων,

Ἤρ (*Ēr*; 1/1) *Er*
Lk 3:28 τοῦ Ἐλμαδὰμ τοῦ **Ἤρ**

Ἡρῴδης (*Ērōdēs*; 14/43) *Herod*
Lk 1:5 ἐν ταῖς ἡμέραις **Ἡρῴδου** βασιλέως τῆς Ἰουδαίας
Lk 3:1 τετρααρχοῦντος τῆς Γαλιλαίας **Ἡρῴδου**,
Lk 3:19 Ὁ δὲ **Ἡρῴδης** ὁ τετραάρχης,
Lk 3:19 ἐποίησεν πονηρῶν ὁ **Ἡρῴδης**,
Lk 8:3 γυνὴ Χουζᾶ ἐπιτρόπου **Ἡρῴδου** καὶ Σουσάννα καὶ
Lk 9:7 Ἤκουσεν δὲ **Ἡρῴδης** ὁ τετραάρχης τὰ
Lk 9:9 εἶπεν δὲ **Ἡρῴδης**·
Lk 13:31 ὅτι **Ἡρῴδης** θέλει σε ἀποκτεῖναι.
Lk 23:7 ἐκ τῆς ἐξουσίας **Ἡρῴδου** ἐστὶν ἀνέπεμψεν αὐτὸν
Lk 23:7 ἀνέπεμψεν αὐτὸν πρὸς **Ἡρῴδην**,
Lk 23:8 Ὁ δὲ **Ἡρῴδης** ἰδὼν τὸν Ἰησοῦν
Lk 23:11 αὐτὸν [καὶ] ὁ **Ἡρῴδης** σὺν τοῖς στρατεύμασιν
Lk 23:12 φίλοι ὅ τε **Ἡρῴδης** καὶ ὁ Πιλᾶτος
Lk 23:15 ἀλλ' οὐδὲ **Ἡρῴδης**,

Ἡρῳδιάς (*Ērōdias*; 1/6) *Herodias*
Lk 3:19 ὑπ' αὐτοῦ περὶ **Ἡρῳδιάδος** τῆς γυναικὸς τοῦ

Ἠσαΐας (*Ēsaias*; 2/22) *Isaiah*
Lk 3:4 ἐν βίβλῳ λόγων **Ἠσαΐου** τοῦ προφήτου·
Lk 4:17 βιβλίον τοῦ προφήτου **Ἠσαΐου** καὶ ἀναπτύξας τὸ

ἡσυχάζω (*hēsychazō*; 2/5) *be silent or quiet*
Lk 14:4 οἱ δὲ **ἡσύχασαν**.
Lk 23:56 τὸ μὲν σάββατον **ἡσύχασαν** κατὰ τὴν ἐντολήν.

ἦχος (*ēchos*; 1/3) *sound*
Lk 4:37 καὶ ἐξεπορεύετο **ἦχος** περὶ αὐτοῦ εἰς

ἦχος (*ēchos*; 1/1) *roar*
Lk 21:25 ἐθνῶν ἐν ἀπορίᾳ **ἤχους** θαλάσσης καὶ σάλου,

θάλασσα (*thalassa*; 3/91) *sea, lake*
Lk 17:2 ἔρριπται εἰς τὴν **θάλασσαν** ἢ ἵνα σκανδαλίσῃ
Lk 17:6 φυτεύθητι ἐν τῇ **θαλάσσῃ**·
Lk 21:25 ἐν ἀπορίᾳ ἤχους **θαλάσσης** καὶ σάλου,

θάμβος (*thambos*; 2/3) *amazement*
Lk 4:36 καὶ ἐγένετο **θάμβος** ἐπὶ πάντας καὶ
Lk 5:9 **θάμβος** γὰρ περιέσχεν αὐτὸν

θάνατος (*thanatos*; 7/120) *death*
Lk 1:79 σκότει καὶ σκιᾷ **θανάτου** καθημένοις,
Lk 2:26 ἁγίου μὴ ἰδεῖν **θάνατον** πρὶν [ἢ] ἂν
Lk 9:27 οὐ μὴ γεύσωνται **θανάτου** ἕως ἂν ἴδωσιν
Lk 22:33 φυλακὴν καὶ εἰς **θάνατον** πορεύεσθαι.
Lk 23:15 ἰδοὺ οὐδὲν ἄξιον **θανάτου** ἐστὶν πεπραγμένον αὐτῷ·
Lk 23:22 οὐδὲν αἴτιον **θανάτου** εὗρον ἐν αὐτῷ·
Lk 24:20 ἡμῶν εἰς κρίμα **θανάτου** καὶ ἐσταύρωσαν αὐτόν.

θανατόω (*thanatoō*; 1/11) *kill*
Lk 21:16 καὶ θανατώσουσιν **ἐξ** ὑμῶν,

θάπτω (*thaptō*; 3/11) *bury*
Lk 9:59 μοι ἀπελθόντι πρῶτον **θάψαι** τὸν πατέρα μου.
Lk 9:60 ἄφες τοὺς νεκροὺς **θάψαι** τοὺς ἑαυτῶν νεκρούς,
Lk 16:22 ὁ πλούσιος καὶ **ἐτάφη**.

Θάρα (*Thara*; 1/1) *Terah*
Lk 3:34 τοῦ Ἀβραὰμ τοῦ **Θάρα** τοῦ Ναχὼρ

θαυμάζω (*thaumazō*; 13/43) *marvel*
Lk 1:21 τὸν Ζαχαρίαν καὶ **ἐθαύμαζον** ἐν τῷ χρονίζειν
Lk 1:63 καὶ **ἐθαύμασαν** πάντες.
Lk 2:18 πάντες οἱ ἀκούσαντες **ἐθαύμασαν** περὶ τῶν λαληθέντων
Lk 2:33 καὶ ἡ μήτηρ **θαυμάζοντες** ἐπὶ τοῖς λαλουμένοις
Lk 4:22 ἐμαρτύρουν αὐτῷ καὶ **ἐθαύμαζον** ἐπὶ τοῖς λόγοις
Lk 7:9 ταῦτα ὁ Ἰησοῦς **ἐθαύμασεν** αὐτὸν καὶ στραφεὶς
Lk 8:25 φοβηθέντες δὲ **ἐθαύμασαν** λέγοντες πρὸς ἀλλήλους·
Lk 9:43 Πάντων δὲ **θαυμαζόντων** ἐπὶ πᾶσιν οἷς
Lk 11:14 ὁ κωφὸς καὶ **ἐθαύμασαν** οἱ ὄχλοι.
Lk 11:38 δὲ Φαρισαῖος ἰδὼν **ἐθαύμασεν** ὅτι οὐ πρῶτον
Lk 20:26 τοῦ λαοῦ καὶ **θαυμάσαντες** ἐπὶ τῇ ἀποκρίσει
Lk 24:12 ἀπῆλθεν πρὸς ἑαυτὸν **θαυμάζων** τὸ γεγονός.
Lk 24:41 τῆς χαρᾶς καὶ **θαυμαζόντων** εἶπεν αὐτοῖς·

θεάομαι (*theaomai*; 3/20[22]) *see, observe*
Lk 5:27 ταῦτα ἐξῆλθεν καὶ **ἐθεάσατο** τελώνην ὀνόματι Λευὶν
Lk 7:24 εἰς τὴν ἔρημον **θεάσασθαι**;
Lk 23:55 ἐθεάσαντο **τὸ** μνημεῖον καὶ ὡς

θεῖον (*theion*; 1/7) *sulphur*
Lk 17:29 ἔβρεξεν πῦρ καὶ **θεῖον** ἀπ' οὐρανοῦ καὶ

θέλημα (*thelēma*; 4/62) *will*
Lk 12:47 ὁ γνοὺς τὸ **θέλημα** τοῦ κυρίου αὐτοῦ
Lk 12:47 ποιήσας πρὸς τὸ **θέλημα** αὐτοῦ δαρήσεται πολλάς·
Lk 22:42 πλὴν μὴ τὸ **θέλημά** μου ἀλλὰ τὸ
Lk 23:25 Ἰησοῦν παρέδωκεν τῷ **θελήματι** αὐτῶν.

θέλω (*thelō*; 28/208) *wish, want*
Lk 1:62 τὸ τί ἂν **θέλοι** καλεῖσθαι αὐτό.
Lk 4:6 καὶ ᾧ ἐὰν **θέλω** δίδωμι αὐτήν·
Lk 5:12 ἐὰν **θέλῃς** δύνασαί με καθαρίσαι.
Lk 5:13 **θέλω**,
Lk 5:39 οὐδεὶς πιὼν παλαιὸν **θέλει** νέον·
Lk 6:31 Καὶ καθὼς **θέλετε** ἵνα ποιῶσιν ὑμῖν
Lk 8:20 ἑστήκασιν ἔξω ἰδεῖν **θέλοντές** σε.
Lk 9:23 εἴ τις **θέλει** ὀπίσω μου ἔρχεσθαι,
Lk 9:24 ὃς γὰρ ἂν **θέλῃ** τὴν ψυχὴν αὐτοῦ
Lk 9:54 **θέλεις** εἴπωμεν πῦρ καταβῆναι
Lk 10:24 προφῆται καὶ βασιλεῖς **ἠθέλησαν** ἰδεῖν ἃ ὑμεῖς
Lk 10:29 ὁ δὲ **θέλων** δικαιῶσαι ἑαυτὸν εἶπεν
Lk 12:49 καὶ τί **θέλω** εἰ ἤδη ἀνήφθη.
Lk 13:31 ὅτι Ἡρῴδης **θέλει** σε ἀποκτεῖναι.
Lk 13:34 ποσάκις **ἠθέλησα** ἐπισυνάξαι τὰ τέκνα
Lk 13:34 καὶ οὐκ **ἠθελήσατε**.
Lk 14:28 γὰρ ἐξ ὑμῶν **θέλων** πύργον οἰκοδομῆσαι οὐχὶ
Lk 15:28 δὲ καὶ οὐκ **ἤθελεν** εἰσελθεῖν,
Lk 16:26 ὅπως οἱ **θέλοντες** διαβῆναι ἔνθεν πρὸς
Lk 18:4 καὶ οὐκ **ἤθελεν** ἐπὶ χρόνον.
Lk 18:13 μακρόθεν ἑστὼς οὐκ **ἤθελεν** οὐδὲ τοὺς ὀφθαλμοὺς
Lk 18:41 τί σοι **θέλεις** ποιήσω;
Lk 19:14 οὐ **θέλομεν** τοῦτον βασιλεῦσαι ἐφ'
Lk 19:27 τούτους τοὺς μὴ **θελήσαντάς** με βασιλεῦσαι
Lk 20:46 τῶν γραμματέων τῶν **θελόντων** περιπατεῖν ἐν στολαῖς
Lk 22:9 ποῦ **θέλεις** ἑτοιμάσωμεν;
Lk 23:8 ἐξ ἱκανῶν χρόνων **θέλων** ἰδεῖν αὐτὸν διὰ
Lk 23:20 Πιλᾶτος προσεφώνησεν αὐτοῖς **θέλων** ἀπολῦσαι τὸν Ἰησοῦν.

θεμέλιον (*themelion*; 2/4) *foundation*
Lk 6:48 ἐβάθυνεν καὶ ἔθηκεν **θεμέλιον** ἐπὶ τὴν πέτραν·
Lk 14:29 μήποτε θέντος αὐτοῦ **θεμέλιον** καὶ μὴ ἰσχύοντος

θεμέλιος (*themelios*; 1/12) *foundation*
Lk 6:49 τὴν γῆν χωρὶς **θεμελίου**,

θεός (*theos*; 122/1316[1317]) *God*
Lk 1:6 ἀμφότεροι ἐναντίον τοῦ **θεοῦ**,
Lk 1:8 αὐτοῦ ἔναντι τοῦ **θεοῦ**,
Lk 1:16 ἐπὶ κύριον τὸν **θεὸν** αὐτῶν.
Lk 1:19 παρεστηκὼς ἐνώπιον τοῦ **θεοῦ** καὶ ἀπεστάλην λαλῆσαι
Lk 1:26 Γαβριὴλ ἀπὸ τοῦ **θεοῦ** εἰς πόλιν τῆς
Lk 1:30 χάριν παρὰ τῷ **θεῷ**.
Lk 1:32 αὐτῷ κύριος ὁ **θεὸς** τὸν θρόνον Δαυὶδ
Lk 1:35 ἅγιον κληθήσεται υἱὸς **θεοῦ**.
Lk 1:37 ἀδυνατήσει παρὰ τοῦ **θεοῦ** πᾶν ῥῆμα.
Lk 1:47 μου ἐπὶ τῷ **θεῷ** τῷ σωτῆρί μου,
Lk 1:64 ἐλάλει εὐλογῶν τὸν **θεόν**.
Lk 1:68 Εὐλογητὸς κύριος ὁ **θεὸς** τοῦ Ἰσραήλ,
Lk 1:78 διὰ σπλάγχνα ἐλέους **θεοῦ** ἡμῶν,
Lk 2:13 οὐρανίου αἰνούντων τὸν **θεὸν** καὶ λεγόντων·
Lk 2:14 δόξα ἐν ὑψίστοις **θεῷ** καὶ ἐπὶ γῆς
Lk 2:20 καὶ αἰνοῦντες τὸν **θεὸν** ἐπὶ πᾶσιν οἷς
Lk 2:28 καὶ εὐλόγησεν τὸν **θεὸν** καὶ εἶπεν·
Lk 2:38 ἐπιστᾶσα ἀνθωμολογεῖτο τῷ **θεῷ** καὶ ἐλάλει
Lk 2:40 καὶ χάρις **θεοῦ** ἦν ἐπ' αὐτό.
Lk 2:52 καὶ χάριτι παρὰ **θεῷ** καὶ ἀνθρώποις.
Lk 3:2 ἐγένετο ῥῆμα **θεοῦ** ἐπὶ Ἰωάννην τὸν
Lk 3:6 τὸ σωτήριον τοῦ **θεοῦ**.
Lk 3:8 ὅτι δύναται ὁ **θεὸς** ἐκ τῶν λίθων
Lk 3:38 τοῦ Ἀδὰμ τοῦ **θεοῦ**.
Lk 4:3 υἱὸς εἶ τοῦ **θεοῦ**,
Lk 4:8 κύριον τὸν **θεόν** σου προσκυνήσεις καὶ
Lk 4:9 υἱὸς εἶ τοῦ **θεοῦ**,

Lk 4:12 ἐκπειράσεις κύριον τὸν **θεόν** σου.
Lk 4:34 ὁ ἅγιος τοῦ **θεοῦ**.
Lk 4:41 ὁ υἱὸς τοῦ **θεοῦ**.
Lk 4:43 τὴν βασιλείαν τοῦ **θεοῦ**,
Lk 5:1 τὸν λόγον τοῦ **θεοῦ** καὶ αὐτὸς ἦν
Lk 5:21 μὴ μόνος ὁ **θεός**;
Lk 5:25 αὐτοῦ δοξάζων τὸν **θεόν**.
Lk 5:26 καὶ ἐδόξαζον τὸν **θεὸν** καὶ ἐπλήσθησαν φόβου
Lk 6:4 τὸν οἶκον τοῦ **θεοῦ** καὶ τοὺς ἄρτους
Lk 6:12 τῇ προσευχῇ τοῦ **θεοῦ**.
Lk 6:20 ἡ βασιλεία τοῦ **θεοῦ**.
Lk 7:16 καὶ ἐδόξαζον τὸν **θεὸν** λέγοντες ὅτι προφήτης
Lk 7:16 ὅτι ἐπεσκέψατο ὁ **θεὸς** τὸν λαὸν αὐτοῦ.
Lk 7:28 τῇ βασιλείᾳ τοῦ **θεοῦ** μείζων αὐτοῦ ἐστιν.
Lk 7:29 τελῶναι ἐδικαίωσαν τὸν **θεὸν** βαπτισθέντες τὸ βάπτισμα
Lk 7:30 τὴν βουλὴν τοῦ **θεοῦ** ἠθέτησαν εἰς ἑαυτοὺς
Lk 8:1 τὴν βασιλείαν τοῦ **θεοῦ** καὶ οἱ δώδεκα
Lk 8:10 τῆς βασιλείας τοῦ **θεοῦ**,
Lk 8:11 ὁ λόγος τοῦ **θεοῦ**.
Lk 8:21 τὸν λόγον τοῦ **θεοῦ** ἀκούοντες καὶ ποιοῦντες.
Lk 8:28 Ἰησοῦ υἱὲ τοῦ **θεοῦ** τοῦ ὑψίστου;
Lk 8:39 σοι ἐποίησεν ὁ **θεός**.
Lk 9:2 τὴν βασιλείαν τοῦ **θεοῦ** καὶ ἰᾶσθαι [τοὺς
Lk 9:11 τῆς βασιλείας τοῦ **θεοῦ**,
Lk 9:20 τὸν χριστὸν τοῦ **θεοῦ**.
Lk 9:27 τὴν βασιλείαν τοῦ **θεοῦ**.
Lk 9:43 τῇ μεγαλειότητι τοῦ **θεοῦ**.
Lk 9:60 τὴν βασιλείαν τοῦ **θεοῦ**.
Lk 9:62 τῇ βασιλείᾳ τοῦ **θεοῦ**.
Lk 10:9 ἡ βασιλεία τοῦ **θεοῦ**.
Lk 10:11 ἡ βασιλεία τοῦ **θεοῦ**.
Lk 10:27 ἀγαπήσεις κύριον τὸν **θεόν** σου ἐξ ὅλης
Lk 11:20 δὲ ἐν δακτύλῳ **θεοῦ** [ἐγὼ] ἐκβάλλω τὰ
Lk 11:20 ἡ βασιλεία τοῦ **θεοῦ**.
Lk 11:28 τὸν λόγον τοῦ **θεοῦ** καὶ φυλάσσοντες.
Lk 11:42 τὴν ἀγάπην τοῦ **θεοῦ**·
Lk 11:49 ἡ σοφία τοῦ **θεοῦ** εἶπεν·
Lk 12:6 ἐπιλελησμένον ἐνώπιον τοῦ **θεοῦ**.
Lk 12:8 τῶν ἀγγέλων τοῦ **θεοῦ**·
Lk 12:9 τῶν ἀγγέλων τοῦ **θεοῦ**.
Lk 12:20 δὲ αὐτῷ ὁ **θεός**·
Lk 12:21 καὶ μὴ εἰς **θεὸν** πλουτῶν.
Lk 12:24 καὶ ὁ **θεὸς** τρέφει αὐτούς·
Lk 12:28 κλίβανον βαλλόμενον ὁ **θεὸς** οὕτως ἀμφιέζει,
Lk 13:13 καὶ ἐδόξαζεν τὸν **θεόν**.
Lk 13:18 ἡ βασιλεία τοῦ **θεοῦ** καὶ τίνι ὁμοιώσω
Lk 13:20 τὴν βασιλείαν τοῦ **θεοῦ**;
Lk 13:28 τῇ βασιλείᾳ τοῦ **θεοῦ**,
Lk 13:29 τῇ βασιλείᾳ τοῦ **θεοῦ**.
Lk 14:15 τῇ βασιλείᾳ τοῦ **θεοῦ**.
Lk 15:10 τῶν ἀγγέλων τοῦ **θεοῦ** ἐπὶ ἑνὶ ἁμαρτωλῷ
Lk 16:13 οὐ δύνασθε θεῷ **δουλεύειν** καὶ μαμωνᾷ.
Lk 16:15 ὁ δὲ **θεὸς** γινώσκει τὰς καρδίας
Lk 16:15 βδέλυγμα ἐνώπιον τοῦ **θεοῦ**.
Lk 16:16 ἡ βασιλεία τοῦ **θεοῦ** εὐαγγελίζεται καὶ πᾶς
Lk 17:15 μεγάλης δοξάζων τὸν **θεόν**,
Lk 17:18 δοῦναι δόξαν τῷ **θεῷ** εἰ μὴ ὁ
Lk 17:20 ἡ βασιλεία τοῦ **θεοῦ** ἀπεκρίθη αὐτοῖς καὶ
Lk 17:20 ἡ βασιλεία τοῦ **θεοῦ** μετὰ παρατηρήσεως,
Lk 17:21 ἡ βασιλεία τοῦ **θεοῦ** ἐντὸς ὑμῶν ἐστιν.
Lk 18:2 τινι πόλει τὸν **θεὸν** μὴ φοβούμενος καὶ
Lk 18:4 εἰ καὶ τὸν **θεὸν** οὐ φοβοῦμαι οὐδὲ
Lk 18:7 ὁ δὲ **θεὸς** οὐ μὴ ποιήσῃ
Lk 18:11 ὁ **θεός**,
Lk 18:13 ὁ **θεός**,
Lk 18:16 ἡ βασιλεία τοῦ **θεοῦ**.
Lk 18:17 τὴν βασιλείαν τοῦ **θεοῦ** ὡς παιδίον,
Lk 18:19 μὴ εἷς ὁ **θεός**.
Lk 18:24 τὴν βασιλείαν τοῦ **θεοῦ** εἰσπορεύονται·
Lk 18:25 τὴν βασιλείαν τοῦ **θεοῦ** εἰσελθεῖν.
Lk 18:27 δυνατὰ παρὰ τῷ **θεῷ** ἐστιν.
Lk 18:29 τῆς βασιλείας τοῦ **θεοῦ**,
Lk 18:43 αὐτῷ δοξάζων τὸν **θεόν**.
Lk 18:43 ἔδωκεν αἶνον τῷ **θεῷ**.
Lk 19:11 ἡ βασιλεία τοῦ **θεοῦ** ἀναφαίνεσθαι.
Lk 19:37 χαίροντες αἰνεῖν τὸν **θεὸν** φωνῇ μεγάλῃ
Lk 20:21 τὴν ὁδὸν τοῦ **θεοῦ** διδάσκεις·
Lk 20:25 καὶ τὰ τοῦ **θεοῦ** τῷ θεῷ.
Lk 20:25 τοῦ θεοῦ τῷ **θεῷ**.
Lk 20:36 καὶ υἱοί εἰσιν **θεοῦ** τῆς ἀναστάσεως υἱοὶ
Lk 20:37 λέγει κύριον τὸν **θεὸν** Ἀβραὰμ καὶ θεὸν
Lk 20:37 θεὸν Ἀβραὰμ καὶ **θεὸν** Ἰσαὰκ καὶ θεὸν
Lk 20:37 θεὸν Ἰσαὰκ καὶ **θεὸν** Ἰακώβ.
Lk 20:38 **θεὸς** δὲ οὐκ ἔστιν
Lk 21:31 ἡ βασιλεία τοῦ **θεοῦ**.
Lk 22:16 τῇ βασιλείᾳ τοῦ **θεοῦ**.
Lk 22:18 ἡ βασιλεία τοῦ **θεοῦ** ἔλθῃ.
Lk 22:69 τῆς δυνάμεως τοῦ **θεοῦ**.
Lk 22:70 ὁ υἱὸς τοῦ **θεοῦ**;
Lk 23:35 ὁ χριστὸς τοῦ **θεοῦ** ὁ ἐκλεκτός.
Lk 23:40 φοβῇ σὺ τὸν **θεόν**,
Lk 23:47 γενόμενον ἐδόξαζεν τὸν **θεὸν** λέγων·
Lk 23:51 τὴν βασιλείαν τοῦ **θεοῦ**,
Lk 24:19 λόγῳ ἐναντίον τοῦ **θεοῦ** καὶ παντὸς τοῦ
Lk 24:53 ἱερῷ εὐλογοῦντες τὸν **θεόν**.

Θεόφιλος (*Theophilos*; 1/2) *Theophilus*

Lk 1:3 κράτιστε **Θεόφιλε**,

θεραπεία (*therapeia*; 2/3) *healing*

Lk 9:11 τοὺς χρείαν ἔχοντας **θεραπείας** ἰᾶτο.
Lk 12:42 κύριος ἐπὶ τῆς **θεραπείας** αὐτοῦ τοῦ διδόναι

θεραπεύω (*therapeuō*; 14/43) *heal*

Lk 4:23 **θεράπευσον** σεαυτόν·
Lk 4:40 τὰς χεῖρας ἐπιτιθεὶς **ἐθεράπευεν** αὐτούς.
Lk 5:15 πολλοὶ ἀκούειν καὶ **θεραπεύεσθαι** ἀπὸ τῶν ἀσθενειῶν
Lk 6:7 ἐν τῷ σαββάτῳ **θεραπεύει**,
Lk 6:18 ἀπὸ πνευμάτων ἀκαθάρτων **ἐθεραπεύοντο**,
Lk 7:21 ἐκείνῃ τῇ ὥρᾳ **ἐθεράπευσεν** πολλοὺς ἀπὸ νόσων
Lk 8:2 τινες αἳ ἦσαν **τεθεραπευμέναι** ἀπὸ πνευμάτων πονηρῶν
Lk 8:43 ἴσχυσεν ἀπ᾽ οὐδενὸς **θεραπευθῆναι**,
Lk 9:1 δαιμόνια καὶ νόσους **θεραπεύειν**
Lk 9:6 κώμας εὐαγγελιζόμενοι καὶ **θεραπεύοντες** πανταχοῦ.
Lk 10:9 καὶ **θεραπεύετε** τοὺς ἐν αὐτῇ
Lk 13:14 ὅτι τῷ σαββάτῳ **ἐθεράπευσεν** ὁ Ἰησοῦς,
Lk 13:14 αὐταῖς οὖν ἐρχόμενοι **θεραπεύεσθε** καὶ μὴ
Lk 14:3 ἔξεστιν τῷ σαββάτῳ **θεραπεῦσαι** ἢ οὔ;

θερίζω (*therizō*; 3/21) *reap*

Lk 12:24 οὐ σπείρουσιν οὐδὲ **θερίζουσιν**,
Lk 19:21 οὐκ ἔθηκας καὶ **θερίζεις** ὃ οὐκ ἔσπειρας.
Lk 19:22 οὐκ ἔθηκα καὶ **θερίζων** ὃ οὐκ ἔσπειρα;

θερισμός (*therismos*; 3/13) *harvest*

Lk 10:2 ὁ μὲν **θερισμὸς** πολύς,
Lk 10:2 τοῦ κυρίου τοῦ **θερισμοῦ** ὅπως ἐργάτας ἐκβάλῃ
Lk 10:2 ἐκβάλῃ εἰς τὸν **θερισμὸν** αὐτοῦ.

θέρος (*theros*; 1/3) *summer*

Lk 21:30 ἤδη ἐγγὺς τὸ **θέρος** ἐστίν·

θεωρέω (*theōreō*; 7/58) *see, perceive*

Lk 10:18 **ἐθεώρουν** τὸν σατανᾶν ὡς
Lk 14:29 ἐκτελέσαι πάντες οἱ **θεωροῦντες** ἄρξωνται αὐτῷ ἐμπαίζειν
Lk 21:6 ταῦτα ἃ **θεωρεῖτε** ἐλεύσονται ἡμέραι ἐν
Lk 23:35 εἱστήκει ὁ λαὸς **θεωρῶν**.
Lk 23:48 **θεωρήσαντες** τὰ γενόμενα,
Lk 24:37 γενόμενοι ἐδόκουν πνεῦμα **θεωρεῖν**.
Lk 24:39 ἔχει καθὼς ἐμὲ **θεωρεῖτε** ἔχοντα.

θεωρία (*theōria*; 1/1) *sight*

Lk 23:48 ὄχλοι ἐπὶ τὴν **θεωρίαν** ταύτην,

θηλάζω (*thēlazō*; 2/5) *nurse*

Lk 11:27 καὶ μαστοὶ οὓς **ἐθήλασας**.
Lk 21:23 ἐχούσαις καὶ ταῖς **θηλαζούσαις** ἐν ἐκείναις

θηρεύω (*thēreuō*; 1/1) *catch*

Lk 11:54 ἐνεδρεύοντες αὐτὸν **θηρεῦσαί** τι ἐκ τοῦ

θησαυρίζω (*thēsaurizō*; 1/8) *store up*

Lk 12:21 οὕτως ὁ **θησαυρίζων** ἑαυτῷ καὶ μὴ

θησαυρός (*thēsauros*; 4/17) *treasure*

Lk 6:45 ἐκ τοῦ ἀγαθοῦ **θησαυροῦ** τῆς καρδίας προφέρει
Lk 12:33 **θησαυρὸν** ἀνέκλειπτον ἐν τοῖς
Lk 12:34 γάρ ἐστιν ὁ **θησαυρὸς** ὑμῶν,
Lk 18:22 καὶ ἕξεις **θησαυρὸν** ἐν [τοῖς] οὐρανοῖς,

θνῄσκω (*thnēskō*; 2/9) *die*

Lk 7:12 καὶ ἰδοὺ ἐξεκομίζετο **τεθνηκὼς** μονογενὴς υἱὸς τῇ
Lk 8:49 ἀρχισυναγώγου λέγων ὅτι **τέθνηκεν** ἡ θυγάτηρ σου·

θορυβάζω (*thorybazō*; 1/1) *trouble*

Lk 10:41 μεριμνᾷς καὶ θορυβάζῃ **περὶ** πολλά,

θραύω (*thrauō*; 1/1) *oppress*

Lk 4:18 ἀποστεῖλαι **τεθραυσμένους** ἐν ἀφέσει,

θρηνέω (*thrēneō*; 2/4) *mourn*

Lk 7:32 **ἐθρηνήσαμεν** καὶ οὐκ ἐκλαύσατε.
Lk 23:27 αἳ ἐκόπτοντο καὶ **ἐθρήνουν** αὐτόν.

θρίξ (*thrix*; 4/15) *hair*

Lk 7:38 αὐτοῦ καὶ ταῖς **θριξὶν** τῆς κεφαλῆς αὐτῆς
Lk 7:44 πόδας καὶ ταῖς **θριξὶν** αὐτῆς ἐξέμαξεν.
Lk 12:7 ἀλλὰ καὶ αἱ **τρίχες** τῆς κεφαλῆς ὑμῶν
Lk 21:18 καὶ **θρὶξ** ἐκ τῆς κεφαλῆς

θρόμβος (*thrombos*; 1/1) *drop*

Lk 22:44 ἱδρὼς αὐτοῦ ὡσεὶ **θρόμβοι** αἵματος καταβαίνοντες ἐπὶ

θρόνος (*thronos*; 3/62) *throne*

Lk 1:32 ὁ θεὸς τὸν **θρόνον** Δαυὶδ τοῦ πατρὸς
Lk 1:52 καθεῖλεν δυνάστας ἀπὸ **θρόνων** καὶ ὕψωσεν ταπεινούς,
Lk 22:30 καὶ καθήσεσθε ἐπὶ **θρόνων** τὰς δώδεκα φυλὰς

θυγάτηρ (*thygatēr*; 9/28) *daughter*

Lk 1:5 αὐτῷ ἐκ τῶν **θυγατέρων** Ἀαρὼν καὶ τὸ
Lk 2:36 **θυγάτηρ** Φανουήλ,
Lk 8:42 ὅτι **θυγάτηρ** μονογενὴς ἦν αὐτῷ
Lk 8:48 **θυγάτηρ**,
Lk 8:49 ὅτι τέθνηκεν ἡ **θυγάτηρ** σου·
Lk 12:53 μήτηρ ἐπὶ τὴν **θυγατέρα** καὶ θυγάτηρ ἐπὶ
Lk 12:53 τὴν θυγατέρα καὶ **θυγάτηρ** ἐπὶ τὴν μητέρα,
Lk 13:16 ταύτην δὲ **θυγατέρα** Ἀβραὰμ οὖσαν,
Lk 23:28 **θυγατέρες** Ἰερουσαλήμ,

θυμίαμα (*thymiama*; 2/6) *incense*

Lk 1:10 τῇ ὥρᾳ τοῦ **θυμιάματος**.
Lk 1:11 τοῦ θυσιαστηρίου τοῦ **θυμιάματος**.

θυμιάω (*thymiaō*; 1/1) *offer incense*

Lk 1:9 ἱερατείας ἔλαχε τοῦ **θυμιᾶσαι** εἰσελθὼν εἰς

θυμός (*thymos*; 1/18) *wrath*

Lk 4:28 καὶ ἐπλήσθησαν πάντες **θυμοῦ** ἐν τῇ συναγωγῇ

θύρα (*thyra*; 4/39) *door, gate*

Lk 11:7 ἤδη ἡ **θύρα** κέκλεισται καὶ τὰ
Lk 13:24 διὰ τῆς στενῆς **θύρας**,
Lk 13:25 καὶ ἀποκλείσῃ τὴν **θύραν** καὶ ἄρξησθε ἔξω
Lk 13:25 καὶ κρούειν τὴν **θύραν** λέγοντες·

θυσία (*thysia*; 2/28) *sacrifice*

Lk 2:24 καὶ τοῦ δοῦναι **θυσίαν** κατὰ τὸ εἰρημένον
Lk 13:1 ἔμιξεν μετὰ τῶν **θυσιῶν** αὐτῶν.

θυσιαστήριον (*thysiastērion*; 2/23) *altar*

Lk 1:11 ἐκ δεξιῶν τοῦ **θυσιαστηρίου** τοῦ θυμιάματος.
Lk 11:51 ἀπολομένου μεταξὺ τοῦ **θυσιαστηρίου** καὶ τοῦ οἴκου·

θύω (*thyō*; 4/14) *slaughter*

Lk 15:23 **θύσατε**,
Lk 15:27 καὶ **ἔθυσεν** ὁ πατήρ σου
Lk 15:30 **ἔθυσας** αὐτῷ τὸν σιτευτὸν
Lk 22:7 [ἐν] ᾗ ἔδει **θύεσθαι** τὸ πάσχα·

Θωμᾶς (*Thōmas*; 1/11) *Thomas*

Lk 6:15 καὶ Μαθθαῖον καὶ **Θωμᾶν** καὶ Ἰάκωβον Ἁλφαίου

Ἰάϊρος (*Iairos*; 1/2) *Jairus*

Lk 8:41 ἀνὴρ ᾧ ὄνομα **Ἰάϊρος** καὶ οὗτος ἄρχων

Ἰακώβ (*Iakōb*; 4/27) *Jacob*

Lk 1:33 ἐπὶ τὸν οἶκον **Ἰακὼβ** εἰς τοὺς αἰῶνας
Lk 3:34 τοῦ **Ἰακὼβ** τοῦ Ἰσαὰκ τοῦ
Lk 13:28 καὶ Ἰσαὰκ καὶ **Ἰακὼβ** καὶ πάντας τοὺς
Lk 20:37 Ἰσαὰκ καὶ θεὸν **Ἰακώβ**.

Ἰάκωβος (*Iakōbos*; 8/42) *James*

Lk 5:10 ὁμοίως δὲ καὶ **Ἰάκωβον** καὶ Ἰωάννην υἱοὺς
Lk 6:14 καὶ **Ἰάκωβον** καὶ Ἰωάννην καὶ
Lk 6:15 καὶ Θωμᾶν καὶ **Ἰάκωβον** Ἁλφαίου καὶ Σίμωνα
Lk 6:16 καὶ Ἰούδαν **Ἰακώβου** καὶ Ἰούδαν Ἰσκαριώθ,
Lk 8:51 καὶ Ἰωάννην καὶ **Ἰάκωβον** καὶ τὸν πατέρα
Lk 9:28 καὶ Ἰωάννην καὶ **Ἰάκωβον** ἀνέβη εἰς τὸ
Lk 9:54 δὲ οἱ μαθηταὶ **Ἰάκωβος** καὶ Ἰωάννης εἶπαν·
Lk 24:10 καὶ Μαρία ἡ **Ἰακώβου** καὶ αἱ λοιπαὶ

Ἰανναί (*Iannai*; 1/1) *Jannai*

Lk 3:24 τοῦ Μελχὶ τοῦ **Ἰανναὶ** τοῦ Ἰωσὴφ

ἰάομαι (*iaomai*; 11/26) *heal*

Lk 5:17 ἦν εἰς τὸ **ἰᾶσθαι** αὐτόν.
Lk 6:18 ἀκοῦσαι αὐτοῦ καὶ **ἰαθῆναι** ἀπὸ τῶν νόσων
Lk 6:19 αὐτοῦ ἐξήρχετο καὶ **ἰᾶτο** πάντας.
Lk 7:7 καὶ **ἰαθήτω** ὁ παῖς μου.
Lk 8:47 λαοῦ καὶ ὡς **ἰάθη** παραχρῆμα.
Lk 9:2 τοῦ θεοῦ καὶ **ἰᾶσθαι** [τοὺς ἀσθενεῖς],
Lk 9:11 χρείαν ἔχοντας θεραπείας **ἰᾶτο**.
Lk 9:42 τῷ ἀκαθάρτῳ καὶ **ἰάσατο** τὸν παῖδα καὶ
Lk 14:4 καὶ ἐπιλαβόμενος **ἰάσατο** αὐτὸν καὶ ἀπέλυσεν.
Lk 17:15 ἰδὼν ὅτι **ἰάθη**,
Lk 22:51 ἁψάμενος τοῦ ὠτίου **ἰάσατο** αὐτόν.

Ἰάρετ (*Iaret*; 1/1) *Jared*

Lk 3:37 τοῦ Ἑνὼχ τοῦ **Ἰάρετ** τοῦ Μαλελεὴλ τοῦ

ἴασις (*iasis*; 1/3) *healing*

Lk 13:32 ἐκβάλλω δαιμόνια καὶ **ἰάσεις** ἀποτελῶ σήμερον καὶ

ἰατρός (*iatros*; 3/7) *physician*

Lk 4:23 **ἰατρέ**,
Lk 5:31 ἔχουσιν οἱ ὑγιαίνοντες **ἰατροῦ** ἀλλὰ οἱ κακῶς
Lk 8:43 ἥτις **[ἰατροῖς** προσαναλώσασα ὅλον τὸν

ἴδιος (*idios*; 6/114) *one's own*

Lk 6:41 τὴν ἐν τῷ **ἰδίῳ** ὀφθαλμῷ οὐ κατανοεῖς;
Lk 6:44 δένδρον ἐκ τοῦ **ἰδίου** καρποῦ γινώσκεται·
Lk 9:10 αὐτοὺς ὑπεχώρησεν κατ᾽ **ἰδίαν** εἰς πόλιν καλουμένην
Lk 10:23 τοὺς μαθητὰς κατ᾽ **ἰδίαν** εἶπεν·
Lk 10:34 αὐτὸν ἐπὶ τὸ **ἴδιον** κτῆνος ἤγαγεν αὐτὸν
Lk 18:28 ἡμεῖς ἀφέντες τὰ **ἴδια** ἠκολουθήσαμέν σοι.

ἰδού (*idou*; 57/200) *look!*

Lk 1:20 καὶ **ἰδοὺ** ἔσῃ σιωπῶν καὶ
Lk 1:31 καὶ **ἰδοὺ** συλλήμψῃ ἐν γαστρὶ
Lk 1:36 καὶ **ἰδοὺ** Ἐλισάβετ ἡ συγγενίς
Lk 1:38 **ἰδοὺ** ἡ δούλη κυρίου·
Lk 1:44 **ἰδοὺ** γὰρ ὡς ἐγένετο
Lk 1:48 **ἰδοὺ** γὰρ ἀπὸ τοῦ
Lk 2:10 **ἰδοὺ** γὰρ εὐαγγελίζομαι ὑμῖν
Lk 2:25 Καὶ **ἰδοὺ** ἄνθρωπος ἦν ἐν
Lk 2:34 **ἰδοὺ** οὗτος κεῖται εἰς
Lk 2:48 **ἰδοὺ** ὁ πατήρ σου
Lk 5:12 τῶν πόλεων καὶ **ἰδοὺ** ἀνὴρ πλήρης λέπρας·
Lk 5:18 καὶ **ἰδοὺ** ἄνδρες φέροντες ἐπὶ
Lk 6:23 **ἰδοὺ** γὰρ ὁ μισθὸς
Lk 7:12 καὶ **ἰδοὺ** ἐξεκομίζετο τεθνηκὼς μονογενὴς
Lk 7:25 ἰδοὺ **οἱ** ἐν ἱματισμῷ ἐνδόξῳ
Lk 7:27 **ἰδοὺ** ἀποστέλλω τὸν ἄγγελόν
Lk 7:34 **ἰδοὺ** ἄνθρωπος φάγος καὶ
Lk 7:37 καὶ **ἰδοὺ** γυνὴ ἥτις ἦν
Lk 8:41 καὶ **ἰδοὺ** ἦλθεν ἀνὴρ ᾧ
Lk 9:30 καὶ **ἰδοὺ** ἄνδρες δύο συνελάλουν
Lk 9:38 καὶ **ἰδοὺ** ἀνὴρ ἀπὸ τοῦ
Lk 9:39 καὶ **ἰδοὺ** πνεῦμα λαμβάνει αὐτὸν
Lk 10:3 **ἰδοὺ** ἀποστέλλω ὑμᾶς ὡς
Lk 10:19 **ἰδοὺ** δέδωκα ὑμῖν τὴν
Lk 10:25 Καὶ **ἰδοὺ** νομικός τις ἀνέστη
Lk 11:31 καὶ **ἰδοὺ** πλεῖον Σολομῶνος ὧδε.
Lk 11:32 καὶ **ἰδοὺ** πλεῖον Ἰωνᾶ ὧδε.
Lk 11:41 καὶ **ἰδοὺ** πάντα καθαρὰ ὑμῖν
Lk 13:7 **ἰδοὺ** τρία ἔτη ἀφ᾽
Lk 13:11 καὶ **ἰδοὺ** γυνὴ πνεῦμα ἔχουσα
Lk 13:16 ἔδησεν ὁ σατανᾶς **ἰδοὺ** δέκα καὶ ὀκτὼ
Lk 13:30 καὶ **ἰδοὺ** εἰσὶν ἔσχατοι οἳ
Lk 13:32 **ἰδοὺ** ἐκβάλλω δαιμόνια καὶ
Lk 13:35 **ἰδοὺ** ἀφίεται ὑμῖν ὁ
Lk 14:2 Καὶ **ἰδοὺ** ἄνθρωπός τις ἦν
Lk 15:29 **ἰδοὺ** τοσαῦτα ἔτη δουλεύω
Lk 17:21 **ἰδοὺ** ὧδε ἤ·
Lk 17:21 **ἰδοὺ** γὰρ ἡ βασιλεία
Lk 17:23 **ἰδοὺ** ἐκεῖ,
Lk 17:23 [ἤ] **ἰδοὺ** ὧδε·
Lk 18:28 **ἰδοὺ** ἡμεῖς ἀφέντες τὰ
Lk 18:31 **ἰδοὺ** ἀναβαίνομεν εἰς Ἰερουσαλήμ,
Lk 19:2 Καὶ **ἰδοὺ** ἀνὴρ ὀνόματι καλούμενος
Lk 19:8 **ἰδοὺ** τὰ ἡμίσιά μου
Lk 19:20 **ἰδοὺ** ἡ μνᾶ σου
Lk 22:10 **ἰδοὺ** εἰσελθόντων ὑμῶν εἰς
Lk 22:21 Πλὴν **ἰδοὺ** ἡ χεὶρ τοῦ
Lk 22:31 **ἰδοὺ** ὁ σατανᾶς ἐξῃτήσατο
Lk 22:38 **ἰδοὺ** μάχαιραι ὧδε δύο.
Lk 22:47 Ἔτι αὐτοῦ λαλοῦντος **ἰδοὺ** ὄχλος,
Lk 23:14 καὶ **ἰδοὺ** ἐγὼ ἐνώπιον ὑμῶν
Lk 23:15 καὶ **ἰδοὺ** οὐδὲν ἄξιον θανάτου
Lk 23:29 ὅτι **ἰδοὺ** ἔρχονται ἡμέραι ἐν
Lk 23:50 Καὶ **ἰδοὺ** ἀνὴρ ὀνόματι Ἰωσὴφ
Lk 24:4 περὶ τούτου καὶ **ἰδοὺ** ἄνδρες δύο ἐπέστησαν
Lk 24:13 Καὶ **ἰδοὺ** δύο ἐξ αὐτῶν
Lk 24:49 καὶ **[ἰδοὺ]** ἐγὼ ἀποστέλλω τὴν

ἱδρώς (*hidrōs*; 1/1) *sweat*

Lk 22:44 καὶ ἐγένετο ὁ **ἱδρὼς** αὐτοῦ ὡσεὶ θρόμβοι

ἱερατεία (*hierateia*; 1/2) *priestly office*
Lk 1:9 τὸ ἔθος τῆς **ἱερατείας** ἔλαχε τοῦ θυμιᾶσαι

ἱερατεύω (*hierateuō*; 1/1) *serve as a priest*
Lk 1:8 δὲ ἐν τῷ **ἱερατεύειν** αὐτὸν ἐν τῇ

ἱερεύς (*hiereus*; 5/31) *priest*
Lk 1:5 βασιλέως τῆς Ἰουδαίας **ἱερεύς** τις ὀνόματι Ζαχαρίας
Lk 5:14 δεῖξον σεαυτὸν τῷ **ἱερεῖ** καὶ προσένεγκε
Lk 6:4 μὴ μόνους τοὺς **ἱερεῖς**;
Lk 10:31 κατὰ συγκυρίαν δὲ **ἱερεύς** τις κατέβαινεν ἐν
Lk 17:14 ἐπιδείξατε ἑαυτοὺς τοῖς **ἱερεῦσιν**.

Ἰεριχώ (*Ierichō*; 3/7) *Jericho*
Lk 10:30 ἀπὸ Ἰερουσαλὴμ εἰς **Ἰεριχὼ** καὶ λῃσταῖς περιέπεσεν,
Lk 18:35 ἐγγίζειν αὐτὸν εἰς **Ἰεριχὼ** τυφλός τις ἐκάθητο
Lk 19:1 εἰσελθὼν διήρχετο τὴν **Ἰεριχώ**.

ἱερόν (*hieron*; 14/70[72]) *temple area*
Lk 2:27 πνεύματι εἰς τὸ **ἱερόν**·
Lk 2:37 οὐκ ἀφίστατο τοῦ **ἱεροῦ** νηστείαις καὶ δεήσεσιν
Lk 2:46 αὐτὸν ἐν τῷ **ἱερῷ** καθεζόμενον ἐν μέσῳ
Lk 4:9 τὸ πτερύγιον τοῦ **ἱεροῦ** καὶ εἶπεν αὐτῷ·
Lk 18:10 ἀνέβησαν εἰς τὸ **ἱερὸν** προσεύξασθαι,
Lk 19:45 εἰσελθὼν εἰς τὸ **ἱερὸν** ἤρξατο ἐκβάλλειν
Lk 19:47 ἡμέραν ἐν τῷ **ἱερῷ**.
Lk 20:1 λαὸν ἐν τῷ **ἱερῷ** καὶ εὐαγγελιζομένου ἐπέστησαν
Lk 21:5 λεγόντων περὶ τοῦ **ἱεροῦ** ὅτι λίθοις καλοῖς
Lk 21:37 ἡμέρας ἐν τῷ **ἱερῷ** διδάσκων,
Lk 21:38 αὐτὸν ἐν τῷ **ἱερῷ** ἀκούειν αὐτοῦ.
Lk 22:52 καὶ στρατηγοὺς τοῦ **ἱεροῦ** καὶ πρεσβυτέρους·
Lk 22:53 ὑμῶν ἐν τῷ **ἱερῷ** οὐκ ἐξετείνατε τὰς
Lk 24:53 παντὸς ἐν τῷ **ἱερῷ** εὐλογοῦντες τὸν θεόν.

Ἰερουσαλήμ (*Ierousalēm*; 31/139) *Jerusalem*
Lk 2:22 ἀνήγαγον αὐτὸν εἰς **Ἱεροσόλυμα** παραστῆσαι τῷ κυρίῳ,
Lk 2:25 ἄνθρωπος ἦν ἐν **Ἰερουσαλὴμ** ᾧ ὄνομα Συμεὼν
Lk 2:38 τοῖς προσδεχομένοις λύτρωσιν **Ἰερουσαλήμ**.
Lk 2:41 κατ᾽ ἔτος εἰς **Ἰερουσαλὴμ** τῇ ἑορτῇ τοῦ
Lk 2:43 ὁ παῖς ἐν **Ἰερουσαλήμ**,
Lk 2:45 εὑρόντες ὑπέστρεψαν εἰς **Ἰερουσαλὴμ** ἀναζητοῦντες αὐτόν.
Lk 4:9 δὲ αὐτὸν εἰς **Ἰερουσαλὴμ** καὶ ἔστησεν ἐπὶ
Lk 5:17 καὶ Ἰουδαίας καὶ **Ἰερουσαλήμ**·
Lk 6:17 τῆς Ἰουδαίας καὶ **Ἰερουσαλὴμ** καὶ τῆς παραλίου
Lk 9:31 ἤμελλεν πληροῦν ἐν **Ἰερουσαλήμ**.
Lk 9:51 τοῦ πορεύεσθαι εἰς **Ἰερουσαλήμ**.
Lk 9:53 ἦν πορευόμενον εἰς **Ἰερουσαλήμ**.
Lk 10:30 τις κατέβαινεν ἀπὸ **Ἰερουσαλὴμ** εἰς Ἰεριχὼ
Lk 13:4 ἀνθρώπους τοὺς κατοικοῦντας **Ἰερουσαλήμ**;
Lk 13:22 πορείαν ποιούμενος εἰς **Ἱεροσόλυμα**.
Lk 13:33 προφήτην ἀπολέσθαι ἔξω **Ἰερουσαλήμ**.
Lk 13:34 **Ἰερουσαλὴμ** Ἰερουσαλήμ,
Lk 13:34 Ἰερουσαλὴμ **Ἰερουσαλήμ**,
Lk 17:11 τῷ πορεύεσθαι εἰς **Ἰερουσαλὴμ** καὶ αὐτὸς διήρχετο
Lk 18:31 ἰδοὺ ἀναβαίνομεν εἰς **Ἰερουσαλήμ**,
Lk 19:11 τὸ ἐγγὺς εἶναι **Ἰερουσαλὴμ** αὐτὸν καὶ δοκεῖν
Lk 19:28 ἔμπροσθεν ἀναβαίνων εἰς **Ἱεροσόλυμα**.
Lk 21:20 κυκλουμένην ὑπὸ στρατοπέδων **Ἰερουσαλήμ**,
Lk 21:24 καὶ **Ἰερουσαλὴμ** ἔσται πατουμένη ὑπὸ
Lk 23:7 καὶ αὐτὸν ἐν **Ἱεροσολύμοις** ἐν ταύταις ταῖς
Lk 23:28 θυγατέρες **Ἰερουσαλήμ**,
Lk 24:13 σταδίους ἑξήκοντα ἀπὸ **Ἰερουσαλήμ**,
Lk 24:18 σὺ μόνος παροικεῖς **Ἰερουσαλὴμ** καὶ οὐκ ἔγνως
Lk 24:33 ὥρᾳ ὑπέστρεψαν εἰς **Ἰερουσαλὴμ** καὶ εὗρον ἠθροισμένους
Lk 24:47 ἀρξάμενοι ἀπὸ **Ἰερουσαλὴμ**
Lk 24:52 αὐτὸν ὑπέστρεψαν εἰς **Ἰερουσαλὴμ** μετὰ χαρᾶς μεγάλης

Ἰεσσαί (*Iessai*; 1/5) *Jesse*
Lk 3:32 τοῦ **Ἰεσσαὶ** τοῦ Ἰωβὴδ τοῦ

Ἰησοῦς (*Iēsous*; 88/911[917]) *Jesus*
Lk 1:31 τὸ ὄνομα αὐτοῦ **Ἰησοῦν**.
Lk 2:21 τὸ ὄνομα αὐτοῦ **Ἰησοῦς**,
Lk 2:27 γονεῖς τὸ παιδίον **Ἰησοῦν** τοῦ ποιῆσαι αὐτοὺς
Lk 2:43 ὑποστρέφειν αὐτοὺς ὑπέμεινεν **Ἰησοῦς** ὁ παῖς ἐν
Lk 2:52 Καὶ **Ἰησοῦς** προέκοπτεν [ἐν τῇ]
Lk 3:21 τὸν λαὸν καὶ **Ἰησοῦ** βαπτισθέντος καὶ προσευχομένου
Lk 3:23 Καὶ αὐτὸς ἦν **Ἰησοῦς** ἀρχόμενος ὡσεὶ ἐτῶν
Lk 3:29 τοῦ **Ἰησοῦ** τοῦ Ἐλιέζερ τοῦ
Lk 4:1 **Ἰησοῦς** δὲ πλήρης πνεύματος
Lk 4:4 πρὸς αὐτὸν ὁ **Ἰησοῦς**·
Lk 4:8 καὶ ἀποκριθεὶς ὁ **Ἰησοῦς** εἶπεν αὐτῷ·
Lk 4:12 εἶπεν αὐτῷ ὁ **Ἰησοῦς** ὅτι εἴρηται·
Lk 4:14 Καὶ ὑπέστρεψεν ὁ **Ἰησοῦς** ἐν τῇ δυνάμει
Lk 4:34 **Ἰησοῦ** Ναζαρηνέ;
Lk 4:35 ἐπετίμησεν αὐτῷ ὁ **Ἰησοῦς** λέγων·
Lk 5:8 προσέπεσεν τοῖς γόνασιν **Ἰησοῦ** λέγων·
Lk 5:10 τὸν Σίμωνα ὁ **Ἰησοῦς**·
Lk 5:12 ἰδὼν δὲ τὸν **Ἰησοῦν**,
Lk 5:19 μέσον ἔμπροσθεν τοῦ **Ἰησοῦ**.
Lk 5:22 ἐπιγνοὺς δὲ ὁ **Ἰησοῦς** τοὺς διαλογισμοὺς αὐτῶν
Lk 5:31 καὶ ἀποκριθεὶς ὁ **Ἰησοῦς** εἶπεν πρὸς αὐτούς·
Lk 5:34 ὁ δὲ **Ἰησοῦς** εἶπεν πρὸς αὐτούς·
Lk 6:3 αὐτοὺς εἶπεν ὁ **Ἰησοῦς**·
Lk 6:9 εἶπεν δὲ ὁ **Ἰησοῦς** πρὸς αὐτούς·
Lk 6:11 ἂν ποιήσαιεν τῷ **Ἰησοῦ**.
Lk 7:3 δὲ περὶ τοῦ **Ἰησοῦ** ἀπέστειλεν πρὸς αὐτὸν
Lk 7:4 παραγενόμενοι πρὸς τὸν **Ἰησοῦν** παρεκάλουν αὐτὸν σπουδαίως
Lk 7:6 ὁ δὲ **Ἰησοῦς** ἐπορεύετο σὺν αὐτοῖς.
Lk 7:9 δὲ ταῦτα ὁ **Ἰησοῦς** ἐθαύμασεν αὐτὸν καὶ
Lk 7:40 καὶ ἀποκριθεὶς ὁ **Ἰησοῦς** εἶπεν πρὸς αὐτόν·
Lk 8:28 ἰδὼν δὲ τὸν **Ἰησοῦν** ἀνακράξας προσέπεσεν αὐτῷ
Lk 8:28 **Ἰησοῦ** υἱὲ τοῦ θεοῦ
Lk 8:30 δὲ αὐτὸν ὁ **Ἰησοῦς**·

Lk 8:35 ἦλθον πρὸς τὸν **Ἰησοῦν** καὶ εὗρον καθήμενον
Lk 8:35 τοὺς πόδας τοῦ **Ἰησοῦ**,
Lk 8:39 ἐποίησεν αὐτῷ ὁ **Ἰησοῦς**.
Lk 8:40 τῷ ὑποστρέφειν τὸν **Ἰησοῦν** ἀπεδέξατο αὐτὸν ὁ
Lk 8:41 τοὺς πόδας [τοῦ] **Ἰησοῦ** παρεκάλει αὐτὸν εἰσελθεῖν
Lk 8:45 καὶ εἶπεν ὁ **Ἰησοῦς**·
Lk 8:46 ὁ δὲ **Ἰησοῦς** εἶπεν·
Lk 8:50 ὁ δὲ **Ἰησοῦς** ἀκούσας ἀπεκρίθη αὐτῷ·
Lk 9:33 Πέτρος πρὸς τὸν **Ἰησοῦν**·
Lk 9:36 τὴν φωνὴν εὑρέθη **Ἰησοῦς** μόνος.
Lk 9:41 ἀποκριθεὶς δὲ ὁ **Ἰησοῦς** εἶπεν·
Lk 9:42 ἐπετίμησεν δὲ ὁ **Ἰησοῦς** τῷ πνεύματι τῷ
Lk 9:47 ὁ δὲ **Ἰησοῦς** εἰδὼς τὸν διαλογισμὸν
Lk 9:50 πρὸς αὐτὸν ὁ **Ἰησοῦς**·
Lk 9:58 εἶπεν αὐτῷ ὁ **Ἰησοῦς**·
Lk 9:62 [πρὸς αὐτὸν] ὁ **Ἰησοῦς**·
Lk 10:29 εἶπεν πρὸς τὸν **Ἰησοῦν**·
Lk 10:30 Ὑπολαβὼν ὁ **Ἰησοῦς** εἶπεν·
Lk 10:37 δὲ αὐτῷ ὁ **Ἰησοῦς**·
Lk 13:12 δὲ αὐτὴν ὁ **Ἰησοῦς** προσεφώνησεν καὶ εἶπεν
Lk 13:14 σαββάτῳ ἐθεράπευσεν ὁ **Ἰησοῦς**,
Lk 14:3 καὶ ἀποκριθεὶς ὁ **Ἰησοῦς** εἶπεν πρὸς τοὺς
Lk 17:13 **Ἰησοῦ** ἐπιστάτα,
Lk 17:17 ἀποκριθεὶς δὲ ὁ **Ἰησοῦς** εἶπεν·
Lk 18:16 ὁ δὲ **Ἰησοῦς** προσεκαλέσατο αὐτὰ λέγων·
Lk 18:19 δὲ αὐτῷ ὁ **Ἰησοῦς**·
Lk 18:22 ἀκούσας δὲ ὁ **Ἰησοῦς** εἶπεν αὐτῷ·
Lk 18:24 δὲ αὐτὸν ὁ **Ἰησοῦς** [περίλυπον γενόμενον] εἶπεν·
Lk 18:37 δὲ αὐτῷ ὅτι **Ἰησοῦς** ὁ Ναζωραῖος παρέρχεται.
Lk 18:38 **Ἰησοῦ** υἱὲ Δαυίδ,
Lk 18:40 σταθεὶς δὲ ὁ **Ἰησοῦς** ἐκέλευσεν αὐτὸν ἀχθῆναι
Lk 18:42 καὶ ὁ **Ἰησοῦς** εἶπεν αὐτῷ·
Lk 19:3 ἐζήτει ἰδεῖν τὸν **Ἰησοῦν** τίς ἐστιν καὶ
Lk 19:5 ἀναβλέψας ὁ **Ἰησοῦς** εἶπεν πρὸς αὐτόν·
Lk 19:9 πρὸς αὐτὸν ὁ **Ἰησοῦς** ὅτι σήμερον σωτηρία
Lk 19:35 αὐτὸν πρὸς τὸν **Ἰησοῦν** καὶ ἐπιρίψαντες αὐτῶν
Lk 19:35 πῶλον ἐπεβίβασαν τὸν **Ἰησοῦν**.
Lk 20:8 καὶ ὁ **Ἰησοῦς** εἶπεν αὐτοῖς·
Lk 20:34 εἶπεν αὐτοῖς ὁ **Ἰησοῦς**·
Lk 22:47 καὶ ἤγγισεν τῷ **Ἰησοῦ** φιλῆσαι αὐτόν.
Lk 22:48 **Ἰησοῦς** δὲ εἶπεν αὐτῷ·
Lk 22:51 ἀποκριθεὶς δὲ ὁ **Ἰησοῦς** εἶπεν·
Lk 22:52 Εἶπεν δὲ **Ἰησοῦς** πρὸς τοὺς παραγενομένους
Lk 23:8 Ἡρῴδης ἰδὼν τὸν **Ἰησοῦν** ἐχάρη λίαν,
Lk 23:20 θέλων ἀπολῦσαι τὸν **Ἰησοῦν**.
Lk 23:25 τὸν δὲ **Ἰησοῦν** παρέδωκεν τῷ θελήματι
Lk 23:26 φέρειν ὄπισθεν τοῦ **Ἰησοῦ**.
Lk 23:28 πρὸς αὐτὰς [ὁ] **Ἰησοῦς** εἶπεν·
Lk 23:34 [[ὁ δὲ **Ἰησοῦς** ἔλεγεν·
Lk 23:42 **Ἰησοῦ**,
Lk 23:46 φωνῇ μεγάλῃ ὁ **Ἰησοῦς** εἶπεν·
Lk 23:52 τὸ σῶμα τοῦ **Ἰησοῦ**
Lk 24:3 σῶμα τοῦ κυρίου **Ἰησοῦ**.
Lk 24:15 συζητεῖν καὶ αὐτὸς **Ἰησοῦς** ἐγγίσας συνεπορεύετο αὐτοῖς,
Lk 24:19 τὰ περὶ **Ἰησοῦ** τοῦ Ναζαρηνοῦ,

ἱκανός (*hikanos*; 9/39) *worthy*

Lk 3:16 οὗ οὐκ εἰμὶ **ἱκανὸς** λῦσαι τὸν ἱμάντα
Lk 7:6 οὐ γὰρ **ἱκανός** εἰμι ἵνα ὑπὸ
Lk 7:12 ὄχλος τῆς πόλεως **ἱκανὸς** ἦν σὺν αὐτῇ.
Lk 8:27 δαιμόνια καὶ χρόνῳ **ἱκανῷ** οὐκ ἐνεδύσατο ἱμάτιον
Lk 8:32 ἐκεῖ ἀγέλη χοίρων **ἱκανῶν** βοσκομένη ἐν τῷ
Lk 20:9 καὶ ἀπεδήμησεν χρόνους **ἱκανούς**.
Lk 22:38 **ἱκανόν** ἐστιν.
Lk 23:8 ἦν γὰρ ἐξ **ἱκανῶν** χρόνων θέλων ἰδεῖν
Lk 23:9 αὐτὸν ἐν λόγοις **ἱκανοῖς**,

ἰκμάς (*ikmas*; 1/1) *moisture*

Lk 8:6 τὸ μὴ ἔχειν **ἰκμάδα**.

ἱλάσκομαι (*hilaskomai*; 1/2) *bring about forgiveness for, propitiate*

Lk 18:13 **ἱλάσθητί** μοι τῷ ἁμαρτωλῷ.

ἱμάς (*himas*; 1/4) *strap*

Lk 3:16 ἱκανὸς λῦσαι τὸν **ἱμάντα** τῶν ὑποδημάτων αὐτοῦ·

ἱματίζω (*himatizō*; 1/2) *clothe*

Lk 8:35 τὰ δαιμόνια ἐξῆλθεν **ἱματισμένον** καὶ σωφρονοῦντα παρὰ

ἱμάτιον (*himation*; 10/60) *garment*

Lk 5:36 οὐδεὶς ἐπίβλημα ἀπὸ **ἱματίου** καινοῦ σχίσας ἐπιβάλλει
Lk 5:36 σχίσας ἐπιβάλλει ἐπὶ **ἱμάτιον** παλαιόν·
Lk 6:29 αἴροντός σου τὸ **ἱμάτιον** καὶ τὸν χιτῶνα
Lk 7:25 ἄνθρωπον ἐν μαλακοῖς **ἱματίοις** ἠμφιεσμένον;
Lk 8:27 ἱκανῷ οὐκ ἐνεδύσατο **ἱμάτιον** καὶ ἐν οἰκίᾳ
Lk 8:44 τοῦ κρασπέδου τοῦ **ἱματίου** αὐτοῦ καὶ παραχρῆμα
Lk 19:35 ἐπιρίψαντες αὐτῶν τὰ **ἱμάτια** ἐπὶ τὸν πῶλον
Lk 19:36 αὐτοῦ ὑπεστρώννυον τὰ **ἱμάτια** αὐτῶν ἐν τῇ
Lk 22:36 ἔχων πωλησάτω τὸ **ἱμάτιον** αὐτοῦ καὶ ἀγορασάτω
Lk 23:34 διαμεριζόμενοι δὲ τὰ **ἱμάτια** αὐτοῦ ἔβαλον κλήρους.

ἱματισμός (*himatismos*; 2/5) *clothing*

Lk 7:25 ἰδοὺ οἱ ἐν **ἱματισμῷ** ἐνδόξῳ καὶ τρυφῇ
Lk 9:29 ἕτερον καὶ ὁ **ἱματισμὸς** αὐτοῦ λευκὸς ἐξαστράπτων.

ἵνα (*hina*; 46/662[663]) *so that, in order that*

Lk 1:4 **ἵνα** ἐπιγνῷς περὶ ὧν
Lk 1:43 πόθεν μοι τοῦτο **ἵνα** ἔλθῃ ἡ μήτηρ
Lk 4:3 τῷ λίθῳ τούτῳ **ἵνα** γένηται ἄρτος.
Lk 5:24 **ἵνα** δὲ εἰδῆτε ὅτι
Lk 6:7 **ἵνα** εὕρωσιν κατηγορεῖν αὐτοῦ.
Lk 6:31 Καὶ καθὼς θέλετε **ἵνα** ποιῶσιν ὑμῖν οἱ
Lk 6:34 ἁμαρτωλοὶ ἁμαρτωλοῖς δανίζουσιν **ἵνα** ἀπολάβωσιν τὰ ἴσα.
Lk 7:6 γὰρ ἱκανός εἰμι **ἵνα** ὑπὸ τὴν στέγην
Lk 7:36 αὐτὸν τῶν Φαρισαίων **ἵνα** φάγῃ μετ' αὐτοῦ,
Lk 8:10 **ἵνα** βλέποντες μὴ βλέπωσιν

Lk 8:12 **ἵνα** μὴ πιστεύσαντες σωθῶσιν.
Lk 8:16 **ἵνα** οἱ εἰσπορευόμενοι βλέπωσιν
Lk 8:31 καὶ παρεκάλουν αὐτὸν **ἵνα** μὴ ἐπιτάξῃ αὐτοῖς
Lk 8:32 καὶ παρεκάλεσαν αὐτὸν **ἵνα** ἐπιτρέψῃ αὐτοῖς
Lk 9:12 **ἵνα** πορευθέντες εἰς τὰς
Lk 9:40 τῶν μαθητῶν σου **ἵνα** ἐκβάλωσιν αὐτό,
Lk 9:45 παρακεκαλυμμένον ἀπ' αὐτῶν **ἵνα** μὴ αἴσθωνται αὐτό,
Lk 10:40 εἰπὲ οὖν αὐτῇ **ἵνα** μοι συναντιλάβηται.
Lk 11:33 **ἵνα** οἱ εἰσπορευόμενοι τὸ
Lk 11:50 **ἵνα** ἐκζητηθῇ τὸ αἷμα
Lk 12:36 **ἵνα** ἐλθόντος καὶ κρούσαντος
Lk 14:10 **ἵνα** ὅταν ἔλθῃ ὁ
Lk 14:23 **ἵνα** γεμισθῇ μου ὁ
Lk 14:29 **ἵνα** μήποτε θέντος αὐτοῦ
Lk 15:29 οὐδέποτε ἔδωκας ἔριφον **ἵνα** μετὰ τῶν φίλων
Lk 16:4 **ἵνα** ὅταν μετασταθῶ ἐκ
Lk 16:9 **ἵνα** ὅταν ἐκλίπῃ δέξωνται
Lk 16:24 καὶ πέμψον Λάζαρον **ἵνα** βάψῃ τὸ ἄκρον
Lk 16:27 **ἵνα** πέμψῃς αὐτὸν εἰς
Lk 16:28 **ἵνα** μὴ καὶ αὐτοὶ
Lk 17:2 τὴν θάλασσαν ἢ **ἵνα** σκανδαλίσῃ τῶν μικρῶν
Lk 18:5 **ἵνα** μὴ εἰς τέλος
Lk 18:15 καὶ τὰ βρέφη **ἵνα** αὐτῶν ἅπτηται·
Lk 18:39 προάγοντες ἐπετίμων αὐτῷ **ἵνα** σιγήσῃ,
Lk 18:41 **ἵνα** ἀναβλέψω.
Lk 19:4 ἀνέβη ἐπὶ συκομορέαν **ἵνα** ἴδῃ αὐτὸν ὅτι
Lk 19:15 **ἵνα** γνοῖ τί διεπραγματεύσαντο.
Lk 20:10 τοὺς γεωργοὺς δοῦλον **ἵνα** ἀπὸ τοῦ καρποῦ
Lk 20:14 **ἵνα** ἡμῶν γένηται ἡ
Lk 20:20 **ἵνα** ἐπιλάβωνται αὐτοῦ λόγου,
Lk 20:28 **ἵνα** λάβῃ ὁ ἀδελφὸς
Lk 21:36 παντὶ καιρῷ δεόμενοι **ἵνα** κατισχύσητε ἐκφυγεῖν ταῦτα
Lk 22:8 ἡμῖν τὸ πάσχα **ἵνα** φάγωμεν.
Lk 22:30 **ἵνα** ἔσθητε καὶ πίνητε
Lk 22:32 ἐδεήθην περὶ σοῦ **ἵνα** μὴ ἐκλίπῃ ἡ
Lk 22:46 **ἵνα** μὴ εἰσέλθητε εἰς

ἱνατί (*hinati*; 1/6) *why*

Lk 13:7 **ἱνατί** καὶ τὴν γῆν

Ἰορδάνης (*Iordanēs*; 2/15) *Jordan River*

Lk 3:3 [τὴν] περίχωρον τοῦ **Ἰορδάνου** κηρύσσων βάπτισμα μετανοίας
Lk 4:1 ὑπέστρεψεν ἀπὸ τοῦ **Ἰορδάνου** καὶ ἤγετο ἐν

Ἰουδαία (*Ioudaia*; 10/43) *Judea*

Lk 1:5 Ἡρῴδου βασιλέως τῆς **Ἰουδαίας** ἱερεύς τις ὀνόματι
Lk 1:65 τῇ ὀρεινῇ τῆς **Ἰουδαίας** διελαλεῖτο πάντα τὰ
Lk 2:4 Ναζαρὲθ εἰς τὴν **Ἰουδαίαν** εἰς πόλιν Δαυὶδ
Lk 3:1 Ποντίου Πιλάτου τῆς **Ἰουδαίας**,
Lk 4:44 τὰς συναγωγὰς τῆς **Ἰουδαίας**.
Lk 5:17 τῆς Γαλιλαίας καὶ **Ἰουδαίας** καὶ Ἰερουσαλήμ·
Lk 6:17 ἀπὸ πάσης τῆς **Ἰουδαίας** καὶ Ἰερουσαλὴμ καὶ
Lk 7:17 ἐν ὅλῃ τῇ **Ἰουδαίᾳ** περὶ αὐτοῦ καὶ
Lk 21:21 οἱ ἐν τῇ **Ἰουδαίᾳ** φευγέτωσαν εἰς τὰ
Lk 23:5 καθ' ὅλης τῆς **Ἰουδαίας**,

Ἰουδαῖος (*Ioudaios*; 5/195) *Jew*

Lk 7:3 αὐτὸν πρεσβυτέρους τῶν **Ἰουδαίων** ἐρωτῶν αὐτὸν ὅπως
Lk 23:3 ὁ βασιλεὺς τῶν **Ἰουδαίων**;
Lk 23:37 ὁ βασιλεὺς τῶν **Ἰουδαίων**,
Lk 23:38 ὁ βασιλεὺς τῶν **Ἰουδαίων** οὗτος.
Lk 23:51 Ἀριμαθαίας πόλεως τῶν **Ἰουδαίων**,

Ἰούδας (*Ioudas*; 8/44) *Judas, Judah*

Lk 1:39 σπουδῆς εἰς πόλιν **Ἰούδα**,
Lk 3:30 τοῦ Συμεὼν τοῦ **Ἰούδα** τοῦ Ἰωσὴφ τοῦ
Lk 3:33 τοῦ Φάρες τοῦ **Ἰούδα**
Lk 6:16 καὶ **Ἰούδαν** Ἰακώβου καὶ Ἰούδαν
Lk 6:16 Ἰούδαν Ἰακώβου καὶ **Ἰούδαν** Ἰσκαριώθ,
Lk 22:3 δὲ σατανᾶς εἰς **Ἰούδαν** τὸν καλούμενον Ἰσκαριώτην,
Lk 22:47 καὶ ὁ λεγόμενος **Ἰούδας** εἷς τῶν δώδεκα
Lk 22:48 **Ἰούδα**,

Ἰσαάκ (*Isaak*; 3/20) *Isaac*

Lk 3:34 τοῦ Ἰακὼβ τοῦ **Ἰσαὰκ** τοῦ Ἀβραὰμ τοῦ
Lk 13:28 ὄψησθε Ἀβραὰμ καὶ **Ἰσαὰκ** καὶ Ἰακὼβ καὶ
Lk 20:37 Ἀβραὰμ καὶ θεὸν **Ἰσαὰκ** καὶ θεὸν Ἰακώβ.

ἰσάγγελος (*isangelos*; 1/1) *like or equal to an angel*

Lk 20:36 **ἰσάγγελοι** γάρ εἰσιν καὶ

Ἰσκαριώτης (*Iskariōtēs*; 2/11) *Iscariot*

Lk 6:16 Ἰακώβου καὶ Ἰούδαν **Ἰσκαριώθ**,
Lk 22:3 Ἰούδαν τὸν καλούμενον **Ἰσκαριώτην**,

ἴσος (*isos*; 1/8) *equal*

Lk 6:34 ἵνα ἀπολάβωσιν τὰ **ἴσα**.

Ἰσραήλ (*Israēl*; 12/68) *Israel*

Lk 1:16 πολλοὺς τῶν υἱῶν **Ἰσραὴλ** ἐπιστρέψει ἐπὶ κύριον
Lk 1:54 ἀντελάβετο **Ἰσραὴλ** παιδὸς αὐτοῦ,
Lk 1:68 ὁ θεὸς τοῦ **Ἰσραήλ**,
Lk 1:80 αὐτοῦ πρὸς τὸν **Ἰσραήλ**.
Lk 2:25 προσδεχόμενος παράκλησιν τοῦ **Ἰσραήλ**,
Lk 2:32 δόξαν λαοῦ σου **Ἰσραήλ**.
Lk 2:34 πολλῶν ἐν τῷ **Ἰσραὴλ** καὶ εἰς σημεῖον
Lk 4:25 Ἠλίου ἐν τῷ **Ἰσραήλ**,
Lk 4:27 ἦσαν ἐν τῷ **Ἰσραὴλ** ἐπὶ Ἐλισαίου τοῦ
Lk 7:9 οὐδὲ ἐν τῷ **Ἰσραὴλ** τοσαύτην πίστιν εὗρον.
Lk 22:30 φυλὰς κρίνοντες τοῦ **Ἰσραήλ**.
Lk 24:21 μέλλων λυτροῦσθαι τὸν **Ἰσραήλ**·

ἵστημι (*histēmi*; 26/154[155]) *set, stand*

Lk 1:11 αὐτῷ ἄγγελος κυρίου **ἑστὼς** ἐκ δεξιῶν τοῦ
Lk 4:9 εἰς Ἰερουσαλὴμ καὶ **ἔστησεν** ἐπὶ τὸ πτερύγιον
Lk 5:1 καὶ αὐτὸς ἦν **ἑστὼς** παρὰ τὴν λίμνην
Lk 5:2 εἶδεν δύο πλοῖα **ἑστῶτα** παρὰ τὴν λίμνην·
Lk 6:8 ἔγειρε καὶ **στῆθι** εἰς τὸ μέσον·
Lk 6:8 καὶ ἀναστὰς **ἔστη**.
Lk 6:17 καταβὰς μετ' αὐτῶν **ἔστη** ἐπὶ τόπου πεδινοῦ,
Lk 7:14 οἱ δὲ βαστάζοντες **ἔστησαν**,
Lk 7:38 καὶ **στᾶσα** ὀπίσω παρὰ τοὺς

Lk 8:20 οἱ ἀδελφοί σου **ἑστήκασιν** ἔξω ἰδεῖν θέλοντές
Lk 8:44 αὐτοῦ καὶ παραχρῆμα **ἔστη** ἡ ῥύσις τοῦ
Lk 9:27 τινες τῶν αὐτοῦ **ἑστηκότων** οἳ οὐ μὴ
Lk 9:47 ἐπιλαβόμενος παιδίον **ἔστησεν** αὐτὸ παρ᾽ ἑαυτῷ
Lk 11:18 πῶς **σταθήσεται** ἡ βασιλεία αὐτοῦ;
Lk 13:25 καὶ ἄρξησθε ἔξω **ἑστάναι** καὶ κρούειν τὴν
Lk 17:12 οἳ **ἔστησαν** πόρρωθεν
Lk 18:11 ὁ Φαρισαῖος **σταθεὶς** πρὸς ἑαυτὸν ταῦτα
Lk 18:13 δὲ τελώνης μακρόθεν **ἑστὼς** οὐκ ἤθελεν οὐδὲ
Lk 18:40 **σταθεὶς** δὲ ὁ Ἰησοῦς
Lk 19:8 **σταθεὶς** δὲ Ζακχαῖος εἶπεν
Lk 21:36 μέλλοντα γίνεσθαι καὶ **σταθῆναι** ἔμπροσθεν τοῦ υἱοῦ
Lk 23:10 **εἱστήκεισαν** δὲ οἱ ἀρχιερεῖς
Lk 23:35 Καὶ **εἱστήκει** ὁ λαὸς θεωρῶν.
Lk 23:49 **Εἱστήκεισαν** δὲ πάντες οἱ
Lk 24:17 καὶ **ἐστάθησαν** σκυθρωποί.
Lk 24:36 αὐτῶν λαλούντων αὐτὸς **ἔστη** ἐν μέσῳ αὐτῶν

ἰσχυρός (*ischyros*; 4/29) *strong*

Lk 3:16 ἔρχεται δὲ ὁ **ἰσχυρότερός** μου,
Lk 11:21 ὅταν ὁ **ἰσχυρὸς** καθωπλισμένος φυλάσσῃ τὴν
Lk 11:22 ἐπὰν δὲ **ἰσχυρότερος** αὐτοῦ ἐπελθὼν νικήσῃ
Lk 15:14 πάντα ἐγένετο λιμὸς **ἰσχυρὰ** κατὰ τὴν χώραν

ἰσχύς (*ischys*; 1/10) *strength*

Lk 10:27 ἐν ὅλῃ τῇ **ἰσχύϊ** σου καὶ ἐν

ἰσχύω (*ischyō*; 8/28) *be able*

Lk 6:48 καὶ οὐκ **ἴσχυσεν** σαλεῦσαι αὐτὴν διὰ
Lk 8:43 τὸν βίον] οὐκ **ἴσχυσεν** ἀπ᾽ οὐδενὸς θεραπευθῆναι,
Lk 13:24 εἰσελθεῖν καὶ οὐκ **ἰσχύσουσιν**.
Lk 14:6 καὶ οὐκ **ἴσχυσαν** ἀνταποκριθῆναι πρὸς ταῦτα.
Lk 14:29 θεμέλιον καὶ μὴ **ἰσχύοντος** ἐκτελέσαι πάντες
Lk 14:30 οἰκοδομεῖν καὶ οὐκ **ἴσχυσεν** ἐκτελέσαι.
Lk 16:3 σκάπτειν οὐκ **ἰσχύω**,
Lk 20:26 καὶ οὐκ **ἴσχυσαν** ἐπιλαβέσθαι αὐτοῦ ῥήματος

ἴσως (*isōs*; 1/1) *perhaps*

Lk 20:13 **ἴσως** τοῦτον ἐντραπήσονται.

Ἰτουραῖος (*Itouraios*; 1/1) *Ituraean*

Lk 3:1 αὐτοῦ τετρααρχοῦντος τῆς **Ἰτουραίας** καὶ Τραχωνίτιδος χώρας,

ἰχθύς (*ichthys*; 7/20) *fish*

Lk 5:6 ποιήσαντες συνέκλεισαν πλῆθος **ἰχθύων** πολύ,
Lk 5:9 τῇ ἄγρᾳ τῶν **ἰχθύων** ὧν συνέλαβον,
Lk 9:13 ἄρτοι πέντε καὶ **ἰχθύες** δύο,
Lk 9:16 καὶ τοὺς δύο **ἰχθύας** ἀναβλέψας εἰς τὸν
Lk 11:11 αἰτήσει ὁ υἱὸς **ἰχθύν**,
Lk 11:11 καὶ ἀντὶ **ἰχθύος** ὄφιν αὐτῷ ἐπιδώσει;
Lk 24:42 δὲ ἐπέδωκαν αὐτῷ **ἰχθύος** ὀπτοῦ μέρος·

Ἰωανάν (*Iōanan*; 1/1) *Joanan*

Lk 3:27 τοῦ **Ἰωανὰν** τοῦ Ῥησὰ τοῦ

Ἰωάννα (*Iōanna*; 2/2) *Joanna*

Lk 8:3 καὶ **Ἰωάννα** γυνὴ Χουζᾶ ἐπιτρόπου
Lk 24:10 Μαγδαληνὴ Μαρία καὶ **Ἰωάννα** καὶ Μαρία ἡ

Ἰωάννης (*Iōannēs*; 31/135) *John*

Lk 1:13 τὸ ὄνομα αὐτοῦ **Ἰωάννην**.
Lk 1:60 ἀλλὰ κληθήσεται **Ἰωάννης**.
Lk 1:63 **Ἰωάννης** ἐστὶν ὄνομα αὐτοῦ.
Lk 3:2 ῥῆμα θεοῦ ἐπὶ **Ἰωάννην** τὸν Ζαχαρίου υἱὸν
Lk 3:15 αὐτῶν περὶ τοῦ **Ἰωάννου**,
Lk 3:16 λέγων πᾶσιν ὁ **Ἰωάννης**·
Lk 3:20 [καὶ] κατέκλεισεν τὸν **Ἰωάννην** ἐν φυλακῇ.
Lk 5:10 καὶ Ἰάκωβον καὶ **Ἰωάννην** υἱοὺς Ζεβεδαίου,
Lk 5:33 οἱ μαθηταὶ **Ἰωάννου** νηστεύουσιν πυκνὰ καὶ
Lk 6:14 καὶ Ἰάκωβον καὶ **Ἰωάννην** καὶ Φίλιππον καὶ
Lk 7:18 Καὶ ἀπήγγειλαν **Ἰωάννῃ** οἱ μαθηταὶ αὐτοῦ
Lk 7:18 μαθητῶν αὐτοῦ ὁ **Ἰωάννης**
Lk 7:20 **Ἰωάννης** ὁ βαπτιστὴς ἀπέστειλεν
Lk 7:22 πορευθέντες ἀπαγγείλατε **Ἰωάννῃ** ἃ εἴδετε
Lk 7:24 δὲ τῶν ἀγγέλων **Ἰωάννου** ἤρξατο λέγειν
Lk 7:24 τοὺς ὄχλους περὶ **Ἰωάννου**·
Lk 7:28 ἐν γεννητοῖς γυναικῶν **Ἰωάννου** οὐδείς ἐστιν·
Lk 7:29 βαπτισθέντες τὸ βάπτισμα **Ἰωάννου**·
Lk 7:33 ἐλήλυθεν γὰρ **Ἰωάννης** ὁ βαπτιστὴς μὴ
Lk 8:51 μὴ Πέτρον καὶ **Ἰωάννην** καὶ Ἰάκωβον καὶ
Lk 9:7 ὑπό τινων ὅτι **Ἰωάννης** ἠγέρθη ἐκ νεκρῶν,
Lk 9:9 **Ἰωάννην** ἐγὼ ἀπεκεφάλισα·
Lk 9:19 **Ἰωάννην** τὸν βαπτιστήν,
Lk 9:28 παραλαβὼν Πέτρον καὶ **Ἰωάννην** καὶ Ἰάκωβον ἀνέβη
Lk 9:49 Ἀποκριθεὶς δὲ **Ἰωάννης** εἶπεν·
Lk 9:54 μαθηταὶ Ἰάκωβος καὶ **Ἰωάννης** εἶπαν·
Lk 11:1 καθὼς καὶ **Ἰωάννης** ἐδίδαξεν τοὺς μαθητὰς
Lk 16:16 οἱ προφῆται μέχρι **Ἰωάννου**·
Lk 20:4 τὸ βάπτισμα **Ἰωάννου** ἐξ οὐρανοῦ ἦν
Lk 20:6 πεπεισμένος γάρ ἐστιν **Ἰωάννην** προφήτην εἶναι.
Lk 22:8 ἀπέστειλεν Πέτρον καὶ **Ἰωάννην** εἰπών·

Ἰωβήδ (*Iōbēd*; 1/3) *Obed*

Lk 3:32 τοῦ Ἰεσσαὶ τοῦ **Ἰωβὴδ** τοῦ Βόος τοῦ

Ἰωδά (*Iōda*; 1/1) *Joda*

Lk 3:26 τοῦ Ἰωσὴχ τοῦ **Ἰωδὰ**

Ἰωνάμ (*Iōnam*; 1/1) *Jonam*

Lk 3:30 τοῦ Ἰωσὴφ τοῦ **Ἰωνὰμ** τοῦ Ἐλιακὶμ

Ἰωνᾶς (*Iōnas*; 4/9) *Jonah*

Lk 11:29 μὴ τὸ σημεῖον **Ἰωνᾶ**.
Lk 11:30 καθὼς γὰρ ἐγένετο **Ἰωνᾶς** τοῖς Νινευίταις σημεῖον,
Lk 11:32 εἰς τὸ κήρυγμα **Ἰωνᾶ**,
Lk 11:32 καὶ ἰδοὺ πλεῖον **Ἰωνᾶ** ὧδε.

Ἰωρίμ (*Iōrim*; 1/1) *Jorim*

Lk 3:29 τοῦ Ἐλιέζερ τοῦ **Ἰωρὶμ** τοῦ Μαθθὰτ τοῦ

Ἰωσήφ (*Iōsēph*; 8/35) *Joseph*
Lk 1:27 ἀνδρὶ ᾧ ὄνομα **Ἰωσὴφ** ἐξ οἴκου Δαυὶδ
Lk 2:4 Ἀνέβη δὲ καὶ **Ἰωσὴφ** ἀπὸ τῆς Γαλιλαίας
Lk 2:16 Μαριὰμ καὶ τὸν **Ἰωσὴφ** καὶ τὸ βρέφος
Lk 3:23 **Ἰωσὴφ** τοῦ Ἠλὶ
Lk 3:24 τοῦ Ἰανναὶ τοῦ **Ἰωσὴφ**
Lk 3:30 τοῦ Ἰούδα τοῦ **Ἰωσὴφ** τοῦ Ἰωνὰμ τοῦ
Lk 4:22 οὐχὶ υἱός ἐστιν **Ἰωσὴφ** οὗτος;
Lk 23:50 ἰδοὺ ἀνὴρ ὀνόματι **Ἰωσὴφ** βουλευτὴς ὑπάρχων [καὶ]

Ἰωσήχ (*Iōsēch*; 1/1) *Josech*
Lk 3:26 τοῦ Σεμεῒν τοῦ **Ἰωσὴχ** τοῦ Ἰωδὰ

κἀγώ (*kagō*; 6/84) *and I*
Lk 1:3 ἔδοξε **κἀμοὶ** παρηκολουθηκότι ἄνωθεν πᾶσιν
Lk 2:48 ὁ πατήρ σου **κἀγὼ** ὀδυνώμενοι ἐζητοῦμέν σε.
Lk 11:9 **κἀγὼ** ὑμῖν λέγω,
Lk 19:23 **κἀγὼ** ἐλθὼν σὺν τόκῳ
Lk 20:3 ἐρωτήσω ὑμᾶς **κἀγὼ** λόγον,
Lk 22:29 **κἀγὼ** διατίθεμαι ὑμῖν καθὼς

καθαιρέω (*kathaireō*; 3/9) *take down*
Lk 1:52 **καθεῖλεν** δυνάστας ἀπὸ θρόνων
Lk 12:18 **καθελῶ** μου τὰς ἀποθήκας
Lk 23:53 καὶ **καθελὼν** ἐνετύλιξεν αὐτὸ σινδόνι

καθαρίζω (*katharizō*; 7/31) *cleanse*
Lk 4:27 καὶ οὐδεὶς αὐτῶν **ἐκαθαρίσθη** εἰ μὴ Ναιμὰν
Lk 5:12 θέλης δύνασαί με **καθαρίσαι**.
Lk 5:13 **καθαρίσθητι**·
Lk 7:22 λεπροὶ **καθαρίζονται** καὶ κωφοὶ ἀκούουσιν,
Lk 11:39 καὶ τοῦ πίνακος **καθαρίζετε**,
Lk 17:14 τῷ ὑπάγειν αὐτοὺς **ἐκαθαρίσθησαν**.
Lk 17:17 οὐχὶ οἱ δέκα **ἐκαθαρίσθησαν**;

καθαρισμός (*katharismos*; 2/7) *cleansing, purification*
Lk 2:22 αἱ ἡμέραι τοῦ **καθαρισμοῦ** αὐτῶν κατὰ τὸν
Lk 5:14 προσένεγκε περὶ τοῦ **καθαρισμοῦ** σου καθὼς προσέταξεν

καθαρός (*katharos*; 1/27) *pure, clean*
Lk 11:41 καὶ ἰδοὺ πάντα **καθαρὰ** ὑμῖν ἐστιν.

καθέζομαι (*kathezomai*; 1/7) *sit*
Lk 2:46 ἐν τῷ ἱερῷ **καθεζόμενον** ἐν μέσῳ τῶν

καθεξῆς (*kathexēs*; 2/5) *in order or sequence*
Lk 1:3 ἄνωθεν πᾶσιν ἀκριβῶς **καθεξῆς** σοι γράψαι,
Lk 8:1 ἐγένετο ἐν τῷ **καθεξῆς** καὶ αὐτὸς διώδευεν

καθεύδω (*katheudō*; 2/22) *sleep*
Lk 8:52 γὰρ ἀπέθανεν ἀλλὰ **καθεύδει**.
Lk 22:46 τί **καθεύδετε**;

κάθημαι (*kathēmai*; 13/91) *sit*
Lk 1:79 καὶ σκιᾷ θανάτου **καθημένοις**,
Lk 5:17 καὶ ἦσαν **καθήμενοι** Φαρισαῖοι καὶ νομοδιδάσκαλοι
Lk 5:27 τελώνην ὀνόματι Λευὶν **καθήμενον** ἐπὶ τὸ τελώνιον,
Lk 7:32 τοῖς ἐν ἀγορᾷ **καθημένοις** καὶ προσφωνοῦσιν ἀλλήλοις
Lk 8:35 Ἰησοῦν καὶ εὗρον **καθήμενον** τὸν ἄνθρωπον
Lk 10:13 σάκκῳ καὶ σποδῷ **καθήμενοι** μετενόησαν.
Lk 18:35 Ἰεριχὼ τυφλός τις **ἐκάθητο** παρὰ τὴν ὁδὸν
Lk 20:42 **κάθου** ἐκ δεξιῶν μου,
Lk 21:35 ἐπὶ πάντας τοὺς **καθημένους** ἐπὶ πρόσωπον πάσης
Lk 22:30 καὶ **καθήσεσθε** ἐπὶ θρόνων τὰς
Lk 22:55 αὐλῆς καὶ συγκαθισάντων **ἐκάθητο** ὁ Πέτρος μέσος
Lk 22:56 αὐτὸν παιδίσκη τις **καθήμενον** πρὸς τὸ φῶς
Lk 22:69 υἱὸς τοῦ ἀνθρώπου **καθήμενος** ἐκ δεξιῶν

καθίζω (*kathizō*; 7/44[46]) *sit down*
Lk 4:20 ἀποδοὺς τῷ ὑπηρέτῃ **ἐκάθισεν**·
Lk 5:3 **καθίσας** δὲ ἐκ τοῦ
Lk 14:28 οἰκοδομῆσαι οὐχὶ πρῶτον **καθίσας** ψηφίζει τὴν δαπάνην,
Lk 14:31 εἰς πόλεμον οὐχὶ **καθίσας** πρῶτον βουλεύσεται εἰ
Lk 16:6 τὰ γράμματα καὶ **καθίσας** ταχέως γράψον πεντήκοντα.
Lk 19:30 οὐδεὶς πώποτε ἀνθρώπων **ἐκάθισεν**,
Lk 24:49 ὑμεῖς δὲ **καθίσατε** ἐν τῇ πόλει

καθίημι (*kathiēmi*; 1/4) *let down*
Lk 5:19 διὰ τῶν κεράμων **καθῆκαν** αὐτὸν σὺν τῷ

καθίστημι (*kathistēmi*; 3/21) *put in charge*
Lk 12:14 τίς με **κατέστησεν** κριτὴν ἢ μεριστὴν
Lk 12:42 ὃν **καταστήσει** ὁ κύριος ἐπὶ
Lk 12:44 τοῖς ὑπάρχουσιν αὐτοῦ **καταστήσει** αὐτόν.

καθοπλίζω (*kathoplizō*; 1/1) *arm fully*
Lk 11:21 ὅταν ὁ ἰσχυρὸς **καθωπλισμένος** φυλάσσῃ τὴν ἑαυτοῦ

καθότι (*kathoti*; 2/6) *because*
Lk 1:7 **καθότι** ἦν ἡ Ἐλισάβετ
Lk 19:9 **καθότι** καὶ αὐτὸς υἱὸς

καθώς (*kathōs*; 17/182) *just as*
Lk 1:2 **καθὼς** παρέδοσαν ἡμῖν οἱ
Lk 1:55 **καθὼς** ἐλάλησεν πρὸς τοὺς
Lk 1:70 **καθὼς** ἐλάλησεν διὰ στόματος
Lk 2:20 ἤκουσαν καὶ εἶδον **καθὼς** ἐλαλήθη πρὸς αὐτούς.
Lk 2:23 **καθὼς** γέγραπται ἐν νόμῳ
Lk 5:14 τοῦ καθαρισμοῦ σου **καθὼς** προσέταξεν Μωϋσῆς,
Lk 6:31 Καὶ **καθὼς** θέλετε ἵνα ποιῶσιν
Lk 6:36 Γίνεσθε οἰκτίρμονες **καθὼς** [καὶ] ὁ πατὴρ
Lk 11:1 **καθὼς** καὶ Ἰωάννης ἐδίδαξεν
Lk 11:30 **καθὼς** γὰρ ἐγένετο Ἰωνᾶς
Lk 17:26 καὶ **καθὼς** ἐγένετο ἐν ταῖς
Lk 17:28 ὁμοίως **καθὼς** ἐγένετο ἐν ταῖς
Lk 19:32 οἱ ἀπεσταλμένοι εὗρον **καθὼς** εἶπεν αὐτοῖς.
Lk 22:13 ἀπελθόντες δὲ εὗρον **καθὼς** εἰρήκει αὐτοῖς
Lk 22:29 κἀγὼ διατίθεμαι ὑμῖν **καθὼς** διέθετό μοι ὁ

Lk 24:24 καὶ εὗρον οὕτως **καθὼς** καὶ αἱ γυναῖκες
Lk 24:39 ὀστέα οὐκ ἔχει **καθὼς** ἐμὲ θεωρεῖτε ἔχοντα.

Καϊάφας (*Kaiaphas*; 1/9) *Caiaphas*
Lk 3:2 ἀρχιερέως Ἅννα καὶ **Καϊάφα**,

Καϊνάμ (*Kainam*; 2/2) *Cainan*
Lk 3:36 τοῦ **Καϊνὰμ** τοῦ Ἀρφαξὰδ τοῦ
Lk 3:37 τοῦ Μαλελεὴλ τοῦ **Καϊνὰμ**

καινός (*kainos*; 5/41[42]) *new*
Lk 5:36 ἐπίβλημα ἀπὸ ἱματίου **καινοῦ** σχίσας ἐπιβάλλει ἐπὶ
Lk 5:36 καὶ τὸ **καινὸν** σχίσει καὶ τῷ
Lk 5:36 τὸ ἀπὸ τοῦ **καινοῦ**.
Lk 5:38 νέον εἰς ἀσκοὺς **καινοὺς** βλητέον.
Lk 22:20 τὸ ποτήριον ἡ **καινὴ** διαθήκη ἐν τῷ

καιρός (*kairos*; 13/85) *time*
Lk 1:20 πληρωθήσονται εἰς τὸν **καιρὸν** αὐτῶν.
Lk 4:13 ἀπ᾽ αὐτοῦ ἄχρι **καιροῦ**.
Lk 8:13 οἳ πρὸς **καιρὸν** πιστεύουσιν καὶ ἐν
Lk 8:13 πιστεύουσιν καὶ ἐν **καιρῷ** πειρασμοῦ ἀφίστανται.
Lk 12:42 τοῦ διδόναι ἐν **καιρῷ** [τὸ] σιτομέτριον;
Lk 12:56 τὸν **καιρὸν** δὲ τοῦτον πῶς
Lk 13:1 ἐν αὐτῷ τῷ **καιρῷ** ἀπαγγέλλοντες αὐτῷ περὶ
Lk 18:30 πολλαπλασίονα ἐν τῷ **καιρῷ** τούτῳ καὶ ἐν
Lk 19:44 οὐκ ἔγνως τὸν **καιρὸν** τῆς ἐπισκοπῆς σου.
Lk 20:10 καὶ **καιρῷ** ἀπέστειλεν πρὸς τοὺς
Lk 21:8 ὁ **καιρὸς** ἤγγικεν.
Lk 21:24 ἄχρι οὗ πληρωθῶσιν **καιροὶ** ἐθνῶν.
Lk 21:36 δὲ ἐν παντὶ **καιρῷ** δεόμενοι ἵνα κατισχύσητε

Καῖσαρ (*Kaisar*; 7/29) *Caesar*
Lk 2:1 ἐξῆλθεν δόγμα παρὰ **Καίσαρος** Αὐγούστου ἀπογράφεσθαι πᾶσαν
Lk 3:1 τῆς ἡγεμονίας Τιβερίου **Καίσαρος**,
Lk 20:22 ἔξεστιν ἡμᾶς **Καίσαρι** φόρον δοῦναι ἢ
Lk 20:24 **Καίσαρος**.
Lk 20:25 τοίνυν ἀπόδοτε τὰ **Καίσαρος** Καίσαρι καὶ
Lk 20:25 ἀπόδοτε τὰ Καίσαρος **Καίσαρι** καὶ τὰ τοῦ
Lk 23:2 καὶ κωλύοντα φόρους **Καίσαρι** διδόναι καὶ λέγοντα

καίω (*kaiō*; 2/11) *light, burn*
Lk 12:35 καὶ οἱ λύχνοι **καιόμενοι**·
Lk 24:32 ἡ καρδία ἡμῶν **καιομένη** ἦν [ἐν ἡμῖν]

κἀκεῖθεν (*kakeithen*; 1/10) *from there*
Lk 11:53 **Κἀκεῖθεν** ἐξελθόντος αὐτοῦ ἤρξαντο

κἀκεῖνος (*kakeinos*; 4/20[22]) *and that one*
Lk 11:7 **κἀκεῖνος** ἔσωθεν ἀποκριθεὶς εἴπῃ,
Lk 11:42 δὲ ἔδει ποιῆσαι **κἀκεῖνα** μὴ παρεῖναι.
Lk 20:11 οἱ δὲ **κἀκεῖνον** δείραντες καὶ ἀτιμάσαντες
Lk 22:12 **κἀκεῖνος** ὑμῖν δείξει ἀνάγαιον

κακοποιέω (*kakopoieō*; 1/4) *do evil or wrong*
Lk 6:9 σαββάτῳ ἀγαθοποιῆσαι ἢ **κακοποιῆσαι**,

κακός (*kakos*; 2/50) *evil*
Lk 16:25 Λάζαρος ὁμοίως τὰ **κακά**·
Lk 23:22 τί γὰρ **κακὸν** ἐποίησεν οὗτος;

κακοῦργος (*kakourgos*; 3/4) *criminal*
Lk 23:32 δὲ καὶ ἕτεροι **κακοῦργοι** δύο σὺν αὐτῷ
Lk 23:33 αὐτὸν καὶ τοὺς **κακούργους**,
Lk 23:39 δὲ τῶν κρεμασθέντων **κακούργων** ἐβλασφήμει αὐτὸν λέγων·

κακῶς (*kakōs*; 2/16) *badly*
Lk 5:31 ἰατροῦ ἀλλὰ οἱ **κακῶς** ἔχοντες·
Lk 7:2 δέ τινος δοῦλος **κακῶς** ἔχων ἤμελλεν τελευτᾶν,

κάλαμος (*kalamos*; 1/12) *reed*
Lk 7:24 **κάλαμον** ὑπὸ ἀνέμου σαλευόμενον;

καλέω (*kaleō*; 43/148) *call*
Lk 1:13 υἱόν σοι καὶ **καλέσεις** τὸ ὄνομα αὐτοῦ
Lk 1:31 τέξῃ υἱὸν καὶ **καλέσεις** τὸ ὄνομα αὐτοῦ
Lk 1:32 καὶ υἱὸς ὑψίστου **κληθήσεται** καὶ δώσει αὐτῷ
Lk 1:35 τὸ γεννώμενον ἅγιον **κληθήσεται** υἱὸς θεοῦ.
Lk 1:36 ἐστὶν αὐτῇ τῇ **καλουμένῃ** στείρᾳ·
Lk 1:59 τὸ παιδίον καὶ **ἐκάλουν** αὐτὸ ἐπὶ τῷ
Lk 1:60 ἀλλὰ **κληθήσεται** Ἰωάννης.
Lk 1:61 συγγενείας σου ὃς **καλεῖται** τῷ ὀνόματι τούτῳ.
Lk 1:62 τί ἂν θέλοι **καλεῖσθαι** αὐτό.
Lk 1:76 προφήτης ὑψίστου **κληθήσῃ**·
Lk 2:4 πόλιν Δαυὶδ ἥτις **καλεῖται** Βηθλέεμ,
Lk 2:21 περιτεμεῖν αὐτὸν καὶ **ἐκλήθη** τὸ ὄνομα αὐτοῦ
Lk 2:21 τὸ **κληθὲν** ὑπὸ τοῦ ἀγγέλου
Lk 2:23 ἅγιον τῷ κυρίῳ **κληθήσεται**,
Lk 5:32 οὐκ ἐλήλυθα **καλέσαι** δικαίους ἀλλὰ ἁμαρτωλοὺς
Lk 6:15 καὶ Σίμωνα τὸν **καλούμενον** ζηλωτὴν
Lk 6:46 Τί δέ με **καλεῖτε**·
Lk 7:11 ἐπορεύθη εἰς πόλιν **καλουμένην** Ναῒν καὶ συνεπορεύοντο
Lk 7:39 ὁ Φαρισαῖος ὁ **καλέσας** αὐτὸν εἶπεν ἐν
Lk 8:2 Μαρία ἡ **καλουμένη** Μαγδαληνή,
Lk 9:10 ἰδίαν εἰς πόλιν **καλουμένην** Βηθσαϊδά.
Lk 10:39 τῇδε ἦν ἀδελφὴ **καλουμένη** Μαριάμ,
Lk 14:7 δὲ πρὸς τοὺς **κεκλημένους** παραβολήν,
Lk 14:8 ὅταν **κληθῇς** ὑπό τινος εἰς
Lk 14:8 ἐντιμότερός σου ᾖ **κεκλημένος** ὑπ᾽ αὐτοῦ,
Lk 14:9 σὲ καὶ αὐτὸν **καλέσας** ἐρεῖ σοι·
Lk 14:10 ἀλλ᾽ ὅταν **κληθῇς**,
Lk 14:10 ὅταν ἔλθῃ ὁ **κεκληκώς** σε ἐρεῖ σοι·
Lk 14:12 δὲ καὶ τῷ **κεκληκότι** αὐτόν·
Lk 14:13 **κάλει** πτωχούς,
Lk 14:16 καὶ **ἐκάλεσεν** πολλοὺς
Lk 14:17 δείπνου εἰπεῖν τοῖς **κεκλημένοις**·
Lk 14:24 ἀνδρῶν ἐκείνων τῶν **κεκλημένων** γεύσεταί μου τοῦ
Lk 15:19 οὐκέτι εἰμὶ ἄξιος **κληθῆναι** υἱός σου·
Lk 15:21 οὐκέτι εἰμὶ ἄξιος **κληθῆναι** υἱός σου.
Lk 19:2 ἰδοὺ ἀνὴρ ὀνόματι **καλούμενος** Ζακχαῖος,
Lk 19:13 **καλέσας** δὲ δέκα δούλους
Lk 19:29 τὸ ὄρος τὸ **καλούμενον** Ἐλαιῶν,

Lk 20:44 οὖν κύριον αὐτὸν **καλεῖ**,
Lk 21:37 τὸ ὄρος τὸ **καλούμενον** Ἐλαιῶν·
Lk 22:3 εἰς Ἰούδαν τὸν **καλούμενον** Ἰσκαριώτην,
Lk 22:25 ἐξουσιάζοντες αὐτῶν εὐεργέται **καλοῦνται**.
Lk 23:33 τὸν τόπον τὸν **καλούμενον** Κρανίον,

καλός (*kalos*; 9/101) *good*

Lk 3:9 μὴ ποιοῦν καρπὸν **καλὸν** ἐκκόπτεται καὶ εἰς
Lk 6:38 μέτρον **καλὸν** πεπιεσμένον σεσαλευμένον ὑπερεκχυννόμενον
Lk 6:43 γάρ ἐστιν δένδρον **καλὸν** ποιοῦν καρπὸν σαπρόν,
Lk 6:43 σαπρὸν ποιοῦν καρπὸν **καλόν**.
Lk 8:15 δὲ ἐν τῇ **καλῇ** γῇ,
Lk 8:15 οἵτινες ἐν καρδίᾳ **καλῇ** καὶ ἀγαθῇ ἀκούσαντες
Lk 9:33 **καλόν** ἐστιν ἡμᾶς ὧδε
Lk 14:34 **Καλὸν** οὖν τὸ ἅλας·
Lk 21:5 ἱεροῦ ὅτι λίθοις **καλοῖς** καὶ ἀναθήμασιν κεκόσμηται

καλύπτω (*kalyptō*; 2/8) *cover*

Lk 8:16 δὲ λύχνον ἅψας **καλύπτει** αὐτὸν σκεύει ἢ
Lk 23:30 **καλύψατε** ἡμᾶς·

καλῶς (*kalōs*; 4/36[37]) *well*

Lk 6:26 οὐαὶ ὅταν ὑμᾶς **καλῶς** εἴπωσιν πάντες οἱ
Lk 6:27 **καλῶς** ποιεῖτε τοῖς μισοῦσιν
Lk 6:48 αὐτὴν διὰ τὸ **καλῶς** οἰκοδομῆσθαι αὐτήν.
Lk 20:39 **καλῶς** εἶπας.

κάμηλος (*kamēlos*; 1/6) *camel*

Lk 18:25 εὐκοπώτερον γάρ ἐστιν **κάμηλον** διὰ τρήματος βελόνης

κἄν (*kan*; 3/16[17]) *and if*

Lk 12:38 **κἂν** ἐν τῇ δευτέρᾳ
Lk 12:38 ἐν τῇ δευτέρᾳ **κἂν** ἐν τῇ τρίτῃ
Lk 13:9 **κἂν** μὲν ποιήσῃ καρπὸν

καρδία (*kardia*; 22/156) *heart*

Lk 1:17 ἐπιστρέψαι **καρδίας** πατέρων ἐπὶ τέκνα
Lk 1:51 διεσκόρπισεν ὑπερηφάνους διανοίᾳ **καρδίας** αὐτῶν·
Lk 1:66 ἀκούσαντες ἐν τῇ **καρδίᾳ** αὐτῶν λέγοντες·
Lk 2:19 συμβάλλουσα ἐν τῇ **καρδίᾳ** αὐτῆς.
Lk 2:35 ἀποκαλυφθῶσιν ἐκ πολλῶν **καρδιῶν** διαλογισμοί.
Lk 2:51 ῥήματα ἐν τῇ **καρδίᾳ** αὐτῆς.
Lk 3:15 πάντων ἐν ταῖς **καρδίαις** αὐτῶν περὶ τοῦ
Lk 5:22 διαλογίζεσθε ἐν ταῖς **καρδίαις** ὑμῶν;
Lk 6:45 ἀγαθοῦ θησαυροῦ τῆς **καρδίας** προφέρει τὸ ἀγαθόν,
Lk 6:45 ἐκ γὰρ περισσεύματος **καρδίας** λαλεῖ τὸ στόμα
Lk 8:12 λόγον ἀπὸ τῆς **καρδίας** αὐτῶν,
Lk 8:15 εἰσιν οἵτινες ἐν **καρδίᾳ** καλῇ καὶ ἀγαθῇ
Lk 9:47 τὸν διαλογισμὸν τῆς **καρδίας** αὐτῶν,
Lk 10:27 ἐξ ὅλης [τῆς] **καρδίας** σου καὶ ἐν
Lk 12:34 ἐκεῖ καὶ ἡ **καρδία** ὑμῶν ἔσται.
Lk 12:45 ἐκεῖνος ἐν τῇ **καρδίᾳ** αὐτοῦ
Lk 16:15 θεὸς γινώσκει τὰς **καρδίας** ὑμῶν·
Lk 21:14 οὖν ἐν ταῖς **καρδίαις** ὑμῶν μὴ προμελετᾶν
Lk 21:34 βαρηθῶσιν ὑμῶν αἱ **καρδίαι** ἐν κραιπάλῃ καὶ
Lk 24:25 καὶ βραδεῖς τῇ **καρδίᾳ** τοῦ πιστεύειν ἐπὶ
Lk 24:32 οὐχὶ ἡ **καρδία** ἡμῶν καιομένη ἦν
Lk 24:38 ἀναβαίνουσιν ἐν τῇ **καρδίᾳ** ὑμῶν;

καρπός (*karpos*; 12/66) *fruit*

Lk 1:42 καὶ εὐλογημένος ὁ **καρπὸς** τῆς κοιλίας σου.
Lk 3:8 ποιήσατε οὖν **καρποὺς** ἀξίους τῆς μετανοίας
Lk 3:9 δένδρον μὴ ποιοῦν **καρπὸν** καλὸν ἐκκόπτεται καὶ
Lk 6:43 δένδρον καλὸν ποιοῦν **καρπὸν** σαπρόν,
Lk 6:43 δένδρον σαπρὸν ποιοῦν **καρπὸν** καλόν.
Lk 6:44 ἐκ τοῦ ἰδίου **καρποῦ** γινώσκεται·
Lk 8:8 καὶ φυὲν ἐποίησεν **καρπὸν** ἑκατονταπλασίονα.
Lk 12:17 ποῦ συνάξω τοὺς **καρπούς** μου;
Lk 13:6 καὶ ἦλθεν ζητῶν **καρπὸν** ἐν αὐτῇ καὶ
Lk 13:7 οὗ ἔρχομαι ζητῶν **καρπὸν** ἐν τῇ συκῇ
Lk 13:9 κἂν μὲν ποιήσῃ **καρπὸν** εἰς τὸ μέλλον·
Lk 20:10 ἵνα ἀπὸ τοῦ **καρποῦ** τοῦ ἀμπελῶνος δώσουσιν

καρποφορέω (*karpophoreō*; 1/8) *bear fruit*

Lk 8:15 λόγον κατέχουσιν καὶ **καρποφοροῦσιν** ἐν ὑπομονῇ.

κάρφος (*karphos*; 3/6) *speck*

Lk 6:41 δὲ βλέπεις τὸ **κάρφος** τὸ ἐν τῷ
Lk 6:42 ἄφες ἐκβάλω τὸ **κάρφος** τὸ ἐν τῷ
Lk 6:42 τότε διαβλέψεις τὸ **κάρφος** τὸ ἐν τῷ

κατά (*kata*; 43/472[473]) *according to, against*

Lk 1:9 **κατὰ** τὸ ἔθος τῆς
Lk 1:18 **κατὰ** τί γνώσομαι τοῦτο;
Lk 1:38 γένοιτό μοι **κατὰ** τὸ ῥῆμά σου.
Lk 2:22 τοῦ καθαρισμοῦ αὐτῶν **κατὰ** τὸν νόμον Μωϋσέως,
Lk 2:24 τοῦ δοῦναι θυσίαν **κατὰ** τὸ εἰρημένον ἐν
Lk 2:27 τοῦ ποιῆσαι αὐτοὺς **κατὰ** τὸ εἰθισμένον τοῦ
Lk 2:29 **κατὰ** τὸ ῥῆμά σου
Lk 2:31 ὃ ἡτοίμασας **κατὰ** πρόσωπον πάντων τῶν
Lk 2:39 ἐτέλεσαν πάντα τὰ **κατὰ** τὸν νόμον κυρίου,
Lk 2:41 οἱ γονεῖς αὐτοῦ **κατ᾽** ἔτος εἰς Ἰερουσαλὴμ
Lk 2:42 ἀναβαινόντων αὐτῶν **κατὰ** τὸ ἔθος τῆς
Lk 4:14 καὶ φήμη ἐξῆλθεν **καθ᾽** ὅλης τῆς περιχώρου
Lk 4:16 καὶ εἰσῆλθεν **κατὰ** τὸ εἰωθὸς αὐτῷ
Lk 6:23 **κατὰ** τὰ αὐτὰ γὰρ
Lk 6:26 **κατὰ** τὰ αὐτὰ γὰρ
Lk 8:1 καὶ αὐτὸς διώδευεν **κατὰ** πόλιν καὶ κώμην
Lk 8:4 πολλοῦ καὶ τῶν **κατὰ** πόλιν ἐπιπορευομένων
Lk 8:33 ὥρμησεν ἡ ἀγέλη **κατὰ** τοῦ κρημνοῦ εἰς
Lk 8:39 καὶ ἀπῆλθεν **καθ᾽** ὅλην τὴν πόλιν
Lk 9:6 ἐξερχόμενοι δὲ διήρχοντο **κατὰ** τὰς κώμας εὐαγγελιζόμενοι
Lk 9:10 παραλαβὼν αὐτοὺς ὑπεχώρησεν **κατ᾽** ἰδίαν εἰς πόλιν
Lk 9:18 εἶναι αὐτὸν προσευχόμενον **κατὰ** μόνας συνῆσαν αὐτῷ
Lk 9:23 τὸν σταυρὸν αὐτοῦ **καθ᾽** ἡμέραν καὶ ἀκολουθείτω
Lk 9:50 γὰρ οὐκ ἔστιν **καθ᾽** ὑμῶν,

Lk 10:4 καὶ μηδένα **κατὰ** τὴν ὁδὸν ἀσπάσησθε.
Lk 10:23 πρὸς τοὺς μαθητὰς **κατ᾽** ἰδίαν εἶπεν·
Lk 10:31 **κατὰ** συγκυρίαν δὲ ἱερεύς
Lk 10:32 καὶ Λευίτης [γενόμενος] **κατὰ** τὸν τόπον ἐλθὼν
Lk 10:33 τις ὁδεύων ἦλθεν **κατ᾽** αὐτὸν καὶ ἰδὼν
Lk 11:3 δίδου ἡμῖν τὸ **καθ᾽** ἡμέραν·
Lk 11:23 ὢν μετ᾽ ἐμοῦ **κατ᾽** ἐμοῦ ἐστιν,
Lk 13:22 Καὶ διεπορεύετο **κατὰ** πόλεις καὶ κώμας
Lk 15:14 ἐγένετο λιμὸς ἰσχυρὰ **κατὰ** τὴν χώραν ἐκείνην,
Lk 16:19 καὶ βύσσον εὐφραινόμενος **καθ᾽** ἡμέραν λαμπρῶς.
Lk 17:30 **κατὰ** τὰ αὐτὰ ἔσται
Lk 19:47 ἦν διδάσκων τὸ **καθ᾽** ἡμέραν ἐν τῷ
Lk 21:11 τε μεγάλοι καὶ **κατὰ** τόπους λιμοὶ καὶ
Lk 22:22 μὲν τοῦ ἀνθρώπου **κατὰ** τὸ ὡρισμένον πορεύεται,
Lk 22:39 Καὶ ἐξελθὼν ἐπορεύθη **κατὰ** τὸ ἔθος εἰς
Lk 22:53 **καθ᾽** ἡμέραν ὄντος μου
Lk 23:5 τὸν λαὸν διδάσκων **καθ᾽** ὅλης τῆς Ἰουδαίας,
Lk 23:14 αἴτιον ὧν κατηγορεῖτε **κατ᾽** αὐτοῦ.
Lk 23:56 μὲν σάββατον ἡσύχασαν **κατὰ** τὴν ἐντολήν.

καταβαίνω (*katabainō*; 13/81) *come or go down*
Lk 2:51 καὶ **κατέβη** μετ᾽ αὐτῶν καὶ
Lk 3:22 καὶ **καταβῆναι** τὸ πνεῦμα τὸ
Lk 6:17 Καὶ **καταβὰς** μετ᾽ αὐτῶν ἔστη
Lk 8:23 καὶ **κατέβη** λαῖλαψ ἀνέμου εἰς
Lk 9:54 θέλεις εἴπωμεν πῦρ **καταβῆναι** ἀπὸ τοῦ οὐρανοῦ
Lk 10:15 ἕως τοῦ ᾅδου **καταβήσῃ**.
Lk 10:30 ἄνθρωπός τις **κατέβαινεν** ἀπὸ Ἰερουσαλὴμ
Lk 10:31 δὲ ἱερεύς τις **κατέβαινεν** ἐν τῇ ὁδῷ
Lk 17:31 μὴ **καταβάτω** ἆραι αὐτά,
Lk 18:14 **κατέβη** οὗτος δεδικαιωμένος εἰς
Lk 19:5 σπεύσας **κατάβηθι**,
Lk 19:6 καὶ σπεύσας **κατέβη** καὶ ὑπεδέξατο αὐτὸν
Lk 22:44 ὡσεὶ θρόμβοι αἵματος **καταβαίνοντες** ἐπὶ τὴν γῆν]]

κατάβασις (*katabasis*; 1/1) *descent*
Lk 19:37 ἤδη πρὸς τῇ **καταβάσει** τοῦ ὄρους τῶν

καταβολή (*katabolē*; 1/11) *beginning*
Lk 11:50 τὸ ἐκκεχυμένον ἀπὸ **καταβολῆς** κόσμου ἀπὸ

καταγελάω (*katagelaō*; 1/3) *laugh at*
Lk 8:53 καὶ **κατεγέλων** αὐτοῦ εἰδότες ὅτι

κατάγω (*katagō*; 1/9) *bring down*
Lk 5:11 καὶ **καταγαγόντες** τὰ πλοῖα ἐπὶ

καταδέω (*katadeō*; 1/1) *bandage*
Lk 10:34 καὶ προσελθὼν **κατέδησεν** τὰ τραύματα αὐτοῦ

καταδικάζω (*katadikazō*; 2/5) *condemn*
Lk 6:37 καὶ μὴ **καταδικάζετε**,
Lk 6:37 καὶ οὐ μὴ **καταδικασθῆτε**.

καταισχύνω (*kataischynō*; 1/13) *put to shame*
Lk 13:17 ταῦτα λέγοντος αὐτοῦ **κατῃσχύνοντο** πάντες οἱ ἀντικείμενοι

κατακαίω (*katakaiō*; 1/12) *burn up*
Lk 3:17 τὸ δὲ ἄχυρον **κατακαύσει** πυρὶ ἀσβέστῳ.

κατάκειμαι (*katakeimai*; 3/12) *lie*
Lk 5:25 ἄρας ἐφ᾽ ὃ **κατέκειτο**,
Lk 5:29 ἦσαν μετ᾽ αὐτῶν **κατακείμενοι**.
Lk 7:37 καὶ ἐπιγνοῦσα ὅτι **κατάκειται** ἐν τῇ οἰκίᾳ

κατακλάω (*kataklaō*; 1/2) *break in pieces*
Lk 9:16 εὐλόγησεν αὐτοὺς καὶ **κατέκλασεν** καὶ ἐδίδου τοῖς

κατακλείω (*katakleiō*; 1/2) *shut up*
Lk 3:20 ἐπὶ πᾶσιν [καὶ] **κατέκλεισεν** τὸν Ἰωάννην ἐν

κατακλίνω (*kataklinō*; 5/5) *cause to sit down*
Lk 7:36 οἶκον τοῦ Φαρισαίου **κατεκλίθη**.
Lk 9:14 **κατακλίνατε** αὐτοὺς κλισίας [ὡσεὶ]
Lk 9:15 ἐποίησαν οὕτως καὶ **κατέκλιναν** ἅπαντας.
Lk 14:8 μὴ **κατακλιθῇς** εἰς τὴν πρωτοκλισίαν,
Lk 24:30 ἐγένετο ἐν τῷ **κατακλιθῆναι** αὐτὸν μετ᾽ αὐτῶν

κατακλυσμός (*kataklysmos*; 1/4) *flood*
Lk 17:27 καὶ ἦλθεν ὁ **κατακλυσμὸς** καὶ ἀπώλεσεν πάντας.

κατακολουθέω (*katakoloutheō*; 1/2) *follow*
Lk 23:55 **Κατακολουθήσασαι** δὲ αἱ γυναῖκες,

κατακρημνίζω (*katakrēmnizō*; 1/1) *throw down from a cliff*
Lk 4:29 ᾠκοδόμητο αὐτῶν ὥστε **κατακρημνίσαι** αὐτόν·

κατακρίνω (*katakrinō*; 2/15[18]) *condemn*
Lk 11:31 γενεᾶς ταύτης καὶ **κατακρινεῖ** αὐτούς,
Lk 11:32 γενεᾶς ταύτης καὶ **κατακρινοῦσιν** αὐτήν·

καταλείπω (*kataleipō*; 4/23[24]) *leave*
Lk 5:28 καὶ **καταλιπὼν** πάντα ἀναστὰς ἠκολούθει
Lk 10:40 μου μόνην με **κατέλιπεν** διακονεῖν;
Lk 15:4 αὐτῶν ἓν οὐ **καταλείπει** τὰ ἐνενήκοντα ἐννέα
Lk 20:31 οἱ ἑπτὰ οὐ **κατέλιπον** τέκνα καὶ ἀπέθανον.

καταλιθάζω (*katalithazō*; 1/1) *stone*
Lk 20:6 ὁ λαὸς ἅπας **καταλιθάσει** ἡμᾶς,

κατάλυμα (*katalyma*; 2/3) *room*
Lk 2:7 τόπος ἐν τῷ **καταλύματι**.
Lk 22:11 ποῦ ἐστιν τὸ **κατάλυμα** ὅπου τὸ πάσχα

καταλύω (*katalyō*; 3/17) *destroy*
Lk 9:12 κώμας καὶ ἀγροὺς **καταλύσωσιν** καὶ εὕρωσιν ἐπισιτισμόν,
Lk 19:7 ἁμαρτωλῷ ἀνδρὶ εἰσῆλθεν **καταλῦσαι**.
Lk 21:6 λίθῳ ὃς οὐ **καταλυθήσεται**.

κατανεύω (*kataneuō*; 1/1) *signal*
Lk 5:7 καὶ **κατένευσαν** τοῖς μετόχοις ἐν

κατανοέω (*katanoeō*; 4/14) *consider*
Lk 6:41 ἰδίῳ ὀφθαλμῷ οὐ **κατανοεῖς**;
Lk 12:24 **κατανοήσατε** τοὺς κόρακας ὅτι
Lk 12:27 **κατανοήσατε** τὰ κρίνα πῶς
Lk 20:23 **κατανοήσας** δὲ αὐτῶν τὴν

καταξιόω (*kataxioō*; 1/3) *count worthy*
Lk 20:35 οἱ δὲ **καταξιωθέντες** τοῦ αἰῶνος ἐκείνου

καταπατέω (*katapateō*; 2/5) *trample on*
Lk 8:5 τὴν ὁδὸν καὶ **κατεπατήθη**,
Lk 12:1 ὥστε **καταπατεῖν** ἀλλήλους,

καταπέτασμα (*katapetasma*; 1/6) *curtain*
Lk 23:45 ἐσχίσθη δὲ τὸ **καταπέτασμα** τοῦ ναοῦ μέσον.

καταπίπτω (*katapiptō*; 1/3) *fall*
Lk 8:6 καὶ ἕτερον **κατέπεσεν** ἐπὶ τὴν πέτραν,

καταπλέω (*katapleō*; 1/1) *sail*
Lk 8:26 Καὶ **κατέπλευσαν** εἰς τὴν χώραν

καταράομαι (*kataraomai*; 1/5) *curse*
Lk 6:28 εὐλογεῖτε τοὺς **καταρωμένους** ὑμᾶς,

καταργέω (*katargeō*; 1/27) *render ineffective*
Lk 13:7 καὶ τὴν γῆν **καταργεῖ**;

καταρτίζω (*katartizō*; 1/13) *mend*
Lk 6:40 **κατηρτισμένος** δὲ πᾶς ἔσται

κατασκευάζω (*kataskeuazō*; 2/11) *prepare*
Lk 1:17 ἑτοιμάσαι κυρίῳ λαὸν **κατεσκευασμένον**.
Lk 7:27 ὃς **κατασκευάσει** τὴν ὁδόν σου

κατασκηνόω (*kataskēnoō*; 1/4) *nest*
Lk 13:19 πετεινὰ τοῦ οὐρανοῦ **κατεσκήνωσεν** ἐν τοῖς κλάδοις

κατασκήνωσις (*kataskēnōsis*; 1/2) *nest*
Lk 9:58 πετεινὰ τοῦ οὐρανοῦ **κατασκηνώσεις**,

κατασύρω (*katasyrō*; 1/1) *drag*
Lk 12:58 μήποτε **κατασύρῃ** σε πρὸς τὸν

κατασφάζω (*katasphazō*; 1/1) *slay*
Lk 19:27 ἀγάγετε ὧδε καὶ **κατασφάξατε** αὐτοὺς ἔμπροσθέν μου.

καταφιλέω (*kataphileō*; 3/6) *kiss*
Lk 7:38 αὐτῆς ἐξέμασσεν καὶ **κατεφίλει** τοὺς πόδας αὐτοῦ
Lk 7:45 εἰσῆλθον οὐ διέλιπεν **καταφιλοῦσά** μου τοὺς πόδας.
Lk 15:20 τράχηλον αὐτοῦ καὶ **κατεφίλησεν** αὐτόν.

καταφρονέω (*kataphroneō*; 1/9) *despise*
Lk 16:13 καὶ τοῦ ἑτέρου **καταφρονήσει**.

καταψύχω (*katapsychō*; 1/1) *cool*
Lk 16:24 αὐτοῦ ὕδατος καὶ **καταψύξῃ** τὴν γλῶσσάν μου,

κατέναντι (*katenanti*; 1/8) *opposite*
Lk 19:30 ὑπάγετε εἰς τὴν **κατέναντι** κώμην,

κατέρχομαι (*katerchomai*; 2/16) *come or go down*
Lk 4:31 Καὶ **κατῆλθεν** εἰς Καφαρναοὺμ πόλιν
Lk 9:37 τῇ ἑξῆς ἡμέρᾳ **κατελθόντων** αὐτῶν ἀπὸ τοῦ

κατεσθίω (*katesthiō*; 3/14) *consume, eat up*
Lk 8:5 πετεινὰ τοῦ οὐρανοῦ **κατέφαγεν** αὐτό.
Lk 15:30 σου οὗτος ὁ **καταφαγών** σου τὸν βίον
Lk 20:47 οἳ **κατεσθίουσιν** τὰς οἰκίας τῶν

κατευθύνω (*kateuthynō*; 1/3) *direct*
Lk 1:79 τοῦ **κατευθῦναι** τοὺς πόδας ἡμῶν

κατέχω (*katechō*; 3/17) *hold fast*
Lk 4:42 ἕως αὐτοῦ καὶ **κατεῖχον** αὐτὸν τοῦ μὴ
Lk 8:15 ἀκούσαντες τὸν λόγον **κατέχουσιν** καὶ καρποφοροῦσιν ἐν
Lk 14:9 τὸν ἔσχατον τόπον **κατέχειν**.

κατηγορέω (*katēgoreō*; 4/22[23]) *accuse*
Lk 6:7 ἵνα εὕρωσιν **κατηγορεῖν** αὐτοῦ.
Lk 23:2 Ἤρξαντο δὲ **κατηγορεῖν** αὐτοῦ λέγοντες·
Lk 23:10 οἱ γραμματεῖς εὐτόνως **κατηγοροῦντες** αὐτοῦ.
Lk 23:14 τούτῳ αἴτιον ὧν **κατηγορεῖτε** κατ᾽ αὐτοῦ.

κατηχέω (*katēcheō*; 1/8) *inform, instruct*
Lk 1:4 ἐπιγνῷς περὶ ὧν **κατηχήθης** λόγων τὴν ἀσφάλειαν.

κατισχύω (*katischyō*; 2/3) *have strength*
Lk 21:36 καιρῷ δεόμενοι ἵνα **κατισχύσητε** ἐκφυγεῖν ταῦτα πάντα
Lk 23:23 καὶ **κατίσχυον** αἱ φωναὶ αὐτῶν.

κατοικέω (*katoikeō*; 2/44) *live*
Lk 11:26 ἑπτὰ καὶ εἰσελθόντα **κατοικεῖ** ἐκεῖ·
Lk 13:4 τοὺς ἀνθρώπους τοὺς **κατοικοῦντας** Ἰερουσαλήμ;

κάτω (*katō*; 1/8[9]) *down, below*
Lk 4:9 βάλε σεαυτὸν ἐντεῦθεν **κάτω**·

καύσων (*kausōn*; 1/3) *scorching*
Lk 12:55 λέγετε ὅτι **καύσων** ἔσται,

Καφαρναούμ (*Kapharnaoum*; 4/16) *Capernaum*
Lk 4:23 γενόμενα εἰς τὴν **Καφαρναοὺμ** ποίησον καὶ ὧδε
Lk 4:31 Καὶ κατῆλθεν εἰς **Καφαρναοὺμ** πόλιν τῆς Γαλιλαίας.
Lk 7:1 εἰσῆλθεν εἰς **Καφαρναούμ**.
Lk 10:15 **Καφαρναούμ**,

κεῖμαι (*keimai*; 6/24) *lie*
Lk 2:12 βρέφος ἐσπαργανωμένον καὶ **κείμενον** ἐν φάτνῃ.
Lk 2:16 καὶ τὸ βρέφος **κείμενον** ἐν τῇ φάτνῃ·
Lk 2:34 ἰδοὺ οὗτος **κεῖται** εἰς πτῶσιν καὶ
Lk 3:9 ῥίζαν τῶν δένδρων **κεῖται**·
Lk 12:19 ἔχεις πολλὰ ἀγαθὰ **κείμενα** εἰς ἔτη πολλά·
Lk 23:53 ἦν οὐδεὶς οὔπω **κείμενος**.

κελεύω (*keleuō*; 1/25) *order*
Lk 18:40 δὲ ὁ Ἰησοῦς **ἐκέλευσεν** αὐτὸν ἀχθῆναι πρὸς

κενός (*kenos*; 3/18) *empty, in vain*
Lk 1:53 καὶ πλουτοῦντας ἐξαπέστειλεν **κενούς**.
Lk 20:10 ἐξαπέστειλαν αὐτὸν δείραντες **κενόν**.
Lk 20:11 καὶ ἀτιμάσαντες ἐξαπέστειλαν **κενόν**.

κεραία (*keraia*; 1/2) *stroke*
Lk 16:17 τοῦ νόμου μίαν **κεραίαν** πεσεῖν.

κεράμιον (*keramion*; 1/2) *jar*
Lk 22:10 συναντήσει ὑμῖν ἄνθρωπος **κεράμιον** ὕδατος βαστάζων·

κέραμος (*keramos*; 1/1) *roof tile*
Lk 5:19 δῶμα διὰ τῶν **κεράμων** καθῆκαν αὐτὸν σὺν

κέρας (*keras*; 1/11) *horn*
Lk 1:69 καὶ ἤγειρεν **κέρας** σωτηρίας ἡμῖν ἐν

κεράτιον (*keration*; 1/1) *pod*
Lk 15:16 χορτασθῆναι ἐκ τῶν **κερατίων** ὧν ἤσθιον οἱ

κερδαίνω (*kerdainō*; 1/17) *gain*
Lk 9:25 γὰρ ὠφελεῖται ἄνθρωπος **κερδήσας** τὸν κόσμον ὅλον

κεφαλή (*kephalē*; 7/75) *head*
Lk 7:38 ταῖς θριξὶν τῆς **κεφαλῆς** αὐτῆς ἐξέμασσεν
Lk 7:46 ἐλαίῳ τὴν **κεφαλήν** μου οὐκ ἤλειψας·
Lk 9:58 ἔχει ποῦ τὴν **κεφαλὴν** κλίνῃ.
Lk 12:7 αἱ τρίχες τῆς **κεφαλῆς** ὑμῶν πᾶσαι ἠρίθμηνται.
Lk 20:17 οὗτος ἐγενήθη εἰς **κεφαλὴν** γωνίας;
Lk 21:18 θρὶξ ἐκ τῆς **κεφαλῆς** ὑμῶν οὐ μὴ
Lk 21:28 καὶ ἐπάρατε τὰς **κεφαλὰς** ὑμῶν,

κῆπος (*kēpos*; 1/5) *garden*
Lk 13:19 ἄνθρωπος ἔβαλεν εἰς **κῆπον** ἑαυτοῦ,

κήρυγμα (*kērygma*; 1/8[9]) *preaching*
Lk 11:32 μετενόησαν εἰς τὸ **κήρυγμα** Ἰωνᾶ,

κηρύσσω (*kēryssō*; 9/59[61]) *proclaim*
Lk 3:3 περίχωρον τοῦ Ἰορδάνου **κηρύσσων** βάπτισμα μετανοίας εἰς
Lk 4:18 **κηρύξαι** αἰχμαλώτοις ἄφεσιν καὶ
Lk 4:19 **κηρύξαι** ἐνιαυτὸν κυρίου δεκτόν.
Lk 4:44 Καὶ ἦν **κηρύσσων** εἰς τὰς συναγωγὰς
Lk 8:1 πόλιν καὶ κώμην **κηρύσσων** καὶ εὐαγγελιζόμενος τὴν
Lk 8:39 ὅλην τὴν πόλιν **κηρύσσων** ὅσα ἐποίησεν αὐτῷ
Lk 9:2 καὶ ἀπέστειλεν αὐτοὺς **κηρύσσειν** τὴν βασιλείαν τοῦ
Lk 12:3 ἐν τοῖς ταμείοις **κηρυχθήσεται** ἐπὶ τῶν δωμάτων.
Lk 24:47 καὶ **κηρυχθῆναι** ἐπὶ τῷ ὀνόματι

κιβωτός (*kibōtos*; 1/6) *ark*
Lk 17:27 Νῶε εἰς τὴν **κιβωτὸν** καὶ ἦλθεν ὁ

κινδυνεύω (*kindyneuō*; 1/4) *be in danger*
Lk 8:23 καὶ συνεπληροῦντο καὶ **ἐκινδύνευον**.

κίχρημι (*kichrēmi*; 1/1) *lend*
Lk 11:5 **χρῆσόν** μοι τρεῖς ἄρτους,

κλάδος (*klados*; 1/11) *branch*
Lk 13:19 κατεσκήνωσεν ἐν τοῖς **κλάδοις** αὐτοῦ.

κλαίω (*klaiō*; 11/39[40]) *weep*
Lk 6:21 μακάριοι οἱ **κλαίοντες** νῦν,
Lk 6:25 ὅτι πενθήσετε καὶ **κλαύσετε**.
Lk 7:13 μὴ **κλαῖε**.
Lk 7:32 ἐθρηνήσαμεν καὶ οὐκ **ἐκλαύσατε**.
Lk 7:38 τοὺς πόδας αὐτοῦ **κλαίουσα** τοῖς δάκρυσιν ἤρξατο
Lk 8:52 **ἔκλαιον** δὲ πάντες καὶ
Lk 8:52 μὴ **κλαίετε**,
Lk 19:41 ἰδὼν τὴν πόλιν **ἔκλαυσεν** ἐπ' αὐτὴν
Lk 22:62 καὶ ἐξελθὼν ἔξω **ἔκλαυσεν** πικρῶς.
Lk 23:28 μὴ **κλαίετε** ἐπ' ἐμέ·
Lk 23:28 πλὴν ἐφ' ἑαυτὰς **κλαίετε** καὶ ἐπὶ τὰ

κλάσις (*klasis*; 1/2) *breaking*
Lk 24:35 αὐτοῖς ἐν τῇ **κλάσει** τοῦ ἄρτου.

κλάσμα (*klasma*; 1/9) *fragment*
Lk 9:17 τὸ περισσεῦσαν αὐτοῖς **κλασμάτων** κόφινοι δώδεκα.

κλαυθμός (*klauthmos*; 1/9) *bitter crying*
Lk 13:28 ἐκεῖ ἔσται ὁ **κλαυθμὸς** καὶ ὁ βρυγμὸς

κλάω (*klaō*; 2/14) *break*
Lk 22:19 λαβὼν ἄρτον εὐχαριστήσας **ἔκλασεν** καὶ ἔδωκεν αὐτοῖς
Lk 24:30 ἄρτον εὐλόγησεν καὶ **κλάσας** ἐπεδίδου αὐτοῖς,

κλείς (*kleis*; 1/6) *key*
Lk 11:52 ὅτι ἤρατε τὴν **κλεῖδα** τῆς γνώσεως·

κλείω (*kleiō*; 2/16) *shut*
Lk 4:25 ὅτε **ἐκλείσθη** ὁ οὐρανὸς ἐπὶ
Lk 11:7 ἤδη ἡ θύρα **κέκλεισται** καὶ τὰ παιδία

Κλεοπᾶς (*Kleopas*; 1/1) *Cleopas*
Lk 24:18 δὲ εἷς ὀνόματι **Κλεοπᾶς** εἶπεν πρὸς αὐτόν·

κλέπτης (*kleptēs*; 2/16) *thief*
Lk 12:33 ὅπου **κλέπτης** οὐκ ἐγγίζει οὐδὲ
Lk 12:39 ποίᾳ ὥρᾳ ὁ **κλέπτης** ἔρχεται,

κλέπτω (*kleptō*; 1/13) *steal*
Lk 18:20 μὴ **κλέψῃς**,

κληρονομέω (*klēronomeō*; 2/18) *inherit*
Lk 10:25 ποιήσας ζωὴν αἰώνιον **κληρονομήσω**;
Lk 18:18 ποιήσας ζωὴν αἰώνιον **κληρονομήσω**;

κληρονομία (*klēronomia*; 2/14) *inheritance*
Lk 12:13 μετ᾽ ἐμοῦ τὴν **κληρονομίαν**.
Lk 20:14 ἡμῶν γένηται ἡ **κληρονομία**.

κληρονόμος (*klēronomos*; 1/15) *heir*
Lk 20:14 οὗτός ἐστιν ὁ **κληρονόμος**·

κλῆρος (*klēros*; 1/11) *lot*
Lk 23:34 ἱμάτια αὐτοῦ ἔβαλον **κλήρους**.

κλίβανος (*klibanos*; 1/2) *oven*
Lk 12:28 καὶ αὔριον εἰς **κλίβανον** βαλλόμενον ὁ θεὸς

κλίνη (*klinē*; 3/9) *bed*
Lk 5:18 ἄνδρες φέροντες ἐπὶ **κλίνης** ἄνθρωπον ὃς ἦν
Lk 8:16 σκεύει ἢ ὑποκάτω **κλίνης** τίθησιν,
Lk 17:34 ἔσονται δύο ἐπὶ **κλίνης** μιᾶς,

κλινίδιον (*klinidion*; 2/2) *bed*
Lk 5:19 αὐτὸν σὺν τῷ **κλινιδίῳ** εἰς τὸ μέσον
Lk 5:24 καὶ ἄρας τὸ **κλινίδιόν** σου πορεύου εἰς

κλίνω (*klinō*; 4/7) *bow*
Lk 9:12 δὲ ἡμέρα ἤρξατο **κλίνειν**·
Lk 9:58 ποῦ τὴν κεφαλὴν **κλίνῃ**.
Lk 24:5 γενομένων αὐτῶν καὶ **κλινουσῶν** τὰ πρόσωπα εἰς
Lk 24:29 ἑσπέραν ἐστὶν καὶ **κέκλικεν** ἤδη ἡ ἡμέρα.

κλισία (*klisia*; 1/1) *group*
Lk 9:14 κατακλίνατε αὐτοὺς **κλισίας** [ὡσεὶ] ἀνὰ πεντήκοντα.

κλύδων (*klydōn*; 1/2) *rough water*
Lk 8:24 ἀνέμῳ καὶ τῷ **κλύδωνι** τοῦ ὕδατος·

κοιλία (*koilia*; 7/22) *stomach, belly, womb*
Lk 1:15 πλησθήσεται ἔτι ἐκ **κοιλίας** μητρὸς αὐτοῦ,
Lk 1:41 βρέφος ἐν τῇ **κοιλίᾳ** αὐτῆς,
Lk 1:42 ὁ καρπὸς τῆς **κοιλίας** σου.
Lk 1:44 βρέφος ἐν τῇ **κοιλίᾳ** μου.
Lk 2:21 αὐτὸν ἐν τῇ **κοιλίᾳ**.
Lk 11:27 μακαρία ἡ **κοιλία** ἡ βαστάσασά σε
Lk 23:29 στεῖραι καὶ αἱ **κοιλίαι** αἳ οὐκ ἐγέννησαν

κοιμάομαι (*koimaomai*; 1/18) *sleep*
Lk 22:45 τοὺς μαθητὰς εὗρεν **κοιμωμένους** αὐτοὺς

κοινωνός (*koinōnos*; 1/10) *partner*
Lk 5:10 οἳ ἦσαν **κοινωνοὶ** τῷ Σίμωνι.

κοίτη (*koitē*; 1/4) *bed*
Lk 11:7 ἐμοῦ εἰς τὴν **κοίτην** εἰσίν·

κόκκος (*kokkos*; 2/7) *seed*
Lk 13:19 ὁμοία ἐστὶν **κόκκῳ** σινάπεως,
Lk 17:6 ἔχετε πίστιν ὡς **κόκκον** σινάπεως,

κολλάω (*kollaō*; 2/12) *unite oneself with*
Lk 10:11 τὸν κονιορτὸν τὸν **κολληθέντα** ἡμῖν ἐκ τῆς
Lk 15:15 καὶ πορευθεὶς **ἐκολλήθη** ἑνὶ τῶν πολιτῶν

κόλπος (*kolpos*; 3/6) *chest, side*
Lk 6:38 δώσουσιν εἰς τὸν **κόλπον** ὑμῶν·
Lk 16:22 ἀγγέλων εἰς τὸν **κόλπον** Ἀβραάμ·
Lk 16:23 Λάζαρον ἐν τοῖς **κόλποις** αὐτοῦ.

κομίζω (*komizō*; 1/10) *bring (mid. receive)*
Lk 7:37 **κομίσασα** ἀλάβαστρον μύρου

κονιορτός (*koniortos*; 2/5) *dust*
Lk 9:5 πόλεως ἐκείνης τὸν **κονιορτὸν** ἀπὸ τῶν ποδῶν
Lk 10:11 καὶ τὸν **κονιορτὸν** τὸν κολληθέντα ἡμῖν

κοπιάω (*kopiaō*; 2/23) *work*
Lk 5:5 δι᾽ ὅλης νυκτὸς **κοπιάσαντες** οὐδὲν ἐλάβομεν·
Lk 12:27 οὐ **κοπιᾷ** οὐδὲ νήθει·

κόπος (*kopos*; 2/18) *work*
Lk 11:7 μή μοι **κόπους** πάρεχε·
Lk 18:5 τὸ παρέχειν μοι **κόπον** τὴν χήραν ταύτην

κοπρία (*kopria*; 1/1) *dung*
Lk 14:35 γῆν οὔτε εἰς **κοπρίαν** εὔθετόν ἐστιν,

κόπριον (*koprion*; 1/1) *manure*
Lk 13:8 αὐτὴν καὶ βάλω **κόπρια**,

κόπτω (*koptō*; 2/8) *cut*
Lk 8:52 δὲ πάντες καὶ **ἐκόπτοντο** αὐτήν.
Lk 23:27 καὶ γυναικῶν αἳ **ἐκόπτοντο** καὶ ἐθρήνουν αὐτόν.

<u>κόραξ (*korax*; 1/1) *crow*</u>
Lk 12:24 κατανοήσατε τοὺς **κόρακας** ὅτι οὐ σπείρουσιν

<u>κόρος (*koros*; 1/1) *cor, measure*</u>
Lk 16:7 ἑκατὸν **κόρους** σίτου.

<u>κοσμέω (*kosmeō*; 2/10) *adorn*</u>
Lk 11:25 εὑρίσκει σεσαρωμένον καὶ **κεκοσμημένον**.
Lk 21:5 καλοῖς καὶ ἀναθήμασιν **κεκόσμηται** εἶπεν·

<u>κόσμος (*kosmos*; 3/185[186]) *world*</u>
Lk 9:25 ἄνθρωπος κερδήσας τὸν **κόσμον** ὅλον ἑαυτὸν
Lk 11:50 ἐκκεχυμένον ἀπὸ καταβολῆς **κόσμου** ἀπὸ τῆς γενεᾶς
Lk 12:30 τὰ ἔθνη τοῦ **κόσμου** ἐπιζητοῦσιν,

<u>κόφινος (*kophinos*; 1/6) *basket*</u>
Lk 9:17 περισσεῦσαν αὐτοῖς κλασμάτων **κόφινοι** δώδεκα.

<u>κράζω (*krazō*; 3/55) *call out*</u>
Lk 9:39 αὐτὸν καὶ ἐξαίφνης **κράζει** καὶ σπαράσσει αὐτὸν
Lk 18:39 δὲ πολλῷ μᾶλλον **ἔκραζεν**·
Lk 19:40 οἱ λίθοι **κράξουσιν**.

<u>κραιπάλη (*kraipalē*; 1/1) *drunken dissipation*</u>
Lk 21:34 αἱ καρδίαι ἐν **κραιπάλῃ** καὶ μέθῃ καὶ

<u>κρανίον (*kranion*; 1/4) *skull*</u>
Lk 23:33 τόπον τὸν καλούμενον **Κρανίον**,

<u>κράσπεδον (*kraspedon*; 1/5) *fringe*</u>
Lk 8:44 ὄπισθεν ἥψατο τοῦ **κρασπέδου** τοῦ ἱματίου αὐτοῦ

<u>κραταιόω (*krataioō*; 2/4) *become strong*</u>
Lk 1:80 παιδίον ηὔξανεν καὶ **ἐκραταιοῦτο** πνεύματι,
Lk 2:40 παιδίον ηὔξανεν καὶ **ἐκραταιοῦτο** πληρούμενον σοφίᾳ,

<u>κρατέω (*krateō*; 2/47) *hold*</u>
Lk 8:54 αὐτὸς δὲ **κρατήσας** τῆς χειρὸς αὐτῆς
Lk 24:16 δὲ ὀφθαλμοὶ αὐτῶν **ἐκρατοῦντο** τοῦ μὴ ἐπιγνῶναι

<u>κράτιστος (*kratistos*; 1/4) *most excellent*</u>
Lk 1:3 **κράτιστε** Θεόφιλε,

<u>κράτος (*kratos*; 1/12) *might, strength*</u>
Lk 1:51 Ἐποίησεν **κράτος** ἐν βραχίονι αὐτοῦ,

<u>κραυγάζω (*kraugazō*; 1/9) *call out*</u>
Lk 4:41 δαιμόνια ἀπὸ πολλῶν **κρ[αυγ]άζοντα** καὶ λέγοντα ὅτι

<u>κραυγή (*kraugē*; 1/6) *shout*</u>
Lk 1:42 καὶ ἀνεφώνησεν **κραυγῇ** μεγάλῃ καὶ εἶπεν·

<u>κρεμάννυμι (*kremannymi*; 1/7) *hang*</u>
Lk 23:39 Εἷς δὲ τῶν **κρεμασθέντων** κακούργων ἐβλασφήμει αὐτὸν

<u>κρημνός (*krēmnos*; 1/3) *steep bank*</u>
Lk 8:33 ἀγέλη κατὰ τοῦ **κρημνοῦ** εἰς τὴν λίμνην

<u>κρίμα (*krima*; 3/27) *judgment*</u>
Lk 20:47 οὗτοι λήμψονται περισσότερον **κρίμα**.
Lk 23:40 ἐν τῷ αὐτῷ **κρίματι** εἶ;
Lk 24:20 ἄρχοντες ἡμῶν εἰς **κρίμα** θανάτου καὶ ἐσταύρωσαν

<u>κρίνον (*krinon*; 1/2) *lily*</u>
Lk 12:27 κατανοήσατε τὰ **κρίνα** πῶς αὐξάνει·

<u>κρίνω (*krinō*; 6/114) *judge*</u>
Lk 6:37 Καὶ μὴ **κρίνετε**,
Lk 6:37 καὶ οὐ μὴ **κριθῆτε**·
Lk 7:43 ὀρθῶς **ἔκρινας**.
Lk 12:57 ἀφ᾽ ἑαυτῶν οὐ **κρίνετε** τὸ δίκαιον;
Lk 19:22 τοῦ στόματός σου **κρινῶ** σε,
Lk 22:30 τὰς δώδεκα φυλὰς **κρίνοντες** τοῦ Ἰσραήλ.

<u>κρίσις (*krisis*; 4/47) *judgment*</u>
Lk 10:14 ἔσται ἐν τῇ **κρίσει** ἢ ὑμῖν.
Lk 11:31 ἐγερθήσεται ἐν τῇ **κρίσει** μετὰ τῶν ἀνδρῶν
Lk 11:32 ἀναστήσονται ἐν τῇ **κρίσει** μετὰ τῆς γενεᾶς
Lk 11:42 καὶ παρέρχεσθε τὴν **κρίσιν** καὶ τὴν ἀγάπην

<u>κριτής (*kritēs*; 6/19) *judge*</u>
Lk 11:19 τοῦτο αὐτοὶ ὑμῶν **κριταὶ** ἔσονται.
Lk 12:14 τίς με κατέστησεν **κριτὴν** ἢ μεριστὴν ἐφ᾽
Lk 12:58 σε πρὸς τὸν **κριτήν**,
Lk 12:58 καὶ ὁ **κριτής** σε παραδώσει τῷ
Lk 18:2 **κριτής** τις ἦν ἔν
Lk 18:6 ἀκούσατε τί ὁ **κριτὴς** τῆς ἀδικίας λέγει·

<u>κρούω (*krouō*; 4/9) *knock*</u>
Lk 11:9 **κρούετε** καὶ ἀνοιγήσεται ὑμῖν·
Lk 11:10 εὑρίσκει καὶ τῷ **κρούοντι** ἀνοιγ[ήσ]εται.
Lk 12:36 ἵνα ἐλθόντος καὶ **κρούσαντος** εὐθέως ἀνοίξωσιν αὐτῷ.
Lk 13:25 ἔξω ἑστάναι καὶ **κρούειν** τὴν θύραν λέγοντες·

<u>κρύπτη (*kryptē*; 1/1) *cellar*</u>
Lk 11:33 λύχνον ἅψας εἰς **κρύπτην** τίθησιν [οὐδὲ ὑπὸ

<u>κρυπτός (*kryptos*; 2/17) *secret*</u>
Lk 8:17 οὐ γάρ ἐστιν **κρυπτὸν** ὃ οὐ φανερὸν
Lk 12:2 οὐκ ἀποκαλυφθήσεται καὶ **κρυπτὸν** ὃ οὐ γνωσθήσεται.

<u>κρύπτω (*kryptō*; 2/18) *hide*</u>
Lk 18:34 τὸ ῥῆμα τοῦτο **κεκρυμμένον** ἀπ᾽ αὐτῶν καὶ
Lk 19:42 νῦν δὲ **ἐκρύβη** ἀπὸ ὀφθαλμῶν σου.

<u>κτάομαι (*ktaomai*; 2/7) *acquire*</u>
Lk 18:12 ἀποδεκατῶ πάντα ὅσα **κτῶμαι**.

Lk 21:19 τῇ ὑπομονῇ ὑμῶν **κτήσασθε** τὰς ψυχὰς ὑμῶν.

κτῆνος (*ktēnos*; 1/4) *animal*

Lk 10:34 ἐπὶ τὸ ἴδιον **κτῆνος** ἤγαγεν αὐτὸν εἰς

κυκλόω (*kykloō*; 1/4) *surround*

Lk 21:20 Ὅταν δὲ ἴδητε **κυκλουμένην** ὑπὸ στρατοπέδων Ἰερουσαλήμ,

κύκλῳ (*kyklō*; 1/8) *around, in a circle*

Lk 9:12 πορευθέντες εἰς τὰς **κύκλῳ** κώμας καὶ ἀγροὺς

Κυρηναῖος (*Kyrēnaios*; 1/6) *Cyrenian*

Lk 23:26 ἐπιλαβόμενοι Σίμωνά τινα **Κυρηναῖον** ἐρχόμενον ἀπ᾽ ἀγροῦ

Κυρήνιος (*Kyrēnios*; 1/1) *Quirinius*

Lk 2:2 ἡγεμονεύοντος τῆς Συρίας **Κυρηνίου**.

κυριεύω (*kyrieuō*; 1/7) *rule, have power over*

Lk 22:25 βασιλεῖς τῶν ἐθνῶν **κυριεύουσιν** αὐτῶν καὶ

κύριος (*kyrios*; 104/714[717]) *Lord, sir*

Lk 1:6 καὶ δικαιώμασιν τοῦ **κυρίου** ἄμεμπτοι.
Lk 1:9 τὸν ναὸν τοῦ **κυρίου**,
Lk 1:11 δὲ αὐτῷ ἄγγελος **κυρίου** ἑστὼς ἐκ δεξιῶν
Lk 1:15 μέγας ἐνώπιον [τοῦ] **κυρίου**,
Lk 1:16 Ἰσραὴλ ἐπιστρέψει ἐπὶ **κύριον** τὸν θεὸν αὐτῶν.
Lk 1:17 ἑτοιμάσαι **κυρίῳ** λαὸν κατεσκευασμένον.
Lk 1:25 οὕτως μοι πεποίηκεν **κύριος** ἐν ἡμέραις αἷς
Lk 1:28 ὁ **κύριος** μετὰ σοῦ.
Lk 1:32 καὶ δώσει αὐτῷ **κύριος** ὁ θεὸς τὸν
Lk 1:38 ἰδοὺ ἡ δούλη **κυρίου**·
Lk 1:43 ἡ μήτηρ τοῦ **κυρίου** μου πρὸς ἐμέ;
Lk 1:45 λελαλημένοις αὐτῇ παρὰ **κυρίου**.
Lk 1:46 ψυχή μου τὸν **κύριον**,
Lk 1:58 αὐτῆς ὅτι ἐμεγάλυνεν **κύριος** τὸ ἔλεος αὐτοῦ
Lk 1:66 καὶ γὰρ χεὶρ **κυρίου** ἦν μετ᾽ αὐτοῦ.
Lk 1:68 Εὐλογητὸς **κύριος** ὁ θεὸς τοῦ
Lk 1:76 προπορεύσῃ γὰρ ἐνώπιον **κυρίου** ἑτοιμάσαι ὁδοὺς αὐτοῦ,
Lk 2:9 καὶ ἄγγελος **κυρίου** ἐπέστη αὐτοῖς καὶ
Lk 2:9 αὐτοῖς καὶ δόξα **κυρίου** περιέλαμψεν αὐτούς,
Lk 2:11 ὅς ἐστιν χριστὸς **κύριος** ἐν πόλει Δαυίδ.
Lk 2:15 γεγονὸς ὃ ὁ **κύριος** ἐγνώρισεν ἡμῖν.
Lk 2:22 Ἱεροσόλυμα παραστῆσαι τῷ **κυρίῳ**,
Lk 2:23 γέγραπται ἐν νόμῳ **κυρίου** ὅτι πᾶν ἄρσεν
Lk 2:23 μήτραν ἅγιον τῷ **κυρίῳ** κληθήσεται,
Lk 2:24 ἐν τῷ νόμῳ **κυρίου**,
Lk 2:26 ἴδῃ τὸν χριστὸν **κυρίου**.
Lk 2:39 κατὰ τὸν νόμον **κυρίου**,
Lk 3:4 ἑτοιμάσατε τὴν ὁδὸν **κυρίου**,
Lk 4:8 **κύριον** τὸν θεόν σου
Lk 4:12 οὐκ ἐκπειράσεις **κύριον** τὸν θεόν σου.
Lk 4:18 πνεῦμα **κυρίου** ἐπ᾽ ἐμὲ οὗ
Lk 4:19 κηρύξαι ἐνιαυτὸν **κυρίου** δεκτόν.
Lk 5:8 **κύριε**.
Lk 5:12 **κύριε**,
Lk 5:17 καὶ δύναμις **κυρίου** ἦν εἰς τὸ
Lk 6:5 **κύριός** ἐστιν τοῦ σαββάτου
Lk 6:46 **κύριε** κύριε,
Lk 6:46 κύριε **κύριε**,
Lk 7:6 **κύριε**,
Lk 7:13 ἰδὼν αὐτὴν ὁ **κύριος** ἐσπλαγχνίσθη ἐπ᾽ αὐτῇ
Lk 7:19 ἔπεμψεν πρὸς τὸν **κύριον** λέγων·
Lk 9:54 **κύριε**,
Lk 9:59 **[κύριε]** ἐπίτρεψόν μοι ἀπελθόντι
Lk 9:61 **κύριε**·
Lk 10:1 ταῦτα ἀνέδειξεν ὁ **κύριος** ἑτέρους ἑβδομήκοντα [δύο]
Lk 10:2 δεήθητε οὖν τοῦ **κυρίου** τοῦ θερισμοῦ ὅπως
Lk 10:17 **κύριε**,
Lk 10:21 **κύριε** τοῦ οὐρανοῦ καὶ
Lk 10:27 ἀγαπήσεις **κύριον** τὸν θεόν σου
Lk 10:39 τοὺς πόδας τοῦ **κυρίου** ἤκουεν τὸν λόγον
Lk 10:40 **κύριε**,
Lk 10:41 εἶπεν αὐτῇ ὁ **κύριος**·
Lk 11:1 **κύριε**,
Lk 11:39 εἶπεν δὲ ὁ **κύριος** πρὸς αὐτόν·
Lk 12:36 ἀνθρώποις προσδεχομένοις τὸν **κύριον** ἑαυτῶν πότε ἀναλύσῃ
Lk 12:37 οὓς ἐλθὼν ὁ **κύριος** εὑρήσει γρηγοροῦντας·
Lk 12:41 **κύριε**,
Lk 12:42 καὶ εἶπεν ὁ **κύριος**·
Lk 12:42 ὃν καταστήσει ὁ **κύριος** ἐπὶ τῆς θεραπείας
Lk 12:43 ὃν ἐλθὼν ὁ **κύριος** αὐτοῦ εὑρήσει ποιοῦντα
Lk 12:45 χρονίζει ὁ **κύριός** μου ἔρχεσθαι,
Lk 12:46 ἥξει ὁ **κύριος** τοῦ δούλου ἐκείνου
Lk 12:47 τὸ θέλημα τοῦ **κυρίου** αὐτοῦ καὶ μὴ
Lk 13:8 **κύριε**,
Lk 13:15 δὲ αὐτῷ ὁ **κύριος** καὶ εἶπεν·
Lk 13:23 **κύριε**,
Lk 13:25 **κύριε**,
Lk 13:35 ἐρχόμενος ἐν ὀνόματι **κυρίου**.
Lk 14:21 δοῦλος ἀπήγγειλεν τῷ **κυρίῳ** αὐτοῦ ταῦτα.
Lk 14:22 **κύριε**,
Lk 14:23 καὶ εἶπεν ὁ **κύριος** πρὸς τὸν δοῦλον·
Lk 16:3 ὅτι ὁ **κύριός** μου ἀφαιρεῖται τὴν
Lk 16:5 τῶν χρεοφειλετῶν τοῦ **κυρίου** ἑαυτοῦ ἔλεγεν
Lk 16:5 πόσον ὀφείλεις τῷ **κυρίῳ** μου;
Lk 16:8 καὶ ἐπῄνεσεν ὁ **κύριος** τὸν οἰκονόμον τῆς
Lk 16:13 οἰκέτης δύναται δυσὶ **κυρίοις** δουλεύειν·
Lk 17:5 οἱ ἀπόστολοι τῷ **κυρίῳ**·
Lk 17:6 εἶπεν δὲ ὁ **κύριος**·
Lk 17:37 κύριε;
Lk 18:6 Εἶπεν δὲ ὁ **κύριος**·
Lk 18:41 **κύριε**,
Lk 19:8 εἶπεν πρὸς τὸν **κύριον**·
Lk 19:8 **κύριε**,
Lk 19:16 **κύριε**,
Lk 19:18 **κύριε**,
Lk 19:20 **κύριε**,
Lk 19:25 **κύριε**,
Lk 19:31 ὅτι ὁ **κύριος** αὐτοῦ χρείαν ἔχει.
Lk 19:33 πῶλον εἶπαν οἱ **κύριοι** αὐτοῦ πρὸς αὐτούς·
Lk 19:34 ὅτι ὁ **κύριος** αὐτοῦ χρείαν ἔχει.
Lk 19:38 βασιλεὺς ἐν ὀνόματι **κυρίου**·
Lk 20:13 εἶπεν δὲ ὁ **κύριος** τοῦ ἀμπελῶνος·
Lk 20:15 ποιήσει αὐτοῖς ὁ **κύριος** τοῦ ἀμπελῶνος;
Lk 20:37 ὡς λέγει **κύριον** τὸν θεὸν Ἀβραὰμ
Lk 20:42 εἶπεν **κύριος** τῷ κυρίῳ μου·
Lk 20:42 εἶπεν κύριος τῷ **κυρίῳ** μου·

Lk 20:44 Δαυὶδ οὖν **κύριον** αὐτὸν καλεῖ,
Lk 22:33 **κύριε**,
Lk 22:38 κύριε,
Lk 22:49 **κύριε**,
Lk 22:61 καὶ στραφεὶς ὁ **κύριος** ἐνέβλεψεν τῷ Πέτρῳ,
Lk 22:61 τοῦ ῥήματος τοῦ **κυρίου** ὡς εἶπεν αὐτῷ
Lk 24:3 τὸ σῶμα τοῦ **κυρίου** Ἰησοῦ.
Lk 24:34 ὄντως ἠγέρθη ὁ **κύριος** καὶ ὤφθη Σίμωνι.

κύων (*kyōn*; 1/5) *dog*

Lk 16:21 ἀλλὰ καὶ οἱ **κύνες** ἐρχόμενοι ἐπέλειχον τὰ

κωλύω (*kōlyō*; 6/23) *hinder*

Lk 6:29 τὸν χιτῶνα μὴ **κωλύσῃς**.
Lk 9:49 ἐκβάλλοντα δαιμόνια καὶ **ἐκωλύομεν** αὐτόν,
Lk 9:50 μὴ **κωλύετε**·
Lk 11:52 καὶ τοὺς εἰσερχομένους **ἐκωλύσατε**.
Lk 18:16 με καὶ μὴ **κωλύετε** αὐτά,
Lk 23:2 ἔθνος ἡμῶν καὶ **κωλύοντα** φόρους Καίσαρι διδόναι

κώμη (*kōmē*; 12/27) *village*

Lk 5:17 ἐληλυθότες ἐκ πάσης **κώμης** τῆς Γαλιλαίας
Lk 8:1 κατὰ πόλιν καὶ **κώμην** κηρύσσων καὶ εὐαγγελιζόμενος
Lk 9:6 διήρχοντο κατὰ τὰς **κώμας** εὐαγγελιζόμενοι καὶ θεραπεύοντες
Lk 9:12 εἰς τὰς κύκλῳ **κώμας** καὶ ἀγροὺς καταλύσωσιν
Lk 9:52 πορευθέντες εἰσῆλθον εἰς **κώμην** Σαμαριτῶν ὡς ἑτοιμάσαι
Lk 9:56 ἐπορεύθησαν εἰς ἑτέραν **κώμην**.
Lk 10:38 αὐτὸς εἰσῆλθεν εἰς **κώμην** τινα·
Lk 13:22 κατὰ πόλεις καὶ **κώμας** διδάσκων καὶ πορείαν
Lk 17:12 αὐτοῦ εἴς τινα **κώμην** ἀπήντησαν [αὐτῷ] δέκα
Lk 19:30 εἰς τὴν κατέναντι **κώμην**,
Lk 24:13 ἦσαν πορευόμενοι εἰς **κώμην** ἀπέχουσαν σταδίους ἑξήκοντα
Lk 24:28 ἤγγισαν εἰς τὴν **κώμην** οὗ ἐπορεύοντο,

Κωσάμ (*Kōsam*; 1/1) *Cosam*

Lk 3:28 τοῦ Ἀδδὶ τοῦ **Κωσὰμ** τοῦ Ἐλμαδὰμ τοῦ

κωφός (*kōphos*; 4/14) *dumb*

Lk 1:22 αὐτοῖς καὶ διέμενεν **κωφός**.
Lk 7:22 λεπροὶ καθαρίζονται καὶ **κωφοὶ** ἀκούουσιν,
Lk 11:14 [καὶ αὐτὸ ἦν] **κωφόν**·
Lk 11:14 ἐξελθόντος ἐλάλησεν ὁ **κωφὸς** καὶ ἐθαύμασαν οἱ

λαγχάνω (*lanchanō*; 1/4) *cast lots, receive*

Lk 1:9 ἔθος τῆς ἱερατείας **ἔλαχε** τοῦ θυμιᾶσαι εἰσελθὼν

Λάζαρος (*Lazaros*; 4/15) *Lazarus*

Lk 16:20 δέ τις ὀνόματι **Λάζαρος** ἐβέβλητο πρὸς τὸν
Lk 16:23 ἀπὸ μακρόθεν καὶ **Λάζαρον** ἐν τοῖς κόλποις
Lk 16:24 με καὶ πέμψον **Λάζαρον** ἵνα βάψῃ τὸ
Lk 16:25 καὶ **Λάζαρος** ὁμοίως τὰ κακά·

λαῖλαψ (*lailaps*; 1/3) *storm*

Lk 8:23 καὶ κατέβη **λαῖλαψ** ἀνέμου εἰς τὴν

λαλέω (*laleō*; 31/294[296]) *speak*

Lk 1:19 θεοῦ καὶ ἀπεστάλην **λαλῆσαι** πρὸς σὲ καὶ
Lk 1:20 καὶ μὴ δυνάμενος **λαλῆσαι** ἄχρι ἧς ἡμέρας
Lk 1:22 δὲ οὐκ ἐδύνατο **λαλῆσαι** αὐτοῖς,
Lk 1:45 ἔσται τελείωσις τοῖς **λελαλημένοις** αὐτῇ παρὰ κυρίου.
Lk 1:55 καθὼς **ἐλάλησεν** πρὸς τοὺς πατέρας
Lk 1:64 καὶ **ἐλάλει** εὐλογῶν τὸν θεόν.
Lk 1:70 καθὼς **ἐλάλησεν** διὰ στόματος τῶν
Lk 2:15 οἱ ποιμένες **ἐλάλουν** πρὸς ἀλλήλους·
Lk 2:17 τοῦ ῥήματος τοῦ **λαληθέντος** αὐτοῖς περὶ
Lk 2:18 ἐθαύμασαν περὶ τῶν **λαληθέντων** ὑπὸ τῶν ποιμένων
Lk 2:20 καὶ εἶδον καθὼς **ἐλαλήθη** πρὸς αὐτούς.
Lk 2:33 θαυμάζοντες ἐπὶ τοῖς **λαλουμένοις** περὶ αὐτοῦ.
Lk 2:38 τῷ θεῷ καὶ **ἐλάλει** περὶ αὐτοῦ πᾶσιν
Lk 2:50 τὸ ῥῆμα ὃ **ἐλάλησεν** αὐτοῖς.
Lk 4:41 οὐκ εἴα αὐτὰ **λαλεῖν**,
Lk 5:4 Ὡς δὲ ἐπαύσατο **λαλῶν**,
Lk 5:21 ἐστιν οὗτος ὃς **λαλεῖ** βλασφημίας;
Lk 6:45 γὰρ περισσεύματος καρδίας **λαλεῖ** τὸ στόμα αὐτοῦ.
Lk 7:15 νεκρὸς καὶ ἤρξατο **λαλεῖν**,
Lk 8:49 Ἔτι αὐτοῦ **λαλοῦντος** ἔρχεταί τις παρὰ
Lk 9:11 καὶ ἀποδεξάμενος αὐτοὺς **ἐλάλει** αὐτοῖς
Lk 11:14 τοῦ δαιμονίου ἐξελθόντος **ἐλάλησεν** ὁ κωφὸς
Lk 11:37 Ἐν δὲ τῷ **λαλῆσαι** ἐρωτᾷ αὐτὸν Φαρισαῖος
Lk 12:3 πρὸς τὸ οὖς **ἐλαλήσατε** ἐν τοῖς ταμείοις
Lk 22:47 Ἔτι αὐτοῦ **λαλοῦντος** ἰδοὺ ὄχλος,
Lk 22:60 καὶ παραχρῆμα ἔτι **λαλοῦντος** αὐτοῦ ἐφώνησεν ἀλέκτωρ.
Lk 24:6 μνήσθητε ὡς **ἐλάλησεν** ὑμῖν ἔτι ὢν
Lk 24:25 ἐπὶ πᾶσιν οἷς **ἐλάλησαν** οἱ προφῆται·
Lk 24:32 [ἐν ἡμῖν] ὡς **ἐλάλει** ἡμῖν ἐν τῇ
Lk 24:36 Ταῦτα δὲ αὐτῶν **λαλούντων** αὐτὸς ἔστη ἐν
Lk 24:44 λόγοι μου οὓς **ἐλάλησα** πρὸς ὑμᾶς ἔτι

λαμβάνω (*lambanō*; 21/258) *take, receive*

Lk 5:5 νυκτὸς κοπιάσαντες οὐδὲν **ἐλάβομεν**·
Lk 5:26 καὶ ἔκστασις **ἔλαβεν** ἅπαντας καὶ ἐδόξαζον
Lk 6:4 ἄρτους τῆς προθέσεως **λαβὼν** ἔφαγεν καὶ ἔδωκεν
Lk 6:34 παρ' ὧν ἐλπίζετε **λαβεῖν**,
Lk 7:16 **ἔλαβεν** δὲ φόβος πάντας
Lk 9:16 **λαβὼν** δὲ τοὺς πέντε
Lk 9:39 καὶ ἰδοὺ πνεῦμα **λαμβάνει** αὐτὸν καὶ ἐξαίφνης
Lk 11:10 γὰρ ὁ αἰτῶν **λαμβάνει** καὶ ὁ ζητῶν
Lk 13:19 ὃν **λαβὼν** ἄνθρωπος ἔβαλεν εἰς
Lk 13:21 ἣν **λαβοῦσα** γυνὴ [ἐν]έκρυψεν εἰς
Lk 19:12 εἰς χώραν μακρὰν **λαβεῖν** ἑαυτῷ βασιλείαν
Lk 19:15 τῷ ἐπανελθεῖν αὐτὸν **λαβόντα** τὴν βασιλείαν
Lk 20:21 διδάσκεις καὶ οὐ **λαμβάνεις** πρόσωπον,
Lk 20:28 ἵνα **λάβῃ** ὁ ἀδελφὸς αὐτοῦ
Lk 20:29 καὶ ὁ πρῶτος **λαβὼν** γυναῖκα ἀπέθανεν ἄτεκνος·
Lk 20:31 καὶ ὁ τρίτος **ἔλαβεν** αὐτήν,
Lk 20:47 οὗτοι **λήμψονται** περισσότερον κρίμα.
Lk 22:17 **λάβετε** τοῦτο καὶ διαμερίσατε

Lk 22:19 καὶ **λαβὼν** ἄρτον εὐχαριστήσας ἔκλασεν
Lk 24:30 αὐτὸν μετ' αὐτῶν **λαβὼν** τὸν ἄρτον εὐλόγησεν
Lk 24:43 καὶ **λαβὼν** ἐνώπιον αὐτῶν ἔφαγεν.

Λάμεχ (*Lamech*; 1/1) *Lamech*
Lk 3:36 τοῦ Νῶε τοῦ **Λάμεχ**

λαμπρός (*lampros*; 1/9) *bright*
Lk 23:11 ἐμπαίξας περιβαλὼν ἐσθῆτα **λαμπρὰν** ἀνέπεμψεν αὐτὸν τῷ

λαμπρῶς (*lamprōs*; 1/1) *splendidly*
Lk 16:19 εὐφραινόμενος καθ' ἡμέραν **λαμπρῶς**.

λάμπω (*lampō*; 1/7) *shine*
Lk 17:24 τὴν ὑπ' οὐρανὸν **λάμπει**,

λανθάνω (*lanthanō*; 1/6) *be hidden*
Lk 8:47 γυνὴ ὅτι οὐκ **ἔλαθεν**,

λαξευτός (*laxeutos*; 1/1) *cut out in the rock*
Lk 23:53 αὐτὸν ἐν μνήματι **λαξευτῷ** οὗ οὐκ ἦν

λαός (*laos*; 36/141[142]) *people, nation*
Lk 1:10 πλῆθος ἦν τοῦ **λαοῦ** προσευχόμενον ἔξω τῇ
Lk 1:17 ἑτοιμάσαι κυρίῳ **λαὸν** κατεσκευασμένον.
Lk 1:21 Καὶ ἦν ὁ **λαὸς** προσδοκῶν τὸν Ζαχαρίαν
Lk 1:68 ἐποίησεν λύτρωσιν τῷ **λαῷ** αὐτοῦ,
Lk 1:77 γνῶσιν σωτηρίας τῷ **λαῷ** αὐτοῦ ἐν ἀφέσει
Lk 2:10 ἔσται παντὶ τῷ **λαῷ**,
Lk 2:31 πρόσωπον πάντων τῶν **λαῶν**,
Lk 2:32 ἐθνῶν καὶ δόξαν **λαοῦ** σου Ἰσραήλ.
Lk 3:15 Προσδοκῶντος δὲ τοῦ **λαοῦ** καὶ διαλογιζομένων πάντων
Lk 3:18 παρακαλῶν εὐηγγελίζετο τὸν **λαόν**.
Lk 3:21 βαπτισθῆναι ἅπαντα τὸν **λαὸν** καὶ Ἰησοῦ βαπτισθέντος
Lk 6:17 πλῆθος πολὺ τοῦ **λαοῦ** ἀπὸ πάσης τῆς
Lk 7:1 τὰς ἀκοὰς τοῦ **λαοῦ**,
Lk 7:16 ὁ θεὸς τὸν **λαὸν** αὐτοῦ.
Lk 7:29 Καὶ πᾶς ὁ **λαὸς** ἀκούσας καὶ οἱ
Lk 8:47 ἐνώπιον παντὸς τοῦ **λαοῦ** καὶ ὡς ἰάθη
Lk 9:13 εἰς πάντα τὸν **λαὸν** τοῦτον βρώματα.
Lk 18:43 καὶ πᾶς ὁ **λαὸς** ἰδὼν ἔδωκεν αἶνον
Lk 19:47 οἱ πρῶτοι τοῦ **λαοῦ**,
Lk 19:48 ὁ **λαὸς** γὰρ ἅπας ἐξεκρέματο
Lk 20:1 διδάσκοντος αὐτοῦ τὸν **λαὸν** ἐν τῷ ἱερῷ
Lk 20:6 ὁ **λαὸς** ἅπας καταλιθάσει ἡμᾶς,
Lk 20:9 δὲ πρὸς τὸν **λαὸν** λέγειν τὴν παραβολὴν
Lk 20:19 καὶ ἐφοβήθησαν τὸν **λαόν**,
Lk 20:26 ῥήματος ἐναντίον τοῦ **λαοῦ** καὶ θαυμάσαντες ἐπὶ
Lk 20:45 δὲ παντὸς τοῦ **λαοῦ** εἶπεν τοῖς μαθηταῖς
Lk 21:23 καὶ ὀργὴ τῷ **λαῷ** τούτῳ,
Lk 21:38 καὶ πᾶς ὁ **λαὸς** ὤρθριζεν πρὸς αὐτὸν
Lk 22:2 ἐφοβοῦντο γὰρ τὸν **λαόν**.
Lk 22:66 τὸ πρεσβυτέριον τοῦ **λαοῦ**,
Lk 23:5 ὅτι ἀνασείει τὸν **λαὸν** διδάσκων καθ' ὅλης
Lk 23:13 ἄρχοντας καὶ τὸν **λαὸν**
Lk 23:14 ὡς ἀποστρέφοντα τὸν **λαόν**,
Lk 23:27 πολὺ πλῆθος τοῦ **λαοῦ** καὶ γυναικῶν αἳ
Lk 23:35 Καὶ εἱστήκει ὁ **λαὸς** θεωρῶν.
Lk 24:19 καὶ παντὸς τοῦ **λαοῦ**,

λατρεύω (*latreuō*; 3/21) *serve*
Lk 1:74 χειρὸς ἐχθρῶν ῥυσθέντας **λατρεύειν** αὐτῷ
Lk 2:37 νηστείαις καὶ δεήσεσιν **λατρεύουσα** νύκτα καὶ ἡμέραν.
Lk 4:8 καὶ αὐτῷ μόνῳ **λατρεύσεις**.

λάχανον (*lachanon*; 1/4) *garden*
Lk 11:42 πήγανον καὶ πᾶν **λάχανον** καὶ παρέρχεσθε

λεγιών (*legiōn*; 1/4) *legion*
Lk 8:30 **λεγιών**,

λέγω (*legō*; 533/2345[2353]) *say*
Lk 1:13 **εἶπεν** δὲ πρὸς αὐτὸν
Lk 1:18 καὶ **εἶπεν** Ζαχαρίας πρὸς τὸν
Lk 1:19 ἀποκριθεὶς ὁ ἄγγελος **εἶπεν** αὐτῷ·
Lk 1:24 ἑαυτὴν μῆνας πέντε **λέγουσα**
Lk 1:28 εἰσελθὼν πρὸς αὐτὴν **εἶπεν**·
Lk 1:30 καὶ **εἶπεν** ὁ ἄγγελος αὐτῇ·
Lk 1:34 **εἶπεν** δὲ Μαριὰμ πρὸς
Lk 1:35 ἀποκριθεὶς ὁ ἄγγελος **εἶπεν** αὐτῇ·
Lk 1:38 **εἶπεν** δὲ Μαριάμ·
Lk 1:42 κραυγῇ μεγάλῃ καὶ **εἶπεν**·
Lk 1:46 Καὶ **εἶπεν** Μαριάμ·
Lk 1:60 ἡ μήτηρ αὐτοῦ **εἶπεν**·
Lk 1:61 καὶ **εἶπαν** πρὸς αὐτὴν ὅτι
Lk 1:63 αἰτήσας πινακίδιον ἔγραψεν **λέγων**·
Lk 1:66 τῇ καρδίᾳ αὐτῶν **λέγοντες**·
Lk 1:67 ἁγίου καὶ ἐπροφήτευσεν **λέγων**·
Lk 2:10 καὶ **εἶπεν** αὐτοῖς ὁ ἄγγελος·
Lk 2:13 τὸν θεὸν καὶ **λεγόντων**·
Lk 2:24 θυσίαν κατὰ τὸ **εἰρημένον** ἐν τῷ νόμῳ
Lk 2:28 τὸν θεὸν καὶ **εἶπεν**·
Lk 2:34 αὐτοὺς Συμεὼν καὶ **εἶπεν** πρὸς Μαριὰμ τὴν
Lk 2:48 καὶ **εἶπεν** πρὸς αὐτὸν ἡ
Lk 2:49 καὶ **εἶπεν** πρὸς αὐτούς·
Lk 3:7 **Ἔλεγεν** οὖν τοῖς ἐκπορευομένοις
Lk 3:8 καὶ μὴ ἄρξησθε **λέγειν** ἐν ἑαυτοῖς·
Lk 3:8 **λέγω** γὰρ ὑμῖν ὅτι
Lk 3:10 αὐτὸν οἱ ὄχλοι **λέγοντες**·
Lk 3:11 ἀποκριθεὶς δὲ **ἔλεγεν** αὐτοῖς·
Lk 3:12 τελῶναι βαπτισθῆναι καὶ **εἶπαν** πρὸς αὐτόν·
Lk 3:13 ὁ δὲ **εἶπεν** πρὸς αὐτούς·
Lk 3:14 αὐτὸν καὶ στρατευόμενοι **λέγοντες**·
Lk 3:14 καὶ **εἶπεν** αὐτοῖς·
Lk 3:16 ἀπεκρίνατο **λέγων** πᾶσιν ὁ Ἰωάννης·
Lk 4:3 **εἶπεν** δὲ αὐτῷ ὁ
Lk 4:3 **εἰπὲ** τῷ λίθῳ τούτῳ
Lk 4:6 καὶ **εἶπεν** αὐτῷ ὁ διάβολος·
Lk 4:8 ἀποκριθεὶς ὁ Ἰησοῦς **εἶπεν** αὐτῷ·
Lk 4:9 τοῦ ἱεροῦ καὶ **εἶπεν** αὐτῷ·
Lk 4:12 καὶ ἀποκριθεὶς **εἶπεν** αὐτῷ ὁ Ἰησοῦς
Lk 4:12 ὁ Ἰησοῦς ὅτι **εἴρηται**·
Lk 4:21 ἤρξατο δὲ **λέγειν** πρὸς αὐτοὺς ὅτι
Lk 4:22 στόματος αὐτοῦ καὶ **ἔλεγον**·
Lk 4:23 καὶ **εἶπεν** πρὸς αὐτούς·
Lk 4:23 πάντως **ἐρεῖτέ** μοι τὴν παραβολὴν
Lk 4:24 **εἶπεν** δέ·
Lk 4:24 ἀμὴν **λέγω** ὑμῖν ὅτι οὐδεὶς
Lk 4:25 ἐπ' ἀληθείας δὲ **λέγω** ὑμῖν,

Lk 4:35 αὐτῷ ὁ Ἰησοῦς **λέγων**·
Lk 4:36 συνελάλουν πρὸς ἀλλήλους **λέγοντες**·
Lk 4:41 πολλῶν κρ[αυγ]άζοντα καὶ **λέγοντα** ὅτι σὺ εἶ
Lk 4:43 ὁ δὲ **εἶπεν** πρὸς αὐτοὺς ὅτι
Lk 5:4 **εἶπεν** πρὸς τὸν Σίμωνα·
Lk 5:5 καὶ ἀποκριθεὶς Σίμων **εἶπεν**·
Lk 5:8 τοῖς γόνασιν Ἰησοῦ **λέγων**·
Lk 5:10 καὶ **εἶπεν** πρὸς τὸν Σίμωνα
Lk 5:12 πρόσωπον ἐδεήθη αὐτοῦ **λέγων**·
Lk 5:13 χεῖρα ἥψατο αὐτοῦ **λέγων**·
Lk 5:14 παρήγγειλεν αὐτῷ μηδενὶ **εἰπεῖν**,
Lk 5:20 τὴν πίστιν αὐτῶν **εἶπεν**·
Lk 5:21 καὶ οἱ Φαρισαῖοι **λέγοντες**·
Lk 5:22 διαλογισμοὺς αὐτῶν ἀποκριθεὶς **εἶπεν** πρὸς αὐτούς·
Lk 5:23 **εἰπεῖν**·
Lk 5:23 ἢ εἰπεῖν·
Lk 5:24 **εἶπεν** τῷ παραλελυμένῳ·
Lk 5:24 σοὶ **λέγω**,
Lk 5:26 καὶ ἐπλήσθησαν φόβου **λέγοντες** ὅτι εἴδομεν παράδοξα
Lk 5:27 καὶ **εἶπεν** αὐτῷ·
Lk 5:30 τοὺς μαθητὰς αὐτοῦ **λέγοντες**·
Lk 5:31 ἀποκριθεὶς ὁ Ἰησοῦς **εἶπεν** πρὸς αὐτούς·
Lk 5:33 Οἱ δὲ **εἶπαν** πρὸς αὐτόν·
Lk 5:34 ὁ δὲ Ἰησοῦς **εἶπεν** πρὸς αὐτούς·
Lk 5:36 **Ἔλεγεν** δὲ καὶ παραβολὴν
Lk 5:39 **λέγει** γάρ·
Lk 6:2 δὲ τῶν Φαρισαίων **εἶπαν**·
Lk 6:3 ἀποκριθεὶς πρὸς αὐτοὺς **εἶπεν** ὁ Ἰησοῦς·
Lk 6:5 καὶ **ἔλεγεν** αὐτοῖς·
Lk 6:8 **εἶπεν** δὲ τῷ ἀνδρὶ
Lk 6:9 **εἶπεν** δὲ ὁ Ἰησοῦς
Lk 6:10 περιβλεψάμενος πάντας αὐτοὺς **εἶπεν** αὐτῷ·
Lk 6:20 τοὺς μαθητὰς αὐτοῦ **ἔλεγεν**·
Lk 6:26 ὅταν ὑμᾶς καλῶς **εἴπωσιν** πάντες οἱ ἄνθρωποι·
Lk 6:27 Ἀλλὰ ὑμῖν **λέγω** τοῖς ἀκούουσιν·
Lk 6:39 **Εἶπεν** δὲ καὶ παραβολὴν
Lk 6:42 πῶς δύνασαι **λέγειν** τῷ ἀδελφῷ σου·
Lk 6:46 οὐ ποιεῖτε ἃ **λέγω**;
Lk 7:4 παρεκάλουν αὐτὸν σπουδαίως **λέγοντες** ὅτι ἄξιός ἐστιν
Lk 7:6 φίλους ὁ ἑκατοντάρχης **λέγων** αὐτῷ·
Lk 7:7 ἀλλὰ **εἰπὲ** λόγῳ,
Lk 7:8 καὶ **λέγω** τούτῳ·
Lk 7:9 ἀκολουθοῦντι αὐτῷ ὄχλῳ **εἶπεν**·
Lk 7:9 **λέγω** ὑμῖν,
Lk 7:13 ἐπ' αὐτῇ καὶ **εἶπεν** αὐτῇ·
Lk 7:14 καὶ εἶπεν·
Lk 7:14 σοὶ **λέγω**,
Lk 7:16 ἐδόξαζον τὸν θεὸν **λέγοντες** ὅτι προφήτης μέγας
Lk 7:19 πρὸς τὸν κύριον **λέγων**·
Lk 7:20 αὐτὸν οἱ ἄνδρες **εἶπαν**·
Lk 7:20 ἡμᾶς πρὸς σὲ **λέγων**·
Lk 7:22 καὶ ἀποκριθεὶς **εἶπεν** αὐτοῖς·
Lk 7:24 ἀγγέλων Ἰωάννου ἤρξατο **λέγειν** πρὸς τοὺς ὄχλους
Lk 7:26 ναὶ **λέγω** ὑμῖν,
Lk 7:28 **λέγω** ὑμῖν,
Lk 7:32 προσφωνοῦσιν ἀλλήλοις ἃ **λέγει**·
Lk 7:33 καὶ **λέγετε**·
Lk 7:34 καὶ **λέγετε**·
Lk 7:39 ὁ καλέσας αὐτὸν **εἶπεν** ἐν ἑαυτῷ λέγων·
Lk 7:39 εἶπεν ἐν ἑαυτῷ **λέγων**·
Lk 7:40 ἀποκριθεὶς ὁ Ἰησοῦς **εἶπεν** πρὸς αὐτόν·
Lk 7:40 ἔχω σοί τι **εἰπεῖν**.
Lk 7:40 **εἰπέ**,
Lk 7:43 ἀποκριθεὶς Σίμων **εἶπεν**·
Lk 7:43 ὁ δὲ **εἶπεν** αὐτῷ·
Lk 7:47 οὗ χάριν **λέγω** σοι,
Lk 7:48 **εἶπεν** δὲ αὐτῇ·
Lk 7:49 ἤρξαντο οἱ συνανακείμενοι **λέγειν** ἐν ἑαυτοῖς·
Lk 7:50 **εἶπεν** δὲ πρὸς τὴν
Lk 8:4 ἐπιπορευομένων πρὸς αὐτὸν **εἶπεν** διὰ παραβολῆς·
Lk 8:8 ταῦτα **λέγων** ἐφώνει·
Lk 8:10 ὁ δὲ **εἶπεν**·
Lk 8:21 ὁ δὲ ἀποκριθεὶς **εἶπεν** πρὸς αὐτούς·
Lk 8:22 μαθηταὶ αὐτοῦ καὶ **εἶπεν** πρὸς αὐτούς·
Lk 8:24 δὲ διήγειραν αὐτὸν **λέγοντες**·
Lk 8:25 **εἶπεν** δὲ αὐτοῖς·
Lk 8:25 φοβηθέντες δὲ ἐθαύμασαν **λέγοντες** πρὸς ἀλλήλους·
Lk 8:28 καὶ φωνῇ μεγάλῃ **εἶπεν**·
Lk 8:30 ὁ δὲ **εἶπεν**·
Lk 8:38 ἀπέλυσεν δὲ αὐτὸν **λέγων**·
Lk 8:45 καὶ **εἶπεν** ὁ Ἰησοῦς·
Lk 8:45 ἀρνουμένων δὲ πάντων **εἶπεν** ὁ Πέτρος·
Lk 8:46 ὁ δὲ Ἰησοῦς **εἶπεν**·
Lk 8:48 ὁ δὲ **εἶπεν** αὐτῇ·
Lk 8:49 παρὰ τοῦ ἀρχισυναγώγου **λέγων** ὅτι τέθνηκεν ἡ
Lk 8:52 ὁ δὲ **εἶπεν**·
Lk 8:54 χειρὸς αὐτῆς ἐφώνησεν **λέγων**·
Lk 8:56 παρήγγειλεν αὐτοῖς μηδενὶ **εἰπεῖν** τὸ γεγονός.
Lk 9:3 καὶ **εἶπεν** πρὸς αὐτούς·
Lk 9:7 διηπόρει διὰ τὸ **λέγεσθαι** ὑπό τινων ὅτι
Lk 9:9 **εἶπεν** δὲ Ἡρῴδης·
Lk 9:12 δὲ οἱ δώδεκα **εἶπαν** αὐτῷ·
Lk 9:13 **εἶπεν** δὲ πρὸς αὐτούς·
Lk 9:13 οἱ δὲ **εἶπαν**·
Lk 9:14 **εἶπεν** δὲ πρὸς τοὺς
Lk 9:18 καὶ ἐπηρώτησεν αὐτοὺς **λέγων**·
Lk 9:18 τίνα με **λέγουσιν** οἱ ὄχλοι εἶναι;
Lk 9:19 οἱ δὲ ἀποκριθέντες **εἶπαν**·
Lk 9:20 **εἶπεν** δὲ αὐτοῖς·
Lk 9:20 δὲ τίνα με **λέγετε** εἶναι;
Lk 9:20 Πέτρος δὲ ἀποκριθεὶς **εἶπεν**·
Lk 9:21 αὐτοῖς παρήγγειλεν μηδενὶ **λέγειν** τοῦτο
Lk 9:22 **εἰπὼν** ὅτι δεῖ τὸν
Lk 9:23 **Ἔλεγεν** δὲ πρὸς πάντας·
Lk 9:27 **λέγω** δὲ ὑμῖν ἀληθῶς,
Lk 9:31 ὀφθέντες ἐν δόξῃ **ἔλεγον** τὴν ἔξοδον αὐτοῦ,
Lk 9:33 αὐτοὺς ἀπ' αὐτοῦ **εἶπεν** ὁ Πέτρος πρὸς
Lk 9:33 μὴ εἰδὼς ὃ **λέγει**.
Lk 9:34 ταῦτα δὲ αὐτοῦ **λέγοντος** ἐγένετο νεφέλη
Lk 9:35 ἐκ τῆς νεφέλης **λέγουσα**·
Lk 9:38 τοῦ ὄχλου ἐβόησεν **λέγων**·
Lk 9:41 δὲ ὁ Ἰησοῦς **εἶπεν**·
Lk 9:43 πᾶσιν οἷς ἐποίει **εἶπεν** πρὸς τοὺς μαθητὰς
Lk 9:48 καὶ **εἶπεν** αὐτοῖς·
Lk 9:49 Ἀποκριθεὶς δὲ Ἰωάννης **εἶπεν**·
Lk 9:50 **εἶπεν** δὲ πρὸς αὐτὸν
Lk 9:54 Ἰάκωβος καὶ Ἰωάννης **εἶπαν**·

Lk 9:54 θέλεις **εἴπωμεν** πῦρ καταβῆναι ἀπὸ
Lk 9:57 ἐν τῇ ὁδῷ **εἶπέν** τις πρὸς αὐτόν·
Lk 9:58 καὶ **εἶπεν** αὐτῷ ὁ Ἰησοῦς·
Lk 9:59 **Εἶπεν** δὲ πρὸς ἕτερον·
Lk 9:59 ὁ δὲ **εἶπεν**·
Lk 9:60 **εἶπεν** δὲ αὐτῷ·
Lk 9:61 **Εἶπεν** δὲ καὶ ἕτερος·
Lk 9:62 **εἶπεν** δὲ [πρὸς αὐτὸν]
Lk 10:2 **Ἔλεγεν** δὲ πρὸς αὐτούς·
Lk 10:5 πρῶτον **λέγετε**·
Lk 10:9 αὐτῇ ἀσθενεῖς καὶ **λέγετε** αὐτοῖς·
Lk 10:10 τὰς πλατείας αὐτῆς **εἴπατε**·
Lk 10:12 **λέγω** ὑμῖν ὅτι Σοδόμοις
Lk 10:17 [δύο] μετὰ χαρᾶς **λέγοντες**·
Lk 10:18 **εἶπεν** δὲ αὐτοῖς·
Lk 10:21 τῷ ἁγίῳ καὶ **εἶπεν**·
Lk 10:23 μαθητὰς κατ᾽ ἰδίαν **εἶπεν**·
Lk 10:24 **λέγω** γὰρ ὑμῖν ὅτι
Lk 10:25 ἀνέστη ἐκπειράζων αὐτὸν **λέγων**·
Lk 10:26 ὁ δὲ **εἶπεν** πρὸς αὐτόν·
Lk 10:27 ὁ δὲ ἀποκριθεὶς **εἶπεν**·
Lk 10:28 **εἶπεν** δὲ αὐτῷ·
Lk 10:29 θέλων δικαιῶσαι ἑαυτὸν **εἶπεν** πρὸς τὸν Ἰησοῦν·
Lk 10:30 Ὑπολαβὼν ὁ Ἰησοῦς **εἶπεν**·
Lk 10:35 τῷ πανδοχεῖ καὶ **εἶπεν**·
Lk 10:37 ὁ δὲ **εἶπεν**·
Lk 10:37 **εἶπεν** δὲ αὐτῷ ὁ
Lk 10:40 ἐπιστᾶσα δὲ **εἶπεν**,
Lk 10:40 **εἰπὲ** οὖν αὐτῇ ἵνα
Lk 10:41 ἀποκριθεὶς δὲ **εἶπεν** αὐτῇ ὁ κύριος·
Lk 11:1 **εἶπέν** τις τῶν μαθητῶν
Lk 11:2 **εἶπεν** δὲ αὐτοῖς·
Lk 11:2 ὅταν προσεύχησθε **λέγετε**·
Lk 11:5 Καὶ **εἶπεν** πρὸς αὐτούς·
Lk 11:5 αὐτὸν μεσονυκτίου καὶ **εἴπῃ** αὐτῷ·
Lk 11:7 κἀκεῖνος ἔσωθεν ἀποκριθεὶς **εἴπῃ**,
Lk 11:8 **λέγω** ὑμῖν,
Lk 11:9 κἀγὼ ὑμῖν **λέγω**,
Lk 11:15 δὲ ἐξ αὐτῶν **εἶπον**·
Lk 11:17 αὐτῶν τὰ διανοήματα **εἶπεν** αὐτοῖς·
Lk 11:18 ὅτι **λέγετε** ἐν Βεελζεβοὺλ ἐκβάλλειν
Lk 11:24 [τότε] **λέγει**·
Lk 11:27 δὲ ἐν τῷ **λέγειν** αὐτὸν ταῦτα ἐπάρασά
Lk 11:27 ἐκ τοῦ ὄχλου **εἶπεν** αὐτῷ·
Lk 11:28 αὐτὸς δὲ **εἶπεν**·
Lk 11:29 ὄχλων ἐπαθροιζομένων ἤρξατο **λέγειν**·
Lk 11:39 **εἶπεν** δὲ ὁ κύριος
Lk 11:45 τις τῶν νομικῶν **λέγει** αὐτῷ·
Lk 11:45 ταῦτα **λέγων** καὶ ἡμᾶς ὑβρίζεις.
Lk 11:46 ὁ δὲ **εἶπεν**·
Lk 11:49 σοφία τοῦ θεοῦ **εἶπεν**·
Lk 11:51 ναὶ **λέγω** ὑμῖν,
Lk 12:1 ἤρξατο **λέγειν** πρὸς τοὺς μαθητὰς
Lk 12:3 ἐν τῇ σκοτίᾳ **εἴπατε** ἐν τῷ φωτὶ
Lk 12:4 **Λέγω** δὲ ὑμῖν τοῖς
Lk 12:5 ναὶ λέγω **ὑμῖν**,
Lk 12:8 **Λέγω** δὲ ὑμῖν,
Lk 12:10 Καὶ πᾶς ὃς **ἐρεῖ** λόγον εἰς τὸν
Lk 12:11 ἀπολογήσησθε ἢ τί **εἴπητε**·
Lk 12:12 ὥρᾳ ἃ δεῖ **εἰπεῖν**.
Lk 12:13 **Εἶπεν** δέ τις ἐκ
Lk 12:13 **εἰπὲ** τῷ ἀδελφῷ μου
Lk 12:14 ὁ δὲ **εἶπεν** αὐτῷ·
Lk 12:15 **εἶπεν** δὲ πρὸς αὐτούς·
Lk 12:16 **Εἶπεν** δὲ παραβολὴν πρὸς
Lk 12:16 παραβολὴν πρὸς αὐτοὺς **λέγων**·
Lk 12:17 διελογίζετο ἐν ἑαυτῷ **λέγων**·
Lk 12:18 καὶ **εἶπεν**·
Lk 12:19 καὶ **ἐρῶ** τῇ ψυχῇ μου,
Lk 12:20 **εἶπεν** δὲ αὐτῷ ὁ
Lk 12:22 **Εἶπεν** δὲ πρὸς τοὺς
Lk 12:22 διὰ τοῦτο **λέγω** ὑμῖν·
Lk 12:27 **λέγω** δὲ ὑμῖν,
Lk 12:37 ἀμὴν **λέγω** ὑμῖν ὅτι περιζώσεται
Lk 12:41 **Εἶπεν** δὲ ὁ Πέτρος·
Lk 12:41 τὴν παραβολὴν ταύτην **λέγεις** ἢ καὶ πρὸς
Lk 12:42 καὶ **εἶπεν** ὁ κύριος·
Lk 12:44 ἀληθῶς **λέγω** ὑμῖν ὅτι ἐπὶ
Lk 12:45 ἐὰν δὲ **εἴπῃ** ὁ δοῦλος ἐκεῖνος
Lk 12:51 **λέγω** ὑμῖν,
Lk 12:54 **Ἔλεγεν** δὲ καὶ τοῖς
Lk 12:54 εὐθέως **λέγετε** ὅτι ὄμβρος ἔρχεται,
Lk 12:55 **λέγετε** ὅτι καύσων ἔσται,
Lk 12:59 **λέγω** σοι,
Lk 13:2 καὶ ἀποκριθεὶς **εἶπεν** αὐτοῖς·
Lk 13:3 **λέγω** ὑμῖν,
Lk 13:5 **λέγω** ὑμῖν,
Lk 13:6 **Ἔλεγεν** δὲ ταύτην τὴν
Lk 13:7 **εἶπεν** δὲ πρὸς τὸν
Lk 13:8 ὁ δὲ ἀποκριθεὶς **λέγει** αὐτῷ·
Lk 13:12 Ἰησοῦς προσεφώνησεν καὶ **εἶπεν** αὐτῇ·
Lk 13:14 **ἔλεγεν** τῷ ὄχλῳ ὅτι
Lk 13:15 ὁ κύριος καὶ **εἶπεν**·
Lk 13:17 καὶ ταῦτα **λέγοντος** αὐτοῦ κατῃσχύνοντο πάντες
Lk 13:18 **Ἔλεγεν** οὖν·
Lk 13:20 Καὶ πάλιν **εἶπεν**·
Lk 13:23 **Εἶπεν** δέ τις αὐτῷ·
Lk 13:23 ὁ δὲ **εἶπεν** πρὸς αὐτούς·
Lk 13:24 **λέγω** ὑμῖν,
Lk 13:25 κρούειν τὴν θύραν **λέγοντες**·
Lk 13:25 καὶ ἀποκριθεὶς **ἐρεῖ** ὑμῖν·
Lk 13:26 τότε ἄρξεσθε **λέγειν**·
Lk 13:27 καὶ **ἐρεῖ** λέγων ὑμῖν·
Lk 13:27 καὶ ἐρεῖ **λέγων** ὑμῖν·
Lk 13:31 προσῆλθάν τινες Φαρισαῖοι **λέγοντες** αὐτῷ·
Lk 13:32 καὶ **εἶπεν** αὐτοῖς·
Lk 13:32 πορευθέντες **εἴπατε** τῇ ἀλώπεκι ταύτῃ·
Lk 13:35 **λέγω** [δὲ] ὑμῖν,
Lk 13:35 ἕως [ἥξει ὅτε] **εἴπητε**·
Lk 14:3 ἀποκριθεὶς ὁ Ἰησοῦς **εἶπεν** πρὸς τοὺς νομικοὺς
Lk 14:3 νομικοὺς καὶ Φαρισαίους **λέγων**·
Lk 14:5 καὶ πρὸς αὐτοὺς **εἶπεν**·
Lk 14:7 **Ἔλεγεν** δὲ πρὸς τοὺς
Lk 14:7 **λέγων** πρὸς αὐτούς·
Lk 14:9 καὶ αὐτὸν καλέσας **ἐρεῖ** σοι·
Lk 14:10 ὁ κεκληκώς σε **ἐρεῖ** σοι·
Lk 14:12 **Ἔλεγεν** δὲ καὶ τῷ
Lk 14:15 τῶν συνανακειμένων ταῦτα **εἶπεν** αὐτῷ·
Lk 14:16 Ὁ δὲ **εἶπεν** αὐτῷ·
Lk 14:17 ὥρᾳ τοῦ δείπνου **εἰπεῖν** τοῖς κεκλημένοις·
Lk 14:18 ὁ πρῶτος **εἶπεν** αὐτῷ·
Lk 14:19 καὶ ἕτερος **εἶπεν**·
Lk 14:20 καὶ ἕτερος **εἶπεν**,
Lk 14:21 ὀργισθεὶς ὁ οἰκοδεσπότης **εἶπεν** τῷ δούλῳ αὐτοῦ·

Lk 14:22 καὶ **εἶπεν** ὁ δοῦλος·
Lk 14:23 καὶ **εἶπεν** ὁ κύριος πρὸς
Lk 14:24 **λέγω** γὰρ ὑμῖν ὅτι
Lk 14:25 καὶ στραφεὶς **εἶπεν** πρὸς αὐτούς·
Lk 14:30 **λέγοντες** ὅτι οὗτος ὁ
Lk 15:2 καὶ οἱ γραμματεῖς **λέγοντες** ὅτι οὗτος ἁμαρτωλοὺς
Lk 15:3 **Εἶπεν** δὲ πρὸς αὐτοὺς
Lk 15:3 τὴν παραβολὴν ταύτην **λέγων**·
Lk 15:6 καὶ τοὺς γείτονας **λέγων** αὐτοῖς·
Lk 15:7 **λέγω** ὑμῖν ὅτι οὕτως
Lk 15:9 φίλας καὶ γείτονας **λέγουσα**·
Lk 15:10 **λέγω** ὑμῖν,
Lk 15:11 **Εἶπεν** δέ·
Lk 15:12 καὶ **εἶπεν** ὁ νεώτερος αὐτῶν
Lk 15:18 πατέρα μου καὶ **ἐρῶ** αὐτῷ·
Lk 15:21 **εἶπεν** δὲ ὁ υἱὸς
Lk 15:22 **εἶπεν** δὲ ὁ πατὴρ
Lk 15:27 ὁ δὲ **εἶπεν** αὐτῷ ὅτι ὁ
Lk 15:29 ὁ δὲ ἀποκριθεὶς **εἶπεν** τῷ πατρὶ αὐτοῦ·
Lk 15:31 ὁ δὲ **εἶπεν** αὐτῷ·
Lk 16:1 **Ἔλεγεν** δὲ καὶ πρὸς
Lk 16:2 καὶ φωνήσας αὐτὸν **εἶπεν** αὐτῷ·
Lk 16:3 **εἶπεν** δὲ ἐν ἑαυτῷ
Lk 16:5 τοῦ κυρίου ἑαυτοῦ **ἔλεγεν** τῷ πρώτῳ·
Lk 16:6 ὁ δὲ **εἶπεν**·
Lk 16:6 ὁ δὲ **εἶπεν** αὐτῷ·
Lk 16:7 ἔπειτα ἑτέρῳ **εἶπεν**·
Lk 16:7 ὁ δὲ **εἶπεν**·
Lk 16:7 **λέγει** αὐτῷ·
Lk 16:9 Καὶ ἐγὼ ὑμῖν **λέγω**,
Lk 16:15 καὶ **εἶπεν** αὐτοῖς·
Lk 16:24 καὶ αὐτὸς φωνήσας **εἶπεν**·
Lk 16:25 **εἶπεν** δὲ Ἀβραάμ·
Lk 16:27 **εἶπεν** δέ·
Lk 16:29 **λέγει** δὲ Ἀβραάμ·
Lk 16:30 ὁ δὲ **εἶπεν**·
Lk 16:31 **εἶπεν** δὲ αὐτῷ·
Lk 17:1 **Εἶπεν** δὲ πρὸς τοὺς
Lk 17:4 ἐπιστρέψῃ πρὸς σὲ **λέγων**·
Lk 17:5 Καὶ **εἶπαν** οἱ ἀπόστολοι τῷ
Lk 17:6 **εἶπεν** δὲ ὁ κύριος·
Lk 17:6 **ἐλέγετε** ἂν τῇ συκαμίνῳ
Lk 17:7 ἐκ τοῦ ἀγροῦ **ἐρεῖ** αὐτῷ·
Lk 17:8 ἀλλ' οὐχὶ **ἐρεῖ** αὐτῷ·
Lk 17:10 **λέγετε** ὅτι δοῦλοι ἀχρεῖοί
Lk 17:13 αὐτοὶ ἦραν φωνὴν **λέγοντες**·
Lk 17:14 καὶ ἰδὼν **εἶπεν** αὐτοῖς·
Lk 17:17 δὲ ὁ Ἰησοῦς **εἶπεν**·
Lk 17:19 καὶ **εἶπεν** αὐτῷ·
Lk 17:20 ἀπεκρίθη αὐτοῖς καὶ **εἶπεν**·
Lk 17:21 οὐδὲ **ἐροῦσιν**·
Lk 17:22 **Εἶπεν** δὲ πρὸς τοὺς
Lk 17:23 καὶ **ἐροῦσιν** ὑμῖν·
Lk 17:34 **λέγω** ὑμῖν,
Lk 17:37 καὶ ἀποκριθέντες **λέγουσιν** αὐτῷ·
Lk 17:37 ὁ δὲ **εἶπεν** αὐτοῖς·
Lk 18:1 **Ἔλεγεν** δὲ παραβολὴν αὐτοῖς
Lk 18:2 **λέγων**·
Lk 18:3 ἤρχετο πρὸς αὐτὸν **λέγουσα**·
Lk 18:4 μετὰ δὲ ταῦτα **εἶπεν** ἐν ἑαυτῷ·
Lk 18:6 **Εἶπεν** δὲ ὁ κύριος·
Lk 18:6 κριτὴς τῆς ἀδικίας **λέγει**·
Lk 18:8 **λέγω** ὑμῖν ὅτι ποιήσει
Lk 18:9 **Εἶπεν** δὲ καὶ πρός
Lk 18:13 τὸ στῆθος αὐτοῦ **λέγων**·
Lk 18:14 **λέγω** ὑμῖν,
Lk 18:16 Ἰησοῦς προσεκαλέσατο αὐτὰ **λέγων**·
Lk 18:17 ἀμὴν **λέγω** ὑμῖν,
Lk 18:18 τις αὐτὸν ἄρχων **λέγων**·
Lk 18:19 **εἶπεν** δὲ αὐτῷ ὁ
Lk 18:19 τί με **λέγεις** ἀγαθόν;
Lk 18:21 ὁ δὲ **εἶπεν**·
Lk 18:22 δὲ ὁ Ἰησοῦς **εἶπεν** αὐτῷ·
Lk 18:24 Ἰησοῦς [περίλυπον γενόμενον] **εἶπεν**·
Lk 18:26 **εἶπαν** δὲ οἱ ἀκούσαντες·
Lk 18:27 ὁ δὲ **εἶπεν**·
Lk 18:28 **Εἶπεν** δὲ ὁ Πέτρος·
Lk 18:29 ὁ δὲ **εἶπεν** αὐτοῖς·
Lk 18:29 ἀμὴν **λέγω** ὑμῖν ὅτι οὐδείς
Lk 18:31 δὲ τοὺς δώδεκα **εἶπεν** πρὸς αὐτούς·
Lk 18:34 οὐκ ἐγίνωσκον τὰ **λεγόμενα**.
Lk 18:38 καὶ ἐβόησεν **λέγων**·
Lk 18:41 ὁ δὲ **εἶπεν**·
Lk 18:42 καὶ ὁ Ἰησοῦς **εἶπεν** αὐτῷ·
Lk 19:5 ἀναβλέψας ὁ Ἰησοῦς **εἶπεν** πρὸς αὐτόν·
Lk 19:7 ἰδόντες πάντες διεγόγγυζον **λέγοντες** ὅτι παρὰ ἁμαρτωλῷ
Lk 19:8 σταθεὶς δὲ Ζακχαῖος **εἶπεν** πρὸς τὸν κύριον·
Lk 19:9 **εἶπεν** δὲ πρὸς αὐτὸν
Lk 19:11 αὐτῶν ταῦτα προσθεὶς **εἶπεν** παραβολὴν διὰ
Lk 19:12 **εἶπεν** οὖν·
Lk 19:13 δέκα μνᾶς καὶ **εἶπεν** πρὸς αὐτούς·
Lk 19:14 πρεσβείαν ὀπίσω αὐτοῦ **λέγοντες**·
Lk 19:15 τὴν βασιλείαν καὶ **εἶπεν** φωνηθῆναι αὐτῷ
Lk 19:16 δὲ ὁ πρῶτος **λέγων**·
Lk 19:17 καὶ **εἶπεν** αὐτῷ·
Lk 19:18 ἦλθεν ὁ δεύτερος **λέγων**·
Lk 19:19 **εἶπεν** δὲ καὶ τούτῳ·
Lk 19:20 ὁ ἕτερος ἦλθεν **λέγων**·
Lk 19:22 **λέγει** αὐτῷ·
Lk 19:24 καὶ τοῖς παρεστῶσιν **εἶπεν**·
Lk 19:25 καὶ **εἶπαν** αὐτῷ·
Lk 19:26 **λέγω** ὑμῖν ὅτι παντὶ
Lk 19:28 Καὶ **εἰπὼν** ταῦτα ἐπορεύετο ἔμπροσθεν
Lk 19:30 **λέγων**·
Lk 19:31 οὕτως **ἐρεῖτε**·
Lk 19:32 ἀπεσταλμένοι εὗρον καθὼς **εἶπεν** αὐτοῖς.
Lk 19:33 αὐτῶν τὸν πῶλον **εἶπαν** οἱ κύριοι αὐτοῦ
Lk 19:34 οἱ δὲ **εἶπαν**·
Lk 19:38 **λέγοντες**·
Lk 19:39 ἀπὸ τοῦ ὄχλου **εἶπαν** πρὸς αὐτόν·
Lk 19:40 καὶ ἀποκριθεὶς **εἶπεν**·
Lk 19:40 **λέγω** ὑμῖν,
Lk 19:42 **λέγων** ὅτι εἰ ἔγνως
Lk 19:46 **λέγων** αὐτοῖς·
Lk 20:2 καὶ **εἶπαν** λέγοντες πρὸς αὐτόν·
Lk 20:2 καὶ εἶπαν **λέγοντες** πρὸς αὐτόν·
Lk 20:2 **εἰπὸν** ἡμῖν ἐν ποίᾳ
Lk 20:3 ἀποκριθεὶς δὲ **εἶπεν** πρὸς αὐτούς·
Lk 20:3 καὶ **εἴπατέ** μοι·
Lk 20:5 συνελογίσαντο πρὸς ἑαυτοὺς **λέγοντες** ὅτι ἐὰν εἴπωμεν·
Lk 20:5 λέγοντες ὅτι ἐὰν **εἴπωμεν**·
Lk 20:5 **ἐρεῖ**·
Lk 20:6 ἐὰν δὲ **εἴπωμεν**·
Lk 20:8 καὶ ὁ Ἰησοῦς **εἶπεν** αὐτοῖς·
Lk 20:8 οὐδὲ ἐγὼ **λέγω** ὑμῖν ἐν ποίᾳ

Lk 20:9 πρὸς τὸν λαὸν **λέγειν** τὴν παραβολὴν ταύτην·
Lk 20:13 **εἶπεν** δὲ ὁ κύριος
Lk 20:14 διελογίζοντο πρὸς ἀλλήλους **λέγοντες**·
Lk 20:16 ἀκούσαντες δὲ **εἶπαν**·
Lk 20:17 δὲ ἐμβλέψας αὐτοῖς **εἶπεν**·
Lk 20:19 ὅτι πρὸς αὐτοὺς **εἶπεν** τὴν παραβολὴν ταύτην.
Lk 20:21 καὶ ἐπηρώτησαν αὐτὸν **λέγοντες**·
Lk 20:21 οἴδαμεν ὅτι ὀρθῶς **λέγεις** καὶ διδάσκεις καὶ
Lk 20:23 αὐτῶν τὴν πανουργίαν **εἶπεν** πρὸς αὐτούς·
Lk 20:24 οἱ δὲ **εἶπαν**·
Lk 20:25 ὁ δὲ **εἶπεν** πρὸς αὐτούς·
Lk 20:28 **λέγοντες**·
Lk 20:34 καὶ **εἶπεν** αὐτοῖς ὁ Ἰησοῦς·
Lk 20:37 ὡς **λέγει** κύριον τὸν θεὸν
Lk 20:39 τινες τῶν γραμματέων **εἶπαν**·
Lk 20:39 καλῶς **εἶπας**.
Lk 20:41 **Εἶπεν** δὲ πρὸς αὐτούς·
Lk 20:41 πῶς **λέγουσιν** τὸν χριστὸν εἶναι
Lk 20:42 αὐτὸς γὰρ Δαυὶδ **λέγει** ἐν βίβλῳ ψαλμῶν·
Lk 20:42 **εἶπεν** κύριος τῷ κυρίῳ
Lk 20:45 παντὸς τοῦ λαοῦ **εἶπεν** τοῖς μαθηταῖς [αὐτοῦ]·
Lk 21:3 καὶ **εἶπεν**·
Lk 21:3 ἀληθῶς **λέγω** ὑμῖν ὅτι ἡ
Lk 21:5 Καί τινων **λεγόντων** περὶ τοῦ ἱεροῦ
Lk 21:5 καὶ ἀναθήμασιν κεκόσμηται **εἶπεν**·
Lk 21:7 Ἐπηρώτησαν δὲ αὐτὸν **λέγοντες**·
Lk 21:8 ὁ δὲ **εἶπεν**·
Lk 21:8 τῷ ὀνόματί μου **λέγοντες**·
Lk 21:10 Τότε **ἔλεγεν** αὐτοῖς·
Lk 21:29 Καὶ **εἶπεν** παραβολὴν αὐτοῖς·
Lk 21:32 ἀμὴν **λέγω** ὑμῖν ὅτι οὐ
Lk 22:1 τῶν ἀζύμων ἡ **λεγομένη** πάσχα.
Lk 22:8 Πέτρον καὶ Ἰωάννην **εἰπών**·
Lk 22:9 οἱ δὲ **εἶπαν** αὐτῷ·
Lk 22:10 ὁ δὲ **εἶπεν** αὐτοῖς·
Lk 22:11 καὶ **ἐρεῖτε** τῷ οἰκοδεσπότῃ τῆς
Lk 22:11 **λέγει** σοι ὁ διδάσκαλος·
Lk 22:13 δὲ εὗρον καθὼς **εἰρήκει** αὐτοῖς καὶ ἡτοίμασαν
Lk 22:15 καὶ **εἶπεν** πρὸς αὐτούς·
Lk 22:16 **λέγω** γὰρ ὑμῖν ὅτι
Lk 22:17 δεξάμενος ποτήριον εὐχαριστήσας **εἶπεν**·
Lk 22:18 **λέγω** γὰρ ὑμῖν,
Lk 22:19 καὶ ἔδωκεν αὐτοῖς **λέγων**·
Lk 22:20 **λέγων**·
Lk 22:25 ὁ δὲ **εἶπεν** αὐτοῖς·
Lk 22:33 ὁ δὲ **εἶπεν** αὐτῷ·
Lk 22:34 ὁ δὲ **εἶπεν**·
Lk 22:34 **λέγω** σοι,
Lk 22:35 Καὶ **εἶπεν** αὐτοῖς·
Lk 22:35 οἱ δὲ **εἶπαν**·
Lk 22:36 **εἶπεν** δὲ αὐτοῖς·
Lk 22:37 **λέγω** γὰρ ὑμῖν ὅτι
Lk 22:38 οἱ δὲ **εἶπαν**·
Lk 22:38 ὁ δὲ **εἶπεν** αὐτοῖς·
Lk 22:40 ἐπὶ τοῦ τόπου **εἶπεν** αὐτοῖς·
Lk 22:42 **λέγων**·
Lk 22:46 καὶ **εἶπεν** αὐτοῖς·
Lk 22:47 καὶ ὁ **λεγόμενος** Ἰούδας εἷς τῶν
Lk 22:48 Ἰησοῦς δὲ **εἶπεν** αὐτῷ·
Lk 22:49 αὐτὸν τὸ ἐσόμενον **εἶπαν**·
Lk 22:51 δὲ ὁ Ἰησοῦς **εἶπεν**·
Lk 22:52 **Εἶπεν** δὲ Ἰησοῦς πρὸς
Lk 22:56 καὶ ἀτενίσασα αὐτῷ **εἶπεν**·
Lk 22:57 ὁ δὲ ἠρνήσατο **λέγων**·
Lk 22:59 ἄλλος τις διϊσχυρίζετο **λέγων**·
Lk 22:60 **εἶπεν** δὲ ὁ Πέτρος·
Lk 22:60 οὐκ οἶδα ὃ **λέγεις**.
Lk 22:61 τοῦ κυρίου ὡς **εἶπεν** αὐτῷ ὅτι πρὶν
Lk 22:64 περικαλύψαντες αὐτὸν ἐπηρώτων **λέγοντες**·
Lk 22:65 ἕτερα πολλὰ βλασφημοῦντες **ἔλεγον** εἰς αὐτόν.
Lk 22:67 **λέγοντες**·
Lk 22:67 **εἰπὸν** ἡμῖν.
Lk 22:67 **εἶπεν** δὲ αὐτοῖς·
Lk 22:67 ἐὰν ὑμῖν **εἴπω**,
Lk 22:70 **εἶπαν** δὲ πάντες·
Lk 22:70 ὑμεῖς **λέγετε** ὅτι ἐγώ εἰμι.
Lk 22:71 οἱ δὲ **εἶπαν**·
Lk 23:2 δὲ κατηγορεῖν αὐτοῦ **λέγοντες**·
Lk 23:2 Καίσαρι διδόναι καὶ **λέγοντα** ἑαυτὸν χριστὸν βασιλέα
Lk 23:3 Πιλᾶτος ἠρώτησεν αὐτὸν **λέγων**·
Lk 23:3 σὺ **λέγεις**.
Lk 23:4 ὁ δὲ Πιλᾶτος **εἶπεν** πρὸς τοὺς ἀρχιερεῖς
Lk 23:5 οἱ δὲ ἐπίσχυον **λέγοντες** ὅτι ἀνασείει τὸν
Lk 23:14 **εἶπεν** πρὸς αὐτούς·
Lk 23:18 Ἀνέκραγον δὲ παμπληθεὶ **λέγοντες**·
Lk 23:21 οἱ δὲ ἐπεφώνουν **λέγοντες**·
Lk 23:22 ὁ δὲ τρίτον **εἶπεν** πρὸς αὐτούς·
Lk 23:28 αὐτὰς [ὁ] Ἰησοῦς **εἶπεν**·
Lk 23:29 ἡμέραι ἐν αἷς **ἐροῦσιν**·
Lk 23:30 τότε ἄρξονται **λέγειν** τοῖς ὄρεσιν·
Lk 23:34 [[ὁ δὲ Ἰησοῦς **ἔλεγεν**·
Lk 23:35 καὶ οἱ ἄρχοντες **λέγοντες**·
Lk 23:37 καὶ **λέγοντες**·
Lk 23:39 κακούργων ἐβλασφήμει αὐτὸν **λέγων**·
Lk 23:42 καὶ **ἔλεγεν**·
Lk 23:43 καὶ **εἶπεν** αὐτῷ·
Lk 23:43 ἀμήν σοι **λέγω**,
Lk 23:46 μεγάλῃ ὁ Ἰησοῦς **εἶπεν**·
Lk 23:46 τοῦτο δὲ **εἰπὼν** ἐξέπνευσεν.
Lk 23:47 ἐδόξαζεν τὸν θεὸν **λέγων**·
Lk 24:5 εἰς τὴν γῆν **εἶπαν** πρὸς αὐτάς·
Lk 24:7 **λέγων** τὸν υἱὸν τοῦ
Lk 24:10 **ἔλεγον** πρὸς τοὺς ἀποστόλους
Lk 24:17 **εἶπεν** δὲ πρὸς αὐτούς·
Lk 24:18 εἷς ὀνόματι Κλεοπᾶς **εἶπεν** πρὸς αὐτόν·
Lk 24:19 καὶ **εἶπεν** αὐτοῖς·
Lk 24:19 οἱ δὲ **εἶπαν** αὐτῷ·
Lk 24:23 σῶμα αὐτοῦ ἦλθον **λέγουσαι** καὶ ὀπτασίαν ἀγγέλων
Lk 24:23 οἳ **λέγουσιν** αὐτὸν ζῆν.
Lk 24:24 καὶ αἱ γυναῖκες **εἶπον**,
Lk 24:25 καὶ αὐτὸς **εἶπεν** πρὸς αὐτούς·
Lk 24:29 καὶ παρεβιάσαντο αὐτὸν **λέγοντες**·
Lk 24:32 καὶ **εἶπαν** πρὸς ἀλλήλους·
Lk 24:34 **λέγοντας** ὅτι ὄντως ἠγέρθη
Lk 24:36 μέσῳ αὐτῶν καὶ **λέγει** αὐτοῖς·
Lk 24:38 καὶ **εἶπεν** αὐτοῖς·
Lk 24:40 καὶ τοῦτο **εἰπὼν** ἔδειξεν αὐτοῖς τὰς
Lk 24:41 χαρᾶς καὶ θαυμαζόντων **εἶπεν** αὐτοῖς·
Lk 24:44 **Εἶπεν** δὲ πρὸς αὐτούς·
Lk 24:46 καὶ **εἶπεν** αὐτοῖς ὅτι οὕτως

λεῖος (*leios*; 1/1) *smooth*
Lk 3:5 τραχεῖαι εἰς ὁδοὺς **λείας**·

λείπω (*leipō*; 1/6) *lack*
Lk 18:22 ἔτι ἕν σοι **λείπει**·

λειτουργία (*leitourgia*; 1/6) *service, ministry*
Lk 1:23 αἱ ἡμέραι τῆς **λειτουργίας** αὐτοῦ,

λέπρα (*lepra*; 2/4) *leprosy*
Lk 5:12 ἰδοὺ ἀνὴρ πλήρης **λέπρας**·
Lk 5:13 καὶ εὐθέως ἡ **λέπρα** ἀπῆλθεν ἀπ᾽ αὐτοῦ.

λεπρός (*lepros*; 3/9) *leper*
Lk 4:27 καὶ πολλοὶ **λεπροὶ** ἦσαν ἐν τῷ
Lk 7:22 **λεπροὶ** καθαρίζονται καὶ κωφοὶ
Lk 17:12 ἀπήντησαν [αὐτῷ] δέκα **λεπροὶ** ἄνδρες,

λεπτόν (*lepton*; 2/3) *lepton (Jewish bronze or copper coin)*
Lk 12:59 καὶ τὸ ἔσχατον **λεπτὸν** ἀποδῷς.
Lk 21:2 πενιχρὰν βάλλουσαν ἐκεῖ **λεπτὰ** δύο,

Λευί (*Leui*; 4/8) *Levi*
Lk 3:24 τοῦ Μαθθὰτ τοῦ **Λευὶ** τοῦ Μελχὶ τοῦ
Lk 3:29 τοῦ Μαθθὰτ τοῦ **Λευὶ**
Lk 5:27 ἐθεάσατο τελώνην ὀνόματι **Λευὶν** καθήμενον
Lk 5:29 ἐποίησεν δοχὴν μεγάλην **Λευὶς** αὐτῷ ἐν τῇ

Λευίτης (*Leuitēs*; 1/3) *Levite*
Lk 10:32 ὁμοίως δὲ καὶ **Λευίτης** [γενόμενος] κατὰ τὸν

λευκός (*leukos*; 1/25) *white*
Lk 9:29 ὁ ἱματισμὸς αὐτοῦ **λευκὸς** ἐξαστράπτων.

λῆρος (*lēros*; 1/1) *nonsense*
Lk 24:11 ἐνώπιον αὐτῶν ὡσεὶ **λῆρος** τὰ ῥήματα ταῦτα,

λῃστής (*lēstēs*; 4/15) *robber, insurrectionist*
Lk 10:30 εἰς Ἰεριχὼ καὶ **λῃσταῖς** περιέπεσεν,
Lk 10:36 ἐμπεσόντος εἰς τοὺς **λῃστάς**;
Lk 19:46 αὐτὸν ἐποιήσατε σπήλαιον **λῃστῶν**.
Lk 22:52 ὡς ἐπὶ **λῃστὴν** ἐξήλθατε μετὰ μαχαιρῶν

λίαν (*lian*; 1/12) *exceedingly*
Lk 23:8 τὸν Ἰησοῦν ἐχάρη **λίαν**,

λιθοβολέω (*lithoboleō*; 1/7) *stone*
Lk 13:34 τοὺς προφήτας καὶ **λιθοβολοῦσα** τοὺς ἀπεσταλμένους πρὸς

λίθος (*lithos*; 14/58[59]) *stone*
Lk 3:8 θεὸς ἐκ τῶν **λίθων** τούτων ἐγεῖραι τέκνα
Lk 4:3 εἰπὲ τῷ **λίθῳ** τούτῳ ἵνα γένηται
Lk 4:11 μήποτε προσκόψῃς πρὸς **λίθον** τὸν πόδα σου.
Lk 17:2 λυσιτελεῖ αὐτῷ εἰ **λίθος** μυλικὸς περίκειται
Lk 19:40 οἱ **λίθοι** κράξουσιν.
Lk 19:44 καὶ οὐκ ἀφήσουσιν **λίθον** ἐπὶ λίθον ἐν
Lk 19:44 ἀφήσουσιν λίθον ἐπὶ **λίθον** ἐν σοί,
Lk 20:17 **λίθον** ὃν ἀπεδοκίμασαν οἱ
Lk 20:18 ἐπ᾽ ἐκεῖνον τὸν **λίθον** συνθλασθήσεται·
Lk 21:5 τοῦ ἱεροῦ ὅτι **λίθοις** καλοῖς καὶ ἀναθήμασιν
Lk 21:6 αἷς οὐκ ἀφεθήσεται **λίθος** ἐπὶ λίθῳ ὃς
Lk 21:6 ἀφεθήσεται λίθος ἐπὶ **λίθῳ** ὃς οὐ καταλυθήσεται.
Lk 22:41 ἀπ᾽ αὐτῶν ὡσεὶ **λίθου** βολὴν καὶ θεὶς
Lk 24:2 εὗρον δὲ τὸν **λίθον** ἀποκεκυλισμένον ἀπὸ

λικμάω (*likmaō*; 1/2) *crush*
Lk 20:18 **λικμήσει** αὐτόν.

λίμνη (*limnē*; 5/11) *lake*
Lk 5:1 ἑστὼς παρὰ τὴν **λίμνην** Γεννησαρέτ
Lk 5:2 ἑστῶτα παρὰ τὴν **λίμνην**·
Lk 8:22 τὸ πέραν τῆς **λίμνης**,
Lk 8:23 ἀνέμου εἰς τὴν **λίμνην** καὶ συνεπληροῦντο
Lk 8:33 κρημνοῦ εἰς τὴν **λίμνην** καὶ ἀπεπνίγη.

λιμός (*limos*; 4/12) *famine*
Lk 4:25 ὡς ἐγένετο **λιμὸς** μέγας ἐπὶ πᾶσαν
Lk 15:14 αὐτοῦ πάντα ἐγένετο **λιμὸς** ἰσχυρὰ κατὰ τὴν
Lk 15:17 ἐγὼ δὲ **λιμῷ** ὧδε ἀπόλλυμαι.
Lk 21:11 καὶ κατὰ τόπους **λιμοὶ** καὶ λοιμοὶ ἔσονται,

λογίζομαι (*logizomai*; 1/40) *count, consider*
Lk 22:37 καὶ μετὰ ἀνόμων **ἐλογίσθη**·

λόγος (*logos*; 32/329[330]) *word*
Lk 1:2 ὑπηρέται γενόμενοι τοῦ **λόγου**,
Lk 1:4 περὶ ὧν κατηχήθης **λόγων** τὴν ἀσφάλειαν.
Lk 1:20 οὐκ ἐπίστευσας τοῖς **λόγοις** μου,
Lk 1:29 δὲ ἐπὶ τῷ **λόγῳ** διεταράχθη καὶ διελογίζετο
Lk 3:4 γέγραπται ἐν βίβλῳ **λόγων** Ἠσαΐου τοῦ προφήτου·
Lk 4:22 ἐθαύμαζον ἐπὶ τοῖς **λόγοις** τῆς χάριτος τοῖς
Lk 4:32 ἐξουσίᾳ ἦν ὁ **λόγος** αὐτοῦ.
Lk 4:36 τίς ὁ **λόγος** οὗτος ὅτι ἐν
Lk 5:1 καὶ ἀκούειν τὸν **λόγον** τοῦ θεοῦ καὶ
Lk 5:15 δὲ μᾶλλον ὁ **λόγος** περὶ αὐτοῦ,
Lk 6:47 ἀκούων μου τῶν **λόγων** καὶ ποιῶν αὐτούς,
Lk 7:7 ἀλλὰ εἰπὲ **λόγῳ**,
Lk 7:17 καὶ ἐξῆλθεν ὁ **λόγος** οὗτος ἐν ὅλῃ
Lk 8:11 σπόρος ἐστὶν ὁ **λόγος** τοῦ θεοῦ.
Lk 8:12 καὶ αἴρει τὸν **λόγον** ἀπὸ τῆς καρδίας
Lk 8:13 χαρᾶς δέχονται τὸν **λόγον**,
Lk 8:15 ἀγαθῇ ἀκούσαντες τὸν **λόγον** κατέχουσιν καὶ καρποφοροῦσιν
Lk 8:21 εἰσιν οἱ τὸν **λόγον** τοῦ θεοῦ ἀκούοντες
Lk 9:26 καὶ τοὺς ἐμοὺς **λόγους**,
Lk 9:28 δὲ μετὰ τοὺς **λόγους** τούτους ὡσεὶ ἡμέραι
Lk 9:44 ὦτα ὑμῶν τοὺς **λόγους** τούτους·
Lk 10:39 κυρίου ἤκουεν τὸν **λόγον** αὐτοῦ.
Lk 11:28 οἱ ἀκούοντες τὸν **λόγον** τοῦ θεοῦ καὶ
Lk 12:10 πᾶς ὃς ἐρεῖ **λόγον** εἰς τὸν υἱὸν
Lk 16:2 ἀπόδος τὸν **λόγον** τῆς οἰκονομίας σου,
Lk 20:3 ἐρωτήσω ὑμᾶς κἀγὼ **λόγον**,
Lk 20:20 ἵνα ἐπιλάβωνται αὐτοῦ **λόγου**,
Lk 21:33 οἱ δὲ **λόγοι** μου οὐ μὴ
Lk 23:9 δὲ αὐτὸν ἐν **λόγοις** ἱκανοῖς,
Lk 24:17 τίνες οἱ **λόγοι** οὗτοι οὓς ἀντιβάλλετε

Lk 24:19 ἐν ἔργῳ καὶ **λόγῳ** ἐναντίον τοῦ θεοῦ
Lk 24:44 οὗτοι οἱ **λόγοι** μου οὓς ἐλάλησα

λοιμός (*loimos*; 1/2) *plague*
Lk 21:11 τόπους λιμοὶ καὶ **λοιμοὶ** ἔσονται,

λοιπός (*loipos*; 6/54[55]) *rest, remaining*
Lk 8:10 τοῖς δὲ **λοιποῖς** ἐν παραβολαῖς,
Lk 12:26 τί περὶ τῶν **λοιπῶν** μεριμνᾶτε;
Lk 18:9 καὶ ἐξουθενοῦντας τοὺς **λοιποὺς** τὴν παραβολὴν ταύτην·
Lk 18:11 εἰμὶ ὥσπερ οἱ **λοιποὶ** τῶν ἀνθρώπων,
Lk 24:9 καὶ πᾶσιν τοῖς **λοιποῖς**.
Lk 24:10 Ἰακώβου καὶ αἱ **λοιπαὶ** σὺν αὐταῖς.

λύκος (*lykos*; 1/6) *wolf*
Lk 10:3 ἄρνας ἐν μέσῳ **λύκων**.

λύπη (*lypē*; 1/16) *grief*
Lk 22:45 αὐτοὺς ἀπὸ τῆς **λύπης**,

Λυσανίας (*Lysanias*; 1/1) *Lysanias*
Lk 3:1 καὶ **Λυσανίου** τῆς Ἀβιληνῆς τετρααρχοῦντος,

λυσιτελέω (*lysiteleō*; 1/1) *it is advantageous or better*
Lk 17:2 **λυσιτελεῖ** αὐτῷ εἰ λίθος

λυτρόω (*lytroō*; 1/3) *redeem*
Lk 24:21 ἐστιν ὁ μέλλων **λυτροῦσθαι** τὸν Ἰσραήλ·

λύτρωσις (*lytrōsis*; 2/3) *redemption*
Lk 1:68 ἐπεσκέψατο καὶ ἐποίησεν **λύτρωσιν** τῷ λαῷ αὐτοῦ,
Lk 2:38 πᾶσιν τοῖς προσδεχομένοις **λύτρωσιν** Ἰερουσαλήμ.

λυχνία (*lychnia*; 2/12) *lampstand*
Lk 8:16 ἀλλ᾽ ἐπὶ **λυχνίας** τίθησιν,
Lk 11:33 ἀλλ᾽ ἐπὶ τὴν **λυχνίαν**,

λύχνος (*lychnos*; 6/14) *lamp*
Lk 8:16 Οὐδεὶς δὲ **λύχνον** ἅψας καλύπτει αὐτὸν
Lk 11:33 Οὐδεὶς **λύχνον** ἅψας εἰς κρύπτην
Lk 11:34 Ὁ **λύχνος** τοῦ σώματός ἐστιν
Lk 11:36 ὡς ὅταν ὁ **λύχνος** τῇ ἀστραπῇ φωτίζῃ
Lk 12:35 περιεζωσμέναι καὶ οἱ **λύχνοι** καιόμενοι·
Lk 15:8 οὐχὶ ἅπτει **λύχνον** καὶ σαροῖ τὴν

λύω (*lyō*; 7/42) *loose*
Lk 3:16 οὐκ εἰμὶ ἱκανὸς **λῦσαι** τὸν ἱμάντα τῶν
Lk 13:15 τῷ σαββάτῳ οὐ **λύει** τὸν βοῦν αὐτοῦ
Lk 13:16 οὐκ ἔδει **λυθῆναι** ἀπὸ τοῦ δεσμοῦ
Lk 19:30 καὶ **λύσαντες** αὐτὸν ἀγάγετε.
Lk 19:31 διὰ τί **λύετε**;
Lk 19:33 **λυόντων** δὲ αὐτῶν τὸν
Lk 19:33 τί **λύετε** τὸν πῶλον;

Λώτ (*Lōt*; 3/4) *Lot*
Lk 17:28 ἐν ταῖς ἡμέραις **Λώτ**·
Lk 17:29 δὲ ἡμέρᾳ ἐξῆλθεν **Λὼτ** ἀπὸ Σοδόμων,
Lk 17:32 μνημονεύετε τῆς γυναικὸς **Λώτ**.

Μάαθ (*Maath*; 1/1) *Maath*
Lk 3:26 τοῦ **Μάαθ** τοῦ Ματταθίου τοῦ

Μαγδαληνή (*Magdalēnē*; 2/11[12]) *woman of Magdala*
Lk 8:2 Μαρία ἡ καλουμένη **Μαγδαληνή**,
Lk 24:10 ἦσαν δὲ ἡ **Μαγδαληνὴ** Μαρία καὶ Ἰωάννα

μαθητής (*mathētēs*; 37/261) *disciple*
Lk 5:30 αὐτῶν πρὸς τοὺς **μαθητὰς** αὐτοῦ λέγοντες·
Lk 5:33 οἱ **μαθηταὶ** Ἰωάννου νηστεύουσιν πυκνὰ
Lk 6:1 καὶ ἔτιλλον οἱ **μαθηταὶ** αὐτοῦ καὶ ἤσθιον
Lk 6:13 προσεφώνησεν τοὺς **μαθητὰς** αὐτοῦ,
Lk 6:17 καὶ ὄχλος πολὺς **μαθητῶν** αὐτοῦ,
Lk 6:20 αὐτοῦ εἰς τοὺς **μαθητὰς** αὐτοῦ ἔλεγεν·
Lk 6:40 οὐκ ἔστιν **μαθητὴς** ὑπὲρ τὸν διδάσκαλον·
Lk 7:11 συνεπορεύοντο αὐτῷ οἱ **μαθηταὶ** αὐτοῦ καὶ ὄχλος
Lk 7:18 ἀπήγγειλαν Ἰωάννῃ οἱ **μαθηταὶ** αὐτοῦ περὶ πάντων
Lk 7:18 δύο τινας τῶν **μαθητῶν** αὐτοῦ ὁ Ἰωάννης
Lk 8:9 δὲ αὐτὸν οἱ **μαθηταὶ** αὐτοῦ τίς αὕτη
Lk 8:22 πλοῖον καὶ οἱ **μαθηταὶ** αὐτοῦ καὶ εἶπεν
Lk 9:14 δὲ πρὸς τοὺς **μαθητὰς** αὐτοῦ·
Lk 9:16 καὶ ἐδίδου τοῖς **μαθηταῖς** παραθεῖναι τῷ ὄχλῳ.
Lk 9:18 συνῆσαν αὐτῷ οἱ **μαθηταί**,
Lk 9:40 καὶ ἐδεήθην τῶν **μαθητῶν** σου ἵνα ἐκβάλωσιν
Lk 9:43 εἶπεν πρὸς τοὺς **μαθητὰς** αὐτοῦ·
Lk 9:54 ἰδόντες δὲ οἱ **μαθηταὶ** Ἰάκωβος καὶ Ἰωάννης
Lk 10:23 στραφεὶς πρὸς τοὺς **μαθητὰς** κατ᾽ ἰδίαν εἶπεν·
Lk 11:1 εἶπέν τις τῶν **μαθητῶν** αὐτοῦ πρὸς αὐτόν·
Lk 11:1 Ἰωάννης ἐδίδαξεν τοὺς **μαθητὰς** αὐτοῦ.
Lk 12:1 λέγειν πρὸς τοὺς **μαθητὰς** αὐτοῦ πρῶτον·
Lk 12:22 δὲ πρὸς τοὺς **μαθητὰς** [αὐτοῦ]·
Lk 14:26 δύναται εἶναί μου **μαθητής**.
Lk 14:27 δύναται εἶναί μου **μαθητής**.
Lk 14:33 δύναται εἶναί μου **μαθητής**.
Lk 16:1 καὶ πρὸς τοὺς **μαθητάς**·
Lk 17:1 δὲ πρὸς τοὺς **μαθητὰς** αὐτοῦ·
Lk 17:22 δὲ πρὸς τοὺς **μαθητάς**·
Lk 18:15 ἰδόντες δὲ οἱ **μαθηταὶ** ἐπετίμων αὐτοῖς.
Lk 19:29 ἀπέστειλεν δύο τῶν **μαθητῶν**
Lk 19:37 τὸ πλῆθος τῶν **μαθητῶν** χαίροντες αἰνεῖν
Lk 19:39 ἐπιτίμησον τοῖς **μαθηταῖς** σου.
Lk 20:45 λαοῦ εἶπεν τοῖς **μαθηταῖς** [αὐτοῦ]·
Lk 22:11 πάσχα μετὰ τῶν **μαθητῶν** μου φάγω;
Lk 22:39 αὐτῷ καὶ οἱ **μαθηταί**.
Lk 22:45 ἐλθὼν πρὸς τοὺς **μαθητὰς** εὗρεν κοιμωμένους αὐτοὺς

Μαθθαῖος (*Maththaios*; 1/5) *Matthew*
Lk 6:15 καὶ **Μαθθαῖον** καὶ Θωμᾶν καὶ

Μαθθάτ (*Maththat*; 2/2) *Matthat*
Lk 3:24 τοῦ **Μαθθὰτ** τοῦ Λευὶ τοῦ
Lk 3:29 τοῦ Ἰωρὶμ τοῦ **Μαθθὰτ** τοῦ Λευὶ

Μαθουσαλά (*Mathousala*; 1/1) *Methuselah*
Lk 3:37 τοῦ **Μαθουσαλὰ** τοῦ Ἑνὼχ τοῦ

μακαρίζω (*makarizō*; 1/2) *consider blessed*
Lk 1:48 ἀπὸ τοῦ νῦν **μακαριοῦσίν** με πᾶσαι αἱ

μακάριος (*makarios*; 15/50) *blessed*
Lk 1:45 καὶ **μακαρία** ἡ πιστεύσασα ὅτι
Lk 6:20 **Μακάριοι** οἱ πτωχοί,
Lk 6:21 **μακάριοι** οἱ πεινῶντες νῦν,
Lk 6:21 **μακάριοι** οἱ κλαίοντες νῦν,
Lk 6:22 **μακάριοί** ἐστε ὅταν μισήσωσιν
Lk 7:23 καὶ **μακάριός** ἐστιν ὃς ἐὰν
Lk 10:23 **μακάριοι** οἱ ὀφθαλμοὶ οἱ
Lk 11:27 **μακαρία** ἡ κοιλία ἡ
Lk 11:28 μενοῦν **μακάριοι** οἱ ἀκούοντες τὸν
Lk 12:37 **μακάριοι** οἱ δοῦλοι ἐκεῖνοι,
Lk 12:38 **μακάριοί** εἰσιν ἐκεῖνοι.
Lk 12:43 **μακάριος** ὁ δοῦλος ἐκεῖνος,
Lk 14:14 καὶ **μακάριος** ἔσῃ,
Lk 14:15 **μακάριος** ὅστις φάγεται ἄρτον
Lk 23:29 μακάριαι **αἱ** στεῖραι καὶ αἱ

μακράν (*makran*; 2/10) *far*
Lk 7:6 δὲ αὐτοῦ οὐ **μακρὰν** ἀπέχοντος ἀπὸ τῆς
Lk 15:20 Ἔτι δὲ αὐτοῦ **μακρὰν** ἀπέχοντος εἶδεν αὐτὸν

μακρόθεν (*makrothen*; 4/14) *far off*
Lk 16:23 ὁρᾷ Ἀβραὰμ ἀπὸ **μακρόθεν** καὶ Λάζαρον ἐν
Lk 18:13 ὁ δὲ τελώνης **μακρόθεν** ἑστὼς οὐκ ἤθελεν
Lk 22:54 δὲ Πέτρος ἠκολούθει **μακρόθεν**.
Lk 23:49 γνωστοὶ αὐτῷ ἀπὸ **μακρόθεν** καὶ γυναῖκες αἱ

μακροθυμέω (*makrothymeō*; 1/10) *be patient*
Lk 18:7 καὶ **μακροθυμεῖ** ἐπ᾽ αὐτοῖς;

μακρός (*makros*; 3/4) *long*
Lk 15:13 ἀπεδήμησεν εἰς χώραν **μακρὰν** καὶ ἐκεῖ διεσκόρπισεν
Lk 19:12 ἐπορεύθη εἰς χώραν **μακρὰν** λαβεῖν ἑαυτῷ βασιλείαν
Lk 20:47 χηρῶν καὶ προφάσει **μακρὰ** προσεύχονται·

μαλακός (*malakos*; 1/4) *soft*
Lk 7:25 ἄνθρωπον ἐν **μαλακοῖς** ἱματίοις ἠμφιεσμένον;

Μαλελεήλ (*Maleleēl*; 1/1) *Maleleel*
Lk 3:37 τοῦ Ἰάρετ τοῦ **Μαλελεὴλ** τοῦ Καϊνὰμ

μᾶλλον (*mallon*; 5/81) *more*
Lk 5:15 διήρχετο δὲ **μᾶλλον** ὁ λόγος περὶ
Lk 11:13 πόσῳ **μᾶλλον** ὁ πατὴρ [ὁ]
Lk 12:24 πόσῳ **μᾶλλον** ὑμεῖς διαφέρετε τῶν
Lk 12:28 πόσῳ **μᾶλλον** ὑμᾶς,
Lk 18:39 αὐτὸς δὲ πολλῷ **μᾶλλον** ἔκραζεν·

μαμωνᾶς (*mamōnas*; 3/4) *money*
Lk 16:9 φίλους ἐκ τοῦ **μαμωνᾶ** τῆς ἀδικίας,
Lk 16:11 ἐν τῷ ἀδίκῳ **μαμωνᾷ** πιστοὶ οὐκ ἐγένεσθε,
Lk 16:13 θεῷ δουλεύειν καὶ **μαμωνᾷ**.

Μάρθα (*Martha*; 4/13) *Martha*
Lk 10:38 δέ τις ὀνόματι **Μάρθα** ὑπεδέξατο αὐτόν.
Lk 10:40 ἡ δὲ **Μάρθα** περιεσπᾶτο περὶ πολλὴν
Lk 10:41 **Μάρθα** Μάρθα,
Lk 10:41 Μάρθα **Μάρθα**,

Μαρία (*Maria*; 17/53[54]) *Mary*
Lk 1:27 ὄνομα τῆς παρθένου **Μαριάμ**.
Lk 1:30 **Μαριάμ**,
Lk 1:34 εἶπεν δὲ **Μαριὰμ** πρὸς τὸν ἄγγελον·
Lk 1:38 εἶπεν δὲ **Μαριάμ**·
Lk 1:39 Ἀναστᾶσα δὲ **Μαριὰμ** ἐν ταῖς ἡμέραις
Lk 1:41 τὸν ἀσπασμὸν τῆς **Μαρίας** ἡ Ἐλισάβετ,
Lk 1:46 Καὶ εἶπεν **Μαριάμ**·
Lk 1:56 Ἔμεινεν δὲ **Μαριὰμ** σὺν αὐτῇ ὡς
Lk 2:5 ἀπογράψασθαι σὺν **Μαριὰμ** τῇ ἐμνηστευμένῃ αὐτῷ,
Lk 2:16 ἀνεῦραν τήν τε **Μαριὰμ** καὶ τὸν Ἰωσὴφ
Lk 2:19 ἡ δὲ **Μαριὰμ** πάντα συνετήρει τὰ
Lk 2:34 καὶ εἶπεν πρὸς **Μαριὰμ** τὴν μητέρα αὐτοῦ·
Lk 8:2 **Μαρία** ἡ καλουμένη Μαγδαληνή,
Lk 10:39 ἦν ἀδελφὴ καλουμένη **Μαριάμ**,
Lk 10:42 **Μαριὰμ** γὰρ τὴν ἀγαθὴν
Lk 24:10 δὲ ἡ Μαγδαληνὴ **Μαρία** καὶ Ἰωάννα καὶ
Lk 24:10 καὶ Ἰωάννα καὶ **Μαρία** ἡ Ἰακώβου καὶ

μαρτυρέω (*martyreō*; 1/76) *bear witness*
Lk 4:22 Καὶ πάντες **ἐμαρτύρουν** αὐτῷ καὶ ἐθαύμαζον

μαρτυρία (*martyria*; 1/37) *testimony*
Lk 22:71 τί ἔτι ἔχομεν **μαρτυρίας** χρείαν;

μαρτύριον (*martyrion*; 3/19) *testimony*
Lk 5:14 εἰς **μαρτύριον** αὐτοῖς.
Lk 9:5 ὑμῶν ἀποτινάσσετε εἰς **μαρτύριον** ἐπ᾽ αὐτούς.
Lk 21:13 ἀποβήσεται ὑμῖν εἰς **μαρτύριον**.

μάρτυς (*martys*; 2/35) *witness*
Lk 11:48 ἄρα **μάρτυρές** ἐστε καὶ συνευδοκεῖτε
Lk 24:48 ὑμεῖς **μάρτυρες** τούτων.

μαστιγόω (*mastigoō*; 1/7) *beat with a whip*
Lk 18:33 καὶ **μαστιγώσαντες** ἀποκτενοῦσιν αὐτόν,

μάστιξ (*mastix*; 1/6) *whip*
Lk 7:21 ἀπὸ νόσων καὶ **μαστίγων** καὶ πνευμάτων πονηρῶν

μαστός (*mastos*; 2/3) *chest, breast*
Lk 11:27 βαστάσασά σε καὶ **μαστοὶ** οὓς ἐθήλασας.
Lk 23:29 οὐκ ἐγέννησαν καὶ **μαστοὶ** οἳ οὐκ ἔθρεψαν.

Ματταθά (*Mattatha*; 1/1) *Mattatha*

Lk 3:31 τοῦ Μεννὰ τοῦ **Ματταθὰ** τοῦ Ναθὰμ τοῦ

Ματταθίας (*Mattathias*; 2/2) *Mattathias*

Lk 3:25 τοῦ **Ματταθίου** τοῦ Ἀμὼς τοῦ
Lk 3:26 τοῦ Μάαθ τοῦ **Ματταθίου** τοῦ Σεμεῒν τοῦ

μάχαιρα (*machaira*; 5/29) *sword*

Lk 21:24 καὶ πεσοῦνται στόματι **μαχαίρης** καὶ αἰχμαλωτισθήσονται εἰς
Lk 22:36 αὐτοῦ καὶ ἀγορασάτω **μάχαιραν**.
Lk 22:38 ἰδοὺ **μάχαιραι** ὧδε δύο.
Lk 22:49 εἰ πατάξομεν ἐν **μαχαίρῃ**;
Lk 22:52 λῃστὴν ἐξήλθατε μετὰ **μαχαιρῶν** καὶ ξύλων;

μεγαλειότης (*megaleiotēs*; 1/3) *majesty*

Lk 9:43 πάντες ἐπὶ τῇ **μεγαλειότητι** τοῦ θεοῦ.

μεγαλύνω (*megalynō*; 2/8) *enlarge*

Lk 1:46 **Μεγαλύνει** ἡ ψυχή μου
Lk 1:58 συγγενεῖς αὐτῆς ὅτι **ἐμεγάλυνεν** κύριος τὸ ἔλεος

μέγας (*megas*; 33/243) *great, large*

Lk 1:15 ἔσται γὰρ **μέγας** ἐνώπιον [τοῦ] κυρίου,
Lk 1:32 οὗτος ἔσται **μέγας** καὶ υἱὸς ὑψίστου
Lk 1:42 καὶ ἀνεφώνησεν κραυγῇ **μεγάλῃ** καὶ εἶπεν·
Lk 1:49 ὅτι ἐποίησέν μοι **μεγάλα** ὁ δυνατός.
Lk 2:9 καὶ ἐφοβήθησαν φόβον **μέγαν**.
Lk 2:10 εὐαγγελίζομαι ὑμῖν χαρὰν **μεγάλην** ἥτις ἔσται παντὶ
Lk 4:25 ὡς ἐγένετο λιμὸς **μέγας** ἐπὶ πᾶσαν τὴν
Lk 4:33 καὶ ἀνέκραξεν φωνῇ **μεγάλῃ**·
Lk 4:38 ἦν συνεχομένη πυρετῷ **μεγάλῳ** καὶ ἠρώτησαν αὐτὸν
Lk 5:29 Καὶ ἐποίησεν δοχὴν **μεγάλην** Λευὶς αὐτῷ ἐν
Lk 6:49 τῆς οἰκίας ἐκείνης **μέγα**.
Lk 7:16 λέγοντες ὅτι προφήτης **μέγας** ἠγέρθη ἐν ἡμῖν
Lk 7:28 **μείζων** ἐν γεννητοῖς γυναικῶν
Lk 7:28 βασιλείᾳ τοῦ θεοῦ **μείζων** αὐτοῦ ἐστιν.
Lk 8:28 αὐτῷ καὶ φωνῇ **μεγάλῃ** εἶπεν·
Lk 8:37 ὅτι φόβῳ **μεγάλῳ** συνείχοντο·
Lk 9:46 τίς ἂν εἴη **μείζων** αὐτῶν.
Lk 9:48 ὑπάρχων οὗτός ἐστιν **μέγας**.
Lk 12:18 τὰς ἀποθήκας καὶ **μείζονας** οἰκοδομήσω καὶ συνάξω
Lk 14:16 τις ἐποίει δεῖπνον **μέγα**,
Lk 16:26 καὶ ὑμῶν χάσμα **μέγα** ἐστήρικται,
Lk 17:15 ὑπέστρεψεν μετὰ φωνῆς **μεγάλης** δοξάζων τὸν θεόν,
Lk 19:37 τὸν θεὸν φωνῇ **μεγάλῃ** περὶ πασῶν ὧν
Lk 21:11 σεισμοί τε **μεγάλοι** καὶ κατὰ τόπους
Lk 21:11 ἀπ' οὐρανοῦ σημεῖα **μεγάλα** ἔσται.
Lk 21:23 ἔσται γὰρ ἀνάγκη **μεγάλη** ἐπὶ τῆς γῆς
Lk 22:12 ὑμῖν δείξει ἀνάγαιον **μέγα** ἐστρωμένον·
Lk 22:24 αὐτῶν δοκεῖ εἶναι **μείζων**.
Lk 22:26 ἀλλ' ὁ **μείζων** ἐν ὑμῖν γινέσθω
Lk 22:27 τίς γὰρ **μείζων**,
Lk 23:23 δὲ ἐπέκειντο φωναῖς **μεγάλαις** αἰτούμενοι αὐτὸν σταυρωθῆναι,
Lk 23:46 καὶ φωνήσας φωνῇ **μεγάλῃ** ὁ Ἰησοῦς εἶπεν·
Lk 24:52 Ἰερουσαλὴμ μετὰ χαρᾶς **μεγάλης**

μέθη (*methē*; 1/3) *drunkenness*

Lk 21:34 ἐν κραιπάλῃ καὶ **μέθῃ** καὶ μερίμναις βιωτικαῖς

μεθίστημι (*methistēmi*; 1/5) *remove*

Lk 16:4 ἵνα ὅταν **μετασταθῶ** ἐκ τῆς οἰκονομίας

μεθύσκω (*methyskō*; 1/5) *get drunk*

Lk 12:45 καὶ πίνειν καὶ **μεθύσκεσθαι**,

Μελεά (*Melea*; 1/1) *Melea*

Lk 3:31 τοῦ **Μελεὰ** τοῦ Μεννὰ τοῦ

μέλει (*melei*; 1/10) *it is of concern*

Lk 10:40 οὐ **μέλει** σοι ὅτι ἡ

μέλλω (*mellō*; 12/109) *be about to happen*

Lk 3:7 φυγεῖν ἀπὸ τῆς **μελλούσης** ὀργῆς;
Lk 7:2 δοῦλος κακῶς ἔχων **ἤμελλεν** τελευτᾶν,
Lk 9:31 ἣν **ἤμελλεν** πληροῦν ἐν Ἰερουσαλήμ.
Lk 9:44 υἱὸς τοῦ ἀνθρώπου **μέλλει** παραδίδοσθαι εἰς χεῖρας
Lk 10:1 καὶ τόπον οὗ **ἤμελλεν** αὐτὸς ἔρχεσθαι.
Lk 13:9 καρπὸν εἰς τὸ **μέλλον**·
Lk 19:4 αὐτὸν ὅτι ἐκείνης **ἤμελλεν** διέρχεσθαι.
Lk 19:11 αὐτοὺς ὅτι παραχρῆμα **μέλλει** ἡ βασιλεία
Lk 21:7 τὸ σημεῖον ὅταν **μέλλῃ** ταῦτα γίνεσθαι;
Lk 21:36 ταῦτα πάντα τὰ **μέλλοντα** γίνεσθαι καὶ σταθῆναι
Lk 22:23 αὐτῶν ὁ τοῦτο **μέλλων** πράσσειν.
Lk 24:21 αὐτός ἐστιν ὁ **μέλλων** λυτροῦσθαι τὸν Ἰσραήλ·

Μελχί (*Melchi*; 2/2) *Melchi*

Lk 3:24 τοῦ Λευὶ τοῦ **Μελχὶ** τοῦ Ἰανναὶ τοῦ
Lk 3:28 τοῦ **Μελχὶ** τοῦ Ἀδδὶ τοῦ

μέν (*men*; 10/178[179]) *on the one hand*

Lk 3:16 ἐγὼ **μὲν** ὕδατι βαπτίζω ὑμᾶς·
Lk 3:18 Πολλὰ **μὲν** οὖν καὶ ἕτερα
Lk 8:5 σπείρειν αὐτὸν ὃ **μὲν** ἔπεσεν παρὰ τὴν
Lk 10:2 ὁ **μὲν** θερισμὸς πολύς,
Lk 11:48 ὅτι αὐτοὶ **μὲν** ἀπέκτειναν αὐτούς,
Lk 13:9 κἂν **μὲν** ποιήσῃ καρπὸν εἰς
Lk 22:22 ὅτι ὁ υἱὸς **μὲν** τοῦ ἀνθρώπου κατὰ
Lk 23:33 ὃν **μὲν** ἐκ δεξιῶν ὃν
Lk 23:41 καὶ ἡμεῖς **μὲν** δικαίως,
Lk 23:56 καὶ τὸ **μὲν** σάββατον ἡσύχασαν κατὰ

Μεννά (*Menna*; 1/1) *Menna*

Lk 3:31 τοῦ Μελεὰ τοῦ **Μεννὰ** τοῦ Ματταθὰ τοῦ

μενοῦν (*menoun*; 1/1) *rather*

Lk 11:28 **μενοῦν** μακάριοι οἱ ἀκούοντες

μένω (*menō*; 7/118) *remain*

Lk 1:56 **Ἔμεινεν** δὲ Μαριὰμ σὺν
Lk 8:27 ἐν οἰκίᾳ οὐκ **ἔμενεν** ἀλλ' ἐν τοῖς

Lk 9:4 ἐκεῖ **μένετε** καὶ ἐκεῖθεν ἐξέρχεσθε.
Lk 10:7 δὲ τῇ οἰκίᾳ **μένετε** ἐσθίοντες καὶ πίνοντες
Lk 19:5 σου δεῖ με **μεῖναι**.
Lk 24:29 **μεῖνον** μεθ' ἡμῶν,
Lk 24:29 καὶ εἰσῆλθεν τοῦ **μεῖναι** σὺν αὐτοῖς.

μερίζω (*merizō*; 1/14) *divide*
Lk 12:13 τῷ ἀδελφῷ μου **μερίσασθαι** μετ' ἐμοῦ τὴν

μέριμνα (*merimna*; 2/6) *care*
Lk 8:14 καὶ ὑπὸ **μεριμνῶν** καὶ πλούτου καὶ
Lk 21:34 καὶ μέθῃ καὶ **μερίμναις** βιωτικαῖς καὶ ἐπιστῇ

μεριμνάω (*merimnaō*; 5/19) *be anxious*
Lk 10:41 μεριμνᾷς **καὶ** θορυβάζῃ περὶ πολλά,
Lk 12:11 μὴ **μεριμνήσητε** πῶς ἢ τί
Lk 12:22 μὴ **μεριμνᾶτε** τῇ ψυχῇ τί
Lk 12:25 δὲ ἐξ ὑμῶν **μεριμνῶν** δύναται ἐπὶ τὴν
Lk 12:26 περὶ τῶν λοιπῶν **μεριμνᾶτε**;

μερίς (*meris*; 1/5) *part*
Lk 10:42 γὰρ τὴν ἀγαθὴν **μερίδα** ἐξελέξατο ἥτις οὐκ

μεριστής (*meristēs*; 1/1) *divider*
Lk 12:14 κατέστησεν κριτὴν ἢ **μεριστὴν** ἐφ' ὑμᾶς;

μέρος (*meros*; 4/42) *part*
Lk 11:36 μὴ ἔχον **μέρος** τι σκοτεινόν,
Lk 12:46 αὐτὸν καὶ τὸ **μέρος** αὐτοῦ μετὰ τῶν
Lk 15:12 μοι τὸ ἐπιβάλλον **μέρος** τῆς οὐσίας.
Lk 24:42 αὐτῷ ἰχθύος ὀπτοῦ **μέρος**·

μεσονύκτιον (*mesonyktion*; 1/4) *midnight*
Lk 11:5 πορεύσεται πρὸς αὐτὸν **μεσονυκτίου** καὶ εἴπῃ αὐτῷ·

μέσος (*mesos*; 14/56[58]) *middle*
Lk 2:46 ἱερῷ καθεζόμενον ἐν **μέσῳ** τῶν διδασκάλων
Lk 4:30 δὲ διελθὼν διὰ **μέσου** αὐτῶν ἐπορεύετο.
Lk 4:35 δαιμόνιον εἰς τὸ **μέσον** ἐξῆλθεν ἀπ' αὐτοῦ
Lk 5:19 κλινιδίῳ εἰς τὸ **μέσον** ἔμπροσθεν τοῦ Ἰησοῦ.
Lk 6:8 στῆθι εἰς τὸ **μέσον**·
Lk 8:7 ἕτερον ἔπεσεν ἐν **μέσῳ** τῶν ἀκανθῶν,
Lk 10:3 ὡς ἄρνας ἐν **μέσῳ** λύκων.
Lk 17:11 αὐτὸς διήρχετο διὰ **μέσον** Σαμαρείας καὶ Γαλιλαίας.
Lk 21:21 καὶ οἱ ἐν **μέσῳ** αὐτῆς ἐκχωρείτωσαν καὶ
Lk 22:27 ἐγὼ δὲ ἐν **μέσῳ** ὑμῶν εἰμι ὡς
Lk 22:55 δὲ πῦρ ἐν **μέσῳ** τῆς αὐλῆς καὶ
Lk 22:55 ἐκάθητο ὁ Πέτρος **μέσος** αὐτῶν.
Lk 23:45 καταπέτασμα τοῦ ναοῦ **μέσον**.
Lk 24:36 αὐτὸς ἔστη ἐν **μέσῳ** αὐτῶν καὶ λέγει

μετά (*meta*; 63/465[469]) *with, after*
Lk 1:24 **Μετὰ** δὲ ταύτας τὰς
Lk 1:28 ὁ κύριος **μετὰ** σοῦ.
Lk 1:39 εἰς τὴν ὀρεινὴν **μετὰ** σπουδῆς εἰς πόλιν
Lk 1:58 τὸ ἔλεος αὐτοῦ **μετ'** αὐτῆς καὶ συνέχαιρον
Lk 1:66 χεὶρ κυρίου ἦν **μετ'** αὐτοῦ.
Lk 1:72 ποιῆσαι ἔλεος **μετὰ** τῶν πατέρων ἡμῶν
Lk 2:36 ζήσασα **μετὰ** ἀνδρὸς ἔτη ἑπτὰ
Lk 2:46 καὶ ἐγένετο **μετὰ** ἡμέρας τρεῖς εὗρον
Lk 2:51 καὶ κατέβη **μετ'** αὐτῶν καὶ ἦλθεν
Lk 5:27 Καὶ **μετὰ** ταῦτα ἐξῆλθεν καὶ
Lk 5:29 ἄλλων οἳ ἦσαν **μετ'** αὐτῶν κατακείμενοι.
Lk 5:30 διὰ τί **μετὰ** τῶν τελωνῶν καὶ
Lk 5:34 ᾧ ὁ νυμφίος **μετ'** αὐτῶν ἐστιν ποιῆσαι
Lk 6:3 αὐτὸς καὶ οἱ **μετ'** αὐτοῦ [ὄντες],
Lk 6:4 καὶ ἔδωκεν τοῖς **μετ'** αὐτοῦ,
Lk 6:17 Καὶ καταβὰς **μετ'** αὐτῶν ἔστη ἐπὶ
Lk 7:36 Φαρισαίων ἵνα φάγῃ **μετ'** αὐτοῦ,
Lk 8:13 οἳ ὅταν ἀκούσωσιν **μετὰ** χαρᾶς δέχονται τὸν
Lk 9:28 Ἐγένετο δὲ **μετὰ** τοὺς λόγους τούτους
Lk 9:39 καὶ σπαράσσει αὐτὸν **μετὰ** ἀφροῦ καὶ μόγις
Lk 9:49 ὅτι οὐκ ἀκολουθεῖ **μεθ'** ἡμῶν.
Lk 10:1 **Μετὰ** δὲ ταῦτα ἀνέδειξεν
Lk 10:17 οἱ ἑβδομήκοντα [δύο] **μετὰ** χαρᾶς λέγοντες·
Lk 10:37 ποιήσας τὸ ἔλεος **μετ'** αὐτοῦ.
Lk 11:7 τὰ παιδία μου **μετ'** ἐμοῦ εἰς τὴν
Lk 11:23 Ὁ μὴ ὢν **μετ'** ἐμοῦ κατ' ἐμοῦ
Lk 11:23 ὁ μὴ συνάγων **μετ'** ἐμοῦ σκορπίζει.
Lk 11:31 ἐν τῇ κρίσει **μετὰ** τῶν ἀνδρῶν τῆς
Lk 11:32 ἐν τῇ κρίσει **μετὰ** τῆς γενεᾶς ταύτης
Lk 12:4 τὸ σῶμα καὶ **μετὰ** ταῦτα μὴ ἐχόντων
Lk 12:5 φοβήθητε τὸν **μετὰ** τὸ ἀποκτεῖναι ἔχοντα
Lk 12:13 ἀδελφῷ μου μερίσασθαι **μετ'** ἐμοῦ τὴν κληρονομίαν.
Lk 12:46 τὸ μέρος αὐτοῦ **μετὰ** τῶν ἀπίστων θήσει.
Lk 12:58 ὡς γὰρ ὑπάγεις **μετὰ** τοῦ ἀντιδίκου σου
Lk 13:1 αἷμα Πιλᾶτος ἔμιξεν **μετὰ** τῶν θυσιῶν αὐτῶν.
Lk 14:9 καὶ τότε ἄρξῃ **μετὰ** αἰσχύνης τὸν ἔσχατον
Lk 14:31 χιλιάσιν ὑπαντῆσαι τῷ **μετὰ** εἴκοσι χιλιάδων ἐρχομένῳ
Lk 15:13 καὶ **μετ'** οὐ πολλὰς ἡμέρας
Lk 15:29 ἔδωκας ἔριφον ἵνα **μετὰ** τῶν φίλων μου
Lk 15:30 σου τὸν βίον **μετὰ** πορνῶν ἦλθεν,
Lk 15:31 σὺ πάντοτε **μετ'** ἐμοῦ εἶ,
Lk 17:8 καὶ **μετὰ** ταῦτα φάγεσαι καὶ
Lk 17:15 ὑπέστρεψεν **μετὰ** φωνῆς μεγάλης δοξάζων
Lk 17:20 βασιλεία τοῦ θεοῦ **μετὰ** παρατηρήσεως,
Lk 18:4 **μετὰ** δὲ ταῦτα εἶπεν
Lk 21:27 ἐρχόμενον ἐν νεφέλῃ **μετὰ** δυνάμεως καὶ δόξης
Lk 22:11 ὅπου τὸ πάσχα **μετὰ** τῶν μαθητῶν μου
Lk 22:15 τὸ πάσχα φαγεῖν **μεθ'** ὑμῶν πρὸ τοῦ
Lk 22:20 τὸ ποτήριον ὡσαύτως **μετὰ** τὸ δειπνῆσαι,
Lk 22:21 τοῦ παραδιδόντος με **μετ'** ἐμοῦ ἐπὶ τῆς
Lk 22:28 ἐστε οἱ διαμεμενηκότες **μετ'** ἐμοῦ ἐν τοῖς
Lk 22:33 **μετὰ** σοῦ ἕτοιμός εἰμι
Lk 22:37 καὶ **μετὰ** ἀνόμων ἐλογίσθη·
Lk 22:52 ἐπὶ λῃστὴν ἐξήλθατε **μετὰ** μαχαιρῶν καὶ ξύλων;
Lk 22:53 ἡμέραν ὄντος μου **μεθ'** ὑμῶν ἐν τῷ
Lk 22:58 καὶ **μετὰ** βραχὺ ἕτερος ἰδὼν
Lk 22:59 ἀληθείας καὶ οὗτος **μετ'** αὐτοῦ ἦν,
Lk 23:12 αὐτῇ τῇ ἡμέρᾳ **μετ'** ἀλλήλων·
Lk 23:43 σήμερον **μετ'** ἐμοῦ ἔσῃ ἐν
Lk 24:5 ζητεῖτε τὸν ζῶντα **μετὰ** τῶν νεκρῶν·
Lk 24:29 μεῖνον **μεθ'** ἡμῶν,
Lk 24:30 τῷ κατακλιθῆναι αὐτὸν **μετ'** αὐτῶν λαβὼν
Lk 24:52 ὑπέστρεψαν εἰς Ἰερουσαλὴμ **μετὰ** χαρᾶς μεγάλης

μεταβαίνω (*metabainō*; 1/12) *leave, cross over*

Lk 10:7 μὴ **μεταβαίνετε** ἐξ οἰκίας εἰς

μεταδίδωμι (*metadidōmi*; 1/5) *share*

Lk 3:11 ἔχων δύο χιτῶνας **μεταδότω** τῷ μὴ ἔχοντι,

μετανοέω (*metanoeō*; 9/34) *repent*

Lk 10:13 καὶ σποδῷ καθήμενοι **μετενόησαν**.
Lk 11:32 ὅτι **μετενόησαν** εἰς τὸ κήρυγμα
Lk 13:3 ἀλλ᾽ ἐὰν μὴ **μετανοῆτε** πάντες ὁμοίως ἀπολεῖσθε.
Lk 13:5 ἀλλ᾽ ἐὰν μὴ **μετανοῆτε** πάντες ὡσαύτως ἀπολεῖσθε.
Lk 15:7 ἐπὶ ἑνὶ ἁμαρτωλῷ **μετανοοῦντι** ἢ ἐπὶ ἐνενήκοντα
Lk 15:10 ἐπὶ ἑνὶ ἁμαρτωλῷ **μετανοοῦντι**.
Lk 16:30 πορευθῇ πρὸς αὐτοὺς **μετανοήσουσιν**.
Lk 17:3 καὶ ἐὰν **μετανοήσῃ** ἄφες αὐτῷ.
Lk 17:4 **μετανοῶ**,

μετάνοια (*metanoia*; 5/22) *repentance*

Lk 3:3 Ἰορδάνου κηρύσσων βάπτισμα **μετανοίας** εἰς ἄφεσιν ἁμαρτιῶν,
Lk 3:8 καρποὺς ἀξίους τῆς **μετανοίας** καὶ μὴ ἄρξησθε
Lk 5:32 ἀλλὰ ἁμαρτωλοὺς εἰς **μετάνοιαν**.
Lk 15:7 οὐ χρείαν ἔχουσιν **μετανοίας**.
Lk 24:47 τῷ ὀνόματι αὐτοῦ **μετάνοιαν** εἰς ἄφεσιν ἁμαρτιῶν

μεταξύ (*metaxy*; 2/9) *between, meanwhile*

Lk 11:51 Ζαχαρίου τοῦ ἀπολομένου **μεταξὺ** τοῦ θυσιαστηρίου καὶ
Lk 16:26 ἐν πᾶσι τούτοις **μεταξὺ** ἡμῶν καὶ ὑμῶν

μετεωρίζομαι (*meteōrizomai*; 1/1) *worry*

Lk 12:29 πίητε καὶ μὴ **μετεωρίζεσθε**·

μέτοχος (*metochos*; 1/6) *one who shares in*

Lk 5:7 καὶ κατένευσαν τοῖς **μετόχοις** ἐν τῷ ἑτέρῳ

μετρέω (*metreō*; 1/11) *measure*

Lk 6:38 ᾧ γὰρ μέτρῳ **μετρεῖτε** ἀντιμετρηθήσεται ὑμῖν.

μέτρον (*metron*; 2/14) *measure*

Lk 6:38 **μέτρον** καλὸν πεπιεσμένον σεσαλευμένον
Lk 6:38 ᾧ γὰρ **μέτρῳ** μετρεῖτε ἀντιμετρηθήσεται ὑμῖν.

μέχρι (*mechri*; 1/17) *until*

Lk 16:16 καὶ οἱ προφῆται **μέχρι** Ἰωάννου·

μή (*mē*; 140/1041[1042]) *not*

Lk 1:13 **μὴ** φοβοῦ,
Lk 1:15 καὶ σίκερα οὐ **μὴ** πίῃ,
Lk 1:20 ἔσῃ σιωπῶν καὶ **μὴ** δυνάμενος λαλῆσαι ἄχρι
Lk 1:30 **μὴ** φοβοῦ,
Lk 2:10 **μὴ** φοβεῖσθε,
Lk 2:26 πνεύματος τοῦ ἁγίου **μὴ** ἰδεῖν θάνατον πρὶν
Lk 2:45 καὶ **μὴ** εὑρόντες ὑπέστρεψαν εἰς
Lk 3:8 τῆς μετανοίας καὶ **μὴ** ἄρξησθε λέγειν ἐν
Lk 3:9 πᾶν οὖν δένδρον **μὴ** ποιοῦν καρπὸν καλὸν
Lk 3:11 χιτῶνας μεταδότω τῷ **μὴ** ἔχοντι,
Lk 4:26 ἐπέμφθη Ἠλίας εἰ **μὴ** εἰς Σάρεπτα τῆς
Lk 4:27 αὐτῶν ἐκαθαρίσθη εἰ **μὴ** Ναιμὰν ὁ Σύρος.
Lk 4:42 κατεῖχον αὐτὸν τοῦ **μὴ** πορεύεσθαι ἀπ᾽ αὐτῶν.
Lk 5:10 **μὴ** φοβοῦ·
Lk 5:19 καὶ **μὴ** εὑρόντες ποίας εἰσενέγκωσιν
Lk 5:21 ἁμαρτίας ἀφεῖναι εἰ **μὴ** μόνος ὁ θεός;
Lk 5:34 **μὴ** δύνασθε τοὺς υἱοὺς
Lk 5:36 εἰ δὲ **μή** γε,
Lk 5:37 εἰ δὲ **μή** γε,
Lk 6:4 ἔξεστιν φαγεῖν εἰ **μὴ** μόνους τοὺς ἱερεῖς;
Lk 6:29 καὶ τὸν χιτῶνα **μὴ** κωλύσῃς.
Lk 6:30 αἴροντος τὰ σὰ **μὴ** ἀπαίτει.
Lk 6:37 Καὶ **μὴ** κρίνετε,
Lk 6:37 καὶ οὐ **μὴ** κριθῆτε·
Lk 6:37 καὶ **μὴ** καταδικάζετε,
Lk 6:37 καὶ οὐ **μὴ** καταδικασθῆτε.
Lk 6:49 δὲ ἀκούσας καὶ **μὴ** ποιήσας ὅμοιός ἐστιν
Lk 7:6 **μὴ** σκύλλου,
Lk 7:13 **μὴ** κλαῖε.
Lk 7:23 ἐστιν ὃς ἐὰν **μὴ** σκανδαλισθῇ ἐν ἐμοί.
Lk 7:30 ἠθέτησαν εἰς ἑαυτοὺς **μὴ** βαπτισθέντες ὑπ᾽ αὐτοῦ.
Lk 7:33 Ἰωάννης ὁ βαπτιστὴς **μὴ** ἐσθίων ἄρτον μήτε
Lk 7:42 **μὴ** ἐχόντων αὐτῶν ἀποδοῦναι
Lk 8:6 ἐξηράνθη διὰ τὸ **μὴ** ἔχειν ἰκμάδα.
Lk 8:10 ἵνα βλέποντες **μὴ** βλέπωσιν καὶ ἀκούοντες
Lk 8:10 βλέπωσιν καὶ ἀκούοντες **μὴ** συνιῶσιν.
Lk 8:12 ἵνα **μὴ** πιστεύσαντες σωθῶσιν.
Lk 8:17 ἀπόκρυφον ὃ οὐ **μὴ** γνωσθῇ καὶ εἰς
Lk 8:18 καὶ ὃς ἂν **μὴ** ἔχῃ,
Lk 8:28 **μή** με βασανίσῃς.
Lk 8:31 παρεκάλουν αὐτὸν ἵνα **μὴ** ἐπιτάξῃ αὐτοῖς
Lk 8:50 **μὴ** φοβοῦ,
Lk 8:51 σὺν αὐτῷ εἰ **μὴ** Πέτρον καὶ Ἰωάννην
Lk 8:52 **μὴ** κλαίετε,
Lk 9:5 καὶ ὅσοι ἂν **μὴ** δέχωνται ὑμᾶς,
Lk 9:27 ἑστηκότων οἳ οὐ **μὴ** γεύσωνται θανάτου ἕως
Lk 9:33 **μὴ** εἰδὼς ὃ λέγει.
Lk 9:45 ἀπ᾽ αὐτῶν ἵνα **μὴ** αἴσθωνται αὐτό,
Lk 9:50 **μὴ** κωλύετε·
Lk 10:4 **μὴ** βαστάζετε βαλλάντιον,
Lk 10:4 **μὴ** πήραν,
Lk 10:4 **μὴ** ὑποδήματα,
Lk 10:6 εἰ δὲ **μή** γε,
Lk 10:7 **μὴ** μεταβαίνετε ἐξ οἰκίας
Lk 10:10 πόλιν εἰσέλθητε καὶ **μὴ** δέχωνται ὑμᾶς,
Lk 10:15 **μὴ** ἕως οὐρανοῦ ὑψωθήσῃ;
Lk 10:19 οὐδὲν ὑμᾶς οὐ **μὴ** ἀδικήσῃ.
Lk 10:20 πλὴν ἐν τούτῳ **μὴ** χαίρετε ὅτι τὰ
Lk 10:22 ὁ υἱὸς εἰ **μὴ** ὁ πατήρ,
Lk 10:22 ὁ πατὴρ εἰ **μὴ** ὁ υἱὸς καὶ
Lk 11:4 καὶ **μὴ** εἰσενέγκῃς ἡμᾶς εἰς
Lk 11:7 **μή** μοι κόπους πάρεχε·
Lk 11:23 Ὁ **μὴ** ὢν μετ᾽ ἐμοῦ
Lk 11:23 καὶ ὁ **μὴ** συνάγων μετ᾽ ἐμοῦ
Lk 11:24 ζητοῦν ἀνάπαυσιν καὶ **μὴ** εὑρίσκον·
Lk 11:29 δοθήσεται αὐτῇ εἰ **μὴ** τὸ σημεῖον Ἰωνᾶ.
Lk 11:35 σκόπει οὖν **μὴ** τὸ φῶς τὸ

Lk 11:36 **μὴ** ἔχον μέρος τι
Lk 11:42 ἔδει ποιῆσαι κἀκεῖνα **μὴ** παρεῖναι.
Lk 12:4 μὴ **φοβηθῆτε** ἀπὸ τῶν ἀποκτεινόντων
Lk 12:4 καὶ μετὰ ταῦτα **μὴ** ἐχόντων περισσότερόν τι
Lk 12:7 **μὴ** φοβεῖσθε·
Lk 12:11 **μὴ** μεριμνήσητε πῶς ἢ
Lk 12:21 θησαυρίζων ἑαυτῷ καὶ **μὴ** εἰς θεὸν πλουτῶν.
Lk 12:22 **μὴ** μεριμνᾶτε τῇ ψυχῇ
Lk 12:29 καὶ ὑμεῖς **μὴ** ζητεῖτε τί φάγητε
Lk 12:29 τί πίητε καὶ **μὴ** μετεωρίζεσθε·
Lk 12:32 **Μὴ** φοβοῦ,
Lk 12:33 ποιήσατε ἑαυτοῖς βαλλάντια **μὴ** παλαιούμενα,
Lk 12:47 κυρίου αὐτοῦ καὶ **μὴ** ἑτοιμάσας ἢ ποιήσας
Lk 12:48 ὁ δὲ **μὴ** γνούς,
Lk 12:59 οὐ **μὴ** ἐξέλθῃς ἐκεῖθεν,
Lk 13:3 ἀλλ᾽ ἐὰν **μὴ** μετανοῆτε πάντες ὁμοίως
Lk 13:5 ἀλλ᾽ ἐὰν **μὴ** μετανοῆτε πάντες ὡσαύτως
Lk 13:9 εἰ δὲ **μή** γε,
Lk 13:11 ἦν συγκύπτουσα καὶ **μὴ** δυναμένη ἀνακύψαι
Lk 13:14 ἐρχόμενοι θεραπεύεσθε καὶ **μὴ** τῇ ἡμέρᾳ τοῦ
Lk 13:35 οὐ **μὴ** ἴδητέ με ἕως
Lk 14:8 **μὴ** κατακλιθῇς εἰς τὴν
Lk 14:12 **μὴ** φώνει τοὺς φίλους
Lk 14:29 θεμέλιον καὶ **μὴ** ἰσχύοντος ἐκτελέσαι πάντες
Lk 14:32 εἰ δὲ **μή** γε,
Lk 16:26 ἔνθεν πρὸς ὑμᾶς **μὴ** δύνωνται,
Lk 16:28 ἵνα **μὴ** καὶ αὐτοὶ ἔλθωσιν
Lk 17:1 τοῦ τὰ σκάνδαλα **μὴ** ἐλθεῖν,
Lk 17:9 **μὴ** ἔχει χάριν τῷ
Lk 17:18 τῷ θεῷ εἰ **μὴ** ὁ ἀλλογενὴς οὗτος;
Lk 17:23 **μὴ** ἀπέλθητε μηδὲ διώξητε.
Lk 17:31 **μὴ** καταβάτω ἆραι αὐτά,
Lk 17:31 ἐν ἀγρῷ ὁμοίως **μὴ** ἐπιστρεψάτω εἰς τὰ
Lk 18:1 προσεύχεσθαι αὐτοὺς καὶ **μὴ** ἐγκακεῖν,
Lk 18:2 πόλει τὸν θεὸν **μὴ** φοβούμενος καὶ ἄνθρωπον
Lk 18:2 φοβούμενος καὶ ἄνθρωπον **μὴ** ἐντρεπόμενος.
Lk 18:5 ἵνα **μὴ** εἰς τέλος ἐρχομένη
Lk 18:7 δὲ θεὸς οὐ **μὴ** ποιήσῃ τὴν ἐκδίκησιν
Lk 18:16 πρός με καὶ **μὴ** κωλύετε αὐτά,
Lk 18:17 ὃς ἂν μὴ **δέξηται** τὴν βασιλείαν τοῦ
Lk 18:17 οὐ **μὴ** εἰσέλθῃ εἰς αὐτήν.
Lk 18:19 οὐδεὶς ἀγαθὸς εἰ **μὴ** εἷς ὁ θεός.
Lk 18:20 **μὴ** μοιχεύσῃς,
Lk 18:20 **μὴ** φονεύσῃς,
Lk 18:20 **μὴ** κλέψῃς,
Lk 18:20 **μὴ** ψευδομαρτυρήσῃς,
Lk 18:30 ὃς οὐχὶ **μὴ** [ἀπο]λάβῃ πολλαπλασίονα ἐν
Lk 19:26 ἀπὸ δὲ τοῦ **μὴ** ἔχοντος καὶ ὃ
Lk 19:27 μου τούτους τοὺς **μὴ** θελήσαντάς με βασιλεῦσαι
Lk 20:7 καὶ ἀπεκρίθησαν **μὴ** εἰδέναι πόθεν.
Lk 20:16 **μὴ** γένοιτο.
Lk 20:27 οἱ [ἀντι]λέγοντες ἀνάστασιν **μὴ** εἶναι,
Lk 21:8 βλέπετε **μὴ** πλανηθῆτε·
Lk 21:8 **μὴ** πορευθῆτε ὀπίσω αὐτῶν.
Lk 21:9 **μὴ** πτοηθῆτε·
Lk 21:14 ταῖς καρδίαις ὑμῶν **μὴ** προμελετᾶν ἀπολογηθῆναι·
Lk 21:18 κεφαλῆς ὑμῶν οὐ **μὴ** ἀπόληται.
Lk 21:21 ἐν ταῖς χώραις **μὴ** εἰσερχέσθωσαν εἰς αὐτήν,
Lk 21:32 ὑμῖν ὅτι οὐ **μὴ** παρέλθῃ ἡ γενεὰ
Lk 21:33 λόγοι μου οὐ **μὴ** παρελεύσονται.
Lk 22:16 ὑμῖν ὅτι οὐ **μὴ** φάγω αὐτὸ ἕως
Lk 22:18 [ὅτι] οὐ **μὴ** πίω ἀπὸ τοῦ
Lk 22:32 περὶ σοῦ ἵνα **μὴ** ἐκλίπῃ ἡ πίστις
Lk 22:35 **μή** τινος ὑστερήσατε;
Lk 22:36 καὶ ὁ **μὴ** ἔχων πωλησάτω τὸ
Lk 22:40 προσεύχεσθε **μὴ** εἰσελθεῖν εἰς πειρασμόν.
Lk 22:42 πλὴν **μὴ** τὸ θέλημά μου
Lk 22:46 ἵνα **μὴ** εἰσέλθητε εἰς πειρασμόν.
Lk 22:67 οὐ **μὴ** πιστεύσητε·
Lk 22:68 οὐ μὴ **ἀποκριθῆτε**.
Lk 23:28 **μὴ** κλαίετε ἐπ᾽ ἐμέ·
Lk 24:16 αὐτῶν ἐκρατοῦντο τοῦ **μὴ** ἐπιγνῶναι αὐτόν.
Lk 24:23 καὶ **μὴ** εὑροῦσαι τὸ σῶμα

μηδέ (*mēde*; 7/56) *nor*

Lk 3:14 μηδένα διασείσητε **μηδὲ** συκοφαντήσητε καὶ ἀρκεῖσθε
Lk 12:22 **μηδὲ** τῷ σώματι τί
Lk 14:12 τοὺς φίλους σου **μηδὲ** τοὺς ἀδελφούς σου
Lk 14:12 τοὺς ἀδελφούς σου **μηδὲ** τοὺς συγγενεῖς σου
Lk 14:12 τοὺς συγγενεῖς σου **μηδὲ** γείτονας πλουσίους,
Lk 16:26 **μηδὲ** ἐκεῖθεν πρὸς ἡμᾶς
Lk 17:23 μὴ ἀπέλθητε **μηδὲ** διώξητε.

μηδείς (*mēdeis*; 9/90) *no one*

Lk 3:13 **μηδὲν** πλέον παρὰ τὸ
Lk 3:14 **μηδένα** διασείσητε μηδὲ συκοφαντήσητε
Lk 4:35 ἐξῆλθεν ἀπ᾽ αὐτοῦ **μηδὲν** βλάψαν αὐτόν.
Lk 5:14 αὐτὸς παρήγγειλεν αὐτῷ **μηδενὶ** εἰπεῖν,
Lk 6:35 ἀγαθοποιεῖτε καὶ δανίζετε **μηδὲν** ἀπελπίζοντες·
Lk 8:56 δὲ παρήγγειλεν αὐτοῖς **μηδενὶ** εἰπεῖν τὸ γεγονός.
Lk 9:3 **μηδὲν** αἴρετε εἰς τὴν
Lk 9:21 ἐπιτιμήσας αὐτοῖς παρήγγειλεν **μηδενὶ** λέγειν τοῦτο
Lk 10:4 καὶ **μηδένα** κατὰ τὴν ὁδὸν

μηκέτι (*mēketi*; 1/21[22]) *no longer*

Lk 8:49 **μηκέτι** σκύλλε τὸν διδάσκαλον.

μήν (*mēn*; 5/18) *month*

Lk 1:24 καὶ περιέκρυβεν ἑαυτὴν **μῆνας** πέντε λέγουσα
Lk 1:26 Ἐν δὲ τῷ **μηνὶ** τῷ ἕκτῳ ἀπεστάλη
Lk 1:36 αὐτῆς καὶ οὗτος **μὴν** ἕκτος ἐστὶν αὐτῇ
Lk 1:56 σὺν αὐτῇ ὡς **μῆνας** τρεῖς,
Lk 4:25 ἔτη τρία καὶ **μῆνας** ἕξ,

μηνύω (*mēnyō*; 1/4) *make known, report*

Lk 20:37 καὶ Μωϋσῆς **ἐμήνυσεν** ἐπὶ τῆς βάτου,

μήποτε (*mēpote*; 7/25) *lest*

Lk 3:15 **μήποτε** αὐτὸς εἴη ὁ
Lk 4:11 **μήποτε** προσκόψῃς πρὸς λίθον
Lk 12:58 **μήποτε** κατασύρῃ σε πρὸς
Lk 14:8 **μήποτε** ἐντιμότερός σου ᾖ
Lk 14:12 **μήποτε** καὶ αὐτοὶ ἀντικαλέσωσίν
Lk 14:29 ἵνα **μήποτε** θέντος αὐτοῦ θεμέλιον

Lk 21:34 Προσέχετε δὲ ἑαυτοῖς **μήποτε** βαρηθῶσιν ὑμῶν αἱ

μήτε (*mēte*; 6/34) *and not*

Lk 7:33 μὴ ἐσθίων ἄρτον **μήτε** πίνων οἶνον,
Lk 9:3 **μήτε** ῥάβδον μήτε πήραν
Lk 9:3 μήτε ῥάβδον **μήτε** πήραν μήτε ἄρτον
Lk 9:3 ῥάβδον μήτε πήραν **μήτε** ἄρτον μήτε ἀργύριον
Lk 9:3 πήραν μήτε ἄρτον **μήτε** ἀργύριον μήτε [ἀνὰ]
Lk 9:3 ἄρτον μήτε ἀργύριον **μήτε** [ἀνὰ] δύο χιτῶνας

μήτηρ (*mētēr*; 17/83) *mother*

Lk 1:15 ἔτι ἐκ κοιλίας **μητρὸς** αὐτοῦ,
Lk 1:43 ἵνα ἔλθῃ ἡ **μήτηρ** τοῦ κυρίου μου
Lk 1:60 καὶ ἀποκριθεῖσα ἡ **μήτηρ** αὐτοῦ εἶπεν·
Lk 2:33 αὐτοῦ καὶ ἡ **μήτηρ** θαυμάζοντες ἐπὶ τοῖς
Lk 2:34 πρὸς Μαριὰμ τὴν **μητέρα** αὐτοῦ·
Lk 2:48 πρὸς αὐτὸν ἡ **μήτηρ** αὐτοῦ·
Lk 2:51 καὶ ἡ **μήτηρ** αὐτοῦ διετήρει πάντα
Lk 7:12 μονογενὴς υἱὸς τῇ **μητρὶ** αὐτοῦ καὶ αὐτὴ
Lk 7:15 ἔδωκεν αὐτὸν τῇ **μητρὶ** αὐτοῦ.
Lk 8:19 πρὸς αὐτὸν ἡ **μήτηρ** καὶ οἱ ἀδελφοὶ
Lk 8:20 ἡ **μήτηρ** σου καὶ οἱ
Lk 8:21 μήτηρ **μου** καὶ ἀδελφοί μου
Lk 8:51 παιδὸς καὶ τὴν **μητέρα**.
Lk 12:53 **μήτηρ** ἐπὶ τὴν θυγατέρα
Lk 12:53 θυγάτηρ ἐπὶ τὴν **μητέρα**,
Lk 14:26 ἑαυτοῦ καὶ τὴν **μητέρα** καὶ τὴν γυναῖκα
Lk 18:20 σου καὶ τὴν **μητέρα**.

μήτι (*mēti*; 2/18) *particle used in questions*

Lk 6:39 **μήτι** δύναται τυφλὸς τυφλὸν
Lk 9:13 εἰ **μήτι** πορευθέντες ἡμεῖς ἀγοράσωμεν

μήτρα (*mētra*; 1/2) *womb*

Lk 2:23 πᾶν ἄρσεν διανοῖγον **μήτραν** ἅγιον τῷ κυρίῳ

μίγνυμι (*mignymi*; 1/4) *mix*

Lk 13:1 τὸ αἷμα Πιλᾶτος **ἔμιξεν** μετὰ τῶν θυσιῶν

μικρός (*mikros*; 5/46) *little*

Lk 7:28 ὁ δὲ **μικρότερος** ἐν τῇ βασιλείᾳ
Lk 9:48 ὁ γὰρ **μικρότερος** ἐν πᾶσιν ὑμῖν
Lk 12:32 τὸ **μικρὸν** ποίμνιον,
Lk 17:2 ἵνα σκανδαλίσῃ τῶν **μικρῶν** τούτων ἕνα.
Lk 19:3 ὅτι τῇ ἡλικίᾳ **μικρὸς** ἦν.

μιμνῄσκομαι (*mimnēskomai*; 6/23) *remember*

Lk 1:54 **μνησθῆναι** ἐλέους,
Lk 1:72 πατέρων ἡμῶν καὶ **μνησθῆναι** διαθήκης ἁγίας αὐτοῦ,
Lk 16:25 **μνήσθητι** ὅτι ἀπέλαβες τὰ
Lk 23:42 **μνήσθητί** μου ὅταν ἔλθῃς
Lk 24:6 **μνήσθητε** ὡς ἐλάλησεν ὑμῖν
Lk 24:8 καὶ **ἐμνήσθησαν** τῶν ῥημάτων αὐτοῦ.

μισέω (*miseō*; 7/40) *hate*

Lk 1:71 χειρὸς πάντων τῶν **μισούντων** ἡμᾶς,
Lk 6:22 μακάριοί ἐστε ὅταν **μισήσωσιν** ὑμᾶς οἱ ἄνθρωποι
Lk 6:27 καλῶς ποιεῖτε τοῖς **μισοῦσιν** ὑμᾶς,
Lk 14:26 με καὶ οὐ **μισεῖ** τὸν πατέρα ἑαυτοῦ
Lk 16:13 γὰρ τὸν ἕνα **μισήσει** καὶ τὸν ἕτερον
Lk 19:14 δὲ πολῖται αὐτοῦ **ἐμίσουν** αὐτὸν καὶ ἀπέστειλαν
Lk 21:17 καὶ ἔσεσθε **μισούμενοι** ὑπὸ πάντων διὰ

μίσθιος (*misthios*; 2/2) *hired man*

Lk 15:17 πόσοι **μίσθιοι** τοῦ πατρός μου
Lk 15:19 ὡς ἕνα τῶν **μισθίων** σου.

μισθός (*misthos*; 3/29) *pay*

Lk 6:23 ἰδοὺ γὰρ ὁ **μισθὸς** ὑμῶν πολὺς ἐν
Lk 6:35 καὶ ἔσται ὁ **μισθὸς** ὑμῶν πολύς,
Lk 10:7 ὁ ἐργάτης τοῦ **μισθοῦ** αὐτοῦ.

μνᾶ (*mna*; 9/9) *mina*

Lk 19:13 ἔδωκεν αὐτοῖς δέκα **μνᾶς** καὶ εἶπεν πρὸς
Lk 19:16 ἡ **μνᾶ** σου δέκα προσηργάσατο
Lk 19:16 σου δέκα προσηργάσατο **μνᾶς**.
Lk 19:18 ἡ **μνᾶ** σου,
Lk 19:18 ἐποίησεν πέντε **μνᾶς**.
Lk 19:20 ἰδοὺ ἡ **μνᾶ** σου ἣν εἶχον
Lk 19:24 ἀπ' αὐτοῦ τὴν **μνᾶν** καὶ δότε τῷ
Lk 19:24 τῷ τὰς δέκα **μνᾶς** ἔχοντι
Lk 19:25 ἔχει δέκα **μνᾶς**

μνῆμα (*mnēma*; 3/8) *grave*

Lk 8:27 ἀλλ' ἐν τοῖς **μνήμασιν**.
Lk 23:53 ἔθηκεν αὐτὸν ἐν **μνήματι** λαξευτῷ οὗ οὐκ
Lk 24:1 βαθέως ἐπὶ τὸ **μνῆμα** ἦλθον φέρουσαι ἃ

μνημεῖον (*mnēmeion*; 8/40) *grave, tomb*

Lk 11:44 ἐστὲ ὡς τὰ **μνημεῖα** τὰ ἄδηλα,
Lk 11:47 ὅτι οἰκοδομεῖτε τὰ **μνημεῖα** τῶν προφητῶν,
Lk 23:55 ἐθεάσαντο τὸ μνημεῖον **καὶ** ὡς ἐτέθη τὸ
Lk 24:2 ἀποκεκυλισμένον ἀπὸ τοῦ **μνημείου**,
Lk 24:9 ὑποστρέψασαι ἀπὸ τοῦ **μνημείου** ἀπήγγειλαν ταῦτα πάντα
Lk 24:12 ἔδραμεν ἐπὶ τὸ **μνημεῖον** καὶ παρακύψας βλέπει
Lk 24:22 ὀρθριναὶ ἐπὶ τὸ **μνημεῖον**,
Lk 24:24 ἡμῖν ἐπὶ τὸ **μνημεῖον** καὶ εὗρον οὕτως

μνημονεύω (*mnēmoneuō*; 1/21) *remember*

Lk 17:32 **μνημονεύετε** τῆς γυναικὸς Λώτ.

μνηστεύω (*mnēsteuō*; 2/3) *be engaged*

Lk 1:27 πρὸς παρθένον **ἐμνηστευμένην** ἀνδρὶ ᾧ ὄνομα
Lk 2:5 σὺν Μαριὰμ τῇ **ἐμνηστευμένῃ** αὐτῷ,

μόγις (*mogis*; 1/1) *hardly*

Lk 9:39 μετὰ ἀφροῦ καὶ **μόγις** ἀποχωρεῖ ἀπ' αὐτοῦ

μόδιος (*modios*; 1/3) *basket*

Lk 11:33 [οὐδὲ ὑπὸ τὸν **μόδιον]** ἀλλ' ἐπὶ τὴν

μοιχεύω (*moicheuō*; 3/14[15]) *commit adultery*
Lk 16:18 καὶ γαμῶν ἑτέραν **μοιχεύει**,
Lk 16:18 ἀπὸ ἀνδρὸς γαμῶν **μοιχεύει**.
Lk 18:20 μὴ **μοιχεύσῃς**,

μοιχός (*moichos*; 1/3) *adulterer*
Lk 18:11 **μοιχοί**,

μονογενής (*monogenēs*; 3/9) *only, unique*
Lk 7:12 ἰδοὺ ἐξεκομίζετο τεθνηκὼς **μονογενὴς** υἱὸς τῇ μητρὶ
Lk 8:42 ὅτι θυγάτηρ **μονογενὴς** ἦν αὐτῷ ὡς
Lk 9:38 ὅτι **μονογενής** μοί ἐστιν,

μόνος (*monos*; 10/113[114]) *only*
Lk 4:4 οὐκ ἐπ' ἄρτῳ **μόνῳ** ζήσεται ὁ ἄνθρωπος.
Lk 4:8 προσκυνήσεις καὶ αὐτῷ **μόνῳ** λατρεύσεις.
Lk 5:21 ἀφεῖναι εἰ μὴ **μόνος** ὁ θεός;
Lk 6:4 φαγεῖν εἰ μὴ **μόνους** τοὺς ἱερεῖς;
Lk 8:50 **μόνον** πίστευσον,
Lk 9:18 αὐτὸν προσευχόμενον κατὰ **μόνας** συνῆσαν αὐτῷ οἱ
Lk 9:36 φωνὴν εὑρέθη Ἰησοῦς **μόνος**.
Lk 10:40 ἡ ἀδελφή μου **μόνην** με κατέλιπεν διακονεῖν;
Lk 24:12 βλέπει τὰ ὀθόνια **μόνα**,
Lk 24:18 σὺ **μόνος** παροικεῖς Ἰερουσαλὴμ καὶ

μόσχος (*moschos*; 3/6) *calf, young bull, ox*
Lk 15:23 καὶ φέρετε τὸν **μόσχον** τὸν σιτευτόν,
Lk 15:27 πατήρ σου τὸν **μόσχον** τὸν σιτευτόν,
Lk 15:30 αὐτῷ τὸν σιτευτὸν **μόσχον**.

μυλικός (*mylikos*; 1/1) *pertaining to a mill*
Lk 17:2 αὐτῷ εἰ λίθος **μυλικὸς** περίκειται περὶ τὸν

μυριάς (*myrias*; 1/8) *group of ten thousand*
Lk 12:1 οἷς ἐπισυναχθεισῶν τῶν **μυριάδων** τοῦ ὄχλου,

μύρον (*myron*; 4/14) *perfume*
Lk 7:37 κομίσασα ἀλάβαστρον **μύρου**
Lk 7:38 καὶ ἤλειφεν τῷ **μύρῳ**.
Lk 7:46 αὕτη δὲ **μύρῳ** ἤλειψεν τοὺς πόδας
Lk 23:56 ἡτοίμασαν ἀρώματα καὶ **μύρα**.

μυστήριον (*mystērion*; 1/28) *secret, mystery*
Lk 8:10 δέδοται γνῶναι τὰ **μυστήρια** τῆς βασιλείας

μωραίνω (*mōrainō*; 1/4) *make foolish*
Lk 14:34 καὶ τὸ ἅλας **μωρανθῇ**,

Μωϋσῆς (*Mōysēs*; 10/79[80]) *Moses*
Lk 2:22 κατὰ τὸν νόμον **Μωϋσέως**,
Lk 5:14 σου καθὼς προσέταξεν **Μωϋσῆς**,
Lk 9:30 οἵτινες ἦσαν **Μωϋσῆς** καὶ Ἠλίας,
Lk 9:33 σοὶ καὶ μίαν **Μωϋσεῖ** καὶ μίαν Ἠλίᾳ,
Lk 16:29 ἔχουσι **Μωϋσέα** καὶ τοὺς προφήτας·
Lk 16:31 εἰ **Μωϋσέως** καὶ τῶν προφητῶν
Lk 20:28 **Μωϋσῆς** ἔγραψεν ἡμῖν,
Lk 20:37 καὶ **Μωϋσῆς** ἐμήνυσεν ἐπὶ τῆς
Lk 24:27 καὶ ἀρξάμενος ἀπὸ **Μωϋσέως** καὶ ἀπὸ πάντων
Lk 24:44 ἐν τῷ νόμῳ **Μωϋσέως** καὶ τοῖς προφήταις

Ναασσών (*Naassōn*; 1/3) *Nahshon*
Lk 3:32 τοῦ Σαλὰ τοῦ **Ναασσὼν**

Ναγγαί (*Nangai*; 1/1) *Naggai*
Lk 3:25 τοῦ Ἑσλὶ τοῦ **Ναγγαὶ**

Ναζαρέθ (*Nazareth*; 5/12) *Nazareth*
Lk 1:26 Γαλιλαίας ᾗ ὄνομα **Ναζαρὲθ**
Lk 2:4 Γαλιλαίας ἐκ πόλεως **Ναζαρὲθ** εἰς τὴν Ἰουδαίαν
Lk 2:39 εἰς πόλιν ἑαυτῶν **Ναζαρέθ**.
Lk 2:51 καὶ ἦλθεν εἰς **Ναζαρὲθ** καὶ ἦν ὑποτασσόμενος
Lk 4:16 Καὶ ἦλθεν εἰς **Ναζαρά**,

Ναζαρηνός (*Nazarēnos*; 2/6) *inhabitant of Nazareth*
Lk 4:34 Ἰησοῦ **Ναζαρηνέ**;
Lk 24:19 περὶ Ἰησοῦ τοῦ **Ναζαρηνοῦ**,

Ναζωραῖος (*Nazōraios*; 1/13) *inhabitant of Nazareth*
Lk 18:37 ὅτι Ἰησοῦς ὁ **Ναζωραῖος** παρέρχεται.

Ναθάμ (*Natham*; 1/1) *Nathan*
Lk 3:31 τοῦ Ματταθὰ τοῦ **Ναθὰμ** τοῦ Δαυὶδ

ναί (*nai*; 4/33) *yes*
Lk 7:26 **ναὶ** λέγω ὑμῖν,
Lk 10:21 **ναὶ** ὁ πατήρ,
Lk 11:51 **ναὶ** λέγω ὑμῖν,
Lk 12:5 ναὶ **λέγω** ὑμῖν,

Ναιμάν (*Naiman*; 1/1) *Naaman*
Lk 4:27 ἐκαθαρίσθη εἰ μὴ **Ναιμὰν** ὁ Σύρος.

Ναΐν (*Nain*; 1/1) *Nain*
Lk 7:11 εἰς πόλιν καλουμένην **Ναῒν** καὶ συνεπορεύοντο αὐτῷ

ναός (*naos*; 4/45) *temple*
Lk 1:9 εἰσελθὼν εἰς τὸν **ναὸν** τοῦ κυρίου,
Lk 1:21 χρονίζειν ἐν τῷ **ναῷ** αὐτόν.
Lk 1:22 ἑώρακεν ἐν τῷ **ναῷ**·
Lk 23:45 τὸ καταπέτασμα τοῦ **ναοῦ** μέσον.

Ναούμ (*Naoum*; 1/1) *Nahum*
Lk 3:25 τοῦ Ἀμὼς τοῦ **Ναοὺμ** τοῦ Ἑσλὶ τοῦ

Ναχώρ (*Nachōr*; 1/1) *Nahor*
Lk 3:34 τοῦ Θάρα τοῦ **Ναχὼρ**

νεανίσκος (*neaniskos*; 1/11) *young man*
Lk 7:14 **νεανίσκε**,

νεκρός (*nekros*; 14/128) *dead*
Lk 7:15 καὶ ἀνεκάθισεν ὁ **νεκρὸς** καὶ ἤρξατο λαλεῖν,
Lk 7:22 **νεκροὶ** ἐγείρονται,
Lk 9:7 Ἰωάννης ἠγέρθη ἐκ **νεκρῶν**,
Lk 9:60 ἄφες τοὺς **νεκροὺς** θάψαι τοὺς ἑαυτῶν
Lk 9:60 θάψαι τοὺς ἑαυτῶν **νεκρούς**,
Lk 15:24 ὁ υἱός μου **νεκρὸς** ἦν καὶ ἀνέζησεν,
Lk 15:32 ἀδελφός σου οὗτος **νεκρὸς** ἦν καὶ ἔζησεν,
Lk 16:30 ἐάν τις ἀπὸ **νεκρῶν** πορευθῇ πρὸς αὐτοὺς
Lk 16:31 ἐάν τις ἐκ **νεκρῶν** ἀναστῇ πεισθήσονται.
Lk 20:35 ἀναστάσεως τῆς ἐκ **νεκρῶν** οὔτε γαμοῦσιν οὔτε
Lk 20:37 δὲ ἐγείρονται οἱ **νεκροί**,
Lk 20:38 δὲ οὐκ ἔστιν **νεκρῶν** ἀλλὰ ζώντων,
Lk 24:5 ζῶντα μετὰ τῶν **νεκρῶν**·
Lk 24:46 καὶ ἀναστῆναι ἐκ **νεκρῶν** τῇ τρίτῃ ἡμέρᾳ,

νέος (*neos*; 7/24) *young, new*
Lk 5:37 οὐδεὶς βάλλει οἶνον **νέον** εἰς ἀσκοὺς παλαιούς·
Lk 5:37 ὁ οἶνος ὁ **νέος** τοὺς ἀσκοὺς καὶ
Lk 5:38 ἀλλὰ οἶνον **νέον** εἰς ἀσκοὺς καινοὺς
Lk 5:39 πιὼν παλαιὸν θέλει **νέον**·
Lk 15:12 καὶ εἶπεν ὁ **νεώτερος** αὐτῶν τῷ πατρί·
Lk 15:13 συναγαγὼν πάντα ὁ **νεώτερος** υἱὸς ἀπεδήμησεν εἰς
Lk 22:26 γινέσθω ὡς ὁ **νεώτερος** καὶ ὁ ἡγούμενος

νεότης (*neotēs*; 1/4) *youth*
Lk 18:21 πάντα ἐφύλαξα ἐκ **νεότητος**.

νεφέλη (*nephelē*; 5/25) *cloud*
Lk 9:34 αὐτοῦ λέγοντος ἐγένετο **νεφέλη** καὶ ἐπεσκίαζεν αὐτούς·
Lk 9:34 αὐτοὺς εἰς τὴν **νεφέλην**.
Lk 9:35 ἐγένετο ἐκ τῆς **νεφέλης** λέγουσα·
Lk 12:54 ὅταν ἴδητε [τὴν] **νεφέλην** ἀνατέλλουσαν ἐπὶ δυσμῶν,
Lk 21:27 ἀνθρώπου ἐρχόμενον ἐν **νεφέλῃ** μετὰ δυνάμεως καὶ

νήθω (*nēthō*; 1/2) *spin*
Lk 12:27 οὐ κοπιᾷ οὐδὲ **νήθει**·

νήπιος (*nēpios*; 1/15) *infant, child*
Lk 10:21 καὶ ἀπεκάλυψας αὐτὰ **νηπίοις**·

Νηρί (*Nēri*; 1/1) *Neri*
Lk 3:27 τοῦ Σαλαθιὴλ τοῦ **Νηρὶ**

νηστεία (*nēsteia*; 1/5) *fasting*
Lk 2:37 ἀφίστατο τοῦ ἱεροῦ **νηστείαις** καὶ δεήσεσιν λατρεύουσα

νηστεύω (*nēsteuō*; 4/20) *fast*
Lk 5:33 οἱ μαθηταὶ Ἰωάννου **νηστεύουσιν** πυκνὰ καὶ δεήσεις
Lk 5:34 αὐτῶν ἐστιν ποιῆσαι **νηστεῦσαι**;
Lk 5:35 τότε **νηστεύσουσιν** ἐν ἐκείναις ταῖς
Lk 18:12 **νηστεύω** δὶς τοῦ σαββάτου,

νικάω (*nikaō*; 1/28) *overcome*
Lk 11:22 ἰσχυρότερος αὐτοῦ ἐπελθὼν **νικήσῃ** αὐτόν,

Νινευίτης (*Nineuitēs*; 2/3) *inhabitant of Nineveh*
Lk 11:30 ἐγένετο Ἰωνᾶς τοῖς **Νινευίταις** σημεῖον,
Lk 11:32 ἄνδρες **Νινευῖται** ἀναστήσονται ἐν τῇ

νομίζω (*nomizō*; 2/15) *think*
Lk 2:44 **νομίσαντες** δὲ αὐτὸν εἶναι
Lk 3:23 ὡς **ἐνομίζετο**,

νομικός (*nomikos*; 6/9) *pertaining to the law*
Lk 7:30 Φαρισαῖοι καὶ οἱ **νομικοὶ** τὴν βουλὴν τοῦ
Lk 10:25 Καὶ ἰδοὺ **νομικός** τις ἀνέστη ἐκπειράζων
Lk 11:45 δέ τις τῶν **νομικῶν** λέγει αὐτῷ·
Lk 11:46 καὶ ὑμῖν τοῖς **νομικοῖς** οὐαί,
Lk 11:52 Οὐαὶ ὑμῖν τοῖς **νομικοῖς**,
Lk 14:3 εἶπεν πρὸς τοὺς **νομικοὺς** καὶ Φαρισαίους λέγων·

νομοδιδάσκαλος (*nomodidaskalos*; 1/3) *teacher or interpreter of the law*
Lk 5:17 καθήμενοι Φαρισαῖοι καὶ **νομοδιδάσκαλοι** οἳ ἦσαν ἐληλυθότες

νόμος (*nomos*; 9/193[194]) *law*
Lk 2:22 αὐτῶν κατὰ τὸν **νόμον** Μωϋσέως,
Lk 2:23 καθὼς γέγραπται ἐν **νόμῳ** κυρίου ὅτι πᾶν
Lk 2:24 εἰρημένον ἐν τῷ **νόμῳ** κυρίου,
Lk 2:27 τὸ εἰθισμένον τοῦ **νόμου** περὶ αὐτοῦ
Lk 2:39 τὰ κατὰ τὸν **νόμον** κυρίου,
Lk 10:26 ἐν τῷ **νόμῳ** τί γέγραπται;
Lk 16:16 Ὁ **νόμος** καὶ οἱ προφῆται
Lk 16:17 παρελθεῖν ἢ τοῦ **νόμου** μίαν κεραίαν πεσεῖν.
Lk 24:44 γεγραμμένα ἐν τῷ **νόμῳ** Μωϋσέως καὶ τοῖς

νόσος (*nosos*; 4/11) *disease*
Lk 4:40 ὅσοι εἶχον ἀσθενοῦντας **νόσοις** ποικίλαις ἤγαγον αὐτοὺς
Lk 6:18 ἰαθῆναι ἀπὸ τῶν **νόσων** αὐτῶν·
Lk 7:21 ἐθεράπευσεν πολλοὺς ἀπὸ **νόσων** καὶ μαστίγων καὶ
Lk 9:1 τὰ δαιμόνια καὶ **νόσους** θεραπεύειν

νοσσιά (*nossia*; 1/1) *brood*
Lk 13:34 ὄρνις τὴν ἑαυτῆς **νοσσιὰν** ὑπὸ τὰς πτέρυγας,

νοσσός (*nossos*; 1/1) *young*
Lk 2:24 τρυγόνων ἢ δύο **νοσσοὺς** περιστερῶν.

νότος (*notos*; 3/7) *south wind*
Lk 11:31 βασίλισσα **νότου** ἐγερθήσεται ἐν τῇ
Lk 12:55 καὶ ὅταν **νότον** πνέοντα,
Lk 13:29 ἀπὸ βορρᾶ καὶ **νότου** καὶ ἀνακλιθήσονται ἐν

νοῦς (*nous*; 1/24) *mind*
Lk 24:45 διήνοιξεν αὐτῶν τὸν **νοῦν** τοῦ συνιέναι τὰς

νύμφη (*nymphē*; 2/8) *bride*

Lk 12:53 πενθερὰ ἐπὶ τὴν **νύμφην** αὐτῆς καὶ νύμφη
Lk 12:53 νύμφην αὐτῆς καὶ **νύμφη** ἐπὶ τὴν πενθεράν.

νυμφίος (*nymphios*; 2/16) *bridegroom*

Lk 5:34 ἐν ᾧ ὁ **νυμφίος** μετ' αὐτῶν ἐστιν
Lk 5:35 ἀπ' αὐτῶν ὁ **νυμφίος**,

νυμφών (*nymphōn*; 1/3) *wedding hall*

Lk 5:34 τοὺς υἱοὺς τοῦ **νυμφῶνος** ἐν ᾧ ὁ

νῦν (*nyn*; 14/146[147]) *now*

Lk 1:48 γὰρ ἀπὸ τοῦ **νῦν** μακαριοῦσίν με πᾶσαι
Lk 2:29 **νῦν** ἀπολύεις τὸν δοῦλόν
Lk 5:10 ἀπὸ τοῦ **νῦν** ἀνθρώπους ἔσῃ ζωγρῶν.
Lk 6:21 μακάριοι οἱ πεινῶντες **νῦν**,
Lk 6:21 μακάριοι οἱ κλαίοντες **νῦν**,
Lk 6:25 οἱ ἐμπεπλησμένοι **νῦν**,
Lk 6:25 οἱ γελῶντες **νῦν**,
Lk 11:39 **νῦν** ὑμεῖς οἱ Φαρισαῖοι
Lk 12:52 γὰρ ἀπὸ τοῦ **νῦν** πέντε ἐν ἑνὶ
Lk 16:25 **νῦν** δὲ ὧδε παρακαλεῖται,
Lk 19:42 **νῦν** δὲ ἐκρύβη ἀπὸ
Lk 22:18 πίω ἀπὸ τοῦ **νῦν** ἀπὸ τοῦ γενήματος
Lk 22:36 ἀλλὰ **νῦν** ὁ ἔχων βαλλάντιον
Lk 22:69 ἀπὸ τοῦ **νῦν** δὲ ἔσται ὁ

νύξ (*nyx*; 7/61) *night*

Lk 2:8 φυλάσσοντες φυλακὰς τῆς **νυκτὸς** ἐπὶ τὴν ποίμνην
Lk 2:37 καὶ δεήσεσιν λατρεύουσα **νύκτα** καὶ ἡμέραν.
Lk 5:5 δι' ὅλης **νυκτὸς** κοπιάσαντες οὐδὲν ἐλάβομεν·
Lk 12:20 ταύτῃ τῇ **νυκτὶ** τὴν ψυχήν σου
Lk 17:34 ταύτῃ τῇ **νυκτὶ** ἔσονται δύο ἐπὶ
Lk 18:7 αὐτῷ ἡμέρας καὶ **νυκτός**,
Lk 21:37 τὰς δὲ **νύκτας** ἐξερχόμενος ηὐλίζετο εἰς

Νῶε (*Nōe*; 3/8) *Noah*

Lk 3:36 τοῦ Σὴμ τοῦ **Νῶε** τοῦ Λάμεχ
Lk 17:26 ἐν ταῖς ἡμέραις **Νῶε**,
Lk 17:27 ἧς ἡμέρας εἰσῆλθεν **Νῶε** εἰς τὴν κιβωτὸν

ξηραίνω (*xērainō*; 1/15) *dry up*

Lk 8:6 καὶ φυὲν **ἐξηράνθη** διὰ τὸ μὴ

ξηρός (*xēros*; 3/8) *dry*

Lk 6:6 ἡ δεξιὰ ἦν **ξηρά**.
Lk 6:8 τῷ ἀνδρὶ τῷ **ξηρὰν** ἔχοντι τὴν χεῖρα·
Lk 23:31 ἐν τῷ **ξηρῷ** τί γένηται;

ξύλον (*xylon*; 2/20) *wood*

Lk 22:52 μετὰ μαχαιρῶν καὶ **ξύλων**;
Lk 23:31 ἐν τῷ ὑγρῷ **ξύλῳ** ταῦτα ποιοῦσιν,

ὀγδοήκοντα (*ogdoēkonta*; 2/2) *eighty*

Lk 2:37 χήρα ἕως ἐτῶν **ὀγδοήκοντα** τεσσάρων,
Lk 16:7 γράμματα καὶ γράψον **ὀγδοήκοντα**.

ὄγδοος (*ogdoos*; 1/5) *eighth*

Lk 1:59 τῇ ἡμέρᾳ τῇ **ὀγδόῃ** ἦλθον περιτεμεῖν τὸ

ὅδε (*hode*; 1/10) *this*

Lk 10:39 καὶ **τῇδε** ἦν ἀδελφὴ καλουμένη

ὁδεύω (*hodeuō*; 1/1) *travel*

Lk 10:33 Σαμαρίτης δέ τις **ὁδεύων** ἦλθεν κατ' αὐτὸν

ὁδηγέω (*hodēgeō*; 1/5) *lead*

Lk 6:39 δύναται τυφλὸς τυφλὸν **ὁδηγεῖν**;

ὁδός (*hodos*; 20/101) *way*

Lk 1:76 ἐνώπιον κυρίου ἑτοιμάσαι **ὁδοὺς** αὐτοῦ,
Lk 1:79 πόδας ἡμῶν εἰς **ὁδὸν** εἰρήνης.
Lk 2:44 συνοδίᾳ ἦλθον ἡμέρας **ὁδὸν** καὶ ἀνεζήτουν αὐτὸν
Lk 3:4 ἑτοιμάσατε τὴν **ὁδὸν** κυρίου,
Lk 3:5 αἱ τραχεῖαι εἰς **ὁδοὺς** λείας·
Lk 7:27 ὃς κατασκευάσει τὴν **ὁδόν** σου ἔμπροσθέν σου.
Lk 8:5 ἔπεσεν παρὰ τὴν **ὁδὸν** καὶ κατεπατήθη,
Lk 8:12 δὲ παρὰ τὴν **ὁδόν** εἰσιν οἱ ἀκούσαντες,
Lk 9:3 αἴρετε εἰς τὴν **ὁδόν**,
Lk 9:57 αὐτῶν ἐν τῇ **ὁδῷ** εἶπέν τις πρὸς
Lk 10:4 μηδένα κατὰ τὴν **ὁδὸν** ἀσπάσησθε.
Lk 10:31 κατέβαινεν ἐν τῇ **ὁδῷ** ἐκείνῃ καὶ ἰδὼν
Lk 11:6 μου παρεγένετο ἐξ **ὁδοῦ** πρός με καὶ
Lk 12:58 ἐν τῇ **ὁδῷ** δὸς ἐργασίαν ἀπηλλάχθαι
Lk 14:23 ἔξελθε εἰς τὰς **ὁδοὺς** καὶ φραγμοὺς καὶ
Lk 18:35 ἐκάθητο παρὰ τὴν **ὁδὸν** ἐπαιτῶν.
Lk 19:36 αὐτῶν ἐν τῇ **ὁδῷ**.
Lk 20:21 ἐπ' ἀληθείας τὴν **ὁδὸν** τοῦ θεοῦ διδάσκεις·
Lk 24:32 ἡμῖν ἐν τῇ **ὁδῷ**,
Lk 24:35 τὰ ἐν τῇ **ὁδῷ** καὶ ὡς ἐγνώσθη

ὀδούς (*odous*; 1/12) *tooth*

Lk 13:28 ὁ βρυγμὸς τῶν **ὀδόντων**,

ὀδυνάω (*odynaō*; 3/4) *be in great pain*

Lk 2:48 πατήρ σου κἀγὼ **ὀδυνώμενοι** ἐζητοῦμέν σε.
Lk 16:24 ὅτι **ὀδυνῶμαι** ἐν τῇ φλογὶ
Lk 16:25 σὺ δὲ **ὀδυνᾶσαι**.

ὅθεν (*hothen*; 1/15) *from where*

Lk 11:24 τὸν οἶκόν μου **ὅθεν** ἐξῆλθον·

ὀθόνιον (*othonion*; 1/5) *linen cloth*

Lk 24:12 παρακύψας βλέπει τὰ **ὀθόνια** μόνα,

οἶδα (*oida*; 25/318) *know*

Lk 2:49 οὐκ **ᾔδειτε** ὅτι ἐν τοῖς
Lk 4:34 **οἶδά** σε τίς εἶ,
Lk 4:41 ὅτι **ᾔδεισαν** τὸν χριστὸν αὐτὸν
Lk 5:24 ἵνα δὲ **εἰδῆτε** ὅτι ὁ υἱὸς
Lk 6:8 αὐτὸς δὲ **ᾔδει** τοὺς διαλογισμοὺς αὐτῶν,
Lk 8:53 καὶ κατεγέλων αὐτοῦ **εἰδότες** ὅτι ἀπέθανεν.
Lk 9:33 μὴ **εἰδὼς** ὃ λέγει.
Lk 9:47 ὁ δὲ Ἰησοῦς **εἰδὼς** τὸν διαλογισμὸν τῆς
Lk 11:13 ὑμεῖς πονηροὶ ὑπάρχοντες **οἴδατε** δόματα ἀγαθὰ διδόναι

Lk 11:17 αὐτὸς δὲ **εἰδὼς** αὐτῶν τὰ διανοήματα
Lk 11:44 περιπατοῦντες ἐπάνω οὐκ **οἴδασιν**.
Lk 12:30 δὲ ὁ πατὴρ **οἶδεν** ὅτι χρῄζετε τούτων.
Lk 12:39 γινώσκετε ὅτι εἰ **ᾔδει** ὁ οἰκοδεσπότης ποίᾳ
Lk 12:56 καὶ τοῦ οὐρανοῦ **οἴδατε** δοκιμάζειν,
Lk 12:56 τοῦτον πῶς οὐκ **οἴδατε** δοκιμάζειν;
Lk 13:25 οὐκ **οἶδα** ὑμᾶς πόθεν ἐστέ.
Lk 13:27 οὐκ **οἶδα** [ὑμᾶς] πόθεν ἐστέ·
Lk 18:20 τὰς ἐντολὰς **οἶδας**·
Lk 19:22 **ᾔδεις** ὅτι ἐγὼ ἄνθρωπος
Lk 20:7 καὶ ἀπεκρίθησαν μὴ **εἰδέναι** πόθεν.
Lk 20:21 **οἴδαμεν** ὅτι ὀρθῶς λέγεις
Lk 22:34 τρίς με ἀπαρνήσῃ **εἰδέναι**.
Lk 22:57 οὐκ οἶδα **αὐτόν**,
Lk 22:60 οὐκ **οἶδα** ὃ λέγεις.
Lk 23:34 οὐ γὰρ **οἴδασιν** τί ποιοῦσιν]] διαμεριζόμενοι

οἰκέτης (*oiketēs*; 1/4) *house servant*

Lk 16:13 Οὐδεὶς **οἰκέτης** δύναται δυσὶ κυρίοις

οἰκία (*oikia*; 24/93) *house*

Lk 4:38 εἰσῆλθεν εἰς τὴν **οἰκίαν** Σίμωνος.
Lk 5:29 αὐτῷ ἐν τῇ **οἰκίᾳ** αὐτοῦ,
Lk 6:48 ἐστιν ἀνθρώπῳ οἰκοδομοῦντι **οἰκίαν** ὃς ἔσκαψεν καὶ
Lk 6:48 ὁ ποταμὸς τῇ **οἰκίᾳ** ἐκείνῃ,
Lk 6:49 ἐστιν ἀνθρώπῳ οἰκοδομήσαντι **οἰκίαν** ἐπὶ τὴν γῆν
Lk 6:49 τὸ ῥῆγμα τῆς **οἰκίας** ἐκείνης μέγα.
Lk 7:6 ἀπέχοντος ἀπὸ τῆς **οἰκίας** ἔπεμψεν φίλους ὁ
Lk 7:37 κατάκειται ἐν τῇ **οἰκίᾳ** τοῦ Φαρισαίου,
Lk 7:44 σου εἰς τὴν **οἰκίαν**,
Lk 8:27 ἱμάτιον καὶ ἐν **οἰκίᾳ** οὐκ ἔμενεν ἀλλ᾽
Lk 8:51 δὲ εἰς τὴν **οἰκίαν** οὐκ ἀφῆκεν εἰσελθεῖν
Lk 9:4 εἰς ἣν ἂν **οἰκίαν** εἰσέλθητε,
Lk 10:5 δ᾽ ἂν εἰσέλθητε **οἰκίαν**,
Lk 10:7 αὐτῇ δὲ τῇ **οἰκίᾳ** μένετε ἐσθίοντες καὶ
Lk 10:7 μὴ μεταβαίνετε ἐξ **οἰκίας** εἰς οἰκίαν.
Lk 10:7 ἐξ οἰκίας εἰς **οἰκίαν**.
Lk 15:8 καὶ σαροῖ τὴν **οἰκίαν** καὶ ζητεῖ ἐπιμελῶς
Lk 15:25 ἐρχόμενος ἤγγισεν τῇ **οἰκίᾳ**,
Lk 17:31 αὐτοῦ ἐν τῇ **οἰκίᾳ**,
Lk 18:29 ἐστιν ὃς ἀφῆκεν **οἰκίαν** ἢ γυναῖκα ἢ
Lk 20:47 οἳ κατεσθίουσιν τὰς **οἰκίας** τῶν χηρῶν καὶ
Lk 22:10 αὐτῷ εἰς τὴν **οἰκίαν** εἰς ἣν εἰσπορεύεται,
Lk 22:11 τῷ οἰκοδεσπότῃ τῆς **οἰκίας**·
Lk 22:54 εἰσήγαγον εἰς τὴν **οἰκίαν** τοῦ ἀρχιερέως·

οἰκοδεσπότης (*oikodespotēs*; 4/12) *householder*

Lk 12:39 εἰ ᾔδει ὁ **οἰκοδεσπότης** ποίᾳ ὥρᾳ ὁ
Lk 13:25 ἂν ἐγερθῇ ὁ **οἰκοδεσπότης** καὶ ἀποκλείσῃ
Lk 14:21 τότε ὀργισθεὶς ὁ **οἰκοδεσπότης** εἶπεν τῷ δούλῳ
Lk 22:11 καὶ ἐρεῖτε τῷ **οἰκοδεσπότῃ** τῆς οἰκίας·

οἰκοδομέω (*oikodomeō*; 12/40) *build*

Lk 4:29 οὗ ἡ πόλις **ᾠκοδόμητο** αὐτῶν ὥστε κατακρημνίσαι
Lk 6:48 ὅμοιός ἐστιν ἀνθρώπῳ **οἰκοδομοῦντι** οἰκίαν ὃς ἔσκαψεν
Lk 6:48 διὰ τὸ καλῶς **οἰκοδομῆσθαι** αὐτήν.
Lk 6:49 ὅμοιός ἐστιν ἀνθρώπῳ **οἰκοδομήσαντι** οἰκίαν ἐπὶ τὴν
Lk 7:5 τὴν συναγωγὴν αὐτὸς **ᾠκοδόμησεν** ἡμῖν.
Lk 11:47 ὅτι **οἰκοδομεῖτε** τὰ μνημεῖα τῶν
Lk 11:48 ὑμεῖς δὲ **οἰκοδομεῖτε**.
Lk 12:18 ἀποθήκας καὶ μείζονας **οἰκοδομήσω** καὶ συνάξω ἐκεῖ
Lk 14:28 ὑμῶν θέλων πύργον **οἰκοδομῆσαι** οὐχὶ πρῶτον καθίσας
Lk 14:30 ὁ ἄνθρωπος ἤρξατο **οἰκοδομεῖν** καὶ οὐκ ἴσχυσεν
Lk 17:28 **ᾠκοδόμουν**·
Lk 20:17 ὃν ἀπεδοκίμασαν οἱ **οἰκοδομοῦντες**,

οἰκονομέω (*oikonomeō*; 1/1) *be manager*

Lk 16:2 γὰρ δύνῃ ἔτι **οἰκονομεῖν**.

οἰκονομία (*oikonomia*; 3/9) *management of a household*

Lk 16:2 τὸν λόγον τῆς **οἰκονομίας** σου,
Lk 16:3 μου ἀφαιρεῖται τὴν **οἰκονομίαν** ἀπ᾽ ἐμοῦ;
Lk 16:4 μετασταθῶ ἐκ τῆς **οἰκονομίας** δέξωνταί με

οἰκονόμος (*oikonomos*; 4/10) *steward*

Lk 12:42 ἐστὶν ὁ πιστὸς **οἰκονόμος** ὁ φρόνιμος,
Lk 16:1 πλούσιος ὃς εἶχεν **οἰκονόμον**,
Lk 16:3 ἐν ἑαυτῷ ὁ **οἰκονόμος**·
Lk 16:8 ὁ κύριος τὸν **οἰκονόμον** τῆς ἀδικίας ὅτι

οἶκος (*oikos*; 33/113[114]) *house*

Lk 1:23 ἀπῆλθεν εἰς τὸν **οἶκον** αὐτοῦ.
Lk 1:27 ὄνομα Ἰωσὴφ ἐξ **οἴκου** Δαυὶδ καὶ τὸ
Lk 1:33 βασιλεύσει ἐπὶ τὸν **οἶκον** Ἰακὼβ εἰς τοὺς
Lk 1:40 εἰσῆλθεν εἰς τὸν **οἶκον** Ζαχαρίου καὶ ἠσπάσατο
Lk 1:56 ὑπέστρεψεν εἰς τὸν **οἶκον** αὐτῆς.
Lk 1:69 σωτηρίας ἡμῖν ἐν **οἴκῳ** Δαυὶδ παιδὸς αὐτοῦ,
Lk 2:4 εἶναι αὐτὸν ἐξ **οἴκου** καὶ πατριᾶς Δαυίδ,
Lk 5:24 πορεύου εἰς τὸν **οἶκόν** σου.
Lk 5:25 ἀπῆλθεν εἰς τὸν **οἶκον** αὐτοῦ δοξάζων τὸν
Lk 6:4 εἰσῆλθεν εἰς τὸν **οἶκον** τοῦ θεοῦ καὶ
Lk 7:10 ὑποστρέψαντες εἰς τὸν **οἶκον** οἱ πεμφθέντες εὗρον
Lk 7:36 εἰσελθὼν εἰς τὸν **οἶκον** τοῦ Φαρισαίου κατεκλίθη.
Lk 8:39 ὑπόστρεφε εἰς τὸν **οἶκόν** σου καὶ διηγοῦ
Lk 8:41 εἰσελθεῖν εἰς τὸν **οἶκον** αὐτοῦ,
Lk 9:61 τοῖς εἰς τὸν **οἶκόν** μου.
Lk 10:5 εἰρήνη τῷ **οἴκῳ** τούτῳ.
Lk 11:17 διαμερισθεῖσα ἐρημοῦται καὶ **οἶκος** ἐπὶ οἶκον πίπτει.
Lk 11:17 καὶ οἶκος ἐπὶ **οἶκον** πίπτει.
Lk 11:24 ὑποστρέψω εἰς τὸν **οἶκόν** μου ὅθεν ἐξῆλθον·
Lk 11:51 θυσιαστηρίου καὶ τοῦ **οἴκου**·
Lk 12:39 ἀφῆκεν διορυχθῆναι τὸν **οἶκον** αὐτοῦ.
Lk 12:52 πέντε ἐν ἑνὶ **οἴκῳ** διαμεμερισμένοι,
Lk 13:35 ἀφίεται ὑμῖν ὁ **οἶκος** ὑμῶν.
Lk 14:1 ἐλθεῖν αὐτὸν εἰς **οἶκόν** τινος τῶν ἀρχόντων
Lk 14:23 γεμισθῇ μου ὁ **οἶκος**·
Lk 15:6 ἐλθὼν εἰς τὸν **οἶκον** συγκαλεῖ τοὺς φίλους
Lk 16:4 με εἰς τοὺς **οἴκους** αὐτῶν.
Lk 16:27 αὐτὸν εἰς τὸν **οἶκον** τοῦ πατρός μου,

Lk 18:14 δεδικαιωμένος εἰς τὸν **οἶκον** αὐτοῦ παρ᾽ ἐκεῖνον·
Lk 19:5 γὰρ ἐν τῷ **οἴκῳ** σου δεῖ με
Lk 19:9 σήμερον σωτηρία τῷ **οἴκῳ** τούτῳ ἐγένετο,
Lk 19:46 καὶ ἔσται ὁ **οἶκός** μου οἶκος προσευχῆς,
Lk 19:46 ὁ οἶκός μου **οἶκος** προσευχῆς,

οἰκουμένη (*oikoumenē*; 3/15) *world*

Lk 2:1 ἀπογράφεσθαι πᾶσαν τὴν **οἰκουμένην**.
Lk 4:5 τὰς βασιλείας τῆς **οἰκουμένης** ἐν στιγμῇ χρόνου
Lk 21:26 τῶν ἐπερχομένων τῇ **οἰκουμένῃ**,

οἰκτίρμων (*oiktirmōn*; 2/3) *merciful*

Lk 6:36 Γίνεσθε **οἰκτίρμονες** καθὼς [καὶ] ὁ
Lk 6:36 ὁ πατὴρ ὑμῶν **οἰκτίρμων** ἐστίν.

οἰνοπότης (*oinopotēs*; 1/2) *drinker*

Lk 7:34 ἄνθρωπος φάγος καὶ **οἰνοπότης**,

οἶνος (*oinos*; 6/34) *wine*

Lk 1:15 καὶ **οἶνον** καὶ σίκερα οὐ
Lk 5:37 καὶ οὐδεὶς βάλλει **οἶνον** νέον εἰς ἀσκοὺς
Lk 5:37 ῥήξει ὁ **οἶνος** ὁ νέος τοὺς
Lk 5:38 ἀλλὰ **οἶνον** νέον εἰς ἀσκοὺς
Lk 7:33 ἄρτον μήτε πίνων **οἶνον**,
Lk 10:34 ἐπιχέων ἔλαιον καὶ **οἶνον**,

ὀκτώ (*oktō*; 3/8) *eight*

Lk 2:21 ὅτε ἐπλήσθησαν ἡμέραι **ὀκτὼ** τοῦ περιτεμεῖν αὐτὸν
Lk 9:28 τούτους ὡσεὶ ἡμέραι **ὀκτὼ** [καὶ] παραλαβὼν Πέτρον
Lk 13:16 ἰδοὺ δέκα καὶ **ὀκτὼ** ἔτη,

ὀλιγόπιστος (*oligopistos*; 1/5) *of little faith*

Lk 12:28 **ὀλιγόπιστοι**.

ὀλίγος (*oligos*; 6/40) *little*

Lk 5:3 τῆς γῆς ἐπαναγαγεῖν **ὀλίγον**·
Lk 7:47 ᾧ δὲ **ὀλίγον** ἀφίεται,
Lk 7:47 **ὀλίγον** ἀγαπᾷ.
Lk 10:2 οἱ δὲ ἐργάται **ὀλίγοι**·
Lk 12:48 ἄξια πληγῶν δαρήσεται **ὀλίγας**.
Lk 13:23 εἰ **ὀλίγοι** οἱ σῳζόμενοι;

ὅλος (*holos*; 17/109) *whole*

Lk 1:65 καὶ ἐν **ὅλῃ** τῇ ὀρεινῇ τῆς
Lk 4:14 φήμη ἐξῆλθεν καθ᾽ **ὅλης** τῆς περιχώρου περὶ
Lk 5:5 δι᾽ **ὅλης** νυκτὸς κοπιάσαντες οὐδὲν
Lk 7:17 λόγος οὗτος ἐν **ὅλῃ** τῇ Ἰουδαίᾳ περὶ
Lk 8:39 καὶ ἀπῆλθεν καθ᾽ **ὅλην** τὴν πόλιν κηρύσσων
Lk 8:43 ἥτις [ἰατροῖς προσαναλώσασα **ὅλον** τὸν βίον] οὐκ
Lk 9:25 κερδήσας τὸν κόσμον **ὅλον** ἑαυτὸν δὲ ἀπολέσας
Lk 10:27 θεόν σου ἐξ **ὅλης** [τῆς] καρδίας σου
Lk 10:27 σου καὶ ἐν **ὅλῃ** τῇ ψυχῇ σου
Lk 10:27 σου καὶ ἐν **ὅλῃ** τῇ ἰσχύϊ σου
Lk 10:27 σου καὶ ἐν **ὅλῃ** τῇ διανοίᾳ σου,
Lk 11:34 καὶ **ὅλον** τὸ σῶμά σου
Lk 11:36 τὸ σῶμά σου **ὅλον** φωτεινόν,
Lk 11:36 ἔσται φωτεινὸν **ὅλον** ὡς ὅταν ὁ
Lk 13:21 ἕως οὗ ἐζυμώθη **ὅλον**.
Lk 23:5 λαὸν διδάσκων καθ᾽ **ὅλης** τῆς Ἰουδαίας,
Lk 23:44 σκότος ἐγένετο ἐφ᾽ **ὅλην** τὴν γῆν ἕως

ὄμβρος (*ombros*; 1/1) *shower*

Lk 12:54 εὐθέως λέγετε ὅτι **ὄμβρος** ἔρχεται,

ὁμιλέω (*homileō*; 2/4) *talk*

Lk 24:14 καὶ αὐτοὶ **ὡμίλουν** πρὸς ἀλλήλους περὶ
Lk 24:15 ἐγένετο ἐν τῷ **ὁμιλεῖν** αὐτοὺς καὶ συζητεῖν

ὀμνύω (*omnyō*; 1/26) *swear*

Lk 1:73 ὅρκον ὃν **ὤμοσεν** πρὸς Ἀβραὰμ τὸν

ὅμοιος (*homoios*; 9/45) *like*

Lk 6:47 ὑμῖν τίνι ἐστὶν **ὅμοιος**·
Lk 6:48 **ὅμοιός** ἐστιν ἀνθρώπῳ οἰκοδομοῦντι
Lk 6:49 καὶ μὴ ποιήσας **ὅμοιός** ἐστιν ἀνθρώπῳ οἰκοδομήσαντι
Lk 7:31 καὶ τίνι εἰσὶν **ὅμοιοι**;
Lk 7:32 **ὅμοιοί** εἰσιν παιδίοις τοῖς
Lk 12:36 καὶ ὑμεῖς **ὅμοιοι** ἀνθρώποις προσδεχομένοις
Lk 13:18 τίνι **ὁμοία** ἐστὶν ἡ βασιλεία
Lk 13:19 **ὁμοία** ἐστὶν κόκκῳ σινάπεως,
Lk 13:21 **ὁμοία** ἐστὶν ζύμῃ,

ὁμοιόω (*homoioō*; 3/15) *make like*

Lk 7:31 Τίνι οὖν **ὁμοιώσω** τοὺς ἀνθρώπους τῆς
Lk 13:18 θεοῦ καὶ τίνι **ὁμοιώσω** αὐτήν;
Lk 13:20 τίνι **ὁμοιώσω** τὴν βασιλείαν τοῦ

ὁμοίως (*homoiōs*; 11/30) *in the same way*

Lk 3:11 ὁ ἔχων βρώματα **ὁμοίως** ποιείτω.
Lk 5:10 **ὁμοίως** δὲ καὶ Ἰάκωβον
Lk 5:33 καὶ δεήσεις ποιοῦνται **ὁμοίως** καὶ οἱ τῶν
Lk 6:31 ἄνθρωποι ποιεῖτε αὐτοῖς **ὁμοίως**.
Lk 10:32 **ὁμοίως** δὲ καὶ Λευίτης
Lk 10:37 καὶ σὺ ποίει **ὁμοίως**.
Lk 13:3 μὴ μετανοῆτε πάντες **ὁμοίως** ἀπολεῖσθε.
Lk 16:25 καὶ Λάζαρος **ὁμοίως** τὰ κακά·
Lk 17:28 **ὁμοίως** καθὼς ἐγένετο ἐν
Lk 17:31 ὁ ἐν ἀγρῷ **ὁμοίως** μὴ ἐπιστρεψάτω εἰς
Lk 22:36 **ὁμοίως** καὶ πήραν,

ὁμολογέω (*homologeō*; 2/26) *confess*

Lk 12:8 πᾶς ὃς ἂν **ὁμολογήσῃ** ἐν ἐμοὶ ἔμπροσθεν
Lk 12:8 υἱὸς τοῦ ἀνθρώπου **ὁμολογήσει** ἐν αὐτῷ ἔμπροσθεν

ὀνειδίζω (*oneidizō*; 1/8[9]) *reproach*

Lk 6:22 ἀφορίσωσιν ὑμᾶς καὶ **ὀνειδίσωσιν** καὶ ἐκβάλωσιν τὸ

ὄνειδος (*oneidos*; 1/1) *disgrace*

Lk 1:25 αἷς ἐπεῖδεν ἀφελεῖν **ὄνειδός** μου ἐν ἀνθρώποις.

ὄνομα (*onoma*; 34/229[230]) *name*

Lk 1:5 Ἰουδαίας ἱερεύς τις **ὀνόματι** Ζαχαρίας ἐξ ἐφημερίας
Lk 1:5 Ἀαρὼν καὶ τὸ **ὄνομα** αὐτῆς Ἐλισάβετ.
Lk 1:13 καὶ καλέσεις τὸ **ὄνομα** αὐτοῦ Ἰωάννην.
Lk 1:26 τῆς Γαλιλαίας ᾗ **ὄνομα** Ναζαρὲθ
Lk 1:27 ἐμνηστευμένην ἀνδρὶ ᾧ **ὄνομα** Ἰωσὴφ ἐξ οἴκου
Lk 1:27 Δαυὶδ καὶ τὸ **ὄνομα** τῆς παρθένου Μαριάμ.
Lk 1:31 καὶ καλέσεις τὸ **ὄνομα** αὐτοῦ Ἰησοῦν.
Lk 1:49 καὶ ἅγιον τὸ **ὄνομα** αὐτοῦ,
Lk 1:59 αὐτὸ ἐπὶ τῷ **ὀνόματι** τοῦ πατρὸς αὐτοῦ
Lk 1:61 ὃς καλεῖται τῷ **ὀνόματι** τούτῳ.
Lk 1:63 Ἰωάννης ἐστὶν **ὄνομα** αὐτοῦ.
Lk 2:21 καὶ ἐκλήθη τὸ **ὄνομα** αὐτοῦ Ἰησοῦς,
Lk 2:25 ἐν Ἰερουσαλὴμ ᾧ **ὄνομα** Συμεὼν καὶ ὁ
Lk 5:27 καὶ ἐθεάσατο τελώνην **ὀνόματι** Λευὶν καθήμενον ἐπὶ
Lk 6:22 καὶ ἐκβάλωσιν τὸ **ὄνομα** ὑμῶν ὡς πονηρὸν
Lk 8:30 τί σοι **ὄνομά** ἐστιν;
Lk 8:41 ἦλθεν ἀνὴρ ᾧ **ὄνομα** Ἰάϊρος καὶ οὗτος
Lk 9:48 παιδίον ἐπὶ τῷ **ὀνόματί** μου,
Lk 9:49 τινα ἐν τῷ **ὀνόματί** σου ἐκβάλλοντα δαιμόνια
Lk 10:17 ἡμῖν ἐν τῷ **ὀνόματί** σου.
Lk 10:20 δὲ ὅτι τὰ **ὀνόματα** ὑμῶν ἐγγέγραπται ἐν
Lk 10:38 γυνὴ δέ τις **ὀνόματι** Μάρθα ὑπεδέξατο αὐτόν.
Lk 11:2 ἁγιασθήτω τὸ **ὄνομά** σου·
Lk 13:35 ὁ ἐρχόμενος ἐν **ὀνόματι** κυρίου.
Lk 16:20 πτωχὸς δέ τις **ὀνόματι** Λάζαρος ἐβέβλητο
Lk 19:2 Καὶ ἰδοὺ ἀνὴρ **ὀνόματι** καλούμενος Ζακχαῖος,
Lk 19:38 ὁ βασιλεὺς ἐν **ὀνόματι** κυρίου·
Lk 21:8 ἐλεύσονται ἐπὶ τῷ **ὀνόματί** μου λέγοντες·
Lk 21:12 ἡγεμόνας ἕνεκεν τοῦ **ὀνόματός** μου·
Lk 21:17 πάντων διὰ τὸ **ὄνομά** μου.
Lk 23:50 Καὶ ἰδοὺ ἀνὴρ **ὀνόματι** Ἰωσὴφ βουλευτὴς ὑπάρχων
Lk 24:13 ᾗ **ὄνομα** Ἐμμαοῦς,
Lk 24:18 ἀποκριθεὶς δὲ εἷς **ὀνόματι** Κλεοπᾶς εἶπεν
Lk 24:47 κηρυχθῆναι ἐπὶ τῷ **ὀνόματι** αὐτοῦ μετάνοιαν

ὀνομάζω (*onomazō*; 2/10) *name*

Lk 6:13 οὓς καὶ ἀποστόλους **ὠνόμασεν**·
Lk 6:14 Σίμωνα ὃν καὶ **ὠνόμασεν** Πέτρον,

ὄνος (*onos*; 1/5) *donkey*

Lk 13:15 αὐτοῦ ἢ τὸν **ὄνον** ἀπὸ τῆς φάτνης

ὄντως (*ontōs*; 2/10) *really*

Lk 23:47 **ὄντως** ὁ ἄνθρωπος οὗτος
Lk 24:34 λέγοντας ὅτι **ὄντως** ἠγέρθη ὁ κύριος

ὄξος (*oxos*; 1/6) *sour wine*

Lk 23:36 **ὄξος** προσφέροντες αὐτῷ

ὄπισθεν (*opisthen*; 2/7) *behind*

Lk 8:44 προσελθοῦσα **ὄπισθεν** ἥψατο τοῦ κρασπέδου
Lk 23:26 τὸν σταυρὸν φέρειν **ὄπισθεν** τοῦ Ἰησοῦ.

ὀπίσω (*opisō*; 7/35) *after*

Lk 7:38 καὶ στᾶσα **ὀπίσω** παρὰ τοὺς πόδας
Lk 9:23 εἴ τις θέλει **ὀπίσω** μου ἔρχεσθαι,
Lk 9:62 βλέπων εἰς τὰ **ὀπίσω** εὔθετός ἐστιν τῇ
Lk 14:27 ἑαυτοῦ καὶ ἔρχεται **ὀπίσω** μου,
Lk 17:31 ἐπιστρεψάτω εἰς τὰ **ὀπίσω**.
Lk 19:14 καὶ ἀπέστειλαν πρεσβείαν **ὀπίσω** αὐτοῦ λέγοντες·
Lk 21:8 μὴ πορευθῆτε **ὀπίσω** αὐτῶν.

ὅπου (*hopou*; 5/82) *where*

Lk 9:57 ἀκολουθήσω σοι **ὅπου** ἐὰν ἀπέρχῃ.
Lk 12:33 **ὅπου** κλέπτης οὐκ ἐγγίζει
Lk 12:34 **ὅπου** γάρ ἐστιν ὁ
Lk 17:37 **ὅπου** τὸ σῶμα,
Lk 22:11 ἐστιν τὸ κατάλυμα **ὅπου** τὸ πάσχα μετὰ

ὀπτασία (*optasia*; 2/4) *vision*

Lk 1:22 καὶ ἐπέγνωσαν ὅτι **ὀπτασίαν** ἑώρακεν ἐν τῷ
Lk 24:23 ἦλθον λέγουσαι καὶ **ὀπτασίαν** ἀγγέλων ἑωρακέναι,

ὀπτός (*optos*; 1/1) *broiled*

Lk 24:42 ἐπέδωκαν αὐτῷ ἰχθύος **ὀπτοῦ** μέρος·

ὅπως (*hopōs*; 7/53) *that*

Lk 2:35 **ὅπως** ἂν ἀποκαλυφθῶσιν ἐκ
Lk 7:3 Ἰουδαίων ἐρωτῶν αὐτὸν **ὅπως** ἐλθὼν διασώσῃ τὸν
Lk 10:2 κυρίου τοῦ θερισμοῦ **ὅπως** ἐργάτας ἐκβάλῃ
Lk 11:37 ἐρωτᾷ αὐτὸν Φαρισαῖος **ὅπως** ἀριστήσῃ παρ' αὐτῷ·
Lk 16:26 **ὅπως** οἱ θέλοντες διαβῆναι
Lk 16:28 **ὅπως** διαμαρτύρηται αὐτοῖς,
Lk 24:20 **ὅπως** τε παρέδωκαν αὐτὸν

ὁράω (*horaō*; 81/452) *see*

Lk 1:11 **ὤφθη** δὲ αὐτῷ ἄγγελος
Lk 1:12 καὶ ἐταράχθη Ζαχαρίας **ἰδὼν** καὶ φόβος ἐπέπεσεν
Lk 1:22 ἐπέγνωσαν ὅτι ὀπτασίαν **ἑώρακεν** ἐν τῷ ναῷ·
Lk 2:15 ἕως Βηθλέεμ καὶ **ἴδωμεν** τὸ ῥῆμα τοῦτο
Lk 2:17 **ἰδόντες** δὲ ἐγνώρισαν περὶ
Lk 2:20 οἷς ἤκουσαν καὶ **εἶδον** καθὼς ἐλαλήθη πρὸς
Lk 2:26 τοῦ ἁγίου μὴ **ἰδεῖν** θάνατον πρὶν [ἢ]
Lk 2:26 πρὶν [ἢ] ἂν **ἴδῃ** τὸν χριστὸν κυρίου.
Lk 2:30 ὅτι **εἶδον** οἱ ὀφθαλμοί μου
Lk 2:48 καὶ **ἰδόντες** αὐτὸν ἐξεπλάγησαν,
Lk 3:6 καὶ **ὄψεται** πᾶσα σὰρξ τὸ
Lk 5:2 καὶ **εἶδεν** δύο πλοῖα ἑστῶτα
Lk 5:8 **ἰδὼν** δὲ Σίμων Πέτρος
Lk 5:12 **ἰδὼν** δὲ τὸν Ἰησοῦν,
Lk 5:20 καὶ **ἰδὼν** τὴν πίστιν αὐτῶν
Lk 5:26 φόβου λέγοντες ὅτι **εἴδομεν** παράδοξα σήμερον.
Lk 7:13 καὶ **ἰδὼν** αὐτὴν ὁ κύριος
Lk 7:22 ἀπαγγείλατε Ἰωάννῃ ἃ **εἴδετε** καὶ ἠκούσατε·
Lk 7:25 ἀλλὰ τί ἐξήλθατε **ἰδεῖν**;
Lk 7:26 ἀλλὰ τί ἐξήλθατε **ἰδεῖν**;
Lk 7:39 **ἰδὼν** δὲ ὁ Φαρισαῖος
Lk 8:20 σου ἑστήκασιν ἔξω **ἰδεῖν** θέλοντές σε.

Lk 8:28 **ἰδὼν** δὲ τὸν Ἰησοῦν
Lk 8:34 **ἰδόντες** δὲ οἱ βόσκοντες
Lk 8:35 ἐξῆλθον δὲ **ἰδεῖν** τὸ γεγονὸς καὶ
Lk 8:36 δὲ αὐτοῖς οἱ **ἰδόντες** πῶς ἐσώθη ὁ
Lk 8:47 **ἰδοῦσα** δὲ ἡ γυνὴ
Lk 9:9 καὶ ἐζήτει **ἰδεῖν** αὐτόν.
Lk 9:27 θανάτου ἕως ἂν **ἴδωσιν** τὴν βασιλείαν τοῦ
Lk 9:31 οἳ **ὀφθέντες** ἐν δόξῃ ἔλεγον
Lk 9:32 διαγρηγορήσαντες δὲ **εἶδον** τὴν δόξαν αὐτοῦ
Lk 9:36 ἡμέραις οὐδὲν ὧν **ἑώρακαν**.
Lk 9:49 **εἴδομέν** τινα ἐν τῷ
Lk 9:54 **ἰδόντες** δὲ οἱ μαθηταὶ
Lk 10:24 καὶ βασιλεῖς ἠθέλησαν **ἰδεῖν** ἃ ὑμεῖς βλέπετε
Lk 10:24 βλέπετε καὶ οὐκ **εἶδαν**,
Lk 10:31 ὁδῷ ἐκείνῃ καὶ **ἰδὼν** αὐτὸν ἀντιπαρῆλθεν·
Lk 10:32 τόπον ἐλθὼν καὶ **ἰδὼν** ἀντιπαρῆλθεν.
Lk 10:33 κατ' αὐτὸν καὶ **ἰδὼν** ἐσπλαγχνίσθη,
Lk 11:38 ὁ δὲ Φαρισαῖος **ἰδὼν** ἐθαύμασεν ὅτι οὐ
Lk 12:15 **ὁρᾶτε** καὶ φυλάσσεσθε ἀπὸ
Lk 12:54 ὅταν **ἴδητε** [τὴν] νεφέλην ἀνατέλλουσαν
Lk 13:12 **ἰδὼν** δὲ αὐτὴν ὁ
Lk 13:28 ὅταν **ὄψησθε** Ἀβραὰμ καὶ Ἰσαὰκ
Lk 13:35 οὐ μὴ **ἴδητέ** με ἕως [ἥξει
Lk 14:18 ἔχω ἀνάγκην ἐξελθὼν **ἰδεῖν** αὐτόν·
Lk 15:20 αὐτοῦ μακρὰν ἀπέχοντος **εἶδεν** αὐτὸν ὁ πατὴρ
Lk 16:23 **ὁρᾷ** Ἀβραὰμ ἀπὸ μακρόθεν
Lk 17:14 καὶ **ἰδὼν** εἶπεν αὐτοῖς·
Lk 17:15 **ἰδὼν** ὅτι ἰάθη,
Lk 17:22 υἱοῦ τοῦ ἀνθρώπου **ἰδεῖν** καὶ οὐκ ὄψεσθε.
Lk 17:22 ἰδεῖν καὶ οὐκ **ὄψεσθε**.
Lk 18:15 **ἰδόντες** δὲ οἱ μαθηταὶ
Lk 18:24 **ἰδὼν** δὲ αὐτὸν ὁ
Lk 18:43 πᾶς ὁ λαὸς **ἰδὼν** ἔδωκεν αἶνον τῷ
Lk 19:3 καὶ ἐζήτει **ἰδεῖν** τὸν Ἰησοῦν τίς
Lk 19:4 ἐπὶ συκομορέαν ἵνα **ἴδῃ** αὐτὸν ὅτι ἐκείνης
Lk 19:7 καὶ **ἰδόντες** πάντες διεγόγγυζον λέγοντες
Lk 19:37 περὶ πασῶν ὧν **εἶδον** δυνάμεων,
Lk 19:41 Καὶ ὡς ἤγγισεν **ἰδὼν** τὴν πόλιν ἔκλαυσεν
Lk 20:14 **ἰδόντες** δὲ αὐτὸν οἱ
Lk 21:1 Ἀναβλέψας δὲ **εἶδεν** τοὺς βάλλοντας εἰς
Lk 21:2 **εἶδεν** δέ τινα χήραν
Lk 21:20 Ὅταν δὲ **ἴδητε** κυκλουμένην ὑπὸ στρατοπέδων
Lk 21:27 καὶ τότε **ὄψονται** τὸν υἱὸν τοῦ
Lk 21:29 **ἴδετε** τὴν συκῆν καὶ
Lk 21:31 ὅταν **ἴδητε** ταῦτα γινόμενα,
Lk 22:43 [[**ὤφθη** δὲ αὐτῷ ἄγγελος
Lk 22:49 **ἰδόντες** δὲ οἱ περὶ
Lk 22:56 **ἰδοῦσα** δὲ αὐτὸν παιδίσκη
Lk 22:58 μετὰ βραχὺ ἕτερος **ἰδὼν** αὐτὸν ἔφη·
Lk 23:8 Ὁ δὲ Ἡρῴδης **ἰδὼν** τὸν Ἰησοῦν ἐχάρη
Lk 23:8 ἱκανῶν χρόνων θέλων **ἰδεῖν** αὐτὸν διὰ τὸ
Lk 23:8 ἤλπιζέν τι σημεῖον **ἰδεῖν** ὑπ' αὐτοῦ γινόμενον.
Lk 23:47 **ἰδὼν** δὲ ὁ ἑκατοντάρχης
Lk 23:49 ἀπὸ τῆς Γαλιλαίας **ὁρῶσαι** ταῦτα.
Lk 24:23 καὶ ὀπτασίαν ἀγγέλων **ἑωρακέναι**,
Lk 24:24 αὐτὸν δὲ οὐκ **εἶδον**.
Lk 24:34 ὁ κύριος καὶ **ὤφθη** Σίμωνι.
Lk 24:39 **ἴδετε** τὰς χεῖράς μου
Lk 24:39 ψηλαφήσατέ με καὶ **ἴδετε**,

ὀργή (*orgē*; 2/36) *wrath*
Lk 3:7 ἀπὸ τῆς μελλούσης **ὀργῆς**;
Lk 21:23 τῆς γῆς καὶ **ὀργὴ** τῷ λαῷ τούτῳ,

ὀργίζω (*orgizō*; 2/8) *be angry*
Lk 14:21 τότε **ὀργισθεὶς** ὁ οἰκοδεσπότης εἶπεν
Lk 15:28 **ὠργίσθη** δὲ καὶ οὐκ

ὀρεινός (*oreinos*; 2/2) *hill country*
Lk 1:39 ἐπορεύθη εἰς τὴν **ὀρεινὴν** μετὰ σπουδῆς εἰς
Lk 1:65 ἐν ὅλῃ τῇ **ὀρεινῇ** τῆς Ἰουδαίας διελαλεῖτο

ὀρθρίζω (*orthrizō*; 1/1) *come early in the morning*
Lk 21:38 πᾶς ὁ λαὸς **ὤρθριζεν** πρὸς αὐτὸν ἐν

ὀρθρινός (*orthrinos*; 1/1) *early in the morning*
Lk 24:22 γενόμεναι **ὀρθριναὶ** ἐπὶ τὸ μνημεῖον,

ὄρθρος (*orthros*; 1/2[3]) *early morning*
Lk 24:1 μιᾷ τῶν σαββάτων **ὄρθρου** βαθέως ἐπὶ τὸ

ὀρθῶς (*orthōs*; 3/4) *rightly*
Lk 7:43 **ὀρθῶς** ἔκρινας.
Lk 10:28 **ὀρθῶς** ἀπεκρίθης·
Lk 20:21 οἴδαμεν ὅτι **ὀρθῶς** λέγεις καὶ διδάσκεις

ὁρίζω (*horizō*; 1/8) *decide*
Lk 22:22 ἀνθρώπου κατὰ τὸ **ὡρισμένον** πορεύεται,

ὅρκος (*horkos*; 1/10) *oath*
Lk 1:73 **ὅρκον** ὃν ὤμοσεν πρὸς

ὁρμάω (*hormaō*; 1/5) *rush*
Lk 8:33 καὶ **ὥρμησεν** ἡ ἀγέλη κατὰ

ὄρνις (*ornis*; 1/2) *hen*
Lk 13:34 σου ὃν τρόπον **ὄρνις** τὴν ἑαυτῆς νοσσιὰν

ὄρος (*oros*; 12/62[63]) *mountain*
Lk 3:5 πληρωθήσεται καὶ πᾶν **ὄρος** καὶ βουνὸς ταπεινωθήσεται,
Lk 4:29 ἕως ὀφρύος τοῦ **ὄρους** ἐφ' οὗ ἡ
Lk 6:12 αὐτὸν εἰς τὸ **ὄρος** προσεύξασθαι,
Lk 8:32 βοσκομένη ἐν τῷ **ὄρει**·
Lk 9:28 ἀνέβη εἰς τὸ **ὄρος** προσεύξασθαι.
Lk 9:37 αὐτῶν ἀπὸ τοῦ **ὄρους** συνήντησεν αὐτῷ ὄχλος
Lk 19:29 Βηθανία[ν] πρὸς τὸ **ὄρος** τὸ καλούμενον Ἐλαιῶν,
Lk 19:37 τῇ καταβάσει τοῦ **ὄρους** τῶν ἐλαιῶν ἤρξαντο
Lk 21:21 φευγέτωσαν εἰς τὰ **ὄρη** καὶ οἱ ἐν
Lk 21:37 ηὐλίζετο εἰς τὸ **ὄρος** τὸ καλούμενον Ἐλαιῶν·
Lk 22:39 ἔθος εἰς τὸ **ὄρος** τῶν ἐλαιῶν,
Lk 23:30 ἄρξονται λέγειν τοῖς **ὄρεσιν**·

ὀρχέομαι (*orcheomai*; 1/4) *dance*

Lk 7:32 ὑμῖν καὶ οὐκ **ὠρχήσασθε**,

ὅς (*hos*; 190/1406[1407]) *who*

Lk 1:4 ἵνα ἐπιγνῷς περὶ **ὧν** κατηχήθης λόγων τὴν
Lk 1:20 δυνάμενος λαλῆσαι ἄχρι **ἧς** ἡμέρας γένηται ταῦτα,
Lk 1:20 ἀνθ᾽ **ὧν** οὐκ ἐπίστευσας τοῖς
Lk 1:25 κύριος ἐν ἡμέραις **αἷς** ἐπεῖδεν ἀφελεῖν ὄνειδός
Lk 1:26 πόλιν τῆς Γαλιλαίας **ᾗ** ὄνομα Ναζαρὲθ
Lk 1:27 παρθένον ἐμνηστευμένην ἀνδρὶ **ᾧ** ὄνομα Ἰωσὴφ ἐξ
Lk 1:61 τῆς συγγενείας σου **ὃς** καλεῖται τῷ ὀνόματι
Lk 1:73 ὅρκον **ὃν** ὤμοσεν πρὸς Ἀβραὰμ
Lk 1:78 ἐν **οἷς** ἐπισκέψεται ἡμᾶς ἀνατολὴ
Lk 2:11 ὑμῖν σήμερον σωτὴρ **ὅς** ἐστιν χριστὸς κύριος
Lk 2:15 τοῦτο τὸ γεγονὸς **ὃ** ὁ κύριος ἐγνώρισεν
Lk 2:20 θεὸν ἐπὶ πᾶσιν **οἷς** ἤκουσαν καὶ εἶδον
Lk 2:25 ἦν ἐν Ἰερουσαλὴμ **ᾧ** ὄνομα Συμεὼν καὶ
Lk 2:31 **ὃ** ἡτοίμασας κατὰ πρόσωπον
Lk 2:37 **ἣ** οὐκ ἀφίστατο τοῦ
Lk 2:50 συνῆκαν τὸ ῥῆμα **ὃ** ἐλάλησεν αὐτοῖς.
Lk 3:16 **οὗ** οὐκ εἰμὶ ἱκανὸς
Lk 3:17 **οὗ** τὸ πτύον ἐν
Lk 3:19 καὶ περὶ πάντων **ὧν** ἐποίησεν πονηρῶν ὁ
Lk 4:6 ἐμοὶ παραδέδοται καὶ **ᾧ** ἐὰν θέλω δίδωμι
Lk 4:18 κυρίου ἐπ᾽ ἐμὲ **οὗ** εἵνεκεν ἔχρισέν με
Lk 4:29 τοῦ ὄρους ἐφ᾽ **οὗ** ἡ πόλις ᾠκοδόμητο
Lk 5:3 **ὃ** ἦν Σίμωνος,
Lk 5:9 ἄγρᾳ τῶν ἰχθύων **ὧν** συνέλαβον,
Lk 5:10 **οἳ** ἦσαν κοινωνοὶ τῷ
Lk 5:17 Φαρισαῖοι καὶ νομοδιδάσκαλοι **οἳ** ἦσαν ἐληλυθότες ἐκ
Lk 5:18 ἐπὶ κλίνης ἄνθρωπον **ὃς** ἦν παραλελυμένος
Lk 5:21 τίς ἐστιν οὗτος **ὃς** λαλεῖ βλασφημίας;
Lk 5:25 ἄρας ἐφ᾽ **ὃ** κατέκειτο,
Lk 5:29 τελωνῶν καὶ ἄλλων **οἳ** ἦσαν μετ᾽ αὐτῶν
Lk 5:34 τοῦ νυμφῶνος ἐν **ᾧ** ὁ νυμφίος μετ᾽
Lk 6:2 τί ποιεῖτε **ὃ** οὐκ ἔξεστιν τοῖς
Lk 6:3 οὐδὲ τοῦτο ἀνέγνωτε **ὃ** ἐποίησεν Δαυὶδ ὅτε
Lk 6:4 **οὓς** οὐκ ἔξεστιν φαγεῖν
Lk 6:13 **οὓς** καὶ ἀποστόλους ὠνόμασεν·
Lk 6:14 Σίμωνα **ὃν** καὶ ὠνόμασεν Πέτρον,
Lk 6:16 **ὃς** ἐγένετο προδότης.
Lk 6:18 **οἳ** ἦλθον ἀκοῦσαι αὐτοῦ
Lk 6:34 ἐὰν δανίσητε παρ᾽ **ὧν** ἐλπίζετε λαβεῖν,
Lk 6:38 **ᾧ** γὰρ μέτρῳ μετρεῖτε
Lk 6:46 καὶ οὐ ποιεῖτε **ἃ** λέγω;
Lk 6:48 ἀνθρώπῳ οἰκοδομοῦντι οἰκίαν **ὃς** ἔσκαψεν καὶ ἐβάθυνεν
Lk 6:49 **ᾗ** προσέρηξεν ὁ ποταμός,
Lk 7:2 **ὃς** ἦν αὐτῷ ἔντιμος.
Lk 7:4 ὅτι ἄξιός ἐστιν **ᾧ** παρέξῃ τοῦτο·
Lk 7:22 πορευθέντες ἀπαγγείλατε Ἰωάννῃ **ἃ** εἴδετε καὶ ἠκούσατε·
Lk 7:23 καὶ μακάριός ἐστιν **ὃς** ἐὰν μὴ σκανδαλισθῇ
Lk 7:27 οὗτός ἐστιν περὶ **οὗ** γέγραπται·
Lk 7:27 **ὃς** κατασκευάσει τὴν ὁδόν
Lk 7:32 καὶ προσφωνοῦσιν ἀλλήλοις **ἃ** λέγει·
Lk 7:43 ὑπολαμβάνω ὅτι **ᾧ** τὸ πλεῖον ἐχαρίσατο.
Lk 7:45 αὕτη δὲ ἀφ᾽ **ἧς** εἰσῆλθον οὐ διέλιπεν
Lk 7:47 **οὗ** χάριν λέγω σοι,
Lk 7:47 **ᾧ** δὲ ὀλίγον ἀφίεται,
Lk 7:49 τίς οὗτός ἐστιν **ὃς** καὶ ἁμαρτίας ἀφίησιν;
Lk 8:2 καὶ γυναῖκές τινες **αἳ** ἦσαν τεθεραπευμέναι
Lk 8:2 ἀφ᾽ **ἧς** δαιμόνια ἑπτὰ ἐξεληλύθει,
Lk 8:5 τῷ σπείρειν αὐτὸν **ὃ** μὲν ἔπεσεν παρὰ
Lk 8:13 ἐπὶ τῆς πέτρας **οἳ** ὅταν ἀκούσωσιν μετὰ
Lk 8:13 **οἳ** πρὸς καιρὸν πιστεύουσιν
Lk 8:17 γάρ ἐστιν κρυπτὸν **ὃ** οὐ φανερὸν γενήσεται
Lk 8:17 γενήσεται οὐδὲ ἀπόκρυφον **ὃ** οὐ μὴ γνωσθῇ
Lk 8:18 **ὃς** ἂν γὰρ ἔχῃ,
Lk 8:18 καὶ **ὃς** ἂν μὴ ἔχῃ,
Lk 8:18 καὶ **ὃ** δοκεῖ ἔχειν ἀρθήσεται
Lk 8:35 τὸν ἄνθρωπον ἀφ᾽ **οὗ** τὰ δαιμόνια ἐξῆλθεν
Lk 8:38 ὁ ἀνὴρ ἀφ᾽ **οὗ** ἐξεληλύθει τὰ δαιμόνια
Lk 8:41 ἰδοὺ ἦλθεν ἀνὴρ **ᾧ** ὄνομα Ἰάϊρος καὶ
Lk 8:47 προσπεσοῦσα αὐτῷ δι᾽ **ἣν** αἰτίαν ἥψατο αὐτοῦ
Lk 9:4 καὶ εἰς **ἣν** ἂν οἰκίαν εἰσέλθητε,
Lk 9:9 ἐστιν οὗτος περὶ **οὗ** ἀκούω τοιαῦτα;
Lk 9:24 **ὃς** γὰρ ἂν θέλῃ
Lk 9:24 **ὃς** δ᾽ ἂν ἀπολέσῃ
Lk 9:26 **ὃς** γὰρ ἂν ἐπαισχυνθῇ
Lk 9:27 τῶν αὐτοῦ ἑστηκότων **οἳ** οὐ μὴ γεύσωνται
Lk 9:31 **οἳ** ὀφθέντες ἐν δόξῃ
Lk 9:31 **ἣν** ἤμελλεν πληροῦν ἐν
Lk 9:33 μὴ εἰδὼς **ὃ** λέγει.
Lk 9:36 ταῖς ἡμέραις οὐδὲν **ὧν** ἑώρακαν.
Lk 9:43 θαυμαζόντων ἐπὶ πᾶσιν **οἷς** ἐποίει εἶπεν
Lk 9:48 **ὃς** ἐὰν δέξηται τοῦτο
Lk 9:48 καὶ **ὃς** ἂν ἐμὲ δέξηται,
Lk 9:50 **ὃς** γὰρ οὐκ ἔστιν
Lk 10:5 εἰς **ἣν** δ᾽ ἂν εἰσέλθητε
Lk 10:8 καὶ εἰς **ἣν** ἂν πόλιν εἰσέρχησθε
Lk 10:10 εἰς **ἣν** δ᾽ ἂν πόλιν
Lk 10:22 ὁ υἱὸς καὶ **ᾧ** ἐὰν βούληται ὁ
Lk 10:23 ὀφθαλμοὶ οἱ βλέποντες **ἃ** βλέπετε.
Lk 10:24 βασιλεῖς ἠθέλησαν ἰδεῖν **ἃ** ὑμεῖς βλέπετε
Lk 10:24 καὶ ἀκοῦσαι **ἃ** ἀκούετε καὶ οὐκ
Lk 10:30 **οἳ** καὶ ἐκδύσαντες αὐτὸν
Lk 10:35 καὶ **ὅ** τι ἂν προσδαπανήσῃς
Lk 10:39 **[ἣ]** καὶ παρακαθεσθεῖσα πρὸς
Lk 11:6 καὶ οὐκ ἔχω **ὃ** παραθήσω αὐτῷ·
Lk 11:22 αὐτοῦ αἴρει ἐφ᾽ **ᾗ** ἐπεποίθει καὶ τὰ
Lk 11:27 σε καὶ μαστοὶ **οὓς** ἐθήλασας.
Lk 12:1 Ἐν **οἷς** ἐπισυναχθεισῶν τῶν μυριάδων
Lk 12:2 δὲ συγκεκαλυμμένον ἐστὶν **ὃ** οὐκ ἀποκαλυφθήσεται καὶ
Lk 12:2 ἀποκαλυφθήσεται καὶ κρυπτὸν **ὃ** οὐ γνωσθήσεται.
Lk 12:3 ἀνθ᾽ **ὧν** ὅσα ἐν τῇ
Lk 12:3 καὶ **ὃ** πρὸς τὸ οὖς ἐλαλήσατε
Lk 12:8 πᾶς **ὃς** ἂν ὁμολογήσῃ ἐν
Lk 12:10 Καὶ πᾶς **ὃς** ἐρεῖ λόγον εἰς
Lk 12:12 αὐτῇ τῇ ὥρᾳ **ἃ** δεῖ εἰπεῖν.
Lk 12:20 ἃ **δὲ** ἡτοίμασας,
Lk 12:24 **οἷς** οὐκ ἔστιν ταμεῖον
Lk 12:37 **οὓς** ἐλθὼν ὁ κύριος
Lk 12:40 ὅτι **ᾗ** ὥρᾳ οὐ δοκεῖτε
Lk 12:42 **ὃν** καταστήσει ὁ κύριος
Lk 12:43 **ὃν** ἐλθὼν ὁ κύριος
Lk 12:46 ἐκείνου ἐν ἡμέρᾳ **ᾗ** οὐ προσδοκᾷ καὶ
Lk 12:46 καὶ ἐν ὥρᾳ **ᾗ** οὐ γινώσκει,
Lk 12:48 παντὶ δὲ **ᾧ** ἐδόθη πολύ,
Lk 12:48 καὶ **ᾧ** παρέθεντο πολύ,

Lk 13:1 περὶ τῶν Γαλιλαίων **ὧν** τὸ αἷμα Πιλᾶτος
Lk 13:4 οἱ δεκαοκτὼ ἐφ' **οὓς** ἔπεσεν ὁ πύργος
Lk 13:7 τρία ἔτη ἀφ' **οὗ** ἔρχομαι ζητῶν καρπὸν
Lk 13:14 ἡμέραι εἰσὶν ἐν **αἷς** δεῖ ἐργάζεσθαι·
Lk 13:16 **ἣν** ἔδησεν ὁ σατανᾶς
Lk 13:19 **ὃν** λαβὼν ἄνθρωπος ἔβαλεν
Lk 13:21 **ἣν** λαβοῦσα γυνὴ [ἐν]έκρυψεν
Lk 13:21 σάτα τρία ἕως **οὗ** ἐζυμώθη ὅλον.
Lk 13:25 ἀφ' **οὗ** ἂν ἐγερθῇ ὁ
Lk 13:30 ἰδοὺ εἰσὶν ἔσχατοι **οἳ** ἔσονται πρῶτοι καὶ
Lk 13:30 καὶ εἰσὶν πρῶτοι **οἳ** ἔσονται ἔσχατοι.
Lk 13:34 τὰ τέκνα σου **ὃν** τρόπον ὄρνις τὴν
Lk 14:22 γέγονεν **ὃ** ἐπέταξας,
Lk 14:33 πᾶς ἐξ ὑμῶν **ὃς** οὐκ ἀποτάσσεται πᾶσιν
Lk 15:8 ζητεῖ ἐπιμελῶς ἕως **οὗ** εὕρῃ;
Lk 15:9 εὗρον τὴν δραχμὴν **ἣν** ἀπώλεσα.
Lk 15:16 ἐκ τῶν κερατίων **ὧν** ἤσθιον οἱ χοῖροι,
Lk 16:1 τις ἦν πλούσιος **ὃς** εἶχεν οἰκονόμον,
Lk 17:1 πλὴν οὐαὶ δι' **οὗ** ἔρχεται·
Lk 17:7 **ὃς** εἰσελθόντι ἐκ τοῦ
Lk 17:10 **ὃ** ὠφείλομεν ποιῆσαι πεποιήκαμεν.
Lk 17:12 **οἳ** ἔστησαν πόρρωθεν
Lk 17:27 ἄχρι **ἧς** ἡμέρας εἰσῆλθεν Νῶε
Lk 17:29 **ᾗ** δὲ ἡμέρᾳ ἐξῆλθεν
Lk 17:30 τὰ αὐτὰ ἔσται **ᾗ** ἡμέρᾳ ὁ υἱὸς
Lk 17:31 ἐκείνῃ τῇ ἡμέρᾳ **ὃς** ἔσται ἐπὶ τοῦ
Lk 17:33 **ὃς** ἐὰν ζητήσῃ τὴν
Lk 17:33 **ὃς** δ' ἂν ἀπολέσῃ
Lk 18:17 ὃς **ἂν** μὴ δέξηται τὴν
Lk 18:29 ὅτι οὐδείς ἐστιν **ὃς** ἀφῆκεν οἰκίαν ἢ
Lk 18:30 **ὃς** οὐχὶ μὴ [ἀπο]λάβῃ
Lk 19:13 πραγματεύσασθε ἐν **ᾧ** ἔρχομαι.
Lk 19:15 τοὺς δούλους τούτους **οἷς** δεδώκει τὸ ἀργύριον,
Lk 19:20 ἡ μνᾶ σου **ἣν** εἶχον ἀποκειμένην ἐν
Lk 19:21 αἴρεις **ὃ** οὐκ ἔθηκας καὶ
Lk 19:21 ἔθηκας καὶ θερίζεις **ὃ** οὐκ ἔσπειρας.
Lk 19:22 αἴρων **ὃ** οὐκ ἔθηκα καὶ
Lk 19:22 ἔθηκα καὶ θερίζων **ὃ** οὐκ ἔσπειρα;
Lk 19:26 μὴ ἔχοντος καὶ **ὃ** ἔχει ἀρθήσεται.
Lk 19:30 ἐν **ᾗ** εἰσπορευόμενοι εὑρήσετε πῶλον
Lk 19:30 ἐφ' **ὃν** οὐδεὶς πώποτε ἀνθρώπων
Lk 19:37 μεγάλῃ περὶ πασῶν **ὧν** εἶδον δυνάμεων,
Lk 19:44 ἀνθ' **ὧν** οὐκ ἔγνως τὸν
Lk 20:17 λίθον **ὃν** ἀπεδοκίμασαν οἱ οἰκοδομοῦντες,
Lk 20:18 ἐφ' **ὃν** δ' ἂν πέσῃ,
Lk 20:47 **οἳ** κατεσθίουσιν τὰς οἰκίας
Lk 21:4 πάντα τὸν βίον **ὃν** εἶχεν ἔβαλεν.
Lk 21:6 ταῦτα **ἃ** θεωρεῖτε ἐλεύσονται ἡμέραι
Lk 21:6 ἐλεύσονται ἡμέραι ἐν **αἷς** οὐκ ἀφεθήσεται λίθος
Lk 21:6 λίθος ἐπὶ λίθῳ **ὃς** οὐ καταλυθήσεται.
Lk 21:15 στόμα καὶ σοφίαν **ᾗ** οὐ δυνήσονται ἀντιστῆναι
Lk 21:24 ἄχρι **οὗ** πληρωθῶσιν καιροὶ ἐθνῶν.
Lk 22:7 [ἐν] **ᾗ** ἔδει θύεσθαι τὸ
Lk 22:10 τὴν οἰκίαν εἰς **ἣν** εἰσπορεύεται,
Lk 22:18 τῆς ἀμπέλου ἕως **οὗ** ἡ βασιλεία τοῦ
Lk 22:22 ἀνθρώπῳ ἐκείνῳ δι' **οὗ** παραδίδοται.
Lk 22:60 οὐκ οἶδα **ὃ** λέγεις.
Lk 23:14 ἀνθρώπῳ τούτῳ αἴτιον **ὧν** κατηγορεῖτε κατ' αὐτοῦ.
Lk 23:25 βεβλημένον εἰς φυλακὴν **ὃν** ᾐτοῦντο,
Lk 23:27 λαοῦ καὶ γυναικῶν **αἳ** ἐκόπτοντο καὶ ἐθρήνουν
Lk 23:29 ἔρχονται ἡμέραι ἐν **αἷς** ἐροῦσιν·
Lk 23:29 καὶ αἱ κοιλίαι **αἳ** οὐκ ἐγέννησαν καὶ
Lk 23:29 ἐγέννησαν καὶ μαστοὶ **οἳ** οὐκ ἔθρεψαν.
Lk 23:33 **ὃν** μὲν ἐκ δεξιῶν
Lk 23:33 μὲν ἐκ δεξιῶν **ὃν** δὲ ἐξ ἀριστερῶν.
Lk 23:41 ἄξια γὰρ **ὧν** ἐπράξαμεν ἀπολαμβάνομεν·
Lk 23:51 **ὃς** προσεδέχετο τὴν βασιλείαν
Lk 24:1 μνῆμα ἦλθον φέρουσαι **ἃ** ἡτοίμασαν ἀρώματα.
Lk 24:13 **ᾗ** ὄνομα Ἐμμαοῦς,
Lk 24:17 οἱ λόγοι οὗτοι **οὓς** ἀντιβάλλετε πρὸς ἀλλήλους
Lk 24:19 **ὃς** ἐγένετο ἀνὴρ προφήτης
Lk 24:21 ἡμέραν ἄγει ἀφ' **οὗ** ταῦτα ἐγένετο.
Lk 24:23 **οἳ** λέγουσιν αὐτὸν ζῆν.
Lk 24:25 πιστεύειν ἐπὶ πᾶσιν **οἷς** ἐλάλησαν οἱ προφῆται·
Lk 24:44 οἱ λόγοι μου **οὓς** ἐλάλησα πρὸς ὑμᾶς
Lk 24:49 τῇ πόλει ἕως **οὗ** ἐνδύσησθε ἐξ ὕψους

ὁσιότης (*hosiotēs*; 1/2) *holiness*

Lk 1:75 ἐν **ὁσιότητι** καὶ δικαιοσύνῃ ἐνώπιον

ὅσος (*hosos*; 10/110) *as much as (pl. as many as)*

Lk 4:23 **ὅσα** ἠκούσαμεν γενόμενα εἰς
Lk 4:40 τοῦ ἡλίου ἅπαντες **ὅσοι** εἶχον ἀσθενοῦντας νόσοις
Lk 8:39 σου καὶ διηγοῦ **ὅσα** σοι ἐποίησεν ὁ
Lk 8:39 τὴν πόλιν κηρύσσων **ὅσα** ἐποίησεν αὐτῷ ὁ
Lk 9:5 καὶ **ὅσοι** ἂν μὴ δέχωνται
Lk 9:10 ἀπόστολοι διηγήσαντο αὐτῷ **ὅσα** ἐποίησαν.
Lk 11:8 ἐγερθεὶς δώσει αὐτῷ **ὅσων** χρῄζει.
Lk 12:3 ἀνθ' ὧν **ὅσα** ἐν τῇ σκοτίᾳ
Lk 18:12 ἀποδεκατῶ πάντα **ὅσα** κτῶμαι.
Lk 18:22 πάντα **ὅσα** ἔχεις πώλησον καὶ

ὀστέον (*osteon*; 1/4) *bone*

Lk 24:39 πνεῦμα σάρκα καὶ **ὀστέα** οὐκ ἔχει καθὼς

ὅστις (*hostis*; 20/144) *who*

Lk 1:20 **οἵτινες** πληρωθήσονται εἰς τὸν
Lk 2:4 εἰς πόλιν Δαυὶδ **ἥτις** καλεῖται Βηθλέεμ,
Lk 2:10 ὑμῖν χαρὰν μεγάλην **ἥτις** ἔσται παντὶ τῷ
Lk 7:37 καὶ ἰδοὺ γυνὴ **ἥτις** ἦν ἐν τῇ
Lk 7:39 ποταπὴ ἡ γυνὴ **ἥτις** ἅπτεται αὐτοῦ,
Lk 8:3 **αἵτινες** διηκόνουν αὐτοῖς ἐκ
Lk 8:15 οὗτοί εἰσιν **οἵτινες** ἐν καρδίᾳ καλῇ
Lk 8:26 **ἥτις** ἐστὶν ἀντιπέρα τῆς
Lk 8:43 **ἥτις** [ἰατροῖς προσαναλώσασα ὅλον
Lk 9:30 **οἵτινες** ἦσαν Μωϋσῆς καὶ
Lk 10:42 ἀγαθὴν μερίδα ἐξελέξατο **ἥτις** οὐκ ἀφαιρεθήσεται αὐτῆς.
Lk 12:1 **ἥτις** ἐστὶν ὑπόκρισις,
Lk 12:50 πῶς συνέχομαι ἕως **ὅτου** τελεσθῇ.
Lk 13:8 ἕως **ὅτου** σκάψω περὶ αὐτὴν
Lk 14:15 μακάριος **ὅστις** φάγεται ἄρτον ἐν
Lk 14:27 **ὅστις** οὐ βαστάζει τὸν
Lk 15:7 ἐνενήκοντα ἐννέα δικαίοις **οἵτινες** οὐ χρείαν ἔχουσιν
Lk 22:16 φάγω αὐτὸ ἕως **ὅτου** πληρωθῇ ἐν τῇ

Lk 23:19 **ὅστις** ἦν διὰ στάσιν
Lk 23:55 **αἵτινες** ἦσαν συνεληλυθυῖαι ἐκ

ὀσφῦς (*osphys*; 1/8) *waist*

Lk 12:35 Ἔστωσαν ὑμῶν αἱ **ὀσφύες** περιεζωσμέναι καὶ

ὅταν (*hotan*; 29/123) *when*

Lk 5:35 καὶ **ὅταν** ἀπαρθῇ ἀπ᾽ αὐτῶν
Lk 6:22 μακάριοί ἐστε **ὅταν** μισήσωσιν ὑμᾶς οἱ
Lk 6:22 οἱ ἄνθρωποι καὶ **ὅταν** ἀφορίσωσιν ὑμᾶς καὶ
Lk 6:26 οὐαὶ **ὅταν** ὑμᾶς καλῶς εἴπωσιν
Lk 8:13 τῆς πέτρας οἳ **ὅταν** ἀκούσωσιν μετὰ χαρᾶς
Lk 9:26 **ὅταν** ἔλθῃ ἐν τῇ
Lk 11:2 **ὅταν** προσεύχησθε λέγετε·
Lk 11:21 **ὅταν** ὁ ἰσχυρὸς καθωπλισμένος
Lk 11:24 **Ὅταν** τὸ ἀκάθαρτον πνεῦμα
Lk 11:34 **ὅταν** ὁ ὀφθαλμός σου
Lk 11:36 φωτεινὸν ὅλον ὡς **ὅταν** ὁ λύχνος τῇ
Lk 12:11 **Ὅταν** δὲ εἰσφέρωσιν ὑμᾶς
Lk 12:54 **ὅταν** ἴδητε [τὴν] νεφέλην
Lk 12:55 καὶ **ὅταν** νότον πνέοντα,
Lk 13:28 **ὅταν** ὄψησθε Ἀβραὰμ καὶ
Lk 14:8 **ὅταν** κληθῇς ὑπό τινος
Lk 14:10 ἀλλ᾽ **ὅταν** κληθῇς,
Lk 14:10 ἵνα **ὅταν** ἔλθῃ ὁ κεκληκώς
Lk 14:12 **ὅταν** ποιῇς ἄριστον ἢ
Lk 14:13 ἀλλ᾽ **ὅταν** δοχὴν ποιῇς,
Lk 16:4 ἵνα **ὅταν** μετασταθῶ ἐκ τῆς
Lk 16:9 ἵνα **ὅταν** ἐκλίπῃ δέξωνται ὑμᾶς
Lk 17:10 **ὅταν** ποιήσητε πάντα τὰ
Lk 21:7 τί τὸ σημεῖον **ὅταν** μέλλῃ ταῦτα γίνεσθαι;
Lk 21:9 **ὅταν** δὲ ἀκούσητε πολέμους
Lk 21:20 **Ὅταν** δὲ ἴδητε κυκλουμένην
Lk 21:30 **ὅταν** προβάλωσιν ἤδη,
Lk 21:31 **ὅταν** ἴδητε ταῦτα γινόμενα,
Lk 23:42 μνήσθητί μου **ὅταν** ἔλθῃς εἰς τὴν

ὅτε (*hote*; 12/103) *when*

Lk 2:21 Καὶ **ὅτε** ἐπλήσθησαν ἡμέραι ὀκτὼ
Lk 2:22 Καὶ **ὅτε** ἐπλήσθησαν αἱ ἡμέραι
Lk 2:42 Καὶ **ὅτε** ἐγένετο ἐτῶν δώδεκα,
Lk 4:25 **ὅτε** ἐκλείσθη ὁ οὐρανὸς
Lk 6:3 ὃ ἐποίησεν Δαυὶδ **ὅτε** ἐπείνασεν αὐτὸς καὶ
Lk 6:13 καὶ **ὅτε** ἐγένετο ἡμέρα,
Lk 13:35 με ἕως [ἥξει **ὅτε**] εἴπητε·
Lk 15:30 **ὅτε** δὲ ὁ υἱός
Lk 17:22 ἐλεύσονται ἡμέραι **ὅτε** ἐπιθυμήσετε μίαν
Lk 22:14 Καὶ **ὅτε** ἐγένετο ἡ ὥρα,
Lk 22:35 **ὅτε** ἀπέστειλα ὑμᾶς ἄτερ
Lk 23:33 Καὶ **ὅτε** ἦλθον ἐπὶ τὸν

ὅτι (*hoti*; 174/1294[1296]) *because, that*

Lk 1:22 καὶ ἐπέγνωσαν **ὅτι** ὀπτασίαν ἑώρακεν ἐν
Lk 1:25 **ὅτι** οὕτως μοι πεποίηκεν
Lk 1:37 **ὅτι** οὐκ ἀδυνατήσει παρὰ
Lk 1:45 μακαρία ἡ πιστεύσασα **ὅτι** ἔσται τελείωσις
Lk 1:48 **ὅτι** ἐπέβλεψεν ἐπὶ τὴν
Lk 1:49 **ὅτι** ἐποίησέν μοι μεγάλα
Lk 1:58 οἱ συγγενεῖς αὐτῆς **ὅτι** ἐμεγάλυνεν κύριος
Lk 1:61 εἶπαν πρὸς αὐτὴν **ὅτι** οὐδείς ἐστιν ἐκ
Lk 1:68 **ὅτι** ἐπεσκέψατο καὶ ἐποίησεν
Lk 2:11 **ὅτι** ἐτέχθη ὑμῖν σήμερον
Lk 2:23 ἐν νόμῳ κυρίου **ὅτι** πᾶν ἄρσεν διανοῖγον
Lk 2:30 **ὅτι** εἶδον οἱ ὀφθαλμοί
Lk 2:49 τί **ὅτι** ἐζητεῖτέ με;
Lk 2:49 οὐκ ᾔδειτε **ὅτι** ἐν τοῖς τοῦ
Lk 3:8 λέγω γὰρ ὑμῖν **ὅτι** δύναται ὁ θεὸς
Lk 4:4 γέγραπται **ὅτι** οὐκ ἐπ᾽ ἄρτῳ
Lk 4:6 **ὅτι** ἐμοὶ παραδέδοται καὶ
Lk 4:10 γέγραπται γὰρ **ὅτι** τοῖς ἀγγέλοις αὐτοῦ
Lk 4:11 καὶ **ὅτι** ἐπὶ χειρῶν ἀροῦσίν
Lk 4:12 αὐτῷ ὁ Ἰησοῦς **ὅτι** εἴρηται·
Lk 4:21 λέγειν πρὸς αὐτοὺς **ὅτι** σήμερον πεπλήρωται
Lk 4:24 ἀμὴν λέγω ὑμῖν **ὅτι** οὐδεὶς προφήτης δεκτός
Lk 4:32 **ὅτι** ἐν ἐξουσίᾳ ἦν
Lk 4:36 ὁ λόγος οὗτος **ὅτι** ἐν ἐξουσίᾳ καὶ
Lk 4:41 κρ[αυγ]άζοντα καὶ λέγοντα **ὅτι** σὺ εἶ ὁ
Lk 4:41 **ὅτι** ᾔδεισαν τὸν χριστὸν
Lk 4:43 εἶπεν πρὸς αὐτοὺς **ὅτι** καὶ ταῖς ἑτέραις
Lk 4:43 **ὅτι** ἐπὶ τοῦτο ἀπεστάλην.
Lk 5:8 **ὅτι** ἀνὴρ ἁμαρτωλός εἰμι,
Lk 5:24 ἵνα δὲ εἰδῆτε **ὅτι** ὁ υἱὸς τοῦ
Lk 5:26 ἐπλήσθησαν φόβου λέγοντες **ὅτι** εἴδομεν παράδοξα σήμερον.
Lk 5:36 παραβολὴν πρὸς αὐτοὺς **ὅτι** οὐδεὶς ἐπίβλημα ἀπὸ
Lk 6:19 **ὅτι** δύναμις παρ᾽ αὐτοῦ
Lk 6:20 **ὅτι** ὑμετέρα ἐστὶν ἡ
Lk 6:21 **ὅτι** χορτασθήσεσθε.
Lk 6:21 **ὅτι** γελάσετε.
Lk 6:24 **ὅτι** ἀπέχετε τὴν παράκλησιν
Lk 6:25 **ὅτι** πεινάσετε.
Lk 6:25 **ὅτι** πενθήσετε καὶ κλαύσετε.
Lk 6:35 **ὅτι** αὐτὸς χρηστός ἐστιν
Lk 7:4 αὐτὸν σπουδαίως λέγοντες **ὅτι** ἄξιός ἐστιν ᾧ
Lk 7:16 τὸν θεὸν λέγοντες **ὅτι** προφήτης μέγας ἠγέρθη
Lk 7:16 ἐν ἡμῖν καὶ **ὅτι** ἐπεσκέψατο ὁ θεὸς
Lk 7:37 καὶ ἐπιγνοῦσα **ὅτι** κατάκειται ἐν τῇ
Lk 7:39 **ὅτι** ἁμαρτωλός ἐστιν.
Lk 7:43 ὑπολαμβάνω **ὅτι** ᾧ τὸ πλεῖον
Lk 7:47 **ὅτι** ἠγάπησεν πολύ·
Lk 8:25 ἄρα οὗτός ἐστιν **ὅτι** καὶ τοῖς ἀνέμοις
Lk 8:30 **ὅτι** εἰσῆλθεν δαιμόνια πολλὰ
Lk 8:37 **ὅτι** φόβῳ μεγάλῳ συνείχοντο·
Lk 8:42 **ὅτι** θυγάτηρ μονογενὴς ἦν
Lk 8:47 δὲ ἡ γυνὴ **ὅτι** οὐκ ἔλαθεν,
Lk 8:49 τοῦ ἀρχισυναγώγου λέγων **ὅτι** τέθνηκεν ἡ θυγάτηρ
Lk 8:53 κατεγέλων αὐτοῦ εἰδότες **ὅτι** ἀπέθανεν.
Lk 9:7 λέγεσθαι ὑπό τινων **ὅτι** Ἰωάννης ἠγέρθη ἐκ
Lk 9:8 ὑπό τινων δὲ **ὅτι** Ἠλίας ἐφάνη,
Lk 9:8 ἄλλων δὲ **ὅτι** προφήτης τις τῶν
Lk 9:12 **ὅτι** ὧδε ἐν ἐρήμῳ
Lk 9:19 ἄλλοι δὲ **ὅτι** προφήτης τις τῶν
Lk 9:22 εἰπὼν **ὅτι** δεῖ τὸν υἱὸν
Lk 9:38 **ὅτι** μονογενής μοί ἐστιν,
Lk 9:49 **ὅτι** οὐκ ἀκολουθεῖ μεθ᾽
Lk 9:53 **ὅτι** τὸ πρόσωπον αὐτοῦ
Lk 10:11 πλὴν τοῦτο γινώσκετε **ὅτι** ἤγγικεν ἡ βασιλεία
Lk 10:12 λέγω ὑμῖν **ὅτι** Σοδόμοις ἐν τῇ
Lk 10:13 **ὅτι** εἰ ἐν Τύρῳ
Lk 10:20 τούτῳ μὴ χαίρετε **ὅτι** τὰ πνεύματα ὑμῖν
Lk 10:20 χαίρετε δὲ **ὅτι** τὰ ὀνόματα ὑμῶν

Lk 10:21 **ὅτι** ἀπέκρυψας ταῦτα ἀπὸ
Lk 10:21 **ὅτι** οὕτως εὐδοκία ἐγένετο
Lk 10:24 λέγω γὰρ ὑμῖν **ὅτι** πολλοὶ προφῆται καὶ
Lk 10:40 οὐ μέλει σοι **ὅτι** ἡ ἀδελφή μου
Lk 11:18 **ὅτι** λέγετε ἐν Βεελζεβοὺλ
Lk 11:31 **ὅτι** ἦλθεν ἐκ τῶν
Lk 11:32 **ὅτι** μετενόησαν εἰς τὸ
Lk 11:38 Φαρισαῖος ἰδὼν ἐθαύμασεν **ὅτι** οὐ πρῶτον ἐβαπτίσθη
Lk 11:42 **ὅτι** ἀποδεκατοῦτε τὸ ἡδύοσμον
Lk 11:43 **ὅτι** ἀγαπᾶτε τὴν πρωτοκαθεδρίαν
Lk 11:44 **ὅτι** ἐστὲ ὡς τὰ
Lk 11:46 **ὅτι** φορτίζετε τοὺς ἀνθρώπους
Lk 11:47 **ὅτι** οἰκοδομεῖτε τὰ μνημεῖα
Lk 11:48 **ὅτι** αὐτοὶ μὲν ἀπέκτειναν
Lk 11:52 **ὅτι** ἤρατε τὴν κλεῖδα
Lk 12:15 **ὅτι** οὐκ ἐν τῷ
Lk 12:17 **ὅτι** οὐκ ἔχω ποῦ
Lk 12:24 κατανοήσατε τοὺς κόρακας **ὅτι** οὐ σπείρουσιν οὐδὲ
Lk 12:30 ὁ πατὴρ οἶδεν **ὅτι** χρῄζετε τούτων.
Lk 12:32 **ὅτι** εὐδόκησεν ὁ πατὴρ
Lk 12:37 ἀμὴν λέγω ὑμῖν **ὅτι** περιζώσεται καὶ ἀνακλινεῖ
Lk 12:39 τοῦτο δὲ γινώσκετε **ὅτι** εἰ ᾔδει ὁ
Lk 12:40 **ὅτι** ᾗ ὥρᾳ οὐ
Lk 12:44 ἀληθῶς λέγω ὑμῖν **ὅτι** ἐπὶ πᾶσιν τοῖς
Lk 12:51 δοκεῖτε **ὅτι** εἰρήνην παρεγενόμην δοῦναι
Lk 12:54 εὐθέως λέγετε **ὅτι** ὄμβρος ἔρχεται,
Lk 12:55 λέγετε **ὅτι** καύσων ἔσται,
Lk 13:2 δοκεῖτε **ὅτι** οἱ Γαλιλαῖοι οὗτοι
Lk 13:2 **ὅτι** ταῦτα πεπόνθασιν;
Lk 13:4 δοκεῖτε **ὅτι** αὐτοὶ ὀφειλέται ἐγένοντο
Lk 13:14 ἀγανακτῶν **ὅτι** τῷ σαββάτῳ ἐθεράπευσεν
Lk 13:14 ἔλεγεν τῷ ὄχλῳ **ὅτι** ἓξ ἡμέραι εἰσὶν
Lk 13:24 **ὅτι** πολλοί,
Lk 13:31 **ὅτι** Ἡρῴδης θέλει σε
Lk 13:33 **ὅτι** οὐκ ἐνδέχεται προφήτην
Lk 14:11 **ὅτι** πᾶς ὁ ὑψῶν
Lk 14:14 **ὅτι** οὐκ ἔχουσιν ἀνταποδοῦναί
Lk 14:17 **ὅτι** ἤδη ἕτοιμά ἐστιν.
Lk 14:24 λέγω γὰρ ὑμῖν **ὅτι** οὐδεὶς τῶν ἀνδρῶν
Lk 14:30 λέγοντες **ὅτι** οὗτος ὁ ἄνθρωπος
Lk 15:2 οἱ γραμματεῖς λέγοντες **ὅτι** οὗτος ἁμαρτωλοὺς προσδέχεται
Lk 15:6 **ὅτι** εὗρον τὸ πρόβατόν
Lk 15:7 λέγω ὑμῖν **ὅτι** οὕτως χαρὰ ἐν
Lk 15:9 **ὅτι** εὗρον τὴν δραχμὴν
Lk 15:24 **ὅτι** οὗτος ὁ υἱός
Lk 15:27 δὲ εἶπεν αὐτῷ **ὅτι** ὁ ἀδελφός σου
Lk 15:27 ὅτι **ὑγιαίνοντα** αὐτὸν ἀπέλαβεν.
Lk 15:32 **ὅτι** ὁ ἀδελφός σου
Lk 16:3 **ὅτι** ὁ κύριός μου
Lk 16:8 οἰκονόμον τῆς ἀδικίας **ὅτι** φρονίμως ἐποίησεν·
Lk 16:8 **ὅτι** οἱ υἱοὶ τοῦ
Lk 16:15 **ὅτι** τὸ ἐν ἀνθρώποις
Lk 16:24 **ὅτι** ὀδυνῶμαι ἐν τῇ
Lk 16:25 μνήσθητι **ὅτι** ἀπέλαβες τὰ ἀγαθά
Lk 17:9 χάριν τῷ δούλῳ **ὅτι** ἐποίησεν τὰ διαταχθέντα;
Lk 17:10 λέγετε **ὅτι** δοῦλοι ἀχρεῖοί ἐσμεν,
Lk 17:15 ἰδὼν **ὅτι** ἰάθη,
Lk 18:8 λέγω ὑμῖν **ὅτι** ποιήσει τὴν ἐκδίκησιν
Lk 18:9 πεποιθότας ἐφ᾽ ἑαυτοῖς **ὅτι** εἰσὶν δίκαιοι
Lk 18:11 εὐχαριστῶ σοι **ὅτι** οὐκ εἰμὶ ὥσπερ
Lk 18:14 **ὅτι** πᾶς ὁ ὑψῶν
Lk 18:29 ἀμὴν λέγω ὑμῖν **ὅτι** οὐδείς ἐστιν ὃς
Lk 18:37 ἀπήγγειλαν δὲ αὐτῷ **ὅτι** Ἰησοῦς ὁ Ναζωραῖος
Lk 19:3 **ὅτι** τῇ ἡλικίᾳ μικρὸς
Lk 19:4 ἵνα ἴδῃ αὐτὸν **ὅτι** ἐκείνης ἤμελλεν διέρχεσθαι.
Lk 19:7 πάντες διεγόγγυζον λέγοντες **ὅτι** παρὰ ἁμαρτωλῷ ἀνδρὶ
Lk 19:9 αὐτὸν ὁ Ἰησοῦς **ὅτι** σήμερον σωτηρία τῷ
Lk 19:11 καὶ δοκεῖν αὐτοὺς **ὅτι** παραχρῆμα μέλλει ἡ
Lk 19:17 **ὅτι** ἐν ἐλαχίστῳ πιστὸς
Lk 19:21 **ὅτι** ἄνθρωπος αὐστηρὸς εἶ,
Lk 19:22 ᾔδεις **ὅτι** ἐγὼ ἄνθρωπος αὐστηρός
Lk 19:26 λέγω ὑμῖν **ὅτι** παντὶ τῷ ἔχοντι
Lk 19:31 **ὅτι** ὁ κύριος αὐτοῦ
Lk 19:34 **ὅτι** ὁ κύριος αὐτοῦ
Lk 19:42 λέγων **ὅτι** εἰ ἔγνως ἐν
Lk 19:43 **ὅτι** ἥξουσιν ἡμέραι ἐπὶ
Lk 20:5 πρὸς ἑαυτοὺς λέγοντες **ὅτι** ἐὰν εἴπωμεν·
Lk 20:19 ἔγνωσαν γὰρ **ὅτι** πρὸς αὐτοὺς εἶπεν
Lk 20:21 οἴδαμεν **ὅτι** ὀρθῶς λέγεις καὶ
Lk 20:37 **ὅτι** δὲ ἐγείρονται οἱ
Lk 21:3 ἀληθῶς λέγω ὑμῖν **ὅτι** ἡ χήρα αὕτη
Lk 21:5 περὶ τοῦ ἱεροῦ **ὅτι** λίθοις καλοῖς καὶ
Lk 21:20 τότε γνῶτε **ὅτι** ἤγγικεν ἡ ἐρήμωσις
Lk 21:22 **ὅτι** ἡμέραι ἐκδικήσεως αὗταί
Lk 21:30 ἀφ᾽ ἑαυτῶν γινώσκετε **ὅτι** ἤδη ἐγγὺς τὸ
Lk 21:31 γινώσκετε **ὅτι** ἐγγύς ἐστιν ἡ
Lk 21:32 ἀμὴν λέγω ὑμῖν **ὅτι** οὐ μὴ παρέλθῃ
Lk 22:16 λέγω γὰρ ὑμῖν **ὅτι** οὐ μὴ φάγω
Lk 22:18 **[ὅτι]** οὐ μὴ πίω
Lk 22:22 **ὅτι** ὁ υἱὸς μὲν
Lk 22:37 λέγω γὰρ ὑμῖν **ὅτι** τοῦτο τὸ γεγραμμένον
Lk 22:61 ὡς εἶπεν αὐτῷ **ὅτι** πρὶν ἀλέκτορα φωνῆσαι
Lk 22:70 ὑμεῖς λέγετε **ὅτι** ἐγώ εἰμι.
Lk 23:5 δὲ ἐπίσχυον λέγοντες **ὅτι** ἀνασείει τὸν λαὸν
Lk 23:7 καὶ ἐπιγνοὺς **ὅτι** ἐκ τῆς ἐξουσίας
Lk 23:29 **ὅτι** ἰδοὺ ἔρχονται ἡμέραι
Lk 23:31 **ὅτι** εἰ ἐν τῷ
Lk 23:40 **ὅτι** ἐν τῷ αὐτῷ
Lk 24:7 υἱὸν τοῦ ἀνθρώπου **ὅτι** δεῖ παραδοθῆναι εἰς
Lk 24:21 ἡμεῖς δὲ ἠλπίζομεν **ὅτι** αὐτός ἐστιν ὁ
Lk 24:29 **ὅτι** πρὸς ἑσπέραν ἐστὶν
Lk 24:34 λέγοντας **ὅτι** ὄντως ἠγέρθη ὁ
Lk 24:39 τοὺς πόδας μου **ὅτι** ἐγώ εἰμι αὐτός·
Lk 24:39 **ὅτι** πνεῦμα σάρκα καὶ
Lk 24:44 **ὅτι** δεῖ πληρωθῆναι πάντα
Lk 24:46 καὶ εἶπεν αὐτοῖς **ὅτι** οὕτως γέγραπται παθεῖν

οὐ (*ou*; 174/1621[1623]) *not*

Lk 1:7 καὶ **οὐκ** ἦν αὐτοῖς τέκνον,
Lk 1:15 οἶνον καὶ σίκερα **οὐ** μὴ πίῃ,
Lk 1:20 ἀνθ᾽ ὧν **οὐκ** ἐπίστευσας τοῖς λόγοις
Lk 1:22 ἐξελθὼν δὲ **οὐκ** ἐδύνατο λαλῆσαι αὐτοῖς,
Lk 1:33 τῆς βασιλείας αὐτοῦ **οὐκ** ἔσται τέλος.
Lk 1:34 ἐπεὶ ἄνδρα **οὐ** γινώσκω;
Lk 1:37 ὅτι **οὐκ** ἀδυνατήσει παρὰ τοῦ
Lk 2:7 διότι **οὐκ** ἦν αὐτοῖς τόπος
Lk 2:37 ἣ **οὐκ** ἀφίστατο τοῦ ἱεροῦ
Lk 2:43 καὶ **οὐκ** ἔγνωσαν οἱ γονεῖς

Lk 2:49 **οὐκ** ᾔδειτε ὅτι ἐν
Lk 2:50 καὶ αὐτοὶ **οὐ** συνῆκαν τὸ ῥῆμα
Lk 3:16 οὗ **οὐκ** εἰμὶ ἱκανὸς λῦσαι
Lk 4:2 Καὶ **οὐκ** ἔφαγεν οὐδὲν ἐν
Lk 4:4 γέγραπται ὅτι **οὐκ** ἐπ’ ἄρτῳ μόνῳ
Lk 4:12 **οὐκ** ἐκπειράσεις κύριον τὸν
Lk 4:41 καὶ ἐπιτιμῶν **οὐκ** εἴα αὐτὰ λαλεῖν,
Lk 5:31 **οὐ** χρείαν ἔχουσιν οἱ
Lk 5:32 **οὐκ** ἐλήλυθα καλέσαι δικαίους
Lk 5:36 καὶ τῷ παλαιῷ **οὐ** συμφωνήσει τὸ ἐπίβλημα
Lk 6:2 τί ποιεῖτε ὃ **οὐκ** ἔξεστιν τοῖς σάββασιν;
Lk 6:4 οὓς **οὐκ** ἔξεστιν φαγεῖν εἰ
Lk 6:37 καὶ **οὐ** μὴ κριθῆτε·
Lk 6:37 καὶ **οὐ** μὴ καταδικασθῆτε.
Lk 6:40 **οὐκ** ἔστιν μαθητὴς ὑπὲρ
Lk 6:41 τῷ ἰδίῳ ὀφθαλμῷ **οὐ** κατανοεῖς;
Lk 6:42 ὀφθαλμῷ σου δοκὸν **οὐ** βλέπων;
Lk 6:43 **Οὐ** γάρ ἐστιν δένδρον
Lk 6:44 **οὐ** γὰρ ἐξ ἀκανθῶν
Lk 6:46 καὶ **οὐ** ποιεῖτε ἃ λέγω;
Lk 6:48 καὶ **οὐκ** ἴσχυσεν σαλεῦσαι αὐτὴν
Lk 7:6 ἤδη δὲ αὐτοῦ **οὐ** μακρὰν ἀπέχοντος ἀπὸ
Lk 7:6 **οὐ** γὰρ ἱκανός εἰμι
Lk 7:32 ηὐλήσαμεν ὑμῖν καὶ **οὐκ** ὠρχήσασθε,
Lk 7:32 ἐθρηνήσαμεν καὶ **οὐκ** ἐκλαύσατε.
Lk 7:44 μοι ἐπὶ πόδας **οὐκ** ἔδωκας·
Lk 7:45 φίλημά μοι **οὐκ** ἔδωκας·
Lk 7:45 ἀφ’ ἧς εἰσῆλθον **οὐ** διέλιπεν καταφιλοῦσά μου
Lk 7:46 τὴν κεφαλήν μου **οὐκ** ἤλειψας·
Lk 8:13 καὶ οὗτοι ῥίζαν **οὐκ** ἔχουσιν,
Lk 8:14 πορευόμενοι συμπνίγονται καὶ **οὐ** τελεσφοροῦσιν.
Lk 8:17 **οὐ** γάρ ἐστιν κρυπτὸν
Lk 8:17 ἐστιν κρυπτὸν ὃ **οὐ** φανερὸν γενήσεται οὐδὲ
Lk 8:17 ὃ **οὐ** μὴ γνωσθῇ
Lk 8:19 ἀδελφοὶ αὐτοῦ καὶ **οὐκ** ἠδύναντο συντυχεῖν αὐτῷ
Lk 8:27 καὶ χρόνῳ ἱκανῷ **οὐκ** ἐνεδύσατο ἱμάτιον καὶ
Lk 8:27 καὶ ἐν οἰκίᾳ **οὐκ** ἔμενεν ἀλλ’ ἐν
Lk 8:43 ὅλον τὸν βίον] **οὐκ** ἴσχυσεν ἀπ’ οὐδενὸς
Lk 8:47 ἡ γυνὴ ὅτι **οὐκ** ἔλαθεν,
Lk 8:51 εἰς τὴν οἰκίαν **οὐκ** ἀφῆκεν εἰσελθεῖν τινα
Lk 8:52 **οὐ** γὰρ ἀπέθανεν ἀλλὰ
Lk 9:13 **οὐκ** εἰσὶν ἡμῖν πλεῖον
Lk 9:27 αὐτοῦ ἑστηκότων οἳ **οὐ** μὴ γεύσωνται θανάτου
Lk 9:40 καὶ **οὐκ** ἠδυνήθησαν.
Lk 9:49 ὅτι **οὐκ** ἀκολουθεῖ μεθ’ ἡμῶν.
Lk 9:50 ὃς γὰρ **οὐκ** ἔστιν καθ’ ὑμῶν,
Lk 9:53 καὶ **οὐκ** ἐδέξαντο αὐτόν,
Lk 9:58 τοῦ ἀνθρώπου **οὐκ** ἔχει ποῦ τὴν κεφαλὴν
Lk 10:19 καὶ οὐδὲν ὑμᾶς **οὐ** μὴ ἀδικήσῃ.
Lk 10:24 ὑμεῖς βλέπετε καὶ **οὐκ** εἶδαν,
Lk 10:24 ἃ ἀκούετε καὶ **οὐκ** ἤκουσαν.
Lk 10:40 **οὐ** μέλει σοι ὅτι
Lk 10:42 μερίδα ἐξελέξατο ἥτις **οὐκ** ἀφαιρεθήσεται αὐτῆς.
Lk 11:6 πρός με καὶ **οὐκ** ἔχω ὃ παραθήσω
Lk 11:7 **οὐ** δύναμαι ἀναστὰς δοῦναί
Lk 11:8 εἰ καὶ **οὐ** δώσει αὐτῷ ἀναστὰς
Lk 11:29 καὶ σημεῖον **οὐ** δοθήσεται αὐτῇ εἰ
Lk 11:38 ἰδὼν ἐθαύμασεν ὅτι **οὐ** πρῶτον ἐβαπτίσθη
Lk 11:40 **οὐχ** ὁ ποιήσας τὸ
Lk 11:44 [οἱ] περιπατοῦντες ἐπάνω **οὐκ** οἴδασιν.
Lk 11:46 δακτύλων ὑμῶν **οὐ** προσψαύετε τοῖς φορτίοις.
Lk 11:52 αὐτοὶ **οὐκ** εἰσήλθατε
Lk 12:2 ἐστὶν ὃ **οὐκ** ἀποκαλυφθήσεται
Lk 12:2 καὶ κρυπτὸν ὃ **οὐ** γνωσθήσεται.
Lk 12:6 καὶ ἓν ἐξ αὐτῶν **οὐκ** ἔστιν ἐπιλελησμένον
Lk 12:10 ἅγιον πνεῦμα βλασφημήσαντι **οὐκ** ἀφεθήσεται.
Lk 12:15 ὅτι **οὐκ** ἐν τῷ περισσεύειν
Lk 12:17 ὅτι **οὐκ** ἔχω ποῦ συνάξω
Lk 12:24 τοὺς κόρακας ὅτι **οὐ** σπείρουσιν οὐδὲ θερίζουσιν,
Lk 12:24 οἷς **οὐκ** ἔστιν ταμεῖον οὐδὲ ἀποθήκη,
Lk 12:27 **οὐ** κοπιᾷ οὐδὲ νήθει·
Lk 12:33 ὅπου κλέπτης **οὐκ** ἐγγίζει οὐδὲ
Lk 12:39 **οὐκ** ἂν ἀφῆκεν διορυχθῆναι
Lk 12:40 ὅτι ᾗ ὥρᾳ **οὐ** δοκεῖτε ὁ υἱὸς
Lk 12:46 ἐν ἡμέρᾳ ᾗ **οὐ** προσδοκᾷ καὶ ἐν
Lk 12:46 ἐν ὥρᾳ ᾗ **οὐ** γινώσκει,
Lk 12:56 τοῦτον πῶς **οὐκ** οἴδατε δοκιμάζειν;
Lk 12:57 καὶ ἀφ’ ἑαυτῶν **οὐ** κρίνετε τὸ δίκαιον;
Lk 12:59 **οὐ** μὴ ἐξέλθῃς ἐκεῖθεν,
Lk 13:6 ἐν αὐτῇ καὶ **οὐχ** εὗρεν.
Lk 13:7 συκῇ ταύτῃ καὶ **οὐχ** εὑρίσκω.
Lk 13:15 ὑμῶν τῷ σαββάτῳ **οὐ** λύει τὸν βοῦν
Lk 13:16 **οὐκ** ἔδει λυθῆναι ἀπὸ
Lk 13:24 ζητήσουσιν εἰσελθεῖν καὶ **οὐκ** ἰσχύσουσιν.
Lk 13:25 **οὐκ** οἶδα ὑμᾶς πόθεν
Lk 13:27 **οὐκ** οἶδα [ὑμᾶς] πόθεν
Lk 13:33 ὅτι **οὐκ** ἐνδέχεται προφήτην ἀπολέσθαι
Lk 13:34 καὶ **οὐκ** ἠθελήσατε.
Lk 13:35 **οὐ** μὴ ἴδητέ με
Lk 14:3 σαββάτῳ θεραπεῦσαι ἢ **οὔ**;
Lk 14:5 καὶ οὐκ **εὐθέως** ἀνασπάσει αὐτὸν ἐν
Lk 14:6 καὶ **οὐκ** ἴσχυσαν ἀνταποκριθῆναι πρὸς
Lk 14:14 ὅτι **οὐκ** ἔχουσιν ἀνταποδοῦναί σοι,
Lk 14:20 καὶ διὰ τοῦτο **οὐ** δύναμαι ἐλθεῖν.
Lk 14:26 πρός με καὶ **οὐ** μισεῖ τὸν πατέρα
Lk 14:26 **οὐ** δύναται εἶναί μου
Lk 14:27 ὅστις **οὐ** βαστάζει τὸν σταυρὸν
Lk 14:27 **οὐ** δύναται εἶναί μου
Lk 14:30 ἤρξατο οἰκοδομεῖν καὶ **οὐκ** ἴσχυσεν ἐκτελέσαι.
Lk 14:33 ἐξ ὑμῶν ὃς **οὐκ** ἀποτάσσεται πᾶσιν
Lk 14:33 τοῖς ἑαυτοῦ ὑπάρχουσιν **οὐ** δύναται εἶναί
Lk 15:4 ἐξ αὐτῶν ἓν **οὐ** καταλείπει τὰ ἐνενήκοντα
Lk 15:7 δικαίοις οἵτινες **οὐ** χρείαν ἔχουσιν
Lk 15:13 καὶ μετ’ **οὐ** πολλὰς ἡμέρας συναγαγὼν
Lk 15:28 ὠργίσθη δὲ καὶ **οὐκ** ἤθελεν εἰσελθεῖν,
Lk 16:2 **οὐ** γὰρ δύνῃ ἔτι
Lk 16:3 σκάπτειν **οὐκ** ἰσχύω,
Lk 16:11 μαμωνᾷ πιστοὶ **οὐκ** ἐγένεσθε,
Lk 16:12 τῷ ἀλλοτρίῳ πιστοὶ **οὐκ** ἐγένεσθε,
Lk 16:13 **οὐ** δύνασθε θεῷ δουλεύειν
Lk 16:31 καὶ τῶν προφητῶν **οὐκ** ἀκούουσιν,
Lk 17:18 **οὐχ** εὑρέθησαν ὑποστρέψαντες δοῦναι
Lk 17:20 **οὐκ** ἔρχεται ἡ βασιλεία
Lk 17:22 ἀνθρώπου ἰδεῖν καὶ **οὐκ** ὄψεσθε.
Lk 18:4 καὶ **οὐκ** ἤθελεν ἐπὶ χρόνον.
Lk 18:4 καὶ τὸν θεὸν **οὐ** φοβοῦμαι οὐδὲ ἄνθρωπον
Lk 18:7 ὁ δὲ θεὸς **οὐ** μὴ ποιήσῃ τὴν
Lk 18:11 εὐχαριστῶ σοι ὅτι **οὐκ** εἰμὶ ὥσπερ οἱ
Lk 18:13 τελώνης μακρόθεν ἑστὼς **οὐκ** ἤθελεν οὐδὲ

Lk 18:17 **οὐ** μὴ εἰσέλθῃ εἰς
Lk 18:34 καὶ **οὐκ** ἐγίνωσκον τὰ λεγόμενα.
Lk 19:3 τίς ἐστιν καὶ **οὐκ** ἠδύνατο ἀπὸ τοῦ
Lk 19:14 **οὐ** θέλομεν τοῦτον βασιλεῦσαι
Lk 19:21 αἴρεις ὃ **οὐκ** ἔθηκας καὶ θερίζεις
Lk 19:21 καὶ θερίζεις ὃ **οὐκ** ἔσπειρας.
Lk 19:22 αἴρων ὃ **οὐκ** ἔθηκα καὶ θερίζων
Lk 19:22 καὶ θερίζων ὃ **οὐκ** ἔσπειρα;
Lk 19:23 καὶ διὰ τί **οὐκ** ἔδωκάς μου τὸ
Lk 19:44 καὶ **οὐκ** ἀφήσουσιν λίθον ἐπὶ
Lk 19:44 ἀνθ' ὧν **οὐκ** ἔγνως τὸν καιρὸν
Lk 19:48 καὶ **οὐχ** εὕρισκον τὸ τί
Lk 20:5 διὰ τί **οὐκ** ἐπιστεύσατε αὐτῷ;
Lk 20:21 καὶ διδάσκεις καὶ **οὐ** λαμβάνεις πρόσωπον,
Lk 20:22 φόρον δοῦναι ἢ **οὔ**;
Lk 20:26 καὶ **οὐκ** ἴσχυσαν ἐπιλαβέσθαι αὐτοῦ
Lk 20:31 καὶ οἱ ἑπτὰ **οὐ** κατέλιπον τέκνα καὶ
Lk 20:38 θεὸς δὲ **οὐκ** ἔστιν νεκρῶν ἀλλὰ
Lk 21:6 ἡμέραι ἐν αἷς **οὐκ** ἀφεθήσεται λίθος ἐπὶ
Lk 21:6 ἐπὶ λίθῳ ὃς **οὐ** καταλυθήσεται.
Lk 21:9 ἀλλ' **οὐκ** εὐθέως τὸ τέλος.
Lk 21:15 καὶ σοφίαν ᾗ **οὐ** δυνήσονται ἀντιστῆναι ἢ
Lk 21:18 τῆς κεφαλῆς ὑμῶν **οὐ** μὴ ἀπόληται.
Lk 21:32 λέγω ὑμῖν ὅτι **οὐ** μὴ παρέλθῃ ἡ
Lk 21:33 οἱ δὲ λόγοι μου **οὐ** μὴ παρελεύσονται.
Lk 22:16 γὰρ ὑμῖν ὅτι **οὐ** μὴ φάγω αὐτὸ
Lk 22:18 [ὅτι] **οὐ** μὴ πίω ἀπὸ
Lk 22:26 ὑμεῖς δὲ **οὐχ** οὕτως,
Lk 22:34 **οὐ** φωνήσει σήμερον ἀλέκτωρ
Lk 22:53 ἐν τῷ ἱερῷ **οὐκ** ἐξετείνατε τὰς χεῖρας
Lk 22:57 οὐκ **οἶδα** αὐτόν,
Lk 22:58 **οὐκ** εἰμί.
Lk 22:60 **οὐκ** οἶδα ὃ λέγεις.
Lk 22:67 **οὐ** μὴ πιστεύσητε·
Lk 22:68 οὐ **μὴ** ἀποκριθῆτε.
Lk 23:29 αἱ κοιλίαι αἳ **οὐκ** ἐγέννησαν καὶ μαστοὶ
Lk 23:29 καὶ μαστοὶ οἳ **οὐκ** ἔθρεψαν.
Lk 23:34 **οὐ** γὰρ οἴδασιν τί
Lk 23:51 οὗτος **οὐκ** ἦν συγκατατεθειμένος τῇ
Lk 23:53 μνήματι λαξευτῷ οὗ **οὐκ** ἦν οὐδεὶς οὔπω
Lk 24:3 εἰσελθοῦσαι δὲ **οὐχ** εὗρον τὸ σῶμα
Lk 24:6 **οὐκ** ἔστιν ὧδε,
Lk 24:18 παροικεῖς Ἰερουσαλὴμ καὶ **οὐκ** ἔγνως τὰ γενόμενα
Lk 24:24 αὐτὸν δὲ **οὐκ** εἶδον.
Lk 24:39 σάρκα καὶ ὀστέα **οὐκ** ἔχει καθὼς ἐμὲ

οὗ (*hou*; 5/24) *where*

Lk 4:16 **οὗ** ἦν τεθραμμένος,
Lk 4:17 εὗρεν τὸν τόπον **οὗ** ἦν γεγραμμένον·
Lk 10:1 καὶ τόπον **οὗ** ἤμελλεν αὐτὸς ἔρχεσθαι.
Lk 23:53 ἐν μνήματι λαξευτῷ **οὗ** οὐκ ἦν οὐδεὶς
Lk 24:28 εἰς τὴν κώμην **οὗ** ἐπορεύοντο,

οὐαί (*ouai*; 15/46) *woe*

Lk 6:24 Πλὴν **οὐαὶ** ὑμῖν τοῖς πλουσίοις,
Lk 6:25 **οὐαὶ** ὑμῖν,
Lk 6:25 **οὐαί**,
Lk 6:26 **οὐαὶ** ὅταν ὑμᾶς καλῶς
Lk 10:13 **Οὐαί** σοι,
Lk 10:13 **οὐαί** σοι,
Lk 11:42 ἀλλὰ **οὐαὶ** ὑμῖν τοῖς Φαρισαίοις,
Lk 11:43 **Οὐαὶ** ὑμῖν τοῖς Φαρισαίοις,
Lk 11:44 **Οὐαὶ** ὑμῖν,
Lk 11:46 ὑμῖν τοῖς νομικοῖς **οὐαί**,
Lk 11:47 **Οὐαὶ** ὑμῖν,
Lk 11:52 **Οὐαὶ** ὑμῖν τοῖς νομικοῖς,
Lk 17:1 πλὴν **οὐαὶ** δι' οὗ ἔρχεται·
Lk 21:23 **οὐαὶ** ταῖς ἐν γαστρὶ
Lk 22:22 πλὴν **οὐαὶ** τῷ ἀνθρώπῳ ἐκείνῳ

οὐδέ (*oude*; 21/141[143]) *neither, nor*

Lk 6:3 **οὐδὲ** τοῦτο ἀνέγνωτε ὃ
Lk 6:43 **οὐδὲ** πάλιν δένδρον σαπρὸν
Lk 6:44 ἀκανθῶν συλλέγουσιν σῦκα **οὐδὲ** ἐκ βάτου σταφυλὴν
Lk 7:7 διὸ **οὐδὲ** ἐμαυτὸν ἠξίωσα πρὸς
Lk 7:9 **οὐδὲ** ἐν τῷ Ἰσραὴλ
Lk 8:17 οὐ φανερὸν γενήσεται **οὐδὲ** ἀπόκρυφον ὃ οὐ
Lk 11:33 εἰς κρύπτην τίθησιν [**οὐδὲ** ὑπὸ τὸν μόδιον]
Lk 12:24 ὅτι οὐ σπείρουσιν **οὐδὲ** θερίζουσιν,
Lk 12:24 οὐκ ἔστιν ταμεῖον **οὐδὲ** ἀποθήκη,
Lk 12:26 εἰ οὖν **οὐδὲ** ἐλάχιστον δύνασθε,
Lk 12:27 οὐ κοπιᾷ **οὐδὲ** νήθει·
Lk 12:27 **οὐδὲ** Σολομὼν ἐν πάσῃ
Lk 12:33 κλέπτης οὐκ ἐγγίζει **οὐδὲ** σὴς διαφθείρει·
Lk 16:31 **οὐδ'** ἐάν τις ἐκ
Lk 17:21 **οὐδὲ** ἐροῦσιν·
Lk 18:4 θεὸν οὐ φοβοῦμαι **οὐδὲ** ἄνθρωπον ἐντρέπομαι,
Lk 18:13 ἑστὼς οὐκ ἤθελεν **οὐδὲ** τοὺς ὀφθαλμοὺς ἐπᾶραι
Lk 20:8 **οὐδὲ** ἐγὼ λέγω ὑμῖν
Lk 20:36 **οὐδὲ** γὰρ ἀποθανεῖν ἔτι
Lk 23:15 ἀλλ' **οὐδὲ** Ἡρῴδης,
Lk 23:40 **οὐδὲ** φοβῇ σὺ τὸν

οὐδείς (*oudeis*; 33/225[227]) *no one*

Lk 1:61 πρὸς αὐτὴν ὅτι **οὐδείς** ἐστιν ἐκ τῆς
Lk 4:2 Καὶ οὐκ ἔφαγεν **οὐδὲν** ἐν ταῖς ἡμέραις
Lk 4:24 λέγω ὑμῖν ὅτι **οὐδεὶς** προφήτης δεκτός ἐστιν
Lk 4:26 καὶ πρὸς **οὐδεμίαν** αὐτῶν ἐπέμφθη Ἠλίας
Lk 4:27 καὶ **οὐδεὶς** αὐτῶν ἐκαθαρίσθη εἰ
Lk 5:5 ὅλης νυκτὸς κοπιάσαντες **οὐδὲν** ἐλάβομεν·
Lk 5:36 πρὸς αὐτοὺς ὅτι **οὐδεὶς** ἐπίβλημα ἀπὸ ἱματίου
Lk 5:37 καὶ **οὐδεὶς** βάλλει οἶνον νέον
Lk 5:39 [καὶ] **οὐδεὶς** πιὼν παλαιὸν θέλει
Lk 7:28 γεννητοῖς γυναικῶν Ἰωάννου **οὐδείς** ἐστιν·
Lk 8:16 **Οὐδεὶς** δὲ λύχνον ἅψας
Lk 8:43 οὐκ ἴσχυσεν ἀπ' **οὐδενὸς** θεραπευθῆναι,
Lk 9:36 αὐτοὶ ἐσίγησαν καὶ **οὐδενὶ** ἀπήγγειλαν ἐν ἐκείναις
Lk 9:36 ἐκείναις ταῖς ἡμέραις **οὐδὲν** ὧν ἑώρακαν.
Lk 9:62 **οὐδεὶς** ἐπιβαλὼν τὴν χεῖρα
Lk 10:19 καὶ **οὐδὲν** ὑμᾶς οὐ μὴ
Lk 10:22 καὶ **οὐδεὶς** γινώσκει τίς ἐστιν
Lk 11:33 **Οὐδεὶς** λύχνον ἅψας εἰς
Lk 12:2 **Οὐδὲν** δὲ συγκεκαλυμμένον ἐστὶν
Lk 14:24 γὰρ ὑμῖν ὅτι **οὐδεὶς** τῶν ἀνδρῶν ἐκείνων
Lk 15:16 καὶ **οὐδεὶς** ἐδίδου αὐτῷ.
Lk 16:13 **Οὐδεὶς** οἰκέτης δύναται δυσὶ
Lk 18:19 **οὐδεὶς** ἀγαθὸς εἰ μὴ
Lk 18:29 λέγω ὑμῖν ὅτι **οὐδείς** ἐστιν ὃς ἀφῆκεν
Lk 18:34 καὶ αὐτοὶ **οὐδὲν** τούτων συνῆκαν καὶ
Lk 19:30 ἐφ' ὃν **οὐδεὶς** πώποτε ἀνθρώπων ἐκάθισεν,
Lk 20:40 ἐτόλμων ἐπερωτᾶν αὐτὸν **οὐδέν**.
Lk 23:4 **οὐδὲν** εὑρίσκω αἴτιον ἐν

Lk 23:9 αὐτὸς δὲ **οὐδὲν** ἀπεκρίνατο αὐτῷ.
Lk 23:15 καὶ ἰδοὺ **οὐδὲν** ἄξιον θανάτου ἐστὶν
Lk 23:22 **οὐδὲν** αἴτιον θανάτου εὗρον
Lk 23:41 οὗτος δὲ **οὐδὲν** ἄτοπον ἔπραξεν.
Lk 23:53 οὗ οὐκ ἦν **οὐδεὶς** οὔπω κείμενος.

οὐδέποτε (*oudepote*; 2/16) *never*

Lk 15:29 δουλεύω σοι καὶ **οὐδέποτε** ἐντολήν σου παρῆλθον,
Lk 15:29 καὶ ἐμοὶ **οὐδέποτε** ἔδωκας ἔριφον ἵνα

οὐθείς (*outheis*; 2/7) *no one*

Lk 22:35 **οὐθενός**.
Lk 23:14 ἐνώπιον ὑμῶν ἀνακρίνας **οὐθὲν** εὗρον ἐν τῷ

οὐκέτι (*ouketi*; 3/47) *no longer*

Lk 15:19 **οὐκέτι** εἰμὶ ἄξιος κληθῆναι
Lk 15:21 **οὐκέτι** εἰμὶ ἄξιος κληθῆναι
Lk 20:40 **οὐκέτι** γὰρ ἐτόλμων ἐπερωτᾶν

οὖν (*oun*; 33/497[499]) *therefore*

Lk 3:7 Ἔλεγεν **οὖν** τοῖς ἐκπορευομένοις ὄχλοις
Lk 3:8 ποιήσατε **οὖν** καρποὺς ἀξίους τῆς
Lk 3:9 πᾶν **οὖν** δένδρον μὴ ποιοῦν
Lk 3:10 τί **οὖν** ποιήσωμεν;
Lk 3:18 Πολλὰ μὲν **οὖν** καὶ ἕτερα παρακαλῶν
Lk 4:7 σὺ **οὖν** ἐὰν προσκυνήσῃς ἐνώπιον
Lk 7:31 Τίνι **οὖν** ὁμοιώσω τοὺς ἀνθρώπους
Lk 7:42 τίς **οὖν** αὐτῶν πλεῖον ἀγαπήσει
Lk 8:18 Βλέπετε **οὖν** πῶς ἀκούετε·
Lk 10:2 δεήθητε **οὖν** τοῦ κυρίου τοῦ
Lk 10:40 εἰπὲ **οὖν** αὐτῇ ἵνα μοι
Lk 11:13 εἰ **οὖν** ὑμεῖς πονηροὶ ὑπάρχοντες
Lk 11:35 σκόπει **οὖν** μὴ τὸ φῶς
Lk 11:36 εἰ **οὖν** τὸ σῶμά σου
Lk 12:26 εἰ **οὖν** οὐδὲ ἐλάχιστον δύνασθε,
Lk 13:7 ἔκκοψον **[οὖν]** αὐτήν,
Lk 13:14 ἐν αὐταῖς **οὖν** ἐρχόμενοι θεραπεύεσθε καὶ
Lk 13:18 Ἔλεγεν **οὖν**·
Lk 14:33 οὕτως **οὖν** πᾶς ἐξ ὑμῶν
Lk 14:34 Καλὸν **οὖν** τὸ ἅλας·
Lk 16:11 εἰ **οὖν** ἐν τῷ ἀδίκῳ
Lk 16:27 ἐρωτῶ σε **οὖν**,
Lk 19:12 εἶπεν **οὖν**·
Lk 20:15 τί **οὖν** ποιήσει αὐτοῖς ὁ
Lk 20:17 τί **οὖν** ἐστιν τὸ γεγραμμένον
Lk 20:29 ἑπτὰ **οὖν** ἀδελφοὶ ἦσαν·
Lk 20:33 ἡ γυνὴ **οὖν** ἐν τῇ ἀναστάσει
Lk 20:44 Δαυὶδ **οὖν** κύριον αὐτὸν καλεῖ,
Lk 21:7 πότε **οὖν** ταῦτα ἔσται καὶ
Lk 21:14 θέτε **οὖν** ἐν ταῖς καρδίαις
Lk 22:70 σὺ **οὖν** εἶ ὁ υἱὸς
Lk 23:16 παιδεύσας **οὖν** αὐτὸν ἀπολύσω.
Lk 23:22 παιδεύσας **οὖν** αὐτὸν ἀπολύσω.

οὔπω (*oupō*; 1/26) *not yet*

Lk 23:53 οὐκ ἦν οὐδεὶς **οὔπω** κείμενος.

οὐράνιος (*ouranios*; 1/9) *heavenly*

Lk 2:13 ἀγγέλῳ πλῆθος στρατιᾶς **οὐρανίου** αἰνούντων τὸν θεὸν

οὐρανός (*ouranos*; 35/272[273]) *heaven*

Lk 2:15 αὐτῶν εἰς τὸν **οὐρανὸν** οἱ ἄγγελοι,
Lk 3:21 προσευχομένου ἀνεῳχθῆναι τὸν **οὐρανὸν**
Lk 3:22 καὶ φωνὴν ἐξ **οὐρανοῦ** γενέσθαι·
Lk 4:25 ὅτε ἐκλείσθη ὁ **οὐρανὸς** ἐπὶ ἔτη τρία
Lk 6:23 πολὺς ἐν τῷ **οὐρανῷ**·
Lk 8:5 τὰ πετεινὰ τοῦ **οὐρανοῦ** κατέφαγεν αὐτό.
Lk 9:16 ἀναβλέψας εἰς τὸν **οὐρανὸν** εὐλόγησεν αὐτοὺς καὶ
Lk 9:54 καταβῆναι ἀπὸ τοῦ **οὐρανοῦ** καὶ ἀναλῶσαι αὐτούς;
Lk 9:58 τὰ πετεινὰ τοῦ **οὐρανοῦ** κατασκηνώσεις,
Lk 10:15 μὴ ἕως **οὐρανοῦ** ὑψωθήσῃ;
Lk 10:18 ἀστραπὴν ἐκ τοῦ **οὐρανοῦ** πεσόντα.
Lk 10:20 ἐγγέγραπται ἐν τοῖς **οὐρανοῖς**.
Lk 10:21 κύριε τοῦ **οὐρανοῦ** καὶ τῆς γῆς,
Lk 11:13 πατὴρ [ὁ] ἐξ **οὐρανοῦ** δώσει πνεῦμα ἅγιον
Lk 11:16 πειράζοντες σημεῖον ἐξ **οὐρανοῦ** ἐζήτουν παρ᾽ αὐτοῦ.
Lk 12:33 ἀνέκλειπτον ἐν τοῖς **οὐρανοῖς**,
Lk 12:56 γῆς καὶ τοῦ **οὐρανοῦ** οἴδατε δοκιμάζειν,
Lk 13:19 τὰ πετεινὰ τοῦ **οὐρανοῦ** κατεσκήνωσεν ἐν
Lk 15:7 χαρὰ ἐν τῷ **οὐρανῷ** ἔσται ἐπὶ ἑνὶ
Lk 15:18 ἥμαρτον εἰς τὸν **οὐρανὸν** καὶ ἐνώπιόν σου,
Lk 15:21 ἥμαρτον εἰς τὸν **οὐρανὸν** καὶ ἐνώπιόν σου,
Lk 16:17 δέ ἐστιν τὸν **οὐρανὸν** καὶ τὴν γῆν
Lk 17:24 τῆς ὑπὸ τὸν **οὐρανὸν** εἰς τὴν ὑπ᾽
Lk 17:24 εἰς τὴν ὑπ᾽ **οὐρανὸν** λάμπει,
Lk 17:29 καὶ θεῖον ἀπ᾽ **οὐρανοῦ** καὶ ἀπώλεσεν πάντας.
Lk 18:13 ἐπᾶραι εἰς τὸν **οὐρανόν**,
Lk 18:22 θησαυρὸν ἐν [τοῖς] **οὐρανοῖς**,
Lk 19:38 ἐν **οὐρανῷ** εἰρήνη καὶ δόξα
Lk 20:4 βάπτισμα Ἰωάννου ἐξ **οὐρανοῦ** ἦν ἢ ἐξ
Lk 20:5 ἐξ **οὐρανοῦ**,
Lk 21:11 τε καὶ ἀπ᾽ **οὐρανοῦ** σημεῖα μεγάλα ἔσται.
Lk 21:26 γὰρ δυνάμεις τῶν **οὐρανῶν** σαλευθήσονται.
Lk 21:33 ὁ **οὐρανὸς** καὶ ἡ γῆ
Lk 22:43 αὐτῷ ἄγγελος ἀπ᾽ **οὐρανοῦ** ἐνισχύων αὐτόν.
Lk 24:51 ἀνεφέρετο εἰς τὸν **οὐρανόν**.

οὖς (*ous*; 7/36) *ear*

Lk 1:44 σου εἰς τὰ **ὦτά** μου,
Lk 4:21 αὕτη ἐν τοῖς **ὠσὶν** ὑμῶν.
Lk 8:8 ὁ ἔχων **ὦτα** ἀκούειν ἀκουέτω.
Lk 9:44 ὑμεῖς εἰς τὰ **ὦτα** ὑμῶν τοὺς λόγους
Lk 12:3 ὃ πρὸς τὸ **οὖς** ἐλαλήσατε ἐν τοῖς
Lk 14:35 ὁ ἔχων **ὦτα** ἀκούειν ἀκουέτω.
Lk 22:50 καὶ ἀφεῖλεν τὸ **οὖς** αὐτοῦ τὸ δεξιόν.

οὐσία (*ousia*; 2/2) *property*

Lk 15:12 ἐπιβάλλον μέρος τῆς **οὐσίας**.
Lk 15:13 ἐκεῖ διεσκόρπισεν τὴν **οὐσίαν** αὐτοῦ ζῶν ἀσώτως.

οὔτε (*oute*; 4/87) *not*

Lk 14:35 **οὔτε** εἰς γῆν οὔτε
Lk 14:35 οὔτε εἰς γῆν **οὔτε** εἰς κοπρίαν εὔθετόν
Lk 20:35 τῆς ἐκ νεκρῶν **οὔτε** γαμοῦσιν οὔτε γαμίζονται·
Lk 20:35 νεκρῶν οὔτε γαμοῦσιν **οὔτε** γαμίζονται·

οὗτος (*houtos*; 229/1382[1387]) *this*

Lk 1:18 κατὰ τί γνώσομαι **τοῦτο**;
Lk 1:19 καὶ εὐαγγελίσασθαί σοι **ταῦτα**·
Lk 1:20 ἧς ἡμέρας γένηται **ταῦτα**,
Lk 1:24 Μετὰ δὲ **ταύτας** τὰς ἡμέρας συνέλαβεν
Lk 1:29 εἴη ὁ ἀσπασμὸς **οὗτος**.
Lk 1:32 **οὗτος** ἔσται μέγας καὶ
Lk 1:34 πῶς ἔσται **τοῦτο**,
Lk 1:36 γήρει αὐτῆς καὶ **οὗτος** μὴν ἕκτος ἐστὶν
Lk 1:39 ἐν ταῖς ἡμέραις **ταύταις** ἐπορεύθη εἰς τὴν
Lk 1:43 καὶ πόθεν μοι **τοῦτο** ἵνα ἔλθῃ ἡ
Lk 1:61 καλεῖται τῷ ὀνόματι **τούτῳ**.
Lk 1:65 πάντα τὰ ῥήματα **ταῦτα**,
Lk 1:66 ἄρα τὸ παιδίον **τοῦτο** ἔσται;
Lk 2:2 **αὕτη** ἀπογραφὴ πρώτη ἐγένετο
Lk 2:12 καὶ **τοῦτο** ὑμῖν τὸ σημεῖον,
Lk 2:15 ἴδωμεν τὸ ῥῆμα **τοῦτο** τὸ γεγονὸς ὃ
Lk 2:17 περὶ τοῦ παιδίου **τούτου**.
Lk 2:19 συνετήρει τὰ ῥήματα **ταῦτα** συμβάλλουσα ἐν
Lk 2:25 καὶ ὁ ἄνθρωπος **οὗτος** δίκαιος καὶ εὐλαβὴς
Lk 2:34 ἰδοὺ **οὗτος** κεῖται εἰς πτῶσιν
Lk 2:36 **αὕτη** προβεβηκυῖα ἐν ἡμέραις
Lk 3:8 ἐκ τῶν λίθων **τούτων** ἐγεῖραι τέκνα τῷ
Lk 3:20 προσέθηκεν καὶ **τοῦτο** ἐπὶ πᾶσιν [καὶ]
Lk 4:3 εἰπὲ τῷ λίθῳ **τούτῳ** ἵνα γένηται ἄρτος.
Lk 4:6 δώσω τὴν ἐξουσίαν **ταύτην** ἅπασαν καὶ τὴν
Lk 4:21 πεπλήρωται ἡ γραφὴ **αὕτη** ἐν τοῖς ὠσὶν
Lk 4:22 υἱός ἐστιν Ἰωσὴφ **οὗτος**;
Lk 4:23 μοι τὴν παραβολὴν **ταύτην**·
Lk 4:28 τῇ συναγωγῇ ἀκούοντες **ταῦτα**
Lk 4:36 τίς ὁ λόγος **οὗτος** ὅτι ἐν ἐξουσίᾳ
Lk 4:43 ὅτι ἐπὶ **τοῦτο** ἀπεστάλην.
Lk 5:6 καὶ **τοῦτο** ποιήσαντες συνέκλεισαν πλῆθος
Lk 5:21 τίς ἐστιν **οὗτος** ὃς λαλεῖ βλασφημίας;
Lk 5:27 Καὶ μετὰ **ταῦτα** ἐξῆλθεν καὶ ἐθεάσατο
Lk 6:3 οὐδὲ **τοῦτο** ἀνέγνωτε ὃ ἐποίησεν
Lk 6:12 ἐν ταῖς ἡμέραις **ταύταις** ἐξελθεῖν αὐτὸν εἰς
Lk 7:4 ἐστιν ᾧ παρέξῃ **τοῦτο**·
Lk 7:8 καὶ λέγω **τούτῳ**·
Lk 7:8 ποίησον **τοῦτο**,
Lk 7:9 ἀκούσας δὲ **ταῦτα** ὁ Ἰησοῦς ἐθαύμασεν
Lk 7:17 ἐξῆλθεν ὁ λόγος **οὗτος** ἐν ὅλῃ τῇ
Lk 7:18 αὐτοῦ περὶ πάντων **τούτων**.
Lk 7:27 **οὗτός** ἐστιν περὶ οὗ
Lk 7:31 ἀνθρώπους τῆς γενεᾶς **ταύτης** καὶ τίνι εἰσὶν
Lk 7:39 **οὗτος** εἰ ἦν προφήτης,
Lk 7:44 βλέπεις **ταύτην** τὴν γυναῖκα;
Lk 7:44 **αὕτη** δὲ τοῖς δάκρυσιν
Lk 7:45 **αὕτη** δὲ ἀφ' ἧς
Lk 7:46 **αὕτη** δὲ μύρῳ ἤλειψεν
Lk 7:49 τίς **οὗτός** ἐστιν ὃς καὶ
Lk 8:8 **ταῦτα** λέγων ἐφώνει·
Lk 8:9 μαθηταὶ αὐτοῦ τίς **αὕτη** εἴη ἡ παραβολή.
Lk 8:11 Ἔστιν δὲ **αὕτη** ἡ παραβολή·
Lk 8:13 καὶ **οὗτοι** ῥίζαν οὐκ ἔχουσιν,
Lk 8:14 **οὗτοί** εἰσιν οἱ ἀκούσαντες,
Lk 8:15 **οὗτοί** εἰσιν οἵτινες ἐν
Lk 8:21 καὶ ἀδελφοί μου **οὗτοί** εἰσιν οἱ τὸν
Lk 8:25 τίς ἄρα **οὗτός** ἐστιν ὅτι καὶ
Lk 8:41 ὄνομα Ἰάϊρος καὶ **οὗτος** ἄρχων τῆς συναγωγῆς
Lk 9:9 τίς δέ ἐστιν **οὗτος** περὶ οὗ ἀκούω
Lk 9:13 πάντα τὸν λαὸν **τοῦτον** βρώματα.
Lk 9:21 παρήγγειλεν μηδενὶ λέγειν **τοῦτο**
Lk 9:24 αὐτοῦ ἕνεκεν ἐμοῦ **οὗτος** σώσει αὐτήν.
Lk 9:26 **τοῦτον** ὁ υἱὸς τοῦ
Lk 9:28 μετὰ τοὺς λόγους **τούτους** ὡσεὶ ἡμέραι ὀκτὼ
Lk 9:34 **ταῦτα** δὲ αὐτοῦ λέγοντος
Lk 9:35 **οὗτός** ἐστιν ὁ υἱός
Lk 9:44 ὑμῶν τοὺς λόγους **τούτους**·
Lk 9:45 ἠγνόουν τὸ ῥῆμα **τοῦτο** καὶ ἦν παρακεκαλυμμένον
Lk 9:45 περὶ τοῦ ῥήματος **τούτου**.
Lk 9:48 ὃς ἐὰν δέξηται **τοῦτο** τὸ παιδίον ἐπὶ
Lk 9:48 πᾶσιν ὑμῖν ὑπάρχων **οὗτός** ἐστιν μέγας.
Lk 10:1 Μετὰ δὲ **ταῦτα** ἀνέδειξεν ὁ κύριος
Lk 10:5 εἰρήνη τῷ οἴκῳ **τούτῳ**.
Lk 10:11 πλὴν **τοῦτο** γινώσκετε ὅτι ἤγγικεν
Lk 10:20 πλὴν ἐν **τούτῳ** μὴ χαίρετε ὅτι
Lk 10:21 ὅτι ἀπέκρυψας **ταῦτα** ἀπὸ σοφῶν καὶ
Lk 10:28 **τοῦτο** ποίει καὶ ζήσῃ.
Lk 10:36 τίς **τούτων** τῶν τριῶν πλησίον
Lk 11:19 διὰ **τοῦτο** αὐτοὶ ὑμῶν κριταὶ
Lk 11:27 τῷ λέγειν αὐτὸν **ταῦτα** ἐπάρασά τις φωνὴν
Lk 11:29 ἡ γενεὰ **αὕτη** γενεὰ πονηρά ἐστιν·
Lk 11:30 ἀνθρώπου τῇ γενεᾷ **ταύτῃ**.
Lk 11:31 ἀνδρῶν τῆς γενεᾶς **ταύτης** καὶ κατακρινεῖ αὐτούς,
Lk 11:32 μετὰ τῆς γενεᾶς **ταύτης** καὶ κατακρινοῦσιν αὐτήν·
Lk 11:42 **ταῦτα** δὲ ἔδει ποιῆσαι
Lk 11:45 **ταῦτα** λέγων καὶ ἡμᾶς
Lk 11:49 διὰ **τοῦτο** καὶ ἡ σοφία
Lk 11:50 ἀπὸ τῆς γενεᾶς **ταύτης**,
Lk 11:51 ἀπὸ τῆς γενεᾶς **ταύτης**.
Lk 12:4 σῶμα καὶ μετὰ **ταῦτα** μὴ ἐχόντων περισσότερόν
Lk 12:5 **τοῦτον** φοβήθητε.
Lk 12:18 **τοῦτο** ποιήσω,
Lk 12:20 **ταύτῃ** τῇ νυκτὶ τὴν
Lk 12:22 διὰ **τοῦτο** λέγω ὑμῖν·
Lk 12:27 περιεβάλετο ὡς ἓν **τούτων**.
Lk 12:30 **ταῦτα** γὰρ πάντα τὰ
Lk 12:30 οἶδεν ὅτι χρῄζετε **τούτων**.
Lk 12:31 καὶ **ταῦτα** προστεθήσεται ὑμῖν.
Lk 12:39 **τοῦτο** δὲ γινώσκετε ὅτι
Lk 12:41 ἡμᾶς τὴν παραβολὴν **ταύτην** λέγεις ἢ καὶ
Lk 12:56 τὸν καιρὸν δὲ **τοῦτον** πῶς οὐκ οἴδατε
Lk 13:2 ὅτι οἱ Γαλιλαῖοι **οὗτοι** ἁμαρτωλοὶ παρὰ πάντας
Lk 13:2 ὅτι **ταῦτα** πεπόνθασιν;
Lk 13:6 Ἔλεγεν δὲ **ταύτην** τὴν παραβολήν·
Lk 13:7 ἐν τῇ συκῇ **ταύτῃ** καὶ οὐχ εὑρίσκω.
Lk 13:8 ἄφες αὐτὴν καὶ **τοῦτο** τὸ ἔτος,
Lk 13:16 **ταύτην** δὲ θυγατέρα Ἀβραὰμ
Lk 13:16 ἀπὸ τοῦ δεσμοῦ **τούτου** τῇ ἡμέρᾳ τοῦ
Lk 13:17 καὶ **ταῦτα** λέγοντος αὐτοῦ κατῃσχύνοντο
Lk 13:32 εἴπατε τῇ ἀλώπεκι **ταύτῃ**·
Lk 14:6 ἴσχυσαν ἀνταποκριθῆναι πρὸς **ταῦτα**.
Lk 14:9 δὸς **τούτῳ** τόπον,
Lk 14:15 τις τῶν συνανακειμένων **ταῦτα** εἶπεν αὐτῷ·
Lk 14:20 ἔγημα καὶ διὰ **τοῦτο** οὐ δύναμαι ἐλθεῖν.
Lk 14:21 τῷ κυρίῳ αὐτοῦ **ταῦτα**.
Lk 14:30 λέγοντες ὅτι **οὗτος** ὁ ἄνθρωπος ἤρξατο
Lk 15:2 γραμματεῖς λέγοντες ὅτι **οὗτος** ἁμαρτωλοὺς προσδέχεται καὶ
Lk 15:3 αὐτοὺς τὴν παραβολὴν **ταύτην** λέγων·

Lk 15:24 ὅτι **οὗτος** ὁ υἱός μου
Lk 15:26 τί ἂν εἴη **ταῦτα**.
Lk 15:30 ὁ υἱός σου **οὗτος** ὁ καταφαγών σου
Lk 15:32 ὁ ἀδελφός σου **οὗτος** νεκρὸς ἦν καὶ
Lk 16:1 καὶ **οὗτος** διεβλήθη αὐτῷ ὡς
Lk 16:2 τί **τοῦτο** ἀκούω περὶ σοῦ;
Lk 16:8 υἱοὶ τοῦ αἰῶνος **τούτου** φρονιμώτεροι ὑπὲρ
Lk 16:14 Ἤκουον δὲ **ταῦτα** πάντα οἱ Φαρισαῖοι
Lk 16:24 ἐν τῇ φλογὶ **ταύτῃ**.
Lk 16:26 καὶ ἐν πᾶσι **τούτοις** μεταξὺ ἡμῶν καὶ
Lk 16:28 εἰς τὸν τόπον **τοῦτον** τῆς βασάνου.
Lk 17:2 σκανδαλίσῃ τῶν μικρῶν **τούτων** ἕνα.
Lk 17:6 ἂν τῇ συκαμίνῳ **[ταύτῃ]**·
Lk 17:8 καὶ μετὰ **ταῦτα** φάγεσαι καὶ πίεσαι
Lk 17:18 μὴ ὁ ἀλλογενὴς **οὗτος**;
Lk 17:25 ἀπὸ τῆς γενεᾶς **ταύτης**.
Lk 17:34 **ταύτῃ** τῇ νυκτὶ ἔσονται
Lk 18:4 μετὰ δὲ **ταῦτα** εἶπεν ἐν ἑαυτῷ·
Lk 18:5 κόπον τὴν χήραν **ταύτην** ἐκδικήσω αὐτήν,
Lk 18:9 λοιποὺς τὴν παραβολὴν **ταύτην**·
Lk 18:11 σταθεὶς πρὸς ἑαυτὸν **ταῦτα** προσηύχετο·
Lk 18:11 ἢ καὶ ὡς **οὗτος** ὁ τελώνης·
Lk 18:14 κατέβη **οὗτος** δεδικαιωμένος εἰς τὸν
Lk 18:21 **ταῦτα** πάντα ἐφύλαξα ἐκ
Lk 18:23 ὁ δὲ ἀκούσας **ταῦτα** περίλυπος ἐγενήθη·
Lk 18:30 ἐν τῷ καιρῷ **τούτῳ** καὶ ἐν τῷ
Lk 18:34 καὶ αὐτοὶ οὐδὲν **τούτων** συνῆκαν καὶ ἦν
Lk 18:34 ἦν τὸ ῥῆμα **τοῦτο** κεκρυμμένον ἀπ' αὐτῶν
Lk 18:36 ἐπυνθάνετο τί εἴη **τοῦτο**.
Lk 19:9 σωτηρία τῷ οἴκῳ **τούτῳ** ἐγένετο,
Lk 19:11 Ἀκουόντων δὲ αὐτῶν **ταῦτα** προσθεὶς εἶπεν παραβολὴν
Lk 19:14 οὐ θέλομεν **τοῦτον** βασιλεῦσαι ἐφ' ἡμᾶς.
Lk 19:15 αὐτῷ τοὺς δούλους **τούτους** οἷς δεδώκει τὸ
Lk 19:19 εἶπεν δὲ καὶ **τούτῳ**·
Lk 19:27 τοὺς ἐχθρούς μου **τούτους** τοὺς μὴ θελήσαντάς
Lk 19:28 Καὶ εἰπὼν **ταῦτα** ἐπορεύετο ἔμπροσθεν ἀναβαίνων
Lk 19:40 ἐὰν **οὗτοι** σιωπήσουσιν,
Lk 19:42 ἐν τῇ ἡμέρᾳ **ταύτῃ** καὶ σὺ τὰ
Lk 20:2 ἐν ποίᾳ ἐξουσίᾳ **ταῦτα** ποιεῖς,
Lk 20:2 σοι τὴν ἐξουσίαν **ταύτην**;
Lk 20:8 ἐν ποίᾳ ἐξουσίᾳ **ταῦτα** ποιῶ.
Lk 20:9 λέγειν τὴν παραβολὴν **ταύτην**·
Lk 20:12 οἱ δὲ καὶ **τοῦτον** τραυματίσαντες ἐξέβαλον.
Lk 20:13 ἴσως **τοῦτον** ἐντραπήσονται.
Lk 20:14 **οὗτός** ἐστιν ὁ κληρονόμος·
Lk 20:16 ἀπολέσει τοὺς γεωργοὺς **τούτους** καὶ δώσει
Lk 20:17 ἐστιν τὸ γεγραμμένον **τοῦτο**·
Lk 20:17 **οὗτος** ἐγενήθη εἰς κεφαλὴν
Lk 20:19 εἶπεν τὴν παραβολὴν **ταύτην**.
Lk 20:28 καὶ **οὗτος** ἄτεκνος ᾖ,
Lk 20:34 υἱοὶ τοῦ αἰῶνος **τούτου** γαμοῦσιν καὶ γαμίσκονται,
Lk 20:47 **οὗτοι** λήμψονται περισσότερον κρίμα.
Lk 21:3 ὅτι ἡ χήρα **αὕτη** ἡ πτωχὴ πλεῖον
Lk 21:4 πάντες γὰρ **οὗτοι** ἐκ τοῦ περισσεύοντος
Lk 21:4 **αὕτη** δὲ ἐκ τοῦ
Lk 21:6 **ταῦτα** ἃ θεωρεῖτε ἐλεύσονται
Lk 21:7 πότε οὖν **ταῦτα** ἔσται καὶ τί
Lk 21:7 σημεῖον ὅταν μέλλῃ **ταῦτα** γίνεσθαι;
Lk 21:9 δεῖ γὰρ **ταῦτα** γενέσθαι πρῶτον,
Lk 21:12 Πρὸ δὲ **τούτων** πάντων ἐπιβαλοῦσιν ἐφ'
Lk 21:22 ὅτι ἡμέραι ἐκδικήσεως **αὗταί** εἰσιν τοῦ πλησθῆναι
Lk 21:23 ὀργὴ τῷ λαῷ **τούτῳ**,
Lk 21:28 ἀρχομένων δὲ **τούτων** γίνεσθαι ἀνακύψατε
Lk 21:31 ὅταν ἴδητε **ταῦτα** γινόμενα,
Lk 21:32 παρέλθῃ ἡ γενεὰ **αὕτη** ἕως ἂν πάντα
Lk 21:36 ἵνα κατισχύσητε ἐκφυγεῖν **ταῦτα** πάντα τὰ μέλλοντα
Lk 22:15 ἐπιθυμίᾳ ἐπεθύμησα **τοῦτο** τὸ πάσχα φαγεῖν
Lk 22:17 λάβετε **τοῦτο** καὶ διαμερίσατε εἰς
Lk 22:19 **τοῦτό** ἐστιν τὸ σῶμά
Lk 22:19 **τοῦτο** ποιεῖτε εἰς τὴν
Lk 22:20 **τοῦτο** τὸ ποτήριον ἡ
Lk 22:23 ἐξ αὐτῶν ὁ **τοῦτο** μέλλων πράσσειν.
Lk 22:37 γὰρ ὑμῖν ὅτι **τοῦτο** τὸ γεγραμμένον δεῖ
Lk 22:42 εἰ βούλει παρένεγκε **τοῦτο** τὸ ποτήριον ἀπ'
Lk 22:51 ἐᾶτε ἕως **τούτου**·
Lk 22:53 ἀλλ' **αὕτη** ἐστὶν ὑμῶν ἡ
Lk 22:56 καὶ **οὗτος** σὺν αὐτῷ ἦν.
Lk 22:59 ἐπ' ἀληθείας καὶ **οὗτος** μετ' αὐτοῦ ἦν,
Lk 23:2 **τοῦτον** εὕραμεν διαστρέφοντα τὸ
Lk 23:4 ἐν τῷ ἀνθρώπῳ **τούτῳ**.
Lk 23:7 ἐν Ἱεροσολύμοις ἐν **ταύταις** ταῖς ἡμέραις.
Lk 23:14 μοι τὸν ἄνθρωπον **τοῦτον** ὡς ἀποστρέφοντα
Lk 23:14 ἐν τῷ ἀνθρώπῳ **τούτῳ** αἴτιον ὧν κατηγορεῖτε
Lk 23:18 αἶρε **τοῦτον**,
Lk 23:22 γὰρ κακὸν ἐποίησεν **οὗτος**;
Lk 23:31 τῷ ὑγρῷ ξύλῳ **ταῦτα** ποιοῦσιν,
Lk 23:35 εἰ **οὗτός** ἐστιν ὁ χριστὸς
Lk 23:38 βασιλεὺς τῶν Ἰουδαίων **οὗτος**.
Lk 23:41 **οὗτος** δὲ οὐδὲν ἄτοπον
Lk 23:46 **τοῦτο** δὲ εἰπὼν ἐξέπνευσεν.
Lk 23:47 ὄντως ὁ ἄνθρωπος **οὗτος** δίκαιος ἦν.
Lk 23:48 ἐπὶ τὴν θεωρίαν **ταύτην**,
Lk 23:49 τῆς Γαλιλαίας ὁρῶσαι **ταῦτα**.
Lk 23:51 **οὗτος** οὐκ ἦν συγκατατεθειμένος
Lk 23:52 **οὗτος** προσελθὼν τῷ Πιλάτῳ
Lk 24:4 ἀπορεῖσθαι αὐτὰς περὶ **τούτου** καὶ ἰδοὺ ἄνδρες
Lk 24:9 τοῦ μνημείου ἀπήγγειλαν **ταῦτα** πάντα τοῖς ἕνδεκα
Lk 24:10 πρὸς τοὺς ἀποστόλους **ταῦτα**,
Lk 24:11 λῆρος τὰ ῥήματα **ταῦτα**,
Lk 24:14 πάντων τῶν συμβεβηκότων **τούτων**.
Lk 24:17 τίνες οἱ λόγοι **οὗτοι** οὓς ἀντιβάλλετε πρὸς
Lk 24:18 ἐν ταῖς ἡμέραις **ταύταις**;
Lk 24:21 καὶ σὺν πᾶσιν **τούτοις** τρίτην ταύτην ἡμέραν
Lk 24:21 πᾶσιν τούτοις τρίτην **ταύτην** ἡμέραν ἄγει
Lk 24:21 ἄγει ἀφ' οὗ **ταῦτα** ἐγένετο.
Lk 24:26 οὐχὶ **ταῦτα** ἔδει παθεῖν τὸν
Lk 24:36 **Ταῦτα** δὲ αὐτῶν λαλούντων
Lk 24:40 καὶ **τοῦτο** εἰπὼν ἔδειξεν αὐτοῖς
Lk 24:44 **οὗτοι** οἱ λόγοι μου
Lk 24:48 ὑμεῖς μάρτυρες **τούτων**.

οὕτως (*houtōs*; 21/208) *in this way*

Lk 1:25 ὅτι **οὕτως** μοι πεποίηκεν κύριος
Lk 2:48 τί ἐποίησας ἡμῖν **οὕτως**;
Lk 9:15 καὶ ἐποίησαν **οὕτως** καὶ κατέκλιναν ἅπαντας.
Lk 10:21 ὅτι **οὕτως** εὐδοκία ἐγένετο ἔμπροσθέν
Lk 11:30 **οὕτως** ἔσται καὶ ὁ

Lk 12:21 **οὕτως** ὁ θησαυρίζων ἑαυτῷ
Lk 12:28 βαλλόμενον ὁ θεὸς **οὕτως** ἀμφιέζει,
Lk 12:38 ἔλθῃ καὶ εὕρῃ **οὕτως**,
Lk 12:43 αὐτοῦ εὑρήσει ποιοῦντα **οὕτως**.
Lk 12:54 καὶ γίνεται **οὕτως**·
Lk 14:33 **οὕτως** οὖν πᾶς ἐξ
Lk 15:7 λέγω ὑμῖν ὅτι **οὕτως** χαρὰ ἐν τῷ
Lk 15:10 **οὕτως**,
Lk 17:10 **οὕτως** καὶ ὑμεῖς,
Lk 17:24 **οὕτως** ἔσται ὁ υἱὸς
Lk 17:26 **οὕτως** ἔσται καὶ ἐν
Lk 19:31 **οὕτως** ἐρεῖτε·
Lk 21:31 **οὕτως** καὶ ὑμεῖς,
Lk 22:26 ὑμεῖς δὲ οὐχ **οὕτως**,
Lk 24:24 μνημεῖον καὶ εὗρον **οὕτως** καθὼς καὶ αἱ
Lk 24:46 εἶπεν αὐτοῖς ὅτι **οὕτως** γέγραπται παθεῖν

οὐχί (*ouchi*; 18/54) *not*

Lk 1:60 **οὐχί**,
Lk 4:22 **οὐχὶ** υἱός ἐστιν Ἰωσὴφ
Lk 6:39 **οὐχὶ** ἀμφότεροι εἰς βόθυνον
Lk 12:6 **οὐχὶ** πέντε στρουθία πωλοῦνται
Lk 12:51 **οὐχί**,
Lk 13:3 **οὐχί**,
Lk 13:5 **οὐχί**,
Lk 14:28 θέλων πύργον οἰκοδομῆσαι **οὐχὶ** πρῶτον καθίσας ψηφίζει
Lk 14:31 συμβαλεῖν εἰς πόλεμον **οὐχὶ** καθίσας πρῶτον βουλεύσεται
Lk 15:8 **οὐχὶ** ἅπτει λύχνον καὶ
Lk 16:30 **οὐχί**,
Lk 17:8 ἀλλ᾽ **οὐχὶ** ἐρεῖ αὐτῷ·
Lk 17:17 **οὐχὶ** οἱ δέκα ἐκαθαρίσθησαν;
Lk 18:30 ὃς **οὐχὶ** μὴ [ἀπο]λάβῃ πολλαπλασίονα
Lk 22:27 **οὐχὶ** ὁ ἀνακείμενος;
Lk 23:39 **οὐχὶ** σὺ εἶ ὁ
Lk 24:26 **οὐχὶ** ταῦτα ἔδει παθεῖν
Lk 24:32 **οὐχὶ** ἡ καρδία ἡμῶν

ὀφειλέτης (*opheiletēs*; 1/7) *one who is under obligation*

Lk 13:4 δοκεῖτε ὅτι αὐτοὶ **ὀφειλέται** ἐγένοντο παρὰ πάντας

ὀφείλω (*opheilō*; 5/35) *ought to*

Lk 7:41 ὁ εἷς **ὤφειλεν** δηνάρια πεντακόσια,
Lk 11:4 αὐτοὶ ἀφίομεν παντὶ **ὀφείλοντι** ἡμῖν·
Lk 16:5 πόσον **ὀφείλεις** τῷ κυρίῳ μου;
Lk 16:7 σὺ δὲ πόσον **ὀφείλεις**;
Lk 17:10 ὃ **ὠφείλομεν** ποιῆσαι πεποιήκαμεν.

ὀφθαλμός (*ophthalmos*; 17/100) *eye*

Lk 2:30 ὅτι εἶδον οἱ **ὀφθαλμοί** μου τὸ σωτήριόν
Lk 4:20 καὶ πάντων οἱ **ὀφθαλμοὶ** ἐν τῇ συναγωγῇ
Lk 6:20 αὐτὸς ἐπάρας τοὺς **ὀφθαλμοὺς** αὐτοῦ εἰς
Lk 6:41 τὸ ἐν τῷ **ὀφθαλμῷ** τοῦ ἀδελφοῦ σου,
Lk 6:41 ἐν τῷ ἰδίῳ **ὀφθαλμῷ** οὐ κατανοεῖς;
Lk 6:42 τὸ ἐν τῷ **ὀφθαλμῷ** σου,
Lk 6:42 τὴν ἐν τῷ **ὀφθαλμῷ** σου δοκὸν οὐ
Lk 6:42 δοκὸν ἐκ τοῦ **ὀφθαλμοῦ** σου,
Lk 6:42 τὸ ἐν τῷ **ὀφθαλμῷ** τοῦ ἀδελφοῦ σου
Lk 10:23 μακάριοι οἱ **ὀφθαλμοὶ** οἱ βλέποντες ἃ
Lk 11:34 σώματός ἐστιν ὁ **ὀφθαλμός** σου.
Lk 11:34 ὅταν ὁ **ὀφθαλμός** σου ἁπλοῦς ᾖ,
Lk 16:23 ᾅδῃ ἐπάρας τοὺς **ὀφθαλμοὺς** αὐτοῦ,
Lk 18:13 ἤθελεν οὐδὲ τοὺς **ὀφθαλμοὺς** ἐπᾶραι εἰς τὸν
Lk 19:42 δὲ ἐκρύβη ἀπὸ **ὀφθαλμῶν** σου.
Lk 24:16 οἱ δὲ **ὀφθαλμοὶ** αὐτῶν ἐκρατοῦντο τοῦ
Lk 24:31 δὲ διηνοίχθησαν οἱ **ὀφθαλμοὶ** καὶ ἐπέγνωσαν αὐτόν·

ὄφις (*ophis*; 2/13[14]) *snake, serpent*

Lk 10:19 τοῦ πατεῖν ἐπάνω **ὄφεων** καὶ σκορπίων,
Lk 11:11 καὶ ἀντὶ ἰχθύος **ὄφιν** αὐτῷ ἐπιδώσει;

ὀφρῦς (*ophrys*; 1/1) *brow*

Lk 4:29 ἤγαγον αὐτὸν ἕως **ὀφρύος** τοῦ ὄρους ἐφ᾽

ὄχλος (*ochlos*; 41/175) *crowd*

Lk 3:7 οὖν τοῖς ἐκπορευομένοις **ὄχλοις** βαπτισθῆναι ὑπ᾽ αὐτοῦ·
Lk 3:10 ἐπηρώτων αὐτὸν οἱ **ὄχλοι** λέγοντες·
Lk 4:42 καὶ οἱ **ὄχλοι** ἐπεζήτουν αὐτὸν καὶ
Lk 5:1 ἐν τῷ τὸν **ὄχλον** ἐπικεῖσθαι αὐτῷ καὶ
Lk 5:3 πλοίου ἐδίδασκεν τοὺς **ὄχλους**.
Lk 5:15 καὶ συνήρχοντο **ὄχλοι** πολλοὶ ἀκούειν καὶ
Lk 5:19 αὐτὸν διὰ τὸν **ὄχλον**,
Lk 5:29 καὶ ἦν **ὄχλος** πολὺς τελωνῶν καὶ
Lk 6:17 καὶ **ὄχλος** πολὺς μαθητῶν αὐτοῦ,
Lk 6:19 καὶ πᾶς ὁ **ὄχλος** ἐζήτουν ἅπτεσθαι αὐτοῦ,
Lk 7:9 τῷ ἀκολουθοῦντι αὐτῷ **ὄχλῳ** εἶπεν·
Lk 7:11 μαθηταὶ αὐτοῦ καὶ **ὄχλος** πολύς.
Lk 7:12 καὶ **ὄχλος** τῆς πόλεως ἱκανὸς
Lk 7:24 λέγειν πρὸς τοὺς **ὄχλους** περὶ Ἰωάννου·
Lk 8:4 Συνιόντος δὲ **ὄχλου** πολλοῦ καὶ τῶν
Lk 8:19 αὐτῷ διὰ τὸν **ὄχλον**.
Lk 8:40 ἀπεδέξατο αὐτὸν ὁ **ὄχλος**·
Lk 8:42 ὑπάγειν αὐτὸν οἱ **ὄχλοι** συνέπνιγον αὐτόν.
Lk 8:45 οἱ **ὄχλοι** συνέχουσίν σε καὶ
Lk 9:11 οἱ δὲ **ὄχλοι** γνόντες ἠκολούθησαν αὐτῷ·
Lk 9:12 ἀπόλυσον τὸν **ὄχλον**,
Lk 9:16 μαθηταῖς παραθεῖναι τῷ **ὄχλῳ**.
Lk 9:18 με λέγουσιν οἱ **ὄχλοι** εἶναι;
Lk 9:37 ὄρους συνήντησεν αὐτῷ **ὄχλος** πολύς.
Lk 9:38 ἀνὴρ ἀπὸ τοῦ **ὄχλου** ἐβόησεν λέγων·
Lk 11:14 καὶ ἐθαύμασαν οἱ **ὄχλοι**.
Lk 11:27 γυνὴ ἐκ τοῦ **ὄχλου** εἶπεν αὐτῷ·
Lk 11:29 Τῶν δὲ **ὄχλων** ἐπαθροιζομένων ἤρξατο λέγειν·
Lk 12:1 τῶν μυριάδων τοῦ **ὄχλου**,
Lk 12:13 τις ἐκ τοῦ **ὄχλου** αὐτῷ·
Lk 12:54 δὲ καὶ τοῖς **ὄχλοις**·
Lk 13:14 ἔλεγεν τῷ **ὄχλῳ** ὅτι ἓξ ἡμέραι
Lk 13:17 καὶ πᾶς ὁ **ὄχλος** ἔχαιρεν ἐπὶ πᾶσιν
Lk 14:25 Συνεπορεύοντο δὲ αὐτῷ **ὄχλοι** πολλοί,
Lk 18:36 ἀκούσας δὲ **ὄχλου** διαπορευομένου ἐπυνθάνετο τί
Lk 19:3 ἠδύνατο ἀπὸ τοῦ **ὄχλου**,
Lk 19:39 Φαρισαίων ἀπὸ τοῦ **ὄχλου** εἶπαν πρὸς αὐτόν·
Lk 22:6 παραδοῦναι αὐτὸν ἄτερ **ὄχλου** αὐτοῖς.
Lk 22:47 αὐτοῦ λαλοῦντος ἰδοὺ **ὄχλος**,
Lk 23:4 ἀρχιερεῖς καὶ τοὺς **ὄχλους**·
Lk 23:48 πάντες οἱ συμπαραγενόμενοι **ὄχλοι** ἐπὶ τὴν θεωρίαν

ὀψώνιον (*opsōnion*; 1/4) *pay*
Lk 3:14 καὶ ἀρκεῖσθε τοῖς **ὀψωνίοις** ὑμῶν.

παγίς (*pagis*; 1/5) *snare*
Lk 21:35 ὡς **παγίς**·

παιδεύω (*paideuō*; 2/13) *instruct*
Lk 23:16 **παιδεύσας** οὖν αὐτὸν ἀπολύσω.
Lk 23:22 **παιδεύσας** οὖν αὐτὸν ἀπολύσω.

παιδίον (*paidion*; 13/52) *child*
Lk 1:59 ἦλθον περιτεμεῖν τὸ **παιδίον** καὶ ἐκάλουν αὐτὸ
Lk 1:66 τί ἄρα τὸ **παιδίον** τοῦτο ἔσται;
Lk 1:76 **παιδίον**,
Lk 1:80 Τὸ δὲ **παιδίον** ηὔξανεν καὶ ἐκραταιοῦτο
Lk 2:17 αὐτοῖς περὶ τοῦ **παιδίου** τούτου.
Lk 2:27 τοὺς γονεῖς τὸ **παιδίον** Ἰησοῦν τοῦ ποιῆσαι
Lk 2:40 Τὸ δὲ **παιδίον** ηὔξανεν καὶ ἐκραταιοῦτο
Lk 7:32 ὅμοιοί εἰσιν **παιδίοις** τοῖς ἐν ἀγορᾷ
Lk 9:47 ἐπιλαβόμενος **παιδίον** ἔστησεν αὐτὸ παρ'
Lk 9:48 δέξηται τοῦτο τὸ **παιδίον** ἐπὶ τῷ ὀνόματί
Lk 11:7 κέκλεισται καὶ τὰ **παιδία** μου μετ' ἐμοῦ
Lk 18:16 ἄφετε τὰ **παιδία** ἔρχεσθαι πρός με
Lk 18:17 τοῦ θεοῦ ὡς **παιδίον**,

παιδίσκη (*paidiskē*; 2/13) *maid*
Lk 12:45 παῖδας καὶ τὰς **παιδίσκας**,
Lk 22:56 ἰδοῦσα δὲ αὐτὸν **παιδίσκη** τις καθήμενον

παῖς (*pais*; 9/24) *servant*
Lk 1:54 ἀντελάβετο Ἰσραὴλ **παιδὸς** αὐτοῦ,
Lk 1:69 ἐν οἴκῳ Δαυὶδ **παιδὸς** αὐτοῦ,
Lk 2:43 ὑπέμεινεν Ἰησοῦς ὁ **παῖς** ἐν Ἰερουσαλήμ,
Lk 7:7 καὶ ἰαθήτω ὁ **παῖς** μου.
Lk 8:51 τὸν πατέρα τῆς **παιδὸς** καὶ τὴν μητέρα.
Lk 8:54 ἡ **παῖς**,
Lk 9:42 καὶ ἰάσατο τὸν **παῖδα** καὶ ἀπέδωκεν αὐτὸν
Lk 12:45 ἄρξηται τύπτειν τοὺς **παῖδας** καὶ τὰς παιδίσκας,
Lk 15:26 προσκαλεσάμενος ἕνα τῶν **παίδων** ἐπυνθάνετο τί ἂν

παίω (*paiō*; 1/5) *strike*
Lk 22:64 τίς ἐστιν ὁ **παίσας** σε;

πάλαι (*palai*; 1/7) *long ago*
Lk 10:13 **πάλαι** ἂν ἐν σάκκῳ

παλαιός (*palaios*; 5/19) *old*
Lk 5:36 ἐπιβάλλει ἐπὶ ἱμάτιον **παλαιόν**·
Lk 5:36 σχίσει καὶ τῷ **παλαιῷ** οὐ συμφωνήσει τὸ
Lk 5:37 νέον εἰς ἀσκοὺς **παλαιούς**·
Lk 5:39 [καὶ] οὐδεὶς πιὼν **παλαιὸν** θέλει νέον·
Lk 5:39 ὁ **παλαιὸς** χρηστός ἐστιν.

παλαιόω (*palaioō*; 1/4) *make or declare old or obsolete*
Lk 12:33 ἑαυτοῖς βαλλάντια μὴ **παλαιούμενα**,

πάλιν (*palin*; 3/139[141]) *again*
Lk 6:43 οὐδὲ **πάλιν** δένδρον σαπρὸν ποιοῦν
Lk 13:20 Καὶ **πάλιν** εἶπεν·
Lk 23:20 **πάλιν** δὲ ὁ Πιλᾶτος

παμπληθεί (*pamplēthei*; 1/1) *together*
Lk 23:18 Ἀνέκραγον δὲ **παμπληθεὶ** λέγοντες·

πανδοχεῖον (*pandocheion*; 1/1) *inn*
Lk 10:34 ἤγαγεν αὐτὸν εἰς **πανδοχεῖον** καὶ ἐπεμελήθη αὐτοῦ.

πανδοχεύς (*pandocheus*; 1/1) *inn*
Lk 10:35 δύο δηνάρια τῷ **πανδοχεῖ** καὶ εἶπεν·

πανοπλία (*panoplia*; 1/3) *armor*
Lk 11:22 τὴν **πανοπλίαν** αὐτοῦ αἴρει ἐφ'

πανουργία (*panourgia*; 1/5) *trickery*
Lk 20:23 δὲ αὐτῶν τὴν **πανουργίαν** εἶπεν πρὸς αὐτούς·

πανταχοῦ (*pantachou*; 1/6[7]) *everywhere*
Lk 9:6 εὐαγγελιζόμενοι καὶ θεραπεύοντες **πανταχοῦ**.

παντελής (*pantelēs*; 1/2) *complete*
Lk 13:11 ἀνακύψαι εἰς τὸ **παντελές**.

πάντοθεν (*pantothen*; 1/3) *on all sides*
Lk 19:43 καὶ συνέξουσίν σε **πάντοθεν**,

πάντοτε (*pantote*; 2/41) *always*
Lk 15:31 σὺ **πάντοτε** μετ' ἐμοῦ εἶ,
Lk 18:1 πρὸς τὸ δεῖν **πάντοτε** προσεύχεσθαι αὐτοὺς

πάντως (*pantōs*; 1/8) *by all means*
Lk 4:23 **πάντως** ἐρεῖτέ μοι τὴν

παρά (*para*; 29/193[194]) *from, with, beside*
Lk 1:30 εὗρες γὰρ χάριν **παρὰ** τῷ θεῷ.
Lk 1:37 ὅτι οὐκ ἀδυνατήσει **παρὰ** τοῦ θεοῦ πᾶν
Lk 1:45 τοῖς λελαλημένοις αὐτῇ **παρὰ** κυρίου.
Lk 2:1 ἐκείναις ἐξῆλθεν δόγμα **παρὰ** Καίσαρος Αὐγούστου ἀπογράφεσθαι
Lk 2:52 ἡλικίᾳ καὶ χάριτι **παρὰ** θεῷ καὶ ἀνθρώποις.
Lk 3:13 μηδὲν πλέον **παρὰ** τὸ διατεταγμένον ὑμῖν
Lk 5:1 αὐτὸς ἦν ἑστὼς **παρὰ** τὴν λίμνην Γεννησαρέτ
Lk 5:2 δύο πλοῖα ἑστῶτα **παρὰ** τὴν λίμνην·
Lk 6:19 ὅτι δύναμις **παρ'** αὐτοῦ ἐξήρχετο καὶ
Lk 6:34 καὶ ἐὰν δανίσητε **παρ'** ὧν ἐλπίζετε λαβεῖν,
Lk 7:38 καὶ στᾶσα ὀπίσω **παρὰ** τοὺς πόδας αὐτοῦ
Lk 8:5 ὃ μὲν ἔπεσεν **παρὰ** τὴν ὁδὸν καὶ
Lk 8:12 οἱ δὲ **παρὰ** τὴν ὁδόν εἰσιν
Lk 8:35 ἱματισμένον καὶ σωφρονοῦντα **παρὰ** τοὺς πόδας τοῦ
Lk 8:41 καὶ πεσὼν **παρὰ** τοὺς πόδας [τοῦ]
Lk 8:49 λαλοῦντος ἔρχεταί τις **παρὰ** τοῦ ἀρχισυναγώγου λέγων

Lk 9:47 παιδίον ἔστησεν αὐτὸ **παρ'** ἑαυτῷ
Lk 10:7 καὶ πίνοντες τὰ **παρ'** αὐτῶν·
Lk 11:16 ἐξ οὐρανοῦ ἐζήτουν **παρ'** αὐτοῦ.
Lk 11:37 Φαρισαῖος ὅπως ἀριστήσῃ **παρ'** αὐτῷ·
Lk 12:48 πολὺ ζητηθήσεται **παρ'** αὐτοῦ,
Lk 13:2 Γαλιλαῖοι οὗτοι ἁμαρτωλοὶ **παρὰ** πάντας τοὺς Γαλιλαίους
Lk 13:4 αὐτοὶ ὀφειλέται ἐγένοντο **παρὰ** πάντας τοὺς ἀνθρώπους
Lk 17:16 ἔπεσεν ἐπὶ πρόσωπον **παρὰ** τοὺς πόδας αὐτοῦ
Lk 18:14 τὸν οἶκον αὐτοῦ **παρ'** ἐκεῖνον·
Lk 18:27 τὰ ἀδύνατα **παρὰ** ἀνθρώποις δυνατὰ παρὰ
Lk 18:27 παρὰ ἀνθρώποις δυνατὰ **παρὰ** τῷ θεῷ ἐστιν.
Lk 18:35 τυφλός τις ἐκάθητο **παρὰ** τὴν ὁδὸν ἐπαιτῶν.
Lk 19:7 διεγόγγυζον λέγοντες ὅτι **παρὰ** ἁμαρτωλῷ ἀνδρὶ εἰσῆλθεν

παραβιάζομαι (*parabiazomai*; 1/2) *urge*

Lk 24:29 καὶ **παρεβιάσαντο** αὐτὸν λέγοντες·

παραβολή (*parabolē*; 18/50) *parable*

Lk 4:23 ἐρεῖτέ μοι τὴν **παραβολὴν** ταύτην·
Lk 5:36 Ἔλεγεν δὲ καὶ **παραβολὴν** πρὸς αὐτοὺς ὅτι
Lk 6:39 Εἶπεν δὲ καὶ **παραβολὴν** αὐτοῖς·
Lk 8:4 αὐτὸν εἶπεν διὰ **παραβολῆς**·
Lk 8:9 αὕτη εἴη ἡ **παραβολή**.
Lk 8:10 δὲ λοιποῖς ἐν **παραβολαῖς**,
Lk 8:11 δὲ αὕτη ἡ **παραβολή**·
Lk 12:16 Εἶπεν δὲ **παραβολὴν** πρὸς αὐτοὺς λέγων·
Lk 12:41 πρὸς ἡμᾶς τὴν **παραβολὴν** ταύτην λέγεις ἢ
Lk 13:6 δὲ ταύτην τὴν **παραβολήν**·
Lk 14:7 πρὸς τοὺς κεκλημένους **παραβολήν**,
Lk 15:3 πρὸς αὐτοὺς τὴν **παραβολὴν** ταύτην λέγων·
Lk 18:1 Ἔλεγεν δὲ **παραβολὴν** αὐτοῖς πρὸς τὸ
Lk 18:9 τοὺς λοιποὺς τὴν **παραβολὴν** ταύτην·
Lk 19:11 ταῦτα προσθεὶς εἶπεν **παραβολὴν** διὰ τὸ ἐγγὺς
Lk 20:9 λαὸν λέγειν τὴν **παραβολὴν** ταύτην·
Lk 20:19 αὐτοὺς εἶπεν τὴν **παραβολὴν** ταύτην.
Lk 21:29 Καὶ εἶπεν **παραβολὴν** αὐτοῖς·

παραγγέλλω (*parangellō*; 4/31[32]) *command*

Lk 5:14 καὶ αὐτὸς **παρήγγειλεν** αὐτῷ μηδενὶ εἰπεῖν,
Lk 8:29 **παρήγγειλεν** γὰρ τῷ πνεύματι
Lk 8:56 ὁ δὲ **παρήγγειλεν** αὐτοῖς μηδενὶ εἰπεῖν
Lk 9:21 δὲ ἐπιτιμήσας αὐτοῖς **παρήγγειλεν** μηδενὶ λέγειν τοῦτο

παραγίνομαι (*paraginomai*; 8/36[37]) *come*

Lk 7:4 οἱ δὲ **παραγενόμενοι** πρὸς τὸν Ἰησοῦν
Lk 7:20 **παραγενόμενοι** δὲ πρὸς αὐτὸν
Lk 8:19 **Παρεγένετο** δὲ πρὸς αὐτὸν
Lk 11:6 ἐπειδὴ φίλος μου **παρεγένετο** ἐξ ὁδοῦ πρός
Lk 12:51 δοκεῖτε ὅτι εἰρήνην **παρεγενόμην** δοῦναι ἐν
Lk 14:21 καὶ **παραγενόμενος** ὁ δοῦλος ἀπήγγειλεν
Lk 19:16 **παρεγένετο** δὲ ὁ πρῶτος
Lk 22:52 Ἰησοῦς πρὸς τοὺς **παραγενομένους** ἐπ' αὐτὸν ἀρχιερεῖς

παράδεισος (*paradeisos*; 1/3) *paradise*

Lk 23:43 ἔσῃ ἐν τῷ **παραδείσῳ**.

παραδίδωμι (*paradidōmi*; 17/119) *hand or give over*

Lk 1:2 καθὼς **παρέδοσαν** ἡμῖν οἱ ἀπ'
Lk 4:6 ὅτι ἐμοὶ **παραδέδοται** καὶ ᾧ ἐὰν
Lk 9:44 τοῦ ἀνθρώπου μέλλει **παραδίδοσθαι** εἰς χεῖρας ἀνθρώπων.
Lk 10:22 πάντα μοι **παρεδόθη** ὑπὸ τοῦ πατρός
Lk 12:58 ὁ κριτής σε **παραδώσει** τῷ πράκτορι,
Lk 18:32 **παραδοθήσεται** γὰρ τοῖς ἔθνεσιν
Lk 20:20 ὥστε **παραδοῦναι** αὐτὸν τῇ ἀρχῇ
Lk 21:12 **παραδιδόντες** εἰς τὰς συναγωγὰς
Lk 21:16 **παραδοθήσεσθε** δὲ καὶ ὑπὸ
Lk 22:4 τὸ πῶς αὐτοῖς **παραδῷ** αὐτόν.
Lk 22:6 ἐζήτει εὐκαιρίαν τοῦ **παραδοῦναι** αὐτὸν ἄτερ ὄχλου
Lk 22:21 ἡ χεὶρ τοῦ **παραδιδόντος** με μετ' ἐμοῦ
Lk 22:22 ἐκείνῳ δι' οὗ **παραδίδοται**.
Lk 22:48 υἱὸν τοῦ ἀνθρώπου **παραδίδως**;
Lk 23:25 τὸν δὲ Ἰησοῦν **παρέδωκεν** τῷ θελήματι αὐτῶν.
Lk 24:7 ἀνθρώπου ὅτι δεῖ **παραδοθῆναι** εἰς χεῖρας ἀνθρώπων
Lk 24:20 ὅπως τε **παρέδωκαν** αὐτὸν οἱ ἀρχιερεῖς

παράδοξος (*paradoxos*; 1/1) *incredible*

Lk 5:26 λέγοντες ὅτι εἴδομεν **παράδοξα** σήμερον.

παραιτέομαι (*paraiteomai*; 3/12) *ask for*

Lk 14:18 ἀπὸ μιᾶς πάντες **παραιτεῖσθαι**.
Lk 14:18 ἔχε με **παρῃτημένον**.
Lk 14:19 ἔχε με **παρῃτημένον**.

παρακαθέζομαι (*parakathezomai*; 1/1) *sit*

Lk 10:39 [ἣ] καὶ **παρακαθεσθεῖσα** πρὸς τοὺς πόδας

παρακαλέω (*parakaleō*; 7/109) *encourage, ask*

Lk 3:18 οὖν καὶ ἕτερα **παρακαλῶν** εὐηγγελίζετο τὸν λαόν.
Lk 7:4 πρὸς τὸν Ἰησοῦν **παρεκάλουν** αὐτὸν σπουδαίως λέγοντες
Lk 8:31 καὶ **παρεκάλουν** αὐτὸν ἵνα μὴ
Lk 8:32 καὶ **παρεκάλεσαν** αὐτὸν ἵνα ἐπιτρέψῃ
Lk 8:41 πόδας [τοῦ] Ἰησοῦ **παρεκάλει** αὐτὸν εἰσελθεῖν εἰς
Lk 15:28 πατὴρ αὐτοῦ ἐξελθὼν **παρεκάλει** αὐτόν.
Lk 16:25 νῦν δὲ ὧδε **παρακαλεῖται**,

παρακαλύπτω (*parakalyptō*; 1/1) *be hidden or concealed*

Lk 9:45 τοῦτο καὶ ἦν **παρακεκαλυμμένον** ἀπ' αὐτῶν

παράκλησις (*paraklēsis*; 2/29) *encouragement*

Lk 2:25 καὶ εὐλαβὴς προσδεχόμενος **παράκλησιν** τοῦ Ἰσραήλ,
Lk 6:24 ὅτι ἀπέχετε τὴν **παράκλησιν** ὑμῶν.

παρακολουθέω (*parakoloutheō*; 1/3[4]) *follow closely*

Lk 1:3 ἔδοξε κἀμοὶ **παρηκολουθηκότι** ἄνωθεν πᾶσιν ἀκριβῶς

παρακύπτω (*parakyptō*; 1/5) *look into*
Lk 24:12 τὸ μνημεῖον καὶ **παρακύψας** βλέπει τὰ ὀθόνια

παραλαμβάνω (*paralambanō*; 6/49) *take, receive*
Lk 9:10 Καὶ **παραλαβὼν** αὐτοὺς ὑπεχώρησεν κατ'
Lk 9:28 ἡμέραι ὀκτὼ [καὶ] **παραλαβὼν** Πέτρον καὶ Ἰωάννην
Lk 11:26 τότε πορεύεται καὶ **παραλαμβάνει** ἕτερα πνεύματα πονηρότερα
Lk 17:34 ὁ εἷς **παραλημφθήσεται** καὶ ὁ ἕτερος
Lk 17:35 ἡ μία **παραλημφθήσεται**,
Lk 18:31 **Παραλαβὼν** δὲ τοὺς δώδεκα

παράλιος (*paralios*; 1/1) *coastal district*
Lk 6:17 Ἰερουσαλὴμ καὶ τῆς **παραλίου** Τύρου καὶ Σιδῶνος,

παραλύω (*paralyō*; 2/5) *be paralyzed or weak*
Lk 5:18 ἄνθρωπον ὃς ἦν **παραλελυμένος** καὶ ἐζήτουν αὐτὸν
Lk 5:24 εἶπεν τῷ **παραλελυμένῳ**·

παρασκευή (*paraskeuē*; 1/6) *day of preparation*
Lk 23:54 καὶ ἡμέρα ἦν **παρασκευῆς** καὶ σάββατον ἐπέφωσκεν.

παρατηρέω (*paratēreō*; 3/6) *watch, keep*
Lk 6:7 **παρετηροῦντο** δὲ αὐτὸν οἱ
Lk 14:1 καὶ αὐτοὶ ἦσαν **παρατηρούμενοι** αὐτόν.
Lk 20:20 Καὶ **παρατηρήσαντες** ἀπέστειλαν ἐγκαθέτους ὑποκρινομένους

παρατήρησις (*paratērēsis*; 1/1) *observation*
Lk 17:20 τοῦ θεοῦ μετὰ **παρατηρήσεως**,

παρατίθημι (*paratithēmi*; 5/19) *place or put before*
Lk 9:16 ἐδίδου τοῖς μαθηταῖς **παραθεῖναι** τῷ ὄχλῳ.
Lk 10:8 ἐσθίετε τὰ **παρατιθέμενα** ὑμῖν
Lk 11:6 οὐκ ἔχω ὃ **παραθήσω** αὐτῷ·
Lk 12:48 καὶ ᾧ **παρέθεντο** πολύ,
Lk 23:46 εἰς χεῖράς σου **παρατίθεμαι** τὸ πνεῦμά μου.

παραφέρω (*parapherō*; 1/4) *take away*
Lk 22:42 εἰ βούλει **παρένεγκε** τοῦτο τὸ ποτήριον

παραχρῆμα (*parachrēma*; 10/18) *immediately*
Lk 1:64 τὸ στόμα αὐτοῦ **παραχρῆμα** καὶ ἡ γλῶσσα
Lk 4:39 **παραχρῆμα** δὲ ἀναστᾶσα διηκόνει
Lk 5:25 καὶ **παραχρῆμα** ἀναστὰς ἐνώπιον αὐτῶν,
Lk 8:44 ἱματίου αὐτοῦ καὶ **παραχρῆμα** ἔστη ἡ ῥύσις
Lk 8:47 καὶ ὡς ἰάθη **παραχρῆμα**.
Lk 8:55 αὐτῆς καὶ ἀνέστη **παραχρῆμα** καὶ διέταξεν αὐτῇ
Lk 13:13 καὶ **παραχρῆμα** ἀνωρθώθη καὶ ἐδόξαζεν
Lk 18:43 καὶ **παραχρῆμα** ἀνέβλεψεν καὶ ἠκολούθει
Lk 19:11 δοκεῖν αὐτοὺς ὅτι **παραχρῆμα** μέλλει ἡ βασιλεία
Lk 22:60 καὶ **παραχρῆμα** ἔτι λαλοῦντος αὐτοῦ

πάρειμι (*pareimi*; 1/24) *be present or here*
Lk 13:1 **Παρῆσαν** δέ τινες ἐν

παρεμβάλλω (*paremballō*; 1/1) *set up*
Lk 19:43 ἐπὶ σὲ καὶ **παρεμβαλοῦσιν** οἱ ἐχθροί σου

παρέρχομαι (*parerchomai*; 9/29) *pass*
Lk 11:42 πᾶν λάχανον καὶ **παρέρχεσθε** τὴν κρίσιν καὶ
Lk 12:37 ἀνακλινεῖ αὐτοὺς καὶ **παρελθὼν** διακονήσει αὐτοῖς.
Lk 15:29 οὐδέποτε ἐντολήν σου **παρῆλθον**,
Lk 16:17 καὶ τὴν γῆν **παρελθεῖν** ἢ τοῦ νόμου
Lk 17:7 εὐθέως **παρελθὼν** ἀνάπεσε,
Lk 18:37 Ἰησοῦς ὁ Ναζωραῖος **παρέρχεται**.
Lk 21:32 ὅτι οὐ μὴ **παρέλθῃ** ἡ γενεὰ αὕτη
Lk 21:33 καὶ ἡ γῆ **παρελεύσονται**,
Lk 21:33 μου οὐ μὴ **παρελεύσονται**.

παρέχω (*parechō*; 4/16) *cause*
Lk 6:29 ἐπὶ τὴν σιαγόνα **πάρεχε** καὶ τὴν ἄλλην,
Lk 7:4 ἄξιός ἐστιν ᾧ **παρέξῃ** τοῦτο·
Lk 11:7 μή μοι κόπους **πάρεχε**·
Lk 18:5 διά γε τὸ **παρέχειν** μοι κόπον τὴν

παρθενία (*parthenia*; 1/1) *virginity*
Lk 2:36 ἑπτὰ ἀπὸ τῆς **παρθενίας** αὐτῆς

παρθένος (*parthenos*; 2/15) *virgin*
Lk 1:27 πρὸς **παρθένον** ἐμνηστευμένην ἀνδρὶ ᾧ
Lk 1:27 τὸ ὄνομα τῆς **παρθένου** Μαριάμ.

παρίημι (*pariēmi*; 1/2) *neglect*
Lk 11:42 ποιῆσαι κἀκεῖνα μὴ **παρεῖναι**.

παρίστημι (*paristēmi*; 3/41) *present, stand by*
Lk 1:19 εἰμι Γαβριὴλ ὁ **παρεστηκὼς** ἐνώπιον τοῦ θεοῦ
Lk 2:22 αὐτὸν εἰς Ἱεροσόλυμα **παραστῆσαι** τῷ κυρίῳ,
Lk 19:24 καὶ τοῖς **παρεστῶσιν** εἶπεν·

παροικέω (*paroikeō*; 1/2) *live in*
Lk 24:18 σὺ μόνος **παροικεῖς** Ἰερουσαλὴμ καὶ οὐκ

πᾶς (*pas*; 158/1240[1243]) *each, every (pl. all)*
Lk 1:3 κἀμοὶ παρηκολουθηκότι ἄνωθεν **πᾶσιν** ἀκριβῶς καθεξῆς σοι
Lk 1:6 πορευόμενοι ἐν **πάσαις** ταῖς ἐντολαῖς καὶ
Lk 1:10 καὶ **πᾶν** τὸ πλῆθος ἦν
Lk 1:37 παρὰ τοῦ θεοῦ **πᾶν** ῥῆμα.
Lk 1:48 νῦν μακαριοῦσίν με **πᾶσαι** αἱ γενεαί,
Lk 1:63 καὶ ἐθαύμασαν **πάντες**.
Lk 1:65 Καὶ ἐγένετο ἐπὶ **πάντας** φόβος τοὺς περιοικοῦντας
Lk 1:65 τῆς Ἰουδαίας διελαλεῖτο **πάντα** τὰ ῥήματα ταῦτα,
Lk 1:66 καὶ ἔθεντο **πάντες** οἱ ἀκούσαντες ἐν
Lk 1:71 καὶ ἐκ χειρὸς **πάντων** τῶν μισούντων ἡμᾶς,

Lk 1:75 δικαιοσύνῃ ἐνώπιον αὐτοῦ **πάσαις** ταῖς ἡμέραις ἡμῶν.
Lk 2:1 Καίσαρος Αὐγούστου ἀπογράφεσθαι **πᾶσαν** τὴν οἰκουμένην.
Lk 2:3 καὶ ἐπορεύοντο **πάντες** ἀπογράφεσθαι,
Lk 2:10 μεγάλην ἥτις ἔσται **παντὶ** τῷ λαῷ,
Lk 2:18 καὶ **πάντες** οἱ ἀκούσαντες ἐθαύμασαν
Lk 2:19 ἡ δὲ Μαριὰμ **πάντα** συνετήρει τὰ ῥήματα
Lk 2:20 τὸν θεὸν ἐπὶ **πᾶσιν** οἷς ἤκουσαν καὶ
Lk 2:23 νόμῳ κυρίου ὅτι **πᾶν** ἄρσεν διανοῖγον μήτραν
Lk 2:31 ἡτοίμασας κατὰ πρόσωπον **πάντων** τῶν λαῶν,
Lk 2:38 ἐλάλει περὶ αὐτοῦ **πᾶσιν** τοῖς προσδεχομένοις λύτρωσιν
Lk 2:39 Καὶ ὡς ἐτέλεσαν **πάντα** τὰ κατὰ τὸν
Lk 2:47 ἐξίσταντο δὲ **πάντες** οἱ ἀκούοντες αὐτοῦ
Lk 2:51 μήτηρ αὐτοῦ διετήρει **πάντα** τὰ ῥήματα ἐν
Lk 3:3 καὶ ἦλθεν εἰς **πᾶσαν** [τὴν] περίχωρον τοῦ
Lk 3:5 **πᾶσα** φάραγξ πληρωθήσεται καὶ
Lk 3:5 φάραγξ πληρωθήσεται καὶ **πᾶν** ὄρος καὶ βουνὸς
Lk 3:6 καὶ ὄψεται **πᾶσα** σὰρξ τὸ σωτήριον
Lk 3:9 **πᾶν** οὖν δένδρον μὴ
Lk 3:15 λαοῦ καὶ διαλογιζομένων **πάντων** ἐν ταῖς καρδίαις
Lk 3:16 ἀπεκρίνατο λέγων **πᾶσιν** ὁ Ἰωάννης·
Lk 3:19 αὐτοῦ καὶ περὶ **πάντων** ὧν ἐποίησεν πονηρῶν
Lk 3:20 καὶ τοῦτο ἐπὶ **πᾶσιν** [καὶ] κατέκλεισεν τὸν
Lk 4:5 αὐτὸν ἔδειξεν αὐτῷ **πάσας** τὰς βασιλείας
Lk 4:7 ἔσται σοῦ **πᾶσα**.
Lk 4:13 Καὶ συντελέσας **πάντα** πειρασμὸν ὁ διάβολος
Lk 4:15 αὐτῶν δοξαζόμενος ὑπὸ **πάντων**.
Lk 4:20 καὶ **πάντων** οἱ ὀφθαλμοὶ ἐν
Lk 4:22 Καὶ **πάντες** ἐμαρτύρουν αὐτῷ καὶ
Lk 4:25 λιμὸς μέγας ἐπὶ **πᾶσαν** τὴν γῆν,
Lk 4:28 καὶ ἐπλήσθησαν **πάντες** θυμοῦ ἐν τῇ
Lk 4:36 ἐγένετο θάμβος ἐπὶ **πάντας** καὶ συνελάλουν
Lk 4:37 περὶ αὐτοῦ εἰς **πάντα** τόπον τῆς περιχώρου.
Lk 5:9 περιέσχεν αὐτὸν καὶ **πάντας** τοὺς σὺν αὐτῷ
Lk 5:11 τὴν γῆν ἀφέντες **πάντα** ἠκολούθησαν αὐτῷ.
Lk 5:17 ἦσαν ἐληλυθότες ἐκ **πάσης** κώμης τῆς Γαλιλαίας
Lk 5:28 καὶ καταλιπὼν **πάντα** ἀναστὰς ἠκολούθει αὐτῷ.
Lk 6:10 καὶ περιβλεψάμενος **πάντας** αὐτοὺς εἶπεν αὐτῷ·
Lk 6:17 τοῦ λαοῦ ἀπὸ **πάσης** τῆς Ἰουδαίας καὶ
Lk 6:19 καὶ **πᾶς** ὁ ὄχλος ἐζήτουν
Lk 6:19 ἐξήρχετο καὶ ἰᾶτο **πάντας**.
Lk 6:26 ὑμᾶς καλῶς εἴπωσιν **πάντες** οἱ ἄνθρωποι·
Lk 6:30 **παντὶ** αἰτοῦντί σε δίδου,
Lk 6:40 κατηρτισμένος δὲ **πᾶς** ἔσται ὡς ὁ
Lk 6:47 **Πᾶς** ὁ ἐρχόμενος πρός
Lk 7:1 Ἐπειδὴ ἐπλήρωσεν **πάντα** τὰ ῥήματα αὐτοῦ
Lk 7:16 ἔλαβεν δὲ φόβος **πάντας** καὶ ἐδόξαζον τὸν
Lk 7:17 περὶ αὐτοῦ καὶ **πάσῃ** τῇ περιχώρῳ.
Lk 7:18 μαθηταὶ αὐτοῦ περὶ **πάντων** τούτων.
Lk 7:29 Καὶ **πᾶς** ὁ λαὸς ἀκούσας
Lk 7:35 ἡ σοφία ἀπὸ **πάντων** τῶν τέκνων αὐτῆς.
Lk 8:40 ἦσαν γὰρ **πάντες** προσδοκῶντες αὐτόν.
Lk 8:45 ἀρνουμένων δὲ **πάντων** εἶπεν ὁ Πέτρος·
Lk 8:47 αὐτοῦ ἀπήγγειλεν ἐνώπιον **παντὸς** τοῦ λαοῦ
Lk 8:52 ἔκλαιον δὲ **πάντες** καὶ ἐκόπτοντο αὐτήν.
Lk 9:1 καὶ ἐξουσίαν ἐπὶ **πάντα** τὰ δαιμόνια καὶ
Lk 9:7 τετραάρχης τὰ γινόμενα **πάντα** καὶ διηπόρει
Lk 9:13 ἡμεῖς ἀγοράσωμεν εἰς **πάντα** τὸν λαὸν τοῦτον
Lk 9:17 ἔφαγον καὶ ἐχορτάσθησαν **πάντες**,
Lk 9:23 Ἔλεγεν δὲ πρὸς **πάντας**·
Lk 9:43 ἐξεπλήσσοντο δὲ **πάντες** ἐπὶ τῇ μεγαλειότητι
Lk 9:43 **Πάντων** δὲ θαυμαζόντων ἐπὶ
Lk 9:43 δὲ θαυμαζόντων ἐπὶ **πᾶσιν** οἷς ἐποίει εἶπεν
Lk 9:48 γὰρ μικρότερος ἐν **πᾶσιν** ὑμῖν ὑπάρχων οὗτός
Lk 10:1 προσώπου αὐτοῦ εἰς **πᾶσαν** πόλιν καὶ τόπον
Lk 10:19 καὶ ἐπὶ **πᾶσαν** τὴν δύναμιν τοῦ
Lk 10:22 **πάντα** μοι παρεδόθη ὑπὸ
Lk 11:4 γὰρ αὐτοὶ ἀφίομεν **παντὶ** ὀφείλοντι ἡμῖν·
Lk 11:10 **πᾶς** γὰρ ὁ αἰτῶν
Lk 11:17 **πᾶσα** βασιλεία ἐφ᾽ ἑαυτὴν
Lk 11:41 καὶ ἰδοὺ **πάντα** καθαρὰ ὑμῖν ἐστιν.
Lk 11:42 τὸ πήγανον καὶ **πᾶν** λάχανον καὶ παρέρχεσθε
Lk 11:50 ἐκζητηθῇ τὸ αἷμα **πάντων** τῶν προφητῶν τὸ
Lk 12:7 τῆς κεφαλῆς ὑμῶν **πᾶσαι** ἠρίθμηνται.
Lk 12:8 **πᾶς** ὃς ἂν ὁμολογήσῃ
Lk 12:10 Καὶ **πᾶς** ὃς ἐρεῖ λόγον
Lk 12:15 καὶ φυλάσσεσθε ἀπὸ **πάσης** πλεονεξίας,
Lk 12:18 καὶ συνάξω ἐκεῖ **πάντα** τὸν σῖτον καὶ
Lk 12:27 οὐδὲ Σολομὼν ἐν **πάσῃ** τῇ δόξῃ αὐτοῦ
Lk 12:30 ταῦτα γὰρ **πάντα** τὰ ἔθνη τοῦ
Lk 12:41 ἢ καὶ πρὸς **πάντας**;
Lk 12:44 ὑμῖν ὅτι ἐπὶ **πᾶσιν** τοῖς ὑπάρχουσιν αὐτοῦ
Lk 12:48 **παντὶ** δὲ ᾧ ἐδόθη
Lk 13:2 οὗτοι ἁμαρτωλοὶ παρὰ **πάντας** τοὺς Γαλιλαίους ἐγένοντο,
Lk 13:3 ἐὰν μὴ μετανοῆτε **πάντες** ὁμοίως ἀπολεῖσθε.
Lk 13:4 ὀφειλέται ἐγένοντο παρὰ **πάντας** τοὺς ἀνθρώπους τοὺς
Lk 13:5 ἐὰν μὴ μετανοῆτε **πάντες** ὡσαύτως ἀπολεῖσθε.
Lk 13:17 λέγοντος αὐτοῦ κατῃσχύνοντο **πάντες** οἱ ἀντικείμενοι αὐτῷ,
Lk 13:17 καὶ **πᾶς** ὁ ὄχλος ἔχαιρεν
Lk 13:17 ὄχλος ἔχαιρεν ἐπὶ **πᾶσιν** τοῖς ἐνδόξοις τοῖς
Lk 13:27 ἀπόστητε ἀπ᾽ ἐμοῦ **πάντες** ἐργάται ἀδικίας.
Lk 13:28 καὶ Ἰακὼβ καὶ **πάντας** τοὺς προφήτας ἐν
Lk 14:10 σοι δόξα ἐνώπιον **πάντων** τῶν συνανακειμένων σοι.
Lk 14:11 ὅτι **πᾶς** ὁ ὑψῶν ἑαυτὸν
Lk 14:18 ἤρξαντο ἀπὸ μιᾶς **πάντες** παραιτεῖσθαι.
Lk 14:29 μὴ ἰσχύοντος ἐκτελέσαι **πάντες** οἱ θεωροῦντες ἄρξωνται
Lk 14:33 οὕτως οὖν **πᾶς** ἐξ ὑμῶν ὃς
Lk 14:33 ὃς οὐκ ἀποτάσσεται **πᾶσιν** τοῖς ἑαυτοῦ ὑπάρχουσιν
Lk 15:1 δὲ αὐτῷ ἐγγίζοντες **πάντες** οἱ τελῶναι καὶ
Lk 15:13 πολλὰς ἡμέρας συναγαγὼν **πάντα** ὁ νεώτερος υἱὸς
Lk 15:14 δαπανήσαντος δὲ αὐτοῦ **πάντα** ἐγένετο λιμὸς ἰσχυρὰ
Lk 15:31 καὶ **πάντα** τὰ ἐμὰ σά
Lk 16:14 Ἤκουον δὲ ταῦτα **πάντα** οἱ Φαρισαῖοι φιλάργυροι

Lk 16:16 θεοῦ εὐαγγελίζεται καὶ **πᾶς** εἰς αὐτὴν βιάζεται.
Lk 16:18 **Πᾶς** ὁ ἀπολύων τὴν
Lk 16:26 καὶ ἐν **πᾶσι** τούτοις μεταξὺ ἡμῶν
Lk 17:10 ὅταν ποιήσητε **πάντα** τὰ διαταχθέντα ὑμῖν,
Lk 17:27 κατακλυσμὸς καὶ ἀπώλεσεν **πάντας**.
Lk 17:29 οὐρανοῦ καὶ ἀπώλεσεν **πάντας**.
Lk 18:12 ἀποδεκατῶ **πάντα** ὅσα κτῶμαι.
Lk 18:14 ὅτι **πᾶς** ὁ ὑψῶν ἑαυτὸν
Lk 18:21 ταῦτα **πάντα** ἐφύλαξα ἐκ νεότητος.
Lk 18:22 **πάντα** ὅσα ἔχεις πώλησον
Lk 18:31 καὶ τελεσθήσεται **πάντα** τὰ γεγραμμένα διὰ
Lk 18:43 καὶ **πᾶς** ὁ λαὸς ἰδὼν
Lk 19:7 καὶ ἰδόντες **πάντες** διεγόγγυζον λέγοντες
Lk 19:26 λέγω ὑμῖν ὅτι **παντὶ** τῷ ἔχοντι δοθήσεται,
Lk 19:37 φωνῇ μεγάλῃ περὶ **πασῶν** ὧν εἶδον δυνάμεων,
Lk 20:18 **πᾶς** ὁ πεσὼν ἐπ'
Lk 20:38 **πάντες** γὰρ αὐτῷ ζῶσιν.
Lk 20:45 'Ακούοντος δὲ **παντὸς** τοῦ λαοῦ εἶπεν
Lk 21:3 ἡ πτωχὴ πλεῖον **πάντων** ἔβαλεν·
Lk 21:4 **πάντες** γὰρ οὗτοι ἐκ
Lk 21:4 τοῦ ὑστερήματος αὐτῆς **πάντα** τὸν βίον ὃν
Lk 21:12 Πρὸ δὲ τούτων **πάντων** ἐπιβαλοῦσιν ἐφ' ὑμᾶς
Lk 21:17 ἔσεσθε μισούμενοι ὑπὸ **πάντων** διὰ τὸ ὄνομά
Lk 21:22 εἰσιν τοῦ πλησθῆναι **πάντα** τὰ γεγραμμένα.
Lk 21:24 εἰς τὰ ἔθνη **πάντα**,
Lk 21:29 τὴν συκῆν καὶ **πάντα** τὰ δένδρα·
Lk 21:32 αὕτη ἕως ἂν **πάντα** γένηται.
Lk 21:35 ἐπεισελεύσεται γὰρ ἐπὶ **πάντας** τοὺς καθημένους ἐπὶ
Lk 21:35 καθημένους ἐπὶ πρόσωπον **πάσης** τῆς γῆς.
Lk 21:36 ἀγρυπνεῖτε δὲ ἐν **παντὶ** καιρῷ δεόμενοι ἵνα
Lk 21:36 κατισχύσητε ἐκφυγεῖν ταῦτα **πάντα** τὰ μέλλοντα γίνεσθαι
Lk 21:38 καὶ **πᾶς** ὁ λαὸς ὤρθριζεν
Lk 22:70 εἶπαν δὲ **πάντες**·
Lk 23:48 καὶ **πάντες** οἱ συμπαραγενόμενοι ὄχλοι
Lk 23:49 Εἱστήκεισαν δὲ **πάντες** οἱ γνωστοὶ αὐτῷ
Lk 24:9 μνημείου ἀπήγγειλαν ταῦτα **πάντα** τοῖς ἕνδεκα καὶ
Lk 24:9 τοῖς ἕνδεκα καὶ **πᾶσιν** τοῖς λοιποῖς.
Lk 24:14 πρὸς ἀλλήλους περὶ **πάντων** τῶν συμβεβηκότων τούτων.
Lk 24:19 τοῦ θεοῦ καὶ **παντὸς** τοῦ λαοῦ,
Lk 24:21 γε καὶ σὺν **πᾶσιν** τούτοις τρίτην ταύτην
Lk 24:25 τοῦ πιστεύειν ἐπὶ **πᾶσιν** οἷς ἐλάλησαν οἱ
Lk 24:27 Μωϋσέως καὶ ἀπὸ **πάντων** τῶν προφητῶν διερμήνευσεν
Lk 24:27 διερμήνευσεν αὐτοῖς ἐν **πάσαις** ταῖς γραφαῖς τὰ
Lk 24:44 ὅτι δεῖ πληρωθῆναι **πάντα** τὰ γεγραμμένα ἐν
Lk 24:47 ἄφεσιν ἁμαρτιῶν εἰς **πάντα** τὰ ἔθνη.
Lk 24:53 καὶ ἦσαν διὰ **παντὸς** ἐν τῷ ἱερῷ

πάσχα (*pascha*; 7/29) *Passover*

Lk 2:41 τῇ ἑορτῇ τοῦ **πάσχα**.
Lk 22:1 ἀζύμων ἡ λεγομένη **πάσχα**.
Lk 22:7 ἔδει θύεσθαι τὸ **πάσχα**·
Lk 22:8 ἑτοιμάσατε ἡμῖν τὸ **πάσχα** ἵνα φάγωμεν.
Lk 22:11 κατάλυμα ὅπου τὸ **πάσχα** μετὰ τῶν μαθητῶν
Lk 22:13 καὶ ἡτοίμασαν τὸ **πάσχα**.
Lk 22:15 ἐπεθύμησα τοῦτο τὸ **πάσχα** φαγεῖν μεθ' ὑμῶν

πάσχω (*paschō*; 6/42) *suffer*

Lk 9:22 τοῦ ἀνθρώπου πολλὰ **παθεῖν** καὶ ἀποδοκιμασθῆναι ἀπὸ
Lk 13:2 ὅτι ταῦτα **πεπόνθασιν**;
Lk 17:25 δεῖ αὐτὸν πολλὰ **παθεῖν** καὶ ἀποδοκιμασθῆναι ἀπὸ
Lk 22:15 πρὸ τοῦ με **παθεῖν**·
Lk 24:26 οὐχὶ ταῦτα ἔδει **παθεῖν** τὸν χριστὸν καὶ
Lk 24:46 ὅτι οὕτως γέγραπται **παθεῖν** τὸν χριστὸν

πατάσσω (*patassō*; 2/10) *strike*

Lk 22:49 εἰ **πατάξομεν** ἐν μαχαίρῃ;
Lk 22:50 καὶ **ἐπάταξεν** εἷς τις ἐξ

πατέω (*pateō*; 2/5) *trample*

Lk 10:19 τὴν ἐξουσίαν τοῦ **πατεῖν** ἐπάνω ὄφεων καὶ
Lk 21:24 καὶ 'Ιερουσαλὴμ ἔσται **πατουμένη** ὑπὸ ἐθνῶν,

πατήρ (*patēr*; 56/413) *father*

Lk 1:17 ἐπιστρέψαι καρδίας **πατέρων** ἐπὶ τέκνα καὶ
Lk 1:32 θρόνον Δαυὶδ τοῦ **πατρὸς** αὐτοῦ,
Lk 1:55 ἐλάλησεν πρὸς τοὺς **πατέρας** ἡμῶν,
Lk 1:59 τῷ ὀνόματι τοῦ **πατρὸς** αὐτοῦ Ζαχαρίαν.
Lk 1:62 ἐνένευον δὲ τῷ **πατρὶ** αὐτοῦ τὸ τί
Lk 1:67 Καὶ Ζαχαρίας ὁ **πατὴρ** αὐτοῦ ἐπλήσθη πνεύματος
Lk 1:72 ἔλεος μετὰ τῶν **πατέρων** ἡμῶν καὶ μνησθῆναι
Lk 1:73 πρὸς 'Αβραὰμ τὸν **πατέρα** ἡμῶν,
Lk 2:33 καὶ ἦν ὁ **πατὴρ** αὐτοῦ καὶ ἡ
Lk 2:48 ἰδοὺ ὁ **πατήρ** σου κἀγὼ ὀδυνώμενοι
Lk 2:49 ἐν τοῖς τοῦ **πατρός** μου δεῖ εἶναί
Lk 3:8 **πατέρα** ἔχομεν τὸν 'Αβραάμ.
Lk 6:23 τοῖς προφήταις οἱ **πατέρες** αὐτῶν.
Lk 6:26 τοῖς ψευδοπροφήταις οἱ **πατέρες** αὐτῶν.
Lk 6:36 καθὼς [καὶ] ὁ **πατὴρ** ὑμῶν οἰκτίρμων ἐστίν.
Lk 8:51 'Ιάκωβον καὶ τὸν **πατέρα** τῆς παιδὸς καὶ
Lk 9:26 αὐτοῦ καὶ τοῦ **πατρὸς** καὶ τῶν ἁγίων
Lk 9:42 ἀπέδωκεν αὐτὸν τῷ **πατρὶ** αὐτοῦ.
Lk 9:59 πρῶτον θάψαι τὸν **πατέρα** μου.
Lk 10:21 **πάτερ**,
Lk 10:21 ναὶ ὁ **πατήρ**,
Lk 10:22 παρεδόθη ὑπὸ τοῦ **πατρός** μου,
Lk 10:22 εἰ μὴ ὁ **πατήρ**,
Lk 10:22 τίς ἐστιν ὁ **πατὴρ** εἰ μὴ ὁ
Lk 11:2 **Πάτερ**,
Lk 11:11 ἐξ ὑμῶν τὸν **πατέρα** αἰτήσει ὁ υἱὸς
Lk 11:13 πόσῳ μᾶλλον ὁ **πατὴρ** [ὁ] ἐξ οὐρανοῦ
Lk 11:47 οἱ δὲ **πατέρες** ὑμῶν ἀπέκτειναν αὐτούς.
Lk 11:48 τοῖς ἔργοις τῶν **πατέρων** ὑμῶν,
Lk 12:30 ὑμῶν δὲ ὁ **πατὴρ** οἶδεν ὅτι χρῄζετε
Lk 12:32 ὅτι εὐδόκησεν ὁ **πατὴρ** ὑμῶν δοῦναι ὑμῖν
Lk 12:53 διαμερισθήσονται **πατὴρ** ἐπὶ υἱῷ καὶ
Lk 12:53 καὶ υἱὸς ἐπὶ **πατρί**,
Lk 14:26 οὐ μισεῖ τὸν **πατέρα** ἑαυτοῦ καὶ τὴν
Lk 15:12 νεώτερος αὐτῶν τῷ **πατρί**·
Lk 15:12 **πάτερ**,
Lk 15:17 πόσοι μίσθιοι τοῦ **πατρός** μου περισσεύονται ἄρτων,
Lk 15:18 πορεύσομαι πρὸς τὸν **πατέρα** μου καὶ ἐρῶ
Lk 15:18 **πάτερ**,
Lk 15:20 ἦλθεν πρὸς τὸν **πατέρα** ἑαυτοῦ.

Lk 15:20 εἶδεν αὐτὸν ὁ **πατὴρ** αὐτοῦ καὶ ἐσπλαγχνίσθη
Lk 15:21 **πάτερ**,
Lk 15:22 εἶπεν δὲ ὁ **πατὴρ** πρὸς τοὺς δούλους
Lk 15:27 καὶ ἔθυσεν ὁ **πατήρ** σου τὸν μόσχον
Lk 15:28 ὁ δὲ **πατὴρ** αὐτοῦ ἐξελθὼν παρεκάλει
Lk 15:29 ἀποκριθεὶς εἶπεν τῷ **πατρὶ** αὐτοῦ·
Lk 16:24 **πάτερ** Ἀβραάμ,
Lk 16:27 **πάτερ**,
Lk 16:27 τὸν οἶκον τοῦ **πατρός** μου,
Lk 16:30 **πάτερ** Ἀβραάμ,
Lk 18:20 τίμα τὸν **πατέρα** σου καὶ τὴν
Lk 22:29 διέθετό μοι ὁ **πατήρ** μου βασιλείαν,
Lk 22:42 **πάτερ**,
Lk 23:34 **πάτερ**,
Lk 23:46 **πάτερ**,
Lk 24:49 τὴν ἐπαγγελίαν τοῦ **πατρός** μου ἐφ᾽ ὑμᾶς·

πατριά (*patria*; 1/3) *family*
Lk 2:4 ἐξ οἴκου καὶ **πατριᾶς** Δαυίδ,

πατρίς (*patris*; 2/8) *homeland*
Lk 4:23 ὧδε ἐν τῇ **πατρίδι** σου.
Lk 4:24 ἐστιν ἐν τῇ **πατρίδι** αὐτοῦ.

παύω (*pauō*; 3/15) *stop*
Lk 5:4 Ὡς δὲ **ἐπαύσατο** λαλῶν,
Lk 8:24 καὶ **ἐπαύσαντο** καὶ ἐγένετο γαλήνη.
Lk 11:1 ὡς **ἐπαύσατο**,

πέδη (*pedē*; 1/3) *chain*
Lk 8:29 ἐδεσμεύετο ἁλύσεσιν καὶ **πέδαις** φυλασσόμενος καὶ διαρρήσσων

πεδινός (*pedinos*; 1/1) *level*
Lk 6:17 ἔστη ἐπὶ τόπου **πεδινοῦ**,

πείθω (*peithō*; 4/52) *persuade*
Lk 11:22 αἴρει ἐφ᾽ ᾗ **ἐπεποίθει** καὶ τὰ σκῦλα
Lk 16:31 ἐκ νεκρῶν ἀναστῇ **πεισθήσονται**.
Lk 18:9 πρός τινας τοὺς **πεποιθότας** ἐφ᾽ ἑαυτοῖς ὅτι
Lk 20:6 **πεπεισμένος** γάρ ἐστιν Ἰωάννην

πεινάω (*peinaō*; 5/23) *be hungry*
Lk 1:53 **πεινῶντας** ἐνέπλησεν ἀγαθῶν καὶ
Lk 4:2 καὶ συντελεσθεισῶν αὐτῶν **ἐπείνασεν**.
Lk 6:3 ἐποίησεν Δαυὶδ ὅτε **ἐπείνασεν** αὐτὸς καὶ οἱ
Lk 6:21 μακάριοι οἱ **πεινῶντες** νῦν,
Lk 6:25 ὅτι **πεινάσετε**.

πειράζω (*peirazō*; 2/37[38]) *test*
Lk 4:2 ἡμέρας τεσσεράκοντα **πειραζόμενος** ὑπὸ τοῦ διαβόλου.
Lk 11:16 ἕτεροι δὲ **πειράζοντες** σημεῖον ἐξ οὐρανοῦ

πειρασμός (*peirasmos*; 6/21) *testing*
Lk 4:13 Καὶ συντελέσας πάντα **πειρασμὸν** ὁ διάβολος ἀπέστη
Lk 8:13 καὶ ἐν καιρῷ **πειρασμοῦ** ἀφίστανται.
Lk 11:4 εἰσενέγκῃς ἡμᾶς εἰς **πειρασμόν**.
Lk 22:28 ἐμοῦ ἐν τοῖς **πειρασμοῖς** μου·
Lk 22:40 μὴ εἰσελθεῖν εἰς **πειρασμόν**.
Lk 22:46 μὴ εἰσέλθητε εἰς **πειρασμόν**.

πέμπω (*pempō*; 10/79) *send*
Lk 4:26 πρὸς οὐδεμίαν αὐτῶν **ἐπέμφθη** Ἠλίας εἰ μὴ
Lk 7:6 ἀπὸ τῆς οἰκίας **ἔπεμψεν** φίλους ὁ ἑκατοντάρχης
Lk 7:10 τὸν οἶκον οἱ **πεμφθέντες** εὗρον τὸν δοῦλον
Lk 7:19 **ἔπεμψεν** πρὸς τὸν κύριον
Lk 15:15 καὶ **ἔπεμψεν** αὐτὸν εἰς τοὺς
Lk 16:24 ἐλέησόν με καὶ **πέμψον** Λάζαρον ἵνα βάψῃ
Lk 16:27 ἵνα **πέμψῃς** αὐτὸν εἰς τὸν
Lk 20:11 καὶ προσέθετο ἕτερον **πέμψαι** δοῦλον·
Lk 20:12 καὶ προσέθετο τρίτον **πέμψαι**·
Lk 20:13 **πέμψω** τὸν υἱόν μου

πενθερά (*penthera*; 3/6) *mother-in-law*
Lk 4:38 **πενθερὰ** δὲ τοῦ Σίμωνος
Lk 12:53 **πενθερὰ** ἐπὶ τὴν νύμφην
Lk 12:53 νύμφη ἐπὶ τὴν **πενθεράν**.

πενθέω (*pentheō*; 1/9[10]) *mourn*
Lk 6:25 ὅτι **πενθήσετε** καὶ κλαύσετε.

πενιχρός (*penichros*; 1/1) *poor*
Lk 21:2 δέ τινα χήραν **πενιχρὰν** βάλλουσαν ἐκεῖ λεπτὰ

πεντακισχίλιοι (*pentakischilioi*; 1/6) *five thousand*
Lk 9:14 γὰρ ὡσεὶ ἄνδρες **πεντακισχίλιοι**.

πεντακόσιοι (*pentakosioi*; 1/2) *five hundred*
Lk 7:41 εἷς ὤφειλεν δηνάρια **πεντακόσια**,

πέντε (*pente*; 9/38) *five*
Lk 1:24 περιέκρυβεν ἑαυτὴν μῆνας **πέντε** λέγουσα
Lk 9:13 πλεῖον ἢ ἄρτοι **πέντε** καὶ ἰχθύες δύο,
Lk 9:16 λαβὼν δὲ τοὺς **πέντε** ἄρτους καὶ τοὺς
Lk 12:6 οὐχὶ **πέντε** στρουθία πωλοῦνται ἀσσαρίων
Lk 12:52 ἀπὸ τοῦ νῦν **πέντε** ἐν ἑνὶ οἴκῳ
Lk 14:19 ζεύγη βοῶν ἠγόρασα **πέντε** καὶ πορεύομαι δοκιμάσαι
Lk 16:28 ἔχω γὰρ **πέντε** ἀδελφούς,
Lk 19:18 ἐποίησεν **πέντε** μνᾶς.
Lk 19:19 σὺ ἐπάνω γίνου **πέντε** πόλεων.

πεντεκαιδέκατος (*pentekaidekatos*; 1/1) *fifteenth*
Lk 3:1 Ἐν ἔτει δὲ **πεντεκαιδεκάτῳ** τῆς ἡγεμονίας Τιβερίου

πεντήκοντα (*pentēkonta*; 3/7) *fifty*
Lk 7:41 ὁ δὲ ἕτερος **πεντήκοντα**.
Lk 9:14 κλισίας [ὡσεὶ] ἀνὰ **πεντήκοντα**.
Lk 16:6 καθίσας ταχέως γράψον **πεντήκοντα**.

πέραν (*peran*; 1/23) *beyond*
Lk 8:22 διέλθωμεν εἰς τὸ **πέραν** τῆς λίμνης,

πέρας (*peras*; 1/4) *end*
Lk 11:31 ἦλθεν ἐκ τῶν **περάτων** τῆς γῆς ἀκοῦσαι

περί (*peri*; 45/332[333]) *concerning, around*
Lk 1:1 ἐπεχείρησαν ἀνατάξασθαι διήγησιν **περὶ** τῶν πεπληροφορημένων ἐν
Lk 1:4 ἵνα ἐπιγνῷς **περὶ** ὧν κατηχήθης λόγων
Lk 2:17 ἰδόντες δὲ ἐγνώρισαν **περὶ** τοῦ ῥήματος τοῦ
Lk 2:17 τοῦ λαληθέντος αὐτοῖς **περὶ** τοῦ παιδίου τούτου.
Lk 2:18 οἱ ἀκούσαντες ἐθαύμασαν **περὶ** τῶν λαληθέντων ὑπὸ
Lk 2:27 εἰθισμένον τοῦ νόμου **περὶ** αὐτοῦ
Lk 2:33 ἐπὶ τοῖς λαλουμένοις **περὶ** αὐτοῦ.
Lk 2:38 θεῷ καὶ ἐλάλει **περὶ** αὐτοῦ πᾶσιν τοῖς
Lk 3:15 ταῖς καρδίαις αὐτῶν **περὶ** τοῦ Ἰωάννου,
Lk 3:19 ἐλεγχόμενος ὑπ' αὐτοῦ **περὶ** Ἡρῳδιάδος τῆς γυναικὸς
Lk 3:19 ἀδελφοῦ αὐτοῦ καὶ **περὶ** πάντων ὧν ἐποίησεν
Lk 4:10 ἀγγέλοις αὐτοῦ ἐντελεῖται **περὶ** σοῦ τοῦ διαφυλάξαι
Lk 4:14 καθ' ὅλης τῆς περιχώρου **περὶ** αὐτοῦ.
Lk 4:37 καὶ ἐξεπορεύετο ἦχος **περὶ** αὐτοῦ εἰς πάντα
Lk 4:38 καὶ ἠρώτησαν αὐτὸν **περὶ** αὐτῆς.
Lk 5:14 ἱερεῖ καὶ προσένεγκε **περὶ** τοῦ καθαρισμοῦ σου
Lk 5:15 μᾶλλον ὁ λόγος **περὶ** αὐτοῦ,
Lk 6:28 προσεύχεσθε **περὶ** τῶν ἐπηρεαζόντων ὑμᾶς.
Lk 7:3 ἀκούσας δὲ **περὶ** τοῦ Ἰησοῦ ἀπέστειλεν
Lk 7:17 ὅλῃ τῇ Ἰουδαίᾳ **περὶ** αὐτοῦ καὶ πάσῃ
Lk 7:18 οἱ μαθηταὶ αὐτοῦ **περὶ** πάντων τούτων.
Lk 7:24 πρὸς τοὺς ὄχλους **περὶ** Ἰωάννου·
Lk 7:27 οὗτός ἐστιν **περὶ** οὗ γέγραπται·
Lk 9:9 δέ ἐστιν οὗτος **περὶ** οὗ ἀκούω τοιαῦτα;
Lk 9:11 αὐτοὺς ἐλάλει αὐτοῖς **περὶ** τῆς βασιλείας
Lk 9:45 ἐφοβοῦντο ἐρωτῆσαι αὐτὸν **περὶ** τοῦ ῥήματος τούτου.
Lk 10:40 δὲ Μάρθα περιεσπᾶτο **περὶ** πολλὴν διακονίαν·
Lk 10:41 μεριμνᾷς καὶ θορυβάζῃ **περὶ** πολλά,
Lk 11:53 καὶ ἀποστοματίζειν αὐτὸν **περὶ** πλειόνων,
Lk 12:26 τί **περὶ** τῶν λοιπῶν μεριμνᾶτε;
Lk 13:1 καιρῷ ἀπαγγέλλοντες αὐτῷ **περὶ** τῶν Γαλιλαίων ὧν
Lk 13:8 ἕως ὅτου σκάψω **περὶ** αὐτὴν καὶ βάλω
Lk 16:2 τί τοῦτο ἀκούω **περὶ** σοῦ;
Lk 17:2 περίκειται **περὶ** τὸν τράχηλον αὐτοῦ
Lk 19:37 θεὸν φωνῇ μεγάλῃ **περὶ** πασῶν ὧν εἶδον
Lk 21:5 Καί τινων λεγόντων **περὶ** τοῦ ἱεροῦ ὅτι
Lk 22:32 ἐγὼ δὲ ἐδεήθην **περὶ** σοῦ ἵνα μὴ
Lk 22:37 καὶ γὰρ τὸ **περὶ** ἐμοῦ τέλος ἔχει.
Lk 22:49 ἰδόντες δὲ οἱ **περὶ** αὐτὸν τὸ ἐσόμενον
Lk 23:8 διὰ τὸ ἀκούειν **περὶ** αὐτοῦ καὶ ἤλπιζέν
Lk 24:4 τῷ ἀπορεῖσθαι αὐτὰς **περὶ** τούτου καὶ ἰδοὺ
Lk 24:14 ὡμίλουν πρὸς ἀλλήλους **περὶ** πάντων τῶν συμβεβηκότων
Lk 24:19 τὰ **περὶ** Ἰησοῦ τοῦ Ναζαρηνοῦ,
Lk 24:27 ταῖς γραφαῖς τὰ **περὶ** ἑαυτοῦ.
Lk 24:44 προφήταις καὶ ψαλμοῖς **περὶ** ἐμοῦ.

περιάπτω (*periaptō*; 1/1) *kindle*
Lk 22:55 **περιαψάντων** δὲ πῦρ ἐν

περιβάλλω (*periballō*; 2/23) *put on*
Lk 12:27 τῇ δόξῃ αὐτοῦ **περιεβάλετο** ὡς ἓν τούτων.
Lk 23:11 αὐτοῦ καὶ ἐμπαίξας **περιβαλὼν** ἐσθῆτα λαμπρὰν ἀνέπεμψεν

περιβλέπω (*periblepō*; 1/7) *look around*
Lk 6:10 καὶ **περιβλεψάμενος** πάντας αὐτοὺς εἶπεν

περιέχω (*periechō*; 1/2) *seize*
Lk 5:9 θάμβος γὰρ **περιέσχεν** αὐτὸν καὶ πάντας

περιζώννυμι (*perizōnnymi*; 3/6) *wrap around*
Lk 12:35 ὑμῶν αἱ ὀσφύες **περιεζωσμέναι** καὶ οἱ λύχνοι
Lk 12:37 λέγω ὑμῖν ὅτι **περιζώσεται** καὶ ἀνακλινεῖ αὐτοὺς
Lk 17:8 τί δειπνήσω καὶ **περιζωσάμενος** διακόνει μοι ἕως

περικαλύπτω (*perikalyptō*; 1/3) *cover*
Lk 22:64 καὶ **περικαλύψαντες** αὐτὸν ἐπηρώτων λέγοντες·

περίκειμαι (*perikeimai*; 1/5) *be placed around*
Lk 17:2 εἰ λίθος μυλικὸς **περίκειται** περὶ τὸν τράχηλον

περικρύβω (*perikrybō*; 1/1) *keep in seclusion*
Lk 1:24 γυνὴ αὐτοῦ καὶ **περιέκρυβεν** ἑαυτὴν μῆνας πέντε

περικυκλόω (*perikykloō*; 1/1) *surround*
Lk 19:43 χάρακά σοι καὶ **περικυκλώσουσίν** σε καὶ συνέξουσίν

περιλάμπω (*perilampō*; 1/2) *shine around*
Lk 2:9 καὶ δόξα κυρίου **περιέλαμψεν** αὐτούς,

περίλυπος (*perilypos*; 2/5) *very sad*
Lk 18:23 δὲ ἀκούσας ταῦτα **περίλυπος** ἐγενήθη·
Lk 18:24 αὐτὸν ὁ Ἰησοῦς [**περίλυπον** γενόμενον] εἶπεν·

περιοικέω (*perioikeō*; 1/1) *live in the neighborhood of*
Lk 1:65 πάντας φόβος τοὺς **περιοικοῦντας** αὐτούς,

περίοικος (*perioikos*; 1/1) *neighbor*
Lk 1:58 καὶ ἤκουσαν οἱ **περίοικοι** καὶ οἱ συγγενεῖς

περιπατέω (*peripateō*; 5/94[95]) *walk*
Lk 5:23 ἔγειρε καὶ **περιπάτει**;
Lk 7:22 χωλοὶ **περιπατοῦσιν**,
Lk 11:44 οἱ ἄνθρωποι [οἱ] **περιπατοῦντες** ἐπάνω οὐκ οἴδασιν.
Lk 20:46 γραμματέων τῶν θελόντων **περιπατεῖν** ἐν στολαῖς καὶ
Lk 24:17 ἀντιβάλλετε πρὸς ἀλλήλους **περιπατοῦντες**;

περιπίπτω (*peripiptō*; 1/3) *encounter*
Lk 10:30 Ἰεριχὼ καὶ λῃσταῖς **περιέπεσεν**,

περιποιέω (*peripoieō*; 1/3) *obtain*
Lk 17:33 τὴν ψυχὴν αὐτοῦ **περιποιήσασθαι** ἀπολέσει αὐτήν,

περισπάω (*perispaō*; 1/1) *be distracted or worried*
Lk 10:40 ἡ δὲ Μάρθα **περιεσπᾶτο** περὶ πολλὴν διακονίαν·

περίσσευμα (*perisseuma*; 1/5) *abundance*
Lk 6:45 ἐκ γὰρ **περισσεύματος** καρδίας λαλεῖ τὸ

περισσεύω (*perisseuō*; 4/39) *exceed, be left over*
Lk 9:17 καὶ ἤρθη τὸ **περισσεῦσαν** αὐτοῖς κλασμάτων κόφινοι
Lk 12:15 οὐκ ἐν τῷ **περισσεύειν** τινι ἡ ζωὴ
Lk 15:17 τοῦ πατρός μου **περισσεύονται** ἄρτων,
Lk 21:4 οὗτοι ἐκ τοῦ **περισσεύοντος** αὐτοῖς ἔβαλον

περισσότερος (*perissoteros*; 4/16) *more*
Lk 7:26 καὶ **περισσότερον** προφήτου.
Lk 12:4 ταῦτα μὴ ἐχόντων **περισσότερόν** τι ποιῆσαι.
Lk 12:48 **περισσότερον** αἰτήσουσιν αὐτόν.
Lk 20:47 οὗτοι λήμψονται **περισσότερον** κρίμα.

περιστερά (*peristera*; 2/10) *dove*
Lk 2:24 ἢ δύο νοσσοὺς **περιστερῶν**.
Lk 3:22 σωματικῷ εἴδει ὡς **περιστερὰν** ἐπ' αὐτόν,

περιτέμνω (*peritemnō*; 2/17) *circumcise*
Lk 1:59 τῇ ὀγδόῃ ἦλθον **περιτεμεῖν** τὸ παιδίον καὶ
Lk 2:21 ἡμέραι ὀκτὼ τοῦ **περιτεμεῖν** αὐτὸν καὶ ἐκλήθη

περίχωρος (*perichōros*; 5/9) *surrounding region*
Lk 3:3 εἰς πᾶσαν [τὴν] **περίχωρον** τοῦ Ἰορδάνου κηρύσσων
Lk 4:14 καθ' ὅλης τῆς **περιχώρου** περὶ αὐτοῦ.
Lk 4:37 πάντα τόπον τῆς **περιχώρου**.
Lk 7:17 καὶ πάσῃ τῇ **περιχώρῳ**.
Lk 8:37 τὸ πλῆθος τῆς **περιχώρου** τῶν Γερασηνῶν ἀπελθεῖν

πετεινόν (*peteinon*; 4/14) *bird*
Lk 8:5 καὶ τὰ **πετεινὰ** τοῦ οὐρανοῦ κατέφαγεν
Lk 9:58 ἔχουσιν καὶ τὰ **πετεινὰ** τοῦ οὐρανοῦ κατασκηνώσεις,
Lk 12:24 ὑμεῖς διαφέρετε τῶν **πετεινῶν**.
Lk 13:19 καὶ τὰ **πετεινὰ** τοῦ οὐρανοῦ κατεσκήνωσεν

πέτρα (*petra*; 3/15) *rock*
Lk 6:48 θεμέλιον ἐπὶ τὴν **πέτραν**·
Lk 8:6 κατέπεσεν ἐπὶ τὴν **πέτραν**,
Lk 8:13 δὲ ἐπὶ τῆς **πέτρας** οἳ ὅταν ἀκούσωσιν

Πέτρος (*Petros*; 19/155[156]) *Peter*
Lk 5:8 ἰδὼν δὲ Σίμων **Πέτρος** προσέπεσεν τοῖς γόνασιν
Lk 6:14 ὃν καὶ ὠνόμασεν **Πέτρον**,
Lk 8:45 πάντων εἶπεν ὁ **Πέτρος**·
Lk 8:51 αὐτῷ εἰ μὴ **Πέτρον** καὶ Ἰωάννην καὶ
Lk 9:20 **Πέτρος** δὲ ἀποκριθεὶς εἶπεν·
Lk 9:28 ὀκτὼ [καὶ] παραλαβὼν **Πέτρον** καὶ Ἰωάννην
Lk 9:32 ὁ δὲ **Πέτρος** καὶ οἱ σὺν
Lk 9:33 αὐτοῦ εἶπεν ὁ **Πέτρος** πρὸς τὸν Ἰησοῦν·
Lk 12:41 Εἶπεν δὲ ὁ **Πέτρος**·
Lk 18:28 Εἶπεν δὲ ὁ **Πέτρος**·
Lk 22:8 καὶ ἀπέστειλεν **Πέτρον** καὶ Ἰωάννην εἰπών·
Lk 22:34 **Πέτρε**,
Lk 22:54 ὁ δὲ **Πέτρος** ἠκολούθει μακρόθεν.
Lk 22:55 συγκαθισάντων ἐκάθητο ὁ **Πέτρος** μέσος αὐτῶν.
Lk 22:58 ὁ δὲ **Πέτρος** ἔφη·
Lk 22:60 εἶπεν δὲ ὁ **Πέτρος**·
Lk 22:61 κύριος ἐνέβλεψεν τῷ **Πέτρῳ**,
Lk 22:61 καὶ ὑπεμνήσθη ὁ **Πέτρος** τοῦ ῥήματος τοῦ
Lk 24:12 Ὁ δὲ **Πέτρος** ἀναστὰς ἔδραμεν ἐπὶ

πήγανον (*pēganon*; 1/1) *rue*
Lk 11:42 ἡδύοσμον καὶ τὸ **πήγανον** καὶ πᾶν λάχανον

πήρα (*pēra*; 4/6) *bag*
Lk 9:3 μήτε ῥάβδον μήτε **πήραν** μήτε ἄρτον μήτε
Lk 10:4 μὴ **πήραν**,
Lk 22:35 ἄτερ βαλλαντίου καὶ **πήρας** καὶ ὑποδημάτων,
Lk 22:36 ὁμοίως καὶ **πήραν**,

πῆχυς (*pēchys*; 1/4) *cubit*
Lk 12:25 ἡλικίαν αὐτοῦ προσθεῖναι **πῆχυν**;

πιέζω (*piezō*; 1/1) *press down*
Lk 6:38 μέτρον καλὸν **πεπιεσμένον** σεσαλευμένον ὑπερεκχυννόμενον δώσουσιν

πικρῶς (*pikrōs*; 1/2) *bitterly*
Lk 22:62 ἐξελθὼν ἔξω ἔκλαυσεν **πικρῶς**.

Πιλᾶτος (*Pilatos*; 12/55) *Pilate*
Lk 3:1 ἡγεμονεύοντος Ποντίου **Πιλάτου** τῆς Ἰουδαίας,
Lk 13:1 ὧν τὸ αἷμα **Πιλᾶτος** ἔμιξεν μετὰ τῶν
Lk 23:1 αὐτὸν ἐπὶ τὸν **Πιλᾶτον**.
Lk 23:3 ὁ δὲ **Πιλᾶτος** ἠρώτησεν αὐτὸν λέγων·
Lk 23:4 ὁ δὲ **Πιλᾶτος** εἶπεν πρὸς τοὺς
Lk 23:6 **Πιλᾶτος** δὲ ἀκούσας ἐπηρώτησεν
Lk 23:11 ἀνέπεμψεν αὐτὸν τῷ **Πιλάτῳ**.
Lk 23:12 Ἡρῴδης καὶ ὁ **Πιλᾶτος** ἐν αὐτῇ τῇ
Lk 23:13 **Πιλᾶτος** δὲ συγκαλεσάμενος τοὺς
Lk 23:20 πάλιν δὲ ὁ **Πιλᾶτος** προσεφώνησεν αὐτοῖς θέλων
Lk 23:24 Καὶ **Πιλᾶτος** ἐπέκρινεν γενέσθαι τὸ
Lk 23:52 οὗτος προσελθὼν τῷ **Πιλάτῳ** ᾐτήσατο τὸ σῶμα

πίμπλημι (*pimplēmi*; 13/24) *fill*

Lk 1:15 καὶ πνεύματος ἁγίου **πλησθήσεται** ἔτι ἐκ κοιλίας
Lk 1:23 καὶ ἐγένετο ὡς **ἐπλήσθησαν** αἱ ἡμέραι τῆς
Lk 1:41 καὶ **ἐπλήσθη** πνεύματος ἁγίου ἡ
Lk 1:57 Τῇ δὲ Ἐλισάβετ **ἐπλήσθη** ὁ χρόνος τοῦ
Lk 1:67 ὁ πατὴρ αὐτοῦ **ἐπλήσθη** πνεύματος ἁγίου
Lk 2:6 εἶναι αὐτοὺς ἐκεῖ **ἐπλήσθησαν** αἱ ἡμέραι
Lk 2:21 Καὶ ὅτε **ἐπλήσθησαν** ἡμέραι ὀκτὼ τοῦ
Lk 2:22 Καὶ ὅτε **ἐπλήσθησαν** αἱ ἡμέραι τοῦ
Lk 4:28 καὶ **ἐπλήσθησαν** πάντες θυμοῦ ἐν
Lk 5:7 καὶ ἦλθον καὶ **ἔπλησαν** ἀμφότερα τὰ πλοῖα
Lk 5:26 τὸν θεὸν καὶ **ἐπλήσθησαν** φόβου λέγοντες
Lk 6:11 αὐτοὶ δὲ **ἐπλήσθησαν** ἀνοίας καὶ διελάλουν
Lk 21:22 αὗταί εἰσιν τοῦ **πλησθῆναι** πάντα τὰ γεγραμμένα.

πινακίδιον (*pinakidion*; 1/1) *writing tablet*

Lk 1:63 καὶ αἰτήσας **πινακίδιον** ἔγραψεν λέγων·

πίναξ (*pinax*; 1/5) *plate*

Lk 11:39 ποτηρίου καὶ τοῦ **πίνακος** καθαρίζετε,

πίνω (*pinō*; 17/72[73]) *drink*

Lk 1:15 σίκερα οὐ μὴ **πίῃ**,
Lk 5:30 ἁμαρτωλῶν ἐσθίετε καὶ **πίνετε**;
Lk 5:33 σοὶ ἐσθίουσιν καὶ **πίνουσιν**.
Lk 5:39 [καὶ] οὐδεὶς **πιὼν** παλαιὸν θέλει νέον·
Lk 7:33 ἐσθίων ἄρτον μήτε **πίνων** οἶνον,
Lk 7:34 ἀνθρώπου ἐσθίων καὶ **πίνων**,
Lk 10:7 μένετε ἐσθίοντες καὶ **πίνοντες** τὰ παρ' αὐτῶν·
Lk 12:19 **πίε**,
Lk 12:29 φάγητε καὶ τί **πίητε** καὶ μὴ μετεωρίζεσθε·
Lk 12:45 ἐσθίειν τε καὶ **πίνειν** καὶ μεθύσκεσθαι,
Lk 13:26 ἐνώπιόν σου καὶ **ἐπίομεν** καὶ ἐν ταῖς
Lk 17:8 ἕως φάγω καὶ **πίω**,
Lk 17:8 ταῦτα φάγεσαι καὶ **πίεσαι** σύ;
Lk 17:27 **ἔπινον**,
Lk 17:28 **ἔπινον**,
Lk 22:18 [ὅτι] οὐ μὴ **πίω** ἀπὸ τοῦ νῦν
Lk 22:30 ἵνα ἔσθητε καὶ **πίνητε** ἐπὶ τῆς τραπέζης

πίπτω (*piptō*; 17/90) *fall*

Lk 5:12 **πεσὼν** ἐπὶ πρόσωπον ἐδεήθη
Lk 8:5 αὐτὸν ὃ μὲν **ἔπεσεν** παρὰ τὴν ὁδὸν
Lk 8:7 καὶ ἕτερον **ἔπεσεν** ἐν μέσῳ τῶν
Lk 8:8 καὶ ἕτερον **ἔπεσεν** εἰς τὴν γῆν
Lk 8:14 εἰς τὰς ἀκάνθας **πεσόν**,
Lk 8:41 καὶ **πεσὼν** παρὰ τοὺς πόδας
Lk 10:18 ἐκ τοῦ οὐρανοῦ **πεσόντα**.
Lk 11:17 οἶκος ἐπὶ οἶκον **πίπτει**.
Lk 13:4 δεκαοκτὼ ἐφ' οὓς **ἔπεσεν** ὁ πύργος ἐν
Lk 14:5 βοῦς εἰς φρέαρ **πεσεῖται**,
Lk 16:17 νόμου μίαν κεραίαν **πεσεῖν**.
Lk 16:21 χορτασθῆναι ἀπὸ τῶν **πιπτόντων** ἀπὸ τῆς τραπέζης
Lk 17:16 καὶ **ἔπεσεν** ἐπὶ πρόσωπον παρὰ
Lk 20:18 πᾶς ὁ **πεσὼν** ἐπ' ἐκεῖνον τὸν
Lk 20:18 ὃν δ' ἂν **πέσῃ**,
Lk 21:24 καὶ **πεσοῦνται** στόματι μαχαίρης καὶ
Lk 23:30 πέσετε **ἐφ'** ἡμᾶς,

πιστεύω (*pisteuō*; 9/237[241]) *believe*

Lk 1:20 ἀνθ' ὧν οὐκ **ἐπίστευσας** τοῖς λόγοις μου,
Lk 1:45 καὶ μακαρία ἡ **πιστεύσασα** ὅτι ἔσται τελείωσις
Lk 8:12 ἵνα μὴ **πιστεύσαντες** σωθῶσιν.
Lk 8:13 οἳ πρὸς καιρὸν **πιστεύουσιν** καὶ ἐν καιρῷ
Lk 8:50 μόνον **πίστευσον**,
Lk 16:11 ἀληθινὸν τίς ὑμῖν **πιστεύσει**;
Lk 20:5 διὰ τί οὐκ **ἐπιστεύσατε** αὐτῷ;
Lk 22:67 οὐ μὴ **πιστεύσητε**·
Lk 24:25 τῇ καρδίᾳ τοῦ **πιστεύειν** ἐπὶ πᾶσιν οἷς

πίστις (*pistis*; 11/243) *faith*

Lk 5:20 καὶ ἰδὼν τὴν **πίστιν** αὐτῶν εἶπεν·
Lk 7:9 τῷ Ἰσραὴλ τοσαύτην **πίστιν** εὗρον.
Lk 7:50 ἡ **πίστις** σου σέσωκέν σε·
Lk 8:25 ποῦ ἡ **πίστις** ὑμῶν;
Lk 8:48 ἡ **πίστις** σου σέσωκέν σε·
Lk 17:5 πρόσθες ἡμῖν **πίστιν**.
Lk 17:6 εἰ ἔχετε **πίστιν** ὡς κόκκον σινάπεως,
Lk 17:19 ἡ **πίστις** σου σέσωκέν σε.
Lk 18:8 ἆρα εὑρήσει τὴν **πίστιν** ἐπὶ τῆς γῆς;
Lk 18:42 ἡ **πίστις** σου σέσωκέν σε.
Lk 22:32 μὴ ἐκλίπῃ ἡ **πίστις** σου·

πιστός (*pistos*; 6/67) *believing*

Lk 12:42 ἄρα ἐστὶν ὁ **πιστὸς** οἰκονόμος ὁ φρόνιμος,
Lk 16:10 Ὁ **πιστὸς** ἐν ἐλαχίστῳ καὶ
Lk 16:10 καὶ ἐν πολλῷ **πιστός** ἐστιν,
Lk 16:11 τῷ ἀδίκῳ μαμωνᾷ **πιστοὶ** οὐκ ἐγένεσθε,
Lk 16:12 ἐν τῷ ἀλλοτρίῳ **πιστοὶ** οὐκ ἐγένεσθε,
Lk 19:17 ὅτι ἐν ἐλαχίστῳ **πιστὸς** ἐγένου,

πλανάω (*planaō*; 1/39) *lead astray*

Lk 21:8 βλέπετε μὴ **πλανηθῆτε**·

πλατεῖα (*plateia*; 3/9) *wide street*

Lk 10:10 ἐξελθόντες εἰς τὰς **πλατείας** αὐτῆς εἴπατε·
Lk 13:26 καὶ ἐν ταῖς **πλατείαις** ἡμῶν ἐδίδαξας·
Lk 14:21 ταχέως εἰς τὰς **πλατείας** καὶ ῥύμας τῆς

πλεονεξία (*pleonexia*; 1/10) *greed*

Lk 12:15 φυλάσσεσθε ἀπὸ πάσης **πλεονεξίας**,

πλέω (*pleō*; 1/6) *sail*

Lk 8:23 **πλεόντων** δὲ αὐτῶν ἀφύπνωσεν.

πληγή (*plēgē*; 2/22) *plague*

Lk 10:30 ἐκδύσαντες αὐτὸν καὶ **πληγὰς** ἐπιθέντες ἀπῆλθον ἀφέντες
Lk 12:48 ποιήσας δὲ ἄξια **πληγῶν** δαρήσεται ὀλίγας.

πλῆθος (*plēthos*; 8/31) *multitude, crowd*

Lk 1:10 καὶ πᾶν τὸ **πλῆθος** ἦν τοῦ λαοῦ
Lk 2:13 σὺν τῷ ἀγγέλῳ **πλῆθος** στρατιᾶς οὐρανίου αἰνούντων
Lk 5:6 τοῦτο ποιήσαντες συνέκλεισαν **πλῆθος** ἰχθύων πολύ,
Lk 6:17 καὶ **πλῆθος** πολὺ τοῦ λαοῦ
Lk 8:37 αὐτὸν ἅπαν τὸ **πλῆθος** τῆς περιχώρου τῶν

Lk 19:37 ἤρξαντο ἅπαν τὸ **πλῆθος** τῶν μαθητῶν χαίροντες
Lk 23:1 ἀναστὰν ἅπαν τὸ **πλῆθος** αὐτῶν ἤγαγον αὐτὸν
Lk 23:27 δὲ αὐτῷ πολὺ **πλῆθος** τοῦ λαοῦ καὶ

πλήμμυρα (*plēmmyra*; 1/1) *flood*
Lk 6:48 **πλημμύρης** δὲ γενομένης προσέρηξεν

πλήν (*plēn*; 15/31) *but, except*
Lk 6:24 **Πλὴν** οὐαὶ ὑμῖν τοῖς
Lk 6:35 **πλὴν** ἀγαπᾶτε τοὺς ἐχθροὺς
Lk 10:11 **πλὴν** τοῦτο γινώσκετε ὅτι
Lk 10:14 **πλὴν** Τύρῳ καὶ Σιδῶνι
Lk 10:20 **πλὴν** ἐν τούτῳ μὴ
Lk 11:41 **πλὴν** τὰ ἐνόντα δότε
Lk 12:31 **πλὴν** ζητεῖτε τὴν βασιλείαν
Lk 13:33 **πλὴν** δεῖ με σήμερον
Lk 17:1 **πλὴν** οὐαὶ δι᾽ οὗ
Lk 18:8 **πλὴν** ὁ υἱὸς τοῦ
Lk 19:27 **πλὴν** τοὺς ἐχθρούς μου
Lk 22:21 **Πλὴν** ἰδοὺ ἡ χεὶρ
Lk 22:22 **πλὴν** οὐαὶ τῷ ἀνθρώπῳ
Lk 22:42 **πλὴν** μὴ τὸ θέλημά
Lk 23:28 **πλὴν** ἐφ᾽ ἑαυτὰς κλαίετε

πλήρης (*plērēs*; 2/16) *full*
Lk 4:1 Ἰησοῦς δὲ **πλήρης** πνεύματος ἁγίου ὑπέστρεψεν
Lk 5:12 καὶ ἰδοὺ ἀνὴρ **πλήρης** λέπρας·

πληροφορέω (*plērophoreō*; 1/6) *accomplish*
Lk 1:1 διήγησιν περὶ τῶν **πεπληροφορημένων** ἐν ἡμῖν πραγμάτων,

πληρόω (*plēroō*; 9/86) *fulfill*
Lk 1:20 οἵτινες **πληρωθήσονται** εἰς τὸν καιρὸν
Lk 2:40 ηὔξανεν καὶ ἐκραταιοῦτο **πληρούμενον** σοφίᾳ,
Lk 3:5 πᾶσα φάραγξ **πληρωθήσεται** καὶ πᾶν ὄρος
Lk 4:21 αὐτοὺς ὅτι σήμερον **πεπλήρωται** ἡ γραφὴ αὕτη
Lk 7:1 Ἐπειδὴ **ἐπλήρωσεν** πάντα τὰ ῥήματα
Lk 9:31 ἣν ἤμελλεν **πληροῦν** ἐν Ἰερουσαλήμ.
Lk 21:24 ἄχρι οὗ **πληρωθῶσιν** καιροὶ ἐθνῶν.
Lk 22:16 αὐτὸ ἕως ὅτου **πληρωθῇ** ἐν τῇ βασιλείᾳ
Lk 24:44 ὅτι δεῖ **πληρωθῆναι** πάντα τὰ γεγραμμένα

πλησίον (*plēsion*; 3/17) *near, neighbor*
Lk 10:27 καὶ τὸν **πλησίον** σου ὡς σεαυτόν.
Lk 10:29 τίς ἐστίν μου **πλησίον**;
Lk 10:36 τούτων τῶν τριῶν **πλησίον** δοκεῖ σοι γεγονέναι

πλοῖον (*ploion*; 8/67) *boat*
Lk 5:2 καὶ εἶδεν δύο **πλοῖα** ἑστῶτα παρὰ τὴν
Lk 5:3 εἰς ἓν τῶν **πλοίων**,
Lk 5:3 δὲ ἐκ τοῦ **πλοίου** ἐδίδασκεν τοὺς ὄχλους.
Lk 5:7 ἐν τῷ ἑτέρῳ **πλοίῳ** τοῦ ἐλθόντας συλλαβέσθαι
Lk 5:7 ἔπλησαν ἀμφότερα τὰ **πλοῖα** ὥστε βυθίζεσθαι αὐτά.
Lk 5:11 καὶ καταγαγόντες τὰ **πλοῖα** ἐπὶ τὴν γῆν
Lk 8:22 αὐτὸς ἐνέβη εἰς **πλοῖον** καὶ οἱ μαθηταὶ
Lk 8:37 δὲ ἐμβὰς εἰς **πλοῖον** ὑπέστρεψεν.

πλούσιος (*plousios*; 11/28) *rich*
Lk 6:24 οὐαὶ ὑμῖν τοῖς **πλουσίοις**,
Lk 12:16 ἀνθρώπου τινος **πλουσίου** εὐφόρησεν ἡ χώρα.
Lk 14:12 σου μηδὲ γείτονας **πλουσίους**,
Lk 16:1 ἄνθρωπός τις ἦν **πλούσιος** ὃς εἶχεν οἰκονόμον,
Lk 16:19 δέ τις ἦν **πλούσιος**,
Lk 16:21 τῆς τραπέζης τοῦ **πλουσίου**·
Lk 16:22 δὲ καὶ ὁ **πλούσιος** καὶ ἐτάφη.
Lk 18:23 ἦν γὰρ **πλούσιος** σφόδρα.
Lk 18:25 βελόνης εἰσελθεῖν ἢ **πλούσιον** εἰς τὴν βασιλείαν
Lk 19:2 ἀρχιτελώνης καὶ αὐτὸς **πλούσιος**·
Lk 21:1 τὰ δῶρα αὐτῶν **πλουσίους**.

πλουτέω (*plouteō*; 2/12) *be rich*
Lk 1:53 ἐνέπλησεν ἀγαθῶν καὶ **πλουτοῦντας** ἐξαπέστειλεν κενούς.
Lk 12:21 μὴ εἰς θεὸν **πλουτῶν**.

πλοῦτος (*ploutos*; 1/22) *wealth, riches*
Lk 8:14 ὑπὸ μεριμνῶν καὶ **πλούτου** καὶ ἡδονῶν τοῦ

πλύνω (*plynō*; 1/3) *wash*
Lk 5:2 ἀπ᾽ αὐτῶν ἀποβάντες **ἔπλυνον** τὰ δίκτυα.

πνεῦμα (*pneuma*; 36/379) *Spirit, spirit*
Lk 1:15 καὶ **πνεύματος** ἁγίου πλησθήσεται ἔτι
Lk 1:17 ἐνώπιον αὐτοῦ ἐν **πνεύματι** καὶ δυνάμει Ἠλίου,
Lk 1:35 **πνεῦμα** ἅγιον ἐπελεύσεται ἐπὶ
Lk 1:41 καὶ ἐπλήσθη **πνεύματος** ἁγίου ἡ Ἐλισάβετ,
Lk 1:47 καὶ ἠγαλλίασεν τὸ **πνεῦμά** μου ἐπὶ τῷ
Lk 1:67 πατὴρ αὐτοῦ ἐπλήσθη **πνεύματος** ἁγίου καὶ ἐπροφήτευσεν
Lk 1:80 ηὔξανεν καὶ ἐκραταιοῦτο **πνεύματι**,
Lk 2:25 καὶ **πνεῦμα** ἦν ἅγιον ἐπ᾽
Lk 2:26 κεχρηματισμένον ὑπὸ τοῦ **πνεύματος** τοῦ ἁγίου μὴ
Lk 2:27 ἦλθεν ἐν τῷ **πνεύματι** εἰς τὸ ἱερόν·
Lk 3:16 ὑμᾶς βαπτίσει ἐν **πνεύματι** ἁγίῳ καὶ πυρί·
Lk 3:22 καὶ καταβῆναι τὸ **πνεῦμα** τὸ ἅγιον σωματικῷ
Lk 4:1 Ἰησοῦς δὲ πλήρης **πνεύματος** ἁγίου ὑπέστρεψεν ἀπὸ
Lk 4:1 ἤγετο ἐν τῷ **πνεύματι** ἐν τῇ ἐρήμῳ
Lk 4:14 τῇ δυνάμει τοῦ **πνεύματος** εἰς τὴν Γαλιλαίαν.
Lk 4:18 **πνεῦμα** κυρίου ἐπ᾽ ἐμὲ
Lk 4:33 ἦν ἄνθρωπος ἔχων **πνεῦμα** δαιμονίου ἀκαθάρτου καὶ
Lk 4:36 ἐπιτάσσει τοῖς ἀκαθάρτοις **πνεύμασιν** καὶ ἐξέρχονται;
Lk 6:18 οἱ ἐνοχλούμενοι ἀπὸ **πνευμάτων** ἀκαθάρτων ἐθεραπεύοντο,
Lk 7:21 καὶ μαστίγων καὶ **πνευμάτων** πονηρῶν καὶ τυφλοῖς
Lk 8:2 ἦσαν τεθεραπευμέναι ἀπὸ **πνευμάτων** πονηρῶν καὶ ἀσθενειῶν,

Lk 8:29 παρήγγειλεν γὰρ τῷ **πνεύματι** τῷ ἀκαθάρτῳ ἐξελθεῖν
Lk 8:55 καὶ ἐπέστρεψεν τὸ **πνεῦμα** αὐτῆς καὶ ἀνέστη
Lk 9:39 καὶ ἰδοὺ **πνεῦμα** λαμβάνει αὐτὸν καὶ
Lk 9:42 ὁ Ἰησοῦς τῷ **πνεύματι** τῷ ἀκαθάρτῳ καὶ
Lk 10:20 χαίρετε ὅτι τὰ **πνεύματα** ὑμῖν ὑποτάσσεται,
Lk 10:21 ἠγαλλιάσατο [ἐν] τῷ **πνεύματι** τῷ ἁγίῳ καὶ
Lk 11:13 ἐξ οὐρανοῦ δώσει **πνεῦμα** ἅγιον τοῖς αἰτοῦσιν
Lk 11:24 Ὅταν τὸ ἀκάθαρτον **πνεῦμα** ἐξέλθῃ ἀπὸ τοῦ
Lk 11:26 καὶ παραλαμβάνει ἕτερα **πνεύματα** πονηρότερα ἑαυτοῦ ἑπτὰ
Lk 12:10 εἰς τὸ ἅγιον **πνεῦμα** βλασφημήσαντι οὐκ ἀφεθήσεται.
Lk 12:12 τὸ γὰρ ἅγιον **πνεῦμα** διδάξει ὑμᾶς ἐν
Lk 13:11 καὶ ἰδοὺ γυνὴ **πνεῦμα** ἔχουσα ἀσθενείας ἔτη
Lk 23:46 σου παρατίθεμαι τὸ **πνεῦμά** μου.
Lk 24:37 ἔμφοβοι γενόμενοι ἐδόκουν **πνεῦμα** θεωρεῖν.
Lk 24:39 ὅτι **πνεῦμα** σάρκα καὶ ὀστέα

πνέω (*pneō*; 1/7) *blow*

Lk 12:55 καὶ ὅταν νότον **πνέοντα**,

πόθεν (*pothen*; 4/29) *from where*

Lk 1:43 καὶ **πόθεν** μοι τοῦτο ἵνα
Lk 13:25 οὐκ οἶδα ὑμᾶς **πόθεν** ἐστέ.
Lk 13:27 οὐκ οἶδα [ὑμᾶς] **πόθεν** ἐστέ·
Lk 20:7 ἀπεκρίθησαν μὴ εἰδέναι **πόθεν**.

ποιέω (*poieō*; 88/568) *do, make*

Lk 1:25 ὅτι οὕτως μοι **πεποίηκεν** κύριος ἐν ἡμέραις
Lk 1:49 ὅτι **ἐποίησέν** μοι μεγάλα ὁ
Lk 1:51 **Ἐποίησεν** κράτος ἐν βραχίονι
Lk 1:68 ὅτι ἐπεσκέψατο καὶ **ἐποίησεν** λύτρωσιν τῷ λαῷ
Lk 1:72 **ποιῆσαι** ἔλεος μετὰ τῶν
Lk 2:27 παιδίον Ἰησοῦν τοῦ **ποιῆσαι** αὐτοὺς κατὰ τὸ
Lk 2:48 τί **ἐποίησας** ἡμῖν οὕτως;
Lk 3:4 εὐθείας **ποιεῖτε** τὰς τρίβους αὐτοῦ·
Lk 3:8 **ποιήσατε** οὖν καρποὺς ἀξίους
Lk 3:9 οὖν δένδρον μὴ **ποιοῦν** καρπὸν καλὸν ἐκκόπτεται
Lk 3:10 τί οὖν **ποιήσωμεν**;
Lk 3:11 ἔχων βρώματα ὁμοίως **ποιείτω**.
Lk 3:12 τί **ποιήσωμεν**;
Lk 3:14 τί **ποιήσωμεν** καὶ ἡμεῖς;
Lk 3:19 περὶ πάντων ὧν **ἐποίησεν** πονηρῶν ὁ Ἡρῴδης,
Lk 4:23 εἰς τὴν Καφαρναοὺμ **ποίησον** καὶ ὧδε ἐν
Lk 5:6 καὶ τοῦτο **ποιήσαντες** συνέκλεισαν πλῆθος ἰχθύων
Lk 5:29 Καὶ **ἐποίησεν** δοχὴν μεγάλην Λευὶς
Lk 5:33 πυκνὰ καὶ δεήσεις **ποιοῦνται** ὁμοίως καὶ οἱ
Lk 5:34 μετ' αὐτῶν ἐστιν **ποιῆσαι** νηστεῦσαι;
Lk 6:2 τί **ποιεῖτε** ὃ οὐκ ἔξεστιν
Lk 6:3 τοῦτο ἀνέγνωτε ὃ **ἐποίησεν** Δαυὶδ ὅτε ἐπείνασεν
Lk 6:10 ὁ δὲ **ἐποίησεν** καὶ ἀπεκατεστάθη ἡ
Lk 6:11 ἀλλήλους τί ἂν **ποιήσαιεν** τῷ Ἰησοῦ.
Lk 6:23 τὰ αὐτὰ γὰρ **ἐποίουν** τοῖς προφήταις οἱ
Lk 6:26 τὰ αὐτὰ γὰρ **ἐποίουν** τοις ψευδοπροφήταις
Lk 6:27 καλῶς **ποιεῖτε** τοῖς μισοῦσιν ὑμᾶς,
Lk 6:31 καθὼς θέλετε ἵνα **ποιῶσιν** ὑμῖν οἱ ἄνθρωποι
Lk 6:31 ὑμῖν οἱ ἄνθρωποι **ποιεῖτε** αὐτοῖς ὁμοίως.
Lk 6:33 ἁμαρτωλοὶ τὸ αὐτὸ **ποιοῦσιν**.
Lk 6:43 ἐστιν δένδρον καλὸν **ποιοῦν** καρπὸν σαπρόν,
Lk 6:43 πάλιν δένδρον σαπρὸν **ποιοῦν** καρπὸν καλόν.
Lk 6:46 καὶ οὐ **ποιεῖτε** ἃ λέγω;
Lk 6:47 τῶν λόγων καὶ **ποιῶν** αὐτούς,
Lk 6:49 ἀκούσας καὶ μὴ **ποιήσας** ὅμοιός ἐστιν ἀνθρώπῳ
Lk 7:8 **ποίησον** τοῦτο,
Lk 7:8 καὶ **ποιεῖ**.
Lk 8:8 ἀγαθὴν καὶ φυὲν **ἐποίησεν** καρπὸν ἑκατονταπλασίονα.
Lk 8:21 θεοῦ ἀκούοντες καὶ **ποιοῦντες**.
Lk 8:39 διηγοῦ ὅσα σοι **ἐποίησεν** ὁ θεός.
Lk 8:39 πόλιν κηρύσσων ὅσα **ἐποίησεν** αὐτῷ ὁ Ἰησοῦς.
Lk 9:10 διηγήσαντο αὐτῷ ὅσα **ἐποίησαν**.
Lk 9:15 καὶ **ἐποίησαν** οὕτως καὶ κατέκλιναν
Lk 9:33 καὶ **ποιήσωμεν** σκηνὰς τρεῖς,
Lk 9:43 ἐπὶ πᾶσιν οἷς **ἐποίει** εἶπεν πρὸς τοὺς
Lk 10:25 τί **ποιήσας** ζωὴν αἰώνιον κληρονομήσω;
Lk 10:28 τοῦτο **ποίει** καὶ ζήσῃ.
Lk 10:37 ὁ **ποιήσας** τὸ ἔλεος μετ'
Lk 10:37 πορεύου καὶ σὺ **ποίει** ὁμοίως.
Lk 11:40 οὐχ ὁ **ποιήσας** τὸ ἔξωθεν καὶ
Lk 11:40 καὶ τὸ ἔσωθεν **ἐποίησεν**;
Lk 11:42 ταῦτα δὲ ἔδει **ποιῆσαι** κἀκεῖνα μὴ παρεῖναι.
Lk 12:4 ἐχόντων περισσότερόν τι **ποιῆσαι**.
Lk 12:17 τί **ποιήσω**,
Lk 12:18 τοῦτο **ποιήσω**,
Lk 12:33 **ποιήσατε** ἑαυτοῖς βαλλάντια μὴ
Lk 12:43 κύριος αὐτοῦ εὑρήσει **ποιοῦντα** οὕτως.
Lk 12:47 μὴ ἑτοιμάσας ἢ **ποιήσας** πρὸς τὸ θέλημα
Lk 12:48 **ποιήσας** δὲ ἄξια πληγῶν
Lk 13:9 κἂν μὲν **ποιήσῃ** καρπὸν εἰς τὸ
Lk 13:22 διδάσκων καὶ πορείαν **ποιούμενος** εἰς Ἱεροσόλυμα.
Lk 14:12 ὅταν **ποιῇς** ἄριστον ἢ δεῖπνον,
Lk 14:13 ἀλλ' ὅταν δοχὴν **ποιῇς**,
Lk 14:16 ἄνθρωπός τις **ἐποίει** δεῖπνον μέγα,
Lk 15:19 **ποίησόν** με ὡς ἕνα
Lk 16:3 τί **ποιήσω**,
Lk 16:4 ἔγνων τί **ποιήσω**,
Lk 16:8 ἀδικίας ὅτι φρονίμως **ἐποίησεν**·
Lk 16:9 ἑαυτοῖς **ποιήσατε** φίλους ἐκ τοῦ
Lk 17:9 τῷ δούλῳ ὅτι **ἐποίησεν** τὰ διαταχθέντα;
Lk 17:10 ὅταν **ποιήσητε** πάντα τὰ διαταχθέντα
Lk 17:10 ὃ ὠφείλομεν **ποιῆσαι** πεποιήκαμεν.
Lk 17:10 ὃ ὠφείλομεν ποιῆσαι **πεποιήκαμεν**.
Lk 18:7 θεὸς οὐ μὴ **ποιήσῃ** τὴν ἐκδίκησιν τῶν
Lk 18:8 λέγω ὑμῖν ὅτι **ποιήσει** τὴν ἐκδίκησιν αὐτῶν
Lk 18:18 τί **ποιήσας** ζωὴν αἰώνιον κληρονομήσω;
Lk 18:41 τί σοι θέλεις **ποιήσω**;
Lk 19:18 **ἐποίησεν** πέντε μνᾶς.
Lk 19:46 ὑμεῖς δὲ αὐτὸν **ἐποιήσατε** σπήλαιον λῃστῶν.
Lk 19:48 εὕρισκον τὸ τί **ποιήσωσιν**,
Lk 20:2 ποίᾳ ἐξουσίᾳ ταῦτα **ποιεῖς**,
Lk 20:8 ποίᾳ ἐξουσίᾳ ταῦτα **ποιῶ**.
Lk 20:13 τί **ποιήσω**;
Lk 20:15 τί οὖν **ποιήσει** αὐτοῖς ὁ κύριος
Lk 22:19 τοῦτο **ποιεῖτε** εἰς τὴν ἐμὴν

Lk 23:22 τί γὰρ κακὸν **ἐποίησεν** οὗτος;
Lk 23:31 ὑγρῷ ξύλῳ ταῦτα **ποιοῦσιν**,
Lk 23:34 γὰρ οἴδασιν τί **ποιοῦσιν]]** διαμεριζόμενοι δὲ

ποικίλος (*poikilos*; 1/10) *various kinds of*

Lk 4:40 εἶχον ἀσθενοῦντας νόσοις **ποικίλαις** ἤγαγον αὐτοὺς πρὸς

ποιμαίνω (*poimainō*; 1/11) *tend like a shepherd*

Lk 17:7 ἔχων ἀροτριῶντα ἢ **ποιμαίνοντα**,

ποιμήν (*poimēn*; 4/18) *shepherd*

Lk 2:8 Καὶ **ποιμένες** ἦσαν ἐν τῇ
Lk 2:15 οἱ **ποιμένες** ἐλάλουν πρὸς ἀλλήλους·
Lk 2:18 λαληθέντων ὑπὸ τῶν **ποιμένων** πρὸς αὐτούς·
Lk 2:20 καὶ ὑπέστρεψαν οἱ **ποιμένες** δοξάζοντες καὶ αἰνοῦντες

ποίμνη (*poimnē*; 1/5) *flock*

Lk 2:8 νυκτὸς ἐπὶ τὴν **ποίμνην** αὐτῶν.

ποίμνιον (*poimnion*; 1/5) *flock*

Lk 12:32 τὸ μικρὸν **ποίμνιον**,

ποῖος (*poios*; 8/33) *what kind of*

Lk 5:19 καὶ μὴ εὑρόντες **ποίας** εἰσενέγκωσιν αὐτὸν
Lk 6:32 **ποία** ὑμῖν χάρις ἐστίν;
Lk 6:33 **ποία** ὑμῖν χάρις ἐστίν;
Lk 6:34 **ποία** ὑμῖν χάρις [ἐστίν];
Lk 12:39 ᾔδει ὁ οἰκοδεσπότης **ποίᾳ** ὥρᾳ ὁ κλέπτης
Lk 20:2 εἰπὸν ἡμῖν ἐν **ποίᾳ** ἐξουσίᾳ ταῦτα ποιεῖς,
Lk 20:8 λέγω ὑμῖν ἐν **ποίᾳ** ἐξουσίᾳ ταῦτα ποιῶ.
Lk 24:19 **ποῖα**;

πόλεμος (*polemos*; 2/18) *war*

Lk 14:31 βασιλεῖ συμβαλεῖν εἰς **πόλεμον** οὐχὶ καθίσας πρῶτον
Lk 21:9 ὅταν δὲ ἀκούσητε **πολέμους** καὶ ἀκαταστασίας,

πόλις (*polis*; 39/163) *city, town*

Lk 1:26 τοῦ θεοῦ εἰς **πόλιν** τῆς Γαλιλαίας ᾗ
Lk 1:39 μετὰ σπουδῆς εἰς **πόλιν** Ἰούδα,
Lk 2:3 εἰς τὴν ἑαυτοῦ **πόλιν**.
Lk 2:4 τῆς Γαλιλαίας ἐκ **πόλεως** Ναζαρὲθ εἰς τὴν
Lk 2:4 τὴν Ἰουδαίαν εἰς **πόλιν** Δαυὶδ ἥτις καλεῖται
Lk 2:11 χριστὸς κύριος ἐν **πόλει** Δαυίδ.
Lk 2:39 τὴν Γαλιλαίαν εἰς **πόλιν** ἑαυτῶν Ναζαρέθ.
Lk 4:29 αὐτὸν ἔξω τῆς **πόλεως** καὶ ἤγαγον αὐτὸν
Lk 4:29 ἐφ' οὗ ἡ **πόλις** ᾠκοδόμητο αὐτῶν ὥστε
Lk 4:31 κατῆλθεν εἰς Καφαρναοὺμ **πόλιν** τῆς Γαλιλαίας.
Lk 4:43 καὶ ταῖς ἑτέραις **πόλεσιν** εὐαγγελίσασθαί με δεῖ
Lk 5:12 ἐν μιᾷ τῶν **πόλεων** καὶ ἰδοὺ ἀνὴρ
Lk 7:11 ἐξῆς ἐπορεύθη εἰς **πόλιν** καλουμένην Ναῒν
Lk 7:12 τῇ πύλῃ τῆς **πόλεως**,
Lk 7:12 καὶ ὄχλος τῆς **πόλεως** ἱκανὸς ἦν σὺν
Lk 7:37 ἦν ἐν τῇ **πόλει** ἁμαρτωλός,
Lk 8:1 αὐτὸς διώδευεν κατὰ **πόλιν** καὶ κώμην κηρύσσων
Lk 8:4 καὶ τῶν κατὰ **πόλιν** ἐπιπορευομένων πρὸς αὐτὸν
Lk 8:27 τις ἐκ τῆς **πόλεως** ἔχων δαιμόνια καὶ
Lk 8:34 ἀπήγγειλαν εἰς τὴν **πόλιν** καὶ εἰς τοὺς
Lk 8:39 καθ' ὅλην τὴν **πόλιν** κηρύσσων ὅσα ἐποίησεν
Lk 9:5 ἐξερχόμενοι ἀπὸ τῆς **πόλεως** ἐκείνης τὸν κονιορτὸν
Lk 9:10 κατ' ἰδίαν εἰς **πόλιν** καλουμένην Βηθσαϊδά.
Lk 10:1 αὐτοῦ εἰς πᾶσαν **πόλιν** καὶ τόπον οὗ
Lk 10:8 εἰς ἣν ἂν **πόλιν** εἰσέρχησθε καὶ δέχωνται
Lk 10:10 ἣν δ' ἂν **πόλιν** εἰσέλθητε καὶ μὴ
Lk 10:11 ἡμῖν ἐκ τῆς **πόλεως** ὑμῶν εἰς τοὺς
Lk 10:12 ἔσται ἢ τῇ **πόλει** ἐκείνῃ.
Lk 13:22 Καὶ διεπορεύετο κατὰ **πόλεις** καὶ κώμας διδάσκων
Lk 14:21 καὶ ῥύμας τῆς **πόλεως** καὶ τοὺς πτωχοὺς
Lk 18:2 ἦν ἔν τινι **πόλει** τὸν θεὸν μὴ
Lk 18:3 ἦν ἐν τῇ **πόλει** ἐκείνῃ καὶ ἤρχετο
Lk 19:17 ἔχων ἐπάνω δέκα **πόλεων**.
Lk 19:19 ἐπάνω γίνου πέντε **πόλεων**.
Lk 19:41 ἤγγισεν ἰδὼν τὴν **πόλιν** ἔκλαυσεν ἐπ' αὐτὴν
Lk 22:10 ὑμῶν εἰς τὴν **πόλιν** συναντήσει ὑμῖν ἄνθρωπος
Lk 23:19 γενομένην ἐν τῇ **πόλει** καὶ φόνον βληθεὶς
Lk 23:51 ἀπὸ Ἁριμαθαίας **πόλεως** τῶν Ἰουδαίων,
Lk 24:49 καθίσατε ἐν τῇ **πόλει** ἕως οὗ ἐνδύσησθε

πολίτης (*politēs*; 2/4) *citizen*

Lk 15:15 ἐκολλήθη ἑνὶ τῶν **πολιτῶν** τῆς χώρας ἐκείνης,
Lk 19:14 οἱ δὲ **πολῖται** αὐτοῦ ἐμίσουν αὐτὸν

πολλαπλασίων (*pollaplasiōn*; 1/1) *more*

Lk 18:30 οὐχὶ μὴ [ἀπο]λάβῃ **πολλαπλασίονα** ἐν τῷ καιρῷ

πολύς (*polys*; 60/417) *much (pl. many)*

Lk 1:1 ἐπειδήπερ **πολλοὶ** ἐπεχείρησαν ἀνατάξασθαι διήγησιν
Lk 1:14 καὶ ἀγαλλίασις καὶ **πολλοὶ** ἐπὶ τῇ γενέσει
Lk 1:16 καὶ **πολλοὺς** τῶν υἱῶν Ἰσραὴλ
Lk 2:34 πτῶσιν καὶ ἀνάστασιν **πολλῶν** ἐν τῷ Ἰσραὴλ
Lk 2:35 ἂν ἀποκαλυφθῶσιν ἐκ **πολλῶν** καρδιῶν διαλογισμοί.
Lk 2:36 προβεβηκυῖα ἐν ἡμέραις **πολλαῖς**,
Lk 3:13 μηδὲν **πλέον** παρὰ τὸ διατεταγμένον
Lk 3:18 **Πολλὰ** μὲν οὖν καὶ
Lk 4:25 **πολλαὶ** χῆραι ἦσαν ἐν
Lk 4:27 καὶ **πολλοὶ** λεπροὶ ἦσαν ἐν
Lk 4:41 καὶ δαιμόνια ἀπὸ **πολλῶν** κρ[αυγ]άζοντα καὶ λέγοντα
Lk 5:6 συνέκλεισαν πλῆθος ἰχθύων **πολύ**,
Lk 5:15 καὶ συνήρχοντο ὄχλοι **πολλοὶ** ἀκούειν καὶ θεραπεύεσθαι
Lk 5:29 καὶ ἦν ὄχλος **πολὺς** τελωνῶν καὶ ἄλλων
Lk 6:17 καὶ ὄχλος **πολὺς** μαθητῶν αὐτοῦ,
Lk 6:17 καὶ πλῆθος **πολὺ** τοῦ λαοῦ ἀπὸ
Lk 6:23 ὁ μισθὸς ὑμῶν **πολὺς** ἐν τῷ οὐρανῷ·
Lk 6:35 ὁ μισθὸς ὑμῶν **πολύς**,

Lk 7:11 αὐτοῦ καὶ ὄχλος **πολύς**.
Lk 7:21 τῇ ὥρᾳ ἐθεράπευσεν **πολλοὺς** ἀπὸ νόσων καὶ
Lk 7:21 πονηρῶν καὶ τυφλοῖς **πολλοῖς** ἐχαρίσατο βλέπειν.
Lk 7:42 τίς οὖν αὐτῶν **πλεῖον** ἀγαπήσει αὐτόν;
Lk 7:43 ὅτι ᾧ τὸ **πλεῖον** ἐχαρίσατο.
Lk 7:47 ἁμαρτίαι αὐτῆς αἱ **πολλαί**,
Lk 7:47 ὅτι ἠγάπησεν **πολύ**·
Lk 8:3 Σουσάννα καὶ ἕτεραι **πολλαί**,
Lk 8:4 Συνιόντος δὲ ὄχλου **πολλοῦ** καὶ τῶν κατὰ
Lk 8:29 **πολλοῖς** γὰρ χρόνοις συνηρπάκει
Lk 8:30 ὅτι εἰσῆλθεν δαιμόνια **πολλὰ** εἰς αὐτόν.
Lk 9:13 οὐκ εἰσὶν ἡμῖν **πλεῖον** ἢ ἄρτοι πέντε
Lk 9:22 υἱὸν τοῦ ἀνθρώπου **πολλὰ** παθεῖν καὶ ἀποδοκιμασθῆναι
Lk 9:37 συνήντησεν αὐτῷ ὄχλος **πολύς**.
Lk 10:2 ὁ μὲν θερισμὸς **πολύς**,
Lk 10:24 γὰρ ὑμῖν ὅτι **πολλοὶ** προφῆται καὶ βασιλεῖς
Lk 10:40 Μάρθα περιεσπᾶτο περὶ **πολλὴν** διακονίαν·
Lk 10:41 καὶ θορυβάζῃ περὶ **πολλά**,
Lk 11:31 καὶ ἰδοὺ **πλεῖον** Σολομῶνος ὧδε.
Lk 11:32 καὶ ἰδοὺ **πλεῖον** Ἰωνᾶ ὧδε.
Lk 11:53 ἀποστοματίζειν αὐτὸν περὶ **πλειόνων**,
Lk 12:7 **πολλῶν** στρουθίων διαφέρετε.
Lk 12:19 ἔχεις **πολλὰ** ἀγαθὰ κείμενα εἰς
Lk 12:19 κείμενα εἰς ἔτη **πολλά**·
Lk 12:23 ἡ γὰρ ψυχὴ **πλεῖόν** ἐστιν τῆς τροφῆς
Lk 12:47 θέλημα αὐτοῦ δαρήσεται **πολλάς**·
Lk 12:48 δὲ ᾧ ἐδόθη **πολύ**,
Lk 12:48 **πολὺ** ζητηθήσεται παρ᾽ αὐτοῦ,
Lk 12:48 καὶ ᾧ παρέθεντο **πολύ**,
Lk 13:24 ὅτι **πολλοί**,
Lk 14:16 καὶ ἐκάλεσεν **πολλοὺς**
Lk 14:25 δὲ αὐτῷ ὄχλοι **πολλοί**,
Lk 15:13 καὶ μετ᾽ οὐ **πολλὰς** ἡμέρας συναγαγὼν πάντα
Lk 16:10 ἐλαχίστῳ καὶ ἐν **πολλῷ** πιστός ἐστιν,
Lk 16:10 ἄδικος καὶ ἐν **πολλῷ** ἄδικός ἐστιν.
Lk 17:25 δὲ δεῖ αὐτὸν **πολλὰ** παθεῖν καὶ ἀποδοκιμασθῆναι
Lk 18:39 αὐτὸς δὲ **πολλῷ** μᾶλλον ἔκραζεν·
Lk 21:3 αὕτη ἡ πτωχὴ **πλεῖον** πάντων ἔβαλεν·
Lk 21:8 **πολλοὶ** γὰρ ἐλεύσονται ἐπὶ
Lk 21:27 δυνάμεως καὶ δόξης **πολλῆς**.
Lk 22:65 καὶ ἕτερα **πολλὰ** βλασφημοῦντες ἔλεγον εἰς
Lk 23:27 Ἠκολούθει δὲ αὐτῷ **πολὺ** πλῆθος τοῦ λαοῦ

πονηρία (*ponēria*; 1/7) *wickedness*

Lk 11:39 γέμει ἁρπαγῆς καὶ **πονηρίας**.

πονηρός (*ponēros*; 13/78) *evil*

Lk 3:19 πάντων ὧν ἐποίησεν **πονηρῶν** ὁ Ἡρῴδης,
Lk 6:22 ὄνομα ὑμῶν ὡς **πονηρὸν** ἕνεκα τοῦ υἱοῦ
Lk 6:35 τοὺς ἀχαρίστους καὶ **πονηρούς**.
Lk 6:45 καὶ ὁ **πονηρὸς** ἐκ τοῦ πονηροῦ
Lk 6:45 πονηρὸς ἐκ τοῦ **πονηροῦ** προφέρει τὸ πονηρόν·
Lk 6:45 πονηροῦ προφέρει τὸ **πονηρόν**·
Lk 7:21 μαστίγων καὶ πνευμάτων **πονηρῶν** καὶ τυφλοῖς πολλοῖς
Lk 8:2 τεθεραπευμέναι ἀπὸ πνευμάτων **πονηρῶν** καὶ ἀσθενειῶν,
Lk 11:13 εἰ οὖν ὑμεῖς **πονηροὶ** ὑπάρχοντες οἴδατε δόματα
Lk 11:26 παραλαμβάνει ἕτερα πνεύματα **πονηρότερα** ἑαυτοῦ ἑπτὰ καὶ
Lk 11:29 γενεὰ αὕτη γενεὰ **πονηρά** ἐστιν·
Lk 11:34 ἐπὰν δὲ **πονηρὸς** ᾖ,
Lk 19:22 **πονηρὲ** δοῦλε.

Πόντιος (*Pontios*; 1/3) *Pontius*

Lk 3:1 ἡγεμονεύοντος **Ποντίου** Πιλάτου τῆς Ἰουδαίας,

πορεία (*poreia*; 1/2) *journey*

Lk 13:22 κώμας διδάσκων καὶ **πορείαν** ποιούμενος εἰς Ἱεροσόλυμα.

πορεύομαι (*poreuomai*; 51/147[153]) *go*

Lk 1:6 **πορευόμενοι** ἐν πάσαις ταῖς
Lk 1:39 ταῖς ἡμέραις ταύταις **ἐπορεύθη** εἰς τὴν ὀρεινὴν
Lk 2:3 καὶ **ἐπορεύοντο** πάντες ἀπογράφεσθαι,
Lk 2:41 Καὶ **ἐπορεύοντο** οἱ γονεῖς αὐτοῦ
Lk 4:30 διὰ μέσου αὐτῶν **ἐπορεύετο**.
Lk 4:42 δὲ ἡμέρας ἐξελθὼν **ἐπορεύθη** εἰς ἔρημον τόπον·
Lk 4:42 αὐτὸν τοῦ μὴ **πορεύεσθαι** ἀπ᾽ αὐτῶν.
Lk 5:24 τὸ κλινίδιόν σου **πορεύου** εἰς τὸν οἶκόν
Lk 7:6 ὁ δὲ Ἰησοῦς **ἐπορεύετο** σὺν αὐτοῖς.
Lk 7:8 **πορεύθητι**,
Lk 7:8 καὶ **πορεύεται**,
Lk 7:11 ἐν τῷ ἑξῆς **ἐπορεύθη** εἰς πόλιν καλουμένην
Lk 7:22 **πορευθέντες** ἀπαγγείλατε Ἰωάννῃ ἃ
Lk 7:50 **πορεύου** εἰς εἰρήνην.
Lk 8:14 ἡδονῶν τοῦ βίου **πορευόμενοι** συμπνίγονται
Lk 8:48 **πορεύου** εἰς εἰρήνην.
Lk 9:12 ἵνα **πορευθέντες** εἰς τὰς κύκλῳ
Lk 9:13 εἰ μήτι **πορευθέντες** ἡμεῖς ἀγοράσωμεν εἰς
Lk 9:51 πρόσωπον ἐστήρισεν τοῦ **πορεύεσθαι** εἰς Ἰερουσαλήμ.
Lk 9:52 καὶ **πορευθέντες** εἰσῆλθον εἰς κώμην
Lk 9:53 πρόσωπον αὐτοῦ ἦν **πορευόμενον** εἰς Ἰερουσαλήμ.
Lk 9:56 καὶ **ἐπορεύθησαν** εἰς ἑτέραν κώμην.
Lk 9:57 Καὶ **πορευομένων** αὐτῶν ἐν τῇ
Lk 10:37 **πορεύου** καὶ σὺ ποίει
Lk 10:38 Ἐν δὲ τῷ **πορεύεσθαι** αὐτοὺς αὐτὸς εἰσῆλθεν
Lk 11:5 ἕξει φίλον καὶ **πορεύσεται** πρὸς αὐτὸν μεσονυκτίου
Lk 11:26 τότε **πορεύεται** καὶ παραλαμβάνει ἕτερα
Lk 13:31 ἔξελθε καὶ **πορεύου** ἐντεῦθεν,
Lk 13:32 **πορευθέντες** εἴπατε τῇ ἀλώπεκι
Lk 13:33 καὶ τῇ ἐχομένῃ **πορεύεσθαι**,
Lk 14:10 **πορευθεὶς** ἀνάπεσε εἰς τὸν
Lk 14:19 ἠγόρασα πέντε καὶ **πορεύομαι** δοκιμάσαι αὐτά·
Lk 14:31 Ἢ τίς βασιλεὺς **πορευόμενος** ἑτέρῳ βασιλεῖ συμβαλεῖν
Lk 15:4 τῇ ἐρήμῳ καὶ **πορεύεται** ἐπὶ τὸ ἀπολωλὸς
Lk 15:15 καὶ **πορευθεὶς** ἐκολλήθη ἑνὶ τῶν
Lk 15:18 ἀναστὰς **πορεύσομαι** πρὸς τὸν πατέρα
Lk 16:30 τις ἀπὸ νεκρῶν **πορευθῇ** πρὸς αὐτοὺς μετανοήσουσιν.
Lk 17:11 ἐγένετο ἐν τῷ **πορεύεσθαι** εἰς Ἰερουσαλὴμ

Lk 17:14 πορευθέντες **ἐπιδείξατε** ἑαυτοὺς τοῖς ἱερεῦσιν.
Lk 17:19 ἀναστὰς **πορεύου**·
Lk 19:12 ἄνθρωπός τις εὐγενὴς **ἐπορεύθη** εἰς χώραν μακρὰν
Lk 19:28 Καὶ εἰπὼν ταῦτα **ἐπορεύετο** ἔμπροσθεν ἀναβαίνων εἰς
Lk 19:36 **πορευομένου** δὲ αὐτοῦ ὑπεστρώννυον
Lk 21:8 μὴ **πορευθῆτε** ὀπίσω αὐτῶν.
Lk 22:8 **πορευθέντες** ἑτοιμάσατε ἡμῖν τὸ
Lk 22:22 κατὰ τὸ ὡρισμένον **πορεύεται**,
Lk 22:33 καὶ εἰς θάνατον **πορεύεσθαι**.
Lk 22:39 Καὶ ἐξελθὼν **ἐπορεύθη** κατὰ τὸ ἔθος
Lk 24:13 τῇ ἡμέρᾳ ἦσαν **πορευόμενοι** εἰς κώμην ἀπέχουσαν
Lk 24:28 τὴν κώμην οὗ **ἐπορεύοντο**,
Lk 24:28 αὐτὸς προσεποιήσατο πορρώτερον **πορεύεσθαι**.

πόρνη (*pornē*; 1/12) *prostitute*
Lk 15:30 τὸν βίον μετὰ **πορνῶν** ἦλθεν,

πόρρω (*porrō*; 2/4) *far away*
Lk 14:32 ἔτι αὐτοῦ **πόρρω** ὄντος πρεσβείαν ἀποστείλας
Lk 24:28 καὶ αὐτὸς προσεποιήσατο **πορρώτερον** πορεύεσθαι.

πόρρωθεν (*porrōthen*; 1/2) *at or from a distance*
Lk 17:12 οἳ ἔστησαν **πόρρωθεν**

πορφύρα (*porphyra*; 1/4) *purple cloth or garment*
Lk 16:19 καὶ ἐνεδιδύσκετο **πορφύραν** καὶ βύσσον εὐφραινόμενος

ποσάκις (*posakis*; 1/3) *how often*
Lk 13:34 **ποσάκις** ἠθέλησα ἐπισυνάξαι τὰ

πόσος (*posos*; 6/27) *how much*
Lk 11:13 **πόσῳ** μᾶλλον ὁ πατὴρ
Lk 12:24 **πόσῳ** μᾶλλον ὑμεῖς διαφέρετε
Lk 12:28 **πόσῳ** μᾶλλον ὑμᾶς,
Lk 15:17 **πόσοι** μίσθιοι τοῦ πατρός
Lk 16:5 **πόσον** ὀφείλεις τῷ κυρίῳ
Lk 16:7 σὺ δὲ πόσον **ὀφείλεις**;

ποταμός (*potamos*; 2/17) *river*
Lk 6:48 γενομένης προσέρηξεν ὁ **ποταμὸς** τῇ οἰκίᾳ ἐκείνῃ,
Lk 6:49 ᾗ προσέρηξεν ὁ **ποταμός**,

ποταπός (*potapos*; 2/7) *of what sort or kind*
Lk 1:29 διεταράχθη καὶ διελογίζετο **ποταπὸς** εἴη ὁ ἀσπασμὸς
Lk 7:39 ἂν τίς καὶ **ποταπὴ** ἡ γυνὴ ἥτις

ποτέ (*pote*; 1/29) *once*
Lk 22:32 καὶ σύ **ποτε** ἐπιστρέψας στήρισον τοὺς

πότε (*pote*; 4/19) *when*
Lk 9:41 ἕως **πότε** ἔσομαι πρὸς ὑμᾶς
Lk 12:36 τὸν κύριον ἑαυτῶν **πότε** ἀναλύσῃ ἐκ τῶν
Lk 17:20 ὑπὸ τῶν Φαρισαίων **πότε** ἔρχεται ἡ βασιλεία
Lk 21:7 **πότε** οὖν ταῦτα ἔσται

ποτήριον (*potērion*; 5/31) *cup*
Lk 11:39 τὸ ἔξωθεν τοῦ **ποτηρίου** καὶ τοῦ πίνακος
Lk 22:17 καὶ δεξάμενος **ποτήριον** εὐχαριστήσας εἶπεν·
Lk 22:20 καὶ τὸ **ποτήριον** ὡσαύτως μετὰ τὸ
Lk 22:20 τοῦτο τὸ **ποτήριον** ἡ καινὴ διαθήκη
Lk 22:42 παρένεγκε τοῦτο τὸ **ποτήριον** ἀπ᾽ ἐμοῦ·

ποτίζω (*potizō*; 1/15) *give to drink*
Lk 13:15 φάτνης καὶ ἀπαγαγὼν **ποτίζει**;

ποῦ (*pou*; 7/47[48]) *where*
Lk 8:25 **ποῦ** ἡ πίστις ὑμῶν;
Lk 9:58 ἀνθρώπου οὐκ ἔχει **ποῦ** τὴν κεφαλὴν κλίνῃ.
Lk 12:17 ὅτι οὐκ ἔχω **ποῦ** συνάξω τοὺς καρπούς
Lk 17:17 οἱ δὲ ἐννέα **ποῦ**;
Lk 17:37 **ποῦ**,
Lk 22:9 **ποῦ** θέλεις ἑτοιμάσωμεν;
Lk 22:11 ποῦ **ἐστιν** τὸ κατάλυμα ὅπου

πούς (*pous*; 19/93) *foot*
Lk 1:79 τοῦ κατευθῦναι τοὺς **πόδας** ἡμῶν εἰς ὁδὸν
Lk 4:11 πρὸς λίθον τὸν **πόδα** σου.
Lk 7:38 ὀπίσω παρὰ τοὺς **πόδας** αὐτοῦ κλαίουσα τοῖς
Lk 7:38 ἤρξατο βρέχειν τοὺς **πόδας** αὐτοῦ καὶ ταῖς
Lk 7:38 καὶ κατεφίλει τοὺς **πόδας** αὐτοῦ καὶ ἤλειφεν
Lk 7:44 ὕδωρ μοι ἐπὶ **πόδας** οὐκ ἔδωκας·
Lk 7:44 ἔβρεξέν μου τοὺς **πόδας** καὶ ταῖς θριξὶν
Lk 7:45 καταφιλοῦσά μου τοὺς **πόδας**.
Lk 7:46 μύρῳ ἤλειψεν τοὺς **πόδας** μου.
Lk 8:35 σωφρονοῦντα παρὰ τοὺς **πόδας** τοῦ Ἰησοῦ,
Lk 8:41 πεσὼν παρὰ τοὺς **πόδας** [τοῦ] Ἰησοῦ παρεκάλει
Lk 9:5 κονιορτὸν ἀπὸ τῶν **ποδῶν** ὑμῶν ἀποτινάσσετε εἰς
Lk 10:11 ὑμῶν εἰς τοὺς **πόδας** ἀπομασσόμεθα ὑμῖν·
Lk 10:39 παρακαθεσθεῖσα πρὸς τοὺς **πόδας** τοῦ κυρίου ἤκουεν
Lk 15:22 ὑποδήματα εἰς τοὺς **πόδας**,
Lk 17:16 πρόσωπον παρὰ τοὺς **πόδας** αὐτοῦ εὐχαριστῶν αὐτῷ·
Lk 20:43 σου ὑποπόδιον τῶν **ποδῶν** σου.
Lk 24:39 μου καὶ τοὺς **πόδας** μου ὅτι ἐγώ
Lk 24:40 χεῖρας καὶ τοὺς **πόδας**.

πρᾶγμα (*pragma*; 1/11) *matter*
Lk 1:1 πεπληροφορημένων ἐν ἡμῖν **πραγμάτων**,

πραγματεύομαι (*pragmateuomai*; 1/1) *trade*
Lk 19:13 **πραγματεύσασθε** ἐν ᾧ ἔρχομαι.

πράκτωρ (*praktōr*; 2/2) *officer*
Lk 12:58 σε παραδώσει τῷ **πράκτορι**,

Lk 12:58 καὶ ὁ **πράκτωρ** σε βαλεῖ εἰς

πρᾶξις (*praxis*; 1/6) *deed*

Lk 23:51 βουλῇ καὶ τῇ **πράξει** αὐτῶν

πράσσω (*prassō*; 6/39) *do*

Lk 3:13 τὸ διατεταγμένον ὑμῖν **πράσσετε**.
Lk 19:23 τόκῳ ἂν αὐτὸ **ἔπραξα**.
Lk 22:23 ὁ τοῦτο μέλλων **πράσσειν**.
Lk 23:15 ἄξιον θανάτου ἐστὶν **πεπραγμένον** αὐτῷ·
Lk 23:41 ἄξια γὰρ ὧν **ἐπράξαμεν** ἀπολαμβάνομεν·
Lk 23:41 δὲ οὐδὲν ἄτοπον **ἔπραξεν**.

πρεσβεία (*presbeia*; 2/2) *messenger*

Lk 14:32 αὐτοῦ πόρρω ὄντος **πρεσβείαν** ἀποστείλας ἐρωτᾷ τὰ
Lk 19:14 αὐτὸν καὶ ἀπέστειλαν **πρεσβείαν** ὀπίσω αὐτοῦ λέγοντες·

πρεσβυτέριον (*presbyterion*; 1/3) *body of elders*

Lk 22:66 συνήχθη τὸ **πρεσβυτέριον** τοῦ λαοῦ,

πρεσβύτερος (*presbyteros*; 5/65[66]) *elder*

Lk 7:3 ἀπέστειλεν πρὸς αὐτὸν **πρεσβυτέρους** τῶν Ἰουδαίων ἐρωτῶν
Lk 9:22 ἀποδοκιμασθῆναι ἀπὸ τῶν **πρεσβυτέρων** καὶ ἀρχιερέων καὶ
Lk 15:25 υἱὸς αὐτοῦ ὁ **πρεσβύτερος** ἐν ἀγρῷ·
Lk 20:1 γραμματεῖς σὺν τοῖς **πρεσβυτέροις**
Lk 22:52 τοῦ ἱεροῦ καὶ **πρεσβυτέρους**·

πρεσβύτης (*presbytēs*; 1/3) *old or elderly man*

Lk 1:18 ἐγὼ γάρ εἰμι **πρεσβύτης** καὶ ἡ γυνή

πρίν (*prin*; 2/13) *before*

Lk 2:26 μὴ ἰδεῖν θάνατον **πρὶν** [ἢ] ἂν ἴδῃ
Lk 22:61 εἶπεν αὐτῷ ὅτι **πρὶν** ἀλέκτορα φωνῆσαι σήμερον

πρό (*pro*; 7/47) *before*

Lk 2:21 ὑπὸ τοῦ ἀγγέλου **πρὸ** τοῦ συλλημφθῆναι αὐτὸν
Lk 7:27 τὸν ἄγγελόν μου **πρὸ** προσώπου σου,
Lk 9:52 καὶ ἀπέστειλεν ἀγγέλους **πρὸ** προσώπου αὐτοῦ.
Lk 10:1 ἀνὰ δύο [δύο] **πρὸ** προσώπου αὐτοῦ εἰς
Lk 11:38 οὐ πρῶτον ἐβαπτίσθη **πρὸ** τοῦ ἀρίστου.
Lk 21:12 **Πρὸ** δὲ τούτων πάντων
Lk 22:15 μεθ' ὑμῶν **πρὸ** τοῦ με παθεῖν·

προάγω (*proagō*; 1/20) *go before or ahead of*

Lk 18:39 καὶ οἱ **προάγοντες** ἐπετίμων αὐτῷ ἵνα

προβαίνω (*probainō*; 3/5) *go on*

Lk 1:7 καὶ ἀμφότεροι **προβεβηκότες** ἐν ταῖς ἡμέραις
Lk 1:18 ἡ γυνή μου **προβεβηκυῖα** ἐν ταῖς ἡμέραις
Lk 2:36 αὕτη **προβεβηκυῖα** ἐν ἡμέραις πολλαῖς,

προβάλλω (*proballō*; 1/2) *put forward*

Lk 21:30 ὅταν **προβάλωσιν** ἤδη,

πρόβατον (*probaton*; 2/39) *sheep*

Lk 15:4 ὑμῶν ἔχων ἑκατὸν **πρόβατα** καὶ ἀπολέσας ἐξ
Lk 15:6 ὅτι εὗρον τὸ **πρόβατόν** μου τὸ ἀπολωλός.

προδότης (*prodotēs*; 1/3) *traitor*

Lk 6:16 ὃς ἐγένετο **προδότης**.

προέρχομαι (*proerchomai*; 2/9) *go ahead*

Lk 1:17 καὶ αὐτὸς **προελεύσεται** ἐνώπιον αὐτοῦ ἐν
Lk 22:47 εἷς τῶν δώδεκα **προήρχετο** αὐτοὺς καὶ ἤγγισεν

πρόθεσις (*prothesis*; 1/12) *purpose*

Lk 6:4 τοὺς ἄρτους τῆς **προθέσεως** λαβὼν ἔφαγεν

προκόπτω (*prokoptō*; 1/6) *advance*

Lk 2:52 Καὶ Ἰησοῦς **προέκοπτεν** [ἐν τῇ] σοφίᾳ

προμελετάω (*promeletaō*; 1/1) *prepare ahead of time*

Lk 21:14 καρδίαις ὑμῶν μὴ **προμελετᾶν** ἀπολογηθῆναι·

προπορεύομαι (*proporeuomai*; 1/2) *go before or in front of*

Lk 1:76 **προπορεύσῃ** γὰρ ἐνώπιον κυρίου

πρός (*pros*; 166/699[700]) *to, toward, at*

Lk 1:13 εἶπεν δὲ **πρὸς** αὐτὸν ὁ ἄγγελος·
Lk 1:18 καὶ εἶπεν Ζαχαρίας **πρὸς** τὸν ἄγγελον·
Lk 1:19 καὶ ἀπεστάλην λαλῆσαι **πρὸς** σὲ καὶ εὐαγγελίσασθαί
Lk 1:27 **πρὸς** παρθένον ἐμνηστευμένην ἀνδρὶ
Lk 1:28 καὶ εἰσελθὼν **πρὸς** αὐτὴν εἶπεν·
Lk 1:34 εἶπεν δὲ Μαριὰμ **πρὸς** τὸν ἄγγελον·
Lk 1:43 τοῦ κυρίου μου **πρὸς** ἐμέ;
Lk 1:55 καθὼς ἐλάλησεν **πρὸς** τοὺς πατέρας ἡμῶν,
Lk 1:61 καὶ εἶπαν **πρὸς** αὐτὴν ὅτι οὐδείς
Lk 1:73 ὅρκον ὃν ὤμοσεν **πρὸς** Ἀβραὰμ τὸν πατέρα
Lk 1:80 ἡμέρας ἀναδείξεως αὐτοῦ **πρὸς** τὸν Ἰσραήλ.
Lk 2:15 οἱ ποιμένες ἐλάλουν **πρὸς** ἀλλήλους·
Lk 2:18 ὑπὸ τῶν ποιμένων **πρὸς** αὐτούς·
Lk 2:20 εἶδον καθὼς ἐλαλήθη **πρὸς** αὐτούς.
Lk 2:34 Συμεὼν καὶ εἶπεν **πρὸς** Μαριὰμ τὴν μητέρα
Lk 2:48 καὶ εἶπεν **πρὸς** αὐτὸν ἡ μήτηρ
Lk 2:49 καὶ εἶπεν **πρὸς** αὐτούς·
Lk 3:9 καὶ ἡ ἀξίνη **πρὸς** τὴν ῥίζαν τῶν
Lk 3:12 βαπτισθῆναι καὶ εἶπαν **πρὸς** αὐτόν·
Lk 3:13 ὁ δὲ εἶπεν **πρὸς** αὐτούς·
Lk 4:4 καὶ ἀπεκρίθη **πρὸς** αὐτὸν ὁ Ἰησοῦς·
Lk 4:11 μήποτε προσκόψῃς **πρὸς** λίθον τὸν πόδα
Lk 4:21 ἤρξατο δὲ λέγειν **πρὸς** αὐτοὺς ὅτι σήμερον
Lk 4:23 καὶ εἶπεν **πρὸς** αὐτούς·
Lk 4:26 καὶ **πρὸς** οὐδεμίαν αὐτῶν ἐπέμφθη
Lk 4:26 Σάρεπτα τῆς Σιδωνίας **πρὸς** γυναῖκα χήραν.
Lk 4:36 πάντας καὶ συνελάλουν **πρὸς** ἀλλήλους λέγοντες·
Lk 4:40 ποικίλαις ἤγαγον αὐτοὺς **πρὸς** αὐτόν·
Lk 4:43 ὁ δὲ εἶπεν **πρὸς** αὐτοὺς ὅτι καὶ

Lk 5:4 εἶπεν **πρὸς** τὸν Σίμωνα·
Lk 5:10 καὶ εἶπεν **πρὸς** τὸν Σίμωνα ὁ
Lk 5:22 αὐτῶν ἀποκριθεὶς εἶπεν **πρὸς** αὐτούς·
Lk 5:30 οἱ γραμματεῖς αὐτῶν **πρὸς** τοὺς μαθητὰς αὐτοῦ
Lk 5:31 ὁ Ἰησοῦς εἶπεν **πρὸς** αὐτούς·
Lk 5:33 Οἱ δὲ εἶπαν **πρὸς** αὐτόν·
Lk 5:34 δὲ Ἰησοῦς εἶπεν **πρὸς** αὐτούς·
Lk 5:36 δὲ καὶ παραβολὴν **πρὸς** αὐτοὺς ὅτι οὐδεὶς
Lk 6:3 καὶ ἀποκριθεὶς **πρὸς** αὐτοὺς εἶπεν ὁ
Lk 6:9 δὲ ὁ Ἰησοῦς **πρὸς** αὐτούς·
Lk 6:11 ἀνοίας καὶ διελάλουν **πρὸς** ἀλλήλους τί ἂν
Lk 6:47 Πᾶς ὁ ἐρχόμενος **πρός** με καὶ ἀκούων
Lk 7:3 τοῦ Ἰησοῦ ἀπέστειλεν **πρὸς** αὐτὸν πρεσβυτέρους τῶν
Lk 7:4 οἱ δὲ παραγενόμενοι **πρὸς** τὸν Ἰησοῦν παρεκάλουν
Lk 7:7 οὐδὲ ἐμαυτὸν ἠξίωσα **πρὸς** σὲ ἐλθεῖν·
Lk 7:19 ἔπεμψεν **πρὸς** τὸν κύριον λέγων·
Lk 7:20 παραγενόμενοι δὲ **πρὸς** αὐτὸν οἱ ἄνδρες
Lk 7:20 βαπτιστὴς ἀπέστειλεν ἡμᾶς **πρὸς** σὲ λέγων·
Lk 7:24 Ἰωάννου ἤρξατο λέγειν **πρὸς** τοὺς ὄχλους
Lk 7:40 ὁ Ἰησοῦς εἶπεν **πρὸς** αὐτόν·
Lk 7:44 καὶ στραφεὶς **πρὸς** τὴν γυναῖκα τῷ
Lk 7:50 εἶπεν δὲ **πρὸς** τὴν γυναῖκα·
Lk 8:4 κατὰ πόλιν ἐπιπορευομένων **πρὸς** αὐτὸν εἶπεν διὰ
Lk 8:13 οἳ **πρὸς** καιρὸν πιστεύουσιν καὶ
Lk 8:19 Παρεγένετο δὲ **πρὸς** αὐτὸν ἡ μήτηρ
Lk 8:21 δὲ ἀποκριθεὶς εἶπεν **πρὸς** αὐτούς·
Lk 8:22 αὐτοῦ καὶ εἶπεν **πρὸς** αὐτούς·
Lk 8:25 δὲ ἐθαύμασαν λέγοντες **πρὸς** ἀλλήλους·
Lk 8:35 γεγονὸς καὶ ἦλθον **πρὸς** τὸν Ἰησοῦν καὶ
Lk 9:3 καὶ εἶπεν **πρὸς** αὐτούς·
Lk 9:13 εἶπεν δὲ **πρὸς** αὐτούς·
Lk 9:14 εἶπεν δὲ **πρὸς** τοὺς μαθητὰς αὐτοῦ·
Lk 9:23 Ἔλεγεν δὲ **πρὸς** πάντας·
Lk 9:33 εἶπεν ὁ Πέτρος **πρὸς** τὸν Ἰησοῦν·
Lk 9:41 ἕως πότε ἔσομαι **πρὸς** ὑμᾶς καὶ ἀνέξομαι
Lk 9:43 οἷς ἐποίει εἶπεν **πρὸς** τοὺς μαθητὰς αὐτοῦ·
Lk 9:50 εἶπεν δὲ **πρὸς** αὐτὸν ὁ Ἰησοῦς·
Lk 9:57 ὁδῷ εἶπέν τις **πρὸς** αὐτόν·
Lk 9:59 Εἶπεν δὲ **πρὸς** ἕτερον·
Lk 9:62 εἶπεν δὲ [**πρὸς** αὐτὸν] ὁ Ἰησοῦς·
Lk 10:2 ἔλεγεν δὲ **πρὸς** αὐτούς·
Lk 10:23 Καὶ στραφεὶς **πρὸς** τοὺς μαθητὰς κατ'
Lk 10:26 ὁ δὲ εἶπεν **πρὸς** αὐτόν·
Lk 10:29 δικαιῶσαι ἑαυτὸν εἶπεν **πρὸς** τὸν Ἰησοῦν·
Lk 10:39 [ἣ] καὶ παρακαθεσθεῖσα **πρὸς** τοὺς πόδας
Lk 11:1 τῶν μαθητῶν αὐτοῦ **πρὸς** αὐτόν·
Lk 11:5 Καὶ εἶπεν **πρὸς** αὐτούς·
Lk 11:5 φίλον καὶ πορεύσεται **πρὸς** αὐτὸν μεσονυκτίου καὶ
Lk 11:6 παρεγένετο ἐξ ὁδοῦ **πρός** με καὶ οὐκ
Lk 11:39 δὲ ὁ κύριος **πρὸς** αὐτόν·
Lk 12:1 ἤρξατο λέγειν **πρὸς** τοὺς μαθητὰς αὐτοῦ
Lk 12:3 καὶ ὃ **πρὸς** τὸ οὖς ἐλαλήσατε
Lk 12:15 εἶπεν δὲ **πρὸς** αὐτούς·
Lk 12:16 Εἶπεν δὲ παραβολὴν **πρὸς** αὐτοὺς λέγων·
Lk 12:22 Εἶπεν δὲ **πρὸς** τοὺς μαθητὰς [αὐτοῦ]·
Lk 12:41 **πρὸς** ἡμᾶς τὴν παραβολὴν
Lk 12:41 λέγεις ἢ καὶ **πρὸς** πάντας;
Lk 12:47 ἑτοιμάσας ἢ ποιήσας **πρὸς** τὸ θέλημα αὐτοῦ
Lk 12:58 μήποτε κατασύρῃ σε **πρὸς** τὸν κριτήν,
Lk 13:7 εἶπεν δὲ **πρὸς** τὸν ἀμπελουργόν·
Lk 13:23 ὁ δὲ εἶπεν **πρὸς** αὐτούς·
Lk 13:34 λιθοβολοῦσα τοὺς ἀπεσταλμένους **πρὸς** αὐτήν,
Lk 14:3 ὁ Ἰησοῦς εἶπεν **πρὸς** τοὺς νομικοὺς καὶ
Lk 14:5 καὶ **πρὸς** αὐτοὺς εἶπεν·
Lk 14:6 οὐκ ἴσχυσαν ἀνταποκριθῆναι **πρὸς** ταῦτα.
Lk 14:7 Ἔλεγεν δὲ **πρὸς** τοὺς κεκλημένους παραβολήν,
Lk 14:7 λέγων **πρὸς** αὐτούς·
Lk 14:23 εἶπεν ὁ κύριος **πρὸς** τὸν δοῦλον·
Lk 14:25 καὶ στραφεὶς εἶπεν **πρὸς** αὐτούς·
Lk 14:26 εἴ τις ἔρχεται **πρός** με καὶ οὐ
Lk 14:32 ἀποστείλας ἐρωτᾷ τὰ **πρὸς** εἰρήνην.
Lk 15:3 Εἶπεν δὲ **πρὸς** αὐτοὺς τὴν παραβολὴν
Lk 15:18 ἀναστὰς πορεύσομαι **πρὸς** τὸν πατέρα μου
Lk 15:20 καὶ ἀναστὰς ἦλθεν **πρὸς** τὸν πατέρα ἑαυτοῦ.
Lk 15:22 δὲ ὁ πατὴρ **πρὸς** τοὺς δούλους αὐτοῦ·
Lk 16:1 Ἔλεγεν δὲ καὶ **πρὸς** τοὺς μαθητάς·
Lk 16:20 ὀνόματι Λάζαρος ἐβέβλητο **πρὸς** τὸν πυλῶνα αὐτοῦ
Lk 16:26 θέλοντες διαβῆναι ἔνθεν **πρὸς** ὑμᾶς μὴ δύνωνται,
Lk 16:26 μηδὲ ἐκεῖθεν **πρὸς** ἡμᾶς διαπερῶσιν.
Lk 16:30 ἀπὸ νεκρῶν πορευθῇ **πρὸς** αὐτοὺς μετανοήσουσιν.
Lk 17:1 Εἶπεν δὲ **πρὸς** τοὺς μαθητὰς αὐτοῦ·
Lk 17:4 καὶ ἑπτάκις ἐπιστρέψῃ **πρὸς** σὲ λέγων·
Lk 17:22 Εἶπεν δὲ **πρὸς** τοὺς μαθητάς·
Lk 18:1 δὲ παραβολὴν αὐτοῖς **πρὸς** τὸ δεῖν πάντοτε
Lk 18:3 ἐκείνῃ καὶ ἤρχετο **πρὸς** αὐτὸν λέγουσα·
Lk 18:9 Εἶπεν δὲ καὶ **πρός** τινας τοὺς πεποιθότας
Lk 18:11 ὁ Φαρισαῖος σταθεὶς **πρὸς** ἑαυτὸν ταῦτα προσηύχετο·
Lk 18:16 τὰ παιδία ἔρχεσθαι **πρός** με καὶ μὴ
Lk 18:31 τοὺς δώδεκα εἶπεν **πρὸς** αὐτούς·
Lk 18:40 ἐκέλευσεν αὐτὸν ἀχθῆναι **πρὸς** αὐτόν.
Lk 19:5 ὁ Ἰησοῦς εἶπεν **πρὸς** αὐτόν·
Lk 19:8 δὲ Ζακχαῖος εἶπεν **πρὸς** τὸν κύριον·
Lk 19:9 εἶπεν δὲ **πρὸς** αὐτὸν ὁ Ἰησοῦς
Lk 19:13 μνᾶς καὶ εἶπεν **πρὸς** αὐτούς·
Lk 19:29 Βηθφαγὴ καὶ Βηθανία[ν] **πρὸς** τὸ ὄρος τὸ
Lk 19:33 οἱ κύριοι αὐτοῦ **πρὸς** αὐτούς·
Lk 19:35 καὶ ἤγαγον αὐτὸν **πρὸς** τὸν Ἰησοῦν καὶ
Lk 19:37 δὲ αὐτοῦ ἤδη **πρὸς** τῇ καταβάσει τοῦ
Lk 19:39 τοῦ ὄχλου εἶπαν **πρὸς** αὐτόν·
Lk 19:42 καὶ σὺ τὰ **πρὸς** εἰρήνην·
Lk 20:2 καὶ εἶπαν λέγοντες **πρὸς** αὐτόν·
Lk 20:3 ἀποκριθεὶς δὲ εἶπεν **πρὸς** αὐτούς·
Lk 20:5 οἱ δὲ συνελογίσαντο **πρὸς** ἑαυτοὺς λέγοντες
Lk 20:9 Ἤρξατο δὲ **πρὸς** τὸν λαὸν λέγειν
Lk 20:10 καὶ καιρῷ ἀπέστειλεν **πρὸς** τοὺς γεωργοὺς δοῦλον
Lk 20:14 οἱ γεωργοὶ διελογίζοντο **πρὸς** ἀλλήλους λέγοντες·
Lk 20:19 ἔγνωσαν γὰρ ὅτι **πρὸς** αὐτοὺς εἶπεν τὴν
Lk 20:23 τὴν πανουργίαν εἶπεν **πρὸς** αὐτούς·
Lk 20:25 ὁ δὲ εἶπεν **πρὸς** αὐτούς·
Lk 20:41 Εἶπεν δὲ **πρὸς** αὐτούς·
Lk 21:38 ὁ λαὸς ὤρθριζεν **πρὸς** αὐτὸν ἐν τῷ
Lk 22:15 καὶ εἶπεν **πρὸς** αὐτούς·
Lk 22:23 αὐτοὶ ἤρξαντο συζητεῖν **πρὸς** ἑαυτοὺς τὸ τίς

Lk 22:45 τῆς προσευχῆς ἐλθὼν **πρὸς** τοὺς μαθητὰς εὗρεν
Lk 22:52 Εἶπεν δὲ Ἰησοῦς **πρὸς** τοὺς παραγενομένους
Lk 22:56 παιδίσκη τις καθήμενον **πρὸς** τὸ φῶς καὶ
Lk 22:70 ὁ δὲ **πρὸς** αὐτοὺς ἔφη·
Lk 23:4 δὲ Πιλᾶτος εἶπεν **πρὸς** τοὺς ἀρχιερεῖς καὶ
Lk 23:7 ἐστὶν ἀνέπεμψεν αὐτὸν **πρὸς** Ἡρῴδην,
Lk 23:12 ἐν ἔχθρᾳ ὄντες **πρὸς** αὐτούς.
Lk 23:14 εἶπεν **πρὸς** αὐτούς·
Lk 23:15 ἀνέπεμψεν γὰρ αὐτὸν **πρὸς** ἡμᾶς,
Lk 23:22 δὲ τρίτον εἶπεν **πρὸς** αὐτούς·
Lk 23:28 στραφεὶς δὲ **πρὸς** αὐτὰς [ὁ] Ἰησοῦς
Lk 24:5 εἰς τὴν γῆν εἶπαν **πρὸς** αὐτάς·
Lk 24:10 ἔλεγον **πρὸς** τοὺς ἀποστόλους ταῦτα,
Lk 24:12 καὶ ἀπῆλθεν **πρὸς** ἑαυτὸν θαυμάζων τὸ
Lk 24:14 καὶ αὐτοὶ ὡμίλουν **πρὸς** ἀλλήλους περὶ πάντων
Lk 24:17 εἶπεν δὲ **πρὸς** αὐτούς·
Lk 24:17 οὗτοι οὓς ἀντιβάλλετε **πρὸς** ἀλλήλους περιπατοῦντες;
Lk 24:18 ὀνόματι Κλεοπᾶς εἶπεν **πρὸς** αὐτόν·
Lk 24:25 καὶ αὐτὸς εἶπεν **πρὸς** αὐτούς·
Lk 24:29 ὅτι **πρὸς** ἑσπέραν ἐστὶν καὶ
Lk 24:32 καὶ εἶπαν **πρὸς** ἀλλήλους·
Lk 24:44 Εἶπεν δὲ **πρὸς** αὐτούς·
Lk 24:44 μου οὓς ἐλάλησα **πρὸς** ὑμᾶς ἔτι ὢν
Lk 24:50 αὐτοὺς [ἔξω] ἕως **πρὸς** Βηθανίαν,

προσάγω (*prosagō*; 1/4) *bring to or before*

Lk 9:41 προσάγαγε **ὧδε** τὸν υἱόν σου.

προσαναβαίνω (*prosanabainō*; 1/1) *move up*

Lk 14:10 **προσανάβηθι** ἀνώτερον·

προσαναλόω (*prosanaloō*; 1/1) *spend*

Lk 8:43 ἥτις [ἰατροῖς **προσαναλώσασα** ὅλον τὸν βίον]

προσδαπανάω (*prosdapanaō*; 1/1) *spend in addition*

Lk 10:35 ὅ τι ἂν **προσδαπανήσῃς** ἐγὼ ἐν τῷ

προσδέχομαι (*prosdechomai*; 5/14) *wait for*

Lk 2:25 δίκαιος καὶ εὐλαβὴς **προσδεχόμενος** παράκλησιν τοῦ Ἰσραήλ,
Lk 2:38 αὐτοῦ πᾶσιν τοῖς **προσδεχομένοις** λύτρωσιν Ἰερουσαλήμ.
Lk 12:36 ὑμεῖς ὅμοιοι ἀνθρώποις **προσδεχομένοις** τὸν κύριον ἑαυτῶν
Lk 15:2 ὅτι οὗτος ἁμαρτωλοὺς **προσδέχεται** καὶ συνεσθίει αὐτοῖς.
Lk 23:51 ὃς **προσεδέχετο** τὴν βασιλείαν τοῦ

προσδοκάω (*prosdokaō*; 6/16) *wait for*

Lk 1:21 ἦν ὁ λαὸς **προσδοκῶν** τὸν Ζαχαρίαν καὶ
Lk 3:15 **Προσδοκῶντος** δὲ τοῦ λαοῦ
Lk 7:19 ἐρχόμενος ἢ ἄλλον **προσδοκῶμεν**;
Lk 7:20 ἐρχόμενος ἢ ἄλλον **προσδοκῶμεν**;
Lk 8:40 ἦσαν γὰρ πάντες **προσδοκῶντες** αὐτόν.
Lk 12:46 ἡμέρᾳ ᾗ οὐ **προσδοκᾷ** καὶ ἐν ὥρᾳ

προσδοκία (*prosdokia*; 1/2) *expectation*

Lk 21:26 ἀπὸ φόβου καὶ **προσδοκίας** τῶν ἐπερχομένων

προσεργάζομαι (*prosergazomai*; 1/1) *make more (profit)*

Lk 19:16 μνᾶ σου δέκα **προσηργάσατο** μνᾶς.

προσέρχομαι (*proserchomai*; 10/86) *come or go to*

Lk 7:14 καὶ **προσελθὼν** ἥψατο τῆς σοροῦ,
Lk 8:24 **προσελθόντες** δὲ διήγειραν αὐτὸν
Lk 8:44 **προσελθοῦσα** ὄπισθεν ἥψατο τοῦ
Lk 9:12 **προσελθόντες** δὲ οἱ δώδεκα
Lk 9:42 ἔτι δὲ **προσερχομένου** αὐτοῦ ἔρρηξεν αὐτὸν
Lk 10:34 καὶ **προσελθὼν** κατέδησεν τὰ τραύματα
Lk 13:31 αὐτῇ τῇ ὥρᾳ **προσῆλθάν** τινες Φαρισαῖοι λέγοντες
Lk 20:27 **Προσελθόντες** δέ τινες τῶν
Lk 23:36 καὶ οἱ στρατιῶται **προσερχόμενοι**,
Lk 23:52 οὗτος **προσελθὼν** τῷ Πιλάτῳ ᾐτήσατο

προσευχή (*proseuchē*; 3/36) *prayer*

Lk 6:12 διανυκτερεύων ἐν τῇ **προσευχῇ** τοῦ θεοῦ.
Lk 19:46 οἶκός μου οἶκος **προσευχῆς**,
Lk 22:45 ἀναστὰς ἀπὸ τῆς **προσευχῆς** ἐλθὼν πρὸς

προσεύχομαι (*proseuchomai*; 19/85) *pray*

Lk 1:10 ἦν τοῦ λαοῦ **προσευχόμενον** ἔξω τῇ ὥρᾳ
Lk 3:21 Ἰησοῦ βαπτισθέντος καὶ **προσευχομένου** ἀνεῳχθῆναι τὸν οὐρανὸν
Lk 5:16 ταῖς ἐρήμοις καὶ **προσευχόμενος**.
Lk 6:12 εἰς τὸ ὄρος **προσεύξασθαι**,
Lk 6:28 **προσεύχεσθε** περὶ τῶν ἐπηρεαζόντων
Lk 9:18 τῷ εἶναι αὐτὸν **προσευχόμενον** κατὰ μόνας συνῆσαν
Lk 9:28 εἰς τὸ ὄρος **προσεύξασθαι**.
Lk 9:29 ἐγένετο ἐν τῷ **προσεύχεσθαι** αὐτὸν τὸ εἶδος
Lk 11:1 ἐν τόπῳ τινὶ **προσευχόμενον**,
Lk 11:1 δίδαξον ἡμᾶς **προσεύχεσθαι**,
Lk 11:2 ὅταν **προσεύχησθε** λέγετε·
Lk 18:1 τὸ δεῖν πάντοτε **προσεύχεσθαι** αὐτοὺς καὶ
Lk 18:10 εἰς τὸ ἱερὸν **προσεύξασθαι**,
Lk 18:11 πρὸς ἑαυτὸν ταῦτα **προσηύχετο**·
Lk 20:47 καὶ προφάσει μακρὰ **προσεύχονται**·
Lk 22:40 **προσεύχεσθε** μὴ εἰσελθεῖν εἰς
Lk 22:41 θεὶς τὰ γόνατα **προσηύχετο**
Lk 22:44 ἐν ἀγωνίᾳ ἐκτενέστερον **προσηύχετο**·
Lk 22:46 ἀναστάντες **προσεύχεσθε**,

προσέχω (*prosechō*; 4/24) *pay close attention to*

Lk 12:1 **προσέχετε** ἑαυτοῖς ἀπὸ τῆς
Lk 17:3 **προσέχετε** ἑαυτοῖς.
Lk 20:46 **προσέχετε** ἀπὸ τῶν γραμματέων
Lk 21:34 **Προσέχετε** δὲ ἑαυτοῖς μήποτε

προσκαλέομαι (*proskaleomai*; 4/29) *call to oneself*

Lk 7:18 καὶ **προσκαλεσάμενος** δύο τινας τῶν
Lk 15:26 καὶ **προσκαλεσάμενος** ἕνα τῶν παίδων
Lk 16:5 καὶ **προσκαλεσάμενος** ἕνα ἕκαστον τῶν
Lk 18:16 ὁ δὲ Ἰησοῦς **προσεκαλέσατο** αὐτὰ λέγων·

προσκόπτω (*proskoptō*; 1/8) *stumble*

Lk 4:11 μήποτε **προσκόψῃς** πρὸς λίθον τὸν

προσκυνέω (*proskyneō*; 3/60) *worship*

Lk 4:7 σὺ οὖν ἐὰν **προσκυνήσῃς** ἐνώπιον ἐμοῦ,
Lk 4:8 τὸν θεόν σου **προσκυνήσεις** καὶ αὐτῷ μόνῳ
Lk 24:52 Καὶ αὐτοὶ **προσκυνήσαντες** αὐτὸν ὑπέστρεψαν εἰς

προσπίπτω (*prospiptō*; 3/8) *fall at someone's feet*

Lk 5:8 δὲ Σίμων Πέτρος **προσέπεσεν** τοῖς γόνασιν Ἰησοῦ
Lk 8:28 τὸν Ἰησοῦν ἀνακράξας **προσέπεσεν** αὐτῷ καὶ φωνῇ
Lk 8:47 τρέμουσα ἦλθεν καὶ **προσπεσοῦσα** αὐτῷ δι' ἣν

προσποιέω (*prospoieō*; 1/1) *act as if*

Lk 24:28 καὶ αὐτὸς **προσεποιήσατο** πορρώτερον πορεύεσθαι.

προσρήσσω (*prosrēssō*; 2/2) *burst upon*

Lk 6:48 πλημμύρης δὲ γενομένης **προσέρηξεν** ὁ ποταμὸς τῇ
Lk 6:49 ᾗ **προσέρηξεν** ὁ ποταμός,

προστάσσω (*prostassō*; 1/7) *command*

Lk 5:14 καθαρισμοῦ σου καθὼς **προσέταξεν** Μωϋσῆς,

προστίθημι (*prostithēmi*; 7/18) *add*

Lk 3:20 **προσέθηκεν** καὶ τοῦτο ἐπὶ
Lk 12:25 τὴν ἡλικίαν αὐτοῦ **προσθεῖναι** πῆχυν;
Lk 12:31 καὶ ταῦτα **προστεθήσεται** ὑμῖν.
Lk 17:5 **πρόσθες** ἡμῖν πίστιν.
Lk 19:11 δὲ αὐτῶν ταῦτα **προσθεὶς** εἶπεν παραβολὴν
Lk 20:11 καὶ **προσέθετο** ἕτερον πέμψαι δοῦλον·
Lk 20:12 καὶ **προσέθετο** τρίτον πέμψαι·

προσφέρω (*prospherō*; 4/47) *offer, bring*

Lk 5:14 τῷ ἱερεῖ καὶ **προσένεγκε** περὶ τοῦ καθαρισμοῦ
Lk 18:15 **Προσέφερον** δὲ αὐτῷ καὶ
Lk 23:14 **προσηνέγκατέ** μοι τὸν ἄνθρωπον
Lk 23:36 ὄξος **προσφέροντες** αὐτῷ

προσφωνέω (*prosphōneō*; 4/7) *call to (oneself)*

Lk 6:13 **προσεφώνησεν** τοὺς μαθητὰς αὐτοῦ,
Lk 7:32 ἀγορᾷ καθημένοις καὶ **προσφωνοῦσιν** ἀλλήλοις ἃ λέγει·
Lk 13:12 αὐτὴν ὁ Ἰησοῦς **προσεφώνησεν** καὶ εἶπεν αὐτῇ·
Lk 23:20 δὲ ὁ Πιλᾶτος **προσεφώνησεν** αὐτοῖς θέλων ἀπολῦσαι

προσψαύω (*prospsauō*; 1/1) *touch*

Lk 11:46 δακτύλων ὑμῶν οὐ **προσψαύετε** τοῖς φορτίοις.

πρόσωπον (*prosōpon*; 13/76) *face*

Lk 2:31 ὃ ἡτοίμασας κατὰ **πρόσωπον** πάντων τῶν λαῶν,
Lk 5:12 πεσὼν ἐπὶ **πρόσωπον** ἐδεήθη αὐτοῦ λέγων·
Lk 7:27 ἄγγελόν μου πρὸ **προσώπου** σου,
Lk 9:29 τὸ εἶδος τοῦ **προσώπου** αὐτοῦ ἕτερον καὶ
Lk 9:51 καὶ αὐτὸς τὸ **πρόσωπον** ἐστήρισεν τοῦ πορεύεσθαι
Lk 9:52 ἀπέστειλεν ἀγγέλους πρὸ **προσώπου** αὐτοῦ.
Lk 9:53 ὅτι τὸ **πρόσωπον** αὐτοῦ ἦν πορευόμενον
Lk 10:1 δύο [δύο] πρὸ **προσώπου** αὐτοῦ εἰς πᾶσαν
Lk 12:56 τὸ **πρόσωπον** τῆς γῆς καὶ
Lk 17:16 καὶ ἔπεσεν ἐπὶ **πρόσωπον** παρὰ τοὺς πόδας
Lk 20:21 καὶ οὐ λαμβάνεις **πρόσωπον**,
Lk 21:35 τοὺς καθημένους ἐπὶ **πρόσωπον** πάσης τῆς γῆς.
Lk 24:5 καὶ κλινουσῶν τὰ **πρόσωπα** εἰς τὴν γῆν

προτρέχω (*protrechō*; 1/2) *run on ahead*

Lk 19:4 καὶ **προδραμὼν** εἰς τὸ ἔμπροσθεν

προϋπάρχω (*prouparchō*; 1/2) *be or exist previously*

Lk 23:12 **προϋπῆρχον** γὰρ ἐν ἔχθρᾳ

πρόφασις (*prophasis*; 1/6) *excuse, false motive*

Lk 20:47 τῶν χηρῶν καὶ **προφάσει** μακρὰ προσεύχονται·

προφέρω (*propherō*; 2/2) *bring out*

Lk 6:45 θησαυροῦ τῆς καρδίας **προφέρει** τὸ ἀγαθόν,
Lk 6:45 ἐκ τοῦ πονηροῦ **προφέρει** τὸ πονηρόν·

προφητεύω (*prophēteuō*; 2/28) *prophesy*

Lk 1:67 πνεύματος ἁγίου καὶ **ἐπροφήτευσεν** λέγων·
Lk 22:64 **προφήτευσον**,

προφήτης (*prophētēs*; 29/144) *prophet*

Lk 1:70 ἁγίων ἀπ' αἰῶνος **προφητῶν** αὐτοῦ,
Lk 1:76 **προφήτης** ὑψίστου κληθήσῃ·
Lk 3:4 λόγων Ἠσαΐου τοῦ **προφήτου**·
Lk 4:17 αὐτῷ βιβλίον τοῦ **προφήτου** Ἠσαΐου καὶ ἀναπτύξας
Lk 4:24 ὑμῖν ὅτι οὐδεὶς **προφήτης** δεκτός ἐστιν ἐν
Lk 4:27 ἐπὶ Ἐλισαίου τοῦ **προφήτου**,
Lk 6:23 γὰρ ἐποίουν τοῖς **προφήταις** οἱ πατέρες αὐτῶν.
Lk 7:16 θεὸν λέγοντες ὅτι **προφήτης** μέγας ἠγέρθη
Lk 7:26 **προφήτην**;
Lk 7:26 καὶ περισσότερον **προφήτου**.
Lk 7:39 οὗτος εἰ ἦν **προφήτης**,
Lk 9:8 ἄλλων δὲ ὅτι **προφήτης** τις τῶν ἀρχαίων
Lk 9:19 ἄλλοι δὲ ὅτι **προφήτης** τις τῶν ἀρχαίων
Lk 10:24 ὑμῖν ὅτι πολλοὶ **προφῆται** καὶ βασιλεῖς ἠθέλησαν
Lk 11:47 τὰ μνημεῖα τῶν **προφητῶν**,
Lk 11:49 ἀποστελῶ εἰς αὐτοὺς **προφήτας** καὶ ἀποστόλους,
Lk 11:50 αἷμα πάντων τῶν **προφητῶν** τὸ ἐκκεχυμένον
Lk 13:28 καὶ πάντας τοὺς **προφήτας** ἐν τῇ βασιλείᾳ
Lk 13:33 ὅτι οὐκ ἐνδέχεται **προφήτην** ἀπολέσθαι ἔξω Ἰερουσαλήμ.

Lk 13:34 ἡ ἀποκτείνουσα τοὺς **προφήτας** καὶ λιθοβολοῦσα τοὺς
Lk 16:16 νόμος καὶ οἱ **προφῆται** μέχρι Ἰωάννου·
Lk 16:29 Μωϋσέα καὶ τοὺς **προφήτας**·
Lk 16:31 Μωϋσέως καὶ τῶν **προφητῶν** οὐκ ἀκούουσιν,
Lk 18:31 γεγραμμένα διὰ τῶν **προφητῶν** τῷ υἱῷ τοῦ
Lk 20:6 γάρ ἐστιν Ἰωάννην **προφήτην** εἶναι.
Lk 24:19 ὃς ἐγένετο ἀνὴρ **προφήτης** δυνατὸς ἐν ἔργῳ
Lk 24:25 οἷς ἐλάλησαν οἱ **προφῆται**·
Lk 24:27 ἀπὸ πάντων τῶν **προφητῶν** διερμήνευσεν αὐτοῖς ἐν
Lk 24:44 Μωϋσέως καὶ τοῖς **προφήταις** καὶ ψαλμοῖς

προφῆτις (*prophētis*; 1/2) *prophetess*

Lk 2:36 Καὶ ἦν Ἅννα **προφῆτις**,

πρωτοκαθεδρία (*prōtokathedria*; 2/4) *place of honor*

Lk 11:43 ὅτι ἀγαπᾶτε τὴν **πρωτοκαθεδρίαν** ἐν ταῖς συναγωγαῖς
Lk 20:46 ταῖς ἀγοραῖς καὶ **πρωτοκαθεδρίας** ἐν ταῖς συναγωγαῖς

πρωτοκλισία (*prōtoklisia*; 3/5) *place of honor*

Lk 14:7 ἐπέχων πῶς τὰς **πρωτοκλισίας** ἐξελέγοντο,
Lk 14:8 κατακλιθῇς εἰς τὴν **πρωτοκλισίαν**,
Lk 20:46 ταῖς συναγωγαῖς καὶ **πρωτοκλισίας** ἐν τοῖς δείπνοις,

πρῶτος (*prōtos*; 20/152[155]) *first*

Lk 2:2 αὕτη ἀπογραφὴ **πρώτη** ἐγένετο ἡγεμονεύοντος τῆς
Lk 6:42 ἔκβαλε **πρῶτον** τὴν δοκὸν ἐκ
Lk 9:59 ἐπίτρεψόν μοι ἀπελθόντι **πρῶτον** θάψαι τὸν πατέρα
Lk 9:61 **πρῶτον** δὲ ἐπίτρεψόν μοι
Lk 10:5 **πρῶτον** λέγετε·
Lk 11:26 ἐκείνου χείρονα τῶν **πρώτων**.
Lk 11:38 ἐθαύμασεν ὅτι οὐ **πρῶτον** ἐβαπτίσθη πρὸ
Lk 12:1 τοὺς μαθητὰς αὐτοῦ **πρῶτον**·
Lk 13:30 ἔσχατοι οἳ ἔσονται **πρῶτοι** καὶ εἰσὶν πρῶτοι
Lk 13:30 πρῶτοι καὶ εἰσὶν **πρῶτοι** οἳ ἔσονται ἔσχατοι.
Lk 14:18 ὁ **πρῶτος** εἶπεν αὐτῷ·
Lk 14:28 πύργον οἰκοδομῆσαι οὐχὶ **πρῶτον** καθίσας ψηφίζει τὴν
Lk 14:31 πόλεμον οὐχὶ καθίσας **πρῶτον** βουλεύσεται εἰ δυνατός
Lk 15:22 ἐξενέγκατε στολὴν τὴν **πρώτην** καὶ ἐνδύσατε αὐτόν,
Lk 16:5 ἑαυτοῦ ἔλεγεν τῷ **πρώτῳ**·
Lk 17:25 **πρῶτον** δὲ δεῖ αὐτὸν
Lk 19:16 παρεγένετο δὲ ὁ **πρῶτος** λέγων·
Lk 19:47 ἀπολέσαι καὶ οἱ **πρῶτοι** τοῦ λαοῦ,
Lk 20:29 καὶ ὁ **πρῶτος** λαβὼν γυναῖκα ἀπέθανεν
Lk 21:9 γὰρ ταῦτα γενέσθαι **πρῶτον**,

πρωτότοκος (*prōtotokos*; 1/8) *first-born*

Lk 2:7 υἱὸν αὐτῆς τὸν **πρωτότοκον**,

πτερύγιον (*pterygion*; 1/2) *highest point or parapet*

Lk 4:9 ἔστησεν ἐπὶ τὸ **πτερύγιον** τοῦ ἱεροῦ καὶ

πτέρυξ (*pteryx*; 1/5) *wing*

Lk 13:34 νοσσιὰν ὑπὸ τὰς **πτέρυγας**,

πτοέω (*ptoeō*; 2/2) *be terrified or startled*

Lk 21:9 μὴ **πτοηθῆτε**·
Lk 24:37 **πτοηθέντες** δὲ καὶ ἔμφοβοι

πτύον (*ptyon*; 1/2) *winnowing*

Lk 3:17 οὗ τὸ **πτύον** ἐν τῇ χειρὶ

πτύσσω (*ptyssō*; 1/1) *close*

Lk 4:20 καὶ **πτύξας** τὸ βιβλίον ἀποδοὺς

πτῶσις (*ptōsis*; 1/2) *fall*

Lk 2:34 οὗτος κεῖται εἰς **πτῶσιν** καὶ ἀνάστασιν πολλῶν

πτωχός (*ptōchos*; 10/34) *poor*

Lk 4:18 ἔχρισέν με εὐαγγελίσασθαι **πτωχοῖς**,
Lk 6:20 Μακάριοι οἱ **πτωχοί**,
Lk 7:22 **πτωχοὶ** εὐαγγελίζονται·
Lk 14:13 κάλει **πτωχούς**,
Lk 14:21 πόλεως καὶ τοὺς **πτωχοὺς** καὶ ἀναπείρους
Lk 16:20 **πτωχὸς** δέ τις ὀνόματι
Lk 16:22 δὲ ἀποθανεῖν τὸν **πτωχὸν** καὶ ἀπενεχθῆναι αὐτὸν
Lk 18:22 πώλησον καὶ διάδος **πτωχοῖς**,
Lk 19:8 τοῖς **πτωχοῖς** δίδωμι,
Lk 21:3 χήρα αὕτη ἡ **πτωχὴ** πλεῖον πάντων ἔβαλεν·

πυκνός (*pyknos*; 1/3) *frequent*

Lk 5:33 μαθηταὶ Ἰωάννου νηστεύουσιν **πυκνὰ** καὶ δεήσεις ποιοῦνται

πύλη (*pylē*; 1/10) *gate*

Lk 7:12 δὲ ἤγγισεν τῇ **πύλῃ** τῆς πόλεως,

πυλών (*pylōn*; 1/18) *gate*

Lk 16:20 ἐβέβλητο πρὸς τὸν **πυλῶνα** αὐτοῦ εἱλκωμένος

πυνθάνομαι (*pynthanomai*; 2/12) *inquire*

Lk 15:26 ἕνα τῶν παίδων **ἐπυνθάνετο** τί ἂν εἴη
Lk 18:36 δὲ ὄχλου διαπορευομένου **ἐπυνθάνετο** τί εἴη τοῦτο.

πῦρ (*pyr*; 7/71) *fire*

Lk 3:9 ἐκκόπτεται καὶ εἰς **πῦρ** βάλλεται.
Lk 3:16 πνεύματι ἁγίῳ καὶ **πυρί**·
Lk 3:17 δὲ ἄχυρον κατακαύσει **πυρὶ** ἀσβέστῳ.
Lk 9:54 θέλεις εἴπωμεν **πῦρ** καταβῆναι ἀπὸ τοῦ
Lk 12:49 **Πῦρ** ἦλθον βαλεῖν ἐπὶ
Lk 17:29 ἔβρεξεν **πῦρ** καὶ θεῖον ἀπ’
Lk 22:55 περιαψάντων δὲ **πῦρ** ἐν μέσῳ τῆς

πύργος (*pyrgos*; 2/4) *tower*

Lk 13:4 οὓς ἔπεσεν ὁ **πύργος** ἐν τῷ Σιλωὰμ
Lk 14:28 ἐξ ὑμῶν θέλων **πύργον** οἰκοδομῆσαι οὐχὶ πρῶτον

πυρετός (*pyretos*; 2/6) *fever*

Lk 4:38 Σίμωνος ἦν συνεχομένη **πυρετῷ** μεγάλῳ καὶ ἠρώτησαν
Lk 4:39 αὐτῆς ἐπετίμησεν τῷ **πυρετῷ** καὶ ἀφῆκεν αὐτήν·

πωλέω (*pōleō*; 6/22) *sell*

Lk 12:6 οὐχὶ πέντε στρουθία **πωλοῦνται** ἀσσαρίων δύο;
Lk 12:33 **Πωλήσατε** τὰ ὑπάρχοντα ὑμῶν
Lk 17:28 **ἐπώλουν**,
Lk 18:22 πάντα ὅσα ἔχεις **πώλησον** καὶ διάδος πτωχοῖς,
Lk 19:45 ἤρξατο ἐκβάλλειν τοὺς **πωλοῦντας**
Lk 22:36 ὁ μὴ ἔχων **πωλησάτω** τὸ ἱμάτιον αὐτοῦ

πῶλος (*pōlos*; 4/12) *colt*

Lk 19:30 ᾗ εἰσπορευόμενοι εὑρήσετε **πῶλον** δεδεμένον,
Lk 19:33 δὲ αὐτῶν τὸν **πῶλον** εἶπαν οἱ κύριοι
Lk 19:33 τί λύετε τὸν **πῶλον**;
Lk 19:35 ἱμάτια ἐπὶ τὸν **πῶλον** ἐπεβίβασαν τὸν Ἰησοῦν.

πώποτε (*pōpote*; 1/6) *ever*

Lk 19:30 ἐφ' ὃν οὐδεὶς **πώποτε** ἀνθρώπων ἐκάθισεν,

πῶς (*pōs*; 16/103) *how*

Lk 1:34 **πῶς** ἔσται τοῦτο,
Lk 6:42 **πῶς** δύνασαι λέγειν τῷ
Lk 8:18 Βλέπετε οὖν **πῶς** ἀκούετε·
Lk 8:36 αὐτοῖς οἱ ἰδόντες **πῶς** ἐσώθη ὁ δαιμονισθείς.
Lk 10:26 **πῶς** ἀναγινώσκεις;
Lk 11:18 **πῶς** σταθήσεται ἡ βασιλεία
Lk 12:11 μὴ μεριμνήσητε **πῶς** ἢ τί ἀπολογήσησθε
Lk 12:27 κατανοήσατε τὰ κρίνα **πῶς** αὐξάνει·
Lk 12:50 καὶ **πῶς** συνέχομαι ἕως ὅτου
Lk 12:56 καιρὸν δὲ τοῦτον **πῶς** οὐκ οἴδατε δοκιμάζειν;
Lk 14:7 ἐπέχων **πῶς** τὰς πρωτοκλισίας ἐξελέγοντο,
Lk 18:24 **πῶς** δυσκόλως οἱ τὰ
Lk 20:41 **πῶς** λέγουσιν τὸν χριστὸν
Lk 20:44 καὶ **πῶς** αὐτοῦ υἱός ἐστιν;
Lk 22:2 οἱ γραμματεῖς τὸ **πῶς** ἀνέλωσιν αὐτόν,
Lk 22:4 καὶ στρατηγοῖς τὸ **πῶς** αὐτοῖς παραδῷ αὐτόν.

ῥάβδος (*rhabdos*; 1/12) *stick, staff, rod*

Lk 9:3 μήτε **ῥάβδον** μήτε πήραν μήτε

Ῥαγαύ (*Rhagau*; 1/1) *Reu*

Lk 3:35 τοῦ Σεροὺχ τοῦ **Ῥαγαὺ** τοῦ Φάλεκ τοῦ

ῥῆγμα (*rhēgma*; 1/1) *ruin*

Lk 6:49 καὶ ἐγένετο τὸ **ῥῆγμα** τῆς οἰκίας ἐκείνης

ῥήγνυμι (*rhēgnymi*; 2/7) *burst, attack, break forth*

Lk 5:37 **ῥήξει** ὁ οἶνος ὁ
Lk 9:42 δὲ προσερχομένου αὐτοῦ **ἔρρηξεν** αὐτὸν τὸ δαιμόνιον

ῥῆμα (*rhēma*; 19/68) *word*

Lk 1:37 τοῦ θεοῦ πᾶν **ῥῆμα**.
Lk 1:38 μοι κατὰ τὸ **ῥῆμά** σου.
Lk 1:65 διελαλεῖτο πάντα τὰ **ῥήματα** ταῦτα,
Lk 2:15 καὶ ἴδωμεν τὸ **ῥῆμα** τοῦτο τὸ γεγονὸς
Lk 2:17 ἐγνώρισαν περὶ τοῦ **ῥήματος** τοῦ λαληθέντος αὐτοῖς
Lk 2:19 πάντα συνετήρει τὰ **ῥήματα** ταῦτα συμβάλλουσα ἐν
Lk 2:29 κατὰ τὸ **ῥῆμά** σου ἐν εἰρήνῃ·
Lk 2:50 οὐ συνῆκαν τὸ **ῥῆμα** ὃ ἐλάλησεν αὐτοῖς.
Lk 2:51 διετήρει πάντα τὰ **ῥήματα** ἐν τῇ καρδίᾳ
Lk 3:2 ἐγένετο **ῥῆμα** θεοῦ ἐπὶ Ἰωάννην
Lk 5:5 ἐπὶ δὲ τῷ **ῥήματί** σου χαλάσω τὰ
Lk 7:1 ἐπλήρωσεν πάντα τὰ **ῥήματα** αὐτοῦ εἰς τὰς
Lk 9:45 δὲ ἠγνόουν τὸ **ῥῆμα** τοῦτο καὶ ἦν
Lk 9:45 αὐτὸν περὶ τοῦ **ῥήματος** τούτου.
Lk 18:34 καὶ ἦν τὸ **ῥῆμα** τοῦτο κεκρυμμένον ἀπ'
Lk 20:26 ἴσχυσαν ἐπιλαβέσθαι αὐτοῦ **ῥήματος** ἐναντίον τοῦ λαοῦ
Lk 22:61 ὁ Πέτρος τοῦ **ῥήματος** τοῦ κυρίου ὡς
Lk 24:8 καὶ ἐμνήσθησαν τῶν **ῥημάτων** αὐτοῦ.
Lk 24:11 ὡσεὶ λῆρος τὰ **ῥήματα** ταῦτα,

Ῥησά (*Rhēsa*; 1/1) *Rhesa*

Lk 3:27 τοῦ Ἰωανὰν τοῦ **Ῥησὰ** τοῦ Ζοροβαβὲλ τοῦ

ῥίζα (*rhiza*; 2/17) *root*

Lk 3:9 ἀξίνη πρὸς τὴν **ῥίζαν** τῶν δένδρων κεῖται·
Lk 8:13 καὶ οὗτοι **ῥίζαν** οὐκ ἔχουσιν,

ῥίπτω (*rhiptō*; 2/7) *throw*

Lk 4:35 καὶ **ῥῖψαν** αὐτὸν τὸ δαιμόνιον
Lk 17:2 τράχηλον αὐτοῦ καὶ **ἔρριπται** εἰς τὴν θάλασσαν

ῥομφαία (*rhomphaia*; 1/7) *sword*

Lk 2:35 τὴν ψυχὴν διελεύσεται **ῥομφαία**

ῥύμη (*rhymē*; 1/4) *street*

Lk 14:21 τὰς πλατείας καὶ **ῥύμας** τῆς πόλεως καὶ

ῥύομαι (*rhyomai*; 1/17) *save, rescue, deliver*

Lk 1:74 ἐκ χειρὸς ἐχθρῶν **ῥυσθέντας** λατρεύειν αὐτῷ

ῥύσις (*rhysis*; 2/3) *flow*

Lk 8:43 γυνὴ οὖσα ἐν **ῥύσει** αἵματος ἀπὸ ἐτῶν
Lk 8:44 παραχρῆμα ἔστη ἡ **ῥύσις** τοῦ αἵματος αὐτῆς.

σάββατον (*sabbaton*; 20/67[68]) *Sabbath*

Lk 4:16 τῇ ἡμέρᾳ τῶν **σαββάτων** εἰς τὴν συναγωγὴν
Lk 4:31 αὐτοὺς ἐν τοῖς **σάββασιν**·

Lk 6:1 Ἐγένετο δὲ ἐν **σαββάτῳ** διαπορεύεσθαι αὐτὸν διὰ
Lk 6:2 οὐκ ἔξεστιν τοῖς **σάββασιν**;
Lk 6:5 κύριός ἐστιν τοῦ **σαββάτου** ὁ υἱὸς τοῦ
Lk 6:6 δὲ ἐν ἑτέρῳ **σαββάτῳ** εἰσελθεῖν αὐτὸν εἰς
Lk 6:7 εἰ ἐν τῷ **σαββάτῳ** θεραπεύει,
Lk 6:9 εἰ ἔξεστιν τῷ **σαββάτῳ** ἀγαθοποιῆσαι ἢ κακοποιῆσαι,
Lk 13:10 συναγωγῶν ἐν τοῖς **σάββασιν**.
Lk 13:14 ἀγανακτῶν ὅτι τῷ **σαββάτῳ** ἐθεράπευσεν ὁ Ἰησοῦς,
Lk 13:14 τῇ ἡμέρᾳ τοῦ **σαββάτου**.
Lk 13:15 ἕκαστος ὑμῶν τῷ **σαββάτῳ** οὐ λύει τὸν
Lk 13:16 τῇ ἡμέρᾳ τοῦ **σαββάτου**;
Lk 14:1 ἀρχόντων [τῶν] Φαρισαίων **σαββάτῳ** φαγεῖν ἄρτον καὶ
Lk 14:3 ἔξεστιν τῷ **σαββάτῳ** θεραπεῦσαι ἢ οὔ;
Lk 14:5 ἐν ἡμέρᾳ τοῦ **σαββάτου**;
Lk 18:12 νηστεύω δὶς τοῦ **σαββάτου**,
Lk 23:54 ἦν παρασκευῆς καὶ **σάββατον** ἐπέφωσκεν.
Lk 23:56 καὶ τὸ μὲν **σάββατον** ἡσύχασαν κατὰ τὴν
Lk 24:1 δὲ μιᾷ τῶν **σαββάτων** ὄρθρου βαθέως ἐπὶ

Σαδδουκαῖος (*Saddoukaios*; 1/14) *Sadducee*
Lk 20:27 δέ τινες τῶν **Σαδδουκαίων**,

σάκκος (*sakkos*; 1/4) *sackcloth*
Lk 10:13 πάλαι ἂν ἐν **σάκκῳ** καὶ σποδῷ καθήμενοι

Σαλά (*Sala*; 2/2) *Shelah*
Lk 3:32 τοῦ Βόος τοῦ **Σαλὰ** τοῦ Ναασσὼν
Lk 3:35 τοῦ Ἔβερ τοῦ **Σαλὰ**

Σαλαθιήλ (*Salathiēl*; 1/3) *Salathiel*
Lk 3:27 τοῦ Ζοροβαβὲλ τοῦ **Σαλαθιὴλ** τοῦ Νηρὶ

σαλεύω (*saleuō*; 4/15) *shake*
Lk 6:38 μέτρον καλὸν πεπιεσμένον **σεσαλευμένον** ὑπερεκχυννόμενον δώσουσιν εἰς
Lk 6:48 καὶ οὐκ ἴσχυσεν **σαλεῦσαι** αὐτὴν διὰ τὸ
Lk 7:24 κάλαμον ὑπὸ ἀνέμου **σαλευόμενον**;
Lk 21:26 δυνάμεις τῶν οὐρανῶν **σαλευθήσονται**.

σάλος (*salos*; 1/1) *wave*
Lk 21:25 ἤχους θαλάσσης καὶ **σάλου**,

Σαμάρεια (*Samareia*; 1/11) *Samaria*
Lk 17:11 διήρχετο διὰ μέσον **Σαμαρείας** καὶ Γαλιλαίας.

Σαμαρίτης (*Samaritēs*; 3/9) *Samaritan*
Lk 9:52 εἰσῆλθον εἰς κώμην **Σαμαριτῶν** ὡς ἑτοιμάσαι αὐτῷ·
Lk 10:33 **Σαμαρίτης** δέ τις ὁδεύων
Lk 17:16 καὶ αὐτὸς ἦν **Σαμαρίτης**.

σαπρός (*sapros*; 2/8) *bad*
Lk 6:43 καλὸν ποιοῦν καρπὸν **σαπρόν**,
Lk 6:43 οὐδὲ πάλιν δένδρον **σαπρὸν** ποιοῦν καρπὸν καλόν.

Σάρεπτα (*Sarepta*; 1/1) *Zarephath*
Lk 4:26 εἰ μὴ εἰς **Σάρεπτα** τῆς Σιδωνίας πρὸς

σάρξ (*sarx*; 2/147) *flesh*
Lk 3:6 καὶ ὄψεται πᾶσα **σὰρξ** τὸ σωτήριον τοῦ
Lk 24:39 ὅτι πνεῦμα **σάρκα** καὶ ὀστέα οὐκ

σαρόω (*saroō*; 2/3) *sweep*
Lk 11:25 καὶ ἐλθὸν εὑρίσκει **σεσαρωμένον** καὶ κεκοσμημένον.
Lk 15:8 ἅπτει λύχνον καὶ **σαροῖ** τὴν οἰκίαν καὶ

σατανᾶς (*satanas*; 5/36) *Satan*
Lk 10:18 ἐθεώρουν τὸν **σατανᾶν** ὡς ἀστραπὴν ἐκ
Lk 11:18 δὲ καὶ ὁ **σατανᾶς** ἐφ᾽ ἑαυτὸν διεμερίσθη,
Lk 13:16 ἣν ἔδησεν ὁ **σατανᾶς** ἰδοὺ δέκα καὶ
Lk 22:3 Εἰσῆλθεν δὲ **σατανᾶς** εἰς Ἰούδαν τὸν
Lk 22:31 ἰδοὺ ὁ **σατανᾶς** ἐξῃτήσατο ὑμᾶς τοῦ

σάτον (*saton*; 1/2) *saton (dry measure)*
Lk 13:21 [ἐν]έκρυψεν εἰς ἀλεύρου **σάτα** τρία ἕως οὗ

σεαυτοῦ (*seautou*; 6/43) *yourself*
Lk 4:9 βάλε σεαυτὸν **ἐντεῦθεν** κάτω·
Lk 4:23 θεράπευσον **σεαυτόν**·
Lk 5:14 ἀλλὰ ἀπελθὼν δεῖξον **σεαυτὸν** τῷ ἱερεῖ καὶ
Lk 10:27 πλησίον σου ὡς **σεαυτόν**.
Lk 23:37 σῶσον **σεαυτόν**.
Lk 23:39 σῶσον **σεαυτὸν** καὶ ἡμᾶς.

σεισμός (*seismos*; 1/14) *earthquake*
Lk 21:11 **σεισμοί** τε μεγάλοι καὶ

σελήνη (*selēnē*; 1/9) *moon*
Lk 21:25 ἐν ἡλίῳ καὶ **σελήνῃ** καὶ ἄστροις,

Σεμεΐν (*Semein*; 1/1) *Semein*
Lk 3:26 τοῦ Ματταθίου τοῦ **Σεμεῒν** τοῦ Ἰωσὴχ τοῦ

Σερούχ (*Serouch*; 1/1) *Serug*
Lk 3:35 τοῦ **Σεροὺχ** τοῦ Ῥαγαὺ τοῦ

Σήθ (*Sēth*; 1/1) *Seth*
Lk 3:38 τοῦ Ἐνὼς τοῦ **Σὴθ** τοῦ Ἀδὰμ τοῦ

Σήμ (*Sēm*; 1/1) *Shem*
Lk 3:36 τοῦ Ἀρφαξὰδ τοῦ **Σὴμ** τοῦ Νῶε τοῦ

σημεῖον (*sēmeion*; 11/75[77]) *sign*
Lk 2:12 τοῦτο ὑμῖν τὸ **σημεῖον**,
Lk 2:34 Ἰσραὴλ καὶ εἰς **σημεῖον** ἀντιλεγόμενον
Lk 11:16 ἕτεροι δὲ πειράζοντες **σημεῖον** ἐξ οὐρανοῦ ἐζήτουν
Lk 11:29 **σημεῖον** ζητεῖ,
Lk 11:29 καὶ **σημεῖον** οὐ δοθήσεται αὐτῇ
Lk 11:29 εἰ μὴ τὸ **σημεῖον** Ἰωνᾶ.
Lk 11:30 Ἰωνᾶς τοῖς Νινευίταις **σημεῖον**,
Lk 21:7 καὶ τί τὸ **σημεῖον** ὅταν μέλλῃ ταῦτα
Lk 21:11 καὶ ἀπ᾽ οὐρανοῦ **σημεῖα** μεγάλα ἔσται.
Lk 21:25 Καὶ ἔσονται **σημεῖα** ἐν ἡλίῳ καὶ

Lk 23:8 καὶ ἤλπιζέν τι **σημεῖον** ἰδεῖν ὑπ᾽ αὐτοῦ

σήμερον (*sēmeron*; 11/41) *today*

Lk 2:11 ὅτι ἐτέχθη ὑμῖν **σήμερον** σωτὴρ ὅς ἐστιν
Lk 4:21 πρὸς αὐτοὺς ὅτι **σήμερον** πεπλήρωται ἡ γραφὴ
Lk 5:26 ὅτι εἴδομεν παράδοξα **σήμερον**.
Lk 12:28 τὸν χόρτον ὄντα **σήμερον** καὶ αὔριον εἰς
Lk 13:32 καὶ ἰάσεις ἀποτελῶ **σήμερον** καὶ αὔριον καὶ
Lk 13:33 πλὴν δεῖ με **σήμερον** καὶ αὔριον καὶ
Lk 19:5 **σήμερον** γὰρ ἐν τῷ
Lk 19:9 ὁ Ἰησοῦς ὅτι **σήμερον** σωτηρία τῷ οἴκῳ
Lk 22:34 οὐ φωνήσει **σήμερον** ἀλέκτωρ ἕως τρίς
Lk 22:61 πρὶν ἀλέκτορα φωνῆσαι **σήμερον** ἀπαρνήσῃ με τρίς.
Lk 23:43 **σήμερον** μετ᾽ ἐμοῦ ἔσῃ

σής (*sēs*; 1/3) *moth*

Lk 12:33 οὐκ ἐγγίζει οὐδὲ **σὴς** διαφθείρει·

σιαγών (*siagōn*; 1/2) *cheek*

Lk 6:29 σε ἐπὶ τὴν **σιαγόνα** πάρεχε καὶ τὴν

σιγάω (*sigaō*; 3/10) *keep silent*

Lk 9:36 καὶ αὐτοὶ **ἐσίγησαν** καὶ οὐδενὶ ἀπήγγειλαν
Lk 18:39 ἐπετίμων αὐτῷ ἵνα **σιγήσῃ**,
Lk 20:26 τῇ ἀποκρίσει αὐτοῦ **ἐσίγησαν**.

Σιδών (*Sidōn*; 3/9) *Sidon*

Lk 6:17 παραλίου Τύρου καὶ **Σιδῶνος**,
Lk 10:13 ἐν Τύρῳ καὶ **Σιδῶνι** ἐγενήθησαν αἱ δυνάμεις
Lk 10:14 πλὴν Τύρῳ καὶ **Σιδῶνι** ἀνεκτότερον ἔσται ἐν

Σιδώνιος (*Sidōnios*; 1/2) *of Sidon*

Lk 4:26 εἰς Σάρεπτα τῆς **Σιδωνίας** πρὸς γυναῖκα χήραν.

σίκερα (*sikera*; 1/1) *strong drink*

Lk 1:15 καὶ οἶνον καὶ **σίκερα** οὐ μὴ πίῃ,

Σιλωάμ (*Silōam*; 1/3) *Siloam*

Lk 13:4 πύργος ἐν τῷ **Σιλωὰμ** καὶ ἀπέκτεινεν αὐτούς,

Σίμων (*Simōn*; 17/75) *Simon*

Lk 4:38 εἰς τὴν οἰκίαν **Σίμωνος**.
Lk 4:38 πενθερὰ δὲ τοῦ **Σίμωνος** ἦν συνεχομένη πυρετῷ
Lk 5:3 ὃ ἦν **Σίμωνος**,
Lk 5:4 εἶπεν πρὸς τὸν **Σίμωνα**·
Lk 5:5 καὶ ἀποκριθεὶς **Σίμων** εἶπεν·
Lk 5:8 ἰδὼν δὲ **Σίμων** Πέτρος προσέπεσεν τοῖς
Lk 5:10 ἦσαν κοινωνοὶ τῷ **Σίμωνι**.
Lk 5:10 εἶπεν πρὸς τὸν **Σίμωνα** ὁ Ἰησοῦς·
Lk 6:14 **Σίμωνα** ὃν καὶ ὠνόμασεν
Lk 6:15 Ἰάκωβον Ἁλφαίου καὶ **Σίμωνα** τὸν καλούμενον ζηλωτὴν
Lk 7:40 **Σίμων**,
Lk 7:43 ἀποκριθεὶς **Σίμων** εἶπεν·
Lk 7:44 τὴν γυναῖκα τῷ **Σίμωνι** ἔφη·
Lk 22:31 **Σίμων** Σίμων,
Lk 22:31 Σίμων **Σίμων**,
Lk 23:26 ἐπιλαβόμενοι **Σίμωνά** τινα Κυρηναῖον ἐρχόμενον
Lk 24:34 κύριος καὶ ὤφθη **Σίμωνι**.

σίναπι (*sinapi*; 2/5) *mustard*

Lk 13:19 ὁμοία ἐστὶν κόκκῳ **σινάπεως**,
Lk 17:6 πίστιν ὡς κόκκον **σινάπεως**,

σινδών (*sindōn*; 1/6) *linen cloth*

Lk 23:53 καθελὼν ἐνετύλιξεν αὐτὸ **σινδόνι** καὶ ἔθηκεν αὐτὸν

σινιάζω (*siniazō*; 1/1) *sift*

Lk 22:31 ἐξῃτήσατο ὑμᾶς τοῦ **σινιάσαι** ὡς τὸν σῖτον·

σιτευτός (*siteutos*; 3/3) *fatted*

Lk 15:23 τὸν μόσχον τὸν **σιτευτόν**,
Lk 15:27 τὸν μόσχον τὸν **σιτευτόν**,
Lk 15:30 ἔθυσας αὐτῷ τὸν **σιτευτὸν** μόσχον.

σιτομέτριον (*sitometrion*; 1/1) *food allowance*

Lk 12:42 ἐν καιρῷ [τὸ] **σιτομέτριον**;

σῖτος (*sitos*; 4/14) *grain*

Lk 3:17 καὶ συναγαγεῖν τὸν **σῖτον** εἰς τὴν ἀποθήκην
Lk 12:18 ἐκεῖ πάντα τὸν **σῖτον** καὶ τὰ ἀγαθά
Lk 16:7 ἑκατὸν κόρους **σίτου**.
Lk 22:31 σινιάσαι ὡς τὸν **σῖτον**·

σιωπάω (*siōpaō*; 2/10) *be silent or quiet*

Lk 1:20 καὶ ἰδοὺ ἔσῃ **σιωπῶν** καὶ μὴ δυνάμενος
Lk 19:40 ἐὰν οὗτοι **σιωπήσουσιν**,

σκανδαλίζω (*skandalizō*; 2/29) *cause to stumble*

Lk 7:23 ὃς ἐὰν μὴ **σκανδαλισθῇ** ἐν ἐμοί.
Lk 17:2 θάλασσαν ἢ ἵνα **σκανδαλίσῃ** τῶν μικρῶν τούτων

σκάνδαλον (*skandalon*; 1/15) *stumbling block*

Lk 17:1 ἐστιν τοῦ τὰ **σκάνδαλα** μὴ ἐλθεῖν,

σκάπτω (*skaptō*; 3/3) *dig*

Lk 6:48 οἰκοδομοῦντι οἰκίαν ὃς **ἔσκαψεν** καὶ ἐβάθυνεν καὶ
Lk 13:8 ἕως ὅτου **σκάψω** περὶ αὐτὴν καὶ
Lk 16:3 **σκάπτειν** οὐκ ἰσχύω,

σκεῦος (*skeuos*; 2/23) *object, jar*

Lk 8:16 ἅψας καλύπτει αὐτὸν **σκεύει** ἢ ὑποκάτω κλίνης
Lk 17:31 δώματος καὶ τὰ **σκεύη** αὐτοῦ ἐν τῇ

σκηνή (*skēnē*; 2/20) *tent*

Lk 9:33 καὶ ποιήσωμεν **σκηνὰς** τρεῖς,
Lk 16:9 εἰς τὰς αἰωνίους **σκηνάς**.

σκιά (*skia*; 1/7) *shadow*

Lk 1:79 ἐν σκότει καὶ **σκιᾷ** θανάτου καθημένοις,

σκιρτάω (*skirtaō*; 3/3) *stir*
Lk 1:41 **ἐσκίρτησεν** τὸ βρέφος ἐν
Lk 1:44 **ἐσκίρτησεν** ἐν ἀγαλλιάσει τὸ
Lk 6:23 τῇ ἡμέρᾳ καὶ **σκιρτήσατε**,

σκολιός (*skolios*; 1/4) *crooked*
Lk 3:5 καὶ ἔσται τὰ **σκολιὰ** εἰς εὐθείαν καὶ

σκοπέω (*skopeō*; 1/6) *pay attention to*
Lk 11:35 **σκόπει** οὖν μὴ τὸ

σκορπίζω (*skorpizō*; 1/5) *scatter*
Lk 11:23 συνάγων μετ' ἐμοῦ **σκορπίζει**.

σκορπίος (*skorpios*; 2/5) *scorpion*
Lk 10:19 ἐπάνω ὄφεων καὶ **σκορπίων**,
Lk 11:12 ἐπιδώσει αὐτῷ **σκορπίον**;

σκοτεινός (*skoteinos*; 2/3) *dark*
Lk 11:34 τὸ σῶμά σου **σκοτεινόν**.
Lk 11:36 ἔχον μέρος τι **σκοτεινόν**,

σκοτία (*skotia*; 1/16) *darkness*
Lk 12:3 ὅσα ἐν τῇ **σκοτίᾳ** εἴπατε ἐν τῷ

σκότος (*skotos*; 4/31) *darkness*
Lk 1:79 ἐπιφᾶναι τοῖς ἐν **σκότει** καὶ σκιᾷ θανάτου
Lk 11:35 τὸ ἐν σοὶ **σκότος** ἐστίν.
Lk 22:53 ἡ ἐξουσία τοῦ **σκότους**.
Lk 23:44 ὥρα ἕκτη καὶ **σκότος** ἐγένετο ἐφ' ὅλην

σκυθρωπός (*skythrōpos*; 1/2) *sod*
Lk 24:17 καὶ ἐστάθησαν **σκυθρωποί**.

σκύλλω (*skyllō*; 2/4) *trouble*
Lk 7:6 μὴ **σκύλλου**,
Lk 8:49 μηκέτι **σκύλλε** τὸν διδάσκαλον.

σκῦλον (*skylon*; 1/1) *spoils*
Lk 11:22 ἐπεποίθει καὶ τὰ **σκῦλα** αὐτοῦ διαδίδωσιν.

Σόδομα (*Sodoma*; 2/9) *Sodom*
Lk 10:12 λέγω ὑμῖν ὅτι **Σοδόμοις** ἐν τῇ ἡμέρᾳ
Lk 17:29 ἐξῆλθεν Λὼτ ἀπὸ **Σοδόμων**,

Σολομών (*Solomōn*; 3/12) *Solomon*
Lk 11:31 ἀκοῦσαι τὴν σοφίαν **Σολομῶνος**,
Lk 11:31 καὶ ἰδοὺ πλεῖον **Σολομῶνος** ὧδε.
Lk 12:27 οὐδὲ **Σολομὼν** ἐν πάσῃ τῇ

σορός (*soros*; 1/1) *a stand on which a corpse is carried*
Lk 7:14 προσελθὼν ἥψατο τῆς **σοροῦ**,

σός (*sos*; 4/25) *your (sg.)*
Lk 5:33 οἱ δὲ **σοὶ** ἐσθίουσιν καὶ πίνουσιν.
Lk 6:30 τοῦ αἴροντος τὰ **σὰ** μὴ ἀπαίτει.
Lk 15:31 πάντα τὰ ἐμὰ **σά** ἐστιν·
Lk 22:42 μου ἀλλὰ τὸ **σὸν** γινέσθω.

σουδάριον (*soudarion*; 1/4) *sweat cloth*
Lk 19:20 εἶχον ἀποκειμένην ἐν **σουδαρίῳ**·

Σουσάννα (*Sousanna*; 1/1) *Susanna*
Lk 8:3 ἐπιτρόπου Ἡρῴδου καὶ **Σουσάννα** καὶ ἕτεραι πολλαί,

σοφία (*sophia*; 6/51) *wisdom*
Lk 2:40 καὶ ἐκραταιοῦτο πληρούμενον **σοφίᾳ**,
Lk 2:52 προέκοπτεν [ἐν τῇ] **σοφίᾳ** καὶ ἡλικίᾳ καὶ
Lk 7:35 καὶ ἐδικαιώθη ἡ **σοφία** ἀπὸ πάντων τῶν
Lk 11:31 γῆς ἀκοῦσαι τὴν **σοφίαν** Σολομῶνος,
Lk 11:49 τοῦτο καὶ ἡ **σοφία** τοῦ θεοῦ εἶπεν·
Lk 21:15 ὑμῖν στόμα καὶ **σοφίαν** ἣ οὐ δυνήσονται

σοφός (*sophos*; 1/20) *wise*
Lk 10:21 ἀπέκρυψας ταῦτα ἀπὸ **σοφῶν** καὶ συνετῶν

σπαράσσω (*sparassō*; 1/3) *throw into convulsions*
Lk 9:39 ἐξαίφνης κράζει καὶ **σπαράσσει** αὐτὸν μετὰ ἀφροῦ

σπαργανόω (*sparganoō*; 2/2) *wrap in baby clothes*
Lk 2:7 καὶ **ἐσπαργάνωσεν** αὐτὸν καὶ ἀνέκλινεν
Lk 2:12 εὑρήσετε βρέφος **ἐσπαργανωμένον** καὶ κείμενον ἐν

σπείρω (*speirō*; 6/52) *sow*
Lk 8:5 ἐξῆλθεν ὁ **σπείρων** τοῦ σπεῖραι τὸν
Lk 8:5 ὁ σπείρων τοῦ **σπεῖραι** τὸν σπόρον αὐτοῦ.
Lk 8:5 καὶ ἐν τῷ **σπείρειν** αὐτὸν ὃ μὲν
Lk 12:24 κόρακας ὅτι οὐ **σπείρουσιν** οὐδὲ θερίζουσιν,
Lk 19:21 θερίζεις ὃ οὐκ **ἔσπειρας**.
Lk 19:22 θερίζων ὃ οὐκ **ἔσπειρα**;

σπέρμα (*sperma*; 2/43) *seed*
Lk 1:55 Ἀβραὰμ καὶ τῷ **σπέρματι** αὐτοῦ εἰς τὸν
Lk 20:28 γυναῖκα καὶ ἐξαναστήσῃ **σπέρμα** τῷ ἀδελφῷ αὐτοῦ.

σπεύδω (*speudō*; 3/6) *hasten*
Lk 2:16 καὶ ἦλθαν **σπεύσαντες** καὶ ἀνεῦραν τήν
Lk 19:5 **σπεύσας** κατάβηθι,
Lk 19:6 καὶ **σπεύσας** κατέβη καὶ ὑπεδέξατο

σπήλαιον (*spēlaion*; 1/6) *cave*
Lk 19:46 δὲ αὐτὸν ἐποιήσατε **σπήλαιον** λῃστῶν.

σπλαγχνίζομαι (*splanchnizomai*; 3/12) *be moved with pity or compassion*
Lk 7:13 αὐτὴν ὁ κύριος **ἐσπλαγχνίσθη** ἐπ' αὐτῇ καὶ
Lk 10:33 αὐτὸν καὶ ἰδὼν **ἐσπλαγχνίσθη**,
Lk 15:20 πατὴρ αὐτοῦ καὶ **ἐσπλαγχνίσθη** καὶ δραμὼν ἐπέπεσεν

σπλάγχνον (*splanchnon*; 1/11) *one's inmost self*
Lk 1:78 διὰ **σπλάγχνα** ἐλέους θεοῦ ἡμῶν,

σποδός (*spodos*; 1/3) *ashes*
Lk 10:13 ἐν σάκκῳ καὶ **σποδῷ** καθήμενοι μετενόησαν.

σπόριμος (*sporimos*; 1/3) *grainfield*
Lk 6:1 διαπορεύεσθαι αὐτὸν διὰ **σπορίμων**,

σπόρος (*sporos*; 2/6) *seed*
Lk 8:5 τοῦ σπεῖραι τὸν **σπόρον** αὐτοῦ.
Lk 8:11 ὁ **σπόρος** ἐστὶν ὁ λόγος

σπουδαίως (*spoudaiōs*; 1/4) *earnestly*
Lk 7:4 Ἰησοῦν παρεκάλουν αὐτὸν **σπουδαίως** λέγοντες ὅτι ἄξιός

σπουδή (*spoudē*; 1/12) *earnestness*
Lk 1:39 τὴν ὀρεινὴν μετὰ **σπουδῆς** εἰς πόλιν Ἰούδα,

στάδιον (*stadion*; 1/7) *stadion (c. 600 feet)*
Lk 24:13 εἰς κώμην ἀπέχουσαν **σταδίους** ἑξήκοντα ἀπὸ Ἰερουσαλήμ,

στάσις (*stasis*; 2/9) *dispute, riot, standing*
Lk 23:19 ὅστις ἦν διὰ **στάσιν** τινα γενομένην ἐν
Lk 23:25 δὲ τὸν διὰ **στάσιν** καὶ φόνον βεβλημένον

σταυρός (*stauros*; 3/27) *cross*
Lk 9:23 καὶ ἀράτω τὸν **σταυρὸν** αὐτοῦ καθ' ἡμέραν
Lk 14:27 οὐ βαστάζει τὸν **σταυρὸν** ἑαυτοῦ καὶ ἔρχεται
Lk 23:26 ἐπέθηκαν αὐτῷ τὸν **σταυρὸν** φέρειν ὄπισθεν

σταυρόω (*stauroō*; 6/46) *crucify*
Lk 23:21 **σταύρου** σταύρου αὐτόν.
Lk 23:21 σταύρου **σταύρου** αὐτόν.
Lk 23:23 μεγάλαις αἰτούμενοι αὐτὸν **σταυρωθῆναι**,
Lk 23:33 ἐκεῖ **ἐσταύρωσαν** αὐτὸν καὶ τοὺς
Lk 24:7 ἀνθρώπων ἁμαρτωλῶν καὶ **σταυρωθῆναι** καὶ τῇ τρίτῃ
Lk 24:20 κρίμα θανάτου καὶ **ἐσταύρωσαν** αὐτόν.

σταφυλή (*staphylē*; 1/3) *cluster of grapes*
Lk 6:44 οὐδὲ ἐκ βάτου **σταφυλὴν** τρυγῶσιν.

στάχυς (*stachys*; 1/5) *head of grain*
Lk 6:1 καὶ ἤσθιον τοὺς **στάχυας** ψώχοντες ταῖς χερσίν.

στέγη (*stegē*; 1/3) *roof*
Lk 7:6 ἵνα ὑπὸ τὴν **στέγην** μου εἰσέλθῃς·

στεῖρα (*steira*; 3/5) *a woman incapable of having children*
Lk 1:7 ἦν ἡ Ἐλισάβετ **στεῖρα**,
Lk 1:36 αὐτῇ τῇ καλουμένῃ **στείρᾳ**·
Lk 23:29 μακάριαι αἱ στεῖραι **καὶ** αἱ κοιλίαι αἳ

στενός (*stenos*; 1/3) *narrow*
Lk 13:24 εἰσελθεῖν διὰ τῆς **στενῆς** θύρας,

στῆθος (*stēthos*; 2/5) *chest*
Lk 18:13 ἀλλ' ἔτυπτεν τὸ **στῆθος** αὐτοῦ λέγων·
Lk 23:48 τύπτοντες τὰ **στήθη** ὑπέστρεφον.

στηρίζω (*stērizō*; 3/13) *strengthen*
Lk 9:51 αὐτὸς τὸ πρόσωπον **ἐστήρισεν** τοῦ πορεύεσθαι εἰς
Lk 16:26 ὑμῶν χάσμα μέγα **ἐστήρικται**,
Lk 22:32 σύ ποτε ἐπιστρέψας **στήρισον** τοὺς ἀδελφούς σου.

στιγμή (*stigmē*; 1/1) *moment*
Lk 4:5 τῆς οἰκουμένης ἐν **στιγμῇ** χρόνου

στολή (*stolē*; 2/9) *robe*
Lk 15:22 ταχὺ ἐξενέγκατε **στολὴν** τὴν πρώτην καὶ
Lk 20:46 θελόντων περιπατεῖν ἐν **στολαῖς** καὶ φιλούντων ἀσπασμοὺς

στόμα (*stoma*; 9/78) *mouth*
Lk 1:64 ἀνεῴχθη δὲ τὸ **στόμα** αὐτοῦ παραχρῆμα καὶ
Lk 1:70 καθὼς ἐλάλησεν διὰ **στόματος** τῶν ἁγίων
Lk 4:22 ἐκπορευομένοις ἐκ τοῦ **στόματος** αὐτοῦ καὶ ἔλεγον·
Lk 6:45 καρδίας λαλεῖ τὸ **στόμα** αὐτοῦ.
Lk 11:54 τι ἐκ τοῦ **στόματος** αὐτοῦ.
Lk 19:22 ἐκ τοῦ **στόματός** σου κρινῶ σε,
Lk 21:15 γὰρ δώσω ὑμῖν **στόμα** καὶ σοφίαν ᾗ
Lk 21:24 καὶ πεσοῦνται **στόματι** μαχαίρης καὶ αἰχμαλωτισθήσονται
Lk 22:71 ἠκούσαμεν ἀπὸ τοῦ **στόματος** αὐτοῦ.

στράτευμα (*strateuma*; 1/8) *troops, army*
Lk 23:11 Ἡρῴδης σὺν τοῖς **στρατεύμασιν** αὐτοῦ καὶ ἐμπαίξας

στρατεύω (*strateuō*; 1/7) *serve as a soldier*
Lk 3:14 δὲ αὐτὸν καὶ **στρατευόμενοι** λέγοντες·

στρατηγός (*stratēgos*; 2/10) *chief magistrate*
Lk 22:4 τοῖς ἀρχιερεῦσιν καὶ **στρατηγοῖς** τὸ πῶς αὐτοῖς
Lk 22:52 αὐτὸν ἀρχιερεῖς καὶ **στρατηγοὺς** τοῦ ἱεροῦ

στρατιά (*stratia*; 1/2) *army*
Lk 2:13 τῷ ἀγγέλῳ πλῆθος **στρατιᾶς** οὐρανίου αἰνούντων τὸν

στρατιώτης (*stratiōtēs*; 2/26) *soldier*
Lk 7:8 ἔχων ὑπ' ἐμαυτὸν **στρατιώτας**,
Lk 23:36 αὐτῷ καὶ οἱ **στρατιῶται** προσερχόμενοι,

στρατόπεδον (*stratopedon*; 1/1) *army*
Lk 21:20 ἴδητε κυκλουμένην ὑπὸ **στρατοπέδων** Ἰερουσαλήμ,

στρέφω (*strephō*; 7/21) *turn*

Lk 7:9 ἐθαύμασεν αὐτὸν καὶ **στραφεὶς** τῷ ἀκολουθοῦντι αὐτῷ
Lk 7:44 καὶ **στραφεὶς** πρὸς τὴν γυναῖκα
Lk 9:55 **στραφεὶς** δὲ ἐπετίμησεν αὐτοῖς.
Lk 10:23 Καὶ **στραφεὶς** πρὸς τοὺς μαθητὰς
Lk 14:25 καὶ **στραφεὶς** εἶπεν πρὸς αὐτούς·
Lk 22:61 καὶ **στραφεὶς** ὁ κύριος ἐνέβλεψεν
Lk 23:28 **στραφεὶς** δὲ πρὸς αὐτὰς

στρουθίον (*strouthion*; 2/4) *sparrow*

Lk 12:6 οὐχὶ πέντε **στρουθία** πωλοῦνται ἀσσαρίων δύο;
Lk 12:7 πολλῶν **στρουθίων** διαφέρετε.

στρώννυμι (*strōnnymi*; 1/6) *spread*

Lk 22:12 δείξει ἀνάγαιον μέγα **ἐστρωμένον**·

σύ (*sy*; 225/1063[1067]) *you (sg.)*

Lk 1:3 πᾶσιν ἀκριβῶς καθεξῆς **σοι** γράψαι,
Lk 1:13 εἰσηκούσθη ἡ δέησίς **σου**,
Lk 1:13 καὶ ἡ γυνή **σου** Ἐλισάβετ γεννήσει υἱόν
Lk 1:13 Ἐλισάβετ γεννήσει υἱόν **σοι** καὶ καλέσεις τὸ
Lk 1:14 καὶ ἔσται χαρά **σοι** καὶ ἀγαλλίασις καὶ
Lk 1:19 ἀπεστάλην λαλῆσαι πρὸς **σὲ** καὶ εὐαγγελίσασθαί σοι
Lk 1:19 σὲ καὶ εὐαγγελίσασθαί **σοι** ταῦτα·
Lk 1:28 ὁ κύριος μετὰ **σοῦ**.
Lk 1:35 ἅγιον ἐπελεύσεται ἐπὶ **σὲ** καὶ δύναμις ὑψίστου
Lk 1:35 δύναμις ὑψίστου ἐπισκιάσει **σοι**·
Lk 1:36 Ἐλισάβετ ἡ συγγενίς **σου** καὶ αὐτὴ συνείληφεν
Lk 1:38 κατὰ τὸ ῥῆμά **σου**.
Lk 1:42 εὐλογημένη **σὺ** ἐν γυναιξὶν καὶ
Lk 1:42 καρπὸς τῆς κοιλίας **σου**.
Lk 1:44 φωνὴ τοῦ ἀσπασμοῦ **σου** εἰς τὰ ὦτά
Lk 1:61 ἐκ τῆς συγγενείας **σου** ὃς καλεῖται τῷ
Lk 1:76 Καὶ **σὺ** δέ,
Lk 2:29 ἀπολύεις τὸν δοῦλόν **σου**,
Lk 2:29 κατὰ τὸ ῥῆμά **σου** ἐν εἰρήνῃ·
Lk 2:30 μου τὸ σωτήριόν **σου**,
Lk 2:32 καὶ δόξαν λαοῦ **σου** Ἰσραήλ.
Lk 2:35 καὶ **σοῦ** [δὲ] αὐτῆς τὴν
Lk 2:48 ἰδοὺ ὁ πατήρ **σου** κἀγὼ ὀδυνώμενοι ἐζητοῦμέν
Lk 2:48 κἀγὼ ὀδυνώμενοι ἐζητοῦμέν **σε**.
Lk 3:22 **σὺ** εἶ ὁ υἱός
Lk 3:22 ἐν **σοὶ** εὐδόκησα.
Lk 4:6 **σοὶ** δώσω τὴν ἐξουσίαν
Lk 4:7 **σὺ** οὖν ἐὰν προσκυνήσῃς
Lk 4:7 ἔσται **σοῦ** πᾶσα.
Lk 4:8 κύριον τὸν θεόν **σου** προσκυνήσεις καὶ αὐτῷ
Lk 4:10 αὐτοῦ ἐντελεῖται περὶ **σοῦ** τοῦ διαφυλάξαι σε
Lk 4:10 σοῦ τοῦ διαφυλάξαι **σε**
Lk 4:11 ἐπὶ χειρῶν ἀροῦσίν **σε**,
Lk 4:11 λίθον τὸν πόδα **σου**.
Lk 4:12 κύριον τὸν θεόν **σου**.
Lk 4:23 ἐν τῇ πατρίδι **σου**.
Lk 4:34 τί ἡμῖν καὶ **σοί**,
Lk 4:34 οἶδά **σε** τίς εἶ,
Lk 4:41 καὶ λέγοντα ὅτι **σὺ** εἶ ὁ υἱὸς
Lk 5:5 δὲ τῷ ῥήματί **σου** χαλάσω τὰ δίκτυα.
Lk 5:14 περὶ τοῦ καθαρισμοῦ **σου** καθὼς προσέταξεν Μωϋσῆς,
Lk 5:20 ἀφέωνταί **σοι** αἱ ἁμαρτίαι σου.
Lk 5:20 σοι αἱ ἁμαρτίαι **σου**.
Lk 5:23 ἀφέωνταί **σοι** αἱ ἁμαρτίαι σου,
Lk 5:23 σοι αἱ ἁμαρτίαι **σου**,
Lk 5:24 **σοὶ** λέγω,
Lk 5:24 ἄρας τὸ κλινίδιόν **σου** πορεύου εἰς τὸν
Lk 5:24 εἰς τὸν οἶκόν **σου**.
Lk 6:10 ἔκτεινον τὴν χεῖρά **σου**.
Lk 6:29 τῷ τύπτοντί **σε** ἐπὶ τὴν σιαγόνα
Lk 6:29 ἀπὸ τοῦ αἴροντός **σου** τὸ ἱμάτιον καὶ
Lk 6:30 παντὶ αἰτοῦντί **σε** δίδου,
Lk 6:41 ὀφθαλμῷ τοῦ ἀδελφοῦ **σου**,
Lk 6:42 λέγειν τῷ ἀδελφῷ **σου**·
Lk 6:42 ἐν τῷ ὀφθαλμῷ **σου**,
Lk 6:42 ἐν τῷ ὀφθαλμῷ **σου** δοκὸν οὐ βλέπων;
Lk 6:42 ἐκ τοῦ ὀφθαλμοῦ **σου**,
Lk 6:42 ὀφθαλμῷ τοῦ ἀδελφοῦ **σου** ἐκβαλεῖν.
Lk 7:7 ἐμαυτὸν ἠξίωσα πρὸς **σὲ** ἐλθεῖν·
Lk 7:14 **σοὶ** λέγω,
Lk 7:19 **σὺ** εἶ ὁ ἐρχόμενος
Lk 7:20 ἀπέστειλεν ἡμᾶς πρὸς **σὲ** λέγων·
Lk 7:20 **σὺ** εἶ ὁ ἐρχόμενος
Lk 7:27 μου πρὸ προσώπου **σου**,
Lk 7:27 κατασκευάσει τὴν ὁδόν **σου** ἔμπροσθέν σου.
Lk 7:27 ὁδόν σου ἔμπροσθέν **σου**.
Lk 7:40 ἔχω **σοί** τι εἰπεῖν.
Lk 7:44 εἰσῆλθόν **σου** εἰς τὴν οἰκίαν,
Lk 7:47 οὗ χάριν λέγω **σοι**,
Lk 7:48 ἀφέωνταί **σου** αἱ ἁμαρτίαι.
Lk 7:50 ἡ πίστις **σου** σέσωκέν σε·
Lk 7:50 πίστις σου σέσωκέν **σε**·
Lk 8:20 ἡ μήτηρ **σου** καὶ οἱ ἀδελφοί
Lk 8:20 καὶ οἱ ἀδελφοί **σου** ἑστήκασιν ἔξω ἰδεῖν
Lk 8:20 ἔξω ἰδεῖν θέλοντές **σε**.
Lk 8:28 τί ἐμοὶ καὶ **σοί**,
Lk 8:28 δέομαί **σου**,
Lk 8:30 τί **σοι** ὄνομά ἐστιν;
Lk 8:39 εἰς τὸν οἶκόν **σου** καὶ διηγοῦ ὅσα
Lk 8:39 καὶ διηγοῦ ὅσα **σοι** ἐποίησεν ὁ θεός.
Lk 8:45 οἱ ὄχλοι συνέχουσίν **σε** καὶ ἀποθλίβουσιν.
Lk 8:48 ἡ πίστις **σου** σέσωκέν σε·
Lk 8:48 πίστις σου σέσωκέν **σε**·
Lk 8:49 τέθνηκεν ἡ θυγάτηρ **σου**·
Lk 9:33 μίαν **σοὶ** καὶ μίαν Μωϋσεῖ
Lk 9:38 δέομαί **σου** ἐπιβλέψαι ἐπὶ τὸν
Lk 9:40 ἐδεήθην τῶν μαθητῶν **σου** ἵνα ἐκβάλωσιν αὐτό,
Lk 9:41 ὧδε τὸν υἱόν **σου**.
Lk 9:49 ἐν τῷ ὀνόματί **σου** ἐκβάλλοντα δαιμόνια καὶ
Lk 9:57 ἀκολουθήσω **σοι** ὅπου ἐὰν ἀπέρχῃ.
Lk 9:60 **σὺ** δὲ ἀπελθὼν διάγγελλε
Lk 9:61 ἀκολουθήσω **σοι**,
Lk 10:13 Οὐαί **σοι**,
Lk 10:13 οὐαί **σοι**,
Lk 10:15 καὶ **σύ**,
Lk 10:17 ἐν τῷ ὀνόματί **σου**.
Lk 10:21 ἐξομολογοῦμαί **σοι**,
Lk 10:21 εὐδοκία ἐγένετο ἔμπροσθέν **σου**.
Lk 10:27 κύριον τὸν θεόν **σου** ἐξ ὅλης [τῆς]

Lk 10:27 ὅλης [τῆς] καρδίας **σου** καὶ ἐν ὅλῃ
Lk 10:27 ὅλῃ τῇ ψυχῇ **σου** καὶ ἐν ὅλῃ
Lk 10:27 ὅλῃ τῇ ἰσχύϊ **σου** καὶ ἐν ὅλῃ
Lk 10:27 ὅλῃ τῇ διανοίᾳ **σου**,
Lk 10:27 καὶ τὸν πλησίον **σου** ὡς σεαυτόν.
Lk 10:35 ἐπανέρχεσθαί με ἀποδώσω **σοι**.
Lk 10:36 τριῶν πλησίον δοκεῖ **σοι** γεγονέναι τοῦ ἐμπεσόντος
Lk 10:37 πορεύου καὶ **σὺ** ποίει ὁμοίως.
Lk 10:40 οὐ μέλει **σοι** ὅτι ἡ ἀδελφή
Lk 11:2 ἁγιασθήτω τὸ ὄνομά **σου**·
Lk 11:2 ἐλθέτω ἡ βασιλεία **σου**·
Lk 11:7 δύναμαι ἀναστὰς δοῦναί **σοι**.
Lk 11:27 κοιλία ἡ βαστάσασά **σε** καὶ μαστοὶ οὓς
Lk 11:34 ἐστιν ὁ ὀφθαλμός **σου**.
Lk 11:34 ὅταν ὁ ὀφθαλμός **σου** ἁπλοῦς ᾖ,
Lk 11:34 ὅλον τὸ σῶμά **σου** φωτεινόν ἐστιν·
Lk 11:34 καὶ τὸ σῶμά **σου** σκοτεινόν.
Lk 11:35 φῶς τὸ ἐν **σοὶ** σκότος ἐστίν.
Lk 11:36 οὖν τὸ σῶμά **σου** ὅλον φωτεινόν,
Lk 11:36 τῇ ἀστραπῇ φωτίζῃ **σε**.
Lk 12:20 νυκτὶ τὴν ψυχήν **σου** ἀπαιτοῦσιν ἀπὸ σοῦ·
Lk 12:20 σου ἀπαιτοῦσιν ἀπὸ **σοῦ**·
Lk 12:58 μετὰ τοῦ ἀντιδίκου **σου** ἐπ᾽ ἄρχοντα,
Lk 12:58 μήποτε κατασύρῃ **σε** πρὸς τὸν κριτήν,
Lk 12:58 καὶ ὁ κριτής **σε** παραδώσει τῷ πράκτορι,
Lk 12:58 καὶ ὁ πράκτωρ **σε** βαλεῖ εἰς φυλακήν.
Lk 12:59 λέγω **σοι**,
Lk 13:12 ἀπολέλυσαι τῆς ἀσθενείας **σου**,
Lk 13:26 ἐφάγομεν ἐνώπιόν **σου** καὶ ἐπίομεν καὶ
Lk 13:31 ὅτι Ἡρῴδης θέλει **σε** ἀποκτεῖναι.
Lk 13:34 ἐπισυνάξαι τὰ τέκνα **σου** ὃν τρόπον ὄρνις
Lk 14:8 μήποτε ἐντιμότερός **σου** ᾖ κεκλημένος ὑπ᾽
Lk 14:9 καὶ ἐλθὼν ὁ **σὲ** καὶ αὐτὸν καλέσας
Lk 14:9 αὐτὸν καλέσας ἐρεῖ **σοι**·
Lk 14:10 ἔλθῃ ὁ κεκληκώς **σε** ἐρεῖ σοι·
Lk 14:10 κεκληκώς σε ἐρεῖ **σοι**·
Lk 14:10 τότε ἔσται **σοι** δόξα ἐνώπιον πάντων
Lk 14:10 πάντων τῶν συνανακειμένων **σοι**.
Lk 14:12 φώνει τοὺς φίλους **σου** μηδὲ τοὺς ἀδελφούς
Lk 14:12 μηδὲ τοὺς ἀδελφούς **σου** μηδὲ τοὺς συγγενεῖς
Lk 14:12 μηδὲ τοὺς συγγενεῖς **σου** μηδὲ γείτονας πλουσίους,
Lk 14:12 καὶ αὐτοὶ ἀντικαλέσωσίν **σε** καὶ γένηται ἀνταπόδομά
Lk 14:12 καὶ γένηται ἀνταπόδομά **σοι**.
Lk 14:14 οὐκ ἔχουσιν ἀνταποδοῦναί **σοι**,
Lk 14:14 ἀνταποδοθήσεται γάρ **σοι** ἐν τῇ ἀναστάσει
Lk 14:18 ἐρωτῶ **σε**,
Lk 14:19 ἐρωτῶ **σε**,
Lk 15:18 οὐρανὸν καὶ ἐνώπιόν **σου**,
Lk 15:19 ἄξιος κληθῆναι υἱός **σου**·
Lk 15:19 ἕνα τῶν μισθίων **σου**.
Lk 15:21 οὐρανὸν καὶ ἐνώπιόν **σου**,
Lk 15:21 ἄξιος κληθῆναι υἱός **σου**.
Lk 15:27 ὅτι ὁ ἀδελφός **σου** ἥκει,
Lk 15:27 ἔθυσεν ὁ πατήρ **σου** τὸν μόσχον τὸν
Lk 15:29 τοσαῦτα ἔτη δουλεύω **σοι** καὶ οὐδέποτε ἐντολήν
Lk 15:29 καὶ οὐδέποτε ἐντολήν **σου** παρῆλθον,
Lk 15:30 δὲ ὁ υἱός **σου** οὗτος ὁ καταφαγών
Lk 15:30 οὗτος ὁ καταφαγών **σου** τὸν βίον μετὰ
Lk 15:31 **σὺ** πάντοτε μετ᾽ ἐμοῦ
Lk 15:32 ὅτι ὁ ἀδελφός **σου** οὗτος νεκρὸς ἦν
Lk 16:2 τοῦτο ἀκούω περὶ **σοῦ**;
Lk 16:2 λόγον τῆς οἰκονομίας **σου**,
Lk 16:6 δέξαι **σου** τὰ γράμματα καὶ
Lk 16:7 σὺ **δὲ** πόσον ὀφείλεις;
Lk 16:7 δέξαι **σου** τὰ γράμματα καὶ
Lk 16:25 ἀπέλαβες τὰ ἀγαθά **σου** ἐν τῇ ζωῇ
Lk 16:25 ἐν τῇ ζωῇ **σου**,
Lk 16:25 **σὺ** δὲ ὀδυνᾶσαι.
Lk 16:27 ἐρωτῶ **σε** οὖν,
Lk 17:3 ἁμάρτῃ ὁ ἀδελφός **σου** ἐπιτίμησον αὐτῷ,
Lk 17:4 ἡμέρας ἁμαρτήσῃ εἰς **σὲ** καὶ ἑπτάκις ἐπιστρέψῃ
Lk 17:4 ἑπτάκις ἐπιστρέψῃ πρὸς **σὲ** λέγων·
Lk 17:8 φάγεσαι καὶ πίεσαι **σύ**;
Lk 17:19 ἡ πίστις **σου** σέσωκέν σε.
Lk 17:19 πίστις σου σέσωκέν **σε**.
Lk 18:11 εὐχαριστῶ **σοι** ὅτι οὐκ εἰμὶ
Lk 18:20 τίμα τὸν πατέρα **σου** καὶ τὴν μητέρα.
Lk 18:22 ἔτι ἕν **σοι** λείπει·
Lk 18:28 τὰ ἴδια ἠκολουθήσαμέν **σοι**.
Lk 18:41 τί **σοι** θέλεις ποιήσω;
Lk 18:42 ἡ πίστις **σου** σέσωκέν σε.
Lk 18:42 πίστις σου σέσωκέν **σε**.
Lk 19:5 ἐν τῷ οἴκῳ **σου** δεῖ με μεῖναι.
Lk 19:16 ἡ μνᾶ **σου** δέκα προσηργάσατο μνᾶς.
Lk 19:18 ἡ μνᾶ **σου**,
Lk 19:19 καὶ **σὺ** ἐπάνω γίνου πέντε
Lk 19:20 ἰδοὺ ἡ μνᾶ **σου** ἣν εἶχον ἀποκειμένην
Lk 19:21 ἐφοβούμην γάρ **σε**,
Lk 19:22 ἐκ τοῦ στόματός **σου** κρινῶ σε,
Lk 19:22 στόματός σου κρινῶ **σε**,
Lk 19:39 ἐπιτίμησον τοῖς μαθηταῖς **σου**.
Lk 19:42 ἡμέρᾳ ταύτῃ καὶ **σὺ** τὰ πρὸς εἰρήνην·
Lk 19:42 ἐκρύβη ἀπὸ ὀφθαλμῶν **σου**.
Lk 19:43 ἥξουσιν ἡμέραι ἐπὶ **σὲ** καὶ παρεμβαλοῦσιν
Lk 19:43 παρεμβαλοῦσιν οἱ ἐχθροί **σου** χάρακά σοι
Lk 19:43 ἐχθροί σου χάρακά **σοι** καὶ περικυκλώσουσίν σε
Lk 19:43 σοι καὶ περικυκλώσουσίν **σε** καὶ συνέξουσίν σε
Lk 19:43 σε καὶ συνέξουσίν **σε** πάντοθεν,
Lk 19:44 καὶ ἐδαφιοῦσίν **σε** καὶ τὰ τέκνα
Lk 19:44 καὶ τὰ τέκνα **σου** ἐν σοί,
Lk 19:44 τέκνα σου ἐν **σοί**,
Lk 19:44 ἐπὶ λίθον ἐν **σοί**,
Lk 19:44 καιρὸν τῆς ἐπισκοπῆς **σου**.
Lk 20:2 ἐστιν ὁ δούς **σοι** τὴν ἐξουσίαν ταύτην;
Lk 20:43 θῶ τοὺς ἐχθρούς **σου** ὑποπόδιον τῶν ποδῶν
Lk 20:43 ὑποπόδιον τῶν ποδῶν **σου**.
Lk 22:11 λέγει **σοι** ὁ διδάσκαλος·
Lk 22:32 δὲ ἐδεήθην περὶ **σοῦ** ἵνα μὴ ἐκλίπῃ
Lk 22:32 ἐκλίπῃ ἡ πίστις **σου**·
Lk 22:32 καὶ **σύ** ποτε ἐπιστρέψας στήρισον
Lk 22:32 στήρισον τοὺς ἀδελφούς **σου**.
Lk 22:33 μετὰ **σοῦ** ἕτοιμός εἰμι καὶ
Lk 22:34 λέγω **σοι**,
Lk 22:58 καὶ **σὺ** ἐξ αὐτῶν εἶ.
Lk 22:64 ἐστιν ὁ παίσας **σε**;
Lk 22:67 εἰ **σὺ** εἶ ὁ χριστός,
Lk 22:70 **σὺ** οὖν εἶ ὁ
Lk 23:3 **σὺ** εἶ ὁ βασιλεὺς
Lk 23:3 **σὺ** λέγεις.
Lk 23:37 εἰ **σὺ** εἶ ὁ βασιλεὺς

Lk 23:39 οὐχὶ **σὺ** εἶ ὁ χριστός;
Lk 23:40 οὐδὲ φοβῇ **σὺ** τὸν θεόν,
Lk 23:42 εἰς τὴν βασιλείαν **σου**.
Lk 23:43 ἀμήν **σοι** λέγω,
Lk 23:46 εἰς χεῖράς **σου** παρατίθεμαι τὸ πνεῦμά
Lk 24:18 **σὺ** μόνος παροικεῖς Ἰερουσαλὴμ

συγγένεια (*syngeneia*; 1/3) *kindred*
Lk 1:61 ἐστιν ἐκ τῆς **συγγενείας** σου ὃς καλεῖται

συγγενής (*syngenēs*; 4/11) *relative*
Lk 1:58 περίοικοι καὶ οἱ **συγγενεῖς** αὐτῆς ὅτι ἐμεγάλυνεν
Lk 2:44 αὐτὸν ἐν τοῖς **συγγενεῦσιν** καὶ τοῖς γνωστοῖς,
Lk 14:12 σου μηδὲ τοὺς **συγγενεῖς** σου μηδὲ γείτονας
Lk 21:16 καὶ ἀδελφῶν καὶ **συγγενῶν** καὶ φίλων,

συγγενίς (*syngenis*; 1/1) *kinswoman*
Lk 1:36 ἰδοὺ Ἐλισάβετ ἡ **συγγενίς** σου καὶ αὐτὴ

συγκαθίζω (*synkathizō*; 1/2) *sit together with*
Lk 22:55 τῆς αὐλῆς καὶ **συγκαθισάντων** ἐκάθητο ὁ Πέτρος

συγκαλέω (*synkaleō*; 4/8) *call together*
Lk 9:1 **Συγκαλεσάμενος** δὲ τοὺς δώδεκα
Lk 15:6 εἰς τὸν οἶκον **συγκαλεῖ** τοὺς φίλους καὶ
Lk 15:9 καὶ εὑροῦσα **συγκαλεῖ** τὰς φίλας καὶ
Lk 23:13 Πιλᾶτος δὲ **συγκαλεσάμενος** τοὺς ἀρχιερεῖς

συγκαλύπτω (*synkalyptō*; 1/1) *cover up*
Lk 12:2 Οὐδὲν δὲ **συγκεκαλυμμένον** ἐστὶν ὃ οὐκ

συγκατατίθημι (*synkatatithēmi*; 1/1) *agree with*
Lk 23:51 οὗτος οὐκ ἦν **συγκατατεθειμένος** τῇ βουλῇ

συγκλείω (*synkleiō*; 1/4) *make or keep someone a prisoner*
Lk 5:6 καὶ τοῦτο ποιήσαντες **συνέκλεισαν** πλῆθος ἰχθύων πολύ,

συγκύπτω (*synkyptō*; 1/1) *bend double*
Lk 13:11 δεκαοκτὼ καὶ ἦν **συγκύπτουσα** καὶ μὴ δυναμένη

συγκυρία (*synkyria*; 1/1) *chance*
Lk 10:31 κατὰ **συγκυρίαν** δὲ ἱερεύς τις

συγχαίρω (*synchairō*; 3/7) *rejoice with or together*
Lk 1:58 μετ' αὐτῆς καὶ **συνέχαιρον** αὐτῇ.
Lk 15:6 **συγχάρητέ** μοι,
Lk 15:9 **συγχάρητέ** μοι,

συζητέω (*syzēteō*; 2/10) *argue*
Lk 22:23 καὶ αὐτοὶ ἤρξαντο **συζητεῖν** πρὸς ἑαυτοὺς
Lk 24:15 ὁμιλεῖν αὐτοὺς καὶ **συζητεῖν** καὶ αὐτὸς Ἰησοῦς

συκάμινος (*sykaminos*; 1/1) *mulberry tree*
Lk 17:6 ἐλέγετε ἂν τῇ **συκαμίνῳ** [ταύτῃ]·

συκῆ (*sykē*; 3/16) *fig tree*
Lk 13:6 **συκῆν** εἶχέν τις πεφυτευμένην
Lk 13:7 καρπὸν ἐν τῇ **συκῇ** ταύτῃ καὶ οὐχ
Lk 21:29 ἴδετε τὴν **συκῆν** καὶ πάντα τὰ

συκομορέα (*sykomorea*; 1/1) *sycamore tree or fig mulberry tree*
Lk 19:4 ἔμπροσθεν ἀνέβη ἐπὶ **συκομορέαν** ἵνα ἴδῃ αὐτὸν

σῦκον (*sykon*; 1/4) *fig*
Lk 6:44 ἐξ ἀκανθῶν συλλέγουσιν **σῦκα** οὐδὲ ἐκ βάτου

συκοφαντέω (*sykophanteō*; 2/2) *take money*
Lk 3:14 μηδένα διασείσητε μηδὲ **συκοφαντήσητε** καὶ ἀρκεῖσθε τοῖς
Lk 19:8 εἴ τινος τι **ἐσυκοφάντησα** ἀποδίδωμι τετραπλοῦν.

συλλαλέω (*syllaleō*; 3/6) *talk or speak with*
Lk 4:36 ἐπὶ πάντας καὶ **συνελάλουν** πρὸς ἀλλήλους λέγοντες·
Lk 9:30 ἰδοὺ ἄνδρες δύο **συνελάλουν** αὐτῷ,
Lk 22:4 καὶ ἀπελθὼν **συνελάλησεν** τοῖς ἀρχιερεῦσιν

συλλαμβάνω (*syllambanō*; 7/16) *seize (mid. assist)*
Lk 1:24 ταύτας τὰς ἡμέρας **συνέλαβεν** Ἐλισάβετ ἡ γυνὴ
Lk 1:31 καὶ ἰδοὺ **συλλήμψῃ** ἐν γαστρὶ καὶ
Lk 1:36 σου καὶ αὐτὴ **συνείληφεν** υἱὸν ἐν γήρει
Lk 2:21 ἀγγέλου πρὸ τοῦ **συλλημφθῆναι** αὐτὸν ἐν τῇ
Lk 5:7 πλοίῳ τοῦ ἐλθόντας **συλλαβέσθαι** αὐτοῖς·
Lk 5:9 τῶν ἰχθύων ὧν **συνέλαβον**,
Lk 22:54 **Συλλαβόντες** δὲ αὐτὸν ἤγαγον

συλλέγω (*syllegō*; 1/8) *gather*
Lk 6:44 γὰρ ἐξ ἀκανθῶν **συλλέγουσιν** σῦκα οὐδὲ ἐκ

συλλογίζομαι (*syllogizomai*; 1/1) *discuss*
Lk 20:5 οἱ δὲ **συνελογίσαντο** πρὸς ἑαυτοὺς λέγοντες

συμβαίνω (*symbainō*; 1/8) *happen*
Lk 24:14 περὶ πάντων τῶν **συμβεβηκότων** τούτων.

συμβάλλω (*symballō*; 2/6) *meet*
Lk 2:19 τὰ ῥήματα ταῦτα **συμβάλλουσα** ἐν τῇ καρδίᾳ
Lk 14:31 πορευόμενος ἑτέρῳ βασιλεῖ **συμβαλεῖν** εἰς πόλεμον οὐχὶ

Συμεών (*Symeōn*; 3/7) *Simeon*
Lk 2:25 Ἰερουσαλὴμ ᾧ ὄνομα **Συμεὼν** καὶ ὁ ἄνθρωπος
Lk 2:34 καὶ εὐλόγησεν αὐτοὺς **Συμεὼν** καὶ εἶπεν
Lk 3:30 τοῦ **Συμεὼν** τοῦ Ἰούδα τοῦ

συμπαραγίνομαι (*symparaginomai*; 1/1) *assemble*
Lk 23:48 καὶ πάντες οἱ **συμπαραγενόμενοι** ὄχλοι ἐπὶ

συμπίπτω (*sympiptō*; 1/1) *collapse*
Lk 6:49 καὶ εὐθὺς **συνέπεσεν** καὶ ἐγένετο τὸ

συμπληρόω (*symplēroō*; 2/3) *draw near*
Lk 8:23 τὴν λίμνην καὶ **συνεπληροῦντο** καὶ ἐκινδύνευον.
Lk 9:51 δὲ ἐν τῷ **συμπληροῦσθαι** τὰς ἡμέρας τῆς

συμπνίγω (*sympnigō*; 2/5) *choke*
Lk 8:14 τοῦ βίου πορευόμενοι **συμπνίγονται** καὶ οὐ τελεσφοροῦσιν.
Lk 8:42 αὐτὸν οἱ ὄχλοι **συνέπνιγον** αὐτόν.

συμπορεύομαι (*symporeuomai*; 3/4) *go or walk along with*
Lk 7:11 καλουμένην Ναῒν καὶ **συνεπορεύοντο** αὐτῷ οἱ μαθηταὶ
Lk 14:25 **Συνεπορεύοντο** δὲ αὐτῷ ὄχλοι
Lk 24:15 αὐτὸς Ἰησοῦς ἐγγίσας **συνεπορεύετο** αὐτοῖς,

συμφύω (*symphyō*; 1/1) *grow up with*
Lk 8:7 καὶ **συμφυεῖσαι** αἱ ἄκανθαι ἀπέπνιξαν

συμφωνέω (*symphōneō*; 1/6) *agree with*
Lk 5:36 τῷ παλαιῷ οὐ **συμφωνήσει** τὸ ἐπίβλημα τὸ

συμφωνία (*symphōnia*; 1/1) *music*
Lk 15:25 ἤκουσεν **συμφωνίας** καὶ χορῶν,

σύν (*syn*; 23/128) *with*
Lk 1:56 Ἔμεινεν δὲ Μαριὰμ **σὺν** αὐτῇ ὡς μῆνας
Lk 2:5 ἀπογράψασθαι **σὺν** Μαριὰμ τῇ ἐμνηστευμένῃ
Lk 2:13 καὶ ἐξαίφνης ἐγένετο **σὺν** τῷ ἀγγέλῳ πλῆθος
Lk 5:9 καὶ πάντας τοὺς **σὺν** αὐτῷ ἐπὶ τῇ
Lk 5:19 κεράμων καθῆκαν αὐτὸν **σὺν** τῷ κλινιδίῳ εἰς
Lk 7:6 δὲ Ἰησοῦς ἐπορεύετο **σὺν** αὐτοῖς.
Lk 7:12 πόλεως ἱκανὸς ἦν **σὺν** αὐτῇ.
Lk 8:1 καὶ οἱ δώδεκα **σὺν** αὐτῷ,
Lk 8:38 τὰ δαιμόνια εἶναι **σὺν** αὐτῷ·
Lk 8:51 ἀφῆκεν εἰσελθεῖν τινα **σὺν** αὐτῷ εἰ μὴ
Lk 9:32 Πέτρος καὶ οἱ **σὺν** αὐτῷ ἦσαν βεβαρημένοι
Lk 19:23 κἀγὼ ἐλθὼν **σὺν** τόκῳ ἂν αὐτὸ
Lk 20:1 καὶ οἱ γραμματεῖς **σὺν** τοῖς πρεσβυτέροις
Lk 22:14 καὶ οἱ ἀπόστολοι **σὺν** αὐτῷ.
Lk 22:56 καὶ οὗτος **σὺν** αὐτῷ ἦν.
Lk 23:11 [καὶ] ὁ Ἡρῴδης **σὺν** τοῖς στρατεύμασιν αὐτοῦ
Lk 23:32 ἕτεροι κακοῦργοι δύο **σὺν** αὐτῷ ἀναιρεθῆναι.
Lk 24:10 καὶ αἱ λοιπαὶ **σὺν** αὐταῖς.
Lk 24:21 ἀλλά γε καὶ **σὺν** πᾶσιν τούτοις τρίτην
Lk 24:24 ἀπῆλθόν τινες τῶν **σὺν** ἡμῖν ἐπὶ τὸ
Lk 24:29 εἰσῆλθεν τοῦ μεῖναι **σὺν** αὐτοῖς.
Lk 24:33 ἕνδεκα καὶ τοὺς **σὺν** αὐτοῖς,
Lk 24:44 ὑμᾶς ἔτι ὢν **σὺν** ὑμῖν,

συνάγω (*synagō*; 6/59) *gather*
Lk 3:17 ἅλωνα αὐτοῦ καὶ **συναγαγεῖν** τὸν σῖτον εἰς
Lk 11:23 καὶ ὁ μὴ **συνάγων** μετ' ἐμοῦ σκορπίζει.
Lk 12:17 οὐκ ἔχω ποῦ **συνάξω** τοὺς καρπούς μου;
Lk 12:18 μείζονας οἰκοδομήσω καὶ **συνάξω** ἐκεῖ πάντα
Lk 15:13 οὐ πολλὰς ἡμέρας **συναγαγὼν** πάντα ὁ νεώτερος
Lk 22:66 **συνήχθη** τὸ πρεσβυτέριον τοῦ

συναγωγή (*synagōgē*; 15/56) *synagogue*
Lk 4:15 ἐδίδασκεν ἐν ταῖς **συναγωγαῖς** αὐτῶν δοξαζόμενος ὑπὸ
Lk 4:16 σαββάτων εἰς τὴν **συναγωγὴν** καὶ ἀνέστη ἀναγνῶναι.
Lk 4:20 ὀφθαλμοὶ ἐν τῇ **συναγωγῇ** ἦσαν ἀτενίζοντες αὐτῷ.
Lk 4:28 θυμοῦ ἐν τῇ **συναγωγῇ** ἀκούοντες ταῦτα
Lk 4:33 Καὶ ἐν τῇ **συναγωγῇ** ἦν ἄνθρωπος ἔχων
Lk 4:38 δὲ ἀπὸ τῆς **συναγωγῆς** εἰσῆλθεν εἰς τὴν
Lk 4:44 κηρύσσων εἰς τὰς **συναγωγὰς** τῆς Ἰουδαίας.
Lk 6:6 αὐτὸν εἰς τὴν **συναγωγὴν** καὶ διδάσκειν.
Lk 7:5 ἡμῶν καὶ τὴν **συναγωγὴν** αὐτὸς ᾠκοδόμησεν ἡμῖν.
Lk 8:41 οὗτος ἄρχων τῆς **συναγωγῆς** ὑπῆρχεν,
Lk 11:43 πρωτοκαθεδρίαν ἐν ταῖς **συναγωγαῖς** καὶ τοὺς ἀσπασμοὺς
Lk 12:11 ὑμᾶς ἐπὶ τὰς **συναγωγὰς** καὶ τὰς ἀρχὰς
Lk 13:10 ἐν μιᾷ τῶν **συναγωγῶν** ἐν τοῖς σάββασιν.
Lk 20:46 πρωτοκαθεδρίας ἐν ταῖς **συναγωγαῖς** καὶ πρωτοκλισίας ἐν
Lk 21:12 παραδιδόντες εἰς τὰς **συναγωγὰς** καὶ φυλακάς,

συνακολουθέω (*synakoloutheō*; 1/3) *follow*
Lk 23:49 καὶ γυναῖκες αἱ **συνακολουθοῦσαι** αὐτῷ ἀπὸ

συνανάκειμαι (*synanakeimai*; 3/7) *sit at table with*
Lk 7:49 καὶ ἤρξαντο οἱ **συνανακείμενοι** λέγειν ἐν ἑαυτοῖς·
Lk 14:10 ἐνώπιον πάντων τῶν **συνανακειμένων** σοι.
Lk 14:15 δέ τις τῶν **συνανακειμένων** ταῦτα εἶπεν αὐτῷ·

συναντάω (*synantaō*; 2/6) *meet*
Lk 9:37 ἀπὸ τοῦ ὄρους **συνήντησεν** αὐτῷ ὄχλος πολύς.
Lk 22:10 εἰς τὴν πόλιν **συναντήσει** ὑμῖν ἄνθρωπος κεράμιον

συναντιλαμβάνομαι (*synantilambanomai*; 1/2) *help*
Lk 10:40 αὐτῇ ἵνα μοι **συναντιλάβηται**.

συναρπάζω (*synarpazō*; 1/4) *seize*
Lk 8:29 πολλοῖς γὰρ χρόνοις **συνηρπάκει** αὐτὸν καὶ ἐδεσμεύετο

συνέδριον (*synedrion*; 1/22) *Sanhedrin*
Lk 22:66 αὐτὸν εἰς τὸ **συνέδριον** αὐτῶν

σύνειμι (*syneimi*; 1/1) *gather*
Lk 8:4 **Συνιόντος** δὲ ὄχλου πολλοῦ

σύνειμι (*syneimi*; 1/2) *be present*
Lk 9:18 προσευχόμενον κατὰ μόνας **συνῆσαν** αὐτῷ οἱ μαθηταί,

συνέρχομαι (*synerchomai*; 2/30) *come together*
Lk 5:15 καὶ **συνήρχοντο** ὄχλοι πολλοὶ ἀκούειν
Lk 23:55 αἵτινες ἦσαν **συνεληλυθυῖαι** ἐκ τῆς Γαλιλαίας

συνεσθίω (*synesthiō*; 1/5) *eat with*
Lk 15:2 ἁμαρτωλοὺς προσδέχεται καὶ **συνεσθίει** αὐτοῖς.

σύνεσις (*synesis*; 1/7) *understanding*
Lk 2:47 αὐτοῦ ἐπὶ τῇ **συνέσει** καὶ ταῖς ἀποκρίσεσιν

συνετός (*synetos*; 1/4) *intelligent*
Lk 10:21 ἀπὸ σοφῶν καὶ **συνετῶν** καὶ ἀπεκάλυψας αὐτὰ

συνευδοκέω (*syneudokeō*; 1/6) *approve of*
Lk 11:48 μάρτυρές ἐστε καὶ **συνευδοκεῖτε** τοῖς ἔργοις

συνέχω (*synechō*; 6/12) *surround, control*
Lk 4:38 τοῦ Σίμωνος ἦν **συνεχομένη** πυρετῷ μεγάλῳ
Lk 8:37 ὅτι φόβῳ μεγάλῳ **συνείχοντο**·
Lk 8:45 οἱ ὄχλοι **συνέχουσίν** σε καὶ ἀποθλίβουσιν.
Lk 12:50 καὶ πῶς **συνέχομαι** ἕως ὅτου τελεσθῇ.
Lk 19:43 περικυκλώσουσίν σε καὶ **συνέξουσίν** σε πάντοθεν,
Lk 22:63 οἱ ἄνδρες οἱ **συνέχοντες** αὐτὸν ἐνέπαιζον αὐτῷ

συνθλάω (*synthlaō*; 1/2) *break to pieces*
Lk 20:18 ἐκεῖνον τὸν λίθον **συνθλασθήσεται**·

συνίημι (*syniēmi*; 4/26) *understand*
Lk 2:50 καὶ αὐτοὶ οὐ **συνῆκαν** τὸ ῥῆμα ὃ
Lk 8:10 καὶ ἀκούοντες μὴ **συνιῶσιν**.
Lk 18:34 αὐτοὶ οὐδὲν τούτων **συνῆκαν** καὶ ἦν τὸ
Lk 24:45 τὸν νοῦν τοῦ **συνιέναι** τὰς γραφάς·

συνίστημι (*synistēmi*; 1/16) *recommend*
Lk 9:32 δύο ἄνδρας τοὺς **συνεστῶτας** αὐτῷ.

συνοδία (*synodia*; 1/1) *group of travelers*
Lk 2:44 εἶναι ἐν τῇ **συνοδίᾳ** ἦλθον ἡμέρας ὁδὸν

συνοχή (*synochē*; 1/2) *distress*
Lk 21:25 ἐπὶ τῆς γῆς **συνοχὴ** ἐθνῶν ἐν ἀπορίᾳ

συντελέω (*synteleō*; 2/6) *end*
Lk 4:2 ἡμέραις ἐκείναις καὶ **συντελεσθεισῶν** αὐτῶν ἐπείνασεν.
Lk 4:13 Καὶ **συντελέσας** πάντα πειρασμὸν ὁ

συντηρέω (*syntēreō*; 1/3) *protect*
Lk 2:19 δὲ Μαριὰμ πάντα **συνετήρει** τὰ ῥήματα ταῦτα

συντίθημι (*syntithēmi*; 1/3) *agree*
Lk 22:5 καὶ ἐχάρησαν καὶ **συνέθεντο** αὐτῷ ἀργύριον δοῦναι.

συντρίβω (*syntribō*; 1/7) *break in pieces*
Lk 9:39 ἀποχωρεῖ ἀπ' αὐτοῦ **συντρῖβον** αὐτόν·

συντυγχάνω (*syntynchanō*; 1/1) *reach*
Lk 8:19 καὶ οὐκ ἠδύναντο **συντυχεῖν** αὐτῷ διὰ τὸν

Συρία (*Syria*; 1/8) *Syria*
Lk 2:2 ἐγένετο ἡγεμονεύοντος τῆς **Συρίας** Κυρηνίου.

Σύρος (*Syros*; 1/1) *Syrian*
Lk 4:27 μὴ Ναιμὰν ὁ **Σύρος**.

συσπαράσσω (*sysparassō*; 1/2) *throw into convulsions*
Lk 9:42 τὸ δαιμόνιον καὶ **συνεσπάραξεν**·

σφόδρα (*sphodra*; 1/11) *very much*
Lk 18:23 ἦν γὰρ πλούσιος **σφόδρα**.

σχίζω (*schizō*; 3/11) *split*
Lk 5:36 ἀπὸ ἱματίου καινοῦ **σχίσας** ἐπιβάλλει ἐπὶ ἱμάτιον
Lk 5:36 καὶ τὸ καινὸν **σχίσει** καὶ τῷ παλαιῷ
Lk 23:45 **ἐσχίσθη** δὲ τὸ καταπέτασμα

σῴζω (*sōzō*; 17/105[106]) *save, preserve*
Lk 6:9 ψυχὴν **σῶσαι** ἢ ἀπολέσαι;
Lk 7:50 ἡ πίστις σου **σέσωκέν** σε·
Lk 8:12 ἵνα μὴ πιστεύσαντες **σωθῶσιν**.
Lk 8:36 οἱ ἰδόντες πῶς **ἐσώθη** ὁ δαιμονισθείς.
Lk 8:48 ἡ πίστις σου **σέσωκέν** σε·
Lk 8:50 καὶ **σωθήσεται**.
Lk 9:24 τὴν ψυχὴν αὐτοῦ **σῶσαι** ἀπολέσει αὐτήν·
Lk 9:24 ἕνεκεν ἐμοῦ οὗτος **σώσει** αὐτήν.
Lk 13:23 εἰ ὀλίγοι οἱ **σῳζόμενοι**;
Lk 17:19 ἡ πίστις σου **σέσωκέν** σε.
Lk 18:26 καὶ τίς δύναται **σωθῆναι**;
Lk 18:42 ἡ πίστις σου **σέσωκέν** σε.
Lk 19:10 ἀνθρώπου ζητῆσαι καὶ **σῶσαι** τὸ ἀπολωλός.
Lk 23:35 ἄλλους ἔσωσεν,
Lk 23:35 **σωσάτω** ἑαυτόν,
Lk 23:37 **σῶσον** σεαυτόν.
Lk 23:39 **σῶσον** σεαυτὸν καὶ ἡμᾶς.

σῶμα (*sōma*; 13/142) *body*
Lk 11:34 Ὁ λύχνος τοῦ **σώματός** ἐστιν ὁ ὀφθαλμός
Lk 11:34 καὶ ὅλον τὸ **σῶμά** σου φωτεινόν ἐστιν·
Lk 11:34 καὶ τὸ **σῶμά** σου σκοτεινόν.
Lk 11:36 εἰ οὖν τὸ **σῶμά** σου ὅλον φωτεινόν,
Lk 12:4 τῶν ἀποκτεινόντων τὸ **σῶμα** καὶ μετὰ ταῦτα
Lk 12:22 μηδὲ τῷ **σώματι** τί ἐνδύσησθε.

Lk 12:23 τροφῆς καὶ τὸ **σῶμα** τοῦ ἐνδύματος.
Lk 17:37 ὅπου τὸ **σῶμα**,
Lk 22:19 τοῦτό ἐστιν τὸ **σῶμά** μου τὸ ὑπὲρ
Lk 23:52 Πιλάτῳ ᾐτήσατο τὸ **σῶμα** τοῦ Ἰησοῦ
Lk 23:55 ὡς ἐτέθη τὸ **σῶμα** αὐτοῦ,
Lk 24:3 οὐχ εὗρον τὸ **σῶμα** τοῦ κυρίου Ἰησοῦ.
Lk 24:23 μὴ εὑροῦσαι τὸ **σῶμα** αὐτοῦ ἦλθον λέγουσαι

σωματικός (*sōmatikos*; 1/2) *bodily*

Lk 3:22 πνεῦμα τὸ ἅγιον **σωματικῷ** εἴδει ὡς περιστερὰν

σωτήρ (*sōtēr*; 2/24) *Savior*

Lk 1:47 τῷ θεῷ τῷ **σωτῆρί** μου,
Lk 2:11 ἐτέχθη ὑμῖν σήμερον **σωτὴρ** ὅς ἐστιν χριστὸς

σωτηρία (*sōtēria*; 4/45[46]) *salvation*

Lk 1:69 καὶ ἤγειρεν κέρας **σωτηρίας** ἡμῖν ἐν οἴκῳ
Lk 1:71 **σωτηρίαν** ἐξ ἐχθρῶν ἡμῶν
Lk 1:77 τοῦ δοῦναι γνῶσιν **σωτηρίας** τῷ λαῷ αὐτοῦ
Lk 19:9 Ἰησοῦς ὅτι σήμερον **σωτηρία** τῷ οἴκῳ τούτῳ

σωτήριον (*sōtērion*; 2/4) *salvation*

Lk 2:30 ὀφθαλμοί μου τὸ **σωτήριόν** σου,
Lk 3:6 πᾶσα σὰρξ τὸ **σωτήριον** τοῦ θεοῦ.

σωφρονέω (*sōphroneō*; 1/6) *be in one's right mind, be sensible*

Lk 8:35 ἐξῆλθεν ἱματισμένον καὶ **σωφρονοῦντα** παρὰ τοὺς πόδας

ταμεῖον (*tameion*; 2/4) *inner or private room*

Lk 12:3 ἐλαλήσατε ἐν τοῖς **ταμείοις** κηρυχθήσεται
Lk 12:24 οἷς οὐκ ἔστιν **ταμεῖον** οὐδὲ ἀποθήκη,

τάξις (*taxis*; 1/9) *order*

Lk 1:8 αὐτὸν ἐν τῇ **τάξει** τῆς ἐφημερίας αὐτοῦ

ταπεινός (*tapeinos*; 1/8) *humble*

Lk 1:52 θρόνων καὶ ὕψωσεν **ταπεινούς**,

ταπεινόω (*tapeinoō*; 5/14) *humble*

Lk 3:5 ὄρος καὶ βουνὸς **ταπεινωθήσεται**,
Lk 14:11 ὁ ὑψῶν ἑαυτὸν **ταπεινωθήσεται**,
Lk 14:11 καὶ ὁ **ταπεινῶν** ἑαυτὸν ὑψωθήσεται.
Lk 18:14 ὁ ὑψῶν ἑαυτὸν **ταπεινωθήσεται**,
Lk 18:14 ὁ δὲ **ταπεινῶν** ἑαυτὸν ὑψωθήσεται.

ταπείνωσις (*tapeinōsis*; 1/4) *humble state*

Lk 1:48 ἐπέβλεψεν ἐπὶ τὴν **ταπείνωσιν** τῆς δούλης αὐτοῦ.

ταράσσω (*tarassō*; 2/17) *trouble*

Lk 1:12 καὶ **ἐταράχθη** Ζαχαρίας ἰδὼν καὶ
Lk 24:38 τί **τεταραγμένοι** ἐστὲ καὶ διὰ

τάσσω (*tassō*; 1/8) *appoint*

Lk 7:8 εἰμι ὑπὸ ἐξουσίαν **τασσόμενος** ἔχων ὑπ' ἐμαυτὸν

ταχέως (*tacheōs*; 2/15) *quickly*

Lk 14:21 ἔξελθε **ταχέως** εἰς τὰς πλατείας
Lk 16:6 γράμματα καὶ καθίσας **ταχέως** γράψον πεντήκοντα.

τάχος (*tachos*; 1/8) *speed*

Lk 18:8 ἐκδίκησιν αὐτῶν ἐν **τάχει**.

ταχύς (*tachys*; 1/13) *quick*

Lk 15:22 **ταχὺ** ἐξενέγκατε στολὴν τὴν

τέ (*te*; 9/215) *and*

Lk 2:16 καὶ ἀνεῦραν τήν **τε** Μαριὰμ καὶ τὸν
Lk 12:45 ἐσθίειν **τε** καὶ πίνειν καὶ
Lk 14:26 καὶ τὰς ἀδελφὰς ἔτι **τε** καὶ τὴν ψυχὴν
Lk 15:2 καὶ διεγόγγυζον οἵ **τε** Φαρισαῖοι καὶ οἱ
Lk 21:11 σεισμοί **τε** μεγάλοι καὶ κατὰ
Lk 21:11 φόβητρά **τε** καὶ ἀπ' οὐρανοῦ
Lk 22:66 ἀρχιερεῖς **τε** καὶ γραμματεῖς,
Lk 23:12 δὲ φίλοι ὅ **τε** Ἡρῴδης καὶ ὁ
Lk 24:20 ὅπως **τε** παρέδωκαν αὐτὸν οἱ

τέκνον (*teknon*; 14/99) *child*

Lk 1:7 οὐκ ἦν αὐτοῖς **τέκνον**,
Lk 1:17 καρδίας πατέρων ἐπὶ **τέκνα** καὶ ἀπειθεῖς ἐν
Lk 2:48 **τέκνον**,
Lk 3:8 λίθων τούτων ἐγεῖραι **τέκνα** τῷ Ἀβραάμ.
Lk 7:35 ἀπὸ πάντων τῶν **τέκνων** αὐτῆς.
Lk 11:13 ἀγαθὰ διδόναι τοῖς **τέκνοις** ὑμῶν,
Lk 13:34 ἠθέλησα ἐπισυνάξαι τὰ **τέκνα** σου ὃν τρόπον
Lk 14:26 γυναῖκα καὶ τὰ **τέκνα** καὶ τοὺς ἀδελφοὺς
Lk 15:31 **τέκνον**,
Lk 16:25 **τέκνον**,
Lk 18:29 ἢ γονεῖς ἢ **τέκνα** ἕνεκεν τῆς βασιλείας
Lk 19:44 σε καὶ τὰ **τέκνα** σου ἐν σοί,
Lk 20:31 ἑπτὰ οὐ κατέλιπον **τέκνα** καὶ ἀπέθανον.
Lk 23:28 καὶ ἐπὶ τὰ **τέκνα** ὑμῶν,

τελειόω (*teleioō*; 2/23) *complete, fulfill*

Lk 2:43 καὶ **τελειωσάντων** τὰς ἡμέρας,
Lk 13:32 καὶ τῇ τρίτῃ **τελειοῦμαι**.

τελείωσις (*teleiōsis*; 1/2) *fulfillment*

Lk 1:45 πιστεύσασα ὅτι ἔσται **τελείωσις** τοῖς λελαλημένοις αὐτῇ

τελεσφορέω (*telesphoreō*; 1/1) *produce mature fruit*

Lk 8:14 συμπνίγονται καὶ οὐ **τελεσφοροῦσιν**.

τελευτάω (*teleutaō*; 1/11) *die*

Lk 7:2 κακῶς ἔχων ἤμελλεν **τελευτᾶν**,

τελέω (*teleō*; 4/28) *finish*

Lk 2:39 Καὶ ὡς **ἐτέλεσαν** πάντα τὰ κατὰ

Lk 12:50 συνέχομαι ἕως ὅτου **τελεσθῇ**.
Lk 18:31 καὶ **τελεσθήσεται** πάντα τὰ γεγραμμένα
Lk 22:37 τὸ γεγραμμένον δεῖ **τελεσθῆναι** ἐν ἐμοί,

τέλος (*telos*; 4/41) *end*

Lk 1:33 αὐτοῦ οὐκ ἔσται **τέλος**.
Lk 18:5 ἵνα μὴ εἰς **τέλος** ἐρχομένη ὑπωπιάζῃ με.
Lk 21:9 οὐκ εὐθέως τὸ **τέλος**.
Lk 22:37 τὸ περὶ ἐμοῦ **τέλος** ἔχει.

τελώνης (*telōnēs*; 10/21) *tax-collector*

Lk 3:12 ἦλθον δὲ καὶ **τελῶναι** βαπτισθῆναι καὶ εἶπαν
Lk 5:27 ἐξῆλθεν καὶ ἐθεάσατο **τελώνην** ὀνόματι Λευὶν καθήμενον
Lk 5:29 ἦν ὄχλος πολὺς **τελωνῶν** καὶ ἄλλων οἳ
Lk 5:30 τί μετὰ τῶν **τελωνῶν** καὶ ἁμαρτωλῶν ἐσθίετε
Lk 7:29 ἀκούσας καὶ οἱ **τελῶναι** ἐδικαίωσαν τὸν θεὸν
Lk 7:34 φίλος **τελωνῶν** καὶ ἁμαρτωλῶν.
Lk 15:1 ἐγγίζοντες πάντες οἱ **τελῶναι** καὶ οἱ ἁμαρτωλοὶ
Lk 18:10 καὶ ὁ ἕτερος **τελώνης**.
Lk 18:11 ὡς οὗτος ὁ **τελώνης**·
Lk 18:13 ὁ δὲ **τελώνης** μακρόθεν ἑστὼς οὐκ

τελώνιον (*telōnion*; 1/3) *tax or revenue office*

Lk 5:27 καθήμενον ἐπὶ τὸ **τελώνιον**,

τέσσαρες (*tessares*; 1/40) *four*

Lk 2:37 ἕως ἐτῶν ὀγδοήκοντα **τεσσάρων**,

τεσσεράκοντα (*tesserakonta*; 1/22) *forty*

Lk 4:2 ἡμέρας **τεσσεράκοντα** πειραζόμενος ὑπὸ τοῦ

τετραπλοῦς (*tetraplous*; 1/1) *four times as much*

Lk 19:8 τι ἐσυκοφάντησα ἀποδίδωμι **τετραπλοῦν**.

τετρααρχέω (*tetraarcheō*; 3/3) *be tetrarch*

Lk 3:1 καὶ **τετρααρχοῦντος** τῆς Γαλιλαίας Ἡρῴδου,
Lk 3:1 τοῦ ἀδελφοῦ αὐτοῦ **τετρααρχοῦντος** τῆς Ἰτουραίας καὶ
Lk 3:1 Λυσανίου τῆς Ἀβιληνῆς **τετρααρχοῦντος**,

τετραάρχης (*tetraarchēs*; 2/4) *tetrarch*

Lk 3:19 δὲ Ἡρῴδης ὁ **τετραάρχης**,
Lk 9:7 δὲ Ἡρῴδης ὁ **τετραάρχης** τὰ γινόμενα πάντα

Τιβέριος (*Tiberios*; 1/1) *Tiberius*

Lk 3:1 πεντεκαιδεκάτῳ τῆς ἡγεμονίας **Τιβερίου** Καίσαρος,

τίθημι (*tithēmi*; 16/100) *put, place, appoint*

Lk 1:66 καὶ **ἔθεντο** πάντες οἱ ἀκούσαντες
Lk 5:18 αὐτὸν εἰσενεγκεῖν καὶ **θεῖναι** [αὐτὸν] ἐνώπιον αὐτοῦ.
Lk 6:48 καὶ ἐβάθυνεν καὶ **ἔθηκεν** θεμέλιον ἐπὶ τὴν
Lk 8:16 ἢ ὑποκάτω κλίνης **τίθησιν**,
Lk 8:16 ἀλλ' ἐπὶ λυχνίας **τίθησιν**,
Lk 9:44 **θέσθε** ὑμεῖς εἰς τὰ
Lk 11:33 ἅψας εἰς κρύπτην **τίθησιν** [οὐδὲ ὑπὸ τὸν
Lk 12:46 μετὰ τῶν ἀπίστων **θήσει**.
Lk 14:29 ἵνα μήποτε **θέντος** αὐτοῦ θεμέλιον καὶ
Lk 19:21 αἴρεις ὃ οὐκ **ἔθηκας** καὶ θερίζεις ὃ
Lk 19:22 αἴρων ὃ οὐκ **ἔθηκα** καὶ θερίζων ὃ
Lk 20:43 ἕως ἂν **θῶ** τοὺς ἐχθρούς σου
Lk 21:14 **θέτε** οὖν ἐν ταῖς
Lk 22:41 λίθου βολὴν καὶ **θεὶς** τὰ γόνατα προσηύχετο
Lk 23:53 αὐτὸ σινδόνι καὶ **ἔθηκεν** αὐτὸν ἐν μνήματι
Lk 23:55 μνημεῖον καὶ ὡς **ἐτέθη** τὸ σῶμα αὐτοῦ,

τίκτω (*tiktō*; 5/18) *bear*

Lk 1:31 ἐν γαστρὶ καὶ **τέξῃ** υἱὸν καὶ καλέσεις
Lk 1:57 ὁ χρόνος τοῦ **τεκεῖν** αὐτὴν καὶ ἐγέννησεν
Lk 2:6 αἱ ἡμέραι τοῦ **τεκεῖν** αὐτήν,
Lk 2:7 καὶ **ἔτεκεν** τὸν υἱὸν αὐτῆς
Lk 2:11 ὅτι **ἐτέχθη** ὑμῖν σήμερον σωτὴρ

τίλλω (*tillō*; 1/3) *pluck*

Lk 6:1 καὶ **ἔτιλλον** οἱ μαθηταὶ αὐτοῦ

τιμάω (*timaō*; 1/21) *honor*

Lk 18:20 **τίμα** τὸν πατέρα σου

τίς (*tis*; 114/545[546]) *who; what, why*

Lk 1:18 κατὰ **τί** γνώσομαι τοῦτο;
Lk 1:62 πατρὶ αὐτοῦ τὸ **τί** ἂν θέλοι καλεῖσθαι
Lk 1:66 **τί** ἄρα τὸ παιδίον
Lk 2:48 **τί** ἐποίησας ἡμῖν οὕτως;
Lk 2:49 **τί** ὅτι ἐζητεῖτέ με;
Lk 3:7 **τίς** ὑπέδειξεν ὑμῖν φυγεῖν
Lk 3:10 **τί** οὖν ποιήσωμεν;
Lk 3:12 **τί** ποιήσωμεν;
Lk 3:14 **τί** ποιήσωμεν καὶ ἡμεῖς;
Lk 4:34 **τί** ἡμῖν καὶ σοί,
Lk 4:34 οἶδά σε **τίς** εἶ,
Lk 4:36 **τίς** ὁ λόγος οὗτος
Lk 5:21 **τίς** ἐστιν οὗτος ὃς
Lk 5:21 **τίς** δύναται ἁμαρτίας ἀφεῖναι
Lk 5:22 **τί** διαλογίζεσθε ἐν ταῖς
Lk 5:23 **τί** ἐστιν εὐκοπώτερον,
Lk 5:30 διὰ **τί** μετὰ τῶν τελωνῶν
Lk 6:2 **τί** ποιεῖτε ὃ οὐκ
Lk 6:11 διελάλουν πρὸς ἀλλήλους **τί** ἂν ποιήσαιεν
Lk 6:41 **Τί** δὲ βλέπεις τὸ
Lk 6:46 **Τί** δέ με καλεῖτε·
Lk 6:47 ὑποδείξω ὑμῖν **τίνι** ἐστὶν ὅμοιος·
Lk 7:24 **τί** ἐξήλθατε εἰς τὴν
Lk 7:25 ἀλλὰ **τί** ἐξήλθατε ἰδεῖν;
Lk 7:26 ἀλλὰ **τί** ἐξήλθατε ἰδεῖν;
Lk 7:31 **Τίνι** οὖν ὁμοιώσω τοὺς
Lk 7:31 γενεᾶς ταύτης καὶ **τίνι** εἰσὶν ὅμοιοι;
Lk 7:39 ἐγίνωσκεν ἂν **τίς** καὶ ποταπὴ ἡ
Lk 7:42 **τίς** οὖν αὐτῶν πλεῖον
Lk 7:49 **τίς** οὗτός ἐστιν ὃς
Lk 8:9 οἱ μαθηταὶ αὐτοῦ **τίς** αὕτη εἴη ἡ
Lk 8:25 **τίς** ἄρα οὗτός ἐστιν
Lk 8:28 **τί** ἐμοὶ καὶ σοί,
Lk 8:30 **τί** σοι ὄνομά ἐστιν;
Lk 8:45 **τίς** ὁ ἁψάμενός μου;

Lk 9:9 **τίς** δέ ἐστιν οὗτος
Lk 9:18 **τίνα** με λέγουσιν οἱ
Lk 9:20 ὑμεῖς δὲ **τίνα** με λέγετε εἶναι;
Lk 9:25 **τί** γὰρ ὠφελεῖται ἄνθρωπος
Lk 9:46 τὸ **τίς** ἂν εἴη μείζων
Lk 10:22 καὶ οὐδεὶς γινώσκει **τίς** ἐστιν ὁ υἱὸς
Lk 10:22 καὶ **τίς** ἐστιν ὁ πατὴρ
Lk 10:25 **τί** ποιήσας ζωὴν αἰώνιον
Lk 10:26 ἐν τῷ νόμῳ **τί** γέγραπται;
Lk 10:29 καὶ **τίς** ἐστίν μου πλησίον;
Lk 10:36 **τίς** τούτων τῶν τριῶν
Lk 11:5 **τίς** ἐξ ὑμῶν ἕξει
Lk 11:11 **τίνα** δὲ ἐξ ὑμῶν
Lk 11:19 υἱοὶ ὑμῶν ἐν **τίνι** ἐκβάλλουσιν;
Lk 12:5 ὑποδείξω δὲ ὑμῖν **τίνα** φοβηθῆτε·
Lk 12:11 μεριμνήσητε πῶς ἢ **τί** ἀπολογήσησθε ἢ τί
Lk 12:11 τί ἀπολογήσησθε ἢ **τί** εἴπητε·
Lk 12:14 **τίς** με κατέστησεν κριτὴν
Lk 12:17 **τί** ποιήσω,
Lk 12:20 **τίνι** ἔσται;
Lk 12:22 μεριμνᾶτε τῇ ψυχῇ **τί** φάγητε,
Lk 12:22 μηδὲ τῷ σώματι **τί** ἐνδύσησθε.
Lk 12:25 **τίς** δὲ ἐξ ὑμῶν
Lk 12:26 **τί** περὶ τῶν λοιπῶν
Lk 12:29 ὑμεῖς μὴ ζητεῖτε **τί** φάγητε καὶ τί
Lk 12:29 τί φάγητε καὶ **τί** πίητε καὶ μὴ
Lk 12:42 **τίς** ἄρα ἐστὶν ὁ
Lk 12:49 καὶ **τί** θέλω εἰ ἤδη
Lk 12:57 **Τί** δὲ καὶ ἀφ'
Lk 13:18 **τίνι** ὁμοία ἐστὶν ἡ
Lk 13:18 τοῦ θεοῦ καὶ **τίνι** ὁμοιώσω αὐτήν;
Lk 13:20 **τίνι** ὁμοιώσω τὴν βασιλείαν
Lk 14:5 **τίνος** ὑμῶν υἱὸς ἢ
Lk 14:28 **Τίς** γὰρ ἐξ ὑμῶν
Lk 14:31 Ἢ **τίς** βασιλεὺς πορευόμενος ἑτέρῳ
Lk 14:34 ἐν **τίνι** ἀρτυθήσεται;
Lk 15:4 **τίς** ἄνθρωπος ἐξ ὑμῶν
Lk 15:8 Ἢ **τίς** γυνὴ δραχμὰς ἔχουσα
Lk 15:26 τῶν παίδων ἐπυνθάνετο **τί** ἂν εἴη ταῦτα.
Lk 16:2 **τί** τοῦτο ἀκούω περὶ
Lk 16:3 **τί** ποιήσω,
Lk 16:4 ἔγνων **τί** ποιήσω,
Lk 16:11 τὸ ἀληθινὸν **τίς** ὑμῖν πιστεύσει;
Lk 16:12 τὸ ὑμέτερον **τίς** ὑμῖν δώσει;
Lk 17:7 **Τίς** δὲ ἐξ ὑμῶν
Lk 17:8 ἑτοίμασον **τί** δειπνήσω καὶ περιζωσάμενος
Lk 18:6 ἀκούσατε **τί** ὁ κριτὴς τῆς
Lk 18:18 **τί** ποιήσας ζωὴν αἰώνιον
Lk 18:19 **τί** με λέγεις ἀγαθόν;
Lk 18:26 καὶ **τίς** δύναται σωθῆναι;
Lk 18:36 ὄχλου διαπορευομένου ἐπυνθάνετο **τί** εἴη τοῦτο.
Lk 18:41 **τί** σοι θέλεις ποιήσω;
Lk 19:3 ἰδεῖν τὸν Ἰησοῦν **τίς** ἐστιν καὶ οὐκ
Lk 19:15 ἵνα γνοῖ **τί** διεπραγματεύσαντο.
Lk 19:23 καὶ διὰ **τί** οὐκ ἔδωκάς μου
Lk 19:31 διὰ **τί** λύετε;
Lk 19:33 **τί** λύετε τὸν πῶλον;
Lk 19:48 οὐχ εὕρισκον τὸ **τί** ποιήσωσιν,
Lk 20:2 ἢ **τίς** ἐστιν ὁ δούς
Lk 20:5 διὰ **τί** οὐκ ἐπιστεύσατε αὐτῷ;
Lk 20:13 **τί** ποιήσω;
Lk 20:15 **τί** οὖν ποιήσει αὐτοῖς
Lk 20:17 **τί** οὖν ἐστιν τὸ
Lk 20:24 **τίνος** ἔχει εἰκόνα καὶ
Lk 20:33 ἐν τῇ ἀναστάσει **τίνος** αὐτῶν γίνεται γυνή;
Lk 21:7 ταῦτα ἔσται καὶ **τί** τὸ σημεῖον ὅταν
Lk 22:23 πρὸς ἑαυτοὺς τὸ **τίς** ἄρα εἴη ἐξ
Lk 22:24 τὸ **τίς** αὐτῶν δοκεῖ εἶναι
Lk 22:27 **τίς** γὰρ μείζων,
Lk 22:46 **τί** καθεύδετε;
Lk 22:64 **τίς** ἐστιν ὁ παίσας
Lk 22:71 **τί** ἔτι ἔχομεν μαρτυρίας
Lk 23:22 **τί** γὰρ κακὸν ἐποίησεν
Lk 23:31 ἐν τῷ ξηρῷ **τί** γένηται;
Lk 23:34 οὐ γὰρ οἴδασιν **τί** ποιοῦσιν]] διαμεριζόμενοι δὲ
Lk 24:5 **τί** ζητεῖτε τὸν ζῶντα
Lk 24:17 **τίνες** οἱ λόγοι οὗτοι
Lk 24:38 **τί** τεταραγμένοι ἐστὲ καὶ
Lk 24:38 ἐστὲ καὶ διὰ **τί** διαλογισμοὶ ἀναβαίνουσιν

τις (*tis*; 81/542[543]) *anyone, anything*

Lk 1:5 τῆς Ἰουδαίας ἱερεύς **τις** ὀνόματι Ζαχαρίας
Lk 6:2 **τινες** δὲ τῶν Φαρισαίων
Lk 7:2 Ἑκατοντάρχου δέ **τινος** δοῦλος κακῶς ἔχων
Lk 7:18 καὶ προσκαλεσάμενος δύο **τινας** τῶν μαθητῶν αὐτοῦ
Lk 7:36 Ἠρώτα δέ **τις** αὐτὸν τῶν Φαρισαίων
Lk 7:40 ἔχω σοί **τι** εἰπεῖν.
Lk 7:41 χρεοφειλέται ἦσαν δανιστῇ **τινι**·
Lk 8:2 καὶ γυναῖκές **τινες** αἳ ἦσαν τεθεραπευμέναι
Lk 8:27 γῆν ὑπήντησεν ἀνήρ **τις** ἐκ τῆς πόλεως
Lk 8:46 ἥψατό μού **τις**,
Lk 8:49 αὐτοῦ λαλοῦντος ἔρχεταί **τις** παρὰ τοῦ ἀρχισυναγώγου
Lk 8:51 οὐκ ἀφῆκεν εἰσελθεῖν **τινα** σὺν αὐτῷ εἰ
Lk 9:7 τὸ λέγεσθαι ὑπό **τινων** ὅτι Ἰωάννης ἠγέρθη
Lk 9:8 ὑπό **τινων** δὲ ὅτι Ἠλίας
Lk 9:8 δὲ ὅτι προφήτης **τις** τῶν ἀρχαίων ἀνέστη.
Lk 9:19 δὲ ὅτι προφήτης **τις** τῶν ἀρχαίων ἀνέστη.
Lk 9:23 εἴ **τις** θέλει ὀπίσω μου
Lk 9:27 εἰσίν **τινες** τῶν αὐτοῦ ἑστηκότων
Lk 9:49 εἴδομέν **τινα** ἐν τῷ ὀνόματί
Lk 9:57 τῇ ὁδῷ εἶπέν **τις** πρὸς αὐτόν·
Lk 10:25 Καὶ ἰδοὺ νομικός **τις** ἀνέστη ἐκπειράζων αὐτὸν
Lk 10:30 ἄνθρωπός **τις** κατέβαινεν ἀπὸ Ἰερουσαλὴμ
Lk 10:31 συγκυρίαν δὲ ἱερεύς **τις** κατέβαινεν ἐν τῇ
Lk 10:33 Σαμαρίτης δέ **τις** ὁδεύων ἦλθεν κατ'
Lk 10:35 καὶ ὅ **τι** ἂν προσδαπανήσῃς ἐγὼ
Lk 10:38 εἰσῆλθεν εἰς κώμην **τινα**·
Lk 10:38 γυνὴ δέ **τις** ὀνόματι Μάρθα ὑπεδέξατο
Lk 11:1 αὐτὸν ἐν τόπῳ **τινι** προσευχόμενον,
Lk 11:1 εἶπέν **τις** τῶν μαθητῶν αὐτοῦ
Lk 11:15 **τινες** δὲ ἐξ αὐτῶν
Lk 11:27 αὐτὸν ταῦτα ἐπάρασά **τις** φωνὴν γυνὴ ἐκ
Lk 11:36 μὴ ἔχον μέρος **τι** σκοτεινόν,
Lk 11:45 Ἀποκριθεὶς δέ **τις** τῶν νομικῶν λέγει
Lk 11:54 ἐνεδρεύοντες αὐτὸν θηρεῦσαί **τι** ἐκ τοῦ στόματος
Lk 12:4 μὴ ἐχόντων περισσότερόν **τι** ποιῆσαι.
Lk 12:13 Εἶπεν δέ **τις** ἐκ τοῦ ὄχλου
Lk 12:15 ἐν τῷ περισσεύειν **τινι** ἡ ζωὴ αὐτοῦ
Lk 12:16 ἀνθρώπου **τινος** πλουσίου εὐφόρησεν ἡ
Lk 13:1 Παρῆσαν δέ **τινες** ἐν αὐτῷ τῷ
Lk 13:6 συκῆν εἶχέν **τις** πεφυτευμένην ἐν τῷ
Lk 13:23 Εἶπεν δέ **τις** αὐτῷ·

Lk 13:31 τῇ ὥρᾳ προσῆλθάν **τινες** Φαρισαῖοι λέγοντες αὐτῷ·
Lk 14:1 αὐτὸν εἰς οἶκόν **τινος** τῶν ἀρχόντων [τῶν]
Lk 14:2 Καὶ ἰδοὺ ἄνθρωπός **τις** ἦν ὑδρωπικὸς ἔμπροσθεν
Lk 14:8 ὅταν κληθῇς ὑπό **τινος** εἰς γάμους,
Lk 14:15 Ἀκούσας δέ **τις** τῶν συνανακειμένων ταῦτα
Lk 14:16 ἄνθρωπός **τις** ἐποίει δεῖπνον μέγα,
Lk 14:26 εἴ **τις** ἔρχεται πρός με
Lk 15:11 ἄνθρωπός **τις** εἶχεν δύο υἱούς.
Lk 16:1 ἄνθρωπός **τις** ἦν πλούσιος ὃς
Lk 16:19 Ἄνθρωπος δέ **τις** ἦν πλούσιος,
Lk 16:20 πτωχὸς δέ **τις** ὀνόματι Λάζαρος ἐβέβλητο
Lk 16:30 ἀλλ' ἐάν **τις** ἀπὸ νεκρῶν πορευθῇ
Lk 16:31 οὐδ' ἐάν **τις** ἐκ νεκρῶν ἀναστῇ
Lk 17:12 εἰσερχομένου αὐτοῦ εἴς **τινα** κώμην ἀπήντησαν [αὐτῷ]
Lk 18:2 κριτής **τις** ἦν ἔν τινι
Lk 18:2 τις ἦν ἔν **τινι** πόλει τὸν θεὸν
Lk 18:9 δὲ καὶ πρός **τινας** τοὺς πεποιθότας ἐφ'
Lk 18:18 Καὶ ἐπηρώτησέν **τις** αὐτὸν ἄρχων λέγων·
Lk 18:35 εἰς Ἰεριχὼ τυφλός **τις** ἐκάθητο παρὰ τὴν
Lk 19:8 καὶ εἴ **τινος** τι ἐσυκοφάντησα ἀποδίδωμι
Lk 19:8 καὶ εἴ τινος **τι** ἐσυκοφάντησα ἀποδίδωμι τετραπλοῦν.
Lk 19:12 ἄνθρωπός **τις** εὐγενὴς ἐπορεύθη εἰς
Lk 19:31 καὶ ἐάν **τις** ὑμᾶς ἐρωτᾷ·
Lk 19:39 καί **τινες** τῶν Φαρισαίων ἀπὸ
Lk 20:9 ἄνθρωπός **[τις]** ἐφύτευσεν ἀμπελῶνα καὶ
Lk 20:27 Προσελθόντες δέ **τινες** τῶν Σαδδουκαίων,
Lk 20:28 ἐάν **τινος** ἀδελφὸς ἀποθάνῃ ἔχων
Lk 20:39 Ἀποκριθέντες δέ **τινες** τῶν γραμματέων εἶπαν·
Lk 21:2 εἶδεν δέ **τινα** χήραν πενιχρὰν βάλλουσαν
Lk 21:5 Καί **τινων** λεγόντων περὶ τοῦ
Lk 22:35 μή **τινος** ὑστερήσατε;
Lk 22:50 καὶ ἐπάταξεν εἷς **τις** ἐξ αὐτῶν τοῦ
Lk 22:56 δὲ αὐτὸν παιδίσκη **τις** καθήμενον πρὸς τὸ
Lk 22:59 ὥρας μιᾶς ἄλλος **τις** διϊσχυρίζετο λέγων·
Lk 23:8 αὐτοῦ καὶ ἤλπιζέν **τι** σημεῖον ἰδεῖν ὑπ'
Lk 23:19 ἦν διὰ στάσιν **τινα** γενομένην ἐν τῇ
Lk 23:26 ἐπιλαβόμενοι Σίμωνά **τινα** Κυρηναῖον ἐρχόμενον ἀπ'
Lk 24:22 ἀλλὰ καὶ γυναῖκές **τινες** ἐξ ἡμῶν ἐξέστησαν
Lk 24:24 καὶ ἀπῆλθόν **τινες** τῶν σὺν ἡμῖν
Lk 24:41 ἔχετέ **τι** βρώσιμον ἐνθάδε;

τοίνυν (*toinyn*; 1/3) *therefore*

Lk 20:25 **τοίνυν** ἀπόδοτε τὰ Καίσαρος

τοιοῦτος (*toioutos*; 2/56[57]) *such*

Lk 9:9 περὶ οὗ ἀκούω **τοιαῦτα**;
Lk 18:16 τῶν γὰρ τοιούτων **ἐστὶν** ἡ βασιλεία τοῦ

τόκος (*tokos*; 1/2) *interest*

Lk 19:23 κἀγὼ ἐλθὼν σὺν **τόκῳ** ἂν αὐτὸ ἔπραξα.

τολμάω (*tolmaō*; 1/16) *dare*

Lk 20:40 οὐκέτι γὰρ **ἐτόλμων** ἐπερωτᾶν αὐτὸν οὐδέν.

τόπος (*topos*; 19/94) *place*

Lk 2:7 οὐκ ἦν αὐτοῖς **τόπος** ἐν τῷ καταλύματι.
Lk 4:17 βιβλίον εὗρεν τὸν **τόπον** οὗ ἦν γεγραμμένον·
Lk 4:37 αὐτοῦ εἰς πάντα **τόπον** τῆς περιχώρου.
Lk 4:42 ἐπορεύθη εἰς ἔρημον **τόπον**·
Lk 6:17 αὐτῶν ἔστη ἐπὶ **τόπου** πεδινοῦ,
Lk 9:12 ὧδε ἐν ἐρήμῳ **τόπῳ** ἐσμέν.
Lk 10:1 πᾶσαν πόλιν καὶ **τόπον** οὗ ἤμελλεν αὐτὸς
Lk 10:32 [γενόμενος] κατὰ τὸν **τόπον** ἐλθὼν καὶ ἰδὼν
Lk 11:1 εἶναι αὐτὸν ἐν **τόπῳ** τινι προσευχόμενον,
Lk 11:24 διέρχεται δι' ἀνύδρων **τόπων** ζητοῦν ἀνάπαυσιν καὶ
Lk 14:9 δὸς τούτῳ **τόπον**,
Lk 14:9 αἰσχύνης τὸν ἔσχατον **τόπον** κατέχειν.
Lk 14:10 εἰς τὸν ἔσχατον **τόπον**,
Lk 14:22 καὶ ἔτι **τόπος** ἐστίν.
Lk 16:28 ἔλθωσιν εἰς τὸν **τόπον** τοῦτον τῆς βασάνου.
Lk 19:5 ἦλθεν ἐπὶ τὸν **τόπον**,
Lk 21:11 μεγάλοι καὶ κατὰ **τόπους** λιμοὶ καὶ λοιμοὶ
Lk 22:40 δὲ ἐπὶ τοῦ **τόπου** εἶπεν αὐτοῖς·
Lk 23:33 ἦλθον ἐπὶ τὸν **τόπον** τὸν καλούμενον Κρανίον,

τοσοῦτος (*tosoutos*; 2/20) *so much (pl. so many)*

Lk 7:9 ἐν τῷ Ἰσραὴλ **τοσαύτην** πίστιν εὗρον.
Lk 15:29 ἰδοὺ **τοσαῦτα** ἔτη δουλεύω σοι

τότε (*tote*; 15/160) *then*

Lk 5:35 **τότε** νηστεύσουσιν ἐν ἐκείναις
Lk 6:42 καὶ **τότε** διαβλέψεις τὸ κάρφος
Lk 11:24 **[τότε]** λέγει·
Lk 11:26 **τότε** πορεύεται καὶ παραλαμβάνει
Lk 13:26 **τότε** ἄρξεσθε λέγειν·
Lk 14:9 καὶ **τότε** ἄρξῃ μετὰ αἰσχύνης
Lk 14:10 **τότε** ἔσται σοι δόξα
Lk 14:21 **τότε** ὀργισθεὶς ὁ οἰκοδεσπότης
Lk 16:16 ἀπὸ **τότε** ἡ βασιλεία τοῦ
Lk 21:10 **Τότε** ἔλεγεν αὐτοῖς·
Lk 21:20 **τότε** γνῶτε ὅτι ἤγγικεν
Lk 21:21 **τότε** οἱ ἐν τῇ
Lk 21:27 καὶ **τότε** ὄψονται τὸν υἱὸν
Lk 23:30 **τότε** ἄρξονται λέγειν τοῖς
Lk 24:45 **τότε** διήνοιξεν αὐτῶν τὸν

τράπεζα (*trapeza*; 4/15) *table*

Lk 16:21 πιπτόντων ἀπὸ τῆς **τραπέζης** τοῦ πλουσίου·
Lk 19:23 τὸ ἀργύριον ἐπὶ **τράπεζαν**;
Lk 22:21 ἐμοῦ ἐπὶ τῆς **τραπέζης**.
Lk 22:30 πίνητε ἐπὶ τῆς **τραπέζης** μου ἐν τῇ

τραῦμα (*trauma*; 1/1) *wound*

Lk 10:34 προσελθὼν κατέδησεν τὰ **τραύματα** αὐτοῦ ἐπιχέων ἔλαιον

τραυματίζω (*traumatizō*; 1/2) *injure*

Lk 20:12 δὲ καὶ τοῦτον **τραυματίσαντες** ἐξέβαλον.

τράχηλος (*trachēlos*; 2/7) *neck*

Lk 15:20 ἐπέπεσεν ἐπὶ τὸν **τράχηλον** αὐτοῦ καὶ κατεφίλησεν
Lk 17:2 περίκειται περὶ τὸν **τράχηλον** αὐτοῦ καὶ ἔρριπται

<u>τραχύς (*trachys*; 1/2) *rough*</u>
Lk 3:5 εὐθείαν καὶ αἱ **τραχεῖαι** εἰς ὁδοὺς λείας·

<u>Τραχωνῖτις (*Trachōnitis*; 1/1) *Trachonitis*</u>
Lk 3:1 τῆς Ἰτουραίας καὶ **Τραχωνίτιδος** χώρας,

<u>τρεῖς (*treis*; 10/69) *three*</u>
Lk 1:56 αὐτῇ ὡς μῆνας **τρεῖς**,
Lk 2:46 ἐγένετο μετὰ ἡμέρας **τρεῖς** εὗρον αὐτὸν ἐν
Lk 4:25 οὐρανὸς ἐπὶ ἔτη **τρία** καὶ μῆνας ἕξ,
Lk 9:33 καὶ ποιήσωμεν σκηνὰς **τρεῖς**,
Lk 10:36 τίς τούτων τῶν **τριῶν** πλησίον δοκεῖ σοι
Lk 11:5 χρῆσόν μοι **τρεῖς** ἄρτους,
Lk 12:52 **τρεῖς** ἐπὶ δυσὶν καὶ
Lk 12:52 καὶ δύο ἐπὶ **τρισίν**,
Lk 13:7 ἰδοὺ **τρία** ἔτη ἀφ' οὗ
Lk 13:21 εἰς ἀλεύρου σάτα **τρία** ἕως οὗ ἐζυμώθη

<u>τρέμω (*tremō*; 1/3) *tremble*</u>
Lk 8:47 **τρέμουσα** ἦλθεν καὶ προσπεσοῦσα

<u>τρέφω (*trephō*; 3/9) *feed*</u>
Lk 4:16 οὗ ἦν **τεθραμμένος**,
Lk 12:24 καὶ ὁ θεὸς **τρέφει** αὐτούς·
Lk 23:29 μαστοὶ οἳ οὐκ **ἔθρεψαν**.

<u>τρέχω (*trechō*; 2/20) *run*</u>
Lk 15:20 καὶ ἐσπλαγχνίσθη καὶ **δραμὼν** ἐπέπεσεν ἐπὶ
Lk 24:12 δὲ Πέτρος ἀναστὰς **ἔδραμεν** ἐπὶ τὸ μνημεῖον

<u>τρῆμα (*trēma*; 1/1) *eye (of a needle)*</u>
Lk 18:25 ἐστιν κάμηλον διὰ **τρήματος** βελόνης εἰσελθεῖν ἢ

<u>τριάκοντα (*triakonta*; 1/11) *thirty*</u>
Lk 3:23 ἀρχόμενος ὡσεὶ ἐτῶν **τριάκοντα**,

<u>τρίβος (*tribos*; 1/3) *path*</u>
Lk 3:4 εὐθείας ποιεῖτε τὰς **τρίβους** αὐτοῦ·

<u>τρίς (*tris*; 2/12) *three times*</u>
Lk 22:34 σήμερον ἀλέκτωρ ἕως **τρίς** με ἀπαρνήσῃ εἰδέναι.
Lk 22:61 σήμερον ἀπαρνήσῃ με **τρίς**.

<u>τρίτος (*tritos*; 10/56) *third*</u>
Lk 9:22 ἀποκτανθῆναι καὶ τῇ **τρίτῃ** ἡμέρᾳ ἐγερθῆναι.
Lk 12:38 κἂν ἐν τῇ **τρίτῃ** φυλακῇ ἔλθῃ καὶ
Lk 13:32 αὔριον καὶ τῇ **τρίτῃ** τελειοῦμαι.
Lk 18:33 τῇ ἡμέρᾳ τῇ **τρίτῃ** ἀναστήσεται.
Lk 20:12 καὶ προσέθετο **τρίτον** πέμψαι·
Lk 20:31 καὶ ὁ **τρίτος** ἔλαβεν αὐτήν,
Lk 23:22 ὁ δὲ **τρίτον** εἶπεν πρὸς αὐτούς·
Lk 24:7 σταυρωθῆναι καὶ τῇ **τρίτῃ** ἡμέρᾳ ἀναστῆναι.
Lk 24:21 σὺν πᾶσιν τούτοις **τρίτην** ταύτην ἡμέραν ἄγει
Lk 24:46 ἐκ νεκρῶν τῇ **τρίτῃ** ἡμέρᾳ,

<u>τρόπος (*tropos*; 1/13) *way*</u>
Lk 13:34 τέκνα σου ὃν **τρόπον** ὄρνις τὴν ἑαυτῆς

<u>τροφή (*trophē*; 1/16) *food*</u>
Lk 12:23 πλεῖόν ἐστιν τῆς **τροφῆς** καὶ τὸ σῶμα

<u>τρυγάω (*trygaō*; 1/3) *gather*</u>
Lk 6:44 ἐκ βάτου σταφυλὴν **τρυγῶσιν**.

<u>τρυγών (*trygōn*; 1/1) *dove*</u>
Lk 2:24 ζεῦγος **τρυγόνων** ἢ δύο νοσσοὺς

<u>τρυφή (*tryphē*; 1/2) *luxury*</u>
Lk 7:25 ἱματισμῷ ἐνδόξῳ καὶ **τρυφῇ** ὑπάρχοντες ἐν

<u>τυγχάνω (*tynchanō*; 1/12) *obtain*</u>
Lk 20:35 τοῦ αἰῶνος ἐκείνου **τυχεῖν** καὶ τῆς ἀναστάσεως

<u>τύπτω (*typtō*; 4/13) *beat*</u>
Lk 6:29 τῷ **τύπτοντί** σε ἐπὶ τὴν
Lk 12:45 καὶ ἄρξηται τύπτειν **τοὺς** παῖδας καὶ τὰς
Lk 18:13 ἀλλ' **ἔτυπτεν** τὸ στῆθος αὐτοῦ
Lk 23:48 **τύπτοντες** τὰ στήθη ὑπέστρεφον.

<u>Τύρος (*Tyros*; 3/11) *Tyre*</u>
Lk 6:17 καὶ τῆς παραλίου **Τύρου** καὶ Σιδῶνος,
Lk 10:13 ὅτι εἰ ἐν **Τύρῳ** καὶ Σιδῶνι ἐγενήθησαν
Lk 10:14 πλὴν **Τύρῳ** καὶ Σιδῶνι ἀνεκτότερον

<u>τυφλός (*typhlos*; 8/50) *blind*</u>
Lk 4:18 αἰχμαλώτοις ἄφεσιν καὶ **τυφλοῖς** ἀνάβλεψιν,
Lk 6:39 μήτι δύναται **τυφλὸς** τυφλὸν ὁδηγεῖν;
Lk 6:39 μήτι δύναται τυφλὸς **τυφλὸν** ὁδηγεῖν;
Lk 7:21 πνευμάτων πονηρῶν καὶ **τυφλοῖς** πολλοῖς ἐχαρίσατο βλέπειν.
Lk 7:22 **τυφλοὶ** ἀναβλέπουσιν,
Lk 14:13 **τυφλούς**·
Lk 14:21 καὶ ἀναπείρους καὶ **τυφλοὺς** καὶ χωλοὺς εἰσάγαγε
Lk 18:35 αὐτὸν εἰς Ἰεριχὼ **τυφλός** τις ἐκάθητο παρὰ

<u>ὑβρίζω (*hybrizō*; 2/5) *treat disgracefully*</u>
Lk 11:45 λέγων καὶ ἡμᾶς **ὑβρίζεις**.
Lk 18:32 καὶ ἐμπαιχθήσεται καὶ **ὑβρισθήσεται** καὶ ἐμπτυσθήσεται

<u>ὑγιαίνω (*hygiainō*; 3/12) *be sound*</u>
Lk 5:31 χρείαν ἔχουσιν οἱ **ὑγιαίνοντες** ἰατροῦ ἀλλὰ
Lk 7:10 εὗρον τὸν δοῦλον **ὑγιαίνοντα**.
Lk 15:27 ὅτι ὑγιαίνοντα **αὐτὸν** ἀπέλαβεν.

<u>ὑγρός (*hygros*; 1/1) *green*</u>
Lk 23:31 εἰ ἐν τῷ **ὑγρῷ** ξύλῳ ταῦτα ποιοῦσιν,

<u>ὑδρωπικός (*hydrōpikos*; 1/1) *suffering from dropsy*</u>
Lk 14:2 ἄνθρωπός τις ἦν **ὑδρωπικὸς** ἔμπροσθεν αὐτοῦ.

ὕδωρ (*hydōr*; 6/76) *water*

Lk 3:16 ἐγὼ μὲν **ὕδατι** βαπτίζω ὑμᾶς·
Lk 7:44 **ὕδωρ** μοι ἐπὶ πόδας
Lk 8:24 τῷ κλύδωνι τοῦ **ὕδατος**·
Lk 8:25 ἐπιτάσσει καὶ τῷ **ὕδατι**,
Lk 16:24 τοῦ δακτύλου αὐτοῦ **ὕδατος** καὶ καταψύξῃ
Lk 22:10 ὑμῖν ἄνθρωπος κεράμιον **ὕδατος** βαστάζων·

υἱός (*huios*; 77/377) *son*

Lk 1:13 σου Ἐλισάβετ γεννήσει **υἱόν** σοι καὶ καλέσεις
Lk 1:16 καὶ πολλοὺς τῶν **υἱῶν** Ἰσραὴλ ἐπιστρέψει
Lk 1:31 γαστρὶ καὶ τέξῃ **υἱὸν** καὶ καλέσεις τὸ
Lk 1:32 ἔσται μέγας καὶ **υἱὸς** ὑψίστου κληθήσεται
Lk 1:35 γεννώμενον ἅγιον κληθήσεται **υἱὸς** θεοῦ.
Lk 1:36 καὶ αὐτὴ συνείληφεν **υἱὸν** ἐν γήρει αὐτῆς
Lk 1:57 αὐτὴν καὶ ἐγέννησεν **υἱόν**.
Lk 2:7 καὶ ἔτεκεν τὸν **υἱὸν** αὐτῆς τὸν πρωτότοκον,
Lk 3:2 Ἰωάννην τὸν Ζαχαρίου **υἱὸν** ἐν τῇ ἐρήμῳ.
Lk 3:22 σὺ εἶ ὁ **υἱός** μου ὁ ἀγαπητός,
Lk 3:23 ὢν **υἱός**,
Lk 4:3 εἰ **υἱὸς** εἶ τοῦ θεοῦ,
Lk 4:9 εἰ **υἱὸς** εἶ τοῦ θεοῦ,
Lk 4:22 οὐχὶ **υἱός** ἐστιν Ἰωσὴφ οὗτος;
Lk 4:41 σὺ εἶ ὁ **υἱὸς** τοῦ θεοῦ.
Lk 5:10 Ἰάκωβον καὶ Ἰωάννην **υἱοὺς** Ζεβεδαίου,
Lk 5:24 εἰδῆτε ὅτι ὁ **υἱὸς** τοῦ ἀνθρώπου ἐξουσίαν
Lk 5:34 μὴ δύνασθε τοὺς **υἱοὺς** τοῦ νυμφῶνος ἐν
Lk 6:5 τοῦ σαββάτου ὁ **υἱὸς** τοῦ ἀνθρώπου.
Lk 6:22 πονηρὸν ἕνεκα τοῦ **υἱοῦ** τοῦ ἀνθρώπου·
Lk 6:35 καὶ ἔσεσθε **υἱοὶ** ὑψίστου,
Lk 7:12 ἐξεκομίζετο τεθνηκὼς μονογενὴς **υἱὸς** τῇ μητρὶ αὐτοῦ
Lk 7:34 ἐλήλυθεν ὁ **υἱὸς** τοῦ ἀνθρώπου ἐσθίων
Lk 8:28 Ἰησοῦ **υἱὲ** τοῦ θεοῦ τοῦ
Lk 9:22 ὅτι δεῖ τὸν **υἱὸν** τοῦ ἀνθρώπου πολλὰ
Lk 9:26 τοῦτον ὁ **υἱὸς** τοῦ ἀνθρώπου ἐπαισχυνθήσεται,
Lk 9:35 οὗτός ἐστιν ὁ **υἱός** μου ὁ ἐκλελεγμένος,
Lk 9:38 ἐπιβλέψαι ἐπὶ τὸν **υἱόν** μου,
Lk 9:41 προσάγαγε ὧδε τὸν **υἱόν** σου.
Lk 9:44 ὁ γὰρ **υἱὸς** τοῦ ἀνθρώπου μέλλει
Lk 9:58 ὁ δὲ **υἱὸς** τοῦ ἀνθρώπου οὐκ
Lk 10:6 ἐὰν ἐκεῖ ᾖ **υἱὸς** εἰρήνης,
Lk 10:22 τίς ἐστιν ὁ **υἱὸς** εἰ μὴ ὁ
Lk 10:22 εἰ μὴ ὁ **υἱὸς** καὶ ᾧ ἐὰν
Lk 10:22 ἐὰν βούληται ὁ **υἱὸς** ἀποκαλύψαι.
Lk 11:11 πατέρα αἰτήσει ὁ **υἱὸς** ἰχθύν,
Lk 11:19 οἱ **υἱοὶ** ὑμῶν ἐν τίνι
Lk 11:30 ἔσται καὶ ὁ **υἱὸς** τοῦ ἀνθρώπου τῇ
Lk 12:8 καὶ ὁ **υἱὸς** τοῦ ἀνθρώπου ὁμολογήσει
Lk 12:10 λόγον εἰς τὸν **υἱὸν** τοῦ ἀνθρώπου,
Lk 12:40 οὐ δοκεῖτε ὁ **υἱὸς** τοῦ ἀνθρώπου ἔρχεται.
Lk 12:53 διαμερισθήσονται πατὴρ ἐπὶ **υἱῷ** καὶ υἱὸς
Lk 12:53 ἐπὶ υἱῷ καὶ **υἱὸς** ἐπὶ πατρί,
Lk 14:5 τίνος ὑμῶν **υἱὸς** ἢ βοῦς εἰς
Lk 15:11 τις εἶχεν δύο **υἱούς**.
Lk 15:13 πάντα ὁ νεώτερος **υἱὸς** ἀπεδήμησεν εἰς χώραν
Lk 15:19 εἰμὶ ἄξιος κληθῆναι **υἱός** σου·
Lk 15:21 εἶπεν δὲ ὁ **υἱὸς** αὐτῷ·
Lk 15:21 εἰμὶ ἄξιος κληθῆναι **υἱός** σου.
Lk 15:24 ὅτι οὗτος ὁ **υἱός** μου νεκρὸς ἦν
Lk 15:25 Ἦν δὲ ὁ **υἱὸς** αὐτοῦ ὁ πρεσβύτερος
Lk 15:30 ὅτε δὲ ὁ **υἱός** σου οὗτος ὁ
Lk 16:8 ὅτι οἱ **υἱοὶ** τοῦ αἰῶνος τούτου
Lk 16:8 φρονιμώτεροι ὑπὲρ τοὺς **υἱοὺς** τοῦ φωτὸς
Lk 17:22 τῶν ἡμερῶν τοῦ **υἱοῦ** τοῦ ἀνθρώπου ἰδεῖν
Lk 17:24 οὕτως ἔσται ὁ **υἱὸς** τοῦ ἀνθρώπου [ἐν
Lk 17:26 ταῖς ἡμέραις τοῦ **υἱοῦ** τοῦ ἀνθρώπου·
Lk 17:30 ᾗ ἡμέρᾳ ὁ **υἱὸς** τοῦ ἀνθρώπου ἀποκαλύπτεται.
Lk 18:8 πλὴν ὁ **υἱὸς** τοῦ ἀνθρώπου ἐλθὼν
Lk 18:31 τῶν προφητῶν τῷ **υἱῷ** τοῦ ἀνθρώπου·
Lk 18:38 Ἰησοῦ **υἱὲ** Δαυίδ,
Lk 18:39 **υἱὲ** Δαυίδ,
Lk 19:9 καθότι καὶ αὐτὸς **υἱὸς** Ἀβραάμ ἐστιν·
Lk 19:10 ἦλθεν γὰρ ὁ **υἱὸς** τοῦ ἀνθρώπου ζητῆσαι
Lk 20:13 πέμψω τὸν **υἱόν** μου τὸν ἀγαπητόν·
Lk 20:34 οἱ **υἱοὶ** τοῦ αἰῶνος τούτου
Lk 20:36 γάρ εἰσιν καὶ **υἱοί** εἰσιν θεοῦ τῆς
Lk 20:36 θεοῦ τῆς ἀναστάσεως **υἱοὶ** ὄντες.
Lk 20:41 χριστὸν εἶναι Δαυὶδ **υἱόν**;
Lk 20:44 καὶ πῶς αὐτοῦ **υἱός** ἐστιν;
Lk 21:27 τότε ὄψονται τὸν **υἱὸν** τοῦ ἀνθρώπου ἐρχόμενον
Lk 21:36 σταθῆναι ἔμπροσθεν τοῦ **υἱοῦ** τοῦ ἀνθρώπου.
Lk 22:22 ὅτι ὁ **υἱὸς** μὲν τοῦ ἀνθρώπου
Lk 22:48 φιλήματι τὸν **υἱὸν** τοῦ ἀνθρώπου παραδίδως;
Lk 22:69 δὲ ἔσται ὁ **υἱὸς** τοῦ ἀνθρώπου καθήμενος
Lk 22:70 οὖν εἶ ὁ **υἱὸς** τοῦ θεοῦ;
Lk 24:7 λέγων τὸν **υἱὸν** τοῦ ἀνθρώπου ὅτι

ὑμεῖς (*hymeis*; 221/1832) *you (pl.)*

Lk 2:10 ἰδοὺ γὰρ εὐαγγελίζομαι **ὑμῖν** χαρὰν μεγάλην ἥτις
Lk 2:11 ὅτι ἐτέχθη **ὑμῖν** σήμερον σωτὴρ ὅς
Lk 2:12 καὶ τοῦτο **ὑμῖν** τὸ σημεῖον,
Lk 3:7 τίς ὑπέδειξεν **ὑμῖν** φυγεῖν ἀπὸ τῆς
Lk 3:8 λέγω γὰρ **ὑμῖν** ὅτι δύναται ὁ
Lk 3:13 παρὰ τὸ διατεταγμένον **ὑμῖν** πράσσετε.
Lk 3:14 ἀρκεῖσθε τοῖς ὀψωνίοις **ὑμῶν**.
Lk 3:16 μὲν ὕδατι βαπτίζω **ὑμᾶς**·
Lk 3:16 αὐτὸς **ὑμᾶς** βαπτίσει ἐν πνεύματι
Lk 4:21 ἐν τοῖς ὠσὶν **ὑμῶν**.
Lk 4:24 ἀμὴν λέγω **ὑμῖν** ὅτι οὐδεὶς προφήτης
Lk 4:25 ἀληθείας δὲ λέγω **ὑμῖν**,
Lk 5:4 χαλάσατε τὰ δίκτυα **ὑμῶν** εἰς ἄγραν.
Lk 5:22 ἐν ταῖς καρδίαις **ὑμῶν**;
Lk 6:9 ἐπερωτῶ **ὑμᾶς** εἰ ἔξεστιν τῷ
Lk 6:22 ἐστε ὅταν μισήσωσιν **ὑμᾶς** οἱ ἄνθρωποι καὶ
Lk 6:22 καὶ ὅταν ἀφορίσωσιν **ὑμᾶς** καὶ ὀνειδίσωσιν
Lk 6:22 ἐκβάλωσιν τὸ ὄνομα **ὑμῶν** ὡς πονηρὸν ἕνεκα
Lk 6:23 γὰρ ὁ μισθὸς **ὑμῶν** πολὺς ἐν τῷ
Lk 6:24 Πλὴν οὐαὶ **ὑμῖν** τοῖς πλουσίοις,
Lk 6:24 ἀπέχετε τὴν παράκλησιν **ὑμῶν**.
Lk 6:25 οὐαὶ **ὑμῖν**,
Lk 6:26 οὐαὶ ὅταν **ὑμᾶς** καλῶς εἴπωσιν πάντες
Lk 6:27 Ἀλλὰ **ὑμῖν** λέγω τοῖς ἀκούουσιν·
Lk 6:27 ἀγαπᾶτε τοὺς ἐχθροὺς **ὑμῶν**,
Lk 6:27 ποιεῖτε τοῖς μισοῦσιν **ὑμᾶς**,
Lk 6:28 εὐλογεῖτε τοὺς καταρωμένους **ὑμᾶς**,
Lk 6:28 περὶ τῶν ἐπηρεαζόντων **ὑμᾶς**.
Lk 6:31 θέλετε ἵνα ποιῶσιν **ὑμῖν** οἱ ἄνθρωποι ποιεῖτε
Lk 6:32 ἀγαπᾶτε τοὺς ἀγαπῶντας **ὑμᾶς**,
Lk 6:32 ποία **ὑμῖν** χάρις ἐστίν;

Lk 6:33 ἀγαθοποιῆτε τοὺς ἀγαθοποιοῦντας **ὑμᾶς**,
Lk 6:33 ποία **ὑμῖν** χάρις ἐστίν;
Lk 6:34 ποία **ὑμῖν** χάρις [ἐστίν];
Lk 6:35 ἀγαπᾶτε τοὺς ἐχθροὺς **ὑμῶν** καὶ ἀγαθοποιεῖτε καὶ
Lk 6:35 ἔσται ὁ μισθὸς **ὑμῶν** πολύς,
Lk 6:36 [καὶ] ὁ πατὴρ **ὑμῶν** οἰκτίρμων ἐστίν.
Lk 6:38 καὶ δοθήσεται **ὑμῖν**·
Lk 6:38 εἰς τὸν κόλπον **ὑμῶν**·
Lk 6:38 μέτρῳ μετρεῖτε ἀντιμετρηθήσεται **ὑμῖν**.
Lk 6:47 ὑποδείξω **ὑμῖν** τίνι ἐστὶν ὅμοιος·
Lk 7:9 λέγω **ὑμῖν**,
Lk 7:26 ναὶ λέγω **ὑμῖν**,
Lk 7:28 λέγω **ὑμῖν**,
Lk 7:32 ηὐλήσαμεν **ὑμῖν** καὶ οὐκ ὠρχήσασθε,
Lk 8:10 **ὑμῖν** δέδοται γνῶναι τὰ
Lk 8:25 ποῦ ἡ πίστις **ὑμῶν**;
Lk 9:5 ἂν μὴ δέχωνται **ὑμᾶς**,
Lk 9:5 ἀπὸ τῶν ποδῶν **ὑμῶν** ἀποτινάσσετε εἰς μαρτύριον
Lk 9:13 δότε αὐτοῖς **ὑμεῖς** φαγεῖν.
Lk 9:20 **ὑμεῖς** δὲ τίνα με
Lk 9:27 λέγω δὲ **ὑμῖν** ἀληθῶς,
Lk 9:41 πότε ἔσομαι πρὸς **ὑμᾶς** καὶ ἀνέξομαι ὑμῶν;
Lk 9:41 ὑμᾶς καὶ ἀνέξομαι **ὑμῶν**;
Lk 9:44 θέσθε **ὑμεῖς** εἰς τὰ ὦτα
Lk 9:44 εἰς τὰ ὦτα **ὑμῶν** τοὺς λόγους τούτους·
Lk 9:48 μικρότερος ἐν πᾶσιν **ὑμῖν** ὑπάρχων οὗτός ἐστιν
Lk 9:50 οὐκ ἔστιν καθ' **ὑμῶν**,
Lk 9:50 ὑπὲρ **ὑμῶν** ἐστιν.
Lk 10:3 ἰδοὺ ἀποστέλλω **ὑμᾶς** ὡς ἄρνας ἐν
Lk 10:6 αὐτὸν ἡ εἰρήνη **ὑμῶν**·
Lk 10:6 ἐφ' **ὑμᾶς** ἀνακάμψει.
Lk 10:8 εἰσέρχησθε καὶ δέχωνται **ὑμᾶς**,
Lk 10:8 ἐσθίετε τὰ παρατιθέμενα **ὑμῖν**
Lk 10:9 ἤγγικεν ἐφ' **ὑμᾶς** ἡ βασιλεία τοῦ
Lk 10:10 καὶ μὴ δέχωνται **ὑμᾶς**,
Lk 10:11 ἐκ τῆς πόλεως **ὑμῶν** εἰς τοὺς πόδας
Lk 10:11 τοὺς πόδας ἀπομασσόμεθα **ὑμῖν**·
Lk 10:12 λέγω **ὑμῖν** ὅτι Σοδόμοις ἐν
Lk 10:13 αἱ γενόμεναι ἐν **ὑμῖν**,
Lk 10:14 τῇ κρίσει ἢ **ὑμῖν**.
Lk 10:16 Ὁ ἀκούων **ὑμῶν** ἐμοῦ ἀκούει,
Lk 10:16 καὶ ὁ ἀθετῶν **ὑμᾶς** ἐμὲ ἀθετεῖ·
Lk 10:19 ἰδοὺ δέδωκα **ὑμῖν** τὴν ἐξουσίαν τοῦ
Lk 10:19 καὶ οὐδὲν **ὑμᾶς** οὐ μὴ ἀδικήσῃ.
Lk 10:20 ὅτι τὰ πνεύματα **ὑμῖν** ὑποτάσσεται,
Lk 10:20 ὅτι τὰ ὀνόματα **ὑμῶν** ἐγγέγραπται ἐν τοῖς
Lk 10:24 λέγω γὰρ **ὑμῖν** ὅτι πολλοὶ προφῆται
Lk 10:24 ἠθέλησαν ἰδεῖν ἃ **ὑμεῖς** βλέπετε καὶ οὐκ
Lk 11:5 τίς ἐξ **ὑμῶν** ἕξει φίλον καὶ
Lk 11:8 λέγω **ὑμῖν**,
Lk 11:9 κἀγὼ **ὑμῖν** λέγω,
Lk 11:9 αἰτεῖτε καὶ δοθήσεται **ὑμῖν**,
Lk 11:9 κρούετε καὶ ἀνοιγήσεται **ὑμῖν**·
Lk 11:11 τίνα δὲ ἐξ **ὑμῶν** τὸν πατέρα αἰτήσει
Lk 11:13 εἰ οὖν **ὑμεῖς** πονηροὶ ὑπάρχοντες οἴδατε
Lk 11:13 διδόναι τοῖς τέκνοις **ὑμῶν**,
Lk 11:19 οἱ υἱοὶ **ὑμῶν** ἐν τίνι ἐκβάλλουσιν;
Lk 11:19 διὰ τοῦτο αὐτοὶ **ὑμῶν** κριταὶ ἔσονται.
Lk 11:20 ἄρα ἔφθασεν ἐφ' **ὑμᾶς** ἡ βασιλεία τοῦ
Lk 11:39 νῦν **ὑμεῖς** οἱ Φαρισαῖοι τὸ
Lk 11:39 τὸ δὲ ἔσωθεν **ὑμῶν** γέμει ἁρπαγῆς καὶ
Lk 11:41 ἰδοὺ πάντα καθαρὰ **ὑμῖν** ἐστιν.
Lk 11:42 ἀλλὰ οὐαὶ **ὑμῖν** τοῖς Φαρισαίοις,
Lk 11:43 Οὐαὶ **ὑμῖν** τοῖς Φαρισαίοις,
Lk 11:44 Οὐαὶ **ὑμῖν**,
Lk 11:46 καὶ **ὑμῖν** τοῖς νομικοῖς οὐαί,
Lk 11:46 ἑνὶ τῶν δακτύλων **ὑμῶν** οὐ προσψαύετε τοῖς
Lk 11:47 Οὐαὶ **ὑμῖν**,
Lk 11:47 οἱ δὲ πατέρες **ὑμῶν** ἀπέκτειναν αὐτούς.
Lk 11:48 ἔργοις τῶν πατέρων **ὑμῶν**,
Lk 11:48 **ὑμεῖς** δὲ οἰκοδομεῖτε.
Lk 11:51 ναὶ λέγω **ὑμῖν**,
Lk 11:52 Οὐαὶ **ὑμῖν** τοῖς νομικοῖς,
Lk 12:4 Λέγω δὲ **ὑμῖν** τοῖς φίλοις μου,
Lk 12:5 ὑποδείξω δὲ **ὑμῖν** τίνα φοβηθῆτε·
Lk 12:5 ναὶ λέγω ὑμῖν,
Lk 12:7 τρίχες τῆς κεφαλῆς **ὑμῶν** πᾶσαι ἠρίθμηνται.
Lk 12:8 Λέγω δὲ **ὑμῖν**,
Lk 12:11 Ὅταν δὲ εἰσφέρωσιν **ὑμᾶς** ἐπὶ τὰς συναγωγὰς
Lk 12:12 ἅγιον πνεῦμα διδάξει **ὑμᾶς** ἐν αὐτῇ τῇ
Lk 12:14 ἢ μεριστὴν ἐφ' **ὑμᾶς**;
Lk 12:22 διὰ τοῦτο λέγω **ὑμῖν**·
Lk 12:24 πόσῳ μᾶλλον **ὑμεῖς** διαφέρετε τῶν πετεινῶν.
Lk 12:25 τίς δὲ ἐξ **ὑμῶν** μεριμνῶν δύναται ἐπὶ
Lk 12:27 λέγω δὲ **ὑμῖν**,
Lk 12:28 πόσῳ μᾶλλον **ὑμᾶς**,
Lk 12:29 καὶ **ὑμεῖς** μὴ ζητεῖτε τί
Lk 12:30 **ὑμῶν** δὲ ὁ πατὴρ
Lk 12:31 καὶ ταῦτα προστεθήσεται **ὑμῖν**.
Lk 12:32 εὐδόκησεν ὁ πατὴρ **ὑμῶν** δοῦναι ὑμῖν τὴν
Lk 12:32 πατὴρ ὑμῶν δοῦναι **ὑμῖν** τὴν βασιλείαν.
Lk 12:33 Πωλήσατε τὰ ὑπάρχοντα **ὑμῶν** καὶ δότε ἐλεημοσύνην·
Lk 12:34 ἐστιν ὁ θησαυρὸς **ὑμῶν**,
Lk 12:34 καὶ ἡ καρδία **ὑμῶν** ἔσται.
Lk 12:35 Ἔστωσαν **ὑμῶν** αἱ ὀσφύες περιεζωσμέναι
Lk 12:36 καὶ **ὑμεῖς** ὅμοιοι ἀνθρώποις προσδεχομένοις
Lk 12:37 ἀμὴν λέγω **ὑμῖν** ὅτι περιζώσεται καὶ
Lk 12:40 καὶ **ὑμεῖς** γίνεσθε ἕτοιμοι,
Lk 12:44 ἀληθῶς λέγω **ὑμῖν** ὅτι ἐπὶ πᾶσιν
Lk 12:51 λέγω **ὑμῖν**,
Lk 13:3 λέγω **ὑμῖν**,
Lk 13:5 λέγω **ὑμῖν**,
Lk 13:15 ἕκαστος **ὑμῶν** τῷ σαββάτῳ οὐ
Lk 13:24 λέγω **ὑμῖν**,
Lk 13:25 καὶ ἀποκριθεὶς ἐρεῖ **ὑμῖν**·
Lk 13:25 οὐκ οἶδα **ὑμᾶς** πόθεν ἐστέ.
Lk 13:27 καὶ ἐρεῖ λέγων **ὑμῖν**·
Lk 13:27 οὐκ οἶδα [**ὑμᾶς**] πόθεν ἐστέ·
Lk 13:28 **ὑμᾶς** δὲ ἐκβαλλομένους ἔξω.
Lk 13:35 ἰδοὺ ἀφίεται **ὑμῖν** ὁ οἶκος ὑμῶν.
Lk 13:35 ὑμῖν ὁ οἶκος **ὑμῶν**.
Lk 13:35 λέγω [δὲ] **ὑμῖν**,
Lk 14:5 τίνος **ὑμῶν** υἱὸς ἢ βοῦς
Lk 14:24 λέγω γὰρ **ὑμῖν** ὅτι οὐδεὶς τῶν
Lk 14:28 Τίς γὰρ ἐξ **ὑμῶν** θέλων πύργον οἰκοδομῆσαι
Lk 14:33 οὖν πᾶς ἐξ **ὑμῶν** ὃς οὐκ ἀποτάσσεται
Lk 15:4 τίς ἄνθρωπος ἐξ **ὑμῶν** ἔχων ἑκατὸν πρόβατα
Lk 15:7 λέγω **ὑμῖν** ὅτι οὕτως χαρὰ
Lk 15:10 λέγω **ὑμῖν**,
Lk 16:9 Καὶ ἐγὼ **ὑμῖν** λέγω,
Lk 16:9 ὅταν ἐκλίπῃ δέξωνται **ὑμᾶς** εἰς τὰς αἰωνίους
Lk 16:11 τὸ ἀληθινὸν τίς **ὑμῖν** πιστεύσει;

Lk 16:12 τὸ ὑμέτερον τίς **ὑμῖν** δώσει;
Lk 16:15 **ὑμεῖς** ἐστε οἱ δικαιοῦντες
Lk 16:15 γινώσκει τὰς καρδίας **ὑμῶν**·
Lk 16:26 μεταξὺ ἡμῶν καὶ **ὑμῶν** χάσμα μέγα ἐστήρικται,
Lk 16:26 διαβῆναι ἔνθεν πρὸς **ὑμᾶς** μὴ δύνωνται,
Lk 17:6 καὶ ὑπήκουσεν ἂν **ὑμῖν**.
Lk 17:7 Τίς δὲ ἐξ **ὑμῶν** δοῦλον ἔχων ἀροτριῶντα
Lk 17:10 οὕτως καὶ **ὑμεῖς**,
Lk 17:10 πάντα τὰ διαταχθέντα **ὑμῖν**,
Lk 17:21 τοῦ θεοῦ ἐντὸς **ὑμῶν** ἐστιν.
Lk 17:23 καὶ ἐροῦσιν **ὑμῖν**·
Lk 17:34 λέγω **ὑμῖν**,
Lk 18:8 λέγω **ὑμῖν** ὅτι ποιήσει τὴν
Lk 18:14 λέγω **ὑμῖν**,
Lk 18:17 ἀμὴν λέγω **ὑμῖν**,
Lk 18:29 ἀμὴν λέγω **ὑμῖν** ὅτι οὐδείς ἐστιν
Lk 19:26 λέγω **ὑμῖν** ὅτι παντὶ τῷ
Lk 19:31 καὶ ἐάν τις **ὑμᾶς** ἐρωτᾷ·
Lk 19:40 λέγω **ὑμῖν**,
Lk 19:46 **ὑμεῖς** δὲ αὐτὸν ἐποιήσατε
Lk 20:3 ἐρωτήσω **ὑμᾶς** κἀγὼ λόγον,
Lk 20:8 οὐδὲ ἐγὼ λέγω **ὑμῖν** ἐν ποίᾳ ἐξουσίᾳ
Lk 21:3 ἀληθῶς λέγω **ὑμῖν** ὅτι ἡ χήρα
Lk 21:12 πάντων ἐπιβαλοῦσιν ἐφ᾽ **ὑμᾶς** τὰς χεῖρας αὐτῶν
Lk 21:13 ἀποβήσεται **ὑμῖν** εἰς μαρτύριον.
Lk 21:14 ἐν ταῖς καρδίαις **ὑμῶν** μὴ προμελετᾶν ἀπολογηθῆναι·
Lk 21:15 ἐγὼ γὰρ δώσω **ὑμῖν** στόμα καὶ σοφίαν
Lk 21:15 ἅπαντες οἱ ἀντικείμενοι **ὑμῖν**.
Lk 21:16 καὶ θανατώσουσιν ἐξ **ὑμῶν**,
Lk 21:18 ἐκ τῆς κεφαλῆς **ὑμῶν** οὐ μὴ ἀπόληται.
Lk 21:19 ἐν τῇ ὑπομονῇ **ὑμῶν** κτήσασθε τὰς ψυχὰς
Lk 21:19 κτήσασθε τὰς ψυχὰς **ὑμῶν**.
Lk 21:28 ἐπάρατε τὰς κεφαλὰς **ὑμῶν**,
Lk 21:28 ἐγγίζει ἡ ἀπολύτρωσις **ὑμῶν**.
Lk 21:31 οὕτως καὶ **ὑμεῖς**,
Lk 21:32 ἀμὴν λέγω **ὑμῖν** ὅτι οὐ μὴ
Lk 21:34 ἑαυτοῖς μήποτε βαρηθῶσιν **ὑμῶν** αἱ καρδίαι
Lk 21:34 καὶ ἐπιστῇ ἐφ᾽ **ὑμᾶς** αἰφνίδιος ἡ ἡμέρα
Lk 22:10 ἰδοὺ εἰσελθόντων **ὑμῶν** εἰς τὴν πόλιν
Lk 22:10 τὴν πόλιν συναντήσει **ὑμῖν** ἄνθρωπος κεράμιον ὕδατος
Lk 22:12 κἀκεῖνος **ὑμῖν** δείξει ἀνάγαιον μέγα
Lk 22:15 πάσχα φαγεῖν μεθ᾽ **ὑμῶν** πρὸ τοῦ με
Lk 22:16 λέγω γὰρ **ὑμῖν** ὅτι οὐ μὴ
Lk 22:18 λέγω γὰρ **ὑμῖν**,
Lk 22:19 μου τὸ ὑπὲρ **ὑμῶν** διδόμενον·
Lk 22:20 μου τὸ ὑπὲρ **ὑμῶν** ἐκχυννόμενον.
Lk 22:26 **ὑμεῖς** δὲ οὐχ οὕτως,
Lk 22:26 ὁ μείζων ἐν **ὑμῖν** γινέσθω ὡς ὁ
Lk 22:27 δὲ ἐν μέσῳ **ὑμῶν** εἰμι ὡς ὁ
Lk 22:28 **ὑμεῖς** δέ ἐστε οἱ
Lk 22:29 κἀγὼ διατίθεμαι **ὑμῖν** καθὼς διέθετό μοι
Lk 22:31 ὁ σατανᾶς ἐξῃτήσατο **ὑμᾶς** τοῦ σινιάσαι ὡς
Lk 22:35 ὅτε ἀπέστειλα **ὑμᾶς** ἄτερ βαλλαντίου καὶ
Lk 22:37 λέγω γὰρ **ὑμῖν** ὅτι τοῦτο τὸ
Lk 22:53 ὄντος μου μεθ᾽ **ὑμῶν** ἐν τῷ ἱερῷ
Lk 22:53 ἀλλ᾽ αὕτη ἐστὶν **ὑμῶν** ἡ ὥρα καὶ
Lk 22:67 ἐὰν **ὑμῖν** εἴπω,
Lk 22:70 **ὑμεῖς** λέγετε ὅτι ἐγώ
Lk 23:14 ἰδοὺ ἐγὼ ἐνώπιον **ὑμῶν** ἀνακρίνας οὐθὲν εὗρον
Lk 23:28 ἐπὶ τὰ τέκνα **ὑμῶν**,
Lk 24:6 μνήσθητε ὡς ἐλάλησεν **ὑμῖν** ἔτι ὢν ἐν
Lk 24:36 εἰρήνη **ὑμῖν**.
Lk 24:38 ἐν τῇ καρδίᾳ **ὑμῶν**;
Lk 24:44 οὓς ἐλάλησα πρὸς **ὑμᾶς** ἔτι ὢν σὺν
Lk 24:44 ἔτι ὢν σὺν **ὑμῖν**,
Lk 24:48 **ὑμεῖς** μάρτυρες τούτων.
Lk 24:49 πατρός μου ἐφ᾽ **ὑμᾶς**·
Lk 24:49 **ὑμεῖς** δὲ καθίσατε ἐν

ὑμέτερος (*hymeteros*; 2/11) *your (pl.)*

Lk 6:20 ὅτι **ὑμετέρα** ἐστὶν ἡ βασιλεία
Lk 16:12 τὸ **ὑμέτερον** τίς ὑμῖν δώσει;

ὑπάγω (*hypagō*; 5/79) *go*

Lk 8:42 Ἐν δὲ τῷ **ὑπάγειν** αὐτὸν οἱ ὄχλοι
Lk 10:3 **ὑπάγετε**·
Lk 12:58 ὡς γὰρ **ὑπάγεις** μετὰ τοῦ ἀντιδίκου
Lk 17:14 ἐγένετο ἐν τῷ **ὑπάγειν** αὐτοὺς ἐκαθαρίσθησαν.
Lk 19:30 **ὑπάγετε** εἰς τὴν κατέναντι

ὑπακούω (*hypakouō*; 2/21) *obey*

Lk 8:25 καὶ **ὑπακούουσιν** αὐτῷ;
Lk 17:6 καὶ **ὑπήκουσεν** ἂν ὑμῖν.

ὑπαντάω (*hypantaō*; 2/10) *meet*

Lk 8:27 ἐπὶ τὴν γῆν **ὑπήντησεν** ἀνήρ τις ἐκ
Lk 14:31 ἐν δέκα χιλιάσιν **ὑπαντῆσαι** τῷ μετὰ εἴκοσι

ὑπάρχω (*hyparchō*; 15/60) *be*

Lk 7:25 ἐνδόξῳ καὶ τρυφῇ **ὑπάρχοντες** ἐν τοῖς βασιλείοις
Lk 8:3 αὐτοῖς ἐκ τῶν **ὑπαρχόντων** αὐταῖς.
Lk 8:41 ἄρχων τῆς συναγωγῆς **ὑπῆρχεν**,
Lk 9:48 ἐν πᾶσιν ὑμῖν **ὑπάρχων** οὗτός ἐστιν μέγας.
Lk 11:13 οὖν ὑμεῖς πονηροὶ **ὑπάρχοντες** οἴδατε δόματα ἀγαθὰ
Lk 11:21 εἰρήνῃ ἐστὶν τὰ **ὑπάρχοντα** αὐτοῦ·
Lk 12:15 ἐστιν ἐκ τῶν **ὑπαρχόντων** αὐτῷ.
Lk 12:33 Πωλήσατε τὰ **ὑπάρχοντα** ὑμῶν καὶ δότε
Lk 12:44 ἐπὶ πᾶσιν τοῖς **ὑπάρχουσιν** αὐτοῦ καταστήσει αὐτόν.
Lk 14:33 πᾶσιν τοῖς ἑαυτοῦ **ὑπάρχουσιν** οὐ δύναται εἶναί
Lk 16:1 ὡς διασκορπίζων τὰ **ὑπάρχοντα** αὐτοῦ.
Lk 16:14 οἱ Φαρισαῖοι φιλάργυροι **ὑπάρχοντες** καὶ ἐξεμυκτήριζον αὐτόν.
Lk 16:23 **ὑπάρχων** ἐν βασάνοις,
Lk 19:8 ἡμίσιά μου τῶν **ὑπαρχόντων**,
Lk 23:50 ὀνόματι Ἰωσὴφ βουλευτὴς **ὑπάρχων** [καὶ] ἀνὴρ ἀγαθὸς

ὑπέρ (*hyper*; 5/150) *for, concerning, over*

Lk 6:40 οὐκ ἔστιν μαθητὴς **ὑπὲρ** τὸν διδάσκαλον·
Lk 9:50 **ὑπὲρ** ὑμῶν ἐστιν.
Lk 16:8 αἰῶνος τούτου φρονιμώτεροι **ὑπὲρ** τοὺς υἱοὺς τοῦ
Lk 22:19 σῶμά μου τὸ **ὑπὲρ** ὑμῶν διδόμενον·
Lk 22:20 αἵματί μου τὸ **ὑπὲρ** ὑμῶν ἐκχυννόμενον.

ὑπερεκχύννω (*hyperekchynnō*; 1/1) *run over*
Lk 6:38 καλὸν πεπιεσμένον σεσαλευμένον **ὑπερεκχυννόμενον** δώσουσιν εἰς τὸν

ὑπερήφανος (*hyperēphanos*; 1/5) *arrogant*
Lk 1:51 διεσκόρπισεν **ὑπερηφάνους** διανοίᾳ καρδίας αὐτῶν·

ὑπηρέτης (*hypēretēs*; 2/20) *servant*
Lk 1:2 ἀρχῆς αὐτόπται καὶ **ὑπηρέται** γενόμενοι τοῦ λόγου,
Lk 4:20 βιβλίον ἀποδοὺς τῷ **ὑπηρέτῃ** ἐκάθισεν·

ὕπνος (*hypnos*; 1/6) *sleep*
Lk 9:32 αὐτῷ ἦσαν βεβαρημένοι **ὕπνῳ**·

ὑπό (*hypo*; 31/219[220]) *by, under*
Lk 2:18 περὶ τῶν λαληθέντων **ὑπὸ** τῶν ποιμένων
Lk 2:21 τὸ κληθὲν **ὑπὸ** τοῦ ἀγγέλου πρὸ
Lk 2:26 ἦν αὐτῷ κεχρηματισμένον **ὑπὸ** τοῦ πνεύματος τοῦ
Lk 3:7 ἐκπορευομένοις ὄχλοις βαπτισθῆναι **ὑπ'** αὐτοῦ·
Lk 3:19 ἐλεγχόμενος **ὑπ'** αὐτοῦ περὶ Ἡρῳδιάδος
Lk 4:2 ἡμέρας τεσσεράκοντα πειραζόμενος **ὑπὸ** τοῦ διαβόλου.
Lk 4:15 συναγωγαῖς αὐτῶν δοξαζόμενος **ὑπὸ** πάντων.
Lk 7:6 ἱκανός εἰμι ἵνα **ὑπὸ** τὴν στέγην μου
Lk 7:8 ἐγὼ ἄνθρωπός εἰμι **ὑπὸ** ἐξουσίαν τασσόμενος ἔχων
Lk 7:8 ἐξουσίαν τασσόμενος ἔχων **ὑπ'** ἐμαυτὸν στρατιώτας,
Lk 7:24 κάλαμον **ὑπὸ** ἀνέμου σαλευόμενον;
Lk 7:30 ἑαυτοὺς μὴ βαπτισθέντες **ὑπ'** αὐτοῦ.
Lk 8:14 καὶ **ὑπὸ** μεριμνῶν καὶ πλούτου
Lk 8:29 τὰ δεσμὰ ἠλαύνετο **ὑπὸ** τοῦ δαιμονίου εἰς
Lk 9:7 διὰ τὸ λέγεσθαι **ὑπό** τινων ὅτι Ἰωάννης
Lk 9:8 **ὑπό** τινων δὲ ὅτι
Lk 10:22 πάντα μοι παρεδόθη **ὑπὸ** τοῦ πατρός μου,
Lk 11:33 κρύπτην τίθησιν [οὐδὲ **ὑπὸ** τὸν μόδιον] ἀλλ'
Lk 13:17 ἐνδόξοις τοῖς γινομένοις **ὑπ'** αὐτοῦ.
Lk 13:34 τὴν ἑαυτῆς νοσσιὰν **ὑπὸ** τὰς πτέρυγας,
Lk 14:8 ὅταν κληθῇς **ὑπό** τινος εἰς γάμους,
Lk 14:8 σου ᾖ κεκλημένος **ὑπ'** αὐτοῦ,
Lk 16:22 καὶ ἀπενεχθῆναι αὐτὸν **ὑπὸ** τῶν ἀγγέλων εἰς
Lk 17:20 Ἐπερωτηθεὶς δὲ **ὑπὸ** τῶν Φαρισαίων πότε
Lk 17:24 ἀστράπτουσα ἐκ τῆς **ὑπὸ** τὸν οὐρανὸν εἰς
Lk 17:24 οὐρανὸν εἰς τὴν **ὑπ'** οὐρανὸν λάμπει,
Lk 21:16 παραδοθήσεσθε δὲ καὶ **ὑπὸ** γονέων καὶ ἀδελφῶν
Lk 21:17 καὶ ἔσεσθε μισούμενοι **ὑπὸ** πάντων διὰ τὸ
Lk 21:20 δὲ ἴδητε κυκλουμένην **ὑπὸ** στρατοπέδων Ἰερουσαλήμ,
Lk 21:24 Ἰερουσαλὴμ ἔσται πατουμένη **ὑπὸ** ἐθνῶν,
Lk 23:8 τι σημεῖον ἰδεῖν **ὑπ'** αὐτοῦ γινόμενον.

ὑποδείκνυμι (*hypodeiknymi*; 3/6) *show*
Lk 3:7 τίς **ὑπέδειξεν** ὑμῖν φυγεῖν ἀπὸ
Lk 6:47 **ὑποδείξω** ὑμῖν τίνι ἐστὶν
Lk 12:5 **ὑποδείξω** δὲ ὑμῖν τίνα

ὑποδέχομαι (*hypodechomai*; 2/4) *receive or welcome as a guest*
Lk 10:38 τις ὀνόματι Μάρθα **ὑπεδέξατο** αὐτόν.
Lk 19:6 σπεύσας κατέβη καὶ **ὑπεδέξατο** αὐτὸν χαίρων.

ὑπόδημα (*hypodēma*; 4/10) *sandal*
Lk 3:16 τὸν ἱμάντα τῶν **ὑποδημάτων** αὐτοῦ·
Lk 10:4 μὴ **ὑποδήματα**,
Lk 15:22 χεῖρα αὐτοῦ καὶ **ὑποδήματα** εἰς τοὺς πόδας,
Lk 22:35 καὶ πήρας καὶ **ὑποδημάτων**,

ὑποκάτω (*hypokatō*; 1/11) *under*
Lk 8:16 αὐτὸν σκεύει ἢ **ὑποκάτω** κλίνης τίθησιν,

ὑποκρίνομαι (*hypokrinomai*; 1/1) *pretend*
Lk 20:20 παρατηρήσαντες ἀπέστειλαν ἐγκαθέτους **ὑποκρινομένους** ἑαυτοὺς δικαίους εἶναι,

ὑπόκρισις (*hypokrisis*; 1/6) *hypocrisy*
Lk 12:1 ἥτις ἐστὶν **ὑπόκρισις**,

ὑποκριτής (*hypokritēs*; 3/17) *hypocrite*
Lk 6:42 **ὑποκριτά**,
Lk 12:56 **ὑποκριταί**,
Lk 13:15 **ὑποκριταί**,

ὑπολαμβάνω (*hypolambanō*; 2/5) *suppose, answer, take away, support*
Lk 7:43 **ὑπολαμβάνω** ὅτι ᾧ τὸ
Lk 10:30 **Ὑπολαβὼν** ὁ Ἰησοῦς εἶπεν·

ὑπομένω (*hypomenō*; 1/17) *endure*
Lk 2:43 τῷ ὑποστρέφειν αὐτοὺς **ὑπέμεινεν** Ἰησοῦς ὁ

ὑπομιμνῄσκω (*hypomimnēskō*; 1/7) *remind*
Lk 22:61 καὶ **ὑπεμνήσθη** ὁ Πέτρος τοῦ

ὑπομονή (*hypomonē*; 2/32) *endurance*
Lk 8:15 καὶ καρποφοροῦσιν ἐν **ὑπομονῇ**.
Lk 21:19 ἐν τῇ **ὑπομονῇ** ὑμῶν κτήσασθε τὰς

ὑποπόδιον (*hypopodion*; 1/7) *footstool*
Lk 20:43 τοὺς ἐχθρούς σου **ὑποπόδιον** τῶν ποδῶν σου.

ὑποστρέφω (*hypostrephō*; 21/35) *return*
Lk 1:56 καὶ **ὑπέστρεψεν** εἰς τὸν οἶκον
Lk 2:20 καὶ **ὑπέστρεψαν** οἱ ποιμένες δοξάζοντες
Lk 2:43 ἐν τῷ **ὑποστρέφειν** αὐτοὺς ὑπέμεινεν Ἰησοῦς
Lk 2:45 καὶ μὴ εὑρόντες **ὑπέστρεψαν** εἰς Ἰερουσαλὴμ ἀναζητοῦντες
Lk 4:1 πλήρης πνεύματος ἁγίου **ὑπέστρεψεν** ἀπὸ τοῦ Ἰορδάνου
Lk 4:14 Καὶ **ὑπέστρεψεν** ὁ Ἰησοῦς ἐν
Lk 7:10 Καὶ **ὑποστρέψαντες** εἰς τὸν οἶκον
Lk 8:37 ἐμβὰς εἰς πλοῖον **ὑπέστρεψεν**.
Lk 8:39 **Ὑπόστρεφε** εἰς τὸν οἶκόν

Lk 8:40 Ἐν δὲ τῷ **ὑποστρέφειν** τὸν Ἰησοῦν ἀπεδέξατο
Lk 9:10 Καὶ **ὑποστρέψαντες** οἱ ἀπόστολοι διηγήσαντο
Lk 10:17 **Ὑπέστρεψαν** δὲ οἱ ἑβδομήκοντα
Lk 11:24 **ὑποστρέψω** εἰς τὸν οἶκόν
Lk 17:15 **ὑπέστρεψεν** μετὰ φωνῆς μεγάλης
Lk 17:18 οὐχ εὑρέθησαν **ὑποστρέψαντες** δοῦναι δόξαν
Lk 19:12 ἑαυτῷ βασιλείαν καὶ **ὑποστρέψαι**.
Lk 23:48 τύπτοντες τὰ στήθη **ὑπέστρεφον**.
Lk 23:56 **ὑποστρέψασαι** δὲ ἡτοίμασαν ἀρώματα
Lk 24:9 Καὶ **ὑποστρέψασαι** ἀπὸ τοῦ μνημείου
Lk 24:33 αὐτῇ τῇ ὥρᾳ **ὑπέστρεψαν** εἰς Ἰερουσαλὴμ
Lk 24:52 αὐτοὶ προσκυνήσαντες αὐτὸν **ὑπέστρεψαν** εἰς Ἰερουσαλὴμ μετὰ

ὑποστρωννύω (*hypostrōnnyō*; 1/1) *spread out*

Lk 19:36 πορευομένου δὲ αὐτοῦ **ὑπεστρώννυον** τὰ ἱμάτια αὐτῶν

ὑποτάσσω (*hypotassō*; 3/38) *submit, put in subjection*

Lk 2:51 Ναζαρὲθ καὶ ἦν **ὑποτασσόμενος** αὐτοῖς.
Lk 10:17 καὶ τὰ δαιμόνια **ὑποτάσσεται** ἡμῖν ἐν τῷ
Lk 10:20 τὰ πνεύματα ὑμῖν **ὑποτάσσεται**,

ὑποχωρέω (*hypochōreō*; 2/2) *withdraw*

Lk 5:16 αὐτὸς δὲ ἦν **ὑποχωρῶν** ἐν ταῖς ἐρήμοις
Lk 9:10 Καὶ παραλαβὼν αὐτοὺς **ὑπεχώρησεν** κατ᾽ ἰδίαν εἰς

ὑπωπιάζω (*hypōpiazō*; 1/2) *wear out*

Lk 18:5 εἰς τέλος ἐρχομένη **ὑπωπιάζῃ** με.

ὑστερέω (*hystereō*; 2/16) *lack*

Lk 15:14 καὶ αὐτὸς ἤρξατο **ὑστερεῖσθαι**.
Lk 22:35 μή τινος **ὑστερήσατε**;

ὑστέρημα (*hysterēma*; 1/9) *what is lacking*

Lk 21:4 δὲ ἐκ τοῦ **ὑστερήματος** αὐτῆς πάντα τὸν

ὕστερος (*hysteros*; 1/11[12]) *last, later*

Lk 20:32 **ὕστερον** καὶ ἡ γυνὴ

ὑψηλός (*hypsēlos*; 1/11) *high*

Lk 16:15 τὸ ἐν ἀνθρώποις **ὑψηλὸν** βδέλυγμα ἐνώπιον

ὕψιστος (*hypsistos*; 7/13) *highest*

Lk 1:32 μέγας καὶ υἱὸς **ὑψίστου** κληθήσεται καὶ δώσει
Lk 1:35 σὲ καὶ δύναμις **ὑψίστου** ἐπισκιάσει σοι·
Lk 1:76 προφήτης **ὑψίστου** κληθήσῃ·
Lk 2:14 δόξα ἐν **ὑψίστοις** θεῷ καὶ ἐπὶ
Lk 6:35 καὶ ἔσεσθε υἱοὶ **ὑψίστου**,
Lk 8:28 τοῦ θεοῦ τοῦ **ὑψίστου**;
Lk 19:38 καὶ δόξα ἐν **ὑψίστοις**.

ὕψος (*hypsos*; 2/6) *height*

Lk 1:78 ἡμᾶς ἀνατολὴ ἐξ **ὕψους**,
Lk 24:49 οὗ ἐνδύσησθε ἐξ **ὕψους** δύναμιν.

ὑψόω (*hypsoō*; 6/20) *exalt, lift up, raise*

Lk 1:52 ἀπὸ θρόνων καὶ **ὕψωσεν** ταπεινούς,
Lk 10:15 μὴ ἕως οὐρανοῦ **ὑψωθήσῃ**;
Lk 14:11 ὅτι πᾶς ὁ **ὑψῶν** ἑαυτὸν ταπεινωθήσεται,
Lk 14:11 ὁ ταπεινῶν ἑαυτὸν **ὑψωθήσεται**.
Lk 18:14 ὅτι πᾶς ὁ **ὑψῶν** ἑαυτὸν ταπεινωθήσεται,
Lk 18:14 δὲ ταπεινῶν ἑαυτὸν **ὑψωθήσεται**.

φάγος (*phagos*; 1/2) *glutton*

Lk 7:34 ἰδοὺ ἄνθρωπος **φάγος** καὶ οἰνοπότης,

φαίνω (*phainō*; 2/30[31]) *shine*

Lk 9:8 δὲ ὅτι Ἠλίας **ἐφάνη**,
Lk 24:11 καὶ **ἐφάνησαν** ἐνώπιον αὐτῶν ὡσεὶ

Φάλεκ (*Phalek*; 1/1) *Peleg*

Lk 3:35 τοῦ Ῥαγαὺ τοῦ **Φάλεκ** τοῦ Ἔβερ τοῦ

φανερός (*phaneros*; 2/18) *known*

Lk 8:17 κρυπτὸν ὃ οὐ **φανερὸν** γενήσεται οὐδὲ ἀπόκρυφον
Lk 8:17 γνωσθῇ καὶ εἰς **φανερὸν** ἔλθῃ.

Φανουήλ (*Phanouēl*; 1/1) *Phanuel*

Lk 2:36 θυγάτηρ **Φανουήλ**,

φάραγξ (*pharanx*; 1/1) *valley*

Lk 3:5 πᾶσα **φάραγξ** πληρωθήσεται καὶ πᾶν

Φάρες (*Phares*; 1/3) *Perez*

Lk 3:33 τοῦ Ἑσρὼμ τοῦ **Φάρες** τοῦ Ἰούδα

Φαρισαῖος (*Pharisaios*; 27/97[98]) *Pharisee*

Lk 5:17 καὶ ἦσαν καθήμενοι **Φαρισαῖοι** καὶ νομοδιδάσκαλοι οἳ
Lk 5:21 γραμματεῖς καὶ οἱ **Φαρισαῖοι** λέγοντες·
Lk 5:30 καὶ ἐγόγγυζον οἱ **Φαρισαῖοι** καὶ οἱ γραμματεῖς
Lk 5:33 καὶ οἱ τῶν **Φαρισαίων**,
Lk 6:2 τινες δὲ τῶν **Φαρισαίων** εἶπαν·
Lk 6:7 γραμματεῖς καὶ οἱ **Φαρισαῖοι** εἰ ἐν τῷ
Lk 7:30 οἱ δὲ **Φαρισαῖοι** καὶ οἱ νομικοὶ
Lk 7:36 τις αὐτὸν τῶν **Φαρισαίων** ἵνα φάγῃ μετ᾽
Lk 7:36 τὸν οἶκον τοῦ **Φαρισαίου** κατεκλίθη.
Lk 7:37 τῇ οἰκίᾳ τοῦ **Φαρισαίου**,
Lk 7:39 ἰδὼν δὲ ὁ **Φαρισαῖος** ὁ καλέσας αὐτὸν
Lk 11:37 λαλῆσαι ἐρωτᾷ αὐτὸν **Φαρισαῖος** ὅπως ἀριστήσῃ παρ᾽
Lk 11:38 ὁ δὲ **Φαρισαῖος** ἰδὼν ἐθαύμασεν ὅτι
Lk 11:39 νῦν ὑμεῖς οἱ **Φαρισαῖοι** τὸ ἔξωθεν τοῦ
Lk 11:42 οὐαὶ ὑμῖν τοῖς **Φαρισαίοις**,
Lk 11:43 Οὐαὶ ὑμῖν τοῖς **Φαρισαίοις**,
Lk 11:53 γραμματεῖς καὶ οἱ **Φαρισαῖοι** δεινῶς ἐνέχειν
Lk 12:1 τῶν **Φαρισαίων**.
Lk 13:31 ὥρᾳ προσῆλθάν τινες **Φαρισαῖοι** λέγοντες αὐτῷ·
Lk 14:1 τῶν ἀρχόντων [τῶν] **Φαρισαίων** σαββάτῳ φαγεῖν ἄρτον
Lk 14:3 τοὺς νομικοὺς καὶ **Φαρισαίους** λέγων·
Lk 15:2 διεγόγγυζον οἵ τε **Φαρισαῖοι** καὶ οἱ γραμματεῖς

Lk 16:14 ταῦτα πάντα οἱ **Φαρισαῖοι** φιλάργυροι ὑπάρχοντες καὶ
Lk 17:20 δὲ ὑπὸ τῶν **Φαρισαίων** πότε ἔρχεται ἡ
Lk 18:10 ὁ εἷς **Φαρισαῖος** καὶ ὁ ἕτερος
Lk 18:11 ὁ **Φαρισαῖος** σταθεὶς πρὸς ἑαυτὸν
Lk 19:39 καί τινες τῶν **Φαρισαίων** ἀπὸ τοῦ ὄχλου

φάτνη (*phatnē*; 4/4) *manger*

Lk 2:7 ἀνέκλινεν αὐτὸν ἐν **φάτνῃ**,
Lk 2:12 καὶ κείμενον ἐν **φάτνῃ**.
Lk 2:16 κείμενον ἐν τῇ **φάτνῃ**·
Lk 13:15 ὄνον ἀπὸ τῆς **φάτνης** καὶ ἀπαγαγὼν ποτίζει;

φέρω (*pherō*; 4/66) *bring*

Lk 5:18 καὶ ἰδοὺ ἄνδρες **φέροντες** ἐπὶ κλίνης ἄνθρωπον
Lk 15:23 καὶ **φέρετε** τὸν μόσχον τὸν
Lk 23:26 αὐτῷ τὸν σταυρὸν **φέρειν** ὄπισθεν τοῦ Ἰησοῦ.
Lk 24:1 τὸ μνῆμα ἦλθον **φέρουσαι** ἃ ἡτοίμασαν ἀρώματα.

φεύγω (*pheugō*; 3/29) *flee*

Lk 3:7 τίς ὑπέδειξεν ὑμῖν **φυγεῖν** ἀπὸ τῆς μελλούσης
Lk 8:34 βόσκοντες τὸ γεγονὸς **ἔφυγον** καὶ ἀπήγγειλαν εἰς
Lk 21:21 ἐν τῇ Ἰουδαίᾳ **φευγέτωσαν** εἰς τὰ ὄρη

φήμη (*phēmē*; 1/2) *report*

Lk 4:14 καὶ **φήμη** ἐξῆλθεν καθ' ὅλης

φημί (*phēmi*; 8/66) *say*

Lk 7:40 **φησίν**.
Lk 7:44 γυναῖκα τῷ Σίμωνι **ἔφη**·
Lk 15:17 ἑαυτὸν δὲ ἐλθὼν **ἔφη**·
Lk 22:58 ἕτερος ἰδὼν αὐτὸν **ἔφη**·
Lk 22:58 ὁ δὲ Πέτρος **ἔφη**·
Lk 22:70 δὲ πρὸς αὐτοὺς **ἔφη**·
Lk 23:3 δὲ ἀποκριθεὶς αὐτῷ **ἔφη**·
Lk 23:40 ἕτερος ἐπιτιμῶν αὐτῷ **ἔφη**·

φθάνω (*phthanō*; 1/7) *come upon, attain*

Lk 11:20 ἄρα **ἔφθασεν** ἐφ' ὑμᾶς ἡ

φιλάργυρος (*philargyros*; 1/2) *fond of money*

Lk 16:14 πάντα οἱ Φαρισαῖοι **φιλάργυροι** ὑπάρχοντες καὶ ἐξεμυκτήριζον

φιλέω (*phileō*; 2/25) *love*

Lk 20:46 ἐν στολαῖς καὶ **φιλούντων** ἀσπασμοὺς ἐν
Lk 22:47 ἤγγισεν τῷ Ἰησοῦ **φιλῆσαι** αὐτόν.

φίλημα (*philēma*; 2/7) *kiss*

Lk 7:45 **φίλημά** μοι οὐκ ἔδωκας·
Lk 22:48 **φιλήματι** τὸν υἱὸν τοῦ

Φίλιππος (*Philippos*; 2/36) *Philip*

Lk 3:1 **Φιλίππου** δὲ τοῦ ἀδελφοῦ
Lk 6:14 καὶ Ἰωάννην καὶ **Φίλιππον** καὶ Βαρθολομαῖον

φιλονεικία (*philoneikia*; 1/1) *dispute*

Lk 22:24 Ἐγένετο δὲ καὶ **φιλονεικία** ἐν αὐτοῖς,

φίλος (*philos*; 15/29) *friend*

Lk 7:6 τῆς οἰκίας ἔπεμψεν **φίλους** ὁ ἑκατοντάρχης λέγων
Lk 7:34 **φίλος** τελωνῶν καὶ ἁμαρτωλῶν.
Lk 11:5 ἐξ ὑμῶν ἕξει **φίλον** καὶ πορεύσεται πρὸς
Lk 11:5 **φίλε**,
Lk 11:6 ἐπειδὴ **φίλος** μου παρεγένετο ἐξ
Lk 11:8 διὰ τὸ εἶναι **φίλον** αὐτοῦ,
Lk 12:4 δὲ ὑμῖν τοῖς **φίλοις** μου,
Lk 14:10 **φίλε**,
Lk 14:12 μὴ φώνει τοὺς **φίλους** σου μηδὲ τοὺς
Lk 15:6 οἶκον συγκαλεῖ τοὺς **φίλους** καὶ τοὺς γείτονας
Lk 15:9 εὑροῦσα συγκαλεῖ τὰς **φίλας** καὶ γείτονας λέγουσα·
Lk 15:29 ἵνα μετὰ τῶν **φίλων** μου εὐφρανθῶ·
Lk 16:9 ἑαυτοῖς ποιήσατε **φίλους** ἐκ τοῦ μαμωνᾶ
Lk 21:16 καὶ συγγενῶν καὶ **φίλων**,
Lk 23:12 ἐγένοντο δὲ **φίλοι** ὅ τε Ἡρῴδης

φιμόω (*phimoō*; 1/7) *silence*

Lk 4:35 **φιμώθητι** καὶ ἔξελθε ἀπ'

φλόξ (*phlox*; 1/7) *flame*

Lk 16:24 ὀδυνῶμαι ἐν τῇ **φλογὶ** ταύτῃ.

φοβέομαι (*phobeomai*; 23/95) *fear*

Lk 1:13 μὴ **φοβοῦ**,
Lk 1:30 μὴ **φοβοῦ**,
Lk 1:50 καὶ γενεὰς τοῖς **φοβουμένοις** αὐτόν.
Lk 2:9 καὶ **ἐφοβήθησαν** φόβον μέγαν.
Lk 2:10 μὴ **φοβεῖσθε**,
Lk 5:10 μὴ **φοβοῦ**·
Lk 8:25 **φοβηθέντες** δὲ ἐθαύμασαν λέγοντες
Lk 8:35 καὶ **ἐφοβήθησαν**.
Lk 8:50 μὴ **φοβοῦ**,
Lk 9:34 **ἐφοβήθησαν** δὲ ἐν τῷ
Lk 9:45 καὶ **ἐφοβοῦντο** ἐρωτῆσαι αὐτὸν περὶ
Lk 12:4 μὴ φοβηθῆτε **ἀπὸ** τῶν ἀποκτεινόντων τὸ
Lk 12:5 δὲ ὑμῖν τίνα **φοβηθῆτε**·
Lk 12:5 **φοβήθητε** τὸν μετὰ τὸ
Lk 12:5 τοῦτον **φοβήθητε**.
Lk 12:7 μὴ **φοβεῖσθε**·
Lk 12:32 Μὴ **φοβοῦ**,
Lk 18:2 τὸν θεὸν μὴ **φοβούμενος** καὶ ἄνθρωπον μὴ
Lk 18:4 τὸν θεὸν οὐ **φοβοῦμαι** οὐδὲ ἄνθρωπον ἐντρέπομαι,
Lk 19:21 **ἐφοβούμην** γάρ σε,
Lk 20:19 καὶ **ἐφοβήθησαν** τὸν λαόν,
Lk 22:2 **ἐφοβοῦντο** γὰρ τὸν λαόν.
Lk 23:40 οὐδὲ **φοβῇ** σὺ τὸν θεόν,

φόβητρον (*phobētron*; 1/1) *dreadful sight or event*

Lk 21:11 **φόβητρά** τε καὶ ἀπ'

φόβος (*phobos*; 7/47) *fear*

Lk 1:12 Ζαχαρίας ἰδὼν καὶ **φόβος** ἐπέπεσεν ἐπ' αὐτόν.

Lk 1:65 ἐγένετο ἐπὶ πάντας **φόβος** τοὺς περιοικοῦντας αὐτούς,
Lk 2:9 καὶ ἐφοβήθησαν **φόβον** μέγαν.
Lk 5:26 θεὸν καὶ ἐπλήσθησαν **φόβου** λέγοντες ὅτι εἴδομεν
Lk 7:16 ἔλαβεν δὲ **φόβος** πάντας καὶ ἐδόξαζον
Lk 8:37 ὅτι **φόβῳ** μεγάλῳ συνείχοντο·
Lk 21:26 ἀποψυχόντων ἀνθρώπων ἀπὸ **φόβου** καὶ προσδοκίας τῶν

φονεύω (*phoneuō*; 1/12) *murder*
Lk 18:20 μὴ **φονεύσῃς**,

φόνος (*phonos*; 2/9) *murder*
Lk 23:19 τῇ πόλει καὶ **φόνον** βληθεὶς ἐν τῇ
Lk 23:25 διὰ στάσιν καὶ **φόνον** βεβλημένον εἰς φυλακὴν

φόρος (*phoros*; 2/5) *tax*
Lk 20:22 ἔξεστιν ἡμᾶς Καίσαρι **φόρον** δοῦναι ἢ οὔ;
Lk 23:2 ἡμῶν καὶ κωλύοντα **φόρους** Καίσαρι διδόναι

φορτίζω (*phortizō*; 1/2) *burden*
Lk 11:46 ὅτι **φορτίζετε** τοὺς ἀνθρώπους φορτία

φορτίον (*phortion*; 2/6) *burden*
Lk 11:46 φορτίζετε τοὺς ἀνθρώπους **φορτία** δυσβάστακτα,
Lk 11:46 οὐ προσψαύετε τοῖς **φορτίοις**.

φραγμός (*phragmos*; 1/4) *fence*
Lk 14:23 τὰς ὁδοὺς καὶ **φραγμοὺς** καὶ ἀνάγκασον εἰσελθεῖν,

φρέαρ (*phrear*; 1/7) *well*
Lk 14:5 ἢ βοῦς εἰς **φρέαρ** πεσεῖται,

φρόνησις (*phronēsis*; 1/2) *insight*
Lk 1:17 καὶ ἀπειθεῖς ἐν **φρονήσει** δικαίων,

φρόνιμος (*phronimos*; 2/14) *wise*
Lk 12:42 πιστὸς οἰκονόμος ὁ **φρόνιμος**,
Lk 16:8 τοῦ αἰῶνος τούτου **φρονιμώτεροι** ὑπὲρ τοὺς υἱοὺς

φρονίμως (*phronimōs*; 1/1) *wisely*
Lk 16:8 τῆς ἀδικίας ὅτι **φρονίμως** ἐποίησεν·

φυλακή (*phylakē*; 8/47) *prison*
Lk 2:8 ἀγραυλοῦντες καὶ φυλάσσοντες **φυλακὰς** τῆς νυκτὸς ἐπὶ
Lk 3:20 τὸν Ἰωάννην ἐν **φυλακῇ**.
Lk 12:38 ἐν τῇ τρίτῃ **φυλακῇ** ἔλθῃ καὶ εὕρῃ
Lk 12:58 σε βαλεῖ εἰς **φυλακήν**.
Lk 21:12 τὰς συναγωγὰς καὶ **φυλακάς**,
Lk 22:33 εἰμι καὶ εἰς **φυλακὴν** καὶ εἰς θάνατον
Lk 23:19 βληθεὶς ἐν τῇ **φυλακῇ**.
Lk 23:25 φόνον βεβλημένον εἰς **φυλακὴν** ὃν ᾐτοῦντο,

φυλάσσω (*phylassō*; 6/31) *guard*
Lk 2:8 αὐτῇ ἀγραυλοῦντες καὶ **φυλάσσοντες** φυλακὰς τῆς νυκτὸς
Lk 8:29 ἁλύσεσιν καὶ πέδαις **φυλασσόμενος** καὶ διαρρήσσων τὰ
Lk 11:21 ὁ ἰσχυρὸς καθωπλισμένος **φυλάσσῃ** τὴν ἑαυτοῦ αὐλήν,
Lk 11:28 τοῦ θεοῦ καὶ **φυλάσσοντες**.
Lk 12:15 ὁρᾶτε καὶ **φυλάσσεσθε** ἀπὸ πάσης πλεονεξίας,
Lk 18:21 ταῦτα πάντα **ἐφύλαξα** ἐκ νεότητος.

φυλή (*phylē*; 2/31) *tribe*
Lk 2:36 ἐκ **φυλῆς** Ἀσήρ·
Lk 22:30 θρόνων τὰς δώδεκα **φυλὰς** κρίνοντες τοῦ Ἰσραήλ.

φυτεύω (*phyteuō*; 4/11) *plant*
Lk 13:6 συκῆν εἶχέν τις **πεφυτευμένην** ἐν τῷ ἀμπελῶνι
Lk 17:6 ἐκριζώθητι καὶ **φυτεύθητι** ἐν τῇ θαλάσσῃ·
Lk 17:28 **ἐφύτευον**,
Lk 20:9 ἄνθρωπός [τις] **ἐφύτευσεν** ἀμπελῶνα καὶ ἐξέδετο

φύω (*phyō*; 2/3) *grow*
Lk 8:6 καὶ **φυὲν** ἐξηράνθη διὰ τὸ
Lk 8:8 τὴν ἀγαθὴν καὶ **φυὲν** ἐποίησεν καρπὸν ἑκατονταπλασίονα.

φωλεός (*phōleos*; 1/2) *hole*
Lk 9:58 αἱ ἀλώπεκες **φωλεοὺς** ἔχουσιν καὶ τὰ

φωνέω (*phōneō*; 10/43) *call*
Lk 8:8 ταῦτα λέγων **ἐφώνει**·
Lk 8:54 τῆς χειρὸς αὐτῆς **ἐφώνησεν** λέγων·
Lk 14:12 μὴ **φώνει** τοὺς φίλους σου
Lk 16:2 καὶ **φωνήσας** αὐτὸν εἶπεν αὐτῷ·
Lk 16:24 καὶ αὐτὸς **φωνήσας** εἶπεν·
Lk 19:15 βασιλείαν καὶ εἶπεν **φωνηθῆναι** αὐτῷ τοὺς δούλους
Lk 22:34 οὐ **φωνήσει** σήμερον ἀλέκτωρ ἕως
Lk 22:60 ἔτι λαλοῦντος αὐτοῦ **ἐφώνησεν** ἀλέκτωρ.
Lk 22:61 ὅτι πρὶν ἀλέκτορα **φωνῆσαι** σήμερον ἀπαρνήσῃ με
Lk 23:46 καὶ **φωνήσας** φωνῇ μεγάλῃ ὁ

φωνή (*phōnē*; 14/139) *voice*
Lk 1:44 ὡς ἐγένετο ἡ **φωνὴ** τοῦ ἀσπασμοῦ σου
Lk 3:4 **φωνὴ** βοῶντος ἐν τῇ
Lk 3:22 καὶ **φωνὴν** ἐξ οὐρανοῦ γενέσθαι·
Lk 4:33 ἀκαθάρτου καὶ ἀνέκραξεν **φωνῇ** μεγάλῃ·
Lk 8:28 προσέπεσεν αὐτῷ καὶ **φωνῇ** μεγάλῃ εἶπεν·
Lk 9:35 καὶ **φωνὴ** ἐγένετο ἐκ τῆς
Lk 9:36 τῷ γενέσθαι τὴν **φωνὴν** εὑρέθη Ἰησοῦς μόνος.
Lk 11:27 ταῦτα ἐπάρασά τις **φωνὴν** γυνὴ ἐκ τοῦ
Lk 17:13 καὶ αὐτοὶ ἦραν **φωνὴν** λέγοντες·
Lk 17:15 ὑπέστρεψεν μετὰ **φωνῆς** μεγάλης δοξάζων
Lk 19:37 αἰνεῖν τὸν θεὸν **φωνῇ** μεγάλῃ περὶ πασῶν
Lk 23:23 οἱ δὲ ἐπέκειντο **φωναῖς** μεγάλαις αἰτούμενοι αὐτὸν

Lk 23:23 καὶ κατίσχυον αἱ **φωναὶ** αὐτῶν.
Lk 23:46 καὶ φωνήσας **φωνῇ** μεγάλῃ ὁ Ἰησοῦς

φῶς (*phōs*; 7/73) *light*

Lk 2:32 **φῶς** εἰς ἀποκάλυψιν ἐθνῶν
Lk 8:16 εἰσπορευόμενοι βλέπωσιν τὸ **φῶς**.
Lk 11:33 οἱ εἰσπορευόμενοι τὸ **φῶς** βλέπωσιν.
Lk 11:35 οὖν μὴ τὸ **φῶς** τὸ ἐν σοὶ
Lk 12:3 εἴπατε ἐν τῷ **φωτὶ** ἀκουσθήσεται,
Lk 16:8 τοὺς υἱοὺς τοῦ **φωτὸς** εἰς τὴν γενεὰν
Lk 22:56 καθήμενον πρὸς τὸ **φῶς** καὶ ἀτενίσασα αὐτῷ

φωτεινός (*phōteinos*; 3/5) *full of light*

Lk 11:34 τὸ σῶμά σου **φωτεινόν** ἐστιν·
Lk 11:36 σῶμά σου ὅλον **φωτεινόν**,
Lk 11:36 ἔσται **φωτεινὸν** ὅλον ὡς ὅταν

φωτίζω (*phōtizō*; 1/11) *give light*

Lk 11:36 λύχνος τῇ ἀστραπῇ **φωτίζῃ** σε.

χαίρω (*chairō*; 12/74) *rejoice*

Lk 1:14 τῇ γενέσει αὐτοῦ **χαρήσονται**.
Lk 1:28 **χαῖρε**,
Lk 6:23 **χάρητε** ἐν ἐκείνῃ τῇ
Lk 10:20 ἐν τούτῳ μὴ **χαίρετε** ὅτι τὰ πνεύματα
Lk 10:20 **χαίρετε** δὲ ὅτι τὰ
Lk 13:17 πᾶς ὁ ὄχλος **ἔχαιρεν** ἐπὶ πᾶσιν τοῖς
Lk 15:5 τοὺς ὤμους αὐτοῦ **χαίρων**
Lk 15:32 εὐφρανθῆναι δὲ καὶ **χαρῆναι** ἔδει,
Lk 19:6 καὶ ὑπεδέξατο αὐτὸν **χαίρων**.
Lk 19:37 πλῆθος τῶν μαθητῶν **χαίροντες** αἰνεῖν τὸν θεὸν
Lk 22:5 καὶ **ἐχάρησαν** καὶ συνέθεντο αὐτῷ
Lk 23:8 ἰδὼν τὸν Ἰησοῦν **ἐχάρη** λίαν,

χαλάω (*chalaō*; 2/7) *lower*

Lk 5:4 τὸ βάθος καὶ **χαλάσατε** τὰ δίκτυα ὑμῶν
Lk 5:5 τῷ ῥήματί σου **χαλάσω** τὰ δίκτυα.

χαρά (*chara*; 8/59) *joy*

Lk 1:14 καὶ ἔσται **χαρά** σοι καὶ ἀγαλλίασις
Lk 2:10 γὰρ εὐαγγελίζομαι ὑμῖν **χαρὰν** μεγάλην ἥτις ἔσται
Lk 8:13 ὅταν ἀκούσωσιν μετὰ **χαρᾶς** δέχονται τὸν λόγον,
Lk 10:17 ἑβδομήκοντα [δύο] μετὰ **χαρᾶς** λέγοντες·
Lk 15:7 ὑμῖν ὅτι οὕτως **χαρὰ** ἐν τῷ οὐρανῷ
Lk 15:10 γίνεται **χαρὰ** ἐνώπιον τῶν ἀγγέλων
Lk 24:41 αὐτῶν ἀπὸ τῆς **χαρᾶς** καὶ θαυμαζόντων εἶπεν
Lk 24:52 εἰς Ἰερουσαλὴμ μετὰ **χαρᾶς** μεγάλης

χάραξ (*charax*; 1/1) *barricade*

Lk 19:43 οἱ ἐχθροί σου **χάρακά** σοι καὶ περικυκλώσουσίν

χαρίζομαι (*charizomai*; 3/23) *grant, forgive*

Lk 7:21 καὶ τυφλοῖς πολλοῖς **ἐχαρίσατο** βλέπειν.
Lk 7:42 αὐτῶν ἀποδοῦναι ἀμφοτέροις **ἐχαρίσατο**.
Lk 7:43 ᾧ τὸ πλεῖον **ἐχαρίσατο**.

χάριν (*charin*; 1/9) *for the sake of*

Lk 7:47 οὗ **χάριν** λέγω σοι,

χάρις (*charis*; 8/155) *grace*

Lk 1:30 εὗρες γὰρ **χάριν** παρὰ τῷ θεῷ.
Lk 2:40 καὶ **χάρις** θεοῦ ἦν ἐπ'
Lk 2:52 καὶ ἡλικίᾳ καὶ **χάριτι** παρὰ θεῷ καὶ
Lk 4:22 τοῖς λόγοις τῆς **χάριτος** τοῖς ἐκπορευομένοις ἐκ
Lk 6:32 ποία ὑμῖν **χάρις** ἐστίν;
Lk 6:33 ποία ὑμῖν **χάρις** ἐστίν;
Lk 6:34 ποία ὑμῖν **χάρις** [ἐστίν];
Lk 17:9 μὴ ἔχει **χάριν** τῷ δούλῳ ὅτι

χαριτόω (*charitoō*; 1/2) *bestow on freely*

Lk 1:28 **κεχαριτωμένη**,

χάσμα (*chasma*; 1/1) *chasm*

Lk 16:26 ἡμῶν καὶ ὑμῶν **χάσμα** μέγα ἐστήρικται,

χείρ (*cheir*; 26/175[177]) *hand*

Lk 1:66 καὶ γὰρ **χεὶρ** κυρίου ἦν μετ'
Lk 1:71 ἡμῶν καὶ ἐκ **χειρὸς** πάντων τῶν μισούντων
Lk 1:74 ἀφόβως ἐκ **χειρὸς** ἐχθρῶν ῥυσθέντας λατρεύειν
Lk 3:17 πτύον ἐν τῇ **χειρὶ** αὐτοῦ διακαθᾶραι τὴν
Lk 4:11 καὶ ὅτι ἐπὶ **χειρῶν** ἀροῦσίν σε,
Lk 4:40 ἑκάστῳ αὐτῶν τὰς **χεῖρας** ἐπιτιθεὶς ἐθεράπευεν αὐτούς.
Lk 5:13 καὶ ἐκτείνας τὴν **χεῖρα** ἥψατο αὐτοῦ λέγων·
Lk 6:1 στάχυας ψώχοντες ταῖς **χερσίν**.
Lk 6:6 ἐκεῖ καὶ ἡ **χεὶρ** αὐτοῦ ἡ δεξιὰ
Lk 6:8 ξηρὰν ἔχοντι τὴν **χεῖρα**·
Lk 6:10 ἔκτεινον τὴν **χεῖρά** σου.
Lk 6:10 καὶ ἀπεκατεστάθη ἡ **χεὶρ** αὐτοῦ.
Lk 8:54 δὲ κρατήσας τῆς **χειρὸς** αὐτῆς ἐφώνησεν λέγων·
Lk 9:44 μέλλει παραδίδοσθαι εἰς **χεῖρας** ἀνθρώπων.
Lk 9:62 οὐδεὶς ἐπιβαλὼν τὴν **χεῖρα** ἐπ' ἄροτρον καὶ
Lk 13:13 ἐπέθηκεν αὐτῇ τὰς **χεῖρας**·
Lk 15:22 δακτύλιον εἰς τὴν **χεῖρα** αὐτοῦ καὶ ὑποδήματα
Lk 20:19 ἐπ' αὐτὸν τὰς **χεῖρας** ἐν αὐτῇ τῇ
Lk 21:12 ἐφ' ὑμᾶς τὰς **χεῖρας** αὐτῶν καὶ διώξουσιν,
Lk 22:21 Πλὴν ἰδοὺ ἡ **χεὶρ** τοῦ παραδιδόντος με
Lk 22:53 οὐκ ἐξετείνατε τὰς **χεῖρας** ἐπ' ἐμέ,
Lk 23:46 εἰς **χεῖράς** σου παρατίθεμαι τὸ
Lk 24:7 δεῖ παραδοθῆναι εἰς **χεῖρας** ἀνθρώπων ἁμαρτωλῶν καὶ
Lk 24:39 ἴδετε τὰς **χεῖράς** μου καὶ τοὺς
Lk 24:40 ἔδειξεν αὐτοῖς τὰς **χεῖρας** καὶ τοὺς πόδας.
Lk 24:50 καὶ ἐπάρας τὰς **χεῖρας** αὐτοῦ εὐλόγησεν αὐτούς.

χείρων (*cheirōn*; 1/11) *worse*

Lk 11:26 τοῦ ἀνθρώπου ἐκείνου **χείρονα** τῶν πρώτων.

χήρα (*chēra*; 9/26) *widow*

Lk 2:37 καὶ αὐτὴ **χήρα** ἕως ἐτῶν ὀγδοήκοντα
Lk 4:25 πολλαὶ **χῆραι** ἦσαν ἐν ταῖς
Lk 4:26 Σιδωνίας πρὸς γυναῖκα **χήραν**.
Lk 7:12 καὶ αὐτὴ ἦν **χήρα**,

Lk 18:3 **χήρα** δὲ ἦν ἐν
Lk 18:5 μοι κόπον τὴν **χήραν** ταύτην ἐκδικήσω αὐτήν,
Lk 20:47 τὰς οἰκίας τῶν **χηρῶν** καὶ προφάσει μακρὰ
Lk 21:2 εἶδεν δέ τινα **χήραν** πενιχρὰν βάλλουσαν ἐκεῖ
Lk 21:3 ὑμῖν ὅτι ἡ **χήρα** αὕτη ἡ πτωχὴ

χιλιάς (*chilias*; 2/23) *thousand*
Lk 14:31 ἐστιν ἐν δέκα **χιλιάσιν** ὑπαντῆσαι τῷ μετὰ
Lk 14:31 τῷ μετὰ εἴκοσι **χιλιάδων** ἐρχομένῳ ἐπ' αὐτόν;

χιτών (*chitōn*; 3/11) *tunic*
Lk 3:11 ὁ ἔχων δύο **χιτῶνας** μεταδότω τῷ μὴ
Lk 6:29 ἱμάτιον καὶ τὸν **χιτῶνα** μὴ κωλύσῃς.
Lk 9:3 μήτε [ἀνὰ] δύο **χιτῶνας** ἔχειν.

χοῖρος (*choiros*; 4/12) *pig*
Lk 8:32 δὲ ἐκεῖ ἀγέλη **χοίρων** ἱκανῶν βοσκομένη ἐν
Lk 8:33 εἰσῆλθον εἰς τοὺς **χοίρους**,
Lk 15:15 ἀγροὺς αὐτοῦ βόσκειν **χοίρους**,
Lk 15:16 ὧν ἤσθιον οἱ **χοῖροι**,

Χοραζίν (*Chorazin*; 1/2) *Chorazin*
Lk 10:13 **Χοραζίν**,

χορός (*choros*; 1/1) *dancing*
Lk 15:25 ἤκουσεν συμφωνίας καὶ **χορῶν**,

χορτάζω (*chortazō*; 4/16) *feed*
Lk 6:21 ὅτι **χορτασθήσεσθε**.
Lk 9:17 καὶ ἔφαγον καὶ **ἐχορτάσθησαν** πάντες,
Lk 15:16 καὶ ἐπεθύμει **χορτασθῆναι** ἐκ τῶν κερατίων
Lk 16:21 καὶ ἐπιθυμῶν **χορτασθῆναι** ἀπὸ τῶν πιπτόντων

χόρτος (*chortos*; 1/15) *grass, hay*
Lk 12:28 ἐν ἀγρῷ τὸν **χόρτον** ὄντα σήμερον καὶ

Χουζᾶς (*Chouzas*; 1/1) *Chuza*
Lk 8:3 καὶ Ἰωάννα γυνὴ **Χουζᾶ** ἐπιτρόπου Ἡρῴδου

χρεία (*chreia*; 7/49) *need*
Lk 5:31 οὐ **χρείαν** ἔχουσιν οἱ ὑγιαίνοντες
Lk 9:11 καὶ τοὺς **χρείαν** ἔχοντας θεραπείας ἰᾶτο.
Lk 10:42 ἑνὸς δέ ἐστιν **χρεία**·
Lk 15:7 δικαίοις οἵτινες οὐ **χρείαν** ἔχουσιν μετανοίας.
Lk 19:31 ὁ κύριος αὐτοῦ **χρείαν** ἔχει.
Lk 19:34 ὁ κύριος αὐτοῦ **χρείαν** ἔχει.
Lk 22:71 ἔτι ἔχομεν μαρτυρίας **χρείαν**;

χρεοφειλέτης (*chreopheiletēs*; 2/2) *debtor*
Lk 7:41 δύο **χρεοφειλέται** ἦσαν δανιστῇ τινι·
Lk 16:5 ἕνα ἕκαστον τῶν **χρεοφειλετῶν** τοῦ κυρίου ἑαυτοῦ

χρῄζω (*chrēzō*; 2/5) *need*
Lk 11:8 δώσει αὐτῷ ὅσων **χρῄζει**.
Lk 12:30 πατὴρ οἶδεν ὅτι **χρῄζετε** τούτων.

χρῆμα (*chrēma*; 1/6) *possessions*
Lk 18:24 δυσκόλως οἱ τὰ **χρήματα** ἔχοντες εἰς τὴν

χρηματίζω (*chrēmatizō*; 1/9) *warn, be called*
Lk 2:26 καὶ ἦν αὐτῷ **κεχρηματισμένον** ὑπὸ τοῦ πνεύματος

χρηστός (*chrēstos*; 2/7) *kind*
Lk 5:39 ὁ παλαιὸς **χρηστός** ἐστιν.
Lk 6:35 ὅτι αὐτὸς **χρηστός** ἐστιν ἐπὶ τοὺς

Χριστός (*Christos*; 12/529) *Christ*
Lk 2:11 σωτὴρ ὅς ἐστιν **χριστὸς** κύριος ἐν πόλει
Lk 2:26 ἂν ἴδῃ τὸν **χριστὸν** κυρίου.
Lk 3:15 αὐτὸς εἴη ὁ **χριστός**,
Lk 4:41 ὅτι ᾔδεισαν τὸν **χριστὸν** αὐτὸν εἶναι.
Lk 9:20 τὸν **χριστὸν** τοῦ θεοῦ.
Lk 20:41 πῶς λέγουσιν τὸν **χριστὸν** εἶναι Δαυὶδ υἱόν;
Lk 22:67 σὺ εἶ ὁ **χριστός**,
Lk 23:2 καὶ λέγοντα ἑαυτὸν **χριστὸν** βασιλέα εἶναι.
Lk 23:35 οὗτός ἐστιν ὁ **χριστὸς** τοῦ θεοῦ ὁ
Lk 23:39 σὺ εἶ ὁ **χριστός**;
Lk 24:26 ἔδει παθεῖν τὸν **χριστὸν** καὶ εἰσελθεῖν εἰς
Lk 24:46 γέγραπται παθεῖν τὸν **χριστὸν** καὶ ἀναστῆναι ἐκ

χρίω (*chriō*; 1/5) *anoint*
Lk 4:18 ἐμὲ οὗ εἵνεκεν **ἔχρισέν** με εὐαγγελίσασθαι πτωχοῖς,

χρονίζω (*chronizō*; 2/5) *delay*
Lk 1:21 ἐθαύμαζον ἐν τῷ **χρονίζειν** ἐν τῷ ναῷ
Lk 12:45 **χρονίζει** ὁ κύριός μου

χρόνος (*chronos*; 7/54) *time*
Lk 1:57 Ἐλισάβετ ἐπλήσθη ὁ **χρόνος** τοῦ τεκεῖν αὐτὴν
Lk 4:5 οἰκουμένης ἐν στιγμῇ **χρόνου**
Lk 8:27 ἔχων δαιμόνια καὶ **χρόνῳ** ἱκανῷ οὐκ ἐνεδύσατο
Lk 8:29 πολλοῖς γὰρ **χρόνοις** συνηρπάκει αὐτὸν καὶ
Lk 18:4 οὐκ ἤθελεν ἐπὶ **χρόνον**.
Lk 20:9 γεωργοῖς καὶ ἀπεδήμησεν **χρόνους** ἱκανούς.
Lk 23:8 γὰρ ἐξ ἱκανῶν **χρόνων** θέλων ἰδεῖν αὐτὸν

χωλός (*chōlos*; 3/14) *lame*
Lk 7:22 **χωλοὶ** περιπατοῦσιν,
Lk 14:13 **χωλούς**,
Lk 14:21 καὶ τυφλοὺς καὶ **χωλοὺς** εἰσάγαγε ὧδε.

χώρα (*chōra*; 9/28) *country*
Lk 2:8 ἦσαν ἐν τῇ **χώρᾳ** τῇ αὐτῇ ἀγραυλοῦντες
Lk 3:1 Ἰτουραίας καὶ Τραχωνίτιδος **χώρας**,
Lk 8:26 κατέπλευσαν εἰς τὴν **χώραν** τῶν Γερασηνῶν,
Lk 12:16 πλουσίου εὐφόρησεν ἡ **χώρα**.
Lk 15:13 υἱὸς ἀπεδήμησεν εἰς **χώραν** μακρὰν καὶ ἐκεῖ
Lk 15:14 ἰσχυρὰ κατὰ τὴν **χώραν** ἐκείνην,

Lk 15:15 τῶν πολιτῶν τῆς **χώρας** ἐκείνης,
Lk 19:12 εὐγενὴς ἐπορεύθη εἰς **χώραν** μακρὰν λαβεῖν ἑαυτῷ
Lk 21:21 οἱ ἐν ταῖς **χώραις** μὴ εἰσερχέσθωσαν εἰς

χωρίς (*chōris*; 1/41) *without*

Lk 6:49 ἐπὶ τὴν γῆν **χωρὶς** θεμελίου,

ψαλμός (*psalmos*; 2/7) *psalm*

Lk 20:42 λέγει ἐν βίβλῳ **ψαλμῶν**·
Lk 24:44 τοῖς προφήταις καὶ **ψαλμοῖς** περὶ ἐμοῦ.

ψευδομαρτυρέω (*pseudomartyreō*; 1/5) *give false testimony*

Lk 18:20 μὴ **ψευδομαρτυρήσῃς**,

ψευδοπροφήτης (*pseudoprophētēs*; 1/11) *false prophet*

Lk 6:26 γὰρ ἐποίουν τοῖς **ψευδοπροφήταις** οἱ πατέρες αὐτῶν.

ψηλαφάω (*psēlaphaō*; 1/4) *touch*

Lk 24:39 **ψηλαφήσατέ** με καὶ ἴδετε,

ψηφίζω (*psēphizō*; 1/2) *figure out*

Lk 14:28 οὐχὶ πρῶτον καθίσας **ψηφίζει** τὴν δαπάνην,

ψυχή (*psychē*; 14/103) *soul, life, self*

Lk 1:46 Μεγαλύνει ἡ **ψυχή** μου τὸν κύριον,
Lk 2:35 [δὲ] αὐτῆς τὴν **ψυχὴν** διελεύσεται ῥομφαία
Lk 6:9 **ψυχὴν** σῶσαι ἢ ἀπολέσαι;
Lk 9:24 ἂν θέλῃ τὴν **ψυχὴν** αὐτοῦ σῶσαι ἀπολέσει
Lk 9:24 ἂν ἀπολέσῃ τὴν **ψυχὴν** αὐτοῦ ἕνεκεν ἐμοῦ
Lk 10:27 ἐν ὅλῃ τῇ **ψυχῇ** σου καὶ ἐν
Lk 12:19 καὶ ἐρῶ τῇ **ψυχῇ** μου,
Lk 12:19 **ψυχή**,
Lk 12:20 τῇ νυκτὶ τὴν **ψυχήν** σου ἀπαιτοῦσιν ἀπὸ
Lk 12:22 μὴ μεριμνᾶτε τῇ **ψυχῇ** τί φάγητε,
Lk 12:23 ἡ γὰρ **ψυχὴ** πλεῖόν ἐστιν τῆς
Lk 14:26 τε καὶ τὴν **ψυχὴν** ἑαυτοῦ,
Lk 17:33 ἐὰν ζητήσῃ τὴν **ψυχὴν** αὐτοῦ περιποιήσασθαι ἀπολέσει
Lk 21:19 ὑμῶν κτήσασθε τὰς **ψυχὰς** ὑμῶν.

ψώχω (*psōchō*; 1/1) *rub*

Lk 6:1 ἤσθιον τοὺς στάχυας **ψώχοντες** ταῖς χερσίν.

ὦ (*ō*; 2/20) *O*

Lk 9:41 ὦ **γενεὰ** ἄπιστος καὶ διεστραμμένη,
Lk 24:25 **ὦ** ἀνόητοι καὶ βραδεῖς

ὧδε (*hōde*; 15/61) *here*

Lk 4:23 Καφαρναοὺμ ποίησον καὶ **ὧδε** ἐν τῇ πατρίδι
Lk 9:12 ὅτι **ὧδε** ἐν ἐρήμῳ τόπῳ
Lk 9:33 καλόν ἐστιν ἡμᾶς **ὧδε** εἶναι,
Lk 9:41 προσάγαγε ὧδε **τὸν** υἱόν σου.
Lk 11:31 ἰδοὺ πλεῖον Σολομῶνος **ὧδε**.
Lk 11:32 ἰδοὺ πλεῖον Ἰωνᾶ **ὧδε**.
Lk 14:21 καὶ χωλοὺς εἰσάγαγε **ὧδε**.
Lk 15:17 ἐγὼ δὲ λιμῷ **ὧδε** ἀπόλλυμαι.
Lk 16:25 νῦν δὲ **ὧδε** παρακαλεῖται,
Lk 17:21 ἰδοὺ **ὧδε** ἤ·
Lk 17:23 [ἤ] ἰδοὺ **ὧδε**·
Lk 19:27 ἐπ᾽ αὐτοὺς ἀγάγετε **ὧδε** καὶ κατασφάξατε αὐτοὺς
Lk 22:38 ἰδοὺ μάχαιραι **ὧδε** δύο.
Lk 23:5 τῆς Γαλιλαίας ἕως **ὧδε**.
Lk 24:6 οὐκ ἔστιν **ὧδε**,

ὦμος (*ōmos*; 1/2) *shoulder*

Lk 15:5 ἐπιτίθησιν ἐπὶ τοὺς **ὤμους** αὐτοῦ χαίρων

ᾠόν (*ōon*; 1/1) *egg*

Lk 11:12 ἢ καὶ αἰτήσει **ᾠόν**,

ὥρα (*hōra*; 17/106) *hour*

Lk 1:10 προσευχόμενον ἔξω τῇ **ὥρᾳ** τοῦ θυμιάματος.
Lk 2:38 καὶ αὐτῇ τῇ **ὥρᾳ** ἐπιστᾶσα ἀνθωμολογεῖτο
Lk 7:21 ἐν ἐκείνῃ τῇ **ὥρᾳ** ἐθεράπευσεν πολλοὺς ἀπὸ
Lk 10:21 Ἐν αὐτῇ τῇ **ὥρᾳ** ἠγαλλιάσατο [ἐν] τῷ
Lk 12:12 ἐν αὐτῇ τῇ **ὥρᾳ** ἃ δεῖ εἰπεῖν.
Lk 12:39 ὁ οἰκοδεσπότης ποίᾳ **ὥρᾳ** ὁ κλέπτης ἔρχεται,
Lk 12:40 ὅτι ᾗ **ὥρᾳ** οὐ δοκεῖτε ὁ
Lk 12:46 προσδοκᾷ καὶ ἐν **ὥρᾳ** ᾗ οὐ γινώσκει,
Lk 13:31 Ἐν αὐτῇ τῇ **ὥρᾳ** προσῆλθάν τινες Φαρισαῖοι
Lk 14:17 δοῦλον αὐτοῦ τῇ **ὥρᾳ** τοῦ δείπνου εἰπεῖν
Lk 20:19 ἐν αὐτῇ τῇ **ὥρᾳ**,
Lk 22:14 ὅτε ἐγένετο ἡ **ὥρα**,
Lk 22:53 ἐστὶν ὑμῶν ἡ **ὥρα** καὶ ἡ ἐξουσία
Lk 22:59 καὶ διαστάσης ὡσεὶ **ὥρας** μιᾶς ἄλλος τις
Lk 23:44 ἦν ἤδη ὡσεὶ **ὥρα** ἕκτη καὶ σκότος
Lk 23:44 τὴν γῆν ἕως **ὥρας** ἐνάτης
Lk 24:33 ἀναστάντες αὐτῇ τῇ **ὥρᾳ** ὑπέστρεψαν εἰς Ἰερουσαλὴμ

ὡς (*hōs*; 51/503[504]) *as*

Lk 1:23 καὶ ἐγένετο **ὡς** ἐπλήσθησαν αἱ ἡμέραι
Lk 1:41 καὶ ἐγένετο **ὡς** ἤκουσεν τὸν ἀσπασμὸν
Lk 1:44 ἰδοὺ γὰρ **ὡς** ἐγένετο ἡ φωνὴ
Lk 1:56 Μαριὰμ σὺν αὐτῇ **ὡς** μῆνας τρεῖς,
Lk 2:15 Καὶ ἐγένετο **ὡς** ἀπῆλθον ἀπ᾽ αὐτῶν
Lk 2:39 Καὶ **ὡς** ἐτέλεσαν πάντα τὰ
Lk 3:4 **ὡς** γέγραπται ἐν βίβλῳ
Lk 3:22 ἅγιον σωματικῷ εἴδει **ὡς** περιστερὰν ἐπ᾽ αὐτόν,
Lk 3:23 **ὡς** ἐνομίζετο,
Lk 4:25 **ὡς** ἐγένετο λιμὸς μέγας
Lk 5:4 **Ὡς** δὲ ἐπαύσατο λαλῶν,
Lk 6:4 [**ὡς**] εἰσῆλθεν εἰς τὸν
Lk 6:22 τὸ ὄνομα ὑμῶν **ὡς** πονηρὸν ἕνεκα τοῦ
Lk 6:40 δὲ πᾶς ἔσται **ὡς** ὁ διδάσκαλος αὐτοῦ.
Lk 7:12 **ὡς** δὲ ἤγγισεν τῇ
Lk 8:42 μονογενὴς ἦν αὐτῷ **ὡς** ἐτῶν δώδεκα καὶ
Lk 8:47 τοῦ λαοῦ καὶ **ὡς** ἰάθη παραχρῆμα.
Lk 9:52 εἰς κώμην Σαμαριτῶν **ὡς** ἑτοιμάσαι αὐτῷ·
Lk 10:3 ἰδοὺ ἀποστέλλω ὑμᾶς **ὡς** ἄρνας ἐν μέσῳ
Lk 10:18 ἐθεώρουν τὸν σατανᾶν **ὡς** ἀστραπὴν ἐκ τοῦ
Lk 10:27 τὸν πλησίον σου **ὡς** σεαυτόν.
Lk 11:1 **ὡς** ἐπαύσατο,
Lk 11:36 ἔσται φωτεινὸν ὅλον **ὡς** ὅταν ὁ λύχνος
Lk 11:44 ὅτι ἐστὲ **ὡς** τὰ μνημεῖα τὰ

Lk 12:27 δόξη αὐτοῦ περιεβάλετο **ὡς** ἓν τούτων.
Lk 12:58 **ὡς** γὰρ ὑπάγεις μετὰ
Lk 15:19 ποίησόν με **ὡς** ἕνα τῶν μισθίων
Lk 15:25 καὶ **ὡς** ἐρχόμενος ἤγγισεν τῇ
Lk 16:1 οὗτος διεβλήθη αὐτῷ **ὡς** διασκορπίζων τὰ ὑπάρχοντα
Lk 17:6 εἰ ἔχετε πίστιν **ὡς** κόκκον σινάπεως,
Lk 18:11 ἢ καὶ **ὡς** οὗτος ὁ τελώνης·
Lk 18:17 βασιλείαν τοῦ θεοῦ **ὡς** παιδίον,
Lk 19:5 καὶ **ὡς** ἦλθεν ἐπὶ τὸν
Lk 19:29 Καὶ ἐγένετο **ὡς** ἤγγισεν εἰς Βηθφαγὴ
Lk 19:41 Καὶ **ὡς** ἤγγισεν ἰδὼν τὴν
Lk 20:37 **ὡς** λέγει κύριον τὸν
Lk 21:35 **ὡς** παγίς·
Lk 22:26 ἐν ὑμῖν γινέσθω **ὡς** ὁ νεώτερος καὶ
Lk 22:26 καὶ ὁ ἡγούμενος **ὡς** ὁ διακονῶν.
Lk 22:27 μέσῳ ὑμῶν εἰμι **ὡς** ὁ διακονῶν.
Lk 22:31 ὑμᾶς τοῦ σινιάσαι **ὡς** τὸν σῖτον·
Lk 22:52 **ὡς** ἐπὶ λῃστὴν ἐξήλθατε
Lk 22:61 ῥήματος τοῦ κυρίου **ὡς** εἶπεν αὐτῷ ὅτι
Lk 22:66 Καὶ **ὡς** ἐγένετο ἡμέρα,
Lk 23:14 τὸν ἄνθρωπον τοῦτον **ὡς** ἀποστρέφοντα τὸν λαόν,
Lk 23:26 Καὶ **ὡς** ἀπήγαγον αὐτόν,
Lk 23:55 τὸ μνημεῖον καὶ **ὡς** ἐτέθη τὸ σῶμα
Lk 24:6 μνήσθητε **ὡς** ἐλάλησεν ὑμῖν ἔτι
Lk 24:32 ἦν [ἐν ἡμῖν] **ὡς** ἐλάλει ἡμῖν ἐν
Lk 24:32 **ὡς** διήνοιγεν ἡμῖν τὰς
Lk 24:35 τῇ ὁδῷ καὶ **ὡς** ἐγνώσθη αὐτοῖς ἐν

ὡσαύτως (*hōsautōs*; 3/17) *in the same way*

Lk 13:5 μὴ μετανοῆτε πάντες **ὡσαύτως** ἀπολεῖσθε.
Lk 20:31 **ὡσαύτως** δὲ καὶ οἱ
Lk 22:20 καὶ τὸ ποτήριον **ὡσαύτως** μετὰ τὸ δειπνῆσαι,

ὡσεί (*hōsei*; 9/21) *like*

Lk 3:23 ἦν Ἰησοῦς ἀρχόμενος **ὡσεὶ** ἐτῶν τριάκοντα,
Lk 9:14 ἦσαν γὰρ **ὡσεὶ** ἄνδρες πεντακισχίλιοι.
Lk 9:14 αὐτοὺς κλισίας **[ὡσεὶ]** ἀνὰ πεντήκοντα.
Lk 9:28 τοὺς λόγους τούτους **ὡσεὶ** ἡμέραι ὀκτὼ
Lk 22:41 ἀπεσπάσθη ἀπ' αὐτῶν **ὡσεὶ** λίθου βολὴν καὶ
Lk 22:44 ὁ ἱδρὼς αὐτοῦ **ὡσεὶ** θρόμβοι αἵματος καταβαίνοντες
Lk 22:59 καὶ διαστάσης **ὡσεὶ** ὥρας μιᾶς ἄλλος
Lk 23:44 Καὶ ἦν ἤδη **ὡσεὶ** ὥρα ἕκτη καὶ
Lk 24:11 ἐφάνησαν ἐνώπιον αὐτῶν **ὡσεὶ** λῆρος τὰ ῥήματα

ὥσπερ (*hōsper*; 2/36) *just as, like*

Lk 17:24 **ὥσπερ** γὰρ ἡ ἀστραπὴ
Lk 18:11 ὅτι οὐκ εἰμὶ **ὥσπερ** οἱ λοιποὶ τῶν

ὥστε (*hōste*; 4/83) *so that*

Lk 4:29 πόλις ᾠκοδόμητο αὐτῶν **ὥστε** κατακρημνίσαι αὐτόν·
Lk 5:7 ἀμφότερα τὰ πλοῖα **ὥστε** βυθίζεσθαι αὐτά.
Lk 12:1 **ὥστε** καταπατεῖν ἀλλήλους,
Lk 20:20 **ὥστε** παραδοῦναι αὐτὸν τῇ

ὠτίον (*ōtion*; 1/3) *ear*

Lk 22:51 καὶ ἁψάμενος τοῦ **ὠτίου** ἰάσατο αὐτόν.

ὠφελέω (*ōpheleō*; 1/15) *gain, profit*

Lk 9:25 τί γὰρ **ὠφελεῖται** ἄνθρωπος κερδήσας τὸν

Frequency List (Alphabetical Order)

1 Ἀαρών
1 Ἅβελ
1 Ἀβιά
1* Ἀβιληνή
15 Ἀβραάμ
1 ἄβυσσος
4 ἀγαθοποιέω
16 ἀγαθός
2 ἀγαλλίασις
2 ἀγαλλιάω
1 ἀγανακτέω
13 ἀγαπάω
1 ἀγάπη
2 ἀγαπητός
25 ἄγγελος
2 ἀγέλη
1 ἁγιάζω
20 ἅγιος
1* ἀγκάλη
1 ἀγνοέω
3 ἀγορά
5 ἀγοράζω
2* ἄγρα
1* ἀγραυλέω
9 ἀγρός
1 ἀγρυπνέω
13 ἄγω
1* ἀγωνία
1 ἀγωνίζομαι
1 Ἀδάμ
1* Ἀδδί
3 ἀδελφή
24 ἀδελφός
1 ἄδηλος
2 ᾅδης
1 ἀδικέω
4 ἀδικία
4 ἄδικος
1* Ἀδμίν
1 ἀδυνατέω
1 ἀδύνατος
1 ἀετός
2 ἄζυμος
5 ἀθετέω
1* ἀθροίζω
8 αἷμα
3 αἰνέω
1 αἶνος
20 αἴρω
1* αἰσθάνομαι
1 αἰσχύνη
1 αἰσχύνω
11 αἰτέω
1 αἴτημα
1 αἰτία
3 αἴτιος
1 αἰφνίδιος
1 αἰχμαλωτίζω
1* αἰχμάλωτος
7 αἰών
4 αἰώνιος
6 ἀκάθαρτος
4 ἄκανθα
1 ἀκαταστασία
1 ἀκοή
17 ἀκολουθέω
65 ἀκούω
1 ἀκριβῶς
1 ἄκρον
1 ἀλάβαστρος
2 ἅλας
3 ἀλείφω
3 ἀλέκτωρ
1 ἄλευρον
3 ἀλήθεια
1 ἀληθινός
1 ἀλήθω
3 ἀληθῶς
1 ἁλιεύς
35 ἀλλά
11 ἀλλήλων
1* ἀλλογενής
11 ἄλλος
1 ἀλλότριος
1 ἅλυσις
1 Ἁλφαῖος
1 ἅλων
2 ἀλώπηξ
4 ἁμαρτάνω
11 ἁμαρτία
18 ἁμαρτωλός
1 ἄμεμπτος
6 ἀμήν
1 Ἀμιναδάβ
1 ἄμπελος
1* ἀμπελουργός
7 ἀμπελών
1* ἀμφιέζω
1 ἀμφιέννυμι
5 ἀμφότεροι
1 Ἀμώς
32 ἄν
3 ἀνά
9 ἀναβαίνω
7 ἀναβλέπω
1* ἀνάβλεψις
1 ἀνάγαιον
3 ἀναγινώσκω
1 ἀναγκάζω
2 ἀνάγκη
3 ἀνάγω
1 ἀναδείκνυμι
1* ἀνάδειξις
1 ἀναζάω
2 ἀναζητέω
1* ἀνάθημα
1* ἀναίδεια
2 ἀναιρέω
1 ἀνακαθίζω
1 ἀνακάμπτω
2 ἀνάκειμαι
3 ἀνακλίνω
3 ἀνακράζω
1 ἀνακρίνω
2* ἀνακύπτω
1* ἀνάλημψις
1 ἀναλόω
1 ἀναλύω
1 ἀνάμνησις
1 ἀνάπαυσις
1 ἀναπαύω
2* ἀνάπειρος
3 ἀναπέμπω
4 ἀναπίπτω
1* ἀναπτύσσω
1 ἀνάπτω
1 ἀνασείω
1 ἀνασπάω
6 ἀνάστασις
1* ἀνατάσσομαι
1 ἀνατέλλω
2 ἀνατολή
1 ἀναφαίνω
1 ἀναφέρω
1* ἀναφωνέω
1 Ἀνδρέας
1* ἀνέκλειπτος
2 ἀνεκτός
4 ἄνεμος
1* ἀνένδεκτος
1 ἀνευρίσκω
1 ἀνέχομαι
27 ἀνήρ
1 ἀνθίστημι
1* ἀνθομολογέομαι
95 ἄνθρωπος
27 ἀνίστημι
1 Ἅννας
1 ἀνόητος
1 ἄνοια
6 ἀνοίγω
1 ἄνομος
1 ἀνορθόω
2 ἀνταποδίδωμι
1 ἀνταπόδομα
1 ἀνταποκρίνομαι
1 ἀντέχομαι
4 ἀντί
1* ἀντιβάλλω
2 ἀντίδικος
1* ἀντικαλέω
2 ἀντίκειμαι
1 ἀντιλαμβάνομαι
3 ἀντιλέγω
1* ἀντιμετρέω
2* ἀντιπαρέρχομαι
1* ἀντιπέρα
1 ἄνυδρος
1 ἄνωθεν
1 ἀνώτερος
1 ἀξίνη
8 ἄξιος
1 ἀξιόω
11 ἀπαγγέλλω
4 ἀπάγω
1 ἀπαίρω
2* ἀπαιτέω
1 ἀπαλλάσσω
1 ἀπαντάω
3 ἀπαρνέομαι
1* ἀπαρτισμός
11 ἅπας
1 ἀπειθής
1* ἀπελπίζω
20 ἀπέρχομαι
4 ἀπέχω
2 ἀπιστέω
2 ἄπιστος
1 ἁπλοῦς
125 ἀπό
2 ἀποβαίνω
1 ἀπογραφή
3 ἀπογράφω
2 ἀποδεκατόω
2 ἀποδέχομαι
2 ἀποδημέω
8 ἀποδίδωμι
3 ἀποδοκιμάζω
3 ἀποθήκη
1* ἀποθλίβω
10 ἀποθνήσκω
1 ἀποκαθίστημι
5 ἀποκαλύπτω
1 ἀποκάλυψις
1 ἀπόκειμαι
1 ἀποκεφαλίζω
1* ἀποκλείω
46 ἀποκρίνομαι
2 ἀπόκρισις
1 ἀποκρύπτω
1 ἀπόκρυφος
12 ἀποκτείνω
1 ἀποκυλίω
5 ἀπολαμβάνω
27 ἀπόλλυμι
2 ἀπολογέομαι
1 ἀπολύτρωσις
14 ἀπολύω
1* ἀπομάσσω
2* ἀποπνίγω
1 ἀπορέω
1* ἀπορία
1 ἀποσπάω
26 ἀποστέλλω
6 ἀπόστολος
1* ἀποστοματίζω
1 ἀποστρέφω
2 ἀποτάσσω
1 ἀποτελέω
1 ἀποτινάσσω
1 ἀποφέρω
1 ἀποχωρέω
1* ἀποψύχω
13 ἅπτω
6 ἄρα
1 ἆρα
4 ἀργύριον
1* ἀρήν
1 ἀριθμέω
1 ἀριθμός
1 Ἀριμαθαία
1 ἀριστάω
1 ἀριστερός
2 ἄριστον
1 ἀρκέω
4 ἀρνέομαι
1* Ἀρνί
1 ἀροτριάω
1* ἄροτρον
1 ἁρπαγή
1 ἅρπαξ
1 ἄρσην
15 ἄρτος
1 ἀρτύω
1* Ἀρφαξάδ
2 ἀρχαῖος
3 ἀρχή
15 ἀρχιερεύς
2 ἀρχισυνάγωγος
1* ἀρχιτελώνης
31 ἄρχω
8 ἄρχων
2 ἄρωμα
1 ἄσβεστος
1 Ἀσήρ
4 ἀσθένεια
1 ἀσθενέω
2 ἀσθενής
4 ἀσκός
2 ἀσπάζομαι
5 ἀσπασμός
1 ἀσσάριον
3 ἀστραπή
2* ἀστράπτω
1 ἄστρον
1 ἀσφάλεια
1* ἀσώτως
2* ἄτεκνος
2 ἀτενίζω
2* ἄτερ
1 ἀτιμάζω
1 ἄτοπος
1* Αὐγοῦστος
1 αὐλέω
2 αὐλή
1 αὐλίζομαι

4 αὐξάνω
4 αὔριον
2* αὐστηρός
1* αὐτόπτης
1086° αὐτός
1 αὐτοῦ
4 ἀφαιρέω
1* ἄφαντος
5 ἄφεσις
31 ἀφίημι
4 ἀφίστημι
1 ἀφόβως
1 ἀφορίζω
1* ἀφρός
2 ἄφρων
1* ἀφυπνόω
1 ἀχάριστος
1 ἀχρεῖος
4 ἄχρι
1 ἄχυρον
1 βάθος
1* βαθύνω
1 βαθύς
4* βαλλάντιον
18 βάλλω
10 βαπτίζω
4 βάπτισμα
3 βαπτιστής
1 βάπτω
1 Βαραββᾶς
2 βαρέω
1 Βαρθολομαῖος
1 βασανίζω
2 βάσανος
46 βασιλεία
1 βασίλειος
11 βασιλεύς
3 βασιλεύω
1 βασίλισσα
5 βαστάζω
3 βάτος
1 βδέλυγμα
3 Βεελζεβούλ
1* βελόνη
2 Βηθανία
2 Βηθλέεμ
2 Βηθσαϊδά
1 Βηθφαγή
1 βιάζω
3 βιβλίον
2 βίβλος
5 βίος
1 βιωτικός
1* βλάπτω
3 βλασφημέω
1 βλασφημία
16 βλέπω
1* βλητέος
4 βοάω
1 βόθυνος
1* βολή
1* Βόος
1 βορρᾶς
3 βόσκω
1 βουλευτής
1 βουλεύομαι
2 βουλή
2 βούλομαι
2* βουνός
3 βοῦς
1 βραδύς
1 βραχίων
1 βραχύς
5 βρέφος
3 βρέχω
1 βρυγμός
2 βρῶμα
1* βρώσιμος
1 βυθίζω
1* βύσσος
2* Γαβριήλ
1 γαζοφυλάκιον
1 γαλήνη
13 Γαλιλαία
5 Γαλιλαῖος
6 γαμέω
2 γαμίζω
1* γαμίσκω
2 γάμος
97 γάρ
2 γαστήρ
8 γέ
1 γέεννα
3 γείτων
2* γελάω
1 γεμίζω
1 γέμω
15 γενεά
1 γένεσις
1 γένημα
4 γεννάω
1 γέννημα
1 Γεννησαρέτ
1 γεννητός
2 Γερασηνός
2 γεύομαι
5 γεωργός
25 γῆ
1* γῆρας
131 γίνομαι
28 γινώσκω
2 γλῶσσα
2 γνωρίζω
2 γνῶσις
2 γνωστός
1 γογγύζω
6 γονεύς
2 γόνυ
2 γράμμα
14 γραμματεύς
4 γραφή
20 γράφω
1 γρηγορέω
41 γυνή
1 γωνία
1 δαιμονίζομαι
23 δαιμόνιον
2 δάκρυον
1* δακτύλιος
3 δάκτυλος
3 δανείζω
1* δανιστής
1 δαπανάω
1* δαπάνη
13 Δαυίδ
542 δέ
3 δέησις
18 δεῖ
5 δείκνυμι
1 δεινῶς
2 δειπνέω
5 δεῖπνον
11 δέκα
2* δεκαοκτώ
2 δεκτός
7 δένδρον
6 δεξιός
8 δέομαι
5 δέρω
1 δεσμεύω
2 δεσμός
1 δεσπότης
1 δεῦρο
3 δεύτερος
16 δέχομαι
2 δέω
1 δή
3 δηνάριον
39 διά
1 διαβαίνω
1* διαβάλλω
1 διαβλέπω
5 διάβολος
1 διαγγέλλω
2* διαγογγύζω
1* διαγρηγορέω
2 διαδίδωμι
2 διαθήκη
1 διαιρέω
1* διακαθαίρω
8 διακονέω
1 διακονία
2* διαλαλέω
1* διαλείπω
6 διαλογίζομαι
6 διαλογισμός
1 διαμαρτύρομαι
2 διαμένω
6 διαμερίζω
1* διαμερισμός
1* διανεύω
1* διανόημα
2 διάνοια
4 διανοίγω
1* διανυκτερεύω
1 διαπεράω
3 διαπορεύομαι
1 διαπορέω
1* διαπραγματεύομαι
2 διαρρήσσω
1* διασείω
3 διασκορπίζω
2 διαστρέφω
1 διασῴζω
1* διαταράσσω
4 διατάσσω
1 διατηρέω
2 διατίθημι
2 διαφέρω
1 διαφθείρω
1* διαφυλάσσω
1* διαχωρίζω
17 διδάσκαλος
17 διδάσκω
1 διδαχή
60 δίδωμι
2 διεγείρω
1 διερμηνεύω
10 διέρχομαι
2 διηγέομαι
1* διήγησις
2 διΐστημι
1 διϊσχυρίζομαι
11 δίκαιος
1 δικαιοσύνη
5 δικαιόω
1 δικαίωμα
1 δικαίως
4 δίκτυον
2 διό
1 διοδεύω
1 διορύσσω
3 διότι
1 δίς
1 διχοτομέω
3 διώκω
1 δόγμα
10 δοκέω
3 δοκιμάζω
3 δοκός
1 δόμα
13 δόξα
9 δοξάζω
3 δουλεύω
2 δούλη
26 δοῦλος
2* δοχή
3* δραχμή
26 δύναμαι
15 δύναμις
1 δυνάστης
4 δυνατός
1 δύνω
29 δύο
1 δυσβάστακτος
1 δυσκόλως
2 δυσμή
12 δώδεκα
3 δῶμα
2 δῶρον
1* ἔα
28 ἐάν
57 ἑαυτοῦ
2 ἐάω
2 ἑβδομήκοντα
1* Ἔβερ
18 ἐγγίζω
1 ἐγγράφω
3 ἐγγύς
18 ἐγείρω
1* ἐγκάθετος
1 ἐγκακέω
1 ἐγκρύπτω
1* ἔγκυος
213 ἐγώ
1* ἐδαφίζω
1* ἐθίζω
13 ἔθνος
3 ἔθος
53 εἰ
2 εἶδος
1 εἴκοσι
1 εἰκών
361 εἰμί
14 εἰρήνη
226 εἰς
43 εἷς
3 εἰσάγω
1 εἰσακούω
50 εἰσέρχομαι
5 εἰσπορεύομαι
4 εἰσφέρω
1 εἶτα
1 εἴωθα
87 ἐκ
5 ἕκαστος
3 ἑκατόν
1 ἑκατονταπλασίων
3 ἑκατοντάρχης
20 ἐκβάλλω
1 ἐκδίδωμι
2 ἐκδικέω
3 ἐκδίκησις
1 ἐκδύω
16 ἐκεῖ
3 ἐκεῖθεν
33 ἐκεῖνος
2 ἐκζητέω
1* ἐκκομίζω
3 ἐκκόπτω
1* ἐκκρεμάννυμι
4 ἐκλέγομαι
3 ἐκλείπω
2 ἐκλεκτός
2 ἐκμάσσω
2* ἐκμυκτηρίζω
2 ἐκπειράζω
3 ἐκπλήσσω
1 ἐκπνέω
3 ἐκπορεύομαι

1 ἐκριζόω
1 ἔκστασις
3 ἐκτείνω
2* ἐκτελέω
1 ἐκτενῶς
3 ἔκτος
1 ἐκφέρω
1 ἐκφεύγω
3 ἐκχύννομαι
1* ἐκχωρέω
4 ἐλαία
3 ἔλαιον
1 ἐλαύνω
4 ἐλάχιστος
1 ἐλέγχω
4 ἐλεέω
2 ἐλεημοσύνη
6 ἔλεος
1 Ἐλιακίμ
1* Ἐλιέζερ
9* Ἐλισάβετ
1* Ἐλισαῖος
1 ἕλκος
1* ἑλκόω
1* Ἐλμαδάμ
3 ἐλπίζω
2 ἐμαυτοῦ
3 ἐμβαίνω
1* ἐμβάλλω
2 ἐμβλέπω
1* Ἐμμαοῦς
3 ἐμός
5 ἐμπαίζω
2 ἐμπίπλημι
2 ἐμπίπτω
10 ἔμπροσθεν
1 ἐμπτύω
2 ἔμφοβος
361 ἐν
1 ἔναντι
3 ἐναντίον
1 ἔνατος
2 ἕνδεκα
1* ἐνδέχομαι
1 ἐνδιδύσκω
2 ἔνδοξος
1 ἔνδυμα
4 ἐνδύω
1 ἐνεδρεύω
1* ἔνειμι
5 ἕνεκα
2 ἐνενήκοντα
1 ἐνέχω
1 ἐνθάδε
1 ἔνθεν
1 ἐνιαυτός
1 ἐνισχύω
3 ἐννέα
1* ἐννεύω
1 ἐνοχλέω
1 ἐντέλλομαι
2 ἐντεῦθεν
2 ἔντιμος
4 ἐντολή
1 ἐντός
3 ἐντρέπω
1 ἐντυλίσσω
22 ἐνώπιον
1* Ἐνώς
1 Ἑνώχ
2 ἔξ
1 ἐξάγω
1* ἐξαιτέω
2 ἐξαίφνης
1 ἐξανίστημι
3 ἐξαποστέλλω
1* ἐξαστράπτω
44 ἐξέρχομαι
5 ἔξεστιν
1 ἐξηγέομαι
1 ἑξήκοντα
2 ἑξῆς
3 ἐξίστημι
1 ἔξοδος
2 ἐξομολογέω
2 ἐξουθενέω
16 ἐξουσία
1 ἐξουσιάζω
10 ἔξω
2 ἔξωθεν
3 ἑορτή
1 ἐπαγγελία
1* ἐπαθροίζω
1 ἐπαινέω
6 ἐπαίρω
2 ἐπαισχύνομαι
2* ἐπαιτέω
2 ἐπάν
2 ἐπανάγω
1 ἐπαναπαύομαι
2* ἐπανέρχομαι
5 ἐπάνω
1 ἐπεί
2 ἐπειδή
1* ἐπειδήπερ
1 ἐπεῖδον
1* ἐπεισέρχομαι
1 ἔπειτα
3 ἐπέρχομαι
17 ἐπερωτάω
1 ἐπέχω
1 ἐπηρεάζω
161 ἐπί
5 ἐπιβάλλω
2 ἐπιβιβάζω
2 ἐπιβλέπω
2 ἐπίβλημα
7 ἐπιγινώσκω
2 ἐπιγραφή
1 ἐπιδείκνυμι
5 ἐπιδίδωμι
2 ἐπιζητέω
4 ἐπιθυμέω
1 ἐπιθυμία
2 ἐπίκειμαι
1* ἐπικρίνω
5 ἐπιλαμβάνομαι
1 ἐπιλανθάνομαι
1* ἐπιλείχω
2 ἐπιμελέομαι
1* ἐπιμελῶς
1 ἐπιούσιος
2 ἐπιπίπτω
1* ἐπιπορεύομαι
1 ἐπιρίπτω
1* ἐπισιτισμός
3 ἐπισκέπτομαι
2 ἐπισκιάζω
1 ἐπισκοπή
7* ἐπιστάτης
7 ἐπιστρέφω
3 ἐπισυνάγω
1* ἐπισχύω
4 ἐπιτάσσω
5 ἐπιτίθημι
12 ἐπιτιμάω
4 ἐπιτρέπω
1 ἐπίτροπος
1 ἐπιφαίνω
1 ἐπιφωνέω
1 ἐπιφώσκω
1 ἐπιχειρέω
1* ἐπιχέω
6 ἑπτά
2 ἑπτάκις
1 ἐργάζομαι
1 ἐργασία
4 ἐργάτης
2 ἔργον
10 ἔρημος
1 ἐρημόω
1 ἐρήμωσις
1 ἔριφος
101 ἔρχομαι
15 ἐρωτάω
2 ἐσθής
33 ἐσθίω
1* Ἑσλί
1 ἑσπέρα
1 Ἑσρώμ
6 ἔσχατος
3 ἔσωθεν
32 ἕτερος
16 ἔτι
14 ἑτοιμάζω
3 ἕτοιμος
15 ἔτος
10 εὐαγγελίζω
1* εὖγε
1 εὐγενής
2 εὐδοκέω
2 εὐδοκία
1* εὐεργέτης
2 εὔθετος
6 εὐθέως
3 εὐθύς
1 εὐκαιρία
3 εὔκοπος
1 εὐλαβής
13 εὐλογέω
1 εὐλογητός
45 εὑρίσκω
1 εὐτόνως
1* εὐφορέω
6 εὐφραίνω
4 εὐχαριστέω
2* ἐφημερία
7 ἐφίστημι
1 ἔχθρα
8 ἐχθρός
1 ἔχιδνα
77 ἔχω
28 ἕως
3* Ζακχαῖος
10 Ζαχαρίας
9 ζάω
1 Ζεβεδαῖος
2* ζεῦγος
1 ζηλωτής
1 ζημιόω
25 ζητέω
1 Ζοροβαβέλ
2 ζύμη
1 ζυμόω
1 ζωγρέω
5 ζωή
1 ζῳογονέω
45 ἤ
2* ἡγεμονεύω
1* ἡγεμονία
2 ἡγεμών
1 ἡγέομαι
10 ἤδη
1 ἡδονή
1 ἡδύοσμον
5 ἥκω
1* Ἠλί
7 Ἠλίας
3 ἡλικία
3 ἥλιος
69 ἡμεῖς
83 ἡμέρα
1* ἡμιθανής
1 ἥμισυς
1* Ἤρ
14 Ἡρῴδης
1 Ἡρῳδιάς
2 Ἠσαΐας
2 ἡσυχάζω
1 ἦχος
1* ἤχος
3 θάλασσα
2 θάμβος
7 θάνατος
1 θανατόω
3 θάπτω
1* Θάρα
13 θαυμάζω
3 θεάομαι
1 θεῖον
4 θέλημα
28 θέλω
2 θεμέλιον
1 θεμέλιος
122 θεός
1 Θεόφιλος
2 θεραπεία
14 θεραπεύω
3 θερίζω
3 θερισμός
1 θέρος
7 θεωρέω
1* θεωρία
2 θηλάζω
1* θηρεύω
1 θησαυρίζω
4 θησαυρός
2 θνῄσκω
1* θορυβάζω
1* θραύω
2 θρηνέω
4 θρίξ
1* θρόμβος
3 θρόνος
9 θυγάτηρ
2 θυμίαμα
1* θυμιάω
1 θυμός
4 θύρα
2 θυσία
2 θυσιαστήριον
4 θύω
1 Θωμᾶς
1 Ἰάϊρος
4 Ἰακώβ
8 Ἰάκωβος
1* Ἰανναί
11 ἰάομαι
1* Ἰάρετ
1 ἴασις
3 ἰατρός
6 ἴδιος
57 ἰδού
1* ἱδρώς
1 ἱερατεία
1* ἱερατεύω
5 ἱερεύς
3 Ἰεριχώ
14 ἱερόν
31 Ἰερουσαλήμ
1 Ἰεσσαί
88 Ἰησοῦς
9 ἱκανός
1* ἰκμάς
1 ἱλάσκομαι
1 ἱμάς
1 ἱματίζω
10 ἱμάτιον
2 ἱματισμός
46 ἵνα

1 ἱνατί
2 Ἰορδάνης
10 Ἰουδαία
5 Ἰουδαῖος
8 Ἰούδας
3 Ἰσαάκ
1* ἰσάγγελος
2 Ἰσκαριώτης
1 ἴσος
12 Ἰσραήλ
26 ἵστημι
4 ἰσχυρός
1 ἰσχύς
8 ἰσχύω
1* ἴσως
1* Ἰτουραῖος
7 ἰχθύς
1* Ἰωανάν
2* Ἰωάννα
31 Ἰωάννης
1 Ἰωβήδ
1* Ἰωδά
1* Ἰωνάμ
4 Ἰωνᾶς
1* Ἰωρίμ
8 Ἰωσήφ
1* Ἰωσήχ
6 κἀγώ
3 καθαιρέω
7 καθαρίζω
2 καθαρισμός
1 καθαρός
1 καθέζομαι
2 καθεξῆς
2 καθεύδω
13 κάθημαι
7 καθίζω
1 καθίημι
3 καθίστημι
1* καθοπλίζω
2 καθότι
17 καθώς
1469° καί
1 Καϊάφας
2* Καϊνάμ
5 καινός
13 καιρός
7 Καῖσαρ
2 καίω
1 κἀκεῖθεν
4 κἀκεῖνος
1 κακοποιέω
2 κακός
3 κακοῦργος
2 κακῶς
1 κάλαμος
43 καλέω
9 καλός
2 καλύπτω
4 καλῶς
1 κάμηλος
3 κἄν
22 καρδία
12 καρπός
1 καρποφορέω
3 κάρφος
43 κατά
13 καταβαίνω
1* κατάβασις
1 καταβολή
1 καταγελάω
1 κατάγω
1* καταδέω
2 καταδικάζω
1 καταισχύνω
1 κατακαίω
3 κατάκειμαι
1 κατακλάω
1 κατακλείω
5* κατακλίνω
1 κατακλυσμός
1 κατακολουθέω
1* κατακρημνίζω
2 κατακρίνω
4 καταλείπω
1* καταλιθάζω
2 κατάλυμα
3 καταλύω
1* κατανεύω
4 κατανοέω
1 καταξιόω
2 καταπατέω
1 καταπέτασμα
1 καταπίπτω
1* καταπλέω
1 καταράομαι
1 καταργέω
1 καταρτίζω
2 κατασκευάζω
1 κατασκηνόω
1 κατασκήνωσις
1* κατασύρω
1* κατασφάζω
3 καταφιλέω
1 καταφρονέω
1* καταψύχω
1 κατέναντι
2 κατέρχομαι
3 κατεσθίω
1 κατευθύνω
3 κατέχω
4 κατηγορέω
1 κατηχέω
2 κατισχύω
2 κατοικέω
1 κάτω
1 καύσων
4 Καφαρναούμ
6 κεῖμαι
1 κελεύω
3 κενός
1 κεραία
1 κεράμιον
1* κέραμος
1 κέρας
1* κεράτιον
1 κερδαίνω
7 κεφαλή
1 κῆπος
1 κήρυγμα
9 κηρύσσω
1 κιβωτός
1 κινδυνεύω
1* κίχρημι
1 κλάδος
11 κλαίω
1 κλάσις
1 κλάσμα
1 κλαυθμός
2 κλάω
1 κλείς
2 κλείω
1* Κλεοπᾶς
2 κλέπτης
1 κλέπτω
2 κληρονομέω
2 κληρονομία
1 κληρονόμος
1 κλῆρος
1 κλίβανος
3 κλίνη
2* κλινίδιον
4 κλίνω
1* κλισία
1 κλύδων
7 κοιλία
1 κοιμάομαι
1 κοινωνός
1 κοίτη
2 κόκκος
2 κολλάω
3 κόλπος
1 κομίζω
2 κονιορτός
2 κοπιάω
2 κόπος
1* κοπρία
1* κόπριον
2 κόπτω
1* κόραξ
1* κόρος
2 κοσμέω
3 κόσμος
1 κόφινος
3 κράζω
1* κραιπάλη
1 κρανίον
1 κράσπεδον
2 κραταιόω
2 κρατέω
1 κράτιστος
1 κράτος
1 κραυγάζω
1 κραυγή
1 κρεμάννυμι
1 κρημνός
3 κρίμα
1 κρίνον
6 κρίνω
4 κρίσις
6 κριτής
4 κρούω
1* κρύπτη
2 κρυπτός
2 κρύπτω
2 κτάομαι
1 κτῆνος
1 κυκλόω
1 κύκλῳ
1 Κυρηναῖος
1* Κυρήνιος
1 κυριεύω
104 κύριος
1 κύων
6 κωλύω
12 κώμη
1* Κωσάμ
4 κωφός
1 λαγχάνω
4 Λάζαρος
1 λαῖλαψ
31 λαλέω
21 λαμβάνω
1* Λάμεχ
1 λαμπρός
1* λαμπρῶς
1 λάμπω
1 λανθάνω
1* λαξευτός
36 λαός
3 λατρεύω
1 λάχανον
1 λεγιών
533 λέγω
1* λεῖος
1 λείπω
1 λειτουργία
2 λέπρα
3 λεπρός
2 λεπτόν
4 Λευί
1 Λευίτης
1 λευκός
1* λῆρος
4 λῃστής
1 λίαν
1 λιθοβολέω
14 λίθος
1 λικμάω
5 λίμνη
4 λιμός
1 λογίζομαι
32 λόγος
1 λοιμός
6 λοιπός
1 λύκος
1 λύπη
1* Λυσανίας
1* λυσιτελέω
1 λυτρόω
2 λύτρωσις
2 λυχνία
6 λύχνος
7 λύω
3 Λώτ
1* Μάαθ
2 Μαγδαληνή
37 μαθητής
1 Μαθθαῖος
2* Μαθθάτ
1* Μαθουσαλά
1 μακαρίζω
15 μακάριος
2 μακράν
4 μακρόθεν
1 μακροθυμέω
3 μακρός
1 μαλακός
1* Μαλελεήλ
5 μᾶλλον
3 μαμωνᾶς
4 Μάρθα
17 Μαρία
1 μαρτυρέω
1 μαρτυρία
3 μαρτύριον
2 μάρτυς
1 μαστιγόω
1 μάστιξ
2 μαστός
1* Ματταθά
2* Ματταθίας
5 μάχαιρα
1 μεγαλειότης
2 μεγαλύνω
33 μέγας
1 μέθη
1 μεθίστημι
1 μεθύσκω
1* Μελεά
1 μέλει
12 μέλλω
2* Μελχί
10 μέν
1* Μεννά
1* μενοῦν
7 μένω
1 μερίζω
2 μέριμνα
5 μεριμνάω
1 μερίς
1* μεριστής
4 μέρος
1 μεσονύκτιον
14 μέσος
63 μετά
1 μεταβαίνω
1 μεταδίδωμι
9 μετανοέω
5 μετάνοια

3 πλησίον
8 πλοῖον
11 πλούσιος
2 πλουτέω
1 πλοῦτος
1 πλύνω
36 πνεῦμα
1 πνέω
4 πόθεν
88 ποιέω
1 ποικίλος
1 ποιμαίνω
4 ποιμήν
1 ποίμνη
1 ποίμνιον
8 ποῖος
2 πόλεμος
39 πόλις
2 πολίτης
1* πολλαπλασίων
60 πολύς
1 πονηρία
13 πονηρός
1 Πόντιος
1 πορεία
51 πορεύομαι
1 πόρνη
2 πόρρω
1 πόρρωθεν
1 πορφύρα
1 ποσάκις
6 πόσος
2 ποταμός
2 ποταπός
1 ποτέ
4 πότε
5 ποτήριον
1 ποτίζω
7 ποῦ
19 πούς
1 πρᾶγμα
1* πραγματεύομαι
2* πράκτωρ
1 πρᾶξις
6 πράσσω
2* πρεσβεία
1 πρεσβυτέριον
5 πρεσβύτερος
1 πρεσβύτης
2 πρίν
7 πρό
1 προάγω
3 προβαίνω
1 προβάλλω
2 πρόβατον
1 προδότης
2 προέρχομαι
1 πρόθεσις
1 προκόπτω
1* προμελετάω
1 προπορεύομαι
166 πρός
1 προσάγω
1* προσαναβαίνω
1* προσαναλόω
1* προσδαπανάω
5 προσδέχομαι
6 προσδοκάω
1 προσδοκία
1* προσεργάζομαι
10 προσέρχομαι
3 προσευχή
19 προσεύχομαι
4 προσέχω
4 προσκαλέομαι
1 προσκόπτω
3 προσκυνέω
3 προσπίπτω
1* προσποιέω
2* προσρήσσω
1 προστάσσω
7 προστίθημι
4 προσφέρω
4 προσφωνέω
1* προσψαύω
13 πρόσωπον
1 προτρέχω
1 προϋπάρχω
1 πρόφασις
2* προφέρω
2 προφητεύω
29 προφήτης
1 προφῆτις
2 πρωτοκαθεδρία
3 πρωτοκλισία
20 πρῶτος
1 πρωτότοκος
1 πτερύγιον
1 πτέρυξ
2* πτοέω
1 πτύον
1* πτύσσω
1 πτῶσις
10 πτωχός
1 πυκνός
1 πύλη
1 πυλών
2 πυνθάνομαι
7 πῦρ
2 πύργος
2 πυρετός
6 πωλέω
4 πῶλος
1 πώποτε
16 πῶς
1 ῥάβδος
1* Ῥαγαύ
1* ῥῆγμα
2 ῥήγνυμι
19 ῥῆμα
1* Ῥησά
2 ῥίζα
2 ῥίπτω
1 ῥομφαία
1 ῥύμη
1 ῥύομαι
2 ῥύσις
20 σάββατον
1 Σαδδουκαῖος
1 σάκκος
2* Σαλά
1 Σαλαθιήλ
4 σαλεύω
1* σάλος
1 Σαμάρεια
3 Σαμαρίτης
2 σαπρός
1* Σάρεπτα
2 σάρξ
2 σαρόω
5 σατανᾶς
1 σάτον
6 σεαυτοῦ
1 σεισμός
1 σελήνη
1* Σεμεΐν
1* Σερούχ
1* Σήθ
1* Σήμ
11 σημεῖον
11 σήμερον
1 σής
1 σιαγών
3 σιγάω
3 Σιδών
1 Σιδώνιος
1* σίκερα
1 Σιλωάμ
17 Σίμων
2 σίναπι
1 σινδών
1* σινιάζω
3* σιτευτός
1* σιτομέτριον
4 σῖτος
2 σιωπάω
2 σκανδαλίζω
1 σκάνδαλον
3* σκάπτω
2 σκεῦος
2 σκηνή
1 σκιά
3* σκιρτάω
1 σκολιός
1 σκοπέω
1 σκορπίζω
2 σκορπίος
2 σκοτεινός
1 σκοτία
4 σκότος
1 σκυθρωπός
2 σκύλλω
1* σκῦλον
2 Σόδομα
3 Σολομών
1* σορός
4 σός
1 σουδάριον
1* Σουσάννα
6 σοφία
1 σοφός
1 σπαράσσω
2* σπαργανόω
6 σπείρω
2 σπέρμα
3 σπεύδω
1 σπήλαιον
3 σπλαγχνίζομαι
1 σπλάγχνον
1 σποδός
1 σπόριμος
2 σπόρος
1 σπουδαίως
1 σπουδή
1 στάδιον
2 στάσις
3 σταυρός
6 σταυρόω
1 σταφυλή
1 στάχυς
1 στέγη
3 στεῖρα
1 στενός
2 στῆθος
3 στηρίζω
1* στιγμή
2 στολή
9 στόμα
1 στράτευμα
1 στρατεύω
2 στρατηγός
1 στρατιά
2 στρατιώτης
1* στρατόπεδον
7 στρέφω
2 στρουθίον
1 στρώννυμι
225 σύ
1 συγγένεια
4 συγγενής
1* συγγενίς
1 συγκαθίζω
4 συγκαλέω
1* συγκαλύπτω
1* συγκατατίθημι
1 συγκλείω
1* συγκύπτω
1* συγκυρία
3 συγχαίρω
2 συζητέω
1* συκάμινος
3 συκῆ
1* συκομορέα
1 σῦκον
2* συκοφαντέω
3 συλλαλέω
7 συλλαμβάνω
1 συλλέγω
1* συλλογίζομαι
1 συμβαίνω
2 συμβάλλω
3 Συμεών
1* συμπαραγίνομαι
1* συμπίπτω
2 συμπληρόω
2 συμπνίγω
3 συμπορεύομαι
1* συμφύω
1 συμφωνέω
1* συμφωνία
23 σύν
6 συνάγω
15 συναγωγή
1 συνακολουθέω
3 συνανάκειμαι
2 συναντάω
1 συναντιλαμβάνομαι
1 συναρπάζω
1 συνέδριον
1* σύνειμι
1 σύνειμι
2 συνέρχομαι
1 συνεσθίω
1 σύνεσις
1 συνετός
1 συνευδοκέω
6 συνέχω
1 συνθλάω
4 συνίημι
1 συνίστημι
1* συνοδία
1 συνοχή
2 συντελέω
1 συντηρέω
1 συντίθημι
1 συντρίβω
1* συντυγχάνω
1 Συρία
1* Σύρος
1 συσπαράσσω
1 σφόδρα
3 σχίζω
17 σῴζω
13 σῶμα
1 σωματικός
2 σωτήρ
4 σωτηρία
2 σωτήριον
1 σωφρονέω
2 ταμεῖον
1 τάξις
1 ταπεινός
5 ταπεινόω
1 ταπείνωσις
2 ταράσσω
1 τάσσω
2 ταχέως
1 τάχος
1 ταχύς
9 τέ
14 τέκνον

2 τελειόω
1 τελείωσις
1* τελεσφορέω
1 τελευτάω
4 τελέω
4 τέλος
10 τελώνης
1 τελώνιον
1 τέσσαρες
1 τεσσεράκοντα
1* τετραπλοῦς
3* τετρααρχέω
2 τετραάρχης
1* Τιβέριος
16 τίθημι
5 τίκτω
1 τίλλω
1 τιμάω
114 τίς
81 τις
2 τό
1 τοίνυν
2 τοιοῦτος
1 τόκος
1 τολμάω
19 τόπος
2 τοσοῦτος
15 τότε
4 τράπεζα
1* τραῦμα
1 τραυματίζω
2 τράχηλος
1 τραχύς
1* Τραχωνῖτις
10 τρεῖς
1 τρέμω
3 τρέφω
2 τρέχω
1* τρῆμα
1 τριάκοντα
1 τρίβος
2 τρίς
10 τρίτος
1 τρόπος
1 τροφή
1 τρυγάω
1* τρυγών
1 τρυφή
1 τυγχάνω
4 τύπτω
3 Τύρος
8 τυφλός
2 ὑβρίζω
3 ὑγιαίνω
1* ὑγρός
1* ὑδρωπικός
6 ὕδωρ
77 υἱός
221 ὑμεῖς
2 ὑμέτερος
5 ὑπάγω
2 ὑπακούω
2 ὑπαντάω
15 ὑπάρχω
5 ὑπέρ
1* ὑπερεκχύννω
1 ὑπερήφανος
2 ὑπηρέτης
1 ὕπνος
31 ὑπό
3 ὑποδείκνυμι
2 ὑποδέχομαι
4 ὑπόδημα
1 ὑποκάτω
1* ὑποκρίνομαι
1 ὑπόκρισις
3 ὑποκριτής
2 ὑπολαμβάνω
1 ὑπομένω
1 ὑπομιμνήσκω
2 ὑπομονή
1 ὑποπόδιον
21 ὑποστρέφω
1* ὑποστρωννύω
3 ὑποτάσσω
2* ὑποχωρέω
1 ὑπωπιάζω
2 ὑστερέω
1 ὑστέρημα
1 ὕστερος
1 ὑψηλός
7 ὕψιστος
2 ὕψος
6 ὑψόω
1 φάγος
2 φαίνω
1* Φάλεκ
2 φανερός
1* Φανουήλ
1* φάραγξ
1 Φάρες
27 Φαρισαῖος
4* φάτνη
4 φέρω
3 φεύγω
1 φήμη
8 φημί
1 φθάνω
1 φιλάργυρος
2 φιλέω
2 φίλημα
2 Φίλιππος
1* φιλονεικία
15 φίλος
1 φιμόω
1 φλόξ
23 φοβέομαι
1* φόβητρον
7 φόβος
1 φονεύω
2 φόνος
2 φόρος
1 φορτίζω
2 φορτίον
1 φραγμός
1 φρέαρ
1 φρόνησις
2 φρόνιμος
1* φρονίμως
8 φυλακή
6 φυλάσσω
2 φυλή
4 φυτεύω
2 φύω
1 φωλεός
10 φωνέω
14 φωνή
7 φῶς
3 φωτεινός
1 φωτίζω
12 χαίρω
2 χαλάω
8 χαρά
1* χάραξ
3 χαρίζομαι
1 χάριν
8 χάρις
1 χαριτόω
1* χάσμα
26 χείρ
1 χείρων
9 χήρα
2 χιλιάς
3 χιτών
4 χοῖρος
1 Χοραζίν
1* χορός
4 χορτάζω
1 χόρτος
1* Χουζᾶς
7 χρεία
2* χρεοφειλέτης
2 χρήζω
1 χρῆμα
1 χρηματίζω
2 χρηστός
12 Χριστός
1 χρίω
2 χρονίζω
7 χρόνος
3 χωλός
9 χώρα
1 χωρίς
2 ψαλμός
1 ψευδομαρτυρέω
1 ψευδοπροφήτης
1 ψηλαφάω
1 ψηφίζω
14 ψυχή
1* ψώχω
2 ὦ
15 ὧδε
1 ὦμος
1* ὠόν
17 ὥρα
51 ὡς
3 ὡσαύτως
9 ὡσεί
2 ὥσπερ
4 ὥστε
1 ὠτίον
1 ὠφελέω

° Not included in concordance
* Word only occurs in this book

Frequency List (in Order of Occurrence)

2644° ὁ
1469° καί
1086° αὐτός
542 δέ
533 λέγω
361 εἰμί
361 ἐν
229 οὗτος
226 εἰς
225 σύ
221 ὑμεῖς
213 ἐγώ
190 ὅς
174 ὅτι
174 οὐ
166 πρός
161 ἐπί
158 πᾶς
140 μή
131 γίνομαι
125 ἀπό
122 θεός
114 τίς
104 κύριος
101 ἔρχομαι
97 γάρ
95 ἄνθρωπος
88 Ἰησοῦς
88 ποιέω
87 ἐκ
83 ἡμέρα
81 ὁράω
81 τις
77 ἔχω
77 υἱός
69 ἡμεῖς
65 ἀκούω
63 μετά
60 δίδωμι
60 πολύς
57 ἑαυτοῦ
57 ἰδού
56 πατήρ
53 εἰ
51 πορεύομαι
51 ὡς
50 εἰσέρχομαι
46 ἀποκρίνομαι
46 βασιλεία
46 ἵνα
45 εὑρίσκω
45 ἤ
45 περί
44 ἐξέρχομαι
43 εἷς
43 καλέω
43 κατά
41 γυνή
41 ὄχλος
39 διά
39 πόλις
37 μαθητής
36 λαός
36 πνεῦμα
35 ἀλλά
35 οὐρανός
34 ὄνομα
33 ἐκεῖνος
33 ἐσθίω
33 μέγας
33 οἶκος
33 οὐδείς
33 οὖν
32 ἄν
32 ἕτερος
32 λόγος
31 ἄρχω
31 ἀφίημι
31 Ἰερουσαλήμ
31 Ἰωάννης
31 λαλέω
31 ὑπό
29 δύο
29 ὅταν
29 παρά
29 προφήτης
28 γινώσκω
28 ἐάν
28 ἕως
28 θέλω
27 ἀνήρ
27 ἀνίστημι
27 ἀπόλλυμι
27 Φαρισαῖος
26 ἀποστέλλω
26 δοῦλος
26 δύναμαι
26 ἵστημι
26 χείρ
25 ἄγγελος
25 γῆ
25 ζητέω
25 οἶδα
24 ἀδελφός
24 οἰκία
23 δαιμόνιον
23 σύν
23 φοβέομαι
22 ἐνώπιον
22 καρδία
21 λαμβάνω
21 οὐδέ
21 οὕτως
21 ὑποστρέφω
20 ἅγιος
20 αἴρω
20 ἀπέρχομαι
20 γράφω
20 ἐκβάλλω
20 ὁδός
20 ὅστις
20 πρῶτος
20 σάββατον
19 Πέτρος
19 πούς
19 προσεύχομαι
19 ῥῆμα
19 τόπος
18 ἁμαρτωλός
18 βάλλω
18 δεῖ
18 ἐγγίζω
18 ἐγείρω
18 οὐχί
18 παραβολή
17 ἀκολουθέω
17 διδάσκαλος
17 διδάσκω
17 ἐπερωτάω
17 καθώς
17 Μαρία
17 μήτηρ
17 ὅλος
17 ὀφθαλμός
17 παραδίδωμι
17 πίνω
17 πίπτω
17 Σίμων
17 σῴζω
17 ὥρα
16 ἀγαθός
16 βλέπω
16 δέχομαι
16 ἐκεῖ
16 ἐξουσία
16 ἔτι
16 πῶς
16 τίθημι
15 Ἀβραάμ
15 ἄρτος
15 ἀρχιερεύς
15 γενεά
15 δύναμις
15 ἐρωτάω
15 ἔτος
15 μακάριος
15 οὐαί
15 πλήν
15 συναγωγή
15 τότε
15 ὑπάρχω
15 φίλος
15 ὧδε
14 ἀπολύω
14 γραμματεύς
14 εἰρήνη
14 ἑτοιμάζω
14 Ἡρῴδης
14 θεραπεύω
14 ἱερόν
14 λίθος
14 μέσος
14 νεκρός
14 νῦν
14 τέκνον
14 φωνή
14 ψυχή
13 ἀγαπάω
13 ἄγω
13 ἅπτω
13 Γαλιλαία
13 Δαυίδ
13 δόξα
13 ἔθνος
13 εὐλογέω
13 θαυμάζω
13 κάθημαι
13 καιρός
13 καταβαίνω
13 παιδίον
13 πίμπλημι
13 πονηρός
13 πρόσωπον
13 σῶμα
12 ἀποκτείνω
12 δώδεκα
12 ἐπιτιμάω
12 Ἰσραήλ
12 καρπός
12 κώμη
12 μέλλω
12 οἰκοδομέω
12 ὄρος
12 ὅτε
12 Πιλᾶτος
12 χαίρω
12 Χριστός
11 αἰτέω
11 ἀλλήλων
11 ἄλλος
11 ἁμαρτία
11 ἀπαγγέλλω
11 ἅπας
11 βασιλεύς
11 δέκα
11 δίκαιος
11 ἰάομαι
11 κλαίω
11 ὁμοίως
11 πίστις
11 πλούσιος
11 σημεῖον
11 σήμερον
10 ἀποθνήσκω
10 βαπτίζω
10 διέρχομαι
10 δοκέω
10 ἔμπροσθεν
10 ἔξω
10 ἔρημος
10 εὐαγγελίζω
10 Ζαχαρίας
10 ἤδη
10 ἱμάτιον
10 Ἰουδαία
10 μέν
10 μόνος
10 Μωϋσῆς
10 ὅσος
10 παραχρῆμα
10 πέμπω
10 προσέρχομαι
10 πτωχός
10 τελώνης
10 τρεῖς
10 τρίτος
10 φωνέω
9 ἀγρός
9 ἀναβαίνω
9 δοξάζω
9* Ἐλισάβετ
9 ζάω
9 θυγάτηρ
9 ἱκανός
9 καλός
9 κηρύσσω
9 μετανοέω
9 μηδείς
9* μνᾶ
9 νόμος
9 ὅμοιος
9 παῖς
9 παρέρχομαι
9 πέντε
9 πιστεύω
9 πληρόω
9 στόμα
9 τέ
9 χήρα
9 χώρα
9 ὡσεί
8 αἷμα
8 ἄξιος
8 ἀποδίδωμι
8 ἄρχων
8 γέ
8 δέομαι
8 διακονέω
8 ἐχθρός
8 Ἰάκωβος
8 Ἰούδας
8 ἰσχύω
8 Ἰωσήφ
8 μνημεῖον
8 παραγίνομαι
8 πλῆθος
8 πλοῖον
8 ποῖος
8 τυφλός
8 φημί

8 φυλακή
8 χαρά
8 χάρις
7 αἰών
7 ἀμπελών
7 ἀναβλέπω
7 δένδρον
7 ἐπιγινώσκω
7* ἐπιστάτης
7 ἐπιστρέφω
7 ἐφίστημι
7 Ἠλίας
7 θάνατος
7 θεωρέω
7 ἰχθύς
7 καθαρίζω
7 καθίζω
7 Καῖσαρ
7 κεφαλή
7 κοιλία
7 λύω
7 μένω
7 μηδέ
7 μήποτε
7 μισέω
7 νέος
7 νύξ
7 ὀπίσω
7 ὅπως
7 οὖς
7 παρακαλέω
7 πάσχα
7 ποῦ
7 πρό
7 προστίθημι
7 πῦρ
7 στρέφω
7 συλλαμβάνω
7 ὕψιστος
7 φόβος
7 φῶς
7 χρεία
7 χρόνος
6 ἀκάθαρτος
6 ἀμήν
6 ἀνάστασις
6 ἀνοίγω
6 ἀπόστολος
6 ἄρα
6 γαμέω
6 γονεύς
6 δεξιός
6 διαλογίζομαι
6 διαλογισμός
6 διαμερίζω
6 ἔλεος
6 ἐπαίρω
6 ἑπτά
6 ἔσχατος
6 εὐθέως
6 εὐφραίνω
6 ἴδιος
6 κἀγώ
6 κεῖμαι
6 κρίνω
6 κριτής
6 κωλύω
6 λοιπός
6 λύχνος
6 μήτε
6 μιμνῄσκομαι
6 νομικός
6 οἶνος
6 ὀλίγος
6 παραλαμβάνω
6 πάσχω
6 πειρασμός
6 πιστός
6 πόσος
6 πράσσω
6 προσδοκάω
6 πωλέω
6 σεαυτοῦ
6 σοφία
6 σπείρω
6 σταυρόω
6 συνάγω
6 συνέχω
6 ὕδωρ
6 ὑψόω
6 φυλάσσω
5 ἀγοράζω
5 ἀθετέω
5 ἀμφότεροι
5 ἀποκαλύπτω
5 ἀπολαμβάνω
5 ἀσπασμός
5 ἄφεσις
5 βαστάζω
5 βίος
5 βρέφος
5 Γαλιλαῖος
5 γεωργός
5 δείκνυμι
5 δεῖπνον
5 δέρω
5 διάβολος
5 δικαιόω
5 εἰσπορεύομαι
5 ἕκαστος
5 ἐμπαίζω
5 ἕνεκα
5 ἔξεστιν
5 ἐπάνω
5 ἐπιβάλλω
5 ἐπιδίδωμι
5 ἐπιλαμβάνομαι
5 ἐπιτίθημι
5 ζωή
5 ἥκω
5 ἱερεύς
5 Ἰουδαῖος
5 καινός
5* κατακλίνω
5 λίμνη
5 μᾶλλον
5 μάχαιρα
5 μεριμνάω
5 μετάνοια
5 μήν
5 μικρός
5 Ναζαρέθ
5 νεφέλη
5 ὅπου
5 οὗ
5 ὀφείλω
5 παλαιός
5 παρατίθημι
5 πεινάω
5 περιπατέω
5 περίχωρος
5 ποτήριον
5 πρεσβύτερος
5 προσδέχομαι
5 σατανᾶς
5 ταπεινόω
5 τίκτω
5 ὑπάγω
5 ὑπέρ
4 ἀγαθοποιέω
4 ἀδικία
4 ἄδικος
4 αἰώνιος
4 ἄκανθα
4 ἁμαρτάνω
4 ἀναπίπτω
4 ἄνεμος
4 ἀντί
4 ἀπάγω
4 ἀπέχω
4 ἀργύριον
4 ἀρνέομαι
4 ἀσθένεια
4 ἀσκός
4 αὐξάνω
4 αὔριον
4 ἀφαιρέω
4 ἀφίστημι
4 ἄχρι
4* βαλλάντιον
4 βάπτισμα
4 βοάω
4 γεννάω
4 γραφή
4 διανοίγω
4 διατάσσω
4 δίκτυον
4 δυνατός
4 εἰσφέρω
4 ἐκλέγομαι
4 ἐλαία
4 ἐλάχιστος
4 ἐλεέω
4 ἐνδύω
4 ἐντολή
4 ἐπιθυμέω
4 ἐπιτάσσω
4 ἐπιτρέπω
4 ἐργάτης
4 εὐχαριστέω
4 θέλημα
4 θησαυρός
4 θρίξ
4 θύρα
4 θύω
4 Ἰακώβ
4 ἰσχυρός
4 Ἰωνᾶς
4 κἀκεῖνος
4 καλῶς
4 καταλείπω
4 κατανοέω
4 κατηγορέω
4 Καφαρναούμ
4 κλίνω
4 κρίσις
4 κρούω
4 κωφός
4 Λάζαρος
4 Λευί
4 λῃστής
4 λιμός
4 μακρόθεν
4 Μάρθα
4 μέρος
4 μύρον
4 ναί
4 ναός
4 νηστεύω
4 νόσος
4 οἰκοδεσπότης
4 οἰκονόμος
4 οὔτε
4 παραγγέλλω
4 παρέχω
4 πείθω
4 περισσεύω
4 περισσότερος
4 πετεινόν
4 πήρα
4 πόθεν
4 ποιμήν
4 πότε
4 προσέχω
4 προσκαλέομαι
4 προσφέρω
4 προσφωνέω
4 πῶλος
4 σαλεύω
4 σῖτος
4 σκότος
4 σός
4 συγγενής
4 συγκαλέω
4 συνίημι
4 σωτηρία
4 τελέω
4 τέλος
4 τράπεζα
4 τύπτω
4 ὑπόδημα
4* φάτνη
4 φέρω
4 φυτεύω
4 χοῖρος
4 χορτάζω
4 ὥστε
3 ἀγορά
3 ἀδελφή
3 αἰνέω
3 αἴτιος
3 ἀλείφω
3 ἀλέκτωρ
3 ἀλήθεια
3 ἀληθῶς
3 ἀνά
3 ἀναγινώσκω
3 ἀνάγω
3 ἀνακλίνω
3 ἀνακράζω
3 ἀναπέμπω
3 ἀντιλέγω
3 ἀπαρνέομαι
3 ἀπογράφω
3 ἀποδοκιμάζω
3 ἀποθήκη
3 ἀρχή
3 ἀστραπή
3 βαπτιστής
3 βασιλεύω
3 βάτος
3 Βεελζεβούλ
3 βιβλίον
3 βλασφημέω
3 βόσκω
3 βοῦς
3 βρέχω
3 γείτων
3 δάκτυλος
3 δανείζω
3 δέησις
3 δεύτερος
3 δηνάριον
3 διαπορεύομαι
3 διασκορπίζω
3 διότι
3 διώκω
3 δοκιμάζω
3 δοκός
3 δουλεύω
3* δραχμή
3 δῶμα
3 ἐγγύς
3 ἔθος
3 εἰσάγω
3 ἑκατόν
3 ἑκατοντάρχης
3 ἐκδίκησις
3 ἐκεῖθεν
3 ἐκκόπτω
3 ἐκλείπω
3 ἐκπλήσσω
3 ἐκπορεύομαι
3 ἐκτείνω
3 ἔκτος

3 ἐκχύννομαι
3 ἔλαιον
3 ἐλπίζω
3 ἐμβαίνω
3 ἐμός
3 ἐναντίον
3 ἐννέα
3 ἐντρέπω
3 ἐξαποστέλλω
3 ἐξίστημι
3 ἑορτή
3 ἐπέρχομαι
3 ἐπισκέπτομαι
3 ἐπισυνάγω
3 ἔσωθεν
3 ἕτοιμος
3 εὐθύς
3 εὔκοπος
3* Ζακχαῖος
3 ἡλικία
3 ἥλιος
3 θάλασσα
3 θάπτω
3 θεάομαι
3 θερίζω
3 θερισμός
3 θρόνος
3 ἰατρός
3 Ἰεριχώ
3 Ἰσαάκ
3 καθαιρέω
3 καθίστημι
3 κακοῦργος
3 κἄν
3 κάρφος
3 κατάκειμαι
3 καταλύω
3 καταφιλέω
3 κατεσθίω
3 κατέχω
3 κενός
3 κλίνη
3 κόλπος
3 κόσμος
3 κράζω
3 κρίμα
3 λατρεύω
3 λεπρός
3 Λώτ
3 μακρός
3 μαμωνᾶς
3 μαρτύριον
3 μισθός
3 μνῆμα
3 μοιχεύω
3 μονογενής
3 μόσχος
3 νότος
3 Νῶε
3 ξηρός
3 ὀδυνάω
3 οἰκονομία
3 οἰκουμένη
3 ὀκτώ
3 ὁμοιόω
3 ὀρθῶς
3 οὐκέτι
3 πάλιν
3 παραιτέομαι
3 παρατηρέω
3 παρίστημι
3 παύω
3 πενθερά
3 πεντήκοντα
3 περιζώννυμι
3 πέτρα
3 πλατεῖα
3 πλησίον
3 προβαίνω
3 προσευχή
3 προσκυνέω
3 προσπίπτω
3 πρωτοκλισία
3 Σαμαρίτης
3 σιγάω
3 Σιδών
3* σιτευτός
3* σκάπτω
3* σκιρτάω
3 Σολομών
3 σπεύδω
3 σπλαγχνίζομαι
3 σταυρός
3 στεῖρα
3 στηρίζω
3 συγχαίρω
3 συκῆ
3 συλλαλέω
3 Συμεών
3 συμπορεύομαι
3 συνανάκειμαι
3 σχίζω
3* τετρααρχέω
3 τρέφω
3 Τύρος
3 ὑγιαίνω
3 ὑποδείκνυμι
3 ὑποκριτής
3 ὑποτάσσω
3 φεύγω
3 φωτεινός
3 χαρίζομαι
3 χιτών
3 χωλός
3 ὡσαύτως
2 ἀγαλλίασις
2 ἀγαλλιάω
2 ἀγαπητός
2 ἀγέλη
2* ἄγρα
2 ᾅδης
2 ἄζυμος
2 ἅλας
2 ἀλώπηξ
2 ἀνάγκη
2 ἀναζητέω
2 ἀναιρέω
2 ἀνάκειμαι
2* ἀνακύπτω
2* ἀνάπειρος
2 ἀνατολή
2 ἀνεκτός
2 ἀνταποδίδωμι
2 ἀντίδικος
2 ἀντίκειμαι
2* ἀντιπαρέρχομαι
2* ἀπαιτέω
2 ἀπιστέω
2 ἄπιστος
2 ἀποβαίνω
2 ἀποδεκατόω
2 ἀποδέχομαι
2 ἀποδημέω
2 ἀπόκρισις
2 ἀπολογέομαι
2* ἀποπνίγω
2 ἀποτάσσω
2 ἄριστον
2 ἀρχαῖος
2 ἀρχισυνάγωγος
2 ἄρωμα
2 ἀσθενής
2 ἀσπάζομαι
2* ἀστράπτω
2* ἄτεκνος
2 ἀτενίζω
2* ἄτερ
2 αὐλή
2* αὐστηρός
2 ἄφρων
2 βαρέω
2 βάσανος
2 Βηθανία
2 Βηθλέεμ
2 Βηθσαϊδά
2 βίβλος
2 βουλή
2 βούλομαι
2* βουνός
2 βρῶμα
2* Γαβριήλ
2 γαμίζω
2 γάμος
2 γαστήρ
2* γελάω
2 Γερασηνός
2 γεύομαι
2 γλῶσσα
2 γνωρίζω
2 γνῶσις
2 γνωστός
2 γόνυ
2 γράμμα
2 δάκρυον
2 δειπνέω
2* δεκαοκτώ
2 δεκτός
2 δεσμός
2 δέω
2* διαγογγύζω
2 διαδίδωμι
2 διαθήκη
2* διαλαλέω
2 διαμένω
2 διάνοια
2 διαρρήσσω
2 διαστρέφω
2 διατίθημι
2 διαφέρω
2 διεγείρω
2 διηγέομαι
2 διΐστημι
2 διό
2 δούλη
2* δοχή
2 δυσμή
2 δῶρον
2 ἐάω
2 ἑβδομήκοντα
2 εἶδος
2 ἐκδικέω
2 ἐκζητέω
2 ἐκλεκτός
2 ἐκμάσσω
2* ἐκμυκτηρίζω
2 ἐκπειράζω
2* ἐκτελέω
2 ἐλεημοσύνη
2 ἐμαυτοῦ
2 ἐμβλέπω
2 ἐμπίπλημι
2 ἐμπίπτω
2 ἔμφοβος
2 ἕνδεκα
2 ἔνδοξος
2 ἐνενήκοντα
2 ἐντεῦθεν
2 ἔντιμος
2 ἕξ
2 ἐξαίφνης
2 ἑξῆς
2 ἐξομολογέω
2 ἐξουθενέω
2 ἔξωθεν
2 ἐπαισχύνομαι
2* ἐπαιτέω
2 ἐπάν
2 ἐπανάγω
2* ἐπανέρχομαι
2 ἐπειδή
2 ἐπιβιβάζω
2 ἐπιβλέπω
2 ἐπίβλημα
2 ἐπιγραφή
2 ἐπιζητέω
2 ἐπίκειμαι
2 ἐπιμελέομαι
2 ἐπιπίπτω
2 ἐπισκιάζω
2 ἑπτάκις
2 ἔργον
2 ἐσθής
2 εὐδοκέω
2 εὐδοκία
2 εὔθετος
2* ἐφημερία
2* ζεῦγος
2 ζύμη
2* ἡγεμονεύω
2 ἡγεμών
2 Ἠσαΐας
2 ἡσυχάζω
2 θάμβος
2 θεμέλιον
2 θεραπεία
2 θηλάζω
2 θνήσκω
2 θρηνέω
2 θυμίαμα
2 θυσία
2 θυσιαστήριον
2 ἱματισμός
2 Ἰορδάνης
2 Ἰσκαριώτης
2* Ἰωάννα
2 καθαρισμός
2 καθεξῆς
2 καθεύδω
2 καθότι
2* Καϊνάμ
2 καίω
2 κακός
2 κακῶς
2 καλύπτω
2 καταδικάζω
2 κατακρίνω
2 κατάλυμα
2 καταπατέω
2 κατασκευάζω
2 κατέρχομαι
2 κατισχύω
2 κατοικέω
2 κλάω
2 κλείω
2 κλέπτης
2 κληρονομέω
2 κληρονομία
2* κλινίδιον
2 κόκκος
2 κολλάω
2 κονιορτός
2 κοπιάω
2 κόπος
2 κόπτω
2 κοσμέω
2 κραταιόω
2 κρατέω
2 κρυπτός
2 κρύπτω
2 κτάομαι
2 λέπρα
2 λεπτόν

2 λύτρωσις
2 λυχνία
2 Μαγδαληνή
2* Μαθθάτ
2 μακράν
2 μάρτυς
2 μαστός
2* Ματταθίας
2 μεγαλύνω
2* Μελχί
2 μέριμνα
2 μεταξύ
2 μέτρον
2 μήτι
2* μίσθιος
2 μνηστεύω
2 Ναζαρηνός
2 Νινευίτης
2 νομίζω
2 νύμφη
2 νυμφίος
2 ξύλον
2* ὀγδοήκοντα
2 οἰκτίρμων
2 ὁμιλέω
2 ὁμολογέω
2 ὀνομάζω
2 ὄντως
2 ὄπισθεν
2 ὀπτασία
2 ὀργή
2 ὀργίζω
2* ὀρεινός
2 οὐδέποτε
2 οὐθείς
2* οὐσία
2 ὄφις
2 παιδεύω
2 παιδίσκη
2 πάντοτε
2 παράκλησις
2 παραλύω
2 παρθένος
2 πατάσσω
2 πατέω
2 πατρίς
2 πειράζω
2 περιβάλλω
2 περίλυπος
2 περιστερά
2 περιτέμνω
2 πληγή
2 πλήρης
2 πλουτέω
2 πόλεμος
2 πολίτης
2 πόρρω
2 ποταμός
2 ποταπός
2* πράκτωρ
2* πρεσβεία
2 πρίν
2 πρόβατον
2 προέρχομαι
2* προσρήσσω
2* προφέρω
2 προφητεύω
2 πρωτοκαθεδρία
2* πτοέω
2 πυνθάνομαι
2 πύργος
2 πυρετός
2 ῥήγνυμι
2 ῥίζα
2 ῥίπτω
2 ῥύσις
2* Σαλά
2 σαπρός
2 σάρξ
2 σαρόω
2 σίναπι
2 σιωπάω
2 σκανδαλίζω
2 σκεῦος
2 σκηνή
2 σκορπίος
2 σκοτεινός
2 σκύλλω
2 Σόδομα
2* σπαργανόω
2 σπέρμα
2 σπόρος
2 στάσις
2 στῆθος
2 στολή
2 στρατηγός
2 στρατιώτης
2 στρουθίον
2 συζητέω
2* συκοφαντέω
2 συμβάλλω
2 συμπληρόω
2 συμπνίγω
2 συναντάω
2 συνέρχομαι
2 συντελέω
2 σωτήρ
2 σωτήριον
2 ταμεῖον
2 ταράσσω
2 ταχέως
2 τελειόω
2 τετραάρχης
2 τό
2 τοιοῦτος
2 τοσοῦτος
2 τράχηλος
2 τρέχω
2 τρίς
2 ὑβρίζω
2 ὑμέτερος
2 ὑπακούω
2 ὑπαντάω
2 ὑπηρέτης
2 ὑποδέχομαι
2 ὑπολαμβάνω
2 ὑπομονή
2* ὑποχωρέω
2 ὑστερέω
2 ὕψος
2 φαίνω
2 φανερός
2 φιλέω
2 φίλημα
2 Φίλιππος
2 φόνος
2 φόρος
2 φορτίον
2 φρόνιμος
2 φυλή
2 φύω
2 χαλάω
2 χιλιάς
2* χρεοφειλέτης
2 χρήζω
2 χρηστός
2 χρονίζω
2 ψαλμός
2 ὦ
2 ὥσπερ
1 Ἀαρών
1 Ἅβελ
1 Ἀβιά
1* Ἀβιληνή
1 ἄβυσσος
1 ἀγανακτέω
1 ἀγάπη
1 ἁγιάζω
1* ἀγκάλη
1 ἀγνοέω
1* ἀγραυλέω
1 ἀγρυπνέω
1* ἀγωνία
1 ἀγωνίζομαι
1 Ἀδάμ
1* Ἀδδί
1 ἄδηλος
1 ἀδικέω
1* Ἀδμίν
1 ἀδυνατέω
1 ἀδύνατος
1 ἀετός
1* ἀθροίζω
1 αἶνος
1* αἰσθάνομαι
1 αἰσχύνη
1 αἰσχύνω
1 αἴτημα
1 αἰτία
1 αἰφνίδιος
1 αἰχμαλωτίζω
1* αἰχμάλωτος
1 ἀκαταστασία
1 ἀκοή
1 ἀκριβῶς
1 ἄκρον
1 ἀλάβαστρος
1 ἄλευρον
1 ἀληθινός
1 ἀλήθω
1 ἁλιεύς
1* ἀλλογενής
1 ἀλλότριος
1 ἅλυσις
1 Ἁλφαῖος
1 ἅλων
1 ἄμεμπτος
1 Ἀμιναδάβ
1 ἄμπελος
1* ἀμπελουργός
1* ἀμφιέζω
1 ἀμφιέννυμι
1 Ἀμώς
1* ἀνάβλεψις
1 ἀνάγαιον
1 ἀναγκάζω
1 ἀναδείκνυμι
1* ἀνάδειξις
1 ἀναζάω
1* ἀνάθημα
1* ἀναίδεια
1 ἀνακαθίζω
1 ἀνακάμπτω
1 ἀνακρίνω
1* ἀνάλημψις
1 ἀναλόω
1 ἀναλύω
1 ἀνάμνησις
1 ἀνάπαυσις
1 ἀναπαύω
1* ἀναπτύσσω
1 ἀνάπτω
1 ἀνασείω
1 ἀνασπάω
1* ἀνατάσσομαι
1 ἀνατέλλω
1 ἀναφαίνω
1 ἀναφέρω
1* ἀναφωνέω
1 Ἀνδρέας
1* ἀνέκλειπτος
1* ἀνένδεκτος
1 ἀνευρίσκω
1 ἀνέχομαι
1 ἀνθίστημι
1* ἀνθομολογέομαι
1 Ἅννας
1 ἀνόητος
1 ἄνοια
1 ἄνομος
1 ἀνορθόω
1 ἀνταπόδομα
1 ἀνταποκρίνομαι
1 ἀντέχομαι
1* ἀντιβάλλω
1* ἀντικαλέω
1 ἀντιλαμβάνομαι
1* ἀντιμετρέω
1* ἀντιπέρα
1 ἄνυδρος
1 ἄνωθεν
1 ἀνώτερος
1 ἀξίνη
1 ἀξιόω
1 ἀπαίρω
1 ἀπαλλάσσω
1 ἀπαντάω
1* ἀπαρτισμός
1 ἀπειθής
1* ἀπελπίζω
1 ἁπλοῦς
1 ἀπογραφή
1* ἀποθλίβω
1 ἀποκαθίστημι
1 ἀποκάλυψις
1 ἀπόκειμαι
1 ἀποκεφαλίζω
1* ἀποκλείω
1 ἀποκρύπτω
1 ἀπόκρυφος
1 ἀποκυλίω
1 ἀπολύτρωσις
1* ἀπομάσσω
1 ἀπορέω
1* ἀπορία
1 ἀποσπάω
1* ἀποστοματίζω
1 ἀποστρέφω
1 ἀποτελέω
1 ἀποτινάσσω
1 ἀποφέρω
1 ἀποχωρέω
1* ἀποψύχω
1 ἆρα
1* ἀρήν
1 ἀριθμέω
1 ἀριθμός
1 Ἀριμαθαία
1 ἀριστάω
1 ἀριστερός
1 ἀρκέω
1* Ἀρνί
1 ἀροτριάω
1* ἄροτρον
1 ἁρπαγή
1 ἅρπαξ
1 ἄρσην
1 ἀρτύω
1* Ἀρφαξάδ
1* ἀρχιτελώνης
1 ἄσβεστος
1 Ἀσήρ
1 ἀσθενέω
1 ἀσσάριον
1 ἄστρον
1 ἀσφάλεια
1* ἀσώτως
1 ἀτιμάζω
1 ἄτοπος
1* Αὐγοῦστος

1 αὐλέω
1 αὐλίζομαι
1* αὐτόπτης
1 αὐτοῦ
1* ἄφαντος
1 ἀφόβως
1 ἀφορίζω
1* ἀφρός
1* ἀφυπνόω
1 ἀχάριστος
1 ἀχρεῖος
1 ἄχυρον
1 βάθος
1* βαθύνω
1 βαθύς
1 βάπτω
1 Βαραββᾶς
1 Βαρθολομαῖος
1 βασανίζω
1 βασίλειος
1 βασίλισσα
1 βδέλυγμα
1* βελόνη
1 Βηθφαγή
1 βιάζω
1 βιωτικός
1* βλάπτω
1 βλασφημία
1* βλητέος
1 βόθυνος
1* βολή
1* Βόος
1 βορρᾶς
1 βουλευτής
1 βουλεύομαι
1 βραδύς
1 βραχίων
1 βραχύς
1 βρυγμός
1* βρώσιμος
1 βυθίζω
1* βύσσος
1 γαζοφυλάκιον
1 γαλήνη
1* γαμίσκω
1 γέεννα
1 γεμίζω
1 γέμω
1 γένεσις
1 γένημα
1 γέννημα
1 Γεννησαρέτ
1 γεννητός
1* γῆρας
1 γογγύζω
1 γρηγορέω
1 γωνία
1 δαιμονίζομαι
1* δακτύλιος
1* δανιστής
1 δαπανάω
1* δαπάνη
1 δεινῶς
1 δεσμεύω
1 δεσπότης
1 δεῦρο
1 δή
1 διαβαίνω
1* διαβάλλω
1 διαβλέπω
1 διαγγέλλω
1* διαγρηγορέω
1 διαιρέω
1* διακαθαίρω
1 διακονία
1* διαλείπω
1 διαμαρτύρομαι
1* διαμερισμός
1* διανεύω
1* διανόημα
1* διανυκτερεύω
1 διαπεράω
1 διαπορέω
1* διαπραγματεύομαι
1* διασείω
1 διασῴζω
1* διαταράσσω
1 διατηρέω
1 διαφθείρω
1* διαφυλάσσω
1* διαχωρίζω
1 διδαχή
1 διερμηνεύω
1* διήγησις
1 διϊσχυρίζομαι
1 δικαιοσύνη
1 δικαίωμα
1 δικαίως
1 διοδεύω
1 διορύσσω
1 δίς
1 διχοτομέω
1 δόγμα
1 δόμα
1 δυνάστης
1 δύνω
1 δυσβάστακτος
1 δυσκόλως
1* ἔα
1* Ἔβερ
1 ἐγγράφω
1* ἐγκάθετος
1 ἐγκακέω
1 ἐγκρύπτω
1* ἔγκυος
1* ἐδαφίζω
1* ἐθίζω
1 εἴκοσι
1 εἰκών
1 εἰσακούω
1 εἶτα
1 εἴωθα
1 ἑκατονταπλασίων
1 ἐκδίδωμι
1 ἐκδύω
1* ἐκκομίζω
1* ἐκκρεμάννυμι
1 ἐκπνέω
1 ἐκριζόω
1 ἔκστασις
1 ἐκτενῶς
1 ἐκφέρω
1 ἐκφεύγω
1* ἐκχωρέω
1 ἐλαύνω
1 ἐλέγχω
1 Ἐλιακίμ
1* Ἐλιέζερ
1* Ἐλισαῖος
1 ἕλκος
1* ἑλκόω
1* Ἐλμαδάμ
1* ἐμβάλλω
1* Ἐμμαοῦς
1 ἐμπτύω
1 ἔναντι
1 ἔνατος
1* ἐνδέχομαι
1 ἐνδιδύσκω
1 ἔνδυμα
1 ἐνεδρεύω
1* ἔνειμι
1 ἐνέχω
1 ἐνθάδε
1 ἔνθεν
1 ἐνιαυτός
1 ἐνισχύω
1* ἐννεύω
1 ἐνοχλέω
1 ἐντέλλομαι
1 ἐντός
1 ἐντυλίσσω
1* Ἐνώς
1 Ἑνώχ
1 ἐξάγω
1* ἐξαιτέω
1 ἐξανίστημι
1* ἐξαστράπτω
1 ἐξηγέομαι
1 ἑξήκοντα
1 ἔξοδος
1 ἐξουσιάζω
1 ἐπαγγελία
1* ἐπαθροίζω
1 ἐπαινέω
1 ἐπαναπαύομαι
1 ἐπεί
1* ἐπειδήπερ
1 ἐπεῖδον
1* ἐπεισέρχομαι
1 ἔπειτα
1 ἐπέχω
1 ἐπηρεάζω
1 ἐπιδείκνυμι
1 ἐπιθυμία
1* ἐπικρίνω
1 ἐπιλανθάνομαι
1* ἐπιλείχω
1* ἐπιμελῶς
1 ἐπιούσιος
1* ἐπιπορεύομαι
1 ἐπιρίπτω
1* ἐπισιτισμός
1 ἐπισκοπή
1* ἐπισχύω
1 ἐπίτροπος
1 ἐπιφαίνω
1 ἐπιφωνέω
1 ἐπιφώσκω
1 ἐπιχειρέω
1* ἐπιχέω
1 ἐργάζομαι
1 ἐργασία
1 ἐρημόω
1 ἐρήμωσις
1 ἔριφος
1* Ἐσλί
1 ἑσπέρα
1 Ἑσρώμ
1* εὖγε
1 εὐγενής
1* εὐεργέτης
1 εὐκαιρία
1 εὐλαβής
1 εὐλογητός
1 εὐτόνως
1* εὐφορέω
1 ἔχθρα
1 ἔχιδνα
1 Ζεβεδαῖος
1 ζηλωτής
1 ζημιόω
1 Ζοροβαβέλ
1 ζυμόω
1 ζωγρέω
1 ζῳογονέω
1* ἡγεμονία
1 ἡγέομαι
1 ἡδονή
1 ἡδύοσμον
1* Ἠλί
1* ἡμιθανής
1 ἥμισυς
1* Ἤρ
1 Ἡρῳδιάς
1 ἦχος
1* ἦχος
1 θανατόω
1* Θάρα
1 θεῖον
1 θεμέλιος
1 Θεόφιλος
1 θέρος
1* θεωρία
1* θηρεύω
1 θησαυρίζω
1* θορυβάζω
1* θραύω
1* θρόμβος
1* θυμιάω
1 θυμός
1 Θωμᾶς
1 Ἰάϊρος
1* Ἰανναί
1* Ἰάρετ
1 ἴασις
1* ἱδρώς
1 ἱερατεία
1* ἱερατεύω
1 Ἰεσσαί
1* ἰκμάς
1 ἱλάσκομαι
1 ἱμάς
1 ἱματίζω
1 ἱνατί
1* ἰσάγγελος
1 ἴσος
1 ἰσχύς
1* ἴσως
1* Ἰτουραῖος
1* Ἰωανάν
1 Ἰωβήδ
1* Ἰωδά
1* Ἰωνάμ
1* Ἰωρίμ
1* Ἰωσήχ
1 καθαρός
1 καθέζομαι
1 καθίημι
1* καθοπλίζω
1 Καϊάφας
1 κἀκεῖθεν
1 κακοποιέω
1 κάλαμος
1 κάμηλος
1 καρποφορέω
1* κατάβασις
1 καταβολή
1 καταγελάω
1 κατάγω
1* καταδέω
1 καταισχύνω
1 κατακαίω
1 κατακλάω
1 κατακλείω
1 κατακλυσμός
1 κατακολουθέω
1* κατακρημνίζω
1* καταλιθάζω
1* κατανεύω
1 καταξιόω
1 καταπέτασμα
1 καταπίπτω
1* καταπλέω
1 καταράομαι
1 καταργέω
1 καταρτίζω

1 κατασκηνόω
1 κατασκήνωσις
1* κατασύρω
1* κατασφάζω
1 καταφρονέω
1* καταψύχω
1 κατέναντι
1 κατευθύνω
1 κατηχέω
1 κάτω
1 καύσων
1 κελεύω
1 κεραία
1 κεράμιον
1* κέραμος
1 κέρας
1* κεράτιον
1 κερδαίνω
1 κῆπος
1 κήρυγμα
1 κιβωτός
1 κινδυνεύω
1* κίχρημι
1 κλάδος
1 κλάσις
1 κλάσμα
1 κλαυθμός
1 κλείς
1* Κλεοπᾶς
1 κλέπτω
1 κληρονόμος
1 κλῆρος
1 κλίβανος
1* κλισία
1 κλύδων
1 κοιμάομαι
1 κοινωνός
1 κοίτη
1 κομίζω
1* κοπρία
1* κόπριον
1* κόραξ
1* κόρος
1 κόφινος
1* κραιπάλη
1 κρανίον
1 κράσπεδον
1 κράτιστος
1 κράτος
1 κραυγάζω
1 κραυγή
1 κρεμάννυμι
1 κρημνός
1 κρίνον
1* κρύπτη
1 κτῆνος
1 κυκλόω
1 κύκλῳ
1 Κυρηναῖος
1* Κυρήνιος
1 κυριεύω
1 κύων
1* Κωσάμ
1 λαγχάνω
1 λαῖλαψ
1* Λάμεχ
1 λαμπρός
1* λαμπρῶς
1 λάμπω
1 λανθάνω
1* λαξευτός
1 λάχανον
1 λεγιών
1* λεῖος
1 λείπω
1 λειτουργία
1 Λευίτης
1 λευκός
1* λῆρος
1 λίαν
1 λιθοβολέω
1 λικμάω
1 λογίζομαι
1 λοιμός
1 λύκος
1 λύπη
1* Λυσανίας
1* λυσιτελέω
1 λυτρόω
1* Μάαθ
1 Μαθθαῖος
1* Μαθουσαλά
1 μακαρίζω
1 μακροθυμέω
1 μαλακός
1* Μαλελεήλ
1 μαρτυρέω
1 μαρτυρία
1 μαστιγόω
1 μάστιξ
1* Ματταθά
1 μεγαλειότης
1 μέθη
1 μεθίστημι
1 μεθύσκω
1* Μελεά
1 μέλει
1* Μεννά
1* μενοῦν
1 μερίζω
1 μερίς
1* μεριστής
1 μεσονύκτιον
1 μεταβαίνω
1 μεταδίδωμι
1* μετεωρίζομαι
1 μέτοχος
1 μετρέω
1 μέχρι
1 μηκέτι
1 μηνύω
1 μήτρα
1 μίγνυμι
1 μνημονεύω
1* μόγις
1 μόδιος
1 μοιχός
1* μυλικός
1 μυριάς
1 μυστήριον
1 μωραίνω
1 Ναασσών
1* Ναγγαί
1 Ναζωραῖος
1* Ναθάμ
1* Ναιμάν
1* Ναΐν
1* Ναούμ
1* Ναχώρ
1 νεανίσκος
1 νεότης
1 νήθω
1 νήπιος
1* Νηρί
1 νηστεία
1 νικάω
1 νομοδιδάσκαλος
1* νοσσιά
1* νοσσός
1 νοῦς
1 νυμφών
1 ξηραίνω
1 ὄγδοος
1 ὅδε
1* ὁδεύω
1 ὁδηγέω
1 ὀδούς
1 ὅθεν
1 ὀθόνιον
1 οἰκέτης
1* οἰκονομέω
1 οἰνοπότης
1 ὀλιγόπιστος
1* ὄμβρος
1 ὀμνύω
1 ὀνειδίζω
1* ὄνειδος
1 ὄνος
1 ὄξος
1* ὀπτός
1* ὀρθρίζω
1* ὀρθρινός
1 ὄρθρος
1 ὁρίζω
1 ὅρκος
1 ὁρμάω
1 ὄρνις
1 ὀρχέομαι
1 ὁσιότης
1 ὀστέον
1 ὀσφῦς
1 οὔπω
1 οὐράνιος
1 ὀφειλέτης
1* ὀφρῦς
1 ὀψώνιον
1 παγίς
1 παίω
1 πάλαι
1 παλαιόω
1* παμπληθεί
1* πανδοχεῖον
1* πανδοχεύς
1 πανοπλία
1 πανουργία
1 πανταχοῦ
1 παντελής
1 πάντοθεν
1 πάντως
1 παραβιάζομαι
1 παράδεισος
1* παράδοξος
1* παρακαθέζομαι
1* παρακαλύπτω
1 παρακολουθέω
1 παρακύπτω
1* παράλιος
1 παρασκευή
1* παρατήρησις
1 παραφέρω
1 πάρειμι
1* παρεμβάλλω
1* παρθενία
1 παρίημι
1 παροικέω
1 πατριά
1 πέδη
1* πεδινός
1 πενθέω
1* πενιχρός
1 πεντακισχίλιοι
1 πεντακόσιοι
1* πεντεκαιδέκατος
1 πέραν
1 πέρας
1* περιάπτω
1 περιβλέπω
1 περιέχω
1 περικαλύπτω
1 περίκειμαι
1* περικρύβω
1* περικυκλόω
1 περιλάμπω
1* περιοικέω
1* περίοικος
1 περιπίπτω
1 περιποιέω
1* περισπάω
1 περίσσευμα
1* πήγανον
1 πῆχυς
1* πιέζω
1 πικρῶς
1* πινακίδιον
1 πίναξ
1 πλανάω
1 πλεονεξία
1 πλέω
1* πλήμμυρα
1 πληροφορέω
1 πλοῦτος
1 πλύνω
1 πνέω
1 ποικίλος
1 ποιμαίνω
1 ποίμνη
1 ποίμνιον
1* πολλαπλασίων
1 πονηρία
1 Πόντιος
1 πορεία
1 πόρνη
1 πόρρωθεν
1 πορφύρα
1 ποσάκις
1 ποτέ
1 ποτίζω
1 πρᾶγμα
1* πραγματεύομαι
1 πρᾶξις
1 πρεσβυτέριον
1 πρεσβύτης
1 προάγω
1 προβάλλω
1 προδότης
1 πρόθεσις
1 προκόπτω
1* προμελετάω
1 προπορεύομαι
1 προσάγω
1* προσαναβαίνω
1* προσαναλόω
1* προσδαπανάω
1 προσδοκία
1* προσεργάζομαι
1 προσκόπτω
1* προσποιέω
1 προστάσσω
1* προσψαύω
1 προτρέχω
1 προϋπάρχω
1 πρόφασις
1 προφῆτις
1 πρωτότοκος
1 πτερύγιον
1 πτέρυξ
1 πτύον
1* πτύσσω
1 πτῶσις
1 πυκνός
1 πύλη
1 πυλών
1 πώποτε
1 ῥάβδος
1* Ῥαγαύ
1* ῥῆγμα
1* Ῥησά
1 ῥομφαία

1 ῥύμη
1 ῥύομαι
1 Σαδδουκαῖος
1 σάκκος
1 Σαλαθιήλ
1* σάλος
1 Σαμάρεια
1* Σάρεπτα
1 σάτον
1 σεισμός
1 σελήνη
1* Σεμεΐν
1* Σερούχ
1* Σήθ
1* Σήμ
1 σής
1 σιαγών
1 Σιδώνιος
1* σίκερα
1 Σιλωάμ
1 σινδών
1* σινιάζω
1* σιτομέτριον
1 σκάνδαλον
1 σκιά
1 σκολιός
1 σκοπέω
1 σκορπίζω
1 σκοτία
1 σκυθρωπός
1* σκῦλον
1* σορός
1 σουδάριον
1* Σουσάννα
1 σοφός
1 σπαράσσω
1 σπήλαιον
1 σπλάγχνον
1 σποδός
1 σπόριμος
1 σπουδαίως
1 σπουδή
1 στάδιον
1 σταφυλή
1 στάχυς
1 στέγη
1 στενός
1* στιγμή
1 στράτευμα
1 στρατεύω
1 στρατιά
1* στρατόπεδον
1 στρώννυμι
1 συγγένεια
1* συγγενίς
1 συγκαθίζω
1* συγκαλύπτω
1* συγκατατίθημι
1 συγκλείω
1* συγκύπτω
1* συγκυρία
1* συκάμινος
1* συκομορέα
1 σῦκον
1 συλλέγω
1* συλλογίζομαι
1 συμβαίνω
1* συμπαραγίνομαι
1* συμπίπτω
1* συμφύω
1 συμφωνέω
1* συμφωνία
1 συνακολουθέω
1 συναντιλαμβάνομαι
1 συναρπάζω
1 συνέδριον
1* σύνειμι
1 σύνειμι
1 συνεσθίω
1 σύνεσις
1 συνετός
1 συνευδοκέω
1 συνθλάω
1 συνίστημι
1* συνοδία
1 συνοχή
1 συντηρέω
1 συντίθημι
1 συντρίβω
1* συντυγχάνω
1 Συρία
1* Σύρος
1 συσπαράσσω
1 σφόδρα
1 σωματικός
1 σωφρονέω
1 τάξις
1 ταπεινός
1 ταπείνωσις
1 τάσσω
1 τάχος
1 ταχύς
1 τελείωσις
1* τελεσφορέω
1 τελευτάω
1 τελώνιον
1 τέσσαρες
1 τεσσεράκοντα
1* τετραπλοῦς
1* Τιβέριος
1 τίλλω
1 τιμάω
1 τοίνυν
1 τόκος
1 τολμάω
1* τραῦμα
1 τραυματίζω
1 τραχύς
1* Τραχωνῖτις
1 τρέμω
1* τρῆμα
1 τριάκοντα
1 τρίβος
1 τρόπος
1 τροφή
1 τρυγάω
1* τρυγών
1 τρυφή
1 τυγχάνω
1* ὑγρός
1* ὑδρωπικός
1* ὑπερεκχύννω
1 ὑπερήφανος
1 ὕπνος
1 ὑποκάτω
1* ὑποκρίνομαι
1 ὑπόκρισις
1 ὑπομένω
1 ὑπομιμνήσκω
1 ὑποπόδιον
1* ὑποστρωννύω
1 ὑπωπιάζω
1 ὑστέρημα
1 ὕστερος
1 ὑψηλός
1 φάγος
1* Φάλεκ
1* Φανουήλ
1* φάραγξ
1 Φάρες
1 φήμη
1 φθάνω
1 φιλάργυρος
1* φιλονεικία
1 φιμόω
1 φλόξ
1* φόβητρον
1 φονεύω
1 φορτίζω
1 φραγμός
1 φρέαρ
1 φρόνησις
1* φρονίμως
1 φωλεός
1 φωτίζω
1* χάραξ
1 χάριν
1 χαριτόω
1* χάσμα
1 χείρων
1 Χοραζίν
1* χορός
1 χόρτος
1* Χουζᾶς
1 χρῆμα
1 χρηματίζω
1 χρίω
1 χωρίς
1 ψευδομαρτυρέω
1 ψευδοπροφήτης
1 ψηλαφάω
1 ψηφίζω
1* ψώχω
1 ὦμος
1* ᾠόν
1 ὠτίον
1 ὠφελέω

° Not included in concordance
* Word only occurs in this book

John – Statistics

1014 Total word count
216 Number of words occurring at least 10 times
376 Number of words occurring once

Words whose occurrences in this book account for at least 25% of occurrences in the entire NT

<u>100%</u>

6/6 Ναθαναήλ (*Nathanaēl*; Nathanael)

5/5 Νικόδημος (*Nikodēmos*; Nicodemus), ὀψάριον (*opsarion*; fish)

4/4 ἀντλέω (*antleō*; draw), Κανά (*Kana*; Cana), κλῆμα (*klēma*; branch), ψωμίον (*psōmion*; piece of bread)

3/3 ἀποσυνάγωγος (*aposynagōgos*; expelled from the synagogue), ἀρχιτρίκλινος (*architriklinos*; head steward), διαζώννυμι (*diazōnnymi*; wrap around), Δίδυμος (*Didymos*; Didymus), κολυμβήθρα (*kolymbēthra*; pool), σκέλος (*skelos*; leg), Τιβεριάς (*Tiberias*; Tiberias), ὑδρία (*hydria*; water jar)

2/2[4] ἀνακύπτω (*anakyptō*; straighten up)

2/2 ἀνθρακιά (*anthrakia*; charcoal fire), γλωσσόκομον (*glōssokomon*; money box or bag), ἐπιχρίω (*epichriō*; smear or spread on), ἧλος (*hēlos*; nail), κρίθινος (*krithinos*; made of barley), λέντιον (*lention*; towel), λίτρα (*litra*; pound), Μεσσίας (*Messias*; Messiah), μονή (*monē*; room), Σαμαρῖτις (*Samaritis*; Samaritan), συνεισέρχομαι (*syneiserchomai*; go in with), τίτλος (*titlos*; inscription), χαμαί (*chamai*; on or to the ground)

1/1[2] κύπτω (*kyptō*; bend or stoop down)

1/1 ἀγγέλλω (*angellō*; declare), Αἰνών (*Ainōn*; Aenon), ἁλιεύω (*halieuō*; fish), ἀλλαχόθεν (*allachothen*; by another way), ἀλόη (*aloē*; aloes), ἄντλημα (*antlēma*; bucket), ἄραφος (*araphos*; seamless), βάϊον (*baion*; palm branch), Βηθζαθά (*Bēthzatha*; Bethzatha), βιβρώσκω (*bibrōskō*; eat), Γαββαθα (*Gabbatha*; Gabbatha), γενετή (*genetē*; birth), γέρων (*gerōn*; old), δακρύω (*dakryō*; weep), δειλιάω (*deiliaō*; be afraid), ἐγκαίνια (*enkainia*; Dedication [Jewish feast of]), ἐκνεύω (*ekneuō*; slip away), ἐμπόριον (*emporion*; market), ἐμφυσάω (*emphysaō*; breathe on), ἐξυπνίζω (*exypnizō*; wake up), ἐπάρατος (*eparatos*; accursed), ἐπενδύτης (*ependytēs*; outer garment), Ἐφραίμ (*Ephraim*; Ephraim), ἤπερ (*ēper*; than), θεοσεβής (*theosebēs*; godly), θήκη (*thēkē*; sheath), θρέμμα (*thremma*; domesticated animal [pl. herds]), καθαίρω (*kathairō*; prune), καίτοιγε (*kaitoige*; although), Κεδρών (*Kedrōn*; Kidron), κειρία (*keiria*; strip of cloth), κέρμα (*kerma*; coin), κερματιστής (*kermatistēs*; money-changer), κηπουρός (*kēpouros*; gardener), Κλωπᾶς (*Klōpas*; Clopas), κοίμησις (*koimēsis*; sleep), κομψότερον (*kompsoteron*; better), λιθόστρωτος (*lithostrōtos*; pavement), λόγχη (*lonchē*; spear), Μάλχος (*Malchos*; Malchus), μεσόω (*mesoō*; be in the middle), μετρητής (*metrētēs*; measure), μίγμα (*migma*; mixture), νιπτήρ (*niptēr*; washbasin), νύσσω (*nyssō*; pierce), ὄζω (*ozō*; give off an odor), ὀνάριον (*onarion*; young donkey), οὐκοῦν (*oukoun*; so, then), παιδάριον (*paidarion*; boy), πενθερός (*pentheros*; father-in-law), περιδέω (*perideō*; wrap), πότερον (*poteron*; whether), προβατικός (*probatikos*; pertaining to sheep), προσαιτέω (*prosaiteō*; beg), προσκυνητής (*proskynētēs*; worshiper), προσφάγιον (*prosphagion*; fish), πτέρνα (*pterna*; heel), πτύσμα (*ptysma*; saliva), ῥέω (*rheō*; flow), Ῥωμαϊστί (*Rhōmaisti*; in Latin), Σαλείμ (*Saleim*; Salim), σκηνοπηγία (*skēnopēgia*; Tabernacles [Jewish feast of]), συγχράομαι (*synchraomai*; associate on friendly terms), συμμαθητής (*symmathētēs*; fellow-disciple), Συχάρ (*Sychar*; Sychar), τεταρταῖος (*tetartaios*; fourth day), τετράμηνος (*tetramēnos*; four months), ὑφαντός (*hyphantos*; woven), φανός (*phanos*; lantern), φραγέλλιον (*phragellion*; whip), χείμαρρος (*cheimarros*; brook), χολάω (*cholaō*; be angry)

<u>83%</u>
5/6 ἑλκύω (*helkyō*; draw), πηλός (*pēlos*; mud, clay), τρώγω (*trōgō*; eat)

<u>80%</u>
4/5 κῆπος (*kēpos*; garden), ὀθόνιον (*othonion*; linen cloth), παράκλητος (*paraklētos*; helping presence, advocate), παροιμία (*paroimia*; illustration, proverb), πλευρά (*pleura*; side), πλοιάριον (*ploiarion*; boat)

<u>76%</u>
13/17 νίπτω (*niptō*; wash)

<u>75%</u>
3/4 θυρωρός (*thyrōros*; doorkeeper), κατάγνυμι (*katagnymi*; break), ὁμοῦ (*homou*; together), οὐδέπω (*oudepō*; not yet)

<u>73%</u>
11/15 Λάζαρος (*Lazaros*; Lazarus)

<u>71%</u>
5/7 Ἑβραϊστί (*Hebraisti*; in Aramaic or Hebrew)

<u>69%</u>
9/13 Μάρθα (*Martha*; Martha)

<u>68%</u>
17/25 ἑορτή (*heortē*; festival)

<u>66%</u>
8/12 πιάζω (*piazō*; seize, arrest, catch)
6/9 κραυγάζω (*kraugazō*; call out)
4/6 πώποτε (*pōpote*; ever)
2/3 ἀριστάω (*aristaō*; eat breakfast), ἑρμηνεύω (*hermēneuō*; translate, interpret), ζώννυμι (*zōnnymi*; fasten), λαλιά (*lalia*; speach), μισθωτός (*misthōtos*; hireling), ὄψις (*opsis*; face), ῥάπισμα (*rhapisma*; blow), Σιλωάμ (*Silōam*; Siloam)

<u>63%</u>
7/11 Θωμᾶς (*Thōmas*; Thomas)

<u>62%</u>
5/8[9] λιθάζω (*lithazō*; stone)
5/8 μέντοι (*mentoi*; but)

<u>60%</u>
6/10 ἐντεῦθεν (*enteuthen*; from here)
3/5 ἐκμάσσω (*ekmassō*; wipe)

<u>55%</u>
5/9 Καϊάφας (*Kaiaphas*; Caiaphas)

54%
17/31 ἴδε (*ide*; look!)
6/11 ὑγιής (*hygiēs*; whole)

53%
41/76 ἐμός (*emos*; my)
14/26 ἀληθής (*alēthēs*; true)
8/15 ῥαββι (*rhabbi*; rabbi)

52%
13/25 φιλέω (*phileō*; love)

50%
8/16 σκοτία (*skotia*; darkness)
4/8 γογγύζω (*gongyzō*; grumble), πραιτώριον (*praitōrion*; Praetorium, headquarters)
3/6 θερμαίνω (*thermainō*; warm oneself), ὄξος (*oxos*; sour wine), παρασκευή (*paraskeuē*; day of preparation), σημαίνω (*sēmainō*; indicate, signify)
2/4 ἀμνός (*amnos*; lamb), Ἅννας (*Hannas*; Annas), ἀπόκρισις (*apokrisis*; answer), βάπτω (*baptō*; dip), μάννα (*manna*; manna), παραμυθέομαι (*paramytheomai*; comfort), πορφυροῦς (*porphyrous*; purple), σουδάριον (*soudarion*; sweat cloth), στοά (*stoa*; porch)
1/2[3] μοιχεία (*moicheia*; adultery), ὄρθρος (*orthros*; early morning)
1/2 ἀκάνθινος (*akanthinos*; thorny, of thorns), γηράσκω (*gēraskō*; become old), ἐκκεντέω (*ekkenteō*; pierce), Ἑλληνιστί (*Hellēnisti*; in Greek), ἐνταφιάζω (*entaphiazō*; prepare for burial), ἐνταφιασμός (*entaphiasmos*; preparation for burial, burial), ἐπιλέγω (*epilegō*; call), εὐθύνω (*euthynō*; make straight), Ἱεροσολυμίτης (*Hierosolymitēs*; inhabitant of Jerusalem), νάρδος (*nardos*; oil of nard), νεύω (*neuō*; motion), νομή (*nomē*; pasture), ὁδοιπορία (*hodoiporia*; journey), ὀρφανός (*orphanos*; orphan), πιστικός (*pistikos*; pure), προσαίτης (*prosaitēs*; beggar), προτρέχω (*protrechō*; run on ahead), πρωΐα (*prōia*; morning), ῥαββουνί (*rhabbouni*; rabbi), σμύρνα (*smyrna*; myrrh), σχοινίον (*schoinion*; cord, rope), τριακόσιοι (*triakosioi*; three hundred), ὕσσωπος (*hyssōpos*; hyssop), φοῖνιξ (*phoinix*; palm), ὠτάριον (*ōtarion*; ear)

48%
19/39 πρόβατον (*probaton*; sheep)

45%
28/62[63] ἐρωτάω (*erōtaō*; ask)
9/20 ὑπηρέτης (*hypēretēs*; servant)
5/11 Ἰσκαριώτης (*Iskariōtēs*; Iscariot)

44%
13/29 πόθεν (*pothen*; from where)
4/9 μονογενής (*monogenēs*; only, unique), Σαμαρίτης (*Samaritēs*; Samaritan)

43%
33/76 μαρτυρέω (*martyreō*; bear witness)
16/37 ἐμαυτοῦ (*emautou*; myself)

42%
78/185[186] κόσμος (*kosmos*; world)
11/26 οὔπω (*oupō*; not yet)
3/7[8] δάκτυλος (*daktylos*; finger)
3/7 καθέζομαι (*kathezomai*; sit)

41%
98/237[241] πιστεύω (*pisteuō*; believe)
24/58 θεωρέω (*theōreō*; see, perceive)
5/12 ἀναπίπτω (*anapiptō*; sit, recline)

40%
200/497[499] οὖν (*oun*; therefore)
32/79 πέμπω (*pempō*; send), ὑπάγω (*hypagō*; go)
19/47[48] ποῦ (*pou*; where)
16/40 μνημεῖον (*mnēmeion*; tomb)
4/10 ὑπαντάω (*hypantaō*; meet)
2/5 βασιλικός (*basilikos*; royal [official]), ἐμβριμάομαι (*embrimaomai*; bristle), παρακύπτω (*parakyptō*; look into), σκορπίζω (*skorpizō*; scatter), στῆθος (*stēthos*; chest)

39%
50/128[129] ἀμήν (*amēn*; truly)

38%
7/18 ἀληθῶς (*alēthōs*; truly)
5/13 Ἀνδρέας (*Andreas*; Andrew), ἄνωθεν (*anōthen*; from above)

37%
23/61 δοξάζω (*doxazō*; praise, glorify)
14/37 μαρτυρία (*martyria*; testimony)
6/16 διψάω (*dipsaō*; be thirsty)
3/8 γεμίζω (*gemizō*; fill), σχίσμα (*schisma*; division)

36%
70/195 Ἰουδαῖος (*Ioudaios*; Jew)
30/82 ὅπου (*hopou*; where)
20/55 Πιλᾶτος (*Pilatos*; Pilate)
4/11 βρῶσις (*brōsis*; food), κράβαττος (*krabattos*; bed)

35%
30/84 κἀγώ (*kagō*; and I)
11/31 ἐγγύς (*engys*; near)
6/17 ταράσσω (*tarassō*; trouble)
5/14 ἀναγγέλλω (*anangellō*; declare)

34%
10/29 πάσχα (*pascha*; Passover)
8/23 πέραν (*peran*; beyond)

33%
78/231 ἀποκρίνομαι (*apokrinomai*; answer)
40/118 μένω (*menō*; remain)
25/75 Σίμων (*Simōn*; Simon)
12/36 ἄρτι (*arti*; now), Φίλιππος (*Philippos*; Philip)
6/18 ποιμήν (*poimēn*; shepherd)
4/12 Βηθανία (*Bēthania*; Bethany), δίκτυον (*diktyon*; fishing net)
3/9 ἄμπελος (*ampelos*; vineyard), ἄνω (*anō*; above, up), μεστός (*mestos*; full)
2/6 ἀποκόπτω (*apokoptō*; cut off), βουλεύομαι (*bouleuomai*; plan, plot), ἐραυνάω (*eraunaō*; search), κόλπος (*kolpos*; chest, side), λύκος (*lykos*; wolf), φαῦλος (*phaulos*; evil)
1/3 ἅλλομαι (*hallomai*; well up, leap), ἀνατρέπω (*anatrepō*; overturn), ἀνέρχομαι (*anerchomai*; go or come up), ἀνθρωποκτόνος (*anthrōpoktonos*; murderer), βραχίων (*brachiōn*; arm), Γολγοθᾶ (*Golgotha*; Golgotha), δεκαπέντε (*dekapente*; fifteen), διασπορά (*diaspora*; dispersion), διδακτός (*didaktos*; taught), ἐλαττόω (*elattoō*; become less, make lower), ἐντυλίσσω (*entylissō*; wrap in, fold up), ἐξετάζω (*exetazō*; ask), ἐχθές (*echthes*; yesterday), κατηγορία (*katēgoria*; charge), κολλυβιστής (*kollybistēs*; money-changer), Λευίτης (*Leuitēs*; Levite), λίθινος (*lithinos*; made of stone), οἴομαι (*oiomai*; suppose), ὅμως (*homōs*; even), πλέκω (*plekō*; weave), πολύτιμος (*polytimos*; expensive), πόσις (*posis*; drink), πτύω (*ptyō*; spit), σπόγγος (*spongos*; sponge), συνήθεια (*synētheia*; custom), συντίθημι (*syntithēmi*; agree), τυφλόω (*typhloō*; blind), ὑπάντησις (*hypantēsis*; meeting), φανερῶς (*phanerōs*; openly), ψῦχος (*psychos*; cold), ὠτίον (*ōtion*; ear)

32%
136/413 πατήρ (*patēr*; father)
45/139[141] πάλιν (*palin*; again)
16/50 τυφλός (*typhlos*; blind)
9/28 ἀληθινός (*alēthinos*; true, real)

31%
23/73 φῶς (*phōs*; light)
5/16 Καφαρναούμ (*Kapharnaoum*; Capernaum)

30%
13/43 φωνέω (*phōneō*; call)
12/40 μισέω (*miseō*; hate)
6/20[22] θεάομαι (*theaomai*; see, observe)
6/20 γονεύς (*goneus*; parent)
4/13[15] καταλαμβάνω (*katalambanō*; obtain, overcome)
4/13[14] ἀνάκειμαι (*anakeimai*; be seated at table)
3/10 περιστερά (*peristera*; dove), χωρέω (*chōreō*; hold, have or make room)

29%
78/261 μαθητής (*mathētēs*; disciple)
70/240[243] ἐκεῖνος (*ekeinos*; that)
34/117 ζητέω (*zēteō*; seek)
9/31 παρρησία (*parrēsia*; boldness)
7/24 κεῖμαι (*keimai*; lie)
5/17 ἐπαύριον (*epaurion*; the next day)

28%
15/53[54] Μαρία (*Maria*; Mary)
6/21 τιμάω (*timaō*; honor)
4/14[15] ἐντέλλομαι (*entellomai*; command)
4/14 ἁρπάζω (*harpazō*; snatch), μύρον (*myron*; perfume)
2/7 Βηθσαϊδά (*Bēthsaida*; Bethsaida), ἐλευθερόω (*eleutheroō*; set free), ἐπίκειμαι (*epikeimai*; lie), καθαρισμός (*katharismos*; cleansing, purification), πεντήκοντα (*pentēkonta*; fifty), πνέω (*pneō*; blow), σπεῖρα (*speira*; cohort), στάδιον (*stadion*; stadion [c. 600 feet]), φρέαρ (*phrear*; well)

27%
463/1715[1718] ἐγώ (*egō*; I)
21/76 ὕδωρ (*hydōr*; water)
17/61 Γαλιλαία (*Galilaia*; Galilee)
3/11[12] Μαγδαληνή (*Magdalēnē*; woman of Magdala)
3/11 ζωοποιέω (*zōopoieō*; give life), πηγή (*pēgē*; spring), πρότερος (*proteros*; former), Σαμάρεια (*Samareia*; Samaria), ὑμέτερος (*hymeteros*; your [pl.])

26%
244/911[917] Ἰησοῦς (*Iēsous*; Jesus)
84/318 οἶδα (*oida*; know)
36/135 ζωή (*zōē*; life)
26/100[101] αἴρω (*airō*; take, take up or away)
16/61 ἤδη (*ēdē*; already)

25%
57/222 γινώσκω (*ginōskō*; know)
37/143 ἀγαπάω (*agapaō*; love)
28/111 ἀποθνῄσκω (*apothnēskō*; die)
18/70 τηρέω (*tēreō*; keep)
17/66 φέρω (*pherō*; bring)
12/47 οὐκέτι (*ouketi*; no longer)

John – Concordance

’Αβραάμ (*Abraam*; 11/73) *Abraham*

Jn 8:33 σπέρμα **’Αβραάμ** ἐσμεν καὶ οὐδενὶ
Jn 8:37 Οἶδα ὅτι σπέρμα **’Αβραάμ** ἐστε·
Jn 8:39 ὁ πατὴρ ἡμῶν **’Αβραάμ** ἐστιν.
Jn 8:39 εἰ τέκνα τοῦ **’Αβραάμ** ἐστε,
Jn 8:39 τὰ ἔργα τοῦ **’Αβραὰμ** ἐποιεῖτε·
Jn 8:40 τοῦτο **’Αβραὰμ** οὐκ ἐποίησεν.
Jn 8:52 **’Αβραὰμ** ἀπέθανεν καὶ οἱ
Jn 8:53 τοῦ πατρὸς ἡμῶν **’Αβραάμ**,
Jn 8:56 **’Αβραὰμ** ὁ πατὴρ ὑμῶν
Jn 8:57 οὔπω ἔχεις καὶ **’Αβραὰμ** ἑώρακας;
Jn 8:58 πρὶν **’Αβραὰμ** γενέσθαι ἐγὼ εἰμί.

ἀγαθός (*agathos*; 3/102) *good*

Jn 1:46 Ναζαρὲτ δύναταί τι **ἀγαθὸν** εἶναι;
Jn 5:29 ἐκπορεύσονται οἱ τὰ **ἀγαθὰ** ποιήσαντες εἰς ἀνάστασιν
Jn 7:12 μὲν ἔλεγον ὅτι **ἀγαθός** ἐστιν,

ἀγαλλιάω (*agalliaō*; 2/11) *rejoice, be glad*

Jn 5:35 ὑμεῖς δὲ ἠθελήσατε **ἀγαλλιαθῆναι** πρὸς ὥραν ἐν
Jn 8:56 ὁ πατὴρ ὑμῶν **ἠγαλλιάσατο** ἵνα ἴδῃ τὴν

ἀγαπάω (*agapaō*; 37/143) *love*

Jn 3:16 οὕτως γὰρ **ἠγάπησεν** ὁ θεὸς τὸν
Jn 3:19 τὸν κόσμον καὶ **ἠγάπησαν** οἱ ἄνθρωποι μᾶλλον
Jn 3:35 ὁ πατὴρ **ἀγαπᾷ** τὸν υἱὸν καὶ
Jn 8:42 πατὴρ ὑμῶν ἦν **ἠγαπᾶτε** ἂν ἐμέ,
Jn 10:17 με ὁ πατὴρ **ἀγαπᾷ** ὅτι ἐγὼ τίθημι
Jn 11:5 **ἠγάπα** δὲ ὁ Ἰησοῦς
Jn 12:43 **ἠγάπησαν** γὰρ τὴν δόξαν
Jn 13:1 **ἀγαπήσας** τοὺς ἰδίους τοὺς
Jn 13:1 κόσμῳ εἰς τέλος **ἠγάπησεν** αὐτούς.
Jn 13:23 ὃν **ἠγάπα** ὁ Ἰησοῦς.
Jn 13:34 ἵνα **ἀγαπᾶτε** ἀλλήλους,
Jn 13:34 καθὼς **ἠγάπησα** ὑμᾶς ἵνα καὶ
Jn 13:34 ἵνα καὶ ὑμεῖς **ἀγαπᾶτε** ἀλλήλους.
Jn 14:15 Ἐὰν **ἀγαπᾶτέ** με,
Jn 14:21 ἐκεῖνός ἐστιν ὁ **ἀγαπῶν** με·
Jn 14:21 ὁ δὲ **ἀγαπῶν** με ἀγαπηθήσεται ὑπὸ
Jn 14:21 δὲ ἀγαπῶν με **ἀγαπηθήσεται** ὑπὸ τοῦ πατρός
Jn 14:21 κἀγὼ **ἀγαπήσω** αὐτὸν καὶ ἐμφανίσω
Jn 14:23 ἐάν τις **ἀγαπᾷ** με τὸν λόγον
Jn 14:23 ὁ πατήρ μου **ἀγαπήσει** αὐτὸν καὶ πρὸς
Jn 14:24 ὁ μὴ **ἀγαπῶν** με τοὺς λόγους
Jn 14:28 εἰ **ἠγαπᾶτέ** με ἐχάρητε ἂν
Jn 14:31 ὁ κόσμος ὅτι **ἀγαπῶ** τὸν πατέρα,
Jn 15:9 Καθὼς **ἠγάπησέν** με ὁ πατήρ,
Jn 15:9 κἀγὼ ὑμᾶς **ἠγάπησα**·
Jn 15:12 ἵνα **ἀγαπᾶτε** ἀλλήλους καθὼς ἠγάπησα
Jn 15:12 ἀγαπᾶτε ἀλλήλους καθὼς **ἠγάπησα** ὑμᾶς.
Jn 15:17 ἵνα **ἀγαπᾶτε** ἀλλήλους.
Jn 17:23 με ἀπέστειλας καὶ **ἠγάπησας** αὐτοὺς καθὼς ἐμὲ
Jn 17:23 αὐτοὺς καθὼς ἐμὲ **ἠγάπησας**.
Jn 17:24 δέδωκάς μοι ὅτι **ἠγάπησάς** με πρὸ καταβολῆς
Jn 17:26 ἡ ἀγάπη ἣν **ἠγάπησάς** με ἐν αὐτοῖς
Jn 19:26 μαθητὴν παρεστῶτα ὃν **ἠγάπα**,
Jn 21:7 μαθητὴς ἐκεῖνος ὃν **ἠγάπα** ὁ Ἰησοῦς τῷ
Jn 21:15 **ἀγαπᾷς** με πλέον τούτων;
Jn 21:16 **ἀγαπᾷς** με;
Jn 21:20 τὸν μαθητὴν ὃν **ἠγάπα** ὁ Ἰησοῦς ἀκολουθοῦντα,

ἀγάπη (*agapē*; 7/116) *love*

Jn 5:42 ὑμᾶς ὅτι τὴν **ἀγάπην** τοῦ θεοῦ οὐκ
Jn 13:35 ἐὰν **ἀγάπην** ἔχητε ἐν ἀλλήλοις.
Jn 15:9 μείνατε ἐν τῇ **ἀγάπῃ** τῇ ἐμῇ.
Jn 15:10 μενεῖτε ἐν τῇ **ἀγάπῃ** μου,
Jn 15:10 αὐτοῦ ἐν τῇ **ἀγάπῃ**.
Jn 15:13 μείζονα ταύτης **ἀγάπην** οὐδεὶς ἔχει,
Jn 17:26 ἵνα ἡ **ἀγάπη** ἣν ἠγάπησάς με

ἀγγέλλω (*angellō*; 1/1) *declare*

Jn 20:18 Μαριὰμ ἡ Μαγδαληνὴ **ἀγγέλλουσα** τοῖς μαθηταῖς ὅτι

ἄγγελος (*angelos*; 3/175) *angel, messenger*

Jn 1:51 ἀνεῳγότα καὶ τοὺς **ἀγγέλους** τοῦ θεοῦ ἀναβαίνοντας
Jn 12:29 **ἄγγελος** αὐτῷ λελάληκεν.
Jn 20:12 καὶ θεωρεῖ δύο **ἀγγέλους** ἐν λευκοῖς καθεζομένους,

ἁγιάζω (*hagiazō*; 4/28) *set apart as sacred to God, consecrate, sanctify, purify*

Jn 10:36 ὃν ὁ πατὴρ **ἡγίασεν** καὶ ἀπέστειλεν εἰς
Jn 17:17 **ἁγίασον** αὐτοὺς ἐν τῇ
Jn 17:19 ὑπὲρ αὐτῶν ἐγὼ **ἁγιάζω** ἐμαυτόν,
Jn 17:19 ὦσιν καὶ αὐτοὶ **ἡγιασμένοι** ἐν ἀληθείᾳ.

ἅγιος (*hagios*; 5/233) *holy, set apart*

Jn 1:33 βαπτίζων ἐν πνεύματι **ἁγίῳ**.
Jn 6:69 σὺ εἶ ὁ **ἅγιος** τοῦ θεοῦ.
Jn 14:26 τὸ πνεῦμα τὸ **ἅγιον**,
Jn 17:11 πάτερ **ἅγιε**,
Jn 20:22 λάβετε πνεῦμα **ἅγιον**·

ἁγνίζω (*hagnizō*; 1/7) *purify*

Jn 11:55 τοῦ πάσχα ἵνα **ἁγνίσωσιν** ἑαυτούς.

ἀγοράζω (*agorazō*; 3/30) *buy*

Jn 4:8 πόλιν ἵνα τροφὰς **ἀγοράσωσιν**.
Jn 6:5 πόθεν **ἀγοράσωμεν** ἄρτους ἵνα φάγωσιν
Jn 13:29 **ἀγόρασον** ὧν χρείαν ἔχομεν

ἄγω (*agō*; 12[13]/68[69]) *lead*

Jn 1:42 **ἤγαγεν** αὐτὸν πρὸς τὸν
Jn 7:45 διὰ τί οὐκ **ἠγάγετε** αὐτόν;
[Jn 8:3] **Ἄγουσιν** δὲ οἱ γραμματεῖς
Jn 9:13 **Ἄγουσιν** αὐτὸν πρὸς τοὺς
Jn 10:16 κἀκεῖνα δεῖ με **ἀγαγεῖν** καὶ τῆς φωνῆς
Jn 11:7 **ἄγωμεν** εἰς τὴν Ἰουδαίαν
Jn 11:15 ἀλλὰ **ἄγωμεν** πρὸς αὐτόν.
Jn 11:16 **ἄγωμεν** καὶ ἡμεῖς ἵνα

Jn 14:31 **ἄγωμεν** ἐντεῦθεν.
Jn 18:13 καὶ **ἤγαγον** πρὸς Ἄνναν πρῶτον·
Jn 18:28 **Ἄγουσιν** οὖν τὸν Ἰησοῦν
Jn 19:4 ἴδε ἄγω **ὑμῖν** αὐτὸν ἔξω,
Jn 19:13 τῶν λόγων τούτων **ἤγαγεν** ἔξω τὸν Ἰησοῦν

ἀγωνίζομαι (*agōnizomai*; 1/8) *struggle, fight*

Jn 18:36 ὑπηρέται οἱ ἐμοὶ **ἠγωνίζοντο** [ἄν] ἵνα μὴ

ἀδελφή (*adelphē*; 6/26) *sister*

Jn 11:1 καὶ Μάρθας τῆς **ἀδελφῆς** αὐτῆς.
Jn 11:3 ἀπέστειλαν οὖν αἱ **ἀδελφαὶ** πρὸς αὐτὸν λέγουσαι·
Jn 11:5 Μάρθαν καὶ τὴν **ἀδελφὴν** αὐτῆς καὶ τὸν
Jn 11:28 ἐφώνησεν Μαριὰμ τὴν **ἀδελφὴν** αὐτῆς λάθρᾳ εἰποῦσα·
Jn 11:39 λέγει αὐτῷ ἡ **ἀδελφὴ** τοῦ τετελευτηκότος Μάρθα·
Jn 19:25 αὐτοῦ καὶ ἡ **ἀδελφὴ** τῆς μητρὸς αὐτοῦ,

ἀδελφός (*adelphos*; 14/343) *brother*

Jn 1:40 Ἦν Ἀνδρέας ὁ **ἀδελφὸς** Σίμωνος Πέτρου εἷς
Jn 1:41 οὗτος πρῶτον τὸν **ἀδελφὸν** τὸν ἴδιον Σίμωνα
Jn 2:12 αὐτοῦ καὶ οἱ **ἀδελφοὶ** [αὐτοῦ] καὶ οἱ
Jn 6:8 Ἀνδρέας ὁ **ἀδελφὸς** Σίμωνος Πέτρου·
Jn 7:3 πρὸς αὐτὸν οἱ **ἀδελφοὶ** αὐτοῦ·
Jn 7:5 οὐδὲ γὰρ οἱ **ἀδελφοὶ** αὐτοῦ ἐπίστευον εἰς
Jn 7:10 δὲ ἀνέβησαν οἱ **ἀδελφοὶ** αὐτοῦ εἰς τὴν
Jn 11:2 ἧς ὁ **ἀδελφὸς** Λάζαρος ἠσθένει.
Jn 11:19 αὐτὰς περὶ τοῦ **ἀδελφοῦ**.
Jn 11:21 ἂν ἀπέθανεν ὁ **ἀδελφός** μου·
Jn 11:23 ἀναστήσεται ὁ **ἀδελφός** σου.
Jn 11:32 μου ἀπέθανεν ὁ **ἀδελφός**.
Jn 20:17 δὲ πρὸς τοὺς **ἀδελφούς** μου καὶ εἰπὲ
Jn 21:23 λόγος εἰς τοὺς **ἀδελφοὺς** ὅτι ὁ μαθητὴς

ἀδικία (*adikia*; 1/25) *unrighteousness*

Jn 7:18 ἀληθής ἐστιν καὶ **ἀδικία** ἐν αὐτῷ οὐκ

ἀθετέω (*atheteō*; 1/16) *reject*

Jn 12:48 ὁ **ἀθετῶν** ἐμὲ καὶ μὴ

αἰγιαλός (*aigialos*; 1/6) *shore*

Jn 21:4 Ἰησοῦς εἰς τὸν **αἰγιαλόν**,

αἷμα (*haima*; 6/97) *blood*

Jn 1:13 οἳ οὐκ ἐξ **αἱμάτων** οὐδὲ ἐκ θελήματος
Jn 6:53 πίητε αὐτοῦ τὸ **αἷμα**,
Jn 6:54 πίνων μου τὸ **αἷμα** ἔχει ζωὴν αἰώνιον,
Jn 6:55 καὶ τὸ **αἷμά** μου ἀληθής ἐστιν
Jn 6:56 πίνων μου τὸ **αἷμα** ἐν ἐμοὶ μένει
Jn 19:34 καὶ ἐξῆλθεν εὐθὺς **αἷμα** καὶ ὕδωρ.

Αἰνών (*Ainōn*; 1/1) *Aenon*

Jn 3:23 Ἰωάννης βαπτίζων ἐν **Αἰνὼν** ἐγγὺς τοῦ Σαλείμ,

αἴρω (*airō*; 26/100[101]) *take, take up or away*

Jn 1:29 τοῦ θεοῦ ὁ **αἴρων** τὴν ἁμαρτίαν τοῦ
Jn 2:16 **ἄρατε** ταῦτα ἐντεῦθεν,
Jn 5:8 ἔγειρε **ἆρον** τὸν κράβαττόν σου
Jn 5:9 ὁ ἄνθρωπος καὶ **ἦρεν** τὸν κράβαττον αὐτοῦ
Jn 5:10 οὐκ ἔξεστίν σοι **ἆραι** τὸν κράβαττόν σου.
Jn 5:11 **ἆρον** τὸν κράβαττόν σου
Jn 5:12 **ἆρον** καὶ περιπάτει;
Jn 8:59 **ἦραν** οὖν λίθους ἵνα
Jn 10:18 οὐδεὶς **αἴρει** αὐτὴν ἀπ' ἐμοῦ,
Jn 10:24 τὴν ψυχὴν ἡμῶν **αἴρεις**;
Jn 11:39 **ἄρατε** τὸν λίθον.
Jn 11:41 **ἦραν** οὖν τὸν λίθον.
Jn 11:41 ὁ δὲ Ἰησοῦς **ἦρεν** τοὺς ὀφθαλμοὺς ἄνω
Jn 11:48 οἱ Ῥωμαῖοι καὶ **ἀροῦσιν** ἡμῶν καὶ τὸν
Jn 15:2 μὴ φέρον καρπὸν **αἴρει** αὐτό,
Jn 16:22 χαρὰν ὑμῶν οὐδεὶς **αἴρει** ἀφ' ὑμῶν.
Jn 17:15 οὐκ ἐρωτῶ ἵνα **ἄρῃς** αὐτοὺς ἐκ τοῦ
Jn 19:15 **ἆρον** ἆρον,
Jn 19:15 ἆρον **ἆρον**,
Jn 19:31 τὰ σκέλη καὶ **ἀρθῶσιν**.
Jn 19:38 ἵνα **ἄρῃ** τὸ σῶμα τοῦ
Jn 19:38 ἦλθεν οὖν καὶ **ἦρεν** τὸ σῶμα αὐτοῦ.
Jn 20:1 βλέπει τὸν λίθον **ἠρμένον** ἐκ τοῦ μνημείου.
Jn 20:2 **ἦραν** τὸν κύριον ἐκ
Jn 20:13 λέγει αὐτοῖς ὅτι **ἦραν** τὸν κύριόν μου,
Jn 20:15 κἀγὼ αὐτὸν **ἀρῶ**.

αἰτέω (*aiteō*; 11/70) *ask*

Jn 4:9 παρ' ἐμοῦ πεῖν **αἰτεῖς** γυναικὸς Σαμαρίτιδος οὔσης;
Jn 4:10 σὺ ἂν **ᾔτησας** αὐτὸν καὶ ἔδωκεν
Jn 11:22 ὅτι ὅσα ἂν **αἰτήσῃ** τὸν θεὸν δώσει
Jn 14:13 ὅ τι ἂν **αἰτήσητε** ἐν τῷ ὀνόματί
Jn 14:14 ἐάν τι **αἰτήσητέ** με ἐν τῷ
Jn 15:7 ὃ ἐὰν θέλητε **αἰτήσασθε**,
Jn 15:16 ὅ τι ἂν **αἰτήσητε** τὸν πατέρα ἐν
Jn 16:23 ἄν τι **αἰτήσητε** τὸν πατέρα ἐν
Jn 16:24 ἕως ἄρτι οὐκ **ᾐτήσατε** οὐδὲν ἐν τῷ
Jn 16:24 **αἰτεῖτε** καὶ λήμψεσθε,
Jn 16:26 τῷ ὀνόματί μου **αἰτήσεσθε**,

αἰτία (*aitia*; 3/20) *reason, charge*

Jn 18:38 εὑρίσκω ἐν αὐτῷ **αἰτίαν**.
Jn 19:4 γνῶτε ὅτι οὐδεμίαν **αἰτίαν** εὑρίσκω ἐν αὐτῷ.
Jn 19:6 εὑρίσκω ἐν αὐτῷ **αἰτίαν**.

αἰών (*aiōn*; 13/122) *age*

Jn 4:14 διψήσει εἰς τὸν **αἰῶνα**,
Jn 6:51 ζήσει εἰς τὸν **αἰῶνα**,
Jn 6:58 ζήσει εἰς τὸν **αἰῶνα**.
Jn 8:35 οἰκίᾳ εἰς τὸν **αἰῶνα**,
Jn 8:35 μένει εἰς τὸν **αἰῶνα**.
Jn 8:51 θεωρήσῃ εἰς τὸν **αἰῶνα**.
Jn 8:52 θανάτου εἰς τὸν **αἰῶνα**.
Jn 9:32 ἐκ τοῦ **αἰῶνος** οὐκ ἠκούσθη ὅτι
Jn 10:28 ἀπόλωνται εἰς τὸν **αἰῶνα** καὶ οὐχ ἁρπάσει
Jn 11:26 ἀποθάνῃ εἰς τὸν **αἰῶνα**.
Jn 12:34 μένει εἰς τὸν **αἰῶνα**,
Jn 13:8 πόδας εἰς τὸν **αἰῶνα**.
Jn 14:16 ὑμῶν εἰς τὸν **αἰῶνα** ᾖ,

αἰώνιος (*aiōnios*; 17/70[71]) *eternal*

Jn 3:15 αὐτῷ ἔχῃ ζωὴν **αἰώνιον**.
Jn 3:16 ἀλλ' ἔχῃ ζωὴν **αἰώνιον**.

Jn 3:36 υἱὸν ἔχει ζωὴν **αἰώνιον**·
Jn 4:14 ἁλλομένου εἰς ζωὴν **αἰώνιον**.
Jn 4:36 καρπὸν εἰς ζωὴν **αἰώνιον**,
Jn 5:24 με ἔχει ζωὴν **αἰώνιον** καὶ εἰς κρίσιν
Jn 5:39 ἐν αὐταῖς ζωὴν **αἰώνιον** ἔχειν·
Jn 6:27 μένουσαν εἰς ζωὴν **αἰώνιον**,
Jn 6:40 αὐτὸν ἔχῃ ζωὴν **αἰώνιον**,
Jn 6:47 πιστεύων ἔχει ζωὴν **αἰώνιον**.
Jn 6:54 αἷμα ἔχει ζωὴν **αἰώνιον**,
Jn 6:68 ῥήματα ζωῆς **αἰωνίου** ἔχεις,
Jn 10:28 δίδωμι αὐτοῖς ζωὴν **αἰώνιον** καὶ οὐ μὴ
Jn 12:25 τούτῳ εἰς ζωὴν **αἰώνιον** φυλάξει αὐτήν.
Jn 12:50 ἐντολὴ αὐτοῦ ζωὴ **αἰώνιός** ἐστιν.
Jn 17:2 δώσῃ αὐτοῖς ζωὴν **αἰώνιον**.
Jn 17:3 δέ ἐστιν ἡ **αἰώνιος** ζωὴ ἵνα γινώσκωσιν

ἄκανθα (*akantha*; 1/14) *thorn*

Jn 19:2 πλέξαντες στέφανον ἐξ **ἀκανθῶν** ἐπέθηκαν αὐτοῦ τῇ

ἀκάνθινος (*akanthinos*; 1/2) *thorny, of thorns*

Jn 19:5 φορῶν τὸν **ἀκάνθινον** στέφανον καὶ τὸ

ἀκοή (*akoē*; 1/24) *report*

Jn 12:38 τίς ἐπίστευσεν τῇ **ἀκοῇ** ἡμῶν;

ἀκολουθέω (*akoloutheō*; 19/90) *follow*

Jn 1:37 αὐτοῦ λαλοῦντος καὶ **ἠκολούθησαν** τῷ Ἰησοῦ.
Jn 1:38 καὶ θεασάμενος αὐτοὺς **ἀκολουθοῦντας** λέγει αὐτοῖς·
Jn 1:40 παρὰ Ἰωάννου καὶ **ἀκολουθησάντων** αὐτῷ·
Jn 1:43 **ἀκολούθει** μοι.
Jn 6:2 **ἠκολούθει** δὲ αὐτῷ ὄχλος
Jn 8:12 ὁ **ἀκολουθῶν** ἐμοὶ οὐ μὴ
Jn 10:4 τὰ πρόβατα αὐτῷ **ἀκολουθεῖ**,
Jn 10:5 δὲ οὐ μὴ **ἀκολουθήσουσιν**,
Jn 10:27 γινώσκω αὐτὰ καὶ **ἀκολουθοῦσίν** μοι,
Jn 11:31 **ἠκολούθησαν** αὐτῇ δόξαντες ὅτι
Jn 12:26 ἐμοὶ **ἀκολουθείτω**,
Jn 13:36 δύνασαί μοι νῦν **ἀκολουθῆσαι**,
Jn 13:36 **ἀκολουθήσεις** δὲ ὕστερον.
Jn 13:37 οὐ δύναμαί σοι **ἀκολουθῆσαι** ἄρτι;
Jn 18:15 **Ἠκολούθει** δὲ τῷ Ἰησοῦ
Jn 20:6 καὶ Σίμων Πέτρος **ἀκολουθῶν** αὐτῷ καὶ εἰσῆλθεν
Jn 21:19 **ἀκολούθει** μοι.
Jn 21:20 ἠγάπα ὁ Ἰησοῦς **ἀκολουθοῦντα**,
Jn 21:22 σύ μοι **ἀκολούθει**.

ἀκούω (*akouō*; 58[59]/426[428]) *hear*

Jn 1:37 καὶ **ἤκουσαν** οἱ δύο μαθηταὶ
Jn 1:40 τῶν δύο τῶν **ἀκουσάντων** παρὰ Ἰωάννου καὶ
Jn 3:8 τὴν φωνὴν αὐτοῦ **ἀκούεις**,
Jn 3:29 ὁ ἑστηκὼς καὶ **ἀκούων** αὐτοῦ χαρᾷ χαίρει
Jn 3:32 ὃ ἑώρακεν καὶ **ἤκουσεν** τοῦτο μαρτυρεῖ,
Jn 4:1 ὁ Ἰησοῦς ὅτι **ἤκουσαν** οἱ Φαρισαῖοι ὅτι
Jn 4:42 αὐτοὶ γὰρ **ἀκηκόαμεν** καὶ οἴδαμεν ὅτι
Jn 4:47 οὗτος **ἀκούσας** ὅτι Ἰησοῦς ἥκει
Jn 5:24 τὸν λόγον μου **ἀκούων** καὶ πιστεύων τῷ
Jn 5:25 ὅτε οἱ νεκροὶ **ἀκούσουσιν** τῆς φωνῆς τοῦ
Jn 5:25 θεοῦ καὶ οἱ **ἀκούσαντες** ζήσουσιν.
Jn 5:28 ἐν τοῖς μνημείοις **ἀκούσουσιν** τῆς φωνῆς αὐτοῦ
Jn 5:30 καθὼς **ἀκούω** κρίνω,
Jn 5:37 φωνὴν αὐτοῦ πώποτε **ἀκηκόατε** οὔτε εἶδος αὐτοῦ
Jn 6:45 πᾶς ὁ **ἀκούσας** παρὰ τοῦ πατρὸς
Jn 6:60 Πολλοὶ οὖν **ἀκούσαντες** ἐκ τῶν μαθητῶν
Jn 6:60 τίς δύναται αὐτοῦ **ἀκούειν**;
Jn 7:32 **Ἤκουσαν** οἱ Φαρισαῖοι τοῦ
Jn 7:40 τοῦ ὄχλου οὖν **ἀκούσαντες** τῶν λόγων τούτων
Jn 7:51 ἄνθρωπον ἐὰν μὴ **ἀκούσῃ** πρῶτον παρ᾽ αὐτοῦ
[Jn 8:9] οἱ δὲ **ἀκούσαντες** ἐξήρχοντο εἷς καθ᾽
Jn 8:26 κἀγὼ ἃ **ἤκουσα** παρ᾽ αὐτοῦ ταῦτα
Jn 8:38 ὑμεῖς οὖν ἃ **ἠκούσατε** παρὰ τοῦ πατρὸς
Jn 8:40 ὑμῖν λελάληκα ἣν **ἤκουσα** παρὰ τοῦ θεοῦ·
Jn 8:43 ὅτι οὐ δύνασθε **ἀκούειν** τὸν λόγον τὸν
Jn 8:47 ῥήματα τοῦ θεοῦ **ἀκούει**·
Jn 8:47 τοῦτο ὑμεῖς οὐκ **ἀκούετε**,
Jn 9:27 ἤδη καὶ οὐκ **ἠκούσατε**·
Jn 9:27 τί πάλιν θέλετε **ἀκούειν**;
Jn 9:31 ὁ θεὸς οὐκ **ἀκούει**,
Jn 9:31 αὐτοῦ ποιῇ τούτου **ἀκούει**.
Jn 9:32 τοῦ αἰῶνος οὐκ **ἠκούσθη** ὅτι ἠνέῳξέν τις
Jn 9:35 **Ἤκουσεν** Ἰησοῦς ὅτι ἐξέβαλον
Jn 9:40 **ἤκουσαν** ἐκ τῶν Φαρισαίων
Jn 10:3 τῆς φωνῆς αὐτοῦ **ἀκούει** καὶ τὰ ἴδια
Jn 10:8 ἀλλ᾽ οὐκ **ἤκουσαν** αὐτῶν τὰ πρόβατα.
Jn 10:16 τῆς φωνῆς μου **ἀκούσουσιν**,
Jn 10:20 τί αὐτοῦ **ἀκούετε**;
Jn 10:27 τῆς φωνῆς μου **ἀκούουσιν**,
Jn 11:4 **ἀκούσας** δὲ ὁ Ἰησοῦς
Jn 11:6 ὡς οὖν **ἤκουσεν** ὅτι ἀσθενεῖ,
Jn 11:20 οὖν Μάρθα ὡς **ἤκουσεν** ὅτι Ἰησοῦς ἔρχεται
Jn 11:29 ἐκείνη δὲ ὡς **ἤκουσεν** ἠγέρθη ταχὺ καὶ
Jn 11:41 εὐχαριστῶ σοι ὅτι **ἤκουσάς** μου.
Jn 11:42 ὅτι πάντοτέ μου **ἀκούεις**,
Jn 12:12 **ἀκούσαντες** ὅτι ἔρχεται ὁ
Jn 12:18 ὅτι **ἤκουσαν** τοῦτο αὐτὸν πεποιηκέναι
Jn 12:29 ὁ ἑστὼς καὶ **ἀκούσας** ἔλεγεν βροντὴν γεγονέναι,
Jn 12:34 ἡμεῖς **ἠκούσαμεν** ἐκ τοῦ νόμου
Jn 12:47 ἐάν τις μου **ἀκούσῃ** τῶν ῥημάτων καὶ
Jn 14:24 ὁ λόγος ὃν **ἀκούετε** οὐκ ἔστιν ἐμὸς
Jn 14:28 **ἠκούσατε** ὅτι ἐγὼ εἶπον
Jn 15:15 ὅτι πάντα ἃ **ἤκουσα** παρὰ τοῦ πατρός
Jn 16:13 ἀλλ᾽ ὅσα **ἀκούσει** λαλήσει καὶ τὰ
Jn 18:21 ἐρώτησον τοὺς **ἀκηκοότας** τί ἐλάλησα αὐτοῖς·
Jn 18:37 ἐκ τῆς ἀληθείας **ἀκούει** μου τῆς φωνῆς.
Jn 19:8 Ὅτε οὖν **ἤκουσεν** ὁ Πιλᾶτος τοῦτον
Jn 19:13 ὁ οὖν Πιλᾶτος **ἀκούσας** τῶν λόγων τούτων
Jn 21:7 Σίμων οὖν Πέτρος **ἀκούσας** ὅτι ὁ κύριός

ἀλείφω (*aleiphō*; 2/9) *anoint*

Jn 11:2 δὲ Μαριὰμ ἡ **ἀλείψασα** τὸν κύριον μύρῳ
Jn 12:3 νάρδου πιστικῆς πολυτίμου **ἤλειψεν** τοὺς πόδας τοῦ

ἀλέκτωρ (*alektōr*; 2/12) *rooster*

Jn 13:38 οὐ μὴ **ἀλέκτωρ** φωνήσῃ ἕως οὗ
Jn 18:27 καὶ εὐθέως **ἀλέκτωρ** ἐφώνησεν.

ἀλήθεια (*alētheia*; 25/109) *truth*

Jn 1:14 πλήρης χάριτος καὶ **ἀληθείας**.
Jn 1:17 χάρις καὶ ἡ **ἀλήθεια** διὰ Ἰησοῦ Χριστοῦ
Jn 3:21 δὲ ποιῶν τὴν **ἀλήθειαν** ἔρχεται πρὸς τὸ
Jn 4:23 ἐν πνεύματι καὶ **ἀληθείᾳ**·
Jn 4:24 ἐν πνεύματι καὶ **ἀληθείᾳ** δεῖ προσκυνεῖν.
Jn 5:33 καὶ μεμαρτύρηκεν τῇ **ἀληθείᾳ**·
Jn 8:32 καὶ γνώσεσθε τὴν **ἀλήθειαν**,
Jn 8:32 καὶ ἡ **ἀλήθεια** ἐλευθερώσει ὑμᾶς.
Jn 8:40 ἄνθρωπον ὃς τὴν **ἀλήθειαν** ὑμῖν λελάληκα ἣν
Jn 8:44 καὶ ἐν τῇ **ἀληθείᾳ** οὐκ ἔστηκεν,
Jn 8:44 ὅτι οὐκ ἔστιν **ἀλήθεια** ἐν αὐτῷ.
Jn 8:45 δὲ ὅτι τὴν **ἀλήθειαν** λέγω,
Jn 8:46 εἰ **ἀλήθειαν** λέγω,
Jn 14:6 ὁδὸς καὶ ἡ **ἀλήθεια** καὶ ἡ ζωή·
Jn 14:17 τὸ πνεῦμα τῆς **ἀληθείας**,
Jn 15:26 τὸ πνεῦμα τῆς **ἀληθείας** ὃ παρὰ τοῦ
Jn 16:7 ἀλλʼ ἐγὼ τὴν **ἀλήθειαν** λέγω ὑμῖν,
Jn 16:13 τὸ πνεῦμα τῆς **ἀληθείας**,
Jn 16:13 ὑμᾶς ἐν τῇ **ἀληθείᾳ** πάσῃ·
Jn 17:17 αὐτοὺς ἐν τῇ **ἀληθείᾳ**·
Jn 17:17 λόγος ὁ σὸς **ἀλήθειά** ἐστιν.
Jn 17:19 αὐτοὶ ἡγιασμένοι ἐν **ἀληθείᾳ**.
Jn 18:37 ἵνα μαρτυρήσω τῇ **ἀληθείᾳ**·
Jn 18:37 ὢν ἐκ τῆς **ἀληθείας** ἀκούει μου τῆς
Jn 18:38 τί ἐστιν **ἀλήθεια**;

ἀληθής (*alēthēs*; 14/26) *true*

Jn 3:33 ὅτι ὁ θεὸς **ἀληθής** ἐστιν.
Jn 4:18 τοῦτο **ἀληθὲς** εἴρηκας.
Jn 5:31 μου οὐκ ἔστιν **ἀληθής**·
Jn 5:32 καὶ οἶδα ὅτι **ἀληθής** ἐστιν ἡ μαρτυρία
Jn 6:55 γὰρ σάρξ μου **ἀληθής** ἐστιν βρῶσις,
Jn 6:55 τὸ αἷμά μου **ἀληθής** ἐστιν πόσις.
Jn 7:18 πέμψαντος αὐτὸν οὗτος **ἀληθής** ἐστιν καὶ ἀδικία
Jn 8:13 σου οὐκ ἔστιν **ἀληθής**.
Jn 8:14 **ἀληθής** ἐστιν ἡ μαρτυρία
Jn 8:17 ἀνθρώπων ἡ μαρτυρία **ἀληθής** ἐστιν.
Jn 8:26 ὁ πέμψας με **ἀληθής** ἐστιν,
Jn 10:41 Ἰωάννης περὶ τούτου **ἀληθῆ** ἦν.
Jn 19:35 ἐκεῖνος οἶδεν ὅτι **ἀληθῆ** λέγει,
Jn 21:24 καὶ οἴδαμεν ὅτι **ἀληθὴς** αὐτοῦ ἡ μαρτυρία

ἀληθινός (*alēthinos*; 9/28) *true, real*

Jn 1:9 τὸ φῶς τὸ **ἀληθινόν**,
Jn 4:23 ὅτε οἱ **ἀληθινοὶ** προσκυνηταὶ προσκυνήσουσιν τῷ
Jn 4:37 ὁ λόγος ἐστὶν **ἀληθινὸς** ὅτι ἄλλος ἐστὶν
Jn 6:32 τοῦ οὐρανοῦ τὸν **ἀληθινόν**·
Jn 7:28 ἀλλʼ ἔστιν **ἀληθινὸς** ὁ πέμψας με,
Jn 8:16 κρίσις ἡ ἐμὴ **ἀληθινή** ἐστιν,
Jn 15:1 ἡ ἄμπελος ἡ **ἀληθινὴ** καὶ ὁ πατήρ
Jn 17:3 σὲ τὸν μόνον **ἀληθινὸν** θεὸν καὶ ὃν
Jn 19:35 καὶ **ἀληθινὴ** αὐτοῦ ἐστιν ἡ

ἀληθῶς (*alēthōs*; 7/18) *truly*

Jn 1:47 ἴδε **ἀληθῶς** Ἰσραηλίτης ἐν ᾧ
Jn 4:42 ὅτι οὗτός ἐστιν **ἀληθῶς** ὁ σωτὴρ τοῦ
Jn 6:14 ὅτι οὗτός ἐστιν **ἀληθῶς** ὁ προφήτης ὁ
Jn 7:26 μήποτε **ἀληθῶς** ἔγνωσαν οἱ ἄρχοντες
Jn 7:40 οὗτός ἐστιν **ἀληθῶς** ὁ προφήτης·
Jn 8:31 **ἀληθῶς** μαθηταί μού ἐστε
Jn 17:8 ἔλαβον καὶ ἔγνωσαν **ἀληθῶς** ὅτι παρὰ σοῦ

ἁλιεύω (*halieuō*; 1/1) *fish*

Jn 21:3 ὑπάγω **ἁλιεύειν**.

ἀλλά (*alla*; 102/638) *but*

Jn 1:8 **ἀλλʼ** ἵνα μαρτυρήσῃ περὶ
Jn 1:13 ἐκ θελήματος ἀνδρὸς **ἀλλʼ** ἐκ θεοῦ ἐγεννήθησαν.
Jn 1:31 **ἀλλʼ** ἵνα φανερωθῇ τῷ
Jn 1:33 **ἀλλʼ** ὁ πέμψας με
Jn 3:8 **ἀλλʼ** οὐκ οἶδας πόθεν
Jn 3:16 αὐτὸν μὴ ἀπόληται **ἀλλʼ** ἔχῃ ζωὴν αἰώνιον.
Jn 3:17 **ἀλλʼ** ἵνα σωθῇ ὁ
Jn 3:28 **ἀλλʼ** ὅτι ἀπεσταλμένος εἰμὶ
Jn 3:36 **ἀλλʼ** ἡ ὀργὴ τοῦ
Jn 4:2 αὐτὸς οὐκ ἐβάπτιζεν **ἀλλʼ** οἱ μαθηταὶ αὐτοῦ
Jn 4:14 **ἀλλὰ** τὸ ὕδωρ ὃ
Jn 4:23 **ἀλλὰ** ἔρχεται ὥρα καὶ
Jn 5:18 **ἀλλὰ** καὶ πατέρα ἴδιον
Jn 5:22 **ἀλλὰ** τὴν κρίσιν πᾶσαν
Jn 5:24 **ἀλλὰ** μεταβέβηκεν ἐκ τοῦ
Jn 5:30 θέλημα τὸ ἐμὸν **ἀλλὰ** τὸ θέλημα τοῦ
Jn 5:34 **ἀλλὰ** ταῦτα λέγω ἵνα
Jn 5:42 **ἀλλὰ** ἔγνωκα ὑμᾶς ὅτι
Jn 6:9 **ἀλλὰ** ταῦτα τί ἐστιν
Jn 6:22 εἰς τὸ πλοῖον **ἀλλὰ** μόνοι οἱ μαθηταὶ
Jn 6:26 **ἀλλʼ** ὅτι ἐφάγετε ἐκ
Jn 6:27 βρῶσιν τὴν ἀπολλυμένην **ἀλλὰ** τὴν βρῶσιν
Jn 6:32 **ἀλλʼ** ὁ πατήρ μου
Jn 6:36 **Ἀλλʼ** εἶπον ὑμῖν ὅτι
Jn 6:38 θέλημα τὸ ἐμὸν **ἀλλὰ** τὸ θέλημα τοῦ
Jn 6:39 **ἀλλὰ** ἀναστήσω αὐτὸ [ἐν]
Jn 6:64 **ἀλλʼ** εἰσὶν ἐξ ὑμῶν
Jn 7:10 ἀνέβη οὐ φανερῶς **ἀλλὰ** [ὡς] ἐν κρυπτῷ.
Jn 7:12 **ἀλλὰ** πλανᾷ τὸν ὄχλον.
Jn 7:16 οὐκ ἔστιν ἐμὴ **ἀλλὰ** τοῦ πέμψαντός με·
Jn 7:22 τοῦ Μωϋσέως ἐστὶν **ἀλλʼ** ἐκ τῶν πατέρων
Jn 7:24 **ἀλλὰ** τὴν δικαίαν κρίσιν
Jn 7:27 **ἀλλὰ** τοῦτον οἴδαμεν πόθεν
Jn 7:28 **ἀλλʼ** ἔστιν ἀληθινὸς ὁ
Jn 7:44 **ἀλλʼ** οὐδεὶς ἐπέβαλεν ἐπʼ
Jn 7:49 **ἀλλὰ** ὁ ὄχλος οὗτος
Jn 8:12 **ἀλλʼ** ἕξει τὸ φῶς
Jn 8:16 **ἀλλʼ** ἐγὼ καὶ ὁ
Jn 8:26 **ἀλλʼ** ὁ πέμψας με
Jn 8:28 **ἀλλὰ** καθὼς ἐδίδαξέν με
Jn 8:37 **ἀλλὰ** ζητεῖτέ με ἀποκτεῖναι,
Jn 8:42 **ἀλλʼ** ἐκεῖνός με ἀπέστειλεν.
Jn 8:49 **ἀλλὰ** τιμῶ τὸν πατέρα
Jn 8:55 **ἀλλὰ** οἶδα αὐτὸν καὶ
Jn 9:3 **ἀλλʼ** ἵνα φανερωθῇ τὰ
Jn 9:9 **ἀλλὰ** ὅμοιος αὐτῷ ἐστιν.
Jn 9:31 **ἀλλʼ** ἐάν τις θεοσεβὴς
Jn 10:1 αὐλὴν τῶν προβάτων **ἀλλὰ** ἀναβαίνων ἀλλαχόθεν ἐκεῖνος
Jn 10:5 **ἀλλὰ** φεύξονται ἀπʼ αὐτοῦ,
Jn 10:8 **ἀλλʼ** οὐκ ἤκουσαν αὐτῶν
Jn 10:18 **ἀλλʼ** ἐγὼ τίθημι αὐτὴν
Jn 10:26 **ἀλλὰ** ὑμεῖς οὐ πιστεύετε,
Jn 10:33 οὐ λιθάζομέν σε **ἀλλὰ** περὶ βλασφημίας,
Jn 11:4 ἔστιν πρὸς θάνατον **ἀλλʼ** ὑπὲρ τῆς δόξης
Jn 11:11 **ἀλλὰ** πορεύομαι ἵνα ἐξυπνίσω

Jn 11:15 **ἀλλὰ** ἄγωμεν πρὸς αὐτόν.
Jn 11:22 [**ἀλλὰ**] καὶ νῦν οἶδα
Jn 11:30 **ἀλλ'** ἦν ἔτι ἐν
Jn 11:42 **ἀλλὰ** διὰ τὸν ὄχλον
Jn 11:51 **ἀλλὰ** ἀρχιερεὺς ὢν τοῦ
Jn 11:52 τοῦ ἔθνους μόνον **ἀλλ'** ἵνα καὶ τὰ
Jn 11:54 **ἀλλὰ** ἀπῆλθεν ἐκεῖθεν εἰς
Jn 12:6 **ἀλλ'** ὅτι κλέπτης ἦν
Jn 12:9 **ἀλλ'** ἵνα καὶ τὸν
Jn 12:16 **ἀλλ'** ὅτε ἐδοξάσθη Ἰησοῦς
Jn 12:27 **ἀλλὰ** διὰ τοῦτο ἦλθον
Jn 12:30 φωνὴ αὕτη γέγονεν **ἀλλὰ** δι' ὑμᾶς.
Jn 12:42 **ἀλλὰ** διὰ τοὺς Φαρισαίους
Jn 12:44 πιστεύει εἰς ἐμὲ **ἀλλὰ** εἰς τὸν πέμψαντά
Jn 12:47 **ἀλλ'** ἵνα σώσω τὸν
Jn 12:49 **ἀλλ'** ὁ πέμψας με
Jn 13:9 πόδας μου μόνον **ἀλλὰ** καὶ τὰς χεῖρας
Jn 13:10 **ἀλλ'** ἔστιν καθαρὸς ὅλος·
Jn 13:10 **ἀλλ'** οὐχὶ πάντες.
Jn 13:18 **ἀλλ'** ἵνα ἡ γραφὴ
Jn 14:24 οὐκ ἔστιν ἐμὸς **ἀλλὰ** τοῦ πέμψαντός με
Jn 14:31 **ἀλλ'** ἵνα γνῷ ὁ
Jn 15:16 **ἀλλ'** ἐγὼ ἐξελεξάμην ὑμᾶς
Jn 15:19 **ἀλλ'** ἐγὼ ἐξελεξάμην ὑμᾶς
Jn 15:21 **ἀλλὰ** ταῦτα πάντα ποιήσουσιν
Jn 15:25 **ἀλλ'** ἵνα πληρωθῇ ὁ
Jn 16:2 **ἀλλ'** ἔρχεται ὥρα ἵνα
Jn 16:4 **ἀλλὰ** ταῦτα λελάληκα ὑμῖν
Jn 16:6 **ἀλλ'** ὅτι ταῦτα λελάληκα
Jn 16:7 **ἀλλ'** ἐγὼ τὴν ἀλήθειαν
Jn 16:12 **ἀλλ'** οὐ δύνασθε βαστάζειν
Jn 16:13 **ἀλλ'** ὅσα ἀκούσει λαλήσει
Jn 16:20 **ἀλλ'** ἡ λύπη ὑμῶν
Jn 16:25 **ἀλλὰ** παρρησίᾳ περὶ τοῦ
Jn 16:33 **ἀλλὰ** θαρσεῖτε,
Jn 17:9 τοῦ κόσμου ἐρωτῶ **ἀλλὰ** περὶ ὧν δέδωκάς
Jn 17:15 **ἀλλ'** ἵνα τηρήσῃς αὐτοὺς
Jn 17:20 **ἀλλὰ** καὶ περὶ τῶν
Jn 18:28 ἵνα μὴ μιανθῶσιν **ἀλλὰ** φάγωσιν τὸ πάσχα.
Jn 18:40 μὴ τοῦτον **ἀλλὰ** τὸν Βαραββᾶν.
Jn 19:21 **ἀλλ'** ὅτι ἐκεῖνος εἶπεν·
Jn 19:24 **ἀλλὰ** λάχωμεν περὶ αὐτοῦ
Jn 19:34 **ἀλλ'** εἷς τῶν στρατιωτῶν
Jn 20:7 τῶν ὀθονίων κειμένον **ἀλλὰ** χωρὶς ἐντετυλιγμένον εἰς
Jn 20:27 μὴ γίνου ἄπιστος **ἀλλὰ** πιστός.
Jn 21:8 ἀπὸ τῆς γῆς **ἀλλὰ** ὡς ἀπὸ πηχῶν
Jn 21:23 ὅτι οὐκ ἀποθνῄσκει **ἀλλ'**·

ἀλλαχόθεν (*allachothen*; 1/1) *by another way*

Jn 10:1 προβάτων ἀλλὰ ἀναβαίνων **ἀλλαχόθεν** ἐκεῖνος κλέπτης ἐστὶν

ἀλλήλων (*allēlōn*; 15/100) *one another*

Jn 4:33 οἱ μαθηταὶ πρὸς **ἀλλήλους**·
Jn 5:44 πιστεῦσαι δόξαν παρὰ **ἀλλήλων** λαμβάνοντες,
Jn 6:43 μὴ γογγύζετε μετ' **ἀλλήλων**.
Jn 6:52 Ἐμάχοντο οὖν πρὸς **ἀλλήλους** οἱ Ἰουδαῖοι λέγοντες·
Jn 11:56 καὶ ἔλεγον μετ' **ἀλλήλων** ἐν τῷ ἱερῷ
Jn 13:14 καὶ ὑμεῖς ὀφείλετε **ἀλλήλων** νίπτειν τοὺς πόδας·
Jn 13:22 ἔβλεπον εἰς **ἀλλήλους** οἱ μαθηταὶ ἀπορούμενοι
Jn 13:34 ἵνα ἀγαπᾶτε **ἀλλήλους**,
Jn 13:34 καὶ ὑμεῖς ἀγαπᾶτε **ἀλλήλους**.
Jn 13:35 ἀγάπην ἔχητε ἐν **ἀλλήλοις**.
Jn 15:12 ἵνα ἀγαπᾶτε **ἀλλήλους** καθὼς ἠγάπησα ὑμᾶς.
Jn 15:17 ἵνα ἀγαπᾶτε **ἀλλήλους**.
Jn 16:17 μαθητῶν αὐτοῦ πρὸς **ἀλλήλους**·
Jn 16:19 τούτου ζητεῖτε μετ' **ἀλλήλων** ὅτι εἶπον·
Jn 19:24 εἶπαν οὖν πρὸς **ἀλλήλους**·

ἅλλομαι (*hallomai*; 1/3) *well up, leap*

Jn 4:14 αὐτῷ πηγὴ ὕδατος **ἁλλομένου** εἰς ζωὴν αἰώνιον.

ἄλλος (*allos*; 33/155) *other, another*

Jn 4:37 ἐστὶν ἀληθινὸς ὅτι **ἄλλος** ἐστὶν ὁ σπείρων
Jn 4:37 ὁ σπείρων καὶ **ἄλλος** ὁ θερίζων.
Jn 4:38 **ἄλλοι** κεκοπιάκασιν καὶ ὑμεῖς
Jn 5:7 **ἄλλος** πρὸ ἐμοῦ καταβαίνει.
Jn 5:32 **ἄλλος** ἐστὶν ὁ μαρτυρῶν
Jn 5:43 ἐὰν ἄλλος **ἔλθῃ** ἐν τῷ ὀνόματι
Jn 6:22 εἶδον ὅτι πλοιάριον **ἄλλο** οὐκ ἦν ἐκεῖ
Jn 6:23 **ἄλλα** ἦλθεν πλοι[άρι]α ἐκ
Jn 7:12 **ἄλλοι** [δὲ] ἔλεγον·
Jn 7:41 **ἄλλοι** ἔλεγον·
Jn 9:9 **ἄλλοι** ἔλεγον ὅτι οὗτός
Jn 9:9 **ἄλλοι** ἔλεγον·
Jn 9:16 **ἄλλοι** [δὲ] ἔλεγον·
Jn 10:16 καὶ **ἄλλα** πρόβατα ἔχω ἃ
Jn 10:21 **ἄλλοι** ἔλεγον·
Jn 12:29 **ἄλλοι** ἔλεγον·
Jn 14:16 τὸν πατέρα καὶ **ἄλλον** παράκλητον δώσει ὑμῖν,
Jn 15:24 αὐτοῖς ἃ οὐδεὶς **ἄλλος** ἐποίησεν,
Jn 18:15 Σίμων Πέτρος καὶ **ἄλλος** μαθητής.
Jn 18:16 ὁ μαθητὴς ὁ **ἄλλος** ὁ γνωστὸς τοῦ
Jn 18:34 τοῦτο λέγεις ἢ **ἄλλοι** εἶπόν σοι περὶ
Jn 19:18 καὶ μετ' αὐτοῦ **ἄλλους** δύο ἐντεῦθεν καὶ
Jn 19:32 σκέλη καὶ τοῦ **ἄλλου** τοῦ συσταυρωθέντος αὐτῷ·
Jn 20:2 καὶ πρὸς τὸν **ἄλλον** μαθητὴν ὃν ἐφίλει
Jn 20:3 Πέτρος καὶ ὁ **ἄλλος** μαθητὴς καὶ ἤρχοντο
Jn 20:4 καὶ ὁ **ἄλλος** μαθητὴς προέδραμεν τάχιον
Jn 20:8 εἰσῆλθεν καὶ ὁ **ἄλλος** μαθητὴς ὁ ἐλθὼν
Jn 20:25 οὖν αὐτῷ οἱ **ἄλλοι** μαθηταί·
Jn 20:30 μὲν οὖν καὶ **ἄλλα** σημεῖα ἐποίησεν ὁ
Jn 21:2 τοῦ Ζεβεδαίου καὶ **ἄλλοι** ἐκ τῶν μαθητῶν
Jn 21:8 οἱ δὲ **ἄλλοι** μαθηταὶ τῷ πλοιαρίῳ
Jn 21:18 καὶ **ἄλλος** σε ζώσει καὶ
Jn 21:25 Ἔστιν δὲ καὶ **ἄλλα** πολλὰ ἃ ἐποίησεν

ἀλλότριος (*allotrios*; 2/14) *belonging to another*

Jn 10:5 **ἀλλοτρίῳ** δὲ οὐ μὴ
Jn 10:5 οὐκ οἴδασιν τῶν **ἀλλοτρίων** τὴν φωνήν.

ἀλόη (*aloē*; 1/1) *aloes*

Jn 19:39 μίγμα σμύρνης καὶ **ἀλόης** ὡς λίτρας ἑκατόν.

ἁμαρτάνω (*hamartanō*; 3[4]/42[43]) *sin*

Jn 5:14 μηκέτι **ἁμάρτανε**,

[Jn 8:11] τοῦ νῦν μηκέτι **ἁμάρτανε.]]**
Jn 9:2 τίς **ἥμαρτεν**,
Jn 9:3 οὔτε οὗτος **ἥμαρτεν** οὔτε οἱ γονεῖς

ἁμαρτία (*hamartia*; 17/173) *sin*

Jn 1:29 ὁ αἴρων τὴν **ἁμαρτίαν** τοῦ κόσμου.
Jn 8:21 καὶ ἐν τῇ **ἁμαρτίᾳ** ὑμῶν ἀποθανεῖσθε·
Jn 8:24 ἀποθανεῖσθε ἐν ταῖς **ἁμαρτίαις** ὑμῶν·
Jn 8:24 ἀποθανεῖσθε ἐν ταῖς **ἁμαρτίαις** ὑμῶν.
Jn 8:34 ὁ ποιῶν τὴν **ἁμαρτίαν** δοῦλός ἐστιν τῆς
Jn 8:34 δοῦλός ἐστιν τῆς **ἁμαρτίας**.
Jn 8:46 ἐλέγχει με περὶ **ἁμαρτίας**;
Jn 9:34 ἐν **ἁμαρτίαις** σὺ ἐγεννήθης ὅλος
Jn 9:41 οὐκ ἂν εἴχετε **ἁμαρτίαν**·
Jn 9:41 ἡ **ἁμαρτία** ὑμῶν μένει.
Jn 15:22 **ἁμαρτίαν** οὐκ εἴχοσαν·
Jn 15:22 ἔχουσιν περὶ τῆς **ἁμαρτίας** αὐτῶν.
Jn 15:24 **ἁμαρτίαν** οὐκ εἴχοσαν·
Jn 16:8 τὸν κόσμον περὶ **ἁμαρτίας** καὶ περὶ δικαιοσύνης
Jn 16:9 περὶ **ἁμαρτίας** μέν,
Jn 19:11 μέ σοι μείζονα **ἁμαρτίαν** ἔχει.
Jn 20:23 τινων ἀφῆτε τὰς **ἁμαρτίας** ἀφέωνται αὐτοῖς,

ἁμαρτωλός (*hamartōlos*; 4/47) *sinful*

Jn 9:16 πῶς δύναται ἄνθρωπος **ἁμαρτωλὸς** τοιαῦτα σημεῖα ποιεῖν;
Jn 9:24 οὗτος ὁ ἄνθρωπος **ἁμαρτωλός** ἐστιν.
Jn 9:25 εἰ **ἁμαρτωλός** ἐστιν οὐκ οἶδα·
Jn 9:31 οἴδαμεν ὅτι **ἁμαρτωλῶν** ὁ θεὸς οὐκ

ἀμήν (*amēn*; 50/128[129]) *truly*

Jn 1:51 **ἀμὴν** ἀμὴν λέγω ὑμῖν,
Jn 1:51 ἀμὴν **ἀμὴν** λέγω ὑμῖν,
Jn 3:3 **ἀμὴν** ἀμὴν λέγω σοι,
Jn 3:3 ἀμὴν **ἀμὴν** λέγω σοι,
Jn 3:5 **ἀμὴν** ἀμὴν λέγω σοι,
Jn 3:5 ἀμὴν **ἀμὴν** λέγω σοι,
Jn 3:11 **ἀμὴν** ἀμὴν λέγω σοι
Jn 3:11 ἀμὴν **ἀμὴν** λέγω σοι ὅτι
Jn 5:19 **ἀμὴν** ἀμὴν λέγω ὑμῖν,
Jn 5:19 ἀμὴν **ἀμὴν** λέγω ὑμῖν,
Jn 5:24 **Ἀμὴν** ἀμὴν λέγω ὑμῖν
Jn 5:24 Ἀμὴν **ἀμὴν** λέγω ὑμῖν ὅτι
Jn 5:25 **ἀμὴν** ἀμὴν λέγω ὑμῖν
Jn 5:25 ἀμὴν **ἀμὴν** λέγω ὑμῖν ὅτι
Jn 6:26 **ἀμὴν** ἀμὴν λέγω ὑμῖν,
Jn 6:26 ἀμὴν **ἀμὴν** λέγω ὑμῖν,
Jn 6:32 **ἀμὴν** ἀμὴν λέγω ὑμῖν,
Jn 6:32 ἀμὴν **ἀμὴν** λέγω ὑμῖν,
Jn 6:47 **ἀμὴν** ἀμὴν λέγω ὑμῖν,
Jn 6:47 ἀμὴν **ἀμὴν** λέγω ὑμῖν,
Jn 6:53 **ἀμὴν** ἀμὴν λέγω ὑμῖν,
Jn 6:53 ἀμὴν **ἀμὴν** λέγω ὑμῖν,
Jn 8:34 **ἀμὴν** ἀμὴν λέγω ὑμῖν
Jn 8:34 ἀμὴν **ἀμὴν** λέγω ὑμῖν ὅτι
Jn 8:51 **ἀμὴν** ἀμὴν λέγω ὑμῖν,
Jn 8:51 ἀμὴν **ἀμὴν** λέγω ὑμῖν,
Jn 8:58 **ἀμὴν** ἀμὴν λέγω ὑμῖν,
Jn 8:58 ἀμὴν **ἀμὴν** λέγω ὑμῖν,
Jn 10:1 **Ἀμὴν** ἀμὴν λέγω ὑμῖν,
Jn 10:1 Ἀμὴν **ἀμὴν** λέγω ὑμῖν,
Jn 10:7 **ἀμὴν** ἀμὴν λέγω ὑμῖν
Jn 10:7 ἀμὴν **ἀμὴν** λέγω ὑμῖν ὅτι
Jn 12:24 **ἀμὴν** ἀμὴν λέγω ὑμῖν,
Jn 12:24 ἀμὴν **ἀμὴν** λέγω ὑμῖν,
Jn 13:16 **ἀμὴν** ἀμὴν λέγω ὑμῖν,
Jn 13:16 ἀμὴν **ἀμὴν** λέγω ὑμῖν,
Jn 13:20 **ἀμὴν** ἀμὴν λέγω ὑμῖν,
Jn 13:20 ἀμὴν **ἀμὴν** λέγω ὑμῖν,
Jn 13:21 **ἀμὴν** ἀμὴν λέγω ὑμῖν
Jn 13:21 ἀμὴν **ἀμὴν** λέγω ὑμῖν ὅτι
Jn 13:38 **ἀμὴν** ἀμὴν λέγω σοι,
Jn 13:38 ἀμὴν **ἀμὴν** λέγω σοι,
Jn 14:12 **Ἀμὴν** ἀμὴν λέγω ὑμῖν,
Jn 14:12 Ἀμὴν **ἀμὴν** λέγω ὑμῖν,
Jn 16:20 **ἀμὴν** ἀμὴν λέγω ὑμῖν
Jn 16:20 ἀμὴν **ἀμὴν** λέγω ὑμῖν ὅτι
Jn 16:23 **ἀμὴν** ἀμὴν λέγω ὑμῖν,
Jn 16:23 ἀμὴν **ἀμὴν** λέγω ὑμῖν,
Jn 21:18 **ἀμὴν** ἀμὴν λέγω σοι,
Jn 21:18 ἀμὴν **ἀμὴν** λέγω σοι,

ἀμνός (*amnos*; 2/4) *lamb*

Jn 1:29 ἴδε ὁ **ἀμνὸς** τοῦ θεοῦ ὁ
Jn 1:36 ἴδε ὁ **ἀμνὸς** τοῦ θεοῦ.

ἄμπελος (*ampelos*; 3/9) *vineyard*

Jn 15:1 Ἐγώ εἰμι ἡ **ἄμπελος** ἡ ἀληθινὴ καὶ
Jn 15:4 μένῃ ἐν τῇ **ἀμπέλῳ**,
Jn 15:5 ἐγώ εἰμι ἡ **ἄμπελος**,

ἄν (*an*; 25/166) *particle indicating contingency*

Jn 1:33 ἐφ' ὃν **ἂν** ἴδῃς τὸ πνεῦμα
Jn 2:5 ὅ τι **ἂν** λέγῃ ὑμῖν ποιήσατε.
Jn 4:10 σὺ **ἂν** ᾔτησας αὐτὸν καὶ
Jn 4:10 αὐτὸν καὶ ἔδωκεν **ἂν** σοι ὕδωρ ζῶν.
Jn 4:14 ὃς δ' **ἂν** πίῃ ἐκ τοῦ
Jn 5:19 ἃ γὰρ **ἂν** ἐκεῖνος ποιῇ,
Jn 5:46 ἐπιστεύετε **ἂν** ἐμοί·
Jn 8:19 τὸν πατέρα μου **ἂν** ᾔδειτε.
Jn 8:42 ὑμῶν ἦν ἠγαπᾶτε **ἂν** ἐμέ,
Jn 9:41 οὐκ **ἂν** εἴχετε ἁμαρτίαν·
Jn 11:21 ἦς ὧδε οὐκ **ἂν** ἀπέθανεν ὁ ἀδελφός
Jn 11:22 οἶδα ὅτι ὅσα **ἂν** αἰτήσῃ τὸν θεὸν
Jn 11:32 ἦς ὧδε οὐκ **ἄν** μου ἀπέθανεν ὁ
Jn 13:20 ὁ λαμβάνων **ἄν** τινα πέμψω ἐμὲ
Jn 13:24 Πέτρος πυθέσθαι τίς **ἂν** εἴη περὶ οὗ
Jn 14:2 εἶπον **ἂν** ὑμῖν ὅτι πορεύομαι
Jn 14:13 καὶ ὅ τι **ἂν** αἰτήσητε ἐν τῷ
Jn 14:28 ἠγαπᾶτέ με ἐχάρητε **ἂν** ὅτι πορεύομαι πρὸς
Jn 15:16 ἵνα ὅ τι **ἂν** αἰτήσητε τὸν πατέρα
Jn 15:19 ὁ κόσμος **ἂν** τὸ ἴδιον ἐφίλει·
Jn 16:23 **ἄν** τι αἰτήσητε τὸν
Jn 18:30 οὐκ **ἄν** σοι παρεδώκαμεν αὐτόν.
Jn 18:36 οἱ ἐμοὶ ἠγωνίζοντο **[ἂν]** ἵνα μὴ παραδοθῶ
Jn 20:23 **ἄν** τινων ἀφῆτε τὰς
Jn 20:23 **ἄν** τινων κρατῆτε κεκράτηνται.

ἀνά (*ana*; 1/13) *each*

Jn 2:6 χωροῦσαι **ἀνὰ** μετρητὰς δύο ἢ

ἀναβαίνω (*anabainō*; 16/82) *go up*

Jn 1:51 ἀγγέλους τοῦ θεοῦ **ἀναβαίνοντας** καὶ καταβαίνοντας ἐπὶ
Jn 2:13 καὶ **ἀνέβη** εἰς Ἱεροσόλυμα ὁ

Jn 3:13 καὶ οὐδεὶς **ἀναβέβηκεν** εἰς τὸν οὐρανὸν
Jn 5:1 τῶν Ἰουδαίων καὶ **ἀνέβη** Ἰησοῦς εἰς Ἱεροσόλυμα.
Jn 6:62 υἱὸν τοῦ ἀνθρώπου **ἀναβαίνοντα** ὅπου ἦν τὸ
Jn 7:8 ὑμεῖς **ἀνάβητε** εἰς τὴν ἑορτήν·
Jn 7:8 ἐγὼ οὐκ **ἀναβαίνω** εἰς τὴν ἑορτὴν
Jn 7:10 Ὡς δὲ **ἀνέβησαν** οἱ ἀδελφοὶ αὐτοῦ
Jn 7:10 τότε καὶ αὐτὸς **ἀνέβη** οὐ φανερῶς ἀλλὰ
Jn 7:14 τῆς ἑορτῆς μεσούσης **ἀνέβη** Ἰησοῦς εἰς τὸ
Jn 10:1 τῶν προβάτων ἀλλὰ **ἀναβαίνων** ἀλλαχόθεν ἐκεῖνος κλέπτης
Jn 11:55 καὶ **ἀνέβησαν** πολλοὶ εἰς Ἱεροσόλυμα
Jn 12:20 τινες ἐκ τῶν **ἀναβαινόντων** ἵνα προσκυνήσωσιν ἐν
Jn 20:17 οὔπω γὰρ **ἀναβέβηκα** πρὸς τὸν πατέρα·
Jn 20:17 **ἀναβαίνω** πρὸς τὸν πατέρα
Jn 21:11 **ἀνέβη** οὖν Σίμων Πέτρος

ἀναβλέπω (*anablepō*; 4/25) *look up*

Jn 9:11 οὖν καὶ νιψάμενος **ἀνέβλεψα**.
Jn 9:15 οἱ Φαρισαῖοι πῶς **ἀνέβλεψεν**.
Jn 9:18 ἦν τυφλὸς καὶ **ἀνέβλεψεν** ἕως ὅτου ἐφώνησαν
Jn 9:18 γονεῖς αὐτοῦ τοῦ **ἀναβλέψαντος**

ἀναγγέλλω (*anangellō*; 5/14) *declare*

Jn 4:25 **ἀναγγελεῖ** ἡμῖν ἅπαντα.
Jn 5:15 ὁ ἄνθρωπος καὶ **ἀνήγγειλεν** τοῖς Ἰουδαίοις
Jn 16:13 καὶ τὰ ἐρχόμενα **ἀναγγελεῖ** ὑμῖν.
Jn 16:14 ἐμοῦ λήμψεται καὶ **ἀναγγελεῖ** ὑμῖν.
Jn 16:15 ἐμοῦ λαμβάνει καὶ **ἀναγγελεῖ** ὑμῖν.

ἀναγινώσκω (*anaginōskō*; 1/32) *read*

Jn 19:20 τὸν τίτλον πολλοὶ **ἀνέγνωσαν** τῶν Ἰουδαίων,

ἀνάκειμαι (*anakeimai*; 4/13[14]) *be seated at table*

Jn 6:11 εὐχαριστήσας διέδωκεν τοῖς **ἀνακειμένοις** ὁμοίως καὶ ἐκ
Jn 12:2 ἦν ἐκ τῶν **ἀνακειμένων** σὺν αὐτῷ.
Jn 13:23 ἦν **ἀνακείμενος** εἷς ἐκ τῶν
Jn 13:28 οὐδεὶς ἔγνω τῶν **ἀνακειμένων** πρὸς τί εἶπεν

ἀνακύπτω (*anakyptō*; 0[2]/2[4]) *straighten up*

[Jn 8:7] **ἀνέκυψεν** καὶ εἶπεν αὐτοῖς·
[Jn 8:10] **ἀνακύψας** δὲ ὁ Ἰησοῦς

ἀναμάρτητος (*anamartētos*; 0[1]/0[1]) *sinless*

[Jn 8:7] ὁ **ἀναμάρτητος** ὑμῶν πρῶτος ἐπ᾽

ἀναπίπτω (*anapiptō*; 5/12) *sit, recline*

Jn 6:10 ποιήσατε τοὺς ἀνθρώπους **ἀναπεσεῖν**.
Jn 6:10 **ἀνέπεσαν** οὖν οἱ ἄνδρες
Jn 13:12 ἱμάτια αὐτοῦ καὶ **ἀνέπεσεν** πάλιν,
Jn 13:25 **ἀναπεσὼν** οὖν ἐκεῖνος οὕτως
Jn 21:20 ὃς καὶ **ἀνέπεσεν** ἐν τῷ δείπνῳ

ἀνάστασις (*anastasis*; 4/42) *resurrection*

Jn 5:29 ἀγαθὰ ποιήσαντες εἰς **ἀνάστασιν** ζωῆς,
Jn 5:29 φαῦλα πράξαντες εἰς **ἀνάστασιν** κρίσεως.
Jn 11:24 ἀναστήσεται ἐν τῇ **ἀναστάσει** ἐν τῇ ἐσχάτῃ
Jn 11:25 ἐγώ εἰμι ἡ **ἀνάστασις** καὶ ἡ ζωή·

ἀνατρέπω (*anatrepō*; 1/3) *overturn*

Jn 2:15 καὶ τὰς τραπέζας **ἀνέτρεψεν**,

ἀναχωρέω (*anachōreō*; 1/14) *withdraw*

Jn 6:15 **ἀνεχώρησεν** πάλιν εἰς τὸ

Ἀνδρέας (*Andreas*; 5/13) *Andrew*

Jn 1:40 Ἦν **Ἀνδρέας** ὁ ἀδελφὸς Σίμωνος
Jn 1:44 ἐκ τῆς πόλεως **Ἀνδρέου** καὶ Πέτρου.
Jn 6:8 **Ἀνδρέας** ὁ ἀδελφὸς Σίμωνος
Jn 12:22 καὶ λέγει τῷ **Ἀνδρέᾳ**,
Jn 12:22 ἔρχεται **Ἀνδρέας** καὶ Φίλιππος καὶ

ἄνεμος (*anemos*; 1/31) *wind*

Jn 6:18 ἥ τε θάλασσα **ἀνέμου** μεγάλου πνέοντος διεγείρετο.

ἀνέρχομαι (*anerchomai*; 1/3) *go or come up*

Jn 6:3 **ἀνῆλθεν** δὲ εἰς τὸ

ἀνήρ (*anēr*; 8/216) *man, husband*

Jn 1:13 οὐδὲ ἐκ θελήματος **ἀνδρὸς** ἀλλ᾽ ἐκ θεοῦ
Jn 1:30 ὀπίσω μου ἔρχεται **ἀνὴρ** ὃς ἔμπροσθέν μου
Jn 4:16 ὕπαγε φώνησον τὸν **ἄνδρα** σου καὶ ἐλθὲ
Jn 4:17 οὐκ ἔχω **ἄνδρα**.
Jn 4:17 καλῶς εἶπας ὅτι **ἄνδρα** οὐκ ἔχω·
Jn 4:18 πέντε γὰρ **ἄνδρας** ἔσχες καὶ νῦν
Jn 4:18 οὐκ ἔστιν σου **ἀνήρ**·
Jn 6:10 ἀνέπεσαν οὖν οἱ **ἄνδρες** τὸν ἀριθμὸν ὡς

ἀνθρακιά (*anthrakia*; 2/2) *charcoal fire*

Jn 18:18 καὶ οἱ ὑπηρέται **ἀνθρακιὰν** πεποιηκότες,
Jn 21:9 τὴν γῆν βλέπουσιν **ἀνθρακιὰν** κειμένην καὶ ὀψάριον

ἀνθρωποκτόνος (*anthrōpoktonos*; 1/3) *murderer*

Jn 8:44 ἐκεῖνος **ἀνθρωποκτόνος** ἦν ἀπ᾽ ἀρχῆς

ἄνθρωπος (*anthrōpos*; 59/550) *man, human being (pl. people)*

Jn 1:4 τὸ φῶς τῶν **ἀνθρώπων**·
Jn 1:6 Ἐγένετο **ἄνθρωπος**,
Jn 1:9 ὃ φωτίζει πάντα **ἄνθρωπον**,
Jn 1:51 τὸν υἱὸν τοῦ **ἀνθρώπου**.
Jn 2:10 πᾶς **ἄνθρωπος** πρῶτον τὸν καλὸν
Jn 2:25 μαρτυρήσῃ περὶ τοῦ **ἀνθρώπου**·
Jn 2:25 ἦν ἐν τῷ **ἀνθρώπῳ**.
Jn 3:1 Ἦν δὲ **ἄνθρωπος** ἐκ τῶν Φαρισαίων,
Jn 3:4 πῶς δύναται **ἄνθρωπος** γεννηθῆναι γέρων ὤν;
Jn 3:13 ὁ υἱὸς τοῦ **ἀνθρώπου**.
Jn 3:14 τὸν υἱὸν τοῦ **ἀνθρώπου**,
Jn 3:19 καὶ ἠγάπησαν οἱ **ἄνθρωποι** μᾶλλον τὸ σκότος
Jn 3:27 οὐ δύναται **ἄνθρωπος** λαμβάνειν οὐδὲ ἓν
Jn 4:28 καὶ λέγει τοῖς **ἀνθρώποις**·
Jn 4:29 δεῦτε ἴδετε **ἄνθρωπον** ὃς εἶπέν μοι

Jn 4:50 ἐπίστευσεν ὁ **ἄνθρωπος** τῷ λόγῳ ὃν
Jn 5:5 ἦν δέ τις **ἄνθρωπος** ἐκεῖ τριάκοντα [καὶ]
Jn 5:7 **ἄνθρωπον** οὐκ ἔχω ἵνα
Jn 5:9 ἐγένετο ὑγιὴς ὁ **ἄνθρωπος** καὶ ἦρεν τὸν
Jn 5:12 τίς ἐστιν ὁ **ἄνθρωπος** ὁ εἰπών σοι·
Jn 5:15 ἀπῆλθεν ὁ **ἄνθρωπος** καὶ ἀνήγγειλεν τοῖς
Jn 5:27 ὅτι υἱὸς **ἀνθρώπου** ἐστίν.
Jn 5:34 δὲ οὐ παρὰ **ἀνθρώπου** τὴν μαρτυρίαν λαμβάνω,
Jn 5:41 Δόξαν παρὰ **ἀνθρώπων** οὐ λαμβάνω,
Jn 6:10 ποιήσατε τοὺς **ἀνθρώπους** ἀναπεσεῖν.
Jn 6:14 Οἱ οὖν **ἄνθρωποι** ἰδόντες ὃ ἐποίησεν
Jn 6:27 ὁ υἱὸς τοῦ **ἀνθρώπου** ὑμῖν δώσει·
Jn 6:53 τοῦ υἱοῦ τοῦ **ἀνθρώπου** καὶ πίητε αὐτοῦ
Jn 6:62 τὸν υἱὸν τοῦ **ἀνθρώπου** ἀναβαίνοντα ὅπου ἦν
Jn 7:22 ἐν σαββάτῳ περιτέμνετε **ἄνθρωπον**.
Jn 7:23 εἰ περιτομὴν λαμβάνει **ἄνθρωπος** ἐν σαββάτῳ ἵνα
Jn 7:23 χολᾶτε ὅτι ὅλον **ἄνθρωπον** ὑγιῆ ἐποίησα ἐν
Jn 7:46 οὐδέποτε ἐλάλησεν οὕτως **ἄνθρωπος**.
Jn 7:51 ἡμῶν κρίνει τὸν **ἄνθρωπον** ἐὰν μὴ ἀκούσῃ
Jn 8:17 γέγραπται ὅτι δύο **ἀνθρώπων** ἡ μαρτυρία ἀληθής
Jn 8:28 τὸν υἱὸν τοῦ **ἀνθρώπου**,
Jn 8:40 ζητεῖτέ με ἀποκτεῖναι **ἄνθρωπον** ὃς τὴν ἀλήθειαν
Jn 9:1 Καὶ παράγων εἶδεν **ἄνθρωπον** τυφλὸν ἐκ γενετῆς.
Jn 9:11 ὁ **ἄνθρωπος** ὁ λεγόμενος Ἰησοῦς
Jn 9:16 παρὰ θεοῦ ὁ **ἄνθρωπος**,
Jn 9:16 πῶς δύναται **ἄνθρωπος** ἁμαρτωλὸς τοιαῦτα σημεῖα
Jn 9:24 Ἐφώνησαν οὖν τὸν **ἄνθρωπον** ἐκ δευτέρου ὃς
Jn 9:24 ὅτι οὗτος ὁ **ἄνθρωπος** ἁμαρτωλός ἐστιν.
Jn 9:30 ἀπεκρίθη ὁ **ἄνθρωπος** καὶ εἶπεν αὐτοῖς·
Jn 9:35 τὸν υἱὸν τοῦ **ἀνθρώπου**;
Jn 10:33 καὶ ὅτι σὺ **ἄνθρωπος** ὢν ποιεῖς σεαυτὸν
Jn 11:47 ὅτι οὗτος ὁ **ἄνθρωπος** πολλὰ ποιεῖ σημεῖα;
Jn 11:50 ὑμῖν ἵνα εἷς **ἄνθρωπος** ἀποθάνῃ ὑπὲρ τοῦ
Jn 12:23 ὁ υἱὸς τοῦ **ἀνθρώπου**.
Jn 12:34 τὸν υἱὸν τοῦ **ἀνθρώπου**;
Jn 12:34 ὁ υἱὸς τοῦ **ἀνθρώπου**;
Jn 12:43 τὴν δόξαν τῶν **ἀνθρώπων** μᾶλλον ἤπερ τὴν
Jn 13:31 ὁ υἱὸς τοῦ **ἀνθρώπου** καὶ ὁ θεὸς
Jn 16:21 χαρὰν ὅτι ἐγεννήθη **ἄνθρωπος** εἰς τὸν κόσμον.
Jn 17:6 τὸ ὄνομα τοῖς **ἀνθρώποις** οὓς ἔδωκάς μοι
Jn 18:14 ὅτι συμφέρει ἕνα **ἄνθρωπον** ἀποθανεῖν ὑπὲρ
Jn 18:17 μαθητῶν εἶ τοῦ **ἀνθρώπου** τούτου;
Jn 18:29 φέρετε [κατὰ] τοῦ **ἀνθρώπου** τούτου;
Jn 19:5 ἰδοὺ ὁ **ἄνθρωπος**.

ἀνίστημι (*anistēmi*; 8/107[108]) *raise or rise*

Jn 6:39 ἀλλὰ **ἀναστήσω** αὐτὸ [ἐν] τῇ
Jn 6:40 καὶ **ἀναστήσω** αὐτὸν ἐγὼ [ἐν]
Jn 6:44 κἀγὼ **ἀναστήσω** αὐτὸν ἐν τῇ
Jn 6:54 κἀγὼ **ἀναστήσω** αὐτὸν τῇ ἐσχάτῃ
Jn 11:23 **ἀναστήσεται** ὁ ἀδελφός σου.
Jn 11:24 οἶδα ὅτι **ἀναστήσεται** ἐν τῇ ἀναστάσει
Jn 11:31 Μαριὰμ ὅτι ταχέως **ἀνέστη** καὶ ἐξῆλθεν,
Jn 20:9 αὐτὸν ἐκ νεκρῶν **ἀναστῆναι**.

Ἅννας (*Hannas*; 2/4) *Annas*

Jn 18:13 καὶ ἤγαγον πρὸς **Ἅνναν** πρῶτον·
Jn 18:24 οὖν αὐτὸν ὁ **Ἅννας** δεδεμένον πρὸς Καϊάφαν

ἀνοίγω (*anoigō*; 11/77) *open*

Jn 1:51 ὄψεσθε τὸν οὐρανὸν **ἀνεῳγότα** καὶ τοὺς ἀγγέλους
Jn 9:10 πῶς [οὖν] **ἠνεῴχθησάν** σου οἱ ὀφθαλμοί;
Jn 9:14 ὁ Ἰησοῦς καὶ **ἀνέῳξεν** αὐτοῦ τοὺς ὀφθαλμούς.
Jn 9:17 ὅτι **ἠνέῳξέν** σου τοὺς ὀφθαλμούς;
Jn 9:21 ἢ τίς **ἤνοιξεν** αὐτοῦ τοὺς ὀφθαλμοὺς
Jn 9:26 πῶς **ἤνοιξέν** σου τοὺς ὀφθαλμούς;
Jn 9:30 καὶ **ἤνοιξέν** μου τοὺς ὀφθαλμούς.
Jn 9:32 οὐκ ἠκούσθη ὅτι **ἠνέῳξέν** τις ὀφθαλμοὺς τυφλοῦ
Jn 10:3 τούτῳ ὁ θυρωρὸς **ἀνοίγει** καὶ τὰ πρόβατα
Jn 10:21 δύναται τυφλῶν ὀφθαλμοὺς **ἀνοῖξαι**;
Jn 11:37 ἐδύνατο οὗτος ὁ **ἀνοίξας** τοὺς ὀφθαλμοὺς

ἀντί (*anti*; 1/22) *instead of*

Jn 1:16 ἐλάβομεν καὶ χάριν **ἀντὶ** χάριτος·

ἀντιλέγω (*antilegō*; 1/11) *oppose*

Jn 19:12 βασιλέα ἑαυτὸν ποιῶν **ἀντιλέγει** τῷ Καίσαρι.

ἀντλέω (*antleō*; 4/4) *draw*

Jn 2:8 **ἀντλήσατε** νῦν καὶ φέρετε
Jn 2:9 διάκονοι ᾔδεισαν οἱ **ἠντληκότες** τὸ ὕδωρ,
Jn 4:7 ἐκ τῆς Σαμαρείας **ἀντλῆσαι** ὕδωρ.
Jn 4:15 μηδὲ διέρχωμαι ἐνθάδε **ἀντλεῖν**.

ἄντλημα (*antlēma*; 1/1) *bucket*

Jn 4:11 οὔτε **ἄντλημα** ἔχεις καὶ τὸ

ἄνω (*anō*; 3/9) *above, up*

Jn 2:7 ἐγέμισαν αὐτὰς ἕως **ἄνω**.
Jn 8:23 ἐγὼ ἐκ τῶν **ἄνω** εἰμί·
Jn 11:41 ἦρεν τοὺς ὀφθαλμοὺς **ἄνω** καὶ εἶπεν·

ἄνωθεν (*anōthen*; 5/13) *from above*

Jn 3:3 μή τις γεννηθῇ **ἄνωθεν**,
Jn 3:7 δεῖ ὑμᾶς γεννηθῆναι **ἄνωθεν**.
Jn 3:31 Ὁ **ἄνωθεν** ἐρχόμενος ἐπάνω πάντων
Jn 19:11 ἦν δεδομένον σοι **ἄνωθεν**·
Jn 19:23 ἐκ τῶν **ἄνωθεν** ὑφαντὸς δι᾽ ὅλου.

ἄξιος (*axios*; 1/41) *worthy*

Jn 1:27 οὐκ εἰμὶ [ἐγὼ] **ἄξιος** ἵνα λύσω αὐτοῦ

ἀπαγγέλλω (*apangellō*; 1/43[45]) *proclaim*

Jn 16:25 περὶ τοῦ πατρὸς **ἀπαγγελῶ** ὑμῖν.

ἅπας (*hapas*; 1/33[34]) *all*

Jn 4:25 ἀναγγελεῖ ἡμῖν **ἅπαντα**.

ἀπειθέω (*apeitheō*; 1/14) *disobey*

Jn 3:36 ὁ δὲ **ἀπειθῶν** τῷ υἱῷ οὐκ

ἀπέρχομαι (*aperchomai*; 21/116[117]) *go, go away, depart*

Jn 4:3 τὴν Ἰουδαίαν καὶ **ἀπῆλθεν** πάλιν εἰς τὴν
Jn 4:8 γὰρ μαθηταὶ αὐτοῦ **ἀπεληλύθεισαν** εἰς τὴν πόλιν
Jn 4:28 ἡ γυνὴ καὶ **ἀπῆλθεν** εἰς τὴν πόλιν
Jn 4:47 εἰς τὴν Γαλιλαίαν **ἀπῆλθεν** πρὸς αὐτὸν καὶ
Jn 5:15 **ἀπῆλθεν** ὁ ἄνθρωπος καὶ
Jn 6:1 Μετὰ ταῦτα **ἀπῆλθεν** ὁ Ἰησοῦς πέραν
Jn 6:22 οἱ μαθηταὶ αὐτοῦ **ἀπῆλθον**·
Jn 6:66 τῶν μαθητῶν αὐτοῦ **ἀπῆλθον** εἰς τὰ ὀπίσω
Jn 6:68 πρὸς τίνα **ἀπελευσόμεθα**;
Jn 9:7 **ἀπῆλθεν** οὖν καὶ ἐνίψατο
Jn 9:11 **ἀπελθὼν** οὖν καὶ νιψάμενος
Jn 10:40 Καὶ **ἀπῆλθεν** πάλιν πέραν τοῦ
Jn 11:28 Καὶ τοῦτο εἰποῦσα **ἀπῆλθεν** καὶ ἐφώνησεν Μαριὰμ
Jn 11:46 δὲ ἐξ αὐτῶν **ἀπῆλθον** πρὸς τοὺς Φαρισαίους
Jn 11:54 ἀλλὰ **ἀπῆλθεν** ἐκεῖθεν εἰς τὴν
Jn 12:19 κόσμος ὀπίσω αὐτοῦ **ἀπῆλθεν**.
Jn 12:36 καὶ **ἀπελθὼν** ἐκρύβη ἀπ' αὐτῶν.
Jn 16:7 ὑμῖν ἵνα ἐγὼ **ἀπέλθω**.
Jn 16:7 ἐὰν γὰρ μὴ **ἀπέλθω**,
Jn 18:6 **ἀπῆλθον** εἰς τὰ ὀπίσω
Jn 20:10 **ἀπῆλθον** οὖν πάλιν πρὸς

ἄπιστος (*apistos*; 1/23) *unfaithful*

Jn 20:27 καὶ μὴ γίνου **ἄπιστος** ἀλλὰ πιστός.

ἀπό (*apo*; 40[42]/643[646]) *from*

Jn 1:44 δὲ ὁ Φίλιππος **ἀπὸ** Βηθσαϊδά,
Jn 1:45 τοῦ Ἰωσὴφ τὸν **ἀπὸ** Ναζαρέτ.
Jn 3:2 οἴδαμεν ὅτι **ἀπὸ** θεοῦ ἐλήλυθας διδάσκαλος·
Jn 5:19 ὁ υἱὸς ποιεῖν **ἀφ'** ἑαυτοῦ οὐδὲν ἐὰν
Jn 5:30 δύναμαι ἐγὼ ποιεῖν **ἀπ'** ἐμαυτοῦ οὐδέν·
Jn 6:38 ὅτι καταβέβηκα **ἀπὸ** τοῦ οὐρανοῦ οὐχ
Jn 7:17 ἐστιν ἢ ἐγὼ **ἀπ'** ἐμαυτοῦ λαλῶ.
Jn 7:18 ὁ **ἀφ'** ἑαυτοῦ λαλῶν τὴν
Jn 7:28 καὶ **ἀπ'** ἐμαυτοῦ οὐκ ἐλήλυθα,
Jn 7:42 σπέρματος Δαυὶδ καὶ **ἀπὸ** Βηθλέεμ τῆς κώμης
[Jn 8:9] καθ' εἷς ἀρξάμενοι **ἀπὸ** τῶν πρεσβυτέρων
[Jn 8:11] [καὶ] **ἀπὸ** τοῦ νῦν μηκέτι
Jn 8:28 καὶ **ἀπ'** ἐμαυτοῦ ποιῶ οὐδέν,
Jn 8:42 οὐδὲ γὰρ **ἀπ'** ἐμαυτοῦ ἐλήλυθα,
Jn 8:44 ἐκεῖνος ἀνθρωποκτόνος ἦν **ἀπ'** ἀρχῆς καὶ ἐν
Jn 10:5 ἀλλὰ φεύξονται **ἀπ'** αὐτοῦ,
Jn 10:18 οὐδεὶς αἴρει αὐτὴν **ἀπ'** ἐμοῦ,
Jn 10:18 ἐγὼ τίθημι αὐτὴν **ἀπ'** ἐμαυτοῦ.
Jn 11:1 Λάζαρος **ἀπὸ** Βηθανίας,
Jn 11:18 τῶν Ἱεροσολύμων ὡς **ἀπὸ** σταδίων δεκαπέντε.
Jn 11:51 τοῦτο δὲ **ἀφ'** ἑαυτοῦ οὐκ εἶπεν,
Jn 11:53 **ἀπ'** ἐκείνης οὖν τῆς
Jn 12:21 προσῆλθον Φιλίππῳ τῷ **ἀπὸ** Βηθσαϊδὰ τῆς Γαλιλαίας
Jn 12:36 καὶ ἀπελθὼν ἐκρύβη **ἀπ'** αὐτῶν.
Jn 13:3 χεῖρας καὶ ὅτι **ἀπὸ** θεοῦ ἐξῆλθεν καὶ
Jn 13:19 **ἀπ'** ἄρτι λέγω ὑμῖν
Jn 14:7 καὶ **ἀπ'** ἄρτι γινώσκετε αὐτὸν
Jn 14:10 ἐγὼ λέγω ὑμῖν **ἀπ'** ἐμαυτοῦ οὐ λαλῶ,
Jn 15:4 δύναται καρπὸν φέρειν **ἀφ'** ἑαυτοῦ ἐὰν μὴ
Jn 15:27 ὅτι **ἀπ'** ἀρχῆς μετ' ἐμοῦ
Jn 16:13 οὐ γὰρ λαλήσει **ἀφ'** ἑαυτοῦ,
Jn 16:22 ὑμῶν οὐδεὶς αἴρει **ἀφ'** ὑμῶν.
Jn 16:30 τούτῳ πιστεύομεν ὅτι **ἀπὸ** θεοῦ ἐξῆλθες.
Jn 18:28 οὖν τὸν Ἰησοῦν **ἀπὸ** τοῦ Καϊάφα εἰς
Jn 18:34 **ἀπὸ** σεαυτοῦ σὺ τοῦτο
Jn 19:27 καὶ **ἀπ'** ἐκείνης τῆς ὥρας
Jn 19:38 Πιλᾶτον Ἰωσὴφ [ὁ] **ἀπὸ** Ἁριμαθαίας,
Jn 21:2 καὶ Ναθαναὴλ ὁ **ἀπὸ** Κανὰ τῆς Γαλιλαίας
Jn 21:6 αὐτὸ ἑλκύσαι ἴσχυον **ἀπὸ** τοῦ πλήθους τῶν
Jn 21:8 γὰρ ἦσαν μακρὰν **ἀπὸ** τῆς γῆς ἀλλὰ
Jn 21:8 γῆς ἀλλὰ ὡς **ἀπὸ** πηχῶν διακοσίων,
Jn 21:10 ἐνέγκατε **ἀπὸ** τῶν ὀψαρίων ὧν

ἀποβαίνω (*apobainō*; 1/4) *get out*

Jn 21:9 ὡς οὖν **ἀπέβησαν** εἰς τὴν γῆν

ἀποθνῄσκω (*apothnēskō*; 28/111) *die*

Jn 4:47 ἤμελλεν γὰρ **ἀποθνῄσκειν**.
Jn 4:49 κατάβηθι πρὶν **ἀποθανεῖν** τὸ παιδίον μου.
Jn 6:49 τὸ μάννα καὶ **ἀπέθανον**·
Jn 6:50 φάγῃ καὶ μὴ **ἀποθάνῃ**.
Jn 6:58 οἱ πατέρες καὶ **ἀπέθανον**·
Jn 8:21 τῇ ἁμαρτίᾳ ὑμῶν **ἀποθανεῖσθε**·
Jn 8:24 οὖν ὑμῖν ὅτι **ἀποθανεῖσθε** ἐν ταῖς ἁμαρτίαις
Jn 8:24 **ἀποθανεῖσθε** ἐν ταῖς ἁμαρτίαις
Jn 8:52 Ἀβραὰμ **ἀπέθανεν** καὶ οἱ προφῆται,
Jn 8:53 ὅστις ἀπέθανεν;
Jn 8:53 καὶ οἱ προφῆται **ἀπέθανον**.
Jn 11:14 Λάζαρος **ἀπέθανεν**,
Jn 11:16 καὶ ἡμεῖς ἵνα **ἀποθάνωμεν** μετ' αὐτοῦ.
Jn 11:21 ὧδε οὐκ ἂν **ἀπέθανεν** ὁ ἀδελφός μου·
Jn 11:25 εἰς ἐμὲ κἂν **ἀποθάνῃ** ζήσεται,
Jn 11:26 ἐμὲ οὐ μὴ **ἀποθάνῃ** εἰς τὸν αἰῶνα.
Jn 11:32 οὐκ ἄν μου **ἀπέθανεν** ὁ ἀδελφός.
Jn 11:37 καὶ οὗτος μὴ **ἀποθάνῃ**;
Jn 11:50 ἵνα εἷς ἄνθρωπος **ἀποθάνῃ** ὑπὲρ τοῦ λαοῦ
Jn 11:51 ὅτι ἔμελλεν Ἰησοῦς **ἀποθνῄσκειν** ὑπὲρ τοῦ ἔθνους,
Jn 12:24 εἰς τὴν γῆν **ἀποθάνῃ**,
Jn 12:24 ἐὰν δὲ **ἀποθάνῃ**,
Jn 12:33 ποίῳ θανάτῳ ἤμελλεν **ἀποθνῄσκειν**.
Jn 18:14 συμφέρει ἕνα ἄνθρωπον **ἀποθανεῖν** ὑπὲρ τοῦ λαοῦ.
Jn 18:32 ποίῳ θανάτῳ ἤμελλεν **ἀποθνῄσκειν**.
Jn 19:7 τὸν νόμον ὀφείλει **ἀποθανεῖν**,
Jn 21:23 μαθητὴς ἐκεῖνος οὐκ **ἀποθνῄσκει**·
Jn 21:23 Ἰησοῦς ὅτι οὐκ **ἀποθνῄσκει** ἀλλ'·

ἀποκαλύπτω (*apokalyptō*; 1/26) *reveal*

Jn 12:38 βραχίων κυρίου τίνι **ἀπεκαλύφθη**;

ἀποκόπτω (*apokoptō*; 2/6) *cut off*

Jn 18:10 ἀρχιερέως δοῦλον καὶ **ἀπέκοψεν** αὐτοῦ τὸ ὠτάριον
Jn 18:26 συγγενὴς ὢν οὗ **ἀπέκοψεν** Πέτρος τὸ ὠτίον·

ἀποκρίνομαι (*apokrinomai*; 78/231) *answer*

Jn 1:21 καὶ **ἀπεκρίθη**·
Jn 1:26 **ἀπεκρίθη** αὐτοῖς ὁ Ἰωάννης
Jn 1:48 **ἀπεκρίθη** Ἰησοῦς καὶ εἶπεν
Jn 1:49 **ἀπεκρίθη** αὐτῷ Ναθαναήλ·
Jn 1:50 **ἀπεκρίθη** Ἰησοῦς καὶ εἶπεν
Jn 2:18 **Ἀπεκρίθησαν** οὖν οἱ Ἰουδαῖοι

Jn 2:19 **ἀπεκρίθη** Ἰησοῦς καὶ εἶπεν
Jn 3:3 **ἀπεκρίθη** Ἰησοῦς καὶ εἶπεν
Jn 3:5 **ἀπεκρίθη** Ἰησοῦς·
Jn 3:9 **ἀπεκρίθη** Νικόδημος καὶ εἶπεν
Jn 3:10 **ἀπεκρίθη** Ἰησοῦς καὶ εἶπεν
Jn 3:27 **ἀπεκρίθη** Ἰωάννης καὶ εἶπεν·
Jn 4:10 **ἀπεκρίθη** Ἰησοῦς καὶ εἶπεν
Jn 4:13 **ἀπεκρίθη** Ἰησοῦς καὶ εἶπεν
Jn 4:17 **ἀπεκρίθη** ἡ γυνὴ καὶ
Jn 5:7 **ἀπεκρίθη** αὐτῷ ὁ ἀσθενῶν·
Jn 5:11 ὁ δὲ **ἀπεκρίθη** αὐτοῖς·
Jn 5:17 Ὁ δὲ [Ἰησοῦς] **ἀπεκρίνατο** αὐτοῖς·
Jn 5:19 **Ἀπεκρίνατο** οὖν ὁ Ἰησοῦς
Jn 6:7 **ἀπεκρίθη** αὐτῷ [ὁ] Φίλιππος·
Jn 6:26 **Ἀπεκρίθη** αὐτοῖς ὁ Ἰησοῦς
Jn 6:29 **ἀπεκρίθη** [ὁ] Ἰησοῦς καὶ
Jn 6:43 **ἀπεκρίθη** Ἰησοῦς καὶ εἶπεν
Jn 6:68 **ἀπεκρίθη** αὐτῷ Σίμων Πέτρος·
Jn 6:70 **ἀπεκρίθη** αὐτοῖς ὁ Ἰησοῦς·
Jn 7:16 **ἀπεκρίθη** οὖν αὐτοῖς [ὁ]
Jn 7:20 **ἀπεκρίθη** ὁ ὄχλος·
Jn 7:21 **ἀπεκρίθη** Ἰησοῦς καὶ εἶπεν
Jn 7:46 **ἀπεκρίθησαν** οἱ ὑπηρέται·
Jn 7:47 **ἀπεκρίθησαν** οὖν αὐτοῖς οἱ
Jn 7:52 **ἀπεκρίθησαν** καὶ εἶπαν αὐτῷ·
Jn 8:14 **ἀπεκρίθη** Ἰησοῦς καὶ εἶπεν
Jn 8:19 **ἀπεκρίθη** Ἰησοῦς·
Jn 8:33 **ἀπεκρίθησαν** πρὸς αὐτόν·
Jn 8:34 **ἀπεκρίθη** αὐτοῖς ὁ Ἰησοῦς·
Jn 8:39 **ἀπεκρίθησαν** καὶ εἶπαν αὐτῷ·
Jn 8:48 **Ἀπεκρίθησαν** οἱ Ἰουδαῖοι καὶ
Jn 8:49 **ἀπεκρίθη** Ἰησοῦς·
Jn 8:54 **ἀπεκρίθη** Ἰησοῦς·
Jn 9:3 **ἀπεκρίθη** Ἰησοῦς·
Jn 9:11 **ἀπεκρίθη** ἐκεῖνος·
Jn 9:20 **ἀπεκρίθησαν** οὖν οἱ γονεῖς
Jn 9:25 **ἀπεκρίθη** οὖν ἐκεῖνος·
Jn 9:27 **ἀπεκρίθη** αὐτοῖς·
Jn 9:30 **ἀπεκρίθη** ὁ ἄνθρωπος καὶ
Jn 9:34 **ἀπεκρίθησαν** καὶ εἶπαν αὐτῷ·
Jn 9:36 **ἀπεκρίθη** ἐκεῖνος καὶ εἶπεν·
Jn 10:25 **ἀπεκρίθη** αὐτοῖς ὁ Ἰησοῦς·
Jn 10:32 **ἀπεκρίθη** αὐτοῖς ὁ Ἰησοῦς·
Jn 10:33 **ἀπεκρίθησαν** αὐτῷ οἱ Ἰουδαῖοι·
Jn 10:34 **ἀπεκρίθη** αὐτοῖς [ὁ] Ἰησοῦς·
Jn 11:9 **ἀπεκρίθη** Ἰησοῦς·
Jn 12:23 ὁ δὲ Ἰησοῦς **ἀποκρίνεται** αὐτοῖς λέγων·
Jn 12:30 **ἀπεκρίθη** Ἰησοῦς καὶ εἶπεν·
Jn 12:34 **Ἀπεκρίθη** οὖν αὐτῷ ὁ
Jn 13:7 **ἀπεκρίθη** Ἰησοῦς καὶ εἶπεν
Jn 13:8 **ἀπεκρίθη** Ἰησοῦς αὐτῷ·
Jn 13:26 **ἀποκρίνεται** [ὁ] Ἰησοῦς·
Jn 13:36 **ἀπεκρίθη** [αὐτῷ] Ἰησοῦς·
Jn 13:38 **ἀποκρίνεται** Ἰησοῦς·
Jn 14:23 **ἀπεκρίθη** Ἰησοῦς καὶ εἶπεν
Jn 16:31 **ἀπεκρίθη** αὐτοῖς Ἰησοῦς·
Jn 18:5 **ἀπεκρίθησαν** αὐτῷ·
Jn 18:8 **ἀπεκρίθη** Ἰησοῦς·
Jn 18:20 **ἀπεκρίθη** αὐτῷ Ἰησοῦς·
Jn 18:22 οὕτως **ἀποκρίνῃ** τῷ ἀρχιερεῖ;
Jn 18:23 **ἀπεκρίθη** αὐτῷ Ἰησοῦς·
Jn 18:30 **ἀπεκρίθησαν** καὶ εἶπαν αὐτῷ·
Jn 18:34 **ἀπεκρίθη** Ἰησοῦς·
Jn 18:35 **ἀπεκρίθη** ὁ Πιλᾶτος·
Jn 18:36 **ἀπεκρίθη** Ἰησοῦς·
Jn 18:37 **ἀπεκρίθη** ὁ Ἰησοῦς·
Jn 19:7 **ἀπεκρίθησαν** αὐτῷ οἱ Ἰουδαῖοι·
Jn 19:11 **ἀπεκρίθη** [αὐτῷ] Ἰησοῦς·
Jn 19:15 **ἀπεκρίθησαν** οἱ ἀρχιερεῖς·
Jn 19:22 **ἀπεκρίθη** ὁ Πιλᾶτος·
Jn 20:28 **ἀπεκρίθη** Θωμᾶς καὶ εἶπεν
Jn 21:5 **ἀπεκρίθησαν** αὐτῷ·

ἀπόκρισις (*apokrisis*; 2/4) *answer*

Jn 1:22 ἵνα **ἀπόκρισιν** δῶμεν τοῖς πέμψασιν
Jn 19:9 ὁ δὲ Ἰησοῦς **ἀπόκρισιν** οὐκ ἔδωκεν αὐτῷ.

ἀποκτείνω (*apokteinō*; 12/74) *kill*

Jn 5:18 αὐτὸν οἱ Ἰουδαῖοι **ἀποκτεῖναι**,
Jn 7:1 αὐτὸν οἱ Ἰουδαῖοι **ἀποκτεῖναι**.
Jn 7:19 τί με ζητεῖτε **ἀποκτεῖναι**;
Jn 7:20 τίς σε ζητεῖ **ἀποκτεῖναι**;
Jn 7:25 ἐστιν ὃν ζητοῦσιν **ἀποκτεῖναι**;
Jn 8:22 μήτι **ἀποκτενεῖ** ἑαυτόν,
Jn 8:37 ἀλλὰ ζητεῖτέ με **ἀποκτεῖναι**,
Jn 8:40 δὲ ζητεῖτέ με **ἀποκτεῖναι** ἄνθρωπον ὃς τὴν
Jn 11:53 ἡμέρας ἐβουλεύσαντο ἵνα **ἀποκτείνωσιν** αὐτόν.
Jn 12:10 καὶ τὸν Λάζαρον **ἀποκτείνωσιν**,
Jn 16:2 ἵνα πᾶς ὁ **ἀποκτείνας** ὑμᾶς δόξῃ λατρείαν
Jn 18:31 ἡμῖν οὐκ ἔξεστιν **ἀποκτεῖναι** οὐδένα·

ἀπόλλυμι (*apollymi*; 10/90) *destroy*

Jn 3:16 εἰς αὐτὸν μὴ **ἀπόληται** ἀλλ' ἔχῃ ζωὴν
Jn 6:12 ἵνα μή τι **ἀπόληται**.
Jn 6:27 τὴν βρῶσιν τὴν **ἀπολλυμένην** ἀλλὰ τὴν βρῶσιν
Jn 6:39 δέδωκέν μοι μὴ **ἀπολέσω** ἐξ αὐτοῦ,
Jn 10:10 καὶ θύσῃ καὶ **ἀπολέσῃ**·
Jn 10:28 καὶ οὐ μὴ **ἀπόλωνται** εἰς τὸν αἰῶνα
Jn 11:50 ὅλον τὸ ἔθνος **ἀπόληται**.
Jn 12:25 τὴν ψυχὴν αὐτοῦ **ἀπολλύει** αὐτήν,
Jn 17:12 οὐδεὶς ἐξ αὐτῶν **ἀπώλετο** εἰ μὴ ὁ
Jn 18:9 δέδωκάς μοι οὐκ **ἀπώλεσα** ἐξ αὐτῶν οὐδένα.

ἀπολύω (*apolyō*; 5/66) *release*

Jn 18:39 ὑμῖν ἵνα ἕνα **ἀπολύσω** ὑμῖν ἐν τῷ
Jn 18:39 βούλεσθε οὖν **ἀπολύσω** ὑμῖν τὸν βασιλέα
Jn 19:10 ὅτι ἐξουσίαν ἔχω **ἀπολῦσαί** σε καὶ ἐξουσίαν
Jn 19:12 ὁ Πιλᾶτος ἐζήτει **ἀπολῦσαι** αὐτόν·
Jn 19:12 ἐὰν τοῦτον **ἀπολύσῃς**,

ἀπορέω (*aporeō*; 1/6) *be at a loss*

Jn 13:22 ἀλλήλους οἱ μαθηταὶ **ἀπορούμενοι** περὶ τίνος λέγει.

ἀποστέλλω (*apostellō*; 28/132) *send*

Jn 1:6 **ἀπεσταλμένος** παρὰ θεοῦ,
Jn 1:19 ὅτε **ἀπέστειλαν** [πρὸς αὐτὸν] οἱ
Jn 1:24 Καὶ **ἀπεσταλμένοι** ἦσαν ἐκ τῶν
Jn 3:17 οὐ γὰρ **ἀπέστειλεν** ὁ θεὸς τὸν
Jn 3:28 ἀλλ' ὅτι **ἀπεσταλμένος** εἰμὶ ἔμπροσθεν ἐκείνου.
Jn 3:34 ὃν γὰρ **ἀπέστειλεν** ὁ θεὸς τὰ
Jn 4:38 ἐγὼ **ἀπέστειλα** ὑμᾶς θερίζειν ὃ
Jn 5:33 ὑμεῖς **ἀπεστάλκατε** πρὸς Ἰωάννην,

Jn 5:36 ὁ πατήρ με **ἀπέσταλκεν**.
Jn 5:38 ὅτι ὃν **ἀπέστειλεν** ἐκεῖνος,
Jn 6:29 πιστεύητε εἰς ὃν **ἀπέστειλεν** ἐκεῖνος.
Jn 6:57 καθὼς **ἀπέστειλέν** με ὁ ζῶν
Jn 7:29 εἰμι κἀκεῖνός με **ἀπέστειλεν**.
Jn 7:32 καὶ **ἀπέστειλαν** οἱ ἀρχιερεῖς καὶ
Jn 8:42 ἀλλ' ἐκεῖνός με **ἀπέστειλεν**.
Jn 9:7 Σιλωάμ ὃ ἑρμηνεύεται **ἀπεσταλμένος**.
Jn 10:36 πατὴρ ἡγίασεν καὶ **ἀπέστειλεν** εἰς τὸν κόσμον
Jn 11:3 **ἀπέστειλαν** οὖν αἱ ἀδελφαὶ
Jn 11:42 ὅτι σύ με **ἀπέστειλας**.
Jn 17:3 θεὸν καὶ ὃν **ἀπέστειλας** Ἰησοῦν Χριστόν.
Jn 17:8 ὅτι σύ με **ἀπέστειλας**.
Jn 17:18 καθὼς ἐμὲ **ἀπέστειλας** εἰς τὸν κόσμον,
Jn 17:18 κἀγὼ **ἀπέστειλα** αὐτοὺς εἰς τὸν
Jn 17:21 ὅτι σύ με **ἀπέστειλας**.
Jn 17:23 ὅτι σύ με **ἀπέστειλας** καὶ ἠγάπησας αὐτοὺς
Jn 17:25 ὅτι σύ με **ἀπέστειλας**·
Jn 18:24 **ἀπέστειλεν** οὖν αὐτὸν ὁ
Jn 20:21 καθὼς **ἀπέσταλκέν** με ὁ πατήρ,

ἀπόστολος (*apostolos*; 1/80) *apostle, messenger*

Jn 13:16 κυρίου αὐτοῦ οὐδὲ **ἀπόστολος** μείζων τοῦ πέμψαντος

ἀποσυνάγωγος (*aposynagōgos*; 3/3) *expelled from the synagogue*

Jn 9:22 **ἀποσυνάγωγος** γένηται.
Jn 12:42 ὡμολόγουν ἵνα μὴ **ἀποσυνάγωγοι** γένωνται·
Jn 16:2 **ἀποσυναγώγους** ποιήσουσιν ὑμᾶς·

ἅπτω (*haptō*; 1/39) *touch*

Jn 20:17 μή μου **ἅπτου**,

ἀπώλεια (*apōleia*; 1/18) *destruction*

Jn 17:12 ὁ υἱὸς τῆς **ἀπωλείας**,

ἄραφος (*araphos*; 1/1) *seamless*

Jn 19:23 δὲ ὁ χιτὼν **ἄραφος**,

ἀρεστός (*arestos*; 1/4) *pleasing*

Jn 8:29 ὅτι ἐγὼ τὰ **ἀρεστὰ** αὐτῷ ποιῶ πάντοτε.

ἀριθμός (*arithmos*; 1/18) *number*

Jn 6:10 οἱ ἄνδρες τὸν **ἀριθμὸν** ὡς πεντακισχίλιοι.

Ἀριμαθαία (*Arimathaia*; 1/4) *Arimathea*

Jn 19:38 Ἰωσὴφ [ὁ] ἀπὸ **Ἀριμαθαίας**,

ἀριστάω (*aristaō*; 2/3) *eat breakfast*

Jn 21:12 δεῦτε **ἀριστήσατε**.
Jn 21:15 Ὅτε οὖν **ἠρίστησαν** λέγει τῷ Σίμωνι

ἀρκέω (*arkeō*; 2/8) *be enough or sufficient*

Jn 6:7 δηναρίων ἄρτοι οὐκ **ἀρκοῦσιν** αὐτοῖς ἵνα ἕκαστος
Jn 14:8 καὶ **ἀρκεῖ** ἡμῖν.

ἀρνέομαι (*arneomai*; 4/33) *deny*

Jn 1:20 ὡμολόγησεν καὶ οὐκ **ἠρνήσατο**,
Jn 13:38 φωνήσῃ ἕως οὗ **ἀρνήσῃ** με τρίς.
Jn 18:25 **ἠρνήσατο** ἐκεῖνος καὶ εἶπεν·
Jn 18:27 πάλιν οὖν **ἠρνήσατο** Πέτρος,

ἀρνίον (*arnion*; 1/30) *lamb*

Jn 21:15 βόσκε τὰ **ἀρνία** μου.

ἁρπάζω (*harpazō*; 4/14) *take by force*

Jn 6:15 μέλλουσιν ἔρχεσθαι καὶ **ἁρπάζειν** αὐτὸν ἵνα ποιήσωσιν
Jn 10:12 καὶ ὁ λύκος **ἁρπάζει** αὐτὰ καὶ σκορπίζει
Jn 10:28 αἰῶνα καὶ οὐχ **ἁρπάσει** τις αὐτὰ ἐκ
Jn 10:29 καὶ οὐδεὶς δύναται **ἁρπάζειν** ἐκ τῆς χειρὸς

ἄρτι (*arti*; 12/36) *now*

Jn 2:10 καλὸν οἶνον ἕως **ἄρτι**.
Jn 5:17 πατήρ μου ἕως **ἄρτι** ἐργάζεται κἀγὼ ἐργάζομαι·
Jn 9:19 πῶς οὖν βλέπει **ἄρτι**;
Jn 9:25 ὅτι τυφλὸς ὢν **ἄρτι** βλέπω.
Jn 13:7 σὺ οὐκ οἶδας **ἄρτι**,
Jn 13:19 ἀπ' **ἄρτι** λέγω ὑμῖν πρὸ
Jn 13:33 καὶ ὑμῖν λέγω **ἄρτι**.
Jn 13:37 δύναμαί σοι ἀκολουθῆσαι **ἄρτι**;
Jn 14:7 καὶ ἀπ' **ἄρτι** γινώσκετε αὐτὸν καὶ
Jn 16:12 οὐ δύνασθε βαστάζειν **ἄρτι**·
Jn 16:24 ἕως **ἄρτι** οὐκ ᾐτήσατε οὐδὲν
Jn 16:31 **ἄρτι** πιστεύετε;

ἄρτος (*artos*; 24/97) *bread*

Jn 6:5 πόθεν ἀγοράσωμεν **ἄρτους** ἵνα φάγωσιν οὗτοι;
Jn 6:7 διακοσίων δηναρίων **ἄρτοι** οὐκ ἀρκοῦσιν αὐτοῖς
Jn 6:9 ὃς ἔχει πέντε **ἄρτους** κριθίνους καὶ δύο
Jn 6:11 ἔλαβεν οὖν τοὺς **ἄρτους** ὁ Ἰησοῦς καὶ
Jn 6:13 ἐκ τῶν πέντε **ἄρτων** τῶν κριθίνων ἃ
Jn 6:23 ὅπου ἔφαγον τὸν **ἄρτον** εὐχαριστήσαντος τοῦ κυρίου.
Jn 6:26 ἐφάγετε ἐκ τῶν **ἄρτων** καὶ ἐχορτάσθητε.
Jn 6:31 **ἄρτον** ἐκ τοῦ οὐρανοῦ
Jn 6:32 δέδωκεν ὑμῖν τὸν **ἄρτον** ἐκ τοῦ οὐρανοῦ,
Jn 6:32 δίδωσιν ὑμῖν τὸν **ἄρτον** ἐκ τοῦ οὐρανοῦ
Jn 6:33 ὁ γὰρ **ἄρτος** τοῦ θεοῦ ἐστιν
Jn 6:34 δὸς ἡμῖν τὸν **ἄρτον** τοῦτον.
Jn 6:35 ἐγώ εἰμι ὁ **ἄρτος** τῆς ζωῆς·
Jn 6:41 ἐγώ εἰμι ὁ **ἄρτος** ὁ καταβὰς ἐκ
Jn 6:48 Ἐγώ εἰμι ὁ **ἄρτος** τῆς ζωῆς.
Jn 6:50 οὗτός ἐστιν ὁ **ἄρτος** ὁ ἐκ τοῦ
Jn 6:51 ἐγώ εἰμι ὁ **ἄρτος** ὁ ζῶν ὁ
Jn 6:51 ἐκ τούτου τοῦ **ἄρτου** ζήσει εἰς τὸν
Jn 6:51 καὶ ὁ **ἄρτος** δὲ ὃν ἐγὼ
Jn 6:58 οὗτός ἐστιν ὁ **ἄρτος** ὁ ἐξ οὐρανοῦ
Jn 6:58 τρώγων τοῦτον τὸν **ἄρτον** ζήσει εἰς τὸν
Jn 13:18 τρώγων μου τὸν **ἄρτον** ἐπῆρεν ἐπ' ἐμὲ
Jn 21:9 ὀψάριον ἐπικείμενον καὶ **ἄρτον**.
Jn 21:13 καὶ λαμβάνει τὸν **ἄρτον** καὶ δίδωσιν αὐτοῖς,

ἀρχή (*archē*; 8/55) *beginning*

Jn 1:1 Ἐν **ἀρχῇ** ἦν ὁ λόγος,

Jn 1:2 οὗτος ἦν ἐν **ἀρχῇ** πρὸς τὸν θεόν.
Jn 2:11 Ταύτην ἐποίησεν **ἀρχὴν** τῶν σημείων ὁ
Jn 6:64 ᾔδει γὰρ ἐξ **ἀρχῆς** ὁ Ἰησοῦς τίνες
Jn 8:25 τὴν **ἀρχὴν** ὅ τι καὶ
Jn 8:44 ἀνθρωποκτόνος ἦν ἀπ' **ἀρχῆς** καὶ ἐν τῇ
Jn 15:27 ὅτι ἀπ' **ἀρχῆς** μετ' ἐμοῦ ἐστε.
Jn 16:4 δὲ ὑμῖν ἐξ **ἀρχῆς** οὐκ εἶπον,

ἀρχιερεύς (*archiereus*; 21/122) *high priest*

Jn 7:32 καὶ ἀπέστειλαν οἱ **ἀρχιερεῖς** καὶ οἱ Φαρισαῖοι
Jn 7:45 ὑπηρέται πρὸς τοὺς **ἀρχιερεῖς** καὶ Φαρισαίους,
Jn 11:47 Συνήγαγον οὖν οἱ **ἀρχιερεῖς** καὶ οἱ Φαρισαῖοι
Jn 11:49 **ἀρχιερεὺς** ὢν τοῦ ἐνιαυτοῦ
Jn 11:51 ἀλλὰ **ἀρχιερεὺς** ὢν τοῦ ἐνιαυτοῦ
Jn 11:57 δεδώκεισαν δὲ οἱ **ἀρχιερεῖς** καὶ οἱ Φαρισαῖοι
Jn 12:10 ἐβουλεύσαντο δὲ οἱ **ἀρχιερεῖς** ἵνα καὶ τὸν
Jn 18:3 καὶ ἐκ τῶν **ἀρχιερέων** καὶ ἐκ τῶν
Jn 18:10 ἔπαισεν τὸν τοῦ **ἀρχιερέως** δοῦλον καὶ ἀπέκοψεν
Jn 18:13 ὃς ἦν **ἀρχιερεὺς** τοῦ ἐνιαυτοῦ ἐκείνου·
Jn 18:15 ἦν γνωστὸς τῷ **ἀρχιερεῖ** καὶ συνεισῆλθεν τῷ
Jn 18:15 τὴν αὐλὴν τοῦ **ἀρχιερέως**,
Jn 18:16 ὁ γνωστὸς τοῦ **ἀρχιερέως** καὶ εἶπεν τῇ
Jn 18:19 Ὁ οὖν **ἀρχιερεὺς** ἠρώτησεν τὸν Ἰησοῦν
Jn 18:22 οὕτως ἀποκρίνῃ τῷ **ἀρχιερεῖ**;
Jn 18:24 πρὸς Καϊάφαν τὸν **ἀρχιερέα**.
Jn 18:26 τῶν δούλων τοῦ **ἀρχιερέως**,
Jn 18:35 σὸν καὶ οἱ **ἀρχιερεῖς** παρέδωκάν σε ἐμοί·
Jn 19:6 εἶδον αὐτὸν οἱ **ἀρχιερεῖς** καὶ οἱ ὑπηρέται
Jn 19:15 ἀπεκρίθησαν οἱ **ἀρχιερεῖς**·
Jn 19:21 τῷ Πιλάτῳ οἱ **ἀρχιερεῖς** τῶν Ἰουδαίων·

ἀρχιτρίκλινος (*architriklinos*; 3/3) *head steward*

Jn 2:8 καὶ φέρετε τῷ **ἀρχιτρικλίνῳ**·
Jn 2:9 δὲ ἐγεύσατο ὁ **ἀρχιτρίκλινος** τὸ ὕδωρ οἶνον
Jn 2:9 τὸν νυμφίον ὁ **ἀρχιτρίκλινος**

ἄρχω (*archō*; 1[2]/85[86]) *rule, govern (mid. begin)*

[Jn 8:9] εἷς καθ' εἷς **ἀρξάμενοι** ἀπὸ τῶν πρεσβυτέρων
Jn 13:5 τὸν νιπτῆρα καὶ **ἤρξατο** νίπτειν τοὺς πόδας

ἄρχων (*archōn*; 7/37) *ruler*

Jn 3:1 **ἄρχων** τῶν Ἰουδαίων·
Jn 7:26 ἀληθῶς ἔγνωσαν οἱ **ἄρχοντες** ὅτι οὗτός ἐστιν
Jn 7:48 τις ἐκ τῶν **ἀρχόντων** ἐπίστευσεν εἰς αὐτὸν
Jn 12:31 νῦν ὁ **ἄρχων** τοῦ κόσμου τούτου
Jn 12:42 καὶ ἐκ τῶν **ἀρχόντων** πολλοὶ ἐπίστευσαν εἰς
Jn 14:30 ὁ τοῦ κόσμου **ἄρχων**·
Jn 16:11 ὅτι ὁ **ἄρχων** τοῦ κόσμου τούτου

ἄρωμα (*arōma*; 1/4) *aromatic spice or oil*

Jn 19:40 ὀθονίοις μετὰ τῶν **ἀρωμάτων**,

ἀσθένεια (*astheneia*; 2/24) *weakness, sickness*

Jn 5:5 ἔχων ἐν τῇ **ἀσθενείᾳ** αὐτοῦ·
Jn 11:4 αὕτη ἡ **ἀσθένεια** οὐκ ἔστιν πρὸς

ἀσθενέω (*astheneō*; 8/33) *be sick or ill*

Jn 4:46 οὗ ὁ υἱὸς **ἠσθένει** ἐν Καφαρναούμ.
Jn 5:3 κατέκειτο πλῆθος τῶν **ἀσθενούντων**,
Jn 5:7 ἀπεκρίθη αὐτῷ ὁ **ἀσθενῶν**·
Jn 6:2 ἐποίει ἐπὶ τῶν **ἀσθενούντων**.
Jn 11:1 Ἦν δέ τις **ἀσθενῶν**,
Jn 11:2 ὁ ἀδελφὸς Λάζαρος **ἠσθένει**.
Jn 11:3 ἴδε ὃν φιλεῖς **ἀσθενεῖ**.
Jn 11:6 οὖν ἤκουσεν ὅτι **ἀσθενεῖ**,

ἀτιμάζω (*atimazō*; 1/7) *dishonor*

Jn 8:49 καὶ ὑμεῖς **ἀτιμάζετέ** με.

αὐλή (*aulē*; 3/12) *courtyard, sheepfold*

Jn 10:1 θύρας εἰς τὴν **αὐλὴν** τῶν προβάτων ἀλλὰ
Jn 10:16 ἔστιν ἐκ τῆς **αὐλῆς** ταύτης·
Jn 18:15 Ἰησοῦ εἰς τὴν **αὐλὴν** τοῦ ἀρχιερέως,

αὐξάνω (*auxanō*; 1/23) *grow*

Jn 3:30 ἐκεῖνον δεῖ **αὐξάνειν**,

αὐτόφωρος (*autophōros*; 0[1]/0[1]) *in the act*

[Jn 8:4] γυνὴ κατείληπται ἐπ' **αὐτοφώρῳ** μοιχευομένη·

ἀφίημι (*aphiēmi*; 15/143) *leave, forgive*

Jn 4:3 **ἀφῆκεν** τὴν Ἰουδαίαν καὶ
Jn 4:28 **ἀφῆκεν** οὖν τὴν ὑδρίαν
Jn 4:52 ἐχθὲς ὥραν ἑβδόμην **ἀφῆκεν** αὐτὸν ὁ πυρετός.
Jn 8:29 οὐκ **ἀφῆκέν** με μόνον,
Jn 10:12 λύκον ἐρχόμενον καὶ **ἀφίησιν** τὰ πρόβατα
Jn 11:44 λύσατε αὐτὸν καὶ **ἄφετε** αὐτὸν ὑπάγειν.
Jn 11:48 ἐὰν **ἀφῶμεν** αὐτὸν οὕτως,
Jn 12:7 **ἄφες** αὐτήν,
Jn 14:18 Οὐκ **ἀφήσω** ὑμᾶς ὀρφανούς,
Jn 14:27 Εἰρήνην **ἀφίημι** ὑμῖν,
Jn 16:28 πάλιν **ἀφίημι** τὸν κόσμον καὶ
Jn 16:32 ἴδια κἀμὲ μόνον **ἀφῆτε**·
Jn 18:8 **ἄφετε** τούτους ὑπάγειν·
Jn 20:23 ἄν τινων **ἀφῆτε** τὰς ἁμαρτίας ἀφέωνται
Jn 20:23 ἀφῆτε τὰς ἁμαρτίας **ἀφέωνται** αὐτοῖς,

βαθύς (*bathys*; 1/4) *deep*

Jn 4:11 τὸ φρέαρ ἐστὶν **βαθύ**·

βάϊον (*baion*; 1/1) *palm branch*

Jn 12:13 ἔλαβον τὰ **βαΐα** τῶν φοινίκων καὶ

βάλλω (*ballō*; 16[17]/121[122]) *throw*

Jn 3:24 οὔπω γὰρ ἦν **βεβλημένος** εἰς τὴν φυλακὴν
Jn 5:7 ταραχθῇ τὸ ὕδωρ **βάλῃ** με εἰς τὴν
[Jn 8:7] πρῶτος ἐπ' αὐτὴν **βαλέτω** λίθον.
Jn 8:59 οὖν λίθους ἵνα **βάλωσιν** ἐπ' αὐτόν.
Jn 12:6 γλωσσόκομον ἔχων τὰ **βαλλόμενα** ἐβάσταζεν.
Jn 13:2 τοῦ διαβόλου ἤδη **βεβληκότος** εἰς τὴν καρδίαν

Jn 13:5 εἶτα **βάλλει** ὕδωρ εἰς τὸν
Jn 15:6 **ἐβλήθη** ἔξω ὡς τὸ
Jn 15:6 εἰς τὸ πῦρ **βάλλουσιν** καὶ καίεται.
Jn 18:11 **βάλε** τὴν μάχαιραν εἰς
Jn 19:24 τὸν ἱματισμόν μου **ἔβαλον** κλῆρον.
Jn 20:25 τῶν ἥλων καὶ **βάλω** τὸν δάκτυλόν μου
Jn 20:25 τῶν ἥλων καὶ **βάλω** μου τὴν χεῖρα
Jn 20:27 χεῖρά σου καὶ **βάλε** εἰς τὴν πλευράν
Jn 21:6 **βάλετε** εἰς τὰ δεξιὰ
Jn 21:6 **ἔβαλον** οὖν,
Jn 21:7 καὶ **ἔβαλεν** ἑαυτὸν εἰς τὴν

βαπτίζω (*baptizō*; 13/76[77]) *baptize*

Jn 1:25 τί οὖν **βαπτίζεις** εἰ σὺ οὐκ
Jn 1:26 ἐγὼ **βαπτίζω** ἐν ὕδατι·
Jn 1:28 ἦν ὁ Ἰωάννης **βαπτίζων**.
Jn 1:31 ἐγὼ ἐν ὕδατι **βαπτίζων**.
Jn 1:33 ὁ πέμψας με **βαπτίζειν** ἐν ὕδατι ἐκεῖνός
Jn 1:33 οὗτός ἐστιν ὁ **βαπτίζων** ἐν πνεύματι ἁγίῳ.
Jn 3:22 μετ' αὐτῶν καὶ **ἐβάπτιζεν**.
Jn 3:23 καὶ ὁ Ἰωάννης **βαπτίζων** ἐν Αἰνὼν ἐγγὺς
Jn 3:23 καὶ παρεγίνοντο καὶ **ἐβαπτίζοντο**·
Jn 3:26 ἴδε οὗτος **βαπτίζει** καὶ πάντες ἔρχονται
Jn 4:1 μαθητὰς ποιεῖ καὶ **βαπτίζει** ἢ Ἰωάννης
Jn 4:2 Ἰησοῦς αὐτὸς οὐκ **ἐβάπτιζεν** ἀλλ' οἱ μαθηταὶ
Jn 10:40 Ἰωάννης τὸ πρῶτον **βαπτίζων** καὶ ἔμεινεν ἐκεῖ.

βάπτω (*baptō*; 2/4) *dip*

Jn 13:26 ἐστιν ᾧ ἐγὼ **βάψω** τὸ ψωμίον καὶ
Jn 13:26 **βάψας** οὖν τὸ ψωμίον

Βαραββᾶς (*Barabbas*; 2/11) *Barabbas*

Jn 18:40 τοῦτον ἀλλὰ τὸν **Βαραββᾶν**.
Jn 18:40 ἦν δὲ ὁ **Βαραββᾶς** λῃστής.

βασιλεία (*basileia*; 5/162) *kingdom*

Jn 3:3 δύναται ἰδεῖν τὴν **βασιλείαν** τοῦ θεοῦ.
Jn 3:5 εἰσελθεῖν εἰς τὴν **βασιλείαν** τοῦ θεοῦ.
Jn 18:36 ἡ **βασιλεία** ἡ ἐμὴ οὐκ
Jn 18:36 τούτου ἦν ἡ **βασιλεία** ἡ ἐμή,
Jn 18:36 νῦν δὲ ἡ **βασιλεία** ἡ ἐμὴ οὐκ

βασιλεύς (*basileus*; 16/115) *king*

Jn 1:49 σὺ **βασιλεὺς** εἶ τοῦ Ἰσραήλ.
Jn 6:15 αὐτὸν ἵνα ποιήσωσιν **βασιλέα**,
Jn 12:13 [καὶ] ὁ **βασιλεὺς** τοῦ Ἰσραήλ.
Jn 12:15 ἰδοὺ ὁ **βασιλεύς** σου ἔρχεται,
Jn 18:33 σὺ εἶ ὁ **βασιλεὺς** τῶν Ἰουδαίων;
Jn 18:37 οὐκοῦν **βασιλεὺς** εἶ σύ;
Jn 18:37 σὺ λέγεις ὅτι **βασιλεύς** εἰμι.
Jn 18:39 ἀπολύσω ὑμῖν τὸν **βασιλέα** τῶν Ἰουδαίων;
Jn 19:3 χαῖρε ὁ **βασιλεὺς** τῶν Ἰουδαίων·
Jn 19:12 πᾶς ὁ **βασιλέα** ἑαυτὸν ποιῶν ἀντιλέγει
Jn 19:14 ἴδε ὁ **βασιλεὺς** ὑμῶν.
Jn 19:15 τὸν **βασιλέα** ὑμῶν σταυρώσω;
Jn 19:15 οὐκ ἔχομεν **βασιλέα** εἰ μὴ Καίσαρα.
Jn 19:19 ὁ Ναζωραῖος ὁ **βασιλεὺς** τῶν Ἰουδαίων.
Jn 19:21 ὁ **βασιλεὺς** τῶν Ἰουδαίων,
Jn 19:21 **βασιλεύς** εἰμι τῶν Ἰουδαίων.

βασιλικός (*basilikos*; 2/5) *royal (official)*

Jn 4:46 Καὶ ἦν τις **βασιλικὸς** οὗ ὁ υἱὸς
Jn 4:49 πρὸς αὐτὸν ὁ **βασιλικός**·

βαστάζω (*bastazō*; 5/27) *carry, pick up*

Jn 10:31 **Ἐβάστασαν** πάλιν λίθους οἱ
Jn 12:6 ἔχων τὰ βαλλόμενα **ἐβάσταζεν**.
Jn 16:12 ἀλλ' οὐ δύνασθε **βαστάζειν** ἄρτι·
Jn 19:17 καὶ **βαστάζων** ἑαυτῷ τὸν σταυρὸν
Jn 20:15 εἰ σὺ **ἐβάστασας** αὐτόν,

Βηθανία (*Bēthania*; 4/12) *Bethany*

Jn 1:28 ταῦτα ἐν **Βηθανίᾳ** ἐγένετο πέραν τοῦ
Jn 11:1 Λάζαρος ἀπὸ **Βηθανίας**,
Jn 11:18 ἦν δὲ ἡ **Βηθανία** ἐγγὺς τῶν Ἱεροσολύμων
Jn 12:1 πάσχα ἦλθεν εἰς **Βηθανίαν**,

Βηθζαθά (*Bēthzatha*; 1/1) *Bethzatha*

Jn 5:2 ἡ ἐπιλεγομένη Ἑβραϊστὶ **Βηθζαθὰ** πέντε στοὰς ἔχουσα.

Βηθλέεμ (*Bēthleem*; 1/8) *Bethlehem*

Jn 7:42 Δαυὶδ καὶ ἀπὸ **Βηθλέεμ** τῆς κώμης ὅπου

Βηθσαϊδά (*Bēthsaida*; 2/7) *Bethsaida*

Jn 1:44 ὁ Φίλιππος ἀπὸ **Βηθσαϊδά**,
Jn 12:21 Φιλίππῳ τῷ ἀπὸ **Βηθσαϊδὰ** τῆς Γαλιλαίας

βῆμα (*bēma*; 1/12) *judgment seat*

Jn 19:13 καὶ ἐκάθισεν ἐπὶ **βήματος** εἰς τόπον λεγόμενον

βιβλίον (*biblion*; 2/34) *book*

Jn 20:30 γεγραμμένα ἐν τῷ **βιβλίῳ** τούτῳ·
Jn 21:25 χωρῆσαι τὰ γραφόμενα **βιβλία**.

βιβρώσκω (*bibrōskō*; 1/1) *eat*

Jn 6:13 ἃ ἐπερίσσευσαν τοῖς **βεβρωκόσιν**.

βλασφημέω (*blasphēmeō*; 1/34) *blaspheme*

Jn 10:36 ὑμεῖς λέγετε ὅτι **βλασφημεῖς**,

βλασφημία (*blasphēmia*; 1/18) *blasphemy*

Jn 10:33 σε ἀλλὰ περὶ **βλασφημίας**,

βλέπω (*blepō*; 17/132) *see*

Jn 1:29 Τῇ ἐπαύριον **βλέπει** τὸν Ἰησοῦν ἐρχόμενον
Jn 5:19 ἐὰν μή τι **βλέπῃ** τὸν πατέρα ποιοῦντα·
Jn 9:7 ἐνίψατο καὶ ἦλθεν **βλέπων**.
Jn 9:15 καὶ ἐνιψάμην καὶ **βλέπω**.
Jn 9:19 πῶς οὖν **βλέπει** ἄρτι;
Jn 9:21 πῶς δὲ νῦν **βλέπει** οὐκ οἴδαμεν,
Jn 9:25 τυφλὸς ὢν ἄρτι **βλέπω**.
Jn 9:39 ἵνα οἱ μὴ **βλέποντες** βλέπωσιν καὶ οἱ
Jn 9:39 οἱ μὴ βλέποντες **βλέπωσιν** καὶ οἱ βλέποντες
Jn 9:39 βλέπωσιν καὶ οἱ **βλέποντες** τυφλοὶ γένωνται.
Jn 9:41 δὲ λέγετε ὅτι **βλέπομεν**,
Jn 11:9 τοῦ κόσμου τούτου **βλέπει**·
Jn 13:22 **ἔβλεπον** εἰς ἀλλήλους οἱ
Jn 20:1 τὸ μνημεῖον καὶ **βλέπει** τὸν λίθον ἠρμένον

Jn 20:5 καὶ παρακύψας **βλέπει** κείμενα τὰ ὀθόνια,
Jn 21:9 εἰς τὴν γῆν **βλέπουσιν** ἀνθρακιὰν κειμένην
Jn 21:20 Ἐπιστραφεὶς ὁ Πέτρος **βλέπει** τὸν μαθητὴν ὃν

βοάω (*boaō*; 1/12) *call*

Jn 1:23 ἐγὼ φωνὴ **βοῶντος** ἐν τῇ ἐρήμῳ·

βόσκω (*boskō*; 2/9) *tend*

Jn 21:15 **βόσκε** τὰ ἀρνία μου.
Jn 21:17 **βόσκε** τὰ πρόβατά μου.

βουλεύομαι (*bouleuomai*; 2/6) *plan, plot*

Jn 11:53 οὖν τῆς ἡμέρας **ἐβουλεύσαντο** ἵνα ἀποκτείνωσιν αὐτόν.
Jn 12:10 **ἐβουλεύσαντο** δὲ οἱ ἀρχιερεῖς

βούλομαι (*boulomai*; 1/37) *want*

Jn 18:39 **βούλεσθε** οὖν ἀπολύσω ὑμῖν

βοῦς (*bous*; 2/8) *ox*

Jn 2:14 ἱερῷ τοὺς πωλοῦντας **βόας** καὶ πρόβατα καὶ
Jn 2:15 πρόβατα καὶ τοὺς **βόας**,

βραχίων (*brachiōn*; 1/3) *arm*

Jn 12:38 καὶ ὁ **βραχίων** κυρίου τίνι ἀπεκαλύφθη;

βραχύς (*brachys*; 1/7) *little*

Jn 6:7 αὐτοῖς ἵνα ἕκαστος **βραχύ** [τι] λάβῃ.

βροντή (*brontē*; 1/12) *thunder*

Jn 12:29 καὶ ἀκούσας ἔλεγεν **βροντὴν** γεγονέναι,

βρῶμα (*brōma*; 1/17) *food*

Jn 4:34 ἐμὸν **βρῶμά** ἐστιν ἵνα ποιήσω

βρῶσις (*brōsis*; 4/11) *food*

Jn 4:32 ἐγὼ **βρῶσιν** ἔχω φαγεῖν ἣν
Jn 6:27 ἐργάζεσθε μὴ τὴν **βρῶσιν** τὴν ἀπολλυμένην
Jn 6:27 ἀπολλυμένην ἀλλὰ τὴν **βρῶσιν** τὴν μένουσαν
Jn 6:55 μου ἀληθής ἐστιν **βρῶσις**,

Γαββαθα (*Gabbatha*; 1/1) *Gabbatha*

Jn 19:13 Ἑβραϊστὶ δὲ **Γαββαθα**.

γαζοφυλάκιον (*gazophylakion*; 1/5) *temple treasury*

Jn 8:20 ἐλάλησεν ἐν τῷ **γαζοφυλακίῳ** διδάσκων ἐν

Γαλιλαία (*Galilaia*; 17/61) *Galilee*

Jn 1:43 ἐξελθεῖν εἰς τὴν **Γαλιλαίαν** καὶ εὑρίσκει Φίλιππον.
Jn 2:1 ἐν Κανὰ τῆς **Γαλιλαίας**,
Jn 2:11 ἐν Κανὰ τῆς **Γαλιλαίας** καὶ ἐφανέρωσεν τὴν
Jn 4:3 πάλιν εἰς τὴν **Γαλιλαίαν**.
Jn 4:43 ἐκεῖθεν εἰς τὴν **Γαλιλαίαν**·
Jn 4:45 ἦλθεν εἰς τὴν **Γαλιλαίαν**,
Jn 4:46 τὴν Κανὰ τῆς **Γαλιλαίας**,
Jn 4:47 Ἰουδαίας εἰς τὴν **Γαλιλαίαν** ἀπῆλθεν πρὸς αὐτὸν
Jn 4:54 Ἰουδαίας εἰς τὴν **Γαλιλαίαν**.
Jn 6:1 τῆς θαλάσσης τῆς **Γαλιλαίας** τῆς Τιβεριάδος.
Jn 7:1 Ἰησοῦς ἐν τῇ **Γαλιλαίᾳ**·
Jn 7:9 ἔμεινεν ἐν τῇ **Γαλιλαίᾳ**.
Jn 7:41 γὰρ ἐκ τῆς **Γαλιλαίας** ὁ χριστὸς ἔρχεται;
Jn 7:52 σὺ ἐκ τῆς **Γαλιλαίας** εἶ;
Jn 7:52 ὅτι ἐκ τῆς **Γαλιλαίας** προφήτης οὐκ ἐγείρεται.
Jn 12:21 ἀπὸ Βηθσαϊδὰ τῆς **Γαλιλαίας** καὶ ἠρώτων αὐτὸν
Jn 21:2 ἀπὸ Κανὰ τῆς **Γαλιλαίας** καὶ οἱ τοῦ

Γαλιλαῖος (*Galilaios*; 1/11) *Galilean*

Jn 4:45 ἐδέξαντο αὐτὸν οἱ **Γαλιλαῖοι** πάντα ἑωρακότες ὅσα

γάμος (*gamos*; 2/16) *wedding*

Jn 2:1 ἡμέρᾳ τῇ τρίτῃ **γάμος** ἐγένετο ἐν Κανὰ
Jn 2:2 αὐτοῦ εἰς τὸν **γάμον**.

γάρ (*gar*; 64/1041) *for*

Jn 2:25 αὐτὸς **γὰρ** ἐγίνωσκεν τί ἦν
Jn 3:2 οὐδεὶς **γὰρ** δύναται ταῦτα τὰ
Jn 3:16 οὕτως **γὰρ** ἠγάπησεν ὁ θεὸς
Jn 3:17 οὐ **γὰρ** ἀπέστειλεν ὁ θεὸς
Jn 3:19 ἦν **γὰρ** αὐτῶν πονηρὰ τὰ
Jn 3:20 πᾶς **γὰρ** ὁ φαῦλα πράσσων
Jn 3:24 οὔπω **γὰρ** ἦν βεβλημένος εἰς
Jn 3:34 ὃν **γὰρ** ἀπέστειλεν ὁ θεὸς
Jn 3:34 οὐ **γὰρ** ἐκ μέτρου δίδωσιν
Jn 4:8 οἱ **γὰρ** μαθηταὶ αὐτοῦ ἀπεληλύθεισαν
Jn 4:9 οὐ **γὰρ** συγχρῶνται Ἰουδαῖοι Σαμαρίταις.
Jn 4:18 πέντε **γὰρ** ἄνδρας ἔσχες καὶ
Jn 4:23 καὶ **γὰρ** ὁ πατὴρ τοιούτους
Jn 4:37 ἐν **γὰρ** τούτῳ ὁ λόγος
Jn 4:42 αὐτοὶ **γὰρ** ἀκηκόαμεν καὶ οἴδαμεν
Jn 4:44 αὐτὸς **γὰρ** Ἰησοῦς ἐμαρτύρησεν ὅτι
Jn 4:45 καὶ αὐτοὶ **γὰρ** ἦλθον εἰς τὴν
Jn 4:47 ἤμελλεν **γὰρ** ἀποθνῄσκειν.
Jn 5:13 ὁ **γὰρ** Ἰησοῦς ἐξένευσεν ὄχλου
Jn 5:19 ἃ **γὰρ** ἂν ἐκεῖνος ποιῇ,
Jn 5:20 ὁ **γὰρ** πατὴρ φιλεῖ τὸν
Jn 5:21 ὥσπερ **γὰρ** ὁ πατὴρ ἐγείρει
Jn 5:22 οὐδὲ **γὰρ** ὁ πατὴρ κρίνει
Jn 5:26 ὥσπερ **γὰρ** ὁ πατὴρ ἔχει
Jn 5:36 τὰ **γὰρ** ἔργα ἃ δέδωκέν
Jn 5:46 εἰ **γὰρ** ἐπιστεύετε Μωϋσεῖ,
Jn 5:46 περὶ **γὰρ** ἐμοῦ ἐκεῖνος ἔγραψεν.
Jn 6:6 αὐτὸς **γὰρ** ᾔδει τί ἔμελλεν
Jn 6:27 τοῦτον **γὰρ** ὁ πατὴρ ἐσφράγισεν
Jn 6:33 ὁ **γὰρ** ἄρτος τοῦ θεοῦ
Jn 6:40 τοῦτο **γάρ** ἐστιν τὸ θέλημα
Jn 6:55 ἡ **γὰρ** σάρξ μου ἀληθής
Jn 6:64 ᾔδει **γὰρ** ἐξ ἀρχῆς ὁ
Jn 6:71 οὗτος **γὰρ** ἔμελλεν παραδιδόναι αὐτόν,
Jn 7:1 οὐ **γὰρ** ἤθελεν ἐν τῇ
Jn 7:4 οὐδεὶς **γάρ** τι ἐν κρυπτῷ
Jn 7:5 οὐδὲ **γὰρ** οἱ ἀδελφοὶ αὐτοῦ
Jn 7:39 οὔπω **γὰρ** ἦν πνεῦμα,
Jn 7:41 μὴ **γὰρ** ἐκ τῆς Γαλιλαίας

Jn 8:24 ἐὰν **γὰρ** μὴ πιστεύσητε ὅτι
Jn 8:42 ἐγὼ **γὰρ** ἐκ τοῦ θεοῦ
Jn 8:42 οὐδὲ **γὰρ** ἀπ' ἐμαυτοῦ ἐλήλυθα,
Jn 9:22 ἤδη **γὰρ** συνετέθειντο οἱ Ἰουδαῖοι
Jn 9:30 ἐν τούτῳ **γὰρ** τὸ θαυμαστόν ἐστιν,
Jn 11:39 τεταρταῖος **γάρ** ἐστιν.
Jn 12:8 τοὺς πτωχοὺς **γὰρ** πάντοτε ἔχετε μεθ'
Jn 12:43 ἠγάπησαν **γὰρ** τὴν δόξαν τῶν
Jn 12:47 οὐ **γὰρ** ἦλθον ἵνα κρίνω
Jn 13:11 ᾔδει **γὰρ** τὸν παραδιδόντα αὐτόν·
Jn 13:13 εἰμὶ **γάρ**.
Jn 13:15 ὑπόδειγμα **γὰρ** ἔδωκα ὑμῖν ἵνα
Jn 13:29 τινες **γὰρ** ἐδόκουν,
Jn 14:30 ἔρχεται **γὰρ** ὁ τοῦ κόσμου
Jn 16:7 ἐὰν **γὰρ** μὴ ἀπέλθω,
Jn 16:13 οὐ **γὰρ** λαλήσει ἀφ' ἑαυτοῦ,
Jn 16:27 αὐτὸς **γὰρ** ὁ πατὴρ φιλεῖ
Jn 18:13 ἦν **γὰρ** πενθερὸς τοῦ Καϊάφα,
Jn 19:6 ἐγὼ **γὰρ** οὐχ εὑρίσκω ἐν
Jn 19:31 ἦν **γὰρ** μεγάλη ἡ ἡμέρα
Jn 19:36 ἐγένετο **γὰρ** ταῦτα ἵνα ἡ
Jn 20:9 οὐδέπω **γὰρ** ᾔδεισαν τὴν γραφὴν
Jn 20:17 οὔπω **γὰρ** ἀναβέβηκα πρὸς τὸν
Jn 21:7 ἦν **γὰρ** γυμνός,
Jn 21:8 οὐ **γὰρ** ἦσαν μακρὰν ἀπὸ

γείτων (*geitōn*; 1/4) *neighbor*
Jn 9:8 Οἱ οὖν **γείτονες** καὶ οἱ θεωροῦντες

γεμίζω (*gemizō*; 3/8) *fill*
Jn 2:7 **γεμίσατε** τὰς ὑδρίας ὕδατος.
Jn 2:7 καὶ **ἐγέμισαν** αὐτὰς ἕως ἄνω.
Jn 6:13 συνήγαγον οὖν καὶ **ἐγέμισαν** δώδεκα κοφίνους κλασμάτων

γενετή (*genetē*; 1/1) *birth*
Jn 9:1 ἄνθρωπον τυφλὸν ἐκ **γενετῆς**.

γεννάω (*gennaō*; 18/97) *give birth (pass. be born)*
Jn 1:13 ἀλλ' ἐκ θεοῦ **ἐγεννήθησαν**.
Jn 3:3 ἐὰν μή τις **γεννηθῇ** ἄνωθεν,
Jn 3:4 πῶς δύναται ἄνθρωπος **γεννηθῆναι** γέρων ὤν;
Jn 3:4 δεύτερον εἰσελθεῖν καὶ **γεννηθῆναι**;
Jn 3:5 ἐὰν μή τις **γεννηθῇ** ἐξ ὕδατος καὶ
Jn 3:6 τὸ **γεγεννημένον** ἐκ τῆς σαρκὸς
Jn 3:6 καὶ τὸ **γεγεννημένον** ἐκ τοῦ πνεύματος
Jn 3:7 δεῖ ὑμᾶς **γεννηθῆναι** ἄνωθεν.
Jn 3:8 ἐστὶν πᾶς ὁ **γεγεννημένος** ἐκ τοῦ πνεύματος.
Jn 8:41 ἐκ πορνείας οὐ **γεγεννήμεθα**,
Jn 9:2 ἵνα τυφλὸς **γεννηθῇ**;
Jn 9:19 λέγετε ὅτι τυφλὸς **ἐγεννήθη**;
Jn 9:20 καὶ ὅτι τυφλὸς **ἐγεννήθη**·
Jn 9:32 τις ὀφθαλμοὺς τυφλοῦ **γεγεννημένου**·
Jn 9:34 ἐν ἁμαρτίαις σὺ **ἐγεννήθης** ὅλος καὶ σὺ
Jn 16:21 ὅταν δὲ **γεννήσῃ** τὸ παιδίον,
Jn 16:21 τὴν χαρὰν ὅτι **ἐγεννήθη** ἄνθρωπος εἰς τὸν
Jn 18:37 ἐγὼ εἰς τοῦτο **γεγέννημαι** καὶ εἰς τοῦτο

γέρων (*gerōn*; 1/1) *old*
Jn 3:4 δύναται ἄνθρωπος γεννηθῆναι **γέρων** ὤν;

γεύομαι (*geuomai*; 2/15) *taste*
Jn 2:9 ὡς δὲ **ἐγεύσατο** ὁ ἀρχιτρίκλινος τὸ
Jn 8:52 οὐ μὴ **γεύσηται** θανάτου εἰς τὸν

γεωργός (*geōrgos*; 1/19) *vinedresser, farmer*
Jn 15:1 πατήρ μου ὁ **γεωργός** ἐστιν.

γῆ (*gē*; 11[13]/248[250]) *earth, land*
Jn 3:22 εἰς τὴν Ἰουδαίαν **γῆν** καὶ ἐκεῖ διέτριβεν
Jn 3:31 ὢν ἐκ τῆς **γῆς** ἐκ τῆς γῆς
Jn 3:31 γῆς ἐκ τῆς **γῆς** ἐστιν καὶ ἐκ
Jn 3:31 καὶ ἐκ τῆς **γῆς** λαλεῖ.
Jn 6:21 πλοῖον ἐπὶ τῆς **γῆς** εἰς ἣν ὑπῆγον.
[Jn 8:6] κατέγραφεν εἰς τὴν **γῆν**.
[Jn 8:8] ἔγραφεν εἰς τὴν **γῆν**.
Jn 12:24 πεσὼν εἰς τὴν **γῆν** ἀποθάνῃ,
Jn 12:32 ὑψωθῶ ἐκ τῆς **γῆς**,
Jn 17:4 ἐδόξασα ἐπὶ τῆς **γῆς** τὸ ἔργον τελειώσας
Jn 21:8 μακρὰν ἀπὸ τῆς **γῆς** ἀλλὰ ὡς ἀπὸ
Jn 21:9 ἀπέβησαν εἰς τὴν **γῆν** βλέπουσιν ἀνθρακιὰν κειμένην
Jn 21:11 δίκτυον εἰς τὴν **γῆν** μεστὸν ἰχθύων μεγάλων

γηράσκω (*gēraskō*; 1/2) *become old*
Jn 21:18 ὅταν δὲ **γηράσῃς**,

γίνομαι (*ginomai*; 51/668[669]) *be, become*
Jn 1:3 πάντα δι' αὐτοῦ **ἐγένετο**,
Jn 1:3 καὶ χωρὶς αὐτοῦ **ἐγένετο** οὐδὲ ἕν.
Jn 1:3 ὃ **γέγονεν**
Jn 1:6 **Ἐγένετο** ἄνθρωπος,
Jn 1:10 κόσμος δι' αὐτοῦ **ἐγένετο**,
Jn 1:12 ἐξουσίαν τέκνα θεοῦ **γενέσθαι**,
Jn 1:14 ὁ λόγος σὰρξ **ἐγένετο** καὶ ἐσκήνωσεν ἐν
Jn 1:15 ἐρχόμενος ἔμπροσθέν μου **γέγονεν**,
Jn 1:17 διὰ Ἰησοῦ Χριστοῦ **ἐγένετο**.
Jn 1:28 ταῦτα ἐν Βηθανίᾳ **ἐγένετο** πέραν τοῦ Ἰορδάνου,
Jn 1:30 ὃς ἔμπροσθέν μου **γέγονεν**,
Jn 2:1 τῇ τρίτῃ γάμος **ἐγένετο** ἐν Κανὰ τῆς
Jn 2:9 τὸ ὕδωρ οἶνον **γεγενημένον** καὶ οὐκ ᾔδει
Jn 3:9 πῶς δύναται ταῦτα **γενέσθαι**;
Jn 3:25 **Ἐγένετο** οὖν ζήτησις ἐκ
Jn 4:14 ὃ δώσω αὐτῷ **γενήσεται** ἐν αὐτῷ πηγὴ
Jn 5:6 θέλεις ὑγιὴς **γενέσθαι**;
Jn 5:9 καὶ εὐθέως **ἐγένετο** ὑγιὴς ὁ ἄνθρωπος
Jn 5:14 ἴδε ὑγιὴς **γέγονας**,
Jn 5:14 χεῖρόν σοί τι **γένηται**.
Jn 6:16 Ὡς δὲ ὀψία **ἐγένετο** κατέβησαν οἱ μαθηταὶ
Jn 6:17 καὶ σκοτία ἤδη **ἐγεγόνει** καὶ οὔπω ἐληλύθει
Jn 6:19 ἐγγὺς τοῦ πλοίου **γινόμενον**,
Jn 6:21 καὶ εὐθέως **ἐγένετο** τὸ πλοῖον ἐπὶ
Jn 6:25 πότε ὧδε **γέγονας**;
Jn 7:43 σχίσμα οὖν **ἐγένετο** ἐν τῷ ὄχλῳ
Jn 8:33 λέγεις ὅτι ἐλεύθεροι **γενήσεσθε**;
Jn 8:58 πρὶν Ἀβραὰμ **γενέσθαι** ἐγὼ εἰμί.
Jn 9:22 ἀποσυνάγωγος **γένηται**.
Jn 9:27 θέλετε αὐτοῦ μαθηταὶ **γενέσθαι**;
Jn 9:39 οἱ βλέποντες τυφλοὶ **γένωνται**.
Jn 10:16 καὶ **γενήσονται** μία ποίμνη,
Jn 10:19 Σχίσμα πάλιν **ἐγένετο** ἐν τοῖς Ἰουδαίοις
Jn 10:22 **Ἐγένετο** τότε τὰ ἐγκαίνια
Jn 10:35 λόγος τοῦ θεοῦ **ἐγένετο**,

Jn 12:29 ἀκούσας ἔλεγεν βροντὴν **γεγονέναι**,
Jn 12:30 ἡ φωνὴ αὕτη **γέγονεν** ἀλλὰ δι' ὑμᾶς.
Jn 12:36 ἵνα υἱοὶ φωτὸς **γένησθε**.
Jn 12:42 ἵνα μὴ ἀποσυνάγωγοι **γένωνται**·
Jn 13:2 καὶ δείπνου **γινομένου**,
Jn 13:19 ὑμῖν πρὸ τοῦ **γενέσθαι**,
Jn 13:19 ἵνα πιστεύσητε ὅταν **γένηται** ὅτι ἐγώ εἰμι.
Jn 14:22 [καὶ] τί **γέγονεν** ὅτι ἡμῖν μέλλεις
Jn 14:29 εἴρηκα ὑμῖν πρὶν **γενέσθαι**,
Jn 14:29 ἵνα ὅταν **γένηται** πιστεύσητε.
Jn 15:7 καὶ **γενήσεται** ὑμῖν.
Jn 15:8 πολὺν φέρητε καὶ **γένησθε** ἐμοὶ μαθηταί.
Jn 16:20 ὑμῶν εἰς χαρὰν **γενήσεται**.
Jn 19:36 **ἐγένετο** γὰρ ταῦτα ἵνα
Jn 20:27 καὶ μὴ **γίνου** ἄπιστος ἀλλὰ πιστός.
Jn 21:4 πρωΐας δὲ ἤδη **γενομένης** ἔστη Ἰησοῦς εἰς

γινώσκω (*ginōskō*; 57/222) *know*

Jn 1:10 κόσμος αὐτὸν οὐκ **ἔγνω**.
Jn 1:48 πόθεν με **γινώσκεις**;
Jn 2:24 διὰ τὸ αὐτὸν **γινώσκειν** πάντας
Jn 2:25 αὐτὸς γὰρ **ἐγίνωσκεν** τί ἦν ἐν
Jn 3:10 καὶ ταῦτα οὐ **γινώσκεις**;
Jn 4:1 Ὡς οὖν **ἔγνω** ὁ Ἰησοῦς ὅτι
Jn 4:53 **ἔγνω** οὖν ὁ πατὴρ
Jn 5:6 Ἰησοῦς κατακείμενον καὶ **γνοὺς** ὅτι πολὺν ἤδη
Jn 5:42 ἀλλὰ **ἔγνωκα** ὑμᾶς ὅτι τὴν
Jn 6:15 Ἰησοῦς οὖν **γνοὺς** ὅτι μέλλουσιν ἔρχεσθαι
Jn 6:69 ἡμεῖς πεπιστεύκαμεν καὶ **ἐγνώκαμεν** ὅτι σὺ εἶ
Jn 7:17 **γνώσεται** περὶ τῆς διδαχῆς
Jn 7:26 μήποτε ἀληθῶς **ἔγνωσαν** οἱ ἄρχοντες ὅτι
Jn 7:27 ὅταν ἔρχηται οὐδεὶς **γινώσκει** πόθεν ἐστίν.
Jn 7:49 οὗτος ὁ μὴ **γινώσκων** τὸν νόμον ἐπάρατοί
Jn 7:51 παρ' αὐτοῦ καὶ **γνῷ** τί ποιεῖ;
Jn 8:27 οὐκ **ἔγνωσαν** ὅτι τὸν πατέρα
Jn 8:28 τότε **γνώσεσθε** ὅτι ἐγώ εἰμι,
Jn 8:32 καὶ **γνώσεσθε** τὴν ἀλήθειαν,
Jn 8:43 τὴν ἐμὴν οὐ **γινώσκετε**;
Jn 8:52 νῦν **ἐγνώκαμεν** ὅτι δαιμόνιον ἔχεις.
Jn 8:55 καὶ οὐκ **ἐγνώκατε** αὐτόν,
Jn 10:6 ἐκεῖνοι δὲ οὐκ **ἔγνωσαν** τίνα ἦν ἃ
Jn 10:14 ὁ καλὸς καὶ **γινώσκω** τὰ ἐμὰ καὶ
Jn 10:14 τὰ ἐμὰ καὶ **γινώσκουσί** με τὰ ἐμά,
Jn 10:15 καθὼς **γινώσκει** με ὁ πατὴρ
Jn 10:15 ὁ πατὴρ κἀγὼ **γινώσκω** τὸν πατέρα,
Jn 10:27 κἀγὼ **γινώσκω** αὐτὰ καὶ ἀκολουθοῦσίν
Jn 10:38 ἵνα **γνῶτε** καὶ γινώσκητε ὅτι
Jn 10:38 ἵνα γνῶτε καὶ **γινώσκητε** ὅτι ἐν ἐμοὶ
Jn 11:57 ἵνα ἐάν τις **γνῷ** ποῦ ἐστιν μηνύσῃ,
Jn 12:9 **Ἔγνω** οὖν [ὁ] ὄχλος
Jn 12:16 ταῦτα οὐκ **ἔγνωσαν** αὐτοῦ οἱ μαθηταὶ
Jn 13:7 **γνώσῃ** δὲ μετὰ ταῦτα.
Jn 13:12 **γινώσκετε** τί πεποίηκα ὑμῖν;
Jn 13:28 τοῦτο [δὲ] οὐδεὶς **ἔγνω** τῶν ἀνακειμένων
Jn 13:35 ἐν τούτῳ **γνώσονται** πάντες ὅτι ἐμοὶ
Jn 14:7 εἰ **ἐγνώκατέ** με,
Jn 14:7 τὸν πατέρα μου **γνώσεσθε**.
Jn 14:7 καὶ ἀπ' ἄρτι **γινώσκετε** αὐτὸν καὶ ἑωράκατε
Jn 14:9 εἰμι καὶ οὐκ **ἔγνωκάς** με,
Jn 14:17 θεωρεῖ αὐτὸ οὐδὲ **γινώσκει**·
Jn 14:17 ὑμεῖς **γινώσκετε** αὐτό,
Jn 14:20 ἐκείνῃ τῇ ἡμέρᾳ **γνώσεσθε** ὑμεῖς ὅτι ἐγὼ
Jn 14:31 ἀλλ' ἵνα **γνῷ** ὁ κόσμος ὅτι
Jn 15:18 **γινώσκετε** ὅτι ἐμὲ πρῶτον
Jn 16:3 ποιήσουσιν ὅτι οὐκ **ἔγνωσαν** τὸν πατέρα
Jn 16:19 **Ἔγνω** [ὁ] Ἰησοῦς ὅτι
Jn 17:3 αἰώνιος ζωὴ ἵνα **γινώσκωσιν** σὲ τὸν μόνον
Jn 17:7 νῦν **ἔγνωκαν** ὅτι πάντα ὅσα
Jn 17:8 αὐτοὶ ἔλαβον καὶ **ἔγνωσαν** ἀληθῶς ὅτι παρὰ
Jn 17:23 ἵνα **γινώσκῃ** ὁ κόσμος ὅτι
Jn 17:25 κόσμος σε οὐκ **ἔγνω**,
Jn 17:25 ἐγὼ δέ σε **ἔγνων**,
Jn 17:25 καὶ οὗτοι **ἔγνωσαν** ὅτι σύ με
Jn 19:4 ἵνα **γνῶτε** ὅτι οὐδεμίαν αἰτίαν
Jn 21:17 σὺ **γινώσκεις** ὅτι φιλῶ σε.

γλωσσόκομον (*glōssokomon*; 2/2) *money box or bag*

Jn 12:6 ἦν καὶ τὸ **γλωσσόκομον** ἔχων τὰ βαλλόμενα
Jn 13:29 ἐπεὶ τὸ **γλωσσόκομον** εἶχεν Ἰούδας,

γνωρίζω (*gnōrizō*; 3/25) *make known*

Jn 15:15 τοῦ πατρός μου **ἐγνώρισα** ὑμῖν.
Jn 17:26 καὶ **ἐγνώρισα** αὐτοῖς τὸ ὄνομά
Jn 17:26 ὄνομά σου καὶ **γνωρίσω**,

γνωστός (*gnōstos*; 2/15) *known*

Jn 18:15 μαθητὴς ἐκεῖνος ἦν **γνωστὸς** τῷ ἀρχιερεῖ
Jn 18:16 ὁ ἄλλος ὁ **γνωστὸς** τοῦ ἀρχιερέως καὶ

γογγύζω (*gongyzō*; 4/8) *grumble*

Jn 6:41 **Ἐγόγγυζον** οὖν οἱ Ἰουδαῖοι
Jn 6:43 μὴ **γογγύζετε** μετ' ἀλλήλων.
Jn 6:61 ἐν ἑαυτῷ ὅτι **γογγύζουσιν** περὶ τούτου οἱ
Jn 7:32 Φαρισαῖοι τοῦ ὄχλου **γογγύζοντος** περὶ αὐτοῦ ταῦτα,

γογγυσμός (*gongysmos*; 1/4) *complaining, whispering*

Jn 7:12 καὶ **γογγυσμὸς** περὶ αὐτοῦ ἦν

Γολγοθᾶ (*Golgotha*; 1/3) *Golgotha*

Jn 19:17 ὃ λέγεται Ἑβραϊστὶ **Γολγοθα**,

γονεύς (*goneus*; 6/20) *parent*

Jn 9:2 οὗτος ἢ οἱ **γονεῖς** αὐτοῦ,
Jn 9:3 ἥμαρτεν οὔτε οἱ **γονεῖς** αὐτοῦ,
Jn 9:18 ὅτου ἐφώνησαν τοὺς **γονεῖς** αὐτοῦ τοῦ ἀναβλέψαντος
Jn 9:20 ἀπεκρίθησαν οὖν οἱ **γονεῖς** αὐτοῦ καὶ εἶπαν·
Jn 9:22 ταῦτα εἶπαν οἱ **γονεῖς** αὐτοῦ ὅτι ἐφοβοῦντο
Jn 9:23 διὰ τοῦτο οἱ **γονεῖς** αὐτοῦ εἶπαν ὅτι

γράμμα (*gramma*; 2/14) *letter of the alphabet*

Jn 5:47 δὲ τοῖς ἐκείνου **γράμμασιν** οὐ πιστεύετε,
Jn 7:15 πῶς οὗτος **γράμματα** οἶδεν μὴ μεμαθηκώς;

γραμματεύς (*grammateus*; 0[1]/62[63]) *scribe*

[Jn 8:3] Ἄγουσιν δὲ οἱ **γραμματεῖς** καὶ οἱ Φαρισαῖοι

γραφή (*graphē*; 12/50) *Scripture*
Jn 2:22 καὶ ἐπίστευσαν τῇ **γραφῇ** καὶ τῷ λόγῳ
Jn 5:39 ἐραυνᾶτε τὰς **γραφάς**,
Jn 7:38 καθὼς εἶπεν ἡ **γραφή**,
Jn 7:42 οὐχ ἡ **γραφὴ** εἶπεν ὅτι ἐκ
Jn 10:35 δύναται λυθῆναι ἡ **γραφή**,
Jn 13:18 ἀλλ' ἵνα ἡ **γραφὴ** πληρωθῇ·
Jn 17:12 ἵνα ἡ **γραφὴ** πληρωθῇ.
Jn 19:24 ἵνα ἡ **γραφὴ** πληρωθῇ [ἡ λέγουσα]·
Jn 19:28 ἵνα τελειωθῇ ἡ **γραφή**,
Jn 19:36 ταῦτα ἵνα ἡ **γραφὴ** πληρωθῇ·
Jn 19:37 καὶ πάλιν ἑτέρα **γραφὴ** λέγει·
Jn 20:9 γὰρ ᾔδεισαν τὴν **γραφὴν** ὅτι δεῖ αὐτὸν

γράφω (*graphō*; 21[22]/190[191]) *write*
Jn 1:45 ὃν **ἔγραψεν** Μωϋσῆς ἐν τῷ
Jn 2:17 μαθηταὶ αὐτοῦ ὅτι **γεγραμμένον** ἐστίν·
Jn 5:46 γὰρ ἐμοῦ ἐκεῖνος **ἔγραψεν**.
Jn 6:31 καθώς ἐστιν **γεγραμμένον**·
Jn 6:45 ἔστιν **γεγραμμένον** ἐν τοῖς προφήταις·
[Jn 8:8] καὶ πάλιν κατακύψας **ἔγραφεν** εἰς τὴν γῆν.
Jn 8:17 δὲ τῷ ὑμετέρῳ **γέγραπται** ὅτι δύο ἀνθρώπων
Jn 10:34 οὐκ ἔστιν **γεγραμμένον** ἐν τῷ νόμῳ
Jn 12:14 καθώς ἐστιν **γεγραμμένον**·
Jn 12:16 ἦν ἐπ' αὐτῷ **γεγραμμένα** καὶ ταῦτα ἐποίησαν
Jn 15:25 τῷ νόμῳ αὐτῶν **γεγραμμένος** ὅτι ἐμίσησάν με
Jn 19:19 **ἔγραψεν** δὲ καὶ τίτλον
Jn 19:19 ἦν δὲ **γεγραμμένον**·
Jn 19:20 καὶ ἦν **γεγραμμένον** Ἑβραϊστί,
Jn 19:21 μὴ **γράφε**·
Jn 19:22 ὃ **γέγραφα**,
Jn 19:22 **γέγραφα**.
Jn 20:30 ἃ οὐκ ἔστιν **γεγραμμένα** ἐν τῷ βιβλίῳ
Jn 20:31 ταῦτα δὲ **γέγραπται** ἵνα πιστεύ[σ]ητε ὅτι
Jn 21:24 τούτων καὶ ὁ **γράψας** ταῦτα,
Jn 21:25 ἅτινα ἐὰν **γράφηται** καθ' ἕν,
Jn 21:25 κόσμον χωρῆσαι τὰ **γραφόμενα** βιβλία.

γυμνός (*gymnos*; 1/15) *naked*
Jn 21:7 ἦν γὰρ **γυμνός**,

γυνή (*gynē*; 18[22]/211[215]) *woman, wife*
Jn 2:4 **γύναι**;
Jn 4:7 ἔρχεται **γυνὴ** ἐκ τῆς Σαμαρείας
Jn 4:9 οὖν αὐτῷ ἡ **γυνὴ** ἡ Σαμαρῖτις·
Jn 4:9 ἐμοῦ πεῖν αἰτεῖς **γυναικὸς** Σαμαρίτιδος οὔσης;
Jn 4:11 λέγει αὐτῷ [ἡ **γυνή**]·
Jn 4:15 πρὸς αὐτὸν ἡ **γυνή**·
Jn 4:17 ἀπεκρίθη ἡ **γυνὴ** καὶ εἶπεν αὐτῷ·
Jn 4:19 λέγει αὐτῷ ἡ **γυνή**·
Jn 4:21 **γύναι**,
Jn 4:25 λέγει αὐτῷ ἡ **γυνή**·
Jn 4:27 ἐθαύμαζον ὅτι μετὰ **γυναικὸς** ἐλάλει·
Jn 4:28 ὑδρίαν αὐτῆς ἡ **γυνὴ** καὶ ἀπῆλθεν εἰς
Jn 4:39 τὸν λόγον τῆς **γυναικὸς** μαρτυρούσης ὅτι εἶπέν
Jn 4:42 τῇ τε **γυναικὶ** ἔλεγον ὅτι οὐκέτι
[Jn 8:3] καὶ οἱ Φαρισαῖοι **γυναῖκα** ἐπὶ μοιχείᾳ κατειλημμένην
[Jn 8:4] αὕτη ἡ **γυνὴ** κατείληπται ἐπ' αὐτοφώρῳ
[Jn 8:9] μόνος καὶ ἡ **γυνὴ** ἐν μέσῳ οὖσα.
[Jn 8:10] **γύναι**,
Jn 16:21 ἡ **γυνὴ** ὅταν τίκτῃ λύπην
Jn 19:26 **γύναι**,
Jn 20:13 **γύναι**,
Jn 20:15 **γύναι**,

δαιμονίζομαι (*daimonizomai*; 1/13) *be demon-possessed*
Jn 10:21 ῥήματα οὐκ ἔστιν **δαιμονιζομένου**·

δαιμόνιον (*daimonion*; 6/61[63]) *demon*
Jn 7:20 **δαιμόνιον** ἔχεις·
Jn 8:48 εἶ σὺ καὶ **δαιμόνιον** ἔχεις;
Jn 8:49 ἐγὼ **δαιμόνιον** οὐκ ἔχω,
Jn 8:52 νῦν ἐγνώκαμεν ὅτι **δαιμόνιον** ἔχεις.
Jn 10:20 **δαιμόνιον** ἔχει καὶ μαίνεται·
Jn 10:21 μὴ **δαιμόνιον** δύναται τυφλῶν ὀφθαλμοὺς

δακρύω (*dakryō*; 1/1) *weep*
Jn 11:35 **ἐδάκρυσεν** ὁ Ἰησοῦς.

δάκτυλος (*daktylos*; 2[3]/7[8]) *finger*
[Jn 8:6] κάτω κύψας τῷ **δακτύλῳ** κατέγραφεν εἰς τὴν
Jn 20:25 καὶ βάλω τὸν **δάκτυλόν** μου εἰς τὸν
Jn 20:27 φέρε τὸν **δάκτυλόν** σου ὧδε καὶ

Δαυίδ (*Dauid*; 2/59) *David*
Jn 7:42 ἐκ τοῦ σπέρματος **Δαυὶδ** καὶ ἀπὸ Βηθλέεμ
Jn 7:42 κώμης ὅπου ἦν **Δαυὶδ** ἔρχεται ὁ χριστός;

δέ (*de*; 202[213]/2773[2792]) *but, and*
Jn 1:12 ὅσοι **δὲ** ἔλαβον αὐτόν,
Jn 1:38 στραφεὶς **δὲ** ὁ Ἰησοῦς καὶ
Jn 1:38 οἱ **δὲ** εἶπαν αὐτῷ·
Jn 1:44 ἦν **δὲ** ὁ Φίλιππος ἀπὸ
Jn 2:2 ἐκλήθη **δὲ** καὶ ὁ Ἰησοῦς
Jn 2:6 ἦσαν **δὲ** ἐκεῖ λίθιναι ὑδρίαι
Jn 2:8 οἱ **δὲ** ἤνεγκαν.
Jn 2:9 ὡς **δὲ** ἐγεύσατο ὁ ἀρχιτρίκλινος
Jn 2:9 οἱ **δὲ** διάκονοι ᾔδεισαν οἱ
Jn 2:21 ἐκεῖνος **δὲ** ἔλεγεν περὶ τοῦ
Jn 2:23 Ὡς **δὲ** ἦν ἐν τοῖς
Jn 2:24 αὐτὸς **δὲ** Ἰησοῦς οὐκ ἐπίστευεν
Jn 3:1 Ἦν **δὲ** ἄνθρωπος ἐκ τῶν
Jn 3:18 ὁ **δὲ** μὴ πιστεύων ἤδη
Jn 3:19 αὕτη **δέ** ἐστιν ἡ κρίσις
Jn 3:21 ὁ **δὲ** ποιῶν τὴν ἀλήθειαν
Jn 3:23 Ἦν **δὲ** καὶ ὁ Ἰωάννης
Jn 3:29 ὁ **δὲ** φίλος τοῦ νυμφίου
Jn 3:30 ἐμὲ **δὲ** ἐλαττοῦσθαι.
Jn 3:36 ὁ **δὲ** ἀπειθῶν τῷ υἱῷ
Jn 4:4 Ἔδει **δὲ** αὐτὸν διέρχεσθαι διὰ
Jn 4:6 ἦν **δὲ** ἐκεῖ πηγὴ τοῦ
Jn 4:14 ὃς **δ'** ἂν πίῃ ἐκ
Jn 4:32 ὁ **δὲ** εἶπεν αὐτοῖς·
Jn 4:39 Ἐκ **δὲ** τῆς πόλεως ἐκείνης
Jn 4:43 Μετὰ **δὲ** τὰς δύο ἡμέρας
Jn 4:51 ἤδη **δὲ** αὐτοῦ καταβαίνοντος οἱ
Jn 4:54 Τοῦτο **[δὲ]** πάλιν δεύτερον σημεῖον
Jn 5:2 Ἔστιν **δὲ** ἐν τοῖς Ἱεροσολύμοις
Jn 5:5 ἦν **δέ** τις ἄνθρωπος ἐκεῖ
Jn 5:7 ἐν ᾧ **δὲ** ἔρχομαι ἐγώ,

Jn 5:9 Ἦν **δὲ** σάββατον ἐν ἐκείνῃ
Jn 5:11 ὁ **δὲ** ἀπεκρίθη αὐτοῖς·
Jn 5:13 ὁ **δὲ** ἰαθεὶς οὐκ ᾔδει
Jn 5:17 Ὁ **δὲ** [Ἰησοῦς] ἀπεκρίνατο αὐτοῖς·
Jn 5:29 οἱ **δὲ** τὰ φαῦλα πράξαντες
Jn 5:34 ἐγὼ **δὲ** οὐ παρὰ ἀνθρώπου
Jn 5:35 ὑμεῖς **δὲ** ἠθελήσατε ἀγαλλιαθῆναι πρὸς
Jn 5:36 Ἐγὼ **δὲ** ἔχω τὴν μαρτυρίαν
Jn 5:47 εἰ **δὲ** τοῖς ἐκείνου γράμμασιν
Jn 6:2 ἠκολούθει **δὲ** αὐτῷ ὄχλος πολύς,
Jn 6:3 ἀνῆλθεν **δὲ** εἰς τὸ ὄρος
Jn 6:4 ἦν **δὲ** ἐγγὺς τὸ πάσχα,
Jn 6:6 τοῦτο **δὲ** ἔλεγεν πειράζων αὐτόν·
Jn 6:10 ἦν **δὲ** χόρτος πολὺς ἐν
Jn 6:12 ὡς **δὲ** ἐνεπλήσθησαν,
Jn 6:16 Ὡς **δὲ** ὀψία ἐγένετο κατέβησαν
Jn 6:20 ὁ **δὲ** λέγει αὐτοῖς·
Jn 6:39 τοῦτο **δέ** ἐστιν τὸ θέλημα
Jn 6:51 καὶ ὁ ἄρτος **δὲ** ὃν ἐγὼ δώσω
Jn 6:61 εἰδὼς **δὲ** ὁ Ἰησοῦς ἐν
Jn 6:71 ἔλεγεν **δὲ** τὸν Ἰούδαν Σίμωνος
Jn 7:2 Ἦν **δὲ** ἐγγὺς ἡ ἑορτὴ
Jn 7:6 ὁ **δὲ** καιρὸς ὁ ὑμέτερος
Jn 7:7 ἐμὲ **δὲ** μισεῖ,
Jn 7:9 ταῦτα **δὲ** εἰπὼν αὐτὸς ἔμεινεν
Jn 7:10 Ὡς **δὲ** ἀνέβησαν οἱ ἀδελφοὶ
Jn 7:12 ἄλλοι **[δὲ]** ἔλεγον·
Jn 7:14 Ἤδη **δὲ** τῆς ἑορτῆς μεσούσης
Jn 7:18 ὁ **δὲ** ζητῶν τὴν δόξαν
Jn 7:27 ὁ **δὲ** χριστὸς ὅταν ἔρχηται
Jn 7:31 Ἐκ τοῦ ὄχλου **δὲ** πολλοὶ ἐπίστευσαν εἰς
Jn 7:37 Ἐν **δὲ** τῇ ἐσχάτῃ ἡμέρᾳ
Jn 7:39 τοῦτο **δὲ** εἶπεν περὶ τοῦ
Jn 7:41 οἱ **δὲ** ἔλεγον·
Jn 7:44 τινες **δὲ** ἤθελον ἐξ αὐτῶν
[Jn 8:1] Ἰησοῦς **δὲ** ἐπορεύθη εἰς τὸ
[Jn 8:2] Ὄρθρου **δὲ** πάλιν παρεγένετο εἰς
[Jn 8:3] Ἄγουσιν **δὲ** οἱ γραμματεῖς καὶ
[Jn 8:5] ἐν **δὲ** τῷ νόμῳ ἡμῖν
[Jn 8:6] τοῦτο **δὲ** ἔλεγον πειράζοντες αὐτόν,
[Jn 8:6] ὁ **δὲ** Ἰησοῦς κάτω κύψας
[Jn 8:7] ὡς **δὲ** ἐπέμενον ἐρωτῶντες αὐτόν,
[Jn 8:9] οἱ **δὲ** ἀκούσαντες ἐξήρχοντο εἷς
[Jn 8:10] ἀνακύψας **δὲ** ὁ Ἰησοῦς εἶπεν
[Jn 8:11] ἡ **δὲ** εἶπεν·
[Jn 8:11] εἶπεν **δὲ** ὁ Ἰησοῦς·
Jn 8:14 ὑμεῖς **δὲ** οὐκ οἴδατε πόθεν
Jn 8:16 καὶ ἐὰν κρίνω **δὲ** ἐγώ,
Jn 8:17 ἐν τῷ νόμῳ **δὲ** τῷ ὑμετέρῳ γέγραπται
Jn 8:35 ὁ **δὲ** δοῦλος οὐ μένει
Jn 8:40 νῦν **δὲ** ζητεῖτέ με ἀποκτεῖναι
Jn 8:45 ἐγὼ **δὲ** ὅτι τὴν ἀλήθειαν
Jn 8:50 ἐγὼ **δὲ** οὐ ζητῶ τὴν
Jn 8:55 ἐγὼ **δὲ** οἶδα αὐτόν.
Jn 8:59 Ἰησοῦς **δὲ** ἐκρύβη καὶ ἐξῆλθεν
Jn 9:14 ἦν **δὲ** σάββατον ἐν ᾗ
Jn 9:15 ὁ **δὲ** εἶπεν αὐτοῖς·
Jn 9:16 ἄλλοι **[δὲ]** ἔλεγον·
Jn 9:17 ὁ **δὲ** εἶπεν ὅτι προφήτης
Jn 9:21 πῶς **δὲ** νῦν βλέπει οὐκ
Jn 9:28 ἡμεῖς **δὲ** τοῦ Μωϋσέως ἐσμὲν
Jn 9:29 τοῦτον **δὲ** οὐκ οἴδαμεν πόθεν
Jn 9:38 ὁ **δὲ** ἔφη·
Jn 9:41 νῦν **δὲ** λέγετε ὅτι βλέπομεν,
Jn 10:2 ὁ **δὲ** εἰσερχόμενος διὰ τῆς
Jn 10:5 ἀλλοτρίῳ **δὲ** οὐ μὴ ἀκολουθήσουσιν,
Jn 10:6 ἐκεῖνοι **δὲ** οὐκ ἔγνωσαν τίνα
Jn 10:20 ἔλεγον **δὲ** πολλοὶ ἐξ αὐτῶν·
Jn 10:38 εἰ **δὲ** ποιῶ,
Jn 10:41 πάντα **δὲ** ὅσα εἶπεν Ἰωάννης
Jn 11:1 Ἦν **δέ** τις ἀσθενῶν,
Jn 11:2 ἦν **δὲ** Μαριὰμ ἡ ἀλείψασα
Jn 11:4 ἀκούσας **δὲ** ὁ Ἰησοῦς εἶπεν·
Jn 11:5 ἠγάπα **δὲ** ὁ Ἰησοῦς τὴν
Jn 11:10 ἐὰν **δέ** τις περιπατῇ ἐν
Jn 11:13 εἰρήκει **δὲ** ὁ Ἰησοῦς περὶ
Jn 11:13 ἐκεῖνοι **δὲ** ἔδοξαν ὅτι περὶ
Jn 11:18 ἦν **δὲ** ἡ Βηθανία ἐγγὺς
Jn 11:19 πολλοὶ **δὲ** ἐκ τῶν Ἰουδαίων
Jn 11:20 Μαριὰμ **δὲ** ἐν τῷ οἴκῳ
Jn 11:29 ἐκείνη **δὲ** ὡς ἤκουσεν ἠγέρθη
Jn 11:30 οὔπω **δὲ** ἐληλύθει ὁ Ἰησοῦς
Jn 11:37 τινες **δὲ** ἐξ αὐτῶν εἶπαν·
Jn 11:38 ἦν **δὲ** σπήλαιον καὶ λίθος
Jn 11:41 ὁ **δὲ** Ἰησοῦς ἦρεν τοὺς
Jn 11:42 ἐγὼ **δὲ** ᾔδειν ὅτι πάντοτέ
Jn 11:46 τινες **δὲ** ἐξ αὐτῶν ἀπῆλθον
Jn 11:49 εἷς **δέ** τις ἐξ αὐτῶν
Jn 11:51 τοῦτο **δὲ** ἀφ' ἑαυτοῦ οὐκ
Jn 11:55 Ἦν **δὲ** ἐγγὺς τὸ πάσχα
Jn 11:57 δεδώκεισαν **δὲ** οἱ ἀρχιερεῖς καὶ
Jn 12:2 ὁ **δὲ** Λάζαρος εἷς ἦν
Jn 12:3 ἡ **δὲ** οἰκία ἐπληρώθη ἐκ
Jn 12:4 λέγει **δὲ** Ἰούδας ὁ Ἰσκαριώτης
Jn 12:6 εἶπεν **δὲ** τοῦτο οὐχ ὅτι
Jn 12:8 ἐμὲ **δὲ** οὐ πάντοτε ἔχετε.
Jn 12:10 ἐβουλεύσαντο **δὲ** οἱ ἀρχιερεῖς ἵνα
Jn 12:14 εὑρὼν **δὲ** ὁ Ἰησοῦς ὀνάριον
Jn 12:20 Ἦσαν **δὲ** Ἕλληνές τινες ἐκ
Jn 12:23 ὁ **δὲ** Ἰησοῦς ἀποκρίνεται αὐτοῖς
Jn 12:24 ἐὰν **δὲ** ἀποθάνῃ,
Jn 12:33 τοῦτο **δὲ** ἔλεγεν σημαίνων ποίῳ
Jn 12:37 Τοσαῦτα **δὲ** αὐτοῦ σημεῖα πεποιηκότος
Jn 12:44 Ἰησοῦς **δὲ** ἔκραξεν καὶ εἶπεν·
Jn 13:1 Πρὸ **δὲ** τῆς ἑορτῆς τοῦ
Jn 13:7 γνώσῃ **δὲ** μετὰ ταῦτα.
Jn 13:20 ὁ **δὲ** ἐμὲ λαμβάνων λαμβάνει
Jn 13:28 τοῦτο **[δὲ]** οὐδεὶς ἔγνω τῶν
Jn 13:30 ἦν **δὲ** νύξ.
Jn 13:36 ἀκολουθήσεις **δὲ** ὕστερον.
Jn 14:2 εἰ **δὲ** μή,
Jn 14:10 ὁ **δὲ** πατὴρ ἐν ἐμοὶ
Jn 14:11 εἰ **δὲ** μή,
Jn 14:19 ὑμεῖς **δὲ** θεωρεῖτέ με,
Jn 14:21 ὁ **δὲ** ἀγαπῶν με ἀγαπηθήσεται
Jn 14:26 ὁ **δὲ** παράκλητος,
Jn 15:15 ὑμᾶς δὲ **εἴρηκα** φίλους,
Jn 15:19 ὅτι **δὲ** ἐκ τοῦ κόσμου
Jn 15:22 νῦν **δὲ** πρόφασιν οὐκ ἔχουσιν
Jn 15:24 νῦν **δὲ** καὶ ἑωράκασιν καὶ
Jn 15:27 καὶ ὑμεῖς **δὲ** μαρτυρεῖτε,
Jn 16:4 Ταῦτα **δὲ** ὑμῖν ἐξ ἀρχῆς
Jn 16:5 Νῦν **δὲ** ὑπάγω πρὸς τὸν
Jn 16:7 ἐὰν **δὲ** πορευθῶ,
Jn 16:10 περὶ δικαιοσύνης **δέ**,
Jn 16:11 περὶ **δὲ** κρίσεως,
Jn 16:13 ὅταν **δὲ** ἔλθῃ ἐκεῖνος,
Jn 16:20 ὁ **δὲ** κόσμος χαρήσεται·

Jn 16:21 ὅταν **δὲ** γεννήσῃ τὸ παιδίον,
Jn 16:22 πάλιν **δὲ** ὄψομαι ὑμᾶς,
Jn 17:3 αὕτη **δέ** ἐστιν ἡ αἰώνιος
Jn 17:13 νῦν **δὲ** πρὸς σὲ ἔρχομαι
Jn 17:20 Οὐ περὶ τούτων **δὲ** ἐρωτῶ μόνον,
Jn 17:25 ἐγὼ **δέ** σε ἔγνων,
Jn 18:2 Ἤιδει **δὲ** καὶ Ἰούδας ὁ
Jn 18:5 εἱστήκει **δὲ** καὶ Ἰούδας ὁ
Jn 18:7 οἱ **δὲ** εἶπαν·
Jn 18:10 ἦν **δὲ** ὄνομα τῷ δούλῳ
Jn 18:14 ἦν **δὲ** Καϊάφας ὁ συμβουλεύσας
Jn 18:15 Ἠκολούθει **δὲ** τῷ Ἰησοῦ Σίμων
Jn 18:15 ὁ **δὲ** μαθητὴς ἐκεῖνος ἦν
Jn 18:16 ὁ **δὲ** Πέτρος εἱστήκει πρὸς
Jn 18:18 εἱστήκεισαν **δὲ** οἱ δοῦλοι καὶ
Jn 18:18 ἦν **δὲ** καὶ ὁ Πέτρος
Jn 18:22 ταῦτα **δὲ** αὐτοῦ εἰπόντος εἷς
Jn 18:23 εἰ **δὲ** καλῶς,
Jn 18:25 Ἦν **δὲ** Σίμων Πέτρος ἑστὼς
Jn 18:28 ἦν **δὲ** πρωΐ·
Jn 18:36 νῦν **δὲ** ἡ βασιλεία ἡ
Jn 18:39 ἔστιν **δὲ** συνήθεια ὑμῖν ἵνα
Jn 18:40 ἦν δὲ **ὁ** Βαραββᾶς λῃστής.
Jn 19:9 ὁ **δὲ** Ἰησοῦς ἀπόκρισιν οὐκ
Jn 19:12 οἱ **δὲ** Ἰουδαῖοι ἐκραύγασαν λέγοντες·
Jn 19:13 Ἑβραϊστὶ **δὲ** Γαββαθα.
Jn 19:14 ἦν **δὲ** παρασκευὴ τοῦ πάσχα,
Jn 19:18 μέσον **δὲ** τὸν Ἰησοῦν.
Jn 19:19 ἔγραψεν **δὲ** καὶ τίτλον ὁ
Jn 19:19 ἦν **δὲ** γεγραμμένον·
Jn 19:23 ἦν **δὲ** ὁ χιτὼν ἄραφος,
Jn 19:25 Εἱστήκεισαν **δὲ** παρὰ τῷ σταυρῷ
Jn 19:33 ἐπὶ **δὲ** τὸν Ἰησοῦν ἐλθόντες,
Jn 19:38 Μετὰ **δὲ** ταῦτα ἠρώτησεν τὸν
Jn 19:38 τοῦ Ἰησοῦ κεκρυμμένος **δὲ** διὰ τὸν φόβον
Jn 19:39 ἦλθεν **δὲ** καὶ Νικόδημος,
Jn 19:41 ἦν **δὲ** ἐν τῷ τόπῳ
Jn 20:1 Τῇ **δὲ** μιᾷ τῶν σαββάτων
Jn 20:4 ἔτρεχον **δὲ** οἱ δύο ὁμοῦ·
Jn 20:11 Μαρία **δὲ** εἱστήκει πρὸς τῷ
Jn 20:17 πορεύου **δὲ** πρὸς τοὺς ἀδελφούς
Jn 20:24 Θωμᾶς **δὲ** εἷς ἐκ τῶν
Jn 20:25 ὁ **δὲ** εἶπεν αὐτοῖς·
Jn 20:31 ταῦτα **δὲ** γέγραπται ἵνα πιστεύ[σ]ητε
Jn 21:1 ἐφανέρωσεν **δὲ** οὕτως.
Jn 21:4 πρωΐας **δὲ** ἤδη γενομένης ἔστη
Jn 21:6 ὁ **δὲ** εἶπεν αὐτοῖς·
Jn 21:8 οἱ **δὲ** ἄλλοι μαθηταὶ τῷ
Jn 21:12 οὐδεὶς **δὲ** ἐτόλμα τῶν μαθητῶν
Jn 21:18 ὅταν **δὲ** γηράσῃς,
Jn 21:19 τοῦτο **δὲ** εἶπεν σημαίνων ποίῳ
Jn 21:21 οὗτος **δὲ** τί;
Jn 21:23 οὐκ εἶπεν **δὲ** αὐτῷ ὁ Ἰησοῦς
Jn 21:25 Ἔστιν **δὲ** καὶ ἄλλα πολλὰ

δεῖ (*dei*; 10/101) *it is necessary*
Jn 3:7 **δεῖ** ὑμᾶς γεννηθῆναι ἄνωθεν.
Jn 3:14 οὕτως ὑψωθῆναι **δεῖ** τὸν υἱὸν τοῦ
Jn 3:30 ἐκεῖνον **δεῖ** αὐξάνειν,
Jn 4:4 **Ἔδει** δὲ αὐτὸν διέρχεσθαι
Jn 4:20 τόπος ὅπου προσκυνεῖν **δεῖ**.
Jn 4:24 πνεύματι καὶ ἀληθείᾳ **δεῖ** προσκυνεῖν.
Jn 9:4 ἡμᾶς **δεῖ** ἐργάζεσθαι τὰ ἔργα
Jn 10:16 κἀκεῖνα **δεῖ** με ἀγαγεῖν καὶ
Jn 12:34 λέγεις σὺ ὅτι **δεῖ** ὑψωθῆναι τὸν υἱὸν
Jn 20:9 τὴν γραφὴν ὅτι **δεῖ** αὐτὸν ἐκ νεκρῶν

δείκνυμι (*deiknymi*; 7/33) *show*
Jn 2:18 τί σημεῖον **δεικνύεις** ἡμῖν ὅτι ταῦτα
Jn 5:20 υἱὸν καὶ πάντα **δείκνυσιν** αὐτῷ ἃ αὐτὸς
Jn 5:20 καὶ μείζονα τούτων **δείξει** αὐτῷ ἔργα,
Jn 10:32 πολλὰ ἔργα καλὰ **ἔδειξα** ὑμῖν ἐκ τοῦ
Jn 14:8 **δεῖξον** ἡμῖν τὸν πατέρα,
Jn 14:9 **δεῖξον** ἡμῖν τὸν πατέρα;
Jn 20:20 καὶ τοῦτο εἰπὼν **ἔδειξεν** τὰς χεῖρας καὶ

δειλιάω (*deiliaō*; 1/1) *be afraid*
Jn 14:27 ἡ καρδία μηδὲ **δειλιάτω**.

δεῖπνον (*deipnon*; 4/16) *dinner, feast*
Jn 12:2 ἐποίησαν οὖν αὐτῷ **δεῖπνον** ἐκεῖ,
Jn 13:2 καὶ **δείπνου** γινομένου,
Jn 13:4 ἐγείρεται ἐκ τοῦ **δείπνου** καὶ τίθησιν τὰ
Jn 21:20 ἀνέπεσεν ἐν τῷ **δείπνῳ** ἐπὶ τὸ στῆθος

δεκαπέντε (*dekapente*; 1/3) *fifteen*
Jn 11:18 ὡς ἀπὸ σταδίων **δεκαπέντε**.

δέκατος (*dekatos*; 1/7) *tenth*
Jn 1:39 ὥρα ἦν ὡς **δεκάτη**.

δεξιός (*dexios*; 2/53[54]) *right*
Jn 18:10 τὸ ὠτάριον τὸ **δεξιόν**·
Jn 21:6 βάλετε εἰς τὰ **δεξιὰ** μέρη τοῦ πλοίου

δέρω (*derō*; 1/15) *beat*
Jn 18:23 τί με **δέρεις**;

δεῦρο (*deuro*; 1/9) *come*
Jn 11:43 **δεῦρο** ἔξω.

δεῦτε (*deute*; 2/12) *come*
Jn 4:29 **δεῦτε** ἴδετε ἄνθρωπον ὃς
Jn 21:12 **δεῦτε** ἀριστήσατε.

δεύτερος (*deuteros*; 4/43) *second*
Jn 3:4 τῆς μητρὸς αὐτοῦ **δεύτερον** εἰσελθεῖν καὶ γεννηθῆναι;
Jn 4:54 Τοῦτο [δὲ] πάλιν **δεύτερον** σημεῖον ἐποίησεν ὁ
Jn 9:24 τὸν ἄνθρωπον ἐκ **δευτέρου** ὃς ἦν τυφλὸς
Jn 21:16 λέγει αὐτῷ πάλιν **δεύτερον**·

δέχομαι (*dechomai*; 1/56) *take, receive*
Jn 4:45 **ἐδέξαντο** αὐτὸν οἱ Γαλιλαῖοι

δέω (*deō*; 4/43) *bind*
Jn 11:44 ἐξῆλθεν ὁ τεθνηκὼς **δεδεμένος** τοὺς πόδας
Jn 18:12 τὸν Ἰησοῦν καὶ **ἔδησαν** αὐτὸν
Jn 18:24 αὐτὸν ὁ Ἅννας **δεδεμένον** πρὸς Καϊάφαν τὸν
Jn 19:40 τοῦ Ἰησοῦ καὶ **ἔδησαν** αὐτὸ ὀθονίοις μετὰ

δηνάριον (*dēnarion*; 2/16) *denarius (Roman silver coin)*

Jn 6:7 διακοσίων **δηναρίων** ἄρτοι οὐκ ἀρκοῦσιν
Jn 12:5 οὐκ ἐπράθη τριακοσίων **δηναρίων** καὶ ἐδόθη πτωχοῖς;

διά (*dia*; 59/665[667]) *through, on account of*

Jn 1:3 πάντα **δι'** αὐτοῦ ἐγένετο,
Jn 1:7 ἵνα πάντες πιστεύσωσιν **δι'** αὐτοῦ.
Jn 1:10 καὶ ὁ κόσμος **δι'** αὐτοῦ ἐγένετο,
Jn 1:17 ὅτι ὁ νόμος **διὰ** Μωϋσέως ἐδόθη,
Jn 1:17 καὶ ἡ ἀλήθεια **διὰ** Ἰησοῦ Χριστοῦ ἐγένετο.
Jn 1:31 φανερωθῇ τῷ Ἰσραὴλ **διὰ** τοῦτο ἦλθον ἐγὼ
Jn 2:24 ἐπίστευεν αὐτὸν αὐτοῖς **διὰ** τὸ αὐτὸν γινώσκειν
Jn 3:17 σωθῇ ὁ κόσμος **δι'** αὐτοῦ.
Jn 3:29 αὐτοῦ χαρᾷ χαίρει **διὰ** τὴν φωνὴν τοῦ
Jn 4:4 δὲ αὐτὸν διέρχεσθαι **διὰ** τῆς Σαμαρείας.
Jn 4:39 αὐτὸν τῶν Σαμαριτῶν **διὰ** τὸν λόγον τῆς
Jn 4:41 πολλῷ πλείους ἐπίστευσαν **διὰ** τὸν λόγον αὐτοῦ,
Jn 4:42 ἔλεγον ὅτι οὐκέτι **διὰ** τὴν σὴν λαλιὰν
Jn 5:16 καὶ **διὰ** τοῦτο ἐδίωκον οἱ
Jn 5:18 **διὰ** τοῦτο οὖν μᾶλλον
Jn 6:57 πατὴρ κἀγὼ ζῶ **διὰ** τὸν πατέρα,
Jn 6:57 με κἀκεῖνος ζήσει **δι'** ἐμέ.
Jn 6:65 **διὰ** τοῦτο εἴρηκα ὑμῖν
Jn 7:13 ἐλάλει περὶ αὐτοῦ **διὰ** τὸν φόβον τῶν
Jn 7:22 **διὰ** τοῦτο Μωϋσῆς δέδωκεν
Jn 7:43 ἐν τῷ ὄχλῳ **δι'** αὐτόν·
Jn 7:45 **διὰ** τί οὐκ ἠγάγετε
Jn 8:43 **διὰ** τί τὴν λαλιὰν
Jn 8:46 **διὰ** τί ὑμεῖς οὐ
Jn 8:47 **διὰ** τοῦτο ὑμεῖς οὐκ
Jn 9:23 **διὰ** τοῦτο οἱ γονεῖς
Jn 10:1 ὁ μὴ εἰσερχόμενος **διὰ** τῆς θύρας εἰς
Jn 10:2 ὁ δὲ εἰσερχόμενος **διὰ** τῆς θύρας ποιμήν
Jn 10:9 **δι'** ἐμοῦ ἐάν τις
Jn 10:17 **Διὰ** τοῦτό με ὁ
Jn 10:19 ἐν τοῖς Ἰουδαίοις **διὰ** τοὺς λόγους τούτους.
Jn 10:32 **διὰ** ποῖον αὐτῶν ἔργον
Jn 11:4 υἱὸς τοῦ θεοῦ **δι'** αὐτῆς.
Jn 11:15 καὶ χαίρω **δι'** ὑμᾶς ἵνα πιστεύσητε,
Jn 11:42 ἀλλὰ **διὰ** τὸν ὄχλον τὸν
Jn 12:5 **διὰ** τί τοῦτο τὸ
Jn 12:9 καὶ ἦλθον οὐ **διὰ** τὸν Ἰησοῦν μόνον,
Jn 12:11 ὅτι πολλοὶ **δι'** αὐτὸν ὑπῆγον τῶν
Jn 12:18 **διὰ** τοῦτο [καὶ] ὑπήντησεν
Jn 12:27 ἀλλὰ **διὰ** τοῦτο ἦλθον εἰς
Jn 12:30 οὐ **δι'** ἐμὲ ἡ φωνὴ
Jn 12:30 αὕτη γέγονεν ἀλλὰ **δι'** ὑμᾶς.
Jn 12:39 **διὰ** τοῦτο οὐκ ἠδύναντο
Jn 12:42 ἀλλὰ **διὰ** τοὺς Φαρισαίους οὐχ
Jn 13:11 **διὰ** τοῦτο εἶπεν ὅτι
Jn 13:37 **διὰ** τί οὐ δύναμαί
Jn 14:6 πατέρα εἰ μὴ **δι'** ἐμοῦ.
Jn 14:11 **διὰ** τὰ ἔργα αὐτὰ
Jn 15:3 ὑμεῖς καθαροί ἐστε **διὰ** τὸν λόγον ὃν
Jn 15:19 **διὰ** τοῦτο μισεῖ ὑμᾶς
Jn 15:21 ποιήσουσιν εἰς ὑμᾶς **διὰ** τὸ ὄνομά μου,
Jn 16:15 **διὰ** τοῦτο εἶπον ὅτι
Jn 16:21 μνημονεύει τῆς θλίψεως **διὰ** τὴν χαρὰν ὅτι
Jn 17:20 περὶ τῶν πιστευόντων **διὰ** τοῦ λόγου αὐτῶν
Jn 19:11 **διὰ** τοῦτο ὁ παραδούς
Jn 19:23 τῶν ἄνωθεν ὑφαντὸς **δι'** ὅλου.
Jn 19:38 Ἰησοῦ κεκρυμμένος δὲ **διὰ** τὸν φόβον τῶν
Jn 19:42 ἐκεῖ οὖν **διὰ** τὴν παρασκευὴν τῶν
Jn 20:19 ἦσαν οἱ μαθηταὶ **διὰ** τὸν φόβον τῶν

διάβολος (*diabolos*; 3/37) *devil*

Jn 6:70 ἐξ ὑμῶν εἷς **διάβολός** ἐστιν.
Jn 8:44 τοῦ πατρὸς τοῦ **διαβόλου** ἐστὲ καὶ τὰς
Jn 13:2 τοῦ **διαβόλου** ἤδη βεβληκότος εἰς

διαδίδωμι (*diadidōmi*; 1/4) *distribute*

Jn 6:11 Ἰησοῦς καὶ εὐχαριστήσας **διέδωκεν** τοῖς ἀνακειμένοις ὁμοίως

διαζώννυμι (*diazōnnymi*; 3/3) *wrap around*

Jn 13:4 καὶ λαβὼν λέντιον **διέζωσεν** ἑαυτόν·
Jn 13:5 λεντίῳ ᾧ ἦν **διεζωσμένος**.
Jn 21:7 ἐστιν τὸν ἐπενδύτην **διεζώσατο**,

διακονέω (*diakoneō*; 3/37) *serve*

Jn 12:2 καὶ ἡ Μάρθα **διηκόνει**,
Jn 12:26 ἐὰν ἐμοί τις **διακονῇ**,
Jn 12:26 ἐάν τις ἐμοὶ **διακονῇ** τιμήσει αὐτὸν ὁ

διάκονος (*diakonos*; 3/29) *servant*

Jn 2:5 μήτηρ αὐτοῦ τοῖς **διακόνοις**·
Jn 2:9 οἱ δὲ **διάκονοι** ᾔδεισαν οἱ ἠντληκότες
Jn 12:26 ἐκεῖ καὶ ὁ **διάκονος** ὁ ἐμὸς ἔσται·

διακόσιοι (*diakosioi*; 2/8) *two hundred*

Jn 6:7 **διακοσίων** δηναρίων ἄρτοι οὐκ
Jn 21:8 ὡς ἀπὸ πηχῶν **διακοσίων**,

διαμερίζω (*diamerizō*; 1/11) *divide*

Jn 19:24 **διεμερίσαντο** τὰ ἱμάτιά μου

διασκορπίζω (*diaskorpizō*; 1/9) *scatter*

Jn 11:52 τοῦ θεοῦ τὰ **διεσκορπισμένα** συναγάγῃ εἰς ἕν.

διασπορά (*diaspora*; 1/3) *dispersion*

Jn 7:35 μὴ εἰς τὴν **διασπορὰν** τῶν Ἑλλήνων μέλλει

διατρίβω (*diatribō*; 1/9) *stay, remain*

Jn 3:22 γῆν καὶ ἐκεῖ **διέτριβεν** μετ' αὐτῶν καὶ

διδακτός (*didaktos*; 1/3) *taught*

Jn 6:45 καὶ ἔσονται πάντες **διδακτοὶ** θεοῦ·

διδάσκαλος (*didaskalos*; 7[8]/58[59]) *teacher*

Jn 1:38 ὃ λέγεται μεθερμηνευόμενον **διδάσκαλε**,
Jn 3:2 ἀπὸ θεοῦ ἐλήλυθας **διδάσκαλος**·
Jn 3:10 σὺ εἶ ὁ **διδάσκαλος** τοῦ Ἰσραὴλ καὶ
[Jn 8:4] **διδάσκαλε**,
Jn 11:28 ὁ **διδάσκαλος** πάρεστιν καὶ φωνεῖ
Jn 13:13 ὁ **διδάσκαλος**,
Jn 13:14 κύριος καὶ ὁ **διδάσκαλος**,
Jn 20:16 ῥαββουνι ὃ λέγεται **διδάσκαλε**.

διδάσκω (*didaskō*; 9[10]/95[96]) *teach*

Jn 6:59 εἶπεν ἐν συναγωγῇ **διδάσκων** ἐν Καφαρναούμ.
Jn 7:14 τὸ ἱερὸν καὶ **ἐδίδασκεν**.
Jn 7:28 ἐν τῷ ἱερῷ **διδάσκων** ὁ Ἰησοῦς καὶ
Jn 7:35 μέλλει πορεύεσθαι καὶ **διδάσκειν** τοὺς Ἕλληνας;
[Jn 8:2] καὶ καθίσας **ἐδίδασκεν** αὐτούς.
Jn 8:20 ἐν τῷ γαζοφυλακίῳ **διδάσκων** ἐν τῷ ἱερῷ·
Jn 8:28 ἀλλὰ καθὼς **ἐδίδαξέν** με ὁ πατὴρ
Jn 9:34 ὅλος καὶ σὺ **διδάσκεις** ἡμᾶς;
Jn 14:26 ἐκεῖνος ὑμᾶς **διδάξει** πάντα καὶ ὑπομνήσει
Jn 18:20 ἐγὼ πάντοτε **ἐδίδαξα** ἐν συναγωγῇ καὶ

διδαχή (*didachē*; 3/30) *teaching*

Jn 7:16 ἡ ἐμὴ **διδαχὴ** οὐκ ἔστιν ἐμὴ
Jn 7:17 γνώσεται περὶ τῆς **διδαχῆς** πότερον ἐκ τοῦ
Jn 18:19 καὶ περὶ τῆς **διδαχῆς** αὐτοῦ.

Δίδυμος (*Didymos*; 3/3) *Didymus*

Jn 11:16 Θωμᾶς ὁ λεγόμενος **Δίδυμος** τοῖς συμμαθηταῖς·
Jn 20:24 ὁ λεγόμενος **Δίδυμος**,
Jn 21:2 Θωμᾶς ὁ λεγόμενος **Δίδυμος** καὶ Ναθαναὴλ ὁ

δίδωμι (*didōmi*; 75/415) *give*

Jn 1:12 ἔδωκεν **αὐτοῖς** ἐξουσίαν τέκνα θεοῦ
Jn 1:17 νόμος διὰ Μωϋσέως **ἐδόθη**,
Jn 1:22 ἵνα ἀπόκρισιν **δῶμεν** τοῖς πέμψασιν ἡμᾶς·
Jn 3:16 υἱὸν τὸν μονογενῆ **ἔδωκεν**,
Jn 3:27 ἐὰν μὴ ᾖ **δεδομένον** αὐτῷ ἐκ τοῦ
Jn 3:34 γὰρ ἐκ μέτρου **δίδωσιν** τὸ πνεῦμα.
Jn 3:35 υἱὸν καὶ πάντα **δέδωκεν** ἐν τῇ χειρὶ
Jn 4:5 τοῦ χωρίου ὃ **ἔδωκεν** Ἰακὼβ [τῷ] Ἰωσὴφ
Jn 4:7 **δός** μοι πεῖν·
Jn 4:10 **δός** μοι πεῖν,
Jn 4:10 ᾔτησας αὐτὸν καὶ **ἔδωκεν** ἄν σοι ὕδωρ
Jn 4:12 ὃς **ἔδωκεν** ἡμῖν τὸ φρέαρ
Jn 4:14 ὕδατος οὗ ἐγὼ **δώσω** αὐτῷ,
Jn 4:14 τὸ ὕδωρ ὃ **δώσω** αὐτῷ γενήσεται ἐν
Jn 4:15 **δός** μοι τοῦτο τὸ
Jn 5:22 τὴν κρίσιν πᾶσαν **δέδωκεν** τῷ υἱῷ,
Jn 5:26 καὶ τῷ υἱῷ **ἔδωκεν** ζωὴν ἔχειν ἐν
Jn 5:27 καὶ ἐξουσίαν **ἔδωκεν** αὐτῷ κρίσιν ποιεῖν,
Jn 5:36 γὰρ ἔργα ἃ **δέδωκέν** μοι ὁ πατὴρ
Jn 6:27 τοῦ ἀνθρώπου ὑμῖν **δώσει**·
Jn 6:31 ἐκ τοῦ οὐρανοῦ **ἔδωκεν** αὐτοῖς φαγεῖν.
Jn 6:32 οὐ Μωϋσῆς **δέδωκεν** ὑμῖν τὸν ἄρτον
Jn 6:32 ὁ πατήρ μου **δίδωσιν** ὑμῖν τὸν ἄρτον
Jn 6:33 οὐρανοῦ καὶ ζωὴν **διδοὺς** τῷ κόσμῳ.
Jn 6:34 πάντοτε **δὸς** ἡμῖν τὸν ἄρτον
Jn 6:37 πᾶν ὃ **δίδωσίν** μοι ὁ πατὴρ
Jn 6:39 ἵνα πᾶν ὃ **δέδωκέν** μοι μὴ ἀπολέσω
Jn 6:51 δὲ ὃν ἐγὼ **δώσω** ἡ σάρξ μού
Jn 6:52 δύναται οὗτος ἡμῖν **δοῦναι** τὴν σάρκα [αὐτοῦ]
Jn 6:65 ἐὰν μὴ ᾖ **δεδομένον** αὐτῷ ἐκ τοῦ
Jn 7:19 Οὐ Μωϋσῆς **δέδωκεν** ὑμῖν τὸν νόμον;
Jn 7:22 διὰ τοῦτο Μωϋσῆς **δέδωκεν** ὑμῖν τὴν περιτομήν
Jn 9:24 **δὸς** δόξαν τῷ θεῷ·
Jn 10:28 κἀγὼ **δίδωμι** αὐτοῖς ζωὴν αἰώνιον
Jn 10:29 πατήρ μου ὃ **δέδωκέν** μοι πάντων μεῖζόν
Jn 11:22 αἰτήσῃ τὸν θεὸν **δώσει** σοι ὁ θεός.
Jn 11:57 **δεδώκεισαν** δὲ οἱ ἀρχιερεῖς
Jn 12:5 τριακοσίων δηναρίων καὶ **ἐδόθη** πτωχοῖς;
Jn 12:49 αὐτός μοι ἐντολὴν **δέδωκεν** τί εἴπω καὶ
Jn 13:3 εἰδὼς ὅτι πάντα **ἔδωκεν** αὐτῷ ὁ πατὴρ
Jn 13:15 ὑπόδειγμα γὰρ **ἔδωκα** ὑμῖν ἵνα καθὼς
Jn 13:26 τὸ ψωμίον καὶ **δώσω** αὐτῷ.
Jn 13:26 ψωμίον [λαμβάνει καὶ] **δίδωσιν** Ἰούδᾳ Σίμωνος Ἰσκαριώτου.
Jn 13:29 πτωχοῖς ἵνα τι **δῷ**.
Jn 13:34 Ἐντολὴν καινὴν **δίδωμι** ὑμῖν,
Jn 14:16 καὶ ἄλλον παράκλητον **δώσει** ὑμῖν,
Jn 14:27 εἰρήνην τὴν ἐμὴν **δίδωμι** ὑμῖν·
Jn 14:27 καθὼς ὁ κόσμος **δίδωσιν** ἐγὼ δίδωμι ὑμῖν.
Jn 14:27 κόσμος δίδωσιν ἐγὼ **δίδωμι** ὑμῖν.
Jn 15:16 τῷ ὀνόματί μου **δῷ** ὑμῖν.
Jn 16:23 τῷ ὀνόματί μου **δώσει** ὑμῖν.
Jn 17:2 καθὼς **ἔδωκας** αὐτῷ ἐξουσίαν πάσης
Jn 17:2 ἵνα πᾶν ὃ **δέδωκας** αὐτῷ δώσῃ αὐτοῖς
Jn 17:2 ὃ δέδωκας αὐτῷ **δώσῃ** αὐτοῖς ζωὴν αἰώνιον.
Jn 17:4 ἔργον τελειώσας ὃ **δέδωκάς** μοι ἵνα ποιήσω·
Jn 17:6 τοῖς ἀνθρώποις οὓς **ἔδωκάς** μοι ἐκ τοῦ
Jn 17:6 ἦσαν κἀμοὶ αὐτοὺς **ἔδωκας** καὶ τὸν λόγον
Jn 17:7 ὅτι πάντα ὅσα **δέδωκάς** μοι παρὰ σοῦ
Jn 17:8 τὰ ῥήματα ἃ **ἔδωκάς** μοι δέδωκα αὐτοῖς,
Jn 17:8 ἃ ἔδωκάς μοι **δέδωκα** αὐτοῖς,
Jn 17:9 ἀλλὰ περὶ ὧν **δέδωκάς** μοι,
Jn 17:11 ὀνόματί σου ᾧ **δέδωκάς** μοι,
Jn 17:12 ὀνόματί σου ᾧ **δέδωκάς** μοι,
Jn 17:14 ἐγὼ **δέδωκα** αὐτοῖς τὸν λόγον
Jn 17:22 τὴν δόξαν ἣν **δέδωκάς** μοι δέδωκα αὐτοῖς,
Jn 17:22 ἣν δέδωκάς μοι **δέδωκα** αὐτοῖς,
Jn 17:24 ὃ **δέδωκάς** μοι,
Jn 17:24 ἣν **δέδωκάς** μοι ὅτι ἠγάπησάς
Jn 18:9 εἶπεν ὅτι οὓς **δέδωκάς** μοι οὐκ ἀπώλεσα
Jn 18:11 τὸ ποτήριον ὃ **δέδωκέν** μοι ὁ πατὴρ
Jn 18:22 παρεστηκὼς τῶν ὑπηρετῶν **ἔδωκεν** ῥάπισμα τῷ Ἰησοῦ
Jn 19:3 καὶ ἐδίδοσαν **αὐτῷ** ῥαπίσματα.
Jn 19:9 Ἰησοῦς ἀπόκρισιν οὐκ **ἔδωκεν** αὐτῷ.
Jn 19:11 εἰ μὴ ἦν **δεδομένον** σοι ἄνωθεν·
Jn 21:13 τὸν ἄρτον καὶ **δίδωσιν** αὐτοῖς,

διεγείρω (*diegeirō*; 1/6) *arise, awake*

Jn 6:18 ἀνέμου μεγάλου πνέοντος **διεγείρετο**.

διέρχομαι (*dierchomai*; 2/43) *go or pass through*

Jn 4:4 Ἔδει δὲ αὐτὸν **διέρχεσθαι** διὰ τῆς Σαμαρείας.
Jn 4:15 μὴ διψῶ μηδὲ **διέρχωμαι** ἐνθάδε ἀντλεῖν.

δίκαιος (*dikaios*; 3/79) *righteous*

Jn 5:30 κρίσις ἡ ἐμὴ **δικαία** ἐστίν,
Jn 7:24 ἀλλὰ τὴν **δικαίαν** κρίσιν κρίνετε.
Jn 17:25 πάτερ **δίκαιε**,

δικαιοσύνη (*dikaiosynē*; 2/92) *righteousness*

Jn 16:8 ἁμαρτίας καὶ περὶ **δικαιοσύνης** καὶ περὶ κρίσεως·
Jn 16:10 περὶ **δικαιοσύνης** δέ,

<u>δίκτυον (*diktyon*; 4/12) *fishing net*</u>
Jn 21:6 τοῦ πλοίου τὸ **δίκτυον**,
Jn 21:8 σύροντες τὸ **δίκτυον** τῶν ἰχθύων.
Jn 21:11 καὶ εἵλκυσεν τὸ **δίκτυον** εἰς τὴν γῆν
Jn 21:11 οὐκ ἐσχίσθη τὸ **δίκτυον**.

<u>διψάω (*dipsaō*; 6/16) *be thirsty*</u>
Jn 4:13 τοῦ ὕδατος τούτου **διψήσει** πάλιν·
Jn 4:14 οὐ μὴ **διψήσει** εἰς τὸν αἰῶνα,
Jn 4:15 ἵνα μὴ **διψῶ** μηδὲ διέρχωμαι ἐνθάδε
Jn 6:35 ἐμὲ οὐ μὴ **διψήσει** πώποτε.
Jn 7:37 ἐάν τις **διψᾷ** ἐρχέσθω πρός με
Jn 19:28 **διψῶ**.

<u>διώκω (*diōkō*; 3/45) *pursue, persecute*</u>
Jn 5:16 καὶ διὰ τοῦτο **ἐδίωκον** οἱ Ἰουδαῖοι τὸν
Jn 15:20 εἰ ἐμὲ **ἐδίωξαν**,
Jn 15:20 καὶ ὑμᾶς **διώξουσιν**·

<u>δοκέω (*dokeō*; 8/62) *think, seem*</u>
Jn 5:39 ὅτι ὑμεῖς **δοκεῖτε** ἐν αὐταῖς ζωὴν
Jn 5:45 Μὴ **δοκεῖτε** ὅτι ἐγὼ κατηγορήσω
Jn 11:13 ἐκεῖνοι δὲ **ἔδοξαν** ὅτι περὶ τῆς
Jn 11:31 ἠκολούθησαν αὐτῇ **δόξαντες** ὅτι ὑπάγει εἰς
Jn 11:56 τί **δοκεῖ** ὑμῖν;
Jn 13:29 τινες γὰρ **ἐδόκουν**,
Jn 16:2 ὁ ἀποκτείνας ὑμᾶς **δόξῃ** λατρείαν προσφέρειν τῷ
Jn 20:15 ἐκείνη **δοκοῦσα** ὅτι ὁ κηπουρός

<u>δόλος (*dolos*; 1/11) *deceit*</u>
Jn 1:47 Ἰσραηλίτης ἐν ᾧ **δόλος** οὐκ ἔστιν.

<u>δόξα (*doxa*; 19/166) *glory*</u>
Jn 1:14 καὶ ἐθεασάμεθα τὴν **δόξαν** αὐτοῦ,
Jn 1:14 **δόξαν** ὡς μονογενοῦς παρὰ
Jn 2:11 καὶ ἐφανέρωσεν τὴν **δόξαν** αὐτοῦ,
Jn 5:41 **Δόξαν** παρὰ ἀνθρώπων οὐ
Jn 5:44 δύνασθε ὑμεῖς πιστεῦσαι **δόξαν** παρὰ ἀλλήλων λαμβάνοντες,
Jn 5:44 καὶ τὴν **δόξαν** τὴν παρὰ τοῦ
Jn 7:18 ἑαυτοῦ λαλῶν τὴν **δόξαν** τὴν ἰδίαν ζητεῖ·
Jn 7:18 δὲ ζητῶν τὴν **δόξαν** τοῦ πέμψαντος αὐτὸν
Jn 8:50 οὐ ζητῶ τὴν **δόξαν** μου·
Jn 8:54 ἡ **δόξα** μου οὐδέν ἐστιν·
Jn 9:24 δὸς **δόξαν** τῷ θεῷ·
Jn 11:4 ἀλλ' ὑπὲρ τῆς **δόξης** τοῦ θεοῦ,
Jn 11:40 πιστεύσῃς ὄψῃ τὴν **δόξαν** τοῦ θεοῦ;
Jn 12:41 ὅτι εἶδεν τὴν **δόξαν** αὐτοῦ,
Jn 12:43 ἠγάπησαν γὰρ τὴν **δόξαν** τῶν ἀνθρώπων μᾶλλον
Jn 12:43 μᾶλλον ἤπερ τὴν **δόξαν** τοῦ θεοῦ.
Jn 17:5 παρὰ σεαυτῷ τῇ **δόξῃ** ᾗ εἶχον πρὸ
Jn 17:22 κἀγὼ τὴν **δόξαν** ἣν δέδωκάς μοι
Jn 17:24 ἵνα θεωρῶσιν τὴν **δόξαν** τὴν ἐμήν,

<u>δοξάζω (*doxazō*; 23/61) *praise, glorify*</u>
Jn 7:39 ὅτι Ἰησοῦς οὐδέπω **ἐδοξάσθη**.
Jn 8:54 ἐὰν ἐγὼ **δοξάσω** ἐμαυτόν,
Jn 8:54 πατήρ μου ὁ **δοξάζων** με,
Jn 11:4 ἵνα **δοξασθῇ** ὁ υἱὸς τοῦ
Jn 12:16 ἀλλ' ὅτε **ἐδοξάσθη** Ἰησοῦς τότε ἐμνήσθησαν
Jn 12:23 ἡ ὥρα ἵνα **δοξασθῇ** ὁ υἱὸς τοῦ
Jn 12:28 **δόξασόν** σου τὸ ὄνομα.
Jn 12:28 καὶ **ἐδόξασα** καὶ πάλιν δοξάσω.
Jn 12:28 ἐδόξασα καὶ πάλιν **δοξάσω**.
Jn 13:31 νῦν **ἐδοξάσθη** ὁ υἱὸς τοῦ
Jn 13:31 καὶ ὁ θεὸς **ἐδοξάσθη** ἐν αὐτῷ·
Jn 13:32 [εἰ ὁ θεὸς **ἐδοξάσθη** ἐν αὐτῷ] καὶ
Jn 13:32 καὶ ὁ θεὸς **δοξάσει** αὐτὸν ἐν αὐτῷ,
Jn 13:32 καὶ εὐθὺς **δοξάσει** αὐτόν.
Jn 14:13 ἵνα **δοξασθῇ** ὁ πατὴρ ἐν
Jn 15:8 ἐν τούτῳ **ἐδοξάσθη** ὁ πατήρ μου,
Jn 16:14 ἐκεῖνος ἐμὲ **δοξάσει**,
Jn 17:1 **δόξασόν** σου τὸν υἱόν,
Jn 17:1 ἵνα ὁ υἱὸς **δοξάσῃ** σέ,
Jn 17:4 ἐγώ σε **ἐδόξασα** ἐπὶ τῆς γῆς
Jn 17:5 καὶ νῦν **δόξασόν** με σύ,
Jn 17:10 καὶ **δεδόξασμαι** ἐν αὐτοῖς.
Jn 21:19 σημαίνων ποίῳ θανάτῳ **δοξάσει** τὸν θεόν.

<u>δουλεύω (*douleuō*; 1/25) *serve (pass. be enslaved)*</u>
Jn 8:33 ἐσμεν καὶ οὐδενὶ **δεδουλεύκαμεν** πώποτε·

<u>δοῦλος (*doulos*; 11/124) *slave*</u>
Jn 4:51 αὐτοῦ καταβαίνοντος οἱ **δοῦλοι** αὐτοῦ ὑπήντησαν αὐτῷ
Jn 8:34 ποιῶν τὴν ἁμαρτίαν **δοῦλός** ἐστιν τῆς ἁμαρτίας.
Jn 8:35 ὁ δὲ **δοῦλος** οὐ μένει ἐν
Jn 13:16 οὐκ ἔστιν **δοῦλος** μείζων τοῦ κυρίου
Jn 15:15 οὐκέτι λέγω ὑμᾶς **δούλους**,
Jn 15:15 ὅτι ὁ **δοῦλος** οὐκ οἶδεν τί
Jn 15:20 οὐκ ἔστιν **δοῦλος** μείζων τοῦ κυρίου
Jn 18:10 τὸν τοῦ ἀρχιερέως **δοῦλον** καὶ ἀπέκοψεν αὐτοῦ
Jn 18:10 δὲ ὄνομα τῷ **δούλῳ** Μάλχος.
Jn 18:18 εἱστήκεισαν δὲ οἱ **δοῦλοι** καὶ οἱ ὑπηρέται
Jn 18:26 εἷς ἐκ τῶν **δούλων** τοῦ ἀρχιερέως,

<u>δύναμαι (*dynamai*; 37/210) *be able*</u>
Jn 1:46 ἐκ Ναζαρὲτ **δύναταί** τι ἀγαθὸν εἶναι;
Jn 3:2 οὐδεὶς γὰρ **δύναται** ταῦτα τὰ σημεῖα
Jn 3:3 οὐ **δύναται** ἰδεῖν τὴν βασιλείαν
Jn 3:4 πῶς **δύναται** ἄνθρωπος γεννηθῆναι γέρων
Jn 3:4 μὴ **δύναται** εἰς τὴν κοιλίαν
Jn 3:5 οὐ **δύναται** εἰσελθεῖν εἰς τὴν
Jn 3:9 πῶς **δύναται** ταῦτα γενέσθαι;
Jn 3:27 οὐ **δύναται** ἄνθρωπος λαμβάνειν οὐδὲ
Jn 5:19 οὐ **δύναται** ὁ υἱὸς ποιεῖν
Jn 5:30 Οὐ **δύναμαι** ἐγὼ ποιεῖν ἀπ'
Jn 5:44 πῶς **δύνασθε** ὑμεῖς πιστεῦσαι δόξαν
Jn 6:44 οὐδεὶς **δύναται** ἐλθεῖν πρός με
Jn 6:52 πῶς **δύναται** οὗτος ἡμῖν δοῦναι
Jn 6:60 τίς **δύναται** αὐτοῦ ἀκούειν;
Jn 6:65 ὑμῖν ὅτι οὐδεὶς **δύναται** ἐλθεῖν πρός με
Jn 7:7 οὐ **δύναται** ὁ κόσμος μισεῖν
Jn 7:34 ἐγὼ ὑμεῖς οὐ **δύνασθε** ἐλθεῖν.
Jn 7:36 ἐγὼ ὑμεῖς οὐ **δύνασθε** ἐλθεῖν;
Jn 8:21 ὑπάγω ὑμεῖς οὐ **δύνασθε** ἐλθεῖν.
Jn 8:22 ὑπάγω ὑμεῖς οὐ **δύνασθε** ἐλθεῖν;
Jn 8:43 ὅτι οὐ **δύνασθε** ἀκούειν τὸν λόγον
Jn 9:4 νὺξ ὅτε οὐδεὶς **δύναται** ἐργάζεσθαι.
Jn 9:16 πῶς **δύναται** ἄνθρωπος ἁμαρτωλὸς τοιαῦτα

Jn 9:33 οὐκ **ἠδύνατο** ποιεῖν οὐδέν.
Jn 10:21 μὴ δαιμόνιον **δύναται** τυφλῶν ὀφθαλμοὺς ἀνοῖξαι;
Jn 10:29 καὶ οὐδεὶς **δύναται** ἁρπάζειν ἐκ τῆς
Jn 10:35 καὶ οὐ **δύναται** λυθῆναι ἡ γραφή,
Jn 11:37 οὐκ **ἐδύνατο** οὗτος ὁ ἀνοίξας
Jn 12:39 διὰ τοῦτο οὐκ **ἠδύναντο** πιστεύειν,
Jn 13:33 ὑπάγω ὑμεῖς οὐ **δύνασθε** ἐλθεῖν,
Jn 13:36 ὅπου ὑπάγω οὐ **δύνασαί** μοι νῦν ἀκολουθῆσαι,
Jn 13:37 διὰ τί οὐ **δύναμαί** σοι ἀκολουθῆσαι ἄρτι;
Jn 14:5 πῶς **δυνάμεθα** τὴν ὁδὸν εἰδέναι;
Jn 14:17 ὁ κόσμος οὐ **δύναται** λαβεῖν,
Jn 15:4 τὸ κλῆμα οὐ **δύναται** καρπὸν φέρειν ἀφ'
Jn 15:5 χωρὶς ἐμοῦ οὐ **δύνασθε** ποιεῖν οὐδέν.
Jn 16:12 ἀλλ' οὐ **δύνασθε** βαστάζειν ἄρτι·

δύο (*dyo*; 13/134[135]) *two*

Jn 1:35 τῶν μαθητῶν αὐτοῦ **δύο**
Jn 1:37 καὶ ἤκουσαν οἱ **δύο** μαθηταὶ αὐτοῦ λαλοῦντος
Jn 1:40 εἷς ἐκ τῶν **δύο** τῶν ἀκουσάντων παρὰ
Jn 2:6 χωροῦσαι ἀνὰ μετρητὰς **δύο** ἢ τρεῖς.
Jn 4:40 καὶ ἔμεινεν ἐκεῖ **δύο** ἡμέρας.
Jn 4:43 Μετὰ δὲ τὰς **δύο** ἡμέρας ἐξῆλθεν ἐκεῖθεν
Jn 6:9 ἄρτους κριθίνους καὶ **δύο** ὀψάρια·
Jn 8:17 ὑμετέρῳ γέγραπται ὅτι **δύο** ἀνθρώπων ἡ μαρτυρία
Jn 11:6 ᾧ ἦν τόπῳ **δύο** ἡμέρας,
Jn 19:18 μετ' αὐτοῦ ἄλλους **δύο** ἐντεῦθεν καὶ ἐντεῦθεν,
Jn 20:4 ἔτρεχον δὲ οἱ **δύο** ὁμοῦ·
Jn 20:12 καὶ θεωρεῖ **δύο** ἀγγέλους ἐν λευκοῖς
Jn 21:2 τῶν μαθητῶν αὐτοῦ **δύο**.

δώδεκα (*dōdeka*; 6/75) *twelve*

Jn 6:13 οὖν καὶ ἐγέμισαν **δώδεκα** κοφίνους κλασμάτων ἐκ
Jn 6:67 ὁ Ἰησοῦς τοῖς **δώδεκα**·
Jn 6:70 ἐγὼ ὑμᾶς τοὺς **δώδεκα** ἐξελεξάμην;
Jn 6:71 εἷς ἐκ τῶν **δώδεκα**.
Jn 11:9 οὐχὶ **δώδεκα** ὧραί εἰσιν τῆς
Jn 20:24 εἷς ἐκ τῶν **δώδεκα**,

δωρεά (*dōrea*; 1/11) *gift*

Jn 4:10 εἰ ᾔδεις τὴν **δωρεὰν** τοῦ θεοῦ καὶ

δωρεάν (*dōrean*; 1/9) *without cost or cause*

Jn 15:25 ὅτι ἐμίσησάν με **δωρεάν**.

ἐάν (*ean*; 59/333) *if*

Jn 3:2 **ἐὰν** μὴ ᾖ ὁ
Jn 3:3 **ἐὰν** μή τις γεννηθῇ
Jn 3:5 **ἐὰν** μή τις γεννηθῇ
Jn 3:12 πῶς **ἐὰν** εἴπω ὑμῖν τὰ
Jn 3:27 λαμβάνειν οὐδὲ ἓν **ἐὰν** μὴ ᾖ δεδομένον
Jn 4:48 **ἐὰν** μὴ σημεῖα καὶ
Jn 5:19 ἀφ' ἑαυτοῦ οὐδὲν **ἐὰν** μή τι βλέπῃ
Jn 5:31 **Ἐὰν** ἐγὼ μαρτυρῶ περὶ
Jn 5:43 ἐὰν **ἄλλος** ἔλθῃ ἐν τῷ
Jn 6:44 ἐλθεῖν πρός με **ἐὰν** μὴ ὁ πατὴρ
Jn 6:51 **ἐάν** τις φάγῃ ἐκ
Jn 6:53 **ἐὰν** μὴ φάγητε τὴν
Jn 6:62 **ἐὰν** οὖν θεωρῆτε τὸν
Jn 6:65 ἐλθεῖν πρός με **ἐὰν** μὴ ᾖ δεδομένον
Jn 7:17 **ἐάν** τις θέλῃ τὸ
Jn 7:37 **ἐάν** τις διψᾷ ἐρχέσθω
Jn 7:51 κρίνει τὸν ἄνθρωπον **ἐὰν** μὴ ἀκούσῃ πρῶτον
Jn 8:16 καὶ **ἐὰν** κρίνω δὲ ἐγώ,
Jn 8:24 **ἐὰν** γὰρ μὴ πιστεύσητε
Jn 8:31 **ἐὰν** ὑμεῖς μείνητε ἐν
Jn 8:36 **ἐὰν** οὖν ὁ υἱὸς
Jn 8:51 **ἐάν** τις τὸν ἐμὸν
Jn 8:52 **ἐάν** τις τὸν λόγον
Jn 8:54 **ἐὰν** ἐγὼ δοξάσω ἐμαυτόν,
Jn 9:22 οἱ Ἰουδαῖοι ἵνα **ἐάν** τις αὐτὸν ὁμολογήσῃ
Jn 9:31 ἀλλ' **ἐάν** τις θεοσεβὴς ᾖ
Jn 10:9 δι' ἐμοῦ **ἐάν** τις εἰσέλθῃ σωθήσεται
Jn 11:9 **ἐάν** τις περιπατῇ ἐν
Jn 11:10 **ἐὰν** δέ τις περιπατῇ
Jn 11:40 εἶπόν σοι ὅτι **ἐὰν** πιστεύσῃς ὄψῃ τὴν
Jn 11:48 **ἐὰν** ἀφῶμεν αὐτὸν οὕτως,
Jn 11:57 Φαρισαῖοι ἐντολὰς ἵνα **ἐάν** τις γνῷ ποῦ
Jn 12:24 **ἐὰν** μὴ ὁ κόκκος
Jn 12:24 **ἐὰν** δὲ ἀποθάνῃ,
Jn 12:26 **ἐὰν** ἐμοί τις διακονῇ,
Jn 12:26 **ἐάν** τις ἐμοὶ διακονῇ
Jn 12:32 κἀγὼ **ἐὰν** ὑψωθῶ ἐκ τῆς
Jn 12:47 καὶ **ἐάν** τις μου ἀκούσῃ
Jn 13:8 **ἐὰν** μὴ νίψω σε,
Jn 13:17 μακάριοί ἐστε **ἐὰν** ποιῆτε αὐτά.
Jn 13:35 **ἐὰν** ἀγάπην ἔχητε ἐν
Jn 14:3 καὶ **ἐὰν** πορευθῶ καὶ ἑτοιμάσω
Jn 14:14 **ἐάν** τι αἰτήσητέ με
Jn 14:15 **Ἐὰν** ἀγαπᾶτέ με,
Jn 14:23 **ἐάν** τις ἀγαπᾷ με
Jn 15:4 φέρειν ἀφ' ἑαυτοῦ **ἐὰν** μὴ μένῃ ἐν
Jn 15:4 οὕτως οὐδὲ ὑμεῖς **ἐὰν** μὴ ἐν ἐμοὶ
Jn 15:6 **ἐὰν** μή τις μένῃ
Jn 15:7 **ἐὰν** μείνητε ἐν ἐμοὶ
Jn 15:7 ὃ **ἐὰν** θέλητε αἰτήσασθε,
Jn 15:10 **ἐὰν** τὰς ἐντολάς μου
Jn 15:14 φίλοι μού ἐστε **ἐὰν** ποιῆτε ἃ ἐγὼ
Jn 16:7 **ἐὰν** γὰρ μὴ ἀπέλθω,
Jn 16:7 **ἐὰν** δὲ πορευθῶ,
Jn 19:12 **ἐὰν** τοῦτον ἀπολύσῃς,
Jn 20:25 **ἐὰν** μὴ ἴδω ἐν
Jn 21:22 **ἐὰν** αὐτὸν θέλω μένειν
Jn 21:23 **ἐὰν** αὐτὸν θέλω μένειν
Jn 21:25 ἅτινα **ἐὰν** γράφηται καθ' ἕν,

ἑαυτοῦ (*heautou*; 27/319) *himself*

Jn 5:18 τὸν θεὸν ἴσον **ἑαυτὸν** ποιῶν τῷ θεῷ.
Jn 5:19 υἱὸς ποιεῖν ἀφ' **ἑαυτοῦ** οὐδὲν ἐὰν μή
Jn 5:26 ἔχει ζωὴν ἐν **ἑαυτῷ**,
Jn 5:26 ζωὴν ἔχειν ἐν **ἑαυτῷ**.
Jn 5:42 οὐκ ἔχετε ἐν **ἑαυτοῖς**.
Jn 6:53 ἔχετε ζωὴν ἐν **ἑαυτοῖς**.
Jn 6:61 ὁ Ἰησοῦς ἐν **ἑαυτῷ** ὅτι γογγύζουσιν περὶ
Jn 7:18 ὁ ἀφ' **ἑαυτοῦ** λαλῶν τὴν δόξαν
Jn 7:35 οἱ Ἰουδαῖοι πρὸς **ἑαυτούς**·
Jn 8:22 μήτι ἀποκτενεῖ **ἑαυτόν**,
Jn 9:21 αὐτὸς περὶ **ἑαυτοῦ** λαλήσει.
Jn 11:33 πνεύματι καὶ ἐτάραξεν **ἑαυτὸν**
Jn 11:38 πάλιν ἐμβριμώμενος ἐν **ἑαυτῷ** ἔρχεται εἰς τὸ
Jn 11:51 τοῦτο δὲ ἀφ' **ἑαυτοῦ** οὐκ εἶπεν,
Jn 11:55 πάσχα ἵνα ἁγνίσωσιν **ἑαυτούς**.

Jn 12:8 πάντοτε ἔχετε μεθ' **ἑαυτῶν**,
Jn 12:19 Φαρισαῖοι εἶπαν πρὸς **ἑαυτούς**·
Jn 13:4 λαβὼν λέντιον διέζωσεν **ἑαυτόν**·
Jn 15:4 καρπὸν φέρειν ἀφ' **ἑαυτοῦ** ἐὰν μὴ μένῃ
Jn 16:13 γὰρ λαλήσει ἀφ' **ἑαυτοῦ**,
Jn 17:13 ἐμὴν πεπληρωμένην ἐν **ἑαυτοῖς**.
Jn 19:7 ὅτι υἱὸν θεοῦ **ἑαυτὸν** ἐποίησεν.
Jn 19:12 πᾶς ὁ βασιλέα **ἑαυτὸν** ποιῶν ἀντιλέγει τῷ
Jn 19:17 καὶ βαστάζων **ἑαυτῷ** τὸν σταυρὸν ἐξῆλθεν
Jn 19:24 τὰ ἱμάτιά μου **ἑαυτοῖς** καὶ ἐπὶ τὸν
Jn 21:1 Μετὰ ταῦτα ἐφανέρωσεν **ἑαυτὸν** πάλιν ὁ Ἰησοῦς
Jn 21:7 καὶ ἔβαλεν **ἑαυτὸν** εἰς τὴν θάλασσαν,

ἕβδομος (*hebdomos*; 1/9) *seventh*

Jn 4:52 ὅτι ἐχθὲς ὥραν **ἑβδόμην** ἀφῆκεν αὐτὸν ὁ

Ἑβραϊστί (*Hebraisti*; 5/7) *in Aramaic or Hebrew*

Jn 5:2 κολυμβήθρα ἡ ἐπιλεγομένη **Ἑβραϊστὶ** Βηθζαθὰ πέντε στοὰς
Jn 19:13 **Ἑβραϊστὶ** δὲ Γαββαθα.
Jn 19:17 ὃ λέγεται **Ἑβραϊστὶ** Γολγοθα,
Jn 19:20 καὶ ἦν γεγραμμένον **Ἑβραϊστί**,
Jn 20:16 ἐκείνη λέγει αὐτῷ **Ἑβραϊστί**·

ἐγγύς (*engys*; 11/31) *near*

Jn 2:13 Καὶ **ἐγγὺς** ἦν τὸ πάσχα
Jn 3:23 βαπτίζων ἐν Αἰνὼν **ἐγγὺς** τοῦ Σαλείμ,
Jn 6:4 ἦν δὲ **ἐγγὺς** τὸ πάσχα,
Jn 6:19 τῆς θαλάσσης καὶ **ἐγγὺς** τοῦ πλοίου γινόμενον,
Jn 6:23 πλοι[άρι]α ἐκ Τιβεριάδος **ἐγγὺς** τοῦ τόπου ὅπου
Jn 7:2 Ἦν δὲ **ἐγγὺς** ἡ ἑορτὴ τῶν
Jn 11:18 δὲ ἡ Βηθανία **ἐγγὺς** τῶν Ἱεροσολύμων ὡς
Jn 11:54 εἰς τὴν χώραν **ἐγγὺς** τῆς ἐρήμου,
Jn 11:55 Ἦν δὲ **ἐγγὺς** τὸ πάσχα τῶν
Jn 19:20 ὅτι **ἐγγὺς** ἦν ὁ τόπος
Jn 19:42 ὅτι **ἐγγὺς** ἦν τὸ μνημεῖον,

ἐγείρω (*egeirō*; 13/143[144]) *raise*

Jn 2:19 ἐν τρισὶν ἡμέραις **ἐγερῶ** αὐτόν.
Jn 2:20 ἐν τρισὶν ἡμέραις **ἐγερεῖς** αὐτόν;
Jn 2:22 ὅτε οὖν **ἠγέρθη** ἐκ νεκρῶν,
Jn 5:8 **Ἔγειρε** ἆρον τὸν κράβαττόν
Jn 5:21 γὰρ ὁ πατὴρ **ἐγείρει** τοὺς νεκροὺς καὶ
Jn 7:52 Γαλιλαίας προφήτης οὐκ **ἐγείρεται**.
Jn 11:29 δὲ ὡς ἤκουσεν **ἠγέρθη** ταχὺ καὶ ἤρχετο
Jn 12:1 ὃν **ἤγειρεν** ἐκ νεκρῶν Ἰησοῦς.
Jn 12:9 Λάζαρον ἴδωσιν ὃν **ἤγειρεν** ἐκ νεκρῶν.
Jn 12:17 τοῦ μνημείου καὶ **ἤγειρεν** αὐτὸν ἐκ νεκρῶν.
Jn 13:4 **ἐγείρεται** ἐκ τοῦ δείπνου
Jn 14:31 **ἐγείρεσθε**,
Jn 21:14 Ἰησοῦς τοῖς μαθηταῖς **ἐγερθεὶς** ἐκ νεκρῶν.

ἐγκαίνια (*enkainia*; 1/1) *Dedication (Jewish feast of)*

Jn 10:22 Ἐγένετο τότε τὰ **ἐγκαίνια** ἐν τοῖς Ἱεροσολύμοις,

ἐγώ (*egō*; 462[463]/1715[1718]) *I*

Jn 1:15 ὁ ὀπίσω **μου** ἐρχόμενος ἔμπροσθέν μου
Jn 1:15 μου ἐρχόμενος ἔμπροσθέν **μου** γέγονεν,
Jn 1:15 ὅτι πρῶτός **μου** ἦν.
Jn 1:20 καὶ ὡμολόγησεν ὅτι **ἐγὼ** οὐκ εἰμὶ ὁ
Jn 1:23 **ἐγὼ** φωνὴ βοῶντος ἐν
Jn 1:26 **ἐγὼ** βαπτίζω ἐν ὕδατι·
Jn 1:27 ὁ ὀπίσω **μου** ἐρχόμενος,
Jn 1:30 ἐστιν ὑπὲρ οὗ **ἐγὼ** εἶπον·
Jn 1:30 ὀπίσω **μου** ἔρχεται ἀνὴρ ὃς
Jn 1:30 ἀνὴρ ὃς ἔμπροσθέν **μου** γέγονεν,
Jn 1:30 ὅτι πρῶτός **μου** ἦν.
Jn 1:31 διὰ τοῦτο ἦλθον **ἐγὼ** ἐν ὕδατι βαπτίζων.
Jn 1:33 ἀλλ' ὁ πέμψας **με** βαπτίζειν ἐν ὕδατι
Jn 1:33 ἐν ὕδατι ἐκεῖνός **μοι** εἶπεν·
Jn 1:43 ἀκολούθει **μοι**.
Jn 1:48 πόθεν **με** γινώσκεις;
Jn 2:4 τί **ἐμοὶ** καὶ σοί,
Jn 2:4 ἥκει ἡ ὥρα **μου**.
Jn 2:16 οἶκον τοῦ πατρός **μου** οἶκον ἐμπορίου.
Jn 2:17 οἴκου σου καταφάγεταί **με**.
Jn 3:28 αὐτοὶ ὑμεῖς **μοι** μαρτυρεῖτε ὅτι εἶπον
Jn 3:28 [ὅτι] οὐκ εἰμὶ **ἐγὼ** ὁ Χριστός,
Jn 3:30 **ἐμὲ** δὲ ἐλαττοῦσθαι.
Jn 4:7 δός **μοι** πεῖν·
Jn 4:9 Ἰουδαῖος ὢν παρ' **ἐμοῦ** πεῖν αἰτεῖς γυναικὸς
Jn 4:10 δός **μοι** πεῖν,
Jn 4:14 τοῦ ὕδατος οὗ **ἐγὼ** δώσω αὐτῷ,
Jn 4:15 δός **μοι** τοῦτο τὸ ὕδωρ,
Jn 4:21 πίστευέ **μοι**,
Jn 4:26 **ἐγώ** εἰμι,
Jn 4:29 ἄνθρωπον ὃς εἶπέν **μοι** πάντα ὅσα ἐποίησα,
Jn 4:32 **ἐγὼ** βρῶσιν ἔχω φαγεῖν
Jn 4:34 θέλημα τοῦ πέμψαντός **με** καὶ τελειώσω αὐτοῦ
Jn 4:38 **ἐγὼ** ἀπέστειλα ὑμᾶς θερίζειν
Jn 4:39 μαρτυρούσης ὅτι εἶπέν **μοι** πάντα ἃ ἐποίησα.
Jn 4:49 ἀποθανεῖν τὸ παιδίον **μου**.
Jn 5:7 τὸ ὕδωρ βάλῃ **με** εἰς τὴν κολυμβήθραν·
Jn 5:7 ᾧ δὲ ἔρχομαι **ἐγώ**,
Jn 5:7 ἄλλος πρὸ **ἐμοῦ** καταβαίνει.
Jn 5:11 ὁ ποιήσας **με** ὑγιῆ ἐκεῖνός μοι
Jn 5:11 με ὑγιῆ ἐκεῖνός **μοι** εἶπεν·
Jn 5:17 ὁ πατήρ **μου** ἕως ἄρτι ἐργάζεται
Jn 5:24 ὁ τὸν λόγον **μου** ἀκούων καὶ πιστεύων
Jn 5:24 πιστεύων τῷ πέμψαντί **με** ἔχει ζωὴν αἰώνιον
Jn 5:30 Οὐ δύναμαι **ἐγὼ** ποιεῖν ἀπ' ἐμαυτοῦ
Jn 5:30 θέλημα τοῦ πέμψαντός **με**.
Jn 5:31 Ἐὰν **ἐγὼ** μαρτυρῶ περὶ ἐμαυτοῦ,
Jn 5:31 ἡ μαρτυρία **μου** οὐκ ἔστιν ἀληθής·
Jn 5:32 ὁ μαρτυρῶν περὶ **ἐμοῦ**,
Jn 5:32 ἣν μαρτυρεῖ περὶ **ἐμοῦ**.
Jn 5:34 **ἐγὼ** δὲ οὐ παρὰ
Jn 5:36 **Ἐγὼ** δὲ ἔχω τὴν
Jn 5:36 ἔργα ἃ δέδωκέν **μοι** ὁ πατὴρ ἵνα
Jn 5:36 ποιῶ μαρτυρεῖ περὶ **ἐμοῦ** ὅτι ὁ πατήρ
Jn 5:36 ὅτι ὁ πατήρ **με** ἀπέσταλκεν.
Jn 5:37 καὶ ὁ πέμψας **με** πατὴρ ἐκεῖνος μεμαρτύρηκεν
Jn 5:37 ἐκεῖνος μεμαρτύρηκεν περὶ **ἐμοῦ**.
Jn 5:39 αἱ μαρτυροῦσαι περὶ **ἐμοῦ**·
Jn 5:40 θέλετε ἐλθεῖν πρός **με** ἵνα ζωὴν ἔχητε.

Jn 5:43 **ἐγὼ** ἐλήλυθα ἐν τῷ
Jn 5:43 ὀνόματι τοῦ πατρός **μου**,
Jn 5:43 καὶ οὐ λαμβάνετέ **με**·
Jn 5:45 Μὴ δοκεῖτε ὅτι **ἐγὼ** κατηγορήσω ὑμῶν πρὸς
Jn 5:46 ἐπιστεύετε ἂν **ἐμοί**·
Jn 5:46 περὶ γὰρ **ἐμοῦ** ἐκεῖνος ἔγραψεν.
Jn 6:20 **ἐγώ** εἰμι·
Jn 6:26 ζητεῖτέ **με** οὐχ ὅτι εἴδετε
Jn 6:32 ἀλλ' ὁ πατήρ **μου** δίδωσιν ὑμῖν τὸν
Jn 6:35 **ἐγώ** εἰμι ὁ ἄρτος
Jn 6:35 ὁ ἐρχόμενος πρὸς **ἐμὲ** οὐ μὴ πεινάσῃ,
Jn 6:35 ὁ πιστεύων εἰς **ἐμὲ** οὐ μὴ διψήσει
Jn 6:36 ὅτι καὶ ἑωράκατέ **[με]** καὶ οὐ πιστεύετε.
Jn 6:37 πᾶν ὃ δίδωσίν **μοι** ὁ πατὴρ πρὸς
Jn 6:37 ὁ πατὴρ πρὸς **ἐμὲ** ἥξει,
Jn 6:37 τὸν ἐρχόμενον πρὸς **ἐμὲ** οὐ μὴ ἐκβάλω
Jn 6:38 θέλημα τοῦ πέμψαντός **με**.
Jn 6:39 θέλημα τοῦ πέμψαντός **με**,
Jn 6:39 πᾶν ὃ δέδωκέν **μοι** μὴ ἀπολέσω ἐξ
Jn 6:40 θέλημα τοῦ πατρός **μου**,
Jn 6:40 καὶ ἀναστήσω αὐτὸν **ἐγὼ** [ἐν] τῇ ἐσχάτῃ
Jn 6:41 **ἐγώ** εἰμι ὁ ἄρτος
Jn 6:44 δύναται ἐλθεῖν πρός **με** ἐὰν μὴ ὁ
Jn 6:44 πατὴρ ὁ πέμψας **με** ἑλκύσῃ αὐτόν,
Jn 6:45 μαθὼν ἔρχεται πρὸς **ἐμέ**.
Jn 6:48 **᾿Εγώ** εἰμι ὁ ἄρτος
Jn 6:51 **ἐγώ** εἰμι ὁ ἄρτος
Jn 6:51 ἄρτος δὲ ὃν **ἐγὼ** δώσω ἡ σάρξ
Jn 6:51 δώσω ἡ σάρξ **μού** ἐστιν ὑπὲρ τῆς
Jn 6:54 ὁ τρώγων **μου** τὴν σάρκα καὶ
Jn 6:54 σάρκα καὶ πίνων **μου** τὸ αἷμα ἔχει
Jn 6:55 ἡ γὰρ σάρξ **μου** ἀληθής ἐστιν βρῶσις,
Jn 6:55 καὶ τὸ αἷμά **μου** ἀληθής ἐστιν πόσις.
Jn 6:56 ὁ τρώγων **μου** τὴν σάρκα καὶ
Jn 6:56 σάρκα καὶ πίνων **μου** τὸ αἷμα ἐν
Jn 6:56 τὸ αἷμα ἐν **ἐμοὶ** μένει κἀγὼ ἐν
Jn 6:57 καθὼς ἀπέστειλέν **με** ὁ ζῶν πατὴρ
Jn 6:57 καὶ ὁ τρώγων **με** κἀκεῖνος ζήσει δι'
Jn 6:57 κἀκεῖνος ζήσει δι' **ἐμέ**.
Jn 6:63 τὰ ῥήματα ἃ **ἐγὼ** λελάληκα ὑμῖν πνεῦμά
Jn 6:65 δύναται ἐλθεῖν πρός **με** ἐὰν μὴ ᾖ
Jn 6:70 οὐκ **ἐγὼ** ὑμᾶς τοὺς δώδεκα
Jn 7:7 **ἐμὲ** δὲ μισεῖ,
Jn 7:7 ὅτι **ἐγὼ** μαρτυρῶ περὶ αὐτοῦ
Jn 7:8 **ἐγὼ** οὐκ ἀναβαίνω εἰς
Jn 7:16 ἀλλὰ τοῦ πέμψαντός **με**·
Jn 7:17 θεοῦ ἐστιν ἢ **ἐγὼ** ἀπ' ἐμαυτοῦ λαλῶ.
Jn 7:19 τί **με** ζητεῖτε ἀποκτεῖναι;
Jn 7:23 **ἐμοὶ** χολᾶτε ὅτι ὅλον
Jn 7:28 ἀληθινὸς ὁ πέμψας **με**,
Jn 7:29 **ἐγὼ** οἶδα αὐτόν,
Jn 7:29 αὐτοῦ εἰμι κἀκεῖνός **με** ἀπέστειλεν.
Jn 7:33 πρὸς τὸν πέμψαντά **με**.
Jn 7:34 ζητήσετέ **με** καὶ οὐχ εὑρήσετέ
Jn 7:34 καὶ οὐχ εὑρήσετέ **[με]**,
Jn 7:34 καὶ ὅπου εἰμὶ **ἐγὼ** ὑμεῖς
Jn 7:36 ζητήσετέ **με** καὶ οὐχ εὑρήσετέ [με],
Jn 7:36 καὶ οὐχ εὑρήσετέ **[με]**,
Jn 7:36 καὶ ὅπου εἰμὶ **ἐγὼ** ὑμεῖς
Jn 7:37 διψᾷ ἐρχέσθω πρός **με** καὶ πινέτω.
Jn 7:38 ὁ πιστεύων εἰς **ἐμέ**,
[Jn 8:11] οὐδὲ **ἐγώ** σε κατακρίνω·
Jn 8:12 **ἐγώ** εἰμι τὸ φῶς
Jn 8:12 ὁ ἀκολουθῶν **ἐμοὶ** οὐ μὴ περιπατήσῃ
Jn 8:14 κἂν **ἐγὼ** μαρτυρῶ περὶ ἐμαυτοῦ,
Jn 8:14 ἐστιν ἡ μαρτυρία **μου**,
Jn 8:15 **ἐγὼ** οὐ κρίνω οὐδένα.
Jn 8:16 ἐὰν κρίνω δὲ **ἐγώ**,
Jn 8:16 ἀλλ' **ἐγὼ** καὶ ὁ πέμψας
Jn 8:16 καὶ ὁ πέμψας **με** πατήρ.
Jn 8:18 **ἐγώ** εἰμι ὁ μαρτυρῶν
Jn 8:18 καὶ μαρτυρεῖ περὶ **ἐμοῦ** ὁ πέμψας με
Jn 8:18 ἐμοῦ ὁ πέμψας **με** πατήρ.
Jn 8:19 οὔτε **ἐμὲ** οἴδατε οὔτε τὸν
Jn 8:19 οὔτε τὸν πατέρα **μου**·
Jn 8:19 εἰ **ἐμὲ** ᾔδειτε,
Jn 8:19 καὶ τὸν πατέρα **μου** ἂν ᾔδειτε.
Jn 8:21 **ἐγὼ** ὑπάγω καὶ ζητήσετέ
Jn 8:21 ὑπάγω καὶ ζητήσετέ **με**,
Jn 8:21 ὅπου **ἐγὼ** ὑπάγω ὑμεῖς οὐ
Jn 8:22 ὅπου **ἐγὼ** ὑπάγω ὑμεῖς οὐ
Jn 8:23 **ἐγὼ** ἐκ τῶν ἄνω
Jn 8:23 **ἐγὼ** οὐκ εἰμὶ ἐκ
Jn 8:24 μὴ πιστεύσητε ὅτι **ἐγώ** εἰμι,
Jn 8:26 ἀλλ' ὁ πέμψας **με** ἀληθής ἐστιν,
Jn 8:28 τότε γνώσεσθε ὅτι **ἐγώ** εἰμι,
Jn 8:28 ἀλλὰ καθὼς ἐδίδαξέν **με** ὁ πατὴρ ταῦτα
Jn 8:29 καὶ ὁ πέμψας **με** μετ' ἐμοῦ ἐστιν·
Jn 8:29 πέμψας με μετ' **ἐμοῦ** ἐστιν·
Jn 8:29 οὐκ ἀφῆκέν **με** μόνον,
Jn 8:29 ὅτι **ἐγὼ** τὰ ἀρεστὰ αὐτῷ
Jn 8:31 ἀληθῶς μαθηταί **μού** ἐστε
Jn 8:37 ἀλλὰ ζητεῖτέ **με** ἀποκτεῖναι,
Jn 8:38 ἃ **ἐγὼ** ἑώρακα παρὰ τῷ
Jn 8:40 νῦν δὲ ζητεῖτέ **με** ἀποκτεῖναι ἄνθρωπον ὃς
Jn 8:42 ἠγαπᾶτε ἂν **ἐμέ**,
Jn 8:42 **ἐγὼ** γὰρ ἐκ τοῦ
Jn 8:42 ἀλλ' ἐκεῖνός **με** ἀπέστειλεν.
Jn 8:45 **ἐγὼ** δὲ ὅτι τὴν
Jn 8:45 οὐ πιστεύετέ **μοι**.
Jn 8:46 ἐξ ὑμῶν ἐλέγχει **με** περὶ ἁμαρτίας;
Jn 8:46 ὑμεῖς οὐ πιστεύετέ **μοι**;
Jn 8:49 **ἐγὼ** δαιμόνιον οὐκ ἔχω,
Jn 8:49 τιμῶ τὸν πατέρα **μου**,
Jn 8:49 καὶ ὑμεῖς ἀτιμάζετέ **με**.
Jn 8:50 **ἐγὼ** δὲ οὐ ζητῶ
Jn 8:50 ζητῶ τὴν δόξαν **μου**·
Jn 8:52 τις τὸν λόγον **μου** τηρήσῃ,
Jn 8:54 ἐὰν **ἐγὼ** δοξάσω ἐμαυτόν,
Jn 8:54 ἡ δόξα **μου** οὐδέν ἐστιν·
Jn 8:54 ἔστιν ὁ πατήρ **μου** ὁ δοξάζων με,
Jn 8:54 μου ὁ δοξάζων **με**,
Jn 8:55 **ἐγὼ** δὲ οἶδα αὐτόν.
Jn 8:58 πρὶν Ἀβραὰμ γενέσθαι **ἐγὼ** εἰμί.
Jn 9:4 ἔργα τοῦ πέμψαντός **με** ἕως ἡμέρα ἐστίν·
Jn 9:9 ἐκεῖνος ἔλεγεν ὅτι **ἐγώ** εἰμι.
Jn 9:11 ἐποίησεν καὶ ἐπέχρισέν **μου** τοὺς ὀφθαλμοὺς
Jn 9:11 ὀφθαλμοὺς καὶ εἶπέν **μοι** ὅτι ὕπαγε εἰς
Jn 9:15 πηλὸν ἐπέθηκέν **μου** ἐπὶ τοὺς ὀφθαλμοὺς
Jn 9:30 καὶ ἤνοιξέν **μου** τοὺς ὀφθαλμούς.
Jn 9:39 εἰς κρίμα **ἐγὼ** εἰς τὸν κόσμον
Jn 10:7 λέγω ὑμῖν ὅτι **ἐγώ** εἰμι ἡ θύρα
Jn 10:8 ὅσοι ἦλθον [πρὸ **ἐμοῦ]** κλέπται εἰσὶν καὶ
Jn 10:9 **ἐγώ** εἰμι ἡ θύρα·
Jn 10:9 δι' **ἐμοῦ** ἐάν τις εἰσέλθῃ
Jn 10:10 **ἐγὼ** ἦλθον ἵνα ζωὴν
Jn 10:11 **᾿Εγώ** εἰμι ὁ ποιμὴν
Jn 10:14 **᾿Εγώ** εἰμι ὁ ποιμὴν

Jn 10:14 ἐμὰ καὶ γινώσκουσί **με** τὰ ἐμά,
Jn 10:15 καθὼς γινώσκει **με** ὁ πατὴρ κἀγὼ
Jn 10:15 καὶ τὴν ψυχήν **μου** τίθημι ὑπὲρ τῶν
Jn 10:16 κἀκεῖνα δεῖ **με** ἀγαγεῖν καὶ τῆς
Jn 10:16 καὶ τῆς φωνῆς **μου** ἀκούσουσιν,
Jn 10:17 Διὰ τοῦτό **με** ὁ πατὴρ ἀγαπᾷ
Jn 10:17 πατὴρ ἀγαπᾷ ὅτι **ἐγὼ** τίθημι τὴν ψυχήν
Jn 10:17 τίθημι τὴν ψυχήν **μου**,
Jn 10:18 αἴρει αὐτὴν ἀπ' **ἐμοῦ**,
Jn 10:18 ἀλλ' **ἐγὼ** τίθημι αὐτὴν ἀπ'
Jn 10:18 παρὰ τοῦ πατρός **μου**.
Jn 10:25 τὰ ἔργα ἃ **ἐγὼ** ποιῶ ἐν τῷ
Jn 10:25 ὀνόματι τοῦ πατρός **μου** ταῦτα μαρτυρεῖ
Jn 10:25 ταῦτα μαρτυρεῖ περὶ **ἐμοῦ**·
Jn 10:27 ἐμὰ τῆς φωνῆς **μου** ἀκούουσιν,
Jn 10:27 αὐτὰ καὶ ἀκολουθοῦσίν **μοι**,
Jn 10:28 ἐκ τῆς χειρός **μου**.
Jn 10:29 ὁ πατήρ **μου** ὃ δέδωκέν μοι
Jn 10:29 μου ὃ δέδωκέν **μοι** πάντων μεῖζόν ἐστιν,
Jn 10:30 **ἐγὼ** καὶ ὁ πατὴρ
Jn 10:32 ποῖον αὐτῶν ἔργον **ἐμὲ** λιθάζετε;
Jn 10:34 νόμῳ ὑμῶν ὅτι **ἐγὼ** εἶπα·
Jn 10:37 ἔργα τοῦ πατρός **μου**,
Jn 10:37 μὴ πιστεύετέ **μοι**·
Jn 10:38 κἂν **ἐμοὶ** μὴ πιστεύητε,
Jn 10:38 γινώσκητε ὅτι ἐν **ἐμοὶ** ὁ πατὴρ κἀγὼ
Jn 11:21 ἀπέθανεν ὁ ἀδελφός **μου**·
Jn 11:25 **ἐγώ** εἰμι ἡ ἀνάστασις
Jn 11:25 ὁ πιστεύων εἰς **ἐμὲ** κἂν ἀποθάνῃ ζήσεται,
Jn 11:26 καὶ πιστεύων εἰς **ἐμὲ** οὐ μὴ ἀποθάνῃ
Jn 11:27 **ἐγὼ** πεπίστευκα ὅτι σὺ
Jn 11:32 ὧδε οὐκ ἄν **μου** ἀπέθανεν ὁ ἀδελφός.
Jn 11:41 σοι ὅτι ἤκουσάς **μου**.
Jn 11:42 **ἐγὼ** δὲ ᾔδειν ὅτι
Jn 11:42 ᾔδειν ὅτι πάντοτέ **μου** ἀκούεις,
Jn 11:42 πιστεύσωσιν ὅτι σύ **με** ἀπέστειλας.
Jn 12:7 ἡμέραν τοῦ ἐνταφιασμοῦ **μου** τηρήσῃ αὐτό·
Jn 12:8 **ἐμὲ** δὲ οὐ πάντοτε
Jn 12:26 ἐὰν **ἐμοί** τις διακονῇ,
Jn 12:26 **ἐμοὶ** ἀκολουθείτω,
Jn 12:26 καὶ ὅπου εἰμὶ **ἐγὼ** ἐκεῖ καὶ ὁ
Jn 12:26 ἐάν τις **ἐμοὶ** διακονῇ τιμήσει αὐτὸν
Jn 12:27 Νῦν ἡ ψυχή **μου** τετάρακται,
Jn 12:27 σῶσόν **με** ἐκ τῆς ὥρας
Jn 12:30 οὐ δι' **ἐμὲ** ἡ φωνὴ αὕτη
Jn 12:44 ὁ πιστεύων εἰς **ἐμὲ** οὐ πιστεύει εἰς
Jn 12:44 οὐ πιστεύει εἰς **ἐμὲ** ἀλλὰ εἰς τὸν
Jn 12:44 εἰς τὸν πέμψαντά **με**,
Jn 12:45 καὶ ὁ θεωρῶν **ἐμὲ** θεωρεῖ τὸν πέμψαντά
Jn 12:45 θεωρεῖ τὸν πέμψαντά **με**.
Jn 12:46 **ἐγὼ** φῶς εἰς τὸν
Jn 12:46 ὁ πιστεύων εἰς **ἐμὲ** ἐν τῇ σκοτίᾳ
Jn 12:47 καὶ ἐάν τις **μου** ἀκούσῃ τῶν ῥημάτων
Jn 12:47 **ἐγὼ** οὐ κρίνω αὐτόν·
Jn 12:48 ὁ ἀθετῶν **ἐμὲ** καὶ μὴ λαμβάνων
Jn 12:48 λαμβάνων τὰ ῥήματά **μου** ἔχει τὸν κρίνοντα
Jn 12:49 ὅτι **ἐγὼ** ἐξ ἐμαυτοῦ οὐκ
Jn 12:49 ἀλλ' ὁ πέμψας **με** πατὴρ αὐτός μοι
Jn 12:49 με πατὴρ αὐτός **μοι** ἐντολὴν δέδωκεν τί
Jn 12:50 ἃ οὖν **ἐγὼ** λαλῶ,
Jn 12:50 καθὼς εἴρηκέν **μοι** ὁ πατήρ,
Jn 13:6 σύ **μου** νίπτεις τοὺς πόδας;
Jn 13:7 ὃ **ἐγὼ** ποιῶ σὺ οὐκ
Jn 13:8 οὐ μὴ νίψῃς **μου** τοὺς πόδας εἰς
Jn 13:8 ἔχεις μέρος μετ' **ἐμοῦ**.
Jn 13:9 μὴ τοὺς πόδας **μου** μόνον ἀλλὰ καὶ
Jn 13:13 ὑμεῖς φωνεῖτέ **με**·
Jn 13:14 εἰ οὖν **ἐγὼ** ἔνιψα ὑμῶν τοὺς
Jn 13:15 ὑμῖν ἵνα καθὼς **ἐγὼ** ἐποίησα ὑμῖν καὶ
Jn 13:18 **ἐγὼ** οἶδα τίνας ἐξελεξάμην·
Jn 13:18 ὁ τρώγων **μου** τὸν ἄρτον ἐπῆρεν
Jn 13:18 ἄρτον ἐπῆρεν ἐπ' **ἐμὲ** τὴν πτέρναν αὐτοῦ.
Jn 13:19 ὅταν γένηται ὅτι **ἐγώ** εἰμι.
Jn 13:20 ἄν τινα πέμψω **ἐμὲ** λαμβάνει,
Jn 13:20 ὁ δὲ **ἐμὲ** λαμβάνων λαμβάνει τὸν
Jn 13:20 λαμβάνει τὸν πέμψαντά **με**.
Jn 13:21 ἐξ ὑμῶν παραδώσει **με**.
Jn 13:26 ἐκεῖνός ἐστιν ᾧ **ἐγὼ** βάψω τὸ ψωμίον
Jn 13:33 ζητήσετέ **με**,
Jn 13:33 Ἰουδαίοις ὅτι ὅπου **ἐγὼ** ὑπάγω ὑμεῖς οὐ
Jn 13:36 ὑπάγω οὐ δύνασαί **μοι** νῦν ἀκολουθῆσαι,
Jn 13:37 τὴν ψυχήν **μου** ὑπὲρ σοῦ θήσω.
Jn 13:38 ψυχήν σου ὑπὲρ **ἐμοῦ** θήσεις;
Jn 13:38 ἕως οὗ ἀρνήσῃ **με** τρίς.
Jn 14:1 θεὸν καὶ εἰς **ἐμὲ** πιστεύετε.
Jn 14:2 οἰκίᾳ τοῦ πατρός **μου** μοναὶ πολλαί εἰσιν·
Jn 14:3 ἵνα ὅπου εἰμὶ **ἐγὼ** καὶ ὑμεῖς ἦτε.
Jn 14:4 καὶ ὅπου **[ἐγὼ]** ὑπάγω οἴδατε τὴν
Jn 14:6 **ἐγώ** εἰμι ἡ ὁδὸς
Jn 14:6 εἰ μὴ δι' **ἐμοῦ**.
Jn 14:7 εἰ ἐγνώκατέ **με**,
Jn 14:7 καὶ τὸν πατέρα **μου** γνώσεσθε.
Jn 14:9 καὶ οὐκ ἔγνωκάς **με**,
Jn 14:9 ὁ ἑωρακὼς **ἐμὲ** ἑώρακεν τὸν πατέρα·
Jn 14:10 οὐ πιστεύεις ὅτι **ἐγὼ** ἐν τῷ πατρὶ
Jn 14:10 ὁ πατὴρ ἐν **ἐμοί** ἐστιν;
Jn 14:10 τὰ ῥήματα ἃ **ἐγὼ** λέγω ὑμῖν ἀπ'
Jn 14:10 δὲ πατὴρ ἐν **ἐμοὶ** μένων ποιεῖ τὰ
Jn 14:11 πιστεύετέ **μοι** ὅτι ἐγὼ ἐν
Jn 14:11 πιστεύετέ μοι ὅτι **ἐγὼ** ἐν τῷ πατρὶ
Jn 14:11 ὁ πατὴρ ἐν **ἐμοί**·
Jn 14:12 ὁ πιστεύων εἰς **ἐμὲ** τὰ ἔργα ἃ
Jn 14:12 τὰ ἔργα ἃ **ἐγὼ** ποιῶ κἀκεῖνος ποιήσει
Jn 14:12 ὅτι **ἐγὼ** πρὸς τὸν πατέρα
Jn 14:13 ἐν τῷ ὀνόματί **μου** τοῦτο ποιήσω,
Jn 14:14 ἐάν τι αἰτήσητέ **με** ἐν τῷ ὀνόματί
Jn 14:14 ἐν τῷ ὀνόματί **μου** ἐγὼ ποιήσω.
Jn 14:14 τῷ ὀνόματί μου **ἐγὼ** ποιήσω.
Jn 14:15 Ἐὰν ἀγαπᾶτέ **με**,
Jn 14:19 καὶ ὁ κόσμος **με** οὐκέτι θεωρεῖ,
Jn 14:19 ὑμεῖς δὲ θεωρεῖτέ **με**,
Jn 14:19 ὅτι **ἐγὼ** ζῶ καὶ ὑμεῖς
Jn 14:20 γνώσεσθε ὑμεῖς ὅτι **ἐγὼ** ἐν τῷ πατρί
Jn 14:20 ἐν τῷ πατρί **μου** καὶ ὑμεῖς ἐν
Jn 14:20 καὶ ὑμεῖς ἐν **ἐμοὶ** κἀγὼ ἐν ὑμῖν.
Jn 14:21 ἔχων τὰς ἐντολάς **μου** καὶ τηρῶν αὐτὰς
Jn 14:21 ἐστιν ὁ ἀγαπῶν **με**·
Jn 14:21 ὁ δὲ ἀγαπῶν **με** ἀγαπηθήσεται ὑπὸ τοῦ
Jn 14:21 ὑπὸ τοῦ πατρός **μου**,
Jn 14:23 ἐάν τις ἀγαπᾷ **με** τὸν λόγον μου
Jn 14:23 με τὸν λόγον **μου** τηρήσει,
Jn 14:23 καὶ ὁ πατήρ **μου** ἀγαπήσει αὐτὸν καὶ
Jn 14:24 ὁ μὴ ἀγαπῶν **με** τοὺς λόγους μου
Jn 14:24 με τοὺς λόγους **μου** οὐ τηρεῖ·
Jn 14:24 ἀλλὰ τοῦ πέμψαντός **με** πατρός.
Jn 14:26 ἐν τῷ ὀνόματί **μου**,
Jn 14:26 ἃ εἶπον ὑμῖν **[ἐγώ]**.
Jn 14:27 ὁ κόσμος δίδωσιν **ἐγὼ** δίδωμι ὑμῖν.

Jn 14:28 ἠκούσατε ὅτι **ἐγὼ** εἶπον ὑμῖν·
Jn 14:28 εἰ ἠγαπᾶτέ **με** ἐχάρητε ἂν ὅτι
Jn 14:28 ὁ πατὴρ μείζων **μού** ἐστιν.
Jn 14:30 καὶ ἐν **ἐμοὶ** οὐκ ἔχει οὐδέν,
Jn 14:31 καὶ καθὼς ἐνετείλατό **μοι** ὁ πατήρ,
Jn 15:1 **Ἐγώ** εἰμι ἡ ἄμπελος
Jn 15:1 καὶ ὁ πατήρ **μου** ὁ γεωργός ἐστιν.
Jn 15:2 πᾶν κλῆμα ἐν **ἐμοὶ** μὴ φέρον καρπὸν
Jn 15:4 μείνατε ἐν **ἐμοί**,
Jn 15:4 ἐὰν μὴ ἐν **ἐμοὶ** μένητε.
Jn 15:5 **ἐγώ** εἰμι ἡ ἄμπελος,
Jn 15:5 ὁ μένων ἐν **ἐμοὶ** κἀγὼ ἐν αὐτῷ
Jn 15:5 ὅτι χωρὶς **ἐμοῦ** οὐ δύνασθε ποιεῖν
Jn 15:6 τις μένῃ ἐν **ἐμοί**,
Jn 15:7 ἐὰν μείνητε ἐν **ἐμοὶ** καὶ τὰ ῥήματά
Jn 15:7 καὶ τὰ ῥήματά **μου** ἐν ὑμῖν μείνῃ,
Jn 15:8 ἐδοξάσθη ὁ πατήρ **μου**,
Jn 15:9 Καθὼς ἠγάπησέν **με** ὁ πατήρ,
Jn 15:10 ἐὰν τὰς ἐντολάς **μου** τηρήσητε,
Jn 15:10 ἐν τῇ ἀγάπῃ **μου**,
Jn 15:10 καθὼς **ἐγὼ** τὰς ἐντολὰς τοῦ
Jn 15:10 ἐντολὰς τοῦ πατρός **μου** τετήρηκα καὶ μένω
Jn 15:14 ὑμεῖς φίλοι **μού** ἐστε ἐὰν ποιῆτε
Jn 15:14 ἐὰν ποιῆτε ἃ **ἐγὼ** ἐντέλλομαι ὑμῖν.
Jn 15:15 παρὰ τοῦ πατρός **μου** ἐγνώρισα ὑμῖν.
Jn 15:16 οὐχ ὑμεῖς **με** ἐξελέξασθε,
Jn 15:16 ἀλλ' **ἐγὼ** ἐξελεξάμην ὑμᾶς καὶ
Jn 15:16 ἐν τῷ ὀνόματί **μου** δῷ ὑμῖν.
Jn 15:18 γινώσκετε ὅτι **ἐμὲ** πρῶτον ὑμῶν μεμίσηκεν.
Jn 15:19 ἀλλ' **ἐγὼ** ἐξελεξάμην ὑμᾶς ἐκ
Jn 15:20 τοῦ λόγου οὗ **ἐγὼ** εἶπον ὑμῖν·
Jn 15:20 εἰ **ἐμὲ** ἐδίωξαν,
Jn 15:20 εἰ τὸν λόγον **μου** ἐτήρησαν,
Jn 15:21 διὰ τὸ ὄνομά **μου**,
Jn 15:21 οἴδασιν τὸν πέμψαντά **με**.
Jn 15:23 ὁ **ἐμὲ** μισῶν καὶ τὸν
Jn 15:23 καὶ τὸν πατέρα **μου** μισεῖ.
Jn 15:24 καὶ μεμισήκασιν καὶ **ἐμὲ** καὶ τὸν πατέρα
Jn 15:24 καὶ τὸν πατέρα **μου**.
Jn 15:25 γεγραμμένος ὅτι ἐμίσησάν **με** δωρεάν.
Jn 15:26 ὁ παράκλητος ὃν **ἐγὼ** πέμψω ὑμῖν παρὰ
Jn 15:26 ἐκεῖνος μαρτυρήσει περὶ **ἐμοῦ**·
Jn 15:27 ἀπ' ἀρχῆς μετ' **ἐμοῦ** ἐστε.
Jn 16:3 τὸν πατέρα οὐδὲ **ἐμέ**.
Jn 16:4 μνημονεύητε αὐτῶν ὅτι **ἐγὼ** εἶπον ὑμῖν.
Jn 16:5 πρὸς τὸν πέμψαντά **με**,
Jn 16:5 ἐξ ὑμῶν ἐρωτᾷ **με**·
Jn 16:7 ἀλλ' **ἐγὼ** τὴν ἀλήθειαν λέγω
Jn 16:7 συμφέρει ὑμῖν ἵνα **ἐγὼ** ἀπέλθω.
Jn 16:9 οὐ πιστεύουσιν εἰς **ἐμέ**·
Jn 16:10 καὶ οὐκέτι θεωρεῖτέ **με**·
Jn 16:14 ἐκεῖνος **ἐμὲ** δοξάσει,
Jn 16:16 καὶ οὐκέτι θεωρεῖτέ **με**,
Jn 16:16 μικρὸν καὶ ὄψεσθέ **με**.
Jn 16:17 καὶ οὐ θεωρεῖτέ **με**,
Jn 16:17 μικρὸν καὶ ὄψεσθέ **με**;
Jn 16:19 καὶ οὐ θεωρεῖτέ **με**,
Jn 16:19 μικρὸν καὶ ὄψεσθέ **με**;
Jn 16:23 ἐκείνῃ τῇ ἡμέρᾳ **ἐμὲ** οὐκ ἐρωτήσετε οὐδέν.
Jn 16:23 ἐν τῷ ὀνόματί **μου** δώσει ὑμῖν.
Jn 16:24 ἐν τῷ ὀνόματί **μου**·
Jn 16:26 ἐν τῷ ὀνόματί **μου** αἰτήσεσθε,
Jn 16:26 λέγω ὑμῖν ὅτι **ἐγὼ** ἐρωτήσω τὸν πατέρα
Jn 16:27 ὅτι ὑμεῖς **ἐμὲ** πεφιλήκατε καὶ πεπιστεύκατε
Jn 16:27 καὶ πεπιστεύκατε ὅτι **ἐγὼ** παρὰ [τοῦ] θεοῦ
Jn 16:32 ὁ πατὴρ μετ' **ἐμοῦ** ἐστιν.
Jn 16:33 ὑμῖν ἵνα ἐν **ἐμοὶ** εἰρήνην ἔχητε.
Jn 16:33 **ἐγὼ** νενίκηκα τὸν κόσμον.
Jn 17:4 **ἐγώ** σε ἐδόξασα ἐπὶ
Jn 17:4 τελειώσας ὃ δέδωκάς **μοι** ἵνα ποιήσω·
Jn 17:5 καὶ νῦν δόξασόν **με** σύ,
Jn 17:6 ἀνθρώποις οὓς ἔδωκάς **μοι** ἐκ τοῦ κόσμου.
Jn 17:7 πάντα ὅσα δέδωκάς **μοι** παρὰ σοῦ εἰσιν·
Jn 17:8 ῥήματα ἃ ἔδωκάς **μοι** δέδωκα αὐτοῖς,
Jn 17:8 ἐπίστευσαν ὅτι σύ **με** ἀπέστειλας.
Jn 17:9 **Ἐγὼ** περὶ αὐτῶν ἐρωτῶ,
Jn 17:9 περὶ ὧν δέδωκάς **μοι**,
Jn 17:11 σου ᾧ δέδωκάς **μοι**,
Jn 17:12 ἤμην μετ' αὐτῶν **ἐγὼ** ἐτήρουν αὐτοὺς ἐν
Jn 17:12 σου ᾧ δέδωκάς **μοι**,
Jn 17:14 **ἐγὼ** δέδωκα αὐτοῖς τὸν
Jn 17:14 τοῦ κόσμου καθὼς **ἐγὼ** οὐκ εἰμὶ ἐκ
Jn 17:16 οὐκ εἰσὶν καθὼς **ἐγὼ** οὐκ εἰμὶ ἐκ
Jn 17:18 καθὼς **ἐμὲ** ἀπέστειλας εἰς τὸν
Jn 17:19 καὶ ὑπὲρ αὐτῶν **ἐγὼ** ἁγιάζω ἐμαυτόν,
Jn 17:20 λόγου αὐτῶν εἰς **ἐμέ**,
Jn 17:21 ἐν **ἐμοὶ** κἀγὼ ἐν σοί,
Jn 17:21 πιστεύῃ ὅτι σύ **με** ἀπέστειλας.
Jn 17:22 δόξαν ἣν δέδωκάς **μοι** δέδωκα αὐτοῖς,
Jn 17:23 **ἐγὼ** ἐν αὐτοῖς καὶ
Jn 17:23 καὶ σὺ ἐν **ἐμοί**,
Jn 17:23 κόσμος ὅτι σύ **με** ἀπέστειλας καὶ ἠγάπησας
Jn 17:23 ἠγάπησας αὐτοὺς καθὼς **ἐμὲ** ἠγάπησας.
Jn 17:24 ὃ δέδωκάς **μοι**,
Jn 17:24 ἵνα ὅπου εἰμὶ **ἐγὼ** κἀκεῖνοι ὦσιν μετ'
Jn 17:24 κἀκεῖνοι ὦσιν μετ' **ἐμοῦ**,
Jn 17:24 ἣν δέδωκάς **μοι** ὅτι ἠγάπησάς με
Jn 17:24 μοι ὅτι ἠγάπησάς **με** πρὸ καταβολῆς κόσμου.
Jn 17:25 **ἐγὼ** δέ σε ἔγνων,
Jn 17:25 ἔγνωσαν ὅτι σύ **με** ἀπέστειλας·
Jn 17:26 ἀγάπη ἣν ἠγάπησάς **με** ἐν αὐτοῖς ᾖ
Jn 18:5 **ἐγώ** εἰμι.
Jn 18:6 **ἐγώ** εἰμι,
Jn 18:8 εἶπον ὑμῖν ὅτι **ἐγώ** εἰμι.
Jn 18:8 εἰ οὖν **ἐμὲ** ζητεῖτε,
Jn 18:9 ὅτι οὓς δέδωκάς **μοι** οὐκ ἀπώλεσα ἐξ
Jn 18:11 ποτήριον ὃ δέδωκέν **μοι** ὁ πατὴρ οὐ
Jn 18:20 **ἐγὼ** παρρησίᾳ λελάληκα τῷ
Jn 18:20 **ἐγὼ** πάντοτε ἐδίδαξα ἐν
Jn 18:21 τί **με** ἐρωτᾷς;
Jn 18:21 οἴδασιν ἃ εἶπον **ἐγώ**.
Jn 18:23 τί **με** δέρεις;
Jn 18:26 οὐκ ἐγώ **σε** εἶδον ἐν τῷ
Jn 18:34 εἶπόν σοι περὶ **ἐμοῦ**;
Jn 18:35 μήτι **ἐγὼ** Ἰουδαῖός εἰμι;
Jn 18:35 ἀρχιερεῖς παρέδωκάν σε **ἐμοί**·
Jn 18:37 **ἐγὼ** εἰς τοῦτο γεγέννημαι
Jn 18:37 τῆς ἀληθείας ἀκούει **μου** τῆς φωνῆς.
Jn 18:38 **ἐγὼ** οὐδεμίαν εὑρίσκω ἐν
Jn 19:6 **ἐγὼ** γὰρ οὐχ εὑρίσκω
Jn 19:10 **ἐμοὶ** οὐ λαλεῖς;
Jn 19:11 εἶχες ἐξουσίαν κατ' **ἐμοῦ** οὐδεμίαν εἰ μὴ
Jn 19:11 τοῦτο ὁ παραδούς **μέ** σοι μείζονα ἁμαρτίαν
Jn 19:24 διεμερίσαντο τὰ ἱμάτιά **μου** ἑαυτοῖς καὶ ἐπὶ
Jn 19:24 ἐπὶ τὸν ἱματισμόν **μου** ἔβαλον κλῆρον.
Jn 20:13 ἦραν τὸν κύριόν **μου**,
Jn 20:15 εἰπέ **μοι** ποῦ ἔθηκας αὐτόν,
Jn 20:17 μή **μου** ἅπτου,

Jn 20:17 πρὸς τοὺς ἀδελφούς **μου** καὶ εἰπὲ αὐτοῖς·
Jn 20:17 πρὸς τὸν πατέρα **μου** καὶ πατέρα ὑμῶν
Jn 20:17 ὑμῶν καὶ θεόν **μου** καὶ θεὸν ὑμῶν.
Jn 20:21 καθὼς ἀπέσταλκέν **με** ὁ πατήρ,
Jn 20:25 βάλω τὸν δάκτυλόν **μου** εἰς τὸν τύπον
Jn 20:25 ἥλων καὶ βάλω **μου** τὴν χεῖρα εἰς
Jn 20:27 ἴδε τὰς χεῖράς **μου** καὶ φέρε τὴν
Jn 20:27 εἰς τὴν πλευράν **μου**,
Jn 20:28 ὁ κύριός **μου** καὶ ὁ θεός
Jn 20:28 καὶ ὁ θεός **μου**.
Jn 20:29 ὅτι ἑώρακάς **με** πεπίστευκας;
Jn 21:15 ἀγαπᾷς **με** πλέον τούτων;
Jn 21:15 βόσκε τὰ ἀρνία **μου**.
Jn 21:16 ἀγαπᾷς **με**;
Jn 21:16 ποίμαινε τὰ πρόβατά **μου**.
Jn 21:17 φιλεῖς **με**;
Jn 21:17 φιλεῖς **με**;
Jn 21:17 βόσκε τὰ πρόβατά **μου**.
Jn 21:19 ἀκολούθει **μοι**.
Jn 21:22 σύ **μοι** ἀκολούθει.

ἔθνος (*ethnos*; 5/162) *nation*

Jn 11:48 τόπον καὶ τὸ **ἔθνος**.
Jn 11:50 μὴ ὅλον τὸ **ἔθνος** ἀπόληται.
Jn 11:51 ἀποθνῄσκειν ὑπὲρ τοῦ **ἔθνους**,
Jn 11:52 οὐχ ὑπὲρ τοῦ **ἔθνους** μόνον ἀλλ' ἵνα
Jn 18:35 τὸ **ἔθνος** τὸ σὸν καὶ

ἔθος (*ethos*; 1/12) *custom*

Jn 19:40 καθὼς **ἔθος** ἐστὶν τοῖς Ἰουδαίοις

εἰ (*ei*; 49/502) *if, since*

Jn 1:25 τί οὖν βαπτίζεις **εἰ** σὺ οὐκ εἶ
Jn 3:12 **εἰ** τὰ ἐπίγεια εἶπον
Jn 3:13 εἰς τὸν οὐρανὸν **εἰ** μὴ ὁ
Jn 4:10 **εἰ** ᾔδεις τὴν δωρεὰν
Jn 5:46 **εἰ** γὰρ ἐπιστεύετε Μωϋσεῖ,
Jn 5:47 **εἰ** δὲ τοῖς ἐκείνου
Jn 6:22 οὐκ ἦν ἐκεῖ **εἰ** μὴ ἓν καὶ
Jn 6:46 πατέρα ἑώρακέν τις **εἰ** μὴ ὁ ὢν
Jn 7:4 **εἰ** ταῦτα ποιεῖς,
Jn 7:23 **εἰ** περιτομὴν λαμβάνει ἄνθρωπος
Jn 8:19 **εἰ** ἐμὲ ᾔδειτε,
Jn 8:39 **εἰ** τέκνα τοῦ Ἀβραάμ ἐστε,
Jn 8:42 **εἰ** ὁ θεὸς πατὴρ
Jn 8:46 **εἰ** ἀλήθειαν λέγω,
Jn 9:25 **εἰ** ἁμαρτωλός ἐστιν οὐκ
Jn 9:33 **εἰ** μὴ ἦν οὗτος
Jn 9:41 **εἰ** τυφλοὶ ἦτε,
Jn 10:10 κλέπτης οὐκ ἔρχεται **εἰ** μὴ ἵνα κλέψῃ
Jn 10:24 **εἰ** σὺ εἶ ὁ
Jn 10:35 **εἰ** ἐκείνους εἶπεν θεοὺς
Jn 10:37 **εἰ** οὐ ποιῶ τὰ
Jn 10:38 **εἰ** δὲ ποιῶ,
Jn 11:12 **εἰ** κεκοίμηται σωθήσεται.
Jn 11:21 **εἰ** ἦς ὧδε οὐκ
Jn 11:32 **εἰ** ἦς ὧδε οὐκ ἄν μου
Jn 13:10 οὐκ ἔχει χρείαν **εἰ** μὴ τοὺς πόδας
Jn 13:14 **εἰ** οὖν ἐγὼ ἔνιψα
Jn 13:17 **εἰ** ταῦτα οἴδατε,
Jn 13:32 [**εἰ** ὁ θεὸς ἐδοξάσθη
Jn 14:2 **εἰ** δὲ μή,
Jn 14:6 πρὸς τὸν πατέρα **εἰ** μὴ δι' ἐμοῦ.
Jn 14:7 **εἰ** ἐγνώκατέ με,
Jn 14:11 **εἰ** δὲ μή,
Jn 14:28 **εἰ** ἠγαπᾶτέ με ἐχάρητε
Jn 15:18 **Εἰ** ὁ κόσμος ὑμᾶς
Jn 15:19 **εἰ** ἐκ τοῦ κόσμου
Jn 15:20 **εἰ** ἐμὲ ἐδίωξαν,
Jn 15:20 **εἰ** τὸν λόγον μου ἐτήρησαν,
Jn 15:22 **εἰ** μὴ ἦλθον καὶ
Jn 15:24 **εἰ** τὰ ἔργα μὴ
Jn 17:12 αὐτῶν ἀπώλετο **εἰ** μὴ ὁ υἱὸς
Jn 18:8 **εἰ** οὖν ἐμὲ ζητεῖτε,
Jn 18:23 **εἰ** κακῶς ἐλάλησα,
Jn 18:23 **εἰ** δὲ καλῶς,
Jn 18:30 **εἰ** μὴ ἦν οὗτος
Jn 18:36 **εἰ** ἐκ τοῦ κόσμου τούτου
Jn 19:11 κατ' ἐμοῦ οὐδεμίαν **εἰ** μὴ ἦν δεδομένον
Jn 19:15 οὐκ ἔχομεν βασιλέα **εἰ** μὴ Καίσαρα.
Jn 20:15 **εἰ** σὺ ἐβάστασας αὐτόν,

εἶδος (*eidos*; 1/5) *visible form, sight*

Jn 5:37 πώποτε ἀκηκόατε οὔτε **εἶδος** αὐτοῦ ἑωράκατε,

εἴκοσι (*eikosi*; 1/11) *twenty*

Jn 6:19 οὖν ὡς σταδίους **εἴκοσι** πέντε ἢ τριάκοντα

εἰμί (*eimi*; 443[445]/2460[2462]) *be*

Jn 1:1 Ἐν ἀρχῇ **ἦν** ὁ λόγος,
Jn 1:1 καὶ ὁ λόγος **ἦν** πρὸς τὸν θεόν,
Jn 1:1 καὶ θεὸς **ἦν** ὁ λόγος.
Jn 1:2 οὗτος **ἦν** ἐν ἀρχῇ πρὸς
Jn 1:4 ἐν αὐτῷ ζωὴ **ἦν**,
Jn 1:4 καὶ ἡ ζωὴ **ἦν** τὸ φῶς τῶν
Jn 1:8 οὐκ **ἦν** ἐκεῖνος τὸ φῶς,
Jn 1:9 **Ἦν** τὸ φῶς τὸ
Jn 1:10 ἐν τῷ κόσμῳ **ἦν**,
Jn 1:15 οὗτος **ἦν** ὃν εἶπον·
Jn 1:15 ὅτι πρῶτός μου **ἦν**.
Jn 1:18 μονογενὴς θεὸς ὁ **ὢν** εἰς τὸν κόλπον
Jn 1:19 Καὶ αὕτη **ἐστὶν** ἡ μαρτυρία τοῦ
Jn 1:19 σὺ τίς **εἶ**;
Jn 1:20 ὅτι ἐγὼ οὐκ **εἰμὶ** ὁ χριστός.
Jn 1:21 σὺ Ἠλίας **εἶ**;
Jn 1:21 οὐκ **εἰμί**.
Jn 1:21 ὁ προφήτης **εἶ** σύ;
Jn 1:22 τίς **εἶ**;
Jn 1:24 Καὶ ἀπεσταλμένοι **ἦσαν** ἐκ τῶν Φαρισαίων.
Jn 1:25 εἰ σὺ οὐκ **εἶ** ὁ χριστὸς οὐδὲ
Jn 1:27 οὗ οὐκ **εἰμὶ** [ἐγὼ] ἄξιος ἵνα
Jn 1:28 ὅπου **ἦν** ὁ Ἰωάννης βαπτίζων.
Jn 1:30 οὗτός **ἐστιν** ὑπὲρ οὗ ἐγὼ
Jn 1:30 ὅτι πρῶτός μου **ἦν**.
Jn 1:33 οὗτός **ἐστιν** ὁ βαπτίζων ἐν
Jn 1:34 μεμαρτύρηκα ὅτι οὗτός **ἐστιν** ὁ υἱὸς τοῦ
Jn 1:39 ὥρα **ἦν** ὡς δεκάτη.
Jn 1:40 **Ἦν** Ἀνδρέας ὁ ἀδελφὸς
Jn 1:41 ὅ **ἐστιν** μεθερμηνευόμενον χριστός.
Jn 1:42 σὺ **εἶ** Σίμων ὁ υἱὸς
Jn 1:44 **ἦν** δὲ ὁ Φίλιππος
Jn 1:46 δύναταί τι ἀγαθὸν **εἶναι**;
Jn 1:47 ᾧ δόλος οὐκ **ἔστιν**.
Jn 1:48 σε Φίλιππον φωνῆσαι **ὄντα** ὑπὸ τὴν συκῆν
Jn 1:49 σὺ **εἶ** ὁ υἱὸς τοῦ

Jn 1:49 σὺ βασιλεὺς **εἶ** τοῦ Ἰσραήλ.
Jn 2:1 καὶ **ἦν** ἡ μήτηρ τοῦ
Jn 2:6 **ἦσαν** δὲ ἐκεῖ λίθιναι
Jn 2:9 οὐκ ᾔδει πόθεν **ἐστίν**,
Jn 2:13 Καὶ ἐγγὺς **ἦν** τὸ πάσχα τῶν
Jn 2:17 αὐτοῦ ὅτι γεγραμμένον **ἐστίν**·
Jn 2:23 Ὡς δὲ **ἦν** ἐν τοῖς Ἱεροσολύμοις
Jn 2:25 γὰρ ἐγίνωσκεν τί **ἦν** ἐν τῷ ἀνθρώπῳ.
Jn 3:1 **Ἦν** δὲ ἄνθρωπος ἐκ
Jn 3:2 ἐὰν μὴ **ᾖ** ὁ θεὸς μετ᾽
Jn 3:4 ἄνθρωπος γεννηθῆναι γέρων **ὤν**;
Jn 3:6 τῆς σαρκὸς σάρξ **ἐστιν**,
Jn 3:6 τοῦ πνεύματος πνεῦμά **ἐστιν**.
Jn 3:8 οὕτως **ἐστὶν** πᾶς ὁ γεγεννημένος
Jn 3:10 σὺ **εἶ** ὁ διδάσκαλος τοῦ
Jn 3:19 αὕτη δέ **ἐστιν** ἡ κρίσις ὅτι
Jn 3:19 **ἦν** γὰρ αὐτῶν πονηρὰ
Jn 3:21 ὅτι ἐν θεῷ **ἐστιν** εἰργασμένα.
Jn 3:23 **Ἦν** δὲ καὶ ὁ
Jn 3:23 ὅτι ὕδατα πολλὰ **ἦν** ἐκεῖ,
Jn 3:24 οὔπω γὰρ **ἦν** βεβλημένος εἰς τὴν
Jn 3:26 ὃς **ἦν** μετὰ σοῦ πέραν
Jn 3:27 ἓν ἐὰν μὴ **ᾖ** δεδομένον αὐτῷ ἐκ
Jn 3:28 εἶπον [ὅτι] οὐκ **εἰμὶ** ἐγὼ ὁ Χριστός,
Jn 3:28 ἀλλ᾽ ὅτι ἀπεσταλμένος **εἰμὶ** ἔμπροσθεν ἐκείνου.
Jn 3:29 τὴν νύμφην νυμφίος **ἐστίν**·
Jn 3:31 ἐρχόμενος ἐπάνω πάντων **ἐστίν**·
Jn 3:31 ὁ **ὢν** ἐκ τῆς γῆς
Jn 3:31 ἐκ τῆς γῆς **ἐστιν** καὶ ἐκ τῆς
Jn 3:31 ἐρχόμενος [ἐπάνω πάντων **ἐστίν**]·
Jn 3:33 ὁ θεὸς ἀληθής **ἐστιν**.
Jn 4:6 **ἦν** δὲ ἐκεῖ πηγὴ
Jn 4:6 ὥρα **ἦν** ὡς ἕκτη.
Jn 4:9 πῶς σὺ Ἰουδαῖος **ὢν** παρ᾽ ἐμοῦ πεῖν
Jn 4:9 αἰτεῖς γυναικὸς Σαμαρίτιδος **οὔσης**;
Jn 4:10 θεοῦ καὶ τίς **ἐστιν** ὁ λέγων σοι·
Jn 4:11 καὶ τὸ φρέαρ **ἐστὶν** βαθύ·
Jn 4:12 μὴ σὺ μείζων **εἶ** τοῦ πατρὸς ἡμῶν
Jn 4:18 ὃν ἔχεις οὐκ **ἔστιν** σου ἀνήρ·
Jn 4:19 θεωρῶ ὅτι προφήτης **εἶ** σύ.
Jn 4:20 ὅτι ἐν Ἱεροσολύμοις **ἐστὶν** ὁ τόπος ὅπου
Jn 4:22 ἐκ τῶν Ἰουδαίων **ἐστίν**.
Jn 4:23 ὥρα καὶ νῦν **ἐστιν**,
Jn 4:26 ἐγώ **εἰμι**,
Jn 4:29 μήτι οὗτός **ἐστιν** ὁ χριστός;
Jn 4:34 ἐμὸν βρῶμά **ἐστιν** ἵνα ποιήσω τὸ
Jn 4:35 ὅτι ἔτι τετράμηνός **ἐστιν** καὶ ὁ θερισμὸς
Jn 4:35 χώρας ὅτι λευκαί **εἰσιν** πρὸς θερισμόν.
Jn 4:37 τούτῳ ὁ λόγος **ἐστὶν** ἀληθινὸς ὅτι ἄλλος
Jn 4:37 ἀληθινὸς ὅτι ἄλλος **ἐστὶν** ὁ σπείρων καὶ
Jn 4:42 οἴδαμεν ὅτι οὗτός **ἐστιν** ἀληθῶς ὁ σωτὴρ
Jn 4:46 Καὶ **ἦν** τις βασιλικὸς οὗ
Jn 5:1 Μετὰ ταῦτα **ἦν** ἑορτὴ τῶν Ἰουδαίων
Jn 5:2 **Ἔστιν** δὲ ἐν τοῖς
Jn 5:5 **ἦν** δέ τις ἄνθρωπος
Jn 5:9 **Ἦν** δὲ σάββατον ἐν
Jn 5:10 σάββατόν **ἐστιν**,
Jn 5:12 τίς **ἐστιν** ὁ ἄνθρωπος ὁ
Jn 5:13 οὐκ ᾔδει τίς **ἐστιν**,
Jn 5:13 Ἰησοῦς ἐξένευσεν ὄχλου **ὄντος** ἐν τῷ τόπῳ.
Jn 5:15 Ἰουδαίοις ὅτι Ἰησοῦς **ἐστιν** ὁ ποιήσας αὐτὸν
Jn 5:25 ὥρα καὶ νῦν **ἐστιν** ὅτε οἱ νεκροὶ
Jn 5:27 ὅτι υἱὸς ἀνθρώπου **ἐστίν**.
Jn 5:30 ἡ ἐμὴ δικαία **ἐστίν**,
Jn 5:31 μαρτυρία μου οὐκ **ἔστιν** ἀληθής·
Jn 5:32 ἄλλος **ἐστὶν** ὁ μαρτυρῶν περὶ
Jn 5:32 οἶδα ὅτι ἀληθής **ἐστιν** ἡ μαρτυρία ἣν
Jn 5:35 ἐκεῖνος **ἦν** ὁ λύχνος ὁ
Jn 5:39 καὶ ἐκεῖναί **εἰσιν** αἱ μαρτυροῦσαι περὶ
Jn 5:45 **ἔστιν** ὁ κατηγορῶν ὑμῶν
Jn 6:4 **ἦν** δὲ ἐγγὺς τὸ
Jn 6:9 **ἔστιν** παιδάριον ὧδε ὃς
Jn 6:9 ἀλλὰ ταῦτα τί **ἐστιν** εἰς τοσούτους;
Jn 6:10 **ἦν** δὲ χόρτος πολὺς
Jn 6:14 ἔλεγον ὅτι οὗτός **ἐστιν** ἀληθῶς ὁ προφήτης
Jn 6:20 ἐγώ **εἰμι**·
Jn 6:22 πλοιάριον ἄλλο οὐκ **ἦν** ἐκεῖ εἰ μὴ
Jn 6:24 ὅτι Ἰησοῦς οὐκ **ἔστιν** ἐκεῖ οὐδὲ οἱ
Jn 6:29 τοῦτό **ἐστιν** τὸ ἔργον τοῦ
Jn 6:31 καθώς **ἐστιν** γεγραμμένον·
Jn 6:33 ἄρτος τοῦ θεοῦ **ἐστιν** ὁ καταβαίνων ἐκ
Jn 6:35 ἐγώ **εἰμι** ὁ ἄρτος τῆς
Jn 6:39 τοῦτο δέ **ἐστιν** τὸ θέλημα τοῦ
Jn 6:40 τοῦτο γάρ **ἐστιν** τὸ θέλημα τοῦ
Jn 6:41 ἐγώ **εἰμι** ὁ ἄρτος ὁ
Jn 6:42 οὐχ οὗτός **ἐστιν** Ἰησοῦς ὁ υἱὸς
Jn 6:45 **ἔστιν** γεγραμμένον ἐν τοῖς
Jn 6:45 καὶ **ἔσονται** πάντες διδακτοὶ θεοῦ·
Jn 6:46 εἰ μὴ ὁ **ὢν** παρὰ τοῦ θεοῦ,
Jn 6:48 Ἐγώ **εἰμι** ὁ ἄρτος τῆς
Jn 6:50 οὗτός **ἐστιν** ὁ ἄρτος ὁ
Jn 6:51 ἐγώ **εἰμι** ὁ ἄρτος ὁ
Jn 6:51 ἡ σάρξ μού **ἐστιν** ὑπὲρ τῆς τοῦ
Jn 6:55 σάρξ μου ἀληθής **ἐστιν** βρῶσις,
Jn 6:55 αἷμά μου ἀληθής **ἐστιν** πόσις.
Jn 6:58 οὗτός **ἐστιν** ὁ ἄρτος ὁ
Jn 6:60 σκληρός **ἐστιν** ὁ λόγος οὗτος·
Jn 6:62 ἀνθρώπου ἀναβαίνοντα ὅπου **ἦν** τὸ πρότερον;
Jn 6:63 τὸ πνεῦμά **ἐστιν** τὸ ζῳοποιοῦν,
Jn 6:63 λελάληκα ὑμῖν πνεῦμά **ἐστιν** καὶ ζωή ἐστιν.
Jn 6:63 ἐστιν καὶ ζωή **ἐστιν**.
Jn 6:64 ἀλλ᾽ **εἰσὶν** ἐξ ὑμῶν τινες
Jn 6:64 ὁ Ἰησοῦς τίνες **εἰσὶν** οἱ μὴ πιστεύοντες
Jn 6:64 πιστεύοντες καὶ τίς **ἐστιν** ὁ παραδώσων αὐτόν.
Jn 6:65 με ἐὰν μὴ **ᾖ** δεδομένον αὐτῷ ἐκ
Jn 6:69 ἐγνώκαμεν ὅτι σὺ **εἶ** ὁ ἅγιος τοῦ
Jn 6:70 ὑμῶν εἷς διάβολός **ἐστιν**.
Jn 7:2 **Ἦν** δὲ ἐγγὺς ἡ
Jn 7:4 αὐτὸς ἐν παρρησίᾳ **εἶναι**.
Jn 7:6 ὁ ὑμέτερος πάντοτέ **ἐστιν** ἕτοιμος.
Jn 7:7 ἔργα αὐτοῦ πονηρά **ἐστιν**.
Jn 7:11 ποῦ **ἐστιν** ἐκεῖνος;
Jn 7:12 γογγυσμὸς περὶ αὐτοῦ **ἦν** πολὺς ἐν τοῖς
Jn 7:12 ἔλεγον ὅτι ἀγαθός **ἐστιν**,
Jn 7:16 ἐμὴ διδαχὴ οὐκ **ἔστιν** ἐμὴ ἀλλὰ τοῦ
Jn 7:17 ἐκ τοῦ θεοῦ **ἐστιν** ἢ ἐγὼ ἀπ᾽
Jn 7:18 αὐτὸν οὗτος ἀληθής **ἐστιν** καὶ ἀδικία ἐν
Jn 7:18 ἐν αὐτῷ οὐκ **ἔστιν**.
Jn 7:22 ἐκ τοῦ Μωϋσέως **ἐστὶν** ἀλλ᾽ ἐκ τῶν
Jn 7:25 οὐχ οὗτός **ἐστιν** ὃν ζητοῦσιν ἀποκτεῖναι;
Jn 7:26 ἄρχοντες ὅτι οὗτός **ἐστιν** ὁ χριστός;
Jn 7:27 τοῦτον οἴδαμεν πόθεν **ἐστίν**·
Jn 7:27 οὐδεὶς γινώσκει πόθεν **ἐστίν**.
Jn 7:28 καὶ οἴδατε πόθεν **εἰμί**·

Jn 7:28 ἀλλ' **ἔστιν** ἀληθινὸς ὁ πέμψας
Jn 7:29 ὅτι παρ' αὐτοῦ **εἰμι** κἀκεῖνός με ἀπέστειλεν.
Jn 7:33 μικρὸν μεθ' ὑμῶν **εἰμι** καὶ ὑπάγω πρὸς
Jn 7:34 καὶ ὅπου **εἰμὶ** ἐγὼ ὑμεῖς οὐ
Jn 7:36 τίς **ἐστιν** ὁ λόγος οὗτος
Jn 7:36 καὶ ὅπου **εἰμὶ** ἐγὼ ὑμεῖς οὐ
Jn 7:39 οὔπω γὰρ **ἦν** πνεῦμα,
Jn 7:40 οὗτός **ἐστιν** ἀληθῶς ὁ προφήτης·
Jn 7:41 οὗτός **ἐστιν** ὁ χριστός,
Jn 7:42 τῆς κώμης ὅπου **ἦν** Δαυὶδ ἔρχεται ὁ
Jn 7:49 τὸν νόμον ἐπάρατοί **εἰσιν**.
Jn 7:50 εἷς **ὢν** ἐξ αὐτῶν·
Jn 7:52 ἐκ τῆς Γαλιλαίας **εἶ**;
[Jn 8:9] γυνὴ ἐν μέσῳ **οὖσα**.
[Jn 8:10] ποῦ **εἰσιν**;
Jn 8:12 ἐγώ **εἰμι** τὸ φῶς τοῦ
Jn 8:13 μαρτυρία σου οὐκ **ἔστιν** ἀληθής.
Jn 8:14 ἀληθής **ἐστιν** ἡ μαρτυρία μου,
Jn 8:16 ἡ ἐμὴ ἀληθινή **ἐστιν**,
Jn 8:16 ὅτι μόνος οὐκ **εἰμί**,
Jn 8:17 ἡ μαρτυρία ἀληθής **ἐστιν**.
Jn 8:18 ἐγώ **εἰμι** ὁ μαρτυρῶν περὶ
Jn 8:19 ποῦ **ἐστιν** ὁ πατήρ σου;
Jn 8:23 ἐκ τῶν κάτω **ἐστέ**,
Jn 8:23 ἐκ τῶν ἄνω **εἰμί**·
Jn 8:23 τούτου τοῦ κόσμου **ἐστέ**,
Jn 8:23 ἐγὼ οὐκ **εἰμὶ** ἐκ τοῦ κόσμου
Jn 8:24 πιστεύσητε ὅτι ἐγώ **εἰμι**,
Jn 8:25 σὺ τίς **εἶ**;
Jn 8:26 πέμψας με ἀληθής **ἐστιν**,
Jn 8:28 γνώσεσθε ὅτι ἐγώ **εἰμι**,
Jn 8:29 με μετ' ἐμοῦ **ἐστιν**·
Jn 8:31 ἀληθῶς μαθηταί μού **ἐστε**
Jn 8:33 σπέρμα 'Αβραάμ **ἐσμεν** καὶ οὐδενὶ δεδουλεύκαμεν
Jn 8:34 τὴν ἁμαρτίαν δοῦλός **ἐστιν** τῆς ἁμαρτίας.
Jn 8:36 ὄντως ἐλεύθεροι **ἔσεσθε**.
Jn 8:37 ὅτι σπέρμα 'Αβραάμ **ἐστε**·
Jn 8:39 πατὴρ ἡμῶν 'Αβραάμ **ἐστιν**.
Jn 8:39 τέκνα τοῦ 'Αβραάμ **ἐστε**,
Jn 8:42 θεὸς πατὴρ ὑμῶν **ἦν** ἠγαπᾶτε ἂν ἐμέ,
Jn 8:44 πατρὸς τοῦ διαβόλου **ἐστὲ** καὶ τὰς ἐπιθυμίας
Jn 8:44 ἐκεῖνος ἀνθρωποκτόνος **ἦν** ἀπ' ἀρχῆς καὶ
Jn 8:44 ὅτι οὐκ **ἔστιν** ἀλήθεια ἐν αὐτῷ.
Jn 8:44 ὅτι ψεύστης **ἐστὶν** καὶ ὁ πατὴρ
Jn 8:47 ὁ **ὢν** ἐκ τοῦ θεοῦ
Jn 8:47 τοῦ θεοῦ οὐκ **ἐστέ**.
Jn 8:48 ἡμεῖς ὅτι Σαμαρίτης **εἶ** σὺ καὶ δαιμόνιον
Jn 8:50 **ἔστιν** ὁ ζητῶν καὶ
Jn 8:53 μὴ σὺ μείζων **εἶ** τοῦ πατρὸς ἡμῶν
Jn 8:54 δόξα μου οὐδέν **ἐστιν**·
Jn 8:54 **ἔστιν** ὁ πατήρ μου
Jn 8:54 ὅτι θεὸς ἡμῶν **ἐστιν**,
Jn 8:55 **ἔσομαι** ὅμοιος ὑμῖν ψεύστης·
Jn 8:58 'Αβραὰμ γενέσθαι ἐγὼ **εἰμί**.
Jn 9:4 με ἕως ἡμέρα **ἐστίν**·
Jn 9:5 ἐν τῷ κόσμῳ **ὦ**,
Jn 9:5 φῶς **εἰμι** τοῦ κόσμου.
Jn 9:8 πρότερον ὅτι προσαίτης **ἦν** ἔλεγον·
Jn 9:8 οὐχ οὗτός **ἐστιν** ὁ καθήμενος καὶ
Jn 9:9 ἔλεγον ὅτι οὗτός **ἐστιν**,
Jn 9:9 ἀλλὰ ὅμοιος αὐτῷ **ἐστιν**.
Jn 9:9 ἔλεγεν ὅτι ἐγώ **εἰμι**.
Jn 9:12 ποῦ **ἐστιν** ἐκεῖνος;
Jn 9:14 **ἦν** δὲ σάββατον ἐν
Jn 9:16 οὐκ **ἔστιν** οὗτος παρὰ θεοῦ
Jn 9:16 καὶ σχίσμα **ἦν** ἐν αὐτοῖς.
Jn 9:17 εἶπεν ὅτι προφήτης **ἐστίν**.
Jn 9:18 περὶ αὐτοῦ ὅτι **ἦν** τυφλὸς καὶ ἀνέβλεψεν
Jn 9:19 οὗτός **ἐστιν** ὁ υἱὸς ὑμῶν,
Jn 9:20 οἴδαμεν ὅτι οὗτός **ἐστιν** ὁ υἱὸς ἡμῶν
Jn 9:24 ἐκ δευτέρου ὃς **ἦν** τυφλὸς καὶ εἶπαν
Jn 9:24 ὁ ἄνθρωπος ἁμαρτωλός **ἐστιν**.
Jn 9:25 εἰ ἁμαρτωλός **ἐστιν** οὐκ οἶδα·
Jn 9:25 οἶδα ὅτι τυφλὸς **ὢν** ἄρτι βλέπω.
Jn 9:28 σὺ μαθητὴς **εἶ** ἐκείνου,
Jn 9:28 δὲ τοῦ Μωϋσέως **ἐσμὲν** μαθηταί·
Jn 9:29 οὐκ οἴδαμεν πόθεν **ἐστίν**.
Jn 9:30 γὰρ τὸ θαυμαστόν **ἐστιν**,
Jn 9:30 οὐκ οἴδατε πόθεν **ἐστίν**,
Jn 9:31 ἐάν τις θεοσεβὴς **ᾖ** καὶ τὸ θέλημα
Jn 9:33 εἰ μὴ **ἦν** οὗτος παρὰ θεοῦ,
Jn 9:36 καὶ τίς **ἐστιν**,
Jn 9:37 μετὰ σοῦ ἐκεῖνός **ἐστιν**.
Jn 9:40 οἱ μετ' αὐτοῦ **ὄντες** καὶ εἶπον αὐτῷ·
Jn 9:40 καὶ ἡμεῖς τυφλοί **ἐσμεν**;
Jn 9:41 εἰ τυφλοὶ **ἦτε**,
Jn 10:1 ἀλλαχόθεν ἐκεῖνος κλέπτης **ἐστὶν** καὶ λῃστής·
Jn 10:2 τῆς θύρας ποιμήν **ἐστιν** τῶν προβάτων.
Jn 10:6 οὐκ ἔγνωσαν τίνα **ἦν** ἃ ἐλάλει αὐτοῖς.
Jn 10:7 ὑμῖν ὅτι ἐγώ **εἰμι** ἡ θύρα τῶν
Jn 10:8 [πρὸ ἐμοῦ] κλέπται **εἰσὶν** καὶ λῃσταί,
Jn 10:9 ἐγώ **εἰμι** ἡ θύρα·
Jn 10:11 'Εγώ **εἰμι** ὁ ποιμὴν ὁ
Jn 10:12 μισθωτὸς καὶ οὐκ **ὢν** ποιμήν,
Jn 10:12 οὗ οὐκ **ἔστιν** τὰ πρόβατα ἴδια,
Jn 10:13 ὅτι μισθωτός **ἐστιν** καὶ οὐ μέλει
Jn 10:14 'Εγώ **εἰμι** ὁ ποιμὴν ὁ
Jn 10:16 ἔχω ἃ οὐκ **ἔστιν** ἐκ τῆς αὐλῆς
Jn 10:21 τὰ ῥήματα οὐκ **ἔστιν** δαιμονιζομένου·
Jn 10:22 χειμὼν **ἦν**,
Jn 10:24 εἰ σὺ **εἶ** ὁ χριστός,
Jn 10:26 ὅτι οὐκ **ἐστὲ** ἐκ τῶν προβάτων
Jn 10:29 μοι πάντων μεῖζόν **ἐστιν**,
Jn 10:30 ὁ πατὴρ ἕν **ἐσμεν**.
Jn 10:33 ὅτι σὺ ἄνθρωπος **ὢν** ποιεῖς σεαυτὸν θεόν.
Jn 10:34 οὐκ **ἔστιν** γεγραμμένον ἐν τῷ
Jn 10:34 θεοί **ἐστε**;
Jn 10:36 υἱὸς τοῦ θεοῦ **εἰμι**;
Jn 10:40 τὸν τόπον ὅπου **ἦν** 'Ιωάννης τὸ πρῶτον
Jn 10:41 περὶ τούτου ἀληθῆ **ἦν**.
Jn 11:1 **'Ην** δέ τις ἀσθενῶν,
Jn 11:2 **ἦν** δὲ Μαριὰμ ἡ
Jn 11:4 ἡ ἀσθένεια οὐκ **ἔστιν** πρὸς θάνατον ἀλλ'
Jn 11:6 ἔμεινεν ἐν ᾧ **ἦν** τόπῳ δύο ἡμέρας,
Jn 11:9 οὐχὶ δώδεκα ὧραί **εἰσιν** τῆς ἡμέρας;
Jn 11:10 τὸ φῶς οὐκ **ἔστιν** ἐν αὐτῷ.
Jn 11:15 ὅτι οὐκ **ἤμην** ἐκεῖ·
Jn 11:18 **ἦν** δὲ ἡ Βηθανία
Jn 11:21 εἰ **ἦς** ὧδε οὐκ ἂν
Jn 11:25 ἐγώ **εἰμι** ἡ ἀνάστασις καὶ
Jn 11:27 πεπίστευκα ὅτι σὺ **εἶ** ὁ χριστὸς ὁ
Jn 11:30 ἀλλ' **ἦν** ἔτι ἐν τῷ
Jn 11:31 οὖν 'Ιουδαῖοι οἱ **ὄντες** μετ' αὐτῆς ἐν
Jn 11:32 ὡς ἦλθεν ὅπου **ἦν** 'Ιησοῦς ἰδοῦσα αὐτὸν
Jn 11:32 εἰ **ἦς** ὧδε οὐκ ἂν

Jn 11:38 **ἦν** δὲ σπήλαιον καὶ
Jn 11:39 τεταρταῖος γάρ **ἐστιν**.
Jn 11:49 ἀρχιερεὺς **ὢν** τοῦ ἐνιαυτοῦ ἐκείνου,
Jn 11:51 ἀλλὰ ἀρχιερεὺς **ὢν** τοῦ ἐνιαυτοῦ ἐκείνου
Jn 11:55 **Ἦν** δὲ ἐγγὺς τὸ
Jn 11:57 τις γνῷ ποῦ **ἐστιν** μηνύσῃ,
Jn 12:1 ὅπου **ἦν** Λάζαρος,
Jn 12:2 δὲ Λάζαρος εἷς **ἦν** ἐκ τῶν ἀνακειμένων
Jn 12:6 ἀλλ' ὅτι κλέπτης **ἦν** καὶ τὸ γλωσσόκομον
Jn 12:9 Ἰουδαίων ὅτι ἐκεῖ **ἐστιν** καὶ ἦλθον οὐ
Jn 12:14 καθώς **ἐστιν** γεγραμμένον·
Jn 12:16 ἐμνήσθησαν ὅτι ταῦτα **ἦν** ἐπ' αὐτῷ γεγραμμένα
Jn 12:17 ὁ ὄχλος ὁ **ὢν** μετ' αὐτοῦ ὅτε
Jn 12:20 **Ἦσαν** δὲ Ἕλληνές τινες
Jn 12:26 καὶ ὅπου **εἰμὶ** ἐγὼ ἐκεῖ καὶ
Jn 12:26 διάκονος ὁ ἐμὸς **ἔσται**·
Jn 12:31 νῦν κρίσις **ἐστὶν** τοῦ κόσμου τούτου,
Jn 12:34 τίς **ἐστιν** οὗτος ὁ υἱὸς
Jn 12:35 φῶς ἐν ὑμῖν **ἐστιν**.
Jn 12:50 αὐτοῦ ζωὴ αἰώνιός **ἐστιν**.
Jn 13:5 τῷ λεντίῳ ᾧ **ἦν** διεζωσμένος.
Jn 13:10 ἀλλ' **ἔστιν** καθαρὸς ὅλος·
Jn 13:10 καὶ ὑμεῖς καθαροί **ἐστε**,
Jn 13:11 οὐχὶ πάντες καθαροί **ἐστε**.
Jn 13:13 **εἰμὶ** γάρ.
Jn 13:16 οὐκ **ἔστιν** δοῦλος μείζων τοῦ
Jn 13:17 μακάριοί **ἐστε** ἐὰν ποιῆτε αὐτά.
Jn 13:19 γένηται ὅτι ἐγώ **εἰμι**.
Jn 13:23 **ἦν** ἀνακείμενος εἷς ἐκ
Jn 13:24 πυθέσθαι τίς ἂν **εἴη** περὶ οὗ λέγει.
Jn 13:25 τίς **ἐστιν**;
Jn 13:26 ἐκεῖνός **ἐστιν** ᾧ ἐγὼ βάψω
Jn 13:30 **ἦν** δὲ νύξ.
Jn 13:33 μικρὸν μεθ' ὑμῶν **εἰμι**·
Jn 13:35 ὅτι ἐμοὶ μαθηταί **ἐστε**,
Jn 14:2 μου μοναὶ πολλαί **εἰσιν**·
Jn 14:3 ἵνα ὅπου **εἰμὶ** ἐγὼ καὶ ὑμεῖς
Jn 14:3 ἐγὼ καὶ ὑμεῖς **ἦτε**.
Jn 14:6 ἐγώ **εἰμι** ἡ ὁδὸς καὶ
Jn 14:9 χρόνῳ μεθ' ὑμῶν **εἰμι** καὶ οὐκ ἔγνωκάς
Jn 14:10 πατὴρ ἐν ἐμοί **ἐστιν**;
Jn 14:16 εἰς τὸν αἰῶνα **ᾖ**,
Jn 14:17 καὶ ἐν ὑμῖν **ἔσται**.
Jn 14:21 τηρῶν αὐτὰς ἐκεῖνός **ἐστιν** ὁ ἀγαπῶν με·
Jn 14:24 ὃν ἀκούετε οὐκ **ἔστιν** ἐμὸς ἀλλὰ τοῦ
Jn 14:28 πατὴρ μείζων μού **ἐστιν**.
Jn 15:1 Ἐγώ **εἰμι** ἡ ἄμπελος ἡ
Jn 15:1 μου ὁ γεωργός **ἐστιν**.
Jn 15:3 ἤδη ὑμεῖς καθαροί **ἐστε** διὰ τὸν λόγον
Jn 15:5 ἐγώ **εἰμι** ἡ ἄμπελος,
Jn 15:11 ἐμὴ ἐν ὑμῖν **ᾖ** καὶ ἡ χαρὰ
Jn 15:12 Αὕτη **ἐστὶν** ἡ ἐντολὴ ἡ
Jn 15:14 ὑμεῖς φίλοι μού **ἐστε** ἐὰν ποιῆτε ἃ
Jn 15:19 ἐκ τοῦ κόσμου **ἦτε**,
Jn 15:19 τοῦ κόσμου οὐκ **ἐστέ**,
Jn 15:20 οὐκ **ἔστιν** δοῦλος μείζων τοῦ
Jn 15:27 ἀρχῆς μετ' ἐμοῦ **ἐστε**.
Jn 16:4 ὅτι μεθ' ὑμῶν **ἤμην**.
Jn 16:15 ὁ πατὴρ ἐμά **ἐστιν**·
Jn 16:17 τί **ἐστιν** τοῦτο ὃ λέγει
Jn 16:18 τί **ἐστιν** τοῦτο [ὃ λέγει]
Jn 16:24 ἡ χαρὰ ὑμῶν **ᾖ** πεπληρωμένη.
Jn 16:32 καὶ οὐκ **εἰμὶ** μόνος,
Jn 16:32 πατὴρ μετ' ἐμοῦ **ἐστιν**.
Jn 17:3 αὕτη δέ **ἐστιν** ἡ αἰώνιος ζωὴ
Jn 17:5 τοῦ τὸν κόσμον **εἶναι** παρὰ σοί.
Jn 17:6 σοὶ **ἦσαν** κἀμοὶ αὐτοὺς ἔδωκας
Jn 17:7 μοι παρὰ σοῦ **εἰσιν**·
Jn 17:9 ὅτι σοί **εἰσιν**,
Jn 17:10 ἐμὰ πάντα σά **ἐστιν** καὶ τὰ σὰ
Jn 17:11 καὶ οὐκέτι **εἰμὶ** ἐν τῷ κόσμῳ,
Jn 17:11 ἐν τῷ κόσμῳ **εἰσίν**,
Jn 17:11 ἵνα **ὦσιν** ἓν καθὼς ἡμεῖς.
Jn 17:12 ὅτε **ἤμην** μετ' αὐτῶν ἐγὼ
Jn 17:14 ὅτι οὐκ **εἰσὶν** ἐκ τοῦ κόσμου
Jn 17:14 καθὼς ἐγὼ οὐκ **εἰμὶ** ἐκ τοῦ κόσμου.
Jn 17:16 τοῦ κόσμου οὐκ **εἰσὶν** καθὼς ἐγὼ οὐκ
Jn 17:16 καθὼς ἐγὼ οὐκ **εἰμὶ** ἐκ τοῦ κόσμου.
Jn 17:17 ὁ σὸς ἀλήθειά **ἐστιν**.
Jn 17:19 ἵνα **ὦσιν** καὶ αὐτοὶ ἡγιασμένοι
Jn 17:21 ἵνα πάντες ἓν **ὦσιν**,
Jn 17:21 αὐτοὶ ἐν ἡμῖν **ὦσιν**,
Jn 17:22 ἵνα **ὦσιν** ἓν καθὼς ἡμεῖς
Jn 17:23 ἵνα **ὦσιν** τετελειωμένοι εἰς ἕν,
Jn 17:24 θέλω ἵνα ὅπου **εἰμὶ** ἐγὼ κἀκεῖνοι ὦσιν
Jn 17:24 εἰμὶ ἐγὼ κἀκεῖνοι **ὦσιν** μετ' ἐμοῦ,
Jn 17:26 με ἐν αὐτοῖς **ᾖ** κἀγὼ ἐν αὐτοῖς.
Jn 18:1 τοῦ Κεδρὼν ὅπου **ἦν** κῆπος,
Jn 18:5 ἐγώ **εἰμι**.
Jn 18:6 ἐγώ **εἰμι**,
Jn 18:8 ὑμῖν ὅτι ἐγώ **εἰμι**.
Jn 18:10 **ἦν** δὲ ὄνομα τῷ
Jn 18:13 **ἦν** γὰρ πενθερὸς τοῦ
Jn 18:13 ὃς **ἦν** ἀρχιερεὺς τοῦ ἐνιαυτοῦ
Jn 18:14 **ἦν** δὲ Καϊάφας ὁ
Jn 18:15 δὲ μαθητὴς ἐκεῖνος **ἦν** γνωστὸς τῷ ἀρχιερεῖ
Jn 18:17 ἐκ τῶν μαθητῶν **εἶ** τοῦ ἀνθρώπου τούτου;
Jn 18:17 οὐκ **εἰμί**.
Jn 18:18 ὅτι ψῦχος **ἦν**,
Jn 18:18 **ἦν** δὲ καὶ ὁ
Jn 18:25 **Ἦν** δὲ Σίμων Πέτρος
Jn 18:25 τῶν μαθητῶν αὐτοῦ **εἶ**;
Jn 18:25 οὐκ **εἰμί**.
Jn 18:26 συγγενὴς **ὢν** οὗ ἀπέκοψεν Πέτρος
Jn 18:28 **ἦν** δὲ πρωΐ·
Jn 18:30 εἰ μὴ **ἦν** οὗτος κακὸν ποιῶν,
Jn 18:33 σὺ **εἶ** ὁ βασιλεὺς τῶν
Jn 18:35 μήτι ἐγὼ Ἰουδαῖός **εἰμι**;
Jn 18:36 ἡ ἐμὴ οὐκ **ἔστιν** ἐκ τοῦ κόσμου
Jn 18:36 τοῦ κόσμου τούτου **ἦν** ἡ βασιλεία ἡ
Jn 18:36 ἡ ἐμὴ οὐκ **ἔστιν** ἐντεῦθεν.
Jn 18:37 οὐκοῦν βασιλεὺς **εἶ** σύ;
Jn 18:37 λέγεις ὅτι βασιλεύς **εἰμι**.
Jn 18:37 πᾶς ὁ ὢν **ἐκ** τῆς ἀληθείας ἀκούει
Jn 18:38 τί **ἐστιν** ἀλήθεια;
Jn 18:39 **ἔστιν** δὲ συνήθεια ὑμῖν
Jn 18:40 ἦν **δὲ** ὁ Βαραββᾶς λῃστής.
Jn 19:9 πόθεν **εἶ** σύ;
Jn 19:11 οὐδεμίαν εἰ μὴ **ἦν** δεδομένον σοι ἄνωθεν·
Jn 19:12 οὐκ **εἶ** φίλος τοῦ Καίσαρος·
Jn 19:14 **ἦν** δὲ παρασκευὴ τοῦ
Jn 19:14 ὥρα **ἦν** ὡς ἕκτη.
Jn 19:19 **ἦν** δὲ γεγραμμένον·
Jn 19:20 ὅτι ἐγγὺς **ἦν** ὁ τόπος τῆς
Jn 19:20 καὶ **ἦν** γεγραμμένον Ἑβραϊστί,
Jn 19:21 βασιλεύς **εἰμι** τῶν Ἰουδαίων.
Jn 19:23 **ἦν** δὲ ὁ χιτὼν

Jn 19:24 περὶ αὐτοῦ τίνος **ἔσται**·
Jn 19:31 ἐπεὶ παρασκευὴ **ἦν**,
Jn 19:31 **ἦν** γὰρ μεγάλη ἡ
Jn 19:35 καὶ ἀληθινὴ αὐτοῦ **ἐστιν** ἡ μαρτυρία,
Jn 19:38 **ὢν** μαθητὴς τοῦ Ἰησοῦ
Jn 19:40 καθὼς ἔθος **ἐστὶν** τοῖς Ἰουδαίοις ἐνταφιάζειν.
Jn 19:41 **ἦν** δὲ ἐν τῷ
Jn 19:41 ᾧ οὐδέπω οὐδεὶς **ἦν** τεθειμένος·
Jn 19:42 ὅτι ἐγγὺς **ἦν** τὸ μνημεῖον,
Jn 20:1 πρωῒ σκοτίας ἔτι **οὔσης** εἰς τὸ μνημεῖον
Jn 20:7 ὃ **ἦν** ἐπὶ τῆς κεφαλῆς
Jn 20:14 ᾔδει ὅτι Ἰησοῦς **ἐστιν**.
Jn 20:15 ὅτι ὁ κηπουρός **ἐστιν** λέγει αὐτῷ·
Jn 20:19 **Οὔσης** οὖν ὀψίας τῇ
Jn 20:19 θυρῶν κεκλεισμένων ὅπου **ἦσαν** οἱ μαθηταὶ
Jn 20:24 οὐκ **ἦν** μετ' αὐτῶν ὅτε
Jn 20:26 ἡμέρας ὀκτὼ πάλιν **ἦσαν** ἔσω οἱ μαθηταὶ
Jn 20:30 ἃ οὐκ **ἔστιν** γεγραμμένα ἐν τῷ
Jn 20:31 πιστεύ[σ]ητε ὅτι Ἰησοῦς **ἐστιν** ὁ χριστὸς ὁ
Jn 21:2 **ἦσαν** ὁμοῦ Σίμων Πέτρος
Jn 21:4 μαθηταὶ ὅτι Ἰησοῦς **ἐστιν**.
Jn 21:7 ὁ κύριός **ἐστιν**.
Jn 21:7 ὅτι ὁ κύριός **ἐστιν** τὸν ἐπενδύτην διεζώσατο,
Jn 21:7 **ἦν** γὰρ γυμνός,
Jn 21:8 οὐ γὰρ **ἦσαν** μακρὰν ἀπὸ τῆς
Jn 21:11 καὶ τοσούτων **ὄντων** οὐκ ἐσχίσθη τὸ
Jn 21:12 σὺ τίς **εἶ**;
Jn 21:12 ὅτι ὁ κύριός **ἐστιν**.
Jn 21:18 ὅτε **ἦς** νεώτερος,
Jn 21:20 τίς **ἐστιν** ὁ παραδιδούς σε;
Jn 21:24 Οὗτός **ἐστιν** ὁ μαθητὴς ὁ
Jn 21:24 αὐτοῦ ἡ μαρτυρία **ἐστίν**.
Jn 21:25 **Ἔστιν** δὲ καὶ ἄλλα

εἰρήνη (*eirēnē*; 6/92) *peace*

Jn 14:27 **Εἰρήνην** ἀφίημι ὑμῖν,
Jn 14:27 **εἰρήνην** τὴν ἐμὴν δίδωμι
Jn 16:33 ἵνα ἐν ἐμοὶ **εἰρήνην** ἔχητε.
Jn 20:19 **εἰρήνη** ὑμῖν.
Jn 20:21 **εἰρήνη** ὑμῖν·
Jn 20:26 **εἰρήνη** ὑμῖν.

εἰς (*eis*; 183[187]/1759[1767]) *into*

Jn 1:7 οὗτος ἦλθεν **εἰς** μαρτυρίαν ἵνα μαρτυρήσῃ
Jn 1:9 ἐρχόμενον **εἰς** τὸν κόσμον.
Jn 1:11 **εἰς** τὰ ἴδια ἦλθεν,
Jn 1:12 τοῖς πιστεύουσιν **εἰς** τὸ ὄνομα αὐτοῦ,
Jn 1:18 θεὸς ὁ ὢν **εἰς** τὸν κόλπον τοῦ
Jn 1:43 ἐπαύριον ἠθέλησεν ἐξελθεῖν **εἰς** τὴν Γαλιλαίαν καὶ
Jn 2:2 οἱ μαθηταὶ αὐτοῦ **εἰς** τὸν γάμον.
Jn 2:11 καὶ ἐπίστευσαν **εἰς** αὐτὸν οἱ μαθηταὶ
Jn 2:12 Μετὰ τοῦτο κατέβη **εἰς** Καφαρναοὺμ αὐτὸς
Jn 2:13 καὶ ἀνέβη **εἰς** Ἱεροσόλυμα ὁ Ἰησοῦς.
Jn 2:23 πολλοὶ ἐπίστευσαν **εἰς** τὸ ὄνομα αὐτοῦ
Jn 3:4 μὴ δύναται **εἰς** τὴν κοιλίαν τῆς
Jn 3:5 οὐ δύναται εἰσελθεῖν **εἰς** τὴν βασιλείαν
Jn 3:13 καὶ οὐδεὶς ἀναβέβηκεν **εἰς** τὸν οὐρανὸν εἰ
Jn 3:16 πᾶς ὁ πιστεύων **εἰς** αὐτὸν μὴ ἀπόληται
Jn 3:17 θεὸς τὸν υἱὸν **εἰς** τὸν κόσμον ἵνα
Jn 3:18 ὁ πιστεύων **εἰς** αὐτὸν οὐ κρίνεται·
Jn 3:18 ὅτι μὴ πεπίστευκεν **εἰς** τὸ ὄνομα τοῦ
Jn 3:19 τὸ φῶς ἐλήλυθεν **εἰς** τὸν κόσμον καὶ
Jn 3:22 οἱ μαθηταὶ αὐτοῦ **εἰς** τὴν Ἰουδαίαν γῆν
Jn 3:24 γὰρ ἦν βεβλημένος **εἰς** τὴν φυλακὴν ὁ
Jn 3:36 ὁ πιστεύων **εἰς** τὸν υἱὸν ἔχει
Jn 4:3 καὶ ἀπῆλθεν πάλιν **εἰς** τὴν Γαλιλαίαν.
Jn 4:5 ἔρχεται οὖν **εἰς** πόλιν τῆς Σαμαρείας
Jn 4:8 μαθηταὶ αὐτοῦ ἀπεληλύθεισαν **εἰς** τὴν πόλιν
Jn 4:14 οὐ μὴ διψήσει **εἰς** τὸν αἰῶνα,
Jn 4:14 πηγὴ ὕδατος ἁλλομένου **εἰς** ζωὴν αἰώνιον.
Jn 4:28 γυνὴ καὶ ἀπῆλθεν **εἰς** τὴν πόλιν καὶ
Jn 4:36 καὶ συνάγει καρπὸν **εἰς** ζωὴν αἰώνιον,
Jn 4:38 κεκοπιάκασιν καὶ ὑμεῖς **εἰς** τὸν κόπον αὐτῶν
Jn 4:39 ἐκείνης πολλοὶ ἐπίστευσαν **εἰς** αὐτὸν τῶν Σαμαριτῶν
Jn 4:43 ἡμέρας ἐξῆλθεν ἐκεῖθεν **εἰς** τὴν Γαλιλαίαν·
Jn 4:45 ὅτε οὖν ἦλθεν **εἰς** τὴν Γαλιλαίαν,
Jn 4:45 αὐτοὶ γὰρ ἦλθον **εἰς** τὴν ἑορτήν.
Jn 4:46 Ἦλθεν οὖν πάλιν **εἰς** τὴν Κανὰ τῆς
Jn 4:47 ἐκ τῆς Ἰουδαίας **εἰς** τὴν Γαλιλαίαν ἀπῆλθεν
Jn 4:54 ἐκ τῆς Ἰουδαίας **εἰς** τὴν Γαλιλαίαν.
Jn 5:1 καὶ ἀνέβη Ἰησοῦς **εἰς** Ἱεροσόλυμα.
Jn 5:7 ὕδωρ βάλῃ με **εἰς** τὴν κολυμβήθραν·
Jn 5:24 ζωὴν αἰώνιον καὶ **εἰς** κρίσιν οὐκ ἔρχεται,
Jn 5:24 ἐκ τοῦ θανάτου **εἰς** τὴν ζωήν.
Jn 5:29 τὰ ἀγαθὰ ποιήσαντες **εἰς** ἀνάστασιν ζωῆς,
Jn 5:29 τὰ φαῦλα πράξαντες **εἰς** ἀνάστασιν κρίσεως.
Jn 5:45 **εἰς** ὃν ὑμεῖς ἠλπίκατε.
Jn 6:3 ἀνῆλθεν δὲ **εἰς** τὸ ὄρος Ἰησοῦς
Jn 6:9 ταῦτα τί ἐστιν **εἰς** τοσούτους;
Jn 6:14 προφήτης ὁ ἐρχόμενος **εἰς** τὸν κόσμον.
Jn 6:15 ἀνεχώρησεν πάλιν **εἰς** τὸ ὄρος αὐτὸς
Jn 6:17 καὶ ἐμβάντες **εἰς** πλοῖον ἤρχοντο πέραν
Jn 6:17 πέραν τῆς θαλάσσης **εἰς** Καφαρναούμ.
Jn 6:21 οὖν λαβεῖν αὐτὸν **εἰς** τὸ πλοῖον,
Jn 6:21 ἐπὶ τῆς γῆς **εἰς** ἣν ὑπῆγον.
Jn 6:22 αὐτοῦ ὁ Ἰησοῦς **εἰς** τὸ πλοῖον ἀλλὰ
Jn 6:24 ἐνέβησαν αὐτοὶ **εἰς** τὰ πλοιάρια καὶ
Jn 6:24 πλοιάρια καὶ ἦλθον **εἰς** Καφαρναοὺμ ζητοῦντες τὸν
Jn 6:27 βρῶσιν τὴν μένουσαν **εἰς** ζωὴν αἰώνιον,
Jn 6:29 ἵνα πιστεύητε **εἰς** ὃν ἀπέστειλεν ἐκεῖνος.
Jn 6:35 καὶ ὁ πιστεύων **εἰς** ἐμὲ οὐ μὴ
Jn 6:40 υἱὸν καὶ πιστεύων **εἰς** αὐτὸν ἔχῃ ζωὴν
Jn 6:51 τοῦ ἄρτου ζήσει **εἰς** τὸν αἰῶνα,
Jn 6:58 τὸν ἄρτον ζήσει **εἰς** τὸν αἰῶνα.
Jn 6:66 μαθητῶν αὐτοῦ ἀπῆλθον **εἰς** τὰ ὀπίσω καὶ
Jn 7:3 ἐντεῦθεν καὶ ὕπαγε **εἰς** τὴν Ἰουδαίαν,
Jn 7:5 ἀδελφοὶ αὐτοῦ ἐπίστευον **εἰς** αὐτόν.
Jn 7:8 ὑμεῖς ἀνάβητε **εἰς** τὴν ἑορτήν·
Jn 7:8 ἐγὼ οὐκ ἀναβαίνω **εἰς** τὴν ἑορτὴν ταύτην,
Jn 7:10 οἱ ἀδελφοὶ αὐτοῦ **εἰς** τὴν ἑορτήν,
Jn 7:14 μεσούσης ἀνέβη Ἰησοῦς **εἰς** τὸ ἱερὸν καὶ
Jn 7:31 δὲ πολλοὶ ἐπίστευσαν **εἰς** αὐτὸν καὶ ἔλεγον·
Jn 7:35 μὴ **εἰς** τὴν διασπορὰν τῶν
Jn 7:38 ὁ πιστεύων **εἰς** ἐμέ,
Jn 7:39 λαμβάνειν οἱ πιστεύσαντες **εἰς** αὐτόν·
Jn 7:48 τῶν ἀρχόντων ἐπίστευσεν **εἰς** αὐτὸν ἢ ἐκ
[Jn 7:53] [[καὶ ἐπορεύθησαν ἕκαστος **εἰς** τὸν οἶκον αὐτοῦ,
[Jn 8:1] Ἰησοῦς δὲ ἐπορεύθη **εἰς** τὸ ὄρος τῶν
[Jn 8:2] δὲ πάλιν παρεγένετο **εἰς** τὸ ἱερὸν καὶ
[Jn 8:6] τῷ δακτύλῳ κατέγραφεν **εἰς** τὴν γῆν.
[Jn 8:8] πάλιν κατακύψας ἔγραφεν **εἰς** τὴν γῆν.

Jn 8:26 αὐτοῦ ταῦτα λαλῶ **εἰς** τὸν κόσμον.
Jn 8:30 λαλοῦντος πολλοὶ ἐπίστευσαν **εἰς** αὐτόν.
Jn 8:35 ἐν τῇ οἰκίᾳ **εἰς** τὸν αἰῶνα,
Jn 8:35 ὁ υἱὸς μένει **εἰς** τὸν αἰῶνα.
Jn 8:51 οὐ μὴ θεωρήσῃ **εἰς** τὸν αἰῶνα.
Jn 8:52 μὴ γεύσηται θανάτου **εἰς** τὸν αἰῶνα.
Jn 9:7 ὕπαγε νίψαι **εἰς** τὴν κολυμβήθραν τοῦ
Jn 9:11 μοι ὅτι ὕπαγε **εἰς** τὸν Σιλωὰμ καὶ
Jn 9:35 σὺ πιστεύεις **εἰς** τὸν υἱὸν τοῦ
Jn 9:36 ἵνα πιστεύσω **εἰς** αὐτόν;
Jn 9:39 **εἰς** κρίμα ἐγὼ εἰς
Jn 9:39 εἰς κρίμα ἐγὼ **εἰς** τὸν κόσμον τοῦτον
Jn 10:1 διὰ τῆς θύρας **εἰς** τὴν αὐλὴν
Jn 10:28 οὐ μὴ ἀπόλωνται **εἰς** τὸν αἰῶνα καὶ
Jn 10:36 ἡγίασεν καὶ ἀπέστειλεν **εἰς** τὸν κόσμον ὑμεῖς
Jn 10:40 πέραν τοῦ Ἰορδάνου **εἰς** τὸν τόπον ὅπου
Jn 10:42 καὶ πολλοὶ ἐπίστευσαν **εἰς** αὐτὸν ἐκεῖ.
Jn 11:7 ἄγωμεν **εἰς** τὴν Ἰουδαίαν πάλιν.
Jn 11:25 ὁ πιστεύων **εἰς** ἐμὲ κἂν ἀποθάνῃ
Jn 11:26 ζῶν καὶ πιστεύων **εἰς** ἐμὲ οὐ μὴ
Jn 11:26 οὐ μὴ ἀποθάνῃ **εἰς** τὸν αἰῶνα.
Jn 11:27 τοῦ θεοῦ ὁ **εἰς** τὸν κόσμον ἐρχόμενος.
Jn 11:30 ἐληλύθει ὁ Ἰησοῦς **εἰς** τὴν κώμην,
Jn 11:31 δόξαντες ὅτι ὑπάγει **εἰς** τὸ μνημεῖον ἵνα
Jn 11:38 ἐν ἑαυτῷ ἔρχεται **εἰς** τὸ μνημεῖον·
Jn 11:45 ἃ ἐποίησεν ἐπίστευσαν **εἰς** αὐτόν·
Jn 11:48 πάντες πιστεύσουσιν **εἰς** αὐτόν,
Jn 11:52 τὰ διεσκορπισμένα συναγάγῃ **εἰς** ἕν.
Jn 11:54 ἀλλὰ ἀπῆλθεν ἐκεῖθεν **εἰς** τὴν χώραν ἐγγὺς
Jn 11:54 **εἰς** Ἐφραὶμ λεγομένην πόλιν,
Jn 11:55 καὶ ἀνέβησαν πολλοὶ **εἰς** Ἱεροσόλυμα ἐκ τῆς
Jn 11:56 οὐ μὴ ἔλθῃ **εἰς** τὴν ἑορτήν;
Jn 12:1 τοῦ πάσχα ἦλθεν **εἰς** Βηθανίαν,
Jn 12:7 ἵνα **εἰς** τὴν ἡμέραν τοῦ
Jn 12:11 Ἰουδαίων καὶ ἐπίστευον **εἰς** τὸν Ἰησοῦν.
Jn 12:12 πολὺς ὁ ἐλθὼν **εἰς** τὴν ἑορτήν,
Jn 12:12 ἔρχεται ὁ Ἰησοῦς **εἰς** Ἱεροσόλυμα
Jn 12:13 φοινίκων καὶ ἐξῆλθον **εἰς** ὑπάντησιν αὐτῷ
Jn 12:24 τοῦ σίτου πεσὼν **εἰς** τὴν γῆν ἀποθάνῃ,
Jn 12:25 τῷ κόσμῳ τούτῳ **εἰς** ζωὴν αἰώνιον φυλάξει
Jn 12:27 διὰ τοῦτο ἦλθον **εἰς** τὴν ὥραν ταύτην.
Jn 12:34 ὁ χριστὸς μένει **εἰς** τὸν αἰῶνα,
Jn 12:36 πιστεύετε **εἰς** τὸ φῶς,
Jn 12:37 αὐτῶν οὐκ ἐπίστευον **εἰς** αὐτόν,
Jn 12:42 ἀρχόντων πολλοὶ ἐπίστευσαν **εἰς** αὐτόν,
Jn 12:44 ὁ πιστεύων **εἰς** ἐμὲ οὐ πιστεύει
Jn 12:44 ἐμὲ οὐ πιστεύει **εἰς** ἐμὲ ἀλλὰ εἰς
Jn 12:44 εἰς ἐμὲ ἀλλὰ **εἰς** τὸν πέμψαντά με,
Jn 12:46 ἐγὼ φῶς **εἰς** τὸν κόσμον ἐλήλυθα,
Jn 12:46 πᾶς ὁ πιστεύων **εἰς** ἐμὲ ἐν τῇ
Jn 13:1 ἐν τῷ κόσμῳ **εἰς** τέλος ἠγάπησεν αὐτούς.
Jn 13:2 διαβόλου ἤδη βεβληκότος **εἰς** τὴν καρδίαν
Jn 13:3 αὐτῷ ὁ πατὴρ **εἰς** τὰς χεῖρας καὶ
Jn 13:5 εἶτα βάλλει ὕδωρ **εἰς** τὸν νιπτῆρα καὶ
Jn 13:8 μου τοὺς πόδας **εἰς** τὸν αἰῶνα.
Jn 13:22 ἔβλεπον **εἰς** ἀλλήλους οἱ μαθηταὶ
Jn 13:27 τότε εἰσῆλθεν **εἰς** ἐκεῖνον ὁ σατανᾶς.
Jn 13:29 ὧν χρείαν ἔχομεν **εἰς** τὴν ἑορτήν,
Jn 14:1 πιστεύετε **εἰς** τὸν θεὸν καὶ
Jn 14:1 τὸν θεὸν καὶ **εἰς** ἐμὲ πιστεύετε.
Jn 14:12 ὁ πιστεύων **εἰς** ἐμὲ τὰ ἔργα
Jn 14:16 ἵνα μεθ᾽ ὑμῶν **εἰς** τὸν αἰῶνα ᾖ,
Jn 15:6 συνάγουσιν αὐτὰ καὶ **εἰς** τὸ πῦρ βάλλουσιν
Jn 15:21 ταῦτα πάντα ποιήσουσιν **εἰς** ὑμᾶς διὰ τὸ
Jn 16:9 ὅτι οὐ πιστεύουσιν **εἰς** ἐμέ·
Jn 16:20 ἡ λύπη ὑμῶν **εἰς** χαρὰν γενήσεται.
Jn 16:21 ὅτι ἐγεννήθη ἄνθρωπος **εἰς** τὸν κόσμον.
Jn 16:28 πατρὸς καὶ ἐλήλυθα **εἰς** τὸν κόσμον·
Jn 16:32 ἵνα σκορπισθῆτε ἕκαστος **εἰς** τὰ ἴδια κἀμὲ
Jn 17:1 τοὺς ὀφθαλμοὺς αὐτοῦ **εἰς** τὸν οὐρανὸν εἶπεν·
Jn 17:18 καθὼς ἐμὲ ἀπέστειλας **εἰς** τὸν κόσμον,
Jn 17:18 κἀγὼ ἀπέστειλα αὐτοὺς **εἰς** τὸν κόσμον·
Jn 17:20 τοῦ λόγου αὐτῶν **εἰς** ἐμέ,
Jn 17:23 ἵνα ὦσιν τετελειωμένοι **εἰς** ἕν,
Jn 18:1 **εἰς** ὃν εἰσῆλθεν αὐτὸς
Jn 18:6 ἀπῆλθον **εἰς** τὰ ὀπίσω καὶ
Jn 18:11 βάλε τὴν μάχαιραν **εἰς** τὴν θήκην·
Jn 18:15 συνεισῆλθεν τῷ Ἰησοῦ **εἰς** τὴν αὐλὴν τοῦ
Jn 18:28 ἀπὸ τοῦ Καϊάφα **εἰς** τὸ πραιτώριον·
Jn 18:28 οὐκ εἰσῆλθον **εἰς** τὸ πραιτώριον,
Jn 18:33 Εἰσῆλθεν οὖν πάλιν **εἰς** τὸ πραιτώριον
Jn 18:37 ἐγὼ **εἰς** τοῦτο γεγέννημαι καὶ
Jn 18:37 τοῦτο γεγέννημαι καὶ **εἰς** τοῦτο ἐλήλυθα εἰς
Jn 18:37 εἰς τοῦτο ἐλήλυθα **εἰς** τὸν κόσμον,
Jn 19:9 καὶ εἰσῆλθεν **εἰς** τὸ πραιτώριον πάλιν
Jn 19:13 ἐκάθισεν ἐπὶ βήματος **εἰς** τόπον λεγόμενον λιθόστρωτον,
Jn 19:17 τὸν σταυρὸν ἐξῆλθεν **εἰς** τὸν λεγόμενον Κρανίου
Jn 19:27 ὁ μαθητὴς αὐτὴν **εἰς** τὰ ἴδια.
Jn 19:37 ὄψονται **εἰς** ὃν ἐξεκέντησαν.
Jn 20:1 σκοτίας ἔτι οὔσης **εἰς** τὸ μνημεῖον καὶ
Jn 20:3 μαθητὴς καὶ ἤρχοντο **εἰς** τὸ μνημεῖον.
Jn 20:4 καὶ ἦλθεν πρῶτος **εἰς** τὸ μνημεῖον,
Jn 20:6 καὶ εἰσῆλθεν **εἰς** τὸ μνημεῖον,
Jn 20:7 ἀλλὰ χωρὶς ἐντετυλιγμένον **εἰς** ἕνα τόπον.
Jn 20:8 ὁ ἐλθὼν πρῶτος **εἰς** τὸ μνημεῖον
Jn 20:11 παρέκυψεν **εἰς** τὸ μνημεῖον
Jn 20:14 ταῦτα εἰποῦσα ἐστράφη **εἰς** τὰ ὀπίσω καὶ
Jn 20:19 Ἰησοῦς καὶ ἔστη **εἰς** τὸ μέσον καὶ
Jn 20:25 τὸν δάκτυλόν μου **εἰς** τὸν τύπον τῶν
Jn 20:25 μου τὴν χεῖρα **εἰς** τὴν πλευρὰν αὐτοῦ,
Jn 20:26 κεκλεισμένων καὶ ἔστη **εἰς** τὸ μέσον καὶ
Jn 20:27 σου καὶ βάλε **εἰς** τὴν πλευράν μου,
Jn 21:3 ἐξῆλθον καὶ ἐνέβησαν **εἰς** τὸ πλοῖον,
Jn 21:4 γενομένης ἔστη Ἰησοῦς **εἰς** τὸν αἰγιαλόν,
Jn 21:6 βάλετε **εἰς** τὰ δεξιὰ μέρη
Jn 21:7 καὶ ἔβαλεν ἑαυτὸν **εἰς** τὴν θάλασσαν,
Jn 21:9 ὡς οὖν ἀπέβησαν **εἰς** τὴν γῆν βλέπουσιν
Jn 21:11 εἵλκυσεν τὸ δίκτυον **εἰς** τὴν γῆν μεστὸν
Jn 21:23 οὗτος ὁ λόγος **εἰς** τοὺς ἀδελφοὺς ὅτι

εἷς (*heis*; 38[40]/343[345]) *one*

Jn 1:3 αὐτοῦ ἐγένετο οὐδὲ **ἕν**.
Jn 1:40 ἀδελφὸς Σίμωνος Πέτρου **εἷς** ἐκ τῶν δύο
Jn 3:27 ἄνθρωπος λαμβάνειν οὐδὲ **ἓν** ἐὰν μὴ ᾖ
Jn 6:8 λέγει αὐτῷ **εἷς** ἐκ τῶν μαθητῶν
Jn 6:22 ἐκεῖ εἰ μὴ **ἓν** καὶ ὅτι οὐ
Jn 6:70 καὶ ἐξ ὑμῶν **εἷς** διάβολός ἐστιν.
Jn 6:71 **εἷς** ἐκ τῶν δώδεκα.
Jn 7:21 **ἓν** ἔργον ἐποίησα καὶ
Jn 7:50 **εἷς** ὢν ἐξ αὐτῶν·
[Jn 8:9] δὲ ἀκούσαντες ἐξήρχοντο **εἷς** καθ᾽ εἷς ἀρξάμενοι
[Jn 8:9] ἐξήρχοντο εἷς καθ᾽ **εἷς** ἀρξάμενοι ἀπὸ τῶν
Jn 8:41 **ἕνα** πατέρα ἔχομεν τὸν

Jn 9:25 ἓν **οἶδα** ὅτι τυφλὸς ὢν
Jn 10:16 καὶ γενήσονται **μία** ποίμνη,
Jn 10:16 **εἷς** ποιμήν.
Jn 10:30 καὶ ὁ πατὴρ **ἕν** ἐσμεν.
Jn 11:49 **εἷς** δέ τις ἐξ
Jn 11:50 συμφέρει ὑμῖν ἵνα **εἷς** ἄνθρωπος ἀποθάνῃ
Jn 11:52 διεσκορπισμένα συναγάγῃ εἰς **ἕν**.
Jn 12:2 ὁ δὲ Λάζαρος **εἷς** ἦν ἐκ τῶν
Jn 12:4 Ἰούδας ὁ Ἰσκαριώτης **εἷς** [ἐκ] τῶν μαθητῶν
Jn 13:21 λέγω ὑμῖν ὅτι **εἷς** ἐξ ὑμῶν παραδώσει
Jn 13:23 ἦν ἀνακείμενος **εἷς** ἐκ τῶν μαθητῶν
Jn 17:11 ἵνα ὦσιν **ἓν** καθὼς ἡμεῖς.
Jn 17:21 ἵνα πάντες **ἓν** ὦσιν,
Jn 17:22 ἵνα ὦσιν **ἓν** καθὼς ἡμεῖς ἕν·
Jn 17:22 ἓν καθὼς ἡμεῖς **ἕν**·
Jn 17:23 ὦσιν τετελειωμένοι εἰς **ἕν**,
Jn 18:14 Ἰουδαίοις ὅτι συμφέρει **ἕνα** ἄνθρωπον ἀποθανεῖν ὑπὲρ
Jn 18:22 δὲ αὐτοῦ εἰπόντος **εἷς** παρεστηκὼς τῶν ὑπηρετῶν
Jn 18:26 λέγει **εἷς** ἐκ τῶν δούλων
Jn 18:39 συνήθεια ὑμῖν ἵνα **ἕνα** ἀπολύσω ὑμῖν ἐν
Jn 19:34 ἀλλʼ **εἷς** τῶν στρατιωτῶν λόγχῃ
Jn 20:1 Τῇ δὲ **μιᾷ** τῶν σαββάτων Μαρία
Jn 20:7 χωρὶς ἐντετυλιγμένον εἰς **ἕνα** τόπον.
Jn 20:12 **ἕνα** πρὸς τῇ κεφαλῇ
Jn 20:12 τῇ κεφαλῇ καὶ **ἕνα** πρὸς τοῖς ποσίν,
Jn 20:19 ἡμέρᾳ ἐκείνῃ τῇ **μιᾷ** σαββάτων καὶ τῶν
Jn 20:24 Θωμᾶς δὲ **εἷς** ἐκ τῶν δώδεκα,
Jn 21:25 ἐὰν γράφηται καθʼ **ἕν**,

εἰσάγω (*eisagō*; 1/11) *lead or bring in or into*

Jn 18:16 τῇ θυρωρῷ καὶ **εἰσήγαγεν** τὸν Πέτρον.

εἰσέρχομαι (*eiserchomai*; 15/194) *go into, enter*

Jn 3:4 μητρὸς αὐτοῦ δεύτερον **εἰσελθεῖν** καὶ γεννηθῆναι;
Jn 3:5 οὐ δύναται **εἰσελθεῖν** εἰς τὴν βασιλείαν
Jn 4:38 τὸν κόπον αὐτῶν **εἰσεληλύθατε**.
Jn 10:1 ὁ μὴ **εἰσερχόμενος** διὰ τῆς θύρας
Jn 10:2 ὁ δὲ **εἰσερχόμενος** διὰ τῆς θύρας
Jn 10:9 ἐμοῦ ἐάν τις **εἰσέλθῃ** σωθήσεται καὶ εἰσελεύσεται
Jn 10:9 εἰσέλθῃ σωθήσεται καὶ **εἰσελεύσεται** καὶ ἐξελεύσεται καὶ
Jn 13:27 τὸ ψωμίον τότε **εἰσῆλθεν** εἰς ἐκεῖνον ὁ
Jn 18:1 εἰς ὃν **εἰσῆλθεν** αὐτὸς καὶ οἱ
Jn 18:28 καὶ αὐτοὶ οὐκ **εἰσῆλθον** εἰς τὸ πραιτώριον,
Jn 18:33 **Εἰσῆλθεν** οὖν πάλιν εἰς
Jn 19:9 καὶ **εἰσῆλθεν** εἰς τὸ πραιτώριον
Jn 20:5 οὐ μέντοι **εἰσῆλθεν**.
Jn 20:6 ἀκολουθῶν αὐτῷ καὶ **εἰσῆλθεν** εἰς τὸ μνημεῖον,
Jn 20:8 τότε οὖν **εἰσῆλθεν** καὶ ὁ ἄλλος

εἶτα (*eita*; 3/15) *then*

Jn 13:5 **εἶτα** βάλλει ὕδωρ εἰς
Jn 19:27 **εἶτα** λέγει τῷ μαθητῇ·
Jn 20:27 **εἶτα** λέγει τῷ Θωμᾷ·

ἐκ (*ek*; 165/912[914]) *from*

Jn 1:13 οἳ οὐκ **ἐξ** αἱμάτων οὐδὲ ἐκ
Jn 1:13 ἐξ αἱμάτων οὐδὲ **ἐκ** θελήματος σαρκὸς οὐδὲ
Jn 1:13 θελήματος σαρκὸς οὐδὲ **ἐκ** θελήματος ἀνδρὸς ἀλλʼ
Jn 1:13 θελήματος ἀνδρὸς ἀλλʼ **ἐκ** θεοῦ ἐγεννήθησαν.
Jn 1:16 ὅτι **ἐκ** τοῦ πληρώματος αὐτοῦ
Jn 1:19 αὐτὸν] οἱ Ἰουδαῖοι **ἐξ** Ἱεροσολύμων ἱερεῖς
Jn 1:24 Καὶ ἀπεσταλμένοι ἦσαν **ἐκ** τῶν Φαρισαίων.
Jn 1:32 καταβαῖνον ὡς περιστερὰν **ἐξ** οὐρανοῦ καὶ ἔμεινεν
Jn 1:35 ὁ Ἰωάννης καὶ **ἐκ** τῶν μαθητῶν αὐτοῦ
Jn 1:40 Σίμωνος Πέτρου εἷς **ἐκ** τῶν δύο τῶν
Jn 1:44 **ἐκ** τῆς πόλεως Ἀνδρέου
Jn 1:46 **ἐκ** Ναζαρὲτ δύναταί τι
Jn 2:15 καὶ ποιήσας φραγέλλιον **ἐκ** σχοινίων πάντας ἐξέβαλεν
Jn 2:15 πάντας ἐξέβαλεν **ἐκ** τοῦ ἱεροῦ
Jn 2:22 ὅτε οὖν ἠγέρθη **ἐκ** νεκρῶν,
Jn 3:1 Ἦν δὲ ἄνθρωπος **ἐκ** τῶν Φαρισαίων,
Jn 3:5 μή τις γεννηθῇ **ἐξ** ὕδατος καὶ πνεύματος,
Jn 3:6 τὸ γεγεννημένον **ἐκ** τῆς σαρκὸς σάρξ
Jn 3:6 καὶ τὸ γεγεννημένον **ἐκ** τοῦ πνεύματος πνεῦμά
Jn 3:8 πᾶς ὁ γεγεννημένος **ἐκ** τοῦ πνεύματος.
Jn 3:13 εἰ μὴ ὁ **ἐκ** τοῦ οὐρανοῦ καταβάς,
Jn 3:25 Ἐγένετο οὖν ζήτησις **ἐκ** τῶν μαθητῶν Ἰωάννου
Jn 3:27 ᾖ δεδομένον αὐτῷ **ἐκ** τοῦ οὐρανοῦ.
Jn 3:31 ὁ ὢν **ἐκ** τῆς γῆς ἐκ
Jn 3:31 ἐκ τῆς γῆς **ἐκ** τῆς γῆς ἐστιν
Jn 3:31 γῆς ἐστιν καὶ **ἐκ** τῆς γῆς λαλεῖ.
Jn 3:31 ὁ **ἐκ** τοῦ οὐρανοῦ ἐρχόμενος
Jn 3:34 οὐ γὰρ **ἐκ** μέτρου δίδωσιν τὸ
Jn 4:6 κεκοπιακὼς **ἐκ** τῆς ὁδοιπορίας
Jn 4:7 ἔρχεται γυνὴ **ἐκ** τῆς Σαμαρείας ἀντλῆσαι
Jn 4:12 φρέαρ καὶ αὐτὸς **ἐξ** αὐτοῦ ἔπιεν καὶ
Jn 4:13 πᾶς ὁ πίνων **ἐκ** τοῦ ὕδατος τούτου
Jn 4:14 δʼ ἂν πίῃ **ἐκ** τοῦ ὕδατος οὗ
Jn 4:22 ὅτι ἡ σωτηρία **ἐκ** τῶν Ἰουδαίων ἐστίν.
Jn 4:30 ἐξῆλθον **ἐκ** τῆς πόλεως καὶ
Jn 4:39 **Ἐκ** δὲ τῆς πόλεως
Jn 4:47 ὅτι Ἰησοῦς ἥκει **ἐκ** τῆς Ἰουδαίας εἰς
Jn 4:54 ὁ Ἰησοῦς ἐλθὼν **ἐκ** τῆς Ἰουδαίας εἰς
Jn 5:24 ἀλλὰ μεταβέβηκεν **ἐκ** τοῦ θανάτου εἰς
Jn 6:8 λέγει αὐτῷ εἷς **ἐκ** τῶν μαθητῶν αὐτοῦ,
Jn 6:11 ἀνακειμένοις ὁμοίως καὶ **ἐκ** τῶν ὀψαρίων ὅσον
Jn 6:13 δώδεκα κοφίνους κλασμάτων **ἐκ** τῶν πέντε ἄρτων
Jn 6:23 ἄλλα ἦλθεν πλοι[άρι]α **ἐκ** Τιβεριάδος ἐγγὺς
Jn 6:26 ἀλλʼ ὅτι ἐφάγετε **ἐκ** τῶν ἄρτων καὶ
Jn 6:31 ἄρτον **ἐκ** τοῦ οὐρανοῦ ἔδωκεν
Jn 6:32 ὑμῖν τὸν ἄρτον **ἐκ** τοῦ οὐρανοῦ,
Jn 6:32 ὑμῖν τὸν ἄρτον **ἐκ** τοῦ οὐρανοῦ τὸν
Jn 6:33 ἐστιν ὁ καταβαίνων **ἐκ** τοῦ οὐρανοῦ καὶ
Jn 6:39 μοι μὴ ἀπολέσω **ἐξ** αὐτοῦ,
Jn 6:41 ἄρτος ὁ καταβὰς **ἐκ** τοῦ οὐρανοῦ,
Jn 6:42 νῦν λέγει ὅτι **ἐκ** τοῦ οὐρανοῦ καταβέβηκα;
Jn 6:50 ὁ ἄρτος ὁ **ἐκ** τοῦ οὐρανοῦ καταβαίνων,
Jn 6:50 ἵνα τις **ἐξ** αὐτοῦ φάγῃ καὶ
Jn 6:51 ὁ ζῶν ὁ **ἐκ** τοῦ οὐρανοῦ καταβάς·
Jn 6:51 ἐάν τις φάγῃ **ἐκ** τούτου τοῦ ἄρτου
Jn 6:58 ὁ ἄρτος ὁ **ἐξ** οὐρανοῦ καταβάς,
Jn 6:60 Πολλοὶ οὖν ἀκούσαντες **ἐκ** τῶν μαθητῶν αὐτοῦ

Jn 6:64 ἀλλ' εἰσὶν **ἐξ** ὑμῶν τινες οἳ
Jn 6:64 ᾔδει γὰρ **ἐξ** ἀρχῆς ὁ Ἰησοῦς
Jn 6:65 ᾖ δεδομένον αὐτῷ **ἐκ** τοῦ πατρός.
Jn 6:66 **Ἐκ** τούτου πολλοὶ [ἐκ]
Jn 6:66 Ἐκ τούτου πολλοὶ **[ἐκ]** τῶν μαθητῶν
Jn 6:70 καὶ **ἐξ** ὑμῶν εἷς διάβολός ἐστιν.
Jn 6:71 εἷς **ἐκ** τῶν δώδεκα.
Jn 7:17 τῆς διδαχῆς πότερον **ἐκ** τοῦ θεοῦ ἐστιν
Jn 7:19 καὶ οὐδεὶς **ἐξ** ὑμῶν ποιεῖ τὸν
Jn 7:22 οὐχ ὅτι **ἐκ** τοῦ Μωϋσέως ἐστὶν
Jn 7:22 Μωϋσέως ἐστὶν ἀλλ' **ἐκ** τῶν πατέρων
Jn 7:25 Ἔλεγον οὖν τινες **ἐκ** τῶν Ἱεροσολυμιτῶν·
Jn 7:31 **Ἐκ** τοῦ ὄχλου δὲ
Jn 7:38 ποταμοὶ **ἐκ** τῆς κοιλίας αὐτοῦ
Jn 7:40 **Ἐκ** τοῦ ὄχλου οὖν
Jn 7:41 μὴ γὰρ **ἐκ** τῆς Γαλιλαίας ὁ
Jn 7:42 γραφὴ εἶπεν ὅτι **ἐκ** τοῦ σπέρματος Δαυὶδ
Jn 7:44 τινες δὲ ἤθελον **ἐξ** αὐτῶν πιάσαι αὐτόν,
Jn 7:48 μή τις **ἐκ** τῶν ἀρχόντων ἐπίστευσεν
Jn 7:48 εἰς αὐτὸν ἢ **ἐκ** τῶν Φαρισαίων;
Jn 7:50 εἷς ὢν **ἐξ** αὐτῶν·
Jn 7:52 μὴ καὶ σὺ **ἐκ** τῆς Γαλιλαίας εἶ;
Jn 7:52 καὶ ἴδε ὅτι **ἐκ** τῆς Γαλιλαίας προφήτης
Jn 8:23 ὑμεῖς **ἐκ** τῶν κάτω ἐστέ,
Jn 8:23 ἐγὼ **ἐκ** τῶν ἄνω εἰμί·
Jn 8:23 ὑμεῖς **ἐκ** τούτου τοῦ κόσμου
Jn 8:23 ἐγὼ οὐκ εἰμὶ **ἐκ** τοῦ κόσμου τούτου.
Jn 8:41 ἡμεῖς **ἐκ** πορνείας οὐ γεγεννήμεθα,
Jn 8:42 ἐγὼ γὰρ **ἐκ** τοῦ θεοῦ ἐξῆλθον
Jn 8:44 ὑμεῖς **ἐκ** τοῦ πατρὸς τοῦ
Jn 8:44 **ἐκ** τῶν ἰδίων λαλεῖ,
Jn 8:46 τίς **ἐξ** ὑμῶν ἐλέγχει με
Jn 8:47 ὁ ὢν **ἐκ** τοῦ θεοῦ τὰ
Jn 8:47 ὅτι **ἐκ** τοῦ θεοῦ οὐκ
Jn 8:59 ἐκρύβη καὶ ἐξῆλθεν **ἐκ** τοῦ ἱεροῦ.
Jn 9:1 εἶδεν ἄνθρωπον τυφλὸν **ἐκ** γενετῆς.
Jn 9:6 καὶ ἐποίησεν πηλὸν **ἐκ** τοῦ πτύσματος καὶ
Jn 9:16 ἔλεγον οὖν **ἐκ** τῶν Φαρισαίων τινες·
Jn 9:24 οὖν τὸν ἄνθρωπον **ἐκ** δευτέρου ὃς ἦν
Jn 9:32 **ἐκ** τοῦ αἰῶνος οὐκ
Jn 9:40 ἤκουσαν **ἐκ** τῶν Φαρισαίων ταῦτα
Jn 10:16 ἃ οὐκ ἔστιν **ἐκ** τῆς αὐλῆς ταύτης·
Jn 10:20 ἔλεγον δὲ πολλοὶ **ἐξ** αὐτῶν·
Jn 10:26 ὅτι οὐκ ἐστὲ **ἐκ** τῶν προβάτων τῶν
Jn 10:28 ἁρπάσει τις αὐτὰ **ἐκ** τῆς χειρός μου.
Jn 10:29 οὐδεὶς δύναται ἁρπάζειν **ἐκ** τῆς χειρὸς τοῦ
Jn 10:32 καλὰ ἔδειξα ὑμῖν **ἐκ** τοῦ πατρός·
Jn 10:39 καὶ ἐξῆλθεν **ἐκ** τῆς χειρὸς αὐτῶν.
Jn 11:1 **ἐκ** τῆς κώμης Μαρίας
Jn 11:19 πολλοὶ δὲ **ἐκ** τῶν Ἰουδαίων ἐληλύθεισαν
Jn 11:37 τινες δὲ **ἐξ** αὐτῶν εἶπαν·
Jn 11:45 Πολλοὶ οὖν **ἐκ** τῶν Ἰουδαίων οἱ
Jn 11:46 τινες δὲ **ἐξ** αὐτῶν ἀπῆλθον πρὸς
Jn 11:49 εἷς δέ τις **ἐξ** αὐτῶν Καϊάφας,
Jn 11:55 πολλοὶ εἰς Ἱεροσόλυμα **ἐκ** τῆς χώρας πρὸ
Jn 12:1 ὃν ἤγειρεν **ἐκ** νεκρῶν Ἰησοῦς.
Jn 12:2 εἷς ἦν **ἐκ** τῶν ἀνακειμένων
Jn 12:3 οἰκία ἐπληρώθη **ἐκ** τῆς ὀσμῆς τ
Jn 12:4 ὁ Ἰσκαριώτης εἷς **[ἐκ]** τῶν μαθητῶν αὐτοῦ,
Jn 12:9 [ὁ] ὄχλος πολὺς **ἐκ** τῶν Ἰουδαίων ὅτι
Jn 12:9 ὃν ἤγειρεν **ἐκ** νεκρῶν.
Jn 12:17 τὸν Λάζαρον ἐφώνησεν **ἐκ** τοῦ μνημείου καὶ
Jn 12:17 καὶ ἤγειρεν αὐτὸν **ἐκ** νεκρῶν.
Jn 12:20 δὲ Ἕλληνές τινες **ἐκ** τῶν ἀναβαινόντων ἵνα
Jn 12:27 σῶσόν με **ἐκ** τῆς ὥρας ταύτης;
Jn 12:28 ἦλθεν οὖν φωνὴ **ἐκ** τοῦ οὐρανοῦ·
Jn 12:32 κἀγὼ ἐὰν ὑψωθῶ **ἐκ** τῆς γῆς,
Jn 12:34 ἡμεῖς ἠκούσαμεν **ἐκ** τοῦ νόμου ὅτι
Jn 12:42 ὅμως μέντοι καὶ **ἐκ** τῶν ἀρχόντων πολλοὶ
Jn 12:49 ὅτι ἐγὼ **ἐξ** ἐμαυτοῦ οὐκ ἐλάλησα,
Jn 13:1 ὥρα ἵνα μεταβῇ **ἐκ** τοῦ κόσμου τούτου
Jn 13:4 ἐγείρεται **ἐκ** τοῦ δείπνου καὶ
Jn 13:21 ὑμῖν ὅτι εἷς **ἐξ** ὑμῶν παραδώσει με.
Jn 13:23 ἦν ἀνακείμενος εἷς **ἐκ** τῶν μαθητῶν αὐτοῦ
Jn 15:19 εἰ **ἐκ** τοῦ κόσμου ἦτε,
Jn 15:19 ὅτι δὲ **ἐκ** τοῦ κόσμου οὐκ
Jn 15:19 ἐξελεξάμην ὑμᾶς **ἐκ** τοῦ κόσμου,
Jn 16:4 Ταῦτα δὲ ὑμῖν **ἐξ** ἀρχῆς οὐκ εἶπον,
Jn 16:5 καὶ οὐδεὶς **ἐξ** ὑμῶν ἐρωτᾷ με·
Jn 16:14 ὅτι **ἐκ** τοῦ ἐμοῦ
Jn 16:15 τοῦτο εἶπον ὅτι **ἐκ** τοῦ ἐμοῦ λαμβάνει
Jn 16:17 εἶπαν οὖν **ἐκ** τῶν μαθητῶν αὐτοῦ
Jn 17:6 οὓς ἔδωκάς μοι **ἐκ** τοῦ κόσμου.
Jn 17:12 καὶ οὐδεὶς **ἐξ** αὐτῶν ἀπώλετο εἰ
Jn 17:14 ὅτι οὐκ εἰσὶν **ἐκ** τοῦ κόσμου καθὼς
Jn 17:14 ἐγὼ οὐκ εἰμὶ **ἐκ** τοῦ κόσμου.
Jn 17:15 ἵνα ἄρῃς αὐτοὺς **ἐκ** τοῦ κόσμου,
Jn 17:15 ἵνα τηρήσῃς αὐτοὺς **ἐκ** τοῦ πονηροῦ.
Jn 17:16 **ἐκ** τοῦ κόσμου οὐκ
Jn 17:16 ἐγὼ οὐκ εἰμὶ **ἐκ** τοῦ κόσμου.
Jn 18:3 τὴν σπεῖραν καὶ **ἐκ** τῶν ἀρχιερέων καὶ
Jn 18:3 τῶν ἀρχιερέων καὶ **ἐκ** τῶν Φαρισαίων ὑπηρέτας
Jn 18:9 μοι οὐκ ἀπώλεσα **ἐξ** αὐτῶν οὐδένα.
Jn 18:17 μὴ καὶ σὺ **ἐκ** τῶν μαθητῶν εἶ
Jn 18:25 μὴ καὶ σὺ **ἐκ** τῶν μαθητῶν αὐτοῦ
Jn 18:26 λέγει εἷς **ἐκ** τῶν δούλων τοῦ
Jn 18:36 ἐμὴ οὐκ ἔστιν **ἐκ** τοῦ κόσμου τούτου·
Jn 18:36 εἰ **ἐκ** τοῦ κόσμου τούτου
Jn 18:37 πᾶς ὁ ὢν **ἐκ** τῆς ἀληθείας ἀκούει
Jn 19:2 στρατιῶται πλέξαντες στέφανον **ἐξ** ἀκανθῶν ἐπέθηκαν αὐτοῦ
Jn 19:12 **ἐκ** τούτου ὁ Πιλᾶτος
Jn 19:23 **ἐκ** τῶν ἄνωθεν ὑφαντὸς
Jn 20:1 τὸν λίθον ἠρμένον **ἐκ** τοῦ μνημείου.
Jn 20:2 ἦραν τὸν κύριον **ἐκ** τοῦ μνημείου καὶ
Jn 20:9 ὅτι δεῖ αὐτὸν **ἐκ** νεκρῶν ἀναστῆναι.
Jn 20:24 Θωμᾶς δὲ εἷς **ἐκ** τῶν δώδεκα,
Jn 21:2 Ζεβεδαίου καὶ ἄλλοι **ἐκ** τῶν μαθητῶν αὐτοῦ
Jn 21:14 τοῖς μαθηταῖς ἐγερθεὶς **ἐκ** νεκρῶν.

ἕκαστος (*hekastos*; 3[4]/81[82]) *each*

Jn 6:7 ἀρκοῦσιν αὐτοῖς ἵνα **ἕκαστος** βραχύ [τι] λάβῃ.
[Jn 7:53] [[καὶ ἐπορεύθησαν **ἕκαστος** εἰς τὸν οἶκον
Jn 16:32 ἐλήλυθεν ἵνα σκορπισθῆτε **ἕκαστος** εἰς τὰ ἴδια
Jn 19:23 **ἑκάστῳ** στρατιώτῃ μέρος,

ἑκατόν (*hekaton*; 2/17) *one hundred*

Jn 19:39 ἀλόης ὡς λίτρας **ἑκατόν**.
Jn 21:11 μεστὸν ἰχθύων μεγάλων **ἑκατὸν** πεντήκοντα τριῶν·

ἐκβάλλω (*ekballō*; 6/79[81]) *cast or drive out*

Jn 2:15 ἐκ σχοινίων πάντας **ἐξέβαλεν** ἐκ τοῦ ἱεροῦ
Jn 6:37 ἐμὲ οὐ μὴ **ἐκβάλω** ἔξω,

Jn 9:34 καὶ **ἐξέβαλον** αὐτὸν ἔξω.
Jn 9:35 Ἤκουσεν Ἰησοῦς ὅτι **ἐξέβαλον** αὐτὸν ἔξω καὶ
Jn 10:4 τὰ ἴδια πάντα **ἐκβάλῃ**,
Jn 12:31 τοῦ κόσμου τούτου **ἐκβληθήσεται** ἔξω·

ἐκεῖ (*ekei*; 22/95) *there*

Jn 2:1 μήτηρ τοῦ Ἰησοῦ **ἐκεῖ**·
Jn 2:6 ἦσαν δὲ **ἐκεῖ** λίθιναι ὑδρίαι ἓξ
Jn 2:12 μαθηταὶ αὐτοῦ καὶ **ἐκεῖ** ἔμειναν οὐ πολλὰς
Jn 3:22 Ἰουδαίαν γῆν καὶ **ἐκεῖ** διέτριβεν μετ' αὐτῶν
Jn 3:23 ὕδατα πολλὰ ἦν **ἐκεῖ**,
Jn 4:6 ἦν δὲ **ἐκεῖ** πηγὴ τοῦ Ἰακώβ.
Jn 4:40 καὶ ἔμεινεν **ἐκεῖ** δύο ἡμέρας.
Jn 5:5 δέ τις ἄνθρωπος **ἐκεῖ** τριάκοντα [καὶ] ὀκτὼ
Jn 6:3 ὄρος Ἰησοῦς καὶ **ἐκεῖ** ἐκάθητο μετὰ τῶν
Jn 6:22 ἄλλο οὐκ ἦν **ἐκεῖ** εἰ μὴ ἓν
Jn 6:24 Ἰησοῦς οὐκ ἔστιν **ἐκεῖ** οὐδὲ οἱ μαθηταὶ
Jn 10:40 βαπτίζων καὶ ἔμεινεν **ἐκεῖ**.
Jn 10:42 ἐπίστευσαν εἰς αὐτὸν **ἐκεῖ**.
Jn 11:8 καὶ πάλιν ὑπάγεις **ἐκεῖ**;
Jn 11:15 ὅτι οὐκ ἤμην **ἐκεῖ**·
Jn 11:31 μνημεῖον ἵνα κλαύσῃ **ἐκεῖ**.
Jn 12:2 οὖν αὐτῷ δεῖπνον **ἐκεῖ**,
Jn 12:9 τῶν Ἰουδαίων ὅτι **ἐκεῖ** ἐστιν καὶ ἦλθον
Jn 12:26 ὅπου εἰμὶ ἐγὼ **ἐκεῖ** καὶ ὁ διάκονος
Jn 18:2 πολλάκις συνήχθη Ἰησοῦς **ἐκεῖ** μετὰ τῶν μαθητῶν
Jn 18:3 Φαρισαίων ὑπηρέτας ἔρχεται **ἐκεῖ** μετὰ φανῶν καὶ
Jn 19:42 **ἐκεῖ** οὖν διὰ τὴν

ἐκεῖθεν (*ekeithen*; 2/27) *from there*

Jn 4:43 δύο ἡμέρας ἐξῆλθεν **ἐκεῖθεν** εἰς τὴν Γαλιλαίαν·
Jn 11:54 ἀλλὰ ἀπῆλθεν **ἐκεῖθεν** εἰς τὴν χώραν

ἐκεῖνος (*ekeinos*; 70/240[243]) *that*

Jn 1:8 οὐκ ἦν **ἐκεῖνος** τὸ φῶς,
Jn 1:18 κόλπον τοῦ πατρὸς **ἐκεῖνος** ἐξηγήσατο.
Jn 1:33 βαπτίζειν ἐν ὕδατι **ἐκεῖνός** μοι εἶπεν·
Jn 1:39 ἔμειναν τὴν ἡμέραν **ἐκείνην**·
Jn 2:21 **ἐκεῖνος** δὲ ἔλεγεν περὶ
Jn 3:28 ἀπεσταλμένος εἰμὶ ἔμπροσθεν **ἐκείνου**.
Jn 3:30 **ἐκεῖνον** δεῖ αὐξάνειν,
Jn 4:25 ὅταν ἔλθῃ **ἐκεῖνος**,
Jn 4:39 δὲ τῆς πόλεως **ἐκείνης** πολλοὶ ἐπίστευσαν
Jn 4:53 πατὴρ ὅτι [ἐν] **ἐκείνῃ** τῇ ὥρᾳ ἐν
Jn 5:9 δὲ σάββατον ἐν **ἐκείνῃ** τῇ ἡμέρᾳ.
Jn 5:11 ποιήσας με ὑγιῆ **ἐκεῖνός** μοι εἶπεν·
Jn 5:19 ἃ γὰρ ἂν **ἐκεῖνος** ποιῇ,
Jn 5:35 **ἐκεῖνος** ἦν ὁ λύχνος
Jn 5:37 πέμψας με πατὴρ **ἐκεῖνος** μεμαρτύρηκεν περὶ ἐμοῦ.
Jn 5:38 ὅτι ὃν ἀπέστειλεν **ἐκεῖνος**,
Jn 5:39 καὶ **ἐκεῖναί** εἰσιν αἱ μαρτυροῦσαι
Jn 5:43 **ἐκεῖνον** λήμψεσθε.
Jn 5:46 περὶ γὰρ ἐμοῦ **ἐκεῖνος** ἔγραψεν.
Jn 5:47 εἰ δὲ τοῖς **ἐκείνου** γράμμασιν οὐ πιστεύετε,
Jn 6:29 εἰς ὃν ἀπέστειλεν **ἐκεῖνος**.
Jn 7:11 ποῦ ἐστιν **ἐκεῖνος**;
Jn 7:45 καὶ εἶπον αὐτοῖς **ἐκεῖνοι**·
Jn 8:42 ἀλλ' **ἐκεῖνός** με ἀπέστειλεν.
Jn 8:44 **ἐκεῖνος** ἀνθρωποκτόνος ἦν ἀπ'
Jn 9:9 **ἐκεῖνος** ἔλεγεν ὅτι ἐγώ
Jn 9:11 ἀπεκρίθη **ἐκεῖνος**·
Jn 9:12 ποῦ ἐστιν **ἐκεῖνος**;
Jn 9:25 ἀπεκρίθη οὖν **ἐκεῖνος**·
Jn 9:28 σὺ μαθητὴς εἶ **ἐκείνου**,
Jn 9:36 ἀπεκρίθη **ἐκεῖνος** καὶ εἶπεν·
Jn 9:37 λαλῶν μετὰ σοῦ **ἐκεῖνός** ἐστιν.
Jn 10:1 ἀλλὰ ἀναβαίνων ἀλλαχόθεν **ἐκεῖνος** κλέπτης ἐστὶν καὶ
Jn 10:6 **ἐκεῖνοι** δὲ οὐκ ἔγνωσαν
Jn 10:35 εἰ **ἐκείνους** εἶπεν θεοὺς πρὸς
Jn 11:13 **ἐκεῖνοι** δὲ ἔδοξαν ὅτι
Jn 11:29 **ἐκείνη** δὲ ὡς ἤκουσεν
Jn 11:49 ὢν τοῦ ἐνιαυτοῦ **ἐκείνου**,
Jn 11:51 ὢν τοῦ ἐνιαυτοῦ **ἐκείνου** ἐπροφήτευσεν ὅτι ἔμελλεν
Jn 11:53 ἀπ' **ἐκείνης** οὖν τῆς ἡμέρας
Jn 12:48 λόγος ὃν ἐλάλησα **ἐκεῖνος** κρινεῖ αὐτὸν ἐν
Jn 13:25 ἀναπεσὼν οὖν **ἐκεῖνος** οὕτως ἐπὶ τὸ
Jn 13:26 **ἐκεῖνός** ἐστιν ᾧ ἐγὼ
Jn 13:27 τότε εἰσῆλθεν εἰς **ἐκεῖνον** ὁ σατανᾶς.
Jn 13:30 οὖν τὸ ψωμίον **ἐκεῖνος** ἐξῆλθεν εὐθύς.
Jn 14:20 ἐν **ἐκείνῃ** τῇ ἡμέρᾳ γνώσεσθε
Jn 14:21 καὶ τηρῶν αὐτὰς **ἐκεῖνός** ἐστιν ὁ ἀγαπῶν
Jn 14:26 **ἐκεῖνος** ὑμᾶς διδάξει πάντα
Jn 15:26 **ἐκεῖνος** μαρτυρήσει περὶ ἐμοῦ·
Jn 16:8 καὶ ἐλθὼν **ἐκεῖνος** ἐλέγξει τὸν κόσμον
Jn 16:13 ὅταν δὲ ἔλθῃ **ἐκεῖνος**,
Jn 16:14 **ἐκεῖνος** ἐμὲ δοξάσει,
Jn 16:23 Καὶ ἐν **ἐκείνῃ** τῇ ἡμέρᾳ ἐμὲ
Jn 16:26 ἐν **ἐκείνῃ** τῇ ἡμέρᾳ ἐν
Jn 18:13 ἀρχιερεὺς τοῦ ἐνιαυτοῦ **ἐκείνου**·
Jn 18:15 ὁ δὲ μαθητὴς **ἐκεῖνος** ἦν γνωστὸς τῷ
Jn 18:17 λέγει **ἐκεῖνος**·
Jn 18:25 ἠρνήσατο **ἐκεῖνος** καὶ εἶπεν·
Jn 19:15 ἐκραύγασαν οὖν **ἐκεῖνοι**·
Jn 19:21 ἀλλ' ὅτι **ἐκεῖνος** εἶπεν·
Jn 19:27 καὶ ἀπ' **ἐκείνης** τῆς ὥρας ἔλαβεν
Jn 19:31 μεγάλη ἡ ἡμέρα **ἐκείνου** τοῦ σαββάτου,
Jn 19:35 καὶ **ἐκεῖνος** οἶδεν ὅτι ἀληθῆ
Jn 20:13 καὶ λέγουσιν αὐτῇ **ἐκεῖνοι**·
Jn 20:15 **ἐκείνη** δοκοῦσα ὅτι ὁ
Jn 20:16 στραφεῖσα **ἐκείνη** λέγει αὐτῷ Ἑβραϊστί·
Jn 20:19 ὀψίας τῇ ἡμέρᾳ **ἐκείνῃ** τῇ μιᾷ σαββάτων
Jn 21:3 καὶ ἐν **ἐκείνῃ** τῇ νυκτὶ ἐπίασαν
Jn 21:7 οὖν ὁ μαθητὴς **ἐκεῖνος** ὃν ἠγάπα ὁ
Jn 21:23 ὅτι ὁ μαθητὴς **ἐκεῖνος** οὐκ ἀποθνῄσκει·

ἐκκεντέω (*ekkenteō*; 1/2) *pierce*

Jn 19:37 ὄψονται εἰς ὃν **ἐξεκέντησαν**.

ἐκλέγομαι (*eklegomai*; 5/22) *choose*

Jn 6:70 ὑμᾶς τοὺς δώδεκα **ἐξελεξάμην**;
Jn 13:18 ἐγὼ οἶδα τίνας **ἐξελεξάμην**·
Jn 15:16 οὐχ ὑμεῖς με **ἐξελέξασθε**,
Jn 15:16 ἀλλ' ἐγὼ **ἐξελεξάμην** ὑμᾶς καὶ ἔθηκα
Jn 15:19 ἀλλ' ἐγὼ **ἐξελεξάμην** ὑμᾶς ἐκ τοῦ

ἐκμάσσω (*ekmassō*; 3/5) *wipe*

Jn 11:2 κύριον μύρῳ καὶ **ἐκμάξασα** τοὺς πόδας αὐτοῦ

Jn 12:3 τοῦ Ἰησοῦ καὶ **ἐξέμαξεν** ταῖς θριξὶν αὐτῆς
Jn 13:5 τῶν μαθητῶν καὶ **ἐκμάσσειν** τῷ λεντίῳ ᾧ

ἐκνεύω (*ekneuō*; 1/1) *slip away*
Jn 5:13 ὁ γὰρ Ἰησοῦς **ἐξένευσεν** ὄχλου ὄντος ἐν

ἐκπορεύομαι (*ekporeuomai*; 2/33) *go or come out*
Jn 5:29 καὶ **ἐκπορεύσονται** οἱ τὰ ἀγαθὰ
Jn 15:26 παρὰ τοῦ πατρὸς **ἐκπορεύεται**,

ἐκτείνω (*ekteinō*; 1/16) *stretch out*
Jn 21:18 **ἐκτενεῖς** τὰς χεῖράς σου,

ἕκτος (*hektos*; 2/14) *sixth*
Jn 4:6 ὥρα ἦν ὡς **ἕκτη**.
Jn 19:14 ὥρα ἦν ὡς **ἕκτη**.

ἐκχύννομαι (*ekchynnomai*; 1/27) *pour out*
Jn 2:15 καὶ τῶν κολλυβιστῶν **ἐξέχεεν** τὸ κέρμα καὶ

ἐλαία (*elaia*; 0[1]/14[15]) *olive tree*
[Jn 8:1] τὸ ὄρος τῶν **ἐλαιῶν**.

ἐλάσσων (*elassōn*; 1/4) *lesser*
Jn 2:10 ὅταν μεθυσθῶσιν τὸν **ἐλάσσω**·

ἐλαττόω (*elattoō*; 1/3) *become less, make lower*
Jn 3:30 ἐμὲ δὲ **ἐλαττοῦσθαι**.

ἐλαύνω (*elaunō*; 1/5) *row, drive*
Jn 6:19 **ἐληλακότες** οὖν ὡς σταδίους

ἐλέγχω (*elenchō*; 3/17) *expose, convict*
Jn 3:20 ἵνα μὴ **ἐλεγχθῇ** τὰ ἔργα αὐτοῦ·
Jn 8:46 τίς ἐξ ὑμῶν **ἐλέγχει** με περὶ ἁμαρτίας;
Jn 16:8 καὶ ἐλθὼν ἐκεῖνος **ἐλέγξει** τὸν κόσμον περὶ

ἐλεύθερος (*eleutheros*; 2/23) *free*
Jn 8:33 σὺ λέγεις ὅτι **ἐλεύθεροι** γενήσεσθε;
Jn 8:36 ὄντως **ἐλεύθεροι** ἔσεσθε.

ἐλευθερόω (*eleutheroō*; 2/7) *set free*
Jn 8:32 καὶ ἡ ἀλήθεια **ἐλευθερώσει** ὑμᾶς.
Jn 8:36 ὁ υἱὸς ὑμᾶς **ἐλευθερώσῃ**,

ἑλκύω (*helkyō*; 5/6) *draw*
Jn 6:44 ὁ πέμψας με **ἑλκύσῃ** αὐτόν,
Jn 12:32 πάντας **ἑλκύσω** πρὸς ἐμαυτόν.
Jn 18:10 Πέτρος ἔχων μάχαιραν **εἵλκυσεν** αὐτὴν καὶ ἔπαισεν
Jn 21:6 καὶ οὐκέτι αὐτὸ **ἑλκύσαι** ἴσχυον ἀπὸ τοῦ
Jn 21:11 Σίμων Πέτρος καὶ **εἵλκυσεν** τὸ δίκτυον εἰς

Ἕλλην (*Hellēn*; 3/25) *Greek*
Jn 7:35 τὴν διασπορὰν τῶν **Ἑλλήνων** μέλλει πορεύεσθαι καὶ
Jn 7:35 καὶ διδάσκειν τοὺς **Ἕλληνας**;
Jn 12:20 Ἦσαν δὲ **Ἕλληνές** τινες ἐκ τῶν

Ἑλληνιστί (*Hellēnisti*; 1/2) *in Greek*
Jn 19:20 **Ἑλληνιστί**.

ἐλπίζω (*elpizō*; 1/31) *hope*
Jn 5:45 εἰς ὃν ὑμεῖς **ἠλπίκατε**.

ἐμαυτοῦ (*emautou*; 16/37) *myself*
Jn 5:30 ἐγὼ ποιεῖν ἀπ᾽ **ἐμαυτοῦ** οὐδέν·
Jn 5:31 ἐγὼ μαρτυρῶ περὶ **ἐμαυτοῦ**,
Jn 7:17 ἢ ἐγὼ ἀπ᾽ **ἐμαυτοῦ** λαλῶ.
Jn 7:28 καὶ ἀπ᾽ **ἐμαυτοῦ** οὐκ ἐλήλυθα,
Jn 8:14 ἐγὼ μαρτυρῶ περὶ **ἐμαυτοῦ**,
Jn 8:18 ὁ μαρτυρῶν περὶ **ἐμαυτοῦ** καὶ μαρτυρεῖ περὶ
Jn 8:28 καὶ ἀπ᾽ **ἐμαυτοῦ** ποιῶ οὐδέν,
Jn 8:42 οὐδὲ γὰρ ἀπ᾽ **ἐμαυτοῦ** ἐλήλυθα,
Jn 8:54 ἐὰν ἐγὼ δοξάσω **ἐμαυτόν**,
Jn 10:18 τίθημι αὐτὴν ἀπ᾽ **ἐμαυτοῦ**.
Jn 12:32 πάντας ἑλκύσω πρὸς **ἐμαυτόν**.
Jn 12:49 ὅτι ἐγὼ ἐξ **ἐμαυτοῦ** οὐκ ἐλάλησα,
Jn 14:3 παραλήμψομαι ὑμᾶς πρὸς **ἐμαυτόν**,
Jn 14:10 λέγω ὑμῖν ἀπ᾽ **ἐμαυτοῦ** οὐ λαλῶ,
Jn 14:21 καὶ ἐμφανίσω αὐτῷ **ἐμαυτόν**.
Jn 17:19 αὐτῶν ἐγὼ ἁγιάζω **ἐμαυτόν**,

ἐμβαίνω (*embainō*; 3/16) *get into*
Jn 6:17 καὶ **ἐμβάντες** εἰς πλοῖον ἤρχοντο
Jn 6:24 **ἐνέβησαν** αὐτοὶ εἰς τὰ
Jn 21:3 ἐξῆλθον καὶ **ἐνέβησαν** εἰς τὸ πλοῖον,

ἐμβλέπω (*emblepō*; 2/12) *look straight at*
Jn 1:36 καὶ **ἐμβλέψας** τῷ Ἰησοῦ περιπατοῦντι
Jn 1:42 **ἐμβλέψας** αὐτῷ ὁ Ἰησοῦς

ἐμβριμάομαι (*embrimaomai*; 2/5) *bristle*
Jn 11:33 **ἐνεβριμήσατο** τῷ πνεύματι καὶ
Jn 11:38 Ἰησοῦς οὖν πάλιν **ἐμβριμώμενος** ἐν ἑαυτῷ ἔρχεται

ἐμός (*emos*; 41/76) *my*
Jn 3:29 ἡ χαρὰ ἡ **ἐμὴ** πεπλήρωται.
Jn 4:34 **ἐμὸν** βρῶμά ἐστιν ἵνα
Jn 5:30 ἡ κρίσις ἡ **ἐμὴ** δικαία ἐστίν,
Jn 5:30 τὸ θέλημα τὸ **ἐμὸν** ἀλλὰ τὸ θέλημα
Jn 5:47 πῶς τοῖς **ἐμοῖς** ῥήμασιν πιστεύσετε;
Jn 6:38 τὸ θέλημα τὸ **ἐμὸν** ἀλλὰ τὸ θέλημα
Jn 7:6 ὁ καιρὸς ὁ **ἐμὸς** οὔπω πάρεστιν,
Jn 7:8 ὅτι ὁ **ἐμὸς** καιρὸς οὔπω πεπλήρωται.
Jn 7:16 ἡ **ἐμὴ** διδαχὴ οὐκ ἔστιν
Jn 7:16 διδαχὴ οὐκ ἔστιν **ἐμὴ** ἀλλὰ τοῦ πέμψαντός
Jn 8:16 ἡ κρίσις ἡ **ἐμὴ** ἀληθινή ἐστιν,
Jn 8:31 τῷ λόγῳ τῷ **ἐμῷ**,
Jn 8:37 ὁ λόγος ὁ **ἐμὸς** οὐ χωρεῖ ἐν
Jn 8:43 τὴν λαλιὰν τὴν **ἐμὴν** οὐ γινώσκετε;
Jn 8:43 τὸν λόγον τὸν **ἐμόν**.
Jn 8:51 ἐάν τις τὸν **ἐμὸν** λόγον τηρήσῃ,
Jn 8:56 τὴν ἡμέραν τὴν **ἐμήν**,
Jn 10:14 καὶ γινώσκω τὰ **ἐμὰ** καὶ γινώσκουσί με
Jn 10:14 γινώσκουσί με τὰ **ἐμά**,
Jn 10:26 τῶν προβάτων τῶν **ἐμῶν**.
Jn 10:27 τὰ πρόβατα τὰ **ἐμὰ** τῆς φωνῆς μου
Jn 12:26 ὁ διάκονος ὁ **ἐμὸς** ἔσται·
Jn 13:35 γνώσονται πάντες ὅτι **ἐμοὶ** μαθηταί ἐστε,

Jn 14:15 τὰς ἐντολὰς τὰς **ἐμὰς** τηρήσετε·
Jn 14:24 ἀκούετε οὐκ ἔστιν **ἐμὸς** ἀλλὰ τοῦ πέμψαντός
Jn 14:27 εἰρήνην τὴν **ἐμὴν** δίδωμι ὑμῖν·
Jn 15:8 φέρητε καὶ γένησθε **ἐμοὶ** μαθηταί.
Jn 15:9 τῇ ἀγάπῃ τῇ **ἐμῇ**.
Jn 15:11 ἡ χαρὰ ἡ **ἐμὴ** ἐν ὑμῖν ᾖ
Jn 15:12 ἡ ἐντολὴ ἡ **ἐμή**,
Jn 16:14 ὅτι ἐκ τοῦ **ἐμοῦ** λήμψεται καὶ ἀναγγελεῖ
Jn 16:15 ἔχει ὁ πατὴρ **ἐμά** ἐστιν·
Jn 16:15 ὅτι ἐκ τοῦ **ἐμοῦ** λαμβάνει καὶ ἀναγγελεῖ
Jn 17:10 καὶ τὰ **ἐμὰ** πάντα σά ἐστιν
Jn 17:10 καὶ τὰ σὰ **ἐμά**,
Jn 17:13 τὴν χαρὰν τὴν **ἐμὴν** πεπληρωμένην ἐν ἑαυτοῖς.
Jn 17:24 τὴν δόξαν τὴν **ἐμήν**,
Jn 18:36 ἡ βασιλεία ἡ **ἐμὴ** οὐκ ἔστιν ἐκ
Jn 18:36 ἡ βασιλεία ἡ **ἐμή**,
Jn 18:36 οἱ ὑπηρέται οἱ **ἐμοὶ** ἠγωνίζοντο [ἂν] ἵνα
Jn 18:36 ἡ βασιλεία ἡ **ἐμὴ** οὐκ ἔστιν ἐντεῦθεν.

ἐμπίπλημι (*empiplēmi*; 1/5) *fill*

Jn 6:12 ὡς δὲ **ἐνεπλήσθησαν**,

ἐμπόριον (*emporion*; 1/1) *market*

Jn 2:16 πατρός μου οἶκον **ἐμπορίου**.

ἔμπροσθεν (*emprosthen*; 5/48) *before*

Jn 1:15 ὀπίσω μου ἐρχόμενος **ἔμπροσθέν** μου γέγονεν,
Jn 1:30 ἔρχεται ἀνὴρ ὃς **ἔμπροσθέν** μου γέγονεν,
Jn 3:28 ὅτι ἀπεσταλμένος εἰμὶ **ἔμπροσθεν** ἐκείνου.
Jn 10:4 **ἔμπροσθεν** αὐτῶν πορεύεται καὶ
Jn 12:37 αὐτοῦ σημεῖα πεποιηκότος **ἔμπροσθεν** αὐτῶν οὐκ ἐπίστευον

ἐμφανίζω (*emphanizō*; 2/10) *show, inform*

Jn 14:21 ἀγαπήσω αὐτὸν καὶ **ἐμφανίσω** αὐτῷ ἐμαυτόν.
Jn 14:22 ὅτι ἡμῖν μέλλεις **ἐμφανίζειν** σεαυτὸν καὶ οὐχὶ

ἐμφυσάω (*emphysaō*; 1/1) *breathe on*

Jn 20:22 καὶ τοῦτο εἰπὼν **ἐνεφύσησεν** καὶ λέγει αὐτοῖς·

ἐν (*en*; 223[226]/2746[2752]) *in*

Jn 1:1 **Ἐν** ἀρχῇ ἦν ὁ
Jn 1:2 οὗτος ἦν **ἐν** ἀρχῇ πρὸς τὸν
Jn 1:4 **ἐν** αὐτῷ ζωὴ ἦν,
Jn 1:5 καὶ τὸ φῶς **ἐν** τῇ σκοτίᾳ φαίνει,
Jn 1:10 **ἐν** τῷ κόσμῳ ἦν,
Jn 1:14 ἐγένετο καὶ ἐσκήνωσεν **ἐν** ἡμῖν,
Jn 1:23 ἐγὼ φωνὴ βοῶντος **ἐν** τῇ ἐρήμῳ·
Jn 1:26 ἐγὼ βαπτίζω **ἐν** ὕδατι·
Jn 1:28 ταῦτα **ἐν** Βηθανίᾳ ἐγένετο πέραν
Jn 1:31 τοῦτο ἦλθον ἐγὼ **ἐν** ὕδατι βαπτίζων.
Jn 1:33 πέμψας με βαπτίζειν **ἐν** ὕδατι ἐκεῖνός μοι
Jn 1:33 ἐστιν ὁ βαπτίζων **ἐν** πνεύματι ἁγίῳ.
Jn 1:45 ὃν ἔγραψεν Μωϋσῆς **ἐν** τῷ νόμῳ καὶ
Jn 1:47 ἴδε ἀληθῶς Ἰσραηλίτης **ἐν** ᾧ δόλος οὐκ
Jn 2:1 τρίτῃ γάμος ἐγένετο **ἐν** Κανὰ τῆς Γαλιλαίας,
Jn 2:11 σημείων ὁ Ἰησοῦς **ἐν** Κανὰ τῆς Γαλιλαίας
Jn 2:14 Καὶ εὗρεν **ἐν** τῷ ἱερῷ τοὺς
Jn 2:19 ναὸν τοῦτον καὶ **ἐν** τρισὶν ἡμέραις ἐγερῶ
Jn 2:20 καὶ σὺ **ἐν** τρισὶν ἡμέραις ἐγερεῖς
Jn 2:23 Ὡς δὲ ἦν **ἐν** τοῖς Ἱεροσολύμοις ἐν
Jn 2:23 ἐν τοῖς Ἱεροσολύμοις **ἐν** τῷ πάσχα ἐν
Jn 2:23 ἐν τῷ πάσχα **ἐν** τῇ ἑορτῇ,
Jn 2:25 ἐγίνωσκεν τί ἦν **ἐν** τῷ ἀνθρώπῳ.
Jn 3:14 ὕψωσεν τὸν ὄφιν **ἐν** τῇ ἐρήμῳ,
Jn 3:15 πᾶς ὁ πιστεύων **ἐν** αὐτῷ ἔχῃ ζωὴν
Jn 3:21 τὰ ἔργα ὅτι **ἐν** θεῷ ἐστιν εἰργασμένα.
Jn 3:23 ὁ Ἰωάννης βαπτίζων **ἐν** Αἰνὼν ἐγγὺς τοῦ
Jn 3:35 καὶ πάντα δέδωκεν **ἐν** τῇ χειρὶ αὐτοῦ.
Jn 4:14 δώσω αὐτῷ γενήσεται **ἐν** αὐτῷ πηγὴ ὕδατος
Jn 4:20 οἱ πατέρες ἡμῶν **ἐν** τῷ ὄρει τούτῳ
Jn 4:20 ὑμεῖς λέγετε ὅτι **ἐν** Ἱεροσολύμοις ἐστὶν ὁ
Jn 4:21 ὥρα ὅτε οὔτε **ἐν** τῷ ὄρει τούτῳ
Jn 4:21 ὄρει τούτῳ οὔτε **ἐν** Ἱεροσολύμοις προσκυνήσετε τῷ
Jn 4:23 προσκυνήσουσιν τῷ πατρὶ **ἐν** πνεύματι καὶ ἀληθείᾳ·
Jn 4:24 τοὺς προσκυνοῦντας αὐτὸν **ἐν** πνεύματι καὶ ἀληθείᾳ
Jn 4:31 **Ἐν** τῷ μεταξὺ ἠρώτων
Jn 4:37 **ἐν** γὰρ τούτῳ ὁ
Jn 4:44 ἐμαρτύρησεν ὅτι προφήτης **ἐν** τῇ ἰδίᾳ πατρίδι
Jn 4:45 ἑωρακότες ὅσα ἐποίησεν **ἐν** Ἱεροσολύμοις ἐν
Jn 4:45 ἐποίησεν ἐν Ἱεροσολύμοις **ἐν** τῇ ἑορτῇ,
Jn 4:46 ὁ υἱὸς ἠσθένει **ἐν** Καφαρναούμ.
Jn 4:52 ὥραν παρ' αὐτῶν **ἐν** ᾗ κομψότερον ἔσχεν·
Jn 4:53 ὁ πατὴρ ὅτι **[ἐν]** ἐκείνῃ τῇ ὥρᾳ
Jn 4:53 ἐκείνῃ τῇ ὥρᾳ **ἐν** ᾗ εἶπεν αὐτῷ
Jn 5:2 Ἔστιν δὲ **ἐν** τοῖς Ἱεροσολύμοις ἐπὶ
Jn 5:3 **ἐν** ταύταις κατέκειτο πλῆθος
Jn 5:5 ὀκτὼ ἔτη ἔχων **ἐν** τῇ ἀσθενείᾳ αὐτοῦ·
Jn 5:7 **ἐν** ᾧ δὲ ἔρχομαι
Jn 5:9 Ἦν δὲ σάββατον **ἐν** ἐκείνῃ τῇ ἡμέρᾳ.
Jn 5:13 ἐξένευσεν ὄχλου ὄντος **ἐν** τῷ τόπῳ.
Jn 5:14 αὐτὸν ὁ Ἰησοῦς **ἐν** τῷ ἱερῷ καὶ
Jn 5:16 ὅτι ταῦτα ἐποίει **ἐν** σαββάτῳ.
Jn 5:26 πατὴρ ἔχει ζωὴν **ἐν** ἑαυτῷ,
Jn 5:26 ἔδωκεν ζωὴν ἔχειν **ἐν** ἑαυτῷ.
Jn 5:28 ὅτι ἔρχεται ὥρα **ἐν** ᾗ πάντες οἱ
Jn 5:28 ᾗ πάντες οἱ **ἐν** τοῖς μνημείοις ἀκούσουσιν
Jn 5:35 ἀγαλλιαθῆναι πρὸς ὥραν **ἐν** τῷ φωτὶ αὐτοῦ.
Jn 5:38 αὐτοῦ οὐκ ἔχετε **ἐν** ὑμῖν μένοντα,
Jn 5:39 ὅτι ὑμεῖς δοκεῖτε **ἐν** αὐταῖς ζωὴν αἰώνιον
Jn 5:42 θεοῦ οὐκ ἔχετε **ἐν** ἑαυτοῖς.
Jn 5:43 ἐγὼ ἐλήλυθα **ἐν** τῷ ὀνόματι τοῦ
Jn 5:43 ἐὰν ἄλλος ἔλθῃ **ἐν** τῷ ὀνόματι τῷ
Jn 6:10 δὲ χόρτος πολὺς **ἐν** τῷ τόπῳ.
Jn 6:31 τὸ μάννα ἔφαγον **ἐν** τῇ ἐρήμῳ,
Jn 6:39 ἀλλὰ ἀναστήσω αὐτὸ **[ἐν]** τῇ ἐσχάτῃ ἡμέρᾳ.
Jn 6:40 ἀναστήσω αὐτὸν ἐγὼ **[ἐν]** τῇ ἐσχάτῃ ἡμέρᾳ.
Jn 6:44 κἀγὼ ἀναστήσω αὐτὸν **ἐν** τῇ ἐσχάτῃ ἡμέρᾳ.
Jn 6:45 ἔστιν γεγραμμένον **ἐν** τοῖς προφήταις·
Jn 6:49 πατέρες ὑμῶν ἔφαγον **ἐν** τῇ ἐρήμῳ τὸ
Jn 6:53 οὐκ ἔχετε ζωὴν **ἐν** ἑαυτοῖς.
Jn 6:56 μου τὸ αἷμα **ἐν** ἐμοὶ μένει κἀγὼ
Jn 6:56 ἐμοὶ μένει κἀγὼ **ἐν** αὐτῷ.
Jn 6:59 Ταῦτα εἶπεν **ἐν** συναγωγῇ διδάσκων ἐν
Jn 6:59 ἐν συναγωγῇ διδάσκων **ἐν** Καφαρναούμ.
Jn 6:61 δὲ ὁ Ἰησοῦς **ἐν** ἑαυτῷ ὅτι γογγύζουσιν

Jn 7:1 περιεπάτει ὁ Ἰησοῦς **ἐν** τῇ Γαλιλαίᾳ·
Jn 7:1 οὐ γὰρ ἤθελεν **ἐν** τῇ Ἰουδαίᾳ περιπατεῖν,
Jn 7:4 οὐδεὶς γάρ τι **ἐν** κρυπτῷ ποιεῖ καὶ
Jn 7:4 καὶ ζητεῖ αὐτὸς **ἐν** παρρησίᾳ εἶναι.
Jn 7:9 εἰπὼν αὐτὸς ἔμεινεν **ἐν** τῇ Γαλιλαίᾳ.
Jn 7:10 φανερῶς ἀλλὰ [ὡς] **ἐν** κρυπτῷ.
Jn 7:11 Ἰουδαῖοι ἐζήτουν αὐτὸν **ἐν** τῇ ἑορτῇ καὶ
Jn 7:12 αὐτοῦ ἦν πολὺς **ἐν** τοῖς ὄχλοις·
Jn 7:18 ἐστιν καὶ ἀδικία **ἐν** αὐτῷ οὐκ ἔστιν.
Jn 7:22 καὶ **ἐν** σαββάτῳ περιτέμνετε ἄνθρωπον.
Jn 7:23 περιτομὴν λαμβάνει ἄνθρωπος **ἐν** σαββάτῳ
Jn 7:23 ἄνθρωπον ὑγιῆ ἐποίησα **ἐν** σαββάτῳ;
Jn 7:28 ἔκραξεν οὖν **ἐν** τῷ ἱερῷ διδάσκων
Jn 7:37 **Ἐν** δὲ τῇ ἐσχάτῃ
Jn 7:43 σχίσμα οὖν ἐγένετο **ἐν** τῷ ὄχλῳ δι᾽
[Jn 8:3] καὶ στήσαντες αὐτὴν **ἐν** μέσῳ
[Jn 8:5] **ἐν** δὲ τῷ νόμῳ
[Jn 8:9] καὶ ἡ γυνὴ **ἐν** μέσῳ οὖσα.
Jn 8:12 οὐ μὴ περιπατήσῃ **ἐν** τῇ σκοτίᾳ,
Jn 8:17 καὶ **ἐν** τῷ νόμῳ δὲ
Jn 8:20 τὰ ῥήματα ἐλάλησεν **ἐν** τῷ γαζοφυλακίῳ διδάσκων
Jn 8:20 τῷ γαζοφυλακίῳ διδάσκων **ἐν** τῷ ἱερῷ·
Jn 8:21 καὶ **ἐν** τῇ ἁμαρτίᾳ ὑμῶν
Jn 8:24 ὑμῖν ὅτι ἀποθανεῖσθε **ἐν** ταῖς ἁμαρτίαις ὑμῶν·
Jn 8:24 ἀποθανεῖσθε **ἐν** ταῖς ἁμαρτίαις ὑμῶν.
Jn 8:31 ἐὰν ὑμεῖς μείνητε **ἐν** τῷ λόγῳ τῷ
Jn 8:35 δοῦλος οὐ μένει **ἐν** τῇ οἰκίᾳ εἰς
Jn 8:37 ἐμὸς οὐ χωρεῖ **ἐν** ὑμῖν.
Jn 8:44 ἀπ᾽ ἀρχῆς καὶ **ἐν** τῇ ἀληθείᾳ οὐκ
Jn 8:44 οὐκ ἔστιν ἀλήθεια **ἐν** αὐτῷ.
Jn 9:3 ἔργα τοῦ θεοῦ **ἐν** αὐτῷ.
Jn 9:5 ὅταν **ἐν** τῷ κόσμῳ ὦ,
Jn 9:14 ἦν δὲ σάββατον **ἐν** ᾗ ἡμέρᾳ τὸν
Jn 9:16 καὶ σχίσμα ἦν **ἐν** αὐτοῖς.
Jn 9:30 **ἐν** τούτῳ γὰρ τὸ
Jn 9:34 **ἐν** ἁμαρτίαις σὺ ἐγεννήθης
Jn 10:19 Σχίσμα πάλιν ἐγένετο **ἐν** τοῖς Ἰουδαίοις
Jn 10:22 τότε τὰ ἐγκαίνια **ἐν** τοῖς Ἱεροσολύμοις,
Jn 10:23 περιεπάτει ὁ Ἰησοῦς **ἐν** τῷ ἱερῷ ἐν
Jn 10:23 ἐν τῷ ἱερῷ **ἐν** τῇ στοᾷ τοῦ
Jn 10:25 ἃ ἐγὼ ποιῶ **ἐν** τῷ ὀνόματι τοῦ
Jn 10:34 οὐκ ἔστιν γεγραμμένον **ἐν** τῷ νόμῳ ὑμῶν
Jn 10:38 καὶ γινώσκητε ὅτι **ἐν** ἐμοὶ ὁ πατὴρ
Jn 10:38 ὁ πατὴρ κἀγὼ **ἐν** τῷ πατρί.
Jn 11:6 τότε μὲν ἔμεινεν **ἐν** ᾧ ἦν τόπῳ
Jn 11:9 ἐάν τις περιπατῇ **ἐν** τῇ ἡμέρᾳ,
Jn 11:10 δέ τις περιπατῇ **ἐν** τῇ νυκτί,
Jn 11:10 φῶς οὐκ ἔστιν **ἐν** αὐτῷ.
Jn 11:17 ἤδη ἡμέρας ἔχοντα **ἐν** τῷ μνημείῳ.
Jn 11:20 Μαριὰμ δὲ **ἐν** τῷ οἴκῳ ἐκαθέζετο.
Jn 11:24 οἶδα ὅτι ἀναστήσεται **ἐν** τῇ ἀναστάσει ἐν
Jn 11:24 ἐν τῇ ἀναστάσει **ἐν** τῇ ἐσχάτῃ ἡμέρᾳ.
Jn 11:30 ἀλλ᾽ ἦν ἔτι **ἐν** τῷ τόπῳ ὅπου
Jn 11:31 ὄντες μετ᾽ αὐτῆς **ἐν** τῇ οἰκίᾳ καὶ
Jn 11:38 οὖν πάλιν ἐμβριμώμενος **ἐν** ἑαυτῷ ἔρχεται
Jn 11:54 οὐκέτι παρρησίᾳ περιεπάτει **ἐν** τοῖς Ἰουδαίοις,
Jn 11:56 ἔλεγον μετ᾽ ἀλλήλων **ἐν** τῷ ἱερῷ ἑστηκότες·
Jn 12:13 εὐλογημένος ὁ ἐρχόμενος **ἐν** ὀνόματι κυρίου,
Jn 12:20 ἀναβαινόντων ἵνα προσκυνήσωσιν **ἐν** τῇ ἑορτῇ·
Jn 12:25 τὴν ψυχὴν αὐτοῦ **ἐν** τῷ κόσμῳ τούτῳ
Jn 12:35 χρόνον τὸ φῶς **ἐν** ὑμῖν ἐστιν.
Jn 12:35 καὶ ὁ περιπατῶν **ἐν** τῇ σκοτίᾳ οὐκ
Jn 12:46 πιστεύων εἰς ἐμὲ **ἐν** τῇ σκοτίᾳ μὴ
Jn 12:48 ἐκεῖνος κρινεῖ αὐτὸν **ἐν** τῇ ἐσχάτῃ ἡμέρᾳ.
Jn 13:1 τοὺς ἰδίους τοὺς **ἐν** τῷ κόσμῳ εἰς
Jn 13:23 τῶν μαθητῶν αὐτοῦ **ἐν** τῷ κόλπῳ τοῦ
Jn 13:31 ὁ θεὸς ἐδοξάσθη **ἐν** αὐτῷ·
Jn 13:32 ὁ θεὸς ἐδοξάσθη **ἐν** αὐτῷ] καὶ ὁ
Jn 13:32 θεὸς δοξάσει αὐτὸν **ἐν** αὐτῷ,
Jn 13:35 **ἐν** τούτῳ γνώσονται πάντες
Jn 13:35 ἐὰν ἀγάπην ἔχητε **ἐν** ἀλλήλοις.
Jn 14:2 **ἐν** τῇ οἰκίᾳ τοῦ
Jn 14:10 πιστεύεις ὅτι ἐγὼ **ἐν** τῷ πατρὶ καὶ
Jn 14:10 καὶ ὁ πατὴρ **ἐν** ἐμοί ἐστιν;
Jn 14:10 ὁ δὲ πατὴρ **ἐν** ἐμοὶ μένων ποιεῖ
Jn 14:11 μοι ὅτι ἐγὼ **ἐν** τῷ πατρὶ καὶ
Jn 14:11 καὶ ὁ πατὴρ **ἐν** ἐμοί·
Jn 14:13 τι ἂν αἰτήσητε **ἐν** τῷ ὀνόματί μου
Jn 14:13 δοξασθῇ ὁ πατὴρ **ἐν** τῷ υἱῷ.
Jn 14:14 τι αἰτήσητέ με **ἐν** τῷ ὀνόματί μου
Jn 14:17 ὑμῖν μένει καὶ **ἐν** ὑμῖν ἔσται.
Jn 14:20 **ἐν** ἐκείνῃ τῇ ἡμέρᾳ
Jn 14:20 ὑμεῖς ὅτι ἐγὼ **ἐν** τῷ πατρί μου
Jn 14:20 μου καὶ ὑμεῖς **ἐν** ἐμοὶ κἀγὼ ἐν
Jn 14:20 ἐν ἐμοὶ κἀγὼ **ἐν** ὑμῖν.
Jn 14:26 πέμψει ὁ πατὴρ **ἐν** τῷ ὀνόματί μου,
Jn 14:30 καὶ **ἐν** ἐμοὶ οὐκ ἔχει
Jn 15:2 πᾶν κλῆμα **ἐν** ἐμοὶ μὴ φέρον
Jn 15:4 μείνατε **ἐν** ἐμοί,
Jn 15:4 κἀγὼ **ἐν** ὑμῖν.
Jn 15:4 ἐὰν μὴ μένῃ **ἐν** τῇ ἀμπέλῳ,
Jn 15:4 ὑμεῖς ἐὰν μὴ **ἐν** ἐμοὶ μένητε.
Jn 15:5 ὁ μένων **ἐν** ἐμοὶ κἀγὼ ἐν
Jn 15:5 ἐν ἐμοὶ κἀγὼ **ἐν** αὐτῷ οὗτος φέρει
Jn 15:6 μή τις μένῃ **ἐν** ἐμοί,
Jn 15:7 ἐὰν μείνητε **ἐν** ἐμοὶ καὶ τὰ
Jn 15:7 τὰ ῥήματά μου **ἐν** ὑμῖν μείνῃ,
Jn 15:8 **ἐν** τούτῳ ἐδοξάσθη ὁ
Jn 15:9 μείνατε **ἐν** τῇ ἀγάπῃ τῇ
Jn 15:10 μενεῖτε **ἐν** τῇ ἀγάπῃ μου,
Jn 15:10 καὶ μένω αὐτοῦ **ἐν** τῇ ἀγάπῃ.
Jn 15:11 χαρὰ ἡ ἐμὴ **ἐν** ὑμῖν ᾖ καὶ
Jn 15:16 αἰτήσητε τὸν πατέρα **ἐν** τῷ ὀνόματί μου
Jn 15:24 ἔργα μὴ ἐποίησα **ἐν** αὐτοῖς ἃ οὐδεὶς
Jn 15:25 ὁ λόγος ὁ **ἐν** τῷ νόμῳ αὐτῶν
Jn 16:13 ὁδηγήσει ὑμᾶς **ἐν** τῇ ἀληθείᾳ πάσῃ·
Jn 16:23 Καὶ **ἐν** ἐκείνῃ τῇ ἡμέρᾳ
Jn 16:23 αἰτήσητε τὸν πατέρα **ἐν** τῷ ὀνόματί μου
Jn 16:24 οὐκ ᾐτήσατε οὐδὲν **ἐν** τῷ ὀνόματί μου·
Jn 16:25 Ταῦτα **ἐν** παροιμίαις λελάληκα ὑμῖν·
Jn 16:25 ὥρα ὅτε οὐκέτι **ἐν** παροιμίαις λαλήσω ὑμῖν,
Jn 16:26 **ἐν** ἐκείνῃ τῇ ἡμέρᾳ
Jn 16:26 ἐκείνῃ τῇ ἡμέρᾳ **ἐν** τῷ ὀνόματί μου
Jn 16:29 ἴδε νῦν **ἐν** παρρησίᾳ λαλεῖς καὶ
Jn 16:30 **ἐν** τούτῳ πιστεύομεν ὅτι
Jn 16:33 λελάληκα ὑμῖν ἵνα **ἐν** ἐμοὶ εἰρήνην ἔχητε.
Jn 16:33 **ἐν** τῷ κόσμῳ θλῖψιν
Jn 17:10 καὶ δεδόξασμαι **ἐν** αὐτοῖς.
Jn 17:11 καὶ οὐκέτι εἰμὶ **ἐν** τῷ κόσμῳ,
Jn 17:11 καὶ αὐτοὶ **ἐν** τῷ κόσμῳ εἰσίν,
Jn 17:11 τήρησον αὐτοὺς **ἐν** τῷ ὀνόματί σου
Jn 17:12 ἐγὼ ἐτήρουν αὐτοὺς **ἐν** τῷ ὀνόματί σου
Jn 17:13 καὶ ταῦτα λαλῶ **ἐν** τῷ κόσμῳ ἵνα

Jn 17:13 τὴν ἐμὴν πεπληρωμένην **ἐν** ἑαυτοῖς.
Jn 17:17 ἁγίασον αὐτοὺς **ἐν** τῇ ἀληθείᾳ·
Jn 17:19 καὶ αὐτοὶ ἡγιασμένοι **ἐν** ἀληθείᾳ.
Jn 17:21 **ἐν** ἐμοὶ κἀγὼ ἐν
Jn 17:21 ἐν ἐμοὶ κἀγὼ **ἐν** σοί,
Jn 17:21 ἵνα καὶ αὐτοὶ **ἐν** ἡμῖν ὦσιν,
Jn 17:23 ἐγὼ **ἐν** αὐτοῖς καὶ σὺ
Jn 17:23 αὐτοῖς καὶ σὺ **ἐν** ἐμοί,
Jn 17:26 ἣν ἠγάπησάς με **ἐν** αὐτοῖς ᾖ κἀγὼ
Jn 17:26 αὐτοῖς ᾖ κἀγὼ **ἐν** αὐτοῖς.
Jn 18:20 ἐγὼ πάντοτε ἐδίδαξα **ἐν** συναγωγῇ καὶ ἐν
Jn 18:20 ἐν συναγωγῇ καὶ **ἐν** τῷ ἱερῷ,
Jn 18:20 καὶ **ἐν** κρυπτῷ ἐλάλησα οὐδέν.
Jn 18:26 ἐγώ σε εἶδον **ἐν** τῷ κήπῳ μετ'
Jn 18:38 ἐγὼ οὐδεμίαν εὑρίσκω **ἐν** αὐτῷ αἰτίαν.
Jn 18:39 ἕνα ἀπολύσω ὑμῖν **ἐν** τῷ πάσχα·
Jn 19:4 οὐδεμίαν αἰτίαν εὑρίσκω **ἐν** αὐτῷ.
Jn 19:6 γὰρ οὐχ εὑρίσκω **ἐν** αὐτῷ αἰτίαν.
Jn 19:31 σταυροῦ τὰ σώματα **ἐν** τῷ σαββάτῳ,
Jn 19:41 ἦν δὲ **ἐν** τῷ τόπῳ ὅπου
Jn 19:41 καὶ **ἐν** τῷ κήπῳ μνημεῖον
Jn 19:41 κήπῳ μνημεῖον καινὸν **ἐν** ᾧ οὐδέπω οὐδεὶς
Jn 20:12 θεωρεῖ δύο ἀγγέλους **ἐν** λευκοῖς καθεζομένους,
Jn 20:25 ἐὰν μὴ ἴδω **ἐν** ταῖς χερσὶν αὐτοῦ
Jn 20:30 γεγραμμένα **ἐν** τῷ βιβλίῳ τούτῳ·
Jn 20:31 πιστεύοντες ζωὴν ἔχητε **ἐν** τῷ ὀνόματι αὐτοῦ.
Jn 21:3 καὶ **ἐν** ἐκείνῃ τῇ νυκτὶ
Jn 21:20 ὃς καὶ ἀνέπεσεν **ἐν** τῷ δείπνῳ ἐπὶ

ἐνθάδε (*enthade*; 2/8) *here*

Jn 4:15 διψῶ μηδὲ διέρχωμαι **ἐνθάδε** ἀντλεῖν.
Jn 4:16 σου καὶ ἐλθὲ **ἐνθάδε**.

ἐνιαυτός (*eniautos*; 3/14) *year*

Jn 11:49 ἀρχιερεὺς ὢν τοῦ **ἐνιαυτοῦ** ἐκείνου,
Jn 11:51 ἀρχιερεὺς ὢν τοῦ **ἐνιαυτοῦ** ἐκείνου ἐπροφήτευσεν ὅτι
Jn 18:13 ἦν ἀρχιερεὺς τοῦ **ἐνιαυτοῦ** ἐκείνου·

ἐνταφιάζω (*entaphiazō*; 1/2) *prepare for burial*

Jn 19:40 ἐστὶν τοῖς Ἰουδαίοις **ἐνταφιάζειν**.

ἐνταφιασμός (*entaphiasmos*; 1/2) *preparation for burial, burial*

Jn 12:7 τὴν ἡμέραν τοῦ **ἐνταφιασμοῦ** μου τηρήσῃ αὐτό·

ἐντέλλομαι (*entellomai*; 3[4]/14[15]) *command*

[Jn 8:5] νόμῳ ἡμῖν Μωϋσῆς **ἐνετείλατο** τὰς τοιαύτας λιθάζειν.
Jn 14:31 καὶ καθὼς **ἐνετείλατό** μοι ὁ πατήρ,
Jn 15:14 ποιῆτε ἃ ἐγὼ **ἐντέλλομαι** ὑμῖν.
Jn 15:17 ταῦτα **ἐντέλλομαι** ὑμῖν,

ἐντεῦθεν (*enteuthen*; 6/10) *from here*

Jn 2:16 ἄρατε ταῦτα **ἐντεῦθεν**,
Jn 7:3 μετάβηθι **ἐντεῦθεν** καὶ ὕπαγε εἰς
Jn 14:31 ἄγωμεν **ἐντεῦθεν**.
Jn 18:36 ἐμὴ οὐκ ἔστιν **ἐντεῦθεν**.
Jn 19:18 αὐτοῦ ἄλλους δύο **ἐντεῦθεν** καὶ ἐντεῦθεν,
Jn 19:18 δύο ἐντεῦθεν καὶ **ἐντεῦθεν**,

ἐντολή (*entolē*; 10/67) *commandment*

Jn 10:18 ταύτην τὴν **ἐντολὴν** ἔλαβον παρὰ τοῦ
Jn 11:57 καὶ οἱ Φαρισαῖοι **ἐντολὰς** ἵνα ἐάν τις
Jn 12:49 πατὴρ αὐτός μοι **ἐντολὴν** δέδωκεν τί εἴπω
Jn 12:50 οἶδα ὅτι ἡ **ἐντολὴ** αὐτοῦ ζωὴ αἰώνιός
Jn 13:34 **Ἐντολὴν** καινὴν δίδωμι ὑμῖν,
Jn 14:15 τὰς **ἐντολὰς** τὰς ἐμὰς τηρήσετε·
Jn 14:21 ὁ ἔχων τὰς **ἐντολάς** μου καὶ τηρῶν
Jn 15:10 ἐὰν τὰς **ἐντολάς** μου τηρήσητε,
Jn 15:10 καθὼς ἐγὼ τὰς **ἐντολὰς** τοῦ πατρός μου
Jn 15:12 Αὕτη ἐστὶν ἡ **ἐντολὴ** ἡ ἐμή,

ἐντυλίσσω (*entylissō*; 1/3) *wrap in, fold up*

Jn 20:7 κείμενον ἀλλὰ χωρὶς **ἐντετυλιγμένον** εἰς ἕνα τόπον.

ἐνώπιον (*enōpion*; 1/94) *before*

Jn 20:30 ἐποίησεν ὁ Ἰησοῦς **ἐνώπιον** τῶν μαθητῶν [αὐτοῦ],

ἕξ (*hex*; 3/13) *six*

Jn 2:6 ἐκεῖ λίθιναι ὑδρίαι **ἓξ** κατὰ τὸν καθαρισμὸν
Jn 2:20 τεσσεράκοντα καὶ **ἓξ** ἔτεσιν οἰκοδομήθη ὁ
Jn 12:1 οὖν Ἰησοῦς πρὸ **ἓξ** ἡμερῶν τοῦ πάσχα

ἐξάγω (*exagō*; 1/12) *lead or bring out*

Jn 10:3 κατ' ὄνομα καὶ **ἐξάγει** αὐτά.

ἐξέρχομαι (*exerchomai*; 29[30]/216[218]) *come or go out or forth*

Jn 1:43 Τῇ ἐπαύριον ἠθέλησεν **ἐξελθεῖν** εἰς τὴν Γαλιλαίαν
Jn 4:30 **ἐξῆλθον** ἐκ τῆς πόλεως
Jn 4:43 τὰς δύο ἡμέρας **ἐξῆλθεν** ἐκεῖθεν εἰς τὴν
[Jn 8:9] οἱ δὲ ἀκούσαντες **ἐξήρχοντο** εἷς καθ' εἷς
Jn 8:42 ἐκ τοῦ θεοῦ **ἐξῆλθον** καὶ ἥκω·
Jn 8:59 δὲ ἐκρύβη καὶ **ἐξῆλθεν** ἐκ τοῦ ἱεροῦ.
Jn 10:9 καὶ εἰσελεύσεται καὶ **ἐξελεύσεται** καὶ νομὴν εὑρήσει.
Jn 10:39 καὶ **ἐξῆλθεν** ἐκ τῆς χειρὸς
Jn 11:31 ταχέως ἀνέστη καὶ **ἐξῆλθεν**,
Jn 11:44 **ἐξῆλθεν** ὁ τεθνηκὼς δεδεμένος
Jn 12:13 τῶν φοινίκων καὶ **ἐξῆλθον** εἰς ὑπάντησιν αὐτῷ
Jn 13:3 ὅτι ἀπὸ θεοῦ **ἐξῆλθεν** καὶ πρὸς τὸν
Jn 13:30 τὸ ψωμίον ἐκεῖνος **ἐξῆλθεν** εὐθύς.
Jn 13:31 Ὅτε οὖν **ἐξῆλθεν**,
Jn 16:27 παρὰ [τοῦ] θεοῦ **ἐξῆλθον**.
Jn 16:28 **ἐξῆλθον** παρὰ τοῦ πατρὸς
Jn 16:30 ὅτι ἀπὸ θεοῦ **ἐξῆλθες**.
Jn 17:8 ὅτι παρὰ σοῦ **ἐξῆλθον**,
Jn 18:1 Ταῦτα εἰπὼν Ἰησοῦς **ἐξῆλθεν** σὺν τοῖς μαθηταῖς
Jn 18:4 ἐρχόμενα ἐπ' αὐτὸν **ἐξῆλθεν** καὶ λέγει αὐτοῖς·
Jn 18:16 **ἐξῆλθεν** οὖν ὁ μαθητὴς
Jn 18:29 **ἐξῆλθεν** οὖν ὁ Πιλᾶτος
Jn 18:38 τοῦτο εἰπὼν πάλιν **ἐξῆλθεν** πρὸς τοὺς Ἰουδαίους
Jn 19:4 Καὶ **ἐξῆλθεν** πάλιν ἔξω ὁ

Jn 19:5 **ἐξῆλθεν** οὖν ὁ Ἰησοῦς
Jn 19:17 ἑαυτῷ τὸν σταυρὸν **ἐξῆλθεν** εἰς τὸν λεγόμενον
Jn 19:34 καὶ **ἐξῆλθεν** εὐθὺς αἷμα καὶ
Jn 20:3 **Ἐξῆλθεν** οὖν ὁ Πέτρος
Jn 21:3 **ἐξῆλθον** καὶ ἐνέβησαν εἰς
Jn 21:23 **ἐξῆλθεν** οὖν οὗτος ὁ

ἔξεστιν (*exestin*; 2/31) *it is proper or lawful*

Jn 5:10 καὶ οὐκ **ἔξεστίν** σοι ἆραι τὸν
Jn 18:31 ἡμῖν οὐκ **ἔξεστιν** ἀποκτεῖναι οὐδένα·

ἐξετάζω (*exetazō*; 1/3) *ask*

Jn 21:12 ἐτόλμα τῶν μαθητῶν **ἐξετάσαι** αὐτόν·

ἐξηγέομαι (*exēgeomai*; 1/6) *tell, explain*

Jn 1:18 τοῦ πατρὸς ἐκεῖνος **ἐξηγήσατο**.

ἐξουσία (*exousia*; 8/102) *authority*

Jn 1:12 ἔδωκεν αὐτοῖς ἐξουσίαν **τέκνα** θεοῦ γενέσθαι,
Jn 5:27 καὶ **ἐξουσίαν** ἔδωκεν αὐτῷ κρίσιν
Jn 10:18 **ἐξουσίαν** ἔχω θεῖναι αὐτήν,
Jn 10:18 καὶ **ἐξουσίαν** ἔχω πάλιν λαβεῖν
Jn 17:2 καθὼς ἔδωκας αὐτῷ **ἐξουσίαν** πάσης σαρκός,
Jn 19:10 οὐκ οἶδας ὅτι **ἐξουσίαν** ἔχω ἀπολῦσαί σε
Jn 19:10 ἀπολῦσαί σε καὶ **ἐξουσίαν** ἔχω σταυρῶσαί σε;
Jn 19:11 οὐκ εἶχες **ἐξουσίαν** κατ' ἐμοῦ οὐδεμίαν

ἐξυπνίζω (*exypnizō*; 1/1) *wake up*

Jn 11:11 ἀλλὰ πορεύομαι ἵνα **ἐξυπνίσω** αὐτόν.

ἔξω (*exō*; 13/63) *out*

Jn 6:37 οὐ μὴ ἐκβάλω **ἔξω**,
Jn 9:34 καὶ ἐξέβαλον αὐτὸν **ἔξω**.
Jn 9:35 ὅτι ἐξέβαλον αὐτὸν **ἔξω** καὶ εὑρὼν αὐτὸν
Jn 11:43 δεῦρο **ἔξω**.
Jn 12:31 κόσμου τούτου ἐκβληθήσεται **ἔξω**·
Jn 15:6 ἐβλήθη **ἔξω** ὡς τὸ κλῆμα
Jn 18:16 πρὸς τῇ θύρᾳ **ἔξω**.
Jn 18:29 οὖν ὁ Πιλᾶτος **ἔξω** πρὸς αὐτοὺς καὶ
Jn 19:4 Καὶ ἐξῆλθεν πάλιν **ἔξω** ὁ Πιλᾶτος καὶ
Jn 19:4 ἄγω ὑμῖν αὐτὸν **ἔξω**,
Jn 19:5 οὖν ὁ Ἰησοῦς **ἔξω**,
Jn 19:13 λόγων τούτων ἤγαγεν **ἔξω** τὸν Ἰησοῦν καὶ
Jn 20:11 πρὸς τῷ μνημείῳ **ἔξω** κλαίουσα.

ἑορτή (*heortē*; 17/25) *festival*

Jn 2:23 πάσχα ἐν τῇ **ἑορτῇ**,
Jn 4:45 Ἱεροσολύμοις ἐν τῇ **ἑορτῇ**,
Jn 4:45 ἦλθον εἰς τὴν **ἑορτήν**.
Jn 5:1 Μετὰ ταῦτα ἦν **ἑορτὴ** τῶν Ἰουδαίων καὶ
Jn 6:4 ἡ **ἑορτὴ** τῶν Ἰουδαίων.
Jn 7:2 δὲ ἐγγὺς ἡ **ἑορτὴ** τῶν Ἰουδαίων ἡ
Jn 7:8 ἀνάβητε εἰς τὴν **ἑορτήν**·
Jn 7:8 ἀναβαίνω εἰς τὴν **ἑορτὴν** ταύτην,
Jn 7:10 αὐτοῦ εἰς τὴν **ἑορτήν**,
Jn 7:11 αὐτὸν ἐν τῇ **ἑορτῇ** καὶ ἔλεγον·
Jn 7:14 Ἤδη δὲ τῆς **ἑορτῆς** μεσούσης ἀνέβη Ἰησοῦς
Jn 7:37 τῇ μεγάλῃ τῆς **ἑορτῆς** εἱστήκει ὁ Ἰησοῦς
Jn 11:56 ἔλθῃ εἰς τὴν **ἑορτήν**;
Jn 12:12 ἐλθὼν εἰς τὴν **ἑορτήν**,
Jn 12:20 προσκυνήσωσιν ἐν τῇ **ἑορτῇ**·
Jn 13:1 Πρὸ δὲ τῆς **ἑορτῆς** τοῦ πάσχα εἰδὼς
Jn 13:29 ἔχομεν εἰς τὴν **ἑορτήν**,

ἐπαίρω (*epairō*; 4/19) *raise*

Jn 4:35 **ἐπάρατε** τοὺς ὀφθαλμοὺς ὑμῶν
Jn 6:5 **Ἐπάρας** οὖν τοὺς ὀφθαλμοὺς
Jn 13:18 μου τὸν ἄρτον **ἐπῆρεν** ἐπ' ἐμὲ τὴν
Jn 17:1 ἐλάλησεν Ἰησοῦς καὶ **ἐπάρας** τοὺς ὀφθαλμοὺς αὐτοῦ

ἐπάνω (*epanō*; 2/19) *above, on*

Jn 3:31 Ὁ ἄνωθεν ἐρχόμενος **ἐπάνω** πάντων ἐστίν·
Jn 3:31 τοῦ οὐρανοῦ ἐρχόμενος [**ἐπάνω** πάντων ἐστίν]·

ἐπάρατος (*eparatos*; 1/1) *accursed*

Jn 7:49 γινώσκων τὸν νόμον **ἐπάρατοί** εἰσιν.

ἐπαύριον (*epaurion*; 5/17) *the next day*

Jn 1:29 Τῇ **ἐπαύριον** βλέπει τὸν Ἰησοῦν
Jn 1:35 Τῇ **ἐπαύριον** πάλιν εἱστήκει ὁ
Jn 1:43 Τῇ **ἐπαύριον** ἠθέλησεν ἐξελθεῖν εἰς
Jn 6:22 Τῇ **ἐπαύριον** ὁ ὄχλος ὁ
Jn 12:12 Τῇ **ἐπαύριον** ὁ ὄχλος πολὺς

ἐπεί (*epei*; 2/26) *since*

Jn 13:29 **ἐπεὶ** τὸ γλωσσόκομον εἶχεν
Jn 19:31 **ἐπεὶ** παρασκευὴ ἦν,

ἔπειτα (*epeita*; 1/16) *then*

Jn 11:7 **ἔπειτα** μετὰ τοῦτο λέγει

ἐπενδύτης (*ependytēs*; 1/1) *outer garment*

Jn 21:7 κύριός ἐστιν τὸν **ἐπενδύτην** διεζώσατο,

ἐπερωτάω (*eperōtaō*; 2/56) *ask*

Jn 9:23 αὐτὸν ἐπερωτήσατε.
Jn 18:7 πάλιν οὖν **ἐπηρώτησεν** αὐτούς·

ἐπί (*epi*; 33[36]/886[890]) *on*

Jn 1:32 οὐρανοῦ καὶ ἔμεινεν **ἐπ'** αὐτόν.
Jn 1:33 **ἐφ'** ὃν ἂν ἴδῃς
Jn 1:33 καταβαῖνον καὶ μένον **ἐπ'** αὐτόν,
Jn 1:51 ἀναβαίνοντας καὶ καταβαίνοντας **ἐπὶ** τὸν υἱὸν τοῦ
Jn 3:36 τοῦ θεοῦ μένει **ἐπ'** αὐτόν.
Jn 4:6 ὁδοιπορίας ἐκαθέζετο οὕτως **ἐπὶ** τῇ πηγῇ·
Jn 4:27 Καὶ **ἐπὶ** τούτῳ ἦλθαν οἱ
Jn 5:2 ἐν τοῖς Ἱεροσολύμοις **ἐπὶ** τῇ προβατικῇ κολυμβήθρα
Jn 6:2 σημεῖα ἃ ἐποίει **ἐπὶ** τῶν ἀσθενούντων.
Jn 6:16 οἱ μαθηταὶ αὐτοῦ **ἐπὶ** τὴν θάλασσαν
Jn 6:19 τὸν Ἰησοῦν περιπατοῦντα **ἐπὶ** τῆς θαλάσσης
Jn 6:21 ἐγένετο τὸ πλοῖον **ἐπὶ** τῆς γῆς εἰς
Jn 7:30 καὶ οὐδεὶς ἐπέβαλεν **ἐπ'** αὐτὸν τὴν χεῖρα,
Jn 7:44 ἀλλ' οὐδεὶς ἐπέβαλεν **ἐπ'** αὐτὸν τὰς χεῖρας.
[Jn 8:3] οἱ Φαρισαῖοι γυναῖκα **ἐπὶ** μοιχείᾳ κατειλημμένην καὶ

[Jn 8:4] ἡ γυνὴ κατείληπται **ἐπ'** αὐτοφώρῳ μοιχευομένη·
[Jn 8:7] ἀναμάρτητος ὑμῶν πρῶτος **ἐπ'** αὐτὴν βαλέτω λίθον.
Jn 8:59 λίθους ἵνα βάλωσιν **ἐπ'** αὐτόν.
Jn 9:6 αὐτοῦ τὸν πηλὸν **ἐπὶ** τοὺς ὀφθαλμοὺς
Jn 9:15 πηλὸν ἐπέθηκέν μου **ἐπὶ** τοὺς ὀφθαλμοὺς καὶ
Jn 11:38 καὶ λίθος ἐπέκειτο **ἐπ'** αὐτῷ.
Jn 12:14 Ἰησοῦς ὀνάριον ἐκάθισεν **ἐπ'** αὐτό,
Jn 12:15 καθήμενος **ἐπὶ** πῶλον ὄνου.
Jn 12:16 ὅτι ταῦτα ἦν **ἐπ'** αὐτῷ γεγραμμένα καὶ
Jn 13:18 τὸν ἄρτον ἐπῆρεν **ἐπ'** ἐμὲ τὴν πτέρναν
Jn 13:25 οὖν ἐκεῖνος οὕτως **ἐπὶ** τὸ στῆθος τοῦ
Jn 17:4 ἐγώ σε ἐδόξασα **ἐπὶ** τῆς γῆς τὸ
Jn 18:4 πάντα τὰ ἐρχόμενα **ἐπ'** αὐτὸν ἐξῆλθεν καὶ
Jn 19:13 Ἰησοῦν καὶ ἐκάθισεν **ἐπὶ** βήματος εἰς τόπον
Jn 19:19 Πιλᾶτος καὶ ἔθηκεν **ἐπὶ** τοῦ σταυροῦ·
Jn 19:24 μου ἑαυτοῖς καὶ **ἐπὶ** τὸν ἱματισμόν μου
Jn 19:31 ἵνα μὴ μείνῃ **ἐπὶ** τοῦ σταυροῦ τὰ
Jn 19:33 **ἐπὶ** δὲ τὸν Ἰησοῦν
Jn 20:7 ὃ ἦν **ἐπὶ** τῆς κεφαλῆς αὐτοῦ,
Jn 21:1 Ἰησοῦς τοῖς μαθηταῖς **ἐπὶ** τῆς θαλάσσης τῆς
Jn 21:20 ἐν τῷ δείπνῳ **ἐπὶ** τὸ στῆθος αὐτοῦ

ἐπιβάλλω (*epiballō*; 2/18) *lay on*

Jn 7:30 καὶ οὐδεὶς **ἐπέβαλεν** ἐπ' αὐτὸν τὴν
Jn 7:44 ἀλλ' οὐδεὶς **ἐπέβαλεν** ἐπ' αὐτὸν τὰς

ἐπίγειος (*epigeios*; 1/7) *earthly*

Jn 3:12 εἰ τὰ **ἐπίγεια** εἶπον ὑμῖν καὶ

ἐπιθυμία (*epithymia*; 1/38) *desire*

Jn 8:44 ἐστὲ καὶ τὰς **ἐπιθυμίας** τοῦ πατρὸς ὑμῶν

ἐπίκειμαι (*epikeimai*; 2/7) *lie*

Jn 11:38 σπήλαιον καὶ λίθος **ἐπέκειτο** ἐπ' αὐτῷ.
Jn 21:9 κειμένην καὶ ὀψάριον **ἐπικείμενον** καὶ ἄρτον.

ἐπιλέγω (*epilegō*; 1/2) *call*

Jn 5:2 προβατικῇ κολυμβήθρα ἡ **ἐπιλεγομένη** Ἑβραϊστὶ Βηθζαθὰ πέντε

ἐπιμένω (*epimenō*; 0[1]/15[16]) *remain*

[Jn 8:7] ὡς δὲ **ἐπέμενον** ἐρωτῶντες αὐτόν,

ἐπιστρέφω (*epistrephō*; 1/36) *turn back*

Jn 21:20 **Ἐπιστραφεὶς** ὁ Πέτρος βλέπει

ἐπιτίθημι (*epitithēmi*; 2/38[39]) *put on*

Jn 9:15 πηλὸν **ἐπέθηκέν** μου ἐπὶ τοὺς
Jn 19:2 στέφανον ἐξ ἀκανθῶν **ἐπέθηκαν** αὐτοῦ τῇ κεφαλῇ

ἐπιτρέπω (*epitrepō*; 1/18) *permit, let*

Jn 19:38 καὶ **ἐπέτρεψεν** ὁ Πιλᾶτος.

ἐπιχρίω (*epichriō*; 2/2) *smear or spread on*

Jn 9:6 τοῦ πτύσματος καὶ **ἐπέχρισεν** αὐτοῦ τὸν πηλὸν
Jn 9:11 πηλὸν ἐποίησεν καὶ **ἐπέχρισέν** μου τοὺς ὀφθαλμοὺς

ἐπουράνιος (*epouranios*; 1/19) *heavenly*

Jn 3:12 εἴπω ὑμῖν τὰ **ἐπουράνια** πιστεύσετε;

ἐραυνάω (*eraunaō*; 2/6) *search*

Jn 5:39 **ἐραυνᾶτε** τὰς γραφάς,
Jn 7:52 **ἐραύνησον** καὶ ἴδε ὅτι

ἐργάζομαι (*ergazomai*; 8/41) *work*

Jn 3:21 ἐν θεῷ ἐστιν **εἰργασμένα**.
Jn 5:17 μου ἕως ἄρτι **ἐργάζεται** κἀγὼ ἐργάζομαι·
Jn 5:17 ἄρτι ἐργάζεται κἀγὼ **ἐργάζομαι**·
Jn 6:27 **ἐργάζεσθε** μὴ τὴν βρῶσιν
Jn 6:28 τί ποιῶμεν ἵνα **ἐργαζώμεθα** τὰ ἔργα τοῦ
Jn 6:30 τί **ἐργάζῃ**;
Jn 9:4 ἡμᾶς δεῖ **ἐργάζεσθαι** τὰ ἔργα τοῦ
Jn 9:4 ὅτε οὐδεὶς δύναται **ἐργάζεσθαι**.

ἔργον (*ergon*; 27/169) *work*

Jn 3:19 αὐτῶν πονηρὰ τὰ **ἔργα**.
Jn 3:20 μὴ ἐλεγχθῇ τὰ **ἔργα** αὐτοῦ·
Jn 3:21 φανερωθῇ αὐτοῦ τὰ **ἔργα** ὅτι ἐν θεῷ
Jn 4:34 τελειώσω αὐτοῦ τὸ **ἔργον**.
Jn 5:20 τούτων δείξει αὐτῷ **ἔργα**,
Jn 5:36 τὰ γὰρ **ἔργα** ἃ δέδωκέν μοι
Jn 5:36 αὐτὰ τὰ **ἔργα** ἃ ποιῶ μαρτυρεῖ
Jn 6:28 ἵνα ἐργαζώμεθα τὰ **ἔργα** τοῦ θεοῦ;
Jn 6:29 τοῦτό ἐστιν τὸ **ἔργον** τοῦ θεοῦ,
Jn 7:3 θεωρήσουσιν σοῦ τὰ **ἔργα** ἃ ποιεῖς·
Jn 7:7 αὐτοῦ ὅτι τὰ **ἔργα** αὐτοῦ πονηρά ἐστιν.
Jn 7:21 ἓν **ἔργον** ἐποίησα καὶ πάντες
Jn 8:39 τὰ **ἔργα** τοῦ Ἀβραὰμ ἐποιεῖτε·
Jn 8:41 ὑμεῖς ποιεῖτε τὰ **ἔργα** τοῦ πατρὸς ὑμῶν.
Jn 9:3 ἵνα φανερωθῇ τὰ **ἔργα** τοῦ θεοῦ ἐν
Jn 9:4 δεῖ ἐργάζεσθαι τὰ **ἔργα** τοῦ πέμψαντός με
Jn 10:25 τὰ **ἔργα** ἃ ἐγὼ ποιῶ
Jn 10:32 πολλὰ **ἔργα** καλὰ ἔδειξα ὑμῖν
Jn 10:32 διὰ ποῖον αὐτῶν **ἔργον** ἐμὲ λιθάζετε;
Jn 10:33 περὶ καλοῦ **ἔργου** οὐ λιθάζομέν σε
Jn 10:37 οὐ ποιῶ τὰ **ἔργα** τοῦ πατρός μου,
Jn 10:38 τοῖς **ἔργοις** πιστεύετε,
Jn 14:10 μένων ποιεῖ τὰ **ἔργα** αὐτοῦ.
Jn 14:11 διὰ τὰ **ἔργα** αὐτὰ πιστεύετε.
Jn 14:12 εἰς ἐμὲ τὰ **ἔργα** ἃ ἐγὼ ποιῶ
Jn 15:24 εἰ τὰ **ἔργα** μὴ ἐποίησα ἐν
Jn 17:4 τῆς γῆς τὸ **ἔργον** τελειώσας ὃ δέδωκάς

ἔρημος (*erēmos*; 5/48) *desert*

Jn 1:23 βοῶντος ἐν τῇ **ἐρήμῳ**·
Jn 3:14 ὄφιν ἐν τῇ **ἐρήμῳ**,
Jn 6:31 ἔφαγον ἐν τῇ **ἐρήμῳ**,
Jn 6:49 ἔφαγον ἐν τῇ **ἐρήμῳ** τὸ μάννα καὶ
Jn 11:54 χώραν ἐγγὺς τῆς **ἐρήμου**,

ἑρμηνεύω (*hermēneuō*; 2/3) *translate, interpret*

Jn 1:42 ὃ **ἑρμηνεύεται** Πέτρος.
Jn 9:7 τοῦ Σιλωάμ ὃ **ἑρμηνεύεται** ἀπεσταλμένος.

ἔρχομαι (*erchomai*; 156[157]/631[632]) *come, go*

Jn 1:7 οὗτος **ἦλθεν** εἰς μαρτυρίαν ἵνα
Jn 1:9 **ἐρχόμενον** εἰς τὸν κόσμον.
Jn 1:11 εἰς τὰ ἴδια **ἦλθεν**,
Jn 1:15 ὁ ὀπίσω μου **ἐρχόμενος** ἔμπροσθέν μου γέγονεν,
Jn 1:27 ὁ ὀπίσω μου **ἐρχόμενος**,
Jn 1:29 βλέπει τὸν Ἰησοῦν **ἐρχόμενον** πρὸς αὐτὸν
Jn 1:30 ὀπίσω μου **ἔρχεται** ἀνὴρ ὃς ἔμπροσθέν
Jn 1:31 Ἰσραὴλ διὰ τοῦτο **ἦλθον** ἐγὼ ἐν ὕδατι
Jn 1:39 **ἔρχεσθε** καὶ ὄψεσθε.
Jn 1:39 **ἦλθαν** οὖν καὶ εἶδαν
Jn 1:46 **ἔρχου** καὶ ἴδε.
Jn 1:47 Ἰησοῦς τὸν Ναθαναὴλ **ἐρχόμενον** πρὸς αὐτὸν
Jn 3:2 οὗτος **ἦλθεν** πρὸς αὐτὸν νυκτὸς
Jn 3:2 ὅτι ἀπὸ θεοῦ **ἐλήλυθας** διδάσκαλος·
Jn 3:8 οὐκ οἶδας πόθεν **ἔρχεται** καὶ ποῦ ὑπάγει·
Jn 3:19 ὅτι τὸ φῶς **ἐλήλυθεν** εἰς τὸν κόσμον
Jn 3:20 φῶς καὶ οὐκ **ἔρχεται** πρὸς τὸ φῶς,
Jn 3:21 ποιῶν τὴν ἀλήθειαν **ἔρχεται** πρὸς τὸ φῶς,
Jn 3:22 Μετὰ ταῦτα **ἦλθεν** ὁ Ἰησοῦς καὶ
Jn 3:26 καὶ **ἦλθον** πρὸς τὸν Ἰωάννην
Jn 3:26 βαπτίζει καὶ πάντες **ἔρχονται** πρὸς αὐτόν.
Jn 3:31 Ὁ ἄνωθεν **ἐρχόμενος** ἐπάνω πάντων ἐστίν·
Jn 3:31 ἐκ τοῦ οὐρανοῦ **ἐρχόμενος** [ἐπάνω πάντων ἐστίν]·
Jn 4:5 **ἔρχεται** οὖν εἰς πόλιν
Jn 4:7 **ἔρχεται** γυνὴ ἐκ τῆς
Jn 4:16 ἄνδρα σου καὶ **ἐλθὲ** ἐνθάδε.
Jn 4:21 ὅτι **ἔρχεται** ὥρα ὅτε οὔτε
Jn 4:23 ἀλλὰ **ἔρχεται** ὥρα καὶ νῦν
Jn 4:25 οἶδα ὅτι Μεσσίας **ἔρχεται** ὁ λεγόμενος χριστός·
Jn 4:25 ὅταν **ἔλθῃ** ἐκεῖνος,
Jn 4:27 Καὶ ἐπὶ τούτῳ **ἦλθαν** οἱ μαθηταὶ αὐτοῦ
Jn 4:30 τῆς πόλεως καὶ **ἤρχοντο** πρὸς αὐτόν.
Jn 4:35 καὶ ὁ θερισμὸς **ἔρχεται**;
Jn 4:40 ὡς οὖν **ἦλθον** πρὸς αὐτὸν οἱ
Jn 4:45 ὅτε οὖν **ἦλθεν** εἰς τὴν Γαλιλαίαν,
Jn 4:45 καὶ αὐτοὶ γὰρ **ἦλθον** εἰς τὴν ἑορτήν.
Jn 4:46 **Ἦλθεν** οὖν πάλιν εἰς
Jn 4:54 ἐποίησεν ὁ Ἰησοῦς **ἐλθὼν** ἐκ τῆς Ἰουδαίας
Jn 5:7 ἐν ᾧ δὲ **ἔρχομαι** ἐγώ,
Jn 5:24 εἰς κρίσιν οὐκ **ἔρχεται**,
Jn 5:25 λέγω ὑμῖν ὅτι **ἔρχεται** ὥρα καὶ νῦν
Jn 5:28 ὅτι **ἔρχεται** ὥρα ἐν ᾗ
Jn 5:40 καὶ οὐ θέλετε **ἐλθεῖν** πρός με ἵνα
Jn 5:43 ἐγὼ **ἐλήλυθα** ἐν τῷ ὀνόματι
Jn 5:43 ἐὰν ἄλλος ἔλθῃ **ἐν** τῷ ὀνόματι τῷ
Jn 6:5 ὅτι πολὺς ὄχλος **ἔρχεται** πρὸς αὐτὸν λέγει
Jn 6:14 ὁ προφήτης ὁ **ἐρχόμενος** εἰς τὸν κόσμον.
Jn 6:15 γνοὺς ὅτι μέλλουσιν **ἔρχεσθαι** καὶ ἁρπάζειν αὐτὸν
Jn 6:17 ἐμβάντες εἰς πλοῖον **ἤρχοντο** πέραν τῆς θαλάσσης
Jn 6:17 ἐγεγόνει καὶ οὔπω **ἐληλύθει** πρὸς αὐτοὺς ὁ
Jn 6:23 ἄλλα **ἦλθεν** πλοι[άρι]α ἐκ Τιβεριάδος
Jn 6:24 τὰ πλοιάρια καὶ **ἦλθον** εἰς Καφαρναοὺμ ζητοῦντες
Jn 6:35 ὁ **ἐρχόμενος** πρὸς ἐμὲ οὐ
Jn 6:37 καὶ τὸν **ἐρχόμενον** πρὸς ἐμὲ οὐ
Jn 6:44 οὐδεὶς δύναται **ἐλθεῖν** πρός με ἐὰν
Jn 6:45 πατρὸς καὶ μαθὼν **ἔρχεται** πρὸς ἐμέ.
Jn 6:65 ὅτι οὐδεὶς δύναται **ἐλθεῖν** πρός με ἐὰν
Jn 7:27 δὲ χριστὸς ὅταν **ἔρχηται** οὐδεὶς γινώσκει πόθεν
Jn 7:28 ἀπ᾽ ἐμαυτοῦ οὐκ **ἐλήλυθα**,
Jn 7:30 ὅτι οὔπω **ἐληλύθει** ἡ ὥρα αὐτοῦ.
Jn 7:31 ὁ χριστὸς ὅταν **ἔλθῃ** μὴ πλείονα σημεῖα
Jn 7:34 ὑμεῖς οὐ δύνασθε **ἐλθεῖν**.
Jn 7:36 ὑμεῖς οὐ δύνασθε **ἐλθεῖν**;
Jn 7:37 ἐάν τις διψᾷ **ἐρχέσθω** πρός με καὶ
Jn 7:41 Γαλιλαίας ὁ χριστὸς **ἔρχεται**;
Jn 7:42 ὅπου ἦν Δαυὶδ **ἔρχεται** ὁ χριστός;
Jn 7:45 **Ἦλθον** οὖν οἱ ὑπηρέται
Jn 7:50 ὁ **ἐλθὼν** πρὸς αὐτὸν [τὸ]
[Jn 8:2] πᾶς ὁ λαὸς **ἤρχετο** πρὸς αὐτόν,
Jn 8:14 ὅτι οἶδα πόθεν **ἦλθον** καὶ ποῦ ὑπάγω·
Jn 8:14 οὐκ οἴδατε πόθεν **ἔρχομαι** ἢ ποῦ ὑπάγω.
Jn 8:20 ὅτι οὔπω **ἐληλύθει** ἡ ὥρα αὐτοῦ.
Jn 8:21 ὑμεῖς οὐ δύνασθε **ἐλθεῖν**.
Jn 8:22 ὑμεῖς οὐ δύνασθε **ἐλθεῖν**;
Jn 8:42 γὰρ ἀπ᾽ ἐμαυτοῦ **ἐλήλυθα**,
Jn 9:4 **ἔρχεται** νὺξ ὅτε οὐδεὶς
Jn 9:7 καὶ ἐνίψατο καὶ **ἦλθεν** βλέπων.
Jn 9:39 τὸν κόσμον τοῦτον **ἦλθον**,
Jn 10:8 πάντες ὅσοι **ἦλθον** [πρὸ ἐμοῦ] κλέπται
Jn 10:10 ὁ κλέπτης οὐκ **ἔρχεται** εἰ μὴ ἵνα
Jn 10:10 ἐγὼ **ἦλθον** ἵνα ζωὴν ἔχωσιν
Jn 10:12 θεωρεῖ τὸν λύκον **ἐρχόμενον** καὶ ἀφίησιν τὰ
Jn 10:41 καὶ πολλοὶ **ἦλθον** πρὸς αὐτὸν καὶ
Jn 11:17 **Ἐλθὼν** οὖν ὁ Ἰησοῦς
Jn 11:19 ἐκ τῶν Ἰουδαίων **ἐληλύθεισαν** πρὸς τὴν Μάρθαν
Jn 11:20 ἤκουσεν ὅτι Ἰησοῦς **ἔρχεται** ὑπήντησεν αὐτῷ·
Jn 11:27 εἰς τὸν κόσμον **ἐρχόμενος**.
Jn 11:29 ἠγέρθη ταχὺ καὶ **ἤρχετο** πρὸς αὐτόν.
Jn 11:30 οὔπω δὲ **ἐληλύθει** ὁ Ἰησοῦς εἰς
Jn 11:32 οὖν Μαριὰμ ὡς **ἦλθεν** ὅπου ἦν Ἰησοῦς
Jn 11:34 **ἔρχου** καὶ ἴδε.
Jn 11:38 ἐμβριμώμενος ἐν ἑαυτῷ **ἔρχεται** εἰς τὸ μνημεῖον·
Jn 11:45 τῶν Ἰουδαίων οἱ **ἐλθόντες** πρὸς τὴν Μαριὰμ
Jn 11:48 καὶ **ἐλεύσονται** οἱ Ῥωμαῖοι καὶ
Jn 11:56 ὅτι οὐ μὴ **ἔλθῃ** εἰς τὴν ἑορτήν;
Jn 12:1 ἡμερῶν τοῦ πάσχα **ἦλθεν** εἰς Βηθανίαν,
Jn 12:9 ἐκεῖ ἐστιν καὶ **ἦλθον** οὐ διὰ τὸν
Jn 12:12 ὄχλος πολὺς ὁ **ἐλθὼν** εἰς τὴν ἑορτήν,
Jn 12:12 ἀκούσαντες ὅτι **ἔρχεται** ὁ Ἰησοῦς εἰς
Jn 12:13 εὐλογημένος ὁ **ἐρχόμενος** ἐν ὀνόματι κυρίου,
Jn 12:15 ὁ βασιλεύς σου **ἔρχεται**,
Jn 12:22 **ἔρχεται** ὁ Φίλιππος καὶ
Jn 12:22 **ἔρχεται** Ἀνδρέας καὶ Φίλιππος
Jn 12:23 **ἐλήλυθεν** ἡ ὥρα ἵνα
Jn 12:27 ἀλλὰ διὰ τοῦτο **ἦλθον** εἰς τὴν ὥραν
Jn 12:28 **ἦλθεν** οὖν φωνὴ ἐκ
Jn 12:46 εἰς τὸν κόσμον **ἐλήλυθα**,
Jn 12:47 οὐ γὰρ **ἦλθον** ἵνα κρίνω τὸν
Jn 13:1 ὁ Ἰησοῦς ὅτι **ἦλθεν** αὐτοῦ ἡ ὥρα
Jn 13:6 **ἔρχεται** οὖν πρὸς Σίμωνα
Jn 13:33 ὑμεῖς οὐ δύνασθε **ἐλθεῖν**,
Jn 14:3 πάλιν **ἔρχομαι** καὶ παραλήμψομαι ὑμᾶς
Jn 14:6 οὐδεὶς **ἔρχεται** πρὸς τὸν πατέρα

Jn 14:18 **ἔρχομαι** πρὸς ὑμᾶς.
Jn 14:23 καὶ πρὸς αὐτὸν **ἐλευσόμεθα** καὶ μονὴν παρ'
Jn 14:28 ὑπάγω καὶ **ἔρχομαι** πρὸς ὑμᾶς.
Jn 14:30 **ἔρχεται** γὰρ ὁ τοῦ
Jn 15:22 εἰ μὴ **ἦλθον** καὶ ἐλάλησα αὐτοῖς,
Jn 15:26 Ὅταν **ἔλθῃ** ὁ παράκλητος ὃν
Jn 16:2 ἀλλ' **ἔρχεται** ὥρα ἵνα πᾶς
Jn 16:4 ὑμῖν ἵνα ὅταν **ἔλθῃ** ἡ ὥρα αὐτῶν
Jn 16:7 ὁ παράκλητος οὐκ **ἐλεύσεται** πρὸς ὑμᾶς·
Jn 16:8 καὶ **ἐλθὼν** ἐκεῖνος ἐλέγξει τὸν
Jn 16:13 ὅταν δὲ **ἔλθῃ** ἐκεῖνος,
Jn 16:13 λαλήσει καὶ τὰ **ἐρχόμενα** ἀναγγελεῖ ὑμῖν.
Jn 16:21 ὅτι **ἦλθεν** ἡ ὥρα αὐτῆς·
Jn 16:25 **ἔρχεται** ὥρα ὅτε οὐκέτι
Jn 16:28 τοῦ πατρὸς καὶ **ἐλήλυθα** εἰς τὸν κόσμον·
Jn 16:32 ἰδοὺ **ἔρχεται** ὥρα καὶ ἐλήλυθεν
Jn 16:32 ἔρχεται ὥρα καὶ **ἐλήλυθεν** ἵνα σκορπισθῆτε ἕκαστος
Jn 17:1 **ἐλήλυθεν** ἡ ὥρα·
Jn 17:11 κἀγὼ πρὸς σὲ **ἔρχομαι**.
Jn 17:13 δὲ πρὸς σὲ **ἔρχομαι** καὶ ταῦτα λαλῶ
Jn 18:3 τῶν Φαρισαίων ὑπηρέτας **ἔρχεται** ἐκεῖ μετὰ φανῶν
Jn 18:4 εἰδὼς πάντα τὰ **ἐρχόμενα** ἐπ' αὐτὸν ἐξῆλθεν
Jn 18:37 καὶ εἰς τοῦτο **ἐλήλυθα** εἰς τὸν κόσμον,
Jn 19:3 καὶ **ἤρχοντο** πρὸς αὐτὸν καὶ
Jn 19:32 **ἦλθον** οὖν οἱ στρατιῶται
Jn 19:33 δὲ τὸν Ἰησοῦν **ἐλθόντες**,
Jn 19:38 **ἦλθεν** οὖν καὶ ἦρεν
Jn 19:39 **ἦλθεν** δὲ καὶ Νικόδημος,
Jn 19:39 ὁ **ἐλθὼν** πρὸς αὐτὸν νυκτὸς
Jn 20:1 Μαρία ἡ Μαγδαληνὴ **ἔρχεται** πρωῒ σκοτίας
Jn 20:2 τρέχει οὖν καὶ **ἔρχεται** πρὸς Σίμωνα Πέτρον
Jn 20:3 ἄλλος μαθητὴς καὶ **ἤρχοντο** εἰς τὸ μνημεῖον.
Jn 20:4 τοῦ Πέτρου καὶ **ἦλθεν** πρῶτος εἰς τὸ
Jn 20:6 **ἔρχεται** οὖν καὶ Σίμων
Jn 20:8 ἄλλος μαθητὴς ὁ **ἐλθὼν** πρῶτος εἰς τὸ
Jn 20:18 **ἔρχεται** Μαριὰμ ἡ Μαγδαληνὴ
Jn 20:19 **ἦλθεν** ὁ Ἰησοῦς καὶ
Jn 20:24 μετ' αὐτῶν ὅτε **ἦλθεν** Ἰησοῦς.
Jn 20:26 **ἔρχεται** ὁ Ἰησοῦς τῶν
Jn 21:3 **ἐρχόμεθα** καὶ ἡμεῖς σὺν
Jn 21:8 μαθηταὶ τῷ πλοιαρίῳ **ἦλθον**,
Jn 21:13 **ἔρχεται** Ἰησοῦς καὶ λαμβάνει
Jn 21:22 θέλω μένειν ἕως **ἔρχομαι**,
Jn 21:23 θέλω μένειν ἕως **ἔρχομαι** [, τί πρὸς σέ];

ἐρωτάω (*erōtaō*; 27[28]/62[63]) *ask*

Jn 1:19 καὶ Λευίτας ἵνα **ἐρωτήσωσιν** αὐτόν·
Jn 1:21 καὶ **ἠρώτησαν** αὐτόν·
Jn 1:25 καὶ **ἠρώτησαν** αὐτὸν καὶ εἶπαν
Jn 4:31 Ἐν τῷ μεταξὺ **ἠρώτων** αὐτὸν οἱ μαθηταὶ
Jn 4:40 **ἠρώτων** αὐτὸν μεῖναι παρ'
Jn 4:47 πρὸς αὐτὸν καὶ **ἠρώτα** ἵνα καταβῇ καὶ
Jn 5:12 **ἠρώτησαν** αὐτόν·
[Jn 8:7] ὡς δὲ ἐπέμενον **ἐρωτῶντες** αὐτόν,
Jn 9:2 καὶ **ἠρώτησαν** αὐτὸν οἱ μαθηταὶ
Jn 9:15 πάλιν οὖν **ἠρώτων** αὐτὸν καὶ οἱ
Jn 9:19 καὶ **ἠρώτησαν** αὐτοὺς λέγοντες·
Jn 9:21 αὐτὸν **ἐρωτήσατε**,
Jn 12:21 τῆς Γαλιλαίας καὶ **ἠρώτων** αὐτὸν λέγοντες·
Jn 14:16 κἀγὼ **ἐρωτήσω** τὸν πατέρα καὶ
Jn 16:5 οὐδεὶς ἐξ ὑμῶν **ἐρωτᾷ** με·
Jn 16:19 ὅτι ἤθελον αὐτὸν **ἐρωτᾶν**,
Jn 16:23 ἡμέρᾳ ἐμὲ οὐκ **ἐρωτήσετε** οὐδέν.
Jn 16:26 ὑμῖν ὅτι ἐγὼ **ἐρωτήσω** τὸν πατέρα περὶ
Jn 16:30 ἵνα τις σε **ἐρωτᾷ**·
Jn 17:9 Ἐγὼ περὶ αὐτῶν **ἐρωτῶ**,
Jn 17:9 περὶ τοῦ κόσμου **ἐρωτῶ** ἀλλὰ περὶ ὧν
Jn 17:15 οὐκ **ἐρωτῶ** ἵνα ἄρῃς αὐτοὺς
Jn 17:20 περὶ τούτων δὲ **ἐρωτῶ** μόνον,
Jn 18:19 Ὁ οὖν ἀρχιερεὺς **ἠρώτησεν** τὸν Ἰησοῦν περὶ
Jn 18:21 τί με **ἐρωτᾷς**;
Jn 18:21 **ἐρώτησον** τοὺς ἀκηκοότας τί
Jn 19:31 ἠρώτησαν **τὸν** Πιλᾶτον ἵνα κατεαγῶσιν
Jn 19:38 Μετὰ δὲ ταῦτα **ἠρώτησεν** τὸν Πιλᾶτον Ἰωσὴφ

ἐσθίω (*esthiō*; 15/158) *eat*

Jn 4:31 **φάγε**.
Jn 4:32 ἐγὼ βρῶσιν ἔχω **φαγεῖν** ἣν ὑμεῖς οὐκ
Jn 4:33 τις ἤνεγκεν αὐτῷ **φαγεῖν**;
Jn 6:5 ἀγοράσωμεν ἄρτους ἵνα **φάγωσιν** οὗτοι;
Jn 6:23 τοῦ τόπου ὅπου **ἔφαγον** τὸν ἄρτον εὐχαριστήσαντος
Jn 6:26 ἀλλ' ὅτι **ἐφάγετε** ἐκ τῶν ἄρτων
Jn 6:31 ἡμῶν τὸ μάννα **ἔφαγον** ἐν τῇ ἐρήμῳ,
Jn 6:31 οὐρανοῦ ἔδωκεν αὐτοῖς **φαγεῖν**.
Jn 6:49 οἱ πατέρες ὑμῶν **ἔφαγον** ἐν τῇ ἐρήμῳ
Jn 6:50 τις ἐξ αὐτοῦ **φάγῃ** καὶ μὴ ἀποθάνῃ.
Jn 6:51 ἐάν τις **φάγῃ** ἐκ τούτου τοῦ
Jn 6:52 τὴν σάρκα [αὐτοῦ] **φαγεῖν**;
Jn 6:53 ἐὰν μὴ **φάγητε** τὴν σάρκα τοῦ
Jn 6:58 οὐ καθὼς **ἔφαγον** οἱ πατέρες καὶ
Jn 18:28 μὴ μιανθῶσιν ἀλλὰ **φάγωσιν** τὸ πάσχα.

ἔσχατος (*eschatos*; 7/52) *last*

Jn 6:39 αὐτὸ [ἐν] τῇ **ἐσχάτῃ** ἡμέρᾳ.
Jn 6:40 ἐγὼ [ἐν] τῇ **ἐσχάτῃ** ἡμέρᾳ.
Jn 6:44 αὐτὸν ἐν τῇ **ἐσχάτῃ** ἡμέρᾳ.
Jn 6:54 ἀναστήσω αὐτὸν τῇ **ἐσχάτῃ** ἡμέρᾳ.
Jn 7:37 Ἐν δὲ τῇ **ἐσχάτῃ** ἡμέρᾳ τῇ μεγάλῃ
Jn 11:24 ἀναστάσει ἐν τῇ **ἐσχάτῃ** ἡμέρᾳ.
Jn 12:48 αὐτὸν ἐν τῇ **ἐσχάτῃ** ἡμέρᾳ.

ἔσω (*esō*; 1/9) *inside*

Jn 20:26 ὀκτὼ πάλιν ἦσαν **ἔσω** οἱ μαθηταὶ αὐτοῦ

ἕτερος (*heteros*; 1/97[98]) *other*

Jn 19:37 καὶ πάλιν **ἑτέρα** γραφὴ λέγει·

ἔτι (*eti*; 8/93) *still*

Jn 4:35 ὑμεῖς λέγετε ὅτι **ἔτι** τετράμηνός ἐστιν καὶ
Jn 7:33 **ἔτι** χρόνον μικρὸν μεθ'
Jn 11:30 ἀλλ' ἦν **ἔτι** ἐν τῷ τόπῳ
Jn 12:35 **ἔτι** μικρὸν χρόνον τὸ
Jn 13:33 **ἔτι** μικρὸν μεθ' ὑμῶν
Jn 14:19 **ἔτι** μικρὸν καὶ ὁ
Jn 16:12 **Ἔτι** πολλὰ ἔχω ὑμῖν
Jn 20:1 ἔρχεται πρωῒ σκοτίας **ἔτι** οὔσης εἰς τὸ

ἑτοιμάζω (*hetoimazō*; 2/40) *prepare*

Jn 14:2 ὑμῖν ὅτι πορεύομαι **ἑτοιμάσαι** τόπον ὑμῖν;
Jn 14:3 ἐὰν πορευθῶ καὶ **ἑτοιμάσω** τόπον ὑμῖν,

ἕτοιμος (*hetoimos*; 1/17) *ready*

Jn 7:6 ὑμέτερος πάντοτέ ἐστιν **ἕτοιμος**.

ἔτος (*etos*; 3/49) *year*

Jn 2:20 τεσσεράκοντα καὶ ἓξ **ἔτεσιν** οἰκοδομήθη ὁ ναός
Jn 5:5 τριάκοντα [καὶ] ὀκτὼ **ἔτη** ἔχων ἐν τῇ
Jn 8:57 πεντήκοντα **ἔτη** οὔπω ἔχεις καὶ

εὐθέως (*eutheōs*; 3/36) *immediately*

Jn 5:9 καὶ **εὐθέως** ἐγένετο ὑγιὴς ὁ
Jn 6:21 καὶ **εὐθέως** ἐγένετο τὸ πλοῖον
Jn 18:27 καὶ **εὐθέως** ἀλέκτωρ ἐφώνησεν.

εὐθύνω (*euthynō*; 1/2) *make straight*

Jn 1:23 **εὐθύνατε** τὴν ὁδὸν κυρίου,

εὐθύς (*euthys*; 3/59) *immediately*

Jn 13:30 ψωμίον ἐκεῖνος ἐξῆλθεν **εὐθύς**.
Jn 13:32 καὶ **εὐθὺς** δοξάσει αὐτόν.
Jn 19:34 καὶ ἐξῆλθεν **εὐθὺς** αἷμα καὶ ὕδωρ.

εὐλογέω (*eulogeō*; 1/41) *bless*

Jn 12:13 **εὐλογημένος** ὁ ἐρχόμενος ἐν

εὑρίσκω (*heuriskō*; 19/176) *find*

Jn 1:41 **εὑρίσκει** οὗτος πρῶτον τὸν
Jn 1:41 **εὑρήκαμεν** τὸν Μεσσίαν,
Jn 1:43 τὴν Γαλιλαίαν καὶ **εὑρίσκει** Φίλιππον.
Jn 1:45 **εὑρίσκει** Φίλιππος τὸν Ναθαναὴλ
Jn 1:45 καὶ οἱ προφῆται **εὑρήκαμεν**,
Jn 2:14 Καὶ **εὗρεν** ἐν τῷ ἱερῷ
Jn 5:14 μετὰ ταῦτα **εὑρίσκει** αὐτὸν ὁ Ἰησοῦς
Jn 6:25 καὶ **εὑρόντες** αὐτὸν πέραν τῆς
Jn 7:34 με καὶ οὐχ **εὑρήσετέ** [με],
Jn 7:35 ὅτι ἡμεῖς οὐχ **εὑρήσομεν** αὐτόν;
Jn 7:36 με καὶ οὐχ **εὑρήσετέ** [με],
Jn 9:35 αὐτὸν ἔξω καὶ **εὑρὼν** αὐτὸν εἶπεν·
Jn 10:9 ἐξελεύσεται καὶ νομὴν **εὑρήσει**.
Jn 11:17 οὖν ὁ Ἰησοῦς **εὗρεν** αὐτὸν τέσσαρας ἤδη
Jn 12:14 **εὑρὼν** δὲ ὁ Ἰησοῦς
Jn 18:38 ἐγὼ οὐδεμίαν **εὑρίσκω** ἐν αὐτῷ αἰτίαν.
Jn 19:4 ὅτι οὐδεμίαν αἰτίαν **εὑρίσκω** ἐν αὐτῷ.
Jn 19:6 ἐγὼ γὰρ οὐχ **εὑρίσκω** ἐν αὐτῷ αἰτίαν.
Jn 21:6 καὶ **εὑρήσετε**.

εὐχαριστέω (*eucharisteō*; 3/38) *thank*

Jn 6:11 ὁ Ἰησοῦς καὶ **εὐχαριστήσας** διέδωκεν τοῖς ἀνακειμένοις
Jn 6:23 ἔφαγον τὸν ἄρτον **εὐχαριστήσαντος** τοῦ κυρίου.
Jn 11:41 **εὐχαριστῶ** σοι ὅτι ἤκουσάς

Ἐφραίμ (*Ephraim*; 1/1) *Ephraim*

Jn 11:54 εἰς **Ἐφραὶμ** λεγομένην πόλιν,

ἐχθές (*echthes*; 1/3) *yesterday*

Jn 4:52 οὖν αὐτῷ ὅτι **ἐχθὲς** ὥραν ἑβδόμην ἀφῆκεν

ἔχω (*echō*; 86[87]/706[708]) *have, hold*

Jn 2:3 οἶνον οὐκ **ἔχουσιν**.
Jn 2:25 ὅτι οὐ χρείαν **εἶχεν** ἵνα τις μαρτυρήσῃ
Jn 3:15 πιστεύων ἐν αὐτῷ **ἔχῃ** ζωὴν αἰώνιον.
Jn 3:16 μὴ ἀπόληται ἀλλ' **ἔχῃ** ζωὴν αἰώνιον.
Jn 3:29 ὁ **ἔχων** τὴν νύμφην νυμφίος
Jn 3:36 εἰς τὸν υἱὸν **ἔχει** ζωὴν αἰώνιον·
Jn 4:11 οὔτε ἄντλημα **ἔχεις** καὶ τὸ φρέαρ
Jn 4:11 πόθεν οὖν **ἔχεις** τὸ ὕδωρ τὸ
Jn 4:17 οὐκ **ἔχω** ἄνδρα.
Jn 4:17 ὅτι ἄνδρα οὐκ **ἔχω**·
Jn 4:18 πέντε γὰρ ἄνδρας **ἔσχες** καὶ νῦν ὃν
Jn 4:18 καὶ νῦν ὃν **ἔχεις** οὐκ ἔστιν σου
Jn 4:32 ἐγὼ βρῶσιν **ἔχω** φαγεῖν ἣν ὑμεῖς
Jn 4:44 πατρίδι τιμὴν οὐκ **ἔχει**.
Jn 4:52 ἐν ᾗ κομψότερον **ἔσχεν**·
Jn 5:2 Βηθζαθὰ πέντε στοὰς **ἔχουσα**.
Jn 5:5 [καὶ] ὀκτὼ ἔτη **ἔχων** ἐν τῇ ἀσθενείᾳ
Jn 5:6 πολὺν ἤδη χρόνον **ἔχει**,
Jn 5:7 ἄνθρωπον οὐκ **ἔχω** ἵνα ὅταν ταραχθῇ
Jn 5:24 τῷ πέμψαντί με **ἔχει** ζωὴν αἰώνιον καὶ
Jn 5:26 γὰρ ὁ πατὴρ **ἔχει** ζωὴν ἐν ἑαυτῷ,
Jn 5:26 υἱῷ ἔδωκεν ζωὴν **ἔχειν** ἐν ἑαυτῷ.
Jn 5:36 Ἐγὼ δὲ **ἔχω** τὴν μαρτυρίαν μείζω
Jn 5:38 λόγον αὐτοῦ οὐκ **ἔχετε** ἐν ὑμῖν μένοντα,
Jn 5:39 αὐταῖς ζωὴν αἰώνιον **ἔχειν**·
Jn 5:40 με ἵνα ζωὴν **ἔχητε**.
Jn 5:42 τοῦ θεοῦ οὐκ **ἔχετε** ἐν ἑαυτοῖς.
Jn 6:9 παιδάριον ὧδε ὃς **ἔχει** πέντε ἄρτους κριθίνους
Jn 6:40 πιστεύων εἰς αὐτὸν **ἔχῃ** ζωὴν αἰώνιον,
Jn 6:47 ὁ πιστεύων **ἔχει** ζωὴν αἰώνιον.
Jn 6:53 οὐκ **ἔχετε** ζωὴν ἐν ἑαυτοῖς.
Jn 6:54 μου τὸ αἷμα **ἔχει** ζωὴν αἰώνιον,
Jn 6:68 ῥήματα ζωῆς αἰωνίου **ἔχεις**,
Jn 7:20 δαιμόνιον **ἔχεις**·
[Jn 8:6] ἵνα **ἔχωσιν** κατηγορεῖν αὐτοῦ.
Jn 8:12 ἀλλ' **ἕξει** τὸ φῶς τῆς
Jn 8:26 πολλὰ **ἔχω** περὶ ὑμῶν λαλεῖν
Jn 8:41 ἕνα πατέρα **ἔχομεν** τὸν θεόν.
Jn 8:48 σὺ καὶ δαιμόνιον **ἔχεις**;
Jn 8:49 ἐγὼ δαιμόνιον οὐκ **ἔχω**,
Jn 8:52 ἐγνώκαμεν ὅτι δαιμόνιον **ἔχεις**.
Jn 8:57 πεντήκοντα ἔτη οὔπω **ἔχεις** καὶ Ἀβραὰμ ἑώρακας;
Jn 9:21 ἡλικίαν **ἔχει**,
Jn 9:23 εἶπαν ὅτι ἡλικίαν **ἔχει**,
Jn 9:41 οὐκ ἂν **εἴχετε** ἁμαρτίαν·
Jn 10:10 ἦλθον ἵνα ζωὴν **ἔχωσιν** καὶ περισσὸν ἔχωσιν.
Jn 10:10 ἔχωσιν καὶ περισσὸν **ἔχωσιν**.
Jn 10:16 καὶ ἄλλα πρόβατα **ἔχω** ἃ οὐκ ἔστιν
Jn 10:18 ἐξουσίαν **ἔχω** θεῖναι αὐτήν,
Jn 10:18 καὶ ἐξουσίαν **ἔχω** πάλιν λαβεῖν αὐτήν·
Jn 10:20 δαιμόνιον **ἔχει** καὶ μαίνεται·
Jn 11:17 τέσσαρας ἤδη ἡμέρας **ἔχοντα** ἐν τῷ μνημείῳ.
Jn 12:6 καὶ τὸ γλωσσόκομον **ἔχων** τὰ βαλλόμενα ἐβάσταζεν.
Jn 12:8 πτωχοὺς γὰρ πάντοτε **ἔχετε** μεθ' ἑαυτῶν,
Jn 12:8 δὲ οὐ πάντοτε **ἔχετε**.
Jn 12:35 ὡς τὸ φῶς **ἔχετε**,
Jn 12:36 ὡς τὸ φῶς **ἔχετε**,
Jn 12:48 τὰ ῥήματά μου **ἔχει** τὸν κρίνοντα αὐτόν·
Jn 13:8 οὐκ **ἔχεις** μέρος μετ' ἐμοῦ.

Jn 13:10 ὁ λελουμένος οὐκ **ἔχει** χρείαν εἰ μὴ
Jn 13:29 ἐπεὶ τὸ γλωσσόκομον **εἶχεν** Ἰούδας,
Jn 13:29 ἀγόρασον ὧν χρείαν **ἔχομεν** εἰς τὴν ἑορτήν,
Jn 13:35 ἐὰν ἀγάπην **ἔχητε** ἐν ἀλλήλοις.
Jn 14:21 ὁ **ἔχων** τὰς ἐντολάς μου
Jn 14:30 ἐν ἐμοὶ οὐκ **ἔχει** οὐδέν,
Jn 15:13 ταύτης ἀγάπην οὐδεὶς **ἔχει**,
Jn 15:22 ἁμαρτίαν οὐκ **εἴχοσαν**·
Jn 15:22 δὲ πρόφασιν οὐκ **ἔχουσιν** περὶ τῆς ἁμαρτίας
Jn 15:24 ἁμαρτίαν οὐκ **εἴχοσαν**·
Jn 16:12 Ἔτι πολλὰ **ἔχω** ὑμῖν λέγειν,
Jn 16:15 πάντα ὅσα **ἔχει** ὁ πατὴρ ἐμά
Jn 16:21 ὅταν τίκτῃ λύπην **ἔχει**,
Jn 16:22 νῦν μὲν λύπην **ἔχετε**·
Jn 16:30 καὶ οὐ χρείαν **ἔχεις** ἵνα τις σε
Jn 16:33 ἐν ἐμοὶ εἰρήνην **ἔχητε**.
Jn 16:33 τῷ κόσμῳ θλῖψιν **ἔχετε**·
Jn 17:5 τῇ δόξῃ ᾗ **εἶχον** πρὸ τοῦ τὸν
Jn 17:13 τῷ κόσμῳ ἵνα **ἔχωσιν** τὴν χαρὰν τὴν
Jn 18:10 Σίμων οὖν Πέτρος **ἔχων** μάχαιραν εἵλκυσεν αὐτὴν
Jn 19:7 ἡμεῖς νόμον **ἔχομεν** καὶ κατὰ τὸν
Jn 19:10 οἶδας ὅτι ἐξουσίαν **ἔχω** ἀπολῦσαί σε καὶ
Jn 19:10 σε καὶ ἐξουσίαν **ἔχω** σταυρῶσαί σε;
Jn 19:11 οὐκ **εἶχες** ἐξουσίαν κατ' ἐμοῦ
Jn 19:11 σοι μείζονα ἁμαρτίαν **ἔχει**.
Jn 19:15 οὐκ **ἔχομεν** βασιλέα εἰ μὴ
Jn 20:31 ἵνα πιστεύοντες ζωὴν **ἔχητε** ἐν τῷ ὀνόματι
Jn 21:5 μή τι προσφάγιον **ἔχετε**;

ἕως (*heōs*; 10/146) *until*

Jn 2:7 καὶ ἐγέμισαν αὐτὰς **ἕως** ἄνω.
Jn 2:10 τὸν καλὸν οἶνον **ἕως** ἄρτι.
Jn 5:17 ὁ πατήρ μου **ἕως** ἄρτι ἐργάζεται κἀγὼ
Jn 9:4 τοῦ πέμψαντός με **ἕως** ἡμέρα ἐστίν·
Jn 9:18 τυφλὸς καὶ ἀνέβλεψεν **ἕως** ὅτου ἐφώνησαν
Jn 10:24 **ἕως** πότε τὴν ψυχὴν
Jn 13:38 μὴ ἀλέκτωρ φωνήσῃ **ἕως** οὗ ἀρνήσῃ με
Jn 16:24 **ἕως** ἄρτι οὐκ ᾐτήσατε
Jn 21:22 αὐτὸν θέλω μένειν **ἕως** ἔρχομαι,
Jn 21:23 αὐτὸν θέλω μένειν **ἕως** ἔρχομαι [, τί πρὸς

ζάω (*zaō*; 16[17]/139[140]) *live*

Jn 4:10 ἂν σοι ὕδωρ **ζῶν**.
Jn 4:11 τὸ ὕδωρ τὸ **ζῶν**;
Jn 4:50 ὁ υἱός σου **ζῇ**.
Jn 4:51 ὁ παῖς αὐτοῦ **ζῇ**.
Jn 4:53 ὁ υἱός σου **ζῇ**,
Jn 5:25 καὶ οἱ ἀκούσαντες **ζήσουσιν**.
Jn 6:51 ὁ ἄρτος ὁ **ζῶν** ὁ ἐκ τοῦ
Jn 6:51 τούτου τοῦ ἄρτου **ζήσει** εἰς τὸν αἰῶνα,
Jn 6:57 ἀπέστειλέν με ὁ **ζῶν** πατὴρ κἀγὼ ζῶ
Jn 6:57 ζῶν πατὴρ κἀγὼ **ζῶ** διὰ τὸν πατέρα,
Jn 6:57 τρώγων με κἀκεῖνος **ζήσει** δι' ἐμέ.
Jn 6:58 τοῦτον τὸν ἄρτον **ζήσει** εἰς τὸν αἰῶνα.
Jn 7:38 αὐτοῦ ῥεύσουσιν ὕδατος **ζῶντος**.
Jn 11:25 ἐμὲ κἂν ἀποθάνῃ **ζήσεται**,
Jn 11:26 καὶ πᾶς ὁ **ζῶν** καὶ πιστεύων εἰς
Jn 14:19 ὅτι ἐγὼ **ζῶ** καὶ ὑμεῖς ζήσετε.
Jn 14:19 ζῶ καὶ ὑμεῖς **ζήσετε**.

Ζεβεδαῖος (*Zebedaios*; 1/12) *Zebedee*

Jn 21:2 καὶ οἱ τοῦ **Ζεβεδαίου** καὶ ἄλλοι ἐκ

ζῆλος (*zēlos*; 1/16) *zeal*

Jn 2:17 ὁ **ζῆλος** τοῦ οἴκου σου

ζητέω (*zēteō*; 34/117) *seek*

Jn 1:38 τί **ζητεῖτε**;
Jn 4:23 ὁ πατὴρ τοιούτους **ζητεῖ** τοὺς προσκυνοῦντας αὐτόν.
Jn 4:27 τί **ζητεῖς** ἢ τί λαλεῖς
Jn 5:18 τοῦτο οὖν μᾶλλον **ἐζήτουν** αὐτὸν οἱ Ἰουδαῖοι
Jn 5:30 ὅτι οὐ **ζητῶ** τὸ θέλημα τὸ
Jn 5:44 μόνου θεοῦ οὐ **ζητεῖτε**;
Jn 6:24 ἦλθον εἰς Καφαρναοὺμ **ζητοῦντες** τὸν Ἰησοῦν.
Jn 6:26 **ζητεῖτέ** με οὐχ ὅτι
Jn 7:1 ὅτι **ἐζήτουν** αὐτὸν οἱ Ἰουδαῖοι
Jn 7:4 κρυπτῷ ποιεῖ καὶ **ζητεῖ** αὐτὸς ἐν παρρησίᾳ
Jn 7:11 οἱ οὖν Ἰουδαῖοι **ἐζήτουν** αὐτὸν ἐν τῇ
Jn 7:18 δόξαν τὴν ἰδίαν **ζητεῖ**·
Jn 7:18 ὁ δὲ **ζητῶν** τὴν δόξαν τοῦ
Jn 7:19 τί με **ζητεῖτε** ἀποκτεῖναι;
Jn 7:20 τίς σε **ζητεῖ** ἀποκτεῖναι;
Jn 7:25 οὗτός ἐστιν ὃν **ζητοῦσιν** ἀποκτεῖναι;
Jn 7:30 **Ἐζήτουν** οὖν αὐτὸν πιάσαι,
Jn 7:34 **ζητήσετέ** με καὶ οὐχ
Jn 7:36 ζητήσετέ **με** καὶ οὐχ εὑρήσετέ
Jn 8:21 ἐγὼ ὑπάγω καὶ **ζητήσετέ** με,
Jn 8:37 ἀλλὰ **ζητεῖτέ** με ἀποκτεῖναι,
Jn 8:40 νῦν δὲ **ζητεῖτέ** με ἀποκτεῖναι ἄνθρωπον
Jn 8:50 ἐγὼ δὲ οὐ **ζητῶ** τὴν δόξαν μου·
Jn 8:50 ἔστιν ὁ **ζητῶν** καὶ κρίνων.
Jn 10:39 **Ἐζήτουν** [οὖν] αὐτὸν πάλιν
Jn 11:8 νῦν **ἐζήτουν** σε λιθάσαι οἱ
Jn 11:56 **ἐζήτουν** οὖν τὸν Ἰησοῦν
Jn 13:33 **ζητήσετέ** με,
Jn 16:19 περὶ τούτου **ζητεῖτε** μετ' ἀλλήλων ὅτι
Jn 18:4 τίνα **ζητεῖτε**;
Jn 18:7 τίνα **ζητεῖτε**;
Jn 18:8 εἰ οὖν ἐμὲ **ζητεῖτε**,
Jn 19:12 τούτου ὁ Πιλᾶτος **ἐζήτει** ἀπολῦσαι αὐτόν·
Jn 20:15 τίνα **ζητεῖς**;

ζήτησις (*zētēsis*; 1/7) *controversy, discussion*

Jn 3:25 Ἐγένετο οὖν **ζήτησις** ἐκ τῶν μαθητῶν

ζωή (*zōē*; 36/135) *life*

Jn 1:4 ἐν αὐτῷ **ζωὴ** ἦν,
Jn 1:4 καὶ ἡ **ζωὴ** ἦν τὸ φῶς
Jn 3:15 ἐν αὐτῷ ἔχῃ **ζωὴν** αἰώνιον.
Jn 3:16 ἀπόληται ἀλλ' ἔχῃ **ζωὴν** αἰώνιον.
Jn 3:36 τὸν υἱὸν ἔχει **ζωὴν** αἰώνιον·
Jn 3:36 υἱῷ οὐκ ὄψεται **ζωήν**,
Jn 4:14 ὕδατος ἁλλομένου εἰς **ζωὴν** αἰώνιον.
Jn 4:36 συνάγει καρπὸν εἰς **ζωὴν** αἰώνιον,
Jn 5:24 πέμψαντί με ἔχει **ζωὴν** αἰώνιον καὶ εἰς
Jn 5:24 θανάτου εἰς τὴν **ζωήν**.
Jn 5:26 ὁ πατὴρ ἔχει **ζωὴν** ἐν ἑαυτῷ,
Jn 5:26 τῷ υἱῷ ἔδωκεν **ζωὴν** ἔχειν ἐν ἑαυτῷ.
Jn 5:29 ποιήσαντες εἰς ἀνάστασιν **ζωῆς**,
Jn 5:39 δοκεῖτε ἐν αὐταῖς **ζωὴν** αἰώνιον ἔχειν·
Jn 5:40 πρός με ἵνα **ζωὴν** ἔχητε.
Jn 6:27 τὴν μένουσαν εἰς **ζωὴν** αἰώνιον,
Jn 6:33 τοῦ οὐρανοῦ καὶ **ζωὴν** διδοὺς τῷ κόσμῳ.

Jn 6:35 ὁ ἄρτος τῆς **ζωῆς**·
Jn 6:40 εἰς αὐτὸν ἔχῃ **ζωὴν** αἰώνιον,
Jn 6:47 ὁ πιστεύων ἔχει **ζωὴν** αἰώνιον.
Jn 6:48 ὁ ἄρτος τῆς **ζωῆς**.
Jn 6:51 τῆς τοῦ κόσμου **ζωῆς**.
Jn 6:53 οὐκ ἔχετε **ζωὴν** ἐν ἑαυτοῖς.
Jn 6:54 τὸ αἷμα ἔχει **ζωὴν** αἰώνιον,
Jn 6:63 πνεῦμά ἐστιν καὶ **ζωή** ἐστιν.
Jn 6:68 ῥήματα **ζωῆς** αἰωνίου ἔχεις,
Jn 8:12 τὸ φῶς τῆς **ζωῆς**.
Jn 10:10 ἐγὼ ἦλθον ἵνα **ζωὴν** ἔχωσιν καὶ περισσὸν
Jn 10:28 κἀγὼ δίδωμι αὐτοῖς **ζωὴν** αἰώνιον καὶ οὐ
Jn 11:25 ἀνάστασις καὶ ἡ **ζωή**·
Jn 12:25 κόσμῳ τούτῳ εἰς **ζωὴν** αἰώνιον φυλάξει αὐτήν.
Jn 12:50 ἡ ἐντολὴ αὐτοῦ **ζωὴ** αἰώνιός ἐστιν.
Jn 14:6 ἀλήθεια καὶ ἡ **ζωή**·
Jn 17:2 αὐτῷ δώσῃ αὐτοῖς **ζωὴν** αἰώνιον.
Jn 17:3 ἐστιν ἡ αἰώνιος **ζωὴ** ἵνα γινώσκωσιν σὲ
Jn 20:31 καὶ ἵνα πιστεύοντες **ζωὴν** ἔχητε ἐν τῷ

ζώννυμι (*zōnnymi*; 2/3) *fasten*

Jn 21:18 **ἐζώννυες** σεαυτὸν καὶ περιεπάτεις
Jn 21:18 καὶ ἄλλος σε **ζώσει** καὶ οἴσει ὅπου

ζωοποιέω (*zōopoieō*; 3/11) *give life*

Jn 5:21 τοὺς νεκροὺς καὶ **ζῳοποιεῖ**,
Jn 5:21 υἱὸς οὓς θέλει **ζῳοποιεῖ**.
Jn 6:63 πνεῦμά ἐστιν τὸ **ζῳοποιοῦν**,

ἤ (*ē*; 12/340) *or*

Jn 2:6 ἀνὰ μετρητὰς δύο **ἢ** τρεῖς.
Jn 3:19 μᾶλλον τὸ σκότος **ἢ** τὸ φῶς·
Jn 4:1 ποιεῖ καὶ βαπτίζει **ἢ** Ἰωάννης
Jn 4:27 τί ζητεῖς **ἢ** τί λαλεῖς μετ᾽
Jn 6:19 σταδίους εἴκοσι πέντε **ἢ** τριάκοντα θεωροῦσιν τὸν
Jn 7:17 τοῦ θεοῦ ἐστιν **ἢ** ἐγὼ ἀπ᾽ ἐμαυτοῦ
Jn 7:48 ἐπίστευσεν εἰς αὐτὸν **ἢ** ἐκ τῶν Φαρισαίων;
Jn 8:14 οἴδατε πόθεν ἔρχομαι **ἢ** ποῦ ὑπάγω.
Jn 9:2 οὗτος **ἢ** οἱ γονεῖς αὐτοῦ,
Jn 9:21 **ἢ** τίς ἤνοιξεν αὐτοῦ
Jn 13:29 **ἢ** τοῖς πτωχοῖς ἵνα
Jn 18:34 σὺ τοῦτο λέγεις **ἢ** ἄλλοι εἶπόν σοι

ἤδη (*ēdē*; 16/61) *already*

Jn 3:18 δὲ μὴ πιστεύων **ἤδη** κέκριται,
Jn 4:35 **ἤδη**
Jn 4:51 **ἤδη** δὲ αὐτοῦ καταβαίνοντος
Jn 5:6 γνοὺς ὅτι πολὺν **ἤδη** χρόνον ἔχει,
Jn 6:17 καὶ σκοτία **ἤδη** ἐγεγόνει καὶ οὔπω
Jn 7:14 **Ἤδη** δὲ τῆς ἑορτῆς
Jn 9:22 **ἤδη** γὰρ συνετέθειντο οἱ
Jn 9:27 εἶπον ὑμῖν **ἤδη** καὶ οὐκ ἠκούσατε·
Jn 11:17 εὗρεν αὐτὸν τέσσαρας **ἤδη** ἡμέρας ἔχοντα
Jn 11:39 **ἤδη** ὄζει,
Jn 13:2 τοῦ διαβόλου **ἤδη** βεβληκότος εἰς τὴν
Jn 15:3 **ἤδη** ὑμεῖς καθαροί ἐστε
Jn 19:28 ὁ Ἰησοῦς ὅτι **ἤδη** πάντα τετέλεσται,
Jn 19:33 ὡς εἶδον **ἤδη** αὐτὸν τεθνηκότα,
Jn 21:4 πρωΐας δὲ **ἤδη** γενομένης ἔστη Ἰησοῦς
Jn 21:14 τοῦτο **ἤδη** τρίτον ἐφανερώθη Ἰησοῦς

ἥκω (*hēkō*; 4/26) *have come*

Jn 2:4 οὔπω **ἥκει** ἡ ὥρα μου.
Jn 4:47 ἀκούσας ὅτι Ἰησοῦς **ἥκει** ἐκ τῆς Ἰουδαίας
Jn 6:37 πατὴρ πρὸς ἐμὲ **ἥξει**,
Jn 8:42 θεοῦ ἐξῆλθον καὶ **ἥκω**·

Ἠλίας (*Ēlias*; 2/29) *Elijah*

Jn 1:21 σὺ **Ἠλίας** εἶ;
Jn 1:25 ὁ χριστὸς οὐδὲ **Ἠλίας** οὐδὲ ὁ προφήτης;

ἡλικία (*hēlikia*; 2/8) *age*

Jn 9:21 **ἡλικίαν** ἔχει,
Jn 9:23 αὐτοῦ εἶπαν ὅτι **ἡλικίαν** ἔχει,

ἧλος (*hēlos*; 2/2) *nail*

Jn 20:25 τὸν τύπον τῶν **ἥλων** καὶ βάλω τὸν
Jn 20:25 τὸν τύπον τῶν **ἥλων** καὶ βάλω μου

ἡμεῖς (*hēmeis*; 49/855) *we*

Jn 1:14 καὶ ἐσκήνωσεν ἐν **ἡμῖν**,
Jn 1:16 τοῦ πληρώματος αὐτοῦ **ἡμεῖς** πάντες ἐλάβομεν καὶ
Jn 1:22 δῶμεν τοῖς πέμψασιν **ἡμᾶς**·
Jn 2:18 τί σημεῖον δεικνύεις **ἡμῖν** ὅτι ταῦτα ποιεῖς;
Jn 3:11 καὶ τὴν μαρτυρίαν **ἡμῶν** οὐ λαμβάνετε.
Jn 4:12 εἶ τοῦ πατρὸς **ἡμῶν** Ἰακώβ,
Jn 4:12 ὃς ἔδωκεν **ἡμῖν** τὸ φρέαρ καὶ
Jn 4:20 οἱ πατέρες **ἡμῶν** ἐν τῷ ὄρει
Jn 4:22 **ἡμεῖς** προσκυνοῦμεν ὃ οἴδαμεν,
Jn 4:25 ἀναγγελεῖ **ἡμῖν** ἅπαντα.
Jn 6:31 οἱ πατέρες **ἡμῶν** τὸ μάννα ἔφαγον
Jn 6:34 πάντοτε δὸς **ἡμῖν** τὸν ἄρτον τοῦτον.
Jn 6:42 οὐ **ἡμεῖς** οἴδαμεν τὸν πατέρα
Jn 6:52 πῶς δύναται οὗτος **ἡμῖν** δοῦναι τὴν σάρκα
Jn 6:69 καὶ **ἡμεῖς** πεπιστεύκαμεν καὶ ἐγνώκαμεν
Jn 7:35 μέλλει πορεύεσθαι ὅτι **ἡμεῖς** οὐχ εὑρήσομεν αὐτόν;
Jn 7:51 μὴ ὁ νόμος **ἡμῶν** κρίνει τὸν ἄνθρωπον
[Jn 8:5] δὲ τῷ νόμῳ **ἡμῖν** Μωϋσῆς ἐνετείλατο τὰς
Jn 8:39 ὁ πατὴρ **ἡμῶν** Ἀβραάμ ἐστιν.
Jn 8:41 **ἡμεῖς** ἐκ πορνείας οὐ
Jn 8:48 οὐ καλῶς λέγομεν **ἡμεῖς** ὅτι Σαμαρίτης εἶ
Jn 8:53 εἶ τοῦ πατρὸς **ἡμῶν** Ἀβραάμ,
Jn 8:54 λέγετε ὅτι θεὸς **ἡμῶν** ἐστιν,
Jn 9:4 **ἡμᾶς** δεῖ ἐργάζεσθαι τὰ
Jn 9:20 ἐστιν ὁ υἱὸς **ἡμῶν** καὶ ὅτι τυφλὸς
Jn 9:21 αὐτοῦ τοὺς ὀφθαλμοὺς **ἡμεῖς** οὐκ οἴδαμεν·
Jn 9:24 **ἡμεῖς** οἴδαμεν ὅτι οὗτος
Jn 9:28 **ἡμεῖς** δὲ τοῦ Μωϋσέως
Jn 9:29 **ἡμεῖς** οἴδαμεν ὅτι Μωϋσεῖ
Jn 9:34 καὶ σὺ διδάσκεις **ἡμᾶς**;
Jn 9:40 μὴ καὶ **ἡμεῖς** τυφλοί ἐσμεν;
Jn 10:24 πότε τὴν ψυχὴν **ἡμῶν** αἴρεις;
Jn 10:24 εἰπὲ **ἡμῖν** παρρησίᾳ.
Jn 11:11 Λάζαρος ὁ φίλος **ἡμῶν** κεκοίμηται·
Jn 11:16 ἄγωμεν καὶ **ἡμεῖς** ἵνα ἀποθάνωμεν μετ᾽
Jn 11:48 Ῥωμαῖοι καὶ ἀροῦσιν **ἡμῶν** καὶ τὸν τόπον
Jn 12:34 **ἡμεῖς** ἠκούσαμεν ἐκ τοῦ
Jn 12:38 ἐπίστευσεν τῇ ἀκοῇ **ἡμῶν**;
Jn 14:8 δεῖξον **ἡμῖν** τὸν πατέρα,
Jn 14:8 καὶ ἀρκεῖ **ἡμῖν**.
Jn 14:9 δεῖξον **ἡμῖν** τὸν πατέρα;

Jn 14:22 τί γέγονεν ὅτι **ἡμῖν** μέλλεις ἐμφανίζειν σεαυτὸν
Jn 16:17 τοῦτο ὃ λέγει **ἡμῖν**·
Jn 17:11 ὦσιν ἓν καθὼς **ἡμεῖς**.
Jn 17:21 καὶ αὐτοὶ ἐν **ἡμῖν** ὦσιν,
Jn 17:22 ὦσιν ἓν καθὼς **ἡμεῖς** ἕν·
Jn 18:31 **ἡμῖν** οὐκ ἔξεστιν ἀποκτεῖναι
Jn 19:7 **ἡμεῖς** νόμον ἔχομεν καὶ
Jn 21:3 ἐρχόμεθα καὶ **ἡμεῖς** σὺν σοί.

ἡμέρα (*hēmera*; 31/389) *day*

Jn 1:39 αὐτῷ ἔμειναν τὴν **ἡμέραν** ἐκείνην·
Jn 2:1 Καὶ τῇ **ἡμέρᾳ** τῇ τρίτῃ γάμος
Jn 2:12 ἔμειναν οὐ πολλὰς **ἡμέρας**.
Jn 2:19 καὶ ἐν τρισὶν **ἡμέραις** ἐγερῶ αὐτόν.
Jn 2:20 σὺ ἐν τρισὶν **ἡμέραις** ἐγερεῖς αὐτόν;
Jn 4:40 ἔμεινεν ἐκεῖ δύο **ἡμέρας**.
Jn 4:43 δὲ τὰς δύο **ἡμέρας** ἐξῆλθεν ἐκεῖθεν εἰς
Jn 5:9 ἐν ἐκείνῃ τῇ **ἡμέρᾳ**.
Jn 6:39 [ἐν] τῇ ἐσχάτῃ **ἡμέρᾳ**.
Jn 6:40 [ἐν] τῇ ἐσχάτῃ **ἡμέρᾳ**.
Jn 6:44 ἐν τῇ ἐσχάτῃ **ἡμέρᾳ**.
Jn 6:54 αὐτὸν τῇ ἐσχάτῃ **ἡμέρᾳ**.
Jn 7:37 δὲ τῇ ἐσχάτῃ **ἡμέρᾳ** τῇ μεγάλῃ τῆς
Jn 8:56 ἵνα ἴδῃ τὴν **ἡμέραν** τὴν ἐμήν,
Jn 9:4 πέμψαντός με ἕως **ἡμέρα** ἐστίν·
Jn 9:14 σάββατον ἐν ᾗ **ἡμέρᾳ** τὸν πηλὸν ἐποίησεν
Jn 11:6 ἦν τόπῳ δύο **ἡμέρας**,
Jn 11:9 ὧραί εἰσιν τῆς **ἡμέρας**;
Jn 11:9 περιπατῇ ἐν τῇ **ἡμέρᾳ**,
Jn 11:17 αὐτὸν τέσσαρας ἤδη **ἡμέρας** ἔχοντα ἐν τῷ
Jn 11:24 ἐν τῇ ἐσχάτῃ **ἡμέρᾳ**.
Jn 11:53 ἐκείνης οὖν τῆς **ἡμέρας** ἐβουλεύσαντο ἵνα ἀποκτείνωσιν
Jn 12:1 Ἰησοῦς πρὸ ἓξ **ἡμερῶν** τοῦ πάσχα ἦλθεν
Jn 12:7 ἵνα εἰς τὴν **ἡμέραν** τοῦ ἐνταφιασμοῦ μου
Jn 12:48 ἐν τῇ ἐσχάτῃ **ἡμέρᾳ**.
Jn 14:20 ἐν ἐκείνῃ τῇ **ἡμέρᾳ** γνώσεσθε ὑμεῖς ὅτι
Jn 16:23 ἐν ἐκείνῃ τῇ **ἡμέρᾳ** ἐμὲ οὐκ ἐρωτήσετε
Jn 16:26 ἐν ἐκείνῃ τῇ **ἡμέρᾳ** ἐν τῷ ὀνόματί
Jn 19:31 γὰρ μεγάλη ἡ **ἡμέρα** ἐκείνου τοῦ σαββάτου,
Jn 20:19 οὔν ὀψίας τῇ **ἡμέρᾳ** ἐκείνῃ τῇ μιᾷ
Jn 20:26 Καὶ μεθ' **ἡμέρας** ὀκτὼ πάλιν ἦσαν

ἤπερ (*ēper*; 1/1) *than*

Jn 12:43 τῶν ἀνθρώπων μᾶλλον **ἤπερ** τὴν δόξαν τοῦ

Ἠσαΐας (*Ēsaias*; 4/22) *Isaiah*

Jn 1:23 καθὼς εἶπεν **Ἠσαΐας** ὁ προφήτης.
Jn 12:38 ἵνα ὁ λόγος **Ἠσαΐου** τοῦ προφήτου πληρωθῇ
Jn 12:39 ὅτι πάλιν εἶπεν **Ἠσαΐας**·
Jn 12:41 ταῦτα εἶπεν **Ἠσαΐας** ὅτι εἶδεν τὴν

θάλασσα (*thalassa*; 9/91) *sea, lake*

Jn 6:1 Ἰησοῦς πέραν τῆς **θαλάσσης** τῆς Γαλιλαίας
Jn 6:16 αὐτοῦ ἐπὶ τὴν **θάλασσαν**
Jn 6:17 ἤρχοντο πέραν τῆς **θαλάσσης** εἰς Καφαρναούμ.
Jn 6:18 ἥ τε **θάλασσα** ἀνέμου μεγάλου πνέοντος
Jn 6:19 περιπατοῦντα ἐπὶ τῆς **θαλάσσης** καὶ ἐγγὺς
Jn 6:22 ἑστηκὼς πέραν τῆς **θαλάσσης** εἶδον ὅτι πλοιάριον
Jn 6:25 αὐτὸν πέραν τῆς **θαλάσσης** εἶπον αὐτῷ·
Jn 21:1 μαθηταῖς ἐπὶ τῆς **θαλάσσης** τῆς Τιβεριάδος·
Jn 21:7 ἑαυτὸν εἰς τὴν **θάλασσαν**,

θάνατος (*thanatos*; 8/120) *death*

Jn 5:24 μεταβέβηκεν ἐκ τοῦ **θανάτου** εἰς τὴν ζωήν.
Jn 8:51 **θάνατον** οὐ μὴ θεωρήσῃ
Jn 8:52 οὐ μὴ γεύσηται **θανάτου** εἰς τὸν αἰῶνα.
Jn 11:4 οὐκ ἔστιν πρὸς **θάνατον** ἀλλ' ὑπὲρ τῆς
Jn 11:13 Ἰησοῦς περὶ τοῦ **θανάτου** αὐτοῦ,
Jn 12:33 ἔλεγεν σημαίνων ποίῳ **θανάτῳ** ἤμελλεν ἀποθνῄσκειν.
Jn 18:32 εἶπεν σημαίνων ποίῳ **θανάτῳ** ἤμελλεν ἀποθνῄσκειν.
Jn 21:19 εἶπεν σημαίνων ποίῳ **θανάτῳ** δοξάσει τὸν θεόν.

θαρσέω (*tharseō*; 1/7) *have courage*

Jn 16:33 ἀλλὰ **θαρσεῖτε**,

θαυμάζω (*thaumazō*; 6/43) *marvel*

Jn 3:7 μὴ **θαυμάσῃς** ὅτι εἶπόν σοι·
Jn 4:27 μαθηταὶ αὐτοῦ καὶ **ἐθαύμαζον** ὅτι μετὰ γυναικὸς
Jn 5:20 ἵνα ὑμεῖς **θαυμάζητε**.
Jn 5:28 μὴ **θαυμάζετε** τοῦτο,
Jn 7:15 **ἐθαύμαζον** οὖν οἱ Ἰουδαῖοι
Jn 7:21 ἐποίησα καὶ πάντες **θαυμάζετε**.

θαυμαστός (*thaumastos*; 1/6) *marvelous, astonishing*

Jn 9:30 τούτῳ γὰρ τὸ **θαυμαστόν** ἐστιν,

θεάομαι (*theaomai*; 6/20[22]) *see, observe*

Jn 1:14 καὶ **ἐθεασάμεθα** τὴν δόξαν αὐτοῦ,
Jn 1:32 Ἰωάννης λέγων ὅτι **τεθέαμαι** τὸ πνεῦμα καταβαῖνον
Jn 1:38 ὁ Ἰησοῦς καὶ **θεασάμενος** αὐτοὺς ἀκολουθοῦντας λέγει
Jn 4:35 ὀφθαλμοὺς ὑμῶν καὶ **θεάσασθε** τὰς χώρας
Jn 6:5 ὁ Ἰησοῦς καὶ **θεασάμενος** ὅτι πολὺς ὄχλος
Jn 11:45 τὴν Μαριὰμ καὶ **θεασάμενοι** ἃ ἐποίησεν ἐπίστευσαν

θέλημα (*thelēma*; 11/62) *will*

Jn 1:13 αἱμάτων οὐδὲ ἐκ **θελήματος** σαρκὸς οὐδὲ ἐκ
Jn 1:13 σαρκὸς οὐδὲ ἐκ **θελήματος** ἀνδρὸς ἀλλ' ἐκ
Jn 4:34 ἵνα ποιήσω τὸ **θέλημα** τοῦ πέμψαντός με
Jn 5:30 οὐ ζητῶ τὸ **θέλημα** τὸ ἐμὸν ἀλλὰ
Jn 5:30 ἐμὸν ἀλλὰ τὸ **θέλημα** τοῦ πέμψαντός με.
Jn 6:38 ἵνα ποιῶ τὸ **θέλημα** τὸ ἐμὸν ἀλλὰ
Jn 6:38 ἐμὸν ἀλλὰ τὸ **θέλημα** τοῦ πέμψαντός με.
Jn 6:39 δέ ἐστιν τὸ **θέλημα** τοῦ πέμψαντός με,
Jn 6:40 γάρ ἐστιν τὸ **θέλημα** τοῦ πατρός μου,
Jn 7:17 τις θέλῃ τὸ **θέλημα** αὐτοῦ ποιεῖν,
Jn 9:31 ᾖ καὶ τὸ **θέλημα** αὐτοῦ ποιῇ τούτου

θέλω (*thelō*; 23/208) *wish, want*

Jn 1:43 Τῇ ἐπαύριον **ἠθέλησεν** ἐξελθεῖν εἰς τὴν
Jn 3:8 τὸ πνεῦμα ὅπου **θέλει** πνεῖ καὶ τὴν
Jn 5:6 **θέλεις** ὑγιὴς γενέσθαι;
Jn 5:21 ὁ υἱὸς οὓς **θέλει** ζῳοποιεῖ.

Jn 5:35 ὑμεῖς δὲ **ἠθελήσατε** ἀγαλλιαθῆναι πρὸς ὥραν
Jn 5:40 καὶ οὐ **θέλετε** ἐλθεῖν πρός με
Jn 6:11 τῶν ὀψαρίων ὅσον **ἤθελον**.
Jn 6:21 **ἤθελον** οὖν λαβεῖν αὐτὸν
Jn 6:67 μὴ καὶ ὑμεῖς **θέλετε** ὑπάγειν;
Jn 7:1 οὐ γὰρ **ἤθελεν** ἐν τῇ Ἰουδαίᾳ
Jn 7:17 ἐάν τις **θέλῃ** τὸ θέλημα αὐτοῦ
Jn 7:44 τινες δὲ **ἤθελον** ἐξ αὐτῶν πιάσαι
Jn 8:44 τοῦ πατρὸς ὑμῶν **θέλετε** ποιεῖν.
Jn 9:27 τί πάλιν **θέλετε** ἀκούειν;
Jn 9:27 μὴ καὶ ὑμεῖς **θέλετε** αὐτοῦ μαθηταὶ γενέσθαι;
Jn 12:21 **θέλομεν** τὸν Ἰησοῦν ἰδεῖν.
Jn 15:7 ὃ ἐὰν **θέλητε** αἰτήσασθε,
Jn 16:19 [ὁ] Ἰησοῦς ὅτι **ἤθελον** αὐτὸν ἐρωτᾶν,
Jn 17:24 **θέλω** ἵνα ὅπου εἰμὶ
Jn 21:18 καὶ περιεπάτεις ὅπου **ἤθελες**·
Jn 21:18 οἴσει ὅπου οὐ **θέλεις**.
Jn 21:22 ἐὰν αὐτὸν **θέλω** μένειν ἕως ἔρχομαι,
Jn 21:23 ἐὰν αὐτὸν **θέλω** μένειν ἕως ἔρχομαι

θεός (*theos*; 83/1316[1317]) *God*

Jn 1:1 ἦν πρὸς τὸν **θεόν**,
Jn 1:1 καὶ **θεὸς** ἦν ὁ λόγος.
Jn 1:2 ἀρχῇ πρὸς τὸν **θεόν**.
Jn 1:6 ἀπεσταλμένος παρὰ **θεοῦ**,
Jn 1:12 αὐτοῖς ἐξουσίαν τέκνα **θεοῦ** γενέσθαι,
Jn 1:13 ἀνδρὸς ἀλλ' ἐκ **θεοῦ** ἐγεννήθησαν.
Jn 1:18 **Θεὸν** οὐδεὶς ἑώρακεν πώποτε·
Jn 1:18 μονογενὴς **θεὸς** ὁ ὢν εἰς
Jn 1:29 ὁ ἀμνὸς τοῦ **θεοῦ** ὁ αἴρων τὴν
Jn 1:34 ὁ υἱὸς τοῦ **θεοῦ**.
Jn 1:36 ὁ ἀμνὸς τοῦ **θεοῦ**.
Jn 1:49 ὁ υἱὸς τοῦ **θεοῦ**,
Jn 1:51 τοὺς ἀγγέλους τοῦ **θεοῦ** ἀναβαίνοντας καὶ καταβαίνοντας
Jn 3:2 οἴδαμεν ὅτι ἀπὸ **θεοῦ** ἐλήλυθας διδάσκαλος·
Jn 3:2 μὴ ᾖ ὁ **θεὸς** μετ' αὐτοῦ.
Jn 3:3 τὴν βασιλείαν τοῦ **θεοῦ**.
Jn 3:5 τὴν βασιλείαν τοῦ **θεοῦ**.
Jn 3:16 γὰρ ἠγάπησεν ὁ **θεὸς** τὸν κόσμον,
Jn 3:17 γὰρ ἀπέστειλεν ὁ **θεὸς** τὸν υἱὸν εἰς
Jn 3:18 μονογενοῦς υἱοῦ τοῦ **θεοῦ**.
Jn 3:21 ἔργα ὅτι ἐν **θεῷ** ἐστιν εἰργασμένα.
Jn 3:33 ἐσφράγισεν ὅτι ὁ **θεὸς** ἀληθής ἐστιν.
Jn 3:34 γὰρ ἀπέστειλεν ὁ **θεὸς** τὰ ῥήματα τοῦ
Jn 3:34 τὰ ῥήματα τοῦ **θεοῦ** λαλεῖ,
Jn 3:36 ἡ ὀργὴ τοῦ **θεοῦ** μένει ἐπ' αὐτόν.
Jn 4:10 τὴν δωρεὰν τοῦ **θεοῦ** καὶ τίς ἐστιν
Jn 4:24 πνεῦμα ὁ **θεός**,
Jn 5:18 ἴδιον ἔλεγεν τὸν **θεὸν** ἴσον ἑαυτὸν ποιῶν
Jn 5:18 ἑαυτὸν ποιῶν τῷ **θεῷ**.
Jn 5:25 τοῦ υἱοῦ τοῦ **θεοῦ** καὶ οἱ ἀκούσαντες
Jn 5:42 τὴν ἀγάπην τοῦ **θεοῦ** οὐκ ἔχετε ἐν
Jn 5:44 παρὰ τοῦ μόνου **θεοῦ** οὐ ζητεῖτε;
Jn 6:27 πατὴρ ἐσφράγισεν ὁ **θεός**.
Jn 6:28 τὰ ἔργα τοῦ **θεοῦ**;
Jn 6:29 τὸ ἔργον τοῦ **θεοῦ**,
Jn 6:33 γὰρ ἄρτος τοῦ **θεοῦ** ἐστιν ὁ καταβαίνων
Jn 6:45 ἔσονται πάντες διδακτοὶ **θεοῦ**·
Jn 6:46 ὢν παρὰ τοῦ **θεοῦ**,
Jn 6:69 ὁ ἅγιος τοῦ **θεοῦ**.
Jn 7:17 πότερον ἐκ τοῦ **θεοῦ** ἐστιν ἢ ἐγὼ
Jn 8:40 ἤκουσα παρὰ τοῦ **θεοῦ**·
Jn 8:41 πατέρα ἔχομεν τὸν **θεόν**.
Jn 8:42 εἰ ὁ **θεὸς** πατὴρ ὑμῶν ἦν
Jn 8:42 γὰρ ἐκ τοῦ **θεοῦ** ἐξῆλθον καὶ ἥκω·
Jn 8:47 ὢν ἐκ τοῦ **θεοῦ** τὰ ῥήματα τοῦ
Jn 8:47 τὰ ῥήματα τοῦ **θεοῦ** ἀκούει·
Jn 8:47 ὅτι ἐκ τοῦ **θεοῦ** οὐκ ἐστέ.
Jn 8:54 ὑμεῖς λέγετε ὅτι **θεὸς** ἡμῶν ἐστιν,
Jn 9:3 τὰ ἔργα τοῦ **θεοῦ** ἐν αὐτῷ.
Jn 9:16 ἔστιν οὗτος παρὰ **θεοῦ** ὁ ἄνθρωπος,
Jn 9:24 δὸς δόξαν τῷ **θεῷ**·
Jn 9:29 Μωϋσεῖ λελάληκεν ὁ **θεός**,
Jn 9:31 ὅτι ἁμαρτωλῶν ὁ **θεὸς** οὐκ ἀκούει,
Jn 9:33 ἦν οὗτος παρὰ **θεοῦ**,
Jn 10:33 ὢν ποιεῖς σεαυτὸν **θεόν**.
Jn 10:34 **θεοί** ἐστε;
Jn 10:35 εἰ ἐκείνους εἶπεν **θεοὺς** πρὸς οὓς ὁ
Jn 10:35 ὁ λόγος τοῦ **θεοῦ** ἐγένετο,
Jn 10:36 υἱὸς τοῦ **θεοῦ** εἰμι;
Jn 11:4 τῆς δόξης τοῦ **θεοῦ**,
Jn 11:4 ὁ υἱὸς τοῦ **θεοῦ** δι' αὐτῆς.
Jn 11:22 ἂν αἰτήσῃ τὸν **θεὸν** δώσει σοι ὁ
Jn 11:22 δώσει σοι ὁ **θεός**.
Jn 11:27 ὁ υἱὸς τοῦ **θεοῦ** ὁ εἰς τὸν
Jn 11:40 τὴν δόξαν τοῦ **θεοῦ**;
Jn 11:52 τὰ τέκνα τοῦ **θεοῦ** τὰ διεσκορπισμένα συναγάγῃ
Jn 12:43 τὴν δόξαν τοῦ **θεοῦ**.
Jn 13:3 καὶ ὅτι ἀπὸ **θεοῦ** ἐξῆλθεν καὶ πρὸς
Jn 13:3 καὶ πρὸς τὸν **θεὸν** ὑπάγει,
Jn 13:31 ἀνθρώπου καὶ ὁ **θεὸς** ἐδοξάσθη ἐν αὐτῷ·
Jn 13:32 [εἰ ὁ **θεὸς** ἐδοξάσθη ἐν αὐτῷ]
Jn 13:32 αὐτῷ,] καὶ ὁ **θεὸς** δοξάσει αὐτὸν ἐν
Jn 14:1 πιστεύετε εἰς τὸν **θεὸν** καὶ εἰς ἐμὲ
Jn 16:2 λατρείαν προσφέρειν τῷ **θεῷ**.
Jn 16:27 ἐγὼ παρὰ [τοῦ] **θεοῦ** ἐξῆλθον.
Jn 16:30 πιστεύομεν ὅτι ἀπὸ **θεοῦ** ἐξῆλθες.
Jn 17:3 τὸν μόνον ἀληθινὸν **θεὸν** καὶ ὃν ἀπέστειλας
Jn 19:7 ὅτι υἱὸν **θεοῦ** ἑαυτὸν ἐποίησεν.
Jn 20:17 πατέρα ὑμῶν καὶ **θεόν** μου καὶ θεὸν
Jn 20:17 θεόν μου καὶ **θεὸν** ὑμῶν.
Jn 20:28 μου καὶ ὁ **θεός** μου.
Jn 20:31 ὁ υἱὸς τοῦ **θεοῦ**,
Jn 21:19 θανάτῳ δοξάσει τὸν **θεόν**.

θεοσεβής (*theosebēs*; 1/1) *godly*

Jn 9:31 ἀλλ' ἐάν τις **θεοσεβὴς** ᾖ καὶ τὸ

θεραπεύω (*therapeuō*; 1/43) *heal*

Jn 5:10 οἱ Ἰουδαῖοι τῷ **τεθεραπευμένῳ**·

θερίζω (*therizō*; 4/21) *reap*

Jn 4:36 ὁ **θερίζων** μισθὸν λαμβάνει καὶ
Jn 4:36 χαίρῃ καὶ ὁ **θερίζων**.
Jn 4:37 καὶ ἄλλος ὁ **θερίζων**.
Jn 4:38 ἐγὼ ἀπέστειλα ὑμᾶς **θερίζειν** ὃ οὐχ ὑμεῖς

θερισμός (*therismos*; 2/13) *harvest*

Jn 4:35 ἐστιν καὶ ὁ **θερισμὸς** ἔρχεται;
Jn 4:35 λευκαί εἰσιν πρὸς **θερισμόν**.

θερμαίνω (*thermainō*; 3/6) *warm oneself*

Jn 18:18 καὶ **ἐθερμαίνοντο**·

Jn 18:18 αὐτῶν ἑστὼς καὶ **θερμαινόμενος**.
Jn 18:25 Πέτρος ἑστὼς καὶ **θερμαινόμενος**.

θεωρέω (*theōreō*; 24/58) *see, perceive*

Jn 2:23 τὸ ὄνομα αὐτοῦ **θεωροῦντες** αὐτοῦ τὰ σημεῖα
Jn 4:19 **θεωρῶ** ὅτι προφήτης εἶ
Jn 6:2 ὅτι **ἐθεώρουν** τὰ σημεῖα ἃ
Jn 6:19 πέντε ἢ τριάκοντα **θεωροῦσιν** τὸν Ἰησοῦν περιπατοῦντα
Jn 6:40 ἵνα πᾶς ὁ **θεωρῶν** τὸν υἱὸν καὶ
Jn 6:62 ἐὰν οὖν **θεωρῆτε** τὸν υἱὸν τοῦ
Jn 7:3 οἱ μαθηταί σου **θεωρήσουσιν** σοῦ τὰ ἔργα
Jn 8:51 θάνατον οὐ μὴ **θεωρήσῃ** εἰς τὸν αἰῶνα.
Jn 9:8 γείτονες καὶ οἱ **θεωροῦντες** αὐτὸν τὸ πρότερον
Jn 10:12 **θεωρεῖ** τὸν λύκον ἐρχόμενον
Jn 12:19 **θεωρεῖτε** ὅτι οὐκ ὠφελεῖτε
Jn 12:45 καὶ ὁ **θεωρῶν** ἐμὲ θεωρεῖ τὸν
Jn 12:45 ὁ θεωρῶν ἐμὲ **θεωρεῖ** τὸν πέμψαντά με.
Jn 14:17 ὅτι οὐ **θεωρεῖ** αὐτὸ οὐδὲ γινώσκει·
Jn 14:19 κόσμος με οὐκέτι **θεωρεῖ**,
Jn 14:19 ὑμεῖς δὲ **θεωρεῖτέ** με,
Jn 16:10 ὑπάγω καὶ οὐκέτι **θεωρεῖτέ** με·
Jn 16:16 Μικρὸν καὶ οὐκέτι **θεωρεῖτέ** με,
Jn 16:17 μικρὸν καὶ οὐ **θεωρεῖτέ** με,
Jn 16:19 μικρὸν καὶ οὐ **θεωρεῖτέ** με,
Jn 17:24 ἵνα **θεωρῶσιν** τὴν δόξαν τὴν
Jn 20:6 καὶ **θεωρεῖ** τὰ ὀθόνια κείμενα,
Jn 20:12 καὶ **θεωρεῖ** δύο ἀγγέλους ἐν
Jn 20:14 τὰ ὀπίσω καὶ **θεωρεῖ** τὸν Ἰησοῦν ἑστῶτα

θήκη (*thēkē*; 1/1) *sheath*

Jn 18:11 μάχαιραν εἰς τὴν **θήκην**·

θλῖψις (*thlipsis*; 2/45) *tribulation, trouble*

Jn 16:21 οὐκέτι μνημονεύει τῆς **θλίψεως** διὰ τὴν χαρὰν
Jn 16:33 ἐν τῷ κόσμῳ **θλῖψιν** ἔχετε·

θνῄσκω (*thnēskō*; 2/9) *die*

Jn 11:44 ἐξῆλθεν ὁ **τεθνηκὼς** δεδεμένος τοὺς πόδας
Jn 19:33 εἶδον ἤδη αὐτὸν **τεθνηκότα**,

θρέμμα (*thremma*; 1/1) *domesticated animal (pl. herds)*

Jn 4:12 αὐτοῦ καὶ τὰ **θρέμματα** αὐτοῦ;

θρηνέω (*thrēneō*; 1/4) *mourn*

Jn 16:20 ὅτι κλαύσετε καὶ **θρηνήσετε** ὑμεῖς,

θρίξ (*thrix*; 2/15) *hair*

Jn 11:2 πόδας αὐτοῦ ταῖς **θριξὶν** αὐτῆς,
Jn 12:3 καὶ ἐξέμαξεν ταῖς **θριξὶν** αὐτῆς τοὺς πόδας

θυγάτηρ (*thygatēr*; 1/28) *daughter*

Jn 12:15 **θυγάτηρ** Σιών·

θύρα (*thyra*; 7/39) *door, gate*

Jn 10:1 εἰσερχόμενος διὰ τῆς **θύρας** εἰς τὴν αὐλὴν
Jn 10:2 εἰσερχόμενος διὰ τῆς **θύρας** ποιμήν ἐστιν
Jn 10:7 ἐγώ εἰμι ἡ **θύρα** τῶν προβάτων.
Jn 10:9 ἐγώ εἰμι ἡ **θύρα**·
Jn 18:16 εἱστήκει πρὸς τῇ **θύρᾳ** ἔξω.
Jn 20:19 σαββάτων καὶ τῶν **θυρῶν** κεκλεισμένων ὅπου ἦσαν
Jn 20:26 ὁ Ἰησοῦς τῶν **θυρῶν** κεκλεισμένων καὶ ἔστη

θυρωρός (*thyrōros*; 3/4) *doorkeeper*

Jn 10:3 τούτῳ ὁ **θυρωρὸς** ἀνοίγει καὶ τὰ
Jn 18:16 καὶ εἶπεν τῇ **θυρωρῷ** καὶ εἰσήγαγεν τὸν
Jn 18:17 ἡ παιδίσκη ἡ **θυρωρός**·

θύω (*thyō*; 1/14) *slaughter*

Jn 10:10 ἵνα κλέψῃ καὶ **θύσῃ** καὶ ἀπολέσῃ·

Θωμᾶς (*Thōmas*; 7/11) *Thomas*

Jn 11:16 εἶπεν οὖν **Θωμᾶς** ὁ λεγόμενος Δίδυμος
Jn 14:5 Λέγει αὐτῷ **Θωμᾶς**·
Jn 20:24 **Θωμᾶς** δὲ εἷς ἐκ
Jn 20:26 μαθηταὶ αὐτοῦ καὶ **Θωμᾶς** μετ᾽ αὐτῶν.
Jn 20:27 εἶτα λέγει τῷ **Θωμᾷ**·
Jn 20:28 ἀπεκρίθη **Θωμᾶς** καὶ εἶπεν αὐτῷ·
Jn 21:2 Σίμων Πέτρος καὶ **Θωμᾶς** ὁ λεγόμενος Δίδυμος

Ἰακώβ (*Iakōb*; 3/27) *Jacob*

Jn 4:5 χωρίου ὃ ἔδωκεν **Ἰακὼβ** [τῷ] Ἰωσὴφ τῷ
Jn 4:6 ἐκεῖ πηγὴ τοῦ **Ἰακώβ**.
Jn 4:12 τοῦ πατρὸς ἡμῶν **Ἰακώβ**,

ἰάομαι (*iaomai*; 3/26) *heal*

Jn 4:47 ἵνα καταβῇ καὶ **ἰάσηται** αὐτοῦ τὸν υἱόν,
Jn 5:13 ὁ δὲ **ἰαθεὶς** οὐκ ᾔδει τίς
Jn 12:40 καὶ **ἰάσομαι** αὐτούς.

ἴδε (*ide*; 17/31) *look!*

Jn 1:29 **ἴδε** ὁ ἀμνὸς τοῦ
Jn 1:36 **ἴδε** ὁ ἀμνὸς τοῦ
Jn 1:46 ἔρχου καὶ **ἴδε**.
Jn 1:47 **ἴδε** ἀληθῶς Ἰσραηλίτης ἐν
Jn 3:26 **ἴδε** οὗτος βαπτίζει καὶ
Jn 5:14 **ἴδε** ὑγιὴς γέγονας,
Jn 7:26 καὶ **ἴδε** παρρησίᾳ λαλεῖ καὶ
Jn 11:3 **ἴδε** ὃν φιλεῖς ἀσθενεῖ.
Jn 11:34 ἔρχου καὶ **ἴδε**.
Jn 11:36 **ἴδε** πῶς ἐφίλει αὐτόν.
Jn 12:19 **ἴδε** ὁ κόσμος ὀπίσω
Jn 16:29 **ἴδε** νῦν ἐν παρρησίᾳ
Jn 18:21 **ἴδε** οὗτοι οἴδασιν ἃ
Jn 19:4 ἴδε **ἄγω** ὑμῖν αὐτὸν ἔξω,
Jn 19:14 **ἴδε** ὁ βασιλεὺς ὑμῶν.
Jn 19:26 **ἴδε** ὁ υἱός σου.
Jn 19:27 **ἴδε** ἡ μήτηρ σου.

ἴδιος (*idios*; 15/114) *one's own*

Jn 1:11 εἰς τὰ **ἴδια** ἦλθεν,
Jn 1:11 καὶ οἱ **ἴδιοι** αὐτὸν οὐ παρέλαβον.
Jn 1:41 τὸν ἀδελφὸν τὸν **ἴδιον** Σίμωνα καὶ λέγει
Jn 4:44 προφήτης ἐν τῇ **ἰδίᾳ** πατρίδι τιμὴν οὐκ
Jn 5:18 ἀλλὰ καὶ πατέρα **ἴδιον** ἔλεγεν τὸν θεὸν
Jn 5:43 τῷ ὀνόματι τῷ **ἰδίῳ**,
Jn 7:18 τὴν δόξαν τὴν **ἰδίαν** ζητεῖ·

Jn 8:44 ἐκ τῶν **ἰδίων** λαλεῖ,
Jn 10:3 ἀκούει καὶ τὰ **ἴδια** πρόβατα φωνεῖ κατ’
Jn 10:4 ὅταν τὰ **ἴδια** πάντα ἐκβάλῃ,
Jn 10:12 ἔστιν τὰ πρόβατα **ἴδια**,
Jn 13:1 ἀγαπήσας τοὺς **ἰδίους** τοὺς ἐν τῷ
Jn 15:19 κόσμος ἂν τὸ **ἴδιον** ἐφίλει·
Jn 16:32 ἕκαστος εἰς τὰ **ἴδια** κἀμὲ μόνον ἀφῆτε·
Jn 19:27 αὐτὴν εἰς τὰ **ἴδια**.

ἰδού (*idou*; 4/200) *look!*

Jn 4:35 **ἰδοὺ** λέγω ὑμῖν,
Jn 12:15 **ἰδοὺ** ὁ βασιλεύς σου
Jn 16:32 **ἰδοὺ** ἔρχεται ὥρα καὶ
Jn 19:5 **ἰδοὺ** ὁ ἄνθρωπος.

ἱερεύς (*hiereus*; 1/31) *priest*

Jn 1:19 Ἰουδαῖοι ἐξ Ἱεροσολύμων **ἱερεῖς** καὶ Λευίτας

ἱερόν (*hieron*; 10[11]/70[72]) *temple area*

Jn 2:14 εὗρεν ἐν τῷ **ἱερῷ** τοὺς πωλοῦντας βόας
Jn 2:15 ἐξέβαλεν ἐκ τοῦ **ἱεροῦ** τά τε πρόβατα
Jn 5:14 Ἰησοῦς ἐν τῷ **ἱερῷ** καὶ εἶπεν αὐτῷ·
Jn 7:14 Ἰησοῦς εἰς τὸ **ἱερὸν** καὶ ἐδίδασκεν.
Jn 7:28 οὖν ἐν τῷ **ἱερῷ** διδάσκων ὁ Ἰησοῦς
[Jn 8:2] παρεγένετο εἰς τὸ **ἱερὸν** καὶ πᾶς ὁ
Jn 8:20 διδάσκων ἐν τῷ **ἱερῷ**·
Jn 8:59 ἐξῆλθεν ἐκ τοῦ **ἱεροῦ**.
Jn 10:23 Ἰησοῦς ἐν τῷ **ἱερῷ** ἐν τῇ στοᾷ
Jn 11:56 ἀλλήλων ἐν τῷ **ἱερῷ** ἑστηκότες·
Jn 18:20 καὶ ἐν τῷ **ἱερῷ**,

Ἱεροσολυμίτης (*Hierosolymitēs*; 1/2) *inhabitant of Jerusalem*

Jn 7:25 τινες ἐκ τῶν **Ἱεροσολυμιτῶν**·

Ἰερουσαλήμ (*Ierousalēm*; 12/139) *Jerusalem*

Jn 1:19 οἱ Ἰουδαῖοι ἐξ **Ἱεροσολύμων** ἱερεῖς καὶ Λευίτας
Jn 2:13 καὶ ἀνέβη εἰς **Ἱεροσόλυμα** ὁ Ἰησοῦς.
Jn 2:23 ἦν ἐν τοῖς **Ἱεροσολύμοις** ἐν τῷ πάσχα
Jn 4:20 λέγετε ὅτι ἐν **Ἱεροσολύμοις** ἐστὶν ὁ τόπος
Jn 4:21 τούτῳ οὔτε ἐν **Ἱεροσολύμοις** προσκυνήσετε τῷ πατρί.
Jn 4:45 ὅσα ἐποίησεν ἐν **Ἱεροσολύμοις** ἐν τῇ ἑορτῇ,
Jn 5:1 ἀνέβη Ἰησοῦς εἰς **Ἱεροσόλυμα**.
Jn 5:2 δὲ ἐν τοῖς **Ἱεροσολύμοις** ἐπὶ τῇ προβατικῇ
Jn 10:22 ἐγκαίνια ἐν τοῖς **Ἱεροσολύμοις**,
Jn 11:18 Βηθανία ἐγγὺς τῶν **Ἱεροσολύμων** ὡς ἀπὸ σταδίων
Jn 11:55 ἀνέβησαν πολλοὶ εἰς **Ἱεροσόλυμα** ἐκ τῆς χώρας
Jn 12:12 ὁ Ἰησοῦς εἰς **Ἱεροσόλυμα**

Ἰησοῦς (*Iēsous*; 240[244]/911[917]) *Jesus*

Jn 1:17 ἡ ἀλήθεια διὰ **Ἰησοῦ** Χριστοῦ ἐγένετο.
Jn 1:29 ἐπαύριον βλέπει τὸν **Ἰησοῦν** ἐρχόμενον πρὸς αὐτὸν
Jn 1:36 καὶ ἐμβλέψας τῷ **Ἰησοῦ** περιπατοῦντι λέγει·
Jn 1:37 καὶ ἠκολούθησαν τῷ **Ἰησοῦ**.
Jn 1:38 στραφεὶς δὲ ὁ **Ἰησοῦς** καὶ θεασάμενος αὐτοὺς
Jn 1:42 αὐτὸν πρὸς τὸν **Ἰησοῦν**.
Jn 1:42 ἐμβλέψας αὐτῷ ὁ **Ἰησοῦς** εἶπεν·
Jn 1:43 λέγει αὐτῷ ὁ **Ἰησοῦς**·
Jn 1:45 **Ἰησοῦν** υἱὸν τοῦ Ἰωσὴφ
Jn 1:47 εἶδεν ὁ **Ἰησοῦς** τὸν Ναθαναὴλ ἐρχόμενον
Jn 1:48 ἀπεκρίθη **Ἰησοῦς** καὶ εἶπεν αὐτῷ·
Jn 1:50 ἀπεκρίθη **Ἰησοῦς** καὶ εἶπεν αὐτῷ·
Jn 2:1 ἡ μήτηρ τοῦ **Ἰησοῦ** ἐκεῖ·
Jn 2:2 δὲ καὶ ὁ **Ἰησοῦς** καὶ οἱ μαθηταὶ
Jn 2:3 ἡ μήτηρ τοῦ **Ἰησοῦ** πρὸς αὐτόν·
Jn 2:4 λέγει αὐτῇ ὁ **Ἰησοῦς**·
Jn 2:7 λέγει αὐτοῖς ὁ **Ἰησοῦς**·
Jn 2:11 τῶν σημείων ὁ **Ἰησοῦς** ἐν Κανὰ τῆς
Jn 2:13 εἰς Ἱεροσόλυμα ὁ **Ἰησοῦς**.
Jn 2:19 ἀπεκρίθη **Ἰησοῦς** καὶ εἶπεν αὐτοῖς·
Jn 2:22 ὃν εἶπεν ὁ **Ἰησοῦς**.
Jn 2:24 αὐτὸς δὲ **Ἰησοῦς** οὐκ ἐπίστευεν αὐτὸν
Jn 3:3 ἀπεκρίθη **Ἰησοῦς** καὶ εἶπεν αὐτῷ·
Jn 3:5 ἀπεκρίθη **Ἰησοῦς**·
Jn 3:10 ἀπεκρίθη **Ἰησοῦς** καὶ εἶπεν αὐτῷ·
Jn 3:22 ταῦτα ἦλθεν ὁ **Ἰησοῦς** καὶ οἱ μαθηταὶ
Jn 4:1 οὖν ἔγνω ὁ **Ἰησοῦς** ὅτι ἤκουσαν οἱ
Jn 4:1 οἱ Φαρισαῖοι ὅτι **Ἰησοῦς** πλείονας μαθητὰς ποιεῖ
Jn 4:2 καίτοιγε **Ἰησοῦς** αὐτὸς οὐκ ἐβάπτιζεν
Jn 4:6 ὁ οὖν **Ἰησοῦς** κεκοπιακὼς ἐκ τῆς
Jn 4:7 λέγει αὐτῇ ὁ **Ἰησοῦς**·
Jn 4:10 ἀπεκρίθη **Ἰησοῦς** καὶ εἶπεν αὐτῇ·
Jn 4:13 ἀπεκρίθη **Ἰησοῦς** καὶ εἶπεν αὐτῇ·
Jn 4:17 λέγει αὐτῇ ὁ **Ἰησοῦς**·
Jn 4:21 λέγει αὐτῇ ὁ **Ἰησοῦς**·
Jn 4:26 λέγει αὐτῇ ὁ **Ἰησοῦς**·
Jn 4:34 λέγει αὐτοῖς ὁ **Ἰησοῦς**·
Jn 4:44 αὐτὸς γὰρ **Ἰησοῦς** ἐμαρτύρησεν ὅτι προφήτης
Jn 4:47 οὗτος ἀκούσας ὅτι **Ἰησοῦς** ἥκει ἐκ τῆς
Jn 4:48 εἶπεν οὖν ὁ **Ἰησοῦς** πρὸς αὐτόν·
Jn 4:50 λέγει αὐτῷ ὁ **Ἰησοῦς**·
Jn 4:50 εἶπεν αὐτῷ ὁ **Ἰησοῦς** καὶ ἐπορεύετο.
Jn 4:53 εἶπεν αὐτῷ ὁ **Ἰησοῦς**·
Jn 4:54 σημεῖον ἐποίησεν ὁ **Ἰησοῦς** ἐλθὼν ἐκ τῆς
Jn 5:1 Ἰουδαίων καὶ ἀνέβη **Ἰησοῦς** εἰς Ἱεροσόλυμα.
Jn 5:6 τοῦτον ἰδὼν ὁ **Ἰησοῦς** κατακείμενον καὶ γνοὺς
Jn 5:8 λέγει αὐτῷ ὁ **Ἰησοῦς**·
Jn 5:13 ὁ γὰρ **Ἰησοῦς** ἐξένευσεν ὄχλου ὄντος
Jn 5:14 εὑρίσκει αὐτὸν ὁ **Ἰησοῦς** ἐν τῷ ἱερῷ
Jn 5:15 τοῖς Ἰουδαίοις ὅτι **Ἰησοῦς** ἐστιν ὁ ποιήσας
Jn 5:16 οἱ Ἰουδαῖοι τὸν **Ἰησοῦν**,
Jn 5:17 Ὁ δὲ **[Ἰησοῦς]** ἀπεκρίνατο αὐτοῖς·
Jn 5:19 Ἀπεκρίνατο οὖν ὁ **Ἰησοῦς** καὶ ἔλεγεν αὐτοῖς·
Jn 6:1 ταῦτα ἀπῆλθεν ὁ **Ἰησοῦς** πέραν τῆς θαλάσσης
Jn 6:3 εἰς τὸ ὄρος **Ἰησοῦς** καὶ ἐκεῖ ἐκάθητο
Jn 6:5 τοὺς ὀφθαλμοὺς ὁ **Ἰησοῦς** καὶ θεασάμενος
Jn 6:10 εἶπεν ὁ **Ἰησοῦς**·
Jn 6:11 τοὺς ἄρτους ὁ **Ἰησοῦς** καὶ εὐχαριστήσας διέδωκεν
Jn 6:15 **Ἰησοῦς** οὖν γνοὺς ὅτι
Jn 6:17 πρὸς αὐτοὺς ὁ **Ἰησοῦς**,
Jn 6:19 τριάκοντα θεωροῦσιν τὸν **Ἰησοῦν** περιπατοῦντα ἐπὶ τῆς

Jn 6:22 μαθηταῖς αὐτοῦ ὁ **Ἰησοῦς** εἰς τὸ πλοῖον
Jn 6:24 ὁ ὄχλος ὅτι **Ἰησοῦς** οὐκ ἔστιν ἐκεῖ
Jn 6:24 Καφαρναοὺμ ζητοῦντες τὸν **Ἰησοῦν**.
Jn 6:26 Ἀπεκρίθη αὐτοῖς ὁ **Ἰησοῦς** καὶ εἶπεν·
Jn 6:29 ἀπεκρίθη [ὁ] **Ἰησοῦς** καὶ εἶπεν αὐτοῖς·
Jn 6:32 οὖν αὐτοῖς ὁ **Ἰησοῦς**·
Jn 6:35 εἶπεν αὐτοῖς ὁ **Ἰησοῦς**·
Jn 6:42 οὐχ οὗτός ἐστιν **Ἰησοῦς** ὁ υἱὸς Ἰωσήφ,
Jn 6:43 ἀπεκρίθη **Ἰησοῦς** καὶ εἶπεν αὐτοῖς·
Jn 6:53 οὖν αὐτοῖς ὁ **Ἰησοῦς**·
Jn 6:61 εἰδὼς δὲ ὁ **Ἰησοῦς** ἐν ἑαυτῷ ὅτι
Jn 6:64 ἐξ ἀρχῆς ὁ **Ἰησοῦς** τίνες εἰσὶν οἱ
Jn 6:67 εἶπεν οὖν ὁ **Ἰησοῦς** τοῖς δώδεκα·
Jn 6:70 ἀπεκρίθη αὐτοῖς ὁ **Ἰησοῦς**·
Jn 7:1 ταῦτα περιεπάτει ὁ **Ἰησοῦς** ἐν τῇ Γαλιλαίᾳ·
Jn 7:6 οὖν αὐτοῖς ὁ **Ἰησοῦς**·
Jn 7:14 ἑορτῆς μεσούσης ἀνέβη **Ἰησοῦς** εἰς τὸ ἱερὸν
Jn 7:16 οὖν αὐτοῖς [ὁ] **Ἰησοῦς** καὶ εἶπεν·
Jn 7:21 ἀπεκρίθη **Ἰησοῦς** καὶ εἶπεν αὐτοῖς·
Jn 7:28 ἱερῷ διδάσκων ὁ **Ἰησοῦς** καὶ λέγων·
Jn 7:33 εἶπεν οὖν ὁ **Ἰησοῦς**·
Jn 7:37 ἑορτῆς εἱστήκει ὁ **Ἰησοῦς** καὶ ἔκραξεν λέγων·
Jn 7:39 ὅτι **Ἰησοῦς** οὐδέπω ἐδοξάσθη.
[Jn 8:1] **Ἰησοῦς** δὲ ἐπορεύθη εἰς
[Jn 8:6] ὁ δὲ **Ἰησοῦς** κάτω κύψας τῷ
[Jn 8:10] ἀνακύψας δὲ ὁ **Ἰησοῦς** εἶπεν αὐτῇ·
[Jn 8:11] εἶπεν δὲ ὁ **Ἰησοῦς**·
Jn 8:12 αὐτοῖς ἐλάλησεν ὁ **Ἰησοῦς** λέγων·
Jn 8:14 ἀπεκρίθη **Ἰησοῦς** καὶ εἶπεν αὐτοῖς·
Jn 8:19 ἀπεκρίθη **Ἰησοῦς**·
Jn 8:25 εἶπεν αὐτοῖς ὁ **Ἰησοῦς**·
Jn 8:28 οὖν [αὐτοῖς] ὁ **Ἰησοῦς**·
Jn 8:31 ἔλεγεν οὖν ὁ **Ἰησοῦς** πρὸς τοὺς πεπιστευκότας
Jn 8:34 ἀπεκρίθη αὐτοῖς ὁ **Ἰησοῦς**·
Jn 8:39 λέγει αὐτοῖς ὁ **Ἰησοῦς**·
Jn 8:42 εἶπεν αὐτοῖς ὁ **Ἰησοῦς**·
Jn 8:49 ἀπεκρίθη **Ἰησοῦς**·
Jn 8:54 ἀπεκρίθη **Ἰησοῦς**·
Jn 8:58 εἶπεν αὐτοῖς **Ἰησοῦς**·
Jn 8:59 **Ἰησοῦς** δὲ ἐκρύβη καὶ
Jn 9:3 ἀπεκρίθη **Ἰησοῦς**·
Jn 9:11 ἄνθρωπος ὁ λεγόμενος **Ἰησοῦς** πηλὸν ἐποίησεν καὶ
Jn 9:14 πηλὸν ἐποίησεν ὁ **Ἰησοῦς** καὶ ἀνέῳξεν αὐτοῦ
Jn 9:35 Ἤκουσεν **Ἰησοῦς** ὅτι ἐξέβαλον αὐτὸν
Jn 9:37 εἶπεν αὐτῷ ὁ **Ἰησοῦς**·
Jn 9:39 Καὶ εἶπεν ὁ **Ἰησοῦς**·
Jn 9:41 εἶπεν αὐτοῖς ὁ **Ἰησοῦς**·
Jn 10:6 εἶπεν αὐτοῖς ὁ **Ἰησοῦς**,
Jn 10:7 οὖν πάλιν ὁ **Ἰησοῦς**·
Jn 10:23 καὶ περιεπάτει ὁ **Ἰησοῦς** ἐν τῷ ἱερῷ
Jn 10:25 ἀπεκρίθη αὐτοῖς ὁ **Ἰησοῦς**·
Jn 10:32 ἀπεκρίθη αὐτοῖς ὁ **Ἰησοῦς**·
Jn 10:34 ἀπεκρίθη αὐτοῖς [ὁ] **Ἰησοῦς**·
Jn 11:4 ἀκούσας δὲ ὁ **Ἰησοῦς** εἶπεν·
Jn 11:5 ἠγάπα δὲ ὁ **Ἰησοῦς** τὴν Μάρθαν καὶ
Jn 11:9 ἀπεκρίθη **Ἰησοῦς**·
Jn 11:13 εἰρήκει δὲ ὁ **Ἰησοῦς** περὶ τοῦ θανάτου
Jn 11:14 εἶπεν αὐτοῖς ὁ **Ἰησοῦς** παρρησίᾳ·
Jn 11:17 Ἐλθὼν οὖν ὁ **Ἰησοῦς** εὗρεν αὐτὸν τέσσαρας
Jn 11:20 ὡς ἤκουσεν ὅτι **Ἰησοῦς** ἔρχεται ὑπήντησεν αὐτῷ·
Jn 11:21 Μάρθα πρὸς τὸν **Ἰησοῦν**·
Jn 11:23 λέγει αὐτῇ ὁ **Ἰησοῦς**·
Jn 11:25 εἶπεν αὐτῇ ὁ **Ἰησοῦς**·
Jn 11:30 δὲ ἐληλύθει ὁ **Ἰησοῦς** εἰς τὴν κώμην,
Jn 11:32 ἦλθεν ὅπου ἦν **Ἰησοῦς** ἰδοῦσα αὐτὸν ἔπεσεν
Jn 11:33 **Ἰησοῦς** οὖν ὡς εἶδεν
Jn 11:35 ἐδάκρυσεν ὁ **Ἰησοῦς**.
Jn 11:38 **Ἰησοῦς** οὖν πάλιν ἐμβριμώμενος
Jn 11:39 λέγει ὁ **Ἰησοῦς**·
Jn 11:40 λέγει αὐτῇ ὁ **Ἰησοῦς**·
Jn 11:41 ὁ δὲ **Ἰησοῦς** ἦρεν τοὺς ὀφθαλμοὺς
Jn 11:44 λέγει αὐτοῖς ὁ **Ἰησοῦς**·
Jn 11:46 αὐτοῖς ἃ ἐποίησεν **Ἰησοῦς**.
Jn 11:51 ἐπροφήτευσεν ὅτι ἔμελλεν **Ἰησοῦς** ἀποθνῄσκειν ὑπὲρ τοῦ
Jn 11:54 Ὁ οὖν **Ἰησοῦς** οὐκέτι παρρησίᾳ περιεπάτει
Jn 11:56 ἐζήτουν οὖν τὸν **Ἰησοῦν** καὶ ἔλεγον μετ᾽
Jn 12:1 Ὁ οὖν **Ἰησοῦς** πρὸ ἓξ ἡμερῶν
Jn 12:1 ἤγειρεν ἐκ νεκρῶν **Ἰησοῦς**.
Jn 12:3 τοὺς πόδας τοῦ **Ἰησοῦ** καὶ ἐξέμαξεν ταῖς
Jn 12:7 εἶπεν οὖν ὁ **Ἰησοῦς**·
Jn 12:9 οὐ διὰ τὸν **Ἰησοῦν** μόνον,
Jn 12:11 ἐπίστευον εἰς τὸν **Ἰησοῦν**.
Jn 12:12 ὅτι ἔρχεται ὁ **Ἰησοῦς** εἰς Ἱεροσόλυμα
Jn 12:14 εὑρὼν δὲ ὁ **Ἰησοῦς** ὀνάριον ἐκάθισεν ἐπ᾽
Jn 12:16 ἀλλ᾽ ὅτε ἐδοξάσθη **Ἰησοῦς** τότε ἐμνήσθησαν
Jn 12:21 θέλομεν τὸν **Ἰησοῦν** ἰδεῖν.
Jn 12:22 καὶ λέγουσιν τῷ **Ἰησοῦ**.
Jn 12:23 ὁ δὲ **Ἰησοῦς** ἀποκρίνεται αὐτοῖς λέγων·
Jn 12:30 ἀπεκρίθη **Ἰησοῦς** καὶ εἶπεν·
Jn 12:35 οὖν αὐτοῖς ὁ **Ἰησοῦς**·
Jn 12:36 ταῦτα ἐλάλησεν **Ἰησοῦς**,
Jn 12:44 **Ἰησοῦς** δὲ ἔκραξεν καὶ
Jn 13:1 πάσχα εἰδὼς ὁ **Ἰησοῦς** ὅτι ἦλθεν αὐτοῦ
Jn 13:7 ἀπεκρίθη **Ἰησοῦς** καὶ εἶπεν αὐτῷ·
Jn 13:8 ἀπεκρίθη **Ἰησοῦς** αὐτῷ·
Jn 13:10 λέγει αὐτῷ ὁ **Ἰησοῦς**·
Jn 13:21 Ταῦτα εἰπὼν [ὁ] **Ἰησοῦς** ἐταράχθη τῷ πνεύματι
Jn 13:23 τῷ κόλπῳ τοῦ **Ἰησοῦ**,
Jn 13:23 ὃν ἠγάπα ὁ **Ἰησοῦς**.
Jn 13:25 τὸ στῆθος τοῦ **Ἰησοῦ** λέγει αὐτῷ·
Jn 13:26 ἀποκρίνεται [ὁ] **Ἰησοῦς**·
Jn 13:27 οὖν αὐτῷ ὁ **Ἰησοῦς**·
Jn 13:29 λέγει αὐτῷ [ὁ] **Ἰησοῦς**·
Jn 13:31 λέγει **Ἰησοῦς**·
Jn 13:36 ἀπεκρίθη [αὐτῷ] **Ἰησοῦς**·
Jn 13:38 ἀποκρίνεται **Ἰησοῦς**·
Jn 14:6 λέγει αὐτῷ [ὁ] **Ἰησοῦς**·
Jn 14:9 λέγει αὐτῷ ὁ **Ἰησοῦς**·
Jn 14:23 ἀπεκρίθη **Ἰησοῦς** καὶ εἶπεν αὐτῷ·
Jn 16:19 Ἔγνω [ὁ] **Ἰησοῦς** ὅτι ἤθελον αὐτὸν
Jn 16:31 ἀπεκρίθη αὐτοῖς **Ἰησοῦς**·
Jn 17:1 Ταῦτα ἐλάλησεν **Ἰησοῦς** καὶ ἐπάρας τοὺς
Jn 17:3 καὶ ὃν ἀπέστειλας **Ἰησοῦν** Χριστόν.
Jn 18:1 Ταῦτα εἰπὼν **Ἰησοῦς** ἐξῆλθεν σὺν τοῖς
Jn 18:2 ὅτι πολλάκις συνήχθη **Ἰησοῦς** ἐκεῖ μετὰ τῶν
Jn 18:4 **Ἰησοῦς** οὖν εἰδὼς πάντα
Jn 18:5 **Ἰησοῦν** τὸν Ναζωραῖον.
Jn 18:7 **Ἰησοῦν** τὸν Ναζωραῖον.

Jn 18:8 ἀπεκρίθη **Ἰησοῦς**·
Jn 18:11 εἶπεν οὖν ὁ **Ἰησοῦς** τῷ Πέτρῳ·
Jn 18:12 Ἰουδαίων συνέλαβον τὸν **Ἰησοῦν** καὶ ἔδησαν αὐτὸν
Jn 18:15 Ἠκολούθει δὲ τῷ **Ἰησοῦ** Σίμων Πέτρος καὶ
Jn 18:15 καὶ συνεισῆλθεν τῷ **Ἰησοῦ** εἰς τὴν αὐλὴν
Jn 18:19 ἀρχιερεὺς ἠρώτησεν τὸν **Ἰησοῦν** περὶ τῶν μαθητῶν
Jn 18:20 ἀπεκρίθη αὐτῷ **Ἰησοῦς**·
Jn 18:22 ἔδωκεν ῥάπισμα τῷ **Ἰησοῦ** εἰπών·
Jn 18:23 ἀπεκρίθη αὐτῷ **Ἰησοῦς**·
Jn 18:28 Ἄγουσιν οὖν τὸν **Ἰησοῦν** ἀπὸ τοῦ Καϊάφα
Jn 18:32 ὁ λόγος τοῦ **Ἰησοῦ** πληρωθῇ ὃν εἶπεν
Jn 18:33 καὶ ἐφώνησεν τὸν **Ἰησοῦν** καὶ εἶπεν αὐτῷ·
Jn 18:34 ἀπεκρίθη **Ἰησοῦς**·
Jn 18:36 ἀπεκρίθη **Ἰησοῦς**·
Jn 18:37 ἀπεκρίθη ὁ **Ἰησοῦς**·
Jn 19:1 ὁ Πιλᾶτος τὸν **Ἰησοῦν** καὶ ἐμαστίγωσεν.
Jn 19:5 ἐξῆλθεν οὖν ὁ **Ἰησοῦς** ἔξω,
Jn 19:9 καὶ λέγει τῷ **Ἰησοῦ**·
Jn 19:9 ὁ δὲ **Ἰησοῦς** ἀπόκρισιν οὐκ ἔδωκεν
Jn 19:11 ἀπεκρίθη [αὐτῷ] **Ἰησοῦς**·
Jn 19:13 ἤγαγεν ἔξω τὸν **Ἰησοῦν** καὶ ἐκάθισεν ἐπὶ
Jn 19:16 Παρέλαβον οὖν τὸν **Ἰησοῦν**,
Jn 19:18 μέσον δὲ τὸν **Ἰησοῦν**.
Jn 19:19 **Ἰησοῦς** ὁ Ναζωραῖος ὁ
Jn 19:20 ὅπου ἐσταυρώθη ὁ **Ἰησοῦς**·
Jn 19:23 ὅτε ἐσταύρωσαν τὸν **Ἰησοῦν**,
Jn 19:25 τῷ σταυρῷ τοῦ **Ἰησοῦ** ἡ μήτηρ αὐτοῦ
Jn 19:26 **Ἰησοῦς** οὖν ἰδὼν τὴν
Jn 19:28 τοῦτο εἰδὼς ὁ **Ἰησοῦς** ὅτι ἤδη πάντα
Jn 19:30 τὸ ὄξος [ὁ] **Ἰησοῦς** εἶπεν·
Jn 19:33 ἐπὶ δὲ τὸν **Ἰησοῦν** ἐλθόντες,
Jn 19:38 ὢν μαθητὴς τοῦ **Ἰησοῦ** κεκρυμμένος δὲ διὰ
Jn 19:38 τὸ σῶμα τοῦ **Ἰησοῦ**·
Jn 19:40 τὸ σῶμα τοῦ **Ἰησοῦ** καὶ ἔδησαν αὐτὸ
Jn 19:42 ἔθηκαν τὸν **Ἰησοῦν**.
Jn 20:2 ὃν ἐφίλει ὁ **Ἰησοῦς** καὶ λέγει αὐτοῖς·
Jn 20:12 τὸ σῶμα τοῦ **Ἰησοῦ**.
Jn 20:14 καὶ θεωρεῖ τὸν **Ἰησοῦν** ἑστῶτα καὶ οὐκ
Jn 20:14 οὐκ ᾔδει ὅτι **Ἰησοῦς** ἐστιν.
Jn 20:15 λέγει αὐτῇ **Ἰησοῦς**·
Jn 20:16 λέγει αὐτῇ **Ἰησοῦς**·
Jn 20:17 λέγει αὐτῇ **Ἰησοῦς**·
Jn 20:19 ἦλθεν ὁ **Ἰησοῦς** καὶ ἔστη εἰς
Jn 20:21 οὖν αὐτοῖς [ὁ **Ἰησοῦς**] πάλιν·
Jn 20:24 αὐτῶν ὅτε ἦλθεν **Ἰησοῦς**.
Jn 20:26 ἔρχεται ὁ **Ἰησοῦς** τῶν θυρῶν κεκλεισμένων
Jn 20:29 λέγει αὐτῷ ὁ **Ἰησοῦς**·
Jn 20:30 σημεῖα ἐποίησεν ὁ **Ἰησοῦς** ἐνώπιον τῶν μαθητῶν
Jn 20:31 ἵνα πιστεύ[σ]ητε ὅτι **Ἰησοῦς** ἐστιν ὁ χριστὸς
Jn 21:1 ἑαυτὸν πάλιν ὁ **Ἰησοῦς** τοῖς μαθηταῖς ἐπὶ
Jn 21:4 ἤδη γενομένης ἔστη **Ἰησοῦς** εἰς τὸν αἰγιαλόν,
Jn 21:4 οἱ μαθηταὶ ὅτι **Ἰησοῦς** ἐστιν.
Jn 21:5 οὖν αὐτοῖς [ὁ] **Ἰησοῦς**·
Jn 21:7 ὃν ἠγάπα ὁ **Ἰησοῦς** τῷ Πέτρῳ·
Jn 21:10 λέγει αὐτοῖς ὁ **Ἰησοῦς**·
Jn 21:12 λέγει αὐτοῖς ὁ **Ἰησοῦς**·
Jn 21:13 ἔρχεται **Ἰησοῦς** καὶ λαμβάνει τὸν
Jn 21:14 ἤδη τρίτον ἐφανερώθη **Ἰησοῦς** τοῖς μαθηταῖς ἐγερθεὶς
Jn 21:15 Σίμωνι Πέτρῳ ὁ **Ἰησοῦς**·
Jn 21:17 λέγει αὐτῷ [ὁ **Ἰησοῦς**]·
Jn 21:20 ὃν ἠγάπα ὁ **Ἰησοῦς** ἀκολουθοῦντα,
Jn 21:21 Πέτρος λέγει τῷ **Ἰησοῦ**·
Jn 21:22 λέγει αὐτῷ ὁ **Ἰησοῦς**·
Jn 21:23 δὲ αὐτῷ ὁ **Ἰησοῦς** ὅτι οὐκ ἀποθνῄσκει
Jn 21:25 ἃ ἐποίησεν ὁ **Ἰησοῦς**,

ἱμάς (*himas*; 1/4) *strap*

Jn 1:27 λύσω αὐτοῦ τὸν **ἱμάντα** τοῦ ὑποδήματος.

ἱμάτιον (*himation*; 6/60) *garment*

Jn 13:4 καὶ τίθησιν τὰ **ἱμάτια** καὶ λαβὼν λέντιον
Jn 13:12 [καὶ] ἔλαβεν τὰ **ἱμάτια** αὐτοῦ καὶ ἀνέπεσεν
Jn 19:2 τῇ κεφαλῇ καὶ **ἱμάτιον** πορφυροῦν περιέβαλον αὐτὸν
Jn 19:5 καὶ τὸ πορφυροῦν **ἱμάτιον**.
Jn 19:23 ἔλαβον τὰ **ἱμάτια** αὐτοῦ καὶ ἐποίησαν
Jn 19:24 διεμερίσαντο τὰ **ἱμάτιά** μου ἑαυτοῖς καὶ

ἱματισμός (*himatismos*; 1/5) *clothing*

Jn 19:24 καὶ ἐπὶ τὸν **ἱματισμόν** μου ἔβαλον κλῆρον.

ἵνα (*hina*; 144[145]/662[663]) *so that, in order that*

Jn 1:7 ἦλθεν εἰς μαρτυρίαν **ἵνα** μαρτυρήσῃ περὶ
Jn 1:7 **ἵνα** πάντες πιστεύσωσιν δι᾽
Jn 1:8 ἀλλ᾽ **ἵνα** μαρτυρήσῃ περὶ τοῦ
Jn 1:19 ἱερεῖς καὶ Λευίτας **ἵνα** ἐρωτήσωσιν αὐτόν·
Jn 1:22 **ἵνα** ἀπόκρισιν δῶμεν τοῖς
Jn 1:27 εἰμὶ [ἐγὼ] ἄξιος **ἵνα** λύσω αὐτοῦ τὸν
Jn 1:31 ἀλλ᾽ **ἵνα** φανερωθῇ τῷ Ἰσραὴλ
Jn 2:25 οὐ χρείαν εἶχεν **ἵνα** τις μαρτυρήσῃ περὶ
Jn 3:15 **ἵνα** πᾶς ὁ πιστεύων
Jn 3:16 **ἵνα** πᾶς ὁ πιστεύων
Jn 3:17 εἰς τὸν κόσμον **ἵνα** κρίνῃ τὸν κόσμον,
Jn 3:17 ἀλλ᾽ **ἵνα** σωθῇ ὁ κόσμος
Jn 3:20 **ἵνα** μὴ ἐλεγχθῇ τὰ
Jn 3:21 **ἵνα** φανερωθῇ αὐτοῦ τὰ
Jn 4:8 εἰς τὴν πόλιν **ἵνα** τροφὰς ἀγοράσωσιν.
Jn 4:15 **ἵνα** μὴ διψῶ μηδὲ
Jn 4:34 ἐμὸν βρῶμά ἐστιν **ἵνα** ποιήσω τὸ θέλημα
Jn 4:36 **ἵνα** ὁ σπείρων ὁμοῦ
Jn 4:47 αὐτὸν καὶ ἠρώτα **ἵνα** καταβῇ καὶ ἰάσηται
Jn 5:7 ἄνθρωπον οὐκ ἔχω **ἵνα** ὅταν ταραχθῇ τὸ
Jn 5:14 **ἵνα** μὴ χεῖρόν σοί
Jn 5:20 **ἵνα** ὑμεῖς θαυμάζητε.
Jn 5:23 **ἵνα** πάντες τιμῶσι τὸν
Jn 5:34 ἀλλὰ ταῦτα λέγω **ἵνα** ὑμεῖς σωθῆτε.
Jn 5:36 μοι ὁ πατὴρ **ἵνα** τελειώσω αὐτά,
Jn 5:40 ἐλθεῖν πρός με **ἵνα** ζωὴν ἔχητε.
Jn 6:5 πόθεν ἀγοράσωμεν ἄρτους **ἵνα** φάγωσιν οὗτοι;
Jn 6:7 οὐκ ἀρκοῦσιν αὐτοῖς **ἵνα** ἕκαστος βραχύ [τι]
Jn 6:12 **ἵνα** μή τι ἀπόληται.
Jn 6:15 καὶ ἁρπάζειν αὐτὸν **ἵνα** ποιήσωσιν βασιλέα,
Jn 6:28 τί ποιῶμεν **ἵνα** ἐργαζώμεθα τὰ ἔργα
Jn 6:29 **ἵνα** πιστεύητε εἰς ὃν
Jn 6:30 **ἵνα** ἴδωμεν καὶ πιστεύσωμέν
Jn 6:38 τοῦ οὐρανοῦ οὐχ **ἵνα** ποιῶ τὸ θέλημα
Jn 6:39 **ἵνα** πᾶν ὃ δέδωκέν
Jn 6:40 **ἵνα** πᾶς ὁ θεωρῶν
Jn 6:50 **ἵνα** τις ἐξ αὐτοῦ

Jn 7:3 **ἵνα** καὶ οἱ μαθηταί
Jn 7:23 ἄνθρωπος ἐν σαββάτῳ **ἵνα** μὴ λυθῇ ὁ
Jn 7:32 οἱ Φαρισαῖοι ὑπηρέτας **ἵνα** πιάσωσιν αὐτόν.
[Jn 8:6] **ἵνα** ἔχωσιν κατηγορεῖν αὐτοῦ.
Jn 8:56 πατὴρ ὑμῶν ἠγαλλιάσατο **ἵνα** ἴδῃ τὴν ἡμέραν
Jn 8:59 ἦραν οὖν λίθους **ἵνα** βάλωσιν ἐπ' αὐτόν.
Jn 9:2 **ἵνα** τυφλὸς γεννηθῇ;
Jn 9:3 ἀλλ' **ἵνα** φανερωθῇ τὰ ἔργα
Jn 9:22 συνετέθειντο οἱ Ἰουδαῖοι **ἵνα** ἐάν τις αὐτὸν
Jn 9:36 **ἵνα** πιστεύσω εἰς αὐτόν;
Jn 9:39 **ἵνα** οἱ μὴ βλέποντες
Jn 10:10 ἔρχεται εἰ μὴ **ἵνα** κλέψῃ καὶ θύσῃ
Jn 10:10 ἐγὼ ἦλθον **ἵνα** ζωὴν ἔχωσιν καὶ
Jn 10:17 ἵνα **πάλιν** λάβω αὐτήν.
Jn 10:31 λίθους οἱ Ἰουδαῖοι **ἵνα** λιθάσωσιν αὐτόν.
Jn 10:38 **ἵνα** γνῶτε καὶ γινώσκητε
Jn 11:4 **ἵνα** δοξασθῇ ὁ υἱὸς
Jn 11:11 ἀλλὰ πορεύομαι **ἵνα** ἐξυπνίσω αὐτόν.
Jn 11:15 χαίρω δι' ὑμᾶς **ἵνα** πιστεύσητε,
Jn 11:16 ἄγωμεν καὶ ἡμεῖς **ἵνα** ἀποθάνωμεν μετ' αὐτοῦ.
Jn 11:19 Μάρθαν καὶ Μαριὰμ **ἵνα** παραμυθήσωνται αὐτὰς περὶ
Jn 11:31 εἰς τὸ μνημεῖον **ἵνα** κλαύσῃ ἐκεῖ.
Jn 11:37 τοῦ τυφλοῦ ποιῆσαι **ἵνα** καὶ οὗτος μὴ
Jn 11:42 **ἵνα** πιστεύσωσιν ὅτι σύ
Jn 11:50 ὅτι συμφέρει ὑμῖν **ἵνα** εἷς ἄνθρωπος ἀποθάνῃ
Jn 11:52 ἔθνους μόνον ἀλλ' **ἵνα** καὶ τὰ τέκνα
Jn 11:53 τῆς ἡμέρας ἐβουλεύσαντο **ἵνα** ἀποκτείνωσιν αὐτόν.
Jn 11:55 πρὸ τοῦ πάσχα **ἵνα** ἁγνίσωσιν ἑαυτούς.
Jn 11:57 οἱ Φαρισαῖοι ἐντολὰς **ἵνα** ἐάν τις γνῷ
Jn 12:7 **ἵνα** εἰς τὴν ἡμέραν
Jn 12:9 ἀλλ' **ἵνα** καὶ τὸν Λάζαρον
Jn 12:10 δὲ οἱ ἀρχιερεῖς **ἵνα** καὶ τὸν Λάζαρον
Jn 12:20 ἐκ τῶν ἀναβαινόντων **ἵνα** προσκυνήσωσιν ἐν
Jn 12:23 ἐλήλυθεν ἡ ὥρα **ἵνα** δοξασθῇ ὁ υἱὸς
Jn 12:35 **ἵνα** μὴ σκοτία ὑμᾶς
Jn 12:36 **ἵνα** υἱοὶ φωτὸς γένησθε.
Jn 12:38 **ἵνα** ὁ λόγος Ἠσαΐου
Jn 12:40 **ἵνα** μὴ ἴδωσιν τοῖς
Jn 12:42 Φαρισαίους οὐχ ὡμολόγουν **ἵνα** μὴ ἀποσυνάγωγοι γένωνται·
Jn 12:46 **ἵνα** πᾶς ὁ πιστεύων
Jn 12:47 οὐ γὰρ ἦλθον **ἵνα** κρίνω τὸν κόσμον,
Jn 12:47 ἀλλ' **ἵνα** σώσω τὸν κόσμον.
Jn 13:1 αὐτοῦ ἡ ὥρα **ἵνα** μεταβῇ ἐκ τοῦ
Jn 13:2 εἰς τὴν καρδίαν **ἵνα** παραδοῖ αὐτὸν Ἰούδας
Jn 13:15 γὰρ ἔδωκα ὑμῖν **ἵνα** καθὼς ἐγὼ ἐποίησα
Jn 13:18 ἀλλ' **ἵνα** ἡ γραφὴ πληρωθῇ·
Jn 13:19 **ἵνα** πιστεύσητε ὅταν γένηται
Jn 13:29 ἢ τοῖς πτωχοῖς **ἵνα** τι δῷ.
Jn 13:34 **ἵνα** ἀγαπᾶτε ἀλλήλους,
Jn 13:34 καθὼς ἠγάπησα ὑμᾶς **ἵνα** καὶ ὑμεῖς ἀγαπᾶτε
Jn 14:3 **ἵνα** ὅπου εἰμὶ ἐγὼ
Jn 14:13 **ἵνα** δοξασθῇ ὁ πατὴρ
Jn 14:16 **ἵνα** μεθ' ὑμῶν εἰς
Jn 14:29 **ἵνα** ὅταν γένηται πιστεύσητε.
Jn 14:31 ἀλλ' **ἵνα** γνῷ ὁ κόσμος
Jn 15:2 φέρον καθαίρει αὐτὸ **ἵνα** καρπὸν πλείονα φέρῃ.
Jn 15:8 **ἵνα** καρπὸν πολὺν φέρητε
Jn 15:11 Ταῦτα λελάληκα ὑμῖν **ἵνα** ἡ χαρὰ ἡ
Jn 15:12 **ἵνα** ἀγαπᾶτε ἀλλήλους καθὼς
Jn 15:13 **ἵνα** τις τὴν ψυχὴν
Jn 15:16 καὶ ἔθηκα ὑμᾶς **ἵνα** ὑμεῖς ὑπάγητε καὶ
Jn 15:16 **ἵνα** ὅ τι ἂν
Jn 15:17 **ἵνα** ἀγαπᾶτε ἀλλήλους.
Jn 15:25 ἀλλ' **ἵνα** πληρωθῇ ὁ λόγος
Jn 16:1 Ταῦτα λελάληκα ὑμῖν **ἵνα** μὴ σκανδαλισθῆτε.
Jn 16:2 ἀλλ' ἔρχεται ὥρα **ἵνα** πᾶς ὁ ἀποκτείνας
Jn 16:4 ταῦτα λελάληκα ὑμῖν **ἵνα** ὅταν ἔλθῃ ἡ
Jn 16:7 συμφέρει ὑμῖν **ἵνα** ἐγὼ ἀπέλθω.
Jn 16:24 **ἵνα** ἡ χαρὰ ὑμῶν
Jn 16:30 οὐ χρείαν ἔχεις **ἵνα** τις σε ἐρωτᾷ·
Jn 16:32 ὥρα καὶ ἐλήλυθεν **ἵνα** σκορπισθῆτε ἕκαστος
Jn 16:33 ταῦτα λελάληκα ὑμῖν **ἵνα** ἐν ἐμοὶ εἰρήνην
Jn 17:1 **ἵνα** ὁ υἱὸς δοξάσῃ
Jn 17:2 **ἵνα** πᾶν ὃ δέδωκας
Jn 17:3 ἡ αἰώνιος ζωὴ **ἵνα** γινώσκωσιν σὲ τὸν
Jn 17:4 ὃ δέδωκάς μοι **ἵνα** ποιήσω·
Jn 17:11 **ἵνα** ὦσιν ἓν καθὼς
Jn 17:12 **ἵνα** ἡ γραφὴ πληρωθῇ.
Jn 17:13 ἐν τῷ κόσμῳ **ἵνα** ἔχωσιν τὴν χαρὰν
Jn 17:15 οὐκ ἐρωτῶ **ἵνα** ἄρῃς αὐτοὺς ἐκ
Jn 17:15 ἀλλ' **ἵνα** τηρήσῃς αὐτοὺς ἐκ
Jn 17:19 **ἵνα** ὦσιν καὶ αὐτοὶ
Jn 17:21 **ἵνα** πάντες ἓν ὦσιν,
Jn 17:21 ἵνα **καὶ** αὐτοὶ ἐν ἡμῖν
Jn 17:21 **ἵνα** ὁ κόσμος πιστεύῃ
Jn 17:22 **ἵνα** ὦσιν ἓν καθὼς
Jn 17:23 **ἵνα** ὦσιν τετελειωμένοι εἰς
Jn 17:23 **ἵνα** γινώσκῃ ὁ κόσμος
Jn 17:24 θέλω **ἵνα** ὅπου εἰμὶ ἐγὼ
Jn 17:24 **ἵνα** θεωρῶσιν τὴν δόξαν
Jn 17:26 **ἵνα** ἡ ἀγάπη ἣν
Jn 18:9 **ἵνα** πληρωθῇ ὁ λόγος
Jn 18:28 **ἵνα** μὴ μιανθῶσιν ἀλλὰ
Jn 18:32 **ἵνα** ὁ λόγος τοῦ
Jn 18:36 ἐμοὶ ἠγωνίζοντο [ἂν] **ἵνα** μὴ παραδοθῶ τοῖς
Jn 18:37 **ἵνα** μαρτυρήσω τῇ ἀληθείᾳ·
Jn 18:39 δὲ συνήθεια ὑμῖν **ἵνα** ἕνα ἀπολύσω ὑμῖν
Jn 19:4 **ἵνα** γνῶτε ὅτι οὐδεμίαν
Jn 19:16 παρέδωκεν αὐτὸν αὐτοῖς **ἵνα** σταυρωθῇ.
Jn 19:24 **ἵνα** ἡ γραφὴ πληρωθῇ
Jn 19:28 **ἵνα** τελειωθῇ ἡ γραφή,
Jn 19:31 **ἵνα** μὴ μείνῃ ἐπὶ
Jn 19:31 ἠρώτησαν τὸν Πιλᾶτον **ἵνα** κατεαγῶσιν αὐτῶν τὰ
Jn 19:35 **ἵνα** καὶ ὑμεῖς πιστεύ[σ]ητε.
Jn 19:36 ἐγένετο γὰρ ταῦτα **ἵνα** ἡ γραφὴ πληρωθῇ·
Jn 19:38 **ἵνα** ἄρῃ τὸ σῶμα
Jn 20:31 ταῦτα δὲ γέγραπται **ἵνα** πιστεύ[σ]ητε ὅτι Ἰησοῦς
Jn 20:31 καὶ **ἵνα** πιστεύοντες ζωὴν ἔχητε

Ἰορδάνης (*Iordanēs*; 3/15) *Jordan River*

Jn 1:28 ἐγένετο πέραν τοῦ **Ἰορδάνου**,
Jn 3:26 σοῦ πέραν τοῦ **Ἰορδάνου**,
Jn 10:40 πάλιν πέραν τοῦ **Ἰορδάνου** εἰς τὸν τόπον

Ἰουδαία (*Ioudaia*; 7/43) *Judea*

Jn 3:22 αὐτοῦ εἰς τὴν **Ἰουδαίαν** γῆν καὶ ἐκεῖ
Jn 4:3 ἀφῆκεν τὴν **Ἰουδαίαν** καὶ ἀπῆλθεν πάλιν
Jn 4:47 ἥκει ἐκ τῆς **Ἰουδαίας** εἰς τὴν Γαλιλαίαν

Jn 4:54 ἐλθὼν ἐκ τῆς **᾿Ιουδαίας** εἰς τὴν Γαλιλαίαν.
Jn 7:1 ἤθελεν ἐν τῇ **᾿Ιουδαίᾳ** περιπατεῖν,
Jn 7:3 ὕπαγε εἰς τὴν **᾿Ιουδαίαν**,
Jn 11:7 ἄγωμεν εἰς τὴν **᾿Ιουδαίαν** πάλιν.

᾿Ιουδαῖος (*Ioudaios*; 70/195) *Jew*

Jn 1:19 [πρὸς αὐτὸν] οἱ **᾿Ιουδαῖοι** ἐξ ῾Ιεροσολύμων ἱερεῖς
Jn 2:6 τὸν καθαρισμὸν τῶν **᾿Ιουδαίων** κείμεναι,
Jn 2:13 τὸ πάσχα τῶν **᾿Ιουδαίων**,
Jn 2:18 ᾿Απεκρίθησαν οὖν οἱ **᾿Ιουδαῖοι** καὶ εἶπαν αὐτῷ·
Jn 2:20 εἶπαν οὖν οἱ **᾿Ιουδαῖοι**·
Jn 3:1 ἄρχων τῶν **᾿Ιουδαίων**·
Jn 3:25 μαθητῶν ᾿Ιωάννου μετὰ **᾿Ιουδαίου** περὶ καθαρισμοῦ.
Jn 4:9 πῶς σὺ **᾿Ιουδαῖος** ὢν παρ᾿ ἐμοῦ
Jn 4:9 οὐ γὰρ συγχρῶνται **᾿Ιουδαῖοι** Σαμαρίταις.
Jn 4:22 σωτηρία ἐκ τῶν **᾿Ιουδαίων** ἐστίν.
Jn 5:1 ἦν ἑορτὴ τῶν **᾿Ιουδαίων** καὶ ἀνέβη ᾿Ιησοῦς
Jn 5:10 ἔλεγον οὖν οἱ **᾿Ιουδαῖοι** τῷ τεθεραπευμένῳ·
Jn 5:15 καὶ ἀνήγγειλεν τοῖς **᾿Ιουδαίοις** ὅτι ᾿Ιησοῦς ἐστιν
Jn 5:16 τοῦτο ἐδίωκον οἱ **᾿Ιουδαῖοι** τὸν ᾿Ιησοῦν,
Jn 5:18 ἐζήτουν αὐτὸν οἱ **᾿Ιουδαῖοι** ἀποκτεῖναι,
Jn 6:4 ἡ ἑορτὴ τῶν **᾿Ιουδαίων**.
Jn 6:41 ᾿Εγόγγυζον οὖν οἱ **᾿Ιουδαῖοι** περὶ αὐτοῦ ὅτι
Jn 6:52 πρὸς ἀλλήλους οἱ **᾿Ιουδαῖοι** λέγοντες·
Jn 7:1 ἐζήτουν αὐτὸν οἱ **᾿Ιουδαῖοι** ἀποκτεῖναι.
Jn 7:2 ἡ ἑορτὴ τῶν **᾿Ιουδαίων** ἡ σκηνοπηγία.
Jn 7:11 οἱ οὖν **᾿Ιουδαῖοι** ἐζήτουν αὐτὸν ἐν
Jn 7:13 τὸν φόβον τῶν **᾿Ιουδαίων**.
Jn 7:15 ἐθαύμαζον οὖν οἱ **᾿Ιουδαῖοι** λέγοντες·
Jn 7:35 εἶπον οὖν οἱ **᾿Ιουδαῖοι** πρὸς ἑαυτούς·
Jn 8:22 ἔλεγον οὖν οἱ **᾿Ιουδαῖοι**·
Jn 8:31 τοὺς πεπιστευκότας αὐτῷ **᾿Ιουδαίους**·
Jn 8:48 ᾿Απεκρίθησαν οἱ **᾿Ιουδαῖοι** καὶ εἶπαν αὐτῷ·
Jn 8:52 [οὖν] αὐτῷ οἱ **᾿Ιουδαῖοι**·
Jn 8:57 εἶπον οὖν οἱ **᾿Ιουδαῖοι** πρὸς αὐτόν·
Jn 9:18 ἐπίστευσαν οὖν οἱ **᾿Ιουδαῖοι** περὶ αὐτοῦ ὅτι
Jn 9:22 ὅτι ἐφοβοῦντο τοὺς **᾿Ιουδαίους**·
Jn 9:22 γὰρ συνετέθειντο οἱ **᾿Ιουδαῖοι** ἵνα ἐάν τις
Jn 10:19 ἐγένετο ἐν τοῖς **᾿Ιουδαίοις** διὰ τοὺς λόγους
Jn 10:24 οὖν αὐτὸν οἱ **᾿Ιουδαῖοι** καὶ ἔλεγον αὐτῷ·
Jn 10:31 πάλιν λίθους οἱ **᾿Ιουδαῖοι** ἵνα λιθάσωσιν αὐτόν.
Jn 10:33 ἀπεκρίθησαν αὐτῷ οἱ **᾿Ιουδαῖοι**·
Jn 11:8 σε λιθάσαι οἱ **᾿Ιουδαῖοι**,
Jn 11:19 δὲ ἐκ τῶν **᾿Ιουδαίων** ἐληλύθεισαν πρὸς τὴν
Jn 11:31 οἱ οὖν **᾿Ιουδαῖοι** οἱ ὄντες μετ᾿
Jn 11:33 τοὺς συνελθόντας αὐτῇ **᾿Ιουδαίους** κλαίοντας,
Jn 11:36 ἔλεγον οὖν οἱ **᾿Ιουδαῖοι**·
Jn 11:45 οὖν ἐκ τῶν **᾿Ιουδαίων** οἱ ἐλθόντες πρὸς
Jn 11:54 περιεπάτει ἐν τοῖς **᾿Ιουδαίοις**,
Jn 11:55 τὸ πάσχα τῶν **᾿Ιουδαίων**,
Jn 12:9 πολὺς ἐκ τῶν **᾿Ιουδαίων** ὅτι ἐκεῖ ἐστιν
Jn 12:11 αὐτὸν ὑπῆγον τῶν **᾿Ιουδαίων** καὶ ἐπίστευον
Jn 13:33 καθὼς εἶπον τοῖς **᾿Ιουδαίοις** ὅτι ὅπου ἐγὼ
Jn 18:12 οἱ ὑπηρέται τῶν **᾿Ιουδαίων** συνέλαβον τὸν ᾿Ιησοῦν
Jn 18:14 ὁ συμβουλεύσας τοῖς **᾿Ιουδαίοις** ὅτι συμφέρει ἕνα
Jn 18:20 ὅπου πάντες οἱ **᾿Ιουδαῖοι** συνέρχονται,
Jn 18:31 εἶπον αὐτῷ οἱ **᾿Ιουδαῖοι**·
Jn 18:33 ὁ βασιλεὺς τῶν **᾿Ιουδαίων**;
Jn 18:35 μήτι ἐγὼ **᾿Ιουδαῖός** εἰμι;
Jn 18:36 μὴ παραδοθῶ τοῖς **᾿Ιουδαίοις**·
Jn 18:38 ἐξῆλθεν πρὸς τοὺς **᾿Ιουδαίους** καὶ λέγει αὐτοῖς·
Jn 18:39 τὸν βασιλέα τῶν **᾿Ιουδαίων**;
Jn 19:3 ὁ βασιλεὺς τῶν **᾿Ιουδαίων**·
Jn 19:7 ἀπεκρίθησαν αὐτῷ οἱ **᾿Ιουδαῖοι**·
Jn 19:12 οἱ δὲ **᾿Ιουδαῖοι** ἐκραύγασαν λέγοντες·
Jn 19:14 καὶ λέγει τοῖς **᾿Ιουδαίοις**·
Jn 19:19 ὁ βασιλεὺς τῶν **᾿Ιουδαίων**.
Jn 19:20 πολλοὶ ἀνέγνωσαν τῶν **᾿Ιουδαίων**,
Jn 19:21 οἱ ἀρχιερεῖς τῶν **᾿Ιουδαίων**·
Jn 19:21 ὁ βασιλεὺς τῶν **᾿Ιουδαίων**,
Jn 19:21 βασιλεύς εἰμι τῶν **᾿Ιουδαίων**.
Jn 19:31 Οἱ οὖν **᾿Ιουδαῖοι**,
Jn 19:38 τὸν φόβον τῶν **᾿Ιουδαίων**,
Jn 19:40 ἔθος ἐστὶν τοῖς **᾿Ιουδαίοις** ἐνταφιάζειν.
Jn 19:42 τὴν παρασκευὴν τῶν **᾿Ιουδαίων**,
Jn 20:19 τὸν φόβον τῶν **᾿Ιουδαίων**,

᾿Ιούδας (*Ioudas*; 9/44) *Judas, Judah*

Jn 6:71 ἔλεγεν δὲ τὸν **᾿Ιούδαν** Σίμωνος ᾿Ισκαριώτου·
Jn 12:4 λέγει δὲ **᾿Ιούδας** ὁ ᾿Ισκαριώτης εἷς
Jn 13:2 ἵνα παραδοῖ αὐτὸν **᾿Ιούδας** Σίμωνος ᾿Ισκαριώτου,
Jn 13:26 [λαμβάνει καὶ] δίδωσιν **᾿Ιούδᾳ** Σίμωνος ᾿Ισκαριώτου.
Jn 13:29 τὸ γλωσσόκομον εἶχεν **᾿Ιούδας**,
Jn 14:22 Λέγει αὐτῷ **᾿Ιούδας**,
Jn 18:2 ῎Ηιδει δὲ καὶ **᾿Ιούδας** ὁ παραδιδοὺς αὐτὸν
Jn 18:3 ὁ οὖν **᾿Ιούδας** λαβὼν τὴν σπεῖραν
Jn 18:5 εἱστήκει δὲ καὶ **᾿Ιούδας** ὁ παραδιδοὺς αὐτὸν

᾿Ισκαριώτης (*Iskariōtēs*; 5/11) *Iscariot*

Jn 6:71 τὸν ᾿Ιούδαν Σίμωνος **᾿Ισκαριώτου**·
Jn 12:4 δὲ ᾿Ιούδας ὁ **᾿Ισκαριώτης** εἷς [ἐκ] τῶν
Jn 13:2 αὐτὸν ᾿Ιούδας Σίμωνος **᾿Ισκαριώτου**,
Jn 13:26 δίδωσιν ᾿Ιούδᾳ Σίμωνος **᾿Ισκαριώτου**.
Jn 14:22 οὐχ ὁ **᾿Ισκαριώτης**·

ἴσος (*isos*; 1/8) *equal*

Jn 5:18 ἔλεγεν τὸν θεὸν **ἴσον** ἑαυτὸν ποιῶν τῷ

᾿Ισραήλ (*Israēl*; 4/68) *Israel*

Jn 1:31 ἵνα φανερωθῇ τῷ **᾿Ισραὴλ** διὰ τοῦτο ἦλθον
Jn 1:49 βασιλεὺς εἶ τοῦ **᾿Ισραήλ**.
Jn 3:10 ὁ διδάσκαλος τοῦ **᾿Ισραὴλ** καὶ ταῦτα οὐ
Jn 12:13 ὁ βασιλεὺς τοῦ **᾿Ισραήλ**.

᾿Ισραηλίτης (*Israēlitēs*; 1/9) *Israelite*

Jn 1:47 ἴδε ἀληθῶς **᾿Ισραηλίτης** ἐν ᾧ δόλος

ἵστημι (*histēmi*; 19[20]/154[155]) *set, stand*

Jn 1:26 μέσος ὑμῶν **ἕστηκεν** ὃν ὑμεῖς οὐκ
Jn 1:35 Τῇ ἐπαύριον πάλιν **εἱστήκει** ὁ ᾿Ιωάννης καὶ
Jn 3:29 τοῦ νυμφίου ὁ **ἑστηκὼς** καὶ ἀκούων αὐτοῦ
Jn 6:22 ὁ ὄχλος ὁ **ἑστηκὼς** πέραν τῆς θαλάσσης
Jn 7:37 μεγάλῃ τῆς ἑορτῆς **εἱστήκει** ὁ ᾿Ιησοῦς καὶ
[Jn 8:3] μοιχείᾳ κατειλημμένην καὶ **στήσαντες** αὐτὴν ἐν μέσῳ

Jn 8:44 τῇ ἀληθείᾳ οὐκ **ἔστηκεν**,
Jn 11:56 ἐν τῷ ἱερῷ **ἑστηκότες**·
Jn 12:29 οὖν ὄχλος ὁ **ἑστὼς** καὶ ἀκούσας ἔλεγεν
Jn 18:5 **εἱστήκει** δὲ καὶ Ἰούδας
Jn 18:16 ὁ δὲ Πέτρος **εἱστήκει** πρὸς τῇ θύρᾳ
Jn 18:18 **εἱστήκεισαν** δὲ οἱ δοῦλοι
Jn 18:18 Πέτρος μετ' αὐτῶν **ἑστὼς** καὶ θερμαινόμενος.
Jn 18:25 δὲ Σίμων Πέτρος **ἑστὼς** καὶ θερμαινόμενος.
Jn 19:25 **Εἱστήκεισαν** δὲ παρὰ τῷ
Jn 20:11 Μαρία δὲ **εἱστήκει** πρὸς τῷ μνημείῳ
Jn 20:14 θεωρεῖ τὸν Ἰησοῦν **ἑστῶτα** καὶ οὐκ ᾔδει
Jn 20:19 ὁ Ἰησοῦς καὶ **ἔστη** εἰς τὸ μέσον
Jn 20:26 θυρῶν κεκλεισμένων καὶ **ἔστη** εἰς τὸ μέσον
Jn 21:4 δὲ ἤδη γενομένης **ἔστη** Ἰησοῦς εἰς τὸν

ἰσχύω (*ischyō*; 1/28) *be able*

Jn 21:6 οὐκέτι αὐτὸ ἑλκύσαι **ἴσχυον** ἀπὸ τοῦ πλήθους

ἰχθύς (*ichthys*; 3/20) *fish*

Jn 21:6 τοῦ πλήθους τῶν **ἰχθύων**.
Jn 21:8 τὸ δίκτυον τῶν **ἰχθύων**.
Jn 21:11 τὴν γῆν μεστὸν **ἰχθύων** μεγάλων ἑκατὸν πεντήκοντα

Ἰωάννης (*Iōannēs*; 23/135) *John*

Jn 1:6 ὄνομα αὐτῷ **Ἰωάννης**·
Jn 1:15 **Ἰωάννης** μαρτυρεῖ περὶ αὐτοῦ
Jn 1:19 ἡ μαρτυρία τοῦ **Ἰωάννου**,
Jn 1:26 ἀπεκρίθη αὐτοῖς ὁ **Ἰωάννης** λέγων·
Jn 1:28 ὅπου ἦν ὁ **Ἰωάννης** βαπτίζων.
Jn 1:32 Καὶ ἐμαρτύρησεν **Ἰωάννης** λέγων ὅτι τεθέαμαι
Jn 1:35 πάλιν εἱστήκει ὁ **Ἰωάννης** καὶ ἐκ τῶν
Jn 1:40 τῶν ἀκουσάντων παρὰ **Ἰωάννου** καὶ ἀκολουθησάντων αὐτῷ·
Jn 1:42 Σίμων ὁ υἱὸς **Ἰωάννου**,
Jn 3:23 δὲ καὶ ὁ **Ἰωάννης** βαπτίζων ἐν Αἰνὼν
Jn 3:24 τὴν φυλακὴν ὁ **Ἰωάννης**.
Jn 3:25 ἐκ τῶν μαθητῶν **Ἰωάννου** μετὰ Ἰουδαίου περὶ
Jn 3:26 ἦλθον πρὸς τὸν **Ἰωάννην** καὶ εἶπαν αὐτῷ·
Jn 3:27 ἀπεκρίθη **Ἰωάννης** καὶ εἶπεν·
Jn 4:1 καὶ βαπτίζει ἢ **Ἰωάννης**
Jn 5:33 ὑμεῖς ἀπεστάλκατε πρὸς **Ἰωάννην**,
Jn 5:36 μαρτυρίαν μείζω τοῦ **Ἰωάννου**·
Jn 10:40 τόπον ὅπου ἦν **Ἰωάννης** τὸ πρῶτον βαπτίζων
Jn 10:41 καὶ ἔλεγον ὅτι **Ἰωάννης** μὲν σημεῖον ἐποίησεν
Jn 10:41 δὲ ὅσα εἶπεν **Ἰωάννης** περὶ τούτου ἀληθῆ
Jn 21:15 Σίμων **Ἰωάννου**,
Jn 21:16 Σίμων **Ἰωάννου**,
Jn 21:17 Σίμων **Ἰωάννου**,

Ἰωσήφ (*Iōsēph*; 4/35) *Joseph*

Jn 1:45 Ἰησοῦν υἱὸν τοῦ **Ἰωσὴφ** τὸν ἀπὸ Ναζαρέτ.
Jn 4:5 ἔδωκεν Ἰακὼβ [τῷ] **Ἰωσὴφ** τῷ υἱῷ αὐτοῦ·
Jn 6:42 Ἰησοῦς ὁ υἱὸς **Ἰωσήφ**,
Jn 19:38 ἠρώτησεν τὸν Πιλᾶτον **Ἰωσὴφ** [ὁ] ἀπὸ Ἀριμαθαίας,

κἀγώ (*kagō*; 30/84) *and I*

Jn 1:31 **κἀγὼ** οὐκ ᾔδειν αὐτόν,
Jn 1:33 **κἀγὼ** οὐκ ᾔδειν αὐτόν,
Jn 1:34 **κἀγὼ** ἑώρακα καὶ μεμαρτύρηκα
Jn 5:17 ἕως ἄρτι ἐργάζεται **κἀγὼ** ἐργάζομαι·
Jn 6:44 **κἀγὼ** ἀναστήσω αὐτὸν ἐν
Jn 6:54 **κἀγὼ** ἀναστήσω αὐτὸν τῇ
Jn 6:56 ἐν ἐμοὶ μένει **κἀγὼ** ἐν αὐτῷ.
Jn 6:57 ὁ ζῶν πατὴρ **κἀγὼ** ζῶ διὰ τὸν
Jn 7:28 **κἀμὲ** οἴδατε καὶ οἴδατε
Jn 8:26 **κἀγὼ** ἃ ἤκουσα παρ'
Jn 10:15 με ὁ πατὴρ **κἀγὼ** γινώσκω τὸν πατέρα,
Jn 10:27 **κἀγὼ** γινώσκω αὐτὰ καὶ
Jn 10:28 **κἀγὼ** δίδωμι αὐτοῖς ζωὴν
Jn 10:38 ἐμοὶ ὁ πατὴρ **κἀγὼ** ἐν τῷ πατρί.
Jn 12:32 **κἀγὼ** ἐὰν ὑψωθῶ ἐκ
Jn 14:16 **κἀγὼ** ἐρωτήσω τὸν πατέρα
Jn 14:20 ὑμεῖς ἐν ἐμοὶ **κἀγὼ** ἐν ὑμῖν.
Jn 14:21 **κἀγὼ** ἀγαπήσω αὐτὸν καὶ
Jn 15:4 **κἀγὼ** ἐν ὑμῖν.
Jn 15:5 μένων ἐν ἐμοὶ **κἀγὼ** ἐν αὐτῷ οὗτος
Jn 15:9 **κἀγὼ** ὑμᾶς ἠγάπησα·
Jn 16:32 εἰς τὰ ἴδια **κἀμὲ** μόνον ἀφῆτε·
Jn 17:6 σοὶ ἦσαν **κἀμοὶ** αὐτοὺς ἔδωκας καὶ
Jn 17:11 **κἀγὼ** πρὸς σὲ ἔρχομαι.
Jn 17:18 **κἀγὼ** ἀπέστειλα αὐτοὺς εἰς
Jn 17:21 ἐν ἐμοὶ **κἀγὼ** ἐν σοί,
Jn 17:22 **κἀγὼ** τὴν δόξαν ἣν
Jn 17:26 ἐν αὐτοῖς ᾖ **κἀγὼ** ἐν αὐτοῖς.
Jn 20:15 **κἀγὼ** αὐτὸν ἀρῶ.
Jn 20:21 **κἀγὼ** πέμπω ὑμᾶς.

καθαίρω (*kathairō*; 1/1) *prune*

Jn 15:2 τὸ καρπὸν φέρον **καθαίρει** αὐτὸ ἵνα καρπὸν

καθαρισμός (*katharismos*; 2/7) *cleansing, purification*

Jn 2:6 ἓξ κατὰ τὸν **καθαρισμὸν** τῶν Ἰουδαίων κείμεναι,
Jn 3:25 μετὰ Ἰουδαίου περὶ **καθαρισμοῦ**.

καθαρός (*katharos*; 4/27) *pure, clean*

Jn 13:10 ἀλλ' ἔστιν **καθαρὸς** ὅλος·
Jn 13:10 καὶ ὑμεῖς **καθαροί** ἐστε,
Jn 13:11 ὅτι οὐχὶ πάντες **καθαροί** ἐστε.
Jn 15:3 ἤδη ὑμεῖς **καθαροί** ἐστε διὰ τὸν

καθέζομαι (*kathezomai*; 3/7) *sit*

Jn 4:6 ἐκ τῆς ὁδοιπορίας **ἐκαθέζετο** οὕτως ἐπὶ τῇ
Jn 11:20 ἐν τῷ οἴκῳ **ἐκαθέζετο**.
Jn 20:12 ἀγγέλους ἐν λευκοῖς **καθεζομένους**,

κάθημαι (*kathēmai*; 4/91) *sit*

Jn 2:14 καὶ τοὺς κερματιστὰς **καθημένους**,
Jn 6:3 Ἰησοῦς καὶ ἐκεῖ **ἐκάθητο** μετὰ τῶν μαθητῶν
Jn 9:8 οὗτός ἐστιν ὁ **καθήμενος** καὶ προσαιτῶν;
Jn 12:15 **καθήμενος** ἐπὶ πῶλον ὄνου.

καθίζω (*kathizō*; 2[3]/44[46]) *sit down*

[Jn 8:2] καὶ **καθίσας** ἐδίδασκεν αὐτούς.
Jn 12:14 ὁ Ἰησοῦς ὀνάριον **ἐκάθισεν** ἐπ' αὐτό,
Jn 19:13 τὸν Ἰησοῦν καὶ **ἐκάθισεν** ἐπὶ βήματος εἰς

καθώς (*kathōs*; 31/182) *just as*
Jn 1:23 **καθὼς** εἶπεν Ἠσαΐας ὁ
Jn 3:14 Καὶ **καθὼς** Μωϋσῆς ὕψωσεν τὸν
Jn 5:23 τιμῶσι τὸν υἱὸν **καθὼς** τιμῶσι τὸν πατέρα.
Jn 5:30 **καθὼς** ἀκούω κρίνω,
Jn 6:31 **καθώς** ἐστιν γεγραμμένον·
Jn 6:57 **καθὼς** ἀπέστειλέν με ὁ
Jn 6:58 οὐ **καθὼς** ἔφαγον οἱ πατέρες
Jn 7:38 **καθὼς** εἶπεν ἡ γραφή,
Jn 8:28 ἀλλὰ **καθὼς** ἐδίδαξέν με ὁ
Jn 10:15 **καθὼς** γινώσκει με ὁ
Jn 12:14 **καθώς** ἐστιν γεγραμμένον·
Jn 12:50 **καθὼς** εἴρηκέν μοι ὁ
Jn 13:15 ἔδωκα ὑμῖν ἵνα **καθὼς** ἐγὼ ἐποίησα ὑμῖν
Jn 13:33 καὶ **καθὼς** εἶπον τοῖς Ἰουδαίοις
Jn 13:34 **καθὼς** ἠγάπησα ὑμᾶς ἵνα
Jn 14:27 οὐ **καθὼς** ὁ κόσμος δίδωσιν
Jn 14:31 καὶ **καθὼς** ἐνετείλατό μοι ὁ
Jn 15:4 **καθὼς** τὸ κλῆμα οὐ
Jn 15:9 **Καθὼς** ἠγάπησέν με ὁ
Jn 15:10 **καθὼς** ἐγὼ τὰς ἐντολὰς
Jn 15:12 ἵνα ἀγαπᾶτε ἀλλήλους **καθὼς** ἠγάπησα ὑμᾶς.
Jn 17:2 **καθὼς** ἔδωκας αὐτῷ ἐξουσίαν
Jn 17:11 ἵνα ὦσιν ἓν **καθὼς** ἡμεῖς.
Jn 17:14 ἐκ τοῦ κόσμου **καθὼς** ἐγὼ οὐκ εἰμὶ
Jn 17:16 κόσμου οὐκ εἰσὶν **καθὼς** ἐγὼ οὐκ εἰμὶ
Jn 17:18 **καθὼς** ἐμὲ ἀπέστειλας εἰς
Jn 17:21 **καθὼς** σύ,
Jn 17:22 ἵνα ὦσιν ἓν **καθὼς** ἡμεῖς ἕν·
Jn 17:23 καὶ ἠγάπησας αὐτοὺς **καθὼς** ἐμὲ ἠγάπησας.
Jn 19:40 **καθὼς** ἔθος ἐστὶν τοῖς
Jn 20:21 **καθὼς** ἀπέσταλκέν με ὁ

Καϊάφας (*Kaiaphas*; 5/9) *Caiaphas*
Jn 11:49 τις ἐξ αὐτῶν **Καϊάφας**,
Jn 18:13 γὰρ πενθερὸς τοῦ **Καϊάφα**,
Jn 18:14 ἦν δὲ **Καϊάφας** ὁ συμβουλεύσας τοῖς
Jn 18:24 Ἅννας δεδεμένον πρὸς **Καϊάφαν** τὸν ἀρχιερέα.
Jn 18:28 Ἰησοῦν ἀπὸ τοῦ **Καϊάφα** εἰς τὸ πραιτώριον·

καινός (*kainos*; 2/41[42]) *new*
Jn 13:34 Ἐντολὴν **καινὴν** δίδωμι ὑμῖν,
Jn 19:41 τῷ κήπῳ μνημεῖον **καινὸν** ἐν ᾧ οὐδέπω

καιρός (*kairos*; 3/85) *time*
Jn 7:6 ὁ **καιρὸς** ὁ ἐμὸς οὔπω
Jn 7:6 ὁ δὲ **καιρὸς** ὁ ὑμέτερος πάντοτέ
Jn 7:8 ὅτι ὁ ἐμὸς **καιρὸς** οὔπω πεπλήρωται.

Καῖσαρ (*Kaisar*; 3/29) *Caesar*
Jn 19:12 εἰ φίλος τοῦ **Καίσαρος**·
Jn 19:12 ποιῶν ἀντιλέγει τῷ **Καίσαρι**.
Jn 19:15 βασιλέα εἰ μὴ **Καίσαρα**.

καίτοιγε (*kaitoige*; 1/1) *although*
Jn 4:2 **καίτοιγε** Ἰησοῦς αὐτὸς οὐκ

καίω (*kaiō*; 2/11) *light, burn*
Jn 5:35 ὁ λύχνος ὁ **καιόμενος** καὶ φαίνων,
Jn 15:6 πῦρ βάλλουσιν καὶ **καίεται**.

κἀκεῖ (*kakei*; 1/10) *and there*
Jn 11:54 **κἀκεῖ** ἔμεινεν μετὰ τῶν

κἀκεῖνος (*kakeinos*; 5/20[22]) *and that one*
Jn 6:57 ὁ τρώγων με **κἀκεῖνος** ζήσει δι' ἐμέ.
Jn 7:29 παρ' αὐτοῦ εἰμι **κἀκεῖνός** με ἀπέστειλεν.
Jn 10:16 **κἀκεῖνα** δεῖ με ἀγαγεῖν
Jn 14:12 ἃ ἐγὼ ποιῶ **κἀκεῖνος** ποιήσει καὶ μείζονα
Jn 17:24 ὅπου εἰμὶ ἐγὼ **κἀκεῖνοι** ὦσιν μετ' ἐμοῦ,

κακός (*kakos*; 2/50) *evil*
Jn 18:23 μαρτύρησον περὶ τοῦ **κακοῦ**·
Jn 18:30 μὴ ἦν οὗτος **κακὸν** ποιῶν,

κακῶς (*kakōs*; 1/16) *badly*
Jn 18:23 εἰ **κακῶς** ἐλάλησα,

καλέω (*kaleō*; 2/148) *call*
Jn 1:42 σὺ **κληθήσῃ** Κηφᾶς,
Jn 2:2 **ἐκλήθη** δὲ καὶ ὁ

καλός (*kalos*; 7/101) *good*
Jn 2:10 ἄνθρωπος πρῶτον τὸν **καλὸν** οἶνον τίθησιν
Jn 2:10 σὺ τετήρηκας τὸν **καλὸν** οἶνον ἕως ἄρτι.
Jn 10:11 ὁ ποιμὴν ὁ **καλός**.
Jn 10:11 ὁ ποιμὴν ὁ **καλὸς** τὴν ψυχὴν αὐτοῦ
Jn 10:14 ὁ ποιμὴν ὁ **καλὸς** καὶ γινώσκω τὰ
Jn 10:32 πολλὰ ἔργα **καλὰ** ἔδειξα ὑμῖν ἐκ
Jn 10:33 περὶ **καλοῦ** ἔργου οὐ λιθάζομέν

καλῶς (*kalōs*; 4/36[37]) *well*
Jn 4:17 **καλῶς** εἶπας ὅτι ἄνδρα
Jn 8:48 οὐ **καλῶς** λέγομεν ἡμεῖς ὅτι
Jn 13:13 καὶ **καλῶς** λέγετε·
Jn 18:23 εἰ δὲ **καλῶς**,

κἄν (*kan*; 4/16[17]) *and if*
Jn 8:14 **κἂν** ἐγὼ μαρτυρῶ περὶ
Jn 8:55 **κἂν** εἴπω ὅτι οὐκ
Jn 10:38 **κἂν** ἐμοὶ μὴ πιστεύητε,
Jn 11:25 πιστεύων εἰς ἐμὲ **κἂν** ἀποθάνῃ ζήσεται,

Κανά (*Kana*; 4/4) *Cana*
Jn 2:1 γάμος ἐγένετο ἐν **Κανὰ** τῆς Γαλιλαίας,
Jn 2:11 ὁ Ἰησοῦς ἐν **Κανὰ** τῆς Γαλιλαίας καὶ
Jn 4:46 πάλιν εἰς τὴν **Κανὰ** τῆς Γαλιλαίας,
Jn 21:2 Ναθαναὴλ ὁ ἀπὸ **Κανὰ** τῆς Γαλιλαίας καὶ

καρδία (*kardia*; 7/156) *heart*
Jn 12:40 ἐπώρωσεν αὐτῶν τὴν **καρδίαν**,
Jn 12:40 καὶ νοήσωσιν τῇ **καρδίᾳ** καὶ στραφῶσιν,
Jn 13:2 βεβληκότος εἰς τὴν **καρδίαν** ἵνα παραδοῖ αὐτὸν
Jn 14:1 ταρασσέσθω ὑμῶν ἡ **καρδία**·
Jn 14:27 ταρασσέσθω ὑμῶν ἡ **καρδία** μηδὲ δειλιάτω.
Jn 16:6 πεπλήρωκεν ὑμῶν τὴν **καρδίαν**.
Jn 16:22 χαρήσεται ὑμῶν ἡ **καρδία**,

καρπός (*karpos*; 10/66) *fruit*

Jn 4:36 λαμβάνει καὶ συνάγει **καρπὸν** εἰς ζωὴν αἰώνιον,
Jn 12:24 πολὺν **καρπὸν** φέρει.
Jn 15:2 ἐμοὶ μὴ φέρον **καρπὸν** αἴρει αὐτό,
Jn 15:2 καὶ πᾶν τὸ **καρπὸν** φέρον καθαίρει αὐτὸ
Jn 15:2 καθαίρει αὐτὸ ἵνα **καρπὸν** πλείονα φέρῃ.
Jn 15:4 κλῆμα οὐ δύναται **καρπὸν** φέρειν ἀφ' ἑαυτοῦ
Jn 15:5 αὐτῷ οὗτος φέρει **καρπὸν** πολύν,
Jn 15:8 ἵνα **καρπὸν** πολὺν φέρητε καὶ
Jn 15:16 ὑμεῖς ὑπάγητε καὶ **καρπὸν** φέρητε καὶ ὁ
Jn 15:16 φέρητε καὶ ὁ **καρπὸς** ὑμῶν μένῃ,

κατά (*kata*; 9[10]/472[473]) *according to, against*

Jn 2:6 λίθιναι ὑδρίαι ἓξ **κατὰ** τὸν καθαρισμὸν τῶν
Jn 7:24 μὴ κρίνετε **κατ'** ὄψιν,
[Jn 8:9] ἀκούσαντες ἐξήρχοντο εἷς **καθ'** εἷς ἀρξάμενοι ἀπὸ
Jn 8:15 ὑμεῖς **κατὰ** τὴν σάρκα κρίνετε,
Jn 10:3 ἴδια πρόβατα φωνεῖ **κατ'** ὄνομα καὶ ἐξάγει
Jn 18:29 τινα κατηγορίαν φέρετε **[κατὰ]** τοῦ ἀνθρώπου τούτου;
Jn 18:31 αὐτὸν ὑμεῖς καὶ **κατὰ** τὸν νόμον ὑμῶν
Jn 19:7 νόμον ἔχομεν καὶ **κατὰ** τὸν νόμον ὀφείλει
Jn 19:11 οὐκ εἶχες ἐξουσίαν **κατ'** ἐμοῦ οὐδεμίαν εἰ
Jn 21:25 ἅτινα ἐὰν γράφηται **καθ'** ἕν,

καταβαίνω (*katabainō*; 17/81) *come or go down*

Jn 1:32 τεθέαμαι τὸ πνεῦμα **καταβαῖνον** ὡς περιστερὰν ἐξ
Jn 1:33 ἴδῃς τὸ πνεῦμα **καταβαῖνον** καὶ μένον ἐπ'
Jn 1:51 θεοῦ ἀναβαίνοντας καὶ **καταβαίνοντας** ἐπὶ τὸν υἱὸν
Jn 2:12 Μετὰ τοῦτο **κατέβη** εἰς Καφαρναοὺμ αὐτὸς
Jn 3:13 ἐκ τοῦ οὐρανοῦ **καταβάς**,
Jn 4:47 καὶ ἠρώτα ἵνα **καταβῇ** καὶ ἰάσηται αὐτοῦ
Jn 4:49 **κατάβηθι** πρὶν ἀποθανεῖν τὸ
Jn 4:51 ἤδη δὲ αὐτοῦ **καταβαίνοντος** οἱ δοῦλοι αὐτοῦ
Jn 5:7 ἄλλος πρὸ ἐμοῦ **καταβαίνει**.
Jn 6:16 δὲ ὀψία ἐγένετο **κατέβησαν** οἱ μαθηταὶ αὐτοῦ
Jn 6:33 θεοῦ ἐστιν ὁ **καταβαίνων** ἐκ τοῦ οὐρανοῦ
Jn 6:38 ὅτι **καταβέβηκα** ἀπὸ τοῦ οὐρανοῦ
Jn 6:41 ὁ ἄρτος ὁ **καταβὰς** ἐκ τοῦ οὐρανοῦ,
Jn 6:42 ἐκ τοῦ οὐρανοῦ **καταβέβηκα**;
Jn 6:50 ἐκ τοῦ οὐρανοῦ **καταβαίνων**,
Jn 6:51 ἐκ τοῦ οὐρανοῦ **καταβάς**·
Jn 6:58 ὁ ἐξ οὐρανοῦ **καταβάς**,

καταβολή (*katabolē*; 1/11) *beginning*

Jn 17:24 ἠγάπησάς με πρὸ **καταβολῆς** κόσμου.

κατάγνυμι (*katagnymi*; 3/4) *break*

Jn 19:31 τὸν Πιλᾶτον ἵνα **κατεαγῶσιν** αὐτῶν τὰ σκέλη
Jn 19:32 τοῦ μὲν πρώτου **κατέαξαν** τὰ σκέλη καὶ
Jn 19:33 οὐ **κατέαξαν** αὐτοῦ τὰ σκέλη,

καταγράφω (*katagraphō*; 0[1]/0[1]) *write*

[Jn 8:6] κύψας τῷ δακτύλῳ **κατέγραφεν** εἰς τὴν γῆν.

κατάκειμαι (*katakeimai*; 2/12) *lie*

Jn 5:3 ἐν ταύταις **κατέκειτο** πλῆθος τῶν ἀσθενούντων,
Jn 5:6 ἰδὼν ὁ Ἰησοῦς **κατακείμενον** καὶ γνοὺς ὅτι

κατακρίνω (*katakrinō*; 0[2]/15[18]) *condemn*

[Jn 8:10] οὐδείς σε **κατέκρινεν**;
[Jn 8:11] οὐδὲ ἐγώ σε **κατακρίνω**·

κατακύπτω (*katakyptō*; 0[1]/0[1]) *bend down*

[Jn 8:8] καὶ πάλιν **κατακύψας** ἔγραφεν εἰς τὴν

καταλαμβάνω (*katalambanō*; 2[4]/13[15]) *obtain, overcome*

Jn 1:5 σκοτία αὐτὸ οὐ **κατέλαβεν**.
[Jn 8:3] γυναῖκα ἐπὶ μοιχείᾳ **κατειλημμένην** καὶ στήσαντες αὐτὴν
[Jn 8:4] αὕτη ἡ γυνὴ **κατείληπται** ἐπ' αὐτοφώρῳ μοιχευομένη·
Jn 12:35 μὴ σκοτία ὑμᾶς **καταλάβῃ**·

καταλείπω (*kataleipō*; 0[1]/23[24]) *leave*

[Jn 8:9] τῶν πρεσβυτέρων καὶ **κατελείφθη** μόνος καὶ

κατεσθίω (*katesthiō*; 1/14) *consume, eat up*

Jn 2:17 τοῦ οἴκου σου **καταφάγεταί** με.

κατηγορέω (*katēgoreō*; 2[3]/22[23]) *accuse*

Jn 5:45 δοκεῖτε ὅτι ἐγὼ **κατηγορήσω** ὑμῶν πρὸς τὸν
Jn 5:45 ἔστιν ὁ **κατηγορῶν** ὑμῶν Μωϋσῆς,
[Jn 8:6] ἵνα ἔχωσιν **κατηγορεῖν** αὐτοῦ.

κατηγορία (*katēgoria*; 1/3) *charge*

Jn 18:29 τινα **κατηγορίαν** φέρετε [κατὰ] τοῦ

κάτω (*katō*; 1[2]/8[9]) *down, below*

[Jn 8:6] ὁ δὲ Ἰησοῦς **κάτω** κύψας τῷ δακτύλῳ
Jn 8:23 ὑμεῖς ἐκ τῶν **κάτω** ἐστέ,

Καφαρναούμ (*Kapharnaoum*; 5/16) *Capernaum*

Jn 2:12 τοῦτο κατέβη εἰς **Καφαρναοὺμ** αὐτὸς καὶ ἡ
Jn 4:46 υἱὸς ἠσθένει ἐν **Καφαρναούμ**.
Jn 6:17 τῆς θαλάσσης εἰς **Καφαρναούμ**.
Jn 6:24 καὶ ἦλθον εἰς **Καφαρναοὺμ** ζητοῦντες τὸν Ἰησοῦν.
Jn 6:59 συναγωγῇ διδάσκων ἐν **Καφαρναούμ**.

Κεδρών (*Kedrōn*; 1/1) *Kidron*

Jn 18:1 τοῦ χειμάρρου τοῦ **Κεδρὼν** ὅπου ἦν κῆπος,

κεῖμαι (*keimai*; 7/24) *lie*

Jn 2:6 καθαρισμὸν τῶν Ἰουδαίων **κείμεναι**,
Jn 19:29 σκεῦος **ἔκειτο** ὄξους μεστόν·
Jn 20:5 καὶ παρακύψας βλέπει **κείμενα** τὰ ὀθόνια,
Jn 20:6 θεωρεῖ τὰ ὀθόνια **κείμενα**,
Jn 20:7 μετὰ τῶν ὀθονίων **κείμενον** ἀλλὰ χωρὶς ἐντετυλιγμένον
Jn 20:12 ὅπου **ἔκειτο** τὸ σῶμα τοῦ
Jn 21:9 γῆν βλέπουσιν ἀνθρακιὰν **κειμένην** καὶ ὀψάριον ἐπικείμενον

κειρία (*keiria*; 1/1) *strip of cloth*
Jn 11:44 καὶ τὰς χεῖρας **κειρίαις** καὶ ἡ ὄψις

κέρμα (*kerma*; 1/1) *coin*
Jn 2:15 κολλυβιστῶν ἐξέχεεν τὸ **κέρμα** καὶ τὰς τραπέζας

κερματιστής (*kermatistēs*; 1/1) *money-changer*
Jn 2:14 περιστερὰς καὶ τοὺς **κερματιστὰς** καθημένους,

κεφαλή (*kephalē*; 5/75) *head*
Jn 13:9 χεῖρας καὶ τὴν **κεφαλήν**.
Jn 19:2 ἐπέθηκαν αὐτοῦ τῇ **κεφαλῇ** καὶ ἱμάτιον πορφυροῦν
Jn 19:30 καὶ κλίνας τὴν **κεφαλὴν** παρέδωκεν τὸ πνεῦμα.
Jn 20:7 ἦν ἐπὶ τῆς **κεφαλῆς** αὐτοῦ,
Jn 20:12 ἕνα πρὸς τῇ **κεφαλῇ** καὶ ἕνα πρὸς

κῆπος (*kēpos*; 4/5) *garden*
Jn 18:1 Κεδρὼν ὅπου ἦν **κῆπος**,
Jn 18:26 εἶδον ἐν τῷ **κήπῳ** μετ' αὐτοῦ;
Jn 19:41 τόπῳ ὅπου ἐσταυρώθη **κῆπος**,
Jn 19:41 καὶ ἐν τῷ **κήπῳ** μνημεῖον καινὸν ἐν

κηπουρός (*kēpouros*; 1/1) *gardener*
Jn 20:15 δοκοῦσα ὅτι ὁ **κηπουρός** ἐστιν λέγει αὐτῷ·

Κηφᾶς (*Kēphas*; 1/9) *Cephas*
Jn 1:42 σὺ κληθήσῃ **Κηφᾶς**,

κλαίω (*klaiō*; 8/39[40]) *weep*
Jn 11:31 τὸ μνημεῖον ἵνα **κλαύσῃ** ἐκεῖ.
Jn 11:33 ὡς εἶδεν αὐτὴν **κλαίουσαν** καὶ τοὺς συνελθόντας
Jn 11:33 συνελθόντας αὐτῇ Ἰουδαίους **κλαίοντας**,
Jn 16:20 λέγω ὑμῖν ὅτι **κλαύσετε** καὶ θρηνήσετε ὑμεῖς,
Jn 20:11 τῷ μνημείῳ ἔξω **κλαίουσα**.
Jn 20:11 ὡς οὖν **ἔκλαιεν**,
Jn 20:13 τί **κλαίεις**;
Jn 20:15 τί **κλαίεις**;

κλάσμα (*klasma*; 2/9) *fragment*
Jn 6:12 συναγάγετε τὰ περισσεύσαντα **κλάσματα**,
Jn 6:13 ἐγέμισαν δώδεκα κοφίνους **κλασμάτων** ἐκ τῶν πέντε

κλείω (*kleiō*; 2/16) *shut*
Jn 20:19 καὶ τῶν θυρῶν **κεκλεισμένων** ὅπου ἦσαν οἱ
Jn 20:26 Ἰησοῦς τῶν θυρῶν **κεκλεισμένων** καὶ ἔστη

κλέπτης (*kleptēs*; 4/16) *thief*
Jn 10:1 ἀναβαίνων ἀλλαχόθεν ἐκεῖνος **κλέπτης** ἐστὶν καὶ λῃστής·
Jn 10:8 ἦλθον [πρὸ ἐμοῦ] **κλέπται** εἰσὶν καὶ λῃσταί,
Jn 10:10 ὁ **κλέπτης** οὐκ ἔρχεται εἰ
Jn 12:6 ἀλλ' ὅτι **κλέπτης** ἦν καὶ τὸ

κλέπτω (*kleptō*; 1/13) *steal*
Jn 10:10 εἰ μὴ ἵνα **κλέψῃ** καὶ θύσῃ καὶ

κλῆμα (*klēma*; 4/4) *branch*
Jn 15:2 πᾶν **κλῆμα** ἐν ἐμοὶ μὴ
Jn 15:4 καθὼς τὸ **κλῆμα** οὐ δύναται καρπὸν
Jn 15:5 ὑμεῖς τὰ **κλήματα**.
Jn 15:6 ἔξω ὡς τὸ **κλῆμα** καὶ ἐξηράνθη καὶ

κλῆρος (*klēros*; 1/11) *lot*
Jn 19:24 ἱματισμόν μου ἔβαλον **κλῆρον**.

κλίνω (*klinō*; 1/7) *bow*
Jn 19:30 καὶ **κλίνας** τὴν κεφαλὴν παρέδωκεν

Κλωπᾶς (*Klōpas*; 1/1) *Clopas*
Jn 19:25 Μαρία ἡ τοῦ **Κλωπᾶ** καὶ Μαρία ἡ

κοιλία (*koilia*; 2/22) *stomach, belly, womb*
Jn 3:4 δύναται εἰς τὴν **κοιλίαν** τῆς μητρὸς αὐτοῦ
Jn 7:38 ποταμοὶ ἐκ τῆς **κοιλίας** αὐτοῦ ῥεύσουσιν ὕδατος

κοιμάομαι (*koimaomai*; 2/18) *sleep*
Jn 11:11 ὁ φίλος ἡμῶν **κεκοίμηται**·
Jn 11:12 εἰ **κεκοίμηται** σωθήσεται.

κοίμησις (*koimēsis*; 1/1) *sleep*
Jn 11:13 ὅτι περὶ τῆς **κοιμήσεως** τοῦ ὕπνου λέγει.

κόκκος (*kokkos*; 1/7) *seed*
Jn 12:24 ἐὰν μὴ ὁ **κόκκος** τοῦ σίτου πεσὼν

κολλυβιστής (*kollybistēs*; 1/3) *money-changer*
Jn 2:15 καὶ τῶν **κολλυβιστῶν** ἐξέχεεν τὸ κέρμα

κόλπος (*kolpos*; 2/6) *chest, side*
Jn 1:18 ὢν εἰς τὸν **κόλπον** τοῦ πατρὸς ἐκεῖνος
Jn 13:23 αὐτοῦ ἐν τῷ **κόλπῳ** τοῦ Ἰησοῦ,

κολυμβήθρα (*kolymbēthra*; 3/3) *pool*
Jn 5:2 ἐπὶ τῇ προβατικῇ **κολυμβήθρα** ἡ ἐπιλεγομένη Ἑβραϊστὶ
Jn 5:7 με εἰς τὴν **κολυμβήθραν**·
Jn 9:7 νίψαι εἰς τὴν **κολυμβήθραν** τοῦ Σιλωάμ ὃ

κομψότερον (*kompsoteron*; 1/1) *better*
Jn 4:52 αὐτῶν ἐν ᾗ **κομψότερον** ἔσχεν·

κοπιάω (*kopiaō*; 3/23) *work*
Jn 4:6 ὁ οὖν Ἰησοῦς **κεκοπιακὼς** ἐκ τῆς ὁδοιπορίας
Jn 4:38 ὃ οὐχ ὑμεῖς **κεκοπιάκατε**·
Jn 4:38 ἄλλοι **κεκοπιάκασιν** καὶ ὑμεῖς εἰς

κόπος (*kopos*; 1/18) *work*
Jn 4:38 ὑμεῖς εἰς τὸν **κόπον** αὐτῶν εἰσεληλύθατε.

κόσμος (*kosmos*; 78/185[186]) *world*

Jn 1:9 ἐρχόμενον εἰς τὸν **κόσμον**.
Jn 1:10 ἐν τῷ **κόσμῳ** ἦν,
Jn 1:10 καὶ ὁ **κόσμος** δι᾽ αὐτοῦ ἐγένετο,
Jn 1:10 καὶ ὁ **κόσμος** αὐτὸν οὐκ ἔγνω.
Jn 1:29 τὴν ἁμαρτίαν τοῦ **κόσμου**.
Jn 3:16 ὁ θεὸς τὸν **κόσμον**,
Jn 3:17 υἱὸν εἰς τὸν **κόσμον** ἵνα κρίνῃ τὸν
Jn 3:17 ἵνα κρίνῃ τὸν **κόσμον**,
Jn 3:17 ἵνα σωθῇ ὁ **κόσμος** δι᾽ αὐτοῦ.
Jn 3:19 ἐλήλυθεν εἰς τὸν **κόσμον** καὶ ἠγάπησαν οἱ
Jn 4:42 ὁ σωτὴρ τοῦ **κόσμου**.
Jn 6:14 ἐρχόμενος εἰς τὸν **κόσμον**.
Jn 6:33 ζωὴν διδοὺς τῷ **κόσμῳ**.
Jn 6:51 ὑπὲρ τῆς τοῦ **κόσμου** ζωῆς.
Jn 7:4 φανέρωσον σεαυτὸν τῷ **κόσμῳ**.
Jn 7:7 οὐ δύναται ὁ **κόσμος** μισεῖν ὑμᾶς,
Jn 8:12 τὸ φῶς τοῦ **κόσμου**·
Jn 8:23 ἐκ τούτου τοῦ **κόσμου** ἐστέ,
Jn 8:23 εἰμὶ ἐκ τοῦ **κόσμου** τούτου.
Jn 8:26 λαλῶ εἰς τὸν **κόσμον**.
Jn 9:5 ὅταν ἐν τῷ **κόσμῳ** ὦ,
Jn 9:5 φῶς εἰμι τοῦ **κόσμου**.
Jn 9:39 ἐγὼ εἰς τὸν **κόσμον** τοῦτον ἦλθον,
Jn 10:36 ἀπέστειλεν εἰς τὸν **κόσμον** ὑμεῖς λέγετε ὅτι
Jn 11:9 τὸ φῶς τοῦ **κόσμου** τούτου βλέπει·
Jn 11:27 ὁ εἰς τὸν **κόσμον** ἐρχόμενος.
Jn 12:19 ἴδε ὁ **κόσμος** ὀπίσω αὐτοῦ ἀπῆλθεν.
Jn 12:25 αὐτοῦ ἐν τῷ **κόσμῳ** τούτῳ εἰς ζωὴν
Jn 12:31 κρίσις ἐστὶν τοῦ **κόσμου** τούτου,
Jn 12:31 ὁ ἄρχων τοῦ **κόσμου** τούτου ἐκβληθήσεται
Jn 12:46 φῶς εἰς τὸν **κόσμον** ἐλήλυθα,
Jn 12:47 ἵνα κρίνω τὸν **κόσμον**,
Jn 12:47 ἵνα σώσω τὸν **κόσμον**.
Jn 13:1 μεταβῇ ἐκ τοῦ **κόσμου** τούτου πρὸς τὸν
Jn 13:1 τοὺς ἐν τῷ **κόσμῳ** εἰς τέλος ἠγάπησεν
Jn 14:17 ὃ ὁ **κόσμος** οὐ δύναται λαβεῖν,
Jn 14:19 μικρὸν καὶ ὁ **κόσμος** με οὐκέτι θεωρεῖ,
Jn 14:22 καὶ οὐχὶ τῷ **κόσμῳ**;
Jn 14:27 οὐ καθὼς ὁ **κόσμος** δίδωσιν ἐγὼ δίδωμι
Jn 14:30 γὰρ ὁ τοῦ **κόσμου** ἄρχων·
Jn 14:31 ἵνα γνῷ ὁ **κόσμος** ὅτι ἀγαπῶ τὸν
Jn 15:18 Εἰ ὁ **κόσμος** ὑμᾶς μισεῖ,
Jn 15:19 εἰ ἐκ τοῦ **κόσμου** ἦτε,
Jn 15:19 ὁ **κόσμος** ἂν τὸ ἴδιον
Jn 15:19 δὲ ἐκ τοῦ **κόσμου** οὐκ ἐστέ,
Jn 15:19 ὑμᾶς ἐκ τοῦ **κόσμου**,
Jn 15:19 μισεῖ ὑμᾶς ὁ **κόσμος**.
Jn 16:8 ἐκεῖνος ἐλέγξει τὸν **κόσμον** περὶ ἁμαρτίας
Jn 16:11 ὁ ἄρχων τοῦ **κόσμου** τούτου κέκριται.
Jn 16:20 ὁ δὲ **κόσμος** χαρήσεται·
Jn 16:21 ἄνθρωπος εἰς τὸν **κόσμον**.
Jn 16:28 ἐλήλυθα εἰς τὸν **κόσμον**·
Jn 16:28 πάλιν ἀφίημι τὸν **κόσμον** καὶ πορεύομαι
Jn 16:33 ἐν τῷ **κόσμῳ** θλῖψιν ἔχετε·
Jn 16:33 ἐγὼ νενίκηκα τὸν **κόσμον**.
Jn 17:5 πρὸ τοῦ τὸν **κόσμον** εἶναι παρὰ σοί.
Jn 17:6 μοι ἐκ τοῦ **κόσμου**.
Jn 17:9 οὐ περὶ τοῦ **κόσμου** ἐρωτῶ ἀλλὰ περὶ
Jn 17:11 εἰμὶ ἐν τῷ **κόσμῳ**,
Jn 17:11 αὐτοὶ ἐν τῷ **κόσμῳ** εἰσίν,
Jn 17:13 λαλῶ ἐν τῷ **κόσμῳ** ἵνα ἔχωσιν τὴν
Jn 17:14 σου καὶ ὁ **κόσμος** ἐμίσησεν αὐτούς,
Jn 17:14 εἰσὶν ἐκ τοῦ **κόσμου** καθὼς ἐγὼ οὐκ
Jn 17:14 εἰμὶ ἐκ τοῦ **κόσμου**.
Jn 17:15 αὐτοὺς ἐκ τοῦ **κόσμου**,
Jn 17:16 ἐκ τοῦ **κόσμου** οὐκ εἰσὶν καθὼς
Jn 17:16 εἰμὶ ἐκ τοῦ **κόσμου**.
Jn 17:18 ἀπέστειλας εἰς τὸν **κόσμον**,
Jn 17:18 αὐτοὺς εἰς τὸν **κόσμον**·
Jn 17:21 ἵνα ὁ **κόσμος** πιστεύῃ ὅτι σύ
Jn 17:23 ἵνα γινώσκῃ ὁ **κόσμος** ὅτι σύ με
Jn 17:24 με πρὸ καταβολῆς **κόσμου**.
Jn 17:25 καὶ ὁ **κόσμος** σε οὐκ ἔγνω,
Jn 18:20 παρρησίᾳ λελάληκα τῷ **κόσμῳ**,
Jn 18:36 ἔστιν ἐκ τοῦ **κόσμου** τούτου·
Jn 18:36 εἰ ἐκ τοῦ **κόσμου** τούτου ἦν ἡ
Jn 18:37 ἐλήλυθα εἰς τὸν **κόσμον**,
Jn 21:25 αὐτὸν οἶμαι τὸν **κόσμον** χωρῆσαι τὰ γραφόμενα

κόφινος (*kophinos*; 1/6) *basket*

Jn 6:13 καὶ ἐγέμισαν δώδεκα **κοφίνους** κλασμάτων ἐκ

κράβαττος (*krabattos*; 4/11) *bed*

Jn 5:8 ἔγειρε ἆρον τὸν **κράβαττόν** σου καὶ περιπάτει.
Jn 5:9 καὶ ἦρεν τὸν **κράβαττον** αὐτοῦ καὶ περιεπάτει.
Jn 5:10 σοι ἆραι τὸν **κράβαττόν** σου.
Jn 5:11 ἆρον τὸν **κράβαττόν** σου καὶ περιπάτει.

κράζω (*krazō*; 4/55) *call out*

Jn 1:15 περὶ αὐτοῦ καὶ **κέκραγεν** λέγων·
Jn 7:28 **ἔκραξεν** οὖν ἐν τῷ
Jn 7:37 ὁ Ἰησοῦς καὶ **ἔκραξεν** λέγων·
Jn 12:44 Ἰησοῦς δὲ **ἔκραξεν** καὶ εἶπεν·

κρανίον (*kranion*; 1/4) *skull*

Jn 19:17 εἰς τὸν λεγόμενον **Κρανίου** Τόπον,

κρατέω (*krateō*; 2/47) *hold*

Jn 20:23 ἄν τινων **κρατῆτε** κεκράτηνται.
Jn 20:23 ἄν τινων κρατῆτε **κεκράτηνται**.

κραυγάζω (*kraugazō*; 6/9) *call out*

Jn 11:43 εἰπὼν φωνῇ μεγάλῃ **ἐκραύγασεν**·
Jn 12:13 ὑπάντησιν αὐτῷ καὶ **ἐκραύγαζον**·
Jn 18:40 **ἐκραύγασαν** οὖν πάλιν λέγοντες·
Jn 19:6 καὶ οἱ ὑπηρέται **ἐκραύγασαν** λέγοντες·
Jn 19:12 οἱ δὲ Ἰουδαῖοι **ἐκραύγασαν** λέγοντες·
Jn 19:15 **ἐκραύγασαν** οὖν ἐκεῖνοι·

κρίθινος (*krithinos*; 2/2) *made of barley*

Jn 6:9 ἔχει πέντε ἄρτους **κριθίνους** καὶ δύο ὀψάρια·
Jn 6:13 πέντε ἄρτων τῶν **κριθίνων** ἃ ἐπερίσσευσαν

κρίμα (*krima*; 1/27) *judgment*

Jn 9:39 εἰς **κρίμα** ἐγὼ εἰς τὸν

κρίνω (*krinō*; 19/114) *judge*

Jn 3:17 τὸν κόσμον ἵνα **κρίνῃ** τὸν κόσμον,
Jn 3:18 εἰς αὐτὸν οὐ **κρίνεται**·
Jn 3:18 μὴ πιστεύων ἤδη **κέκριται**,

Jn 5:22 γὰρ ὁ πατὴρ **κρίνει** οὐδένα,
Jn 5:30 καθὼς ἀκούω **κρίνω**,
Jn 7:24 μὴ **κρίνετε** κατ' ὄψιν,
Jn 7:24 τὴν δικαίαν κρίσιν **κρίνετε**.
Jn 7:51 ὁ νόμος ἡμῶν **κρίνει** τὸν ἄνθρωπον ἐὰν
Jn 8:15 κατὰ τὴν σάρκα **κρίνετε**,
Jn 8:15 ἐγὼ οὐ **κρίνω** οὐδένα.
Jn 8:16 καὶ ἐὰν **κρίνω** δὲ ἐγώ,
Jn 8:26 ὑμῶν λαλεῖν καὶ **κρίνειν**,
Jn 8:50 ὁ ζητῶν καὶ **κρίνων**.
Jn 12:47 ἐγὼ οὐ **κρίνω** αὐτόν·
Jn 12:47 γὰρ ἦλθον ἵνα **κρίνω** τὸν κόσμον,
Jn 12:48 μου ἔχει τὸν **κρίνοντα** αὐτόν·
Jn 12:48 ὃν ἐλάλησα ἐκεῖνος **κρινεῖ** αὐτὸν ἐν τῇ
Jn 16:11 τοῦ κόσμου τούτου **κέκριται**.
Jn 18:31 τὸν νόμον ὑμῶν **κρίνατε** αὐτόν.

κρίσις (*krisis*; 11/47) *judgment*

Jn 3:19 δέ ἐστιν ἡ **κρίσις** ὅτι τὸ φῶς
Jn 5:22 ἀλλὰ τὴν **κρίσιν** πᾶσαν δέδωκεν τῷ
Jn 5:24 αἰώνιον καὶ εἰς **κρίσιν** οὐκ ἔρχεται,
Jn 5:27 ἐξουσίαν ἔδωκεν αὐτῷ **κρίσιν** ποιεῖν,
Jn 5:29 πράξαντες εἰς ἀνάστασιν **κρίσεως**.
Jn 5:30 καὶ ἡ **κρίσις** ἡ ἐμὴ δικαία
Jn 7:24 ἀλλὰ τὴν δικαίαν **κρίσιν** κρίνετε.
Jn 8:16 ἡ **κρίσις** ἡ ἐμὴ ἀληθινή
Jn 12:31 νῦν **κρίσις** ἐστὶν τοῦ κόσμου
Jn 16:8 δικαιοσύνης καὶ περὶ **κρίσεως**·
Jn 16:11 περὶ δὲ **κρίσεως**,

κρυπτός (*kryptos*; 3/17) *secret*

Jn 7:4 γάρ τι ἐν **κρυπτῷ** ποιεῖ καὶ ζητεῖ
Jn 7:10 ἀλλὰ [ὡς] ἐν **κρυπτῷ**.
Jn 18:20 καὶ ἐν **κρυπτῷ** ἐλάλησα οὐδέν.

κρύπτω (*kryptō*; 3/18) *hide*

Jn 8:59 Ἰησοῦς δὲ **ἐκρύβη** καὶ ἐξῆλθεν ἐκ
Jn 12:36 καὶ ἀπελθὼν **ἐκρύβη** ἀπ' αὐτῶν.
Jn 19:38 μαθητὴς τοῦ Ἰησοῦ **κεκρυμμένος** δὲ διὰ τὸν

κυκλόω (*kykloō*; 1/4) *surround*

Jn 10:24 **ἐκύκλωσαν** οὖν αὐτὸν οἱ

κύπτω (*kyptō*; 0[1]/1[2]) *bend or stoop down*

[Jn 8:6] δὲ Ἰησοῦς κάτω **κύψας** τῷ δακτύλῳ κατέγραφεν

κύριος (*kyrios*; 51[52]/714[717]) *Lord, sir*

Jn 1:23 εὐθύνατε τὴν ὁδὸν **κυρίου**,
Jn 4:11 **κύριε**,
Jn 4:15 **κύριε**,
Jn 4:19 **κύριε**,
Jn 4:49 **κύριε**,
Jn 5:7 **κύριε**,
Jn 6:23 ἄρτον εὐχαριστήσαντος τοῦ **κυρίου**.
Jn 6:34 **κύριε**,
Jn 6:68 **κύριε**,
[Jn 8:11] **κύριε**.
Jn 9:36 **κύριε**,
Jn 9:38 **κύριε**·
Jn 11:2 ἡ ἀλείψασα τὸν **κύριον** μύρῳ καὶ ἐκμάξασα
Jn 11:3 **κύριε**,
Jn 11:12 **κύριε**,
Jn 11:21 **κύριε**,
Jn 11:27 ναὶ **κύριε**,
Jn 11:32 **κύριε**,
Jn 11:34 **κύριε**,
Jn 11:39 **κύριε**,
Jn 12:13 ἐρχόμενος ἐν ὀνόματι **κυρίου**,
Jn 12:21 **κύριε**,
Jn 12:38 **κύριε**,
Jn 12:38 καὶ ὁ βραχίων **κυρίου** τίνι ἀπεκαλύφθη;
Jn 13:6 **κύριε**,
Jn 13:9 **κύριε**,
Jn 13:13 ὁ **κύριος**,
Jn 13:14 τοὺς πόδας ὁ **κύριος** καὶ ὁ διδάσκαλος,
Jn 13:16 δοῦλος μείζων τοῦ **κυρίου** αὐτοῦ οὐδὲ ἀπόστολος
Jn 13:25 **κύριε**,
Jn 13:36 **κύριε**,
Jn 13:37 **κύριε**,
Jn 14:5 **κύριε**,
Jn 14:8 **κύριε**,
Jn 14:22 **κύριε**,
Jn 15:15 ποιεῖ αὐτοῦ ὁ **κύριος**·
Jn 15:20 δοῦλος μείζων τοῦ **κυρίου** αὐτοῦ.
Jn 20:2 ἦραν τὸν **κύριον** ἐκ τοῦ μνημείου
Jn 20:13 ὅτι ἦραν τὸν **κύριόν** μου,
Jn 20:15 **κύριε**,
Jn 20:18 ὅτι ἑώρακα τὸν **κύριον**,
Jn 20:20 μαθηταὶ ἰδόντες τὸν **κύριον**.
Jn 20:25 ἑωράκαμεν τὸν **κύριον**.
Jn 20:28 ὁ **κύριός** μου καὶ ὁ
Jn 21:7 ὁ **κύριός** ἐστιν.
Jn 21:7 ἀκούσας ὅτι ὁ **κύριός** ἐστιν τὸν ἐπενδύτην
Jn 21:12 εἰδότες ὅτι ὁ **κύριός** ἐστιν.
Jn 21:15 ναὶ **κύριε**,
Jn 21:16 ναὶ **κύριε**,
Jn 21:17 **κύριε**,
Jn 21:20 **κύριε**,
Jn 21:21 **κύριε**,

κώμη (*kōmē*; 3/27) *village*

Jn 7:42 ἀπὸ Βηθλέεμ τῆς **κώμης** ὅπου ἦν Δαυὶδ
Jn 11:1 ἐκ τῆς **κώμης** Μαρίας καὶ Μάρθας
Jn 11:30 Ἰησοῦς εἰς τὴν **κώμην**,

λαγχάνω (*lanchanō*; 1/4) *cast lots, receive*

Jn 19:24 ἀλλὰ **λάχωμεν** περὶ αὐτοῦ τίνος

Λάζαρος (*Lazaros*; 11/15) *Lazarus*

Jn 11:1 **Λάζαρος** ἀπὸ Βηθανίας,
Jn 11:2 ἧς ὁ ἀδελφὸς **Λάζαρος** ἠσθένει.
Jn 11:5 αὐτῆς καὶ τὸν **Λάζαρον**.
Jn 11:11 **Λάζαρος** ὁ φίλος ἡμῶν
Jn 11:14 **Λάζαρος** ἀπέθανεν,
Jn 11:43 **Λάζαρε**,
Jn 12:1 ὅπου ἦν **Λάζαρος**,
Jn 12:2 ὁ δὲ **Λάζαρος** εἷς ἦν ἐκ
Jn 12:9 ἵνα καὶ τὸν **Λάζαρον** ἴδωσιν ὃν ἤγειρεν
Jn 12:10 ἵνα καὶ τὸν **Λάζαρον** ἀποκτείνωσιν,
Jn 12:17 αὐτοῦ ὅτε τὸν **Λάζαρον** ἐφώνησεν ἐκ τοῦ

λάθρα (*lathra*; 1/4) *secretly*

Jn 11:28 τὴν ἀδελφὴν αὐτῆς **λάθρα** εἰποῦσα·

λαλέω (*laleō*; 59/294[296]) *speak*

Jn 1:37 δύο μαθηταὶ αὐτοῦ **λαλοῦντος** καὶ ἠκολούθησαν τῷ
Jn 3:11 ὅτι ὃ οἴδαμεν **λαλοῦμεν** καὶ ὃ ἑωράκαμεν
Jn 3:31 ἐκ τῆς γῆς **λαλεῖ**.
Jn 3:34 ῥήματα τοῦ θεοῦ **λαλεῖ**,
Jn 4:26 ὁ **λαλῶν** σοι.
Jn 4:27 ὅτι μετὰ γυναικὸς **ἐλάλει**·
Jn 4:27 ζητεῖς ἤ τί **λαλεῖς** μετ' αὐτῆς;
Jn 6:63 ῥήματα ἃ ἐγὼ **λελάληκα** ὑμῖν πνεῦμά ἐστιν
Jn 7:13 οὐδεὶς μέντοι παρρησίᾳ **ἐλάλει** περὶ αὐτοῦ
Jn 7:17 ἐγὼ ἀπ' ἐμαυτοῦ **λαλῶ**.
Jn 7:18 ὁ ἀφ' ἑαυτοῦ **λαλῶν** τὴν δόξαν τὴν
Jn 7:26 καὶ ἴδε παρρησίᾳ **λαλεῖ** καὶ οὐδὲν αὐτῷ
Jn 7:46 οὐδέποτε **ἐλάλησεν** οὕτως ἄνθρωπος.
Jn 8:12 Πάλιν οὖν αὐτοῖς **ἐλάλησεν** ὁ Ἰησοῦς λέγων·
Jn 8:20 Ταῦτα τὰ ῥήματα **ἐλάλησεν** ἐν τῷ γαζοφυλακίῳ
Jn 8:25 ὅ τι καὶ **λαλῶ** ὑμῖν;
Jn 8:26 ἔχω περὶ ὑμῶν **λαλεῖν** καὶ κρίνειν,
Jn 8:26 παρ' αὐτοῦ ταῦτα **λαλῶ** εἰς τὸν κόσμον.
Jn 8:28 ὁ πατὴρ ταῦτα **λαλῶ**.
Jn 8:30 Ταῦτα αὐτοῦ **λαλοῦντος** πολλοὶ ἐπίστευσαν
Jn 8:38 παρὰ τῷ πατρὶ **λαλῶ**·
Jn 8:40 τὴν ἀλήθειαν ὑμῖν **λελάληκα** ἣν ἤκουσα
Jn 8:44 ὅταν **λαλῇ** τὸ ψεῦδος,
Jn 8:44 ἐκ τῶν ἰδίων **λαλεῖ**,
Jn 9:21 αὐτὸς περὶ ἑαυτοῦ **λαλήσει**.
Jn 9:29 οἴδαμεν ὅτι Μωϋσεῖ **λελάληκεν** ὁ θεός,
Jn 9:37 αὐτὸν καὶ ὁ **λαλῶν** μετὰ σοῦ ἐκεῖνός
Jn 10:6 τίνα ἦν ἃ **ἐλάλει** αὐτοῖς.
Jn 12:29 ἄγγελος αὐτῷ **λελάληκεν**.
Jn 12:36 ταῦτα **ἐλάλησεν** Ἰησοῦς,
Jn 12:41 καὶ **ἐλάλησεν** περὶ αὐτοῦ.
Jn 12:48 ὁ λόγος ὃν **ἐλάλησα** ἐκεῖνος κρινεῖ αὐτὸν
Jn 12:49 ἐξ ἐμαυτοῦ οὐκ **ἐλάλησα**,
Jn 12:49 εἴπω καὶ τί **λαλήσω**.
Jn 12:50 ἃ οὖν ἐγὼ **λαλῶ**,
Jn 12:50 οὕτως **λαλῶ**.
Jn 14:10 ἀπ' ἐμαυτοῦ οὐ **λαλῶ**,
Jn 14:25 Ταῦτα **λελάληκα** ὑμῖν παρ' ὑμῖν
Jn 14:30 οὐκέτι πολλὰ **λαλήσω** μεθ' ὑμῶν,
Jn 15:3 τὸν λόγον ὃν **λελάληκα** ὑμῖν·
Jn 15:11 Ταῦτα **λελάληκα** ὑμῖν ἵνα ἡ
Jn 15:22 μὴ ἦλθον καὶ **ἐλάλησα** αὐτοῖς,
Jn 16:1 Ταῦτα **λελάληκα** ὑμῖν ἵνα μὴ
Jn 16:4 ἀλλὰ ταῦτα **λελάληκα** ὑμῖν ἵνα ὅταν
Jn 16:6 ἀλλ' ὅτι ταῦτα **λελάληκα** ὑμῖν ἡ λύπη
Jn 16:13 οὐ γὰρ **λαλήσει** ἀφ' ἑαυτοῦ,
Jn 16:13 ἀλλ' ὅσα ἀκούσει **λαλήσει** καὶ τὰ ἐρχόμενα
Jn 16:18 οὐκ οἴδαμεν τί **λαλεῖ**.
Jn 16:25 Ταῦτα ἐν παροιμίαις **λελάληκα** ὑμῖν·
Jn 16:25 οὐκέτι ἐν παροιμίαις **λαλήσω** ὑμῖν,
Jn 16:29 νῦν ἐν παρρησίᾳ **λαλεῖς** καὶ παροιμίαν οὐδεμίαν
Jn 16:33 ταῦτα **λελάληκα** ὑμῖν ἵνα ἐν
Jn 17:1 Ταῦτα **ἐλάλησεν** Ἰησοῦς καὶ ἐπάρας
Jn 17:13 ἔρχομαι καὶ ταῦτα **λαλῶ** ἐν τῷ κόσμῳ
Jn 18:20 ἐγὼ παρρησίᾳ **λελάληκα** τῷ κόσμῳ,
Jn 18:20 καὶ ἐν κρυπτῷ **ἐλάλησα** οὐδέν.
Jn 18:21 τοὺς ἀκηκοότας τί **ἐλάλησα** αὐτοῖς·
Jn 18:23 εἰ κακῶς **ἐλάλησα**,
Jn 19:10 ἐμοὶ οὐ **λαλεῖς**;

λαλιά (*lalia*; 2/3) *speech*

Jn 4:42 διὰ τὴν σὴν **λαλιὰν** πιστεύομεν,
Jn 8:43 διὰ τί τὴν **λαλιὰν** τὴν ἐμὴν οὐ

λαμβάνω (*lambanō*; 46/258) *take, receive*

Jn 1:12 ὅσοι δὲ **ἔλαβον** αὐτόν,
Jn 1:16 αὐτοῦ ἡμεῖς πάντες **ἐλάβομεν** καὶ χάριν
Jn 3:11 μαρτυρίαν ἡμῶν οὐ **λαμβάνετε**.
Jn 3:27 οὐ δύναται ἄνθρωπος **λαμβάνειν** οὐδὲ ἓν ἐὰν
Jn 3:32 μαρτυρίαν αὐτοῦ οὐδεὶς **λαμβάνει**.
Jn 3:33 ὁ **λαβὼν** αὐτοῦ τὴν μαρτυρίαν
Jn 4:36 ὁ θερίζων μισθὸν **λαμβάνει** καὶ συνάγει καρπὸν
Jn 5:34 ἀνθρώπου τὴν μαρτυρίαν **λαμβάνω**,
Jn 5:41 παρὰ ἀνθρώπων οὐ **λαμβάνω**,
Jn 5:43 καὶ οὐ **λαμβάνετέ** με·
Jn 5:43 ἐκεῖνον **λήμψεσθε**.
Jn 5:44 δόξαν παρὰ ἀλλήλων **λαμβάνοντες**,
Jn 6:7 ἕκαστος βραχύ [τι] **λάβῃ**.
Jn 6:11 **ἔλαβεν** οὖν τοὺς ἄρτους
Jn 6:21 ἤθελον οὖν **λαβεῖν** αὐτὸν εἰς τὸ
Jn 7:23 εἰ περιτομὴν **λαμβάνει** ἄνθρωπος ἐν σαββάτῳ
Jn 7:39 πνεύματος ὃ ἔμελλον **λαμβάνειν** οἱ πιστεύσαντες εἰς
Jn 10:17 ἵνα πάλιν λάβω **αὐτήν**.
Jn 10:18 ἐξουσίαν ἔχω πάλιν **λαβεῖν** αὐτήν·
Jn 10:18 ταύτην τὴν ἐντολὴν **ἔλαβον** παρὰ τοῦ πατρός
Jn 12:3 Ἡ οὖν Μαριὰμ **λαβοῦσα** λίτραν μύρου νάρδου
Jn 12:13 **ἔλαβον** τὰ βαΐα τῶν
Jn 12:48 ἐμὲ καὶ μὴ **λαμβάνων** τὰ ῥήματά μου
Jn 13:4 τὰ ἱμάτια καὶ **λαβὼν** λέντιον διέζωσεν ἑαυτόν·
Jn 13:12 πόδας αὐτῶν [καὶ] **ἔλαβεν** τὰ ἱμάτια αὐτοῦ
Jn 13:20 ὁ **λαμβάνων** ἄν τινα πέμψω
Jn 13:20 τινα πέμψω ἐμὲ **λαμβάνει**,
Jn 13:20 ὁ δὲ ἐμὲ **λαμβάνων** λαμβάνει τὸν πέμψαντά
Jn 13:20 δὲ ἐμὲ λαμβάνων **λαμβάνει** τὸν πέμψαντά με.
Jn 13:26 οὖν τὸ ψωμίον [**λαμβάνει** καὶ] δίδωσιν Ἰούδᾳ
Jn 13:30 **λαβὼν** οὖν τὸ ψωμίον
Jn 14:17 κόσμος οὐ δύναται **λαβεῖν**,
Jn 16:14 ἐκ τοῦ ἐμοῦ **λήμψεται** καὶ ἀναγγελεῖ ὑμῖν.
Jn 16:15 ἐκ τοῦ ἐμοῦ **λαμβάνει** καὶ ἀναγγελεῖ ὑμῖν.
Jn 16:24 αἰτεῖτε καὶ **λήμψεσθε**,
Jn 17:8 καὶ αὐτοὶ **ἔλαβον** καὶ ἔγνωσαν ἀληθῶς
Jn 18:3 ὁ οὖν Ἰούδας **λαβὼν** τὴν σπεῖραν καὶ
Jn 18:31 **λάβετε** αὐτὸν ὑμεῖς καὶ
Jn 19:1 Τότε οὖν **ἔλαβεν** ὁ Πιλᾶτος τὸν
Jn 19:6 **λάβετε** αὐτὸν ὑμεῖς καὶ
Jn 19:23 **ἔλαβον** τὰ ἱμάτια αὐτοῦ
Jn 19:27 ἐκείνης τῆς ὥρας **ἔλαβεν** ὁ μαθητὴς αὐτὴν
Jn 19:30 ὅτε οὖν **ἔλαβεν** τὸ ὄξος [ὁ]
Jn 19:40 **ἔλαβον** οὖν τὸ σῶμα
Jn 20:22 **λάβετε** πνεῦμα ἅγιον·
Jn 21:13 ἔρχεται Ἰησοῦς καὶ **λαμβάνει** τὸν ἄρτον καὶ

λαμπάς (*lampas*; 1/9) *lantern, lamp*

Jn 18:3 μετὰ φανῶν καὶ **λαμπάδων** καὶ ὅπλων.

λαός (*laos*; 2[3]/141[142]) *people, nation*

[Jn 8:2] καὶ πᾶς ὁ **λαὸς** ἤρχετο πρὸς αὐτόν,
Jn 11:50 ἀποθάνῃ ὑπὲρ τοῦ **λαοῦ** καὶ μὴ ὅλον
Jn 18:14 ἀποθανεῖν ὑπὲρ τοῦ **λαοῦ**.

λατρεία (*latreia*; 1/5) *service*

Jn 16:2 ἀποκτείνας ὑμᾶς δόξῃ **λατρείαν** προσφέρειν τῷ θεῷ.

λέγω (*legō*; 473[480]/2345[2353]) *say*

Jn 1:15 αὐτοῦ καὶ κέκραγεν **λέγων**·
Jn 1:15 οὗτος ἦν ὃν **εἶπον**·
Jn 1:21 καὶ **λέγει**·
Jn 1:22 **εἶπαν** οὖν αὐτῷ·
Jn 1:22 τί **λέγεις** περὶ σεαυτοῦ;
Jn 1:23 καθὼς **εἶπεν** Ἠσαΐας ὁ προφήτης.
Jn 1:25 ἠρώτησαν αὐτὸν καὶ **εἶπαν** αὐτῷ·
Jn 1:26 αὐτοῖς ὁ Ἰωάννης **λέγων**·
Jn 1:29 πρὸς αὐτὸν καὶ **λέγει**·
Jn 1:30 ὑπὲρ οὗ ἐγὼ **εἶπον**·
Jn 1:32 Καὶ ἐμαρτύρησεν Ἰωάννης **λέγων** ὅτι τεθέαμαι τὸ
Jn 1:33 ὕδατι ἐκεῖνός μοι **εἶπεν**·
Jn 1:36 τῷ Ἰησοῦ περιπατοῦντι **λέγει**·
Jn 1:38 θεασάμενος αὐτοὺς ἀκολουθοῦντας **λέγει** αὐτοῖς·
Jn 1:38 οἱ δὲ **εἶπαν** αὐτῷ·
Jn 1:38 ὃ **λέγεται** μεθερμηνευόμενον διδάσκαλε,
Jn 1:39 **λέγει** αὐτοῖς·
Jn 1:41 ἴδιον Σίμωνα καὶ **λέγει** αὐτῷ·
Jn 1:42 αὐτῷ ὁ Ἰησοῦς **εἶπεν**·
Jn 1:43 καὶ **λέγει** αὐτῷ ὁ Ἰησοῦς·
Jn 1:45 τὸν Ναθαναὴλ καὶ **λέγει** αὐτῷ·
Jn 1:46 καὶ **εἶπεν** αὐτῷ Ναθαναήλ·
Jn 1:46 **λέγει** αὐτῷ [ὁ] Φίλιππος·
Jn 1:47 πρὸς αὐτὸν καὶ **λέγει** περὶ αὐτοῦ·
Jn 1:48 **λέγει** αὐτῷ Ναθαναήλ·
Jn 1:48 ἀπεκρίθη Ἰησοῦς καὶ **εἶπεν** αὐτῷ·
Jn 1:50 ἀπεκρίθη Ἰησοῦς καὶ **εἶπεν** αὐτῷ·
Jn 1:50 ὅτι **εἶπόν** σοι ὅτι εἶδόν
Jn 1:51 καὶ **λέγει** αὐτῷ·
Jn 1:51 ἀμὴν ἀμὴν **λέγω** ὑμῖν,
Jn 2:3 καὶ ὑστερήσαντος οἴνου **λέγει** ἡ μήτηρ τοῦ
Jn 2:4 [καὶ] **λέγει** αὐτῇ ὁ Ἰησοῦς·
Jn 2:5 **λέγει** ἡ μήτηρ αὐτοῦ
Jn 2:5 ὅ τι ἂν **λέγῃ** ὑμῖν ποιήσατε.
Jn 2:7 **λέγει** αὐτοῖς ὁ Ἰησοῦς·
Jn 2:8 καὶ **λέγει** αὐτοῖς·
Jn 2:10 καὶ **λέγει** αὐτῷ·
Jn 2:16 τὰς περιστερὰς πωλοῦσιν **εἶπεν**·
Jn 2:18 οἱ Ἰουδαῖοι καὶ **εἶπαν** αὐτῷ·
Jn 2:19 ἀπεκρίθη Ἰησοῦς καὶ **εἶπεν** αὐτοῖς·
Jn 2:20 **εἶπαν** οὖν οἱ Ἰουδαῖοι·
Jn 2:21 ἐκεῖνος δὲ **ἔλεγεν** περὶ τοῦ ναοῦ
Jn 2:22 αὐτοῦ ὅτι τοῦτο **ἔλεγεν**,
Jn 2:22 τῷ λόγῳ ὃν **εἶπεν** ὁ Ἰησοῦς.
Jn 3:2 αὐτὸν νυκτὸς καὶ **εἶπεν** αὐτῷ·
Jn 3:3 ἀπεκρίθη Ἰησοῦς καὶ **εἶπεν** αὐτῷ·
Jn 3:3 ἀμὴν ἀμὴν **λέγω** σοι,
Jn 3:4 **λέγει** πρὸς αὐτὸν [ὁ]
Jn 3:5 ἀμὴν ἀμὴν **λέγω** σοι,
Jn 3:7 μὴ θαυμάσῃς ὅτι **εἶπόν** σοι·
Jn 3:9 ἀπεκρίθη Νικόδημος καὶ **εἶπεν** αὐτῷ·
Jn 3:10 ἀπεκρίθη Ἰησοῦς καὶ **εἶπεν** αὐτῷ·
Jn 3:11 ἀμὴν ἀμὴν **λέγω** σοι ὅτι ὃ
Jn 3:12 εἰ τὰ ἐπίγεια **εἶπον** ὑμῖν καὶ οὐ
Jn 3:12 πῶς ἐὰν **εἴπω** ὑμῖν τὰ ἐπουράνια
Jn 3:26 τὸν Ἰωάννην καὶ **εἶπαν** αὐτῷ·
Jn 3:27 ἀπεκρίθη Ἰωάννης καὶ **εἶπεν**·
Jn 3:28 μοι μαρτυρεῖτε ὅτι **εἶπον** [ὅτι] οὐκ εἰμὶ
Jn 4:5 πόλιν τῆς Σαμαρείας **λεγομένην** Συχὰρ πλησίον τοῦ
Jn 4:7 **λέγει** αὐτῇ ὁ Ἰησοῦς·
Jn 4:9 **λέγει** οὖν αὐτῷ ἡ
Jn 4:10 ἀπεκρίθη Ἰησοῦς καὶ **εἶπεν** αὐτῇ·
Jn 4:10 τίς ἐστιν ὁ **λέγων** σοι·
Jn 4:11 **λέγει** αὐτῷ [ἡ γυνή]·
Jn 4:13 ἀπεκρίθη Ἰησοῦς καὶ **εἶπεν** αὐτῇ·
Jn 4:15 **λέγει** πρὸς αὐτὸν ἡ
Jn 4:16 **λέγει** αὐτῇ·
Jn 4:17 ἡ γυνὴ καὶ **εἶπεν** αὐτῷ·
Jn 4:17 **λέγει** αὐτῇ ὁ Ἰησοῦς·
Jn 4:17 καλῶς **εἶπας** ὅτι ἄνδρα οὐκ
Jn 4:18 τοῦτο ἀληθὲς **εἴρηκας**.
Jn 4:19 **λέγει** αὐτῷ ἡ γυνή·
Jn 4:20 καὶ ὑμεῖς **λέγετε** ὅτι ἐν Ἱεροσολύμοις
Jn 4:21 **λέγει** αὐτῇ ὁ Ἰησοῦς·
Jn 4:25 **λέγει** αὐτῷ ἡ γυνή·
Jn 4:25 Μεσσίας ἔρχεται ὁ **λεγόμενος** χριστός·
Jn 4:26 **λέγει** αὐτῇ ὁ Ἰησοῦς·
Jn 4:27 οὐδεὶς μέντοι **εἶπεν**·
Jn 4:28 τὴν πόλιν καὶ **λέγει** τοῖς ἀνθρώποις·
Jn 4:29 ἴδετε ἄνθρωπον ὃς **εἶπέν** μοι πάντα ὅσα
Jn 4:31 αὐτὸν οἱ μαθηταὶ **λέγοντες**·
Jn 4:32 ὁ δὲ **εἶπεν** αὐτοῖς·
Jn 4:33 **ἔλεγον** οὖν οἱ μαθηταὶ
Jn 4:34 **λέγει** αὐτοῖς ὁ Ἰησοῦς·
Jn 4:35 οὐχ ὑμεῖς **λέγετε** ὅτι ἔτι τετράμηνός
Jn 4:35 ἰδοὺ **λέγω** ὑμῖν,
Jn 4:39 γυναικὸς μαρτυρούσης ὅτι **εἶπέν** μοι πάντα
Jn 4:42 τῇ τε γυναικὶ **ἔλεγον** ὅτι οὐκέτι διὰ
Jn 4:48 **εἶπεν** οὖν ὁ Ἰησοῦς
Jn 4:49 **λέγει** πρὸς αὐτὸν ὁ
Jn 4:50 **λέγει** αὐτῷ ὁ Ἰησοῦς·
Jn 4:50 τῷ λόγῳ ὃν **εἶπεν** αὐτῷ ὁ Ἰησοῦς
Jn 4:51 αὐτοῦ ὑπήντησαν αὐτῷ **λέγοντες** ὅτι ὁ παῖς
Jn 4:52 **εἶπαν** οὖν αὐτῷ ὅτι
Jn 4:53 ὥρᾳ ἐν ᾗ **εἶπεν** αὐτῷ ὁ Ἰησοῦς·
Jn 5:6 **λέγει** αὐτῷ·
Jn 5:8 **λέγει** αὐτῷ ὁ Ἰησοῦς·
Jn 5:10 **ἔλεγον** οὖν οἱ Ἰουδαῖοι
Jn 5:11 ὑγιῆ ἐκεῖνός μοι **εἶπεν**·
Jn 5:12 ὁ ἄνθρωπος ὁ **εἰπών** σοι·
Jn 5:14 τῷ ἱερῷ καὶ **εἶπεν** αὐτῷ·
Jn 5:18 καὶ πατέρα ἴδιον **ἔλεγεν** τὸν θεὸν ἴσον
Jn 5:19 ὁ Ἰησοῦς καὶ **ἔλεγεν** αὐτοῖς·
Jn 5:19 ἀμὴν ἀμὴν **λέγω** ὑμῖν,
Jn 5:24 Ἀμὴν ἀμὴν **λέγω** ὑμῖν ὅτι ὁ
Jn 5:25 ἀμὴν ἀμὴν **λέγω** ὑμῖν ὅτι ἔρχεται
Jn 5:34 ἀλλὰ ταῦτα **λέγω** ἵνα ὑμεῖς σωθῆτε.
Jn 6:5 ἔρχεται πρὸς αὐτὸν **λέγει** πρὸς Φίλιππον·
Jn 6:6 τοῦτο δὲ **ἔλεγεν** πειράζων αὐτόν·
Jn 6:8 **λέγει** αὐτῷ εἷς ἐκ
Jn 6:10 **εἶπεν** ὁ Ἰησοῦς·
Jn 6:12 **λέγει** τοῖς μαθηταῖς αὐτοῦ·
Jn 6:14 ὃ ἐποίησεν σημεῖον **ἔλεγον** ὅτι οὗτός ἐστιν
Jn 6:20 ὁ δὲ **λέγει** αὐτοῖς·

Jn 6:25 πέραν τῆς θαλάσσης **εἶπον** αὐτῷ·
Jn 6:26 ὁ Ἰησοῦς καὶ **εἶπεν**·
Jn 6:26 ἀμὴν ἀμὴν **λέγω** ὑμῖν,
Jn 6:28 **εἶπον** οὖν πρὸς αὐτόν·
Jn 6:29 [ὁ] Ἰησοῦς καὶ **εἶπεν** αὐτοῖς·
Jn 6:30 **Εἶπον** οὖν αὐτῷ·
Jn 6:32 **εἶπεν** οὖν αὐτοῖς ὁ
Jn 6:32 ἀμὴν ἀμὴν **λέγω** ὑμῖν,
Jn 6:34 **εἶπον** οὖν πρὸς αὐτόν·
Jn 6:35 **εἶπεν** αὐτοῖς ὁ Ἰησοῦς·
Jn 6:36 Ἀλλ' **εἶπον** ὑμῖν ὅτι καὶ
Jn 6:41 περὶ αὐτοῦ ὅτι **εἶπεν**·
Jn 6:42 καὶ **ἔλεγον**·
Jn 6:42 πῶς νῦν **λέγει** ὅτι ἐκ τοῦ
Jn 6:43 ἀπεκρίθη Ἰησοῦς καὶ **εἶπεν** αὐτοῖς·
Jn 6:47 ἀμὴν ἀμὴν **λέγω** ὑμῖν,
Jn 6:52 ἀλλήλους οἱ Ἰουδαῖοι **λέγοντες**·
Jn 6:53 **εἶπεν** οὖν αὐτοῖς ὁ
Jn 6:53 ἀμὴν ἀμὴν **λέγω** ὑμῖν,
Jn 6:59 Ταῦτα **εἶπεν** ἐν συναγωγῇ διδάσκων
Jn 6:60 τῶν μαθητῶν αὐτοῦ **εἶπαν**·
Jn 6:61 οἱ μαθηταὶ αὐτοῦ **εἶπεν** αὐτοῖς·
Jn 6:65 καὶ **ἔλεγεν**·
Jn 6:65 διὰ τοῦτο **εἴρηκα** ὑμῖν ὅτι οὐδεὶς
Jn 6:67 **εἶπεν** οὖν ὁ Ἰησοῦς
Jn 6:71 **ἔλεγεν** δὲ τὸν Ἰούδαν
Jn 7:3 **εἶπον** οὖν πρὸς αὐτὸν
Jn 7:6 **λέγει** οὖν αὐτοῖς ὁ
Jn 7:9 ταῦτα δὲ **εἰπὼν** αὐτὸς ἔμεινεν ἐν
Jn 7:11 τῇ ἑορτῇ καὶ **ἔλεγον**·
Jn 7:12 οἱ μὲν **ἔλεγον** ὅτι ἀγαθός ἐστιν,
Jn 7:12 ἄλλοι [δὲ] **ἔλεγον**·
Jn 7:15 οὖν οἱ Ἰουδαῖοι **λέγοντες**·
Jn 7:16 [ὁ] Ἰησοῦς καὶ **εἶπεν**·
Jn 7:21 ἀπεκρίθη Ἰησοῦς καὶ **εἶπεν** αὐτοῖς·
Jn 7:25 **Ἔλεγον** οὖν τινες ἐκ
Jn 7:26 καὶ οὐδὲν αὐτῷ **λέγουσιν**.
Jn 7:28 ὁ Ἰησοῦς καὶ **λέγων**·
Jn 7:31 εἰς αὐτὸν καὶ **ἔλεγον**·
Jn 7:33 **εἶπεν** οὖν ὁ Ἰησοῦς·
Jn 7:35 **εἶπον** οὖν οἱ Ἰουδαῖοι
Jn 7:36 λόγος οὗτος ὃν **εἶπεν**·
Jn 7:37 Ἰησοῦς καὶ ἔκραξεν **λέγων**·
Jn 7:38 καθὼς **εἶπεν** ἡ γραφή,
Jn 7:39 τοῦτο δὲ **εἶπεν** περὶ τοῦ πνεύματος
Jn 7:40 τῶν λόγων τούτων **ἔλεγον**·
Jn 7:41 ἄλλοι **ἔλεγον**·
Jn 7:41 οἱ δὲ **ἔλεγον**·
Jn 7:42 οὐχ ἡ γραφὴ **εἶπεν** ὅτι ἐκ τοῦ
Jn 7:45 καὶ **εἶπον** αὐτοῖς ἐκεῖνοι·
Jn 7:50 **λέγει** Νικόδημος πρὸς αὐτούς,
Jn 7:52 ἀπεκρίθησαν καὶ **εἶπαν** αὐτῷ·
[Jn 8:4] **λέγουσιν** αὐτῷ·
[Jn 8:5] σὺ οὖν τί **λέγεις**;
[Jn 8:6] τοῦτο δὲ **ἔλεγον** πειράζοντες αὐτόν,
[Jn 8:7] ἀνέκυψεν καὶ **εἶπεν** αὐτοῖς·
[Jn 8:10] δὲ ὁ Ἰησοῦς **εἶπεν** αὐτῇ·
[Jn 8:11] ἡ δὲ **εἶπεν**·
[Jn 8:11] **εἶπεν** δὲ ὁ Ἰησοῦς·
Jn 8:12 ἐλάλησεν ὁ Ἰησοῦς **λέγων**·
Jn 8:13 **εἶπον** οὖν αὐτῷ οἱ
Jn 8:14 ἀπεκρίθη Ἰησοῦς καὶ **εἶπεν** αὐτοῖς·
Jn 8:19 **ἔλεγον** οὖν αὐτῷ·
Jn 8:21 **Εἶπεν** οὖν πάλιν αὐτοῖς·
Jn 8:22 **ἔλεγον** οὖν οἱ Ἰουδαῖοι·
Jn 8:22 ὅτι **λέγει**·
Jn 8:23 καὶ **ἔλεγεν** αὐτοῖς·
Jn 8:24 **εἶπον** οὖν ὑμῖν ὅτι
Jn 8:25 **ἔλεγον** οὖν αὐτῷ·
Jn 8:25 **εἶπεν** αὐτοῖς ὁ Ἰησοῦς·
Jn 8:27 τὸν πατέρα αὐτοῖς **ἔλεγεν**.
Jn 8:28 **εἶπεν** οὖν [αὐτοῖς] ὁ
Jn 8:31 **ἔλεγεν** οὖν ὁ Ἰησοῦς
Jn 8:33 πῶς σὺ **λέγεις** ὅτι ἐλεύθεροι γενήσεσθε;
Jn 8:34 ἀμὴν ἀμὴν **λέγω** ὑμῖν ὅτι πᾶς
Jn 8:39 ἀπεκρίθησαν καὶ **εἶπαν** αὐτῷ·
Jn 8:39 **λέγει** αὐτοῖς ὁ Ἰησοῦς·
Jn 8:41 **εἶπαν** [οὖν] αὐτῷ·
Jn 8:42 **εἶπεν** αὐτοῖς ὁ Ἰησοῦς·
Jn 8:45 ὅτι τὴν ἀλήθειαν **λέγω**,
Jn 8:46 εἰ ἀλήθειαν **λέγω**,
Jn 8:48 οἱ Ἰουδαῖοι καὶ **εἶπαν** αὐτῷ·
Jn 8:48 οὐ καλῶς **λέγομεν** ἡμεῖς ὅτι Σαμαρίτης
Jn 8:51 ἀμὴν ἀμὴν **λέγω** ὑμῖν,
Jn 8:52 **εἶπον** [οὖν] αὐτῷ οἱ
Jn 8:52 καὶ σὺ **λέγεις**·
Jn 8:54 ὃν ὑμεῖς **λέγετε** ὅτι θεὸς ἡμῶν
Jn 8:55 κἂν **εἴπω** ὅτι οὐκ οἶδα
Jn 8:57 **εἶπον** οὖν οἱ Ἰουδαῖοι
Jn 8:58 **εἶπεν** αὐτοῖς Ἰησοῦς·
Jn 8:58 ἀμὴν ἀμὴν **λέγω** ὑμῖν,
Jn 9:2 οἱ μαθηταὶ αὐτοῦ **λέγοντες**·
Jn 9:6 ταῦτα **εἰπὼν** ἔπτυσεν χαμαὶ καὶ
Jn 9:7 καὶ **εἶπεν** αὐτῷ·
Jn 9:8 ὅτι προσαίτης ἦν **ἔλεγον**·
Jn 9:9 ἄλλοι **ἔλεγον** ὅτι οὗτός ἐστιν,
Jn 9:9 ἄλλοι **ἔλεγον**·
Jn 9:9 ἐκεῖνος **ἔλεγεν** ὅτι ἐγώ εἰμι.
Jn 9:10 **ἔλεγον** οὖν αὐτῷ·
Jn 9:11 ὁ ἄνθρωπος ὁ **λεγόμενος** Ἰησοῦς πηλὸν ἐποίησεν
Jn 9:11 τοὺς ὀφθαλμοὺς καὶ **εἶπέν** μοι ὅτι ὕπαγε
Jn 9:12 καὶ **εἶπαν** αὐτῷ·
Jn 9:12 **λέγει**·
Jn 9:15 ὁ δὲ **εἶπεν** αὐτοῖς·
Jn 9:16 **ἔλεγον** οὖν ἐκ τῶν
Jn 9:16 ἄλλοι [δὲ] **ἔλεγον**·
Jn 9:17 **λέγουσιν** οὖν τῷ τυφλῷ
Jn 9:17 τί σὺ **λέγεις** περὶ αὐτοῦ,
Jn 9:17 ὁ δὲ **εἶπεν** ὅτι προφήτης ἐστίν.
Jn 9:19 καὶ ἠρώτησαν αὐτοὺς **λέγοντες**·
Jn 9:19 ὃν ὑμεῖς **λέγετε** ὅτι τυφλὸς ἐγεννήθη;
Jn 9:20 γονεῖς αὐτοῦ καὶ **εἶπαν**·
Jn 9:22 ταῦτα **εἶπαν** οἱ γονεῖς αὐτοῦ
Jn 9:23 οἱ γονεῖς αὐτοῦ **εἶπαν** ὅτι ἡλικίαν ἔχει,
Jn 9:24 ἦν τυφλὸς καὶ **εἶπαν** αὐτῷ·
Jn 9:26 **εἶπον** οὖν αὐτῷ·
Jn 9:27 **εἶπον** ὑμῖν ἤδη καὶ
Jn 9:28 ἐλοιδόρησαν αὐτὸν καὶ **εἶπον**·
Jn 9:30 ὁ ἄνθρωπος καὶ **εἶπεν** αὐτοῖς·
Jn 9:34 ἀπεκρίθησαν καὶ **εἶπαν** αὐτῷ·
Jn 9:35 καὶ εὑρὼν αὐτὸν **εἶπεν**·
Jn 9:36 ἀπεκρίθη ἐκεῖνος καὶ **εἶπεν**·
Jn 9:37 **εἶπεν** αὐτῷ ὁ Ἰησοῦς·
Jn 9:39 Καὶ **εἶπεν** ὁ Ἰησοῦς·
Jn 9:40 αὐτοῦ ὄντες καὶ **εἶπον** αὐτῷ·
Jn 9:41 **εἶπεν** αὐτοῖς ὁ Ἰησοῦς·
Jn 9:41 νῦν δὲ **λέγετε** ὅτι βλέπομεν,

Jn 10:1 ᾿Αμὴν ἀμὴν **λέγω** ὑμῖν,
Jn 10:6 Ταύτην τὴν παροιμίαν **εἶπεν** αὐτοῖς ὁ ᾿Ιησοῦς,
Jn 10:7 **Εἶπεν** οὖν πάλιν ὁ
Jn 10:7 ἀμὴν ἀμὴν **λέγω** ὑμῖν ὅτι ἐγώ
Jn 10:20 **ἔλεγον** δὲ πολλοὶ ἐξ
Jn 10:21 ἄλλοι **ἔλεγον**·
Jn 10:24 οἱ ᾿Ιουδαῖοι καὶ **ἔλεγον** αὐτῷ·
Jn 10:24 **εἰπὲ** ἡμῖν παρρησίᾳ.
Jn 10:25 **εἶπον** ὑμῖν καὶ οὐ
Jn 10:34 ὑμῶν ὅτι ἐγὼ **εἶπα**·
Jn 10:35 εἰ ἐκείνους **εἶπεν** θεοὺς πρὸς οὓς
Jn 10:36 τὸν κόσμον ὑμεῖς **λέγετε** ὅτι βλασφημεῖς,
Jn 10:36 ὅτι **εἶπον**·
Jn 10:41 πρὸς αὐτὸν καὶ **ἔλεγον** ὅτι ᾿Ιωάννης μὲν
Jn 10:41 πάντα δὲ ὅσα **εἶπεν** ᾿Ιωάννης περὶ τούτου
Jn 11:3 ἀδελφαὶ πρὸς αὐτὸν **λέγουσαι**·
Jn 11:4 δὲ ὁ ᾿Ιησοῦς **εἶπεν**·
Jn 11:7 ἔπειτα μετὰ τοῦτο **λέγει** τοῖς μαθηταῖς·
Jn 11:8 **λέγουσιν** αὐτῷ οἱ μαθηταί·
Jn 11:11 Ταῦτα **εἶπεν**,
Jn 11:11 καὶ μετὰ τοῦτο **λέγει** αὐτοῖς·
Jn 11:12 **εἶπαν** οὖν οἱ μαθηταὶ
Jn 11:13 **εἰρήκει** δὲ ὁ ᾿Ιησοῦς
Jn 11:13 κοιμήσεως τοῦ ὕπνου **λέγει**.
Jn 11:14 τότε οὖν **εἶπεν** αὐτοῖς ὁ ᾿Ιησοῦς
Jn 11:16 **εἶπεν** οὖν Θωμᾶς ὁ
Jn 11:16 οὖν Θωμᾶς ὁ **λεγόμενος** Δίδυμος τοῖς συμμαθηταῖς·
Jn 11:21 **εἶπεν** οὖν ἡ Μάρθα
Jn 11:23 **λέγει** αὐτῇ ὁ ᾿Ιησοῦς·
Jn 11:24 **λέγει** αὐτῷ ἡ Μάρθα·
Jn 11:25 **εἶπεν** αὐτῇ ὁ ᾿Ιησοῦς·
Jn 11:27 **λέγει** αὐτῷ·
Jn 11:28 Καὶ τοῦτο **εἰποῦσα** ἀπῆλθεν καὶ ἐφώνησεν
Jn 11:28 ἀδελφὴν αὐτῆς λάθρᾳ **εἰποῦσα**·
Jn 11:32 πρὸς τοὺς πόδας **λέγουσα** αὐτῷ·
Jn 11:34 καὶ **εἶπεν**·
Jn 11:34 **λέγουσιν** αὐτῷ·
Jn 11:36 **ἔλεγον** οὖν οἱ ᾿Ιουδαῖοι·
Jn 11:37 δὲ ἐξ αὐτῶν **εἶπαν**·
Jn 11:39 **λέγει** ὁ ᾿Ιησοῦς·
Jn 11:39 **λέγει** αὐτῷ ἡ ἀδελφὴ
Jn 11:40 **λέγει** αὐτῇ ὁ ᾿Ιησοῦς·
Jn 11:40 οὐκ **εἶπόν** σοι ὅτι ἐὰν
Jn 11:41 ὀφθαλμοὺς ἄνω καὶ **εἶπεν**·
Jn 11:42 ὄχλον τὸν περιεστῶτα **εἶπον**,
Jn 11:43 καὶ ταῦτα **εἰπὼν** φωνῇ μεγάλῃ ἐκραύγασεν·
Jn 11:44 **λέγει** αὐτοῖς ὁ ᾿Ιησοῦς·
Jn 11:46 τοὺς Φαρισαίους καὶ **εἶπαν** αὐτοῖς ἃ ἐποίησεν
Jn 11:47 Φαρισαῖοι συνέδριον καὶ **ἔλεγον**·
Jn 11:49 **εἶπεν** αὐτοῖς·
Jn 11:51 ἀφ᾿ ἑαυτοῦ οὐκ **εἶπεν**,
Jn 11:54 εἰς ᾿Εφραὶμ **λεγομένην** πόλιν,
Jn 11:56 τὸν ᾿Ιησοῦν καὶ **ἔλεγον** μετ᾿ ἀλλήλων ἐν
Jn 12:4 **λέγει** δὲ ᾿Ιούδας ὁ
Jn 12:6 **εἶπεν** δὲ τοῦτο οὐχ
Jn 12:7 **εἶπεν** οὖν ὁ ᾿Ιησοῦς·
Jn 12:19 οἱ οὖν Φαρισαῖοι **εἶπαν** πρὸς ἑαυτούς·
Jn 12:21 καὶ ἠρώτων αὐτὸν **λέγοντες**·
Jn 12:22 ὁ Φίλιππος καὶ **λέγει** τῷ ᾿Ανδρέᾳ,
Jn 12:22 καὶ Φίλιππος καὶ **λέγουσιν** τῷ ᾿Ιησοῦ.
Jn 12:23 ᾿Ιησοῦς ἀποκρίνεται αὐτοῖς **λέγων**·
Jn 12:24 ἀμὴν ἀμὴν **λέγω** ὑμῖν,
Jn 12:27 καὶ τί **εἴπω**;
Jn 12:29 ἑστὼς καὶ ἀκούσας **ἔλεγεν** βροντὴν γεγονέναι,
Jn 12:29 ἄλλοι **ἔλεγον**·
Jn 12:30 ἀπεκρίθη ᾿Ιησοῦς καὶ **εἶπεν**·
Jn 12:33 τοῦτο δὲ **ἔλεγεν** σημαίνων ποίῳ θανάτῳ
Jn 12:34 καὶ πῶς **λέγεις** σὺ ὅτι δεῖ
Jn 12:35 **εἶπεν** οὖν αὐτοῖς ὁ
Jn 12:38 προφήτου πληρωθῇ ὃν **εἶπεν**·
Jn 12:39 ὅτι πάλιν **εἶπεν** ᾿Ησαΐας·
Jn 12:41 ταῦτα **εἶπεν** ᾿Ησαΐας ὅτι εἶδεν
Jn 12:44 δὲ ἔκραξεν καὶ **εἶπεν**·
Jn 12:49 ἐντολὴν δέδωκεν τί **εἴπω** καὶ τί λαλήσω.
Jn 12:50 καθὼς **εἴρηκέν** μοι ὁ πατήρ,
Jn 13:6 **λέγει** αὐτῷ·
Jn 13:7 ἀπεκρίθη ᾿Ιησοῦς καὶ **εἶπεν** αὐτῷ·
Jn 13:8 **λέγει** αὐτῷ Πέτρος·
Jn 13:9 **λέγει** αὐτῷ Σίμων Πέτρος·
Jn 13:10 **λέγει** αὐτῷ ὁ ᾿Ιησοῦς·
Jn 13:11 διὰ τοῦτο **εἶπεν** ὅτι οὐχὶ πάντες
Jn 13:12 **εἶπεν** αὐτοῖς·
Jn 13:13 καὶ καλῶς **λέγετε**·
Jn 13:16 ἀμὴν ἀμὴν **λέγω** ὑμῖν,
Jn 13:18 περὶ πάντων ὑμῶν **λέγω**·
Jn 13:19 ἀπ᾿ ἄρτι **λέγω** ὑμῖν πρὸ τοῦ
Jn 13:20 ἀμὴν ἀμὴν **λέγω** ὑμῖν,
Jn 13:21 Ταῦτα **εἰπὼν** [ὁ] ᾿Ιησοῦς ἐταράχθη
Jn 13:21 καὶ ἐμαρτύρησεν καὶ **εἶπεν**·
Jn 13:21 ἀμὴν ἀμὴν **λέγω** ὑμῖν ὅτι εἷς
Jn 13:22 ἀπορούμενοι περὶ τίνος **λέγει**.
Jn 13:24 εἴη περὶ οὗ **λέγει**.
Jn 13:25 στῆθος τοῦ ᾿Ιησοῦ **λέγει** αὐτῷ·
Jn 13:27 **λέγει** οὖν αὐτῷ ὁ
Jn 13:28 ἀνακειμένων πρὸς τί **εἶπεν** αὐτῷ·
Jn 13:29 ὅτι **λέγει** αὐτῷ [ὁ] ᾿Ιησοῦς·
Jn 13:31 **λέγει** ᾿Ιησοῦς·
Jn 13:33 καὶ καθὼς **εἶπον** τοῖς ᾿Ιουδαίοις ὅτι
Jn 13:33 καὶ ὑμῖν **λέγω** ἄρτι.
Jn 13:36 **Λέγει** αὐτῷ Σίμων Πέτρος·
Jn 13:37 **λέγει** αὐτῷ ὁ Πέτρος·
Jn 13:38 ἀμὴν ἀμὴν **λέγω** σοι,
Jn 14:2 **εἶπον** ἂν ὑμῖν ὅτι
Jn 14:5 **Λέγει** αὐτῷ Θωμᾶς·
Jn 14:6 **λέγει** αὐτῷ [ὁ] ᾿Ιησοῦς·
Jn 14:8 **Λέγει** αὐτῷ Φίλιππος·
Jn 14:9 **λέγει** αὐτῷ ὁ ᾿Ιησοῦς·
Jn 14:9 πῶς σὺ **λέγεις**·
Jn 14:10 ῥήματα ἃ ἐγὼ **λέγω** ὑμῖν ἀπ᾿ ἐμαυτοῦ
Jn 14:12 ᾿Αμὴν ἀμὴν **λέγω** ὑμῖν,
Jn 14:22 **Λέγει** αὐτῷ ᾿Ιούδας,
Jn 14:23 ἀπεκρίθη ᾿Ιησοῦς καὶ **εἶπεν** αὐτῷ·
Jn 14:26 ὑμᾶς πάντα ἃ **εἶπον** ὑμῖν [ἐγώ].
Jn 14:28 ἠκούσατε ὅτι ἐγὼ **εἶπον** ὑμῖν·
Jn 14:29 καὶ νῦν **εἴρηκα** ὑμῖν πρὶν γενέσθαι,
Jn 15:15 οὐκέτι **λέγω** ὑμᾶς δούλους,
Jn 15:15 ὑμᾶς δὲ εἴρηκα **φίλους**,
Jn 15:20 λόγου οὗ ἐγὼ **εἶπον** ὑμῖν·
Jn 16:4 αὐτῶν ὅτι ἐγὼ **εἶπον** ὑμῖν.
Jn 16:4 ἐξ ἀρχῆς οὐκ **εἶπον**,
Jn 16:7 ἐγὼ τὴν ἀλήθειαν **λέγω** ὑμῖν,
Jn 16:12 πολλὰ ἔχω ὑμῖν **λέγειν**,
Jn 16:15 διὰ τοῦτο **εἶπον** ὅτι ἐκ τοῦ
Jn 16:17 **εἶπαν** οὖν ἐκ τῶν

Jn 16:17 ἐστιν τοῦτο ὃ **λέγει** ἡμῖν·
Jn 16:18 **ἔλεγον** οὖν·
Jn 16:18 ἐστιν τοῦτο [ὃ **λέγει**] τὸ μικρόν;
Jn 16:19 καὶ **εἶπεν** αὐτοῖς·
Jn 16:19 μετ᾽ ἀλλήλων ὅτι **εἶπον**·
Jn 16:20 ἀμὴν ἀμὴν **λέγω** ὑμῖν ὅτι κλαύσετε
Jn 16:23 ἀμὴν ἀμὴν **λέγω** ὑμῖν,
Jn 16:26 καὶ οὐ **λέγω** ὑμῖν ὅτι ἐγὼ
Jn 16:29 **Λέγουσιν** οἱ μαθηταὶ αὐτοῦ·
Jn 16:29 καὶ παροιμίαν οὐδεμίαν **λέγεις**.
Jn 17:1 εἰς τὸν οὐρανὸν **εἶπεν**·
Jn 18:1 Ταῦτα **εἰπὼν** Ἰησοῦς ἐξῆλθεν σὺν
Jn 18:4 αὐτὸν ἐξῆλθεν καὶ **λέγει** αὐτοῖς·
Jn 18:5 **λέγει** αὐτοῖς·
Jn 18:6 ὡς οὖν **εἶπεν** αὐτοῖς·
Jn 18:7 οἱ δὲ **εἶπαν**·
Jn 18:8 **εἶπον** ὑμῖν ὅτι ἐγώ
Jn 18:9 ὁ λόγος ὃν **εἶπεν** ὅτι οὓς δέδωκάς
Jn 18:11 **εἶπεν** οὖν ὁ Ἰησοῦς
Jn 18:16 τοῦ ἀρχιερέως καὶ **εἶπεν** τῇ θυρωρῷ καὶ
Jn 18:17 **λέγει** οὖν τῷ Πέτρῳ
Jn 18:17 **λέγει** ἐκεῖνος·
Jn 18:21 οὗτοι οἴδασιν ἃ **εἶπον** ἐγώ.
Jn 18:22 ταῦτα δὲ αὐτοῦ **εἰπόντος** εἷς παρεστηκὼς
Jn 18:22 ῥάπισμα τῷ Ἰησοῦ **εἰπών**·
Jn 18:25 **εἶπον** οὖν αὐτῷ·
Jn 18:25 ἠρνήσατο ἐκεῖνος καὶ **εἶπεν**·
Jn 18:26 **λέγει** εἷς ἐκ τῶν
Jn 18:30 ἀπεκρίθησαν καὶ **εἶπαν** αὐτῷ·
Jn 18:31 **εἶπεν** οὖν αὐτοῖς ὁ
Jn 18:31 **εἶπον** αὐτῷ οἱ Ἰουδαῖοι·
Jn 18:32 Ἰησοῦ πληρωθῇ ὃν **εἶπεν** σημαίνων ποίῳ θανάτῳ
Jn 18:33 τὸν Ἰησοῦν καὶ **εἶπεν** αὐτῷ·
Jn 18:34 σεαυτοῦ σὺ τοῦτο **λέγεις** ἢ ἄλλοι εἶπόν
Jn 18:34 λέγεις ἢ ἄλλοι **εἶπόν** σοι περὶ ἐμοῦ;
Jn 18:37 **εἶπεν** οὖν αὐτῷ ὁ
Jn 18:37 σὺ **λέγεις** ὅτι βασιλεύς εἰμι.
Jn 18:38 **λέγει** αὐτῷ ὁ Πιλᾶτος·
Jn 18:38 Καὶ τοῦτο **εἰπὼν** πάλιν ἐξῆλθεν πρὸς
Jn 18:38 τοὺς Ἰουδαίους καὶ **λέγει** αὐτοῖς·
Jn 18:40 ἐκραύγασαν οὖν πάλιν **λέγοντες**·
Jn 19:3 πρὸς αὐτὸν καὶ **ἔλεγον**·
Jn 19:4 ὁ Πιλᾶτος καὶ **λέγει** αὐτοῖς·
Jn 19:5 καὶ **λέγει** αὐτοῖς·
Jn 19:6 οἱ ὑπηρέται ἐκραύγασαν **λέγοντες**·
Jn 19:6 **λέγει** αὐτοῖς ὁ Πιλᾶτος·
Jn 19:9 πραιτώριον πάλιν καὶ **λέγει** τῷ Ἰησοῦ·
Jn 19:10 **λέγει** οὖν αὐτῷ ὁ
Jn 19:12 δὲ Ἰουδαῖοι ἐκραύγασαν **λέγοντες**·
Jn 19:13 βήματος εἰς τόπον **λεγόμενον** λιθόστρωτον,
Jn 19:14 καὶ **λέγει** τοῖς Ἰουδαίοις·
Jn 19:15 **λέγει** αὐτοῖς ὁ Πιλᾶτος·
Jn 19:17 ἐξῆλθεν εἰς τὸν **λεγόμενον** Κρανίου Τόπον,
Jn 19:17 ὃ **λέγεται** Ἑβραϊστὶ Γολγοθα,
Jn 19:21 **ἔλεγον** οὖν τῷ Πιλάτῳ
Jn 19:21 ἀλλ᾽ ὅτι ἐκεῖνος **εἶπεν**·
Jn 19:24 **εἶπαν** οὖν πρὸς ἀλλήλους·
Jn 19:24 ἵνα ἡ γραφὴ πληρωθῇ [ἡ **λέγουσα**]·
Jn 19:26 **λέγει** τῇ μητρί·
Jn 19:27 εἶτα **λέγει** τῷ μαθητῇ·
Jn 19:28 **λέγει**·
Jn 19:30 ὄξος [ὁ] Ἰησοῦς **εἶπεν**·
Jn 19:35 οἶδεν ὅτι ἀληθῆ **λέγει**,
Jn 19:37 πάλιν ἑτέρα γραφὴ **λέγει**·
Jn 20:2 ὁ Ἰησοῦς καὶ **λέγει** αὐτοῖς·
Jn 20:13 καὶ **λέγουσιν** αὐτῇ ἐκεῖνοι·
Jn 20:13 **λέγει** αὐτοῖς ὅτι ἦραν
Jn 20:14 ταῦτα **εἰποῦσα** ἐστράφη εἰς τὰ
Jn 20:15 **λέγει** αὐτῇ Ἰησοῦς·
Jn 20:15 ὁ κηπουρός ἐστιν **λέγει** αὐτῷ·
Jn 20:15 **εἰπέ** μοι ποῦ ἔθηκας
Jn 20:16 **λέγει** αὐτῇ Ἰησοῦς·
Jn 20:16 στραφεῖσα ἐκείνη **λέγει** αὐτῷ Ἑβραϊστί·
Jn 20:16 ραββουνι ὃ **λέγεται** διδάσκαλε.
Jn 20:17 **λέγει** αὐτῇ Ἰησοῦς·
Jn 20:17 ἀδελφούς μου καὶ **εἰπὲ** αὐτοῖς·
Jn 20:18 καὶ ταῦτα **εἶπεν** αὐτῇ.
Jn 20:19 τὸ μέσον καὶ **λέγει** αὐτοῖς·
Jn 20:20 καὶ τοῦτο **εἰπὼν** ἔδειξεν τὰς χεῖρας
Jn 20:21 **εἶπεν** οὖν αὐτοῖς [ὁ
Jn 20:22 καὶ τοῦτο **εἰπὼν** ἐνεφύσησεν καὶ λέγει
Jn 20:22 εἰπὼν ἐνεφύσησεν καὶ **λέγει** αὐτοῖς·
Jn 20:24 ὁ **λεγόμενος** Δίδυμος,
Jn 20:25 **ἔλεγον** οὖν αὐτῷ οἱ
Jn 20:25 ὁ δὲ **εἶπεν** αὐτοῖς·
Jn 20:26 τὸ μέσον καὶ **εἶπεν**·
Jn 20:27 εἶτα **λέγει** τῷ Θωμᾷ·
Jn 20:28 ἀπεκρίθη Θωμᾶς καὶ **εἶπεν** αὐτῷ·
Jn 20:29 **λέγει** αὐτῷ ὁ Ἰησοῦς·
Jn 21:2 καὶ Θωμᾶς ὁ **λεγόμενος** Δίδυμος καὶ Ναθαναὴλ
Jn 21:3 **λέγει** αὐτοῖς Σίμων Πέτρος·
Jn 21:3 **λέγουσιν** αὐτῷ·
Jn 21:5 **λέγει** οὖν αὐτοῖς [ὁ]
Jn 21:6 ὁ δὲ **εἶπεν** αὐτοῖς·
Jn 21:7 **λέγει** οὖν ὁ μαθητὴς
Jn 21:10 **λέγει** αὐτοῖς ὁ Ἰησοῦς·
Jn 21:12 **λέγει** αὐτοῖς ὁ Ἰησοῦς·
Jn 21:15 Ὅτε οὖν ἠρίστησαν **λέγει** τῷ Σίμωνι Πέτρῳ
Jn 21:15 **λέγει** αὐτῷ·
Jn 21:15 **λέγει** αὐτῷ·
Jn 21:16 **λέγει** αὐτῷ πάλιν δεύτερον·
Jn 21:16 **λέγει** αὐτῷ·
Jn 21:16 **λέγει** αὐτῷ·
Jn 21:17 **λέγει** αὐτῷ τὸ τρίτον·
Jn 21:17 ὁ Πέτρος ὅτι **εἶπεν** αὐτῷ τὸ τρίτον·
Jn 21:17 καὶ **λέγει** αὐτῷ·
Jn 21:17 **λέγει** αὐτῷ [ὁ Ἰησοῦς]·
Jn 21:18 ἀμὴν ἀμὴν **λέγω** σοι,
Jn 21:19 τοῦτο δὲ **εἶπεν** σημαίνων ποίῳ θανάτῳ
Jn 21:19 καὶ τοῦτο **εἰπὼν** λέγει αὐτῷ·
Jn 21:19 καὶ τοῦτο εἰπὼν **λέγει** αὐτῷ·
Jn 21:20 στῆθος αὐτοῦ καὶ **εἶπεν**·
Jn 21:21 ἰδὼν ὁ Πέτρος **λέγει** τῷ Ἰησοῦ·
Jn 21:22 **λέγει** αὐτῷ ὁ Ἰησοῦς·
Jn 21:23 οὐκ **εἶπεν** δὲ αὐτῷ ὁ

λέντιον (*lention*; 2/2) *towel*

Jn 13:4 ἱμάτια καὶ λαβὼν **λέντιον** διέζωσεν ἑαυτόν·
Jn 13:5 καὶ ἐκμάσσειν τῷ **λεντίῳ** ᾧ ἦν διεζωσμένος.

Λευίτης (*Leuitēs*; 1/3) *Levite*

Jn 1:19 Ἱεροσολύμων ἱερεῖς καὶ **Λευίτας** ἵνα ἐρωτήσωσιν αὐτόν·

λευκός (*leukos*; 2/25) *white*
Jn 4:35 τὰς χώρας ὅτι **λευκαί** εἰσιν πρὸς θερισμόν.
Jn 20:12 δύο ἀγγέλους ἐν **λευκοῖς** καθεζομένους,

λῃστής (*lēstēs*; 3/15) *robber, insurrectionist*
Jn 10:1 κλέπτης ἐστὶν καὶ **λῃστής**·
Jn 10:8 κλέπται εἰσὶν καὶ **λῃσταί**,
Jn 18:40 δὲ ὁ Βαραββᾶς **λῃστής**.

λιθάζω (*lithazō*; 4[5]/8[9]) *stone*
[Jn 8:5] ἐνετείλατο τὰς τοιαύτας **λιθάζειν**.
Jn 10:31 οἱ Ἰουδαῖοι ἵνα **λιθάσωσιν** αὐτόν.
Jn 10:32 αὐτῶν ἔργον ἐμὲ **λιθάζετε**;
Jn 10:33 καλοῦ ἔργου οὐ **λιθάζομέν** σε ἀλλὰ περὶ
Jn 11:8 νῦν ἐζήτουν σε **λιθάσαι** οἱ Ἰουδαῖοι,

λίθινος (*lithinos*; 1/3) *made of stone*
Jn 2:6 ἦσαν δὲ ἐκεῖ **λίθιναι** ὑδρίαι ἓξ κατὰ

λίθος (*lithos*; 6[7]/58[59]) *stone*
[Jn 8:7] ἐπ᾽ αὐτὴν βαλέτω **λίθον**.
Jn 8:59 ἦραν οὖν **λίθους** ἵνα βάλωσιν ἐπ᾽
Jn 10:31 Ἐβάστασαν πάλιν **λίθους** οἱ Ἰουδαῖοι ἵνα
Jn 11:38 δὲ σπήλαιον καὶ **λίθος** ἐπέκειτο ἐπ᾽ αὐτῷ.
Jn 11:39 ἄρατε τὸν **λίθον**.
Jn 11:41 ἦραν οὖν τὸν **λίθον**.
Jn 20:1 καὶ βλέπει τὸν **λίθον** ἠρμένον ἐκ τοῦ

λιθόστρωτος (*lithostrōtos*; 1/1) *pavement*
Jn 19:13 εἰς τόπον λεγόμενον **λιθόστρωτον**,

λίτρα (*litra*; 2/2) *pound*
Jn 12:3 οὖν Μαριὰμ λαβοῦσα **λίτραν** μύρου νάρδου πιστικῆς
Jn 19:39 καὶ ἀλόης ὡς **λίτρας** ἑκατόν.

λογίζομαι (*logizomai*; 1/40) *count, consider*
Jn 11:50 οὐδὲ **λογίζεσθε** ὅτι συμφέρει ὑμῖν

λόγος (*logos*; 40/329[330]) *word*
Jn 1:1 ἀρχῇ ἦν ὁ **λόγος**,
Jn 1:1 καὶ ὁ **λόγος** ἦν πρὸς τὸν
Jn 1:1 θεὸς ἦν ὁ **λόγος**.
Jn 1:14 Καὶ ὁ **λόγος** σὰρξ ἐγένετο καὶ
Jn 2:22 γραφῇ καὶ τῷ **λόγῳ** ὃν εἶπεν ὁ
Jn 4:37 γὰρ τούτῳ ὁ **λόγος** ἐστὶν ἀληθινὸς ὅτι
Jn 4:39 Σαμαριτῶν διὰ τὸν **λόγον** τῆς γυναικὸς μαρτυρούσης
Jn 4:41 ἐπίστευσαν διὰ τὸν **λόγον** αὐτοῦ,
Jn 4:50 ὁ ἄνθρωπος τῷ **λόγῳ** ὃν εἶπεν αὐτῷ
Jn 5:24 ὅτι ὁ τὸν **λόγον** μου ἀκούων καὶ
Jn 5:38 καὶ τὸν **λόγον** αὐτοῦ οὐκ ἔχετε
Jn 6:60 σκληρός ἐστιν ὁ **λόγος** οὗτος·
Jn 7:36 τίς ἐστιν ὁ **λόγος** οὗτος ὃν εἶπεν·
Jn 7:40 οὖν ἀκούσαντες τῶν **λόγων** τούτων ἔλεγον·
Jn 8:31 μείνητε ἐν τῷ **λόγῳ** τῷ ἐμῷ,
Jn 8:37 ὅτι ὁ **λόγος** ὁ ἐμὸς οὐ
Jn 8:43 δύνασθε ἀκούειν τὸν **λόγον** τὸν ἐμόν.
Jn 8:51 τις τὸν ἐμὸν **λόγον** τηρήσῃ,
Jn 8:52 ἐάν τις τὸν **λόγον** μου τηρήσῃ,
Jn 8:55 αὐτὸν καὶ τὸν **λόγον** αὐτοῦ τηρῶ.
Jn 10:19 Ἰουδαίοις διὰ τοὺς **λόγους** τούτους.
Jn 10:35 πρὸς οὓς ὁ **λόγος** τοῦ θεοῦ ἐγένετο,
Jn 12:38 ἵνα ὁ **λόγος** Ἠσαΐου τοῦ προφήτου
Jn 12:48 ὁ **λόγος** ὃν ἐλάλησα ἐκεῖνος
Jn 14:23 ἀγαπᾷ με τὸν **λόγον** μου τηρήσει,
Jn 14:24 ἀγαπῶν με τοὺς **λόγους** μου οὐ τηρεῖ·
Jn 14:24 καὶ ὁ **λόγος** ὃν ἀκούετε οὐκ
Jn 15:3 ἐστε διὰ τὸν **λόγον** ὃν λελάληκα ὑμῖν·
Jn 15:20 μνημονεύετε τοῦ **λόγου** οὗ ἐγὼ εἶπον
Jn 15:20 εἰ τὸν **λόγον** μου ἐτήρησαν,
Jn 15:25 ἵνα πληρωθῇ ὁ **λόγος** ὁ ἐν τῷ
Jn 17:6 ἔδωκας καὶ τὸν **λόγον** σου τετήρηκαν.
Jn 17:14 δέδωκα αὐτοῖς τὸν **λόγον** σου καὶ ὁ
Jn 17:17 ὁ **λόγος** ὁ σὸς ἀλήθειά
Jn 17:20 πιστευόντων διὰ τοῦ **λόγου** αὐτῶν εἰς ἐμέ,
Jn 18:9 ἵνα πληρωθῇ ὁ **λόγος** ὃν εἶπεν ὅτι
Jn 18:32 ἵνα ὁ **λόγος** τοῦ Ἰησοῦ πληρωθῇ
Jn 19:8 Πιλᾶτος τοῦτον τὸν **λόγον**,
Jn 19:13 Πιλᾶτος ἀκούσας τῶν **λόγων** τούτων ἤγαγεν
Jn 21:23 οὖν οὗτος ὁ **λόγος** εἰς τοὺς ἀδελφοὺς

λόγχη (*lonchē*; 1/1) *spear*
Jn 19:34 εἷς τῶν στρατιωτῶν **λόγχῃ** αὐτοῦ τὴν πλευρὰν

λοιδορέω (*loidoreō*; 1/4) *curse*
Jn 9:28 καὶ **ἐλοιδόρησαν** αὐτὸν καὶ εἶπον·

λούω (*louō*; 1/5) *wash*
Jn 13:10 ὁ **λελουμένος** οὐκ ἔχει χρείαν

λύκος (*lykos*; 2/6) *wolf*
Jn 10:12 θεωρεῖ τὸν **λύκον** ἐρχόμενον καὶ ἀφίησιν
Jn 10:12 καὶ ὁ **λύκος** ἁρπάζει αὐτὰ καὶ

λυπέω (*lypeō*; 2/26) *grieve*
Jn 16:20 ὑμεῖς **λυπηθήσεσθε**,
Jn 21:17 **ἐλυπήθη** ὁ Πέτρος ὅτι

λύπη (*lypē*; 4/16) *grief*
Jn 16:6 λελάληκα ὑμῖν ἡ **λύπη** πεπλήρωκεν ὑμῶν τὴν
Jn 16:20 ἀλλ᾽ ἡ **λύπη** ὑμῶν εἰς χαρὰν
Jn 16:21 γυνὴ ὅταν τίκτῃ **λύπην** ἔχει,
Jn 16:22 οὖν νῦν μὲν **λύπην** ἔχετε·

λύχνος (*lychnos*; 1/14) *lamp*
Jn 5:35 ἐκεῖνος ἦν ὁ **λύχνος** ὁ καιόμενος καὶ

λύω (*lyō*; 6/42) *loose*
Jn 1:27 [ἐγὼ] ἄξιος ἵνα **λύσω** αὐτοῦ τὸν ἱμάντα
Jn 2:19 **λύσατε** τὸν ναὸν τοῦτον
Jn 5:18 ὅτι οὐ μόνον **ἔλυεν** τὸ σάββατον,
Jn 7:23 σαββάτῳ ἵνα μὴ **λυθῇ** ὁ νόμος Μωϋσέως,
Jn 10:35 καὶ οὐ δύναται **λυθῆναι** ἡ γραφή,
Jn 11:44 **λύσατε** αὐτὸν καὶ ἄφετε

Μαγδαληνή (*Magdalēnē*; 3/11[12]) *woman of Magdala*
Jn 19:25 καὶ Μαρία ἡ **Μαγδαληνή**.
Jn 20:1 σαββάτων Μαρία ἡ **Μαγδαληνὴ** ἔρχεται πρωῒ σκοτίας

Jn 20:18 ἔρχεται Μαριὰμ ἡ **Μαγδαληνὴ** ἀγγέλλουσα τοῖς μαθηταῖς

μαθητής (*mathētēs*; 78/261) *disciple*

Jn 1:35 καὶ ἐκ τῶν **μαθητῶν** αὐτοῦ δύο
Jn 1:37 ἤκουσαν οἱ δύο **μαθηταὶ** αὐτοῦ λαλοῦντος
Jn 2:2 Ἰησοῦς καὶ οἱ **μαθηταὶ** αὐτοῦ εἰς τὸν
Jn 2:11 εἰς αὐτὸν οἱ **μαθηταὶ** αὐτοῦ.
Jn 2:12 [αὐτοῦ] καὶ οἱ **μαθηταὶ** αὐτοῦ καὶ ἐκεῖ
Jn 2:17 ἐμνήσθησαν οἱ **μαθηταὶ** αὐτοῦ ὅτι γεγραμμένον
Jn 2:22 ἐμνήσθησαν οἱ **μαθηταὶ** αὐτοῦ ὅτι τοῦτο
Jn 3:22 Ἰησοῦς καὶ οἱ **μαθηταὶ** αὐτοῦ εἰς τὴν
Jn 3:25 ζήτησις ἐκ τῶν **μαθητῶν** Ἰωάννου μετὰ Ἰουδαίου
Jn 4:1 ὅτι Ἰησοῦς πλείονας **μαθητὰς** ποιεῖ καὶ βαπτίζει
Jn 4:2 ἐβάπτιζεν ἀλλʼ οἱ **μαθηταὶ** αὐτοῦ
Jn 4:8 οἱ γὰρ **μαθηταὶ** αὐτοῦ ἀπεληλύθεισαν εἰς
Jn 4:27 τούτῳ ἦλθαν οἱ **μαθηταὶ** αὐτοῦ καὶ ἐθαύμαζον
Jn 4:31 ἠρώτων αὐτὸν οἱ **μαθηταὶ** λέγοντες·
Jn 4:33 ἔλεγον οὖν οἱ **μαθηταὶ** πρὸς ἀλλήλους·
Jn 6:3 ἐκάθητο μετὰ τῶν **μαθητῶν** αὐτοῦ.
Jn 6:8 εἷς ἐκ τῶν **μαθητῶν** αὐτοῦ,
Jn 6:12 λέγει τοῖς **μαθηταῖς** αὐτοῦ·
Jn 6:16 ἐγένετο κατέβησαν οἱ **μαθηταὶ** αὐτοῦ ἐπὶ
Jn 6:22 οὐ συνεισῆλθεν τοῖς **μαθηταῖς** αὐτοῦ ὁ Ἰησοῦς
Jn 6:22 ἀλλὰ μόνοι οἱ **μαθηταὶ** αὐτοῦ ἀπῆλθον·
Jn 6:24 ἐκεῖ οὐδὲ οἱ **μαθηταὶ** αὐτοῦ,
Jn 6:60 ἀκούσαντες ἐκ τῶν **μαθητῶν** αὐτοῦ εἶπαν·
Jn 6:61 περὶ τούτου οἱ **μαθηταὶ** αὐτοῦ εἶπεν αὐτοῖς·
Jn 6:66 πολλοὶ [ἐκ] τῶν **μαθητῶν** αὐτοῦ ἀπῆλθον εἰς
Jn 7:3 ἵνα καὶ οἱ **μαθηταί** σου θεωρήσουσιν σοῦ
Jn 8:31 ἀληθῶς **μαθηταί** μού ἐστε
Jn 9:2 ἠρώτησαν αὐτὸν οἱ **μαθηταὶ** αὐτοῦ λέγοντες·
Jn 9:27 ὑμεῖς θέλετε αὐτοῦ **μαθηταὶ** γενέσθαι;
Jn 9:28 σὺ **μαθητὴς** εἶ ἐκείνου,
Jn 9:28 τοῦ Μωϋσέως ἐσμὲν **μαθηταί**·
Jn 11:7 τοῦτο λέγει τοῖς **μαθηταῖς**·
Jn 11:8 λέγουσιν αὐτῷ οἱ **μαθηταί**·
Jn 11:12 εἶπαν οὖν οἱ **μαθηταὶ** αὐτῷ·
Jn 11:54 ἔμεινεν μετὰ τῶν **μαθητῶν**.
Jn 12:4 εἷς [ἐκ] τῶν **μαθητῶν** αὐτοῦ,
Jn 12:16 ἔγνωσαν αὐτοῦ οἱ **μαθηταὶ** τὸ πρῶτον,
Jn 13:5 τοὺς πόδας τῶν **μαθητῶν** καὶ ἐκμάσσειν τῷ
Jn 13:22 εἰς ἀλλήλους οἱ **μαθηταὶ** ἀπορούμενοι περὶ τίνος
Jn 13:23 εἷς ἐκ τῶν **μαθητῶν** αὐτοῦ ἐν τῷ
Jn 13:35 πάντες ὅτι ἐμοὶ **μαθηταί** ἐστε,
Jn 15:8 καὶ γένησθε ἐμοὶ **μαθηταί**.
Jn 16:17 οὖν ἐκ τῶν **μαθητῶν** αὐτοῦ πρὸς ἀλλήλους·
Jn 16:29 Λέγουσιν οἱ **μαθηταὶ** αὐτοῦ·
Jn 18:1 ἐξῆλθεν σὺν τοῖς **μαθηταῖς** αὐτοῦ πέραν τοῦ
Jn 18:1 αὐτὸς καὶ οἱ **μαθηταὶ** αὐτοῦ.
Jn 18:2 ἐκεῖ μετὰ τῶν **μαθητῶν** αὐτοῦ.
Jn 18:15 Πέτρος καὶ ἄλλος **μαθητής**.
Jn 18:15 ὁ δὲ **μαθητὴς** ἐκεῖνος ἦν γνωστὸς
Jn 18:16 ἐξῆλθεν οὖν ὁ **μαθητὴς** ὁ ἄλλος ὁ
Jn 18:17 σὺ ἐκ τῶν **μαθητῶν** εἶ τοῦ ἀνθρώπου
Jn 18:19 Ἰησοῦν περὶ τῶν **μαθητῶν** αὐτοῦ καὶ περὶ
Jn 18:25 σὺ ἐκ τῶν **μαθητῶν** αὐτοῦ εἶ;
Jn 19:26 μητέρα καὶ τὸν **μαθητὴν** παρεστῶτα ὃν ἠγάπα,
Jn 19:27 εἶτα λέγει τῷ **μαθητῇ**·
Jn 19:27 ὥρας ἔλαβεν ὁ **μαθητὴς** αὐτὴν εἰς τὰ
Jn 19:38 ὢν **μαθητὴς** τοῦ Ἰησοῦ κεκρυμμένος
Jn 20:2 πρὸς τὸν ἄλλον **μαθητὴν** ὃν ἐφίλει ὁ
Jn 20:3 καὶ ὁ ἄλλος **μαθητὴς** καὶ ἤρχοντο εἰς
Jn 20:4 καὶ ὁ ἄλλος **μαθητὴς** προέδραμεν τάχιον τοῦ
Jn 20:8 καὶ ὁ ἄλλος **μαθητὴς** ὁ ἐλθὼν πρῶτος
Jn 20:10 πρὸς αὐτοὺς οἱ **μαθηταί**.
Jn 20:18 Μαγδαληνὴ ἀγγέλλουσα τοῖς **μαθηταῖς** ὅτι ἑώρακα τὸν
Jn 20:19 ὅπου ἦσαν οἱ **μαθηταὶ** διὰ τὸν φόβον
Jn 20:20 ἐχάρησαν οὖν οἱ **μαθηταὶ** ἰδόντες τὸν κύριον.
Jn 20:25 αὐτῷ οἱ ἄλλοι **μαθηταί**·
Jn 20:26 ἦσαν ἔσω οἱ **μαθηταὶ** αὐτοῦ καὶ Θωμᾶς
Jn 20:30 Ἰησοῦς ἐνώπιον τῶν **μαθητῶν** [αὐτοῦ],
Jn 21:1 ὁ Ἰησοῦς τοῖς **μαθηταῖς** ἐπὶ τῆς θαλάσσης
Jn 21:2 ἄλλοι ἐκ τῶν **μαθητῶν** αὐτοῦ δύο.
Jn 21:4 μέντοι ᾔδεισαν οἱ **μαθηταὶ** ὅτι Ἰησοῦς ἐστιν.
Jn 21:7 λέγει οὖν ὁ **μαθητὴς** ἐκεῖνος ὃν ἠγάπα
Jn 21:8 οἱ δὲ ἄλλοι **μαθηταὶ** τῷ πλοιαρίῳ ἦλθον,
Jn 21:12 δὲ ἐτόλμα τῶν **μαθητῶν** ἐξετάσαι αὐτόν·
Jn 21:14 ἐφανερώθη Ἰησοῦς τοῖς **μαθηταῖς** ἐγερθεὶς ἐκ νεκρῶν.
Jn 21:20 Πέτρος βλέπει τὸν **μαθητὴν** ὃν ἠγάπα ὁ
Jn 21:23 ἀδελφοὺς ὅτι ὁ **μαθητὴς** ἐκεῖνος οὐκ ἀποθνῄσκει·
Jn 21:24 Οὗτός ἐστιν ὁ **μαθητὴς** ὁ μαρτυρῶν περὶ

μαίνομαι (*mainomai*; 1/5) *be out of one's mind*

Jn 10:20 δαιμόνιον ἔχει καὶ **μαίνεται**·

μακάριος (*makarios*; 2/50) *blessed*

Jn 13:17 **μακάριοί** ἐστε ἐὰν ποιῆτε
Jn 20:29 **μακάριοι** οἱ μὴ ἰδόντες

μακράν (*makran*; 1/10) *far*

Jn 21:8 οὐ γὰρ ἦσαν **μακρὰν** ἀπὸ τῆς γῆς

μᾶλλον (*mallon*; 4/81) *more*

Jn 3:19 ἠγάπησαν οἱ ἄνθρωποι **μᾶλλον** τὸ σκότος ἢ
Jn 5:18 διὰ τοῦτο οὖν **μᾶλλον** ἐζήτουν αὐτὸν οἱ
Jn 12:43 δόξαν τῶν ἀνθρώπων **μᾶλλον** ἤπερ τὴν δόξαν
Jn 19:8 **μᾶλλον** ἐφοβήθη,

Μάλχος (*Malchos*; 1/1) *Malchus*

Jn 18:10 ὄνομα τῷ δούλῳ **Μάλχος**.

μανθάνω (*manthanō*; 2/25) *learn*

Jn 6:45 τοῦ πατρὸς καὶ **μαθὼν** ἔρχεται πρὸς ἐμέ.
Jn 7:15 γράμματα οἶδεν μὴ **μεμαθηκώς**;

μάννα (*manna*; 2/4) *manna*

Jn 6:31 πατέρες ἡμῶν τὸ **μάννα** ἔφαγον ἐν τῇ
Jn 6:49 τῇ ἐρήμῳ τὸ **μάννα** καὶ ἀπέθανον·

Μάρθα (*Martha*; 9/13) *Martha*

Jn 11:1 κώμης Μαρίας καὶ **Μάρθας** τῆς ἀδελφῆς αὐτῆς.
Jn 11:5 ὁ Ἰησοῦς τὴν **Μάρθαν** καὶ τὴν ἀδελφὴν
Jn 11:19 ἐληλύθεισαν πρὸς τὴν **Μάρθαν** καὶ Μαριὰμ
Jn 11:20 ἡ οὖν **Μάρθα** ὡς ἤκουσεν ὅτι
Jn 11:21 εἶπεν οὖν ἡ **Μάρθα** πρὸς τὸν Ἰησοῦν·
Jn 11:24 λέγει αὐτῷ ἡ **Μάρθα**·
Jn 11:30 ὑπήντησεν αὐτῷ ἡ **Μάρθα**.
Jn 11:39 ἀδελφὴ τοῦ τετελευτηκότος **Μάρθα**·
Jn 12:2 καὶ ἡ **Μάρθα** διηκόνει,

Μαρία (*Maria*; 15/53[54]) *Mary*

Jn 11:1 ἐκ τῆς κώμης **Μαρίας** καὶ Μάρθας τῆς
Jn 11:2 ἦν δὲ **Μαριὰμ** ἡ ἀλείψασα τὸν
Jn 11:19 τὴν Μάρθαν καὶ **Μαριὰμ** ἵνα παραμυθήσωνται αὐτὰς
Jn 11:20 **Μαριὰμ** δὲ ἐν τῷ
Jn 11:28 ἀπῆλθεν καὶ ἐφώνησεν **Μαριὰμ** τὴν ἀδελφὴν αὐτῆς
Jn 11:31 ἰδόντες τὴν **Μαριὰμ** ὅτι ταχέως ἀνέστη
Jn 11:32 Ἡ οὖν **Μαριὰμ** ὡς ἦλθεν ὅπου
Jn 11:45 ἐλθόντες πρὸς τὴν **Μαριὰμ** καὶ θεασάμενοι
Jn 12:3 Ἡ οὖν **Μαριὰμ** λαβοῦσα λίτραν μύρου
Jn 19:25 **Μαρία** ἡ τοῦ Κλωπᾶ
Jn 19:25 τοῦ Κλωπᾶ καὶ **Μαρία** ἡ Μαγδαληνή.
Jn 20:1 μιᾷ τῶν σαββάτων **Μαρία** ἡ Μαγδαληνὴ ἔρχεται
Jn 20:11 **Μαρία** δὲ εἱστήκει πρὸς
Jn 20:16 **Μαριάμ**.
Jn 20:18 ἔρχεται **Μαριὰμ** ἡ Μαγδαληνὴ ἀγγέλλουσα

μαρτυρέω (*martyreō*; 33/76) *bear witness*

Jn 1:7 εἰς μαρτυρίαν ἵνα **μαρτυρήσῃ** περὶ τοῦ φωτός,
Jn 1:8 ἀλλ᾽ ἵνα **μαρτυρήσῃ** περὶ τοῦ φωτός.
Jn 1:15 Ἰωάννης **μαρτυρεῖ** περὶ αὐτοῦ καὶ
Jn 1:32 Καὶ **ἐμαρτύρησεν** Ἰωάννης λέγων ὅτι
Jn 1:34 κἀγὼ ἑώρακα καὶ **μεμαρτύρηκα** ὅτι οὗτός ἐστιν
Jn 2:25 εἶχεν ἵνα τις **μαρτυρήσῃ** περὶ τοῦ ἀνθρώπου·
Jn 3:11 καὶ ὃ ἑωράκαμεν **μαρτυροῦμεν**,
Jn 3:26 ᾧ σὺ **μεμαρτύρηκας**,
Jn 3:28 αὐτοὶ ὑμεῖς μοι **μαρτυρεῖτε** ὅτι εἶπον [ὅτι]
Jn 3:32 καὶ ἤκουσεν τοῦτο **μαρτυρεῖ**,
Jn 4:39 λόγον τῆς γυναικὸς **μαρτυρούσης** ὅτι εἶπέν μοι
Jn 4:44 αὐτὸς γὰρ Ἰησοῦς **ἐμαρτύρησεν** ὅτι προφήτης ἐν
Jn 5:31 Ἐὰν ἐγὼ **μαρτυρῶ** περὶ ἐμαυτοῦ,
Jn 5:32 ἄλλος ἐστὶν ὁ **μαρτυρῶν** περὶ ἐμοῦ,
Jn 5:32 ἡ μαρτυρία ἣν **μαρτυρεῖ** περὶ ἐμοῦ.
Jn 5:33 καὶ **μεμαρτύρηκεν** τῇ ἀληθείᾳ·
Jn 5:36 ἔργα ἃ ποιῶ **μαρτυρεῖ** περὶ ἐμοῦ ὅτι
Jn 5:37 με πατὴρ ἐκεῖνος **μεμαρτύρηκεν** περὶ ἐμοῦ.
Jn 5:39 ἐκεῖναί εἰσιν αἱ **μαρτυροῦσαι** περὶ ἐμοῦ·
Jn 7:7 ὅτι ἐγὼ **μαρτυρῶ** περὶ αὐτοῦ ὅτι
Jn 8:13 σὺ περὶ σεαυτοῦ **μαρτυρεῖς**·
Jn 8:14 κἂν ἐγὼ **μαρτυρῶ** περὶ ἐμαυτοῦ,
Jn 8:18 ἐγώ εἰμι ὁ **μαρτυρῶν** περὶ ἐμαυτοῦ καὶ
Jn 8:18 περὶ ἐμαυτοῦ καὶ **μαρτυρεῖ** περὶ ἐμοῦ ὁ
Jn 10:25 πατρός μου ταῦτα **μαρτυρεῖ** περὶ ἐμοῦ·
Jn 12:17 **ἐμαρτύρει** οὖν ὁ ὄχλος
Jn 13:21 τῷ πνεύματι καὶ **ἐμαρτύρησεν** καὶ εἶπεν·
Jn 15:26 ἐκεῖνος **μαρτυρήσει** περὶ ἐμοῦ·
Jn 15:27 καὶ ὑμεῖς δὲ **μαρτυρεῖτε**,
Jn 18:23 **μαρτύρησον** περὶ τοῦ κακοῦ·
Jn 18:37 ἵνα **μαρτυρήσω** τῇ ἀληθείᾳ·
Jn 19:35 καὶ ὁ ἑωρακὼς **μεμαρτύρηκεν**,
Jn 21:24 ὁ μαθητὴς ὁ **μαρτυρῶν** περὶ τούτων καὶ

μαρτυρία (*martyria*; 14/37) *testimony*

Jn 1:7 οὗτος ἦλθεν εἰς **μαρτυρίαν** ἵνα μαρτυρήσῃ
Jn 1:19 αὕτη ἐστὶν ἡ **μαρτυρία** τοῦ Ἰωάννου,
Jn 3:11 καὶ τὴν **μαρτυρίαν** ἡμῶν οὐ λαμβάνετε.
Jn 3:32 καὶ τὴν **μαρτυρίαν** αὐτοῦ οὐδεὶς λαμβάνει.
Jn 3:33 λαβὼν αὐτοῦ τὴν **μαρτυρίαν** ἐσφράγισεν ὅτι
Jn 5:31 ἡ **μαρτυρία** μου οὐκ ἔστιν
Jn 5:32 ἀληθής ἐστιν ἡ **μαρτυρία** ἣν μαρτυρεῖ περὶ
Jn 5:34 παρὰ ἀνθρώπου τὴν **μαρτυρίαν** λαμβάνω,
Jn 5:36 δὲ ἔχω τὴν **μαρτυρίαν** μείζω τοῦ Ἰωάννου·
Jn 8:13 ἡ **μαρτυρία** σου οὐκ ἔστιν
Jn 8:14 ἀληθής ἐστιν ἡ **μαρτυρία** μου,
Jn 8:17 δύο ἀνθρώπων ἡ **μαρτυρία** ἀληθής ἐστιν.
Jn 19:35 αὐτοῦ ἐστιν ἡ **μαρτυρία**,
Jn 21:24 ἀληθὴς αὐτοῦ ἡ **μαρτυρία** ἐστίν.

μαστιγόω (*mastigoō*; 1/7) *beat with a whip*

Jn 19:1 τὸν Ἰησοῦν καὶ **ἐμαστίγωσεν**.

μάχαιρα (*machaira*; 2/29) *sword*

Jn 18:10 οὖν Πέτρος ἔχων **μάχαιραν** εἵλκυσεν αὐτὴν
Jn 18:11 βάλε τὴν **μάχαιραν** εἰς τὴν θήκην·

μάχομαι (*machomai*; 1/4) *quarrel*

Jn 6:52 **Ἐμάχοντο** οὖν πρὸς ἀλλήλους

μέγας (*megas*; 18/243) *great, large*

Jn 1:50 **μείζω** τούτων ὄψῃ.
Jn 4:12 μὴ σὺ **μείζων** εἶ τοῦ πατρὸς
Jn 5:20 καὶ **μείζονα** τούτων δείξει αὐτῷ
Jn 5:36 ἔχω τὴν μαρτυρίαν **μείζω** τοῦ Ἰωάννου·
Jn 6:18 τε θάλασσα ἀνέμου **μεγάλου** πνέοντος διεγείρετο.
Jn 7:37 ἐσχάτῃ ἡμέρᾳ τῇ **μεγάλῃ** τῆς ἑορτῆς εἱστήκει
Jn 8:53 μὴ σὺ **μείζων** εἶ τοῦ πατρὸς
Jn 10:29 δέδωκέν μοι πάντων **μεῖζόν** ἐστιν,
Jn 11:43 ταῦτα εἰπὼν φωνῇ **μεγάλῃ** ἐκραύγασεν·
Jn 13:16 οὐκ ἔστιν δοῦλος **μείζων** τοῦ κυρίου αὐτοῦ
Jn 13:16 αὐτοῦ οὐδὲ ἀπόστολος **μείζων** τοῦ πέμψαντος αὐτόν.
Jn 14:12 κἀκεῖνος ποιήσει καὶ **μείζονα** τούτων ποιήσει,
Jn 14:28 ὅτι ὁ πατὴρ **μείζων** μού ἐστιν.
Jn 15:13 **μείζονα** ταύτης ἀγάπην οὐδεὶς
Jn 15:20 οὐκ ἔστιν δοῦλος **μείζων** τοῦ κυρίου αὐτοῦ.
Jn 19:11 παραδούς μέ σοι **μείζονα** ἁμαρτίαν ἔχει.
Jn 19:31 ἦν γὰρ **μεγάλη** ἡ ἡμέρα ἐκείνου
Jn 21:11 γῆν μεστὸν ἰχθύων **μεγάλων** ἑκατὸν πεντήκοντα τριῶν·

μεθερμηνεύω (*methermēneuō*; 2/8) *translate*

Jn 1:38 ὃ λέγεται **μεθερμηνευόμενον** διδάσκαλε,

Jn 1:41 ὅ ἐστιν **μεθερμηνευόμενον** χριστός.

μεθύσκω (*methyskō*; 1/5) *get drunk*

Jn 2:10 τίθησιν καὶ ὅταν **μεθυσθῶσιν** τὸν ἐλάσσω·

μέλει (*melei*; 2/10) *it is of concern*

Jn 10:13 ἐστιν καὶ οὐ **μέλει** αὐτῷ περὶ τῶν
Jn 12:6 περὶ τῶν πτωχῶν **ἔμελεν** αὐτῷ,

μέλλω (*mellō*; 12/109) *be about to happen*

Jn 4:47 **ἤμελλεν** γὰρ ἀποθνῄσκειν.
Jn 6:6 γὰρ ᾔδει τί **ἔμελλεν** ποιεῖν.
Jn 6:15 οὖν γνοὺς ὅτι **μέλλουσιν** ἔρχεσθαι καὶ ἁρπάζειν
Jn 6:71 οὗτος γὰρ **ἔμελλεν** παραδιδόναι αὐτόν,
Jn 7:35 ποῦ οὗτος **μέλλει** πορεύεσθαι ὅτι ἡμεῖς
Jn 7:35 διασπορὰν τῶν Ἑλλήνων **μέλλει** πορεύεσθαι καὶ διδάσκειν
Jn 7:39 τοῦ πνεύματος ὃ **ἔμελλον** λαμβάνειν οἱ πιστεύσαντες
Jn 11:51 ἐκείνου ἐπροφήτευσεν ὅτι **ἔμελλεν** Ἰησοῦς ἀποθνῄσκειν ὑπὲρ
Jn 12:4 ὁ **μέλλων** αὐτὸν παραδιδόναι·
Jn 12:33 σημαίνων ποίῳ θανάτῳ **ἤμελλεν** ἀποθνῄσκειν.
Jn 14:22 γέγονεν ὅτι ἡμῖν **μέλλεις** ἐμφανίζειν σεαυτὸν καὶ
Jn 18:32 σημαίνων ποίῳ θανάτῳ **ἤμελλεν** ἀποθνῄσκειν.

μέν (*men*; 8/178[179]) *on the one hand*

Jn 7:12 οἱ **μὲν** ἔλεγον ὅτι ἀγαθός
Jn 10:41 ἔλεγον ὅτι Ἰωάννης **μὲν** σημεῖον ἐποίησεν οὐδέν,
Jn 11:6 τότε **μὲν** ἔμεινεν ἐν ᾧ
Jn 16:9 περὶ ἁμαρτίας **μέν**,
Jn 16:22 ὑμεῖς οὖν νῦν **μὲν** λύπην ἔχετε·
Jn 19:24 Οἱ **μὲν** οὖν στρατιῶται ταῦτα
Jn 19:32 στρατιῶται καὶ τοῦ **μὲν** πρώτου κατέαξαν τὰ
Jn 20:30 Πολλὰ **μὲν** οὖν καὶ ἄλλα

μέντοι (*mentoi*; 5/8) *but*

Jn 4:27 οὐδεὶς **μέντοι** εἶπεν·
Jn 7:13 οὐδεὶς **μέντοι** παρρησίᾳ ἐλάλει περὶ
Jn 12:42 ὅμως **μέντοι** καὶ ἐκ τῶν
Jn 20:5 οὐ **μέντοι** εἰσῆλθεν.
Jn 21:4 οὐ **μέντοι** ᾔδεισαν οἱ μαθηταὶ

μένω (*menō*; 40/118) *remain*

Jn 1:32 ἐξ οὐρανοῦ καὶ **ἔμεινεν** ἐπ' αὐτόν.
Jn 1:33 πνεῦμα καταβαῖνον καὶ **μένον** ἐπ' αὐτόν,
Jn 1:38 ποῦ **μένεις**;
Jn 1:39 καὶ εἶδαν ποῦ **μένει** καὶ παρ' αὐτῷ
Jn 1:39 καὶ παρ' αὐτῷ **ἔμειναν** τὴν ἡμέραν ἐκείνην·
Jn 2:12 αὐτοῦ καὶ ἐκεῖ **ἔμειναν** οὐ πολλὰς ἡμέρας.
Jn 3:36 ὀργὴ τοῦ θεοῦ **μένει** ἐπ' αὐτόν.
Jn 4:40 ἠρώτων αὐτὸν **μεῖναι** παρ' αὐτοῖς·
Jn 4:40 καὶ **ἔμεινεν** ἐκεῖ δύο ἡμέρας.
Jn 5:38 ἔχετε ἐν ὑμῖν **μένοντα**,
Jn 6:27 τὴν βρῶσιν τὴν **μένουσαν** εἰς ζωὴν αἰώνιον,
Jn 6:56 αἷμα ἐν ἐμοὶ **μένει** κἀγὼ ἐν αὐτῷ.
Jn 7:9 δὲ εἰπὼν αὐτὸς **ἔμεινεν** ἐν τῇ Γαλιλαίᾳ.
Jn 8:31 ἐὰν ὑμεῖς **μείνητε** ἐν τῷ λόγῳ
Jn 8:35 δὲ δοῦλος οὐ **μένει** ἐν τῇ οἰκίᾳ
Jn 8:35 ὁ υἱὸς **μένει** εἰς τὸν αἰῶνα.
Jn 9:41 ἡ ἁμαρτία ὑμῶν **μένει**.
Jn 10:40 πρῶτον βαπτίζων καὶ **ἔμεινεν** ἐκεῖ.
Jn 11:6 τότε μὲν **ἔμεινεν** ἐν ᾧ ἦν
Jn 11:54 κἀκεῖ **ἔμεινεν** μετὰ τῶν μαθητῶν.
Jn 12:24 αὐτὸς μόνος **μένει**·
Jn 12:34 ὅτι ὁ χριστὸς **μένει** εἰς τὸν αἰῶνα,
Jn 12:46 τῇ σκοτίᾳ μὴ **μείνῃ**.
Jn 14:10 πατὴρ ἐν ἐμοὶ **μένων** ποιεῖ τὰ ἔργα
Jn 14:17 ὅτι παρ' ὑμῖν **μένει** καὶ ἐν ὑμῖν
Jn 14:25 ὑμῖν παρ' ὑμῖν **μένων**·
Jn 15:4 **μείνατε** ἐν ἐμοί,
Jn 15:4 ἑαυτοῦ ἐὰν μὴ **μένῃ** ἐν τῇ ἀμπέλῳ,
Jn 15:4 μὴ ἐν ἐμοὶ **μένητε**.
Jn 15:5 ὁ **μένων** ἐν ἐμοὶ κἀγὼ
Jn 15:6 ἐὰν μή τις **μένῃ** ἐν ἐμοί,
Jn 15:7 ἐὰν **μείνητε** ἐν ἐμοὶ καὶ
Jn 15:7 μου ἐν ὑμῖν **μείνῃ**,
Jn 15:9 **μείνατε** ἐν τῇ ἀγάπῃ
Jn 15:10 **μενεῖτε** ἐν τῇ ἀγάπῃ
Jn 15:10 μου τετήρηκα καὶ **μένω** αὐτοῦ ἐν τῇ
Jn 15:16 ὁ καρπὸς ὑμῶν **μένῃ**,
Jn 19:31 ἵνα μὴ **μείνῃ** ἐπὶ τοῦ σταυροῦ
Jn 21:22 ἐὰν αὐτὸν θέλω **μένειν** ἕως ἔρχομαι,
Jn 21:23 ἐὰν αὐτὸν θέλω **μένειν** ἕως ἔρχομαι [, τί

μέρος (*meros*; 4/42) *part*

Jn 13:8 οὐκ ἔχεις **μέρος** μετ' ἐμοῦ.
Jn 19:23 καὶ ἐποίησαν τέσσαρα **μέρη**,
Jn 19:23 ἑκάστῳ στρατιώτῃ **μέρος**,
Jn 21:6 εἰς τὰ δεξιὰ **μέρη** τοῦ πλοίου τὸ

μέσος (*mesos*; 4[6]/56[58]) *middle*

Jn 1:26 **μέσος** ὑμῶν ἕστηκεν ὃν
[Jn 8:3] στήσαντες αὐτὴν ἐν **μέσῳ**
[Jn 8:9] ἡ γυνὴ ἐν **μέσῳ** οὖσα.
Jn 19:18 **μέσον** δὲ τὸν Ἰησοῦν.
Jn 20:19 ἔστη εἰς τὸ **μέσον** καὶ λέγει αὐτοῖς·
Jn 20:26 ἔστη εἰς τὸ **μέσον** καὶ εἶπεν·

μεσόω (*mesoō*; 1/1) *be in the middle*

Jn 7:14 δὲ τῆς ἑορτῆς **μεσούσης** ἀνέβη Ἰησοῦς εἰς

Μεσσίας (*Messias*; 2/2) *Messiah*

Jn 1:41 εὑρήκαμεν τὸν **Μεσσίαν**,
Jn 4:25 οἶδα ὅτι **Μεσσίας** ἔρχεται ὁ λεγόμενος

μεστός (*mestos*; 3/9) *full*

Jn 19:29 σκεῦος ἔκειτο ὄξους **μεστόν**·
Jn 19:29 σπόγγον οὖν **μεστὸν** τοῦ ὄξους ὑσσώπῳ
Jn 21:11 εἰς τὴν γῆν **μεστὸν** ἰχθύων μεγάλων ἑκατὸν

μετά (*meta*; 55/465[469]) *with, after*

Jn 2:12 **Μετὰ** τοῦτο κατέβη εἰς
Jn 3:2 ᾖ ὁ θεὸς **μετ'** αὐτοῦ.
Jn 3:22 **Μετὰ** ταῦτα ἦλθεν ὁ
Jn 3:22 καὶ ἐκεῖ διέτριβεν **μετ'** αὐτῶν καὶ ἐβάπτιζεν.
Jn 3:25 τῶν μαθητῶν Ἰωάννου **μετὰ** Ἰουδαίου περὶ καθαρισμοῦ.

Jn 3:26 ὃς ἦν **μετὰ** σοῦ πέραν τοῦ
Jn 4:27 καὶ ἐθαύμαζον ὅτι **μετὰ** γυναικὸς ἐλάλει·
Jn 4:27 ἤ τί λαλεῖς **μετ'** αὐτῆς;
Jn 4:43 **Μετὰ** δὲ τὰς δύο
Jn 5:1 **Μετὰ** ταῦτα ἦν ἑορτὴ
Jn 5:14 **μετὰ** ταῦτα εὑρίσκει αὐτὸν
Jn 6:1 **Μετὰ** ταῦτα ἀπῆλθεν ὁ
Jn 6:3 καὶ ἐκεῖ ἐκάθητο **μετὰ** τῶν μαθητῶν αὐτοῦ.
Jn 6:43 μὴ γογγύζετε **μετ'** ἀλλήλων.
Jn 6:66 ὀπίσω καὶ οὐκέτι **μετ'** αὐτοῦ περιεπάτουν.
Jn 7:1 Καὶ **μετὰ** ταῦτα περιεπάτει ὁ
Jn 7:33 ἔτι χρόνον μικρὸν **μεθ'** ὑμῶν εἰμι καὶ
Jn 8:29 ὁ πέμψας με **μετ'** ἐμοῦ ἐστιν·
Jn 9:37 καὶ ὁ λαλῶν **μετὰ** σοῦ ἐκεῖνός ἐστιν.
Jn 9:40 Φαρισαίων ταῦτα οἱ **μετ'** αὐτοῦ ὄντες καὶ
Jn 11:7 ἔπειτα **μετὰ** τοῦτο λέγει τοῖς
Jn 11:11 καὶ **μετὰ** τοῦτο λέγει αὐτοῖς·
Jn 11:16 ἡμεῖς ἵνα ἀποθάνωμεν **μετ'** αὐτοῦ.
Jn 11:31 Ἰουδαῖοι οἱ ὄντες **μετ'** αὐτῆς ἐν τῇ
Jn 11:54 κἀκεῖ ἔμεινεν **μετὰ** τῶν μαθητῶν.
Jn 11:56 Ἰησοῦν καὶ ἔλεγον **μετ'** ἀλλήλων ἐν τῷ
Jn 12:8 γὰρ πάντοτε ἔχετε **μεθ'** ἑαυτῶν,
Jn 12:17 ὄχλος ὁ ὢν **μετ'** αὐτοῦ ὅτε τὸν
Jn 13:7 γνώσῃ δὲ **μετὰ** ταῦτα.
Jn 13:8 οὐκ ἔχεις μέρος **μετ'** ἐμοῦ.
Jn 13:27 καὶ **μετὰ** τὸ ψωμίον τότε
Jn 13:33 ἔτι μικρὸν **μεθ'** ὑμῶν εἰμι·
Jn 14:9 τοσούτῳ χρόνῳ **μεθ'** ὑμῶν εἰμι καὶ
Jn 14:16 ἵνα **μεθ'** ὑμῶν εἰς τὸν
Jn 14:30 οὐκέτι πολλὰ λαλήσω **μεθ'** ὑμῶν,
Jn 15:27 ὅτι ἀπ' ἀρχῆς **μετ'** ἐμοῦ ἐστε.
Jn 16:4 ὅτι **μεθ'** ὑμῶν ἤμην.
Jn 16:19 περὶ τούτου ζητεῖτε **μετ'** ἀλλήλων ὅτι εἶπον·
Jn 16:32 ὅτι ὁ πατὴρ **μετ'** ἐμοῦ ἐστιν.
Jn 17:12 ὅτε ἤμην **μετ'** αὐτῶν ἐγὼ ἐτήρουν
Jn 17:24 ἐγὼ κἀκεῖνοι ὦσιν **μετ'** ἐμοῦ,
Jn 18:2 συνήχθη Ἰησοῦς ἐκεῖ **μετὰ** τῶν μαθητῶν αὐτοῦ.
Jn 18:3 ὑπηρέτας ἔρχεται ἐκεῖ **μετὰ** φανῶν καὶ λαμπάδων
Jn 18:5 ὁ παραδιδοὺς αὐτὸν **μετ'** αὐτῶν.
Jn 18:18 καὶ ὁ Πέτρος **μετ'** αὐτῶν ἑστὼς καὶ
Jn 18:26 ἐν τῷ κήπῳ **μετ'** αὐτοῦ;
Jn 19:18 καὶ **μετ'** αὐτοῦ ἄλλους δύο
Jn 19:28 **Μετὰ** τοῦτο εἰδὼς ὁ
Jn 19:38 **Μετὰ** δὲ ταῦτα ἠρώτησεν
Jn 19:40 ἔδησαν αὐτὸ ὀθονίοις **μετὰ** τῶν ἀρωμάτων,
Jn 20:7 οὐ **μετὰ** τῶν ὀθονίων κείμενον
Jn 20:24 οὐκ ἦν **μετ'** αὐτῶν ὅτε ἦλθεν
Jn 20:26 Καὶ **μεθ'** ἡμέρας ὀκτὼ πάλιν
Jn 20:26 αὐτοῦ καὶ Θωμᾶς **μετ'** αὐτῶν.
Jn 21:1 **Μετὰ** ταῦτα ἐφανέρωσεν ἑαυτὸν

μεταβαίνω (*metabainō*; 3/12) *leave, cross over*

Jn 5:24 ἀλλὰ **μεταβέβηκεν** ἐκ τοῦ θανάτου
Jn 7:3 **μετάβηθι** ἐντεῦθεν καὶ ὕπαγε
Jn 13:1 ἡ ὥρα ἵνα **μεταβῇ** ἐκ τοῦ κόσμου

μεταξύ (*metaxy*; 1/9) *between, meanwhile*

Jn 4:31 Ἐν τῷ **μεταξὺ** ἠρώτων αὐτὸν οἱ

μετρητής (*metrētēs*; 1/1) *measure*

Jn 2:6 χωροῦσαι ἀνὰ **μετρητὰς** δύο ἢ τρεῖς.

μέτρον (*metron*; 1/14) *measure*

Jn 3:34 οὐ γὰρ ἐκ **μέτρου** δίδωσιν τὸ πνεῦμα.

μή (*mē*; 117/1041[1042]) *not*

Jn 2:16 **μὴ** ποιεῖτε τὸν οἶκον
Jn 3:2 ἐὰν **μὴ** ᾖ ὁ θεὸς
Jn 3:3 ἐὰν **μή** τις γεννηθῇ ἄνωθεν,
Jn 3:4 **μὴ** δύναται εἰς τὴν
Jn 3:5 ἐὰν **μή** τις γεννηθῇ ἐξ
Jn 3:7 **μὴ** θαυμάσῃς ὅτι εἶπόν
Jn 3:13 τὸν οὐρανὸν εἰ **μὴ** ὁ ἐκ τοῦ
Jn 3:16 πιστεύων εἰς αὐτὸν **μὴ** ἀπόληται ἀλλ' ἔχῃ
Jn 3:18 ὁ δὲ **μὴ** πιστεύων ἤδη κέκριται,
Jn 3:18 ὅτι **μὴ** πεπίστευκεν εἰς τὸ
Jn 3:20 ἵνα **μὴ** ἐλεγχθῇ τὰ ἔργα
Jn 3:27 οὐδὲ ἓν ἐὰν **μὴ** ᾖ δεδομένον αὐτῷ
Jn 4:12 **μὴ** σὺ μείζων εἶ
Jn 4:14 οὐ **μὴ** διψήσει εἰς τὸν
Jn 4:15 ἵνα **μὴ** διψῶ μηδὲ διέρχωμαι
Jn 4:33 **μή** τις ἤνεγκεν αὐτῷ
Jn 4:48 ἐὰν **μὴ** σημεῖα καὶ τέρατα
Jn 4:48 οὐ **μὴ** πιστεύσητε.
Jn 5:14 ἵνα **μὴ** χεῖρόν σοί τι
Jn 5:19 ἑαυτοῦ οὐδὲν ἐὰν **μή** τι βλέπῃ τὸν
Jn 5:23 ὁ **μὴ** τιμῶν τὸν υἱὸν
Jn 5:28 **μὴ** θαυμάζετε τοῦτο,
Jn 5:45 **Μὴ** δοκεῖτε ὅτι ἐγὼ
Jn 6:12 ἵνα **μή** τι ἀπόληται.
Jn 6:20 **μὴ** φοβεῖσθε.
Jn 6:22 ἦν ἐκεῖ εἰ **μὴ** ἓν καὶ ὅτι
Jn 6:27 ἐργάζεσθε **μὴ** τὴν βρῶσιν τὴν
Jn 6:35 πρὸς ἐμὲ οὐ **μὴ** πεινάσῃ,
Jn 6:35 εἰς ἐμὲ οὐ **μὴ** διψήσει πώποτε.
Jn 6:37 πρὸς ἐμὲ οὐ **μὴ** ἐκβάλω ἔξω,
Jn 6:39 ὃ δέδωκέν μοι **μὴ** ἀπολέσω ἐξ αὐτοῦ,
Jn 6:43 **μὴ** γογγύζετε μετ' ἀλλήλων.
Jn 6:44 πρός με ἐὰν **μὴ** ὁ πατὴρ ὁ
Jn 6:46 ἑώρακέν τις εἰ **μὴ** ὁ ὢν παρὰ
Jn 6:50 αὐτοῦ φάγῃ καὶ **μὴ** ἀποθάνῃ.
Jn 6:53 ἐὰν **μὴ** φάγητε τὴν σάρκα
Jn 6:64 τίνες εἰσὶν οἱ **μὴ** πιστεύοντες καὶ τίς
Jn 6:65 πρός με ἐὰν **μὴ** ᾖ δεδομένον αὐτῷ
Jn 6:67 **μὴ** καὶ ὑμεῖς θέλετε
Jn 7:15 οὗτος γράμματα οἶδεν **μὴ** μεμαθηκώς;
Jn 7:23 ἐν σαββάτῳ ἵνα **μὴ** λυθῇ ὁ νόμος
Jn 7:24 **μὴ** κρίνετε κατ' ὄψιν,
Jn 7:31 χριστὸς ὅταν ἔλθῃ **μὴ** πλείονα σημεῖα ποιήσει
Jn 7:35 **μὴ** εἰς τὴν διασπορὰν
Jn 7:41 **μὴ** γὰρ ἐκ τῆς
Jn 7:47 **μὴ** καὶ ὑμεῖς πεπλάνησθε;
Jn 7:48 **μή** τις ἐκ τῶν
Jn 7:49 ὄχλος οὗτος ὁ **μὴ** γινώσκων τὸν νόμον
Jn 7:51 **μὴ** ὁ νόμος ἡμῶν
Jn 7:51 τὸν ἄνθρωπον ἐὰν **μὴ** ἀκούσῃ πρῶτον παρ'
Jn 7:52 **μὴ** καὶ σὺ ἐκ
Jn 8:12 ἀκολουθῶν ἐμοὶ οὐ **μὴ** περιπατήσῃ ἐν τῇ
Jn 8:24 ἐὰν γὰρ **μὴ** πιστεύσητε ὅτι ἐγώ
Jn 8:51 θάνατον οὐ **μὴ** θεωρήσῃ εἰς τὸν
Jn 8:52 οὐ **μὴ** γεύσηται θανάτου εἰς
Jn 8:53 **μὴ** σὺ μείζων εἶ
Jn 9:27 **μὴ** καὶ ὑμεῖς θέλετε
Jn 9:33 εἰ **μὴ** ἦν οὗτος παρὰ
Jn 9:39 ἵνα οἱ **μὴ** βλέποντες βλέπωσιν καὶ

Jn 9:40 **μὴ** καὶ ἡμεῖς τυφλοί
Jn 10:1 ὁ **μὴ** εἰσερχόμενος διὰ τῆς
Jn 10:5 ἀλλοτρίῳ δὲ οὐ **μὴ** ἀκολουθήσουσιν,
Jn 10:10 οὐκ ἔρχεται εἰ **μὴ** ἵνα κλέψῃ καὶ
Jn 10:21 **μὴ** δαιμόνιον δύναται τυφλῶν
Jn 10:28 αἰώνιον καὶ οὐ **μὴ** ἀπόλωνται εἰς τὸν
Jn 10:37 **μὴ** πιστεύετέ μοι·
Jn 10:38 κἂν ἐμοὶ **μὴ** πιστεύητε,
Jn 11:26 εἰς ἐμὲ οὐ **μὴ** ἀποθάνῃ εἰς τὸν
Jn 11:37 ἵνα καὶ οὗτος **μὴ** ἀποθάνῃ;
Jn 11:50 τοῦ λαοῦ καὶ **μὴ** ὅλον τὸ ἔθνος
Jn 11:56 ὅτι οὐ **μὴ** ἔλθῃ εἰς τὴν
Jn 12:15 **μὴ** φοβοῦ,
Jn 12:24 ἐὰν **μὴ** ὁ κόκκος τοῦ
Jn 12:35 ἵνα **μὴ** σκοτία ὑμᾶς καταλάβῃ·
Jn 12:40 ἵνα **μὴ** ἴδωσιν τοῖς ὀφθαλμοῖς
Jn 12:42 οὐχ ὡμολόγουν ἵνα **μὴ** ἀποσυνάγωγοι γένωνται·
Jn 12:46 ἐν τῇ σκοτίᾳ **μὴ** μείνῃ.
Jn 12:47 τῶν ῥημάτων καὶ **μὴ** φυλάξῃ,
Jn 12:48 ἀθετῶν ἐμὲ καὶ **μὴ** λαμβάνων τὰ ῥήματά
Jn 13:8 οὐ **μὴ** νίψῃς μου τοὺς
Jn 13:8 ἐὰν **μὴ** νίψω σε,
Jn 13:9 **μὴ** τοὺς πόδας μου
Jn 13:10 ἔχει χρείαν εἰ **μὴ** τοὺς πόδας νίψασθαι,
Jn 13:38 οὐ **μὴ** ἀλέκτωρ φωνήσῃ ἕως
Jn 14:1 **Μὴ** ταρασσέσθω ὑμῶν ἡ
Jn 14:2 εἰ δὲ **μή**,
Jn 14:6 τὸν πατέρα εἰ **μὴ** δι' ἐμοῦ.
Jn 14:11 εἰ δὲ **μή**,
Jn 14:24 ὁ **μὴ** ἀγαπῶν με τοὺς
Jn 14:27 **μὴ** ταρασσέσθω ὑμῶν ἡ
Jn 15:2 κλῆμα ἐν ἐμοὶ **μὴ** φέρον καρπὸν αἴρει
Jn 15:4 ἀφ' ἑαυτοῦ ἐὰν **μὴ** μένῃ ἐν τῇ
Jn 15:4 οὐδὲ ὑμεῖς ἐὰν **μὴ** ἐν ἐμοὶ μένητε.
Jn 15:6 ἐὰν **μή** τις μένῃ ἐν
Jn 15:22 εἰ **μὴ** ἦλθον καὶ ἐλάλησα
Jn 15:24 εἰ τὰ ἔργα **μὴ** ἐποίησα ἐν αὐτοῖς
Jn 16:1 λελάληκα ὑμῖν ἵνα **μὴ** σκανδαλισθῆτε.
Jn 16:7 ἐὰν γὰρ **μὴ** ἀπέλθω,
Jn 17:12 αὐτῶν ἀπώλετο εἰ **μὴ** ὁ υἱὸς τῆς
Jn 18:11 ὁ πατὴρ οὐ **μὴ** πίω αὐτό;
Jn 18:17 **μὴ** καὶ σὺ ἐκ
Jn 18:25 **μὴ** καὶ σὺ ἐκ
Jn 18:28 ἵνα **μὴ** μιανθῶσιν ἀλλὰ φάγωσιν
Jn 18:30 εἰ **μὴ** ἦν οὗτος κακὸν
Jn 18:36 ἠγωνίζοντο [ἂν] ἵνα **μὴ** παραδοθῶ τοῖς Ἰουδαίοις·
Jn 18:40 **μὴ** τοῦτον ἀλλὰ τὸν
Jn 19:11 ἐμοῦ οὐδεμίαν εἰ **μὴ** ἦν δεδομένον σοι
Jn 19:15 ἔχομεν βασιλέα εἰ **μὴ** Καίσαρα.
Jn 19:21 **μὴ** γράφε·
Jn 19:24 **μὴ** σχίσωμεν αὐτόν,
Jn 19:31 ἵνα **μὴ** μείνῃ ἐπὶ τοῦ
Jn 20:17 **μή** μου ἅπτου,
Jn 20:25 ἐὰν **μὴ** ἴδω ἐν ταῖς
Jn 20:25 οὐ **μὴ** πιστεύσω.
Jn 20:27 καὶ **μὴ** γίνου ἄπιστος ἀλλὰ
Jn 20:29 μακάριοι οἱ **μὴ** ἰδόντες καὶ πιστεύσαντες.
Jn 21:5 **μή** τι προσφάγιον ἔχετε;

<u>μηδέ (*mēde*; 2/56) *nor*</u>
Jn 4:15 ἵνα μὴ διψῶ **μηδὲ** διέρχωμαι ἐνθάδε ἀντλεῖν.
Jn 14:27 ὑμῶν ἡ καρδία **μηδὲ** δειλιάτω.

<u>μηκέτι (*mēketi*; 1[2]/21[22]) *no longer*</u>
Jn 5:14 **μηκέτι** ἁμάρτανε,
[Jn 8:11] ἀπὸ τοῦ νῦν **μηκέτι** ἁμάρτανε.]]

<u>μηνύω (*mēnyō*; 1/4) *make known, report*</u>
Jn 11:57 γνῷ ποῦ ἐστιν **μηνύσῃ**,

<u>μήποτε (*mēpote*; 1/25) *lest*</u>
Jn 7:26 **μήποτε** ἀληθῶς ἔγνωσαν οἱ

<u>μήτηρ (*mētēr*; 11/83) *mother*</u>
Jn 2:1 καὶ ἦν ἡ **μήτηρ** τοῦ Ἰησοῦ ἐκεῖ·
Jn 2:3 οἴνου λέγει ἡ **μήτηρ** τοῦ Ἰησοῦ πρὸς
Jn 2:5 λέγει ἡ **μήτηρ** αὐτοῦ τοῖς διακόνοις·
Jn 2:12 αὐτὸς καὶ ἡ **μήτηρ** αὐτοῦ καὶ οἱ
Jn 3:4 τὴν κοιλίαν τῆς **μητρὸς** αὐτοῦ δεύτερον εἰσελθεῖν
Jn 6:42 πατέρα καὶ τὴν **μητέρα**;
Jn 19:25 τοῦ Ἰησοῦ ἡ **μήτηρ** αὐτοῦ καὶ ἡ
Jn 19:25 ἡ ἀδελφὴ τῆς **μητρὸς** αὐτοῦ,
Jn 19:26 οὖν ἰδὼν τὴν **μητέρα** καὶ τὸν μαθητὴν
Jn 19:26 λέγει τῇ **μητρί**·
Jn 19:27 ἴδε ἡ **μήτηρ** σου.

<u>μήτι (*mēti*; 3/18) *particle used in questions*</u>
Jn 4:29 **μήτι** οὗτός ἐστιν ὁ
Jn 8:22 **μήτι** ἀποκτενεῖ ἑαυτόν,
Jn 18:35 **μήτι** ἐγὼ Ἰουδαῖός εἰμι;

<u>μιαίνω (*miainō*; 1/5) *defile*</u>
Jn 18:28 ἵνα μὴ **μιανθῶσιν** ἀλλὰ φάγωσιν τὸ

<u>μίγμα (*migma*; 1/1) *mixture*</u>
Jn 19:39 φέρων **μίγμα** σμύρνης καὶ ἀλόης

<u>μικρός (*mikros*; 11/46) *little*</u>
Jn 7:33 ἔτι χρόνον **μικρὸν** μεθ' ὑμῶν εἰμι
Jn 12:35 ἔτι **μικρὸν** χρόνον τὸ φῶς
Jn 13:33 ἔτι **μικρὸν** μεθ' ὑμῶν εἰμι·
Jn 14:19 ἔτι **μικρὸν** καὶ ὁ κόσμος
Jn 16:16 **Μικρὸν** καὶ οὐκέτι θεωρεῖτέ
Jn 16:16 καὶ πάλιν **μικρὸν** καὶ ὄψεσθέ με.
Jn 16:17 **μικρὸν** καὶ οὐ θεωρεῖτέ
Jn 16:17 καὶ πάλιν **μικρὸν** καὶ ὄψεσθέ με;
Jn 16:18 [ὃ λέγει] τὸ **μικρόν**;
Jn 16:19 **μικρὸν** καὶ οὐ θεωρεῖτέ
Jn 16:19 καὶ πάλιν **μικρὸν** καὶ ὄψεσθέ με;

<u>μιμνῄσκομαι (*mimnēskomai*; 3/23) *remember*</u>
Jn 2:17 **ἐμνήσθησαν** οἱ μαθηταὶ αὐτοῦ
Jn 2:22 **ἐμνήσθησαν** οἱ μαθηταὶ αὐτοῦ
Jn 12:16 ἐδοξάσθη Ἰησοῦς τότε **ἐμνήσθησαν** ὅτι ταῦτα ἦν

<u>μισέω (*miseō*; 12/40) *hate*</u>
Jn 3:20 ὁ φαῦλα πράσσων **μισεῖ** τὸ φῶς καὶ
Jn 7:7 δύναται ὁ κόσμος **μισεῖν** ὑμᾶς,
Jn 7:7 ἐμὲ δὲ **μισεῖ**,
Jn 12:25 καὶ ὁ **μισῶν** τὴν ψυχὴν αὐτοῦ
Jn 15:18 ὁ κόσμος ὑμᾶς **μισεῖ**,
Jn 15:18 ἐμὲ πρῶτον ὑμῶν **μεμίσηκεν**.

Jn 15:19 διὰ τοῦτο **μισεῖ** ὑμᾶς ὁ κόσμος.
Jn 15:23 ὁ ἐμὲ **μισῶν** καὶ τὸν πατέρα
Jn 15:23 τὸν πατέρα μου **μισεῖ**.
Jn 15:24 καὶ ἑωράκασιν καὶ **μεμισήκασιν** καὶ ἐμὲ καὶ
Jn 15:25 αὐτῶν γεγραμμένος ὅτι **ἐμίσησάν** με δωρεάν.
Jn 17:14 καὶ ὁ κόσμος **ἐμίσησεν** αὐτούς,

μισθός (*misthos*; 1/29) *pay*
Jn 4:36 ὁ θερίζων **μισθὸν** λαμβάνει καὶ συνάγει

μισθωτός (*misthōtos*; 2/3) *hired man, laborer*
Jn 10:12 ὁ **μισθωτὸς** καὶ οὐκ ὢν
Jn 10:13 ὅτι **μισθωτός** ἐστιν καὶ οὐ

μνημεῖον (*mnēmeion*; 16/40) *grave, tomb*
Jn 5:28 οἱ ἐν τοῖς **μνημείοις** ἀκούσουσιν τῆς φωνῆς
Jn 11:17 ἔχοντα ἐν τῷ **μνημείῳ**.
Jn 11:31 ὑπάγει εἰς τὸ **μνημεῖον** ἵνα κλαύσῃ ἐκεῖ.
Jn 11:38 ἔρχεται εἰς τὸ **μνημεῖον**·
Jn 12:17 ἐφώνησεν ἐκ τοῦ **μνημείου** καὶ ἤγειρεν αὐτὸν
Jn 19:41 ἐν τῷ κήπῳ **μνημεῖον** καινὸν ἐν ᾧ
Jn 19:42 ἐγγὺς ἦν τὸ **μνημεῖον**,
Jn 20:1 οὔσης εἰς τὸ **μνημεῖον** καὶ βλέπει τὸν
Jn 20:1 ἠρμένον ἐκ τοῦ **μνημείου**.
Jn 20:2 κύριον ἐκ τοῦ **μνημείου** καὶ οὐκ οἴδαμεν
Jn 20:3 ἤρχοντο εἰς τὸ **μνημεῖον**.
Jn 20:4 πρῶτος εἰς τὸ **μνημεῖον**,
Jn 20:6 εἰσῆλθεν εἰς τὸ **μνημεῖον**,
Jn 20:8 πρῶτος εἰς τὸ **μνημεῖον** καὶ εἶδεν καὶ
Jn 20:11 εἱστήκει πρὸς τῷ **μνημείῳ** ἔξω κλαίουσα.
Jn 20:11 παρέκυψεν εἰς τὸ **μνημεῖον**

μνημονεύω (*mnēmoneuō*; 3/21) *remember*
Jn 15:20 **μνημονεύετε** τοῦ λόγου οὗ
Jn 16:4 ἡ ὥρα αὐτῶν **μνημονεύητε** αὐτῶν ὅτι ἐγὼ
Jn 16:21 οὐκέτι **μνημονεύει** τῆς θλίψεως διὰ

μοιχεία (*moicheia*; 0[1]/2[3]) *adultery*
[Jn 8:3] Φαρισαῖοι γυναῖκα ἐπὶ **μοιχείᾳ** κατειλημμένην καὶ στήσαντες

μοιχεύω (*moicheuō*; 0[1]/14[15]) *commit adultery*
[Jn 8:4] κατείληπται ἐπ' αὐτοφώρῳ **μοιχευομένη**·

μονή (*monē*; 2/2) *room*
Jn 14:2 τοῦ πατρός μου **μοναὶ** πολλαί εἰσιν·
Jn 14:23 αὐτὸν ἐλευσόμεθα καὶ **μονὴν** παρ' αὐτῷ ποιησόμεθα.

μονογενής (*monogenēs*; 4/9) *only, unique*
Jn 1:14 δόξαν ὡς **μονογενοῦς** παρὰ πατρός,
Jn 1:18 **μονογενὴς** θεὸς ὁ ὢν
Jn 3:16 τὸν υἱὸν τὸν **μονογενῆ** ἔδωκεν,
Jn 3:18 τὸ ὄνομα τοῦ **μονογενοῦς** υἱοῦ τοῦ θεοῦ.

μόνος (*monos*; 14[15]/113[114]) *only*
Jn 5:18 ὅτι οὐ **μόνον** ἔλυεν τὸ σάββατον,
Jn 5:44 τὴν παρὰ τοῦ **μόνου** θεοῦ οὐ ζητεῖτε;
Jn 6:15 τὸ ὄρος αὐτὸς **μόνος**.
Jn 6:22 τὸ πλοῖον ἀλλὰ **μόνοι** οἱ μαθηταὶ αὐτοῦ
[Jn 8:9] πρεσβυτέρων καὶ κατελείφθη **μόνος** καὶ ἡ γυνὴ
Jn 8:16 ὅτι **μόνος** οὐκ εἰμί,
Jn 8:29 οὐκ ἀφῆκέν με **μόνον**,
Jn 11:52 ὑπὲρ τοῦ ἔθνους **μόνον** ἀλλ' ἵνα καὶ
Jn 12:9 διὰ τὸν Ἰησοῦν **μόνον**,
Jn 12:24 αὐτὸς **μόνος** μένει·
Jn 13:9 τοὺς πόδας μου **μόνον** ἀλλὰ καὶ τὰς
Jn 16:32 τὰ ἴδια κἀμὲ **μόνον** ἀφῆτε·
Jn 16:32 καὶ οὐκ εἰμὶ **μόνος**,
Jn 17:3 γινώσκωσιν σὲ τὸν **μόνον** ἀληθινὸν θεὸν καὶ
Jn 17:20 τούτων δὲ ἐρωτῶ **μόνον**,

μύρον (*myron*; 4/14) *perfume*
Jn 11:2 ἀλείψασα τὸν κύριον **μύρῳ** καὶ ἐκμάξασα
Jn 12:3 Μαριὰμ λαβοῦσα λίτραν **μύρου** νάρδου πιστικῆς πολυτίμου
Jn 12:3 τῆς ὀσμῆς τοῦ **μύρου**.
Jn 12:5 τί τοῦτο τὸ **μύρον** οὐκ ἐπράθη τριακοσίων

Μωϋσῆς (*Mōysēs*; 12[13]/79[80]) *Moses*
Jn 1:17 ὁ νόμος διὰ **Μωϋσέως** ἐδόθη,
Jn 1:45 ὃν ἔγραψεν **Μωϋσῆς** ἐν τῷ νόμῳ
Jn 3:14 Καὶ καθὼς **Μωϋσῆς** ὕψωσεν τὸν ὄφιν
Jn 5:45 ὁ κατηγορῶν ὑμῶν **Μωϋσῆς**,
Jn 5:46 εἰ γὰρ ἐπιστεύετε **Μωϋσεῖ**,
Jn 6:32 οὐ **Μωϋσῆς** δέδωκεν ὑμῖν τὸν
Jn 7:19 Οὐ **Μωϋσῆς** δέδωκεν ὑμῖν τὸν
Jn 7:22 διὰ τοῦτο **Μωϋσῆς** δέδωκεν ὑμῖν τὴν
Jn 7:22 ὅτι ἐκ τοῦ **Μωϋσέως** ἐστὶν ἀλλ' ἐκ
Jn 7:23 λυθῇ ὁ νόμος **Μωϋσέως**,
[Jn 8:5] τῷ νόμῳ ἡμῖν **Μωϋσῆς** ἐνετείλατο τὰς τοιαύτας
Jn 9:28 ἡμεῖς δὲ τοῦ **Μωϋσέως** ἐσμὲν μαθηταί·
Jn 9:29 ἡμεῖς οἴδαμεν ὅτι **Μωϋσεῖ** λελάληκεν ὁ θεός,

Ναζαρέθ (*Nazareth*; 2/12) *Nazareth*
Jn 1:45 Ἰωσὴφ τὸν ἀπὸ **Ναζαρέτ**.
Jn 1:46 ἐκ **Ναζαρὲτ** δύναταί τι ἀγαθὸν

Ναζωραῖος (*Nazōraios*; 3/13) *inhabitant of Nazareth*
Jn 18:5 Ἰησοῦν τὸν **Ναζωραῖον**.
Jn 18:7 Ἰησοῦν τὸν **Ναζωραῖον**.
Jn 19:19 Ἰησοῦς ὁ **Ναζωραῖος** ὁ βασιλεὺς τῶν

Ναθαναήλ (*Nathanaēl*; 6/6) *Nathanael*
Jn 1:45 εὑρίσκει Φίλιππος τὸν **Ναθαναὴλ** καὶ λέγει αὐτῷ·
Jn 1:46 καὶ εἶπεν αὐτῷ **Ναθαναήλ**·
Jn 1:47 ὁ Ἰησοῦς τὸν **Ναθαναὴλ** ἐρχόμενον πρὸς αὐτὸν
Jn 1:48 λέγει αὐτῷ **Ναθαναήλ**·
Jn 1:49 ἀπεκρίθη αὐτῷ **Ναθαναήλ**·
Jn 21:2 λεγόμενος Δίδυμος καὶ **Ναθαναὴλ** ὁ ἀπὸ Κανὰ

ναί (*nai*; 3/33) *yes*
Jn 11:27 **ναὶ** κύριε,
Jn 21:15 **ναὶ** κύριε,

Jn 21:16 **ναὶ** κύριε,

ναός (*naos*; 3/45) *temple*

Jn 2:19 λύσατε τὸν **ναὸν** τοῦτον καὶ ἐν
Jn 2:20 ἔτεσιν οἰκοδομήθη ὁ **ναὸς** οὗτος,
Jn 2:21 ἔλεγεν περὶ τοῦ **ναοῦ** τοῦ σώματος αὐτοῦ.

νάρδος (*nardos*; 1/2) *oil of nard*

Jn 12:3 λαβοῦσα λίτραν μύρου **νάρδου** πιστικῆς πολυτίμου ἤλειψεν

νεκρός (*nekros*; 8/128) *dead*

Jn 2:22 οὖν ἠγέρθη ἐκ **νεκρῶν**,
Jn 5:21 πατὴρ ἐγείρει τοὺς **νεκροὺς** καὶ ζῳοποιεῖ,
Jn 5:25 ἐστιν ὅτε οἱ **νεκροὶ** ἀκούσουσιν τῆς φωνῆς
Jn 12:1 ὃν ἤγειρεν ἐκ **νεκρῶν** Ἰησοῦς.
Jn 12:9 ὃν ἤγειρεν ἐκ **νεκρῶν**.
Jn 12:17 ἤγειρεν αὐτὸν ἐκ **νεκρῶν**.
Jn 20:9 δεῖ αὐτὸν ἐκ **νεκρῶν** ἀναστῆναι.
Jn 21:14 μαθηταῖς ἐγερθεὶς ἐκ **νεκρῶν**.

νέος (*neos*; 1/24) *young, new*

Jn 21:18 ὅτε ἦς **νεώτερος**,

νεύω (*neuō*; 1/2) *motion*

Jn 13:24 **νεύει** οὖν τούτῳ Σίμων

νικάω (*nikaō*; 1/28) *overcome*

Jn 16:33 ἐγὼ **νενίκηκα** τὸν κόσμον.

Νικόδημος (*Nikodēmos*; 5/5) *Nicodemus*

Jn 3:1 **Νικόδημος** ὄνομα αὐτῷ,
Jn 3:4 πρὸς αὐτὸν [ὁ] **Νικόδημος**·
Jn 3:9 ἀπεκρίθη **Νικόδημος** καὶ εἶπεν αὐτῷ·
Jn 7:50 λέγει **Νικόδημος** πρὸς αὐτούς,
Jn 19:39 ἦλθεν δὲ καὶ **Νικόδημος**,

νιπτήρ (*niptēr*; 1/1) *washbasin*

Jn 13:5 ὕδωρ εἰς τὸν **νιπτῆρα** καὶ ἤρξατο νίπτειν

νίπτω (*niptō*; 13/17) *wash*

Jn 9:7 ὕπαγε **νίψαι** εἰς τὴν κολυμβήθραν
Jn 9:7 ἀπῆλθεν οὖν καὶ **ἐνίψατο** καὶ ἦλθεν βλέπων.
Jn 9:11 τὸν Σιλωὰμ καὶ **νίψαι**·
Jn 9:11 ἀπελθὼν οὖν καὶ **νιψάμενος** ἀνέβλεψα.
Jn 9:15 τοὺς ὀφθαλμοὺς καὶ **ἐνιψάμην** καὶ βλέπω.
Jn 13:5 νιπτῆρα καὶ ἤρξατο **νίπτειν** τοὺς πόδας τῶν
Jn 13:6 σύ μου **νίπτεις** τοὺς πόδας;
Jn 13:8 οὐ μὴ **νίψῃς** μου τοὺς πόδας
Jn 13:8 ἐὰν μὴ **νίψω** σε,
Jn 13:10 μὴ τοὺς πόδας **νίψασθαι**,
Jn 13:12 Ὅτε οὖν **ἔνιψεν** τοὺς πόδας αὐτῶν
Jn 13:14 εἰ οὖν ἐγὼ **ἔνιψα** ὑμῶν τοὺς πόδας
Jn 13:14 ὑμεῖς ὀφείλετε ἀλλήλων **νίπτειν** τοὺς πόδας·

νοέω (*noeō*; 1/14) *understand*

Jn 12:40 τοῖς ὀφθαλμοῖς καὶ **νοήσωσιν** τῇ καρδίᾳ καὶ

νομή (*nomē*; 1/2) *pasture*

Jn 10:9 καὶ ἐξελεύσεται καὶ **νομὴν** εὑρήσει.

νόμος (*nomos*; 14[15]/193[194]) *law*

Jn 1:17 ὅτι ὁ **νόμος** διὰ Μωϋσέως ἐδόθη,
Jn 1:45 Μωϋσῆς ἐν τῷ **νόμῳ** καὶ οἱ προφῆται
Jn 7:19 δέδωκεν ὑμῖν τὸν **νόμον**;
Jn 7:19 ὑμῶν ποιεῖ τὸν **νόμον**.
Jn 7:23 μὴ λυθῇ ὁ **νόμος** Μωϋσέως,
Jn 7:49 μὴ γινώσκων τὸν **νόμον** ἐπάρατοί εἰσιν.
Jn 7:51 μὴ ὁ **νόμος** ἡμῶν κρίνει τὸν
[Jn 8:5] ἐν δὲ τῷ **νόμῳ** ἡμῖν Μωϋσῆς ἐνετείλατο
Jn 8:17 καὶ ἐν τῷ **νόμῳ** δὲ τῷ ὑμετέρῳ
Jn 10:34 γεγραμμένον ἐν τῷ **νόμῳ** ὑμῶν ὅτι ἐγὼ
Jn 12:34 ἠκούσαμεν ἐκ τοῦ **νόμου** ὅτι ὁ χριστὸς
Jn 15:25 ὁ ἐν τῷ **νόμῳ** αὐτῶν γεγραμμένος ὅτι
Jn 18:31 καὶ κατὰ τὸν **νόμον** ὑμῶν κρίνατε αὐτόν.
Jn 19:7 ἡμεῖς **νόμον** ἔχομεν καὶ κατὰ
Jn 19:7 καὶ κατὰ τὸν **νόμον** ὀφείλει ἀποθανεῖν,

νύμφη (*nymphē*; 1/8) *bride*

Jn 3:29 ὁ ἔχων τὴν **νύμφην** νυμφίος ἐστίν·

νυμφίος (*nymphios*; 4/16) *bridegroom*

Jn 2:9 φωνεῖ τὸν **νυμφίον** ὁ ἀρχιτρίκλινος
Jn 3:29 ἔχων τὴν νύμφην **νυμφίος** ἐστίν·
Jn 3:29 δὲ φίλος τοῦ **νυμφίου** ὁ ἑστηκὼς καὶ
Jn 3:29 τὴν φωνὴν τοῦ **νυμφίου**.

νῦν (*nyn*; 28[29]/146[147]) *now*

Jn 2:8 ἀντλήσατε **νῦν** καὶ φέρετε τῷ
Jn 4:18 ἄνδρας ἔσχες καὶ **νῦν** ὃν ἔχεις οὐκ
Jn 4:23 ἔρχεται ὥρα καὶ **νῦν** ἐστιν,
Jn 5:25 ἔρχεται ὥρα καὶ **νῦν** ἐστιν ὅτε οἱ
Jn 6:42 πῶς **νῦν** λέγει ὅτι ἐκ
[Jn 8:11] [καὶ] ἀπὸ τοῦ **νῦν** μηκέτι ἁμάρτανε.]]
Jn 8:40 **νῦν** δὲ ζητεῖτέ με
Jn 8:52 **νῦν** ἐγνώκαμεν ὅτι δαιμόνιον
Jn 9:21 πῶς δὲ **νῦν** βλέπει οὐκ οἴδαμεν,
Jn 9:41 **νῦν** δὲ λέγετε ὅτι
Jn 11:8 **νῦν** ἐζήτουν σε λιθάσαι
Jn 11:22 [ἀλλὰ] καὶ **νῦν** οἶδα ὅτι ὅσα
Jn 12:27 **Νῦν** ἡ ψυχή μου
Jn 12:31 **νῦν** κρίσις ἐστὶν τοῦ
Jn 12:31 **νῦν** ὁ ἄρχων τοῦ
Jn 13:31 **νῦν** ἐδοξάσθη ὁ υἱὸς
Jn 13:36 οὐ δύνασαί μοι **νῦν** ἀκολουθῆσαι,
Jn 14:29 καὶ **νῦν** εἴρηκα ὑμῖν πρὶν
Jn 15:22 **νῦν** δὲ πρόφασιν οὐκ
Jn 15:24 **νῦν** δὲ καὶ ἑωράκασιν
Jn 16:5 **Νῦν** δὲ ὑπάγω πρὸς
Jn 16:22 καὶ ὑμεῖς οὖν **νῦν** μὲν λύπην ἔχετε·
Jn 16:29 ἴδε **νῦν** ἐν παρρησίᾳ λαλεῖς
Jn 16:30 **νῦν** οἴδαμεν ὅτι οἶδας
Jn 17:5 καὶ **νῦν** δόξασόν με σύ,
Jn 17:7 **νῦν** ἔγνωκαν ὅτι πάντα
Jn 17:13 **νῦν** δὲ πρὸς σὲ
Jn 18:36 **νῦν** δὲ ἡ βασιλεία
Jn 21:10 ὀψαρίων ὧν ἐπιάσατε **νῦν**.

νύξ (*nyx*; 6/61) *night*

Jn 3:2 ἦλθεν πρὸς αὐτὸν **νυκτὸς** καὶ εἶπεν αὐτῷ·
Jn 9:4 ἔρχεται **νὺξ** ὅτε οὐδεὶς δύναται
Jn 11:10 περιπατῇ ἐν τῇ **νυκτί**,
Jn 13:30 ἦν δὲ **νύξ**.
Jn 19:39 ἐλθὼν πρὸς αὐτὸν **νυκτὸς** τὸ πρῶτον,

Jn 21:3 ἐν ἐκείνῃ τῇ **νυκτὶ** ἐπίασαν οὐδέν.

νύσσω (*nyssō*; 1/1) *pierce*
Jn 19:34 αὐτοῦ τὴν πλευρὰν **ἔνυξεν**,

ξηραίνω (*xērainō*; 1/15) *dry up*
Jn 15:6 τὸ κλῆμα καὶ **ἐξηράνθη** καὶ συνάγουσιν αὐτὰ

ξηρός (*xēros*; 1/8) *dry*
Jn 5:3 **ξηρῶν**.

ὁδηγέω (*hodēgeō*; 1/5) *lead*
Jn 16:13 **ὁδηγήσει** ὑμᾶς ἐν τῇ

ὁδοιπορία (*hodoiporia*; 1/2) *journey*
Jn 4:6 κεκοπιακὼς ἐκ τῆς **ὁδοιπορίας** ἐκαθέζετο οὕτως ἐπὶ

ὁδός (*hodos*; 4/101) *way*
Jn 1:23 εὐθύνατε τὴν **ὁδὸν** κυρίου,
Jn 14:4 ὑπάγω οἴδατε τὴν **ὁδόν**.
Jn 14:5 πῶς δυνάμεθα τὴν **ὁδὸν** εἰδέναι;
Jn 14:6 ἐγώ εἰμι ἡ **ὁδὸς** καὶ ἡ ἀλήθεια

ὄζω (*ozō*; 1/1) *give off an odor*
Jn 11:39 ἤδη **ὄζει**,

ὀθόνιον (*othonion*; 4/5) *linen cloth*
Jn 19:40 καὶ ἔδησαν αὐτὸ **ὀθονίοις** μετὰ τῶν ἀρωμάτων,
Jn 20:5 βλέπει κείμενα τὰ **ὀθόνια**,
Jn 20:6 καὶ θεωρεῖ τὰ **ὀθόνια** κείμενα,
Jn 20:7 οὐ μετὰ τῶν **ὀθονίων** κείμενον ἀλλὰ χωρὶς

οἶδα (*oida*; 84/318) *know*
Jn 1:26 ὃν ὑμεῖς οὐκ **οἴδατε**,
Jn 1:31 κἀγὼ οὐκ **ᾔδειν** αὐτόν,
Jn 1:33 κἀγὼ οὐκ **ᾔδειν** αὐτόν,
Jn 2:9 γεγενημένον καὶ οὐκ **ᾔδει** πόθεν ἐστίν,
Jn 2:9 οἱ δὲ διάκονοι **ᾔδεισαν** οἱ ἠντληκότες τὸ
Jn 3:2 **οἴδαμεν** ὅτι ἀπὸ θεοῦ
Jn 3:8 ἀλλ' οὐκ **οἶδας** πόθεν ἔρχεται καὶ
Jn 3:11 σοι ὅτι ὃ **οἴδαμεν** λαλοῦμεν καὶ ὃ
Jn 4:10 εἰ **ᾔδεις** τὴν δωρεὰν τοῦ
Jn 4:22 προσκυνεῖτε ὃ οὐκ **οἴδατε**·
Jn 4:22 ἡμεῖς προσκυνοῦμεν ὃ **οἴδαμεν**,
Jn 4:25 **οἶδα** ὅτι Μεσσίας ἔρχεται
Jn 4:32 ἣν ὑμεῖς οὐκ **οἴδατε**.
Jn 4:42 γὰρ ἀκηκόαμεν καὶ **οἴδαμεν** ὅτι οὗτός ἐστιν
Jn 5:13 δὲ ἰαθεὶς οὐκ **ᾔδει** τίς ἐστιν,
Jn 5:32 καὶ **οἶδα** ὅτι ἀληθής ἐστιν
Jn 6:6 αὐτὸς γὰρ **ᾔδει** τί ἔμελλεν ποιεῖν.
Jn 6:42 οὗ ἡμεῖς **οἴδαμεν** τὸν πατέρα καὶ
Jn 6:61 **εἰδὼς** δὲ ὁ Ἰησοῦς
Jn 6:64 **ᾔδει** γὰρ ἐξ ἀρχῆς
Jn 7:15 πῶς οὗτος γράμματα **οἶδεν** μὴ μεμαθηκώς;
Jn 7:27 ἀλλὰ τοῦτον **οἴδαμεν** πόθεν ἐστίν·
Jn 7:28 κἀμὲ **οἴδατε** καὶ οἴδατε πόθεν
Jn 7:28 κἀμὲ οἴδατε καὶ **οἴδατε** πόθεν εἰμί·
Jn 7:28 ὃν ὑμεῖς οὐκ **οἴδατε**·
Jn 7:29 ἐγὼ **οἶδα** αὐτόν,
Jn 8:14 ὅτι **οἶδα** πόθεν ἦλθον καὶ
Jn 8:14 ὑμεῖς δὲ οὐκ **οἴδατε** πόθεν ἔρχομαι ἢ
Jn 8:19 οὔτε ἐμὲ **οἴδατε** οὔτε τὸν πατέρα
Jn 8:19 εἰ ἐμὲ **ᾔδειτε**,
Jn 8:19 πατέρα μου ἂν **ᾔδειτε**.
Jn 8:37 **Οἶδα** ὅτι σπέρμα Ἀβραάμ
Jn 8:55 ἐγὼ δὲ **οἶδα** αὐτόν.
Jn 8:55 εἴπω ὅτι οὐκ **οἶδα** αὐτόν,
Jn 8:55 ἀλλὰ **οἶδα** αὐτὸν καὶ τὸν
Jn 9:12 οὐκ **οἶδα**.
Jn 9:20 **οἴδαμεν** ὅτι οὗτός ἐστιν
Jn 9:21 νῦν βλέπει οὐκ **οἴδαμεν**,
Jn 9:21 ὀφθαλμοὺς ἡμεῖς οὐκ **οἴδαμεν**·
Jn 9:24 ἡμεῖς **οἴδαμεν** ὅτι οὗτος ὁ
Jn 9:25 ἁμαρτωλός ἐστιν οὐκ **οἶδα**·
Jn 9:25 ἓν οἶδα **ὅτι** τυφλὸς ὢν ἄρτι
Jn 9:29 ἡμεῖς **οἴδαμεν** ὅτι Μωϋσεῖ λελάληκεν
Jn 9:29 τοῦτον δὲ οὐκ **οἴδαμεν** πόθεν ἐστίν.
Jn 9:30 ὅτι ὑμεῖς οὐκ **οἴδατε** πόθεν ἐστίν,
Jn 9:31 **οἴδαμεν** ὅτι ἁμαρτωλῶν ὁ
Jn 10:4 ὅτι **οἴδασιν** τὴν φωνὴν αὐτοῦ·
Jn 10:5 ὅτι οὐκ **οἴδασιν** τῶν ἀλλοτρίων τὴν
Jn 11:22 [ἀλλὰ] καὶ νῦν **οἶδα** ὅτι ὅσα ἂν
Jn 11:24 **οἶδα** ὅτι ἀναστήσεται ἐν
Jn 11:42 ἐγὼ δὲ **ᾔδειν** ὅτι πάντοτέ μου
Jn 11:49 ὑμεῖς οὐκ **οἴδατε** οὐδέν,
Jn 12:35 τῇ σκοτίᾳ οὐκ **οἶδεν** ποῦ ὑπάγει.
Jn 12:50 καὶ **οἶδα** ὅτι ἡ ἐντολὴ
Jn 13:1 ἑορτῆς τοῦ πάσχα **εἰδὼς** ὁ Ἰησοῦς ὅτι
Jn 13:3 **εἰδὼς** ὅτι πάντα ἔδωκεν
Jn 13:7 ποιῶ σὺ οὐκ **οἶδας** ἄρτι,
Jn 13:11 **ᾔδει** γὰρ τὸν παραδιδόντα
Jn 13:17 εἰ ταῦτα **οἴδατε**,
Jn 13:18 ἐγὼ **οἶδα** τίνας ἐξελεξάμην·
Jn 14:4 ὅπου [ἐγὼ] ὑπάγω **οἴδατε** τὴν ὁδόν.
Jn 14:5 οὐκ **οἴδαμεν** ποῦ ὑπάγεις·
Jn 14:5 δυνάμεθα τὴν ὁδὸν **εἰδέναι**;
Jn 15:15 ὁ δοῦλος οὐκ **οἶδεν** τί ποιεῖ αὐτοῦ
Jn 15:21 ὅτι οὐκ **οἴδασιν** τὸν πέμψαντά με.
Jn 16:18 οὐκ **οἴδαμεν** τί λαλεῖ.
Jn 16:30 νῦν **οἴδαμεν** ὅτι οἶδας πάντα
Jn 16:30 νῦν οἴδαμεν ὅτι **οἶδας** πάντα καὶ οὐ
Jn 18:2 **Ἤιδει** δὲ καὶ Ἰούδας
Jn 18:4 Ἰησοῦς οὖν **εἰδὼς** πάντα τὰ ἐρχόμενα
Jn 18:21 ἴδε οὗτοι **οἴδασιν** ἃ εἶπον ἐγώ.
Jn 19:10 οὐκ **οἶδας** ὅτι ἐξουσίαν ἔχω
Jn 19:28 Μετὰ τοῦτο **εἰδὼς** ὁ Ἰησοῦς ὅτι
Jn 19:35 καὶ ἐκεῖνος **οἶδεν** ὅτι ἀληθῆ λέγει,
Jn 20:2 μνημείου καὶ οὐκ **οἴδαμεν** ποῦ ἔθηκαν αὐτόν.
Jn 20:9 οὐδέπω γὰρ **ᾔδεισαν** τὴν γραφὴν ὅτι
Jn 20:13 καὶ οὐκ **οἶδα** ποῦ ἔθηκαν αὐτόν.
Jn 20:14 ἑστῶτα καὶ οὐκ **ᾔδει** ὅτι Ἰησοῦς ἐστιν.
Jn 21:4 οὐ μέντοι **ᾔδεισαν** οἱ μαθηταὶ ὅτι
Jn 21:12 **εἰδότες** ὅτι ὁ κύριός
Jn 21:15 σὺ **οἶδας** ὅτι φιλῶ σε.
Jn 21:16 σὺ **οἶδας** ὅτι φιλῶ σε.
Jn 21:17 πάντα σὺ **οἶδας**,
Jn 21:24 καὶ **οἴδαμεν** ὅτι ἀληθὴς αὐτοῦ

οἰκία (*oikia*; 5/93) *house*
Jn 4:53 αὐτὸς καὶ ἡ **οἰκία** αὐτοῦ ὅλη.
Jn 8:35 μένει ἐν τῇ **οἰκίᾳ** εἰς τὸν αἰῶνα,

Jn 11:31 αὐτῆς ἐν τῇ **οἰκίᾳ** καὶ παραμυθούμενοι αὐτήν,
Jn 12:3 ἡ δὲ **οἰκία** ἐπληρώθη ἐκ τῆς
Jn 14:2 ἐν τῇ **οἰκίᾳ** τοῦ πατρός μου

οἰκοδομέω (*oikodomeō*; 1/40) *build*

Jn 2:20 καὶ ἓξ ἔτεσιν **οἰκοδομήθη** ὁ ναὸς οὗτος,

οἶκος (*oikos*; 4[5]/113[114]) *house*

Jn 2:16 μὴ ποιεῖτε τὸν **οἶκον** τοῦ πατρός μου
Jn 2:16 τοῦ πατρός μου **οἶκον** ἐμπορίου.
Jn 2:17 ὁ ζῆλος τοῦ **οἴκου** σου καταφάγεταί με.
[Jn 7:53] ἕκαστος εἰς τὸν **οἶκον** αὐτοῦ,
Jn 11:20 δὲ ἐν τῷ **οἴκῳ** ἐκαθέζετο.

οἶνος (*oinos*; 6/34) *wine*

Jn 2:3 καὶ ὑστερήσαντος **οἴνου** λέγει ἡ μήτηρ
Jn 2:3 **οἶνον** οὐκ ἔχουσιν.
Jn 2:9 ἀρχιτρίκλινος τὸ ὕδωρ **οἶνον** γεγενημένον
Jn 2:10 πρῶτον τὸν καλὸν **οἶνον** τίθησιν καὶ ὅταν
Jn 2:10 τετήρηκας τὸν καλὸν **οἶνον** ἕως ἄρτι.
Jn 4:46 ἐποίησεν τὸ ὕδωρ **οἶνον**.

οἴομαι (*oiomai*; 1/3) *suppose*

Jn 21:25 οὐδ᾽ αὐτὸν **οἶμαι** τὸν κόσμον χωρῆσαι

ὀκτώ (*oktō*; 2/8) *eight*

Jn 5:5 ἐκεῖ τριάκοντα [καὶ] **ὀκτὼ** ἔτη ἔχων ἐν
Jn 20:26 Καὶ μεθ᾽ ἡμέρας **ὀκτὼ** πάλιν ἦσαν ἔσω

ὅλος (*holos*; 6/109) *whole*

Jn 4:53 ἡ οἰκία αὐτοῦ **ὅλη**.
Jn 7:23 ἐμοὶ χολᾶτε ὅτι **ὅλον** ἄνθρωπον ὑγιῆ ἐποίησα
Jn 9:34 ἁμαρτίαις σὺ ἐγεννήθης **ὅλος** καὶ σὺ διδάσκεις
Jn 11:50 λαοῦ καὶ μὴ **ὅλον** τὸ ἔθνος ἀπόληται.
Jn 13:10 ἀλλ᾽ ἔστιν καθαρὸς **ὅλος**·
Jn 19:23 ἄνωθεν ὑφαντὸς δι᾽ **ὅλου**.

ὅμοιος (*homoios*; 2/45) *like*

Jn 8:55 ἔσομαι **ὅμοιος** ὑμῖν ψεύστης·
Jn 9:9 ἀλλὰ **ὅμοιος** αὐτῷ ἐστιν.

ὁμοίως (*homoiōs*; 3/30) *in the same way*

Jn 5:19 καὶ ὁ υἱὸς **ὁμοίως** ποιεῖ.
Jn 6:11 διέδωκεν τοῖς ἀνακειμένοις **ὁμοίως** καὶ ἐκ
Jn 21:13 καὶ τὸ ὀψάριον **ὁμοίως**.

ὁμολογέω (*homologeō*; 4/26) *confess*

Jn 1:20 καὶ **ὡμολόγησεν** καὶ οὐκ ἠρνήσατο,
Jn 1:20 καὶ **ὡμολόγησεν** ὅτι ἐγὼ οὐκ
Jn 9:22 ἐάν τις αὐτὸν **ὁμολογήσῃ** χριστόν,
Jn 12:42 τοὺς Φαρισαίους οὐχ **ὡμολόγουν** ἵνα μὴ ἀποσυνάγωγοι

ὁμοῦ (*homou*; 3/4) *together*

Jn 4:36 ἵνα ὁ σπείρων **ὁμοῦ** χαίρῃ καὶ ὁ
Jn 20:4 δὲ οἱ δύο **ὁμοῦ**·
Jn 21:2 ἦσαν **ὁμοῦ** Σίμων Πέτρος καὶ

ὅμως (*homōs*; 1/3) *even*

Jn 12:42 **ὅμως** μέντοι καὶ ἐκ

ὀνάριον (*onarion*; 1/1) *young donkey*

Jn 12:14 δὲ ὁ Ἰησοῦς **ὀνάριον** ἐκάθισεν ἐπ᾽ αὐτό,

ὄνομα (*onoma*; 25/229[230]) *name*

Jn 1:6 **ὄνομα** αὐτῷ Ἰωάννης·
Jn 1:12 πιστεύουσιν εἰς τὸ **ὄνομα** αὐτοῦ,
Jn 2:23 ἐπίστευσαν εἰς τὸ **ὄνομα** αὐτοῦ θεωροῦντες αὐτοῦ
Jn 3:1 Νικόδημος **ὄνομα** αὐτῷ,
Jn 3:18 πεπίστευκεν εἰς τὸ **ὄνομα** τοῦ μονογενοῦς υἱοῦ
Jn 5:43 ἐλήλυθα ἐν τῷ **ὀνόματι** τοῦ πατρός μου,
Jn 5:43 ἔλθῃ ἐν τῷ **ὀνόματι** τῷ ἰδίῳ,
Jn 10:3 πρόβατα φωνεῖ κατ᾽ **ὄνομα** καὶ ἐξάγει αὐτά.
Jn 10:25 ποιῶ ἐν τῷ **ὀνόματι** τοῦ πατρός μου
Jn 12:13 ὁ ἐρχόμενος ἐν **ὀνόματι** κυρίου,
Jn 12:28 δόξασόν σου τὸ **ὄνομα**.
Jn 14:13 αἰτήσητε ἐν τῷ **ὀνόματί** μου τοῦτο ποιήσω,
Jn 14:14 με ἐν τῷ **ὀνόματί** μου ἐγὼ ποιήσω.
Jn 14:26 πατὴρ ἐν τῷ **ὀνόματί** μου,
Jn 15:16 πατέρα ἐν τῷ **ὀνόματί** μου δῷ ὑμῖν.
Jn 15:21 ὑμᾶς διὰ τὸ **ὄνομά** μου,
Jn 16:23 πατέρα ἐν τῷ **ὀνόματί** μου δώσει ὑμῖν.
Jn 16:24 οὐδὲν ἐν τῷ **ὀνόματί** μου·
Jn 16:26 ἡμέρᾳ ἐν τῷ **ὀνόματί** μου αἰτήσεσθε,
Jn 17:6 Ἐφανέρωσά σου τὸ **ὄνομα** τοῖς ἀνθρώποις οὓς
Jn 17:11 αὐτοὺς ἐν τῷ **ὀνόματί** σου ᾧ δέδωκάς
Jn 17:12 αὐτοὺς ἐν τῷ **ὀνόματί** σου ᾧ δέδωκάς
Jn 17:26 ἐγνώρισα αὐτοῖς τὸ **ὄνομά** σου καὶ γνωρίσω,
Jn 18:10 ἦν δὲ **ὄνομα** τῷ δούλῳ Μάλχος.
Jn 20:31 ἔχητε ἐν τῷ **ὀνόματι** αὐτοῦ.

ὄνος (*onos*; 1/5) *donkey*

Jn 12:15 καθήμενος ἐπὶ πῶλον **ὄνου**.

ὄντως (*ontōs*; 1/10) *really*

Jn 8:36 **ὄντως** ἐλεύθεροι ἔσεσθε.

ὄξος (*oxos*; 3/6) *sour wine*

Jn 19:29 σκεῦος ἔκειτο **ὄξους** μεστόν·
Jn 19:29 οὖν μεστὸν τοῦ **ὄξους** ὑσσώπῳ περιθέντες προσήνεγκαν
Jn 19:30 οὖν ἔλαβεν τὸ **ὄξος** [ὁ] Ἰησοῦς εἶπεν·

ὀπίσω (*opisō*; 7/35) *after*

Jn 1:15 ὁ **ὀπίσω** μου ἐρχόμενος ἔμπροσθέν
Jn 1:27 ὁ **ὀπίσω** μου ἐρχόμενος,
Jn 1:30 **ὀπίσω** μου ἔρχεται ἀνὴρ
Jn 6:66 ἀπῆλθον εἰς τὰ **ὀπίσω** καὶ οὐκέτι μετ᾽
Jn 12:19 ἴδε ὁ κόσμος **ὀπίσω** αὐτοῦ ἀπῆλθεν.
Jn 18:6 ἀπῆλθον εἰς τὰ **ὀπίσω** καὶ ἔπεσαν χαμαί.
Jn 20:14 ἐστράφη εἰς τὰ **ὀπίσω** καὶ θεωρεῖ τὸν

ὅπλον (*hoplon*; 1/6) *weapon*

Jn 18:3 καὶ λαμπάδων καὶ **ὅπλων**.

ὅπου (*hopou*; 30/82) *where*
Jn 1:28 **ὅπου** ἦν ὁ Ἰωάννης
Jn 3:8 τὸ πνεῦμα **ὅπου** θέλει πνεῖ καὶ
Jn 4:20 ἐστὶν ὁ τόπος **ὅπου** προσκυνεῖν δεῖ.
Jn 4:46 **ὅπου** ἐποίησεν τὸ ὕδωρ
Jn 6:23 ἐγγὺς τοῦ τόπου **ὅπου** ἔφαγον τὸν ἄρτον
Jn 6:62 τοῦ ἀνθρώπου ἀναβαίνοντα **ὅπου** ἦν τὸ πρότερον;
Jn 7:34 καὶ **ὅπου** εἰμὶ ἐγὼ ὑμεῖς
Jn 7:36 καὶ **ὅπου** εἰμὶ ἐγὼ ὑμεῖς
Jn 7:42 Βηθλέεμ τῆς κώμης **ὅπου** ἦν Δαυὶδ ἔρχεται
Jn 8:21 **ὅπου** ἐγὼ ὑπάγω ὑμεῖς
Jn 8:22 **ὅπου** ἐγὼ ὑπάγω ὑμεῖς
Jn 10:40 εἰς τὸν τόπον **ὅπου** ἦν Ἰωάννης τὸ
Jn 11:30 ἐν τῷ τόπῳ **ὅπου** ὑπήντησεν αὐτῷ ἡ
Jn 11:32 Μαριὰμ ὡς ἦλθεν **ὅπου** ἦν Ἰησοῦς ἰδοῦσα
Jn 12:1 **ὅπου** ἦν Λάζαρος,
Jn 12:26 καὶ **ὅπου** εἰμὶ ἐγὼ ἐκεῖ
Jn 13:33 τοῖς Ἰουδαίοις ὅτι **ὅπου** ἐγὼ ὑπάγω ὑμεῖς
Jn 13:36 **ὅπου** ὑπάγω οὐ δύνασαί
Jn 14:3 ἵνα **ὅπου** εἰμὶ ἐγὼ καὶ
Jn 14:4 καὶ **ὅπου** [ἐγὼ] ὑπάγω οἴδατε
Jn 17:24 θέλω ἵνα **ὅπου** εἰμὶ ἐγὼ κἀκεῖνοι
Jn 18:1 χειμάρρου τοῦ Κεδρὼν **ὅπου** ἦν κῆπος,
Jn 18:20 **ὅπου** πάντες οἱ Ἰουδαῖοι
Jn 19:18 **ὅπου** αὐτὸν ἐσταύρωσαν,
Jn 19:20 τόπος τῆς πόλεως **ὅπου** ἐσταυρώθη ὁ Ἰησοῦς·
Jn 19:41 ἐν τῷ τόπῳ **ὅπου** ἐσταυρώθη κῆπος,
Jn 20:12 **ὅπου** ἔκειτο τὸ σῶμα
Jn 20:19 τῶν θυρῶν κεκλεισμένων **ὅπου** ἦσαν οἱ μαθηταὶ
Jn 21:18 σεαυτὸν καὶ περιεπάτεις **ὅπου** ἤθελες·
Jn 21:18 ζώσει καὶ οἴσει **ὅπου** οὐ θέλεις.

ὅπως (*hopōs*; 1/53) *that*
Jn 11:57 **ὅπως** πιάσωσιν αὐτόν.

ὁράω (*horaō*; 65/452) *see*
Jn 1:18 Θεὸν οὐδεὶς **ἑώρακεν** πώποτε·
Jn 1:33 ἐφʼ ὃν ἂν **ἴδῃς** τὸ πνεῦμα καταβαῖνον
Jn 1:34 κἀγὼ **ἑώρακα** καὶ μεμαρτύρηκα ὅτι
Jn 1:39 ἔρχεσθε καὶ **ὄψεσθε**.
Jn 1:39 ἦλθαν οὖν καὶ **εἶδαν** ποῦ μένει καὶ
Jn 1:47 **εἶδεν** ὁ Ἰησοῦς τὸν
Jn 1:48 ὑπὸ τὴν συκῆν **εἶδόν** σε.
Jn 1:50 εἶπόν σοι ὅτι **εἶδόν** σε ὑποκάτω τῆς
Jn 1:50 μείζω τούτων **ὄψῃ**.
Jn 1:51 **ὄψεσθε** τὸν οὐρανὸν ἀνεῳγότα
Jn 3:3 οὐ δύναται **ἰδεῖν** τὴν βασιλείαν τοῦ
Jn 3:11 λαλοῦμεν καὶ ὃ **ἑωράκαμεν** μαρτυροῦμεν,
Jn 3:32 ὃ **ἑώρακεν** καὶ ἤκουσεν τοῦτο
Jn 3:36 τῷ υἱῷ οὐκ **ὄψεται** ζωήν,
Jn 4:29 δεῦτε **ἴδετε** ἄνθρωπον ὃς εἶπέν
Jn 4:45 οἱ Γαλιλαῖοι πάντα **ἑωρακότες** ὅσα ἐποίησεν
Jn 4:48 σημεῖα καὶ τέρατα **ἴδητε**,
Jn 5:6 τοῦτον **ἰδὼν** ὁ Ἰησοῦς κατακείμενον
Jn 5:37 οὔτε εἶδος αὐτοῦ **ἑωράκατε**,
Jn 6:14 Οἱ οὖν ἄνθρωποι **ἰδόντες** ὃ ἐποίησεν σημεῖον
Jn 6:22 πέραν τῆς θαλάσσης **εἶδον** ὅτι πλοιάριον ἄλλο
Jn 6:24 ὅτε οὖν **εἶδεν** ὁ ὄχλος ὅτι
Jn 6:26 με οὐχ ὅτι **εἴδετε** σημεῖα,
Jn 6:30 ἵνα **ἴδωμεν** καὶ πιστεύσωμέν σοι;
Jn 6:36 ὑμῖν ὅτι καὶ **ἑωράκατέ** [με] καὶ οὐ
Jn 6:46 ὅτι τὸν πατέρα **ἑώρακέν** τις εἰ μὴ
Jn 6:46 οὗτος **ἑώρακεν** τὸν πατέρα.
Jn 7:52 ἐραύνησον καὶ **ἴδε** ὅτι ἐκ τῆς
Jn 8:38 ἃ ἐγὼ **ἑώρακα** παρὰ τῷ πατρὶ
Jn 8:56 ὑμῶν ἠγαλλιάσατο ἵνα **ἴδῃ** τὴν ἡμέραν τὴν
Jn 8:56 καὶ **εἶδεν** καὶ ἐχάρη.
Jn 8:57 ἔχεις καὶ Ἀβραὰμ **ἑώρακας**;
Jn 9:1 Καὶ παράγων **εἶδεν** ἄνθρωπον τυφλὸν ἐκ
Jn 9:37 καὶ **ἑώρακας** αὐτὸν καὶ ὁ
Jn 11:31 **ἰδόντες** τὴν Μαριὰμ ὅτι
Jn 11:32 ὅπου ἦν Ἰησοῦς **ἰδοῦσα** αὐτὸν ἔπεσεν αὐτοῦ
Jn 11:33 Ἰησοῦς οὖν ὡς **εἶδεν** αὐτὴν κλαίουσαν καὶ
Jn 11:40 ὅτι ἐὰν πιστεύσῃς **ὄψῃ** τὴν δόξαν τοῦ
Jn 12:9 καὶ τὸν Λάζαρον **ἴδωσιν** ὃν ἤγειρεν ἐκ
Jn 12:21 θέλομεν τὸν Ἰησοῦν **ἰδεῖν**.
Jn 12:40 ἵνα μὴ **ἴδωσιν** τοῖς ὀφθαλμοῖς καὶ
Jn 12:41 εἶπεν Ἠσαΐας ὅτι **εἶδεν** τὴν δόξαν αὐτοῦ,
Jn 14:7 γινώσκετε αὐτὸν καὶ **ἑωράκατε** αὐτόν.
Jn 14:9 ὁ **ἑωρακὼς** ἐμὲ ἑώρακεν τὸν
Jn 14:9 ὁ ἑωρακὼς ἐμὲ **ἑώρακεν** τὸν πατέρα·
Jn 15:24 νῦν δὲ καὶ **ἑωράκασιν** καὶ μεμισήκασιν καὶ
Jn 16:16 πάλιν μικρὸν καὶ **ὄψεσθέ** με.
Jn 16:17 πάλιν μικρὸν καὶ **ὄψεσθέ** με;
Jn 16:19 πάλιν μικρὸν καὶ **ὄψεσθέ** με;
Jn 16:22 πάλιν δὲ **ὄψομαι** ὑμᾶς,
Jn 18:26 οὐκ ἐγώ σε **εἶδον** ἐν τῷ κήπῳ
Jn 19:6 Ὅτε οὖν **εἶδον** αὐτὸν οἱ ἀρχιερεῖς
Jn 19:26 Ἰησοῦς οὖν **ἰδὼν** τὴν μητέρα καὶ
Jn 19:33 ὡς **εἶδον** ἤδη αὐτὸν τεθνηκότα,
Jn 19:35 καὶ ὁ **ἑωρακὼς** μεμαρτύρηκεν,
Jn 19:37 **ὄψονται** εἰς ὃν ἐξεκέντησαν.
Jn 20:8 τὸ μνημεῖον καὶ **εἶδεν** καὶ ἐπίστευσεν·
Jn 20:18 τοῖς μαθηταῖς ὅτι **ἑώρακα** τὸν κύριον,
Jn 20:20 οὖν οἱ μαθηταὶ **ἰδόντες** τὸν κύριον.
Jn 20:25 **ἑωράκαμεν** τὸν κύριον.
Jn 20:25 ἐὰν μὴ **ἴδω** ἐν ταῖς χερσὶν
Jn 20:27 σου ὧδε καὶ **ἴδε** τὰς χεῖράς μου
Jn 20:29 ὅτι **ἑώρακάς** με πεπίστευκας;
Jn 20:29 μακάριοι οἱ μὴ **ἰδόντες** καὶ πιστεύσαντες.
Jn 21:21 τοῦτον οὖν **ἰδὼν** ὁ Πέτρος λέγει

ὀργή (*orgē*; 1/36) *wrath*
Jn 3:36 ἀλλʼ ἡ **ὀργὴ** τοῦ θεοῦ μένει

ὄρθρος (*orthros*; 0[1]/2[3]) *early morning*
[Jn 8:2] **Ὄρθρου** δὲ πάλιν παρεγένετο

ὄρος (*oros*; 4[5]/62[63]) *mountain*
Jn 4:20 ἡμῶν ἐν τῷ **ὄρει** τούτῳ προσεκύνησαν·
Jn 4:21 οὔτε ἐν τῷ **ὄρει** τούτῳ οὔτε ἐν
Jn 6:3 δὲ εἰς τὸ **ὄρος** Ἰησοῦς καὶ ἐκεῖ
Jn 6:15 πάλιν εἰς τὸ **ὄρος** αὐτὸς μόνος.
[Jn 8:1] ἐπορεύθη εἰς τὸ **ὄρος** τῶν ἐλαιῶν.

ὀρφανός (*orphanos*; 1/2) *orphan*
Jn 14:18 Οὐκ ἀφήσω ὑμᾶς **ὀρφανούς**,

ὅς (*hos*; 158/1406[1407]) *who*
Jn 1:3 **ὃ** γέγονεν
Jn 1:9 **ὃ** φωτίζει πάντα ἄνθρωπον,

Jn 1:13 **οἳ** οὐκ ἐξ αἱμάτων
Jn 1:15 οὗτος ἦν **ὃν** εἶπον·
Jn 1:26 μέσος ὑμῶν ἕστηκεν **ὃν** ὑμεῖς οὐκ οἴδατε,
Jn 1:27 **οὗ** οὐκ εἰμὶ [ἐγὼ]
Jn 1:30 οὗτός ἐστιν ὑπὲρ **οὗ** ἐγὼ εἶπον·
Jn 1:30 μου ἔρχεται ἀνὴρ **ὃς** ἔμπροσθέν μου γέγονεν,
Jn 1:33 ἐφ' **ὃν** ἂν ἴδῃς τὸ
Jn 1:38 **ὃ** λέγεται μεθερμηνευόμενον διδάσκαλε,
Jn 1:41 **ὅ** ἐστιν μεθερμηνευόμενον χριστός.
Jn 1:42 **ὃ** ἑρμηνεύεται Πέτρος.
Jn 1:45 **ὃν** ἔγραψεν Μωϋσῆς ἐν
Jn 1:47 ἀληθῶς Ἰσραηλίτης ἐν **ᾧ** δόλος οὐκ ἔστιν.
Jn 2:5 **ὅ** τι ἂν λέγῃ
Jn 2:22 καὶ τῷ λόγῳ **ὃν** εἶπεν ὁ Ἰησοῦς.
Jn 2:23 αὐτοῦ τὰ σημεῖα **ἃ** ἐποίει·
Jn 3:2 τὰ σημεῖα ποιεῖν **ἃ** σὺ ποιεῖς,
Jn 3:11 λέγω σοι ὅτι **ὃ** οἴδαμεν λαλοῦμεν καὶ
Jn 3:11 οἴδαμεν λαλοῦμεν καὶ **ὃ** ἑωράκαμεν μαρτυροῦμεν,
Jn 3:26 **ὃς** ἦν μετὰ σοῦ
Jn 3:26 **ᾧ** σὺ μεμαρτύρηκας,
Jn 3:32 **ὃ** ἑώρακεν καὶ ἤκουσεν
Jn 3:34 **ὃν** γὰρ ἀπέστειλεν ὁ
Jn 4:5 πλησίον τοῦ χωρίου **ὃ** ἔδωκεν Ἰακὼβ [τῷ]
Jn 4:12 **ὃς** ἔδωκεν ἡμῖν τὸ
Jn 4:14 **ὃς** δ' ἂν πίῃ
Jn 4:14 ἐκ τοῦ ὕδατος **οὗ** ἐγὼ δώσω αὐτῷ,
Jn 4:14 ἀλλὰ τὸ ὕδωρ **ὃ** δώσω αὐτῷ γενήσεται
Jn 4:18 ἔσχες καὶ νῦν **ὃν** ἔχεις οὐκ ἔστιν
Jn 4:22 ὑμεῖς προσκυνεῖτε **ὃ** οὐκ οἴδατε·
Jn 4:22 ἡμεῖς προσκυνοῦμεν **ὃ** οἴδαμεν,
Jn 4:29 δεῦτε ἴδετε ἄνθρωπον **ὃς** εἶπέν μοι πάντα
Jn 4:32 βρῶσιν ἔχω φαγεῖν **ἣν** ὑμεῖς οὐκ οἴδατε.
Jn 4:38 ἀπέστειλα ὑμᾶς θερίζειν **ὃ** οὐχ ὑμεῖς κεκοπιάκατε·
Jn 4:39 εἶπέν μοι πάντα **ἃ** ἐποίησα.
Jn 4:46 ἦν τις βασιλικὸς **οὗ** ὁ υἱὸς ἠσθένει
Jn 4:50 ἄνθρωπος τῷ λόγῳ **ὃν** εἶπεν αὐτῷ ὁ
Jn 4:52 παρ' αὐτῶν ἐν **ᾗ** κομψότερον ἔσχεν·
Jn 4:53 τῇ ὥρᾳ ἐν **ᾗ** εἶπεν αὐτῷ ὁ
Jn 5:7 ἐν **ᾧ** δὲ ἔρχομαι ἐγώ,
Jn 5:19 **ἃ** γὰρ ἂν ἐκεῖνος
Jn 5:20 πάντα δείκνυσιν αὐτῷ **ἃ** αὐτὸς ποιεῖ,
Jn 5:21 καὶ ὁ υἱὸς **οὓς** θέλει ζῳοποιεῖ.
Jn 5:28 ἔρχεται ὥρα ἐν **ᾗ** πάντες οἱ ἐν
Jn 5:32 ἐστιν ἡ μαρτυρία **ἣν** μαρτυρεῖ περὶ ἐμοῦ.
Jn 5:36 τὰ γὰρ ἔργα **ἃ** δέδωκέν μοι ὁ
Jn 5:36 αὐτὰ τὰ ἔργα **ἃ** ποιῶ μαρτυρεῖ περὶ
Jn 5:38 ὅτι **ὃν** ἀπέστειλεν ἐκεῖνος,
Jn 5:45 εἰς **ὃν** ὑμεῖς ἠλπίκατε.
Jn 6:2 ἐθεώρουν τὰ σημεῖα **ἃ** ἐποίει ἐπὶ τῶν
Jn 6:9 ἔστιν παιδάριον ὧδε **ὃς** ἔχει πέντε ἄρτους
Jn 6:13 ἄρτων τῶν κριθίνων **ἃ** ἐπερίσσευσαν τοῖς βεβρωκόσιν.
Jn 6:14 οὖν ἄνθρωποι ἰδόντες **ὃ** ἐποίησεν σημεῖον ἔλεγον
Jn 6:21 τῆς γῆς εἰς **ἣν** ὑπῆγον.
Jn 6:27 **ἣν** ὁ υἱὸς τοῦ
Jn 6:29 ἵνα πιστεύητε εἰς **ὃν** ἀπέστειλεν ἐκεῖνος.
Jn 6:37 πᾶν **ὃ** δίδωσίν μοι ὁ
Jn 6:39 ἵνα πᾶν **ὃ** δέδωκέν μοι μὴ
Jn 6:42 **οὗ** ἡμεῖς οἴδαμεν τὸν
Jn 6:51 ὁ ἄρτος δὲ **ὃν** ἐγὼ δώσω ἡ
Jn 6:63 τὰ ῥήματα **ἃ** ἐγὼ λελάληκα ὑμῖν
Jn 6:64 ἐξ ὑμῶν τινες **οἳ** οὐ πιστεύουσιν.
Jn 7:3 σοῦ τὰ ἔργα **ἃ** ποιεῖς·
Jn 7:25 οὐχ οὗτός ἐστιν **ὃν** ζητοῦσιν ἀποκτεῖναι;
Jn 7:28 **ὃν** ὑμεῖς οὐκ οἴδατε·
Jn 7:31 πλείονα σημεῖα ποιήσει **ὧν** οὗτος ἐποίησεν;
Jn 7:36 ὁ λόγος οὗτος **ὃν** εἶπεν·
Jn 7:39 περὶ τοῦ πνεύματος **ὃ** ἔμελλον λαμβάνειν οἱ
Jn 8:25 τὴν ἀρχὴν **ὅ** τι καὶ λαλῶ
Jn 8:26 κἀγὼ **ἃ** ἤκουσα παρ' αὐτοῦ
Jn 8:38 **ἃ** ἐγὼ ἑώρακα παρὰ
Jn 8:38 καὶ ὑμεῖς οὖν **ἃ** ἠκούσατε παρὰ τοῦ
Jn 8:40 με ἀποκτεῖναι ἄνθρωπον **ὃς** τὴν ἀλήθειαν ὑμῖν
Jn 8:40 ἀλήθειαν ὑμῖν λελάληκα **ἣν** ἤκουσα παρὰ
Jn 8:54 **ὃν** ὑμεῖς λέγετε ὅτι
Jn 9:7 κολυμβήθραν τοῦ Σιλωάμ **ὃ** ἑρμηνεύεται ἀπεσταλμένος.
Jn 9:14 δὲ σάββατον ἐν **ᾗ** ἡμέρᾳ τὸν πηλὸν
Jn 9:19 **ὃν** ὑμεῖς λέγετε ὅτι
Jn 9:24 ἄνθρωπον ἐκ δευτέρου **ὃς** ἦν τυφλὸς καὶ
Jn 10:6 ἔγνωσαν τίνα ἦν **ἃ** ἐλάλει αὐτοῖς.
Jn 10:12 **οὗ** οὐκ ἔστιν τὰ
Jn 10:16 ἄλλα πρόβατα ἔχω **ἃ** οὐκ ἔστιν ἐκ
Jn 10:25 τὰ ἔργα **ἃ** ἐγὼ ποιῶ ἐν
Jn 10:29 ὁ πατήρ μου **ὃ** δέδωκέν μοι πάντων
Jn 10:35 εἶπεν θεοὺς πρὸς **οὓς** ὁ λόγος τοῦ
Jn 10:36 **ὃν** ὁ πατὴρ ἡγίασεν
Jn 11:2 **ἧς** ὁ ἀδελφὸς Λάζαρος
Jn 11:3 ἴδε **ὃν** φιλεῖς ἀσθενεῖ.
Jn 11:6 μὲν ἔμεινεν ἐν **ᾧ** ἦν τόπῳ δύο
Jn 11:45 Μαριὰμ καὶ θεασάμενοι **ἃ** ἐποίησεν ἐπίστευσαν εἰς
Jn 11:46 καὶ εἶπαν αὐτοῖς **ἃ** ἐποίησεν Ἰησοῦς.
Jn 12:1 **ὃν** ἤγειρεν ἐκ νεκρῶν
Jn 12:9 τὸν Λάζαρον ἴδωσιν **ὃν** ἤγειρεν ἐκ νεκρῶν.
Jn 12:38 τοῦ προφήτου πληρωθῇ **ὃν** εἶπεν·
Jn 12:48 ὁ λόγος **ὃν** ἐλάλησα ἐκεῖνος κρινεῖ
Jn 12:50 **ἃ** οὖν ἐγὼ λαλῶ,
Jn 13:5 ἐκμάσσειν τῷ λεντίῳ **ᾧ** ἦν διεζωσμένος.
Jn 13:7 **ὃ** ἐγὼ ποιῶ σὺ
Jn 13:23 **ὃν** ἠγάπα ὁ Ἰησοῦς.
Jn 13:24 ἂν εἴη περὶ **οὗ** λέγει.
Jn 13:26 ἐκεῖνός ἐστιν **ᾧ** ἐγὼ βάψω τὸ
Jn 13:27 **ὃ** ποιεῖς ποίησον τάχιον.
Jn 13:29 ἀγόρασον **ὧν** χρείαν ἔχομεν εἰς
Jn 13:38 ἀλέκτωρ φωνήσῃ ἕως **οὗ** ἀρνήσῃ με τρίς.
Jn 14:10 τὰ ῥήματα **ἃ** ἐγὼ λέγω ὑμῖν
Jn 14:12 ἐμὲ τὰ ἔργα **ἃ** ἐγὼ ποιῶ κἀκεῖνος
Jn 14:13 καὶ **ὅ** τι ἂν αἰτήσητε
Jn 14:17 **ὃ** ὁ κόσμος οὐ
Jn 14:24 καὶ ὁ λόγος **ὃν** ἀκούετε οὐκ ἔστιν
Jn 14:26 **ὃ** πέμψει ὁ πατὴρ
Jn 14:26 ὑπομνήσει ὑμᾶς πάντα **ἃ** εἶπον ὑμῖν [ἐγώ].
Jn 15:3 διὰ τὸν λόγον **ὃν** λελάληκα ὑμῖν·
Jn 15:7 **ὃ** ἐὰν θέλητε αἰτήσασθε,
Jn 15:14 ἐστε ἐὰν ποιῆτε **ἃ** ἐγὼ ἐντέλλομαι ὑμῖν.
Jn 15:15 ὅτι πάντα **ἃ** ἤκουσα παρὰ τοῦ
Jn 15:16 ἵνα **ὅ** τι ἂν αἰτήσητε
Jn 15:20 μνημονεύετε τοῦ λόγου **οὗ** ἐγὼ εἶπον ὑμῖν·
Jn 15:24 ἐποίησα ἐν αὐτοῖς **ἃ** οὐδεὶς ἄλλος ἐποίησεν,
Jn 15:26 ἔλθῃ ὁ παράκλητος **ὃν** ἐγὼ πέμψω ὑμῖν
Jn 15:26 πνεῦμα τῆς ἀληθείας **ὃ** παρὰ τοῦ πατρὸς
Jn 16:17 τί ἐστιν τοῦτο **ὃ** λέγει ἡμῖν·

Jn 16:18 τί ἐστιν τοῦτο [**ὃ** λέγει] τὸ μικρόν;
Jn 17:2 ἵνα πᾶν **ὃ** δέδωκας αὐτῷ δώσῃ
Jn 17:3 ἀληθινὸν θεὸν καὶ **ὃν** ἀπέστειλας Ἰησοῦν Χριστόν.
Jn 17:4 τὸ ἔργον τελειώσας **ὃ** δέδωκάς μοι ἵνα
Jn 17:5 σεαυτῷ τῇ δόξῃ **ᾗ** εἶχον πρὸ τοῦ
Jn 17:6 ὄνομα τοῖς ἀνθρώποις **οὓς** ἔδωκάς μοι ἐκ
Jn 17:8 ὅτι τὰ ῥήματα **ἃ** ἔδωκάς μοι δέδωκα
Jn 17:9 ἐρωτῶ ἀλλὰ περὶ **ὧν** δέδωκάς μοι,
Jn 17:11 τῷ ὀνόματί σου **ᾧ** δέδωκάς μοι,
Jn 17:12 τῷ ὀνόματί σου **ᾧ** δέδωκάς μοι,
Jn 17:22 κἀγὼ τὴν δόξαν **ἣν** δέδωκάς μοι δέδωκα
Jn 17:24 **ὃ** δέδωκάς μοι,
Jn 17:24 **ἣν** δέδωκάς μοι ὅτι
Jn 17:26 ἵνα ἡ ἀγάπη **ἣν** ἠγάπησάς με ἐν
Jn 18:1 εἰς **ὃν** εἰσῆλθεν αὐτὸς καὶ
Jn 18:9 πληρωθῇ ὁ λόγος **ὃν** εἶπεν ὅτι οὓς
Jn 18:9 ὃν εἶπεν ὅτι **οὓς** δέδωκάς μοι οὐκ
Jn 18:11 τὸ ποτήριον **ὃ** δέδωκέν μοι ὁ
Jn 18:13 **ὃς** ἦν ἀρχιερεὺς τοῦ
Jn 18:21 ἴδε οὗτοι οἴδασιν **ἃ** εἶπον ἐγώ.
Jn 18:26 συγγενὴς ὢν **οὗ** ἀπέκοψεν Πέτρος τὸ
Jn 18:32 τοῦ Ἰησοῦ πληρωθῇ **ὃν** εἶπεν σημαίνων ποίῳ
Jn 19:17 **ὃ** λέγεται Ἑβραϊστὶ Γολγοθα,
Jn 19:22 **ὃ** γέγραφα,
Jn 19:26 τὸν μαθητὴν παρεστῶτα **ὃν** ἠγάπα,
Jn 19:37 ὄψονται εἰς **ὃν** ἐξεκέντησαν.
Jn 19:41 μνημεῖον καινὸν ἐν **ᾧ** οὐδέπω οὐδεὶς ἦν
Jn 20:2 τὸν ἄλλον μαθητὴν **ὃν** ἐφίλει ὁ Ἰησοῦς
Jn 20:7 **ὃ** ἦν ἐπὶ τῆς
Jn 20:16 ραββουνι **ὃ** λέγεται διδάσκαλε.
Jn 20:30 **ἃ** οὐκ ἔστιν γεγραμμένα
Jn 21:7 ὁ μαθητὴς ἐκεῖνος **ὃν** ἠγάπα ὁ Ἰησοῦς
Jn 21:10 ἀπὸ τῶν ὀψαρίων **ὧν** ἐπιάσατε νῦν.
Jn 21:20 βλέπει τὸν μαθητὴν **ὃν** ἠγάπα ὁ Ἰησοῦς
Jn 21:20 **ὃς** καὶ ἀνέπεσεν ἐν
Jn 21:25 καὶ ἄλλα πολλὰ **ἃ** ἐποίησεν ὁ Ἰησοῦς,

ὀσμή (*osmē*; 1/6) *fragrance*

Jn 12:3 ἐπληρώθη ἐκ τῆς **ὀσμῆς** τοῦ μύρου.

ὅσος (*hosos*; 10/110) *as much as (pl. as many as)*

Jn 1:12 **ὅσοι** δὲ ἔλαβον αὐτόν,
Jn 4:29 εἶπέν μοι πάντα **ὅσα** ἐποίησα,
Jn 4:45 Γαλιλαῖοι πάντα ἑωρακότες **ὅσα** ἐποίησεν ἐν Ἱεροσολύμοις
Jn 6:11 ἐκ τῶν ὀψαρίων **ὅσον** ἤθελον.
Jn 10:8 πάντες **ὅσοι** ἦλθον [πρὸ ἐμοῦ]
Jn 10:41 πάντα δὲ **ὅσα** εἶπεν Ἰωάννης περὶ
Jn 11:22 νῦν οἶδα ὅτι **ὅσα** ἂν αἰτήσῃ τὸν
Jn 16:13 ἀλλ' **ὅσα** ἀκούσει λαλήσει καὶ
Jn 16:15 πάντα **ὅσα** ἔχει ὁ πατὴρ
Jn 17:7 ἔγνωκαν ὅτι πάντα **ὅσα** δέδωκάς μοι παρὰ

ὀστέον (*osteon*; 1/4) *bone*

Jn 19:36 **ὀστοῦν** οὐ συντριβήσεται αὐτοῦ.

ὅστις (*hostis*; 3/144) *who*

Jn 8:53 ὅστις **ἀπέθανεν**;
Jn 9:18 καὶ ἀνέβλεψεν ἕως **ὅτου** ἐφώνησαν τοὺς γονεῖς
Jn 21:25 **ἅτινα** ἐὰν γράφηται καθ'

ὅταν (*hotan*; 17/123) *when*

Jn 2:10 οἶνον τίθησιν καὶ **ὅταν** μεθυσθῶσιν τὸν ἐλάσσω·
Jn 4:25 **ὅταν** ἔλθῃ ἐκεῖνος,
Jn 5:7 οὐκ ἔχω ἵνα **ὅταν** ταραχθῇ τὸ ὕδωρ
Jn 7:27 ὁ δὲ χριστὸς **ὅταν** ἔρχηται οὐδεὶς γινώσκει
Jn 7:31 ὁ χριστὸς **ὅταν** ἔλθῃ μὴ πλείονα
Jn 8:28 **ὅταν** ὑψώσητε τὸν υἱὸν
Jn 8:44 **ὅταν** λαλῇ τὸ ψεῦδος,
Jn 9:5 **ὅταν** ἐν τῷ κόσμῳ
Jn 10:4 **ὅταν** τὰ ἴδια πάντα
Jn 13:19 ἵνα πιστεύσητε **ὅταν** γένηται ὅτι ἐγώ
Jn 14:29 ἵνα **ὅταν** γένηται πιστεύσητε.
Jn 15:26 **Ὅταν** ἔλθῃ ὁ παράκλητος
Jn 16:4 λελάληκα ὑμῖν ἵνα **ὅταν** ἔλθῃ ἡ ὥρα
Jn 16:13 **ὅταν** δὲ ἔλθῃ ἐκεῖνος,
Jn 16:21 ἡ γυνὴ **ὅταν** τίκτῃ λύπην ἔχει,
Jn 16:21 **ὅταν** δὲ γεννήσῃ τὸ
Jn 21:18 **ὅταν** δὲ γηράσῃς,

ὅτε (*hote*; 21/103) *when*

Jn 1:19 **ὅτε** ἀπέστειλαν [πρὸς αὐτὸν]
Jn 2:22 **ὅτε** οὖν ἠγέρθη ἐκ
Jn 4:21 ὅτι ἔρχεται ὥρα **ὅτε** οὔτε ἐν τῷ
Jn 4:23 **ὅτε** οἱ ἀληθινοὶ προσκυνηταὶ
Jn 4:45 **ὅτε** οὖν ἦλθεν εἰς
Jn 5:25 καὶ νῦν ἐστιν **ὅτε** οἱ νεκροὶ ἀκούσουσιν
Jn 6:24 **ὅτε** οὖν εἶδεν ὁ
Jn 9:4 ἔρχεται νὺξ **ὅτε** οὐδεὶς δύναται ἐργάζεσθαι.
Jn 12:16 ἀλλ' **ὅτε** ἐδοξάσθη Ἰησοῦς τότε
Jn 12:17 ὢν μετ' αὐτοῦ **ὅτε** τὸν Λάζαρον ἐφώνησεν
Jn 13:12 **Ὅτε** οὖν ἔνιψεν τοὺς
Jn 13:31 **Ὅτε** οὖν ἐξῆλθεν,
Jn 16:25 ἔρχεται ὥρα **ὅτε** οὐκέτι ἐν παροιμίαις
Jn 17:12 **ὅτε** ἤμην μετ' αὐτῶν
Jn 19:6 **Ὅτε** οὖν εἶδον αὐτὸν
Jn 19:8 **Ὅτε** οὖν ἤκουσεν ὁ
Jn 19:23 **ὅτε** ἐσταύρωσαν τὸν Ἰησοῦν,
Jn 19:30 **ὅτε** οὖν ἔλαβεν τὸ
Jn 20:24 ἦν μετ' αὐτῶν **ὅτε** ἦλθεν Ἰησοῦς.
Jn 21:15 **Ὅτε** οὖν ἠρίστησαν λέγει
Jn 21:18 **ὅτε** ἧς νεώτερος,

ὅτι (*hoti*; 271/1294[1296]) *because, that*

Jn 1:15 **ὅτι** πρῶτός μου ἦν.
Jn 1:16 **ὅτι** ἐκ τοῦ πληρώματος
Jn 1:17 **ὅτι** ὁ νόμος διὰ
Jn 1:20 καὶ ὡμολόγησεν **ὅτι** ἐγὼ οὐκ εἰμὶ
Jn 1:30 **ὅτι** πρῶτός μου ἦν.
Jn 1:32 ἐμαρτύρησεν Ἰωάννης λέγων **ὅτι** τεθέαμαι τὸ πνεῦμα
Jn 1:34 ἑώρακα καὶ μεμαρτύρηκα **ὅτι** οὗτός ἐστιν ὁ
Jn 1:50 **ὅτι** εἶπόν σοι ὅτι
Jn 1:50 ὅτι εἶπόν σοι **ὅτι** εἶδόν σε ὑποκάτω
Jn 2:17 οἱ μαθηταὶ αὐτοῦ **ὅτι** γεγραμμένον ἐστίν·
Jn 2:18 σημεῖον δεικνύεις ἡμῖν **ὅτι** ταῦτα ποιεῖς;
Jn 2:22 οἱ μαθηταὶ αὐτοῦ **ὅτι** τοῦτο ἔλεγεν,
Jn 2:25 καὶ **ὅτι** οὐ χρείαν εἶχεν
Jn 3:2 οἴδαμεν **ὅτι** ἀπὸ θεοῦ ἐλήλυθας
Jn 3:7 μὴ θαυμάσῃς **ὅτι** εἶπόν σοι·
Jn 3:11 ἀμὴν λέγω σοι **ὅτι** ὃ οἴδαμεν λαλοῦμεν

Jn 3:18 **ὅτι** μὴ πεπίστευκεν εἰς
Jn 3:19 ἐστιν ἡ κρίσις **ὅτι** τὸ φῶς ἐλήλυθεν
Jn 3:21 αὐτοῦ τὰ ἔργα **ὅτι** ἐν θεῷ ἐστιν
Jn 3:23 **ὅτι** ὕδατα πολλὰ ἦν
Jn 3:28 ὑμεῖς μοι μαρτυρεῖτε **ὅτι** εἶπον [ὅτι] οὐκ
Jn 3:28 εἶπον **[ὅτι]** οὐκ εἰμὶ ἐγὼ
Jn 3:28 ἀλλ' **ὅτι** ἀπεσταλμένος εἰμὶ
Jn 3:33 τὴν μαρτυρίαν ἐσφράγισεν **ὅτι** ὁ θεὸς ἀληθής
Jn 4:1 ἔγνω ὁ Ἰησοῦς **ὅτι** ἤκουσαν οἱ Φαρισαῖοι
Jn 4:1 ἤκουσαν οἱ Φαρισαῖοι **ὅτι** Ἰησοῦς πλείονας μαθητὰς
Jn 4:17 καλῶς εἶπας **ὅτι** ἄνδρα οὐκ ἔχω·
Jn 4:19 θεωρῶ **ὅτι** προφήτης εἶ σύ.
Jn 4:20 καὶ ὑμεῖς λέγετε **ὅτι** ἐν Ἱεροσολύμοις ἐστὶν
Jn 4:21 **ὅτι** ἔρχεται ὥρα ὅτε
Jn 4:22 **ὅτι** ἡ σωτηρία ἐκ
Jn 4:25 οἶδα **ὅτι** Μεσσίας ἔρχεται ὁ
Jn 4:27 αὐτοῦ καὶ ἐθαύμαζον **ὅτι** μετὰ γυναικὸς ἐλάλει·
Jn 4:35 οὐχ ὑμεῖς λέγετε **ὅτι** ἔτι τετράμηνός ἐστιν
Jn 4:35 θεάσασθε τὰς χώρας **ὅτι** λευκαί εἰσιν πρὸς
Jn 4:37 λόγος ἐστὶν ἀληθινὸς **ὅτι** ἄλλος ἐστὶν ὁ
Jn 4:39 τῆς γυναικὸς μαρτυρούσης **ὅτι** εἶπέν μοι πάντα
Jn 4:42 τε γυναικὶ ἔλεγον **ὅτι** οὐκέτι διὰ τὴν
Jn 4:42 ἀκηκόαμεν καὶ οἴδαμεν **ὅτι** οὗτός ἐστιν ἀληθῶς
Jn 4:44 γὰρ Ἰησοῦς ἐμαρτύρησεν **ὅτι** προφήτης ἐν
Jn 4:47 οὗτος ἀκούσας **ὅτι** Ἰησοῦς ἥκει ἐκ
Jn 4:51 ὑπήντησαν αὐτῷ λέγοντες **ὅτι** ὁ παῖς αὐτοῦ
Jn 4:52 εἶπαν οὖν αὐτῷ **ὅτι** ἐχθὲς ὥραν ἑβδόμην
Jn 4:53 οὖν ὁ πατὴρ **ὅτι** [ἐν] ἐκείνῃ τῇ
Jn 5:6 κατακείμενον καὶ γνοὺς **ὅτι** πολὺν ἤδη χρόνον
Jn 5:15 ἀνήγγειλεν τοῖς Ἰουδαίοις **ὅτι** Ἰησοῦς ἐστιν
Jn 5:16 **ὅτι** ταῦτα ἐποίει ἐν
Jn 5:18 **ὅτι** οὐ μόνον ἔλυεν
Jn 5:24 ἀμὴν λέγω ὑμῖν **ὅτι** ὁ τὸν λόγον
Jn 5:25 ἀμὴν λέγω ὑμῖν **ὅτι** ἔρχεται ὥρα καὶ
Jn 5:27 **ὅτι** υἱὸς ἀνθρώπου ἐστίν.
Jn 5:28 **ὅτι** ἔρχεται ὥρα ἐν
Jn 5:30 **ὅτι** οὐ ζητῶ τὸ
Jn 5:32 καὶ οἶδα **ὅτι** ἀληθής ἐστιν ἡ
Jn 5:36 μαρτυρεῖ περὶ ἐμοῦ **ὅτι** ὁ πατήρ με
Jn 5:38 **ὅτι** ὃν ἀπέστειλεν ἐκεῖνος,
Jn 5:39 **ὅτι** ὑμεῖς δοκεῖτε ἐν
Jn 5:42 ἀλλὰ ἔγνωκα ὑμᾶς **ὅτι** τὴν ἀγάπην τοῦ
Jn 5:45 Μὴ δοκεῖτε **ὅτι** ἐγὼ κατηγορήσω ὑμῶν
Jn 6:2 **ὅτι** ἐθεώρουν τὰ σημεῖα
Jn 6:5 Ἰησοῦς καὶ θεασάμενος **ὅτι** πολὺς ὄχλος ἔρχεται
Jn 6:14 ἐποίησεν σημεῖον ἔλεγον **ὅτι** οὗτός ἐστιν ἀληθῶς
Jn 6:15 Ἰησοῦς οὖν γνοὺς **ὅτι** μέλλουσιν ἔρχεσθαι
Jn 6:22 τῆς θαλάσσης εἶδον **ὅτι** πλοιάριον ἄλλο οὐκ
Jn 6:22 μὴ ἓν καὶ **ὅτι** οὐ συνεισῆλθεν τοῖς
Jn 6:24 εἶδεν ὁ ὄχλος **ὅτι** Ἰησοῦς οὐκ ἔστιν
Jn 6:26 ζητεῖτέ με οὐχ **ὅτι** εἴδετε σημεῖα,
Jn 6:26 ἀλλ' **ὅτι** ἐφάγετε ἐκ τῶν
Jn 6:36 Ἀλλ' εἶπον ὑμῖν **ὅτι** καὶ ἑωράκατέ [με]
Jn 6:38 **ὅτι** καταβέβηκα ἀπὸ τοῦ
Jn 6:41 Ἰουδαῖοι περὶ αὐτοῦ **ὅτι** εἶπεν·
Jn 6:42 πῶς νῦν λέγει **ὅτι** ἐκ τοῦ οὐρανοῦ
Jn 6:46 οὐχ **ὅτι** τὸν πατέρα ἑώρακέν
Jn 6:61 Ἰησοῦς ἐν ἑαυτῷ **ὅτι** γογγύζουσιν περὶ τούτου
Jn 6:65 τοῦτο εἴρηκα ὑμῖν **ὅτι** οὐδεὶς δύναται ἐλθεῖν
Jn 6:69 πεπιστεύκαμεν καὶ ἐγνώκαμεν **ὅτι** σὺ εἶ ὁ
Jn 7:1 **ὅτι** ἐζήτουν αὐτὸν οἱ
Jn 7:7 **ὅτι** ἐγὼ μαρτυρῶ περὶ
Jn 7:7 μαρτυρῶ περὶ αὐτοῦ **ὅτι** τὰ ἔργα αὐτοῦ
Jn 7:8 **ὅτι** ὁ ἐμὸς καιρὸς
Jn 7:12 οἱ μὲν ἔλεγον **ὅτι** ἀγαθός ἐστιν,
Jn 7:22 οὐχ **ὅτι** ἐκ τοῦ Μωϋσέως
Jn 7:23 ἐμοὶ χολᾶτε **ὅτι** ὅλον ἄνθρωπον ὑγιῆ
Jn 7:26 ἔγνωσαν οἱ ἄρχοντες **ὅτι** οὗτός ἐστιν ὁ
Jn 7:29 **ὅτι** παρ' αὐτοῦ εἰμι
Jn 7:30 **ὅτι** οὔπω ἐληλύθει ἡ
Jn 7:35 οὗτος μέλλει πορεύεσθαι **ὅτι** ἡμεῖς οὐχ εὑρήσομεν
Jn 7:39 **ὅτι** Ἰησοῦς οὐδέπω ἐδοξάσθη.
Jn 7:42 ἡ γραφὴ εἶπεν **ὅτι** ἐκ τοῦ σπέρματος
Jn 7:52 ἐραύνησον καὶ ἴδε **ὅτι** ἐκ τῆς Γαλιλαίας
Jn 8:14 **ὅτι** οἶδα πόθεν ἦλθον
Jn 8:16 **ὅτι** μόνος οὐκ εἰμί,
Jn 8:17 τῷ ὑμετέρῳ γέγραπται **ὅτι** δύο ἀνθρώπων ἡ
Jn 8:20 **ὅτι** οὔπω ἐληλύθει ἡ
Jn 8:22 **ὅτι** λέγει·
Jn 8:24 εἶπον οὖν ὑμῖν **ὅτι** ἀποθανεῖσθε ἐν ταῖς
Jn 8:24 γὰρ μὴ πιστεύσητε **ὅτι** ἐγώ εἰμι,
Jn 8:27 οὐκ ἔγνωσαν **ὅτι** τὸν πατέρα αὐτοῖς
Jn 8:28 τότε γνώσεσθε **ὅτι** ἐγώ εἰμι,
Jn 8:29 **ὅτι** ἐγὼ τὰ ἀρεστὰ
Jn 8:33 πῶς σὺ λέγεις **ὅτι** ἐλεύθεροι γενήσεσθε;
Jn 8:34 ἀμὴν λέγω ὑμῖν **ὅτι** πᾶς ὁ ποιῶν
Jn 8:37 Οἶδα **ὅτι** σπέρμα Ἀβραάμ ἐστε·
Jn 8:37 **ὅτι** ὁ λόγος ὁ
Jn 8:43 **ὅτι** οὐ δύνασθε ἀκούειν
Jn 8:44 **ὅτι** οὐκ ἔστιν ἀλήθεια
Jn 8:44 **ὅτι** ψεύστης ἐστὶν καὶ
Jn 8:45 ἐγὼ δὲ **ὅτι** τὴν ἀλήθειαν λέγω,
Jn 8:47 **ὅτι** ἐκ τοῦ θεοῦ
Jn 8:48 καλῶς λέγομεν ἡμεῖς **ὅτι** Σαμαρίτης εἶ σὺ
Jn 8:52 νῦν ἐγνώκαμεν **ὅτι** δαιμόνιον ἔχεις.
Jn 8:54 ὃν ὑμεῖς λέγετε **ὅτι** θεὸς ἡμῶν ἐστιν,
Jn 8:55 κἂν εἴπω **ὅτι** οὐκ οἶδα αὐτόν,
Jn 9:8 αὐτὸν τὸ πρότερον **ὅτι** προσαίτης ἦν ἔλεγον·
Jn 9:9 ἄλλοι ἔλεγον **ὅτι** οὗτός ἐστιν,
Jn 9:9 ἐκεῖνος ἔλεγεν **ὅτι** ἐγώ εἰμι.
Jn 9:11 καὶ εἶπέν μοι **ὅτι** ὕπαγε εἰς τὸν
Jn 9:16 **ὅτι** τὸ σάββατον οὐ
Jn 9:17 **ὅτι** ἠνέῳξέν σου τοὺς
Jn 9:17 ὁ δὲ εἶπεν **ὅτι** προφήτης ἐστίν.
Jn 9:18 Ἰουδαῖοι περὶ αὐτοῦ **ὅτι** ἦν τυφλὸς καὶ
Jn 9:19 ὃν ὑμεῖς λέγετε **ὅτι** τυφλὸς ἐγεννήθη;
Jn 9:20 οἴδαμεν **ὅτι** οὗτός ἐστιν ὁ
Jn 9:20 υἱὸς ἡμῶν καὶ **ὅτι** τυφλὸς ἐγεννήθη·
Jn 9:22 οἱ γονεῖς αὐτοῦ **ὅτι** ἐφοβοῦντο τοὺς Ἰουδαίους·
Jn 9:23 γονεῖς αὐτοῦ εἶπαν **ὅτι** ἡλικίαν ἔχει,
Jn 9:24 ἡμεῖς οἴδαμεν **ὅτι** οὗτος ὁ ἄνθρωπος
Jn 9:25 ἓν οἶδα ὅτι **τυφλὸς** ὢν ἄρτι βλέπω.
Jn 9:29 ἡμεῖς οἴδαμεν **ὅτι** Μωϋσεῖ λελάληκεν ὁ
Jn 9:30 **ὅτι** ὑμεῖς οὐκ οἴδατε

Jn 9:31 οἴδαμεν **ὅτι** ἁμαρτωλῶν ὁ θεὸς
Jn 9:32 αἰῶνος οὐκ ἠκούσθη **ὅτι** ἠνέῳξέν τις ὀφθαλμοὺς
Jn 9:35 Ἤκουσεν Ἰησοῦς **ὅτι** ἐξέβαλον αὐτὸν ἔξω
Jn 9:41 νῦν δὲ λέγετε **ὅτι** βλέπομεν,
Jn 10:4 **ὅτι** οἴδασιν τὴν φωνὴν
Jn 10:5 **ὅτι** οὐκ οἴδασιν τῶν
Jn 10:7 ἀμὴν λέγω ὑμῖν **ὅτι** ἐγώ εἰμι ἡ
Jn 10:13 **ὅτι** μισθωτός ἐστιν καὶ
Jn 10:17 ὁ πατὴρ ἀγαπᾷ **ὅτι** ἐγὼ τίθημι τὴν
Jn 10:26 **ὅτι** οὐκ ἐστὲ ἐκ
Jn 10:33 καὶ **ὅτι** σὺ ἄνθρωπος ὢν
Jn 10:34 τῷ νόμῳ ὑμῶν **ὅτι** ἐγὼ εἶπα·
Jn 10:36 κόσμον ὑμεῖς λέγετε **ὅτι** βλασφημεῖς,
Jn 10:36 **ὅτι** εἶπον·
Jn 10:38 γνῶτε καὶ γινώσκητε **ὅτι** ἐν ἐμοὶ ὁ
Jn 10:41 αὐτὸν καὶ ἔλεγον **ὅτι** Ἰωάννης μὲν σημεῖον
Jn 11:6 ὡς οὖν ἤκουσεν **ὅτι** ἀσθενεῖ,
Jn 11:9 **ὅτι** τὸ φῶς τοῦ
Jn 11:10 **ὅτι** τὸ φῶς οὐκ
Jn 11:13 ἐκεῖνοι δὲ ἔδοξαν **ὅτι** περὶ τῆς κοιμήσεως
Jn 11:15 **ὅτι** οὐκ ἤμην ἐκεῖ·
Jn 11:20 Μάρθα ὡς ἤκουσεν **ὅτι** Ἰησοῦς ἔρχεται ὑπήντησεν
Jn 11:22 καὶ νῦν οἶδα **ὅτι** ὅσα ἂν αἰτήσῃ
Jn 11:24 οἶδα **ὅτι** ἀναστήσεται ἐν τῇ
Jn 11:27 ἐγὼ πεπίστευκα **ὅτι** σὺ εἶ ὁ
Jn 11:31 ἰδόντες τὴν Μαριὰμ **ὅτι** ταχέως ἀνέστη καὶ
Jn 11:31 ἠκολούθησαν αὐτῇ δόξαντες **ὅτι** ὑπάγει εἰς
Jn 11:40 οὐκ εἶπόν σοι **ὅτι** ἐὰν πιστεύσῃς ὄψῃ
Jn 11:41 εὐχαριστῶ σοι **ὅτι** ἤκουσάς μου.
Jn 11:42 ἐγὼ δὲ ᾔδειν **ὅτι** πάντοτέ μου ἀκούεις,
Jn 11:42 ἵνα πιστεύσωσιν **ὅτι** σύ με ἀπέστειλας.
Jn 11:47 τί ποιοῦμεν **ὅτι** οὗτος ὁ ἄνθρωπος
Jn 11:50 οὐδὲ λογίζεσθε **ὅτι** συμφέρει ὑμῖν ἵνα
Jn 11:51 ἐνιαυτοῦ ἐκείνου ἐπροφήτευσεν **ὅτι** ἔμελλεν Ἰησοῦς ἀποθνῄσκειν
Jn 11:56 **ὅτι** οὐ μὴ ἔλθῃ
Jn 12:6 δὲ τοῦτο οὐχ **ὅτι** περὶ τῶν πτωχῶν
Jn 12:6 ἀλλ᾽ **ὅτι** κλέπτης ἦν καὶ
Jn 12:9 ἐκ τῶν Ἰουδαίων **ὅτι** ἐκεῖ ἐστιν καὶ
Jn 12:11 **ὅτι** πολλοὶ δι᾽ αὐτὸν
Jn 12:12 ἀκούσαντες **ὅτι** ἔρχεται ὁ Ἰησοῦς
Jn 12:16 Ἰησοῦς τότε ἐμνήσθησαν **ὅτι** ταῦτα ἦν ἐπ᾽
Jn 12:18 **ὅτι** ἤκουσαν τοῦτο αὐτὸν
Jn 12:19 θεωρεῖτε **ὅτι** οὐκ ὠφελεῖτε οὐδέν·
Jn 12:34 ἐκ τοῦ νόμου **ὅτι** ὁ χριστὸς μένει
Jn 12:34 πῶς λέγεις σὺ **ὅτι** δεῖ ὑψωθῆναι τὸν
Jn 12:39 **ὅτι** πάλιν εἶπεν Ἠσαΐας·
Jn 12:41 ταῦτα εἶπεν Ἠσαΐας **ὅτι** εἶδεν τὴν δόξαν
Jn 12:49 **ὅτι** ἐγὼ ἐξ ἐμαυτοῦ
Jn 12:50 καὶ οἶδα **ὅτι** ἡ ἐντολὴ αὐτοῦ
Jn 13:1 εἰδὼς ὁ Ἰησοῦς **ὅτι** ἦλθεν αὐτοῦ ἡ
Jn 13:3 εἰδὼς **ὅτι** πάντα ἔδωκεν αὐτῷ
Jn 13:3 τὰς χεῖρας καὶ **ὅτι** ἀπὸ θεοῦ ἐξῆλθεν
Jn 13:11 διὰ τοῦτο εἶπεν **ὅτι** οὐχὶ πάντες καθαροί
Jn 13:19 πιστεύσητε ὅταν γένηται **ὅτι** ἐγώ εἰμι.
Jn 13:21 ἀμὴν λέγω ὑμῖν **ὅτι** εἷς ἐξ ὑμῶν
Jn 13:29 **ὅτι** λέγει αὐτῷ [ὁ]
Jn 13:33 εἶπον τοῖς Ἰουδαίοις **ὅτι** ὅπου ἐγὼ ὑπάγω
Jn 13:35 τούτῳ γνώσονται πάντες **ὅτι** ἐμοὶ μαθηταί ἐστε,
Jn 14:2 εἶπον ἂν ὑμῖν **ὅτι** πορεύομαι ἑτοιμάσαι τόπον
Jn 14:10 οὐ πιστεύεις **ὅτι** ἐγὼ ἐν τῷ
Jn 14:11 πιστεύετέ μοι **ὅτι** ἐγὼ ἐν τῷ
Jn 14:12 **ὅτι** ἐγὼ πρὸς τὸν
Jn 14:17 **ὅτι** οὐ θεωρεῖ αὐτὸ
Jn 14:17 **ὅτι** παρ᾽ ὑμῖν μένει
Jn 14:19 **ὅτι** ἐγὼ ζῶ καὶ
Jn 14:20 ἡμέρᾳ γνώσεσθε ὑμεῖς **ὅτι** ἐγὼ ἐν τῷ
Jn 14:22 [καὶ] τί γέγονεν **ὅτι** ἡμῖν μέλλεις ἐμφανίζειν
Jn 14:28 ἠκούσατε **ὅτι** ἐγὼ εἶπον ὑμῖν·
Jn 14:28 με ἐχάρητε ἂν **ὅτι** πορεύομαι πρὸς τὸν
Jn 14:28 **ὅτι** ὁ πατὴρ μείζων
Jn 14:31 γνῷ ὁ κόσμος **ὅτι** ἀγαπῶ τὸν πατέρα,
Jn 15:5 **ὅτι** χωρὶς ἐμοῦ οὐ
Jn 15:15 **ὅτι** ὁ δοῦλος οὐκ
Jn 15:15 **ὅτι** πάντα ἃ ἤκουσα
Jn 15:18 γινώσκετε **ὅτι** ἐμὲ πρῶτον ὑμῶν
Jn 15:19 **ὅτι** δὲ ἐκ τοῦ
Jn 15:21 **ὅτι** οὐκ οἴδασιν τὸν
Jn 15:25 νόμῳ αὐτῶν γεγραμμένος **ὅτι** ἐμίσησάν με δωρεάν.
Jn 15:27 **ὅτι** ἀπ᾽ ἀρχῆς μετ᾽
Jn 16:3 καὶ ταῦτα ποιήσουσιν **ὅτι** οὐκ ἔγνωσαν τὸν
Jn 16:4 αὐτῶν μνημονεύητε αὐτῶν **ὅτι** ἐγὼ εἶπον ὑμῖν.
Jn 16:4 **ὅτι** μεθ᾽ ὑμῶν ἤμην.
Jn 16:6 ἀλλ᾽ **ὅτι** ταῦτα λελάληκα ὑμῖν
Jn 16:9 **ὅτι** οὐ πιστεύουσιν εἰς
Jn 16:10 **ὅτι** πρὸς τὸν πατέρα
Jn 16:11 **ὅτι** ὁ ἄρχων τοῦ
Jn 16:14 **ὅτι** ἐκ τοῦ ἐμοῦ
Jn 16:15 διὰ τοῦτο εἶπον **ὅτι** ἐκ τοῦ ἐμοῦ
Jn 16:17 **ὅτι** ὑπάγω πρὸς τὸν
Jn 16:19 Ἔγνω [ὁ] Ἰησοῦς **ὅτι** ἤθελον αὐτὸν ἐρωτᾶν,
Jn 16:19 ζητεῖτε μετ᾽ ἀλλήλων **ὅτι** εἶπον·
Jn 16:20 ἀμὴν λέγω ὑμῖν **ὅτι** κλαύσετε καὶ θρηνήσετε
Jn 16:21 **ὅτι** ἦλθεν ἡ ὥρα
Jn 16:21 διὰ τὴν χαρὰν **ὅτι** ἐγεννήθη ἄνθρωπος εἰς
Jn 16:26 οὐ λέγω ὑμῖν **ὅτι** ἐγὼ ἐρωτήσω τὸν
Jn 16:27 **ὅτι** ὑμεῖς ἐμὲ πεφιλήκατε
Jn 16:27 πεφιλήκατε καὶ πεπιστεύκατε **ὅτι** ἐγὼ παρὰ
Jn 16:30 νῦν οἴδαμεν **ὅτι** οἶδας πάντα καὶ
Jn 16:30 ἐν τούτῳ πιστεύομεν **ὅτι** ἀπὸ θεοῦ ἐξῆλθες.
Jn 16:32 **ὅτι** ὁ πατὴρ μετ᾽
Jn 17:7 νῦν ἔγνωκαν **ὅτι** πάντα ὅσα δέδωκάς
Jn 17:8 **ὅτι** τὰ ῥήματα ἃ
Jn 17:8 καὶ ἔγνωσαν ἀληθῶς **ὅτι** παρὰ σοῦ ἐξῆλθον,
Jn 17:8 καὶ ἐπίστευσαν **ὅτι** σύ με ἀπέστειλας.
Jn 17:9 **ὅτι** σοί εἰσιν,
Jn 17:14 **ὅτι** οὐκ εἰσὶν ἐκ
Jn 17:21 ὁ κόσμος πιστεύῃ **ὅτι** σύ με ἀπέστειλας.
Jn 17:23 γινώσκῃ ὁ κόσμος **ὅτι** σύ με ἀπέστειλας
Jn 17:24 ἣν δέδωκάς μοι **ὅτι** ἠγάπησάς με πρὸ
Jn 17:25 καὶ οὗτοι ἔγνωσαν **ὅτι** σύ με ἀπέστειλας·
Jn 18:2 **ὅτι** πολλάκις συνήχθη Ἰησοῦς
Jn 18:8 εἶπον ὑμῖν **ὅτι** ἐγώ εἰμι.
Jn 18:9 λόγος ὃν εἶπεν **ὅτι** οὓς δέδωκάς μοι
Jn 18:14 συμβουλεύσας τοῖς Ἰουδαίοις **ὅτι** συμφέρει ἕνα ἄνθρωπον
Jn 18:18 **ὅτι** ψῦχος ἦν,
Jn 18:37 σὺ λέγεις **ὅτι** βασιλεύς εἰμι.
Jn 19:4 ἵνα γνῶτε **ὅτι** οὐδεμίαν αἰτίαν εὑρίσκω
Jn 19:7 **ὅτι** υἱὸν θεοῦ ἑαυτὸν
Jn 19:10 οὐκ οἶδας **ὅτι** ἐξουσίαν ἔχω ἀπολῦσαί

Jn 19:20 **ὅτι** ἐγγὺς ἦν ὁ
Jn 19:21 ἀλλ᾽ **ὅτι** ἐκεῖνος εἶπεν·
Jn 19:28 εἰδὼς ὁ ᾽Ιησοῦς **ὅτι** ἤδη πάντα τετέλεσται,
Jn 19:35 καὶ ἐκεῖνος οἶδεν **ὅτι** ἀληθῆ λέγει,
Jn 19:42 **ὅτι** ἐγγὺς ἦν τὸ
Jn 20:9 ᾔδεισαν τὴν γραφὴν **ὅτι** δεῖ αὐτὸν ἐκ
Jn 20:13 λέγει αὐτοῖς **ὅτι** ἦραν τὸν κύριόν
Jn 20:14 καὶ οὐκ ᾔδει **ὅτι** ᾽Ιησοῦς ἐστιν.
Jn 20:15 ἐκείνη δοκοῦσα **ὅτι** ὁ κηπουρός ἐστιν
Jn 20:18 ἀγγέλλουσα τοῖς μαθηταῖς **ὅτι** ἑώρακα τὸν κύριον,
Jn 20:29 **ὅτι** ἑώρακάς με πεπίστευκας;
Jn 20:31 γέγραπται ἵνα πιστεύ[σ]ητε **ὅτι** ᾽Ιησοῦς ἐστιν ὁ
Jn 21:4 ᾔδεισαν οἱ μαθηταὶ **ὅτι** ᾽Ιησοῦς ἐστιν.
Jn 21:7 οὖν Πέτρος ἀκούσας **ὅτι** ὁ κύριός ἐστιν
Jn 21:12 εἰδότες **ὅτι** ὁ κύριός ἐστιν.
Jn 21:15 σὺ οἶδας **ὅτι** φιλῶ σε.
Jn 21:16 σὺ οἶδας **ὅτι** φιλῶ σε.
Jn 21:17 ἐλυπήθη ὁ Πέτρος **ὅτι** εἶπεν αὐτῷ τὸ
Jn 21:17 σὺ γινώσκεις **ὅτι** φιλῶ σε.
Jn 21:23 εἰς τοὺς ἀδελφοὺς **ὅτι** ὁ μαθητὴς ἐκεῖνος
Jn 21:23 αὐτῷ ὁ ᾽Ιησοῦς **ὅτι** οὐκ ἀποθνῄσκει ἀλλ᾽·
Jn 21:24 καὶ οἴδαμεν **ὅτι** ἀληθὴς αὐτοῦ ἡ

οὐ (*ou*; 282/1621[1623]) *not*

Jn 1:5 ἡ σκοτία αὐτὸ **οὐ** κατέλαβεν.
Jn 1:8 **οὐκ** ἦν ἐκεῖνος τὸ
Jn 1:10 ὁ κόσμος αὐτὸν **οὐκ** ἔγνω.
Jn 1:11 οἱ ἴδιοι αὐτὸν **οὐ** παρέλαβον.
Jn 1:13 οἳ **οὐκ** ἐξ αἱμάτων οὐδὲ
Jn 1:20 καὶ ὡμολόγησεν καὶ **οὐκ** ἠρνήσατο,
Jn 1:20 ὡμολόγησεν ὅτι ἐγὼ **οὐκ** εἰμὶ ὁ χριστός.
Jn 1:21 **οὐκ** εἰμί.
Jn 1:21 **οὔ**.
Jn 1:25 βαπτίζεις εἰ σὺ **οὐκ** εἶ
Jn 1:26 ἕστηκεν ὃν ὑμεῖς **οὐκ** οἴδατε,
Jn 1:27 οὗ **οὐκ** εἰμὶ [ἐγὼ] ἄξιος
Jn 1:31 κἀγὼ **οὐκ** ᾔδειν αὐτόν,
Jn 1:33 κἀγὼ **οὐκ** ᾔδειν αὐτόν,
Jn 1:47 ἐν ᾧ δόλος **οὐκ** ἔστιν.
Jn 2:3 οἶνον **οὐκ** ἔχουσιν.
Jn 2:9 οἶνον γεγενημένον καὶ **οὐκ** ᾔδει πόθεν ἐστίν,
Jn 2:12 καὶ ἐκεῖ ἔμειναν **οὐ** πολλὰς ἡμέρας.
Jn 2:24 αὐτὸς δὲ ᾽Ιησοῦς **οὐκ** ἐπίστευεν αὐτὸν αὐτοῖς
Jn 2:25 καὶ ὅτι **οὐ** χρείαν εἶχεν ἵνα
Jn 3:3 **οὐ** δύναται ἰδεῖν τὴν
Jn 3:5 **οὐ** δύναται εἰσελθεῖν εἰς
Jn 3:8 ἀλλ᾽ **οὐκ** οἶδας πόθεν ἔρχεται
Jn 3:10 ᾽Ισραὴλ καὶ ταῦτα **οὐ** γινώσκεις;
Jn 3:11 τὴν μαρτυρίαν ἡμῶν **οὐ** λαμβάνετε.
Jn 3:12 εἶπον ὑμῖν καὶ **οὐ** πιστεύετε,
Jn 3:17 **οὐ** γὰρ ἀπέστειλεν ὁ
Jn 3:18 πιστεύων εἰς αὐτὸν **οὐ** κρίνεται·
Jn 3:20 τὸ φῶς καὶ **οὐκ** ἔρχεται πρὸς τὸ
Jn 3:27 **οὐ** δύναται ἄνθρωπος λαμβάνειν
Jn 3:28 ὅτι εἶπον [ὅτι] **οὐκ** εἰμὶ ἐγὼ ὁ
Jn 3:34 **οὐ** γὰρ ἐκ μέτρου
Jn 3:36 ἀπειθῶν τῷ υἱῷ **οὐκ** ὄψεται ζωήν,
Jn 4:2 καίτοιγε ᾽Ιησοῦς αὐτὸς **οὐκ** ἐβάπτιζεν ἀλλ᾽
Jn 4:9 **οὐ** γὰρ συγχρῶνται ᾽Ιουδαῖοι Σαμαρίταις.
Jn 4:14 **οὐ** μὴ διψήσει εἰς
Jn 4:17 **οὐκ** ἔχω ἄνδρα.
Jn 4:17 εἶπας ὅτι ἄνδρα **οὐκ** ἔχω·
Jn 4:18 νῦν ὃν ἔχεις **οὐκ** ἔστιν σου ἀνήρ·
Jn 4:22 ὑμεῖς προσκυνεῖτε ὃ **οὐκ** οἴδατε·
Jn 4:32 φαγεῖν ἣν ὑμεῖς **οὐκ** οἴδατε.
Jn 4:35 **οὐχ** ὑμεῖς λέγετε ὅτι
Jn 4:38 ὑμᾶς θερίζειν ὃ **οὐχ** ὑμεῖς κεκοπιάκατε·
Jn 4:44 ἰδίᾳ πατρίδι τιμὴν **οὐκ** ἔχει.
Jn 4:48 **οὐ** μὴ πιστεύσητε.
Jn 5:7 ἄνθρωπον **οὐκ** ἔχω ἵνα ὅταν
Jn 5:10 καὶ **οὐκ** ἔξεστίν σοι ἆραι
Jn 5:13 ὁ δὲ ἰαθεὶς **οὐκ** ᾔδει τίς ἐστιν,
Jn 5:18 ὅτι **οὐ** μόνον ἔλυεν
Jn 5:19 **οὐ** δύναται ὁ υἱὸς ποιεῖν
Jn 5:23 τιμῶν τὸν υἱὸν **οὐ** τιμᾷ τὸν πατέρα
Jn 5:24 καὶ εἰς κρίσιν **οὐκ** ἔρχεται,
Jn 5:30 **Οὐ** δύναμαι ἐγὼ ποιεῖν
Jn 5:30 ὅτι **οὐ** ζητῶ τὸ θέλημα
Jn 5:31 ἡ μαρτυρία μου **οὐκ** ἔστιν ἀληθής·
Jn 5:34 ἐγὼ δὲ **οὐ** παρὰ ἀνθρώπου τὴν
Jn 5:38 τὸν λόγον αὐτοῦ **οὐκ** ἔχετε ἐν ὑμῖν
Jn 5:38 τούτῳ ὑμεῖς **οὐ** πιστεύετε.
Jn 5:40 καὶ **οὐ** θέλετε ἐλθεῖν πρός
Jn 5:41 Δόξαν παρὰ ἀνθρώπων **οὐ** λαμβάνω,
Jn 5:42 ἀγάπην τοῦ θεοῦ **οὐκ** ἔχετε ἐν ἑαυτοῖς.
Jn 5:43 καὶ **οὐ** λαμβάνετέ με·
Jn 5:44 τοῦ μόνου θεοῦ **οὐ** ζητεῖτε;
Jn 5:47 τοῖς ἐκείνου γράμμασιν **οὐ** πιστεύετε,
Jn 6:7 διακοσίων δηναρίων ἄρτοι **οὐκ** ἀρκοῦσιν αὐτοῖς ἵνα
Jn 6:22 ὅτι πλοιάριον ἄλλο **οὐκ** ἦν ἐκεῖ εἰ
Jn 6:22 ἓν καὶ ὅτι **οὐ** συνεισῆλθεν τοῖς μαθηταῖς
Jn 6:24 ὅτι ᾽Ιησοῦς **οὐκ** ἔστιν ἐκεῖ
Jn 6:26 ζητεῖτέ με **οὐχ** ὅτι εἴδετε σημεῖα,
Jn 6:32 **οὐ** Μωϋσῆς δέδωκεν ὑμῖν
Jn 6:35 ἐρχόμενος πρὸς ἐμὲ **οὐ** μὴ πεινάσῃ,
Jn 6:35 πιστεύων εἰς ἐμὲ **οὐ** μὴ διψήσει πώποτε.
Jn 6:36 ἑωράκατέ [με] καὶ **οὐ** πιστεύετε.
Jn 6:37 ἐρχόμενον πρὸς ἐμὲ **οὐ** μὴ ἐκβάλω ἔξω,
Jn 6:38 ἀπὸ τοῦ οὐρανοῦ **οὐχ** ἵνα ποιῶ
Jn 6:42 **οὐχ** οὗτός ἐστιν ᾽Ιησοῦς
Jn 6:46 **οὐχ** ὅτι τὸν πατέρα
Jn 6:53 **οὐκ** ἔχετε ζωὴν ἐν ἑαυτοῖς.
Jn 6:58 **οὐ** καθὼς ἔφαγον οἱ πατέρες
Jn 6:63 ἡ σὰρξ **οὐκ** ὠφελεῖ οὐδέν·
Jn 6:64 ὑμῶν τινες οἳ **οὐ** πιστεύουσιν.
Jn 6:70 **οὐκ** ἐγὼ ὑμᾶς τοὺς
Jn 7:1 **οὐ** γὰρ ἤθελεν ἐν
Jn 7:7 **οὐ** δύναται ὁ κόσμος
Jn 7:8 ἐγὼ **οὐκ** ἀναβαίνω εἰς τὴν
Jn 7:10 καὶ αὐτὸς ἀνέβη **οὐ** φανερῶς ἀλλὰ [ὡς]
Jn 7:12 **οὔ**,
Jn 7:16 ἡ ἐμὴ διδαχὴ **οὐκ** ἔστιν ἐμὴ
Jn 7:18 ἀδικία ἐν αὐτῷ **οὐκ** ἔστιν.
Jn 7:19 **Οὐ** Μωϋσῆς δέδωκεν ὑμῖν
Jn 7:22 **οὐχ** ὅτι ἐκ τοῦ
Jn 7:25 **οὐχ** οὗτός ἐστιν ὃν ζητοῦσιν
Jn 7:28 καὶ ἀπ᾽ ἐμαυτοῦ **οὐκ** ἐλήλυθα,
Jn 7:28 ὃν ὑμεῖς **οὐκ** οἴδατε·
Jn 7:34 ζητήσετέ με καὶ **οὐχ** εὑρήσετέ [με],
Jn 7:34 εἰμὶ ἐγὼ ὑμεῖς **οὐ** δύνασθε ἐλθεῖν.
Jn 7:35 ὅτι ἡμεῖς **οὐχ** εὑρήσομεν αὐτόν;
Jn 7:36 ζητήσετέ με καὶ **οὐχ** εὑρήσετέ [με],
Jn 7:36 εἰμὶ ἐγὼ ὑμεῖς **οὐ** δύνασθε ἐλθεῖν;

Jn 7:42 **οὐχ** ἡ γραφὴ εἶπεν
Jn 7:45 διὰ τί **οὐκ** ἠγάγετε αὐτόν;
Jn 7:52 τῆς Γαλιλαίας προφήτης **οὐκ** ἐγείρεται.
Jn 8:12 ὁ ἀκολουθῶν ἐμοὶ **οὐ** μὴ περιπατήσῃ
Jn 8:13 ἡ μαρτυρία σου **οὐκ** ἔστιν ἀληθής.
Jn 8:14 ὑμεῖς δὲ **οὐκ** οἴδατε πόθεν ἔρχομαι
Jn 8:15 ἐγὼ **οὐ** κρίνω οὐδένα.
Jn 8:16 ὅτι μόνος **οὐκ** εἰμί,
Jn 8:21 ὑπάγω ὑμεῖς **οὐ** δύνασθε ἐλθεῖν.
Jn 8:22 ὑπάγω ὑμεῖς **οὐ** δύνασθε ἐλθεῖν;
Jn 8:23 ἐγὼ **οὐκ** εἰμὶ ἐκ τοῦ
Jn 8:27 **οὐκ** ἔγνωσαν ὅτι τὸν
Jn 8:29 **οὐκ** ἀφῆκέν με μόνον,
Jn 8:35 ὁ δὲ δοῦλος **οὐ** μένει ἐν τῇ
Jn 8:37 λόγος ὁ ἐμὸς **οὐ** χωρεῖ ἐν ὑμῖν.
Jn 8:40 τοῦτο Ἀβραὰμ **οὐκ** ἐποίησεν.
Jn 8:41 ἐκ πορνείας **οὐ** γεγεννήμεθα,
Jn 8:43 λαλιὰν τὴν ἐμὴν **οὐ** γινώσκετε;
Jn 8:43 ὅτι **οὐ** δύνασθε ἀκούειν τὸν
Jn 8:44 ἐν τῇ ἀληθείᾳ **οὐκ** ἔστηκεν,
Jn 8:44 ὅτι **οὐκ** ἔστιν ἀλήθεια ἐν
Jn 8:45 **οὐ** πιστεύετέ μοι.
Jn 8:46 διὰ τί ὑμεῖς **οὐ** πιστεύετέ μοι;
Jn 8:47 διὰ τοῦτο ὑμεῖς **οὐκ** ἀκούετε,
Jn 8:47 ἐκ τοῦ θεοῦ **οὐκ** ἐστέ.
Jn 8:48 **οὐ** καλῶς λέγομεν ἡμεῖς
Jn 8:49 ἐγὼ δαιμόνιον **οὐκ** ἔχω,
Jn 8:50 ἐγὼ δὲ **οὐ** ζητῶ τὴν δόξαν
Jn 8:51 θάνατον **οὐ** μὴ θεωρήσῃ εἰς
Jn 8:52 **οὐ** μὴ γεύσηται θανάτου
Jn 8:55 καὶ **οὐκ** ἐγνώκατε αὐτόν,
Jn 8:55 κἂν εἴπω ὅτι **οὐκ** οἶδα αὐτόν,
Jn 9:8 **οὐχ** οὗτός ἐστιν ὁ καθήμενος
Jn 9:12 **οὐκ** οἶδα.
Jn 9:16 **οὐκ** ἔστιν οὗτος π
Jn 9:16 ὅτι τὸ σάββατον **οὐ** τηρεῖ.
Jn 9:18 **Οὐκ** ἐπίστευσαν οὖν οἱ
Jn 9:21 δὲ νῦν βλέπει **οὐκ** οἴδαμεν,
Jn 9:21 τοὺς ὀφθαλμοὺς ἡμεῖς **οὐκ** οἴδαμεν·
Jn 9:25 ἐστιν **οὐκ** οἶδα·
Jn 9:27 ὑμῖν ἤδη καὶ **οὐκ** ἠκούσατε·
Jn 9:29 τοῦτον δὲ **οὐκ** οἴδαμεν πόθεν ἐστίν.
Jn 9:30 ὅτι ὑμεῖς **οὐκ** οἴδατε πόθεν ἐστίν,
Jn 9:31 ἁμαρτωλῶν ὁ θεὸς **οὐκ** ἀκούει,
Jn 9:32 ἐκ τοῦ αἰῶνος **οὐκ** ἠκούσθη ὅτι ἠνέῳξέν
Jn 9:33 **οὐκ** ἠδύνατο ποιεῖν οὐδέν.
Jn 9:41 **οὐκ** ἂν εἴχετε ἁμαρτίαν·
Jn 10:5 ἀλλοτρίῳ δὲ **οὐ** μὴ ἀκολουθήσουσιν,
Jn 10:5 ὅτι **οὐκ** οἴδασιν τῶν ἀλλοτρίων
Jn 10:6 ἐκεῖνοι δὲ **οὐκ** ἔγνωσαν τίνα ἦν
Jn 10:8 ἀλλ' **οὐκ** ἤκουσαν αὐτῶν τὰ
Jn 10:10 ὁ κλέπτης **οὐκ** ἔρχεται εἰ μὴ
Jn 10:12 ὁ μισθωτὸς καὶ **οὐκ** ὢν ποιμήν,
Jn 10:12 οὗ **οὐκ** ἔστιν τὰ πρόβατα
Jn 10:13 μισθωτός ἐστιν καὶ **οὐ** μέλει αὐτῷ περὶ
Jn 10:16 πρόβατα ἔχω ἃ **οὐκ** ἔστιν ἐκ τῆς
Jn 10:21 ταῦτα τὰ ῥήματα **οὐκ** ἔστιν δαιμονιζομένου·
Jn 10:25 εἶπον ὑμῖν καὶ **οὐ** πιστεύετε·
Jn 10:26 ἀλλὰ ὑμεῖς **οὐ** πιστεύετε,
Jn 10:26 ὅτι **οὐκ** ἐστὲ ἐκ τῶν
Jn 10:28 ζωὴν αἰώνιον καὶ **οὐ** μὴ ἀπόλωνται εἰς
Jn 10:28 τὸν αἰῶνα καὶ **οὐχ** ἁρπάσει τις αὐτὰ
Jn 10:33 περὶ καλοῦ ἔργου **οὐ** λιθάζομέν σε ἀλλὰ
Jn 10:34 **οὐκ** ἔστιν γεγραμμένον ἐν
Jn 10:35 καὶ **οὐ** δύναται λυθῆναι ἡ
Jn 10:37 εἰ **οὐ** ποιῶ τὰ ἔργα
Jn 11:4 αὕτη ἡ ἀσθένεια **οὐκ** ἔστιν πρὸς θάνατον
Jn 11:9 **οὐ** προσκόπτει,
Jn 11:10 ὅτι τὸ φῶς **οὐκ** ἔστιν ἐν αὐτῷ.
Jn 11:15 ὅτι **οὐκ** ἤμην ἐκεῖ·
Jn 11:21 εἰ ἦς ὧδε **οὐκ** ἂν ἀπέθανεν
Jn 11:26 πιστεύων εἰς ἐμὲ **οὐ** μὴ ἀποθάνῃ εἰς
Jn 11:32 εἰ ἦς ὧδε **οὐκ** ἄν μου ἀπέθανεν
Jn 11:37 **οὐκ** ἐδύνατο οὗτος ὁ
Jn 11:40 **οὐκ** εἶπόν σοι ὅτι
Jn 11:49 ὑμεῖς **οὐκ** οἴδατε οὐδέν,
Jn 11:51 δὲ ἀφ' ἑαυτοῦ **οὐκ** εἶπεν,
Jn 11:52 καὶ **οὐχ** ὑπὲρ τοῦ ἔθνους
Jn 11:56 ὅτι **οὐ** μὴ ἔλθῃ
Jn 12:5 τοῦτο τὸ μύρον **οὐκ** ἐπράθη τριακοσίων δηναρίων
Jn 12:6 εἶπεν δὲ τοῦτο **οὐχ** ὅτι περὶ τῶν
Jn 12:8 ἐμὲ δὲ **οὐ** πάντοτε ἔχετε.
Jn 12:9 καὶ ἦλθον **οὐ** διὰ τὸν Ἰησοῦν
Jn 12:16 ταῦτα **οὐκ** ἔγνωσαν αὐτοῦ οἱ
Jn 12:19 ὅτι **οὐκ** ὠφελεῖτε οὐδέν·
Jn 12:30 **οὐ** δι' ἐμὲ ἡ
Jn 12:35 ἐν τῇ σκοτίᾳ **οὐκ** οἶδεν ποῦ ὑπάγει.
Jn 12:37 πεποιηκότος ἔμπροσθεν αὐτῶν **οὐκ** ἐπίστευον εἰς αὐτόν,
Jn 12:39 διὰ τοῦτο **οὐκ** ἠδύναντο πιστεύειν,
Jn 12:42 διὰ τοὺς Φαρισαίους **οὐχ** ὡμολόγουν ἵνα μὴ
Jn 12:44 πιστεύων εἰς ἐμὲ **οὐ** πιστεύει εἰς ἐμὲ
Jn 12:47 ἐγὼ **οὐ** κρίνω αὐτόν·
Jn 12:47 **οὐ** γὰρ ἦλθον ἵνα
Jn 12:49 ἐγὼ ἐξ ἐμαυτοῦ **οὐκ** ἐλάλησα,
Jn 13:7 ἐγὼ ποιῶ σὺ **οὐκ** οἶδας ἄρτι,
Jn 13:8 **οὐ** μὴ νίψῃς μου
Jn 13:8 **οὐκ** ἔχεις μέρος μετ'
Jn 13:10 ὁ λελουμένος **οὐκ** ἔχει χρείαν εἰ
Jn 13:16 **οὐκ** ἔστιν δοῦλος μείζων
Jn 13:18 **Οὐ** περὶ πάντων ὑμῶν
Jn 13:33 ἐγὼ ὑπάγω ὑμεῖς **οὐ** δύνασθε ἐλθεῖν,
Jn 13:36 ὅπου ὑπάγω **οὐ** δύνασαί μοι νῦν
Jn 13:37 διὰ τί **οὐ** δύναμαί σοι ἀκολουθῆσαι
Jn 13:38 **οὐ** μὴ ἀλέκτωρ φωνήσῃ
Jn 14:5 **οὐκ** οἴδαμεν ποῦ ὑπάγεις·
Jn 14:9 ὑμῶν εἰμι καὶ **οὐκ** ἔγνωκάς με,
Jn 14:10 **οὐ** πιστεύεις ὅτι ἐγὼ
Jn 14:10 ὑμῖν ἀπ' ἐμαυτοῦ **οὐ** λαλῶ,
Jn 14:17 ὃ ὁ κόσμος **οὐ** δύναται λαβεῖν,
Jn 14:17 ὅτι **οὐ** θεωρεῖ αὐτὸ οὐδὲ
Jn 14:18 **Οὐκ** ἀφήσω ὑμᾶς ὀρφανούς,
Jn 14:22 **οὐχ** ὁ Ἰσκαριώτης·
Jn 14:24 τοὺς λόγους μου **οὐ** τηρεῖ·
Jn 14:24 λόγος ὃν ἀκούετε **οὐκ** ἔστιν ἐμὸς ἀλλὰ
Jn 14:27 **οὐ** καθὼς ὁ κόσμος
Jn 14:30 καὶ ἐν ἐμοὶ **οὐκ** ἔχει οὐδέν,
Jn 15:4 καθὼς τὸ κλῆμα **οὐ** δύναται καρπὸν φέρειν
Jn 15:5 ὅτι χωρὶς ἐμοῦ **οὐ** δύνασθε ποιεῖν οὐδέν.
Jn 15:15 ὅτι ὁ δοῦλος **οὐκ** οἶδεν τί
Jn 15:16 **οὐχ** ὑμεῖς με ἐξελέξασθε,
Jn 15:19 ἐκ τοῦ κόσμου **οὐκ** ἐστέ,
Jn 15:20 **οὐκ** ἔστιν δοῦλος μείζων
Jn 15:21 ὅτι **οὐκ** οἴδασιν τὸν πέμψαντά
Jn 15:22 ἁμαρτίαν **οὐκ** εἴχοσαν·
Jn 15:22 νῦν δὲ πρόφασιν **οὐκ** ἔχουσιν περὶ τῆς
Jn 15:24 ἁμαρτίαν **οὐκ** εἴχοσαν· ν

Jn 16:3 ταῦτα ποιήσουσιν ὅτι **οὐκ** ἔγνωσαν τὸν πατέρα
Jn 16:4 ὑμῖν ἐξ ἀρχῆς **οὐκ** εἶπον,
Jn 16:7 ὁ παράκλητος οὐκ **ἐλεύσεται** πρὸς ὑμᾶς·
Jn 16:9 ὅτι **οὐ** πιστεύουσιν εἰς ἐμέ·
Jn 16:12 ἀλλ' **οὐ** δύνασθε βαστάζειν ἄρτι·
Jn 16:13 **οὐ** γὰρ λαλήσει ἀφ'
Jn 16:17 καὶ **οὐ** θεωρεῖτέ με,
Jn 16:18 **οὐκ** οἴδαμεν τί λαλεῖ.
Jn 16:19 μικρὸν καὶ **οὐ** θεωρεῖτέ με,
Jn 16:23 τῇ ἡμέρᾳ ἐμὲ **οὐκ** ἐρωτήσετε οὐδέν.
Jn 16:24 ἕως ἄρτι **οὐκ** ᾐτήσατε οὐδὲν ἐν
Jn 16:26 καὶ **οὐ** λέγω ὑμῖν ὅτι
Jn 16:30 οἶδας πάντα καὶ **οὐ** χρείαν ἔχεις ἵνα
Jn 16:32 καὶ **οὐκ** εἰμὶ μόνος,
Jn 17:9 **οὐ** περὶ τοῦ κόσμου
Jn 17:14 ὅτι **οὐκ** εἰσὶν ἐκ τοῦ
Jn 17:14 κόσμου καθὼς ἐγὼ **οὐκ** εἰμὶ ἐκ τοῦ
Jn 17:15 **οὐκ** ἐρωτῶ ἵνα ἄρῃς
Jn 17:16 ἐκ τοῦ κόσμου **οὐκ** εἰσὶν καθὼς ἐγὼ
Jn 17:16 εἰσὶν καθὼς ἐγὼ **οὐκ** εἰμὶ ἐκ τοῦ
Jn 17:20 **Οὐ** περὶ τούτων δὲ
Jn 17:25 ὁ κόσμος σε **οὐκ** ἔγνω,
Jn 18:9 οὓς δέδωκάς μοι **οὐκ** ἀπώλεσα ἐξ αὐτῶν
Jn 18:11 ὁ πατὴρ **οὐ** μὴ πίω αὐτό;
Jn 18:17 **οὐκ** εἰμί.
Jn 18:25 **οὐκ** εἰμί.
Jn 18:26 **οὐκ** ἐγώ σε εἶδον ἐν
Jn 18:28 καὶ αὐτοὶ **οὐκ** εἰσῆλθον ε
Jn 18:30 **οὐκ** ἄν σοι παρεδώκαμεν
Jn 18:31 ἡμῖν **οὐκ** ἔξεστιν ἀποκτεῖναι οὐδένα·
Jn 18:36 βασιλεία ἡ ἐμὴ **οὐκ** ἔστιν ἐκ τοῦ
Jn 18:36 βασιλεία ἡ ἐμὴ **οὐκ** ἔστιν ἐντεῦθεν.
Jn 19:6 ἐγὼ γὰρ **οὐχ** εὑρίσκω ἐν αὐτῷ αἰτίαν.
Jn 19:9 δὲ Ἰησοῦς ἀπόκρισιν **οὐκ** ἔδωκεν αὐτῷ.
Jn 19:10 ἐμοὶ **οὐ** λαλεῖς;
Jn 19:10 **οὐκ** οἶδας ὅτι ἐξουσίαν
Jn 19:11 **οὐκ** εἶχες ἐξουσίαν κατ'
Jn 19:12 **οὐκ** εἶ φίλος τοῦ
Jn 19:15 **οὐκ** ἔχομεν βασιλέα
Jn 19:33 **οὐ** κατέαξαν αὐτοῦ τὰ
Jn 19:36 ὀστοῦν **οὐ** συντριβήσεται αὐτοῦ.
Jn 20:2 καὶ **οὐκ** οἴδαμεν ποῦ ἔθηκαν αὐτόν.
Jn 20:5 **οὐ** μέντοι εἰσῆλθεν.
Jn 20:7 **οὐ** μετὰ τῶν ὀθονίων
Jn 20:13 καὶ **οὐκ** οἶδα ποῦ ἔθηκαν
Jn 20:14 Ἰησοῦν ἑστῶτα καὶ **οὐκ** ᾔδει ὅτι Ἰησοῦς
Jn 20:24 **οὐκ** ἦν μετ' αὐτῶν
Jn 20:25 **οὐ** μὴ πιστεύσω.
Jn 20:30 ἃ **οὐκ** ἔστιν γεγραμμένα
Jn 21:4 **οὐ** μέντοι ᾔδεισαν οἱ
Jn 21:5 **οὔ**.
Jn 21:8 **οὐ** γὰρ ἦσαν μακρὰν
Jn 21:11 καὶ τοσούτων ὄντων **οὐκ** ἐσχίσθη τὸ
Jn 21:18 καὶ οἴσει ὅπου **οὐ** θέλεις.
Jn 21:23 ὁ μαθητὴς ἐκεῖνος **οὐκ** ἀποθνῄσκει·
Jn 21:23 **οὐκ** εἶπεν δὲ αὐτῷ
Jn 21:23 ὁ Ἰησοῦς ὅτι **οὐκ** ἀποθνῄσκει

οὐδέ (*oude*; 16[17]/141[143]) *neither, nor*

Jn 1:3 χωρὶς αὐτοῦ ἐγένετο **οὐδὲ** ἕν.
Jn 1:13 οὐκ ἐξ αἱμάτων **οὐδὲ** ἐκ θελήματος σαρκὸς
Jn 1:13 ἐκ θελήματος σαρκὸς **οὐδὲ** ἐκ θελήματος ἀνδρὸς
Jn 1:25 εἰ ὁ χριστὸς **οὐδὲ** Ἠλίας οὐδὲ ὁ
Jn 1:25 χριστὸς οὐδὲ Ἠλίας **οὐδὲ** ὁ προφήτης;
Jn 3:27 δύναται ἄνθρωπος λαμβάνειν **οὐδὲ** ἓν ἐὰν
Jn 5:22 **οὐδὲ** γὰρ ὁ πατὴρ
Jn 6:24 οὐκ ἔστιν ἐκεῖ **οὐδὲ** οἱ μαθηταὶ αὐτοῦ,
Jn 7:5 **οὐδὲ** γὰρ οἱ ἀδελφοὶ
[Jn 8:11] **οὐδὲ** ἐγώ σε κατακρίνω·
Jn 8:42 **οὐδὲ** γὰρ ἀπ' ἐμαυτοῦ
Jn 11:50 **οὐδὲ** λογίζεσθε ὅτι συμφέρει
Jn 13:16 τοῦ κυρίου αὐτοῦ **οὐδὲ** ἀπόστολος μείζων
Jn 14:17 οὐ θεωρεῖ αὐτὸ **οὐδὲ** γινώσκει·
Jn 15:4 οὕτως **οὐδὲ** ὑμεῖς ἐὰν μὴ
Jn 16:3 ἔγνωσαν τὸν πατέρα **οὐδὲ** ἐμέ.
Jn 21:25 **οὐδ'** αὐτὸν οἶμαι τὸν

οὐδείς (*oudeis*; 51[53]/225[227]) *no one*

Jn 1:18 Θεὸν **οὐδεὶς** ἑώρακεν πώποτε·
Jn 3:2 **οὐδεὶς** γὰρ δύναται ταῦτα
Jn 3:13 καὶ **οὐδεὶς** ἀναβέβηκεν εἰς τὸν
Jn 3:32 τὴν μαρτυρίαν αὐτοῦ **οὐδεὶς** λαμβάνει.
Jn 4:27 **οὐδεὶς** μέντοι εἶπεν·
Jn 5:19 ποιεῖν ἀφ' ἑαυτοῦ **οὐδὲν** ἐὰν μή τι
Jn 5:22 ὁ πατὴρ κρίνει **οὐδένα**,
Jn 5:30 ποιεῖν ἀπ' ἐμαυτοῦ **οὐδέν**·
Jn 6:44 **οὐδεὶς** δύναται ἐλθεῖν πρός
Jn 6:63 σὰρξ οὐκ ὠφελεῖ **οὐδέν**·
Jn 6:65 εἴρηκα ὑμῖν ὅτι **οὐδεὶς** δύναται ἐλθεῖν πρός
Jn 7:4 **οὐδεὶς** γάρ τι ἐν
Jn 7:13 **οὐδεὶς** μέντοι παρρησίᾳ ἐλάλει
Jn 7:19 καὶ **οὐδεὶς** ἐξ ὑμῶν ποιεῖ
Jn 7:26 παρρησίᾳ λαλεῖ καὶ **οὐδὲν** αὐτῷ λέγουσιν.
Jn 7:27 χριστὸς ὅταν ἔρχηται **οὐδεὶς** γινώσκει πόθεν ἐστίν.
Jn 7:30 καὶ **οὐδεὶς** ἐπέβαλεν ἐπ' αὐτὸν
Jn 7:44 ἀλλ' **οὐδεὶς** ἐπέβαλεν ἐπ' αὐτὸν
[Jn 8:10] **οὐδείς** σε κατέκρινεν;
[Jn 8:11] **οὐδείς**,
Jn 8:15 ἐγὼ οὐ κρίνω **οὐδένα**.
Jn 8:20 καὶ **οὐδεὶς** ἐπίασεν αὐτόν,
Jn 8:28 ἀπ' ἐμαυτοῦ ποιῶ **οὐδέν**,
Jn 8:33 Ἀβραάμ ἐσμεν καὶ **οὐδενὶ** δεδουλεύκαμεν πώποτε·
Jn 8:54 ἡ δόξα μου **οὐδέν** ἐστιν·
Jn 9:4 ἔρχεται νὺξ ὅτε **οὐδεὶς** δύναται ἐργάζεσθαι.
Jn 9:33 οὐκ ἠδύνατο ποιεῖν **οὐδέν**.
Jn 10:18 **οὐδεὶς** αἴρει αὐτὴν ἀπ'
Jn 10:29 καὶ **οὐδεὶς** δύναται ἁρπάζειν ἐκ
Jn 10:41 μὲν σημεῖον ἐποίησεν **οὐδέν**,
Jn 11:49 ὑμεῖς οὐκ οἴδατε **οὐδέν**,
Jn 12:19 ὅτι οὐκ ὠφελεῖτε **οὐδέν**·
Jn 13:28 τοῦτο [δὲ] **οὐδεὶς** ἔγνω τῶν ἀνακειμένων
Jn 14:6 **οὐδεὶς** ἔρχεται πρὸς τὸν
Jn 14:30 ἐμοὶ οὐκ ἔχει **οὐδέν**,
Jn 15:5 οὐ δύνασθε ποιεῖν **οὐδέν**.
Jn 15:13 μείζονα ταύτης ἀγάπην **οὐδεὶς** ἔχει,
Jn 15:24 ἐν αὐτοῖς ἃ **οὐδεὶς** ἄλλος ἐποίησεν,
Jn 16:5 καὶ **οὐδεὶς** ἐξ ὑμῶν ἐρωτᾷ
Jn 16:22 τὴν χαρὰν ὑμῶν **οὐδεὶς** αἴρει ἀφ' ὑμῶν.
Jn 16:23 ἐμὲ οὐκ ἐρωτήσετε **οὐδέν**.
Jn 16:24 ἄρτι οὐκ ᾐτήσατε **οὐδὲν** ἐν τῷ ὀνόματί
Jn 16:29 λαλεῖς καὶ παροιμίαν **οὐδεμίαν** λέγεις.
Jn 17:12 καὶ **οὐδεὶς** ἐξ αὐτῶν ἀπώλετο
Jn 18:9 ἀπώλεσα ἐξ αὐτῶν **οὐδένα**.
Jn 18:20 ἐν κρυπτῷ ἐλάλησα **οὐδέν**.

Jn 18:31 οὐκ ἔξεστιν ἀποκτεῖναι **οὐδένα**·
Jn 18:38 ἐγὼ **οὐδεμίαν** εὑρίσκω ἐν αὐτῷ
Jn 19:4 ἵνα γνῶτε ὅτι **οὐδεμίαν** αἰτίαν εὑρίσκω ἐν
Jn 19:11 ἐξουσίαν κατ' ἐμοῦ **οὐδεμίαν** εἰ μὴ ἦν
Jn 19:41 ἐν ᾧ οὐδέπω **οὐδεὶς** ἦν τεθειμένος·
Jn 21:3 τῇ νυκτὶ ἐπίασαν **οὐδέν**.
Jn 21:12 **οὐδεὶς** δὲ ἐτόλμα τῶν

οὐδέποτε (*oudepote*; 1/16) *never*

Jn 7:46 **οὐδέποτε** ἐλάλησεν οὕτως ἄνθρωπος.

οὐδέπω (*oudepō*; 3/4) *not yet*

Jn 7:39 ὅτι Ἰησοῦς **οὐδέπω** ἐδοξάσθη.
Jn 19:41 καινὸν ἐν ᾧ **οὐδέπω** οὐδεὶς ἦν τεθειμένος·
Jn 20:9 **οὐδέπω** γὰρ ᾔδεισαν τὴν

οὐκέτι (*ouketi*; 12/47) *no longer*

Jn 4:42 γυναικὶ ἔλεγον ὅτι **οὐκέτι** διὰ τὴν σὴν
Jn 6:66 τὰ ὀπίσω καὶ **οὐκέτι** μετ' αὐτοῦ περιεπάτουν.
Jn 11:54 Ὁ οὖν Ἰησοῦς **οὐκέτι** παρρησίᾳ περιεπάτει
Jn 14:19 ὁ κόσμος με **οὐκέτι** θεωρεῖ,
Jn 14:30 **οὐκέτι** πολλὰ λαλήσω μεθ'
Jn 15:15 **οὐκέτι** λέγω ὑμᾶς δούλους,
Jn 16:10 πατέρα ὑπάγω καὶ **οὐκέτι** θεωρεῖτέ με·
Jn 16:16 Μικρὸν καὶ **οὐκέτι** θεωρεῖτέ με,
Jn 16:21 **οὐκέτι** μνημονεύει τῆς θλίψεως
Jn 16:25 ἔρχεται ὥρα ὅτε **οὐκέτι** ἐν παροιμίαις λαλήσω
Jn 17:11 καὶ **οὐκέτι** εἰμὶ ἐν τῷ
Jn 21:6 καὶ **οὐκέτι** αὐτὸ ἑλκύσαι ἴσχυον

οὐκοῦν (*oukoun*; 1/1) *so, then*

Jn 18:37 **οὐκοῦν** βασιλεὺς εἶ σύ;

οὖν (*oun*; 199[200]/497[499]) *therefore*

Jn 1:21 τί **οὖν**;
Jn 1:22 εἶπαν **οὖν** αὐτῷ·
Jn 1:25 τί **οὖν** βαπτίζεις εἰ σὺ
Jn 1:39 ἦλθαν **οὖν** καὶ εἶδαν ποῦ
Jn 2:18 Ἀπεκρίθησαν **οὖν** οἱ Ἰουδαῖοι καὶ
Jn 2:20 εἶπαν **οὖν** οἱ Ἰουδαῖοι·
Jn 2:22 ὅτε **οὖν** ἠγέρθη ἐκ νεκρῶν,
Jn 3:25 Ἐγένετο **οὖν** ζήτησις ἐκ τῶν
Jn 3:29 αὕτη **οὖν** ἡ χαρὰ ἡ
Jn 4:1 Ὡς **οὖν** ἔγνω ὁ Ἰησοῦς
Jn 4:5 ἔρχεται **οὖν** εἰς πόλιν τῆς
Jn 4:6 ὁ **οὖν** Ἰησοῦς κεκοπιακὼς ἐκ
Jn 4:9 λέγει **οὖν** αὐτῷ ἡ γυνὴ
Jn 4:11 πόθεν **οὖν** ἔχεις τὸ ὕδωρ
Jn 4:28 ἀφῆκεν **οὖν** τὴν ὑδρίαν αὐτῆς
Jn 4:33 ἔλεγον **οὖν** οἱ μαθηταὶ πρὸς
Jn 4:40 ὡς **οὖν** ἦλθον πρὸς αὐτὸν
Jn 4:45 ὅτε **οὖν** ἦλθεν εἰς τὴν
Jn 4:46 Ἦλθεν **οὖν** πάλιν εἰς τὴν
Jn 4:48 εἶπεν **οὖν** ὁ Ἰησοῦς πρὸς
Jn 4:52 ἐπύθετο **οὖν** τὴν ὥραν παρ'
Jn 4:52 εἶπαν **οὖν** αὐτῷ ὅτι ἐχθὲς
Jn 4:53 ἔγνω **οὖν** ὁ πατὴρ ὅτι
Jn 5:10 ἔλεγον **οὖν** οἱ Ἰουδαῖοι τῷ
Jn 5:18 διὰ τοῦτο **οὖν** μᾶλλον ἐζήτουν αὐτὸν
Jn 5:19 Ἀπεκρίνατο **οὖν** ὁ Ἰησοῦς καὶ
Jn 6:5 Ἐπάρας **οὖν** τοὺς ὀφθαλμοὺς ὁ
Jn 6:10 ἀνέπεσαν **οὖν** οἱ ἄνδρες τὸν
Jn 6:11 ἔλαβεν **οὖν** τοὺς ἄρτους ὁ
Jn 6:13 συνήγαγον **οὖν** καὶ ἐγέμισαν δώδεκα
Jn 6:14 Οἱ **οὖν** ἄνθρωποι ἰδόντες ὃ
Jn 6:15 Ἰησοῦς **οὖν** γνοὺς ὅτι μέλλουσιν
Jn 6:19 ἐληλακότες **οὖν** ὡς σταδίους εἴκοσι
Jn 6:21 ἤθελον **οὖν** λαβεῖν αὐτὸν εἰς
Jn 6:24 ὅτε **οὖν** εἶδεν ὁ ὄχλος
Jn 6:28 εἶπον **οὖν** πρὸς αὐτόν·
Jn 6:30 Εἶπον **οὖν** αὐτῷ·
Jn 6:30 τί **οὖν** ποιεῖς σὺ σημεῖον,
Jn 6:32 εἶπεν **οὖν** αὐτοῖς ὁ Ἰησοῦς·
Jn 6:34 εἶπον **οὖν** πρὸς αὐτόν·
Jn 6:41 Ἐγόγγυζον **οὖν** οἱ Ἰουδαῖοι περὶ
Jn 6:52 Ἐμάχοντο **οὖν** πρὸς ἀλλήλους οἱ
Jn 6:53 εἶπεν **οὖν** αὐτοῖς ὁ Ἰησοῦς·
Jn 6:60 Πολλοὶ **οὖν** ἀκούσαντες ἐκ τῶν
Jn 6:62 ἐὰν **οὖν** θεωρῆτε τὸν υἱὸν
Jn 6:67 εἶπεν **οὖν** ὁ Ἰησοῦς τοῖς
Jn 7:3 εἶπον **οὖν** πρὸς αὐτὸν οἱ
Jn 7:6 λέγει **οὖν** αὐτοῖς ὁ Ἰησοῦς·
Jn 7:11 οἱ **οὖν** Ἰουδαῖοι ἐζήτουν αὐτὸν
Jn 7:15 ἐθαύμαζον **οὖν** οἱ Ἰουδαῖοι λέγοντες·
Jn 7:16 ἀπεκρίθη **οὖν** αὐτοῖς [ὁ] Ἰησοῦς
Jn 7:25 Ἔλεγον **οὖν** τινες ἐκ τῶν
Jn 7:28 ἔκραξεν **οὖν** ἐν τῷ ἱερῷ
Jn 7:30 Ἐζήτουν **οὖν** αὐτὸν πιάσαι,
Jn 7:33 εἶπεν **οὖν** ὁ Ἰησοῦς·
Jn 7:35 εἶπον **οὖν** οἱ Ἰουδαῖοι πρὸς
Jn 7:40 Ἐκ τοῦ ὄχλου **οὖν** ἀκούσαντες τῶν λόγων
Jn 7:43 σχίσμα **οὖν** ἐγένετο ἐν τῷ
Jn 7:45 Ἦλθον **οὖν** οἱ ὑπηρέται πρὸς
Jn 7:47 ἀπεκρίθησαν **οὖν** αὐτοῖς οἱ Φαρισαῖοι·
[Jn 8:5] σὺ **οὖν** τί λέγεις;
Jn 8:12 Πάλιν **οὖν** αὐτοῖς ἐλάλησεν ὁ
Jn 8:13 εἶπον **οὖν** αὐτῷ οἱ Φαρισαῖοι·
Jn 8:19 ἔλεγον **οὖν** αὐτῷ·
Jn 8:21 Εἶπεν **οὖν** πάλιν αὐτοῖς·
Jn 8:22 ἔλεγον **οὖν** οἱ Ἰουδαῖοι·
Jn 8:24 εἶπον **οὖν** ὑμῖν ὅτι ἀποθανεῖσθε
Jn 8:25 ἔλεγον **οὖν** αὐτῷ·
Jn 8:28 εἶπεν **οὖν** [αὐτοῖς] ὁ Ἰησοῦς·
Jn 8:31 ἔλεγεν **οὖν** ὁ Ἰησοῦς πρὸς
Jn 8:36 ἐὰν **οὖν** ὁ υἱὸς ὑμᾶς
Jn 8:38 καὶ ὑμεῖς **οὖν** ἃ ἠκούσατε παρὰ
Jn 8:41 εἶπαν **[οὖν]** αὐτῷ·
Jn 8:52 εἶπον **[οὖν]** αὐτῷ οἱ Ἰουδαῖοι·
Jn 8:57 εἶπον **οὖν** οἱ Ἰουδαῖοι πρὸς
Jn 8:59 ἦραν **οὖν** λίθους ἵνα βάλωσιν
Jn 9:7 ἀπῆλθεν **οὖν** καὶ ἐνίψατο καὶ
Jn 9:8 Οἱ **οὖν** γείτονες καὶ οἱ
Jn 9:10 ἔλεγον **οὖν** αὐτῷ·
Jn 9:10 πῶς **[οὖν]** ἠνεῴχθησάν σου
Jn 9:11 ἀπελθὼν **οὖν** καὶ νιψάμενος ἀνέβλεψα.
Jn 9:15 πάλιν **οὖν** ἠρώτων αὐτὸν καὶ
Jn 9:16 ἔλεγον **οὖν** ἐκ τῶν Φαρισαίων
Jn 9:17 λέγουσιν **οὖν** τῷ τυφλῷ πάλιν·
Jn 9:18 Οὐκ ἐπίστευσαν **οὖν** οἱ Ἰουδαῖοι περὶ
Jn 9:19 πῶς **οὖν** βλέπει ἄρτι;
Jn 9:20 ἀπεκρίθησαν **οὖν** οἱ γονεῖς αὐτοῦ
Jn 9:24 Ἐφώνησαν **οὖν** τὸν ἄνθρωπον ἐκ
Jn 9:25 ἀπεκρίθη **οὖν** ἐκεῖνος·
Jn 9:26 εἶπον **οὖν** αὐτῷ·
Jn 10:7 Εἶπεν **οὖν** πάλιν ὁ Ἰησοῦς·

Jn 10:24 ἐκύκλωσαν **οὖν** αὐτὸν οἱ Ἰουδαῖοι
Jn 10:39 Ἐζήτουν [**οὖν**] αὐτὸν πάλιν πιάσαι,
Jn 11:3 ἀπέστειλαν **οὖν** αἱ ἀδελφαὶ πρὸς
Jn 11:6 ὡς **οὖν** ἤκουσεν ὅτι ἀσθενεῖ,
Jn 11:12 εἶπαν **οὖν** οἱ μαθηταὶ αὐτῷ·
Jn 11:14 τότε **οὖν** εἶπεν αὐτοῖς ὁ
Jn 11:16 εἶπεν **οὖν** Θωμᾶς ὁ λεγόμενος
Jn 11:17 Ἐλθὼν **οὖν** ὁ Ἰησοῦς εὗρεν
Jn 11:20 ἡ **οὖν** Μάρθα ὡς ἤκουσεν
Jn 11:21 εἶπεν **οὖν** ἡ Μάρθα πρὸς
Jn 11:31 οἱ **οὖν** Ἰουδαῖοι οἱ ὄντες
Jn 11:32 Ἡ **οὖν** Μαριὰμ ὡς ἦλθεν
Jn 11:33 Ἰησοῦς **οὖν** ὡς εἶδεν αὐτὴν
Jn 11:36 ἔλεγον **οὖν** οἱ Ἰουδαῖοι·
Jn 11:38 Ἰησοῦς **οὖν** πάλιν ἐμβριμώμενος ἐν
Jn 11:41 ἦραν **οὖν** τὸν λίθον.
Jn 11:45 Πολλοὶ **οὖν** ἐκ τῶν Ἰουδαίων
Jn 11:47 Συνήγαγον **οὖν** οἱ ἀρχιερεῖς καὶ
Jn 11:53 ἀπ' ἐκείνης **οὖν** τῆς ἡμέρας ἐβουλεύσαντο
Jn 11:54 Ὁ **οὖν** Ἰησοῦς οὐκέτι παρρησίᾳ
Jn 11:56 ἐζήτουν **οὖν** τὸν Ἰησοῦν καὶ
Jn 12:1 Ὁ **οὖν** Ἰησοῦς πρὸ ἓξ
Jn 12:2 ἐποίησαν **οὖν** αὐτῷ δεῖπνον ἐκεῖ,
Jn 12:3 Ἡ **οὖν** Μαριὰμ λαβοῦσα λίτραν
Jn 12:7 εἶπεν **οὖν** ὁ Ἰησοῦς·
Jn 12:9 Ἔγνω **οὖν** [ὁ] ὄχλος πολὺς
Jn 12:17 ἐμαρτύρει **οὖν** ὁ ὄχλος ὁ
Jn 12:19 οἱ **οὖν** Φαρισαῖοι εἶπαν πρὸς
Jn 12:21 οὗτοι **οὖν** προσῆλθον Φιλίππῳ τῷ
Jn 12:28 ἦλθεν **οὖν** φωνὴ ἐκ τοῦ
Jn 12:29 ὁ **οὖν** ὄχλος ὁ ἑστὼς
Jn 12:34 Ἀπεκρίθη **οὖν** αὐτῷ ὁ ὄχλος·
Jn 12:35 εἶπεν **οὖν** αὐτοῖς ὁ Ἰησοῦς·
Jn 12:50 ἃ **οὖν** ἐγὼ λαλῶ,
Jn 13:6 ἔρχεται **οὖν** πρὸς Σίμωνα Πέτρον·
Jn 13:12 Ὅτε **οὖν** ἔνιψεν τοὺς πόδας
Jn 13:14 εἰ **οὖν** ἐγὼ ἔνιψα ὑμῶν
Jn 13:24 νεύει **οὖν** τούτῳ Σίμων Πέτρος
Jn 13:25 ἀναπεσὼν **οὖν** ἐκεῖνος οὕτως ἐπὶ
Jn 13:26 βάψας **οὖν** τὸ ψωμίον [λαμβάνει
Jn 13:27 λέγει **οὖν** αὐτῷ ὁ Ἰησοῦς·
Jn 13:30 λαβὼν **οὖν** τὸ ψωμίον ἐκεῖνος
Jn 13:31 Ὅτε **οὖν** ἐξῆλθεν,
Jn 16:17 εἶπαν **οὖν** ἐκ τῶν μαθητῶν
Jn 16:18 ἔλεγον **οὖν**·
Jn 16:22 καὶ ὑμεῖς **οὖν** νῦν μὲν λύπην
Jn 18:3 ὁ **οὖν** Ἰούδας λαβὼν τὴν
Jn 18:4 Ἰησοῦς **οὖν** εἰδὼς πάντα τὰ
Jn 18:6 ὡς **οὖν** εἶπεν αὐτοῖς·
Jn 18:7 πάλιν **οὖν** ἐπηρώτησεν αὐτούς·
Jn 18:8 εἰ **οὖν** ἐμὲ ζητεῖτε,
Jn 18:10 Σίμων **οὖν** Πέτρος ἔχων μάχαιραν
Jn 18:11 εἶπεν **οὖν** ὁ Ἰησοῦς τῷ
Jn 18:12 Ἡ **οὖν** σπεῖρα καὶ ὁ
Jn 18:16 ἐξῆλθεν **οὖν** ὁ μαθητὴς ὁ
Jn 18:17 λέγει **οὖν** τῷ Πέτρῳ ἡ
Jn 18:19 Ὁ **οὖν** ἀρχιερεὺς ἠρώτησεν τὸν
Jn 18:24 ἀπέστειλεν **οὖν** αὐτὸν ὁ Ἅννας
Jn 18:25 εἶπον **οὖν** αὐτῷ·
Jn 18:27 πάλιν **οὖν** ἠρνήσατο Πέτρος,
Jn 18:28 Ἄγουσιν **οὖν** τὸν Ἰησοῦν ἀπὸ
Jn 18:29 ἐξῆλθεν **οὖν** ὁ Πιλᾶτος ἔξω
Jn 18:31 εἶπεν **οὖν** αὐτοῖς ὁ Πιλᾶτος·
Jn 18:33 Εἰσῆλθεν **οὖν** πάλιν εἰς τὸ
Jn 18:37 εἶπεν **οὖν** αὐτῷ ὁ Πιλᾶτος·
Jn 18:39 βούλεσθε **οὖν** ἀπολύσω ὑμῖν τὸν
Jn 18:40 ἐκραύγασαν **οὖν** πάλιν λέγοντες·
Jn 19:1 Τότε **οὖν** ἔλαβεν ὁ Πιλᾶτος
Jn 19:5 ἐξῆλθεν **οὖν** ὁ Ἰησοῦς ἔξω,
Jn 19:6 Ὅτε **οὖν** εἶδον αὐτὸν οἱ
Jn 19:8 Ὅτε **οὖν** ἤκουσεν ὁ Πιλᾶτος
Jn 19:10 λέγει **οὖν** αὐτῷ ὁ Πιλᾶτος·
Jn 19:13 ὁ **οὖν** Πιλᾶτος ἀκούσας τῶν
Jn 19:15 ἐκραύγασαν **οὖν** ἐκεῖνοι·
Jn 19:16 Τότε **οὖν** παρέδωκεν αὐτὸν αὐτοῖς
Jn 19:16 Παρέλαβον **οὖν** τὸν Ἰησοῦν,
Jn 19:20 τοῦτον **οὖν** τὸν τίτλον πολλοὶ
Jn 19:21 ἔλεγον **οὖν** τῷ Πιλάτῳ οἱ
Jn 19:23 Οἱ **οὖν** στρατιῶται,
Jn 19:24 εἶπαν **οὖν** πρὸς ἀλλήλους·
Jn 19:24 Οἱ μὲν **οὖν** στρατιῶται ταῦτα ἐποίησαν.
Jn 19:26 Ἰησοῦς **οὖν** ἰδὼν τὴν μητέρα
Jn 19:29 σπόγγον **οὖν** μεστὸν τοῦ ὄξους
Jn 19:30 ὅτε **οὖν** ἔλαβεν τὸ ὄξος
Jn 19:31 Οἱ **οὖν** Ἰουδαῖοι,
Jn 19:32 ἦλθον **οὖν** οἱ στρατιῶται καὶ
Jn 19:38 ἦλθεν **οὖν** καὶ ἦρεν τὸ
Jn 19:40 ἔλαβον **οὖν** τὸ σῶμα τοῦ
Jn 19:42 ἐκεῖ **οὖν** διὰ τὴν παρασκευὴν
Jn 20:2 τρέχει **οὖν** καὶ ἔρχεται πρὸς
Jn 20:3 Ἐξῆλθεν **οὖν** ὁ Πέτρος καὶ
Jn 20:6 ἔρχεται **οὖν** καὶ Σίμων Πέτρος
Jn 20:8 τότε **οὖν** εἰσῆλθεν καὶ ὁ
Jn 20:10 ἀπῆλθον **οὖν** πάλιν πρὸς αὐτοὺς
Jn 20:11 ὡς **οὖν** ἔκλαιεν,
Jn 20:19 Οὔσης **οὖν** ὀψίας τῇ ἡμέρᾳ
Jn 20:20 ἐχάρησαν **οὖν** οἱ μαθηταὶ ἰδόντες
Jn 20:21 εἶπεν **οὖν** αὐτοῖς [ὁ Ἰησοῦς]
Jn 20:25 ἔλεγον **οὖν** αὐτῷ οἱ ἄλλοι
Jn 20:30 Πολλὰ μὲν **οὖν** καὶ ἄλλα σημεῖα
Jn 21:5 λέγει **οὖν** αὐτοῖς [ὁ] Ἰησοῦς·
Jn 21:6 ἔβαλον **οὖν**,
Jn 21:7 λέγει **οὖν** ὁ μαθητὴς ἐκεῖνος
Jn 21:7 Σίμων **οὖν** Πέτρος ἀκούσας ὅτι
Jn 21:9 ὡς **οὖν** ἀπέβησαν εἰς τὴν
Jn 21:11 ἀνέβη **οὖν** Σίμων Πέτρος καὶ
Jn 21:15 Ὅτε **οὖν** ἠρίστησαν λέγει τῷ
Jn 21:21 τοῦτον **οὖν** ἰδὼν ὁ Πέτρος
Jn 21:23 ἐξῆλθεν **οὖν** οὗτος ὁ λόγος

οὔπω (*oupō*; 11/26) *not yet*

Jn 2:4 **οὔπω** ἥκει ἡ ὥρα
Jn 3:24 **οὔπω** γὰρ ἦν βεβλημένος
Jn 6:17 ἤδη ἐγεγόνει καὶ **οὔπω** ἐληλύθει πρὸς αὐτοὺς
Jn 7:6 καιρὸς ὁ ἐμὸς **οὔπω** πάρεστιν,
Jn 7:8 ὁ ἐμὸς καιρὸς **οὔπω** πεπλήρωται.
Jn 7:30 ὅτι **οὔπω** ἐληλύθει ἡ ὥρα
Jn 7:39 **οὔπω** γὰρ ἦν πνεῦμα,
Jn 8:20 ὅτι **οὔπω** ἐληλύθει ἡ ὥρα
Jn 8:57 πεντήκοντα ἔτη **οὔπω** ἔχεις καὶ Ἀβραὰμ
Jn 11:30 **οὔπω** δὲ ἐληλύθει ὁ
Jn 20:17 **οὔπω** γὰρ ἀναβέβηκα πρὸς

οὐρανός (*ouranos*; 18/272[273]) *heaven*

Jn 1:32 ὡς περιστερὰν ἐξ **οὐρανοῦ** καὶ ἔμεινεν ἐπ'
Jn 1:51 ὄψεσθε τὸν **οὐρανὸν** ἀνεῳγότα καὶ τοὺς
Jn 3:13 ἀναβέβηκεν εἰς τὸν **οὐρανὸν** εἰ μὴ ὁ

Jn 3:13 ὁ ἐκ τοῦ **οὐρανοῦ** καταβάς,
Jn 3:27 αὐτῷ ἐκ τοῦ **οὐρανοῦ**.
Jn 3:31 ὁ ἐκ τοῦ **οὐρανοῦ** ἐρχόμενος [ἐπάνω πάντων
Jn 6:31 ἄρτον ἐκ τοῦ **οὐρανοῦ** ἔδωκεν αὐτοῖς φαγεῖν.
Jn 6:32 ἄρτον ἐκ τοῦ **οὐρανοῦ**,
Jn 6:32 ἄρτον ἐκ τοῦ **οὐρανοῦ** τὸν ἀληθινόν·
Jn 6:33 καταβαίνων ἐκ τοῦ **οὐρανοῦ** καὶ ζωὴν διδοὺς
Jn 6:38 καταβέβηκα ἀπὸ τοῦ **οὐρανοῦ** οὐχ ἵνα ποιῶ
Jn 6:41 καταβὰς ἐκ τοῦ **οὐρανοῦ**,
Jn 6:42 ὅτι ἐκ τοῦ **οὐρανοῦ** καταβέβηκα;
Jn 6:50 ὁ ἐκ τοῦ **οὐρανοῦ** καταβαίνων,
Jn 6:51 ὁ ἐκ τοῦ **οὐρανοῦ** καταβάς·
Jn 6:58 ἄρτος ὁ ἐξ **οὐρανοῦ** καταβάς,
Jn 12:28 φωνὴ ἐκ τοῦ **οὐρανοῦ**·
Jn 17:1 αὐτοῦ εἰς τὸν **οὐρανὸν** εἶπεν·

οὔτε (*oute*; 9/87) *not*

Jn 4:11 **οὔτε** ἄντλημα ἔχεις καὶ
Jn 4:21 ἔρχεται ὥρα ὅτε **οὔτε** ἐν τῷ ὄρει
Jn 4:21 τῷ ὄρει τούτῳ **οὔτε** ἐν Ἱεροσολύμοις προσκυνήσετε
Jn 5:37 **οὔτε** φωνὴν αὐτοῦ πώποτε
Jn 5:37 αὐτοῦ πώποτε ἀκηκόατε **οὔτε** εἶδος αὐτοῦ ἑωράκατε,
Jn 8:19 **οὔτε** ἐμὲ οἴδατε οὔτε
Jn 8:19 οὔτε ἐμὲ οἴδατε **οὔτε** τὸν πατέρα μου·
Jn 9:3 **οὔτε** οὗτος ἥμαρτεν οὔτε
Jn 9:3 οὔτε οὗτος ἥμαρτεν **οὔτε** οἱ γονεῖς αὐτοῦ,

οὗτος (*houtos*; 237[239]/1382[1387]) *this*

Jn 1:2 **οὗτος** ἦν ἐν ἀρχῇ
Jn 1:7 **οὗτος** ἦλθεν εἰς μαρτυρίαν
Jn 1:15 **οὗτος** ἦν ὃν εἶπον·
Jn 1:19 Καὶ **αὕτη** ἐστὶν ἡ μαρτυρία
Jn 1:28 **ταῦτα** ἐν Βηθανίᾳ ἐγένετο
Jn 1:30 **οὗτός** ἐστιν ὑπὲρ οὗ
Jn 1:31 τῷ Ἰσραὴλ διὰ **τοῦτο** ἦλθον ἐγὼ ἐν
Jn 1:33 **οὗτός** ἐστιν ὁ βαπτίζων
Jn 1:34 καὶ μεμαρτύρηκα ὅτι **οὗτός** ἐστιν ὁ υἱὸς
Jn 1:41 εὑρίσκει **οὗτος** πρῶτον τὸν ἀδελφὸν
Jn 1:50 μείζω **τούτων** ὄψῃ.
Jn 2:11 **Ταύτην** ἐποίησεν ἀρχὴν τῶν
Jn 2:12 Μετὰ **τοῦτο** κατέβη εἰς Καφαρναοὺμ
Jn 2:16 ἄρατε **ταῦτα** ἐντεῦθεν,
Jn 2:18 δεικνύεις ἡμῖν ὅτι **ταῦτα** ποιεῖς;
Jn 2:19 λύσατε τὸν ναὸν **τοῦτον** καὶ ἐν τρισὶν
Jn 2:20 οἰκοδομήθη ὁ ναὸς **οὗτος**,
Jn 2:22 μαθηταὶ αὐτοῦ ὅτι **τοῦτο** ἔλεγεν,
Jn 3:2 **οὗτος** ἦλθεν πρὸς αὐτὸν
Jn 3:2 οὐδεὶς γὰρ δύναται **ταῦτα** τὰ σημεῖα ποιεῖν
Jn 3:9 πῶς δύναται **ταῦτα** γενέσθαι;
Jn 3:10 τοῦ Ἰσραὴλ καὶ **ταῦτα** οὐ γινώσκεις;
Jn 3:19 **αὕτη** δέ ἐστιν ἡ
Jn 3:22 Μετὰ **ταῦτα** ἦλθεν ὁ Ἰησοῦς
Jn 3:26 ἴδε **οὗτος** βαπτίζει καὶ πάντες
Jn 3:29 **αὕτη** οὖν ἡ χαρὰ
Jn 3:32 ἑώρακεν καὶ ἤκουσεν **τοῦτο** μαρτυρεῖ,
Jn 4:13 ἐκ τοῦ ὕδατος **τούτου** διψήσει πάλιν·
Jn 4:15 δός μοι **τοῦτο** τὸ ὕδωρ,
Jn 4:18 **τοῦτο** ἀληθὲς εἴρηκας.
Jn 4:20 ἐν τῷ ὄρει **τούτῳ** προσεκύνησαν·
Jn 4:21 ἐν τῷ ὄρει **τούτῳ** οὔτε ἐν Ἱεροσολύμοις
Jn 4:27 Καὶ ἐπὶ **τούτῳ** ἦλθαν οἱ μαθηταὶ
Jn 4:29 μήτι **οὗτός** ἐστιν ὁ χριστός;
Jn 4:37 ἐν γὰρ **τούτῳ** ὁ λόγος ἐστὶν
Jn 4:42 καὶ οἴδαμεν ὅτι **οὗτός** ἐστιν ἀληθῶς ὁ
Jn 4:47 **οὗτος** ἀκούσας ὅτι Ἰησοῦς
Jn 4:54 **Τοῦτο** [δὲ] πάλιν δεύτερον
Jn 5:1 Μετὰ **ταῦτα** ἦν ἑορτὴ τῶν
Jn 5:3 ἐν **ταύταις** κατέκειτο πλῆθος τῶν
Jn 5:6 **τοῦτον** ἰδὼν ὁ Ἰησοῦς
Jn 5:14 μετὰ **ταῦτα** εὑρίσκει αὐτὸν ὁ
Jn 5:16 καὶ διὰ **τοῦτο** ἐδίωκον οἱ Ἰουδαῖοι
Jn 5:16 ὅτι **ταῦτα** ἐποίει ἐν σαββάτῳ.
Jn 5:18 διὰ **τοῦτο** οὖν μᾶλλον ἐζήτουν
Jn 5:19 **ταῦτα** καὶ ὁ υἱὸς
Jn 5:20 καὶ μείζονα **τούτων** δείξει αὐτῷ ἔργα,
Jn 5:28 μὴ θαυμάζετε **τοῦτο**,
Jn 5:34 ἀλλὰ **ταῦτα** λέγω ἵνα ὑμεῖς
Jn 5:38 **τούτῳ** ὑμεῖς οὐ πιστεύετε.
Jn 6:1 Μετὰ **ταῦτα** ἀπῆλθεν ὁ Ἰησοῦς
Jn 6:5 ἄρτους ἵνα φάγωσιν **οὗτοι**;
Jn 6:6 **τοῦτο** δὲ ἔλεγεν πειράζων
Jn 6:9 ἀλλὰ **ταῦτα** τί ἐστιν εἰς
Jn 6:14 σημεῖον ἔλεγον ὅτι **οὗτός** ἐστιν ἀληθῶς ὁ
Jn 6:27 **τοῦτον** γὰρ ὁ πατὴρ
Jn 6:29 **τοῦτό** ἐστιν τὸ ἔργον
Jn 6:34 ἡμῖν τὸν ἄρτον **τοῦτον**.
Jn 6:39 **τοῦτο** δέ ἐστιν τὸ
Jn 6:40 **τοῦτο** γάρ ἐστιν τὸ
Jn 6:42 οὐχ **οὗτός** ἐστιν Ἰησοῦς ὁ
Jn 6:46 **οὗτος** ἑώρακεν τὸν πατέρα.
Jn 6:50 **οὗτός** ἐστιν ὁ ἄρτος
Jn 6:51 τις φάγῃ ἐκ **τούτου** τοῦ ἄρτου ζήσει
Jn 6:52 πῶς δύναται **οὗτος** ἡμῖν δοῦναι τὴν
Jn 6:58 **οὗτός** ἐστιν ὁ ἄρτος
Jn 6:58 ὁ τρώγων τοῦτον **τὸν** ἄρτον ζήσει εἰς
Jn 6:59 **Ταῦτα** εἶπεν ἐν συναγωγῇ
Jn 6:60 ἐστιν ὁ λόγος **οὗτος**·
Jn 6:61 ὅτι γογγύζουσιν περὶ **τούτου** οἱ μαθηταὶ αὐτοῦ
Jn 6:61 **τοῦτο** ὑμᾶς σκανδαλίζει;
Jn 6:65 διὰ **τοῦτο** εἴρηκα ὑμῖν ὅτι
Jn 6:66 Ἐκ **τούτου** πολλοὶ [ἐκ] τῶν
Jn 6:71 **οὗτος** γὰρ ἔμελλεν παραδιδόναι
Jn 7:1 Καὶ μετὰ **ταῦτα** περιεπάτει ὁ Ἰησοῦς
Jn 7:4 εἰ **ταῦτα** ποιεῖς,
Jn 7:8 εἰς τὴν ἑορτὴν **ταύτην**,
Jn 7:9 **ταῦτα** δὲ εἰπὼν αὐτὸς
Jn 7:15 πῶς **οὗτος** γράμματα οἶδεν μὴ
Jn 7:18 τοῦ πέμψαντος αὐτὸν **οὗτος** ἀληθής ἐστιν
Jn 7:22 διὰ **τοῦτο** Μωϋσῆς δέδωκεν ὑμῖν
Jn 7:25 οὐχ **οὗτός** ἐστιν ὃν ζητοῦσιν
Jn 7:26 οἱ ἄρχοντες ὅτι **οὗτός** ἐστιν ὁ χριστός;
Jn 7:27 ἀλλὰ **τοῦτον** οἴδαμεν πόθεν ἐστίν·
Jn 7:31 σημεῖα ποιήσει ὧν **οὗτος** ἐποίησεν;
Jn 7:32 γογγύζοντος περὶ αὐτοῦ **ταῦτα**,
Jn 7:35 ποῦ **οὗτος** μέλλει πορεύεσθαι ὅτι
Jn 7:36 ἐστιν ὁ λόγος **οὗτος** ὃν εἶπεν·
Jn 7:39 **τοῦτο** δὲ εἶπεν περὶ
Jn 7:40 ἀκούσαντες τῶν λόγων **τούτων** ἔλεγον·
Jn 7:40 **οὗτός** ἐστιν ἀληθῶς ὁ
Jn 7:41 **οὗτός** ἐστιν ὁ χριστός,
Jn 7:49 ἀλλὰ ὁ ὄχλος **οὗτος** ὁ μὴ γινώσκων
[Jn 8:4] **αὕτη** ἡ γυνὴ κατείληπται
[Jn 8:6] **τοῦτο** δὲ ἔλεγον πειράζοντες

Jn 8:20 **Ταῦτα** τὰ ῥήματα ἐλάλησεν
Jn 8:23 ὑμεῖς ἐκ **τούτου** τοῦ κόσμου ἐστέ,
Jn 8:23 ἐκ τοῦ κόσμου **τούτου**.
Jn 8:26 ἤκουσα παρ' αὐτοῦ **ταῦτα** λαλῶ εἰς τὸν
Jn 8:28 με ὁ πατὴρ **ταῦτα** λαλῶ.
Jn 8:30 **Ταῦτα** αὐτοῦ λαλοῦντος πολλοὶ
Jn 8:40 **τοῦτο** 'Αβραὰμ οὐκ ἐποίησεν.
Jn 8:47 διὰ **τοῦτο** ὑμεῖς οὐκ ἀκούετε,
Jn 9:2 **οὗτος** ἢ οἱ γονεῖς
Jn 9:3 οὔτε **οὗτος** ἥμαρτεν οὔτε οἱ
Jn 9:6 **ταῦτα** εἰπὼν ἔπτυσεν χαμαὶ
Jn 9:8 οὐχ **οὗτός** ἐστιν ὁ καθήμενος
Jn 9:9 ἄλλοι ἔλεγον ὅτι **οὗτός** ἐστιν,
Jn 9:16 οὐκ ἔστιν **οὗτος** παρὰ θεοῦ ὁ
Jn 9:19 **οὗτός** ἐστιν ὁ υἱὸς
Jn 9:20 οἴδαμεν ὅτι **οὗτός** ἐστιν ὁ υἱὸς
Jn 9:22 **ταῦτα** εἶπαν οἱ γονεῖς
Jn 9:23 διὰ **τοῦτο** οἱ γονεῖς αὐτοῦ
Jn 9:24 ἡμεῖς οἴδαμεν ὅτι **οὗτος** ὁ ἄνθρωπος ἁμαρτωλός
Jn 9:29 **τοῦτον** δὲ οὐκ οἴδαμεν
Jn 9:30 ἐν **τούτῳ** γὰρ τὸ θαυμαστόν
Jn 9:31 θέλημα αὐτοῦ ποιῇ **τούτου** ἀκούει.
Jn 9:33 εἰ μὴ ἦν **οὗτος** παρὰ θεοῦ,
Jn 9:39 εἰς τὸν κόσμον **τοῦτον** ἦλθον,
Jn 9:40 ἐκ τῶν Φαρισαίων **ταῦτα** οἱ μετ' αὐτοῦ
Jn 10:3 **τούτῳ** ὁ θυρωρὸς ἀνοίγει
Jn 10:6 **Ταύτην** τὴν παροιμίαν εἶπεν
Jn 10:16 ἐκ τῆς αὐλῆς **ταύτης**·
Jn 10:17 Διὰ **τοῦτό** με ὁ πατὴρ
Jn 10:18 **ταύτην** τὴν ἐντολὴν ἔλαβον
Jn 10:19 διὰ τοὺς λόγους **τούτους**.
Jn 10:21 **ταῦτα** τὰ ῥήματα οὐκ
Jn 10:25 τοῦ πατρός μου **ταῦτα** μαρτυρεῖ περὶ ἐμοῦ·
Jn 10:41 εἶπεν 'Ιωάννης περὶ **τούτου** ἀληθῆ ἦν.
Jn 11:4 **αὕτη** ἡ ἀσθένεια οὐκ
Jn 11:7 ἔπειτα μετὰ **τοῦτο** λέγει τοῖς μαθηταῖς·
Jn 11:9 φῶς τοῦ κόσμου **τούτου** βλέπει·
Jn 11:11 **Ταῦτα** εἶπεν,
Jn 11:11 καὶ μετὰ **τοῦτο** λέγει αὐτοῖς·
Jn 11:26 πιστεύεις **τοῦτο**;
Jn 11:28 Καὶ **τοῦτο** εἰποῦσα ἀπῆλθεν καὶ
Jn 11:37 οὐκ ἐδύνατο **οὗτος** ὁ ἀνοίξας τοὺς
Jn 11:37 ποιῆσαι ἵνα καὶ **οὗτος** μὴ ἀποθάνῃ;
Jn 11:43 καὶ **ταῦτα** εἰπὼν φωνῇ μεγάλῃ
Jn 11:47 τί ποιοῦμεν ὅτι **οὗτος** ὁ ἄνθρωπος πολλὰ
Jn 11:51 **τοῦτο** δὲ ἀφ' ἑαυτοῦ
Jn 12:5 διὰ τί **τοῦτο** τὸ μύρον οὐκ
Jn 12:6 εἶπεν δὲ **τοῦτο** οὐχ ὅτι περὶ
Jn 12:16 **ταῦτα** οὐκ ἔγνωσαν αὐτοῦ
Jn 12:16 τότε ἐμνήσθησαν ὅτι **ταῦτα** ἦν ἐπ' αὐτῷ
Jn 12:16 αὐτῷ γεγραμμένα καὶ **ταῦτα** ἐποίησαν αὐτῷ.
Jn 12:18 διὰ **τοῦτο** [καὶ] ὑπήντησεν αὐτῷ
Jn 12:18 ὅτι ἤκουσαν **τοῦτο** αὐτὸν πεποιηκέναι τὸ
Jn 12:21 **οὗτοι** οὖν προσῆλθον Φιλίππῳ
Jn 12:25 ἐν τῷ κόσμῳ **τούτῳ** εἰς ζωὴν αἰώνιον
Jn 12:27 ἐκ τῆς ὥρας **ταύτης**;
Jn 12:27 ἀλλὰ διὰ **τοῦτο** ἦλθον εἰς τὴν
Jn 12:27 εἰς τὴν ὥραν **ταύτην**.
Jn 12:30 ἐμὲ ἡ φωνὴ **αὕτη** γέγονεν ἀλλὰ δι'
Jn 12:31 ἐστὶν τοῦ κόσμου **τούτου**,
Jn 12:31 ἄρχων τοῦ κόσμου **τούτου** ἐκβληθήσεται
Jn 12:33 **τοῦτο** δὲ ἔλεγεν σημαίνων
Jn 12:34 τίς ἐστιν **οὗτος** ὁ υἱὸς τοῦ
Jn 12:36 **ταῦτα** ἐλάλησεν 'Ιησοῦς,
Jn 12:39 διὰ **τοῦτο** οὐκ ἠδύναντο πιστεύειν,
Jn 12:41 **ταῦτα** εἶπεν 'Ησαΐας ὅτι
Jn 13:1 ἐκ τοῦ κόσμου **τούτου** πρὸς τὸν πατέρα,
Jn 13:7 γνώσῃ δὲ μετὰ **ταῦτα**.
Jn 13:11 διὰ **τοῦτο** εἶπεν ὅτι οὐχὶ
Jn 13:17 εἰ **ταῦτα** οἴδατε,
Jn 13:21 **Ταῦτα** εἰπὼν [ὁ] 'Ιησοῦς
Jn 13:24 νεύει οὖν **τούτῳ** Σίμων Πέτρος πυθέσθαι
Jn 13:28 **τοῦτο** [δὲ] οὐδεὶς ἔγνω
Jn 13:35 ἐν **τούτῳ** γνώσονται πάντες ὅτι
Jn 14:12 ποιήσει καὶ μείζονα **τούτων** ποιήσει,
Jn 14:13 τῷ ὀνόματί μου **τοῦτο** ποιήσω,
Jn 14:25 **Ταῦτα** λελάληκα ὑμῖν παρ'
Jn 15:5 κἀγὼ ἐν αὐτῷ **οὗτος** φέρει καρπὸν πολύν,
Jn 15:8 ἐν **τούτῳ** ἐδοξάσθη ὁ πατήρ
Jn 15:11 **Ταῦτα** λελάληκα ὑμῖν ἵνα
Jn 15:12 **Αὕτη** ἐστὶν ἡ ἐντολὴ
Jn 15:13 μείζονα **ταύτης** ἀγάπην οὐδεὶς ἔχει,
Jn 15:17 **ταῦτα** ἐντέλλομαι ὑμῖν,
Jn 15:19 διὰ **τοῦτο** μισεῖ ὑμᾶς ὁ
Jn 15:21 ἀλλὰ **ταῦτα** πάντα ποιήσουσιν εἰς
Jn 16:1 **Ταῦτα** λελάληκα ὑμῖν ἵνα
Jn 16:3 καὶ **ταῦτα** ποιήσουσιν ὅτι οὐκ
Jn 16:4 ἀλλὰ **ταῦτα** λελάληκα ὑμῖν ἵνα
Jn 16:4 **Ταῦτα** δὲ ὑμῖν ἐξ
Jn 16:6 ἀλλ' ὅτι **ταῦτα** λελάληκα ὑμῖν ἡ
Jn 16:11 ἄρχων τοῦ κόσμου **τούτου** κέκριται.
Jn 16:15 διὰ **τοῦτο** εἶπον ὅτι ἐκ
Jn 16:17 τί ἐστιν **τοῦτο** ὃ λέγει ἡμῖν·
Jn 16:18 τί ἐστιν **τοῦτο** [ὃ λέγει] τὸ
Jn 16:19 περὶ **τούτου** ζητεῖτε μετ' ἀλλήλων
Jn 16:25 **Ταῦτα** ἐν παροιμίαις λελάληκα
Jn 16:30 ἐν **τούτῳ** πιστεύομεν ὅτι ἀπὸ
Jn 16:33 **ταῦτα** λελάληκα ὑμῖν ἵνα
Jn 17:1 **Ταῦτα** ἐλάλησεν 'Ιησοῦς καὶ
Jn 17:3 **αὕτη** δέ ἐστιν ἡ
Jn 17:13 σὲ ἔρχομαι καὶ **ταῦτα** λαλῶ ἐν τῷ
Jn 17:20 Οὐ περὶ **τούτων** δὲ ἐρωτῶ μόνον,
Jn 17:25 καὶ **οὗτοι** ἔγνωσαν ὅτι σύ
Jn 18:1 **Ταῦτα** εἰπὼν 'Ιησοῦς ἐξῆλθεν
Jn 18:8 ἄφετε **τούτους** ὑπάγειν·
Jn 18:17 εἶ τοῦ ἀνθρώπου **τούτου**;
Jn 18:21 ἴδε **οὗτοι** οἴδασιν ἃ εἶπον
Jn 18:22 **ταῦτα** δὲ αὐτοῦ εἰπόντος
Jn 18:29 [κατὰ] τοῦ ἀνθρώπου **τούτου**;
Jn 18:30 εἰ μὴ ἦν **οὗτος** κακὸν ποιῶν,
Jn 18:34 ἀπὸ σεαυτοῦ σὺ **τοῦτο** λέγεις ἢ ἄλλοι
Jn 18:36 ἐκ τοῦ κόσμου **τούτου**·
Jn 18:36 ἐκ τοῦ κόσμου **τούτου** ἦν ἡ βασιλεία
Jn 18:37 ἐγὼ εἰς **τοῦτο** γεγέννημαι καὶ εἰς
Jn 18:37 γεγέννημαι καὶ εἰς **τοῦτο** ἐλήλυθα εἰς τὸν
Jn 18:38 Καὶ **τοῦτο** εἰπὼν πάλιν ἐξῆλθεν
Jn 18:40 μὴ **τοῦτον** ἀλλὰ τὸν Βαραββᾶν.
Jn 19:8 ἤκουσεν ὁ Πιλᾶτος **τοῦτον** τὸν λόγον,
Jn 19:11 διὰ **τοῦτο** ὁ παραδούς μέ
Jn 19:12 ἐκ **τούτου** ὁ Πιλᾶτος ἐζήτει
Jn 19:12 ἐὰν **τοῦτον** ἀπολύσῃς,
Jn 19:13 ἀκούσας τῶν λόγων **τούτων** ἤγαγεν ἔξω τὸν
Jn 19:20 **τοῦτον** οὖν τὸν τίτλον
Jn 19:24 μὲν οὖν στρατιῶται **ταῦτα** ἐποίησαν.
Jn 19:28 Μετὰ **τοῦτο** εἰδὼς ὁ 'Ιησοῦς
Jn 19:36 ἐγένετο γὰρ **ταῦτα** ἵνα ἡ γραφὴ
Jn 19:38 Μετὰ δὲ **ταῦτα** ἠρώτησεν τὸν Πιλᾶτον

Jn 20:14 **ταῦτα** εἰποῦσα ἐστράφη εἰς
Jn 20:18 καὶ **ταῦτα** εἶπεν αὐτῇ.
Jn 20:20 καὶ **τοῦτο** εἰπὼν ἔδειξεν τὰς
Jn 20:22 καὶ **τοῦτο** εἰπὼν ἐνεφύσησεν καὶ
Jn 20:30 ἐν τῷ βιβλίῳ **τούτῳ**·
Jn 20:31 **ταῦτα** δὲ γέγραπται ἵνα
Jn 21:1 Μετὰ **ταῦτα** ἐφανέρωσεν ἑαυτὸν πάλιν
Jn 21:14 **τοῦτο** ἤδη τρίτον ἐφανερώθη
Jn 21:15 ἀγαπᾷς με πλέον **τούτων**;
Jn 21:19 **τοῦτο** δὲ εἶπεν σημαίνων
Jn 21:19 καὶ **τοῦτο** εἰπὼν λέγει αὐτῷ·
Jn 21:21 **τοῦτον** οὖν ἰδὼν ὁ
Jn 21:21 **οὗτος** δὲ τί;
Jn 21:23 ἐξῆλθεν οὖν **οὗτος** ὁ λόγος εἰς
Jn 21:24 **Οὗτός** ἐστιν ὁ μαθητὴς
Jn 21:24 ὁ μαρτυρῶν περὶ **τούτων** καὶ ὁ γράψας
Jn 21:24 καὶ ὁ γράψας **ταῦτα**,

οὕτως (*houtōs*; 14/208) *in this way*

Jn 3:8 **οὕτως** ἐστὶν πᾶς ὁ
Jn 3:14 **οὕτως** ὑψωθῆναι δεῖ τὸν
Jn 3:16 **οὕτως** γὰρ ἠγάπησεν ὁ
Jn 4:6 τῆς ὁδοιπορίας ἐκαθέζετο **οὕτως** ἐπὶ τῇ πηγῇ·
Jn 5:21 **οὕτως** καὶ ὁ υἱὸς
Jn 5:26 **οὕτως** καὶ τῷ υἱῷ
Jn 7:46 οὐδέποτε ἐλάλησεν **οὕτως** ἄνθρωπος.
Jn 11:48 ἐὰν ἀφῶμεν αὐτὸν **οὕτως**,
Jn 12:50 **οὕτως** λαλῶ.
Jn 13:25 ἀναπεσὼν οὖν ἐκεῖνος **οὕτως** ἐπὶ τὸ στῆθος
Jn 14:31 **οὕτως** ποιῶ.
Jn 15:4 **οὕτως** οὐδὲ ὑμεῖς ἐὰν
Jn 18:22 **οὕτως** ἀποκρίνῃ τῷ ἀρχιερεῖ;
Jn 21:1 ἐφανέρωσεν δὲ **οὕτως**.

οὐχί (*ouchi*; 5/54) *not*

Jn 9:9 **οὐχί**,
Jn 11:9 **οὐχὶ** δώδεκα ὧραί εἰσιν
Jn 13:10 ἀλλ᾽ **οὐχὶ** πάντες.
Jn 13:11 τοῦτο εἶπεν ὅτι **οὐχὶ** πάντες καθαροί ἐστε.
Jn 14:22 ἐμφανίζειν σεαυτὸν καὶ **οὐχὶ** τῷ κόσμῳ;

ὀφείλω (*opheilō*; 2/35) *ought to*

Jn 13:14 καὶ ὑμεῖς **ὀφείλετε** ἀλλήλων νίπτειν τοὺς
Jn 19:7 κατὰ τὸν νόμον **ὀφείλει** ἀποθανεῖν,

ὀφθαλμός (*ophthalmos*; 18/100) *eye*

Jn 4:35 ἐπάρατε τοὺς **ὀφθαλμοὺς** ὑμῶν καὶ θεάσασθε
Jn 6:5 Ἐπάρας οὖν τοὺς **ὀφθαλμοὺς** ὁ Ἰησοῦς καὶ
Jn 9:6 πηλὸν ἐπὶ τοὺς **ὀφθαλμοὺς**
Jn 9:10 ἠνεῴχθησάν σου οἱ **ὀφθαλμοί**;
Jn 9:11 ἐπέχρισέν μου τοὺς **ὀφθαλμοὺς** καὶ εἶπέν μοι
Jn 9:14 ἀνέῳξεν αὐτοῦ τοὺς **ὀφθαλμούς**.
Jn 9:15 μου ἐπὶ τοὺς **ὀφθαλμοὺς** καὶ ἐνιψάμην καὶ
Jn 9:17 ἠνέῳξέν σου τοὺς **ὀφθαλμούς**;
Jn 9:21 ἤνοιξεν αὐτοῦ τοὺς **ὀφθαλμοὺς** ἡμεῖς οὐκ οἴδαμεν·
Jn 9:26 ἤνοιξέν σου τοὺς **ὀφθαλμούς**;
Jn 9:30 ἤνοιξέν μου τοὺς **ὀφθαλμούς**.
Jn 9:32 ὅτι ἠνέῳξέν τις **ὀφθαλμοὺς** τυφλοῦ γεγεννημένου·
Jn 10:21 δαιμόνιον δύναται τυφλῶν **ὀφθαλμοὺς** ἀνοῖξαι;
Jn 11:37 ὁ ἀνοίξας τοὺς **ὀφθαλμοὺς** τοῦ τυφλοῦ ποιῆσαι
Jn 11:41 Ἰησοῦς ἦρεν τοὺς **ὀφθαλμοὺς** ἄνω καὶ εἶπεν·
Jn 12:40 τετύφλωκεν αὐτῶν τοὺς **ὀφθαλμοὺς** καὶ ἐπώρωσεν αὐτῶν
Jn 12:40 μὴ ἴδωσιν τοῖς **ὀφθαλμοῖς** καὶ νοήσωσιν τῇ
Jn 17:1 καὶ ἐπάρας τοὺς **ὀφθαλμοὺς** αὐτοῦ εἰς τὸν

ὄφις (*ophis*; 1/13[14]) *snake, serpent*

Jn 3:14 Μωϋσῆς ὕψωσεν τὸν **ὄφιν** ἐν τῇ ἐρήμῳ,

ὄχλος (*ochlos*; 20/175) *crowd*

Jn 5:13 γὰρ Ἰησοῦς ἐξένευσεν **ὄχλου** ὄντος ἐν τῷ
Jn 6:2 ἠκολούθει δὲ αὐτῷ **ὄχλος** πολύς,
Jn 6:5 θεασάμενος ὅτι πολὺς **ὄχλος** ἔρχεται πρὸς αὐτὸν
Jn 6:22 Τῇ ἐπαύριον ὁ **ὄχλος** ὁ ἑστηκὼς πέραν
Jn 6:24 οὖν εἶδεν ὁ **ὄχλος** ὅτι Ἰησοῦς οὐκ
Jn 7:12 πολὺς ἐν τοῖς **ὄχλοις**·
Jn 7:12 ἀλλὰ πλανᾷ τὸν **ὄχλον**.
Jn 7:20 ἀπεκρίθη ὁ **ὄχλος**·
Jn 7:31 Ἐκ τοῦ **ὄχλου** δὲ πολλοὶ ἐπίστευσαν
Jn 7:32 οἱ Φαρισαῖοι τοῦ **ὄχλου** γογγύζοντος περὶ αὐτοῦ
Jn 7:40 Ἐκ τοῦ **ὄχλου** οὖν ἀκούσαντες τῶν
Jn 7:43 ἐγένετο ἐν τῷ **ὄχλῳ** δι᾽ αὐτόν·
Jn 7:49 ἀλλὰ ὁ **ὄχλος** οὗτος ὁ μὴ
Jn 11:42 ἀλλὰ διὰ τὸν **ὄχλον** τὸν περιεστῶτα εἶπον,
Jn 12:9 Ἔγνω οὖν [ὁ] **ὄχλος** πολὺς ἐκ τῶν
Jn 12:12 Τῇ ἐπαύριον ὁ **ὄχλος** πολὺς ὁ ἐλθὼν
Jn 12:17 ἐμαρτύρει οὖν ὁ **ὄχλος** ὁ ὢν μετ᾽
Jn 12:18 ὑπήντησεν αὐτῷ ὁ **ὄχλος**,
Jn 12:29 ὁ οὖν **ὄχλος** ὁ ἑστὼς καὶ
Jn 12:34 οὖν αὐτῷ ὁ **ὄχλος**·

ὀψάριον (*opsarion*; 5/5) *fish*

Jn 6:9 κριθίνους καὶ δύο **ὀψάρια**·
Jn 6:11 καὶ ἐκ τῶν **ὀψαρίων** ὅσον ἤθελον.
Jn 21:9 ἀνθρακιὰν κειμένην καὶ **ὀψάριον** ἐπικείμενον καὶ ἄρτον.
Jn 21:10 ἐνέγκατε ἀπὸ τῶν **ὀψαρίων** ὧν ἐπιάσατε νῦν.
Jn 21:13 καὶ τὸ **ὀψάριον** ὁμοίως.

ὀψία (*opsia*; 2/14) *evening*

Jn 6:16 Ὡς δὲ **ὀψία** ἐγένετο κατέβησαν οἱ
Jn 20:19 Οὔσης οὖν **ὀψίας** τῇ ἡμέρᾳ ἐκείνῃ

ὄψις (*opsis*; 2/3) *face*

Jn 7:24 μὴ κρίνετε κατ᾽ **ὄψιν**,
Jn 11:44 κειρίαις καὶ ἡ **ὄψις** αὐτοῦ σουδαρίῳ περιεδέδετο.

παιδάριον (*paidarion*; 1/1) *boy*

Jn 6:9 ἔστιν **παιδάριον** ὧδε ὃς ἔχει

παιδίον (*paidion*; 3/52) *child*

Jn 4:49 πρὶν ἀποθανεῖν τὸ **παιδίον** μου.
Jn 16:21 δὲ γεννήσῃ τὸ **παιδίον**,
Jn 21:5 **παιδία**,

παιδίσκη (*paidiskē*; 1/13) *maid*
Jn 18:17 τῷ Πέτρῳ ἡ **παιδίσκη** ἡ θυρωρός·

παῖς (*pais*; 1/24) *servant*
Jn 4:51 λέγοντες ὅτι ὁ **παῖς** αὐτοῦ ζῇ.

παίω (*paiō*; 1/5) *strike*
Jn 18:10 εἵλκυσεν αὐτὴν καὶ **ἔπαισεν** τὸν τοῦ ἀρχιερέως

πάλιν (*palin*; 43[45]/139[141]) *again*
Jn 1:35 Τῇ ἐπαύριον **πάλιν** εἱστήκει ὁ Ἰωάννης
Jn 4:3 Ἰουδαίαν καὶ ἀπῆλθεν **πάλιν** εἰς τὴν Γαλιλαίαν.
Jn 4:13 ὕδατος τούτου διψήσει **πάλιν**·
Jn 4:46 Ἦλθεν οὖν **πάλιν** εἰς τὴν Κανὰ
Jn 4:54 Τοῦτο [δὲ] **πάλιν** δεύτερον σημεῖον ἐποίησεν
Jn 6:15 ἀνεχώρησεν **πάλιν** εἰς τὸ ὄρος
[Jn 8:2] Ὄρθρου δὲ **πάλιν** παρεγένετο εἰς τὸ
[Jn 8:8] καὶ **πάλιν** κατακύψας ἔγραφεν εἰς
Jn 8:12 **Πάλιν** οὖν αὐτοῖς ἐλάλησεν
Jn 8:21 Εἶπεν οὖν **πάλιν** αὐτοῖς·
Jn 9:15 **πάλιν** οὖν ἠρώτων αὐτὸν
Jn 9:17 οὖν τῷ τυφλῷ **πάλιν**·
Jn 9:27 τί **πάλιν** θέλετε ἀκούειν;
Jn 10:7 Εἶπεν οὖν **πάλιν** ὁ Ἰησοῦς·
Jn 10:17 ἵνα πάλιν **λάβω** αὐτήν.
Jn 10:18 καὶ ἐξουσίαν ἔχω **πάλιν** λαβεῖν αὐτήν·
Jn 10:19 Σχίσμα **πάλιν** ἐγένετο ἐν τοῖς
Jn 10:31 Ἐβάστασαν **πάλιν** λίθους οἱ Ἰουδαῖοι
Jn 10:39 Ἐζήτουν [οὖν] αὐτὸν **πάλιν** πιάσαι,
Jn 10:40 Καὶ ἀπῆλθεν **πάλιν** πέραν τοῦ Ἰορδάνου
Jn 11:7 εἰς τὴν Ἰουδαίαν **πάλιν**.
Jn 11:8 καὶ **πάλιν** ὑπάγεις ἐκεῖ;
Jn 11:38 Ἰησοῦς οὖν **πάλιν** ἐμβριμώμενος ἐν ἑαυτῷ
Jn 12:28 καὶ ἐδόξασα καὶ **πάλιν** δοξάσω.
Jn 12:39 ὅτι **πάλιν** εἶπεν Ἠσαΐας·
Jn 13:12 αὐτοῦ καὶ ἀνέπεσεν **πάλιν**,
Jn 14:3 **πάλιν** ἔρχομαι καὶ παραλήμψομαι
Jn 16:16 καὶ **πάλιν** μικρὸν καὶ ὄψεσθέ
Jn 16:17 καὶ **πάλιν** μικρὸν καὶ ὄψεσθέ
Jn 16:19 καὶ **πάλιν** μικρὸν καὶ ὄψεσθέ
Jn 16:22 **πάλιν** δὲ ὄψομαι ὑμᾶς,
Jn 16:28 **πάλιν** ἀφίημι τὸν κόσμον
Jn 18:7 **πάλιν** οὖν ἐπηρώτησεν αὐτούς·
Jn 18:27 **πάλιν** οὖν ἠρνήσατο Πέτρος,
Jn 18:33 Εἰσῆλθεν οὖν **πάλιν** εἰς τὸ πραιτώριον
Jn 18:38 Καὶ τοῦτο εἰπὼν **πάλιν** ἐξῆλθεν πρὸς τοὺς
Jn 18:40 ἐκραύγασαν οὖν **πάλιν** λέγοντες·
Jn 19:4 Καὶ ἐξῆλθεν **πάλιν** ἔξω ὁ Πιλᾶτος
Jn 19:9 εἰς τὸ πραιτώριον **πάλιν** καὶ λέγει τῷ
Jn 19:37 καὶ **πάλιν** ἑτέρα γραφὴ λέγει·
Jn 20:10 ἀπῆλθον οὖν **πάλιν** πρὸς αὐτοὺς οἱ
Jn 20:21 αὐτοῖς [ὁ Ἰησοῦς] **πάλιν**·
Jn 20:26 μεθ' ἡμέρας ὀκτὼ **πάλιν** ἦσαν ἔσω οἱ
Jn 21:1 ταῦτα ἐφανέρωσεν ἑαυτὸν **πάλιν** ὁ Ἰησοῦς
Jn 21:16 λέγει αὐτῷ **πάλιν** δεύτερον·

πάντοτε (*pantote*; 7/41) *always*
Jn 6:34 **πάντοτε** δὸς ἡμῖν τὸν
Jn 7:6 καιρὸς ὁ ὑμέτερος **πάντοτέ** ἐστιν ἕτοιμος.
Jn 8:29 ἀρεστὰ αὐτῷ ποιῶ **πάντοτε**.
Jn 11:42 δὲ ᾔδειν ὅτι **πάντοτέ** μου ἀκούεις,
Jn 12:8 τοὺς πτωχοὺς γὰρ **πάντοτε** ἔχετε μεθ' ἑαυτῶν,
Jn 12:8 ἐμὲ δὲ οὐ **πάντοτε** ἔχετε.
Jn 18:20 ἐγὼ **πάντοτε** ἐδίδαξα ἐν συναγωγῇ

παρά (*para*; 35/193[194]) *from, with, beside*
Jn 1:6 ἀπεσταλμένος **παρὰ** θεοῦ,
Jn 1:14 δόξαν ὡς μονογενοῦς **παρὰ** πατρός,
Jn 1:39 ποῦ μένει καὶ **παρ'** αὐτῷ ἔμειναν τὴν
Jn 1:40 δύο τῶν ἀκουσάντων **παρὰ** Ἰωάννου καὶ ἀκολουθησάντων
Jn 4:9 σὺ Ἰουδαῖος ὢν **παρ'** ἐμοῦ πεῖν αἰτεῖς
Jn 4:40 ἠρώτων αὐτὸν μεῖναι **παρ'** αὐτοῖς·
Jn 4:52 οὖν τὴν ὥραν **παρ'** αὐτῶν ἐν ᾗ
Jn 5:34 ἐγὼ δὲ οὐ **παρὰ** ἀνθρώπου τὴν μαρτυρίαν
Jn 5:41 Δόξαν **παρὰ** ἀνθρώπων οὐ λαμβάνω,
Jn 5:44 ὑμεῖς πιστεῦσαι δόξαν **παρὰ** ἀλλήλων λαμβάνοντες,
Jn 5:44 τὴν δόξαν τὴν **παρὰ** τοῦ μόνου θεοῦ
Jn 6:45 πᾶς ὁ ἀκούσας **παρὰ** τοῦ πατρὸς καὶ
Jn 6:46 μὴ ὁ ὢν **παρὰ** τοῦ θεοῦ,
Jn 7:29 ὅτι **παρ'** αὐτοῦ εἰμι κἀκεῖνός
Jn 7:51 μὴ ἀκούσῃ πρῶτον **παρ'** αὐτοῦ καὶ γνῷ
Jn 8:26 κἀγὼ ἃ ἤκουσα **παρ'** αὐτοῦ ταῦτα λαλῶ
Jn 8:38 ἃ ἐγὼ ἑώρακα **παρὰ** τῷ πατρὶ λαλῶ·
Jn 8:38 οὖν ἃ ἠκούσατε **παρὰ** τοῦ πατρὸς ποιεῖτε.
Jn 8:40 λελάληκα ἣν ἤκουσα **παρὰ** τοῦ θεοῦ·
Jn 9:16 οὐκ ἔστιν οὗτος **παρὰ** θεοῦ ὁ ἄνθρωπος,
Jn 9:33 μὴ ἦν οὗτος **παρὰ** θεοῦ,
Jn 10:18 τὴν ἐντολὴν ἔλαβον **παρὰ** τοῦ πατρός μου.
Jn 14:17 ὅτι **παρ'** ὑμῖν μένει καὶ
Jn 14:23 ἐλευσόμεθα καὶ μονὴν **παρ'** αὐτῷ ποιησόμεθα.
Jn 14:25 Ταῦτα λελάληκα ὑμῖν **παρ'** ὑμῖν μένων·
Jn 15:15 πάντα ἃ ἤκουσα **παρὰ** τοῦ πατρός μου
Jn 15:26 ἐγὼ πέμψω ὑμῖν **παρὰ** τοῦ πατρός,
Jn 15:26 ὃ **παρὰ** τοῦ πατρὸς ἐκπορεύεται,
Jn 16:27 πεπιστεύκατε ὅτι ἐγὼ **παρὰ** [τοῦ] θεοῦ ἐξῆλθον.
Jn 16:28 ἐξῆλθον **παρὰ** τοῦ πατρὸς καὶ
Jn 17:5 **παρὰ** σεαυτῷ τῇ δόξῃ
Jn 17:5 τὸν κόσμον εἶναι **παρὰ** σοί.
Jn 17:7 ὅσα δέδωκάς μοι **παρὰ** σοῦ εἰσιν·
Jn 17:8 ἔγνωσαν ἀληθῶς ὅτι **παρὰ** σοῦ ἐξῆλθον,
Jn 19:25 Εἱστήκεισαν δὲ **παρὰ** τῷ σταυρῷ τοῦ

παραγίνομαι (*paraginomai*; 1[2]/36[37]) *come*
Jn 3:23 καὶ **παρεγίνοντο** καὶ ἐβαπτίζοντο·
[Jn 8:2] Ὄρθρου δὲ πάλιν **παρεγένετο** εἰς τὸ ἱερὸν

παράγω (*paragō*; 1/10) *pass by or away*
Jn 9:1 Καὶ **παράγων** εἶδεν ἄνθρωπον τυφλὸν

παραδίδωμι (*paradidōmi*; 15/119) *hand or give over*
Jn 6:64 τίς ἐστιν ὁ **παραδώσων** αὐτόν.
Jn 6:71 οὗτος γὰρ ἔμελλεν **παραδιδόναι** αὐτόν,
Jn 12:4 ὁ μέλλων αὐτὸν **παραδιδόναι**·
Jn 13:2 τὴν καρδίαν ἵνα **παραδοῖ** αὐτὸν Ἰούδας Σίμωνος
Jn 13:11 ᾔδει γὰρ τὸν **παραδιδόντα** αὐτόν·
Jn 13:21 εἷς ἐξ ὑμῶν **παραδώσει** με.

Jn 18:2 καὶ Ἰούδας ὁ **παραδιδοὺς** αὐτὸν τὸν τόπον,
Jn 18:5 καὶ Ἰούδας ὁ **παραδιδοὺς** αὐτὸν μετ' αὐτῶν.
Jn 18:30 οὐκ ἄν σοι **παρεδώκαμεν** αὐτόν.
Jn 18:35 καὶ οἱ ἀρχιερεῖς **παρέδωκάν** σε ἐμοί·
Jn 18:36 [ἂν] ἵνα μὴ **παραδοθῶ** τοῖς Ἰουδαίοις·
Jn 19:11 διὰ τοῦτο ὁ **παραδούς** μέ σοι μείζονα
Jn 19:16 Τότε οὖν **παρέδωκεν** αὐτὸν αὐτοῖς ἵνα
Jn 19:30 κλίνας τὴν κεφαλὴν **παρέδωκεν** τὸ πνεῦμα.
Jn 21:20 τίς ἐστιν ὁ **παραδιδούς** σε;

παράκλητος (*paraklētos*; 4/5) *helping presence, advocate*

Jn 14:16 πατέρα καὶ ἄλλον **παράκλητον** δώσει ὑμῖν,
Jn 14:26 ὁ δὲ **παράκλητος**,
Jn 15:26 Ὅταν ἔλθῃ ὁ **παράκλητος** ὃν ἐγὼ πέμψω
Jn 16:7 ὁ παράκλητος **οὐκ** ἐλεύσεται πρὸς ὑμᾶς·

παρακύπτω (*parakyptō*; 2/5) *look into*

Jn 20:5 καὶ **παρακύψας** βλέπει κείμενα τὰ
Jn 20:11 **παρέκυψεν** εἰς τὸ μνημεῖον

παραλαμβάνω (*paralambanō*; 3/49) *take, receive*

Jn 1:11 ἴδιοι αὐτὸν οὐ **παρέλαβον**.
Jn 14:3 πάλιν ἔρχομαι καὶ **παραλήμψομαι** ὑμᾶς πρὸς ἐμαυτόν,
Jn 19:16 **Παρέλαβον** οὖν τὸν Ἰησοῦν,

παραμυθέομαι (*paramytheomai*; 2/4) *comfort*

Jn 11:19 καὶ Μαριὰμ ἵνα **παραμυθήσωνται** αὐτὰς περὶ
Jn 11:31 τῇ οἰκίᾳ καὶ **παραμυθούμενοι** αὐτήν,

παρασκευή (*paraskeuē*; 3/6) *day of preparation*

Jn 19:14 ἦν δὲ **παρασκευὴ** τοῦ πάσχα,
Jn 19:31 ἐπεὶ **παρασκευὴ** ἦν,
Jn 19:42 οὖν διὰ τὴν **παρασκευὴν** τῶν Ἰουδαίων,

πάρειμι (*pareimi*; 2/24) *be present or here*

Jn 7:6 ὁ ἐμὸς οὔπω **πάρεστιν**,
Jn 11:28 ὁ διδάσκαλος **πάρεστιν** καὶ φωνεῖ σε.

παρίστημι (*paristēmi*; 2/41) *present, stand by*

Jn 18:22 αὐτοῦ εἰπόντος εἷς **παρεστηκὼς** τῶν ὑπηρετῶν ἔδωκεν
Jn 19:26 καὶ τὸν μαθητὴν **παρεστῶτα** ὃν ἠγάπα,

παροιμία (*paroimia*; 4/5) *illustration, proverb*

Jn 10:6 Ταύτην τὴν **παροιμίαν** εἶπεν αὐτοῖς ὁ
Jn 16:25 Ταῦτα ἐν **παροιμίαις** λελάληκα ὑμῖν·
Jn 16:25 ὅτε οὐκέτι ἐν **παροιμίαις** λαλήσω ὑμῖν,
Jn 16:29 παρρησίᾳ λαλεῖς καὶ **παροιμίαν** οὐδεμίαν λέγεις.

παρρησία (*parrēsia*; 9/31) *boldness*

Jn 7:4 ζητεῖ αὐτὸς ἐν **παρρησίᾳ** εἶναι.
Jn 7:13 οὐδεὶς μέντοι **παρρησίᾳ** ἐλάλει περὶ αὐτοῦ
Jn 7:26 καὶ ἴδε **παρρησίᾳ** λαλεῖ καὶ οὐδὲν
Jn 10:24 εἰπὲ ἡμῖν **παρρησίᾳ**.
Jn 11:14 αὐτοῖς ὁ Ἰησοῦς **παρρησίᾳ**·
Jn 11:54 οὖν Ἰησοῦς οὐκέτι **παρρησίᾳ** περιεπάτει ἐν
Jn 16:25 ἀλλὰ **παρρησίᾳ** περὶ τοῦ πατρὸς
Jn 16:29 ἴδε νῦν ἐν **παρρησίᾳ** λαλεῖς καὶ παροιμίαν
Jn 18:20 ἐγὼ **παρρησίᾳ** λελάληκα τῷ κόσμῳ,

πᾶς (*pas*; 64[65]/1240[1243]) *each, every (pl. all)*

Jn 1:3 **πάντα** δι' αὐτοῦ ἐγένετο,
Jn 1:7 ἵνα **πάντες** πιστεύσωσιν δι' αὐτοῦ.
Jn 1:9 ὃ φωτίζει **πάντα** ἄνθρωπον,
Jn 1:16 πληρώματος αὐτοῦ ἡμεῖς **πάντες** ἐλάβομεν καὶ χάριν
Jn 2:10 **πᾶς** ἄνθρωπος πρῶτον τὸν
Jn 2:15 φραγέλλιον ἐκ σχοινίων **πάντας** ἐξέβαλεν ἐκ
Jn 2:24 τὸ αὐτὸν γινώσκειν **πάντας**
Jn 3:8 οὕτως ἐστὶν **πᾶς** ὁ γεγεννημένος ἐκ
Jn 3:15 ἵνα **πᾶς** ὁ πιστεύων ἐν
Jn 3:16 ἵνα **πᾶς** ὁ πιστεύων εἰς
Jn 3:20 **πᾶς** γὰρ ὁ φαῦλα
Jn 3:26 οὗτος βαπτίζει καὶ **πάντες** ἔρχονται πρὸς αὐτόν.
Jn 3:31 ἄνωθεν ἐρχόμενος ἐπάνω **πάντων** ἐστίν·
Jn 3:31 οὐρανοῦ ἐρχόμενος [ἐπάνω **πάντων** ἐστίν]·
Jn 3:35 τὸν υἱὸν καὶ **πάντα** δέδωκεν ἐν τῇ
Jn 4:13 **πᾶς** ὁ πίνων ἐκ
Jn 4:29 ὃς εἶπέν μοι **πάντα** ὅσα ἐποίησα,
Jn 4:39 ὅτι εἶπέν μοι **πάντα** ἃ ἐποίησα.
Jn 4:45 αὐτὸν οἱ Γαλιλαῖοι **πάντα** ἑωρακότες ὅσα ἐποίησεν
Jn 5:20 τὸν υἱὸν καὶ **πάντα** δείκνυσιν αὐτῷ ἃ
Jn 5:22 ἀλλὰ τὴν κρίσιν **πᾶσαν** δέδωκεν τῷ υἱῷ,
Jn 5:23 ἵνα **πάντες** τιμῶσι τὸν υἱὸν
Jn 5:28 ὥρα ἐν ᾗ **πάντες** οἱ ἐν τοῖς
Jn 6:37 **πᾶν** ὃ δίδωσίν μοι
Jn 6:39 ἵνα **πᾶν** ὃ δέδωκέν μοι
Jn 6:40 ἵνα **πᾶς** ὁ θεωρῶν τὸν
Jn 6:45 καὶ ἔσονται **πάντες** διδακτοὶ θεοῦ·
Jn 6:45 **πᾶς** ὁ ἀκούσας παρὰ
Jn 7:21 ἔργον ἐποίησα καὶ **πάντες** θαυμάζετε.
[Jn 8:2] τὸ ἱερὸν καὶ **πᾶς** ὁ λαὸς ἤρχετο
Jn 8:34 λέγω ὑμῖν ὅτι **πᾶς** ὁ ποιῶν τὴν
Jn 10:4 ὅταν τὰ ἴδια **πάντα** ἐκβάλῃ,
Jn 10:8 **πάντες** ὅσοι ἦλθον [πρὸ
Jn 10:29 ὃ δέδωκέν μοι **πάντων** μεῖζόν ἐστιν,
Jn 10:41 **πάντα** δὲ ὅσα εἶπεν
Jn 11:26 καὶ **πᾶς** ὁ ζῶν καὶ
Jn 11:48 **πάντες** πιστεύσουσιν εἰς αὐτόν,
Jn 12:32 **πάντας** ἑλκύσω πρὸς ἐμαυτόν.
Jn 12:46 ἵνα **πᾶς** ὁ πιστεύων εἰς
Jn 13:3 εἰδὼς ὅτι **πάντα** ἔδωκεν αὐτῷ ὁ
Jn 13:10 ἀλλ' οὐχὶ **πάντες**.
Jn 13:11 εἶπεν ὅτι οὐχὶ **πάντες** καθαροί ἐστε.
Jn 13:18 Οὐ περὶ **πάντων** ὑμῶν λέγω·
Jn 13:35 ἐν τούτῳ γνώσονται **πάντες** ὅτι ἐμοὶ μαθηταί
Jn 14:26 ἐκεῖνος ὑμᾶς διδάξει **πάντα** καὶ ὑπομνήσει ὑμᾶς
Jn 14:26 καὶ ὑπομνήσει ὑμᾶς **πάντα** ἃ εἶπον ὑμῖν
Jn 15:2 **πᾶν** κλῆμα ἐν ἐμοὶ
Jn 15:2 καὶ **πᾶν** τὸ καρπὸν φέρον
Jn 15:15 ὅτι **πάντα** ἃ ἤκουσα παρὰ
Jn 15:21 ἀλλὰ ταῦτα **πάντα** ποιήσουσιν εἰς ὑμᾶς
Jn 16:2 ἔρχεται ὥρα ἵνα **πᾶς** ὁ ἀποκτείνας ὑμᾶς
Jn 16:13 ἐν τῇ ἀληθείᾳ **πάσῃ**·
Jn 16:15 **πάντα** ὅσα ἔχει ὁ
Jn 16:30 οἴδαμεν ὅτι οἶδας **πάντα** καὶ οὐ χρείαν

Jn 17:2 ἔδωκας αὐτῷ ἐξουσίαν **πάσης** σαρκός,
Jn 17:2 ἵνα **πᾶν** ὃ δέδωκας αὐτῷ
Jn 17:7 νῦν ἔγνωκαν ὅτι **πάντα** ὅσα δέδωκάς μοι
Jn 17:10 καὶ τὰ ἐμὰ **πάντα** σά ἐστιν καὶ
Jn 17:21 ἵνα **πάντες** ἓν ὦσιν,
Jn 18:4 Ἰησοῦς οὖν εἰδὼς **πάντα** τὰ ἐρχόμενα ἐπ'
Jn 18:20 ὅπου **πάντες** οἱ Ἰουδαῖοι συνέρχονται,
Jn 18:37 **πᾶς ὁ** ὢν ἐκ τῆς
Jn 19:12 **πᾶς** ὁ βασιλέα ἑαυτὸν
Jn 19:28 Ἰησοῦς ὅτι ἤδη **πάντα** τετέλεσται,
Jn 21:17 **πάντα** σὺ οἶδας,

πάσχα (*pascha*; 10/29) *Passover*

Jn 2:13 ἐγγὺς ἦν τὸ **πάσχα** τῶν Ἰουδαίων,
Jn 2:23 Ἱεροσολύμοις ἐν τῷ **πάσχα** ἐν τῇ ἑορτῇ,
Jn 6:4 δὲ ἐγγὺς τὸ **πάσχα**,
Jn 11:55 δὲ ἐγγὺς τὸ **πάσχα** τῶν Ἰουδαίων,
Jn 11:55 χώρας πρὸ τοῦ **πάσχα** ἵνα ἁγνίσωσιν ἑαυτούς.
Jn 12:1 ἓξ ἡμερῶν τοῦ **πάσχα** ἦλθεν εἰς Βηθανίαν,
Jn 13:1 τῆς ἑορτῆς τοῦ **πάσχα** εἰδὼς ὁ Ἰησοῦς
Jn 18:28 ἀλλὰ φάγωσιν τὸ **πάσχα**.
Jn 18:39 ὑμῖν ἐν τῷ **πάσχα**·
Jn 19:14 δὲ παρασκευὴ τοῦ **πάσχα**,

πατήρ (*patēr*; 136/413) *father*

Jn 1:14 ὡς μονογενοῦς παρὰ **πατρός**,
Jn 1:18 τὸν κόλπον τοῦ **πατρὸς** ἐκεῖνος ἐξηγήσατο.
Jn 2:16 τὸν οἶκον τοῦ **πατρός** μου οἶκον ἐμπορίου.
Jn 3:35 ὁ **πατὴρ** ἀγαπᾷ τὸν υἱὸν
Jn 4:12 μείζων εἶ τοῦ **πατρὸς** ἡμῶν Ἰακώβ,
Jn 4:20 οἱ **πατέρες** ἡμῶν ἐν τῷ
Jn 4:21 Ἱεροσολύμοις προσκυνήσετε τῷ **πατρί**.
Jn 4:23 προσκυνηταὶ προσκυνήσουσιν τῷ **πατρὶ** ἐν πνεύματι καὶ
Jn 4:23 καὶ γὰρ ὁ **πατὴρ** τοιούτους ζητεῖ τοὺς
Jn 4:53 ἔγνω οὖν ὁ **πατὴρ** ὅτι [ἐν] ἐκείνῃ
Jn 5:17 ὁ **πατήρ** μου ἕως ἄρτι
Jn 5:18 ἀλλὰ καὶ **πατέρα** ἴδιον ἔλεγεν τὸν
Jn 5:19 τι βλέπῃ τὸν **πατέρα** ποιοῦντα·
Jn 5:20 ὁ γὰρ **πατὴρ** φιλεῖ τὸν υἱὸν
Jn 5:21 ὥσπερ γὰρ ὁ **πατὴρ** ἐγείρει τοὺς νεκροὺς
Jn 5:22 οὐδὲ γὰρ ὁ **πατὴρ** κρίνει οὐδένα,
Jn 5:23 καθὼς τιμῶσι τὸν **πατέρα**.
Jn 5:23 οὐ τιμᾷ τὸν **πατέρα** τὸν πέμψαντα αὐτόν.
Jn 5:26 ὥσπερ γὰρ ὁ **πατὴρ** ἔχει ζωὴν ἐν
Jn 5:36 δέδωκέν μοι ὁ **πατὴρ** ἵνα τελειώσω αὐτά,
Jn 5:36 ἐμοῦ ὅτι ὁ **πατήρ** με ἀπέσταλκεν.
Jn 5:37 ὁ πέμψας με **πατὴρ** ἐκεῖνος μεμαρτύρηκεν
Jn 5:43 τῷ ὀνόματι τοῦ **πατρός** μου,
Jn 5:45 ὑμῶν πρὸς τὸν **πατέρα**·
Jn 6:27 τοῦτον γὰρ ὁ **πατὴρ** ἐσφράγισεν ὁ θεός.
Jn 6:31 οἱ **πατέρες** ἡμῶν τὸ μάννα
Jn 6:32 ἀλλ' ὁ **πατήρ** μου δίδωσιν ὑμῖν
Jn 6:37 δίδωσίν μοι ὁ **πατὴρ** πρὸς ἐμὲ ἥξει,
Jn 6:40 τὸ θέλημα τοῦ **πατρός** μου,
Jn 6:42 ἡμεῖς οἴδαμεν τὸν **πατέρα** καὶ τὴν μητέρα;
Jn 6:44 ἐὰν μὴ ὁ **πατὴρ** ὁ πέμψας με
Jn 6:45 ἀκούσας παρὰ τοῦ **πατρὸς** καὶ μαθὼν ἔρχεται
Jn 6:46 οὐχ ὅτι τὸν **πατέρα** ἑώρακέν τις εἰ
Jn 6:46 οὗτος ἑώρακεν τὸν **πατέρα**.
Jn 6:49 οἱ **πατέρες** ὑμῶν ἔφαγον ἐν
Jn 6:57 με ὁ ζῶν **πατὴρ** κἀγὼ ζῶ διὰ
Jn 6:57 ζῶ διὰ τὸν **πατέρα**,
Jn 6:58 καθὼς ἔφαγον οἱ **πατέρες** καὶ ἀπέθανον·
Jn 6:65 αὐτῷ ἐκ τοῦ **πατρός**.
Jn 7:22 ἀλλ' ἐκ τῶν **πατέρων**
Jn 8:16 ὁ πέμψας με **πατήρ**.
Jn 8:18 ὁ πέμψας με **πατήρ**.
Jn 8:19 ποῦ ἐστιν ὁ **πατήρ** σου;
Jn 8:19 οἴδατε οὔτε τὸν **πατέρα** μου·
Jn 8:19 καὶ τὸν **πατέρα** μου ἂν ᾔδειτε.
Jn 8:27 ἔγνωσαν ὅτι τὸν **πατέρα** αὐτοῖς ἔλεγεν.
Jn 8:28 ἐδίδαξέν με ὁ **πατὴρ** ταῦτα λαλῶ.
Jn 8:38 ἑώρακα παρὰ τῷ **πατρὶ** λαλῶ·
Jn 8:38 ἠκούσατε παρὰ τοῦ **πατρὸς** ποιεῖτε.
Jn 8:39 ὁ **πατὴρ** ἡμῶν Ἀβραάμ ἐστιν.
Jn 8:41 τὰ ἔργα τοῦ **πατρὸς** ὑμῶν.
Jn 8:41 ἕνα **πατέρα** ἔχομεν τὸν θεόν.
Jn 8:42 εἰ ὁ θεὸς **πατὴρ** ὑμῶν ἦν ἠγαπᾶτε
Jn 8:44 ὑμεῖς ἐκ τοῦ **πατρὸς** τοῦ διαβόλου ἐστὲ
Jn 8:44 τὰς ἐπιθυμίας τοῦ **πατρὸς** ὑμῶν θέλετε ποιεῖν.
Jn 8:44 ἐστὶν καὶ ὁ **πατὴρ** αὐτοῦ.
Jn 8:49 ἀλλὰ τιμῶ τὸν **πατέρα** μου,
Jn 8:53 μείζων εἶ τοῦ **πατρὸς** ἡμῶν Ἀβραάμ,
Jn 8:54 ἔστιν ὁ **πατήρ** μου ὁ δοξάζων
Jn 8:56 Ἀβραὰμ ὁ **πατὴρ** ὑμῶν ἠγαλλιάσατο ἵνα
Jn 10:15 γινώσκει με ὁ **πατὴρ** κἀγὼ γινώσκω τὸν
Jn 10:15 κἀγὼ γινώσκω τὸν **πατέρα**,
Jn 10:17 τοῦτό με ὁ **πατὴρ** ἀγαπᾷ ὅτι ἐγὼ
Jn 10:18 ἔλαβον παρὰ τοῦ **πατρός** μου.
Jn 10:25 τῷ ὀνόματι τοῦ **πατρός** μου ταῦτα μαρτυρεῖ
Jn 10:29 ὁ **πατήρ** μου ὃ δέδωκέν
Jn 10:29 τῆς χειρὸς τοῦ **πατρός**.
Jn 10:30 ἐγὼ καὶ ὁ **πατὴρ** ἕν ἐσμεν.
Jn 10:32 ὑμῖν ἐκ τοῦ **πατρός**·
Jn 10:36 ὃν ὁ **πατὴρ** ἡγίασεν καὶ ἀπέστειλεν
Jn 10:37 τὰ ἔργα τοῦ **πατρός** μου,
Jn 10:38 ἐν ἐμοὶ ὁ **πατὴρ** κἀγὼ ἐν τῷ
Jn 10:38 κἀγὼ ἐν τῷ **πατρί**.
Jn 11:41 **πάτερ**,
Jn 12:26 τιμήσει αὐτὸν ὁ **πατήρ**.
Jn 12:27 **πάτερ**,
Jn 12:28 **πάτερ**,
Jn 12:49 ὁ πέμψας με **πατὴρ** αὐτός μοι ἐντολὴν
Jn 12:50 εἴρηκέν μοι ὁ **πατήρ**,
Jn 13:1 τούτου πρὸς τὸν **πατέρα**,
Jn 13:3 ἔδωκεν αὐτῷ ὁ **πατὴρ** εἰς τὰς χεῖρας
Jn 14:2 τῇ οἰκίᾳ τοῦ **πατρός** μου μοναὶ πολλαί
Jn 14:6 ἔρχεται πρὸς τὸν **πατέρα** εἰ μὴ δι'
Jn 14:7 καὶ τὸν **πατέρα** μου γνώσεσθε.
Jn 14:8 δεῖξον ἡμῖν τὸν **πατέρα**,
Jn 14:9 ἐμὲ ἑώρακεν τὸν **πατέρα**·
Jn 14:9 δεῖξον ἡμῖν τὸν **πατέρα**;
Jn 14:10 ἐγὼ ἐν τῷ **πατρὶ** καὶ ὁ πατὴρ
Jn 14:10 πατρὶ καὶ ὁ **πατὴρ** ἐν ἐμοί ἐστιν;
Jn 14:10 ὁ δὲ **πατὴρ** ἐν ἐμοὶ μένων
Jn 14:11 ἐγὼ ἐν τῷ **πατρὶ** καὶ ὁ πατὴρ
Jn 14:11 πατρὶ καὶ ὁ **πατὴρ** ἐν ἐμοί·
Jn 14:12 ἐγὼ πρὸς τὸν **πατέρα** πορεύομαι·
Jn 14:13 ἵνα δοξασθῇ ὁ **πατὴρ** ἐν τῷ υἱῷ.
Jn 14:16 κἀγὼ ἐρωτήσω τὸν **πατέρα** καὶ ἄλλον παράκλητον
Jn 14:20 ἐγὼ ἐν τῷ **πατρί** μου καὶ ὑμεῖς
Jn 14:21 ἀγαπηθήσεται ὑπὸ τοῦ **πατρός** μου,
Jn 14:23 καὶ ὁ **πατήρ** μου ἀγαπήσει αὐτὸν

Jn 14:24 τοῦ πέμψαντός με **πατρός**.
Jn 14:26 ὃ πέμψει ὁ **πατὴρ** ἐν τῷ ὀνόματί
Jn 14:28 πορεύομαι πρὸς τὸν **πατέρα**,
Jn 14:28 ὅτι ὁ **πατὴρ** μείζων μού ἐστιν.
Jn 14:31 ὅτι ἀγαπῶ τὸν **πατέρα**,
Jn 14:31 ἐνετείλατό μοι ὁ **πατήρ**,
Jn 15:1 ἀληθινὴ καὶ ὁ **πατήρ** μου ὁ γεωργός
Jn 15:8 τούτῳ ἐδοξάσθη ὁ **πατήρ** μου,
Jn 15:9 ἠγάπησέν με ὁ **πατήρ**,
Jn 15:10 τὰς ἐντολὰς τοῦ **πατρός** μου τετήρηκα καὶ
Jn 15:15 ἤκουσα παρὰ τοῦ **πατρός** μου ἐγνώρισα ὑμῖν.
Jn 15:16 ἂν αἰτήσητε τὸν **πατέρα** ἐν τῷ ὀνόματί
Jn 15:23 μισῶν καὶ τὸν **πατέρα** μου μισεῖ.
Jn 15:24 ἐμὲ καὶ τὸν **πατέρα** μου.
Jn 15:26 ὑμῖν παρὰ τοῦ **πατρός**,
Jn 15:26 ὃ παρὰ τοῦ **πατρὸς** ἐκπορεύεται,
Jn 16:3 οὐκ ἔγνωσαν τὸν **πατέρα** οὐδὲ ἐμέ.
Jn 16:10 ὅτι πρὸς τὸν **πατέρα** ὑπάγω καὶ οὐκέτι
Jn 16:15 ὅσα ἔχει ὁ **πατὴρ** ἐμά ἐστιν·
Jn 16:17 ὑπάγω πρὸς τὸν **πατέρα**;
Jn 16:23 τι αἰτήσητε τὸν **πατέρα** ἐν τῷ ὀνόματί
Jn 16:25 παρρησίᾳ περὶ τοῦ **πατρὸς** ἀπαγγελῶ ὑμῖν.
Jn 16:26 ἐγὼ ἐρωτήσω τὸν **πατέρα** περὶ ὑμῶν·
Jn 16:27 αὐτὸς γὰρ ὁ **πατὴρ** φιλεῖ ὑμᾶς,
Jn 16:28 ἐξῆλθον παρὰ τοῦ **πατρὸς** καὶ ἐλήλυθα εἰς
Jn 16:28 πορεύομαι πρὸς τὸν **πατέρα**.
Jn 16:32 ὅτι ὁ **πατὴρ** μετ' ἐμοῦ ἐστιν.
Jn 17:1 **πάτερ**,
Jn 17:5 **πάτερ**,
Jn 17:11 **πάτερ** ἅγιε,
Jn 17:21 **πάτερ**,
Jn 17:24 **Πάτερ**,
Jn 17:25 **πάτερ** δίκαιε,
Jn 18:11 δέδωκέν μοι ὁ **πατὴρ** οὐ μὴ πίω
Jn 20:17 ἀναβέβηκα πρὸς τὸν **πατέρα**·
Jn 20:17 ἀναβαίνω πρὸς τὸν **πατέρα** μου καὶ πατέρα
Jn 20:17 πατέρα μου καὶ **πατέρα** ὑμῶν καὶ θεόν
Jn 20:21 ἀπέσταλκέν με ὁ **πατήρ**,

πατρίς (*patris*; 1/8) *homeland*

Jn 4:44 ἐν τῇ ἰδίᾳ **πατρίδι** τιμὴν οὐκ ἔχει.

πεινάω (*peinaō*; 1/23) *be hungry*

Jn 6:35 ἐμὲ οὐ μὴ **πεινάσῃ**,

πειράζω (*peirazō*; 1[2]/37[38]) *test*

Jn 6:6 τοῦτο δὲ ἔλεγεν **πειράζων** αὐτόν·
[Jn 8:6] τοῦτο δὲ ἔλεγον **πειράζοντες** αὐτόν,

πέμπω (*pempō*; 32/79) *send*

Jn 1:22 ἀπόκρισιν δῶμεν τοῖς **πέμψασιν** ἡμᾶς·
Jn 1:33 ἀλλ' ὁ **πέμψας** με βαπτίζειν ἐν
Jn 4:34 τὸ θέλημα τοῦ **πέμψαντός** με καὶ τελειώσω
Jn 5:23 τὸν πατέρα τὸν **πέμψαντα** αὐτόν.
Jn 5:24 καὶ πιστεύων τῷ **πέμψαντί** με ἔχει ζωὴν
Jn 5:30 τὸ θέλημα τοῦ **πέμψαντός** με.
Jn 5:37 καὶ ὁ **πέμψας** με πατὴρ ἐκεῖνος
Jn 6:38 τὸ θέλημα τοῦ **πέμψαντός** με.
Jn 6:39 τὸ θέλημα τοῦ **πέμψαντός** με,
Jn 6:44 ὁ πατὴρ ὁ **πέμψας** με ἑλκύσῃ αὐτόν,
Jn 7:16 ἐμὴ ἀλλὰ τοῦ **πέμψαντός** με·
Jn 7:18 τὴν δόξαν τοῦ **πέμψαντος** αὐτὸν οὗτος ἀληθής
Jn 7:28 ἔστιν ἀληθινὸς ὁ **πέμψας** με,
Jn 7:33 ὑπάγω πρὸς τὸν **πέμψαντά** με.
Jn 8:16 ἐγὼ καὶ ὁ **πέμψας** με πατήρ.
Jn 8:18 περὶ ἐμοῦ ὁ **πέμψας** με πατήρ.
Jn 8:26 ἀλλ' ὁ **πέμψας** με ἀληθής ἐστιν,
Jn 8:29 καὶ ὁ **πέμψας** με μετ' ἐμοῦ
Jn 9:4 τὰ ἔργα τοῦ **πέμψαντός** με ἕως ἡμέρα
Jn 12:44 ἀλλὰ εἰς τὸν **πέμψαντά** με,
Jn 12:45 ἐμὲ θεωρεῖ τὸν **πέμψαντά** με.
Jn 12:49 ἀλλ' ὁ **πέμψας** με πατὴρ αὐτός
Jn 13:16 ἀπόστολος μείζων τοῦ **πέμψαντος** αὐτόν.
Jn 13:20 λαμβάνων ἄν τινα **πέμψω** ἐμὲ λαμβάνει,
Jn 13:20 λαμβάνων λαμβάνει τὸν **πέμψαντά** με.
Jn 14:24 ἐμὸς ἀλλὰ τοῦ **πέμψαντός** με πατρός.
Jn 14:26 ὃ **πέμψει** ὁ πατὴρ ἐν
Jn 15:21 οὐκ οἴδασιν τὸν **πέμψαντά** με.
Jn 15:26 παράκλητος ὃν ἐγὼ **πέμψω** ὑμῖν παρὰ τοῦ
Jn 16:5 ὑπάγω πρὸς τὸν **πέμψαντά** με,
Jn 16:7 **πέμψω** αὐτὸν πρὸς ὑμᾶς.
Jn 20:21 κἀγὼ **πέμπω** ὑμᾶς.

πενθερός (*pentheros*; 1/1) *father-in-law*

Jn 18:13 ἦν γὰρ **πενθερὸς** τοῦ Καϊάφα,

πεντακισχίλιοι (*pentakischilioi*; 1/6) *five thousand*

Jn 6:10 τὸν ἀριθμὸν ὡς **πεντακισχίλιοι**.

πέντε (*pente*; 5/38) *five*

Jn 4:18 **πέντε** γὰρ ἄνδρας ἔσχες
Jn 5:2 ἐπιλεγομένη Ἑβραϊστὶ Βηθζαθὰ **πέντε** στοὰς ἔχουσα.
Jn 6:9 ὧδε ὃς ἔχει **πέντε** ἄρτους κριθίνους καὶ
Jn 6:13 κλασμάτων ἐκ τῶν **πέντε** ἄρτων τῶν κριθίνων
Jn 6:19 ὡς σταδίους εἴκοσι **πέντε** ἢ τριάκοντα θεωροῦσιν

πεντήκοντα (*pentēkonta*; 2/7) *fifty*

Jn 8:57 **πεντήκοντα** ἔτη οὔπω ἔχεις
Jn 21:11 ἰχθύων μεγάλων ἑκατὸν **πεντήκοντα** τριῶν·

πέραν (*peran*; 8/23) *beyond*

Jn 1:28 ἐν Βηθανίᾳ ἐγένετο **πέραν** τοῦ Ἰορδάνου,
Jn 3:26 ἦν μετὰ σοῦ **πέραν** τοῦ Ἰορδάνου,
Jn 6:1 ἀπῆλθεν ὁ Ἰησοῦς **πέραν** τῆς θαλάσσης τῆς
Jn 6:17 εἰς πλοῖον ἤρχοντο **πέραν** τῆς θαλάσσης εἰς
Jn 6:22 ὄχλος ὁ ἑστηκὼς **πέραν** τῆς θαλάσσης εἶδον
Jn 6:25 καὶ εὑρόντες αὐτὸν **πέραν** τῆς θαλάσσης εἶπον
Jn 10:40 Καὶ ἀπῆλθεν πάλιν **πέραν** τοῦ Ἰορδάνου εἰς
Jn 18:1 τοῖς μαθηταῖς αὐτοῦ **πέραν** τοῦ χειμάρρου

περί (*peri*; 67/332[333]) *concerning, around*

Jn 1:7 μαρτυρίαν ἵνα μαρτυρήσῃ **περὶ** τοῦ φωτός,
Jn 1:8 ἀλλ' ἵνα μαρτυρήσῃ **περὶ** τοῦ φωτός.
Jn 1:15 Ἰωάννης μαρτυρεῖ **περὶ** αὐτοῦ καὶ κέκραγεν
Jn 1:22 τί λέγεις **περὶ** σεαυτοῦ;
Jn 1:47 αὐτὸν καὶ λέγει **περὶ** αὐτοῦ·
Jn 2:21 ἐκεῖνος δὲ ἔλεγεν **περὶ** τοῦ ναοῦ τοῦ

Jn 2:25 ἵνα τις μαρτυρήσῃ **περὶ** τοῦ ἀνθρώπου·
Jn 3:25 Ἰωάννου μετὰ Ἰουδαίου **περὶ** καθαρισμοῦ.
Jn 5:31 Ἐὰν ἐγὼ μαρτυρῶ **περὶ** ἐμαυτοῦ,
Jn 5:32 ἐστὶν ὁ μαρτυρῶν **περὶ** ἐμοῦ,
Jn 5:32 μαρτυρία ἣν μαρτυρεῖ **περὶ** ἐμοῦ.
Jn 5:36 ἃ ποιῶ μαρτυρεῖ **περὶ** ἐμοῦ ὅτι ὁ
Jn 5:37 πατὴρ ἐκεῖνος μεμαρτύρηκεν **περὶ** ἐμοῦ.
Jn 5:39 εἰσιν αἱ μαρτυροῦσαι **περὶ** ἐμοῦ·
Jn 5:46 **περὶ** γὰρ ἐμοῦ ἐκεῖνος
Jn 6:41 οὖν οἱ Ἰουδαῖοι **περὶ** αὐτοῦ ὅτι εἶπεν·
Jn 6:61 ἑαυτῷ ὅτι γογγύζουσιν **περὶ** τούτου οἱ μαθηταὶ
Jn 7:7 ὅτι ἐγὼ μαρτυρῶ **περὶ** αὐτοῦ ὅτι τὰ
Jn 7:12 καὶ γογγυσμὸς **περὶ** αὐτοῦ ἦν πολὺς
Jn 7:13 μέντοι παρρησίᾳ ἐλάλει **περὶ** αὐτοῦ διὰ τὸν
Jn 7:17 γνώσεται **περὶ** τῆς διδαχῆς πότερον
Jn 7:32 τοῦ ὄχλου γογγύζοντος **περὶ** αὐτοῦ ταῦτα,
Jn 7:39 τοῦτο δὲ εἶπεν **περὶ** τοῦ πνεύματος ὃ
Jn 8:13 σὺ **περὶ** σεαυτοῦ μαρτυρεῖς·
Jn 8:14 κἂν ἐγὼ μαρτυρῶ **περὶ** ἐμαυτοῦ,
Jn 8:18 εἰμι ὁ μαρτυρῶν **περὶ** ἐμαυτοῦ καὶ μαρτυρεῖ
Jn 8:18 ἐμαυτοῦ καὶ μαρτυρεῖ **περὶ** ἐμοῦ ὁ πέμψας
Jn 8:26 πολλὰ ἔχω **περὶ** ὑμῶν λαλεῖν καὶ
Jn 8:46 ὑμῶν ἐλέγχει με **περὶ** ἁμαρτίας;
Jn 9:17 τί σὺ λέγεις **περὶ** αὐτοῦ,
Jn 9:18 οὖν οἱ Ἰουδαῖοι **περὶ** αὐτοῦ ὅτι ἦν
Jn 9:21 αὐτὸς **περὶ** ἑαυτοῦ λαλήσει.
Jn 10:13 οὐ μέλει αὐτῷ **περὶ** τῶν προβάτων.
Jn 10:25 μου ταῦτα μαρτυρεῖ **περὶ** ἐμοῦ·
Jn 10:33 **περὶ** καλοῦ ἔργου οὐ
Jn 10:33 λιθάζομέν σε ἀλλὰ **περὶ** βλασφημίας,
Jn 10:41 ὅσα εἶπεν Ἰωάννης **περὶ** τούτου ἀληθῆ ἦν.
Jn 11:13 δὲ ὁ Ἰησοῦς **περὶ** τοῦ θανάτου αὐτοῦ,
Jn 11:13 δὲ ἔδοξαν ὅτι **περὶ** τῆς κοιμήσεως τοῦ
Jn 11:19 ἵνα παραμυθήσωνται αὐτὰς **περὶ** τοῦ ἀδελφοῦ.
Jn 12:6 τοῦτο οὐχ ὅτι **περὶ** τῶν πτωχῶν ἔμελεν
Jn 12:41 καὶ ἐλάλησεν **περὶ** αὐτοῦ.
Jn 13:18 Οὐ **περὶ** πάντων ὑμῶν λέγω·
Jn 13:22 οἱ μαθηταὶ ἀπορούμενοι **περὶ** τίνος λέγει.
Jn 13:24 τίς ἂν εἴη **περὶ** οὗ λέγει.
Jn 15:22 πρόφασιν οὐκ ἔχουσιν **περὶ** τῆς ἁμαρτίας αὐτῶν.
Jn 15:26 ἐκεῖνος μαρτυρήσει **περὶ** ἐμοῦ·
Jn 16:8 ἐλέγξει τὸν κόσμον **περὶ** ἁμαρτίας καὶ περὶ
Jn 16:8 περὶ ἁμαρτίας καὶ **περὶ** δικαιοσύνης καὶ
Jn 16:8 περὶ δικαιοσύνης καὶ **περὶ** κρίσεως·
Jn 16:9 **περὶ** ἁμαρτίας μέν,
Jn 16:10 **περὶ** δικαιοσύνης δέ,
Jn 16:11 **περὶ** δὲ κρίσεως,
Jn 16:19 **περὶ** τούτου ζητεῖτε μετ'
Jn 16:25 ἀλλὰ παρρησίᾳ **περὶ** τοῦ πατρὸς ἀπαγγελῶ
Jn 16:26 ἐρωτήσω τὸν πατέρα **περὶ** ὑμῶν·
Jn 17:9 Ἐγὼ **περὶ** αὐτῶν ἐρωτῶ,
Jn 17:9 οὐ **περὶ** τοῦ κόσμου ἐρωτῶ
Jn 17:9 κόσμου ἐρωτῶ ἀλλὰ **περὶ** ὧν δέδωκάς μοι,
Jn 17:20 Οὐ **περὶ** τούτων δὲ ἐρωτῶ
Jn 17:20 ἀλλὰ καὶ **περὶ** τῶν πιστευόντων διὰ
Jn 18:19 ἠρώτησεν τὸν Ἰησοῦν **περὶ** τῶν μαθητῶν αὐτοῦ
Jn 18:19 μαθητῶν αὐτοῦ καὶ **περὶ** τῆς διδαχῆς αὐτοῦ.
Jn 18:23 μαρτύρησον **περὶ** τοῦ κακοῦ·
Jn 18:34 ἄλλοι εἶπόν σοι **περὶ** ἐμοῦ;
Jn 19:24 ἀλλὰ λάχωμεν **περὶ** αὐτοῦ τίνος ἔσται·
Jn 21:24 μαθητὴς ὁ μαρτυρῶν **περὶ** τούτων καὶ ὁ

περιβάλλω (*periballō*; 1/23) *put on*

Jn 19:2 καὶ ἱμάτιον πορφυροῦν **περιέβαλον** αὐτὸν

περιδέω (*perideō*; 1/1) *wrap*

Jn 11:44 ὄψις αὐτοῦ σουδαρίῳ **περιεδέδετο**.

περιΐστημι (*periistēmi*; 1/4) *stand around*

Jn 11:42 τὸν ὄχλον τὸν **περιεστῶτα** εἶπον,

περιπατέω (*peripateō*; 17/94[95]) *walk*

Jn 1:36 ἐμβλέψας τῷ Ἰησοῦ **περιπατοῦντι** λέγει·
Jn 5:8 κράβαττόν σου καὶ **περιπάτει**.
Jn 5:9 κράβαττον αὐτοῦ καὶ **περιεπάτει**.
Jn 5:11 κράβαττόν σου καὶ **περιπάτει**.
Jn 5:12 ἆρον καὶ **περιπάτει**;
Jn 6:19 θεωροῦσιν τὸν Ἰησοῦν **περιπατοῦντα** ἐπὶ τῆς θαλάσσης
Jn 6:66 οὐκέτι μετ' αὐτοῦ **περιεπάτουν**.
Jn 7:1 Καὶ μετὰ ταῦτα **περιεπάτει** ὁ Ἰησοῦς ἐν
Jn 7:1 ἐν τῇ Ἰουδαίᾳ **περιπατεῖν**,
Jn 8:12 ἐμοὶ οὐ μὴ **περιπατήσῃ** ἐν τῇ σκοτίᾳ,
Jn 10:23 καὶ **περιεπάτει** ὁ Ἰησοῦς ἐν
Jn 11:9 ἐάν τις **περιπατῇ** ἐν τῇ ἡμέρᾳ,
Jn 11:10 ἐὰν δέ τις **περιπατῇ** ἐν τῇ νυκτί,
Jn 11:54 Ἰησοῦς οὐκέτι παρρησίᾳ **περιεπάτει** ἐν τοῖς Ἰουδαίοις,
Jn 12:35 **περιπατεῖτε** ὡς τὸ φῶς
Jn 12:35 καὶ ὁ **περιπατῶν** ἐν τῇ σκοτίᾳ
Jn 21:18 ἐζώννυες σεαυτὸν καὶ **περιεπάτεις** ὅπου ἤθελες·

περισσεύω (*perisseuō*; 2/39) *exceed, be left over*

Jn 6:12 συναγάγετε τὰ **περισσεύσαντα** κλάσματα,
Jn 6:13 τῶν κριθίνων ἃ **ἐπερίσσευσαν** τοῖς βεβρωκόσιν.

περισσός (*perissos*; 1/6) *abundant, more*

Jn 10:10 ζωὴν ἔχωσιν καὶ **περισσὸν** ἔχωσιν.

περιστερά (*peristera*; 3/10) *dove*

Jn 1:32 πνεῦμα καταβαῖνον ὡς **περιστερὰν** ἐξ οὐρανοῦ καὶ
Jn 2:14 καὶ πρόβατα καὶ **περιστερὰς** καὶ τοὺς κερματιστὰς
Jn 2:16 καὶ τοῖς τὰς **περιστερὰς** πωλοῦσιν εἶπεν·

περιτέμνω (*peritemnō*; 1/17) *circumcise*

Jn 7:22 καὶ ἐν σαββάτῳ **περιτέμνετε** ἄνθρωπον.

περιτίθημι (*peritithēmi*; 1/8) *put around*

Jn 19:29 τοῦ ὄξους ὑσσώπῳ **περιθέντες** προσήνεγκαν αὐτοῦ τῷ

περιτομή (*peritomē*; 2/36) *circumcision*

Jn 7:22 δέδωκεν ὑμῖν τὴν **περιτομὴν**
Jn 7:23 εἰ **περιτομὴν** λαμβάνει ἄνθρωπος ἐν

Πέτρος (*Petros*; 34/155[156]) *Peter*
Jn 1:40 ὁ ἀδελφὸς Σίμωνος **Πέτρου** εἷς ἐκ τῶν
Jn 1:42 ὃ ἑρμηνεύεται **Πέτρος**.
Jn 1:44 πόλεως Ἀνδρέου καὶ **Πέτρου**.
Jn 6:8 ὁ ἀδελφὸς Σίμωνος **Πέτρου**·
Jn 6:68 ἀπεκρίθη αὐτῷ Σίμων **Πέτρος**·
Jn 13:6 οὖν πρὸς Σίμωνα **Πέτρον**·
Jn 13:8 λέγει αὐτῷ **Πέτρος**·
Jn 13:9 λέγει αὐτῷ Σίμων **Πέτρος**·
Jn 13:24 οὖν τούτῳ Σίμων **Πέτρος** πυθέσθαι τίς ἂν
Jn 13:36 Λέγει αὐτῷ Σίμων **Πέτρος**·
Jn 13:37 λέγει αὐτῷ ὁ **Πέτρος**·
Jn 18:10 Σίμων οὖν **Πέτρος** ἔχων μάχαιραν εἵλκυσεν
Jn 18:11 ὁ Ἰησοῦς τῷ **Πέτρῳ**·
Jn 18:15 τῷ Ἰησοῦ Σίμων **Πέτρος** καὶ ἄλλος μαθητής.
Jn 18:16 ὁ δὲ **Πέτρος** εἱστήκει πρὸς τῇ
Jn 18:16 καὶ εἰσήγαγεν τὸν **Πέτρον**.
Jn 18:17 λέγει οὖν τῷ **Πέτρῳ** ἡ παιδίσκη ἡ
Jn 18:18 δὲ καὶ ὁ **Πέτρος** μετ᾽ αὐτῶν ἑστὼς
Jn 18:25 Ἦν δὲ Σίμων **Πέτρος** ἑστὼς καὶ θερμαινόμενος.
Jn 18:26 ὧν οὗ ἀπέκοψεν **Πέτρος** τὸ ὠτίον·
Jn 18:27 πάλιν οὖν ἠρνήσατο **Πέτρος**,
Jn 20:2 ἔρχεται πρὸς Σίμωνα **Πέτρον** καὶ πρὸς τὸν
Jn 20:3 Ἐξῆλθεν οὖν ὁ **Πέτρος** καὶ ὁ ἄλλος
Jn 20:4 προέδραμεν τάχιον τοῦ **Πέτρου** καὶ ἦλθεν πρῶτος
Jn 20:6 οὖν καὶ Σίμων **Πέτρος** ἀκολουθῶν αὐτῷ καὶ
Jn 21:2 ἦσαν ὁμοῦ Σίμων **Πέτρος** καὶ Θωμᾶς ὁ
Jn 21:3 λέγει αὐτοῖς Σίμων **Πέτρος**·
Jn 21:7 ὁ Ἰησοῦς τῷ **Πέτρῳ**·
Jn 21:7 Σίμων οὖν **Πέτρος** ἀκούσας ὅτι ὁ
Jn 21:11 ἀνέβη οὖν Σίμων **Πέτρος** καὶ εἵλκυσεν τὸ
Jn 21:15 λέγει τῷ Σίμωνι **Πέτρῳ** ὁ Ἰησοῦς·
Jn 21:17 ἐλυπήθη ὁ **Πέτρος** ὅτι εἶπεν αὐτῷ
Jn 21:20 Ἐπιστραφεὶς ὁ **Πέτρος** βλέπει τὸν μαθητὴν
Jn 21:21 οὖν ἰδὼν ὁ **Πέτρος** λέγει τῷ Ἰησοῦ·

πηγή (*pēgē*; 3/11) *spring*
Jn 4:6 ἦν δὲ ἐκεῖ **πηγὴ** τοῦ Ἰακώβ.
Jn 4:6 οὕτως ἐπὶ τῇ **πηγῇ**·
Jn 4:14 γενήσεται ἐν αὐτῷ **πηγὴ** ὕδατος ἁλλομένου

πηλός (*pēlos*; 5/6) *mud, clay*
Jn 9:6 χαμαὶ καὶ ἐποίησεν **πηλὸν** ἐκ τοῦ πτύσματος
Jn 9:6 ἐπέχρισεν αὐτοῦ τὸν **πηλὸν** ἐπὶ τοὺς ὀφθαλμοὺς
Jn 9:11 ὁ λεγόμενος Ἰησοῦς **πηλὸν** ἐποίησεν καὶ ἐπέχρισέν
Jn 9:14 ἡ ἡμέρᾳ τὸν **πηλὸν** ἐποίησεν ὁ Ἰησοῦς
Jn 9:15 **πηλὸν** ἐπέθηκέν μου ἐπὶ

πῆχυς (*pēchys*; 1/4) *cubit*
Jn 21:8 ἀλλὰ ὡς ἀπὸ **πηχῶν** διακοσίων,

πιάζω (*piazō*; 8/12) *seize, arrest, catch*
Jn 7:30 Ἐζήτουν οὖν αὐτὸν **πιάσαι**,
Jn 7:32 Φαρισαῖοι ὑπηρέτας ἵνα **πιάσωσιν** αὐτόν.
Jn 7:44 ἤθελον ἐξ αὐτῶν **πιάσαι** αὐτόν,
Jn 8:20 καὶ οὐδεὶς **ἐπίασεν** αὐτόν,
Jn 10:39 [οὖν] αὐτὸν πάλιν **πιάσαι**,
Jn 11:57 ὅπως **πιάσωσιν** αὐτόν.
Jn 21:3 ἐκείνῃ τῇ νυκτὶ **ἐπίασαν** οὐδέν.
Jn 21:10 τῶν ὀψαρίων ὧν **ἐπιάσατε** νῦν.

Πιλᾶτος (*Pilatos*; 20/55) *Pilate*
Jn 18:29 ἐξῆλθεν οὖν ὁ **Πιλᾶτος** ἔξω πρὸς αὐτοὺς
Jn 18:31 οὖν αὐτοῖς ὁ **Πιλᾶτος**·
Jn 18:33 τὸ πραιτώριον ὁ **Πιλᾶτος** καὶ ἐφώνησεν τὸν
Jn 18:35 ἀπεκρίθη ὁ **Πιλᾶτος**·
Jn 18:37 οὖν αὐτῷ ὁ **Πιλᾶτος**·
Jn 18:38 λέγει αὐτῷ ὁ **Πιλᾶτος**·
Jn 19:1 οὖν ἔλαβεν ὁ **Πιλᾶτος** τὸν Ἰησοῦν καὶ
Jn 19:4 πάλιν ἔξω ὁ **Πιλᾶτος** καὶ λέγει αὐτοῖς·
Jn 19:6 λέγει αὐτοῖς ὁ **Πιλᾶτος**·
Jn 19:8 οὖν ἤκουσεν ὁ **Πιλᾶτος** τοῦτον τὸν λόγον,
Jn 19:10 οὖν αὐτῷ ὁ **Πιλᾶτος**·
Jn 19:12 ἐκ τούτου ὁ **Πιλᾶτος** ἐζήτει ἀπολῦσαι αὐτόν·
Jn 19:13 ὁ οὖν **Πιλᾶτος** ἀκούσας τῶν λόγων
Jn 19:15 λέγει αὐτοῖς ὁ **Πιλᾶτος**·
Jn 19:19 καὶ τίτλον ὁ **Πιλᾶτος** καὶ ἔθηκεν ἐπὶ
Jn 19:21 ἔλεγον οὖν τῷ **Πιλάτῳ** οἱ ἀρχιερεῖς τῶν
Jn 19:22 ἀπεκρίθη ὁ **Πιλᾶτος**·
Jn 19:31 ἠρώτησαν τὸν Πιλᾶτον **ἵνα** κατεαγῶσιν αὐτῶν τὰ
Jn 19:38 ταῦτα ἠρώτησεν τὸν **Πιλᾶτον** Ἰωσὴφ [ὁ] ἀπὸ
Jn 19:38 καὶ ἐπέτρεψεν ὁ **Πιλᾶτος**.

πίνω (*pinō*; 11/72[73]) *drink*
Jn 4:7 δός μοι **πεῖν**·
Jn 4:9 ὢν παρ᾽ ἐμοῦ **πεῖν** αἰτεῖς γυναικὸς Σαμαρίτιδος
Jn 4:10 δός μοι **πεῖν**,
Jn 4:12 αὐτὸς ἐξ αὐτοῦ **ἔπιεν** καὶ οἱ υἱοὶ
Jn 4:13 πᾶς ὁ **πίνων** ἐκ τοῦ ὕδατος
Jn 4:14 ὃς δ᾽ ἂν **πίῃ** ἐκ τοῦ ὕδατος
Jn 6:53 τοῦ ἀνθρώπου καὶ **πίητε** αὐτοῦ τὸ αἷμα,
Jn 6:54 τὴν σάρκα καὶ **πίνων** μου τὸ αἷμα
Jn 6:56 τὴν σάρκα καὶ **πίνων** μου τὸ αἷμα
Jn 7:37 πρός με καὶ **πινέτω**.
Jn 18:11 πατὴρ οὐ μὴ **πίω** αὐτό;

πιπράσκω (*pipraskō*; 1/9) *sell*
Jn 12:5 τὸ μύρον οὐκ **ἐπράθη** τριακοσίων δηναρίων

πίπτω (*piptō*; 3/90) *fall*
Jn 11:32 Ἰησοῦς ἰδοῦσα αὐτὸν **ἔπεσεν** αὐτοῦ πρὸς
Jn 12:24 κόκκος τοῦ σίτου **πεσὼν** εἰς τὴν γῆν
Jn 18:6 τὰ ὀπίσω καὶ **ἔπεσαν** χαμαί.

πιστεύω (*pisteuō*; 98/237[241]) *believe*
Jn 1:7 ἵνα πάντες **πιστεύσωσιν** δι᾽ αὐτοῦ.
Jn 1:12 τοῖς **πιστεύουσιν** εἰς τὸ ὄνομα
Jn 1:50 **πιστεύεις**;
Jn 2:11 καὶ **ἐπίστευσαν** εἰς αὐτὸν οἱ
Jn 2:22 καὶ **ἐπίστευσαν** τῇ γραφῇ καὶ
Jn 2:23 πολλοὶ **ἐπίστευσαν** εἰς τὸ ὄνομα
Jn 2:24 δὲ Ἰησοῦς οὐκ **ἐπίστευεν** αὐτὸν αὐτοῖς διὰ
Jn 3:12 ὑμῖν καὶ οὐ **πιστεύετε**,
Jn 3:12 ὑμῖν τὰ ἐπουράνια **πιστεύσετε**;
Jn 3:15 ἵνα πᾶς ὁ **πιστεύων** ἐν αὐτῷ ἔχῃ
Jn 3:16 ἵνα πᾶς ὁ **πιστεύων** εἰς αὐτὸν μὴ
Jn 3:18 ὁ **πιστεύων** εἰς αὐτὸν οὐ
Jn 3:18 ὁ δὲ μὴ **πιστεύων** ἤδη κέκριται,

Jn 3:18 ὅτι μὴ **πεπίστευκεν** εἰς τὸ ὄνομα
Jn 3:36 ὁ **πιστεύων** εἰς τὸν υἱὸν
Jn 4:21 **πίστευέ** μοι,
Jn 4:39 πόλεως ἐκείνης πολλοὶ **ἐπίστευσαν** εἰς αὐτὸν τῶν
Jn 4:41 καὶ πολλῷ πλείους **ἐπίστευσαν** διὰ τὸν λόγον
Jn 4:42 τὴν σὴν λαλιὰν **πιστεύομεν**,
Jn 4:48 οὐ μὴ **πιστεύσητε**.
Jn 4:50 **ἐπίστευσεν** ὁ ἄνθρωπος τῷ
Jn 4:53 καὶ **ἐπίστευσεν** αὐτὸς καὶ ἡ
Jn 5:24 μου ἀκούων καὶ **πιστεύων** τῷ πέμψαντί με
Jn 5:38 τούτῳ ὑμεῖς οὐ **πιστεύετε**.
Jn 5:44 πῶς δύνασθε ὑμεῖς **πιστεῦσαι** δόξαν παρὰ ἀλλήλων
Jn 5:46 εἰ γὰρ **ἐπιστεύετε** Μωϋσεῖ,
Jn 5:46 **ἐπιστεύετε** ἂν ἐμοί·
Jn 5:47 ἐκείνου γράμμασιν οὐ **πιστεύετε**,
Jn 5:47 τοῖς ἐμοῖς ῥήμασιν **πιστεύσετε**;
Jn 6:29 ἵνα **πιστεύητε** εἰς ὃν ἀπέστειλεν
Jn 6:30 ἵνα ἴδωμεν καὶ **πιστεύσωμέν** σοι;
Jn 6:35 καὶ ὁ **πιστεύων** εἰς ἐμὲ οὐ
Jn 6:36 [με] καὶ οὐ **πιστεύετε**.
Jn 6:40 τὸν υἱὸν καὶ **πιστεύων** εἰς αὐτὸν ἔχῃ
Jn 6:47 ὁ **πιστεύων** ἔχει ζωὴν αἰώνιον.
Jn 6:64 τινες οἳ οὐ **πιστεύουσιν**.
Jn 6:64 εἰσὶν οἱ μὴ **πιστεύοντες** καὶ τίς ἐστιν
Jn 6:69 καὶ ἡμεῖς **πεπιστεύκαμεν** καὶ ἐγνώκαμεν ὅτι
Jn 7:5 οἱ ἀδελφοὶ αὐτοῦ **ἐπίστευον** εἰς αὐτόν.
Jn 7:31 ὄχλου δὲ πολλοὶ **ἐπίστευσαν** εἰς αὐτὸν καὶ
Jn 7:38 ὁ **πιστεύων** εἰς ἐμέ,
Jn 7:39 ἔμελλον λαμβάνειν οἱ **πιστεύσαντες** εἰς αὐτόν·
Jn 7:48 ἐκ τῶν ἀρχόντων **ἐπίστευσεν** εἰς αὐτὸν ἢ
Jn 8:24 ἐὰν γὰρ μὴ **πιστεύσητε** ὅτι ἐγώ εἰμι,
Jn 8:30 αὐτοῦ λαλοῦντος πολλοὶ **ἐπίστευσαν** εἰς αὐτόν.
Jn 8:31 Ἰησοῦς πρὸς τοὺς **πεπιστευκότας** αὐτῷ Ἰουδαίους·
Jn 8:45 οὐ **πιστεύετέ** μοι.
Jn 8:46 τί ὑμεῖς οὐ **πιστεύετέ** μοι;
Jn 9:18 Οὐκ **ἐπίστευσαν** οὖν οἱ Ἰουδαῖοι
Jn 9:35 σὺ **πιστεύεις** εἰς τὸν υἱὸν
Jn 9:36 ἵνα **πιστεύσω** εἰς αὐτόν;
Jn 9:38 **πιστεύω**,
Jn 10:25 ὑμῖν καὶ οὐ **πιστεύετε**·
Jn 10:26 ἀλλὰ ὑμεῖς οὐ **πιστεύετε**,
Jn 10:37 μὴ **πιστεύετέ** μοι·
Jn 10:38 κἂν ἐμοὶ μὴ **πιστεύητε**,
Jn 10:38 τοῖς ἔργοις **πιστεύετε**,
Jn 10:42 καὶ πολλοὶ **ἐπίστευσαν** εἰς αὐτὸν ἐκεῖ.
Jn 11:15 δι' ὑμᾶς ἵνα **πιστεύσητε**,
Jn 11:25 ὁ **πιστεύων** εἰς ἐμὲ κἂν
Jn 11:26 ὁ ζῶν καὶ **πιστεύων** εἰς ἐμὲ οὐ
Jn 11:26 **πιστεύεις** τοῦτο;
Jn 11:27 ἐγὼ **πεπίστευκα** ὅτι σὺ εἶ
Jn 11:40 σοι ὅτι ἐὰν **πιστεύσῃς** ὄψῃ τὴν δόξαν
Jn 11:42 ἵνα **πιστεύσωσιν** ὅτι σύ με
Jn 11:45 θεασάμενοι ἃ ἐποίησεν **ἐπίστευσαν** εἰς αὐτόν·
Jn 11:48 πάντες **πιστεύσουσιν** εἰς αὐτόν,
Jn 12:11 τῶν Ἰουδαίων καὶ **ἐπίστευον** εἰς τὸν Ἰησοῦν.
Jn 12:36 **πιστεύετε** εἰς τὸ φῶς,
Jn 12:37 ἔμπροσθεν αὐτῶν οὐκ **ἐπίστευον** εἰς αὐτόν,
Jn 12:38 τίς **ἐπίστευσεν** τῇ ἀκοῇ ἡμῶν;
Jn 12:39 τοῦτο οὐκ ἠδύναντο **πιστεύειν**,
Jn 12:42 τῶν ἀρχόντων πολλοὶ **ἐπίστευσαν** εἰς αὐτόν,
Jn 12:44 ὁ **πιστεύων** εἰς ἐμὲ οὐ
Jn 12:44 εἰς ἐμὲ οὐ **πιστεύει** εἰς ἐμὲ ἀλλὰ
Jn 12:46 ἵνα πᾶς ὁ **πιστεύων** εἰς ἐμὲ ἐν
Jn 13:19 ἵνα **πιστεύσητε** ὅταν γένηται ὅτι
Jn 14:1 **πιστεύετε** εἰς τὸν θεὸν
Jn 14:1 καὶ εἰς ἐμὲ **πιστεύετε**.
Jn 14:10 οὐ **πιστεύεις** ὅτι ἐγὼ ἐν
Jn 14:11 **πιστεύετέ** μοι ὅτι ἐγὼ
Jn 14:11 τὰ ἔργα αὐτὰ **πιστεύετε**.
Jn 14:12 ὁ **πιστεύων** εἰς ἐμὲ τὰ
Jn 14:29 ἵνα ὅταν γένηται **πιστεύσητε**.
Jn 16:9 ὅτι οὐ **πιστεύουσιν** εἰς ἐμέ·
Jn 16:27 ἐμὲ πεφιλήκατε καὶ **πεπιστεύκατε** ὅτι ἐγὼ
Jn 16:30 ἐν τούτῳ **πιστεύομεν** ὅτι ἀπὸ θεοῦ
Jn 16:31 ἄρτι **πιστεύετε**;
Jn 17:8 καὶ **ἐπίστευσαν** ὅτι σύ με
Jn 17:20 καὶ περὶ τῶν **πιστευόντων** διὰ τοῦ λόγου
Jn 17:21 ἵνα ὁ κόσμος **πιστεύῃ** ὅτι σύ με
Jn 19:35 ἵνα καὶ ὑμεῖς **πιστεύ[σ]ητε**.
Jn 20:8 καὶ εἶδεν καὶ **ἐπίστευσεν**·
Jn 20:25 οὐ μὴ **πιστεύσω**.
Jn 20:29 ὅτι ἑώρακάς με **πεπίστευκας**;
Jn 20:29 μὴ ἰδόντες καὶ **πιστεύσαντες**.
Jn 20:31 δὲ γέγραπται ἵνα **πιστεύ[σ]ητε** ὅτι Ἰησοῦς ἐστιν
Jn 20:31 καὶ ἵνα **πιστεύοντες** ζωὴν ἔχητε ἐν

πιστικός (*pistikos*; 1/2) *pure*

Jn 12:3 λίτραν μύρου νάρδου **πιστικῆς** πολυτίμου ἤλειψεν τοὺς

πιστός (*pistos*; 1/67) *believing*

Jn 20:27 γίνου ἄπιστος ἀλλὰ **πιστός**.

πλανάω (*planaō*; 2/39) *lead astray*

Jn 7:12 ἀλλὰ **πλανᾷ** τὸν ὄχλον.
Jn 7:47 μὴ καὶ ὑμεῖς **πεπλάνησθε**;

πλέκω (*plekō*; 1/3) *weave*

Jn 19:2 καὶ οἱ στρατιῶται **πλέξαντες** στέφανον ἐξ ἀκανθῶν

πλευρά (*pleura*; 4/5) *side*

Jn 19:34 λόγχῃ αὐτοῦ τὴν **πλευρὰν** ἔνυξεν,
Jn 20:20 χεῖρας καὶ τὴν **πλευρὰν** αὐτοῖς.
Jn 20:25 χεῖρα εἰς τὴν **πλευρὰν** αὐτοῦ,
Jn 20:27 βάλε εἰς τὴν **πλευράν** μου,

πλῆθος (*plēthos*; 2/31) *multitude, crowd*

Jn 5:3 ἐν ταύταις κατέκειτο **πλῆθος** τῶν ἀσθενούντων,
Jn 21:6 ἴσχυον ἀπὸ τοῦ **πλήθους** τῶν ἰχθύων.

πλήρης (*plērēs*; 1/16) *full*

Jn 1:14 **πλήρης** χάριτος καὶ ἀληθείας.

πληρόω (*plēroō*; 15/86) *fulfill*

Jn 3:29 χαρὰ ἡ ἐμὴ **πεπλήρωται**.
Jn 7:8 ἐμὸς καιρὸς οὔπω **πεπλήρωται**.
Jn 12:3 ἡ δὲ οἰκία **ἐπληρώθη** ἐκ τῆς ὀσμῆς
Jn 12:38 Ἠσαΐου τοῦ προφήτου **πληρωθῇ** ὃν εἶπεν·
Jn 13:18 ἵνα ἡ γραφὴ **πληρωθῇ**·
Jn 15:11 ἡ χαρὰ ὑμῶν **πληρωθῇ**.
Jn 15:25 ἀλλ' ἵνα **πληρωθῇ** ὁ λόγος ὁ
Jn 16:6 ὑμῖν ἡ λύπη **πεπλήρωκεν** ὑμῶν τὴν καρδίαν.
Jn 16:24 χαρὰ ὑμῶν ᾖ **πεπληρωμένη**.
Jn 17:12 ἵνα ἡ γραφὴ **πληρωθῇ**.
Jn 17:13 χαρὰν τὴν ἐμὴν **πεπληρωμένην** ἐν ἑαυτοῖς.
Jn 18:9 ἵνα **πληρωθῇ** ὁ λόγος ὃν
Jn 18:32 λόγος τοῦ Ἰησοῦ **πληρωθῇ** ὃν εἶπεν σημαίνων
Jn 19:24 ἵνα ἡ γραφὴ **πληρωθῇ** [ἡ λέγουσα]·
Jn 19:36 ἵνα ἡ γραφὴ **πληρωθῇ**·

πλήρωμα (*plērōma*; 1/17) *fullness*

Jn 1:16 ὅτι ἐκ τοῦ **πληρώματος** αὐτοῦ ἡμεῖς πάντες

πλησίον (*plēsion*; 1/17) *near, neighbor*

Jn 4:5 Σαμαρείας λεγομένην Συχὰρ **πλησίον** τοῦ χωρίου ὃ

πλοιάριον (*ploiarion*; 4/5) *boat*

Jn 6:22 θαλάσσης εἶδον ὅτι **πλοιάριον** ἄλλο οὐκ ἦν
Jn 6:23 ἄλλα ἦλθεν **πλοι[άρι]α** ἐκ Τιβεριάδος ἐγγὺς
Jn 6:24 αὐτοὶ εἰς τὰ **πλοιάρια** καὶ ἦλθον εἰς
Jn 21:8 ἄλλοι μαθηταὶ τῷ **πλοιαρίῳ** ἦλθον,

πλοῖον (*ploion*; 7/67) *boat*

Jn 6:17 καὶ ἐμβάντες εἰς **πλοῖον** ἤρχοντο πέραν τῆς
Jn 6:19 καὶ ἐγγὺς τοῦ **πλοίου** γινόμενον,
Jn 6:21 αὐτὸν εἰς τὸ **πλοῖον**,
Jn 6:21 εὐθέως ἐγένετο τὸ **πλοῖον** ἐπὶ τῆς γῆς
Jn 6:22 Ἰησοῦς εἰς τὸ **πλοῖον** ἀλλὰ μόνοι οἱ
Jn 21:3 ἐνέβησαν εἰς τὸ **πλοῖον**,
Jn 21:6 δεξιὰ μέρη τοῦ **πλοίου** τὸ δίκτυον,

πνεῦμα (*pneuma*; 24/379) *Spirit, spirit*

Jn 1:32 ὅτι τεθέαμαι τὸ **πνεῦμα** καταβαῖνον ὡς περιστερὰν
Jn 1:33 ἂν ἴδῃς τὸ **πνεῦμα** καταβαῖνον καὶ μένον
Jn 1:33 ὁ βαπτίζων ἐν **πνεύματι** ἁγίῳ.
Jn 3:5 ἐξ ὕδατος καὶ **πνεύματος**,
Jn 3:6 γεγεννημένον ἐκ τοῦ **πνεύματος** πνεῦμά ἐστιν.
Jn 3:6 ἐκ τοῦ πνεύματος **πνεῦμά** ἐστιν.
Jn 3:8 τὸ **πνεῦμα** ὅπου θέλει πνεῖ
Jn 3:8 γεγεννημένος ἐκ τοῦ **πνεύματος**.
Jn 3:34 μέτρου δίδωσιν τὸ **πνεῦμα**.
Jn 4:23 τῷ πατρὶ ἐν **πνεύματι** καὶ ἀληθείᾳ·
Jn 4:24 **πνεῦμα** ὁ θεός,
Jn 4:24 προσκυνοῦντας αὐτὸν ἐν **πνεύματι** καὶ ἀληθείᾳ δεῖ
Jn 6:63 τὸ **πνεῦμά** ἐστιν τὸ ζῳοποιοῦν,
Jn 6:63 ἐγὼ λελάληκα ὑμῖν **πνεῦμά** ἐστιν καὶ ζωή
Jn 7:39 εἶπεν περὶ τοῦ **πνεύματος** ὃ ἔμελλον λαμβάνειν
Jn 7:39 οὔπω γὰρ ἦν **πνεῦμα**,
Jn 11:33 ἐνεβριμήσατο τῷ **πνεύματι** καὶ ἐτάραξεν ἑαυτὸν
Jn 13:21 Ἰησοῦς ἐταράχθη τῷ **πνεύματι** καὶ ἐμαρτύρησεν καὶ
Jn 14:17 τὸ **πνεῦμα** τῆς ἀληθείας,
Jn 14:26 τὸ **πνεῦμα** τὸ ἅγιον,
Jn 15:26 τὸ **πνεῦμα** τῆς ἀληθείας ὃ
Jn 16:13 τὸ **πνεῦμα** τῆς ἀληθείας,
Jn 19:30 κεφαλὴν παρέδωκεν τὸ **πνεῦμα**.
Jn 20:22 λάβετε **πνεῦμα** ἅγιον·

πνέω (*pneō*; 2/7) *blow*

Jn 3:8 πνεῦμα ὅπου θέλει **πνεῖ** καὶ τὴν φωνὴν
Jn 6:18 θάλασσα ἀνέμου μεγάλου **πνέοντος** διεγείρετο.

πόθεν (*pothen*; 13/29) *from where*

Jn 1:48 **πόθεν** με γινώσκεις;
Jn 2:9 καὶ οὐκ ᾔδει **πόθεν** ἐστίν,
Jn 3:8 ἀλλ' οὐκ οἶδας **πόθεν** ἔρχεται καὶ ποῦ
Jn 4:11 **πόθεν** οὖν ἔχεις τὸ
Jn 6:5 **πόθεν** ἀγοράσωμεν ἄρτους ἵνα
Jn 7:27 ἀλλὰ τοῦτον οἴδαμεν **πόθεν** ἐστίν·
Jn 7:27 ἔρχηται οὐδεὶς γινώσκει **πόθεν** ἐστίν.
Jn 7:28 οἴδατε καὶ οἴδατε **πόθεν** εἰμί·
Jn 8:14 ὅτι οἶδα **πόθεν** ἦλθον καὶ ποῦ
Jn 8:14 δὲ οὐκ οἴδατε **πόθεν** ἔρχομαι ἢ ποῦ
Jn 9:29 δὲ οὐκ οἴδαμεν **πόθεν** ἐστίν.
Jn 9:30 ὑμεῖς οὐκ οἴδατε **πόθεν** ἐστίν,
Jn 19:9 **πόθεν** εἶ σύ;

ποιέω (*poieō*; 110/568) *do, make*

Jn 2:5 ἂν λέγῃ ὑμῖν **ποιήσατε**.
Jn 2:11 Ταύτην **ἐποίησεν** ἀρχὴν τῶν σημείων
Jn 2:15 καὶ **ποιήσας** φραγέλλιον ἐκ σχοινίων
Jn 2:16 μὴ **ποιεῖτε** τὸν οἶκον τοῦ
Jn 2:18 ἡμῖν ὅτι ταῦτα **ποιεῖς**;
Jn 2:23 τὰ σημεῖα ἃ **ἐποίει**·
Jn 3:2 ταῦτα τὰ σημεῖα **ποιεῖν** ἃ σὺ ποιεῖς,
Jn 3:2 ποιεῖν ἃ σὺ **ποιεῖς**,
Jn 3:21 ὁ δὲ **ποιῶν** τὴν ἀλήθειαν ἔρχεται
Jn 4:1 Ἰησοῦς πλείονας μαθητὰς **ποιεῖ** καὶ βαπτίζει
Jn 4:29 μοι πάντα ὅσα **ἐποίησα**,
Jn 4:34 βρῶμά ἐστιν ἵνα **ποιήσω** τὸ θέλημα τοῦ
Jn 4:39 μοι πάντα ἃ **ἐποίησα**.
Jn 4:45 πάντα ἑωρακότες ὅσα **ἐποίησεν** ἐν Ἱεροσολύμοις ἐν
Jn 4:46 ὅπου **ἐποίησεν** τὸ ὕδωρ οἶνον.
Jn 4:54 πάλιν δεύτερον σημεῖον **ἐποίησεν** ὁ Ἰησοῦς ἐλθὼν
Jn 5:11 ὁ **ποιήσας** με ὑγιῆ ἐκεῖνός
Jn 5:15 Ἰησοῦς ἐστιν ὁ **ποιήσας** αὐτὸν ὑγιῆ.
Jn 5:16 ὅτι ταῦτα **ἐποίει** ἐν σαββάτῳ.
Jn 5:18 θεὸν ἴσον ἑαυτὸν **ποιῶν** τῷ θεῷ.
Jn 5:19 δύναται ὁ υἱὸς **ποιεῖν** ἀφ' ἑαυτοῦ οὐδὲν
Jn 5:19 βλέπῃ τὸν πατέρα **ποιοῦντα**·
Jn 5:19 γὰρ ἂν ἐκεῖνος **ποιῇ**,
Jn 5:19 ὁ υἱὸς ὁμοίως **ποιεῖ**.
Jn 5:20 αὐτῷ ἃ αὐτὸς **ποιεῖ**,
Jn 5:27 ἔδωκεν αὐτῷ κρίσιν **ποιεῖν**,
Jn 5:29 οἱ τὰ ἀγαθὰ **ποιήσαντες** εἰς ἀνάστασιν ζωῆς,

Jn 5:30 Οὐ δύναμαι ἐγὼ **ποιεῖν** ἀπ' ἐμαυτοῦ οὐδέν·
Jn 5:36 τὰ ἔργα ἃ **ποιῶ** μαρτυρεῖ περὶ ἐμοῦ
Jn 6:2 τὰ σημεῖα ἃ **ἐποίει** ἐπὶ τῶν ἀσθενούντων.
Jn 6:6 ᾔδει τί ἔμελλεν **ποιεῖν**.
Jn 6:10 **ποιήσατε** τοὺς ἀνθρώπους ἀναπεσεῖν.
Jn 6:14 ἄνθρωποι ἰδόντες ὃ **ἐποίησεν** σημεῖον ἔλεγον ὅτι
Jn 6:15 ἁρπάζειν αὐτὸν ἵνα **ποιήσωσιν** βασιλέα,
Jn 6:28 τί **ποιῶμεν** ἵνα ἐργαζώμεθα τὰ
Jn 6:30 τί οὖν **ποιεῖς** σὺ σημεῖον,
Jn 6:38 οὐρανοῦ οὐχ ἵνα **ποιῶ** τὸ θέλημα τὸ
Jn 7:3 τὰ ἔργα ἃ **ποιεῖς**·
Jn 7:4 τι ἐν κρυπτῷ **ποιεῖ** καὶ ζητεῖ αὐτὸς
Jn 7:4 εἰ ταῦτα **ποιεῖς**,
Jn 7:17 τὸ θέλημα αὐτοῦ **ποιεῖν**,
Jn 7:19 οὐδεὶς ἐξ ὑμῶν **ποιεῖ** τὸν νόμον.
Jn 7:21 Ἓν ἔργον **ἐποίησα** καὶ πάντες θαυμάζετε.
Jn 7:23 ὅλον ἄνθρωπον ὑγιῆ **ἐποίησα** ἐν σαββάτῳ;
Jn 7:31 μὴ πλείονα σημεῖα **ποιήσει** ὧν οὗτος ἐποίησεν;
Jn 7:31 ποιήσει ὧν οὗτος **ἐποίησεν**;
Jn 7:51 καὶ γνῷ τί **ποιεῖ**;
Jn 8:28 καὶ ἀπ' ἐμαυτοῦ **ποιῶ** οὐδέν,
Jn 8:29 τὰ ἀρεστὰ αὐτῷ **ποιῶ** πάντοτε.
Jn 8:34 ὅτι πᾶς ὁ **ποιῶν** τὴν ἁμαρτίαν δοῦλός
Jn 8:38 παρὰ τοῦ πατρὸς **ποιεῖτε**.
Jn 8:39 ἔργα τοῦ Ἀβραὰμ **ἐποιεῖτε**·
Jn 8:40 τοῦτο Ἀβραὰμ οὐκ **ἐποίησεν**.
Jn 8:41 ὑμεῖς **ποιεῖτε** τὰ ἔργα τοῦ
Jn 8:44 πατρὸς ὑμῶν θέλετε **ποιεῖν**.
Jn 8:53 τίνα σεαυτὸν **ποιεῖς**;
Jn 9:6 ἔπτυσεν χαμαὶ καὶ **ἐποίησεν** πηλὸν ἐκ τοῦ
Jn 9:11 λεγόμενος Ἰησοῦς πηλὸν **ἐποίησεν** καὶ ἐπέχρισέν μου
Jn 9:14 ἡμέρᾳ τὸν πηλὸν **ἐποίησεν** ὁ Ἰησοῦς καὶ
Jn 9:16 ἁμαρτωλὸς τοιαῦτα σημεῖα **ποιεῖν**;
Jn 9:26 τί **ἐποίησέν** σοι;
Jn 9:31 τὸ θέλημα αὐτοῦ **ποιῇ** τούτου ἀκούει.
Jn 9:33 οὐκ ἠδύνατο **ποιεῖν** οὐδέν.
Jn 10:25 ἔργα ἃ ἐγὼ **ποιῶ** ἐν τῷ ὀνόματι
Jn 10:33 σὺ ἄνθρωπος ὢν **ποιεῖς** σεαυτὸν θεόν.
Jn 10:37 εἰ οὐ **ποιῶ** τὰ ἔργα τοῦ
Jn 10:38 εἰ δὲ **ποιῶ**,
Jn 10:41 Ἰωάννης μὲν σημεῖον **ἐποίησεν** οὐδέν,
Jn 11:37 ὀφθαλμοὺς τοῦ τυφλοῦ **ποιῆσαι** ἵνα καὶ οὗτος
Jn 11:45 καὶ θεασάμενοι ἃ **ἐποίησεν** ἐπίστευσαν εἰς αὐτόν·
Jn 11:46 εἶπαν αὐτοῖς ἃ **ἐποίησεν** Ἰησοῦς.
Jn 11:47 τί **ποιοῦμεν** ὅτι οὗτος ὁ
Jn 11:47 ὁ ἄνθρωπος πολλὰ **ποιεῖ** σημεῖα;
Jn 12:2 **ἐποίησαν** οὖν αὐτῷ δεῖπνον
Jn 12:16 γεγραμμένα καὶ ταῦτα **ἐποίησαν** αὐτῷ.
Jn 12:18 ἤκουσαν τοῦτο αὐτὸν **πεποιηκέναι** τὸ σημεῖον.
Jn 12:37 δὲ αὐτοῦ σημεῖα **πεποιηκότος** ἔμπροσθεν αὐτῶν οὐκ
Jn 13:7 ὃ ἐγὼ **ποιῶ** σὺ οὐκ οἶδας
Jn 13:12 γινώσκετε τί **πεποίηκα** ὑμῖν;
Jn 13:15 ἵνα καθὼς ἐγὼ **ἐποίησα** ὑμῖν καὶ ὑμεῖς
Jn 13:15 ὑμῖν καὶ ὑμεῖς **ποιῆτε**.
Jn 13:17 μακάριοί ἐστε ἐὰν **ποιῆτε** αὐτά.
Jn 13:27 ὃ **ποιεῖς** ποίησον τάχιον.
Jn 13:27 ὃ ποιεῖς **ποίησον** τάχιον.
Jn 14:10 ἐν ἐμοὶ μένων **ποιεῖ** τὰ ἔργα αὐτοῦ.
Jn 14:12 ἔργα ἃ ἐγὼ **ποιῶ** κἀκεῖνος ποιήσει καὶ
Jn 14:12 ἐγὼ ποιῶ κἀκεῖνος **ποιήσει** καὶ μείζονα τούτων
Jn 14:12 καὶ μείζονα τούτων **ποιήσει**,
Jn 14:13 ὀνόματί μου τοῦτο **ποιήσω**,
Jn 14:14 ὀνόματί μου ἐγὼ **ποιήσω**.
Jn 14:23 μονὴν παρ' αὐτῷ **ποιησόμεθα**.
Jn 14:31 οὕτως **ποιῶ**.
Jn 15:5 ἐμοῦ οὐ δύνασθε **ποιεῖν** οὐδέν.
Jn 15:14 μού ἐστε ἐὰν **ποιῆτε** ἃ ἐγὼ ἐντέλλομαι
Jn 15:15 οὐκ οἶδεν τί **ποιεῖ** αὐτοῦ ὁ κύριος·
Jn 15:21 ἀλλὰ ταῦτα πάντα **ποιήσουσιν** εἰς ὑμᾶς διὰ
Jn 15:24 τὰ ἔργα μὴ **ἐποίησα** ἐν αὐτοῖς ἃ
Jn 15:24 ἃ οὐδεὶς ἄλλος **ἐποίησεν**,
Jn 16:2 ἀποσυναγώγους **ποιήσουσιν** ὑμᾶς·
Jn 16:3 καὶ ταῦτα **ποιήσουσιν** ὅτι οὐκ ἔγνωσαν
Jn 17:4 δέδωκάς μοι ἵνα **ποιήσω**·
Jn 18:18 οἱ ὑπηρέται ἀνθρακιὰν **πεποιηκότες**,
Jn 18:30 ἦν οὗτος κακὸν **ποιῶν**,
Jn 18:35 τί **ἐποίησας**;
Jn 19:7 υἱὸν θεοῦ ἑαυτὸν **ἐποίησεν**.
Jn 19:12 ὁ βασιλέα ἑαυτὸν **ποιῶν** ἀντιλέγει τῷ Καίσαρι.
Jn 19:23 ἱμάτια αὐτοῦ καὶ **ἐποίησαν** τέσσαρα μέρη,
Jn 19:24 οὖν στρατιῶται ταῦτα **ἐποίησαν**.
Jn 20:30 καὶ ἄλλα σημεῖα **ἐποίησεν** ὁ Ἰησοῦς ἐνώπιον
Jn 21:25 ἄλλα πολλὰ ἃ **ἐποίησεν** ὁ Ἰησοῦς,

ποιμαίνω (*poimainō*; 1/11) *tend like a shepherd*

Jn 21:16 **ποίμαινε** τὰ πρόβατά μου.

ποιμήν (*poimēn*; 6/18) *shepherd*

Jn 10:2 διὰ τῆς θύρας **ποιμήν** ἐστιν τῶν προβάτων.
Jn 10:11 Ἐγώ εἰμι ὁ **ποιμὴν** ὁ καλός.
Jn 10:11 ὁ **ποιμὴν** ὁ καλὸς τὴν
Jn 10:12 καὶ οὐκ ὢν **ποιμήν**,
Jn 10:14 Ἐγώ εἰμι ὁ **ποιμὴν** ὁ καλὸς καὶ
Jn 10:16 εἷς **ποιμήν**.

ποίμνη (*poimnē*; 1/5) *flock*

Jn 10:16 καὶ γενήσονται μία **ποίμνη**,

ποῖος (*poios*; 4/33) *what kind of*

Jn 10:32 διὰ **ποῖον** αὐτῶν ἔργον ἐμὲ
Jn 12:33 δὲ ἔλεγεν σημαίνων **ποίῳ** θανάτῳ ἤμελλεν ἀποθνῄσκειν.
Jn 18:32 ὃν εἶπεν σημαίνων **ποίῳ** θανάτῳ ἤμελλεν ἀποθνῄσκειν.
Jn 21:19 δὲ εἶπεν σημαίνων **ποίῳ** θανάτῳ δοξάσει τὸν

πόλις (*polis*; 8/163) *city, town*

Jn 1:44 ἐκ τῆς **πόλεως** Ἀνδρέου καὶ Πέτρου.
Jn 4:5 ἔρχεται οὖν εἰς **πόλιν** τῆς Σαμαρείας λεγομένην
Jn 4:8 ἀπεληλύθεισαν εἰς τὴν **πόλιν** ἵνα τροφὰς ἀγοράσωσιν.
Jn 4:28 ἀπῆλθεν εἰς τὴν **πόλιν** καὶ λέγει τοῖς
Jn 4:30 ἐξῆλθον ἐκ τῆς **πόλεως** καὶ ἤρχοντο πρὸς
Jn 4:39 Ἐκ δὲ τῆς **πόλεως** ἐκείνης πολλοὶ ἐπίστευσαν
Jn 11:54 εἰς Ἐφραὶμ λεγομένην **πόλιν**,

Jn 19:20 ὁ τόπος τῆς **πόλεως** ὅπου ἐσταυρώθη ὁ

πολλάκις (*pollakis*; 1/18) *often*

Jn 18:2 ὅτι **πολλάκις** συνήχθη Ἰησοῦς ἐκεῖ

πολύς (*polys*; 41/417) *much (pl. many)*

Jn 2:12 ἐκεῖ ἔμειναν οὐ **πολλὰς** ἡμέρας.
Jn 2:23 **πολλοὶ** ἐπίστευσαν εἰς τὸ
Jn 3:23 ὅτι ὕδατα **πολλὰ** ἦν ἐκεῖ,
Jn 4:1 Φαρισαῖοι ὅτι Ἰησοῦς **πλείονας** μαθητὰς ποιεῖ καὶ
Jn 4:39 τῆς πόλεως ἐκείνης **πολλοὶ** ἐπίστευσαν εἰς αὐτὸν
Jn 4:41 καὶ **πολλῷ** πλείους ἐπίστευσαν διὰ
Jn 4:41 καὶ πολλῷ **πλείους** ἐπίστευσαν διὰ τὸν
Jn 5:6 καὶ γνοὺς ὅτι **πολὺν** ἤδη χρόνον ἔχει,
Jn 6:2 δὲ αὐτῷ ὄχλος **πολύς**,
Jn 6:5 καὶ θεασάμενος ὅτι **πολὺς** ὄχλος ἔρχεται
Jn 6:10 ἦν δὲ χόρτος **πολὺς** ἐν τῷ τόπῳ.
Jn 6:60 **Πολλοὶ** οὖν ἀκούσαντες ἐκ
Jn 6:66 Ἐκ τούτου **πολλοὶ** [ἐκ] τῶν μαθητῶν
Jn 7:12 περὶ αὐτοῦ ἦν **πολὺς** ἐν τοῖς ὄχλοις·
Jn 7:31 τοῦ ὄχλου δὲ **πολλοὶ** ἐπίστευσαν εἰς αὐτὸν
Jn 7:31 ὅταν ἔλθῃ μὴ **πλείονα** σημεῖα ποιήσει ὧν
Jn 8:26 **πολλὰ** ἔχω περὶ ὑμῶν
Jn 8:30 Ταῦτα αὐτοῦ λαλοῦντος **πολλοὶ** ἐπίστευσαν εἰς αὐτόν.
Jn 10:20 ἔλεγον δὲ **πολλοὶ** ἐξ αὐτῶν·
Jn 10:32 **πολλὰ** ἔργα καλὰ ἔδειξα
Jn 10:41 καὶ **πολλοὶ** ἦλθον πρὸς αὐτὸν
Jn 10:42 καὶ **πολλοὶ** ἐπίστευσαν εἰς αὐτὸν
Jn 11:19 **πολλοὶ** δὲ ἐκ τῶν
Jn 11:45 **Πολλοὶ** οὖν ἐκ τῶν
Jn 11:47 οὗτος ὁ ἄνθρωπος **πολλὰ** ποιεῖ σημεῖα;
Jn 11:55 καὶ ἀνέβησαν **πολλοὶ** εἰς Ἱεροσόλυμα ἐκ
Jn 12:9 οὖν [ὁ] ὄχλος **πολὺς** ἐκ τῶν Ἰουδαίων
Jn 12:11 ὅτι **πολλοὶ** δι' αὐτὸν ὑπῆγον
Jn 12:12 ἐπαύριον ὁ ὄχλος **πολὺς** ὁ ἐλθὼν εἰς
Jn 12:24 **πολὺν** καρπὸν φέρει.
Jn 12:42 ἐκ τῶν ἀρχόντων **πολλοὶ** ἐπίστευσαν εἰς αὐτόν,
Jn 14:2 πατρός μου μοναὶ **πολλαί** εἰσιν·
Jn 14:30 οὐκέτι **πολλὰ** λαλήσω μεθ' ὑμῶν,
Jn 15:2 αὐτὸ ἵνα καρπὸν **πλείονα** φέρῃ.
Jn 15:5 οὗτος φέρει καρπὸν **πολύν**,
Jn 15:8 ἵνα καρπὸν **πολὺν** φέρητε καὶ γένησθε
Jn 16:12 Ἔτι **πολλὰ** ἔχω ὑμῖν λέγειν,
Jn 19:20 οὖν τὸν τίτλον **πολλοὶ** ἀνέγνωσαν τῶν Ἰουδαίων,
Jn 20:30 **Πολλὰ** μὲν οὖν καὶ
Jn 21:15 ἀγαπᾷς με **πλέον** τούτων;
Jn 21:25 δὲ καὶ ἄλλα **πολλὰ** ἃ ἐποίησεν ὁ

πολύτιμος (*polytimos*; 1/3) *expensive*

Jn 12:3 μύρου νάρδου πιστικῆς **πολυτίμου** ἤλειψεν τοὺς πόδας

πονηρός (*ponēros*; 3/78) *evil*

Jn 3:19 ἦν γὰρ αὐτῶν **πονηρὰ** τὰ ἔργα.
Jn 7:7 τὰ ἔργα αὐτοῦ **πονηρά** ἐστιν.
Jn 17:15 αὐτοὺς ἐκ τοῦ **πονηροῦ**.

πορεύομαι (*poreuomai*; 13[16]/147[153]) *go*

Jn 4:50 **πορεύου**,
Jn 4:50 ὁ Ἰησοῦς καὶ **ἐπορεύετο**.
Jn 7:35 ποῦ οὗτος μέλλει **πορεύεσθαι** ὅτι ἡμεῖς οὐχ
Jn 7:35 τῶν Ἑλλήνων μέλλει **πορεύεσθαι** καὶ διδάσκειν τοὺς
[Jn 7:53] [[καὶ **ἐπορεύθησαν** ἕκαστος εἰς τὸν
[Jn 8:1] Ἰησοῦς δὲ **ἐπορεύθη** εἰς τὸ ὄρος
[Jn 8:11] **πορεύου**,
Jn 10:4 ἔμπροσθεν αὐτῶν **πορεύεται** καὶ τὰ πρόβατα
Jn 11:11 ἀλλὰ **πορεύομαι** ἵνα ἐξυπνίσω αὐτόν.
Jn 14:2 ἂν ὑμῖν ὅτι **πορεύομαι** ἑτοιμάσαι τόπον ὑμῖν;
Jn 14:3 καὶ ἐὰν **πορευθῶ** καὶ ἑτοιμάσω τόπον
Jn 14:12 πρὸς τὸν πατέρα **πορεύομαι**·
Jn 14:28 ἐχάρητε ἂν ὅτι **πορεύομαι** πρὸς τὸν πατέρα,
Jn 16:7 ἐὰν δὲ **πορευθῶ**,
Jn 16:28 τὸν κόσμον καὶ **πορεύομαι** πρὸς τὸν πατέρα.
Jn 20:17 **πορεύου** δὲ πρὸς τοὺς

πορνεία (*porneia*; 1/25) *sexual immorality*

Jn 8:41 ἡμεῖς ἐκ **πορνείας** οὐ γεγεννήμεθα,

πορφυροῦς (*porphyrous*; 2/4) *purple*

Jn 19:2 κεφαλῇ καὶ ἱμάτιον **πορφυροῦν** περιέβαλον αὐτὸν
Jn 19:5 στέφανον καὶ τὸ **πορφυροῦν** ἱμάτιον.

πόσις (*posis*; 1/3) *drink*

Jn 6:55 μου ἀληθής ἐστιν **πόσις**.

ποταμός (*potamos*; 1/17) *river*

Jn 7:38 **ποταμοὶ** ἐκ τῆς κοιλίας

ποτέ (*pote*; 1/29) *once*

Jn 9:13 τοὺς Φαρισαίους τόν **ποτε** τυφλόν.

πότε (*pote*; 2/19) *when*

Jn 6:25 **πότε** ὧδε γέγονας;
Jn 10:24 ἕως **πότε** τὴν ψυχὴν ἡμῶν

πότερον (*poteron*; 1/1) *whether*

Jn 7:17 περὶ τῆς διδαχῆς **πότερον** ἐκ τοῦ θεοῦ

ποτήριον (*potērion*; 1/31) *cup*

Jn 18:11 τὸ **ποτήριον** ὃ δέδωκέν μοι

ποῦ (*pou*; 18[19]/47[48]) *where*

Jn 1:38 **ποῦ** μένεις;
Jn 1:39 οὖν καὶ εἶδαν **ποῦ** μένει καὶ παρ'
Jn 3:8 πόθεν ἔρχεται καὶ **ποῦ** ὑπάγει·
Jn 7:11 **ποῦ** ἐστιν ἐκεῖνος;
Jn 7:35 **ποῦ** οὗτος μέλλει πορεύεσθαι
[Jn 8:10] **ποῦ** εἰσιν;
Jn 8:14 πόθεν ἦλθον καὶ **ποῦ** ὑπάγω·
Jn 8:14 πόθεν ἔρχομαι ἢ **ποῦ** ὑπάγω.
Jn 8:19 **ποῦ** ἐστιν ὁ πατήρ
Jn 9:12 **ποῦ** ἐστιν ἐκεῖνος;
Jn 11:34 **ποῦ** τεθείκατε αὐτόν;
Jn 11:57 ἐάν τις γνῷ **ποῦ** ἐστιν μηνύσῃ,
Jn 12:35 σκοτίᾳ οὐκ οἶδεν **ποῦ** ὑπάγει.

Jn 13:36 **ποῦ** ὑπάγεις;
Jn 14:5 οὐκ οἴδαμεν **ποῦ** ὑπάγεις·
Jn 16:5 **ποῦ** ὑπάγεις;
Jn 20:2 καὶ οὐκ οἴδαμεν **ποῦ** ἔθηκαν αὐτόν.
Jn 20:13 καὶ οὐκ οἶδα **ποῦ** ἔθηκαν αὐτόν.
Jn 20:15 εἰπέ μοι **ποῦ** ἔθηκας αὐτόν,

πούς (*pous*; 14/93) *foot*

Jn 11:2 καὶ ἐκμάξασα τοὺς **πόδας** αὐτοῦ ταῖς θριξὶν
Jn 11:32 αὐτοῦ πρὸς τοὺς **πόδας** λέγουσα αὐτῷ·
Jn 11:44 τεθνηκὼς δεδεμένος τοὺς **πόδας** καὶ τὰς χεῖρας
Jn 12:3 πολυτίμου ἤλειψεν τοὺς **πόδας** τοῦ Ἰησοῦ
Jn 12:3 θριξὶν αὐτῆς τοὺς **πόδας** αὐτοῦ·
Jn 13:5 ἤρξατο νίπτειν τοὺς **πόδας** τῶν μαθητῶν
Jn 13:6 μου νίπτεις τοὺς **πόδας**;
Jn 13:8 νίψῃς μου τοὺς **πόδας** εἰς τὸν αἰῶνα.
Jn 13:9 μὴ τοὺς **πόδας** μου μόνον ἀλλὰ
Jn 13:10 εἰ μὴ τοὺς **πόδας** νίψασθαι,
Jn 13:12 οὖν ἔνιψεν τοὺς **πόδας** αὐτῶν [καὶ] ἔλαβεν
Jn 13:14 ἔνιψα ὑμῶν τοὺς **πόδας** ὁ κύριος καὶ
Jn 13:14 ἀλλήλων νίπτειν τοὺς **πόδας**·
Jn 20:12 ἕνα πρὸς τοῖς **ποσίν**,

πραιτώριον (*praitōrion*; 4/8) *Praetorium, headquarters*

Jn 18:28 Καϊάφα εἰς τὸ **πραιτώριον**·
Jn 18:28 εἰσῆλθον εἰς τὸ **πραιτώριον**,
Jn 18:33 πάλιν εἰς τὸ **πραιτώριον** ὁ Πιλᾶτος καὶ
Jn 19:9 εἰσῆλθεν εἰς τὸ **πραιτώριον** πάλιν καὶ λέγει

πράσσω (*prassō*; 2/39) *do*

Jn 3:20 γὰρ ὁ φαῦλα **πράσσων** μισεῖ τὸ φῶς
Jn 5:29 δὲ τὰ φαῦλα **πράξαντες** εἰς ἀνάστασιν κρίσεως.

πρεσβύτερος (*presbyteros*; 0[1]/65[66]) *elder*

[Jn 8:9] ἀρξάμενοι ἀπὸ τῶν **πρεσβυτέρων** καὶ κατελείφθη μόνος

πρίν (*prin*; 3/13) *before*

Jn 4:49 κατάβηθι **πρὶν** ἀποθανεῖν τὸ παιδίον
Jn 8:58 **πρὶν** Ἀβραὰμ γενέσθαι ἐγὼ
Jn 14:29 νῦν εἴρηκα ὑμῖν **πρὶν** γενέσθαι,

πρό (*pro*; 9/47) *before*

Jn 1:48 **πρὸ** τοῦ σε Φίλιππον
Jn 5:7 ἄλλος **πρὸ** ἐμοῦ καταβαίνει.
Jn 10:8 πάντες ὅσοι ἦλθον [**πρὸ** ἐμοῦ] κλέπται εἰσὶν
Jn 11:55 ἐκ τῆς χώρας **πρὸ** τοῦ πάσχα ἵνα
Jn 12:1 Ὁ οὖν Ἰησοῦς **πρὸ** ἓξ ἡμερῶν τοῦ
Jn 13:1 **Πρὸ** δὲ τῆς ἑορτῆς
Jn 13:19 ἄρτι λέγω ὑμῖν **πρὸ** τοῦ γενέσθαι,
Jn 17:5 δόξῃ ᾗ εἶχον **πρὸ** τοῦ τὸν κόσμον
Jn 17:24 ὅτι ἠγάπησάς με **πρὸ** καταβολῆς κόσμου.

προβατικός (*probatikos*; 1/1) *pertaining to sheep*

Jn 5:2 Ἱεροσολύμοις ἐπὶ τῇ **προβατικῇ** κολυμβήθρα ἡ ἐπιλεγομένη

πρόβατον (*probaton*; 19/39) *sheep*

Jn 2:14 πωλοῦντας βόας καὶ **πρόβατα** καὶ περιστερὰς καὶ
Jn 2:15 ἱεροῦ τά τε **πρόβατα** καὶ τοὺς βόας,
Jn 10:1 τὴν αὐλὴν τῶν **προβάτων** ἀλλὰ ἀναβαίνων ἀλλαχόθεν
Jn 10:2 ποιμήν ἐστιν τῶν **προβάτων**.
Jn 10:3 ἀνοίγει καὶ τὰ **πρόβατα** τῆς φωνῆς αὐτοῦ
Jn 10:3 καὶ τὰ ἴδια **πρόβατα** φωνεῖ κατ᾽ ὄνομα
Jn 10:4 πορεύεται καὶ τὰ **πρόβατα** αὐτῷ ἀκολουθεῖ,
Jn 10:7 ἡ θύρα τῶν **προβάτων**.
Jn 10:8 ἤκουσαν αὐτῶν τὰ **πρόβατα**.
Jn 10:11 τίθησιν ὑπὲρ τῶν **προβάτων**·
Jn 10:12 οὐκ ἔστιν τὰ **πρόβατα** ἴδια,
Jn 10:12 καὶ ἀφίησιν τὰ **πρόβατα** καὶ φεύγει
Jn 10:13 αὐτῷ περὶ τῶν **προβάτων**.
Jn 10:15 τίθημι ὑπὲρ τῶν **προβάτων**.
Jn 10:16 καὶ ἄλλα **πρόβατα** ἔχω ἃ οὐκ
Jn 10:26 ἐστὲ ἐκ τῶν **προβάτων** τῶν ἐμῶν.
Jn 10:27 τὰ **πρόβατα** τὰ ἐμὰ τῆς
Jn 21:16 ποίμαινε τὰ **πρόβατά** μου.
Jn 21:17 βόσκε τὰ **πρόβατά** μου.

πρός (*pros*; 101[102]/699[700]) *to, toward, at*

Jn 1:1 ὁ λόγος ἦν **πρὸς** τὸν θεόν,
Jn 1:2 ἦν ἐν ἀρχῇ **πρὸς** τὸν θεόν.
Jn 1:19 ὅτε ἀπέστειλαν [**πρὸς** αὐτὸν] οἱ Ἰουδαῖοι
Jn 1:29 τὸν Ἰησοῦν ἐρχόμενον **πρὸς** αὐτὸν καὶ λέγει·
Jn 1:42 ἤγαγεν αὐτὸν **πρὸς** τὸν Ἰησοῦν.
Jn 1:47 τὸν Ναθαναὴλ ἐρχόμενον **πρὸς** αὐτὸν καὶ λέγει
Jn 2:3 μήτηρ τοῦ Ἰησοῦ **πρὸς** αὐτόν·
Jn 3:2 οὗτος ἦλθεν **πρὸς** αὐτὸν νυκτὸς καὶ
Jn 3:4 λέγει **πρὸς** αὐτὸν [ὁ] Νικόδημος·
Jn 3:20 καὶ οὐκ ἔρχεται **πρὸς** τὸ φῶς,
Jn 3:21 τὴν ἀλήθειαν ἔρχεται **πρὸς** τὸ φῶς,
Jn 3:26 καὶ ἦλθον **πρὸς** τὸν Ἰωάννην καὶ
Jn 3:26 καὶ πάντες ἔρχονται **πρὸς** αὐτόν.
Jn 4:15 λέγει **πρὸς** αὐτὸν ἡ γυνή·
Jn 4:30 πόλεως καὶ ἤρχοντο **πρὸς** αὐτόν.
Jn 4:33 οὖν οἱ μαθηταὶ **πρὸς** ἀλλήλους·
Jn 4:35 ὅτι λευκαί εἰσιν **πρὸς** θερισμόν.
Jn 4:40 ὡς οὖν ἦλθον **πρὸς** αὐτὸν οἱ Σαμαρῖται,
Jn 4:47 τὴν Γαλιλαίαν ἀπῆλθεν **πρὸς** αὐτὸν καὶ ἠρώτα
Jn 4:48 οὖν ὁ Ἰησοῦς **πρὸς** αὐτόν·
Jn 4:49 λέγει **πρὸς** αὐτὸν ὁ βασιλικός·
Jn 5:33 ὑμεῖς ἀπεστάλκατε **πρὸς** Ἰωάννην,
Jn 5:35 δὲ ἠθελήσατε ἀγαλλιαθῆναι **πρὸς** ὥραν ἐν
Jn 5:40 οὐ θέλετε ἐλθεῖν **πρός** με ἵνα ζωὴν
Jn 5:45 ἐγὼ κατηγορήσω ὑμῶν **πρὸς** τὸν πατέρα·
Jn 6:5 πολὺς ὄχλος ἔρχεται **πρὸς** αὐτὸν λέγει πρὸς
Jn 6:5 πρὸς αὐτὸν λέγει **πρὸς** Φίλιππον·
Jn 6:17 καὶ οὔπω ἐληλύθει **πρὸς** αὐτοὺς ὁ Ἰησοῦς,
Jn 6:28 εἶπον οὖν **πρὸς** αὐτόν·
Jn 6:34 εἶπον οὖν **πρὸς** αὐτόν·
Jn 6:35 ὁ ἐρχόμενος **πρὸς** ἐμὲ οὐ μὴ
Jn 6:37 μοι ὁ πατὴρ **πρὸς** ἐμὲ ἥξει,
Jn 6:37 καὶ τὸν ἐρχόμενον **πρὸς** ἐμὲ οὐ μὴ
Jn 6:44 οὐδεὶς δύναται ἐλθεῖν **πρός** με ἐὰν μὴ
Jn 6:45 καὶ μαθὼν ἔρχεται **πρὸς** ἐμέ.
Jn 6:52 Ἐμάχοντο οὖν **πρὸς** ἀλλήλους οἱ Ἰουδαῖοι
Jn 6:65 οὐδεὶς δύναται ἐλθεῖν **πρός** με ἐὰν μὴ

Jn 6:68 **πρὸς** τίνα ἀπελευσόμεθα;
Jn 7:3 εἶπον οὖν **πρὸς** αὐτὸν οἱ ἀδελφοὶ
Jn 7:33 εἰμι καὶ ὑπάγω **πρὸς** τὸν πέμψαντά με.
Jn 7:35 οὖν οἱ Ἰουδαῖοι **πρὸς** ἑαυτούς·
Jn 7:37 τις διψᾷ ἐρχέσθω **πρός** με καὶ πινέτω.
Jn 7:45 οὖν οἱ ὑπηρέται **πρὸς** τοὺς ἀρχιερεῖς καὶ
Jn 7:50 λέγει Νικόδημος **πρὸς** αὐτούς,
Jn 7:50 ὁ ἐλθὼν **πρὸς** αὐτὸν [τὸ] πρότερον,
[Jn 8:2] ὁ λαὸς ἤρχετο **πρὸς** αὐτόν,
Jn 8:31 οὖν ὁ Ἰησοῦς **πρὸς** τοὺς πεπιστευκότας αὐτῷ
Jn 8:33 ἀπεκρίθησαν **πρὸς** αὐτόν·
Jn 8:57 οὖν οἱ Ἰουδαῖοι **πρὸς** αὐτόν·
Jn 9:13 Ἄγουσιν αὐτὸν **πρὸς** τοὺς Φαρισαίους τόν
Jn 10:35 ἐκείνους εἶπεν θεοὺς **πρὸς** οὓς ὁ λόγος
Jn 10:41 καὶ πολλοὶ ἦλθον **πρὸς** αὐτὸν καὶ ἔλεγον
Jn 11:3 οὖν αἱ ἀδελφαὶ **πρὸς** αὐτὸν λέγουσαι·
Jn 11:4 ἀσθένεια οὐκ ἔστιν **πρὸς** θάνατον ἀλλ᾽ ὑπὲρ
Jn 11:15 ἀλλὰ ἄγωμεν **πρὸς** αὐτόν.
Jn 11:19 τῶν Ἰουδαίων ἐληλύθεισαν **πρὸς** τὴν Μάρθαν καὶ
Jn 11:21 οὖν ἡ Μάρθα **πρὸς** τὸν Ἰησοῦν·
Jn 11:29 ταχὺ καὶ ἤρχετο **πρὸς** αὐτόν.
Jn 11:32 αὐτὸν ἔπεσεν αὐτοῦ **πρὸς** τοὺς πόδας λέγουσα
Jn 11:45 Ἰουδαίων οἱ ἐλθόντες **πρὸς** τὴν Μαριὰμ καὶ
Jn 11:46 ἐξ αὐτῶν ἀπῆλθον **πρὸς** τοὺς Φαρισαίους
Jn 12:19 οὖν Φαρισαῖοι εἶπαν **πρὸς** ἑαυτούς·
Jn 12:32 πάντας ἑλκύσω **πρὸς** ἐμαυτόν.
Jn 13:1 τοῦ κόσμου τούτου **πρὸς** τὸν πατέρα,
Jn 13:3 θεοῦ ἐξῆλθεν καὶ **πρὸς** τὸν θεὸν ὑπάγει,
Jn 13:6 ἔρχεται οὖν **πρὸς** Σίμωνα Πέτρον·
Jn 13:28 ἔγνω τῶν ἀνακειμένων **πρὸς** τί εἶπεν αὐτῷ·
Jn 14:3 καὶ παραλήμψομαι ὑμᾶς **πρὸς** ἐμαυτόν,
Jn 14:6 οὐδεὶς ἔρχεται **πρὸς** τὸν πατέρα εἰ
Jn 14:12 ὅτι ἐγὼ **πρὸς** τὸν πατέρα πορεύομαι·
Jn 14:18 ἔρχομαι **πρὸς** ὑμᾶς.
Jn 14:23 ἀγαπήσει αὐτὸν καὶ **πρὸς** αὐτὸν ἐλευσόμεθα
Jn 14:28 ὑπάγω καὶ ἔρχομαι **πρὸς** ὑμᾶς.
Jn 14:28 ἂν ὅτι πορεύομαι **πρὸς** τὸν πατέρα,
Jn 16:5 Νῦν δὲ ὑπάγω **πρὸς** τὸν πέμψαντά με,
Jn 16:7 παράκλητος οὐκ ἐλεύσεται **πρὸς** ὑμᾶς·
Jn 16:7 πέμψω αὐτὸν **πρὸς** ὑμᾶς.
Jn 16:10 ὅτι **πρὸς** τὸν πατέρα ὑπάγω
Jn 16:17 τῶν μαθητῶν αὐτοῦ **πρὸς** ἀλλήλους·
Jn 16:17 ὅτι ὑπάγω **πρὸς** τὸν πατέρα;
Jn 16:28 κόσμον καὶ πορεύομαι **πρὸς** τὸν πατέρα.
Jn 17:11 κἀγὼ **πρὸς** σὲ ἔρχομαι.
Jn 17:13 νῦν δὲ **πρὸς** σὲ ἔρχομαι καὶ
Jn 18:13 καὶ ἤγαγον **πρὸς** Ἄνναν πρῶτον·
Jn 18:16 δὲ Πέτρος εἱστήκει **πρὸς** τῇ θύρᾳ ἔξω.
Jn 18:24 ὁ Ἄννας δεδεμένον **πρὸς** Καϊάφαν τὸν ἀρχιερέα.
Jn 18:29 ὁ Πιλᾶτος ἔξω **πρὸς** αὐτοὺς καὶ φησίν·
Jn 18:38 εἰπὼν πάλιν ἐξῆλθεν **πρὸς** τοὺς Ἰουδαίους
Jn 19:3 καὶ ἤρχοντο **πρὸς** αὐτὸν καὶ ἔλεγον·
Jn 19:24 εἶπαν οὖν **πρὸς** ἀλλήλους·
Jn 19:39 ὁ ἐλθὼν **πρὸς** αὐτὸν νυκτὸς τὸ
Jn 20:2 οὖν καὶ ἔρχεται **πρὸς** Σίμωνα Πέτρον καὶ
Jn 20:2 Σίμωνα Πέτρον καὶ **πρὸς** τὸν ἄλλον μαθητὴν
Jn 20:10 ἀπῆλθον οὖν πάλιν **πρὸς** αὐτοὺς οἱ μαθηταί.
Jn 20:11 Μαρία δὲ εἱστήκει **πρὸς** τῷ μνημείῳ ἔξω
Jn 20:12 ἕνα **πρὸς** τῇ κεφαλῇ καὶ
Jn 20:12 κεφαλῇ καὶ ἕνα **πρὸς** τοῖς ποσίν,
Jn 20:17 οὔπω γὰρ ἀναβέβηκα **πρὸς** τὸν πατέρα·
Jn 20:17 πορεύου δὲ **πρὸς** τοὺς ἀδελφούς μου
Jn 20:17 ἀναβαίνω **πρὸς** τὸν πατέρα μου
Jn 21:22 τί **πρὸς** σέ;
Jn 21:23 τί **πρὸς** σέ];

προσαιτέω (*prosaiteō*; 1/1) *beg*
Jn 9:8 ὁ καθήμενος καὶ **προσαιτῶν**;

προσαίτης (*prosaitēs*; 1/2) *beggar*
Jn 9:8 τὸ πρότερον ὅτι **προσαίτης** ἦν ἔλεγον·

προσέρχομαι (*proserchomai*; 1/86) *come or go to*
Jn 12:21 οὗτοι οὖν **προσῆλθον** Φιλίππῳ τῷ ἀπὸ

προσκόπτω (*proskoptō*; 2/8) *stumble*
Jn 11:9 οὐ **προσκόπτει**,
Jn 11:10 **προσκόπτει**,

προσκυνέω (*proskyneō*; 11/60) *worship*
Jn 4:20 τῷ ὄρει τούτῳ **προσεκύνησαν**·
Jn 4:20 ὁ τόπος ὅπου **προσκυνεῖν** δεῖ.
Jn 4:21 οὔτε ἐν Ἱεροσολύμοις **προσκυνήσετε** τῷ πατρί.
Jn 4:22 ὑμεῖς **προσκυνεῖτε** ὃ οὐκ οἴδατε·
Jn 4:22 ἡμεῖς **προσκυνοῦμεν** ὃ οἴδαμεν,
Jn 4:23 οἱ ἀληθινοὶ προσκυνηταὶ **προσκυνήσουσιν** τῷ πατρὶ ἐν
Jn 4:23 τοιούτους ζητεῖ τοὺς **προσκυνοῦντας** αὐτόν.
Jn 4:24 καὶ τοὺς **προσκυνοῦντας** αὐτὸν ἐν πνεύματι
Jn 4:24 καὶ ἀληθείᾳ δεῖ **προσκυνεῖν**.
Jn 9:38 καὶ **προσεκύνησεν** αὐτῷ.
Jn 12:20 τῶν ἀναβαινόντων ἵνα **προσκυνήσωσιν** ἐν τῇ ἑορτῇ·

προσκυνητής (*proskynētēs*; 1/1) *worshiper*
Jn 4:23 ὅτε οἱ ἀληθινοὶ **προσκυνηταὶ** προσκυνήσουσιν τῷ πατρὶ

προσφάγιον (*prosphagion*; 1/1) *fish*
Jn 21:5 μή τι **προσφάγιον** ἔχετε;

προσφέρω (*prospherō*; 2/47) *offer, bring*
Jn 16:2 ὑμᾶς δόξῃ λατρείαν **προσφέρειν** τῷ θεῷ.
Jn 19:29 ὄξους ὑσσώπῳ περιθέντες **προσήνεγκαν** αὐτοῦ τῷ στόματι.

πρότερος (*proteros*; 3/11) *former*
Jn 6:62 ὅπου ἦν τὸ **πρότερον**;
Jn 7:50 πρὸς αὐτὸν [τὸ] **πρότερον**,
Jn 9:8 θεωροῦντες αὐτὸν τὸ **πρότερον** ὅτι προσαίτης ἦν

προτρέχω (*protrechō*; 1/2) *run on ahead*
Jn 20:4 ὁ ἄλλος μαθητὴς **προέδραμεν** τάχιον τοῦ Πέτρου

πρόφασις (*prophasis*; 1/6) *excuse, false motive*
Jn 15:22 νῦν δὲ **πρόφασιν** οὐκ ἔχουσιν περὶ

προφητεύω (*prophēteuō*; 1/28) *prophesy*
Jn 11:51 τοῦ ἐνιαυτοῦ ἐκείνου **ἐπροφήτευσεν** ὅτι ἔμελλεν Ἰησοῦς

προφήτης (*prophētēs*; 14/144) *prophet*
Jn 1:21 ὁ **προφήτης** εἶ σύ;
Jn 1:23 εἶπεν Ἠσαΐας ὁ **προφήτης**.
Jn 1:25 Ἠλίας οὐδὲ ὁ **προφήτης**;
Jn 1:45 νόμῳ καὶ οἱ **προφῆται** εὑρήκαμεν,
Jn 4:19 θεωρῶ ὅτι **προφήτης** εἶ σύ.
Jn 4:44 Ἰησοῦς ἐμαρτύρησεν ὅτι **προφήτης** ἐν τῇ ἰδίᾳ
Jn 6:14 ἐστιν ἀληθῶς ὁ **προφήτης** ὁ ἐρχόμενος εἰς
Jn 6:45 γεγραμμένον ἐν τοῖς **προφήταις**·
Jn 7:40 ἐστιν ἀληθῶς ὁ **προφήτης**·
Jn 7:52 ἐκ τῆς Γαλιλαίας **προφήτης** οὐκ ἐγείρεται.
Jn 8:52 ἀπέθανεν καὶ οἱ **προφῆται**,
Jn 8:53 καὶ οἱ **προφῆται** ἀπέθανον.
Jn 9:17 δὲ εἶπεν ὅτι **προφήτης** ἐστίν.
Jn 12:38 λόγος Ἠσαΐου τοῦ **προφήτου** πληρωθῇ ὃν εἶπεν·

πρωΐ (*prōi*; 2/11[12]) *early morning*
Jn 18:28 ἦν δὲ **πρωΐ**·
Jn 20:1 ἡ Μαγδαληνὴ ἔρχεται **πρωῒ** σκοτίας ἔτι οὔσης

πρωΐα (*prōia*; 1/2) *morning*
Jn 21:4 **πρωΐας** δὲ ἤδη γενομένης

πρῶτος (*prōtos*; 13[14]/152[155]) *first*
Jn 1:15 ὅτι **πρῶτός** μου ἦν.
Jn 1:30 ὅτι **πρῶτός** μου ἦν.
Jn 1:41 εὑρίσκει οὗτος **πρῶτον** τὸν ἀδελφὸν τὸν
Jn 2:10 πᾶς ἄνθρωπος **πρῶτον** τὸν καλὸν οἶνον
Jn 7:51 ἐὰν μὴ ἀκούσῃ **πρῶτον** παρ᾽ αὐτοῦ καὶ
[Jn 8:7] ὁ ἀναμάρτητος ὑμῶν **πρῶτος** ἐπ᾽ αὐτὴν βαλέτω
Jn 10:40 ἦν Ἰωάννης τὸ **πρῶτον** βαπτίζων καὶ ἔμεινεν
Jn 12:16 οἱ μαθηταὶ τὸ **πρῶτον**,
Jn 15:18 γινώσκετε ὅτι ἐμὲ **πρῶτον** ὑμῶν μεμίσηκεν.
Jn 18:13 ἤγαγον πρὸς Ἅνναν **πρῶτον**·
Jn 19:32 καὶ τοῦ μὲν **πρώτου** κατέαξαν τὰ σκέλη
Jn 19:39 αὐτὸν νυκτὸς τὸ **πρῶτον**,
Jn 20:4 Πέτρου καὶ ἦλθεν **πρῶτος** εἰς τὸ μνημεῖον,
Jn 20:8 μαθητὴς ὁ ἐλθὼν **πρῶτος** εἰς τὸ μνημεῖον

πτέρνα (*pterna*; 1/1) *heel*
Jn 13:18 ἐπ᾽ ἐμὲ τὴν **πτέρναν** αὐτοῦ.

πτύσμα (*ptysma*; 1/1) *saliva*
Jn 9:6 πηλὸν ἐκ τοῦ **πτύσματος** καὶ ἐπέχρισεν αὐτοῦ

πτύω (*ptyō*; 1/3) *spit*
Jn 9:6 ταῦτα εἰπὼν **ἔπτυσεν** χαμαὶ καὶ ἐποίησεν

πτωχός (*ptōchos*; 4/34) *poor*
Jn 12:5 δηναρίων καὶ ἐδόθη **πτωχοῖς**;
Jn 12:6 ὅτι περὶ τῶν **πτωχῶν** ἔμελεν αὐτῷ,
Jn 12:8 τοὺς **πτωχοὺς** γὰρ πάντοτε ἔχετε
Jn 13:29 ἢ τοῖς **πτωχοῖς** ἵνα τι δῷ.

πυνθάνομαι (*pynthanomai*; 2/12) *inquire*
Jn 4:52 **ἐπύθετο** οὖν τὴν ὥραν
Jn 13:24 τούτῳ Σίμων Πέτρος **πυθέσθαι** τίς ἂν εἴη

πῦρ (*pyr*; 1/71) *fire*
Jn 15:6 καὶ εἰς τὸ **πῦρ** βάλλουσιν καὶ καίεται.

πυρετός (*pyretos*; 1/6) *fever*
Jn 4:52 ἀφῆκεν αὐτὸν ὁ **πυρετός**.

πωλέω (*pōleō*; 2/22) *sell*
Jn 2:14 τῷ ἱερῷ τοὺς **πωλοῦντας** βόας καὶ πρόβατα
Jn 2:16 τοῖς τὰς περιστερὰς **πωλοῦσιν** εἶπεν·

πῶλος (*pōlos*; 1/12) *colt*
Jn 12:15 καθήμενος ἐπὶ **πῶλον** ὄνου.

πώποτε (*pōpote*; 4/6) *ever*
Jn 1:18 Θεὸν οὐδεὶς ἑώρακεν **πώποτε**·
Jn 5:37 οὔτε φωνὴν αὐτοῦ **πώποτε** ἀκηκόατε οὔτε εἶδος
Jn 6:35 οὐ μὴ διψήσει **πώποτε**.
Jn 8:33 καὶ οὐδενὶ δεδουλεύκαμεν **πώποτε**·

πωρόω (*pōroō*; 1/5) *harden*
Jn 12:40 τοὺς ὀφθαλμοὺς καὶ **ἐπώρωσεν** αὐτῶν τὴν καρδίαν,

πῶς (*pōs*; 20/103) *how*
Jn 3:4 **πῶς** δύναται ἄνθρωπος γεννηθῆναι
Jn 3:9 **πῶς** δύναται ταῦτα γενέσθαι;
Jn 3:12 **πῶς** ἐὰν εἴπω ὑμῖν
Jn 4:9 **πῶς** σὺ Ἰουδαῖος ὢν
Jn 5:44 **πῶς** δύνασθε ὑμεῖς πιστεῦσαι
Jn 5:47 **πῶς** τοῖς ἐμοῖς ῥήμασιν
Jn 6:42 **πῶς** νῦν λέγει ὅτι
Jn 6:52 **πῶς** δύναται οὗτος ἡμῖν
Jn 7:15 **πῶς** οὗτος γράμματα οἶδεν
Jn 8:33 **πῶς** σὺ λέγεις ὅτι
Jn 9:10 **πῶς** [οὖν] ἠνεῴχθησάν σου
Jn 9:15 καὶ οἱ Φαρισαῖοι **πῶς** ἀνέβλεψεν.
Jn 9:16 **πῶς** δύναται ἄνθρωπος ἁμαρτωλὸς
Jn 9:19 **πῶς** οὖν βλέπει ἄρτι;
Jn 9:21 **πῶς** δὲ νῦν βλέπει
Jn 9:26 **πῶς** ἤνοιξέν σου τοὺς
Jn 11:36 ἴδε **πῶς** ἐφίλει αὐτόν.
Jn 12:34 καὶ **πῶς** λέγεις σὺ ὅτι
Jn 14:5 **πῶς** δυνάμεθα τὴν ὁδὸν
Jn 14:9 **πῶς** σὺ λέγεις·

ῥαββι (*rhabbi*; 8/15) *rabbi*
Jn 1:38 **ῥαββί**,
Jn 1:49 **ῥαββί**,
Jn 3:2 **ῥαββί**,
Jn 3:26 **ῥαββί**,

Jn 4:31 **ῥαββί**,
Jn 6:25 **ῥαββί**,
Jn 9:2 **ῥαββί**,
Jn 11:8 **ῥαββί**,

ῥαββουνί (*rhabbouni*; 1/2) *rabbi*
Jn 20:16 **ραββουνι** ὃ λέγεται διδάσκαλε.

ῥάπισμα (*rhapisma*; 2/3) *blow*
Jn 18:22 τῶν ὑπηρετῶν ἔδωκεν **ῥάπισμα** τῷ Ἰησοῦ εἰπών·
Jn 19:3 καὶ ἐδίδοσαν αὐτῷ **ῥαπίσματα**.

ῥέω (*rheō*; 1/1) *flow*
Jn 7:38 τῆς κοιλίας αὐτοῦ **ῥεύσουσιν** ὕδατος ζῶντος.

ῥῆμα (*rhēma*; 12/68) *word*
Jn 3:34 ὁ θεὸς τὰ **ῥήματα** τοῦ θεοῦ λαλεῖ,
Jn 5:47 πῶς τοῖς ἐμοῖς **ῥήμασιν** πιστεύσετε;
Jn 6:63 τὰ **ῥήματα** ἃ ἐγὼ λελάληκα
Jn 6:68 **ῥήματα** ζωῆς αἰωνίου ἔχεις,
Jn 8:20 Ταῦτα τὰ **ῥήματα** ἐλάλησεν ἐν τῷ
Jn 8:47 τοῦ θεοῦ τὰ **ῥήματα** τοῦ θεοῦ ἀκούει·
Jn 10:21 ταῦτα τὰ **ῥήματα** οὐκ ἔστιν δαιμονιζομένου·
Jn 12:47 μου ἀκούσῃ τῶν **ῥημάτων** καὶ μὴ φυλάξῃ,
Jn 12:48 μὴ λαμβάνων τὰ **ῥήματά** μου ἔχει τὸν
Jn 14:10 τὰ **ῥήματα** ἃ ἐγὼ λέγω
Jn 15:7 ἐμοὶ καὶ τὰ **ῥήματά** μου ἐν ὑμῖν
Jn 17:8 ὅτι τὰ **ῥήματα** ἃ ἔδωκάς μοι

Ῥωμαῖος (*Rhōmaios*; 1/12) *Roman*
Jn 11:48 καὶ ἐλεύσονται οἱ **Ῥωμαῖοι** καὶ ἀροῦσιν ἡμῶν

Ῥωμαϊστί (*Rhōmaisti*; 1/1) *in Latin*
Jn 19:20 **Ῥωμαϊστί**,

σάββατον (*sabbaton*; 13/67[68]) *Sabbath*
Jn 5:9 Ἦν δὲ **σάββατον** ἐν ἐκείνῃ τῇ
Jn 5:10 **σάββατόν** ἐστιν,
Jn 5:16 ταῦτα ἐποίει ἐν **σαββάτῳ**.
Jn 5:18 μόνον ἔλυεν τὸ **σάββατον**,
Jn 7:22 καὶ ἐν **σαββάτῳ** περιτέμνετε ἄνθρωπον.
Jn 7:23 λαμβάνει ἄνθρωπος ἐν **σαββάτῳ** ἵνα μὴ λυθῇ
Jn 7:23 ὑγιῆ ἐποίησα ἐν **σαββάτῳ**;
Jn 9:14 ἦν δὲ **σάββατον** ἐν ᾗ ἡμέρᾳ
Jn 9:16 ὅτι τὸ **σάββατον** οὐ τηρεῖ.
Jn 19:31 σώματα ἐν τῷ **σαββάτῳ**,
Jn 19:31 ἡμέρα ἐκείνου τοῦ **σαββάτου**,
Jn 20:1 δὲ μιᾷ τῶν **σαββάτων** Μαρία ἡ Μαγδαληνὴ
Jn 20:19 ἐκείνῃ τῇ μιᾷ **σαββάτων** καὶ τῶν θυρῶν

Σαλείμ (*Saleim*; 1/1) *Salim*
Jn 3:23 Αἰνὼν ἐγγὺς τοῦ **Σαλείμ**,

Σαμάρεια (*Samareia*; 3/11) *Samaria*
Jn 4:4 διέρχεσθαι διὰ τῆς **Σαμαρείας**.
Jn 4:5 εἰς πόλιν τῆς **Σαμαρείας** λεγομένην Συχὰρ πλησίον
Jn 4:7 γυνὴ ἐκ τῆς **Σαμαρείας** ἀντλῆσαι ὕδωρ.

Σαμαρίτης (*Samaritēs*; 4/9) *Samaritan*
Jn 4:9 γὰρ συγχρῶνται Ἰουδαῖοι **Σαμαρίταις**.
Jn 4:39 εἰς αὐτὸν τῶν **Σαμαριτῶν** διὰ τὸν λόγον
Jn 4:40 πρὸς αὐτὸν οἱ **Σαμαρῖται**,
Jn 8:48 λέγομεν ἡμεῖς ὅτι **Σαμαρίτης** εἶ σὺ καὶ

Σαμαρῖτις (*Samaritis*; 2/2) *Samaritan*
Jn 4:9 ἡ γυνὴ ἡ **Σαμαρῖτις**·
Jn 4:9 πεῖν αἰτεῖς γυναικὸς **Σαμαρίτιδος** οὔσης;

σάρξ (*sarx*; 13/147) *flesh*
Jn 1:13 οὐδὲ ἐκ θελήματος **σαρκὸς** οὐδὲ ἐκ θελήματος
Jn 1:14 Καὶ ὁ λόγος **σὰρξ** ἐγένετο καὶ ἐσκήνωσεν
Jn 3:6 γεγεννημένον ἐκ τῆς **σαρκὸς** σάρξ ἐστιν,
Jn 3:6 ἐκ τῆς σαρκὸς **σάρξ** ἐστιν,
Jn 6:51 ἐγὼ δώσω ἡ **σάρξ** μού ἐστιν ὑπὲρ
Jn 6:52 ἡμῖν δοῦναι τὴν **σάρκα** [αὐτοῦ] φαγεῖν;
Jn 6:53 μὴ φάγητε τὴν **σάρκα** τοῦ υἱοῦ τοῦ
Jn 6:54 τρώγων μου τὴν **σάρκα** καὶ πίνων μου
Jn 6:55 ἡ γὰρ **σάρξ** μου ἀληθής ἐστιν
Jn 6:56 τρώγων μου τὴν **σάρκα** καὶ πίνων μου
Jn 6:63 ἡ **σὰρξ** οὐκ ὠφελεῖ οὐδέν·
Jn 8:15 ὑμεῖς κατὰ τὴν **σάρκα** κρίνετε,
Jn 17:2 αὐτῷ ἐξουσίαν πάσης **σαρκός**,

σατανᾶς (*satanas*; 1/36) *Satan*
Jn 13:27 εἰς ἐκεῖνον ὁ **σατανᾶς**.

σεαυτοῦ (*seautou*; 9/43) *yourself*
Jn 1:22 τί λέγεις περὶ **σεαυτοῦ**;
Jn 7:4 φανέρωσον **σεαυτὸν** τῷ κόσμῳ.
Jn 8:13 σὺ περὶ **σεαυτοῦ** μαρτυρεῖς·
Jn 8:53 τίνα **σεαυτὸν** ποιεῖς;
Jn 10:33 ἄνθρωπος ὢν ποιεῖς **σεαυτὸν** θεόν.
Jn 14:22 ἡμῖν μέλλεις ἐμφανίζειν **σεαυτὸν** καὶ οὐχὶ
Jn 17:5 παρὰ **σεαυτῷ** τῇ δόξῃ ᾗ
Jn 18:34 ἀπὸ **σεαυτοῦ** σὺ τοῦτο λέγεις
Jn 21:18 ἐζώννυες **σεαυτὸν** καὶ περιεπάτεις ὅπου

σημαίνω (*sēmainō*; 3/6) *indicate, signify*
Jn 12:33 τοῦτο δὲ ἔλεγεν **σημαίνων** ποίῳ θανάτῳ ἤμελλεν
Jn 18:32 πληρωθῇ ὃν εἶπεν **σημαίνων** ποίῳ θανάτῳ ἤμελλεν
Jn 21:19 τοῦτο δὲ εἶπεν **σημαίνων** ποίῳ θανάτῳ δοξάσει

σημεῖον (*sēmeion*; 17/75[77]) *sign*
Jn 2:11 ἐποίησεν ἀρχὴν τῶν **σημείων** ὁ Ἰησοῦς ἐν
Jn 2:18 τί **σημεῖον** δεικνύεις ἡμῖν ὅτι
Jn 2:23 θεωροῦντες αὐτοῦ τὰ **σημεῖα** ἃ ἐποίει·
Jn 3:2 δύναται ταῦτα τὰ **σημεῖα** ποιεῖν ἃ σὺ
Jn 4:48 ἐὰν μὴ **σημεῖα** καὶ τέρατα ἴδητε,
Jn 4:54 [δὲ] πάλιν δεύτερον **σημεῖον** ἐποίησεν ὁ Ἰησοῦς
Jn 6:2 ὅτι ἐθεώρουν τὰ **σημεῖα** ἃ ἐποίει ἐπὶ
Jn 6:14 ἰδόντες ὃ ἐποίησεν **σημεῖον** ἔλεγον ὅτι οὗτός
Jn 6:26 οὐχ ὅτι εἴδετε **σημεῖα**,
Jn 6:30 οὖν ποιεῖς σὺ **σημεῖον**,
Jn 7:31 ἔλθῃ μὴ πλείονα **σημεῖα** ποιήσει ὧν οὗτος

Jn 9:16 ἄνθρωπος ἁμαρτωλὸς τοιαῦτα **σημεῖα** ποιεῖν;
Jn 10:41 ὅτι Ἰωάννης μὲν **σημεῖον** ἐποίησεν οὐδέν,
Jn 11:47 ἄνθρωπος πολλὰ ποιεῖ **σημεῖα**;
Jn 12:18 αὐτὸν πεποιηκέναι τὸ **σημεῖον**.
Jn 12:37 Τοσαῦτα δὲ αὐτοῦ **σημεῖα** πεποιηκότος ἔμπροσθεν αὐτῶν
Jn 20:30 οὖν καὶ ἄλλα **σημεῖα** ἐποίησεν ὁ Ἰησοῦς

Σιλωάμ (*Silōam*; 2/3) *Siloam*
Jn 9:7 τὴν κολυμβήθραν τοῦ **Σιλωάμ** ὃ ἑρμηνεύεται ἀπεσταλμένος.
Jn 9:11 ὕπαγε εἰς τὸν **Σιλωὰμ** καὶ νίψαι·

Σίμων (*Simōn*; 25/75) *Simon*
Jn 1:40 Ἀνδρέας ὁ ἀδελφὸς **Σίμωνος** Πέτρου εἷς ἐκ
Jn 1:41 ἀδελφὸν τὸν ἴδιον **Σίμωνα** καὶ λέγει αὐτῷ·
Jn 1:42 σὺ εἶ **Σίμων** ὁ υἱὸς Ἰωάννου,
Jn 6:8 Ἀνδρέας ὁ ἀδελφὸς **Σίμωνος** Πέτρου·
Jn 6:68 ἀπεκρίθη αὐτῷ **Σίμων** Πέτρος·
Jn 6:71 δὲ τὸν Ἰούδαν **Σίμωνος** Ἰσκαριώτου·
Jn 13:2 παραδοῖ αὐτὸν Ἰούδας **Σίμωνος** Ἰσκαριώτου,
Jn 13:6 ἔρχεται οὖν πρὸς **Σίμωνα** Πέτρον·
Jn 13:9 λέγει αὐτῷ **Σίμων** Πέτρος·
Jn 13:24 νεύει οὖν τούτῳ **Σίμων** Πέτρος πυθέσθαι τίς
Jn 13:26 καὶ] δίδωσιν Ἰούδᾳ **Σίμωνος** Ἰσκαριώτου.
Jn 13:36 Λέγει αὐτῷ **Σίμων** Πέτρος·
Jn 18:10 **Σίμων** οὖν Πέτρος ἔχων
Jn 18:15 δὲ τῷ Ἰησοῦ **Σίμων** Πέτρος καὶ ἄλλος
Jn 18:25 Ἦν δὲ **Σίμων** Πέτρος ἑστὼς καὶ
Jn 20:2 καὶ ἔρχεται πρὸς **Σίμωνα** Πέτρον καὶ πρὸς
Jn 20:6 ἔρχεται οὖν καὶ **Σίμων** Πέτρος ἀκολουθῶν αὐτῷ
Jn 21:2 ἦσαν ὁμοῦ **Σίμων** Πέτρος καὶ Θωμᾶς
Jn 21:3 λέγει αὐτοῖς **Σίμων** Πέτρος·
Jn 21:7 **Σίμων** οὖν Πέτρος ἀκούσας
Jn 21:11 ἀνέβη οὖν **Σίμων** Πέτρος καὶ εἵλκυσεν
Jn 21:15 ἠρίστησαν λέγει τῷ **Σίμωνι** Πέτρῳ ὁ Ἰησοῦς·
Jn 21:15 **Σίμων** Ἰωάννου,
Jn 21:16 **Σίμων** Ἰωάννου,
Jn 21:17 **Σίμων** Ἰωάννου,

σῖτος (*sitos*; 1/14) *grain*
Jn 12:24 ὁ κόκκος τοῦ **σίτου** πεσὼν εἰς τὴν

Σιών (*Siōn*; 1/7) *Zion*
Jn 12:15 θυγάτηρ **Σιών**·

σκανδαλίζω (*skandalizō*; 2/29) *cause to stumble*
Jn 6:61 τοῦτο ὑμᾶς **σκανδαλίζει**;
Jn 16:1 ὑμῖν ἵνα μὴ **σκανδαλισθῆτε**.

σκέλος (*skelos*; 3/3) *leg*
Jn 19:31 κατεαγῶσιν αὐτῶν τὰ **σκέλη** καὶ ἀρθῶσιν.
Jn 19:32 πρώτου κατέαξαν τὰ **σκέλη** καὶ τοῦ ἄλλου
Jn 19:33 κατέαξαν αὐτοῦ τὰ **σκέλη**,

σκεῦος (*skeuos*; 1/23) *object, jar*
Jn 19:29 **σκεῦος** ἔκειτο ὄξους μεστόν·

σκηνοπηγία (*skēnopēgia*; 1/1) *Tabernacles (Jewish feast of)*
Jn 7:2 τῶν Ἰουδαίων ἡ **σκηνοπηγία**.

σκηνόω (*skēnoō*; 1/5) *live, dwell, tabernacle*
Jn 1:14 σὰρξ ἐγένετο καὶ **ἐσκήνωσεν** ἐν ἡμῖν,

σκληρός (*sklēros*; 1/5) *hard*
Jn 6:60 **σκληρός** ἐστιν ὁ λόγος

σκορπίζω (*skorpizō*; 2/5) *scatter*
Jn 10:12 ἁρπάζει αὐτὰ καὶ **σκορπίζει**
Jn 16:32 καὶ ἐλήλυθεν ἵνα **σκορπισθῆτε** ἕκαστος εἰς

σκοτία (*skotia*; 8/16) *darkness*
Jn 1:5 φῶς ἐν τῇ **σκοτίᾳ** φαίνει,
Jn 1:5 καὶ ἡ **σκοτία** αὐτὸ οὐ κατέλαβεν.
Jn 6:17 καὶ **σκοτία** ἤδη ἐγεγόνει καὶ
Jn 8:12 περιπατήσῃ ἐν τῇ **σκοτίᾳ**,
Jn 12:35 ἵνα μὴ **σκοτία** ὑμᾶς καταλάβῃ·
Jn 12:35 περιπατῶν ἐν τῇ **σκοτίᾳ** οὐκ οἶδεν ποῦ
Jn 12:46 ἐμὲ ἐν τῇ **σκοτίᾳ** μὴ μείνῃ.
Jn 20:1 Μαγδαληνὴ ἔρχεται πρωῒ **σκοτίας** ἔτι οὔσης

σκότος (*skotos*; 1/31) *darkness*
Jn 3:19 ἄνθρωποι μᾶλλον τὸ **σκότος** ἢ τὸ φῶς·

σμύρνα (*smyrna*; 1/2) *myrrh*
Jn 19:39 φέρων μίγμα **σμύρνης** καὶ ἀλόης ὡς

Σολομών (*Solomōn*; 1/12) *Solomon*
Jn 10:23 τῇ στοᾷ τοῦ **Σολομῶνος**.

σός (*sos*; 5/25) *your (sg.)*
Jn 4:42 οὐκέτι διὰ τὴν **σὴν** λαλιὰν πιστεύομεν,
Jn 17:10 τὰ ἐμὰ πάντα **σά** ἐστιν καὶ τὰ
Jn 17:10 ἐστιν καὶ τὰ **σὰ** ἐμά,
Jn 17:17 ὁ λόγος ὁ **σὸς** ἀλήθειά ἐστιν.
Jn 18:35 τὸ ἔθνος τὸ **σὸν** καὶ οἱ ἀρχιερεῖς

σουδάριον (*soudarion*; 2/4) *sweat cloth*
Jn 11:44 ἡ ὄψις αὐτοῦ **σουδαρίῳ** περιεδέδετο.
Jn 20:7 καὶ τὸ **σουδάριον**,

σπεῖρα (*speira*; 2/7) *cohort*
Jn 18:3 Ἰούδας λαβὼν τὴν **σπεῖραν** καὶ ἐκ τῶν
Jn 18:12 Ἡ οὖν **σπεῖρα** καὶ ὁ χιλίαρχος

σπείρω (*speirō*; 2/52) *sow*
Jn 4:36 ἵνα ὁ **σπείρων** ὁμοῦ χαίρῃ καὶ
Jn 4:37 ἄλλος ἐστὶν ὁ **σπείρων** καὶ ἄλλος ὁ

σπέρμα (*sperma*; 3/43) *seed*
Jn 7:42 ὅτι ἐκ τοῦ **σπέρματος** Δαυὶδ καὶ ἀπὸ
Jn 8:33 **σπέρμα** Ἀβραάμ ἐσμεν καὶ
Jn 8:37 Οἶδα ὅτι **σπέρμα** Ἀβραάμ ἐστε·

σπήλαιον (*spēlaion*; 1/6) *cave*
Jn 11:38 ἦν δὲ **σπήλαιον** καὶ λίθος ἐπέκειτο

σπόγγος (*spongos*; 1/3) *sponge*

Jn 19:29 **σπόγγον** οὖν μεστὸν τοῦ

στάδιον (*stadion*; 2/7) *stadion (c. 600 feet)*

Jn 6:19 ἐληλακότες οὖν ὡς **σταδίους** εἴκοσι πέντε ἢ
Jn 11:18 Ἱεροσολύμων ὡς ἀπὸ **σταδίων** δεκαπέντε.

σταυρός (*stauros*; 4/27) *cross*

Jn 19:17 βαστάζων ἑαυτῷ τὸν **σταυρὸν** ἐξῆλθεν εἰς
Jn 19:19 ἔθηκεν ἐπὶ τοῦ **σταυροῦ**·
Jn 19:25 δὲ παρὰ τῷ **σταυρῷ** τοῦ Ἰησοῦ ἡ
Jn 19:31 μείνῃ ἐπὶ τοῦ **σταυροῦ** τὰ σώματα ἐν

σταυρόω (*stauroō*; 11/46) *crucify*

Jn 19:6 **σταύρωσον** σταύρωσον.
Jn 19:6 σταύρωσον **σταύρωσον**.
Jn 19:6 αὐτὸν ὑμεῖς καὶ **σταυρώσατε**·
Jn 19:10 καὶ ἐξουσίαν ἔχω **σταυρῶσαί** σε;
Jn 19:15 **σταύρωσον** αὐτόν.
Jn 19:15 τὸν βασιλέα ὑμῶν **σταυρώσω**;
Jn 19:16 αὐτὸν αὐτοῖς ἵνα **σταυρωθῇ**.
Jn 19:18 ὅπου αὐτὸν **ἐσταύρωσαν**,
Jn 19:20 τῆς πόλεως ὅπου **ἐσταυρώθη** ὁ Ἰησοῦς·
Jn 19:23 ὅτε **ἐσταύρωσαν** τὸν Ἰησοῦν,
Jn 19:41 τῷ τόπῳ ὅπου **ἐσταυρώθη** κῆπος,

στέφανος (*stephanos*; 2/18) *crown, wreath*

Jn 19:2 οἱ στρατιῶται πλέξαντες **στέφανον** ἐξ ἀκανθῶν ἐπέθηκαν
Jn 19:5 φορῶν τὸν ἀκάνθινον **στέφανον** καὶ τὸ πορφυροῦν

στῆθος (*stēthos*; 2/5) *chest*

Jn 13:25 οὕτως ἐπὶ τὸ **στῆθος** τοῦ Ἰησοῦ λέγει
Jn 21:20 δείπνῳ ἐπὶ τὸ **στῆθος** αὐτοῦ καὶ εἶπεν·

στοά (*stoa*; 2/4) *porch*

Jn 5:2 Ἑβραϊστὶ Βηθζαθὰ πέντε **στοὰς** ἔχουσα.
Jn 10:23 ἱερῷ ἐν τῇ **στοᾷ** τοῦ Σολομῶνος.

στόμα (*stoma*; 1/78) *mouth*

Jn 19:29 προσήνεγκαν αὐτοῦ τῷ **στόματι**.

στρατιώτης (*stratiōtēs*; 6/26) *soldier*

Jn 19:2 καὶ οἱ **στρατιῶται** πλέξαντες στέφανον ἐξ
Jn 19:23 Οἱ οὖν **στρατιῶται**,
Jn 19:23 ἑκάστῳ **στρατιώτῃ** μέρος,
Jn 19:24 Οἱ μὲν οὖν **στρατιῶται** ταῦτα ἐποίησαν.
Jn 19:32 ἦλθον οὖν οἱ **στρατιῶται** καὶ τοῦ μὲν
Jn 19:34 ἀλλ᾽ εἷς τῶν **στρατιωτῶν** λόγχῃ αὐτοῦ τὴν

στρέφω (*strephō*; 4/21) *turn*

Jn 1:38 **στραφεὶς** δὲ ὁ Ἰησοῦς
Jn 12:40 τῇ καρδίᾳ καὶ **στραφῶσιν**,
Jn 20:14 ταῦτα εἰποῦσα **ἐστράφη** εἰς τὰ ὀπίσω
Jn 20:16 **στραφεῖσα** ἐκείνη λέγει αὐτῷ

σύ (*sy*; 152[155]/1063[1067]) *you (sg.)*

Jn 1:19 **σὺ** τίς εἶ;
Jn 1:21 **σὺ** Ἠλίας εἶ;
Jn 1:21 ὁ προφήτης εἶ **σύ**;
Jn 1:25 οὖν βαπτίζεις εἰ **σὺ** οὐκ εἶ ὁ
Jn 1:42 **σὺ** εἶ Σίμων ὁ
Jn 1:42 **σὺ** κληθήσῃ Κηφᾶς,
Jn 1:48 πρὸ τοῦ **σε** Φίλιππον φωνῆσαι ὄντα
Jn 1:48 τὴν συκῆν εἶδόν **σε**.
Jn 1:49 **σὺ** εἶ ὁ υἱὸς
Jn 1:49 **σὺ** βασιλεὺς εἶ τοῦ
Jn 1:50 ὅτι εἶπόν **σοι** ὅτι εἶδόν σε
Jn 1:50 σοι ὅτι εἶδόν **σε** ὑποκάτω τῆς συκῆς,
Jn 2:4 τί ἐμοὶ καὶ **σοί**,
Jn 2:10 **σὺ** τετήρηκας τὸν καλὸν
Jn 2:17 ζῆλος τοῦ οἴκου **σου** καταφάγεταί με.
Jn 2:20 καὶ **σὺ** ἐν τρισὶν ἡμέραις
Jn 3:2 σημεῖα ποιεῖν ἃ **σὺ** ποιεῖς,
Jn 3:3 ἀμὴν ἀμὴν λέγω **σοι**,
Jn 3:5 ἀμὴν ἀμὴν λέγω **σοι**,
Jn 3:7 θαυμάσῃς ὅτι εἶπόν **σοι**·
Jn 3:10 **σὺ** εἶ ὁ διδάσκαλος
Jn 3:11 ἀμὴν ἀμὴν λέγω **σοι** ὅτι ὃ οἴδαμεν
Jn 3:26 ὃς ἦν μετὰ **σοῦ** πέραν τοῦ Ἰορδάνου,
Jn 3:26 ᾧ **σὺ** μεμαρτύρηκας,
Jn 4:9 πῶς **σὺ** Ἰουδαῖος ὢν παρ᾽
Jn 4:10 ἐστιν ὁ λέγων **σοι**·
Jn 4:10 **σὺ** ἂν ᾔτησας αὐτὸν
Jn 4:10 καὶ ἔδωκεν ἄν **σοι** ὕδωρ ζῶν.
Jn 4:12 μὴ **σὺ** μείζων εἶ τοῦ
Jn 4:16 φώνησον τὸν ἄνδρα **σου** καὶ ἐλθὲ ἐνθάδε.
Jn 4:18 ἔχεις οὐκ ἔστιν **σου** ἀνήρ·
Jn 4:19 ὅτι προφήτης εἶ **σύ**.
Jn 4:26 ὁ λαλῶν **σοι**.
Jn 4:50 ὁ υἱός **σου** ζῇ.
Jn 4:53 ὁ υἱός **σου** ζῇ,
Jn 5:8 ἆρον τὸν κράβαττόν **σου** καὶ περιπάτει.
Jn 5:10 καὶ οὐκ ἔξεστίν **σοι** ἆραι τὸν κράβαττόν
Jn 5:10 ἆραι τὸν κράβαττόν **σου**.
Jn 5:11 ἆρον τὸν κράβαττόν **σου** καὶ περιπάτει.
Jn 5:12 ἄνθρωπος ὁ εἰπών **σοι**·
Jn 5:14 ἵνα μὴ χεῖρόν **σοί** τι γένηται.
Jn 6:30 τί οὖν ποιεῖς **σὺ** σημεῖον,
Jn 6:30 ἴδωμεν καὶ πιστεύσωμέν **σοι**;
Jn 6:69 καὶ ἐγνώκαμεν ὅτι **σὺ** εἶ ὁ ἅγιος
Jn 7:3 καὶ οἱ μαθηταί **σου** θεωρήσουσιν σοῦ τὰ
Jn 7:3 μαθηταί σου θεωρήσουσιν **σοῦ** τὰ ἔργα ἃ
Jn 7:20 τίς **σε** ζητεῖ ἀποκτεῖναι;
Jn 7:52 μὴ καὶ **σὺ** ἐκ τῆς Γαλιλαίας
[Jn 8:5] **σὺ** οὖν τί λέγεις;
[Jn 8:10] οὐδείς **σε** κατέκρινεν;
[Jn 8:11] οὐδὲ ἐγώ **σε** κατακρίνω·
Jn 8:13 **σὺ** περὶ σεαυτοῦ μαρτυρεῖς·
Jn 8:13 ἡ μαρτυρία **σου** οὐκ ἔστιν ἀληθής.
Jn 8:19 ἐστιν ὁ πατήρ **σου**;
Jn 8:25 **σὺ** τίς εἶ;
Jn 8:33 πῶς **σὺ** λέγεις ὅτι ἐλεύθεροι
Jn 8:48 ὅτι Σαμαρίτης εἶ **σὺ** καὶ δαιμόνιον ἔχεις;
Jn 8:52 καὶ **σὺ** λέγεις·
Jn 8:53 μὴ **σὺ** μείζων εἶ τοῦ
Jn 9:10 πῶς [οὖν] ἠνεῴχθησάν **σου** οἱ ὀφθαλμοί;
Jn 9:17 τί **σὺ** λέγεις περὶ αὐτοῦ,
Jn 9:17 ὅτι ἠνέῳξέν **σου** τοὺς ὀφθαλμούς;
Jn 9:26 τί ἐποίησέν **σοι**;
Jn 9:26 πῶς ἤνοιξέν **σου** τοὺς ὀφθαλμούς;
Jn 9:28 **σὺ** μαθητὴς εἶ ἐκείνου,
Jn 9:34 ἐν ἁμαρτίαις **σὺ** ἐγεννήθης ὅλος καὶ

Jn 9:34 ἐγεννήθης ὅλος καὶ **σὺ** διδάσκεις ἡμᾶς;
Jn 9:35 **σὺ** πιστεύεις εἰς τὸν
Jn 9:37 ὁ λαλῶν μετὰ **σοῦ** ἐκεῖνός ἐστιν.
Jn 10:24 εἰ **σὺ** εἶ ὁ χριστός,
Jn 10:33 ἔργου οὐ λιθάζομέν **σε** ἀλλὰ περὶ βλασφημίας,
Jn 10:33 καὶ ὅτι **σὺ** ἄνθρωπος ὢν ποιεῖς
Jn 11:8 νῦν ἐζήτουν **σε** λιθάσαι οἱ Ἰουδαῖοι,
Jn 11:22 τὸν θεὸν δώσει **σοι** ὁ θεός.
Jn 11:23 ἀναστήσεται ὁ ἀδελφός **σου**.
Jn 11:27 ἐγὼ πεπίστευκα ὅτι **σὺ** εἶ ὁ χριστὸς
Jn 11:28 πάρεστιν καὶ φωνεῖ **σε**.
Jn 11:40 οὐκ εἶπόν **σοι** ὅτι ἐὰν πιστεύσῃς
Jn 11:41 εὐχαριστῶ **σοι** ὅτι ἤκουσάς μου.
Jn 11:42 ἵνα πιστεύσωσιν ὅτι **σύ** με ἀπέστειλας.
Jn 12:15 ἰδοὺ ὁ βασιλεύς **σου** ἔρχεται,
Jn 12:28 δόξασόν **σου** τὸ ὄνομα.
Jn 12:34 καὶ πῶς λέγεις **σὺ** ὅτι δεῖ ὑψωθῆναι
Jn 13:6 **σύ** μου νίπτεις τοὺς
Jn 13:7 ὃ ἐγὼ ποιῶ **σὺ** οὐκ οἶδας ἄρτι,
Jn 13:8 ἐὰν μὴ νίψω **σε**,
Jn 13:37 τί οὐ δύναμαί **σοι** ἀκολουθῆσαι ἄρτι;
Jn 13:37 ψυχήν μου ὑπὲρ **σοῦ** θήσω.
Jn 13:38 τὴν ψυχήν **σου** ὑπὲρ ἐμοῦ θήσεις;
Jn 13:38 ἀμὴν ἀμὴν λέγω **σοι**,
Jn 14:9 πῶς **σὺ** λέγεις·
Jn 16:30 ἔχεις ἵνα τις **σε** ἐρωτᾷ·
Jn 17:1 δόξασόν **σου** τὸν υἱόν,
Jn 17:1 ὁ υἱὸς δοξάσῃ **σέ**,
Jn 17:3 ζωὴ ἵνα γινώσκωσιν **σὲ** τὸν μόνον ἀληθινὸν
Jn 17:4 ἐγώ **σε** ἐδόξασα ἐπὶ τῆς
Jn 17:5 νῦν δόξασόν με **σύ**,
Jn 17:5 κόσμον εἶναι παρὰ **σοί**.
Jn 17:6 Ἐφανέρωσά **σου** τὸ ὄνομα τοῖς
Jn 17:6 **σοὶ** ἦσαν κἀμοὶ αὐτοὺς
Jn 17:6 καὶ τὸν λόγον **σου** τετήρηκαν.
Jn 17:7 δέδωκάς μοι παρὰ **σοῦ** εἰσιν·
Jn 17:8 ἀληθῶς ὅτι παρὰ **σοῦ** ἐξῆλθον,
Jn 17:8 καὶ ἐπίστευσαν ὅτι **σύ** με ἀπέστειλας.
Jn 17:9 ὅτι **σοί** εἰσιν,
Jn 17:11 κἀγὼ πρὸς **σὲ** ἔρχομαι.
Jn 17:11 ἐν τῷ ὀνόματί **σου** ᾧ δέδωκάς μοι,
Jn 17:12 ἐν τῷ ὀνόματί **σου** ᾧ δέδωκάς μοι,
Jn 17:13 νῦν δὲ πρὸς **σὲ** ἔρχομαι καὶ ταῦτα
Jn 17:14 αὐτοῖς τὸν λόγον **σου** καὶ ὁ κόσμος
Jn 17:21 καθὼς **σύ**,
Jn 17:21 ἐμοὶ κἀγὼ ἐν **σοί**,
Jn 17:21 κόσμος πιστεύῃ ὅτι **σύ** με ἀπέστειλας.
Jn 17:23 ἐν αὐτοῖς καὶ **σὺ** ἐν ἐμοί,
Jn 17:23 ὁ κόσμος ὅτι **σύ** με ἀπέστειλας καὶ
Jn 17:25 καὶ ὁ κόσμος **σε** οὐκ ἔγνω,
Jn 17:25 ἐγὼ δέ **σε** ἔγνων,
Jn 17:25 οὗτοι ἔγνωσαν ὅτι **σύ** με ἀπέστειλας·
Jn 17:26 αὐτοῖς τὸ ὄνομά **σου** καὶ γνωρίσω,
Jn 18:17 μὴ καὶ **σὺ** ἐκ τῶν μαθητῶν
Jn 18:25 μὴ καὶ **σὺ** ἐκ τῶν μαθητῶν
Jn 18:26 οὐκ ἐγώ σε **εἶδον** ἐν τῷ κήπῳ
Jn 18:30 οὐκ ἄν **σοι** παρεδώκαμεν αὐτόν.
Jn 18:33 **σὺ** εἶ ὁ βασιλεὺς
Jn 18:34 ἀπὸ σεαυτοῦ **σὺ** τοῦτο λέγεις ἢ
Jn 18:34 ἢ ἄλλοι εἶπόν **σοι** περὶ ἐμοῦ;
Jn 18:35 οἱ ἀρχιερεῖς παρέδωκάν **σε** ἐμοί·
Jn 18:37 οὐκοῦν βασιλεὺς εἶ **σύ**;
Jn 18:37 **σὺ** λέγεις ὅτι βασιλεύς
Jn 19:9 πόθεν εἶ **σύ**;
Jn 19:10 ἐξουσίαν ἔχω ἀπολῦσαί **σε** καὶ ἐξουσίαν ἔχω
Jn 19:10 ἐξουσίαν ἔχω σταυρῶσαί **σε**;
Jn 19:11 μὴ ἦν δεδομένον **σοι** ἄνωθεν·
Jn 19:11 ὁ παραδούς μέ **σοι** μείζονα ἁμαρτίαν ἔχει.
Jn 19:26 ἴδε ὁ υἱός **σου**.
Jn 19:27 ἴδε ἡ μήτηρ **σου**.
Jn 20:15 εἰ **σὺ** ἐβάστασας αὐτόν,
Jn 20:27 φέρε τὸν δάκτυλόν **σου** ὧδε καὶ ἴδε
Jn 20:27 φέρε τὴν χεῖρά **σου** καὶ βάλε εἰς
Jn 21:3 καὶ ἡμεῖς σὺν **σοί**.
Jn 21:12 **σὺ** τίς εἶ;
Jn 21:15 **σὺ** οἶδας ὅτι φιλῶ
Jn 21:15 οἶδας ὅτι φιλῶ **σε**.
Jn 21:16 **σὺ** οἶδας ὅτι φιλῶ
Jn 21:16 οἶδας ὅτι φιλῶ **σε**.
Jn 21:17 πάντα **σὺ** οἶδας,
Jn 21:17 **σὺ** γινώσκεις ὅτι φιλῶ
Jn 21:17 γινώσκεις ὅτι φιλῶ **σε**.
Jn 21:18 ἀμὴν ἀμὴν λέγω **σοι**,
Jn 21:18 ἐκτενεῖς τὰς χεῖράς **σου**,
Jn 21:18 καὶ ἄλλος **σε** ζώσει καὶ οἴσει
Jn 21:20 ἐστιν ὁ παραδιδούς **σε**;
Jn 21:22 τί πρὸς **σέ**;
Jn 21:22 **σύ** μοι ἀκολούθει.
Jn 21:23 τί πρὸς **σέ**];

συγγενής (*syngenēs*; 1/11) *relative*

Jn 18:26 **συγγενὴς** ὢν οὗ ἀπέκοψεν

συγχράομαι (*synchraomai*; 1/1) *associate on friendly terms*

Jn 4:9 οὐ γὰρ **συγχρῶνται** Ἰουδαῖοι Σαμαρίταις.

συκῆ (*sykē*; 2/16) *fig tree*

Jn 1:48 ὄντα ὑπὸ τὴν **συκῆν** εἶδόν σε.
Jn 1:50 σε ὑποκάτω τῆς **συκῆς**,

συλλαμβάνω (*syllambanō*; 1/16) *seize (mid. assist)*

Jn 18:12 ὑπηρέται τῶν Ἰουδαίων **συνέλαβον** τὸν Ἰησοῦν καὶ

συμβουλεύω (*symbouleuō*; 1/4) *advise*

Jn 18:14 δὲ Καϊάφας ὁ **συμβουλεύσας** τοῖς Ἰουδαίοις

συμμαθητής (*symmathētēs*; 1/1) *fellow-disciple*

Jn 11:16 λεγόμενος Δίδυμος τοῖς **συμμαθηταῖς**·

συμφέρω (*sympherō*; 3/15) *be better*

Jn 11:50 οὐδὲ λογίζεσθε ὅτι **συμφέρει** ὑμῖν ἵνα εἷς
Jn 16:7 **συμφέρει** ὑμῖν ἵνα ἐγὼ
Jn 18:14 τοῖς Ἰουδαίοις ὅτι **συμφέρει** ἕνα ἄνθρωπον ἀποθανεῖν

σύν (*syn*; 3/128) *with*

Jn 12:2 ἐκ τῶν ἀνακειμένων **σὺν** αὐτῷ.
Jn 18:1 εἰπὼν Ἰησοῦς ἐξῆλθεν **σὺν** τοῖς μαθηταῖς αὐτοῦ
Jn 21:3 ἐρχόμεθα καὶ ἡμεῖς **σὺν** σοί.

συνάγω (*synagō*; 7/59) *gather*
Jn 4:36 μισθὸν λαμβάνει καὶ **συνάγει** καρπὸν εἰς ζωὴν
Jn 6:12 **συναγάγετε** τὰ περισσεύσαντα κλάσματα,
Jn 6:13 **συνήγαγον** οὖν καὶ ἐγέμισαν
Jn 11:47 **Συνήγαγον** οὖν οἱ ἀρχιερεῖς
Jn 11:52 θεοῦ τὰ διεσκορπισμένα **συναγάγῃ** εἰς ἕν.
Jn 15:6 καὶ ἐξηράνθη καὶ **συνάγουσιν** αὐτὰ καὶ εἰς
Jn 18:2 ὅτι πολλάκις **συνήχθη** Ἰησοῦς ἐκεῖ μετὰ

συναγωγή (*synagōgē*; 2/56) *synagogue*
Jn 6:59 Ταῦτα εἶπεν ἐν **συναγωγῇ** διδάσκων ἐν Καφαρναούμ.
Jn 18:20 πάντοτε ἐδίδαξα ἐν **συναγωγῇ** καὶ ἐν τῷ

συνέδριον (*synedrion*; 1/22) *Sanhedrin*
Jn 11:47 καὶ οἱ Φαρισαῖοι **συνέδριον** καὶ ἔλεγον·

συνεισέρχομαι (*syneiserchomai*; 2/2) *go in with*
Jn 6:22 καὶ ὅτι οὐ **συνεισῆλθεν** τοῖς μαθηταῖς αὐτοῦ
Jn 18:15 τῷ ἀρχιερεῖ καὶ **συνεισῆλθεν** τῷ Ἰησοῦ εἰς

συνέρχομαι (*synerchomai*; 2/30) *come together*
Jn 11:33 κλαίουσαν καὶ τοὺς **συνελθόντας** αὐτῇ Ἰουδαίους κλαίοντας,
Jn 18:20 πάντες οἱ Ἰουδαῖοι **συνέρχονται**,

συνήθεια (*synētheia*; 1/3) *custom*
Jn 18:39 ἔστιν δὲ **συνήθεια** ὑμῖν ἵνα ἕνα

συντίθημι (*syntithēmi*; 1/3) *agree*
Jn 9:22 ἤδη γὰρ **συνετέθειντο** οἱ Ἰουδαῖοι ἵνα

συντρίβω (*syntribō*; 1/7) *break in pieces*
Jn 19:36 ὀστοῦν οὐ **συντριβήσεται** αὐτοῦ.

σύρω (*syrō*; 1/5) *drag*
Jn 21:8 **σύροντες** τὸ δίκτυον τῶν

συσταυρόω (*systauroō*; 1/5) *be crucified together*
Jn 19:32 τοῦ ἄλλου τοῦ **συσταυρωθέντος** αὐτῷ·

Συχάρ (*Sychar*; 1/1) *Sychar*
Jn 4:5 τῆς Σαμαρείας λεγομένην **Συχὰρ** πλησίον τοῦ χωρίου

σφραγίζω (*sphragizō*; 2/15) *seal*
Jn 3:33 αὐτοῦ τὴν μαρτυρίαν **ἐσφράγισεν** ὅτι ὁ θεὸς
Jn 6:27 γὰρ ὁ πατὴρ **ἐσφράγισεν** ὁ θεός.

σχίζω (*schizō*; 2/11) *split*
Jn 19:24 μὴ **σχίσωμεν** αὐτόν,
Jn 21:11 τοσούτων ὄντων οὐκ **ἐσχίσθη** τὸ δίκτυον.

σχίσμα (*schisma*; 3/8) *division*
Jn 7:43 **σχίσμα** οὖν ἐγένετο ἐν
Jn 9:16 καὶ **σχίσμα** ἦν ἐν αὐτοῖς.
Jn 10:19 **Σχίσμα** πάλιν ἐγένετο ἐν

σχοινίον (*schoinion*; 1/2) *cord, rope*
Jn 2:15 ποιήσας φραγέλλιον ἐκ **σχοινίων** πάντας ἐξέβαλεν ἐκ

σῴζω (*sōzō*; 6/105[106]) *save, preserve*
Jn 3:17 ἀλλ' ἵνα **σωθῇ** ὁ κόσμος δι'
Jn 5:34 λέγω ἵνα ὑμεῖς **σωθῆτε**.
Jn 10:9 ἐάν τις εἰσέλθῃ **σωθήσεται** καὶ εἰσελεύσεται
Jn 11:12 εἰ κεκοίμηται **σωθήσεται**.
Jn 12:27 **σῶσόν** με ἐκ τῆς
Jn 12:47 ἀλλ' ἵνα **σώσω** τὸν κόσμον.

σῶμα (*sōma*; 6/142) *body*
Jn 2:21 τοῦ ναοῦ τοῦ **σώματος** αὐτοῦ.
Jn 19:31 τοῦ σταυροῦ τὰ **σώματα** ἐν τῷ σαββάτῳ,
Jn 19:38 ἵνα ἄρῃ τὸ **σῶμα** τοῦ Ἰησοῦ·
Jn 19:38 καὶ ἦρεν τὸ **σῶμα** αὐτοῦ.
Jn 19:40 ἔλαβον οὖν τὸ **σῶμα** τοῦ Ἰησοῦ καὶ
Jn 20:12 ὅπου ἔκειτο τὸ **σῶμα** τοῦ Ἰησοῦ.

σωτήρ (*sōtēr*; 1/24) *Savior*
Jn 4:42 ἐστιν ἀληθῶς ὁ **σωτὴρ** τοῦ κόσμου.

σωτηρία (*sōtēria*; 1/45[46]) *salvation*
Jn 4:22 ὅτι ἡ **σωτηρία** ἐκ τῶν Ἰουδαίων

ταράσσω (*tarassō*; 6/17) *trouble*
Jn 5:7 ἔχω ἵνα ὅταν **ταραχθῇ** τὸ ὕδωρ βάλῃ
Jn 11:33 τῷ πνεύματι καὶ **ἐτάραξεν** ἑαυτὸν
Jn 12:27 ἡ ψυχή μου **τετάρακται**,
Jn 13:21 εἰπὼν [ὁ] Ἰησοῦς **ἐταράχθη** τῷ πνεύματι καὶ
Jn 14:1 Μὴ **ταρασσέσθω** ὑμῶν ἡ καρδία·
Jn 14:27 μὴ **ταρασσέσθω** ὑμῶν ἡ καρδία

ταχέως (*tacheōs*; 3/15) *quickly*
Jn 11:31 τὴν Μαριὰμ ὅτι **ταχέως** ἀνέστη καὶ ἐξῆλθεν,
Jn 13:27 ὃ ποιεῖς ποίησον **τάχιον**.
Jn 20:4 ἄλλος μαθητὴς προέδραμεν **τάχιον** τοῦ Πέτρου καὶ

ταχύς (*tachys*; 1/13) *quick*
Jn 11:29 ὡς ἤκουσεν ἠγέρθη **ταχὺ** καὶ ἤρχετο πρὸς

τέ (*te*; 3/215) *and*
Jn 2:15 τοῦ ἱεροῦ τά **τε** πρόβατα καὶ τοὺς
Jn 4:42 τῇ **τε** γυναικὶ ἔλεγον ὅτι
Jn 6:18 ἥ **τε** θάλασσα ἀνέμου μεγάλου

τεκνίον (*teknion*; 1/8) *little child*
Jn 13:33 **τεκνία**,

τέκνον (*teknon*; 3/99) *child*
Jn 1:12 ἔδωκεν αὐτοῖς ἐξουσίαν **τέκνα** θεοῦ γενέσθαι,
Jn 8:39 εἰ **τέκνα** τοῦ Ἀβραάμ ἐστε,
Jn 11:52 ἵνα καὶ τὰ **τέκνα** τοῦ θεοῦ τὰ

τελειόω (*teleioō*; 5/23) *complete, fulfill*
Jn 4:34 πέμψαντός με καὶ **τελειώσω** αὐτοῦ τὸ ἔργον.
Jn 5:36 ὁ πατὴρ ἵνα **τελειώσω** αὐτά,
Jn 17:4 γῆς τὸ ἔργον **τελειώσας** ὃ δέδωκάς μοι
Jn 17:23 ἵνα ὦσιν **τετελειωμένοι** εἰς ἕν,
Jn 19:28 ἵνα **τελειωθῇ** ἡ γραφή,

τελευτάω (*teleutaō*; 1/11) *die*
Jn 11:39 ἡ ἀδελφὴ τοῦ **τετελευτηκότος** Μάρθα·

τελέω (*teleō*; 2/28) *finish*
Jn 19:28 ὅτι ἤδη πάντα **τετέλεσται**,
Jn 19:30 **τετέλεσται**,

τέλος (*telos*; 1/41) *end*
Jn 13:1 τῷ κόσμῳ εἰς **τέλος** ἠγάπησεν αὐτούς.

τέρας (*teras*; 1/16) *wonder*
Jn 4:48 μὴ σημεῖα καὶ **τέρατα** ἴδητε,

τέσσαρες (*tessares*; 2/40) *four*
Jn 11:17 Ἰησοῦς εὗρεν αὐτὸν **τέσσαρας** ἤδη ἡμέρας ἔχοντα
Jn 19:23 αὐτοῦ καὶ ἐποίησαν **τέσσαρα** μέρη,

τεσσεράκοντα (*tesserakonta*; 1/22) *forty*
Jn 2:20 **τεσσεράκοντα** καὶ ἓξ ἔτεσιν

τεταρταῖος (*tetartaios*; 1/1) *fourth day*
Jn 11:39 **τεταρταῖος** γάρ ἐστιν.

τετράμηνος (*tetramēnos*; 1/1) *four months*
Jn 4:35 λέγετε ὅτι ἔτι **τετράμηνός** ἐστιν καὶ ὁ

τηρέω (*tēreō*; 18/70) *keep*
Jn 2:10 σὺ **τετήρηκας** τὸν καλὸν οἶνον
Jn 8:51 τὸν ἐμὸν λόγον **τηρήσῃ**,
Jn 8:52 τὸν λόγον μου **τηρήσῃ**,
Jn 8:55 τὸν λόγον αὐτοῦ **τηρῶ**.
Jn 9:16 τὸ σάββατον οὐ **τηρεῖ**.
Jn 12:7 τοῦ ἐνταφιασμοῦ μου **τηρήσῃ** αὐτό·
Jn 14:15 ἐντολὰς τὰς ἐμὰς **τηρήσετε**·
Jn 14:21 ἐντολάς μου καὶ **τηρῶν** αὐτὰς ἐκεῖνός ἐστιν
Jn 14:23 τὸν λόγον μου **τηρήσει**,
Jn 14:24 λόγους μου οὐ **τηρεῖ**·
Jn 15:10 τὰς ἐντολάς μου **τηρήσητε**,
Jn 15:10 τοῦ πατρός μου **τετήρηκα** καὶ μένω αὐτοῦ
Jn 15:20 τὸν λόγον μου **ἐτήρησαν**,
Jn 15:20 καὶ τὸν ὑμέτερον **τηρήσουσιν**.
Jn 17:6 τὸν λόγον σου **τετήρηκαν**.
Jn 17:11 **τήρησον** αὐτοὺς ἐν τῷ
Jn 17:12 μετ' αὐτῶν ἐγὼ **ἐτήρουν** αὐτοὺς ἐν τῷ
Jn 17:15 ἀλλ' ἵνα **τηρήσῃς** αὐτοὺς ἐκ τοῦ

Τιβεριάς (*Tiberias*; 3/3) *Tiberias*
Jn 6:1 τῆς Γαλιλαίας τῆς **Τιβεριάδος**.
Jn 6:23 ἦλθεν πλοι[άρι]α ἐκ **Τιβεριάδος** ἐγγὺς τοῦ τόπου
Jn 21:1 τῆς θαλάσσης τῆς **Τιβεριάδος**·

τίθημι (*tithēmi*; 18/100) *put, place, appoint*
Jn 2:10 τὸν καλὸν οἶνον **τίθησιν** καὶ ὅταν μεθυσθῶσιν
Jn 10:11 τὴν ψυχὴν αὐτοῦ **τίθησιν** ὑπὲρ τῶν προβάτων·
Jn 10:15 τὴν ψυχήν μου **τίθημι** ὑπὲρ τῶν προβάτων.
Jn 10:17 ἀγαπᾷ ὅτι ἐγὼ **τίθημι** τὴν ψυχήν μου,
Jn 10:18 ἀλλ' ἐγὼ **τίθημι** αὐτὴν ἀπ' ἐμαυτοῦ.
Jn 10:18 ἐξουσίαν ἔχω **θεῖναι** αὐτήν,
Jn 11:34 ποῦ **τεθείκατε** αὐτόν;
Jn 13:4 τοῦ δείπνου καὶ **τίθησιν** τὰ ἱμάτια καὶ
Jn 13:37 μου ὑπὲρ σοῦ **θήσω**.
Jn 13:38 σου ὑπὲρ ἐμοῦ **θήσεις**;
Jn 15:13 τὴν ψυχὴν αὐτοῦ **θῇ** ὑπὲρ τῶν φίλων
Jn 15:16 ἐξελεξάμην ὑμᾶς καὶ **ἔθηκα** ὑμᾶς ἵνα ὑμεῖς
Jn 19:19 ὁ Πιλᾶτος καὶ **ἔθηκεν** ἐπὶ τοῦ σταυροῦ·
Jn 19:41 οὐδέπω οὐδεὶς ἦν **τεθειμένος**·
Jn 19:42 **ἔθηκαν** τὸν Ἰησοῦν.
Jn 20:2 οὐκ οἴδαμεν ποῦ **ἔθηκαν** αὐτόν.
Jn 20:13 οὐκ οἶδα ποῦ **ἔθηκαν** αὐτόν.
Jn 20:15 εἰπέ μοι ποῦ **ἔθηκας** αὐτόν,

τίκτω (*tiktō*; 1/18) *bear*
Jn 16:21 ἡ γυνὴ ὅταν **τίκτῃ** λύπην ἔχει,

τιμάω (*timaō*; 6/21) *honor*
Jn 5:23 ἵνα πάντες **τιμῶσι** τὸν υἱὸν καθὼς
Jn 5:23 τὸν υἱὸν καθὼς **τιμῶσι** τὸν πατέρα.
Jn 5:23 ὁ μὴ **τιμῶν** τὸν υἱὸν οὐ
Jn 5:23 τὸν υἱὸν οὐ **τιμᾷ** τὸν πατέρα τὸν
Jn 8:49 ἀλλὰ **τιμῶ** τὸν πατέρα μου,
Jn 12:26 τις ἐμοὶ διακονῇ **τιμήσει** αὐτὸν ὁ πατήρ.

τιμή (*timē*; 1/41) *honor*
Jn 4:44 τῇ ἰδίᾳ πατρίδι **τιμὴν** οὐκ ἔχει.

τίς (*tis*; 78[79]/545[546]) *who; what, why*
Jn 1:19 σὺ **τίς** εἶ;
Jn 1:21 **τί** οὖν;
Jn 1:22 **τίς** εἶ;
Jn 1:22 **τί** λέγεις περὶ σεαυτοῦ;
Jn 1:25 **τί** οὖν βαπτίζεις εἰ
Jn 1:38 **τί** ζητεῖτε;
Jn 2:4 **τί** ἐμοὶ καὶ σοί,
Jn 2:18 **τί** σημεῖον δεικνύεις ἡμῖν
Jn 2:25 αὐτὸς γὰρ ἐγίνωσκεν **τί** ἦν ἐν τῷ
Jn 4:10 τοῦ θεοῦ καὶ **τίς** ἐστιν ὁ λέγων
Jn 4:27 **τί** ζητεῖς ἢ τί
Jn 4:27 τί ζητεῖς ἢ **τί** λαλεῖς μετ' αὐτῆς;
Jn 5:12 **τίς** ἐστιν ὁ ἄνθρωπος
Jn 5:13 ἰαθεὶς οὐκ ᾔδει **τίς** ἐστιν,
Jn 6:6 αὐτὸς γὰρ ᾔδει **τί** ἔμελλεν ποιεῖν.
Jn 6:9 ἀλλὰ ταῦτα **τί** ἐστιν εἰς τοσούτους;
Jn 6:28 **τί** ποιῶμεν ἵνα ἐργαζώμεθα
Jn 6:30 **τί** οὖν ποιεῖς σὺ
Jn 6:30 **τί** ἐργάζῃ;
Jn 6:60 **τίς** δύναται αὐτοῦ ἀκούειν;
Jn 6:64 ἀρχῆς ὁ Ἰησοῦς **τίνες** εἰσὶν οἱ μὴ
Jn 6:64 μὴ πιστεύοντες καὶ **τίς** ἐστιν ὁ παραδώσων
Jn 6:68 πρὸς **τίνα** ἀπελευσόμεθα;
Jn 7:19 **τί** με ζητεῖτε ἀποκτεῖναι;
Jn 7:20 **τίς** σε ζητεῖ ἀποκτεῖναι;
Jn 7:36 **τίς** ἐστιν ὁ λόγος

Jn 7:45 διὰ **τί** οὐκ ἠγάγετε αὐτόν;
Jn 7:51 αὐτοῦ καὶ γνῷ **τί** ποιεῖ;
[Jn 8:5] σὺ οὖν **τί** λέγεις;
Jn 8:25 σὺ **τίς** εἶ;
Jn 8:43 διὰ **τί** τὴν λαλιὰν τὴν
Jn 8:46 **τίς** ἐξ ὑμῶν ἐλέγχει
Jn 8:46 διὰ **τί** ὑμεῖς οὐ πιστεύετέ
Jn 8:53 **τίνα** σεαυτὸν ποιεῖς;
Jn 9:2 **τίς** ἥμαρτεν,
Jn 9:17 **τί** σὺ λέγεις περὶ
Jn 9:21 ἢ **τίς** ἤνοιξεν αὐτοῦ τοὺς
Jn 9:26 **τί** ἐποίησέν σοι;
Jn 9:27 **τί** πάλιν θέλετε ἀκούειν;
Jn 9:36 καὶ **τίς** ἐστιν,
Jn 10:6 δὲ οὐκ ἔγνωσαν **τίνα** ἦν ἃ ἐλάλει
Jn 10:20 **τί** αὐτοῦ ἀκούετε;
Jn 11:47 **τί** ποιοῦμεν ὅτι οὗτος
Jn 11:56 **τί** δοκεῖ ὑμῖν;
Jn 12:5 διὰ **τί** τοῦτο τὸ μύρον
Jn 12:27 καὶ **τί** εἴπω;
Jn 12:34 **τίς** ἐστιν οὗτος ὁ
Jn 12:38 **τίς** ἐπίστευσεν τῇ ἀκοῇ
Jn 12:38 ὁ βραχίων κυρίου **τίνι** ἀπεκαλύφθη;
Jn 12:49 μοι ἐντολὴν δέδωκεν **τί** εἴπω καὶ τί
Jn 12:49 τί εἴπω καὶ **τί** λαλήσω.
Jn 13:12 γινώσκετε **τί** πεποίηκα ὑμῖν;
Jn 13:18 ἐγὼ οἶδα **τίνας** ἐξελεξάμην·
Jn 13:22 μαθηταὶ ἀπορούμενοι περὶ **τίνος** λέγει.
Jn 13:24 Σίμων Πέτρος πυθέσθαι **τίς** ἂν εἴη περὶ
Jn 13:25 **τίς** ἐστιν;
Jn 13:28 τῶν ἀνακειμένων πρὸς **τί** εἶπεν αὐτῷ·
Jn 13:37 διὰ **τί** οὐ δύναμαί σοι
Jn 14:22 [καὶ] **τί** γέγονεν ὅτι ἡμῖν
Jn 15:15 δοῦλος οὐκ οἶδεν **τί** ποιεῖ αὐτοῦ ὁ
Jn 16:17 **τί** ἐστιν τοῦτο ὃ
Jn 16:18 **τί** ἐστιν τοῦτο [ὃ
Jn 16:18 οὐκ οἴδαμεν **τί** λαλεῖ.
Jn 18:4 **τίνα** ζητεῖτε;
Jn 18:7 **τίνα** ζητεῖτε;
Jn 18:21 **τί** με ἐρωτᾷς;
Jn 18:21 ἐρώτησον τοὺς ἀκηκοότας **τί** ἐλάλησα αὐτοῖς·
Jn 18:23 **τί** με δέρεις;
Jn 18:35 **τί** ἐποίησας;
Jn 18:38 **τί** ἐστιν ἀλήθεια;
Jn 19:24 λάχωμεν περὶ αὐτοῦ **τίνος** ἔσται·
Jn 20:13 **τί** κλαίεις;
Jn 20:15 **τί** κλαίεις;
Jn 20:15 **τίνα** ζητεῖς;
Jn 21:12 σὺ **τίς** εἶ;
Jn 21:20 **τίς** ἐστιν ὁ παραδιδούς
Jn 21:21 οὗτος δὲ **τί**;
Jn 21:22 **τί** πρὸς σέ;
Jn 21:23 **τί** πρὸς σέ];

τις (*tis*; 57/542[543]) *anyone, anything*

Jn 1:46 ἐκ Ναζαρὲτ δύναταί **τι** ἀγαθὸν εἶναι;
Jn 2:5 ὅ **τι** ἂν λέγῃ ὑμῖν
Jn 2:25 χρείαν εἶχεν ἵνα **τις** μαρτυρήσῃ περὶ τοῦ
Jn 3:3 ἐὰν μή **τις** γεννηθῇ ἄνωθεν,
Jn 3:5 ἐὰν μή **τις** γεννηθῇ ἐξ ὕδατος
Jn 4:33 μή **τις** ἤνεγκεν αὐτῷ φαγεῖν;
Jn 4:46 Καὶ ἦν **τις** βασιλικὸς οὗ ὁ
Jn 5:5 ἦν δέ **τις** ἄνθρωπος ἐκεῖ τριάκοντα
Jn 5:14 μὴ χεῖρόν σοί **τι** γένηται.
Jn 5:19 οὐδὲν ἐὰν μή **τι** βλέπῃ τὸν πατέρα
Jn 6:7 ἵνα ἕκαστος βραχύ **[τι]** λάβῃ.
Jn 6:12 ἵνα μή **τι** ἀπόληται.
Jn 6:46 τὸν πατέρα ἑώρακέν **τις** εἰ μὴ ὁ
Jn 6:50 ἵνα **τις** ἐξ αὐτοῦ φάγῃ
Jn 6:51 ἐάν **τις** φάγῃ ἐκ τούτου
Jn 6:64 εἰσὶν ἐξ ὑμῶν **τινες** οἳ οὐ πιστεύουσιν.
Jn 7:4 οὐδεὶς γάρ **τι** ἐν κρυπτῷ ποιεῖ
Jn 7:17 ἐάν **τις** θέλῃ τὸ θέλημα
Jn 7:25 Ἔλεγον οὖν **τινες** ἐκ τῶν Ἱεροσολυμιτῶν·
Jn 7:37 ἐάν **τις** διψᾷ ἐρχέσθω πρός
Jn 7:44 **τινες** δὲ ἤθελον ἐξ
Jn 7:48 μή **τις** ἐκ τῶν ἀρχόντων
Jn 8:25 τὴν ἀρχὴν ὅ **τι** καὶ λαλῶ ὑμῖν;
Jn 8:51 ἐάν **τις** τὸν ἐμὸν λόγον
Jn 8:52 ἐάν **τις** τὸν λόγον μου
Jn 9:16 ἐκ τῶν Φαρισαίων **τινες**·
Jn 9:22 Ἰουδαῖοι ἵνα ἐάν **τις** αὐτὸν ὁμολογήσῃ χριστόν,
Jn 9:31 ἀλλ᾽ ἐάν **τις** θεοσεβὴς ᾖ καὶ
Jn 9:32 ἠκούσθη ὅτι ἠνέῳξέν **τις** ὀφθαλμοὺς τυφλοῦ γεγεννημένου·
Jn 10:9 δι᾽ ἐμοῦ ἐάν **τις** εἰσέλθῃ σωθήσεται καὶ
Jn 10:28 καὶ οὐχ ἁρπάσει **τις** αὐτὰ ἐκ τῆς
Jn 11:1 Ἦν δέ **τις** ἀσθενῶν,
Jn 11:9 ἐάν **τις** περιπατῇ ἐν τῇ
Jn 11:10 ἐὰν δέ **τις** περιπατῇ ἐν τῇ
Jn 11:37 **τινες** δὲ ἐξ αὐτῶν
Jn 11:46 **τινες** δὲ ἐξ αὐτῶν
Jn 11:49 εἷς δέ **τις** ἐξ αὐτῶν Καϊάφας,
Jn 11:57 ἐντολὰς ἵνα ἐάν **τις** γνῷ ποῦ ἐστιν
Jn 12:20 Ἦσαν δὲ Ἕλληνές **τινες** ἐκ τῶν ἀναβαινόντων
Jn 12:26 ἐὰν ἐμοί **τις** διακονῇ,
Jn 12:26 ἐάν **τις** ἐμοὶ διακονῇ τιμήσει
Jn 12:47 καὶ ἐάν **τις** μου ἀκούσῃ τῶν
Jn 13:20 ὁ λαμβάνων ἄν **τινα** πέμψω ἐμὲ λαμβάνει,
Jn 13:29 **τινες** γὰρ ἐδόκουν,
Jn 13:29 τοῖς πτωχοῖς ἵνα **τι** δῷ.
Jn 14:13 καὶ ὅ **τι** ἂν αἰτήσητε ἐν
Jn 14:14 ἐάν **τι** αἰτήσητέ με ἐν
Jn 14:23 ἐάν **τις** ἀγαπᾷ με τὸν
Jn 15:6 ἐὰν μή **τις** μένῃ ἐν ἐμοί,
Jn 15:13 ἵνα **τις** τὴν ψυχὴν αὐτοῦ
Jn 15:16 ἵνα ὅ **τι** ἂν αἰτήσητε τὸν
Jn 16:23 ἄν **τι** αἰτήσητε τὸν πατέρα
Jn 16:30 χρείαν ἔχεις ἵνα **τις** σε ἐρωτᾷ·
Jn 18:29 **τινα** κατηγορίαν φέρετε [κατὰ]
Jn 20:23 ἄν **τινων** ἀφῆτε τὰς ἁμαρτίας
Jn 20:23 ἄν **τινων** κρατῆτε κεκράτηνται.
Jn 21:5 μή **τι** προσφάγιον ἔχετε;

τίτλος (*titlos*; 2/2) *inscription*

Jn 19:19 ἔγραψεν δὲ καὶ **τίτλον** ὁ Πιλᾶτος καὶ
Jn 19:20 τοῦτον οὖν τὸν **τίτλον** πολλοὶ ἀνέγνωσαν

τοιοῦτος (*toioutos*; 2[3]/56[57]) *such*

Jn 4:23 γὰρ ὁ πατὴρ **τοιούτους** ζητεῖ τοὺς προσκυνοῦντας
[Jn 8:5] Μωϋσῆς ἐνετείλατο τὰς **τοιαύτας** λιθάζειν.
Jn 9:16 δύναται ἄνθρωπος ἁμαρτωλὸς **τοιαῦτα** σημεῖα ποιεῖν;

τολμάω (*tolmaō*; 1/16) *dare*
Jn 21:12 οὐδεὶς δὲ **ἐτόλμα** τῶν μαθητῶν ἐξετάσαι

τόπος (*topos*; 16/94) *place*
Jn 4:20 Ἱεροσολύμοις ἐστὶν ὁ **τόπος** ὅπου προσκυνεῖν δεῖ.
Jn 5:13 ὄντος ἐν τῷ **τόπῳ**.
Jn 6:10 πολὺς ἐν τῷ **τόπῳ**.
Jn 6:23 Τιβεριάδος ἐγγὺς τοῦ **τόπου** ὅπου ἔφαγον
Jn 10:40 Ἰορδάνου εἰς τὸν **τόπον** ὅπου ἦν Ἰωάννης
Jn 11:6 ἐν ᾧ ἦν **τόπῳ** δύο ἡμέρας,
Jn 11:30 ἔτι ἐν τῷ **τόπῳ** ὅπου ὑπήντησεν αὐτῷ
Jn 11:48 ἡμῶν καὶ τὸν **τόπον** καὶ τὸ ἔθνος.
Jn 14:2 ὅτι πορεύομαι ἑτοιμάσαι **τόπον** ὑμῖν;
Jn 14:3 πορευθῶ καὶ ἑτοιμάσω **τόπον** ὑμῖν,
Jn 18:2 παραδιδοὺς αὐτὸν τὸν **τόπον**,
Jn 19:13 ἐπὶ βήματος εἰς **τόπον** λεγόμενον λιθόστρωτον,
Jn 19:17 τὸν λεγόμενον Κρανίου **Τόπον**,
Jn 19:20 ἐγγὺς ἦν ὁ **τόπος** τῆς πόλεως ὅπου
Jn 19:41 δὲ ἐν τῷ **τόπῳ** ὅπου ἐσταυρώθη κῆπος,
Jn 20:7 ἐντετυλιγμένον εἰς ἕνα **τόπον**.

τοσοῦτος (*tosoutos*; 4/20) *so much (pl. so many)*
Jn 6:9 τί ἐστιν εἰς **τοσούτους**;
Jn 12:37 **Τοσαῦτα** δὲ αὐτοῦ σημεῖα
Jn 14:9 **τοσούτῳ** χρόνῳ μεθ᾽ ὑμῶν
Jn 21:11 καὶ **τοσούτων** ὄντων οὐκ ἐσχίσθη

τότε (*tote*; 10/160) *then*
Jn 7:10 **τότε** καὶ αὐτὸς ἀνέβη
Jn 8:28 **τότε** γνώσεσθε ὅτι ἐγώ
Jn 10:22 Ἐγένετο **τότε** τὰ ἐγκαίνια ἐν
Jn 11:6 **τότε** μὲν ἔμεινεν ἐν
Jn 11:14 **τότε** οὖν εἶπεν αὐτοῖς
Jn 12:16 ὅτε ἐδοξάσθη Ἰησοῦς **τότε** ἐμνήσθησαν ὅτι ταῦτα
Jn 13:27 μετὰ τὸ ψωμίον **τότε** εἰσῆλθεν εἰς ἐκεῖνον
Jn 19:1 **Τότε** οὖν ἔλαβεν ὁ
Jn 19:16 **Τότε** οὖν παρέδωκεν αὐτὸν
Jn 20:8 **τότε** οὖν εἰσῆλθεν καὶ

τράπεζα (*trapeza*; 1/15) *table*
Jn 2:15 κέρμα καὶ τὰς **τραπέζας** ἀνέτρεψεν,

τρεῖς (*treis*; 4/69) *three*
Jn 2:6 μετρητὰς δύο ἢ **τρεῖς**.
Jn 2:19 τοῦτον καὶ ἐν **τρισὶν** ἡμέραις ἐγερῶ αὐτόν.
Jn 2:20 καὶ σὺ ἐν **τρισὶν** ἡμέραις ἐγερεῖς αὐτόν;
Jn 21:11 μεγάλων ἑκατὸν πεντήκοντα **τριῶν**·

τρέχω (*trechō*; 2/20) *run*
Jn 20:2 **τρέχει** οὖν καὶ ἔρχεται
Jn 20:4 **ἔτρεχον** δὲ οἱ δύο

τριάκοντα (*triakonta*; 2/11) *thirty*
Jn 5:5 τις ἄνθρωπος ἐκεῖ **τριάκοντα** [καὶ] ὀκτὼ ἔτη
Jn 6:19 εἴκοσι πέντε ἢ **τριάκοντα** θεωροῦσιν τὸν Ἰησοῦν

τριακόσιοι (*triakosioi*; 1/2) *three hundred*
Jn 12:5 μύρον οὐκ ἐπράθη **τριακοσίων** δηναρίων καὶ ἐδόθη

τρίς (*tris*; 1/12) *three times*
Jn 13:38 οὗ ἀρνήσῃ με **τρίς**.

τρίτος (*tritos*; 4/56) *third*
Jn 2:1 τῇ ἡμέρᾳ τῇ **τρίτῃ** γάμος ἐγένετο ἐν
Jn 21:14 τοῦτο ἤδη **τρίτον** ἐφανερώθη Ἰησοῦς τοῖς
Jn 21:17 λέγει αὐτῷ τὸ **τρίτον**·
Jn 21:17 εἶπεν αὐτῷ τὸ **τρίτον**·

τροφή (*trophē*; 1/16) *food*
Jn 4:8 τὴν πόλιν ἵνα **τροφὰς** ἀγοράσωσιν.

τρώγω (*trōgō*; 5/6) *eat*
Jn 6:54 ὁ **τρώγων** μου τὴν σάρκα
Jn 6:56 ὁ **τρώγων** μου τὴν σάρκα
Jn 6:57 καὶ ὁ **τρώγων** με κἀκεῖνος ζήσει
Jn 6:58 ὁ τρώγων **τοῦτον** τὸν ἄρτον ζήσει
Jn 13:18 ὁ **τρώγων** μου τὸν ἄρτον

τύπος (*typos*; 2/15) *pattern, type*
Jn 20:25 χερσὶν αὐτοῦ τὸν **τύπον** τῶν ἥλων καὶ
Jn 20:25 μου εἰς τὸν **τύπον** τῶν ἥλων καὶ

τυφλός (*typhlos*; 16/50) *blind*
Jn 5:3 **τυφλῶν**,
Jn 9:1 παράγων εἶδεν ἄνθρωπον **τυφλὸν** ἐκ γενετῆς.
Jn 9:2 ἵνα **τυφλὸς** γεννηθῇ;
Jn 9:13 Φαρισαίους τόν ποτε **τυφλόν**.
Jn 9:17 λέγουσιν οὖν τῷ **τυφλῷ** πάλιν·
Jn 9:18 αὐτοῦ ὅτι ἦν **τυφλὸς** καὶ ἀνέβλεψεν ἕως
Jn 9:19 ὑμεῖς λέγετε ὅτι **τυφλὸς** ἐγεννήθη;
Jn 9:20 ἡμῶν καὶ ὅτι **τυφλὸς** ἐγεννήθη·
Jn 9:24 δευτέρου ὃς ἦν **τυφλὸς** καὶ εἶπαν αὐτῷ·
Jn 9:25 ἓν οἶδα ὅτι **τυφλὸς** ὢν ἄρτι βλέπω.
Jn 9:32 ἠνέῳξέν τις ὀφθαλμοὺς **τυφλοῦ** γεγεννημένου·
Jn 9:39 καὶ οἱ βλέποντες **τυφλοὶ** γένωνται.
Jn 9:40 μὴ καὶ ἡμεῖς **τυφλοί** ἐσμεν;
Jn 9:41 εἰ **τυφλοὶ** ἦτε,
Jn 10:21 μὴ δαιμόνιον δύναται **τυφλῶν** ὀφθαλμοὺς ἀνοῖξαι;
Jn 11:37 τοὺς ὀφθαλμοὺς τοῦ **τυφλοῦ** ποιῆσαι ἵνα καὶ

τυφλόω (*typhloō*; 1/3) *blind*
Jn 12:40 **τετύφλωκεν** αὐτῶν τοὺς ὀφθαλμοὺς

ὑγιής (*hygiēs*; 6/11) *whole*
Jn 5:6 θέλεις **ὑγιὴς** γενέσθαι;
Jn 5:9 καὶ εὐθέως ἐγένετο **ὑγιὴς** ὁ ἄνθρωπος καὶ
Jn 5:11 ὁ ποιήσας με **ὑγιῆ** ἐκεῖνός μοι εἶπεν·
Jn 5:14 ἴδε **ὑγιὴς** γέγονας,
Jn 5:15 ὁ ποιήσας αὐτὸν **ὑγιῆ**.
Jn 7:23 ὅτι ὅλον ἄνθρωπον **ὑγιῆ** ἐποίησα ἐν σαββάτῳ;

ὑδρία (*hydria*; 3/3) *water jar*

Jn 2:6 δὲ ἐκεῖ λίθιναι **ὑδρίαι** ἓξ κατὰ τὸν
Jn 2:7 γεμίσατε τὰς **ὑδρίας** ὕδατος.
Jn 4:28 ἀφῆκεν οὖν τὴν **ὑδρίαν** αὐτῆς ἡ γυνὴ

ὕδωρ (*hydōr*; 21/76) *water*

Jn 1:26 ἐγὼ βαπτίζω ἐν **ὕδατι**·
Jn 1:31 ἦλθον ἐγὼ ἐν **ὕδατι** βαπτίζων.
Jn 1:33 με βαπτίζειν ἐν **ὕδατι** ἐκεῖνός μοι εἶπεν·
Jn 2:7 γεμίσατε τὰς ὑδρίας **ὕδατος**.
Jn 2:9 ὁ ἀρχιτρίκλινος τὸ **ὕδωρ** οἶνον γεγενημένον
Jn 2:9 οἱ ἠντληκότες τὸ **ὕδωρ**,
Jn 3:5 τις γεννηθῇ ἐξ **ὕδατος** καὶ πνεύματος,
Jn 3:23 ὅτι **ὕδατα** πολλὰ ἦν ἐκεῖ,
Jn 4:7 τῆς Σαμαρείας ἀντλῆσαι **ὕδωρ**.
Jn 4:10 ἔδωκεν ἂν σοι **ὕδωρ** ζῶν.
Jn 4:11 οὖν ἔχεις τὸ **ὕδωρ** τὸ ζῶν;
Jn 4:13 πίνων ἐκ τοῦ **ὕδατος** τούτου διψήσει πάλιν·
Jn 4:14 πίῃ ἐκ τοῦ **ὕδατος** οὗ ἐγὼ δώσω
Jn 4:14 ἀλλὰ τὸ **ὕδωρ** ὃ δώσω αὐτῷ
Jn 4:14 ἐν αὐτῷ πηγὴ **ὕδατος** ἁλλομένου εἰς ζωὴν
Jn 4:15 μοι τοῦτο τὸ **ὕδωρ**,
Jn 4:46 ὅπου ἐποίησεν τὸ **ὕδωρ** οἶνον.
Jn 5:7 ὅταν ταραχθῇ τὸ **ὕδωρ** βάλῃ με εἰς
Jn 7:38 κοιλίας αὐτοῦ ῥεύσουσιν **ὕδατος** ζῶντος.
Jn 13:5 εἶτα βάλλει **ὕδωρ** εἰς τὸν νιπτῆρα
Jn 19:34 εὐθὺς αἷμα καὶ **ὕδωρ**.

υἱός (*huios*; 55/377) *son*

Jn 1:34 οὗτός ἐστιν ὁ **υἱὸς** τοῦ θεοῦ.
Jn 1:42 εἶ Σίμων ὁ **υἱὸς** Ἰωάννου,
Jn 1:45 Ἰησοῦν **υἱὸν** τοῦ Ἰωσὴφ τὸν
Jn 1:49 σὺ εἶ ὁ **υἱὸς** τοῦ θεοῦ,
Jn 1:51 καταβαίνοντας ἐπὶ τὸν **υἱὸν** τοῦ ἀνθρώπου.
Jn 3:13 ὁ **υἱὸς** τοῦ ἀνθρώπου.
Jn 3:14 ὑψωθῆναι δεῖ τὸν **υἱὸν** τοῦ ἀνθρώπου,
Jn 3:16 ὥστε τὸν **υἱὸν** τὸν μονογενῆ ἔδωκεν,
Jn 3:17 ὁ θεὸς τὸν **υἱὸν** εἰς τὸν κόσμον
Jn 3:18 ὄνομα τοῦ μονογενοῦς **υἱοῦ** τοῦ θεοῦ.
Jn 3:35 πατὴρ ἀγαπᾷ τὸν **υἱὸν** καὶ πάντα δέδωκεν
Jn 3:36 πιστεύων εἰς τὸν **υἱὸν** ἔχει ζωὴν αἰώνιον·
Jn 3:36 δὲ ἀπειθῶν τῷ **υἱῷ** οὐκ ὄψεται ζωήν,
Jn 4:5 [τῷ] Ἰωσὴφ τῷ **υἱῷ** αὐτοῦ·
Jn 4:12 ἔπιεν καὶ οἱ **υἱοὶ** αὐτοῦ καὶ τὰ
Jn 4:46 βασιλικὸς οὗ ὁ **υἱὸς** ἠσθένει ἐν Καφαρναούμ.
Jn 4:47 ἰάσηται αὐτοῦ τὸν **υἱόν**,
Jn 4:50 ὁ **υἱός** σου ζῇ.
Jn 4:53 ὁ **υἱός** σου ζῇ,
Jn 5:19 οὐ δύναται ὁ **υἱὸς** ποιεῖν ἀφ᾽ ἑαυτοῦ
Jn 5:19 ταῦτα καὶ ὁ **υἱὸς** ὁμοίως ποιεῖ.
Jn 5:20 πατὴρ φιλεῖ τὸν **υἱὸν** καὶ πάντα δείκνυσιν
Jn 5:21 οὕτως καὶ ὁ **υἱὸς** οὓς θέλει ζῳοποιεῖ.
Jn 5:22 πᾶσαν δέδωκεν τῷ **υἱῷ**,
Jn 5:23 πάντες τιμῶσι τὸν **υἱὸν** καθὼς τιμῶσι τὸν
Jn 5:23 μὴ τιμῶν τὸν **υἱὸν** οὐ τιμᾷ τὸν
Jn 5:25 τῆς φωνῆς τοῦ **υἱοῦ** τοῦ θεοῦ καὶ
Jn 5:26 οὕτως καὶ τῷ **υἱῷ** ἔδωκεν ζωὴν ἔχειν
Jn 5:27 ὅτι **υἱὸς** ἀνθρώπου ἐστίν.
Jn 6:27 ἣν ὁ **υἱὸς** τοῦ ἀνθρώπου ὑμῖν
Jn 6:40 ὁ θεωρῶν τὸν **υἱὸν** καὶ πιστεύων εἰς
Jn 6:42 ἐστιν Ἰησοῦς ὁ **υἱὸς** Ἰωσήφ,
Jn 6:53 τὴν σάρκα τοῦ **υἱοῦ** τοῦ ἀνθρώπου καὶ
Jn 6:62 οὖν θεωρῆτε τὸν **υἱὸν** τοῦ ἀνθρώπου ἀναβαίνοντα
Jn 8:28 ὅταν ὑψώσητε τὸν **υἱὸν** τοῦ ἀνθρώπου,
Jn 8:35 ὁ **υἱὸς** μένει εἰς τὸν
Jn 8:36 ἐὰν οὖν ὁ **υἱὸς** ὑμᾶς ἐλευθερώσῃ,
Jn 9:19 οὗτός ἐστιν ὁ **υἱὸς** ὑμῶν,
Jn 9:20 οὗτός ἐστιν ὁ **υἱὸς** ἡμῶν καὶ ὅτι
Jn 9:35 πιστεύεις εἰς τὸν **υἱὸν** τοῦ ἀνθρώπου;
Jn 10:36 **υἱὸς** τοῦ θεοῦ εἰμι;
Jn 11:4 ἵνα δοξασθῇ ὁ **υἱὸς** τοῦ θεοῦ δι᾽
Jn 11:27 ὁ χριστὸς ὁ **υἱὸς** τοῦ θεοῦ ὁ
Jn 12:23 ἵνα δοξασθῇ ὁ **υἱὸς** τοῦ ἀνθρώπου.
Jn 12:34 δεῖ ὑψωθῆναι τὸν **υἱὸν** τοῦ ἀνθρώπου;
Jn 12:34 ἐστιν οὗτος ὁ **υἱὸς** τοῦ ἀνθρώπου;
Jn 12:36 ἵνα **υἱοὶ** φωτὸς γένησθε.
Jn 13:31 νῦν ἐδοξάσθη ὁ **υἱὸς** τοῦ ἀνθρώπου καὶ
Jn 14:13 πατὴρ ἐν τῷ **υἱῷ**.
Jn 17:1 δόξασόν σου τὸν **υἱόν**,
Jn 17:1 ἵνα ὁ **υἱὸς** δοξάσῃ σέ,
Jn 17:12 εἰ μὴ ὁ **υἱὸς** τῆς ἀπωλείας,
Jn 19:7 ὅτι **υἱὸν** θεοῦ ἑαυτὸν ἐποίησεν.
Jn 19:26 ἴδε ὁ **υἱός** σου.
Jn 20:31 ὁ χριστὸς ὁ **υἱὸς** τοῦ θεοῦ,

ὑμεῖς (*hymeis*; 255[256]/1831[1832]) *you (pl.)*

Jn 1:26 μέσος **ὑμῶν** ἕστηκεν ὃν ὑμεῖς
Jn 1:26 ὑμῶν ἕστηκεν ὃν **ὑμεῖς** οὐκ οἴδατε,
Jn 1:51 ἀμὴν ἀμὴν λέγω **ὑμῖν**,
Jn 2:5 τι ἂν λέγῃ **ὑμῖν** ποιήσατε.
Jn 3:7 δεῖ **ὑμᾶς** γεννηθῆναι ἄνωθεν.
Jn 3:12 τὰ ἐπίγεια εἶπον **ὑμῖν** καὶ οὐ πιστεύετε,
Jn 3:12 πῶς ἐὰν εἴπω **ὑμῖν** τὰ ἐπουράνια πιστεύσετε;
Jn 3:28 αὐτοὶ **ὑμεῖς** μοι μαρτυρεῖτε ὅτι
Jn 4:20 καὶ **ὑμεῖς** λέγετε ὅτι ἐν
Jn 4:22 **ὑμεῖς** προσκυνεῖτε ὃ οὐκ
Jn 4:32 ἔχω φαγεῖν ἣν **ὑμεῖς** οὐκ οἴδατε.
Jn 4:35 οὐχ **ὑμεῖς** λέγετε ὅτι ἔτι
Jn 4:35 ἰδοὺ λέγω **ὑμῖν**,
Jn 4:35 ἐπάρατε τοὺς ὀφθαλμοὺς **ὑμῶν** καὶ θεάσασθε
Jn 4:38 ἐγὼ ἀπέστειλα **ὑμᾶς** θερίζειν ὃ οὐχ
Jn 4:38 θερίζειν ὃ οὐχ **ὑμεῖς** κεκοπιάκατε·
Jn 4:38 ἄλλοι κεκοπιάκασιν καὶ **ὑμεῖς** εἰς τὸν κόπον
Jn 5:19 ἀμὴν ἀμὴν λέγω **ὑμῖν**,
Jn 5:20 ἵνα **ὑμεῖς** θαυμάζητε.
Jn 5:24 Ἀμὴν ἀμὴν λέγω **ὑμῖν** ὅτι ὁ τὸν
Jn 5:25 ἀμὴν ἀμὴν λέγω **ὑμῖν** ὅτι ἔρχεται ὥρα
Jn 5:33 **ὑμεῖς** ἀπεστάλκατε πρὸς Ἰωάννην,
Jn 5:34 ταῦτα λέγω ἵνα **ὑμεῖς** σωθῆτε.
Jn 5:35 **ὑμεῖς** δὲ ἠθελήσατε ἀγαλλιαθῆναι
Jn 5:38 οὐκ ἔχετε ἐν **ὑμῖν** μένοντα,
Jn 5:38 τούτῳ **ὑμεῖς** οὐ πιστεύετε.
Jn 5:39 ὅτι **ὑμεῖς** δοκεῖτε ἐν αὐταῖς
Jn 5:42 ἀλλὰ ἔγνωκα **ὑμᾶς** ὅτι τὴν ἀγάπην
Jn 5:44 πῶς δύνασθε **ὑμεῖς** πιστεῦσαι δόξαν παρὰ
Jn 5:45 ὅτι ἐγὼ κατηγορήσω **ὑμῶν** πρὸς τὸν πατέρα·
Jn 5:45 ἔστιν ὁ κατηγορῶν **ὑμῶν** Μωϋσῆς,
Jn 5:45 εἰς ὃν **ὑμεῖς** ἠλπίκατε.
Jn 6:26 ἀμὴν ἀμὴν λέγω **ὑμῖν**,
Jn 6:27 υἱὸς τοῦ ἀνθρώπου **ὑμῖν** δώσει·
Jn 6:32 ἀμὴν ἀμὴν λέγω **ὑμῖν**,
Jn 6:32 οὐ Μωϋσῆς δέδωκεν **ὑμῖν** τὸν ἄρτον ἐκ
Jn 6:32 πατήρ μου δίδωσιν **ὑμῖν** τὸν ἄρτον ἐκ
Jn 6:36 Ἀλλ᾽ εἶπον **ὑμῖν** ὅτι καὶ ἑωράκατέ

Jn 6:47 ἀμὴν ἀμὴν λέγω **ὑμῖν**,
Jn 6:49 οἱ πατέρες **ὑμῶν** ἔφαγον ἐν τῇ
Jn 6:53 ἀμὴν ἀμὴν λέγω **ὑμῖν**,
Jn 6:61 τοῦτο **ὑμᾶς** σκανδαλίζει;
Jn 6:63 ἃ ἐγὼ λελάληκα **ὑμῖν** πνεῦμά ἐστιν καὶ
Jn 6:64 ἀλλ' εἰσὶν ἐξ **ὑμῶν** τινες οἳ οὐ
Jn 6:65 διὰ τοῦτο εἴρηκα **ὑμῖν** ὅτι οὐδεὶς δύναται
Jn 6:67 μὴ καὶ **ὑμεῖς** θέλετε ὑπάγειν;
Jn 6:70 οὐκ ἐγὼ **ὑμᾶς** τοὺς δώδεκα ἐξελεξάμην;
Jn 6:70 καὶ ἐξ **ὑμῶν** εἷς διάβολός ἐστιν.
Jn 7:7 ὁ κόσμος μισεῖν **ὑμᾶς**,
Jn 7:8 **ὑμεῖς** ἀνάβητε εἰς τὴν
Jn 7:19 Οὐ Μωϋσῆς δέδωκεν **ὑμῖν** τὸν νόμον;
Jn 7:19 καὶ οὐδεὶς ἐξ **ὑμῶν** ποιεῖ τὸν νόμον.
Jn 7:22 τοῦτο Μωϋσῆς δέδωκεν **ὑμῖν** τὴν περιτομήν
Jn 7:28 ὃν **ὑμεῖς** οὐκ οἴδατε·
Jn 7:33 χρόνον μικρὸν μεθ' **ὑμῶν** εἰμι καὶ ὑπάγω
Jn 7:34 ὅπου εἰμὶ ἐγὼ **ὑμεῖς** οὐ δύνασθε ἐλθεῖν.
Jn 7:36 ὅπου εἰμὶ ἐγὼ **ὑμεῖς** οὐ δύνασθε ἐλθεῖν;
Jn 7:47 μὴ καὶ **ὑμεῖς** πεπλάνησθε;
[Jn 8:7] ὁ ἀναμάρτητος **ὑμῶν** πρῶτος ἐπ' αὐτὴν
Jn 8:14 **ὑμεῖς** δὲ οὐκ οἴδατε
Jn 8:15 **ὑμεῖς** κατὰ τὴν σάρκα
Jn 8:21 ἐν τῇ ἁμαρτίᾳ **ὑμῶν** ἀποθανεῖσθε·
Jn 8:21 ὅπου ἐγὼ ὑπάγω **ὑμεῖς** οὐ δύνασθε ἐλθεῖν.
Jn 8:22 ὅπου ἐγὼ ὑπάγω **ὑμεῖς** οὐ δύνασθε ἐλθεῖν;
Jn 8:23 **ὑμεῖς** ἐκ τῶν κάτω
Jn 8:23 **ὑμεῖς** ἐκ τούτου τοῦ
Jn 8:24 εἶπον οὖν **ὑμῖν** ὅτι ἀποθανεῖσθε ἐν
Jn 8:24 ἐν ταῖς ἁμαρτίαις **ὑμῶν**·
Jn 8:24 ἐν ταῖς ἁμαρτίαις **ὑμῶν**.
Jn 8:25 τι καὶ λαλῶ **ὑμῖν**;
Jn 8:26 πολλὰ ἔχω περὶ **ὑμῶν** λαλεῖν καὶ κρίνειν,
Jn 8:31 ἐὰν **ὑμεῖς** μείνητε ἐν τῷ
Jn 8:32 ἡ ἀλήθεια ἐλευθερώσει **ὑμᾶς**.
Jn 8:34 ἀμὴν ἀμὴν λέγω **ὑμῖν** ὅτι πᾶς ὁ
Jn 8:36 οὖν ὁ υἱὸς **ὑμᾶς** ἐλευθερώσῃ,
Jn 8:37 οὐ χωρεῖ ἐν **ὑμῖν**.
Jn 8:38 καὶ **ὑμεῖς** οὖν ἃ ἠκούσατε
Jn 8:40 ὃς τὴν ἀλήθειαν **ὑμῖν** λελάληκα ἣν ἤκουσα
Jn 8:41 **ὑμεῖς** ποιεῖτε τὰ ἔργα
Jn 8:41 ἔργα τοῦ πατρὸς **ὑμῶν**.
Jn 8:42 ὁ θεὸς πατὴρ **ὑμῶν** ἦν ἠγαπᾶτε ἂν
Jn 8:44 **ὑμεῖς** ἐκ τοῦ πατρὸς
Jn 8:44 ἐπιθυμίας τοῦ πατρὸς **ὑμῶν** θέλετε ποιεῖν.
Jn 8:46 τίς ἐξ **ὑμῶν** ἐλέγχει με περὶ
Jn 8:46 διὰ τί **ὑμεῖς** οὐ πιστεύετέ μοι;
Jn 8:47 διὰ τοῦτο **ὑμεῖς** οὐκ ἀκούετε,
Jn 8:49 καὶ **ὑμεῖς** ἀτιμάζετέ με.
Jn 8:51 ἀμὴν ἀμὴν λέγω **ὑμῖν**,
Jn 8:54 ὃν **ὑμεῖς** λέγετε ὅτι θεὸς
Jn 8:55 ἔσομαι ὅμοιος **ὑμῖν** ψεύστης·
Jn 8:56 Ἀβραὰμ ὁ πατὴρ **ὑμῶν** ἠγαλλιάσατο ἵνα ἴδῃ
Jn 8:58 ἀμὴν ἀμὴν λέγω **ὑμῖν**,
Jn 9:19 ἐστιν ὁ υἱὸς **ὑμῶν**,
Jn 9:19 ὃν **ὑμεῖς** λέγετε ὅτι τυφλὸς
Jn 9:27 εἶπον **ὑμῖν** ἤδη καὶ οὐκ
Jn 9:27 μὴ καὶ **ὑμεῖς** θέλετε αὐτοῦ μαθηταὶ
Jn 9:30 ὅτι **ὑμεῖς** οὐκ οἴδατε πόθεν
Jn 9:41 ἡ ἁμαρτία **ὑμῶν** μένει.
Jn 10:1 Ἀμὴν ἀμὴν λέγω **ὑμῖν**,
Jn 10:7 ἀμὴν ἀμὴν λέγω **ὑμῖν** ὅτι ἐγώ εἰμι
Jn 10:25 εἶπον **ὑμῖν** καὶ οὐ πιστεύετε·
Jn 10:26 ἀλλὰ **ὑμεῖς** οὐ πιστεύετε,
Jn 10:32 ἔργα καλὰ ἔδειξα **ὑμῖν** ἐκ τοῦ πατρός·
Jn 10:34 ἐν τῷ νόμῳ **ὑμῶν** ὅτι ἐγὼ εἶπα·
Jn 10:36 εἰς τὸν κόσμον **ὑμεῖς** λέγετε ὅτι βλασφημεῖς,
Jn 11:15 καὶ χαίρω δι' **ὑμᾶς** ἵνα πιστεύσητε,
Jn 11:49 **ὑμεῖς** οὐκ οἴδατε οὐδέν,
Jn 11:50 λογίζεσθε ὅτι συμφέρει **ὑμῖν** ἵνα εἷς ἄνθρωπος
Jn 11:56 τί δοκεῖ **ὑμῖν**;
Jn 12:24 ἀμὴν ἀμὴν λέγω **ὑμῖν**,
Jn 12:30 γέγονεν ἀλλὰ δι' **ὑμᾶς**.
Jn 12:35 τὸ φῶς ἐν **ὑμῖν** ἐστιν.
Jn 12:35 ἵνα μὴ σκοτία **ὑμᾶς** καταλάβῃ·
Jn 13:10 καὶ **ὑμεῖς** καθαροί ἐστε,
Jn 13:12 γινώσκετε τί πεποίηκα **ὑμῖν**;
Jn 13:13 **ὑμεῖς** φωνεῖτέ με·
Jn 13:14 οὖν ἐγὼ ἔνιψα **ὑμῶν** τοὺς πόδας ὁ
Jn 13:14 καὶ **ὑμεῖς** ὀφείλετε ἀλλήλων νίπτειν
Jn 13:15 ὑπόδειγμα γὰρ ἔδωκα **ὑμῖν** ἵνα καθὼς ἐγὼ
Jn 13:15 καθὼς ἐγὼ ἐποίησα **ὑμῖν** καὶ ὑμεῖς ποιῆτε.
Jn 13:15 ἐποίησα ὑμῖν καὶ **ὑμεῖς** ποιῆτε.
Jn 13:16 ἀμὴν ἀμὴν λέγω **ὑμῖν**,
Jn 13:18 Οὐ περὶ πάντων **ὑμῶν** λέγω·
Jn 13:19 ἀπ' ἄρτι λέγω **ὑμῖν** πρὸ τοῦ γενέσθαι,
Jn 13:20 ἀμὴν ἀμὴν λέγω **ὑμῖν**,
Jn 13:21 ἀμὴν ἀμὴν λέγω **ὑμῖν** ὅτι εἷς ἐξ
Jn 13:21 ὅτι εἷς ἐξ **ὑμῶν** παραδώσει με.
Jn 13:33 ἔτι μικρὸν μεθ' **ὑμῶν** εἰμι·
Jn 13:33 ὅπου ἐγὼ ὑπάγω **ὑμεῖς** οὐ δύνασθε ἐλθεῖν,
Jn 13:33 καὶ **ὑμῖν** λέγω ἄρτι.
Jn 13:34 Ἐντολὴν καινὴν δίδωμι **ὑμῖν**,
Jn 13:34 καθὼς ἠγάπησα **ὑμᾶς** ἵνα καὶ ὑμεῖς
Jn 13:34 ὑμᾶς ἵνα καὶ **ὑμεῖς** ἀγαπᾶτε ἀλλήλους.
Jn 14:1 Μὴ ταρασσέσθω **ὑμῶν** ἡ καρδία·
Jn 14:2 εἶπον ἂν **ὑμῖν** ὅτι πορεύομαι ἑτοιμάσαι
Jn 14:2 πορεύομαι ἑτοιμάσαι τόπον **ὑμῖν**;
Jn 14:3 καὶ ἑτοιμάσω τόπον **ὑμῖν**,
Jn 14:3 ἔρχομαι καὶ παραλήμψομαι **ὑμᾶς** πρὸς ἐμαυτόν,
Jn 14:3 εἰμὶ ἐγὼ καὶ **ὑμεῖς** ἦτε.
Jn 14:9 τοσούτῳ χρόνῳ μεθ' **ὑμῶν** εἰμι καὶ οὐκ
Jn 14:10 ἃ ἐγὼ λέγω **ὑμῖν** ἀπ' ἐμαυτοῦ οὐ
Jn 14:12 Ἀμὴν ἀμὴν λέγω **ὑμῖν**,
Jn 14:16 ἄλλον παράκλητον δώσει **ὑμῖν**,
Jn 14:16 ἵνα μεθ' **ὑμῶν** εἰς τὸν αἰῶνα
Jn 14:17 **ὑμεῖς** γινώσκετε αὐτό,
Jn 14:17 ὅτι παρ' **ὑμῖν** μένει καὶ ἐν
Jn 14:17 μένει καὶ ἐν **ὑμῖν** ἔσται.
Jn 14:18 Οὐκ ἀφήσω **ὑμᾶς** ὀρφανούς,
Jn 14:18 ἔρχομαι πρὸς **ὑμᾶς**.
Jn 14:19 **ὑμεῖς** δὲ θεωρεῖτέ με,
Jn 14:19 ἐγὼ ζῶ καὶ **ὑμεῖς** ζήσετε.
Jn 14:20 τῇ ἡμέρᾳ γνώσεσθε **ὑμεῖς** ὅτι ἐγὼ ἐν
Jn 14:20 πατρί μου καὶ **ὑμεῖς** ἐν ἐμοὶ κἀγὼ
Jn 14:20 ἐμοὶ κἀγὼ ἐν **ὑμῖν**.
Jn 14:25 Ταῦτα λελάληκα **ὑμῖν** παρ' ὑμῖν μένων·
Jn 14:25 λελάληκα ὑμῖν παρ' **ὑμῖν** μένων·
Jn 14:26 ἐκεῖνος **ὑμᾶς** διδάξει πάντα καὶ
Jn 14:26 πάντα καὶ ὑπομνήσει **ὑμᾶς** πάντα ἃ εἶπον
Jn 14:26 πάντα ἃ εἶπον **ὑμῖν** [ἐγώ].
Jn 14:27 Εἰρήνην ἀφίημι **ὑμῖν**,
Jn 14:27 τὴν ἐμὴν δίδωμι **ὑμῖν**·
Jn 14:27 δίδωσιν ἐγὼ δίδωμι **ὑμῖν**.
Jn 14:27 μὴ ταρασσέσθω **ὑμῶν** ἡ καρδία μηδὲ
Jn 14:28 ὅτι ἐγὼ εἶπον **ὑμῖν**·

Jn 14:28 καὶ ἔρχομαι πρὸς **ὑμᾶς**.
Jn 14:29 καὶ νῦν εἴρηκα **ὑμῖν** πρὶν γενέσθαι,
Jn 14:30 πολλὰ λαλήσω μεθ' **ὑμῶν**,
Jn 15:3 ἤδη **ὑμεῖς** καθαροί ἐστε διὰ
Jn 15:3 λόγον ὃν λελάληκα **ὑμῖν**·
Jn 15:4 κἀγὼ ἐν **ὑμῖν**.
Jn 15:4 οὕτως οὐδὲ **ὑμεῖς** ἐὰν μὴ ἐν
Jn 15:5 **ὑμεῖς** τὰ κλήματα.
Jn 15:7 ῥήματά μου ἐν **ὑμῖν** μείνῃ,
Jn 15:7 καὶ γενήσεται **ὑμῖν**.
Jn 15:9 κἀγὼ **ὑμᾶς** ἠγάπησα·
Jn 15:11 Ταῦτα λελάληκα **ὑμῖν** ἵνα ἡ χαρὰ
Jn 15:11 ἡ ἐμὴ ἐν **ὑμῖν** ᾖ καὶ ἡ
Jn 15:11 καὶ ἡ χαρὰ **ὑμῶν** πληρωθῇ.
Jn 15:12 ἀλλήλους καθὼς ἠγάπησα **ὑμᾶς**.
Jn 15:14 **ὑμεῖς** φίλοι μού ἐστε
Jn 15:14 ἃ ἐγὼ ἐντέλλομαι **ὑμῖν**.
Jn 15:15 οὐκέτι λέγω **ὑμᾶς** δούλους,
Jn 15:15 ὑμᾶς **δὲ** εἴρηκα φίλους,
Jn 15:15 πατρός μου ἐγνώρισα **ὑμῖν**.
Jn 15:16 οὐχ **ὑμεῖς** με ἐξελέξασθε,
Jn 15:16 ἀλλ' ἐγὼ ἐξελεξάμην **ὑμᾶς** καὶ ἔθηκα ὑμᾶς
Jn 15:16 ὑμᾶς καὶ ἔθηκα **ὑμᾶς** ἵνα ὑμεῖς ὑπάγητε
Jn 15:16 ἔθηκα ὑμᾶς ἵνα **ὑμεῖς** ὑπάγητε καὶ καρπὸν
Jn 15:16 καὶ ὁ καρπὸς **ὑμῶν** μένῃ,
Jn 15:16 ὀνόματί μου δῷ **ὑμῖν**.
Jn 15:17 ταῦτα ἐντέλλομαι **ὑμῖν**,
Jn 15:18 Εἰ ὁ κόσμος **ὑμᾶς** μισεῖ,
Jn 15:18 ὅτι ἐμὲ πρῶτον **ὑμῶν** μεμίσηκεν.
Jn 15:19 ἀλλ' ἐγὼ ἐξελεξάμην **ὑμᾶς** ἐκ τοῦ κόσμου,
Jn 15:19 διὰ τοῦτο μισεῖ **ὑμᾶς** ὁ κόσμος.
Jn 15:20 οὗ ἐγὼ εἶπον **ὑμῖν**·
Jn 15:20 καὶ **ὑμᾶς** διώξουσιν·
Jn 15:21 πάντα ποιήσουσιν εἰς **ὑμᾶς** διὰ τὸ ὄνομά
Jn 15:26 ὃν ἐγὼ πέμψω **ὑμῖν** παρὰ τοῦ πατρός,
Jn 15:27 καὶ **ὑμεῖς** δὲ μαρτυρεῖτε,
Jn 16:1 Ταῦτα λελάληκα **ὑμῖν** ἵνα μὴ σκανδαλισθῆτε.
Jn 16:2 ἀποσυναγώγους ποιήσουσιν **ὑμᾶς**·
Jn 16:2 πᾶς ὁ ἀποκτείνας **ὑμᾶς** δόξῃ λατρείαν προσφέρειν
Jn 16:4 ἀλλὰ ταῦτα λελάληκα **ὑμῖν** ἵνα ὅταν ἔλθῃ
Jn 16:4 ὅτι ἐγὼ εἶπον **ὑμῖν**.
Jn 16:4 Ταῦτα δὲ **ὑμῖν** ἐξ ἀρχῆς οὐκ
Jn 16:4 ὅτι μεθ' **ὑμῶν** ἤμην.
Jn 16:5 καὶ οὐδεὶς ἐξ **ὑμῶν** ἐρωτᾷ με·
Jn 16:6 ὅτι ταῦτα λελάληκα **ὑμῖν** ἡ λύπη πεπλήρωκεν
Jn 16:6 ἡ λύπη πεπλήρωκεν **ὑμῶν** τὴν καρδίαν.
Jn 16:7 τὴν ἀλήθειαν λέγω **ὑμῖν**,
Jn 16:7 συμφέρει **ὑμῖν** ἵνα ἐγὼ ἀπέλθω.
Jn 16:7 οὐκ ἐλεύσεται πρὸς **ὑμᾶς**·
Jn 16:7 πέμψω αὐτὸν πρὸς **ὑμᾶς**.
Jn 16:12 Ἔτι πολλὰ ἔχω **ὑμῖν** λέγειν,
Jn 16:13 ὁδηγήσει **ὑμᾶς** ἐν τῇ ἀληθείᾳ
Jn 16:13 τὰ ἐρχόμενα ἀναγγελεῖ **ὑμῖν**.
Jn 16:14 λήμψεται καὶ ἀναγγελεῖ **ὑμῖν**.
Jn 16:15 λαμβάνει καὶ ἀναγγελεῖ **ὑμῖν**.
Jn 16:20 ἀμὴν ἀμὴν λέγω **ὑμῖν** ὅτι κλαύσετε καὶ
Jn 16:20 κλαύσετε καὶ θρηνήσετε **ὑμεῖς**,
Jn 16:20 **ὑμεῖς** λυπηθήσεσθε,
Jn 16:20 ἀλλ' ἡ λύπη **ὑμῶν** εἰς χαρὰν γενήσεται.
Jn 16:22 καὶ **ὑμεῖς** οὖν νῦν μὲν
Jn 16:22 πάλιν δὲ ὄψομαι **ὑμᾶς**,
Jn 16:22 καὶ χαρήσεται **ὑμῶν** ἡ καρδία,
Jn 16:22 καὶ τὴν χαρὰν **ὑμῶν** οὐδεὶς αἴρει ἀφ'
Jn 16:22 οὐδεὶς αἴρει ἀφ' **ὑμῶν**.
Jn 16:23 ἀμὴν ἀμὴν λέγω **ὑμῖν**,
Jn 16:23 ὀνόματί μου δώσει **ὑμῖν**.
Jn 16:24 ἵνα ἡ χαρὰ **ὑμῶν** ᾖ πεπληρωμένη.
Jn 16:25 ἐν παροιμίαις λελάληκα **ὑμῖν**·
Jn 16:25 ἐν παροιμίαις λαλήσω **ὑμῖν**,
Jn 16:25 τοῦ πατρὸς ἀπαγγελῶ **ὑμῖν**.
Jn 16:26 καὶ οὐ λέγω **ὑμῖν** ὅτι ἐγὼ ἐρωτήσω
Jn 16:26 τὸν πατέρα περὶ **ὑμῶν**·
Jn 16:27 ὁ πατὴρ φιλεῖ **ὑμᾶς**,
Jn 16:27 ὅτι **ὑμεῖς** ἐμὲ πεφιλήκατε καὶ
Jn 16:33 ταῦτα λελάληκα **ὑμῖν** ἵνα ἐν ἐμοὶ
Jn 18:8 εἶπον **ὑμῖν** ὅτι ἐγώ εἰμι.
Jn 18:31 λάβετε αὐτὸν **ὑμεῖς** καὶ κατὰ τὸν
Jn 18:31 κατὰ τὸν νόμον **ὑμῶν** κρίνατε αὐτόν.
Jn 18:39 ἔστιν δὲ συνήθεια **ὑμῖν** ἵνα ἕνα ἀπολύσω
Jn 18:39 ἵνα ἕνα ἀπολύσω **ὑμῖν** ἐν τῷ πάσχα·
Jn 18:39 βούλεσθε οὖν ἀπολύσω **ὑμῖν** τὸν βασιλέα
Jn 19:4 ἴδε ἄγω ὑμῖν **αὐτὸν** ἔξω,
Jn 19:6 λάβετε αὐτὸν **ὑμεῖς** καὶ σταυρώσατε·
Jn 19:14 ἴδε ὁ βασιλεὺς **ὑμῶν**.
Jn 19:15 τὸν βασιλέα **ὑμῶν** σταυρώσω;
Jn 19:35 ἵνα καὶ **ὑμεῖς** πιστεύ[σ]ητε.
Jn 20:17 μου καὶ πατέρα **ὑμῶν** καὶ θεόν μου
Jn 20:17 μου καὶ θεὸν **ὑμῶν**.
Jn 20:19 εἰρήνη **ὑμῖν**.
Jn 20:21 εἰρήνη **ὑμῖν**·
Jn 20:21 κἀγὼ πέμπω **ὑμᾶς**.
Jn 20:26 εἰρήνη **ὑμῖν**.

ὑμέτερος (*hymeteros*; 3/11) *your (pl.)*

Jn 7:6 δὲ καιρὸς ὁ **ὑμέτερος** πάντοτέ ἐστιν ἕτοιμος.
Jn 8:17 νόμῳ δὲ τῷ **ὑμετέρῳ** γέγραπται ὅτι δύο
Jn 15:20 καὶ τὸν **ὑμέτερον** τηρήσουσιν.

ὑπάγω (*hypagō*; 32/79) *go*

Jn 3:8 ἔρχεται καὶ ποῦ **ὑπάγει**·
Jn 4:16 **ὕπαγε** φώνησον τὸν ἄνδρα
Jn 6:21 γῆς εἰς ἣν **ὑπῆγον**.
Jn 6:67 καὶ ὑμεῖς θέλετε **ὑπάγειν**;
Jn 7:3 μετάβηθι ἐντεῦθεν καὶ **ὕπαγε** εἰς τὴν Ἰουδαίαν,
Jn 7:33 ὑμῶν εἰμι καὶ **ὑπάγω** πρὸς τὸν πέμψαντά
Jn 8:14 ἦλθον καὶ ποῦ **ὑπάγω**·
Jn 8:14 ἔρχομαι ἢ ποῦ **ὑπάγω**.
Jn 8:21 ἐγὼ **ὑπάγω** καὶ ζητήσετέ με,
Jn 8:21 ὅπου ἐγὼ **ὑπάγω** ὑμεῖς οὐ δύνασθε
Jn 8:22 ὅπου ἐγὼ **ὑπάγω** ὑμεῖς οὐ δύνασθε
Jn 9:7 **ὕπαγε** νίψαι εἰς τὴν
Jn 9:11 εἶπέν μοι ὅτι **ὕπαγε** εἰς τὸν Σιλωὰμ
Jn 11:8 καὶ πάλιν **ὑπάγεις** ἐκεῖ;
Jn 11:31 αὐτῇ δόξαντες ὅτι **ὑπάγει** εἰς τὸ μνημεῖον
Jn 11:44 καὶ ἄφετε αὐτὸν **ὑπάγειν**.
Jn 12:11 πολλοὶ δι' αὐτὸν **ὑπῆγον** τῶν Ἰουδαίων καὶ
Jn 12:35 οὐκ οἶδεν ποῦ **ὑπάγει**.
Jn 13:3 πρὸς τὸν θεὸν **ὑπάγει**,
Jn 13:33 ὅτι ὅπου ἐγὼ **ὑπάγω** ὑμεῖς οὐ δύνασθε
Jn 13:36 ποῦ **ὑπάγεις**;
Jn 13:36 ὅπου **ὑπάγω** οὐ δύνασαί μοι
Jn 14:4 καὶ ὅπου [ἐγὼ] **ὑπάγω** οἴδατε τὴν ὁδόν.
Jn 14:5 οὐκ οἴδαμεν ποῦ **ὑπάγεις**·
Jn 14:28 **ὑπάγω** καὶ ἔρχομαι πρὸς
Jn 15:16 ὑμᾶς ἵνα ὑμεῖς **ὑπάγητε** καὶ καρπὸν φέρητε

Jn 16:5 Νῦν δὲ **ὑπάγω** πρὸς τὸν πέμψαντά
Jn 16:5 ποῦ **ὑπάγεις**;
Jn 16:10 πρὸς τὸν πατέρα **ὑπάγω** καὶ οὐκέτι θεωρεῖτέ
Jn 16:17 ὅτι **ὑπάγω** πρὸς τὸν πατέρα;
Jn 18:8 ἄφετε τούτους **ὑπάγειν**·
Jn 21:3 **ὑπάγω** ἁλιεύειν.

ὑπαντάω (*hypantaō*; 4/10) *meet*
Jn 4:51 οἱ δοῦλοι αὐτοῦ **ὑπήντησαν** αὐτῷ λέγοντες
Jn 11:20 ὅτι Ἰησοῦς ἔρχεται **ὑπήντησεν** αὐτῷ·
Jn 11:30 τῷ τόπῳ ὅπου **ὑπήντησεν** αὐτῷ ἡ Μάρθα.
Jn 12:18 διὰ τοῦτο [καὶ] **ὑπήντησεν** αὐτῷ ὁ ὄχλος,

ὑπάντησις (*hypantēsis*; 1/3) *meeting*
Jn 12:13 καὶ ἐξῆλθον εἰς **ὑπάντησιν** αὐτῷ καὶ ἐκραύγαζον·

ὑπέρ (*hyper*; 13/150) *for, concerning, over*
Jn 1:30 οὗτός ἐστιν **ὑπὲρ** οὗ ἐγὼ εἶπον·
Jn 6:51 σάρξ μού ἐστιν **ὑπὲρ** τῆς τοῦ κόσμου
Jn 10:11 ψυχὴν αὐτοῦ τίθησιν **ὑπὲρ** τῶν προβάτων·
Jn 10:15 ψυχήν μου τίθημι **ὑπὲρ** τῶν προβάτων.
Jn 11:4 πρὸς θάνατον ἀλλ' **ὑπὲρ** τῆς δόξης τοῦ
Jn 11:50 εἷς ἄνθρωπος ἀποθάνῃ **ὑπὲρ** τοῦ λαοῦ καὶ
Jn 11:51 ἔμελλεν Ἰησοῦς ἀποθνῄσκειν **ὑπὲρ** τοῦ ἔθνους,
Jn 11:52 καὶ οὐχ **ὑπὲρ** τοῦ ἔθνους μόνον
Jn 13:37 τὴν ψυχήν μου **ὑπὲρ** σοῦ θήσω.
Jn 13:38 τὴν ψυχήν σου **ὑπὲρ** ἐμοῦ θήσεις;
Jn 15:13 ψυχὴν αὐτοῦ θῇ **ὑπὲρ** τῶν φίλων αὐτοῦ.
Jn 17:19 καὶ **ὑπὲρ** αὐτῶν ἐγὼ ἁγιάζω
Jn 18:14 ἕνα ἄνθρωπον ἀποθανεῖν **ὑπὲρ** τοῦ λαοῦ.

ὑπηρέτης (*hypēretēs*; 9/20) *servant*
Jn 7:32 καὶ οἱ Φαρισαῖοι **ὑπηρέτας** ἵνα πιάσωσιν αὐτόν.
Jn 7:45 Ἦλθον οὖν οἱ **ὑπηρέται** πρὸς τοὺς ἀρχιερεῖς
Jn 7:46 ἀπεκρίθησαν οἱ **ὑπηρέται**·
Jn 18:3 ἐκ τῶν Φαρισαίων **ὑπηρέτας** ἔρχεται ἐκεῖ
Jn 18:12 χιλίαρχος καὶ οἱ **ὑπηρέται** τῶν Ἰουδαίων συνέλαβον
Jn 18:18 δοῦλοι καὶ οἱ **ὑπηρέται** ἀνθρακιὰν πεποιηκότες,
Jn 18:22 εἷς παρεστηκὼς τῶν **ὑπηρετῶν** ἔδωκεν ῥάπισμα τῷ
Jn 18:36 οἱ **ὑπηρέται** οἱ ἐμοὶ ἠγωνίζοντο
Jn 19:6 ἀρχιερεῖς καὶ οἱ **ὑπηρέται** ἐκραύγασαν λέγοντες·

ὕπνος (*hypnos*; 1/6) *sleep*
Jn 11:13 τῆς κοιμήσεως τοῦ **ὕπνου** λέγει.

ὑπό (*hypo*; 2/219[220]) *by, under*
Jn 1:48 Φίλιππον φωνῆσαι ὄντα **ὑπὸ** τὴν συκῆν εἶδόν
Jn 14:21 ἀγαπῶν με ἀγαπηθήσεται **ὑπὸ** τοῦ πατρός μου,

ὑπόδειγμα (*hypodeigma*; 1/6) *example*
Jn 13:15 **ὑπόδειγμα** γὰρ ἔδωκα ὑμῖν

ὑπόδημα (*hypodēma*; 1/10) *sandal*
Jn 1:27 τὸν ἱμάντα τοῦ **ὑποδήματος**.

ὑποκάτω (*hypokatō*; 1/11) *under*
Jn 1:50 ὅτι εἶδόν σε **ὑποκάτω** τῆς συκῆς,

ὑπομιμνῄσκω (*hypomimnēskō*; 1/7) *remind*
Jn 14:26 διδάξει πάντα καὶ **ὑπομνήσει** ὑμᾶς πάντα ἃ

ὕσσωπος (*hyssōpos*; 1/2) *hyssop*
Jn 19:29 μεστὸν τοῦ ὄξους **ὑσσώπῳ** περιθέντες προσήνεγκαν αὐτοῦ

ὑστερέω (*hystereō*; 1/16) *lack*
Jn 2:3 καὶ **ὑστερήσαντος** οἴνου λέγει ἡ

ὕστερος (*hysteros*; 1/11[12]) *last, later*
Jn 13:36 ἀκολουθήσεις δὲ **ὕστερον**.

ὑφαντός (*hyphantos*; 1/1) *woven*
Jn 19:23 ἐκ τῶν ἄνωθεν **ὑφαντὸς** δι' ὅλου.

ὑψόω (*hypsoō*; 5/20) *exalt, lift up, raise*
Jn 3:14 Καὶ καθὼς Μωϋσῆς **ὕψωσεν** τὸν ὄφιν ἐν
Jn 3:14 οὕτως **ὑψωθῆναι** δεῖ τὸν υἱὸν
Jn 8:28 ὅταν **ὑψώσητε** τὸν υἱὸν τοῦ
Jn 12:32 κἀγὼ ἐὰν **ὑψωθῶ** ἐκ τῆς γῆς,
Jn 12:34 σὺ ὅτι δεῖ **ὑψωθῆναι** τὸν υἱὸν τοῦ

φαίνω (*phainō*; 2/30[31]) *shine*
Jn 1:5 ἐν τῇ σκοτίᾳ **φαίνει**,
Jn 5:35 ὁ καιόμενος καὶ **φαίνων**,

φανερόω (*phaneroō*; 9/47[49]) *make known, reveal*
Jn 1:31 ἀλλ' ἵνα **φανερωθῇ** τῷ Ἰσραὴλ διὰ
Jn 2:11 τῆς Γαλιλαίας καὶ **ἐφανέρωσεν** τὴν δόξαν αὐτοῦ,
Jn 3:21 ἵνα **φανερωθῇ** αὐτοῦ τὰ ἔργα
Jn 7:4 **φανέρωσον** σεαυτὸν τῷ κόσμῳ.
Jn 9:3 ἀλλ' ἵνα **φανερωθῇ** τὰ ἔργα τοῦ
Jn 17:6 **Ἐφανέρωσά** σου τὸ ὄνομα
Jn 21:1 Μετὰ ταῦτα **ἐφανέρωσεν** ἑαυτὸν πάλιν ὁ
Jn 21:1 **ἐφανέρωσεν** δὲ οὕτως.
Jn 21:14 τοῦτο ἤδη τρίτον **ἐφανερώθη** Ἰησοῦς τοῖς μαθηταῖς

φανερῶς (*phanerōs*; 1/3) *openly*
Jn 7:10 αὐτὸς ἀνέβη οὐ **φανερῶς** ἀλλὰ [ὡς] ἐν

φανός (*phanos*; 1/1) *lantern*
Jn 18:3 ἔρχεται ἐκεῖ μετὰ **φανῶν** καὶ λαμπάδων καὶ

Φαρισαῖος (*Pharisaios*; 19[20]/97[98]) *Pharisee*
Jn 1:24 ἦσαν ἐκ τῶν **Φαρισαίων**.
Jn 3:1 ἄνθρωπος ἐκ τῶν **Φαρισαίων**,
Jn 4:1 ὅτι ἤκουσαν οἱ **Φαρισαῖοι** ὅτι Ἰησοῦς πλείονας

Jn 7:32 ἤκουσαν οἱ **Φαρισαῖοι** τοῦ ὄχλου γογγύζοντος
Jn 7:32 ἀρχιερεῖς καὶ οἱ **Φαρισαῖοι** ὑπηρέτας ἵνα πιάσωσιν
Jn 7:45 τοὺς ἀρχιερεῖς καὶ **Φαρισαίους**,
Jn 7:47 οὖν αὐτοῖς οἱ **Φαρισαῖοι**·
Jn 7:48 ἢ ἐκ τῶν **Φαρισαίων**;
[Jn 8:3] γραμματεῖς καὶ οἱ **Φαρισαῖοι** γυναῖκα ἐπὶ μοιχείᾳ
Jn 8:13 οὖν αὐτῷ οἱ **Φαρισαῖοι**·
Jn 9:13 αὐτὸν πρὸς τοὺς **Φαρισαίους** τόν ποτε τυφλόν.
Jn 9:15 αὐτὸν καὶ οἱ **Φαρισαῖοι** πῶς ἀνέβλεψεν.
Jn 9:16 οὖν ἐκ τῶν **Φαρισαίων** τινες·
Jn 9:40 ἤκουσαν ἐκ τῶν **Φαρισαίων** ταῦτα οἱ μετ'
Jn 11:46 ἀπῆλθον πρὸς τοὺς **Φαρισαίους** καὶ εἶπαν αὐτοῖς
Jn 11:47 ἀρχιερεῖς καὶ οἱ **Φαρισαῖοι** συνέδριον καὶ ἔλεγον·
Jn 11:57 ἀρχιερεῖς καὶ οἱ **Φαρισαῖοι** ἐντολὰς ἵνα ἐάν
Jn 12:19 οἱ οὖν **Φαρισαῖοι** εἶπαν πρὸς ἑαυτούς·
Jn 12:42 ἀλλὰ διὰ τοὺς **Φαρισαίους** οὐχ ὡμολόγουν
Jn 18:3 καὶ ἐκ τῶν **Φαρισαίων** ὑπηρέτας ἔρχεται ἐκεῖ

φαῦλος (*phaulos*; 2/6) *evil*
Jn 3:20 πᾶς γὰρ ὁ **φαῦλα** πράσσων μισεῖ τὸ
Jn 5:29 οἱ δὲ τὰ **φαῦλα** πράξαντες εἰς ἀνάστασιν

φέρω (*pherō*; 17/66) *bring*
Jn 2:8 ἀντλήσατε νῦν καὶ **φέρετε** τῷ ἀρχιτρικλίνῳ·
Jn 2:8 οἱ δὲ **ἤνεγκαν**.
Jn 4:33 μή τις **ἤνεγκεν** αὐτῷ φαγεῖν;
Jn 12:24 πολὺν καρπὸν **φέρει**.
Jn 15:2 ἐν ἐμοὶ μὴ **φέρον** καρπὸν αἴρει αὐτό,
Jn 15:2 πᾶν τὸ καρπὸν **φέρον** καθαίρει αὐτὸ ἵνα
Jn 15:2 ἵνα καρπὸν πλείονα **φέρῃ**.
Jn 15:4 οὐ δύναται καρπὸν **φέρειν** ἀφ' ἑαυτοῦ ἐὰν
Jn 15:5 ἐν αὐτῷ οὗτος **φέρει** καρπὸν πολύν,
Jn 15:8 ἵνα καρπὸν πολὺν **φέρητε** καὶ γένησθε ἐμοὶ
Jn 15:16 ὑπάγητε καὶ καρπὸν **φέρητε** καὶ ὁ καρπὸς
Jn 18:29 τινα κατηγορίαν **φέρετε** [κατὰ] τοῦ ἀνθρώπου
Jn 19:39 **φέρων** μίγμα σμύρνης καὶ
Jn 20:27 **φέρε** τὸν δάκτυλόν σου
Jn 20:27 χεῖράς μου καὶ **φέρε** τὴν χεῖρά σου
Jn 21:10 **ἐνέγκατε** ἀπὸ τῶν ὀψαρίων
Jn 21:18 σε ζώσει καὶ **οἴσει** ὅπου οὐ θέλεις.

φεύγω (*pheugō*; 2/29) *flee*
Jn 10:5 ἀλλὰ **φεύξονται** ἀπ' αὐτοῦ,
Jn 10:12 τὰ πρόβατα καὶ **φεύγει**

φημί (*phēmi*; 3/66) *say*
Jn 1:23 **ἔφη**·
Jn 9:38 ὁ δὲ **ἔφη**·
Jn 18:29 πρὸς αὐτοὺς καὶ **φησίν**·

φιλέω (*phileō*; 13/25) *love*
Jn 5:20 ὁ γὰρ πατὴρ **φιλεῖ** τὸν υἱὸν καὶ
Jn 11:3 ἴδε ὃν **φιλεῖς** ἀσθενεῖ.
Jn 11:36 ἴδε πῶς **ἐφίλει** αὐτόν.
Jn 12:25 ὁ **φιλῶν** τὴν ψυχὴν αὐτοῦ
Jn 15:19 ἂν τὸ ἴδιον **ἐφίλει**·
Jn 16:27 γὰρ ὁ πατὴρ **φιλεῖ** ὑμᾶς,
Jn 16:27 ὅτι ὑμεῖς ἐμὲ **πεφιλήκατε** καὶ πεπιστεύκατε
Jn 20:2 ἄλλον μαθητὴν ὃν **ἐφίλει** ὁ Ἰησοῦς καὶ
Jn 21:15 σὺ οἶδας ὅτι **φιλῶ** σε.
Jn 21:16 σὺ οἶδας ὅτι **φιλῶ** σε.
Jn 21:17 **φιλεῖς** με;
Jn 21:17 **φιλεῖς** με;
Jn 21:17 σὺ γινώσκεις ὅτι **φιλῶ** σε.

Φίλιππος (*Philippos*; 12/36) *Philip*
Jn 1:43 Γαλιλαίαν καὶ εὑρίσκει **Φίλιππον**.
Jn 1:44 ἦν δὲ ὁ **Φίλιππος** ἀπὸ Βηθσαϊδά,
Jn 1:45 εὑρίσκει **Φίλιππος** τὸν Ναθαναὴλ καὶ
Jn 1:46 λέγει αὐτῷ [ὁ] **Φίλιππος**·
Jn 1:48 πρὸ τοῦ σε **Φίλιππον** φωνῆσαι ὄντα ὑπὸ
Jn 6:5 αὐτὸν λέγει πρὸς **Φίλιππον**·
Jn 6:7 ἀπεκρίθη αὐτῷ [ὁ] **Φίλιππος**·
Jn 12:21 οὗτοι οὖν προσῆλθον **Φιλίππῳ** τῷ ἀπὸ Βηθσαϊδὰ
Jn 12:22 ἔρχεται ὁ **Φίλιππος** καὶ λέγει τῷ
Jn 12:22 ἔρχεται Ἀνδρέας καὶ **Φίλιππος** καὶ λέγουσιν
Jn 14:8 Λέγει αὐτῷ **Φίλιππος**·
Jn 14:9 **Φίλιππε**;

φίλος (*philos*; 6/29) *friend*
Jn 3:29 ὁ δὲ **φίλος** τοῦ νυμφίου ὁ
Jn 11:11 Λάζαρος ὁ **φίλος** ἡμῶν κεκοίμηται·
Jn 15:13 θῇ ὑπὲρ τῶν **φίλων** αὐτοῦ.
Jn 15:14 ὑμεῖς **φίλοι** μού ἐστε ἐὰν
Jn 15:15 ὑμᾶς δὲ εἴρηκα **φίλους**,
Jn 19:12 οὐκ εἶ **φίλος** τοῦ Καίσαρος·

φοβέομαι (*phobeomai*; 5/95) *fear*
Jn 6:19 καὶ **ἐφοβήθησαν**.
Jn 6:20 μὴ **φοβεῖσθε**.
Jn 9:22 γονεῖς αὐτοῦ ὅτι **ἐφοβοῦντο** τοὺς Ἰουδαίους·
Jn 12:15 μὴ **φοβοῦ**,
Jn 19:8 μᾶλλον **ἐφοβήθη**,

φόβος (*phobos*; 3/47) *fear*
Jn 7:13 αὐτοῦ διὰ τὸν **φόβον** τῶν Ἰουδαίων.
Jn 19:38 δὲ διὰ τὸν **φόβον** τῶν Ἰουδαίων,
Jn 20:19 μαθηταὶ διὰ τὸν **φόβον** τῶν Ἰουδαίων,

φοῖνιξ (*phoinix*; 1/2) *palm*
Jn 12:13 τὰ βαΐα τῶν **φοινίκων** καὶ ἐξῆλθον εἰς

φορέω (*phoreō*; 1/6) *wear*
Jn 19:5 **φορῶν** τὸν ἀκάνθινον στέφανον

φραγέλλιον (*phragellion*; 1/1) *whip*
Jn 2:15 καὶ ποιήσας **φραγέλλιον** ἐκ σχοινίων πάντας

φρέαρ (*phrear*; 2/7) *well*
Jn 4:11 ἔχεις καὶ τὸ **φρέαρ** ἐστὶν βαθύ·
Jn 4:12 ἔδωκεν ἡμῖν τὸ **φρέαρ** καὶ αὐτὸς ἐξ

φυλακή (*phylakē*; 1/47) *prison*

Jn 3:24 βεβλημένος εἰς τὴν **φυλακὴν** ὁ Ἰωάννης.

φυλάσσω (*phylassō*; 3/31) *guard*

Jn 12:25 εἰς ζωὴν αἰώνιον **φυλάξει** αὐτήν.
Jn 12:47 ῥημάτων καὶ μὴ **φυλάξῃ**,
Jn 17:12 καὶ **ἐφύλαξα**,

φωνέω (*phōneō*; 13/43) *call*

Jn 1:48 τοῦ σε Φίλιππον **φωνῆσαι** ὄντα ὑπὸ τὴν
Jn 2:9 **φωνεῖ** τὸν νυμφίον ὁ
Jn 4:16 ὕπαγε **φώνησον** τὸν ἄνδρα σου
Jn 9:18 ἀνέβλεψεν ἕως ὅτου **ἐφώνησαν** τοὺς γονεῖς αὐτοῦ
Jn 9:24 **Ἐφώνησαν** οὖν τὸν ἄνθρωπον
Jn 10:3 τὰ ἴδια πρόβατα **φωνεῖ** κατ' ὄνομα καὶ
Jn 11:28 εἰποῦσα ἀπῆλθεν καὶ **ἐφώνησεν** Μαριὰμ τὴν ἀδελφὴν
Jn 11:28 διδάσκαλος πάρεστιν καὶ **φωνεῖ** σε.
Jn 12:17 ὅτε τὸν Λάζαρον **ἐφώνησεν** ἐκ τοῦ μνημείου
Jn 13:13 ὑμεῖς **φωνεῖτέ** με·
Jn 13:38 οὐ μὴ ἀλέκτωρ **φωνήσῃ** ἕως οὗ ἀρνήσῃ
Jn 18:27 καὶ εὐθέως ἀλέκτωρ **ἐφώνησεν**.
Jn 18:33 ὁ Πιλᾶτος καὶ **ἐφώνησεν** τὸν Ἰησοῦν καὶ

φωνή (*phōnē*; 15/139) *voice*

Jn 1:23 ἐγὼ **φωνὴ** βοῶντος ἐν τῇ
Jn 3:8 πνεῖ καὶ τὴν **φωνὴν** αὐτοῦ ἀκούεις,
Jn 3:29 χαίρει διὰ τὴν **φωνὴν** τοῦ νυμφίου.
Jn 5:25 νεκροὶ ἀκούσουσιν τῆς **φωνῆς** τοῦ υἱοῦ τοῦ
Jn 5:28 μνημείοις ἀκούσουσιν τῆς **φωνῆς** αὐτοῦ
Jn 5:37 οὔτε **φωνὴν** αὐτοῦ πώποτε ἀκηκόατε
Jn 10:3 τὰ πρόβατα τῆς **φωνῆς** αὐτοῦ ἀκούει καὶ
Jn 10:4 ὅτι οἴδασιν τὴν **φωνὴν** αὐτοῦ·
Jn 10:5 τῶν ἀλλοτρίων τὴν **φωνήν**.
Jn 10:16 ἀγαγεῖν καὶ τῆς **φωνῆς** μου ἀκούσουσιν,
Jn 10:27 τὰ ἐμὰ τῆς **φωνῆς** μου ἀκούουσιν,
Jn 11:43 καὶ ταῦτα εἰπὼν **φωνῇ** μεγάλῃ ἐκραύγασεν·
Jn 12:28 ἦλθεν οὖν **φωνὴ** ἐκ τοῦ οὐρανοῦ·
Jn 12:30 δι' ἐμὲ ἡ **φωνὴ** αὕτη γέγονεν ἀλλὰ
Jn 18:37 ἀκούει μου τῆς **φωνῆς**.

φῶς (*phōs*; 23/73) *light*

Jn 1:4 ζωὴ ἦν τὸ **φῶς** τῶν ἀνθρώπων·
Jn 1:5 καὶ τὸ **φῶς** ἐν τῇ σκοτίᾳ
Jn 1:7 μαρτυρήσῃ περὶ τοῦ **φωτός**,
Jn 1:8 ἦν ἐκεῖνος τὸ **φῶς**,
Jn 1:8 μαρτυρήσῃ περὶ τοῦ **φωτός**.
Jn 1:9 Ἦν τὸ **φῶς** τὸ ἀληθινόν,
Jn 3:19 κρίσις ὅτι τὸ **φῶς** ἐλήλυθεν εἰς τὸν
Jn 3:19 σκότος ἢ τὸ **φῶς**·
Jn 3:20 πράσσων μισεῖ τὸ **φῶς** καὶ οὐκ ἔρχεται
Jn 3:20 ἔρχεται πρὸς τὸ **φῶς**,
Jn 3:21 ἔρχεται πρὸς τὸ **φῶς**,
Jn 5:35 ὥραν ἐν τῷ **φωτὶ** αὐτοῦ.
Jn 8:12 ἐγώ εἰμι τὸ **φῶς** τοῦ κόσμου·
Jn 8:12 ἀλλ' ἕξει τὸ **φῶς** τῆς ζωῆς.
Jn 9:5 **φῶς** εἰμι τοῦ κόσμου.
Jn 11:9 ὅτι τὸ **φῶς** τοῦ κόσμου τούτου
Jn 11:10 ὅτι τὸ **φῶς** οὐκ ἔστιν ἐν
Jn 12:35 μικρὸν χρόνον τὸ **φῶς** ἐν ὑμῖν ἐστιν.
Jn 12:35 περιπατεῖτε ὡς τὸ **φῶς** ἔχετε,
Jn 12:36 ὡς τὸ **φῶς** ἔχετε,
Jn 12:36 πιστεύετε εἰς τὸ **φῶς**,
Jn 12:36 ἵνα υἱοὶ **φωτὸς** γένησθε.
Jn 12:46 ἐγὼ **φῶς** εἰς τὸν κόσμον

φωτίζω (*phōtizō*; 1/11) *give light*

Jn 1:9 ὃ **φωτίζει** πάντα ἄνθρωπον,

χαίρω (*chairō*; 9/74) *rejoice*

Jn 3:29 ἀκούων αὐτοῦ χαρᾷ **χαίρει** διὰ τὴν φωνὴν
Jn 4:36 ὁ σπείρων ὁμοῦ **χαίρῃ** καὶ ὁ θερίζων.
Jn 8:56 καὶ εἶδεν καὶ **ἐχάρη**.
Jn 11:15 καὶ **χαίρω** δι' ὑμᾶς ἵνα
Jn 14:28 εἰ ἠγαπᾶτέ με **ἐχάρητε** ἂν ὅτι πορεύομαι
Jn 16:20 ὁ δὲ κόσμος **χαρήσεται**·
Jn 16:22 καὶ **χαρήσεται** ὑμῶν ἡ καρδία,
Jn 19:3 **χαῖρε** ὁ βασιλεὺς τῶν
Jn 20:20 **ἐχάρησαν** οὖν οἱ μαθηταὶ

χαμαί (*chamai*; 2/2) *on or to the ground*

Jn 9:6 ταῦτα εἰπὼν ἔπτυσεν **χαμαὶ** καὶ ἐποίησεν πηλὸν
Jn 18:6 ὀπίσω καὶ ἔπεσαν **χαμαί**.

χαρά (*chara*; 9/59) *joy*

Jn 3:29 καὶ ἀκούων αὐτοῦ **χαρᾷ** χαίρει διὰ τὴν
Jn 3:29 αὕτη οὖν ἡ **χαρὰ** ἡ ἐμὴ πεπλήρωται.
Jn 15:11 ὑμῖν ἵνα ἡ **χαρὰ** ἡ ἐμὴ ἐν
Jn 15:11 ᾖ καὶ ἡ **χαρὰ** ὑμῶν πληρωθῇ.
Jn 16:20 λύπη ὑμῶν εἰς **χαρὰν** γενήσεται.
Jn 16:21 θλίψεως διὰ τὴν **χαρὰν** ὅτι ἐγεννήθη ἄνθρωπος
Jn 16:22 καὶ τὴν **χαρὰν** ὑμῶν οὐδεὶς αἴρει
Jn 16:24 ἵνα ἡ **χαρὰ** ὑμῶν ᾖ πεπληρωμένη.
Jn 17:13 ἵνα ἔχωσιν τὴν **χαρὰν** τὴν ἐμὴν πεπληρωμένην

χάρις (*charis*; 4/155) *grace*

Jn 1:14 πλήρης **χάριτος** καὶ ἀληθείας.
Jn 1:16 πάντες ἐλάβομεν καὶ **χάριν** ἀντὶ χάριτος·
Jn 1:16 καὶ χάριν ἀντὶ **χάριτος**·
Jn 1:17 ἡ **χάρις** καὶ ἡ ἀλήθεια

χείμαρρος (*cheimarros*; 1/1) *brook*

Jn 18:1 αὐτοῦ πέραν τοῦ **χειμάρρου** τοῦ Κεδρὼν ὅπου

χειμών (*cheimōn*; 1/6) *winter*

Jn 10:22 **χειμὼν** ἦν,

χείρ (*cheir*; 15/175[177]) *hand*

Jn 3:35 δέδωκεν ἐν τῇ **χειρὶ** αὐτοῦ.
Jn 7:30 ἐπ' αὐτὸν τὴν **χεῖρα**,
Jn 7:44 ἐπ' αὐτὸν τὰς **χεῖρας**.
Jn 10:28 αὐτὰ ἐκ τῆς **χειρός** μου.
Jn 10:29 ἁρπάζειν ἐκ τῆς **χειρὸς** τοῦ πατρός.
Jn 10:39 ἐξῆλθεν ἐκ τῆς **χειρὸς** αὐτῶν.
Jn 11:44 πόδας καὶ τὰς **χεῖρας** κειρίαις καὶ ἡ
Jn 13:3 πατὴρ εἰς τὰς **χεῖρας** καὶ ὅτι ἀπὸ
Jn 13:9 ἀλλὰ καὶ τὰς **χεῖρας** καὶ τὴν κεφαλήν.
Jn 20:20 εἰπὼν ἔδειξεν τὰς **χεῖρας** καὶ τὴν πλευρὰν
Jn 20:25 ἴδω ἐν ταῖς **χερσὶν** αὐτοῦ τὸν τύπον

Jn 20:25 βάλω μου τὴν **χεῖρα** εἰς τὴν πλευρὰν
Jn 20:27 καὶ ἴδε τὰς **χεῖράς** μου καὶ φέρε
Jn 20:27 καὶ φέρε τὴν **χεῖρά** σου καὶ βάλε
Jn 21:18 ἐκτενεῖς τὰς **χεῖράς** σου,

χείρων (*cheirōn*; 1/11) *worse*

Jn 5:14 ἵνα μὴ **χεῖρόν** σοί τι γένηται.

χιλίαρχος (*chiliarchos*; 1/21) *tribune, officer*

Jn 18:12 σπεῖρα καὶ ὁ **χιλίαρχος** καὶ οἱ ὑπηρέται

χιτών (*chitōn*; 2/11) *tunic*

Jn 19:23 καὶ τὸν **χιτῶνα**.
Jn 19:23 ἦν δὲ ὁ **χιτὼν** ἄραφος,

χολάω (*cholaō*; 1/1) *be angry*

Jn 7:23 ἐμοὶ **χολᾶτε** ὅτι ὅλον ἄνθρωπον

χορτάζω (*chortazō*; 1/16) *feed*

Jn 6:26 τῶν ἄρτων καὶ **ἐχορτάσθητε**.

χόρτος (*chortos*; 1/15) *grass, hay*

Jn 6:10 ἦν δὲ **χόρτος** πολὺς ἐν τῷ

χρεία (*chreia*; 4/49) *need*

Jn 2:25 καὶ ὅτι οὐ **χρείαν** εἶχεν ἵνα τις
Jn 13:10 λελουμένος οὐκ ἔχει **χρείαν** εἰ μὴ τοὺς
Jn 13:29 ἀγόρασον ὧν **χρείαν** ἔχομεν εἰς τὴν
Jn 16:30 πάντα καὶ οὐ **χρείαν** ἔχεις ἵνα τις

Χριστός (*Christos*; 19/529) *Christ*

Jn 1:17 ἀλήθεια διὰ Ἰησοῦ **Χριστοῦ** ἐγένετο.
Jn 1:20 οὐκ εἰμὶ ὁ **χριστός**.
Jn 1:25 οὐκ εἶ ὁ **χριστὸς** οὐδὲ Ἠλίας οὐδὲ
Jn 1:41 ὅ ἐστιν μεθερμηνευόμενον **χριστός**.
Jn 3:28 εἰμὶ ἐγὼ ὁ **Χριστός**,
Jn 4:25 ἔρχεται ὁ λεγόμενος **χριστός**·
Jn 4:29 οὗτός ἐστιν ὁ **χριστός**;
Jn 7:26 οὗτός ἐστιν ὁ **χριστός**;
Jn 7:27 ὁ δὲ **χριστὸς** ὅταν ἔρχηται οὐδεὶς
Jn 7:31 ὁ **χριστὸς** ὅταν ἔλθῃ μὴ
Jn 7:41 οὗτός ἐστιν ὁ **χριστός**,
Jn 7:41 τῆς Γαλιλαίας ὁ **χριστὸς** ἔρχεται;
Jn 7:42 Δαυὶδ ἔρχεται ὁ **χριστός**;
Jn 9:22 τις αὐτὸν ὁμολογήσῃ **χριστόν**,
Jn 10:24 σὺ εἶ ὁ **χριστός**,
Jn 11:27 σὺ εἶ ὁ **χριστὸς** ὁ υἱὸς τοῦ
Jn 12:34 νόμου ὅτι ὁ **χριστὸς** μένει εἰς τὸν
Jn 17:3 ὃν ἀπέστειλας Ἰησοῦν **Χριστόν**.
Jn 20:31 Ἰησοῦς ἐστιν ὁ **χριστὸς** ὁ υἱὸς τοῦ

χρόνος (*chronos*; 4/54) *time*

Jn 5:6 ὅτι πολὺν ἤδη **χρόνον** ἔχει,
Jn 7:33 ἔτι **χρόνον** μικρὸν μεθ᾽ ὑμῶν
Jn 12:35 ἔτι μικρὸν **χρόνον** τὸ φῶς ἐν
Jn 14:9 τοσούτῳ **χρόνῳ** μεθ᾽ ὑμῶν εἰμι

χωλός (*chōlos*; 1/14) *lame*

Jn 5:3 **χωλῶν**,

χώρα (*chōra*; 3/28) *country*

Jn 4:35 καὶ θεάσασθε τὰς **χώρας** ὅτι λευκαί εἰσιν
Jn 11:54 ἐκεῖθεν εἰς τὴν **χώραν** ἐγγὺς τῆς ἐρήμου,
Jn 11:55 Ἱεροσόλυμα ἐκ τῆς **χώρας** πρὸ τοῦ πάσχα

χωρέω (*chōreō*; 3/10) *hold, have or make room*

Jn 2:6 **χωροῦσαι** ἀνὰ μετρητὰς δύο
Jn 8:37 ὁ ἐμὸς οὐ **χωρεῖ** ἐν ὑμῖν.
Jn 21:25 οἶμαι τὸν κόσμον **χωρῆσαι** τὰ γραφόμενα βιβλία.

χωρίον (*chōrion*; 1/10) *piece of land*

Jn 4:5 Συχὰρ πλησίον τοῦ **χωρίου** ὃ ἔδωκεν Ἰακὼβ

χωρίς (*chōris*; 3/41) *without*

Jn 1:3 καὶ **χωρὶς** αὐτοῦ ἐγένετο οὐδὲ
Jn 15:5 ὅτι **χωρὶς** ἐμοῦ οὐ δύνασθε
Jn 20:7 ὀθονίων κείμενον ἀλλὰ **χωρὶς** ἐντετυλιγμένον εἰς ἕνα

ψεῦδος (*pseudos*; 1/10) *lie*

Jn 8:44 ὅταν λαλῇ τὸ **ψεῦδος**,

ψεύστης (*pseustēs*; 2/10) *liar*

Jn 8:44 ὅτι **ψεύστης** ἐστὶν καὶ ὁ
Jn 8:55 ἔσομαι ὅμοιος ὑμῖν **ψεύστης**·

ψυχή (*psychē*; 10/103) *soul, life, self*

Jn 10:11 ὁ καλὸς τὴν **ψυχὴν** αὐτοῦ τίθησιν ὑπὲρ
Jn 10:15 καὶ τὴν **ψυχήν** μου τίθημι ὑπὲρ
Jn 10:17 ἐγὼ τίθημι τὴν **ψυχήν** μου,
Jn 10:24 ἕως πότε τὴν **ψυχὴν** ἡμῶν αἴρεις;
Jn 12:25 ὁ φιλῶν τὴν **ψυχὴν** αὐτοῦ ἀπολλύει αὐτήν,
Jn 12:25 ὁ μισῶν τὴν **ψυχὴν** αὐτοῦ ἐν τῷ
Jn 12:27 Νῦν ἡ **ψυχή** μου τετάρακται,
Jn 13:37 τὴν **ψυχήν** μου ὑπὲρ σοῦ
Jn 13:38 τὴν **ψυχήν** σου ὑπὲρ ἐμοῦ
Jn 15:13 ἵνα τις τὴν **ψυχὴν** αὐτοῦ θῇ ὑπὲρ

ψῦχος (*psychos*; 1/3) *cold*

Jn 18:18 ὅτι **ψῦχος** ἦν,

ψωμίον (*psōmion*; 4/4) *piece of bread*

Jn 13:26 ἐγὼ βάψω τὸ **ψωμίον** καὶ δώσω αὐτῷ.
Jn 13:26 βάψας οὖν τὸ **ψωμίον** [λαμβάνει καὶ] δίδωσιν
Jn 13:27 καὶ μετὰ τὸ **ψωμίον** τότε εἰσῆλθεν εἰς
Jn 13:30 λαβὼν οὖν τὸ **ψωμίον** ἐκεῖνος ἐξῆλθεν εὐθύς.

ὧδε (*hōde*; 5/61) *here*

Jn 6:9 ἔστιν παιδάριον **ὧδε** ὃς ἔχει πέντε
Jn 6:25 πότε **ὧδε** γέγονας;
Jn 11:21 εἰ ἦς **ὧδε** οὐκ ἂν ἀπέθανεν
Jn 11:32 εἰ ἦς **ὧδε** οὐκ ἄν μου
Jn 20:27 τὸν δάκτυλόν σου **ὧδε** καὶ ἴδε τὰς

ὥρα (*hōra*; 26/106) *hour*

Jn 1:39 **ὥρα** ἦν ὡς δεκάτη.
Jn 2:4 οὔπω ἥκει ἡ **ὥρα** μου.

Jn 4:6 **ὥρα** ἦν ὡς ἕκτη.
Jn 4:21 ὅτι ἔρχεται **ὥρα** ὅτε οὔτε ἐν
Jn 4:23 ἀλλὰ ἔρχεται **ὥρα** καὶ νῦν ἐστιν,
Jn 4:52 ἐπύθετο οὖν τὴν **ὥραν** παρ' αὐτῶν ἐν
Jn 4:52 αὐτῷ ὅτι ἐχθὲς **ὥραν** ἑβδόμην ἀφῆκεν αὐτὸν
Jn 4:53 [ἐν] ἐκείνῃ τῇ **ὥρᾳ** ἐν ᾗ εἶπεν
Jn 5:25 ὑμῖν ὅτι ἔρχεται **ὥρα** καὶ νῦν ἐστιν
Jn 5:28 ὅτι ἔρχεται **ὥρα** ἐν ᾗ πάντες
Jn 5:35 ἠθελήσατε ἀγαλλιαθῆναι πρὸς **ὥραν** ἐν τῷ φωτὶ
Jn 7:30 οὔπω ἐληλύθει ἡ **ὥρα** αὐτοῦ.
Jn 8:20 οὔπω ἐληλύθει ἡ **ὥρα** αὐτοῦ.
Jn 11:9 οὐχὶ δώδεκα **ὧραί** εἰσιν τῆς ἡμέρας;
Jn 12:23 ἐλήλυθεν ἡ **ὥρα** ἵνα δοξασθῇ ὁ
Jn 12:27 με ἐκ τῆς **ὥρας** ταύτης;
Jn 12:27 ἦλθον εἰς τὴν **ὥραν** ταύτην.
Jn 13:1 ἦλθεν αὐτοῦ ἡ **ὥρα** ἵνα μεταβῇ ἐκ
Jn 16:2 ἀλλ' ἔρχεται **ὥρα** ἵνα πᾶς ὁ
Jn 16:4 ὅταν ἔλθῃ ἡ **ὥρα** αὐτῶν μνημονεύητε αὐτῶν
Jn 16:21 ὅτι ἦλθεν ἡ **ὥρα** αὐτῆς·
Jn 16:25 ἔρχεται **ὥρα** ὅτε οὐκέτι ἐν
Jn 16:32 ἰδοὺ ἔρχεται **ὥρα** καὶ ἐλήλυθεν ἵνα
Jn 17:1 ἐλήλυθεν ἡ **ὥρα**·
Jn 19:14 **ὥρα** ἦν ὡς ἕκτη.
Jn 19:27 ἀπ' ἐκείνης τῆς **ὥρας** ἔλαβεν ὁ μαθητὴς

ὡς (*hōs*; 30[31]/503[504]) *as*

Jn 1:14 δόξαν **ὡς** μονογενοῦς παρὰ πατρός,
Jn 1:32 τὸ πνεῦμα καταβαῖνον **ὡς** περιστερὰν ἐξ οὐρανοῦ
Jn 1:39 ὥρα ἦν **ὡς** δεκάτη.
Jn 2:9 **ὡς** δὲ ἐγεύσατο ὁ
Jn 2:23 **Ὡς** δὲ ἦν ἐν
Jn 4:1 **Ὡς** οὖν ἔγνω ὁ
Jn 4:6 ὥρα ἦν **ὡς** ἕκτη.
Jn 4:40 **ὡς** οὖν ἦλθον πρὸς
Jn 6:10 ἄνδρες τὸν ἀριθμὸν **ὡς** πεντακισχίλιοι.
Jn 6:12 **ὡς** δὲ ἐνεπλήσθησαν,
Jn 6:16 **Ὡς** δὲ ὀψία ἐγένετο
Jn 6:19 ἐληλακότες οὖν **ὡς** σταδίους εἴκοσι πέντε
Jn 7:10 **Ὡς** δὲ ἀνέβησαν οἱ
Jn 7:10 ἀλλὰ **[ὡς]** ἐν κρυπτῷ.
[Jn 8:7] **ὡς** δὲ ἐπέμενον ἐρωτῶντες
Jn 11:6 **ὡς** οὖν ἤκουσεν ὅτι
Jn 11:18 ἐγγὺς τῶν Ἱεροσολύμων **ὡς** ἀπὸ σταδίων δεκαπέντε.
Jn 11:20 ἡ οὖν Μάρθα **ὡς** ἤκουσεν ὅτι Ἰησοῦς
Jn 11:29 ἐκείνη δὲ **ὡς** ἤκουσεν ἠγέρθη ταχὺ
Jn 11:32 Ἡ οὖν Μαριὰμ **ὡς** ἦλθεν ὅπου ἦν
Jn 11:33 Ἰησοῦς οὖν **ὡς** εἶδεν αὐτὴν κλαίουσαν
Jn 12:35 περιπατεῖτε **ὡς** τὸ φῶς ἔχετε,
Jn 12:36 **ὡς** τὸ φῶς ἔχετε,
Jn 15:6 ἐβλήθη ἔξω **ὡς** τὸ κλῆμα καὶ
Jn 18:6 **ὡς** οὖν εἶπεν αὐτοῖς·
Jn 19:14 ὥρα ἦν **ὡς** ἕκτη.
Jn 19:33 **ὡς** εἶδον ἤδη αὐτὸν
Jn 19:39 σμύρνης καὶ ἀλόης **ὡς** λίτρας ἑκατόν.
Jn 20:11 **ὡς** οὖν ἔκλαιεν,
Jn 21:8 τῆς γῆς ἀλλὰ **ὡς** ἀπὸ πηχῶν διακοσίων,
Jn 21:9 **ὡς** οὖν ἀπέβησαν εἰς

ὡσαννά (*hōsanna*; 1/6) *hosanna*

Jn 12:13 **ὡσαννά**·

ὥσπερ (*hōsper*; 2/36) *just as, like*

Jn 5:21 **ὥσπερ** γὰρ ὁ πατὴρ
Jn 5:26 **ὥσπερ** γὰρ ὁ πατὴρ

ὥστε (*hōste*; 1/83) *so that*

Jn 3:16 **ὥστε** τὸν υἱὸν τὸν

ὠτάριον (*ōtarion*; 1/2) *ear*

Jn 18:10 ἀπέκοψεν αὐτοῦ τὸ **ὠτάριον** τὸ δεξιόν·

ὠτίον (*ōtion*; 1/3) *ear*

Jn 18:26 ἀπέκοψεν Πέτρος τὸ **ὠτίον**·

ὠφελέω (*ōpheleō*; 2/15) *gain, profit*

Jn 6:63 ἡ σὰρξ οὐκ **ὠφελεῖ** οὐδέν·
Jn 12:19 θεωρεῖτε ὅτι οὐκ **ὠφελεῖτε** οὐδέν·

Frequency List (Alphabetical Order)

11 ʼΑβραάμ
3 ἀγαθός
2 ἀγαλλιάω
37 ἀγαπάω
7 ἀγάπη
1* ἀγγέλλω
3 ἄγγελος
4 ἁγιάζω
5 ἅγιος
1 ἁγνίζω
3 ἀγοράζω
13 ἄγω
1 ἀγωνίζομαι
6 ἀδελφή
14 ἀδελφός
1 ἀδικία
1 ἀθετέω
1 αἰγιαλός
6 αἷμα
1* Αἰνών
26 αἴρω
11 αἰτέω
3 αἰτία
13 αἰών
17 αἰώνιος
1 ἄκανθα
1 ἀκάνθινος
1 ἀκοή
19 ἀκολουθέω
59 ἀκούω
2 ἀλείφω
2 ἀλέκτωρ
25 ἀλήθεια
14 ἀληθής
9 ἀληθινός
7 ἀληθῶς
1* ἁλιεύω
102 ἀλλά
1* ἀλλαχόθεν
15 ἀλλήλων
1 ἅλλομαι
33 ἄλλος
2 ἀλλότριος
1* ἀλόη
4 ἁμαρτάνω
17 ἁμαρτία
4 ἁμαρτωλός
50 ἀμήν
2 ἀμνός
3 ἄμπελος
25 ἄν
1 ἀνά
16 ἀναβαίνω
4 ἀναβλέπω
5 ἀναγγέλλω
1 ἀναγινώσκω
4 ἀνάκειμαι
2* ἀνακύπτω
1 ἀναμάρτητος
5 ἀναπίπτω
4 ἀνάστασις
1 ἀνατρέπω
1 ἀναχωρέω
5 ʼΑνδρέας
1 ἄνεμος
1 ἀνέρχομαι
8 ἀνήρ
2* ἀνθρακιά
1 ἀνθρωποκτόνος
59 ἄνθρωπος
8 ἀνίστημι
2 ῞Αννας
11 ἀνοίγω
1 ἀντί
1 ἀντιλέγω
4* ἀντλέω
1* ἄντλημα
3 ἄνω
5 ἄνωθεν
1 ἄξιος
1 ἀπαγγέλλω
1 ἅπας
1 ἀπειθέω
21 ἀπέρχομαι
1 ἄπιστος
42 ἀπό
1 ἀποβαίνω
28 ἀποθνῄσκω
1 ἀποκαλύπτω
2 ἀποκόπτω
78 ἀποκρίνομαι
2 ἀπόκρισις
12 ἀποκτείνω
10 ἀπόλλυμι
5 ἀπολύω
1 ἀπορέω
28 ἀποστέλλω
1 ἀπόστολος
3* ἀποσυνάγωγος
1 ἅπτω
1 ἀπώλεια
1* ἄραφος
1 ἀρεστός
1 ἀριθμός
1 ʼΑριμαθαία
2 ἀριστάω
2 ἀρκέω
4 ἀρνέομαι
1 ἀρνίον
4 ἁρπάζω
12 ἄρτι
24 ἄρτος
8 ἀρχή
21 ἀρχιερεύς
3* ἀρχιτρίκλινος
2 ἄρχω
7 ἄρχων
1 ἄρωμα
2 ἀσθένεια
8 ἀσθενέω
1 ἀτιμάζω
3 αὐλή
1 αὐξάνω
769° αὐτός
1 αὐτόφωρος
15 ἀφίημι
1 βαθύς
1* βάϊον
17 βάλλω
13 βαπτίζω
2 βάπτω
2 Βαραββᾶς
5 βασιλεία
16 βασιλεύς
2 βασιλικός
5 βαστάζω
4 Βηθανία
1* Βηθζαθά
1 Βηθλέεμ
2 Βηθσαϊδά
1 βῆμα
2 βιβλίον
1* βιβρώσκω
1 βλασφημέω
1 βλασφημία
17 βλέπω
1 βοάω
2 βόσκω
2 βουλεύομαι
1 βούλομαι
2 βοῦς
1 βραχίων
1 βραχύς
1 βροντή
1 βρῶμα
4 βρῶσις
1* Γαββαθα
1 γαζοφυλάκιον
17 Γαλιλαία
1 Γαλιλαῖος
2 γάμος
64 γάρ
1 γείτων
3 γεμίζω
1* γενετή
18 γεννάω
1* γέρων
2 γεύομαι
1 γεωργός
13 γῆ
1 γηράσκω
51 γίνομαι
57 γινώσκω
2* γλωσσόκομον
3 γνωρίζω
2 γνωστός
4 γογγύζω
1 γογγυσμός
1 Γολγοθᾶ
6 γονεύς
2 γράμμα
1 γραμματεύς
12 γραφή
22 γράφω
1 γυμνός
22 γυνή
1 δαιμονίζομαι
6 δαιμόνιον
1* δακρύω
3 δάκτυλος
2 Δαυίδ
213 δέ
10 δεῖ
7 δείκνυμι
1* δειλιάω
4 δεῖπνον
1 δεκαπέντε
1 δέκατος
2 δεξιός
1 δέρω
1 δεῦρο
2 δεῦτε
4 δεύτερος
1 δέχομαι
4 δέω
2 δηνάριον
59 διά
3 διάβολος
1 διαδίδωμι
3* διαζώννυμι
3 διακονέω
3 διάκονος
2 διακόσιοι
1 διαμερίζω
1 διασκορπίζω
1 διασπορά
1 διατρίβω
1 διδακτός
8 διδάσκαλος
10 διδάσκω
3 διδαχή
3* Δίδυμος
75 δίδωμι
1 διεγείρω
2 διέρχομαι
3 δίκαιος
2 δικαιοσύνη
4 δίκτυον
6 διψάω
3 διώκω
8 δοκέω
1 δόλος
19 δόξα
23 δοξάζω
1 δουλεύω
11 δοῦλος
37 δύναμαι
13 δύο
6 δώδεκα
1 δωρεά
1 δωρεάν
59 ἐάν
27 ἑαυτοῦ
1 ἕβδομος
5 ʽΕβραϊστί
11 ἐγγύς
13 ἐγείρω
1* ἐγκαίνια
463 ἐγώ
5 ἔθνος
1 ἔθος
49 εἰ
1 εἶδος
1 εἴκοσι
445 εἰμί
6 εἰρήνη
187 εἰς
40 εἷς
1 εἰσάγω
15 εἰσέρχομαι
3 εἶτα
165 ἐκ
4 ἕκαστος
2 ἑκατόν
6 ἐκβάλλω
22 ἐκεῖ
2 ἐκεῖθεν
70 ἐκεῖνος
1 ἐκκεντέω
5 ἐκλέγομαι
3 ἐκμάσσω
1* ἐκνεύω
2 ἐκπορεύομαι
1 ἐκτείνω
2 ἕκτος
1 ἐκχύννομαι
1 ἐλαία
1 ἐλάσσων
1 ἐλαττόω
1 ἐλαύνω
3 ἐλέγχω
2 ἐλεύθερος
2 ἐλευθερόω
5 ἑλκύω
3 ῞Ελλην
1 ʽΕλληνιστί
1 ἐλπίζω
16 ἐμαυτοῦ
3 ἐμβαίνω
2 ἐμβλέπω
2 ἐμβριμάομαι
41 ἐμός
1 ἐμπίπλημι
1* ἐμπόριον
5 ἔμπροσθεν
2 ἐμφανίζω
1* ἐμφυσάω
226 ἐν
2 ἐνθάδε
3 ἐνιαυτός

1 ἐνταφιάζω
1 ἐνταφιασμός
4 ἐντέλλομαι
6 ἐντεῦθεν
10 ἐντολή
1 ἐντυλίσσω
1 ἐνώπιον
3 ἕξ
1 ἐξάγω
30 ἐξέρχομαι
2 ἔξεστιν
1 ἐξετάζω
1 ἐξηγέομαι
8 ἐξουσία
1* ἐξυπνίζω
13 ἔξω
17 ἑορτή
4 ἐπαίρω
2 ἐπάνω
1* ἐπάρατος
5 ἐπαύριον
2 ἐπεί
1 ἔπειτα
1* ἐπενδύτης
2 ἐπερωτάω
36 ἐπί
2 ἐπιβάλλω
1 ἐπίγειος
1 ἐπιθυμία
2 ἐπίκειμαι
1 ἐπιλέγω
1 ἐπιμένω
1 ἐπιστρέφω
2 ἐπιτίθημι
1 ἐπιτρέπω
2* ἐπιχρίω
1 ἐπουράνιος
2 ἐραυνάω
8 ἐργάζομαι
27 ἔργον
5 ἔρημος
2 ἑρμηνεύω
157 ἔρχομαι
28 ἐρωτάω
15 ἐσθίω
7 ἔσχατος
1 ἔσω
1 ἕτερος
8 ἔτι
2 ἑτοιμάζω
1 ἕτοιμος
3 ἔτος
3 εὐθέως
1 εὐθύνω
3 εὐθύς
1 εὐλογέω
19 εὑρίσκω
3 εὐχαριστέω
1* Ἐφραίμ
1 ἐχθές
87 ἔχω
10 ἕως
17 ζάω
1 Ζεβεδαῖος
1 ζῆλος
34 ζητέω
1 ζήτησις
36 ζωή
2 ζώννυμι
3 ζῳοποιέω
12 ἤ
16 ἤδη
4 ἥκω
2 Ἠλίας
2 ἡλικία
2* ἧλος
49 ἡμεῖς
31 ἡμέρα
1* ἤπερ
4 Ἠσαΐας
9 θάλασσα
8 θάνατος
1 θαρσέω
6 θαυμάζω
1 θαυμαστός
6 θεάομαι
11 θέλημα
23 θέλω
83 θεός
1* θεοσεβής
1 θεραπεύω
4 θερίζω
2 θερισμός
3 θερμαίνω
24 θεωρέω
1* θήκη
2 θλῖψις
2 θνῄσκω
1* θρέμμα
1 θρηνέω
2 θρίξ
1 θυγάτηρ
7 θύρα
3 θυρωρός
1 θύω
7 Θωμᾶς
3 Ἰακώβ
3 ἰάομαι
17 ἴδε
15 ἴδιος
4 ἰδού
1 ἱερεύς
11 ἱερόν
1 Ἱεροσολυμίτης
12 Ἰερουσαλήμ
244 Ἰησοῦς
1 ἱμάς
6 ἱμάτιον
1 ἱματισμός
145 ἵνα
3 Ἰορδάνης
7 Ἰουδαία
70 Ἰουδαῖος
9 Ἰούδας
5 Ἰσκαριώτης
1 ἴσος
4 Ἰσραήλ
1 Ἰσραηλίτης
20 ἵστημι
1 ἰσχύω
3 ἰχθύς
23 Ἰωάννης
4 Ἰωσήφ
30 κἀγώ
1* καθαίρω
2 καθαρισμός
4 καθαρός
3 καθέζομαι
4 κάθημαι
3 καθίζω
31 καθώς
828° καί
5 Καϊάφας
2 καινός
3 καιρός
3 Καῖσαρ
1* καίτοιγε
2 καίω
1 κἀκεῖ
5 κἀκεῖνος
2 κακός
1 κακῶς
2 καλέω
7 καλός
4 καλῶς
4 κἄν
4* Κανά
7 καρδία
10 καρπός
10 κατά
17 καταβαίνω
1 καταβολή
3 κατάγνυμι
1 καταγράφω
2 κατάκειμαι
2 κατακρίνω
1 κατακύπτω
4 καταλαμβάνω
1 καταλείπω
1 κατεσθίω
3 κατηγορέω
1 κατηγορία
2 κάτω
5 Καφαρναούμ
1* Κεδρών
7 κεῖμαι
1* κειρία
1* κέρμα
1* κερματιστής
5 κεφαλή
4 κῆπος
1* κηπουρός
1 Κηφᾶς
8 κλαίω
2 κλάσμα
2 κλείω
4 κλέπτης
1 κλέπτω
4* κλῆμα
1 κλῆρος
1 κλίνω
1* Κλωπᾶς
2 κοιλία
2 κοιμάομαι
1* κοίμησις
1 κόκκος
1 κολλυβιστής
2 κόλπος
3* κολυμβήθρα
1* κομψότερον
3 κοπιάω
1 κόπος
78 κόσμος
1 κόφινος
4 κράβαττος
4 κράζω
1 κρανίον
2 κρατέω
6 κραυγάζω
2* κρίθινος
1 κρίμα
19 κρίνω
11 κρίσις
3 κρυπτός
3 κρύπτω
1 κυκλόω
1* κύπτω
52 κύριος
3 κώμη
1 λαγχάνω
11 Λάζαρος
1 λάθρᾳ
59 λαλέω
2 λαλιά
46 λαμβάνω
1 λαμπάς
3 λαός
1 λατρεία
480 λέγω
2* λέντιον
1 Λευίτης
2 λευκός
3 λῃστής
5 λιθάζω
1 λίθινος
7 λίθος
1* λιθόστρωτος
2* λίτρα
1 λογίζομαι
40 λόγος
1* λόγχη
1 λοιδορέω
1 λούω
2 λύκος
2 λυπέω
4 λύπη
1 λύχνος
6 λύω
3 Μαγδαληνή
78 μαθητής
1 μαίνομαι
2 μακάριος
1 μακράν
4 μᾶλλον
1* Μάλχος
2 μανθάνω
2 μάννα
9 Μάρθα
15 Μαρία
33 μαρτυρέω
14 μαρτυρία
1 μαστιγόω
2 μάχαιρα
1 μάχομαι
18 μέγας
2 μεθερμηνεύω
1 μεθύσκω
2 μέλει
12 μέλλω
8 μέν
5 μέντοι
40 μένω
4 μέρος
6 μέσος
1* μεσόω
2* Μεσσίας
3 μεστός
55 μετά
3 μεταβαίνω
1 μεταξύ
1* μετρητής
1 μέτρον
117 μή
2 μηδέ
2 μηκέτι
1 μηνύω
1 μήποτε
11 μήτηρ
3 μήτι
1 μιαίνω
1* μίγμα
11 μικρός
3 μιμνῄσκομαι
12 μισέω
1 μισθός
2 μισθωτός
16 μνημεῖον
3 μνημονεύω
1 μοιχεία
1 μοιχεύω
2* μονή
4 μονογενής
15 μόνος
4 μύρον
13 Μωϋσῆς
2 Ναζαρέθ
3 Ναζωραῖος
6* Ναθαναήλ
3 ναί
3 ναός
1 νάρδος
8 νεκρός

1 νέος
1 νεύω
1 νικάω
5* Νικόδημος
1* νιπτήρ
13 νίπτω
1 νοέω
1 νομή
15 νόμος
1 νύμφη
4 νυμφίος
29 νῦν
6 νύξ
1* νύσσω
1 ξηραίνω
1 ξηρός
2185° ὁ
1 ὁδηγέω
1 ὁδοιπορία
4 ὁδός
1* ὄζω
4 ὀθόνιον
84 οἶδα
5 οἰκία
1 οἰκοδομέω
5 οἶκος
6 οἶνος
1 οἴομαι
2 ὀκτώ
6 ὅλος
2 ὅμοιος
3 ὁμοίως
4 ὁμολογέω
3 ὁμοῦ
1 ὅμως
1* ὀνάριον
25 ὄνομα
1 ὄνος
1 ὄντως
3 ὄξος
7 ὀπίσω
1 ὅπλον
30 ὅπου
1 ὅπως
65 ὁράω
1 ὀργή
1 ὄρθρος
5 ὄρος
1 ὀρφανός
158 ὅς
1 ὀσμή
10 ὅσος
1 ὀστέον
3 ὅστις
17 ὅταν
21 ὅτε
271 ὅτι
282 οὐ
17 οὐδέ
53 οὐδείς
1 οὐδέποτε
3 οὐδέπω
12 οὐκέτι
1* οὐκοῦν
200 οὖν
11 οὔπω
18 οὐρανός
9 οὔτε
239 οὗτος
14 οὕτως
5 οὐχί
2 ὀφείλω
18 ὀφθαλμός
1 ὄφις
20 ὄχλος
5* ὀψάριον
2 ὀψία
2 ὄψις
1* παιδάριον
3 παιδίον
1 παιδίσκη
1 παῖς
1 παίω
45 πάλιν
7 πάντοτε
35 παρά
2 παραγίνομαι
1 παράγω
15 παραδίδωμι
4 παράκλητος
2 παρακύπτω
3 παραλαμβάνω
2 παραμυθέομαι
3 παρασκευή
2 πάρειμι
2 παρίστημι
4 παροιμία
9 παρρησία
65 πᾶς
10 πάσχα
136 πατήρ
1 πατρίς
1 πεινάω
2 πειράζω
32 πέμπω
1* πενθερός
1 πεντακισχίλιοι
5 πέντε
2 πεντήκοντα
8 πέραν
67 περί
1 περιβάλλω
1* περιδέω
1 περιΐστημι
17 περιπατέω
2 περισσεύω
1 περισσός
3 περιστερά
1 περιτέμνω
1 περιτίθημι
2 περιτομή
34 Πέτρος
3 πηγή
5 πηλός
1 πῆχυς
8 πιάζω
20 Πιλᾶτος
11 πίνω
1 πιπράσκω
3 πίπτω
98 πιστεύω
1 πιστικός
1 πιστός
2 πλανάω
1 πλέκω
4 πλευρά
2 πλῆθος
1 πλήρης
15 πληρόω
1 πλήρωμα
1 πλησίον
4 πλοιάριον
7 πλοῖον
24 πνεῦμα
2 πνέω
13 πόθεν
110 ποιέω
1 ποιμαίνω
6 ποιμήν
1 ποίμνη
4 ποῖος
8 πόλις
1 πολλάκις
41 πολύς
1 πολύτιμος
3 πονηρός
16 πορεύομαι
1 πορνεία
2 πορφυροῦς
1 πόσις
1 ποταμός
1 ποτέ
2 πότε
1* πότερον
1 ποτήριον
19 ποῦ
14 πούς
4 πραιτώριον
2 πράσσω
1 πρεσβύτερος
3 πρίν
9 πρό
1* προβατικός
19 πρόβατον
102 πρός
1* προσαιτέω
1 προσαίτης
1 προσέρχομαι
2 προσκόπτω
11 προσκυνέω
1* προσκυνητής
1* προσφάγιον
2 προσφέρω
3 πρότερος
1 προτρέχω
1 πρόφασις
1 προφητεύω
14 προφήτης
2 πρωΐ
1 πρωΐα
14 πρῶτος
1* πτέρνα
1* πτύσμα
1 πτύω
4 πτωχός
2 πυνθάνομαι
1 πῦρ
1 πυρετός
2 πωλέω
1 πῶλος
4 πώποτε
1 πωρόω
20 πῶς
8 ῥαββι
1 ῥαββουνί
2 ῥάπισμα
1* ῥέω
12 ῥῆμα
1 Ῥωμαῖος
1* Ῥωμαϊστί
13 σάββατον
1* Σαλείμ
3 Σαμάρεια
4 Σαμαρίτης
2* Σαμαρῖτις
13 σάρξ
1 σατανᾶς
9 σεαυτοῦ
3 σημαίνω
17 σημεῖον
2 Σιλωάμ
25 Σίμων
1 σῖτος
1 Σιών
2 σκανδαλίζω
3* σκέλος
1 σκεῦος
1* σκηνοπηγία
1 σκηνόω
1 σκληρός
2 σκορπίζω
8 σκοτία
1 σκότος
1 σμύρνα
1 Σολομών
5 σός
2 σουδάριον
2 σπεῖρα
2 σπείρω
3 σπέρμα
1 σπήλαιον
1 σπόγγος
2 στάδιον
4 σταυρός
11 σταυρόω
2 στέφανος
2 στῆθος
2 στοά
1 στόμα
6 στρατιώτης
4 στρέφω
155 σύ
1 συγγενής
1* συγχράομαι
2 συκῆ
1 συλλαμβάνω
1 συμβουλεύω
1* συμμαθητής
3 συμφέρω
3 σύν
7 συνάγω
2 συναγωγή
1 συνέδριον
2* συνεισέρχομαι
2 συνέρχομαι
1 συνήθεια
1 συντίθημι
1 συντρίβω
1 σύρω
1 συσταυρόω
1* Συχάρ
2 σφραγίζω
2 σχίζω
3 σχίσμα
1 σχοινίον
6 σῴζω
6 σῶμα
1 σωτήρ
1 σωτηρία
6 ταράσσω
3 ταχέως
1 ταχύς
3 τέ
1 τεκνίον
3 τέκνον
5 τελειόω
1 τελευτάω
2 τελέω
1 τέλος
1 τέρας
2 τέσσαρες
1 τεσσεράκοντα
1* τεταρταῖος
1* τετράμηνος
18 τηρέω
3* Τιβεριάς
18 τίθημι
1 τίκτω
6 τιμάω
1 τιμή
79 τίς
57 τις
2* τίτλος
1 τό
3 τοιοῦτος
1 τολμάω
16 τόπος
4 τοσοῦτος
10 τότε
1 τράπεζα
4 τρεῖς
2 τρέχω

2 τριάκοντα
1 τριακόσιοι
1 τρίς
4 τρίτος
1 τροφή
5 τρώγω
2 τύπος
16 τυφλός
1 τυφλόω
6 ὑγιής
3* ὑδρία
21 ὕδωρ
55 υἱός
256 ὑμεῖς
3 ὑμέτερος
32 ὑπάγω
4 ὑπαντάω
1 ὑπάντησις
13 ὑπέρ
9 ὑπηρέτης
1 ὕπνος
2 ὑπό
1 ὑπόδειγμα
1 ὑπόδημα
1 ὑποκάτω
1 ὑπομιμνῄσκω
1 ὕσσωπος
1 ὑστερέω
1 ὕστερος
1* ὑφαντός
5 ὑψόω
2 φαίνω
9 φανερόω
1 φανερῶς
1* φανός
20 Φαρισαῖος
2 φαῦλος
17 φέρω
2 φεύγω
3 φημί
13 φιλέω
12 Φίλιππος
6 φίλος
5 φοβέομαι
3 φόβος
1 φοῖνιξ
1 φορέω
1* φραγέλλιον
2 φρέαρ
1 φυλακή
3 φυλάσσω
13 φωνέω
15 φωνή
23 φῶς
1 φωτίζω
9 χαίρω
2* χαμαί
9 χαρά
4 χάρις
1* χείμαρρος
1 χειμών
15 χείρ
1 χείρων
1 χιλίαρχος
2 χιτών
1* χολάω
1 χορτάζω
1 χόρτος
4 χρεία
19 Χριστός
4 χρόνος
1 χωλός
3 χώρα
3 χωρέω
1 χωρίον
3 χωρίς
1 ψεῦδος
2 ψεύστης
10 ψυχή
1 ψῦχος
4* ψωμίον
5 ὧδε
26 ὥρα
31 ὡς
1 ὡσαννά
2 ὥσπερ
1 ὥστε
1 ὠτάριον
1 ὠτίον
2 ὠφελέω

° Not included in concordance
* Word only occurs in this book

Frequency List (in Order of Occurrence)

2185° ὁ
828° καί
769° αὐτός
480 λέγω
463 ἐγώ
445 εἰμί
282 οὐ
271 ὅτι
256 ὑμεῖς
244 Ἰησοῦς
239 οὗτος
226 ἐν
213 δέ
200 οὖν
187 εἰς
165 ἐκ
158 ὅς
157 ἔρχομαι
155 σύ
145 ἵνα
136 πατήρ
117 μή
110 ποιέω
102 ἀλλά
102 πρός
98 πιστεύω
87 ἔχω
84 οἶδα
83 θεός
79 τίς
78 ἀποκρίνομαι
78 κόσμος
78 μαθητής
75 δίδωμι
70 ἐκεῖνος
70 Ἰουδαῖος
67 περί
65 ὁράω
65 πᾶς
64 γάρ
59 ἀκούω
59 ἄνθρωπος
59 διά
59 ἐάν
59 λαλέω
57 γινώσκω
57 τις
55 μετά
55 υἱός
53 οὐδείς
52 κύριος
51 γίνομαι
50 ἀμήν
49 εἰ
49 ἡμεῖς
46 λαμβάνω
45 πάλιν
42 ἀπό
41 ἐμός
41 πολύς
40 εἷς
40 λόγος
40 μένω
37 ἀγαπάω
37 δύναμαι
36 ἐπί
36 ζωή
35 παρά
34 ζητέω
34 Πέτρος
33 ἄλλος
33 μαρτυρέω
32 πέμπω
32 ὑπάγω
31 ἡμέρα
31 καθώς
31 ὡς
30 ἐξέρχομαι
30 κἀγώ
30 ὅπου
29 νῦν
28 ἀποθνήσκω
28 ἀποστέλλω
28 ἐρωτάω
27 ἑαυτοῦ
27 ἔργον
26 αἴρω
26 ὥρα
25 ἀλήθεια
25 ἄν
25 ὄνομα
25 Σίμων
24 ἄρτος
24 θεωρέω
24 πνεῦμα
23 δοξάζω
23 θέλω
23 Ἰωάννης
23 φῶς
22 γράφω
22 γυνή
22 ἐκεῖ
21 ἀπέρχομαι
21 ἀρχιερεύς
21 ὅτε
21 ὕδωρ
20 ἵστημι
20 ὄχλος
20 Πιλᾶτος
20 πῶς
20 Φαρισαῖος
19 ἀκολουθέω
19 δόξα
19 εὑρίσκω
19 κρίνω
19 ποῦ
19 πρόβατον
19 Χριστός
18 γεννάω
18 μέγας
18 οὐρανός
18 ὀφθαλμός
18 τηρέω
18 τίθημι
17 αἰώνιος
17 ἁμαρτία
17 βάλλω
17 βλέπω
17 Γαλιλαία
17 ἑορτή
17 ζάω
17 ἴδε
17 καταβαίνω
17 ὅταν
17 οὐδέ
17 περιπατέω
17 σημεῖον
17 φέρω
16 ἀναβαίνω
16 βασιλεύς
16 ἐμαυτοῦ
16 ἤδη
16 μνημεῖον
16 πορεύομαι
16 τόπος
16 τυφλός
15 ἀλλήλων
15 ἀφίημι
15 εἰσέρχομαι
15 ἐσθίω
15 ἴδιος
15 Μαρία
15 μόνος
15 νόμος
15 παραδίδωμι
15 πληρόω
15 φωνή
15 χείρ
14 ἀδελφός
14 ἀληθής
14 μαρτυρία
14 οὕτως
14 πούς
14 προφήτης
14 πρῶτος
13 ἄγω
13 αἰών
13 βαπτίζω
13 γῆ
13 δύο
13 ἐγείρω
13 ἔξω
13 Μωϋσῆς
13 νίπτω
13 πόθεν
13 σάββατον
13 σάρξ
13 ὑπέρ
13 φιλέω
13 φωνέω
12 ἀποκτείνω
12 ἄρτι
12 γραφή
12 ἤ
12 Ἰερουσαλήμ
12 μέλλω
12 μισέω
12 οὐκέτι
12 ῥῆμα
12 Φίλιππος
11 Ἀβραάμ
11 αἰτέω
11 ἀνοίγω
11 δοῦλος
11 ἐγγύς
11 θέλημα
11 ἱερόν
11 κρίσις
11 Λάζαρος
11 μήτηρ
11 μικρός
11 οὔπω
11 πίνω
11 προσκυνέω
11 σταυρόω
10 ἀπόλλυμι
10 δεῖ
10 διδάσκω
10 ἐντολή
10 ἕως
10 καρπός
10 κατά
10 ὅσος
10 πάσχα
10 τότε
10 ψυχή
9 ἀληθινός
9 θάλασσα
9 Ἰούδας
9 Μάρθα
9 οὔτε
9 παρρησία
9 πρό
9 σεαυτοῦ
9 ὑπηρέτης
9 φανερόω
9 χαίρω
9 χαρά
8 ἀνήρ
8 ἀνίστημι
8 ἀρχή
8 ἀσθενέω
8 διδάσκαλος
8 δοκέω
8 ἐξουσία
8 ἐργάζομαι
8 ἔτι
8 θάνατος
8 κλαίω
8 μέν
8 νεκρός
8 πέραν
8 πιάζω
8 πόλις
8 ῥαββί
8 σκοτία
7 ἀγάπη
7 ἀληθῶς
7 ἄρχων
7 δείκνυμι
7 ἔσχατος
7 θύρα
7 Θωμᾶς
7 Ἰουδαία
7 καλός
7 καρδία
7 κεῖμαι
7 λίθος
7 ὀπίσω
7 πάντοτε
7 πλοῖον
7 συνάγω
6 ἀδελφή
6 αἷμα
6 γονεύς
6 δαιμόνιον
6 διψάω
6 δώδεκα
6 εἰρήνη
6 ἐκβάλλω
6 ἐντεῦθεν
6 θαυμάζω
6 θεάομαι
6 ἱμάτιον
6 κραυγάζω
6 λύω
6 μέσος
6* Ναθαναήλ
6 νύξ
6 οἶνος
6 ὅλος
6 ποιμήν
6 στρατιώτης
6 σῴζω
6 σῶμα
6 ταράσσω
6 τιμάω
6 ὑγιής
6 φίλος
5 ἅγιος
5 ἀναγγέλλω
5 ἀναπίπτω
5 Ἀνδρέας
5 ἄνωθεν
5 ἀπολύω
5 βασιλεία
5 βαστάζω
5 Ἑβραϊστί
5 ἔθνος
5 ἐκλέγομαι

5 ἑλκύω
5 ἔμπροσθεν
5 ἐπαύριον
5 ἔρημος
5 Ἰσκαριώτης
5 Καϊάφας
5 κἀκεῖνος
5 Καφαρναούμ
5 κεφαλή
5 λιθάζω
5 μέντοι
5* Νικόδημος
5 οἰκία
5 οἶκος
5 ὄρος
5 οὐχί
5* ὀψάριον
5 πέντε
5 πηλός
5 σός
5 τελειόω
5 τρώγω
5 ὑψόω
5 φοβέομαι
5 ὧδε
4 ἁγιάζω
4 ἁμαρτάνω
4 ἁμαρτωλός
4 ἀναβλέπω
4 ἀνάκειμαι
4 ἀνάστασις
4* ἀντλέω
4 ἀρνέομαι
4 ἁρπάζω
4 Βηθανία
4 βρῶσις
4 γογγύζω
4 δεῖπνον
4 δεύτερος
4 δέω
4 δίκτυον
4 ἕκαστος
4 ἐντέλλομαι
4 ἐπαίρω
4 ἥκω
4 Ἠσαΐας
4 θερίζω
4 ἰδού
4 Ἰσραήλ
4 Ἰωσήφ
4 καθαρός
4 κάθημαι
4 καλῶς
4 κἄν
4* Κανά
4 καταλαμβάνω
4 κῆπος
4 κλέπτης
4* κλῆμα
4 κράβαττος
4 κράζω
4 λύπη
4 μᾶλλον
4 μέρος
4 μονογενής
4 μύρον
4 νυμφίος
4 ὁδός
4 ὀθόνιον
4 ὁμολογέω
4 παράκλητος
4 παροιμία
4 πλευρά
4 πλοιάριον
4 ποῖος
4 πραιτώριον
4 πτωχός
4 πώποτε
4 Σαμαρίτης
4 σταυρός
4 στρέφω
4 τοσοῦτος
4 τρεῖς
4 τρίτος
4 ὑπαντάω
4 χάρις
4 χρεία
4 χρόνος
4* ψωμίον
3 ἀγαθός
3 ἄγγελος
3 ἀγοράζω
3 αἰτία
3 ἄμπελος
3 ἄνω
3* ἀποσυνάγωγος
3* ἀρχιτρίκλινος
3 αὐλή
3 γεμίζω
3 γνωρίζω
3 δάκτυλος
3 διάβολος
3* διαζώννυμι
3 διακονέω
3 διάκονος
3 διδαχή
3* Δίδυμος
3 δίκαιος
3 διώκω
3 εἶτα
3 ἐκμάσσω
3 ἐλέγχω
3 Ἕλλην
3 ἐμβαίνω
3 ἐνιαυτός
3 ἕξ
3 ἔτος
3 εὐθέως
3 εὐθύς
3 εὐχαριστέω
3 ζωοποιέω
3 θερμαίνω
3 θυρωρός
3 Ἰακώβ
3 ἰάομαι
3 Ἰορδάνης
3 ἰχθύς
3 καθέζομαι
3 καθίζω
3 καιρός
3 Καῖσαρ
3 κατάγνυμι
3 κατηγορέω
3* κολυμβήθρα
3 κοπιάω
3 κρυπτός
3 κρύπτω
3 κώμη
3 λαός
3 λῃστής
3 Μαγδαληνή
3 μεστός
3 μεταβαίνω
3 μήτι
3 μιμνῄσκομαι
3 μνημονεύω
3 Ναζωραῖος
3 ναί
3 ναός
3 ὁμοίως
3 ὁμοῦ
3 ὄξος
3 ὅστις
3 οὐδέπω
3 παιδίον
3 παραλαμβάνω
3 παρασκευή
3 περιστερά
3 πηγή
3 πίπτω
3 πονηρός
3 πρίν
3 πρότερος
3 Σαμάρεια
3 σημαίνω
3* σκέλος
3 σπέρμα
3 συμφέρω
3 σύν
3 σχίσμα
3 ταχέως
3 τέ
3 τέκνον
3* Τιβεριάς
3 τοιοῦτος
3* ὑδρία
3 ὑμέτερος
3 φημί
3 φόβος
3 φυλάσσω
3 χώρα
3 χωρέω
3 χωρίς
2 ἀγαλλιάω
2 ἀλείφω
2 ἀλέκτωρ
2 ἀλλότριος
2 ἀμνός
2* ἀνακύπτω
2* ἀνθρακιά
2 Ἅννας
2 ἀποκόπτω
2 ἀπόκρισις
2 ἀριστάω
2 ἀρκέω
2 ἄρχω
2 ἀσθένεια
2 βάπτω
2 Βαραββᾶς
2 βασιλικός
2 Βηθσαϊδά
2 βιβλίον
2 βόσκω
2 βουλεύομαι
2 βοῦς
2 γάμος
2 γεύομαι
2* γλωσσόκομον
2 γνωστός
2 γράμμα
2 Δαυίδ
2 δεξιός
2 δεῦτε
2 δηνάριον
2 διακόσιοι
2 διέρχομαι
2 δικαιοσύνη
2 ἑκατόν
2 ἐκεῖθεν
2 ἐκπορεύομαι
2 ἔκτος
2 ἐλεύθερος
2 ἐλευθερόω
2 ἐμβλέπω
2 ἐμβριμάομαι
2 ἐμφανίζω
2 ἐνθάδε
2 ἔξεστιν
2 ἐπάνω
2 ἐπεί
2 ἐπερωτάω
2 ἐπιβάλλω
2 ἐπίκειμαι
2 ἐπιτίθημι
2* ἐπιχρίω
2 ἐραυνάω
2 ἑρμηνεύω
2 ἑτοιμάζω
2 ζώννυμι
2 Ἠλίας
2 ἡλικία
2* ἧλος
2 θερισμός
2 θλῖψις
2 θνῄσκω
2 θρίξ
2 καθαρισμός
2 καινός
2 καίω
2 κακός
2 καλέω
2 κατάκειμαι
2 κατακρίνω
2 κάτω
2 κλάσμα
2 κλείω
2 κοιλία
2 κοιμάομαι
2 κόλπος
2 κρατέω
2* κρίθινος
2 λαλιά
2* λέντιον
2 λευκός
2* λίτρα
2 λύκος
2 λυπέω
2 μακάριος
2 μανθάνω
2 μάννα
2 μάχαιρα
2 μεθερμηνεύω
2 μέλει
2* Μεσσίας
2 μηδέ
2 μηκέτι
2 μισθωτός
2* μονή
2 Ναζαρέθ
2 ὀκτώ
2 ὅμοιος
2 ὀφείλω
2 ὀψία
2 ὄψις
2 παραγίνομαι
2 παρακύπτω
2 παραμυθέομαι
2 πάρειμι
2 παρίστημι
2 πειράζω
2 πεντήκοντα
2 περισσεύω
2 περιτομή
2 πλανάω
2 πλῆθος
2 πνέω
2 πορφυροῦς
2 πότε
2 πράσσω
2 προσκόπτω
2 προσφέρω
2 πρωΐ
2 πυνθάνομαι
2 πωλέω
2 ῥάπισμα
2* Σαμαρῖτις
2 Σιλωάμ
2 σκανδαλίζω
2 σκορπίζω
2 σουδάριον
2 σπεῖρα
2 σπείρω
2 στάδιον
2 στέφανος

2 στῆθος
2 στοά
2 συκῆ
2 συναγωγή
2* συνεισέρχομαι
2 συνέρχομαι
2 σφραγίζω
2 σχίζω
2 τελέω
2 τέσσαρες
2* τίτλος
2 τρέχω
2 τριάκοντα
2 τύπος
2 ὑπό
2 φαίνω
2 φαῦλος
2 φεύγω
2 φρέαρ
2* χαμαί
2 χιτών
2 ψεύστης
2 ὥσπερ
2 ὠφελέω
1* ἀγγέλλω
1 ἁγνίζω
1 ἀγωνίζομαι
1 ἀδικία
1 ἀθετέω
1 αἰγιαλός
1* Αἰνών
1 ἄκανθα
1 ἀκάνθινος
1 ἀκοή
1* ἁλιεύω
1* ἀλλαχόθεν
1 ἅλλομαι
1* ἀλόη
1 ἀνά
1 ἀναγινώσκω
1 ἀναμάρτητος
1 ἀνατρέπω
1 ἀναχωρέω
1 ἄνεμος
1 ἀνέρχομαι
1 ἀνθρωποκτόνος
1 ἀντί
1 ἀντιλέγω
1* ἄντλημα
1 ἄξιος
1 ἀπαγγέλλω
1 ἅπας
1 ἀπειθέω
1 ἄπιστος
1 ἀποβαίνω
1 ἀποκαλύπτω
1 ἀπορέω
1 ἀπόστολος
1 ἅπτω
1 ἀπώλεια
1* ἄραφος
1 ἀρεστός
1 ἀριθμός
1 Ἀριμαθαία
1 ἀρνίον
1 ἄρωμα
1 ἀτιμάζω
1 αὐξάνω
1 αὐτόφωρος
1 βαθύς
1* βάϊον
1* Βηθζαθά
1 Βηθλέεμ
1 βῆμα
1* βιβρώσκω
1 βλασφημέω
1 βλασφημία
1 βοάω
1 βούλομαι
1 βραχίων
1 βραχύς
1 βροντή
1 βρῶμα
1* Γαββαθα
1 γαζοφυλάκιον
1 Γαλιλαῖος
1 γείτων
1* γενετή
1* γέρων
1 γεωργός
1 γηράσκω
1 γογγυσμός
1 Γολγοθᾶ
1 γραμματεύς
1 γυμνός
1 δαιμονίζομαι
1* δακρύω
1* δειλιάω
1 δεκαπέντε
1 δέκατος
1 δέρω
1 δεῦρο
1 δέχομαι
1 διαδίδωμι
1 διαμερίζω
1 διασκορπίζω
1 διασπορά
1 διατρίβω
1 διδακτός
1 διεγείρω
1 δόλος
1 δουλεύω
1 δωρεά
1 δωρεάν
1 ἕβδομος
1* ἐγκαίνια
1 ἔθος
1 εἶδος
1 εἴκοσι
1 εἰσάγω
1 ἐκκεντέω
1* ἐκνεύω
1 ἐκτείνω
1 ἐκχύννομαι
1 ἐλαία
1 ἐλάσσων
1 ἐλαττόω
1 ἐλαύνω
1 Ἑλληνιστί
1 ἐλπίζω
1 ἐμπίπλημι
1* ἐμπόριον
1* ἐμφυσάω
1 ἐνταφιάζω
1 ἐνταφιασμός
1 ἐντυλίσσω
1 ἐνώπιον
1 ἐξάγω
1 ἐξετάζω
1 ἐξηγέομαι
1* ἐξυπνίζω
1* ἐπάρατος
1 ἔπειτα
1* ἐπενδύτης
1 ἐπίγειος
1 ἐπιθυμία
1 ἐπιλέγω
1 ἐπιμένω
1 ἐπιστρέφω
1 ἐπιτρέπω
1 ἐπουράνιος
1 ἔσω
1 ἕτερος
1 ἕτοιμος
1 εὐθύνω
1 εὐλογέω
1* Ἐφραίμ
1 ἐχθές
1 Ζεβεδαῖος
1 ζῆλος
1 ζήτησις
1* ἤπερ
1 θαρσέω
1 θαυμαστός
1* θεοσεβής
1 θεραπεύω
1* θήκη
1* θρέμμα
1 θρηνέω
1 θυγάτηρ
1 θύω
1 ἱερεύς
1 Ἱεροσολυμίτης
1 ἱμάς
1 ἱματισμός
1 ἴσος
1 Ἰσραηλίτης
1 ἰσχύω
1* καθαίρω
1* καίτοιγε
1 κἀκεῖ
1 κακῶς
1 καταβολή
1 καταγράφω
1 κατακύπτω
1 καταλείπω
1 κατεσθίω
1 κατηγορία
1* Κεδρών
1* κειρία
1* κέρμα
1* κερματιστής
1* κηπουρός
1 Κηφᾶς
1 κλέπτω
1 κλῆρος
1 κλίνω
1* Κλωπᾶς
1* κοίμησις
1 κόκκος
1 κολλυβιστής
1* κομψότερον
1 κόπος
1 κόφινος
1 κρανίον
1 κρίμα
1 κυκλόω
1* κύπτω
1 λαγχάνω
1 λάθρα
1 λαμπάς
1 λατρεία
1 Λευίτης
1 λίθινος
1* λιθόστρωτος
1 λογίζομαι
1* λόγχη
1 λοιδορέω
1 λούω
1 λύχνος
1 μαίνομαι
1 μακράν
1* Μάλχος
1 μαστιγόω
1 μάχομαι
1 μεθύσκω
1* μεσόω
1 μεταξύ
1* μετρητής
1 μέτρον
1 μηνύω
1 μήποτε
1 μιαίνω
1* μίγμα
1 μισθός
1 μοιχεία
1 μοιχεύω
1 νάρδος
1 νέος
1 νεύω
1 νικάω
1* νιπτήρ
1 νοέω
1 νομή
1 νύμφη
1* νύσσω
1 ξηραίνω
1 ξηρός
1 ὁδηγέω
1 ὁδοιπορία
1* ὄζω
1 οἰκοδομέω
1 οἴομαι
1 ὅμως
1* ὀνάριον
1 ὄνος
1 ὄντως
1 ὅπλον
1 ὅπως
1 ὀργή
1 ὄρθρος
1 ὀρφανός
1 ὀσμή
1 ὀστέον
1 οὐδέποτε
1* οὐκοῦν
1 ὄφις
1* παιδάριον
1 παιδίσκη
1 παῖς
1 παίω
1 παράγω
1 πατρίς
1 πεινάω
1* πενθερός
1 πεντακισχίλιοι
1 περιβάλλω
1* περιδέω
1 περιΐστημι
1 περισσός
1 περιτέμνω
1 περιτίθημι
1 πῆχυς
1 πιπράσκω
1 πιστικός
1 πιστός
1 πλέκω
1 πλήρης
1 πλήρωμα
1 πλησίον
1 ποιμαίνω
1 ποίμνη
1 πολλάκις
1 πολύτιμος
1 πορνεία
1 πόσις
1 ποταμός
1 ποτέ
1* πότερον
1 ποτήριον
1 πρεσβύτερος
1* προβατικός
1* προσαιτέω
1 προσαίτης
1 προσέρχομαι
1* προσκυνητής
1* προσφάγιον
1 προτρέχω
1 πρόφασις
1 προφητεύω

1 πρωΐα
1* πτέρνα
1* πτύσμα
1 πτύω
1 πῦρ
1 πυρετός
1 πῶλος
1 πωρόω
1 ῥαββουνί
1* ῥέω
1 Ῥωμαῖος
1* Ῥωμαϊστί
1* Σαλείμ
1 σατανᾶς
1 σῖτος
1 Σιών
1 σκεῦος
1* σκηνοπηγία
1 σκηνόω
1 σκληρός
1 σκότος
1 σμύρνα
1 Σολομών
1 σπήλαιον
1 σπόγγος
1 στόμα
1 συγγενής
1* συγχράομαι
1 συλλαμβάνω
1 συμβουλεύω
1* συμμαθητής
1 συνέδριον
1 συνήθεια
1 συντίθημι
1 συντρίβω
1 σύρω
1 συσταυρόω
1* Συχάρ
1 σχοινίον
1 σωτήρ
1 σωτηρία
1 ταχύς
1 τεκνίον
1 τελευτάω
1 τέλος
1 τέρας
1 τεσσεράκοντα
1* τεταρταῖος
1* τετράμηνος
1 τίκτω
1 τιμή
1 τό
1 τολμάω
1 τράπεζα
1 τριακόσιοι
1 τρίς
1 τροφή
1 τυφλόω
1 ὑπάντησις
1 ὕπνος
1 ὑπόδειγμα
1 ὑπόδημα
1 ὑποκάτω
1 ὑπομιμνήσκω
1 ὕσσωπος
1 ὑστερέω
1 ὕστερος
1* ὑφαντός
1 φανερῶς
1* φανός
1 φοῖνιξ
1 φορέω
1* φραγέλλιον
1 φυλακή
1 φωτίζω
1* χείμαρρος
1 χειμών
1 χείρων
1 χιλίαρχος
1* χολάω
1 χορτάζω
1 χόρτος
1 χωλός
1 χωρίον
1 ψεῦδος
1 ψῦχος
1 ὡσαννά
1 ὥστε
1 ὠτάριον
1 ὠτίον

° Not included in concordance
* Word only occurs in this book

Acts – Statistics

2027 Total word count
255 Number of words occurring at least 10 times
939 Number of words occurring once

Words whose occurrences in this book account for at least 25% of occurrences in the entire NT

100%

15/15 Σαῦλος (*Saulos*; Saul)
13/13 Φῆστος (*Phēstos*; Festus)
12/12 Σίλας (*Silas*; Silas)
11/11 Ἀγρίππας (*Agrippas*; Agrippa), Ἁνανίας (*Hananias*; Ananias)
10/10 Ἰόππη (*Ioppē*; Joppa)
9/9 μεταπέμπω (*metapempō*; send for), Σαούλ (*Saoul*; Saul), Φῆλιξ (*Phēlix*; Felix)
8/8 Κορνήλιος (*Kornēlios*; Cornelius)
7/7 Στέφανος (*Stephanos*; Stephen)
6/6 διάλεκτος (*dialektos*; language), διαφθορά (*diaphthora*; decay)
5/5 ἀνθύπατος (*anthypatos*; proconsul), Ἄρτεμις (*Artemis*; Artemis), ἔπειμι (*epeimi*; come after), Ἐφέσιος (*Ephesios*; Ephesian), ζήτημα (*zētēma*; controversial question), Κύπρος (*Kypros*; Cyprus), Παμφυλία (*Pamphylia*; Pamphylia), συγχέω (*syncheō*; confound or bewilder)
4/4 ἀποπλέω (*apopleō*; set sail), δῆμος (*dēmos*; people), δημόσιος (*dēmosios*; public), ἐκτίθημι (*ektithēmi*; explain), ἔξειμι (*exeimi*; go away), ἐπιβουλή (*epiboulē*; plot), ἐπιστηρίζω (*epistērizō*; strengthen), κατασείω (*kataseiō*; motion), καταφέρω (*katapherō*; bring), κατήγορος (*katēgoros*; accuser), μετακαλέω (*metakaleō*; send for), ὑπερῷον (*hyperōon*; upstairs room)
3/3 ἀνατρέφω (*anatrephō*; bring up), ἀποφθέγγομαι (*apophthengomai*; speak), ἄφνω (*aphnō*; suddenly), Βερνίκη (*Bernikē*; Bernice), βία (*bia*; force), βυρσεύς (*byrseus*; tanner), Γαλλίων (*Galliōn*; Gallio), Δέρβη (*Derbē*; Derbe), δεσμοφύλαξ (*desmophylax*; jailer), διασπείρω (*diaspeirō*; scatter), Ἑβραΐς (*Hebrais*; Hebrew language), ἐκπλέω (*ekpleō*; sail), ἐκψύχω (*ekpsychō*; die), Ἑλληνιστής (*Hellēnistēs*; a Hellenist), Κλαύδιος (*Klaudios*; Claudius), Κύπριος (*Kyprios*; a Cyprian), λιμήν (*limēn*; harbor), Λύδδα (*Lydda*; Lydda), νεανίας (*neanias*; young man), πατρῷος (*patrōos*; belonging to one's ancestors), Πέργη (*Pergē*; Perga), πλόος (*ploos*; voyage), πνικτός (*pniktos*; strangled), Πρίσκιλλα (*Priskilla*; Priscilla), προχειρίζομαι (*procheirizomai*; choose or appoint for oneself), Σεβαστός (*Sebastos*; [belonging to] the emperor, imperial), σκάφη (*skaphē*; ship), στερεόω (*stereoō*; make strong), Ταρσός (*Tarsos*; Tarsus), ὑπηρετέω (*hypēreteō*; serve), ὑπονοέω (*hyponoeō*; suppose), Φοινίκη (*Phoinikē*; Phoenicia), Φρυγία (*Phrygia*; Phrygia), φύλαξ (*phylax*; guard)
2/2 Ἅγαβος (*Hagabos*; Agabus), ἀγοραῖος (*agoraios*; loafer, court session), Ἀθηναῖος (*Athēnaios*; Athenian), Αἰθίοψ (*Aithiops*; Ethiopian), Αἰνέας (*Aineas*; Aeneas), ἀκατάκριτος (*akatakritos*; without trial by law), Ἀλεξανδρεύς (*Alexandreus*; an Alexandrian), Ἀλεξανδρῖνος (*Alexandrinos*; of Alexandria), ἀναβαθμός (*anabathmos*; [flight of] steps), ἀνετάζω (*anetazō*; examine), ἀνοικοδομέω (*anoikodomeō*; rebuild), Ἄρειος (*Areios*; Areopagus), Ἆσσος (*Assos*; Assos), Βαρσαββᾶς (*Barsabbas*; Barsabbas), Βέροια (*Beroia*; Berea), βολίζω (*bolizō*; take a sounding), Γαλατικός (*Galatikos*; Galatian), Γαμαλιήλ (*Gamaliēl*; Gamaliel), δεσμώτης (*desmōtēs*; prisoner), διαγινώσκω (*diaginōskō*; investigate), διαπονέομαι (*diaponeomai*; be greatly annoyed), διαπρίω (*diapriō*; be furious or enraged), διαχειρίζω (*diacheirizō*; kill), διετία (*dietia*; two-year period), δικαστής (*dikastēs*; judge), Δορκάς (*Dorkas*; Dorcas), ἔγκλημα (*enklēma*; charge), ἐκδιηγέομαι (*ekdiēgeomai*; tell or relate), ἐκεῖσε (*ekeise*; there), ἐκπέμπω (*ekpempō*; send out), ἐνέδρα (*enedra*; ambush), ἐξωθέω (*exōtheō*; drive out), ἐπαρχεία (*eparcheia*; province), ἐπεγείρω (*epegeirō*; stir up), ἐπιδημέω

(*epidēmeō*; visit), εὐθυδρομέω (*euthydromeō*; sail a straight course), εὐφροσύνη (*euphrosynē*; gladness), Ζεύς (*Zeus*; Zeus), Ἰούλιος (*Ioulios*; Julius), ἱππεύς (*hippeus*; horseman), καρδιογνώστης (*kardiognōstēs*; knower of hearts), καταστέλλω (*katastellō*; quieten), κατάσχεσις (*kataschesis*; possession, act of possessing), κατατίθημι (*katatithēmi*; lay), Λυδία (*Lydia*; Lydia), Λυσίας (*Lysias*; Lysias), Μαθθίας (*Maththias*; Matthias), μεσημβρία (*mesēmbria*; noon), Μεσοποταμία (*Mesopotamia*; Mesopotamia), μετοικίζω (*metoikizō*; make to move), μηδαμῶς (*mēdamōs*; no), Μυσία (*Mysia*; Mysia), ὀθόνη (*othonē*; large piece of cloth), ὀργυιά (*orguia*; fathom), οὐρανόθεν (*ouranothen*; from heaven), πάγος (*pagos*; Areopagus), παραινέω (*paraineō*; advise), παραλέγομαι (*paralegomai*; sail or coast along), Πάφος (*Paphos*; Paphos), περιαστράπτω (*periastraptō*; flash around), πνοή (*pnoē*; wind), πολιτάρχης (*politarchēs*; city official), Πόπλιος (*Poplios*; Publius), προκαταγγέλλω (*prokatangellō*; announce beforehand or long ago), προσλαλέω (*proslaleō*; speak to or with), πρῷρα (*prōra*; bow), πυρά (*pyra*; fire), ῥαβδοῦχος (*rhabdouchos*; [police] officer), συναθροίζω (*synathroizō*; gather), συνοράω (*synoraō*; realize), συστροφή (*systrophē*; uproar), Συχέμ (*Sychem*; Shechem), Ταβιθά (*Tabitha*; Tabitha), τάραχος (*tarachos*; confusion), Ταρσεύς (*Tarseus*; man of Tarsus), Τέρτυλλος (*Tertyllos*; Tertullus), τεσσαρεσκαιδέκατος (*tessareskaidekatos*; fourteenth), τεσσερακονταετής (*tesserakontaetēs*; forty years), τιμωρέω (*timōreō*; punish), ὑποπλέω (*hypopleō*; sail under the shelter of), Χανάαν (*Chanaan*; Canaan), Χαρράν (*Charran*; Haran), χειραγωγέω (*cheiragōgeō*; lead by the hand)

1/1[2] συντόμως (*syntomōs*; briefly)

1/1 ἁγνισμός (*hagnismos*; purification), ἄγνωστος (*agnōstos*; unknown), ἀγράμματος (*agrammatos*; uneducated), Ἀδραμυττηνός (*Adramyttēnos*; Adramyttium), Ἀδρίας (*Adrias*; Adriatic Sea), Ἄζωτος (*Azōtos*; Azotus), αἰτίωμα (*aitiōma*; charge), Ἁκελδαμάχ (*Hakeldamach*; Akeldama), ἀκρίβεια (*akribeia*; strictness), ἀκριβής (*akribēs*; strict), ἀκροατήριον (*akroatērion*; audience hall), ἀκωλύτως (*akōlytōs*; unhindered), ἀλίσγημα (*alisgēma*; defilement), ἀλλόφυλος (*allophylos*; foreign), ἀμάρτυρος (*amartyros*; without evidence or witness), ἀμύνομαι (*amynomai*; come to help), Ἀμφίπολις (*Amphipolis*; Amphipolis), ἀναβάλλω (*anaballō*; postpone), ἀναβολή (*anabolē*; delay), ἀναγνωρίζω (*anagnōrizō*; make oneself known again), ἀναδίδωμι (*anadidōmi*; deliver), ἀναίρεσις (*anairesis*; killing), ἀνάκρισις (*anakrisis*; preliminary hearing), ἀναντίρρητος (*anantirrētos*; undeniable), ἀναντιρρήτως (*anantirrētōs*; without objection or hesitation), ἀναπείθω (*anapeithō*; incite), ἀνασκευάζω (*anaskeuazō*; disturb), ἀνάψυξις (*anapsyxis*; refreshing), ἀνεύθετος (*aneuthetos*; unsuitable), ἄντικρυς (*antikrys*; opposite), Ἀντιοχεύς (*Antiocheus*; a man of Antioch), Ἀντιπατρίς (*Antipatris*; Antipatris), ἀντιπίπτω (*antipiptō*; resist), ἀντοφθαλμέω (*antophthalmeō*; head into), ἀνωτερικός (*anōterikos*; upper), ἀπασπάζομαι (*apaspazomai*; say goodbye), ἄπειμι (*apeimi*; go), ἀπελαύνω (*apelaunō*; drive away), ἀπελεγμός (*apelegmos*; discredit), ἀπερίτμητος (*aperitmētos*; stubborn), ἀποκατάστασις (*apokatastasis*; restoration), Ἀπολλωνία (*Apollōnia*; Apollonia), ἀποπίπτω (*apopiptō*; fall from), ἀπορίπτω (*aporiptō*; jump overboard), ἀποφορτίζομαι (*apophortizomai*; unload), Ἀππίος (*Appios*; [forum of] Appius), Ἄραψ (*Araps*; Arab), ἀργυροκόπος (*argyrokopos*; silversmith), Ἀρεοπαγίτης (*Areopagitēs*; Areopagite), ἀρτέμων (*artemōn*; foresail), ἀρχιερατικός (*archieratikos*; high-priestly), ἄσημος (*asēmos*; insignificant), Ἀσιανός (*Asianos*; one from the Roman province of Asia), Ἀσιάρχης (*Asiarchēs*; Asiarch), ἀσιτία (*asitia*; lack of appetite), ἄσιτος (*asitos*; without food), ἀσκέω (*askeō*; endeavor), ἀσμένως (*asmenōs*; gladly), ἆσσον (*asson*; as close as possible), ἀσύμφωνος (*asymphōnos*; in disagreement), Ἀττάλεια (*Attaleia*; Attalia), αὐγή (*augē*; daybreak), αὐτόχειρ (*autocheir*; with one's own hand[s]), ἀφελότης (*aphelotēs*; simplicity), ἄφιξις (*aphixis*; departure), ἀχλύς (*achlys*; mistiness), Βαριησοῦς (*Bariēsous*; Bar-Jesus), βάσις (*basis*; foot), βάτος (*batos*; bush), Βεροιαῖος (*Beroiaios*; Berean), βίαιος (*biaios*; violent), βίωσις (*biōsis*; way of life), Βλάστος (*Blastos*; Blastus), βραδυπλοέω (*bradyploeō*; sail slowly), βρύχω (*brychō*; grind), βωμός (*bōmos*; altar), γάζα (*gaza*; treasury), Γάζα (*Gaza*; Gaza), γερουσία (*gerousia*; Council), γλεῦκος (*gleukos*; new wine), γνώστης (*gnōstēs*; one familiar with), Δάμαρις (*Damaris*; Damaris), δεισιδαιμονία (*deisidaimonia*; religion), δεισιδαίμων (*deisidaimōn*; religious), δεξιολάβος (*dexiolabos*; soldier), Δερβαῖος (*Derbaios*; of Derbe), δευτεραῖος (*deuteraios*; in two days or on the second day), δημηγορέω (*dēmēgoreō*; make a speech), διάγνωσις (*diagnōsis*; decision), διαδέχομαι (*diadechomai*; receive possession of), διάδοχος (*diadochos*; successor), διακατελέγχομαι (*diakatelenchomai*; defeat), διακούω (*diakouō*; hear), διαλύω (*dialyō*; scatter), διαμάχομαι (*diamachomai*; protest violently), διανέμω (*dianemō*; spread), διανύω (*dianyō*; complete), διαπλέω (*diapleō*; sail across), διάστημα (*diastēma*; interval), διατελέω (*diateleō*; continue), διαφεύγω (*diapheugō*; escape), διαχλευάζω (*diachleuazō*; make fun), διενθυμέομαι (*dienthymeomai*; think over), διερωτάω (*dierōtaō*; learn by inquiry), διθάλασσος (*dithalassos*; between the seas), Διονύσιος (*Dionysios*; Dionysius), διοπετής (*diopetēs*; fallen from heaven), διόρθωμα (*diorthōma*; improvement), Διόσκουροι (*Dioskouroi*; Dioscuri), Δρούσιλλα (*Drousilla*; Drusilla), δυσεντέριον (*dysenterion*; dysentery), δωδεκάφυλον (*dōdekaphylon*; the twelve tribes), ἔδαφος (*edaphos*; ground), εἰσκαλέομαι (*eiskaleomai*; invite in), εἰσπηδάω (*eispēdaō*; rush in), εἰστρέχω (*eistrechō*; run in), ἐκβολή (*ekbolē*; throwing overboard), ἔκδοτος (*ekdotos*; given over), ἔκθαμβος (*ekthambos*; greatly surprised or alarmed), ἔκθετος (*ekthetos*; abandoned out of doors), ἐκκολυμβάω (*ekkolymbaō*; swim away), ἐκλαλέω (*eklaleō*; tell), ἐκπηδάω (*ekpēdaō*; rush out), ἐκπληρόω (*ekplēroō*; fulfill), ἐκπλήρωσις (*ekplērōsis*; completion), ἐκταράσσω (*ektarassō*; stir up trouble, agitate), ἐκτένεια (*ekteneia*; earnestness), ἐλαιών (*elaiōn*; olive orchard), Ἐλαμίτης (*Elamitēs*; an Elamite), ἔλευσις (*eleusis*; coming), Ἑλλάς (*Hellas*; Greece), Ἐλύμας (*Elymas*; Elymas), ἐμβιβάζω (*embibazō*; put aboard), ἐμμαίνομαι (*emmainomai*; be enraged or infuriated), Ἑμμώρ (*Hemmōr*; Hamor), ἐμπνέω (*empneō*; breathe), ἐνδεής (*endeēs*; needy), ἐνεός (*eneos*; speechless), ἐντόπιος (*entopios*; local), ἐνύπνιον (*enypnion*; dream), ἐνωτίζομαι (*enōtizomai*; pay close attention to), ἐξάλλομαι (*exallomai*; jump up), ἐξολεθρεύω (*exolethreuō*; destroy), ἐξορκιστής (*exorkistēs*; exorcist), ἐξοχή (*exochē*; prominence), ἔξυπνος (*exypnos*; awake), ἐπακροάομαι (*epakroaomai*; listen to), ἐπάναγκες (*epanankes*; necessarily), ἔπαυλις (*epaulis*; house), ἐπέκεινα (*epekeina*; beyond), ἐπιγίνομαι (*epiginomai*; spring up), ἐπικέλλω (*epikellō*; run aground), Ἐπικούρειος (*Epikoureios*; Epicurean), ἐπικουρία (*epikouria*; help), ἐπιμέλεια (*epimeleia*; care), ἐπινεύω (*epineuō*; consent), ἐπίνοια (*epinoia*; intent), ἐπισκευάζομαι (*episkeuazomai*; make ready), ἐπιστροφή (*epistrophē*; conversion), ἐπισφαλής (*episphalēs*; dangerous), ἐπιτροπή (*epitropē*; commission), ἐπιφανής (*epiphanēs*; glorious), ἐρείδω (*ereidō*; stick fast), εὐεργετέω (*euergeteō*; do good), εὔθυμος (*euthymos*; encouraged), εὐθύμως (*euthymōs*; cheerfully), εὐπορέω (*euporeō*; have financial means), εὐπορία (*euporia*; wealth), εὐρακύλων (*eurakylōn*; a northeast wind), Εὔτυχος (*Eutychos*; Eutychus), ἐφάλλομαι (*ephallomai*; jump on), ζευκτηρία (*zeuktēria*; rope), θάρσος (*tharsos*; courage), θεά (*thea*; goddess), θεομάχος (*theomachos*; opposing God), θέρμη (*thermē*; heat), Θευδᾶς (*Theudas*; Theudas), θυμομαχέω (*thymomacheō*; be very angry), ἱερόσυλος (*hierosylos*; a sacrilegious person), Ἰταλικός (*Italikos*; Italian), Ἰωήλ (*Iōēl*; Joel), καθάπτω (*kathaptō*; fasten on), καθημερινός (*kathēmerinos*; daily), καθόλου (*katholou*; completely), κάκωσις (*kakōsis*; cruel suffering), Κανδάκη (*Kandakē*; Candace), καρποφόρος (*karpophoros*; fruitful), καταγγελεύς (*katangeleus*; proclaimer), καταδίκη (*katadikē*; sentence), κατακληρονομέω (*kataklēronomeō*; make [someone] the owner), κατάλοιπος (*kataloipos*; rest), καταμένω (*katamenō*; stay), κατανύσσομαι (*katanyssomai*; be stabbed), καταριθμέω (*katarithmeō*; number), κατασοφίζομαι (*katasophizomai*; take advantage of by deception or trickery), κατατρέχω (*katatrechō*; run down), καταφρονητής (*kataphronētēs*; scoffer), κατείδωλος (*kateidōlos*; full of idols), κατεφίσταμαι (*katephistamai*; attack), κατοικία (*katoikia*; place in which one lives), Καῦδα (*Kauda*; Cauda), Κίς (*Kis*; Kish), κλινάριον (*klinarion*; small bed), Κνίδος (*Knidos*; Cnidus), κοιτών (*koitōn*; bedroom), κολυμβάω (*kolymbaō*; swim), κολωνία (*kolōnia*; colony), κοπετός (*kopetos*; weeping), κουφίζω (*kouphizō*; lighten), κτήτωρ (*ktētōr*; owner), Κυρήνη (*Kyrēnē*; Cyrene),

Κώς (*Kōs*; Cos), λακάω (*lakaō*; burst open), λακτίζω (*laktizō*; kick), λαμπρότης (*lamprotēs*; brightness), Λασαία (*Lasaia*; Lasea), λεπίς (*lepis*; flake), Λιβερτῖνος (*Libertinos*; Freedman), Λιβύη (*Libyē*; Libya), λίψ (*lips*; the southwest wind), λόγιος (*logios*; eloquent), Λυκαονία (*Lykaonia*; Lycaonia), Λυκαονιστί (*Lykaonisti*; in the Lycaonian language), Λυκία (*Lykia*; Lycia), λυμαίνομαι (*lymainomai*; harass), λυτρωτής (*lytrōtēs*; liberator), μαγεία (*mageia*; magic), μαγεύω (*mageuō*; practice magic), Μαδιάμ (*Madiam*; Midian), μαθήτρια (*mathētria*; woman disciple), μακροθύμως (*makrothymōs*; patiently), Μαναήν (*Manaēn*; Manaen), μανία (*mania*; madness), μαντεύομαι (*manteuomai*; tell fortunes), μαστίζω (*mastizō*; beat with a whip), μεγαλεῖος (*megaleios*; mighty act or deed), Μελίτη (*Melitē*; Malta), μεστόω (*mestoō*; be full), μεταβάλλω (*metaballō*; change one's mind), μετρίως (*metriōs*; measurably), Μῆδος (*Mēdos*; Mede), μίσθωμα (*misthōma*; expense), Μιτυλήνη (*Mitylēnē*; Mitylene), Μνάσων (*Mnasōn*; Mnason), Μολόχ (*Moloch*; Moloch), μοσχοποιέω (*moschopoieō*; make a calf), Μύρα (*Myra*; Myra), ναύκληρος (*nauklēros*; ship), ναῦς (*naus*; ship), νεωκόρος (*neōkoros*; temple keeper), νησίον (*nēsion*; small island), Νίγερ (*Niger*; Niger), Νικάνωρ (*Nikanōr*; Nicanor), Νικόλαος (*Nikolaos*; Nicolaus), ὁδοιπορέω (*hodoiporeō*; travel), οἴκημα (*oikēma*; prison cell), οἰκοδόμος (*oikodomos*; builder), ὀκνέω (*okneō*; delay), ὁλοκληρία (*holoklēria*; full health), ὁμότεχνος (*homotechnos*; of the same trade), ὀπτάνομαι (*optanomai*; appear), ὁροθεσία (*horothesia*; limit), ὀχλέω (*ochleō*; trouble), ὀχλοποιέω (*ochlopoieō*; gather a crowd or mob), παθητός (*pathētos*; subject to suffering), πανοικεί (*panoikei*; with one's entire household), πανταχῇ (*pantachē*; everywhere), πάντῃ (*pantē*; in every way), παραβάλλω (*paraballō*; arrive), παραθεωρέω (*paratheōreō*; overlook), παρανομέω (*paranomeō*; act contrary to the law), παραπλέω (*parapleō*; sail past), παράσημος (*parasēmos*; marked with a figurehead), παρατείνω (*parateinō*; prolong), παρατυγχάνω (*paratynchanō*; happen to be present), παραχειμασία (*paracheimasia*; wintering), παρενοχλέω (*parenochleō*; add extra difficulties), Πάρθοι (*Parthoi*; Parthians), Παρμενᾶς (*Parmenas*; Parmenas), παροίχομαι (*paroichomai*; go by), παροτρύνω (*parotrynō*; incite), Πάταρα (*Patara*; Patara), πεζεύω (*pezeuō*; travel by land), πειράομαι (*peiraomai*; try), περαιτέρω (*peraiterō*; further), περικρατής (*perikratēs*; in control of), περιμένω (*perimenō*; wait for), πέριξ (*perix*; around), περιοχή (*periochē*; passage), περιρήγνυμι (*perirēgnymi*; tear off), περιτρέπω (*peritrepō*; drive), πίμπρημι (*pimprēmi*; swell up), Πισιδία (*Pisidia*; Pisidia), Πισίδιος (*Pisidios*; Pisidian), Ποντικός (*Pontikos*; of Pontus), Πόρκιος (*Porkios*; Porcius), πορφυρόπωλις (*porphyropōlis*; dealer in purple cloth), Ποτίολοι (*Potioloi*; Puteoli), πρηνής (*prēnēs*; headfirst), προκηρύσσω (*prokēryssō*; preach beforehand), προσαπειλέω (*prosapeileō*; threaten further), προσδέομαι (*prosdeomai*; need), προσεάω (*proseaō*; allow to go farther), προσκληρόω (*prosklēroō*; join), προσκλίνω (*prosklinō*; join), πρόσπεινος (*prospeinos*; hungry), προσπήγνυμι (*prospēgnymi*; crucify), προσφάτως (*prosphatōs*; recently), προσωπολήμπτης (*prosōpolēmptēs*; one who shows favoritism), προτείνω (*proteinō*; tie up), προτρέπω (*protrepō*; encourage), προχειροτονέω (*procheirotoneō*; choose in advance), Πρόχορος (*Prochoros*; Prochorus), πρωτοστάτης (*prōtostatēs*; ringleader), πρώτως (*prōtōs*; for the first time), Πτολεμαΐς (*Ptolemais*; Ptolemais), πύθων (*pythōn*; Python), Πύρρος (*Pyrros*; Pyrrhus), ῥᾳδιούργημα (*rhadiourgēma*; wrongdoing), ῥᾳδιουργία (*rhadiourgia*; lack of principle), Ῥαιφάν (*Rhaiphan*; Rephan), Ῥήγιον (*Rhēgion*; Rhegium), ῥήτωρ (*rhētōr*; lawyer), ῥιπτέω (*rhipteō*; throw), Ῥόδη (*Rhodē*; Rhoda), Ῥόδος (*Rhodos*; Rhodes), ῥώννυμι (*rhōnnymi*; be healthy), Σαλαμίς (*Salamis*; Salamis), Σαλμώνη (*Salmōnē*; Salmone), Σαμοθρᾴκη (*Samothrakē*; Samothrace), Σάμος (*Samos*; Samos), σανίς (*sanis*; board), Σάπφιρα (*Sapphira*; Sapphira), Σαρών (*Sarōn*; Sharon), Σεκοῦνδος (*Sekoundos*; Secundus), Σελεύκεια (*Seleukeia*; Seleucia), Σέργιος (*Sergios*; Sergius), σικάριος (*sikarios*; nationalistic assassin), σιμικίνθιον (*simikinthion*; apron), σιτίον (*sition*; grain), Σκευᾶς (*Skeuas*; Sceva), σκευή (*skeuē*; tackle), σκηνοποιός (*skēnopoios*; tent), σκληροτράχηλος (*sklērotrachēlos*; stubborn), σκωληκόβρωτος (*skōlēkobrōtos*; eaten by worms), σπερμολόγος (*spermologos*; one who picks up scraps of information), στέμμα (*stemma*; garland), Στοϊκός (*Stoikos*;

Stoic), συγκαταβαίνω (*synkatabainō*; go or come down with), συγκαταψηφίζομαι (*synkatapsēphizomai*; be enrolled), συγκινέω (*synkineō*; stir up), συγκομίζω (*synkomizō*; bury), σύγχυσις (*synchysis*; confusion), συμπάρειμι (*sympareimi*; be present with), συμπεριλαμβάνω (*symperilambanō*; take in one's arms), συμπίνω (*sympinō*; drink with), συμψηφίζω (*sympsēphizō*; count up), συναλίζω (*synalizō*; eat with), συναλλάσσω (*synallassō*; reconcile), συνδρομή (*syndromē*; rushing together), συνεπιτίθημι (*synepitithēmi*; join in the attack), συνέπομαι (*synepomai*; accompany), συνεφίστημι (*synephistēmi*; join in an attack), συνθρύπτω (*synthryptō*; break), συνοδεύω (*synodeuō*; travel with), συνομιλέω (*synomileō*; talk with), συνομορέω (*synomoreō*; be next door), σύντροφος (*syntrophos*; foster-brother), συνωμοσία (*synōmosia*; conspiracy), Συράκουσαι (*Syrakousai*; Syracuse), Σύρτις (*Syrtis*; the Syrtis), σφάγιον (*sphagion*; sacrificial victim), σφοδρῶς (*sphodrōs*; violently), σφυδρόν (*sphydron*; ankle), σχολή (*scholē*; lecture hall), Σώπατρος (*Sōpatros*; Sopater), ταβέρνη (*tabernē*; inn), τακτός (*taktos*; appointed), τεκμήριον (*tekmērion*; decisive), τετράδιον (*tetradion*; squad), Τίμων (*Timōn*; Timon), Τίτιος (*Titios*; Titius), τοῖχος (*toichos*; wall), τριετία (*trietia*; period of three years), τρίστεγον (*tristegon*; third floor), τρισχίλιοι (*trischilioi*; three thousand), τροποφορέω (*tropophoreō*; put up with), Τύραννος (*Tyrannos*; Tyrannus), Τύριος (*Tyrios*; Tyrian), τυφωνικός (*typhōnikos*; whirlwind), ὑπερεῖδον (*hypereidon*; overlook), ὑποβάλλω (*hypoballō*; put up secretly), ὑποζώννυμι (*hypozōnnymi*; brace or strengthen), ὑποπνέω (*hypopneō*; blow gently), ὑποτρέχω (*hypotrechō*; run under the shelter of), φαντασία (*phantasia*; pomp), φάσις (*phasis*; news), φιλανθρώπως (*philanthrōpōs*; considerately), φιλόσοφος (*philosophos*; philosopher), φιλοφρόνως (*philophronōs*; hospitably), Φοῖνιξ (*Phoinix*; Phoenix), φόρον (*phoron*; forum), φρυάσσω (*phryassō*; rage), φρύγανον (*phryganon*; dry wood), φυλακίζω (*phylakizō*; imprison), Χαλδαῖος (*Chaldaios*; Chaldean), χειμάζω (*cheimazō*; toss in a storm), χειραγωγός (*cheiragōgos*; one who leads another by the hand), Χίος (*Chios*; Chios), χλευάζω (*chleuazō*; sneer), χόρτασμα (*chortasma*; food), χρονοτριβέω (*chronotribeō*; spend time), χρώς (*chrōs*; skin), χῶρος (*chōros*; northwest wind), ὠνέομαι (*ōneomai*; buy)

<u>91%</u>
11/12 ὅραμα (*horama*; vision), Ῥωμαῖος (*Rhōmaios*; Roman)

<u>90%</u>
10/11 ὁμοθυμαδόν (*homothymadon*; with one mind)

<u>88%</u>
16/18 Ἀντιόχεια (*Antiocheia*; Antioch)
15/17 Καισάρεια (*Kaisareia*; Caesarea)
8/9 διατρίβω (*diatribō*; stay, remain)

<u>87%</u>
7/8 Κιλικία (*Kilikia*; Cilicia)

<u>86%</u>
13/15 Δαμασκός (*Damaskos*; Damascus)

<u>85%</u>
6/7 ἐγκαλέω (*enkaleō*; bring charges against)

83%

5/6 ἐπιβαίνω (*epibainō*; go on board), Ἰκόνιον (*Ikonion*; Iconiun), κακόω (*kakoō*; treat badly), Λύστρα (*Lystra*; Lystra)

82%

23/28 Βαρναβᾶς (*Barnabas*; Barnabas)

81%

128/158 Παῦλος (*Paulos*; Paul)

13/16 κατέρχομαι (*katerchomai*; come or go down)

80%

17/21 χιλίαρχος (*chiliarchos*; tribune, officer)

8/10 κἀκεῖθεν (*kakeithen*; from there), σέβομαι (*sebomai*; worship), στρατηγός (*stratēgos*; chief magistrate)

4/5 Αἰγύπτιος (*Aigyptios*; Egyptian), Ἰάσων (*Iasōn*; Jason)

79%

19/24 ἀναιρέω (*anaireō*; do away with)

77%

7/9 κατάγω (*katagō*; bring down), παρρησιάζομαι (*parrēsiazomai*; speak boldly or freely)

76%

10/13 διαλέγομαι (*dialegomai*; discuss)

75%

3/4 ἄγκυρα (*ankyra*; anchor), Ἀθῆναι (*Athēnai*; Athens), ἀναθεματίζω (*anathematizō*; curse), ἅρμα (*harma*; chariot), δεσμωτήριον (*desmōtērion*; jail), διαπορέω (*diaporeō*; be very confused), εἴσειμι (*eiseimi*; enter), ἐπιφωνέω (*epiphōneō*; shout), εὐλαβής (*eulabēs*; devout), Ἰταλία (*Italia*; Italy), καθίημι (*kathiēmi*; let down), κράτιστος (*kratistos*; most excellent), Κρήτη (*Krētē*; Crete), πατριάρχης (*patriarchēs*; patriarch), πειθαρχέω (*peitharcheō*; obey), προοράω (*prooraō*; see ahead of time), προσήλυτος (*prosēlytos*; proselyte), συμπαραλαμβάνω (*symparalambanō*; take or bring along with), συναρπάζω (*synarpazō*; seize), τετρακόσιοι (*tetrakosioi*; four hundred)

73%

17/23 ἀνάγω (*anagō*; lead or bring up)

71%

10/14 ἀτενίζω (*atenizō*; fix one's gaze at)

5/7 ἀποδέχομαι (*apodechomai*; welcome)

70%

151/215 τέ (*te*; and)

7/10 ξενίζω (*xenizō*; entertain as a guest), χωρίον (*chōrion*; piece of land)

69%

9/13 καταντάω (*katantaō*; come)

68%
17/25 κελεύω (*keleuō*; order)

66%
20/30 ἐπικαλέω (*epikaleō*; call)
12/18 Ἀσία (*Asia*; Asia)
10/15 γνωστός (*gnōstos*; known)
8/12[13] ἀναλαμβάνω (*analambanō*; take up)
8/12 βῆμα (*bēma*; judgment seat), ἐξάγω (*exagō*; lead or bring out)
6/9 αἵρεσις (*hairesis*; religious party), νῆσος (*nēsos*; island)
4/6 ἐξαυτῆς (*exautēs*; at once), ἐξηγέομαι (*exēgeomai*; tell, explain), ἐργασία (*ergasia*; gain), καθότι (*kathoti*; because), μόλις (*molis*; with difficulty), πλέω (*pleō*; sail), συμβάλλω (*symballō*; meet), Τρῳάς (*Trōas*; Troas), χρῆμα (*chrēma*; possessions)
2/3 ἀδίκημα (*adikēma*; crime), ἅλλομαι (*hallomai*; well up, leap), ἀναστατόω (*anastatoō*; agitate), ἀπειλή (*apeilē*; threat), ἀσφαλῶς (*asphalōs*; safely), Δημήτριος (*Dēmētrios*; Demetrius), διαγίνομαι (*diaginomai*; pass [of time]), δρόμος (*dromos*; course), ἔντρομος (*entromos*; trembling), ἐπιστέλλω (*epistellō*; write), ἐπιχειρέω (*epicheireō*; undertake), ἑσπέρα (*hespera*; evening), εὐθυμέω (*euthymeō*; take courage), εὐσεβής (*eusebēs*; godly), εὐχή (*euchē*; vow), θέατρον (*theatron*; theatre), ἴασις (*iasis*; healing), Ἰοῦστος (*Ioustos*; Justus), καταπίπτω (*katapiptō*; fall), Κρής (*Krēs*; a Cretan), Μίλητος (*Milētos*; Miletus), ναύτης (*nautēs*; sailor), νοσφίζω (*nosphizō*; keep back for oneself), πεντηκοστή (*pentēkostē*; Pentecost), πρύμνα (*prymna*; stern), Σαμουήλ (*Samouēl*; Samuel), συγγένεια (*syngeneia*; kindred), σχεδόν (*schedon*; almost), τετράπους (*tetrapous*; four-footed animal), τέχνη (*technē*; trade, craft), τήρησις (*tērēsis*; custody), Τρόφιμος (*Trophimos*; Trophimus), ὕβρις (*hybris*; insult), φάσκω (*phaskō*; allege), Χριστιανός (*Christianos*; Christian)

65%
13/20 ἑκατοντάρχης (*hekatontarchēs*; centurion)

64%
9/14 ἐπίσταμαι (*epistamai*; know)

63%
14/22 συνέδριον (*synedrion*; Sanhedrin)
7/11 ἐάω (*eaō*; allow), Σαμάρεια (*Samareia*; Samaria)

62%
5/8 διασῴζω (*diasōzō*; bring safely through), ἐνθάδε (*enthade*; here), ἐξαιρέω (*exaireō*; pull out), εὐνοῦχος (*eunouchos*; eunuch), ὁρίζω (*horizō*; decide), Ῥώμη (*Rhōmē*; Rome), Συρία (*Syria*; Syria)

61%
8/13 ἐλεημοσύνη (*eleēmosynē*; giving money to a needy person)
11/18 καταγγέλλω (*katangellō*; proclaim)

60%
15/25 Αἴγυπτος (*Aigyptos*; Egypt)
9/15 διαμαρτύρομαι (*diamartyromai*; declare solemnly and emphatically)
6/10 ἀπολογέομαι (*apologeomai*; speak in one's defense), παρεμβολή (*parembolē*; camp, barracks), προσκαρτερέω (*proskartereō*; devote oneself to)

3/5 Ἀρίσταρχος (*Aristarchos*; Aristarchus), ἀσφαλής (*asphalēs*; safe), ἑβδομήκοντα (*hebdomēkonta*; seventy), ἑξῆς (*hexēs*; on the next day), Θεσσαλονίκη (*Thessalonikē*; Thessalonica), καθεξῆς (*kathexēs*; in order or sequence), μαίνομαι (*mainomai*; be out of one's mind), Μακεδών (*Makedōn*; a Macedonian), περιαιρέω (*periaireō*; take away), σύρω (*syrō*; drag), Φαραώ (*Pharaō*; Pharaoh)

58%
10/17 ἐπαύριον (*epaurion*; the next day)
7/12[13] ἐξαποστέλλω (*exapostellō*; send off or away)
7/12 βουλή (*boulē*; purpose), ἔθος (*ethos*; custom), πυνθάνομαι (*pynthanomai*; inquire)

57%
4/7 ἔκστασις (*ekstasis*; amazement), μεταλαμβάνω (*metalambanō*; receive)

56%
9/16 τέρας (*teras*; wonder)

55%
20/36[37] παραγίνομαι (*paraginomai*; come)
5/9 ἀκριβῶς (*akribōs*; accurately), Ἰσραηλίτης (*Israēlitēs*; Israelite), στάσις (*stasis*; dispute, standing)

54%
6/11 εἰσάγω (*eisagō*; lead or bring in or into), ἐπιπίπτω (*epipiptō*; fall or come upon)

53%
16/30 συνέρχομαι (*synerchomai*; come together)
7/13 Ναζωραῖος (*Nazōraios*; inhabitant of Nazareth)

52%
11/21 ἐφίστημι (*ephistēmi*; come up, be present or imminent)

51%
16/31 πλῆθος (*plēthos*; multitude, crowd)

50%
13/26 στρατιώτης (*stratiōtēs*; soldier)
8/16 Ἔφεσος (*Ephesos*; Ephesus), πλήρης (*plērēs*; full)
5/10 ἐκπίπτω (*ekpiptō*; fall off or away), ἐμφανίζω (*emphanizō*; show, inform), κἀκεῖ (*kakei*; and there)
4/8 ἐκφέρω (*ekpherō*; carry or bring out), Μᾶρκος (*Markos*; Mark), τάσσω (*tassō*; appoint)
3/6[7] πανταχοῦ (*pantachou*; everywhere)
3/6 αἰγιαλός (*aigialos*; shore), Ἀκύλας (*Akylas*; Aquila), Ἀλέξανδρος (*Alexandros*; Alexander), ἀπωθέω (*apōtheō*; push aside), Κυρηναῖος (*Kyrēnaios*; Cyrenian), παραδέχομαι (*paradechomai*; accept)
2/4 ἄγνοια (*agnoia*; ignorance), ἀνίημι (*aniēmi*; loosen, desert), ἀποδείκνυμι (*apodeiknymi*; attest), ἀποσπάω (*apospaō*; draw or lead away), ἀρεστός (*arestos*; pleasing), ἀρχηγός (*archēgos*; leader), ἄστρον (*astron*; star), ἄτοπος (*atopos*; improper, unusual), αὐτοῦ (*autou*; here), ἐκτινάσσω (*ektinassō*; shake off), ἐμμένω (*emmenō*; remain faithful to, live), ἑρπετόν (*herpeton*; reptile), ζημία (*zēmia*; loss), Θεσσαλονικεύς (*Thessalonikeus*; a Thessalonian), θορυβέω (*thorybeō*; set in an uproar), κείρω (*keirō*; shear), κινδυνεύω (*kindyneuō*; be in danger), κτῆμα (*ktēma*; possession), μεσονύκτιον

(*mesonyktion*; midnight), ὁμιλέω (*homileō*; talk), παραχειμάζω (*paracheimazō*; spend the winter), πάροικος (*paroikos*; alien), προσάγω (*prosagō*; bring to or before), ῥύμη (*rhymē*; street), Σινᾶ (*Sina*; Sinai), στοά (*stoa*; porch), τεχνίτης (*technitēs*; craftsman), ὑποστέλλω (*hypostellō*; draw back), Φίλιπποι (*Philippoi*; Philippi), ὡραῖος (*hōraios*; beautiful)

1/2[3] ὄρθρος (*orthros*; early morning)

1/2 ἀγαθοεργέω (*agathoergeō*; do good), ἀθέμιτος (*athemitos*; forbidden), ἀναδείκνυμι (*anadeiknymi*; appoint), ἀναδέχομαι (*anadechomai*; receive), ἀναθεωρέω (*anatheōreō*; observe closely), ἀνακαθίζω (*anakathizō*; sit up), ἀνασπάω (*anaspaō*; pull out), ἀνατίθημι (*anatithēmi*; lay before), ἀναφαίνω (*anaphainō*; come in sight of), ἀνευρίσκω (*aneuriskō*; find), ἀπειλέω (*apeileō*; threaten), ἀποβολή (*apobolē*; loss), ἀπογραφή (*apographē*; registration), ἀπολούω (*apolouō*; cleanse oneself), ἀποστασία (*apostasia*; apostasy), ἀποτινάσσω (*apotinassō*; shake off), ἀποχωρίζω (*apochōrizō*; separate), ἀσάλευτος (*asaleutos*; immovable), ἀστεῖος (*asteios*; pleasing), ἀτμίς (*atmis*; vapor), αὐτόματος (*automatos*; by itself), βαρέως (*bareōs*; with difficulty), βεβηλόω (*bebēloō*; desecrate), Βιθυνία (*Bithynia*; Bithynia), βοήθεια (*boētheia*; help), διασπάω (*diaspaō*; pull or tear apart), διαταγή (*diatagē*; decree), διατηρέω (*diatēreō*; keep), διϊσχυρίζομαι (*diischyrizomai*; insist), διοδεύω (*diodeuō*; go about), ἕλκω (*helkō*; draw), Ἑλληνίς (*Hellēnis*; Greek or Gentile woman), Ἑλληνιστί (*Hellēnisti*; in Greek), ἐμφανής (*emphanēs*; visible), ἔναντι (*enanti*; before), ἐνεδρεύω (*enedreuō*; lie in ambush), ἐνευλογέω (*eneulogeō*; bless), ἐνισχύω (*enischyō*; regain strength), ἔννομος (*ennomos*; subject), ἐνυπνιάζομαι (*enypniazomai*; dream), ἐξαρτίζω (*exartizō*; equip, be completed), ἐπεῖδον (*epeidon*; concern oneself with), ἐπιείκεια (*epieikeia*; kindness), ἐπιλέγω (*epilegō*; call), ἐπιλύω (*epilyō*; explain), ἐπίστασις (*epistasis*; pressure), Ἑρμῆς (*Hermēs*; Hermes), ἐρυθρός (*erythros*; red), ἐσώτερος (*esōteros*; inner), εὐεργεσία (*euergesia*; service), εὐσεβέω (*eusebeō*; worship), εὐτόνως (*eutonōs*; vehemently), ζέω (*zeō*; boil), Θεόφιλος (*Theophilos*; Theophilus), θυρίς (*thyris*; window), καθήκω (*kathēkō*; it is fitting), καίτοι (*kaitoi*; yet), καμμύω (*kammyō*; close), Καππαδοκία (*Kappadokia*; Cappadocia), καταδυναστεύω (*katadynasteuō*; oppress), κατακλείω (*katakleiō*; shut up), κατακολουθέω (*katakoloutheō*; follow), καταπονέω (*kataponeō*; mistreat), κατασκάπτω (*kataskaptō*; demolish), καταφεύγω (*katapheugō*; flee), Κεγχρεαί (*Kenchreai*; Cenchrea), κεφάλαιον (*kephalaion*; main point), κλάσις (*klasis*; breaking), κολάζω (*kolazō*; punish), κονιάω (*koniaō*; whitewash), κορέννυμι (*korennymi*; fill), Κορίνθιος (*Korinthios*; Corinthian), Κρίσπος (*Krispos*; Crispus), κυβερνήτης (*kybernētēs*; captain), λοιμός (*loimos*; plague), Λούκιος (*Loukios*; Lucius), μελετάω (*meletaō*; practice), μεταστρέφω (*metastrephō*; turn), νεύω (*neuō*; motion), ξενία (*xenia*; place of lodging), ὁμοιοπαθής (*homoiopathēs*; like in every way), ὀρθός (*orthos*; straight), ὁρκίζω (*horkizō*; beg), ὁρμή (*hormē*; impulse), παραβιάζομαι (*parabiazomai*; urge), παροικία (*paroikia*; stay), παροξύνω (*paroxynō*; be irritable), παροξυσμός (*paroxysmos*; encouragement), παχύνω (*pachynō*; grow dull or insensitive), πέλαγος (*pelagos*; depths), περίεργος (*periergos*; busybody), περιλάμπω (*perilampō*; shine around), πηδάλιον (*pēdalion*; rudder), πολιτεία (*politeia*; citizenship), πολιτεύομαι (*politeuomai*; live), Πόντος (*Pontos*; Pontus), προβάλλω (*proballō*; put forward), πρόγνωσις (*prognōsis*; foreknowledge), πρόνοια (*pronoia*; provision), προπετής (*propetēs*; rash), προπορεύομαι (*proporeuomai*; go before or in front of), προσδοκία (*prosdokia*; expectation), προϋπάρχω (*prouparchō*; be or exist previously), ῥαβδίζω (*rhabdizō*; whip), σανδάλιον (*sandalion*; sandal), σέβασμα (*sebasma*; object of worship), σιγή (*sigē*; silence), Σιδώνιος (*Sidōnios*; of Sidon), σπάω (*spaō*; draw), στεναγμός (*stenagmos*; groaning), στρατιά (*stratia*; army), συγκάθημαι (*synkathēmai*; sit with), συναναβαίνω (*synanabainō*; come up together with), σύνειμι (*syneimi*; be present), συνέκδημος (*synekdēmos*; traveling companion), σύνοιδα (*synoida*; share knowledge with), συστέλλω (*systellō*; carry out or wrap up), συστρέφω (*systrephō*; gather up), σχοινίον (*schoinion*; cord, rope), Σωσθένης (*Sōsthenēs*; Sosthenes), τραυματίζω (*traumatizō*; injure), τραχύς (*trachys*; rough), ὕπαρξις (*hyparxis*; possession), φιλανθρωπία (*philanthrōpia*; kindness), χειροτονέω (*cheirotoneō*; appoint), χολή (*cholē*; gall)

48%
21/43 διέρχομαι (*dierchomai*; go or pass through)

47%
8/17 ἐξίστημι (*existēmi*; be amazed or surprised)

46%
100/216 ἀνήρ (*anēr*; man, husband)
18/39 ἱκανός (*hikanos*; worthy)
7/15 νομίζω (*nomizō*; think)

45%
20/44 κατοικέω (*katoikeō*; live)
9/20 γένος (*genos*; family, race, nation)
5/11 κλῆρος (*klēros*; lot)

44%
16/36 Φίλιππος (*Philippos*; Philip)
4/9 ἐπέρχομαι (*eperchomai*; come, come upon)

43%
7/16 τροφή (*trophē*; food)

42%
59/139 Ἰερουσαλήμ (*Ierousalēm*; Jerusalem)
45/107[108] ἀνίστημι (*anistēmi*; raise or rise)
6/14 ἀφίστημι (*aphistēmi*; leave)
3/7 ἁγνίζω (*hagnizō*; purify), διαστρέφω (*diastrephō*; pervert), ζήτησις (*zētēsis*; controversy, discussion), θόρυβος (*thorybos*; confusion), κρεμάννυμι (*kremannymi*; hang), κτάομαι (*ktaomai*; acquire), λιθοβολέω (*lithoboleō*; stone), οὐθείς (*outheis*; no one), προσμένω (*prosmenō*; remain or stay with), προστάσσω (*prostassō*; command), σπεῖρα (*speira*; cohort), συμβιβάζω (*symbibazō*; bring together), φονεύς (*phoneus*; murderer), χαλάω (*chalaō*; lower)

41%
25/60 ὑπάρχω (*hyparchō*; be at one's disposal)
5/12 κολλάω (*kollaō*; unite oneself with), πληθύνω (*plēthynō*; increase), προσλαμβάνω (*proslambanō*; welcome), τυγχάνω (*tynchanō*; obtain)

40%
79/195 Ἰουδαῖος (*Ioudaios*; Jew)
9/22[23] κατηγορέω (*katēgoreō*; accuse)
8/20 αἰτία (*aitia*; reason, charge)
6/15[16] ἐπιμένω (*epimenō*; remain)
6/15 παύω (*pauō*; stop)
4/10 πύλη (*pylē*; gate)

2/5[6] ἕνδεκα (*hendeka*; eleven)

2/5 ἀπέναντι (*apenanti*; opposite), βασιλικός (*basilikos*; royal [official]), Γάϊος (*Gaios*; Gaius), δή (*dē*; indeed), δόγμα (*dogma*; rule), ἔμφοβος (*emphobos*; full of fear), ἐναντίον (*enantion*; in the judgment of), ἐξαίφνης (*exaiphnēs*; suddenly), ἐπέχω (*epechō*; notice), εὐσχήμων (*euschēmōn*; respected), ἡσυχάζω (*hēsychazō*; be silent or quiet), κονιορτός (*koniortos*; dust), λούω (*louō*; wash), μαρτύρομαι (*martyromai*; testify), μεθίστημι (*methistēmi*; remove), μερίς (*meris*; part), νηστεία (*nēsteia*; fasting), ὁρμάω (*hormaō*; rush), παραγγελία (*parangelia*; order), παραλύω (*paralyō*; be paralyzed or weak), ποίμνιον (*poimnion*; flock), συνεσθίω (*synesthiō*; eat with), ὑετός (*hyetos*; rain), ὑπολαμβάνω (*hypolambanō*; suppose, answer, take away, support), χρίω (*chriō*; anoint)

<u>39%</u>

51/128 σύν (*syn*; with)

<u>38%</u>

26/68[69] ἄγω (*agō*; lead)

5/13 τύπτω (*typtō*; beat)

<u>37%</u>

25/66 φημί (*phēmi*; say)

14/37 βούλομαι (*boulomai*; want)

13/35 μάρτυς (*martys*; witness)

9/24 πίμπλημι (*pimplēmi*; fill)

6/16 δέσμιος (*desmios*; prisoner)

3/8 αἰνέω (*aineō*; praise), διακόσιοι (*diakosioi*; two hundred), διανοίγω (*dianoigō*; open), διηγέομαι (*diēgeomai*; tell), ἐναντίος (*enantios*; against), ἐσθής (*esthēs*; clothing), ζηλωτής (*zēlōtēs*; one who is zealous or eager), κατηχέω (*katēcheō*; inform, instruct), κινέω (*kineō*; move), μεγαλύνω (*megalynō*; enlarge), ὅσιος (*hosios*; holy), συγκαλέω (*synkaleō*; call together), συμβαίνω (*symbainō*; happen), τάχος (*tachos*; speed)

<u>36%</u>

56/155[156] Πέτρος (*Petros*; Peter)

14/38[39] ἐπιτίθημι (*epitithēmi*; put on)

12/33[34] ἅπας (*hapas*; all)

9/25 Ἕλλην (*Hellēn*; Greek)

8/22 Μακεδονία (*Makedonia*; Macedonia), τεσσεράκοντα (*tesserakonta*; forty)

7/19 ἐπιλαμβάνομαι (*epilambanomai*; take)

4/11 ἅλυσις (*halysis*; chain), ἀντιλέγω (*antilegō*; oppose), δωρεά (*dōrea*; gift), ἐπισκέπτομαι (*episkeptomai*; visit), θάπτω (*thaptō*; bury), νεανίσκος (*neaniskos*; young man)

<u>35%</u>

28/80 ἀπόστολος (*apostolos*; apostle, messenger)

25/70[72] ἱερόν (*hieron*; temple area)

11/31[32] παραγγέλλω (*parangellō*; command)

5/14 ἀναγγέλλω (*anangellō*; declare), κοινός (*koinos*; common), Σαδδουκαῖος (*Saddoukaios*; Sadducee)

<u>34%</u>

48/141[142] λαός (*laos*; people, nation)

16/47 φυλακή (*phylakē*; prison)

15/43[45] ἀπαγγέλλω (*apangellō*; proclaim)
10/29 Καῖσαρ (*Kaisar*; Caesar)

33%
19/56 συναγωγή (*synagōgē*; synagogue)
13/39 πράσσω (*prassō*; do)
8/24 οὗ (*hou*; where)
6/18 παραχρῆμα (*parachrēma*; immediately), προστίθημι (*prostithēmi*; add)
5/15 οἰκουμένη (*oikoumenē*; world)
4/12 γόνυ (*gony*; knee)
3/9 ἀρχισυνάγωγος (*archisynagōgos*; ruler of a synagogue), καθαιρέω (*kathaireō*; take down), μεταξύ (*metaxy*; between, meanwhile), πιπράσκω (*pipraskō*; sell), προέρχομαι (*proerchomai*; go ahead), προπέμπω (*propempō*; send on one's way)
2/6 ἀποτάσσω (*apotassō*; say goodbye), βάρβαρος (*barbaros*; non-Greek, uncivilized), βαρύς (*barys*; heavy), ἱνατί (*hinati*; why), Κόρινθος (*Korinthos*; Corinth), μάγος (*magos*; wise man), σημαίνω (*sēmainō*; indicate, signify), σπεύδω (*speudō*; hasten), συμφωνέω (*symphōneō*; agree with), συναντάω (*synantaō*; meet), συνευδοκέω (*syneudokeō*; approve of), ὕπνος (*hypnos*; sleep), ὑποδείκνυμι (*hypodeiknymi*; show), χειροποίητος (*cheiropoiētos*; made by human hands)
1/3 ἄλογος (*alogos*; unreasoning), ἀνάγνωσις (*anagnōsis*; reading), ἀναζητέω (*anazēteō*; search after), ἀνορθόω (*anorthoō*; restore), ἀντιλαμβάνομαι (*antilambanomai*; help), ἀπαλλάσσω (*apallassō*; set free), ἀπάντησις (*apantēsis*; meeting), ἀποχωρέω (*apochōreō*; go away), ἀπρόσκοπος (*aproskopos*; blameless), ἆρα (*ara*; interrogative particle expecting a negative response), ἀργυροῦς (*argyrous*; made of silver), ἀσφάλεια (*asphaleia*; security), βούλημα (*boulēma*; will), βραχίων (*brachiōn*; arm), γόμος (*gomos*; cargo), δεκαπέντε (*dekapente*; fifteen), δεσμεύω (*desmeuō*; tie), διαβαίνω (*diabainō*; cross), διαγγέλλω (*diangellō*; proclaim), διΐστημι (*diistēmi*; part), δίκη (*dikē*; punishment), δούλη (*doulē*; female servant or slave), δυνάστης (*dynastēs*; ruler), ἐκτενῶς (*ektenōs*; earnestly), ἐξανίστημι (*exanistēmi*; have children), ἐπάγω (*epagō*; bring upon), ἐπιβιβάζω (*epibibazō*; set or place upon), Ἔραστος (*Erastos*; Erastus), ἑτοίμως (*hetoimōs*; readily), εὐαγγελιστής (*euangelistēs*; evangelist), εὐγενής (*eugenēs*; of high or noble birth), εὐκαιρέω (*eukaireō*; have time or opportunity), ἐχθές (*echthes*; yesterday), ζώννυμι (*zōnnymi*; fasten), ζῳογονέω (*zōogoneō*; give life to), ἦχος (*ēchos*; sound), θάμβος (*thambos*; amazement), θεῖος (*theios*; divine), καταξιόω (*kataxioō*; count worthy), λειτουργέω (*leitourgeō*; serve), Λευίτης (*Leuitēs*; Levite), μεγαλειότης (*megaleiotēs*; majesty), μνημόσυνον (*mnēmosynon*; memorial), νομοδιδάσκαλος (*nomodidaskalos*; teacher or interpreter of the law), ξυράω (*xyraō*; shave), παραβαίνω (*parabainō*; break or leave), παρεκτός (*parektos*; except), πατριά (*patria*; family), περιέρχομαι (*perierchomai*; go or travel about), περιπίπτω (*peripiptō*; encounter), περιποιέω (*peripoieō*; obtain), Πόντιος (*Pontios*; Pontius), πορθέω (*portheō*; destroy), πρεσβυτέριον (*presbyterion*; body of elders), προδότης (*prodotēs*; traitor), προστρέχω (*prostrechō*; run up or ahead), πυκνός (*pyknos*; frequent), σκήνωμα (*skēnōma*; body), συμπληρόω (*symplēroō*; draw near), συντίθημι (*syntithēmi*; agree), συντρέχω (*syntrechō*; run together), σφαγή (*sphagē*; slaughter), σωφροσύνη (*sōphrosynē*; propriety, good sense), ὑπήκοος (*hypēkoos*; obedient), ὑποδέω (*hypodeō*; put on), φανερῶς (*phanerōs*; openly), φθέγγομαι (*phthengomai*; speak), ψευδής (*pseudēs*; false), ψῆφος (*psēphos*; pebble, stone), ψῦχος (*psychos*; cold)

32%
17/52 πείθω (*peithō*; persuade)

31%
34/109 μέλλω (*mellō*; be about to happen)

17/54 χρόνος (*chronos*; time)
15/48[49] ἄχρι (*achri*; until)
13/41 παρίστημι (*paristēmi*; present, stand by)
11/35 ὑποστρέφω (*hypostrephō*; return)
9/29 προσκαλέομαι (*proskaleomai*; call to oneself)
7/22 δέομαι (*deomai*; ask), ἐκλέγομαι (*eklegomai*; choose)
6/19 βάπτισμα (*baptisma*; baptism)
5/16 ἀνακρίνω (*anakrinō*; question, examine), διατάσσω (*diatassō*; command), παρέχω (*parechō*; cause), προσδοκάω (*prosdokaō*; wait for)

30%
11/36 ἐπιστρέφω (*epistrephō*; turn back)
6/20 ἡγεμών (*hēgemōn*; governor)
4/13 τρόπος (*tropos*; way)
3/10 Ἀχαΐα (*Achaia*; Achaia), βίβλος (*biblos*; book), ἔνατος (*enatos*; ninth), ἐπειδή (*epeidē*; since), μακράν (*makran*; far), πατάσσω (*patassō*; strike), σιγάω (*sigaō*; keep silent)

29%
13/44 ἐπιγινώσκω (*epiginōskō*; know)
11/37 ἄρχων (*archōn*; ruler)
8/27 Ἰακώβ (*Iakōb*; Jacob)
5/17 ἄφεσις (*aphesis*; forgiveness), περιτέμνω (*peritemnō*; circumcise)

28%
19/67 πλοῖον (*ploion*; boat)
8/28 χώρα (*chōra*; country)
6/21 ὡσεί (*hōsei*; like)
4/14 αὔριον (*aurion*; tomorrow), θύω (*thyō*; slaughter), κατανοέω (*katanoeō*; consider), κλάω (*klaō*; break)
2/7 ἀξιόω (*axioō*; consider worthy), βραχύς (*brachys*; little), ἐπιδείκνυμι (*epideiknymi*; show), εὔχομαι (*euchomai*; pray), ἡμέτερος (*hēmeteros*; our), καθέζομαι (*kathezomai*; sit), νότος (*notos*; south wind), προσφωνέω (*prosphōneō*; call to [oneself]), ῥίπτω (*rhiptō*; throw), Συμεών (*Symeōn*; Simeon), τράχηλος (*trachēlos*; neck), ὑποπόδιον (*hypopodion*; footstool), ψαλμός (*psalmos*; psalm)

27%
21/76[77] βαπτίζω (*baptizō*; baptize)
18/65[66] πρεσβύτερος (*presbyteros*; elder)
15/54 εὐαγγελίζω (*euangelizō*; bring good news)
12/43 δέω (*deō*; bind), Ἰουδαία (*Ioudaia*; Judea)
6/22 μετάνοια (*metanoia*; repentance)
5/18 ἀριθμός (*arithmos*; number), δεσμός (*desmos*; bond), ἐπιτρέπω (*epitrepō*; permit, let), μήν (*mēn*; month), πυλών (*pylōn*; gate)
3/11 ἀρχαῖος (*archaios*; old), Γαλιλαῖος (*Galilaios*; Galilean)

26%
60/229[230] ὄνομα (*onoma*; name)
48/178[179] μέν (*men*; on the one hand)
43/163 πόλις (*polis*; city, town)

43/162 ἔθνος (*ethnos*; nation)
16/61 νύξ (*nyx*; night)
14/53 ὅπως (*hopōs*; that)
11/42 ἀνάστασις (*anastasis*; resurrection)
6/23 κωλύω (*kōlyō*; hinder)
5/19 ἐπαίρω (*epairō*; raise)
4/15 σαλεύω (*saleuō*; shake)

25%
45/175[177] χείρ (*cheir*; hand)
37/147[153] πορεύομαι (*poreuomai*; go)
10/39 θύρα (*thyra*; door, gate)
8/31 φυλάσσω (*phylassō*; guard)

Acts – Concordance

ʼΑαρών (Aarōn; 1/5) Aaron

Ac 7:40 εἰπόντες τῷ **ʼΑαρών**·

ʼΑβραάμ (Abraam; 7/73) Abraham

Ac 3:13 ὁ θεὸς **ʼΑβραὰμ** καὶ [ὁ θεὸς]
Ac 3:25 ὑμῶν λέγων πρὸς **ʼΑβραάμ**·
Ac 7:2 τῷ πατρὶ ἡμῶν **ʼΑβραὰμ** ὄντι ἐν τῇ
Ac 7:16 μνήματι ᾧ ὠνήσατο **ʼΑβραὰμ** τιμῆς ἀργυρίου
Ac 7:17 ὁ θεὸς τῷ **ʼΑβραάμ**,
Ac 7:32 ὁ θεὸς **ʼΑβραὰμ** καὶ ʼΙσαὰκ καὶ
Ac 13:26 υἱοὶ γένους **ʼΑβραὰμ** καὶ οἱ ἐν

῞Αγαβος (Hagabos; 2/2) Agabus

Ac 11:28 ἐξ αὐτῶν ὀνόματι **῞Αγαβος** ἐσήμανεν διὰ τοῦ
Ac 21:10 ʼΙουδαίας προφήτης ὀνόματι **῞Αγαβος**,

ἀγαθοεργέω (agathoergeō; 1/2) do good

Ac 14:17 ἀμάρτυρον αὐτὸν ἀφῆκεν **ἀγαθουργῶν**,

ἀγαθός (agathos; 3/102) good

Ac 9:36 ἦν πλήρης ἔργων **ἀγαθῶν** καὶ ἐλεημοσυνῶν ὧν
Ac 11:24 ὅτι ἦν ἀνὴρ **ἀγαθὸς** καὶ πλήρης πνεύματος
Ac 23:1 ἐγὼ πάσῃ συνειδήσει **ἀγαθῇ** πεπολίτευμαι τῷ θεῷ

ἀγαλλίασις (agalliasis; 1/5) extreme joy or gladness

Ac 2:46 μετελάμβανον τροφῆς ἐν **ἀγαλλιάσει** καὶ ἀφελότητι καρδίας

ἀγαλλιάω (agalliaō; 2/11) rejoice, be glad

Ac 2:26 καρδία μου καὶ **ἠγαλλιάσατο** ἡ γλῶσσά μου,
Ac 16:34 παρέθηκεν τράπεζαν καὶ **ἠγαλλιάσατο** πανοικεὶ πεπιστευκὼς τῷ

ἀγαπητός (agapētos; 1/61) beloved

Ac 15:25 ὑμᾶς σὺν τοῖς **ἀγαπητοῖς** ἡμῶν Βαρναβᾷ καὶ

ἄγγελος (angelos; 21/175) angel, messenger

Ac 5:19 **῎Αγγελος** δὲ κυρίου διὰ
Ac 6:15 αὐτοῦ ὡσεὶ πρόσωπον **ἀγγέλου**.
Ac 7:30 τοῦ ὄρους Σινᾶ **ἄγγελος** ἐν φλογὶ πυρὸς
Ac 7:35 ἀπέσταλκεν σὺν χειρὶ **ἀγγέλου** τοῦ ὀφθέντος αὐτῷ
Ac 7:38 ἐρήμῳ μετὰ τοῦ **ἀγγέλου** τοῦ λαλοῦντος αὐτῷ
Ac 7:53 νόμον εἰς διαταγὰς **ἀγγέλων** καὶ οὐκ ἐφυλάξατε.
Ac 8:26 **῎Αγγελος** δὲ κυρίου ἐλάλησεν
Ac 10:3 ἐνάτην τῆς ἡμέρας **ἄγγελον** τοῦ θεοῦ εἰσελθόντα
Ac 10:7 δὲ ἀπῆλθεν ὁ **ἄγγελος** ὁ λαλῶν αὐτῷ,
Ac 10:22 ἐχρηματίσθη ὑπὸ **ἀγγέλου** ἁγίου μεταπέμψασθαί σε
Ac 11:13 πῶς εἶδεν [τὸν] **ἄγγελον** ἐν τῷ οἴκῳ
Ac 12:7 καὶ ἰδοὺ **ἄγγελος** κυρίου ἐπέστη καὶ
Ac 12:8 εἶπεν δὲ ὁ **ἄγγελος** πρὸς αὐτόν·
Ac 12:9 γινόμενον διὰ τοῦ **ἀγγέλου**·
Ac 12:10 εὐθέως ἀπέστη ὁ **ἄγγελος** ἀπʼ αὐτοῦ.
Ac 12:11 [ὁ] κύριος τὸν **ἄγγελον** αὐτοῦ καὶ ἐξείλατό
Ac 12:15 ὁ **ἄγγελός** ἐστιν αὐτοῦ.
Ac 12:23 δὲ ἐπάταξεν αὐτὸν **ἄγγελος** κυρίου ἀνθʼ ὧν
Ac 23:8 εἶναι ἀνάστασιν μήτε **ἄγγελον** μήτε πνεῦμα,
Ac 23:9 ἐλάλησεν αὐτῷ ἢ **ἄγγελος**;
Ac 27:23 **ἄγγελος**

ἁγιάζω (hagiazō; 2/28) set apart as sacred to God, consecrate, sanctify, purify

Ac 20:32 κληρονομίαν ἐν τοῖς **ἡγιασμένοις** πᾶσιν.
Ac 26:18 κλῆρον ἐν τοῖς **ἡγιασμένοις** πίστει τῇ εἰς

ἅγιος (hagios; 53/233) holy, set apart

Ac 1:2 ἀποστόλοις διὰ πνεύματος **ἁγίου** οὓς ἐξελέξατο ἀνελήμφθη.
Ac 1:5 ἐν πνεύματι βαπτισθήσεσθε **ἁγίῳ** οὐ μετὰ πολλὰς
Ac 1:8 δύναμιν ἐπελθόντος τοῦ **ἁγίου** πνεύματος ἐφʼ ὑμᾶς
Ac 1:16 τὸ πνεῦμα τὸ **ἅγιον** διὰ στόματος Δαυὶδ
Ac 2:4 ἐπλήσθησαν πάντες πνεύματος **ἁγίου** καὶ ἤρξαντο λαλεῖν
Ac 2:33 τοῦ πνεύματος τοῦ **ἁγίου** λαβὼν παρὰ τοῦ
Ac 2:38 τὴν δωρεὰν τοῦ **ἁγίου** πνεύματος.
Ac 3:14 ὑμεῖς δὲ τὸν **ἅγιον** καὶ δίκαιον ἠρνήσασθε
Ac 3:21 διὰ στόματος τῶν **ἁγίων** ἀπʼ αἰῶνος αὐτοῦ
Ac 4:8 Πέτρος πλησθεὶς πνεύματος **ἁγίου** εἶπεν πρὸς αὐτούς·
Ac 4:25 ἡμῶν διὰ πνεύματος **ἁγίου** στόματος Δαυὶδ παιδός
Ac 4:27 ταύτῃ ἐπὶ τὸν **ἅγιον** παῖδά σου ʼΙησοῦν
Ac 4:30 τοῦ ὀνόματος τοῦ **ἁγίου** παιδός σου ʼΙησοῦ.
Ac 4:31 ἐπλήσθησαν ἅπαντες τοῦ **ἁγίου** πνεύματος καὶ ἐλάλουν
Ac 5:3 τὸ πνεῦμα τὸ **ἅγιον** καὶ νοσφίσασθαι ἀπὸ
Ac 5:32 τὸ πνεῦμα τὸ **ἅγιον** ὃ ἔδωκεν ὁ
Ac 6:5 πίστεως καὶ πνεύματος **ἁγίου**,
Ac 6:13 τοῦ τόπου τοῦ **ἁγίου** [τούτου] καὶ τοῦ
Ac 7:33 ᾧ ἕστηκας γῆ **ἁγία** ἐστίν.
Ac 7:51 τῷ πνεύματι τῷ **ἁγίῳ** ἀντιπίπτετε ὡς οἱ
Ac 7:55 δὲ πλήρης πνεύματος **ἁγίου** ἀτενίσας εἰς
Ac 8:15 ὅπως λάβωσιν πνεῦμα **ἅγιον**·
Ac 8:17 καὶ ἐλάμβανον πνεῦμα **ἅγιον**.
Ac 8:19 χεῖρας λαμβάνῃ πνεῦμα **ἅγιον**.
Ac 9:13 ὅσα κακὰ τοῖς **ἁγίοις** σου ἐποίησεν ἐν
Ac 9:17 καὶ πλησθῇς πνεύματος **ἁγίου**.
Ac 9:31 τῇ παρακλήσει τοῦ **ἁγίου** πνεύματος ἐπληθύνετο.
Ac 9:32 καὶ πρὸς τοὺς **ἁγίους** τοὺς κατοικοῦντας Λύδδα.
Ac 9:41 φωνήσας δὲ τοὺς **ἁγίους** καὶ τὰς χήρας
Ac 10:22 ἐχρηματίσθη ὑπὸ ἀγγέλου **ἁγίου** μεταπέμψασθαί σε εἰς
Ac 10:38 ὁ θεὸς πνεύματι **ἁγίῳ** καὶ δυνάμει,
Ac 10:44 τὸ πνεῦμα τὸ **ἅγιον** ἐπὶ πάντας τοὺς
Ac 10:45 ἡ δωρεὰ τοῦ **ἁγίου** πνεύματος ἐκκέχυται·
Ac 10:47 τὸ πνεῦμα τὸ **ἅγιον** ἔλαβον ὡς καὶ
Ac 11:15 τὸ πνεῦμα τὸ **ἅγιον** ἐπʼ αὐτοὺς ὥσπερ

Ac 11:16 βαπτισθήσεσθε ἐν πνεύματι **ἁγίῳ**.
Ac 11:24 καὶ πλήρης πνεύματος **ἁγίου** καὶ πίστεως.
Ac 13:2 τὸ πνεῦμα τὸ **ἅγιον**·
Ac 13:4 ἐκπεμφθέντες ὑπὸ τοῦ **ἁγίου** πνεύματος κατῆλθον εἰς
Ac 13:9 πλησθεὶς πνεύματος **ἁγίου** ἀτενίσας εἰς αὐτὸν
Ac 13:52 χαρᾶς καὶ πνεύματος **ἁγίου**.
Ac 15:8 τὸ πνεῦμα τὸ **ἅγιον** καθὼς καὶ ἡμῖν
Ac 15:28 τῷ πνεύματι τῷ **ἁγίῳ** καὶ ἡμῖν μηδὲν
Ac 16:6 κωλυθέντες ὑπὸ τοῦ **ἁγίου** πνεύματος λαλῆσαι τὸν
Ac 19:2 εἰ πνεῦμα **ἅγιον** ἐλάβετε πιστεύσαντες;
Ac 19:2 οὐδ᾽ εἰ πνεῦμα **ἅγιον** ἔστιν ἠκούσαμεν.
Ac 19:6 τὸ πνεῦμα τὸ **ἅγιον** ἐπ᾽ αὐτούς,
Ac 20:23 τὸ πνεῦμα τὸ **ἅγιον** κατὰ πόλιν διαμαρτύρεταί
Ac 20:28 τὸ πνεῦμα τὸ **ἅγιον** ἔθετο ἐπισκόπους ποιμαίνειν
Ac 21:11 τὸ πνεῦμα τὸ **ἅγιον**·
Ac 21:28 καὶ κεκοίνωκεν τὸν **ἅγιον** τόπον τοῦτον.
Ac 26:10 πολλούς τε τῶν **ἁγίων** ἐγὼ ἐν φυλακαῖς
Ac 28:25 τὸ πνεῦμα τὸ **ἅγιον** ἐλάλησεν διὰ Ἠσαΐου

ἄγκυρα (*ankyra*; 3/4) *anchor*
Ac 27:29 ἐκ πρύμνης ῥίψαντες **ἀγκύρας** τέσσαρας ηὔχοντο ἡμέραν
Ac 27:30 ὡς ἐκ πρῴρης **ἀγκύρας** μελλόντων ἐκτείνειν,
Ac 27:40 καὶ τὰς **ἀγκύρας** περιελόντες εἴων εἰς

ἁγνίζω (*hagnizō*; 3/7) *purify*
Ac 21:24 τούτους παραλαβὼν **ἁγνίσθητι** σὺν αὐτοῖς
Ac 21:26 ἡμέρᾳ σὺν αὐτοῖς **ἁγνισθείς**,
Ac 24:18 αἷς εὗρόν με **ἡγνισμένον** ἐν τῷ ἱερῷ

ἁγνισμός (*hagnismos*; 1/1) *purification*
Ac 21:26 τῶν ἡμερῶν τοῦ **ἁγνισμοῦ** ἕως οὗ προσηνέχθη

ἀγνοέω (*agnoeō*; 2/22) *be ignorant*
Ac 13:27 ἄρχοντες αὐτῶν τοῦτον **ἀγνοήσαντες** καὶ τὰς φωνὰς
Ac 17:23 ὃ οὖν **ἀγνοοῦντες** εὐσεβεῖτε,

ἄγνοια (*agnoia*; 2/4) *ignorance*
Ac 3:17 οἶδα ὅτι κατὰ **ἄγνοιαν** ἐπράξατε ὥσπερ καὶ
Ac 17:30 οὖν χρόνους τῆς **ἀγνοίας** ὑπεριδὼν ὁ θεός,

ἄγνωστος (*agnōstos*; 1/1) *unknown*
Ac 17:23 **Ἀγνώστῳ** θεῷ.

ἀγορά (*agora*; 2/11) *market place*
Ac 16:19 εἵλκυσαν εἰς τὴν **ἀγορὰν** ἐπὶ τοὺς ἄρχοντας
Ac 17:17 καὶ ἐν τῇ **ἀγορᾷ** κατὰ πᾶσαν ἡμέραν

ἀγοραῖος (*agoraios*; 2/2) *loafer, court session*
Ac 17:5 καὶ προσλαβόμενοι τῶν **ἀγοραίων** ἄνδρας τινας πονηροὺς
Ac 19:38 **ἀγοραῖοι** ἄγονται καὶ ἀνθύπατοί

ἀγράμματος (*agrammatos*; 1/1) *uneducated*
Ac 4:13 καταλαβόμενοι ὅτι ἄνθρωποι **ἀγράμματοί** εἰσιν καὶ ἰδιῶται,

Ἀγρίππας (*Agrippas*; 11/11) *Agrippa*
Ac 25:13 δὲ διαγενομένων τινων **Ἀγρίππας** ὁ βασιλεὺς καὶ
Ac 25:22 **Ἀγρίππας** δὲ πρὸς τὸν
Ac 25:23 ἐπαύριον ἐλθόντος τοῦ **Ἀγρίππα** καὶ τῆς Βερνίκης
Ac 25:24 **Ἀγρίππα** βασιλεῦ καὶ πάντες
Ac 25:26 βασιλεῦ **Ἀγρίππα**,
Ac 26:1 **Ἀγρίππας** δὲ πρὸς τὸν
Ac 26:2 βασιλεῦ **Ἀγρίππα**,
Ac 26:19 βασιλεῦ **Ἀγρίππα**,
Ac 26:27 βασιλεῦ **Ἀγρίππα**,
Ac 26:28 ὁ δὲ **Ἀγρίππας** πρὸς τὸν Παῦλον·
Ac 26:32 **Ἀγρίππας** δὲ τῷ Φήστῳ

ἀγρός (*agros*; 1/35[36]) *field*
Ac 4:37 ὑπάρχοντος αὐτῷ **ἀγροῦ** πωλήσας ἤνεγκεν

ἄγω (*agō*; 26/68[69]) *lead*
Ac 5:21 εἰς τὸ δεσμωτήριον **ἀχθῆναι** αὐτούς.
Ac 5:26 σὺν τοῖς ὑπηρέταις **ἦγεν** αὐτοὺς οὐ μετὰ
Ac 5:27 **Ἀγαγόντες** δὲ αὐτοὺς ἔστησαν
Ac 6:12 συνήρπασαν αὐτὸν καὶ **ἤγαγον** εἰς τὸ συνέδριον,
Ac 8:32 πρόβατον ἐπὶ σφαγὴν **ἤχθη** καὶ ὡς ἀμνὸς
Ac 9:2 δεδεμένους **ἀγάγῃ** εἰς Ἰερουσαλήμ.
Ac 9:21 ἵνα δεδεμένους αὐτοὺς **ἀγάγῃ** ἐπὶ τοὺς ἀρχιερεῖς;
Ac 9:27 δὲ ἐπιλαβόμενος αὐτὸν **ἤγαγεν** πρὸς τοὺς ἀποστόλους
Ac 11:26 καὶ εὑρὼν **ἤγαγεν** εἰς Ἀντιόχειαν.
Ac 13:23 σπέρματος κατ᾽ ἐπαγγελίαν **ἤγαγεν** τῷ Ἰσραὴλ σωτῆρα
Ac 17:15 καθιστάνοντες τὸν Παῦλον **ἤγαγον** ἕως Ἀθηνῶν,
Ac 17:19 τὸν Ἄρειον πάγον **ἤγαγον** λέγοντες·
Ac 18:12 τῷ Παύλῳ καὶ **ἤγαγον** αὐτὸν ἐπὶ τὸ
Ac 19:37 **ἠγάγετε** γὰρ τοὺς ἄνδρας
Ac 19:38 ἀγοραῖοι **ἄγονται** καὶ ἀνθύπατοί εἰσιν,
Ac 20:12 **ἤγαγον** δὲ τὸν παῖδα
Ac 21:16 **ἄγοντες** παρ᾽ ᾧ ξενισθῶμεν
Ac 21:34 τὸν θόρυβον ἐκέλευσεν **ἄγεσθαι** αὐτὸν εἰς
Ac 22:5 **ἄξων** καὶ τοὺς ἐκεῖσε
Ac 23:10 ἐκ μέσου αὐτῶν **ἄγειν** τε εἰς τὴν
Ac 23:18 οὖν παραλαβὼν αὐτὸν **ἤγαγεν** πρὸς τὸν χιλίαρχον
Ac 23:18 τοῦτον τὸν νεανίσκον **ἀγαγεῖν** πρὸς σὲ ἔχοντά
Ac 23:31 ἀναλαβόντες τὸν Παῦλον **ἤγαγον** διὰ νυκτὸς
Ac 25:6 ἐκέλευσεν τὸν Παῦλον **ἀχθῆναι**.
Ac 25:17 τοῦ βήματος ἐκέλευσα **ἀχθῆναι** τὸν ἄνδρα·
Ac 25:23 κελεύσαντος τοῦ Φήστου **ἤχθη** ὁ Παῦλος.

ἀδελφή (*adelphē*; 1/26) *sister*
Ac 23:16 ὁ υἱὸς τῆς **ἀδελφῆς** Παύλου τὴν ἐνέδραν,

ἀδελφός (*adelphos*; 57/343) *brother*
Ac 1:14 Ἰησοῦ καὶ τοῖς **ἀδελφοῖς** αὐτοῦ.

Ac 1:15 ἐν μέσῳ τῶν **ἀδελφῶν** εἶπεν·
Ac 1:16 ἄνδρες **ἀδελφοί**,
Ac 2:29 Ἄνδρες **ἀδελφοί**,
Ac 2:37 ἄνδρες **ἀδελφοί**;
Ac 3:17 **ἀδελφοί**,
Ac 3:22 ὑμῶν ἐκ τῶν **ἀδελφῶν** ὑμῶν ὡς ἐμέ·
Ac 6:3 **ἀδελφοί**,
Ac 7:2 Ἄνδρες **ἀδελφοὶ** καὶ πατέρες,
Ac 7:13 ἀνεγνωρίσθη Ἰωσὴφ τοῖς **ἀδελφοῖς** αὐτοῦ καὶ φανερὸν
Ac 7:23 αὐτοῦ ἐπισκέψασθαι τοὺς **ἀδελφοὺς** αὐτοῦ τοὺς υἱοὺς
Ac 7:25 δὲ συνιέναι τοὺς **ἀδελφοὺς** [αὐτοῦ] ὅτι ὁ
Ac 7:26 **ἀδελφοί** ἐστε·
Ac 7:37 θεὸς ἐκ τῶν **ἀδελφῶν** ὑμῶν ὡς ἐμέ.
Ac 9:17 Σαοὺλ **ἀδελφέ**,
Ac 9:30 ἐπιγνόντες δὲ οἱ **ἀδελφοὶ** κατήγαγον αὐτὸν
Ac 10:23 καί τινες τῶν **ἀδελφῶν** τῶν ἀπὸ Ἰόππης
Ac 11:1 ἀπόστολοι καὶ οἱ **ἀδελφοὶ** οἱ ὄντες κατὰ
Ac 11:12 καὶ οἱ ἓξ **ἀδελφοὶ** οὗτοι καὶ εἰσήλθομεν
Ac 11:29 ἐν τῇ Ἰουδαίᾳ **ἀδελφοῖς**·
Ac 12:2 δὲ Ἰάκωβον τὸν **ἀδελφὸν** Ἰωάννου μαχαίρῃ.
Ac 12:17 Ἰακώβῳ καὶ τοῖς **ἀδελφοῖς** ταῦτα.
Ac 13:15 ἄνδρες **ἀδελφοί**,
Ac 13:26 Ἄνδρες **ἀδελφοί**,
Ac 13:38 ἄνδρες **ἀδελφοί**,
Ac 14:2 ἐθνῶν κατὰ τῶν **ἀδελφῶν**.
Ac 15:1 Ἰουδαίας ἐδίδασκον τοὺς **ἀδελφοὺς** ὅτι,
Ac 15:3 μεγάλην πᾶσιν τοῖς **ἀδελφοῖς**.
Ac 15:7 ἄνδρες **ἀδελφοί**,
Ac 15:13 ἄνδρες **ἀδελφοί**,
Ac 15:22 ἡγουμένους ἐν τοῖς **ἀδελφοῖς**,
Ac 15:23 καὶ οἱ πρεσβύτεροι **ἀδελφοὶ** τοῖς κατὰ τὴν
Ac 15:23 Συρίαν καὶ Κιλικίαν **ἀδελφοῖς** τοῖς ἐξ ἐθνῶν
Ac 15:32 πολλοῦ παρεκάλεσαν τοὺς **ἀδελφοὺς** καὶ ἐπεστήριξαν,
Ac 15:33 εἰρήνης ἀπὸ τῶν **ἀδελφῶν** πρὸς τοὺς ἀποστείλαντας
Ac 15:36 δὴ ἐπισκεψώμεθα τοὺς **ἀδελφοὺς** κατὰ πόλιν πᾶσαν
Ac 15:40 κυρίου ὑπὸ τῶν **ἀδελφῶν**.
Ac 16:2 Λύστροις καὶ Ἰκονίῳ **ἀδελφῶν**.
Ac 16:40 ἰδόντες παρεκάλεσαν τοὺς **ἀδελφοὺς** καὶ ἐξῆλθαν.
Ac 17:6 Ἰάσονα καί τινας **ἀδελφοὺς** ἐπὶ τοὺς πολιτάρχας
Ac 17:10 Οἱ δὲ **ἀδελφοὶ** εὐθέως διὰ νυκτὸς
Ac 17:14 Παῦλον ἐξαπέστειλαν οἱ **ἀδελφοὶ** πορεύεσθαι ἕως ἐπὶ
Ac 18:18 ἡμέρας ἱκανὰς τοῖς **ἀδελφοῖς** ἀποταξάμενος ἐξέπλει εἰς
Ac 18:27 προτρεψάμενοι οἱ **ἀδελφοὶ** ἔγραψαν τοῖς μαθηταῖς
Ac 21:7 καὶ ἀσπασάμενοι τοὺς **ἀδελφοὺς** ἐμείναμεν ἡμέραν μίαν
Ac 21:17 ἀπεδέξαντο ἡμᾶς οἱ **ἀδελφοί**.
Ac 21:20 **ἀδελφέ**,
Ac 22:1 Ἄνδρες **ἀδελφοὶ** καὶ πατέρες,
Ac 22:5 δεξάμενος πρὸς τοὺς **ἀδελφοὺς** εἰς Δαμασκὸν ἐπορευόμην,
Ac 22:13 Σαοὺλ **ἀδελφέ**,
Ac 23:1 ἄνδρες **ἀδελφοί**,
Ac 23:5 **ἀδελφοί**,
Ac 23:6 ἄνδρες **ἀδελφοί**,
Ac 28:14 οὗ εὑρόντες **ἀδελφοὺς** παρεκλήθημεν παρ' αὐτοῖς
Ac 28:15 κἀκεῖθεν οἱ **ἀδελφοὶ** ἀκούσαντες τὰ περὶ
Ac 28:17 ἄνδρες **ἀδελφοί**,
Ac 28:21 παραγενόμενός τις τῶν **ἀδελφῶν** ἀπήγγειλεν ἢ ἐλάλησέν

ᾅδης (*hadēs*; 2/10) *Hades*
Ac 2:27 ψυχήν μου εἰς **ᾅδην** οὐδὲ δώσεις τὸν
Ac 2:31 οὔτε ἐγκατελείφθη εἰς **ᾅδην** οὔτε ἡ σὰρξ

ἀδικέω (*adikeō*; 5/28) *do or be in the wrong*
Ac 7:24 καὶ ἰδών τινα **ἀδικούμενον** ἠμύνατο καὶ ἐποίησεν
Ac 7:26 ἱνατί **ἀδικεῖτε** ἀλλήλους;
Ac 7:27 ὁ δὲ **ἀδικῶν** τὸν πλησίον ἀπώσατο
Ac 25:10 Ἰουδαίους οὐδὲν **ἠδίκησα** ὡς καὶ σὺ
Ac 25:11 εἰ μὲν οὖν **ἀδικῶ** καὶ ἄξιον θανάτου

ἀδίκημα (*adikēma*; 2/3) *crime*
Ac 18:14 εἰ μὲν ἦν **ἀδίκημά** τι ἢ ῥᾳδιούργημα
Ac 24:20 εἰπάτωσαν τί εὗρον **ἀδίκημα** στάντος μου

ἀδικία (*adikia*; 2/25) *unrighteousness*
Ac 1:18 ἐκ μισθοῦ τῆς **ἀδικίας** καὶ πρηνὴς γενόμενος
Ac 8:23 πικρίας καὶ σύνδεσμον **ἀδικίας** ὁρῶ σε ὄντα.

ἄδικος (*adikos*; 1/12) *evil*
Ac 24:15 δικαίων τε καὶ **ἀδίκων**.

Ἀδραμυττηνός (*Adramyttēnos*; 1/1) *Adramyttium*
Ac 27:2 ἐπιβάντες δὲ πλοίῳ **Ἀδραμυττηνῷ** μέλλοντι πλεῖν εἰς

Ἀδρίας (*Adrias*; 1/1) *Adriatic Sea*
Ac 27:27 ἡμῶν ἐν τῷ **Ἀδρίᾳ**,

ἀδύνατος (*adynatos*; 1/10) *impossible*
Ac 14:8 Καί τις ἀνὴρ **ἀδύνατος** ἐν Λύστροις τοῖς

ἀεί (*aei*; 1/7) *always*
Ac 7:51 ὑμεῖς **ἀεὶ** τῷ πνεύματι τῷ

ἄζυμος (*azymos*; 2/9) *without yeast*
Ac 12:3 [αἱ] ἡμέραι τῶν **ἀζύμων**
Ac 20:6 τὰς ἡμέρας τῶν **ἀζύμων** ἀπὸ Φιλίππων καὶ

Ἄζωτος (*Azōtos*; 1/1) *Azotus*
Ac 8:40 δὲ εὑρέθη εἰς **Ἄζωτον**·

ἀήρ (*aēr*; 1/7) *air*
Ac 22:23 βαλλόντων εἰς τὸν **ἀέρα**,

ἀθέμιτος (*athemitos*; 1/2) *forbidden*

Ac 10:28 ὑμεῖς ἐπίστασθε ὡς **ἀθέμιτόν** ἐστιν ἀνδρὶ Ἰουδαίῳ

Ἀθῆναι (*Athēnai*; 3/4) *Athens*

Ac 17:15 Παῦλον ἤγαγον ἕως **Ἀθηνῶν**,
Ac 17:16 Ἐν δὲ ταῖς **Ἀθήναις** ἐκδεχομένου αὐτοὺς τοῦ
Ac 18:1 χωρισθεὶς ἐκ τῶν **Ἀθηνῶν** ἦλθεν εἰς Κόρινθον.

Ἀθηναῖος (*Athēnaios*; 2/2) *Athenian*

Ac 17:21 **Ἀθηναῖοι** δὲ πάντες καὶ
Ac 17:22 ἄνδρες **Ἀθηναῖοι**,

αἰγιαλός (*aigialos*; 3/6) *shore*

Ac 21:5 γόνατα ἐπὶ τὸν **αἰγιαλὸν** προσευξάμενοι
Ac 27:39 τινα κατενόουν ἔχοντα **αἰγιαλὸν** εἰς ὃν ἐβουλεύοντο
Ac 27:40 κατεῖχον εἰς τὸν **αἰγιαλόν**.

Αἰγύπτιος (*Aigyptios*; 4/5) *Egyptian*

Ac 7:22 [ἐν] πάσῃ σοφίᾳ **Αἰγυπτίων**,
Ac 7:24 καταπονουμένῳ πατάξας τὸν **Αἰγύπτιον**.
Ac 7:28 ἀνεῖλες ἐχθὲς τὸν **Αἰγύπτιον**;
Ac 21:38 σὺ εἶ ὁ **Αἰγύπτιος** ὁ πρὸ τούτων

Αἴγυπτος (*Aigyptos*; 15/25) *Egypt*

Ac 2:10 **Αἴγυπτον** καὶ τὰ μέρη
Ac 7:9 Ἰωσὴφ ἀπέδοντο εἰς **Αἴγυπτον**.
Ac 7:10 ἐναντίον Φαραὼ βασιλέως **Αἰγύπτου** καὶ κατέστησεν αὐτὸν
Ac 7:10 αὐτὸν ἡγούμενον ἐπ' **Αἴγυπτον** καὶ [ἐφ'] ὅλον
Ac 7:11 ἐφ' ὅλην τὴν **Αἴγυπτον** καὶ Χανάαν καὶ
Ac 7:12 ὄντα σιτία εἰς **Αἴγυπτον** ἐξαπέστειλεν τοὺς πατέρας
Ac 7:15 κατέβη Ἰακὼβ εἰς **Αἴγυπτον** καὶ ἐτελεύτησεν αὐτὸς
Ac 7:17 καὶ ἐπληθύνθη ἐν **Αἰγύπτῳ**
Ac 7:18 βασιλεὺς ἕτερος [ἐπ' **Αἴγυπτον**] ὃς οὐκ ᾔδει
Ac 7:34 μου τοῦ ἐν **Αἰγύπτῳ** καὶ τοῦ στεναγμοῦ
Ac 7:34 ἀποστείλω σε εἰς **Αἴγυπτον**.
Ac 7:36 σημεῖα ἐν γῇ **Αἰγύπτῳ** καὶ ἐν ἐρυθρᾷ
Ac 7:39 καρδίαις αὐτῶν εἰς **Αἴγυπτον**
Ac 7:40 ἡμᾶς ἐκ γῆς **Αἰγύπτου**,
Ac 13:17 παροικίᾳ ἐν γῇ **Αἰγύπτου** καὶ μετὰ βραχίονος

Αἰθίοψ (*Aithiops*; 2/2) *Ethiopian*

Ac 8:27 καὶ ἰδοὺ ἀνὴρ **Αἰθίοψ** εὐνοῦχος δυνάστης Κανδάκης
Ac 8:27 δυνάστης Κανδάκης βασιλίσσης **Αἰθιόπων**,

αἷμα (*haima*; 11/97) *blood*

Ac 1:19 τοῦτ' ἔστιν χωρίον **αἵματος**.
Ac 2:19 **αἷμα** καὶ πῦρ καὶ
Ac 2:20 ἡ σελήνη εἰς **αἷμα**,
Ac 5:28 ἐφ' ἡμᾶς τὸ **αἷμα** τοῦ ἀνθρώπου τούτου.
Ac 15:20 πνικτοῦ καὶ τοῦ **αἵματος**.
Ac 15:29 ἀπέχεσθαι εἰδωλοθύτων καὶ **αἵματος** καὶ πνικτῶν καὶ
Ac 18:6 τὸ **αἷμα** ὑμῶν ἐπὶ τὴν
Ac 20:26 εἰμι ἀπὸ τοῦ **αἵματος** πάντων·
Ac 20:28 περιεποιήσατο διὰ τοῦ **αἵματος** τοῦ ἰδίου.
Ac 21:25 τε εἰδωλόθυτον καὶ **αἷμα** καὶ πνικτὸν καὶ
Ac 22:20 ὅτε ἐξεχύννετο τὸ **αἷμα** Στεφάνου τοῦ μάρτυρός

Αἰνέας (*Aineas*; 2/2) *Aeneas*

Ac 9:33 ἄνθρωπόν τινα ὀνόματι **Αἰνέαν** ἐξ ἐτῶν ὀκτὼ
Ac 9:34 **Αἰνέα**,

αἰνέω (*aineō*; 3/8) *praise*

Ac 2:47 **αἰνοῦντες** τὸν θεὸν καὶ
Ac 3:8 καὶ ἁλλόμενος καὶ **αἰνῶν** τὸν θεόν.
Ac 3:9 αὐτὸν περιπατοῦντα καὶ **αἰνοῦντα** τὸν θεόν·

αἵρεσις (*hairesis*; 6/9) *religious party*

Ac 5:17 ἡ οὖσα **αἵρεσις** τῶν Σαδδουκαίων,
Ac 15:5 τῶν ἀπὸ τῆς **αἱρέσεως** τῶν Φαρισαίων πεπιστευκότες
Ac 24:5 τῆς τῶν Ναζωραίων **αἱρέσεως**,
Ac 24:14 ὁδὸν ἣν λέγουσιν **αἵρεσιν**,
Ac 26:5 κατὰ τὴν ἀκριβεστάτην **αἵρεσιν** τῆς ἡμετέρας θρησκείας
Ac 28:22 μὲν γὰρ τῆς **αἱρέσεως** ταύτης γνωστὸν ἡμῖν

αἴρω (*airō*; 9/100[101]) *take, take up or away*

Ac 4:24 δὲ ἀκούσαντες ὁμοθυμαδὸν **ἦραν** φωνὴν
Ac 8:33 ἡ κρίσις αὐτοῦ **ἤρθη**·
Ac 8:33 ὅτι **αἴρεται** ἀπὸ τῆς γῆς
Ac 20:9 τριστέγου κάτω καὶ **ἤρθη** νεκρός.
Ac 21:11 πρὸς ἡμᾶς καὶ **ἄρας** τὴν ζώνην τοῦ
Ac 21:36 **αἶρε** αὐτόν.
Ac 22:22 **αἶρε** ἀπὸ τῆς γῆς
Ac 27:13 **ἄραντες** ἆσσον παρελέγοντο τὴν
Ac 27:17 ἣν **ἄραντες** βοηθείαις ἐχρῶντο ὑποζωννύντες

αἰτέω (*aiteō*; 10/70) *ask*

Ac 3:2 λεγομένην Ὡραίαν τοῦ **αἰτεῖν** ἐλεημοσύνην
Ac 3:14 δίκαιον ἠρνήσασθε καὶ **ᾐτήσασθε** ἄνδρα φονέα χαρισθῆναι
Ac 7:46 τοῦ θεοῦ καὶ **ᾐτήσατο** εὑρεῖν σκήνωμα τῷ
Ac 9:2 **ᾐτήσατο** παρ' αὐτοῦ ἐπιστολὰς
Ac 12:20 **ᾐτοῦντο** εἰρήνην διὰ τὸ
Ac 13:21 κἀκεῖθεν **ᾐτήσαντο** βασιλέα καὶ ἔδωκεν
Ac 13:28 αἰτίαν θανάτου εὑρόντες **ᾐτήσαντο** Πιλᾶτον ἀναιρεθῆναι αὐτόν.
Ac 16:29 **αἰτήσας** δὲ φῶτα εἰσεπήδησεν
Ac 25:3 **αἰτούμενοι** χάριν κατ' αὐτοῦ
Ac 25:15 πρεσβύτεροι τῶν Ἰουδαίων **αἰτούμενοι** κατ' αὐτοῦ καταδίκην.

αἰτία (*aitia*; 8/20) *reason, charge*

Ac 10:21 τίς ἡ **αἰτία** δι' ἣν πάρεστε;
Ac 13:28 καὶ μηδεμίαν **αἰτίαν** θανάτου εὑρόντες ᾐτήσαντο
Ac 22:24 ἐπιγνῷ δι' ἣν **αἰτίαν** οὕτως ἐπεφώνουν αὐτῷ.

Ac 23:28 τε ἐπιγνῶναι τὴν **αἰτίαν** δι' ἣν ἐνεκάλουν
Ac 25:18 οἱ κατήγοροι οὐδεμίαν **αἰτίαν** ἔφερον ὧν ἐγὼ
Ac 25:27 τὰς κατ' αὐτοῦ **αἰτίας** σημᾶναι.
Ac 28:18 διὰ τὸ μηδεμίαν **αἰτίαν** θανάτου ὑπάρχειν
Ac 28:20 ταύτην οὖν τὴν **αἰτίαν** παρεκάλεσα ὑμᾶς ἰδεῖν

αἴτιος (*aitios*; 1/5) *cause*

Ac 19:40 μηδενὸς **αἰτίου** ὑπάρχοντος περὶ οὗ

αἰτίωμα (*aitiōma*; 1/1) *charge*

Ac 25:7 πολλὰ καὶ βαρέα **αἰτιώματα** καταφέροντες ἃ

αἰών (*aiōn*; 2/122) *age*

Ac 3:21 τῶν ἁγίων ἀπ' **αἰῶνος** αὐτοῦ προφητῶν.
Ac 15:18 γνωστὰ ἀπ' **αἰῶνος**.

αἰώνιος (*aiōnios*; 2/70[71]) *eternal*

Ac 13:46 κρίνετε ἑαυτοὺς τῆς **αἰωνίου** ζωῆς,
Ac 13:48 τεταγμένοι εἰς ζωὴν **αἰώνιον**·

ἀκάθαρτος (*akathartos*; 5/32) *unclean*

Ac 5:16 ὀχλουμένους ὑπὸ πνευμάτων **ἀκαθάρτων**,
Ac 8:7 τῶν ἐχόντων πνεύματα **ἀκάθαρτα** βοῶντα φωνῇ μεγάλῃ
Ac 10:14 πᾶν κοινὸν καὶ **ἀκάθαρτον**.
Ac 10:28 μηδένα κοινὸν ἢ **ἀκάθαρτον** λέγειν ἄνθρωπον·
Ac 11:8 ὅτι κοινὸν ἢ **ἀκάθαρτον** οὐδέποτε εἰσῆλθεν

ἀκατάκριτος (*akatakritos*; 2/2) *without trial by law*

Ac 16:37 δείραντες ἡμᾶς δημοσίᾳ **ἀκατακρίτους**,
Ac 22:25 ἄνθρωπον Ῥωμαῖον καὶ **ἀκατάκριτον** ἔξεστιν ὑμῖν μαστίζειν;

Ἁκελδαμάχ (*Hakeldamach*; 1/1) *Akeldama*

Ac 1:19 ἰδίᾳ διαλέκτῳ αὐτῶν **Ἁκελδαμάχ**,

ἀκοή (*akoē*; 2/24) *report*

Ac 17:20 εἰσφέρεις εἰς τὰς **ἀκοὰς** ἡμῶν·
Ac 28:26 **ἀκοῇ** ἀκούσετε καὶ οὐ

ἀκολουθέω (*akoloutheō*; 4/90) *follow*

Ac 12:8 ἱμάτιόν σου καὶ **ἀκολούθει** μοι.
Ac 12:9 καὶ ἐξελθὼν **ἠκολούθει** καὶ οὐκ ᾔδει
Ac 13:43 δὲ τῆς συναγωγῆς **ἠκολούθησαν** πολλοὶ τῶν Ἰουδαίων
Ac 21:36 **ἠκολούθει** γὰρ τὸ πλῆθος

ἀκούω (*akouō*; 89/426[428]) *hear*

Ac 1:4 τοῦ πατρὸς ἣν **ἠκούσατέ** μου,
Ac 2:6 ὅτι **ἤκουον** εἷς ἕκαστος τῇ
Ac 2:8 καὶ πῶς ἡμεῖς **ἀκούομεν** ἕκαστος τῇ ἰδίᾳ
Ac 2:11 **ἀκούομεν** λαλούντων αὐτῶν ταῖς
Ac 2:22 **ἀκούσατε** τοὺς λόγους τούτους·
Ac 2:33 [καὶ] βλέπετε καὶ **ἀκούετε**.
Ac 2:37 **Ἀκούσαντες** δὲ κατενύγησαν τὴν
Ac 3:22 αὐτοῦ ἀκούσεσθε **κατὰ** πάντα ὅσα ἂν
Ac 3:23 ἥτις ἐὰν μὴ **ἀκούσῃ** τοῦ προφήτου ἐκείνου
Ac 4:4 πολλοὶ δὲ τῶν **ἀκουσάντων** τὸν λόγον ἐπίστευσαν
Ac 4:19 τοῦ θεοῦ ὑμῶν **ἀκούειν** μᾶλλον ἢ τοῦ
Ac 4:20 ἃ εἴδαμεν καὶ **ἠκούσαμεν** μὴ λαλεῖν.
Ac 4:24 οἱ δὲ **ἀκούσαντες** ὁμοθυμαδὸν ἦραν φωνὴν
Ac 5:5 **ἀκούων** δὲ ὁ Ἁνανίας
Ac 5:5 ἐπὶ πάντας τοὺς **ἀκούοντας**.
Ac 5:11 ἐπὶ πάντας τοὺς **ἀκούοντας** ταῦτα.
Ac 5:21 **ἀκούσαντες** δὲ εἰσῆλθον ὑπὸ
Ac 5:24 ὡς δὲ **ἤκουσαν** τοὺς λόγους τούτους
Ac 5:33 Οἱ δὲ **ἀκούσαντες** διεπρίοντο καὶ ἐβούλοντο
Ac 6:11 ἄνδρας λέγοντας ὅτι **ἀκηκόαμεν** αὐτοῦ λαλοῦντος ῥήματα
Ac 6:14 **ἀκηκόαμεν** γὰρ αὐτοῦ λέγοντος
Ac 7:2 **ἀκούσατε**.
Ac 7:12 **ἀκούσας** δὲ Ἰακὼβ ὄντα
Ac 7:34 τοῦ στεναγμοῦ αὐτῶν **ἤκουσα**,
Ac 7:54 **Ἀκούοντες** δὲ ταῦτα διεπρίοντο
Ac 8:6 ὁμοθυμαδὸν ἐν τῷ **ἀκούειν** αὐτοὺς καὶ βλέπειν
Ac 8:14 **Ἀκούσαντες** δὲ οἱ ἐν
Ac 8:30 δὲ ὁ Φίλιππος **ἤκουσεν** αὐτοῦ ἀναγινώσκοντος Ἠσαΐαν
Ac 9:4 ἐπὶ τὴν γῆν **ἤκουσεν** φωνὴν λέγουσαν αὐτῷ·
Ac 9:7 **ἀκούοντες** μὲν τῆς φωνῆς
Ac 9:13 **ἤκουσα** ἀπὸ πολλῶν περὶ
Ac 9:21 δὲ πάντες οἱ **ἀκούοντες** καὶ ἔλεγον·
Ac 9:38 Ἰόππῃ οἱ μαθηταὶ **ἀκούσαντες** ὅτι Πέτρος ἐστὶν
Ac 10:22 οἶκον αὐτοῦ καὶ **ἀκοῦσαι** ῥήματα παρὰ σοῦ.
Ac 10:33 τοῦ θεοῦ πάρεσμεν **ἀκοῦσαι** πάντα τὰ προστεταγμένα
Ac 10:44 ἐπὶ πάντας τοὺς **ἀκούοντας** τὸν λόγον.
Ac 10:46 **ἤκουον** γὰρ αὐτῶν λαλούντων
Ac 11:1 **Ἤκουσαν** δὲ οἱ ἀπόστολοι
Ac 11:7 **ἤκουσα** δὲ καὶ φωνῆς
Ac 11:18 **Ἀκούσαντες** δὲ ταῦτα ἡσύχασαν
Ac 11:22 **Ἠκούσθη** δὲ ὁ λόγος
Ac 13:7 καὶ Σαῦλον ἐπεζήτησεν **ἀκοῦσαι** τὸν λόγον
Ac 13:16 **ἀκούσατε**.
Ac 13:44 ἡ πόλις συνήχθη **ἀκοῦσαι** τὸν λόγον τοῦ
Ac 13:48 **Ἀκούοντα** δὲ τὰ ἔθνη
Ac 14:9 οὗτος **ἤκουσεν** τοῦ Παύλου λαλοῦντος·
Ac 14:14 **Ἀκούσαντες** δὲ οἱ ἀπόστολοι
Ac 15:7 τοῦ στόματός μου **ἀκοῦσαι** τὰ ἔθνη τὸν
Ac 15:12 τὸ πλῆθος καὶ **ἤκουον** Βαρναβᾶ καὶ Παύλου
Ac 15:13 **ἀκούσατέ** μου.
Ac 15:24 Ἐπειδὴ **ἠκούσαμεν** ὅτι τινες ἐξ
Ac 16:14 **ἤκουεν**,
Ac 16:38 ἐφοβήθησαν δὲ **ἀκούσαντες** ὅτι Ῥωμαῖοί εἰσιν,
Ac 17:8 καὶ τοὺς πολιτάρχας **ἀκούοντας** ταῦτα,
Ac 17:21 λέγειν τι ἢ **ἀκούειν** τι καινότερον.
Ac 17:32 **Ἀκούσαντες** δὲ ἀνάστασιν νεκρῶν
Ac 17:32 **ἀκουσόμεθά** σου περὶ τούτου
Ac 18:8 πολλοὶ τῶν Κορινθίων **ἀκούοντες** ἐπίστευον καὶ ἐβαπτίζοντο.
Ac 18:26 **ἀκούσαντες** δὲ αὐτοῦ Πρίσκιλλα
Ac 19:2 πνεῦμα ἅγιον ἔστιν **ἠκούσαμεν**.
Ac 19:5 **ἀκούσαντες** δὲ ἐβαπτίσθησαν εἰς
Ac 19:10 κατοικοῦντας τὴν Ἀσίαν **ἀκοῦσαι** τὸν λόγον
Ac 19:26 καὶ θεωρεῖτε καὶ **ἀκούετε** ὅτι οὐ μόνον

Ac 19:28 **᾽Ακούσαντες** δὲ καὶ γενόμενοι
Ac 21:12 ὡς δὲ **ἠκούσαμεν** ταῦτα,
Ac 21:20 Οἱ δὲ **ἀκούσαντες** ἐδόξαζον τὸν θεὸν
Ac 21:22 πάντως **ἀκούσονται** ὅτι ἐλήλυθας.
Ac 22:1 **ἀκούσατέ** μου τῆς πρὸς
Ac 22:2 **ἀκούσαντες** δὲ ὅτι τῇ
Ac 22:7 τὸ ἔδαφος καὶ **ἤκουσα** φωνῆς λεγούσης μοι·
Ac 22:9 δὲ φωνὴν οὐκ **ἤκουσαν** τοῦ λαλοῦντός μοι.
Ac 22:14 τὸν δίκαιον καὶ **ἀκοῦσαι** φωνὴν ἐκ τοῦ
Ac 22:15 ὧν ἑώρακας καὶ **ἤκουσας**.
Ac 22:22 **῎Ηκουον** δὲ αὐτοῦ ἄχρι
Ac 22:26 **ἀκούσας** δὲ ὁ ἑκατοντάρχης
Ac 23:16 **᾽Ακούσας** δὲ ὁ υἱὸς
Ac 24:4 παρακαλῶ **ἀκοῦσαί** σε ἡμῶν συντόμως
Ac 24:24 τὸν Παῦλον καὶ **ἤκουσεν** αὐτοῦ περὶ τῆς
Ac 25:22 αὐτὸς τοῦ ἀνθρώπου **ἀκοῦσαι**.
Ac 25:22 **ἀκούσῃ** αὐτοῦ.
Ac 26:3 διὸ δέομαι μακροθύμως **ἀκοῦσαί** μου.
Ac 26:14 εἰς τὴν γῆν **ἤκουσα** φωνὴν λέγουσαν πρός
Ac 26:29 καὶ πάντας τοὺς **ἀκούοντάς** μου σήμερον γενέσθαι
Ac 28:15 κἀκεῖθεν οἱ ἀδελφοὶ **ἀκούσαντες** τὰ περὶ ἡμῶν
Ac 28:22 δὲ παρὰ σοῦ **ἀκοῦσαι** ἃ φρονεῖς,
Ac 28:26 ἀκοῇ **ἀκούσετε** καὶ οὐ μὴ
Ac 28:27 τοῖς ὠσὶν βαρέως **ἤκουσαν** καὶ τοὺς ὀφθαλμοὺς
Ac 28:27 καὶ τοῖς ὠσὶν **ἀκούσωσιν** καὶ τῇ καρδίᾳ
Ac 28:28 αὐτοὶ καὶ **ἀκούσονται**.

ἀκρίβεια (*akribeia*; 1/1) *strictness*
Ac 22:3 Γαμαλιὴλ πεπαιδευμένος κατὰ **ἀκρίβειαν** τοῦ πατρῴου νόμου,

ἀκριβής (*akribēs*; 1/1) *strict*
Ac 26:5 ὅτι κατὰ τὴν **ἀκριβεστάτην** αἵρεσιν τῆς ἡμετέρας

ἀκριβῶς (*akribōs*; 5/9) *accurately*
Ac 18:25 ἐλάλει καὶ ἐδίδασκεν **ἀκριβῶς** τὰ περὶ τοῦ
Ac 18:26 προσελάβοντο αὐτὸν καὶ **ἀκριβέστερον** αὐτῷ ἐξέθεντο τὴν
Ac 23:15 ὡς μέλλοντας διαγινώσκειν **ἀκριβέστερον** τὰ περὶ αὐτοῦ·
Ac 23:20 ὡς μέλλον τι **ἀκριβέστερον** πυνθάνεσθαι περὶ αὐτοῦ.
Ac 24:22 **ἀκριβέστερον** εἰδὼς τὰ περὶ

ἀκροατήριον (*akroatērion*; 1/1) *audience hall*
Ac 25:23 εἰσελθόντων εἰς τὸ **ἀκροατήριον** σύν τε χιλιάρχοις

ἀκροβυστία (*akrobystia*; 1/20) *uncircumcision*
Ac 11:3 εἰσῆλθες πρὸς ἄνδρας **ἀκροβυστίαν** ἔχοντας καὶ συνέφαγες

᾽Ακύλας (*Akylas*; 3/6) *Aquila*
Ac 18:2 τινα ᾽Ιουδαῖον ὀνόματι **᾽Ακύλαν**,
Ac 18:18 αὐτῷ Πρίσκιλλα καὶ **᾽Ακύλας**,
Ac 18:26 αὐτοῦ Πρίσκιλλα καὶ **᾽Ακύλας** προσελάβοντο αὐτὸν καὶ

ἀκωλύτως (*akōlytōs*; 1/1) *unhindered*
Ac 28:31 μετὰ πάσης παρρησίας **ἀκωλύτως**.

᾽Αλεξανδρεύς (*Alexandreus*; 2/2) *an Alexandrian*
Ac 6:9 καὶ Κυρηναίων καὶ **᾽Αλεξανδρέων** καὶ τῶν
Ac 18:24 **᾽Αλεξανδρεὺς** τῷ γένει,

᾽Αλεξανδρῖνος (*Alexandrinos*; 2/2) *of Alexandria*
Ac 27:6 ὁ ἑκατοντάρχης πλοῖον **᾽Αλεξανδρῖνον** πλέον
Ac 28:11 **᾽Αλεξανδρίνῳ**,

᾽Αλέξανδρος (*Alexandros*; 3/6) *Alexander*
Ac 4:6 καὶ ᾽Ιωάννης καὶ **᾽Αλέξανδρος** καὶ ὅσοι ἦσαν
Ac 19:33 τοῦ ὄχλου συνεβίβασαν **᾽Αλέξανδρον**,
Ac 19:33 ὁ δὲ **᾽Αλέξανδρος** κατασείσας τὴν χεῖρα

ἀλήθεια (*alētheia*; 3/109) *truth*
Ac 4:27 συνήχθησαν γὰρ ἐπ᾽ **ἀληθείας** ἐν τῇ πόλει
Ac 10:34 ἐπ᾽ **ἀληθείας** καταλαμβάνομαι ὅτι οὐκ
Ac 26:25 ἀλλὰ **ἀληθείας** καὶ σωφροσύνης ῥήματα

ἀληθής (*alēthēs*; 1/26) *true*
Ac 12:9 οὐκ ᾔδει ὅτι **ἀληθές** ἐστιν τὸ γινόμενον

ἀληθῶς (*alēthōs*; 1/18) *truly*
Ac 12:11 νῦν οἶδα **ἀληθῶς** ὅτι ἐξαπέστειλεν [ὁ]

ἀλίσγημα (*alisgēma*; 1/1) *defilement*
Ac 15:20 τοῦ ἀπέχεσθαι τῶν **ἀλισγημάτων** τῶν εἰδώλων καὶ

ἀλλά (*alla*; 30/638) *but*
Ac 1:4 ῾Ιεροσολύμων μὴ χωρίζεσθαι **ἀλλὰ** περιμένειν τὴν ἐπαγγελίαν
Ac 1:8 **ἀλλὰ** λήμψεσθε δύναμιν ἐπελθόντος
Ac 2:16 **ἀλλὰ** τοῦτό ἐστιν τὸ
Ac 4:17 **ἀλλ᾽** ἵνα μὴ ἐπὶ
Ac 4:32 ἔλεγεν ἴδιον εἶναι **ἀλλ᾽** ἦν αὐτοῖς ἅπαντα
Ac 5:4 οὐκ ἐψεύσω ἀνθρώποις **ἀλλὰ** τῷ θεῷ.
Ac 5:13 **ἀλλ᾽** ἐμεγάλυνεν αὐτοὺς ὁ
Ac 7:39 **ἀλλὰ** ἀπώσαντο καὶ ἐστράφησαν
Ac 7:48 **ἀλλ᾽** οὐχ ὁ ὕψιστος
Ac 9:6 **ἀλλὰ** ἀνάστηθι καὶ εἴσελθε
Ac 10:20 **ἀλλὰ** ἀναστὰς κατάβηθι καὶ
Ac 10:35 **ἀλλ᾽** ἐν παντὶ ἔθνει
Ac 10:41 **ἀλλὰ** μάρτυσιν τοῖς προκεχειροτονημένοις
Ac 13:25 **ἀλλ᾽** ἰδοὺ ἔρχεται μετ᾽
Ac 15:11 **ἀλλὰ** διὰ τῆς χάριτος
Ac 15:20 **ἀλλὰ** ἐπιστεῖλαι αὐτοῖς τοῦ
Ac 16:37 **ἀλλὰ** ἐλθόντες αὐτοὶ ἡμᾶς
Ac 18:9 **ἀλλὰ** λάλει καὶ μὴ
Ac 18:21 **ἀλλὰ** ἀποταξάμενος καὶ εἰπών·
Ac 19:2 **ἀλλ᾽** οὐδ᾽ εἰ πνεῦμα
Ac 19:26 οὐ μόνον ᾽Εφέσου **ἀλλὰ** σχεδὸν πάσης τῆς
Ac 19:27 εἰς ἀπελεγμὸν ἐλθεῖν **ἀλλὰ** καὶ τὸ τῆς
Ac 20:24 **ἀλλ᾽** οὐδενὸς λόγου ποιοῦμαι
Ac 21:13 οὐ μόνον δεθῆναι **ἀλλὰ** καὶ ἀποθανεῖν εἰς

Ac 21:24 σοῦ οὐδέν ἐστιν **ἀλλὰ** στοιχεῖς καὶ αὐτὸς
Ac 26:16 **ἀλλὰ** ἀνάστηθι καὶ στῆθι
Ac 26:20 **ἀλλὰ** τοῖς ἐν Δαμασκῷ
Ac 26:25 **ἀλλὰ** ἀληθείας καὶ σωφροσύνης
Ac 26:29 οὐ μόνον σὲ **ἀλλὰ** καὶ πάντας τοὺς
Ac 27:10 καὶ τοῦ πλοίου **ἀλλὰ** καὶ τῶν ψυχῶν

ἀλλάσσω (*allassō*; 1/6) *change*
Ac 6:14 τόπον τοῦτον καὶ **ἀλλάξει** τὰ ἔθη ἃ

ἀλλήλων (*allēlōn*; 8/100) *one another*
Ac 4:15 ἀπελθεῖν συνέβαλλον πρὸς **ἀλλήλους**
Ac 7:26 ἱνατί ἀδικεῖτε **ἀλλήλους**;
Ac 15:39 ἀποχωρισθῆναι αὐτοὺς ἀπ᾽ **ἀλλήλων**,
Ac 19:38 ἐγκαλείτωσαν **ἀλλήλοις**.
Ac 21:6 ἀπησπασάμεθα **ἀλλήλους** καὶ ἀνέβημεν εἰς
Ac 26:31 ἀναχωρήσαντες ἐλάλουν πρὸς **ἀλλήλους** λέγοντες ὅτι οὐδὲν
Ac 28:4 πρὸς **ἀλλήλους** ἔλεγον·
Ac 28:25 δὲ ὄντες πρὸς **ἀλλήλους** ἀπελύοντο εἰπόντος

ἅλλομαι (*hallomai*; 2/3) *well up, leap*
Ac 3:8 ἱερὸν περιπατῶν καὶ **ἁλλόμενος** καὶ αἰνῶν
Ac 14:10 καὶ **ἥλατο** καὶ περιεπάτει.

ἄλλος (*allos*; 8/155) *other, another*
Ac 2:12 **ἄλλος** πρὸς ἄλλον λέγοντες·
Ac 2:12 ἄλλος πρὸς **ἄλλον** λέγοντες·
Ac 4:12 οὐκ ἔστιν ἐν **ἄλλῳ** οὐδενὶ ἡ σωτηρία,
Ac 15:2 Βαρναβᾶν καί τινας **ἄλλους** ἐξ αὐτῶν πρὸς
Ac 19:32 **ἄλλοι** μὲν οὖν ἄλλο
Ac 19:32 ἄλλοι μὲν οὖν **ἄλλο** τι ἔκραζον·
Ac 21:34 **ἄλλοι** δὲ ἄλλο τι
Ac 21:34 ἄλλοι δὲ **ἄλλο** τι ἐπεφώνουν ἐν

ἀλλότριος (*allotrios*; 1/14) *belonging to another*
Ac 7:6 πάροικον ἐν γῇ **ἀλλοτρίᾳ** καὶ δουλώσουσιν αὐτὸ

ἀλλόφυλος (*allophylos*; 1/1) *foreign*
Ac 10:28 κολλᾶσθαι ἢ προσέρχεσθαι **ἀλλοφύλῳ**·

ἄλογος (*alogos*; 1/3) *unreasoning*
Ac 25:27 **ἄλογον** γάρ μοι δοκεῖ

ἅλυσις (*halysis*; 4/11) *chain*
Ac 12:6 δύο στρατιωτῶν δεδεμένος **ἁλύσεσιν** δυσὶν φύλακές τε
Ac 12:7 ἐξέπεσαν αὐτοῦ αἱ **ἁλύσεις** ἐκ τῶν χειρῶν.
Ac 21:33 καὶ ἐκέλευσεν δεθῆναι **ἁλύσεσι** δυσί,
Ac 28:20 τοῦ Ἰσραὴλ τὴν **ἅλυσιν** ταύτην περίκειμαι.

Ἁλφαῖος (*Halphaios*; 1/5) *Alphaeus*
Ac 1:13 Ἰάκωβος **Ἁλφαίου** καὶ Σίμων ὁ

ἅμα (*hama*; 2/10) *at the same time*
Ac 24:26 **ἅμα** καὶ ἐλπίζων ὅτι
Ac 27:40 **ἅμα** ἀνέντες τὰς ζευκτηρίας

ἁμαρτάνω (*hamartanō*; 1/42[43]) *sin*
Ac 25:8 εἰς Καίσαρά τι **ἥμαρτον**.

ἁμαρτία (*hamartia*; 8/173) *sin*
Ac 2:38 εἰς ἄφεσιν τῶν **ἁμαρτιῶν** ὑμῶν καὶ λήμψεσθε
Ac 3:19 ἐξαλειφθῆναι ὑμῶν τὰς **ἁμαρτίας**,
Ac 5:31 Ἰσραὴλ καὶ ἄφεσιν **ἁμαρτιῶν**.
Ac 7:60 αὐτοῖς ταύτην τὴν **ἁμαρτίαν**.
Ac 10:43 προφῆται μαρτυροῦσιν ἄφεσιν **ἁμαρτιῶν** λαβεῖν διὰ τοῦ
Ac 13:38 τούτου ὑμῖν ἄφεσις **ἁμαρτιῶν** καταγγέλλεται,
Ac 22:16 καὶ ἀπόλουσαι τὰς **ἁμαρτίας** σου ἐπικαλεσάμενος τὸ
Ac 26:18 λαβεῖν αὐτοὺς ἄφεσιν **ἁμαρτιῶν** καὶ κλῆρον

ἀμάρτυρος (*amartyros*; 1/1) *without evidence or witness*
Ac 14:17 καίτοι οὐκ **ἀμάρτυρον** αὐτὸν ἀφῆκεν ἀγαθουργῶν,

ἀμνός (*amnos*; 1/4) *lamb*
Ac 8:32 ἤχθη καὶ ὡς **ἀμνὸς** ἐναντίον τοῦ κείραντος

ἀμύνομαι (*amynomai*; 1/1) *come to help*
Ac 7:24 ἰδών τινα ἀδικούμενον **ἠμύνατο** καὶ ἐποίησεν ἐκδίκησιν

Ἀμφίπολις (*Amphipolis*; 1/1) *Amphipolis*
Ac 17:1 Διοδεύσαντες δὲ τὴν **Ἀμφίπολιν** καὶ τὴν Ἀπολλωνίαν

ἀμφότεροι (*amphoteroi*; 3/14) *both*
Ac 8:38 ἅρμα καὶ κατέβησαν **ἀμφότεροι** εἰς τὸ ὕδωρ,
Ac 19:16 κατακυριεύσας **ἀμφοτέρων** ἴσχυσεν κατ᾽ αὐτῶν
Ac 23:8 δὲ ὁμολογοῦσιν τὰ **ἀμφότερα**.

ἄν (*an*; 15/166) *particle indicating contingency*
Ac 2:21 ἔσται πᾶς ὃς **ἂν** ἐπικαλέσηται τὸ ὄνομα
Ac 2:35 ἕως **ἂν** θῶ τοὺς ἐχθρούς
Ac 2:39 ὅσους **ἂν** προσκαλέσηται κύριος ὁ
Ac 2:45 αὐτὰ πᾶσιν καθότι **ἄν** τις χρείαν εἶχεν·
Ac 3:20 ὅπως **ἂν** ἔλθωσιν καιροὶ ἀναψύξεως
Ac 3:22 κατὰ πάντα ὅσα **ἂν** λαλήσῃ πρὸς ὑμᾶς.
Ac 4:35 δὲ ἑκάστῳ καθότι **ἄν** τις χρείαν εἶχεν.
Ac 5:24 περὶ αὐτῶν τι **ἂν** γένοιτο τοῦτο.
Ac 7:3 τὴν γῆν ἣν **ἄν** σοι δείξω.
Ac 8:31 πῶς γὰρ **ἂν** δυναίμην ἐὰν μή
Ac 10:17 ὁ Πέτρος τί **ἂν** εἴη τὸ ὅραμα
Ac 15:17 ὅπως **ἂν** ἐκζητήσωσιν οἱ κατάλοιποι
Ac 17:18 τί **ἂν** θέλοι ὁ σπερμολόγος
Ac 18:14 κατὰ λόγον **ἂν** ἀνεσχόμην ὑμῶν,
Ac 26:29 εὐξαίμην **ἂν** τῷ θεῷ καὶ

ἀναβαθμός (*anabathmos*; 2/2) *(flight of) steps*
Ac 21:35 ἐγένετο ἐπὶ τοὺς **ἀναβαθμούς**,
Ac 21:40 ἑστὼς ἐπὶ τῶν **ἀναβαθμῶν** κατέσεισεν τῇ χειρὶ

ἀναβαίνω (*anabainō*; 19/82) *go up*
Ac 1:13 εἰς τὸ ὑπερῷον **ἀνέβησαν** οὗ ἦσαν καταμένοντες,
Ac 2:34 οὐ γὰρ Δαυὶδ **ἀνέβη** εἰς τοὺς οὐρανούς,
Ac 3:1 δὲ καὶ Ἰωάννης **ἀνέβαινον** εἰς τὸ ἱερὸν
Ac 7:23 **ἀνέβη** ἐπὶ τὴν καρδίαν
Ac 8:31 τε τὸν Φίλιππον **ἀναβάντα** καθίσαι σὺν αὐτῷ.
Ac 8:39 ὅτε δὲ **ἀνέβησαν** ἐκ τοῦ ὕδατος,
Ac 10:4 αἱ ἐλεημοσύναι σου **ἀνέβησαν** εἰς μνημόσυνον ἔμπροσθεν
Ac 10:9 **ἀνέβη** Πέτρος ἐπὶ τὸ
Ac 11:2 Ὅτε δὲ **ἀνέβη** Πέτρος εἰς Ἰερουσαλήμ,
Ac 15:2 ἔταξαν **ἀναβαίνειν** Παῦλον καὶ Βαρναβᾶν
Ac 18:22 **ἀναβὰς** καὶ ἀσπασάμενος τὴν
Ac 20:11 **ἀναβὰς** δὲ καὶ κλάσας
Ac 21:6 ἀπησπασάμεθα ἀλλήλους καὶ **ἀνέβημεν** εἰς τὸ πλοῖον,
Ac 21:12 ἐντόπιοι τοῦ μὴ **ἀναβαίνειν** αὐτὸν εἰς Ἰερουσαλήμ.
Ac 21:15 ἡμέρας ταύτας ἐπισκευασάμενοι **ἀνεβαίνομεν** εἰς Ἱεροσόλυμα·
Ac 21:31 τε αὐτὸν ἀποκτεῖναι **ἀνέβη** φάσις τῷ χιλιάρχῳ
Ac 24:11 δώδεκα ἀφ᾽ ἧς **ἀνέβην** προσκυνήσων εἰς Ἰερουσαλήμ.
Ac 25:1 μετὰ τρεῖς ἡμέρας **ἀνέβη** εἰς Ἱεροσόλυμα
Ac 25:9 θέλεις εἰς Ἱεροσόλυμα **ἀναβὰς** ἐκεῖ περὶ τούτων

ἀναβάλλω (*anaballō*; 1/1) *postpone*
Ac 24:22 **ἀνεβάλετο** δὲ αὐτοὺς ὁ

ἀναβλέπω (*anablepō*; 5/25) *look up*
Ac 9:12 [τὰς] χεῖρας ὅπως **ἀναβλέψῃ**.
Ac 9:17 ὅπως **ἀναβλέψῃς** καὶ πλησθῇς πνεύματος
Ac 9:18 **ἀνέβλεψέν** τε καὶ ἀναστὰς
Ac 22:13 **ἀνάβλεψον**.
Ac 22:13 αὐτῇ τῇ ὥρᾳ **ἀνέβλεψα** εἰς αὐτόν.

ἀναβολή (*anabolē*; 1/1) *delay*
Ac 25:17 οὖν [αὐτῶν] ἐνθάδε **ἀναβολὴν** μηδεμίαν ποιησάμενος τῇ

ἀναγγέλλω (*anangellō*; 5/14) *declare*
Ac 14:27 συναγαγόντες τὴν ἐκκλησίαν **ἀνήγγελλον** ὅσα ἐποίησεν ὁ
Ac 15:4 **ἀνήγγειλάν** τε ὅσα ὁ
Ac 19:18 ἤρχοντο ἐξομολογούμενοι καὶ **ἀναγγέλλοντες** τὰς πράξεις αὐτῶν.
Ac 20:20 συμφερόντων τοῦ μὴ **ἀναγγεῖλαι** ὑμῖν καὶ διδάξαι
Ac 20:27 ὑπεστειλάμην τοῦ μὴ **ἀναγγεῖλαι** πᾶσαν τὴν βουλὴν

ἀναγινώσκω (*anaginōskō*; 8/32) *read*
Ac 8:28 ἅρματος αὐτοῦ καὶ **ἀνεγίνωσκεν** τὸν προφήτην Ἠσαΐαν.
Ac 8:30 Φίλιππος ἤκουσεν αὐτοῦ **ἀναγινώσκοντος** Ἠσαΐαν τὸν προφήτην
Ac 8:30 γε γινώσκεις ἃ **ἀναγινώσκεις**;
Ac 8:32 τῆς γραφῆς ἣν **ἀνεγίνωσκεν** ἦν αὕτη·
Ac 13:27 κατὰ πᾶν σάββατον **ἀναγινωσκομένας** κρίναντες ἐπλήρωσαν,
Ac 15:21 κατὰ πᾶν σάββατον **ἀναγινωσκόμενος**.
Ac 15:31 **ἀναγνόντες** δὲ ἐχάρησαν ἐπὶ
Ac 23:34 **ἀναγνοὺς** δὲ καὶ ἐπερωτήσας

ἀναγκάζω (*anankazō*; 2/9) *force*
Ac 26:11 πολλάκις τιμωρῶν αὐτοὺς **ἠνάγκαζον** βλασφημεῖν περισσῶς τε
Ac 28:19 δὲ τῶν Ἰουδαίων **ἠναγκάσθην** ἐπικαλέσασθαι Καίσαρα οὐχ

ἀναγκαῖος (*anankaios*; 2/8) *necessary*
Ac 10:24 αὐτοῦ καὶ τοὺς **ἀναγκαίους** φίλους.
Ac 13:46 ὑμῖν ἦν **ἀναγκαῖον** πρῶτον λαληθῆναι τὸν

ἀναγνωρίζω (*anagnōrizō*; 1/1) *make oneself known again*
Ac 7:13 ἐν τῷ δευτέρῳ **ἀνεγνωρίσθη** Ἰωσὴφ τοῖς ἀδελφοῖς

ἀνάγνωσις (*anagnōsis*; 1/3) *reading*
Ac 13:15 μετὰ δὲ τὴν **ἀνάγνωσιν** τοῦ νόμου καὶ

ἀνάγω (*anagō*; 17/23) *lead or bring up*
Ac 7:41 ἡμέραις ἐκείναις καὶ **ἀνήγαγον** θυσίαν τῷ εἰδώλῳ
Ac 9:39 ὃν παραγενόμενον **ἀνήγαγον** εἰς τὸ ὑπερῷον
Ac 12:4 μετὰ τὸ πάσχα **ἀναγαγεῖν** αὐτὸν τῷ λαῷ.
Ac 13:13 **Ἀναχθέντες** δὲ ἀπὸ τῆς
Ac 16:11 **Ἀναχθέντες** δὲ ἀπὸ Τρῳάδος
Ac 16:34 **ἀναγαγών** τε αὐτοὺς εἰς
Ac 18:21 **ἀνήχθη** ἀπὸ τῆς Ἐφέσου,
Ac 20:3 τῶν Ἰουδαίων μέλλοντι **ἀνάγεσθαι** εἰς τὴν Συρίαν,
Ac 20:13 ἐπὶ τὸ πλοῖον **ἀνήχθημεν** ἐπὶ τὴν Ἆσσον
Ac 21:1 Ὡς δὲ ἐγένετο **ἀναχθῆναι** ἡμᾶς ἀποσπασθέντας ἀπ᾽
Ac 21:2 εἰς Φοινίκην ἐπιβάντες **ἀνήχθημεν**.
Ac 27:2 τὴν Ἀσίαν τόπους **ἀνήχθημεν** ὄντος σὺν ἡμῖν
Ac 27:4 κἀκεῖθεν **ἀναχθέντες** ὑπεπλεύσαμεν τὴν Κύπρον
Ac 27:12 πλείονες ἔθεντο βουλὴν **ἀναχθῆναι** ἐκεῖθεν,
Ac 27:21 πειθαρχήσαντάς μοι μὴ **ἀνάγεσθαι** ἀπὸ τῆς Κρήτης
Ac 28:10 ἐτίμησαν ἡμᾶς καὶ **ἀναγομένοις** ἐπέθεντο τὰ
Ac 28:11 δὲ τρεῖς μῆνας **ἀνήχθημεν** ἐν πλοίῳ παρακεχειμακότι

ἀναδείκνυμι (*anadeiknymi*; 1/2) *appoint*
Ac 1:24 **ἀνάδειξον** ὃν ἐξελέξω ἐκ

ἀναδέχομαι (*anadechomai*; 1/2) *receive*
Ac 28:7 ὃς **ἀναδεξάμενος** ἡμᾶς τρεῖς ἡμέρας

ἀναδίδωμι (*anadidōmi*; 1/1) *deliver*
Ac 23:33 τὴν Καισάρειαν καὶ **ἀναδόντες** τὴν ἐπιστολὴν τῷ

ἀναζητέω (*anazēteō*; 1/3) *search after*
Ac 11:25 δὲ εἰς Ταρσὸν **ἀναζητῆσαι** Σαῦλον,

ἀνάθεμα (*anathema*; 1/6) *cursed*
Ac 23:14 **ἀναθέματι** ἀνεθεματίσαμεν ἑαυτοὺς μηδενὸς

ἀναθεματίζω (*anathematizō*; 3/4) *curse*
Ac 23:12 συστροφὴν οἱ Ἰουδαῖοι **ἀνεθεμάτισαν** ἑαυτοὺς λέγοντες μήτε
Ac 23:14 ἀναθέματι **ἀνεθεματίσαμεν** ἑαυτοὺς μηδενὸς γεύσασθαι
Ac 23:21 οἵτινες **ἀνεθεμάτισαν** ἑαυτοὺς μήτε φαγεῖν

ἀναθεωρέω (*anatheōreō*; 1/2) *observe closely*
Ac 17:23 διερχόμενος γὰρ καὶ **ἀναθεωρῶν** τὰ σεβάσματα ὑμῶν

ἀναίρεσις (*anairesis*; 1/1) *killing*
Ac 8:1 ἦν συνευδοκῶν τῇ **ἀναιρέσει** αὐτοῦ.

ἀναιρέω (*anaireō*; 19/24) *do away with*
Ac 2:23 χειρὸς ἀνόμων προσπήξαντες **ἀνείλατε**,
Ac 5:33 διεπρίοντο καὶ ἐβούλοντο **ἀνελεῖν** αὐτούς.
Ac 5:36 ὃς **ἀνῃρέθη**,
Ac 7:21 ἐκτεθέντος δὲ αὐτοῦ **ἀνείλατο** αὐτὸν ἡ θυγάτηρ
Ac 7:28 μὴ **ἀνελεῖν** με σὺ θέλεις
Ac 7:28 θέλεις ὃν τρόπον **ἀνεῖλες** ἐχθὲς τὸν Αἰγύπτιον;
Ac 9:23 συνεβουλεύσαντο οἱ Ἰουδαῖοι **ἀνελεῖν** αὐτόν·
Ac 9:24 νυκτὸς ὅπως αὐτὸν **ἀνέλωσιν**·
Ac 9:29 οἱ δὲ ἐπεχείρουν **ἀνελεῖν** αὐτόν.
Ac 10:39 ὃν καὶ **ἀνεῖλαν** κρεμάσαντες ἐπὶ ξύλου,
Ac 12:2 **ἀνεῖλεν** δὲ Ἰάκωβον τὸν
Ac 13:28 εὑρόντες ᾐτήσαντο Πιλᾶτον **ἀναιρεθῆναι** αὐτόν.
Ac 16:27 μάχαιραν ἤμελλεν ἑαυτὸν **ἀναιρεῖν** νομίζων ἐκπεφευγέναι τοὺς
Ac 22:20 τὰ ἱμάτια τῶν **ἀναιρούντων** αὐτόν.
Ac 23:15 ἕτοιμοί ἐσμεν τοῦ **ἀνελεῖν** αὐτόν.
Ac 23:21 πιεῖν ἕως οὗ **ἀνέλωσιν** αὐτόν,
Ac 23:27 Ἰουδαίων καὶ μέλλοντα **ἀναιρεῖσθαι** ὑπ' αὐτῶν ἐπιστὰς
Ac 25:3 ἐνέδραν ποιοῦντες **ἀνελεῖν** αὐτὸν κατὰ τὴν
Ac 26:10 ἀρχιερέων ἐξουσίαν λαβὼν **ἀναιρουμένων** τε αὐτῶν κατήνεγκα

ἀνακαθίζω (*anakathizō*; 1/2) *sit up*
Ac 9:40 ἰδοῦσα τὸν Πέτρον **ἀνεκάθισεν**.

ἀνακάμπτω (*anakamptō*; 1/4) *return*
Ac 18:21 πάλιν **ἀνακάμψω** πρὸς ὑμᾶς τοῦ

ἀνακρίνω (*anakrinō*; 5/16) *question, examine*
Ac 4:9 εἰ ἡμεῖς σήμερον **ἀνακρινόμεθα** ἐπὶ εὐεργεσίᾳ ἀνθρώπου
Ac 12:19 **ἀνακρίνας** τοὺς φύλακας ἐκέλευσεν
Ac 17:11 προθυμίας καθ' ἡμέραν **ἀνακρίνοντες** τὰς γραφὰς εἰ
Ac 24:8 οὗ δυνήσῃ αὐτὸς **ἀνακρίνας** περὶ πάντων τούτων
Ac 28:18 οἵτινες **ἀνακρίναντές** με ἐβούλοντο ἀπολῦσαι

ἀνάκρισις (*anakrisis*; 1/1) *preliminary hearing*
Ac 25:26 ὅπως τῆς **ἀνακρίσεως** γενομένης σχῶ τί

ἀναλαμβάνω (*analambanō*; 8/12[13]) *take up*
Ac 1:2 ἁγίου οὓς ἐξελέξατο **ἀνελήμφθη**.
Ac 1:11 ὁ Ἰησοῦς ὁ **ἀναλημφθεὶς** ἀφ' ὑμῶν εἰς
Ac 1:22 τῆς ἡμέρας ἧς **ἀνελήμφθη** ἀφ' ἡμῶν,
Ac 7:43 καὶ **ἀνελάβετε** τὴν σκηνὴν τοῦ
Ac 10:16 τρὶς καὶ εὐθὺς **ἀνελήμφθη** τὸ σκεῦος εἰς
Ac 20:13 Ἆσσον ἐκεῖθεν μέλλοντες **ἀναλαμβάνειν** τὸν Παῦλον·
Ac 20:14 **ἀναλαβόντες** αὐτὸν ἤλθομεν εἰς
Ac 23:31 τὸ διατεταγμένον αὐτοῖς **ἀναλαβόντες** τὸν Παῦλον ἤγαγον

Ἁνανίας (*Hananias*; 11/11) *Ananias*
Ac 5:1 Ἀνὴρ δέ τις **Ἁνανίας** ὀνόματι σὺν Σαπφίρῃ
Ac 5:3 **Ἁνανία**,
Ac 5:5 ἀκούων δὲ ὁ **Ἁνανίας** τοὺς λόγους τούτους
Ac 9:10 ἐν Δαμασκῷ ὀνόματι **Ἁνανίας**,
Ac 9:10 **Ἁνανία**.
Ac 9:12 ἄνδρα [ἐν ὁράματι] **Ἁνανίαν** ὀνόματι εἰσελθόντα καὶ
Ac 9:13 ἀπεκρίθη δὲ **Ἁνανίας**·
Ac 9:17 Ἀπῆλθεν δὲ **Ἁνανίας** καὶ εἰσῆλθεν εἰς
Ac 22:12 **Ἁνανίας** δέ τις,
Ac 23:2 ὁ δὲ ἀρχιερεὺς **Ἁνανίας** ἐπέταξεν τοῖς παρεστῶσιν
Ac 24:1 κατέβη ὁ ἀρχιερεὺς **Ἁνανίας** μετὰ πρεσβυτέρων τινῶν

ἀναντίρρητος (*anantirrētos*; 1/1) *undeniable*
Ac 19:36 **ἀναντιρρήτων** οὖν ὄντων τούτων

ἀναντιρρήτως (*anantirrētōs*; 1/1) *without objection or hesitation*
Ac 10:29 διὸ καὶ **ἀναντιρρήτως** ἦλθον μεταπεμφθείς.

ἀναπείθω (*anapeithō*; 1/1) *incite*
Ac 18:13 παρὰ τὸν νόμον **ἀναπείθει** οὗτος τοὺς ἀνθρώπους

ἀναπέμπω (*anapempō*; 1/5) *send, send back or up*
Ac 25:21 αὐτὸν ἕως οὗ **ἀναπέμψω** αὐτὸν πρὸς Καίσαρα.

ἀνασκευάζω (*anaskeuazō*; 1/1) *disturb*
Ac 15:24 ἐτάραξαν ὑμᾶς λόγοις **ἀνασκευάζοντες** τὰς ψυχὰς ὑμῶν

ἀνασπάω (*anaspaō*; 1/2) *pull out*
Ac 11:10 καὶ **ἀνεσπάσθη** πάλιν ἅπαντα εἰς

ἀνάστασις (*anastasis*; 11/42) *resurrection*
Ac 1:22 μάρτυρα τῆς **ἀναστάσεως** αὐτοῦ σὺν ἡμῖν
Ac 2:31 ἐλάλησεν περὶ τῆς **ἀναστάσεως** τοῦ Χριστοῦ
Ac 4:2 τῷ Ἰησοῦ τὴν **ἀνάστασιν** τὴν ἐκ νεκρῶν,
Ac 4:33 οἱ ἀπόστολοι τῆς **ἀναστάσεως** τοῦ κυρίου Ἰησοῦ,
Ac 17:18 Ἰησοῦν καὶ τὴν **ἀνάστασιν** εὐηγγελίζετο.
Ac 17:32 Ἀκούσαντες δὲ **ἀνάστασιν** νεκρῶν οἱ μὲν
Ac 23:6 περὶ ἐλπίδος καὶ **ἀναστάσεως** νεκρῶν [ἐγὼ] κρίνομαι.
Ac 23:8 λέγουσιν μὴ εἶναι **ἀνάστασιν** μήτε ἄγγελον μήτε
Ac 24:15 **ἀνάστασιν** μέλλειν ἔσεσθαι δικαίων
Ac 24:21 ἑστὼς ὅτι περὶ **ἀναστάσεως** νεκρῶν ἐγὼ κρίνομαι
Ac 26:23 εἰ πρῶτος ἐξ **ἀναστάσεως** νεκρῶν φῶς μέλλει

ἀναστατόω (*anastatoō*; 2/3) *agitate*
Ac 17:6 οἱ τὴν οἰκουμένην **ἀναστατώσαντες** οὗτοι καὶ ἐνθάδε
Ac 21:38 τούτων τῶν ἡμερῶν **ἀναστατώσας** καὶ ἐξαγαγὼν εἰς

ἀναστρέφω (*anastrephō*; 2/9) *return*
Ac 5:22 **ἀναστρέψαντες** δὲ ἀπήγγειλαν
Ac 15:16 μετὰ ταῦτα **ἀναστρέψω** καὶ ἀνοικοδομήσω

ἀνατίθημι (*anatithēmi*; 1/2) *lay before*
Ac 25:14 Φῆστος τῷ βασιλεῖ **ἀνέθετο** τὰ κατὰ τὸν

ἀνατρέφω (*anatrephō*; 3/3) *bring up*
Ac 7:20 ὃς **ἀνετράφη** μῆνας τρεῖς ἐν
Ac 7:21 θυγάτηρ Φαραὼ καὶ **ἀνεθρέψατο** αὐτὸν ἑαυτῇ εἰς
Ac 22:3 **ἀνατεθραμμένος** δὲ ἐν τῇ

ἀναφαίνω (*anaphainō*; 1/2) *come in sight of*
Ac 21:3 **ἀναφάναντες** δὲ τὴν Κύπρον

ἀναχωρέω (*anachōreō*; 2/14) *withdraw*
Ac 23:19 ὁ χιλίαρχος καὶ **ἀναχωρήσας** κατ' ἰδίαν ἐπυνθάνετο,
Ac 26:31 καὶ **ἀναχωρήσαντες** ἐλάλουν πρὸς ἀλλήλους

ἀνάψυξις (*anapsyxis*; 1/1) *refreshing*
Ac 3:20 ἂν ἔλθωσιν καιροὶ **ἀναψύξεως** ἀπὸ προσώπου τοῦ

Ἀνδρέας (*Andreas*; 1/13) *Andrew*
Ac 1:13 καὶ Ἰάκωβος καὶ **Ἀνδρέας**,

ἄνεμος (*anemos*; 4/31) *wind*
Ac 27:4 διὰ τὸ τοὺς **ἀνέμους** εἶναι ἐναντίους,
Ac 27:7 προσεῶντος ἡμᾶς τοῦ **ἀνέμου** ὑπεπλεύσαμεν τὴν Κρήτην
Ac 27:14 ἔβαλεν κατ' αὐτῆς **ἄνεμος** τυφωνικὸς ὁ καλούμενος
Ac 27:15 δυναμένου ἀντοφθαλμεῖν τῷ **ἀνέμῳ** ἐπιδόντες ἐφερόμεθα.

ἄνεσις (*anesis*; 1/5) *relief*
Ac 24:23 αὐτὸν ἔχειν τε **ἄνεσιν** καὶ μηδένα κωλύειν

ἀνετάζω (*anetazō*; 2/2) *examine*
Ac 22:24 εἴπας μάστιξιν **ἀνετάζεσθαι** αὐτὸν ἵνα ἐπιγνῷ
Ac 22:29 οἱ μέλλοντες αὐτὸν **ἀνετάζειν**,

ἀνεύθετος (*aneuthetos*; 1/1) *unsuitable*
Ac 27:12 **ἀνευθέτου** δὲ τοῦ λιμένος

ἀνευρίσκω (*aneuriskō*; 1/2) *find*
Ac 21:4 **ἀνευρόντες** δὲ τοὺς μαθητὰς

ἀνέχομαι (*anechomai*; 1/15) *endure*
Ac 18:14 κατὰ λόγον ἂν **ἀνεσχόμην** ὑμῶν,

ἀνήρ (*anēr*; 100/216) *man, husband*
Ac 1:10 καὶ ἰδοὺ **ἄνδρες** δύο παρειστήκεισαν αὐτοῖς
Ac 1:11 **ἄνδρες** Γαλιλαῖοι,
Ac 1:16 **ἄνδρες** ἀδελφοί,
Ac 1:21 τῶν συνελθόντων ἡμῖν **ἀνδρῶν** ἐν παντὶ χρόνῳ
Ac 2:5 **ἄνδρες** εὐλαβεῖς ἀπὸ παντὸς
Ac 2:14 **ἄνδρες** Ἰουδαῖοι καὶ οἱ
Ac 2:22 **Ἄνδρες** Ἰσραηλῖται,
Ac 2:22 **ἄνδρα** ἀποδεδειγμένον ἀπὸ τοῦ
Ac 2:29 **Ἄνδρες** ἀδελφοί,
Ac 2:37 **ἄνδρες** ἀδελφοί;
Ac 3:2 καί τις **ἀνὴρ** χωλὸς ἐκ κοιλίας
Ac 3:12 **ἄνδρες** Ἰσραηλῖται,
Ac 3:14 ἠρνήσασθε καὶ ᾐτήσασθε **ἄνδρα** φονέα χαρισθῆναι ὑμῖν,
Ac 4:4 [ὁ] ἀριθμὸς τῶν **ἀνδρῶν** [ὡς] χιλιάδες πέντε.
Ac 5:1 **Ἀνὴρ** δέ τις Ἁνανίας
Ac 5:9 τῶν θαψάντων τὸν **ἄνδρα** σου ἐπὶ τῇ
Ac 5:10 ἔθαψαν πρὸς τὸν **ἄνδρα** αὐτῆς,
Ac 5:14 πλήθη **ἀνδρῶν** τε καὶ γυναικῶν,
Ac 5:25 ὅτι ἰδοὺ οἱ **ἄνδρες** οὓς ἔθεσθε ἐν
Ac 5:35 **ἄνδρες** Ἰσραηλῖται,
Ac 5:36 ᾧ προσεκλίθη **ἀνδρῶν** ἀριθμὸς ὡς τετρακοσίων·
Ac 6:3 **ἄνδρας** ἐξ ὑμῶν μαρτυρουμένους
Ac 6:5 **ἄνδρα** πλήρης πίστεως καὶ
Ac 6:11 τότε ὑπέβαλον **ἄνδρας** λέγοντας ὅτι ἀκηκόαμεν
Ac 7:2 **Ἄνδρες** ἀδελφοὶ καὶ πατέρες,
Ac 7:26 **ἄνδρες**,
Ac 8:2 δὲ τὸν Στέφανον **ἄνδρες** εὐλαβεῖς καὶ ἐποίησαν
Ac 8:3 σύρων τε **ἄνδρας** καὶ γυναῖκας παρεδίδου
Ac 8:9 **Ἀνὴρ** δέ τις ὀνόματι
Ac 8:12 ἐβαπτίζοντο **ἄνδρες** τε καὶ γυναῖκες.
Ac 8:27 καὶ ἰδοὺ **ἀνὴρ** Αἰθίοψ εὐνοῦχος δυνάστης
Ac 9:2 **ἄνδρας** τε καὶ γυναῖκας,
Ac 9:7 οἱ δὲ **ἄνδρες** οἱ συνοδεύοντες αὐτῷ
Ac 9:12 καὶ εἶδεν **ἄνδρα** [ἐν ὁράματι] Ἁνανίαν
Ac 9:13 πολλῶν περὶ τοῦ **ἀνδρὸς** τούτου ὅσα κακὰ
Ac 9:38 αὐτῇ ἀπέστειλαν δύο **ἄνδρας** πρὸς αὐτὸν παρακαλοῦντες·
Ac 10:1 **Ἀνὴρ** δέ τις ἐν

Ac 10:5 καὶ νῦν πέμψον **ἄνδρας** εἰς Ἰόππην καὶ
Ac 10:17 ἰδοὺ οἱ **ἄνδρες** οἱ ἀπεσταλμένοι ὑπὸ
Ac 10:19 ἰδοὺ **ἄνδρες** τρεῖς ζητοῦντές σε,
Ac 10:21 Πέτρος πρὸς τοὺς **ἄνδρας** εἶπεν·
Ac 10:22 **ἀνὴρ** δίκαιος καὶ φοβούμενος
Ac 10:28 ὡς ἀθέμιτόν ἐστιν **ἀνδρὶ** Ἰουδαίῳ κολλᾶσθαι ἢ
Ac 10:30 καὶ ἰδοὺ **ἀνὴρ** ἔστη ἐνώπιόν μου
Ac 11:3 ὅτι εἰσῆλθες πρὸς **ἄνδρας** ἀκροβυστίαν ἔχοντας καὶ
Ac 11:11 ἰδοὺ ἐξαυτῆς τρεῖς **ἄνδρες** ἐπέστησαν ἐπὶ
Ac 11:12 τὸν οἶκον τοῦ **ἀνδρός**.
Ac 11:20 τινες ἐξ αὐτῶν **ἄνδρες** Κύπριοι καὶ Κυρηναῖοι,
Ac 11:24 ὅτι ἦν **ἀνὴρ** ἀγαθὸς καὶ πλήρης
Ac 13:6 ἄχρι Πάφου εὗρον **ἄνδρα** τινα μάγον ψευδοπροφήτην
Ac 13:7 **ἀνδρὶ** συνετῷ.
Ac 13:15 **ἄνδρες** ἀδελφοί,
Ac 13:16 **ἄνδρες** Ἰσραηλῖται καὶ οἱ
Ac 13:21 **ἄνδρα** ἐκ φυλῆς Βενιαμίν,
Ac 13:22 **ἄνδρα** κατὰ τὴν καρδίαν
Ac 13:26 **Ἄνδρες** ἀδελφοί,
Ac 13:38 **ἄνδρες** ἀδελφοί,
Ac 14:8 Καί τις **ἀνὴρ** ἀδύνατος ἐν Λύστροις
Ac 14:15 **ἄνδρες**,
Ac 15:7 **ἄνδρες** ἀδελφοί,
Ac 15:13 **ἄνδρες** ἀδελφοί,
Ac 15:22 τῇ ἐκκλησίᾳ ἐκλεξαμένους **ἄνδρας** ἐξ αὐτῶν πέμψαι
Ac 15:22 **ἄνδρας** ἡγουμένους ἐν τοῖς
Ac 15:25 γενομένοις ὁμοθυμαδὸν ἐκλεξαμένοις **ἄνδρας** πέμψαι πρὸς ὑμᾶς
Ac 16:9 **ἀνὴρ** Μακεδών τις ἦν
Ac 17:5 προσλαβόμενοι τῶν ἀγοραίων **ἄνδρας** τινας πονηροὺς καὶ
Ac 17:12 τῶν εὐσχημόνων καὶ **ἀνδρῶν** οὐκ ὀλίγοι.
Ac 17:22 **ἄνδρες** Ἀθηναῖοι,
Ac 17:31 ἐν **ἀνδρὶ** ᾧ ὥρισεν,
Ac 17:34 τινες δὲ **ἄνδρες** κολληθέντες αὐτῷ ἐπίστευσαν,
Ac 18:24 **ἀνὴρ** λόγιος,
Ac 19:7 δὲ οἱ πάντες **ἄνδρες** ὡσεὶ δώδεκα.
Ac 19:25 **ἄνδρες**,
Ac 19:35 **ἄνδρες** Ἐφέσιοι,
Ac 19:37 ἠγάγετε γὰρ τοὺς **ἄνδρας** τούτους οὔτε ἱεροσύλους
Ac 20:30 ὑμῶν αὐτῶν ἀναστήσονται **ἄνδρες** λαλοῦντες διεστραμμένα τοῦ
Ac 21:11 τὸν **ἄνδρα** οὗ ἐστιν ἡ
Ac 21:23 εἰσὶν ἡμῖν **ἄνδρες** τέσσαρες εὐχὴν ἔχοντες
Ac 21:26 Παῦλος παραλαβὼν τοὺς **ἄνδρας** τῇ ἐχομένῃ ἡμέρᾳ
Ac 21:28 **ἄνδρες** Ἰσραηλῖται,
Ac 21:38 ἔρημον τοὺς τετρακισχιλίους **ἄνδρας** τῶν σικαρίων;
Ac 22:1 **Ἄνδρες** ἀδελφοὶ καὶ πατέρες,
Ac 22:3 ἐγώ εἰμι **ἀνὴρ** Ἰουδαῖος,
Ac 22:4 παραδιδοὺς εἰς φυλακὰς **ἄνδρας** τε καὶ γυναῖκας,
Ac 22:12 **ἀνὴρ** εὐλαβὴς κατὰ τὸν
Ac 23:1 **ἄνδρες** ἀδελφοί,
Ac 23:6 **ἄνδρες** ἀδελφοί,
Ac 23:21 αὐτὸν ἐξ αὐτῶν **ἄνδρες** πλείους τεσσεράκοντα,
Ac 23:27 Τὸν **ἄνδρα** τοῦτον συλλημφθέντα ὑπὸ
Ac 23:30 ἐπιβουλῆς εἰς τὸν **ἄνδρα** ἔσεσθαι ἐξαυτῆς ἔπεμψα
Ac 24:5 εὑρόντες γὰρ τὸν **ἄνδρα** τοῦτον λοιμὸν καὶ
Ac 25:5 ἐστιν ἐν τῷ **ἀνδρὶ** ἄτοπον κατηγορείτωσαν αὐτοῦ.
Ac 25:14 **ἀνήρ** τις ἐστιν καταλελειμμένος
Ac 25:17 ἐκέλευσα ἀχθῆναι τὸν **ἄνδρα**·
Ac 25:23 τε χιλιάρχοις καὶ **ἀνδράσιν** τοῖς κατ' ἐξοχὴν
Ac 25:24 οἱ συμπαρόντες ἡμῖν **ἄνδρες**,
Ac 27:10 **ἄνδρες**,
Ac 27:21 ὦ **ἄνδρες**,
Ac 27:25 **ἄνδρες**·
Ac 28:17 **ἄνδρες** ἀδελφοί,

ἀνθίστημι (*anthistēmi*; 2/14) *resist*

Ac 6:10 καὶ οὐκ ἴσχυον **ἀντιστῆναι** τῇ σοφίᾳ καὶ
Ac 13:8 **ἀνθίστατο** δὲ αὐτοῖς Ἐλύμας

ἀνθρώπινος (*anthrōpinos*; 1/7) *human*

Ac 17:25 οὐδὲ ὑπὸ χειρῶν **ἀνθρωπίνων** θεραπεύεται προσδεόμενός τινος,

ἄνθρωπος (*anthrōpos*; 46/550) *man, human being (pl. people)*

Ac 4:9 ἀνακρινόμεθα ἐπὶ εὐεργεσίᾳ **ἀνθρώπου** ἀσθενοῦς ἐν τίνι
Ac 4:12 τὸ δεδομένον ἐν **ἀνθρώποις** ἐν ᾧ δεῖ
Ac 4:13 καὶ καταλαβόμενοι ὅτι **ἄνθρωποι** ἀγράμματοί εἰσιν καὶ
Ac 4:14 τόν τε **ἄνθρωπον** βλέποντες σὺν αὐτοῖς
Ac 4:16 τί ποιήσωμεν τοῖς **ἀνθρώποις** τούτοις;
Ac 4:17 ὀνόματι τούτῳ μηδενὶ **ἀνθρώπων**.
Ac 4:22 πλειόνων τεσσεράκοντα ὁ **ἄνθρωπος** ἐφ' ὃν γεγόνει
Ac 5:4 οὐκ ἐψεύσω **ἀνθρώποις** ἀλλὰ τῷ θεῷ.
Ac 5:28 τὸ αἷμα τοῦ **ἀνθρώπου** τούτου.
Ac 5:29 θεῷ μᾶλλον ἢ **ἀνθρώποις**.
Ac 5:34 ἔξω βραχὺ τοὺς **ἀνθρώπους** ποιῆσαι
Ac 5:35 ἑαυτοῖς ἐπὶ τοῖς **ἀνθρώποις** τούτοις τι μέλλετε
Ac 5:38 ἀπόστητε ἀπὸ τῶν **ἀνθρώπων** τούτων καὶ ἄφετε
Ac 5:38 ἐὰν ἦ ἐξ **ἀνθρώπων** ἡ βουλὴ αὕτη
Ac 6:13 ὁ **ἄνθρωπος** οὗτος οὐ παύεται
Ac 7:56 τὸν υἱὸν τοῦ **ἀνθρώπου** ἐκ δεξιῶν ἑστῶτα
Ac 9:33 εὗρεν δὲ ἐκεῖ **ἄνθρωπόν** τινα ὀνόματι Αἰνέαν
Ac 10:26 καὶ ἐγὼ αὐτὸς **ἄνθρωπός** εἰμι.
Ac 10:28 ἢ ἀκάθαρτον λέγειν **ἄνθρωπον**·
Ac 12:22 φωνὴ καὶ οὐκ **ἀνθρώπου**.
Ac 14:11 οἱ θεοὶ ὁμοιωθέντες **ἀνθρώποις** κατέβησαν πρὸς ἡμᾶς,
Ac 14:15 ὁμοιοπαθεῖς ἐσμεν ὑμῖν **ἄνθρωποι** εὐαγγελιζόμενοι ὑμᾶς ἀπὸ
Ac 15:17 οἱ κατάλοιποι τῶν **ἀνθρώπων** τὸν κύριον
Ac 15:26 **ἀνθρώποις** παραδεδωκόσι τὰς ψυχὰς
Ac 16:17 οὗτοι οἱ **ἄνθρωποι** δοῦλοι τοῦ θεοῦ
Ac 16:20 οὗτοι οἱ **ἄνθρωποι** ἐκταράσσουσιν ἡμῶν τὴν
Ac 16:35 ἀπόλυσον τοὺς **ἀνθρώπους** ἐκείνους.

Ac 16:37 ἀνθρώπους **Ῥωμαίους** ὑπάρχοντας,
Ac 17:26 ἑνὸς πᾶν ἔθνος **ἀνθρώπων** κατοικεῖν ἐπὶ παντὸς
Ac 17:29 τέχνης καὶ ἐνθυμήσεως **ἀνθρώπου**,
Ac 17:30 νῦν παραγγέλλει τοῖς **ἀνθρώποις** πάντας πανταχοῦ μετανοεῖν,
Ac 18:13 ἀναπείθει οὗτος τοὺς **ἀνθρώπους** σέβεσθαι τὸν θεόν.
Ac 19:16 καὶ ἐφαλόμενος ὁ **ἄνθρωπος** ἐπ' αὐτοὺς ἐν
Ac 19:35 τίς γάρ ἐστιν **ἀνθρώπων** ὃς οὐ γινώσκει
Ac 21:28 οὗτός ἐστιν ὁ **ἄνθρωπος** ὁ κατὰ τοῦ
Ac 21:39 ἐγὼ **ἄνθρωπος** μέν εἰμι Ἰουδαῖος,
Ac 22:15 αὐτῷ πρὸς πάντας **ἀνθρώπους** ὧν ἑώρακας
Ac 22:25 εἰ **ἄνθρωπον** Ῥωμαῖον καὶ ἀκατάκριτον
Ac 22:26 ὁ γὰρ **ἄνθρωπος** οὗτος Ῥωμαῖός ἐστιν.
Ac 23:9 εὑρίσκομεν ἐν τῷ **ἀνθρώπῳ** τούτῳ·
Ac 24:16 θεὸν καὶ τοὺς **ἀνθρώπους** διὰ παντός.
Ac 25:16 Ῥωμαίοις χαρίζεσθαί τινα **ἄνθρωπον** πρὶν ἢ
Ac 25:22 καὶ αὐτὸς τοῦ **ἀνθρώπου** ἀκοῦσαι.
Ac 26:31 [τι] πράσσει ὁ **ἄνθρωπος** οὗτος.
Ac 26:32 ἀπολελύσθαι ἐδύνατο ὁ **ἄνθρωπος** οὗτος εἰ
Ac 28:4 φονεύς ἐστιν ὁ **ἄνθρωπος** οὗτος ὃν διασωθέντα

ἀνθύπατος (*anthypatos*; 5/5) *proconsul*

Ac 13:7 ἦν σὺν τῷ **ἀνθυπάτῳ** Σεργίῳ Παύλῳ,
Ac 13:8 ζητῶν διαστρέψαι τὸν **ἀνθύπατον** ἀπὸ τῆς πίστεως.
Ac 13:12 τότε ἰδὼν ὁ **ἀνθύπατος** τὸ γεγονὸς ἐπίστευσεν
Ac 18:12 Γαλλίωνος δὲ **ἀνθυπάτου** ὄντος τῆς Ἀχαΐας
Ac 19:38 ἀγοραῖοι ἄγονται καὶ **ἀνθύπατοί** εἰσιν,

ἀνίημι (*aniēmi*; 2/4) *loosen, desert*

Ac 16:26 πάντων τὰ δεσμὰ **ἀνέθη**.
Ac 27:40 ἅμα **ἀνέντες** τὰς ζευκτηρίας τῶν

ἀνίστημι (*anistēmi*; 45/107[108]) *raise or rise*

Ac 1:15 ταῖς ἡμέραις ταύταις **ἀναστὰς** Πέτρος ἐν μέσῳ
Ac 2:24 ὃν ὁ θεὸς **ἀνέστησεν** λύσας τὰς ὠδῖνας
Ac 2:32 τοῦτον τὸν Ἰησοῦν **ἀνέστησεν** ὁ θεός,
Ac 3:22 ὅτι προφήτην ὑμῖν **ἀναστήσει** κύριος ὁ θεὸς
Ac 3:26 ὑμῖν πρῶτον **ἀναστήσας** ὁ θεὸς τὸν
Ac 5:6 **ἀναστάντες** δὲ οἱ νεώτεροι
Ac 5:17 **Ἀναστὰς** δὲ ὁ ἀρχιερεὺς
Ac 5:34 **ἀναστὰς** δέ τις ἐν
Ac 5:36 τούτων τῶν ἡμερῶν **ἀνέστη** Θευδᾶς λέγων εἶναί
Ac 5:37 μετὰ τοῦτον **ἀνέστη** Ἰούδας ὁ Γαλιλαῖος
Ac 6:9 **ἀνέστησαν** δέ τινες τῶν
Ac 7:18 ἄχρι οὗ **ἀνέστη** βασιλεὺς ἕτερος [ἐπ'
Ac 7:37 προφήτην ὑμῖν **ἀναστήσει** ὁ θεὸς ἐκ
Ac 8:26 **ἀνάστηθι** καὶ πορεύου κατὰ
Ac 8:27 καὶ **ἀναστὰς** ἐπορεύθη.
Ac 9:6 ἀλλὰ **ἀνάστηθι** καὶ εἴσελθε εἰς
Ac 9:11 **ἀναστὰς** πορεύθητι ἐπὶ τὴν
Ac 9:18 ἀνέβλεψέν τε καὶ **ἀναστὰς** ἐβαπτίσθη
Ac 9:34 **ἀνάστηθι** καὶ στρῶσον σεαυτῷ.
Ac 9:34 καὶ εὐθέως **ἀνέστη**.
Ac 9:39 **ἀναστὰς** δὲ Πέτρος συνῆλθεν
Ac 9:40 **ἀνάστηθι**.
Ac 9:41 δὲ αὐτῇ χεῖρα **ἀνέστησεν** αὐτήν·
Ac 10:13 **ἀναστάς**,
Ac 10:20 ἀλλὰ **ἀναστὰς** κατάβηθι καὶ πορεύου
Ac 10:23 Τῇ δὲ ἐπαύριον **ἀναστὰς** ἐξῆλθεν σὺν αὐτοῖς
Ac 10:26 **ἀνάστηθι**·
Ac 10:41 αὐτῷ μετὰ τὸ **ἀναστῆναι** αὐτὸν ἐκ νεκρῶν·
Ac 11:7 **ἀναστάς**,
Ac 11:28 **ἀναστὰς** δὲ εἷς ἐξ
Ac 12:7 **ἀνάστα** ἐν τάχει.
Ac 13:16 **Ἀναστὰς** δὲ Παῦλος καὶ
Ac 13:33 τέκνοις [αὐτῶν] ἡμῖν **ἀναστήσας** Ἰησοῦν ὡς
Ac 13:34 ὅτι δὲ **ἀνέστησεν** αὐτὸν ἐκ νεκρῶν
Ac 14:10 **ἀνάστηθι** ἐπὶ τοὺς πόδας
Ac 14:20 τῶν μαθητῶν αὐτὸν **ἀναστὰς** εἰσῆλθεν εἰς
Ac 15:7 δὲ ζητήσεως γενομένης **ἀναστὰς** Πέτρος εἶπεν πρὸς
Ac 17:3 ἔδει παθεῖν καὶ **ἀναστῆναι** ἐκ νεκρῶν καὶ
Ac 17:31 πίστιν παρασχὼν πᾶσιν **ἀναστήσας** αὐτὸν ἐκ νεκρῶν.
Ac 20:30 ἐξ ὑμῶν αὐτῶν **ἀναστήσονται** ἄνδρες λαλοῦντες διεστραμμένα
Ac 22:10 **ἀναστὰς** πορεύου εἰς Δαμασκὸν
Ac 22:16 **ἀναστὰς** βάπτισαι καὶ ἀπόλουσαι
Ac 23:9 καὶ **ἀναστάντες** τινες τῶν γραμματέων
Ac 26:16 ἀλλὰ **ἀνάστηθι** καὶ στῆθι ἐπὶ
Ac 26:30 **Ἀνέστη** τε ὁ βασιλεὺς

Ἅννας (*Hannas*; 1/4) *Annas*

Ac 4:6 καὶ **Ἅννας** ὁ ἀρχιερεὺς καὶ

ἀνοίγω (*anoigō*; 16/77) *open*

Ac 5:19 κυρίου διὰ νυκτὸς **ἀνοίξας** τὰς θύρας τῆς
Ac 5:23 **ἀνοίξαντες** δὲ ἔσω οὐδένα
Ac 8:32 οὕτως οὐκ **ἀνοίγει** τὸ στόμα αὐτοῦ.
Ac 8:35 **ἀνοίξας** δὲ ὁ Φίλιππος
Ac 9:8 **ἀνεῳγμένων** δὲ τῶν ὀφθαλμῶν
Ac 9:40 ἡ δὲ **ἤνοιξεν** τοὺς ὀφθαλμοὺς αὐτῆς,
Ac 10:11 θεωρεῖ τὸν οὐρανὸν **ἀνεῳγμένον** καὶ καταβαῖνον σκεῦός
Ac 10:34 **Ἀνοίξας** δὲ Πέτρος τὸ
Ac 12:10 ἥτις αὐτομάτη **ἠνοίγη** αὐτοῖς καὶ ἐξελθόντες
Ac 12:14 τῆς χαρᾶς οὐκ **ἤνοιξεν** τὸν πυλῶνα,
Ac 12:16 ἀνοίξαντες **δὲ** εἶδαν αὐτὸν καὶ
Ac 14:27 αὐτῶν καὶ ὅτι **ἤνοιξεν** τοῖς ἔθνεσιν θύραν
Ac 16:26 **ἠνεῴχθησαν** δὲ παραχρῆμα αἱ
Ac 16:27 δεσμοφύλαξ καὶ ἰδὼν **ἀνεῳγμένας** τὰς θύρας
Ac 18:14 δὲ τοῦ Παύλου **ἀνοίγειν** τὸ στόμα εἶπεν
Ac 26:18 **ἀνοῖξαι** ὀφθαλμοὺς αὐτῶν,

ἀνοικοδομέω (*anoikodomeō*; 2/2) *rebuild*

Ac 15:16 ταῦτα ἀναστρέψω καὶ **ἀνοικοδομήσω** τὴν σκηνὴν Δαυὶδ
Ac 15:16 τὰ κατεσκαμμένα αὐτῆς **ἀνοικοδομήσω** καὶ ἀνορθώσω αὐτήν,

ἄνομος (*anomos*; 1/9) *lawless*

Ac 2:23 ἔκδοτον διὰ χειρὸς **ἀνόμων** προσπήξαντες ἀνείλατε,

ἀνορθόω (*anorthoō*; 1/3) *restore*

Ac 15:16 αὐτῆς ἀνοικοδομήσω καὶ **ἀνορθώσω** αὐτήν,

ἀντί (*anti*; 1/22) *instead of*
Ac 12:23 αὐτὸν ἄγγελος κυρίου **ἀνθ'** ὧν οὐκ ἔδωκεν

ἄντικρυς (*antikrys*; 1/1) *opposite*
Ac 20:15 τῇ ἐπιούσῃ κατηντήσαμεν **ἄντικρυς** Χίου,

ἀντιλαμβάνομαι (*antilambanomai*; 1/3) *help*
Ac 20:35 οὕτως κοπιῶντας δεῖ **ἀντιλαμβάνεσθαι** τῶν ἀσθενούντων,

ἀντιλέγω (*antilegō*; 4/11) *oppose*
Ac 4:14 τεθεραπευμένον οὐδὲν εἶχον **ἀντειπεῖν**.
Ac 13:45 ἐπλήσθησαν ζήλου καὶ **ἀντέλεγον** τοῖς ὑπὸ Παύλου
Ac 28:19 **ἀντιλεγόντων** δὲ τῶν Ἰουδαίων
Ac 28:22 ἐστιν ὅτι πανταχοῦ **ἀντιλέγεται**.

Ἀντιόχεια (*Antiocheia*; 16/18) *Antioch*
Ac 11:19 καὶ Κύπρου καὶ **Ἀντιοχείας** μηδενὶ λαλοῦντες τὸν
Ac 11:20 οἵτινες ἐλθόντες εἰς **Ἀντιόχειαν** ἐλάλουν
Ac 11:22 Βαρναβᾶν [διελθεῖν] ἕως **Ἀντιοχείας**.
Ac 11:26 εὑρὼν ἤγαγεν εἰς **Ἀντιόχειαν**.
Ac 11:26 τε πρώτως ἐν **Ἀντιοχείᾳ** τοὺς μαθητὰς Χριστιανούς.
Ac 11:27 Ἱεροσολύμων προφῆται εἰς **Ἀντιόχειαν**.
Ac 13:1 Ἦσαν δὲ ἐν **Ἀντιοχείᾳ** κατὰ τὴν οὖσαν
Ac 13:14 Πέργης παρεγένοντο εἰς **Ἀντιόχειαν** τὴν Πισιδίαν,
Ac 14:19 Ἐπῆλθαν δὲ ἀπὸ **Ἀντιοχείας** καὶ Ἰκονίου Ἰουδαῖοι
Ac 14:21 Ἰκόνιον καὶ εἰς **Ἀντιόχειαν**
Ac 14:26 κἀκεῖθεν ἀπέπλευσαν εἰς **Ἀντιόχειαν**,
Ac 15:22 αὐτῶν πέμψαι εἰς **Ἀντιόχειαν** σὺν τῷ Παύλῳ
Ac 15:23 τοῖς κατὰ τὴν **Ἀντιόχειαν** καὶ Συρίαν καὶ
Ac 15:30 ἀπολυθέντες κατῆλθον εἰς **Ἀντιόχειαν**,
Ac 15:35 Βαρναβᾶς διέτριβον ἐν **Ἀντιοχείᾳ** διδάσκοντες καὶ εὐαγγελιζόμενοι
Ac 18:22 ἐκκλησίαν κατέβη εἰς **Ἀντιόχειαν**.

Ἀντιοχεύς (*Antiocheus*; 1/1) *a man of Antioch*
Ac 6:5 καὶ Νικόλαον προσήλυτον **Ἀντιοχέα**,

Ἀντιπατρίς (*Antipatris*; 1/1) *Antipatris*
Ac 23:31 νυκτὸς εἰς τὴν **Ἀντιπατρίδα**,

ἀντιπίπτω (*antipiptō*; 1/1) *resist*
Ac 7:51 πνεύματι τῷ ἁγίῳ **ἀντιπίπτετε** ὡς οἱ πατέρες

ἀντιτάσσω (*antitassō*; 1/5) *oppose, resist*
Ac 18:6 **ἀντιτασσομένων** δὲ αὐτῶν καὶ

ἀντοφθαλμέω (*antophthalmeō*; 1/1) *head into*
Ac 27:15 καὶ μὴ δυναμένου **ἀντοφθαλμεῖν** τῷ ἀνέμῳ ἐπιδόντες

ἄνω (*anō*; 1/9) *above, up*
Ac 2:19 ἐν τῷ οὐρανῷ **ἄνω** καὶ σημεῖα ἐπὶ

ἄνωθεν (*anōthen*; 1/13) *from above*
Ac 26:5 προγινώσκοντές με **ἄνωθεν**,

ἀνωτερικός (*anōterikos*; 1/1) *upper*
Ac 19:1 Παῦλον διελθόντα τὰ **ἀνωτερικὰ** μέρη [κατ]ελθεῖν εἰς

ἄξιος (*axios*; 7/41) *worthy*
Ac 13:25 οὗ οὐκ εἰμὶ **ἄξιος** τὸ ὑπόδημα τῶν
Ac 13:46 αὐτὸν καὶ οὐκ **ἀξίους** κρίνετε ἑαυτοὺς τῆς
Ac 23:29 μηδὲν δὲ **ἄξιον** θανάτου ἢ δεσμῶν
Ac 25:11 οὖν ἀδικῶ καὶ **ἄξιον** θανάτου πέπραχά τι,
Ac 25:25 δὲ κατελαβόμην μηδὲν **ἄξιον** αὐτὸν θανάτου πεπραχέναι,
Ac 26:20 **ἄξια** τῆς μετανοίας ἔργα
Ac 26:31 θανάτου ἢ δεσμῶν **ἄξιόν** [τι] πράσσει ὁ

ἀξιόω (*axioō*; 2/7) *consider worthy*
Ac 15:38 Παῦλος δὲ **ἠξίου**,
Ac 28:22 **ἀξιοῦμεν** δὲ παρὰ σοῦ

ἀπαγγέλλω (*apangellō*; 15/43[45]) *proclaim*
Ac 4:23 τοὺς ἰδίους καὶ **ἀπήγγειλαν** ὅσα πρὸς αὐτοὺς
Ac 5:22 ἀναστρέψαντες δὲ **ἀπήγγειλαν**
Ac 5:25 παραγενόμενος δέ τις **ἀπήγγειλεν** αὐτοῖς ὅτι ἰδοὺ
Ac 11:13 **ἀπήγγειλεν** δὲ ἡμῖν πῶς
Ac 12:14 εἰσδραμοῦσα δὲ **ἀπήγγειλεν** ἑστάναι τὸν Πέτρον
Ac 12:17 **ἀπαγγείλατε** Ἰακώβῳ καὶ τοῖς
Ac 15:27 αὐτοὺς διὰ λόγου **ἀπαγγέλλοντας** τὰ αὐτά.
Ac 16:36 **ἀπήγγειλεν** δὲ ὁ δεσμοφύλαξ
Ac 16:38 **ἀπήγγειλαν** δὲ τοῖς στρατηγοῖς
Ac 22:26 προσελθὼν τῷ χιλιάρχῳ **ἀπήγγειλεν** λέγων·
Ac 23:16 εἰς τὴν παρεμβολὴν **ἀπήγγειλεν** τῷ Παύλῳ.
Ac 23:17 ἔχει γὰρ **ἀπαγγεῖλαί** τι αὐτῷ.
Ac 23:19 ἐστιν ὃ ἔχεις **ἀπαγγεῖλαί** μοι;
Ac 26:20 καὶ τοῖς ἔθνεσιν **ἀπήγγελλον** μετανοεῖν καὶ ἐπιστρέφειν
Ac 28:21 τις τῶν ἀδελφῶν **ἀπήγγειλεν** ἢ ἐλάλησέν τι

ἀπάγω (*apagō*; 2/15) *lead away by force*
Ac 12:19 τοὺς φύλακας ἐκέλευσεν **ἀπαχθῆναι**,
Ac 23:17 τὸν νεανίαν τοῦτον **ἀπάγαγε** πρὸς τὸν χιλίαρχον,

ἀπαλλάσσω (*apallassō*; 1/3) *set free*
Ac 19:12 ἢ σιμικίνθια καὶ **ἀπαλλάσσεσθαι** ἀπ' αὐτῶν

ἀπάντησις (*apantēsis*; 1/3) *meeting*
Ac 28:15 ἡμῶν ἦλθαν εἰς **ἀπάντησιν** ἡμῖν ἄχρι Ἀππίου

ἅπας (*hapas*; 12/33[34]) *all*
Ac 2:7 οὐχ ἰδοὺ **ἅπαντες** οὗτοί εἰσιν οἱ
Ac 2:44 αὐτὸ καὶ εἶχον **ἅπαντα** κοινὰ
Ac 4:31 καὶ ἐπλήσθησαν **ἅπαντες** τοῦ ἁγίου πνεύματος
Ac 4:32 ἀλλ' ἦν αὐτοῖς **ἅπαντα** κοινά.
Ac 5:12 καὶ ἦσαν ὁμοθυμαδὸν **ἅπαντες** ἐν τῇ στοᾷ

Ac 5:16 οἵτινες ἐθεραπεύοντο **ἅπαντες**.
Ac 10:8 καὶ ἐξηγησάμενος **ἅπαντα** αὐτοῖς ἀπέστειλεν αὐτοὺς
Ac 11:10 καὶ ἀνεσπάσθη πάλιν **ἅπαντα** εἰς τὸν οὐρανόν.
Ac 16:3 ᾔδεισαν γὰρ **ἅπαντες** ὅτι Ἕλλην ὁ
Ac 16:28 **ἅπαντες** γάρ ἐσμεν ἐνθάδε.
Ac 25:24 τοῦτον περὶ οὗ **ἅπαν** τὸ πλῆθος τῶν
Ac 27:33 παρεκάλει ὁ Παῦλος **ἅπαντας** μεταλαβεῖν τροφῆς λέγων·

ἀπασπάζομαι (*apaspazomai*; 1/1) *say goodbye*

Ac 21:6 **ἀπησπασάμεθα** ἀλλήλους καὶ ἀνέβημεν

ἀπειθέω (*apeitheō*; 2/14) *disobey*

Ac 14:2 οἱ δὲ **ἀπειθήσαντες** Ἰουδαῖοι ἐπήγειραν καὶ
Ac 19:9 τινες ἐσκληρύνοντο καὶ **ἠπείθουν** κακολογοῦντες τὴν ὁδὸν

ἀπειθής (*apeithēs*; 1/6) *disobedient*

Ac 26:19 οὐκ ἐγενόμην **ἀπειθὴς** τῇ οὐρανίῳ ὀπτασίᾳ

ἀπειλέω (*apeileō*; 1/2) *threaten*

Ac 4:17 εἰς τὸν λαὸν **ἀπειλησώμεθα** αὐτοῖς μηκέτι λαλεῖν

ἀπειλή (*apeilē*; 2/3) *threat*

Ac 4:29 ἔπιδε ἐπὶ τὰς **ἀπειλὰς** αὐτῶν καὶ δὸς
Ac 9:1 Σαῦλος ἔτι ἐμπνέων **ἀπειλῆς** καὶ φόνου εἰς

ἄπειμι (*apeimi*; 1/1) *go*

Ac 17:10 συναγωγὴν τῶν Ἰουδαίων **ἀπῄεσαν**.

ἀπελαύνω (*apelaunō*; 1/1) *drive away*

Ac 18:16 καὶ **ἀπήλασεν** αὐτοὺς ἀπὸ τοῦ

ἀπελεγμός (*apelegmos*; 1/1) *discredit*

Ac 19:27 τὸ μέρος εἰς **ἀπελεγμὸν** ἐλθεῖν ἀλλὰ καὶ

ἀπέναντι (*apenanti*; 2/5) *opposite*

Ac 3:16 τὴν ὁλοκληρίαν ταύτην **ἀπέναντι** πάντων ὑμῶν.
Ac 17:7 καὶ οὗτοι πάντες **ἀπέναντι** τῶν δογμάτων Καίσαρος

ἀπερίτμητος (*aperitmētos*; 1/1) *stubborn*

Ac 7:51 Σκληροτράχηλοι καὶ **ἀπερίτμητοι** καρδίαις

ἀπέρχομαι (*aperchomai*; 6/116[117]) *go, go away, depart*

Ac 4:15 ἔξω τοῦ συνεδρίου **ἀπελθεῖν** συνέβαλλον πρὸς ἀλλήλους
Ac 5:26 Τότε **ἀπελθὼν** ὁ στρατηγὸς σὺν
Ac 9:17 **Ἀπῆλθεν** δὲ Ἁνανίας καὶ
Ac 10:7 ὡς δὲ **ἀπῆλθεν** ὁ ἄγγελος ὁ
Ac 16:39 καὶ ἐξαγαγόντες ἠρώτων **ἀπελθεῖν** ἀπὸ τῆς πόλεως.
Ac 23:32 ἐάσαντες τοὺς ἱππεῖς **ἀπέρχεσθαι** σὺν αὐτῷ ὑπέστρεψαν

ἀπέχω (*apechō*; 2/19) *receive in full*

Ac 15:20 ἐπιστεῖλαι αὐτοῖς τοῦ **ἀπέχεσθαι** τῶν ἀλισγημάτων τῶν
Ac 15:29 **ἀπέχεσθαι** εἰδωλοθύτων καὶ αἵματος

ἀπιστέω (*apisteō*; 1/6[8]) *fail or refuse to believe*

Ac 28:24 οἱ δὲ **ἠπίστουν**·

ἄπιστος (*apistos*; 1/23) *unfaithful*

Ac 26:8 τί **ἄπιστον** κρίνεται παρ' ὑμῖν

ἀπό (*apo*; 114/643[646]) *from*

Ac 1:4 συναλιζόμενος παρήγγειλεν αὐτοῖς **ἀπὸ** Ἱεροσολύμων μὴ χωρίζεσθαι
Ac 1:9 νεφέλη ὑπέλαβεν αὐτὸν **ἀπὸ** τῶν ὀφθαλμῶν αὐτῶν.
Ac 1:11 Ἰησοῦς ὁ ἀναλημφθεὶς **ἀφ'** ὑμῶν εἰς τὸν
Ac 1:12 ὑπέστρεψαν εἰς Ἰερουσαλὴμ **ἀπὸ** ὄρους τοῦ καλουμένου
Ac 1:22 ἀρξάμενος **ἀπὸ** τοῦ βαπτίσματος Ἰωάννου
Ac 1:22 ἡμέρας ἧς ἀνελήμφθη **ἀφ'** ἡμῶν,
Ac 1:25 ταύτης καὶ ἀποστολῆς **ἀφ'** ἧς παρέβη Ἰούδας
Ac 2:5 ἄνδρες εὐλαβεῖς **ἀπὸ** παντὸς ἔθνους τῶν
Ac 2:17 ἐκχεῶ **ἀπὸ** τοῦ πνεύματός μου
Ac 2:18 ἡμέραις ἐκείναις ἐκχεῶ **ἀπὸ** τοῦ πνεύματός μου,
Ac 2:22 ἄνδρα ἀποδεδειγμένον **ἀπὸ** τοῦ θεοῦ εἰς
Ac 2:40 σώθητε **ἀπὸ** τῆς γενεᾶς τῆς
Ac 3:20 ἔλθωσιν καιροὶ ἀναψύξεως **ἀπὸ** προσώπου τοῦ κυρίου
Ac 3:21 στόματος τῶν ἁγίων **ἀπ'** αἰῶνος αὐτοῦ προφητῶν.
Ac 3:24 δὲ οἱ προφῆται **ἀπὸ** Σαμουὴλ καὶ τῶν
Ac 3:26 τῷ ἀποστρέφειν ἕκαστον **ἀπὸ** τῶν πονηριῶν ὑμῶν.
Ac 4:36 ὁ ἐπικληθεὶς Βαρναβᾶς **ἀπὸ** τῶν ἀποστόλων,
Ac 5:2 καὶ ἐνοσφίσατο **ἀπὸ** τῆς τιμῆς,
Ac 5:3 ἅγιον καὶ νοσφίσασθαι **ἀπὸ** τῆς τιμῆς τοῦ
Ac 5:38 ἀπόστητε **ἀπὸ** τῶν ἀνθρώπων τούτων
Ac 5:41 οὖν ἐπορεύοντο χαίροντες **ἀπὸ** προσώπου τοῦ συνεδρίου,
Ac 6:9 Ἀλεξανδρέων καὶ τῶν **ἀπὸ** Κιλικίας καὶ Ἀσίας
Ac 7:45 ἐξῶσεν ὁ θεὸς **ἀπὸ** προσώπου τῶν πατέρων
Ac 8:10 ᾧ προσεῖχον πάντες **ἀπὸ** μικροῦ ἕως μεγάλου
Ac 8:22 μετανόησον οὖν **ἀπὸ** τῆς κακίας σου
Ac 8:26 ὁδὸν τὴν καταβαίνουσαν **ἀπὸ** Ἰερουσαλὴμ εἰς Γάζαν,
Ac 8:33 ὅτι αἴρεται **ἀπὸ** τῆς γῆς ἡ
Ac 8:35 αὐτοῦ καὶ ἀρξάμενος **ἀπὸ** τῆς γραφῆς ταύτης
Ac 9:8 ἠγέρθη δὲ Σαῦλος **ἀπὸ** τῆς γῆς,
Ac 9:13 ἤκουσα **ἀπὸ** πολλῶν περὶ τοῦ
Ac 9:18 εὐθέως ἀπέπεσαν αὐτοῦ **ἀπὸ** τῶν ὀφθαλμῶν ὡς
Ac 10:23 τῶν ἀδελφῶν τῶν **ἀπὸ** Ἰόππης συνῆλθον αὐτῷ.
Ac 10:30 **ἀπὸ** τετάρτης ἡμέρας μέχρι
Ac 10:37 ἀρξάμενος **ἀπὸ** τῆς Γαλιλαίας μετὰ
Ac 10:38 Ἰησοῦν τὸν **ἀπὸ** Ναζαρέθ,

Ac 11:11 ἀπεσταλμένοι **ἀπὸ** Καισαρείας πρός με.
Ac 11:19 μὲν οὖν διασπαρέντες **ἀπὸ** τῆς θλίψεως τῆς
Ac 11:27 ταῖς ἡμέραις κατῆλθον **ἀπὸ** Ἱεροσολύμων προφῆται εἰς
Ac 12:1 κακῶσαί τινας τῶν **ἀπὸ** τῆς ἐκκλησίας.
Ac 12:10 ἀπέστη ὁ ἄγγελος **ἀπ'** αὐτοῦ.
Ac 12:14 φωνὴν τοῦ Πέτρου **ἀπὸ** τῆς χαρᾶς οὐκ
Ac 12:19 καὶ κατελθὼν **ἀπὸ** τῆς Ἰουδαίας εἰς
Ac 12:20 αὐτῶν τὴν χώραν **ἀπὸ** τῆς βασιλικῆς.
Ac 13:8 διαστρέψαι τὸν ἀνθύπατον **ἀπὸ** τῆς πίστεως.
Ac 13:13 Ἀναχθέντες δὲ **ἀπὸ** τῆς Πάφου οἱ
Ac 13:13 Ἰωάννης δὲ ἀποχωρήσας **ἀπ'** αὐτῶν ὑπέστρεψεν εἰς
Ac 13:14 Αὐτοὶ δὲ διελθόντες **ἀπὸ** τῆς Πέργης παρεγένοντο
Ac 13:23 τούτου ὁ θεὸς **ἀπὸ** τοῦ σπέρματος κατ'
Ac 13:29 καθελόντες **ἀπὸ** τοῦ ξύλου ἔθηκαν
Ac 13:31 τοῖς συναναβᾶσιν αὐτῷ **ἀπὸ** τῆς Γαλιλαίας
Ac 13:38 [καὶ] **ἀπὸ** πάντων ὧν οὐκ
Ac 13:50 καὶ ἐξέβαλον αὐτοὺς **ἀπὸ** τῶν ὁρίων αὐτῶν.
Ac 14:15 ἄνθρωποι εὐαγγελιζόμενοι ὑμᾶς **ἀπὸ** τούτων τῶν ματαίων
Ac 14:19 Ἐπῆλθαν δὲ **ἀπὸ** Ἀντιοχείας καὶ Ἰκονίου
Ac 15:1 Καί τινες κατελθόντες **ἀπὸ** τῆς Ἰουδαίας ἐδίδασκον
Ac 15:4 εἰς Ἰερουσαλὴμ παρεδέχθησαν **ἀπὸ** τῆς ἐκκλησίας καὶ
Ac 15:5 δέ τινες τῶν **ἀπὸ** τῆς αἱρέσεως τῶν
Ac 15:7 ὑμεῖς ἐπίστασθε ὅτι **ἀφ'** ἡμερῶν ἀρχαίων ἐν
Ac 15:18 γνωστὰ **ἀπ'** αἰῶνος.
Ac 15:19 μὴ παρενοχλεῖν τοῖς **ἀπὸ** τῶν ἐθνῶν ἐπιστρέφουσιν
Ac 15:33 ἀπελύθησαν μετ' εἰρήνης **ἀπὸ** τῶν ἀδελφῶν
Ac 15:38 τὸν ἀποστάντα **ἀπ'** αὐτῶν ἀπὸ Παμφυλίας
Ac 15:38 ἀποστάντα ἀπ' αὐτῶν **ἀπὸ** Παμφυλίας καὶ μὴ
Ac 15:39 ὥστε ἀποχωρισθῆναι αὐτοὺς **ἀπ'** ἀλλήλων,
Ac 16:11 Ἀναχθέντες δὲ **ἀπὸ** Τρῳάδος εὐθυδρομήσαμεν εἰς
Ac 16:18 Ἰησοῦ Χριστοῦ ἐξελθεῖν **ἀπ'** αὐτῆς·
Ac 16:33 τῆς νυκτὸς ἔλουσεν **ἀπὸ** τῶν πληγῶν,
Ac 16:39 ἐξαγαγόντες ἠρώτων ἀπελθεῖν **ἀπὸ** τῆς πόλεως.
Ac 16:40 ἐξελθόντες δὲ **ἀπὸ** τῆς φυλακῆς εἰσῆλθον
Ac 17:2 τρία διελέξατο αὐτοῖς **ἀπὸ** τῶν γραφῶν,
Ac 17:13 δὲ ἔγνωσαν οἱ **ἀπὸ** τῆς Θεσσαλονίκης Ἰουδαῖοι
Ac 17:27 γε οὐ μακρὰν **ἀπὸ** ἑνὸς ἑκάστου ἡμῶν
Ac 18:2 γένει προσφάτως ἐληλυθότα **ἀπὸ** τῆς Ἰταλίας
Ac 18:2 πάντας τοὺς Ἰουδαίους **ἀπὸ** τῆς Ῥώμης,
Ac 18:5 Ὡς δὲ κατῆλθον **ἀπὸ** τῆς Μακεδονίας ὅ
Ac 18:6 καθαρὸς ἐγὼ **ἀπὸ** τοῦ νῦν εἰς
Ac 18:16 καὶ ἀπήλασεν αὐτοὺς **ἀπὸ** τοῦ βήματος.
Ac 18:21 ἀνήχθη **ἀπὸ** τῆς Ἐφέσου,
Ac 19:9 ἀποστὰς **ἀπ'** αὐτῶν ἀφώρισεν τοὺς
Ac 19:12 τοὺς ἀσθενοῦντας ἀποφέρεσθαι **ἀπὸ** τοῦ χρωτὸς αὐτοῦ
Ac 19:12 σιμικίνθια καὶ ἀπαλλάσσεσθαι **ἀπ'** αὐτῶν τὰς νόσους,
Ac 20:6 ἡμέρας τῶν ἀζύμων **ἀπὸ** Φιλίππων καὶ ἤλθομεν
Ac 20:9 κατενεχθεὶς **ἀπὸ** τοῦ ὕπνου ἔπεσεν
Ac 20:9 τοῦ ὕπνου ἔπεσεν **ἀπὸ** τοῦ τριστέγου κάτω
Ac 20:17 **Ἀπὸ** δὲ τῆς Μιλήτου
Ac 20:18 **ἀπὸ** πρώτης ἡμέρας ἀφ'
Ac 20:18 ἀπὸ πρώτης ἡμέρας **ἀφ'** ἧς ἐπέβην εἰς
Ac 20:26 ὅτι καθαρός εἰμι **ἀπὸ** τοῦ αἵματος πάντων·
Ac 21:1 ἀναχθῆναι ἡμᾶς ἀποσπασθέντας **ἀπ'** αὐτῶν,
Ac 21:7 τὸν πλοῦν διανύσαντες **ἀπὸ** Τύρου κατηντήσαμεν εἰς
Ac 21:10 πλείους κατῆλθέν τις **ἀπὸ** τῆς Ἰουδαίας προφήτης
Ac 21:16 καὶ τῶν μαθητῶν **ἀπὸ** Καισαρείας σὺν ἡμῖν,
Ac 21:21 ὅτι ἀποστασίαν διδάσκεις **ἀπὸ** Μωϋσέως
Ac 21:27 οἱ **ἀπὸ** τῆς Ἀσίας Ἰουδαῖοι
Ac 22:11 δὲ οὐκ ἐνέβλεπον **ἀπὸ** τῆς δόξης τοῦ
Ac 22:22 αἶρε **ἀπὸ** τῆς γῆς τὸν
Ac 22:29 εὐθέως οὖν ἀπέστησαν **ἀπ'** αὐτοῦ οἱ μέλλοντες
Ac 23:21 ἕτοιμοι προσδεχόμενοι τὴν **ἀπὸ** σοῦ ἐπαγγελίαν.
Ac 23:23 καὶ δεξιολάβους διακοσίους **ἀπὸ** τρίτης ὥρας τῆς
Ac 23:34 καὶ πυθόμενος ὅτι **ἀπὸ** Κιλικίας,
Ac 24:11 μοι ἡμέραι δώδεκα **ἀφ'** ἧς ἀνέβην προσκυνήσων
Ac 24:19 τινες δὲ **ἀπὸ** τῆς Ἀσίας Ἰουδαῖοι,
Ac 25:1 ἀνέβη εἰς Ἱεροσόλυμα **ἀπὸ** Καισαρείας,
Ac 25:7 περιέστησαν αὐτὸν οἱ **ἀπὸ** Ἱεροσολύμων καταβεβηκότες Ἰουδαῖοι
Ac 26:4 ἐκ νεότητος τὴν **ἀπ'** ἀρχῆς γενομένην ἐν
Ac 26:18 τοῦ ἐπιστρέψαι **ἀπὸ** σκότους εἰς φῶς
Ac 26:22 οὖν τυχὼν τῆς **ἀπὸ** τοῦ θεοῦ ἄχρι
Ac 27:21 μοι μὴ ἀνάγεσθαι **ἀπὸ** τῆς Κρήτης κερδῆσαί
Ac 27:34 γὰρ ὑμῶν θρὶξ **ἀπὸ** τῆς κεφαλῆς ἀπολεῖται.
Ac 27:44 ἐπί τινων τῶν **ἀπὸ** τοῦ πλοίου.
Ac 28:3 ἔχιδνα **ἀπὸ** τῆς θέρμης ἐξελθοῦσα
Ac 28:21 περὶ σοῦ ἐδεξάμεθα **ἀπὸ** τῆς Ἰουδαίας οὔτε
Ac 28:23 περὶ τοῦ Ἰησοῦ **ἀπό** τε τοῦ νόμου
Ac 28:23 **ἀπὸ** πρωῒ ἕως ἑσπέρας.

ἀποβολή (*apobolē*; 1/2) *loss*

Ac 27:22 **ἀποβολὴ** γὰρ ψυχῆς οὐδεμία

ἀπογραφή (*apographē*; 1/2) *registration*

Ac 5:37 ταῖς ἡμέραις τῆς **ἀπογραφῆς** καὶ ἀπέστησεν λαὸν

ἀποδείκνυμι (*apodeiknymi*; 2/4) *attest*

Ac 2:22 ἄνδρα **ἀποδεδειγμένον** ἀπὸ τοῦ θεοῦ
Ac 25:7 ἃ οὐκ ἴσχυον **ἀποδεῖξαι**,

ἀποδέχομαι (*apodechomai*; 5/7) *welcome*

Ac 2:41 οἱ μὲν οὖν **ἀποδεξάμενοι** τὸν λόγον αὐτοῦ
Ac 18:27 ἔγραψαν τοῖς μαθηταῖς **ἀποδέξασθαι** αὐτόν,
Ac 21:17 εἰς Ἱεροσόλυμα ἀσμένως **ἀπεδέξαντο** ἡμᾶς οἱ ἀδελφοί.
Ac 24:3 τε καὶ πανταχοῦ **ἀποδεχόμεθα**,
Ac 28:30 ἰδίῳ μισθώματι καὶ **ἀπεδέχετο** πάντας τοὺς εἰσπορευομένους

ἀποδίδωμι (*apodidōmi*; 4/48) *give back, repay*

Ac 4:33 καὶ δυνάμει μεγάλῃ **ἀπεδίδουν** τὸ μαρτύριον
Ac 5:8 τοσούτου τὸ χωρίον **ἀπέδοσθε**;
Ac 7:9 ζηλώσαντες τὸν Ἰωσὴφ **ἀπέδοντο** εἰς Αἴγυπτον.

Ac 19:40 οὗ [οὐ] δυνησόμεθα **ἀποδοῦναι** λόγον περὶ

ἀποθνῄσκω (*apothnēskō*; 4/111) *die*

Ac 7:4 κἀκεῖθεν μετὰ τὸ **ἀποθανεῖν** τὸν πατέρα αὐτοῦ
Ac 9:37 ἐκείναις ἀσθενήσασαν αὐτὴν **ἀποθανεῖν**·
Ac 21:13 δεθῆναι ἀλλὰ καὶ **ἀποθανεῖν** εἰς Ἰερουσαλὴμ ἑτοίμως
Ac 25:11 οὐ παραιτοῦμαι τὸ **ἀποθανεῖν**·

ἀποκαθίστημι (*apokathistēmi*; 1/8) *reestablish*

Ac 1:6 τῷ χρόνῳ τούτῳ **ἀποκαθιστάνεις** τὴν βασιλείαν τῷ

ἀποκατάστασις (*apokatastasis*; 1/1) *restoration*

Ac 3:21 δέξασθαι ἄχρι χρόνων **ἀποκαταστάσεως** πάντων ὧν ἐλάλησεν

ἀποκόπτω (*apokoptō*; 1/6) *cut off*

Ac 27:32 τότε **ἀπέκοψαν** οἱ στρατιῶται τὰ

ἀποκρίνομαι (*apokrinomai*; 20/231) *answer*

Ac 3:12 δὲ ὁ Πέτρος **ἀπεκρίνατο** πρὸς τὸν λαόν·
Ac 4:19 Πέτρος καὶ Ἰωάννης **ἀποκριθέντες** εἶπον πρὸς αὐτούς·
Ac 5:8 **ἀπεκρίθη** δὲ πρὸς αὐτὴν
Ac 5:29 **ἀποκριθεὶς** δὲ Πέτρος καὶ
Ac 8:24 **ἀποκριθεὶς** δὲ ὁ Σίμων
Ac 8:34 **ἀποκριθεὶς** δὲ ὁ εὐνοῦχος
Ac 9:13 **ἀπεκρίθη** δὲ Ἁνανίας·
Ac 10:46 τότε **ἀπεκρίθη** Πέτρος·
Ac 11:9 **ἀπεκρίθη** δὲ φωνὴ ἐκ
Ac 15:13 τὸ σιγῆσαι αὐτοὺς **ἀπεκρίθη** Ἰάκωβος λέγων·
Ac 19:15 **ἀποκριθὲν** δὲ τὸ πνεῦμα
Ac 21:13 τότε **ἀπεκρίθη** ὁ Παῦλος·
Ac 22:8 ἐγὼ δὲ **ἀπεκρίθην**·
Ac 22:28 **ἀπεκρίθη** δὲ ὁ χιλίαρχος·
Ac 24:10 **Ἀπεκρίθη** τε ὁ Παῦλος
Ac 24:25 γενόμενος ὁ Φῆλιξ **ἀπεκρίθη**·
Ac 25:4 μὲν οὖν Φῆστος **ἀπεκρίθη** τηρεῖσθαι τὸν Παῦλον
Ac 25:9 Ἰουδαίοις χάριν καταθέσθαι **ἀποκριθεὶς** τῷ Παύλῳ εἶπεν·
Ac 25:12 μετὰ τοῦ συμβουλίου **ἀπεκρίθη**·
Ac 25:16 πρὸς οὓς **ἀπεκρίθην** ὅτι οὐκ ἔστιν

ἀποκτείνω (*apokteinō*; 6/74) *kill*

Ac 3:15 ἀρχηγὸν τῆς ζωῆς **ἀπεκτείνατε** ὃν ὁ θεὸς
Ac 7:52 καὶ **ἀπέκτειναν** τοὺς προκαταγγείλαντας
Ac 21:31 Ζητούντων τε αὐτὸν **ἀποκτεῖναι** ἀνέβη φάσις τῷ
Ac 23:12 πιεῖν ἕως οὗ **ἀποκτείνωσιν** τὸν Παῦλον.
Ac 23:14 γεύσασθαι ἕως οὗ **ἀποκτείνωμεν** τὸν Παῦλον.
Ac 27:42 ἵνα τοὺς δεσμώτας **ἀποκτείνωσιν**,

ἀπόλλυμι (*apollymi*; 2/90) *destroy*

Ac 5:37 κἀκεῖνος **ἀπώλετο** καὶ πάντες ὅσοι
Ac 27:34 ἀπὸ τῆς κεφαλῆς **ἀπολεῖται**.

Ἀπολλωνία (*Apollōnia*; 1/1) *Apollonia*

Ac 17:1 Ἀμφίπολιν καὶ τὴν **Ἀπολλωνίαν** ἦλθον εἰς Θεσσαλονίκην

Ἀπολλῶς (*Apollōs*; 2/10) *Apollos*

Ac 18:24 Ἰουδαῖος δέ τις **Ἀπολλῶς** ὀνόματι,
Ac 19:1 ἐν τῷ τὸν **Ἀπολλῶ** εἶναι ἐν Κορίνθῳ

ἀπολογέομαι (*apologeomai*; 6/10) *speak in one's defense*

Ac 19:33 τὴν χεῖρα ἤθελεν **ἀπολογεῖσθαι** τῷ δήμῳ.
Ac 24:10 τὰ περὶ ἐμαυτοῦ **ἀπολογοῦμαι**,
Ac 25:8 τοῦ Παύλου **ἀπολογουμένου** ὅτι οὔτε εἰς
Ac 26:1 ἐκτείνας τὴν χεῖρα **ἀπελογεῖτο**·
Ac 26:2 σοῦ μέλλων σήμερον **ἀπολογεῖσθαι**
Ac 26:24 Ταῦτα δὲ αὐτοῦ **ἀπολογουμένου** ὁ Φῆστος μεγάλῃ

ἀπολογία (*apologia*; 2/8) *verbal defense*

Ac 22:1 πρὸς ὑμᾶς νυνὶ **ἀπολογίας**.
Ac 25:16 κατηγόρους τόπον τε **ἀπολογίας** λάβοι περὶ

ἀπολούω (*apolouō*; 1/2) *cleanse oneself*

Ac 22:16 ἀναστὰς βάπτισαι καὶ **ἀπόλουσαι** τὰς ἁμαρτίας σου

ἀπολύω (*apolyō*; 15/66) *release*

Ac 3:13 κρίναντος ἐκείνου **ἀπολύειν**·
Ac 4:21 οἱ δὲ προσαπειλησάμενοι **ἀπέλυσαν** αὐτούς,
Ac 4:23 **Ἀπολυθέντες** δὲ ἦλθον πρὸς
Ac 5:40 τοῦ Ἰησοῦ καὶ **ἀπέλυσαν**.
Ac 13:3 τὰς χεῖρας αὐτοῖς **ἀπέλυσαν**.
Ac 15:30 Οἱ μὲν οὖν **ἀπολυθέντες** κατῆλθον εἰς Ἀντιόχειαν,
Ac 15:33 ποιήσαντες δὲ χρόνον **ἀπελύθησαν** μετ' εἰρήνης ἀπὸ
Ac 16:35 **ἀπόλυσον** τοὺς ἀνθρώπους ἐκείνους.
Ac 16:36 οἱ στρατηγοὶ ἵνα **ἀπολυθῆτε**·
Ac 17:9 καὶ τῶν λοιπῶν **ἀπέλυσαν** αὐτούς.
Ac 19:40 καὶ ταῦτα εἰπὼν **ἀπέλυσεν** τὴν ἐκκλησίαν.
Ac 23:22 μὲν οὖν χιλίαρχος **ἀπέλυσε** τὸν νεανίσκον παραγγείλας
Ac 26:32 **ἀπολελύσθαι** ἐδύνατο ὁ ἄνθρωπος
Ac 28:18 ἀνακρίναντές με ἐβούλοντο **ἀπολῦσαι** διὰ τὸ μηδεμίαν
Ac 28:25 ὄντες πρὸς ἀλλήλους **ἀπελύοντο** εἰπόντος τοῦ Παύλου

ἀποπίπτω (*apopiptō*; 1/1) *fall from*

Ac 9:18 καὶ εὐθέως **ἀπέπεσαν** αὐτοῦ ἀπὸ τῶν

ἀποπλέω (*apopleō*; 4/4) *set sail*

Ac 13:4 ἐκεῖθέν τε **ἀπέπλευσαν** εἰς Κύπρον
Ac 14:26 κἀκεῖθεν **ἀπέπλευσαν** εἰς Ἀντιόχειαν,
Ac 20:15 κἀκεῖθεν **ἀποπλεύσαντες** τῇ ἐπιούσῃ κατηντήσαμεν
Ac 27:1 δὲ ἐκρίθη τοῦ **ἀποπλεῖν** ἡμᾶς εἰς τὴν

ἀπορέω (*aporeō*; 1/6) *be at a loss*

Ac 25:20 **ἀπορούμενος** δὲ ἐγὼ τὴν

ἀπορίπτω (*aporiptō*; 1/1) *jump overboard*

Ac 27:43 τοὺς δυναμένους κολυμβᾶν **ἀπορίψαντας** πρώτους ἐπὶ τὴν

ἀποσπάω (*apospaō*; 2/4) *draw or lead away*

Ac 20:30 λαλοῦντες διεστραμμένα τοῦ **ἀποσπᾶν** τοὺς μαθητὰς ὀπίσω
Ac 21:1 ἐγένετο ἀναχθῆναι ἡμᾶς **ἀποσπασθέντας** ἀπ' αὐτῶν,

ἀποστασία (*apostasia*; 1/2) *apostasy*

Ac 21:21 περὶ σοῦ ὅτι **ἀποστασίαν** διδάσκεις ἀπὸ Μωϋσέως

ἀποστέλλω (*apostellō*; 24/132) *send*

Ac 3:20 τοῦ κυρίου καὶ **ἀποστείλῃ** τὸν προκεχειρισμένον ὑμῖν
Ac 3:26 τὸν παῖδα αὐτοῦ **ἀπέστειλεν** αὐτὸν εὐλογοῦντα ὑμᾶς
Ac 5:21 υἱῶν Ἰσραὴλ καὶ **ἀπέστειλαν** εἰς τὸ δεσμωτήριον
Ac 7:14 **ἀποστείλας** δὲ Ἰωσὴφ μετεκαλέσατο
Ac 7:34 καὶ νῦν δεῦρο **ἀποστείλω** σε εἰς Αἴγυπτον.
Ac 7:35 ἄρχοντα καὶ λυτρωτὴν **ἀπέσταλκεν** σὺν χειρὶ ἀγγέλου
Ac 8:14 **ἀπέστειλαν** πρὸς αὐτοὺς Πέτρον
Ac 9:17 ὁ κύριος **ἀπέσταλκέν** με,
Ac 9:38 ἐστὶν ἐν αὐτῇ **ἀπέστειλαν** δύο ἄνδρας πρὸς
Ac 10:8 ἐξηγησάμενος ἅπαντα αὐτοῖς **ἀπέστειλεν** αὐτοὺς εἰς τὴν
Ac 10:17 οἱ ἄνδρες οἱ **ἀπεσταλμένοι** ὑπὸ τοῦ Κορνηλίου
Ac 10:20 διακρινόμενος ὅτι ἐγὼ **ἀπέσταλκα** αὐτούς.
Ac 10:36 τὸν λόγον [ὃν] **ἀπέστειλεν** τοῖς υἱοῖς Ἰσραὴλ
Ac 11:11 **ἀπεσταλμένοι** ἀπὸ Καισαρείας πρός
Ac 11:13 **ἀπόστειλον** εἰς Ἰόππην καὶ
Ac 11:30 ὃ καὶ ἐποίησαν **ἀποστείλαντες** πρὸς τοὺς πρεσβυτέρους
Ac 13:15 καὶ τῶν προφητῶν **ἀπέστειλαν** οἱ ἀρχισυνάγωγοι πρὸς
Ac 15:27 **ἀπεστάλκαμεν** οὖν Ἰούδαν καὶ
Ac 15:33 ἀδελφῶν πρὸς τοὺς **ἀποστείλαντας** αὐτούς.
Ac 16:35 Ἡμέρας δὲ γενομένης **ἀπέστειλαν** οἱ στρατηγοὶ τοὺς
Ac 16:36 τὸν Παῦλον ὅτι **ἀπέσταλκαν** οἱ στρατηγοὶ
Ac 19:22 **ἀποστείλας** δὲ εἰς τὴν
Ac 26:17 εἰς οὓς ἐγὼ **ἀποστέλλω** σε
Ac 28:28 ὅτι τοῖς ἔθνεσιν **ἀπεστάλη** τοῦτο τὸ σωτήριον

ἀποστολή (*apostolē*; 1/4) *apostleship*

Ac 1:25 διακονίας ταύτης καὶ **ἀποστολῆς** ἀφ' ἧς παρέβη

ἀπόστολος (*apostolos*; 28/80) *apostle, messenger*

Ac 1:2 ἡμέρας ἐντειλάμενος τοῖς **ἀποστόλοις** διὰ πνεύματος ἁγίου
Ac 1:26 μετὰ τῶν ἕνδεκα **ἀποστόλων**.
Ac 2:37 καὶ τοὺς λοιποὺς **ἀποστόλους**·
Ac 2:42 τῇ διδαχῇ τῶν **ἀποστόλων** καὶ τῇ κοινωνίᾳ,
Ac 2:43 σημεῖα διὰ τῶν **ἀποστόλων** ἐγίνετο.
Ac 4:33 τὸ μαρτύριον οἱ **ἀπόστολοι** τῆς ἀναστάσεως
Ac 4:35 τοὺς πόδας τῶν **ἀποστόλων**,
Ac 4:36 Βαρναβᾶς ἀπὸ τῶν **ἀποστόλων**,
Ac 4:37 τοὺς πόδας τῶν **ἀποστόλων**.
Ac 5:2 τοὺς πόδας τῶν **ἀποστόλων** ἔθηκεν.
Ac 5:12 τῶν χειρῶν τῶν **ἀποστόλων** ἐγίνετο σημεῖα
Ac 5:18 χεῖρας ἐπὶ τοὺς **ἀποστόλους** καὶ ἔθεντο αὐτοὺς
Ac 5:29 Πέτρος καὶ οἱ **ἀπόστολοι** εἶπαν·
Ac 5:40 καὶ προσκαλεσάμενοι τοὺς **ἀποστόλους** δείραντες παρήγγειλαν μὴ
Ac 6:6 ἔστησαν ἐνώπιον τῶν **ἀποστόλων**,
Ac 8:1 Σαμαρείας πλὴν τῶν **ἀποστόλων**.
Ac 8:14 οἱ ἐν Ἱεροσολύμοις **ἀπόστολοι** ὅτι δέδεκται
Ac 8:18 τῶν χειρῶν τῶν **ἀποστόλων** δίδοται τὸ πνεῦμα,
Ac 9:27 ἤγαγεν πρὸς τοὺς **ἀποστόλους** καὶ διηγήσατο αὐτοῖς
Ac 11:1 Ἤκουσαν δὲ οἱ **ἀπόστολοι** καὶ οἱ ἀδελφοὶ
Ac 14:4 δὲ σὺν τοῖς **ἀποστόλοις**.
Ac 14:14 Ἀκούσαντες δὲ οἱ **ἀπόστολοι** Βαρναβᾶς καὶ Παῦλος
Ac 15:2 αὐτῶν πρὸς τοὺς **ἀποστόλους** καὶ πρεσβυτέρους εἰς
Ac 15:4 ἐκκλησίας καὶ τῶν **ἀποστόλων** καὶ τῶν πρεσβυτέρων,
Ac 15:6 Συνήχθησάν τε οἱ **ἀπόστολοι** καὶ οἱ πρεσβύτεροι
Ac 15:22 Τότε ἔδοξε τοῖς **ἀποστόλοις** καὶ τοῖς πρεσβυτέροις
Ac 15:23 Οἱ **ἀπόστολοι** καὶ οἱ πρεσβύτεροι
Ac 16:4 κεκριμένα ὑπὸ τῶν **ἀποστόλων** καὶ πρεσβυτέρων τῶν

ἀποστρέφω (*apostrephō*; 1/9) *turn away*

Ac 3:26 ὑμᾶς ἐν τῷ **ἀποστρέφειν** ἕκαστον ἀπὸ τῶν

ἀποτάσσω (*apotassō*; 2/6) *say goodbye*

Ac 18:18 ἱκανὰς τοῖς ἀδελφοῖς **ἀποταξάμενος** ἐξέπλει
Ac 18:21 ἀλλὰ **ἀποταξάμενος** καὶ εἰπών·

ἀποτίθημι (*apotithēmi*; 1/9) *throw off*

Ac 7:58 καὶ οἱ μάρτυρες **ἀπέθεντο** τὰ ἱμάτια αὐτῶν

ἀποτινάσσω (*apotinassō*; 1/2) *shake off*

Ac 28:5 ὁ μὲν οὖν **ἀποτινάξας** τὸ θηρίον εἰς

ἀποφέρω (*apopherō*; 1/6) *take or carry away*

Ac 19:12 ἐπὶ τοὺς ἀσθενοῦντας **ἀποφέρεσθαι** ἀπὸ τοῦ χρωτὸς

ἀποφθέγγομαι (*apophthengomai*; 3/3) *speak*

Ac 2:4 τὸ πνεῦμα ἐδίδου **ἀποφθέγγεσθαι** αὐτοῖς.
Ac 2:14 φωνὴν αὐτοῦ καὶ **ἀπεφθέγξατο** αὐτοῖς·
Ac 26:25 καὶ σωφροσύνης ῥήματα **ἀποφθέγγομαι**.

ἀποφορτίζομαι (*apophortizomai*; 1/1) *unload*

Ac 21:3 τὸ πλοῖον ἦν **ἀποφορτιζόμενον** τὸν γόμον.

ἀποχωρέω (*apochōreō*; 1/3) *go away*
Ac 13:13 Ἰωάννης δὲ **ἀποχωρήσας** ἀπ᾽ αὐτῶν ὑπέστρεψεν

ἀποχωρίζω (*apochōrizō*; 1/2) *separate*
Ac 15:39 δὲ παροξυσμὸς ὥστε **ἀποχωρισθῆναι** αὐτοὺς ἀπ᾽ ἀλλήλων,

Ἀππίος (*Appios*; 1/1) *(forum of) Appius*
Ac 28:15 ἀπάντησιν ἡμῖν ἄχρι **Ἀππίου** φόρου καὶ Τριῶν

ἀπρόσκοπος (*aproskopos*; 1/3) *blameless*
Ac 24:16 καὶ αὐτὸς ἀσκῶ **ἀπρόσκοπον** συνείδησιν ἔχειν πρὸς

ἅπτω (*haptō*; 1/39) *touch*
Ac 28:2 **ἅψαντες** γὰρ πυρὰν προσελάβοντο

ἀπωθέω (*apōtheō*; 3/6) *push aside*
Ac 7:27 ἀδικῶν τὸν πλησίον **ἀπώσατο** αὐτὸν εἰπών·
Ac 7:39 ἀλλὰ **ἀπώσαντο** καὶ ἐστράφησαν ἐν
Ac 13:46 ἐπειδὴ **ἀπωθεῖσθε** αὐτὸν καὶ οὐκ

ἀπώλεια (*apōleia*; 1/18) *destruction*
Ac 8:20 σοὶ εἴη εἰς **ἀπώλειαν** ὅτι τὴν δωρεὰν

ἄρα (*ara*; 5/49) *therefore, then, thus*
Ac 8:22 εἰ **ἄρα** ἀφεθήσεταί σοι ἡ
Ac 11:18 **ἄρα** καὶ τοῖς ἔθνεσιν
Ac 12:18 τοῖς στρατιώταις τί **ἄρα** ὁ Πέτρος ἐγένετο.
Ac 17:27 εἰ **ἄρα** γε ψηλαφήσειαν αὐτὸν
Ac 21:38 οὐκ **ἄρα** σὺ εἶ ὁ

ἆρα (*ara*; 1/3) *interrogative particle expecting a negative response*
Ac 8:30 **ἆρά** γε γινώσκεις ἃ

Ἄραψ (*Araps*; 1/1) *Arab*
Ac 2:11 Κρῆτες καὶ **Ἄραβες**,

ἀργύριον (*argyrion*; 5/20) *silver coin*
Ac 3:6 **ἀργύριον** καὶ χρυσίον οὐχ
Ac 7:16 ὠνήσατο Ἀβραὰμ τιμῆς **ἀργυρίου** παρὰ τῶν υἱῶν
Ac 8:20 τὸ **ἀργύριόν** σου σὺν σοὶ
Ac 19:19 αὐτῶν καὶ εὗρον **ἀργυρίου** μυριάδας πέντε.
Ac 20:33 **ἀργυρίου** ἢ χρυσίου ἢ

ἀργυροκόπος (*argyrokopos*; 1/1) *silversmith*
Ac 19:24 **ἀργυροκόπος**,

ἄργυρος (*argyros*; 1/5) *silver*
Ac 17:29 νομίζειν χρυσῷ ἢ **ἀργύρῳ** ἢ λίθῳ,

ἀργυροῦς (*argyrous*; 1/3) *made of silver*
Ac 19:24 ποιῶν ναοὺς **ἀργυροῦς** Ἀρτέμιδος παρείχετο

Ἄρειος (*Areios*; 2/2) *Areopagus*
Ac 17:19 αὐτοῦ ἐπὶ τὸν **Ἄρειον** πάγον ἤγαγον λέγοντες·
Ac 17:22 ἐν μέσῳ τοῦ **Ἀρείου** πάγου ἔφη·

Ἀρεοπαγίτης (*Areopagitēs*; 1/1) *Areopagite*
Ac 17:34 καὶ Διονύσιος ὁ **Ἀρεοπαγίτης** καὶ γυνὴ ὀνόματι

ἀρέσκω (*areskō*; 1/17) *try to please*
Ac 6:5 καὶ **ἤρεσεν** ὁ λόγος ἐνώπιον

ἀρεστός (*arestos*; 2/4) *pleasing*
Ac 6:2 οὐκ **ἀρεστόν** ἐστιν ἡμᾶς καταλείψαντας
Ac 12:3 ἰδὼν δὲ ὅτι **ἀρεστόν** ἐστιν τοῖς Ἰουδαίοις,

ἀριθμός (*arithmos*; 5/18) *number*
Ac 4:4 καὶ ἐγενήθη [ὁ] **ἀριθμὸς** τῶν ἀνδρῶν [ὡς]
Ac 5:36 ᾧ προσεκλίθη ἀνδρῶν **ἀριθμὸς** ὡς τετρακοσίων·
Ac 6:7 καὶ ἐπληθύνετο ὁ **ἀριθμὸς** τῶν μαθητῶν ἐν
Ac 11:21 πολύς τε **ἀριθμὸς** ὁ πιστεύσας ἐπέστρεψεν
Ac 16:5 καὶ ἐπερίσσευον τῷ **ἀριθμῷ** καθ᾽ ἡμέραν.

Ἀρίσταρχος (*Aristarchos*; 3/5) *Aristarchus*
Ac 19:29 συναρπάσαντες Γάϊον καὶ **Ἀρίσταρχον** Μακεδόνας,
Ac 20:4 Θεσσαλονικέων δὲ **Ἀρίσταρχος** καὶ Σεκοῦνδος,
Ac 27:2 ὄντος σὺν ἡμῖν **Ἀριστάρχου** Μακεδόνος Θεσσαλονικέως.

ἅρμα (*harma*; 3/4) *chariot*
Ac 8:28 καθήμενος ἐπὶ τοῦ **ἅρματος** αὐτοῦ καὶ ἀνεγίνωσκεν
Ac 8:29 καὶ κολλήθητι τῷ **ἅρματι** τούτῳ.
Ac 8:38 ἐκέλευσεν στῆναι τὸ **ἅρμα** καὶ κατέβησαν ἀμφότεροι

ἀρνέομαι (*arneomai*; 4/33) *deny*
Ac 3:13 μὲν παρεδώκατε καὶ **ἠρνήσασθε** κατὰ πρόσωπον Πιλάτου,
Ac 3:14 ἅγιον καὶ δίκαιον **ἠρνήσασθε** καὶ ᾐτήσασθε ἄνδρα
Ac 4:16 καὶ οὐ δυνάμεθα **ἀρνεῖσθαι**·
Ac 7:35 τὸν Μωϋσῆν ὃν **ἠρνήσαντο** εἰπόντες·

ἁρπάζω (*harpazō*; 2/14) *take by force*
Ac 8:39 πνεῦμα κυρίου **ἥρπασεν** τὸν Φίλιππον καὶ
Ac 23:10 τὸ στράτευμα καταβὰν **ἁρπάσαι** αὐτὸν ἐκ μέσου

Ἄρτεμις (*Artemis*; 5/5) *Artemis*
Ac 19:24 ποιῶν ναοὺς ἀργυροῦς **Ἀρτέμιδος** παρείχετο τοῖς τεχνίταις
Ac 19:27 τῆς μεγάλης θεᾶς **Ἀρτέμιδος** ἱερὸν εἰς οὐθὲν
Ac 19:28 μεγάλη ἡ **Ἄρτεμις** Ἐφεσίων.
Ac 19:34 μεγάλη ἡ **Ἄρτεμις** Ἐφεσίων.
Ac 19:35 οὖσαν τῆς μεγάλης **Ἀρτέμιδος** καὶ τοῦ διοπετοῦς;

ἀρτέμων (*artemōn*; 1/1) *foresail*
Ac 27:40 καὶ ἐπάραντες τὸν **ἀρτέμωνα** τῇ πνεούσῃ κατεῖχον

ἄρτος (*artos*; 5/97) *bread*
Ac 2:42 τῇ κλάσει τοῦ **ἄρτου** καὶ ταῖς προσευχαῖς.
Ac 2:46 τε κατ' οἶκον **ἄρτον**,
Ac 20:7 συνηγμένων ἡμῶν κλάσαι **ἄρτον**,
Ac 20:11 καὶ κλάσας τὸν **ἄρτον** καὶ γευσάμενος ἐφ'
Ac 27:35 ταῦτα καὶ λαβὼν **ἄρτον** εὐχαρίστησεν τῷ θεῷ

ἀρχαῖος (*archaios*; 3/11) *old*
Ac 15:7 ὅτι ἀφ' ἡμερῶν **ἀρχαίων** ἐν ὑμῖν ἐξελέξατο
Ac 15:21 γὰρ ἐκ γενεῶν **ἀρχαίων** κατὰ πόλιν τοὺς
Ac 21:16 **ἀρχαίῳ** μαθητῇ.

ἀρχή (*archē*; 4/55) *beginning*
Ac 10:11 ὀθόνην μεγάλην τέσσαρσιν **ἀρχαῖς** καθιέμενον ἐπὶ τῆς
Ac 11:5 ὀθόνην μεγάλην τέσσαρσιν **ἀρχαῖς** καθιεμένην ἐκ τοῦ
Ac 11:15 ἐφ' ἡμᾶς ἐν **ἀρχῇ**.
Ac 26:4 νεότητος τὴν ἀπ' **ἀρχῆς** γενομένην ἐν τῷ

ἀρχηγός (*archēgos*; 2/4) *leader*
Ac 3:15 τὸν δὲ **ἀρχηγὸν** τῆς ζωῆς ἀπεκτείνατε
Ac 5:31 τοῦτον ὁ θεὸς **ἀρχηγὸν** καὶ σωτῆρα ὕψωσεν

ἀρχιερατικός (*archieratikos*; 1/1) *high-priestly*
Ac 4:6 ἦσαν ἐκ γένους **ἀρχιερατικοῦ**,

ἀρχιερεύς (*archiereus*; 22/122) *high priest*
Ac 4:6 καὶ Ἅννας ὁ **ἀρχιερεὺς** καὶ Καϊάφας καὶ
Ac 4:23 πρὸς αὐτοὺς οἱ **ἀρχιερεῖς** καὶ οἱ πρεσβύτεροι
Ac 5:17 Ἀναστὰς δὲ ὁ **ἀρχιερεὺς** καὶ πάντες οἱ
Ac 5:21 Παραγενόμενος δὲ ὁ **ἀρχιερεὺς** καὶ οἱ σὺν
Ac 5:24 ἱεροῦ καὶ οἱ **ἀρχιερεῖς**,
Ac 5:27 ἐπηρώτησεν αὐτοὺς ὁ **ἀρχιερεὺς**
Ac 7:1 Εἶπεν δὲ ὁ **ἀρχιερεύς**·
Ac 9:1 προσελθὼν τῷ **ἀρχιερεῖ**
Ac 9:14 ἐξουσίαν παρὰ τῶν **ἀρχιερέων** δῆσαι πάντας
Ac 9:21 ἀγάγῃ ἐπὶ τοὺς **ἀρχιερεῖς**;
Ac 19:14 τινος Σκευᾶ Ἰουδαίου **ἀρχιερέως** ἑπτὰ υἱοὶ τοῦτο
Ac 22:5 ὡς καὶ ὁ **ἀρχιερεὺς** μαρτυρεῖ μοι καὶ
Ac 22:30 ἐκέλευσεν συνελθεῖν τοὺς **ἀρχιερεῖς** καὶ πᾶν
Ac 23:2 ὁ δὲ **ἀρχιερεὺς** Ἁνανίας ἐπέταξεν τοῖς
Ac 23:4 τὸν **ἀρχιερέα** τοῦ θεοῦ λοιδορεῖς;
Ac 23:5 ὅτι ἐστὶν **ἀρχιερεύς**·
Ac 23:14 οἵτινες προσελθόντες τοῖς **ἀρχιερεῦσιν** καὶ τοῖς πρεσβυτέροις
Ac 24:1 ἡμέρας κατέβη ὁ **ἀρχιερεὺς** Ἁνανίας μετὰ πρεσβυτέρων
Ac 25:2 τε αὐτῷ οἱ **ἀρχιερεῖς** καὶ οἱ πρῶτοι
Ac 25:15 Ἱεροσόλυμα ἐνεφάνισαν οἱ **ἀρχιερεῖς** καὶ οἱ πρεσβύτεροι
Ac 26:10 τὴν παρὰ τῶν **ἀρχιερέων** ἐξουσίαν λαβὼν ἀναιρουμένων
Ac 26:12 ἐπιτροπῆς τῆς τῶν **ἀρχιερέων**

ἀρχισυνάγωγος (*archisynagōgos*; 3/9) *ruler of a synagogue*
Ac 13:15 προφητῶν ἀπέστειλαν οἱ **ἀρχισυνάγωγοι** πρὸς αὐτοὺς λέγοντες·
Ac 18:8 Κρίσπος δὲ ὁ **ἀρχισυνάγωγος** ἐπίστευσεν τῷ κυρίῳ
Ac 18:17 πάντες Σωσθένην τὸν **ἀρχισυνάγωγον** ἔτυπτον ἔμπροσθεν τοῦ

ἄρχω (*archō*; 10/85[86]) *rule, govern (mid. begin)*
Ac 1:1 ὧν **ἤρξατο** ὁ Ἰησοῦς ποιεῖν
Ac 1:22 **ἀρξάμενος** ἀπὸ τοῦ βαπτίσματος
Ac 2:4 πνεύματος ἁγίου καὶ **ἤρξαντο** λαλεῖν ἑτέραις γλώσσαις
Ac 8:35 στόμα αὐτοῦ καὶ **ἀρξάμενος** ἀπὸ τῆς γραφῆς
Ac 10:37 **ἀρξάμενος** ἀπὸ τῆς Γαλιλαίας
Ac 11:4 **Ἀρξάμενος** δὲ Πέτρος ἐξετίθετο
Ac 11:15 ἐν δὲ τῷ **ἄρξασθαί** με λαλεῖν ἐπέπεσεν
Ac 18:26 οὗτός τε **ἤρξατο** παρρησιάζεσθαι ἐν τῇ
Ac 24:2 κληθέντος δὲ αὐτοῦ **ἤρξατο** κατηγορεῖν ὁ Τέρτυλλος
Ac 27:35 πάντων καὶ κλάσας **ἤρξατο** ἐσθίειν.

ἄρχων (*archōn*; 11/37) *ruler*
Ac 3:17 ὥσπερ καὶ οἱ **ἄρχοντες** ὑμῶν·
Ac 4:5 συναχθῆναι αὐτῶν τοὺς **ἄρχοντας** καὶ τοὺς πρεσβυτέρους
Ac 4:8 **ἄρχοντες** τοῦ λαοῦ καὶ
Ac 4:26 γῆς καὶ οἱ **ἄρχοντες** συνήχθησαν ἐπὶ τὸ
Ac 7:27 τίς σε κατέστησεν **ἄρχοντα** καὶ δικαστὴν
Ac 7:35 τίς σε κατέστησεν **ἄρχοντα** καὶ δικαστήν;
Ac 7:35 ὁ θεὸς [καὶ] **ἄρχοντα** καὶ λυτρωτὴν ἀπέσταλκεν
Ac 13:27 Ἰερουσαλὴμ καὶ οἱ **ἄρχοντες** αὐτῶν τοῦτον ἀγνοήσαντες
Ac 14:5 Ἰουδαίων σὺν τοῖς **ἄρχουσιν** αὐτῶν ὑβρίσαι
Ac 16:19 ἀγορὰν ἐπὶ τοὺς **ἄρχοντας**
Ac 23:5 γέγραπται γὰρ ὅτι **ἄρχοντα** τοῦ λαοῦ σου

ἀσάλευτος (*asaleutos*; 1/2) *immovable*
Ac 27:41 πρῷρα ἐρείσασα ἔμεινεν **ἀσάλευτος**,

ἄσημος (*asēmos*; 1/1) *insignificant*
Ac 21:39 οὐκ **ἀσήμου** πόλεως πολίτης·

ἀσθένεια (*astheneia*; 1/24) *weakness, sickness*
Ac 28:9 τῇ νήσῳ ἔχοντες **ἀσθενείας** προσήρχοντο καὶ ἐθεραπεύοντο,

ἀσθενέω (*astheneō*; 3/33) *be sick or ill*
Ac 9:37 ταῖς ἡμέραις ἐκείναις **ἀσθενήσασαν** αὐτὴν ἀποθανεῖν·
Ac 19:12 καὶ ἐπὶ τοὺς **ἀσθενοῦντας** ἀποφέρεσθαι ἀπὸ
Ac 20:35 δεῖ ἀντιλαμβάνεσθαι τῶν **ἀσθενούντων**,

ἀσθενής (*asthenēs*; 3/26) *sick*
Ac 4:9 ἐπὶ εὐεργεσίᾳ ἀνθρώπου **ἀσθενοῦς** ἐν τίνι οὗτος
Ac 5:15 πλατείας ἐκφέρειν τοὺς **ἀσθενεῖς** καὶ τιθέναι ἐπὶ

Ac 5:16 πόλεων Ἰερουσαλὴμ φέροντες **ἀσθενεῖς** καὶ ὀχλουμένους ὑπὸ

Ἀσία (*Asia*; 12/18) *Asia*

Ac 2:9 Πόντον καὶ τὴν **Ἀσίαν**,
Ac 6:9 ἀπὸ Κιλικίας καὶ **Ἀσίας** συζητοῦντες τῷ Στεφάνῳ,
Ac 16:6 λόγον ἐν τῇ **Ἀσίᾳ**·
Ac 19:10 τοὺς κατοικοῦντας τὴν **Ἀσίαν** ἀκοῦσαι τὸν λόγον
Ac 19:22 χρόνον εἰς τὴν **Ἀσίαν**.
Ac 19:26 σχεδὸν πάσης τῆς **Ἀσίας** ὁ Παῦλος οὗτος
Ac 19:27 ἣν ὅλη ἡ **Ἀσία** καὶ ἡ οἰκουμένη
Ac 20:16 χρονοτριβῆσαι ἐν τῇ **Ἀσίᾳ**·
Ac 20:18 ἐπέβην εἰς τὴν **Ἀσίαν**,
Ac 21:27 οἱ ἀπὸ τῆς **Ἀσίας** Ἰουδαῖοι θεασάμενοι αὐτὸν
Ac 24:19 δὲ ἀπὸ τῆς **Ἀσίας** Ἰουδαῖοι,
Ac 27:2 τοὺς κατὰ τὴν **Ἀσίαν** τόπους ἀνήχθημεν ὄντος

Ἀσιανός (*Asianos*; 1/1) *one from the Roman province of Asia*

Ac 20:4 **Ἀσιανοὶ** δὲ Τύχικος καὶ

Ἀσιάρχης (*Asiarchēs*; 1/1) *Asiarch*

Ac 19:31 δὲ καὶ τῶν **Ἀσιαρχῶν**,

ἀσιτία (*asitia*; 1/1) *lack of appetite*

Ac 27:21 Πολλῆς τε **ἀσιτίας** ὑπαρχούσης τότε σταθεὶς

ἄσιτος (*asitos*; 1/1) *without food*

Ac 27:33 σήμερον ἡμέραν προσδοκῶντες **ἄσιτοι** διατελεῖτε μηθὲν προσλαβόμενοι.

ἀσκέω (*askeō*; 1/1) *endeavor*

Ac 24:16 τούτῳ καὶ αὐτὸς **ἀσκῶ** ἀπρόσκοπον συνείδησιν ἔχειν

ἀσμένως (*asmenōs*; 1/1) *gladly*

Ac 21:17 ἡμῶν εἰς Ἱεροσόλυμα **ἀσμένως** ἀπεδέξαντο ἡμᾶς οἱ

ἀσπάζομαι (*aspazomai*; 5/59) *greet*

Ac 18:22 ἀναβὰς καὶ **ἀσπασάμενος** τὴν ἐκκλησίαν κατέβη
Ac 20:1 **ἀσπασάμενος** ἐξῆλθεν πορεύεσθαι εἰς
Ac 21:7 εἰς Πτολεμαΐδα καὶ **ἀσπασάμενοι** τοὺς ἀδελφοὺς ἐμείναμεν
Ac 21:19 καὶ **ἀσπασάμενος** αὐτοὺς ἐξηγεῖτο καθ'
Ac 25:13 κατήντησαν εἰς Καισάρειαν **ἀσπασάμενοι** τὸν Φῆστον.

ἆσσον (*asson*; 1/1) *as close as possible*

Ac 27:13 ἄραντες **ἆσσον** παρελέγοντο τὴν Κρήτην.

Ἆσσος (*Assos*; 2/2) *Assos*

Ac 20:13 ἀνήχθημεν ἐπὶ τὴν **Ἆσσον** ἐκεῖθεν μέλλοντες ἀναλαμβάνειν
Ac 20:14 ἡμῖν εἰς τὴν **Ἆσσον**,

ἀστεῖος (*asteios*; 1/2) *pleasing*

Ac 7:20 Μωϋσῆς καὶ ἦν **ἀστεῖος** τῷ θεῷ·

ἄστρον (*astron*; 2/4) *star*

Ac 7:43 Μόλοχ καὶ τὸ **ἄστρον** τοῦ θεοῦ [ὑμῶν]
Ac 27:20 δὲ ἡλίου μήτε **ἄστρων** ἐπιφαινόντων ἐπὶ πλείονας

ἀσύμφωνος (*asymphōnos*; 1/1) *in disagreement*

Ac 28:25 **ἀσύμφωνοι** δὲ ὄντες πρὸς

ἀσφάλεια (*asphaleia*; 1/3) *security*

Ac 5:23 κεκλεισμένον ἐν πάσῃ **ἀσφαλείᾳ** καὶ τοὺς φύλακας

ἀσφαλής (*asphalēs*; 3/5) *safe*

Ac 21:34 αὐτοῦ γνῶναι τὸ **ἀσφαλὲς** διὰ τὸν θόρυβον
Ac 22:30 βουλόμενος γνῶναι τὸ **ἀσφαλές**,
Ac 25:26 περὶ οὗ **ἀσφαλές** τι γράψαι τῷ

ἀσφαλίζω (*asphalizō*; 1/4) *secure*

Ac 16:24 καὶ τοὺς πόδας **ἠσφαλίσατο** αὐτῶν εἰς τὸ

ἀσφαλῶς (*asphalōs*; 2/3) *safely*

Ac 2:36 **ἀσφαλῶς** οὖν γινωσκέτω πᾶς
Ac 16:23 παραγγείλαντες τῷ δεσμοφύλακι **ἀσφαλῶς** τηρεῖν αὐτούς.

ἀτενίζω (*atenizō*; 10/14) *fix one's gaze at*

Ac 1:10 καὶ ὡς **ἀτενίζοντες** ἦσαν εἰς τὸν
Ac 3:4 **ἀτενίσας** δὲ Πέτρος εἰς
Ac 3:12 ἢ ἡμῖν τί **ἀτενίζετε** ὡς ἰδίᾳ δυνάμει
Ac 6:15 καὶ **ἀτενίσαντες** εἰς αὐτὸν πάντες
Ac 7:55 πλήρης πνεύματος ἁγίου **ἀτενίσας** εἰς τὸν οὐρανὸν
Ac 10:4 ὁ δὲ **ἀτενίσας** αὐτῷ καὶ ἔμφοβος
Ac 11:6 εἰς ἣν **ἀτενίσας** κατενόουν καὶ εἶδον
Ac 13:9 πλησθεὶς πνεύματος ἁγίου **ἀτενίσας** εἰς αὐτὸν
Ac 14:9 ὃς **ἀτενίσας** αὐτῷ καὶ ἰδὼν
Ac 23:1 **Ἀτενίσας** δὲ ὁ Παῦλος

ἀτιμάζω (*atimazō*; 1/7) *dishonor*

Ac 5:41 ὑπὲρ τοῦ ὀνόματος **ἀτιμασθῆναι**,

ἀτμίς (*atmis*; 1/2) *vapor*

Ac 2:19 καὶ πῦρ καὶ **ἀτμίδα** καπνοῦ.

ἄτοπος (*atopos*; 2/4) *improper, unusual*

Ac 25:5 ἐν τῷ ἀνδρὶ **ἄτοπον** κατηγορείτωσαν αὐτοῦ.
Ac 28:6 καὶ θεωρούντων μηδὲν **ἄτοπον** εἰς αὐτὸν γινόμενον

Ἀττάλεια (*Attaleia*; 1/1) *Attalia*

Ac 14:25 λόγον κατέβησαν εἰς **Ἀττάλειαν**

αὐγή (*augē*; 1/1) *daybreak*

Ac 20:11 τε ὁμιλήσας ἄχρι **αὐγῆς**,

αὐξάνω (*auxanō*; 4/23) *grow*
Ac 6:7 λόγος τοῦ θεοῦ **ηὔξανεν** καὶ ἐπληθύνετο ὁ
Ac 7:17 **ηὔξησεν** ὁ λαὸς καὶ
Ac 12:24 λόγος τοῦ θεοῦ **ηὔξανεν** καὶ ἐπληθύνετο.
Ac 19:20 κυρίου ὁ λόγος **ηὔξανεν** καὶ ἴσχυεν.

αὔριον (*aurion*; 4/14) *tomorrow*
Ac 4:3 τήρησιν εἰς τὴν **αὔριον**·
Ac 4:5 δὲ ἐπὶ τὴν **αὔριον** συναχθῆναι αὐτῶν τοὺς
Ac 23:20 ἐρωτῆσαί σε ὅπως **αὔριον** τὸν Παῦλον καταγάγῃς
Ac 25:22 **αὔριον**,

αὐτόματος (*automatos*; 1/2) *by itself*
Ac 12:10 ἥτις **αὐτομάτη** ἠνοίγη αὐτοῖς καὶ

αὐτοῦ (*autou*; 2/4) *here*
Ac 18:19 κἀκείνους κατέλιπεν **αὐτοῦ**,
Ac 21:4 τοὺς μαθητὰς ἐπεμείναμεν **αὐτοῦ** ἡμέρας ἑπτά,

αὐτόχειρ (*autocheir*; 1/1) *with one's own hand(s)*
Ac 27:19 καὶ τῇ τρίτῃ **αὐτόχειρες** τὴν σκευὴν τοῦ

ἀφανίζω (*aphanizō*; 1/5) *ruin*
Ac 13:41 καὶ θαυμάσατε καὶ **ἀφανίσθητε**,

ἀφελότης (*aphelotēs*; 1/1) *simplicity*
Ac 2:46 ἐν ἀγαλλιάσει καὶ **ἀφελότητι** καρδίας

ἄφεσις (*aphesis*; 5/17) *forgiveness*
Ac 2:38 Ἰησοῦ Χριστοῦ εἰς **ἄφεσιν** τῶν ἁμαρτιῶν ὑμῶν
Ac 5:31 τῷ Ἰσραὴλ καὶ **ἄφεσιν** ἁμαρτιῶν.
Ac 10:43 οἱ προφῆται μαρτυροῦσιν **ἄφεσιν** ἁμαρτιῶν λαβεῖν διὰ
Ac 13:38 διὰ τούτου ὑμῖν **ἄφεσις** ἁμαρτιῶν καταγγέλλεται,
Ac 26:18 τοῦ λαβεῖν αὐτοὺς **ἄφεσιν** ἁμαρτιῶν καὶ κλῆρον

ἀφίημι (*aphiēmi*; 3/143) *leave, forgive*
Ac 5:38 ἀνθρώπων τούτων καὶ **ἄφετε** αὐτούς·
Ac 8:22 εἰ ἄρα **ἀφεθήσεταί** σοι ἡ ἐπίνοια
Ac 14:17 οὐκ ἀμάρτυρον αὐτὸν **ἀφῆκεν** ἀγαθουργῶν,

ἄφιξις (*aphixis*; 1/1) *departure*
Ac 20:29 εἰσελεύσονται μετὰ τὴν **ἄφιξίν** μου λύκοι βαρεῖς

ἀφίστημι (*aphistēmi*; 6/14) *leave*
Ac 5:37 τῆς ἀπογραφῆς καὶ **ἀπέστησεν** λαὸν ὀπίσω αὐτοῦ·
Ac 5:38 **ἀπόστητε** ἀπὸ τῶν ἀνθρώπων
Ac 12:10 καὶ εὐθέως **ἀπέστη** ὁ ἄγγελος ἀπ'
Ac 15:38 τὸν **ἀποστάντα** ἀπ' αὐτῶν ἀπὸ
Ac 19:9 **ἀποστὰς** ἀπ' αὐτῶν ἀφώρισεν
Ac 22:29 εὐθέως οὖν **ἀπέστησαν** ἀπ' αὐτοῦ οἱ

ἄφνω (*aphnō*; 3/3) *suddenly*
Ac 2:2 καὶ ἐγένετο **ἄφνω** ἐκ τοῦ οὐρανοῦ
Ac 16:26 **ἄφνω** δὲ σεισμὸς ἐγένετο
Ac 28:6 πίμπρασθαι ἢ καταπίπτειν **ἄφνω** νεκρόν.

ἀφορίζω (*aphorizō*; 2/10) *separate*
Ac 13:2 **ἀφορίσατε** δή μοι τὸν
Ac 19:9 ἀποστὰς ἀπ' αὐτῶν **ἀφώρισεν** τοὺς μαθητὰς

ἄφωνος (*aphōnos*; 1/4) *dumb*
Ac 8:32 τοῦ κείραντος αὐτὸν **ἄφωνος**,

Ἀχαΐα (*Achaia*; 3/10) *Achaia*
Ac 18:12 ἀνθυπάτου ὄντος τῆς **Ἀχαΐας** κατεπέστησαν ὁμοθυμαδὸν οἱ
Ac 18:27 διελθεῖν εἰς τὴν **Ἀχαΐαν**,
Ac 19:21 τὴν Μακεδονίαν καὶ **Ἀχαΐαν** πορεύεσθαι εἰς Ἱεροσόλυμα

ἀχλύς (*achlys*; 1/1) *mistiness*
Ac 13:11 ἔπεσεν ἐπ' αὐτὸν **ἀχλὺς** καὶ σκότος καὶ

ἄχρι (*achri*; 15/48[49]) *until*
Ac 1:2 **ἄχρι** ἧς ἡμέρας ἐντειλάμενος
Ac 2:29 ἔστιν ἐν ἡμῖν **ἄχρι** τῆς ἡμέρας ταύτης.
Ac 3:21 οὐρανὸν μὲν δέξασθαι **ἄχρι** χρόνων ἀποκαταστάσεως πάντων
Ac 7:18 **ἄχρι** οὗ ἀνέστη βασιλεὺς
Ac 11:5 καὶ ἦλθεν **ἄχρι** ἐμοῦ.
Ac 13:6 ὅλην τὴν νῆσον **ἄχρι** Πάφου εὗρον ἄνδρα
Ac 13:11 βλέπων τὸν ἥλιον **ἄχρι** καιροῦ.
Ac 20:6 εἰς τὴν Τρῳάδα **ἄχρι** ἡμερῶν πέντε,
Ac 20:11 ἱκανόν τε ὁμιλήσας **ἄχρι** αὐγῆς,
Ac 22:4 τὴν ὁδὸν ἐδίωξα **ἄχρι** θανάτου δεσμεύων καὶ
Ac 22:22 Ἤκουον δὲ αὐτοῦ **ἄχρι** τούτου τοῦ λόγου
Ac 23:1 πεπολίτευμαι τῷ θεῷ **ἄχρι** ταύτης τῆς ἡμέρας.
Ac 26:22 ἀπὸ τοῦ θεοῦ **ἄχρι** τῆς ἡμέρας ταύτης
Ac 27:33 **Ἄχρι** δὲ οὗ ἡμέρα
Ac 28:15 εἰς ἀπάντησιν ἡμῖν **ἄχρι** Ἀππίου φόρου καὶ

Βαβυλών (*Babylōn*; 1/12) *Babylon*
Ac 7:43 μετοικιῶ ὑμᾶς ἐπέκεινα **Βαβυλῶνος**.

βαθύς (*bathys*; 1/4) *deep*
Ac 20:9 καταφερόμενος ὕπνῳ **βαθεῖ** διαλεγομένου τοῦ Παύλου

βάλλω (*ballō*; 5/121[122]) *throw*
Ac 16:23 ἐπιθέντες αὐτοῖς πληγὰς **ἔβαλον** εἰς φυλακὴν παραγγείλαντες
Ac 16:24 παραγγελίαν τοιαύτην λαβὼν **ἔβαλεν** αὐτοὺς
Ac 16:37 **ἔβαλαν** εἰς φυλακήν,
Ac 22:23 ἱμάτια καὶ κονιορτὸν **βαλλόντων** εἰς τὸν ἀέρα,
Ac 27:14 οὐ πολὺ δὲ **ἔβαλεν** κατ' αὐτῆς ἄνεμος

βαπτίζω (*baptizō*; 21/76[77]) *baptize*
Ac 1:5 ὅτι Ἰωάννης μὲν **ἐβάπτισεν** ὕδατι,
Ac 1:5 δὲ ἐν πνεύματι **βαπτισθήσεσθε** ἁγίῳ οὐ μετὰ
Ac 2:38 [φησίν] καὶ **βαπτισθήτω** ἕκαστος ὑμῶν ἐπὶ

Ac 2:41 τὸν λόγον αὐτοῦ **ἐβαπτίσθησαν** καὶ προσετέθησαν ἐν
Ac 8:12 **ἐβαπτίζοντο** ἄνδρες τε καὶ
Ac 8:13 αὐτὸς ἐπίστευσεν καὶ **βαπτισθεὶς** ἦν προσκαρτερῶν τῷ
Ac 8:16 μόνον δὲ **βεβαπτισμένοι** ὑπῆρχον εἰς τὸ
Ac 8:36 τί κωλύει με **βαπτισθῆναι**;
Ac 8:38 καὶ **ἐβάπτισεν** αὐτόν.
Ac 9:18 τε καὶ ἀναστὰς **ἐβαπτίσθη**
Ac 10:47 τις τοῦ μὴ **βαπτισθῆναι** τούτους,
Ac 10:48 ὀνόματι Ἰησοῦ Χριστοῦ **βαπτισθῆναι**.
Ac 11:16 Ἰωάννης μὲν **ἐβάπτισεν** ὕδατι,
Ac 11:16 ὑμεῖς δὲ **βαπτισθήσεσθε** ἐν πνεύματι ἁγίῳ.
Ac 16:15 ὡς δὲ **ἐβαπτίσθη** καὶ ὁ οἶκος
Ac 16:33 καὶ **ἐβαπτίσθη** αὐτὸς καὶ οἱ
Ac 18:8 ἀκούοντες ἐπίστευον καὶ **ἐβαπτίζοντο**.
Ac 19:3 εἰς τι οὖν **ἐβαπτίσθητε**;
Ac 19:4 Ἰωάννης **ἐβάπτισεν** βάπτισμα μετανοίας τῷ
Ac 19:5 ἀκούσαντες δὲ **ἐβαπτίσθησαν** εἰς τὸ ὄνομα
Ac 22:16 ἀναστὰς **βάπτισαι** καὶ ἀπόλουσαι τὰς

βάπτισμα (*baptisma*; 6/19) *baptism*

Ac 1:22 ἀρξάμενος ἀπὸ τοῦ **βαπτίσματος** Ἰωάννου ἕως τῆς
Ac 10:37 Γαλιλαίας μετὰ τὸ **βάπτισμα** ὃ ἐκήρυξεν Ἰωάννης,
Ac 13:24 τῆς εἰσόδου αὐτοῦ **βάπτισμα** μετανοίας παντὶ τῷ
Ac 18:25 ἐπιστάμενος μόνον τὸ **βάπτισμα** Ἰωάννου·
Ac 19:3 εἰς τὸ Ἰωάννου **βάπτισμα**.
Ac 19:4 Ἰωάννης ἐβάπτισεν **βάπτισμα** μετανοίας τῷ λαῷ

βάρβαρος (*barbaros*; 2/6) *non-Greek, uncivilized*

Ac 28:2 οἵ τε **βάρβαροι** παρεῖχον οὐ τὴν
Ac 28:4 δὲ εἶδον οἱ **βάρβαροι** κρεμάμενον τὸ θηρίον

βαρέως (*bareōs*; 1/2) *with difficulty*

Ac 28:27 καὶ τοῖς ὠσὶν **βαρέως** ἤκουσαν καὶ τοὺς

Βαρθολομαῖος (*Bartholomaios*; 1/4) *Bartholomew*

Ac 1:13 **Βαρθολομαῖος** καὶ Μαθθαῖος,

Βαριησοῦς (*Bariēsous*; 1/1) *Bar-Jesus*

Ac 13:6 Ἰουδαῖον ᾧ ὄνομα **Βαριησοῦ**

Βαρναβᾶς (*Barnabas*; 23/28) *Barnabas*

Ac 4:36 δὲ ὁ ἐπικληθεὶς **Βαρναβᾶς** ἀπὸ τῶν ἀποστόλων,
Ac 9:27 **Βαρναβᾶς** δὲ ἐπιλαβόμενος αὐτὸν
Ac 11:22 αὐτῶν καὶ ἐξαπέστειλαν **Βαρναβᾶν** [διελθεῖν] ἕως Ἀντιοχείας.
Ac 11:30 πρεσβυτέρους διὰ χειρὸς **Βαρναβᾶ** καὶ Σαύλου.
Ac 12:25 **Βαρναβᾶς** δὲ καὶ Σαῦλος
Ac 13:1 διδάσκαλοι ὅ τε **Βαρναβᾶς** καὶ Συμεὼν ὁ
Ac 13:2 δή μοι τὸν **Βαρναβᾶν** καὶ Σαῦλον εἰς
Ac 13:7 οὗτος προσκαλεσάμενος **Βαρναβᾶν** καὶ Σαῦλον ἐπεζήτησεν
Ac 13:43 Παύλῳ καὶ τῷ **Βαρναβᾷ**,
Ac 13:46 Παῦλος καὶ ὁ **Βαρναβᾶς** εἶπαν·
Ac 13:50 τὸν Παῦλον καὶ **Βαρναβᾶν** καὶ ἐξέβαλον αὐτοὺς
Ac 14:12 ἐκάλουν τε τὸν **Βαρναβᾶν** Δία,
Ac 14:14 δὲ οἱ ἀπόστολοι **Βαρναβᾶς** καὶ Παῦλος διαρρήξαντες
Ac 14:20 ἐξῆλθεν σὺν τῷ **Βαρναβᾷ** εἰς Δέρβην.
Ac 15:2 Παύλῳ καὶ τῷ **Βαρναβᾷ** πρὸς αὐτούς,
Ac 15:2 ἀναβαίνειν Παῦλον καὶ **Βαρναβᾶν** καί τινας ἄλλους
Ac 15:12 πλῆθος καὶ ἤκουον **Βαρναβᾶ** καὶ Παύλου ἐξηγουμένων
Ac 15:22 τῷ Παύλῳ καὶ **Βαρναβᾷ**,
Ac 15:25 τοῖς ἀγαπητοῖς ἡμῶν **Βαρναβᾷ** καὶ Παύλῳ,
Ac 15:35 Παῦλος δὲ καὶ **Βαρναβᾶς** διέτριβον ἐν Ἀντιοχείᾳ
Ac 15:36 ἡμέρας εἶπεν πρὸς **Βαρναβᾶν** Παῦλος·
Ac 15:37 **Βαρναβᾶς** δὲ ἐβούλετο συμπαραλαβεῖν
Ac 15:39 τόν τε **Βαρναβᾶν** παραλαβόντα τὸν Μᾶρκον

βάρος (*baros*; 1/6) *burden*

Ac 15:28 πλέον ἐπιτίθεσθαι ὑμῖν **βάρος** πλὴν τούτων

Βαρσαββᾶς (*Barsabbas*; 2/2) *Barsabbas*

Ac 1:23 Ἰωσὴφ τὸν καλούμενον **Βαρσαββᾶν** ὃς ἐπεκλήθη Ἰοῦστος,
Ac 15:22 Ἰούδαν τὸν καλούμενον **Βαρσαββᾶν** καὶ Σιλᾶν,

βαρύς (*barys*; 2/6) *heavy*

Ac 20:29 ἄφιξίν μου λύκοι **βαρεῖς** εἰς ὑμᾶς μὴ
Ac 25:7 Ἰουδαῖοι πολλὰ καὶ **βαρέα** αἰτιώματα καταφέροντες ἃ

βασιλεία (*basileia*; 8/162) *kingdom*

Ac 1:3 τὰ περὶ τῆς **βασιλείας** τοῦ θεοῦ·
Ac 1:6 τούτῳ ἀποκαθιστάνεις τὴν **βασιλείαν** τῷ Ἰσραήλ;
Ac 8:12 εὐαγγελιζομένῳ περὶ τῆς **βασιλείας** τοῦ θεοῦ καὶ
Ac 14:22 εἰσελθεῖν εἰς τὴν **βασιλείαν** τοῦ θεοῦ.
Ac 19:8 [τὰ] περὶ τῆς **βασιλείας** τοῦ θεοῦ.
Ac 20:25 διῆλθον κηρύσσων τὴν **βασιλείαν**.
Ac 28:23 ἐξετίθετο διαμαρτυρόμενος τὴν **βασιλείαν** τοῦ θεοῦ,
Ac 28:31 κηρύσσων τὴν **βασιλείαν** τοῦ θεοῦ καὶ

βασιλεύς (*basileus*; 20/115) *king*

Ac 4:26 παρέστησαν οἱ **βασιλεῖς** τῆς γῆς καὶ
Ac 7:10 σοφίαν ἐναντίον Φαραὼ **βασιλέως** Αἰγύπτου καὶ κατέστησεν
Ac 7:18 ἄχρι οὗ ἀνέστη **βασιλεὺς** ἕτερος [ἐπ' Αἴγυπτον]
Ac 9:15 ἐθνῶν τε καὶ **βασιλέων** υἱῶν τε Ἰσραήλ·
Ac 12:1 ἐπέβαλεν Ἡρῴδης ὁ **βασιλεὺς** τὰς χεῖρας κακῶσαί
Ac 12:20 τοῦ κοιτῶνος τοῦ **βασιλέως**,
Ac 13:21 κἀκεῖθεν ᾐτήσαντο **βασιλέα** καὶ ἔδωκεν αὐτοῖς
Ac 13:22 Δαυὶδ αὐτοῖς εἰς **βασιλέα** ᾧ καὶ εἶπεν
Ac 17:7 δογμάτων Καίσαρος πράσσουσιν **βασιλέα** ἕτερον λέγοντες εἶναι

Ac 25:13 τινων Ἀγρίππας ὁ **βασιλεὺς** καὶ Βερνίκη κατήντησαν
Ac 25:14 ὁ Φῆστος τῷ **βασιλεῖ** ἀνέθετο τὰ κατὰ
Ac 25:24 Ἀγρίππα **βασιλεῦ** καὶ πάντες οἱ
Ac 25:26 **βασιλεῦ** Ἀγρίππα,
Ac 26:2 **βασιλεῦ** Ἀγρίππα,
Ac 26:7 **βασιλεῦ**.
Ac 26:13 **βασιλεῦ**,
Ac 26:19 **βασιλεῦ** Ἀγρίππα,
Ac 26:26 περὶ τούτων ὁ **βασιλεὺς** πρὸς ὃν καὶ
Ac 26:27 **βασιλεῦ** Ἀγρίππα,
Ac 26:30 Ἀνέστη τε ὁ **βασιλεὺς** καὶ ὁ ἡγεμὼν

βασιλικός (*basilikos*; 2/5) *royal (official)*
Ac 12:20 χώραν ἀπὸ τῆς **βασιλικῆς**.
Ac 12:21 Ἡρῴδης ἐνδυσάμενος ἐσθῆτα **βασιλικὴν** [καὶ] καθίσας ἐπὶ

βασίλισσα (*basilissa*; 1/4) *queen*
Ac 8:27 εὐνοῦχος δυνάστης Κανδάκης **βασιλίσσης** Αἰθιόπων,

βάσις (*basis*; 1/1) *foot*
Ac 3:7 δὲ ἐστερεώθησαν αἱ **βάσεις** αὐτοῦ καὶ τὰ

βαστάζω (*bastazō*; 4/27) *carry, pick up*
Ac 3:2 μητρὸς αὐτοῦ ὑπάρχων **ἐβαστάζετο**,
Ac 9:15 μοι οὗτος τοῦ **βαστάσαι** τὸ ὄνομά μου
Ac 15:10 οὔτε ἡμεῖς ἰσχύσαμεν **βαστάσαι**;
Ac 21:35 συνέβη βαστάζεσθαι **αὐτὸν** ὑπὸ τῶν στρατιωτῶν

βάτος (*batos*; 1/5) *bath*
Ac 7:30 ἐν φλογὶ πυρὸς **βάτου**.

βάτος (*batos*; 1/1) *bush*
Ac 7:35 αὐτῷ ἐν τῇ **βάτῳ**.

βεβηλόω (*bebēloō*; 1/2) *desecrate*
Ac 24:6 τὸ ἱερὸν ἐπείρασεν **βεβηλῶσαι** ὃν καὶ ἐκρατήσαμεν,

Βενιαμίν (*Beniamin*; 1/4) *Benjamin*
Ac 13:21 ἄνδρα ἐκ φυλῆς **Βενιαμίν**,

Βερνίκη (*Bernikē*; 3/3) *Bernice*
Ac 25:13 ὁ βασιλεὺς καὶ **Βερνίκη** κατήντησαν εἰς Καισάρειαν
Ac 25:23 Ἀγρίππα καὶ τῆς **Βερνίκης** μετὰ πολλῆς φαντασίας
Ac 26:30 ἡγεμὼν ἥ τε **Βερνίκη** καὶ οἱ συγκαθήμενοι

Βέροια (*Beroia*; 2/2) *Berea*
Ac 17:10 τὸν Σιλᾶν εἰς **Βέροιαν**,
Ac 17:13 καὶ ἐν τῇ **Βεροίᾳ** κατηγγέλη ὑπὸ τοῦ

Βεροιαῖος (*Beroiaios*; 1/1) *Berean*
Ac 20:4 αὐτῷ Σώπατρος Πύρρου **Βεροιαῖος**,

βῆμα (*bēma*; 8/12) *judgment seat*
Ac 7:5 ἐν αὐτῇ οὐδὲ **βῆμα** ποδὸς καὶ ἐπηγγείλατο
Ac 12:21 καθίσας ἐπὶ τοῦ **βήματος** ἐδημηγόρει πρὸς αὐτούς,
Ac 18:12 αὐτὸν ἐπὶ τὸ **βῆμα**
Ac 18:16 αὐτοὺς ἀπὸ τοῦ **βήματος**.
Ac 18:17 ἔτυπτον ἔμπροσθεν τοῦ **βήματος**·
Ac 25:6 καθίσας ἐπὶ τοῦ **βήματος** ἐκέλευσεν τὸν Παῦλον
Ac 25:10 ἐπὶ τοῦ **βήματος** Καίσαρος ἑστώς εἰμι,
Ac 25:17 καθίσας ἐπὶ τοῦ **βήματος** ἐκέλευσα ἀχθῆναι

βία (*bia*; 3/3) *force*
Ac 5:26 αὐτοὺς οὐ μετὰ **βίας**,
Ac 21:35 στρατιωτῶν διὰ τὴν **βίαν** τοῦ ὄχλου,
Ac 27:41 ἐλύετο ὑπὸ τῆς **βίας** [τῶν κυμάτων].

βίαιος (*biaios*; 1/1) *violent*
Ac 2:2 ὥσπερ φερομένης πνοῆς **βιαίας** καὶ ἐπλήρωσεν ὅλον

βίβλος (*biblos*; 3/10) *book*
Ac 1:20 γέγραπται γὰρ ἐν **βίβλῳ** ψαλμῶν·
Ac 7:42 καθὼς γέγραπται ἐν **βίβλῳ** τῶν προφητῶν·
Ac 19:19 πραξάντων συνενέγκαντες τὰς **βίβλους** κατέκαιον ἐνώπιον πάντων,

Βιθυνία (*Bithynia*; 1/2) *Bithynia*
Ac 16:7 ἐπείραζον εἰς τὴν **Βιθυνίαν** πορευθῆναι,

βίωσις (*biōsis*; 1/1) *way of life*
Ac 26:4 Τὴν μὲν οὖν **βίωσίν** μου [τὴν] ἐκ

Βλάστος (*Blastos*; 1/1) *Blastus*
Ac 12:20 αὐτὸν καὶ πείσαντες **Βλάστον**,

βλασφημέω (*blasphēmeō*; 4/34) *blaspheme*
Ac 13:45 ὑπὸ Παύλου λαλουμένοις **βλασφημοῦντες**.
Ac 18:6 δὲ αὐτῶν καὶ **βλασφημούντων** ἐκτιναξάμενος τὰ ἱμάτια
Ac 19:37 οὔτε ἱεροσύλους οὔτε **βλασφημοῦντας** τὴν θεὸν ἡμῶν.
Ac 26:11 τιμωρῶν αὐτοὺς ἠνάγκαζον **βλασφημεῖν** περισσῶς τε ἐμμαινόμενος

βλάσφημος (*blasphēmos*; 1/4) *blasphemer or blaspheming*
Ac 6:11 αὐτοῦ λαλοῦντος ῥήματα **βλάσφημα** εἰς Μωϋσῆν καὶ

βλέπω (*blepō*; 13/132) *see*
Ac 1:9 Καὶ ταῦτα εἰπὼν **βλεπόντων** αὐτῶν ἐπήρθη
Ac 2:33 ὃ ὑμεῖς [καὶ] **βλέπετε** καὶ ἀκούετε.
Ac 3:4 **βλέψον** εἰς ἡμᾶς.
Ac 4:14 τόν τε ἄνθρωπον **βλέποντες** σὺν αὐτοῖς ἑστῶτα
Ac 8:6 ἀκούειν αὐτοὺς καὶ **βλέπειν** τὰ σημεῖα ἃ
Ac 9:8 ὀφθαλμῶν αὐτοῦ οὐδὲν **ἔβλεπεν**·
Ac 9:9 ἡμέρας τρεῖς μὴ **βλέπων** καὶ οὐκ ἔφαγεν
Ac 12:9 ἐδόκει δὲ ὅραμα **βλέπειν**.

Ac 13:11 ἔσῃ τυφλὸς μὴ **βλέπων** τὸν ἥλιον ἄχρι
Ac 13:40 **βλέπετε** οὖν μὴ ἐπέλθῃ
Ac 27:12 λιμένα τῆς Κρήτης **βλέποντα** κατὰ λίβα καὶ
Ac 28:26 μὴ συνῆτε καὶ **βλέποντες** βλέψετε καὶ οὐ
Ac 28:26 συνῆτε καὶ βλέποντες **βλέψετε** καὶ οὐ μὴ

βοάω (*boaō*; 3/12) *call*
Ac 8:7 ἐχόντων πνεύματα ἀκάθαρτα **βοῶντα** φωνῇ μεγάλῃ ἐξήρχοντο,
Ac 17:6 ἐπὶ τοὺς πολιτάρχας **βοῶντες** ὅτι οἱ τὴν
Ac 25:24 Ἱεροσολύμοις καὶ ἐνθάδε **βοῶντες** μὴ δεῖν αὐτὸν

βοήθεια (*boētheia*; 1/2) *help*
Ac 27:17 ἣν ἄραντες **βοηθείαις** ἐχρῶντο ὑποζωννύντες τὸ

βοηθέω (*boētheō*; 2/8) *help*
Ac 16:9 διαβὰς εἰς Μακεδονίαν **βοήθησον** ἡμῖν.
Ac 21:28 **βοηθεῖτε**·

βολίζω (*bolizō*; 2/2) *take a sounding*
Ac 27:28 καὶ **βολίσαντες** εὗρον ὀργυιὰς εἴκοσι,
Ac 27:28 διαστήσαντες καὶ πάλιν **βολίσαντες** εὗρον ὀργυιὰς δεκαπέντε·

βουλεύομαι (*bouleuomai*; 1/6) *plan, plot*
Ac 27:39 αἰγιαλὸν εἰς ὃν **ἐβουλεύοντο** εἰ δύναιντο ἐξῶσαι

βουλή (*boulē*; 7/12) *purpose*
Ac 2:23 τοῦτον τῇ ὡρισμένῃ **βουλῇ** καὶ προγνώσει
Ac 4:28 σου καὶ ἡ **βουλή** [σου] προώρισεν γενέσθαι.
Ac 5:38 ἐξ ἀνθρώπων ἡ **βουλὴ** αὕτη ἢ τὸ
Ac 13:36 τῇ τοῦ θεοῦ **βουλῇ** ἐκοιμήθη καὶ προσετέθη
Ac 20:27 ἀναγγεῖλαι πᾶσαν τὴν **βουλὴν** τοῦ θεοῦ ὑμῖν.
Ac 27:12 οἱ πλείονες ἔθεντο **βουλὴν** ἀναχθῆναι ἐκεῖθεν,
Ac 27:42 Τῶν δὲ στρατιωτῶν **βουλὴ** ἐγένετο ἵνα τοὺς

βούλημα (*boulēma*; 1/3) *will*
Ac 27:43 ἐκώλυσεν αὐτοὺς τοῦ **βουλήματος**,

βούλομαι (*boulomai*; 14/37) *want*
Ac 5:28 διδαχῆς ὑμῶν καὶ **βούλεσθε** ἐπαγαγεῖν ἐφ᾿ ἡμᾶς
Ac 5:33 ἀκούσαντες διεπρίοντο καὶ **ἐβούλοντο** ἀνελεῖν αὐτούς.
Ac 12:4 **βουλόμενος** μετὰ τὸ πάσχα
Ac 15:37 Βαρναβᾶς δὲ **ἐβούλετο** συμπαραλαβεῖν καὶ
Ac 17:20 **βουλόμεθα** οὖν γνῶναι τίνα
Ac 18:15 ἐγὼ τούτων οὐ **βούλομαι** εἶναι.
Ac 18:27 **βουλομένου** δὲ αὐτοῦ διελθεῖν
Ac 19:30 Παύλου δὲ **βουλομένου** εἰσελθεῖν εἰς τὸν
Ac 22:30 Τῇ δὲ ἐπαύριον **βουλόμενος** γνῶναι τὸ ἀσφαλές,
Ac 23:28 **βουλόμενός** τε ἐπιγνῶναι τὴν
Ac 25:20 ζήτησιν ἔλεγον εἰ **βούλοιτο** πορεύεσθαι εἰς Ἱεροσόλυμα
Ac 25:22 **ἐβουλόμην** καὶ αὐτὸς τοῦ
Ac 27:43 ὁ δὲ ἑκατοντάρχης **βουλόμενος** διασῶσαι τὸν Παῦλον
Ac 28:18 οἵτινες ἀνακρίναντές με **ἐβούλοντο** ἀπολῦσαι διὰ τὸ

βραδυπλοέω (*bradyploeō*; 1/1) *sail slowly*
Ac 27:7 ἱκαναῖς δὲ ἡμέραις **βραδυπλοοῦντες** καὶ μόλις γενόμενοι

βραχίων (*brachiōn*; 1/3) *arm*
Ac 13:17 Αἰγύπτου καὶ μετὰ **βραχίονος** ὑψηλοῦ ἐξήγαγεν αὐτοὺς

βραχύς (*brachys*; 2/7) *little*
Ac 5:34 ἐκέλευσεν ἔξω **βραχὺ** τοὺς ἀνθρώπους ποιῆσαι
Ac 27:28 **βραχὺ** δὲ διαστήσαντες καὶ

βρέφος (*brephos*; 1/8) *baby*
Ac 7:19 τοῦ ποιεῖν τὰ **βρέφη** ἔκθετα αὐτῶν εἰς

βρύχω (*brychō*; 1/1) *grind*
Ac 7:54 καρδίαις αὐτῶν καὶ **ἔβρυχον** τοὺς ὀδόντας

βυρσεύς (*byrseus*; 3/3) *tanner*
Ac 9:43 παρά τινι Σίμωνι **βυρσεῖ**.
Ac 10:6 παρά τινι Σίμωνι **βυρσεῖ**,
Ac 10:32 ἐν οἰκίᾳ Σίμωνος **βυρσέως** παρὰ θάλασσαν.

βωμός (*bōmos*; 1/1) *altar*
Ac 17:23 ὑμῶν εὗρον καὶ **βωμὸν** ἐν ᾧ ἐπεγέγραπτο·

γάζα (*gaza*; 1/1) *treasury*
Ac 8:27 ἐπὶ πάσης τῆς **γάζης** αὐτῆς,

Γάζα (*Gaza*; 1/1) *Gaza*
Ac 8:26 ἀπὸ Ἰερουσαλὴμ εἰς **Γάζαν**,

Γάϊος (*Gaios*; 2/5) *Gaius*
Ac 19:29 τὸ θέατρον συναρπάσαντες **Γάϊον** καὶ Ἀρίσταρχον Μακεδόνας,
Ac 20:4 καὶ Γάϊος **Δερβαῖος** καὶ Τιμόθεος,

Γαλατικός (*Galatikos*; 2/2) *Galatian*
Ac 16:6 τὴν Φρυγίαν καὶ **Γαλατικὴν** χώραν κωλυθέντες ὑπὸ
Ac 18:23 διερχόμενος καθεξῆς τὴν **Γαλατικὴν** χώραν καὶ Φρυγίαν,

Γαλιλαία (*Galilaia*; 3/61) *Galilee*
Ac 9:31 τῆς Ἰουδαίας καὶ **Γαλιλαίας** καὶ Σαμαρείας εἶχεν
Ac 10:37 ἀρξάμενος ἀπὸ τῆς **Γαλιλαίας** μετὰ τὸ βάπτισμα
Ac 13:31 αὐτῷ ἀπὸ τῆς **Γαλιλαίας** εἰς Ἰερουσαλήμ,

Γαλιλαῖος (*Galilaios*; 3/11) *Galilean*
Ac 1:11 ἄνδρες **Γαλιλαῖοι**,
Ac 2:7 εἰσιν οἱ λαλοῦντες **Γαλιλαῖοι**;
Ac 5:37 ἀνέστη Ἰούδας ὁ **Γαλιλαῖος** ἐν ταῖς ἡμέραις

Γαλλίων (*Galliōn*; 3/3) *Gallio*

Ac 18:12 **Γαλλίωνος** δὲ ἀνθυπάτου ὄντος
Ac 18:14 στόμα εἶπεν ὁ **Γαλλίων** πρὸς τοὺς Ἰουδαίους·
Ac 18:17 οὐδὲν τούτων τῷ **Γαλλίωνι** ἔμελεν.

Γαμαλιήλ (*Gamaliēl*; 2/2) *Gamaliel*

Ac 5:34 συνεδρίῳ Φαρισαῖος ὀνόματι **Γαμαλιήλ**,
Ac 22:3 παρὰ τοὺς πόδας **Γαμαλιὴλ** πεπαιδευμένος κατὰ ἀκρίβειαν

γάρ (*gar*; 80/1041) *for*

Ac 1:20 γέγραπται **γὰρ** ἐν βίβλῳ ψαλμῶν·
Ac 2:15 οὐ **γὰρ** ὡς ὑμεῖς ὑπολαμβάνετε
Ac 2:15 ἔστιν **γὰρ** ὥρα τρίτη τῆς
Ac 2:25 Δαυὶδ **γὰρ** λέγει εἰς αὐτόν·
Ac 2:34 οὐ **γὰρ** Δαυὶδ ἀνέβη εἰς
Ac 2:39 ὑμῖν **γάρ** ἐστιν ἡ ἐπαγγελία
Ac 4:3 ἦν **γὰρ** ἑσπέρα ἤδη.
Ac 4:12 οὐδὲ **γὰρ** ὄνομά ἐστιν ἕτερον
Ac 4:16 ὅτι μὲν **γὰρ** γνωστὸν σημεῖον γέγονεν
Ac 4:20 οὐ δυνάμεθα **γὰρ** ἡμεῖς ἃ εἴδαμεν
Ac 4:22 ἐτῶν **γὰρ** ἦν πλειόνων τεσσεράκοντα
Ac 4:27 συνήχθησαν **γὰρ** ἐπ' ἀληθείας ἐν
Ac 4:34 οὐδὲ **γὰρ** ἐνδεής τις ἦν
Ac 4:34 ὅσοι **γὰρ** κτήτορες χωρίων ἢ
Ac 5:26 ἐφοβοῦντο **γὰρ** τὸν λαὸν μὴ
Ac 5:36 πρὸ **γὰρ** τούτων τῶν ἡμερῶν
Ac 6:14 ἀκηκόαμεν **γὰρ** αὐτοῦ λέγοντος ὅτι
Ac 7:33 ὁ **γὰρ** τόπος ἐφ' ᾧ
Ac 7:40 ὁ **γὰρ** Μωϋσῆς οὗτος,
Ac 8:7 πολλοὶ **γὰρ** τῶν ἐχόντων πνεύματα
Ac 8:16 οὐδέπω **γὰρ** ἦν ἐπ' οὐδενὶ
Ac 8:21 ἡ **γὰρ** καρδία σου οὐκ
Ac 8:23 εἰς **γὰρ** χολὴν πικρίας καὶ
Ac 8:31 πῶς **γὰρ** ἂν δυναίμην ἐὰν
Ac 8:39 ἐπορεύετο **γὰρ** τὴν ὁδὸν αὐτοῦ
Ac 9:11 ἰδοὺ **γὰρ** προσεύχεται
Ac 9:16 ἐγὼ **γὰρ** ὑποδείξω αὐτῷ ὅσα
Ac 10:46 ἤκουον **γὰρ** αὐτῶν λαλούντων γλώσσαις
Ac 13:8 οὕτως **γὰρ** μεθερμηνεύεται τὸ ὄνομα
Ac 13:27 οἱ **γὰρ** κατοικοῦντες ἐν Ἰερουσαλὴμ
Ac 13:36 Δαυὶδ μὲν **γὰρ** ἰδίᾳ γενεᾷ ὑπηρετήσας
Ac 13:47 οὕτως **γὰρ** ἐντέταλται ἡμῖν ὁ
Ac 15:21 Μωϋσῆς **γὰρ** ἐκ γενεῶν ἀρχαίων
Ac 15:28 ἔδοξεν **γὰρ** τῷ πνεύματι τῷ
Ac 16:3 ᾔδεισαν **γὰρ** ἅπαντες ὅτι Ἕλλην
Ac 16:28 ἅπαντες **γάρ** ἐσμεν ἐνθάδε.
Ac 16:37 οὐ **γάρ**,
Ac 17:20 ξενίζοντα **γάρ** τινα εἰσφέρεις εἰς
Ac 17:23 διερχόμενος **γὰρ** καὶ ἀναθεωρῶν τὰ
Ac 17:28 ἐν αὐτῷ **γὰρ** ζῶμεν καὶ κινούμεθα
Ac 17:28 τοῦ **γὰρ** καὶ γένος ἐσμέν.
Ac 18:3 ἦσαν **γὰρ** σκηνοποιοὶ τῇ τέχνῃ.
Ac 18:18 εἶχεν **γὰρ** εὐχήν.
Ac 18:28 εὐτόνως **γὰρ** τοῖς Ἰουδαίοις διακατηλέγχετο
Ac 19:24 Δημήτριος **γάρ** τις ὀνόματι,
Ac 19:32 ἦν **γὰρ** ἡ ἐκκλησία συγκεχυμένη
Ac 19:35 τίς **γάρ** ἐστιν ἀνθρώπων ὃς
Ac 19:37 ἠγάγετε **γὰρ** τοὺς ἄνδρας τούτους
Ac 19:40 καὶ **γὰρ** κινδυνεύομεν ἐγκαλεῖσθαι στάσεως
Ac 20:10 ἡ **γὰρ** ψυχὴ αὐτοῦ ἐν
Ac 20:13 οὕτως **γὰρ** διατεταγμένος ἦν μέλλων
Ac 20:16 κεκρίκει **γὰρ** ὁ Παῦλος παραπλεῦσαι
Ac 20:16 ἔσπευδεν **γὰρ** εἰ δυνατὸν εἴη
Ac 20:27 οὐ **γὰρ** ὑπεστειλάμην τοῦ μὴ
Ac 21:3 ἐκεῖσε **γὰρ** τὸ πλοῖον ἦν
Ac 21:13 ἐγὼ **γὰρ** οὐ μόνον δεθῆναι
Ac 21:29 ἦσαν **γὰρ** προεωρακότες Τρόφιμον τὸν
Ac 21:36 ἠκολούθει **γὰρ** τὸ πλῆθος τοῦ
Ac 22:22 οὐ **γὰρ** καθῆκεν αὐτὸν ζῆν.
Ac 22:26 ὁ **γὰρ** ἄνθρωπος οὗτος Ῥωμαῖός
Ac 23:5 γέγραπται **γὰρ** ὅτι ἄρχοντα τοῦ
Ac 23:8 Σαδδουκαῖοι μὲν **γὰρ** λέγουσιν μὴ εἶναι
Ac 23:11 ὡς **γὰρ** διεμαρτύρω τὰ περὶ
Ac 23:17 ἔχει **γὰρ** ἀπαγγεῖλαί τι αὐτῷ.
Ac 23:21 ἐνεδρεύουσιν **γὰρ** αὐτὸν ἐξ αὐτῶν
Ac 24:5 εὑρόντες **γὰρ** τὸν ἄνδρα τοῦτον
Ac 25:27 ἄλογον **γάρ** μοι δοκεῖ πέμποντα
Ac 26:16 εἰς τοῦτο γὰρ **ὤφθην** σοι,
Ac 26:26 ἐπίσταται **γὰρ** περὶ τούτων ὁ
Ac 26:26 λανθάνειν **γὰρ** αὐτόν [τι] τούτων
Ac 26:26 οὐ **γάρ** ἐστιν ἐν γωνίᾳ
Ac 27:22 ἀποβολὴ **γὰρ** ψυχῆς οὐδεμία ἔσται
Ac 27:23 παρέστη **γάρ** μοι ταύτῃ τῇ
Ac 27:25 πιστεύω **γὰρ** τῷ θεῷ ὅτι
Ac 27:34 τοῦτο **γὰρ** πρὸς τῆς ὑμετέρας
Ac 27:34 οὐδενὸς γὰρ **ὑμῶν** θρὶξ ἀπὸ τῆς
Ac 28:2 ἅψαντες **γὰρ** πυρὰν προσελάβοντο πάντας
Ac 28:20 ἕνεκεν γὰρ **τῆς** ἐλπίδος τοῦ Ἰσραὴλ
Ac 28:22 περὶ μὲν γὰρ **τῆς** αἱρέσεως ταύτης γνωστὸν
Ac 28:27 ἐπαχύνθη **γὰρ** ἡ καρδία τοῦ

γέ (*ge*; 4/26) *enclitic particle adding emphasis to the word with which it is associated*

Ac 2:18 καί **γε** ἐπὶ τοὺς δούλους
Ac 8:30 ἆρά **γε** γινώσκεις ἃ ἀναγινώσκεις;
Ac 17:27 εἰ ἄρα **γε** ψηλαφήσειαν αὐτὸν καὶ
Ac 17:27 καί **γε** οὐ μακρὰν ἀπὸ

γενεά (*genea*; 5/43) *generation*

Ac 2:40 σώθητε ἀπὸ τῆς **γενεᾶς** τῆς σκολιᾶς ταύτης.
Ac 8:33 τὴν **γενεὰν** αὐτοῦ τίς διηγήσεται;
Ac 13:36 μὲν γὰρ ἰδίᾳ **γενεᾷ** ὑπηρετήσας τῇ τοῦ
Ac 14:16 ἐν ταῖς παρῳχημέναις **γενεαῖς** εἴασεν πάντα
Ac 15:21 Μωϋσῆς γὰρ ἐκ **γενεῶν** ἀρχαίων κατὰ πόλιν

γεννάω (*gennaō*; 7/97) *give birth (pass. be born)*

Ac 2:8 ἡμῶν ἐν ᾗ **ἐγεννήθημεν**;
Ac 7:8 καὶ οὕτως **ἐγέννησεν** τὸν Ἰσαὰκ καὶ
Ac 7:20 Ἐν ᾧ καιρῷ **ἐγεννήθη** Μωϋσῆς καὶ ἦν
Ac 7:29 οὗ **ἐγέννησεν** υἱοὺς δύο.
Ac 13:33 ἐγὼ σήμερον **γεγέννηκά** σε.
Ac 22:3 **γεγεννημένος** ἐν Ταρσῷ τῆς
Ac 22:28 ἐγὼ δὲ καὶ **γεγέννημαι**.

γένος (*genos*; 9/20) *family, race, nation*

Ac 4:6 ὅσοι ἦσαν ἐκ **γένους** ἀρχιερατικοῦ,
Ac 4:36 Κύπριος τῷ **γένει**,
Ac 7:13 τῷ Φαραὼ τὸ **γένος** [τοῦ] Ἰωσήφ.
Ac 7:19 οὗτος κατασοφισάμενος τὸ **γένος** ἡμῶν ἐκάκωσεν τοὺς
Ac 13:26 υἱοὶ **γένους** Ἀβραὰμ καὶ οἱ
Ac 17:28 τοῦ γὰρ καὶ **γένος** ἐσμέν.

Ac 17:29 **γένος** οὖν ὑπάρχοντες τοῦ
Ac 18:2 Ποντικὸν τῷ **γένει** προσφάτως ἐληλυθότα
Ac 18:24 Ἀλεξανδρεὺς τῷ **γένει**,

γερουσία (*gerousia*; 1/1) *Council*

Ac 5:21 καὶ πᾶσαν τὴν **γερουσίαν** τῶν υἱῶν Ἰσραὴλ

γεύομαι (*geuomai*; 3/15) *taste*

Ac 10:10 πρόσπεινος καὶ ἤθελεν **γεύσασθαι**.
Ac 20:11 τὸν ἄρτον καὶ **γευσάμενος** ἐφ' ἱκανόν τε
Ac 23:14 ἀνεθεματίσαμεν ἑαυτοὺς μηδενὸς **γεύσασθαι** ἕως οὗ ἀποκτείνωμεν

γῆ (*gē*; 33/248[250]) *earth, land*

Ac 1:8 ἕως ἐσχάτου τῆς **γῆς**.
Ac 2:19 σημεῖα ἐπὶ τῆς **γῆς** κάτω,
Ac 3:25 αἱ πατριαὶ τῆς **γῆς**.
Ac 4:24 οὐρανὸν καὶ τὴν **γῆν** καὶ τὴν θάλασσαν
Ac 4:26 οἱ βασιλεῖς τῆς **γῆς** καὶ οἱ ἄρχοντες
Ac 7:3 ἔξελθε ἐκ τῆς **γῆς** σου καὶ [ἐκ]
Ac 7:3 δεῦρο εἰς τὴν **γῆν** ἣν ἄν σοι
Ac 7:4 τότε ἐξελθὼν ἐκ **γῆς** Χαλδαίων κατῴκησεν
Ac 7:4 αὐτὸν εἰς τὴν **γῆν** ταύτην εἰς ἣν
Ac 7:6 αὐτοῦ πάροικον ἐν **γῇ** ἀλλοτρίᾳ καὶ δουλώσουσιν
Ac 7:29 ἐγένετο πάροικος ἐν **γῇ** Μαδιάμ,
Ac 7:33 ἐφ' ᾧ ἕστηκας **γῆ** ἁγία ἐστίν.
Ac 7:36 καὶ σημεῖα ἐν **γῇ** Αἰγύπτῳ καὶ ἐν
Ac 7:40 ἐξήγαγεν ἡμᾶς ἐκ **γῆς** Αἰγύπτου,
Ac 7:49 ἡ δὲ **γῆ** ὑποπόδιον τῶν ποδῶν
Ac 8:33 αἴρεται ἀπὸ τῆς **γῆς** ἡ ζωὴ αὐτοῦ.
Ac 9:4 πεσὼν ἐπὶ τὴν **γῆν** ἤκουσεν φωνὴν λέγουσαν
Ac 9:8 Σαῦλος ἀπὸ τῆς **γῆς**,
Ac 10:11 καθιέμενον ἐπὶ τῆς **γῆς**,
Ac 10:12 καὶ ἑρπετὰ τῆς **γῆς** καὶ πετεινὰ τοῦ
Ac 11:6 τὰ τετράποδα τῆς **γῆς** καὶ τὰ θηρία
Ac 13:17 τῇ παροικίᾳ ἐν **γῇ** Αἰγύπτου καὶ μετὰ
Ac 13:19 ἔθνη ἑπτὰ ἐν **γῇ** Χανάαν κατεκληρονόμησεν
Ac 13:19 Χανάαν κατεκληρονόμησεν τὴν **γῆν** αὐτῶν
Ac 13:47 ἕως ἐσχάτου τῆς **γῆς**.
Ac 14:15 οὐρανὸν καὶ τὴν **γῆν** καὶ τὴν θάλασσαν
Ac 17:24 οὗτος οὐρανοῦ καὶ **γῆς** ὑπάρχων κύριος οὐκ
Ac 17:26 παντὸς προσώπου τῆς **γῆς**,
Ac 22:22 αἶρε ἀπὸ τῆς **γῆς** τὸν τοιοῦτον,
Ac 26:14 ἡμῶν εἰς τὴν **γῆν** ἤκουσα φωνὴν λέγουσαν
Ac 27:39 τὴν **γῆν** οὐκ ἐπεγίνωσκον,
Ac 27:43 πρώτους ἐπὶ τὴν **γῆν** ἐξιέναι
Ac 27:44 διασωθῆναι ἐπὶ τὴν **γῆν**.

γίνομαι (*ginomai*; 125/668[669]) *be, become*

Ac 1:16 περὶ Ἰούδα τοῦ **γενομένου** ὁδηγοῦ τοῖς συλλαβοῦσιν
Ac 1:18 ἀδικίας καὶ πρηνὴς **γενόμενος** ἐλάκησεν μέσος καὶ
Ac 1:19 καὶ γνωστὸν **ἐγένετο** πᾶσι τοῖς κατοικοῦσιν
Ac 1:20 **γενηθήτω** ἡ ἔπαυλις αὐτοῦ
Ac 1:22 αὐτοῦ σὺν ἡμῖν **γενέσθαι** ἕνα τούτων.
Ac 2:2 καὶ **ἐγένετο** ἄφνω ἐκ τοῦ
Ac 2:6 **γενομένης** δὲ τῆς φωνῆς
Ac 2:43 **ἐγίνετο** δὲ πάσῃ ψυχῇ
Ac 2:43 διὰ τῶν ἀποστόλων **ἐγίνετο**.
Ac 4:4 λόγον ἐπίστευσαν καὶ **ἐγενήθη** [ὁ] ἀριθμὸς
Ac 4:5 **Ἐγένετο** δὲ ἐπὶ τὴν
Ac 4:11 ὁ **γενόμενος** εἰς κεφαλὴν γωνίας.
Ac 4:16 γὰρ γνωστὸν σημεῖον **γέγονεν** δι' αὐτῶν πᾶσιν
Ac 4:21 θεὸν ἐπὶ τῷ **γεγονότι**·
Ac 4:22 ἄνθρωπος ἐφ' ὃν **γεγόνει** τὸ σημεῖον τοῦτο
Ac 4:28 βουλή [σου] προώρισεν **γενέσθαι**.
Ac 4:30 σημεῖα καὶ τέρατα **γίνεσθαι** διὰ τοῦ ὀνόματος
Ac 5:5 καὶ **ἐγένετο** φόβος μέγας ἐπὶ
Ac 5:7 **Ἐγένετο** δὲ ὡς ὡρῶν
Ac 5:7 μὴ εἰδυῖα τὸ **γεγονὸς** εἰσῆλθεν.
Ac 5:11 καὶ **ἐγένετο** φόβος μέγας ἐφ'
Ac 5:12 χειρῶν τῶν ἀποστόλων **ἐγίνετο** σημεῖα καὶ τέρατα
Ac 5:24 αὐτῶν τι ἂν **γένοιτο** τοῦτο.
Ac 5:36 αὐτῷ διελύθησαν καὶ **ἐγένοντο** εἰς οὐδέν.
Ac 6:1 πληθυνόντων τῶν μαθητῶν **ἐγένετο** γογγυσμὸς τῶν Ἑλληνιστῶν
Ac 7:13 αὐτοῦ καὶ φανερὸν **ἐγένετο** τῷ Φαραὼ τὸ
Ac 7:29 λόγῳ τούτῳ καὶ **ἐγένετο** πάροικος ἐν γῇ
Ac 7:31 δὲ αὐτοῦ κατανοῆσαι **ἐγένετο** φωνὴ κυρίου·
Ac 7:32 ἔντρομος δὲ **γενόμενος** Μωϋσῆς οὐκ ἐτόλμα
Ac 7:38 οὗτός ἐστιν ὁ **γενόμενος** ἐν τῇ ἐκκλησίᾳ
Ac 7:39 οὐκ ἠθέλησαν ὑπήκοοι **γενέσθαι** οἱ πατέρες ἡμῶν,
Ac 7:40 οὐκ οἴδαμεν τί **ἐγένετο** αὐτῷ.
Ac 7:52 προδόται καὶ φονεῖς **ἐγένεσθε**,
Ac 8:1 **Ἐγένετο** δὲ ἐν ἐκείνῃ
Ac 8:8 **ἐγένετο** δὲ πολλὴ χαρὰ
Ac 8:13 καὶ δυνάμεις μεγάλας **γινομένας** ἐξίστατο.
Ac 9:3 δὲ τῷ πορεύεσθαι **ἐγένετο** αὐτὸν ἐγγίζειν
Ac 9:19 **Ἐγένετο** δὲ μετὰ τῶν
Ac 9:32 **Ἐγένετο** δὲ Πέτρον διερχόμενον
Ac 9:37 **ἐγένετο** δὲ ἐν ταῖς
Ac 9:42 γνωστὸν δὲ **ἐγένετο** καθ' ὅλης τῆς
Ac 9:43 **Ἐγένετο** δὲ ἡμέρας ἱκανὰς
Ac 10:4 αὐτῷ καὶ ἔμφοβος **γενόμενος** εἶπεν·
Ac 10:10 **ἐγένετο** δὲ πρόσπεινος καὶ
Ac 10:10 παρασκευαζόντων δὲ αὐτῶν **ἐγένετο** ἐπ' αὐτὸν ἔκστασις
Ac 10:13 καὶ **ἐγένετο** φωνὴ πρὸς αὐτόν·
Ac 10:16 τοῦτο δὲ **ἐγένετο** ἐπὶ τρίς καὶ
Ac 10:25 Ὡς δὲ **ἐγένετο** τοῦ εἰσελθεῖν τὸν
Ac 10:37 ὑμεῖς οἴδατε τὸ **γενόμενον** ῥῆμα καθ' ὅλης
Ac 10:40 ἔδωκεν αὐτὸν ἐμφανῆ **γενέσθαι**,
Ac 11:10 τοῦτο δὲ **ἐγένετο** ἐπὶ τρίς,
Ac 11:19 τῆς θλίψεως τῆς **γενομένης** ἐπὶ Στεφάνῳ διῆλθον
Ac 11:26 **ἐγένετο** δὲ αὐτοῖς καὶ
Ac 11:28 ἥτις **ἐγένετο** ἐπὶ Κλαυδίου.
Ac 12:5 δὲ ἦν ἐκτενῶς **γινομένη** ὑπὸ τῆς ἐκκλησίας
Ac 12:9 ἀληθές ἐστιν τὸ **γινόμενον** διὰ τοῦ ἀγγέλου·
Ac 12:11 Πέτρος ἐν ἑαυτῷ **γενόμενος** εἶπεν·
Ac 12:18 **Γενομένης** δὲ ἡμέρας ἦν
Ac 12:18 ἄρα ὁ Πέτρος **ἐγένετο**.
Ac 12:23 καὶ **γενόμενος** σκωληκόβρωτος ἐξέψυξεν.
Ac 13:5 καὶ **γενόμενοι** ἐν Σαλαμῖνι κατήγγελλον
Ac 13:12 ὁ ἀνθύπατος τὸ **γεγονὸς** ἐπίστευσεν ἐκπλησσόμενος ἐπὶ
Ac 13:32 τοὺς πατέρας ἐπαγγελίαν **γενομένην**,
Ac 14:1 **Ἐγένετο** δὲ ἐν Ἰκονίῳ
Ac 14:3 σημεῖα καὶ τέρατα **γίνεσθαι** διὰ τῶν χειρῶν
Ac 14:5 ὡς δὲ **ἐγένετο** ὁρμὴ τῶν ἐθνῶν
Ac 15:2 **γενομένης** δὲ στάσεως καὶ

Ac 15:7 Πολλῆς δὲ ζητήσεως **γενομένης** ἀναστὰς Πέτρος εἶπεν
Ac 15:25 ἔδοξεν ἡμῖν **γενομένοις** ὁμοθυμαδὸν ἐκλεξαμένοις ἄνδρας
Ac 15:39 **ἐγένετο** δὲ παροξυσμὸς ὥστε
Ac 16:16 **Ἐγένετο** δὲ πορευομένων ἡμῶν
Ac 16:26 ἄφνω δὲ σεισμὸς **ἐγένετο** μέγας ὥστε σαλευθῆναι
Ac 16:27 ἔξυπνος δὲ **γενόμενος** ὁ δεσμοφύλαξ καὶ
Ac 16:29 εἰσεπήδησεν καὶ ἔντρομος **γενόμενος** προσέπεσεν τῷ Παύλῳ
Ac 16:35 Ἡμέρας δὲ **γενομένης** ἀπέστειλαν οἱ στρατηγοὶ
Ac 19:1 **Ἐγένετο** δὲ ἐν τῷ
Ac 19:10 τοῦτο δὲ **ἐγένετο** ἐπὶ ἔτη δύο,
Ac 19:17 τοῦτο δὲ **ἐγένετο** γνωστὸν πᾶσιν Ἰουδαίοις
Ac 19:21 ὅτι μετὰ τὸ **γενέσθαι** με ἐκεῖ δεῖ
Ac 19:23 **Ἐγένετο** δὲ κατὰ τὸν
Ac 19:26 οἱ διὰ χειρῶν **γινόμενοι**.
Ac 19:28 Ἀκούσαντες δὲ καὶ **γενόμενοι** πλήρεις θυμοῦ ἔκραζον
Ac 19:34 φωνὴ **ἐγένετο** μία ἐκ πάντων
Ac 20:3 **γενομένης** ἐπιβουλῆς αὐτῷ ὑπὸ
Ac 20:3 **ἐγένετο** γνώμης τοῦ ὑποστρέφειν
Ac 20:16 ὅπως μὴ γένηται **αὐτῷ** χρονοτριβῆσαι ἐν τῇ
Ac 20:16 ἡμέραν τῆς πεντηκοστῆς **γενέσθαι** εἰς Ἱεροσόλυμα.
Ac 20:18 τὸν πάντα χρόνον **ἐγενόμην**,
Ac 20:37 ἱκανὸς δὲ κλαυθμὸς **ἐγένετο** πάντων καὶ ἐπιπεσόντες
Ac 21:1 Ὡς δὲ **ἐγένετο** ἀναχθῆναι ἡμᾶς ἀποσπασθέντας
Ac 21:5 ὅτε δὲ **ἐγένετο** ἡμᾶς ἐξαρτίσαι τὰς
Ac 21:14 κυρίου τὸ θέλημα **γινέσθω**.
Ac 21:17 **Γενομένων** δὲ ἡμῶν εἰς
Ac 21:30 πόλις ὅλη καὶ **ἐγένετο** συνδρομὴ τοῦ λαοῦ,
Ac 21:35 ὅτε δὲ **ἐγένετο** ἐπὶ τοὺς ἀναβαθμούς,
Ac 21:40 πολλῆς δὲ σιγῆς **γενομένης** προσεφώνησεν τῇ Ἑβραΐδι
Ac 22:6 **Ἐγένετο** δέ μοι πορευομένῳ
Ac 22:17 **Ἐγένετο** δέ μοι ὑποστρέψαντι
Ac 22:17 ἐν τῷ ἱερῷ **γενέσθαι** με ἐν ἐκστάσει
Ac 23:7 δὲ αὐτοῦ εἰπόντος **ἐγένετο** στάσις τῶν Φαρισαίων
Ac 23:9 **ἐγένετο** δὲ κραυγὴ μεγάλη,
Ac 23:10 Πολλῆς δὲ **γινομένης** στάσεως φοβηθεὶς ὁ
Ac 23:12 **Γενομένης** δὲ ἡμέρας ποιήσαντες
Ac 24:2 σοῦ καὶ διορθωμάτων **γινομένων** τῷ ἔθνει τούτῳ
Ac 24:25 ἔμφοβος **γενόμενος** ὁ Φῆλιξ ἀπεκρίθη·
Ac 25:15 περὶ οὗ **γενομένου** μου εἰς Ἱεροσόλυμα
Ac 25:26 ὅπως τῆς ἀνακρίσεως **γενομένης** σχῶ τί γράψω·
Ac 26:4 τὴν ἀπ᾽ ἀρχῆς **γενομένην** ἐν τῷ ἔθνει
Ac 26:6 πατέρας ἡμῶν ἐπαγγελίας **γενομένης** ὑπὸ τοῦ θεοῦ
Ac 26:19 οὐκ **ἐγενόμην** ἀπειθὴς τῇ οὐρανίῳ
Ac 26:22 προφῆται ἐλάλησαν μελλόντων **γίνεσθαι** καὶ Μωϋσῆς,
Ac 26:29 ἀκούοντάς μου σήμερον **γενέσθαι** τοιούτους ὁποῖος καὶ
Ac 27:7 βραδυπλοοῦντες καὶ μόλις **γενόμενοι** κατὰ τὴν Κνίδον,
Ac 27:16 ἰσχύσαμεν μόλις περικρατεῖς **γενέσθαι** τῆς σκάφης,
Ac 27:27 δὲ τεσσαρεσκαιδεκάτη νὺξ **ἐγένετο** διαφερομένων ἡμῶν ἐν
Ac 27:29 τέσσαρας ηὔχοντο ἡμέραν **γενέσθαι**.
Ac 27:33 οὗ ἡμέρα ἤμελλεν **γίνεσθαι**,
Ac 27:36 εὔθυμοι δὲ **γενόμενοι** πάντες καὶ αὐτοὶ
Ac 27:39 Ὅτε δὲ ἡμέρα **ἐγένετο**,
Ac 27:42 δὲ στρατιωτῶν βουλὴ **ἐγένετο** ἵνα τοὺς δεσμώτας
Ac 27:44 καὶ οὕτως **ἐγένετο** πάντας διασωθῆναι ἐπὶ
Ac 28:6 ἄτοπον εἰς αὐτὸν **γινόμενον** μεταβαλόμενοι ἔλεγον αὐτὸν
Ac 28:8 **ἐγένετο** δὲ τὸν πατέρα
Ac 28:9 τούτου δὲ **γενομένου** καὶ οἱ λοιποὶ
Ac 28:17 **Ἐγένετο** δὲ μετὰ ἡμέρας

γινώσκω (*ginōskō*; 16/222) *know*

Ac 1:7 οὐχ ὑμῶν ἐστιν **γνῶναι** χρόνους ἢ καιροὺς
Ac 2:36 ἀσφαλῶς οὖν **γινωσκέτω** πᾶς οἶκος Ἰσραὴλ
Ac 8:30 ἆρά γε **γινώσκεις** ἃ ἀναγινώσκεις;
Ac 9:24 **ἐγνώσθη** δὲ τῷ Σαύλῳ
Ac 17:13 Ὡς δὲ **ἔγνωσαν** οἱ ἀπὸ τῆς
Ac 17:19 δυνάμεθα **γνῶναι** τίς ἡ καινὴ
Ac 17:20 βουλόμεθα οὖν **γνῶναι** τίνα θέλει ταῦτα
Ac 19:15 τὸν [μὲν] Ἰησοῦν **γινώσκω** καὶ τὸν Παῦλον
Ac 19:35 ἀνθρώπων ὃς οὐ **γινώσκει** τὴν Ἐφεσίων πόλιν
Ac 20:34 αὐτοὶ **γινώσκετε** ὅτι ταῖς χρείαις
Ac 21:24 καὶ **γνώσονται** πάντες ὅτι ὧν
Ac 21:34 δυναμένου δὲ αὐτοῦ **γνῶναι** τὸ ἀσφαλὲς διὰ
Ac 21:37 Ἑλληνιστὶ **γινώσκεις**;
Ac 22:14 ἡμῶν προεχειρίσατό σε **γνῶναι** τὸ θέλημα αὐτοῦ
Ac 22:30 δὲ ἐπαύριον βουλόμενος **γνῶναι** τὸ ἀσφαλές,
Ac 23:6 **Γνοὺς** δὲ ὁ Παῦλος

γλεῦκος (*gleukos*; 1/1) *new wine*

Ac 2:13 διαχλευάζοντες ἔλεγον ὅτι **γλεύκους** μεμεστωμένοι εἰσίν.

γλῶσσα (*glōssa*; 6/49[50]) *tongue, language*

Ac 2:3 ὤφθησαν αὐτοῖς διαμεριζόμεναι **γλῶσσαι** ὡσεὶ πυρὸς καὶ
Ac 2:4 ἤρξαντο λαλεῖν ἑτέραις **γλώσσαις** καθὼς τὸ πνεῦμα
Ac 2:11 αὐτῶν ταῖς ἡμετέραις **γλώσσαις** τὰ μεγαλεῖα
Ac 2:26 καὶ ἠγαλλιάσατο ἡ **γλῶσσά** μου,
Ac 10:46 γὰρ αὐτῶν λαλούντων **γλώσσαις** καὶ μεγαλυνόντων τὸν
Ac 19:6 ἐλάλουν τε **γλώσσαις** καὶ ἐπροφήτευον.

γνώμη (*gnōmē*; 1/9) *purpose*

Ac 20:3 ἐγένετο **γνώμης** τοῦ ὑποστρέφειν διὰ

γνωρίζω (*gnōrizō*; 1/25) *make known*

Ac 2:28 **ἐγνώρισάς** μοι ὁδοὺς ζωῆς,

γνώστης (*gnōstēs*; 1/1) *one familiar with*

Ac 26:3 μάλιστα **γνώστην** ὄντα σε πάντων

γνωστός (*gnōstos*; 10/15) *known*
Ac 1:19 καὶ **γνωστὸν** ἐγένετο πᾶσι τοῖς
Ac 2:14 τοῦτο ὑμῖν **γνωστὸν** ἔστω καὶ ἐνωτίσασθε
Ac 4:10 **γνωστὸν** ἔστω πᾶσιν ὑμῖν
Ac 4:16 ὅτι μὲν γὰρ **γνωστὸν** σημεῖον γέγονεν δι'
Ac 9:42 **γνωστὸν** δὲ ἐγένετο καθ'
Ac 13:38 **γνωστὸν** οὖν ἔστω ὑμῖν,
Ac 15:18 **γνωστὰ** ἀπ' αἰῶνος.
Ac 19:17 τοῦτο δὲ ἐγένετο **γνωστὸν** πᾶσιν Ἰουδαίοις τε
Ac 28:22 τῆς αἱρέσεως ταύτης **γνωστὸν** ἡμῖν ἐστιν
Ac 28:28 **γνωστὸν** οὖν ἔστω ὑμῖν

γογγυσμός (*gongysmos*; 1/4) *complaining, whispering*
Ac 6:1 τῶν μαθητῶν ἐγένετο **γογγυσμὸς** τῶν Ἑλληνιστῶν πρὸς

γόμος (*gomos*; 1/3) *cargo*
Ac 21:3 ἦν ἀποφορτιζόμενον τὸν **γόμον**.

γόνυ (*gony*; 4/12) *knee*
Ac 7:60 θεὶς δὲ τὰ **γόνατα** ἔκραξεν φωνῇ μεγάλῃ·
Ac 9:40 καὶ θεὶς τὰ **γόνατα** προσηύξατο καὶ ἐπιστρέψας
Ac 20:36 εἰπὼν θεὶς τὰ **γόνατα** αὐτοῦ σὺν πᾶσιν
Ac 21:5 καὶ θέντες τὰ **γόνατα** ἐπὶ τὸν αἰγιαλὸν

γράμμα (*gramma*; 2/14) *letter of the alphabet*
Ac 26:24 τὰ πολλά σε **γράμματα** εἰς μανίαν περιτρέπει.
Ac 28:21 ἡμεῖς οὔτε γράμματα **περὶ** σοῦ ἐδεξάμεθα

γραμματεύς (*grammateus*; 4/62[63]) *scribe*
Ac 4:5 πρεσβυτέρους καὶ τοὺς **γραμματεῖς** ἐν Ἰερουσαλήμ,
Ac 6:12 πρεσβυτέρους καὶ τοὺς **γραμματεῖς** καὶ ἐπιστάντες συνήρπασαν
Ac 19:35 Καταστείλας δὲ ὁ **γραμματεὺς** τὸν ὄχλον φησίν·
Ac 23:9 ἀναστάντες τινες τῶν **γραμματέων** τοῦ μέρους τῶν

γραφή (*graphē*; 7/50) *Scripture*
Ac 1:16 ἔδει πληρωθῆναι τὴν **γραφὴν** ἣν προεῖπεν
Ac 8:32 δὲ περιοχὴ τῆς **γραφῆς** ἣν ἀνεγίνωσκεν ἦν
Ac 8:35 ἀρξάμενος ἀπὸ τῆς **γραφῆς** ταύτης εὐηγγελίσατο αὐτῷ
Ac 17:2 αὐτοῖς ἀπὸ τῶν **γραφῶν**,
Ac 17:11 ἡμέραν ἀνακρίνοντες τὰς **γραφὰς** εἰ ἔχοι ταῦτα
Ac 18:24 ὢν ἐν ταῖς **γραφαῖς**.
Ac 18:28 ἐπιδεικνὺς διὰ τῶν **γραφῶν** εἶναι τὸν χριστὸν

γράφω (*graphō*; 12/190[191]) *write*
Ac 1:20 **γέγραπται** γὰρ ἐν βίβλῳ
Ac 7:42 τοῦ οὐρανοῦ καθὼς **γέγραπται** ἐν βίβλῳ τῶν
Ac 13:29 τὰ περὶ αὐτοῦ **γεγραμμένα**,
Ac 13:33 ἐν τῷ ψαλμῷ **γέγραπται** τῷ δευτέρῳ·
Ac 15:15 τῶν προφητῶν καθὼς **γέγραπται**·
Ac 15:23 **γράψαντες** διὰ χειρὸς αὐτῶν·
Ac 18:27 προτρεψάμενοι οἱ ἀδελφοὶ **ἔγραψαν** τοῖς μαθηταῖς ἀποδέξασθαι
Ac 23:5 **γέγραπται** γὰρ ὅτι ἄρχοντα
Ac 23:25 **γράψας** ἐπιστολὴν ἔχουσαν τὸν
Ac 24:14 ἐν τοῖς προφήταις **γεγραμμένοις**,
Ac 25:26 οὗ ἀσφαλές τι **γράψαι** τῷ κυρίῳ οὐκ
Ac 25:26 γενομένης σχῶ τί **γράψω**·

γρηγορέω (*grēgoreō*; 1/22) *watch, keep awake*
Ac 20:31 διὸ **γρηγορεῖτε** μνημονεύοντες ὅτι τριετίαν

γυμνός (*gymnos*; 1/15) *naked*
Ac 19:16 κατ' αὐτῶν ὥστε **γυμνοὺς** καὶ τετραυματισμένους ἐκφυγεῖν

γυνή (*gynē*; 19/211[215]) *woman, wife*
Ac 1:14 τῇ προσευχῇ σὺν **γυναιξὶν** καὶ Μαριὰμ τῇ
Ac 5:1 σὺν Σαπφίρῃ τῇ **γυναικὶ** αὐτοῦ ἐπώλησεν κτῆμα
Ac 5:2 συνειδυίης καὶ τῆς **γυναικός**,
Ac 5:7 διάστημα καὶ ἡ **γυνὴ** αὐτοῦ μὴ εἰδυῖα
Ac 5:14 ἀνδρῶν τε καὶ **γυναικῶν**,
Ac 8:3 τε ἄνδρας καὶ **γυναῖκας** παρεδίδου εἰς φυλακήν.
Ac 8:12 ἄνδρες τε καὶ **γυναῖκες**.
Ac 9:2 ἄνδρας τε καὶ **γυναῖκας**,
Ac 13:50 παρώτρυναν τὰς σεβομένας **γυναῖκας** τὰς εὐσχήμονας καὶ
Ac 16:1 υἱὸς **γυναικὸς** Ἰουδαίας πιστῆς,
Ac 16:13 ἐλαλοῦμεν ταῖς συνελθούσαις **γυναιξίν**.
Ac 16:14 καί τις **γυνὴ** ὀνόματι Λυδία,
Ac 17:4 **γυναικῶν** τε τῶν πρώτων
Ac 17:12 καὶ τῶν Ἑλληνίδων **γυναικῶν** τῶν εὐσχημόνων καὶ
Ac 17:34 ὁ Ἀρεοπαγίτης καὶ **γυνὴ** ὀνόματι Δάμαρις
Ac 18:2 Ἰταλίας καὶ Πρίσκιλλαν **γυναῖκα** αὐτοῦ,
Ac 21:5 ἡμᾶς πάντων σὺν **γυναιξὶ** καὶ τέκνοις ἕως
Ac 22:4 ἄνδρας τε καὶ **γυναῖκας**,
Ac 24:24 Δρουσίλλῃ τῇ ἰδίᾳ **γυναικὶ** οὔσῃ Ἰουδαίᾳ μετεπέμψατο

γωνία (*gōnia*; 2/9) *corner*
Ac 4:11 γενόμενος εἰς κεφαλὴν **γωνίας**.
Ac 26:26 γάρ ἐστιν ἐν **γωνίᾳ** πεπραγμένον τοῦτο.

δαιμόνιον (*daimonion*; 1/61[63]) *demon*
Ac 17:18 ξένων **δαιμονίων** δοκεῖ καταγγελεὺς εἶναι,

δάκρυον (*dakryon*; 2/10) *tear*
Ac 20:19 πάσης ταπεινοφροσύνης καὶ **δακρύων** καὶ πειρασμῶν τῶν
Ac 20:31 οὐκ ἐπαυσάμην μετὰ **δακρύων** νουθετῶν ἕνα ἕκαστον.

Δάμαρις (*Damaris*; 1/1) *Damaris*
Ac 17:34 καὶ γυνὴ ὀνόματι **Δάμαρις** καὶ ἕτεροι σὺν

Δαμασκός (*Damaskos*; 13/15) *Damascus*
Ac 9:2 αὐτοῦ ἐπιστολὰς εἰς **Δαμασκὸν** πρὸς τὰς συναγωγάς,

Ac 9:3 αὐτὸν ἐγγίζειν τῇ **Δαμασκῷ**,
Ac 9:8 αὐτὸν εἰσήγαγον εἰς **Δαμασκόν**.
Ac 9:10 τις μαθητὴς ἐν **Δαμασκῷ** ὀνόματι Ἁνανίας,
Ac 9:19 μετὰ τῶν ἐν **Δαμασκῷ** μαθητῶν ἡμέρας τινας
Ac 9:22 τοὺς κατοικοῦντας ἐν **Δαμασκῷ** συμβιβάζων ὅτι οὗτός
Ac 9:27 καὶ πῶς ἐν **Δαμασκῷ** ἐπαρρησιάσατο ἐν τῷ
Ac 22:5 τοὺς ἀδελφοὺς εἰς **Δαμασκὸν** ἐπορευόμην,
Ac 22:6 καὶ ἐγγίζοντι τῇ **Δαμασκῷ** περὶ μεσημβρίαν ἐξαίφνης
Ac 22:10 ἀναστὰς πορεύου εἰς **Δαμασκὸν** κἀκεῖ σοι λαληθήσεται
Ac 22:11 μοι ἦλθον εἰς **Δαμασκόν**.
Ac 26:12 πορευόμενος εἰς τὴν **Δαμασκὸν** μετ' ἐξουσίας καὶ
Ac 26:20 ἀλλὰ τοῖς ἐν **Δαμασκῷ** πρῶτόν τε καὶ

δαπανάω (*dapanaō*; 1/5) *spend*

Ac 21:24 σὺν αὐτοῖς καὶ **δαπάνησον** ἐπ' αὐτοῖς ἵνα

Δαυίδ (*Dauid*; 11/59) *David*

Ac 1:16 ἅγιον διὰ στόματος **Δαυὶδ** περὶ Ἰούδα τοῦ
Ac 2:25 **Δαυὶδ** γὰρ λέγει εἰς
Ac 2:29 περὶ τοῦ πατριάρχου **Δαυὶδ** ὅτι καὶ ἐτελεύτησεν
Ac 2:34 οὐ γὰρ **Δαυὶδ** ἀνέβη εἰς τοὺς
Ac 4:25 πνεύματος ἁγίου στόματος **Δαυὶδ** παιδός σου εἰπών·
Ac 7:45 ἕως τῶν ἡμερῶν **Δαυίδ**,
Ac 13:22 αὐτὸν ἤγειρεν τὸν **Δαυὶδ** αὐτοῖς εἰς βασιλέα
Ac 13:22 εὗρον **Δαυὶδ** τὸν τοῦ Ἰεσσαί,
Ac 13:34 ὑμῖν τὰ ὅσια **Δαυὶδ** τὰ πιστά.
Ac 13:36 **Δαυὶδ** μὲν γὰρ ἰδίᾳ
Ac 15:16 ἀνοικοδομήσω τὴν σκηνὴν **Δαυὶδ** τὴν πεπτωκυῖαν καὶ

δέ (*de*; 554/2773[2792]) *but, and*

Ac 1:5 ὑμεῖς **δὲ** ἐν πνεύματι βαπτισθήσεσθε
Ac 1:7 εἶπεν **δὲ** πρὸς αὐτούς·
Ac 2:5 Ἦσαν **δὲ** εἰς Ἰερουσαλὴμ κατοικοῦντες
Ac 2:6 γενομένης **δὲ** τῆς φωνῆς ταύτης
Ac 2:7 ἐξίσταντο **δὲ** καὶ ἐθαύμαζον λέγοντες·
Ac 2:12 ἐξίσταντο **δὲ** πάντες καὶ διηπόρουν,
Ac 2:13 ἕτεροι **δὲ** διαχλευάζοντες ἔλεγον ὅτι
Ac 2:14 Σταθεὶς **δὲ** ὁ Πέτρος σὺν
Ac 2:26 ἔτι **δὲ** καὶ ἡ σάρξ
Ac 2:34 λέγει **δὲ** αὐτός·
Ac 2:37 Ἀκούσαντες **δὲ** κατενύγησαν τὴν καρδίαν
Ac 2:38 Πέτρος **δὲ** πρὸς αὐτούς·
Ac 2:42 Ἦσαν **δὲ** προσκαρτεροῦντες τῇ διδαχῇ
Ac 2:43 ἐγίνετο **δὲ** πάσῃ ψυχῇ φόβος,
Ac 2:44 πάντες **δὲ** οἱ πιστεύοντες ἦσαν
Ac 2:47 ὁ **δὲ** κύριος προσετίθει τοὺς
Ac 3:1 Πέτρος **δὲ** καὶ Ἰωάννης ἀνέβαινον
Ac 3:4 ἀτενίσας **δὲ** Πέτρος εἰς αὐτὸν
Ac 3:5 ὁ **δὲ** ἐπεῖχεν αὐτοῖς προσδοκῶν
Ac 3:6 εἶπεν **δὲ** Πέτρος·
Ac 3:6 ὃ **δὲ** ἔχω τοῦτό σοι
Ac 3:7 παραχρῆμα **δὲ** ἐστερεώθησαν αἱ βάσεις
Ac 3:10 ἐπεγίνωσκον **δὲ** αὐτὸν ὅτι αὐτὸς
Ac 3:11 Κρατοῦντος **δὲ** αὐτοῦ τὸν Πέτρον
Ac 3:12 ἰδὼν **δὲ** ὁ Πέτρος ἀπεκρίνατο
Ac 3:14 ὑμεῖς **δὲ** τὸν ἅγιον καὶ
Ac 3:15 τὸν **δὲ** ἀρχηγὸν τῆς ζωῆς
Ac 3:18 ὁ **δὲ** θεός,
Ac 3:23 ἔσται **δὲ** πᾶσα ψυχὴ ἥτις
Ac 3:24 καὶ πάντες **δὲ** οἱ προφῆται ἀπὸ
Ac 4:1 Λαλούντων **δὲ** αὐτῶν πρὸς τὸν
Ac 4:4 πολλοὶ **δὲ** τῶν ἀκουσάντων τὸν
Ac 4:5 Ἐγένετο **δὲ** ἐπὶ τὴν αὔριον
Ac 4:13 Θεωροῦντες **δὲ** τὴν τοῦ Πέτρου
Ac 4:15 κελεύσαντες **δὲ** αὐτοὺς ἔξω τοῦ
Ac 4:19 ὁ **δὲ** Πέτρος καὶ Ἰωάννης
Ac 4:21 οἱ **δὲ** προσαπειλησάμενοι ἀπέλυσαν αὐτούς,
Ac 4:23 Ἀπολυθέντες **δὲ** ἦλθον πρὸς τοὺς
Ac 4:24 οἱ **δὲ** ἀκούσαντες ὁμοθυμαδὸν ἦραν
Ac 4:32 Τοῦ **δὲ** πλήθους τῶν πιστευσάντων
Ac 4:35 διεδίδετο **δὲ** ἑκάστῳ καθότι ἄν
Ac 4:36 Ἰωσὴφ **δὲ** ὁ ἐπικληθεὶς Βαρναβᾶς
Ac 5:1 Ἀνὴρ **δέ** τις Ἁνανίας ὀνόματι
Ac 5:3 εἶπεν **δὲ** ὁ Πέτρος·
Ac 5:5 ἀκούων **δὲ** ὁ Ἁνανίας τοὺς
Ac 5:6 ἀναστάντες **δὲ** οἱ νεώτεροι συνέστειλαν
Ac 5:7 Ἐγένετο **δὲ** ὡς ὡρῶν τριῶν
Ac 5:8 ἀπεκρίθη **δὲ** πρὸς αὐτὴν Πέτρος·
Ac 5:8 ἡ **δὲ** εἶπεν·
Ac 5:9 ὁ **δὲ** Πέτρος πρὸς αὐτήν·
Ac 5:10 ἔπεσεν **δὲ** παραχρῆμα πρὸς τοὺς
Ac 5:10 εἰσελθόντες **δὲ** οἱ νεανίσκοι εὗρον
Ac 5:12 Διὰ **δὲ** τῶν χειρῶν τῶν
Ac 5:13 τῶν **δὲ** λοιπῶν οὐδεὶς ἐτόλμα
Ac 5:14 μᾶλλον **δὲ** προσετίθεντο πιστεύοντες τῷ
Ac 5:16 συνήρχετο **δὲ** καὶ τὸ πλῆθος
Ac 5:17 Ἀναστὰς **δὲ** ὁ ἀρχιερεὺς καὶ
Ac 5:19 Ἄγγελος **δὲ** κυρίου διὰ νυκτὸς
Ac 5:21 ἀκούσαντες **δὲ** εἰσῆλθον ὑπὸ τὸν
Ac 5:21 Παραγενόμενος **δὲ** ὁ ἀρχιερεὺς καὶ
Ac 5:22 οἱ **δὲ** παραγενόμενοι ὑπηρέται οὐχ
Ac 5:22 ἀναστρέψαντες **δὲ** ἀπήγγειλαν
Ac 5:23 ἀνοίξαντες **δὲ** ἔσω οὐδένα εὕρομεν.
Ac 5:24 ὡς **δὲ** ἤκουσαν τοὺς λόγους
Ac 5:25 παραγενόμενος **δέ** τις ἀπήγγειλεν αὐτοῖς
Ac 5:27 Ἀγαγόντες **δὲ** αὐτοὺς ἔστησαν ἐν
Ac 5:29 ἀποκριθεὶς **δὲ** Πέτρος καὶ οἱ
Ac 5:33 Οἱ **δὲ** ἀκούσαντες διεπρίοντο καὶ
Ac 5:34 ἀναστὰς **δέ** τις ἐν τῷ
Ac 5:39 εἰ **δὲ** ἐκ θεοῦ ἐστιν,
Ac 5:39 ἐπείσθησαν **δὲ** αὐτῷ
Ac 6:1 Ἐν **δὲ** ταῖς ἡμέραις ταύταις
Ac 6:2 προσκαλεσάμενοι **δὲ** οἱ δώδεκα τὸ
Ac 6:3 ἐπισκέψασθε **δέ**,
Ac 6:4 ἡμεῖς **δὲ** τῇ προσευχῇ καὶ
Ac 6:8 Στέφανος **δὲ** πλήρης χάριτος καὶ
Ac 6:9 ἀνέστησαν **δέ** τινες τῶν ἐκ
Ac 7:1 Εἶπεν **δὲ** ὁ ἀρχιερεύς·
Ac 7:2 ὁ **δὲ** ἔφη·
Ac 7:6 ἐλάλησεν **δὲ** οὕτως ὁ θεὸς
Ac 7:11 ἦλθεν **δὲ** λιμὸς ἐφ' ὅλην
Ac 7:12 ἀκούσας **δὲ** Ἰακὼβ ὄντα σιτία
Ac 7:14 ἀποστείλας **δὲ** Ἰωσὴφ μετεκαλέσατο Ἰακὼβ
Ac 7:17 Καθὼς **δὲ** ἤγγιζεν ὁ χρόνος
Ac 7:21 ἐκτεθέντος **δὲ** αὐτοῦ ἀνείλατο αὐτὸν
Ac 7:22 ἦν **δὲ** δυνατὸς ἐν λόγοις
Ac 7:23 Ὡς **δὲ** ἐπληροῦτο αὐτῷ τεσσερακονταετὴς
Ac 7:25 ἐνόμιζεν **δὲ** συνιέναι τοὺς ἀδελφοὺς
Ac 7:25 οἱ **δὲ** οὐ συνῆκαν.

Ac 7:27 ὁ **δὲ** ἀδικῶν τὸν πλησίον
Ac 7:29 ἔφυγεν **δὲ** Μωϋσῆς ἐν τῷ
Ac 7:31 ὁ **δὲ** Μωϋσῆς ἰδὼν ἐθαύμαζεν
Ac 7:31 προσερχομένου **δὲ** αὐτοῦ κατανοῆσαι ἐγένετο
Ac 7:32 ἔντρομος **δὲ** γενόμενος Μωϋσῆς οὐκ
Ac 7:33 εἶπεν **δὲ** αὐτῷ ὁ κύριος·
Ac 7:42 ἔστρεψεν **δὲ** ὁ θεὸς καὶ
Ac 7:47 Σολομὼν **δὲ** οἰκοδόμησεν αὐτῷ οἶκον.
Ac 7:49 ἡ **δὲ** γῆ ὑποπόδιον τῶν
Ac 7:54 Ἀκούοντες **δὲ** ταῦτα διεπρίοντο ταῖς
Ac 7:55 ὑπάρχων **δὲ** πλήρης πνεύματος ἁγίου
Ac 7:57 κράξαντες **δὲ** φωνῇ μεγάλῃ συνέσχον
Ac 7:60 θεὶς **δὲ** τὰ γόνατα ἔκραξεν
Ac 8:1 Σαῦλος **δὲ** ἦν συνευδοκῶν τῇ
Ac 8:1 Ἐγένετο **δὲ** ἐν ἐκείνῃ τῇ
Ac 8:1 πάντες **δὲ** διεσπάρησαν κατὰ τὰς
Ac 8:2 συνεκόμισαν **δὲ** τὸν Στέφανον ἄνδρες
Ac 8:3 Σαῦλος **δὲ** ἐλυμαίνετο τὴν ἐκκλησίαν
Ac 8:5 Φίλιππος **δὲ** κατελθὼν εἰς [τὴν]
Ac 8:6 προσεῖχον **δὲ** οἱ ὄχλοι τοῖς
Ac 8:7 πολλοὶ **δὲ** παραλελυμένοι καὶ χωλοὶ
Ac 8:8 ἐγένετο **δὲ** πολλὴ χαρὰ ἐν
Ac 8:9 Ἀνὴρ **δέ** τις ὀνόματι Σίμων
Ac 8:11 προσεῖχον **δὲ** αὐτῷ διὰ τὸ
Ac 8:12 ὅτε **δὲ** ἐπίστευσαν τῷ Φιλίππῳ
Ac 8:13 ὁ **δὲ** Σίμων καὶ αὐτὸς
Ac 8:14 Ἀκούσαντες **δὲ** οἱ ἐν Ἱεροσολύμοις
Ac 8:16 μόνον **δὲ** βεβαπτισμένοι ὑπῆρχον εἰς
Ac 8:18 ἰδὼν **δὲ** ὁ Σίμων ὅτι
Ac 8:20 Πέτρος **δὲ** εἶπεν πρὸς αὐτόν·
Ac 8:24 ἀποκριθεὶς **δὲ** ὁ Σίμων εἶπεν·
Ac 8:26 Ἄγγελος **δὲ** κυρίου ἐλάλησεν πρὸς
Ac 8:29 εἶπεν **δὲ** τὸ πνεῦμα τῷ
Ac 8:30 προσδραμὼν **δὲ** ὁ Φίλιππος ἤκουσεν
Ac 8:31 ὁ **δὲ** εἶπεν·
Ac 8:32 ἡ **δὲ** περιοχὴ τῆς γραφῆς
Ac 8:34 ἀποκριθεὶς **δὲ** ὁ εὐνοῦχος τῷ
Ac 8:35 ἀνοίξας **δὲ** ὁ Φίλιππος τὸ
Ac 8:36 ὡς **δὲ** ἐπορεύοντο κατὰ τὴν
Ac 8:39 ὅτε **δὲ** ἀνέβησαν ἐκ τοῦ
Ac 8:40 Φίλιππος **δὲ** εὑρέθη εἰς Ἄζωτον·
Ac 9:1 Ὁ **δὲ** Σαῦλος ἔτι ἐμπνέων
Ac 9:3 Ἐν **δὲ** τῷ πορεύεσθαι ἐγένετο
Ac 9:5 εἶπεν **δέ**·
Ac 9:5 ὁ **δέ**·
Ac 9:7 οἱ **δὲ** ἄνδρες οἱ συνοδεύοντες
Ac 9:7 τῆς φωνῆς μηδένα **δὲ** θεωροῦντες.
Ac 9:8 ἠγέρθη **δὲ** Σαῦλος ἀπὸ τῆς
Ac 9:8 ἀνεῳγμένων **δὲ** τῶν ὀφθαλμῶν αὐτοῦ
Ac 9:8 χειραγωγοῦντες **δὲ** αὐτὸν εἰσήγαγον εἰς
Ac 9:10 Ἦν **δέ** τις μαθητὴς ἐν
Ac 9:10 ὁ **δὲ** εἶπεν·
Ac 9:11 ὁ **δὲ** κύριος πρὸς αὐτόν·
Ac 9:13 ἀπεκρίθη **δὲ** Ἁνανίας·
Ac 9:15 εἶπεν **δὲ** πρὸς αὐτὸν ὁ
Ac 9:17 Ἀπῆλθεν **δὲ** Ἁνανίας καὶ εἰσῆλθεν
Ac 9:19 Ἐγένετο **δὲ** μετὰ τῶν ἐν
Ac 9:21 ἐξίσταντο **δὲ** πάντες οἱ ἀκούοντες
Ac 9:22 Σαῦλος **δὲ** μᾶλλον ἐνεδυναμοῦτο καὶ
Ac 9:23 Ὡς **δὲ** ἐπληροῦντο ἡμέραι ἱκαναί,
Ac 9:24 ἐγνώσθη **δὲ** τῷ Σαύλῳ ἡ
Ac 9:24 παρετηροῦντο **δὲ** καὶ τὰς πύλας
Ac 9:25 λαβόντες **δὲ** οἱ μαθηταὶ αὐτοῦ
Ac 9:26 Παραγενόμενος **δὲ** εἰς Ἰερουσαλὴμ ἐπείραζεν
Ac 9:27 Βαρναβᾶς **δὲ** ἐπιλαβόμενος αὐτὸν ἤγαγεν
Ac 9:29 οἱ **δὲ** ἐπεχείρουν ἀνελεῖν αὐτόν.
Ac 9:30 ἐπιγνόντες **δὲ** οἱ ἀδελφοὶ κατήγαγον
Ac 9:32 Ἐγένετο **δὲ** Πέτρον διερχόμενον διὰ
Ac 9:33 εὗρεν **δὲ** ἐκεῖ ἄνθρωπόν τινα
Ac 9:36 Ἐν Ἰόππῃ **δέ** τις ἦν μαθήτρια
Ac 9:37 ἐγένετο **δὲ** ἐν ταῖς ἡμέραις
Ac 9:37 λούσαντες **δὲ** ἔθηκαν [αὐτὴν] ἐν
Ac 9:38 ἐγγὺς **δὲ** οὔσης Λύδδας τῇ
Ac 9:39 ἀναστὰς **δὲ** Πέτρος συνῆλθεν αὐτοῖς·
Ac 9:40 ἐκβαλὼν **δὲ** ἔξω πάντας ὁ
Ac 9:40 ἡ **δὲ** ἤνοιξεν τοὺς ὀφθαλμοὺς
Ac 9:41 δοὺς **δὲ** αὐτῇ χεῖρα ἀνέστησεν
Ac 9:41 φωνήσας **δὲ** τοὺς ἁγίους καὶ
Ac 9:42 γνωστὸν **δὲ** ἐγένετο καθ' ὅλης
Ac 9:43 Ἐγένετο **δὲ** ἡμέρας ἱκανὰς μεῖναι
Ac 10:1 Ἀνὴρ **δέ** τις ἐν Καισαρείᾳ
Ac 10:4 ὁ **δὲ** ἀτενίσας αὐτῷ καὶ
Ac 10:4 εἶπεν **δὲ** αὐτῷ·
Ac 10:7 ὡς **δὲ** ἀπῆλθεν ὁ ἄγγελος
Ac 10:9 Τῇ **δὲ** ἐπαύριον,
Ac 10:10 ἐγένετο **δὲ** πρόσπεινος καὶ ἤθελεν
Ac 10:10 παρασκευαζόντων **δὲ** αὐτῶν ἐγένετο ἐπ'
Ac 10:14 ὁ **δὲ** Πέτρος εἶπεν·
Ac 10:16 τοῦτο **δὲ** ἐγένετο ἐπὶ τρίς
Ac 10:17 Ὡς **δὲ** ἐν ἑαυτῷ διηπόρει
Ac 10:19 Τοῦ **δὲ** Πέτρου διενθυμουμένου περὶ
Ac 10:21 καταβὰς **δὲ** Πέτρος πρὸς τοὺς
Ac 10:22 οἱ **δὲ** εἶπαν·
Ac 10:23 Τῇ **δὲ** ἐπαύριον ἀναστὰς ἐξῆλθεν
Ac 10:24 τῇ **δὲ** ἐπαύριον εἰσῆλθεν εἰς
Ac 10:24 ὁ **δὲ** Κορνήλιος ἦν προσδοκῶν
Ac 10:25 Ὡς **δὲ** ἐγένετο τοῦ εἰσελθεῖν
Ac 10:26 ὁ **δὲ** Πέτρος ἤγειρεν αὐτὸν
Ac 10:34 Ἀνοίξας **δὲ** Πέτρος τὸ στόμα
Ac 10:48 προσέταξεν **δὲ** αὐτοὺς ἐν τῷ
Ac 11:1 Ἤκουσαν **δὲ** οἱ ἀπόστολοι καὶ
Ac 11:2 Ὅτε **δὲ** ἀνέβη Πέτρος εἰς
Ac 11:4 Ἀρξάμενος **δὲ** Πέτρος ἐξετίθετο αὐτοῖς
Ac 11:7 ἤκουσα **δὲ** καὶ φωνῆς λεγούσης
Ac 11:8 εἶπον **δέ**·
Ac 11:9 ἀπεκρίθη **δὲ** φωνὴ ἐκ δευτέρου
Ac 11:10 τοῦτο **δὲ** ἐγένετο ἐπὶ τρίς,
Ac 11:12 εἶπεν **δὲ** τὸ πνεῦμά μοι
Ac 11:12 ἦλθον **δὲ** σὺν ἐμοὶ καὶ
Ac 11:13 ἀπήγγειλεν **δὲ** ἡμῖν πῶς εἶδεν
Ac 11:15 ἐν **δὲ** τῷ ἄρξασθαί με
Ac 11:16 ἐμνήσθην **δὲ** τοῦ ῥήματος τοῦ
Ac 11:16 ὑμεῖς **δὲ** βαπτισθήσεσθε ἐν πνεύματι
Ac 11:18 Ἀκούσαντες **δὲ** ταῦτα ἡσύχασαν καὶ
Ac 11:20 Ἦσαν **δέ** τινες ἐξ αὐτῶν
Ac 11:22 Ἠκούσθη **δὲ** ὁ λόγος εἰς
Ac 11:25 ἐξῆλθεν **δὲ** εἰς Ταρσὸν ἀναζητῆσαι
Ac 11:26 ἐγένετο **δὲ** αὐτοῖς καὶ ἐνιαυτὸν
Ac 11:27 Ἐν ταύταις **δὲ** ταῖς ἡμέραις κατῆλθον
Ac 11:28 ἀναστὰς **δὲ** εἷς ἐξ αὐτῶν
Ac 11:29 τῶν **δὲ** μαθητῶν,
Ac 12:1 Κατ' ἐκεῖνον **δὲ** τὸν καιρὸν ἐπέβαλεν
Ac 12:2 ἀνεῖλεν **δὲ** Ἰάκωβον τὸν ἀδελφὸν
Ac 12:3 ἰδὼν **δὲ** ὅτι ἀρεστόν ἐστιν
Ac 12:3 ἦσαν **δὲ** [αἱ] ἡμέραι τῶν
Ac 12:5 προσευχὴ **δὲ** ἦν ἐκτενῶς γινομένη

Ac 12:6 Ὅτε **δὲ** ἤμελλεν προαγαγεῖν αὐτὸν
Ac 12:7 πατάξας **δὲ** τὴν πλευρὰν τοῦ
Ac 12:8 εἶπεν **δὲ** ὁ ἄγγελος πρὸς
Ac 12:8 ἐποίησεν **δὲ** οὕτως.
Ac 12:9 ἐδόκει **δὲ** ὅραμα βλέπειν.
Ac 12:10 διελθόντες **δὲ** πρώτην φυλακὴν καὶ
Ac 12:13 κρούσαντος **δὲ** αὐτοῦ τὴν θύραν
Ac 12:14 εἰσδραμοῦσα **δὲ** ἀπήγγειλεν ἑστάναι τὸν
Ac 12:15 οἱ **δὲ** πρὸς αὐτὴν εἶπαν·
Ac 12:15 ἡ **δὲ** διϊσχυρίζετο οὕτως ἔχειν.
Ac 12:15 οἱ **δὲ** ἔλεγον·
Ac 12:16 ὁ **δὲ** Πέτρος ἐπέμενεν κρούων·
Ac 12:16 ἀνοίξαντες δὲ **εἶδαν** αὐτὸν καὶ ἐξέστησαν.
Ac 12:17 κατασείσας **δὲ** αὐτοῖς τῇ χειρὶ
Ac 12:18 Γενομένης **δὲ** ἡμέρας ἦν τάραχος
Ac 12:19 Ἡρῴδης **δὲ** ἐπιζητήσας αὐτὸν καὶ
Ac 12:20 Ἦν **δὲ** θυμομαχῶν Τυρίοις καὶ
Ac 12:20 ὁμοθυμαδὸν **δὲ** παρῆσαν πρὸς αὐτὸν
Ac 12:21 τακτῇ **δὲ** ἡμέρᾳ ὁ Ἡρῴδης
Ac 12:22 ὁ **δὲ** δῆμος ἐπεφώνει·
Ac 12:23 παραχρῆμα **δὲ** ἐπάταξεν αὐτὸν ἄγγελος
Ac 12:24 Ὁ **δὲ** λόγος τοῦ θεοῦ
Ac 12:25 Βαρναβᾶς **δὲ** καὶ Σαῦλος ὑπέστρεψαν
Ac 13:1 Ἦσαν **δὲ** ἐν Ἀντιοχείᾳ κατὰ
Ac 13:2 Λειτουργούντων **δὲ** αὐτῶν τῷ κυρίῳ
Ac 13:5 εἶχον **δὲ** καὶ Ἰωάννην ὑπηρέτην.
Ac 13:6 Διελθόντες **δὲ** ὅλην τὴν νῆσον
Ac 13:8 ἀνθίστατο **δὲ** αὐτοῖς Ἐλύμας ὁ
Ac 13:9 Σαῦλος **δέ**,
Ac 13:13 Ἀναχθέντες **δὲ** ἀπὸ τῆς Πάφου
Ac 13:13 Ἰωάννης **δὲ** ἀποχωρήσας ἀπ᾽ αὐτῶν
Ac 13:14 Αὐτοὶ **δὲ** διελθόντες ἀπὸ τῆς
Ac 13:15 μετὰ **δὲ** τὴν ἀνάγνωσιν τοῦ
Ac 13:16 Ἀναστὰς **δὲ** Παῦλος καὶ κατασείσας
Ac 13:25 ὡς **δὲ** ἐπλήρου Ἰωάννης τὸν
Ac 13:29 ὡς **δὲ** ἐτέλεσαν πάντα τὰ
Ac 13:30 ὁ **δὲ** θεὸς ἤγειρεν αὐτὸν
Ac 13:34 ὅτι **δὲ** ἀνέστησεν αὐτὸν ἐκ
Ac 13:37 ὃν **δὲ** ὁ θεὸς ἤγειρεν,
Ac 13:42 Ἐξιόντων **δὲ** αὐτῶν παρεκάλουν εἰς
Ac 13:43 λυθείσης **δὲ** τῆς συναγωγῆς ἠκολούθησαν
Ac 13:44 Τῷ **δὲ** ἐρχομένῳ σαββάτῳ σχεδὸν
Ac 13:45 ἰδόντες **δὲ** οἱ Ἰουδαῖοι τοὺς
Ac 13:48 Ἀκούοντα **δὲ** τὰ ἔθνη ἔχαιρον
Ac 13:49 διεφέρετο **δὲ** ὁ λόγος τοῦ
Ac 13:50 οἱ **δὲ** Ἰουδαῖοι παρώτρυναν τὰς
Ac 13:51 οἱ **δὲ** ἐκτιναξάμενοι τὸν κονιορτὸν
Ac 14:1 Ἐγένετο **δὲ** ἐν Ἰκονίῳ κατὰ
Ac 14:2 οἱ **δὲ** ἀπειθήσαντες Ἰουδαῖοι ἐπήγειραν
Ac 14:4 ἐσχίσθη **δὲ** τὸ πλῆθος τῆς
Ac 14:4 οἱ **δὲ** σὺν τοῖς ἀποστόλοις.
Ac 14:5 ὡς **δὲ** ἐγένετο ὁρμὴ τῶν
Ac 14:12 τὸν **δὲ** Παῦλον Ἑρμῆν,
Ac 14:14 Ἀκούσαντες **δὲ** οἱ ἀπόστολοι Βαρναβᾶς
Ac 14:19 Ἐπῆλθαν **δὲ** ἀπὸ Ἀντιοχείας καὶ
Ac 14:20 κυκλωσάντων **δὲ** τῶν μαθητῶν αὐτὸν
Ac 14:23 χειροτονήσαντες **δὲ** αὐτοῖς κατ᾽ ἐκκλησίαν
Ac 14:27 παραγενόμενοι **δὲ** καὶ συναγαγόντες τὴν
Ac 14:28 διέτριβον **δὲ** χρόνον οὐκ ὀλίγον
Ac 15:2 γενομένης **δὲ** στάσεως καὶ ζητήσεως
Ac 15:4 παραγενόμενοι **δὲ** εἰς Ἰερουσαλὴμ παρεδέχθησαν
Ac 15:5 Ἐξανέστησαν **δέ** τινες τῶν ἀπὸ
Ac 15:7 Πολλῆς **δὲ** ζητήσεως γενομένης ἀναστὰς
Ac 15:12 Ἐσίγησεν **δὲ** πᾶν τὸ πλῆθος
Ac 15:13 Μετὰ **δὲ** τὸ σιγῆσαι αὐτοὺς
Ac 15:31 ἀναγνόντες **δὲ** ἐχάρησαν ἐπὶ τῇ
Ac 15:33 ποιήσαντες **δὲ** χρόνον ἀπελύθησαν μετ᾽
Ac 15:35 Παῦλος **δὲ** καὶ Βαρναβᾶς διέτριβον
Ac 15:36 Μετὰ **δέ** τινας ἡμέρας εἶπεν
Ac 15:37 Βαρναβᾶς **δὲ** ἐβούλετο συμπαραλαβεῖν καὶ
Ac 15:38 Παῦλος **δὲ** ἠξίου,
Ac 15:39 ἐγένετο **δὲ** παροξυσμὸς ὥστε ἀποχωρισθῆναι
Ac 15:40 Παῦλος **δὲ** ἐπιλεξάμενος Σιλᾶν ἐξῆλθεν
Ac 15:41 διήρχετο **δὲ** τὴν Συρίαν καὶ
Ac 16:1 Κατήντησεν **δὲ** [καὶ] εἰς Δέρβην
Ac 16:1 πατρὸς **δὲ** Ἕλληνος,
Ac 16:4 Ὡς **δὲ** διεπορεύοντο τὰς πόλεις,
Ac 16:6 Διῆλθον **δὲ** τὴν Φρυγίαν καὶ
Ac 16:7 ἐλθόντες **δὲ** κατὰ τὴν Μυσίαν
Ac 16:8 παρελθόντες **δὲ** τὴν Μυσίαν κατέβησαν
Ac 16:10 ὡς **δὲ** τὸ ὅραμα εἶδεν,
Ac 16:11 Ἀναχθέντες **δὲ** ἀπὸ Τρῳάδος εὐθυδρομήσαμεν
Ac 16:11 τῇ **δὲ** ἐπιούσῃ εἰς Νέαν
Ac 16:12 Ἦμεν **δὲ** ἐν ταύτῃ τῇ
Ac 16:15 ὡς **δὲ** ἐβαπτίσθη καὶ ὁ
Ac 16:16 Ἐγένετο **δὲ** πορευομένων ἡμῶν εἰς
Ac 16:18 τοῦτο **δὲ** ἐποίει ἐπὶ πολλὰς
Ac 16:18 διαπονηθεὶς **δὲ** Παῦλος καὶ ἐπιστρέψας
Ac 16:19 ἰδόντες **δὲ** οἱ κύριοι αὐτῆς
Ac 16:25 Κατὰ **δὲ** τὸ μεσονύκτιον Παῦλος
Ac 16:25 ἐπηκροῶντο **δὲ** αὐτῶν οἱ δέσμιοι.
Ac 16:26 ἄφνω **δὲ** σεισμὸς ἐγένετο μέγας
Ac 16:26 ἠνεῴχθησαν **δὲ** παραχρῆμα αἱ θύραι
Ac 16:27 ἔξυπνος **δὲ** γενόμενος ὁ δεσμοφύλαξ
Ac 16:28 ἐφώνησεν **δὲ** μεγάλῃ φωνῇ [ὁ]
Ac 16:29 αἰτήσας **δὲ** φῶτα εἰσεπήδησεν καὶ
Ac 16:31 οἱ **δὲ** εἶπαν·
Ac 16:35 Ἡμέρας **δὲ** γενομένης ἀπέστειλαν οἱ
Ac 16:36 ἀπήγγειλεν **δὲ** ὁ δεσμοφύλαξ τοὺς
Ac 16:37 ὁ **δὲ** Παῦλος ἔφη πρὸς
Ac 16:38 ἀπήγγειλαν **δὲ** τοῖς στρατηγοῖς οἱ
Ac 16:38 ἐφοβήθησαν **δὲ** ἀκούσαντες ὅτι Ῥωμαῖοί
Ac 16:40 ἐξελθόντες **δὲ** ἀπὸ τῆς φυλακῆς
Ac 17:1 Διοδεύσαντες **δὲ** τὴν Ἀμφίπολιν καὶ
Ac 17:2 κατὰ **δὲ** τὸ εἰωθὸς τῷ
Ac 17:5 Ζηλώσαντες **δὲ** οἱ Ἰουδαῖοι καὶ
Ac 17:6 μὴ εὑρόντες **δὲ** αὐτοὺς ἔσυρον Ἰάσονα
Ac 17:8 ἐτάραξαν **δὲ** τὸν ὄχλον καὶ
Ac 17:10 Οἱ **δὲ** ἀδελφοὶ εὐθέως διὰ
Ac 17:11 οὗτοι **δὲ** ἦσαν εὐγενέστεροι τῶν
Ac 17:13 Ὡς **δὲ** ἔγνωσαν οἱ ἀπὸ
Ac 17:14 εὐθέως **δὲ** τότε τὸν Παῦλον
Ac 17:15 οἱ **δὲ** καθιστάνοντες τὸν Παῦλον
Ac 17:16 Ἐν **δὲ** ταῖς Ἀθήναις ἐκδεχομένου
Ac 17:18 τινες **δὲ** καὶ τῶν Ἐπικουρείων
Ac 17:18 οἱ **δέ**·
Ac 17:21 Ἀθηναῖοι **δὲ** πάντες καὶ οἱ
Ac 17:22 Σταθεὶς **δὲ** [ὁ] Παῦλος ἐν
Ac 17:32 Ἀκούσαντες **δὲ** ἀνάστασιν νεκρῶν οἱ
Ac 17:32 οἱ **δὲ** εἶπαν·
Ac 17:34 τινες **δὲ** ἄνδρες κολληθέντες αὐτῷ
Ac 18:4 διελέγετο **δὲ** ἐν τῇ συναγωγῇ
Ac 18:5 Ὡς **δὲ** κατῆλθον ἀπὸ τῆς
Ac 18:6 ἀντιτασσομένων **δὲ** αὐτῶν καὶ βλασφημούντων
Ac 18:8 Κρίσπος **δὲ** ὁ ἀρχισυνάγωγος ἐπίστευσεν

Ac 18:9 Εἶπεν **δὲ** ὁ κύριος ἐν
Ac 18:11 Ἐκάθισεν **δὲ** ἐνιαυτὸν καὶ μῆνας
Ac 18:12 Γαλλίωνος **δὲ** ἀνθυπάτου ὄντος τῆς
Ac 18:14 μέλλοντος **δὲ** τοῦ Παύλου ἀνοίγειν
Ac 18:15 εἰ **δὲ** ζητήματά ἐστιν περὶ
Ac 18:17 ἐπιλαβόμενοι **δὲ** πάντες Σωσθένην τὸν
Ac 18:18 Ὁ **δὲ** Παῦλος ἔτι προσμείνας
Ac 18:19 κατήντησαν **δὲ** εἰς Ἔφεσον,
Ac 18:19 αὐτὸς **δὲ** εἰσελθὼν εἰς τὴν
Ac 18:20 ἐρωτώντων **δὲ** αὐτῶν ἐπὶ πλείονα
Ac 18:24 Ἰουδαῖος **δέ** τις Ἀπολλῶς ὀνόματι,
Ac 18:26 ἀκούσαντες **δὲ** αὐτοῦ Πρίσκιλλα καὶ
Ac 18:27 βουλομένου **δὲ** αὐτοῦ διελθεῖν εἰς
Ac 19:1 Ἐγένετο **δὲ** ἐν τῷ τὸν
Ac 19:2 οἱ **δὲ** πρὸς αὐτόν·
Ac 19:3 οἱ **δὲ** εἶπαν·
Ac 19:4 εἶπεν **δὲ** Παῦλος·
Ac 19:5 ἀκούσαντες **δὲ** ἐβαπτίσθησαν εἰς τὸ
Ac 19:7 ἦσαν **δὲ** οἱ πάντες ἄνδρες
Ac 19:8 Εἰσελθὼν **δὲ** εἰς τὴν συναγωγὴν
Ac 19:9 ὡς **δέ** τινες ἐσκληρύνοντο καὶ
Ac 19:10 τοῦτο **δὲ** ἐγένετο ἐπὶ ἔτη
Ac 19:13 Ἐπεχείρησαν **δέ** τινες καὶ τῶν
Ac 19:14 ἦσαν **δέ** τινος Σκευᾶ Ἰουδαίου
Ac 19:15 ἀποκριθὲν **δὲ** τὸ πνεῦμα τὸ
Ac 19:15 ὑμεῖς **δὲ** τίνες ἐστέ;
Ac 19:17 τοῦτο **δὲ** ἐγένετο γνωστὸν πᾶσιν
Ac 19:19 ἱκανοὶ **δὲ** τῶν τὰ περίεργα
Ac 19:21 Ὡς **δὲ** ἐπληρώθη ταῦτα,
Ac 19:22 ἀποστείλας **δὲ** εἰς τὴν Μακεδονίαν
Ac 19:23 Ἐγένετο **δὲ** κατὰ τὸν καιρὸν
Ac 19:27 οὐ μόνον **δὲ** τοῦτο κινδυνεύει ἡμῖν
Ac 19:28 Ἀκούσαντες **δὲ** καὶ γενόμενοι πλήρεις
Ac 19:30 Παύλου **δὲ** βουλομένου εἰσελθεῖν εἰς
Ac 19:31 τινες **δὲ** καὶ τῶν Ἀσιαρχῶν,
Ac 19:33 ἐκ **δὲ** τοῦ ὄχλου συνεβίβασαν
Ac 19:33 ὁ **δὲ** Ἀλέξανδρος κατασείσας τὴν
Ac 19:34 ἐπιγνόντες **δὲ** ὅτι Ἰουδαῖός ἐστιν,
Ac 19:35 Καταστείλας **δὲ** ὁ γραμματεὺς τὸν
Ac 19:39 εἰ **δέ** τι περαιτέρω ἐπιζητεῖτε,
Ac 20:1 Μετὰ **δὲ** τὸ παύσασθαι τὸν
Ac 20:2 διελθὼν **δὲ** τὰ μέρη ἐκεῖνα
Ac 20:4 συνείπετο **δὲ** αὐτῷ Σώπατρος Πύρρου
Ac 20:4 Θεσσαλονικέων **δὲ** Ἀρίσταρχος καὶ Σεκοῦνδος,
Ac 20:4 Ἀσιανοὶ **δὲ** Τύχικος καὶ Τρόφιμος.
Ac 20:5 οὗτοι **δὲ** προελθόντες ἔμενον ἡμᾶς
Ac 20:6 ἡμεῖς **δὲ** ἐξεπλεύσαμεν μετὰ τὰς
Ac 20:7 Ἐν **δὲ** τῇ μιᾷ τῶν
Ac 20:8 ἦσαν **δὲ** λαμπάδες ἱκαναὶ ἐν
Ac 20:9 καθεζόμενος **δέ** τις νεανίας ὀνόματι
Ac 20:10 καταβὰς **δὲ** ὁ Παῦλος ἐπέπεσεν
Ac 20:11 ἀναβὰς **δὲ** καὶ κλάσας τὸν
Ac 20:12 ἤγαγον **δὲ** τὸν παῖδα ζῶντα
Ac 20:13 ἡμεῖς **δὲ** προελθόντες ἐπὶ τὸ
Ac 20:14 ὡς **δὲ** συνέβαλλεν ἡμῖν εἰς
Ac 20:15 τῇ **δὲ** ἑτέρᾳ παρεβάλομεν εἰς
Ac 20:15 τῇ **δὲ** ἐχομένῃ ἤλθομεν εἰς
Ac 20:17 Ἀπὸ **δὲ** τῆς Μιλήτου πέμψας
Ac 20:18 ὡς **δὲ** παρεγένοντο πρὸς αὐτὸν
Ac 20:37 ἱκανὸς **δὲ** κλαυθμὸς ἐγένετο πάντων
Ac 20:38 προέπεμπον **δὲ** αὐτὸν εἰς τὸ
Ac 21:1 Ὡς **δὲ** ἐγένετο ἀναχθῆναι ἡμᾶς
Ac 21:1 τῇ **δὲ** ἑξῆς εἰς τὴν
Ac 21:3 ἀναφάναντες **δὲ** τὴν Κύπρον καὶ
Ac 21:4 ἀνευρόντες **δὲ** τοὺς μαθητὰς ἐπεμείναμεν
Ac 21:5 ὅτε **δὲ** ἐγένετο ἡμᾶς ἐξαρτίσαι
Ac 21:6 ἐκεῖνοι **δὲ** ὑπέστρεψαν εἰς τὰ
Ac 21:7 ἡμεῖς **δὲ** τὸν πλοῦν διανύσαντες
Ac 21:8 τῇ **δὲ** ἐπαύριον ἐξελθόντες ἤλθομεν
Ac 21:9 τούτῳ **δὲ** ἦσαν θυγατέρες τέσσαρες
Ac 21:10 Ἐπιμενόντων **δὲ** ἡμέρας πλείους κατῆλθέν
Ac 21:12 ὡς **δὲ** ἠκούσαμεν ταῦτα,
Ac 21:14 μὴ πειθομένου **δὲ** αὐτοῦ ἡσυχάσαμεν εἰπόντες·
Ac 21:15 Μετὰ **δὲ** τὰς ἡμέρας ταύτας
Ac 21:16 συνῆλθον **δὲ** καὶ τῶν μαθητῶν
Ac 21:17 Γενομένων **δὲ** ἡμῶν εἰς Ἱεροσόλυμα
Ac 21:18 Τῇ **δὲ** ἐπιούσῃ εἰσῄει ὁ
Ac 21:20 Οἱ **δὲ** ἀκούσαντες ἐδόξαζον τὸν
Ac 21:21 κατηχήθησαν **δὲ** περὶ σοῦ ὅτι
Ac 21:25 περὶ **δὲ** τῶν πεπιστευκότων ἐθνῶν
Ac 21:27 Ὡς **δὲ** ἔμελλον αἱ ἑπτὰ
Ac 21:32 οἱ **δὲ** ἰδόντες τὸν χιλίαρχον
Ac 21:34 ἄλλοι **δὲ** ἄλλο τι ἐπεφώνουν
Ac 21:34 μὴ δυναμένου **δὲ** αὐτοῦ γνῶναι τὸ
Ac 21:35 ὅτε **δὲ** ἐγένετο ἐπὶ τοὺς
Ac 21:37 ὁ **δὲ** ἔφη·
Ac 21:39 εἶπεν **δὲ** ὁ Παῦλος·
Ac 21:39 δέομαι **δέ** σου,
Ac 21:40 ἐπιτρέψαντος **δὲ** αὐτοῦ ὁ Παῦλος
Ac 21:40 πολλῆς **δὲ** σιγῆς γενομένης προσεφώνησεν
Ac 22:2 ἀκούσαντες **δὲ** ὅτι τῇ Ἑβραΐδι
Ac 22:3 ἀνατεθραμμένος **δὲ** ἐν τῇ πόλει
Ac 22:6 Ἐγένετο **δέ** μοι πορευομένῳ καὶ
Ac 22:8 ἐγὼ **δὲ** ἀπεκρίθην·
Ac 22:9 οἱ **δὲ** σὺν ἐμοὶ ὄντες
Ac 22:9 φῶς ἐθεάσαντο τὴν **δὲ** φωνὴν οὐκ ἤκουσαν
Ac 22:10 εἶπον **δέ**·
Ac 22:10 ὁ **δὲ** κύριος εἶπεν πρός
Ac 22:11 ὡς **δὲ** οὐκ ἐνέβλεπον ἀπὸ
Ac 22:12 Ἁνανίας **δέ** τις,
Ac 22:14 ὁ **δὲ** εἶπεν·
Ac 22:17 Ἐγένετο **δέ** μοι ὑποστρέψαντι εἰς
Ac 22:22 Ἤκουον **δὲ** αὐτοῦ ἄχρι τούτου
Ac 22:25 ὡς **δὲ** προέτειναν αὐτὸν τοῖς
Ac 22:26 ἀκούσας **δὲ** ὁ ἑκατοντάρχης προσελθὼν
Ac 22:27 προσελθὼν **δὲ** ὁ χιλίαρχος εἶπεν
Ac 22:27 ὁ **δὲ** ἔφη·
Ac 22:28 ἀπεκρίθη **δὲ** ὁ χιλίαρχος·
Ac 22:28 ὁ **δὲ** Παῦλος ἔφη·
Ac 22:28 ἐγὼ **δὲ** καὶ γεγέννημαι.
Ac 22:29 καὶ ὁ χιλίαρχος **δὲ** ἐφοβήθη ἐπιγνοὺς ὅτι
Ac 22:30 Τῇ **δὲ** ἐπαύριον βουλόμενος γνῶναι
Ac 23:1 Ἀτενίσας **δὲ** ὁ Παῦλος τῷ
Ac 23:2 ὁ **δὲ** ἀρχιερεὺς Ἁνανίας ἐπέταξεν
Ac 23:4 οἱ **δὲ** παρεστῶτες εἶπαν·
Ac 23:6 Γνοὺς **δὲ** ὁ Παῦλος ὅτι
Ac 23:6 ἐστὶν Σαδδουκαίων τὸ **δὲ** ἕτερον Φαρισαίων ἔκραζεν
Ac 23:7 τοῦτο **δὲ** αὐτοῦ εἰπόντος ἐγένετο
Ac 23:8 Φαρισαῖοι **δὲ** ὁμολογοῦσιν τὰ ἀμφότερα.
Ac 23:9 ἐγένετο **δὲ** κραυγὴ μεγάλη,
Ac 23:9 εἰ **δὲ** πνεῦμα ἐλάλησεν αὐτῷ
Ac 23:10 Πολλῆς **δὲ** γινομένης στάσεως φοβηθεὶς
Ac 23:11 Τῇ **δὲ** ἐπιούσῃ νυκτὶ ἐπιστὰς
Ac 23:12 Γενομένης **δὲ** ἡμέρας ποιήσαντες συστροφὴν
Ac 23:13 ἦσαν **δὲ** πλείους τεσσεράκοντα οἱ

Ac 23:15 ἡμεῖς **δὲ** πρὸ τοῦ ἐγγίσαι
Ac 23:16 Ἀκούσας **δὲ** ὁ υἱὸς τῆς
Ac 23:17 προσκαλεσάμενος **δὲ** ὁ Παῦλος ἕνα
Ac 23:19 ἐπιλαβόμενος **δὲ** τῆς χειρὸς αὐτοῦ
Ac 23:20 εἶπεν **δὲ** ὅτι οἱ Ἰουδαῖοι
Ac 23:29 μηδὲν **δὲ** ἄξιον θανάτου ἢ
Ac 23:30 μηνυθείσης **δέ** μοι ἐπιβουλῆς εἰς
Ac 23:32 τῇ **δὲ** ἐπαύριον ἐάσαντες τοὺς
Ac 23:34 ἀναγνοὺς **δὲ** καὶ ἐπερωτήσας ἐκ
Ac 24:1 Μετὰ **δὲ** πέντε ἡμέρας κατέβη
Ac 24:2 κληθέντος **δὲ** αὐτοῦ ἤρξατο κατηγορεῖν
Ac 24:4 ἵνα **δὲ** μὴ ἐπὶ πλεῖόν
Ac 24:9 συνεπέθεντο **δὲ** καὶ οἱ Ἰουδαῖοι
Ac 24:14 ὁμολογῶ **δὲ** τοῦτό σοι ὅτι
Ac 24:17 δι᾽ ἐτῶν **δὲ** πλειόνων ἐλεημοσύνας ποιήσων
Ac 24:19 τινες **δὲ** ἀπὸ τῆς Ἀσίας
Ac 24:22 ἀνεβάλετο **δὲ** αὐτοὺς ὁ Φῆλιξ,
Ac 24:24 Μετὰ **δὲ** ἡμέρας τινας παραγενόμενος
Ac 24:25 διαλεγομένου **δὲ** αὐτοῦ περὶ δικαιοσύνης
Ac 24:25 καιρὸν **δὲ** μεταλαβὼν μετακαλέσομαί σε,
Ac 24:27 Διετίας **δὲ** πληρωθείσης ἔλαβεν διάδοχον
Ac 25:4 ἑαυτὸν **δὲ** μέλλειν ἐν τάχει
Ac 25:6 Διατρίψας **δὲ** ἐν αὐτοῖς ἡμέρας
Ac 25:7 παραγενομένου **δὲ** αὐτοῦ περιέστησαν αὐτὸν
Ac 25:9 Ὁ Φῆστος **δὲ** θέλων τοῖς Ἰουδαίοις
Ac 25:10 εἶπεν **δὲ** ὁ Παῦλος·
Ac 25:11 εἰ **δὲ** οὐδέν ἐστιν ὧν
Ac 25:13 Ἡμερῶν **δὲ** διαγενομένων τινων Ἀγρίππας
Ac 25:14 ὡς **δὲ** πλείους ἡμέρας διέτριβον
Ac 25:19 ζητήματα **δέ** τινα περὶ τῆς
Ac 25:20 ἀπορούμενος **δὲ** ἐγὼ τὴν περὶ
Ac 25:21 τοῦ **δὲ** Παύλου ἐπικαλεσαμένου τηρηθῆναι
Ac 25:22 Ἀγρίππας **δὲ** πρὸς τὸν Φῆστον·
Ac 25:25 ἐγὼ **δὲ** κατελαβόμην μηδὲν ἄξιον
Ac 25:25 αὐτοῦ **δὲ** τούτου ἐπικαλεσαμένου τὸν
Ac 26:1 Ἀγρίππας **δὲ** πρὸς τὸν Παῦλον
Ac 26:15 ἐγὼ **δὲ** εἶπα·
Ac 26:15 ὁ **δὲ** κύριος εἶπεν·
Ac 26:24 Ταῦτα **δὲ** αὐτοῦ ἀπολογουμένου ὁ
Ac 26:25 ὁ **δὲ** Παῦλος·
Ac 26:28 ὁ **δὲ** Ἀγρίππας πρὸς τὸν
Ac 26:29 ὁ **δὲ** Παῦλος·
Ac 26:32 Ἀγρίππας **δὲ** τῷ Φήστῳ ἔφη·
Ac 27:1 Ὡς **δὲ** ἐκρίθη τοῦ ἀποπλεῖν
Ac 27:2 ἐπιβάντες **δὲ** πλοίῳ Ἀδραμυττηνῷ μέλλοντι
Ac 27:7 ἐν ἱκαναῖς **δὲ** ἡμέραις βραδυπλοοῦντες καὶ
Ac 27:9 Ἱκανοῦ **δὲ** χρόνου διαγενομένου καὶ
Ac 27:11 ὁ **δὲ** ἑκατοντάρχης τῷ κυβερνήτῃ
Ac 27:12 ἀνευθέτου **δὲ** τοῦ λιμένος ὑπάρχοντος
Ac 27:13 Ὑποπνεύσαντος **δὲ** νότου δόξαντες τῆς
Ac 27:14 μετ᾽ οὐ πολὺ **δὲ** ἔβαλεν κατ᾽ αὐτῆς
Ac 27:15 συναρπασθέντος **δὲ** τοῦ πλοίου καὶ
Ac 27:16 νησίον **δέ** τι ὑποδραμόντες καλούμενον
Ac 27:18 σφοδρῶς **δὲ** χειμαζομένων ἡμῶν τῇ
Ac 27:20 μήτε **δὲ** ἡλίου μήτε ἄστρων
Ac 27:26 εἰς νῆσον **δέ** τινα δεῖ ἡμᾶς
Ac 27:27 Ὡς **δὲ** τεσσαρεσκαιδεκάτη νὺξ ἐγένετο
Ac 27:28 βραχὺ **δὲ** διαστήσαντες καὶ πάλιν
Ac 27:30 Τῶν **δὲ** ναυτῶν ζητούντων φυγεῖν
Ac 27:33 Ἄχρι **δὲ** οὗ ἡμέρα ἤμελλεν
Ac 27:35 εἴπας **δὲ** ταῦτα καὶ λαβὼν
Ac 27:36 εὔθυμοι **δὲ** γενόμενοι πάντες καὶ
Ac 27:37 ἤμεθα **δὲ** αἱ πᾶσαι ψυχαὶ
Ac 27:38 κορεσθέντες **δὲ** τροφῆς ἐκούφιζον τὸ
Ac 27:39 Ὅτε **δὲ** ἡμέρα ἐγένετο,
Ac 27:39 κόλπον **δέ** τινα κατενόουν ἔχοντα
Ac 27:41 περιπεσόντες **δὲ** εἰς τόπον διθάλασσον
Ac 27:41 ἡ **δὲ** πρύμνα ἐλύετο ὑπὸ
Ac 27:42 Τῶν **δὲ** στρατιωτῶν βουλὴ ἐγένετο
Ac 27:43 ὁ **δὲ** ἑκατοντάρχης βουλόμενος διασῶσαι
Ac 27:44 οὓς **δὲ** ἐπί τινων τῶν
Ac 28:3 Συστρέψαντος **δὲ** τοῦ Παύλου φρυγάνων
Ac 28:4 ὡς **δὲ** εἶδον οἱ βάρβαροι
Ac 28:6 οἱ **δὲ** προσεδόκων αὐτὸν μέλλειν
Ac 28:6 ἐπὶ πολὺ **δὲ** αὐτῶν προσδοκώντων καὶ
Ac 28:7 Ἐν **δὲ** τοῖς περὶ τὸν
Ac 28:8 ἐγένετο **δὲ** τὸν πατέρα τοῦ
Ac 28:9 τούτου **δὲ** γενομένου καὶ οἱ
Ac 28:11 Μετὰ **δὲ** τρεῖς μῆνας ἀνήχθημεν
Ac 28:16 Ὅτε **δὲ** εἰσήλθομεν εἰς Ῥώμην,
Ac 28:17 Ἐγένετο **δὲ** μετὰ ἡμέρας τρεῖς
Ac 28:17 συνελθόντων **δὲ** αὐτῶν ἔλεγεν πρὸς
Ac 28:19 ἀντιλεγόντων **δὲ** τῶν Ἰουδαίων ἠναγκάσθην
Ac 28:21 οἱ **δὲ** πρὸς αὐτὸν εἶπαν·
Ac 28:22 ἀξιοῦμεν **δὲ** παρὰ σοῦ ἀκοῦσαι
Ac 28:23 Ταξάμενοι **δὲ** αὐτῷ ἡμέραν ἦλθον
Ac 28:24 οἱ **δὲ** ἠπίστουν·
Ac 28:25 ἀσύμφωνοι **δὲ** ὄντες πρὸς ἀλλήλους
Ac 28:30 Ἐνέμεινεν **δὲ** διετίαν ὅλην ἐν

δεῖ (*dei*; 22/101) *it is necessary*

Ac 1:16 **ἔδει** πληρωθῆναι τὴν γραφὴν
Ac 1:21 **δεῖ** οὖν τῶν συνελθόντων
Ac 3:21 ὃν **δεῖ** οὐρανὸν μὲν δέξασθαι
Ac 4:12 ἀνθρώποις ἐν ᾧ **δεῖ** σωθῆναι ἡμᾶς.
Ac 5:29 πειθαρχεῖν **δεῖ** θεῷ μᾶλλον ἢ
Ac 9:6 ὅ τι σε **δεῖ** ποιεῖν.
Ac 9:16 ὑποδείξω αὐτῷ ὅσα **δεῖ** αὐτὸν ὑπὲρ τοῦ
Ac 14:22 διὰ πολλῶν θλίψεων **δεῖ** ἡμᾶς εἰσελθεῖν εἰς
Ac 15:5 πεπιστευκότες λέγοντες ὅτι **δεῖ** περιτέμνειν αὐτοὺς παραγγέλλειν
Ac 16:30 τί με **δεῖ** ποιεῖν ἵνα σωθῶ;
Ac 17:3 ὅτι τὸν χριστὸν **ἔδει** παθεῖν καὶ ἀναστῆναι
Ac 19:21 γενέσθαι με ἐκεῖ **δεῖ** με καὶ Ῥώμην
Ac 19:36 οὖν ὄντων τούτων **δέον** ἐστὶν ὑμᾶς κατεσταλμένους
Ac 20:35 ὅτι οὕτως κοπιῶντας **δεῖ** ἀντιλαμβάνεσθαι τῶν ἀσθενούντων,
Ac 23:11 οὕτω σε **δεῖ** καὶ εἰς Ῥώμην
Ac 24:19 οὓς **ἔδει** ἐπὶ σοῦ παρεῖναι
Ac 25:10 οὗ με **δεῖ** κρίνεσθαι.
Ac 25:24 ἐνθάδε βοῶντες μὴ **δεῖν** αὐτὸν ζῆν μηκέτι.
Ac 26:9 Ἰησοῦ τοῦ Ναζωραίου **δεῖν** πολλὰ ἐναντία πρᾶξαι,
Ac 27:21 **ἔδει** μέν,
Ac 27:24 Καίσαρί σε **δεῖ** παραστῆναι,
Ac 27:26 νῆσον δέ τινα **δεῖ** ἡμᾶς ἐκπεσεῖν.

δείκνυμι (*deiknymi*; 2/33) *show*

Ac 7:3 ἣν ἄν σοι **δείξω**.
Ac 10:28 κἀμοὶ ὁ θεὸς **ἔδειξεν** μηδένα κοινὸν ἢ

δεισιδαιμονία (*deisidaimonia*; 1/1) *religion*

Ac 25:19 περὶ τῆς ἰδίας **δεισιδαιμονίας** εἶχον πρὸς αὐτὸν

δεισιδαίμων (*deisidaimōn*; 1/1) *religious*
Ac 17:22 κατὰ πάντα ὡς **δεισιδαιμονεστέρους** ὑμᾶς θεωρῶ.

δέκα (*deka*; 1/25) *ten*
Ac 25:6 πλείους ὀκτὼ ἢ **δέκα**,

δεκαπέντε (*dekapente*; 1/3) *fifteen*
Ac 27:28 βολίσαντες εὗρον ὀργυιὰς **δεκαπέντε**·

δεκτός (*dektos*; 1/5) *acceptable*
Ac 10:35 καὶ ἐργαζόμενος δικαιοσύνην **δεκτὸς** αὐτῷ ἐστιν.

δεξιολάβος (*dexiolabos*; 1/1) *soldier*
Ac 23:23 ἱππεῖς ἑβδομήκοντα καὶ **δεξιολάβους** διακοσίους ἀπὸ τρίτης

δεξιός (*dexios*; 7/53[54]) *right*
Ac 2:25 ὅτι ἐκ **δεξιῶν** μού ἐστιν ἵνα
Ac 2:33 τῇ **δεξιᾷ** οὖν τοῦ θεοῦ
Ac 2:34 κάθου ἐκ **δεξιῶν** μου,
Ac 3:7 πιάσας αὐτὸν τῆς **δεξιᾶς** χειρὸς ἤγειρεν αὐτόν·
Ac 5:31 σωτῆρα ὕψωσεν τῇ **δεξιᾷ** αὐτοῦ [τοῦ] δοῦναι
Ac 7:55 Ἰησοῦν ἑστῶτα ἐκ **δεξιῶν** τοῦ θεοῦ
Ac 7:56 τοῦ ἀνθρώπου ἐκ **δεξιῶν** ἑστῶτα τοῦ θεοῦ.

δέομαι (*deomai*; 7/22) *ask*
Ac 4:31 καὶ **δεηθέντων** αὐτῶν ἐσαλεύθη ὁ
Ac 8:22 σου ταύτης καὶ **δεήθητι** τοῦ κυρίου,
Ac 8:24 **δεήθητε** ὑμεῖς ὑπὲρ ἐμοῦ
Ac 8:34 **δέομαί** σου,
Ac 10:2 τῷ λαῷ καὶ **δεόμενος** τοῦ θεοῦ διὰ
Ac 21:39 **δέομαι** δέ σου,
Ac 26:3 διὸ **δέομαι** μακροθύμως ἀκοῦσαί μου.

Δερβαῖος (*Derbaios*; 1/1) *of Derbe*
Ac 20:4 καὶ Γάϊος Δερβαῖος **καὶ** Τιμόθεος,

Δέρβη (*Derbē*; 3/3) *Derbe*
Ac 14:6 Λυκαονίας Λύστραν καὶ **Δέρβην** καὶ τὴν περίχωρον,
Ac 14:20 τῷ Βαρναβᾷ εἰς **Δέρβην**.
Ac 16:1 δὲ [καὶ] εἰς **Δέρβην** καὶ εἰς Λύστραν.

δέρω (*derō*; 3/15) *beat*
Ac 5:40 προσκαλεσάμενοι τοὺς ἀποστόλους **δείραντες** παρήγγειλαν μὴ λαλεῖν
Ac 16:37 **δείραντες** ἡμᾶς δημοσίᾳ ἀκατακρίτους,
Ac 22:19 ἤμην φυλακίζων καὶ **δέρων** κατὰ τὰς συναγωγὰς

δεσμεύω (*desmeuō*; 1/3) *tie*
Ac 22:4 ἐδίωξα ἄχρι θανάτου **δεσμεύων** καὶ παραδιδοὺς εἰς

δέσμιος (*desmios*; 6/16) *prisoner*
Ac 16:25 δὲ αὐτῶν οἱ **δέσμιοι**.
Ac 16:27 νομίζων ἐκπεφευγέναι τοὺς **δεσμίους**.
Ac 23:18 ὁ **δέσμιος** Παῦλος προσκαλεσάμενός με
Ac 25:14 καταλελειμμένος ὑπὸ Φήλικος **δέσμιος**,
Ac 25:27 μοι δοκεῖ πέμποντα **δέσμιον** μὴ καὶ τὰς
Ac 28:17 ἔθεσι τοῖς πατρῴοις **δέσμιος** ἐξ Ἱεροσολύμων παρεδόθην

δεσμός (*desmos*; 5/18) *bond*
Ac 16:26 καὶ πάντων τὰ **δεσμὰ** ἀνέθη.
Ac 20:23 μοι λέγον ὅτι **δεσμὰ** καὶ θλίψεις με
Ac 23:29 ἄξιον θανάτου ἢ **δεσμῶν** ἔχοντα ἔγκλημα.
Ac 26:29 εἰμι παρεκτὸς τῶν **δεσμῶν** τούτων.
Ac 26:31 οὐδὲν θανάτου ἢ **δεσμῶν** ἄξιόν [τι] πράσσει

δεσμοφύλαξ (*desmophylax*; 3/3) *jailer*
Ac 16:23 φυλακὴν παραγγείλαντες τῷ **δεσμοφύλακι** ἀσφαλῶς τηρεῖν αὐτούς.
Ac 16:27 δὲ γενόμενος ὁ **δεσμοφύλαξ** καὶ ἰδὼν ἀνεῳγμένας
Ac 16:36 ἀπήγγειλεν δὲ ὁ **δεσμοφύλαξ** τοὺς λόγους [τούτους]

δεσμωτήριον (*desmōtērion*; 3/4) *jail*
Ac 5:21 ἀπέστειλαν εἰς τὸ **δεσμωτήριον** ἀχθῆναι αὐτούς.
Ac 5:23 λέγοντες ὅτι τὸ **δεσμωτήριον** εὕρομεν κεκλεισμένον ἐν
Ac 16:26 τὰ θεμέλια τοῦ **δεσμωτηρίου**·

δεσμώτης (*desmōtēs*; 2/2) *prisoner*
Ac 27:1 καί τινας ἑτέρους **δεσμώτας** ἑκατοντάρχῃ ὀνόματι Ἰουλίῳ
Ac 27:42 ἐγένετο ἵνα τοὺς **δεσμώτας** ἀποκτείνωσιν,

δεσπότης (*despotēs*; 1/10) *master*
Ac 4:24 **δέσποτα**,

δεῦρο (*deuro*; 2/9) *come*
Ac 7:3 καὶ **δεῦρο** εἰς τὴν γῆν
Ac 7:34 καὶ νῦν **δεῦρο** ἀποστείλω σε εἰς

δευτεραῖος (*deuteraios*; 1/1) *in two days or on the second day*
Ac 28:13 ἡμέραν ἐπιγενομένου νότου **δευτεραῖοι** ἤλθομεν εἰς Ποτιόλους,

δεύτερος (*deuteros*; 5/43) *second*
Ac 7:13 καὶ ἐν τῷ **δευτέρῳ** ἀνεγνωρίσθη Ἰωσὴφ τοῖς
Ac 10:15 φωνὴ πάλιν ἐκ **δευτέρου** πρὸς αὐτόν·
Ac 11:9 δὲ φωνὴ ἐκ **δευτέρου** ἐκ τοῦ οὐρανοῦ·
Ac 12:10 πρώτην φυλακὴν καὶ **δευτέραν** ἦλθαν ἐπὶ
Ac 13:33 ψαλμῷ γέγραπται τῷ **δευτέρῳ**·

δέχομαι (*dechomai*; 8/56) *take, receive*
Ac 3:21 δεῖ οὐρανὸν μὲν **δέξασθαι** ἄχρι χρόνων ἀποκαταστάσεως
Ac 7:38 ὃς **ἐδέξατο** λόγια ζῶντα δοῦναι
Ac 7:59 **δέξαι** τὸ πνεῦμά μου.
Ac 8:14 Ἱεροσολύμοις ἀπόστολοι ὅτι **δέδεκται** ἡ Σαμάρεια τὸν
Ac 11:1 καὶ τὰ ἔθνη **ἐδέξαντο** τὸν λόγον τοῦ

Ac 17:11 οἵτινες **ἐδέξαντο** τὸν λόγον μετὰ
Ac 22:5 ὧν καὶ ἐπιστολὰς **δεξάμενος** πρὸς τοὺς ἀδελφοὺς
Ac 28:21 γράμματα περὶ σοῦ **ἐδεξάμεθα** ἀπὸ τῆς Ἰουδαίας

δέω (*deō*; 12/43) *bind*

Ac 9:2 **δεδεμένους** ἀγάγῃ εἰς Ἰερουσαλήμ.
Ac 9:14 παρὰ τῶν ἀρχιερέων **δῆσαι** πάντας τοὺς ἐπικαλουμένους
Ac 9:21 τοῦτο ἐληλύθει ἵνα **δεδεμένους** αὐτοὺς ἀγάγῃ ἐπὶ
Ac 12:6 μεταξὺ δύο στρατιωτῶν **δεδεμένος** ἁλύσεσιν δυσὶν φύλακές
Ac 20:22 Καὶ νῦν ἰδοὺ **δεδεμένος** ἐγὼ τῷ πνεύματι
Ac 21:11 **δήσας** ἑαυτοῦ τοὺς πόδας
Ac 21:11 οὕτως **δήσουσιν** ἐν Ἰερουσαλὴμ οἱ
Ac 21:13 γὰρ οὐ μόνον **δεθῆναι** ἀλλὰ καὶ ἀποθανεῖν
Ac 21:33 αὐτοῦ καὶ ἐκέλευσεν **δεθῆναι** ἁλύσεσι δυσί,
Ac 22:5 τοὺς ἐκεῖσε ὄντας **δεδεμένους** εἰς Ἰερουσαλὴμ ἵνα
Ac 22:29 ὅτι αὐτὸν ἦν **δεδεκώς**.
Ac 24:27 κατέλιπε τὸν Παῦλον **δεδεμένον**.

δή (*dē*; 2/5) *indeed*

Ac 13:2 ἀφορίσατε **δή** μοι τὸν Βαρναβᾶν
Ac 15:36 ἐπιστρέψαντες **δὴ** ἐπισκεψώμεθα τοὺς ἀδελφοὺς

δημηγορέω (*dēmēgoreō*; 1/1) *make a speech*

Ac 12:21 ἐπὶ τοῦ βήματος **ἐδημηγόρει** πρὸς αὐτούς,

Δημήτριος (*Dēmētrios*; 2/3) *Demetrius*

Ac 19:24 **Δημήτριος** γάρ τις ὀνόματι,
Ac 19:38 εἰ μὲν οὖν **Δημήτριος** καὶ οἱ σὺν

δῆμος (*dēmos*; 4/4) *people*

Ac 12:22 ὁ δὲ **δῆμος** ἐπεφώνει·
Ac 17:5 προαγαγεῖν εἰς τὸν **δῆμον**·
Ac 19:30 εἰσελθεῖν εἰς τὸν **δῆμον** οὐκ εἴων αὐτὸν
Ac 19:33 ἤθελεν ἀπολογεῖσθαι τῷ **δήμῳ**.

δημόσιος (*dēmosios*; 4/4) *public*

Ac 5:18 αὐτοὺς ἐν τηρήσει **δημοσίᾳ**.
Ac 16:37 δείραντες ἡμᾶς **δημοσίᾳ** ἀκατακρίτους,
Ac 18:28 τοῖς Ἰουδαίοις διακατηλέγχετο **δημοσίᾳ** ἐπιδεικνὺς διὰ τῶν
Ac 20:20 καὶ διδάξαι ὑμᾶς **δημοσίᾳ** καὶ κατ᾽ οἴκους,

διά (*dia*; 74/665[667]) *through, on account of*

Ac 1:2 ἐντειλάμενος τοῖς ἀποστόλοις **διὰ** πνεύματος ἁγίου οὓς
Ac 1:3 **δι᾽** ἡμερῶν τεσσεράκοντα ὀπτανόμενος
Ac 1:16 πνεῦμα τὸ ἅγιον **διὰ** στόματος Δαυὶδ περὶ
Ac 2:16 ἐστιν τὸ εἰρημένον **διὰ** τοῦ προφήτου Ἰωήλ·
Ac 2:22 σημείοις οἷς ἐποίησεν **δι᾽** αὐτοῦ ὁ θεὸς
Ac 2:23 τοῦ θεοῦ ἔκδοτον **διὰ** χειρὸς ἀνόμων προσπήξαντες
Ac 2:25 κύριον ἐνώπιόν μου **διὰ** παντός,
Ac 2:26 **διὰ** τοῦτο ηὐφράνθη ἡ
Ac 2:43 τέρατα καὶ σημεῖα **διὰ** τῶν ἀποστόλων ἐγίνετο.
Ac 3:16 ἡ πίστις ἡ **δι᾽** αὐτοῦ ἔδωκεν αὐτῷ
Ac 3:18 ἃ προκατήγγειλεν διὰ **στόματος** πάντων τῶν προφητῶν
Ac 3:21 ἐλάλησεν ὁ θεὸς **διὰ** στόματος τῶν ἁγίων
Ac 4:2 διαπονούμενοι **διὰ** τὸ διδάσκειν αὐτοὺς
Ac 4:16 γνωστὸν σημεῖον γέγονεν **δι᾽** αὐτῶν πᾶσιν
Ac 4:21 **διὰ** τὸν λαόν,
Ac 4:25 τοῦ πατρὸς ἡμῶν **διὰ** πνεύματος ἁγίου στόματος
Ac 4:30 καὶ τέρατα γίνεσθαι **διὰ** τοῦ ὀνόματος τοῦ
Ac 5:3 **διὰ** τι ἐπλήρωσεν ὁ
Ac 5:12 **Διὰ** δὲ τῶν χειρῶν
Ac 5:19 Ἄγγελος δὲ κυρίου **διὰ** νυκτὸς ἀνοίξας τὰς
Ac 7:25 ὅτι ὁ θεὸς **διὰ** χειρὸς αὐτοῦ δίδωσιν
Ac 8:11 προσεῖχον δὲ αὐτῷ **διὰ** τὸ ἱκανῷ χρόνῳ
Ac 8:18 ὁ Σίμων ὅτι **διὰ** τῆς ἐπιθέσεως τῶν
Ac 8:20 τοῦ θεοῦ ἐνόμισας **διὰ** χρημάτων κτᾶσθαι·
Ac 9:25 μαθηταὶ αὐτοῦ νυκτὸς **διὰ** τοῦ τείχους καθῆκαν
Ac 9:32 δὲ Πέτρον διερχόμενον **διὰ** πάντων κατελθεῖν καὶ
Ac 10:2 δεόμενος τοῦ θεοῦ **διὰ** παντός,
Ac 10:21 τίς ἡ αἰτία **δι᾽** ἣν πάρεστε;
Ac 10:36 Ἰσραὴλ εὐαγγελιζόμενος εἰρήνην **διὰ** Ἰησοῦ Χριστοῦ,
Ac 10:43 ἄφεσιν ἁμαρτιῶν λαβεῖν **διὰ** τοῦ ὀνόματος αὐτοῦ
Ac 11:28 ὀνόματι Ἅγαβος ἐσήμανεν **διὰ** τοῦ πνεύματος λιμὸν
Ac 11:30 πρὸς τοὺς πρεσβυτέρους **διὰ** χειρὸς Βαρναβᾶ καὶ
Ac 12:9 ἐστιν τὸ γινόμενον **διὰ** τοῦ ἀγγέλου·
Ac 12:20 ᾐτοῦντο εἰρήνην **διὰ** τὸ τρέφεσθαι αὐτῶν
Ac 13:38 ὅτι **διὰ** τούτου ὑμῖν ἄφεσις
Ac 13:49 λόγος τοῦ κυρίου **δι᾽** ὅλης τῆς χώρας.
Ac 14:3 καὶ τέρατα γίνεσθαι **διὰ** τῶν χειρῶν αὐτῶν.
Ac 14:22 πίστει καὶ ὅτι **διὰ** πολλῶν θλίψεων δεῖ
Ac 15:7 ἐξελέξατο ὁ θεὸς **διὰ** τοῦ στόματός μου
Ac 15:11 ἀλλὰ **διὰ** τῆς χάριτος τοῦ
Ac 15:12 ἐν τοῖς ἔθνεσιν **δι᾽** αὐτῶν.
Ac 15:23 γράψαντες **διὰ** χειρὸς αὐτῶν·
Ac 15:27 Σιλᾶν καὶ αὐτοὺς **διὰ** λόγου ἀπαγγέλλοντας
Ac 15:32 αὐτοὶ προφῆται ὄντες **διὰ** λόγου πολλοῦ παρεκάλεσαν
Ac 16:3 λαβὼν περιέτεμεν αὐτὸν **διὰ** τοὺς Ἰουδαίους
Ac 16:9 Καὶ ὅραμα **διὰ** [τῆς] νυκτὸς τῷ
Ac 17:10 δὲ ἀδελφοὶ εὐθέως **διὰ** νυκτὸς ἐξέπεμψαν
Ac 18:2 **διὰ** τὸ διατεταχέναι Κλαύδιον
Ac 18:3 καὶ **διὰ** τὸ ὁμότεχνον εἶναι
Ac 18:9 κύριος ἐν νυκτὶ **δι᾽** ὁράματος τῷ Παύλῳ·
Ac 18:27 πολὺ τοῖς πεπιστευκόσιν **διὰ** τῆς χάριτος·
Ac 18:28 διακατηλέγχετο δημοσίᾳ ἐπιδεικνὺς **διὰ** τῶν γραφῶν εἶναι
Ac 19:11 ὁ θεὸς ἐποίει **διὰ** τῶν χειρῶν Παύλου,
Ac 19:26 εἰσὶν θεοὶ οἱ **διὰ** χειρῶν γινόμενοι.
Ac 20:3 γνώμης τοῦ ὑποστρέφειν **διὰ** Μακεδονίας.
Ac 20:28 ἣν περιεποιήσατο **διὰ** τοῦ αἵματος τοῦ
Ac 21:4 τῷ Παύλῳ ἔλεγον **διὰ** τοῦ πνεύματος μὴ
Ac 21:19 ἐν τοῖς ἔθνεσιν **διὰ** τῆς διακονίας αὐτοῦ.
Ac 21:34 γνῶναι τὸ ἀσφαλὲς **διὰ** τὸν θόρυβον ἐκέλευσεν
Ac 21:35 ὑπὸ τῶν στρατιωτῶν **διὰ** τὴν βίαν τοῦ
Ac 22:24 αὐτὸν ἵνα ἐπιγνῷ **δι᾽** ἣν αἰτίαν οὕτως

Ac 23:28 ἐπιγνῶναι τὴν αἰτίαν **δι'** ἣν ἐνεκάλουν αὐτῷ,
Ac 23:31 τὸν Παῦλον ἤγαγον **διὰ** νυκτὸς εἰς τὴν
Ac 24:2 πολλῆς εἰρήνης τυγχάνοντες **διὰ** σοῦ καὶ διορθωμάτων
Ac 24:2 τῷ ἔθνει τούτῳ **διὰ** τῆς σῆς προνοίας,
Ac 24:16 καὶ τοὺς ἀνθρώπους **διὰ** παντός.
Ac 24:17 **δι'** ἐτῶν δὲ πλειόνων
Ac 27:4 ὑπεπλεύσαμεν τὴν Κύπρον **διὰ** τὸ τοὺς ἀνέμους
Ac 27:9 ἐπισφαλοῦς τοῦ πλοὸς **διὰ** τὸ καὶ τὴν
Ac 28:2 προσελάβοντο πάντας ἡμᾶς **διὰ** τὸν ὑετὸν
Ac 28:2 τὸν ἐφεστῶτα καὶ **διὰ** τὸ ψῦχος.
Ac 28:18 με ἐβούλοντο ἀπολῦσαι **διὰ** τὸ μηδεμίαν αἰτίαν
Ac 28:20 **διὰ** ταύτην οὖν τὴν
Ac 28:25 τὸ ἅγιον ἐλάλησεν **διὰ** Ἠσαΐου τοῦ προφήτου

διαβαίνω (*diabainō*; 1/3) *cross*
Ac 16:9 **διαβὰς** εἰς Μακεδονίαν βοήθησον

διάβολος (*diabolos*; 2/37) *devil*
Ac 10:38 καταδυναστευομένους ὑπὸ τοῦ **διαβόλου**,
Ac 13:10 υἱὲ **διαβόλου**,

διαγγέλλω (*diangellō*; 1/3) *proclaim*
Ac 21:26 εἰς τὸ ἱερὸν **διαγγέλλων** τὴν ἐκπλήρωσιν

διαγίνομαι (*diaginomai*; 2/3) *pass (of time)*
Ac 25:13 Ἡμερῶν δὲ **διαγενομένων** τινων Ἀγρίππας ὁ
Ac 27:9 Ἱκανοῦ δὲ χρόνου **διαγενομένου** καὶ ὄντος ἤδη

διαγινώσκω (*diaginōskō*; 2/2) *investigate*
Ac 23:15 ὑμᾶς ὡς μέλλοντας **διαγινώσκειν** ἀκριβέστερον τὰ περὶ
Ac 24:22 **διαγνώσομαι** τὰ καθ' ὑμᾶς·

διάγνωσις (*diagnōsis*; 1/1) *decision*
Ac 25:21 τὴν τοῦ Σεβαστοῦ **διάγνωσιν**,

διαδέχομαι (*diadechomai*; 1/1) *receive possession of*
Ac 7:45 ἣν καὶ εἰσήγαγον **διαδεξάμενοι** οἱ πατέρες ἡμῶν

διαδίδωμι (*diadidōmi*; 1/4) *distribute*
Ac 4:35 **διεδίδετο** δὲ ἑκάστῳ καθότι

διάδοχος (*diadochos*; 1/1) *successor*
Ac 24:27 δὲ πληρωθείσης ἔλαβεν **διάδοχον** ὁ Φῆλιξ Πόρκιον

διαθήκη (*diathēkē*; 2/33) *covenant*
Ac 3:25 προφητῶν καὶ τῆς **διαθήκης** ἧς διέθετο ὁ
Ac 7:8 καὶ ἔδωκεν αὐτῷ **διαθήκην** περιτομῆς·

διακατελέγχομαι (*diakatelenchomai*; 1/1) *defeat*
Ac 18:28 γὰρ τοῖς Ἰουδαίοις **διακατηλέγχετο** δημοσίᾳ ἐπιδεικνὺς διὰ

διακονέω (*diakoneō*; 2/37) *serve*
Ac 6:2 λόγον τοῦ θεοῦ **διακονεῖν** τραπέζαις.
Ac 19:22 Μακεδονίαν δύο τῶν **διακονούντων** αὐτῷ,

διακονία (*diakonia*; 8/34) *ministry, service*
Ac 1:17 τὸν κλῆρον τῆς **διακονίας** ταύτης.
Ac 1:25 τὸν τόπον τῆς **διακονίας** ταύτης καὶ ἀποστολῆς
Ac 6:1 παρεθεωροῦντο ἐν τῇ **διακονίᾳ** τῇ καθημερινῇ αἱ
Ac 6:4 προσευχῇ καὶ τῇ **διακονίᾳ** τοῦ λόγου προσκαρτερήσομεν.
Ac 11:29 ἕκαστος αὐτῶν εἰς **διακονίαν** πέμψαι τοῖς κατοικοῦσιν
Ac 12:25 Ἰερουσαλὴμ πληρώσαντες τὴν **διακονίαν**,
Ac 20:24 μου καὶ τὴν **διακονίαν** ἣν ἔλαβον παρὰ
Ac 21:19 ἔθνεσιν διὰ τῆς **διακονίας** αὐτοῦ.

διακόσιοι (*diakosioi*; 3/8) *two hundred*
Ac 23:23 ἑτοιμάσατε στρατιώτας **διακοσίους**,
Ac 23:23 ἑβδομήκοντα καὶ δεξιολάβους **διακοσίους** ἀπὸ τρίτης ὥρας
Ac 27:37 ἐν τῷ πλοίῳ **διακόσιαι** ἑβδομήκοντα ἕξ.

διακούω (*diakouō*; 1/1) *hear*
Ac 23:35 **διακούσομαί** σου,

διακρίνω (*diakrinō*; 4/19) *evaluate, discern*
Ac 10:20 σὺν αὐτοῖς μηδὲν **διακρινόμενος** ὅτι ἐγὼ ἀπέσταλκα
Ac 11:2 **διεκρίνοντο** πρὸς αὐτὸν οἱ
Ac 11:12 συνελθεῖν αὐτοῖς μηδὲν **διακρίναντα**.
Ac 15:9 καὶ οὐθὲν **διέκρινεν** μεταξὺ ἡμῶν τε

διαλέγομαι (*dialegomai*; 10/13) *discuss*
Ac 17:2 ἐπὶ σάββατα τρία **διελέξατο** αὐτοῖς ἀπὸ τῶν
Ac 17:17 **διελέγετο** μὲν οὖν ἐν
Ac 18:4 **διελέγετο** δὲ ἐν τῇ
Ac 18:19 εἰς τὴν συναγωγὴν **διελέξατο** τοῖς Ἰουδαίοις.
Ac 19:8 ἐπὶ μῆνας τρεῖς **διαλεγόμενος** καὶ πείθων
Ac 19:9 μαθητὰς καθ' ἡμέραν **διαλεγόμενος** ἐν τῇ σχολῇ
Ac 20:7 ὁ Παῦλος **διελέγετο** αὐτοῖς μέλλων ἐξιέναι
Ac 20:9 καταφερόμενος ὕπνῳ βαθεῖ **διαλεγομένου** τοῦ Παύλου ἐπὶ
Ac 24:12 με πρός τινα **διαλεγόμενον** ἢ ἐπίστασιν ποιοῦντα
Ac 24:25 **διαλεγομένου** δὲ αὐτοῦ περὶ

διάλεκτος (*dialektos*; 6/6) *language*
Ac 1:19 ἐκεῖνο τῇ ἰδίᾳ **διαλέκτῳ** αὐτῶν Ἁκελδαμάχ,
Ac 2:6 ἕκαστος τῇ ἰδίᾳ **διαλέκτῳ** λαλούντων αὐτῶν.
Ac 2:8 ἕκαστος τῇ ἰδίᾳ **διαλέκτῳ** ἡμῶν ἐν ᾗ
Ac 21:40 προσεφώνησεν τῇ Ἑβραΐδι **διαλέκτῳ** λέγων·

Ac 22:2 ὅτι τῇ Ἑβραΐδι **διαλέκτῳ** προσεφώνει αὐτοῖς,
Ac 26:14 με τῇ Ἑβραΐδι **διαλέκτῳ**·

διαλύω (*dialyō*; 1/1) *scatter*
Ac 5:36 ὅσοι ἐπείθοντο αὐτῷ **διελύθησαν** καὶ ἐγένοντο εἰς

διαμαρτύρομαι (*diamartyromai*; 9/15) *declare solemnly and emphatically*
Ac 2:40 τε λόγοις πλείοσιν **διεμαρτύρατο** καὶ παρεκάλει αὐτοὺς
Ac 8:25 Οἱ μὲν οὖν **διαμαρτυράμενοι** καὶ λαλήσαντες
Ac 10:42 τῷ λαῷ καὶ **διαμαρτύρασθαι** ὅτι οὗτός ἐστιν
Ac 18:5 λόγῳ ὁ Παῦλος **διαμαρτυρόμενος** τοῖς Ἰουδαίοις εἶναι
Ac 20:21 **διαμαρτυρόμενος** Ἰουδαίοις τε καὶ
Ac 20:23 ἅγιον κατὰ πόλιν **διαμαρτύρεταί** μοι λέγον
Ac 20:24 **διαμαρτύρασθαι** τὸ εὐαγγέλιον τῆς
Ac 23:11 ὡς γὰρ **διεμαρτύρω** τὰ περὶ ἐμοῦ
Ac 28:23 πλείονες οἷς ἐξετίθετο **διαμαρτυρόμενος** τὴν βασιλείαν τοῦ

διαμάχομαι (*diamachomai*; 1/1) *protest violently*
Ac 23:9 μέρους τῶν Φαρισαίων **διεμάχοντο** λέγοντες·

διαμερίζω (*diamerizō*; 2/11) *divide*
Ac 2:3 καὶ ὤφθησαν αὐτοῖς **διαμεριζόμεναι** γλῶσσαι ὡσεὶ πυρὸς
Ac 2:45 ὑπάρξεις ἐπίπρασκον καὶ **διεμέριζον** αὐτὰ πᾶσιν καθότι

διανέμω (*dianemō*; 1/1) *spread*
Ac 4:17 μὴ ἐπὶ πλεῖον **διανεμηθῇ** εἰς τὸν λαὸν

διανοίγω (*dianoigō*; 3/8) *open*
Ac 7:56 θεωρῶ τοὺς οὐρανοὺς **διηνοιγμένους** καὶ τὸν υἱὸν
Ac 16:14 ἧς ὁ κύριος **διήνοιξεν** τὴν καρδίαν προσέχειν
Ac 17:3 **διανοίγων** καὶ παρατιθέμενος ὅτι

διανύω (*dianyō*; 1/1) *complete*
Ac 21:7 δὲ τὸν πλοῦν **διανύσαντες** ἀπὸ Τύρου κατηντήσαμεν

διαπεράω (*diaperaō*; 1/6) *cross over*
Ac 21:2 καὶ εὑρόντες πλοῖον **διαπερῶν** εἰς Φοινίκην ἐπιβάντες

διαπλέω (*diapleō*; 1/1) *sail across*
Ac 27:5 Κιλικίαν καὶ Παμφυλίαν **διαπλεύσαντες** κατήλθομεν εἰς Μύρα

διαπονέομαι (*diaponeomai*; 2/2) *be greatly annoyed*
Ac 4:2 **διαπονούμενοι** διὰ τὸ διδάσκειν
Ac 16:18 **διαπονηθεὶς** δὲ Παῦλος καὶ

διαπορεύομαι (*diaporeuomai*; 1/5) *go or travel through*
Ac 16:4 Ὡς δὲ **διεπορεύοντο** τὰς πόλεις,

διαπορέω (*diaporeō*; 3/4) *be very confused*
Ac 2:12 δὲ πάντες καὶ **διηπόρουν**,
Ac 5:24 **διηπόρουν** περὶ αὐτῶν τι
Ac 10:17 δὲ ἐν ἑαυτῷ **διηπόρει** ὁ Πέτρος τί

διαπρίω (*diapriō*; 2/2) *be furious or enraged*
Ac 5:33 Οἱ δὲ ἀκούσαντες **διεπρίοντο** καὶ ἐβούλοντο ἀνελεῖν
Ac 7:54 Ἀκούοντες δὲ ταῦτα **διεπρίοντο** ταῖς καρδίαις αὐτῶν

διαρρήσσω (*diarrēssō*; 1/5) *tear*
Ac 14:14 Βαρναβᾶς καὶ Παῦλος **διαρρήξαντες** τὰ ἱμάτια αὐτῶν

διασκορπίζω (*diaskorpizō*; 1/9) *scatter*
Ac 5:37 ὅσοι ἐπείθοντο αὐτῷ **διεσκορπίσθησαν**.

διασπάω (*diaspaō*; 1/2) *pull or tear apart*
Ac 23:10 ὁ χιλίαρχος μὴ **διασπασθῇ** ὁ Παῦλος ὑπ'

διασπείρω (*diaspeirō*; 3/3) *scatter*
Ac 8:1 πάντες δὲ **διεσπάρησαν** κατὰ τὰς χώρας
Ac 8:4 Οἱ μὲν οὖν **διασπαρέντες** διῆλθον εὐαγγελιζόμενοι τὸν
Ac 11:19 Οἱ μὲν οὖν **διασπαρέντες** ἀπὸ τῆς θλίψεως

διαστέλλω (*diastellō*; 1/8) *order*
Ac 15:24 ὑμῶν οἷς οὐ **διεστειλάμεθα**,

διάστημα (*diastēma*; 1/1) *interval*
Ac 5:7 ὡς ὡρῶν τριῶν **διάστημα** καὶ ἡ γυνὴ

διαστρέφω (*diastrephō*; 3/7) *pervert*
Ac 13:8 ζητῶν **διαστρέψαι** τὸν ἀνθύπατον ἀπὸ
Ac 13:10 οὐ παύσῃ **διαστρέφων** τὰς ὁδοὺς [τοῦ]
Ac 20:30 ἀναστήσονται ἄνδρες λαλοῦντες **διεστραμμένα** τοῦ ἀποσπᾶν τοὺς

διασῴζω (*diasōzō*; 5/8) *bring safely through*
Ac 23:24 ἐπιβιβάσαντες τὸν Παῦλον **διασώσωσι** πρὸς Φήλικα τὸν
Ac 27:43 δὲ ἑκατοντάρχης βουλόμενος **διασῶσαι** τὸν Παῦλον ἐκώλυσεν
Ac 27:44 οὕτως ἐγένετο πάντας **διασωθῆναι** ἐπὶ τὴν γῆν.
Ac 28:1 Καὶ **διασωθέντες** τότε ἐπέγνωμεν ὅτι
Ac 28:4 ἄνθρωπος οὗτος ὃν **διασωθέντα** ἐκ τῆς θαλάσσης

διαταγή (*diatagē*; 1/2) *decree*
Ac 7:53 τὸν νόμον εἰς **διαταγὰς** ἀγγέλων καὶ οὐκ

διατάσσω (*diatassō*; 5/16) *command*
Ac 7:44 τῇ ἐρήμῳ καθὼς **διετάξατο** ὁ λαλῶν τῷ

Ac 18:2 διὰ τὸ **διατεταχέναι** Κλαύδιον χωρίζεσθαι πάντας
Ac 20:13 οὕτως γὰρ **διατεταγμένος** ἦν μέλλων αὐτὸς
Ac 23:31 στρατιῶται κατὰ τὸ **διατεταγμένον** αὐτοῖς ἀναλαβόντες τὸν
Ac 24:23 **διαταξάμενος** τῷ ἑκατοντάρχῃ τηρεῖσθαι

διατελέω (*diateleō*; 1/1) *continue*
Ac 27:33 ἡμέραν προσδοκῶντες ἄσιτοι **διατελεῖτε** μηθὲν προσλαβόμενοι.

διατηρέω (*diatēreō*; 1/2) *keep*
Ac 15:29 ἐξ ὧν **διατηροῦντες** ἑαυτοὺς εὖ πράξετε.

διατίθημι (*diatithēmi*; 1/7) *make (covenant)*
Ac 3:25 τῆς διαθήκης ἧς **διέθετο** ὁ θεὸς πρὸς

διατρίβω (*diatribō*; 8/9) *stay, remain*
Ac 12:19 Ἰουδαίας εἰς Καισάρειαν **διέτριβεν**.
Ac 14:3 μὲν οὖν χρόνον **διέτριψαν** παρρησιαζόμενοι
Ac 14:28 **διέτριβον** δὲ χρόνον οὐκ
Ac 15:35 δὲ καὶ Βαρναβᾶς **διέτριβον** ἐν Ἀντιοχείᾳ διδάσκοντες
Ac 16:12 ταύτῃ τῇ πόλει **διατρίβοντες** ἡμέρας τινας.
Ac 20:6 ὅπου **διετρίψαμεν** ἡμέρας ἑπτά.
Ac 25:6 **Διατρίψας** δὲ ἐν αὐτοῖς
Ac 25:14 δὲ πλείους ἡμέρας **διέτριβον** ἐκεῖ,

διαφέρω (*diapherō*; 2/13) *be worth more than*
Ac 13:49 **διεφέρετο** δὲ ὁ λόγος
Ac 27:27 τεσσαρεσκαιδεκάτη νὺξ ἐγένετο **διαφερομένων** ἡμῶν ἐν τῷ

διαφεύγω (*diapheugō*; 1/1) *escape*
Ac 27:42 μή τις ἐκκολυμβήσας **διαφύγῃ**.

διαφθορά (*diaphthora*; 6/6) *decay*
Ac 2:27 ὅσιόν σου ἰδεῖν **διαφθοράν**.
Ac 2:31 σὰρξ αὐτοῦ εἶδεν **διαφθοράν**.
Ac 13:34 μέλλοντα ὑποστρέφειν εἰς **διαφθοράν**,
Ac 13:35 ὅσιόν σου ἰδεῖν **διαφθοράν**.
Ac 13:36 αὐτοῦ καὶ εἶδεν **διαφθοράν**·
Ac 13:37 οὐκ εἶδεν **διαφθοράν**.

διαχειρίζω (*diacheirizō*; 2/2) *kill*
Ac 5:30 Ἰησοῦν ὃν ὑμεῖς **διεχειρίσασθε** κρεμάσαντες ἐπὶ ξύλου·
Ac 26:21 τῷ ἱερῷ ἐπειρῶντο **διαχειρίσασθαι**.

διαχλευάζω (*diachleuazō*; 1/1) *make fun*
Ac 2:13 ἕτεροι δὲ **διαχλευάζοντες** ἔλεγον ὅτι γλεύκους

διδάσκαλος (*didaskalos*; 1/58[59]) *teacher*
Ac 13:1 ἐκκλησίαν προφῆται καὶ **διδάσκαλοι** ὅ τε Βαρναβᾶς

διδάσκω (*didaskō*; 16/96) *teach*
Ac 1:1 ποιεῖν τε καὶ **διδάσκειν**,
Ac 4:2 διαπονούμενοι διὰ τὸ **διδάσκειν** αὐτοὺς τὸν λαὸν
Ac 4:18 μὴ φθέγγεσθαι μηδὲ **διδάσκειν** ἐπὶ τῷ ὀνόματι
Ac 5:21 τὸ ἱερὸν καὶ **ἐδίδασκον**.
Ac 5:25 ἱερῷ ἑστῶτες καὶ **διδάσκοντες** τὸν λαόν.
Ac 5:28 παρηγγείλαμεν ὑμῖν μὴ **διδάσκειν** ἐπὶ τῷ ὀνόματι
Ac 5:42 οἶκον οὐκ ἐπαύοντο **διδάσκοντες** καὶ εὐαγγελιζόμενοι τὸν
Ac 11:26 τῇ ἐκκλησίᾳ καὶ **διδάξαι** ὄχλον ἱκανόν,
Ac 15:1 ἀπὸ τῆς Ἰουδαίας **ἐδίδασκον** τοὺς ἀδελφοὺς
Ac 15:35 διέτριβον ἐν Ἀντιοχείᾳ **διδάσκοντες** καὶ εὐαγγελιζόμενοι μετὰ
Ac 18:11 καὶ μῆνας ἓξ **διδάσκων** ἐν αὐτοῖς τὸν
Ac 18:25 πνεύματι ἐλάλει καὶ **ἐδίδασκεν** ἀκριβῶς τὰ
Ac 20:20 ἀναγγεῖλαι ὑμῖν καὶ **διδάξαι** ὑμᾶς δημοσίᾳ
Ac 21:21 σοῦ ὅτι ἀποστασίαν **διδάσκεις** ἀπὸ Μωϋσέως τοὺς
Ac 21:28 τούτου πάντας πανταχῇ **διδάσκων**,
Ac 28:31 τοῦ θεοῦ καὶ **διδάσκων** τὰ περὶ τοῦ

διδαχή (*didachē*; 4/30) *teaching*
Ac 2:42 δὲ προσκαρτεροῦντες τῇ **διδαχῇ** τῶν ἀποστόλων καὶ
Ac 5:28 τὴν Ἰερουσαλὴμ τῆς **διδαχῆς** ὑμῶν καὶ βούλεσθε
Ac 13:12 ἐκπλησσόμενος ἐπὶ τῇ **διδαχῇ** τοῦ κυρίου.
Ac 17:19 ὑπὸ σοῦ λαλουμένη **διδαχή**;

δίδωμι (*didōmi*; 35/415) *give*
Ac 1:26 καὶ **ἔδωκαν** κλήρους αὐτοῖς καὶ
Ac 2:4 καθὼς τὸ πνεῦμα **ἐδίδου** ἀποφθέγγεσθαι αὐτοῖς.
Ac 2:19 καὶ **δώσω** τέρατα ἐν τῷ
Ac 2:27 εἰς ᾅδην οὐδὲ **δώσεις** τὸν ὅσιόν σου
Ac 3:6 ἔχω τοῦτό σοι **δίδωμι**·
Ac 3:16 ἡ δι᾽ αὐτοῦ **ἔδωκεν** αὐτῷ τὴν ὁλοκληρίαν
Ac 4:12 τὸν οὐρανὸν τὸ **δεδομένον** ἐν ἀνθρώποις ἐν
Ac 4:29 ἀπειλὰς αὐτῶν καὶ **δὸς** τοῖς δούλοις σου
Ac 5:31 δεξιᾷ αὐτοῦ [τοῦ] **δοῦναι** μετάνοιαν τῷ Ἰσραὴλ
Ac 5:32 τὸ ἅγιον ὃ **ἔδωκεν** ὁ θεὸς τοῖς
Ac 7:5 καὶ οὐκ **ἔδωκεν** αὐτῷ κληρονομίαν ἐν
Ac 7:5 ποδὸς καὶ ἐπηγγείλατο **δοῦναι** αὐτῷ εἰς κατάσχεσιν
Ac 7:8 καὶ **ἔδωκεν** αὐτῷ διαθήκην περιτομῆς·
Ac 7:10 θλίψεων αὐτοῦ καὶ **ἔδωκεν** αὐτῷ χάριν καὶ
Ac 7:25 διὰ χειρὸς αὐτοῦ **δίδωσιν** σωτηρίαν αὐτοῖς·
Ac 7:38 ἐδέξατο λόγια ζῶντα **δοῦναι** ἡμῖν,
Ac 8:18 χειρῶν τῶν ἀποστόλων **δίδοται** τὸ πνεῦμα,
Ac 8:19 **δότε** κἀμοὶ τὴν ἐξουσίαν
Ac 9:41 **δοὺς** δὲ αὐτῇ χεῖρα
Ac 10:40 τρίτῃ ἡμέρᾳ καὶ **ἔδωκεν** αὐτὸν ἐμφανῆ γενέσθαι,
Ac 11:17 τὴν ἴσην δωρεὰν **ἔδωκεν** αὐτοῖς ὁ θεὸς
Ac 11:18 μετάνοιαν εἰς ζωὴν **ἔδωκεν**.
Ac 12:23 ἀνθ᾽ ὧν οὐκ **ἔδωκεν** τὴν δόξαν τῷ
Ac 13:20 καὶ μετὰ ταῦτα **ἔδωκεν** κριτὰς ἕως Σαμουὴλ
Ac 13:21 ᾐτήσαντο βασιλέα καὶ **ἔδωκεν** αὐτοῖς ὁ θεὸς
Ac 13:34 οὕτως εἴρηκεν ὅτι **δώσω** ὑμῖν τὰ ὅσια
Ac 13:35 οὐ **δώσεις** τὸν ὅσιόν σου
Ac 14:3 **διδόντι** σημεῖα καὶ τέρατα

Ac 14:17 οὐρανόθεν ὑμῖν ὑετοὺς **διδοὺς** καὶ καιροὺς καρποφόρους,
Ac 15:8 θεὸς ἐμαρτύρησεν αὐτοῖς **δοὺς** τὸ πνεῦμα τὸ
Ac 17:25 αὐτὸς **διδοὺς** πᾶσι ζωὴν καὶ
Ac 19:31 αὐτὸν παρεκάλουν μὴ **δοῦναι** ἑαυτὸν εἰς τὸ
Ac 20:32 δυναμένῳ οἰκοδομῆσαι καὶ **δοῦναι** τὴν κληρονομίαν ἐν
Ac 20:35 μακάριόν ἐστιν μᾶλλον **διδόναι** ἢ λαμβάνειν.
Ac 24:26 ἐλπίζων ὅτι χρήματα **δοθήσεται** αὐτῷ ὑπὸ

διενθυμέομαι (*dienthymeomai*; 1/1) *think over*
Ac 10:19 Τοῦ δὲ Πέτρου **διενθυμουμένου** περὶ τοῦ ὁράματος

διερμηνεύω (*diermēneuō*; 1/6) *interpret*
Ac 9:36 ἣ **διερμηνευομένη** λέγεται Δορκάς·

διέρχομαι (*dierchomai*; 21/43) *go or pass through*
Ac 8:4 μὲν οὖν διασπαρέντες **διῆλθον** εὐαγγελιζόμενοι τὸν λόγον.
Ac 8:40 καὶ **διερχόμενος** εὐηγγελίζετο τὰς πόλεις
Ac 9:32 Ἐγένετο δὲ Πέτρον **διερχόμενον** διὰ πάντων κατελθεῖν
Ac 9:38 μὴ ὀκνήσῃς **διελθεῖν** ἕως ἡμῶν.
Ac 10:38 ὃς **διῆλθεν** εὐεργετῶν καὶ ἰώμενος
Ac 11:19 γενομένης ἐπὶ Στεφάνῳ **διῆλθον** ἕως Φοινίκης καὶ
Ac 11:22 καὶ ἐξαπέστειλαν Βαρναβᾶν **[διελθεῖν]** ἕως Ἀντιοχείας.
Ac 12:10 **διελθόντες** δὲ πρώτην φυλακὴν
Ac 13:6 **Διελθόντες** δὲ ὅλην τὴν
Ac 13:14 Αὐτοὶ δὲ **διελθόντες** ἀπὸ τῆς Πέργης
Ac 14:24 Καὶ **διελθόντες** τὴν Πισιδίαν ἦλθον
Ac 15:3 ὑπὸ τῆς ἐκκλησίας **διήρχοντο** τήν τε Φοινίκην
Ac 15:41 **διήρχετο** δὲ τὴν Συρίαν
Ac 16:6 **Διῆλθον** δὲ τὴν Φρυγίαν
Ac 17:23 **διερχόμενος** γὰρ καὶ ἀναθεωρῶν
Ac 18:23 χρόνον τινὰ ἐξῆλθεν **διερχόμενος** καθεξῆς τὴν Γαλατικὴν
Ac 18:27 βουλομένου δὲ αὐτοῦ **διελθεῖν** εἰς τὴν Ἀχαΐαν,
Ac 19:1 ἐν Κορίνθῳ Παῦλον **διελθόντα** τὰ ἀνωτερικὰ μέρη
Ac 19:21 ἐν τῷ πνεύματι **διελθὼν** τὴν Μακεδονίαν
Ac 20:2 **διελθὼν** δὲ τὰ μέρη
Ac 20:25 πάντες ἐν οἷς **διῆλθον** κηρύσσων τὴν βασιλείαν.

διερωτάω (*dierōtaō*; 1/1) *learn by inquiry*
Ac 10:17 ὑπὸ τοῦ Κορνηλίου **διερωτήσαντες** τὴν οἰκίαν τοῦ

διετία (*dietia*; 2/2) *two-year period*
Ac 24:27 **Διετίας** δὲ πληρωθείσης ἔλαβεν
Ac 28:30 Ἐνέμεινεν δὲ **διετίαν** ὅλην ἐν ἰδίῳ

διηγέομαι (*diēgeomai*; 3/8) *tell*
Ac 8:33 γενεὰν αὐτοῦ τίς **διηγήσεται**;
Ac 9:27 τοὺς ἀποστόλους καὶ **διηγήσατο** αὐτοῖς πῶς
Ac 12:17 τῇ χειρὶ σιγᾶν **διηγήσατο** [αὐτοῖς] πῶς ὁ

διθάλασσος (*dithalassos*; 1/1) *between the seas*
Ac 27:41 δὲ εἰς τόπον **διθάλασσον** ἐπέκειλαν τὴν ναῦν

διΐστημι (*diistēmi*; 1/3) *part*
Ac 27:28 βραχὺ δὲ **διαστήσαντες** καὶ πάλιν βολίσαντες

διϊσχυρίζομαι (*diischyrizomai*; 1/2) *insist*
Ac 12:15 ἡ δὲ διϊσχυρίζετο **οὕτως** ἔχειν.

δίκαιος (*dikaios*; 6/79) *righteous*
Ac 3:14 τὸν ἅγιον καὶ **δίκαιον** ἠρνήσασθε καὶ ᾐτήσασθε
Ac 4:19 εἰ **δίκαιόν** ἐστιν ἐνώπιον τοῦ
Ac 7:52 τῆς ἐλεύσεως τοῦ **δικαίου**,
Ac 10:22 ἀνὴρ **δίκαιος** καὶ φοβούμενος τὸν
Ac 22:14 καὶ ἰδεῖν τὸν **δίκαιον** καὶ ἀκοῦσαι φωνὴν
Ac 24:15 ἀνάστασιν μέλλειν ἔσεσθαι **δικαίων** τε καὶ ἀδίκων.

δικαιοσύνη (*dikaiosynē*; 4/92) *righteousness*
Ac 10:35 αὐτὸν καὶ ἐργαζόμενος **δικαιοσύνην** δεκτὸς αὐτῷ ἐστιν.
Ac 13:10 ἐχθρὲ πάσης **δικαιοσύνης**,
Ac 17:31 τὴν οἰκουμένην ἐν **δικαιοσύνῃ**,
Ac 24:25 δὲ αὐτοῦ περὶ **δικαιοσύνης** καὶ ἐγκρατείας

δικαιόω (*dikaioō*; 2/39) *justify*
Ac 13:38 ἐν νόμῳ Μωϋσέως **δικαιωθῆναι**,
Ac 13:39 πᾶς ὁ πιστεύων **δικαιοῦται**.

δικαστής (*dikastēs*; 2/2) *judge*
Ac 7:27 κατέστησεν ἄρχοντα καὶ **δικαστὴν** ἐφ' ἡμῶν;
Ac 7:35 κατέστησεν ἄρχοντα καὶ **δικαστήν**;

δίκη (*dikē*; 1/3) *punishment*
Ac 28:4 τῆς θαλάσσης ἡ **δίκη** ζῆν οὐκ εἴασεν.

διό (*dio*; 8/53) *therefore*
Ac 10:29 **διὸ** καὶ ἀναντιρρήτως ἦλθον
Ac 15:19 **διὸ** ἐγὼ κρίνω μὴ
Ac 20:31 **διὸ** γρηγορεῖτε μνημονεύοντες ὅτι
Ac 24:26 **διὸ** καὶ πυκνότερον αὐτὸν
Ac 25:26 **διὸ** προήγαγον αὐτὸν ἐφ'
Ac 26:3 **διὸ** δέομαι μακροθύμως ἀκοῦσαί
Ac 27:25 **διὸ** εὐθυμεῖτε,
Ac 27:34 **διὸ** παρακαλῶ ὑμᾶς μεταλαβεῖν

διοδεύω (*diodeuō*; 1/2) *go about*
Ac 17:1 **Διοδεύσαντες** δὲ τὴν Ἀμφίπολιν

Διονύσιος (*Dionysios*; 1/1) *Dionysius*
Ac 17:34 ἐν οἷς καὶ **Διονύσιος** ὁ Ἀρεοπαγίτης καὶ

διοπετής (*diopetēs*; 1/1) *fallen from heaven*
Ac 19:35 Ἀρτέμιδος καὶ τοῦ **διοπετοῦς**;

διόρθωμα (*diorthōma*; 1/1) *improvement*
Ac 24:2 διὰ σοῦ καὶ **διορθωμάτων** γινομένων τῷ ἔθνει

Διόσκουροι (*Dioskouroi*; 1/1) *Dioscuri*
Ac 28:11 παρασήμῳ **Διοσκούροις**.

διότι (*dioti*; 5/23) *because*
Ac 13:35 **διότι** καὶ ἐν ἑτέρῳ
Ac 18:10 **διότι** ἐγώ εἰμι μετὰ
Ac 18:10 **διότι** λαός ἐστί μοι
Ac 20:26 **διότι** μαρτύρομαι ὑμῖν ἐν
Ac 22:18 **διότι** οὐ παραδέξονταί σου

διωγμός (*diōgmos*; 2/10) *persecution*
Ac 8:1 ἐκείνῃ τῇ ἡμέρᾳ **διωγμὸς** μέγας ἐπὶ τὴν
Ac 13:50 πόλεως καὶ ἐπήγειραν **διωγμὸν** ἐπὶ τὸν Παῦλον

διώκω (*diōkō*; 9/45) *pursue, persecute*
Ac 7:52 τῶν προφητῶν οὐκ **ἐδίωξαν** οἱ πατέρες ὑμῶν;
Ac 9:4 τί με **διώκεις**;
Ac 9:5 Ἰησοῦς ὃν σὺ **διώκεις**·
Ac 22:4 ταύτην τὴν ὁδὸν **ἐδίωξα** ἄχρι θανάτου δεσμεύων
Ac 22:7 τί με **διώκεις**;
Ac 22:8 ὃν σὺ **διώκεις**.
Ac 26:11 τε ἐμμαινόμενος αὐτοῖς **ἐδίωκον** ἕως καὶ εἰς
Ac 26:14 τί με **διώκεις**;
Ac 26:15 Ἰησοῦς ὃν σὺ **διώκεις**.

δόγμα (*dogma*; 2/5) *rule*
Ac 16:4 αὐτοῖς φυλάσσειν τὰ **δόγματα** τὰ κεκριμένα
Ac 17:7 πάντες ἀπέναντι τῶν **δογμάτων** Καίσαρος πράσσουσιν βασιλέα

δοκέω (*dokeō*; 8/62) *think, seem*
Ac 12:9 **ἐδόκει** δὲ ὅραμα βλέπειν.
Ac 15:22 Τότε **ἔδοξε** τοῖς ἀποστόλοις καὶ
Ac 15:25 **ἔδοξεν** ἡμῖν γενομένοις ὁμοθυμαδὸν
Ac 15:28 **ἔδοξεν** γὰρ τῷ πνεύματι
Ac 17:18 ξένων δαιμονίων **δοκεῖ** καταγγελεὺς εἶναι,
Ac 25:27 ἄλογον γάρ μοι **δοκεῖ** πέμποντα δέσμιον μὴ
Ac 26:9 Ἐγὼ μὲν οὖν **ἔδοξα** ἐμαυτῷ πρὸς τὸ
Ac 27:13 Ὑποπνεύσαντος δὲ νότου **δόξαντες** τῆς προθέσεως κεκρατηκέναι,

δόλος (*dolos*; 1/11) *deceit*
Ac 13:10 ὦ πλήρης παντὸς **δόλου** καὶ πάσης ῥᾳδιουργίας,

δόξα (*doxa*; 4/166) *glory*
Ac 7:2 Ὁ θεὸς τῆς **δόξης** ὤφθη τῷ πατρὶ
Ac 7:55 τὸν οὐρανὸν εἶδεν **δόξαν** θεοῦ καὶ Ἰησοῦν
Ac 12:23 οὐκ ἔδωκεν τὴν **δόξαν** τῷ θεῷ,
Ac 22:11 ἐνέβλεπον ἀπὸ τῆς **δόξης** τοῦ φωτὸς ἐκείνου,

δοξάζω (*doxazō*; 5/61) *praise, glorify*
Ac 3:13 **ἐδόξασεν** τὸν παῖδα αὐτοῦ
Ac 4:21 ὅτι πάντες **ἐδόξαζον** τὸν θεὸν ἐπὶ
Ac 11:18 ταῦτα ἡσύχασαν καὶ **ἐδόξασαν** τὸν θεὸν λέγοντες·
Ac 13:48 ἔθνη ἔχαιρον καὶ **ἐδόξαζον** τὸν λόγον τοῦ
Ac 21:20 Οἱ δὲ ἀκούσαντες **ἐδόξαζον** τὸν θεὸν εἶπόν

Δορκάς (*Dorkas*; 2/2) *Dorcas*
Ac 9:36 ἣ διερμηνευομένη λέγεται **Δορκάς**·
Ac 9:39 αὐτῶν οὖσα ἡ **Δορκάς**.

δουλεύω (*douleuō*; 2/25) *serve (pass. be enslaved)*
Ac 7:7 ἔθνος ᾧ ἐὰν **δουλεύσουσιν** κρινῶ ἐγώ,
Ac 20:19 **δουλεύων** τῷ κυρίῳ μετὰ

δούλη (*doulē*; 1/3) *female servant or slave*
Ac 2:18 καὶ ἐπὶ τὰς **δούλας** μου ἐν ταῖς

δοῦλος (*doulos*; 3/124) *slave*
Ac 2:18 γε ἐπὶ τοὺς **δούλους** μου καὶ ἐπὶ
Ac 4:29 καὶ δὸς τοῖς **δούλοις** σου μετὰ παρρησίας
Ac 16:17 οὗτοι οἱ ἄνθρωποι **δοῦλοι** τοῦ θεοῦ τοῦ

δουλόω (*douloō*; 1/8) *enslave*
Ac 7:6 γῇ ἀλλοτρίᾳ καὶ **δουλώσουσιν** αὐτὸ καὶ κακώσουσιν

δρόμος (*dromos*; 2/3) *course*
Ac 13:25 ἐπλήρου Ἰωάννης τὸν **δρόμον**,
Ac 20:24 ὡς τελειῶσαι τὸν **δρόμον** μου καὶ τὴν

Δρούσιλλα (*Drousilla*; 1/1) *Drusilla*
Ac 24:24 ὁ Φῆλιξ σὺν **Δρουσίλλῃ** τῇ ἰδίᾳ γυναικὶ

δύναμαι (*dynamai*; 21/210) *be able*
Ac 4:16 φανερὸν καὶ οὐ **δυνάμεθα** ἀρνεῖσθαι·
Ac 4:20 οὐ **δυνάμεθα** γὰρ ἡμεῖς ἃ
Ac 5:39 οὐ **δυνήσεσθε** καταλῦσαι αὐτούς,
Ac 8:31 πῶς γὰρ ἂν **δυναίμην** ἐὰν μή τις
Ac 10:47 μήτι τὸ ὕδωρ **δύναται** κωλῦσαί τις τοῦ
Ac 13:38 πάντων ὧν οὐκ **ἠδυνήθητε** ἐν νόμῳ Μωϋσέως
Ac 15:1 οὐ **δύνασθε** σωθῆναι.
Ac 17:19 **δυνάμεθα** γνῶναι τίς ἡ
Ac 19:40 περὶ οὗ [οὐ] **δυνησόμεθα** ἀποδοῦναι λόγον
Ac 20:32 τῷ **δυναμένῳ** οἰκοδομῆσαι καὶ δοῦναι
Ac 21:34 μὴ **δυναμένου** δὲ αὐτοῦ γνῶναι
Ac 24:8 παρ᾽ οὗ **δυνήσῃ** αὐτὸς ἀνακρίνας περὶ
Ac 24:11 **δυναμένου** σου ἐπιγνῶναι ὅτι
Ac 24:13 οὐδὲ παραστῆσαι **δύνανταί** σοι περὶ ὧν
Ac 25:11 οὐδείς με **δύναται** αὐτοῖς χαρίσασθαι·
Ac 26:32 ἀπολελύσθαι **ἐδύνατο** ὁ ἄνθρωπος οὗτος
Ac 27:12 εἴ πως **δύναιντο** καταντήσαντες εἰς Φοίνικα
Ac 27:15 πλοίου καὶ μὴ **δυναμένου** ἀντοφθαλμεῖν τῷ ἀνέμῳ
Ac 27:31 ὑμεῖς σωθῆναι οὐ **δύνασθε**.
Ac 27:39 ὃν ἐβουλεύοντο εἰ **δύναιντο** ἐξῶσαι τὸ πλοῖον.
Ac 27:43 ἐκέλευσέν τε τοὺς **δυναμένους** κολυμβᾶν ἀπορίψαντας πρώτους

δύναμις (*dynamis*; 10/119) *power*

Ac 1:8 ἀλλὰ λήμψεσθε **δύναμιν** ἐπελθόντος τοῦ ἁγίου
Ac 2:22 θεοῦ εἰς ὑμᾶς **δυνάμεσι** καὶ τέρασι καὶ
Ac 3:12 ἀτενίζετε ὡς ἰδίᾳ **δυνάμει** ἢ εὐσεβείᾳ πεποιηκόσιν
Ac 4:7 ἐν ποίᾳ **δυνάμει** ἢ ἐν ποίῳ
Ac 4:33 καὶ **δυνάμει** μεγάλῃ ἀπεδίδουν τὸ
Ac 6:8 πλήρης χάριτος καὶ **δυνάμεως** ἐποίει τέρατα
Ac 8:10 οὗτός ἐστιν ἡ **δύναμις** τοῦ θεοῦ ἡ
Ac 8:13 τε σημεῖα καὶ **δυνάμεις** μεγάλας γινομένας ἐξίστατο.
Ac 10:38 πνεύματι ἁγίῳ καὶ **δυνάμει**,
Ac 19:11 **Δυνάμεις** τε οὐ τὰς

δυνάστης (*dynastēs*; 1/3) *ruler*

Ac 8:27 ἀνὴρ Αἰθίοψ εὐνοῦχος **δυνάστης** Κανδάκης βασιλίσσης Αἰθιόπων,

δυνατός (*dynatos*; 6/32) *possible*

Ac 2:24 καθότι οὐκ ἦν **δυνατὸν** κρατεῖσθαι αὐτὸν
Ac 7:22 ἦν δὲ **δυνατὸς** ἐν λόγοις καὶ
Ac 11:17 ἐγὼ τίς ἤμην **δυνατὸς** κωλῦσαι τὸν θεόν;
Ac 18:24 **δυνατὸς** ὢν ἐν ταῖς
Ac 20:16 ἔσπευδεν γὰρ εἰ **δυνατὸν** εἴη αὐτῷ τὴν
Ac 25:5 **δυνατοὶ** συγκαταβάντες εἴ τι

δύο (*dyo*; 13/134[135]) *two*

Ac 1:10 καὶ ἰδοὺ ἄνδρες **δύο** παρειστήκεισαν αὐτοῖς
Ac 1:23 Καὶ ἔστησαν **δύο**,
Ac 1:24 ἐκ τούτων τῶν **δύο** ἕνα
Ac 7:29 οὗ ἐγέννησεν υἱοὺς **δύο**.
Ac 9:38 ἐν αὐτῇ ἀπέστειλαν **δύο** ἄνδρας πρὸς αὐτὸν
Ac 10:7 φωνήσας **δύο** τῶν οἰκετῶν καὶ
Ac 12:6 Πέτρος κοιμώμενος μεταξὺ **δύο** στρατιωτῶν δεδεμένος ἁλύσεσιν
Ac 12:6 στρατιωτῶν δεδεμένος ἁλύσεσιν **δυσὶν** φύλακές τε πρὸ
Ac 19:10 ἐγένετο ἐπὶ ἔτη **δύο**,
Ac 19:22 εἰς τὴν Μακεδονίαν **δύο** τῶν διακονούντων αὐτῷ,
Ac 19:34 ὡς ἐπὶ ὥρας **δύο** κραζόντων·
Ac 21:33 ἐκέλευσεν δεθῆναι ἁλύσεσι **δυσί**,
Ac 23:23 Καὶ προσκαλεσάμενος **δύο** [τινας] τῶν ἑκατονταρχῶν

δυσεντέριον (*dysenterion*; 1/1) *dysentery*

Ac 28:8 Ποπλίου πυρετοῖς καὶ **δυσεντερίῳ** συνεχόμενον κατακεῖσθαι,

δώδεκα (*dōdeka*; 4/75) *twelve*

Ac 6:2 προσκαλεσάμενοι δὲ οἱ **δώδεκα** τὸ πλῆθος
Ac 7:8 καὶ Ἰακὼβ τοὺς **δώδεκα** πατριάρχας.
Ac 19:7 πάντες ἄνδρες ὡσεὶ **δώδεκα**.
Ac 24:11 εἰσίν μοι ἡμέραι **δώδεκα** ἀφ' ἧς ἀνέβην

δωδεκάφυλον (*dōdekaphylon*; 1/1) *the twelve tribes*

Ac 26:7 εἰς ἣν τὸ **δωδεκάφυλον** ἡμῶν ἐν ἐκτενείᾳ

δῶμα (*dōma*; 1/7) *roof*

Ac 10:9 Πέτρος ἐπὶ τὸ **δῶμα** προσεύξασθαι περὶ ὥραν

δωρεά (*dōrea*; 4/11) *gift*

Ac 2:38 καὶ λήμψεσθε τὴν **δωρεὰν** τοῦ ἁγίου πνεύματος.
Ac 8:20 ἀπώλειαν ὅτι τὴν **δωρεὰν** τοῦ θεοῦ ἐνόμισας
Ac 10:45 τὰ ἔθνη ἡ **δωρεὰ** τοῦ ἁγίου πνεύματος
Ac 11:17 οὖν τὴν ἴσην **δωρεὰν** ἔδωκεν αὐτοῖς ὁ

ἐάν (*ean*; 10/333) *if*

Ac 3:23 πᾶσα ψυχὴ ἥτις **ἐὰν** μὴ ἀκούσῃ τοῦ
Ac 5:38 ὅτι **ἐὰν** ᾖ ἐξ ἀνθρώπων
Ac 7:7 τὸ ἔθνος ᾧ **ἐὰν** δουλεύσουσιν κρινῶ ἐγώ,
Ac 8:19 ταύτην ἵνα ᾧ **ἐὰν** ἐπιθῶ τὰς χεῖρας
Ac 8:31 γὰρ ἂν δυναίμην **ἐὰν** μή τις ὁδηγήσει
Ac 9:2 ὅπως **ἐάν** τινας εὕρῃ τῆς
Ac 13:41 οὐ μὴ πιστεύσητε **ἐάν** τις ἐκδιηγῆται ὑμῖν.
Ac 15:1 **ἐὰν** μὴ περιτμηθῆτε τῷ
Ac 26:5 **ἐὰν** θέλωσι μαρτυρεῖν,
Ac 27:31 **ἐὰν** μὴ οὗτοι μείνωσιν

ἑαυτοῦ (*heautou*; 20/319) *himself*

Ac 1:3 οἷς καὶ παρέστησεν **ἑαυτὸν** ζῶντα μετὰ τὸ
Ac 5:35 προσέχετε **ἑαυτοῖς** ἐπὶ τοῖς ἀνθρώποις
Ac 5:36 λέγων εἶναί τινα **ἑαυτόν**,
Ac 7:21 καὶ ἀνεθρέψατο αὐτὸν **ἑαυτῇ** εἰς υἱόν.
Ac 8:9 λέγων εἶναί τινα **ἑαυτὸν** μέγαν,
Ac 8:34 περὶ **ἑαυτοῦ** ἢ περὶ ἑτέρου
Ac 10:17 Ὡς δὲ ἐν **ἑαυτῷ** διηπόρει ὁ Πέτρος
Ac 12:11 ὁ Πέτρος ἐν **ἑαυτῷ** γενόμενος εἶπεν·
Ac 13:46 οὐκ ἀξίους κρίνετε **ἑαυτοὺς** τῆς αἰωνίου ζωῆς,
Ac 15:29 ἐξ ὧν διατηροῦντες **ἑαυτοὺς** εὖ πράξετε.
Ac 16:27 [τὴν] μάχαιραν ἤμελλεν **ἑαυτὸν** ἀναιρεῖν νομίζων ἐκπεφευγέναι
Ac 19:31 παρεκάλουν μὴ δοῦναι **ἑαυτὸν** εἰς τὸ θέατρον.
Ac 20:28 προσέχετε **ἑαυτοῖς** καὶ παντὶ τῷ
Ac 21:11 δήσας **ἑαυτοῦ** τοὺς πόδας καὶ
Ac 21:23 εὐχὴν ἔχοντες ἐφ' **ἑαυτῶν**.
Ac 23:12 οἱ Ἰουδαῖοι ἀνεθεμάτισαν **ἑαυτοὺς** λέγοντες μήτε φαγεῖν
Ac 23:14 ἀναθέματι ἀνεθεματίσαμεν **ἑαυτοὺς** μηδενὸς γεύσασθαι ἕως
Ac 23:21 οἵτινες ἀνεθεμάτισαν **ἑαυτοὺς** μήτε φαγεῖν μήτε
Ac 25:4 **ἑαυτὸν** δὲ μέλλειν ἐν
Ac 28:16 Παύλῳ μένειν καθ' **ἑαυτὸν** σὺν τῷ φυλάσσοντι

ἐάω (*eaō*; 7/11) *allow*

Ac 14:16 ταῖς παρῳχημέναις γενεαῖς **εἴασεν** πάντα τὰ ἔθνη
Ac 16:7 καὶ οὐκ **εἴασεν** αὐτοὺς τὸ πνεῦμα
Ac 19:30 τὸν δῆμον οὐκ **εἴων** αὐτὸν οἱ μαθηταί·
Ac 23:32 τῇ δὲ ἐπαύριον **ἐάσαντες** τοὺς ἱππεῖς ἀπέρχεσθαι
Ac 27:32 τῆς σκάφης καὶ **εἴασαν** αὐτὴν ἐκπεσεῖν.
Ac 27:40 τὰς ἀγκύρας περιελόντες **εἴων** εἰς τὴν θάλασσαν,
Ac 28:4 δίκη ζῆν οὐκ **εἴασεν**.

ἑβδομήκοντα (*hebdomēkonta*; 3/5) *seventy*
Ac 7:14 συγγένειαν ἐν ψυχαῖς **ἑβδομήκοντα** πέντε.
Ac 23:23 καὶ ἱππεῖς **ἑβδομήκοντα** καὶ δεξιολάβους διακοσίους
Ac 27:37 τῷ πλοίῳ διακόσιαι **ἑβδομήκοντα** ἕξ.

Ἑβραῖος (*Hebraios*; 1/4) *Hebrew person*
Ac 6:1 Ἑλληνιστῶν πρὸς τοὺς **Ἑβραίους**,

Ἑβραΐς (*Hebrais*; 3/3) *Hebrew language*
Ac 21:40 γενομένης προσεφώνησεν τῇ **Ἑβραΐδι** διαλέκτῳ λέγων·
Ac 22:2 δὲ ὅτι τῇ **Ἑβραΐδι** διαλέκτῳ προσεφώνει αὐτοῖς,
Ac 26:14 πρός με τῇ **Ἑβραΐδι** διαλέκτῳ·

ἐγγίζω (*engizō*; 6/42) *approach*
Ac 7:17 Καθὼς δὲ **ἤγγιζεν** ὁ χρόνος τῆς
Ac 9:3 πορεύεσθαι ἐγένετο αὐτὸν **ἐγγίζειν** τῇ Δαμασκῷ,
Ac 10:9 καὶ τῇ πόλει **ἐγγιζόντων**,
Ac 21:33 τότε **ἐγγίσας** ὁ χιλίαρχος ἐπελάβετο
Ac 22:6 μοι πορευομένῳ καὶ **ἐγγίζοντι** τῇ Δαμασκῷ
Ac 23:15 δὲ πρὸ τοῦ **ἐγγίσαι** αὐτὸν ἕτοιμοί ἐσμεν

ἐγγύς (*engys*; 3/31) *near*
Ac 1:12 ὅ ἐστιν **ἐγγὺς** Ἰερουσαλὴμ σαββάτου ἔχον
Ac 9:38 **ἐγγὺς** δὲ οὔσης Λύδδας
Ac 27:8 Καλοὺς λιμένας ᾧ **ἐγγὺς** πόλις ἦν Λασαία.

ἐγείρω (*egeirō*; 13/143[144]) *raise*
Ac 3:6 Χριστοῦ τοῦ Ναζωραίου [**ἔγειρε** καὶ] περιπάτει.
Ac 3:7 τῆς δεξιᾶς χειρὸς **ἤγειρεν** αὐτόν·
Ac 3:15 ὃν ὁ θεὸς **ἤγειρεν** ἐκ νεκρῶν,
Ac 4:10 ὃν ὁ θεὸς **ἤγειρεν** ἐκ νεκρῶν,
Ac 5:30 τῶν πατέρων ἡμῶν **ἤγειρεν** Ἰησοῦν ὃν ὑμεῖς
Ac 9:8 **ἠγέρθη** δὲ Σαῦλος ἀπὸ
Ac 10:26 ὁ δὲ Πέτρος **ἤγειρεν** αὐτὸν λέγων·
Ac 10:40 τοῦτον ὁ θεὸς **ἤγειρεν** [ἐν] τῇ τρίτῃ
Ac 12:7 πλευρὰν τοῦ Πέτρου **ἤγειρεν** αὐτὸν λέγων·
Ac 13:22 καὶ μεταστήσας αὐτὸν **ἤγειρεν** τὸν Δαυὶδ αὐτοῖς
Ac 13:30 ὁ δὲ θεὸς **ἤγειρεν** αὐτὸν ἐκ νεκρῶν,
Ac 13:37 δὲ ὁ θεὸς **ἤγειρεν**,
Ac 26:8 ὁ θεὸς νεκροὺς **ἐγείρει**;

ἐγκαλέω (*enkaleō*; 6/7) *bring charges against*
Ac 19:38 **ἐγκαλείτωσαν** ἀλλήλοις.
Ac 19:40 καὶ γὰρ κινδυνεύομεν **ἐγκαλεῖσθαι** στάσεως
Ac 23:28 αἰτίαν δι' ἣν **ἐνεκάλουν** αὐτῷ,
Ac 23:29 ὃν εὗρον **ἐγκαλούμενον** περὶ ζητημάτων τοῦ
Ac 26:2 Περὶ πάντων ὧν **ἐγκαλοῦμαι** ὑπὸ Ἰουδαίων,
Ac 26:7 περὶ ἧς ἐλπίδος **ἐγκαλοῦμαι** ὑπὸ Ἰουδαίων,

ἐγκαταλείπω (*enkataleipō*; 2/10) *forsake*
Ac 2:27 ὅτι οὐκ **ἐγκαταλείψεις** τὴν ψυχήν μου
Ac 2:31 Χριστοῦ ὅτι οὔτε **ἐγκατελείφθη** εἰς ᾅδην οὔτε

ἔγκλημα (*enklēma*; 2/2) *charge*
Ac 23:29 ἢ δεσμῶν ἔχοντα **ἔγκλημα**.
Ac 25:16 λάβοι περὶ τοῦ **ἐγκλήματος**.

ἐγκόπτω (*enkoptō*; 1/5) *prevent, detain*
Ac 24:4 ἐπὶ πλεῖόν σε **ἐγκόπτω**,

ἐγκράτεια (*enkrateia*; 1/4) *self-control*
Ac 24:25 περὶ δικαιοσύνης καὶ **ἐγκρατείας** καὶ τοῦ κρίματος

ἐγώ (*egō*; 185/1715[1718]) *I*
Ac 1:4 πατρὸς ἣν ἠκούσατέ **μου**,
Ac 1:8 ὑμᾶς καὶ ἔσεσθέ **μου** μάρτυρες ἔν τε
Ac 2:14 ἐνωτίσασθε τὰ ῥήματά **μου**.
Ac 2:17 ἀπὸ τοῦ πνεύματός **μου** ἐπὶ πᾶσαν σάρκα,
Ac 2:18 ἐπὶ τοὺς δούλους **μου** καὶ ἐπὶ τὰς
Ac 2:18 ἐπὶ τὰς δούλας **μου** ἐν ταῖς ἡμέραις
Ac 2:18 ἀπὸ τοῦ πνεύματός **μου**,
Ac 2:25 τὸν κύριον ἐνώπιόν **μου** διὰ παντός,
Ac 2:25 ὅτι ἐκ δεξιῶν **μού** ἐστιν ἵνα μὴ
Ac 2:26 ηὐφράνθη ἡ καρδία **μου** καὶ ἠγαλλιάσατο ἡ
Ac 2:26 ἠγαλλιάσατο ἡ γλῶσσά **μου**,
Ac 2:26 καὶ ἡ σάρξ **μου** κατασκηνώσει ἐπ' ἐλπίδι,
Ac 2:27 ἐγκαταλείψεις τὴν ψυχήν **μου** εἰς ᾅδην οὐδὲ
Ac 2:28 ἐγνώρισάς **μοι** ὁδοὺς ζωῆς,
Ac 2:28 πληρώσεις **με** εὐφροσύνης μετὰ τοῦ
Ac 2:34 κύριος τῷ κυρίῳ **μου**·
Ac 2:34 κάθου ἐκ δεξιῶν **μου**,
Ac 3:6 χρυσίον οὐχ ὑπάρχει **μοι**,
Ac 3:22 ἀδελφῶν ὑμῶν ὡς **ἐμέ**·
Ac 5:8 εἰπέ **μοι**,
Ac 7:7 ἐὰν δουλεύσουσιν κρινῶ **ἐγώ**,
Ac 7:7 ἐξελεύσονται καὶ λατρεύσουσίν **μοι** ἐν τῷ τόπῳ
Ac 7:28 μὴ ἀνελεῖν **με** σὺ θέλεις ὃν
Ac 7:32 **ἐγὼ** ὁ θεὸς τῶν
Ac 7:34 κάκωσιν τοῦ λαοῦ **μου** τοῦ ἐν Αἰγύπτῳ
Ac 7:37 ἀδελφῶν ὑμῶν ὡς **ἐμέ**.
Ac 7:42 καὶ θυσίας προσηνέγκατέ **μοι** ἔτη τεσσεράκοντα ἐν
Ac 7:49 ὁ οὐρανός **μοι** θρόνος,
Ac 7:49 ὑποπόδιον τῶν ποδῶν **μου**·
Ac 7:49 ποῖον οἶκον οἰκοδομήσετέ **μοι**,
Ac 7:49 τόπος τῆς καταπαύσεώς **μου**;
Ac 7:50 οὐχὶ ἡ χείρ **μου** ἐποίησεν ταῦτα πάντα;
Ac 7:59 δέξαι τὸ πνεῦμά **μου**.
Ac 8:24 δεήθητε ὑμεῖς ὑπὲρ **ἐμοῦ** πρὸς τὸν κύριον
Ac 8:24 μηδὲν ἐπέλθῃ ἐπ' **ἐμὲ** ὧν εἰρήκατε.
Ac 8:31 μή τις ὁδηγήσει **με**;
Ac 8:36 τί κωλύει **με** βαπτισθῆναι;
Ac 9:4 τί **με** διώκεις;
Ac 9:5 **ἐγώ** εἰμι Ἰησοῦς ὃν
Ac 9:10 ἰδοὺ **ἐγώ**,
Ac 9:15 σκεῦος ἐκλογῆς ἐστίν **μοι** οὗτος τοῦ βαστάσαι
Ac 9:15 βαστάσαι τὸ ὄνομά **μου** ἐνώπιον ἐθνῶν τε
Ac 9:16 **ἐγὼ** γὰρ ὑποδείξω αὐτῷ
Ac 9:16 ὑπὲρ τοῦ ὀνόματός **μου** παθεῖν.
Ac 9:17 ὁ κύριος ἀπέσταλκέν **με**,
Ac 10:20 μηδὲν διακρινόμενος ὅτι **ἐγὼ** ἀπέσταλκα αὐτούς.
Ac 10:21 ἰδοὺ **ἐγώ** εἰμι ὃν ζητεῖτε·

Ac 10:26 καὶ **ἐγὼ** αὐτὸς ἄνθρωπός εἰμι.
Ac 10:29 τίνι λόγῳ μετεπέμψασθέ **με**;
Ac 10:30 ἐν τῷ οἴκῳ **μου**,
Ac 10:30 ἀνὴρ ἔστη ἐνώπιόν **μου** ἐν ἐσθῆτι λαμπρᾷ
Ac 11:5 **ἐγὼ** ἤμην ἐν πόλει
Ac 11:5 καὶ ἦλθεν ἄχρι **ἐμοῦ**.
Ac 11:7 καὶ φωνῆς λεγούσης **μοι**·
Ac 11:8 εἰς τὸ στόμα **μου**.
Ac 11:11 ἀπὸ Καισαρείας πρός **με**.
Ac 11:12 δὲ τὸ πνεῦμά **μοι** συνελθεῖν αὐτοῖς μηδὲν
Ac 11:12 ἦλθον δὲ σὺν **ἐμοὶ** καὶ οἱ ἓξ
Ac 11:15 δὲ τῷ ἄρξασθαί **με** λαλεῖν ἐπέπεσεν τὸ
Ac 11:17 **ἐγὼ** τίς ἤμην δυνατὸς
Ac 12:8 σου καὶ ἀκολούθει **μοι**.
Ac 12:11 αὐτοῦ καὶ ἐξείλατό **με** ἐκ χειρὸς Ἡρῴδου
Ac 13:2 ἀφορίσατε δή **μοι** τὸν Βαρναβᾶν καὶ
Ac 13:22 κατὰ τὴν καρδίαν **μου**,
Ac 13:22 πάντα τὰ θελήματά **μου**.
Ac 13:25 τί **ἐμὲ** ὑπονοεῖτε εἶναι;
Ac 13:25 οὐκ εἰμὶ **ἐγώ**·
Ac 13:25 ἰδοὺ ἔρχεται μετ' **ἐμὲ** οὗ οὐκ εἰμὶ
Ac 13:33 υἱός **μου** εἶ σύ,
Ac 13:33 **ἐγὼ** σήμερον γεγέννηκά σε.
Ac 13:41 ὅτι ἔργον ἐργάζομαι **ἐγὼ** ἐν ταῖς ἡμέραις
Ac 15:7 διὰ τοῦ στόματός **μου** ἀκοῦσαι τὰ ἔθνη
Ac 15:13 ἀκούσατέ **μου**.
Ac 15:17 ἐπικέκληται τὸ ὄνομά **μου** ἐπ' αὐτούς,
Ac 15:19 διὸ **ἐγὼ** κρίνω μὴ παρενοχλεῖν
Ac 16:15 εἰ κεκρίκατέ **με** πιστὴν τῷ κυρίῳ
Ac 16:15 εἰς τὸν οἶκόν **μου** μένετε·
Ac 16:30 τί **με** δεῖ ποιεῖν ἵνα
Ac 17:3 [ὁ] Ἰησοῦς ὃν **ἐγὼ** καταγγέλλω ὑμῖν.
Ac 17:23 τοῦτο **ἐγὼ** καταγγέλλω ὑμῖν.
Ac 18:6 καθαρὸς **ἐγὼ** ἀπὸ τοῦ νῦν
Ac 18:10 διότι **ἐγώ** εἰμι μετὰ σοῦ
Ac 18:10 διότι λαός ἐστί **μοι** πολὺς ἐν τῇ
Ac 18:15 κριτὴς **ἐγὼ** τούτων οὐ βούλομαι
Ac 19:21 μετὰ τὸ γενέσθαι **με** ἐκεῖ δεῖ με
Ac 19:21 με ἐκεῖ δεῖ **με** καὶ Ῥώμην ἰδεῖν.
Ac 20:19 πειρασμῶν τῶν συμβάντων **μοι** ἐν ταῖς ἐπιβουλαῖς
Ac 20:22 νῦν ἰδοὺ δεδεμένος **ἐγὼ** τῷ πνεύματι πορεύομαι
Ac 20:22 ἐν αὐτῇ συναντήσοντά **μοι** μὴ εἰδώς,
Ac 20:23 κατὰ πόλιν διαμαρτύρεταί **μοι** λέγον ὅτι δεσμὰ
Ac 20:23 δεσμὰ καὶ θλίψεις **με** μένουσιν.
Ac 20:24 τελειῶσαι τὸν δρόμον **μου** καὶ τὴν διακονίαν
Ac 20:25 Καὶ νῦν ἰδοὺ **ἐγὼ** οἶδα ὅτι οὐκέτι
Ac 20:25 ὄψεσθε τὸ πρόσωπόν **μου** ὑμεῖς πάντες ἐν
Ac 20:29 **ἐγὼ** οἶδα ὅτι εἰσελεύσονται
Ac 20:29 μετὰ τὴν ἄφιξίν **μου** λύκοι βαρεῖς εἰς
Ac 20:34 ὅτι ταῖς χρείαις **μου** καὶ τοῖς οὖσιν
Ac 20:34 τοῖς οὖσιν μετ' **ἐμοῦ** ὑπηρέτησαν αἱ χεῖρες
Ac 21:13 κλαίοντες καὶ συνθρύπτοντές **μου** τὴν καρδίαν;
Ac 21:13 **ἐγὼ** γὰρ οὐ μόνον
Ac 21:37 εἰ ἔξεστίν **μοι** εἰπεῖν τι πρὸς
Ac 21:39 **ἐγὼ** ἄνθρωπος μέν εἰμι
Ac 21:39 ἐπίτρεψόν **μοι** λαλῆσαι πρὸς τὸν
Ac 22:1 ἀκούσατέ **μου** τῆς πρὸς ὑμᾶς
Ac 22:3 **ἐγώ** εἰμι ἀνὴρ Ἰουδαῖος,
Ac 22:5 ὁ ἀρχιερεὺς μαρτυρεῖ **μοι** καὶ πᾶν τὸ
Ac 22:6 Ἐγένετο δέ **μοι** πορευομένῳ καὶ ἐγγίζοντι
Ac 22:6 φῶς ἱκανὸν περὶ **ἐμέ**,
Ac 22:7 ἤκουσα φωνῆς λεγούσης **μοι**·
Ac 22:7 τί **με** διώκεις;
Ac 22:8 **ἐγὼ** δὲ ἀπεκρίθην·
Ac 22:8 εἶπέν τε πρός **με**·
Ac 22:8 **ἐγώ** εἰμι Ἰησοῦς ὁ
Ac 22:9 οἱ δὲ σὺν **ἐμοὶ** ὄντες τὸ μὲν
Ac 22:9 ἤκουσαν τοῦ λαλοῦντός **μοι**.
Ac 22:10 κύριος εἶπεν πρός **με**·
Ac 22:11 ὑπὸ τῶν συνόντων **μοι** ἦλθον εἰς Δαμασκόν.
Ac 22:13 ἐλθὼν πρός **με** καὶ ἐπιστὰς εἶπέν
Ac 22:13 καὶ ἐπιστὰς εἶπέν **μοι**·
Ac 22:17 Ἐγένετο δέ **μοι** ὑποστρέψαντι εἰς Ἰερουσαλὴμ
Ac 22:17 Ἰερουσαλὴμ καὶ προσευχομένου **μου** ἐν τῷ ἱερῷ
Ac 22:17 τῷ ἱερῷ γενέσθαι **με** ἐν ἐκστάσει
Ac 22:18 ἰδεῖν αὐτὸν λέγοντά **μοι**·
Ac 22:18 σου μαρτυρίαν περὶ **ἐμοῦ**.
Ac 22:19 αὐτοὶ ἐπίστανται ὅτι **ἐγὼ** ἤμην φυλακίζων
Ac 22:21 καὶ εἶπεν πρός **με**·
Ac 22:21 ὅτι **ἐγὼ** εἰς ἔθνη μακρὰν
Ac 22:27 λέγε **μοι**,
Ac 22:28 **ἐγὼ** πολλοῦ κεφαλαίου τὴν
Ac 22:28 **ἐγὼ** δὲ καὶ γεγέννημαι.
Ac 23:1 **ἐγὼ** πάσῃ συνειδήσει ἀγαθῇ
Ac 23:3 σὺ κάθῃ κρίνων **με** κατὰ τὸν νόμον
Ac 23:3 καὶ παρανομῶν κελεύεις **με** τύπτεσθαι;
Ac 23:6 **ἐγὼ** Φαρισαῖός εἰμι,
Ac 23:6 ἀναστάσεως νεκρῶν **[ἐγὼ]** κρίνομαι.
Ac 23:11 διεμαρτύρω τὰ περὶ **ἐμοῦ** εἰς Ἰερουσαλήμ,
Ac 23:18 δέσμιος Παῦλος προσκαλεσάμενός **με** ἠρώτησεν τοῦτον τὸν
Ac 23:19 ὃ ἔχεις ἀπαγγεῖλαί **μοι**;
Ac 23:22 ταῦτα ἐνεφάνισας πρός **με**.
Ac 23:30 μηνυθείσης δέ **μοι** ἐπιβουλῆς εἰς τὸν
Ac 24:11 οὐ πλείους εἰσίν **μοι** ἡμέραι δώδεκα ἀφ'
Ac 24:12 τῷ ἱερῷ εὗρόν **με** πρός τινα διαλεγόμενον
Ac 24:13 ὧν νυνὶ κατηγοροῦσίν **μου**.
Ac 24:17 εἰς τὸ ἔθνος **μου** παρεγενόμην καὶ προσφοράς,
Ac 24:18 ἐν αἷς εὗρόν **με** ἡγνισμένον ἐν τῷ
Ac 24:19 τι ἔχοιεν πρὸς **ἐμέ**.
Ac 24:20 εὗρον ἀδίκημα στάντος **μου** ἐπὶ τοῦ συνεδρίου,
Ac 24:21 περὶ ἀναστάσεως νεκρῶν **ἐγὼ** κρίνομαι σήμερον ἐφ'
Ac 25:9 τούτων κριθῆναι ἐπ' **ἐμοῦ**;
Ac 25:10 οὗ **με** δεῖ κρίνεσθαι.
Ac 25:11 ὧν οὗτοι κατηγοροῦσίν **μου**,
Ac 25:11 οὐδείς **με** δύναται αὐτοῖς χαρίσασθαι·
Ac 25:15 περὶ οὗ γενομένου **μου** εἰς Ἱεροσόλυμα ἐνεφάνισαν
Ac 25:18 αἰτίαν ἔφερον ὧν **ἐγὼ** ὑπενόουν πονηρῶν,
Ac 25:20 ἀπορούμενος δὲ **ἐγὼ** τὴν περὶ τούτων
Ac 25:24 τῶν Ἰουδαίων ἐνέτυχόν **μοι** ἔν τε Ἱεροσολύμοις
Ac 25:25 **ἐγὼ** δὲ κατελαβόμην μηδὲν
Ac 25:27 ἄλογον γάρ **μοι** δοκεῖ πέμποντα δέσμιον
Ac 26:3 δέομαι μακροθύμως ἀκοῦσαί **μου**.
Ac 26:4 μὲν οὖν βίωσίν **μου** [τὴν] ἐκ νεότητος
Ac 26:4 ἐν τῷ ἔθνει **μου** ἔν τε Ἱεροσολύμοις
Ac 26:5 προγινώσκοντές **με** ἄνωθεν,

Ac 26:9 **᾿Εγὼ** μὲν οὖν ἔδοξα
Ac 26:10 τε τῶν ἁγίων **ἐγὼ** ἐν φυλακαῖς κατέκλεισα
Ac 26:13 τοῦ ἡλίου περιλάμψαν **με** φῶς καὶ τοὺς
Ac 26:13 καὶ τοὺς σὺν **ἐμοὶ** πορευομένους.
Ac 26:14 φωνὴν λέγουσαν πρός **με** τῇ ῾Εβραΐδι διαλέκτῳ·
Ac 26:14 τί **με** διώκεις;
Ac 26:15 **ἐγὼ** δὲ εἶπα·
Ac 26:15 **ἐγώ** εἰμι ᾿Ιησοῦς ὃν
Ac 26:16 ὧν τε εἶδές **[με]** ὧν τε ὀφθήσομαί
Ac 26:17 ἐθνῶν εἰς οὓς **ἐγὼ** ἀποστέλλω σε
Ac 26:18 πίστει τῇ εἰς **ἐμέ**.
Ac 26:21 ἕνεκα τούτων **με** ᾿Ιουδαῖοι συλλαβόμενοι [ὄντα]
Ac 26:28 ἐν ὀλίγῳ **με** πείθεις Χριστιανὸν ποιῆσαι.
Ac 26:29 πάντας τοὺς ἀκούοντάς **μου** σήμερον γενέσθαι τοιούτους
Ac 26:29 τοιούτους ὁποῖος καὶ **ἐγώ** εἰμι παρεκτὸς
Ac 27:21 πειθαρχήσαντάς **μοι** μὴ ἀνάγεσθαι ἀπὸ
Ac 27:23 παρέστη γάρ **μοι** ταύτῃ τῇ νυκτὶ
Ac 27:23 οὗ εἰμι **[ἐγώ]** ᾧ καὶ λατρεύω,
Ac 27:25 ὃν τρόπον λελάληταί **μοι**.
Ac 28:17 **ἐγώ**,
Ac 28:18 οἵτινες ἀνακρίναντές **με** ἐβούλοντο ἀπολῦσαι διὰ
Ac 28:18 θανάτου ὑπάρχειν ἐν **ἐμοί**.
Ac 28:19 ὡς τοῦ ἔθνους **μου** ἔχων τι κατηγορεῖν.

ἔδαφος (*edaphos*; 1/1) *ground*

Ac 22:7 τε εἰς τὸ **ἔδαφος** καὶ ἤκουσα φωνῆς

ἔθνος (*ethnos*; 43/162) *nation*

Ac 2:5 εὐλαβεῖς ἀπὸ παντὸς **ἔθνους** τῶν ὑπὸ τὸν
Ac 4:25 ἱνατί ἐφρύαξαν **ἔθνη** καὶ λαοὶ ἐμελέτησαν
Ac 4:27 Πόντιος Πιλᾶτος σὺν **ἔθνεσιν** καὶ λαοῖς ᾿Ισραήλ,
Ac 7:7 καὶ τὸ **ἔθνος** ᾧ ἐὰν δουλεύσουσιν
Ac 7:45 τῇ κατασχέσει τῶν **ἐθνῶν**,
Ac 8:9 καὶ ἐξιστάνων τὸ **ἔθνος** τῆς Σαμαρείας,
Ac 9:15 ὄνομά μου ἐνώπιον **ἐθνῶν** τε καὶ βασιλέων
Ac 10:22 ὑπὸ ὅλου τοῦ **ἔθνους** τῶν ᾿Ιουδαίων,
Ac 10:35 ἀλλ᾿ ἐν παντὶ **ἔθνει** ὁ φοβούμενος αὐτὸν
Ac 10:45 καὶ ἐπὶ τὰ **ἔθνη** ἡ δωρεὰ τοῦ
Ac 11:1 ὅτι καὶ τὰ **ἔθνη** ἐδέξαντο τὸν λόγον
Ac 11:18 ἄρα καὶ τοῖς **ἔθνεσιν** ὁ θεὸς τὴν
Ac 13:19 καὶ καθελὼν **ἔθνη** ἑπτὰ ἐν γῇ
Ac 13:46 στρεφόμεθα εἰς τὰ **ἔθνη**.
Ac 13:47 σε εἰς φῶς **ἐθνῶν** τοῦ εἶναί σε
Ac 13:48 ᾿Ακούοντα δὲ τὰ **ἔθνη** ἔχαιρον καὶ ἐδόξαζον
Ac 14:2 τὰς ψυχὰς τῶν **ἐθνῶν** κατὰ τῶν ἀδελφῶν.
Ac 14:5 ἐγένετο ὁρμὴ τῶν **ἐθνῶν** τε καὶ ᾿Ιουδαίων
Ac 14:16 εἴασεν πάντα τὰ **ἔθνη** πορεύεσθαι ταῖς ὁδοῖς
Ac 14:27 ὅτι ἤνοιξεν τοῖς **ἔθνεσιν** θύραν πίστεως.
Ac 15:3 τὴν ἐπιστροφὴν τῶν **ἐθνῶν** καὶ ἐποίουν χαρὰν
Ac 15:7 μου ἀκοῦσαι τὰ **ἔθνη** τὸν λόγον τοῦ
Ac 15:12 τέρατα ἐν τοῖς **ἔθνεσιν** δι᾿ αὐτῶν.
Ac 15:14 ἐπεσκέψατο λαβεῖν ἐξ **ἐθνῶν** λαὸν τῷ ὀνόματι
Ac 15:17 καὶ πάντα τὰ **ἔθνη** ἐφ᾿ οὓς ἐπικέκληται
Ac 15:19 τοῖς ἀπὸ τῶν **ἐθνῶν** ἐπιστρέφουσιν ἐπὶ τὸν
Ac 15:23 ἀδελφοῖς τοῖς ἐξ **ἐθνῶν** χαίρειν.
Ac 17:26 ἐξ ἑνὸς πᾶν **ἔθνος** ἀνθρώπων κατοικεῖν ἐπὶ
Ac 18:6 νῦν εἰς τὰ **ἔθνη** πορεύσομαι.
Ac 21:11 παραδώσουσιν εἰς χεῖρας **ἐθνῶν**.
Ac 21:19 θεὸς ἐν τοῖς **ἔθνεσιν** διὰ τῆς διακονίας
Ac 21:21 τοὺς κατὰ τὰ **ἔθνη** πάντας ᾿Ιουδαίους λέγων
Ac 21:25 δὲ τῶν πεπιστευκότων **ἐθνῶν** ἡμεῖς ἐπεστείλαμεν κρίναντες
Ac 22:21 ὅτι ἐγὼ εἰς **ἔθνη** μακρὰν ἐξαποστελῶ σε.
Ac 24:2 διορθωμάτων γινομένων τῷ **ἔθνει** τούτῳ διὰ
Ac 24:10 σε κριτὴν τῷ **ἔθνει** τούτῳ ἐπιστάμενος εὐθύμως
Ac 24:17 ποιήσων εἰς τὸ **ἔθνος** μου παρεγενόμην καὶ
Ac 26:4 γενομένην ἐν τῷ **ἔθνει** μου ἔν τε
Ac 26:17 καὶ ἐκ τῶν **ἐθνῶν** εἰς οὓς ἐγὼ
Ac 26:20 ᾿Ιουδαίας καὶ τοῖς **ἔθνεσιν** ἀπήγγελλον μετανοεῖν καὶ
Ac 26:23 λαῷ καὶ τοῖς **ἔθνεσιν**.
Ac 28:19 οὐχ ὡς τοῦ **ἔθνους** μου ἔχων τι
Ac 28:28 ὑμῖν ὅτι τοῖς **ἔθνεσιν** ἀπεστάλη τοῦτο τὸ

ἔθος (*ethos*; 7/12) *custom*

Ac 6:14 καὶ ἀλλάξει τὰ **ἔθη** ἃ παρέδωκεν ἡμῖν
Ac 15:1 μὴ περιτμηθῆτε τῷ **ἔθει** τῷ Μωϋσέως,
Ac 16:21 καὶ καταγγέλλουσιν **ἔθη** ἃ οὐκ ἔξεστιν
Ac 21:21 τέκνα μηδὲ τοῖς **ἔθεσιν** περιπατεῖν.
Ac 25:16 ὅτι οὐκ ἔστιν **ἔθος** ῾Ρωμαίοις χαρίζεσθαί τινα
Ac 26:3 τῶν κατὰ ᾿Ιουδαίους **ἐθῶν** τε καὶ ζητημάτων,
Ac 28:17 λαῷ ἢ τοῖς **ἔθεσι** τοῖς πατρῴοις δέσμιος

εἰ (*ei*; 35/502) *if, since*

Ac 1:6 **εἰ** ἐν τῷ χρόνῳ
Ac 4:9 **εἰ** ἡμεῖς σήμερον ἀνακρινόμεθα
Ac 4:19 **εἰ** δίκαιόν ἐστιν ἐνώπιον
Ac 5:8 **εἰ** τοσούτου τὸ χωρίον
Ac 5:39 **εἰ** δὲ ἐκ θεοῦ
Ac 7:1 **εἰ** ταῦτα οὕτως ἔχει;
Ac 8:22 **εἰ** ἄρα ἀφεθήσεταί σοι
Ac 10:18 καὶ φωνήσαντες ἐπυνθάνοντο **εἰ** Σίμων ὁ ἐπικαλούμενος
Ac 11:17 **εἰ** οὖν τὴν ἴσην
Ac 11:19 λαλοῦντες τὸν λόγον **εἰ** μὴ μόνον ᾿Ιουδαίοις.
Ac 13:15 εἴ **τις** ἐστιν ἐν ὑμῖν
Ac 16:15 **εἰ** κεκρίκατέ με πιστὴν
Ac 17:11 τὰς γραφὰς **εἰ** ἔχοι ταῦτα οὕτως
Ac 17:27 **εἰ** ἄρα γε ψηλαφήσειαν
Ac 18:14 **εἰ** μὲν ἦν ἀδίκημά
Ac 18:15 **εἰ** δὲ ζητήματά ἐστιν
Ac 19:2 **εἰ** πνεῦμα ἅγιον ἐλάβετε
Ac 19:2 ἀλλ᾿ οὐδ᾿ **εἰ** πνεῦμα ἅγιον ἔστιν
Ac 19:38 **εἰ** μὲν οὖν Δημήτριος
Ac 19:39 **εἰ** δέ τι περαιτέρω
Ac 20:16 ἔσπευδεν γὰρ **εἰ** δυνατὸν εἴη αὐτῷ
Ac 21:37 **εἰ** ἔξεστίν μοι εἰπεῖν
Ac 22:25 **εἰ** ἄνθρωπον ῾Ρωμαῖον καὶ
Ac 23:9 **εἰ** δὲ πνεῦμα ἐλάλησεν
Ac 24:19 παρεῖναι καὶ κατηγορεῖν **εἴ** τι ἔχοιεν πρὸς
Ac 25:5 δυνατοὶ συγκαταβάντες **εἴ** τι ἐστιν ἐν
Ac 25:11 **εἰ** μὲν οὖν ἀδικῶ
Ac 25:11 **εἰ** δὲ οὐδέν ἐστιν
Ac 25:20 τούτων ζήτησιν ἔλεγον **εἰ** βούλοιτο πορεύεσθαι εἰς

Ac 26:8 κρίνεται παρ' ὑμῖν **εἰ** ὁ θεὸς νεκροὺς
Ac 26:23 **εἰ** παθητὸς ὁ χριστός,
Ac 26:23 **εἰ** πρῶτος ἐξ ἀναστάσεως
Ac 26:32 ὁ ἄνθρωπος οὗτος **εἰ** μὴ ἐπεκέκλητο Καίσαρα.
Ac 27:12 **εἴ** πως δύναιντο καταντήσαντες
Ac 27:39 ἐβουλεύοντο **εἰ** δύναιντο ἐξῶσαι τὸ πλοῖον.

εἰδωλόθυτος (*eidōlothytos*; 2/9) *meal offered to idols*

Ac 15:29 ἀπέχεσθαι **εἰδωλοθύτων** καὶ αἵματος καὶ
Ac 21:25 αὐτοὺς τό τε **εἰδωλόθυτον** καὶ αἷμα καὶ

εἴδωλον (*eidōlon*; 2/11) *idol*

Ac 7:41 ἀνήγαγον θυσίαν τῷ **εἰδώλῳ** καὶ εὐφραίνοντο ἐν
Ac 15:20 τῶν ἀλισγημάτων τῶν **εἰδώλων** καὶ τῆς πορνείας

εἴκοσι (*eikosi*; 2/11) *twenty*

Ac 1:15 αὐτὸ ὡσεὶ ἑκατὸν **εἴκοσι**·
Ac 27:28 βολίσαντες εὗρον ὀργυιὰς **εἴκοσι**,

εἰμί (*eimi*; 278/2460[2462]) *be*

Ac 1:7 οὐχ ὑμῶν **ἐστιν** γνῶναι χρόνους ἢ
Ac 1:8 ἐφ' ὑμᾶς καὶ **ἔσεσθέ** μου μάρτυρες ἔν
Ac 1:10 καὶ ὡς ἀτενίζοντες **ἦσαν** εἰς τὸν οὐρανὸν
Ac 1:12 ὅ **ἐστιν** ἐγγὺς Ἰερουσαλὴμ σαββάτου
Ac 1:13 ὑπερῷον ἀνέβησαν οὗ **ἦσαν** καταμένοντες,
Ac 1:14 οὗτοι πάντες **ἦσαν** προσκαρτεροῦντες ὁμοθυμαδὸν τῇ
Ac 1:15 **ἦν** τε ὄχλος ὀνομάτων
Ac 1:17 ὅτι κατηριθμημένος **ἦν** ἐν ἡμῖν καὶ
Ac 1:19 τοῦτ' **ἔστιν** χωρίον αἵματος.
Ac 1:20 ἔρημος καὶ μὴ **ἔστω** ὁ κατοικῶν ἐν
Ac 2:1 ἡμέραν τῆς πεντηκοστῆς **ἦσαν** πάντες ὁμοῦ
Ac 2:2 τὸν οἶκον οὗ **ἦσαν** καθήμενοι
Ac 2:5 **Ἦσαν** δὲ εἰς Ἰερουσαλὴμ
Ac 2:7 ἰδοὺ ἅπαντες οὗτοί **εἰσιν** οἱ λαλοῦντες Γαλιλαῖοι;
Ac 2:12 τί θέλει τοῦτο **εἶναι**;
Ac 2:13 ὅτι γλεύκους μεμεστωμένοι **εἰσίν**.
Ac 2:14 τοῦτο ὑμῖν γνωστὸν **ἔστω** καὶ ἐνωτίσασθε τὰ
Ac 2:15 **ἔστιν** γὰρ ὥρα τρίτη
Ac 2:16 ἀλλὰ τοῦτό **ἐστιν** τὸ εἰρημένον διὰ
Ac 2:17 καὶ **ἔσται** ἐν ταῖς ἐσχάταις
Ac 2:21 καὶ **ἔσται** πᾶς ὃς ἂν
Ac 2:24 καθότι οὐκ **ἦν** δυνατὸν κρατεῖσθαι αὐτὸν
Ac 2:25 ἐκ δεξιῶν μού **ἐστιν** ἵνα μὴ σαλευθῶ.
Ac 2:29 τὸ μνῆμα αὐτοῦ **ἔστιν** ἐν ἡμῖν ἄχρι
Ac 2:32 οὗ πάντες ἡμεῖς **ἐσμεν** μάρτυρες·
Ac 2:39 ὑμῖν γάρ **ἐστιν** ἡ ἐπαγγελία καὶ
Ac 2:42 **Ἦσαν** δὲ προσκαρτεροῦντες τῇ
Ac 2:44 δὲ οἱ πιστεύοντες **ἦσαν** ἐπὶ τὸ αὐτὸ
Ac 3:10 αὐτὸν ὅτι αὐτὸς **ἦν** ὁ πρὸς τὴν
Ac 3:15 οὗ ἡμεῖς μάρτυρές **ἐσμεν**.
Ac 3:23 **ἔσται** δὲ πᾶσα ψυχὴ
Ac 3:25 ὑμεῖς **ἐστε** οἱ υἱοὶ τῶν
Ac 4:3 **ἦν** γὰρ ἑσπέρα ἤδη.
Ac 4:6 Ἀλέξανδρος καὶ ὅσοι **ἦσαν** ἐκ γένους ἀρχιερατικοῦ,
Ac 4:10 γνωστὸν **ἔστω** πᾶσιν ὑμῖν καὶ
Ac 4:11 οὗτός **ἐστιν** ὁ λίθος,
Ac 4:12 καὶ οὐκ **ἔστιν** ἐν ἄλλῳ οὐδενὶ
Ac 4:12 οὐδὲ γὰρ ὄνομά **ἐστιν** ἕτερον ὑπὸ τὸν
Ac 4:13 ὅτι ἄνθρωποι ἀγράμματοί **εἰσιν** καὶ ἰδιῶται,
Ac 4:13 σὺν τῷ Ἰησοῦ **ἦσαν**,
Ac 4:19 εἰ δίκαιόν **ἐστιν** ἐνώπιον τοῦ θεοῦ
Ac 4:22 ἐτῶν γὰρ **ἦν** πλειόνων τεσσεράκοντα ὁ
Ac 4:31 τόπος ἐν ᾧ **ἦσαν** συνηγμένοι,
Ac 4:32 πλήθους τῶν πιστευσάντων **ἦν** καρδία καὶ ψυχὴ
Ac 4:32 αὐτῷ ἔλεγεν ἴδιον **εἶναι** ἀλλ' ἦν αὐτοῖς
Ac 4:32 ἴδιον εἶναι ἀλλ' **ἦν** αὐτοῖς ἅπαντα κοινά.
Ac 4:33 χάρις τε μεγάλη **ἦν** ἐπὶ πάντας αὐτούς.
Ac 4:34 γὰρ ἐνδεής τις **ἦν** ἐν αὐτοῖς·
Ac 4:36 ὅ **ἐστιν** μεθερμηνευόμενον υἱὸς παρακλήσεως,
Ac 5:12 καὶ **ἦσαν** ὁμοθυμαδὸν ἅπαντες ἐν
Ac 5:17 ἡ **οὖσα** αἵρεσις τῶν Σαδδουκαίων,
Ac 5:25 ἐν τῇ φυλακῇ **εἰσὶν** ἐν τῷ ἱερῷ
Ac 5:32 καὶ ἡμεῖς **ἐσμεν** μάρτυρες τῶν ῥημάτων
Ac 5:36 ἀνέστη Θευδᾶς λέγων **εἶναί** τινα ἑαυτόν,
Ac 5:38 ὅτι ἐὰν **ᾖ** ἐξ ἀνθρώπων ἡ
Ac 5:39 δὲ ἐκ θεοῦ **ἐστιν**,
Ac 6:2 οὐκ ἀρεστόν **ἐστιν** ἡμᾶς καταλείψαντας τὸν
Ac 7:2 πατρὶ ἡμῶν Ἀβραὰμ **ὄντι** ἐν τῇ Μεσοποταμίᾳ
Ac 7:5 οὐκ **ὄντος** αὐτῷ τέκνου.
Ac 7:6 ὁ θεὸς ὅτι **ἔσται** τὸ σπέρμα αὐτοῦ
Ac 7:9 καὶ **ἦν** ὁ θεὸς μετ'
Ac 7:12 ἀκούσας δὲ Ἰακὼβ **ὄντα** σιτία εἰς Αἴγυπτον
Ac 7:20 ἐγεννήθη Μωϋσῆς καὶ **ἦν** ἀστεῖος τῷ θεῷ·
Ac 7:22 **ἦν** δὲ δυνατὸς ἐν
Ac 7:26 ἀδελφοί **ἐστε**·
Ac 7:33 ἔστηκας γῆ ἁγία **ἐστίν**.
Ac 7:37 οὗτός **ἐστιν** ὁ Μωϋσῆς ὁ
Ac 7:38 οὗτός **ἐστιν** ὁ γενόμενος ἐν
Ac 7:44 σκηνὴ τοῦ μαρτυρίου **ἦν** τοῖς πατράσιν ἡμῶν
Ac 8:1 Σαῦλος δὲ **ἦν** συνευδοκῶν τῇ ἀναιρέσει
Ac 8:9 λέγων **εἶναί** τινα ἑαυτὸν μέγαν,
Ac 8:10 οὗτός **ἐστιν** ἡ δύναμις τοῦ
Ac 8:13 ἐπίστευσεν καὶ βαπτισθεὶς **ἦν** προσκαρτερῶν τῷ Φιλίππῳ,
Ac 8:16 οὐδέπω γὰρ **ἦν** ἐπ' οὐδενὶ αὐτῶν
Ac 8:20 σου σὺν σοὶ **εἴη** εἰς ἀπώλειαν ὅτι
Ac 8:21 οὐκ **ἔστιν** σοι μερὶς οὐδὲ
Ac 8:21 καρδία σου οὐκ **ἔστιν** εὐθεῖα ἔναντι τοῦ
Ac 8:23 ἀδικίας ὁρῶ σε **ὄντα**.
Ac 8:26 αὕτη **ἐστὶν** ἔρημος.
Ac 8:27 ὃς **ἦν** ἐπὶ πάσης τῆς
Ac 8:28 **ἦν** τε ὑποστρέφων καὶ
Ac 8:32 γραφῆς ἣν ἀνεγίνωσκεν **ἦν** αὕτη·
Ac 9:2 εὕρῃ τῆς ὁδοῦ **ὄντας**,
Ac 9:5 τίς **εἶ**,
Ac 9:5 ἐγώ **εἰμι** Ἰησοῦς ὃν σὺ
Ac 9:9 καὶ **ἦν** ἡμέρας τρεῖς μὴ
Ac 9:10 **Ἦν** δέ τις μαθητὴς
Ac 9:15 ὅτι σκεῦος ἐκλογῆς **ἐστίν** μοι οὗτος τοῦ
Ac 9:20 Ἰησοῦν ὅτι οὗτός **ἐστιν** ὁ υἱὸς τοῦ
Ac 9:21 οὐχ οὗτός **ἐστιν** ὁ πορθήσας εἰς
Ac 9:22 συμβιβάζων ὅτι οὗτός **ἐστιν** ὁ χριστός.
Ac 9:26 μὴ πιστεύοντες ὅτι **ἐστὶν** μαθητής.
Ac 9:28 καὶ **ἦν** μετ' αὐτῶν εἰσπορευόμενος
Ac 9:33 ὃς **ἦν** παραλελυμένος.
Ac 9:36 Ἰόππῃ δέ τις **ἦν** μαθήτρια ὀνόματι Ταβιθά,

Ac 9:36 αὕτη **ἦν** πλήρης ἔργων ἀγαθῶν
Ac 9:38 ἐγγὺς δὲ **οὔσης** Λύδδας τῇ Ἰόππῃ
Ac 9:38 ἀκούσαντες ὅτι Πέτρος **ἐστὶν** ἐν αὐτῇ ἀπέστειλαν
Ac 9:39 ἐποίει μετ᾽ αὐτῶν **οὖσα** ἡ Δορκάς.
Ac 10:4 τί **ἐστιν**,
Ac 10:6 ᾧ **ἐστιν** οἰκία παρὰ θάλασσαν.
Ac 10:17 Πέτρος τί ἂν **εἴη** τὸ ὅραμα ὃ
Ac 10:21 ἰδοὺ ἐγώ **εἰμι** ὃν ζητεῖτε·
Ac 10:24 ὁ δὲ Κορνήλιος **ἦν** προσδοκῶν αὐτοὺς συγκαλεσάμενος
Ac 10:26 ἐγὼ αὐτὸς ἄνθρωπός **εἰμι**.
Ac 10:28 ἐπίστασθε ὡς ἀθέμιτόν **ἐστιν** ἀνδρὶ Ἰουδαίῳ κολλᾶσθαι
Ac 10:30 ταύτης τῆς ὥρας **ἤμην** τὴν ἐνάτην προσευχόμενος
Ac 10:34 καταλαμβάνομαι ὅτι οὐκ **ἔστιν** προσωπολήμπτης ὁ θεός,
Ac 10:35 δικαιοσύνην δεκτὸς αὐτῷ **ἐστιν**.
Ac 10:36 οὗτός **ἐστιν** πάντων κύριος,
Ac 10:38 ὅτι ὁ θεὸς **ἦν** μετ᾽ αὐτοῦ.
Ac 10:42 διαμαρτύρασθαι ὅτι οὗτός **ἐστιν** ὁ ὡρισμένος ὑπὸ
Ac 11:1 οἱ ἀδελφοὶ οἱ **ὄντες** κατὰ τὴν Ἰουδαίαν
Ac 11:5 ἐγὼ **ἤμην** ἐν πόλει Ἰόππῃ
Ac 11:11 οἰκίαν ἐν ᾗ **ἦμεν**,
Ac 11:17 ἐγὼ τίς **ἤμην** δυνατὸς κωλῦσαι τὸν
Ac 11:20 **Ἦσαν** δέ τινες ἐξ
Ac 11:21 καὶ **ἦν** χεὶρ κυρίου μετ᾽
Ac 11:22 τῆς ἐκκλησίας τῆς **οὔσης** ἐν Ἰερουσαλὴμ
Ac 11:24 ὅτι **ἦν** ἀνὴρ ἀγαθὸς καὶ
Ac 11:28 λιμὸν μεγάλην μέλλειν **ἔσεσθαι** ἐφ᾽ ὅλην τὴν
Ac 12:3 δὲ ὅτι ἀρεστόν **ἐστιν** τοῖς Ἰουδαίοις,
Ac 12:3 **ἦσαν** δὲ [αἱ] ἡμέραι
Ac 12:5 προσευχὴ δὲ **ἦν** ἐκτενῶς γινομένη ὑπὸ
Ac 12:6 τῇ νυκτὶ ἐκείνῃ **ἦν** ὁ Πέτρος κοιμώμενος
Ac 12:9 ᾔδει ὅτι ἀληθές **ἐστιν** τὸ γινόμενον διὰ
Ac 12:12 οὗ **ἦσαν** ἱκανοὶ συνηθροισμένοι καὶ
Ac 12:15 ὁ ἄγγελός **ἐστιν** αὐτοῦ.
Ac 12:18 Γενομένης δὲ ἡμέρας **ἦν** τάραχος οὐκ ὀλίγος
Ac 12:20 **Ἦν** δὲ θυμομαχῶν Τυρίοις
Ac 13:1 **Ἦσαν** δὲ ἐν Ἀντιοχείᾳ
Ac 13:1 Ἀντιοχείᾳ κατὰ τὴν **οὖσαν** ἐκκλησίαν προφῆται καὶ
Ac 13:7 ὃς **ἦν** σὺν τῷ ἀνθυπάτῳ
Ac 13:11 ἐπὶ σὲ καὶ **ἔσῃ** τυφλὸς μὴ βλέπων
Ac 13:15 εἴ τις ἐστιν **ἐν** ὑμῖν λόγος παρακλήσεως
Ac 13:25 τί ἐμὲ ὑπονοεῖτε **εἶναι**;
Ac 13:25 οὐκ **εἰμὶ** ἐγώ·
Ac 13:25 ἐμὲ οὗ οὐκ **εἰμὶ** ἄξιος τὸ ὑπόδημα
Ac 13:31 οἵτινες [νῦν] **εἰσιν** μάρτυρες αὐτοῦ πρὸς
Ac 13:33 υἱός μου **εἶ** σύ,
Ac 13:38 γνωστὸν οὖν **ἔστω** ὑμῖν,
Ac 13:46 ὑμῖν **ἦν** ἀναγκαῖον πρῶτον λαληθῆναι
Ac 13:47 φῶς ἐθνῶν τοῦ **εἶναί** σε εἰς σωτηρίαν
Ac 13:48 καὶ ἐπίστευσαν ὅσοι **ἦσαν** τεταγμένοι εἰς ζωὴν
Ac 14:4 καὶ οἱ μὲν **ἦσαν** σὺν τοῖς Ἰουδαίοις,
Ac 14:7 κἀκεῖ εὐαγγελιζόμενοι **ἦσαν**.
Ac 14:12 ἐπειδὴ αὐτὸς **ἦν** ὁ ἡγούμενος τοῦ
Ac 14:13 τοῦ Διὸς τοῦ **ὄντος** πρὸ τῆς πόλεως
Ac 14:15 καὶ ἡμεῖς ὁμοιοπαθεῖς **ἐσμεν** ὑμῖν ἄνθρωποι εὐαγγελιζόμενοι
Ac 14:26 ὅθεν **ἦσαν** παραδεδομένοι τῇ χάριτι
Ac 15:32 καὶ αὐτοὶ προφῆται **ὄντες** διὰ λόγου πολλοῦ
Ac 16:1 ἰδοὺ μαθητής τις **ἦν** ἐκεῖ ὀνόματι Τιμόθεος,
Ac 16:3 τοὺς Ἰουδαίους τοὺς **ὄντας** ἐν τοῖς τόποις
Ac 16:9 ἀνὴρ Μακεδών τις **ἦν** ἑστὼς καὶ παρακαλῶν
Ac 16:12 ἥτις **ἐστὶν** πρώτη[ς] μερίδος τῆς
Ac 16:12 **Ἦμεν** δὲ ἐν ταύτῃ
Ac 16:13 οὗ ἐνομίζομεν προσευχὴν **εἶναι**,
Ac 16:15 πιστὴν τῷ κυρίῳ **εἶναι**,
Ac 16:17 θεοῦ τοῦ ὑψίστου **εἰσίν**,
Ac 16:21 οὐδὲ ποιεῖν Ῥωμαίοις **οὖσιν**.
Ac 16:28 ἅπαντες γάρ **ἐσμεν** ἐνθάδε.
Ac 16:38 ἀκούσαντες ὅτι Ῥωμαῖοί **εἰσιν**,
Ac 17:1 εἰς Θεσσαλονίκην ὅπου **ἦν** συναγωγὴ τῶν Ἰουδαίων.
Ac 17:3 καὶ ὅτι οὗτός **ἐστιν** ὁ χριστὸς [ὁ]
Ac 17:7 βασιλέα ἕτερον λέγοντες **εἶναι** Ἰησοῦν.
Ac 17:11 οὗτοι δὲ **ἦσαν** εὐγενέστεροι τῶν ἐν
Ac 17:16 αὐτῷ θεωροῦντος κατείδωλον **οὖσαν** τὴν πόλιν.
Ac 17:18 δαιμονίων δοκεῖ καταγγελεὺς **εἶναι**,
Ac 17:20 τίνα θέλει ταῦτα **εἶναι**.
Ac 17:28 καὶ κινούμεθα καὶ **ἐσμέν**,
Ac 17:28 γὰρ καὶ γένος **ἐσμέν**.
Ac 17:29 τὸ θεῖον **εἶναι** ὅμοιον.
Ac 18:3 διὰ τὸ ὁμότεχνον **εἶναι** ἔμενεν παρ᾽ αὐτοῖς,
Ac 18:3 **ἦσαν** γὰρ σκηνοποιοὶ τῇ
Ac 18:5 διαμαρτυρόμενος τοῖς Ἰουδαίοις **εἶναι** τὸν χριστὸν Ἰησοῦν.
Ac 18:7 οὗ ἡ οἰκία **ἦν** συνομοροῦσα τῇ συναγωγῇ.
Ac 18:10 διότι ἐγώ **εἰμι** μετὰ σοῦ καὶ
Ac 18:10 διότι λαός **ἐστί** μοι πολὺς ἐν
Ac 18:12 Γαλλίωνος δὲ ἀνθυπάτου **ὄντος** τῆς Ἀχαΐας κατεπέστησαν
Ac 18:14 εἰ μὲν **ἦν** ἀδίκημά τι ἢ
Ac 18:15 εἰ δὲ ζητήματά **ἐστιν** περὶ λόγου καὶ
Ac 18:15 τούτων οὐ βούλομαι **εἶναι**.
Ac 18:24 δυνατὸς **ὢν** ἐν ταῖς γραφαῖς.
Ac 18:25 οὗτος **ἦν** κατηχημένος τὴν ὁδὸν
Ac 18:28 διὰ τῶν γραφῶν **εἶναι** τὸν χριστὸν Ἰησοῦν.
Ac 19:1 τῷ τὸν Ἀπολλῶ **εἶναι** ἐν Κορίνθῳ Παῦλον
Ac 19:2 εἰ πνεῦμα ἅγιον **ἔστιν** ἠκούσαμεν.
Ac 19:4 τοῦτ᾽ **ἔστιν** εἰς τὸν Ἰησοῦν.
Ac 19:7 **ἦσαν** δὲ οἱ πάντες
Ac 19:14 **ἦσαν** δέ τινος Σκευᾶ
Ac 19:15 ὑμεῖς δὲ τίνες **ἐστέ**;
Ac 19:16 αὐτοὺς ἐν ᾧ **ἦν** τὸ πνεῦμα τὸ
Ac 19:25 ἡ εὐπορία ἡμῖν **ἐστιν**
Ac 19:26 λέγων ὅτι οὐκ **εἰσὶν** θεοὶ οἱ διὰ
Ac 19:31 **ὄντες** αὐτῷ φίλοι,
Ac 19:32 **ἦν** γὰρ ἡ ἐκκλησία
Ac 19:34 δὲ ὅτι Ἰουδαῖός **ἐστιν**,
Ac 19:35 τίς γάρ **ἐστιν** ἀνθρώπων ὃς οὐ
Ac 19:35 Ἐφεσίων πόλιν νεωκόρον **οὖσαν** τῆς μεγάλης Ἀρτέμιδος
Ac 19:36 ἀναντιρρήτων οὖν **ὄντων** τούτων δέον ἐστὶν
Ac 19:36 ὄντων τούτων δέον **ἐστὶν** ὑμᾶς κατεσταλμένους ὑπάρχειν
Ac 19:38 ἄγονται καὶ ἀνθύπατοί **εἰσιν**,
Ac 20:8 **ἦσαν** δὲ λαμπάδες ἱκαναὶ
Ac 20:8 τῷ ὑπερῴῳ οὗ **ἦμεν** συνηγμένοι.
Ac 20:10 αὐτοῦ ἐν αὐτῷ **ἐστιν**.
Ac 20:13 οὕτως γὰρ διατεταγμένος **ἦν** μέλλων αὐτὸς πεζεύειν.

Ac 20:16 γὰρ εἰ δυνατὸν **εἴη** αὐτῷ τὴν ἡμέραν
Ac 20:26 ἡμέρᾳ ὅτι καθαρός **εἰμι** ἀπὸ τοῦ αἵματος
Ac 20:34 μου καὶ τοῖς **οὖσιν** μετ᾽ ἐμοῦ ὑπηρέτησαν
Ac 20:35 μακάριόν **ἐστιν** μᾶλλον διδόναι ἢ
Ac 21:3 γὰρ τὸ πλοῖον **ἦν** ἀποφορτιζόμενον τὸν γόμον.
Ac 21:8 **ὄντος** ἐκ τῶν ἑπτά,
Ac 21:9 τούτῳ δὲ **ἦσαν** θυγατέρες τέσσαρες παρθένοι
Ac 21:11 τὸν ἄνδρα οὗ **ἐστιν** ἡ ζώνη αὕτη,
Ac 21:20 πόσαι μυριάδες **εἰσὶν** ἐν τοῖς Ἰουδαίοις
Ac 21:22 τί οὖν **ἐστιν**;
Ac 21:23 **εἰσὶν** ἡμῖν ἄνδρες τέσσαρες
Ac 21:24 περὶ σοῦ οὐδέν **ἐστιν** ἀλλὰ στοιχεῖς καὶ
Ac 21:28 οὗτός **ἐστιν** ὁ ἄνθρωπος ὁ
Ac 21:29 **ἦσαν** γὰρ προεωρακότες Τρόφιμον
Ac 21:33 καὶ ἐπυνθάνετο τίς **εἴη** καὶ τί ἐστιν
Ac 21:33 εἴη καὶ τί **ἐστιν** πεποιηκώς.
Ac 21:38 οὐκ ἄρα σὺ **εἶ** ὁ Αἰγύπτιος ὁ
Ac 21:39 ἐγὼ ἄνθρωπος μέν **εἰμι** Ἰουδαῖος,
Ac 22:3 ἐγώ **εἰμι** ἀνὴρ Ἰουδαῖος,
Ac 22:3 καθὼς πάντες ὑμεῖς **ἐστε** σήμερον·
Ac 22:5 καὶ τοὺς ἐκεῖσε **ὄντας** δεδεμένους εἰς Ἰερουσαλὴμ
Ac 22:8 τίς **εἶ**,
Ac 22:8 ἐγώ **εἰμι** Ἰησοῦς ὁ Ναζωραῖος,
Ac 22:9 δὲ σὺν ἐμοὶ **ὄντες** τὸ μὲν φῶς
Ac 22:15 ὅτι **ἔσῃ** μάρτυς αὐτῷ πρὸς
Ac 22:19 ἐπίστανται ὅτι ἐγὼ **ἤμην** φυλακίζων καὶ δέρων
Ac 22:20 καὶ αὐτὸς **ἤμην** ἐφεστὼς καὶ συνευδοκῶν
Ac 22:26 ἄνθρωπος οὗτος Ῥωμαῖός **ἐστιν**.
Ac 22:27 σὺ Ῥωμαῖος **εἶ**;
Ac 22:29 ἐπιγνοὺς ὅτι Ῥωμαῖός **ἐστιν** καὶ ὅτι αὐτὸν
Ac 22:29 καὶ ὅτι αὐτὸν **ἦν** δεδεκώς.
Ac 23:5 ὅτι **ἐστὶν** ἀρχιερεύς·
Ac 23:6 τὸ ἓν μέρος **ἐστὶν** Σαδδουκαίων τὸ δὲ
Ac 23:6 ἐγὼ Φαρισαῖός **εἰμι**,
Ac 23:8 γὰρ λέγουσιν μὴ **εἶναι** ἀνάστασιν μήτε ἄγγελον
Ac 23:13 **ἦσαν** δὲ πλείους τεσσεράκοντα
Ac 23:15 ἐγγίσαι αὐτὸν ἕτοιμοί **ἐσμεν** τοῦ ἀνελεῖν αὐτόν.
Ac 23:19 τί **ἐστιν** ὃ ἔχεις ἀπαγγεῖλαί
Ac 23:21 καὶ νῦν **εἰσιν** ἕτοιμοι προσδεχόμενοι τὴν
Ac 23:27 μαθὼν ὅτι Ῥωμαῖός **ἐστιν**.
Ac 23:30 εἰς τὸν ἄνδρα **ἔσεσθαι** ἐξαυτῆς ἔπεμψα πρὸς
Ac 23:34 ἐκ ποίας ἐπαρχείας **ἐστίν**,
Ac 24:10 ἐκ πολλῶν ἐτῶν **ὄντα** σε κριτὴν τῷ
Ac 24:11 ὅτι οὐ πλείους **εἰσίν** μοι ἡμέραι δώδεκα
Ac 24:15 ἀνάστασιν μέλλειν **ἔσεσθαι** δικαίων τε καὶ
Ac 24:24 τῇ ἰδίᾳ γυναικὶ **οὔσῃ** Ἰουδαίᾳ μετεπέμψατο
Ac 25:5 συγκαταβάντες εἴ τι **ἐστιν** ἐν τῷ ἀνδρὶ
Ac 25:10 βήματος Καίσαρος ἑστώς **εἰμι**,
Ac 25:11 εἰ δὲ οὐδέν **ἐστιν** ὧν οὗτοι κατηγοροῦσίν
Ac 25:14 ἀνήρ τις **ἐστιν** καταλελειμμένος ὑπὸ Φήλικος
Ac 25:16 ἀπεκρίθην ὅτι οὐκ **ἔστιν** ἔθος Ῥωμαίοις χαρίζεσθαί
Ac 26:3 μάλιστα γνώστην **ὄντα** σε πάντων τῶν
Ac 26:15 τίς **εἶ**,
Ac 26:15 ἐγώ **εἰμι** Ἰησοῦς ὃν σὺ
Ac 26:21 με Ἰουδαῖοι συλλαβόμενοι **[ὄντα]** ἐν τῷ ἱερῷ
Ac 26:26 οὐ γάρ **ἐστιν** ἐν γωνίᾳ πεπραγμένον
Ac 26:29 ὁποῖος καὶ ἐγώ **εἰμι** παρεκτὸς τῶν δεσμῶν
Ac 27:2 Ἀσίαν τόπους ἀνήχθημεν **ὄντος** σὺν ἡμῖν Ἀριστάρχου
Ac 27:4 τὸ τοὺς ἀνέμους **εἶναι** ἐναντίους,
Ac 27:8 ᾧ ἐγγὺς πόλις **ἦν** Λασαία.
Ac 27:9 χρόνου διαγενομένου καὶ **ὄντος** ἤδη ἐπισφαλοῦς τοῦ
Ac 27:10 ψυχῶν ἡμῶν μέλλειν **ἔσεσθαι** τὸν πλοῦν.
Ac 27:22 γὰρ ψυχῆς οὐδεμία **ἔσται** ἐξ ὑμῶν πλὴν
Ac 27:23 οὗ **εἰμι** [ἐγώ] ᾧ καὶ
Ac 27:25 θεῷ ὅτι οὕτως **ἔσται** καθ᾽ ὃν τρόπον
Ac 27:37 **ἤμεθα** δὲ αἱ πᾶσαι
Ac 28:4 πάντως φονεύς **ἐστιν** ὁ ἄνθρωπος οὗτος
Ac 28:6 μεταβαλόμενοι ἔλεγον αὐτὸν **εἶναι** θεόν.
Ac 28:17 συγκαλέσασθαι αὐτὸν τοὺς **ὄντας** τῶν Ἰουδαίων πρώτους·
Ac 28:22 ταύτης γνωστὸν ἡμῖν **ἐστιν** ὅτι πανταχοῦ ἀντιλέγεται.
Ac 28:25 ἀσύμφωνοι δὲ **ὄντες** πρὸς ἀλλήλους ἀπελύοντο
Ac 28:28 γνωστὸν οὖν **ἔστω** ὑμῖν ὅτι τοῖς

εἰρήνη (*eirēnē*; 7/92) *peace*

Ac 7:26 συνήλλασσεν αὐτοὺς εἰς **εἰρήνην** εἰπών·
Ac 9:31 καὶ Σαμαρείας εἶχεν **εἰρήνην** οἰκοδομουμένη καὶ πορευομένη
Ac 10:36 υἱοῖς Ἰσραὴλ εὐαγγελιζόμενος **εἰρήνην** διὰ Ἰησοῦ Χριστοῦ,
Ac 12:20 ᾐτοῦντο **εἰρήνην** διὰ τὸ τρέφεσθαι
Ac 15:33 χρόνον ἀπελύθησαν μετ᾽ **εἰρήνης** ἀπὸ τῶν ἀδελφῶν
Ac 16:36 ἐξελθόντες πορεύεσθε ἐν **εἰρήνῃ**.
Ac 24:2 πολλῆς **εἰρήνης** τυγχάνοντες διὰ σοῦ

εἰς (*eis*; 302/1759[1767]) *into*

Ac 1:10 ὡς ἀτενίζοντες ἦσαν **εἰς** τὸν οὐρανὸν πορευομένου
Ac 1:11 τί ἑστήκατε [ἐμ]βλέποντες **εἰς** τὸν οὐρανόν;
Ac 1:11 ἀναλημφθεὶς ἀφ᾽ ὑμῶν **εἰς** τὸν οὐρανὸν οὕτως
Ac 1:11 ἐθεάσασθε αὐτὸν πορευόμενον **εἰς** τὸν οὐρανόν.
Ac 1:12 Τότε ὑπέστρεψαν **εἰς** Ἰερουσαλὴμ ἀπὸ ὄρους
Ac 1:13 **εἰς** τὸ ὑπερῷον ἀνέβησαν
Ac 1:25 παρέβη Ἰούδας πορευθῆναι **εἰς** τὸν τόπον
Ac 2:5 Ἦσαν δὲ **εἰς** Ἰερουσαλὴμ κατοικοῦντες Ἰουδαῖοι,
Ac 2:20 ὁ ἥλιος μεταστραφήσεται **εἰς** σκότος καὶ ἡ
Ac 2:20 καὶ ἡ σελήνη **εἰς** αἷμα,
Ac 2:22 ἀπὸ τοῦ θεοῦ **εἰς** ὑμᾶς δυνάμεσι καὶ
Ac 2:25 Δαυὶδ γὰρ λέγει **εἰς** αὐτόν·
Ac 2:27 τὴν ψυχήν μου **εἰς** ᾅδην οὐδὲ δώσεις
Ac 2:31 ὅτι οὔτε ἐγκατελείφθη **εἰς** ᾅδην οὔτε ἡ
Ac 2:34 γὰρ Δαυὶδ ἀνέβη **εἰς** τοὺς οὐρανούς,
Ac 2:38 ὀνόματι Ἰησοῦ Χριστοῦ **εἰς** ἄφεσιν τῶν ἁμαρτιῶν
Ac 2:39 καὶ πᾶσιν τοῖς **εἰς** μακράν,
Ac 3:1 καὶ Ἰωάννης ἀνέβαινον **εἰς** τὸ ἱερὸν ἐπὶ
Ac 3:2 τῶν εἰσπορευομένων **εἰς** τὸ ἱερόν·
Ac 3:3 Ἰωάννην μέλλοντας εἰσιέναι **εἰς** τὸ ἱερόν,
Ac 3:4 ἀτενίσας δὲ Πέτρος **εἰς** αὐτὸν σὺν τῷ
Ac 3:4 βλέψον **εἰς** ἡμᾶς.

Ac 3:8 σὺν αὐτοῖς **εἰς** τὸ ἱερὸν περιπατῶν
Ac 3:19 οὖν καὶ ἐπιστρέψατε **εἰς** τὸ ἐξαλειφθῆναι ὑμῶν
Ac 4:3 χεῖρας καὶ ἔθεντο **εἰς** τήρησιν εἰς τὴν
Ac 4:3 ἔθεντο εἰς τήρησιν **εἰς** τὴν αὔριον·
Ac 4:11 ὁ γενόμενος **εἰς** κεφαλὴν γωνίας.
Ac 4:17 ἐπὶ πλεῖον διανεμηθῇ **εἰς** τὸν λαὸν ἀπειλησώμεθα
Ac 4:30 [σου] ἐκτείνειν σε **εἰς** ἴασιν καὶ σημεῖα
Ac 5:15 ὥστε καὶ **εἰς** τὰς πλατείας ἐκφέρειν
Ac 5:21 ὑπὸ τὸν ὄρθρον **εἰς** τὸ ἱερὸν
Ac 5:21 καὶ ἀπέστειλαν **εἰς** τὸ δεσμωτήριον
Ac 5:36 διελύθησαν καὶ ἐγένοντο **εἰς** οὐδέν.
Ac 6:11 λαλοῦντος ῥήματα βλάσφημα **εἰς** Μωϋσῆν
Ac 6:12 αὐτὸν καὶ ἤγαγον **εἰς** τὸ συνέδριον,
Ac 6:15 καὶ ἀτενίσαντες **εἰς** αὐτὸν πάντες οἱ
Ac 7:3 καὶ δεῦρο **εἰς** τὴν γῆν ἣν
Ac 7:4 αὐτοῦ μετῴκισεν αὐτὸν **εἰς** τὴν γῆν ταύτην
Ac 7:4 τὴν γῆν ταύτην **εἰς** ἣν ὑμεῖς νῦν
Ac 7:5 ἐπηγγείλατο δοῦναι αὐτῷ **εἰς** κατάσχεσιν αὐτὴν καὶ
Ac 7:9 τὸν Ἰωσὴφ ἀπέδοντο **εἰς** Αἴγυπτον.
Ac 7:12 Ἰακὼβ ὄντα σιτία **εἰς** Αἴγυπτον ἐξαπέστειλεν τοὺς
Ac 7:15 καὶ κατέβη Ἰακὼβ **εἰς** Αἴγυπτον καὶ ἐτελεύτησεν
Ac 7:16 καὶ μετετέθησαν **εἰς** Συχὲμ καὶ ἐτέθησαν
Ac 7:19 βρέφη ἔκθετα αὐτῶν **εἰς** τὸ μὴ ζῳογονεῖσθαι.
Ac 7:21 ἀνεθρέψατο αὐτὸν ἑαυτῇ **εἰς** υἱόν.
Ac 7:26 καὶ συνήλλασσεν αὐτοὺς **εἰς** εἰρήνην εἰπών·
Ac 7:34 δεῦρο ἀποστείλω σε **εἰς** Αἴγυπτον.
Ac 7:39 ταῖς καρδίαις αὐτῶν **εἰς** Αἴγυπτον
Ac 7:53 ἐλάβετε τὸν νόμον **εἰς** διαταγὰς ἀγγέλων
Ac 7:55 πνεύματος ἁγίου ἀτενίσας **εἰς** τὸν οὐρανὸν εἶδεν
Ac 8:3 καὶ γυναῖκας παρεδίδου **εἰς** φυλακήν.
Ac 8:5 Φίλιππος δὲ κατελθὼν **εἰς** [τὴν] πόλιν τῆς
Ac 8:16 δὲ βεβαπτισμένοι ὑπῆρχον **εἰς** τὸ ὄνομα τοῦ
Ac 8:20 σὺν σοὶ εἴη **εἰς** ἀπώλειαν ὅτι τὴν
Ac 8:23 **εἰς** γὰρ χολὴν πικρίας
Ac 8:25 τοῦ κυρίου ὑπέστρεφον **εἰς** Ἱεροσόλυμα,
Ac 8:26 καταβαίνουσαν ἀπὸ Ἰερουσαλὴμ **εἰς** Γάζαν,
Ac 8:27 ὃς ἐληλύθει προσκυνήσων **εἰς** Ἰερουσαλήμ,
Ac 8:38 καὶ κατέβησαν ἀμφότεροι **εἰς** τὸ ὕδωρ,
Ac 8:40 Φίλιππος δὲ εὑρέθη **εἰς** Ἄζωτον·
Ac 8:40 τοῦ ἐλθεῖν αὐτὸν **εἰς** Καισάρειαν.
Ac 9:1 ἀπειλῆς καὶ φόνου **εἰς** τοὺς μαθητὰς τοῦ
Ac 9:2 παρ' αὐτοῦ ἐπιστολὰς **εἰς** Δαμασκὸν πρὸς
Ac 9:2 δεδεμένους ἀγάγῃ **εἰς** Ἰερουσαλήμ.
Ac 9:6 καὶ εἴσελθε **εἰς** τὴν πόλιν
Ac 9:8 αὐτὸν εἰσήγαγον **εἰς** Δαμασκόν.
Ac 9:17 καὶ εἰσῆλθεν **εἰς** τὴν οἰκίαν
Ac 9:21 ἐστιν ὁ πορθήσας **εἰς** Ἰερουσαλὴμ τοὺς ἐπικαλουμένους
Ac 9:21 καὶ ὧδε **εἰς** τοῦτο ἐληλύθει ἵνα
Ac 9:26 Παραγενόμενος δὲ **εἰς** Ἰερουσαλὴμ ἐπείραζεν κολλᾶσθαι
Ac 9:28 καὶ ἐκπορευόμενος **εἰς** Ἰερουσαλήμ,
Ac 9:30 ἀδελφοὶ κατήγαγον αὐτὸν **εἰς** Καισάρειαν καὶ ἐξαπέστειλαν
Ac 9:30 καὶ ἐξαπέστειλαν αὐτὸν **εἰς** Ταρσόν.
Ac 9:39 ὃν παραγενόμενον ἀνήγαγον **εἰς** τὸ ὑπερῷον
Ac 10:4 ἐλεημοσύναι σου ἀνέβησαν **εἰς** μνημόσυνον ἔμπροσθεν τοῦ
Ac 10:5 νῦν πέμψον ἄνδρας **εἰς** Ἰόππην καὶ μετάπεμψαι
Ac 10:8 αὐτοῖς ἀπέστειλεν αὐτοὺς **εἰς** τὴν Ἰόππην.
Ac 10:16 ἀνελήμφθη τὸ σκεῦος **εἰς** τὸν οὐρανόν.
Ac 10:22 ἁγίου μεταπέμψασθαί σε **εἰς** τὸν οἶκον αὐτοῦ
Ac 10:24 ἐπαύριον εἰσῆλθεν **εἰς** τὴν Καισάρειαν.
Ac 10:32 πέμψον οὖν **εἰς** Ἰόππην καὶ μετακάλεσαι
Ac 10:43 πάντα τὸν πιστεύοντα **εἰς** αὐτόν.
Ac 11:2 δὲ ἀνέβη Πέτρος **εἰς** Ἰερουσαλήμ,
Ac 11:6 **εἰς** ἣν ἀτενίσας κατενόουν
Ac 11:8 εἰσῆλθεν **εἰς** τὸ στόμα μου.
Ac 11:10 ἀνεσπάσθη πάλιν ἅπαντα **εἰς** τὸν οὐρανόν.
Ac 11:12 καὶ εἰσήλθομεν **εἰς** τὸν οἶκον τοῦ ἀνδρός.
Ac 11:13 ἀπόστειλον **εἰς** Ἰόππην καὶ μετάπεμψαι
Ac 11:18 θεὸς τὴν μετάνοιαν **εἰς** ζωὴν ἔδωκεν.
Ac 11:20 οἵτινες ἐλθόντες **εἰς** Ἀντιόχειαν ἐλάλουν
Ac 11:22 δὲ ὁ λόγος **εἰς** τὰ ὦτα τῆς
Ac 11:25 ἐξῆλθεν δὲ **εἰς** Ταρσὸν ἀναζητῆσαι Σαῦλον,
Ac 11:26 καὶ εὑρὼν ἤγαγεν **εἰς** Ἀντιόχειαν.
Ac 11:27 ἀπὸ Ἱεροσολύμων προφῆται **εἰς** Ἀντιόχειαν.
Ac 11:29 ὥρισαν ἕκαστος αὐτῶν **εἰς** διακονίαν πέμψαι τοῖς
Ac 12:4 καὶ πιάσας ἔθετο **εἰς** φυλακὴν παραδοὺς τέσσαρσιν
Ac 12:10 σιδηρᾶν τὴν φέρουσαν **εἰς** τὴν πόλιν,
Ac 12:17 καὶ ἐξελθὼν ἐπορεύθη **εἰς** ἕτερον τόπον.
Ac 12:19 ἀπὸ τῆς Ἰουδαίας **εἰς** Καισάρειαν διέτριβεν.
Ac 12:25 καὶ Σαῦλος ὑπέστρεψαν **εἰς** Ἰερουσαλὴμ πληρώσαντες τὴν
Ac 13:2 Βαρναβᾶν καὶ Σαῦλον **εἰς** τὸ ἔργον ὃ
Ac 13:4 ἁγίου πνεύματος κατῆλθον **εἰς** Σελεύκειαν,
Ac 13:4 ἐκεῖθέν τε ἀπέπλευσαν **εἰς** Κύπρον
Ac 13:9 πνεύματος ἁγίου ἀτενίσας **εἰς** αὐτὸν
Ac 13:13 περὶ Παῦλον ἦλθον **εἰς** Πέργην τῆς Παμφυλίας,
Ac 13:13 ἀπ' αὐτῶν ὑπέστρεψεν **εἰς** Ἱεροσόλυμα.
Ac 13:14 τῆς Πέργης παρεγένοντο **εἰς** Ἀντιόχειαν τὴν Πισιδίαν,
Ac 13:14 καὶ [εἰς]ελθόντες **εἰς** τὴν συναγωγὴν
Ac 13:22 τὸν Δαυὶδ αὐτοῖς **εἰς** βασιλέα ᾧ καὶ
Ac 13:29 τοῦ ξύλου ἔθηκαν **εἰς** μνημεῖον.
Ac 13:31 ἀπὸ τῆς Γαλιλαίας **εἰς** Ἰερουσαλήμ,
Ac 13:34 μηκέτι μέλλοντα ὑποστρέφειν **εἰς** διαφθοράν,
Ac 13:42 δὲ αὐτῶν παρεκάλουν **εἰς** τὸ μεταξὺ σάββατον
Ac 13:46 ἰδοὺ στρεφόμεθα **εἰς** τὰ ἔθνη.
Ac 13:47 τέθεικά σε **εἰς** φῶς ἐθνῶν τοῦ εἶναί
Ac 13:47 τοῦ εἶναί σε **εἰς** σωτηρίαν ἕως ἐσχάτου
Ac 13:48 ὅσοι ἦσαν τεταγμένοι **εἰς** ζωὴν αἰώνιον·
Ac 13:51 ἐπ' αὐτοὺς ἦλθον **εἰς** Ἰκόνιον,
Ac 14:1 εἰσελθεῖν αὐτοὺς **εἰς** τὴν συναγωγὴν
Ac 14:6 συνιδόντες κατέφυγον **εἰς** τὰς πόλεις τῆς
Ac 14:14 ἱμάτια αὐτῶν ἐξεπήδησαν **εἰς** τὸν ὄχλον κράζοντες
Ac 14:20 εἰσῆλθεν **εἰς** τὴν πόλιν.
Ac 14:20 ἐξῆλθεν σὺν τῷ Βαρναβᾷ **εἰς** Δέρβην.
Ac 14:21 μαθητεύσαντες ἱκανοὺς ὑπέστρεψαν **εἰς** τὴν Λύστραν καὶ
Ac 14:21 τὴν Λύστραν καὶ **εἰς** Ἰκόνιον καὶ εἰς

Ac 14:21 εἰς Ἰκόνιον καὶ **εἰς** Ἀντιόχειαν
Ac 14:22 ἡμᾶς εἰσελθεῖν **εἰς** τὴν βασιλείαν
Ac 14:23 αὐτοὺς τῷ κυρίῳ **εἰς** ὃν πεπιστεύκεισαν.
Ac 14:24 τὴν Πισιδίαν ἦλθον **εἰς** τὴν Παμφυλίαν
Ac 14:25 τὸν λόγον κατέβησαν **εἰς** Ἀττάλειαν
Ac 14:26 κἀκεῖθεν ἀπέπλευσαν **εἰς** Ἀντιόχειαν,
Ac 14:26 χάριτι τοῦ θεοῦ **εἰς** τὸ ἔργον ὃ
Ac 15:2 ἀποστόλους καὶ πρεσβυτέρους **εἰς** Ἰερουσαλὴμ περὶ τοῦ
Ac 15:4 παραγενόμενοι δὲ **εἰς** Ἰερουσαλὴμ παρεδέχθησαν ἀπὸ
Ac 15:22 ἐξ αὐτῶν πέμψαι **εἰς** Ἀντιόχειαν σὺν τῷ
Ac 15:30 οὖν ἀπολυθέντες κατῆλθον **εἰς** Ἀντιόχειαν,
Ac 15:38 μὴ συνελθόντα αὐτοῖς **εἰς** τὸ ἔργον μὴ
Ac 15:39 τὸν Μᾶρκον ἐκπλεῦσαι **εἰς** Κύπρον,
Ac 16:1 Κατήντησεν δὲ [καὶ] **εἰς** Δέρβην καὶ εἰς
Ac 16:1 εἰς Δέρβην καὶ **εἰς** Λύστραν.
Ac 16:7 τὴν Μυσίαν ἐπείραζον **εἰς** τὴν Βιθυνίαν πορευθῆναι,
Ac 16:8 τὴν Μυσίαν κατέβησαν **εἰς** Τρῳάδα.
Ac 16:9 διαβὰς **εἰς** Μακεδονίαν βοήθησον ἡμῖν.
Ac 16:10 εὐθέως ἐζητήσαμεν ἐξελθεῖν **εἰς** Μακεδονίαν συμβιβάζοντες ὅτι
Ac 16:11 ἀπὸ Τρῳάδος εὐθυδρομήσαμεν **εἰς** Σαμοθρᾴκην,
Ac 16:11 τῇ δὲ ἐπιούσῃ **εἰς** Νέαν πόλιν
Ac 16:12 κἀκεῖθεν **εἰς** Φιλίππους,
Ac 16:15 εἰσελθόντες **εἰς** τὸν οἶκόν
Ac 16:16 δὲ πορευομένων ἡμῶν **εἰς** τὴν προσευχὴν παιδίσκην
Ac 16:19 τὸν Σιλᾶν εἵλκυσαν **εἰς** τὴν ἀγορὰν ἐπὶ
Ac 16:23 αὐτοῖς πληγὰς ἔβαλον **εἰς** φυλακὴν παραγγείλαντες τῷ
Ac 16:24 λαβὼν ἔβαλεν αὐτοὺς **εἰς** τὴν ἐσωτέραν φυλακὴν
Ac 16:24 πόδας ἠσφαλίσατο αὐτῶν **εἰς** τὸ ξύλον.
Ac 16:34 ἀναγαγών τε αὐτοὺς **εἰς** τὸν οἶκον παρέθηκεν
Ac 16:37 ἔβαλαν **εἰς** φυλακήν,
Ac 17:1 τὴν Ἀπολλωνίαν ἦλθον **εἰς** Θεσσαλονίκην ὅπου ἦν
Ac 17:5 ἐζήτουν αὐτοὺς προαγαγεῖν **εἰς** τὸν δῆμον·
Ac 17:10 καὶ τὸν Σιλᾶν **εἰς** Βέροιαν,
Ac 17:10 οἵτινες παραγενόμενοι **εἰς** τὴν συναγωγὴν
Ac 17:20 εἰσφέρεις **εἰς** τὰς ἀκοὰς ἡμῶν·
Ac 17:21 οἱ ἐπιδημοῦντες ξένοι **εἰς** οὐδὲν ἕτερον ηὐκαίρουν
Ac 18:1 τῶν Ἀθηνῶν ἦλθεν **εἰς** Κόρινθον.
Ac 18:6 ἀπὸ τοῦ νῦν **εἰς** τὰ ἔθνη πορεύσομαι.
Ac 18:7 εἰσῆλθεν **εἰς** οἰκίαν τινὸς ὀνόματι
Ac 18:18 ἀδελφοῖς ἀποταξάμενος ἐξέπλει **εἰς** τὴν Συρίαν,
Ac 18:19 κατήντησαν δὲ **εἰς** Ἔφεσον,
Ac 18:19 δὲ εἰσελθὼν **εἰς** τὴν συναγωγὴν
Ac 18:22 καὶ κατελθὼν **εἰς** Καισάρειαν,
Ac 18:22 τὴν ἐκκλησίαν κατέβη **εἰς** Ἀντιόχειαν.
Ac 18:24 κατήντησεν **εἰς** Ἔφεσον,
Ac 18:27 δὲ αὐτοῦ διελθεῖν **εἰς** τὴν Ἀχαΐαν,
Ac 19:1 ἀνωτερικὰ μέρη [κατ]ελθεῖν **εἰς** Ἔφεσον καὶ εὑρεῖν
Ac 19:3 **εἰς** τι οὖν ἐβαπτίσθητε;
Ac 19:3 **εἰς** τὸ Ἰωάννου βάπτισμα.
Ac 19:4 τῷ λαῷ λέγων **εἰς** τὸν ἐρχόμενον μετ'
Ac 19:4 τοῦτ' ἔστιν **εἰς** τὸν Ἰησοῦν.
Ac 19:5 ἀκούσαντες δὲ ἐβαπτίσθησαν **εἰς** τὸ ὄνομα
Ac 19:8 Εἰσελθὼν δὲ **εἰς** τὴν συναγωγὴν
Ac 19:21 καὶ Ἀχαΐαν πορεύεσθαι **εἰς** Ἱεροσόλυμα εἰπὼν ὅτι
Ac 19:22 ἀποστείλας δὲ **εἰς** τὴν Μακεδονίαν δύο
Ac 19:22 αὐτὸς ἐπέσχεν χρόνον **εἰς** τὴν Ἀσίαν.
Ac 19:27 ἡμῖν τὸ μέρος **εἰς** ἀπελεγμὸν ἐλθεῖν ἀλλὰ
Ac 19:27 θεᾶς Ἀρτέμιδος ἱερὸν **εἰς** οὐθὲν λογισθῆναι,
Ac 19:29 ὥρμησάν τε ὁμοθυμαδὸν **εἰς** τὸ θέατρον συναρπάσαντες
Ac 19:30 εἰσελθεῖν **εἰς** τὸν δῆμον
Ac 19:31 μὴ δοῦναι ἑαυτὸν **εἰς** τὸ θέατρον.
Ac 20:1 ἀσπασάμενος ἐξῆλθεν πορεύεσθαι **εἰς** Μακεδονίαν.
Ac 20:2 λόγῳ πολλῷ ἦλθεν **εἰς** τὴν Ἑλλάδα
Ac 20:3 Ἰουδαίων μέλλοντι ἀνάγεσθαι **εἰς** τὴν Συρίαν,
Ac 20:6 ἤλθομεν πρὸς αὐτοὺς **εἰς** τὴν Τρῳάδα ἄχρι
Ac 20:14 δὲ συνέβαλλεν ἡμῖν **εἰς** τὴν Ἆσσον,
Ac 20:14 ἀναλαβόντες αὐτὸν ἤλθομεν **εἰς** Μιτυλήνην,
Ac 20:15 δὲ ἑτέρᾳ παρεβάλομεν **εἰς** Σάμον,
Ac 20:15 δὲ ἐχομένῃ ἤλθομεν **εἰς** Μίλητον.
Ac 20:16 τῆς πεντηκοστῆς γενέσθαι **εἰς** Ἱεροσόλυμα.
Ac 20:17 τῆς Μιλήτου πέμψας **εἰς** Ἔφεσον μετεκαλέσατο τοὺς
Ac 20:18 ἀφ' ἧς ἐπέβην **εἰς** τὴν Ἀσίαν,
Ac 20:21 καὶ Ἕλλησιν τὴν **εἰς** θεὸν μετάνοιαν καὶ
Ac 20:21 μετάνοιαν καὶ πίστιν **εἰς** τὸν κύριον ἡμῶν
Ac 20:22 τῷ πνεύματι πορεύομαι **εἰς** Ἰερουσαλὴμ τὰ
Ac 20:29 λύκοι βαρεῖς **εἰς** ὑμᾶς μὴ φειδόμενοι
Ac 20:38 προέπεμπον δὲ αὐτὸν **εἰς** τὸ πλοῖον.
Ac 21:1 εὐθυδρομήσαντες ἤλθομεν **εἰς** τὴν Κῶ,
Ac 21:1 τῇ δὲ ἑξῆς **εἰς** τὴν Ῥόδον κἀκεῖθεν
Ac 21:1 τὴν Ῥόδον κἀκεῖθεν **εἰς** Πάταρα,
Ac 21:2 εὑρόντες πλοῖον διαπερῶν **εἰς** Φοινίκην ἐπιβάντες ἀνήχθημεν.
Ac 21:3 αὐτὴν εὐώνυμον ἐπλέομεν **εἰς** Συρίαν καὶ κατήλθομεν
Ac 21:3 Συρίαν καὶ κατήλθομεν **εἰς** Τύρον·
Ac 21:4 πνεύματος μὴ ἐπιβαίνειν **εἰς** Ἱεροσόλυμα.
Ac 21:6 ἀλλήλους καὶ ἀνέβημεν **εἰς** τὸ πλοῖον,
Ac 21:6 ἐκεῖνοι δὲ ὑπέστρεψαν **εἰς** τὰ ἴδια.
Ac 21:7 ἀπὸ Τύρου κατηντήσαμεν **εἰς** Πτολεμαΐδα καὶ ἀσπασάμενοι
Ac 21:8 ἐπαύριον ἐξελθόντες ἤλθομεν **εἰς** Καισάρειαν καὶ εἰσελθόντες
Ac 21:8 καὶ εἰσελθόντες **εἰς** τὸν οἶκον
Ac 21:11 Ἰουδαῖοι καὶ παραδώσουσιν **εἰς** χεῖρας ἐθνῶν.
Ac 21:12 μὴ ἀναβαίνειν αὐτὸν **εἰς** Ἰερουσαλήμ.
Ac 21:13 ἀλλὰ καὶ ἀποθανεῖν **εἰς** Ἰερουσαλὴμ ἑτοίμως ἔχω
Ac 21:15 ταύτας ἐπισκευασάμενοι ἀνεβαίνομεν **εἰς** Ἱεροσόλυμα·
Ac 21:17 Γενομένων δὲ ἡμῶν **εἰς** Ἱεροσόλυμα ἀσμένως ἀπεδέξαντο
Ac 21:26 εἰσῄει **εἰς** τὸ ἱερὸν διαγγέλλων
Ac 21:28 Ἕλληνας εἰσήγαγεν **εἰς** τὸ ἱερὸν κ
Ac 21:29 ὃν ἐνόμιζον ὅτι **εἰς** τὸ ἱερὸν εἰσήγαγεν
Ac 21:34 ἐκέλευσεν ἄγεσθαι αὐτὸν **εἰς** τὴν παρεμβολήν.
Ac 21:37 τε εἰσάγεσθαι **εἰς** τὴν παρεμβολὴν
Ac 21:38 ἀναστατώσας καὶ ἐξαγαγὼν **εἰς** τὴν ἔρημον

Ac 22:4 δεσμεύων καὶ παραδιδοὺς **εἰς** φυλακὰς ἄνδρας τε
Ac 22:5 πρὸς τοὺς ἀδελφοὺς **εἰς** Δαμασκὸν ἐπορευόμην,
Ac 22:5 ἐκεῖσε ὄντας δεδεμένους **εἰς** Ἰερουσαλὴμ ἵνα τιμωρηθῶσιν.
Ac 22:7 ἔπεσά τε **εἰς** τὸ ἔδαφος καὶ
Ac 22:10 ἀναστὰς πορεύου **εἰς** Δαμασκὸν κἀκεῖ σοι
Ac 22:11 συνόντων μοι ἦλθον **εἰς** Δαμασκόν.
Ac 22:13 τῇ ὥρᾳ ἀνέβλεψα **εἰς** αὐτόν.
Ac 22:17 δέ μοι ὑποστρέψαντι **εἰς** Ἰερουσαλὴμ καὶ προσευχομένου
Ac 22:21 ὅτι ἐγὼ **εἰς** ἔθνη μακρὰν ἐξαποστελῶ
Ac 22:23 καὶ κονιορτὸν βαλλόντων **εἰς** τὸν ἀέρα,
Ac 22:24 εἰσάγεσθαι αὐτὸν **εἰς** τὴν παρεμβολήν,
Ac 22:30 τὸν Παῦλον ἔστησεν **εἰς** αὐτούς.
Ac 23:10 αὐτῶν ἄγειν τε **εἰς** τὴν παρεμβολήν.
Ac 23:11 τὰ περὶ ἐμοῦ **εἰς** Ἰερουσαλήμ,
Ac 23:11 σε δεῖ καὶ **εἰς** Ῥώμην μαρτυρῆσαι.
Ac 23:15 ὅπως καταγάγῃ αὐτὸν **εἰς** ὑμᾶς ὡς μέλλοντας
Ac 23:16 καὶ εἰσελθὼν **εἰς** τὴν παρεμβολὴν
Ac 23:20 τὸν Παῦλον καταγάγῃς **εἰς** τὸ συνέδριον ὡς
Ac 23:28 κατήγαγον **εἰς** τὸ συνέδριον αὐτῶν
Ac 23:30 δέ μοι ἐπιβουλῆς **εἰς** τὸν ἄνδρα ἔσεσθαι
Ac 23:31 ἤγαγον διὰ νυκτὸς **εἰς** τὴν Ἀντιπατρίδα,
Ac 23:32 σὺν αὐτῷ ὑπέστρεψαν **εἰς** τὴν παρεμβολήν·
Ac 23:33 εἰσελθόντες **εἰς** τὴν Καισάρειαν
Ac 24:11 ἧς ἀνέβην προσκυνήσων **εἰς** Ἰερουσαλήμ.
Ac 24:15 ἐλπίδα ἔχων **εἰς** τὸν θεὸν ἣν
Ac 24:17 πλειόνων ἐλεημοσύνας ποιήσων **εἰς** τὸ ἔθνος μου
Ac 24:24 αὐτοῦ περὶ τῆς **εἰς** Χριστὸν Ἰησοῦν πίστεως.
Ac 25:1 τρεῖς ἡμέρας ἀνέβη **εἰς** Ἱεροσόλυμα ἀπὸ Καισαρείας,
Ac 25:3 ὅπως μεταπέμψηται αὐτὸν **εἰς** Ἰερουσαλήμ,
Ac 25:4 τηρεῖσθαι τὸν Παῦλον **εἰς** Καισάρειαν,
Ac 25:6 καταβὰς **εἰς** Καισάρειαν,
Ac 25:8 ἀπολογουμένου ὅτι οὔτε **εἰς** τὸν νόμον τῶν
Ac 25:8 τῶν Ἰουδαίων οὔτε **εἰς** τὸ ἱερὸν οὔτε
Ac 25:8 τὸ ἱερὸν οὔτε **εἰς** Καίσαρά τι ἥμαρτον.
Ac 25:9 θέλεις **εἰς** Ἱεροσόλυμα ἀναβὰς ἐκεῖ
Ac 25:13 καὶ Βερνίκη κατήντησαν **εἰς** Καισάρειαν ἀσπασάμενοι τὸν
Ac 25:15 οὗ γενομένου μου **εἰς** Ἱεροσόλυμα ἐνεφάνισαν οἱ
Ac 25:20 εἰ βούλοιτο πορεύεσθαι **εἰς** Ἱεροσόλυμα κἀκεῖ κρίνεσθαι
Ac 25:21 ἐπικαλεσαμένου τηρηθῆναι αὐτὸν **εἰς** τὴν τοῦ Σεβαστοῦ
Ac 25:23 καὶ εἰσελθόντων **εἰς** τὸ ἀκροατήριον
Ac 26:6 ἐπ᾽ ἐλπίδι τῆς **εἰς** τοὺς πατέρας ἡμῶν
Ac 26:7 **εἰς** ἣν τὸ δωδεκάφυλον
Ac 26:11 ἐδίωκον ἕως καὶ **εἰς** τὰς ἔξω πόλεις.
Ac 26:12 Ἐν οἷς πορευόμενος **εἰς** τὴν Δαμασκὸν μετ᾽
Ac 26:14 τε καταπεσόντων ἡμῶν **εἰς** τὴν γῆν ἤκουσα
Ac 26:16 εἰς **τοῦτο** γὰρ ὤφθην σοι,
Ac 26:17 ἐκ τῶν ἐθνῶν **εἰς** οὓς ἐγὼ ἀποστέλλω
Ac 26:18 ἐπιστρέψαι ἀπὸ σκότους **εἰς** φῶς καὶ τῆς
Ac 26:18 ἡγιασμένοις πίστει τῇ **εἰς** ἐμέ.
Ac 26:24 πολλά σε γράμματα **εἰς** μανίαν περιτρέπει.
Ac 27:1 τοῦ ἀποπλεῖν ἡμᾶς **εἰς** τὴν Ἰταλίαν,
Ac 27:2 Ἀδραμυττηνῷ μέλλοντι πλεῖν **εἰς** τοὺς κατὰ
Ac 27:3 τε ἑτέρᾳ κατήχθημεν **εἰς** Σιδῶνα,
Ac 27:5 Παμφυλίαν διαπλεύσαντες κατήλθομεν **εἰς** Μύρα τῆς Λυκίας.
Ac 27:6 πλοῖον Ἀλεξανδρῖνον πλέον **εἰς** τὴν Ἰταλίαν ἐνεβίβασεν
Ac 27:6 Ἰταλίαν ἐνεβίβασεν ἡμᾶς **εἰς** αὐτό.
Ac 27:8 παραλεγόμενοι αὐτὴν ἤλθομεν **εἰς** τόπον τινα καλούμενον
Ac 27:12 πως δύναιντο καταντήσαντες **εἰς** Φοίνικα παραχειμάσαι λιμένα
Ac 27:17 φοβούμενοί τε μὴ **εἰς** τὴν Σύρτιν ἐκπέσωσιν,
Ac 27:26 **εἰς** νῆσον δέ τινα
Ac 27:30 χαλασάντων τὴν σκάφην **εἰς** τὴν θάλασσαν προφάσει
Ac 27:38 ἐκβαλλόμενοι τὸν σῖτον **εἰς** τὴν θάλασσαν.
Ac 27:39 κατενόουν ἔχοντα αἰγιαλὸν **εἰς** ὃν ἐβουλεύοντο εἰ
Ac 27:40 ἀγκύρας περιελόντες εἴων **εἰς** τὴν θάλασσαν,
Ac 27:40 τῇ πνεούσῃ κατεῖχον **εἰς** τὸν αἰγιαλόν.
Ac 27:41 περιπεσόντες δὲ **εἰς** τόπον διθάλασσον ἐπέκειλαν
Ac 28:5 ἀποτινάξας τὸ θηρίον **εἰς** τὸ πῦρ ἔπαθεν
Ac 28:6 θεωρούντων μηδὲν ἄτοπον **εἰς** αὐτὸν γινόμενον μεταβαλόμενοι
Ac 28:12 καὶ καταχθέντες **εἰς** Συρακούσας ἐπεμείναμεν ἡμέρας
Ac 28:13 ὅθεν περιελόντες κατηντήσαμεν **εἰς** Ῥήγιον.
Ac 28:13 νότου δευτεραῖοι ἤλθομεν **εἰς** Ποτιόλους,
Ac 28:14 καὶ οὕτως **εἰς** τὴν Ῥώμην ἤλθαμεν.
Ac 28:15 περὶ ἡμῶν ἦλθαν **εἰς** ἀπάντησιν ἡμῖν ἄχρι
Ac 28:16 δὲ εἰσήλθομεν **εἰς** Ῥώμην,
Ac 28:17 ἐξ Ἱεροσολύμων παρεδόθην **εἰς** τὰς χεῖρας
Ac 28:23 ἦλθον πρὸς αὐτὸν **εἰς** τὴν ξενίαν πλείονες

εἷς (*heis*; 21/343[345]) *one*

Ac 1:22 σὺν ἡμῖν γενέσθαι **ἕνα** τούτων.
Ac 1:24 τούτων τῶν δύο **ἕνα**
Ac 2:3 καὶ ἐκάθισεν ἐφ᾽ **ἕνα** ἕκαστον αὐτῶν,
Ac 2:6 ὅτι ἤκουον **εἷς** ἕκαστος τῇ ἰδίᾳ
Ac 4:32 καρδία καὶ ψυχὴ **μία**,
Ac 4:32 καὶ οὐδὲ **εἷς** τι τῶν ὑπαρχόντων
Ac 11:28 ἀναστὰς δὲ **εἷς** ἐξ αὐτῶν ὀνόματι
Ac 12:10 ἐξελθόντες προῆλθον ῥύμην **μίαν**,
Ac 17:26 ἐποίησέν τε ἐξ **ἑνὸς** πᾶν ἔθνος ἀνθρώπων
Ac 17:27 οὐ μακρὰν ἀπὸ **ἑνὸς** ἑκάστου ἡμῶν ὑπάρχοντα.
Ac 19:34 φωνὴ ἐγένετο **μία** ἐκ πάντων ὡς
Ac 20:7 Ἐν δὲ τῇ **μιᾷ** τῶν σαββάτων συνηγμένων
Ac 20:31 μετὰ δακρύων νουθετῶν **ἕνα** ἕκαστον.
Ac 21:7 ἀδελφοὺς ἐμείναμεν ἡμέραν **μίαν** παρ᾽ αὐτοῖς.
Ac 21:19 αὐτοὺς ἐξηγεῖτο καθ᾽ **ἓν** ἕκαστον,
Ac 21:26 οὗ προσηνέχθη ὑπὲρ **ἑνὸς** ἑκάστου αὐτῶν ἡ
Ac 23:6 Παῦλος ὅτι τὸ **ἓν** μέρος ἐστὶν Σαδδουκαίων
Ac 23:17 δὲ ὁ Παῦλος **ἕνα** τῶν ἑκατονταρχῶν ἔφη·
Ac 24:21 ἢ περὶ **μιᾶς** ταύτης φωνῆς ἧς
Ac 28:13 καὶ μετὰ **μίαν** ἡμέραν ἐπιγενομένου νότου
Ac 28:25 τοῦ Παύλου ῥῆμα **ἕν**,

εἰσάγω (*eisagō*; 6/11) *lead or bring in or into*

Ac 7:45 ἣν καὶ **εἰσήγαγον** διαδεξάμενοι οἱ πατέρες
Ac 9:8 χειραγωγοῦντες δὲ αὐτὸν **εἰσήγαγον** εἰς Δαμασκόν.

Ac 21:28 τε καὶ Ἕλληνας **εἰσήγαγεν** εἰς τὸ ἱερὸν
Ac 21:29 εἰς τὸ ἱερὸν **εἰσήγαγεν** ὁ Παῦλος.
Ac 21:37 Μέλλων τε **εἰσάγεσθαι** εἰς τὴν παρεμβολὴν
Ac 22:24 ἐκέλευσεν ὁ χιλίαρχος **εἰσάγεσθαι** αὐτὸν εἰς

εἰσακούω (*eisakouō*; 1/5) *hear*
Ac 10:31 **εἰσηκούσθη** σου ἡ προσευχὴ

εἴσειμι (*eiseimi*; 3/4) *enter*
Ac 3:3 καὶ Ἰωάννην μέλλοντας **εἰσιέναι** εἰς τὸ ἱερόν,
Ac 21:18 Τῇ δὲ ἐπιούσῃ **εἰσῄει** ὁ Παῦλος σὺν
Ac 21:26 **εἰσῄει** εἰς τὸ ἱερὸν

εἰσέρχομαι (*eiserchomai*; 34/194) *go into, enter*
Ac 1:13 καὶ ὅτε **εἰσῆλθον**,
Ac 1:21 παντὶ χρόνῳ ᾧ **εἰσῆλθεν** καὶ ἐξῆλθεν ἐφ᾽
Ac 3:8 καὶ περιεπάτει καὶ **εἰσῆλθεν** σὺν αὐτοῖς εἰς
Ac 5:7 εἰδυῖα τὸ γεγονὸς **εἰσῆλθεν**.
Ac 5:10 **εἰσελθόντες** δὲ οἱ νεανίσκοι
Ac 5:21 ἀκούσαντες δὲ **εἰσῆλθον** ὑπὸ τὸν ὄρθρον
Ac 9:6 ἀλλὰ ἀνάστηθι καὶ **εἴσελθε** εἰς τὴν πόλιν
Ac 9:12 ὁράματι] Ἁνανίαν ὀνόματι **εἰσελθόντα** καὶ ἐπιθέντα αὐτῷ
Ac 9:17 δὲ Ἁνανίας καὶ **εἰσῆλθεν** εἰς τὴν οἰκίαν
Ac 10:3 ἄγγελον τοῦ θεοῦ **εἰσελθόντα** πρὸς αὐτὸν
Ac 10:24 τῇ δὲ ἐπαύριον **εἰσῆλθεν** εἰς τὴν Καισάρειαν.
Ac 10:25 δὲ ἐγένετο τοῦ **εἰσελθεῖν** τὸν Πέτρον,
Ac 10:27 καὶ συνομιλῶν αὐτῷ **εἰσῆλθεν** καὶ εὑρίσκει συνεληλυθότας
Ac 11:3 λέγοντες ὅτι **εἰσῆλθες** πρὸς ἄνδρας ἀκροβυστίαν
Ac 11:8 ἢ ἀκάθαρτον οὐδέποτε **εἰσῆλθεν** εἰς τὸ στόμα
Ac 11:12 ἀδελφοὶ οὗτοι καὶ **εἰσήλθομεν** εἰς τὸν οἶκον
Ac 13:14 καὶ **[εἰσ]ελθόντες** εἰς τὴν συναγωγὴν
Ac 14:1 κατὰ τὸ αὐτὸ **εἰσελθεῖν** αὐτοὺς εἰς τὴν
Ac 14:20 μαθητῶν αὐτὸν ἀναστὰς **εἰσῆλθεν** εἰς τὴν πόλιν.
Ac 14:22 θλίψεων δεῖ ἡμᾶς **εἰσελθεῖν** εἰς τὴν βασιλείαν
Ac 16:15 **εἰσελθόντες** εἰς τὸν οἶκόν
Ac 16:40 ἀπὸ τῆς φυλακῆς **εἰσῆλθον** πρὸς τὴν Λυδίαν
Ac 17:2 εἰωθὸς τῷ Παύλῳ **εἰσῆλθεν** πρὸς αὐτοὺς καὶ
Ac 18:7 καὶ μεταβὰς ἐκεῖθεν **εἰσῆλθεν** εἰς οἰκίαν τινος
Ac 18:19 αὐτὸς δὲ **εἰσελθὼν** εἰς τὴν συναγωγὴν
Ac 19:8 **Εἰσελθὼν** δὲ εἰς τὴν
Ac 19:30 Παύλου δὲ βουλομένου **εἰσελθεῖν** εἰς τὸν δῆμον
Ac 20:29 ἐγὼ οἶδα ὅτι **εἰσελεύσονται** μετὰ τὴν ἄφιξίν
Ac 21:8 εἰς Καισάρειαν καὶ **εἰσελθόντες** εἰς τὸν οἶκον
Ac 23:16 παραγενόμενος καὶ **εἰσελθὼν** εἰς τὴν παρεμβολὴν
Ac 23:33 οἵτινες **εἰσελθόντες** εἰς τὴν Καισάρειαν
Ac 25:23 πολλῆς φαντασίας καὶ **εἰσελθόντων** εἰς τὸ ἀκροατήριον
Ac 28:8 ὃν ὁ Παῦλος **εἰσελθὼν** καὶ προσευξάμενος ἐπιθεὶς
Ac 28:16 Ὅτε δὲ **εἰσήλθομεν** εἰς Ῥώμην,

εἰσκαλέομαι (*eiskaleomai*; 1/1) *invite in*
Ac 10:23 **εἰσκαλεσάμενος** οὖν αὐτοὺς ἐξένισεν.

εἴσοδος (*eisodos*; 1/5) *coming*
Ac 13:24 πρὸ προσώπου τῆς **εἰσόδου** αὐτοῦ βάπτισμα μετανοίας

εἰσπηδάω (*eispēdaō*; 1/1) *rush in*
Ac 16:29 αἰτήσας δὲ φῶτα **εἰσεπήδησεν** καὶ ἔντρομος γενόμενος

εἰσπορεύομαι (*eisporeuomai*; 4/18) *go or come in*
Ac 3:2 ἐλεημοσύνην παρὰ τῶν **εἰσπορευομένων** εἰς τὸ ἱερόν·
Ac 8:3 κατὰ τοὺς οἴκους **εἰσπορευόμενος**,
Ac 9:28 ἦν μετ᾽ αὐτῶν **εἰσπορευόμενος** καὶ ἐκπορευόμενος εἰς
Ac 28:30 ἀπεδέχετο πάντας τοὺς **εἰσπορευομένους** πρὸς αὐτόν,

εἰστρέχω (*eistrechō*; 1/1) *run in*
Ac 12:14 **εἰσδραμοῦσα** δὲ ἀπήγγειλεν ἑστάναι

εἰσφέρω (*eispherō*; 1/8) *bring in*
Ac 17:20 ξενίζοντα γάρ τινα **εἰσφέρεις** εἰς τὰς ἀκοὰς

εἴωθα (*eiōtha*; 1/4) *be accustomed*
Ac 17:2 κατὰ δὲ τὸ **εἰωθὸς** τῷ Παύλῳ εἰσῆλθεν

ἐκ (*ek*; 84/912[914]) *from*
Ac 1:18 οὖν ἐκτήσατο χωρίον **ἐκ** μισθοῦ τῆς ἀδικίας
Ac 1:24 ἐξελέξω **ἐκ** τούτων τῶν δύο ἕνα
Ac 2:2 καὶ ἐγένετο ἄφνω **ἐκ** τοῦ οὐρανοῦ ἦχος
Ac 2:25 ὅτι **ἐκ** δεξιῶν μού ἐστιν
Ac 2:30 αὐτῷ ὁ θεὸς **ἐκ** καρποῦ τῆς ὀσφύος
Ac 2:34 κάθου **ἐκ** δεξιῶν μου,
Ac 3:2 τις ἀνὴρ χωλὸς **ἐκ** κοιλίας μητρὸς αὐτοῦ
Ac 3:15 ὁ θεὸς ἤγειρεν **ἐκ** νεκρῶν,
Ac 3:22 ὁ θεὸς ὑμῶν **ἐκ** τῶν ἀδελφῶν ὑμῶν
Ac 3:23 ἐξολεθρευθήσεται **ἐκ** τοῦ λαοῦ.
Ac 4:2 τὴν ἀνάστασιν τὴν **ἐκ** νεκρῶν,
Ac 4:6 καὶ ὅσοι ἦσαν **ἐκ** γένους ἀρχιερατικοῦ,
Ac 4:10 ὁ θεὸς ἤγειρεν **ἐκ** νεκρῶν,
Ac 5:38 ὅτι ἐὰν ᾖ **ἐξ** ἀνθρώπων ἡ βουλὴ
Ac 5:39 εἰ δὲ **ἐκ** θεοῦ ἐστιν,
Ac 6:3 ἄνδρας **ἐξ** ὑμῶν μαρτυρουμένους ἑπτά,
Ac 6:9 δέ τινες τῶν **ἐκ** τῆς συναγωγῆς τῆς
Ac 7:3 ἔξελθε ἐκ **τῆς** γῆς σου καὶ
Ac 7:3 καὶ **[ἐκ]** τῆς συγγενείας σου,
Ac 7:4 τότε ἐξελθὼν **ἐκ** γῆς Χαλδαίων κατῴκησεν
Ac 7:10 καὶ ἐξείλατο αὐτὸν **ἐκ** πασῶν τῶν θλίψεων
Ac 7:37 ἀναστήσει ὁ θεὸς **ἐκ** τῶν ἀδελφῶν ὑμῶν
Ac 7:40 ὃς ἐξήγαγεν ἡμᾶς **ἐκ** γῆς Αἰγύπτου,
Ac 7:55 καὶ Ἰησοῦν ἑστῶτα **ἐκ** δεξιῶν τοῦ θεοῦ
Ac 7:56 υἱὸν τοῦ ἀνθρώπου **ἐκ** δεξιῶν ἑστῶτα τοῦ
Ac 8:39 ὅτε δὲ ἀνέβησαν **ἐκ** τοῦ ὕδατος,
Ac 9:3 αὐτὸν περιήστραψεν φῶς **ἐκ** τοῦ οὐρανοῦ
Ac 9:33 Αἰνέαν **ἐξ** ἐτῶν ὀκτὼ
Ac 10:1 ἑκατοντάρχης **ἐκ** σπείρης τῆς καλουμένης
Ac 10:15 καὶ φωνὴ πάλιν **ἐκ** δευτέρου πρὸς αὐτόν·

Ac 10:41 τὸ ἀναστῆναι αὐτὸν **ἐκ** νεκρῶν·
Ac 10:45 καὶ ἐξέστησαν οἱ **ἐκ** περιτομῆς πιστοὶ ὅσοι
Ac 11:2 πρὸς αὐτὸν οἱ **ἐκ** περιτομῆς
Ac 11:5 τέσσαρσιν ἀρχαῖς καθιεμένην **ἐκ** τοῦ οὐρανοῦ,
Ac 11:9 ἀπεκρίθη δὲ φωνὴ **ἐκ** δευτέρου ἐκ τοῦ
Ac 11:9 φωνὴ ἐκ δευτέρου **ἐκ** τοῦ οὐρανοῦ·
Ac 11:20 Ἦσαν δέ τινες **ἐξ** αὐτῶν ἄνδρες Κύπριοι
Ac 11:28 ἀναστὰς δὲ εἷς **ἐξ** αὐτῶν ὀνόματι Ἅγαβος
Ac 12:7 αἱ ἁλύσεις **ἐκ** τῶν χειρῶν.
Ac 12:11 καὶ ἐξείλατό με **ἐκ** χειρὸς Ἡρῴδου καὶ
Ac 12:17 κύριος αὐτὸν ἐξήγαγεν **ἐκ** τῆς φυλακῆς εἶπέν
Ac 13:17 ἐξήγαγεν αὐτοὺς **ἐξ** αὐτῆς,
Ac 13:21 ἄνδρα **ἐκ** φυλῆς Βενιαμίν,
Ac 13:30 θεὸς ἤγειρεν αὐτὸν **ἐκ** νεκρῶν,
Ac 13:34 δὲ ἀνέστησεν αὐτὸν **ἐκ** νεκρῶν μηκέτι μέλλοντα
Ac 14:8 χωλὸς **ἐκ** κοιλίας μητρὸς αὐτοῦ
Ac 15:2 καί τινας ἄλλους **ἐξ** αὐτῶν πρὸς τοὺς
Ac 15:14 θεὸς ἐπεσκέψατο λαβεῖν **ἐξ** ἐθνῶν λαὸν τῷ
Ac 15:21 Μωϋσῆς γὰρ **ἐκ** γενεῶν ἀρχαίων κατὰ
Ac 15:22 ἄνδρας **ἐξ** αὐτῶν πέμψαι
Ac 15:23 Κιλικίαν ἀδελφοῖς τοῖς **ἐξ** ἐθνῶν χαίρειν.
Ac 15:24 ἠκούσαμεν ὅτι τινες **ἐξ** ἡμῶν [ἐξελθόντες] ἐτάραξαν
Ac 15:29 **ἐξ** ὧν διατηροῦντες ἑαυτοὺς
Ac 17:3 παθεῖν καὶ ἀναστῆναι **ἐκ** νεκρῶν καὶ ὅτι
Ac 17:4 καί τινες **ἐξ** αὐτῶν ἐπείσθησαν καὶ
Ac 17:12 πολλοὶ μὲν οὖν **ἐξ** αὐτῶν ἐπίστευσαν καὶ
Ac 17:26 ἐποίησέν τε **ἐξ** ἑνὸς πᾶν ἔθνος
Ac 17:31 πᾶσιν ἀναστήσας αὐτὸν **ἐκ** νεκρῶν.
Ac 17:33 ὁ Παῦλος ἐξῆλθεν **ἐκ** μέσου αὐτῶν.
Ac 18:1 Μετὰ ταῦτα χωρισθεὶς **ἐκ** τῶν Ἀθηνῶν ἦλθεν
Ac 19:16 ἐκφυγεῖν **ἐκ** τοῦ οἴκου ἐκείνου.
Ac 19:25 ἐπίστασθε ὅτι **ἐκ** ταύτης τῆς ἐργασίας
Ac 19:33 **ἐκ** δὲ τοῦ ὄχλου
Ac 19:34 φωνὴ ἐγένετο μία **ἐκ** πάντων ὡς ἐπὶ
Ac 20:30 καὶ **ἐξ** ὑμῶν αὐτῶν ἀναστήσονται
Ac 21:8 ὄντος **ἐκ** τῶν ἑπτά,
Ac 22:6 περὶ μεσημβρίαν ἐξαίφνης **ἐκ** τοῦ οὐρανοῦ περιαστράψαι
Ac 22:14 καὶ ἀκοῦσαι φωνὴν **ἐκ** τοῦ στόματος αὐτοῦ,
Ac 22:18 ἔξελθε ἐν τάχει **ἐξ** Ἰερουσαλήμ,
Ac 23:10 καταβὰν ἁρπάσαι αὐτὸν **ἐκ** μέσου αὐτῶν ἄγειν
Ac 23:21 ἐνεδρεύουσιν γὰρ αὐτὸν **ἐξ** αὐτῶν ἄνδρες πλείους
Ac 23:34 δὲ καὶ ἐπερωτήσας **ἐκ** ποίας ἐπαρχείας ἐστίν,
Ac 24:10 **ἐκ** πολλῶν ἐτῶν ὄντα
Ac 26:4 βίωσίν μου [τὴν] **ἐκ** νεότητος τὴν ἀπ᾽
Ac 26:17 ἐξαιρούμενός σε **ἐκ** τοῦ λαοῦ καὶ
Ac 26:17 τοῦ λαοῦ καὶ **ἐκ** τῶν ἐθνῶν εἰς
Ac 26:23 εἰ πρῶτος **ἐξ** ἀναστάσεως νεκρῶν φῶς
Ac 27:22 ψυχῆς οὐδεμία ἔσται **ἐξ** ὑμῶν πλὴν τοῦ
Ac 27:29 **ἐκ** πρύμνης ῥίψαντες ἀγκύρας
Ac 27:30 ναυτῶν ζητούντων φυγεῖν **ἐκ** τοῦ πλοίου καὶ
Ac 27:30 θάλασσαν προφάσει ὡς **ἐκ** πρῴρης ἀγκύρας μελλόντων
Ac 28:4 κρεμάμενον τὸ θηρίον **ἐκ** τῆς χειρὸς αὐτοῦ,
Ac 28:4 οὗτος ὃν διασωθέντα **ἐκ** τῆς θαλάσσης ἡ
Ac 28:17 τοῖς πατρῴοις δέσμιος **ἐξ** Ἱεροσολύμων παρεδόθην εἰς

ἕκαστος (*hekastos*; 11/81[82]) *each*

Ac 2:3 ἐκάθισεν ἐφ᾽ ἕνα **ἕκαστον** αὐτῶν,
Ac 2:6 ὅτι ἤκουον εἷς **ἕκαστος** τῇ ἰδίᾳ διαλέκτῳ
Ac 2:8 πῶς ἡμεῖς ἀκούομεν **ἕκαστος** τῇ ἰδίᾳ διαλέκτῳ
Ac 2:38 [φησίν] καὶ βαπτισθήτω **ἕκαστος** ὑμῶν ἐπὶ
Ac 3:26 ἐν τῷ ἀποστρέφειν **ἕκαστον** ἀπὸ τῶν πονηριῶν
Ac 4:35 διεδίδετο δὲ **ἑκάστῳ** καθότι ἄν τις
Ac 11:29 ὥρισαν **ἕκαστος** αὐτῶν εἰς διακονίαν
Ac 17:27 μακρὰν ἀπὸ ἑνὸς **ἑκάστου** ἡμῶν ὑπάρχοντα.
Ac 20:31 δακρύων νουθετῶν ἕνα **ἕκαστον**.
Ac 21:19 ἐξηγεῖτο καθ᾽ ἓν **ἕκαστον**,
Ac 21:26 προσηνέχθη ὑπὲρ ἑνὸς **ἑκάστου** αὐτῶν ἡ προσφορά.

ἑκατόν (*hekaton*; 1/17) *one hundred*

Ac 1:15 τὸ αὐτὸ ὡσεὶ **ἑκατὸν** εἴκοσι·

ἑκατοντάρχης (*hekatontarchēs*; 13/20) *centurion*

Ac 10:1 **ἑκατοντάρχης** ἐκ σπείρης τῆς
Ac 10:22 Κορνήλιος **ἑκατοντάρχης**,
Ac 21:32 παραλαβὼν στρατιώτας καὶ **ἑκατοντάρχας** κατέδραμεν ἐπ᾽ αὐτούς,
Ac 22:25 πρὸς τὸν ἑστῶτα **ἑκατόνταρχον** ὁ Παῦλος·
Ac 22:26 ἀκούσας δὲ ὁ **ἑκατοντάρχης** προσελθὼν τῷ χιλιάρχῳ
Ac 23:17 Παῦλος ἕνα τῶν **ἑκατονταρχῶν** ἔφη·
Ac 23:23 δύο [τινας] τῶν **ἑκατονταρχῶν** εἶπεν·
Ac 24:23 διαταξάμενος τῷ **ἑκατοντάρχῃ** τηρεῖσθαι αὐτὸν ἔχειν
Ac 27:1 τινας ἑτέρους δεσμώτας **ἑκατοντάρχῃ** ὀνόματι Ἰουλίῳ σπείρης
Ac 27:6 Κἀκεῖ εὑρὼν ὁ **ἑκατοντάρχης** πλοῖον Ἀλεξανδρῖνον πλέον
Ac 27:11 ὁ δὲ **ἑκατοντάρχης** τῷ κυβερνήτῃ καὶ
Ac 27:31 ὁ Παῦλος τῷ **ἑκατοντάρχῃ** καὶ τοῖς στρατιώταις·
Ac 27:43 ὁ δὲ **ἑκατοντάρχης** βουλόμενος διασῶσαι

ἐκβάλλω (*ekballō*; 5/79[81]) *cast or drive out*

Ac 7:58 καὶ **ἐκβαλόντες** ἔξω τῆς πόλεως
Ac 9:40 **ἐκβαλὼν** δὲ ἔξω πάντας
Ac 13:50 καὶ Βαρναβᾶν καὶ **ἐξέβαλον** αὐτοὺς ἀπὸ τῶν
Ac 16:37 νῦν λάθρᾳ ἡμᾶς **ἐκβάλλουσιν**;
Ac 27:38 ἐκούφιζον τὸ πλοῖον **ἐκβαλλόμενοι** τὸν σῖτον εἰς

ἐκβολή (*ekbolē*; 1/1) *throwing overboard*

Ac 27:18 ἡμῶν τῇ ἑξῆς **ἐκβολὴν** ἐποιοῦντο

ἐκδέχομαι (*ekdechomai*; 1/6) *wait for*

Ac 17:16 δὲ ταῖς Ἀθήναις **ἐκδεχομένου** αὐτοὺς τοῦ Παύλου

ἐκδιηγέομαι (*ekdiēgeomai*; 2/2) *tell or relate*

Ac 13:41 πιστεύσητε ἐάν τις **ἐκδιηγῆται** ὑμῖν.

Ac 15:3 Φοινίκην καὶ Σαμάρειαν **ἐκδιηγούμενοι** τὴν ἐπιστροφὴν τῶν

ἐκδίκησις (*ekdikēsis*; 1/9) *rendering of justice*

Ac 7:24 ἠμύνατο καὶ ἐποίησεν **ἐκδίκησιν** τῷ καταπονουμένῳ πατάξας

ἔκδοτος (*ekdotos*; 1/1) *given over*

Ac 2:23 προγνώσει τοῦ θεοῦ **ἔκδοτον** διὰ χειρὸς ἀνόμων

ἐκεῖ (*ekei*; 6/95) *there*

Ac 9:33 εὗρεν δὲ **ἐκεῖ** ἄνθρωπόν τινα ὀνόματι
Ac 16:1 μαθητής τις ἦν **ἐκεῖ** ὀνόματι Τιμόθεος,
Ac 17:14 καὶ ὁ Τιμόθεος **ἐκεῖ**.
Ac 19:21 τὸ γενέσθαι με **ἐκεῖ** δεῖ με καὶ
Ac 25:9 εἰς Ἱεροσόλυμα ἀναβὰς **ἐκεῖ** περὶ τούτων κριθῆναι
Ac 25:14 πλείους ἡμέρας διέτριβον **ἐκεῖ**,

ἐκεῖθεν (*ekeithen*; 4/27) *from there*

Ac 13:4 **ἐκεῖθέν** τε ἀπέπλευσαν εἰς
Ac 18:7 καὶ μεταβὰς **ἐκεῖθεν** εἰσῆλθεν εἰς οἰκίαν
Ac 20:13 ἐπὶ τὴν Ἆσσον **ἐκεῖθεν** μέλλοντες ἀναλαμβάνειν τὸν
Ac 27:12 ἔθεντο βουλὴν ἀναχθῆναι **ἐκεῖθεν**,

ἐκεῖνος (*ekeinos*; 22/240[243]) *that*

Ac 1:19 κληθῆναι τὸ χωρίον **ἐκεῖνο** τῇ ἰδίᾳ διαλέκτῳ
Ac 2:18 ἐν ταῖς ἡμέραις **ἐκείναις** ἐκχεῶ ἀπὸ τοῦ
Ac 2:41 ἐν τῇ ἡμέρᾳ **ἐκείνῃ** ψυχαὶ ὡσεὶ τρισχίλιαι.
Ac 3:13 κρίναντος **ἐκείνου** ἀπολύειν·
Ac 3:23 ἀκούσῃ τοῦ προφήτου **ἐκείνου** ἐξολεθρευθήσεται ἐκ τοῦ
Ac 7:41 ἐν ταῖς ἡμέραις **ἐκείναις** καὶ ἀνήγαγον θυσίαν
Ac 8:1 Ἐγένετο δὲ ἐν **ἐκείνῃ** τῇ ἡμέρᾳ διωγμὸς
Ac 8:8 ἐν τῇ πόλει **ἐκείνῃ**.
Ac 9:37 ἐν ταῖς ἡμέραις **ἐκείναις** ἀσθενήσασαν αὐτὴν ἀποθανεῖν·
Ac 10:9 ὁδοιπορούντων **ἐκείνων** καὶ τῇ πόλει
Ac 12:1 Κατ' **ἐκεῖνον** δὲ τὸν καιρὸν
Ac 12:6 τῇ νυκτὶ **ἐκείνῃ** ἦν ὁ Πέτρος
Ac 14:21 τε τὴν πόλιν **ἐκείνην** καὶ μαθητεύσαντες ἱκανοὺς
Ac 16:3 ἐν τοῖς τόποις **ἐκείνοις**·
Ac 16:33 παραλαβὼν αὐτοὺς ἐν **ἐκείνῃ** τῇ ὥρᾳ τῆς
Ac 16:35 ἀπόλυσον τοὺς ἀνθρώπους **ἐκείνους**.
Ac 19:16 ἐκ τοῦ οἴκου **ἐκείνου**.
Ac 19:23 κατὰ τὸν καιρὸν **ἐκεῖνον** τάραχος οὐκ ὀλίγος
Ac 20:2 δὲ τὰ μέρη **ἐκεῖνα** καὶ παρακαλέσας αὐτοὺς
Ac 21:6 **ἐκεῖνοι** δὲ ὑπέστρεψαν εἰς
Ac 22:11 δόξης τοῦ φωτὸς **ἐκείνου**,
Ac 28:7 περὶ τὸν τόπον **ἐκεῖνον** ὑπῆρχεν χωρία τῷ

ἐκεῖσε (*ekeise*; 2/2) *there*

Ac 21:3 **ἐκεῖσε** γὰρ τὸ πλοῖον
Ac 22:5 ἄξων καὶ τοὺς **ἐκεῖσε** ὄντας δεδεμένους εἰς

ἐκζητέω (*ekzēteō*; 1/7) *seek or search diligently*

Ac 15:17 ὅπως ἂν **ἐκζητήσωσιν** οἱ κατάλοιποι τῶν

ἔκθαμβος (*ekthambos*; 1/1) *greatly surprised or alarmed*

Ac 3:11 τῇ καλουμένῃ Σολομῶντος **ἔκθαμβοι**.

ἔκθετος (*ekthetos*; 1/1) *abandoned out of doors*

Ac 7:19 ποιεῖν τὰ βρέφη **ἔκθετα** αὐτῶν εἰς τὸ

ἐκκλησία (*ekklēsia*; 23/114) *church*

Ac 5:11 ἐφ' ὅλην τὴν **ἐκκλησίαν** καὶ ἐπὶ πάντας
Ac 7:38 γενόμενος ἐν τῇ **ἐκκλησίᾳ** ἐν τῇ ἐρήμῳ
Ac 8:1 μέγας ἐπὶ τὴν **ἐκκλησίαν** τὴν ἐν Ἱεροσολύμοις,
Ac 8:3 δὲ ἐλυμαίνετο τὴν **ἐκκλησίαν** κατὰ τοὺς οἴκους
Ac 9:31 Ἡ μὲν οὖν **ἐκκλησία** καθ' ὅλης τῆς
Ac 11:22 τὰ ὦτα τῆς **ἐκκλησίας** τῆς οὔσης ἐν
Ac 11:26 συναχθῆναι ἐν τῇ **ἐκκλησίᾳ** καὶ διδάξαι ὄχλον
Ac 12:1 τῶν ἀπὸ τῆς **ἐκκλησίας**.
Ac 12:5 γινομένη ὑπὸ τῆς **ἐκκλησίας** πρὸς τὸν θεὸν
Ac 13:1 κατὰ τὴν οὖσαν **ἐκκλησίαν** προφῆται καὶ διδάσκαλοι
Ac 14:23 δὲ αὐτοῖς κατ' **ἐκκλησίαν** πρεσβυτέρους,
Ac 14:27 καὶ συναγαγόντες τὴν **ἐκκλησίαν** ἀνήγγελλον ὅσα ἐποίησεν
Ac 15:3 προπεμφθέντες ὑπὸ τῆς **ἐκκλησίας** διήρχοντο τήν τε
Ac 15:4 παρεδέχθησαν ἀπὸ τῆς **ἐκκλησίας** καὶ τῶν ἀποστόλων
Ac 15:22 σὺν ὅλῃ τῇ **ἐκκλησίᾳ** ἐκλεξαμένους ἄνδρας
Ac 15:41 Κιλικίαν ἐπιστηρίζων τὰς **ἐκκλησίας**.
Ac 16:5 Αἱ μὲν οὖν **ἐκκλησίαι** ἐστερεοῦντο τῇ πίστει
Ac 18:22 καὶ ἀσπασάμενος τὴν **ἐκκλησίαν** κατέβη εἰς Ἀντιόχειαν.
Ac 19:32 ἦν γὰρ ἡ **ἐκκλησία** συγκεχυμένη καὶ οἱ
Ac 19:39 ἐν τῇ ἐννόμῳ **ἐκκλησίᾳ** ἐπιλυθήσεται.
Ac 19:40 εἰπὼν ἀπέλυσεν τὴν **ἐκκλησίαν**.
Ac 20:17 τοὺς πρεσβυτέρους τῆς **ἐκκλησίας**.
Ac 20:28 ἐπισκόπους ποιμαίνειν τὴν **ἐκκλησίαν** τοῦ θεοῦ,

ἐκκολυμβάω (*ekkolymbaō*; 1/1) *swim away*

Ac 27:42 μή τις **ἐκκολυμβήσας** διαφύγῃ.

ἐκλαλέω (*eklaleō*; 1/1) *tell*

Ac 23:22 νεανίσκον παραγγείλας μηδενὶ **ἐκλαλῆσαι** ὅτι ταῦτα ἐνεφάνισας

ἐκλέγομαι (*eklegomai*; 7/22) *choose*

Ac 1:2 πνεύματος ἁγίου οὓς **ἐξελέξατο** ἀνελήμφθη.
Ac 1:24 ἀνάδειξον ὃν **ἐξελέξω** ἐκ τούτων τῶν
Ac 6:5 τοῦ πλήθους καὶ **ἐξελέξαντο** Στέφανον,
Ac 13:17 λαοῦ τούτου Ἰσραὴλ **ἐξελέξατο** τοὺς πατέρας ἡμῶν
Ac 15:7 ἀρχαίων ἐν ὑμῖν **ἐξελέξατο** ὁ θεὸς διὰ
Ac 15:22 ὅλῃ τῇ ἐκκλησίᾳ **ἐκλεξαμένους** ἄνδρας ἐξ αὐτῶν
Ac 15:25 ἡμῖν γενομένοις ὁμοθυμαδὸν **ἐκλεξαμένοις** ἄνδρας πέμψαι πρὸς

ἐκλογή (*eklogē*; 1/7) *election*

Ac 9:15 ὅτι σκεῦος **ἐκλογῆς** ἐστίν μοι οὗτος

ἐκπέμπω (*ekpempō*; 2/2) *send out*
Ac 13:4 Αὐτοὶ μὲν οὖν **ἐκπεμφθέντες** ὑπὸ τοῦ ἁγίου
Ac 17:10 εὐθέως διὰ νυκτὸς **ἐξέπεμψαν** τόν τε Παῦλον

ἐκπηδάω (*ekpēdaō*; 1/1) *rush out*
Ac 14:14 τὰ ἱμάτια αὐτῶν **ἐξεπήδησαν** εἰς τὸν ὄχλον

ἐκπίπτω (*ekpiptō*; 5/10) *fall off or away*
Ac 12:7 καὶ **ἐξέπεσαν** αὐτοῦ αἱ ἁλύσεις
Ac 27:17 εἰς τὴν Σύρτιν **ἐκπέσωσιν**,
Ac 27:26 τινα δεῖ ἡμᾶς **ἐκπεσεῖν**.
Ac 27:29 κατὰ τραχεῖς τόπους **ἐκπέσωμεν**,
Ac 27:32 καὶ εἴασαν αὐτὴν **ἐκπεσεῖν**.

ἐκπλέω (*ekpleō*; 3/3) *sail*
Ac 15:39 παραλαβόντα τὸν Μᾶρκον **ἐκπλεῦσαι** εἰς Κύπρον,
Ac 18:18 τοῖς ἀδελφοῖς ἀποταξάμενος **ἐξέπλει** εἰς τὴν Συρίαν,
Ac 20:6 ἡμεῖς δὲ **ἐξεπλεύσαμεν** μετὰ τὰς ἡμέρας

ἐκπληρόω (*ekplēroō*; 1/1) *fulfill*
Ac 13:33 ταύτην ὁ θεὸς **ἐκπεπλήρωκεν** τοῖς τέκνοις [αὐτῶν]

ἐκπλήρωσις (*ekplērōsis*; 1/1) *completion*
Ac 21:26 ἱερὸν διαγγέλλων τὴν **ἐκπλήρωσιν** τῶν ἡμερῶν τοῦ

ἐκπλήσσω (*ekplēssō*; 1/13) *be amazed*
Ac 13:12 τὸ γεγονὸς ἐπίστευσεν **ἐκπλησσόμενος** ἐπὶ τῇ διδαχῇ

ἐκπορεύομαι (*ekporeuomai*; 3/33) *go or come out*
Ac 9:28 αὐτῶν εἰσπορευόμενος καὶ **ἐκπορευόμενος** εἰς Ἰερουσαλήμ,
Ac 19:12 πνεύματα τὰ πονηρὰ **ἐκπορεύεσθαι**.
Ac 25:4 μέλλειν ἐν τάχει **ἐκπορεύεσθαι**·

ἔκστασις (*ekstasis*; 4/7) *amazement*
Ac 3:10 ἐπλήσθησαν θάμβους καὶ **ἐκστάσεως** ἐπὶ τῷ συμβεβηκότι
Ac 10:10 ἐγένετο ἐπ' αὐτὸν **ἔκστασις**
Ac 11:5 καὶ εἶδον ἐν **ἐκστάσει** ὅραμα,
Ac 22:17 γενέσθαι με ἐν **ἐκστάσει**

ἐκταράσσω (*ektarassō*; 1/1) *stir up trouble, agitate*
Ac 16:20 οὗτοι οἱ ἄνθρωποι **ἐκταράσσουσιν** ἡμῶν τὴν πόλιν,

ἐκτείνω (*ekteinō*; 3/16) *stretch out*
Ac 4:30 τὴν χεῖρά [σου] **ἐκτείνειν** σε εἰς ἴασιν
Ac 26:1 τότε ὁ Παῦλος **ἐκτείνας** τὴν χεῖρα ἀπελογεῖτο·
Ac 27:30 πρῴρης ἀγκύρας μελλόντων **ἐκτείνειν**,

ἐκτένεια (*ekteneia*; 1/1) *earnestness*
Ac 26:7 δωδεκάφυλον ἡμῶν ἐν **ἐκτενείᾳ** νύκτα καὶ ἡμέραν

ἐκτενῶς (*ektenōs*; 1/3) *earnestly*
Ac 12:5 προσευχὴ δὲ ἦν **ἐκτενῶς** γινομένη ὑπὸ τῆς

ἐκτίθημι (*ektithēmi*; 4/4) *explain*
Ac 7:21 **ἐκτεθέντος** δὲ αὐτοῦ ἀνείλατο
Ac 11:4 Ἀρξάμενος δὲ Πέτρος **ἐξετίθετο** αὐτοῖς καθεξῆς λέγων·
Ac 18:26 καὶ ἀκριβέστερον αὐτῷ **ἐξέθεντο** τὴν ὁδὸν
Ac 28:23 ξενίαν πλείονες οἷς **ἐξετίθετο** διαμαρτυρόμενος τὴν βασιλείαν

ἐκτινάσσω (*ektinassō*; 2/4) *shake off*
Ac 13:51 οἱ δὲ **ἐκτιναξάμενοι** τὸν κονιορτὸν τῶν
Ac 18:6 αὐτῶν καὶ βλασφημούντων **ἐκτιναξάμενος** τὰ ἱμάτια εἶπεν

ἐκτός (*ektos*; 1/8) *outside*
Ac 26:22 καὶ μεγάλῳ οὐδὲν **ἐκτὸς** λέγων ὧν τε

ἕκτος (*hektos*; 1/14) *sixth*
Ac 10:9 προσεύξασθαι περὶ ὥραν **ἕκτην**.

ἐκφέρω (*ekpherō*; 4/8) *carry or bring out*
Ac 5:6 συνέστειλαν αὐτὸν καὶ **ἐξενέγκαντες** ἔθαψαν.
Ac 5:9 τῇ θύρᾳ καὶ **ἐξοίσουσίν** σε.
Ac 5:10 αὐτὴν νεκρὰν καὶ **ἐξενέγκαντες** ἔθαψαν πρὸς τὸν
Ac 5:15 εἰς τὰς πλατείας **ἐκφέρειν** τοὺς ἀσθενεῖς

ἐκφεύγω (*ekpheugō*; 2/8) *escape*
Ac 16:27 ἑαυτὸν ἀναιρεῖν νομίζων **ἐκπεφευγέναι** τοὺς δεσμίους.
Ac 19:16 γυμνοὺς καὶ τετραυματισμένους **ἐκφυγεῖν** ἐκ τοῦ οἴκου

ἐκχύννομαι (*ekchynnomai*; 6/27) *pour out*
Ac 1:18 ἐλάκησεν μέσος καὶ **ἐξεχύθη** πάντα τὰ σπλάγχνα
Ac 2:17 **ἐκχεῶ** ἀπὸ τοῦ πνεύματός
Ac 2:18 ταῖς ἡμέραις ἐκείναις **ἐκχεῶ** ἀπὸ τοῦ πνεύματός
Ac 2:33 **ἐξέχεεν** τοῦτο ὃ ὑμεῖς
Ac 10:45 τοῦ ἁγίου πνεύματος **ἐκκέχυται**·
Ac 22:20 καὶ ὅτε **ἐξεχύννετο** τὸ αἷμα Στεφάνου

ἐκψύχω (*ekpsychō*; 3/3) *die*
Ac 5:5 λόγους τούτους πεσὼν **ἐξέψυξεν**,
Ac 5:10 πόδας αὐτοῦ καὶ **ἐξέψυξεν**·
Ac 12:23 καὶ γενόμενος σκωληκόβρωτος **ἐξέψυξεν**.

ἐλαιών (*elaiōn*; 1/1) *olive orchard*
Ac 1:12 ὄρους τοῦ καλουμένου **Ἐλαιῶνος**,

<u>Ἐλαμίτης (*Elamitēs*; 1/1) *an Elamite*</u>
Ac 2:9 καὶ Μῆδοι καὶ **Ἐλαμῖται** καὶ οἱ κατοικοῦντες

<u>ἐλεημοσύνη (*eleēmosynē*; 8/13) *giving money to a needy person*</u>
Ac 3:2 Ὡραίαν τοῦ αἰτεῖν **ἐλεημοσύνην** παρὰ τῶν εἰσπορευομένων
Ac 3:3 ἠρώτα **ἐλεημοσύνην** λαβεῖν.
Ac 3:10 ὁ πρὸς τὴν **ἐλεημοσύνην** καθήμενος ἐπὶ τῇ
Ac 9:36 ἔργων ἀγαθῶν καὶ **ἐλεημοσυνῶν** ὧν ἐποίει.
Ac 10:2 ποιῶν **ἐλεημοσύνας** πολλὰς τῷ λαῷ
Ac 10:4 σου καὶ αἱ **ἐλεημοσύναι** σου ἀνέβησαν εἰς
Ac 10:31 προσευχὴ καὶ αἱ **ἐλεημοσύναι** σου ἐμνήσθησαν ἐνώπιον
Ac 24:17 ἐτῶν δὲ πλειόνων **ἐλεημοσύνας** ποιήσων εἰς

<u>ἔλευσις (*eleusis*; 1/1) *coming*</u>
Ac 7:52 προκαταγγείλαντας περὶ τῆς **ἐλεύσεως** τοῦ δικαίου,

<u>ἕλκω (*helkō*; 1/2) *draw*</u>
Ac 21:30 ἐπιλαβόμενοι τοῦ Παύλου **εἷλκον** αὐτὸν ἔξω

<u>ἑλκύω (*helkyō*; 1/6) *draw*</u>
Ac 16:19 καὶ τὸν Σιλᾶν **εἵλκυσαν** εἰς τὴν ἀγορὰν

<u>Ἑλλάς (*Hellas*; 1/1) *Greece*</u>
Ac 20:2 ἦλθεν εἰς τὴν **Ἑλλάδα**

<u>Ἕλλην (*Hellēn*; 9/25) *Greek*</u>
Ac 14:1 Ἰουδαίων τε καὶ **Ἑλλήνων** πολὺ πλῆθος.
Ac 16:1 πατρὸς δὲ **Ἕλληνος**,
Ac 16:3 γὰρ ἅπαντες ὅτι **Ἕλλην** ὁ πατὴρ αὐτοῦ
Ac 17:4 τῶν τε σεβομένων **Ἑλλήνων** πλῆθος πολύ,
Ac 18:4 τε Ἰουδαίους καὶ **Ἕλληνας**.
Ac 19:10 Ἰουδαίους τε καὶ **Ἕλληνας**.
Ac 19:17 Ἰουδαίοις τε καὶ **Ἕλλησιν** τοῖς κατοικοῦσιν
Ac 20:21 Ἰουδαίοις τε καὶ **Ἕλλησιν** τὴν εἰς θεὸν
Ac 21:28 ἔτι τε καὶ **Ἕλληνας** εἰσήγαγεν εἰς τὸ

<u>Ἑλληνίς (*Hellēnis*; 1/2) *Greek or Gentile woman*</u>
Ac 17:12 ἐπίστευσαν καὶ τῶν **Ἑλληνίδων** γυναικῶν τῶν εὐσχημόνων

<u>Ἑλληνιστής (*Hellēnistēs*; 3/3) *a Hellenist*</u>
Ac 6:1 ἐγένετο γογγυσμὸς τῶν **Ἑλληνιστῶν** πρὸς τοὺς Ἑβραίους,
Ac 9:29 συνεζήτει πρὸς τοὺς **Ἑλληνιστάς**,
Ac 11:20 καὶ πρὸς τοὺς **Ἑλληνιστὰς** εὐαγγελιζόμενοι τὸν κύριον

<u>Ἑλληνιστί (*Hellēnisti*; 1/2) *in Greek*</u>
Ac 21:37 **Ἑλληνιστὶ** γινώσκεις;

<u>ἐλπίζω (*elpizō*; 2/31) *hope*</u>
Ac 24:26 ἅμα καὶ **ἐλπίζων** ὅτι χρήματα δοθήσεται
Ac 26:7 καὶ ἡμέραν λατρεῦον **ἐλπίζει** καταντῆσαι,

<u>ἐλπίς (*elpis*; 8/53) *hope*</u>
Ac 2:26 μου κατασκηνώσει ἐπ' **ἐλπίδι**,
Ac 16:19 ὅτι ἐξῆλθεν ἡ **ἐλπὶς** τῆς ἐργασίας αὐτῶν,
Ac 23:6 περὶ **ἐλπίδος** καὶ ἀναστάσεως νεκρῶν
Ac 24:15 **ἐλπίδα** ἔχων εἰς τὸν
Ac 26:6 καὶ νῦν ἐπ' **ἐλπίδι** τῆς εἰς τοὺς
Ac 26:7 περὶ ἧς **ἐλπίδος** ἐγκαλοῦμαι ὑπὸ Ἰουδαίων,
Ac 27:20 λοιπὸν περιῃρεῖτο **ἐλπὶς** πᾶσα τοῦ σῴζεσθαι
Ac 28:20 ἕνεκεν γὰρ τῆς **ἐλπίδος** τοῦ Ἰσραὴλ τὴν

<u>Ἐλύμας (*Elymas*; 1/1) *Elymas*</u>
Ac 13:8 ἀνθίστατο δὲ αὐτοῖς **Ἐλύμας** ὁ μάγος,

<u>ἐμαυτοῦ (*emautou*; 4/37) *myself*</u>
Ac 20:24 τὴν ψυχὴν τιμίαν **ἐμαυτῷ** ὡς τελειῶσαι τὸν
Ac 24:10 εὐθύμως τὰ περὶ **ἐμαυτοῦ** ἀπολογοῦμαι,
Ac 26:2 ἥγημαι **ἐμαυτὸν** μακάριον ἐπὶ σοῦ
Ac 26:9 μὲν οὖν ἔδοξα **ἐμαυτῷ** πρὸς τὸ ὄνομα

<u>ἐμβιβάζω (*embibazō*; 1/1) *put aboard*</u>
Ac 27:6 εἰς τὴν Ἰταλίαν **ἐνεβίβασεν** ἡμᾶς εἰς αὐτό.

<u>ἐμβλέπω (*emblepō*; 2/12) *look straight at*</u>
Ac 1:11 τί ἑστήκατε **[ἐμ]βλέποντες** εἰς τὸν οὐρανόν;
Ac 22:11 ὡς δὲ οὐκ **ἐνέβλεπον** ἀπὸ τῆς δόξης

<u>ἐμμαίνομαι (*emmainomai*; 1/1) *be enraged or infuriated*</u>
Ac 26:11 βλασφημεῖν περισσῶς τε **ἐμμαινόμενος** αὐτοῖς ἐδίωκον ἕως

<u>ἐμμένω (*emmenō*; 2/4) *remain faithful to, live*</u>
Ac 14:22 παρακαλοῦντες **ἐμμένειν** τῇ πίστει καὶ
Ac 28:30 **Ἐνέμεινεν** δὲ διετίαν ὅλην

<u>Ἑμμώρ (*Hemmōr*; 1/1) *Hamor*</u>
Ac 7:16 παρὰ τῶν υἱῶν **Ἑμμὼρ** ἐν Συχέμ.

<u>ἐμπίπλημι (*empiplēmi*; 1/5) *fill*</u>
Ac 14:17 **ἐμπιπλῶν** τροφῆς καὶ εὐφροσύνης

<u>ἐμπνέω (*empneō*; 1/1) *breathe*</u>
Ac 9:1 δὲ Σαῦλος ἔτι **ἐμπνέων** ἀπειλῆς καὶ φόνου

<u>ἔμπροσθεν (*emprosthen*; 2/48) *before*</u>
Ac 10:4 ἀνέβησαν εἰς μνημόσυνον **ἔμπροσθεν** τοῦ θεοῦ.
Ac 18:17 τὸν ἀρχισυνάγωγον ἔτυπτον **ἔμπροσθεν** τοῦ βήματος·

<u>ἐμφανής (*emphanēs*; 1/2) *visible*</u>
Ac 10:40 καὶ ἔδωκεν αὐτὸν **ἐμφανῆ** γενέσθαι,

<u>ἐμφανίζω (*emphanizō*; 5/10) *show, inform*</u>
Ac 23:15 νῦν οὖν ὑμεῖς **ἐμφανίσατε** τῷ χιλιάρχῳ σὺν
Ac 23:22 ἐκλαλῆσαι ὅτι ταῦτα **ἐνεφάνισας** πρός με.
Ac 24:1 οἵτινες **ἐνεφάνισαν** τῷ ἡγεμόνι κατὰ
Ac 25:2 **ἐνεφάνισάν** τε αὐτῷ οἱ

Ac 25:15 μου εἰς Ἱεροσόλυμα **ἐνεφάνισαν** οἱ ἀρχιερεῖς

ἔμφοβος (*emphobos*; 2/5) *full of fear*

Ac 10:4 ἀτενίσας αὐτῷ καὶ **ἔμφοβος** γενόμενος εἶπεν·
Ac 24:25 **ἔμφοβος** γενόμενος ὁ Φῆλιξ

ἐν (*en*; 279/2746[2752]) *in*

Ac 1:3 τὸ παθεῖν αὐτὸν **ἐν** πολλοῖς τεκμηρίοις,
Ac 1:5 ὑμεῖς δὲ **ἐν** πνεύματι βαπτισθήσεσθε ἁγίῳ
Ac 1:6 εἰ **ἐν** τῷ χρόνῳ τούτῳ
Ac 1:7 ὁ πατὴρ ἔθετο **ἐν** τῇ ἰδίᾳ ἐξουσίᾳ,
Ac 1:8 ἔσεσθέ μου μάρτυρες **ἔν** τε Ἰερουσαλὴμ καὶ
Ac 1:8 καὶ **[ἐν]** πάσῃ τῇ Ἰουδαίᾳ
Ac 1:10 δύο παρειστήκεισαν αὐτοῖς **ἐν** ἐσθήσεσι λευκαῖς,
Ac 1:15 Καὶ **ἐν** ταῖς ἡμέραις ταύταις
Ac 1:15 ταύταις ἀναστὰς Πέτρος **ἐν** μέσῳ τῶν ἀδελφῶν
Ac 1:17 ὅτι κατηριθμημένος ἦν **ἐν** ἡμῖν καὶ ἔλαχεν
Ac 1:20 γέγραπται γὰρ **ἐν** βίβλῳ ψαλμῶν·
Ac 1:20 ἔστω ὁ κατοικῶν **ἐν** αὐτῇ,
Ac 1:21 συνελθόντων ἡμῖν ἀνδρῶν **ἐν** παντὶ χρόνῳ ᾧ
Ac 2:1 Καὶ **ἐν** τῷ συμπληροῦσθαι τὴν
Ac 2:8 ἰδίᾳ διαλέκτῳ ἡμῶν **ἐν** ᾗ ἐγεννήθημεν;
Ac 2:17 καὶ ἔσται **ἐν** ταῖς ἐσχάταις ἡμέραις,
Ac 2:18 τὰς δούλας μου **ἐν** ταῖς ἡμέραις ἐκείναις
Ac 2:19 καὶ δώσω τέρατα **ἐν** τῷ οὐρανῷ ἄνω
Ac 2:22 αὐτοῦ ὁ θεὸς **ἐν** μέσῳ ὑμῶν καθὼς
Ac 2:29 μνῆμα αὐτοῦ ἔστιν **ἐν** ἡμῖν ἄχρι τῆς
Ac 2:41 ἐβαπτίσθησαν καὶ προσετέθησαν **ἐν** τῇ ἡμέρᾳ ἐκείνῃ
Ac 2:46 τε προσκαρτεροῦντες ὁμοθυμαδὸν **ἐν** τῷ ἱερῷ,
Ac 2:46 μετελάμβανον τροφῆς **ἐν** ἀγαλλιάσει καὶ ἀφελότητι
Ac 3:6 **ἐν** τῷ ὀνόματι Ἰησοῦ
Ac 3:25 καὶ **ἐν** τῷ σπέρματί σου
Ac 3:26 αὐτὸν εὐλογοῦντα ὑμᾶς **ἐν** τῷ ἀποστρέφειν ἕκαστον
Ac 4:2 λαὸν καὶ καταγγέλλειν **ἐν** τῷ Ἰησοῦ τὴν
Ac 4:5 καὶ τοὺς γραμματεῖς **ἐν** Ἰερουσαλήμ,
Ac 4:7 καὶ στήσαντες αὐτοὺς **ἐν** τῷ μέσῳ ἐπυνθάνοντο·
Ac 4:7 **ἐν** ποίᾳ δυνάμει ἢ
Ac 4:7 ποίᾳ δυνάμει ἢ **ἐν** ποίῳ ὀνόματι ἐποιήσατε
Ac 4:9 εὐεργεσίᾳ ἀνθρώπου ἀσθενοῦς **ἐν** τίνι οὗτος σέσωται,
Ac 4:10 λαῷ Ἰσραὴλ ὅτι **ἐν** τῷ ὀνόματι Ἰησοῦ
Ac 4:10 **ἐν** τούτῳ οὗτος παρέστηκεν
Ac 4:12 καὶ οὐκ ἔστιν **ἐν** ἄλλῳ οὐδενὶ ἡ
Ac 4:12 οὐρανὸν τὸ δεδομένον **ἐν** ἀνθρώποις ἐν ᾧ
Ac 4:12 δεδομένον ἐν ἀνθρώποις **ἐν** ᾧ δεῖ σωθῆναι
Ac 4:24 καὶ πάντα τὰ **ἐν** αὐτοῖς,
Ac 4:27 γὰρ ἐπ᾽ ἀληθείας **ἐν** τῇ πόλει ταύτῃ
Ac 4:30 **ἐν** τῷ τὴν χεῖρά
Ac 4:31 ἐσαλεύθη ὁ τόπος **ἐν** ᾧ ἦσαν συνηγμένοι,
Ac 4:34 ἦν **ἐν** αὐτοῖς·
Ac 5:4 ἔμενεν καὶ πραθὲν **ἐν** τῇ σῇ ἐξουσίᾳ
Ac 5:4 τί ὅτι ἔθου **ἐν** τῇ καρδίᾳ σου
Ac 5:12 καὶ τέρατα πολλὰ **ἐν** τῷ λαῷ.
Ac 5:12 ἦσαν ὁμοθυμαδὸν ἅπαντες **ἐν** τῇ στοᾷ Σολομῶντος,
Ac 5:18 καὶ ἔθεντο αὐτοὺς **ἐν** τηρήσει δημοσίᾳ.
Ac 5:20 καὶ σταθέντες λαλεῖτε **ἐν** τῷ ἱερῷ τῷ
Ac 5:22 οὐχ εὗρον αὐτοὺς **ἐν** τῇ φυλακῇ·
Ac 5:23 δεσμωτήριον εὕρομεν κεκλεισμένον **ἐν** πάσῃ ἀσφαλείᾳ καὶ
Ac 5:25 ἄνδρες οὓς ἔθεσθε **ἐν** τῇ φυλακῇ εἰσὶν
Ac 5:25 τῇ φυλακῇ εἰσὶν **ἐν** τῷ ἱερῷ ἑστῶτες
Ac 5:27 δὲ αὐτοὺς ἔστησαν **ἐν** τῷ συνεδρίῳ.
Ac 5:34 ἀναστὰς δέ τις **ἐν** τῷ συνεδρίῳ Φαρισαῖος
Ac 5:37 Ἰούδας ὁ Γαλιλαῖος **ἐν** ταῖς ἡμέραις τῆς
Ac 5:42 πᾶσάν τε ἡμέραν **ἐν** τῷ ἱερῷ καὶ
Ac 6:1 **Ἐν** δὲ ταῖς ἡμέραις
Ac 6:1 ὅτι παρεθεωροῦντο **ἐν** τῇ διακονίᾳ τῇ
Ac 6:7 ἀριθμὸς τῶν μαθητῶν **ἐν** Ἰερουσαλὴμ σφόδρα,
Ac 6:8 καὶ σημεῖα μεγάλα **ἐν** τῷ λαῷ.
Ac 6:15 πάντες οἱ καθεζόμενοι **ἐν** τῷ συνεδρίῳ εἶδον
Ac 7:2 ἡμῶν Ἀβραὰμ ὄντι **ἐν** τῇ Μεσοποταμίᾳ πρὶν
Ac 7:2 ἢ κατοικῆσαι αὐτὸν **ἐν** Χαρρὰν
Ac 7:4 γῆς Χαλδαίων κατῴκησεν **ἐν** Χαρράν.
Ac 7:5 ἔδωκεν αὐτῷ κληρονομίαν **ἐν** αὐτῇ οὐδὲ βῆμα
Ac 7:6 σπέρμα αὐτοῦ πάροικον **ἐν** γῇ ἀλλοτρίᾳ καὶ
Ac 7:7 καὶ λατρεύσουσίν μοι **ἐν** τῷ τόπῳ τούτῳ.
Ac 7:13 καὶ **ἐν** τῷ δευτέρῳ ἀνεγνωρίσθη
Ac 7:14 πᾶσαν τὴν συγγένειαν **ἐν** ψυχαῖς ἑβδομήκοντα πέντε.
Ac 7:16 Συχὲμ καὶ ἐτέθησαν **ἐν** τῷ μνήματι ᾧ
Ac 7:16 τῶν υἱῶν Ἑμμὼρ **ἐν** Συχέμ.
Ac 7:17 λαὸς καὶ ἐπληθύνθη **ἐν** Αἰγύπτῳ
Ac 7:20 **Ἐν** ᾧ καιρῷ ἐγεννήθη
Ac 7:20 ἀνετράφη μῆνας τρεῖς **ἐν** τῷ οἴκῳ τοῦ
Ac 7:22 καὶ ἐπαιδεύθη Μωϋσῆς **[ἐν]** πάσῃ σοφίᾳ Αἰγυπτίων,
Ac 7:22 ἦν δὲ δυνατὸς **ἐν** λόγοις καὶ ἔργοις
Ac 7:29 ἔφυγεν δὲ Μωϋσῆς **ἐν** τῷ λόγῳ τούτῳ
Ac 7:29 καὶ ἐγένετο πάροικος **ἐν** γῇ Μαδιάμ,
Ac 7:30 τεσσεράκοντα ὤφθη αὐτῷ **ἐν** τῇ ἐρήμῳ τοῦ
Ac 7:30 ὄρους Σινᾶ ἄγγελος **ἐν** φλογὶ πυρὸς βάτου.
Ac 7:34 λαοῦ μου τοῦ **ἐν** Αἰγύπτῳ καὶ τοῦ
Ac 7:35 τοῦ ὀφθέντος αὐτῷ **ἐν** τῇ βάτῳ.
Ac 7:36 τέρατα καὶ σημεῖα **ἐν** γῇ Αἰγύπτῳ καὶ
Ac 7:36 γῇ Αἰγύπτῳ καὶ **ἐν** ἐρυθρᾷ θαλάσσῃ καὶ
Ac 7:36 ἐρυθρᾷ θαλάσσῃ καὶ **ἐν** τῇ ἐρήμῳ ἔτη
Ac 7:38 ἐστιν ὁ γενόμενος **ἐν** τῇ ἐκκλησίᾳ ἐν
Ac 7:38 ἐν τῇ ἐκκλησίᾳ **ἐν** τῇ ἐρήμῳ μετὰ
Ac 7:38 τοῦ λαλοῦντος αὐτῷ **ἐν** τῷ ὄρει Σινᾶ
Ac 7:39 ἀπώσαντο καὶ ἐστράφησαν **ἐν** ταῖς καρδίαις αὐτῶν
Ac 7:41 καὶ ἐμοσχοποίησαν **ἐν** ταῖς ἡμέραις ἐκείναις
Ac 7:41 εἰδώλῳ καὶ εὐφραίνοντο **ἐν** τοῖς ἔργοις τῶν
Ac 7:42 οὐρανοῦ καθὼς γέγραπται **ἐν** βίβλῳ τῶν προφητῶν·
Ac 7:42 μοι ἔτη τεσσεράκοντα **ἐν** τῇ ἐρήμῳ,
Ac 7:44 τοῖς πατράσιν ἡμῶν **ἐν** τῇ ἐρήμῳ καθὼς
Ac 7:45 ἡμῶν μετὰ Ἰησοῦ **ἐν** τῇ κατασχέσει τῶν
Ac 7:48 οὐχ ὁ ὕψιστος **ἐν** χειροποιήτοις κατοικεῖ,
Ac 8:1 Ἐγένετο δὲ **ἐν** ἐκείνῃ τῇ ἡμέρᾳ
Ac 8:1 τὴν ἐκκλησίαν τὴν **ἐν** Ἱεροσολύμοις,
Ac 8:6 τοῦ Φιλίππου ὁμοθυμαδὸν **ἐν** τῷ ἀκούειν αὐτοὺς
Ac 8:8 δὲ πολλὴ χαρὰ **ἐν** τῇ πόλει ἐκείνῃ.

Ac 8:9 ὀνόματι Σίμων προϋπῆρχεν **ἐν** τῇ πόλει μαγεύων
Ac 8:14 Ἀκούσαντες δὲ οἱ **ἐν** Ἱεροσολύμοις ἀπόστολοι ὅτι
Ac 8:21 μερὶς οὐδὲ κλῆρος **ἐν** τῷ λόγῳ τούτῳ,
Ac 8:33 **Ἐν** τῇ ταπεινώσει [αὐτοῦ]
Ac 9:3 **Ἐν** δὲ τῷ πορεύεσθαι
Ac 9:10 δέ τις μαθητὴς **ἐν** Δαμασκῷ ὀνόματι Ἁνανίας,
Ac 9:10 εἶπεν πρὸς αὐτὸν **ἐν** ὁράματι ὁ κύριος·
Ac 9:11 Εὐθεῖαν καὶ ζήτησον **ἐν** οἰκίᾳ Ἰούδα Σαῦλον
Ac 9:12 καὶ εἶδεν ἄνδρα [**ἐν** ὁράματι] Ἁνανίαν ὀνόματι
Ac 9:13 ἁγίοις σου ἐποίησεν **ἐν** Ἰερουσαλήμ·
Ac 9:17 ὁ ὀφθείς σοι **ἐν** τῇ ὁδῷ ᾗ
Ac 9:19 μετὰ τῶν **ἐν** Δαμασκῷ μαθητῶν
Ac 9:20 καὶ εὐθέως **ἐν** ταῖς συναγωγαῖς ἐκήρυσσεν
Ac 9:22 τοὺς κατοικοῦντας **ἐν** Δαμασκῷ συμβιβάζων
Ac 9:25 καθῆκαν αὐτὸν χαλάσαντες **ἐν** σπυρίδι.
Ac 9:27 διηγήσατο αὐτοῖς πῶς **ἐν** τῇ ὁδῷ εἶδεν
Ac 9:27 αὐτῷ καὶ πῶς **ἐν** Δαμασκῷ ἐπαρρησιάσατο
Ac 9:27 ἐν Δαμασκῷ ἐπαρρησιάσατο **ἐν** τῷ ὀνόματι
Ac 9:28 παρρησιαζόμενος **ἐν** τῷ ὀνόματι τοῦ
Ac 9:36 **Ἐν** Ἰόππῃ δέ τις
Ac 9:37 ἐγένετο δὲ **ἐν** ταῖς ἡμέραις ἐκείναις
Ac 9:37 δὲ ἔθηκαν [αὐτὴν] **ἐν** ὑπερῴῳ.
Ac 9:38 ὅτι Πέτρος ἐστὶν **ἐν** αὐτῇ ἀπέστειλαν δύο
Ac 9:43 ἡμέρας ἱκανὰς μεῖναι **ἐν** Ἰόππῃ παρά τινι
Ac 10:1 Ἀνὴρ δέ τις **ἐν** Καισαρείᾳ ὀνόματι Κορνήλιος,
Ac 10:3 εἶδεν **ἐν** ὁράματι φανερῶς ὡσεὶ
Ac 10:12 **ἐν** ᾧ ὑπῆρχεν πάντα
Ac 10:17 Ὡς δὲ **ἐν** ἑαυτῷ διηπόρει ὁ
Ac 10:30 τὴν ἐνάτην προσευχόμενος **ἐν** τῷ οἴκῳ μου,
Ac 10:30 ἐνώπιόν μου **ἐν** ἐσθῆτι λαμπρᾷ
Ac 10:32 οὗτος ξενίζεται **ἐν** οἰκίᾳ Σίμωνος βυρσέως
Ac 10:35 ἀλλ' **ἐν** παντὶ ἔθνει ὁ
Ac 10:39 πάντων ὧν ἐποίησεν **ἔν** τε τῇ χώρᾳ
Ac 10:39 καὶ [**ἐν**] Ἰερουσαλήμ.
Ac 10:40 ὁ θεὸς ἤγειρεν [**ἐν**] τῇ τρίτῃ ἡμέρᾳ
Ac 10:48 προσέταξεν δὲ αὐτοὺς **ἐν** τῷ ὀνόματι Ἰησοῦ
Ac 11:5 ἐγὼ ἤμην **ἐν** πόλει Ἰόππῃ προσευχόμενος
Ac 11:5 προσευχόμενος καὶ εἶδον **ἐν** ἐκστάσει ὅραμα,
Ac 11:11 ἐπὶ τὴν οἰκίαν **ἐν** ᾗ ἦμεν,
Ac 11:13 εἶδεν [τὸν] ἄγγελον **ἐν** τῷ οἴκῳ αὐτοῦ
Ac 11:14 ῥήματα πρὸς σὲ **ἐν** οἷς σωθήσῃ σὺ
Ac 11:15 **ἐν** δὲ τῷ ἄρξασθαί
Ac 11:15 καὶ ἐφ' ἡμᾶς **ἐν** ἀρχῇ.
Ac 11:16 ὑμεῖς δὲ βαπτισθήσεσθε **ἐν** πνεύματι ἁγίῳ.
Ac 11:22 ἐκκλησίας τῆς οὔσης **ἐν** Ἰερουσαλὴμ περὶ αὐτῶν
Ac 11:26 ὅλον συναχθῆναι **ἐν** τῇ ἐκκλησίᾳ
Ac 11:26 τε πρώτως **ἐν** Ἀντιοχείᾳ
Ac 11:27 **Ἐν** ταύταις δὲ ταῖς
Ac 11:29 πέμψαι τοῖς κατοικοῦσιν **ἐν** τῇ Ἰουδαίᾳ ἀδελφοῖς·
Ac 12:5 οὖν Πέτρος ἐτηρεῖτο **ἐν** τῇ φυλακῇ·
Ac 12:7 καὶ φῶς ἔλαμψεν **ἐν** τῷ οἰκήματι·
Ac 12:7 ἀνάστα **ἐν** τάχει.
Ac 12:11 Καὶ ὁ Πέτρος **ἐν** ἑαυτῷ γενόμενος εἶπεν·
Ac 12:18 τάραχος οὐκ ὀλίγος **ἐν** τοῖς στρατιώταις τί
Ac 13:1 Ἦσαν δὲ **ἐν** Ἀντιοχείᾳ κατὰ τὴν
Ac 13:5 καὶ γενόμενοι **ἐν** Σαλαμῖνι κατήγγελλον τὸν
Ac 13:5 λόγον τοῦ θεοῦ **ἐν** ταῖς συναγωγαῖς τῶν
Ac 13:15 εἴ τις ἐστιν **ἐν** ὑμῖν λόγος παρακλήσεως
Ac 13:17 τὸν λαὸν ὕψωσεν **ἐν** τῇ παροικίᾳ ἐν
Ac 13:17 ἐν τῇ παροικίᾳ **ἐν** γῇ Αἰγύπτου καὶ
Ac 13:18 χρόνον ἐτροποφόρησεν αὐτοὺς **ἐν** τῇ ἐρήμῳ
Ac 13:19 καθελὼν ἔθνη ἑπτὰ **ἐν** γῇ Χανάαν κατεκληρονόμησεν
Ac 13:26 Ἀβραὰμ καὶ οἱ **ἐν** ὑμῖν φοβούμενοι τὸν
Ac 13:27 οἱ γὰρ κατοικοῦντες **ἐν** Ἰερουσαλὴμ καὶ οἱ
Ac 13:33 Ἰησοῦν ὡς καὶ **ἐν** τῷ ψαλμῷ γέγραπται
Ac 13:35 διότι καὶ **ἐν** ἑτέρῳ λέγει·
Ac 13:38 ὧν οὐκ ἠδυνήθητε **ἐν** νόμῳ Μωϋσέως δικαιωθῆναι,
Ac 13:39 **ἐν** τούτῳ πᾶς ὁ
Ac 13:40 ἐπέλθῃ τὸ εἰρημένον **ἐν** τοῖς προφήταις·
Ac 13:41 ἔργον ἐργάζομαι ἐγὼ **ἐν** ταῖς ἡμέραις ὑμῶν,
Ac 14:1 Ἐγένετο δὲ **ἐν** Ἰκονίῳ κατὰ τὸ
Ac 14:8 τις ἀνὴρ ἀδύνατος **ἐν** Λύστροις τοῖς ποσὶν
Ac 14:15 καὶ πάντα τὰ **ἐν** αὐτοῖς·
Ac 14:16 ὃς **ἐν** ταῖς παρῳχημέναις γενεαῖς
Ac 14:25 καὶ λαλήσαντες **ἐν** Πέργῃ τὸν λόγον
Ac 15:7 ἀφ' ἡμερῶν ἀρχαίων **ἐν** ὑμῖν ἐξελέξατο ὁ
Ac 15:12 σημεῖα καὶ τέρατα **ἐν** τοῖς ἔθνεσιν δι'
Ac 15:21 κηρύσσοντας αὐτὸν ἔχει **ἐν** ταῖς συναγωγαῖς κατὰ
Ac 15:22 ἄνδρας ἡγουμένους **ἐν** τοῖς ἀδελφοῖς,
Ac 15:35 καὶ Βαρναβᾶς διέτριβον **ἐν** Ἀντιοχείᾳ διδάσκοντες καὶ
Ac 15:36 κατὰ πόλιν πᾶσαν **ἐν** αἷς κατηγγείλαμεν τὸν
Ac 16:2 ἐμαρτυρεῖτο ὑπὸ τῶν **ἐν** Λύστροις καὶ Ἰκονίῳ
Ac 16:3 Ἰουδαίους τοὺς ὄντας **ἐν** τοῖς τόποις ἐκείνοις·
Ac 16:4 καὶ πρεσβυτέρων τῶν **ἐν** Ἱεροσολύμοις.
Ac 16:6 λαλῆσαι τὸν λόγον **ἐν** τῇ Ἀσίᾳ·
Ac 16:12 Ἦμεν δὲ **ἐν** ταύτῃ τῇ πόλει
Ac 16:18 παραγγέλλω σοι **ἐν** ὀνόματι Ἰησοῦ Χριστοῦ
Ac 16:32 σὺν πᾶσιν τοῖς **ἐν** τῇ οἰκίᾳ αὐτοῦ.
Ac 16:33 καὶ παραλαβὼν αὐτοὺς **ἐν** ἐκείνῃ τῇ ὥρᾳ
Ac 16:36 οὖν ἐξελθόντες πορεύεσθε **ἐν** εἰρήνῃ.
Ac 17:11 ἦσαν εὐγενέστεροι τῶν **ἐν** Θεσσαλονίκῃ,
Ac 17:13 Ἰουδαῖοι ὅτι καὶ **ἐν** τῇ Βεροίᾳ κατηγγέλη
Ac 17:16 **Ἐν** δὲ ταῖς Ἀθήναις
Ac 17:16 τὸ πνεῦμα αὐτοῦ **ἐν** αὐτῷ θεωροῦντος κατείδωλον
Ac 17:17 διελέγετο μὲν οὖν **ἐν** τῇ συναγωγῇ τοῖς
Ac 17:17 τοῖς σεβομένοις καὶ **ἐν** τῇ ἀγορᾷ κατὰ
Ac 17:22 δὲ [ὁ] Παῦλος **ἐν** μέσῳ τοῦ Ἀρείου
Ac 17:23 εὗρον καὶ βωμὸν **ἐν** ᾧ ἐπεγέγραπτο·
Ac 17:24 καὶ πάντα τὰ **ἐν** αὐτῷ,
Ac 17:24 ὑπάρχων κύριος οὐκ **ἐν** χειροποιήτοις ναοῖς κατοικεῖ
Ac 17:28 **ἐν** αὐτῷ γὰρ ζῶμεν
Ac 17:31 καθότι ἔστησεν ἡμέραν **ἐν** ᾗ μέλλει κρίνειν
Ac 17:31 κρίνειν τὴν οἰκουμένην **ἐν** δικαιοσύνῃ,
Ac 17:31 **ἐν** ἀνδρὶ ᾧ ὥρισεν,
Ac 17:34 **ἐν** οἷς καὶ Διονύσιος
Ac 18:4 διελέγετο δὲ **ἐν** τῇ συναγωγῇ κατὰ
Ac 18:9 δὲ ὁ κύριος **ἐν** νυκτὶ δι' ὁράματος
Ac 18:10 ἐστί μοι πολὺς **ἐν** τῇ πόλει ταύτῃ.
Ac 18:11 ἓξ διδάσκων **ἐν** αὐτοῖς τὸν λόγον
Ac 18:18 κειράμενος **ἐν** Κεγχρεαῖς τὴν κεφαλήν,
Ac 18:24 δυνατὸς ὢν **ἐν** ταῖς γραφαῖς.

Ac 18:26 τε ἤρξατο παρρησιάζεσθαι **ἐν** τῇ συναγωγῇ.
Ac 19:1 Ἐγένετο δὲ **ἐν** τῷ τὸν Ἀπολλῶ
Ac 19:1 τὸν Ἀπολλῶ εἶναι **ἐν** Κορίνθῳ Παῦλον διελθόντα
Ac 19:9 διαλεγόμενος **ἐν** τῇ σχολῇ Τυράννου.
Ac 19:16 ἄνθρωπος ἐπ᾽ αὐτοὺς **ἐν** ᾧ ἦν τὸ
Ac 19:21 ἔθετο ὁ Παῦλος **ἐν** τῷ πνεύματι διελθὼν
Ac 19:39 **ἐν** τῇ ἐννόμῳ ἐκκλησίᾳ
Ac 20:5 προελθόντες ἔμενον ἡμᾶς **ἐν** Τρῳάδι,
Ac 20:7 **Ἐν** δὲ τῇ μιᾷ
Ac 20:8 δὲ λαμπάδες ἱκαναὶ **ἐν** τῷ ὑπερῴῳ οὗ
Ac 20:10 γὰρ ψυχὴ αὐτοῦ **ἐν** αὐτῷ ἐστιν.
Ac 20:16 γένηται αὐτῷ χρονοτριβῆσαι **ἐν** τῇ Ἀσίᾳ·
Ac 20:19 τῶν συμβάντων μοι **ἐν** ταῖς ἐπιβουλαῖς τῶν
Ac 20:22 εἰς Ἰερουσαλὴμ τὰ **ἐν** αὐτῇ συναντήσοντά μοι
Ac 20:25 μου ὑμεῖς πάντες **ἐν** οἷς διῆλθον κηρύσσων
Ac 20:26 διότι μαρτύρομαι ὑμῖν **ἐν** τῇ σήμερον ἡμέρᾳ
Ac 20:28 **ἐν** ᾧ ὑμᾶς τὸ
Ac 20:32 δοῦναι τὴν κληρονομίαν **ἐν** τοῖς ἡγιασμένοις πᾶσιν.
Ac 21:11 οὕτως δήσουσιν **ἐν** Ἰερουσαλὴμ οἱ Ἰουδαῖοι
Ac 21:19 ἐποίησεν ὁ θεὸς **ἐν** τοῖς ἔθνεσιν διὰ
Ac 21:20 πόσαι μυριάδες εἰσὶν **ἐν** τοῖς Ἰουδαίοις τῶν
Ac 21:27 Ἰουδαῖοι θεασάμενοι αὐτὸν **ἐν** τῷ ἱερῷ συνέχεον
Ac 21:29 Τρόφιμον τὸν Ἐφέσιον **ἐν** τῇ πόλει σὺν
Ac 21:34 ἄλλο τι ἐπεφώνουν **ἐν** τῷ ὄχλῳ.
Ac 22:3 γεγεννημένος **ἐν** Ταρσῷ τῆς Κιλικίας,
Ac 22:3 ἀνατεθραμμένος δὲ **ἐν** τῇ πόλει ταύτῃ,
Ac 22:17 καὶ προσευχομένου μου **ἐν** τῷ ἱερῷ γενέσθαι
Ac 22:17 ἱερῷ γενέσθαι με **ἐν** ἐκστάσει
Ac 22:18 σπεῦσον καὶ ἔξελθε **ἐν** τάχει ἐξ Ἰερουσαλήμ,
Ac 23:6 ἕτερον Φαρισαίων ἔκραζεν **ἐν** τῷ συνεδρίῳ·
Ac 23:9 οὐδὲν κακὸν εὑρίσκομεν **ἐν** τῷ ἀνθρώπῳ τούτῳ·
Ac 23:35 κελεύσας **ἐν** τῷ πραιτωρίῳ τοῦ
Ac 24:12 καὶ οὔτε **ἐν** τῷ ἱερῷ εὗρόν
Ac 24:12 ποιοῦντα ὄχλου οὔτε **ἐν** ταῖς συναγωγαῖς οὔτε
Ac 24:14 νόμον καὶ τοῖς **ἐν** τοῖς προφήταις γεγραμμένοις,
Ac 24:16 **ἐν** τούτῳ καὶ αὐτὸς
Ac 24:18 **ἐν** αἷς εὗρόν με
Ac 24:18 εὗρόν με ἡγνισμένον **ἐν** τῷ ἱερῷ οὐ
Ac 24:21 φωνῆς ἧς ἐκέκραξα **ἐν** αὐτοῖς ἑστὼς ὅτι
Ac 25:4 ἑαυτὸν δὲ μέλλειν **ἐν** τάχει ἐκπορεύεσθαι·
Ac 25:5 οἱ οὖν **ἐν** ὑμῖν,
Ac 25:5 εἴ τι ἐστιν **ἐν** τῷ ἀνδρὶ ἄτοπον
Ac 25:6 Διατρίψας δὲ **ἐν** αὐτοῖς ἡμέρας οὐ
Ac 25:24 ἐνέτυχόν μοι **ἔν** τε Ἱεροσολύμοις
Ac 26:4 ἀπ᾽ ἀρχῆς γενομένην **ἐν** τῷ ἔθνει μου
Ac 26:4 τῷ ἔθνει μου **ἔν** τε Ἱεροσολύμοις ἴσασι
Ac 26:7 τὸ δωδεκάφυλον ἡμῶν **ἐν** ἐκτενείᾳ νύκτα καὶ
Ac 26:10 ὃ καὶ ἐποίησα **ἐν** Ἱεροσολύμοις,
Ac 26:10 τῶν ἁγίων ἐγὼ **ἐν** φυλακαῖς κατέκλεισα τὴν
Ac 26:12 **Ἐν** οἷς πορευόμενος εἰς
Ac 26:18 ἁμαρτιῶν καὶ κλῆρον **ἐν** τοῖς ἡγιασμένοις πίστει
Ac 26:20 ἀλλὰ τοῖς **ἐν** Δαμασκῷ πρῶτόν τε
Ac 26:21 Ἰουδαῖοι συλλαβόμενοι [ὄντα] **ἐν** τῷ ἱερῷ ἐπειρῶντο
Ac 26:26 οὐ γάρ ἐστιν **ἐν** γωνίᾳ πεπραγμένον τοῦτο.
Ac 26:28 **ἐν** ὀλίγῳ με πείθεις
Ac 26:29 τῷ θεῷ καὶ **ἐν** ὀλίγῳ καὶ ἐν
Ac 26:29 ἐν ὀλίγῳ καὶ **ἐν** μεγάλῳ οὐ μόνον
Ac 27:7 **ἐν** ἱκαναῖς δὲ ἡμέραις
Ac 27:21 σταθεὶς ὁ Παῦλος **ἐν** μέσῳ αὐτῶν εἶπεν·
Ac 27:27 ἐγένετο διαφερομένων ἡμῶν **ἐν** τῷ Ἀδρίᾳ,
Ac 27:31 μὴ οὗτοι μείνωσιν **ἐν** τῷ πλοίῳ,
Ac 27:37 αἱ πᾶσαι ψυχαὶ **ἐν** τῷ πλοίῳ διακόσιαι
Ac 28:7 **Ἐν** δὲ τοῖς περὶ
Ac 28:9 οἱ λοιποὶ οἱ **ἐν** τῇ νήσῳ ἔχοντες
Ac 28:11 τρεῖς μῆνας ἀνήχθημεν **ἐν** πλοίῳ παρακεχειμακότι ἐν
Ac 28:11 ἐν πλοίῳ παρακεχειμακότι **ἐν** τῇ νήσῳ,
Ac 28:18 αἰτίαν θανάτου ὑπάρχειν **ἐν** ἐμοί.
Ac 28:30 δὲ διετίαν ὅλην **ἐν** ἰδίῳ μισθώματι καὶ

ἔναντι (*enanti*; 1/2) *before*
Ac 8:21 οὐκ ἔστιν εὐθεῖα **ἔναντι** τοῦ θεοῦ.

ἐναντίον (*enantion*; 2/5) *in the judgment of*
Ac 7:10 χάριν καὶ σοφίαν **ἐναντίον** Φαραὼ βασιλέως Αἰγύπτου
Ac 8:32 καὶ ὡς ἀμνὸς **ἐναντίον** τοῦ κείραντος αὐτὸν

ἐναντίος (*enantios*; 3/8) *against*
Ac 26:9 Ναζωραίου δεῖν πολλὰ **ἐναντία** πρᾶξαι,
Ac 27:4 τοὺς ἀνέμους εἶναι **ἐναντίους**,
Ac 28:17 οὐδὲν **ἐναντίον** ποιήσας τῷ λαῷ

ἔνατος (*enatos*; 3/10) *ninth*
Ac 3:1 τῆς προσευχῆς τὴν **ἐνάτην**.
Ac 10:3 ὡσεὶ περὶ ὥραν **ἐνάτην** τῆς ἡμέρας ἄγγελον
Ac 10:30 ὥρας ἤμην τὴν **ἐνάτην** προσευχόμενος ἐν τῷ

ἐνδεής (*endeēs*; 1/1) *needy*
Ac 4:34 οὐδὲ γὰρ **ἐνδεής** τις ἦν ἐν

ἕνδεκα (*hendeka*; 2/5[6]) *eleven*
Ac 1:26 συγκατεψηφίσθη μετὰ τῶν **ἕνδεκα** ἀποστόλων.
Ac 2:14 Πέτρος σὺν τοῖς **ἕνδεκα** ἐπῆρεν τὴν φωνὴν

ἐνδυναμόω (*endynamoō*; 1/7) *strengthen*
Ac 9:22 Σαῦλος δὲ μᾶλλον **ἐνεδυναμοῦτο** καὶ συνέχυννεν [τοὺς]

ἐνδύω (*endyō*; 1/27) *dress*
Ac 12:21 ἡμέρᾳ ὁ Ἡρῴδης **ἐνδυσάμενος** ἐσθῆτα βασιλικὴν [καὶ]

ἐνέδρα (*enedra*; 2/2) *ambush*
Ac 23:16 ἀδελφῆς Παύλου τὴν **ἐνέδραν**,
Ac 25:3 **ἐνέδραν** ποιοῦντες ἀνελεῖν αὐτὸν

ἐνεδρεύω (*enedreuō*; 1/2) *lie in ambush*
Ac 23:21 **ἐνεδρεύουσιν** γὰρ αὐτὸν ἐξ

ἕνεκα (*heneka*; 3/26) *because of*
Ac 19:32 οὐκ ᾔδεισαν τίνος **ἕνεκα** συνεληλύθεισαν.

Ac 26:21 **ἕνεκα** τούτων με Ἰουδαῖοι
Ac 28:20 ἕνεκεν **γὰρ** τῆς ἐλπίδος τοῦ

ἐνεός (*eneos*; 1/1) *speechless*

Ac 9:7 συνοδεύοντες αὐτῷ εἱστήκεισαν **ἐνεοί**,

ἐνευλογέω (*eneulogeō*; 1/2) *bless*

Ac 3:25 τῷ σπέρματί σου **[ἐν]ευλογηθήσονται** πᾶσαι αἱ πατριαὶ

ἐνθάδε (*enthade*; 5/8) *here*

Ac 10:18 ὁ ἐπικαλούμενος Πέτρος **ἐνθάδε** ξενίζεται.
Ac 16:28 ἅπαντες γάρ ἐσμεν **ἐνθάδε**.
Ac 17:6 ἀναστατώσαντες οὗτοι καὶ **ἐνθάδε** πάρεισιν,
Ac 25:17 συνελθόντων οὖν [αὐτῶν] **ἐνθάδε** ἀναβολὴν μηδεμίαν ποιησάμενος
Ac 25:24 τε Ἱεροσολύμοις καὶ **ἐνθάδε** βοῶντες μὴ δεῖν

ἐνθύμησις (*enthymēsis*; 1/4) *(inmost) thought, idea*

Ac 17:29 χαράγματι τέχνης καὶ **ἐνθυμήσεως** ἀνθρώπου,

ἐνιαυτός (*eniautos*; 2/14) *year*

Ac 11:26 δὲ αὐτοῖς καὶ **ἐνιαυτὸν** ὅλον συναχθῆναι ἐν
Ac 18:11 Ἐκάθισεν δὲ **ἐνιαυτὸν** καὶ μῆνας ἓξ

ἐνισχύω (*enischyō*; 1/2) *regain strength*

Ac 9:19 καὶ λαβὼν τροφὴν **ἐνίσχυσεν**.

ἔννομος (*ennomos*; 1/2) *subject*

Ac 19:39 ἐν τῇ **ἐννόμῳ** ἐκκλησίᾳ ἐπιλυθήσεται.

ἐντέλλομαι (*entellomai*; 2/14[15]) *command*

Ac 1:2 ἄχρι ἧς ἡμέρας **ἐντειλάμενος** τοῖς ἀποστόλοις διὰ
Ac 13:47 οὕτως γὰρ **ἐντέταλται** ἡμῖν ὁ κύριος·

ἐντολή (*entolē*; 1/67) *commandment*

Ac 17:15 καὶ λαβόντες **ἐντολὴν** πρὸς τὸν Σιλᾶν

ἐντόπιος (*entopios*; 1/1) *local*

Ac 21:12 τε καὶ οἱ **ἐντόπιοι** τοῦ μὴ ἀναβαίνειν

ἔντρομος (*entromos*; 2/3) *trembling*

Ac 7:32 **Ἔντρομος** δὲ γενόμενος Μωϋσῆς
Ac 16:29 φῶτα εἰσεπήδησεν καὶ **ἔντρομος** γενόμενος προσέπεσεν τῷ

ἐντυγχάνω (*entynchanō*; 1/5) *turn to*

Ac 25:24 πλῆθος τῶν Ἰουδαίων **ἐνέτυχόν** μοι ἔν τε

ἐνυπνιάζομαι (*enypniazomai*; 1/2) *dream*

Ac 2:17 πρεσβύτεροι ὑμῶν ἐνυπνίοις **ἐνυπνιασθήσονται**·

ἐνύπνιον (*enypnion*; 1/1) *dream*

Ac 2:17 οἱ πρεσβύτεροι ὑμῶν **ἐνυπνίοις** ἐνυπνιασθήσονται·

ἐνώπιον (*enōpion*; 13/94) *before*

Ac 2:25 προορώμην τὸν κύριον **ἐνώπιόν** μου διὰ παντός,
Ac 4:10 τούτῳ οὗτος παρέστηκεν **ἐνώπιον** ὑμῶν ὑγιής.
Ac 4:19 εἰ δίκαιόν ἐστιν **ἐνώπιον** τοῦ θεοῦ ὑμῶν
Ac 6:5 ἤρεσεν ὁ λόγος **ἐνώπιον** παντὸς τοῦ πλήθους
Ac 6:6 οὓς ἔστησαν **ἐνώπιον** τῶν ἀποστόλων,
Ac 7:46 ὃς εὗρεν χάριν **ἐνώπιον** τοῦ θεοῦ καὶ
Ac 9:15 τὸ ὄνομά μου **ἐνώπιον** ἐθνῶν τε καὶ
Ac 10:30 ἰδοὺ ἀνὴρ ἔστη **ἐνώπιόν** μου ἐν ἐσθῆτι
Ac 10:31 ἐλεημοσύναι σου ἐμνήσθησαν **ἐνώπιον** τοῦ θεοῦ.
Ac 10:33 οὖν πάντες ἡμεῖς **ἐνώπιον** τοῦ θεοῦ πάρεσμεν
Ac 19:9 κακολογοῦντες τὴν ὁδὸν **ἐνώπιον** τοῦ πλήθους,
Ac 19:19 τὰς βίβλους κατέκαιον **ἐνώπιον** πάντων,
Ac 27:35 εὐχαρίστησεν τῷ θεῷ **ἐνώπιον** πάντων καὶ κλάσας

ἐνωτίζομαι (*enōtizomai*; 1/1) *pay close attention to*

Ac 2:14 γνωστὸν ἔστω καὶ **ἐνωτίσασθε** τὰ ῥήματά μου.

ἕξ (*hex*; 3/13) *six*

Ac 11:12 ἐμοὶ καὶ οἱ **ἓξ** ἀδελφοὶ οὗτοι καὶ
Ac 18:11 ἐνιαυτὸν καὶ μῆνας **ἓξ** διδάσκων ἐν αὐτοῖς
Ac 27:37 πλοίῳ διακόσιαι ἑβδομήκοντα **ἕξ**.

ἐξάγω (*exagō*; 8/12) *lead or bring out*

Ac 5:19 θύρας τῆς φυλακῆς **ἐξαγαγών** τε αὐτοὺς εἶπεν·
Ac 7:36 οὗτος **ἐξήγαγεν** αὐτοὺς ποιήσας τέρατα
Ac 7:40 ὃς **ἐξήγαγεν** ἡμᾶς ἐκ γῆς
Ac 12:17 ὁ κύριος αὐτὸν **ἐξήγαγεν** ἐκ τῆς φυλακῆς
Ac 13:17 μετὰ βραχίονος ὑψηλοῦ **ἐξήγαγεν** αὐτοὺς ἐξ αὐτῆς,
Ac 16:37 ἐλθόντες αὐτοὶ ἡμᾶς **ἐξαγαγέτωσαν**.
Ac 16:39 παρεκάλεσαν αὐτοὺς καὶ **ἐξαγαγόντες** ἠρώτων ἀπελθεῖν ἀπὸ
Ac 21:38 ἡμερῶν ἀναστατώσας καὶ **ἐξαγαγὼν** εἰς τὴν ἔρημον

ἐξαιρέω (*exaireō*; 5/8) *pull out*

Ac 7:10 καὶ **ἐξείλατο** αὐτὸν ἐκ πασῶν
Ac 7:34 καὶ κατέβην **ἐξελέσθαι** αὐτούς·
Ac 12:11 ἄγγελον αὐτοῦ καὶ **ἐξείλατό** με ἐκ χειρὸς
Ac 23:27 σὺν τῷ στρατεύματι **ἐξειλάμην** μαθὼν ὅτι Ῥωμαῖός
Ac 26:17 **ἐξαιρούμενός** σε ἐκ τοῦ

ἐξαίφνης (*exaiphnēs*; 2/5) *suddenly*

Ac 9:3 **ἐξαίφνης** τε αὐτὸν περιήστραψεν
Ac 22:6 Δαμασκῷ περὶ μεσημβρίαν **ἐξαίφνης** ἐκ τοῦ οὐρανοῦ

ἐξαλείφω (*exaleiphō*; 1/5) *wipe away or out*
Ac 3:19 ἐπιστρέψατε εἰς τὸ **ἐξαλειφθῆναι** ὑμῶν τὰς ἁμαρτίας,

ἐξάλλομαι (*exallomai*; 1/1) *jump up*
Ac 3:8 καὶ **ἐξαλλόμενος** ἔστη καὶ περιεπάτει

ἐξανίστημι (*exanistēmi*; 1/3) *have children*
Ac 15:5 **᾿Εξανέστησαν** δέ τινες τῶν

ἐξαποστέλλω (*exapostellō*; 7/12[13]) *send off or away*
Ac 7:12 σιτία εἰς Αἴγυπτον **ἐξαπέστειλεν** τοὺς πατέρας ἡμῶν
Ac 9:30 εἰς Καισάρειαν καὶ **ἐξαπέστειλαν** αὐτὸν εἰς Ταρσόν.
Ac 11:22 περὶ αὐτῶν καὶ **ἐξαπέστειλαν** Βαρναβᾶν [διελθεῖν] ἕως
Ac 12:11 οἶδα ἀληθῶς ὅτι **ἐξαπέστειλεν** [ὁ] κύριος
Ac 13:26 τῆς σωτηρίας ταύτης **ἐξαπεστάλη**.
Ac 17:14 τότε τὸν Παῦλον **ἐξαπέστειλαν** οἱ ἀδελφοὶ πορεύεσθαι
Ac 22:21 εἰς ἔθνη μακρὰν **ἐξαποστελῶ** σε.

ἐξαρτίζω (*exartizō*; 1/2) *equip, be completed*
Ac 21:5 δὲ ἐγένετο ἡμᾶς **ἐξαρτίσαι** τὰς ἡμέρας,

ἐξαυτῆς (*exautēs*; 4/6) *at once*
Ac 10:33 **ἐξαυτῆς** οὖν ἔπεμψα πρὸς
Ac 11:11 καὶ ἰδοὺ **ἐξαυτῆς** τρεῖς ἄνδρες ἐπέστησαν
Ac 21:32 ὃς **ἐξαυτῆς** παραλαβὼν στρατιώτας καὶ
Ac 23:30 τὸν ἄνδρα ἔσεσθαι **ἐξαυτῆς** ἔπεμψα πρὸς σὲ

ἔξειμι (*exeimi*; 4/4) *go away*
Ac 13:42 **᾿Εξιόντων** δὲ αὐτῶν παρεκάλουν
Ac 17:15 ἔλθωσιν πρὸς αὐτὸν **ἐξῄεσαν**.
Ac 20:7 διελέγετο αὐτοῖς μέλλων **ἐξιέναι** τῇ ἐπαύριον,
Ac 27:43 ἐπὶ τὴν γῆν **ἐξιέναι**

ἐξέρχομαι (*exerchomai*; 30/216[218]) *come or go out or forth*
Ac 1:21 ᾧ εἰσῆλθεν καὶ **ἐξῆλθεν** ἐφ᾿ ἡμᾶς ὁ
Ac 7:3 ἔξελθε **ἐκ** τῆς γῆς σου
Ac 7:4 τότε **ἐξελθὼν** ἐκ γῆς Χαλδαίων
Ac 7:7 καὶ μετὰ ταῦτα **ἐξελεύσονται** καὶ λατρεύσουσίν μοι
Ac 8:7 βοῶντα φωνῇ μεγάλῃ **ἐξήρχοντο**,
Ac 10:23 δὲ ἐπαύριον ἀναστὰς **ἐξῆλθεν** σὺν αὐτοῖς
Ac 11:25 **ἐξῆλθεν** δὲ εἰς Ταρσὸν
Ac 12:9 καὶ **ἐξελθὼν** ἠκολούθει καὶ οὐκ
Ac 12:10 ἠνοίγη αὐτοῖς καὶ **ἐξελθόντες** προῆλθον ῥύμην μίαν,
Ac 12:17 καὶ **ἐξελθὼν** ἐπορεύθη εἰς ἕτερον
Ac 14:20 Καὶ τῇ ἐπαύριον **ἐξῆλθεν** σὺν τῷ Βαρναβᾷ
Ac 15:24 τινες ἐξ ἡμῶν [**ἐξελθόντες**] ἐτάραξαν ὑμᾶς λόγοις
Ac 15:40 δὲ ἐπιλεξάμενος Σιλᾶν **ἐξῆλθεν** παραδοθεὶς τῇ χάριτι
Ac 16:3 Παῦλος σὺν αὐτῷ **ἐξελθεῖν**,
Ac 16:10 εὐθέως ἐζητήσαμεν **ἐξελθεῖν** εἰς Μακεδονίαν συμβιβάζοντες
Ac 16:13 ἡμέρᾳ τῶν σαββάτων **ἐξήλθομεν** ἔξω τῆς πύλης
Ac 16:18 ὀνόματι ᾿Ιησοῦ Χριστοῦ **ἐξελθεῖν** ἀπ᾿ αὐτῆς·
Ac 16:18 καὶ **ἐξῆλθεν** αὐτῇ τῇ ὥρᾳ.
Ac 16:19 κύριοι αὐτῆς ὅτι **ἐξῆλθεν** ἡ ἐλπὶς τῆς
Ac 16:36 νῦν οὖν **ἐξελθόντες** πορεύεσθε ἐν εἰρήνῃ.
Ac 16:40 **ἐξελθόντες** δὲ ἀπὸ τῆς
Ac 16:40 τοὺς ἀδελφοὺς καὶ **ἐξῆλθαν**.
Ac 17:33 οὕτως ὁ Παῦλος **ἐξῆλθεν** ἐκ μέσου αὐτῶν.
Ac 18:23 ποιήσας χρόνον τινα **ἐξῆλθεν** διερχόμενος καθεξῆς τὴν
Ac 20:1 ἀσπασάμενος **ἐξῆλθεν** πορεύεσθαι εἰς Μακεδονίαν.
Ac 20:11 οὕτως **ἐξῆλθεν**.
Ac 21:5 **ἐξελθόντες** ἐπορευόμεθα προπεμπόντων ἡμᾶς
Ac 21:8 τῇ δὲ ἐπαύριον **ἐξελθόντες** ἤλθομεν εἰς Καισάρειαν
Ac 22:18 σπεῦσον καὶ **ἔξελθε** ἐν τάχει ἐξ
Ac 28:3 ἀπὸ τῆς θέρμης **ἐξελθοῦσα** καθῆψεν τῆς χειρὸς

ἔξεστιν (*exestin*; 4/31) *it is proper or lawful*
Ac 2:29 **ἐξὸν** εἰπεῖν μετὰ παρρησίας
Ac 16:21 ἔθη ἃ οὐκ **ἔξεστιν** ἡμῖν παραδέχεσθαι οὐδὲ
Ac 21:37 εἰ **ἔξεστίν** μοι εἰπεῖν τι
Ac 22:25 ῾Ρωμαῖον καὶ ἀκατάκριτον **ἔξεστιν** ὑμῖν μαστίζειν;

ἐξηγέομαι (*exēgeomai*; 4/6) *tell, explain*
Ac 10:8 καὶ **ἐξηγησάμενος** ἅπαντα αὐτοῖς ἀπέστειλεν
Ac 15:12 Βαρναβᾶ καὶ Παύλου **ἐξηγουμένων** ὅσα ἐποίησεν ὁ
Ac 15:14 Συμεὼν **ἐξηγήσατο** καθὼς πρῶτον ὁ
Ac 21:19 καὶ ἀσπασάμενος αὐτοὺς **ἐξηγεῖτο** καθ᾿ ἓν ἕκαστον,

ἑξῆς (*hexēs*; 3/5) *on the next day*
Ac 21:1 τῇ δὲ **ἑξῆς** εἰς τὴν ῾Ρόδον
Ac 25:17 μηδεμίαν ποιησάμενος τῇ **ἑξῆς** καθίσας ἐπὶ
Ac 27:18 χειμαζομένων ἡμῶν τῇ **ἑξῆς** ἐκβολὴν ἐποιοῦντο

ἐξίστημι (*existēmi*; 8/17) *be amazed or surprised*
Ac 2:7 **ἐξίσταντο** δὲ καὶ ἐθαύμαζον
Ac 2:12 **ἐξίσταντο** δὲ πάντες καὶ
Ac 8:9 πόλει μαγεύων καὶ **ἐξιστάνων** τὸ ἔθνος τῆς
Ac 8:11 χρόνῳ ταῖς μαγείαις **ἐξεστακέναι** αὐτούς.
Ac 8:13 δυνάμεις μεγάλας γινομένας **ἐξίστατο**.
Ac 9:21 **ἐξίσταντο** δὲ πάντες οἱ
Ac 10:45 καὶ **ἐξέστησαν** οἱ ἐκ περιτομῆς
Ac 12:16 εἶδαν αὐτὸν καὶ **ἐξέστησαν**.

ἐξολεθρεύω (*exolethreuō*; 1/1) *destroy*
Ac 3:23 τοῦ προφήτου ἐκείνου **ἐξολεθρευθήσεται** ἐκ τοῦ λαοῦ.

ἐξομολογέω (*exomologeō*; 1/10) *agree*
Ac 19:18 τῶν πεπιστευκότων ἤρχοντο **ἐξομολογούμενοι** καὶ ἀναγγέλλοντες τὰς

ἐξορκιστής (*exorkistēs*; 1/1) *exorcist*
Ac 19:13 τῶν περιερχομένων Ἰουδαίων **ἐξορκιστῶν** ὀνομάζειν ἐπὶ τοὺς

ἐξουθενέω (*exoutheneō*; 1/11) *despise*
Ac 4:11 ὁ **ἐξουθενηθεὶς** ὑφ᾽ ὑμῶν τῶν

ἐξουσία (*exousia*; 7/102) *authority*
Ac 1:7 ἐν τῇ ἰδίᾳ **ἐξουσίᾳ**,
Ac 5:4 ἐν τῇ σῇ **ἐξουσίᾳ** ὑπῆρχεν;
Ac 8:19 δότε κἀμοὶ τὴν **ἐξουσίαν** ταύτην ἵνα ᾧ
Ac 9:14 καὶ ὧδε ἔχει **ἐξουσίαν** παρὰ τῶν ἀρχιερέων
Ac 26:10 παρὰ τῶν ἀρχιερέων **ἐξουσίαν** λαβὼν ἀναιρουμένων τε
Ac 26:12 τὴν Δαμασκὸν μετ᾽ **ἐξουσίας** καὶ ἐπιτροπῆς
Ac 26:18 φῶς καὶ τῆς **ἐξουσίας** τοῦ σατανᾶ ἐπὶ

ἐξοχή (*exochē*; 1/1) *prominence*
Ac 25:23 ἀνδράσιν τοῖς κατ᾽ **ἐξοχὴν** τῆς πόλεως καὶ

ἔξυπνος (*exypnos*; 1/1) *awake*
Ac 16:27 **ἔξυπνος** δὲ γενόμενος ὁ

ἔξω (*exō*; 10/63) *out*
Ac 4:15 κελεύσαντες δὲ αὐτοὺς **ἔξω** τοῦ συνεδρίου ἀπελθεῖν
Ac 5:34 ἐκέλευσεν **ἔξω** βραχὺ τοὺς ἀνθρώπους
Ac 7:58 καὶ ἐκβαλόντες **ἔξω** τῆς πόλεως ἐλιθοβόλουν.
Ac 9:40 ἐκβαλὼν δὲ **ἔξω** πάντας ὁ Πέτρος
Ac 14:19 τὸν Παῦλον ἔσυρον **ἔξω** τῆς πόλεως νομίζοντες
Ac 16:13 τῶν σαββάτων ἐξήλθομεν **ἔξω** τῆς πύλης
Ac 16:30 καὶ προαγαγὼν αὐτοὺς **ἔξω** ἔφη·
Ac 21:5 καὶ τέκνοις ἕως **ἔξω** τῆς πόλεως,
Ac 21:30 Παύλου εἷλκον αὐτὸν **ἔξω** τοῦ ἱεροῦ καὶ
Ac 26:11 καὶ εἰς τὰς **ἔξω** πόλεις.

ἐξωθέω (*exōtheō*; 2/2) *drive out*
Ac 7:45 ὧν **ἐξῶσεν** ὁ θεὸς ἀπὸ
Ac 27:39 ἐβουλεύοντο εἰ δύναιντο **ἐξῶσαι** τὸ πλοῖον.

ἐπαγγελία (*epangelia*; 8/52) *promise*
Ac 1:4 ἀλλὰ περιμένειν τὴν **ἐπαγγελίαν** τοῦ πατρὸς ἣν
Ac 2:33 τήν τε **ἐπαγγελίαν** τοῦ πνεύματος τοῦ
Ac 2:39 γάρ ἐστιν ἡ **ἐπαγγελία** καὶ τοῖς τέκνοις
Ac 7:17 ὁ χρόνος τῆς **ἐπαγγελίας** ἧς ὡμολόγησεν ὁ
Ac 13:23 τοῦ σπέρματος κατ᾽ **ἐπαγγελίαν** ἤγαγεν τῷ Ἰσραὴλ
Ac 13:32 πρὸς τοὺς πατέρας **ἐπαγγελίαν** γενομένην,
Ac 23:21 τὴν ἀπὸ σοῦ **ἐπαγγελίαν**.
Ac 26:6 τοὺς πατέρας ἡμῶν **ἐπαγγελίας** γενομένης

ἐπαγγέλλομαι (*epangellomai*; 1/15) *promise*
Ac 7:5 βῆμα ποδὸς καὶ **ἐπηγγείλατο** δοῦναι αὐτῷ

ἐπάγω (*epagō*; 1/3) *bring upon*
Ac 5:28 ὑμῶν καὶ βούλεσθε **ἐπαγαγεῖν** ἐφ᾽ ἡμᾶς τὸ

ἐπαίρω (*epairō*; 5/19) *raise*
Ac 1:9 εἰπὼν βλεπόντων αὐτῶν **ἐπήρθη** καὶ νεφέλη ὑπέλαβεν
Ac 2:14 σὺν τοῖς ἕνδεκα **ἐπῆρεν** τὴν φωνὴν αὐτοῦ
Ac 14:11 ὃ ἐποίησεν Παῦλος **ἐπῆραν** τὴν φωνὴν αὐτῶν
Ac 22:22 τοῦ λόγου καὶ **ἐπῆραν** τὴν φωνὴν αὐτῶν
Ac 27:40 τῶν πηδαλίων καὶ **ἐπάραντες** τὸν ἀρτέμωνα

ἐπακροάομαι (*epakroaomai*; 1/1) *listen to*
Ac 16:25 **ἐπηκροῶντο** δὲ αὐτῶν οἱ

ἐπάναγκες (*epanankes*; 1/1) *necessarily*
Ac 15:28 πλὴν τούτων τῶν **ἐπάναγκες**,

ἐπαρχεία (*eparcheia*; 2/2) *province*
Ac 23:34 ἐπερωτήσας ἐκ ποίας **ἐπαρχείας** ἐστίν,
Ac 25:1 οὖν ἐπιβὰς τῇ **ἐπαρχείᾳ** μετὰ τρεῖς ἡμέρας

ἔπαυλις (*epaulis*; 1/1) *house*
Ac 1:20 γενηθήτω ἡ **ἔπαυλις** αὐτοῦ ἔρημος καὶ

ἐπαύριον (*epaurion*; 10/17) *the next day*
Ac 10:9 Τῇ δὲ **ἐπαύριον**,
Ac 10:23 Τῇ δὲ **ἐπαύριον** ἀναστὰς ἐξῆλθεν σὺν
Ac 10:24 τῇ δὲ **ἐπαύριον** εἰσῆλθεν εἰς τὴν
Ac 14:20 Καὶ τῇ **ἐπαύριον** ἐξῆλθεν σὺν τῷ
Ac 20:7 μέλλων ἐξιέναι τῇ **ἐπαύριον**,
Ac 21:8 τῇ δὲ **ἐπαύριον** ἐξελθόντες ἤλθομεν εἰς
Ac 22:30 Τῇ δὲ **ἐπαύριον** βουλόμενος γνῶναι τὸ
Ac 23:32 τῇ δὲ **ἐπαύριον** ἐάσαντες τοὺς ἱππεῖς
Ac 25:6 τῇ **ἐπαύριον** καθίσας ἐπὶ τοῦ
Ac 25:23 Τῇ οὖν **ἐπαύριον** ἐλθόντος τοῦ Ἀγρίππα

ἐπεγείρω (*epegeirō*; 2/2) *stir up*
Ac 13:50 τῆς πόλεως καὶ **ἐπήγειραν** διωγμὸν ἐπὶ τὸν
Ac 14:2 δὲ ἀπειθήσαντες Ἰουδαῖοι **ἐπήγειραν** καὶ ἐκάκωσαν τὰς

ἐπειδή (*epeidē*; 3/10) *since*
Ac 13:46 **ἐπειδὴ** ἀπωθεῖσθε αὐτὸν καὶ
Ac 14:12 **ἐπειδὴ** αὐτὸς ἦν ὁ
Ac 15:24 **Ἐπειδὴ** ἠκούσαμεν ὅτι τινες

ἐπεῖδον (*epeidon*; 1/2) *concern oneself with*
Ac 4:29 **ἔπιδε** ἐπὶ τὰς ἀπειλὰς

ἔπειμι (*epeimi*; 5/5) *come after*
Ac 7:26 τῇ τε **ἐπιούσῃ** ἡμέρᾳ ὤφθη αὐτοῖς
Ac 16:11 τῇ δὲ **ἐπιούσῃ** εἰς Νέαν πόλιν
Ac 20:15 κἀκεῖθεν ἀποπλεύσαντες τῇ **ἐπιούσῃ** κατηντήσαμεν ἄντικρυς Χίου,
Ac 21:18 Τῇ δὲ **ἐπιούσῃ** εἰσῄει ὁ Παῦλος
Ac 23:11 Τῇ δὲ **ἐπιούσῃ** νυκτὶ ἐπιστὰς αὐτῷ

ἐπέκεινα (*epekeina*; 1/1) *beyond*
Ac 7:43 καὶ μετοικιῶ ὑμᾶς **ἐπέκεινα** Βαβυλῶνος.

ἐπέρχομαι (*eperchomai*; 4/9) *come, come upon*

Ac 1:8 ἀλλὰ λήμψεσθε δύναμιν **ἐπελθόντος** τοῦ ἁγίου πνεύματος
Ac 8:24 κύριον ὅπως μηδὲν **ἐπέλθῃ** ἐπ' ἐμὲ ὧν
Ac 13:40 βλέπετε οὖν μὴ **ἐπέλθῃ** τὸ εἰρημένον ἐν
Ac 14:19 **Ἐπῆλθαν** δὲ ἀπὸ Ἀντιοχείας

ἐπερωτάω (*eperōtaō*; 2/56) *ask*

Ac 5:27 καὶ **ἐπηρώτησεν** αὐτοὺς ὁ ἀρχιερεὺς
Ac 23:34 ἀναγνοὺς δὲ καὶ **ἐπερωτήσας** ἐκ ποίας ἐπαρχείας

ἐπέχω (*epechō*; 2/5) *notice*

Ac 3:5 ὁ δὲ **ἐπεῖχεν** αὐτοῖς προσδοκῶν τι
Ac 19:22 αὐτὸς **ἐπέσχεν** χρόνον εἰς τὴν

ἐπί (*epi*; 169/886[890]) *on*

Ac 1:8 τοῦ ἁγίου πνεύματος **ἐφ'** ὑμᾶς καὶ ἔσεσθέ
Ac 1:15 τε ὄχλος ὀνομάτων **ἐπὶ** τὸ αὐτὸ ὡσεὶ
Ac 1:21 εἰσῆλθεν καὶ ἐξῆλθεν **ἐφ'** ἡμᾶς ὁ κύριος
Ac 1:26 ἔπεσεν ὁ κλῆρος **ἐπὶ** Μαθθίαν καὶ συγκατεψηφίσθη
Ac 2:1 ἦσαν πάντες ὁμοῦ **ἐπὶ** τὸ αὐτό.
Ac 2:3 πυρὸς καὶ ἐκάθισεν **ἐφ'** ἕνα ἕκαστον αὐτῶν,
Ac 2:17 τοῦ πνεύματός μου **ἐπὶ** πᾶσαν σάρκα,
Ac 2:18 καί γε **ἐπὶ** τοὺς δούλους μου
Ac 2:18 δούλους μου καὶ **ἐπὶ** τὰς δούλας μου
Ac 2:19 ἄνω καὶ σημεῖα **ἐπὶ** τῆς γῆς κάτω,
Ac 2:26 σάρξ μου κατασκηνώσει **ἐπ'** ἐλπίδι,
Ac 2:30 ὀσφύος αὐτοῦ καθίσαι **ἐπὶ** τὸν θρόνον αὐτοῦ,
Ac 2:38 βαπτισθήτω ἕκαστος ὑμῶν **ἐπὶ** τῷ ὀνόματι Ἰησοῦ
Ac 2:44 οἱ πιστεύοντες ἦσαν **ἐπὶ** τὸ αὐτὸ καὶ
Ac 2:47 σῳζομένους καθ' ἡμέραν **ἐπὶ** τὸ αὐτό.
Ac 3:1 εἰς τὸ ἱερὸν **ἐπὶ** τὴν ὥραν τῆς
Ac 3:10 τὴν ἐλεημοσύνην καθήμενος **ἐπὶ** τῇ ὡραίᾳ πύλῃ
Ac 3:10 θάμβους καὶ ἐκστάσεως **ἐπὶ** τῷ συμβεβηκότι αὐτῷ.
Ac 3:11 λαὸς πρὸς αὐτοὺς **ἐπὶ** τῇ στοᾷ τῇ
Ac 3:12 τί θαυμάζετε **ἐπὶ** τούτῳ ἢ ἡμῖν
Ac 3:16 καὶ **ἐπὶ** τῇ πίστει τοῦ
Ac 4:5 Ἐγένετο δὲ **ἐπὶ** τὴν αὔριον συναχθῆναι
Ac 4:9 ἡμεῖς σήμερον ἀνακρινόμεθα **ἐπὶ** εὐεργεσίᾳ ἀνθρώπου ἀσθενοῦς
Ac 4:17 ἀλλ' ἵνα μὴ **ἐπὶ** πλεῖον διανεμηθῇ εἰς
Ac 4:17 αὐτοῖς μηκέτι λαλεῖν **ἐπὶ** τῷ ὀνόματι τούτῳ
Ac 4:18 φθέγγεσθαι μηδὲ διδάσκειν **ἐπὶ** τῷ ὀνόματι
Ac 4:21 ἐδόξαζον τὸν θεὸν **ἐπὶ** τῷ γεγονότι·
Ac 4:22 τεσσεράκοντα ὁ ἄνθρωπος **ἐφ'** ὃν γεγόνει τὸ
Ac 4:26 οἱ ἄρχοντες συνήχθησαν **ἐπὶ** τὸ αὐτὸ κατὰ
Ac 4:27 συνήχθησαν γὰρ **ἐπ'** ἀληθείας ἐν τῇ
Ac 4:27 τῇ πόλει ταύτῃ **ἐπὶ** τὸν ἅγιον παῖδά
Ac 4:29 ἔπιδε **ἐπὶ** τὰς ἀπειλὰς αὐτῶν
Ac 4:33 τε μεγάλη ἦν **ἐπὶ** πάντας αὐτούς.
Ac 5:5 ἐγένετο φόβος μέγας **ἐπὶ** πάντας τοὺς ἀκούοντας.
Ac 5:9 τὸν ἄνδρα σου **ἐπὶ** τῇ θύρᾳ καὶ
Ac 5:11 ἐγένετο φόβος μέγας **ἐφ'** ὅλην τὴν ἐκκλησίαν
Ac 5:11 τὴν ἐκκλησίαν καὶ **ἐπὶ** πάντας τοὺς ἀκούοντας
Ac 5:15 ἀσθενεῖς καὶ τιθέναι **ἐπὶ** κλιναρίων καὶ κραβάττων,
Ac 5:18 ἐπέβαλον τὰς χεῖρας **ἐπὶ** τοὺς ἀποστόλους
Ac 5:23 τοὺς φύλακας ἑστῶτας **ἐπὶ** τῶν θυρῶν,
Ac 5:28 ὑμῖν μὴ διδάσκειν **ἐπὶ** τῷ ὀνόματι τούτῳ,
Ac 5:28 καὶ βούλεσθε ἐπαγαγεῖν **ἐφ'** ἡμᾶς τὸ αἷμα
Ac 5:30 ὑμεῖς διεχειρίσασθε κρεμάσαντες **ἐπὶ** ξύλου·
Ac 5:35 προσέχετε ἑαυτοῖς **ἐπὶ** τοῖς ἀνθρώποις τούτοις
Ac 5:40 παρήγγειλαν μὴ λαλεῖν **ἐπὶ** τῷ ὀνόματι τοῦ
Ac 6:3 οὓς καταστήσομεν **ἐπὶ** τῆς χρείας ταύτης,
Ac 7:10 κατέστησεν αὐτὸν ἡγούμενον **ἐπ'** Αἴγυπτον
Ac 7:10 καὶ **[ἐφ']** ὅλον τὸν οἶκον
Ac 7:11 ἦλθεν δὲ λιμὸς **ἐφ'** ὅλην τὴν Αἴγυπτον
Ac 7:18 ἀνέστη βασιλεὺς ἕτερος **[ἐπ'** Αἴγυπτον] ὃς
Ac 7:23 ἀνέβη **ἐπὶ** τὴν καρδίαν αὐτοῦ
Ac 7:27 ἄρχοντα καὶ δικαστὴν **ἐφ'** ἡμῶν;
Ac 7:33 ὁ γὰρ τόπος **ἐφ'** ᾧ ἕστηκας γῆ
Ac 7:54 ἔβρυχον τοὺς ὀδόντας **ἐπ'** αὐτόν.
Ac 7:57 καὶ ὥρμησαν ὁμοθυμαδὸν **ἐπ'** αὐτὸν
Ac 8:1 ἡμέρᾳ διωγμὸς μέγας **ἐπὶ** τὴν ἐκκλησίαν τὴν
Ac 8:2 ἐποίησαν κοπετὸν μέγαν **ἐπ'** αὐτῷ.
Ac 8:16 οὐδέπω γὰρ ἦν **ἐπ'** οὐδενὶ αὐτῶν ἐπιπεπτωκός,
Ac 8:17 ἐπετίθεσαν τὰς χεῖρας **ἐπ'** αὐτοὺς καὶ ἐλάμβανον
Ac 8:24 ὅπως μηδὲν ἐπέλθῃ **ἐπ'** ἐμὲ ὧν εἰρήκατε.
Ac 8:26 πορεύου κατὰ μεσημβρίαν **ἐπὶ** τὴν ὁδὸν τὴν
Ac 8:27 ὃς ἦν **ἐπὶ** πάσης τῆς γάζης
Ac 8:28 ὑποστρέφων καὶ καθήμενος **ἐπὶ** τοῦ ἅρματος αὐτοῦ
Ac 8:32 ὡς πρόβατον **ἐπὶ** σφαγὴν ἤχθη καὶ
Ac 8:36 ἦλθον **ἐπί** τι ὕδωρ,
Ac 9:4 καὶ πεσὼν **ἐπὶ** τὴν γῆν ἤκουσεν
Ac 9:11 ἀναστὰς πορεύθητι **ἐπὶ** τὴν ῥύμην τὴν
Ac 9:17 οἰκίαν καὶ ἐπιθεὶς **ἐπ'** αὐτὸν τὰς χεῖρας
Ac 9:21 δεδεμένους αὐτοὺς ἀγάγῃ **ἐπὶ** τοὺς ἀρχιερεῖς;
Ac 9:33 ἐτῶν ὀκτὼ κατακείμενον **ἐπὶ** κραβάττου,
Ac 9:35 οἵτινες ἐπέστρεψαν **ἐπὶ** τὸν κύριον.
Ac 9:42 καὶ ἐπίστευσαν πολλοὶ **ἐπὶ** τὸν κύριον.
Ac 10:9 ἀνέβη Πέτρος **ἐπὶ** τὸ δῶμα προσεύξασθαι
Ac 10:10 δὲ αὐτῶν ἐγένετο **ἐπ'** αὐτὸν ἔκστασις
Ac 10:11 τέσσαρσιν ἀρχαῖς καθιέμενον **ἐπὶ** τῆς γῆς,
Ac 10:16 τοῦτο δὲ ἐγένετο **ἐπὶ** τρὶς καὶ εὐθὺς
Ac 10:17 τοῦ Σίμωνος ἐπέστησαν **ἐπὶ** τὸν πυλῶνα,
Ac 10:25 ὁ Κορνήλιος πεσὼν **ἐπὶ** τοὺς πόδας προσεκύνησεν.
Ac 10:34 **ἐπ'** ἀληθείας καταλαμβάνομαι ὅτι
Ac 10:39 καὶ ἀνεῖλαν κρεμάσαντες **ἐπὶ** ξύλου,
Ac 10:44 πνεῦμα τὸ ἅγιον **ἐπὶ** πάντας τοὺς ἀκούοντας
Ac 10:45 ὅτι καὶ **ἐπὶ** τὰ ἔθνη ἡ
Ac 11:10 τοῦτο δὲ ἐγένετο **ἐπὶ** τρίς,
Ac 11:11 τρεῖς ἄνδρες ἐπέστησαν **ἐπὶ** τὴν οἰκίαν ἐν
Ac 11:15 πνεῦμα τὸ ἅγιον **ἐπ'** αὐτοὺς ὥσπερ καὶ
Ac 11:15 αὐτοὺς ὥσπερ καὶ **ἐφ'** ἡμᾶς ἐν ἀρχῇ.
Ac 11:17 καὶ ἡμῖν πιστεύσασιν **ἐπὶ** τὸν κύριον Ἰησοῦν
Ac 11:19 θλίψεως τῆς γενομένης **ἐπὶ** Στεφάνῳ διῆλθον ἕως
Ac 11:21 ὁ πιστεύσας ἐπέστρεψεν **ἐπὶ** τὸν κύριον.
Ac 11:28 μεγάλην μέλλειν ἔσεσθαι **ἐφ'** ὅλην τὴν οἰκουμένην,
Ac 11:28 ἥτις ἐγένετο **ἐπὶ** Κλαυδίου.

Ac 12:10 καὶ δευτέραν ἦλθαν **ἐπὶ** τὴν πύλην τὴν
Ac 12:12 συνιδών τε ἦλθεν **ἐπὶ** τὴν οἰκίαν τῆς
Ac 12:20 τὸν **ἐπὶ** τοῦ κοιτῶνος τοῦ
Ac 12:21 βασιλικὴν [καὶ] καθίσας **ἐπὶ** τοῦ βήματος ἐδημηγόρει
Ac 13:11 ἰδοὺ χεὶρ κυρίου **ἐπὶ** σὲ καὶ ἔσῃ
Ac 13:11 παραχρῆμά τε ἔπεσεν **ἐπ'** αὐτὸν ἀχλὺς καὶ
Ac 13:12 γεγονὸς ἐπίστευσεν ἐκπλησσόμενος **ἐπὶ** τῇ διδαχῇ τοῦ
Ac 13:31 ὃς ὤφθη **ἐπὶ** ἡμέρας πλείους τοῖς
Ac 13:50 καὶ ἐπήγειραν διωγμὸν **ἐπὶ** τὸν Παῦλον καὶ
Ac 13:51 κονιορτὸν τῶν ποδῶν **ἐπ'** αὐτοὺς ἦλθον εἰς
Ac 14:3 χρόνον διέτριψαν παρρησιαζόμενοι **ἐπὶ** τῷ κυρίῳ τῷ
Ac 14:3 τῷ μαρτυροῦντι **[ἐπὶ]** τῷ λόγῳ
Ac 14:10 ἀνάστηθι **ἐπὶ** τοὺς πόδας σου
Ac 14:13 ταύρους καὶ στέμματα **ἐπὶ** τοὺς πυλῶνας ἐνέγκας
Ac 14:15 τῶν ματαίων ἐπιστρέφειν **ἐπὶ** θεὸν ζῶντα,
Ac 15:10 θεὸν ἐπιθεῖναι ζυγὸν **ἐπὶ** τὸν τράχηλον τῶν
Ac 15:17 πάντα τὰ ἔθνη **ἐφ'** οὓς ἐπικέκληται τὸ
Ac 15:17 τὸ ὄνομά μου **ἐπ'** αὐτούς,
Ac 15:19 τῶν ἐθνῶν ἐπιστρέφουσιν **ἐπὶ** τὸν θεόν,
Ac 15:31 ἀναγνόντες δὲ ἐχάρησαν **ἐπὶ** τῇ παρακλήσει.
Ac 16:18 τοῦτο δὲ ἐποίει **ἐπὶ** πολλὰς ἡμέρας.
Ac 16:19 εἰς τὴν ἀγορὰν **ἐπὶ** τοὺς ἄρχοντας
Ac 16:31 πίστευσον **ἐπὶ** τὸν κύριον Ἰησοῦν
Ac 17:2 πρὸς αὐτοὺς καὶ **ἐπὶ** σάββατα τρία διελέξατο
Ac 17:6 καί τινας ἀδελφοὺς **ἐπὶ** τοὺς πολιτάρχας βοῶντες
Ac 17:14 ἀδελφοὶ πορεύεσθαι ἕως **ἐπὶ** τὴν θάλασσαν,
Ac 17:19 ἐπιλαβόμενοί τε αὐτοῦ **ἐπὶ** τὸν Ἄρειον πάγον
Ac 17:26 ἔθνος ἀνθρώπων κατοικεῖν **ἐπὶ** παντὸς προσώπου τῆς
Ac 18:6 τὸ αἷμα ὑμῶν **ἐπὶ** τὴν κεφαλὴν ὑμῶν·
Ac 18:12 καὶ ἤγαγον αὐτὸν **ἐπὶ** τὸ βῆμα
Ac 18:20 ἐρωτώντων δὲ αὐτῶν **ἐπὶ** πλείονα χρόνον μεῖναι
Ac 19:6 πνεῦμα τὸ ἅγιον **ἐπ'** αὐτούς,
Ac 19:8 τὴν συναγωγὴν ἐπαρρησιάζετο **ἐπὶ** μῆνας τρεῖς διαλεγόμενος
Ac 19:10 τοῦτο δὲ ἐγένετο **ἐπὶ** ἔτη δύο,
Ac 19:12 ὥστε καὶ **ἐπὶ** τοὺς ἀσθενοῦντας ἀποφέρεσθαι
Ac 19:13 Ἰουδαίων ἐξορκιστῶν ὀνομάζειν **ἐπὶ** τοὺς ἔχοντας τὰ
Ac 19:16 ἐφαλόμενος ὁ ἄνθρωπος **ἐπ'** αὐτοὺς ἐν ᾧ
Ac 19:17 καὶ ἐπέπεσεν φόβος **ἐπὶ** πάντας αὐτοὺς καὶ
Ac 19:34 ἐκ πάντων ὡς **ἐπὶ** ὥρας δύο κραζόντων·
Ac 20:9 νεανίας ὀνόματι Εὔτυχος **ἐπὶ** τῆς θυρίδος,
Ac 20:9 διαλεγομένου τοῦ Παύλου **ἐπὶ** πλεῖον,
Ac 20:11 ἄρτον καὶ γευσάμενος **ἐφ'** ἱκανόν τε ὁμιλήσας
Ac 20:13 ἡμεῖς δὲ προελθόντες **ἐπὶ** τὸ πλοῖον ἀνήχθημεν
Ac 20:13 τὸ πλοῖον ἀνήχθημεν **ἐπὶ** τὴν Ἆσσον ἐκεῖθεν
Ac 20:37 πάντων καὶ ἐπιπεσόντες **ἐπὶ** τὸν τράχηλον
Ac 20:38 ὀδυνώμενοι μάλιστα **ἐπὶ** τῷ λόγῳ ᾧ
Ac 21:5 θέντες τὰ γόνατα **ἐπὶ** τὸν αἰγιαλὸν προσευξάμενοι
Ac 21:23 τέσσαρες εὐχὴν ἔχοντες **ἐφ'** ἑαυτῶν.
Ac 21:24 αὐτοῖς καὶ δαπάνησον **ἐπ'** αὐτοῖς ἵνα ξυρήσονται
Ac 21:27 ὄχλον καὶ ἐπέβαλον **ἐπ'** αὐτὸν τὰς χεῖρας
Ac 21:32 καὶ ἑκατοντάρχας κατέδραμεν **ἐπ'** αὐτούς,
Ac 21:35 ὅτε δὲ ἐγένετο **ἐπὶ** τοὺς ἀναβαθμούς,
Ac 21:40 ὁ Παῦλος ἑστὼς **ἐπὶ** τῶν ἀναβαθμῶν κατέσεισεν
Ac 22:19 τοὺς πιστεύοντας **ἐπὶ** σέ,
Ac 23:30 [τὰ] πρὸς αὐτὸν **ἐπὶ** σοῦ.
Ac 24:4 ἵνα δὲ μὴ **ἐπὶ** πλεῖόν σε ἐγκόπτω,
Ac 24:19 οὓς ἔδει **ἐπὶ** σοῦ παρεῖναι καὶ
Ac 24:20 ἀδίκημα στάντος μου **ἐπὶ** τοῦ συνεδρίου,
Ac 24:21 ἐγὼ κρίνομαι σήμερον **ἐφ'** ὑμῶν.
Ac 25:6 τῇ ἐπαύριον καθίσας **ἐπὶ** τοῦ βήματος ἐκέλευσεν
Ac 25:9 περὶ τούτων κριθῆναι **ἐπ'** ἐμοῦ;
Ac 25:10 **ἐπὶ** τοῦ βήματος Καίσαρος
Ac 25:12 **ἐπὶ** Καίσαρα πορεύσῃ.
Ac 25:17 τῇ ἑξῆς καθίσας **ἐπὶ** τοῦ βήματος ἐκέλευσα
Ac 25:26 διὸ προήγαγον αὐτὸν **ἐφ'** ὑμῶν καὶ μάλιστα
Ac 25:26 ὑμῶν καὶ μάλιστα **ἐπὶ** σοῦ,
Ac 26:2 ἥγημαι ἐμαυτὸν μακάριον **ἐπὶ** σοῦ μέλλων σήμερον
Ac 26:6 καὶ νῦν **ἐπ'** ἐλπίδι τῆς εἰς
Ac 26:16 ἀνάστηθι καὶ στῆθι **ἐπὶ** τοὺς πόδας σου·
Ac 26:18 ἐξουσίας τοῦ σατανᾶ **ἐπὶ** τὸν θεόν,
Ac 26:20 μετανοεῖν καὶ ἐπιστρέφειν **ἐπὶ** τὸν θεόν,
Ac 27:20 μήτε ἄστρων ἐπιφαινόντων **ἐπὶ** πλείονας ἡμέρας,
Ac 27:43 κολυμβᾶν ἀπορίψαντας πρώτους **ἐπὶ** τὴν γῆν ἐξιέναι
Ac 27:44 λοιποὺς οὓς μὲν **ἐπὶ** σανίσιν,
Ac 27:44 οὓς δὲ **ἐπί** τινων τῶν ἀπὸ
Ac 27:44 ἐγένετο πάντας διασωθῆναι **ἐπὶ** τὴν γῆν.
Ac 28:3 πλῆθος καὶ ἐπιθέντος **ἐπὶ** τὴν πυράν,
Ac 28:6 **ἐπὶ** πολὺ δὲ αὐτῶν

ἐπιβαίνω (*epibainō*; 5/6) *go on board*

Ac 20:18 ἡμέρας ἀφ' ἧς **ἐπέβην** εἰς τὴν Ἀσίαν,
Ac 21:2 διαπερῶν εἰς Φοινίκην **ἐπιβάντες** ἀνήχθημεν.
Ac 21:4 τοῦ πνεύματος μὴ **ἐπιβαίνειν** εἰς Ἱεροσόλυμα.
Ac 25:1 Φῆστος οὖν **ἐπιβὰς** τῇ ἐπαρχείᾳ μετὰ
Ac 27:2 **ἐπιβάντες** δὲ πλοίῳ Ἀδραμυττηνῷ

ἐπιβάλλω (*epiballō*; 4/18) *lay on*

Ac 4:3 καὶ **ἐπέβαλον** αὐτοῖς τὰς χεῖρας
Ac 5:18 καὶ **ἐπέβαλον** τὰς χεῖρας ἐπὶ
Ac 12:1 δὲ τὸν καιρὸν **ἐπέβαλεν** Ἡρῴδης ὁ βασιλεὺς
Ac 21:27 τὸν ὄχλον καὶ **ἐπέβαλον** ἐπ' αὐτὸν τὰς

ἐπιβιβάζω (*epibibazō*; 1/3) *set or place upon*

Ac 23:24 τε παραστῆσαι ἵνα **ἐπιβιβάσαντες** τὸν Παῦλον διασώσωσι

ἐπιβουλή (*epiboulē*; 4/4) *plot*

Ac 9:24 τῷ Σαύλῳ ἡ **ἐπιβουλὴ** αὐτῶν.
Ac 20:3 γενομένης **ἐπιβουλῆς** αὐτῷ ὑπὸ τῶν
Ac 20:19 μοι ἐν ταῖς **ἐπιβουλαῖς** τῶν Ἰουδαίων,
Ac 23:30 μηνυθείσης δέ μοι **ἐπιβουλῆς** εἰς τὸν ἄνδρα

ἐπιγίνομαι (*epiginomai*; 1/1) *spring up*

Ac 28:13 μετὰ μίαν ἡμέραν **ἐπιγενομένου** νότου δευτεραῖοι ἤλθομεν

ἐπιγινώσκω (*epiginōskō*; 13/44) *know*

Ac 3:10 **ἐπεγίνωσκον** δὲ αὐτὸν ὅτι
Ac 4:13 ἐθαύμαζον **ἐπεγίνωσκόν** τε αὐτοὺς ὅτι
Ac 9:30 **ἐπιγνόντες** δὲ οἱ ἀδελφοὶ
Ac 12:14 καὶ **ἐπιγνοῦσα** τὴν φωνὴν τοῦ
Ac 19:34 **ἐπιγνόντες** δὲ ὅτι Ἰουδαῖός
Ac 22:24 ἀνετάζεσθαι αὐτὸν ἵνα **ἐπιγνῷ** δι᾽ ἣν αἰτίαν
Ac 22:29 χιλίαρχος δὲ ἐφοβήθη **ἐπιγνοὺς** ὅτι Ῥωμαῖός ἐστιν
Ac 23:28 βουλόμενός τε **ἐπιγνῶναι** τὴν αἰτίαν δι᾽
Ac 24:8 περὶ πάντων τούτων **ἐπιγνῶναι** ὧν ἡμεῖς κατηγοροῦμεν
Ac 24:11 δυναμένου σου **ἐπιγνῶναι** ὅτι οὐ πλείους
Ac 25:10 καὶ σὺ κάλλιον **ἐπιγινώσκεις**.
Ac 27:39 τὴν γῆν οὐκ **ἐπεγίνωσκον**,
Ac 28:1 Καὶ διασωθέντες τότε **ἐπέγνωμεν** ὅτι Μελίτη ἡ

ἐπιγράφω (*epigraphō*; 1/5) *write on or in*

Ac 17:23 βωμὸν ἐν ᾧ **ἐπεγέγραπτο**·

ἐπιδείκνυμι (*epideiknymi*; 2/7) *show*

Ac 9:39 χῆραι κλαίουσαι καὶ **ἐπιδεικνύμεναι** χιτῶνας καὶ ἱμάτια
Ac 18:28 Ἰουδαίοις διακατηλέγχετο δημοσίᾳ **ἐπιδεικνὺς** διὰ τῶν γραφῶν

ἐπιδημέω (*epidēmeō*; 2/2) *visit*

Ac 2:10 καὶ οἱ **ἐπιδημοῦντες** Ῥωμαῖοι,
Ac 17:21 πάντες καὶ οἱ **ἐπιδημοῦντες** ξένοι εἰς οὐδὲν

ἐπιδίδωμι (*epididōmi*; 2/9) *give*

Ac 15:30 συναγαγόντες τὸ πλῆθος **ἐπέδωκαν** τὴν ἐπιστολήν.
Ac 27:15 ἀντοφθαλμεῖν τῷ ἀνέμῳ **ἐπιδόντες** ἐφερόμεθα.

ἐπιείκεια (*epieikeia*; 1/2) *kindness*

Ac 24:4 συντόμως τῇ σῇ **ἐπιεικείᾳ**.

ἐπιζητέω (*epizēteō*; 3/13) *seek*

Ac 12:19 Ἡρῴδης δὲ **ἐπιζητήσας** αὐτὸν καὶ μὴ
Ac 13:7 Βαρναβᾶν καὶ Σαῦλον **ἐπεζήτησεν** ἀκοῦσαι τὸν λόγον
Ac 19:39 δέ τι περαιτέρω **ἐπιζητεῖτε**,

ἐπίθεσις (*epithesis*; 1/4) *laying on*

Ac 8:18 ὅτι διὰ τῆς **ἐπιθέσεως** τῶν χειρῶν τῶν

ἐπιθυμέω (*epithymeō*; 1/16) *long for*

Ac 20:33 ἢ ἱματισμοῦ οὐδενὸς **ἐπεθύμησα**·

ἐπικαλέω (*epikaleō*; 20/30) *call*

Ac 1:23 καλούμενον Βαρσαββᾶν ὃς **ἐπεκλήθη** Ἰοῦστος,
Ac 2:21 πᾶς ὃς ἂν **ἐπικαλέσηται** τὸ ὄνομα κυρίου
Ac 4:36 Ἰωσὴφ δὲ ὁ **ἐπικληθεὶς** Βαρναβᾶς ἀπὸ τῶν
Ac 7:59 ἐλιθοβόλουν τὸν Στέφανον **ἐπικαλούμενον** καὶ λέγοντα·
Ac 9:14 δῆσαι πάντας τοὺς **ἐπικαλουμένους** τὸ ὄνομά σου.
Ac 9:21 εἰς Ἰερουσαλὴμ τοὺς **ἐπικαλουμένους** τὸ ὄνομα τοῦτο,
Ac 10:5 Σίμωνά τινα ὃς **ἐπικαλεῖται** Πέτρος·
Ac 10:18 εἰ Σίμων ὁ **ἐπικαλούμενος** Πέτρος ἐνθάδε ξενίζεται.
Ac 10:32 μετακάλεσαι Σίμωνα ὃς **ἐπικαλεῖται** Πέτρος,
Ac 11:13 μετάπεμψαι Σίμωνα τὸν **ἐπικαλούμενον** Πέτρον,
Ac 12:12 μητρὸς Ἰωάννου τοῦ **ἐπικαλουμένου** Μάρκου,
Ac 12:25 συμπαραλαβόντες Ἰωάννην τὸν **ἐπικληθέντα** Μᾶρκον.
Ac 15:17 ἔθνη ἐφ᾽ οὓς **ἐπικέκληται** τὸ ὄνομά μου
Ac 22:16 τὰς ἁμαρτίας σου **ἐπικαλεσάμενος** τὸ ὄνομα αὐτοῦ.
Ac 25:11 Καίσαρα **ἐπικαλοῦμαι**.
Ac 25:12 Καίσαρα **ἐπικέκλησαι**,
Ac 25:21 τοῦ δὲ Παύλου **ἐπικαλεσαμένου** τηρηθῆναι αὐτὸν εἰς
Ac 25:25 αὐτοῦ δὲ τούτου **ἐπικαλεσαμένου** τὸν Σεβαστὸν ἔκρινα
Ac 26:32 οὗτος εἰ μὴ **ἐπεκέκλητο** Καίσαρα.
Ac 28:19 τῶν Ἰουδαίων ἠναγκάσθην **ἐπικαλέσασθαι** Καίσαρα οὐχ ὡς

ἐπίκειμαι (*epikeimai*; 1/7) *lie*

Ac 27:20 τε οὐκ ὀλίγου **ἐπικειμένου**,

ἐπικέλλω (*epikellō*; 1/1) *run aground*

Ac 27:41 εἰς τόπον διθάλασσον **ἐπέκειλαν** τὴν ναῦν

Ἐπικούρειος (*Epikoureios*; 1/1) *Epicurean*

Ac 17:18 δὲ καὶ τῶν **Ἐπικουρείων** καὶ Στοϊκῶν φιλοσόφων

ἐπικουρία (*epikouria*; 1/1) *f help*

Ac 26:22 **ἐπικουρίας** οὖν τυχὼν τῆς

ἐπιλαμβάνομαι (*epilambanomai*; 7/19) *take*

Ac 9:27 Βαρναβᾶς δὲ **ἐπιλαβόμενος** αὐτὸν ἤγαγεν
Ac 16:19 **ἐπιλαβόμενοι** τὸν Παῦλον καὶ
Ac 17:19 **ἐπιλαβόμενοί** τε αὐτοῦ ἐπὶ
Ac 18:17 **ἐπιλαβόμενοι** δὲ πάντες Σωσθένην
Ac 21:30 καὶ **ἐπιλαβόμενοι** τοῦ Παύλου εἷλκον
Ac 21:33 ἐγγίσας ὁ χιλίαρχος **ἐπελάβετο** αὐτοῦ καὶ ἐκέλευσεν
Ac 23:19 **ἐπιλαβόμενος** δὲ τῆς χειρὸς

ἐπιλέγω (*epilegō*; 1/2) *call*

Ac 15:40 Παῦλος δὲ **ἐπιλεξάμενος** Σιλᾶν ἐξῆλθεν παραδοθεὶς

ἐπιλύω (*epilyō*; 1/2) *explain*

Ac 19:39 τῇ ἐννόμῳ ἐκκλησίᾳ **ἐπιλυθήσεται**.

ἐπιμέλεια (*epimeleia*; 1/1) *care*
Ac 27:3 τοὺς φίλους πορευθέντι **ἐπιμελείας** τυχεῖν.

ἐπιμένω (*epimenō*; 6/15[16]) *remain*
Ac 10:48 τότε ἠρώτησαν αὐτὸν **ἐπιμεῖναι** ἡμέρας τινας.
Ac 12:16 ὁ δὲ Πέτρος **ἐπέμενεν** κρούων·
Ac 21:4 δὲ τοὺς μαθητὰς **ἐπεμείναμεν** αὐτοῦ ἡμέρας ἑπτά,
Ac 21:10 **Ἐπιμενόντων** δὲ ἡμέρας πλείους
Ac 28:12 καταχθέντες εἰς Συρακούσας **ἐπεμείναμεν** ἡμέρας τρεῖς,
Ac 28:14 παρεκλήθημεν παρ᾽ αὐτοῖς **ἐπιμεῖναι** ἡμέρας ἑπτά·

ἐπινεύω (*epineuō*; 1/1) *consent*
Ac 18:20 χρόνον μεῖναι οὐκ **ἐπένευσεν**,

ἐπίνοια (*epinoia*; 1/1) *intent*
Ac 8:22 ἀφεθήσεταί σοι ἡ **ἐπίνοια** τῆς καρδίας σου,

ἐπιπίπτω (*epipiptō*; 6/11) *fall or come upon*
Ac 8:16 ἐπ᾽ οὐδενὶ αὐτῶν **ἐπιπεπτωκός**,
Ac 10:44 τὰ ῥήματα ταῦτα **ἐπέπεσεν** τὸ πνεῦμα τὸ
Ac 11:15 ἄρξασθαί με λαλεῖν **ἐπέπεσεν** τὸ πνεῦμα τὸ
Ac 19:17 τὴν Ἔφεσον καὶ **ἐπέπεσεν** φόβος ἐπὶ πάντας
Ac 20:10 δὲ ὁ Παῦλος **ἐπέπεσεν** αὐτῷ καὶ συμπεριλαβὼν
Ac 20:37 ἐγένετο πάντων καὶ **ἐπιπεσόντες** ἐπὶ τὸν τράχηλον

ἐπισκέπτομαι (*episkeptomai*; 4/11) *visit*
Ac 6:3 **ἐπισκέψασθε** δέ,
Ac 7:23 τὴν καρδίαν αὐτοῦ **ἐπισκέψασθαι** τοὺς ἀδελφοὺς αὐτοῦ
Ac 15:14 πρῶτον ὁ θεὸς **ἐπεσκέψατο** λαβεῖν ἐξ ἐθνῶν
Ac 15:36 ἐπιστρέψαντες δὴ **ἐπισκεψώμεθα** τοὺς ἀδελφοὺς κατὰ

ἐπισκευάζομαι (*episkeuazomai*; 1/1) *make ready*
Ac 21:15 τὰς ἡμέρας ταύτας **ἐπισκευασάμενοι** ἀνεβαίνομεν εἰς Ἱεροσόλυμα·

ἐπισκιάζω (*episkiazō*; 1/5) *overshadow*
Ac 5:15 κἂν ἡ σκιὰ **ἐπισκιάσῃ** τινι αὐτῶν.

ἐπισκοπή (*episkopē*; 1/4) *visitation*
Ac 1:20 τὴν **ἐπισκοπὴν** αὐτοῦ λαβέτω ἕτερος.

ἐπίσκοπος (*episkopos*; 1/5) *overseer*
Ac 20:28 τὸ ἅγιον ἔθετο **ἐπισκόπους** ποιμαίνειν τὴν ἐκκλησίαν

ἐπίσταμαι (*epistamai*; 9/14) *know*
Ac 10:28 ὑμεῖς **ἐπίστασθε** ὡς ἀθέμιτόν ἐστιν
Ac 15:7 ὑμεῖς **ἐπίστασθε** ὅτι ἀφ᾽ ἡμερῶν
Ac 18:25 **ἐπιστάμενος** μόνον τὸ βάπτισμα
Ac 19:15 καὶ τὸν Παῦλον **ἐπίσταμαι**,
Ac 19:25 **ἐπίστασθε** ὅτι ἐκ ταύτης
Ac 20:18 ὑμεῖς **ἐπίστασθε**,
Ac 22:19 αὐτοὶ **ἐπίστανται** ὅτι ἐγὼ ἤμην
Ac 24:10 τῷ ἔθνει τούτῳ **ἐπιστάμενος** εὐθύμως τὰ
Ac 26:26 **ἐπίσταται** γὰρ περὶ τούτων

ἐπίστασις (*epistasis*; 1/2) *pressure*
Ac 24:12 τινα διαλεγόμενον ἢ **ἐπίστασιν** ποιοῦντα ὄχλου οὔτε

ἐπιστέλλω (*epistellō*; 2/3) *write*
Ac 15:20 ἀλλὰ **ἐπιστεῖλαι** αὐτοῖς τοῦ ἀπέχεσθαι
Ac 21:25 πεπιστευκότων ἐθνῶν ἡμεῖς **ἐπεστείλαμεν** κρίναντες φυλάσσεσθαι αὐτοὺς

ἐπιστηρίζω (*epistērizō*; 4/4) *strengthen*
Ac 14:22 **ἐπιστηρίζοντες** τὰς ψυχὰς τῶν
Ac 15:32 τοὺς ἀδελφοὺς καὶ **ἐπεστήριξαν**,
Ac 15:41 καὶ [τὴν] Κιλικίαν **ἐπιστηρίζων** τὰς ἐκκλησίας.
Ac 18:23 **ἐπιστηρίζων** πάντας τοὺς μαθητάς.

ἐπιστολή (*epistolē*; 5/24) *letter*
Ac 9:2 ᾐτήσατο παρ᾽ αὐτοῦ **ἐπιστολὰς** εἰς Δαμασκὸν πρὸς
Ac 15:30 πλῆθος ἐπέδωκαν τὴν **ἐπιστολήν**.
Ac 22:5 παρ᾽ ὧν καὶ **ἐπιστολὰς** δεξάμενος πρὸς τοὺς
Ac 23:25 γράψας **ἐπιστολὴν** ἔχουσαν τὸν τύπον
Ac 23:33 καὶ ἀναδόντες τὴν **ἐπιστολὴν** τῷ ἡγεμόνι παρέστησαν

ἐπιστρέφω (*epistrephō*; 11/36) *turn back*
Ac 3:19 μετανοήσατε οὖν καὶ **ἐπιστρέψατε** εἰς τὸ ἐξαλειφθῆναι
Ac 9:35 οἵτινες **ἐπέστρεψαν** ἐπὶ τὸν κύριον.
Ac 9:40 γόνατα προσηύξατο καὶ **ἐπιστρέψας** πρὸς τὸ σῶμα
Ac 11:21 ἀριθμὸς ὁ πιστεύσας **ἐπέστρεψεν** ἐπὶ τὸν κύριον.
Ac 14:15 τούτων τῶν ματαίων **ἐπιστρέφειν** ἐπὶ θεὸν ζῶντα,
Ac 15:19 ἀπὸ τῶν ἐθνῶν **ἐπιστρέφουσιν** ἐπὶ τὸν θεόν,
Ac 15:36 **ἐπιστρέψαντες** δὴ ἐπισκεψώμεθα τοὺς
Ac 16:18 δὲ Παῦλος καὶ **ἐπιστρέψας** τῷ πνεύματι εἶπεν·
Ac 26:18 τοῦ **ἐπιστρέψαι** ἀπὸ σκότους εἰς
Ac 26:20 ἀπήγγελλον μετανοεῖν καὶ **ἐπιστρέφειν** ἐπὶ τὸν θεόν,
Ac 28:27 καρδίᾳ συνῶσιν καὶ **ἐπιστρέψωσιν**,

ἐπιστροφή (*epistrophē*; 1/1) *conversion*
Ac 15:3 Σαμάρειαν ἐκδιηγούμενοι τὴν **ἐπιστροφὴν** τῶν ἐθνῶν καὶ

ἐπισφαλής (*episphalēs*; 1/1) *dangerous*
Ac 27:9 καὶ ὄντος ἤδη **ἐπισφαλοῦς** τοῦ πλοὸς διὰ

ἐπιτάσσω (*epitassō*; 1/10) *command*
Ac 23:2 δὲ ἀρχιερεὺς Ἁνανίας **ἐπέταξεν** τοῖς παρεστῶσιν αὐτῷ

ἐπιτίθημι (*epitithēmi*; 14/38[39]) *put on*

Ac 6:6 καὶ προσευξάμενοι **ἐπέθηκαν** αὐτοῖς τὰς χεῖρας.
Ac 8:17 τότε **ἐπετίθεσαν** τὰς χεῖρας ἐπ᾽
Ac 8:19 ἵνα ᾧ ἐὰν **ἐπιθῶ** τὰς χεῖρας λαμβάνῃ
Ac 9:12 ὀνόματι εἰσελθόντα καὶ **ἐπιθέντα** αὐτῷ [τὰς] χεῖρας
Ac 9:17 τὴν οἰκίαν καὶ **ἐπιθεὶς** ἐπ᾽ αὐτὸν τὰς
Ac 13:3 καὶ προσευξάμενοι καὶ **ἐπιθέντες** τὰς χεῖρας αὐτοῖς
Ac 15:10 πειράζετε τὸν θεὸν **ἐπιθεῖναι** ζυγὸν ἐπὶ τὸν
Ac 15:28 ἡμῖν μηδὲν πλέον **ἐπιτίθεσθαι** ὑμῖν βάρος πλὴν
Ac 16:23 πολλάς τε **ἐπιθέντες** αὐτοῖς πληγὰς ἔβαλον
Ac 18:10 σοῦ καὶ οὐδεὶς **ἐπιθήσεταί** σοι τοῦ κακῶσαί
Ac 19:6 καὶ **ἐπιθέντος** αὐτοῖς τοῦ Παύλου
Ac 28:3 τι πλῆθος καὶ **ἐπιθέντος** ἐπὶ τὴν πυράν,
Ac 28:8 εἰσελθὼν καὶ προσευξάμενος **ἐπιθεὶς** τὰς χεῖρας αὐτῷ
Ac 28:10 ἡμᾶς καὶ ἀναγομένοις **ἐπέθεντο** τὰ πρὸς τὰς

ἐπιτρέπω (*epitrepō*; 5/18) *permit, let*

Ac 21:39 **ἐπίτρεψόν** μοι λαλῆσαι πρὸς
Ac 21:40 **ἐπιτρέψαντος** δὲ αὐτοῦ ὁ
Ac 26:1 **ἐπιτρέπεταί** σοι περὶ σεαυτοῦ
Ac 27:3 τῷ Παύλῳ χρησάμενος **ἐπέτρεψεν** πρὸς τοὺς φίλους
Ac 28:16 **ἐπετράπη** τῷ Παύλῳ μένειν

ἐπιτροπή (*epitropē*; 1/1) *commission*

Ac 26:12 μετ᾽ ἐξουσίας καὶ **ἐπιτροπῆς** τῆς τῶν ἀρχιερέων

ἐπιφαίνω (*epiphainō*; 1/4) *appear*

Ac 27:20 ἡλίου μήτε ἄστρων **ἐπιφαινόντων** ἐπὶ πλείονας ἡμέρας,

ἐπιφανής (*epiphanēs*; 1/1) *glorious*

Ac 2:20 τὴν μεγάλην καὶ **ἐπιφανῆ**.

ἐπιφωνέω (*epiphōneō*; 3/4) *shout*

Ac 12:22 ὁ δὲ δῆμος **ἐπεφώνει**·
Ac 21:34 δὲ ἄλλο τι **ἐπεφώνουν** ἐν τῷ ὄχλῳ.
Ac 22:24 ἣν αἰτίαν οὕτως **ἐπεφώνουν** αὐτῷ.

ἐπιχειρέω (*epicheireō*; 2/3) *undertake*

Ac 9:29 οἱ δὲ **ἐπεχείρουν** ἀνελεῖν αὐτόν.
Ac 19:13 **Ἐπεχείρησαν** δέ τινες καὶ

ἑπτά (*hepta*; 8/87[88]) *seven*

Ac 6:3 ἐξ ὑμῶν μαρτυρουμένους **ἑπτά**,
Ac 13:19 καὶ καθελὼν ἔθνη **ἑπτὰ** ἐν γῇ Χανάαν
Ac 19:14 Σκευᾶ Ἰουδαίου ἀρχιερέως **ἑπτὰ** υἱοὶ τοῦτο ποιοῦντες.
Ac 20:6 ὅπου διετρίψαμεν ἡμέρας **ἑπτά**.
Ac 21:4 ἐπεμείναμεν αὐτοῦ ἡμέρας **ἑπτά**,
Ac 21:8 ὄντος ἐκ τῶν **ἑπτά**,
Ac 21:27 δὲ ἔμελλον αἱ **ἑπτὰ** ἡμέραι συντελεῖσθαι,
Ac 28:14 αὐτοῖς ἐπιμεῖναι ἡμέρας **ἑπτά**·

Ἔραστος (*Erastos*; 1/3) *Erastus*

Ac 19:22 Τιμόθεον καὶ **Ἔραστον**,

ἐργάζομαι (*ergazomai*; 3/41) *work*

Ac 10:35 φοβούμενος αὐτὸν καὶ **ἐργαζόμενος** δικαιοσύνην δεκτὸς αὐτῷ
Ac 13:41 ὅτι ἔργον **ἐργάζομαι** ἐγὼ ἐν ταῖς
Ac 18:3 καὶ **ἠργάζετο**·

ἐργασία (*ergasia*; 4/6) *gain*

Ac 16:16 ἥτις **ἐργασίαν** πολλὴν παρεῖχεν τοῖς
Ac 16:19 ἡ ἐλπὶς τῆς **ἐργασίας** αὐτῶν,
Ac 19:24 τεχνίταις οὐκ ὀλίγην **ἐργασίαν**,
Ac 19:25 ἐκ ταύτης τῆς **ἐργασίας** ἡ εὐπορία ἡμῖν

ἐργάτης (*ergatēs*; 1/16) *laborer*

Ac 19:25 περὶ τὰ τοιαῦτα **ἐργάτας** εἶπεν·

ἔργον (*ergon*; 10/169) *work*

Ac 5:38 αὕτη ἢ τὸ **ἔργον** τοῦτο,
Ac 7:22 ἐν λόγοις καὶ **ἔργοις** αὐτοῦ.
Ac 7:41 εὐφραίνοντο ἐν τοῖς **ἔργοις** τῶν χειρῶν αὐτῶν.
Ac 9:36 αὕτη ἦν πλήρης **ἔργων** ἀγαθῶν καὶ ἐλεημοσυνῶν
Ac 13:2 Σαῦλον εἰς τὸ **ἔργον** ὃ προσκέκλημαι αὐτούς.
Ac 13:41 ὅτι **ἔργον** ἐργάζομαι ἐγὼ ἐν
Ac 13:41 **ἔργον** ὃ οὐ μὴ
Ac 14:26 θεοῦ εἰς τὸ **ἔργον** ὃ ἐπλήρωσαν.
Ac 15:38 αὐτοῖς εἰς τὸ **ἔργον** μὴ συμπαραλαμβάνειν τοῦτον.
Ac 26:20 ἄξια τῆς μετανοίας **ἔργα** πράσσοντας.

ἐρείδω (*ereidō*; 1/1) *stick fast*

Ac 27:41 ἡ μὲν πρῷρα **ἐρείσασα** ἔμεινεν ἀσάλευτος,

ἔρημος (*erēmos*; 9/48) *desert*

Ac 1:20 ἡ ἔπαυλις αὐτοῦ **ἔρημος** καὶ μὴ ἔστω
Ac 7:30 αὐτῷ ἐν τῇ **ἐρήμῳ** τοῦ ὄρους Σινᾶ
Ac 7:36 καὶ ἐν τῇ **ἐρήμῳ** ἔτη τεσσεράκοντα.
Ac 7:38 ἐκκλησίᾳ ἐν τῇ **ἐρήμῳ** μετὰ τοῦ ἀγγέλου
Ac 7:42 τεσσεράκοντα ἐν τῇ **ἐρήμῳ**,
Ac 7:44 ἡμῶν ἐν τῇ **ἐρήμῳ** καθὼς διετάξατο ὁ
Ac 8:26 αὕτη ἐστὶν **ἔρημος**.
Ac 13:18 αὐτοὺς ἐν τῇ **ἐρήμῳ**
Ac 21:38 ἐξαγαγὼν εἰς τὴν **ἔρημον** τοὺς τετρακισχιλίους ἄνδρας

Ἑρμῆς (*Hermēs*; 1/2) *Hermes*

Ac 14:12 τὸν δὲ Παῦλον **Ἑρμῆν**,

ἑρπετόν (*herpeton*; 2/4) *reptile*

Ac 10:12 τὰ τετράποδα καὶ **ἑρπετὰ** τῆς γῆς καὶ
Ac 11:6 θηρία καὶ τὰ **ἑρπετὰ** καὶ τὰ πετεινὰ

ἐρυθρός (*erythros*; 1/2) *red*

Ac 7:36 Αἰγύπτῳ καὶ ἐν **ἐρυθρᾷ** θαλάσσῃ καὶ ἐν

ἔρχομαι (*erchomai*; 50/631[632]) *come, go*

Ac 1:11 τὸν οὐρανὸν οὕτως **ἐλεύσεται** ὃν τρόπον ἐθεάσασθε
Ac 2:20 πρὶν **ἐλθεῖν** ἡμέραν κυρίου τὴν
Ac 3:20 ὅπως ἂν **ἔλθωσιν** καιροὶ ἀναψύξεως ἀπὸ
Ac 4:23 Ἀπολυθέντες δὲ **ἦλθον** πρὸς τοὺς ἰδίους
Ac 5:15 ἵνα **ἐρχομένου** Πέτρου κἂν ἡ
Ac 7:11 **ἦλθεν** δὲ λιμὸς ἐφ᾽
Ac 8:27 ὃς **ἐληλύθει** προσκυνήσων εἰς Ἰερουσαλήμ,
Ac 8:36 **ἦλθον** ἐπί τι ὕδωρ,
Ac 8:40 πάσας ἕως τοῦ **ἐλθεῖν** αὐτὸν εἰς Καισάρειαν.
Ac 9:17 τῇ ὁδῷ ᾗ **ἤρχου**,
Ac 9:21 ὧδε εἰς τοῦτο **ἐληλύθει** ἵνα δεδεμένους αὐτοὺς
Ac 10:29 διὸ καὶ ἀναντιρρήτως **ἦλθον** μεταπεμφθείς.
Ac 11:5 καὶ **ἦλθεν** ἄχρι ἐμοῦ.
Ac 11:12 **ἦλθον** δὲ σὺν ἐμοὶ
Ac 11:20 οἵτινες **ἐλθόντες** εἰς Ἀντιόχειαν ἐλάλουν
Ac 12:10 φυλακὴν καὶ δευτέραν **ἦλθαν** ἐπὶ τὴν πύλην
Ac 12:12 συνιδών τε **ἦλθεν** ἐπὶ τὴν οἰκίαν
Ac 13:13 οἱ περὶ Παῦλον **ἦλθον** εἰς Πέργην τῆς
Ac 13:25 ἀλλ᾽ ἰδοὺ **ἔρχεται** μετ᾽ ἐμὲ οὗ
Ac 13:44 Τῷ δὲ **ἐρχομένῳ** σαββάτῳ σχεδὸν πᾶσα
Ac 13:51 ποδῶν ἐπ᾽ αὐτοὺς **ἦλθον** εἰς Ἰκόνιον,
Ac 14:24 διελθόντες τὴν Πισιδίαν **ἦλθον** εἰς τὴν Παμφυλίαν
Ac 16:7 **ἐλθόντες** δὲ κατὰ τὴν
Ac 16:37 ἀλλὰ **ἐλθόντες** αὐτοὶ ἡμᾶς ἐξαγαγέτωσαν.
Ac 16:39 καὶ **ἐλθόντες** παρεκάλεσαν αὐτοὺς καὶ
Ac 17:1 καὶ τὴν Ἀπολλωνίαν **ἦλθον** εἰς Θεσσαλονίκην ὅπου
Ac 17:13 **ἦλθον** κἀκεῖ σαλεύοντες καὶ
Ac 17:15 ἵνα ὡς τάχιστα **ἔλθωσιν** πρὸς αὐτὸν ἐξῄεσαν.
Ac 18:1 ἐκ τῶν Ἀθηνῶν **ἦλθεν** εἰς Κόρινθον.
Ac 18:2 τῷ γένει προσφάτως **ἐληλυθότα** ἀπὸ τῆς Ἰταλίας
Ac 19:4 λέγων εἰς τὸν **ἐρχόμενον** μετ᾽ αὐτὸν ἵνα
Ac 19:6 Παύλου [τὰς] χεῖρας **ἦλθε** τὸ πνεῦμα τὸ
Ac 19:18 τε τῶν πεπιστευκότων **ἤρχοντο** ἐξομολογούμενοι καὶ ἀναγγέλλοντες
Ac 19:27 μέρος εἰς ἀπελεγμὸν **ἐλθεῖν** ἀλλὰ καὶ τὸ
Ac 20:2 αὐτοὺς λόγῳ πολλῷ **ἦλθεν** εἰς τὴν Ἑλλάδα
Ac 20:6 ἀπὸ Φιλίππων καὶ **ἤλθομεν** πρὸς αὐτοὺς εἰς
Ac 20:14 ἀναλαβόντες αὐτὸν **ἤλθομεν** εἰς Μιτυλήνην,
Ac 20:15 τῇ δὲ ἐχομένῃ **ἤλθομεν** εἰς Μίλητον.
Ac 21:1 εὐθυδρομήσαντες **ἤλθομεν** εἰς τὴν Κῶ,
Ac 21:8 δὲ ἐπαύριον ἐξελθόντες **ἤλθομεν** εἰς Καισάρειαν καὶ
Ac 21:11 καὶ **ἐλθὼν** πρὸς ἡμᾶς καὶ
Ac 21:22 πάντως ἀκούσονται ὅτι **ἐλήλυθας**.
Ac 22:11 τῶν συνόντων μοι **ἦλθον** εἰς Δαμασκόν.
Ac 22:13 **ἐλθὼν** πρός με καὶ
Ac 25:23 Τῇ οὖν ἐπαύριον **ἐλθόντος** τοῦ Ἀγρίππα καὶ
Ac 27:8 τε παραλεγόμενοι αὐτὴν **ἤλθομεν** εἰς τόπον τινα
Ac 28:13 ἐπιγενομένου νότου δευτεραῖοι **ἤλθομεν** εἰς Ποτιόλους,
Ac 28:14 εἰς τὴν Ῥώμην **ἤλθαμεν**.
Ac 28:15 τὰ περὶ ἡμῶν **ἦλθαν** εἰς ἀπάντησιν ἡμῖν
Ac 28:23 δὲ αὐτῷ ἡμέραν **ἦλθον** πρὸς αὐτὸν εἰς

ἐρωτάω (*erōtaō*; 7/62[63]) *ask*

Ac 1:6 μὲν οὖν συνελθόντες **ἠρώτων** αὐτὸν λέγοντες·
Ac 3:3 **ἠρώτα** ἐλεημοσύνην λαβεῖν.
Ac 10:48 τότε **ἠρώτησαν** αὐτὸν ἐπιμεῖναι ἡμέρας
Ac 16:39 αὐτοὺς καὶ ἐξαγαγόντες **ἠρώτων** ἀπελθεῖν
Ac 18:20 **ἐρωτώντων** δὲ αὐτῶν ἐπὶ
Ac 23:18 Παῦλος προσκαλεσάμενός με **ἠρώτησεν** τοῦτον τὸν νεανίσκον
Ac 23:20 Ἰουδαῖοι συνέθεντο τοῦ **ἐρωτῆσαί** σε ὅπως αὔριον

ἐσθής (*esthēs*; 3/8) *clothing*

Ac 1:10 παρειστήκεισαν αὐτοῖς ἐν **ἐσθήσεσι** λευκαῖς,
Ac 10:30 ἐνώπιόν μου ἐν **ἐσθῆτι** λαμπρᾷ
Ac 12:21 ὁ Ἡρῴδης ἐνδυσάμενος **ἐσθῆτα** βασιλικὴν [καὶ] καθίσας

ἐσθίω (*esthiō*; 7/158) *eat*

Ac 9:9 βλέπων καὶ οὐκ **ἔφαγεν** οὐδὲ ἔπιεν.
Ac 10:13 θῦσον καὶ **φάγε**.
Ac 10:14 ὅτι οὐδέποτε **ἔφαγον** πᾶν κοινὸν καὶ
Ac 11:7 θῦσον καὶ **φάγε**.
Ac 23:12 ἑαυτοὺς λέγοντες μήτε **φαγεῖν** μήτε πιεῖν ἕως
Ac 23:21 ἀνεθεμάτισαν ἑαυτοὺς μήτε **φαγεῖν** μήτε πιεῖν ἕως
Ac 27:35 καὶ κλάσας ἤρξατο **ἐσθίειν**.

ἑσπέρα (*hespera*; 2/3) *evening*

Ac 4:3 ἦν γὰρ **ἑσπέρα** ἤδη.
Ac 28:23 ἀπὸ πρωῒ ἕως **ἑσπέρας**.

ἔσχατος (*eschatos*; 3/52) *last*

Ac 1:8 Σαμαρείᾳ καὶ ἕως **ἐσχάτου** τῆς γῆς.
Ac 2:17 ἔσται ἐν ταῖς **ἐσχάταις** ἡμέραις,
Ac 13:47 εἰς σωτηρίαν ἕως **ἐσχάτου** τῆς γῆς.

ἔσω (*esō*; 1/9) *inside*

Ac 5:23 ἀνοίξαντες δὲ **ἔσω** οὐδένα εὕρομεν.

ἐσώτερος (*esōteros*; 1/2) *inner*

Ac 16:24 αὐτοὺς εἰς τὴν **ἐσωτέραν** φυλακὴν καὶ τοὺς

ἕτερος (*heteros*; 17/97[98]) *other*

Ac 1:20 ἐπισκοπὴν αὐτοῦ λαβέτω **ἕτερος**.
Ac 2:4 καὶ ἤρξαντο λαλεῖν **ἑτέραις** γλώσσαις καθὼς
Ac 2:13 **ἕτεροι** δὲ διαχλευάζοντες ἔλεγον
Ac 2:40 **ἑτέροις** τε λόγοις πλείοσιν
Ac 4:12 γὰρ ὄνομά ἐστιν **ἕτερον** ὑπὸ τὸν οὐρανὸν
Ac 7:18 οὗ ἀνέστη βασιλεὺς **ἕτερος** [ἐπ᾽ Αἴγυπτον] ὃς
Ac 8:34 ἑαυτοῦ ἢ περὶ **ἑτέρου** τινος;
Ac 12:17 ἐξελθὼν ἐπορεύθη εἰς **ἕτερον** τόπον.
Ac 13:35 διότι καὶ ἐν **ἑτέρῳ** λέγει·
Ac 15:35 εὐαγγελιζόμενοι μετὰ καὶ **ἑτέρων** πολλῶν τὸν λόγον
Ac 17:7 Καίσαρος πράσσουσιν βασιλέα **ἕτερον** λέγοντες εἶναι Ἰησοῦν.
Ac 17:21 ξένοι εἰς οὐδὲν **ἕτερον** ηὐκαίρουν ἢ λέγειν
Ac 17:34 ὀνόματι Δάμαρις καὶ **ἕτεροι** σὺν αὐτοῖς.

Ac 20:15 τῇ δὲ **ἑτέρᾳ** παρεβάλομεν εἰς Σάμον,
Ac 23:6 Σαδδουκαίων τὸ δὲ **ἕτερον** Φαρισαίων ἔκραζεν ἐν
Ac 27:1 Παῦλον καί τινας **ἑτέρους** δεσμώτας ἑκατοντάρχῃ ὀνόματι
Ac 27:3 τῇ τε **ἑτέρᾳ** κατήχθημεν εἰς Σιδῶνα,

ἔτι (*eti*; 5/93) *still*

Ac 2:26 **ἔτι** δὲ καὶ ἡ
Ac 9:1 Ὁ δὲ Σαῦλος **ἔτι** ἐμπνέων ἀπειλῆς καὶ
Ac 10:44 **Ἔτι** λαλοῦντος τοῦ Πέτρου
Ac 18:18 Ὁ δὲ Παῦλος **ἔτι** προσμείνας ἡμέρας ἱκανὰς
Ac 21:28 **ἔτι** τε καὶ Ἕλληνας

ἑτοιμάζω (*hetoimazō*; 1/40) *prepare*

Ac 23:23 **ἑτοιμάσατε** στρατιώτας διακοσίους,

ἕτοιμος (*hetoimos*; 2/17) *ready*

Ac 23:15 τοῦ ἐγγίσαι αὐτὸν **ἕτοιμοί** ἐσμεν τοῦ ἀνελεῖν
Ac 23:21 καὶ νῦν εἰσιν **ἕτοιμοι** προσδεχόμενοι τὴν

ἑτοίμως (*hetoimōs*; 1/3) *readily*

Ac 21:13 ἀποθανεῖν εἰς Ἰερουσαλὴμ **ἑτοίμως** ἔχω ὑπὲρ

ἔτος (*etos*; 11/49) *year*

Ac 4:22 **ἐτῶν** γὰρ ἦν πλειόνων
Ac 7:6 αὐτὸ καὶ κακώσουσιν **ἔτη** τετρακόσια·
Ac 7:30 Καὶ πληρωθέντων **ἐτῶν** τεσσεράκοντα ὤφθη αὐτῷ
Ac 7:36 ἐν τῇ ἐρήμῳ **ἔτη** τεσσεράκοντα.
Ac 7:42 θυσίας προσηνέγκατέ μοι **ἔτη** τεσσεράκοντα
Ac 9:33 ὀνόματι Αἰνέαν ἐξ **ἐτῶν** ὀκτὼ κατακείμενον
Ac 13:20 ὡς **ἔτεσιν** τετρακοσίοις καὶ πεντήκοντα.
Ac 13:21 **ἔτη** τεσσεράκοντα,
Ac 19:10 δὲ ἐγένετο ἐπὶ **ἔτη** δύο,
Ac 24:10 ἐκ πολλῶν **ἐτῶν** ὄντα σε κριτὴν
Ac 24:17 δι᾽ **ἐτῶν** δὲ πλειόνων ἐλεημοσύνας

εὖ (*eu*; 1/5) *well*

Ac 15:29 ὧν διατηροῦντες ἑαυτοὺς **εὖ** πράξετε.

εὐαγγελίζω (*euangelizō*; 15/54) *bring good news*

Ac 5:42 ἐπαύοντο διδάσκοντες καὶ **εὐαγγελιζόμενοι** τὸν χριστόν Ἰησοῦν.
Ac 8:4 οὖν διασπαρέντες διῆλθον **εὐαγγελιζόμενοι** τὸν λόγον.
Ac 8:12 ἐπίστευσαν τῷ Φιλίππῳ **εὐαγγελιζομένῳ** περὶ τῆς βασιλείας
Ac 8:25 κώμας τῶν Σαμαριτῶν **εὐηγγελίζοντο**.
Ac 8:35 τῆς γραφῆς ταύτης **εὐηγγελίσατο** αὐτῷ τὸν Ἰησοῦν.
Ac 8:40 καὶ διερχόμενος **εὐηγγελίζετο** τὰς πόλεις πάσας
Ac 10:36 τοῖς υἱοῖς Ἰσραὴλ **εὐαγγελιζόμενος** εἰρήνην διὰ Ἰησοῦ
Ac 11:20 πρὸς τοὺς Ἑλληνιστὰς **εὐαγγελιζόμενοι** τὸν κύριον Ἰησοῦν.
Ac 13:32 Καὶ ἡμεῖς ὑμᾶς **εὐαγγελιζόμεθα** τὴν πρὸς
Ac 14:7 κἀκεῖ **εὐαγγελιζόμενοι** ἦσαν.
Ac 14:15 ἐσμεν ὑμῖν ἄνθρωποι **εὐαγγελιζόμενοι** ὑμᾶς ἀπὸ τούτων
Ac 14:21 **εὐαγγελισάμενοί** τε τὴν πόλιν
Ac 15:35 Ἀντιοχείᾳ διδάσκοντες καὶ **εὐαγγελιζόμενοι** μετὰ καὶ ἑτέρων
Ac 16:10 ἡμᾶς ὁ θεὸς **εὐαγγελίσασθαι** αὐτούς.
Ac 17:18 καὶ τὴν ἀνάστασιν **εὐηγγελίζετο**.

εὐαγγέλιον (*euangelion*; 2/75[76]) *good news*

Ac 15:7 τὸν λόγον τοῦ **εὐαγγελίου** καὶ πιστεῦσαι.
Ac 20:24 διαμαρτύρασθαι τὸ **εὐαγγέλιον** τῆς χάριτος

εὐαγγελιστής (*euangelistēs*; 1/3) *evangelist*

Ac 21:8 οἶκον Φιλίππου τοῦ **εὐαγγελιστοῦ**,

εὐγενής (*eugenēs*; 1/3) *of high or noble birth*

Ac 17:11 οὗτοι δὲ ἦσαν **εὐγενέστεροι** τῶν ἐν Θεσσαλονίκῃ,

εὐεργεσία (*euergesia*; 1/2) *service*

Ac 4:9 σήμερον ἀνακρινόμεθα ἐπὶ **εὐεργεσίᾳ** ἀνθρώπου ἀσθενοῦς ἐν

εὐεργετέω (*euergeteō*; 1/1) *do good*

Ac 10:38 ὃς διῆλθεν **εὐεργετῶν** καὶ ἰώμενος πάντας

εὐθέως (*eutheōs*; 9/36) *immediately*

Ac 9:18 καὶ **εὐθέως** ἀπέπεσαν αὐτοῦ ἀπὸ
Ac 9:20 καὶ **εὐθέως** ἐν ταῖς συναγωγαῖς
Ac 9:34 καὶ **εὐθέως** ἀνέστη.
Ac 12:10 καὶ **εὐθέως** ἀπέστη ὁ ἄγγελος
Ac 16:10 **εὐθέως** ἐζητήσαμεν ἐξελθεῖν εἰς
Ac 17:10 Οἱ δὲ ἀδελφοὶ **εὐθέως** διὰ νυκτὸς ἐξέπεμψαν
Ac 17:14 **εὐθέως** δὲ τότε τὸν
Ac 21:30 τοῦ ἱεροῦ καὶ **εὐθέως** ἐκλείσθησαν αἱ θύραι.
Ac 22:29 **εὐθέως** οὖν ἀπέστησαν ἀπ᾽

εὐθυδρομέω (*euthydromeō*; 2/2) *sail a straight course*

Ac 16:11 δὲ ἀπὸ Τρῳάδος **εὐθυδρομήσαμεν** εἰς Σαμοθρᾴκην,
Ac 21:1 **εὐθυδρομήσαντες** ἤλθομεν εἰς τὴν

εὐθυμέω (*euthymeō*; 2/3) *take courage*

Ac 27:22 νῦν παραινῶ ὑμᾶς **εὐθυμεῖν**·
Ac 27:25 διὸ **εὐθυμεῖτε**,

εὔθυμος (*euthymos*; 1/1) *encouraged*

Ac 27:36 **εὔθυμοι** δὲ γενόμενοι πάντες

εὐθύμως (*euthymōs*; 1/1) *cheerfully*

Ac 24:10 ἔθνει τούτῳ ἐπιστάμενος **εὐθύμως** τὰ περὶ ἐμαυτοῦ

εὐθύς (*euthys*; 4/59) *immediately*

Ac 8:21 σου οὐκ ἔστιν **εὐθεῖα** ἔναντι τοῦ θεοῦ.
Ac 9:11 ῥύμην τὴν καλουμένην **Εὐθεῖαν** καὶ ζήτησον
Ac 10:16 ἐπὶ τρίς καὶ **εὐθὺς** ἀνελήμφθη τὸ σκεῦος
Ac 13:10 [τοῦ] κυρίου τὰς **εὐθείας**;

<u>εὐκαιρέω (*eukaireō*; 1/3) *have time or opportunity*</u>
Ac 17:21 εἰς οὐδὲν ἕτερον **ηὐκαίρουν** ἢ λέγειν τι

<u>εὐλαβής (*eulabēs*; 3/4) *devout*</u>
Ac 2:5 ἄνδρες **εὐλαβεῖς** ἀπὸ παντὸς ἔθνους
Ac 8:2 τὸν Στέφανον ἄνδρες **εὐλαβεῖς** καὶ ἐποίησαν κοπετὸν
Ac 22:12 ἀνὴρ **εὐλαβὴς** κατὰ τὸν νόμον,

<u>εὐλογέω (*eulogeō*; 1/41) *bless*</u>
Ac 3:26 αὐτοῦ ἀπέστειλεν αὐτὸν **εὐλογοῦντα** ὑμᾶς ἐν

<u>εὐνοῦχος (*eunouchos*; 5/8) *eunuch*</u>
Ac 8:27 ἰδοὺ ἀνὴρ Αἰθίοψ **εὐνοῦχος** δυνάστης Κανδάκης βασιλίσσης
Ac 8:34 ἀποκριθεὶς δὲ ὁ **εὐνοῦχος** τῷ Φιλίππῳ εἶπεν·
Ac 8:36 καί φησιν ὁ **εὐνοῦχος**·
Ac 8:38 Φίλιππος καὶ ὁ **εὐνοῦχος**,
Ac 8:39 αὐτὸν οὐκέτι ὁ **εὐνοῦχος**,

<u>εὐπορέω (*euporeō*; 1/1) *have financial means*</u>
Ac 11:29 καθὼς **εὐπορεῖτό** τις,

<u>εὐπορία (*euporia*; 1/1) *wealth*</u>
Ac 19:25 τῆς ἐργασίας ἡ **εὐπορία** ἡμῖν ἐστιν

<u>εὐρακύλων (*eurakylōn*; 1/1) *a northeast wind*</u>
Ac 27:14 τυφωνικὸς ὁ καλούμενος **εὐρακύλων**·

<u>εὑρίσκω (*heuriskō*; 35/176) *find*</u>
Ac 4:21 μηδὲν **εὑρίσκοντες** τὸ πῶς κολάσωνται
Ac 5:10 δὲ οἱ νεανίσκοι **εὗρον** αὐτὴν νεκρὰν καὶ
Ac 5:22 παραγενόμενοι ὑπηρέται οὐχ **εὗρον** αὐτοὺς
Ac 5:23 ὅτι τὸ δεσμωτήριον **εὕρομεν** κεκλεισμένον ἐν πάσῃ
Ac 5:23 δὲ ἔσω οὐδένα **εὕρομεν**.
Ac 5:39 μήποτε καὶ θεομάχοι **εὑρεθῆτε**.
Ac 7:11 καὶ οὐχ **ηὕρισκον** χορτάσματα οἱ πατέρες
Ac 7:46 ὃς **εὗρεν** χάριν ἐνώπιον τοῦ
Ac 7:46 θεοῦ καὶ ᾐτήσατο **εὑρεῖν** σκήνωμα τῷ οἴκῳ
Ac 8:40 Φίλιππος δὲ **εὑρέθη** εἰς Ἄζωτον·
Ac 9:2 ὅπως ἐάν τινας **εὕρῃ** τῆς ὁδοῦ ὄντας,
Ac 9:33 **εὗρεν** δὲ ἐκεῖ ἄνθρωπόν
Ac 10:27 αὐτῷ εἰσῆλθεν καὶ **εὑρίσκει** συνεληλυθότας πολλούς,
Ac 11:26 καὶ **εὑρὼν** ἤγαγεν εἰς Ἀντιόχειαν.
Ac 12:19 αὐτὸν καὶ μὴ **εὑρών**,
Ac 13:6 νῆσον ἄχρι Πάφου **εὗρον** ἄνδρα τινα μάγον
Ac 13:22 **εὗρον** Δαυὶδ τὸν τοῦ
Ac 13:28 μηδεμίαν αἰτίαν θανάτου **εὑρόντες** ᾐτήσαντο Πιλᾶτον ἀναιρεθῆναι
Ac 17:6 μὴ **εὑρόντες** δὲ αὐτοὺς ἔσυρον
Ac 17:23 τὰ σεβάσματα ὑμῶν **εὗρον** καὶ βωμὸν ἐν
Ac 17:27 ψηλαφήσειαν αὐτὸν καὶ **εὕροιεν**,
Ac 18:2 καὶ **εὑρών** τινα Ἰουδαῖον ὀνόματι
Ac 19:1 εἰς Ἔφεσον καὶ **εὑρεῖν** τινας μαθητὰς
Ac 19:19 τιμὰς αὐτῶν καὶ **εὗρον** ἀργυρίου μυριάδας πέντε.
Ac 21:2 καὶ **εὑρόντες** πλοῖον διαπερῶν εἰς
Ac 23:9 οὐδὲν κακὸν **εὑρίσκομεν** ἐν τῷ ἀνθρώπῳ
Ac 23:29 ὃν **εὗρον** ἐγκαλούμενον περὶ ζητημάτων
Ac 24:5 **εὑρόντες** γὰρ τὸν ἄνδρα
Ac 24:12 ἐν τῷ ἱερῷ **εὗρόν** με πρός τινα
Ac 24:18 ἐν αἷς **εὗρόν** με ἡγνισμένον ἐν
Ac 24:20 οὗτοι εἰπάτωσαν τί **εὗρον** ἀδίκημα στάντος μου
Ac 27:6 Κἀκεῖ **εὑρὼν** ὁ ἑκατοντάρχης πλοῖον
Ac 27:28 καὶ βολίσαντες **εὗρον** ὀργυιὰς εἴκοσι,
Ac 27:28 καὶ πάλιν βολίσαντες **εὗρον** ὀργυιὰς δεκαπέντε·
Ac 28:14 οὗ **εὑρόντες** ἀδελφοὺς παρεκλήθημεν παρ'

<u>εὐσέβεια (*eusebeia*; 1/15) *godliness*</u>
Ac 3:12 ἰδίᾳ δυνάμει ἢ **εὐσεβείᾳ** πεποιηκόσιν τοῦ περιπατεῖν

<u>εὐσεβέω (*eusebeō*; 1/2) *worship*</u>
Ac 17:23 ὃ οὖν ἀγνοοῦντες **εὐσεβεῖτε**,

<u>εὐσεβής (*eusebēs*; 2/3) *godly*</u>
Ac 10:2 **εὐσεβὴς** καὶ φοβούμενος τὸν
Ac 10:7 οἰκετῶν καὶ στρατιώτην **εὐσεβῆ** τῶν προσκαρτερούντων αὐτῷ

<u>εὐσχήμων (*euschēmōn*; 2/5) *respected*</u>
Ac 13:50 σεβομένας γυναῖκας τὰς **εὐσχήμονας** καὶ τοὺς πρώτους
Ac 17:12 Ἑλληνίδων γυναικῶν τῶν **εὐσχημόνων** καὶ ἀνδρῶν οὐκ

<u>εὐτόνως (*eutonōs*; 1/2) *vehemently*</u>
Ac 18:28 **εὐτόνως** γὰρ τοῖς Ἰουδαίοις

<u>Εὔτυχος (*Eutychos*; 1/1) *Eutychus*</u>
Ac 20:9 τις νεανίας ὀνόματι **Εὔτυχος** ἐπὶ τῆς θυρίδος,

<u>εὐφραίνω (*euphrainō*; 2/14) *make glad*</u>
Ac 2:26 διὰ τοῦτο **ηὐφράνθη** ἡ καρδία μου
Ac 7:41 τῷ εἰδώλῳ καὶ **εὐφραίνοντο** ἐν τοῖς ἔργοις

<u>εὐφροσύνη (*euphrosynē*; 2/2) *gladness*</u>
Ac 2:28 πληρώσεις με **εὐφροσύνης** μετὰ τοῦ προσώπου
Ac 14:17 ἐμπιπλῶν τροφῆς καὶ **εὐφροσύνης** τὰς καρδίας ὑμῶν.

<u>εὐχαριστέω (*eucharisteō*; 2/38) *thank*</u>
Ac 27:35 καὶ λαβὼν ἄρτον **εὐχαρίστησεν** τῷ θεῷ ἐνώπιον
Ac 28:15 ἰδὼν ὁ Παῦλος **εὐχαριστήσας** τῷ θεῷ ἔλαβε

<u>εὐχαριστία (*eucharistia*; 1/15) *thanksgiving*</u>
Ac 24:3 μετὰ πάσης **εὐχαριστίας**.

<u>εὐχή (*euchē*; 2/3) *vow*</u>
Ac 18:18 εἶχεν γὰρ **εὐχήν**.
Ac 21:23 ἡμῖν ἄνδρες τέσσαρες **εὐχὴν** ἔχοντες ἐφ' ἑαυτῶν.

εὔχομαι (*euchomai*; 2/7) *pray*

Ac 26:29 **εὐξαίμην** ἂν τῷ θεῷ
Ac 27:29 ῥίψαντες ἀγκύρας τέσσαρας **ηὔχοντο** ἡμέραν γενέσθαι.

εὐώνυμος (*euōnymos*; 1/9) *left*

Ac 21:3 καὶ καταλιπόντες αὐτὴν **εὐώνυμον** ἐπλέομεν εἰς Συρίαν

ἐφάλλομαι (*ephallomai*; 1/1) *jump on*

Ac 19:16 καὶ **ἐφαλόμενος** ὁ ἄνθρωπος ἐπ᾽

Ἐφέσιος (*Ephesios*; 5/5) *Ephesian*

Ac 19:28 μεγάλη ἡ Ἄρτεμις **Ἐφεσίων**.
Ac 19:34 μεγάλη ἡ Ἄρτεμις **Ἐφεσίων**.
Ac 19:35 ἄνδρες **Ἐφέσιοι**,
Ac 19:35 οὐ γινώσκει τὴν **Ἐφεσίων** πόλιν νεωκόρον οὖσαν
Ac 21:29 προεωρακότες Τρόφιμον τὸν **Ἐφέσιον** ἐν τῇ πόλει

Ἔφεσος (*Ephesos*; 8/16) *Ephesus*

Ac 18:19 κατήντησαν δὲ εἰς **Ἔφεσον**,
Ac 18:21 ἀνήχθη ἀπὸ τῆς **Ἐφέσου**,
Ac 18:24 κατήντησεν εἰς **Ἔφεσον**,
Ac 19:1 μέρη [κατ]ελθεῖν εἰς **Ἔφεσον** καὶ εὑρεῖν τινας
Ac 19:17 τοῖς κατοικοῦσιν τὴν **Ἔφεσον** καὶ ἐπέπεσεν φόβος
Ac 19:26 ὅτι οὐ μόνον **Ἐφέσου** ἀλλὰ σχεδὸν πάσης
Ac 20:16 Παῦλος παραπλεῦσαι τὴν **Ἔφεσον**,
Ac 20:17 Μιλήτου πέμψας εἰς **Ἔφεσον** μετεκαλέσατο τοὺς πρεσβυτέρους

ἐφίστημι (*ephistēmi*; 11/21) *come up, be present or imminent*

Ac 4:1 πρὸς τὸν λαὸν **ἐπέστησαν** αὐτοῖς οἱ ἱερεῖς
Ac 6:12 τοὺς γραμματεῖς καὶ **ἐπιστάντες** συνήρπασαν αὐτὸν καὶ
Ac 10:17 οἰκίαν τοῦ Σίμωνος **ἐπέστησαν** ἐπὶ τὸν πυλῶνα,
Ac 11:11 ἐξαυτῆς τρεῖς ἄνδρες **ἐπέστησαν** ἐπὶ τὴν οἰκίαν
Ac 12:7 ἰδοὺ ἄγγελος κυρίου **ἐπέστη** καὶ φῶς ἔλαμψεν
Ac 17:5 τὴν πόλιν καὶ **ἐπιστάντες** τῇ οἰκίᾳ Ἰάσονος
Ac 22:13 πρός με καὶ **ἐπιστὰς** εἶπέν μοι·
Ac 22:20 καὶ αὐτὸς ἤμην **ἐφεστὼς** καὶ συνευδοκῶν καὶ
Ac 23:11 δὲ ἐπιούσῃ νυκτὶ **ἐπιστὰς** αὐτῷ ὁ κύριος
Ac 23:27 ἀναιρεῖσθαι ὑπ᾽ αὐτῶν **ἐπιστὰς** σὺν τῷ στρατεύματι
Ac 28:2 τὸν ὑετὸν τὸν **ἐφεστῶτα** καὶ διὰ τὸ

ἐχθές (*echthes*; 1/3) *yesterday*

Ac 7:28 ὃν τρόπον ἀνεῖλες **ἐχθὲς** τὸν Αἰγύπτιον;

ἐχθρός (*echthros*; 2/32) *enemy*

Ac 2:35 ἂν θῶ τοὺς **ἐχθρούς** σου ὑποπόδιον τῶν
Ac 13:10 **ἐχθρὲ** πάσης δικαιοσύνης,

ἔχιδνα (*echidna*; 1/5) *snake*

Ac 28:3 **ἔχιδνα** ἀπὸ τῆς θέρμης

ἔχω (*echō*; 44/706[708]) *have, hold*

Ac 1:12 ἐγγὺς Ἰερουσαλὴμ σαββάτου **ἔχον** ὁδόν.
Ac 2:44 τὸ αὐτὸ καὶ **εἶχον** ἅπαντα κοινὰ
Ac 2:45 ἄν τις χρείαν **εἶχεν**·
Ac 2:47 τὸν θεὸν καὶ **ἔχοντες** χάριν πρὸς ὅλον
Ac 3:6 ὃ δὲ **ἔχω** τοῦτό σοι δίδωμι·
Ac 4:14 τὸν τεθεραπευμένον οὐδὲν **εἶχον** ἀντειπεῖν.
Ac 4:35 ἄν τις χρείαν **εἶχεν**.
Ac 7:1 εἰ ταῦτα οὕτως **ἔχει**;
Ac 8:7 πολλοὶ γὰρ τῶν **ἐχόντων** πνεύματα ἀκάθαρτα βοῶντα
Ac 9:14 καὶ ὧδε **ἔχει** ἐξουσίαν παρὰ τῶν
Ac 9:31 Γαλιλαίας καὶ Σαμαρείας **εἶχεν** εἰρήνην οἰκοδομουμένη καὶ
Ac 11:3 πρὸς ἄνδρας ἀκροβυστίαν **ἔχοντας** καὶ συνέφαγες αὐτοῖς.
Ac 12:15 δὲ διϊσχυρίζετο οὕτως **ἔχειν**.
Ac 13:5 **εἶχον** δὲ καὶ Ἰωάννην
Ac 14:9 καὶ ἰδὼν ὅτι **ἔχει** πίστιν τοῦ σωθῆναι,
Ac 15:21 τοὺς κηρύσσοντας αὐτὸν **ἔχει** ἐν ταῖς συναγωγαῖς
Ac 15:36 τοῦ κυρίου πῶς **ἔχουσιν**.
Ac 16:16 προσευχὴν παιδίσκην τινα **ἔχουσαν** πνεῦμα πύθωνα ὑπαντῆσαι
Ac 17:11 τὰς γραφὰς εἰ **ἔχοι** ταῦτα οὕτως.
Ac 18:18 **εἶχεν** γὰρ εὐχήν.
Ac 19:13 ὀνομάζειν ἐπὶ τοὺς **ἔχοντας** τὰ πνεύματα τὰ
Ac 19:38 σὺν αὐτῷ τεχνῖται **ἔχουσι** πρός τινα λόγον,
Ac 20:15 τῇ δὲ **ἐχομένῃ** ἤλθομεν εἰς Μίλητον.
Ac 21:13 εἰς Ἰερουσαλὴμ ἑτοίμως **ἔχω** ὑπὲρ τοῦ ὀνόματος
Ac 21:23 ἄνδρες τέσσαρες εὐχὴν **ἔχοντες** ἐφ᾽ ἑαυτῶν.
Ac 21:26 τοὺς ἄνδρας τῇ **ἐχομένῃ** ἡμέρᾳ σὺν αὐτοῖς
Ac 23:17 **ἔχει** γὰρ ἀπαγγεῖλαί τι
Ac 23:18 ἀγαγεῖν πρὸς σὲ **ἔχοντά** τι λαλῆσαί σοι.
Ac 23:19 τί ἐστιν ὃ **ἔχεις** ἀπαγγεῖλαί μοι;
Ac 23:25 γράψας ἐπιστολὴν **ἔχουσαν** τὸν τύπον τοῦτον·
Ac 23:29 θανάτου ἢ δεσμῶν **ἔχοντα** ἔγκλημα.
Ac 24:9 φάσκοντες ταῦτα οὕτως **ἔχειν**.
Ac 24:15 ἐλπίδα **ἔχων** εἰς τὸν θεὸν
Ac 24:16 ἀσκῶ ἀπρόσκοπον συνείδησιν **ἔχειν** πρὸς τὸν θεὸν
Ac 24:19 κατηγορεῖν εἴ τι **ἔχοιεν** πρὸς ἐμέ.
Ac 24:23 ἑκατοντάρχῃ τηρεῖσθαι αὐτὸν **ἔχειν** τε ἄνεσιν καὶ
Ac 24:25 τὸ νῦν **ἔχον** πορεύου,
Ac 25:16 κατηγορούμενος κατὰ πρόσωπον **ἔχοι** τοὺς κατηγόρους τόπον
Ac 25:19 τῆς ἰδίας δεισιδαιμονίας **εἶχον** πρὸς αὐτὸν
Ac 25:26 τῷ κυρίῳ οὐκ **ἔχω**,
Ac 25:26 τῆς ἀνακρίσεως γενομένης **σχῶ** τί γράψω·
Ac 27:39 δέ τινα κατενόουν **ἔχοντα** αἰγιαλὸν εἰς ὃν
Ac 28:9 ἐν τῇ νήσῳ **ἔχοντες** ἀσθενείας προσήρχοντο
Ac 28:19 τοῦ ἔθνους μου **ἔχων** τι κατηγορεῖν.

ἕως (*heōs*; 22/146) *until*

Ac 1:8 καὶ Σαμαρείᾳ καὶ **ἕως** ἐσχάτου τῆς γῆς.
Ac 1:22 τοῦ βαπτίσματος Ἰωάννου **ἕως** τῆς ἡμέρας ἧς

Ac 2:35 **ἕως** ἂν θῶ τοὺς
Ac 7:45 τῶν πατέρων ἡμῶν **ἕως** τῶν ἡμερῶν Δαυίδ,
Ac 8:10 πάντες ἀπὸ μικροῦ **ἕως** μεγάλου λέγοντες·
Ac 8:40 τὰς πόλεις πάσας **ἕως** τοῦ ἐλθεῖν αὐτὸν
Ac 9:38 μὴ ὀκνήσῃς διελθεῖν **ἕως** ἡμῶν.
Ac 11:19 ἐπὶ Στεφάνῳ διῆλθον **ἕως** Φοινίκης καὶ Κύπρου
Ac 11:22 ἐξαπέστειλαν Βαρναβᾶν [διελθεῖν] **ἕως** Ἀντιοχείας.
Ac 13:20 ταῦτα ἔδωκεν κριτὰς **ἕως** Σαμουὴλ [τοῦ] προφήτου.
Ac 13:47 σε εἰς σωτηρίαν **ἕως** ἐσχάτου τῆς γῆς.
Ac 17:14 οἱ ἀδελφοὶ πορεύεσθαι **ἕως** ἐπὶ τὴν θάλασσαν,
Ac 17:15 τὸν Παῦλον ἤγαγον **ἕως** Ἀθηνῶν,
Ac 21:5 γυναιξὶ καὶ τέκνοις **ἕως** ἔξω τῆς πόλεως,
Ac 21:26 ἡμερῶν τοῦ ἁγνισμοῦ **ἕως** οὗ προσηνέχθη
Ac 23:12 φαγεῖν μήτε πιεῖν **ἕως** οὗ ἀποκτείνωσιν τὸν
Ac 23:14 ἑαυτοὺς μηδενὸς γεύσασθαι **ἕως** οὗ ἀποκτείνωμεν τὸν
Ac 23:21 φαγεῖν μήτε πιεῖν **ἕως** οὗ ἀνέλωσιν αὐτόν,
Ac 23:23 ὅπως πορευθῶσιν **ἕως** Καισαρείας,
Ac 25:21 ἐκέλευσα τηρεῖσθαι αὐτὸν **ἕως** οὗ ἀναπέμψω αὐτὸν
Ac 26:11 ἐμμαινόμενος αὐτοῖς ἐδίωκον **ἕως** καὶ εἰς
Ac 28:23 ἀπὸ πρωῒ **ἕως** ἑσπέρας.

ζάω (*zaō*; 12/139[140]) *live*

Ac 1:3 καὶ παρέστησεν ἑαυτὸν **ζῶντα** μετὰ τὸ παθεῖν
Ac 7:38 ὃς ἐδέξατο λόγια **ζῶντα** δοῦναι ἡμῖν,
Ac 9:41 χήρας παρέστησεν αὐτὴν **ζῶσαν**.
Ac 10:42 τοῦ θεοῦ κριτὴς **ζώντων** καὶ νεκρῶν.
Ac 14:15 ἐπιστρέφειν ἐπὶ θεὸν **ζῶντα**,
Ac 17:28 ἐν αὐτῷ γὰρ **ζῶμεν** καὶ κινούμεθα καὶ
Ac 20:12 δὲ τὸν παῖδα **ζῶντα** καὶ παρεκλήθησαν οὐ
Ac 22:22 γὰρ καθῆκεν αὐτὸν **ζῆν**.
Ac 25:19 ἔφασκεν ὁ Παῦλος **ζῆν**.
Ac 25:24 μὴ δεῖν αὐτὸν **ζῆν** μηκέτι.
Ac 26:5 τῆς ἡμετέρας θρησκείας **ἔζησα** Φαρισαῖος.
Ac 28:4 θαλάσσης ἡ δίκη **ζῆν** οὐκ εἴασεν.

ζευκτηρία (*zeuktēria*; 1/1) *rope*

Ac 27:40 ἅμα ἀνέντες τὰς **ζευκτηρίας** τῶν πηδαλίων

Ζεύς (*Zeus*; 2/2) *Zeus*

Ac 14:12 τε τὸν Βαρναβᾶν **Δία**,
Ac 14:13 τε ἱερεὺς τοῦ **Διὸς** τοῦ ὄντος πρὸ

ζέω (*zeō*; 1/2) *boil*

Ac 18:25 τοῦ κυρίου καὶ **ζέων** τῷ πνεύματι ἐλάλει

ζῆλος (*zēlos*; 2/16) *zeal*

Ac 5:17 ἐπλήσθησαν ζήλου
Ac 13:45 τοὺς ὄχλους ἐπλήσθησαν **ζήλου** καὶ ἀντέλεγον τοῖς

ζηλόω (*zēloō*; 2/11) *be jealous*

Ac 7:9 Καὶ οἱ πατριάρχαι **ζηλώσαντες** τὸν Ἰωσὴφ ἀπέδοντο
Ac 17:5 **Ζηλώσαντες** δὲ οἱ Ἰουδαῖοι

ζηλωτής (*zēlōtēs*; 3/8) *one who is zealous or eager*

Ac 1:13 καὶ Σίμων ὁ **ζηλωτὴς** καὶ Ἰούδας Ἰακώβου.
Ac 21:20 πεπιστευκότων καὶ πάντες **ζηλωταὶ** τοῦ νόμου ὑπάρχουσιν·
Ac 22:3 **ζηλωτὴς** ὑπάρχων τοῦ θεοῦ

ζημία (*zēmia*; 2/4) *loss*

Ac 27:10 ὕβρεως καὶ πολλῆς **ζημίας** οὐ μόνον τοῦ
Ac 27:21 ταύτην καὶ τὴν **ζημίαν**.

ζητέω (*zēteō*; 10/117) *seek*

Ac 9:11 καλουμένην Εὐθεῖαν καὶ **ζήτησον** ἐν οἰκίᾳ Ἰούδα
Ac 10:19 ἰδοὺ ἄνδρες τρεῖς **ζητοῦντές** σε,
Ac 10:21 ἐγώ εἰμι ὃν **ζητεῖτε**·
Ac 13:8 **ζητῶν** διαστρέψαι τὸν ἀνθύπατον
Ac 13:11 σκότος καὶ περιάγων **ἐζήτει** χειραγωγούς.
Ac 16:10 εὐθέως **ἐζητήσαμεν** ἐξελθεῖν εἰς Μακεδονίαν
Ac 17:5 τῇ οἰκίᾳ Ἰάσονος **ἐζήτουν** αὐτοὺς προαγαγεῖν εἰς
Ac 17:27 **ζητεῖν** τὸν θεόν,
Ac 21:31 **Ζητούντων** τε αὐτὸν ἀποκτεῖναι
Ac 27:30 Τῶν δὲ ναυτῶν **ζητούντων** φυγεῖν ἐκ τοῦ

ζήτημα (*zētēma*; 5/5) *controversial question*

Ac 15:2 Ἰερουσαλὴμ περὶ τοῦ **ζητήματος** τούτου.
Ac 18:15 εἰ δὲ **ζητήματά** ἐστιν περὶ λόγου
Ac 23:29 εὗρον ἐγκαλούμενον περὶ **ζητημάτων** τοῦ νόμου αὐτῶν,
Ac 25:19 **ζητήματα** δέ τινα περὶ
Ac 26:3 ἐθῶν τε καὶ **ζητημάτων**,

ζήτησις (*zētēsis*; 3/7) *controversy, discussion*

Ac 15:2 δὲ στάσεως καὶ **ζητήσεως** οὐκ ὀλίγης τῷ
Ac 15:7 Πολλῆς δὲ **ζητήσεως** γενομένης ἀναστὰς Πέτρος
Ac 25:20 τὴν περὶ τούτων **ζήτησιν** ἔλεγον εἰ βούλοιτο

ζυγός (*zygos*; 1/6) *yoke*

Ac 15:10 τὸν θεὸν ἐπιθεῖναι **ζυγὸν** ἐπὶ τὸν τράχηλον

ζωή (*zōē*; 8/135) *life*

Ac 2:28 ἐγνώρισάς μοι ὁδοὺς **ζωῆς**,
Ac 3:15 δὲ ἀρχηγὸν τῆς **ζωῆς** ἀπεκτείνατε ὃν ὁ
Ac 5:20 τὰ ῥήματα τῆς **ζωῆς** ταύτης.
Ac 8:33 τῆς γῆς ἡ **ζωὴ** αὐτοῦ.
Ac 11:18 τὴν μετάνοιαν εἰς **ζωὴν** ἔδωκεν.
Ac 13:46 ἑαυτοὺς τῆς αἰωνίου **ζωῆς**,
Ac 13:48 ἦσαν τεταγμένοι εἰς **ζωὴν** αἰώνιον·
Ac 17:25 αὐτὸς διδοὺς πᾶσι **ζωὴν** καὶ πνοὴν καὶ

ζώνη (*zōnē*; 2/8) *belt*

Ac 21:11 καὶ ἄρας τὴν **ζώνην** τοῦ Παύλου,
Ac 21:11 οὗ ἐστιν ἡ **ζώνη** αὕτη,

ζώννυμι (*zōnnymi*; 1/3) *fasten*

Ac 12:8 **ζῶσαι** καὶ ὑπόδησαι τὰ

ζῳογονέω (*zōogoneō*; 1/3) *give life to*
Ac 7:19 εἰς τὸ μὴ **ζῳογονεῖσθαι**.

ἤ (*ē*; 35/340) *or*
Ac 1:7 ἐστιν γνῶναι χρόνους **ἢ** καιροὺς οὓς ὁ
Ac 3:12 θαυμάζετε ἐπὶ τούτῳ **ἢ** ἡμῖν τί ἀτενίζετε
Ac 3:12 ὡς ἰδίᾳ δυνάμει **ἢ** εὐσεβείᾳ πεποιηκόσιν τοῦ
Ac 4:7 ἐν ποίᾳ δυνάμει **ἢ** ἐν ποίῳ ὀνόματι
Ac 4:19 ὑμῶν ἀκούειν μᾶλλον **ἢ** τοῦ θεοῦ,
Ac 4:34 γὰρ κτήτορες χωρίων **ἢ** οἰκιῶν ὑπῆρχον,
Ac 5:29 δεῖ θεῷ μᾶλλον **ἢ** ἀνθρώποις.
Ac 5:38 ἡ βουλὴ αὕτη **ἢ** τὸ ἔργον τοῦτο,
Ac 7:2 τῇ Μεσοποταμίᾳ πρὶν **ἢ** κατοικῆσαι αὐτὸν
Ac 7:49 **ἢ** τίς τόπος τῆς
Ac 8:34 περὶ ἑαυτοῦ **ἢ** περὶ ἑτέρου τινος;
Ac 10:28 ἀνδρὶ Ἰουδαίῳ κολλᾶσθαι **ἢ** προσέρχεσθαι ἀλλοφύλῳ·
Ac 10:28 ἔδειξεν μηδένα κοινὸν **ἢ** ἀκάθαρτον λέγειν ἄνθρωπον·
Ac 11:8 ὅτι κοινὸν **ἢ** ἀκάθαρτον οὐδέποτε εἰσῆλθεν
Ac 17:21 οὐδὲν ἕτερον ηὐκαίρουν **ἢ** λέγειν τι ἢ
Ac 17:21 ἢ λέγειν τι **ἢ** ἀκούειν τι καινότερον.
Ac 17:29 ὀφείλομεν νομίζειν χρυσῷ **ἢ** ἀργύρῳ ἢ λίθῳ,
Ac 17:29 χρυσῷ ἢ ἀργύρῳ **ἢ** λίθῳ,
Ac 18:14 ἦν ἀδίκημά τι **ἢ** ῥᾳδιούργημα πονηρόν,
Ac 19:12 χρωτὸς αὐτοῦ σουδάρια **ἢ** σιμικίνθια καὶ ἀπαλλάσσεσθαι
Ac 20:33 ἀργυρίου **ἢ** χρυσίου ἢ ἱματισμοῦ
Ac 20:33 ἀργυρίου ἢ χρυσίου **ἢ** ἱματισμοῦ οὐδενὸς ἐπεθύμησα·
Ac 20:35 ἐστιν μᾶλλον διδόναι **ἢ** λαμβάνειν.
Ac 23:9 πνεῦμα ἐλάλησεν αὐτῷ **ἢ** ἄγγελος;
Ac 23:29 δὲ ἄξιον θανάτου **ἢ** δεσμῶν ἔχοντα ἔγκλημα.
Ac 24:12 πρός τινα διαλεγόμενον **ἢ** ἐπίστασιν ποιοῦντα ὄχλου
Ac 24:20 **ἢ** αὐτοὶ οὗτοι εἰπάτωσαν
Ac 24:21 **ἢ** περὶ μιᾶς ταύτης
Ac 25:6 οὐ πλείους ὀκτὼ **ἢ** δέκα,
Ac 25:16 τινα ἄνθρωπον πρὶν **ἢ** ὁ κατηγορούμενος
Ac 26:31 ὅτι οὐδὲν θανάτου **ἢ** δεσμῶν ἄξιόν [τι]
Ac 27:11 ναυκλήρῳ μᾶλλον ἐπείθετο **ἢ** τοῖς ὑπὸ Παύλου
Ac 28:6 αὐτὸν μέλλειν πίμπρασθαι **ἢ** καταπίπτειν ἄφνω νεκρόν.
Ac 28:17 ποιήσας τῷ λαῷ **ἢ** τοῖς ἔθεσι τοῖς
Ac 28:21 τῶν ἀδελφῶν ἀπήγγειλεν **ἢ** ἐλάλησέν τι περὶ

ἡγεμών (*hēgemōn*; 6/20) *governor*
Ac 23:24 πρὸς Φήλικα τὸν **ἡγεμόνα**,
Ac 23:26 Λυσίας τῷ κρατίστῳ **ἡγεμόνι** Φήλικι χαίρειν.
Ac 23:33 τὴν ἐπιστολὴν τῷ **ἡγεμόνι** παρέστησαν καὶ
Ac 24:1 οἵτινες ἐνεφάνισαν τῷ **ἡγεμόνι** κατὰ τοῦ Παύλου.
Ac 24:10 νεύσαντος αὐτῷ τοῦ **ἡγεμόνος** λέγειν·
Ac 26:30 βασιλεὺς καὶ ὁ **ἡγεμὼν** ἥ τε Βερνίκη

ἡγέομαι (*hēgeomai*; 4/28) *consider*
Ac 7:10 καὶ κατέστησεν αὐτὸν **ἡγούμενον** ἐπ' Αἴγυπτον καὶ
Ac 14:12 αὐτὸς ἦν ὁ **ἡγούμενος** τοῦ λόγου.
Ac 15:22 ἄνδρας **ἡγουμένους** ἐν τοῖς ἀδελφοῖς,
Ac 26:2 **ἥγημαι** ἐμαυτὸν μακάριον ἐπὶ

ἤδη (*ēdē*; 3/61) *already*
Ac 4:3 ἦν γὰρ ἑσπέρα **ἤδη**.
Ac 27:9 διαγενομένου καὶ ὄντος **ἤδη** ἐπισφαλοῦς τοῦ πλοὸς
Ac 27:9 καὶ τὴν νηστείαν **ἤδη** παρεληλυθέναι παρῄνει ὁ

ἥλιος (*hēlios*; 4/32) *sun*
Ac 2:20 ὁ **ἥλιος** μεταστραφήσεται εἰς σκότος
Ac 13:11 μὴ βλέπων τὸν **ἥλιον** ἄχρι καιροῦ.
Ac 26:13 τὴν λαμπρότητα τοῦ **ἡλίου** περιλάμψαν με φῶς
Ac 27:20 μήτε δὲ **ἡλίου** μήτε ἄστρων ἐπιφαινόντων

ἡμεῖς (*hēmeis*; 125/855) *we*
Ac 1:17 κατηριθμημένος ἦν ἐν **ἡμῖν** καὶ ἔλαχεν τὸν
Ac 1:21 οὖν τῶν συνελθόντων **ἡμῖν** ἀνδρῶν ἐν παντὶ
Ac 1:21 καὶ ἐξῆλθεν ἐφ' **ἡμᾶς** ὁ κύριος Ἰησοῦς,
Ac 1:22 ἧς ἀνελήμφθη ἀφ' **ἡμῶν**,
Ac 1:22 ἀναστάσεως αὐτοῦ σὺν **ἡμῖν** γενέσθαι ἕνα τούτων.
Ac 2:8 καὶ πῶς **ἡμεῖς** ἀκούομεν ἕκαστος τῇ
Ac 2:8 τῇ ἰδίᾳ διαλέκτῳ **ἡμῶν** ἐν ᾗ ἐγεννήθημεν;
Ac 2:29 αὐτοῦ ἔστιν ἐν **ἡμῖν** ἄχρι τῆς ἡμέρας
Ac 2:32 οὗ πάντες **ἡμεῖς** ἐσμεν μάρτυρες·
Ac 2:39 κύριος ὁ θεὸς **ἡμῶν**.
Ac 3:4 βλέψον εἰς **ἡμᾶς**.
Ac 3:12 ἐπὶ τούτῳ ἢ **ἡμῖν** τί ἀτενίζετε ὡς
Ac 3:13 θεὸς τῶν πατέρων **ἡμῶν**,
Ac 3:15 οὗ **ἡμεῖς** μάρτυρές ἐσμεν.
Ac 4:9 εἰ **ἡμεῖς** σήμερον ἀνακρινόμεθα ἐπὶ
Ac 4:12 ᾧ δεῖ σωθῆναι **ἡμᾶς**.
Ac 4:20 οὐ δυνάμεθα γὰρ **ἡμεῖς** ἃ εἴδαμεν καὶ
Ac 4:25 ὁ τοῦ πατρὸς **ἡμῶν** διὰ πνεύματος ἁγίου
Ac 5:28 βούλεσθε ἐπαγαγεῖν ἐφ' **ἡμᾶς** τὸ αἷμα τοῦ
Ac 5:30 θεὸς τῶν πατέρων **ἡμῶν** ἤγειρεν Ἰησοῦν ὃν
Ac 5:32 καὶ **ἡμεῖς** ἐσμεν μάρτυρες τῶν
Ac 6:2 οὐκ ἀρεστόν ἐστιν **ἡμᾶς** καταλείψαντας τὸν λόγον
Ac 6:4 **ἡμεῖς** δὲ τῇ προσευχῇ
Ac 6:14 ἔθη ἃ παρέδωκεν **ἡμῖν** Μωϋσῆς.
Ac 7:2 ὤφθη τῷ πατρὶ **ἡμῶν** Ἀβραὰμ ὄντι ἐν
Ac 7:11 χορτάσματα οἱ πατέρες **ἡμῶν**.
Ac 7:12 ἐξαπέστειλεν τοὺς πατέρας **ἡμῶν** πρῶτον.
Ac 7:15 καὶ οἱ πατέρες **ἡμῶν**,
Ac 7:19 κατασοφισάμενος τὸ γένος **ἡμῶν** ἐκάκωσεν τοὺς πατέρας
Ac 7:19 τοὺς πατέρας **[ἡμῶν]** τοῦ ποιεῖν
Ac 7:27 καὶ δικαστὴν ἐφ' **ἡμῶν**;
Ac 7:38 καὶ τῶν πατέρων **ἡμῶν**,
Ac 7:38 λόγια ζῶντα δοῦναι **ἡμῖν**,
Ac 7:39 γενέσθαι οἱ πατέρες **ἡμῶν**,
Ac 7:40 ποίησον **ἡμῖν** θεοὺς οἳ προπορεύσονται
Ac 7:40 θεοὺς οἳ προπορεύσονται **ἡμῶν**·
Ac 7:40 ὃς ἐξήγαγεν **ἡμᾶς** ἐκ γῆς Αἰγύπτου,
Ac 7:44 ἦν τοῖς πατράσιν **ἡμῶν** ἐν τῇ ἐρήμῳ
Ac 7:45 διαδεξάμενοι οἱ πατέρες **ἡμῶν** μετὰ Ἰησοῦ
Ac 7:45 προσώπου τῶν πατέρων **ἡμῶν** ἕως τῶν ἡμερῶν
Ac 9:38 ὀκνήσῃς διελθεῖν ἕως **ἡμῶν**.
Ac 10:33 νῦν οὖν πάντες **ἡμεῖς** ἐνώπιον τοῦ θεοῦ
Ac 10:39 καὶ **ἡμεῖς** μάρτυρες πάντων ὧν
Ac 10:41 **ἡμῖν**,

Ac 10:42 καὶ παρήγγειλεν **ἡμῖν** κηρύξαι τῷ λαῷ
Ac 10:47 ἔλαβον ὡς καὶ **ἡμεῖς**;
Ac 11:13 ἀπήγγειλεν δὲ **ἡμῖν** πῶς εἶδεν [τὸν]
Ac 11:15 ὥσπερ καὶ ἐφ' **ἡμᾶς** ἐν ἀρχῇ.
Ac 11:17 θεὸς ὡς καὶ **ἡμῖν** πιστεύσασιν ἐπὶ τὸν
Ac 13:17 ἐξελέξατο τοὺς πατέρας **ἡμῶν** καὶ τὸν λαὸν
Ac 13:26 **ἡμῖν** ὁ λόγος τῆς
Ac 13:32 Καὶ **ἡμεῖς** ὑμᾶς εὐαγγελιζόμεθα τὴν
Ac 13:33 τοῖς τέκνοις [αὐτῶν] **ἡμῖν** ἀναστήσας Ἰησοῦν ὡς
Ac 13:47 οὕτως γὰρ ἐντέταλται **ἡμῖν** ὁ κύριος·
Ac 14:11 ἀνθρώποις κατέβησαν πρὸς **ἡμᾶς**,
Ac 14:15 καὶ **ἡμεῖς** ὁμοιοπαθεῖς ἐσμεν ὑμῖν
Ac 14:22 πολλῶν θλίψεων δεῖ **ἡμᾶς** εἰσελθεῖν εἰς τὴν
Ac 15:8 ἅγιον καθὼς καὶ **ἡμῖν**
Ac 15:9 οὐθὲν διέκρινεν μεταξὺ **ἡμῶν** τε καὶ αὐτῶν
Ac 15:10 οὔτε οἱ πατέρες **ἡμῶν** οὔτε ἡμεῖς ἰσχύσαμεν
Ac 15:10 πατέρες ἡμῶν οὔτε **ἡμεῖς** ἰσχύσαμεν βαστάσαι;
Ac 15:24 ὅτι τινες ἐξ **ἡμῶν** [ἐξελθόντες] ἐτάραξαν ὑμᾶς
Ac 15:25 ἔδοξεν **ἡμῖν** γενομένοις ὁμοθυμαδὸν ἐκλεξαμένοις
Ac 15:25 σὺν τοῖς ἀγαπητοῖς **ἡμῶν** Βαρναβᾷ καὶ Παύλῳ,
Ac 15:26 ὀνόματος τοῦ κυρίου **ἡμῶν** Ἰησοῦ Χριστοῦ.
Ac 15:28 τῷ ἁγίῳ καὶ **ἡμῖν** μηδὲν πλέον ἐπιτίθεσθαι
Ac 16:9 εἰς Μακεδονίαν βοήθησον **ἡμῖν**.
Ac 16:10 συμβιβάζοντες ὅτι προσκέκληται **ἡμᾶς** ὁ θεὸς εὐαγγελίσασθαι
Ac 16:15 καὶ παρεβιάσατο **ἡμᾶς**.
Ac 16:16 Ἐγένετο δὲ πορευομένων **ἡμῶν** εἰς τὴν προσευχὴν
Ac 16:16 πνεῦμα πύθωνα ὑπαντῆσαι **ἡμῖν**,
Ac 16:17 τῷ Παύλῳ καὶ **ἡμῖν** ἔκραζεν λέγουσα·
Ac 16:20 οἱ ἄνθρωποι ἐκταράσσουσιν **ἡμῶν** τὴν πόλιν,
Ac 16:21 ἃ οὐκ ἔξεστιν **ἡμῖν** παραδέχεσθαι οὐδὲ ποιεῖν
Ac 16:37 δείραντες **ἡμᾶς** δημοσίᾳ ἀκατακρίτους,
Ac 16:37 καὶ νῦν λάθρᾳ **ἡμᾶς** ἐκβάλλουσιν;
Ac 16:37 ἀλλὰ ἐλθόντες αὐτοὶ **ἡμᾶς** ἐξαγαγέτωσαν.
Ac 17:20 εἰς τὰς ἀκοὰς **ἡμῶν**·
Ac 17:27 ἀπὸ ἑνὸς ἑκάστου **ἡμῶν** ὑπάρχοντα.
Ac 19:25 ἐργασίας ἡ εὐπορία **ἡμῖν** ἐστιν
Ac 19:27 δὲ τοῦτο κινδυνεύει **ἡμῖν** τὸ μέρος εἰς
Ac 19:37 βλασφημοῦντας τὴν θεὸν **ἡμῶν**.
Ac 20:5 δὲ προελθόντες ἔμενον **ἡμᾶς** ἐν Τρῳάδι,
Ac 20:6 **ἡμεῖς** δὲ ἐξεπλεύσαμεν μετὰ
Ac 20:7 τῶν σαββάτων συνηγμένων **ἡμῶν** κλάσαι ἄρτον,
Ac 20:13 **ἡμεῖς** δὲ προελθόντες ἐπὶ
Ac 20:14 ὡς δὲ συνέβαλλεν **ἡμῖν** εἰς τὴν Ἆσσον,
Ac 20:21 εἰς τὸν κύριον **ἡμῶν** Ἰησοῦν.
Ac 21:1 δὲ ἐγένετο ἀναχθῆναι **ἡμᾶς** ἀποσπασθέντας ἀπ' αὐτῶν,
Ac 21:5 ὅτε δὲ ἐγένετο **ἡμᾶς** ἐξαρτίσαι τὰς ἡμέρας,
Ac 21:5 ἐξελθόντες ἐπορευόμεθα προπεμπόντων **ἡμᾶς** πάντων σὺν γυναιξὶ
Ac 21:7 **ἡμεῖς** δὲ τὸν πλοῦν
Ac 21:11 καὶ ἐλθὼν πρὸς **ἡμᾶς** καὶ ἄρας τὴν
Ac 21:12 παρεκαλοῦμεν **ἡμεῖς** τε καὶ οἱ
Ac 21:16 ἀπὸ Καισαρείας σὺν **ἡμῖν**,
Ac 21:17 Γενομένων δὲ **ἡμῶν** εἰς Ἱεροσόλυμα ἀσμένως
Ac 21:17 Ἱεροσόλυμα ἀσμένως ἀπεδέξαντο **ἡμᾶς** οἱ ἀδελφοί.
Ac 21:18 ὁ Παῦλος σὺν **ἡμῖν** πρὸς Ἰάκωβον,
Ac 21:23 εἰσὶν **ἡμῖν** ἄνδρες τέσσαρες εὐχὴν
Ac 21:25 τῶν πεπιστευκότων ἐθνῶν **ἡμεῖς** ἐπεστείλαμεν κρίναντες φυλάσσεσθαι
Ac 22:14 θεὸς τῶν πατέρων **ἡμῶν** προεχειρίσατό σε γνῶναι
Ac 23:15 **ἡμεῖς** δὲ πρὸ τοῦ
Ac 24:4 παρακαλῶ ἀκοῦσαί σε **ἡμῶν** συντόμως τῇ σῇ
Ac 24:8 τούτων ἐπιγνῶναι ὧν **ἡμεῖς** κατηγοροῦμεν αὐτοῦ.
Ac 25:24 πάντες οἱ συμπαρόντες **ἡμῖν** ἄνδρες,
Ac 26:6 εἰς τοὺς πατέρας **ἡμῶν** ἐπαγγελίας γενομένης ὑπὸ
Ac 26:7 ἣν τὸ δωδεκάφυλον **ἡμῶν** ἐν ἐκτενείᾳ νύκτα
Ac 26:14 πάντων τε καταπεσόντων **ἡμῶν** εἰς τὴν γῆν
Ac 27:1 ἐκρίθη τοῦ ἀποπλεῖν **ἡμᾶς** εἰς τὴν Ἰταλίαν,
Ac 27:2 ἀνήχθημεν ὄντος σὺν **ἡμῖν** Ἀριστάρχου Μακεδόνος Θεσσαλονικέως.
Ac 27:6 τὴν Ἰταλίαν ἐνεβίβασεν **ἡμᾶς** εἰς αὐτό.
Ac 27:7 μὴ προσεῶντος **ἡμᾶς** τοῦ ἀνέμου ὑπεπλεύσαμεν
Ac 27:10 καὶ τῶν ψυχῶν **ἡμῶν** μέλλειν ἔσεσθαι τὸν
Ac 27:18 σφοδρῶς δὲ χειμαζομένων **ἡμῶν** τῇ ἑξῆς ἐκβολὴν
Ac 27:20 πᾶσα τοῦ σῴζεσθαι **ἡμᾶς**.
Ac 27:26 δέ τινα δεῖ **ἡμᾶς** ἐκπεσεῖν.
Ac 27:27 νὺξ ἐγένετο διαφερομένων **ἡμῶν** ἐν τῷ Ἀδρίᾳ,
Ac 28:2 τὴν τυχοῦσαν φιλανθρωπίαν **ἡμῖν**,
Ac 28:2 πυρὰν προσελάβοντο πάντας **ἡμᾶς** διὰ τὸν ὑετὸν
Ac 28:7 ὃς ἀναδεξάμενος **ἡμᾶς** τρεῖς ἡμέρας φιλοφρόνως
Ac 28:10 πολλαῖς τιμαῖς ἐτίμησαν **ἡμᾶς** καὶ ἀναγομένοις ἐπέθεντο
Ac 28:15 ἀκούσαντες τὰ περὶ **ἡμῶν** ἦλθαν εἰς ἀπάντησιν
Ac 28:15 ἦλθαν εἰς ἀπάντησιν **ἡμῖν** ἄχρι Ἀππίου φόρου
Ac 28:21 ἡμεῖς **οὔτε** γράμματα περὶ σοῦ
Ac 28:22 αἱρέσεως ταύτης γνωστὸν **ἡμῖν** ἐστιν ὅτι πανταχοῦ

ἡμέρα (*hēmera*; 94/389) *day*

Ac 1:2 ἄχρι ἧς **ἡμέρας** ἐντειλάμενος τοῖς ἀποστόλοις
Ac 1:3 δι' **ἡμερῶν** τεσσεράκοντα ὀπτανόμενος αὐτοῖς
Ac 1:5 μετὰ πολλὰς ταύτας **ἡμέρας**.
Ac 1:15 Καὶ ἐν ταῖς **ἡμέραις** ταύταις ἀναστὰς Πέτρος
Ac 1:22 Ἰωάννου ἕως τῆς **ἡμέρας** ἧς ἀνελήμφθη ἀφ'
Ac 2:1 τῷ συμπληροῦσθαι τὴν **ἡμέραν** τῆς πεντηκοστῆς ἦσαν
Ac 2:15 ὥρα τρίτη τῆς **ἡμέρας**,
Ac 2:17 ἐν ταῖς ἐσχάταις **ἡμέραις**,
Ac 2:18 μου ἐν ταῖς **ἡμέραις** ἐκείναις ἐκχεῶ ἀπὸ
Ac 2:20 πρὶν ἐλθεῖν **ἡμέραν** κυρίου τὴν μεγάλην
Ac 2:29 ἡμῖν ἄχρι τῆς **ἡμέρας** ταύτης.

Ac 2:41 προσετέθησαν ἐν τῇ **ἡμέρᾳ** ἐκείνῃ ψυχαὶ ὡσεὶ
Ac 2:46 καθ' **ἡμέραν** τε προσκαρτεροῦντες ὁμοθυμαδὸν
Ac 2:47 τοὺς σῳζομένους καθ' **ἡμέραν** ἐπὶ τὸ αὐτό.
Ac 3:2 ὃν ἐτίθουν καθ' **ἡμέραν** πρὸς τὴν θύραν
Ac 3:24 καὶ κατήγγειλαν τὰς **ἡμέρας** ταύτας.
Ac 5:36 γὰρ τούτων τῶν **ἡμερῶν** ἀνέστη Θευδᾶς λέγων
Ac 5:37 Γαλιλαῖος ἐν ταῖς **ἡμέραις** τῆς ἀπογραφῆς
Ac 5:42 πᾶσάν τε **ἡμέραν** ἐν τῷ ἱερῷ
Ac 6:1 Ἐν δὲ ταῖς **ἡμέραις** ταύταις πληθυνόντων
Ac 7:8 περιέτεμεν αὐτὸν τῇ **ἡμέρᾳ** τῇ ὀγδόῃ,
Ac 7:26 τῇ τε ἐπιούσῃ **ἡμέρᾳ** ὤφθη αὐτοῖς μαχομένοις
Ac 7:41 ἐμοσχοποίησαν ἐν ταῖς **ἡμέραις** ἐκείναις καὶ ἀνήγαγον
Ac 7:45 ἡμῶν ἕως τῶν **ἡμερῶν** Δαυίδ,
Ac 8:1 ἐν ἐκείνῃ τῇ **ἡμέρᾳ** διωγμὸς μέγας ἐπὶ
Ac 9:9 καὶ ἦν **ἡμέρας** τρεῖς μὴ βλέπων
Ac 9:19 ἐν Δαμασκῷ μαθητῶν **ἡμέρας** τινας
Ac 9:23 Ὡς δὲ ἐπληροῦντο **ἡμέραι** ἱκαναί,
Ac 9:24 καὶ τὰς πύλας **ἡμέρας** τε καὶ νυκτὸς
Ac 9:37 δὲ ἐν ταῖς **ἡμέραις** ἐκείναις ἀσθενήσασαν αὐτὴν
Ac 9:43 Ἐγένετο δὲ **ἡμέρας** ἱκανὰς μεῖναι ἐν
Ac 10:3 ὥραν ἐνάτην τῆς **ἡμέρας** ἄγγελον τοῦ θεοῦ
Ac 10:30 ἀπὸ τετάρτης **ἡμέρας** μέχρι ταύτης τῆς
Ac 10:40 [ἐν] τῇ τρίτῃ **ἡμέρᾳ** καὶ ἔδωκεν αὐτὸν
Ac 10:48 ἠρώτησαν αὐτὸν ἐπιμεῖναι **ἡμέρας** τινας.
Ac 11:27 ταύταις δὲ ταῖς **ἡμέραις** κατῆλθον ἀπὸ Ἱεροσολύμων
Ac 12:3 ἦσαν δὲ [αἱ] **ἡμέραι** τῶν ἀζύμων
Ac 12:18 Γενομένης δὲ **ἡμέρας** ἦν τάραχος οὐκ
Ac 12:21 τακτῇ δὲ **ἡμέρᾳ** ὁ Ἡρῴδης ἐνδυσάμενος
Ac 13:14 τὴν συναγωγὴν τῇ **ἡμέρᾳ** τῶν σαββάτων ἐκάθισαν.
Ac 13:31 ὃς ὤφθη ἐπὶ **ἡμέρας** πλείους τοῖς συναναβᾶσιν
Ac 13:41 ἐγὼ ἐν ταῖς **ἡμέραις** ὑμῶν,
Ac 15:7 ἐπίστασθε ὅτι ἀφ' **ἡμερῶν** ἀρχαίων ἐν ὑμῖν
Ac 15:36 Μετὰ δέ τινας **ἡμέρας** εἶπεν πρὸς Βαρναβᾶν
Ac 16:5 τῷ ἀριθμῷ καθ' **ἡμέραν**.
Ac 16:12 τῇ πόλει διατρίβοντες **ἡμέρας** τινας.
Ac 16:13 τῇ τε **ἡμέρᾳ** τῶν σαββάτων ἐξήλθομεν
Ac 16:18 ἐποίει ἐπὶ πολλὰς **ἡμέρας**.
Ac 16:35 **Ἡμέρας** δὲ γενομένης ἀπέστειλαν
Ac 17:11 πάσης προθυμίας καθ' **ἡμέραν** ἀνακρίνοντες τὰς γραφὰς
Ac 17:17 ἀγορᾷ κατὰ πᾶσαν **ἡμέραν** πρὸς τοὺς παρατυγχάνοντας.
Ac 17:31 καθότι ἔστησεν **ἡμέραν** ἐν ᾗ μέλλει
Ac 18:18 Παῦλος ἔτι προσμείνας **ἡμέρας** ἱκανὰς τοῖς ἀδελφοῖς
Ac 19:9 τοὺς μαθητὰς καθ' **ἡμέραν** διαλεγόμενος ἐν
Ac 20:6 ἐξεπλεύσαμεν μετὰ τὰς **ἡμέρας** τῶν ἀζύμων
Ac 20:6 τὴν Τρῳάδα ἄχρι **ἡμερῶν** πέντε,
Ac 20:6 ὅπου διετρίψαμεν **ἡμέρας** ἑπτά.
Ac 20:16 εἴη αὐτῷ τὴν **ἡμέραν** τῆς πεντηκοστῆς γενέσθαι
Ac 20:18 ἀπὸ πρώτης **ἡμέρας** ἀφ' ἧς ἐπέβην
Ac 20:26 ἐν τῇ σήμερον **ἡμέρᾳ** ὅτι καθαρός εἰμι
Ac 20:31 τριετίαν νύκτα καὶ **ἡμέραν** οὐκ ἐπαυσάμην
Ac 21:4 μαθητὰς ἐπεμείναμεν αὐτοῦ **ἡμέρας** ἑπτά,
Ac 21:5 ἡμᾶς ἐξαρτίσαι τὰς **ἡμέρας**,
Ac 21:7 τοὺς ἀδελφοὺς ἐμείναμεν **ἡμέραν** μίαν παρ' αὐτοῖς.
Ac 21:10 Ἐπιμενόντων δὲ **ἡμέρας** πλείους κατῆλθέν τις
Ac 21:15 Μετὰ δὲ τὰς **ἡμέρας** ταύτας ἐπισκευασάμενοι ἀνεβαίνομεν
Ac 21:26 ἄνδρας τῇ ἐχομένῃ **ἡμέρᾳ** σὺν αὐτοῖς ἁγνισθείς,
Ac 21:26 τὴν ἐκπλήρωσιν τῶν **ἡμερῶν** τοῦ ἁγνισμοῦ ἕως
Ac 21:27 ἔμελλον αἱ ἑπτὰ **ἡμέραι** συντελεῖσθαι,
Ac 21:38 πρὸ τούτων τῶν **ἡμερῶν** ἀναστατώσας καὶ ἐξαγαγὼν
Ac 23:1 ἄχρι ταύτης τῆς **ἡμέρας**.
Ac 23:12 Γενομένης δὲ **ἡμέρας** ποιήσαντες συστροφὴν
Ac 24:1 Μετὰ δὲ πέντε **ἡμέρας** κατέβη ὁ ἀρχιερεὺς
Ac 24:11 πλείους εἰσίν μοι **ἡμέραι** δώδεκα ἀφ' ἧς
Ac 24:24 Μετὰ δὲ **ἡμέρας** τινας παραγενόμενος ὁ
Ac 25:1 ἐπαρχείᾳ μετὰ τρεῖς **ἡμέρας** ἀνέβη εἰς Ἱεροσόλυμα
Ac 25:6 δὲ ἐν αὐτοῖς **ἡμέρας** οὐ πλείους ὀκτὼ
Ac 25:13 **Ἡμερῶν** δὲ διαγενομένων τινων
Ac 25:14 ὡς δὲ πλείους **ἡμέρας** διέτριβον ἐκεῖ,
Ac 26:7 ἐκτενείᾳ νύκτα καὶ **ἡμέραν** λατρεῦον ἐλπίζει καταντῆσαι,
Ac 26:13 **ἡμέρας** μέσης κατὰ τὴν
Ac 26:22 θεοῦ ἄχρι τῆς **ἡμέρας** ταύτης ἕστηκα μαρτυρόμενος
Ac 27:7 ἐν ἱκαναῖς δὲ **ἡμέραις** βραδυπλοοῦντες καὶ μόλις
Ac 27:20 ἐπιφαινόντων ἐπὶ πλείονας **ἡμέρας**,
Ac 27:29 ἀγκύρας τέσσαρας ηὔχοντο **ἡμέραν** γενέσθαι.
Ac 27:33 Ἄχρι δὲ οὗ **ἡμέρα** ἤμελλεν γίνεσθαι,
Ac 27:33 τεσσαρεσκαιδεκάτην σήμερον **ἡμέραν** προσδοκῶντες ἄσιτοι διατελεῖτε
Ac 27:39 Ὅτε δὲ **ἡμέρα** ἐγένετο,
Ac 28:7 ἀναδεξάμενος ἡμᾶς τρεῖς **ἡμέρας** φιλοφρόνως ἐξένισεν.
Ac 28:12 εἰς Συρακούσας ἐπεμείναμεν **ἡμέρας** τρεῖς,
Ac 28:13 καὶ μετὰ μίαν **ἡμέραν** ἐπιγενομένου νότου δευτεραῖοι
Ac 28:14 παρ' αὐτοῖς ἐπιμεῖναι **ἡμέρας** ἑπτά·
Ac 28:17 Ἐγένετο δὲ μετὰ **ἡμέρας** τρεῖς συγκαλέσασθαι αὐτὸν
Ac 28:23 Ταξάμενοι δὲ αὐτῷ **ἡμέραν** ἦλθον πρὸς αὐτὸν

ἡμέτερος (*hēmeteros*; 2/7) *our*

Ac 2:11 λαλούντων αὐτῶν ταῖς **ἡμετέραις** γλώσσαις τὰ μεγαλεῖα
Ac 26:5 ἀκριβεστάτην αἵρεσιν τῆς **ἡμετέρας** θρησκείας ἔζησα Φαρισαῖος.

Ἡρῴδης (*Ērōdēs*; 8/43) *Herod*

Ac 4:27 **Ἡρῴδης** τε καὶ Πόντιος
Ac 12:1 τὸν καιρὸν ἐπέβαλεν **Ἡρῴδης** ὁ βασιλεὺς
Ac 12:6 προαγαγεῖν αὐτὸν ὁ **Ἡρῴδης**,
Ac 12:11 με ἐκ χειρὸς **Ἡρῴδου** καὶ πάσης τῆς
Ac 12:19 **Ἡρῴδης** δὲ ἐπιζητήσας αὐτὸν
Ac 12:21 δὲ ἡμέρᾳ ὁ **Ἡρῴδης** ἐνδυσάμενος ἐσθῆτα βασιλικὴν

Ac 13:1 Μαναήν τε **Ἡρῴδου** τοῦ τετραάρχου σύντροφος
Ac 23:35 τῷ πραιτωρίῳ τοῦ **Ἡρῴδου** φυλάσσεσθαι αὐτόν.

Ἠσαΐας (*Ēsaias*; 3/22) *Isaiah*
Ac 8:28 ἀνεγίνωσκεν τὸν προφήτην **Ἠσαΐαν**.
Ac 8:30 ἤκουσεν αὐτοῦ ἀναγινώσκοντος **Ἠσαΐαν** τὸν προφήτην καὶ
Ac 28:25 ἅγιον ἐλάλησεν διὰ **Ἠσαΐου** τοῦ προφήτου

ἡσυχάζω (*hēsychazō*; 2/5) *be silent or quiet*
Ac 11:18 Ἀκούσαντες δὲ ταῦτα **ἡσύχασαν** καὶ ἐδόξασαν τὸν
Ac 21:14 πειθομένου δὲ αὐτοῦ **ἡσυχάσαμεν** εἰπόντες·

ἡσυχία (*hēsychia*; 1/4) *silence*
Ac 22:2 μᾶλλον παρέσχον **ἡσυχίαν**.

ἦχος (*ēchos*; 1/3) *sound*
Ac 2:2 ἐκ τοῦ οὐρανοῦ **ἦχος** ὥσπερ φερομένης πνοῆς

θάλασσα (*thalassa*; 10/91) *sea, lake*
Ac 4:24 γῆν καὶ τὴν **θάλασσαν** καὶ πάντα τὰ
Ac 7:36 καὶ ἐν ἐρυθρᾷ **θαλάσσῃ** καὶ ἐν τῇ
Ac 10:6 ἐστιν οἰκία παρὰ **θάλασσαν**.
Ac 10:32 Σίμωνος βυρσέως παρὰ **θάλασσαν**.
Ac 14:15 γῆν καὶ τὴν **θάλασσαν** καὶ πάντα τὰ
Ac 17:14 ἕως ἐπὶ τὴν **θάλασσαν**,
Ac 27:30 σκάφην εἰς τὴν **θάλασσαν** προφάσει ὡς ἐκ
Ac 27:38 σῖτον εἰς τὴν **θάλασσαν**.
Ac 27:40 εἴων εἰς τὴν **θάλασσαν**,
Ac 28:4 διασωθέντα ἐκ τῆς **θαλάσσης** ἡ δίκη ζῆν

θάμβος (*thambos*; 1/3) *amazement*
Ac 3:10 ἱεροῦ καὶ ἐπλήσθησαν **θάμβους** καὶ ἐκστάσεως ἐπὶ

θάνατος (*thanatos*; 8/120) *death*
Ac 2:24 τὰς ὠδῖνας τοῦ **θανάτου**,
Ac 13:28 καὶ μηδεμίαν αἰτίαν **θανάτου** εὑρόντες ᾐτήσαντο Πιλᾶτον
Ac 22:4 ὁδὸν ἐδίωξα ἄχρι **θανάτου** δεσμεύων καὶ παραδιδοὺς
Ac 23:29 μηδὲν δὲ ἄξιον **θανάτου** ἢ δεσμῶν ἔχοντα
Ac 25:11 ἀδικῶ καὶ ἄξιον **θανάτου** πέπραχά τι,
Ac 25:25 μηδὲν ἄξιον αὐτὸν **θανάτου** πεπραχέναι,
Ac 26:31 λέγοντες ὅτι οὐδὲν **θανάτου** ἢ δεσμῶν ἄξιόν
Ac 28:18 τὸ μηδεμίαν αἰτίαν **θανάτου** ὑπάρχειν ἐν ἐμοί.

θάπτω (*thaptō*; 4/11) *bury*
Ac 2:29 καὶ ἐτελεύτησεν καὶ **ἐτάφη**,
Ac 5:6 αὐτὸν καὶ ἐξενέγκαντες **ἔθαψαν**.
Ac 5:9 οἱ πόδες τῶν **θαψάντων** τὸν ἄνδρα σου
Ac 5:10 νεκρὰν καὶ ἐξενέγκαντες **ἔθαψαν** πρὸς τὸν ἄνδρα

θαρσέω (*tharseō*; 1/7) *have courage*
Ac 23:11 **θάρσει**·

θάρσος (*tharsos*; 1/1) *courage*
Ac 28:15 τῷ θεῷ ἔλαβε **θάρσος**.

θαυμάζω (*thaumazō*; 5/43) *marvel*
Ac 2:7 ἐξίσταντο δὲ καὶ **ἐθαύμαζον** λέγοντες·
Ac 3:12 τί **θαυμάζετε** ἐπὶ τούτῳ ἢ
Ac 4:13 **ἐθαύμαζον** ἐπεγίνωσκόν τε αὐτοὺς
Ac 7:31 δὲ Μωϋσῆς ἰδὼν **ἐθαύμαζεν** τὸ ὅραμα,
Ac 13:41 καὶ **θαυμάσατε** καὶ ἀφανίσθητε,

θεά (*thea*; 1/1) *goddess*
Ac 19:27 τὸ τῆς μεγάλης **θεᾶς** Ἀρτέμιδος ἱερὸν εἰς

θεάομαι (*theaomai*; 3/20[22]) *see, observe*
Ac 1:11 ἐλεύσεται ὃν τρόπον **ἐθεάσασθε** αὐτὸν πορευόμενον εἰς
Ac 21:27 τῆς Ἀσίας Ἰουδαῖοι **θεασάμενοι** αὐτὸν ἐν τῷ
Ac 22:9 τὸ μὲν φῶς **ἐθεάσαντο** τὴν δὲ φωνὴν

θέατρον (*theatron*; 2/3) *theatre*
Ac 19:29 ὁμοθυμαδὸν εἰς τὸ **θέατρον** συναρπάσαντες Γάϊον καὶ
Ac 19:31 ἑαυτὸν εἰς τὸ **θέατρον**.

θεῖος (*theios*; 1/3) *divine*
Ac 17:29 τὸ **θεῖον** εἶναι ὅμοιον.

θέλημα (*thelēma*; 3/62) *will*
Ac 13:22 ποιήσει πάντα τὰ **θελήματά** μου.
Ac 21:14 τοῦ κυρίου τὸ **θέλημα** γινέσθω.
Ac 22:14 σε γνῶναι τὸ **θέλημα** αὐτοῦ καὶ ἰδεῖν

θέλω (*thelō*; 14/208) *wish, want*
Ac 2:12 τί **θέλει** τοῦτο εἶναι;
Ac 7:28 ἀνελεῖν με σὺ **θέλεις** ὃν τρόπον ἀνεῖλες
Ac 7:39 ᾧ οὐκ **ἠθέλησαν** ὑπήκοοι γενέσθαι οἱ
Ac 10:10 δὲ πρόσπεινος καὶ **ἤθελεν** γεύσασθαι.
Ac 14:13 σὺν τοῖς ὄχλοις **ἤθελεν** θύειν.
Ac 16:3 τοῦτον **ἠθέλησεν** ὁ Παῦλος σὺν
Ac 17:18 τί ἂν **θέλοι** ὁ σπερμολόγος οὗτος
Ac 17:20 οὖν γνῶναι τίνα **θέλει** ταῦτα εἶναι.
Ac 18:21 ὑμᾶς τοῦ θεοῦ **θέλοντος**,
Ac 19:33 κατασείσας τὴν χεῖρα **ἤθελεν** ἀπολογεῖσθαι τῷ δήμῳ.
Ac 24:27 **θέλων** τε χάριτα καταθέσθαι
Ac 25:9 Ὁ Φῆστος δὲ **θέλων** τοῖς Ἰουδαίοις χάριν
Ac 25:9 **θέλεις** εἰς Ἱεροσόλυμα ἀναβὰς
Ac 26:5 ἐὰν **θέλωσι** μαρτυρεῖν,

θεμέλιον (*themelion*; 1/4) *foundation*
Ac 16:26 ὥστε σαλευθῆναι τὰ **θεμέλια** τοῦ δεσμωτηρίου·

θεομάχος (*theomachos*; 1/1) *opposing God*
Ac 5:39 μήποτε καὶ **θεομάχοι** εὑρεθῆτε.

θεός (*theos*; 167/1316[1317]) *God*
Ac 1:3 τῆς βασιλείας τοῦ **θεοῦ**·
Ac 2:11 τὰ μεγαλεῖα τοῦ **θεοῦ**.

Ac 2:17 λέγει ὁ **θεός**,
Ac 2:22 ἀποδεδειγμένον ἀπὸ τοῦ **θεοῦ** εἰς ὑμᾶς δυνάμεσι
Ac 2:22 δι' αὐτοῦ ὁ **θεὸς** ἐν μέσῳ ὑμῶν
Ac 2:23 καὶ προγνώσει τοῦ **θεοῦ** ἔκδοτον διὰ χειρὸς
Ac 2:24 ὃν ὁ **θεὸς** ἀνέστησεν λύσας τὰς
Ac 2:30 ὤμοσεν αὐτῷ ὁ **θεὸς** ἐκ καρποῦ τῆς
Ac 2:32 Ἰησοῦν ἀνέστησεν ὁ **θεός**,
Ac 2:33 δεξιᾷ οὖν τοῦ **θεοῦ** ὑψωθείς,
Ac 2:36 χριστὸν ἐποίησεν ὁ **θεός**,
Ac 2:39 προσκαλέσηται κύριος ὁ **θεὸς** ἡμῶν.
Ac 2:47 αἰνοῦντες τὸν **θεὸν** καὶ ἔχοντες χάριν
Ac 3:8 καὶ αἰνῶν τὸν **θεόν**.
Ac 3:9 καὶ αἰνοῦντα τὸν **θεόν**·
Ac 3:13 ὁ **θεὸς** Ἀβραὰμ καὶ [ὁ
Ac 3:13 καὶ [ὁ **θεὸς**] Ἰσαὰκ
Ac 3:13 καὶ [ὁ **θεὸς**] Ἰακώβ,
Ac 3:13 ὁ **θεὸς** τῶν πατέρων ἡμῶν,
Ac 3:15 ἀπεκτείνατε ὃν ὁ **θεὸς** ἤγειρεν ἐκ νεκρῶν,
Ac 3:18 ὁ δὲ **θεός**,
Ac 3:21 ὧν ἐλάλησεν ὁ **θεὸς** διὰ στόματος τῶν
Ac 3:22 ἀναστήσει κύριος ὁ **θεὸς** ὑμῶν ἐκ τῶν
Ac 3:25 ἧς διέθετο ὁ **θεὸς** πρὸς τοὺς πατέρας
Ac 3:26 πρῶτον ἀναστήσας ὁ **θεὸς** τὸν παῖδα αὐτοῦ
Ac 4:10 ὃν ὁ θεὸς **ἤγειρεν** ἐκ νεκρῶν,
Ac 4:19 ἐστιν ἐνώπιον τοῦ **θεοῦ** ὑμῶν ἀκούειν μᾶλλον
Ac 4:19 μᾶλλον ἢ τοῦ **θεοῦ**,
Ac 4:21 πάντες ἐδόξαζον τὸν **θεὸν** ἐπὶ τῷ γεγονότι·
Ac 4:24 φωνὴν πρὸς τὸν **θεὸν** καὶ εἶπαν·
Ac 4:31 τὸν λόγον τοῦ **θεοῦ** μετὰ παρρησίας.
Ac 5:4 ἀνθρώποις ἀλλὰ τῷ **θεῷ**.
Ac 5:29 πειθαρχεῖν δεῖ **θεῷ** μᾶλλον ἢ ἀνθρώποις.
Ac 5:30 ὁ **θεὸς** τῶν πατέρων ἡμῶν
Ac 5:31 τοῦτον ὁ **θεὸς** ἀρχηγὸν καὶ σωτῆρα
Ac 5:32 ὃ ἔδωκεν ὁ **θεὸς** τοῖς πειθαρχοῦσιν αὐτῷ.
Ac 5:39 εἰ δὲ ἐκ **θεοῦ** ἐστιν,
Ac 6:2 τὸν λόγον τοῦ **θεοῦ** διακονεῖν τραπέζαις.
Ac 6:7 ὁ λόγος τοῦ **θεοῦ** ηὔξανεν καὶ ἐπληθύνετο
Ac 6:11 Μωϋσῆν καὶ τὸν **θεόν**.
Ac 7:2 Ὁ **θεὸς** τῆς δόξης ὤφθη
Ac 7:6 δὲ οὕτως ὁ **θεὸς** ὅτι ἔσται τὸ
Ac 7:7 ὁ **θεὸς** εἶπεν,
Ac 7:9 καὶ ἦν ὁ **θεὸς** μετ' αὐτοῦ
Ac 7:17 ἧς ὡμολόγησεν ὁ **θεὸς** τῷ Ἀβραάμ,
Ac 7:20 ἦν ἀστεῖος τῷ **θεῷ**·
Ac 7:25 [αὐτοῦ] ὅτι ὁ **θεὸς** διὰ χειρὸς αὐτοῦ
Ac 7:32 ἐγὼ ὁ **θεὸς** τῶν πατέρων σου,
Ac 7:32 ὁ **θεὸς** Ἀβραὰμ καὶ Ἰσαὰκ
Ac 7:35 τοῦτον ὁ θεὸς **[καὶ]** ἄρχοντα καὶ λυτρωτὴν
Ac 7:37 ὑμῖν ἀναστήσει ὁ **θεὸς** ἐκ τῶν ἀδελφῶν
Ac 7:40 ποίησον ἡμῖν **θεοὺς** οἳ προπορεύσονται ἡμῶν·
Ac 7:42 ἔστρεψεν δὲ ὁ **θεὸς** καὶ παρέδωκεν αὐτοὺς
Ac 7:43 τὸ ἄστρον τοῦ **θεοῦ** [ὑμῶν] Ῥαιφάν,
Ac 7:45 ὧν ἐξῶσεν ὁ **θεὸς** ἀπὸ προσώπου τῶν
Ac 7:46 χάριν ἐνώπιον τοῦ **θεοῦ** καὶ ᾐτήσατο εὑρεῖν
Ac 7:55 οὐρανὸν εἶδεν δόξαν **θεοῦ** καὶ Ἰησοῦν ἑστῶτα
Ac 7:55 ἐκ δεξιῶν τοῦ **θεοῦ**
Ac 7:56 δεξιῶν ἑστῶτα τοῦ **θεοῦ**.
Ac 8:10 ἡ δύναμις τοῦ **θεοῦ** ἡ καλουμένη μεγάλη.
Ac 8:12 τῆς βασιλείας τοῦ **θεοῦ** καὶ τοῦ ὀνόματος
Ac 8:14 τὸν λόγον τοῦ **θεοῦ**,
Ac 8:20 τὴν δωρεὰν τοῦ **θεοῦ** ἐνόμισας διὰ χρημάτων
Ac 8:21 εὐθεῖα ἔναντι τοῦ **θεοῦ**.
Ac 9:20 ὁ υἱὸς τοῦ **θεοῦ**.
Ac 10:2 καὶ φοβούμενος τὸν **θεὸν** σὺν παντὶ τῷ
Ac 10:2 καὶ δεόμενος τοῦ **θεοῦ** διὰ παντός,
Ac 10:3 ἡμέρας ἄγγελον τοῦ **θεοῦ** εἰσελθόντα πρὸς αὐτὸν
Ac 10:4 μνημόσυνον ἔμπροσθεν τοῦ **θεοῦ**.
Ac 10:15 ἃ ὁ **θεὸς** ἐκαθάρισεν,
Ac 10:22 καὶ φοβούμενος τὸν **θεόν**,
Ac 10:28 κἀμοὶ ὁ **θεὸς** ἔδειξεν μηδένα κοινὸν
Ac 10:31 ἐμνήσθησαν ἐνώπιον τοῦ **θεοῦ**.
Ac 10:33 ἡμεῖς ἐνώπιον τοῦ **θεοῦ** πάρεσμεν ἀκοῦσαι πάντα
Ac 10:34 ἔστιν προσωπολήμπτης ὁ **θεός**,
Ac 10:38 ἔχρισεν αὐτὸν ὁ **θεὸς** πνεύματι ἁγίῳ καὶ
Ac 10:38 ὅτι ὁ **θεὸς** ἦν μετ' αὐτοῦ.
Ac 10:40 τοῦτον ὁ **θεὸς** ἤγειρεν [ἐν] τῇ
Ac 10:41 προκεχειροτονημένοις ὑπὸ τοῦ **θεοῦ**,
Ac 10:42 ὡρισμένος ὑπὸ τοῦ **θεοῦ** κριτὴς ζώντων καὶ
Ac 10:46 καὶ μεγαλυνόντων τὸν **θεόν**.
Ac 11:1 τὸν λόγον τοῦ **θεοῦ**.
Ac 11:9 ἃ ὁ **θεὸς** ἐκαθάρισεν,
Ac 11:17 ἔδωκεν αὐτοῖς ὁ **θεὸς** ὡς καὶ ἡμῖν
Ac 11:17 δυνατὸς κωλῦσαι τὸν **θεόν**;
Ac 11:18 καὶ ἐδόξασαν τὸν **θεὸν** λέγοντες·
Ac 11:18 τοῖς ἔθνεσιν ὁ **θεὸς** τὴν μετάνοιαν εἰς
Ac 11:23 χάριν [τὴν] τοῦ **θεοῦ**,
Ac 12:5 ἐκκλησίας πρὸς τὸν **θεὸν** περὶ αὐτοῦ.
Ac 12:22 **Θεοῦ** φωνὴ καὶ οὐκ
Ac 12:23 τὴν δόξαν τῷ **θεῷ**,
Ac 12:24 δὲ λόγος τοῦ **θεοῦ** ηὔξανεν καὶ ἐπληθύνετο.
Ac 13:5 τὸν λόγον τοῦ **θεοῦ** ἐν ταῖς συναγωγαῖς
Ac 13:7 τὸν λόγον τοῦ **θεοῦ**.
Ac 13:16 οἱ φοβούμενοι τὸν **θεόν**,
Ac 13:17 ὁ **θεὸς** τοῦ λαοῦ τούτου
Ac 13:21 ἔδωκεν αὐτοῖς ὁ **θεὸς** τὸν Σαοὺλ υἱὸν
Ac 13:23 τούτου ὁ **θεὸς** ἀπὸ τοῦ σπέρματος
Ac 13:26 ὑμῖν φοβούμενοι τὸν **θεόν**,
Ac 13:30 ὁ δὲ **θεὸς** ἤγειρεν αὐτὸν ἐκ
Ac 13:33 ὅτι ταύτην ὁ **θεὸς** ἐκπεπλήρωκεν τοῖς τέκνοις
Ac 13:36 ὑπηρετήσας τῇ τοῦ **θεοῦ** βουλῇ ἐκοιμήθη
Ac 13:37 ὃν δὲ ὁ **θεὸς** ἤγειρεν,
Ac 13:43 τῇ χάριτι τοῦ **θεοῦ**.
Ac 13:46 τὸν λόγον τοῦ **θεοῦ**·
Ac 14:11 οἱ **θεοὶ** ὁμοιωθέντες ἀνθρώποις κατέβησαν
Ac 14:15 ματαίων ἐπιστρέφειν ἐπὶ **θεὸν** ζῶντα,
Ac 14:22 τὴν βασιλείαν τοῦ **θεοῦ**.
Ac 14:26 τῇ χάριτι τοῦ **θεοῦ** εἰς τὸ ἔργον
Ac 14:27 ὅσα ἐποίησεν ὁ **θεὸς** μετ' αὐτῶν καὶ
Ac 15:4 τε ὅσα ὁ **θεὸς** ἐποίησεν μετ' αὐτῶν.
Ac 15:7 ὑμῖν ἐξελέξατο ὁ **θεὸς** διὰ τοῦ στόματός
Ac 15:8 καὶ ὁ καρδιογνώστης **θεὸς** ἐμαρτύρησεν αὐτοῖς δοὺς
Ac 15:10 τί πειράζετε τὸν **θεὸν** ἐπιθεῖναι ζυγὸν ἐπὶ
Ac 15:12 ὅσα ἐποίησεν ὁ **θεὸς** σημεῖα καὶ τέρατα
Ac 15:14 καθὼς πρῶτον ὁ **θεὸς** ἐπεσκέψατο λαβεῖν ἐξ
Ac 15:19 ἐπιστρέφουσιν ἐπὶ τὸν **θεόν**,
Ac 16:10 προσκέκληται ἡμᾶς ὁ **θεὸς** εὐαγγελίσασθαι αὐτούς.
Ac 16:14 Θυατείρων σεβομένη τὸν **θεόν**,

Ac 16:17 ἄνθρωποι δοῦλοι τοῦ **θεοῦ** τοῦ ὑψίστου εἰσίν,
Ac 16:25 προσευχόμενοι ὕμνουν τὸν **θεόν**,
Ac 16:34 πανοικεὶ πεπιστευκὼς τῷ **θεῷ**.
Ac 17:13 ὁ λόγος τοῦ **θεοῦ**,
Ac 17:23 ᾿Αγνώστῳ **θεῷ**.
Ac 17:24 ὁ **θεὸς** ὁ ποιήσας τὸν
Ac 17:27 ζητεῖν τὸν **θεόν**,
Ac 17:29 οὖν ὑπάρχοντες τοῦ **θεοῦ** οὐκ ὀφείλομεν νομίζειν
Ac 17:30 ἀγνοίας ὑπεριδὼν ὁ **θεός**,
Ac 18:7 ᾿Ιούστου σεβομένου τὸν **θεόν**,
Ac 18:11 τὸν λόγον τοῦ **θεοῦ**.
Ac 18:13 ἀνθρώπους σέβεσθαι τὸν **θεόν**.
Ac 18:21 πρὸς ὑμᾶς τοῦ **θεοῦ** θέλοντος,
Ac 18:26 τὴν ὁδὸν [τοῦ **θεοῦ**].
Ac 19:8 τῆς βασιλείας τοῦ **θεοῦ**.
Ac 19:11 τὰς τυχούσας ὁ **θεὸς** ἐποίει διὰ τῶν
Ac 19:26 ὅτι οὐκ εἰσὶν **θεοὶ** οἱ διὰ χειρῶν
Ac 19:37 οὔτε βλασφημοῦντας τὴν **θεὸν** ἡμῶν.
Ac 20:21 ῞Ελλησιν τὴν εἰς **θεὸν** μετάνοιαν καὶ πίστιν
Ac 20:24 τῆς χάριτος τοῦ **θεοῦ**.
Ac 20:27 τὴν βουλὴν τοῦ **θεοῦ** ὑμῖν.
Ac 20:28 τὴν ἐκκλησίαν τοῦ **θεοῦ**,
Ac 20:32 παρατίθεμαι ὑμᾶς τῷ **θεῷ** καὶ τῷ λόγῳ
Ac 21:19 ὧν ἐποίησεν ὁ **θεὸς** ἐν τοῖς ἔθνεσιν
Ac 21:20 ἀκούσαντες ἐδόξαζον τὸν **θεὸν** εἶπόν τε αὐτῷ·
Ac 22:3 ζηλωτὴς ὑπάρχων τοῦ **θεοῦ** καθὼς πάντες ὑμεῖς
Ac 22:14 ὁ **θεὸς** τῶν πατέρων ἡμῶν
Ac 23:1 ἀγαθῇ πεπολίτευμαι τῷ **θεῷ** ἄχρι ταύτης τῆς
Ac 23:3 σε μέλλει ὁ **θεός**,
Ac 23:4 τὸν ἀρχιερέα τοῦ **θεοῦ** λοιδορεῖς;
Ac 24:14 λατρεύω τῷ πατρῴῳ **θεῷ** πιστεύων πᾶσι τοῖς
Ac 24:15 ἔχων εἰς τὸν **θεὸν** ἣν καὶ αὐτοὶ
Ac 24:16 ἔχειν πρὸς τὸν **θεὸν** καὶ τοὺς ἀνθρώπους
Ac 26:6 γενομένης ὑπὸ τοῦ **θεοῦ** ἕστηκα κρινόμενος,
Ac 26:8 ὑμῖν εἰ ὁ **θεὸς** νεκροὺς ἐγείρει;
Ac 26:18 σατανᾶ ἐπὶ τὸν **θεόν**,
Ac 26:20 ἐπιστρέφειν ἐπὶ τὸν **θεόν**,
Ac 26:22 τῆς ἀπὸ τοῦ **θεοῦ** ἄχρι τῆς ἡμέρας
Ac 26:29 εὐξαίμην ἂν τῷ **θεῷ** καὶ ἐν ὀλίγῳ
Ac 27:23 τῇ νυκτὶ τοῦ **θεοῦ**,
Ac 27:24 κεχάρισταί σοι ὁ **θεὸς** πάντας τοὺς πλέοντας
Ac 27:25 πιστεύω γὰρ τῷ **θεῷ** ὅτι οὕτως ἔσται
Ac 27:35 ἄρτον εὐχαρίστησεν τῷ **θεῷ** ἐνώπιον πάντων
Ac 28:6 ἔλεγον αὐτὸν εἶναι **θεόν**.
Ac 28:15 Παῦλος εὐχαριστήσας τῷ **θεῷ** ἔλαβε θάρσος.
Ac 28:23 τὴν βασιλείαν τοῦ **θεοῦ**,
Ac 28:28 τὸ σωτήριον τοῦ **θεοῦ**·
Ac 28:31 τὴν βασιλείαν τοῦ **θεοῦ** καὶ διδάσκων τὰ

Θεόφιλος (*Theophilos*; 1/2) *Theophilus*

Ac 1:1 ὦ **Θεόφιλε**,

θεραπεύω (*therapeuō*; 5/43) *heal*

Ac 4:14 αὐτοῖς ἑστῶτα τὸν **τεθεραπευμένον** οὐδὲν εἶχον ἀντειπεῖν.
Ac 5:16 οἵτινες **ἐθεραπεύοντο** ἅπαντες.
Ac 8:7 παραλελυμένοι καὶ χωλοὶ **ἐθεραπεύθησαν**·
Ac 17:25 ὑπὸ χειρῶν ἀνθρωπίνων **θεραπεύεται** προσδεόμενός τινος,
Ac 28:9 ἀσθενείας προσήρχοντο καὶ **ἐθεραπεύοντο**,

θέρμη (*thermē*; 1/1) *heat*

Ac 28:3 ἔχιδνα ἀπὸ τῆς **θέρμης** ἐξελθοῦσα καθῆψεν

Θεσσαλονικεύς (*Thessalonikeus*; 2/4) *a Thessalonian*

Ac 20:4 **Θεσσαλονικέων** δὲ ᾿Αρίσταρχος καὶ
Ac 27:2 ἡμῖν ᾿Αριστάρχου Μακεδόνος **Θεσσαλονικέως**.

Θεσσαλονίκη (*Thessalonikē*; 3/5) *Thessalonica*

Ac 17:1 ᾿Απολλωνίαν ἦλθον εἰς **Θεσσαλονίκην** ὅπου ἦν συναγωγὴ
Ac 17:11 εὐγενέστεροι τῶν ἐν **Θεσσαλονίκῃ**,
Ac 17:13 οἱ ἀπὸ τῆς **Θεσσαλονίκης** ᾿Ιουδαῖοι ὅτι καὶ

Θευδᾶς (*Theudas*; 1/1) *Theudas*

Ac 5:36 τῶν ἡμερῶν ἀνέστη **Θευδᾶς** λέγων εἶναί τινα

θεωρέω (*theōreō*; 14/58) *see, perceive*

Ac 3:16 αὐτοῦ τοῦτον ὃν **θεωρεῖτε** καὶ οἴδατε,
Ac 4:13 **Θεωροῦντες** δὲ τὴν τοῦ
Ac 7:56 ἰδοὺ **θεωρῶ** τοὺς οὐρανοὺς διηνοιγμένους
Ac 8:13 **θεωρῶν** τε σημεῖα καὶ
Ac 9:7 φωνῆς μηδένα δὲ **θεωροῦντες**.
Ac 10:11 καὶ **θεωρεῖ** τὸν οὐρανὸν ἀνεῳγμένον
Ac 17:16 αὐτοῦ ἐν αὐτῷ **θεωροῦντος** κατείδωλον οὖσαν τὴν
Ac 17:22 ὡς δεισιδαιμονεστέρους ὑμᾶς **θεωρῶ**.
Ac 19:26 καὶ **θεωρεῖτε** καὶ ἀκούετε ὅτι
Ac 20:38 τὸ πρόσωπον αὐτοῦ **θεωρεῖν**.
Ac 21:20 **Θεωρεῖς**,
Ac 25:24 **θεωρεῖτε** τοῦτον περὶ οὗ
Ac 27:10 **θεωρῶ** ὅτι μετὰ ὕβρεως
Ac 28:6 αὐτῶν προσδοκώντων καὶ **θεωρούντων** μηδὲν ἄτοπον εἰς

θηρίον (*thērion*; 3/46) *animal*

Ac 11:6 γῆς καὶ τὰ **θηρία** καὶ τὰ ἑρπετὰ
Ac 28:4 βάρβαροι κρεμάμενον τὸ **θηρίον** ἐκ τῆς χειρὸς
Ac 28:5 οὖν ἀποτινάξας τὸ **θηρίον** εἰς τὸ πῦρ

θλῖψις (*thlipsis*; 5/45) *tribulation, trouble*

Ac 7:10 ἐκ πασῶν τῶν **θλίψεων** αὐτοῦ καὶ ἔδωκεν
Ac 7:11 καὶ Χανάαν καὶ **θλῖψις** μεγάλη,
Ac 11:19 διασπαρέντες ἀπὸ τῆς **θλίψεως** τῆς γενομένης ἐπὶ
Ac 14:22 ὅτι διὰ πολλῶν **θλίψεων** δεῖ ἡμᾶς εἰσελθεῖν
Ac 20:23 ὅτι δεσμὰ καὶ **θλίψεις** με μένουσιν.

θνήσκω (*thnēskō*; 2/9) *die*

Ac 14:19 πόλεως νομίζοντες αὐτὸν **τεθνηκέναι**.
Ac 25:19 περί τινος ᾿Ιησοῦ **τεθνηκότος** ὃν ἔφασκεν ὁ

θορυβέω (*thorybeō*; 2/4) *set in an uproar*

Ac 17:5 πονηροὺς καὶ ὀχλοποιήσαντες **ἐθορύβουν** τὴν πόλιν καὶ
Ac 20:10 μὴ **θορυβεῖσθε**,

θόρυβος (*thorybos*; 3/7) *confusion*
Ac 20:1 τὸ παύσασθαι τὸν **θόρυβον** μεταπεμψάμενος ὁ Παῦλος
Ac 21:34 ἀσφαλὲς διὰ τὸν **θόρυβον** ἐκέλευσεν ἄγεσθαι αὐτὸν
Ac 24:18 ὄχλου οὐδὲ μετὰ **θορύβου**,

θρησκεία (*thrēskeia*; 1/4) *religion*
Ac 26:5 αἵρεσιν τῆς ἡμετέρας **θρησκείας** ἔζησα Φαρισαῖος.

θρίξ (*thrix*; 1/15) *hair*
Ac 27:34 οὐδενὸς γὰρ ὑμῶν **θρὶξ** ἀπὸ τῆς κεφαλῆς

θρόνος (*thronos*; 2/62) *throne*
Ac 2:30 καθίσαι ἐπὶ τὸν **θρόνον** αὐτοῦ,
Ac 7:49 ὁ οὐρανός μοι **θρόνος**,

Θυάτιρα (*Thyatira*; 1/4) *Thyatira*
Ac 16:14 πορφυρόπωλις πόλεως **Θυατείρων** σεβομένη τὸν θεόν,

θυγάτηρ (*thygatēr*; 3/28) *daughter*
Ac 2:17 ὑμῶν καὶ αἱ **θυγατέρες** ὑμῶν καὶ οἱ
Ac 7:21 ἀνείλατο αὐτὸν ἡ **θυγάτηρ** Φαραὼ καὶ ἀνεθρέψατο
Ac 21:9 τούτῳ δὲ ἦσαν **θυγατέρες** τέσσαρες παρθένοι προφητεύουσαι.

θυμομαχέω (*thymomacheō*; 1/1) *be very angry*
Ac 12:20 Ἦν δὲ **θυμομαχῶν** Τυρίοις καὶ Σιδωνίοις·

θυμός (*thymos*; 1/18) *wrath*
Ac 19:28 καὶ γενόμενοι πλήρεις **θυμοῦ** ἔκραζον λέγοντες·

θύρα (*thyra*; 10/39) *door, gate*
Ac 3:2 ἡμέραν πρὸς τὴν **θύραν** τοῦ ἱεροῦ τὴν
Ac 5:9 σου ἐπὶ τῇ **θύρᾳ** καὶ ἐξοίσουσίν σε.
Ac 5:19 νυκτὸς ἀνοίξας τὰς **θύρας** τῆς φυλακῆς ἐξαγαγών
Ac 5:23 ἑστῶτας ἐπὶ τῶν **θυρῶν**,
Ac 12:6 τε πρὸ τῆς **θύρας** ἐτήρουν τὴν φυλακήν.
Ac 12:13 δὲ αὐτοῦ τὴν **θύραν** τοῦ πυλῶνος προσῆλθεν
Ac 14:27 ἤνοιξεν τοῖς ἔθνεσιν **θύραν** πίστεως.
Ac 16:26 δὲ παραχρῆμα αἱ **θύραι** πᾶσαι καὶ πάντων
Ac 16:27 ἰδὼν ἀνεῳγμένας τὰς **θύρας** τῆς φυλακῆς,
Ac 21:30 εὐθέως ἐκλείσθησαν αἱ **θύραι**.

θυρίς (*thyris*; 1/2) *window*
Ac 20:9 Εὔτυχος ἐπὶ τῆς **θυρίδος**,

θυσία (*thysia*; 2/28) *sacrifice*
Ac 7:41 ἐκείναις καὶ ἀνήγαγον **θυσίαν** τῷ εἰδώλῳ
Ac 7:42 μὴ σφάγια καὶ **θυσίας** προσηνέγκατέ μοι ἔτη

θύω (*thyō*; 4/14) *slaughter*
Ac 10:13 **θῦσον** καὶ φάγε.
Ac 11:7 **θῦσον** καὶ φάγε.
Ac 14:13 τοῖς ὄχλοις ἤθελεν **θύειν**.
Ac 14:18 ὄχλους τοῦ μὴ **θύειν** αὐτοῖς.

Θωμᾶς (*Thōmas*; 1/11) *Thomas*
Ac 1:13 Φίλιππος καὶ **Θωμᾶς**,

Ἰακώβ (*Iakōb*; 8/27) *Jacob*
Ac 3:13 καὶ [ὁ θεὸς] **Ἰακώβ**,
Ac 7:8 καὶ Ἰσαὰκ τὸν **Ἰακώβ**,
Ac 7:8 καὶ **Ἰακὼβ** τοὺς δώδεκα πατριάρχας.
Ac 7:12 ἀκούσας δὲ **Ἰακὼβ** ὄντα σιτία εἰς
Ac 7:14 δὲ Ἰωσὴφ μετεκαλέσατο **Ἰακὼβ** τὸν πατέρα αὐτοῦ
Ac 7:15 καὶ κατέβη **Ἰακὼβ** εἰς Αἴγυπτον καὶ
Ac 7:32 καὶ Ἰσαὰκ καὶ **Ἰακώβ**.
Ac 7:46 σκήνωμα τῷ οἴκῳ **Ἰακώβ**.

Ἰάκωβος (*Iakōbos*; 7/42) *James*
Ac 1:13 καὶ Ἰωάννης καὶ **Ἰάκωβος** καὶ Ἀνδρέας,
Ac 1:13 **Ἰάκωβος** Ἁλφαίου καὶ Σίμων
Ac 1:13 ζηλωτὴς καὶ Ἰούδας **Ἰακώβου**.
Ac 12:2 ἀνεῖλεν δὲ **Ἰάκωβον** τὸν ἀδελφὸν Ἰωάννου
Ac 12:17 ἀπαγγείλατε **Ἰακώβῳ** καὶ τοῖς ἀδελφοῖς
Ac 15:13 σιγῆσαι αὐτοὺς ἀπεκρίθη **Ἰάκωβος** λέγων·
Ac 21:18 σὺν ἡμῖν πρὸς **Ἰάκωβον**,

ἰάομαι (*iaomai*; 4/26) *heal*
Ac 9:34 **ἰᾶταί** σε Ἰησοῦς Χριστός·
Ac 10:38 διῆλθεν εὐεργετῶν καὶ **ἰώμενος** πάντας τοὺς καταδυναστευομένους
Ac 28:8 τὰς χεῖρας αὐτῷ **ἰάσατο** αὐτόν.
Ac 28:27 καὶ ἰάσομαι **αὐτούς**.

ἴασις (*iasis*; 2/3) *healing*
Ac 4:22 σημεῖον τοῦτο τῆς **ἰάσεως**.
Ac 4:30 ἐκτείνειν σε εἰς **ἴασιν** καὶ σημεῖα καὶ

Ἰάσων (*Iasōn*; 4/5) *Jason*
Ac 17:5 ἐπιστάντες τῇ οἰκίᾳ **Ἰάσονος** ἐζήτουν αὐτοὺς προαγαγεῖν
Ac 17:6 δὲ αὐτοὺς ἔσυρον **Ἰάσονα** καί τινας ἀδελφοὺς
Ac 17:7 οὓς ὑποδέδεκται **Ἰάσων**·
Ac 17:9 ἱκανὸν παρὰ τοῦ **Ἰάσονος** καὶ τῶν λοιπῶν

ἴδιος (*idios*; 16/114) *one's own*
Ac 1:7 ἔθετο ἐν τῇ **ἰδίᾳ** ἐξουσίᾳ,
Ac 1:19 χωρίον ἐκεῖνο τῇ **ἰδίᾳ** διαλέκτῳ αὐτῶν Ἁκελδαμάχ,
Ac 1:25 τὸν τόπον τὸν **ἴδιον**.
Ac 2:6 εἷς ἕκαστος τῇ **ἰδίᾳ** διαλέκτῳ λαλούντων αὐτῶν.
Ac 2:8 ἀκούομεν ἕκαστος τῇ **ἰδίᾳ** διαλέκτῳ ἡμῶν ἐν
Ac 3:12 τί ἀτενίζετε ὡς **ἰδίᾳ** δυνάμει ἢ εὐσεβείᾳ
Ac 4:23 ἦλθον πρὸς τοὺς **ἰδίους** καὶ ἀπήγγειλαν ὅσα
Ac 4:32 ὑπαρχόντων αὐτῷ ἔλεγεν **ἴδιον** εἶναι ἀλλ' ἦν
Ac 13:36 Δαυὶδ μὲν γὰρ **ἰδίᾳ** γενεᾷ ὑπηρετήσας τῇ
Ac 20:28 τοῦ αἵματος τοῦ **ἰδίου**.
Ac 21:6 ὑπέστρεψαν εἰς τὰ **ἴδια**.
Ac 23:19 καὶ ἀναχωρήσας κατ' **ἰδίαν** ἐπυνθάνετο,
Ac 24:23 μηδένα κωλύειν τῶν **ἰδίων** αὐτοῦ ὑπηρετεῖν αὐτῷ.

Ac 24:24 σὺν Δρουσίλλῃ τῇ **ἰδίᾳ** γυναικὶ οὔσῃ Ἰουδαίᾳ
Ac 25:19 τινα περὶ τῆς **ἰδίας** δεισιδαιμονίας εἶχον
Ac 28:30 διετίαν ὅλην ἐν **ἰδίῳ** μισθώματι καὶ ἀπεδέχετο

ἰδιώτης (*idiōtēs*; 1/5) *untrained or unskilled man*

Ac 4:13 ἀγράμματοί εἰσιν καὶ **ἰδιῶται**,

ἰδού (*idou*; 23/200) *look!*

Ac 1:10 καὶ **ἰδοὺ** ἄνδρες δύο παρειστήκεισαν
Ac 2:7 οὐχ **ἰδοὺ** ἅπαντες οὗτοί εἰσιν
Ac 5:9 **ἰδοὺ** οἱ πόδες τῶν
Ac 5:25 ἀπήγγειλεν αὐτοῖς ὅτι **ἰδοὺ** οἱ ἄνδρες οὓς
Ac 5:28 καὶ **ἰδοὺ** πεπληρώκατε τὴν Ἰερουσαλὴμ
Ac 7:56 **ἰδοὺ** θεωρῶ τοὺς οὐρανοὺς
Ac 8:27 καὶ **ἰδοὺ** ἀνὴρ Αἰθίοψ εὐνοῦχος
Ac 8:36 **ἰδοὺ** ὕδωρ,
Ac 9:10 **ἰδοὺ** ἐγώ,
Ac 9:11 **ἰδοὺ** γὰρ προσεύχεται
Ac 10:17 **ἰδοὺ** οἱ ἄνδρες οἱ
Ac 10:19 **ἰδοὺ** ἄνδρες τρεῖς ζητοῦντές
Ac 10:21 **ἰδοὺ** ἐγώ εἰμι ὃν
Ac 10:30 καὶ **ἰδοὺ** ἀνὴρ ἔστη ἐνώπιόν
Ac 11:11 καὶ **ἰδοὺ** ἐξαυτῆς τρεῖς ἄνδρες
Ac 12:7 καὶ **ἰδοὺ** ἄγγελος κυρίου ἐπέστη
Ac 13:11 καὶ νῦν **ἰδοὺ** χεὶρ κυρίου ἐπὶ
Ac 13:25 ἀλλ᾽ **ἰδοὺ** ἔρχεται μετ᾽ ἐμὲ
Ac 13:46 **ἰδοὺ** στρεφόμεθα εἰς τὰ
Ac 16:1 καὶ **ἰδοὺ** μαθητής τις ἦν
Ac 20:22 Καὶ νῦν **ἰδοὺ** δεδεμένος ἐγὼ τῷ
Ac 20:25 Καὶ νῦν **ἰδοὺ** ἐγὼ οἶδα ὅτι
Ac 27:24 καὶ **ἰδοὺ** κεχάρισταί σοι ὁ

ἱερεύς (*hiereus*; 3/31) *priest*

Ac 4:1 ἐπέστησαν αὐτοῖς οἱ **ἱερεῖς** καὶ ὁ στρατηγὸς
Ac 6:7 τε ὄχλος τῶν **ἱερέων** ὑπήκουον τῇ πίστει.
Ac 14:13 ὅ τε **ἱερεὺς** τοῦ Διὸς τοῦ

ἱερόν (*hieron*; 25/70[72]) *temple area*

Ac 2:46 ὁμοθυμαδὸν ἐν τῷ **ἱερῷ**,
Ac 3:1 ἀνέβαινον εἰς τὸ **ἱερὸν** ἐπὶ τὴν ὥραν
Ac 3:2 τὴν θύραν τοῦ **ἱεροῦ** τὴν λεγομένην Ὡραίαν
Ac 3:2 εἰσπορευομένων εἰς τὸ **ἱερόν**·
Ac 3:3 εἰσιέναι εἰς τὸ **ἱερόν**,
Ac 3:8 αὐτοῖς εἰς τὸ **ἱερὸν** περιπατῶν καὶ ἁλλόμενος
Ac 3:10 ὡραίᾳ πύλῃ τοῦ **ἱεροῦ** καὶ ἐπλήσθησαν θάμβους
Ac 4:1 ὁ στρατηγὸς τοῦ **ἱεροῦ** καὶ οἱ Σαδδουκαῖοι,
Ac 5:20 λαλεῖτε ἐν τῷ **ἱερῷ** τῷ λαῷ πάντα
Ac 5:21 ὄρθρον εἰς τὸ **ἱερὸν** καὶ ἐδίδασκον.
Ac 5:24 τε στρατηγὸς τοῦ **ἱεροῦ** καὶ οἱ ἀρχιερεῖς,
Ac 5:25 εἰσὶν ἐν τῷ **ἱερῷ** ἑστῶτες καὶ διδάσκοντες
Ac 5:42 ἡμέραν ἐν τῷ **ἱερῷ** καὶ κατ᾽ οἶκον
Ac 19:27 μεγάλης θεᾶς Ἀρτέμιδος **ἱερὸν** εἰς οὐθὲν λογισθῆναι,
Ac 21:26 εἰσῄει εἰς τὸ **ἱερὸν** διαγγέλλων τὴν ἐκπλήρωσιν
Ac 21:27 αὐτὸν ἐν τῷ **ἱερῷ** συνέχεον πάντα τὸν
Ac 21:28 εἰσήγαγεν εἰς τὸ **ἱερὸν** καὶ κεκοίνωκεν τὸν
Ac 21:29 ὅτι εἰς τὸ **ἱερὸν** εἰσήγαγεν ὁ Παῦλος.
Ac 21:30 αὐτὸν ἔξω τοῦ **ἱεροῦ** καὶ εὐθέως ἐκλείσθησαν
Ac 22:17 μου ἐν τῷ **ἱερῷ** γενέσθαι με ἐν
Ac 24:6 ὃς καὶ τὸ **ἱερὸν** ἐπείρασεν βεβηλῶσαι ὃν
Ac 24:12 οὔτε ἐν τῷ **ἱερῷ** εὗρόν με πρός
Ac 24:18 ἡγνισμένον ἐν τῷ **ἱερῷ** οὐ μετὰ ὄχλου
Ac 25:8 οὔτε εἰς τὸ **ἱερὸν** οὔτε εἰς Καίσαρά
Ac 26:21 [ὄντα] ἐν τῷ **ἱερῷ** ἐπειρῶντο διαχειρίσασθαι.

ἱερόσυλος (*hierosylos*; 1/1) *a sacrilegious person*

Ac 19:37 ἄνδρας τούτους οὔτε **ἱεροσύλους** οὔτε βλασφημοῦντας τὴν

Ἰερουσαλήμ (*Ierousalēm*; 59/139) *Jerusalem*

Ac 1:4 παρήγγειλεν αὐτοῖς ἀπὸ **Ἱεροσολύμων** μὴ χωρίζεσθαι ἀλλὰ
Ac 1:8 μάρτυρες ἔν τε **Ἰερουσαλὴμ** καὶ [ἐν] πάσῃ
Ac 1:12 Τότε ὑπέστρεψαν εἰς **Ἰερουσαλὴμ** ἀπὸ ὄρους
Ac 1:12 ὅ ἐστιν ἐγγὺς **Ἰερουσαλὴμ** σαββάτου ἔχον ὁδόν.
Ac 1:19 πᾶσι τοῖς κατοικοῦσιν **Ἰερουσαλήμ**,
Ac 2:5 Ἦσαν δὲ εἰς **Ἰερουσαλὴμ** κατοικοῦντες Ἰουδαῖοι,
Ac 2:14 καὶ οἱ κατοικοῦντες **Ἰερουσαλὴμ** πάντες,
Ac 4:5 τοὺς γραμματεῖς ἐν **Ἰερουσαλήμ**,
Ac 4:16 πᾶσιν τοῖς κατοικοῦσιν **Ἰερουσαλὴμ** φανερὸν
Ac 5:16 τῶν πέριξ πόλεων **Ἰερουσαλὴμ** φέροντες ἀσθενεῖς καὶ
Ac 5:28 ἰδοὺ πεπληρώκατε τὴν **Ἰερουσαλὴμ** τῆς διδαχῆς ὑμῶν
Ac 6:7 τῶν μαθητῶν ἐν **Ἰερουσαλὴμ** σφόδρα,
Ac 8:1 ἐκκλησίαν τὴν ἐν **Ἱεροσολύμοις**,
Ac 8:14 δὲ οἱ ἐν **Ἱεροσολύμοις** ἀπόστολοι ὅτι δέδεκται
Ac 8:25 κυρίου ὑπέστρεφον εἰς **Ἱεροσόλυμα**,
Ac 8:26 τὴν καταβαίνουσαν ἀπὸ **Ἰερουσαλὴμ** εἰς Γάζαν,
Ac 8:27 ἐληλύθει προσκυνήσων εἰς **Ἰερουσαλήμ**,
Ac 9:2 δεδεμένους ἀγάγῃ εἰς **Ἰερουσαλήμ**.
Ac 9:13 σου ἐποίησεν ἐν **Ἰερουσαλήμ**·
Ac 9:21 ὁ πορθήσας εἰς **Ἰερουσαλὴμ** τοὺς ἐπικαλουμένους τὸ
Ac 9:26 Παραγενόμενος δὲ εἰς **Ἰερουσαλὴμ** ἐπείραζεν κολλᾶσθαι τοῖς
Ac 9:28 καὶ ἐκπορευόμενος εἰς **Ἰερουσαλήμ**,
Ac 10:39 Ἰουδαίων καὶ [ἐν] **Ἰερουσαλήμ**.
Ac 11:2 ἀνέβη Πέτρος εἰς **Ἰερουσαλήμ**,
Ac 11:22 τῆς οὔσης ἐν **Ἰερουσαλὴμ** περὶ αὐτῶν καὶ
Ac 11:27 ἡμέραις κατῆλθον ἀπὸ **Ἱεροσολύμων** προφῆται εἰς Ἀντιόχειαν.
Ac 12:25 Σαῦλος ὑπέστρεψαν εἰς **Ἰερουσαλὴμ** πληρώσαντες τὴν διακονίαν,
Ac 13:13 αὐτῶν ὑπέστρεψεν εἰς **Ἱεροσόλυμα**.
Ac 13:27 γὰρ κατοικοῦντες ἐν **Ἰερουσαλὴμ** καὶ οἱ ἄρχοντες
Ac 13:31 τῆς Γαλιλαίας εἰς **Ἰερουσαλήμ**,

Ac 15:2 καὶ πρεσβυτέρους εἰς **Ἰερουσαλὴμ** περὶ τοῦ ζητήματος
Ac 15:4 παραγενόμενοι δὲ εἰς **Ἰερουσαλὴμ** παρεδέχθησαν ἀπὸ τῆς
Ac 16:4 πρεσβυτέρων τῶν ἐν **Ἱεροσολύμοις**.
Ac 19:21 Ἀχαΐαν πορεύεσθαι εἰς **Ἱεροσόλυμα** εἰπὼν ὅτι μετὰ
Ac 20:16 πεντηκοστῆς γενέσθαι εἰς **Ἱεροσόλυμα**.
Ac 20:22 πνεύματι πορεύομαι εἰς **Ἰερουσαλὴμ** τὰ ἐν αὐτῇ
Ac 21:4 μὴ ἐπιβαίνειν εἰς **Ἱεροσόλυμα**.
Ac 21:11 οὕτως δήσουσιν ἐν **Ἰερουσαλὴμ** οἱ Ἰουδαῖοι
Ac 21:12 ἀναβαίνειν αὐτὸν εἰς **Ἰερουσαλήμ**.
Ac 21:13 καὶ ἀποθανεῖν εἰς **Ἰερουσαλὴμ** ἑτοίμως ἔχω
Ac 21:15 ἐπισκευασάμενοι ἀνεβαίνομεν εἰς **Ἱεροσόλυμα**·
Ac 21:17 δὲ ἡμῶν εἰς **Ἱεροσόλυμα** ἀσμένως ἀπεδέξαντο ἡμᾶς
Ac 21:31 ὅτι ὅλη συγχύννεται **Ἰερουσαλήμ**.
Ac 22:5 ὄντας δεδεμένους εἰς **Ἰερουσαλὴμ** ἵνα τιμωρηθῶσιν.
Ac 22:17 μοι ὑποστρέψαντι εἰς **Ἰερουσαλὴμ** καὶ προσευχομένου μου
Ac 22:18 ἐν τάχει ἐξ **Ἰερουσαλήμ**,
Ac 23:11 περὶ ἐμοῦ εἰς **Ἰερουσαλήμ**,
Ac 24:11 ἀνέβην προσκυνήσων εἰς **Ἰερουσαλήμ**.
Ac 25:1 ἡμέρας ἀνέβη εἰς **Ἱεροσόλυμα** ἀπὸ Καισαρείας,
Ac 25:3 μεταπέμψηται αὐτὸν εἰς **Ἰερουσαλήμ**,
Ac 25:7 αὐτὸν οἱ ἀπὸ **Ἱεροσολύμων** καταβεβηκότες Ἰουδαῖοι πολλὰ
Ac 25:9 θέλεις εἰς **Ἱεροσόλυμα** ἀναβὰς ἐκεῖ περὶ
Ac 25:15 γενομένου μου εἰς **Ἱεροσόλυμα** ἐνεφάνισαν οἱ ἀρχιερεῖς
Ac 25:20 βούλοιτο πορεύεσθαι εἰς **Ἱεροσόλυμα** κἀκεῖ κρίνεσθαι περὶ
Ac 25:24 μοι ἔν τε **Ἱεροσολύμοις** καὶ ἐνθάδε βοῶντες
Ac 26:4 μου ἔν τε **Ἱεροσολύμοις** ἴσασι πάντες [οἱ]
Ac 26:10 καὶ ἐποίησα ἐν **Ἱεροσολύμοις**,
Ac 26:20 πρῶτόν τε καὶ **Ἱεροσολύμοις**,
Ac 28:17 πατρῴοις δέσμιος ἐξ **Ἱεροσολύμων** παρεδόθην εἰς τὰς

Ἰεσσαί (*Iessai*; 1/5) *Jesse*

Ac 13:22 Δαυὶδ τὸν τοῦ **Ἰεσσαί**,

Ἰησοῦς (*Iēsous*; 69/911[917]) *Jesus*

Ac 1:1 ὧν ἤρξατο ὁ **Ἰησοῦς** ποιεῖν τε καὶ
Ac 1:11 οὗτος ὁ Ἰησοῦς **ὁ** ἀναλημφθεὶς ἀφ' ὑμῶν
Ac 1:14 τῇ μητρὶ τοῦ **Ἰησοῦ** καὶ τοῖς ἀδελφοῖς
Ac 1:16 ὁδηγοῦ τοῖς συλλαβοῦσιν **Ἰησοῦν**,
Ac 1:21 ἡμᾶς ὁ κύριος **Ἰησοῦς**,
Ac 2:22 **Ἰησοῦν** τὸν Ναζωραῖον,
Ac 2:32 τοῦτον τὸν **Ἰησοῦν** ἀνέστησεν ὁ θεός,
Ac 2:36 τοῦτον τὸν **Ἰησοῦν** ὃν ὑμεῖς ἐσταυρώσατε.
Ac 2:38 ἐπὶ τῷ ὀνόματι **Ἰησοῦ** Χριστοῦ εἰς ἄφεσιν
Ac 3:6 ἐν τῷ ὀνόματι **Ἰησοῦ** Χριστοῦ τοῦ Ναζωραίου
Ac 3:13 τὸν παῖδα αὐτοῦ **Ἰησοῦν** ὃν ὑμεῖς μὲν
Ac 3:20 προκεχειρισμένον ὑμῖν χριστὸν **Ἰησοῦν**,
Ac 4:2 καταγγέλλειν ἐν τῷ **Ἰησοῦ** τὴν ἀνάστασιν
Ac 4:10 ἐν τῷ ὀνόματι **Ἰησοῦ** Χριστοῦ τοῦ Ναζωραίου
Ac 4:13 ὅτι σὺν τῷ **Ἰησοῦ** ἦσαν,
Ac 4:18 τῷ ὀνόματι τοῦ **Ἰησοῦ**.
Ac 4:27 ἅγιον παῖδά σου **Ἰησοῦν** ὃν ἔχρισας,
Ac 4:30 ἁγίου παιδός σου **Ἰησοῦ**.
Ac 4:33 ἀναστάσεως τοῦ κυρίου **Ἰησοῦ**,
Ac 5:30 πατέρων ἡμῶν ἤγειρεν **Ἰησοῦν** ὃν ὑμεῖς διεχειρίσασθε
Ac 5:40 τῷ ὀνόματι τοῦ **Ἰησοῦ** καὶ ἀπέλυσαν.
Ac 5:42 εὐαγγελιζόμενοι τὸν χριστόν **Ἰησοῦν**.
Ac 6:14 αὐτοῦ λέγοντος ὅτι **Ἰησοῦς** ὁ Ναζωραῖος οὗτος
Ac 7:45 πατέρες ἡμῶν μετὰ **Ἰησοῦ** ἐν τῇ κατασχέσει
Ac 7:55 δόξαν θεοῦ καὶ **Ἰησοῦν** ἑστῶτα ἐκ δεξιῶν
Ac 7:59 κύριε **Ἰησοῦ**,
Ac 8:12 καὶ τοῦ ὀνόματος **Ἰησοῦ** Χριστοῦ,
Ac 8:16 ὄνομα τοῦ κυρίου **Ἰησοῦ**.
Ac 8:35 εὐηγγελίσατο αὐτῷ τὸν **Ἰησοῦν**.
Ac 9:5 ἐγώ εἰμι **Ἰησοῦς** ὃν σὺ διώκεις·
Ac 9:17 **Ἰησοῦς** ὁ ὀφθείς σοι
Ac 9:20 συναγωγαῖς ἐκήρυσσεν τὸν **Ἰησοῦν** ὅτι οὗτός ἐστιν
Ac 9:27 τῷ ὀνόματι τοῦ **Ἰησοῦ**.
Ac 9:34 ἰᾶταί σε **Ἰησοῦς** Χριστός·
Ac 10:36 εὐαγγελιζόμενος εἰρήνην διὰ **Ἰησοῦ** Χριστοῦ,
Ac 10:38 **Ἰησοῦν** τὸν ἀπὸ Ναζαρέθ,
Ac 10:48 ἐν τῷ ὀνόματι **Ἰησοῦ** Χριστοῦ βαπτισθῆναι.
Ac 11:17 ἐπὶ τὸν κύριον **Ἰησοῦν** Χριστόν,
Ac 11:20 εὐαγγελιζόμενοι τὸν κύριον **Ἰησοῦν**.
Ac 13:23 τῷ Ἰσραὴλ σωτῆρα **Ἰησοῦν**,
Ac 13:33 [αὐτῶν] ἡμῖν ἀναστήσας **Ἰησοῦν** ὡς καὶ ἐν
Ac 15:11 χάριτος τοῦ κυρίου **Ἰησοῦ** πιστεύομεν σωθῆναι καθ'
Ac 15:26 τοῦ κυρίου ἡμῶν **Ἰησοῦ** Χριστοῦ.
Ac 16:7 αὐτοὺς τὸ πνεῦμα **Ἰησοῦ**·
Ac 16:18 σοι ἐν ὀνόματι **Ἰησοῦ** Χριστοῦ ἐξελθεῖν ἀπ'
Ac 16:31 ἐπὶ τὸν κύριον **Ἰησοῦν** καὶ σωθήσῃ σὺ
Ac 17:3 ὁ χριστὸς [ὁ] **Ἰησοῦς** ὃν ἐγὼ καταγγέλλω
Ac 17:7 ἕτερον λέγοντες εἶναι **Ἰησοῦν**.
Ac 17:18 ὅτι τὸν **Ἰησοῦν** καὶ τὴν ἀνάστασιν
Ac 18:5 εἶναι τὸν χριστὸν **Ἰησοῦν**.
Ac 18:25 τὰ περὶ τοῦ **Ἰησοῦ**,
Ac 18:28 εἶναι τὸν χριστὸν **Ἰησοῦν**.
Ac 19:4 ἔστιν εἰς τὸν **Ἰησοῦν**.
Ac 19:5 ὄνομα τοῦ κυρίου **Ἰησοῦ**,
Ac 19:13 ὄνομα τοῦ κυρίου **Ἰησοῦ** λέγοντες·
Ac 19:13 ὁρκίζω ὑμᾶς τὸν **Ἰησοῦν** ὃν Παῦλος κηρύσσει.
Ac 19:15 τὸν [μὲν] **Ἰησοῦν** γινώσκω καὶ τὸν
Ac 19:17 ὄνομα τοῦ κυρίου **Ἰησοῦ**.
Ac 20:21 τὸν κύριον ἡμῶν **Ἰησοῦν**.
Ac 20:24 παρὰ τοῦ κυρίου **Ἰησοῦ**,
Ac 20:35 λόγων τοῦ κυρίου **Ἰησοῦ** ὅτι αὐτὸς εἶπεν·
Ac 21:13 ὀνόματος τοῦ κυρίου **Ἰησοῦ**.
Ac 22:8 ἐγώ εἰμι **Ἰησοῦς** ὁ Ναζωραῖος,
Ac 24:24 τῆς εἰς Χριστὸν **Ἰησοῦν** πίστεως.
Ac 25:19 καὶ περί τινος **Ἰησοῦ** τεθνηκότος ὃν ἔφασκεν
Ac 26:9 πρὸς τὸ ὄνομα **Ἰησοῦ** τοῦ Ναζωραίου δεῖν
Ac 26:15 ἐγώ εἰμι **Ἰησοῦς** ὃν σὺ διώκεις.
Ac 28:23 αὐτοὺς περὶ τοῦ **Ἰησοῦ** ἀπό τε τοῦ
Ac 28:31 περὶ τοῦ κυρίου **Ἰησοῦ** Χριστοῦ μετὰ πάσης

ἱκανός (*hikanos*; 18/39) *worthy*

Ac 8:11 αὐτῷ διὰ τὸ **ἱκανῷ** χρόνῳ ταῖς μαγείαις

Ac 9:23 δὲ ἐπληροῦντο ἡμέραι **ἱκαναί**,
Ac 9:43 Ἐγένετο δὲ ἡμέρας **ἱκανὰς** μεῖναι ἐν Ἰόππῃ
Ac 11:24 καὶ προσετέθη ὄχλος **ἱκανὸς** τῷ κυρίῳ.
Ac 11:26 καὶ διδάξαι ὄχλον **ἱκανόν**,
Ac 12:12 οὗ ἦσαν **ἱκανοὶ** συνηθροισμένοι καὶ προσευχόμενοι.
Ac 14:3 **ἱκανὸν** μὲν οὖν χρόνον
Ac 14:21 ἐκείνην καὶ μαθητεύσαντες **ἱκανοὺς** ὑπέστρεψαν εἰς τὴν
Ac 17:9 καὶ λαβόντες τὸ **ἱκανὸν** παρὰ τοῦ Ἰάσονος
Ac 18:18 ἔτι προσμείνας ἡμέρας **ἱκανὰς** τοῖς ἀδελφοῖς ἀποταξάμενος
Ac 19:19 **ἱκανοὶ** δὲ τῶν τὰ
Ac 19:26 οὗτος πείσας μετέστησεν **ἱκανὸν** ὄχλον λέγων ὅτι
Ac 20:8 ἦσαν δὲ λαμπάδες **ἱκαναὶ** ἐν τῷ ὑπερῴῳ
Ac 20:11 καὶ γευσάμενος ἐφ᾽ **ἱκανόν** τε ὁμιλήσας ἄχρι
Ac 20:37 **ἱκανὸς** δὲ κλαυθμὸς ἐγένετο
Ac 22:6 οὐρανοῦ περιαστράψαι φῶς **ἱκανὸν** περὶ ἐμέ,
Ac 27:7 ἐν **ἱκαναῖς** δὲ ἡμέραις βραδυπλοοῦντες
Ac 27:9 **Ἱκανοῦ** δὲ χρόνου διαγενομένου

Ἰκόνιον (*Ikonion*; 5/6) *Iconiun*

Ac 13:51 αὐτοὺς ἦλθον εἰς **Ἰκόνιον**,
Ac 14:1 Ἐγένετο δὲ ἐν **Ἰκονίῳ** κατὰ τὸ αὐτὸ
Ac 14:19 ἀπὸ Ἀντιοχείας καὶ **Ἰκονίου** Ἰουδαῖοι καὶ πείσαντες
Ac 14:21 Λύστραν καὶ εἰς **Ἰκόνιον** καὶ εἰς Ἀντιόχειαν
Ac 16:2 ἐν Λύστροις καὶ **Ἰκονίῳ** ἀδελφῶν.

ἱμάς (*himas*; 1/4) *strap*

Ac 22:25 προέτειναν αὐτὸν τοῖς **ἱμᾶσιν**,

ἱμάτιον (*himation*; 8/60) *garment*

Ac 7:58 μάρτυρες ἀπέθεντο τὰ **ἱμάτια** αὐτῶν παρὰ
Ac 9:39 ἐπιδεικνύμεναι χιτῶνας καὶ **ἱμάτια** ὅσα ἐποίει μετ᾽
Ac 12:8 περιβαλοῦ τὸ **ἱμάτιόν** σου καὶ ἀκολούθει
Ac 14:14 Παῦλος διαρρήξαντες τὰ **ἱμάτια** αὐτῶν ἐξεπήδησαν εἰς
Ac 16:22 περιρήξαντες αὐτῶν τὰ **ἱμάτια** ἐκέλευον ῥαβδίζειν,
Ac 18:6 βλασφημούντων ἐκτιναξάμενος τὰ **ἱμάτια** εἶπεν πρὸς αὐτούς·
Ac 22:20 καὶ φυλάσσων τὰ **ἱμάτια** τῶν ἀναιρούντων αὐτόν.
Ac 22:23 καὶ ῥιπτούντων τὰ **ἱμάτια** καὶ κονιορτὸν βαλλόντων

ἱματισμός (*himatismos*; 1/5) *clothing*

Ac 20:33 ἢ χρυσίου ἢ **ἱματισμοῦ** οὐδενὸς ἐπεθύμησα·

ἵνα (*hina*; 15/662[663]) *so that, in order that*

Ac 2:25 δεξιῶν μού ἐστιν **ἵνα** μὴ σαλευθῶ.
Ac 4:17 ἀλλ᾽ **ἵνα** μὴ ἐπὶ πλεῖον
Ac 5:15 **ἵνα** ἐρχομένου Πέτρου κἂν
Ac 8:19 τὴν ἐξουσίαν ταύτην **ἵνα** ᾧ ἐὰν ἐπιθῶ
Ac 9:21 εἰς τοῦτο ἐληλύθει **ἵνα** δεδεμένους αὐτοὺς ἀγάγῃ
Ac 16:30 με δεῖ ποιεῖν **ἵνα** σωθῶ;
Ac 16:36 ἀπέσταλκαν οἱ στρατηγοὶ **ἵνα** ἀπολυθῆτε·
Ac 17:15 καὶ τὸν Τιμόθεον **ἵνα** ὡς τάχιστα ἔλθωσιν
Ac 19:4 ἐρχόμενον μετ᾽ αὐτὸν **ἵνα** πιστεύσωσιν,
Ac 21:24 δαπάνησον ἐπ᾽ αὐτοῖς **ἵνα** ξυρήσονται τὴν κεφαλήν,
Ac 22:5 δεδεμένους εἰς Ἰερουσαλὴμ **ἵνα** τιμωρηθῶσιν.
Ac 22:24 μάστιξιν ἀνετάζεσθαι αὐτὸν **ἵνα** ἐπιγνῷ δι᾽ ἣν
Ac 23:24 κτήνη τε παραστῆσαι **ἵνα** ἐπιβιβάσαντες τὸν Παῦλον
Ac 24:4 **ἵνα** δὲ μὴ ἐπὶ
Ac 27:42 στρατιωτῶν βουλὴ ἐγένετο **ἵνα** τοὺς δεσμώτας ἀποκτείνωσιν,

ἱνατί (*hinati*; 2/6) *why*

Ac 4:25 **ἱνατί** ἐφρύαξαν ἔθνη καὶ
Ac 7:26 **ἱνατί** ἀδικεῖτε ἀλλήλους;

Ἰόππη (*Ioppē*; 10/10) *Joppa*

Ac 9:36 Ἐν **Ἰόππῃ** δέ τις ἦν
Ac 9:38 οὔσης Λύδδας τῇ **Ἰόππῃ** οἱ μαθηταὶ ἀκούσαντες
Ac 9:42 καθ᾽ ὅλης τῆς **Ἰόππης** καὶ ἐπίστευσαν πολλοὶ
Ac 9:43 ἱκανὰς μεῖναι ἐν **Ἰόππῃ** παρά τινι Σίμωνι
Ac 10:5 πέμψον ἄνδρας εἰς **Ἰόππην** καὶ μετάπεμψαι Σίμωνά
Ac 10:8 αὐτοὺς εἰς τὴν **Ἰόππην**.
Ac 10:23 ἀδελφῶν τῶν ἀπὸ **Ἰόππης** συνῆλθον αὐτῷ.
Ac 10:32 πέμψον οὖν εἰς **Ἰόππην** καὶ μετακάλεσαι Σίμωνα
Ac 11:5 ἤμην ἐν πόλει **Ἰόππῃ** προσευχόμενος καὶ εἶδον
Ac 11:13 ἀπόστειλον εἰς **Ἰόππην** καὶ μετάπεμψαι Σίμωνα

Ἰουδαία (*Ioudaia*; 12/43) *Judea*

Ac 1:8 [ἐν] πάσῃ τῇ **Ἰουδαίᾳ** καὶ Σαμαρείᾳ καὶ
Ac 2:9 **Ἰουδαίαν** τε καὶ Καππαδοκίαν,
Ac 8:1 τὰς χώρας τῆς **Ἰουδαίας** καὶ Σαμαρείας πλὴν
Ac 9:31 καθ᾽ ὅλης τῆς **Ἰουδαίας** καὶ Γαλιλαίας καὶ
Ac 10:37 καθ᾽ ὅλης τῆς **Ἰουδαίας**,
Ac 11:1 ὄντες κατὰ τὴν **Ἰουδαίαν** ὅτι καὶ τὰ
Ac 11:29 κατοικοῦσιν ἐν τῇ **Ἰουδαίᾳ** ἀδελφοῖς·
Ac 12:19 κατελθὼν ἀπὸ τῆς **Ἰουδαίας** εἰς Καισάρειαν διέτριβεν.
Ac 15:1 κατελθόντες ἀπὸ τῆς **Ἰουδαίας** ἐδίδασκον τοὺς ἀδελφοὺς
Ac 21:10 τις ἀπὸ τῆς **Ἰουδαίας** προφήτης ὀνόματι Ἅγαβος,
Ac 26:20 τὴν χώραν τῆς **Ἰουδαίας** καὶ τοῖς ἔθνεσιν
Ac 28:21 ἐδεξάμεθα ἀπὸ τῆς **Ἰουδαίας** οὔτε παραγενόμενός τις

Ἰουδαῖος (*Ioudaios*; 79/195) *Jew*

Ac 2:5 εἰς Ἰερουσαλὴμ κατοικοῦντες **Ἰουδαῖοι**,
Ac 2:11 **Ἰουδαῖοί** τε καὶ προσήλυτοι,
Ac 2:14 ἄνδρες **Ἰουδαῖοι** καὶ οἱ κατοικοῦντες
Ac 9:22 καὶ συνέχυννεν [τοὺς] **Ἰουδαίους** τοὺς κατοικοῦντας ἐν
Ac 9:23 συνεβουλεύσαντο οἱ **Ἰουδαῖοι** ἀνελεῖν αὐτόν·
Ac 10:22 τοῦ ἔθνους τῶν **Ἰουδαίων**,

Ac 10:28 ἀθέμιτόν ἐστιν ἀνδρὶ **Ἰουδαίῳ** κολλᾶσθαι ἢ προσέρχεσθαι
Ac 10:39 τῇ χώρᾳ τῶν **Ἰουδαίων** καὶ [ἐν] Ἰερουσαλήμ.
Ac 11:19 εἰ μὴ μόνον **Ἰουδαίοις**.
Ac 12:3 ἀρεστόν ἐστιν τοῖς **Ἰουδαίοις**,
Ac 12:11 τοῦ λαοῦ τῶν **Ἰουδαίων**.
Ac 13:5 ταῖς συναγωγαῖς τῶν **Ἰουδαίων**.
Ac 13:6 τινα μάγον ψευδοπροφήτην **Ἰουδαῖον** ᾧ ὄνομα Βαριησοῦ
Ac 13:43 ἠκολούθησαν πολλοὶ τῶν **Ἰουδαίων** καὶ τῶν σεβομένων
Ac 13:45 ἰδόντες δὲ οἱ **Ἰουδαῖοι** τοὺς ὄχλους ἐπλήσθησαν
Ac 13:50 οἱ δὲ **Ἰουδαῖοι** παρώτρυναν τὰς σεβομένας
Ac 14:1 τὴν συναγωγὴν τῶν **Ἰουδαίων** καὶ λαλῆσαι οὕτως
Ac 14:1 οὕτως ὥστε πιστεῦσαι **Ἰουδαίων** τε καὶ Ἑλλήνων
Ac 14:2 οἱ δὲ ἀπειθήσαντες **Ἰουδαῖοι** ἐπήγειραν καὶ ἐκάκωσαν
Ac 14:4 ἦσαν σὺν τοῖς **Ἰουδαίοις**,
Ac 14:5 ἐθνῶν τε καὶ **Ἰουδαίων** σὺν τοῖς ἄρχουσιν
Ac 14:19 Ἀντιοχείας καὶ Ἰκονίου **Ἰουδαῖοι** καὶ πείσαντες τοὺς
Ac 16:1 υἱὸς γυναικὸς **Ἰουδαίας** πιστῆς,
Ac 16:3 αὐτὸν διὰ τοὺς **Ἰουδαίους** τοὺς ὄντας ἐν
Ac 16:20 **Ἰουδαῖοι** ὑπάρχοντες,
Ac 17:1 ἦν συναγωγὴ τῶν **Ἰουδαίων**.
Ac 17:5 Ζηλώσαντες δὲ οἱ **Ἰουδαῖοι** καὶ προσλαβόμενοι τῶν
Ac 17:10 τὴν συναγωγὴν τῶν **Ἰουδαίων** ἀπῄεσαν.
Ac 17:13 ἀπὸ τῆς Θεσσαλονίκης **Ἰουδαῖοι** ὅτι καὶ ἐν
Ac 17:17 τῇ συναγωγῇ τοῖς **Ἰουδαίοις** καὶ τοῖς σεβομένοις
Ac 18:2 καὶ εὑρών τινα **Ἰουδαῖον** ὀνόματι Ἀκύλαν,
Ac 18:2 χωρίζεσθαι πάντας τοὺς **Ἰουδαίους** ἀπὸ τῆς Ῥώμης,
Ac 18:4 σάββατον ἔπειθέν τε **Ἰουδαίους** καὶ Ἕλληνας.
Ac 18:5 Παῦλος διαμαρτυρόμενος τοῖς **Ἰουδαίοις** εἶναι τὸν χριστὸν
Ac 18:12 κατεπέστησαν ὁμοθυμαδὸν οἱ **Ἰουδαῖοι** τῷ Παύλῳ καὶ
Ac 18:14 Γαλλίων πρὸς τοὺς **Ἰουδαίους**·
Ac 18:14 ὦ **Ἰουδαῖοι**,
Ac 18:19 συναγωγὴν διελέξατο τοῖς **Ἰουδαίοις**.
Ac 18:24 **Ἰουδαῖος** δέ τις Ἀπολλῶς
Ac 18:28 εὐτόνως γὰρ τοῖς **Ἰουδαίοις** διακατηλέγχετο δημοσίᾳ ἐπιδεικνὺς
Ac 19:10 **Ἰουδαίους** τε καὶ Ἕλληνας.
Ac 19:13 καὶ τῶν περιερχομένων **Ἰουδαίων** ἐξορκιστῶν ὀνομάζειν ἐπὶ
Ac 19:14 δέ τινος Σκευᾶ **Ἰουδαίου** ἀρχιερέως ἑπτὰ υἱοὶ
Ac 19:17 ἐγένετο γνωστὸν πᾶσιν **Ἰουδαίοις** τε καὶ Ἕλλησιν
Ac 19:33 προβαλόντων αὐτὸν τῶν **Ἰουδαίων**·
Ac 19:34 ἐπιγνόντες δὲ ὅτι **Ἰουδαῖός** ἐστιν,
Ac 20:3 αὐτῷ ὑπὸ τῶν **Ἰουδαίων** μέλλοντι ἀνάγεσθαι
Ac 20:19 ταῖς ἐπιβουλαῖς τῶν **Ἰουδαίων**,
Ac 20:21 διαμαρτυρόμενος **Ἰουδαίοις** τε καὶ Ἕλλησιν
Ac 21:11 ἐν Ἰερουσαλὴμ οἱ **Ἰουδαῖοι** καὶ παραδώσουσιν εἰς
Ac 21:20 εἰσὶν ἐν τοῖς **Ἰουδαίοις** τῶν πεπιστευκότων
Ac 21:21 τὰ ἔθνη πάντας **Ἰουδαίους** λέγων μὴ περιτέμνειν
Ac 21:27 ἀπὸ τῆς Ἀσίας **Ἰουδαῖοι** θεασάμενοι αὐτὸν
Ac 21:39 ἄνθρωπος μέν εἰμι **Ἰουδαῖος**,
Ac 22:3 ἐγώ εἰμι ἀνὴρ **Ἰουδαῖος**,
Ac 22:12 πάντων τῶν κατοικούντων **Ἰουδαίων**,
Ac 22:30 κατηγορεῖται ὑπὸ τῶν **Ἰουδαίων**,
Ac 23:12 ποιήσαντες συστροφὴν οἱ **Ἰουδαῖοι** ἀνεθεμάτισαν ἑαυτοὺς λέγοντες
Ac 23:20 δὲ ὅτι οἱ **Ἰουδαῖοι** συνέθεντο τοῦ ἐρωτῆσαί
Ac 23:27 συλλημφθέντα ὑπὸ τῶν **Ἰουδαίων** καὶ μέλλοντα ἀναιρεῖσθαι
Ac 24:5 στάσεις πᾶσιν τοῖς **Ἰουδαίοις** τοῖς κατὰ τὴν
Ac 24:9 δὲ καὶ οἱ **Ἰουδαῖοι** φάσκοντες ταῦτα οὕτως
Ac 24:19 ἀπὸ τῆς Ἀσίας **Ἰουδαῖοι**,
Ac 24:24 ἰδίᾳ γυναικὶ οὔσῃ **Ἰουδαίᾳ** μετεπέμψατο τὸν Παῦλον
Ac 24:27 χάριτα καταθέσθαι τοῖς **Ἰουδαίοις** ὁ Φῆλιξ κατέλιπε
Ac 25:2 οἱ πρῶτοι τῶν **Ἰουδαίων** κατὰ τοῦ Παύλου
Ac 25:7 ἀπὸ Ἱεροσολύμων καταβεβηκότες **Ἰουδαῖοι** πολλὰ καὶ βαρέα
Ac 25:8 τὸν νόμον τῶν **Ἰουδαίων** οὔτε εἰς τὸ
Ac 25:9 δὲ θέλων τοῖς **Ἰουδαίοις** χάριν καταθέσθαι ἀποκριθεὶς
Ac 25:10 **Ἰουδαίους** οὐδὲν ἠδίκησα ὡς
Ac 25:15 οἱ πρεσβύτεροι τῶν **Ἰουδαίων** αἰτούμενοι κατ' αὐτοῦ
Ac 25:24 τὸ πλῆθος τῶν **Ἰουδαίων** ἐνέτυχόν μοι ἔν
Ac 26:2 ὧν ἐγκαλοῦμαι ὑπὸ **Ἰουδαίων**,
Ac 26:3 πάντων τῶν κατὰ **Ἰουδαίους** ἐθῶν τε καὶ
Ac 26:4 ἴσασι πάντες [οἱ] **Ἰουδαῖοι**
Ac 26:7 ἐλπίδος ἐγκαλοῦμαι ὑπὸ **Ἰουδαίων**,
Ac 26:21 ἕνεκα τούτων με **Ἰουδαῖοι** συλλαβόμενοι [ὄντα] ἐν
Ac 28:17 τοὺς ὄντας τῶν **Ἰουδαίων** πρώτους·
Ac 28:19 ἀντιλεγόντων δὲ τῶν **Ἰουδαίων** ἠναγκάσθην ἐπικαλέσασθαι Καίσαρα

Ἰούδας (*Ioudas*; 8/44) *Judas, Judah*

Ac 1:13 ὁ ζηλωτὴς καὶ **Ἰούδας** Ἰακώβου.
Ac 1:16 στόματος Δαυὶδ περὶ **Ἰούδα** τοῦ γενομένου ὁδηγοῦ
Ac 1:25 ἀφ' ἧς παρέβη **Ἰούδας** πορευθῆναι εἰς τὸν
Ac 5:37 μετὰ τοῦτον ἀνέστη **Ἰούδας** ὁ Γαλιλαῖος ἐν
Ac 9:11 ζήτησον ἐν οἰκίᾳ **Ἰούδα** Σαῦλον ὀνόματι Ταρσέα·
Ac 15:22 **Ἰούδαν** τὸν καλούμενον Βαρσαββᾶν
Ac 15:27 ἀπεστάλκαμεν οὖν **Ἰούδαν** καὶ Σιλᾶν καὶ
Ac 15:32 **Ἰούδας** τε καὶ Σιλᾶς

Ἰούλιος (*Ioulios*; 2/2) *Julius*

Ac 27:1 δεσμώτας ἑκατοντάρχῃ ὀνόματι **Ἰουλίῳ** σπείρης Σεβαστῆς.
Ac 27:3 φιλανθρώπως τε ὁ **Ἰούλιος** τῷ Παύλῳ χρησάμενος

Ἰοῦστος (*Ioustos*; 2/3) *Justus*

Ac 1:23 Βαρσαββᾶν ὃς ἐπεκλήθη **Ἰοῦστος**,
Ac 18:7 τινος ὀνόματι Τιτίου **Ἰούστου** σεβομένου τὸν θεόν,

ἱππεύς (*hippeus*; 2/2) *horseman*

Ac 23:23 καὶ **ἱππεῖς** ἑβδομήκοντα καὶ δεξιολάβους
Ac 23:32 ἐπαύριον ἐάσαντες τοὺς **ἱππεῖς** ἀπέρχεσθαι σὺν αὐτῷ

Ἰσαάκ (*Isaak*; 4/20) *Isaac*

Ac 3:13 καὶ [ὁ θεὸς] **Ἰσαὰκ** καὶ [ὁ θεὸς]
Ac 7:8 οὕτως ἐγέννησεν τὸν **Ἰσαὰκ** καὶ περιέτεμεν αὐτὸν
Ac 7:8 καὶ **Ἰσαὰκ** τὸν Ἰακώβ,
Ac 7:32 θεὸς Ἀβραὰμ καὶ **Ἰσαὰκ** καὶ Ἰακώβ.

ἴσος (*isos*; 1/8) *equal*

Ac 11:17 εἰ οὖν τὴν **ἴσην** δωρεὰν ἔδωκεν αὐτοῖς

Ἰσραήλ (*Israēl*; 15/68) *Israel*

Ac 1:6 τὴν βασιλείαν τῷ **Ἰσραήλ**;
Ac 2:36 γινωσκέτω πᾶς οἶκος **Ἰσραὴλ** ὅτι καὶ κύριον
Ac 4:10 παντὶ τῷ λαῷ **Ἰσραὴλ** ὅτι ἐν τῷ
Ac 4:27 ἔθνεσιν καὶ λαοῖς **Ἰσραήλ**,
Ac 5:21 γερουσίαν τῶν υἱῶν **Ἰσραὴλ** καὶ ἀπέστειλαν
Ac 5:31 δοῦναι μετάνοιαν τῷ **Ἰσραὴλ** καὶ ἄφεσιν ἁμαρτιῶν.
Ac 7:23 αὐτοῦ τοὺς υἱοὺς **Ἰσραήλ**.
Ac 7:37 εἴπας τοῖς υἱοῖς **Ἰσραήλ**·
Ac 7:42 οἶκος **Ἰσραήλ**;
Ac 9:15 βασιλέων υἱῶν τε **Ἰσραήλ**·
Ac 10:36 ἀπέστειλεν τοῖς υἱοῖς **Ἰσραὴλ** εὐαγγελιζόμενος εἰρήνην διὰ
Ac 13:17 τοῦ λαοῦ τούτου **Ἰσραὴλ** ἐξελέξατο τοὺς πατέρας
Ac 13:23 ἐπαγγελίαν ἤγαγεν τῷ **Ἰσραὴλ** σωτῆρα Ἰησοῦν,
Ac 13:24 παντὶ τῷ λαῷ **Ἰσραήλ**.
Ac 28:20 τῆς ἐλπίδος τοῦ **Ἰσραὴλ** τὴν ἅλυσιν ταύτην

Ἰσραηλίτης (*Israēlitēs*; 5/9) *Israelite*

Ac 2:22 Ἄνδρες **Ἰσραηλῖται**,
Ac 3:12 ἄνδρες **Ἰσραηλῖται**,
Ac 5:35 ἄνδρες **Ἰσραηλῖται**,
Ac 13:16 ἄνδρες **Ἰσραηλῖται** καὶ οἱ φοβούμενοι
Ac 21:28 ἄνδρες **Ἰσραηλῖται**,

ἵστημι (*histēmi*; 35/154[155]) *set, stand*

Ac 1:11 τί **ἑστήκατε** [ἐμ]βλέποντες εἰς τὸν
Ac 1:23 Καὶ **ἔστησαν** δύο,
Ac 2:14 **Σταθεὶς** δὲ ὁ Πέτρος
Ac 3:8 καὶ ἐξαλλόμενος **ἔστη** καὶ περιεπάτει καὶ
Ac 4:7 καὶ **στήσαντες** αὐτοὺς ἐν τῷ
Ac 4:14 βλέποντες σὺν αὐτοῖς **ἑστῶτα** τὸν τεθεραπευμένον οὐδὲν
Ac 5:20 πορεύεσθε καὶ **σταθέντες** λαλεῖτε ἐν τῷ
Ac 5:23 καὶ τοὺς φύλακας **ἑστῶτας** ἐπὶ τῶν θυρῶν,
Ac 5:25 ἐν τῷ ἱερῷ **ἑστῶτες** καὶ διδάσκοντες τὸν
Ac 5:27 Ἀγαγόντες δὲ αὐτοὺς **ἔστησαν** ἐν τῷ συνεδρίῳ.
Ac 6:6 οὓς **ἔστησαν** ἐνώπιον τῶν ἀποστόλων,
Ac 6:13 **ἔστησάν** τε μάρτυρας ψευδεῖς
Ac 7:33 τόπος ἐφ' ᾧ **ἕστηκας** γῆ ἁγία ἐστίν.
Ac 7:55 θεοῦ καὶ Ἰησοῦν **ἑστῶτα** ἐκ δεξιῶν τοῦ
Ac 7:56 ἀνθρώπου ἐκ δεξιῶν **ἑστῶτα** τοῦ θεοῦ.
Ac 7:60 μὴ **στήσῃς** αὐτοῖς ταύτην τὴν
Ac 8:38 καὶ ἐκέλευσεν **στῆναι** τὸ ἅρμα καὶ
Ac 9:7 οἱ συνοδεύοντες αὐτῷ **εἱστήκεισαν** ἐνεοί,
Ac 10:30 καὶ ἰδοὺ ἀνὴρ **ἔστη** ἐνώπιόν μου ἐν
Ac 11:13 τῷ οἴκῳ αὐτοῦ **σταθέντα** καὶ εἰπόντα·
Ac 12:14 εἰσδραμοῦσα δὲ ἀπήγγειλεν **ἑστάναι** τὸν Πέτρον πρὸ
Ac 16:9 Μακεδών τις ἦν **ἑστὼς** καὶ παρακαλῶν αὐτὸν
Ac 17:22 **Σταθεὶς** δὲ [ὁ] Παῦλος
Ac 17:31 καθότι **ἔστησεν** ἡμέραν ἐν ᾗ
Ac 21:40 αὐτοῦ ὁ Παῦλος **ἑστὼς** ἐπὶ τῶν ἀναβαθμῶν
Ac 22:25 εἶπεν πρὸς τὸν **ἑστῶτα** ἑκατόνταρχον ὁ Παῦλος·
Ac 22:30 καταγαγὼν τὸν Παῦλον **ἔστησεν** εἰς αὐτούς.
Ac 24:20 τί εὗρον ἀδίκημα **στάντος** μου ἐπὶ τοῦ
Ac 24:21 ἐκέκραξα ἐν αὐτοῖς **ἑστὼς** ὅτι περὶ ἀναστάσεως
Ac 25:10 τοῦ βήματος Καίσαρος **ἑστώς** εἰμι,
Ac 25:18 περὶ οὗ **σταθέντες** οἱ κατήγοροι οὐδεμίαν
Ac 26:6 ὑπὸ τοῦ θεοῦ **ἕστηκα** κρινόμενος,
Ac 26:16 ἀλλὰ ἀνάστηθι καὶ **στῆθι** ἐπὶ τοὺς πόδας
Ac 26:22 τῆς ἡμέρας ταύτης **ἕστηκα** μαρτυρόμενος μικρῷ τε
Ac 27:21 ἀσιτίας ὑπαρχούσης τότε **σταθεὶς** ὁ Παῦλος

ἰσχύω (*ischyō*; 6/28) *be able*

Ac 6:10 καὶ οὐκ **ἴσχυον** ἀντιστῆναι τῇ σοφίᾳ
Ac 15:10 ἡμῶν οὔτε ἡμεῖς **ἰσχύσαμεν** βαστάσαι;
Ac 19:16 κατακυριεύσας ἀμφοτέρων **ἴσχυσεν** κατ' αὐτῶν ὥστε
Ac 19:20 λόγος ηὔξανεν καὶ **ἴσχυεν**.
Ac 25:7 καταφέροντες ἃ οὐκ **ἴσχυον** ἀποδεῖξαι,
Ac 27:16 ὑποδραμόντες καλούμενον Καῦδα **ἰσχύσαμεν** μόλις περικρατεῖς γενέσθαι

Ἰταλία (*Italia*; 3/4) *Italy*

Ac 18:2 ἐληλυθότα ἀπὸ τῆς **Ἰταλίας** καὶ Πρίσκιλλαν γυναῖκα
Ac 27:1 ἡμᾶς εἰς τὴν **Ἰταλίαν**,
Ac 27:6 πλέον εἰς τὴν **Ἰταλίαν** ἐνεβίβασεν ἡμᾶς εἰς

Ἰταλικός (*Italikos*; 1/1) *Italian*

Ac 10:1 σπείρης τῆς καλουμένης **Ἰταλικῆς**,

Ἰωάννης (*Iōannēs*; 24/135) *John*

Ac 1:5 ὅτι **Ἰωάννης** μὲν ἐβάπτισεν ὕδατι,
Ac 1:13 τε Πέτρος καὶ **Ἰωάννης** καὶ Ἰάκωβος καὶ
Ac 1:22 ἀπὸ τοῦ βαπτίσματος **Ἰωάννου** ἕως τῆς ἡμέρας
Ac 3:1 Πέτρος δὲ καὶ **Ἰωάννης** ἀνέβαινον εἰς τὸ
Ac 3:3 ἰδὼν Πέτρον καὶ **Ἰωάννην** μέλλοντας εἰσιέναι εἰς
Ac 3:4 αὐτὸν σὺν τῷ **Ἰωάννῃ** εἶπεν·
Ac 3:11 Πέτρον καὶ τὸν **Ἰωάννην** συνέδραμεν πᾶς ὁ
Ac 4:6 καὶ Καϊάφας καὶ **Ἰωάννης** καὶ Ἀλέξανδρος
Ac 4:13 Πέτρου παρρησίαν καὶ **Ἰωάννου** καὶ καταλαβόμενοι ὅτι
Ac 4:19 δὲ Πέτρος καὶ **Ἰωάννης** ἀποκριθέντες εἶπον
Ac 8:14 αὐτοὺς Πέτρον καὶ **Ἰωάννην**,
Ac 10:37 βάπτισμα ὃ ἐκήρυξεν **Ἰωάννης**,
Ac 11:16 **Ἰωάννης** μὲν ἐβάπτισεν ὕδατι,
Ac 12:2 Ἰάκωβον τὸν ἀδελφὸν **Ἰωάννου** μαχαίρῃ.

Ac 12:12 Μαρίας τῆς μητρὸς **Ἰωάννου** τοῦ ἐπικαλουμένου Μάρκου,
Ac 12:25 συμπαραλαβόντες **Ἰωάννην** τὸν ἐπικληθέντα Μᾶρκον.
Ac 13:5 εἶχον δὲ καὶ **Ἰωάννην** ὑπηρέτην.
Ac 13:13 **Ἰωάννης** δὲ ἀποχωρήσας ἀπ᾽
Ac 13:24 προκηρύξαντος **Ἰωάννου** πρὸ προσώπου τῆς
Ac 13:25 ὡς δὲ ἐπλήρου **Ἰωάννης** τὸν δρόμον,
Ac 15:37 συμπαραλαβεῖν καὶ τὸν **Ἰωάννην** τὸν καλούμενον Μᾶρκον·
Ac 18:25 μόνον τὸ βάπτισμα **Ἰωάννου**·
Ac 19:3 εἰς τὸ **Ἰωάννου** βάπτισμα.
Ac 19:4 **Ἰωάννης** ἐβάπτισεν βάπτισμα μετανοίας

Ἰωήλ (*Iōēl*; 1/1) *Joel*
Ac 2:16 διὰ τοῦ προφήτου **Ἰωήλ**·

Ἰωσήφ (*Iōsēph*; 7/35) *Joseph*
Ac 1:23 Ἰωσὴφ **τὸν** καλούμενον Βαρσαββᾶν ὃς
Ac 4:36 **Ἰωσὴφ** δὲ ὁ ἐπικληθεὶς
Ac 7:9 πατριάρχαι ζηλώσαντες τὸν **Ἰωσὴφ** ἀπέδοντο εἰς Αἴγυπτον.
Ac 7:13 τῷ δευτέρῳ ἀνεγνωρίσθη **Ἰωσὴφ** τοῖς ἀδελφοῖς αὐτοῦ
Ac 7:13 τὸ γένος [τοῦ] **Ἰωσήφ**.
Ac 7:14 ἀποστείλας δὲ **Ἰωσὴφ** μετεκαλέσατο Ἰακὼβ
Ac 7:18 οὐκ ᾔδει τὸν **Ἰωσήφ**.

κἀγώ (*kagō*; 4/84) *and I*
Ac 8:19 δότε **κἀμοὶ** τὴν ἐξουσίαν ταύτην
Ac 10:28 **κἀμοὶ** ὁ θεὸς ἔδειξεν
Ac 22:13 **κἀγὼ** αὐτῇ τῇ ὥρᾳ
Ac 22:19 **κἀγὼ** εἶπον·

καθαιρέω (*kathaireō*; 3/9) *take down*
Ac 13:19 καὶ **καθελὼν** ἔθνη ἑπτὰ ἐν
Ac 13:29 **καθελόντες** ἀπὸ τοῦ ξύλου
Ac 19:27 μέλλειν τε καὶ **καθαιρεῖσθαι** τῆς μεγαλειότητος αὐτῆς

καθάπτω (*kathaptō*; 1/1) *fasten on*
Ac 28:3 τῆς θέρμης ἐξελθοῦσα **καθῆψεν** τῆς χειρὸς αὐτοῦ.

καθαρίζω (*katharizō*; 3/31) *cleanse*
Ac 10:15 ἃ ὁ θεὸς **ἐκαθάρισεν**,
Ac 11:9 ἃ ὁ θεὸς **ἐκαθάρισεν**,
Ac 15:9 αὐτῶν τῇ πίστει **καθαρίσας** τὰς καρδίας αὐτῶν.

καθαρός (*katharos*; 2/27) *pure, clean*
Ac 18:6 **καθαρὸς** ἐγὼ ἀπὸ τοῦ
Ac 20:26 σήμερον ἡμέρᾳ ὅτι **καθαρός** εἰμι ἀπὸ τοῦ

καθέζομαι (*kathezomai*; 2/7) *sit*
Ac 6:15 αὐτὸν πάντες οἱ **καθεζόμενοι** ἐν τῷ συνεδρίῳ
Ac 20:9 **καθεζόμενος** δέ τις νεανίας

καθεξῆς (*kathexēs*; 3/5) *in order or sequence*
Ac 3:24 Σαμουὴλ καὶ τῶν **καθεξῆς** ὅσοι ἐλάλησαν
Ac 11:4 Πέτρος ἐξετίθετο αὐτοῖς **καθεξῆς** λέγων·
Ac 18:23 τινα ἐξῆλθεν διερχόμενος **καθεξῆς** τὴν Γαλατικὴν χώραν

καθήκω (*kathēkō*; 1/2) *it is fitting*
Ac 22:22 οὐ γὰρ **καθῆκεν** αὐτὸν ζῆν.

κάθημαι (*kathēmai*; 6/91) *sit*
Ac 2:2 οἶκον οὗ ἦσαν **καθήμενοι**
Ac 2:34 **κάθου** ἐκ δεξιῶν μου,
Ac 3:10 πρὸς τὴν ἐλεημοσύνην **καθήμενος** ἐπὶ τῇ ὡραίᾳ
Ac 8:28 τε ὑποστρέφων καὶ **καθήμενος** ἐπὶ τοῦ ἅρματος
Ac 14:8 Λύστροις τοῖς ποσὶν **ἐκάθητο**,
Ac 23:3 καὶ σὺ **κάθῃ** κρίνων με κατὰ

καθημερινός (*kathēmerinos*; 1/1) *daily*
Ac 6:1 τῇ διακονίᾳ τῇ **καθημερινῇ** αἱ χῆραι αὐτῶν.

καθίζω (*kathizō*; 9/44[46]) *sit down*
Ac 2:3 ὡσεὶ πυρὸς καὶ **ἐκάθισεν** ἐφ᾽ ἕνα ἕκαστον
Ac 2:30 τῆς ὀσφύος αὐτοῦ **καθίσαι** ἐπὶ τὸν θρόνον
Ac 8:31 τὸν Φίλιππον ἀναβάντα **καθίσαι** σὺν αὐτῷ.
Ac 12:21 ἐσθῆτα βασιλικὴν [καὶ] **καθίσας** ἐπὶ τοῦ βήματος
Ac 13:14 ἡμέρᾳ τῶν σαββάτων **ἐκάθισαν**.
Ac 16:13 καὶ **καθίσαντες** ἐλαλοῦμεν ταῖς συνελθούσαις
Ac 18:11 **Ἐκάθισεν** δὲ ἐνιαυτὸν καὶ
Ac 25:6 τῇ ἐπαύριον **καθίσας** ἐπὶ τοῦ βήματος
Ac 25:17 ποιησάμενος τῇ ἑξῆς **καθίσας** ἐπὶ τοῦ βήματος

καθίημι (*kathiēmi*; 3/4) *let down*
Ac 9:25 διὰ τοῦ τείχους **καθῆκαν** αὐτὸν χαλάσαντες
Ac 10:11 μεγάλην τέσσαρσιν ἀρχαῖς **καθιέμενον** ἐπὶ τῆς γῆς,
Ac 11:5 μεγάλην τέσσαρσιν ἀρχαῖς **καθιεμένην** ἐκ τοῦ οὐρανοῦ,

καθίστημι (*kathistēmi*; 5/21) *put in charge*
Ac 6:3 οὓς **καταστήσομεν** ἐπὶ τῆς χρείας
Ac 7:10 βασιλέως Αἰγύπτου καὶ **κατέστησεν** αὐτὸν ἡγούμενον ἐπ᾽
Ac 7:27 τίς σε **κατέστησεν** ἄρχοντα καὶ δικαστὴν
Ac 7:35 τίς σε **κατέστησεν** ἄρχοντα καὶ δικαστήν;
Ac 17:15 οἱ δὲ **καθιστάνοντες** τὸν Παῦλον ἤγαγον

καθόλου (*katholou*; 1/1) *completely*
Ac 4:18 αὐτοὺς παρήγγειλαν τὸ **καθόλου** μὴ φθέγγεσθαι μηδὲ

καθότι (*kathoti*; 4/6) *because*
Ac 2:24 **καθότι** οὐκ ἦν δυνατὸν
Ac 2:45 διεμέριζον αὐτὰ πᾶσιν **καθότι** ἄν τις χρείαν
Ac 4:35 διεδίδετο δὲ ἑκάστῳ **καθότι** ἄν τις χρείαν
Ac 17:31 **καθότι** ἔστησεν ἡμέραν ἐν

καθώς (*kathōs*; 11/182) *just as*

Ac 2:4 λαλεῖν ἑτέραις γλώσσαις **καθὼς** τὸ πνεῦμα ἐδίδου
Ac 2:22 ἐν μέσῳ ὑμῶν **καθὼς** αὐτοὶ οἴδατε,
Ac 7:17 **Καθὼς** δὲ ἤγγιζεν ὁ
Ac 7:42 στρατιᾷ τοῦ οὐρανοῦ **καθὼς** γέγραπται ἐν βίβλῳ
Ac 7:44 ἐν τῇ ἐρήμῳ **καθὼς** διετάξατο ὁ λαλῶν
Ac 7:48 **καθὼς** ὁ προφήτης λέγει·
Ac 11:29 **καθὼς** εὐπορεῖτό τις,
Ac 15:8 πνεῦμα τὸ ἅγιον **καθὼς** καὶ ἡμῖν
Ac 15:14 Συμεὼν ἐξηγήσατο **καθὼς** πρῶτον ὁ θεὸς
Ac 15:15 λόγοι τῶν προφητῶν **καθὼς** γέγραπται·
Ac 22:3 ὑπάρχων τοῦ θεοῦ **καθὼς** πάντες ὑμεῖς ἐστε

Καϊάφας (*Kaiaphas*; 1/9) *Caiaphas*

Ac 4:6 ὁ ἀρχιερεὺς καὶ **Καϊάφας** καὶ Ἰωάννης καὶ

καινός (*kainos*; 2/41[42]) *new*

Ac 17:19 γνῶναι τίς ἡ **καινὴ** αὕτη ἡ ὑπὸ
Ac 17:21 ἤ ἀκούειν τι **καινότερον**.

καιρός (*kairos*; 9/85) *time*

Ac 1:7 γνῶναι χρόνους ἢ **καιροὺς** οὓς ὁ πατὴρ
Ac 3:20 ὅπως ἂν ἔλθωσιν **καιροὶ** ἀναψύξεως ἀπὸ προσώπου
Ac 7:20 Ἐν ᾧ **καιρῷ** ἐγεννήθη Μωϋσῆς καὶ
Ac 12:1 ἐκεῖνον δὲ τὸν **καιρὸν** ἐπέβαλεν Ἡρῴδης ὁ
Ac 13:11 τὸν ἥλιον ἄχρι **καιροῦ**.
Ac 14:17 ὑετοὺς διδοὺς καὶ **καιροὺς** καρποφόρους,
Ac 17:26 ὁρίσας προστεταγμένους **καιροὺς** καὶ τὰς ὁροθεσίας
Ac 19:23 δὲ κατὰ τὸν **καιρὸν** ἐκεῖνον τάραχος οὐκ
Ac 24:25 **καιρὸν** δὲ μεταλαβὼν μετακαλέσομαί

Καῖσαρ (*Kaisar*; 10/29) *Caesar*

Ac 17:7 ἀπέναντι τῶν δογμάτων **Καίσαρος** πράσσουσιν βασιλέα ἕτερον
Ac 25:8 ἱερὸν οὔτε εἰς **Καίσαρά** τι ἥμαρτον.
Ac 25:10 ἐπὶ τοῦ βήματος **Καίσαρος** ἑστώς εἰμι,
Ac 25:11 **Καίσαρα** ἐπικαλοῦμαι.
Ac 25:12 **Καίσαρα** ἐπικέκλησαι,
Ac 25:12 ἐπὶ **Καίσαρα** πορεύσῃ.
Ac 25:21 ἀναπέμψω αὐτὸν πρὸς **Καίσαρα**.
Ac 26:32 εἰ μὴ ἐπεκέκλητο **Καίσαρα**.
Ac 27:24 **Καίσαρί** σε δεῖ παραστῆναι,
Ac 28:19 Ἰουδαίων ἠναγκάσθην ἐπικαλέσασθαι **Καίσαρα** οὐχ ὡς τοῦ

Καισάρεια (*Kaisareia*; 15/17) *Caesarea*

Ac 8:40 ἐλθεῖν αὐτὸν εἰς **Καισάρειαν**.
Ac 9:30 κατήγαγον αὐτὸν εἰς **Καισάρειαν** καὶ ἐξαπέστειλαν αὐτὸν
Ac 10:1 δέ τις ἐν **Καισαρείᾳ** ὀνόματι Κορνήλιος,
Ac 10:24 εἰσῆλθεν εἰς τὴν **Καισάρειαν**.
Ac 11:11 ἀπεσταλμένοι ἀπὸ **Καισαρείας** πρός με.
Ac 12:19 τῆς Ἰουδαίας εἰς **Καισάρειαν** διέτριβεν.
Ac 18:22 καὶ κατελθὼν εἰς **Καισάρειαν**,
Ac 21:8 ἐξελθόντες ἤλθομεν εἰς **Καισάρειαν** καὶ εἰσελθόντες εἰς
Ac 21:16 τῶν μαθητῶν ἀπὸ **Καισαρείας** σὺν ἡμῖν,
Ac 23:23 ὅπως πορευθῶσιν ἕως **Καισαρείας**,
Ac 23:33 εἰσελθόντες εἰς τὴν **Καισάρειαν** καὶ ἀναδόντες τὴν
Ac 25:1 εἰς Ἱεροσόλυμα ἀπὸ **Καισαρείας**,
Ac 25:4 τὸν Παῦλον εἰς **Καισάρειαν**,
Ac 25:6 καταβὰς εἰς **Καισάρειαν**,
Ac 25:13 Βερνίκη κατήντησαν εἰς **Καισάρειαν** ἀσπασάμενοι τὸν Φῆστον.

καίτοι (*kaitoi*; 1/2) *yet*

Ac 14:17 **καίτοι** οὐκ ἀμάρτυρον αὑτὸν

κἀκεῖθεν (*kakeithen*; 8/10) *from there*

Ac 7:4 **κἀκεῖθεν** μετὰ τὸ ἀποθανεῖν
Ac 13:21 **κἀκεῖθεν** ᾐτήσαντο βασιλέα καὶ
Ac 14:26 **κἀκεῖθεν** ἀπέπλευσαν εἰς Ἀντιόχειαν,
Ac 16:12 **κἀκεῖθεν** εἰς Φιλίππους,
Ac 20:15 **κἀκεῖθεν** ἀποπλεύσαντες τῇ ἐπιούσῃ
Ac 21:1 εἰς τὴν Ῥόδον **κἀκεῖθεν** εἰς Πάταρα,
Ac 27:4 **κἀκεῖθεν** ἀναχθέντες ὑπεπλεύσαμεν τὴν
Ac 28:15 **κἀκεῖθεν** οἱ ἀδελφοὶ ἀκούσαντες

κἀκεῖ (*kakei*; 5/10) *and there*

Ac 14:7 **κἀκεῖ** εὐαγγελιζόμενοι ἦσαν.
Ac 17:13 ἦλθον **κἀκεῖ** σαλεύοντες καὶ ταράσσοντες
Ac 22:10 πορεύου εἰς Δαμασκὸν **κἀκεῖ** σοι λαληθήσεται περὶ
Ac 25:20 πορεύεσθαι εἰς Ἱεροσόλυμα **κἀκεῖ** κρίνεσθαι περὶ τούτων.
Ac 27:6 **Κἀκεῖ** εὑρὼν ὁ ἑκατοντάρχης

κἀκεῖνος (*kakeinos*; 3/20[22]) *and that one*

Ac 5:37 **κἀκεῖνος** ἀπώλετο καὶ πάντες
Ac 15:11 καθ' ὃν τρόπον **κἀκεῖνοι**.
Ac 18:19 **κἀκείνους** κατέλιπεν αὐτοῦ,

κακία (*kakia*; 1/11) *evil*

Ac 8:22 οὖν ἀπὸ τῆς **κακίας** σου ταύτης καὶ

κακολογέω (*kakologeō*; 1/4) *speak evil of*

Ac 19:9 ἐσκληρύνοντο καὶ ἠπείθουν **κακολογοῦντες** τὴν ὁδὸν ἐνώπιον

κακός (*kakos*; 4/50) *evil*

Ac 9:13 ἀνδρὸς τούτου ὅσα **κακὰ** τοῖς ἁγίοις σου
Ac 16:28 μηδὲν πράξῃς σεαυτῷ **κακόν**,
Ac 23:9 οὐδὲν **κακὸν** εὑρίσκομεν ἐν τῷ
Ac 28:5 πῦρ ἔπαθεν οὐδὲν **κακόν**,

κακόω (*kakoō*; 5/6) *treat badly*

Ac 7:6 δουλώσουσιν αὐτὸ καὶ **κακώσουσιν** ἔτη τετρακόσια·
Ac 7:19 τὸ γένος ἡμῶν **ἐκάκωσεν** τοὺς πατέρας [ἡμῶν]
Ac 12:1 βασιλεὺς τὰς χεῖρας **κακῶσαί** τινας τῶν ἀπὸ
Ac 14:2 Ἰουδαῖοι ἐπήγειραν καὶ **ἐκάκωσαν** τὰς ψυχὰς
Ac 18:10 ἐπιθήσεταί σοι τοῦ **κακῶσαί** σε,

κακῶς (*kakōs*; 1/16) *badly*

Ac 23:5 σου οὐκ ἐρεῖς **κακῶς**.

κάκωσις (*kakōsis*; 1/1) *cruel suffering*
Ac 7:34 ἰδὼν εἶδον τὴν **κάκωσιν** τοῦ λαοῦ μου

καλέω (*kaleō*; 18/148) *call*
Ac 1:12 ἀπὸ ὄρους τοῦ **καλουμένου** Ἐλαιῶνος,
Ac 1:19 ὥστε **κληθῆναι** τὸ χωρίον ἐκεῖνο
Ac 1:23 Ἰωσὴφ τὸν καλούμενον **Βαρσαββᾶν** ὃς ἐπεκλήθη Ἰοῦστος,
Ac 3:11 τῇ στοᾷ τῇ **καλουμένῃ** Σολομῶντος ἔκθαμβοι.
Ac 4:18 Καὶ **καλέσαντες** αὐτοὺς παρήγγειλαν τὸ
Ac 7:58 τοὺς πόδας νεανίου **καλουμένου** Σαύλου,
Ac 8:10 τοῦ θεοῦ ἡ **καλουμένη** μεγάλη.
Ac 9:11 τὴν ῥύμην τὴν **καλουμένην** Εὐθεῖαν καὶ ζήτησον
Ac 10:1 ἐκ σπείρης τῆς **καλουμένης** Ἰταλικῆς,
Ac 13:1 καὶ Συμεὼν ὁ **καλούμενος** Νίγερ καὶ Λούκιος
Ac 14:12 **ἐκάλουν** τε τὸν Βαρναβᾶν
Ac 15:22 Ἰούδαν τὸν **καλούμενον** Βαρσαββᾶν καὶ Σιλᾶν,
Ac 15:37 τὸν Ἰωάννην τὸν **καλούμενον** Μᾶρκον·
Ac 24:2 **κληθέντος** δὲ αὐτοῦ ἤρξατο
Ac 27:8 εἰς τόπον τινα **καλούμενον** Καλοὺς λιμένας ᾧ
Ac 27:14 ἄνεμος τυφωνικὸς ὁ **καλούμενος** εὐρακύλων·
Ac 27:16 δέ τι ὑποδραμόντες **καλούμενον** Καῦδα ἰσχύσαμεν μόλις
Ac 28:1 Μελίτη ἡ νῆσος **καλεῖται**.

καλός (*kalos*; 1/101) *good*
Ac 27:8 τόπον τινα καλούμενον **Καλοὺς** λιμένας ᾧ ἐγγὺς

καλῶς (*kalōs*; 3/36[37]) *well*
Ac 10:33 σύ τε **καλῶς** ἐποίησας παραγενόμενος.
Ac 25:10 ὡς καὶ σὺ **κάλλιον** ἐπιγινώσκεις.
Ac 28:25 ὅτι **καλῶς** τὸ πνεῦμα τὸ

καμμύω (*kammyō*; 1/2) *close*
Ac 28:27 τοὺς ὀφθαλμοὺς αὐτῶν **ἐκάμμυσαν**·

κἄν (*kan*; 1/16[17]) *and if*
Ac 5:15 ἵνα ἐρχομένου Πέτρου **κἂν** ἡ σκιὰ ἐπισκιάσῃ

Κανδάκη (*Kandakē*; 1/1)
Ac 8:27 Αἰθίοψ εὐνοῦχος δυνάστης **Κανδάκης** βασιλίσσης Αἰθιόπων,

καπνός (*kapnos*; 1/13) *smoke*
Ac 2:19 πῦρ καὶ ἀτμίδα **καπνοῦ**.

Καππαδοκία (*Kappadokia*; 1/2) *Cappadocia*
Ac 2:9 Ἰουδαίαν τε καὶ **Καππαδοκίαν**,

καρδία (*kardia*; 20/156) *heart*
Ac 2:26 τοῦτο ηὐφράνθη ἡ **καρδία** μου καὶ ἠγαλλιάσατο
Ac 2:37 δὲ κατενύγησαν τὴν **καρδίαν** εἶπόν τε πρὸς
Ac 2:46 ἀγαλλιάσει καὶ ἀφελότητι **καρδίας**
Ac 4:32 τῶν πιστευσάντων ἦν **καρδία** καὶ ψυχὴ μία,
Ac 5:3 ὁ σατανᾶς τὴν **καρδίαν** σου,
Ac 5:4 ἔθου ἐν τῇ **καρδίᾳ** σου τὸ πρᾶγμα
Ac 7:23 ἀνέβη ἐπὶ τὴν **καρδίαν** αὐτοῦ ἐπισκέψασθαι
Ac 7:39 ἐστράφησαν ἐν ταῖς **καρδίαις** αὐτῶν εἰς Αἴγυπτον
Ac 7:51 Σκληροτράχηλοι καὶ ἀπερίτμητοι **καρδίαις** καὶ τοῖς ὠσίν,
Ac 7:54 ταῦτα διεπρίοντο ταῖς **καρδίαις** αὐτῶν καὶ ἔβρυχον
Ac 8:21 ἡ γὰρ **καρδία** σου οὐκ ἔστιν
Ac 8:22 ἡ ἐπίνοια τῆς **καρδίας** σου,
Ac 11:23 τῇ προθέσει τῆς **καρδίας** προσμένειν τῷ κυρίῳ,
Ac 13:22 ἄνδρα κατὰ τὴν **καρδίαν** μου,
Ac 14:17 καὶ εὐφροσύνης τὰς **καρδίας** ὑμῶν.
Ac 15:9 πίστει καθαρίσας τὰς **καρδίας** αὐτῶν.
Ac 16:14 κύριος διήνοιξεν τὴν **καρδίαν** προσέχειν τοῖς λαλουμένοις
Ac 21:13 συνθρύπτοντές μου τὴν **καρδίαν**;
Ac 28:27 ἐπαχύνθη γὰρ ἡ **καρδία** τοῦ λαοῦ τούτου
Ac 28:27 ἀκούσωσιν καὶ τῇ **καρδίᾳ** συνῶσιν καὶ ἐπιστρέψωσιν,

καρδιογνώστης (*kardiognōstēs*; 2/2) *knower of hearts*
Ac 1:24 σὺ κύριε **καρδιογνῶστα** πάντων,
Ac 15:8 καὶ ὁ **καρδιογνώστης** θεὸς ἐμαρτύρησεν αὐτοῖς

καρπός (*karpos*; 1/66) *fruit*
Ac 2:30 ὁ θεὸς ἐκ **καρποῦ** τῆς ὀσφύος αὐτοῦ

καρποφόρος (*karpophoros*; 1/1) *fruitful*
Ac 14:17 διδοὺς καὶ καιροὺς **καρποφόρους**,

κατά (*kata*; 90/472[473]) *according to, against*
Ac 2:10 τῆς Λιβύης τῆς **κατὰ** Κυρήνην,
Ac 2:46 **καθ'** ἡμέραν τε προσκαρτεροῦντες
Ac 2:46 κλῶντές τε **κατ'** οἶκον ἄρτον,
Ac 2:47 προσετίθει τοὺς σῳζομένους **καθ'** ἡμέραν ἐπὶ τὸ
Ac 3:2 ὃν ἐτίθουν **καθ'** ἡμέραν πρὸς τὴν
Ac 3:13 παρεδώκατε καὶ ἠρνήσασθε **κατὰ** πρόσωπον Πιλάτου,
Ac 3:17 οἶδα ὅτι **κατὰ** ἄγνοιαν ἐπράξατε ὥσπερ
Ac 3:22 αὐτοῦ ἀκούσεσθε κατὰ **πάντα** ὅσα ἂν λαλήσῃ
Ac 4:26 ἐπὶ τὸ αὐτὸ **κατὰ** τοῦ κυρίου καὶ
Ac 4:26 τοῦ κυρίου καὶ **κατὰ** τοῦ χριστοῦ αὐτοῦ.
Ac 5:42 τῷ ἱερῷ καὶ **κατ'** οἶκον οὐκ ἐπαύοντο
Ac 6:13 παύεται λαλῶν ῥήματα **κατὰ** τοῦ τόπου τοῦ
Ac 7:44 Μωϋσῇ ποιῆσαι αὐτὴν **κατὰ** τὸν τύπον ὃν
Ac 8:1 πάντες δὲ διεσπάρησαν **κατὰ** τὰς χώρας τῆς
Ac 8:3 ἐλυμαίνετο τὴν ἐκκλησίαν **κατὰ** τοὺς οἴκους εἰσπορευόμενος,
Ac 8:26 ἀνάστηθι καὶ πορεύου **κατὰ** μεσημβρίαν ἐπὶ
Ac 8:36 ὡς δὲ ἐπορεύοντο **κατὰ** τὴν ὁδόν,
Ac 9:31 μὲν οὖν ἐκκλησία **καθ'** ὅλης τῆς Ἰουδαίας
Ac 9:42 γνωστὸν δὲ ἐγένετο **καθ'** ὅλης τῆς Ἰόππης
Ac 10:37 τὸ γενόμενον ῥῆμα **καθ'** ὅλης τῆς Ἰουδαίας,
Ac 11:1 ἀδελφοὶ οἱ ὄντες **κατὰ** τὴν Ἰουδαίαν ὅτι
Ac 12:1 **Κατ'** ἐκεῖνον δὲ τὸν
Ac 13:1 δὲ ἐν Ἀντιοχείᾳ **κατὰ** τὴν οὖσαν ἐκκλησίαν
Ac 13:22 ἄνδρα **κατὰ** τὴν καρδίαν μου,

Ac 13:23 ἀπὸ τοῦ σπέρματος **κατ'** ἐπαγγελίαν ἤγαγεν
Ac 13:27 τῶν προφητῶν τὰς **κατὰ** πᾶν σάββατον ἀναγινωσκομένας
Ac 14:1 δὲ ἐν Ἰκονίῳ **κατὰ** τὸ αὐτὸ εἰσελθεῖν
Ac 14:2 ψυχὰς τῶν ἐθνῶν **κατὰ** τῶν ἀδελφῶν.
Ac 14:23 χειροτονήσαντες δὲ αὐτοῖς **κατ'** ἐκκλησίαν πρεσβυτέρους,
Ac 15:11 Ἰησοῦ πιστεύομεν σωθῆναι **καθ'** ὃν τρόπον κἀκεῖνοι.
Ac 15:21 ἐκ γενεῶν ἀρχαίων **κατὰ** πόλιν τοὺς κηρύσσοντας
Ac 15:21 ἐν ταῖς συναγωγαῖς **κατὰ** πᾶν σάββατον ἀναγινωσκόμενος.
Ac 15:23 πρεσβύτεροι ἀδελφοὶ τοῖς **κατὰ** τὴν Ἀντιόχειαν καὶ
Ac 15:36 ἐπισκεψώμεθα τοὺς ἀδελφοὺς **κατὰ** πόλιν πᾶσαν ἐν
Ac 16:5 ἐπερίσσευον τῷ ἀριθμῷ **καθ'** ἡμέραν.
Ac 16:7 ἐλθόντες δὲ **κατὰ** τὴν Μυσίαν ἐπείραζον
Ac 16:22 συνεπέστη ὁ ὄχλος **κατ'** αὐτῶν καὶ οἱ
Ac 16:25 **Κατὰ** δὲ τὸ μεσονύκτιον
Ac 17:2 **κατὰ** δὲ τὸ εἰωθὸς
Ac 17:11 μετὰ πάσης προθυμίας **καθ'** ἡμέραν ἀνακρίνοντες τὰς
Ac 17:17 ἐν τῇ ἀγορᾷ **κατὰ** πᾶσαν ἡμέραν πρὸς
Ac 17:22 **κατὰ** πάντα ὡς δεισιδαιμονεστέρους
Ac 17:28 καί τινες τῶν **καθ'** ὑμᾶς ποιητῶν εἰρήκασιν·
Ac 18:4 ἐν τῇ συναγωγῇ **κατὰ** πᾶν σάββατον ἔπειθέν
Ac 18:14 **κατὰ** λόγον ἂν ἀνεσχόμην
Ac 18:15 καὶ νόμου τοῦ **καθ'** ὑμᾶς,
Ac 19:9 ἀφώρισεν τοὺς μαθητὰς **καθ'** ἡμέραν διαλεγόμενος ἐν
Ac 19:16 κατακυριεύσας ἀμφοτέρων ἴσχυσεν **κατ'** αὐτῶν ὥστε γυμνοὺς
Ac 19:20 οὕτως **κατὰ** κράτος τοῦ κυρίου
Ac 19:23 Ἐγένετο δὲ **κατὰ** τὸν καιρὸν ἐκεῖνον
Ac 20:20 ὑμᾶς δημοσίᾳ καὶ **κατ'** οἴκους,
Ac 20:23 πνεῦμα τὸ ἅγιον **κατὰ** πόλιν διαμαρτύρεταί μοι
Ac 21:19 ἀσπασάμενος αὐτοὺς ἐξηγεῖτο **καθ'** ἓν ἕκαστον,
Ac 21:21 ἀπὸ Μωϋσέως τοὺς **κατὰ** τὰ ἔθνη πάντας
Ac 21:28 ὁ ἄνθρωπος ὁ **κατὰ** τοῦ λαοῦ καὶ
Ac 22:3 πόδας Γαμαλιὴλ πεπαιδευμένος **κατὰ** ἀκρίβειαν τοῦ πατρῴου
Ac 22:12 ἀνὴρ εὐλαβὴς **κατὰ** τὸν νόμον,
Ac 22:19 φυλακίζων καὶ δέρων **κατὰ** τὰς συναγωγὰς
Ac 23:3 κάθη κρίνων με **κατὰ** τὸν νόμον καὶ
Ac 23:19 χιλίαρχος καὶ ἀναχωρήσας **κατ'** ἰδίαν ἐπυνθάνετο,
Ac 23:31 μὲν οὖν στρατιῶται **κατὰ** τὸ διατεταγμένον αὐτοῖς
Ac 24:1 ἐνεφάνισαν τῷ ἡγεμόνι **κατὰ** τοῦ Παύλου.
Ac 24:5 τοῖς Ἰουδαίοις τοῖς **κατὰ** τὴν οἰκουμένην πρωτοστάτην
Ac 24:12 ταῖς συναγωγαῖς οὔτε **κατὰ** τὴν πόλιν,
Ac 24:14 τοῦτό σοι ὅτι **κατὰ** τὴν ὁδὸν ἣν
Ac 24:14 πιστεύων πᾶσι τοῖς **κατὰ** τὸν νόμον καὶ
Ac 24:22 διαγνώσομαι τὰ **καθ'** ὑμᾶς·
Ac 25:2 πρῶτοι τῶν Ἰουδαίων **κατὰ** τοῦ Παύλου καὶ
Ac 25:3 αἰτούμενοι χάριν **κατ'** αὐτοῦ ὅπως μεταπέμψηται
Ac 25:3 ποιοῦντες ἀνελεῖν αὐτὸν **κατὰ** τὴν ὁδόν.
Ac 25:14 βασιλεῖ ἀνέθετο τὰ **κατὰ** τὸν Παῦλον λέγων·
Ac 25:15 τῶν Ἰουδαίων αἰτούμενοι **κατ'** αὐτοῦ καταδίκην.
Ac 25:16 ἢ ὁ κατηγορούμενος **κατὰ** πρόσωπον ἔχοι
Ac 25:23 καὶ ἀνδράσιν τοῖς **κατ'** ἐξοχὴν τῆς πόλεως
Ac 25:27 μὴ καὶ τὰς **κατ'** αὐτοῦ αἰτίας σημᾶναι.
Ac 26:3 σε πάντων τῶν **κατὰ** Ἰουδαίους ἐθῶν τε
Ac 26:5 ὅτι **κατὰ** τὴν ἀκριβεστάτην αἵρεσιν
Ac 26:11 καὶ **κατὰ** πάσας τὰς συναγωγὰς
Ac 26:13 ἡμέρας μέσης **κατὰ** τὴν ὁδὸν εἶδον,
Ac 27:2 πλεῖν εἰς τοὺς **κατὰ** τὴν Ἀσίαν τόπους
Ac 27:5 τε πέλαγος τὸ **κατὰ** τὴν Κιλικίαν καὶ
Ac 27:7 καὶ μόλις γενόμενοι **κατὰ** τὴν Κνίδον,
Ac 27:7 ὑπεπλεύσαμεν τὴν Κρήτην **κατὰ** Σαλμώνην,
Ac 27:12 τῆς Κρήτης βλέποντα **κατὰ** λίβα καὶ κατὰ
Ac 27:12 κατὰ λίβα καὶ **κατὰ** χῶρον.
Ac 27:14 πολὺ δὲ ἔβαλεν **κατ'** αὐτῆς ἄνεμος τυφωνικὸς
Ac 27:25 ὅτι οὕτως ἔσται **καθ'** ὃν τρόπον λελάληταί
Ac 27:27 **κατὰ** μέσον τῆς νυκτὸς
Ac 27:29 τε μή που **κατὰ** τραχεῖς τόπους ἐκπέσωμεν,
Ac 28:16 τῷ Παύλῳ μένειν **καθ'** ἑαυτὸν σὺν τῷ

καταβαίνω (*katabainō*; 19/81) *come or go down*

Ac 7:15 καὶ **κατέβη** Ἰακὼβ εἰς Αἴγυπτον
Ac 7:34 καὶ **κατέβην** ἐξελέσθαι αὐτούς·
Ac 8:15 οἵτινες **καταβάντες** προσηύξαντο περὶ αὐτῶν
Ac 8:26 τὴν ὁδὸν τὴν **καταβαίνουσαν** ἀπὸ Ἰερουσαλὴμ εἰς
Ac 8:38 τὸ ἅρμα καὶ **κατέβησαν** ἀμφότεροι εἰς τὸ
Ac 10:11 οὐρανὸν ἀνεῳγμένον καὶ **καταβαῖνον** σκεῦός τι ὡς
Ac 10:20 ἀλλὰ ἀναστὰς **κατάβηθι** καὶ πορεύου σὺν
Ac 10:21 **καταβὰς** δὲ Πέτρος πρὸς
Ac 11:5 **καταβαῖνον** σκεῦός τι ὡς
Ac 14:11 θεοὶ ὁμοιωθέντες ἀνθρώποις **κατέβησαν** πρὸς ἡμᾶς,
Ac 14:25 Πέργῃ τὸν λόγον **κατέβησαν** εἰς Ἀττάλειαν
Ac 16:8 δὲ τὴν Μυσίαν **κατέβησαν** εἰς Τρῳάδα.
Ac 18:22 ἀσπασάμενος τὴν ἐκκλησίαν **κατέβη** εἰς Ἀντιόχειαν.
Ac 20:10 **καταβὰς** δὲ ὁ Παῦλος
Ac 23:10 ἐκέλευσεν τὸ στράτευμα **καταβὰν** ἁρπάσαι αὐτὸν ἐκ
Ac 24:1 δὲ πέντε ἡμέρας **κατέβη** ὁ ἀρχιερεὺς Ἁνανίας
Ac 24:22 Λυσίας ὁ χιλίαρχος **καταβῇ**,
Ac 25:6 **καταβὰς** εἰς Καισάρειαν,
Ac 25:7 οἱ ἀπὸ Ἱεροσολύμων **καταβεβηκότες** Ἰουδαῖοι πολλὰ καὶ

καταγγελεύς (*katangeleus*; 1/1) *proclaimer*

Ac 17:18 ξένων δαιμονίων δοκεῖ **καταγγελεὺς** εἶναι,

καταγγέλλω (*katangellō*; 11/18) *proclaim*

Ac 3:24 ὅσοι ἐλάλησαν καὶ **κατήγγειλαν** τὰς ἡμέρας ταύτας.
Ac 4:2 τὸν λαὸν καὶ **καταγγέλλειν** ἐν τῷ Ἰησοῦ
Ac 13:5 γενόμενοι ἐν Σαλαμῖνι **κατήγγελλον** τὸν λόγον τοῦ
Ac 13:38 ὑμῖν ἄφεσις ἁμαρτιῶν **καταγγέλλεται**,
Ac 15:36 πᾶσαν ἐν αἷς **κατηγγείλαμεν** τὸν λόγον τοῦ

Ac 16:17 οἵτινες **καταγγέλλουσιν** ὑμῖν ὁδὸν σωτηρίας.
Ac 16:21 καὶ **καταγγέλλουσιν** ἔθη ἃ οὐκ
Ac 17:3 Ἰησοῦς ὃν ἐγὼ **καταγγέλλω** ὑμῖν.
Ac 17:13 ἐν τῇ Βεροίᾳ **κατηγγέλη** ὑπὸ τοῦ Παύλου
Ac 17:23 τοῦτο ἐγὼ **καταγγέλλω** ὑμῖν.
Ac 26:23 νεκρῶν φῶς μέλλει **καταγγέλλειν** τῷ τε λαῷ

κατάγω (*katagō*; 7/9) *bring down*

Ac 9:30 δὲ οἱ ἀδελφοὶ **κατήγαγον** αὐτὸν εἰς Καισάρειαν
Ac 22:30 καὶ **καταγαγὼν** τὸν Παῦλον ἔστησεν
Ac 23:15 τῷ συνεδρίῳ ὅπως **καταγάγῃ** αὐτὸν εἰς ὑμᾶς
Ac 23:20 αὔριον τὸν Παῦλον **καταγάγῃς** εἰς τὸ συνέδριον
Ac 23:28 **κατήγαγον** εἰς τὸ συνέδριον
Ac 27:3 τῇ τε ἑτέρᾳ **κατήχθημεν** εἰς Σιδῶνα,
Ac 28:12 καὶ **καταχθέντες** εἰς Συρακούσας ἐπεμείναμεν

καταδίκη (*katadikē*; 1/1) *sentence*

Ac 25:15 αἰτούμενοι κατ' αὐτοῦ **καταδίκην**.

καταδυναστεύω (*katadynasteuō*; 1/2) *oppress*

Ac 10:38 ἰώμενος πάντας τοὺς **καταδυναστευομένους** ὑπὸ τοῦ διαβόλου,

κατακαίω (*katakaiō*; 1/12) *burn up*

Ac 19:19 συνενέγκαντες τὰς βίβλους **κατέκαιον** ἐνώπιον πάντων,

κατάκειμαι (*katakeimai*; 2/12) *lie*

Ac 9:33 ἐξ ἐτῶν ὀκτὼ **κατακείμενον** ἐπὶ κραβάττου,
Ac 28:8 καὶ δυσεντερίῳ συνεχόμενον **κατακεῖσθαι**,

κατακλείω (*katakleiō*; 1/2) *shut up*

Ac 26:10 ἐγὼ ἐν φυλακαῖς **κατέκλεισα** τὴν παρὰ τῶν

κατακληρονομέω (*kataklēronomeō*; 1/1) *make (someone) the owner*

Ac 13:19 ἐν γῇ Χανάαν **κατεκληρονόμησεν** τὴν γῆν αὐτῶν

κατακολουθέω (*katakoloutheō*; 1/2) *follow*

Ac 16:17 αὕτη **κατακολουθοῦσα** τῷ Παύλῳ καὶ

κατακυριεύω (*katakyrieuō*; 1/4) *have power over*

Ac 19:16 **κατακυριεύσας** ἀμφοτέρων ἴσχυσεν κατ'

καταλαμβάνω (*katalambanō*; 3/13[15]) *obtain, overcome*

Ac 4:13 καὶ Ἰωάννου καὶ **καταλαβόμενοι** ὅτι ἄνθρωποι ἀγράμματοί
Ac 10:34 ἐπ' ἀληθείας **καταλαμβάνομαι** ὅτι οὐκ ἔστιν
Ac 25:25 ἐγὼ δὲ **κατελαβόμην** μηδὲν ἄξιον αὐτὸν

καταλείπω (*kataleipō*; 5/23[24]) *leave*

Ac 6:2 ἀρεστόν ἐστιν ἡμᾶς **καταλείψαντας** τὸν λόγον τοῦ
Ac 18:19 κἀκείνους **κατέλιπεν** αὐτοῦ,
Ac 21:3 τὴν Κύπρον καὶ **καταλιπόντες** αὐτὴν εὐώνυμον ἐπλέομεν
Ac 24:27 Ἰουδαίοις ὁ Φῆλιξ **κατέλιπε** τὸν Παῦλον δεδεμένον.
Ac 25:14 ἀνήρ τις ἐστιν **καταλελειμμένος** ὑπὸ Φήλικος δέσμιος,

κατάλοιπος (*kataloipos*; 1/1) *rest*

Ac 15:17 ἂν ἐκζητήσωσιν οἱ **κατάλοιποι** τῶν ἀνθρώπων τὸν

καταλύω (*katalyō*; 3/17) *destroy*

Ac 5:38 **καταλυθήσεται**,
Ac 5:39 οὐ δυνήσεσθε **καταλῦσαι** αὐτούς,
Ac 6:14 ὁ Ναζωραῖος οὗτος **καταλύσει** τὸν τόπον τοῦτον

καταμένω (*katamenō*; 1/1) *stay*

Ac 1:13 ἀνέβησαν οὗ ἦσαν **καταμένοντες**,

κατανοέω (*katanoeō*; 4/14) *consider*

Ac 7:31 προσερχομένου δὲ αὐτοῦ **κατανοῆσαι** ἐγένετο φωνὴ κυρίου·
Ac 7:32 Μωϋσῆς οὐκ ἐτόλμα **κατανοῆσαι**.
Ac 11:6 εἰς ἣν ἀτενίσας **κατενόουν** καὶ εἶδον τὰ
Ac 27:39 κόλπον δέ τινα **κατενόουν** ἔχοντα αἰγιαλὸν

καταντάω (*katantaō*; 9/13) *come*

Ac 16:1 **Κατήντησεν** δὲ [καὶ] εἰς
Ac 18:19 **κατήντησαν** δὲ εἰς Ἔφεσον,
Ac 18:24 **κατήντησεν** εἰς Ἔφεσον,
Ac 20:15 ἀποπλεύσαντες τῇ ἐπιούσῃ **κατηντήσαμεν** ἄντικρυς Χίου,
Ac 21:7 διανύσαντες ἀπὸ Τύρου **κατηντήσαμεν** εἰς Πτολεμαΐδα καὶ
Ac 25:13 βασιλεὺς καὶ Βερνίκη **κατήντησαν** εἰς Καισάρειαν ἀσπασάμενοι
Ac 26:7 ἡμέραν λατρεῦον ἐλπίζει **καταντῆσαι**,
Ac 27:12 εἴ πως δύναιντο **καταντήσαντες** εἰς Φοίνικα παραχειμάσαι
Ac 28:13 ὅθεν περιελόντες **κατηντήσαμεν** εἰς Ῥήγιον.

κατανύσσομαι (*katanyssomai*; 1/1) *be stabbed*

Ac 2:37 Ἀκούσαντες δὲ **κατενύγησαν** τὴν καρδίαν εἶπόν

καταξιόω (*kataxioō*; 1/3) *count worthy*

Ac 5:41 ὅτι **κατηξιώθησαν** ὑπὲρ τοῦ ὀνόματος

κατάπαυσις (*katapausis*; 1/9) *place of rest*

Ac 7:49 τίς τόπος τῆς **καταπαύσεώς** μου;

καταπαύω (*katapauō*; 1/4) *cause to rest*

Ac 14:18 ταῦτα λέγοντες μόλις **κατέπαυσαν** τοὺς ὄχλους τοῦ

καταπίπτω (*katapiptō*; 2/3) *fall*

Ac 26:14 πάντων τε **καταπεσόντων** ἡμῶν εἰς τὴν
Ac 28:6 μέλλειν πίμπρασθαι ἢ **καταπίπτειν** ἄφνω νεκρόν.

καταπονέω (*kataponeō*; 1/2) *mistreat*
Ac 7:24 ἐποίησεν ἐκδίκησιν τῷ **καταπονουμένῳ** πατάξας τὸν Αἰγύπτιον.

καταριθμέω (*katarithmeō*; 1/1) *number*
Ac 1:17 ὅτι **κατηριθμημένος** ἦν ἐν ἡμῖν

κατασείω (*kataseiō*; 4/4) *motion*
Ac 12:17 **κατασείσας** δὲ αὐτοῖς τῇ
Ac 13:16 δὲ Παῦλος καὶ **κατασείσας** τῇ χειρὶ εἶπεν·
Ac 19:33 ὁ δὲ ᾿Αλέξανδρος **κατασείσας** τὴν χεῖρα ἤθελεν
Ac 21:40 ἐπὶ τῶν ἀναβαθμῶν **κατέσεισεν** τῇ χειρὶ τῷ

κατασκάπτω (*kataskaptō*; 1/2) *demolish*
Ac 15:16 πεπτωκυῖαν καὶ τὰ **κατεσκαμμένα** αὐτῆς ἀνοικοδομήσω καὶ

κατασκηνόω (*kataskēnoō*; 1/4) *nest*
Ac 2:26 ἡ σάρξ μου **κατασκηνώσει** ἐπ᾿ ἐλπίδι,

κατασοφίζομαι (*katasophizomai*; 1/1) *take advantage of by deception or trickery*
Ac 7:19 οὗτος **κατασοφισάμενος** τὸ γένος ἡμῶν

καταστέλλω (*katastellō*; 2/2) *quieten*
Ac 19:35 **Καταστείλας** δὲ ὁ γραμματεὺς
Ac 19:36 δέον ἐστὶν ὑμᾶς **κατεσταλμένους** ὑπάρχειν καὶ μηδὲν

κατάσχεσις (*kataschesis*; 2/2) *possession, act of possessing*
Ac 7:5 δοῦναι αὐτῷ εἰς **κατάσχεσιν** αὐτὴν καὶ τῷ
Ac 7:45 ᾿Ιησοῦ ἐν τῇ **κατασχέσει** τῶν ἐθνῶν,

κατατίθημι (*katatithēmi*; 2/2) *lay*
Ac 24:27 θέλων τε χάριτα **καταθέσθαι** τοῖς ᾿Ιουδαίοις
Ac 25:9 τοῖς ᾿Ιουδαίοις χάριν **καταθέσθαι** ἀποκριθεὶς τῷ Παύλῳ

κατατρέχω (*katatrechō*; 1/1) *run down*
Ac 21:32 στρατιώτας καὶ ἑκατοντάρχας **κατέδραμεν** ἐπ᾿ αὐτούς,

καταφέρω (*katapherō*; 4/4) *bring*
Ac 20:9 **καταφερόμενος** ὕπνῳ βαθεῖ διαλεγομένου
Ac 20:9 **κατενεχθεὶς** ἀπὸ τοῦ ὕπνου
Ac 25:7 καὶ βαρέα αἰτιώματα **καταφέροντες** ἃ οὐκ ἴσχυον
Ac 26:10 ἀναιρουμένων τε αὐτῶν **κατήνεγκα** ψῆφον.

καταφεύγω (*katapheugō*; 1/2) *flee*
Ac 14:6 συνιδόντες **κατέφυγον** εἰς τὰς πόλεις

καταφιλέω (*kataphileō*; 1/6) *kiss*
Ac 20:37 τράχηλον τοῦ Παύλου **κατεφίλουν** αὐτόν,

καταφρονητής (*kataphronētēs*; 1/1) *scoffer*
Ac 13:41 οἱ **καταφρονηταί**,

κατείδωλος (*kateidōlos*; 1/1) *full of idols*
Ac 17:16 ἐν αὐτῷ θεωροῦντος **κατείδωλον** οὖσαν τὴν πόλιν.

κατέρχομαι (*katerchomai*; 13/16) *come or go down*
Ac 8:5 Φίλιππος δὲ **κατελθὼν** εἰς [τὴν] πόλιν
Ac 9:32 διερχόμενον διὰ πάντων **κατελθεῖν** καὶ πρὸς
Ac 11:27 δὲ ταῖς ἡμέραις **κατῆλθον** ἀπὸ ῾Ιεροσολύμων προφῆται
Ac 12:19 καὶ **κατελθὼν** ἀπὸ τῆς ᾿Ιουδαίας
Ac 13:4 τοῦ ἁγίου πνεύματος **κατῆλθον** εἰς Σελεύκειαν,
Ac 15:1 Καί τινες **κατελθόντες** ἀπὸ τῆς ᾿Ιουδαίας
Ac 15:30 μὲν οὖν ἀπολυθέντες **κατῆλθον** εἰς ᾿Αντιόχειαν,
Ac 18:5 ῾Ως δὲ **κατῆλθον** ἀπὸ τῆς Μακεδονίας
Ac 18:22 καὶ **κατελθὼν** εἰς Καισάρειαν,
Ac 19:1 τὰ ἀνωτερικὰ μέρη **[κατ]ελθεῖν** εἰς ῎Εφεσον
Ac 21:3 εἰς Συρίαν καὶ **κατήλθομεν** εἰς Τύρον·
Ac 21:10 δὲ ἡμέρας πλείους **κατῆλθέν** τις ἀπὸ τῆς
Ac 27:5 καὶ Παμφυλίαν διαπλεύσαντες **κατήλθομεν** εἰς Μύρα τῆς

κατεφίσταμαι (*katephistamai*; 1/1) *attack*
Ac 18:12 ὄντος τῆς ᾿Αχαΐας **κατεπέστησαν** ὁμοθυμαδὸν οἱ ᾿Ιουδαῖοι

κατέχω (*katechō*; 1/17) *hold fast*
Ac 27:40 ἀρτέμωνα τῇ πνεούσῃ **κατεῖχον** εἰς τὸν αἰγιαλόν.

κατηγορέω (*katēgoreō*; 9/22[23]) *accuse*
Ac 22:30 τὸ τί **κατηγορεῖται** ὑπὸ τῶν ᾿Ιουδαίων,
Ac 24:2 δὲ αὐτοῦ ἤρξατο **κατηγορεῖν** ὁ Τέρτυλλος λέγων·
Ac 24:8 ἐπιγνῶναι ὧν ἡμεῖς **κατηγοροῦμεν** αὐτοῦ.
Ac 24:13 περὶ ὧν νυνὶ **κατηγοροῦσίν** μου.
Ac 24:19 σοῦ παρεῖναι καὶ **κατηγορεῖν** εἴ τι ἔχοιεν
Ac 25:5 τῷ ἀνδρὶ ἄτοπον **κατηγορείτωσαν** αὐτοῦ.
Ac 25:11 ἐστιν ὧν οὗτοι **κατηγοροῦσίν** μου,
Ac 25:16 πρὶν ἢ ὁ **κατηγορούμενος** κατὰ πρόσωπον ἔχοι
Ac 28:19 μου ἔχων τι **κατηγορεῖν**.

κατήγορος (*katēgoros*; 4/4) *accuser*
Ac 23:30 παραγγείλας καὶ τοῖς **κατηγόροις** λέγειν [τὰ] πρὸς
Ac 23:35 ὅταν καὶ οἱ **κατήγοροί** σου παραγένωνται·
Ac 25:16 πρόσωπον ἔχοι τοὺς **κατηγόρους** τόπον τε ἀπολογίας
Ac 25:18 οὗ σταθέντες οἱ **κατήγοροι** οὐδεμίαν αἰτίαν ἔφερον

κατηχέω (*katēcheō*; 3/8) *inform, instruct*
Ac 18:25 οὗτος ἦν **κατηχημένος** τὴν ὁδὸν τοῦ
Ac 21:21 **κατηχήθησαν** δὲ περὶ σοῦ
Ac 21:24 πάντες ὅτι ὧν **κατήχηνται** περὶ σοῦ οὐδέν

κατοικέω (*katoikeō*; 20/44) *live*
Ac 1:19 ἐγένετο πᾶσι τοῖς **κατοικοῦσιν** ᾿Ιερουσαλήμ,

Ac 1:20 μὴ ἔστω ὁ **κατοικῶν** ἐν αὐτῇ,
Ac 2:5 δὲ εἰς Ἰερουσαλὴμ **κατοικοῦντες** Ἰουδαῖοι,
Ac 2:9 Ἐλαμῖται καὶ οἱ **κατοικοῦντες** τὴν Μεσοποταμίαν,
Ac 2:14 Ἰουδαῖοι καὶ οἱ **κατοικοῦντες** Ἰερουσαλὴμ πάντες,
Ac 4:16 αὐτῶν πᾶσιν τοῖς **κατοικοῦσιν** Ἰερουσαλὴμ φανερὸν καὶ
Ac 7:2 Μεσοποταμίᾳ πρὶν ἢ **κατοικῆσαι** αὐτὸν ἐν Χαρρὰν
Ac 7:4 ἐκ γῆς Χαλδαίων **κατῴκησεν** ἐν Χαρράν.
Ac 7:4 ἣν ὑμεῖς νῦν **κατοικεῖτε**,
Ac 7:48 ὕψιστος ἐν χειροποιήτοις **κατοικεῖ**,
Ac 9:22 [τοὺς] Ἰουδαίους τοὺς **κατοικοῦντας** ἐν Δαμασκῷ συμβιβάζων
Ac 9:32 τοὺς ἁγίους τοὺς **κατοικοῦντας** Λύδδα.
Ac 9:35 αὐτὸν πάντες οἱ **κατοικοῦντες** Λύδδα καὶ
Ac 11:29 διακονίαν πέμψαι τοῖς **κατοικοῦσιν** ἐν τῇ Ἰουδαίᾳ
Ac 13:27 οἱ γὰρ **κατοικοῦντες** ἐν Ἰερουσαλὴμ καὶ
Ac 17:24 ἐν χειροποιήτοις ναοῖς **κατοικεῖ**
Ac 17:26 πᾶν ἔθνος ἀνθρώπων **κατοικεῖν** ἐπὶ παντὸς προσώπου
Ac 19:10 ὥστε πάντας τοὺς **κατοικοῦντας** τὴν Ἀσίαν ἀκοῦσαι
Ac 19:17 καὶ Ἕλλησιν τοῖς **κατοικοῦσιν** τὴν Ἔφεσον
Ac 22:12 ὑπὸ πάντων τῶν **κατοικούντων** Ἰουδαίων,

κατοικία (*katoikia*; 1/1) *place in which one lives*
Ac 17:26 τὰς ὁροθεσίας τῆς **κατοικίας** αὐτῶν

κάτω (*katō*; 2/8[9]) *down, below*
Ac 2:19 ἐπὶ τῆς γῆς **κάτω**,
Ac 20:9 ἀπὸ τοῦ τριστέγου **κάτω** καὶ ἤρθη νεκρός.

Καῦδα (*Kauda*; 1/1) *Cauda*
Ac 27:16 τι ὑποδραμόντες καλούμενον **Καῦδα** ἰσχύσαμεν μόλις περικρατεῖς

Κεγχρεαί (*Kenchreai*; 1/2) *Cenchrea*
Ac 18:18 κειράμενος ἐν **Κεγχρεαῖς** τὴν κεφαλήν,

κείρω (*keirō*; 2/4) *shear*
Ac 8:32 ἀμνὸς ἐναντίον τοῦ **κείραντος** αὐτὸν ἄφωνος,
Ac 18:18 **κειράμενος** ἐν Κεγχρεαῖς τὴν

κελεύω (*keleuō*; 17/25) *order*
Ac 4:15 **κελεύσαντες** δὲ αὐτοὺς ἔξω
Ac 5:34 **ἐκέλευσεν** ἔξω βραχὺ τοὺς
Ac 8:38 καὶ **ἐκέλευσεν** στῆναι τὸ ἅρμα
Ac 12:19 ἀνακρίνας τοὺς φύλακας **ἐκέλευσεν** ἀπαχθῆναι,
Ac 16:22 αὐτῶν τὰ ἱμάτια **ἐκέλευον** ῥαβδίζειν,
Ac 21:33 ἐπελάβετο αὐτοῦ καὶ **ἐκέλευσεν** δεθῆναι ἁλύσεσι δυσί,
Ac 21:34 διὰ τὸν θόρυβον **ἐκέλευσεν** ἄγεσθαι αὐτὸν
Ac 22:24 **ἐκέλευσεν** ὁ χιλίαρχος εἰσάγεσθαι
Ac 22:30 ἔλυσεν αὐτὸν καὶ **ἐκέλευσεν** συνελθεῖν τοὺς ἀρχιερεῖς
Ac 23:3 νόμον καὶ παρανομῶν **κελεύεις** με τύπτεσθαι;
Ac 23:10 Παῦλος ὑπ' αὐτῶν **ἐκέλευσεν** τὸ στράτευμα καταβὰν
Ac 23:35 **κελεύσας** ἐν τῷ πραιτωρίῳ
Ac 25:6 ἐπὶ τοῦ βήματος **ἐκέλευσεν** τὸν Παῦλον ἀχθῆναι.
Ac 25:17 ἐπὶ τοῦ βήματος **ἐκέλευσα** ἀχθῆναι τὸν ἄνδρα·
Ac 25:21 **ἐκέλευσα** τηρεῖσθαι αὐτὸν ἕως
Ac 25:23 τῆς πόλεως καὶ **κελεύσαντος** τοῦ Φήστου ἤχθη
Ac 27:43 **ἐκέλευσέν** τε τοὺς δυναμένους

κενός (*kenos*; 1/18) *empty, in vain*
Ac 4:25 καὶ λαοὶ ἐμελέτησαν **κενά**;

κέντρον (*kentron*; 1/4) *sting*
Ac 26:14 σκληρόν σοι πρὸς **κέντρα** λακτίζειν.

κερδαίνω (*kerdainō*; 1/17) *gain*
Ac 27:21 ἀπὸ τῆς Κρήτης **κερδῆσαί** τε τὴν ὕβριν

κεφάλαιον (*kephalaion*; 1/2) *main point*
Ac 22:28 ἐγὼ πολλοῦ **κεφαλαίου** τὴν πολιτείαν ταύτην

κεφαλή (*kephalē*; 5/75) *head*
Ac 4:11 ὁ γενόμενος εἰς **κεφαλὴν** γωνίας.
Ac 18:6 ὑμῶν ἐπὶ τὴν **κεφαλὴν** ὑμῶν·
Ac 18:18 ἐν Κεγχρεαῖς τὴν **κεφαλήν**,
Ac 21:24 ἵνα ξυρήσονται τὴν **κεφαλήν**,
Ac 27:34 θρὶξ ἀπὸ τῆς **κεφαλῆς** ἀπολεῖται.

κηρύσσω (*kēryssō*; 8/59[61]) *proclaim*
Ac 8:5 πόλιν τῆς Σαμαρείας **ἐκήρυσσεν** αὐτοῖς τὸν Χριστόν.
Ac 9:20 ἐν ταῖς συναγωγαῖς **ἐκήρυσσεν** τὸν Ἰησοῦν
Ac 10:37 τὸ βάπτισμα ὃ **ἐκήρυξεν** Ἰωάννης,
Ac 10:42 καὶ παρήγγειλεν ἡμῖν **κηρύξαι** τῷ λαῷ καὶ
Ac 15:21 κατὰ πόλιν τοὺς **κηρύσσοντας** αὐτὸν ἔχει ἐν
Ac 19:13 Ἰησοῦν ὃν Παῦλος **κηρύσσει**.
Ac 20:25 ἐν οἷς διῆλθον **κηρύσσων** τὴν βασιλείαν.
Ac 28:31 **κηρύσσων** τὴν βασιλείαν τοῦ

Κιλικία (*Kilikia*; 7/8) *Cilicia*
Ac 6:9 καὶ τῶν ἀπὸ **Κιλικίας** καὶ Ἀσίας συζητοῦντες
Ac 15:23 καὶ Συρίαν καὶ **Κιλικίαν** ἀδελφοῖς τοῖς ἐξ
Ac 15:41 Συρίαν καὶ [τὴν] **Κιλικίαν** ἐπιστηρίζων τὰς ἐκκλησίας.
Ac 21:39 Ταρσεὺς τῆς **Κιλικίας**,
Ac 22:3 ἐν Ταρσῷ τῆς **Κιλικίας**,
Ac 23:34 πυθόμενος ὅτι ἀπὸ **Κιλικίας**,
Ac 27:5 τὸ κατὰ τὴν **Κιλικίαν** καὶ Παμφυλίαν διαπλεύσαντες

κινδυνεύω (*kindyneuō*; 2/4) *be in danger*
Ac 19:27 μόνον δὲ τοῦτο **κινδυνεύει** ἡμῖν τὸ μέρος
Ac 19:40 καὶ γὰρ **κινδυνεύομεν** ἐγκαλεῖσθαι στάσεως

κινέω (*kineō*; 3/8) *move*
Ac 17:28 γὰρ ζῶμεν καὶ **κινούμεθα** καὶ ἐσμέν,
Ac 21:30 **ἐκινήθη** τε ἡ πόλις
Ac 24:5 τοῦτον λοιμὸν καὶ **κινοῦντα** στάσεις πᾶσιν

Κίς (*Kis*; 1/1) *Kish*
Ac 13:21 τὸν Σαοὺλ υἱὸν **Κίς**,

κλαίω (*klaiō*; 2/39[40]) *weep*
Ac 9:39 πᾶσαι αἱ χῆραι **κλαίουσαι** καὶ ἐπιδεικνύμεναι χιτῶνας
Ac 21:13 τί ποιεῖτε **κλαίοντες** καὶ συνθρύπτοντές μου

κλάσις (*klasis*; 1/2) *breaking*
Ac 2:42 τῇ **κλάσει** τοῦ ἄρτου καὶ

Κλαύδιος (*Klaudios*; 3/3) *Claudius*
Ac 11:28 ἥτις ἐγένετο ἐπὶ **Κλαυδίου**.
Ac 18:2 διὰ τὸ διατεταχέναι **Κλαύδιον** χωρίζεσθαι πάντας τοὺς
Ac 23:26 **Κλαύδιος** Λυσίας τῷ κρατίστῳ

κλαυθμός (*klauthmos*; 1/9) *bitter crying*
Ac 20:37 ἱκανὸς δὲ **κλαυθμὸς** ἐγένετο πάντων καὶ

κλάω (*klaō*; 4/14) *break*
Ac 2:46 **κλῶντές** τε κατ᾽ οἶκον
Ac 20:7 σαββάτων συνηγμένων ἡμῶν **κλάσαι** ἄρτον,
Ac 20:11 ἀναβὰς δὲ καὶ **κλάσας** τὸν ἄρτον καὶ
Ac 27:35 ἐνώπιον πάντων καὶ **κλάσας** ἤρξατο ἐσθίειν.

κλείω (*kleiō*; 2/16) *shut*
Ac 5:23 τὸ δεσμωτήριον εὕρομεν **κεκλεισμένον** ἐν πάσῃ ἀσφαλείᾳ
Ac 21:30 ἱεροῦ καὶ εὐθέως **ἐκλείσθησαν** αἱ θύραι.

κληρονομία (*klēronomia*; 2/14) *inheritance*
Ac 7:5 οὐκ ἔδωκεν αὐτῷ **κληρονομίαν** ἐν αὐτῇ οὐδὲ
Ac 20:32 καὶ δοῦναι τὴν **κληρονομίαν** ἐν τοῖς ἡγιασμένοις

κλῆρος (*klēros*; 5/11) *lot*
Ac 1:17 καὶ ἔλαχεν τὸν **κλῆρον** τῆς διακονίας ταύτης.
Ac 1:26 καὶ ἔδωκαν **κλήρους** αὐτοῖς καὶ ἔπεσεν
Ac 1:26 καὶ ἔπεσεν ὁ **κλῆρος** ἐπὶ Μαθθίαν καὶ
Ac 8:21 σοι μερὶς οὐδὲ **κλῆρος** ἐν τῷ λόγῳ
Ac 26:18 ἄφεσιν ἁμαρτιῶν καὶ **κλῆρον** ἐν τοῖς ἡγιασμένοις

κλινάριον (*klinarion*; 1/1) *small bed*
Ac 5:15 καὶ τιθέναι ἐπὶ **κλιναρίων** καὶ κραβάττων,

Κνίδος (*Knidos*; 1/1) *Cnidus*
Ac 27:7 γενόμενοι κατὰ τὴν **Κνίδον**,

κοιλία (*koilia*; 2/22) *stomach, belly, womb*
Ac 3:2 ἀνὴρ χωλὸς ἐκ **κοιλίας** μητρὸς αὐτοῦ ὑπάρχων
Ac 14:8 χωλὸς ἐκ **κοιλίας** μητρὸς αὐτοῦ ὃς

κοιμάομαι (*koimaomai*; 3/18) *sleep*
Ac 7:60 καὶ τοῦτο εἰπὼν **ἐκοιμήθη**.
Ac 12:6 ἦν ὁ Πέτρος **κοιμώμενος** μεταξὺ δύο στρατιωτῶν
Ac 13:36 τοῦ θεοῦ βουλῇ **ἐκοιμήθη** καὶ προσετέθη

κοινός (*koinos*; 5/14) *common*
Ac 2:44 καὶ εἶχον ἅπαντα **κοινὰ**
Ac 4:32 ἦν αὐτοῖς ἅπαντα **κοινά**.
Ac 10:14 οὐδέποτε ἔφαγον πᾶν **κοινὸν** καὶ ἀκάθαρτον.
Ac 10:28 θεὸς ἔδειξεν μηδένα **κοινὸν** ἢ ἀκάθαρτον λέγειν
Ac 11:8 ὅτι **κοινὸν** ἢ ἀκάθαρτον οὐδέποτε

κοινόω (*koinoō*; 3/14) *defile*
Ac 10:15 σὺ μὴ **κοίνου**.
Ac 11:9 σὺ μὴ **κοίνου**.
Ac 21:28 τὸ ἱερὸν καὶ **κεκοίνωκεν** τὸν ἅγιον τόπον

κοινωνία (*koinōnia*; 1/19) *fellowship*
Ac 2:42 ἀποστόλων καὶ τῇ **κοινωνίᾳ**,

κοιτών (*koitōn*; 1/1) *bedroom*
Ac 12:20 τὸν ἐπὶ τοῦ **κοιτῶνος** τοῦ βασιλέως,

κολάζω (*kolazō*; 1/2) *punish*
Ac 4:21 εὑρίσκοντες τὸ πῶς **κολάσωνται** αὐτούς,

κολλάω (*kollaō*; 5/12) *unite oneself with*
Ac 5:13 λοιπῶν οὐδεὶς ἐτόλμα **κολλᾶσθαι** αὐτοῖς,
Ac 8:29 πρόσελθε καὶ **κολλήθητι** τῷ ἅρματι τούτῳ.
Ac 9:26 εἰς Ἰερουσαλὴμ ἐπείραζεν **κολλᾶσθαι** τοῖς μαθηταῖς,
Ac 10:28 ἐστιν ἀνδρὶ Ἰουδαίῳ **κολλᾶσθαι** ἢ προσέρχεσθαι ἀλλοφύλῳ·
Ac 17:34 τινες δὲ ἄνδρες **κολληθέντες** αὐτῷ ἐπίστευσαν,

κόλπος (*kolpos*; 1/6) *chest, side*
Ac 27:39 **κόλπον** δέ τινα κατενόουν

κολυμβάω (*kolymbaō*; 1/1) *swim*
Ac 27:43 τε τοὺς δυναμένους **κολυμβᾶν** ἀπορίψαντας πρώτους ἐπὶ

κολωνία (*kolōnia*; 1/1) *colony*
Ac 16:12 **κολωνία**.

κονιάω (*koniaō*; 1/2) *whitewash*
Ac 23:3 τοῖχε **κεκονιαμένε**·

κονιορτός (*koniortos*; 2/5) *dust*
Ac 13:51 δὲ ἐκτιναξάμενοι τὸν **κονιορτὸν** τῶν ποδῶν
Ac 22:23 τὰ ἱμάτια καὶ **κονιορτὸν** βαλλόντων εἰς τὸν

κοπετός (*kopetos*; 1/1) *weeping*
Ac 8:2 εὐλαβεῖς καὶ ἐποίησαν **κοπετὸν** μέγαν ἐπ᾽ αὐτῷ.

κοπιάω (*kopiaō*; 1/23) *work*
Ac 20:35 ὑμῖν ὅτι οὕτως **κοπιῶντας** δεῖ ἀντιλαμβάνεσθαι τῶν

κορέννυμι (*korennymi*; 1/2) *fill*
Ac 27:38 **κορεσθέντες** δὲ τροφῆς ἐκούφιζον

Κορίνθιος (*Korinthios*; 1/2) *Corinthian*
Ac 18:8 καὶ πολλοὶ τῶν **Κορινθίων** ἀκούοντες ἐπίστευον καὶ

Κόρινθος (*Korinthos*; 2/6) *Corinth*
Ac 18:1 ᾿Αθηνῶν ἦλθεν εἰς **Κόρινθον**.
Ac 19:1 ᾿Απολλῶ εἶναι ἐν **Κορίνθῳ** Παῦλον διελθόντα τὰ

Κορνήλιος (*Kornēlios*; 8/8) *Cornelius*
Ac 10:1 ἐν Καισαρείᾳ ὀνόματι **Κορνήλιος**,
Ac 10:3 **Κορνήλιε**.
Ac 10:17 ἀπεσταλμένοι ὑπὸ τοῦ **Κορνηλίου** διερωτήσαντες τὴν οἰκίαν
Ac 10:22 **Κορνήλιος** ἑκατοντάρχης,
Ac 10:24 ὁ δὲ **Κορνήλιος** ἦν προσδοκῶν αὐτοὺς
Ac 10:25 συναντήσας αὐτῷ ὁ **Κορνήλιος** πεσὼν ἐπὶ τοὺς
Ac 10:30 καὶ ὁ **Κορνήλιος** ἔφη·
Ac 10:31 **Κορνήλιε**,

κόσμος (*kosmos*; 1/185[186]) *world*
Ac 17:24 ὁ ποιήσας τὸν **κόσμον** καὶ πάντα τὰ

κουφίζω (*kouphizō*; 1/1) *lighten*
Ac 27:38 κορεσθέντες δὲ τροφῆς **ἐκούφιζον** τὸ πλοῖον ἐκβαλλόμενοι

κράβαττος (*krabattos*; 2/11) *bed*
Ac 5:15 ἐπὶ κλιναρίων καὶ **κραβάττων**,
Ac 9:33 ὀκτὼ κατακείμενον ἐπὶ **κραβάττου**,

κράζω (*krazō*; 11/55) *call out*
Ac 7:57 **κράξαντες** δὲ φωνῇ μεγάλῃ
Ac 7:60 δὲ τὰ γόνατα **ἔκραξεν** φωνῇ μεγάλῃ·
Ac 14:14 εἰς τὸν ὄχλον **κράζοντες**
Ac 16:17 Παύλῳ καὶ ἡμῖν **ἔκραζεν** λέγουσα·
Ac 19:28 γενόμενοι πλήρεις θυμοῦ **ἔκραζον** λέγοντες·
Ac 19:32 οὖν ἄλλο τι **ἔκραζον**·
Ac 19:34 ἐπὶ ὥρας δύο **κραζόντων**·
Ac 21:28 **κράζοντες**·
Ac 21:36 πλῆθος τοῦ λαοῦ **κράζοντες**·
Ac 23:6 δὲ ἕτερον Φαρισαίων **ἔκραζεν** ἐν τῷ συνεδρίῳ·
Ac 24:21 ταύτης φωνῆς ἧς **ἐκέκραξα** ἐν αὐτοῖς ἑστὼς

κρατέω (*krateō*; 4/47) *hold*
Ac 2:24 οὐκ ἦν δυνατὸν **κρατεῖσθαι** αὐτὸν ὑπ᾽ αὐτοῦ.
Ac 3:11 **Κρατοῦντος** δὲ αὐτοῦ τὸν
Ac 24:6 βεβηλῶσαι ὃν καὶ **ἐκρατήσαμεν**,
Ac 27:13 δόξαντες τῆς προθέσεως **κεκρατηκέναι**,

κράτιστος (*kratistos*; 3/4) *most excellent*
Ac 23:26 Κλαύδιος Λυσίας τῷ **κρατίστῳ** ἡγεμόνι Φήλικι χαίρειν.
Ac 24:3 **κράτιστε** Φῆλιξ,
Ac 26:25 **κράτιστε** Φῆστε,

κράτος (*kratos*; 1/12) *might, strength*
Ac 19:20 οὕτως κατὰ **κράτος** τοῦ κυρίου ὁ

κραυγάζω (*kraugazō*; 1/9) *call out*
Ac 22:23 **κραυγαζόντων** τε αὐτῶν καὶ

κραυγή (*kraugē*; 1/6) *shout*
Ac 23:9 ἐγένετο δὲ **κραυγὴ** μεγάλη,

κρεμάννυμι (*kremannymi*; 3/7) *hang*
Ac 5:30 ὃν ὑμεῖς διεχειρίσασθε **κρεμάσαντες** ἐπὶ ξύλου·
Ac 10:39 ὃν καὶ ἀνεῖλαν **κρεμάσαντες** ἐπὶ ξύλου,
Ac 28:4 εἶδον οἱ βάρβαροι **κρεμάμενον** τὸ θηρίον ἐκ

Κρής (*Krēs*; 2/3) *a Cretan*
Ac 2:11 **Κρῆτες** καὶ Ἄραβες,
Ac 27:21 ἀνάγεσθαι ἀπὸ τῆς **Κρήτης** κερδῆσαί τε τὴν

Κρήτη (*Krētē*; 3/4) *Crete*
Ac 27:7 ἀνέμου ὑπεπλεύσαμεν τὴν **Κρήτην** κατὰ Σαλμώνην,
Ac 27:12 παραχειμάσαι λιμένα τῆς **Κρήτης** βλέποντα κατὰ λίβα
Ac 27:13 ἆσσον παρελέγοντο τὴν **Κρήτην**.

κρίμα (*krima*; 1/27) *judgment*
Ac 24:25 ἐγκρατείας καὶ τοῦ **κρίματος** τοῦ μέλλοντος,

κρίνω (*krinō*; 21/114) *judge*
Ac 3:13 **κρίναντος** ἐκείνου ἀπολύειν·
Ac 4:19 **κρίνατε**·
Ac 7:7 ᾧ ἐὰν δουλεύσουσιν **κρινῶ** ἐγώ,
Ac 13:27 πᾶν σάββατον ἀναγινωσκομένας **κρίναντες** ἐπλήρωσαν,
Ac 13:46 καὶ οὐκ ἀξίους **κρίνετε** ἑαυτοὺς τῆς αἰωνίου
Ac 15:19 διὸ ἐγὼ **κρίνω** μὴ παρενοχλεῖν τοῖς
Ac 16:4 τὰ δόγματα τὰ **κεκριμένα** ὑπὸ τῶν ἀποστόλων
Ac 16:15 εἰ **κεκρίκατέ** με πιστὴν τῷ
Ac 17:31 ἐν ᾗ μέλλει **κρίνειν** τὴν οἰκουμένην ἐν
Ac 20:16 **κεκρίκει** γὰρ ὁ Παῦλος
Ac 21:25 ἐθνῶν ἡμεῖς ἐπεστείλαμεν **κρίναντες** φυλάσσεσθαι αὐτοὺς τό
Ac 23:3 καὶ σὺ κάθῃ **κρίνων** με κατὰ τὸν
Ac 23:6 ἀναστάσεως νεκρῶν [ἐγὼ] **κρίνομαι**.
Ac 24:21 ἀναστάσεως νεκρῶν ἐγὼ **κρίνομαι** σήμερον ἐφ᾽ ὑμῶν.
Ac 25:9 ἐκεῖ περὶ τούτων **κριθῆναι** ἐπ᾽ ἐμοῦ;
Ac 25:10 οὗ με δεῖ **κρίνεσθαι**.
Ac 25:20 εἰς ῾Ιεροσόλυμα κἀκεῖ **κρίνεσθαι** περὶ τούτων.
Ac 25:25 ἐπικαλεσαμένου τὸν Σεβαστὸν **ἔκρινα** πέμπειν.

Ac 26:6 τοῦ θεοῦ ἕστηκα **κρινόμενος**,
Ac 26:8 τί ἄπιστον **κρίνεται** παρ' ὑμῖν εἰ
Ac 27:1 Ὡς δὲ **ἐκρίθη** τοῦ ἀποπλεῖν ἡμᾶς

κρίσις (*krisis*; 1/47) *judgment*

Ac 8:33 ταπεινώσει [αὐτοῦ] ἡ **κρίσις** αὐτοῦ ἤρθη·

Κρίσπος (*Krispos*; 1/2) *Crispus*

Ac 18:8 **Κρίσπος** δὲ ὁ ἀρχισυνάγωγος

κριτής (*kritēs*; 4/19) *judge*

Ac 10:42 ὑπὸ τοῦ θεοῦ **κριτὴς** ζώντων καὶ νεκρῶν.
Ac 13:20 μετὰ ταῦτα ἔδωκεν **κριτὰς** ἕως Σαμουὴλ [τοῦ]
Ac 18:15 **κριτὴς** ἐγὼ τούτων οὐ
Ac 24:10 ἐτῶν ὄντα σε **κριτὴν** τῷ ἔθνει τούτῳ

κρούω (*krouō*; 2/9) *knock*

Ac 12:13 **κρούσαντος** δὲ αὐτοῦ τὴν
Ac 12:16 δὲ Πέτρος ἐπέμενεν **κρούων**·

κτάομαι (*ktaomai*; 3/7) *acquire*

Ac 1:18 οὗτος μὲν οὖν **ἐκτήσατο** χωρίον ἐκ μισθοῦ
Ac 8:20 ἐνόμισας διὰ χρημάτων **κτᾶσθαι**·
Ac 22:28 τὴν πολιτείαν ταύτην **ἐκτησάμην**.

κτῆμα (*ktēma*; 2/4) *possession*

Ac 2:45 καὶ τὰ **κτήματα** καὶ τὰς ὑπάρξεις
Ac 5:1 γυναικὶ αὐτοῦ ἐπώλησεν **κτῆμα**

κτῆνος (*ktēnos*; 1/4) *animal*

Ac 23:24 **κτήνη** τε παραστῆσαι ἵνα

κτήτωρ (*ktētōr*; 1/1) *owner*

Ac 4:34 ὅσοι γὰρ **κτήτορες** χωρίων ἢ οἰκιῶν

κυβερνήτης (*kybernētēs*; 1/2) *captain*

Ac 27:11 δὲ ἑκατοντάρχης τῷ **κυβερνήτῃ** καὶ τῷ ναυκλήρῳ

κυκλόω (*kykloō*; 1/4) *surround*

Ac 14:20 **κυκλωσάντων** δὲ τῶν μαθητῶν

κῦμα (*kyma*; 1/5) *wave*

Ac 27:41 τῆς βίας [τῶν **κυμάτων**].

Κύπριος (*Kyprios*; 3/3) *a Cyprian*

Ac 4:36 **Κύπριος** τῷ γένει,
Ac 11:20 ἐξ αὐτῶν ἄνδρες **Κύπριοι** καὶ Κυρηναῖοι,
Ac 21:16 ξενισθῶμεν Μνάσωνί τινι **Κυπρίῳ**,

Κύπρος (*Kypros*; 5/5) *Cyprus*

Ac 11:19 ἕως Φοινίκης καὶ **Κύπρου** καὶ Ἀντιοχείας μηδενὶ
Ac 13:4 τε ἀπέπλευσαν εἰς **Κύπρον**
Ac 15:39 Μᾶρκον ἐκπλεῦσαι εἰς **Κύπρον**,
Ac 21:3 ἀναφάναντες δὲ τὴν **Κύπρον** καὶ καταλιπόντες αὐτὴν
Ac 27:4 ἀναχθέντες ὑπεπλεύσαμεν τὴν **Κύπρον** διὰ τὸ τοὺς

Κυρηναῖος (*Kyrēnaios*; 3/6) *Cyrenian*

Ac 6:9 λεγομένης Λιβερτίνων καὶ **Κυρηναίων** καὶ Ἀλεξανδρέων καὶ
Ac 11:20 ἄνδρες Κύπριοι καὶ **Κυρηναῖοι**,
Ac 13:1 καὶ Λούκιος ὁ **Κυρηναῖος**,

Κυρήνη (*Kyrēnē*; 1/1) *Cyrene*

Ac 2:10 Λιβύης τῆς κατὰ **Κυρήνην**,

κύριος (*kyrios*; 107/714[717]) *Lord, sir*

Ac 1:6 **κύριε**,
Ac 1:21 ἐφ' ἡμᾶς ὁ **κύριος** Ἰησοῦς,
Ac 1:24 σὺ **κύριε** καρδιογνῶστα πάντων,
Ac 2:20 πρὶν ἐλθεῖν ἡμέραν **κυρίου** τὴν μεγάλην καὶ
Ac 2:21 ἐπικαλέσηται τὸ ὄνομα **κυρίου** σωθήσεται.
Ac 2:25 προορώμην τὸν **κύριον** ἐνώπιόν μου διὰ
Ac 2:34 εἶπεν [ὁ] **κύριος** τῷ κυρίῳ μου·
Ac 2:34 [ὁ] κύριος τῷ **κυρίῳ** μου·
Ac 2:36 Ἰσραὴλ ὅτι καὶ **κύριον** αὐτὸν καὶ χριστὸν
Ac 2:39 ὅσους ἂν προσκαλέσηται **κύριος** ὁ θεὸς ἡμῶν.
Ac 2:47 ὁ δὲ **κύριος** προσετίθει τοὺς σῳζομένους
Ac 3:20 ἀπὸ προσώπου τοῦ **κυρίου** καὶ ἀποστείλῃ
Ac 3:22 προφήτην ὑμῖν ἀναστήσει **κύριος** ὁ θεὸς ὑμῶν
Ac 4:26 αὐτὸ κατὰ τοῦ **κυρίου** καὶ κατὰ τοῦ
Ac 4:29 **κύριε**,
Ac 4:33 τῆς ἀναστάσεως τοῦ **κυρίου** Ἰησοῦ,
Ac 5:9 πειράσαι τὸ πνεῦμα **κυρίου**;
Ac 5:14 προσετίθεντο πιστεύοντες τῷ **κυρίῳ**,
Ac 5:19 Ἄγγελος δὲ **κυρίου** διὰ νυκτὸς ἀνοίξας
Ac 7:31 κατανοῆσαι ἐγένετο φωνὴ **κυρίου**·
Ac 7:33 δὲ αὐτῷ ὁ **κύριος**·
Ac 7:49 λέγει **κύριος**,
Ac 7:59 **κύριε** Ἰησοῦ,
Ac 7:60 κύριε,
Ac 8:16 τὸ ὄνομα τοῦ **κυρίου** Ἰησοῦ.
Ac 8:22 καὶ δεήθητι τοῦ **κυρίου**,
Ac 8:24 ἐμοῦ πρὸς τὸν **κύριον** ὅπως μηδὲν ἐπέλθῃ
Ac 8:25 τὸν λόγον τοῦ **κυρίου** ὑπέστρεφον εἰς Ἱεροσόλυμα,
Ac 8:26 Ἄγγελος δὲ **κυρίου** ἐλάλησεν πρὸς Φίλιππον
Ac 8:39 πνεῦμα **κυρίου** ἥρπασεν τὸν Φίλιππον
Ac 9:1 τοὺς μαθητὰς τοῦ **κυρίου**,
Ac 9:5 **κύριε**;
Ac 9:10 ἐν ὁράματι ὁ **κύριος**·
Ac 9:10 **κύριε**.
Ac 9:11 ὁ δὲ **κύριος** πρὸς αὐτόν·
Ac 9:13 κύριε,
Ac 9:15 πρὸς αὐτὸν ὁ **κύριος**·
Ac 9:17 ὁ **κύριος** ἀπέσταλκέν με,
Ac 9:27 ὁδῷ εἶδεν τὸν **κύριον** καὶ ὅτι ἐλάλησεν
Ac 9:28 τῷ ὀνόματι τοῦ **κυρίου**,
Ac 9:31 τῷ φόβῳ τοῦ **κυρίου** καὶ τῇ παρακλήσει
Ac 9:35 ἐπέστρεψαν ἐπὶ τὸν **κύριον**.
Ac 9:42 πολλοὶ ἐπὶ τὸν **κύριον**.
Ac 10:4 **κύριε**;
Ac 10:14 **κύριε**,
Ac 10:33 σοι ὑπὸ τοῦ **κυρίου**.
Ac 10:36 οὗτός ἐστιν πάντων **κύριος**,
Ac 11:8 **κύριε**,
Ac 11:16 τοῦ ῥήματος τοῦ **κυρίου** ὡς ἔλεγεν·

Ac 11:17 πιστεύσασιν ἐπὶ τὸν **κύριον** Ἰησοῦν Χριστόν,
Ac 11:20 Ἑλληνιστὰς εὐαγγελιζόμενοι τὸν **κύριον** Ἰησοῦν.
Ac 11:21 καὶ ἦν χεὶρ **κυρίου** μετ' αὐτῶν,
Ac 11:21 ἐπέστρεψεν ἐπὶ τὸν **κύριον**.
Ac 11:23 καρδίας προσμένειν τῷ **κυρίῳ**,
Ac 11:24 ὄχλος ἱκανὸς τῷ **κυρίῳ**.
Ac 12:7 καὶ ἰδοὺ ἄγγελος **κυρίου** ἐπέστη καὶ φῶς
Ac 12:11 ὅτι ἐξαπέστειλεν [ὁ] **κύριος** τὸν ἄγγελον αὐτοῦ
Ac 12:17 [αὐτοῖς] πῶς ὁ **κύριος** αὐτὸν ἐξήγαγεν ἐκ
Ac 12:23 ἐπάταξεν αὐτὸν ἄγγελος **κυρίου** ἀνθ' ὧν οὐκ
Ac 13:2 δὲ αὐτῶν τῷ **κυρίῳ** καὶ νηστευόντων εἶπεν
Ac 13:10 τὰς ὁδοὺς [τοῦ] **κυρίου** τὰς εὐθείας;
Ac 13:11 νῦν ἰδοὺ χεὶρ **κυρίου** ἐπὶ σὲ καὶ
Ac 13:12 τῇ διδαχῇ τοῦ **κυρίου**.
Ac 13:44 τὸν λόγον τοῦ **κυρίου**.
Ac 13:47 ἐντέταλται ἡμῖν ὁ **κύριος**·
Ac 13:48 τὸν λόγον τοῦ **κυρίου** καὶ ἐπίστευσαν ὅσοι
Ac 13:49 ὁ λόγος τοῦ **κυρίου** δι' ὅλης τῆς
Ac 14:3 παρρησιαζόμενοι ἐπὶ τῷ **κυρίῳ** τῷ μαρτυροῦντι [ἐπὶ]
Ac 14:23 παρέθεντο αὐτοὺς τῷ **κυρίῳ** εἰς ὃν πεπιστεύκεισαν.
Ac 15:11 τῆς χάριτος τοῦ **κυρίου** Ἰησοῦ πιστεύομεν σωθῆναι
Ac 15:17 τῶν ἀνθρώπων τὸν **κύριον** καὶ πάντα τὰ
Ac 15:17 λέγει **κύριος** ποιῶν ταῦτα
Ac 15:26 τοῦ ὀνόματος τοῦ **κυρίου** ἡμῶν Ἰησοῦ Χριστοῦ.
Ac 15:35 τὸν λόγον τοῦ **κυρίου**.
Ac 15:36 τὸν λόγον τοῦ **κυρίου** πῶς ἔχουσιν.
Ac 15:40 τῇ χάριτι τοῦ **κυρίου** ὑπὸ τῶν ἀδελφῶν.
Ac 16:14 ἧς ὁ **κύριος** διήνοιξεν τὴν καρδίαν
Ac 16:15 με πιστὴν τῷ **κυρίῳ** εἶναι,
Ac 16:16 πολλὴν παρεῖχεν τοῖς **κυρίοις** αὐτῆς μαντευομένη.
Ac 16:19 ἰδόντες δὲ οἱ **κύριοι** αὐτῆς ὅτι ἐξῆλθεν
Ac 16:30 **κύριοι**,
Ac 16:31 πίστευσον ἐπὶ τὸν **κύριον** Ἰησοῦν καὶ σωθήσῃ
Ac 16:32 τὸν λόγον τοῦ **κυρίου** σὺν πᾶσιν τοῖς
Ac 17:24 καὶ γῆς ὑπάρχων **κύριος** οὐκ ἐν χειροποιήτοις
Ac 18:8 ἀρχισυνάγωγος ἐπίστευσεν τῷ **κυρίῳ** σὺν ὅλῳ τῷ
Ac 18:9 Εἶπεν δὲ ὁ **κύριος** ἐν νυκτὶ δι'
Ac 18:25 τὴν ὁδὸν τοῦ **κυρίου** καὶ ζέων τῷ
Ac 19:5 τὸ ὄνομα τοῦ **κυρίου** Ἰησοῦ,
Ac 19:10 τὸν λόγον τοῦ **κυρίου**,
Ac 19:13 τὸ ὄνομα τοῦ **κυρίου** Ἰησοῦ λέγοντες·
Ac 19:17 τὸ ὄνομα τοῦ **κυρίου** Ἰησοῦ.
Ac 19:20 κατὰ κράτος τοῦ **κυρίου** ὁ λόγος ηὔξανεν
Ac 20:19 δουλεύων τῷ **κυρίῳ** μετὰ πάσης ταπεινοφροσύνης
Ac 20:21 πίστιν εἰς τὸν **κύριον** ἡμῶν Ἰησοῦν.
Ac 20:24 ἔλαβον παρὰ τοῦ **κυρίου** Ἰησοῦ,
Ac 20:35 τῶν λόγων τοῦ **κυρίου** Ἰησοῦ ὅτι αὐτὸς
Ac 21:13 τοῦ ὀνόματος τοῦ **κυρίου** Ἰησοῦ.
Ac 21:14 τοῦ **κυρίου** τὸ θέλημα γινέσθω.
Ac 22:8 **κύριε**;
Ac 22:10 **κύριε**;
Ac 22:10 ὁ δὲ **κύριος** εἶπεν πρός με·
Ac 22:19 **κύριε**,
Ac 23:11 ἐπιστὰς αὐτῷ ὁ **κύριος** εἶπεν·
Ac 25:26 τι γράψαι τῷ **κυρίῳ** οὐκ ἔχω,
Ac 26:15 **κύριε**;
Ac 26:15 ὁ δὲ **κύριος** εἶπεν·
Ac 28:31 τὰ περὶ τοῦ **κυρίου** Ἰησοῦ Χριστοῦ μετὰ

κωλύω (*kōlyō*; 6/23) *hinder*

Ac 8:36 τί **κωλύει** με βαπτισθῆναι;
Ac 10:47 τὸ ὕδωρ δύναται **κωλῦσαί** τις τοῦ μὴ
Ac 11:17 τίς ἤμην δυνατὸς **κωλῦσαι** τὸν θεόν;
Ac 16:6 καὶ Γαλατικὴν χώραν **κωλυθέντες** ὑπὸ τοῦ ἁγίου
Ac 24:23 ἄνεσιν καὶ μηδένα **κωλύειν** τῶν ἰδίων αὐτοῦ
Ac 27:43 διασῶσαι τὸν Παῦλον **ἐκώλυσεν** αὐτοὺς τοῦ βουλήματος,

κώμη (*kōmē*; 1/27) *village*

Ac 8:25 πολλάς τε **κώμας** τῶν Σαμαριτῶν εὐηγγελίζοντο.

Κῶς (*Kōs*; 1/1) *Cos*

Ac 21:1 ἤλθομεν εἰς τὴν **Κῶ**,

λαγχάνω (*lanchanō*; 1/4) *cast lots, receive*

Ac 1:17 ἐν ἡμῖν καὶ **ἔλαχεν** τὸν κλῆρον τῆς

λάθρα (*lathra*; 1/4) *secretly*

Ac 16:37 καὶ νῦν **λάθρᾳ** ἡμᾶς ἐκβάλλουσιν;

λακάω (*lakaō*; 1/1) *burst open*

Ac 1:18 καὶ πρηνὴς γενόμενος **ἐλάκησεν** μέσος καὶ ἐξεχύθη

λακτίζω (*laktizō*; 1/1) *kick*

Ac 26:14 σοι πρὸς κέντρα **λακτίζειν**.

λαλέω (*laleō*; 59/294[296]) *speak*

Ac 2:4 ἁγίου καὶ ἤρξαντο **λαλεῖν** ἑτέραις γλώσσαις καθὼς
Ac 2:6 τῇ ἰδίᾳ διαλέκτῳ **λαλούντων** αὐτῶν.
Ac 2:7 οὐτοί εἰσιν οἱ **λαλοῦντες** Γαλιλαῖοι;
Ac 2:11 ἀκούομεν **λαλούντων** αὐτῶν ταῖς ἡμετέραις
Ac 2:31 προϊδὼν **ἐλάλησεν** περὶ τῆς ἀναστάσεως
Ac 3:21 ἀποκαταστάσεως πάντων ὧν **ἐλάλησεν** ὁ θεὸς διὰ
Ac 3:22 πάντα ὅσα ἂν **λαλήσῃ** πρὸς ὑμᾶς.
Ac 3:24 τῶν καθεξῆς ὅσοι **ἐλάλησαν** καὶ κατήγγειλαν
Ac 4:1 **Λαλούντων** δὲ αὐτῶν πρὸς
Ac 4:17 ἀπειλησώμεθα αὐτοῖς μηκέτι **λαλεῖν** ἐπὶ τῷ ὀνόματι
Ac 4:20 καὶ ἠκούσαμεν μὴ **λαλεῖν**.
Ac 4:29 μετὰ παρρησίας πάσης **λαλεῖν** τὸν λόγον σου,
Ac 4:31 ἁγίου πνεύματος καὶ **ἐλάλουν** τὸν λόγον τοῦ
Ac 5:20 πορεύεσθε καὶ σταθέντες **λαλεῖτε** ἐν τῷ ἱερῷ
Ac 5:40 δείραντες παρήγγειλαν μὴ **λαλεῖν** ἐπὶ τῷ ὀνόματι
Ac 6:10 τῷ πνεύματι ᾧ **ἐλάλει**.

Ac 6:11 ὅτι ἀκηκόαμεν αὐτοῦ **λαλοῦντος** ῥήματα βλάσφημα εἰς
Ac 6:13 οὗτος οὐ παύεται **λαλῶν** ῥήματα κατὰ τοῦ
Ac 7:6 **ἐλάλησεν** δὲ οὕτως ὁ
Ac 7:38 τοῦ ἀγγέλου τοῦ **λαλοῦντος** αὐτῷ ἐν τῷ
Ac 7:44 καθὼς διετάξατο ὁ **λαλῶν** τῷ Μωϋσῇ ποιῆσαι
Ac 8:25 οὖν διαμαρτυράμενοι καὶ **λαλήσαντες** τὸν λόγον τοῦ
Ac 8:26 Ἄγγελος δὲ κυρίου **ἐλάλησεν** πρὸς Φίλιππον λέγων·
Ac 9:6 τὴν πόλιν καὶ **λαληθήσεταί** σοι ὅ τι
Ac 9:27 κύριον καὶ ὅτι **ἐλάλησεν** αὐτῷ καὶ πῶς
Ac 9:29 **ἐλάλει** τε καὶ συνεζήτει
Ac 10:7 ὁ ἄγγελος ὁ **λαλῶν** αὐτῷ,
Ac 10:44 Ἔτι **λαλοῦντος** τοῦ Πέτρου τὰ
Ac 10:46 ἤκουον γὰρ αὐτῶν **λαλούντων** γλώσσαις καὶ μεγαλυνόντων
Ac 11:14 ὃς **λαλήσει** ῥήματα πρὸς σὲ
Ac 11:15 τῷ ἄρξασθαί με **λαλεῖν** ἐπέπεσεν τὸ πνεῦμα
Ac 11:19 καὶ Ἀντιοχείας μηδενὶ **λαλοῦντες** τὸν λόγον εἰ
Ac 11:20 ἐλθόντες εἰς Ἀντιόχειαν **ἐλάλουν** καὶ πρὸς
Ac 13:42 τὸ μεταξὺ σάββατον **λαληθῆναι** αὐτοῖς τὰ ῥήματα
Ac 13:45 τοῖς ὑπὸ Παύλου **λαλουμένοις** βλασφημοῦντες.
Ac 13:46 ἦν ἀναγκαῖον πρῶτον **λαληθῆναι** τὸν λόγον
Ac 14:1 τῶν Ἰουδαίων καὶ **λαλῆσαι** οὕτως ὥστε πιστεῦσαι
Ac 14:9 ἤκουσεν τοῦ Παύλου **λαλοῦντος**·
Ac 14:25 καὶ **λαλήσαντες** ἐν Πέργῃ τὸν
Ac 16:6 τοῦ ἁγίου πνεύματος **λαλῆσαι** τὸν λόγον ἐν
Ac 16:13 καὶ καθίσαντες **ἐλαλοῦμεν** ταῖς συνελθούσαις γυναιξίν.
Ac 16:14 καρδίαν προσέχειν τοῖς **λαλουμένοις** ὑπὸ τοῦ Παύλου.
Ac 16:32 καὶ **ἐλάλησαν** αὐτῷ τὸν λόγον
Ac 17:19 ἡ ὑπὸ σοῦ **λαλουμένη** διδαχή;
Ac 18:9 ἀλλὰ **λάλει** καὶ μὴ σιωπήσῃς,
Ac 18:25 ζέων τῷ πνεύματι **ἐλάλει** καὶ ἐδίδασκεν ἀκριβῶς
Ac 19:6 **ἐλάλουν** τε γλώσσαις καὶ
Ac 20:30 αὐτῶν ἀναστήσονται ἄνδρες **λαλοῦντες** διεστραμμένα τοῦ ἀποσπᾶν
Ac 21:39 ἐπίτρεψόν μοι **λαλῆσαι** πρὸς τὸν λαόν.
Ac 22:9 οὐκ ἤκουσαν τοῦ **λαλοῦντός** μοι.
Ac 22:10 Δαμασκὸν κἀκεῖ σοι **λαληθήσεται** περὶ πάντων ὧν
Ac 23:9 εἰ δὲ πνεῦμα **ἐλάλησεν** αὐτῷ ἢ ἄγγελος;
Ac 23:18 σὲ ἔχοντά τι **λαλῆσαί** σοι.
Ac 26:22 τε οἱ προφῆται **ἐλάλησαν** μελλόντων γίνεσθαι καὶ
Ac 26:26 ὃν καὶ παρρησιαζόμενος **λαλῶ**,
Ac 26:31 καὶ ἀναχωρήσαντες **ἐλάλουν** πρὸς ἀλλήλους λέγοντες
Ac 27:25 καθ' ὃν τρόπον **λελάληταί** μοι.
Ac 28:21 ἀδελφῶν ἀπήγγειλεν ἢ **ἐλάλησέν** τι περὶ σοῦ
Ac 28:25 πνεῦμα τὸ ἅγιον **ἐλάλησεν** διὰ Ἠσαΐου τοῦ

λαμβάνω (*lambanō*; 29/258) *take, receive*

Ac 1:8 ἀλλὰ **λήμψεσθε** δύναμιν ἐπελθόντος τοῦ
Ac 1:20 τὴν ἐπισκοπὴν αὐτοῦ **λαβέτω** ἕτερος.
Ac 1:25 **λαβεῖν** τὸν τόπον τῆς
Ac 2:33 πνεύματος τοῦ ἁγίου **λαβὼν** παρὰ τοῦ πατρός,
Ac 2:38 ἁμαρτιῶν ὑμῶν καὶ **λήμψεσθε** τὴν δωρεὰν
Ac 3:3 ἠρώτα ἐλεημοσύνην **λαβεῖν**.
Ac 3:5 τι παρ' αὐτῶν **λαβεῖν**.
Ac 7:53 οἵτινες **ἐλάβετε** τὸν νόμον εἰς
Ac 8:15 περὶ αὐτῶν ὅπως **λάβωσιν** πνεῦμα ἅγιον·
Ac 8:17 ἐπ' αὐτοὺς καὶ **ἐλάμβανον** πνεῦμα ἅγιον.
Ac 8:19 ἐπιθῶ τὰς χεῖρας **λαμβάνῃ** πνεῦμα ἅγιον.
Ac 9:19 καὶ **λαβὼν** τροφὴν ἐνίσχυσεν.
Ac 9:25 **λαβόντες** δὲ οἱ μαθηταὶ
Ac 10:43 μαρτυροῦσιν ἄφεσιν ἁμαρτιῶν **λαβεῖν** διὰ τοῦ ὀνόματος
Ac 10:47 πνεῦμα τὸ ἅγιον **ἔλαβον** ὡς καὶ ἡμεῖς;
Ac 15:14 ὁ θεὸς ἐπεσκέψατο **λαβεῖν** ἐξ ἐθνῶν λαὸν
Ac 16:3 καὶ **λαβὼν** περιέτεμεν αὐτὸν διὰ
Ac 16:24 ὃς παραγγελίαν τοιαύτην **λαβὼν** ἔβαλεν αὐτοὺς εἰς
Ac 17:9 καὶ **λαβόντες** τὸ ἱκανὸν παρὰ
Ac 17:15 καὶ **λαβόντες** ἐντολὴν πρὸς τὸν
Ac 19:2 εἰ πνεῦμα ἅγιον **ἐλάβετε** πιστεύσαντες;
Ac 20:24 τὴν διακονίαν ἣν **ἔλαβον** παρὰ τοῦ κυρίου
Ac 20:35 μᾶλλον διδόναι ἢ **λαμβάνειν**.
Ac 24:27 Διετίας δὲ πληρωθείσης **ἔλαβεν** διάδοχον ὁ Φῆλιξ
Ac 25:16 τόπον τε ἀπολογίας **λάβοι** περὶ τοῦ ἐγκλήματος.
Ac 26:10 τῶν ἀρχιερέων ἐξουσίαν **λαβὼν** ἀναιρουμένων τε αὐτῶν
Ac 26:18 τοῦ **λαβεῖν** αὐτοὺς ἄφεσιν ἁμαρτιῶν
Ac 27:35 δὲ ταῦτα καὶ **λαβὼν** ἄρτον εὐχαρίστησεν τῷ
Ac 28:15 εὐχαριστήσας τῷ θεῷ **ἔλαβε** θάρσος.

λαμπάς (*lampas*; 1/9) *lantern, lamp*

Ac 20:8 ἦσαν δὲ **λαμπάδες** ἱκαναὶ ἐν τῷ

λαμπρός (*lampros*; 1/9) *bright*

Ac 10:30 μου ἐν ἐσθῆτι **λαμπρᾷ**

λαμπρότης (*lamprotēs*; 1/1) *brightness*

Ac 26:13 οὐρανόθεν ὑπὲρ τὴν **λαμπρότητα** τοῦ ἡλίου περιλάμψαν

λάμπω (*lampō*; 1/7) *shine*

Ac 12:7 ἐπέστη καὶ φῶς **ἔλαμψεν** ἐν τῷ οἰκήματι·

λανθάνω (*lanthanō*; 1/6) *be hidden*

Ac 26:26 **λανθάνειν** γὰρ αὐτόν [τι]

λαός (*laos*; 48/141[142]) *people, nation*

Ac 2:47 πρὸς ὅλον τὸν **λαόν**.
Ac 3:9 εἶδεν πᾶς ὁ **λαὸς** αὐτὸν περιπατοῦντα καὶ
Ac 3:11 συνέδραμεν πᾶς ὁ **λαὸς** πρὸς αὐτοὺς ἐπὶ
Ac 3:12 ἀπεκρίνατο πρὸς τὸν **λαόν**·
Ac 3:23 ἐξολεθρευθήσεται ἐκ τοῦ **λαοῦ**.
Ac 4:1 αὐτῶν πρὸς τὸν **λαὸν** ἐπέστησαν αὐτοῖς οἱ
Ac 4:2 διδάσκειν αὐτοὺς τὸν **λαὸν** καὶ καταγγέλλειν ἐν
Ac 4:8 ἄρχοντες τοῦ **λαοῦ** καὶ πρεσβύτεροι,
Ac 4:10 καὶ παντὶ τῷ **λαῷ** Ἰσραὴλ ὅτι ἐν
Ac 4:17 διανεμηθῇ εἰς τὸν **λαὸν** ἀπειλησώμεθα αὐτοῖς μηκέτι

Ac 4:21 διὰ τὸν **λαόν**,
Ac 4:25 ἐφρύαξαν ἔθνη καὶ **λαοὶ** ἐμελέτησαν κενά;
Ac 4:27 σὺν ἔθνεσιν καὶ **λαοῖς** Ἰσραήλ,
Ac 5:12 πολλὰ ἐν τῷ **λαῷ**.
Ac 5:13 ἐμεγάλυνεν αὐτοὺς ὁ **λαός**.
Ac 5:20 τῷ ἱερῷ τῷ **λαῷ** πάντα τὰ ῥήματα
Ac 5:25 καὶ διδάσκοντες τὸν **λαόν**.
Ac 5:26 ἐφοβοῦντο γὰρ τὸν **λαὸν** μὴ λιθασθῶσιν.
Ac 5:34 τίμιος παντὶ τῷ **λαῷ**,
Ac 5:37 ἀπογραφῆς καὶ ἀπέστησεν **λαὸν** ὀπίσω αὐτοῦ·
Ac 6:8 μεγάλα ἐν τῷ **λαῷ**.
Ac 6:12 συνεκίνησάν τε τὸν **λαὸν** καὶ τοὺς πρεσβυτέρους
Ac 7:17 ηὔξησεν ὁ **λαὸς** καὶ ἐπληθύνθη ἐν
Ac 7:34 τὴν κάκωσιν τοῦ **λαοῦ** μου τοῦ ἐν
Ac 10:2 ἐλεημοσύνας πολλὰς τῷ **λαῷ** καὶ δεόμενος
Ac 10:41 οὐ παντὶ τῷ **λαῷ**,
Ac 10:42 ἡμῖν κηρύξαι τῷ **λαῷ** καὶ διαμαρτύρασθαι
Ac 12:4 ἀναγαγεῖν αὐτὸν τῷ **λαῷ**.
Ac 12:11 τῆς προσδοκίας τοῦ **λαοῦ** τῶν Ἰουδαίων.
Ac 13:15 παρακλήσεως πρὸς τὸν **λαόν**,
Ac 13:17 ὁ θεὸς τοῦ **λαοῦ** τούτου Ἰσραὴλ ἐξελέξατο
Ac 13:17 ἡμῶν καὶ τὸν **λαὸν** ὕψωσεν ἐν τῇ
Ac 13:24 μετανοίας παντὶ τῷ **λαῷ** Ἰσραήλ.
Ac 13:31 αὐτοῦ πρὸς τὸν **λαόν**.
Ac 15:14 λαβεῖν ἐξ ἐθνῶν **λαὸν** τῷ ὀνόματι αὐτοῦ.
Ac 18:10 διότι **λαός** ἐστί μοι πολὺς
Ac 19:4 βάπτισμα μετανοίας τῷ **λαῷ** λέγων εἰς τὸν
Ac 21:28 ὁ κατὰ τοῦ **λαοῦ** καὶ τοῦ νόμου
Ac 21:30 ἐγένετο συνδρομὴ τοῦ **λαοῦ**,
Ac 21:36 τὸ πλῆθος τοῦ **λαοῦ** κράζοντες·
Ac 21:39 λαλῆσαι πρὸς τὸν **λαόν**.
Ac 21:40 τῇ χειρὶ τῷ **λαῷ**.
Ac 23:5 ὅτι ἄρχοντα τοῦ **λαοῦ** σου οὐκ ἐρεῖς
Ac 26:17 σε ἐκ τοῦ **λαοῦ** καὶ ἐκ τῶν
Ac 26:23 καταγγέλλειν τῷ τε **λαῷ** καὶ τοῖς ἔθνεσιν.
Ac 28:17 ἐναντίον ποιήσας τῷ **λαῷ** ἢ τοῖς ἔθεσι
Ac 28:26 πορεύθητι πρὸς τὸν **λαὸν** τοῦτον καὶ εἰπόν·
Ac 28:27 ἡ καρδία τοῦ **λαοῦ** τούτου καὶ τοῖς

Λασαία (*Lasaia*; 1/1) *Lasea*

Ac 27:8 ἐγγὺς πόλις ἦν **Λασαία**.

λατρεύω (*latreuō*; 5/21) *serve*

Ac 7:7 ταῦτα ἐξελεύσονται καὶ **λατρεύσουσίν** μοι
Ac 7:42 καὶ παρέδωκεν αὐτοὺς **λατρεύειν** τῇ στρατιᾷ
Ac 24:14 οὕτως **λατρεύω** τῷ πατρῴῳ θεῷ
Ac 26:7 νύκτα καὶ ἡμέραν **λατρεῦον** ἐλπίζει καταντῆσαι,
Ac 27:23 [ἐγώ] ᾧ καὶ **λατρεύω**,

λέγω (*legō*; 234/2345[2353]) *say*

Ac 1:3 ὀπτανόμενος αὐτοῖς καὶ **λέγων** τὰ περὶ τῆς
Ac 1:6 συνελθόντες ἠρώτων αὐτὸν **λέγοντες**·
Ac 1:7 **εἶπεν** δὲ πρὸς αὐτούς·
Ac 1:9 Καὶ ταῦτα **εἰπὼν** βλεπόντων αὐτῶν ἐπήρθη
Ac 1:11 οἳ καὶ **εἶπαν**·
Ac 1:15 μέσῳ τῶν ἀδελφῶν **εἶπεν**·
Ac 1:24 καὶ προσευξάμενοι **εἶπαν**·
Ac 2:7 δὲ καὶ ἐθαύμαζον **λέγοντες**·
Ac 2:12 ἄλλος πρὸς ἄλλον **λέγοντες**·
Ac 2:13 ἕτεροι δὲ διαχλευάζοντες **ἔλεγον** ὅτι γλεύκους μεμεστωμένοι
Ac 2:16 τοῦτό ἐστιν τὸ **εἰρημένον** διὰ τοῦ προφήτου
Ac 2:17 **λέγει** ὁ θεός,
Ac 2:25 Δαυὶδ γὰρ **λέγει** εἰς αὐτόν·
Ac 2:29 ἐξὸν **εἰπεῖν** μετὰ παρρησίας πρὸς
Ac 2:34 **λέγει** δὲ αὐτός·
Ac 2:34 **εἶπεν** [ὁ] κύριος τῷ
Ac 2:37 κατενύγησαν τὴν καρδίαν **εἶπόν** τε πρὸς τὸν
Ac 2:40 καὶ παρεκάλει αὐτοὺς **λέγων**·
Ac 3:2 τοῦ ἱεροῦ τὴν **λεγομένην** Ὡραίαν τοῦ αἰτεῖν
Ac 3:4 σὺν τῷ Ἰωάννῃ **εἶπεν**·
Ac 3:6 **εἶπεν** δὲ Πέτρος·
Ac 3:22 Μωϋσῆς μὲν **εἶπεν** ὅτι προφήτην ὑμῖν
Ac 3:25 τοὺς πατέρας ὑμῶν **λέγων** πρὸς Ἀβραάμ·
Ac 4:8 πλησθεὶς πνεύματος ἁγίου **εἶπεν** πρὸς αὐτούς·
Ac 4:16 **λέγοντες**·
Ac 4:19 καὶ Ἰωάννης ἀποκριθέντες **εἶπον** πρὸς αὐτούς·
Ac 4:23 καὶ οἱ πρεσβύτεροι **εἶπαν**.
Ac 4:24 τὸν θεὸν καὶ **εἶπαν**·
Ac 4:25 Δαυὶδ παιδός σου **εἰπών**·
Ac 4:32 τῶν ὑπαρχόντων αὐτῷ **ἔλεγεν** ἴδιον εἶναι
Ac 5:3 **εἶπεν** δὲ ὁ Πέτρος·
Ac 5:8 **εἰπέ** μοι,
Ac 5:8 ἡ δὲ **εἶπεν**·
Ac 5:19 ἐξαγαγών τε αὐτοὺς **εἶπεν**·
Ac 5:23 **λέγοντες** ὅτι τὸ δεσμωτήριον
Ac 5:28 **λέγων**·
Ac 5:29 καὶ οἱ ἀπόστολοι **εἶπαν**·
Ac 5:35 **εἶπέν** τε πρὸς αὐτούς·
Ac 5:36 ἡμερῶν ἀνέστη Θευδᾶς **λέγων** εἶναί τινα ἑαυτόν,
Ac 5:38 καὶ τὰ νῦν **λέγω** ὑμῖν,
Ac 6:2 πλῆθος τῶν μαθητῶν **εἶπαν**·
Ac 6:9 τῆς συναγωγῆς τῆς **λεγομένης** Λιβερτίνων καὶ Κυρηναίων
Ac 6:11 τότε ὑπέβαλον ἄνδρας **λέγοντας** ὅτι ἀκηκόαμεν αὐτοῦ
Ac 6:13 τε μάρτυρας ψευδεῖς **λέγοντας**·
Ac 6:14 ἀκηκόαμεν γὰρ αὐτοῦ **λέγοντος** ὅτι Ἰησοῦς ὁ
Ac 7:1 **Εἶπεν** δὲ ὁ ἀρχιερεύς·
Ac 7:3 καὶ **εἶπεν** πρὸς αὐτόν·
Ac 7:7 ὁ θεὸς **εἶπεν**,
Ac 7:26 αὐτοὺς εἰς εἰρήνην **εἰπών**·
Ac 7:27 πλησίον ἀπώσατο αὐτὸν **εἰπών**·
Ac 7:33 **εἶπεν** δὲ αὐτῷ ὁ
Ac 7:35 Μωϋσῆν ὃν ἠρνήσαντο **εἰπόντες**·
Ac 7:37 ὁ Μωϋσῆς ὁ **εἴπας** τοῖς υἱοῖς Ἰσραήλ·
Ac 7:40 **εἰπόντες** τῷ Ἀαρών·
Ac 7:48 καθὼς ὁ προφήτης **λέγει**·
Ac 7:49 **λέγει** κύριος,
Ac 7:56 καὶ **εἶπεν**·
Ac 7:59 Στέφανον ἐπικαλούμενον καὶ **λέγοντα**·
Ac 7:60 καὶ τοῦτο **εἰπὼν** ἐκοιμήθη.
Ac 8:6 οἱ ὄχλοι τοῖς **λεγομένοις** ὑπὸ τοῦ Φιλίππου
Ac 8:9 **λέγων** εἶναί τινα ἑαυτὸν
Ac 8:10 μικροῦ ἕως μεγάλου **λέγοντες**·
Ac 8:19 **λέγων**·
Ac 8:20 Πέτρος δὲ **εἶπεν** πρὸς αὐτόν·
Ac 8:24 δὲ ὁ Σίμων **εἶπεν**·

Ac 8:24 ἐπ' ἐμὲ ὧν **εἰρήκατε**.
Ac 8:26 ἐλάλησεν πρὸς Φίλιππον **λέγων**·
Ac 8:29 **εἶπεν** δὲ τὸ πνεῦμα
Ac 8:30 τὸν προφήτην καὶ **εἶπεν**·
Ac 8:31 ὁ δὲ **εἶπεν**·
Ac 8:34 εὐνοῦχος τῷ Φιλίππῳ **εἶπεν**·
Ac 8:34 τίνος ὁ προφήτης **λέγει** τοῦτο;
Ac 9:4 γῆν ἤκουσεν φωνὴν **λέγουσαν** αὐτῷ·
Ac 9:5 **εἶπεν** δέ·
Ac 9:10 καὶ **εἶπεν** πρὸς αὐτὸν ἐν
Ac 9:10 ὁ δὲ **εἶπεν**·
Ac 9:15 **εἶπεν** δὲ πρὸς αὐτὸν
Ac 9:17 αὐτὸν τὰς χεῖρας **εἶπεν**·
Ac 9:21 οἱ ἀκούοντες καὶ **ἔλεγον**·
Ac 9:34 καὶ **εἶπεν** αὐτῷ ὁ Πέτρος·
Ac 9:36 ἣ διερμηνευομένη **λέγεται** Δορκάς·
Ac 9:40 πρὸς τὸ σῶμα **εἶπεν**·
Ac 10:3 πρὸς αὐτὸν καὶ **εἰπόντα** αὐτῷ·
Ac 10:4 καὶ ἔμφοβος γενόμενος **εἶπεν**·
Ac 10:4 **εἶπεν** δὲ αὐτῷ·
Ac 10:14 ὁ δὲ Πέτρος **εἶπεν**·
Ac 10:19 περὶ τοῦ ὁράματος **εἶπεν** [αὐτῷ] τὸ πνεῦμα·
Ac 10:21 πρὸς τοὺς ἄνδρας **εἶπεν**·
Ac 10:22 οἱ δὲ **εἶπαν**·
Ac 10:26 Πέτρος ἤγειρεν αὐτὸν **λέγων**·
Ac 10:28 κοινὸν ἢ ἀκάθαρτον **λέγειν** ἄνθρωπον·
Ac 10:34 Πέτρος τὸ στόμα **εἶπεν**·
Ac 11:3 **λέγοντες** ὅτι εἰσῆλθες πρὸς
Ac 11:4 ἐξετίθετο αὐτοῖς καθεξῆς **λέγων**·
Ac 11:7 δὲ καὶ φωνῆς **λεγούσης** μοι·
Ac 11:8 **εἶπον** δέ·
Ac 11:12 **εἶπεν** δὲ τὸ πνεῦμά
Ac 11:13 αὐτοῦ σταθέντα καὶ **εἰπόντα**·
Ac 11:16 τοῦ κυρίου ὡς **ἔλεγεν**·
Ac 11:18 ἐδόξασαν τὸν θεὸν **λέγοντες**·
Ac 12:7 Πέτρου ἤγειρεν αὐτὸν **λέγων**·
Ac 12:8 **εἶπεν** δὲ ὁ ἄγγελος
Ac 12:8 καὶ **λέγει** αὐτῷ·
Ac 12:11 ἐν ἑαυτῷ γενόμενος **εἶπεν**·
Ac 12:15 δὲ πρὸς αὐτὴν **εἶπαν**·
Ac 12:15 οἱ δὲ **ἔλεγον**·
Ac 12:17 ἐκ τῆς φυλακῆς **εἶπέν** τε·
Ac 13:2 κυρίῳ καὶ νηστευόντων **εἶπεν** τὸ πνεῦμα τὸ
Ac 13:10 **εἶπεν**·
Ac 13:15 ἀρχισυνάγωγοι πρὸς αὐτοὺς **λέγοντες**·
Ac 13:15 **λέγετε**.
Ac 13:16 κατασείσας τῇ χειρὶ **εἶπεν**·
Ac 13:22 βασιλέα ᾧ καὶ **εἶπεν** μαρτυρήσας·
Ac 13:25 **ἔλεγεν**·
Ac 13:34 οὕτως **εἴρηκεν** ὅτι δώσω ὑμῖν
Ac 13:35 καὶ ἐν ἑτέρῳ **λέγει**·
Ac 13:40 μὴ ἐπέλθῃ τὸ **εἰρημένον** ἐν τοῖς προφήταις·
Ac 13:46 καὶ ὁ Βαρναβᾶς **εἶπαν**·
Ac 14:10 **εἶπεν** μεγάλῃ φωνῇ·
Ac 14:11 φωνὴν αὐτῶν Λυκαονιστὶ **λέγοντες**·
Ac 14:15 καὶ **λέγοντες**·
Ac 14:18 καὶ ταῦτα **λέγοντες** μόλις κατέπαυσαν τοὺς
Ac 15:5 τῶν Φαρισαίων πεπιστευκότες **λέγοντες** ὅτι δεῖ περιτέμνειν
Ac 15:7 γενομένης ἀναστὰς Πέτρος **εἶπεν** πρὸς αὐτούς·
Ac 15:13 αὐτοὺς ἀπεκρίθη Ἰάκωβος **λέγων**·
Ac 15:17 **λέγει** κύριος ποιῶν ταῦτα
Ac 15:36 δέ τινας ἡμέρας **εἶπεν** πρὸς Βαρναβᾶν Παῦλος·
Ac 16:9 παρακαλῶν αὐτὸν καὶ **λέγων**·
Ac 16:15 παρεκάλεσεν λέγουσα·
Ac 16:17 καὶ ἡμῖν ἔκραζεν **λέγουσα**·
Ac 16:18 ἐπιστρέψας τῷ πνεύματι **εἶπεν**·
Ac 16:20 αὐτοὺς τοῖς στρατηγοῖς **εἶπαν**·
Ac 16:28 φωνῇ [ὁ] Παῦλος **λέγων**·
Ac 16:31 οἱ δὲ **εἶπαν**·
Ac 16:35 στρατηγοὶ τοὺς ῥαβδούχους **λέγοντες**·
Ac 17:7 πράσσουσιν βασιλέα ἕτερον **λέγοντες** εἶναι Ἰησοῦν.
Ac 17:18 καί τινες **ἔλεγον**·
Ac 17:18 ὁ σπερμολόγος οὗτος **λέγειν**;
Ac 17:19 Ἄρειον πάγον ἤγαγον **λέγοντες**·
Ac 17:21 ἕτερον ηὐκαίρουν ἢ **λέγειν** τι ἢ ἀκούειν
Ac 17:28 καθ' ὑμᾶς ποιητῶν **εἰρήκασιν**·
Ac 17:32 οἱ δὲ **εἶπαν**·
Ac 18:6 ἐκτιναξάμενος τὰ ἱμάτια **εἶπεν** πρὸς αὐτούς·
Ac 18:9 **Εἶπεν** δὲ ὁ κύριος
Ac 18:13 **λέγοντες** ὅτι παρὰ τὸν
Ac 18:14 ἀνοίγειν τὸ στόμα **εἶπεν** ὁ Γαλλίων πρὸς
Ac 18:21 ἀλλὰ ἀποταξάμενος καὶ **εἰπών**·
Ac 19:2 **εἶπέν** τε πρὸς αὐτούς·
Ac 19:3 **εἶπέν** τε·
Ac 19:3 οἱ δὲ **εἶπαν**·
Ac 19:4 **εἶπεν** δὲ Παῦλος·
Ac 19:4 μετανοίας τῷ λαῷ **λέγων** εἰς τὸν ἐρχόμενον
Ac 19:13 τοῦ κυρίου Ἰησοῦ **λέγοντες**·
Ac 19:15 πνεῦμα τὸ πονηρὸν **εἶπεν** αὐτοῖς·
Ac 19:21 πορεύεσθαι εἰς Ἱεροσόλυμα **εἰπὼν** ὅτι μετὰ
Ac 19:25 τὰ τοιαῦτα ἐργάτας **εἶπεν**·
Ac 19:26 μετέστησεν ἱκανὸν ὄχλον **λέγων** ὅτι οὐκ εἰσὶν
Ac 19:28 πλήρεις θυμοῦ ἔκραζον **λέγοντες**·
Ac 19:40 καὶ ταῦτα εἰπὼν **ἀπέλυσεν** τὴν ἐκκλησίαν.
Ac 20:10 αὐτῷ καὶ συμπεριλαβὼν **εἶπεν**·
Ac 20:18 παρεγένοντο πρὸς αὐτὸν **εἶπεν** αὐτοῖς·
Ac 20:23 πόλιν διαμαρτύρεταί μοι **λέγον** ὅτι δεσμὰ
Ac 20:35 Ἰησοῦ ὅτι αὐτὸς **εἶπεν**·
Ac 20:36 Καὶ ταῦτα **εἰπὼν** θεὶς τὰ γόνατα
Ac 20:38 τῷ λόγῳ ᾧ **εἰρήκει**,
Ac 21:4 οἵτινες τῷ Παύλῳ **ἔλεγον** διὰ τοῦ πνεύματος
Ac 21:11 καὶ τὰς χεῖρας **εἶπεν**·
Ac 21:11 τάδε **λέγει** τὸ πνεῦμα τὸ
Ac 21:14 δὲ αὐτοῦ ἡσυχάσαμεν **εἰπόντες**·
Ac 21:20 ἐδόξαζον τὸν θεὸν **εἶπόν** τε αὐτῷ·
Ac 21:21 ἔθνη πάντας Ἰουδαίους **λέγων** μὴ περιτέμνειν αὐτοὺς
Ac 21:23 ποίησον ὅ σοι **λέγομεν**·
Ac 21:37 παρεμβολὴν ὁ Παῦλος **λέγει** τῷ χιλιάρχῳ·
Ac 21:37 εἰ ἔξεστίν μοι **εἰπεῖν** τι πρὸς σέ;
Ac 21:39 **εἶπεν** δὲ ὁ Παῦλος·
Ac 21:40 τῇ Ἑβραΐδι διαλέκτῳ **λέγων**·
Ac 22:7 καὶ ἤκουσα φωνῆς **λεγούσης** μοι·
Ac 22:8 **εἶπέν** τε πρός με·
Ac 22:10 **εἶπον** δέ·
Ac 22:10 ὁ δὲ κύριος **εἶπεν** πρός με·
Ac 22:13 με καὶ ἐπιστὰς **εἶπέν** μοι·
Ac 22:14 ὁ δὲ **εἶπεν**·
Ac 22:18 καὶ ἰδεῖν αὐτὸν **λέγοντά** μοι·
Ac 22:19 κἀγὼ **εἶπον**·
Ac 22:21 καὶ **εἶπεν** πρός με·
Ac 22:22 τὴν φωνὴν αὐτῶν **λέγοντες**·

Ac 22:24 **εἴπας** μάστιξιν ἀνετάζεσθαι αὐτὸν
Ac 22:25 **εἶπεν** πρὸς τὸν ἑστῶτα
Ac 22:26 τῷ χιλιάρχῳ ἀπήγγειλεν **λέγων**·
Ac 22:27 δὲ ὁ χιλίαρχος **εἶπεν** αὐτῷ·
Ac 22:27 **λέγε** μοι,
Ac 23:1 Παῦλος τῷ συνεδρίῳ **εἶπεν**·
Ac 23:3 Παῦλος πρὸς αὐτὸν **εἶπεν**·
Ac 23:4 οἱ δὲ παρεστῶτες **εἶπαν**·
Ac 23:5 λαοῦ σου οὐκ **ἐρεῖς** κακῶς.
Ac 23:7 τοῦτο δὲ αὐτοῦ **εἰπόντος** ἐγένετο στάσις
Ac 23:8 Σαδδουκαῖοι μὲν γὰρ **λέγουσιν** μὴ εἶναι ἀνάστασιν
Ac 23:9 τῶν Φαρισαίων διεμάχοντο **λέγοντες**·
Ac 23:11 αὐτῷ ὁ κύριος **εἶπεν**·
Ac 23:12 Ἰουδαῖοι ἀνεθεμάτισαν ἑαυτοὺς **λέγοντες** μήτε φαγεῖν μήτε
Ac 23:14 καὶ τοῖς πρεσβυτέροις **εἶπαν**·
Ac 23:20 **εἶπεν** δὲ ὅτι οἱ
Ac 23:23 [τινας] τῶν ἑκατονταρχῶν **εἶπεν**·
Ac 23:30 καὶ τοῖς κατηγόροις **λέγειν** [τὰ] πρὸς αὐτὸν
Ac 24:2 κατηγορεῖν ὁ Τέρτυλλος **λέγων**·
Ac 24:10 αὐτῷ τοῦ ἡγεμόνος **λέγειν**·
Ac 24:14 τὴν ὁδὸν ἣν **λέγουσιν** αἵρεσιν,
Ac 24:20 ἢ αὐτοὶ οὗτοι **εἰπάτωσαν** τί εὗρον ἀδίκημα
Ac 24:22 περὶ τῆς ὁδοῦ **εἴπας**·
Ac 25:9 ἀποκριθεὶς τῷ Παύλῳ **εἶπεν**·
Ac 25:10 **εἶπεν** δὲ ὁ Παῦλος·
Ac 25:14 κατὰ τὸν Παῦλον **λέγων**·
Ac 25:20 περὶ τούτων ζήτησιν **ἔλεγον** εἰ βούλοιτο πορεύεσθαι
Ac 26:1 σοι περὶ σεαυτοῦ **λέγειν**.
Ac 26:14 γῆν ἤκουσα φωνὴν **λέγουσαν** πρός με τῇ
Ac 26:15 ἐγὼ δὲ **εἶπα**·
Ac 26:15 ὁ δὲ κύριος **εἶπεν**·
Ac 26:22 μεγάλῳ οὐδὲν ἐκτὸς **λέγων** ὧν τε οἱ
Ac 26:31 ἐλάλουν πρὸς ἀλλήλους **λέγοντες** ὅτι οὐδὲν θανάτου
Ac 27:10 **λέγων** αὐτοῖς·
Ac 27:11 τοῖς ὑπὸ Παύλου **λεγομένοις**.
Ac 27:21 ἐν μέσῳ αὐτῶν **εἶπεν**·
Ac 27:24 **λέγων**·
Ac 27:31 **εἶπεν** ὁ Παῦλος τῷ
Ac 27:33 ἅπαντας μεταλαβεῖν τροφῆς **λέγων**·
Ac 27:35 **εἴπας** δὲ ταῦτα καὶ
Ac 28:4 πρὸς ἀλλήλους **ἔλεγον**·
Ac 28:6 αὐτὸν γινόμενον μεταβαλόμενοι **ἔλεγον** αὐτὸν εἶναι θεόν.
Ac 28:17 συνελθόντων δὲ αὐτῶν **ἔλεγεν** πρὸς αὐτούς·
Ac 28:21 δὲ πρὸς αὐτὸν **εἶπαν**·
Ac 28:24 μὲν ἐπείθοντο τοῖς **λεγομένοις**,
Ac 28:25 πρὸς ἀλλήλους ἀπελύοντο **εἰπόντος** τοῦ Παύλου ῥῆμα
Ac 28:26 **λέγων**·
Ac 28:26 λαὸν τοῦτον καὶ **εἰπόν**·

λειτουργέω (*leitourgeō*; 1/3) *serve*
Ac 13:2 **Λειτουργούντων** δὲ αὐτῶν τῷ

λεπίς (*lepis*; 1/1) *flake*
Ac 9:18 τῶν ὀφθαλμῶν ὡς **λεπίδες**,

Λευίτης (*Leuitēs*; 1/3) *Levite*
Ac 4:36 **Λευίτης**,

λευκός (*leukos*; 1/25) *white*
Ac 1:10 αὐτοῖς ἐν ἐσθήσεσι **λευκαῖς**,

Λιβερτῖνος (*Libertinos*; 1/1) *Freedman*
Ac 6:9 συναγωγῆς τῆς λεγομένης **Λιβερτίνων** καὶ Κυρηναίων καὶ

Λιβύη (*Libyē*; 1/1) *Libya*
Ac 2:10 τὰ μέρη τῆς **Λιβύης** τῆς κατὰ Κυρήνην,

λιθάζω (*lithazō*; 2/8[9]) *stone*
Ac 5:26 τὸν λαὸν μὴ **λιθασθῶσιν**.
Ac 14:19 τοὺς ὄχλους καὶ **λιθάσαντες** τὸν Παῦλον ἔσυρον

λιθοβολέω (*lithoboleō*; 3/7) *stone*
Ac 7:58 ἔξω τῆς πόλεως **ἐλιθοβόλουν**.
Ac 7:59 καὶ **ἐλιθοβόλουν** τὸν Στέφανον ἐπικαλούμενον
Ac 14:5 αὐτῶν ὑβρίσαι καὶ **λιθοβολῆσαι** αὐτούς,

λίθος (*lithos*; 2/58[59]) *stone*
Ac 4:11 οὗτός ἐστιν ὁ **λίθος**,
Ac 17:29 ἢ ἀργύρῳ ἢ **λίθῳ**,

λιμήν (*limēn*; 3/3) *harbor*
Ac 27:8 τινα καλούμενον Καλοὺς **λιμένας** ᾧ ἐγγὺς πόλις
Ac 27:12 ἀνευθέτου δὲ τοῦ **λιμένος** ὑπάρχοντος πρὸς παραχειμασίαν
Ac 27:12 εἰς Φοίνικα παραχειμάσαι **λιμένα** τῆς Κρήτης βλέποντα

λιμός (*limos*; 2/12) *famine*
Ac 7:11 ἦλθεν δὲ **λιμὸς** ἐφ᾽ ὅλην τὴν
Ac 11:28 διὰ τοῦ πνεύματος **λιμὸν** μεγάλην μέλλειν ἔσεσθαι

λίψ (*lips*; 1/1) *the southwest wind*
Ac 27:12 Κρήτης βλέποντα κατὰ **λίβα** καὶ κατὰ χῶρον.

λογίζομαι (*logizomai*; 1/40) *count, consider*
Ac 19:27 ἱερὸν εἰς οὐθὲν **λογισθῆναι**,

λόγιον (*logion*; 1/4) *oracle*
Ac 7:38 ὃς ἐδέξατο **λόγια** ζῶντα δοῦναι ἡμῖν,

λόγιος (*logios*; 1/1) *eloquent*
Ac 18:24 ἀνὴρ **λόγιος**,

λόγος (*logos*; 65/329[330]) *word*
Ac 1:1 Τὸν μὲν πρῶτον **λόγον** ἐποιησάμην περὶ πάντων,
Ac 2:22 ἀκούσατε τοὺς **λόγους** τούτους·
Ac 2:40 ἑτέροις τε **λόγοις** πλείοσιν διεμαρτύρατο
Ac 2:41 οὖν ἀποδεξάμενοι τὸν **λόγον** αὐτοῦ ἐβαπτίσθησαν καὶ
Ac 4:4 τῶν ἀκουσάντων τὸν **λόγον** ἐπίστευσαν καὶ ἐγενήθη

Ac 4:29 πάσης λαλεῖν τὸν **λόγον** σου,
Ac 4:31 καὶ ἐλάλουν τὸν **λόγον** τοῦ θεοῦ μετὰ
Ac 5:5 ὁ Ἁνανίας τοὺς **λόγους** τούτους πεσὼν ἐξέψυξεν,
Ac 5:24 δὲ ἤκουσαν τοὺς **λόγους** τούτους ὅ τε
Ac 6:2 ἡμᾶς καταλείψαντας τὸν **λόγον** τοῦ θεοῦ διακονεῖν
Ac 6:4 τῇ διακονίᾳ τοῦ **λόγου** προσκαρτερήσομεν.
Ac 6:5 καὶ ἤρεσεν ὁ **λόγος** ἐνώπιον παντὸς τοῦ
Ac 6:7 Καὶ ὁ **λόγος** τοῦ θεοῦ ηὔξανεν
Ac 7:22 δὲ δυνατὸς ἐν **λόγοις** καὶ ἔργοις αὐτοῦ.
Ac 7:29 Μωϋσῆς ἐν τῷ **λόγῳ** τούτῳ καὶ ἐγένετο
Ac 8:4 διῆλθον εὐαγγελιζόμενοι τὸν **λόγον**.
Ac 8:14 ἡ Σαμάρεια τὸν **λόγον** τοῦ θεοῦ,
Ac 8:21 κλῆρος ἐν τῷ **λόγῳ** τούτῳ,
Ac 8:25 καὶ λαλήσαντες τὸν **λόγον** τοῦ κυρίου ὑπέστρεφον
Ac 10:29 πυνθάνομαι οὖν τίνι **λόγῳ** μετεπέμψασθέ με;
Ac 10:36 τὸν **λόγον** [ὃν] ἀπέστειλεν τοῖς
Ac 10:44 τοὺς ἀκούοντας τὸν **λόγον**.
Ac 11:1 ἔθνη ἐδέξαντο τὸν **λόγον** τοῦ θεοῦ.
Ac 11:19 μηδενὶ λαλοῦντες τὸν **λόγον** εἰ μὴ μόνον
Ac 11:22 Ἠκούσθη δὲ ὁ **λόγος** εἰς τὰ ὦτα
Ac 12:24 Ὁ δὲ **λόγος** τοῦ θεοῦ ηὔξανεν
Ac 13:5 Σαλαμῖνι κατήγγελλον τὸν **λόγον** τοῦ θεοῦ
Ac 13:7 ἐπεζήτησεν ἀκοῦσαι τὸν **λόγον** τοῦ θεοῦ.
Ac 13:15 ἐστιν ἐν ὑμῖν **λόγος** παρακλήσεως πρὸς τὸν
Ac 13:26 ἡμῖν ὁ **λόγος** τῆς σωτηρίας ταύτης
Ac 13:44 συνήχθη ἀκοῦσαι τὸν **λόγον** τοῦ κυρίου.
Ac 13:46 πρῶτον λαληθῆναι τὸν **λόγον** τοῦ θεοῦ·
Ac 13:48 καὶ ἐδόξαζον τὸν **λόγον** τοῦ κυρίου καὶ
Ac 13:49 διεφέρετο δὲ ὁ **λόγος** τοῦ κυρίου δι'
Ac 14:3 μαρτυροῦντι [ἐπὶ] τῷ **λόγῳ** τῆς χάριτος αὐτοῦ,
Ac 14:12 ὁ ἡγούμενος τοῦ **λόγου**.
Ac 14:25 ἐν Πέργῃ τὸν **λόγον** κατέβησαν εἰς Ἀττάλειαν
Ac 15:6 ἰδεῖν περὶ τοῦ **λόγου** τούτου.
Ac 15:7 τὰ ἔθνη τὸν **λόγον** τοῦ εὐαγγελίου καὶ
Ac 15:15 τούτῳ συμφωνοῦσιν οἱ **λόγοι** τῶν προφητῶν καθὼς
Ac 15:24 [ἐξελθόντες] ἐτάραξαν ὑμᾶς **λόγοις** ἀνασκευάζοντες τὰς ψυχὰς
Ac 15:27 καὶ αὐτοὺς διὰ **λόγου** ἀπαγγέλλοντας τὰ αὐτά.
Ac 15:32 προφῆται ὄντες διὰ **λόγου** πολλοῦ παρεκάλεσαν τοὺς
Ac 15:35 ἑτέρων πολλῶν τὸν **λόγον** τοῦ κυρίου.
Ac 15:36 αἷς κατηγγείλαμεν τὸν **λόγον** τοῦ κυρίου πῶς
Ac 16:6 πνεύματος λαλῆσαι τὸν **λόγον** ἐν τῇ Ἀσίᾳ·
Ac 16:32 ἐλάλησαν αὐτῷ τὸν **λόγον** τοῦ κυρίου σὺν
Ac 16:36 ὁ δεσμοφύλαξ τοὺς **λόγους** [τούτους] πρὸς
Ac 17:11 οἵτινες ἐδέξαντο τὸν **λόγον** μετὰ πάσης προθυμίας
Ac 17:13 τοῦ Παύλου ὁ **λόγος** τοῦ θεοῦ,
Ac 18:5 συνείχετο τῷ **λόγῳ** ὁ Παῦλος διαμαρτυρόμενος
Ac 18:11 ἐν αὐτοῖς τὸν **λόγον** τοῦ θεοῦ.
Ac 18:14 κατὰ **λόγον** ἂν ἀνεσχόμην ὑμῶν,
Ac 18:15 ζητήματά ἐστιν περὶ **λόγου** καὶ ὀνομάτων
Ac 19:10 Ἀσίαν ἀκοῦσαι τὸν **λόγον** τοῦ κυρίου,
Ac 19:20 τοῦ κυρίου ὁ **λόγος** ηὔξανεν καὶ ἴσχυεν.
Ac 19:38 ἔχουσι πρός τινα **λόγον**,
Ac 19:40 [οὐ] δυνησόμεθα ἀποδοῦναι **λόγον** περὶ τῆς συστροφῆς
Ac 20:2 καὶ παρακαλέσας αὐτοὺς **λόγῳ** πολλῷ ἦλθεν
Ac 20:7 παρέτεινέν τε τὸν **λόγον** μέχρι μεσονυκτίου.
Ac 20:24 ἀλλ' οὐδενὸς **λόγου** ποιοῦμαι τὴν ψυχὴν
Ac 20:32 θεῷ καὶ τῷ **λόγῳ** τῆς χάριτος αὐτοῦ,
Ac 20:35 μνημονεύειν τε τῶν **λόγων** τοῦ κυρίου Ἰησοῦ
Ac 20:38 μάλιστα ἐπὶ τῷ **λόγῳ** ᾧ εἰρήκει,
Ac 22:22 ἄχρι τούτου τοῦ **λόγου** καὶ ἐπῆραν τὴν

λοιδορέω (*loidoreō*; 1/4) *curse*

Ac 23:4 ἀρχιερέα τοῦ θεοῦ **λοιδορεῖς**;

λοιμός (*loimos*; 1/2) *plague*

Ac 24:5 τὸν ἄνδρα τοῦτον **λοιμὸν** καὶ κινοῦντα στάσεις

λοιπός (*loipos*; 6/54[55]) *rest, remaining*

Ac 2:37 Πέτρον καὶ τοὺς **λοιποὺς** ἀποστόλους·
Ac 5:13 τῶν δὲ **λοιπῶν** οὐδεὶς ἐτόλμα κολλᾶσθαι
Ac 17:9 Ἰάσονος καὶ τῶν **λοιπῶν** ἀπέλυσαν αὐτούς.
Ac 27:20 **λοιπὸν** περιῃρεῖτο ἐλπὶς πᾶσα
Ac 27:44 καὶ τοὺς **λοιποὺς** οὓς μὲν ἐπὶ
Ac 28:9 γενομένου καὶ οἱ **λοιποὶ** οἱ ἐν τῇ

Λούκιος (*Loukios*; 1/2) *Lucius*

Ac 13:1 καλούμενος Νίγερ καὶ **Λούκιος** ὁ Κυρηναῖος,

λούω (*louō*; 2/5) *wash*

Ac 9:37 **λούσαντες** δὲ ἔθηκαν [αὐτὴν]
Ac 16:33 ὥρᾳ τῆς νυκτὸς **ἔλουσεν** ἀπὸ τῶν πληγῶν,

Λύδδα (*Lydda*; 3/3) *Lydda*

Ac 9:32 ἁγίους τοὺς κατοικοῦντας **Λύδδα**.
Ac 9:35 πάντες οἱ κατοικοῦντες **Λύδδα** καὶ τὸν Σαρῶνα,
Ac 9:38 ἐγγὺς δὲ οὔσης **Λύδδας** τῇ Ἰόππῃ οἱ

Λυδία (*Lydia*; 2/2) *Lydia*

Ac 16:14 τις γυνὴ ὀνόματι **Λυδία**,
Ac 16:40 εἰσῆλθον πρὸς τὴν **Λυδίαν** καὶ ἰδόντες παρεκάλεσαν

Λυκαονία (*Lykaonia*; 1/1) *Lycaonia*

Ac 14:6 τὰς πόλεις τῆς **Λυκαονίας** Λύστραν καὶ Δέρβην

Λυκαονιστί (*Lykaonisti*; 1/1) *in the Lycaonian language*

Ac 14:11 τὴν φωνὴν αὐτῶν **Λυκαονιστὶ** λέγοντες·

Λυκία (*Lykia*; 1/1) *Lycia*

Ac 27:5 εἰς Μύρα τῆς **Λυκίας**.

λύκος (*lykos*; 1/6) *wolf*

Ac 20:29 τὴν ἄφιξίν μου **λύκοι** βαρεῖς εἰς ὑμᾶς

λυμαίνομαι (*lymainomai*; 1/1) *harass*

Ac 8:3 Σαῦλος δὲ **ἐλυμαίνετο** τὴν ἐκκλησίαν κατὰ

Λυσίας (*Lysias*; 2/2) *Lysias*

Ac 23:26 Κλαύδιος **Λυσίας** τῷ κρατίστῳ ἡγεμόνι
Ac 24:22 ὅταν **Λυσίας** ὁ χιλίαρχος καταβῇ,

Λύστρα (*Lystra*; 5/6) *Lystra*

Ac 14:6 πόλεις τῆς Λυκαονίας **Λύστραν** καὶ Δέρβην
Ac 14:8 ἀνὴρ ἀδύνατος ἐν **Λύστροις** τοῖς ποσὶν ἐκάθητο,
Ac 14:21 ὑπέστρεψαν εἰς τὴν **Λύστραν** καὶ εἰς Ἰκόνιον
Ac 16:1 Δέρβην καὶ εἰς **Λύστραν**.
Ac 16:2 ὑπὸ τῶν ἐν **Λύστροις** καὶ Ἰκονίῳ ἀδελφῶν.

λυτρωτής (*lytrōtēs*; 1/1) *liberator*

Ac 7:35 [καὶ] ἄρχοντα καὶ **λυτρωτὴν** ἀπέσταλκεν σὺν χειρὶ

λύω (*lyō*; 6/42) *loose*

Ac 2:24 ὁ θεὸς ἀνέστησεν **λύσας** τὰς ὠδῖνας τοῦ
Ac 7:33 **λῦσον** τὸ ὑπόδημα τῶν
Ac 13:25 ὑπόδημα τῶν ποδῶν **λῦσαι**.
Ac 13:43 **λυθείσης** δὲ τῆς συναγωγῆς
Ac 22:30 **ἔλυσεν** αὐτὸν καὶ ἐκέλευσεν
Ac 27:41 ἡ δὲ πρύμνα **ἐλύετο** ὑπὸ τῆς βίας

μαγεία (*mageia*; 1/1) *magic*

Ac 8:11 ἱκανῷ χρόνῳ ταῖς **μαγείαις** ἐξεστακέναι αὐτούς.

μαγεύω (*mageuō*; 1/1) *practice magic*

Ac 8:9 ἐν τῇ πόλει **μαγεύων** καὶ ἐξιστάνων τὸ

μάγος (*magos*; 2/6) *wise man*

Ac 13:6 εὗρον ἄνδρα τινα **μάγον** ψευδοπροφήτην Ἰουδαῖον ᾧ
Ac 13:8 αὐτοῖς Ἐλύμας ὁ **μάγος**,

Μαδιάμ (*Madiam*; 1/1) *Midian*

Ac 7:29 πάροικος ἐν γῇ **Μαδιάμ**,

μαθητεύω (*mathēteuō*; 1/4) *make a disciple of*

Ac 14:21 πόλιν ἐκείνην καὶ **μαθητεύσαντες** ἱκανοὺς ὑπέστρεψαν εἰς

μαθητής (*mathētēs*; 28/261) *disciple*

Ac 6:1 ταύταις πληθυνόντων τῶν **μαθητῶν** ἐγένετο γογγυσμὸς τῶν
Ac 6:2 τὸ πλῆθος τῶν **μαθητῶν** εἶπαν·
Ac 6:7 ὁ ἀριθμὸς τῶν **μαθητῶν** ἐν Ἰερουσαλὴμ σφόδρα,
Ac 9:1 φόνου εἰς τοὺς **μαθητὰς** τοῦ κυρίου,
Ac 9:10 Ἦν δέ τις **μαθητὴς** ἐν Δαμασκῷ ὀνόματι
Ac 9:19 τῶν ἐν Δαμασκῷ **μαθητῶν** ἡμέρας τινας
Ac 9:25 λαβόντες δὲ οἱ **μαθηταὶ** αὐτοῦ νυκτὸς διὰ
Ac 9:26 ἐπείραζεν κολλᾶσθαι τοῖς **μαθηταῖς**,
Ac 9:26 πιστεύοντες ὅτι ἐστὶν **μαθητής**.
Ac 9:38 τῇ Ἰόππῃ οἱ **μαθηταὶ** ἀκούσαντες ὅτι Πέτρος
Ac 11:26 ἐν Ἀντιοχείᾳ τοὺς **μαθητὰς** Χριστιανούς.
Ac 11:29 τῶν δὲ **μαθητῶν**,
Ac 13:52 οἵ τε **μαθηταὶ** ἐπληροῦντο χαρᾶς καὶ
Ac 14:20 κυκλωσάντων δὲ τῶν **μαθητῶν** αὐτὸν ἀναστὰς εἰσῆλθεν
Ac 14:22 τὰς ψυχὰς τῶν **μαθητῶν**,
Ac 14:28 ὀλίγον σὺν τοῖς **μαθηταῖς**.
Ac 15:10 τὸν τράχηλον τῶν **μαθητῶν** ὃν οὔτε οἱ
Ac 16:1 καὶ ἰδοὺ **μαθητής** τις ἦν ἐκεῖ
Ac 18:23 ἐπιστηρίζων πάντας τοὺς **μαθητάς**.
Ac 18:27 ἀδελφοὶ ἔγραψαν τοῖς **μαθηταῖς** ἀποδέξασθαι αὐτόν,
Ac 19:1 καὶ εὑρεῖν τινας **μαθητὰς**
Ac 19:9 αὐτῶν ἀφώρισεν τοὺς **μαθητὰς** καθ᾽ ἡμέραν διαλεγόμενος
Ac 19:30 εἴων αὐτὸν οἱ **μαθηταί**·
Ac 20:1 ὁ Παῦλος τοὺς **μαθητὰς** καὶ παρακαλέσας,
Ac 20:30 τοῦ ἀποσπᾶν τοὺς **μαθητὰς** ὀπίσω αὐτῶν.
Ac 21:4 ἀνευρόντες δὲ τοὺς **μαθητὰς** ἐπεμείναμεν αὐτοῦ ἡμέρας
Ac 21:16 δὲ καὶ τῶν **μαθητῶν** ἀπὸ Καισαρείας σὺν
Ac 21:16 ἀρχαίῳ **μαθητῇ**.

μαθήτρια (*mathētria*; 1/1) *woman disciple*

Ac 9:36 δέ τις ἦν **μαθήτρια** ὀνόματι Ταβιθά,

Μαθθαῖος (*Maththaios*; 1/5) *Matthew*

Ac 1:13 Βαρθολομαῖος καὶ **Μαθθαῖος**,

Μαθθίας (*Maththias*; 2/2) *Matthias*

Ac 1:23 καὶ **Μαθθίαν**.
Ac 1:26 ὁ κλῆρος ἐπὶ **Μαθθίαν** καὶ συγκατεψηφίσθη

μαίνομαι (*mainomai*; 3/5) *be out of one's mind*

Ac 12:15 **μαίνῃ**.
Ac 26:24 **μαίνῃ**,
Ac 26:25 οὐ **μαίνομαι**,

μακάριος (*makarios*; 2/50) *blessed*

Ac 20:35 **μακάριόν** ἐστιν μᾶλλον διδόναι
Ac 26:2 ἥγημαι ἐμαυτὸν **μακάριον** ἐπὶ σοῦ μέλλων

Μακεδονία (*Makedonia*; 8/22) *Macedonia*

Ac 16:9 διαβὰς εἰς **Μακεδονίαν** βοήθησον ἡμῖν.
Ac 16:10 ἐζητήσαμεν ἐξελθεῖν εἰς **Μακεδονίαν** συμβιβάζοντες ὅτι προσκέκληται
Ac 16:12 πρώτη[ς] μερίδος τῆς **Μακεδονίας** πόλις,
Ac 18:5 κατῆλθον ἀπὸ τῆς **Μακεδονίας** ὅ τε Σιλᾶς
Ac 19:21 πνεύματι διελθὼν τὴν **Μακεδονίαν** καὶ Ἀχαΐαν πορεύεσθαι
Ac 19:22 δὲ εἰς τὴν **Μακεδονίαν** δύο τῶν διακονούντων
Ac 20:1 ἐξῆλθεν πορεύεσθαι εἰς **Μακεδονίαν**.
Ac 20:3 τοῦ ὑποστρέφειν διὰ **Μακεδονίας**.

Μακεδών (*Makedōn*; 3/5) *a Macedonian*

Ac 16:9 ἀνὴρ **Μακεδών** τις ἦν ἑστὼς
Ac 19:29 Γάϊον καὶ Ἀρίσταρχον **Μακεδόνας**,
Ac 27:2 σὺν ἡμῖν Ἀριστάρχου **Μακεδόνος** Θεσσαλονικέως.

μακράν (*makran*; 3/10) *far*
Ac 2:39 πᾶσιν τοῖς εἰς **μακράν**,
Ac 17:27 καί γε οὐ **μακρὰν** ἀπὸ ἑνὸς ἑκάστου
Ac 22:21 ἐγὼ εἰς ἔθνη **μακρὰν** ἐξαποστελῶ σε.

μακροθύμως (*makrothymōs*; 1/1) *patiently*
Ac 26:3 διὸ δέομαι **μακροθύμως** ἀκοῦσαί μου.

μάλιστα (*malista*; 3/12) *especially*
Ac 20:38 ὀδυνώμενοι **μάλιστα** ἐπὶ τῷ λόγῳ
Ac 25:26 ἐφ' ὑμῶν καὶ **μάλιστα** ἐπὶ σοῦ,
Ac 26:3 **μάλιστα** γνώστην ὄντα σε

μᾶλλον (*mallon*; 7/81) *more*
Ac 4:19 θεοῦ ὑμῶν ἀκούειν **μᾶλλον** ἢ τοῦ θεοῦ,
Ac 5:14 **μᾶλλον** δὲ προσετίθεντο πιστεύοντες
Ac 5:29 πειθαρχεῖν δεῖ θεῷ **μᾶλλον** ἢ ἀνθρώποις.
Ac 9:22 Σαῦλος δὲ **μᾶλλον** ἐνεδυναμοῦτο καὶ συνέχυννεν
Ac 20:35 μακάριόν ἐστιν **μᾶλλον** διδόναι ἢ λαμβάνειν.
Ac 22:2 **μᾶλλον** παρέσχον ἡσυχίαν.
Ac 27:11 καὶ τῷ ναυκλήρῳ **μᾶλλον** ἐπείθετο ἢ τοῖς

Μαναήν (*Manaēn*; 1/1) *Manaen*
Ac 13:1 **Μαναήν** τε Ἡρῴδου τοῦ

μανθάνω (*manthanō*; 1/25) *learn*
Ac 23:27 τῷ στρατεύματι ἐξειλάμην **μαθὼν** ὅτι Ῥωμαῖός ἐστιν.

μανία (*mania*; 1/1) *madness*
Ac 26:24 σε γράμματα εἰς **μανίαν** περιτρέπει.

μαντεύομαι (*manteuomai*; 1/1) *tell fortunes*
Ac 16:16 τοῖς κυρίοις αὐτῆς **μαντευομένη**.

Μαρία (*Maria*; 2/53[54]) *Mary*
Ac 1:14 σὺν γυναιξὶν καὶ **Μαριὰμ** τῇ μητρὶ τοῦ
Ac 12:12 τὴν οἰκίαν τῆς **Μαρίας** τῆς μητρὸς Ἰωάννου

Μᾶρκος (*Markos*; 4/8) *Mark*
Ac 12:12 Ἰωάννου τοῦ ἐπικαλουμένου **Μάρκου**,
Ac 12:25 Ἰωάννην τὸν ἐπικληθέντα **Μᾶρκον**.
Ac 15:37 Ἰωάννην τὸν καλούμενον **Μᾶρκον**·
Ac 15:39 Βαρναβᾶν παραλαβόντα τὸν **Μᾶρκον** ἐκπλεῦσαι εἰς Κύπρον,

μαρτυρέω (*martyreō*; 11/76) *bear witness*
Ac 6:3 ἄνδρας ἐξ ὑμῶν **μαρτυρουμένους** ἑπτά,
Ac 10:22 **μαρτυρούμενός** τε ὑπὸ ὅλου
Ac 10:43 πάντες οἱ προφῆται **μαρτυροῦσιν** ἄφεσιν ἁμαρτιῶν λαβεῖν
Ac 13:22 ᾧ καὶ εἶπεν **μαρτυρήσας**·
Ac 14:3 τῷ κυρίῳ τῷ **μαρτυροῦντι** [ἐπὶ] τῷ λόγῳ
Ac 15:8 ὁ καρδιογνώστης θεὸς **ἐμαρτύρησεν** αὐτοῖς δοὺς τὸ
Ac 16:2 ὃς **ἐμαρτυρεῖτο** ὑπὸ τῶν ἐν
Ac 22:5 καὶ ὁ ἀρχιερεὺς **μαρτυρεῖ** μοι καὶ πᾶν
Ac 22:12 **μαρτυρούμενος** ὑπὸ πάντων τῶν
Ac 23:11 καὶ εἰς Ῥώμην **μαρτυρῆσαι**.
Ac 26:5 ἐὰν θέλωσι **μαρτυρεῖν**,

μαρτυρία (*martyria*; 1/37) *testimony*
Ac 22:18 οὐ παραδέξονταί σου **μαρτυρίαν** περὶ ἐμοῦ.

μαρτύριον (*martyrion*; 2/19) *testimony*
Ac 4:33 μεγάλῃ ἀπεδίδουν τὸ **μαρτύριον** οἱ ἀπόστολοι τῆς
Ac 7:44 Ἡ σκηνὴ τοῦ **μαρτυρίου** ἦν τοῖς πατράσιν

μαρτύρομαι (*martyromai*; 2/5) *testify*
Ac 20:26 διότι **μαρτύρομαι** ὑμῖν ἐν τῇ
Ac 26:22 ἡμέρας ταύτης ἕστηκα **μαρτυρόμενος** μικρῷ τε καὶ

μάρτυς (*martys*; 13/35) *witness*
Ac 1:8 καὶ ἔσεσθέ μου **μάρτυρες** ἔν τε Ἰερουσαλὴμ
Ac 1:22 **μάρτυρα** τῆς ἀναστάσεως αὐτοῦ
Ac 2:32 πάντες ἡμεῖς ἐσμεν **μάρτυρες**·
Ac 3:15 οὗ ἡμεῖς **μάρτυρές** ἐσμεν.
Ac 5:32 καὶ ἡμεῖς ἐσμεν **μάρτυρες** τῶν ῥημάτων τούτων
Ac 6:13 ἔστησάν τε **μάρτυρας** ψευδεῖς λέγοντας·
Ac 7:58 καὶ οἱ **μάρτυρες** ἀπέθεντο τὰ ἱμάτια
Ac 10:39 καὶ ἡμεῖς **μάρτυρες** πάντων ὧν ἐποίησεν
Ac 10:41 ἀλλὰ **μάρτυσιν** τοῖς προκεχειροτονημένοις
Ac 13:31 οἵτινες [νῦν] εἰσιν **μάρτυρες** αὐτοῦ πρὸς
Ac 22:15 ὅτι ἔσῃ **μάρτυς** αὐτῷ πρὸς πάντας
Ac 22:20 αἷμα Στεφάνου τοῦ **μάρτυρός** σου,
Ac 26:16 σε ὑπηρέτην καὶ **μάρτυρα** ὧν τε εἶδές

μαστίζω (*mastizō*; 1/1) *beat with a whip*
Ac 22:25 ἀκατάκριτον ἔξεστιν ὑμῖν **μαστίζειν**;

μάστιξ (*mastix*; 1/6) *whip*
Ac 22:24 εἴπας **μάστιξιν** ἀνετάζεσθαι αὐτὸν ἵνα

μάταιος (*mataios*; 1/6) *worthless*
Ac 14:15 ἀπὸ τούτων τῶν **ματαίων** ἐπιστρέφειν ἐπὶ θεὸν

μάχαιρα (*machaira*; 2/29) *sword*
Ac 12:2 τὸν ἀδελφὸν Ἰωάννου **μαχαίρῃ**.
Ac 16:27 σπασάμενος [τὴν] **μάχαιραν** ἤμελλεν ἑαυτὸν ἀναιρεῖν

μάχομαι (*machomai*; 1/4) *quarrel*
Ac 7:26 ἡμέρᾳ ὤφθη αὐτοῖς **μαχομένοις** καὶ συνήλλασσεν αὐτοὺς

μεγαλεῖος (*megaleios*; 1/1) *mighty act or deed*
Ac 2:11 ἡμετέραις γλώσσαις τὰ **μεγαλεῖα** τοῦ θεοῦ.

μεγαλειότης (*megaleiotēs*; 1/3) *majesty*
Ac 19:27 καὶ καθαιρεῖσθαι τῆς **μεγαλειότητος** αὐτῆς ἣν ὅλη

μεγαλύνω (*megalynō*; 3/8) *enlarge*
Ac 5:13 ἀλλ' **ἐμεγάλυνεν** αὐτοὺς ὁ λαός.

Ac 10:46 λαλούντων γλώσσαις καὶ **μεγαλυνόντων** τὸν θεόν.
Ac 19:17 πάντας αὐτοὺς καὶ **ἐμεγαλύνετο** τὸ ὄνομα

μέγας (*megas*; 31/243) *great, large*

Ac 2:20 ἡμέραν κυρίου τὴν **μεγάλην** καὶ ἐπιφανῆ.
Ac 4:33 καὶ δυνάμει **μεγάλῃ** ἀπεδίδουν τὸ μαρτύριον
Ac 4:33 χάρις τε **μεγάλη** ἦν ἐπὶ πάντας
Ac 5:5 καὶ ἐγένετο φόβος **μέγας** ἐπὶ πάντας τοὺς
Ac 5:11 καὶ ἐγένετο φόβος **μέγας** ἐφ' ὅλην τὴν
Ac 6:8 τέρατα καὶ σημεῖα **μεγάλα** ἐν τῷ λαῷ.
Ac 7:11 Χανάαν καὶ θλῖψις **μεγάλη**,
Ac 7:57 κράξαντες δὲ φωνῇ **μεγάλῃ** συνέσχον τὰ ὦτα
Ac 7:60 γόνατα ἔκραξεν φωνῇ **μεγάλῃ**·
Ac 8:1 τῇ ἡμέρᾳ διωγμὸς **μέγας** ἐπὶ τὴν ἐκκλησίαν
Ac 8:2 καὶ ἐποίησαν κοπετὸν **μέγαν** ἐπ' αὐτῷ.
Ac 8:7 ἀκάθαρτα βοῶντα φωνῇ **μεγάλῃ** ἐξήρχοντο,
Ac 8:9 εἶναί τινα ἑαυτὸν **μέγαν**,
Ac 8:10 ἀπὸ μικροῦ ἕως **μεγάλου** λέγοντες·
Ac 8:10 θεοῦ ἡ καλουμένη **μεγάλη**.
Ac 8:13 σημεῖα καὶ δυνάμεις **μεγάλας** γινομένας ἐξίστατο.
Ac 10:11 τι ὡς ὀθόνην **μεγάλην** τέσσαρσιν ἀρχαῖς καθιέμενον
Ac 11:5 τι ὡς ὀθόνην **μεγάλην** τέσσαρσιν ἀρχαῖς καθιεμένην
Ac 11:28 τοῦ πνεύματος λιμὸν **μεγάλην** μέλλειν ἔσεσθαι ἐφ'
Ac 14:10 εἶπεν **μεγάλῃ** φωνῇ·
Ac 15:3 καὶ ἐποίουν χαρὰν **μεγάλην** πᾶσιν τοῖς ἀδελφοῖς.
Ac 16:26 δὲ σεισμὸς ἐγένετο **μέγας** ὥστε σαλευθῆναι
Ac 16:28 ἐφώνησεν δὲ **μεγάλῃ** φωνῇ [ὁ] Παῦλος
Ac 19:27 καὶ τὸ τῆς **μεγάλης** θεᾶς Ἀρτέμιδος ἱερὸν
Ac 19:28 **μεγάλη** ἡ Ἄρτεμις Ἐφεσίων.
Ac 19:34 **μεγάλη** ἡ Ἄρτεμις Ἐφεσίων.
Ac 19:35 νεωκόρον οὖσαν τῆς **μεγάλης** Ἀρτέμιδος καὶ
Ac 23:9 ἐγένετο δὲ κραυγὴ **μεγάλη**,
Ac 26:22 μικρῷ τε καὶ **μεγάλῳ** οὐδὲν ἐκτὸς λέγων
Ac 26:24 ἀπολογουμένου ὁ Φῆστος **μεγάλῃ** τῇ φωνῇ φησιν·
Ac 26:29 ὀλίγῳ καὶ ἐν **μεγάλῳ** οὐ μόνον σὲ

μεθερμηνεύω (*methermēneuō*; 2/8) *translate*

Ac 4:36 ὅ ἐστιν **μεθερμηνευόμενον** υἱὸς παρακλήσεως,
Ac 13:8 οὕτως γὰρ **μεθερμηνεύεται** τὸ ὄνομα αὐτοῦ,

μεθίστημι (*methistēmi*; 2/5) *remove*

Ac 13:22 καὶ **μεταστήσας** αὐτὸν ἤγειρεν τὸν
Ac 19:26 Παῦλος οὗτος πείσας **μετέστησεν** ἱκανὸν ὄχλον λέγων

μεθύω (*methyō*; 1/5) *be drunk*

Ac 2:15 ὑμεῖς ὑπολαμβάνετε οὗτοι **μεθύουσιν**,

μέλει (*melei*; 1/10) *it is of concern*

Ac 18:17 τούτων τῷ Γαλλίωνι **ἔμελεν**.

μελετάω (*meletaō*; 1/2) *practice*

Ac 4:25 ἔθνη καὶ λαοὶ **ἐμελέτησαν** κενά;

Μελίτη (*Melitē*; 1/1) *Malta*

Ac 28:1 τότε ἐπέγνωμεν ὅτι **Μελίτη** ἡ νῆσος καλεῖται.

μέλλω (*mellō*; 34/109) *be about to happen*

Ac 3:3 Πέτρον καὶ Ἰωάννην **μέλλοντας** εἰσιέναι εἰς
Ac 5:35 ἀνθρώποις τούτοις τι **μέλλετε** πράσσειν.
Ac 11:28 πνεύματος λιμὸν μεγάλην **μέλλειν** ἔσεσθαι ἐφ' ὅλην
Ac 12:6 Ὅτε δὲ **ἤμελλεν** προαγαγεῖν αὐτὸν ὁ
Ac 13:34 ἐκ νεκρῶν μηκέτι **μέλλοντα** ὑποστρέφειν εἰς διαφθοράν,
Ac 16:27 σπασάμενος [τὴν] μάχαιραν **ἤμελλεν** ἑαυτὸν ἀναιρεῖν νομίζων
Ac 17:31 ἡμέραν ἐν ᾗ **μέλλει** κρίνειν τὴν οἰκουμένην
Ac 18:14 **μέλλοντος** δὲ τοῦ Παύλου
Ac 19:27 **μέλλειν** τε καὶ καθαιρεῖσθαι
Ac 20:3 ὑπὸ τῶν Ἰουδαίων **μέλλοντι** ἀνάγεσθαι εἰς
Ac 20:7 Παῦλος διελέγετο αὐτοῖς **μέλλων** ἐξιέναι τῇ ἐπαύριον,
Ac 20:13 τὴν Ἆσσον ἐκεῖθεν **μέλλοντες** ἀναλαμβάνειν τὸν Παῦλον·
Ac 20:13 γὰρ διατεταγμένος ἦν **μέλλων** αὐτὸς πεζεύειν.
Ac 20:38 ὅτι οὐκέτι **μέλλουσιν** τὸ πρόσωπον αὐτοῦ
Ac 21:27 Ὡς δὲ **ἔμελλον** αἱ ἑπτὰ ἡμέραι
Ac 21:37 **Μέλλων** τε εἰσάγεσθαι εἰς
Ac 22:16 καὶ νῦν τί **μέλλεις**;
Ac 22:26 τί **μέλλεις** ποιεῖν;
Ac 22:29 ἀπ' αὐτοῦ οἱ **μέλλοντες** αὐτὸν ἀνετάζειν,
Ac 23:3 τύπτειν σε **μέλλει** ὁ θεός,
Ac 23:15 εἰς ὑμᾶς ὡς **μέλλοντας** διαγινώσκειν ἀκριβέστερον τὰ
Ac 23:20 τὸ συνέδριον ὡς **μέλλον** τι ἀκριβέστερον πυνθάνεσθαι
Ac 23:27 τῶν Ἰουδαίων καὶ **μέλλοντα** ἀναιρεῖσθαι ὑπ' αὐτῶν
Ac 24:15 ἀνάστασιν **μέλλειν** ἔσεσθαι δικαίων τε
Ac 24:25 τοῦ κρίματος τοῦ **μέλλοντος**,
Ac 25:4 ἑαυτὸν δὲ **μέλλειν** ἐν τάχει ἐκπορεύεσθαι·
Ac 26:2 μακάριον ἐπὶ σοῦ **μέλλων** σήμερον ἀπολογεῖσθαι
Ac 26:22 οἱ προφῆται ἐλάλησαν **μελλόντων** γίνεσθαι καὶ Μωϋσῆς,
Ac 26:23 ἀναστάσεως νεκρῶν φῶς **μέλλει** καταγγέλλειν τῷ τε
Ac 27:2 δὲ πλοίῳ Ἀδραμυττηνῷ **μέλλοντι** πλεῖν εἰς
Ac 27:10 τῶν ψυχῶν ἡμῶν **μέλλειν** ἔσεσθαι τὸν πλοῦν.
Ac 27:30 ἐκ πρῴρης ἀγκύρας **μελλόντων** ἐκτείνειν,
Ac 27:33 δὲ οὗ ἡμέρα **ἤμελλεν** γίνεσθαι,
Ac 28:6 δὲ προσεδόκων αὐτὸν **μέλλειν** πίμπρασθαι ἢ καταπίπτειν

μέν (*men*; 48/178[179]) *on the one hand*

Ac 1:1 Τὸν **μὲν** πρῶτον λόγον ἐποιησάμην
Ac 1:5 ὅτι Ἰωάννης **μὲν** ἐβάπτισεν ὕδατι,
Ac 1:6 Οἱ **μὲν** οὖν συνελθόντες ἠρώτων
Ac 1:18 οὗτος **μὲν** οὖν ἐκτήσατο χωρίον
Ac 2:41 οἱ **μὲν** οὖν ἀποδεξάμενοι τὸν
Ac 3:13 Ἰησοῦν ὃν ὑμεῖς **μὲν** παρεδώκατε καὶ ἠρνήσασθε
Ac 3:21 ὃν δεῖ οὐρανὸν **μὲν** δέξασθαι ἄχρι χρόνων

Ac 3:22 Μωϋσῆς **μὲν** εἶπεν ὅτι προφήτην
Ac 4:16 ὅτι **μὲν** γὰρ γνωστὸν σημεῖον
Ac 5:41 Οἱ **μὲν** οὖν ἐπορεύοντο χαίροντες
Ac 8:4 Οἱ **μὲν** οὖν διασπαρέντες διῆλθον
Ac 8:25 Οἱ **μὲν** οὖν διαμαρτυράμενοι καὶ
Ac 9:7 ἀκούοντες **μὲν** τῆς φωνῆς μηδένα
Ac 9:31 Ἡ **μὲν** οὖν ἐκκλησία καθ'
Ac 11:16 Ἰωάννης **μὲν** ἐβάπτισεν ὕδατι,
Ac 11:19 Οἱ **μὲν** οὖν διασπαρέντες ἀπὸ
Ac 12:5 ὁ **μὲν** οὖν Πέτρος ἐτηρεῖτο
Ac 13:4 Αὐτοὶ **μὲν** οὖν ἐκπεμφθέντες ὑπὸ
Ac 13:36 Δαυὶδ **μὲν** γὰρ ἰδίᾳ γενεᾷ
Ac 14:3 ἱκανὸν **μὲν** οὖν χρόνον διέτριψαν
Ac 14:4 καὶ οἱ **μὲν** ἦσαν σὺν τοῖς
Ac 15:3 Οἱ **μὲν** οὖν προπεμφθέντες ὑπὸ
Ac 15:30 Οἱ **μὲν** οὖν ἀπολυθέντες κατῆλθον
Ac 16:5 Αἱ **μὲν** οὖν ἐκκλησίαι ἐστερεοῦντο
Ac 17:12 πολλοὶ **μὲν** οὖν ἐξ αὐτῶν
Ac 17:17 διελέγετο **μὲν** οὖν ἐν τῇ
Ac 17:30 τοὺς **μὲν** οὖν χρόνους τῆς
Ac 17:32 ἀνάστασιν νεκρῶν οἱ **μὲν** ἐχλεύαζον,
Ac 18:14 εἰ **μὲν** ἦν ἀδίκημά τι
Ac 19:15 τὸν **[μὲν]** Ἰησοῦν γινώσκω καὶ
Ac 19:32 ἄλλοι **μὲν** οὖν ἄλλο τι
Ac 19:38 εἰ **μὲν** οὖν Δημήτριος καὶ
Ac 21:39 ἐγὼ ἄνθρωπος **μέν** εἰμι Ἰουδαῖος,
Ac 22:9 ἐμοὶ ὄντες τὸ **μὲν** φῶς ἐθεάσαντο τὴν
Ac 23:8 Σαδδουκαῖοι **μὲν** γὰρ λέγουσιν μὴ
Ac 23:18 ὁ **μὲν** οὖν παραλαβὼν αὐτὸν
Ac 23:22 ὁ **μὲν** οὖν χιλίαρχος ἀπέλυσε
Ac 23:31 Οἱ **μὲν** οὖν στρατιῶται κατὰ
Ac 25:4 ὁ **μὲν** οὖν Φῆστος ἀπεκρίθη
Ac 25:11 εἰ **μὲν** οὖν ἀδικῶ καὶ
Ac 26:4 Τὴν **μὲν** οὖν βίωσίν μου
Ac 26:9 Ἐγὼ **μὲν** οὖν ἔδοξα ἐμαυτῷ
Ac 27:21 ἔδει **μέν**,
Ac 27:41 ναῦν καὶ ἡ **μὲν** πρῷρα ἐρείσασα ἔμεινεν
Ac 27:44 τοὺς λοιποὺς οὓς **μὲν** ἐπὶ σανίσιν,
Ac 28:5 ὁ **μὲν** οὖν ἀποτινάξας τὸ
Ac 28:22 περὶ μὲν **γὰρ** τῆς αἱρέσεως ταύτης
Ac 28:24 καὶ οἱ **μὲν** ἐπείθοντο τοῖς λεγομένοις,

μένω (*menō*; 13/118) *remain*

Ac 5:4 οὐχὶ **μένον** σοὶ ἔμενεν καὶ
Ac 5:4 οὐχὶ μένον σοὶ **ἔμενεν** καὶ πραθὲν ἐν
Ac 9:43 δὲ ἡμέρας ἱκανὰς **μεῖναι** ἐν Ἰόππῃ παρά
Ac 16:15 τὸν οἶκόν μου **μένετε**·
Ac 18:3 τὸ ὁμότεχνον εἶναι **ἔμενεν** παρ' αὐτοῖς,
Ac 18:20 ἐπὶ πλείονα χρόνον **μεῖναι** οὐκ ἐπένευσεν,
Ac 20:5 οὗτοι δὲ προελθόντες **ἔμενον** ἡμᾶς ἐν Τρῳάδι,
Ac 20:23 καὶ θλίψεις με **μένουσιν**.
Ac 21:7 ἀσπασάμενοι τοὺς ἀδελφοὺς **ἐμείναμεν** ἡμέραν μίαν παρ'
Ac 21:8 **ἐμείναμεν** παρ' αὐτῷ.
Ac 27:31 ἐὰν μὴ οὗτοι **μείνωσιν** ἐν τῷ πλοίῳ,
Ac 27:41 μὲν πρῷρα ἐρείσασα **ἔμεινεν** ἀσάλευτος,
Ac 28:16 ἐπετράπη τῷ Παύλῳ **μένειν** καθ' ἑαυτὸν σὺν

μερίς (*meris*; 2/5) *part*

Ac 8:21 οὐκ ἔστιν σοι **μερὶς** οὐδὲ κλῆρος ἐν
Ac 16:12 ἥτις ἐστὶν πρώτη[ς] **μερίδος** τῆς Μακεδονίας πόλις,

μέρος (*meros*; 7/42) *part*

Ac 2:10 Αἴγυπτον καὶ τὰ **μέρη** τῆς Λιβύης τῆς
Ac 5:2 καὶ ἐνέγκας **μέρος** τι παρὰ τοὺς
Ac 19:1 διελθόντα τὰ ἀνωτερικὰ **μέρη** [κατ]ελθεῖν εἰς Ἔφεσον
Ac 19:27 κινδυνεύει ἡμῖν τὸ **μέρος** εἰς ἀπελεγμὸν ἐλθεῖν
Ac 20:2 διελθὼν δὲ τὰ **μέρη** ἐκεῖνα καὶ παρακαλέσας
Ac 23:6 ὅτι τὸ ἓν **μέρος** ἐστὶν Σαδδουκαίων τὸ
Ac 23:9 τῶν γραμματέων τοῦ **μέρους** τῶν Φαρισαίων διεμάχοντο

μεσημβρία (*mesēmbria*; 2/2) *noon*

Ac 8:26 καὶ πορεύου κατὰ **μεσημβρίαν** ἐπὶ τὴν ὁδὸν
Ac 22:6 τῇ Δαμασκῷ περὶ **μεσημβρίαν** ἐξαίφνης ἐκ

μεσονύκτιον (*mesonyktion*; 2/4) *midnight*

Ac 16:25 Κατὰ δὲ τὸ **μεσονύκτιον** Παῦλος καὶ Σιλᾶς
Ac 20:7 τὸν λόγον μέχρι **μεσονυκτίου**.

Μεσοποταμία (*Mesopotamia*; 2/2) *Mesopotamia*

Ac 2:9 οἱ κατοικοῦντες τὴν **Μεσοποταμίαν**,
Ac 7:2 ὄντι ἐν τῇ **Μεσοποταμίᾳ** πρὶν ἢ κατοικῆσαι

μέσος (*mesos*; 10/56[58]) *middle*

Ac 1:15 ἀναστὰς Πέτρος ἐν **μέσῳ** τῶν ἀδελφῶν εἶπεν·
Ac 1:18 πρηνὴς γενόμενος ἐλάκησεν **μέσος** καὶ ἐξεχύθη πάντα
Ac 2:22 ὁ θεὸς ἐν **μέσῳ** ὑμῶν καθὼς αὐτοὶ
Ac 4:7 αὐτοὺς ἐν τῷ **μέσῳ** ἐπυνθάνοντο·
Ac 17:22 [ὁ] Παῦλος ἐν **μέσῳ** τοῦ Ἀρείου πάγου
Ac 17:33 Παῦλος ἐξῆλθεν ἐκ **μέσου** αὐτῶν.
Ac 23:10 ἁρπάσαι αὐτὸν ἐκ **μέσου** αὐτῶν ἄγειν τε
Ac 26:13 ἡμέρας **μέσης** κατὰ τὴν ὁδὸν
Ac 27:21 ὁ Παῦλος ἐν **μέσῳ** αὐτῶν εἶπεν·
Ac 27:27 κατὰ **μέσον** τῆς νυκτὸς ὑπενόουν

μεστόω (*mestoō*; 1/1) *be full*

Ac 2:13 ἔλεγον ὅτι γλεύκους **μεμεστωμένοι** εἰσίν.

μετά (*meta*; 65/465[469]) *with, after*

Ac 1:3 παρέστησεν ἑαυτὸν ζῶντα **μετὰ** τὸ παθεῖν αὐτὸν
Ac 1:5 βαπτισθήσεσθε ἁγίῳ οὐ **μετὰ** πολλὰς ταύτας ἡμέρας.
Ac 1:26 Μαθθίαν καὶ συγκατεψηφίσθη **μετὰ** τῶν ἕνδεκα ἀποστόλων.
Ac 2:28 πληρώσεις με εὐφροσύνης **μετὰ** τοῦ προσώπου σου.
Ac 2:29 ἐξὸν εἰπεῖν **μετὰ** παρρησίας πρὸς ὑμᾶς
Ac 4:29 τοῖς δούλοις σου **μετὰ** παρρησίας πάσης λαλεῖν
Ac 4:31 λόγον τοῦ θεοῦ **μετὰ** παρρησίας.
Ac 5:26 ἦγεν αὐτοὺς οὐ **μετὰ** βίας,
Ac 5:37 **μετὰ** τοῦτον ἀνέστη Ἰούδας
Ac 7:4 κἀκεῖθεν **μετὰ** τὸ ἀποθανεῖν τὸν
Ac 7:5 τῷ σπέρματι αὐτοῦ **μετ'** αὐτόν,
Ac 7:7 καὶ **μετὰ** ταῦτα ἐξελεύσονται καὶ
Ac 7:9 ἦν ὁ θεὸς **μετ'** αὐτοῦ
Ac 7:38 ἐν τῇ ἐρήμῳ **μετὰ** τοῦ ἀγγέλου τοῦ

Ac 7:45 οἱ πατέρες ἡμῶν **μετὰ** Ἰησοῦ ἐν τῇ
Ac 9:19 Ἐγένετο δὲ **μετὰ** τῶν ἐν Δαμασκῷ
Ac 9:28 καὶ ἦν **μετ'** αὐτῶν εἰσπορευόμενος καὶ
Ac 9:39 ἱμάτια ὅσα ἐποίει **μετ'** αὐτῶν οὖσα ἡ
Ac 10:37 ἀπὸ τῆς Γαλιλαίας **μετὰ** τὸ βάπτισμα ὃ
Ac 10:38 ὁ θεὸς ἦν **μετ'** αὐτοῦ.
Ac 10:41 καὶ συνεπίομεν αὐτῷ **μετὰ** τὸ ἀναστῆναι αὐτὸν
Ac 11:21 ἦν χεὶρ κυρίου **μετ'** αὐτῶν,
Ac 12:4 βουλόμενος **μετὰ** τὸ πάσχα ἀναγαγεῖν
Ac 13:15 **μετὰ** δὲ τὴν ἀνάγνωσιν
Ac 13:17 γῇ Αἰγύπτου καὶ **μετὰ** βραχίονος ὑψηλοῦ ἐξήγαγεν
Ac 13:20 καὶ **μετὰ** ταῦτα ἔδωκεν κριτὰς
Ac 13:25 ἀλλ' ἰδοὺ ἔρχεται **μετ'** ἐμὲ οὗ οὐκ
Ac 14:23 προσευξάμενοι **μετὰ** νηστειῶν παρέθεντο αὐτοὺς
Ac 14:27 ἐποίησεν ὁ θεὸς **μετ'** αὐτῶν καὶ ὅτι
Ac 15:4 ὁ θεὸς ἐποίησεν **μετ'** αὐτῶν.
Ac 15:13 **Μετὰ** δὲ τὸ σιγῆσαι
Ac 15:16 **μετὰ** ταῦτα ἀναστρέψω καὶ
Ac 15:33 δὲ χρόνον ἀπελύθησαν **μετ'** εἰρήνης ἀπὸ τῶν
Ac 15:35 διδάσκοντες καὶ εὐαγγελιζόμενοι **μετὰ** καὶ ἑτέρων πολλῶν
Ac 15:36 **Μετὰ** δέ τινας ἡμέρας
Ac 17:11 ἐδέξαντο τὸν λόγον **μετὰ** πάσης προθυμίας
Ac 18:1 **Μετὰ** ταῦτα χωρισθεὶς ἐκ
Ac 18:10 διότι ἐγώ εἰμι **μετὰ** σοῦ καὶ οὐδεὶς
Ac 19:4 τὸν ἐρχόμενον **μετ'** αὐτὸν
Ac 19:21 Ἱεροσόλυμα εἰπὼν ὅτι **μετὰ** τὸ γενέσθαι με
Ac 20:1 **Μετὰ** δὲ τὸ παύσασθαι
Ac 20:6 ἡμεῖς δὲ ἐξεπλεύσαμεν **μετὰ** τὰς ἡμέρας τῶν
Ac 20:18 πῶς **μεθ'** ὑμῶν τὸν πάντα
Ac 20:19 δουλεύων τῷ κυρίῳ **μετὰ** πάσης ταπεινοφροσύνης καὶ
Ac 20:29 οἶδα ὅτι εἰσελεύσονται **μετὰ** τὴν ἄφιξίν μου
Ac 20:31 ἡμέραν οὐκ ἐπαυσάμην **μετὰ** δακρύων νουθετῶν ἕνα
Ac 20:34 καὶ τοῖς οὖσιν **μετ'** ἐμοῦ ὑπηρέτησαν αἱ
Ac 21:15 **Μετὰ** δὲ τὰς ἡμέρας
Ac 24:1 **Μετὰ** δὲ πέντε ἡμέρας
Ac 24:1 ὁ ἀρχιερεὺς Ἁνανίας **μετὰ** πρεσβυτέρων τινῶν καὶ
Ac 24:3 **μετὰ** πάσης εὐχαριστίας.
Ac 24:18 τῷ ἱερῷ οὐ **μετὰ** ὄχλου οὐδὲ μετὰ
Ac 24:18 μετὰ ὄχλου οὐδὲ **μετὰ** θορύβου,
Ac 24:24 **Μετὰ** δὲ ἡμέρας τινας
Ac 25:1 ἐπιβὰς τῇ ἐπαρχείᾳ **μετὰ** τρεῖς ἡμέρας ἀνέβη
Ac 25:12 ὁ Φῆστος συλλαλήσας **μετὰ** τοῦ συμβουλίου ἀπεκρίθη·
Ac 25:23 καὶ τῆς Βερνίκης **μετὰ** πολλῆς φαντασίας
Ac 26:12 εἰς τὴν Δαμασκὸν **μετ'** ἐξουσίας καὶ ἐπιτροπῆς
Ac 27:10 θεωρῶ ὅτι **μετὰ** ὕβρεως καὶ πολλῆς
Ac 27:14 **μετ'** οὐ πολὺ δὲ
Ac 27:24 πάντας τοὺς πλέοντας **μετὰ** σοῦ.
Ac 28:11 **Μετὰ** δὲ τρεῖς μῆνας
Ac 28:13 καὶ **μετὰ** μίαν ἡμέραν ἐπιγενομένου
Ac 28:17 Ἐγένετο δὲ **μετὰ** ἡμέρας τρεῖς συγκαλέσασθαι
Ac 28:31 κυρίου Ἰησοῦ Χριστοῦ **μετὰ** πάσης παρρησίας ἀκωλύτως.

μεταβαίνω (*metabainō*; 1/12) *leave, cross over*

Ac 18:7 καὶ **μεταβὰς** ἐκεῖθεν εἰσῆλθεν εἰς

μεταβάλλω (*metaballō*; 1/1) *change one's mind*

Ac 28:6 εἰς αὐτὸν γινόμενον **μεταβαλόμενοι** ἔλεγον αὐτὸν εἶναι

μετακαλέω (*metakaleō*; 4/4) *send for*

Ac 7:14 ἀποστείλας δὲ Ἰωσὴφ **μετεκαλέσατο** Ἰακὼβ τὸν πατέρα
Ac 10:32 εἰς Ἰόππην καὶ **μετακάλεσαι** Σίμωνα ὃς ἐπικαλεῖται
Ac 20:17 πέμψας εἰς Ἔφεσον **μετεκαλέσατο** τοὺς πρεσβυτέρους τῆς
Ac 24:25 καιρὸν δὲ μεταλαβὼν **μετακαλέσομαί** σε,

μεταλαμβάνω (*metalambanō*; 4/7) *receive*

Ac 2:46 **μετελάμβανον** τροφῆς ἐν ἀγαλλιάσει
Ac 24:25 καιρὸν δὲ **μεταλαβὼν** μετακαλέσομαί σε,
Ac 27:33 ὁ Παῦλος ἅπαντας **μεταλαβεῖν** τροφῆς λέγων·
Ac 27:34 διὸ παρακαλῶ ὑμᾶς **μεταλαβεῖν** τροφῆς·

μετανοέω (*metanoeō*; 5/34) *repent*

Ac 2:38 **μετανοήσατε**,
Ac 3:19 **μετανοήσατε** οὖν καὶ ἐπιστρέψατε
Ac 8:22 **μετανόησον** οὖν ἀπὸ τῆς
Ac 17:30 ἀνθρώποις πάντας πανταχοῦ **μετανοεῖν**,
Ac 26:20 τοῖς ἔθνεσιν ἀπήγγελλον **μετανοεῖν** καὶ ἐπιστρέφειν ἐπὶ

μετάνοια (*metanoia*; 6/22) *repentance*

Ac 5:31 αὐτοῦ [τοῦ] δοῦναι **μετάνοιαν** τῷ Ἰσραὴλ καὶ
Ac 11:18 ὁ θεὸς τὴν **μετάνοιαν** εἰς ζωὴν ἔδωκεν.
Ac 13:24 εἰσόδου αὐτοῦ βάπτισμα **μετανοίας** παντὶ τῷ λαῷ
Ac 19:4 Ἰωάννης ἐβάπτισεν βάπτισμα **μετανοίας** τῷ λαῷ λέγων
Ac 20:21 τὴν εἰς θεὸν **μετάνοιαν** καὶ πίστιν εἰς
Ac 26:20 ἄξια τῆς **μετανοίας** ἔργα πράσσοντας.

μεταξύ (*metaxy*; 3/9) *between, meanwhile*

Ac 12:6 ὁ Πέτρος κοιμώμενος **μεταξὺ** δύο στρατιωτῶν δεδεμένος
Ac 13:42 παρεκάλουν εἰς τὸ **μεταξὺ** σάββατον λαληθῆναι αὐτοῖς
Ac 15:9 καὶ οὐθὲν διέκρινεν **μεταξὺ** ἡμῶν τε καὶ

μεταπέμπω (*metapempō*; 9/9) *send for*

Ac 10:5 εἰς Ἰόππην καὶ **μετάπεμψαι** Σίμωνά τινα ὃς
Ac 10:22 ὑπὸ ἀγγέλου ἁγίου **μεταπέμψασθαί** σε εἰς
Ac 10:29 καὶ ἀναντιρρήτως ἦλθον **μεταπεμφθείς**.
Ac 10:29 οὖν τίνι λόγῳ **μετεπέμψασθέ** με;
Ac 11:13 εἰς Ἰόππην καὶ **μετάπεμψαι** Σίμωνα τὸν ἐπικαλούμενον
Ac 20:1 παύσασθαι τὸν θόρυβον **μεταπεμψάμενος** ὁ Παῦλος τοὺς
Ac 24:24 γυναικὶ οὔσῃ Ἰουδαίᾳ **μετεπέμψατο** τὸν Παῦλον καὶ

Ac 24:26 καὶ πυκνότερον αὐτὸν **μεταπεμπόμενος** ὡμίλει αὐτῷ.
Ac 25:3 κατ' αὐτοῦ ὅπως **μεταπέμψηται** αὐτὸν εἰς Ἰερουσαλήμ,

μεταστρέφω (*metastrephō*; 1/2) *turn*
Ac 2:20 ὁ ἥλιος **μεταστραφήσεται** εἰς σκότος καὶ

μετατίθημι (*metatithēmi*; 1/6) *remove*
Ac 7:16 καὶ **μετετέθησαν** εἰς Συχὲμ καὶ

μετοικίζω (*metoikizō*; 2/2) *make to move*
Ac 7:4 τὸν πατέρα αὐτοῦ **μετῴκισεν** αὐτὸν εἰς τὴν
Ac 7:43 καὶ **μετοικιῶ** ὑμᾶς ἐπέκεινα Βαβυλῶνος.

μετρίως (*metriōs*; 1/1) *measurably*
Ac 20:12 καὶ παρεκλήθησαν οὐ **μετρίως**.

μέχρι (*mechri*; 2/17) *until*
Ac 10:30 ἀπὸ τετάρτης ἡμέρας **μέχρι** ταύτης τῆς ὥρας
Ac 20:7 τε τὸν λόγον **μέχρι** μεσονυκτίου.

μή (*mē*; 64/1041[1042]) *not*
Ac 1:4 αὐτοῖς ἀπὸ Ἱεροσολύμων **μὴ** χωρίζεσθαι ἀλλὰ περιμένειν
Ac 1:20 αὐτοῦ ἔρημος καὶ **μὴ** ἔστω ὁ κατοικῶν
Ac 2:25 μού ἐστιν ἵνα **μὴ** σαλευθῶ.
Ac 3:23 ψυχὴ ἥτις ἐὰν **μὴ** ἀκούσῃ τοῦ προφήτου
Ac 4:17 ἀλλ' ἵνα **μὴ** ἐπὶ πλεῖον διανεμηθῇ
Ac 4:18 παρήγγειλαν τὸ καθόλου **μὴ** φθέγγεσθαι μηδὲ διδάσκειν
Ac 4:20 εἴδαμεν καὶ ἠκούσαμεν **μὴ** λαλεῖν.
Ac 5:7 ἡ γυνὴ αὐτοῦ **μὴ** εἰδυῖα τὸ γεγονὸς
Ac 5:26 γὰρ τὸν λαὸν **μὴ** λιθασθῶσιν.
Ac 5:28 παραγγελίᾳ παρηγγείλαμεν ὑμῖν **μὴ** διδάσκειν ἐπὶ τῷ
Ac 5:40 ἀποστόλους δείραντες παρήγγειλαν **μὴ** λαλεῖν ἐπὶ τῷ
Ac 7:19 αὐτῶν εἰς τὸ **μὴ** ζῳογονεῖσθαι.
Ac 7:28 **μὴ** ἀνελεῖν με σὺ
Ac 7:42 **μὴ** σφάγια καὶ θυσίας
Ac 7:60 **μὴ** στήσῃς αὐτοῖς ταύτην
Ac 8:31 ἂν δυναίμην ἐὰν **μή** τις ὁδηγήσει με;
Ac 9:9 ἦν ἡμέρας τρεῖς **μὴ** βλέπων καὶ οὐκ
Ac 9:26 πάντες ἐφοβοῦντο αὐτὸν **μὴ** πιστεύοντες ὅτι ἐστὶν
Ac 9:38 **μὴ** ὀκνήσῃς διελθεῖν ἕως
Ac 10:15 σὺ **μὴ** κοίνου.
Ac 10:47 τις τοῦ **μὴ** βαπτισθῆναι τούτους,
Ac 11:9 σὺ **μὴ** κοίνου.
Ac 11:19 τὸν λόγον εἰ **μὴ** μόνον Ἰουδαίοις.
Ac 12:19 ἐπιζητήσας αὐτὸν καὶ **μὴ** εὑρών,
Ac 13:11 καὶ ἔσῃ τυφλὸς **μὴ** βλέπων τὸν ἥλιον
Ac 13:40 βλέπετε οὖν **μὴ** ἐπέλθῃ τὸ εἰρημένον
Ac 13:41 ἔργον ὃ οὐ **μὴ** πιστεύσητε ἐάν τις
Ac 14:18 τοὺς ὄχλους τοῦ **μὴ** θύειν αὐτοῖς.
Ac 15:1 ἐὰν **μὴ** περιτμηθῆτε τῷ ἔθει
Ac 15:19 διὸ ἐγὼ κρίνω **μὴ** παρενοχλεῖν τοῖς ἀπὸ
Ac 15:38 ἀπὸ Παμφυλίας καὶ **μὴ** συνελθόντα αὐτοῖς
Ac 15:38 εἰς τὸ ἔργον **μὴ** συμπαραλαμβάνειν τοῦτον.
Ac 17:6 **μὴ** εὑρόντες δὲ αὐτοὺς
Ac 18:9 **μὴ** φοβοῦ,
Ac 18:9 ἀλλὰ λάλει καὶ **μὴ** σιωπήσῃς,
Ac 19:31 πρὸς αὐτὸν παρεκάλουν **μὴ** δοῦναι ἑαυτὸν
Ac 20:10 **μὴ** θορυβεῖσθε,
Ac 20:16 ὅπως **μὴ** γένηται αὐτῷ χρονοτριβῆσαι ἐν
Ac 20:20 τῶν συμφερόντων τοῦ **μὴ** ἀναγγεῖλαι ὑμῖν
Ac 20:22 αὐτῇ συναντήσοντά μοι **μὴ** εἰδώς,
Ac 20:27 γὰρ ὑπεστειλάμην τοῦ **μὴ** ἀναγγεῖλαι πᾶσαν
Ac 20:29 βαρεῖς εἰς ὑμᾶς **μὴ** φειδόμενοι τοῦ ποιμνίου,
Ac 21:4 διὰ τοῦ πνεύματος **μὴ** ἐπιβαίνειν εἰς Ἱεροσόλυμα.
Ac 21:12 οἱ ἐντόπιοι τοῦ **μὴ** ἀναβαίνειν αὐτὸν εἰς
Ac 21:14 **μὴ** πειθομένου δὲ αὐτοῦ
Ac 21:21 πάντας Ἰουδαίους λέγων **μὴ** περιτέμνειν αὐτοὺς τὰ
Ac 21:34 **μὴ** δυναμένου δὲ αὐτοῦ
Ac 23:8 μὲν γὰρ λέγουσιν **μὴ** εἶναι ἀνάστασιν μήτε
Ac 23:10 φοβηθεὶς ὁ χιλίαρχος **μὴ** διασπασθῇ ὁ Παῦλος
Ac 23:21 σὺ οὖν **μὴ** πεισθῇς αὐτοῖς·
Ac 24:4 ἵνα δὲ **μὴ** ἐπὶ πλεῖόν σε
Ac 25:24 καὶ ἐνθάδε βοῶντες **μὴ** δεῖν αὐτὸν ζῆν
Ac 25:27 δοκεῖ πέμποντα δέσμιον **μὴ** καὶ τὰς κατ'
Ac 26:32 ἄνθρωπος οὗτος εἰ **μὴ** ἐπεκέκλητο Καίσαρα.
Ac 27:7 **μὴ** προσεῶντος ἡμᾶς τοῦ
Ac 27:15 τοῦ πλοίου καὶ **μὴ** δυναμένου ἀντοφθαλμεῖν
Ac 27:17 φοβούμενοί τε **μὴ** εἰς τὴν Σύρτιν
Ac 27:21 πειθαρχήσαντάς μοι **μὴ** ἀνάγεσθαι ἀπὸ τῆς
Ac 27:24 **μὴ** φοβοῦ,
Ac 27:29 φοβούμενοί τε **μή** που κατὰ τραχεῖς
Ac 27:31 ἐὰν **μὴ** οὗτοι μείνωσιν ἐν
Ac 27:42 **μή** τις ἐκκολυμβήσας διαφύγῃ.
Ac 28:26 ἀκούσετε καὶ οὐ **μὴ** συνῆτε καὶ βλέποντες
Ac 28:26 βλέψετε καὶ οὐ **μὴ** ἴδητε·

μηδαμῶς (*mēdamōs*; 2/2) *no*
Ac 10:14 **μηδαμῶς**,
Ac 11:8 **μηδαμῶς**,

μηδέ (*mēde*; 2/56) *nor*
Ac 4:18 καθόλου μὴ φθέγγεσθαι **μηδὲ** διδάσκειν ἐπὶ
Ac 21:21 αὐτοὺς τὰ τέκνα **μηδὲ** τοῖς ἔθεσιν περιπατεῖν.

μηδείς (*mēdeis*; 22/90) *no one*
Ac 4:17 τῷ ὀνόματι τούτῳ **μηδενὶ** ἀνθρώπων.
Ac 4:21 **μηδὲν** εὑρίσκοντες τὸ πῶς
Ac 8:24 τὸν κύριον ὅπως **μηδὲν** ἐπέλθῃ ἐπ' ἐμὲ
Ac 9:7 μὲν τῆς φωνῆς **μηδένα** δὲ θεωροῦντες.
Ac 10:20 πορεύου σὺν αὐτοῖς **μηδὲν** διακρινόμενος ὅτι ἐγὼ
Ac 10:28 ὁ θεὸς ἔδειξεν **μηδένα** κοινὸν ἢ ἀκάθαρτον
Ac 11:12 μοι συνελθεῖν αὐτοῖς **μηδὲν** διακρίναντα.
Ac 11:19 Κύπρου καὶ Ἀντιοχείας **μηδενὶ** λαλοῦντες τὸν λόγον
Ac 13:28 καὶ **μηδεμίαν** αἰτίαν θανάτου εὑρόντες
Ac 15:28 ἁγίῳ καὶ ἡμῖν **μηδὲν** πλέον ἐπιτίθεσθαι ὑμῖν
Ac 16:28 **μηδὲν** πράξῃς σεαυτῷ κακόν,
Ac 19:36 κατεσταλμένους ὑπάρχειν καὶ **μηδὲν** προπετὲς πράσσειν.
Ac 19:40 **μηδενὸς** αἰτίου ὑπάρχοντος περὶ
Ac 23:14 ἀναθέματι ἀνεθεματίσαμεν ἑαυτοὺς **μηδενὸς** γεύσασθαι ἕως οὗ

Ac 23:22 τὸν νεανίσκον παραγγείλας **μηδενὶ** ἐκλαλῆσαι ὅτι ταῦτα
Ac 23:29 **μηδὲν** δὲ ἄξιον θανάτου
Ac 24:23 τε ἄνεσιν καὶ **μηδένα** κωλύειν τῶν ἰδίων
Ac 25:17 [αὐτῶν] ἐνθάδε ἀναβολὴν **μηδεμίαν** ποιησάμενος τῇ ἑξῆς
Ac 25:25 ἐγὼ δὲ κατελαβόμην **μηδὲν** ἄξιον αὐτὸν θανάτου
Ac 27:33 προσδοκῶντες ἄσιτοι διατελεῖτε **μηθὲν** προσλαβόμενοι.
Ac 28:6 προσδοκώντων καὶ θεωρούντων **μηδὲν** ἄτοπον εἰς αὐτὸν
Ac 28:18 ἀπολῦσαι διὰ τὸ **μηδεμίαν** αἰτίαν θανάτου ὑπάρχειν

Μῆδος (*Mēdos*; 1/1) *Mede*
Ac 2:9 Πάρθοι καὶ **Μῆδοι** καὶ Ἐλαμῖται καὶ

μηκέτι (*mēketi*; 3/21[22]) *no longer*
Ac 4:17 λαὸν ἀπειλησώμεθα αὐτοῖς **μηκέτι** λαλεῖν
Ac 13:34 αὐτὸν ἐκ νεκρῶν **μηκέτι** μέλλοντα ὑποστρέφειν εἰς
Ac 25:24 δεῖν αὐτὸν ζῆν **μηκέτι**.

μήν (*mēn*; 5/18) *month*
Ac 7:20 ὃς ἀνετράφη **μῆνας** τρεῖς ἐν τῷ
Ac 18:11 δὲ ἐνιαυτὸν καὶ **μῆνας** ἓξ διδάσκων ἐν
Ac 19:8 συναγωγὴν ἐπαρρησιάζετο ἐπὶ **μῆνας** τρεῖς διαλεγόμενος καὶ
Ac 20:3 ποιήσας τε **μῆνας** τρεῖς·
Ac 28:11 Μετὰ δὲ τρεῖς **μῆνας** ἀνήχθημεν ἐν πλοίῳ

μηνύω (*mēnyō*; 1/4) *make known, report*
Ac 23:30 **μηνυθείσης** δέ μοι ἐπιβουλῆς

μήποτε (*mēpote*; 2/25) *lest*
Ac 5:39 **μήποτε** καὶ θεομάχοι εὑρεθῆτε.
Ac 28:27 **μήποτε** ἴδωσιν τοῖς ὀφθαλμοῖς

μήτε (*mēte*; 8/34) *and not*
Ac 23:8 μὴ εἶναι ἀνάστασιν **μήτε** ἄγγελον μήτε πνεῦμα,
Ac 23:8 ἀνάστασιν μήτε ἄγγελον **μήτε** πνεῦμα,
Ac 23:12 ἀνεθεμάτισαν ἑαυτοὺς λέγοντες **μήτε** φαγεῖν μήτε πιεῖν
Ac 23:12 λέγοντες μήτε φαγεῖν **μήτε** πιεῖν ἕως οὗ
Ac 23:21 οἵτινες ἀνεθεμάτισαν ἑαυτοὺς **μήτε** φαγεῖν μήτε πιεῖν
Ac 23:21 ἑαυτοὺς μήτε φαγεῖν **μήτε** πιεῖν ἕως οὗ
Ac 27:20 **μήτε** δὲ ἡλίου μήτε
Ac 27:20 μήτε δὲ ἡλίου **μήτε** ἄστρων ἐπιφαινόντων

μήτηρ (*mētēr*; 4/83) *mother*
Ac 1:14 καὶ Μαριὰμ τῇ **μητρὶ** τοῦ Ἰησοῦ καὶ
Ac 3:2 χωλὸς ἐκ κοιλίας **μητρὸς** αὐτοῦ ὑπάρχων ἐβαστάζετο,
Ac 12:12 τῆς Μαρίας τῆς **μητρὸς** Ἰωάννου τοῦ ἐπικαλουμένου
Ac 14:8 χωλὸς ἐκ κοιλίας **μητρὸς** αὐτοῦ ὃς οὐδέποτε

μήτι (*mēti*; 1/18) *particle used in questions*
Ac 10:47 **μήτι** τὸ ὕδωρ δύναται

μικρός (*mikros*; 2/46) *little*
Ac 8:10 προσεῖχον πάντες ἀπὸ **μικροῦ** ἕως μεγάλου λέγοντες·
Ac 26:22 ταύτης ἕστηκα μαρτυρόμενος **μικρῷ** τε καὶ μεγάλῳ

Μίλητος (*Milētos*; 2/3) *Miletus*
Ac 20:15 ἐχομένῃ ἤλθομεν εἰς **Μίλητον**.
Ac 20:17 Ἀπὸ δὲ τῆς **Μιλήτου** πέμψας εἰς Ἔφεσον

μιμνῄσκομαι (*mimnēskomai*; 2/23) *remember*
Ac 10:31 αἱ ἐλεημοσύναι σου **ἐμνήσθησαν** ἐνώπιον τοῦ θεοῦ.
Ac 11:16 **ἐμνήσθην** δὲ τοῦ ῥήματος

μισθός (*misthos*; 1/29) *pay*
Ac 1:18 ἐκτήσατο χωρίον ἐκ **μισθοῦ** τῆς ἀδικίας καὶ

μίσθωμα (*misthōma*; 1/1) *expense*
Ac 28:30 ὅλην ἐν ἰδίῳ **μισθώματι** καὶ ἀπεδέχετο πάντας

Μιτυλήνη (*Mitylēnē*; 1/1) *Mitylene*
Ac 20:14 αὐτὸν ἤλθομεν εἰς **Μιτυλήνην**,

Μνάσων (*Mnasōn*; 1/1) *Mnason*
Ac 21:16 παρ᾽ ᾧ ξενισθῶμεν **Μνάσωνί** τινι Κυπρίῳ,

μνῆμα (*mnēma*; 2/8) *grave*
Ac 2:29 καὶ τὸ **μνῆμα** αὐτοῦ ἔστιν ἐν
Ac 7:16 ἐτέθησαν ἐν τῷ **μνήματι** ᾧ ὠνήσατο Ἀβραὰμ

μνημεῖον (*mnēmeion*; 1/40) *grave, tomb*
Ac 13:29 ξύλου ἔθηκαν εἰς **μνημεῖον**.

μνημονεύω (*mnēmoneuō*; 2/21) *remember*
Ac 20:31 διὸ γρηγορεῖτε **μνημονεύοντες** ὅτι τριετίαν νύκτα
Ac 20:35 **μνημονεύειν** τε τῶν λόγων

μνημόσυνον (*mnēmosynon*; 1/3) *memorial*
Ac 10:4 σου ἀνέβησαν εἰς **μνημόσυνον** ἔμπροσθεν τοῦ θεοῦ.

μόλις (*molis*; 4/6) *with difficulty*
Ac 14:18 καὶ ταῦτα λέγοντες **μόλις** κατέπαυσαν τοὺς ὄχλους
Ac 27:7 ἡμέραις βραδυπλοοῦντες καὶ **μόλις** γενόμενοι κατὰ τὴν
Ac 27:8 **μόλις** τε παραλεγόμενοι αὐτὴν
Ac 27:16 καλούμενον Καῦδα ἰσχύσαμεν **μόλις** περικρατεῖς γενέσθαι τῆς

Μολόχ (*Moloch*; 1/1) *Moloch*
Ac 7:43 τὴν σκηνὴν τοῦ **Μόλοχ** καὶ τὸ ἄστρον

μόνος (*monos*; 8/113[114]) *only*

Ac 8:16 **μόνον** δὲ βεβαπτισμένοι ὑπῆρχον
Ac 11:19 λόγον εἰ μὴ **μόνον** Ἰουδαίοις.
Ac 18:25 ἐπιστάμενος **μόνον** τὸ βάπτισμα Ἰωάννου·
Ac 19:26 ἀκούετε ὅτι οὐ **μόνον** Ἐφέσου ἀλλὰ σχεδὸν
Ac 19:27 οὐ **μόνον** δὲ τοῦτο κινδυνεύει
Ac 21:13 ἐγὼ γὰρ οὐ **μόνον** δεθῆναι ἀλλὰ καὶ
Ac 26:29 ἐν μεγάλῳ οὐ **μόνον** σὲ ἀλλὰ καὶ
Ac 27:10 πολλῆς ζημίας οὐ **μόνον** τοῦ φορτίου καὶ

μοσχοποιέω (*moschopoieō*; 1/1) *make a calf*

Ac 7:41 καὶ **ἐμοσχοποίησαν** ἐν ταῖς ἡμέραις

Μύρα (*Myra*; 1/1) *Myra*

Ac 27:5 διαπλεύσαντες κατήλθομεν εἰς **Μύρα** τῆς Λυκίας.

μυριάς (*myrias*; 2/8) *group of ten thousand*

Ac 19:19 καὶ εὗρον ἀργυρίου **μυριάδας** πέντε.
Ac 21:20 πόσαι **μυριάδες** εἰσὶν ἐν τοῖς

Μυσία (*Mysia*; 2/2) *Mysia*

Ac 16:7 δὲ κατὰ τὴν **Μυσίαν** ἐπείραζον εἰς τὴν
Ac 16:8 παρελθόντες δὲ τὴν **Μυσίαν** κατέβησαν εἰς Τρῳάδα.

Μωϋσῆς (*Mōysēs*; 19/79[80]) *Moses*

Ac 3:22 **Μωϋσῆς** μὲν εἶπεν ὅτι
Ac 6:11 ῥήματα βλάσφημα εἰς **Μωϋσῆν** καὶ τὸν θεόν.
Ac 6:14 ἃ παρέδωκεν ἡμῖν **Μωϋσῆς**.
Ac 7:20 ᾧ καιρῷ ἐγεννήθη **Μωϋσῆς** καὶ ἦν ἀστεῖος
Ac 7:22 καὶ ἐπαιδεύθη **Μωϋσῆς** [ἐν] πάσῃ σοφίᾳ
Ac 7:29 ἔφυγεν δὲ **Μωϋσῆς** ἐν τῷ λόγῳ
Ac 7:31 ὁ δὲ **Μωϋσῆς** ἰδὼν ἐθαύμαζεν τὸ
Ac 7:32 ἔντρομος δὲ γενόμενος **Μωϋσῆς** οὐκ ἐτόλμα κατανοῆσαι.
Ac 7:35 Τοῦτον τὸν **Μωϋσῆν** ὃν ἠρνήσαντο εἰπόντες·
Ac 7:37 οὗτός ἐστιν ὁ **Μωϋσῆς** ὁ εἴπας τοῖς
Ac 7:40 ὁ γὰρ **Μωϋσῆς** οὗτος,
Ac 7:44 ὁ λαλῶν τῷ **Μωϋσῇ** ποιῆσαι αὐτὴν κατὰ
Ac 13:38 ἠδυνήθητε ἐν νόμῳ **Μωϋσέως** δικαιωθῆναι,
Ac 15:1 τῷ ἔθει τῷ **Μωϋσέως**,
Ac 15:5 τηρεῖν τὸν νόμον **Μωϋσέως**.
Ac 15:21 **Μωϋσῆς** γὰρ ἐκ γενεῶν
Ac 21:21 ἀποστασίαν διδάσκεις ἀπὸ **Μωϋσέως** τοὺς
Ac 26:22 μελλόντων γίνεσθαι καὶ **Μωϋσῆς**,
Ac 28:23 τε τοῦ νόμου **Μωϋσέως** καὶ τῶν προφητῶν,

Ναζαρέθ (*Nazareth*; 1/12) *Nazareth*

Ac 10:38 Ἰησοῦν τὸν ἀπὸ **Ναζαρέθ**,

Ναζωραῖος (*Nazōraios*; 7/13) *inhabitant of Nazareth*

Ac 2:22 Ἰησοῦν τὸν **Ναζωραῖον**,
Ac 3:6 Ἰησοῦ Χριστοῦ τοῦ **Ναζωραίου** [ἔγειρε καὶ] περιπάτει.
Ac 4:10 Ἰησοῦ Χριστοῦ τοῦ **Ναζωραίου** ὃν ὑμεῖς ἐσταυρώσατε,
Ac 6:14 ὅτι Ἰησοῦς ὁ **Ναζωραῖος** οὗτος καταλύσει
Ac 22:8 εἰμι Ἰησοῦς ὁ **Ναζωραῖος**,
Ac 24:5 τε τῆς τῶν **Ναζωραίων** αἱρέσεως,
Ac 26:9 ὄνομα Ἰησοῦ τοῦ **Ναζωραίου** δεῖν πολλὰ ἐναντία

ναί (*nai*; 2/33) *yes*

Ac 5:8 **ναί**,
Ac 22:27 **ναί**.

ναός (*naos*; 2/45) *temple*

Ac 17:24 οὐκ ἐν χειροποιήτοις **ναοῖς** κατοικεῖ
Ac 19:24 ποιῶν **ναοὺς** ἀργυροῦς Ἀρτέμιδος παρείχετο

ναύκληρος (*nauklēros*; 1/1) *ship*

Ac 27:11 κυβερνήτῃ καὶ τῷ **ναυκλήρῳ** μᾶλλον ἐπείθετο ἢ

ναῦς (*naus*; 1/1) *ship*

Ac 27:41 διθάλασσον ἐπέκειλαν τὴν **ναῦν** καὶ ἡ μὲν

ναύτης (*nautēs*; 2/3) *sailor*

Ac 27:27 νυκτὸς ὑπενόουν οἱ **ναῦται** προσάγειν τινα αὐτοῖς
Ac 27:30 Τῶν δὲ **ναυτῶν** ζητούντων φυγεῖν ἐκ

νεανίας (*neanias*; 3/3) *young man*

Ac 7:58 παρὰ τοὺς πόδας **νεανίου** καλουμένου Σαύλου,
Ac 20:9 καθεζόμενος δέ τις **νεανίας** ὀνόματι Εὔτυχος ἐπὶ
Ac 23:17 τὸν **νεανίαν** τοῦτον ἀπάγαγε πρὸς

νεανίσκος (*neaniskos*; 4/11) *young man*

Ac 2:17 ὑμῶν καὶ οἱ **νεανίσκοι** ὑμῶν ὁράσεις ὄψονται
Ac 5:10 εἰσελθόντες δὲ οἱ **νεανίσκοι** εὗρον αὐτὴν νεκρὰν
Ac 23:18 ἠρώτησεν τοῦτον τὸν **νεανίσκον** ἀγαγεῖν πρὸς σὲ
Ac 23:22 χιλίαρχος ἀπέλυσε τὸν **νεανίσκον** παραγγείλας μηδενὶ ἐκλαλῆσαι

νεκρός (*nekros*; 17/128) *dead*

Ac 3:15 θεὸς ἤγειρεν ἐκ **νεκρῶν**,
Ac 4:2 ἀνάστασιν τὴν ἐκ **νεκρῶν**,
Ac 4:10 θεὸς ἤγειρεν ἐκ **νεκρῶν**,
Ac 5:10 νεανίσκοι εὗρον αὐτὴν **νεκρὰν** καὶ ἐξενέγκαντες ἔθαψαν
Ac 10:41 ἀναστῆναι αὐτὸν ἐκ **νεκρῶν**·
Ac 10:42 κριτὴς ζώντων καὶ **νεκρῶν**.
Ac 13:30 ἤγειρεν αὐτὸν ἐκ **νεκρῶν**,
Ac 13:34 ἀνέστησεν αὐτὸν ἐκ **νεκρῶν** μηκέτι μέλλοντα ὑποστρέφειν
Ac 17:3 καὶ ἀναστῆναι ἐκ **νεκρῶν** καὶ ὅτι οὗτός
Ac 17:31 ἀναστήσας αὐτὸν ἐκ **νεκρῶν**.
Ac 17:32 Ἀκούσαντες δὲ ἀνάστασιν **νεκρῶν** οἱ μὲν ἐχλεύαζον,
Ac 20:9 κάτω καὶ ἤρθη **νεκρός**.
Ac 23:6 ἐλπίδος καὶ ἀναστάσεως **νεκρῶν** [ἐγὼ] κρίνομαι.

Ac 24:21 ὅτι περὶ ἀναστάσεως **νεκρῶν** ἐγὼ κρίνομαι σήμερον
Ac 26:8 εἰ ὁ θεὸς **νεκροὺς** ἐγείρει;
Ac 26:23 πρῶτος ἐξ ἀναστάσεως **νεκρῶν** φῶς μέλλει καταγγέλλειν
Ac 28:6 ἢ καταπίπτειν ἄφνω **νεκρόν**.

νέος (*neos*; 2/24) *young, new*
Ac 5:6 ἀναστάντες δὲ οἱ **νεώτεροι** συνέστειλαν αὐτὸν καὶ
Ac 16:11 δὲ ἐπιούσῃ εἰς **Νέαν** πόλιν

νεότης (*neotēs*; 1/4) *youth*
Ac 26:4 μου [τὴν] ἐκ **νεότητος** τὴν ἀπ' ἀρχῆς

νεύω (*neuō*; 1/2) *motion*
Ac 24:10 τε ὁ Παῦλος **νεύσαντος** αὐτῷ τοῦ ἡγεμόνος

νεφέλη (*nephelē*; 1/25) *cloud*
Ac 1:9 αὐτῶν ἐπήρθη καὶ **νεφέλη** ὑπέλαβεν αὐτὸν

νεωκόρος (*neōkoros*; 1/1) *temple keeper*
Ac 19:35 τὴν Ἐφεσίων πόλιν **νεωκόρον** οὖσαν τῆς μεγάλης

νησίον (*nēsion*; 1/1) *small island*
Ac 27:16 **νησίον** δέ τι ὑποδραμόντες

νῆσος (*nēsos*; 6/9) *island*
Ac 13:6 δὲ ὅλην τὴν **νῆσον** ἄχρι Πάφου εὗρον
Ac 27:26 εἰς **νῆσον** δέ τινα δεῖ
Ac 28:1 ὅτι Μελίτη ἡ **νῆσος** καλεῖται.
Ac 28:7 τῷ πρώτῳ τῆς **νήσου** ὀνόματι Ποπλίῳ,
Ac 28:9 οἱ ἐν τῇ **νήσῳ** ἔχοντες ἀσθενείας προσήρχοντο
Ac 28:11 παρακεχειμακότι ἐν τῇ **νήσῳ**,

νηστεία (*nēsteia*; 2/5) *fasting*
Ac 14:23 προσευξάμενοι μετὰ **νηστειῶν** παρέθεντο αὐτοὺς τῷ
Ac 27:9 τὸ καὶ τὴν **νηστείαν** ἤδη παρεληλυθέναι παρῄνει

νηστεύω (*nēsteuō*; 2/20) *fast*
Ac 13:2 τῷ κυρίῳ καὶ **νηστευόντων** εἶπεν τὸ πνεῦμα
Ac 13:3 τότε **νηστεύσαντες** καὶ προσευξάμενοι καὶ

Νίγερ (*Niger*; 1/1) *Niger*
Ac 13:1 Συμεὼν ὁ καλούμενος **Νίγερ** καὶ Λούκιος ὁ

Νικάνωρ (*Nikanōr*; 1/1) *Nicanor*
Ac 6:5 καὶ Πρόχορον καὶ **Νικάνορα** καὶ Τίμωνα καὶ

Νικόλαος (*Nikolaos*; 1/1) *Nicolaus*
Ac 6:5 καὶ Παρμενᾶν καὶ **Νικόλαον** προσήλυτον Ἀντιοχέα,

νομίζω (*nomizō*; 7/15) *think*
Ac 7:25 **ἐνόμιζεν** δὲ συνιέναι τοὺς
Ac 8:20 δωρεὰν τοῦ θεοῦ **ἐνόμισας** διὰ χρημάτων κτᾶσθαι·
Ac 14:19 ἔξω τῆς πόλεως **νομίζοντες** αὐτὸν τεθνηκέναι.
Ac 16:13 παρὰ ποταμὸν οὗ **ἐνομίζομεν** προσευχὴν εἶναι,
Ac 16:27 ἤμελλεν ἑαυτὸν ἀναιρεῖν **νομίζων** ἐκπεφευγέναι τοὺς δεσμίους.
Ac 17:29 θεοῦ οὐκ ὀφείλομεν **νομίζειν** χρυσῷ ἢ ἀργύρῳ
Ac 21:29 ὃν **ἐνόμιζον** ὅτι εἰς τὸ

νομοδιδάσκαλος (*nomodidaskalos*; 1/3) *teacher or interpreter of the law*
Ac 5:34 **νομοδιδάσκαλος** τίμιος παντὶ τῷ

νόμος (*nomos*; 17/193[194]) *law*
Ac 6:13 [τούτου] καὶ τοῦ **νόμου**·
Ac 7:53 οἵτινες ἐλάβετε τὸν **νόμον** εἰς διαταγὰς ἀγγέλων
Ac 13:15 τὴν ἀνάγνωσιν τοῦ **νόμου** καὶ τῶν προφητῶν
Ac 13:38 οὐκ ἠδυνήθητε ἐν **νόμῳ** Μωϋσέως δικαιωθῆναι,
Ac 15:5 τε τηρεῖν τὸν **νόμον** Μωϋσέως.
Ac 18:13 ὅτι παρὰ τὸν **νόμον** ἀναπείθει οὗτος τοὺς
Ac 18:15 καὶ ὀνομάτων καὶ **νόμου** τοῦ καθ' ὑμᾶς,
Ac 21:20 πάντες ζηλωταὶ τοῦ **νόμου** ὑπάρχουσιν·
Ac 21:24 αὐτὸς φυλάσσων τὸν **νόμον**.
Ac 21:28 λαοῦ καὶ τοῦ **νόμου** καὶ τοῦ τόπου
Ac 22:3 ἀκρίβειαν τοῦ πατρῴου **νόμου**,
Ac 22:12 εὐλαβὴς κατὰ τὸν **νόμον**,
Ac 23:3 με κατὰ τὸν **νόμον** καὶ παρανομῶν κελεύεις
Ac 23:29 περὶ ζητημάτων τοῦ **νόμου** αὐτῶν,
Ac 24:14 τοῖς κατὰ τὸν **νόμον** καὶ τοῖς ἐν
Ac 25:8 οὔτε εἰς τὸν **νόμον** τῶν Ἰουδαίων οὔτε
Ac 28:23 ἀπό τε τοῦ **νόμου** Μωϋσέως καὶ τῶν

νόσος (*nosos*; 1/11) *disease*
Ac 19:12 ἀπ' αὐτῶν τὰς **νόσους**,

νοσφίζω (*nosphizō*; 2/3) *keep back for oneself*
Ac 5:2 καὶ **ἐνοσφίσατο** ἀπὸ τῆς τιμῆς,
Ac 5:3 τὸ ἅγιον καὶ **νοσφίσασθαι** ἀπὸ τῆς τιμῆς

νότος (*notos*; 2/7) *south wind*
Ac 27:13 Ὑποπνεύσαντος δὲ **νότου** δόξαντες τῆς προθέσεως
Ac 28:13 μίαν ἡμέραν ἐπιγενομένου **νότου** δευτεραῖοι ἤλθομεν εἰς

νουθετέω (*noutheteō*; 1/8) *instruct*
Ac 20:31 ἐπαυσάμην μετὰ δακρύων **νουθετῶν** ἕνα ἕκαστον.

νῦν (*nyn*; 25/146[147]) *now*
Ac 3:17 Καὶ **νῦν**,
Ac 4:29 καὶ τὰ **νῦν**,
Ac 5:38 καὶ τὰ **νῦν** λέγω ὑμῖν,
Ac 7:4 εἰς ἣν ὑμεῖς **νῦν** κατοικεῖτε,
Ac 7:34 καὶ **νῦν** δεῦρο ἀποστείλω σε
Ac 7:52 οὗ **νῦν** ὑμεῖς προδόται καὶ
Ac 10:5 καὶ **νῦν** πέμψον ἄνδρας εἰς

Ac 10:33 **νῦν** οὖν πάντες ἡμεῖς
Ac 12:11 **νῦν** οἶδα ἀληθῶς ὅτι
Ac 13:11 καὶ **νῦν** ἰδοὺ χεὶρ κυρίου
Ac 13:31 οἵτινες [**νῦν**] εἰσιν μάρτυρες αὐτοῦ
Ac 15:10 **νῦν** οὖν τί πειράζετε
Ac 16:36 **νῦν** οὖν ἐξελθόντες πορεύεσθε
Ac 16:37 καὶ **νῦν** λάθρᾳ ἡμᾶς ἐκβάλλουσιν;
Ac 17:30 τὰ **νῦν** παραγγέλλει τοῖς ἀνθρώποις
Ac 18:6 ἐγὼ ἀπὸ τοῦ **νῦν** εἰς τὰ ἔθνη
Ac 20:22 Καὶ **νῦν** ἰδοὺ δεδεμένος ἐγὼ
Ac 20:25 Καὶ **νῦν** ἰδοὺ ἐγὼ οἶδα
Ac 20:32 Καὶ τὰ **νῦν** παρατίθεμαι ὑμᾶς τῷ
Ac 22:16 καὶ **νῦν** τί μέλλεις;
Ac 23:15 **νῦν** οὖν ὑμεῖς ἐμφανίσατε
Ac 23:21 καὶ **νῦν** εἰσιν ἕτοιμοι προσδεχόμενοι
Ac 24:25 τὸ **νῦν** ἔχον πορεύου,
Ac 26:6 καὶ **νῦν** ἐπ' ἐλπίδι τῆς
Ac 27:22 καὶ τὰ **νῦν** παραινῶ ὑμᾶς εὐθυμεῖν·

νυνί (*nyni*; 2/20) *now*
Ac 22:1 τῆς πρὸς ὑμᾶς **νυνὶ** ἀπολογίας.
Ac 24:13 σοι περὶ ὧν **νυνὶ** κατηγοροῦσίν μου.

νύξ (*nyx*; 16/61) *night*
Ac 5:19 δὲ κυρίου διὰ **νυκτὸς** ἀνοίξας τὰς θύρας
Ac 9:24 ἡμέρας τε καὶ **νυκτὸς** ὅπως αὐτὸν ἀνέλωσιν·
Ac 9:25 οἱ μαθηταὶ αὐτοῦ **νυκτὸς** διὰ τοῦ τείχους
Ac 12:6 τῇ **νυκτὶ** ἐκείνῃ ἦν ὁ
Ac 16:9 ὅραμα διὰ [τῆς] **νυκτὸς** τῷ Παύλῳ ὤφθη,
Ac 16:33 τῇ ὥρᾳ τῆς **νυκτὸς** ἔλουσεν ἀπὸ τῶν
Ac 17:10 ἀδελφοὶ εὐθέως διὰ **νυκτὸς** ἐξέπεμψαν τόν τε
Ac 18:9 ὁ κύριος ἐν **νυκτὶ** δι' ὁράματος τῷ
Ac 20:31 μνημονεύοντες ὅτι τριετίαν **νύκτα** καὶ ἡμέραν οὐκ
Ac 23:11 Τῇ δὲ ἐπιούσῃ **νυκτὶ** ἐπιστὰς αὐτῷ ὁ
Ac 23:23 τρίτης ὥρας τῆς **νυκτός**,
Ac 23:31 Παῦλον ἤγαγον διὰ **νυκτὸς** εἰς τὴν Ἀντιπατρίδα,
Ac 26:7 ἡμῶν ἐν ἐκτενείᾳ **νύκτα** καὶ ἡμέραν λατρεῦον
Ac 27:23 μοι ταύτῃ τῇ **νυκτὶ** τοῦ θεοῦ,
Ac 27:27 Ὡς δὲ τεσσαρεσκαιδεκάτη **νὺξ** ἐγένετο διαφερομένων ἡμῶν
Ac 27:27 κατὰ μέσον τῆς **νυκτὸς** ὑπενόουν οἱ ναῦται

ξενία (*xenia*; 1/2) *place of lodging*
Ac 28:23 αὐτὸν εἰς τὴν **ξενίαν** πλείονες οἷς ἐξετίθετο

ξενίζω (*xenizō*; 7/10) *entertain as a guest*
Ac 10:6 οὗτος **ξενίζεται** παρά τινι Σίμωνι
Ac 10:18 ἐπικαλούμενος Πέτρος ἐνθάδε **ξενίζεται**.
Ac 10:23 εἰσκαλεσάμενος οὖν αὐτοὺς **ἐξένισεν**.
Ac 10:32 οὗτος **ξενίζεται** ἐν οἰκίᾳ Σίμωνος
Ac 17:20 **ξενίζοντα** γάρ τινα εἰσφέρεις
Ac 21:16 ἄγοντες παρ' ᾧ **ξενισθῶμεν** Μνάσωνί τινι Κυπρίῳ,
Ac 28:7 τρεῖς ἡμέρας φιλοφρόνως **ἐξένισεν**.

ξένος (*xenos*; 2/14) *strange, stranger*
Ac 17:18 **ξένων** δαιμονίων δοκεῖ καταγγελεὺς
Ac 17:21 καὶ οἱ ἐπιδημοῦντες **ξένοι** εἰς οὐδὲν ἕτερον

ξύλον (*xylon*; 4/20) *wood*
Ac 5:30 διεχειρίσασθε κρεμάσαντες ἐπὶ **ξύλου**·
Ac 10:39 ἀνεῖλαν κρεμάσαντες ἐπὶ **ξύλου**,
Ac 13:29 καθελόντες ἀπὸ τοῦ **ξύλου** ἔθηκαν εἰς μνημεῖον.
Ac 16:24 αὐτῶν εἰς τὸ **ξύλον**.

ξυράω (*xyraō*; 1/3) *shave*
Ac 21:24 ἐπ' αὐτοῖς ἵνα **ξυρήσονται** τὴν κεφαλήν,

ὄγδοος (*ogdoos*; 1/5) *eighth*
Ac 7:8 τῇ ἡμέρᾳ τῇ **ὀγδόῃ**,

ὅδε (*hode*; 1/10) *this*
Ac 21:11 **τάδε** λέγει τὸ πνεῦμα

ὁδηγέω (*hodēgeō*; 1/5) *lead*
Ac 8:31 ἐὰν μή τις **ὁδηγήσει** με;

ὁδηγός (*hodēgos*; 1/5) *guide*
Ac 1:16 Ἰούδα τοῦ γενομένου **ὁδηγοῦ** τοῖς συλλαβοῦσιν Ἰησοῦν,

ὁδοιπορέω (*hodoiporeō*; 1/1) *travel*
Ac 10:9 **ὁδοιπορούντων** ἐκείνων καὶ τῇ

ὁδός (*hodos*; 20/101) *way*
Ac 1:12 Ἰερουσαλὴμ σαββάτου ἔχον **ὁδόν**.
Ac 2:28 ἐγνώρισάς μοι **ὁδοὺς** ζωῆς,
Ac 8:26 μεσημβρίαν ἐπὶ τὴν **ὁδὸν** τὴν καταβαίνουσαν ἀπὸ
Ac 8:36 ἐπορεύοντο κατὰ τὴν **ὁδόν**,
Ac 8:39 ἐπορεύετο γὰρ τὴν **ὁδὸν** αὐτοῦ χαίρων.
Ac 9:2 τινας εὕρῃ τῆς **ὁδοῦ** ὄντας,
Ac 9:17 σοι ἐν τῇ **ὁδῷ** ᾗ ἤρχου,
Ac 9:27 πῶς ἐν τῇ **ὁδῷ** εἶδεν τὸν κύριον
Ac 13:10 παύσῃ διαστρέφων τὰς **ὁδοὺς** [τοῦ] κυρίου
Ac 14:16 ἔθνη πορεύεσθαι ταῖς **ὁδοῖς** αὐτῶν·
Ac 16:17 οἵτινες καταγγέλλουσιν ὑμῖν **ὁδὸν** σωτηρίας.
Ac 18:25 ἦν κατηχημένος τὴν **ὁδὸν** τοῦ κυρίου καὶ
Ac 18:26 αὐτῷ ἐξέθεντο τὴν **ὁδὸν** [τοῦ θεοῦ].
Ac 19:9 ἠπείθουν κακολογοῦντες τὴν **ὁδὸν** ἐνώπιον τοῦ πλήθους,
Ac 19:23 ὀλίγος περὶ τῆς **ὁδοῦ**.
Ac 22:4 ὃς ταύτην τὴν **ὁδὸν** ἐδίωξα ἄχρι θανάτου
Ac 24:14 ὅτι κατὰ τὴν **ὁδὸν** ἣν λέγουσιν αἵρεσιν,
Ac 24:22 τὰ περὶ τῆς **ὁδοῦ** εἴπας·
Ac 25:3 αὐτὸν κατὰ τὴν **ὁδόν**.
Ac 26:13 μέσης κατὰ τὴν **ὁδὸν** εἶδον,

ὀδούς (*odous*; 1/12) *tooth*
Ac 7:54 καὶ ἔβρυχον τοὺς **ὀδόντας** ἐπ' αὐτόν.

ὀδυνάω (*odynaō*; 1/4) *be in great pain*
Ac 20:38 **ὀδυνώμενοι** μάλιστα ἐπὶ τῷ

ὅθεν (*hothen*; 3/15) *from where*
Ac 14:26 **ὅθεν** ἦσαν παραδεδομένοι τῇ
Ac 26:19 **Ὅθεν**,

Ac 28:13 **ὅθεν** περιελόντες κατηντήσαμεν εἰς

ὀθόνη (*othonē*; 2/2) *large piece of cloth*

Ac 10:11 σκεῦός τι ὡς **ὀθόνην** μεγάλην τέσσαρσιν ἀρχαῖς
Ac 11:5 σκεῦός τι ὡς **ὀθόνην** μεγάλην τέσσαρσιν ἀρχαῖς

οἶδα (*oida*; 19/318) *know*

Ac 2:22 ὑμῶν καθὼς αὐτοὶ **οἴδατε**,
Ac 2:30 οὖν ὑπάρχων καὶ **εἰδὼς** ὅτι ὅρκῳ ὤμοσεν
Ac 3:16 ὃν θεωρεῖτε καὶ **οἴδατε**,
Ac 3:17 **οἶδα** ὅτι κατὰ ἄγνοιαν
Ac 5:7 γυνὴ αὐτοῦ μὴ **εἰδυῖα** τὸ γεγονὸς εἰσῆλθεν.
Ac 7:18 Αἴγυπτον] ὃς οὐκ **ᾔδει** τὸν Ἰωσήφ.
Ac 7:40 οὐκ **οἴδαμεν** τί ἐγένετο αὐτῷ.
Ac 10:37 ὑμεῖς **οἴδατε** τὸ γενόμενον ῥῆμα
Ac 12:9 ἠκολούθει καὶ οὐκ **ᾔδει** ὅτι ἀληθές ἐστιν
Ac 12:11 νῦν **οἶδα** ἀληθῶς ὅτι ἐξαπέστειλεν
Ac 16:3 **ᾔδεισαν** γὰρ ἅπαντες ὅτι
Ac 19:32 οἱ πλείους οὐκ **ᾔδεισαν** τίνος ἕνεκα συνεληλύθεισαν.
Ac 20:22 συναντήσοντά μοι μὴ **εἰδώς**,
Ac 20:25 νῦν ἰδοὺ ἐγὼ **οἶδα** ὅτι οὐκέτι ὄψεσθε
Ac 20:29 ἐγὼ **οἶδα** ὅτι εἰσελεύσονται μετὰ
Ac 23:5 οὐκ **ᾔδειν**,
Ac 24:22 ἀκριβέστερον **εἰδὼς** τὰ περὶ τῆς
Ac 26:4 ἔν τε Ἱεροσολύμοις **ἴσασι** πάντες [οἱ] Ἰουδαῖοι
Ac 26:27 οἶδα **ὅτι** πιστεύεις.

οἰκέτης (*oiketēs*; 1/4) *house servant*

Ac 10:7 φωνήσας δύο τῶν **οἰκετῶν** καὶ στρατιώτην εὐσεβῆ

οἴκημα (*oikēma*; 1/1) *prison cell*

Ac 12:7 ἔλαμψεν ἐν τῷ **οἰκήματι**·

οἰκία (*oikia*; 12/93) *house*

Ac 4:34 κτήτορες χωρίων ἢ **οἰκιῶν** ὑπῆρχον,
Ac 9:11 καὶ ζήτησον ἐν **οἰκίᾳ** Ἰούδα Σαῦλον ὀνόματι
Ac 9:17 εἰσῆλθεν εἰς τὴν **οἰκίαν** καὶ ἐπιθεὶς ἐπ᾽
Ac 10:6 ᾧ ἐστιν **οἰκία** παρὰ θάλασσαν.
Ac 10:17 Κορνηλίου διερωτήσαντες τὴν **οἰκίαν** τοῦ Σίμωνος ἐπέστησαν
Ac 10:32 οὗτος ξενίζεται ἐν **οἰκίᾳ** Σίμωνος βυρσέως
Ac 11:11 ἐπέστησαν ἐπὶ τὴν **οἰκίαν** ἐν ᾗ ἦμεν,
Ac 12:12 ἦλθεν ἐπὶ τὴν **οἰκίαν** τῆς Μαρίας τῆς
Ac 16:32 τοῖς ἐν τῇ **οἰκίᾳ** αὐτοῦ.
Ac 17:5 καὶ ἐπιστάντες τῇ **οἰκίᾳ** Ἰάσονος ἐζήτουν αὐτοὺς
Ac 18:7 ἐκεῖθεν εἰσῆλθεν εἰς **οἰκίαν** τινος ὀνόματι Τιτίου
Ac 18:7 οὗ ἡ **οἰκία** ἦν συνομοροῦσα τῇ

οἰκοδομέω (*oikodomeō*; 4/40) *build*

Ac 7:47 Σολομὼν δὲ **οἰκοδόμησεν** αὐτῷ οἶκον.
Ac 7:49 ποῖον οἶκον **οἰκοδομήσετέ** μοι,
Ac 9:31 Σαμαρείας εἶχεν εἰρήνην **οἰκοδομουμένη** καὶ πορευομένη τῷ
Ac 20:32 τῷ δυναμένῳ **οἰκοδομῆσαι** καὶ δοῦναι τὴν

οἰκοδόμος (*oikodomos*; 1/1) *builder*

Ac 4:11 ὑφ᾽ ὑμῶν τῶν **οἰκοδόμων**,

οἶκος (*oikos*; 25/113[114]) *house*

Ac 2:2 ἐπλήρωσεν ὅλον τὸν **οἶκον** οὗ ἦσαν καθήμενοι
Ac 2:36 οὖν γινωσκέτω πᾶς **οἶκος** Ἰσραὴλ ὅτι καὶ
Ac 2:46 κλῶντές τε κατ᾽ **οἶκον** ἄρτον,
Ac 5:42 ἱερῷ καὶ κατ᾽ **οἶκον** οὐκ ἐπαύοντο διδάσκοντες
Ac 7:10 [ἐφ᾽] ὅλον τὸν **οἶκον** αὐτοῦ.
Ac 7:20 τρεῖς ἐν τῷ **οἴκῳ** τοῦ πατρός,
Ac 7:42 **οἶκος** Ἰσραήλ;
Ac 7:46 εὑρεῖν σκήνωμα τῷ **οἴκῳ** Ἰακώβ.
Ac 7:47 δὲ οἰκοδόμησεν αὐτῷ **οἶκον**.
Ac 7:49 ποῖον **οἶκον** οἰκοδομήσετέ μοι,
Ac 8:3 ἐκκλησίαν κατὰ τοὺς **οἴκους** εἰσπορευόμενος,
Ac 10:2 σὺν παντὶ τῷ **οἴκῳ** αὐτοῦ,
Ac 10:22 σε εἰς τὸν **οἶκον** αὐτοῦ καὶ ἀκοῦσαι
Ac 10:30 προσευχόμενος ἐν τῷ **οἴκῳ** μου,
Ac 11:12 εἰσήλθομεν εἰς τὸν **οἶκον** τοῦ ἀνδρός.
Ac 11:13 ἄγγελον ἐν τῷ **οἴκῳ** αὐτοῦ σταθέντα καὶ
Ac 11:14 καὶ πᾶς ὁ **οἶκός** σου.
Ac 16:15 ἐβαπτίσθη καὶ ὁ **οἶκος** αὐτῆς,
Ac 16:15 εἰσελθόντες εἰς τὸν **οἶκόν** μου μένετε·
Ac 16:31 σὺ καὶ ὁ **οἶκός** σου.
Ac 16:34 αὐτοὺς εἰς τὸν **οἶκον** παρέθηκεν τράπεζαν
Ac 18:8 σὺν ὅλῳ τῷ **οἴκῳ** αὐτοῦ,
Ac 19:16 ἐκφυγεῖν ἐκ τοῦ **οἴκου** ἐκείνου.
Ac 20:20 δημοσίᾳ καὶ κατ᾽ **οἴκους**,
Ac 21:8 εἰσελθόντες εἰς τὸν **οἶκον** Φιλίππου τοῦ εὐαγγελιστοῦ,

οἰκουμένη (*oikoumenē*; 5/15) *world*

Ac 11:28 ἐφ᾽ ὅλην τὴν **οἰκουμένην**,
Ac 17:6 ὅτι οἱ τὴν **οἰκουμένην** ἀναστατώσαντες οὗτοι καὶ
Ac 17:31 μέλλει κρίνειν τὴν **οἰκουμένην** ἐν δικαιοσύνῃ,
Ac 19:27 Ἀσία καὶ ἡ **οἰκουμένη** σέβεται.
Ac 24:5 τοῖς κατὰ τὴν **οἰκουμένην** πρωτοστάτην τε

ὀκνέω (*okneō*; 1/1) *delay*

Ac 9:38 μὴ **ὀκνήσῃς** διελθεῖν ἕως ἡμῶν.

ὀκτώ (*oktō*; 2/8) *eight*

Ac 9:33 Αἰνέαν ἐξ ἐτῶν **ὀκτὼ** κατακείμενον ἐπὶ κραβάττου,
Ac 25:6 ἡμέρας οὐ πλείους **ὀκτὼ** ἢ δέκα,

ὀλίγος (*oligos*; 10/40) *little*

Ac 12:18 ἦν τάραχος οὐκ **ὀλίγος** ἐν τοῖς στρατιώταις
Ac 14:28 δὲ χρόνον οὐκ **ὀλίγον** σὺν τοῖς μαθηταῖς.
Ac 15:2 καὶ ζητήσεως οὐκ **ὀλίγης** τῷ Παύλῳ καὶ
Ac 17:4 τῶν πρώτων οὐκ **ὀλίγαι**.
Ac 17:12 καὶ ἀνδρῶν οὐκ **ὀλίγοι**.
Ac 19:23 ἐκεῖνον τάραχος οὐκ **ὀλίγος** περὶ τῆς ὁδοῦ.
Ac 19:24 τοῖς τεχνίταις οὐκ **ὀλίγην** ἐργασίαν,
Ac 26:28 ἐν **ὀλίγῳ** με πείθεις Χριστιανὸν
Ac 26:29 θεῷ καὶ ἐν **ὀλίγῳ** καὶ ἐν μεγάλῳ
Ac 27:20 χειμῶνός τε οὐκ **ὀλίγου** ἐπικειμένου,

ὁλοκληρία (*holoklēria*; 1/1) *full health*

Ac 3:16 ἔδωκεν αὐτῷ τὴν **ὁλοκληρίαν** ταύτην ἀπέναντι πάντων

ὅλος (*holos*; 19/109) *whole*

Ac 2:2 βιαίας καὶ ἐπλήρωσεν **ὅλον** τὸν οἶκον οὗ
Ac 2:47 ἔχοντες χάριν πρὸς **ὅλον** τὸν λαόν.
Ac 5:11 φόβος μέγας ἐφ' **ὅλην** τὴν ἐκκλησίαν καὶ
Ac 7:10 Αἴγυπτον καὶ [ἐφ'] **ὅλον** τὸν οἶκον αὐτοῦ.
Ac 7:11 δὲ λιμὸς ἐφ' **ὅλην** τὴν Αἴγυπτον καὶ
Ac 9:31 οὖν ἐκκλησία καθ' **ὅλης** τῆς Ἰουδαίας καὶ
Ac 9:42 δὲ ἐγένετο καθ' **ὅλης** τῆς Ἰόππης καὶ
Ac 10:22 μαρτυρούμενός τε ὑπὸ **ὅλου** τοῦ ἔθνους τῶν
Ac 10:37 γενόμενον ῥῆμα καθ' **ὅλης** τῆς Ἰουδαίας,
Ac 11:26 αὐτοῖς καὶ ἐνιαυτὸν **ὅλον** συναχθῆναι ἐν τῇ
Ac 11:28 μέλλειν ἔσεσθαι ἐφ' **ὅλην** τὴν οἰκουμένην,
Ac 13:6 Διελθόντες δὲ **ὅλην** τὴν νῆσον ἄχρι
Ac 13:49 τοῦ κυρίου δι' **ὅλης** τῆς χώρας.
Ac 15:22 τοῖς πρεσβυτέροις σὺν **ὅλῃ** τῇ ἐκκλησίᾳ ἐκλεξαμένους
Ac 18:8 τῷ κυρίῳ σὺν **ὅλῳ** τῷ οἴκῳ αὐτοῦ,
Ac 19:27 μεγαλειότητος αὐτῆς ἣν **ὅλη** ἡ Ἀσία καὶ
Ac 21:30 τε ἡ πόλις **ὅλη** καὶ ἐγένετο συνδρομὴ
Ac 21:31 τῆς σπείρης ὅτι **ὅλη** συγχύννεται Ἰερουσαλήμ.
Ac 28:30 Ἐνέμεινεν δὲ διετίαν **ὅλην** ἐν ἰδίῳ μισθώματι

ὁμιλέω (*homileō*; 2/4) *talk*

Ac 20:11 ἐφ' ἱκανόν τε **ὁμιλήσας** ἄχρι αὐγῆς,
Ac 24:26 πυκνότερον αὐτὸν μεταπεμπόμενος **ὡμίλει** αὐτῷ.

ὀμνύω (*omnyō*; 1/26) *swear*

Ac 2:30 εἰδὼς ὅτι ὅρκῳ **ὤμοσεν** αὐτῷ ὁ θεὸς

ὁμοθυμαδόν (*homothymadon*; 10/11) *with one mind*

Ac 1:14 πάντες ἦσαν προσκαρτεροῦντες **ὁμοθυμαδὸν** τῇ προσευχῇ σὺν
Ac 2:46 ἡμέραν τε προσκαρτεροῦντες **ὁμοθυμαδὸν** ἐν τῷ ἱερῷ,
Ac 4:24 οἱ δὲ ἀκούσαντες **ὁμοθυμαδὸν** ἦραν φωνὴν
Ac 5:12 καὶ ἦσαν **ὁμοθυμαδὸν** ἅπαντες ἐν τῇ
Ac 7:57 αὐτῶν καὶ ὥρμησαν **ὁμοθυμαδὸν** ἐπ' αὐτὸν
Ac 8:6 ὑπὸ τοῦ Φιλίππου **ὁμοθυμαδὸν** ἐν τῷ ἀκούειν
Ac 12:20 **ὁμοθυμαδὸν** δὲ παρῆσαν πρὸς
Ac 15:25 ἔδοξεν ἡμῖν γενομένοις **ὁμοθυμαδὸν** ἐκλεξαμένοις ἄνδρας πέμψαι
Ac 18:12 τῆς Ἀχαΐας κατεπέστησαν **ὁμοθυμαδὸν** οἱ Ἰουδαῖοι τῷ
Ac 19:29 ὥρμησάν τε **ὁμοθυμαδὸν** εἰς τὸ θέατρον

ὁμοιοπαθής (*homoiopathēs*; 1/2) *like in every way*

Ac 14:15 καὶ ἡμεῖς **ὁμοιοπαθεῖς** ἐσμεν ὑμῖν ἄνθρωποι

ὅμοιος (*homoios*; 1/45) *like*

Ac 17:29 τὸ θεῖον εἶναι **ὅμοιον**.

ὁμοιόω (*homoioō*; 1/15) *make like*

Ac 14:11 οἱ θεοὶ **ὁμοιωθέντες** ἀνθρώποις κατέβησαν

ὁμολογέω (*homologeō*; 3/26) *confess*

Ac 7:17 τῆς ἐπαγγελίας ἧς **ὡμολόγησεν** ὁ θεὸς τῷ
Ac 23:8 Φαρισαῖοι δὲ **ὁμολογοῦσιν** τὰ ἀμφότερα.
Ac 24:14 **ὁμολογῶ** δὲ τοῦτό σοι

ὁμότεχνος (*homotechnos*; 1/1) *of the same trade*

Ac 18:3 καὶ διὰ τὸ **ὁμότεχνον** εἶναι ἔμενεν παρ'

ὁμοῦ (*homou*; 1/4) *together*

Ac 2:1 πεντηκοστῆς ἦσαν πάντες **ὁμοῦ** ἐπὶ τὸ αὐτό.

ὄνομα (*onoma*; 60/229[230]) *name*

Ac 1:15 ἦν τε ὄχλος **ὀνομάτων** ἐπὶ τὸ αὐτὸ
Ac 2:21 ἂν ἐπικαλέσηται τὸ **ὄνομα** κυρίου σωθήσεται.
Ac 2:38 ὑμῶν ἐπὶ τῷ **ὀνόματι** Ἰησοῦ Χριστοῦ εἰς
Ac 3:6 ἐν τῷ **ὀνόματι** Ἰησοῦ Χριστοῦ τοῦ
Ac 3:16 τῇ πίστει τοῦ **ὀνόματος** αὐτοῦ τοῦτον ὃν
Ac 3:16 ἐστερέωσεν τὸ **ὄνομα** αὐτοῦ,
Ac 4:7 ἢ ἐν ποίῳ **ὀνόματι** ἐποιήσατε τοῦτο ὑμεῖς;
Ac 4:10 ὅτι ἐν τῷ **ὀνόματι** Ἰησοῦ Χριστοῦ τοῦ
Ac 4:12 οὐδὲ γὰρ **ὄνομά** ἐστιν ἕτερον ὑπὸ
Ac 4:17 λαλεῖν ἐπὶ τῷ **ὀνόματι** τούτῳ μηδενὶ ἀνθρώπων.
Ac 4:18 διδάσκειν ἐπὶ τῷ **ὀνόματι** τοῦ Ἰησοῦ.
Ac 4:30 γίνεσθαι διὰ τοῦ **ὀνόματος** τοῦ ἁγίου παιδός
Ac 5:1 δέ τις Ἁνανίας **ὀνόματι** σὺν Σαπφίρῃ τῇ
Ac 5:28 διδάσκειν ἐπὶ τῷ **ὀνόματι** τούτῳ,
Ac 5:34 τῷ συνεδρίῳ Φαρισαῖος **ὀνόματι** Γαμαλιήλ,
Ac 5:40 λαλεῖν ἐπὶ τῷ **ὀνόματι** τοῦ Ἰησοῦ καὶ
Ac 5:41 κατηξιώθησαν ὑπὲρ τοῦ **ὀνόματος** ἀτιμασθῆναι,
Ac 8:9 Ἀνὴρ δέ τις **ὀνόματι** Σίμων προϋπῆρχεν ἐν
Ac 8:12 θεοῦ καὶ τοῦ **ὀνόματος** Ἰησοῦ Χριστοῦ,
Ac 8:16 ὑπῆρχον εἰς τὸ **ὄνομα** τοῦ κυρίου Ἰησοῦ.
Ac 9:10 μαθητὴς ἐν Δαμασκῷ **ὀνόματι** Ἁνανίας,
Ac 9:11 οἰκίᾳ Ἰούδα Σαῦλον **ὀνόματι** Ταρσέα·
Ac 9:12 [ἐν ὁράματι] Ἁνανίαν **ὀνόματι** εἰσελθόντα καὶ ἐπιθέντα
Ac 9:14 τοὺς ἐπικαλουμένους τὸ **ὄνομά** σου.
Ac 9:15 τοῦ βαστάσαι τὸ **ὄνομά** μου ἐνώπιον ἐθνῶν
Ac 9:16 αὐτὸν ὑπὲρ τοῦ **ὀνόματός** μου παθεῖν.
Ac 9:21 τοὺς ἐπικαλουμένους τὸ **ὄνομα** τοῦτο,
Ac 9:27 ἐπαρρησιάσατο ἐν τῷ **ὀνόματι** τοῦ Ἰησοῦ.
Ac 9:28 παρρησιαζόμενος ἐν τῷ **ὀνόματι** τοῦ κυρίου,
Ac 9:33 ἐκεῖ ἄνθρωπόν τινα **ὀνόματι** Αἰνέαν ἐξ ἐτῶν
Ac 9:36 τις ἦν μαθήτρια **ὀνόματι** Ταβιθά,
Ac 10:1 τις ἐν Καισαρείᾳ **ὀνόματι** Κορνήλιος,
Ac 10:43 λαβεῖν διὰ τοῦ **ὀνόματος** αὐτοῦ πάντα τὸν
Ac 10:48 αὐτοὺς ἐν τῷ **ὀνόματι** Ἰησοῦ Χριστοῦ βαπτισθῆναι.
Ac 11:28 εἷς ἐξ αὐτῶν **ὀνόματι** Ἅγαβος ἐσήμανεν διὰ
Ac 12:13 προσῆλθεν παιδίσκη ὑπακοῦσαι **ὀνόματι** Ῥόδη,
Ac 13:6 ψευδοπροφήτην Ἰουδαῖον ᾧ **ὄνομα** Βαριησοῦ
Ac 13:8 γὰρ μεθερμηνεύεται τὸ **ὄνομα** αὐτοῦ,

Ac 15:14 ἐθνῶν λαὸν τῷ **ὀνόματι** αὐτοῦ.
Ac 15:17 οὓς ἐπικέκληται τὸ **ὄνομά** μου ἐπ' αὐτούς,
Ac 15:26 αὐτῶν ὑπὲρ τοῦ **ὀνόματος** τοῦ κυρίου ἡμῶν
Ac 16:1 τις ἦν ἐκεῖ **ὀνόματι** Τιμόθεος,
Ac 16:14 καί τις γυνὴ **ὀνόματι** Λυδία,
Ac 16:18 παραγγέλλω σοι ἐν **ὀνόματι** Ἰησοῦ Χριστοῦ ἐξελθεῖν
Ac 17:34 Ἀρεοπαγίτης καὶ γυνὴ **ὀνόματι** Δάμαρις καὶ ἕτεροι
Ac 18:2 εὑρών τινα Ἰουδαῖον **ὀνόματι** Ἀκύλαν,
Ac 18:7 εἰς οἰκίαν τινος **ὀνόματι** Τιτίου Ἰούστου σεβομένου
Ac 18:15 περὶ λόγου καὶ **ὀνομάτων** καὶ νόμου τοῦ
Ac 18:24 δέ τις Ἀπολλῶς **ὀνόματι**,
Ac 19:5 ἐβαπτίσθησαν εἰς τὸ **ὄνομα** τοῦ κυρίου Ἰησοῦ,
Ac 19:13 τὰ πονηρὰ τὸ **ὄνομα** τοῦ κυρίου Ἰησοῦ
Ac 19:17 καὶ ἐμεγαλύνετο τὸ **ὄνομα** τοῦ κυρίου Ἰησοῦ.
Ac 19:24 Δημήτριος γάρ τις **ὀνόματι**,
Ac 20:9 δέ τις νεανίας **ὀνόματι** Εὔτυχος ἐπὶ τῆς
Ac 21:10 τῆς Ἰουδαίας προφήτης **ὀνόματι** Ἅγαβος,
Ac 21:13 ἔχω ὑπὲρ τοῦ **ὀνόματος** τοῦ κυρίου Ἰησοῦ.
Ac 22:16 σου ἐπικαλεσάμενος τὸ **ὄνομα** αὐτοῦ.
Ac 26:9 ἐμαυτῷ πρὸς τὸ **ὄνομα** Ἰησοῦ τοῦ Ναζωραίου
Ac 27:1 ἑτέρους δεσμώτας ἑκατοντάρχῃ **ὀνόματι** Ἰουλίῳ σπείρης Σεβαστῆς.
Ac 28:7 πρώτῳ τῆς νήσου **ὀνόματι** Ποπλίῳ,

ὀνομάζω (*onomazō*; 1/10) *name*

Ac 19:13 περιερχομένων Ἰουδαίων ἐξορκιστῶν **ὀνομάζειν** ἐπὶ τοὺς ἔχοντας

ὀπίσω (*opisō*; 2/35) *after*

Ac 5:37 καὶ ἀπέστησεν λαὸν **ὀπίσω** αὐτοῦ·
Ac 20:30 ἀποσπᾶν τοὺς μαθητὰς **ὀπίσω** αὐτῶν.

ὁποῖος (*hopoios*; 1/5) *of what sort*

Ac 26:29 σήμερον γενέσθαι τοιούτους **ὁποῖος** καὶ ἐγώ εἰμι

ὅπου (*hopou*; 2/82) *where*

Ac 17:1 ἦλθον εἰς Θεσσαλονίκην **ὅπου** ἦν συναγωγὴ
Ac 20:6 **ὅπου** διετρίψαμεν ἡμέρας ἑπτά.

ὀπτάνομαι (*optanomai*; 1/1) *appear*

Ac 1:3 δι' ἡμερῶν τεσσεράκοντα **ὀπτανόμενος** αὐτοῖς καὶ λέγων

ὀπτασία (*optasia*; 1/4) *vision*

Ac 26:19 ἀπειθὴς τῇ οὐρανίῳ **ὀπτασίᾳ**

ὅπως (*hopōs*; 14/53) *that*

Ac 3:20 **ὅπως** ἂν ἔλθωσιν καιροὶ
Ac 8:15 προσηύξαντο περὶ αὐτῶν **ὅπως** λάβωσιν πνεῦμα ἅγιον·
Ac 8:24 πρὸς τὸν κύριον **ὅπως** μηδὲν ἐπέλθῃ ἐπ'
Ac 9:2 **ὅπως** ἐάν τινας εὕρῃ
Ac 9:12 αὐτῷ [τὰς] χεῖρας **ὅπως** ἀναβλέψῃ.
Ac 9:17 **ὅπως** ἀναβλέψῃς καὶ πλησθῇς
Ac 9:24 τε καὶ νυκτὸς **ὅπως** αὐτὸν ἀνέλωσιν·
Ac 15:17 **ὅπως** ἂν ἐκζητήσωσιν οἱ
Ac 20:16 ὅπως **μὴ** γένηται αὐτῷ χρονοτριβῆσαι
Ac 23:15 σὺν τῷ συνεδρίῳ **ὅπως** καταγάγῃ αὐτὸν εἰς
Ac 23:20 τοῦ ἐρωτῆσαί σε **ὅπως** αὔριον τὸν Παῦλον
Ac 23:23 **ὅπως** πορευθῶσιν ἕως Καισαρείας,
Ac 25:3 χάριν κατ' αὐτοῦ **ὅπως** μεταπέμψηται αὐτὸν
Ac 25:26 **ὅπως** τῆς ἀνακρίσεως γενομένης

ὅραμα (*horama*; 11/12) *vision*

Ac 7:31 ἰδὼν ἐθαύμαζεν τὸ **ὅραμα**,
Ac 9:10 πρὸς αὐτὸν ἐν **ὁράματι** ὁ κύριος·
Ac 9:12 εἶδεν ἄνδρα [ἐν **ὁράματι**] Ἁνανίαν ὀνόματι εἰσελθόντα
Ac 10:3 εἶδεν ἐν **ὁράματι** φανερῶς ὡσεὶ περὶ
Ac 10:17 ἂν εἴη τὸ **ὅραμα** ὃ εἶδεν,
Ac 10:19 διενθυμουμένου περὶ τοῦ **ὁράματος** εἶπεν [αὐτῷ] τὸ
Ac 11:5 εἶδον ἐν ἐκστάσει **ὅραμα**,
Ac 12:9 ἐδόκει δὲ **ὅραμα** βλέπειν.
Ac 16:9 Καὶ **ὅραμα** διὰ [τῆς] νυκτὸς
Ac 16:10 ὡς δὲ τὸ **ὅραμα** εἶδεν,
Ac 18:9 ἐν νυκτὶ δι' **ὁράματος** τῷ Παύλῳ·

ὅρασις (*horasis*; 1/4) *vision*

Ac 2:17 οἱ νεανίσκοι ὑμῶν **ὁράσεις** ὄψονται καὶ οἱ

ὁράω (*horaō*; 66/452) *see*

Ac 2:3 καὶ **ὤφθησαν** αὐτοῖς διαμεριζόμεναι γλῶσσαι
Ac 2:17 νεανίσκοι ὑμῶν ὁράσεις **ὄψονται** καὶ οἱ πρεσβύτεροι
Ac 2:27 τὸν ὅσιόν σου **ἰδεῖν** διαφθοράν.
Ac 2:31 ἡ σὰρξ αὐτοῦ **εἶδεν** διαφθοράν.
Ac 3:3 ὃς **ἰδὼν** Πέτρον καὶ Ἰωάννην
Ac 3:9 καὶ **εἶδεν** πᾶς ὁ λαὸς
Ac 3:12 **ἰδὼν** δὲ ὁ Πέτρος
Ac 4:20 γὰρ ἡμεῖς ἃ **εἴδαμεν** καὶ ἠκούσαμεν μὴ
Ac 6:15 ἐν τῷ συνεδρίῳ **εἶδον** τὸ πρόσωπον αὐτοῦ
Ac 7:2 θεὸς τῆς δόξης **ὤφθη** τῷ πατρὶ ἡμῶν
Ac 7:24 καὶ **ἰδών** τινα ἀδικούμενον ἠμύνατο
Ac 7:26 τε ἐπιούσῃ ἡμέρᾳ **ὤφθη** αὐτοῖς μαχομένοις
Ac 7:30 πληρωθέντων ἐτῶν τεσσεράκοντα **ὤφθη** αὐτῷ
Ac 7:31 ὁ δὲ Μωϋσῆς **ἰδὼν** ἐθαύμαζεν τὸ ὅραμα,
Ac 7:34 **ἰδὼν** εἶδον τὴν κάκωσιν
Ac 7:34 ἰδὼν **εἶδον** τὴν κάκωσιν τοῦ
Ac 7:35 χειρὶ ἀγγέλου τοῦ **ὀφθέντος** αὐτῷ ἐν τῇ
Ac 7:44 τὸν τύπον ὃν **ἑωράκει**·
Ac 7:55 εἰς τὸν οὐρανὸν **εἶδεν** δόξαν θεοῦ καὶ
Ac 8:18 **ἰδὼν** δὲ ὁ Σίμων
Ac 8:23 καὶ σύνδεσμον ἀδικίας **ὁρῶ** σε ὄντα.
Ac 8:39 Φίλιππον καὶ οὐκ **εἶδεν** αὐτὸν οὐκέτι ὁ
Ac 9:12 καὶ **εἶδεν** ἄνδρα [ἐν ὁράματι]
Ac 9:17 Ἰησοῦς ὁ **ὀφθείς** σοι ἐν τῇ
Ac 9:27 ἐν τῇ ὁδῷ **εἶδεν** τὸν κύριον καὶ
Ac 9:35 καὶ **εἶδαν** αὐτὸν πάντες οἱ
Ac 9:40 καὶ **ἰδοῦσα** τὸν Πέτρον ἀνεκάθισεν.
Ac 10:3 **εἶδεν** ἐν ὁράματι φανερῶς
Ac 10:17 τὸ ὅραμα ὃ **εἶδεν**,
Ac 11:5 Ἰόππῃ προσευχόμενος καὶ **εἶδον** ἐν ἐκστάσει ὅραμα,
Ac 11:6 ἀτενίσας κατενόουν καὶ **εἶδον** τὰ τετράποδα
Ac 11:13 δὲ ἡμῖν πῶς **εἶδεν** [τὸν] ἄγγελον ἐν
Ac 11:23 ὃς παραγενόμενος καὶ **ἰδὼν** τὴν χάριν [τὴν]
Ac 12:3 **ἰδὼν** δὲ ὅτι ἀρεστόν

Ac 12:16 ἀνοίξαντες δὲ εἶδαν **αὐτὸν** καὶ ἐξέστησαν.
Ac 13:12 τότε **ἰδὼν** ὁ ἀνθύπατος τὸ
Ac 13:31 ὃς **ὤφθη** ἐπὶ ἡμέρας πλείους
Ac 13:35 τὸν ὅσιόν σου **ἰδεῖν** διαφθοράν.
Ac 13:36 πατέρας αὐτοῦ καὶ **εἶδεν** διαφθοράν·
Ac 13:37 οὐκ **εἶδεν** διαφθοράν.
Ac 13:41 **ἴδετε**,
Ac 13:45 **ἰδόντες** δὲ οἱ Ἰουδαῖοι
Ac 14:9 ἀτενίσας αὐτῷ καὶ **ἰδὼν** ὅτι ἔχει πίστιν
Ac 14:11 οἵ τε ὄχλοι **ἰδόντες** ὃ ἐποίησεν Παῦλος
Ac 15:6 καὶ οἱ πρεσβύτεροι **ἰδεῖν** περὶ τοῦ λόγου
Ac 16:9 νυκτὸς τῷ Παύλῳ **ὤφθη**,
Ac 16:10 δὲ τὸ ὅραμα **εἶδεν**,
Ac 16:19 **ἰδόντες** δὲ οἱ κύριοι
Ac 16:27 ὁ δεσμοφύλαξ καὶ **ἰδὼν** ἀνεῳγμένας τὰς θύρας
Ac 16:40 τὴν Λυδίαν καὶ **ἰδόντες** παρεκάλεσαν τοὺς ἀδελφοὺς
Ac 18:15 **ὄψεσθε** αὐτοί·
Ac 19:21 με καὶ Ῥώμην **ἰδεῖν**.
Ac 20:25 οἶδα ὅτι οὐκέτι **ὄψεσθε** τὸ πρόσωπόν μου
Ac 21:32 οἱ δὲ **ἰδόντες** τὸν χιλίαρχον καὶ
Ac 22:14 θέλημα αὐτοῦ καὶ **ἰδεῖν** τὸν δίκαιον καὶ
Ac 22:15 πάντας ἀνθρώπους ὧν **ἑώρακας** καὶ ἤκουσας.
Ac 22:18 καὶ **ἰδεῖν** αὐτὸν λέγοντά μοι·
Ac 26:13 κατὰ τὴν ὁδὸν **εἶδον**,
Ac 26:16 εἰς τοῦτο γὰρ **ὤφθην** σοι,
Ac 26:16 μάρτυρα ὧν τε **εἶδές** [με] ὧν τε
Ac 26:16 [με] ὧν τε **ὀφθήσομαί** σοι,
Ac 28:4 ὡς δὲ **εἶδον** οἱ βάρβαροι κρεμάμενον
Ac 28:15 οὓς **ἰδὼν** ὁ Παῦλος εὐχαριστήσας
Ac 28:20 αἰτίαν παρεκάλεσα ὑμᾶς **ἰδεῖν** καὶ προσλαλῆσαι,
Ac 28:26 καὶ οὐ μὴ **ἴδητε**·
Ac 28:27 μήποτε **ἴδωσιν** τοῖς ὀφθαλμοῖς καὶ

ὀργυιά (*orguia*; 2/2) *fathom*

Ac 27:28 καὶ βολίσαντες εὗρον **ὀργυιὰς** εἴκοσι,
Ac 27:28 πάλιν βολίσαντες εὗρον **ὀργυιὰς** δεκαπέντε·

ὀρθός (*orthos*; 1/2) *straight*

Ac 14:10 τοὺς πόδας σου **ὀρθός**.

ὄρθρος (*orthros*; 1/2[3]) *early morning*

Ac 5:21 εἰσῆλθον ὑπὸ τὸν **ὄρθρον** εἰς τὸ ἱερὸν

ὁρίζω (*horizō*; 5/8) *decide*

Ac 2:23 τοῦτον τῇ **ὡρισμένῃ** βουλῇ καὶ προγνώσει
Ac 10:42 οὗτός ἐστιν ὁ **ὡρισμένος** ὑπὸ τοῦ θεοῦ
Ac 11:29 **ὥρισαν** ἕκαστος αὐτῶν εἰς
Ac 17:26 **ὁρίσας** προστεταγμένους καιροὺς καὶ
Ac 17:31 ἐν ἀνδρὶ ᾧ **ὥρισεν**,

ὅριον (*horion*; 1/12) *territory*

Ac 13:50 αὐτοὺς ἀπὸ τῶν **ὁρίων** αὐτῶν.

ὁρκίζω (*horkizō*; 1/2) *beg*

Ac 19:13 **ὁρκίζω** ὑμᾶς τὸν Ἰησοῦν

ὅρκος (*horkos*; 1/10) *oath*

Ac 2:30 καὶ εἰδὼς ὅτι **ὅρκῳ** ὤμοσεν αὐτῷ ὁ

ὁρμάω (*hormaō*; 2/5) *rush*

Ac 7:57 ὦτα αὐτῶν καὶ **ὥρμησαν** ὁμοθυμαδὸν ἐπ' αὐτὸν
Ac 19:29 **ὥρμησάν** τε ὁμοθυμαδὸν εἰς

ὁρμή (*hormē*; 1/2) *impulse*

Ac 14:5 ὡς δὲ ἐγένετο **ὁρμὴ** τῶν ἐθνῶν τε

ὁροθεσία (*horothesia*; 1/1) *limit*

Ac 17:26 καιροὺς καὶ τὰς **ὁροθεσίας** τῆς κατοικίας αὐτῶν

ὄρος (*oros*; 3/62[63]) *mountain*

Ac 1:12 εἰς Ἰερουσαλὴμ ἀπὸ **ὄρους** τοῦ καλουμένου Ἐλαιῶνος,
Ac 7:30 τῇ ἐρήμῳ τοῦ **ὄρους** Σινᾶ ἄγγελος ἐν
Ac 7:38 αὐτῷ ἐν τῷ **ὄρει** Σινᾶ καὶ τῶν

ὅς (*hos*; 225/1406[1407]) *who*

Ac 1:1 **ὧν** ἤρξατο ὁ Ἰησοῦς
Ac 1:2 ἄχρι **ἧς** ἡμέρας ἐντειλάμενος τοῖς
Ac 1:2 διὰ πνεύματος ἁγίου **οὓς** ἐξελέξατο ἀνελήμφθη.
Ac 1:3 **οἷς** καὶ παρέστησεν ἑαυτὸν
Ac 1:4 ἐπαγγελίαν τοῦ πατρὸς **ἣν** ἠκούσατέ μου,
Ac 1:7 χρόνους ἢ καιροὺς **οὓς** ὁ πατὴρ ἔθετο
Ac 1:11 **οἳ** καὶ εἶπαν·
Ac 1:11 οὐρανὸν οὕτως ἐλεύσεται **ὃν** τρόπον ἐθεάσασθε αὐτὸν
Ac 1:12 **ὅ** ἐστιν ἐγγὺς Ἰερουσαλὴμ
Ac 1:16 πληρωθῆναι τὴν γραφὴν **ἣν** προεῖπεν τὸ πνεῦμα
Ac 1:21 ἐν παντὶ χρόνῳ **ᾧ** εἰσῆλθεν καὶ ἐξῆλθεν
Ac 1:22 ἕως τῆς ἡμέρας **ἧς** ἀνελήμφθη ἀφ' ἡμῶν,
Ac 1:23 τὸν καλούμενον Βαρσαββᾶν **ὃς** ἐπεκλήθη Ἰοῦστος,
Ac 1:24 ἀνάδειξον **ὃν** ἐξελέξω ἐκ τούτων
Ac 1:25 καὶ ἀποστολῆς ἀφ' **ἧς** παρέβη Ἰούδας πορευθῆναι
Ac 2:8 διαλέκτῳ ἡμῶν ἐν **ᾗ** ἐγεννήθημεν;
Ac 2:21 καὶ ἔσται πᾶς **ὃς** ἂν ἐπικαλέσηται τὸ
Ac 2:22 τέρασι καὶ σημείοις **οἷς** ἐποίησεν δι' αὐτοῦ
Ac 2:24 **ὃν** ὁ θεὸς ἀνέστησεν
Ac 2:32 **οὗ** πάντες ἡμεῖς ἐσμεν
Ac 2:33 ἐξέχεεν τοῦτο **ὃ** ὑμεῖς [καὶ] βλέπετε
Ac 2:36 τοῦτον τὸν Ἰησοῦν **ὃν** ὑμεῖς ἐσταυρώσατε.
Ac 3:2 **ὃν** ἐτίθουν καθ' ἡμέραν
Ac 3:3 **ὃς** ἰδὼν Πέτρον καὶ
Ac 3:6 **ὃ** δὲ ἔχω τοῦτό
Ac 3:13 παῖδα αὐτοῦ Ἰησοῦν **ὃν** ὑμεῖς μὲν παρεδώκατε
Ac 3:15 τῆς ζωῆς ἀπεκτείνατε **ὃν** ὁ θεὸς ἤγειρεν
Ac 3:15 **οὗ** ἡμεῖς μάρτυρές ἐσμεν.
Ac 3:16 ὀνόματος αὐτοῦ τοῦτον **ὃν** θεωρεῖτε καὶ οἴδατε,
Ac 3:18 ἃ **προκατήγγειλεν** διὰ στόματος πάντων
Ac 3:21 **ὃν** δεῖ οὐρανὸν μὲν
Ac 3:21 χρόνων ἀποκαταστάσεως πάντων **ὧν** ἐλάλησεν ὁ θεὸς
Ac 3:25 καὶ τῆς διαθήκης **ἧς** διέθετο ὁ θεὸς
Ac 4:10 Χριστοῦ τοῦ Ναζωραίου **ὃν** ὑμεῖς ἐσταυρώσατε,
Ac 4:10 ὃν **ὁ** θεὸς ἤγειρεν ἐκ

Ac 4:12 ἐν ἀνθρώποις ἐν **ᾧ** δεῖ σωθῆναι ἡμᾶς.
Ac 4:20 δυνάμεθα γὰρ ἡμεῖς **ἃ** εἴδαμεν καὶ ἠκούσαμεν
Ac 4:22 ὁ ἄνθρωπος ἐφ' **ὃν** γεγόνει τὸ σημεῖον
Ac 4:27 παῖδά σου Ἰησοῦν **ὃν** ἔχρισας,
Ac 4:31 ὁ τόπος ἐν **ᾧ** ἦσαν συνηγμένοι,
Ac 4:36 **ὅ** ἐστιν μεθερμηνευόμενον υἱὸς
Ac 5:25 ἰδοὺ οἱ ἄνδρες **οὓς** ἔθεσθε ἐν τῇ
Ac 5:30 ἡμῶν ἤγειρεν Ἰησοῦν **ὃν** ὑμεῖς διεχειρίσασθε κρεμάσαντες
Ac 5:32 πνεῦμα τὸ ἅγιον **ὃ** ἔδωκεν ὁ θεὸς
Ac 5:36 **ᾧ** προσεκλίθη ἀνδρῶν ἀριθμὸς
Ac 5:36 **ὃς** ἀνῃρέθη,
Ac 6:3 **οὓς** καταστήσομεν ἐπὶ τῆς
Ac 6:6 **οὓς** ἔστησαν ἐνώπιον τῶν
Ac 6:10 καὶ τῷ πνεύματι **ᾧ** ἐλάλει.
Ac 6:14 ἀλλάξει τὰ ἔθη **ἃ** παρέδωκεν ἡμῖν Μωϋσῆς.
Ac 7:3 εἰς τὴν γῆν **ἣν** ἄν σοι δείξω.
Ac 7:4 γῆν ταύτην εἰς **ἣν** ὑμεῖς νῦν κατοικεῖτε,
Ac 7:7 καὶ τὸ ἔθνος **ᾧ** ἐὰν δουλεύσουσιν κρινῶ
Ac 7:16 ἐν τῷ μνήματι **ᾧ** ὠνήσατο Ἀβραὰμ τιμῆς
Ac 7:17 χρόνος τῆς ἐπαγγελίας **ἧς** ὡμολόγησεν ὁ θεὸς
Ac 7:18 ἄχρι **οὗ** ἀνέστη βασιλεὺς ἕτερος
Ac 7:18 ἕτερος [ἐπ' Αἴγυπτον] **ὃς** οὐκ ᾔδει τὸν
Ac 7:20 Ἐν **ᾧ** καιρῷ ἐγεννήθη Μωϋσῆς
Ac 7:20 **ὃς** ἀνετράφη μῆνας τρεῖς
Ac 7:28 με σὺ θέλεις **ὃν** τρόπον ἀνεῖλες ἐχθὲς
Ac 7:33 γὰρ τόπος ἐφ' **ᾧ** ἕστηκας γῆ ἁγία
Ac 7:35 Τοῦτον τὸν Μωϋσῆν **ὃν** ἠρνήσαντο εἰπόντες·
Ac 7:38 **ὃς** ἐδέξατο λόγια ζῶντα
Ac 7:39 **ᾧ** οὐκ ἠθέλησαν ὑπήκοοι
Ac 7:40 ποίησον ἡμῖν θεοὺς **οἳ** προπορεύσονται ἡμῶν·
Ac 7:40 **ὃς** ἐξήγαγεν ἡμᾶς ἐκ
Ac 7:43 τοὺς τύπους **οὓς** ἐποιήσατε προσκυνεῖν αὐτοῖς,
Ac 7:44 κατὰ τὸν τύπον **ὃν** ἑωράκει·
Ac 7:45 **ἣν** καὶ εἰσήγαγον διαδεξάμενοι
Ac 7:45 **ὧν** ἐξῶσεν ὁ θεὸς
Ac 7:46 **ὃς** εὗρεν χάριν ἐνώπιον
Ac 7:52 **οὗ** νῦν ὑμεῖς προδόται
Ac 8:6 βλέπειν τὰ σημεῖα **ἃ** ἐποίει.
Ac 8:10 **ᾧ** προσεῖχον πάντες ἀπὸ
Ac 8:19 ἐξουσίαν ταύτην ἵνα **ᾧ** ἐὰν ἐπιθῶ τὰς
Ac 8:24 ἐπέλθῃ ἐπ' ἐμὲ **ὧν** εἰρήκατε.
Ac 8:27 **ὃς** ἦν ἐπὶ πάσης
Ac 8:27 **ὃς** ἐληλύθει προσκυνήσων εἰς
Ac 8:30 ἆρά γε γινώσκεις **ἃ** ἀναγινώσκεις;
Ac 8:32 περιοχὴ τῆς γραφῆς **ἣν** ἀνεγίνωσκεν ἦν αὕτη·
Ac 9:5 ἐγώ εἰμι Ἰησοῦς **ὃν** σὺ διώκεις·
Ac 9:6 καὶ λαληθήσεταί σοι **ὅ** τι σε δεῖ
Ac 9:17 ἐν τῇ ὁδῷ **ᾗ** ἤρχου,
Ac 9:33 **ὃς** ἦν παραλελυμένος.
Ac 9:36 **ἣ** διερμηνευομένη λέγεται Δορκάς·
Ac 9:36 ἀγαθῶν καὶ ἐλεημοσυνῶν **ὧν** ἐποίει.
Ac 9:39 **ὃν** παραγενόμενον ἀνήγαγον εἰς
Ac 10:5 μετάπεμψαι Σίμωνά τινα **ὃς** ἐπικαλεῖται Πέτρος·
Ac 10:6 **ᾧ** ἐστιν οἰκία παρὰ
Ac 10:12 ἐν **ᾧ** ὑπῆρχεν πάντα τὰ
Ac 10:15 **ἃ** ὁ θεὸς ἐκαθάρισεν,
Ac 10:17 εἴη τὸ ὅραμα **ὃ** εἶδεν,
Ac 10:21 ἰδοὺ ἐγώ εἰμι **ὃν** ζητεῖτε·
Ac 10:21 ἡ αἰτία δι' **ἣν** πάρεστε;
Ac 10:32 καὶ μετακάλεσαι Σίμωνα **ὃς** ἐπικαλεῖται Πέτρος,
Ac 10:36 τὸν λόγον **[ὃν]** ἀπέστειλεν τοῖς υἱοῖς
Ac 10:37 μετὰ τὸ βάπτισμα **ὃ** ἐκήρυξεν Ἰωάννης,
Ac 10:38 **ὃς** διῆλθεν εὐεργετῶν καὶ
Ac 10:39 ἡμεῖς μάρτυρες πάντων **ὧν** ἐποίησεν ἔν τε
Ac 10:39 **ὃν** καὶ ἀνεῖλαν κρεμάσαντες
Ac 11:6 εἰς **ἣν** ἀτενίσας κατενόουν καὶ
Ac 11:9 **ἃ** ὁ θεὸς ἐκαθάρισεν,
Ac 11:11 τὴν οἰκίαν ἐν **ᾗ** ἦμεν,
Ac 11:14 **ὃς** λαλήσει ῥήματα πρὸς
Ac 11:14 πρὸς σὲ ἐν **οἷς** σωθήσῃ σὺ καὶ
Ac 11:23 **ὃς** παραγενόμενος καὶ ἰδὼν
Ac 11:30 **ὃ** καὶ ἐποίησαν ἀποστείλαντες
Ac 12:4 **ὃν** καὶ πιάσας ἔθετο
Ac 12:23 ἄγγελος κυρίου ἀνθ' **ὧν** οὐκ ἔδωκεν τὴν
Ac 13:2 εἰς τὸ ἔργον **ὃ** προσκέκλημαι αὐτούς.
Ac 13:6 μάγον ψευδοπροφήτην Ἰουδαῖον **ᾧ** ὄνομα Βαριησοῦ
Ac 13:7 **ὃς** ἦν σὺν τῷ
Ac 13:22 αὐτοῖς εἰς βασιλέα **ᾧ** καὶ εἶπεν μαρτυρήσας·
Ac 13:22 ὃς **ποιήσει** πάντα τὰ θελήματά
Ac 13:25 ἔρχεται μετ' ἐμὲ **οὗ** οὐκ εἰμὶ ἄξιος
Ac 13:31 **ὃς** ὤφθη ἐπὶ ἡμέρας
Ac 13:37 **ὃν** δὲ ὁ θεὸς
Ac 13:38 [καὶ] ἀπὸ πάντων **ὧν** οὐκ ἠδυνήθητε ἐν
Ac 13:41 ἔργον **ὃ** οὐ μὴ πιστεύσητε
Ac 14:8 κοιλίας μητρὸς αὐτοῦ **ὃς** οὐδέποτε περιεπάτησεν.
Ac 14:9 **ὃς** ἀτενίσας αὐτῷ καὶ
Ac 14:11 τε ὄχλοι ἰδόντες **ὃ** ἐποίησεν Παῦλος ἐπῆραν
Ac 14:15 **ὃς** ἐποίησεν τὸν οὐρανὸν
Ac 14:16 **ὃς** ἐν ταῖς παρῳχημέναις
Ac 14:23 τῷ κυρίῳ εἰς **ὃν** πεπιστεύκεισαν.
Ac 14:26 εἰς τὸ ἔργον **ὃ** ἐπλήρωσαν.
Ac 15:10 τράχηλον τῶν μαθητῶν **ὃν** οὔτε οἱ πατέρες
Ac 15:11 πιστεύομεν σωθῆναι καθ' **ὃν** τρόπον κἀκεῖνοι.
Ac 15:17 τὰ ἔθνη ἐφ' **οὓς** ἐπικέκληται τὸ ὄνομά
Ac 15:24 τὰς ψυχὰς ὑμῶν **οἷς** οὐ διεστειλάμεθα,
Ac 15:29 ἐξ **ὧν** διατηροῦντες ἑαυτοὺς εὖ
Ac 15:36 πόλιν πᾶσαν ἐν **αἷς** κατηγγείλαμεν τὸν λόγον
Ac 16:2 **ὃς** ἐμαρτυρεῖτο ὑπὸ τῶν
Ac 16:14 **ἧς** ὁ κύριος διήνοιξεν
Ac 16:21 καὶ καταγγέλλουσιν ἔθη **ἃ** οὐκ ἔξεστιν ἡμῖν
Ac 16:24 **ὃς** παραγγελίαν τοιαύτην λαβὼν
Ac 17:3 χριστὸς [ὁ] Ἰησοῦς **ὃν** ἐγὼ καταγγέλλω ὑμῖν.
Ac 17:7 **οὓς** ὑποδέδεκται Ἰάσων·
Ac 17:23 καὶ βωμὸν ἐν **ᾧ** ἐπεγέγραπτο·
Ac 17:23 **ὃ** οὖν ἀγνοοῦντες εὐσεβεῖτε,
Ac 17:31 ἔστησεν ἡμέραν ἐν **ᾗ** μέλλει κρίνειν τὴν
Ac 17:31 ἐν ἀνδρὶ **ᾧ** ὥρισεν,
Ac 17:34 ἐν **οἷς** καὶ Διονύσιος ὁ
Ac 18:7 **οὗ** ἡ οἰκία ἦν
Ac 18:27 **ὃς** παραγενόμενος συνεβάλετο πολὺ
Ac 19:13 ὑμᾶς τὸν Ἰησοῦν **ὃν** Παῦλος κηρύσσει.
Ac 19:16 ἐπ' αὐτοὺς ἐν **ᾧ** ἦν τὸ πνεῦμα
Ac 19:25 **οὓς** συναθροίσας καὶ τοὺς
Ac 19:27 τῆς μεγαλειότητος αὐτῆς **ἣν** ὅλη ἡ Ἀσία

Ac 19:35 γάρ ἐστιν ἀνθρώπων **ὃς** οὐ γινώσκει τὴν
Ac 19:40 αἰτίου ὑπάρχοντος περὶ **οὗ** [οὐ] δυνησόμεθα ἀποδοῦναι
Ac 20:18 πρώτης ἡμέρας ἀφ' **ἧς** ἐπέβην εἰς τὴν
Ac 20:24 καὶ τὴν διακονίαν **ἣν** ἔλαβον παρὰ τοῦ
Ac 20:25 ὑμεῖς πάντες ἐν **οἷς** διῆλθον κηρύσσων τὴν
Ac 20:28 ἐν **ᾧ** ὑμᾶς τὸ πνεῦμα
Ac 20:28 **ἣν** περιεποιήσατο διὰ τοῦ
Ac 20:38 ἐπὶ τῷ λόγῳ **ᾧ** εἰρήκει,
Ac 21:11 τὸν ἄνδρα **οὗ** ἐστιν ἡ ζώνη
Ac 21:16 ἄγοντες παρ' **ᾧ** ξενισθῶμεν Μνάσωνί τινι
Ac 21:19 **ὧν** ἐποίησεν ὁ θεὸς
Ac 21:23 τοῦτο οὖν ποίησον **ὅ** σοι λέγομεν·
Ac 21:24 γνώσονται πάντες ὅτι **ὧν** κατήχηνται περὶ σοῦ
Ac 21:26 τοῦ ἁγνισμοῦ ἕως **οὗ** προσηνέχθη ὑπὲρ ἑνὸς
Ac 21:29 **ὃν** ἐνόμιζον ὅτι εἰς
Ac 21:32 **ὃς** ἐξαυτῆς παραλαβὼν στρατιώτας
Ac 22:4 **ὃς** ταύτην τὴν ὁδὸν
Ac 22:5 παρ' ὧν **καὶ** ἐπιστολὰς δεξάμενος πρὸς
Ac 22:8 **ὃν** σὺ διώκεις.
Ac 22:10 λαληθήσεταί περὶ πάντων **ὧν** τέτακταί σοι ποιῆσαι.
Ac 22:15 πρὸς πάντας ἀνθρώπους **ὧν** ἑώρακας καὶ ἤκουσας.
Ac 22:24 ἵνα ἐπιγνῷ δι' **ἣν** αἰτίαν οὕτως ἐπεφώνουν
Ac 23:12 μήτε πιεῖν ἕως **οὗ** ἀποκτείνωσιν τὸν Παῦλον.
Ac 23:14 ἕως **οὗ** ἀποκτείνωμεν τὸν Παῦλον.
Ac 23:19 τί ἐστιν **ὃ** ἔχεις ἀπαγγεῖλαί μοι;
Ac 23:21 ἕως **οὗ** ἀνέλωσιν αὐτόν,
Ac 23:28 τὴν αἰτίαν δι' **ἣν** ἐνεκάλουν αὐτῷ,
Ac 23:29 **ὃν** εὗρον ἐγκαλούμενον περὶ
Ac 24:6 **ὃς** καὶ τὸ ἱερὸν
Ac 24:6 ἱερὸν ἐπείρασεν βεβηλῶσαι **ὃν** καὶ ἐκρατήσαμεν,
Ac 24:8 παρ' **οὗ** δυνήσῃ αὐτὸς ἀνακρίνας
Ac 24:8 πάντων τούτων ἐπιγνῶναι **ὧν** ἡμεῖς κατηγοροῦμεν αὐτοῦ.
Ac 24:11 ἡμέραι δώδεκα ἀφ' **ἧς** ἀνέβην προσκυνήσων
Ac 24:13 δύνανταί σοι περὶ **ὧν** νυνὶ κατηγοροῦσίν μου.
Ac 24:14 κατὰ τὴν ὁδὸν **ἣν** λέγουσιν αἵρεσιν,
Ac 24:15 εἰς τὸν θεὸν **ἣν** καὶ αὐτοὶ οὗτοι
Ac 24:18 ἐν **αἷς** εὗρόν με ἡγνισμένον
Ac 24:19 **οὓς** ἔδει ἐπὶ σοῦ
Ac 24:21 μιᾶς ταύτης φωνῆς **ἧς** ἐκέκραξα ἐν αὐτοῖς
Ac 25:7 βαρέα αἰτιώματα καταφέροντες **ἃ** οὐκ ἴσχυον ἀποδεῖξαι,
Ac 25:11 δὲ οὐδέν ἐστιν **ὧν** οὗτοι κατηγοροῦσίν μου,
Ac 25:15 περὶ **οὗ** γενομένου μου εἰς
Ac 25:16 πρὸς **οὓς** ἀπεκρίθην ὅτι οὐκ
Ac 25:18 περὶ **οὗ** σταθέντες οἱ κατήγοροι
Ac 25:18 οὐδεμίαν αἰτίαν ἔφερον **ὧν** ἐγὼ ὑπενόουν πονηρῶν,
Ac 25:19 τινος Ἰησοῦ τεθνηκότος **ὃν** ἔφασκεν ὁ Παῦλος
Ac 25:21 τηρεῖσθαι αὐτὸν ἕως **οὗ** ἀναπέμψω αὐτὸν
Ac 25:24 θεωρεῖτε τοῦτον περὶ **οὗ** ἅπαν τὸ πλῆθος
Ac 25:26 περὶ **οὗ** ἀσφαλές τι γράψαι
Ac 26:2 Περὶ πάντων **ὧν** ἐγκαλοῦμαι ὑπὸ Ἰουδαίων,
Ac 26:7 εἰς **ἣν** τὸ δωδεκάφυλον ἡμῶν
Ac 26:7 περὶ **ἧς** ἐλπίδος ἐγκαλοῦμαι ὑπὸ
Ac 26:10 **ὃ** καὶ ἐποίησα ἐν
Ac 26:12 Ἐν **οἷς** πορευόμενος εἰς τὴν
Ac 26:15 ἐγώ εἰμι Ἰησοῦς **ὃν** σὺ διώκεις.
Ac 26:16 ὑπηρέτην καὶ μάρτυρα **ὧν** τε εἶδές [με]
Ac 26:16 τε εἶδές [με] **ὧν** τε ὀφθήσομαί σοι,
Ac 26:17 τῶν ἐθνῶν εἰς **οὓς** ἐγὼ ἀποστέλλω σε
Ac 26:22 οὐδὲν ἐκτὸς λέγων **ὧν** τε οἱ προφῆται
Ac 26:26 ὁ βασιλεὺς πρὸς **ὃν** καὶ παρρησιαζόμενος λαλῶ,
Ac 27:8 καλούμενον Καλοὺς λιμένας **ᾧ** ἐγγὺς πόλις ἦν
Ac 27:17 **ἣν** ἄραντες βοηθείαις ἐχρῶντο
Ac 27:23 **οὗ** εἰμι [ἐγώ] ᾧ
Ac 27:23 οὗ εἰμι [ἐγώ] **ᾧ** καὶ λατρεύω,
Ac 27:25 οὕτως ἔσται καθ' **ὃν** τρόπον λελάληταί μοι.
Ac 27:33 Ἄχρι δὲ **οὗ** ἡμέρα ἤμελλεν γίνεσθαι,
Ac 27:39 ἔχοντα αἰγιαλὸν εἰς **ὃν** ἐβουλεύοντο εἰ δύναιντο
Ac 27:44 καὶ τοὺς λοιποὺς **οὓς** μὲν ἐπὶ σανίσιν,
Ac 27:44 **οὓς** δὲ ἐπί τινων
Ac 28:4 ὁ ἄνθρωπος οὗτος **ὃν** διασωθέντα ἐκ τῆς
Ac 28:7 **ὃς** ἀναδεξάμενος ἡμᾶς τρεῖς
Ac 28:8 πρὸς **ὃν** ὁ Παῦλος εἰσελθὼν
Ac 28:10 **οἳ** καὶ πολλαῖς τιμαῖς
Ac 28:15 **οὓς** ἰδὼν ὁ Παῦλος
Ac 28:22 παρὰ σοῦ ἀκοῦσαι **ἃ** φρονεῖς,
Ac 28:23 τὴν ξενίαν πλείονες **οἷς** ἐξετίθετο διαμαρτυρόμενος τὴν

ὅσιος (*hosios*; 3/8) *holy*

Ac 2:27 οὐδὲ δώσεις τὸν **ὅσιόν** σου ἰδεῖν διαφθοράν.
Ac 13:34 δώσω ὑμῖν τὰ **ὅσια** Δαυὶδ τὰ πιστά.
Ac 13:35 οὐ δώσεις τὸν **ὅσιόν** σου ἰδεῖν διαφθοράν.

ὅσος (*hosos*; 17/110) *as much as (pl. as many as)*

Ac 2:39 **ὅσους** ἂν προσκαλέσηται κύριος
Ac 3:22 ἀκούσεσθε κατὰ πάντα **ὅσα** ἂν λαλήσῃ πρὸς
Ac 3:24 καὶ τῶν καθεξῆς **ὅσοι** ἐλάλησαν καὶ κατήγγειλαν
Ac 4:6 καὶ Ἀλέξανδρος καὶ **ὅσοι** ἦσαν ἐκ γένους
Ac 4:23 ἰδίους καὶ ἀπήγγειλαν **ὅσα** πρὸς αὐτοὺς οἱ
Ac 4:28 ποιῆσαι **ὅσα** ἡ χείρ σου
Ac 4:34 **ὅσοι** γὰρ κτήτορες χωρίων
Ac 5:36 καὶ πάντες **ὅσοι** ἐπείθοντο αὐτῷ διελύθησαν
Ac 5:37 ἀπώλετο καὶ πάντες **ὅσοι** ἐπείθοντο αὐτῷ διεσκορπίσθησαν.
Ac 9:13 τοῦ ἀνδρὸς τούτου **ὅσα** κακὰ τοῖς ἁγίοις
Ac 9:16 γὰρ ὑποδείξω αὐτῷ **ὅσα** δεῖ αὐτὸν ὑπὲρ
Ac 9:39 χιτῶνας καὶ ἱμάτια **ὅσα** ἐποίει μετ' αὐτῶν
Ac 10:45 ἐκ περιτομῆς πιστοὶ **ὅσοι** συνῆλθαν τῷ Πέτρῳ,
Ac 13:48 κυρίου καὶ ἐπίστευσαν **ὅσοι** ἦσαν τεταγμένοι εἰς
Ac 14:27 τὴν ἐκκλησίαν ἀνήγγελλον **ὅσα** ἐποίησεν ὁ θεὸς
Ac 15:4 ἀνήγγειλάν τε **ὅσα** ὁ θεὸς ἐποίησεν
Ac 15:12 καὶ Παύλου ἐξηγουμένων **ὅσα** ἐποίησεν ὁ θεὸς

ὅστις (*hostis*; 23/144) *who*

Ac 3:23 δὲ πᾶσα ψυχὴ **ἥτις** ἐὰν μὴ ἀκούσῃ
Ac 5:16 **οἵτινες** ἐθεραπεύοντο ἅπαντες.
Ac 7:53 **οἵτινες** ἐλάβετε τὸν νόμον

Ac 8:15 **οἵτινες** καταβάντες προσηύξαντο περὶ
Ac 9:35 **οἵτινες** ἐπέστρεψαν ἐπὶ τὸν
Ac 10:41 **οἵτινες** συνεφάγομεν καὶ συνεπίομεν
Ac 10:47 **οἵτινες** τὸ πνεῦμα τὸ
Ac 11:20 **οἵτινες** ἐλθόντες εἰς Ἀντιόχειαν
Ac 11:28 **ἥτις** ἐγένετο ἐπὶ Κλαυδίου.
Ac 12:10 **ἥτις** αὐτομάτη ἠνοίγη αὐτοῖς
Ac 13:31 **οἵτινες** [νῦν] εἰσιν μάρτυρες
Ac 13:43 **οἵτινες** προσλαλοῦντες αὐτοῖς ἔπειθον
Ac 16:12 **ἥτις** ἐστὶν πρώτη[ς] μερίδος
Ac 16:16 **ἥτις** ἐργασίαν πολλὴν παρεῖχεν
Ac 16:17 **οἵτινες** καταγγέλλουσιν ὑμῖν ὁδὸν
Ac 17:10 **οἵτινες** παραγενόμενοι εἰς τὴν
Ac 17:11 **οἵτινες** ἐδέξαντο τὸν λόγον
Ac 21:4 **οἵτινες** τῷ Παύλῳ ἔλεγον
Ac 23:14 **οἵτινες** προσελθόντες τοῖς ἀρχιερεῦσιν
Ac 23:21 **οἵτινες** ἀνεθεμάτισαν ἑαυτοὺς μήτε
Ac 23:33 **οἵτινες** εἰσελθόντες εἰς τὴν
Ac 24:1 **οἵτινες** ἐνεφάνισαν τῷ ἡγεμόνι
Ac 28:18 **οἵτινες** ἀνακρίναντές με ἐβούλοντο

ὀσφῦς (*osphys*; 1/8) *waist*

Ac 2:30 ἐκ καρποῦ τῆς **ὀσφύος** αὐτοῦ καθίσαι ἐπὶ

ὅταν (*hotan*; 2/123) *when*

Ac 23:35 **ὅταν** καὶ οἱ κατήγοροί
Ac 24:22 **ὅταν** Λυσίας ὁ χιλίαρχος

ὅτε (*hote*; 10/103) *when*

Ac 1:13 καὶ **ὅτε** εἰσῆλθον,
Ac 8:12 **ὅτε** δὲ ἐπίστευσαν τῷ
Ac 8:39 **ὅτε** δὲ ἀνέβησαν ἐκ
Ac 11:2 **Ὅτε** δὲ ἀνέβη Πέτρος
Ac 12:6 **Ὅτε** δὲ ἤμελλεν προαγαγεῖν
Ac 21:5 **ὅτε** δὲ ἐγένετο ἡμᾶς
Ac 21:35 **ὅτε** δὲ ἐγένετο ἐπὶ
Ac 22:20 καὶ **ὅτε** ἐξεχύννετο τὸ αἷμα
Ac 27:39 **Ὅτε** δὲ ἡμέρα ἐγένετο,
Ac 28:16 **Ὅτε** δὲ εἰσήλθομεν εἰς

ὅτι (*hoti*; 123/1294[1296]) *because, that*

Ac 1:5 **ὅτι** Ἰωάννης μὲν ἐβάπτισεν
Ac 1:17 **ὅτι** κατηριθμημένος ἦν ἐν
Ac 2:6 **ὅτι** ἤκουον εἷς ἕκαστος
Ac 2:13 δὲ διαχλευάζοντες ἔλεγον **ὅτι** γλεύκους μεμεστωμένοι εἰσίν.
Ac 2:25 **ὅτι** ἐκ δεξιῶν μού
Ac 2:27 **ὅτι** οὐκ ἐγκαταλείψεις τὴν
Ac 2:29 τοῦ πατριάρχου Δαυὶδ **ὅτι** καὶ ἐτελεύτησεν
Ac 2:30 ὑπάρχων καὶ εἰδὼς **ὅτι** ὅρκῳ ὤμοσεν αὐτῷ
Ac 2:31 ἀναστάσεως τοῦ Χριστοῦ **ὅτι** οὔτε ἐγκατελείφθη εἰς
Ac 2:36 πᾶς οἶκος Ἰσραὴλ **ὅτι** καὶ κύριον αὐτὸν
Ac 3:10 ἐπεγίνωσκον δὲ αὐτὸν **ὅτι** αὐτὸς ἦν ὁ
Ac 3:17 οἶδα **ὅτι** κατὰ ἄγνοιαν ἐπράξατε
Ac 3:22 Μωϋσῆς μὲν εἶπεν **ὅτι** προφήτην ὑμῖν ἀναστήσει
Ac 4:10 τῷ λαῷ Ἰσραὴλ **ὅτι** ἐν τῷ ὀνόματι
Ac 4:13 Ἰωάννου καὶ καταλαβόμενοι **ὅτι** ἄνθρωποι ἀγράμματοί εἰσιν
Ac 4:13 ἐπεγίνωσκόν τε αὐτοὺς **ὅτι** σὺν τῷ Ἰησοῦ
Ac 4:16 **ὅτι** μὲν γὰρ γνωστὸν
Ac 4:21 **ὅτι** πάντες ἐδόξαζον τὸν
Ac 5:4 τί **ὅτι** ἔθου ἐν τῇ
Ac 5:9 τί ὅτι **συνεφωνήθη** ὑμῖν πειράσαι τὸ
Ac 5:23 λέγοντες **ὅτι** τὸ δεσμωτήριον εὕρομεν
Ac 5:25 τις ἀπήγγειλεν αὐτοῖς **ὅτι** ἰδοὺ οἱ ἄνδρες
Ac 5:38 **ὅτι** ἐὰν ᾖ ἐξ
Ac 5:41 **ὅτι** κατηξιώθησαν ὑπὲρ τοῦ
Ac 6:1 **ὅτι** παρεθεωροῦντο ἐν τῇ
Ac 6:11 ὑπέβαλον ἄνδρας λέγοντας **ὅτι** ἀκηκόαμεν αὐτοῦ λαλοῦντος
Ac 6:14 γὰρ αὐτοῦ λέγοντος **ὅτι** Ἰησοῦς ὁ Ναζωραῖος
Ac 7:6 οὕτως ὁ θεὸς **ὅτι** ἔσται τὸ σπέρμα
Ac 7:25 τοὺς ἀδελφοὺς [αὐτοῦ] **ὅτι** ὁ θεὸς διὰ
Ac 8:14 ἐν Ἱεροσολύμοις ἀπόστολοι **ὅτι** δέδεκται ἡ Σαμάρεια
Ac 8:18 δὲ ὁ Σίμων **ὅτι** διὰ τῆς ἐπιθέσεως
Ac 8:20 εἴη εἰς ἀπώλειαν **ὅτι** τὴν δωρεὰν τοῦ
Ac 8:33 **ὅτι** αἴρεται ἀπὸ τῆς
Ac 9:15 **ὅτι** σκεῦος ἐκλογῆς ἐστίν
Ac 9:20 ἐκήρυσσεν τὸν Ἰησοῦν **ὅτι** οὗτός ἐστιν ὁ
Ac 9:22 ἐν Δαμασκῷ συμβιβάζων **ὅτι** οὗτός ἐστιν ὁ
Ac 9:26 αὐτὸν μὴ πιστεύοντες **ὅτι** ἐστὶν μαθητής.
Ac 9:27 τὸν κύριον καὶ **ὅτι** ἐλάλησεν αὐτῷ καὶ
Ac 9:38 οἱ μαθηταὶ ἀκούσαντες **ὅτι** Πέτρος ἐστὶν ἐν
Ac 10:14 **ὅτι** οὐδέποτε ἔφαγον πᾶν
Ac 10:20 αὐτοῖς μηδὲν διακρινόμενος **ὅτι** ἐγὼ ἀπέσταλκα αὐτούς.
Ac 10:34 ἐπ᾽ ἀληθείας καταλαμβάνομαι **ὅτι** οὐκ ἔστιν προσωπολήμπτης
Ac 10:38 **ὅτι** ὁ θεὸς ἦν
Ac 10:42 λαῷ καὶ διαμαρτύρασθαι **ὅτι** οὗτός ἐστιν ὁ
Ac 10:45 **ὅτι** καὶ ἐπὶ τὰ
Ac 11:1 κατὰ τὴν Ἰουδαίαν **ὅτι** καὶ τὰ ἔθνη
Ac 11:3 λέγοντες **ὅτι** εἰσῆλθες πρὸς ἄνδρας
Ac 11:8 **ὅτι** κοινὸν ἢ ἀκάθαρτον
Ac 11:24 **ὅτι** ἦν ἀνὴρ ἀγαθὸς
Ac 12:3 ἰδὼν δὲ **ὅτι** ἀρεστόν ἐστιν τοῖς
Ac 12:9 καὶ οὐκ ᾔδει **ὅτι** ἀληθές ἐστιν τὸ
Ac 12:11 νῦν οἶδα ἀληθῶς **ὅτι** ἐξαπέστειλεν [ὁ] κύριος
Ac 13:33 **ὅτι** ταύτην ὁ θεὸς
Ac 13:34 **ὅτι** δὲ ἀνέστησεν αὐτὸν
Ac 13:34 οὕτως εἴρηκεν **ὅτι** δώσω ὑμῖν τὰ
Ac 13:38 **ὅτι** διὰ τούτου ὑμῖν
Ac 13:41 **ὅτι** ἔργον ἐργάζομαι ἐγὼ
Ac 14:9 αὐτῷ καὶ ἰδὼν **ὅτι** ἔχει πίστιν τοῦ
Ac 14:22 τῇ πίστει καὶ **ὅτι** διὰ πολλῶν θλίψεων
Ac 14:27 μετ᾽ αὐτῶν καὶ **ὅτι** ἤνοιξεν τοῖς ἔθνεσιν
Ac 15:1 ἐδίδασκον τοὺς ἀδελφοὺς **ὅτι**,
Ac 15:5 Φαρισαίων πεπιστευκότες λέγοντες **ὅτι** δεῖ περιτέμνειν αὐτοὺς
Ac 15:7 ὑμεῖς ἐπίστασθε **ὅτι** ἀφ᾽ ἡμερῶν ἀρχαίων
Ac 15:24 Ἐπειδὴ ἠκούσαμεν **ὅτι** τινες ἐξ ἡμῶν
Ac 16:3 ᾔδεισαν γὰρ ἅπαντες **ὅτι** Ἕλλην ὁ πατὴρ
Ac 16:10 εἰς Μακεδονίαν συμβιβάζοντες **ὅτι** προσκέκληται ἡμᾶς ὁ
Ac 16:19 οἱ κύριοι αὐτῆς **ὅτι** ἐξῆλθεν ἡ ἐλπὶς
Ac 16:36 πρὸς τὸν Παῦλον **ὅτι** ἀπέσταλκαν οἱ στρατηγοὶ
Ac 16:38 ἐφοβήθησαν δὲ ἀκούσαντες **ὅτι** Ῥωμαῖοί εἰσιν,
Ac 17:3 διανοίγων καὶ παρατιθέμενος **ὅτι** τὸν χριστὸν ἔδει
Ac 17:3 ἐκ νεκρῶν καὶ **ὅτι** οὗτός ἐστιν ὁ

Ac 17:6 τοὺς πολιτάρχας βοῶντες **ὅτι** οἱ τὴν οἰκουμένην
Ac 17:13 τῆς Θεσσαλονίκης Ἰουδαῖοι **ὅτι** καὶ ἐν τῇ
Ac 17:18 **ὅτι** τὸν Ἰησοῦν καὶ
Ac 18:13 λέγοντες **ὅτι** παρὰ τὸν νόμον
Ac 19:21 εἰς Ἱεροσόλυμα εἰπὼν **ὅτι** μετὰ τὸ γενέσθαι
Ac 19:25 ἐπίστασθε **ὅτι** ἐκ ταύτης τῆς
Ac 19:26 θεωρεῖτε καὶ ἀκούετε **ὅτι** οὐ μόνον Ἐφέσου
Ac 19:26 ἱκανὸν ὄχλον λέγων **ὅτι** οὐκ εἰσὶν θεοὶ
Ac 19:34 ἐπιγνόντες δὲ **ὅτι** Ἰουδαῖός ἐστιν,
Ac 20:23 πλὴν **ὅτι** τὸ πνεῦμα τὸ
Ac 20:23 διαμαρτύρεταί μοι λέγον **ὅτι** δεσμὰ καὶ θλίψεις
Ac 20:25 ἰδοὺ ἐγὼ οἶδα **ὅτι** οὐκέτι ὄψεσθε τὸ
Ac 20:26 τῇ σήμερον ἡμέρᾳ **ὅτι** καθαρός εἰμι ἀπὸ
Ac 20:29 ἐγὼ οἶδα **ὅτι** εἰσελεύσονται μετὰ τὴν
Ac 20:31 διὸ γρηγορεῖτε μνημονεύοντες **ὅτι** τριετίαν νύκτα καὶ
Ac 20:34 αὐτοὶ γινώσκετε **ὅτι** ταῖς χρείαις μου
Ac 20:35 πάντα ὑπέδειξα ὑμῖν **ὅτι** οὕτως κοπιῶντας δεῖ
Ac 20:35 τοῦ κυρίου Ἰησοῦ **ὅτι** αὐτὸς εἶπεν·
Ac 20:38 **ὅτι** οὐκέτι μέλλουσιν τὸ
Ac 21:21 δὲ περὶ σοῦ **ὅτι** ἀποστασίαν διδάσκεις ἀπὸ
Ac 21:22 πάντως ἀκούσονται **ὅτι** ἐλήλυθας.
Ac 21:24 καὶ γνώσονται πάντες **ὅτι** ὧν κατήχηνται
Ac 21:29 ὃν ἐνόμιζον **ὅτι** εἰς τὸ ἱερὸν
Ac 21:31 χιλιάρχῳ τῆς σπείρης **ὅτι** ὅλη συγχύννεται Ἰερουσαλήμ.
Ac 22:2 ἀκούσαντες δὲ **ὅτι** τῇ Ἑβραΐδι διαλέκτῳ
Ac 22:15 **ὅτι** ἔσῃ μάρτυς αὐτῷ
Ac 22:19 αὐτοὶ ἐπίστανται **ὅτι** ἐγὼ ἤμην φυλακίζων
Ac 22:21 **ὅτι** ἐγὼ εἰς ἔθνη
Ac 22:29 δὲ ἐφοβήθη ἐπιγνοὺς **ὅτι** Ῥωμαῖός ἐστιν καὶ
Ac 22:29 Ῥωμαῖός ἐστιν καὶ **ὅτι** αὐτὸν ἦν δεδεκώς.
Ac 23:5 **ὅτι** ἐστὶν ἀρχιερεύς·
Ac 23:5 γέγραπται γὰρ **ὅτι** ἄρχοντα τοῦ λαοῦ
Ac 23:6 δὲ ὁ Παῦλος **ὅτι** τὸ ἓν μέρος
Ac 23:20 εἶπεν δὲ **ὅτι** οἱ Ἰουδαῖοι συνέθεντο
Ac 23:22 παραγγείλας μηδενὶ ἐκλαλῆσαι **ὅτι** ταῦτα ἐνεφάνισας πρός
Ac 23:27 στρατεύματι ἐξειλάμην μαθὼν **ὅτι** Ῥωμαῖός ἐστιν.
Ac 23:34 καὶ πυθόμενος **ὅτι** ἀπὸ Κιλικίας,
Ac 24:11 δυναμένου σου ἐπιγνῶναι **ὅτι** οὐ πλείους εἰσίν
Ac 24:14 δὲ τοῦτό σοι **ὅτι** κατὰ τὴν ὁδὸν
Ac 24:21 ἐν αὐτοῖς ἑστὼς **ὅτι** περὶ ἀναστάσεως νεκρῶν
Ac 24:26 ἅμα καὶ ἐλπίζων **ὅτι** χρήματα δοθήσεται αὐτῷ
Ac 25:8 τοῦ Παύλου ἀπολογουμένου **ὅτι** οὔτε εἰς τὸν
Ac 25:16 πρὸς οὓς ἀπεκρίθην **ὅτι** οὐκ ἔστιν ἔθος
Ac 26:5 **ὅτι** κατὰ τὴν ἀκριβεστάτην
Ac 26:27 οἶδα ὅτι **πιστεύεις**.
Ac 26:31 πρὸς ἀλλήλους λέγοντες **ὅτι** οὐδὲν θανάτου ἢ
Ac 27:10 θεωρῶ **ὅτι** μετὰ ὕβρεως καὶ
Ac 27:25 γὰρ τῷ θεῷ **ὅτι** οὕτως ἔσται καθ᾽
Ac 28:1 διασωθέντες τότε ἐπέγνωμεν **ὅτι** Μελίτη ἡ νῆσος
Ac 28:22 γνωστὸν ἡμῖν ἐστιν **ὅτι** πανταχοῦ ἀντιλέγεται.
Ac 28:25 **ὅτι** καλῶς τὸ πνεῦμα
Ac 28:28 οὖν ἔστω ὑμῖν **ὅτι** τοῖς ἔθνεσιν ἀπεστάλη

οὐ (*ou*; 111/1621[1623]) *not*

Ac 1:5 πνεύματι βαπτισθήσεσθε ἁγίῳ **οὐ** μετὰ πολλὰς ταύτας
Ac 1:7 **οὐχ** ὑμῶν ἐστιν γνῶναι
Ac 2:7 **οὐχ** ἰδοὺ ἅπαντες οὗτοί
Ac 2:15 **οὐ** γὰρ ὡς ὑμεῖς
Ac 2:24 καθότι **οὐκ** ἦν δυνατὸν κρατεῖσθαι
Ac 2:27 ὅτι **οὐκ** ἐγκαταλείψεις τὴν ψυχήν
Ac 2:34 **οὐ** γὰρ Δαυὶδ ἀνέβη
Ac 3:6 ἀργύριον καὶ χρυσίον **οὐχ** ὑπάρχει μοι,
Ac 4:12 καὶ **οὐκ** ἔστιν ἐν ἄλλῳ
Ac 4:16 Ἰερουσαλὴμ φανερὸν καὶ **οὐ** δυνάμεθα ἀρνεῖσθαι·
Ac 4:20 **οὐ** δυνάμεθα γὰρ ἡμεῖς
Ac 5:4 **οὐκ** ἐψεύσω ἀνθρώποις
Ac 5:22 δὲ παραγενόμενοι ὑπηρέται **οὐχ** εὗρον αὐτοὺς ἐν
Ac 5:26 ὑπηρέταις ἦγεν αὐτοὺς **οὐ** μετὰ βίας,
Ac 5:28 **[οὐ]** παραγγελίᾳ παρηγγείλαμεν ὑμῖν
Ac 5:39 **οὐ** δυνήσεσθε καταλῦσαι αὐτούς,
Ac 5:42 καὶ κατ᾽ οἶκον **οὐκ** ἐπαύοντο διδάσκοντες
Ac 6:2 **οὐκ** ἀρεστόν ἐστιν ἡμᾶς
Ac 6:10 καὶ **οὐκ** ἴσχυον ἀντιστῆναι τῇ
Ac 6:13 ὁ ἄνθρωπος οὗτος **οὐ** παύεται λαλῶν ῥήματα
Ac 7:5 καὶ **οὐκ** ἔδωκεν αὐτῷ κληρονομίαν
Ac 7:5 **οὐκ** ὄντος αὐτῷ τέκνου.
Ac 7:11 καὶ **οὐχ** ηὕρισκον χορτάσματα οἱ
Ac 7:18 [ἐπ᾽ Αἴγυπτον] ὃς **οὐκ** ᾔδει τὸν Ἰωσήφ.
Ac 7:25 οἱ δὲ **οὐ** συνῆκαν.
Ac 7:32 δὲ γενόμενος Μωϋσῆς **οὐκ** ἐτόλμα κατανοῆσαι.
Ac 7:39 ᾧ **οὐκ** ἠθέλησαν ὑπήκοοι γενέσθαι
Ac 7:40 **οὐκ** οἴδαμεν τί ἐγένετο
Ac 7:48 ἀλλ᾽ **οὐχ** ὁ ὕψιστος ἐν
Ac 7:52 τίνα τῶν προφητῶν **οὐκ** ἐδίωξαν οἱ πατέρες
Ac 7:53 διαταγὰς ἀγγέλων καὶ **οὐκ** ἐφυλάξατε.
Ac 8:21 **οὐκ** ἔστιν σοι μερὶς
Ac 8:21 καρδία σου **οὐκ** ἔστιν
Ac 8:32 οὕτως **οὐκ** ἀνοίγει τὸ στόμα
Ac 8:39 τὸν Φίλιππον καὶ **οὐκ** εἶδεν αὐτὸν οὐκέτι
Ac 9:9 μὴ βλέπων καὶ **οὐκ** ἔφαγεν οὐδὲ ἔπιεν.
Ac 9:21 **οὐχ** οὗτός ἐστιν ὁ
Ac 10:34 ἀληθείας καταλαμβάνομαι ὅτι **οὐκ** ἔστιν προσωπολήμπτης ὁ
Ac 10:41 **οὐ** παντὶ τῷ λαῷ,
Ac 12:9 ἐξελθὼν ἠκολούθει καὶ **οὐκ** ᾔδει ὅτι ἀληθές
Ac 12:14 ἀπὸ τῆς χαρᾶς **οὐκ** ἤνοιξεν τὸν πυλῶνα,
Ac 12:18 ἡμέρας ἦν τάραχος **οὐκ** ὀλίγος ἐν τοῖς
Ac 12:22 Θεοῦ φωνὴ καὶ **οὐκ** ἀνθρώπου.
Ac 12:23 κυρίου ἀνθ᾽ ὧν **οὐκ** ἔδωκεν τὴν δόξαν
Ac 13:10 **οὐ** παύσῃ διαστρέφων τὰς
Ac 13:25 **οὐκ** εἰμὶ ἐγώ·
Ac 13:25 μετ᾽ ἐμὲ οὗ **οὐκ** εἰμὶ ἄξιος τὸ
Ac 13:35 **οὐ** δώσεις τὸν ὅσιόν
Ac 13:37 **οὐκ** εἶδεν διαφθοράν.
Ac 13:38 ἀπὸ πάντων ὧν **οὐκ** ἠδυνήθητε
Ac 13:41 ἔργον ὃ **οὐ** μὴ πιστεύσητε ἐάν
Ac 13:46 ἀπωθεῖσθε αὐτὸν καὶ **οὐκ** ἀξίους κρίνετε ἑαυτοὺς
Ac 14:17 καίτοι **οὐκ** ἀμάρτυρον αὐτὸν ἀφῆκεν
Ac 14:28 διέτριβον δὲ χρόνον **οὐκ** ὀλίγον σὺν τοῖς
Ac 15:1 **οὐ** δύνασθε σωθῆναι.

Ac 15:2 στάσεως καὶ ζητήσεως **οὐκ** ὀλίγης τῷ Παύλῳ
Ac 15:24 ψυχὰς ὑμῶν οἷς **οὐ** διεστειλάμεθα,
Ac 16:7 καὶ **οὐκ** εἴασεν αὐτοὺς τὸ
Ac 16:21 καταγγέλλουσιν ἔθη ἃ **οὐκ** ἔξεστιν ἡμῖν παραδέχεσθαι
Ac 16:37 **οὐ** γάρ,
Ac 17:4 τε τῶν πρώτων **οὐκ** ὀλίγαι.
Ac 17:12 καὶ ἀνδρῶν **οὐκ** ὀλίγοι.
Ac 17:24 ὑπάρχων κύριος **οὐκ** ἐν χειροποιήτοις
Ac 17:27 καί γε **οὐ** μακρὰν ἀπὸ ἑνὸς
Ac 17:29 τοῦ θεοῦ **οὐκ** ὀφείλομεν νομίζειν
Ac 18:15 κριτὴς ἐγὼ τούτων **οὐ** βούλομαι εἶναι.
Ac 18:20 πλείονα χρόνον μεῖναι **οὐκ** ἐπένευσεν,
Ac 19:11 Δυνάμεις τε **οὐ** τὰς τυχούσας ὁ
Ac 19:23 καιρὸν ἐκεῖνον τάραχος **οὐκ** ὀλίγος περὶ
Ac 19:24 παρείχετο τοῖς τεχνίταις **οὐκ** ὀλίγην ἐργασίαν,
Ac 19:26 καὶ ἀκούετε ὅτι **οὐ** μόνον Ἐφέσου ἀλλὰ
Ac 19:26 ὄχλον λέγων ὅτι **οὐκ** εἰσὶν θεοὶ οἱ
Ac 19:27 **οὐ** μόνον δὲ τοῦτο
Ac 19:30 εἰς τὸν δῆμον **οὐκ** εἴων αὐτὸν οἱ
Ac 19:32 καὶ οἱ πλείους **οὐκ** ᾔδεισαν
Ac 19:35 ἐστιν ἀνθρώπων ὃς **οὐ** γινώσκει τὴν Ἐφεσίων
Ac 19:40 ὑπάρχοντος περὶ οὗ **[οὐ]** δυνησόμεθα ἀποδοῦναι λόγον
Ac 20:12 ζῶντα καὶ παρεκλήθησαν **οὐ** μετρίως.
Ac 20:27 **οὐ** γὰρ ὑπεστειλάμην τοῦ
Ac 20:31 νύκτα καὶ ἡμέραν **οὐκ** ἐπαυσάμην μετὰ δακρύων
Ac 21:13 ἐγὼ γὰρ **οὐ** μόνον δεθῆναι ἀλλὰ
Ac 21:38 **οὐκ** ἄρα σὺ εἶ
Ac 21:39 **οὐκ** ἀσήμου πόλεως πολίτης·
Ac 22:9 τὴν δὲ φωνὴν **οὐκ** ἤκουσαν τοῦ λαλοῦντός
Ac 22:11 ὡς δὲ **οὐκ** ἐνέβλεπον ἀπὸ τῆς
Ac 22:18 διότι **οὐ** παραδέξονταί σου μαρτυρίαν
Ac 22:22 **οὐ** γὰρ καθῆκεν αὐτὸν
Ac 23:5 **οὐκ** ᾔδειν,
Ac 23:5 τοῦ λαοῦ σου **οὐκ** ἐρεῖς κακῶς.
Ac 24:11 σου ἐπιγνῶναι ὅτι **οὐ** πλείους εἰσίν μοι
Ac 24:18 ἐν τῷ ἱερῷ **οὐ** μετὰ ὄχλου οὐδὲ
Ac 25:6 ἐν αὐτοῖς ἡμέρας **οὐ** πλείους ὀκτὼ ἢ
Ac 25:7 αἰτιώματα καταφέροντες ἃ **οὐκ** ἴσχυον ἀποδεῖξαι,
Ac 25:11 **οὐ** παραιτοῦμαι τὸ ἀποθανεῖν·
Ac 25:16 οὓς ἀπεκρίθην ὅτι **οὐκ** ἔστιν ἔθος Ῥωμαίοις
Ac 25:26 γράψαι τῷ κυρίῳ **οὐκ** ἔχω,
Ac 26:19 **οὐκ** ἐγενόμην ἀπειθὴς τῇ
Ac 26:25 **οὐ** μαίνομαι,
Ac 26:26 αὐτόν [τι] τούτων **οὐ** πείθομαι οὐθέν·
Ac 26:26 **οὐ** γάρ ἐστιν ἐν γωνίᾳ
Ac 26:29 καὶ ἐν μεγάλῳ **οὐ** μόνον σὲ ἀλλὰ
Ac 27:10 καὶ πολλῆς ζημίας **οὐ** μόνον τοῦ φορτίου
Ac 27:14 μετ᾽ **οὐ** πολὺ δὲ ἔβαλεν
Ac 27:20 χειμῶνός τε **οὐκ** ὀλίγου ἐπικειμένου,
Ac 27:31 ὑμεῖς σωθῆναι **οὐ** δύνασθε.
Ac 27:39 τὴν γῆν **οὐκ** ἐπεγίνωσκον,
Ac 28:2 τε βάρβαροι παρεῖχον **οὐ** τὴν τυχοῦσαν φιλανθρωπίαν
Ac 28:4 ἡ δίκη ζῆν **οὐκ** εἴασεν.
Ac 28:19 ἠναγκάσθην ἐπικαλέσασθαι Καίσαρα **οὐχ** ὡς τοῦ ἔθνους
Ac 28:26 ἀκοῇ ἀκούσετε καὶ **οὐ** μὴ συνῆτε καὶ
Ac 28:26 βλέποντες βλέψετε καὶ **οὐ** μὴ ἴδητε·

οὗ (*hou*; 8/24) *where*

Ac 1:13 τὸ ὑπερῷον ἀνέβησαν **οὗ** ἦσαν καταμένοντες,
Ac 2:2 ὅλον τὸν οἶκον **οὗ** ἦσαν καθήμενοι
Ac 7:29 **οὗ** ἐγέννησεν υἱοὺς δύο.
Ac 12:12 **οὗ** ἦσαν ἱκανοὶ συνηθροισμένοι
Ac 16:13 πύλης παρὰ ποταμὸν **οὗ** ἐνομίζομεν προσευχὴν εἶναι,
Ac 20:8 ἐν τῷ ὑπερῴῳ **οὗ** ἦμεν συνηγμένοι.
Ac 25:10 **οὗ** με δεῖ κρίνεσθαι.
Ac 28:14 **οὗ** εὑρόντες ἀδελφοὺς παρεκλήθημεν

οὐδέ (*oude*; 12/141[143]) *neither, nor*

Ac 2:27 μου εἰς ᾅδην **οὐδὲ** δώσεις τὸν ὅσιόν
Ac 4:12 **οὐδὲ** γὰρ ὄνομά ἐστιν
Ac 4:32 καὶ **οὐδὲ** εἷς τι τῶν
Ac 4:34 **οὐδὲ** γὰρ ἐνδεής τις
Ac 7:5 κληρονομίαν ἐν αὐτῇ **οὐδὲ** βῆμα ποδὸς καὶ
Ac 8:21 ἔστιν σοι μερὶς **οὐδὲ** κλῆρος ἐν τῷ
Ac 9:9 καὶ οὐκ ἔφαγεν **οὐδὲ** ἔπιεν.
Ac 16:21 ἔξεστιν ἡμῖν παραδέχεσθαι **οὐδὲ** ποιεῖν Ῥωμαίοις οὖσιν.
Ac 17:25 **οὐδὲ** ὑπὸ χειρῶν ἀνθρωπίνων
Ac 19:2 ἀλλ᾽ **οὐδ᾽** εἰ πνεῦμα ἅγιον
Ac 24:13 **οὐδὲ** παραστῆσαι δύνανταί σοι
Ac 24:18 οὐ μετὰ ὄχλου **οὐδὲ** μετὰ θορύβου,

οὐδείς (*oudeis*; 25/225[227]) *no one*

Ac 4:12 ἔστιν ἐν ἄλλῳ **οὐδενὶ** ἡ σωτηρία,
Ac 4:14 ἑστῶτα τὸν τεθεραπευμένον **οὐδὲν** εἶχον ἀντειπεῖν.
Ac 5:13 τῶν δὲ λοιπῶν **οὐδεὶς** ἐτόλμα κολλᾶσθαι αὐτοῖς,
Ac 5:23 ἀνοίξαντες δὲ ἔσω **οὐδένα** εὕρομεν.
Ac 5:36 καὶ ἐγένοντο εἰς **οὐδέν**.
Ac 8:16 γὰρ ἦν ἐπ᾽ **οὐδενὶ** αὐτῶν ἐπιπεπτωκός,
Ac 9:8 τῶν ὀφθαλμῶν αὐτοῦ **οὐδὲν** ἔβλεπεν·
Ac 17:21 ἐπιδημοῦντες ξένοι εἰς **οὐδὲν** ἕτερον ηὐκαίρουν ἢ
Ac 18:10 μετὰ σοῦ καὶ **οὐδεὶς** ἐπιθήσεταί σοι τοῦ
Ac 18:17 καὶ **οὐδὲν** τούτων τῷ Γαλλίωνι
Ac 20:20 ὡς **οὐδὲν** ὑπεστειλάμην τῶν συμφερόντων
Ac 20:24 ἀλλ᾽ **οὐδενὸς** λόγου ποιοῦμαι τὴν
Ac 20:33 χρυσίου ἢ ἱματισμοῦ **οὐδενὸς** ἐπεθύμησα·
Ac 21:24 κατήχηνται περὶ σοῦ **οὐδέν** ἐστιν ἀλλὰ στοιχεῖς
Ac 23:9 **οὐδὲν** κακὸν εὑρίσκομεν ἐν
Ac 25:10 Ἰουδαίους **οὐδὲν** ἠδίκησα ὡς καὶ
Ac 25:11 εἰ δὲ **οὐδέν** ἐστιν ὧν οὗτοι
Ac 25:11 **οὐδείς** με δύναται αὐτοῖς
Ac 25:18 σταθέντες οἱ κατήγοροι **οὐδεμίαν** αἰτίαν ἔφερον ὧν
Ac 26:22 τε καὶ μεγάλῳ **οὐδὲν** ἐκτὸς λέγων ὧν
Ac 26:31 ἀλλήλους λέγοντες ὅτι **οὐδὲν** θανάτου ἢ δεσμῶν
Ac 27:22 ἀποβολὴ γὰρ ψυχῆς **οὐδεμία** ἔσται ἐξ ὑμῶν
Ac 27:34 οὐδενὸς **γὰρ** ὑμῶν θρὶξ ἀπὸ
Ac 28:5 τὸ πῦρ ἔπαθεν **οὐδὲν** κακόν,
Ac 28:17 **οὐδὲν** ἐναντίον ποιήσας τῷ

<u>οὐδέποτε (*oudepote*; 3/16) *never*</u>

Ac 10:14 ὅτι **οὐδέποτε** ἔφαγον πᾶν κοινὸν
Ac 11:8 κοινὸν ἢ ἀκάθαρτον **οὐδέποτε** εἰσῆλθεν εἰς
Ac 14:8 μητρὸς αὐτοῦ ὃς **οὐδέποτε** περιεπάτησεν.

<u>οὐδέπω (*oudepō*; 1/4) *not yet*</u>

Ac 8:16 **οὐδέπω** γὰρ ἦν ἐπ'

<u>οὐθείς (*outheis*; 3/7) *no one*</u>

Ac 15:9 καὶ **οὐθὲν** διέκρινεν μεταξὺ ἡμῶν
Ac 19:27 Ἀρτέμιδος ἱερὸν εἰς **οὐθὲν** λογισθῆναι,
Ac 26:26 τούτων οὐ πείθομαι **οὐθέν**·

<u>οὐκέτι (*ouketi*; 3/47) *no longer*</u>

Ac 8:39 οὐκ εἶδεν αὐτὸν **οὐκέτι** ὁ εὐνοῦχος,
Ac 20:25 ἐγὼ οἶδα ὅτι **οὐκέτι** ὄψεσθε τὸ πρόσωπόν
Ac 20:38 ὅτι **οὐκέτι** μέλλουσιν τὸ πρόσωπον

<u>οὖν (*oun*; 61/497[499]) *therefore*</u>

Ac 1:6 Οἱ μὲν **οὖν** συνελθόντες ἠρώτων αὐτὸν
Ac 1:18 οὗτος μὲν **οὖν** ἐκτήσατο χωρίον ἐκ
Ac 1:21 δεῖ **οὖν** τῶν συνελθόντων ἡμῖν
Ac 2:30 προφήτης **οὖν** ὑπάρχων καὶ εἰδὼς
Ac 2:33 τῇ δεξιᾷ **οὖν** τοῦ θεοῦ ὑψωθείς,
Ac 2:36 ἀσφαλῶς **οὖν** γινωσκέτω πᾶς οἶκος
Ac 2:41 οἱ μὲν **οὖν** ἀποδεξάμενοι τὸν λόγον
Ac 3:19 μετανοήσατε **οὖν** καὶ ἐπιστρέψατε εἰς
Ac 5:41 Οἱ μὲν **οὖν** ἐπορεύοντο χαίροντες ἀπὸ
Ac 8:4 Οἱ μὲν **οὖν** διασπαρέντες διῆλθον εὐαγγελιζόμενοι
Ac 8:22 μετανόησον **οὖν** ἀπὸ τῆς κακίας
Ac 8:25 Οἱ μὲν **οὖν** διαμαρτυράμενοι καὶ λαλήσαντες
Ac 9:31 Ἡ μὲν **οὖν** ἐκκλησία καθ' ὅλης
Ac 10:23 εἰσκαλεσάμενος **οὖν** αὐτοὺς ἐξένισεν.
Ac 10:29 πυνθάνομαι **οὖν** τίνι λόγῳ μετεπέμψασθέ
Ac 10:32 πέμψον **οὖν** εἰς Ἰόππην καὶ
Ac 10:33 ἐξαυτῆς **οὖν** ἔπεμψα πρὸς σέ,
Ac 10:33 νῦν **οὖν** πάντες ἡμεῖς ἐνώπιον
Ac 11:17 εἰ **οὖν** τὴν ἴσην δωρεὰν
Ac 11:19 Οἱ μὲν **οὖν** διασπαρέντες ἀπὸ τῆς
Ac 12:5 ὁ μὲν **οὖν** Πέτρος ἐτηρεῖτο ἐν
Ac 13:4 Αὐτοὶ μὲν **οὖν** ἐκπεμφθέντες ὑπὸ τοῦ
Ac 13:38 γνωστὸν **οὖν** ἔστω ὑμῖν,
Ac 13:40 βλέπετε **οὖν** μὴ ἐπέλθῃ τὸ
Ac 14:3 ἱκανὸν μὲν **οὖν** χρόνον διέτριψαν παρρησιαζόμενοι
Ac 15:3 Οἱ μὲν **οὖν** προπεμφθέντες ὑπὸ τῆς
Ac 15:10 νῦν **οὖν** τί πειράζετε τὸν
Ac 15:27 ἀπεστάλκαμεν **οὖν** Ἰούδαν καὶ Σιλᾶν
Ac 15:30 Οἱ μὲν **οὖν** ἀπολυθέντες κατῆλθον εἰς
Ac 16:5 Αἱ μὲν **οὖν** ἐκκλησίαι ἐστερεοῦντο τῇ
Ac 16:36 νῦν **οὖν** ἐξελθόντες πορεύεσθε ἐν
Ac 17:12 πολλοὶ μὲν **οὖν** ἐξ αὐτῶν ἐπίστευσαν
Ac 17:17 διελέγετο μὲν **οὖν** ἐν τῇ συναγωγῇ
Ac 17:20 βουλόμεθα **οὖν** γνῶναι τίνα θέλει
Ac 17:23 ὃ **οὖν** ἀγνοοῦντες εὐσεβεῖτε,
Ac 17:29 γένος **οὖν** ὑπάρχοντες τοῦ θεοῦ
Ac 17:30 τοὺς μὲν **οὖν** χρόνους τῆς ἀγνοίας
Ac 19:3 εἰς τι **οὖν** ἐβαπτίσθητε;
Ac 19:32 ἄλλοι μὲν **οὖν** ἄλλο τι ἔκραζον·
Ac 19:36 ἀναντιρρήτων **οὖν** ὄντων τούτων δέον
Ac 19:38 εἰ μὲν **οὖν** Δημήτριος καὶ οἱ
Ac 21:22 τί **οὖν** ἐστιν;
Ac 21:23 τοῦτο **οὖν** ποίησον ὅ σοι
Ac 22:29 εὐθέως **οὖν** ἀπέστησαν ἀπ' αὐτοῦ
Ac 23:15 νῦν **οὖν** ὑμεῖς ἐμφανίσατε τῷ
Ac 23:18 ὁ μὲν **οὖν** παραλαβὼν αὐτὸν ἤγαγεν
Ac 23:21 σὺ **οὖν** μὴ πεισθῇς αὐτοῖς·
Ac 23:22 ὁ μὲν **οὖν** χιλίαρχος ἀπέλυσε τὸν
Ac 23:31 Οἱ μὲν **οὖν** στρατιῶται κατὰ τὸ
Ac 25:1 Φῆστος **οὖν** ἐπιβὰς τῇ ἐπαρχείᾳ
Ac 25:4 ὁ μὲν **οὖν** Φῆστος ἀπεκρίθη τηρεῖσθαι
Ac 25:5 οἱ **οὖν** ἐν ὑμῖν,
Ac 25:11 εἰ μὲν **οὖν** ἀδικῶ καὶ ἄξιον
Ac 25:17 συνελθόντων **οὖν** [αὐτῶν] ἐνθάδε ἀναβολὴν
Ac 25:23 Τῇ **οὖν** ἐπαύριον ἐλθόντος τοῦ
Ac 26:4 Τὴν μὲν **οὖν** βίωσίν μου [τὴν]
Ac 26:9 Ἐγὼ μὲν **οὖν** ἔδοξα ἐμαυτῷ πρὸς
Ac 26:22 ἐπικουρίας **οὖν** τυχὼν τῆς ἀπὸ
Ac 28:5 ὁ μὲν **οὖν** ἀποτινάξας τὸ θηρίον
Ac 28:20 διὰ ταύτην **οὖν** τὴν αἰτίαν παρεκάλεσα
Ac 28:28 γνωστὸν **οὖν** ἔστω ὑμῖν ὅτι

<u>οὐράνιος (*ouranios*; 1/9) *heavenly*</u>

Ac 26:19 ἐγενόμην ἀπειθὴς τῇ **οὐρανίῳ** ὀπτασίᾳ

<u>οὐρανόθεν (*ouranothen*; 2/2) *from heaven*</u>

Ac 14:17 **οὐρανόθεν** ὑμῖν ὑετοὺς διδοὺς
Ac 26:13 **οὐρανόθεν** ὑπὲρ τὴν λαμπρότητα

<u>οὐρανός (*ouranos*; 26/272[273]) *heaven*</u>

Ac 1:10 ἦσαν εἰς τὸν **οὐρανὸν** πορευομένου αὐτοῦ,
Ac 1:11 [ἐμ]βλέποντες εἰς τὸν **οὐρανόν**;
Ac 1:11 ὑμῶν εἰς τὸν **οὐρανὸν** οὕτως ἐλεύσεται ὃν
Ac 1:11 πορευόμενον εἰς τὸν **οὐρανόν**.
Ac 2:2 ἄφνω ἐκ τοῦ **οὐρανοῦ** ἦχος ὥσπερ φερομένης
Ac 2:5 τῶν ὑπὸ τὸν **οὐρανόν**.
Ac 2:19 τέρατα ἐν τῷ **οὐρανῷ** ἄνω καὶ σημεῖα
Ac 2:34 ἀνέβη εἰς τοὺς **οὐρανούς**,
Ac 3:21 ὃν δεῖ **οὐρανὸν** μὲν δέξασθαι ἄχρι
Ac 4:12 ἕτερον ὑπὸ τὸν **οὐρανὸν** τὸ δεδομένον ἐν
Ac 4:24 ὁ ποιήσας τὸν **οὐρανὸν** καὶ τὴν γῆν
Ac 7:42 τῇ στρατιᾷ τοῦ **οὐρανοῦ** καθὼς γέγραπται
Ac 7:49 ὁ **οὐρανός** μοι θρόνος,
Ac 7:55 ἀτενίσας εἰς τὸν **οὐρανὸν** εἶδεν δόξαν θεοῦ
Ac 7:56 ἰδοὺ θεωρῶ τοὺς **οὐρανοὺς** διηνοιγμένους
Ac 9:3 φῶς ἐκ τοῦ **οὐρανοῦ**
Ac 10:11 καὶ θεωρεῖ τὸν **οὐρανὸν** ἀνεῳγμένον καὶ καταβαῖνον
Ac 10:12 καὶ πετεινὰ τοῦ **οὐρανοῦ**.
Ac 10:16 σκεῦος εἰς τὸν **οὐρανόν**.
Ac 11:5 καθιεμένην ἐκ τοῦ **οὐρανοῦ**,
Ac 11:6 τὰ πετεινὰ τοῦ **οὐρανοῦ**.
Ac 11:9 δευτέρου ἐκ τοῦ **οὐρανοῦ**·
Ac 11:10 ἅπαντα εἰς τὸν **οὐρανόν**.
Ac 14:15 ὃς ἐποίησεν τὸν **οὐρανὸν** καὶ τὴν γῆν
Ac 17:24 οὗτος **οὐρανοῦ** καὶ γῆς ὑπάρχων
Ac 22:6 ἐξαίφνης ἐκ τοῦ **οὐρανοῦ** περιαστράψαι φῶς ἱκανὸν

<u>οὖς (*ous*; 5/36) *ear*</u>

Ac 7:51 καρδίαις καὶ τοῖς **ὠσίν**,
Ac 7:57 μεγάλῃ συνέσχον τὰ **ὦτα** αὐτῶν καὶ ὥρμησαν
Ac 11:22 λόγος εἰς τὰ **ὦτα** τῆς ἐκκλησίας τῆς
Ac 28:27 τούτου καὶ τοῖς **ὠσὶν** βαρέως ἤκουσαν καὶ
Ac 28:27 ὀφθαλμοῖς καὶ τοῖς **ὠσὶν** ἀκούσωσιν καὶ τῇ

οὔτε (*oute*; 14/87) *not*

Ac 2:31 τοῦ Χριστοῦ ὅτι **οὔτε** ἐγκατελείφθη εἰς ᾅδην
Ac 2:31 ἐγκατελείφθη εἰς ᾅδην **οὔτε** ἡ σὰρξ αὐτοῦ
Ac 15:10 τῶν μαθητῶν ὃν **οὔτε** οἱ πατέρες ἡμῶν
Ac 15:10 οἱ πατέρες ἡμῶν **οὔτε** ἡμεῖς ἰσχύσαμεν βαστάσαι;
Ac 19:37 τοὺς ἄνδρας τούτους **οὔτε** ἱεροσύλους οὔτε βλασφημοῦντας
Ac 19:37 τούτους οὔτε ἱεροσύλους **οὔτε** βλασφημοῦντας τὴν θεὸν
Ac 24:12 καὶ **οὔτε** ἐν τῷ ἱερῷ
Ac 24:12 ἐπίστασιν ποιοῦντα ὄχλου **οὔτε** ἐν ταῖς συναγωγαῖς
Ac 24:12 ἐν ταῖς συναγωγαῖς **οὔτε** κατὰ τὴν πόλιν,
Ac 25:8 Παύλου ἀπολογουμένου ὅτι **οὔτε** εἰς τὸν νόμον
Ac 25:8 νόμον τῶν Ἰουδαίων **οὔτε** εἰς τὸ ἱερὸν
Ac 25:8 εἰς τὸ ἱερὸν **οὔτε** εἰς Καίσαρά τι
Ac 28:21 ἡμεῖς οὔτε **γράμματα** περὶ σοῦ ἐδεξάμεθα
Ac 28:21 ἀπὸ τῆς Ἰουδαίας **οὔτε** παραγενόμενός τις

οὗτος (*houtos*; 236/1382[1387]) *this*

Ac 1:5 οὐ μετὰ πολλὰς **ταύτας** ἡμέρας.
Ac 1:6 ἐν τῷ χρόνῳ **τούτῳ** ἀποκαθιστάνεις τὴν βασιλείαν
Ac 1:9 Καὶ **ταῦτα** εἰπὼν βλεπόντων αὐτῶν
Ac 1:11 οὗτος **ὁ** Ἰησοῦς ὁ ἀναλημφθεὶς
Ac 1:14 **οὗτοι** πάντες ἦσαν προσκαρτεροῦντες
Ac 1:15 ἐν ταῖς ἡμέραις **ταύταις** ἀναστὰς Πέτρος ἐν
Ac 1:17 κλῆρον τῆς διακονίας **ταύτης**.
Ac 1:18 **οὗτος** μὲν οὖν ἐκτήσατο
Ac 1:19 **τοῦτ'** ἔστιν χωρίον αἵματος.
Ac 1:22 ἡμῖν γενέσθαι ἕνα **τούτων**.
Ac 1:24 ὃν ἐξελέξω ἐκ **τούτων** τῶν δύο ἕνα
Ac 1:25 τόπον τῆς διακονίας **ταύτης** καὶ ἀποστολῆς
Ac 2:6 δὲ τῆς φωνῆς **ταύτης** συνῆλθεν τὸ πλῆθος
Ac 2:7 οὐχ ἰδοὺ ἅπαντες **οὗτοί** εἰσιν οἱ λαλοῦντες
Ac 2:12 τί θέλει **τοῦτο** εἶναι;
Ac 2:14 **τοῦτο** ὑμῖν γνωστὸν ἔστω
Ac 2:15 ὡς ὑμεῖς ὑπολαμβάνετε **οὗτοι** μεθύουσιν,
Ac 2:16 ἀλλὰ **τοῦτό** ἐστιν τὸ εἰρημένον
Ac 2:22 ἀκούσατε τοὺς λόγους **τούτους**·
Ac 2:23 **τοῦτον** τῇ ὡρισμένῃ βουλῇ
Ac 2:26 διὰ **τοῦτο** ηὐφράνθη ἡ καρδία
Ac 2:29 ἄχρι τῆς ἡμέρας **ταύτης**.
Ac 2:32 **τοῦτον** τὸν Ἰησοῦν ἀνέστησεν
Ac 2:33 ἐξέχεεν **τοῦτο** ὃ ὑμεῖς [καὶ]
Ac 2:36 **τοῦτον** τὸν Ἰησοῦν ὃν
Ac 2:40 γενεᾶς τῆς σκολιᾶς **ταύτης**.
Ac 3:6 ὃ δὲ ἔχω **τοῦτό** σοι δίδωμι·
Ac 3:12 τί θαυμάζετε ἐπὶ **τούτῳ** ἢ ἡμῖν τί
Ac 3:16 τοῦ ὀνόματος αὐτοῦ **τοῦτον** ὃν θεωρεῖτε καὶ
Ac 3:16 αὐτῷ τὴν ὁλοκληρίαν **ταύτην** ἀπέναντι πάντων ὑμῶν.
Ac 3:24 κατήγγειλαν τὰς ἡμέρας **ταύτας**.
Ac 4:7 ποίῳ ὀνόματι ἐποιήσατε **τοῦτο** ὑμεῖς;
Ac 4:9 ἀσθενοῦς ἐν τίνι **οὗτος** σέσωται,
Ac 4:10 ἐν **τούτῳ** οὗτος παρέστηκεν ἐνώπιον
Ac 4:10 ἐν τούτῳ **οὗτος** παρέστηκεν ἐνώπιον ὑμῶν
Ac 4:11 **οὗτός** ἐστιν ὁ λίθος,
Ac 4:16 ποιήσωμεν τοῖς ἀνθρώποις **τούτοις**;
Ac 4:17 ἐπὶ τῷ ὀνόματι **τούτῳ** μηδενὶ ἀνθρώπων.
Ac 4:22 γεγόνει τὸ σημεῖον **τοῦτο** τῆς ἰάσεως.
Ac 4:27 ἐν τῇ πόλει **ταύτῃ** ἐπὶ τὸν ἅγιον
Ac 5:4 σου τὸ πρᾶγμα **τοῦτο**;
Ac 5:5 Ἁνανίας τοὺς λόγους **τούτους** πεσὼν ἐξέψυξεν,
Ac 5:11 πάντας τοὺς ἀκούοντας **ταῦτα**.
Ac 5:20 ῥήματα τῆς ζωῆς **ταύτης**.
Ac 5:24 ἤκουσαν τοὺς λόγους **τούτους** ὅ τε στρατηγὸς
Ac 5:24 τι ἂν γένοιτο **τοῦτο**.
Ac 5:28 ἐπὶ τῷ ὀνόματι **τούτῳ**,
Ac 5:28 αἷμα τοῦ ἀνθρώπου **τούτου**.
Ac 5:31 **τοῦτον** ὁ θεὸς ἀρχηγὸν
Ac 5:32 μάρτυρες τῶν ῥημάτων **τούτων** καὶ τὸ πνεῦμα
Ac 5:35 ἐπὶ τοῖς ἀνθρώποις **τούτοις** τι μέλλετε πράσσειν.
Ac 5:36 πρὸ γὰρ **τούτων** τῶν ἡμερῶν ἀνέστη
Ac 5:37 μετὰ **τοῦτον** ἀνέστη Ἰούδας ὁ
Ac 5:38 ἀπὸ τῶν ἀνθρώπων **τούτων** καὶ ἄφετε αὐτούς·
Ac 5:38 ἀνθρώπων ἡ βουλὴ **αὕτη** ἢ τὸ ἔργον
Ac 5:38 ἢ τὸ ἔργον **τοῦτο**,
Ac 6:1 δὲ ταῖς ἡμέραις **ταύταις** πληθυνόντων τῶν μαθητῶν
Ac 6:3 ἐπὶ τῆς χρείας **ταύτης**,
Ac 6:13 ὁ ἄνθρωπος **οὗτος** οὐ παύεται λαλῶν
Ac 6:13 τοῦ ἁγίου **[τούτου]** καὶ τοῦ νόμου·
Ac 6:14 Ἰησοῦς ὁ Ναζωραῖος **οὗτος** καταλύσει τὸν τόπον
Ac 6:14 καταλύσει τὸν τόπον **τοῦτον** καὶ ἀλλάξει τὰ
Ac 7:1 εἰ **ταῦτα** οὕτως ἔχει;
Ac 7:4 εἰς τὴν γῆν **ταύτην** εἰς ἣν ὑμεῖς
Ac 7:7 καὶ μετὰ **ταῦτα** ἐξελεύσονται καὶ λατρεύσουσίν
Ac 7:7 ἐν τῷ τόπῳ **τούτῳ**.
Ac 7:19 **οὗτος** κατασοφισάμενος τὸ γένος
Ac 7:29 ἐν τῷ λόγῳ **τούτῳ** καὶ ἐγένετο πάροικος
Ac 7:35 **Τοῦτον** τὸν Μωϋσῆν ὃν
Ac 7:35 τοῦτον **ὁ** θεὸς [καὶ] ἄρχοντα
Ac 7:36 **οὗτος** ἐξήγαγεν αὐτοὺς ποιήσας
Ac 7:37 **οὗτός** ἐστιν ὁ Μωϋσῆς
Ac 7:38 **οὗτός** ἐστιν ὁ γενόμενος
Ac 7:40 ὁ γὰρ Μωϋσῆς **οὗτος**,
Ac 7:50 χείρ μου ἐποίησεν **ταῦτα** πάντα;
Ac 7:54 Ἀκούοντες δὲ **ταῦτα** διεπρίοντο ταῖς καρδίαις
Ac 7:60 μὴ στήσῃς αὐτοῖς **ταύτην** τὴν ἁμαρτίαν.
Ac 7:60 καὶ **τοῦτο** εἰπὼν ἐκοιμήθη.
Ac 8:10 **οὗτός** ἐστιν ἡ δύναμις
Ac 8:19 κἀμοὶ τὴν ἐξουσίαν **ταύτην** ἵνα ᾧ ἐὰν
Ac 8:21 ἐν τῷ λόγῳ **τούτῳ**,
Ac 8:22 τῆς κακίας σου **ταύτης** καὶ δεήθητι τοῦ
Ac 8:26 **αὕτη** ἐστὶν ἔρημος.
Ac 8:29 κολλήθητι τῷ ἅρματι **τούτῳ**.
Ac 8:32 ἣν ἀνεγίνωσκεν ἦν **αὕτη**·
Ac 8:34 ὁ προφήτης λέγει **τοῦτο**;
Ac 8:35 ἀπὸ τῆς γραφῆς **ταύτης** εὐηγγελίσατο αὐτῷ
Ac 9:13 περὶ τοῦ ἀνδρὸς **τούτου** ὅσα κακὰ τοῖς
Ac 9:15 ἐκλογῆς ἐστίν μοι **οὗτος** τοῦ βαστάσαι τὸ
Ac 9:20 τὸν Ἰησοῦν ὅτι **οὗτός** ἐστιν ὁ υἱὸς
Ac 9:21 οὐχ **οὗτός** ἐστιν ὁ πορθήσας
Ac 9:21 ἐπικαλουμένους τὸ ὄνομα **τοῦτο**,
Ac 9:21 καὶ ὧδε εἰς **τοῦτο** ἐληλύθει ἵνα δεδεμένους

Ac 9:22 Δαμασκῷ συμβιβάζων ὅτι **οὗτός** ἐστιν ὁ χριστός.
Ac 9:36 **αὕτη** ἦν πλήρης ἔργων
Ac 10:6 **οὗτος** ξενίζεται παρά τινι
Ac 10:16 **τοῦτο** δὲ ἐγένετο ἐπὶ
Ac 10:30 τετάρτης ἡμέρας μέχρι **ταύτης** τῆς ὥρας ἤμην
Ac 10:32 **οὗτος** ξενίζεται ἐν οἰκίᾳ
Ac 10:36 **οὗτός** ἐστιν πάντων κύριος,
Ac 10:40 **τοῦτον** ὁ θεὸς ἤγειρεν
Ac 10:42 καὶ διαμαρτύρασθαι ὅτι **οὗτός** ἐστιν ὁ ὡρισμένος
Ac 10:43 **τούτῳ** πάντες οἱ προφῆται
Ac 10:44 Πέτρου τὰ ῥήματα **ταῦτα** ἐπέπεσεν τὸ πνεῦμα
Ac 10:47 τοῦ μὴ βαπτισθῆναι **τούτους**,
Ac 11:10 **τοῦτο** δὲ ἐγένετο ἐπὶ
Ac 11:12 οἱ ἓξ ἀδελφοὶ **οὗτοι** καὶ εἰσήλθομεν εἰς
Ac 11:18 Ἀκούσαντες δὲ **ταῦτα** ἡσύχασαν καὶ ἐδόξασαν
Ac 11:27 Ἐν **ταύταις** δὲ ταῖς ἡμέραις
Ac 12:17 καὶ τοῖς ἀδελφοῖς **ταῦτα**.
Ac 13:7 **οὗτος** προσκαλεσάμενος Βαρναβᾶν καὶ
Ac 13:17 θεὸς τοῦ λαοῦ **τούτου** Ἰσραὴλ ἐξελέξατο
Ac 13:20 καὶ μετὰ **ταῦτα** ἔδωκεν κριτὰς ἕως
Ac 13:23 **τούτου** ὁ θεὸς ἀπὸ
Ac 13:26 λόγος τῆς σωτηρίας **ταύτης** ἐξαπεστάλη.
Ac 13:27 οἱ ἄρχοντες αὐτῶν **τοῦτον** ἀγνοήσαντες καὶ
Ac 13:33 ὅτι **ταύτην** ὁ θεὸς ἐκπεπλήρωκεν
Ac 13:38 ὅτι διὰ **τούτου** ὑμῖν ἄφεσις ἁμαρτιῶν
Ac 13:39 ἐν **τούτῳ** πᾶς ὁ πιστεύων
Ac 13:42 αὐτοῖς τὰ ῥήματα **ταῦτα**.
Ac 14:9 **οὗτος** ἤκουσεν τοῦ Παύλου
Ac 14:15 τί **ταῦτα** ποιεῖτε;
Ac 14:15 εὐαγγελιζόμενοι ὑμᾶς ἀπὸ **τούτων** τῶν ματαίων ἐπιστρέφειν
Ac 14:18 καὶ **ταῦτα** λέγοντες μόλις κατέπαυσαν
Ac 15:2 περὶ τοῦ ζητήματος **τούτου**.
Ac 15:6 περὶ τοῦ λόγου **τούτου**.
Ac 15:15 καὶ **τούτῳ** συμφωνοῦσιν οἱ λόγοι
Ac 15:16 μετὰ **ταῦτα** ἀναστρέψω καὶ ἀνοικοδομήσω
Ac 15:17 λέγει κύριος ποιῶν **ταῦτα**
Ac 15:28 ὑμῖν βάρος πλὴν **τούτων** τῶν ἐπάναγκες,
Ac 15:38 ἔργον μὴ συμπαραλαμβάνειν **τοῦτον**.
Ac 16:3 **τοῦτον** ἠθέλησεν ὁ Παῦλος
Ac 16:12 Ἦμεν δὲ ἐν **ταύτῃ** τῇ πόλει διατρίβοντες
Ac 16:17 **αὕτη** κατακολουθοῦσα τῷ Παύλῳ
Ac 16:17 **οὗτοι** οἱ ἄνθρωποι δοῦλοι
Ac 16:18 **τοῦτο** δὲ ἐποίει ἐπὶ
Ac 16:20 **οὗτοι** οἱ ἄνθρωποι ἐκταράσσουσιν
Ac 16:36 δεσμοφύλαξ τοὺς λόγους **[τούτους]** πρὸς τὸν Παῦλον
Ac 16:38 ῥαβδοῦχοι τὰ ῥήματα **ταῦτα**.
Ac 17:3 νεκρῶν καὶ ὅτι **οὗτός** ἐστιν ὁ χριστὸς
Ac 17:6 τὴν οἰκουμένην ἀναστατώσαντες **οὗτοι** καὶ ἐνθάδε πάρεισιν,
Ac 17:7 καὶ **οὗτοι** πάντες ἀπέναντι τῶν
Ac 17:8 τοὺς πολιτάρχας ἀκούοντας **ταῦτα**,
Ac 17:11 **οὗτοι** δὲ ἦσαν εὐγενέστεροι
Ac 17:11 γραφὰς εἰ ἔχοι **ταῦτα** οὕτως.
Ac 17:18 θέλοι ὁ σπερμολόγος **οὗτος** λέγειν;
Ac 17:19 τίς ἡ καινὴ **αὕτη** ἡ ὑπὸ σοῦ
Ac 17:20 γνῶναι τίνα θέλει **ταῦτα** εἶναι.
Ac 17:23 **τοῦτο** ἐγὼ καταγγέλλω ὑμῖν.
Ac 17:24 **οὗτος** οὐρανοῦ καὶ γῆς
Ac 17:32 ἀκουσόμεθά σου περὶ **τούτου** καὶ πάλιν.
Ac 18:1 Μετὰ **ταῦτα** χωρισθεὶς ἐκ τῶν
Ac 18:10 ἐν τῇ πόλει **ταύτῃ**.
Ac 18:13 τὸν νόμον ἀναπείθει **οὗτος** τοὺς ἀνθρώπους σέβεσθαι
Ac 18:15 κριτὴς ἐγὼ **τούτων** οὐ βούλομαι εἶναι.
Ac 18:17 καὶ οὐδὲν **τούτων** τῷ Γαλλίωνι ἔμελεν.
Ac 18:25 **οὗτος** ἦν κατηχημένος τὴν
Ac 18:26 **οὗτός** τε ἤρξατο παρρησιάζεσθαι
Ac 19:4 **τοῦτ'** ἔστιν εἰς τὸν
Ac 19:10 **τοῦτο** δὲ ἐγένετο ἐπὶ
Ac 19:14 ἀρχιερέως ἑπτὰ υἱοὶ **τοῦτο** ποιοῦντες.
Ac 19:17 **τοῦτο** δὲ ἐγένετο γνωστὸν
Ac 19:21 Ὡς δὲ ἐπληρώθη **ταῦτα**,
Ac 19:25 ἐπίστασθε ὅτι ἐκ **ταύτης** τῆς ἐργασίας ἡ
Ac 19:26 Ἀσίας ὁ Παῦλος **οὗτος** πείσας μετέστησεν ἱκανὸν
Ac 19:27 οὐ μόνον δὲ **τοῦτο** κινδυνεύει ἡμῖν τὸ
Ac 19:36 ἀναντιρρήτων οὖν ὄντων **τούτων** δέον ἐστὶν ὑμᾶς
Ac 19:37 γὰρ τοὺς ἄνδρας **τούτους** οὔτε ἱεροσύλους οὔτε
Ac 19:40 περὶ τῆς συστροφῆς **ταύτης**.
Ac 19:40 καὶ ταῦτα **εἰπὼν** ἀπέλυσεν τὴν ἐκκλησίαν.
Ac 20:5 **οὗτοι** δὲ προελθόντες ἔμενον
Ac 20:34 ὑπηρέτησαν αἱ χεῖρες **αὗται**.
Ac 20:36 Καὶ **ταῦτα** εἰπὼν θεὶς τὰ
Ac 21:9 **τούτῳ** δὲ ἦσαν θυγατέρες
Ac 21:11 ἐστιν ἡ ζώνη **αὕτη**,
Ac 21:12 ὡς δὲ ἠκούσαμεν **ταῦτα**,
Ac 21:15 δὲ τὰς ἡμέρας **ταύτας** ἐπισκευασάμενοι ἀνεβαίνομεν εἰς
Ac 21:23 **τοῦτο** οὖν ποίησον ὅ
Ac 21:24 **τούτους** παραλαβὼν ἁγνίσθητι σὺν
Ac 21:28 **οὗτός** ἐστιν ὁ ἄνθρωπος
Ac 21:28 καὶ τοῦ τόπου **τούτου** πάντας πανταχῇ διδάσκων,
Ac 21:28 τὸν ἅγιον τόπον **τοῦτον**.
Ac 21:38 Αἰγύπτιος ὁ πρὸ **τούτων** τῶν ἡμερῶν ἀναστατώσας
Ac 22:3 ἐν τῇ πόλει **ταύτῃ**,
Ac 22:4 ὃς **ταύτην** τὴν ὁδὸν ἐδίωξα
Ac 22:22 δὲ αὐτοῦ ἄχρι **τούτου** τοῦ λόγου καὶ
Ac 22:26 ὁ γὰρ ἄνθρωπος **οὗτος** Ῥωμαῖός ἐστιν.
Ac 22:28 κεφαλαίου τὴν πολιτείαν **ταύτην** ἐκτησάμην.
Ac 23:1 τῷ θεῷ ἄχρι **ταύτης** τῆς ἡμέρας.
Ac 23:7 **τοῦτο** δὲ αὐτοῦ εἰπόντος
Ac 23:9 ἐν τῷ ἀνθρώπῳ **τούτῳ**·
Ac 23:13 πλείους τεσσεράκοντα οἱ **ταύτην** τὴν συνωμοσίαν ποιησάμενοι,
Ac 23:17 τὸν νεανίαν **τοῦτον** ἀπάγαγε πρὸς τὸν
Ac 23:18 προσκαλεσάμενός με ἠρώτησεν **τοῦτον** τὸν νεανίσκον ἀγαγεῖν
Ac 23:22 μηδενὶ ἐκλαλῆσαι ὅτι **ταῦτα** ἐνεφάνισας πρός με.
Ac 23:25 ἔχουσαν τὸν τύπον **τοῦτον**·
Ac 23:27 Τὸν ἄνδρα **τοῦτον** συλλημφθέντα ὑπὸ τῶν
Ac 24:2 γινομένων τῷ ἔθνει **τούτῳ** διὰ τῆς σῆς
Ac 24:5 γὰρ τὸν ἄνδρα **τοῦτον** λοιμὸν καὶ κινοῦντα
Ac 24:8 ἀνακρίνας περὶ πάντων **τούτων** ἐπιγνῶναι ὧν ἡμεῖς
Ac 24:9 οἱ Ἰουδαῖοι φάσκοντες **ταῦτα** οὕτως ἔχειν.
Ac 24:10 κριτὴν τῷ ἔθνει **τούτῳ** ἐπιστάμενος εὐθύμως

Ac 24:14 ὁμολογῶ δὲ **τοῦτό** σοι ὅτι κατὰ
Ac 24:15 ἣν καὶ αὐτοὶ **οὗτοι** προσδέχονται,
Ac 24:16 ἐν **τούτῳ** καὶ αὐτὸς ἀσκῶ
Ac 24:20 ἢ αὐτοὶ **οὗτοι** εἰπάτωσαν τί εὗρον
Ac 24:21 ἢ περὶ μιᾶς **ταύτης** φωνῆς ἧς ἐκέκραξα
Ac 25:9 ἀναβὰς ἐκεῖ περὶ **τούτων** κριθῆναι ἐπ' ἐμοῦ;
Ac 25:11 οὐδέν ἐστιν ὧν **οὗτοι** κατηγοροῦσίν μου,
Ac 25:20 ἐγὼ τὴν περὶ **τούτων** ζήτησιν ἔλεγον εἰ
Ac 25:20 κἀκεῖ κρίνεσθαι περὶ **τούτων**.
Ac 25:24 θεωρεῖτε **τοῦτον** περὶ οὗ ἅπαν
Ac 25:25 αὐτοῦ δὲ **τούτου** ἐπικαλεσαμένου τὸν Σεβαστὸν
Ac 26:16 εἰς τοῦτο **γὰρ** ὤφθην σοι,
Ac 26:21 ἕνεκα **τούτων** με Ἰουδαῖοι συλλαβόμενοι
Ac 26:22 ἄχρι τῆς ἡμέρας **ταύτης** ἕστηκα μαρτυρόμενος μικρῷ
Ac 26:24 **Ταῦτα** δὲ αὐτοῦ ἀπολογουμένου
Ac 26:26 ἐπίσταται γὰρ περὶ **τούτων** ὁ βασιλεὺς πρὸς
Ac 26:26 γὰρ αὐτόν [τι] **τούτων** οὐ πείθομαι οὐθέν·
Ac 26:26 ἐν γωνίᾳ πεπραγμένον **τοῦτο**.
Ac 26:29 παρεκτὸς τῶν δεσμῶν **τούτων**.
Ac 26:31 πράσσει ὁ ἄνθρωπος **οὗτος**.
Ac 26:32 ἐδύνατο ὁ ἄνθρωπος **οὗτος** εἰ μὴ ἐπεκέκλητο
Ac 27:21 τε τὴν ὕβριν **ταύτην** καὶ τὴν ζημίαν.
Ac 27:23 παρέστη γάρ μοι **ταύτῃ** τῇ νυκτὶ τοῦ
Ac 27:31 ἐὰν μὴ **οὗτοι** μείνωσιν ἐν τῷ
Ac 27:34 **τοῦτο** γὰρ πρὸς τῆς
Ac 27:35 εἴπας δὲ **ταῦτα** καὶ λαβὼν ἄρτον
Ac 28:4 ἐστιν ὁ ἄνθρωπος **οὗτος** ὃν διασωθέντα ἐκ
Ac 28:9 **τούτου** δὲ γενομένου καὶ
Ac 28:20 διὰ **ταύτην** οὖν τὴν αἰτίαν
Ac 28:20 Ἰσραὴλ τὴν ἅλυσιν **ταύτην** περίκειμαι.
Ac 28:22 γὰρ τῆς αἱρέσεως **ταύτης** γνωστὸν ἡμῖν ἐστιν
Ac 28:26 πρὸς τὸν λαὸν **τοῦτον** καὶ εἰπόν·
Ac 28:27 καρδία τοῦ λαοῦ **τούτου** καὶ τοῖς ὠσὶν
Ac 28:28 τοῖς ἔθνεσιν ἀπεστάλη **τοῦτο** τὸ σωτήριον

οὕτως (*houtōs*; 27/208) *in this way*

Ac 1:11 εἰς τὸν οὐρανὸν **οὕτως** ἐλεύσεται ὃν τρόπον
Ac 3:18 ἐπλήρωσεν **οὕτως**.
Ac 7:1 εἰ ταῦτα **οὕτως** ἔχει;
Ac 7:6 ἐλάλησεν δὲ **οὕτως** ὁ θεὸς ὅτι
Ac 7:8 καὶ **οὕτως** ἐγέννησεν τὸν Ἰσαὰκ
Ac 8:32 **οὕτως** οὐκ ἀνοίγει τὸ
Ac 12:8 ἐποίησεν δὲ **οὕτως**.
Ac 12:15 ἡ δὲ διϊσχυρίζετο **οὕτως** ἔχειν.
Ac 13:8 **οὕτως** γὰρ μεθερμηνεύεται τὸ
Ac 13:34 **οὕτως** εἴρηκεν ὅτι δώσω
Ac 13:47 **οὕτως** γὰρ ἐντέταλται ἡμῖν
Ac 14:1 Ἰουδαίων καὶ λαλῆσαι **οὕτως** ὥστε πιστεῦσαι Ἰουδαίων
Ac 17:11 εἰ ἔχοι ταῦτα **οὕτως**.
Ac 17:33 **οὕτως** ὁ Παῦλος ἐξῆλθεν
Ac 19:20 **οὕτως** κατὰ κράτος τοῦ
Ac 20:11 **οὕτως** ἐξῆλθεν.
Ac 20:13 **οὕτως** γὰρ διατεταγμένος ἦν
Ac 20:35 ὑπέδειξα ὑμῖν ὅτι **οὕτως** κοπιῶντας δεῖ ἀντιλαμβάνεσθαι
Ac 21:11 **οὕτως** δήσουσιν ἐν Ἰερουσαλὴμ
Ac 22:24 δι' ἣν αἰτίαν **οὕτως** ἐπεφώνουν αὐτῷ.
Ac 23:11 **οὕτω** σε δεῖ καὶ
Ac 24:9 Ἰουδαῖοι φάσκοντες ταῦτα **οὕτως** ἔχειν.
Ac 24:14 **οὕτως** λατρεύω τῷ πατρῴῳ
Ac 27:17 **οὕτως** ἐφέροντο.
Ac 27:25 τῷ θεῷ ὅτι **οὕτως** ἔσται καθ' ὃν
Ac 27:44 καὶ **οὕτως** ἐγένετο πάντας διασωθῆναι
Ac 28:14 καὶ **οὕτως** εἰς τὴν Ῥώμην

οὐχί (*ouchi*; 2/54) *not*

Ac 5:4 **οὐχὶ** μένον σοὶ ἔμενεν
Ac 7:50 **οὐχὶ** ἡ χείρ μου

ὀφείλω (*opheilō*; 1/35) *ought to*

Ac 17:29 τοῦ θεοῦ οὐκ **ὀφείλομεν** νομίζειν χρυσῷ ἢ

ὀφθαλμός (*ophthalmos*; 7/100) *eye*

Ac 1:9 αὐτὸν ἀπὸ τῶν **ὀφθαλμῶν** αὐτῶν.
Ac 9:8 ἀνεῳγμένων δὲ τῶν **ὀφθαλμῶν** αὐτοῦ οὐδὲν ἔβλεπεν·
Ac 9:18 αὐτοῦ ἀπὸ τῶν **ὀφθαλμῶν** ὡς λεπίδες,
Ac 9:40 δὲ ἤνοιξεν τοὺς **ὀφθαλμοὺς** αὐτῆς,
Ac 26:18 ἀνοῖξαι **ὀφθαλμοὺς** αὐτῶν,
Ac 28:27 ἤκουσαν καὶ τοὺς **ὀφθαλμοὺς** αὐτῶν ἐκάμμυσαν·
Ac 28:27 μήποτε ἴδωσιν τοῖς **ὀφθαλμοῖς** καὶ τοῖς ὠσὶν

ὀχλέω (*ochleō*; 1/1) *trouble*

Ac 5:16 φέροντες ἀσθενεῖς καὶ **ὀχλουμένους** ὑπὸ πνευμάτων ἀκαθάρτων,

ὀχλοποιέω (*ochlopoieō*; 1/1) *gather a crowd or mob*

Ac 17:5 τινας πονηροὺς καὶ **ὀχλοποιήσαντες** ἐθορύβουν τὴν πόλιν

ὄχλος (*ochlos*; 22/175) *crowd*

Ac 1:15 ἦν τε **ὄχλος** ὀνομάτων ἐπὶ τὸ
Ac 6:7 πολύς τε **ὄχλος** τῶν ἱερέων ὑπήκουον
Ac 8:6 προσεῖχον δὲ οἱ **ὄχλοι** τοῖς λεγομένοις ὑπὸ
Ac 11:24 καὶ προσετέθη **ὄχλος** ἱκανὸς τῷ κυρίῳ.
Ac 11:26 ἐκκλησίᾳ καὶ διδάξαι **ὄχλον** ἱκανόν,
Ac 13:45 οἱ Ἰουδαῖοι τοὺς **ὄχλους** ἐπλήσθησαν ζήλου
Ac 14:11 οἵ τε **ὄχλοι** ἰδόντες ὃ ἐποίησεν
Ac 14:13 ἐνέγκας σὺν τοῖς **ὄχλοις** ἤθελεν θύειν.
Ac 14:14 ἐξεπήδησαν εἰς τὸν **ὄχλον** κράζοντες
Ac 14:18 μόλις κατέπαυσαν τοὺς **ὄχλους** τοῦ μὴ θύειν
Ac 14:19 καὶ πείσαντες τοὺς **ὄχλους** καὶ λιθάσαντες
Ac 16:22 καὶ συνεπέστη ὁ **ὄχλος** κατ' αὐτῶν καὶ
Ac 17:8 ἐτάραξαν δὲ τὸν **ὄχλον** καὶ τοὺς πολιτάρχας
Ac 17:13 καὶ ταράσσοντες τοὺς **ὄχλους**.
Ac 19:26 πείσας μετέστησεν ἱκανὸν **ὄχλον** λέγων ὅτι
Ac 19:33 ἐκ δὲ τοῦ **ὄχλου** συνεβίβασαν Ἀλέξανδρον,
Ac 19:35 ὁ γραμματεὺς τὸν **ὄχλον** φησίν·
Ac 21:27 συνέχεον πάντα τὸν **ὄχλον** καὶ ἐπέβαλον ἐπ'
Ac 21:34 ἐπεφώνουν ἐν τῷ **ὄχλῳ**.
Ac 21:35 τὴν βίαν τοῦ **ὄχλου**,
Ac 24:12 ἢ ἐπίστασιν ποιοῦντα **ὄχλου** οὔτε ἐν ταῖς
Ac 24:18 ἱερῷ οὐ μετὰ **ὄχλου** οὐδὲ μετὰ θορύβου,

πάγος (*pagos*; 2/2) *Areopagus*

Ac 17:19 ἐπὶ τὸν Ἄρειον **πάγον** ἤγαγον λέγοντες·
Ac 17:22 μέσῳ τοῦ Ἀρείου **πάγου** ἔφη·

παθητός (*pathētos*; 1/1) *subject to suffering*
Ac 26:23 εἰ **παθητὸς** ὁ χριστός,

παιδεύω (*paideuō*; 2/13) *instruct*
Ac 7:22 καὶ **ἐπαιδεύθη** Μωϋσῆς [ἐν] πάσῃ
Ac 22:3 τοὺς πόδας Γαμαλιὴλ **πεπαιδευμένος** κατὰ ἀκρίβειαν τοῦ

παιδίσκη (*paidiskē*; 2/13) *maid*
Ac 12:13 τοῦ πυλῶνος προσῆλθεν **παιδίσκη** ὑπακοῦσαι ὀνόματι Ῥόδη,
Ac 16:16 εἰς τὴν προσευχὴν **παιδίσκην** τινα ἔχουσαν πνεῦμα

παῖς (*pais*; 6/24) *servant*
Ac 3:13 ἐδόξασεν τὸν **παῖδα** αὐτοῦ Ἰησοῦν ὃν
Ac 3:26 ὁ θεὸς τὸν **παῖδα** αὐτοῦ ἀπέστειλεν αὐτὸν
Ac 4:25 ἁγίου στόματος Δαυὶδ **παιδός** σου εἰπών·
Ac 4:27 ἐπὶ τὸν ἅγιον **παῖδά** σου Ἰησοῦν ὃν
Ac 4:30 ὀνόματος τοῦ ἁγίου **παιδός** σου Ἰησοῦ.
Ac 20:12 ἤγαγον δὲ τὸν **παῖδα** ζῶντα καὶ παρεκλήθησαν

πάλιν (*palin*; 5/139[141]) *again*
Ac 10:15 καὶ φωνὴ **πάλιν** ἐκ δευτέρου πρὸς
Ac 11:10 καὶ ἀνεσπάσθη **πάλιν** ἅπαντα εἰς τὸν
Ac 17:32 περὶ τούτου καὶ **πάλιν**.
Ac 18:21 **πάλιν** ἀνακάμψω πρὸς ὑμᾶς
Ac 27:28 δὲ διαστήσαντες καὶ **πάλιν** βολίσαντες εὗρον ὀργυιὰς

Παμφυλία (*Pamphylia*; 5/5) *Pamphylia*
Ac 2:10 Φρυγίαν τε καὶ **Παμφυλίαν**,
Ac 13:13 εἰς Πέργην τῆς **Παμφυλίας**,
Ac 14:24 ἦλθον εἰς τὴν **Παμφυλίαν**
Ac 15:38 ἀπ' αὐτῶν ἀπὸ **Παμφυλίας** καὶ μὴ συνελθόντα
Ac 27:5 τὴν Κιλικίαν καὶ **Παμφυλίαν** διαπλεύσαντες κατήλθομεν εἰς

πανοικεί (*panoikei*; 1/1) *with one's entire household*
Ac 16:34 τράπεζαν καὶ ἠγαλλιάσατο **πανοικεὶ** πεπιστευκὼς τῷ θεῷ.

πανταχῇ (*pantachē*; 1/1) *everywhere*
Ac 21:28 τόπου τούτου πάντας **πανταχῇ** διδάσκων,

πανταχοῦ (*pantachou*; 3/6[7]) *everywhere*
Ac 17:30 τοῖς ἀνθρώποις πάντας **πανταχοῦ** μετανοεῖν,
Ac 24:3 πάντῃ τε καὶ **πανταχοῦ** ἀποδεχόμεθα,
Ac 28:22 ἡμῖν ἐστιν ὅτι **πανταχοῦ** ἀντιλέγεται.

πάντη (*pantē*; 1/1) *in every way*
Ac 24:3 **πάντῃ** τε καὶ πανταχοῦ

πάντως (*pantōs*; 2/8) *by all means*
Ac 21:22 **πάντως** ἀκούσονται ὅτι ἐλήλυθας.
Ac 28:4 **πάντως** φονεύς ἐστιν ὁ

παρά (*para*; 29/193[194]) *from, with, beside*
Ac 2:33 τοῦ ἁγίου λαβὼν **παρὰ** τοῦ πατρός,
Ac 3:2 τοῦ αἰτεῖν ἐλεημοσύνην **παρὰ** τῶν εἰσπορευομένων εἰς
Ac 3:5 αὐτοῖς προσδοκῶν τι **παρ'** αὐτῶν λαβεῖν.
Ac 4:35 καὶ ἐτίθουν **παρὰ** τοὺς πόδας τῶν
Ac 5:2 ἐνέγκας μέρος τι **παρὰ** τοὺς πόδας τῶν
Ac 7:16 Ἀβραὰμ τιμῆς ἀργυρίου **παρὰ** τῶν υἱῶν Ἑμμὼρ
Ac 7:58 τὰ ἱμάτια αὐτῶν **παρὰ** τοὺς πόδας νεανίου
Ac 9:2 ᾐτήσατο **παρ'** αὐτοῦ ἐπιστολὰς εἰς
Ac 9:14 ὧδε ἔχει ἐξουσίαν **παρὰ** τῶν ἀρχιερέων δῆσαι
Ac 9:43 μεῖναι ἐν Ἰόππῃ **παρά** τινι Σίμωνι βυρσεῖ.
Ac 10:6 οὗτος ξενίζεται **παρά** τινι Σίμωνι βυρσεῖ,
Ac 10:6 ᾧ ἐστιν οἰκία **παρὰ** θάλασσαν.
Ac 10:22 καὶ ἀκοῦσαι ῥήματα **παρὰ** σοῦ.
Ac 10:32 οἰκίᾳ Σίμωνος βυρσέως **παρὰ** θάλασσαν.
Ac 16:13 ἔξω τῆς πύλης **παρὰ** ποταμὸν οὗ ἐνομίζομεν
Ac 17:9 λαβόντες τὸ ἱκανὸν **παρὰ** τοῦ Ἰάσονος καὶ
Ac 18:3 ὁμότεχνον εἶναι ἔμενεν **παρ'** αὐτοῖς,
Ac 18:13 λέγοντες ὅτι **παρὰ** τὸν νόμον ἀναπείθει
Ac 20:24 διακονίαν ἣν ἔλαβον **παρὰ** τοῦ κυρίου Ἰησοῦ,
Ac 21:7 ἐμείναμεν ἡμέραν μίαν **παρ'** αὐτοῖς.
Ac 21:8 ἐμείναμεν **παρ'** αὐτῷ.
Ac 21:16 ἄγοντες **παρ'** ᾧ ξενισθῶμεν Μνάσωνί
Ac 22:3 **παρὰ** τοὺς πόδας Γαμαλιὴλ
Ac 22:5 παρ' **ὧν** καὶ ἐπιστολὰς δεξάμενος
Ac 24:8 **παρ'** οὗ δυνήσῃ αὐτὸς
Ac 26:8 τί ἄπιστον κρίνεται **παρ'** ὑμῖν εἰ ὁ
Ac 26:10 φυλακαῖς κατέκλεισα τὴν **παρὰ** τῶν ἀρχιερέων ἐξουσίαν
Ac 28:14 εὑρόντες ἀδελφοὺς παρεκλήθημεν **παρ'** αὐτοῖς ἐπιμεῖναι ἡμέρας
Ac 28:22 ἀξιοῦμεν δὲ **παρὰ** σοῦ ἀκοῦσαι ἃ

παραβαίνω (*parabainō*; 1/3) *break, leave*
Ac 1:25 ἀποστολῆς ἀφ' ἧς **παρέβη** Ἰούδας πορευθῆναι εἰς

παραβάλλω (*paraballō*; 1/1) *arrive*
Ac 20:15 τῇ δὲ ἑτέρᾳ **παρεβάλομεν** εἰς Σάμον,

παραβιάζομαι (*parabiazomai*; 1/2) *urge*
Ac 16:15 καὶ **παρεβιάσατο** ἡμᾶς.

παραγγελία (*parangelia*; 2/5) *order*
Ac 5:28 [οὐ] **παραγγελίᾳ** παρηγγείλαμεν ὑμῖν μὴ
Ac 16:24 ὃς **παραγγελίαν** τοιαύτην λαβὼν ἔβαλεν

παραγγέλλω (*parangellō*; 11/31[32]) *command*
Ac 1:4 καὶ συναλιζόμενος **παρήγγειλεν** αὐτοῖς ἀπὸ Ἱεροσολύμων
Ac 4:18 Καὶ καλέσαντες αὐτοὺς **παρήγγειλαν** τὸ καθόλου μὴ
Ac 5:28 [οὐ] παραγγελίᾳ **παρηγγείλαμεν** ὑμῖν μὴ διδάσκειν
Ac 5:40 τοὺς ἀποστόλους δείραντες **παρήγγειλαν** μὴ λαλεῖν ἐπὶ
Ac 10:42 καὶ **παρήγγειλεν** ἡμῖν κηρύξαι τῷ

Ac 15:5 δεῖ περιτέμνειν αὐτοὺς **παραγγέλλειν** τε τηρεῖν τὸν
Ac 16:18 **παραγγέλλω** σοι ἐν ὀνόματι
Ac 16:23 ἔβαλον εἰς φυλακὴν **παραγγείλαντες** τῷ δεσμοφύλακι ἀσφαλῶς
Ac 17:30 τὰ νῦν **παραγγέλλει** τοῖς ἀνθρώποις πάντας
Ac 23:22 ἀπέλυσε τὸν νεανίσκον **παραγγείλας** μηδενὶ ἐκλαλῆσαι ὅτι
Ac 23:30 ἔπεμψα πρὸς σὲ **παραγγείλας** καὶ τοῖς κατηγόροις

παραγίνομαι (*paraginomai*; 20/36[37]) *come*

Ac 5:21 **Παραγενόμενος** δὲ ὁ ἀρχιερεὺς
Ac 5:22 οἱ δὲ **παραγενόμενοι** ὑπηρέται οὐχ εὗρον
Ac 5:25 **παραγενόμενος** δέ τις ἀπήγγειλεν
Ac 9:26 **Παραγενόμενος** δὲ εἰς Ἰερουσαλὴμ
Ac 9:39 ὃν **παραγενόμενον** ἀνήγαγον εἰς τὸ
Ac 10:33 τε καλῶς ἐποίησας **παραγενόμενος**.
Ac 11:23 ὃς **παραγενόμενος** καὶ ἰδὼν τὴν
Ac 13:14 ἀπὸ τῆς Πέργης **παρεγένοντο** εἰς Ἀντιόχειαν τὴν
Ac 14:27 **παραγενόμενοι** δὲ καὶ συναγαγόντες
Ac 15:4 **παραγενόμενοι** δὲ εἰς Ἰερουσαλὴμ
Ac 17:10 οἵτινες **παραγενόμενοι** εἰς τὴν συναγωγὴν
Ac 18:27 ὃς **παραγενόμενος** συνεβάλετο πολὺ τοῖς
Ac 20:18 ὡς δὲ **παρεγένοντο** πρὸς αὐτὸν εἶπεν
Ac 21:18 πάντες τε **παρεγένοντο** οἱ πρεσβύτεροι.
Ac 23:16 **παραγενόμενος** καὶ εἰσελθὼν εἰς
Ac 23:35 οἱ κατήγοροί σου **παραγένωνται**·
Ac 24:17 τὸ ἔθνος μου **παρεγενόμην** καὶ προσφοράς,
Ac 24:24 δὲ ἡμέρας τινας **παραγενόμενος** ὁ Φῆλιξ σὺν
Ac 25:7 **παραγενομένου** δὲ αὐτοῦ περιέστησαν
Ac 28:21 τῆς Ἰουδαίας οὔτε **παραγενόμενός** τις τῶν ἀδελφῶν

παραδέχομαι (*paradechomai*; 3/6) *accept*

Ac 15:4 δὲ εἰς Ἰερουσαλὴμ **παρεδέχθησαν** ἀπὸ τῆς ἐκκλησίας
Ac 16:21 οὐκ ἔξεστιν ἡμῖν **παραδέχεσθαι** οὐδὲ ποιεῖν Ῥωμαίοις
Ac 22:18 διότι οὐ **παραδέξονταί** σου μαρτυρίαν περὶ

παραδίδωμι (*paradidōmi*; 13/119) *hand or give over*

Ac 3:13 ὃν ὑμεῖς μὲν **παρεδώκατε** καὶ ἠρνήσασθε
Ac 6:14 τὰ ἔθη ἃ **παρέδωκεν** ἡμῖν Μωϋσῆς.
Ac 7:42 ὁ θεὸς καὶ **παρέδωκεν** αὐτοὺς λατρεύειν τῇ
Ac 8:3 ἄνδρας καὶ γυναῖκας **παρεδίδου** εἰς φυλακήν.
Ac 12:4 ἔθετο εἰς φυλακὴν **παραδοὺς** τέσσαρσιν τετραδίοις στρατιωτῶν
Ac 14:26 ὅθεν ἦσαν **παραδεδομένοι** τῇ χάριτι τοῦ
Ac 15:26 ἀνθρώποις **παραδεδωκόσι** τὰς ψυχὰς αὐτῶν
Ac 15:40 ἐπιλεξάμενος Σιλᾶν ἐξῆλθεν **παραδοθεὶς** τῇ χάριτι τοῦ
Ac 16:4 **παρεδίδοσαν** αὐτοῖς φυλάσσειν τὰ
Ac 21:11 οἱ Ἰουδαῖοι καὶ **παραδώσουσιν** εἰς χεῖρας ἐθνῶν.
Ac 22:4 θανάτου δεσμεύων καὶ **παραδιδοὺς** εἰς φυλακὰς ἄνδρας
Ac 27:1 **παρεδίδουν** τόν τε Παῦλον
Ac 28:17 δέσμιος ἐξ Ἱεροσολύμων **παρεδόθην** εἰς τὰς χεῖρας

παραθεωρέω (*paratheōreō*; 1/1) *overlook*

Ac 6:1 ὅτι **παρεθεωροῦντο** ἐν τῇ διακονίᾳ

παραινέω (*paraineō*; 2/2) *advise*

Ac 27:9 νηστείαν ἤδη παρεληλυθέναι **παρῄνει** ὁ Παῦλος
Ac 27:22 καὶ τὰ νῦν **παραινῶ** ὑμᾶς εὐθυμεῖν·

παραιτέομαι (*paraiteomai*; 1/12) *ask for*

Ac 25:11 οὐ **παραιτοῦμαι** τὸ ἀποθανεῖν·

παρακαλέω (*parakaleō*; 22/109) *encourage, ask*

Ac 2:40 πλείοσιν διεμαρτύρατο καὶ **παρεκάλει** αὐτοὺς λέγων·
Ac 8:31 **παρεκάλεσέν** τε τὸν Φίλιππον
Ac 9:38 ἄνδρας πρὸς αὐτὸν **παρακαλοῦντες**·
Ac 11:23 ἐχάρη καὶ **παρεκάλει** πάντας τῇ προθέσει
Ac 13:42 Ἐξιόντων δὲ αὐτῶν **παρεκάλουν** εἰς τὸ μεταξὺ
Ac 14:22 **παρακαλοῦντες** ἐμμένειν τῇ πίστει
Ac 15:32 διὰ λόγου πολλοῦ **παρεκάλεσαν** τοὺς ἀδελφοὺς καὶ
Ac 16:9 ἦν ἑστὼς καὶ **παρακαλῶν** αὐτὸν καὶ λέγων·
Ac 16:15 παρεκάλεσεν **λέγουσα**·
Ac 16:39 καὶ ἐλθόντες **παρεκάλεσαν** αὐτοὺς καὶ ἐξαγαγόντες
Ac 16:40 Λυδίαν καὶ ἰδόντες **παρεκάλεσαν** τοὺς ἀδελφοὺς καὶ
Ac 19:31 πέμψαντες πρὸς αὐτὸν **παρεκάλουν** μὴ δοῦναι ἑαυτὸν
Ac 20:1 τοὺς μαθητὰς καὶ **παρακαλέσας**,
Ac 20:2 μέρη ἐκεῖνα καὶ **παρακαλέσας** αὐτοὺς λόγῳ πολλῷ
Ac 20:12 παῖδα ζῶντα καὶ **παρεκλήθησαν** οὐ μετρίως.
Ac 21:12 **παρεκαλοῦμεν** ἡμεῖς τε καὶ
Ac 24:4 **παρακαλῶ** ἀκοῦσαί σε ἡμῶν
Ac 25:2 τοῦ Παύλου καὶ **παρεκάλουν** αὐτὸν
Ac 27:33 **παρεκάλει** ὁ Παῦλος ἅπαντας
Ac 27:34 διὸ **παρακαλῶ** ὑμᾶς μεταλαβεῖν τροφῆς·
Ac 28:14 οὗ εὑρόντες ἀδελφοὺς **παρεκλήθημεν** παρ' αὐτοῖς ἐπιμεῖναι
Ac 28:20 οὖν τὴν αἰτίαν **παρεκάλεσα** ὑμᾶς ἰδεῖν καὶ

παράκλησις (*paraklēsis*; 4/29) *encouragement*

Ac 4:36 ἐστιν μεθερμηνευόμενον υἱὸς **παρακλήσεως**,
Ac 9:31 κυρίου καὶ τῇ **παρακλήσει** τοῦ ἁγίου πνεύματος
Ac 13:15 ἐν ὑμῖν λόγος **παρακλήσεως** πρὸς τὸν λαόν,
Ac 15:31 ἐχάρησαν ἐπὶ τῇ **παρακλήσει**.

παραλαμβάνω (*paralambanō*; 6/49) *take, receive*

Ac 15:39 τόν τε Βαρναβᾶν **παραλαβόντα** τὸν Μᾶρκον ἐκπλεῦσαι
Ac 16:33 καὶ **παραλαβὼν** αὐτοὺς ἐν ἐκείνῃ
Ac 21:24 τούτους **παραλαβὼν** ἁγνίσθητι σὺν αὐτοῖς
Ac 21:26 Τότε ὁ Παῦλος **παραλαβὼν** τοὺς ἄνδρας τῇ
Ac 21:32 ὃς ἐξαυτῆς **παραλαβὼν** στρατιώτας καὶ ἑκατοντάρχας

Ac 23:18 ὁ μὲν οὖν **παραλαβὼν** αὐτὸν ἤγαγεν πρὸς

παραλέγομαι (*paralegomai*; 2/2) *sail or coast along*

Ac 27:8 μόλις τε **παραλεγόμενοι** αὐτὴν ἤλθομεν εἰς
Ac 27:13 ἄραντες ἆσσον **παρελέγοντο** τὴν Κρήτην.

παραλύω (*paralyō*; 2/5) *be paralyzed or weak*

Ac 8:7 πολλοὶ δὲ **παραλελυμένοι** καὶ χωλοὶ ἐθεραπεύθησαν·
Ac 9:33 ὃς ἦν **παραλελυμένος**.

παρανομέω (*paranomeō*; 1/1) *act contrary to the law*

Ac 23:3 τὸν νόμον καὶ **παρανομῶν** κελεύεις με τύπτεσθαι;

παραπλέω (*parapleō*; 1/1) *sail past*

Ac 20:16 γὰρ ὁ Παῦλος **παραπλεῦσαι** τὴν Ἔφεσον,

παράσημος (*parasēmos*; 1/1) *marked with a figurehead*

Ac 28:11 **παρασήμῳ** Διοσκούροις.

παρασκευάζω (*paraskeuazō*; 1/4) *prepare a meal*

Ac 10:10 **παρασκευαζόντων** δὲ αὐτῶν ἐγένετο

παρατείνω (*parateinō*; 1/1) *prolong*

Ac 20:7 **παρέτεινέν** τε τὸν λόγον

παρατηρέω (*paratēreō*; 1/6) *watch, keep*

Ac 9:24 **παρετηροῦντο** δὲ καὶ τὰς

παρατίθημι (*paratithēmi*; 4/19) *place or put before*

Ac 14:23 προσευξάμενοι μετὰ νηστειῶν **παρέθεντο** αὐτοὺς τῷ κυρίῳ
Ac 16:34 εἰς τὸν οἶκον **παρέθηκεν** τράπεζαν καὶ ἠγαλλιάσατο
Ac 17:3 διανοίγων καὶ **παρατιθέμενος** ὅτι τὸν χριστὸν
Ac 20:32 Καὶ τὰ νῦν **παρατίθεμαι** ὑμᾶς τῷ θεῷ

παρατυγχάνω (*paratynchanō*; 1/1) *happen to be present*

Ac 17:17 ἡμέραν πρὸς τοὺς **παρατυγχάνοντας**.

παραχειμάζω (*paracheimazō*; 2/4) *spend the winter*

Ac 27:12 καταντήσαντες εἰς Φοίνικα **παραχειμάσαι** λιμένα τῆς Κρήτης
Ac 28:11 ἀνήχθημεν ἐν πλοίῳ **παρακεχειμακότι** ἐν τῇ νήσῳ,

παραχειμασία (*paracheimasia*; 1/1) *wintering*

Ac 27:12 λιμένος ὑπάρχοντος πρὸς **παραχειμασίαν** οἱ πλείονες ἔθεντο

παραχρῆμα (*parachrēma*; 6/18) *immediately*

Ac 3:7 **παραχρῆμα** δὲ ἐστερεώθησαν αἱ
Ac 5:10 ἔπεσεν δὲ **παραχρῆμα** πρὸς τοὺς πόδας
Ac 12:23 **παραχρῆμα** δὲ ἐπάταξεν αὐτὸν
Ac 13:11 **παραχρῆμά** τε ἔπεσεν ἐπ'
Ac 16:26 ἠνεῴχθησαν δὲ **παραχρῆμα** αἱ θύραι πᾶσαι
Ac 16:33 οἱ αὐτοῦ πάντες **παραχρῆμα**,

πάρειμι (*pareimi*; 5/24) *be present or here*

Ac 10:21 αἰτία δι' ἣν **πάρεστε**;
Ac 10:33 ἐνώπιον τοῦ θεοῦ **πάρεσμεν** ἀκοῦσαι πάντα
Ac 12:20 ὁμοθυμαδὸν δὲ **παρῆσαν** πρὸς αὐτὸν καὶ
Ac 17:6 οὗτοι καὶ ἐνθάδε **πάρεισιν**,
Ac 24:19 ἔδει ἐπὶ σοῦ **παρεῖναι** καὶ κατηγορεῖν εἴ

παρεκτός (*parektos*; 1/3) *except*

Ac 26:29 καὶ ἐγώ εἰμι **παρεκτὸς** τῶν δεσμῶν τούτων.

παρεμβολή (*parembolē*; 6/10) *camp, barracks*

Ac 21:34 αὐτὸν εἰς τὴν **παρεμβολήν**.
Ac 21:37 εἰσάγεσθαι εἰς τὴν **παρεμβολὴν** ὁ Παῦλος λέγει
Ac 22:24 αὐτὸν εἰς τὴν **παρεμβολήν**,
Ac 23:10 τε εἰς τὴν **παρεμβολήν**.
Ac 23:16 εἰσελθὼν εἰς τὴν **παρεμβολὴν** ἀπήγγειλεν τῷ Παύλῳ.
Ac 23:32 ὑπέστρεψαν εἰς τὴν **παρεμβολήν**·

παρενοχλέω (*parenochleō*; 1/1) *add extra difficulties*

Ac 15:19 ἐγὼ κρίνω μὴ **παρενοχλεῖν** τοῖς ἀπὸ τῶν

παρέρχομαι (*parerchomai*; 2/29) *pass*

Ac 16:8 **παρελθόντες** δὲ τὴν Μυσίαν
Ac 27:9 τὴν νηστείαν ἤδη **παρεληλυθέναι** παρῄνει ὁ Παῦλος

παρέχω (*parechō*; 5/16) *cause*

Ac 16:16 ἥτις ἐργασίαν πολλὴν **παρεῖχεν** τοῖς κυρίοις αὐτῆς
Ac 17:31 πίστιν **παρασχὼν** πᾶσιν ἀναστήσας αὐτὸν
Ac 19:24 ναοὺς ἀργυροῦς 'Αρτέμιδος **παρείχετο** τοῖς τεχνίταις οὐκ
Ac 22:2 μᾶλλον **παρέσχον** ἡσυχίαν.
Ac 28:2 οἵ τε βάρβαροι **παρεῖχον** οὐ τὴν τυχοῦσαν

παρθένος (*parthenos*; 1/15) *virgin*

Ac 21:9 ἦσαν θυγατέρες τέσσαρες **παρθένοι** προφητεύουσαι.

Πάρθοι (*Parthoi*; 1/1) *Parthians*

Ac 2:9 **Πάρθοι** καὶ Μῆδοι καὶ

παρίστημι (*paristēmi*; 13/41) *present, stand by*

Ac 1:3 οἷς καὶ **παρέστησεν** ἑαυτὸν ζῶντα μετὰ
Ac 1:10 ἰδοὺ ἄνδρες δύο **παρειστήκεισαν** αὐτοῖς ἐν ἐσθήσεσι
Ac 4:10 ἐν τούτῳ οὗτος **παρέστηκεν** ἐνώπιον ὑμῶν ὑγιής.
Ac 4:26 **παρέστησαν** οἱ βασιλεῖς τῆς

Ac 9:39 τὸ ὑπερῷον καὶ **παρέστησαν** αὐτῷ πᾶσαι αἱ
Ac 9:41 καὶ τὰς χήρας **παρέστησεν** αὐτὴν ζῶσαν.
Ac 23:2 Ἁνανίας ἐπέταξεν τοῖς **παρεστῶσιν** αὐτῷ τύπτειν αὐτοῦ
Ac 23:4 οἱ δὲ **παρεστῶτες** εἶπαν·
Ac 23:24 κτήνη τε **παραστῆσαι** ἵνα ἐπιβιβάσαντες τὸν
Ac 23:33 ἐπιστολὴν τῷ ἡγεμόνι **παρέστησαν** καὶ τὸν Παῦλον
Ac 24:13 οὐδὲ **παραστῆσαι** δύνανταί σοι περὶ
Ac 27:23 **παρέστη** γάρ μοι ταύτῃ
Ac 27:24 Καίσαρί σε δεῖ **παραστῆναι**,

Παρμενᾶς (*Parmenas*; 1/1) *Parmenas*

Ac 6:5 καὶ Τίμωνα καὶ **Παρμενᾶν** καὶ Νικόλαον προσήλυτον

παροικία (*paroikia*; 1/2) *stay*

Ac 13:17 ὕψωσεν ἐν τῇ **παροικίᾳ** ἐν γῇ Αἰγύπτου

πάροικος (*paroikos*; 2/4) *alien*

Ac 7:6 τὸ σπέρμα αὐτοῦ **πάροικον** ἐν γῇ ἀλλοτρίᾳ
Ac 7:29 τούτῳ καὶ ἐγένετο **πάροικος** ἐν γῇ Μαδιάμ,

παροίχομαι (*paroichomai*; 1/1) *go by*

Ac 14:16 ὃς ἐν ταῖς **παρῳχημέναις** γενεαῖς εἴασεν πάντα

παροξύνω (*paroxynō*; 1/2) *be irritable*

Ac 17:16 αὐτοὺς τοῦ Παύλου **παρωξύνετο** τὸ πνεῦμα αὐτοῦ

παροξυσμός (*paroxysmos*; 1/2) *encouragement*

Ac 15:39 ἐγένετο δὲ **παροξυσμὸς** ὥστε ἀποχωρισθῆναι αὐτοὺς

παροτρύνω (*parotrynō*; 1/1) *incite*

Ac 13:50 οἱ δὲ Ἰουδαῖοι **παρώτρυναν** τὰς σεβομένας γυναῖκας

παρρησία (*parrēsia*; 5/31) *boldness*

Ac 2:29 ἐξὸν εἰπεῖν μετὰ **παρρησίας** πρὸς ὑμᾶς περὶ
Ac 4:13 τὴν τοῦ Πέτρου **παρρησίαν** καὶ Ἰωάννου καὶ
Ac 4:29 δούλοις σου μετὰ **παρρησίας** πάσης λαλεῖν
Ac 4:31 τοῦ θεοῦ μετὰ **παρρησίας**.
Ac 28:31 Χριστοῦ μετὰ πάσης **παρρησίας** ἀκωλύτως.

παρρησιάζομαι (*parrēsiazomai*; 7/9) *speak boldly or freely*

Ac 9:27 πῶς ἐν Δαμασκῷ **ἐπαρρησιάσατο** ἐν τῷ ὀνόματι
Ac 9:28 **παρρησιαζόμενος** ἐν τῷ ὀνόματι
Ac 13:46 **παρρησιασάμενοί** τε ὁ Παῦλος
Ac 14:3 οὖν χρόνον διέτριψαν **παρρησιαζόμενοι** ἐπὶ τῷ κυρίῳ
Ac 18:26 οὗτός τε ἤρξατο **παρρησιάζεσθαι** ἐν τῇ συναγωγῇ.
Ac 19:8 εἰς τὴν συναγωγὴν **ἐπαρρησιάζετο** ἐπὶ μῆνας τρεῖς
Ac 26:26 πρὸς ὃν καὶ **παρρησιαζόμενος** λαλῶ,

πᾶς (*pas*; 171/1240[1243]) *each, every (pl. all)*

Ac 1:1 λόγον ἐποιησάμην περὶ **πάντων**,
Ac 1:8 Ἰερουσαλὴμ καὶ [ἐν] **πάσῃ** τῇ Ἰουδαίᾳ καὶ
Ac 1:14 οὗτοι **πάντες** ἦσαν προσκαρτεροῦντες ὁμοθυμαδὸν
Ac 1:18 μέσος καὶ ἐξεχύθη **πάντα** τὰ σπλάγχνα αὐτοῦ·
Ac 1:19 καὶ γνωστὸν ἐγένετο **πᾶσι** τοῖς κατοικοῦσιν Ἰερουσαλήμ,
Ac 1:21 ἡμῖν ἀνδρῶν ἐν **παντὶ** χρόνῳ ᾧ εἰσῆλθεν
Ac 1:24 σὺ κύριε καρδιογνῶστα **πάντων**,
Ac 2:1 τῆς πεντηκοστῆς ἦσαν **πάντες** ὁμοῦ ἐπὶ τὸ
Ac 2:4 καὶ ἐπλήσθησαν **πάντες** πνεύματος ἁγίου
Ac 2:5 ἄνδρες εὐλαβεῖς ἀπὸ **παντὸς** ἔθνους τῶν
Ac 2:12 ἐξίσταντο δὲ **πάντες** καὶ διηπόρουν,
Ac 2:14 οἱ κατοικοῦντες Ἰερουσαλὴμ **πάντες**,
Ac 2:17 πνεύματός μου ἐπὶ **πᾶσαν** σάρκα,
Ac 2:21 καὶ ἔσται **πᾶς** ὃς ἂν ἐπικαλέσηται
Ac 2:25 ἐνώπιόν μου διὰ **παντός**,
Ac 2:32 οὗ **πάντες** ἡμεῖς ἐσμεν μάρτυρες·
Ac 2:36 ἀσφαλῶς οὖν γινωσκέτω **πᾶς** οἶκος Ἰσραὴλ
Ac 2:39 τέκνοις ὑμῶν καὶ **πᾶσιν** τοῖς εἰς μακράν,
Ac 2:43 ἐγίνετο δὲ **πάσῃ** ψυχῇ φόβος,
Ac 2:44 **πάντες** δὲ οἱ πιστεύοντες
Ac 2:45 καὶ διεμέριζον αὐτὰ **πᾶσιν** καθότι ἄν τις
Ac 3:9 καὶ εἶδεν **πᾶς** ὁ λαὸς αὐτὸν
Ac 3:11 τὸν Ἰωάννην συνέδραμεν **πᾶς** ὁ λαὸς πρὸς
Ac 3:16 ὁλοκληρίαν ταύτην ἀπέναντι **πάντων** ὑμῶν.
Ac 3:18 προκατήγγειλεν διὰ στόματος **πάντων** τῶν προφητῶν παθεῖν
Ac 3:21 ἄχρι χρόνων ἀποκαταστάσεως **πάντων** ὧν ἐλάλησεν ὁ
Ac 3:22 αὐτοῦ ἀκούσεσθε κατὰ **πάντα** ὅσα ἂν λαλήσῃ
Ac 3:23 ἔσται δὲ **πᾶσα** ψυχὴ ἥτις ἐὰν
Ac 3:24 καὶ **πάντες** δὲ οἱ προφῆται
Ac 3:25 σπέρματί σου [ἐν]ευλογηθήσονται **πᾶσαι** αἱ πατριαὶ τῆς
Ac 4:10 γνωστὸν ἔστω **πᾶσιν** ὑμῖν καὶ παντὶ
Ac 4:10 πᾶσιν ὑμῖν καὶ **παντὶ** τῷ λαῷ Ἰσραὴλ
Ac 4:16 γέγονεν δι' αὐτῶν **πᾶσιν** τοῖς κατοικοῦσιν Ἰερουσαλὴμ
Ac 4:21 ὅτι **πάντες** ἐδόξαζον τὸν θεὸν
Ac 4:24 τὴν θάλασσαν καὶ **πάντα** τὰ ἐν αὐτοῖς,
Ac 4:29 σου μετὰ παρρησίας **πάσης** λαλεῖν τὸν λόγον
Ac 4:33 μεγάλη ἦν ἐπὶ **πάντας** αὐτούς.
Ac 5:5 φόβος μέγας ἐπὶ **πάντας** τοὺς ἀκούοντας.
Ac 5:11 ἐκκλησίαν καὶ ἐπὶ **πάντας** τοὺς ἀκούοντας ταῦτα.
Ac 5:17 ὁ ἀρχιερεὺς καὶ **πάντες** οἱ σὺν αὐτῷ,
Ac 5:20 ἱερῷ τῷ λαῷ **πάντα** τὰ ῥήματα τῆς
Ac 5:21 τὸ συνέδριον καὶ **πᾶσαν** τὴν γερουσίαν τῶν
Ac 5:23 εὕρομεν κεκλεισμένον ἐν **πάσῃ** ἀσφαλείᾳ καὶ
Ac 5:34 νομοδιδάσκαλος τίμιος **παντὶ** τῷ λαῷ,
Ac 5:36 καὶ **πάντες** ὅσοι ἐπείθοντο αὐτῷ
Ac 5:37 κἀκεῖνος ἀπώλετο καὶ **πάντες** ὅσοι ἐπείθοντο αὐτῷ
Ac 5:42 **πᾶσάν** τε ἡμέραν ἐν
Ac 6:5 ὁ λόγος ἐνώπιον **παντὸς** τοῦ πλήθους καὶ
Ac 6:15 ἀτενίσαντες εἰς αὐτὸν **πάντες** οἱ καθεζόμενοι ἐν
Ac 7:10 ἐξείλατο αὐτὸν ἐκ **πασῶν** τῶν θλίψεων αὐτοῦ
Ac 7:14 πατέρα αὐτοῦ καὶ **πᾶσαν** τὴν συγγένειαν ἐν

Ac 7:22 ἐπαιδεύθη Μωϋσῆς [ἐν] **πάσῃ** σοφίᾳ Αἰγυπτίων,
Ac 7:50 μου ἐποίησεν ταῦτα **πάντα**;
Ac 8:1 **πάντες** δὲ διεσπάρησαν κατὰ
Ac 8:10 ᾧ προσεῖχον **πάντες** ἀπὸ μικροῦ ἕως
Ac 8:27 ὃς ἦν ἐπὶ **πάσης** τῆς γάζης αὐτῆς,
Ac 8:40 εὐηγγελίζετο τὰς πόλεις **πάσας** ἕως τοῦ ἐλθεῖν
Ac 9:14 τῶν ἀρχιερέων δῆσαι **πάντας** τοὺς ἐπικαλουμένους τὸ
Ac 9:21 ἐξίσταντο δὲ **πάντες** οἱ ἀκούοντες καὶ
Ac 9:26 καὶ **πάντες** ἐφοβοῦντο αὐτὸν μὴ
Ac 9:32 Πέτρον διερχόμενον διὰ **πάντων** κατελθεῖν καὶ πρὸς
Ac 9:35 καὶ εἶδαν αὐτὸν **πάντες** οἱ κατοικοῦντες Λύδδα
Ac 9:39 καὶ παρέστησαν αὐτῷ **πᾶσαι** αἱ χῆραι κλαίουσαι
Ac 9:40 ἐκβαλὼν δὲ ἔξω **πάντας** ὁ Πέτρος καὶ
Ac 10:2 τὸν θεὸν σὺν **παντὶ** τῷ οἴκῳ αὐτοῦ,
Ac 10:2 τοῦ θεοῦ διὰ **παντός**,
Ac 10:12 ἐν ᾧ ὑπῆρχεν **πάντα** τὰ τετράποδα καὶ
Ac 10:14 ὅτι οὐδέποτε ἔφαγον **πᾶν** κοινὸν καὶ ἀκάθαρτον.
Ac 10:33 νῦν οὖν **πάντες** ἡμεῖς ἐνώπιον τοῦ
Ac 10:33 θεοῦ πάρεσμεν ἀκοῦσαι **πάντα** τὰ προστεταγμένα σοι
Ac 10:35 ἀλλ' ἐν **παντὶ** ἔθνει ὁ φοβούμενος
Ac 10:36 οὗτός ἐστιν **πάντων** κύριος,
Ac 10:38 εὐεργετῶν καὶ ἰώμενος **πάντας** τοὺς καταδυναστευομένους ὑπὸ
Ac 10:39 καὶ ἡμεῖς μάρτυρες **πάντων** ὧν ἐποίησεν ἔν
Ac 10:41 οὐ **παντὶ** τῷ λαῷ,
Ac 10:43 τούτῳ **πάντες** οἱ προφῆται μαρτυροῦσιν
Ac 10:43 τοῦ ὀνόματος αὐτοῦ **πάντα** τὸν πιστεύοντα
Ac 10:44 τὸ ἅγιον ἐπὶ **πάντας** τοὺς ἀκούοντας τὸν
Ac 11:14 σωθήσῃ σὺ καὶ **πᾶς** ὁ οἶκός σου.
Ac 11:23 ἐχάρη καὶ παρεκάλει **πάντας** τῇ προθέσει
Ac 12:11 χειρὸς Ἡρῴδου καὶ **πάσης** τῆς προσδοκίας
Ac 13:10 ὦ πλήρης **παντὸς** δόλου καὶ πάσης
Ac 13:10 παντὸς δόλου καὶ **πάσης** ῥᾳδιουργίας,
Ac 13:10 ἐχθρὲ **πάσης** δικαιοσύνης,
Ac 13:22 ὃς ποιήσει πάντα **τὰ** θελήματά μου.
Ac 13:24 αὐτοῦ βάπτισμα μετανοίας **παντὶ** τῷ λαῷ Ἰσραήλ.
Ac 13:27 προφητῶν τὰς κατὰ **πᾶν** σάββατον ἀναγινωσκομένας κρίναντες
Ac 13:29 ὡς δὲ ἐτέλεσαν **πάντα** τὰ περὶ αὐτοῦ
Ac 13:38 [καὶ] ἀπὸ **πάντων** ὧν οὐκ ἠδυνήθητε
Ac 13:39 ἐν τούτῳ **πᾶς** ὁ πιστεύων δικαιοῦται.
Ac 13:44 ἐρχομένῳ σαββάτῳ σχεδὸν **πᾶσα** ἡ πόλις συνήχθη
Ac 14:15 τὴν θάλασσαν καὶ **πάντα** τὰ ἐν αὐτοῖς·
Ac 14:16 παρῳχημέναις γενεαῖς εἴασεν **πάντα** τὰ ἔθνη πορεύεσθαι
Ac 15:3 ἐποίουν χαρὰν μεγάλην **πᾶσιν** τοῖς ἀδελφοῖς.
Ac 15:12 Ἐσίγησεν δὲ **πᾶν** τὸ πλῆθος καὶ
Ac 15:17 τὸν κύριον καὶ **πάντα** τὰ ἔθνη ἐφ'
Ac 15:21 ταῖς συναγωγαῖς κατὰ **πᾶν** σάββατον ἀναγινωσκόμενος.
Ac 15:36 ἀδελφοὺς κατὰ πόλιν **πᾶσαν** ἐν αἷς κατηγγείλαμεν
Ac 16:26 παραχρῆμα αἱ θύραι **πᾶσαι** καὶ πάντων τὰ
Ac 16:26 θύραι πᾶσαι καὶ **πάντων** τὰ δεσμὰ ἀνέθη.
Ac 16:32 τοῦ κυρίου σὺν **πᾶσιν** τοῖς ἐν τῇ
Ac 16:33 καὶ οἱ αὐτοῦ **πάντες** παραχρῆμα,
Ac 17:7 καὶ οὗτοι **πάντες** ἀπέναντι τῶν δογμάτων
Ac 17:11 τὸν λόγον μετὰ **πάσης** προθυμίας καθ' ἡμέραν
Ac 17:17 τῇ ἀγορᾷ κατὰ **πᾶσαν** ἡμέραν πρὸς τοὺς
Ac 17:21 Ἀθηναῖοι δὲ **πάντες** καὶ οἱ ἐπιδημοῦντες
Ac 17:22 κατὰ **πάντα** ὡς δεισιδαιμονεστέρους ὑμᾶς
Ac 17:24 τὸν κόσμον καὶ **πάντα** τὰ ἐν αὐτῷ,
Ac 17:25 αὐτὸς διδοὺς **πᾶσι** ζωὴν καὶ πνοὴν
Ac 17:25 πνοὴν καὶ τὰ **πάντα**·
Ac 17:26 τε ἐξ ἑνὸς **πᾶν** ἔθνος ἀνθρώπων κατοικεῖν
Ac 17:26 ἀνθρώπων κατοικεῖν ἐπὶ **παντὸς** προσώπου τῆς γῆς,
Ac 17:30 παραγγέλλει τοῖς ἀνθρώποις **πάντας** πανταχοῦ μετανοεῖν,
Ac 17:31 πίστιν παρασχὼν **πᾶσιν** ἀναστήσας αὐτὸν ἐκ
Ac 18:2 διατεταχέναι Κλαύδιον χωρίζεσθαι **πάντας** τοὺς Ἰουδαίους ἀπὸ
Ac 18:4 τῇ συναγωγῇ κατὰ **πᾶν** σάββατον ἔπειθέν τε
Ac 18:17 ἐπιλαβόμενοι δὲ **πάντες** Σωσθένην τὸν ἀρχισυνάγωγον
Ac 18:23 ἐπιστηρίζων **πάντας** τοὺς μαθητάς.
Ac 19:7 ἦσαν δὲ οἱ **πάντες** ἄνδρες ὡσεὶ δώδεκα.
Ac 19:10 ὥστε **πάντας** τοὺς κατοικοῦντας τὴν
Ac 19:17 δὲ ἐγένετο γνωστὸν **πᾶσιν** Ἰουδαίοις τε καὶ
Ac 19:17 ἐπέπεσεν φόβος ἐπὶ **πάντας** αὐτοὺς καὶ ἐμεγαλύνετο
Ac 19:19 βίβλους κατέκαιον ἐνώπιον **πάντων**,
Ac 19:26 Ἐφέσου ἀλλὰ σχεδὸν **πάσης** τῆς Ἀσίας ὁ
Ac 19:34 ἐγένετο μία ἐκ **πάντων** ὡς ἐπὶ ὥρας
Ac 20:18 μεθ' ὑμῶν τὸν **πάντα** χρόνον ἐγενόμην,
Ac 20:19 τῷ κυρίῳ μετὰ **πάσης** ταπεινοφροσύνης καὶ δακρύων
Ac 20:25 πρόσωπόν μου ὑμεῖς **πάντες** ἐν οἷς διῆλθον
Ac 20:26 ἀπὸ τοῦ αἵματος **πάντων**·
Ac 20:27 τοῦ μὴ ἀναγγεῖλαι **πᾶσαν** τὴν βουλὴν τοῦ
Ac 20:28 προσέχετε ἑαυτοῖς καὶ **παντὶ** τῷ ποιμνίῳ,
Ac 20:32 ἐν τοῖς ἡγιασμένοις **πᾶσιν**.
Ac 20:35 **πάντα** ὑπέδειξα ὑμῖν ὅτι
Ac 20:36 γόνατα αὐτοῦ σὺν **πᾶσιν** αὐτοῖς προσηύξατο.
Ac 20:37 δὲ κλαυθμὸς ἐγένετο **πάντων** καὶ ἐπιπεσόντες ἐπὶ
Ac 21:5 ἐπορευόμεθα προπεμπόντων ἡμᾶς **πάντων** σὺν γυναιξὶ καὶ
Ac 21:18 **πάντες** τε παρεγένοντο οἱ
Ac 21:20 τῶν πεπιστευκότων καὶ **πάντες** ζηλωταὶ τοῦ νόμου
Ac 21:21 κατὰ τὰ ἔθνη **πάντας** Ἰουδαίους λέγων μὴ
Ac 21:24 καὶ γνώσονται **πάντες** ὅτι ὧν κατήχηνται
Ac 21:27 τῷ ἱερῷ συνέχεον **πάντα** τὸν ὄχλον καὶ
Ac 21:28 τοῦ τόπου τούτου **πάντας** πανταχῇ διδάσκων,
Ac 22:3 τοῦ θεοῦ καθὼς **πάντες** ὑμεῖς ἐστε σήμερον·
Ac 22:5 μαρτυρεῖ μοι καὶ **πᾶν** τὸ πρεσβυτέριον,
Ac 22:10 σοι λαληθήσεται περὶ **πάντων** ὧν τέτακταί σοι
Ac 22:12 μαρτυρούμενος ὑπὸ **πάντων** τῶν κατοικούντων Ἰουδαίων,
Ac 22:15 μάρτυς αὐτῷ πρὸς **πάντας** ἀνθρώπους ὧν ἑώρακας
Ac 22:30 τοὺς ἀρχιερεῖς καὶ **πᾶν** τὸ συνέδριον,

Ac 23:1 ἐγὼ **πάσῃ** συνειδήσει ἀγαθῇ πεπολίτευμαι
Ac 24:3 μετὰ **πάσης** εὐχαριστίας.
Ac 24:5 καὶ κινοῦντα στάσεις **πᾶσιν** τοῖς Ἰουδαίοις
Ac 24:8 αὐτὸς ἀνακρίνας περὶ **πάντων** τούτων ἐπιγνῶναι ὧν
Ac 24:14 πατρῴῳ θεῷ πιστεύων **πᾶσι** τοῖς κατὰ τὸν
Ac 24:16 τοὺς ἀνθρώπους διὰ **παντός**.
Ac 25:24 Ἀγρίππα βασιλεῦ καὶ **πάντες** οἱ συμπαρόντες ἡμῖν
Ac 26:2 Περὶ **πάντων** ὧν ἐγκαλοῦμαι ὑπὸ
Ac 26:3 γνώστην ὄντα σε **πάντων** τῶν κατὰ Ἰουδαίους
Ac 26:4 τε Ἱεροσολύμοις ἴσασι **πάντες** [οἱ] Ἰουδαῖοι
Ac 26:11 καὶ κατὰ **πάσας** τὰς συναγωγὰς πολλάκις
Ac 26:14 **πάντων** τε καταπεσόντων ἡμῶν
Ac 26:20 **πᾶσάν** τε τὴν χώραν
Ac 26:29 σὲ ἀλλὰ καὶ **πάντας** τοὺς ἀκούοντάς μου
Ac 27:20 λοιπὸν περιῃρεῖτο ἐλπὶς **πᾶσα** τοῦ σῴζεσθαι ἡμᾶς.
Ac 27:24 σοι ὁ θεὸς **πάντας** τοὺς πλέοντας μετὰ
Ac 27:35 τῷ θεῷ ἐνώπιον **πάντων** καὶ κλάσας ἤρξατο
Ac 27:36 εὔθυμοι δὲ γενόμενοι **πάντες** καὶ αὐτοὶ προσελάβοντο
Ac 27:37 ἤμεθα δὲ αἱ **πᾶσαι** ψυχαὶ ἐν τῷ
Ac 27:44 καὶ οὕτως ἐγένετο **πάντας** διασωθῆναι ἐπὶ
Ac 28:2 γὰρ πυρὰν προσελάβοντο **πάντας** ἡμᾶς διὰ
Ac 28:30 μισθώματι καὶ ἀπεδέχετο **πάντας** τοὺς εἰσπορευομένους πρὸς
Ac 28:31 Ἰησοῦ Χριστοῦ μετὰ **πάσης** παρρησίας ἀκωλύτως.

πάσχα (*pascha*; 1/29) *Passover*
Ac 12:4 βουλόμενος μετὰ τὸ **πάσχα** ἀναγαγεῖν αὐτὸν

πάσχω (*paschō*; 5/42) *suffer*
Ac 1:3 ζῶντα μετὰ τὸ **παθεῖν** αὐτὸν ἐν πολλοῖς
Ac 3:18 πάντων τῶν προφητῶν **παθεῖν** τὸν χριστὸν αὐτοῦ,
Ac 9:16 τοῦ ὀνόματός μου **παθεῖν**.
Ac 17:3 τὸν χριστὸν ἔδει **παθεῖν** καὶ ἀναστῆναι ἐκ
Ac 28:5 εἰς τὸ πῦρ **ἔπαθεν** οὐδὲν κακόν,

Πάταρα (*Patara*; 1/1) *Patara*
Ac 21:1 Ῥόδον κἀκεῖθεν εἰς **Πάταρα**,

πατάσσω (*patassō*; 3/10) *strike*
Ac 7:24 ἐκδίκησιν τῷ καταπονουμένῳ **πατάξας** τὸν Αἰγύπτιον.
Ac 12:7 **πατάξας** δὲ τὴν πλευρὰν
Ac 12:23 παραχρῆμα δὲ **ἐπάταξεν** αὐτὸν ἄγγελος κυρίου

πατήρ (*patēr*; 35/413) *father*
Ac 1:4 τὴν ἐπαγγελίαν τοῦ **πατρὸς** ἣν ἠκούσατέ μου,
Ac 1:7 καιροὺς οὓς ὁ **πατὴρ** ἔθετο ἐν τῇ
Ac 2:33 λαβὼν παρὰ τοῦ **πατρός**,
Ac 3:13 ὁ θεὸς τῶν **πατέρων** ἡμῶν,
Ac 3:25 θεὸς πρὸς τοὺς **πατέρας** ὑμῶν λέγων πρὸς
Ac 4:25 ὁ τοῦ **πατρὸς** ἡμῶν διὰ πνεύματος
Ac 5:30 ὁ θεὸς τῶν **πατέρων** ἡμῶν ἤγειρεν Ἰησοῦν
Ac 7:2 Ἄνδρες ἀδελφοὶ καὶ **πατέρες**,
Ac 7:2 δόξης ὤφθη τῷ **πατρὶ** ἡμῶν Ἀβραὰμ ὄντι
Ac 7:4 τὸ ἀποθανεῖν τὸν **πατέρα** αὐτοῦ μετῴκισεν αὐτὸν
Ac 7:11 ηὕρισκον χορτάσματα οἱ **πατέρες** ἡμῶν.
Ac 7:12 Αἴγυπτον ἐξαπέστειλεν τοὺς **πατέρας** ἡμῶν πρῶτον.
Ac 7:14 μετεκαλέσατο Ἰακὼβ τὸν **πατέρα** αὐτοῦ καὶ πᾶσαν
Ac 7:15 αὐτὸς καὶ οἱ **πατέρες** ἡμῶν,
Ac 7:19 ἡμῶν ἐκάκωσεν τοὺς **πατέρας** [ἡμῶν] τοῦ ποιεῖν
Ac 7:20 τῷ οἴκῳ τοῦ **πατρός**,
Ac 7:32 ὁ θεὸς τῶν **πατέρων** σου,
Ac 7:38 Σινᾶ καὶ τῶν **πατέρων** ἡμῶν,
Ac 7:39 ὑπήκοοι γενέσθαι οἱ **πατέρες** ἡμῶν,
Ac 7:44 μαρτυρίου ἦν τοῖς **πατράσιν** ἡμῶν ἐν τῇ
Ac 7:45 εἰσήγαγον διαδεξάμενοι οἱ **πατέρες** ἡμῶν μετὰ Ἰησοῦ
Ac 7:45 ἀπὸ προσώπου τῶν **πατέρων** ἡμῶν ἕως τῶν
Ac 7:51 ἀντιπίπτετε ὡς οἱ **πατέρες** ὑμῶν καὶ ὑμεῖς.
Ac 7:52 οὐκ ἐδίωξαν οἱ **πατέρες** ὑμῶν;
Ac 13:17 Ἰσραὴλ ἐξελέξατο τοὺς **πατέρας** ἡμῶν καὶ
Ac 13:32 τὴν πρὸς τοὺς **πατέρας** ἐπαγγελίαν γενομένην,
Ac 13:36 προσετέθη πρὸς τοὺς **πατέρας** αὐτοῦ καὶ εἶδεν
Ac 15:10 ὃν οὔτε οἱ **πατέρες** ἡμῶν οὔτε ἡμεῖς
Ac 16:1 **πατρὸς** δὲ Ἕλληνος,
Ac 16:3 ὅτι Ἕλλην ὁ **πατὴρ** αὐτοῦ ὑπῆρχεν.
Ac 22:1 Ἄνδρες ἀδελφοὶ καὶ **πατέρες**,
Ac 22:14 ὁ θεὸς τῶν **πατέρων** ἡμῶν προεχειρίσατό σε
Ac 26:6 τῆς εἰς τοὺς **πατέρας** ἡμῶν ἐπαγγελίας γενομένης
Ac 28:8 ἐγένετο δὲ τὸν **πατέρα** τοῦ Ποπλίου πυρετοῖς
Ac 28:25 προφήτου πρὸς τοὺς **πατέρας** ὑμῶν

πατριά (*patria*; 1/3) *family*
Ac 3:25 [ἐν]ευλογηθήσονται πᾶσαι αἱ **πατριαὶ** τῆς γῆς.

πατριάρχης (*patriarchēs*; 3/4) *patriarch*
Ac 2:29 ὑμᾶς περὶ τοῦ **πατριάρχου** Δαυὶδ ὅτι καὶ
Ac 7:8 Ἰακὼβ τοὺς δώδεκα **πατριάρχας**.
Ac 7:9 Καὶ οἱ **πατριάρχαι** ζηλώσαντες τὸν Ἰωσὴφ

πατρῷος (*patrōos*; 3/3) *belonging to one's ancestors*
Ac 22:3 κατὰ ἀκρίβειαν τοῦ **πατρῴου** νόμου,
Ac 24:14 οὕτως λατρεύω τῷ **πατρῴῳ** θεῷ πιστεύων πᾶσι
Ac 28:17 τοῖς ἔθεσι τοῖς **πατρῴοις** δέσμιος ἐξ Ἱεροσολύμων

Παῦλος (*Paulos*; 128/158) *Paul*
Ac 13:7 τῷ ἀνθυπάτῳ Σεργίῳ **Παύλῳ**,
Ac 13:9 ὁ καὶ **Παῦλος**,
Ac 13:13 Πάφου οἱ περὶ **Παῦλον** ἦλθον εἰς Πέργην
Ac 13:16 Ἀναστὰς δὲ **Παῦλος** καὶ κατασείσας τῇ
Ac 13:43 σεβομένων προσηλύτων τῷ **Παύλῳ** καὶ τῷ Βαρναβᾷ,
Ac 13:45 ἀντέλεγον τοῖς ὑπὸ **Παύλου** λαλουμένοις βλασφημοῦντες.

Ac 13:46 παρρησιασάμενοί τε ὁ **Παῦλος** καὶ ὁ Βαρναβᾶς
Ac 13:50 διωγμὸν ἐπὶ τὸν **Παῦλον** καὶ Βαρναβᾶν καὶ
Ac 14:9 οὗτος ἤκουσεν τοῦ **Παύλου** λαλοῦντος·
Ac 14:11 ἰδόντες δ ἐποίησεν **Παῦλος** ἐπῆραν τὴν φωνὴν
Ac 14:12 τὸν δὲ **Παῦλον** Ἑρμῆν,
Ac 14:14 ἀπόστολοι Βαρναβᾶς καὶ **Παῦλος** διαρρήξαντες τὰ ἱμάτια
Ac 14:19 καὶ λιθάσαντες τὸν **Παῦλον** ἔσυρον ἔξω τῆς
Ac 15:2 οὐκ ὀλίγης τῷ **Παύλῳ** καὶ τῷ Βαρναβᾷ
Ac 15:2 ἔταξαν ἀναβαίνειν **Παῦλον** καὶ Βαρναβᾶν
Ac 15:12 ἤκουον Βαρναβᾶ καὶ **Παύλου** ἐξηγουμένων ὅσα ἐποίησεν
Ac 15:22 Ἀντιόχειαν σὺν τῷ **Παύλῳ** καὶ Βαρναβᾷ,
Ac 15:25 ἡμῶν Βαρναβᾷ καὶ **Παύλῳ**,
Ac 15:35 **Παῦλος** δὲ καὶ Βαρναβᾶς
Ac 15:36 εἶπεν πρὸς Βαρναβᾶν **Παῦλος**·
Ac 15:38 **Παῦλος** δὲ ἠξίου,
Ac 15:40 **Παῦλος** δὲ ἐπιλεξάμενος Σιλᾶν
Ac 16:3 τοῦτον ἠθέλησεν ὁ **Παῦλος** σὺν αὐτῷ ἐξελθεῖν,
Ac 16:9 [τῆς] νυκτὸς τῷ **Παύλῳ** ὤφθη,
Ac 16:14 λαλουμένοις ὑπὸ τοῦ **Παύλου**.
Ac 16:17 αὕτη κατακολουθοῦσα τῷ **Παύλῳ** καὶ ἡμῖν ἔκραζεν
Ac 16:18 διαπονηθεὶς δὲ **Παῦλος** καὶ ἐπιστρέψας τῷ
Ac 16:19 ἐπιλαβόμενοι τὸν **Παῦλον** καὶ τὸν Σιλᾶν
Ac 16:25 δὲ τὸ μεσονύκτιον **Παῦλος** καὶ Σιλᾶς προσευχόμενοι
Ac 16:28 μεγάλῃ φωνῇ [ὁ] **Παῦλος** λέγων·
Ac 16:29 γενόμενος προσέπεσεν τῷ **Παύλῳ** καὶ [τῷ] Σιλᾷ
Ac 16:36 [τούτους] πρὸς τὸν **Παῦλον** ὅτι ἀπέσταλκαν
Ac 16:37 ὁ δὲ **Παῦλος** ἔφη πρὸς αὐτούς·
Ac 17:2 τὸ εἰωθὸς τῷ **Παύλῳ** εἰσῆλθεν πρὸς αὐτοὺς
Ac 17:4 καὶ προσεκληρώθησαν τῷ **Παύλῳ** καὶ τῷ Σιλᾷ,
Ac 17:10 ἐξέπεμψαν τόν τε **Παῦλον** καὶ τὸν Σιλᾶν
Ac 17:13 κατηγγέλη ὑπὸ τοῦ **Παύλου** ὁ λόγος τοῦ
Ac 17:14 δὲ τότε τὸν **Παῦλον** ἐξαπέστειλαν οἱ ἀδελφοὶ
Ac 17:15 δὲ καθιστάνοντες τὸν **Παῦλον** ἤγαγον ἕως Ἀθηνῶν,
Ac 17:16 ἐκδεχομένου αὐτοὺς τοῦ **Παύλου** παρωξύνετο τὸ πνεῦμα
Ac 17:22 Σταθεὶς δὲ [ὁ] **Παῦλος** ἐν μέσῳ τοῦ
Ac 17:33 οὕτως ὁ **Παῦλος** ἐξῆλθεν ἐκ μέσου
Ac 18:5 τῷ λόγῳ ὁ **Παῦλος** διαμαρτυρόμενος τοῖς Ἰουδαίοις
Ac 18:9 δι' ὁράματος τῷ **Παύλῳ**·
Ac 18:12 οἱ Ἰουδαῖοι τῷ **Παύλῳ** καὶ ἤγαγον αὐτὸν
Ac 18:14 μέλλοντος δὲ τοῦ **Παύλου** ἀνοίγειν τὸ στόμα
Ac 18:18 Ὁ δὲ **Παῦλος** ἔτι προσμείνας ἡμέρας
Ac 19:1 εἶναι ἐν Κορίνθῳ **Παῦλον** διελθόντα τὰ ἀνωτερικὰ
Ac 19:4 εἶπεν δὲ **Παῦλος**·
Ac 19:6 ἐπιθέντος αὐτοῖς τοῦ **Παύλου** [τὰς] χεῖρας ἦλθε
Ac 19:11 διὰ τῶν χειρῶν **Παύλου**,
Ac 19:13 τὸν Ἰησοῦν ὃν **Παῦλος** κηρύσσει.
Ac 19:15 γινώσκω καὶ τὸν **Παῦλον** ἐπίσταμαι,
Ac 19:21 ἔθετο ὁ **Παῦλος** ἐν τῷ πνεύματι
Ac 19:26 τῆς Ἀσίας ὁ **Παῦλος** οὗτος πείσας μετέστησεν
Ac 19:29 συνεκδήμους **Παύλου**.
Ac 19:30 **Παύλου** δὲ βουλομένου εἰσελθεῖν
Ac 20:1 θόρυβον μεταπεμψάμενος ὁ **Παῦλος** τοὺς μαθητὰς καὶ
Ac 20:7 ὁ **Παῦλος** διελέγετο αὐτοῖς μέλλων
Ac 20:9 βαθεῖ διαλεγομένου τοῦ **Παύλου** ἐπὶ πλεῖον,
Ac 20:10 καταβὰς δὲ ὁ **Παῦλος** ἐπέπεσεν αὐτῷ καὶ
Ac 20:13 μέλλοντες ἀναλαμβάνειν τὸν **Παῦλον**·
Ac 20:16 κεκρίκει γὰρ ὁ **Παῦλος** παραπλεῦσαι τὴν Ἔφεσον,
Ac 20:37 τὸν τράχηλον τοῦ **Παύλου** κατεφίλουν αὐτόν,
Ac 21:4 οἵτινες τῷ **Παύλῳ** ἔλεγον διὰ τοῦ
Ac 21:11 τὴν ζώνην τοῦ **Παύλου**,
Ac 21:13 τότε ἀπεκρίθη ὁ **Παῦλος**·
Ac 21:18 ἐπιούσῃ εἰσῄει ὁ **Παῦλος** σὺν ἡμῖν πρὸς
Ac 21:26 Τότε ὁ **Παῦλος** παραλαβὼν τοὺς ἄνδρας
Ac 21:29 ἱερὸν εἰσήγαγεν ὁ **Παῦλος**.
Ac 21:30 καὶ ἐπιλαβόμενοι τοῦ **Παύλου** εἷλκον αὐτὸν
Ac 21:32 ἐπαύσαντο τύπτοντες τὸν **Παῦλον**.
Ac 21:37 τὴν παρεμβολὴν ὁ **Παῦλος** λέγει τῷ χιλιάρχῳ·
Ac 21:39 εἶπεν δὲ ὁ **Παῦλος**·
Ac 21:40 δὲ αὐτοῦ ὁ **Παῦλος** ἑστὼς ἐπὶ τῶν
Ac 22:25 ἑστῶτα ἑκατόνταρχον ὁ **Παῦλος**·
Ac 22:28 ὁ δὲ **Παῦλος** ἔφη·
Ac 22:30 καὶ καταγαγὼν τὸν **Παῦλον** ἔστησεν εἰς αὐτούς.
Ac 23:1 Ἀτενίσας δὲ ὁ **Παῦλος** τῷ συνεδρίῳ εἶπεν·
Ac 23:3 τότε ὁ **Παῦλος** πρὸς αὐτὸν εἶπεν·
Ac 23:5 ἔφη τε ὁ **Παῦλος**·
Ac 23:6 Γνοὺς δὲ ὁ **Παῦλος** ὅτι τὸ ἓν
Ac 23:10 μὴ διασπασθῇ ὁ **Παῦλος** ὑπ' αὐτῶν ἐκέλευσεν
Ac 23:12 οὗ ἀποκτείνωσιν τὸν **Παῦλον**.
Ac 23:14 οὗ ἀποκτείνωμεν τὸν **Παῦλον**.
Ac 23:16 υἱὸς τῆς ἀδελφῆς **Παύλου** τὴν ἐνέδραν,
Ac 23:16 παρεμβολὴν ἀπήγγειλεν τῷ **Παύλῳ**.
Ac 23:17 προσκαλεσάμενος δὲ ὁ **Παῦλος** ἕνα τῶν ἑκατονταρχῶν
Ac 23:18 ὁ δέσμιος **Παῦλος** προσκαλεσάμενός με ἠρώτησεν
Ac 23:20 ὅπως αὔριον τὸν **Παῦλον** καταγάγῃς εἰς τὸ
Ac 23:24 ἵνα ἐπιβιβάσαντες τὸν **Παῦλον** διασώσωσι πρὸς Φήλικα
Ac 23:31 αὐτοῖς ἀναλαβόντες τὸν **Παῦλον** ἤγαγον διὰ νυκτὸς
Ac 23:33 παρέστησαν καὶ τὸν **Παῦλον** αὐτῷ.
Ac 24:1 ἡγεμόνι κατὰ τοῦ **Παύλου**.
Ac 24:10 Ἀπεκρίθη τε ὁ **Παῦλος** νεύσαντος αὐτῷ τοῦ
Ac 24:24 Ἰουδαίᾳ μετεπέμψατο τὸν **Παῦλον** καὶ ἤκουσεν αὐτοῦ
Ac 24:26 αὐτῷ ὑπὸ τοῦ **Παύλου**·
Ac 24:27 Φῆλιξ κατέλιπε τὸν **Παῦλον** δεδεμένον.
Ac 25:2 Ἰουδαίων κατὰ τοῦ **Παύλου** καὶ παρεκάλουν αὐτὸν
Ac 25:4 ἀπεκρίθη τηρεῖσθαι τὸν **Παῦλον** εἰς Καισάρειαν,
Ac 25:6 βήματος ἐκέλευσεν τὸν **Παῦλον** ἀχθῆναι.
Ac 25:8 τοῦ **Παύλου** ἀπολογουμένου ὅτι οὔτε
Ac 25:9 καταθέσθαι ἀποκριθεὶς τῷ **Παύλῳ** εἶπεν·

Ac 25:10 εἶπεν δὲ ὁ **Παῦλος**·
Ac 25:14 τὰ κατὰ τὸν **Παῦλον** λέγων·
Ac 25:19 ὃν ἔφασκεν ὁ **Παῦλος** ζῆν.
Ac 25:21 τοῦ δὲ **Παύλου** ἐπικαλεσαμένου τηρηθῆναι αὐτὸν
Ac 25:23 Φήστου ἤχθη ὁ **Παῦλος**.
Ac 26:1 δὲ πρὸς τὸν **Παῦλον** ἔφη·
Ac 26:1 τότε ὁ **Παῦλος** ἐκτείνας τὴν χεῖρα
Ac 26:24 **Παῦλε**·
Ac 26:25 ὁ δὲ **Παῦλος**·
Ac 26:28 Ἀγρίππας πρὸς τὸν **Παῦλον**·
Ac 26:29 ὁ δὲ **Παῦλος**·
Ac 27:1 παρεδίδουν τόν τε **Παῦλον** καί τινας ἑτέρους
Ac 27:3 ὁ Ἰούλιος τῷ **Παύλῳ** χρησάμενος ἐπέτρεψεν
Ac 27:9 παρεληλυθέναι παρῄνει ὁ **Παῦλος**
Ac 27:11 ἢ τοῖς ὑπὸ **Παύλου** λεγομένοις.
Ac 27:21 τότε σταθεὶς ὁ **Παῦλος** ἐν μέσῳ αὐτῶν
Ac 27:24 **Παῦλε**,
Ac 27:31 εἶπεν ὁ **Παῦλος** τῷ ἑκατοντάρχῃ καὶ
Ac 27:33 παρεκάλει ὁ **Παῦλος** ἅπαντας μεταλαβεῖν τροφῆς
Ac 27:43 βουλόμενος διασῶσαι τὸν **Παῦλον** ἐκώλυσεν αὐτοὺς τοῦ
Ac 28:3 Συστρέψαντος δὲ τοῦ **Παύλου** φρυγάνων τι πλῆθος
Ac 28:8 πρὸς ὃν ὁ **Παῦλος** εἰσελθὼν καὶ προσευξάμενος
Ac 28:15 οὓς ἰδὼν ὁ **Παῦλος** εὐχαριστήσας τῷ θεῷ
Ac 28:16 ἐπετράπη τῷ **Παύλῳ** μένειν καθ' ἑαυτὸν
Ac 28:25 ἀπελύοντο εἰπόντος τοῦ **Παύλου** ῥῆμα ἕν,

παύω (*pauō*; 6/15) *stop*

Ac 5:42 κατ' οἶκον οὐκ **ἐπαύοντο** διδάσκοντες καὶ εὐαγγελιζόμενοι
Ac 6:13 ἄνθρωπος οὗτος οὐ **παύεται** λαλῶν ῥήματα
Ac 13:10 οὐ **παύσῃ** διαστρέφων τὰς ὁδοὺς
Ac 20:1 Μετὰ δὲ τὸ **παύσασθαι** τὸν θόρυβον μεταπεμψάμενος
Ac 20:31 καὶ ἡμέραν οὐκ **ἐπαυσάμην** μετὰ δακρύων νουθετῶν
Ac 21:32 καὶ τοὺς στρατιώτας **ἐπαύσαντο** τύπτοντες τὸν Παῦλον.

Πάφος (*Paphos*; 2/2) *Paphos*

Ac 13:6 τὴν νῆσον ἄχρι **Πάφου** εὗρον ἄνδρα τινα
Ac 13:13 δὲ ἀπὸ τῆς **Πάφου** οἱ περὶ Παῦλον

παχύνω (*pachynō*; 1/2) *grow dull or insensitive*

Ac 28:27 **ἐπαχύνθη** γὰρ ἡ καρδία

πεζεύω (*pezeuō*; 1/1) *travel by land*

Ac 20:13 ἦν μέλλων αὐτὸς **πεζεύειν**.

πειθαρχέω (*peitharcheō*; 3/4) *obey*

Ac 5:29 **πειθαρχεῖν** δεῖ θεῷ μᾶλλον
Ac 5:32 ὁ θεὸς τοῖς **πειθαρχοῦσιν** αὐτῷ.
Ac 27:21 **πειθαρχήσαντάς** μοι μὴ ἀνάγεσθαι

πείθω (*peithō*; 17/52) *persuade*

Ac 5:36 καὶ πάντες ὅσοι **ἐπείθοντο** αὐτῷ διελύθησαν
Ac 5:37 καὶ πάντες ὅσοι **ἐπείθοντο** αὐτῷ διεσκορπίσθησαν.
Ac 5:39 **ἐπείσθησαν** δὲ αὐτῷ
Ac 12:20 πρὸς αὐτὸν καὶ **πείσαντες** Βλάστον,
Ac 13:43 οἵτινες προσλαλοῦντες αὐτοῖς **ἔπειθον** αὐτοὺς προσμένειν τῇ
Ac 14:19 Ἰκονίου Ἰουδαῖοι καὶ **πείσαντες** τοὺς ὄχλους
Ac 17:4 τινες ἐξ αὐτῶν **ἐπείσθησαν** καὶ προσεκληρώθησαν τῷ
Ac 18:4 κατὰ πᾶν σάββατον **ἔπειθέν** τε Ἰουδαίους
Ac 19:8 τρεῖς διαλεγόμενος καὶ **πείθων** [τὰ] περὶ
Ac 19:26 ὁ Παῦλος οὗτος **πείσας** μετέστησεν ἱκανὸν ὄχλον
Ac 21:14 μὴ **πειθομένου** δὲ αὐτοῦ ἡσυχάσαμεν
Ac 23:21 σὺ οὖν μὴ **πεισθῇς** αὐτοῖς·
Ac 26:26 [τι] τούτων οὐ **πείθομαι** οὐθέν·
Ac 26:28 ἐν ὀλίγῳ με **πείθεις** Χριστιανὸν ποιῆσαι.
Ac 27:11 τῷ ναυκλήρῳ μᾶλλον **ἐπείθετο** ἢ τοῖς ὑπὸ
Ac 28:23 **πείθων** τε αὐτοὺς περὶ
Ac 28:24 καὶ οἱ μὲν **ἐπείθοντο** τοῖς λεγομένοις,

πειράζω (*peirazō*; 5/37[38]) *test*

Ac 5:9 ὅτι συνεφωνήθη ὑμῖν **πειράσαι** τὸ πνεῦμα κυρίου;
Ac 9:26 δὲ εἰς Ἰερουσαλὴμ **ἐπείραζεν** κολλᾶσθαι τοῖς μαθηταῖς,
Ac 15:10 νῦν οὖν τί **πειράζετε** τὸν θεὸν ἐπιθεῖναι
Ac 16:7 κατὰ τὴν Μυσίαν **ἐπείραζον** εἰς τὴν Βιθυνίαν
Ac 24:6 καὶ τὸ ἱερὸν **ἐπείρασεν** βεβηλῶσαι ὃν καὶ

πειράομαι (*peiraomai*; 1/1) *try*

Ac 26:21 ἐν τῷ ἱερῷ **ἐπειρῶντο** διαχειρίσασθαι.

πειρασμός (*peirasmos*; 1/21) *testing*

Ac 20:19 καὶ δακρύων καὶ **πειρασμῶν** τῶν συμβάντων μοι

πέλαγος (*pelagos*; 1/2) *depths*

Ac 27:5 τό τε **πέλαγος** τὸ κατὰ τὴν

πέμπω (*pempō*; 11/79) *send*

Ac 10:5 καὶ νῦν **πέμψον** ἄνδρας εἰς Ἰόππην
Ac 10:32 **πέμψον** οὖν εἰς Ἰόππην
Ac 10:33 ἐξαυτῆς οὖν **ἔπεμψα** πρὸς σέ,
Ac 11:29 αὐτῶν εἰς διακονίαν **πέμψαι** τοῖς κατοικοῦσιν ἐν
Ac 15:22 ἄνδρας ἐξ αὐτῶν **πέμψαι** εἰς Ἀντιόχειαν σὺν
Ac 15:25 ὁμοθυμαδὸν ἐκλεξαμένοις ἄνδρας **πέμψαι** πρὸς ὑμᾶς σὺν
Ac 19:31 **πέμψαντες** πρὸς αὐτὸν παρεκάλουν
Ac 20:17 δὲ τῆς Μιλήτου **πέμψας** εἰς Ἔφεσον μετεκαλέσατο
Ac 23:30 ἄνδρα ἔσεσθαι ἐξαυτῆς **ἔπεμψα** πρὸς σὲ παραγγείλας
Ac 25:25 τὸν Σεβαστὸν ἔκρινα **πέμπειν**.
Ac 25:27 γάρ μοι δοκεῖ **πέμποντα** δέσμιον μὴ καὶ

πέντε (*pente*; 5/38) *five*

Ac 4:4 ἀνδρῶν [ὡς] χιλιάδες **πέντε**.

Ac 7:14 ἐν ψυχαῖς ἑβδομήκοντα **πέντε**.
Ac 19:19 εὗρον ἀργυρίου μυριάδας **πέντε**.
Ac 20:6 Τρῳάδα ἄχρι ἡμερῶν **πέντε**,
Ac 24:1 Μετὰ δὲ **πέντε** ἡμέρας κατέβη ὁ

πεντήκοντα (*pentēkonta*; 1/7) *fifty*

Ac 13:20 ἔτεσιν τετρακοσίοις καὶ **πεντήκοντα**.

πεντηκοστή (*pentēkostē*; 2/3) *Pentecost*

Ac 2:1 τὴν ἡμέραν τῆς **πεντηκοστῆς** ἦσαν πάντες ὁμοῦ
Ac 20:16 τὴν ἡμέραν τῆς **πεντηκοστῆς** γενέσθαι εἰς Ἱεροσόλυμα.

περαιτέρω (*peraiterō*; 1/1) *further*

Ac 19:39 εἰ δέ τι **περαιτέρω** ἐπιζητεῖτε,

Πέργη (*Pergē*; 3/3) *Perga*

Ac 13:13 Παῦλον ἦλθον εἰς **Πέργην** τῆς Παμφυλίας,
Ac 13:14 διελθόντες ἀπὸ τῆς **Πέργης** παρεγένοντο εἰς Ἀντιόχειαν
Ac 14:25 καὶ λαλήσαντες ἐν **Πέργῃ** τὸν λόγον κατέβησαν

περί (*peri*; 72/332[333]) *concerning, around*

Ac 1:1 πρῶτον λόγον ἐποιησάμην **περὶ** πάντων,
Ac 1:3 καὶ λέγων τὰ **περὶ** τῆς βασιλείας τοῦ
Ac 1:16 διὰ στόματος Δαυὶδ **περὶ** Ἰούδα τοῦ γενομένου
Ac 2:29 παρρησίας πρὸς ὑμᾶς **περὶ** τοῦ πατριάρχου Δαυὶδ
Ac 2:31 προϊδὼν ἐλάλησεν **περὶ** τῆς ἀναστάσεως τοῦ
Ac 5:24 διηπόρουν **περὶ** αὐτῶν τι ἂν
Ac 7:52 ἀπέκτειναν τοὺς προκαταγγείλαντας **περὶ** τῆς ἐλεύσεως τοῦ
Ac 8:12 τῷ Φιλίππῳ εὐαγγελιζομένῳ **περὶ** τῆς βασιλείας τοῦ
Ac 8:15 οἵτινες καταβάντες προσηύξαντο **περὶ** αὐτῶν ὅπως λάβωσιν
Ac 8:34 **περὶ** τίνος ὁ προφήτης
Ac 8:34 **περὶ** ἑαυτοῦ ἢ περὶ
Ac 8:34 περὶ ἑαυτοῦ ἢ **περὶ** ἑτέρου τινος;
Ac 9:13 ἤκουσα ἀπὸ πολλῶν **περὶ** τοῦ ἀνδρὸς τούτου
Ac 10:3 ὁράματι φανερῶς ὡσεὶ **περὶ** ὥραν ἐνάτην
Ac 10:9 τὸ δῶμα προσεύξασθαι **περὶ** ὥραν ἕκτην.
Ac 10:19 δὲ Πέτρου διενθυμουμένου **περὶ** τοῦ ὁράματος εἶπεν
Ac 11:22 οὔσης ἐν Ἰερουσαλὴμ **περὶ** αὐτῶν καὶ ἐξαπέστειλαν
Ac 12:5 πρὸς τὸν θεὸν **περὶ** αὐτοῦ.
Ac 13:13 τῆς Πάφου οἱ **περὶ** Παῦλον ἦλθον εἰς
Ac 13:29 ἐτέλεσαν πάντα τὰ **περὶ** αὐτοῦ γεγραμμένα,
Ac 15:2 πρεσβυτέρους εἰς Ἰερουσαλὴμ **περὶ** τοῦ ζητήματος τούτου.
Ac 15:6 οἱ πρεσβύτεροι ἰδεῖν **περὶ** τοῦ λόγου τούτου.
Ac 17:32 ἀκουσόμεθά σου **περὶ** τούτου καὶ πάλιν.
Ac 18:15 δὲ ζητήματά ἐστιν **περὶ** λόγου καὶ ὀνομάτων
Ac 18:25 ἐδίδασκεν ἀκριβῶς τὰ **περὶ** τοῦ Ἰησοῦ,
Ac 19:8 καὶ πείθων [τὰ] **περὶ** τῆς βασιλείας τοῦ
Ac 19:23 τάραχος οὐκ ὀλίγος **περὶ** τῆς ὁδοῦ.
Ac 19:25 συναθροίσας καὶ τοὺς **περὶ** τὰ τοιαῦτα ἐργάτας
Ac 19:40 κινδυνεύομεν ἐγκαλεῖσθαι στάσεως **περὶ** τῆς σήμερον,
Ac 19:40 μηδενὸς αἰτίου ὑπάρχοντος **περὶ** οὗ [οὐ] δυνησόμεθα
Ac 19:40 δυνησόμεθα ἀποδοῦναι λόγον **περὶ** τῆς συστροφῆς ταύτης.
Ac 21:21 κατηχήθησαν δὲ **περὶ** σοῦ ὅτι ἀποστασίαν
Ac 21:24 ὅτι ὧν κατήχηνται **περὶ** σοῦ οὐδέν ἐστιν
Ac 21:25 **περὶ** δὲ τῶν πεπιστευκότων
Ac 22:6 ἐγγίζοντι τῇ Δαμασκῷ **περὶ** μεσημβρίαν ἐξαίφνης ἐκ
Ac 22:6 περιαστράψαι φῶς ἱκανὸν **περὶ** ἐμέ,
Ac 22:10 κἀκεῖ σοι λαληθήσεται **περὶ** πάντων ὧν τέτακταί
Ac 22:18 παραδέξονταί σου μαρτυρίαν **περὶ** ἐμοῦ.
Ac 23:6 **περὶ** ἐλπίδος καὶ ἀναστάσεως
Ac 23:11 γὰρ διεμαρτύρω τὰ **περὶ** ἐμοῦ εἰς Ἰερουσαλήμ,
Ac 23:15 διαγινώσκειν ἀκριβέστερον τὰ **περὶ** αὐτοῦ·
Ac 23:20 τι ἀκριβέστερον πυνθάνεσθαι **περὶ** αὐτοῦ.
Ac 23:29 ὃν εὗρον ἐγκαλούμενον **περὶ** ζητημάτων τοῦ νόμου
Ac 24:8 δυνήσῃ αὐτὸς ἀνακρίνας **περὶ** πάντων τούτων ἐπιγνῶναι
Ac 24:10 ἐπιστάμενος εὐθύμως τὰ **περὶ** ἐμαυτοῦ ἀπολογοῦμαι,
Ac 24:13 παραστῆσαι δύνανταί σοι **περὶ** ὧν νυνὶ κατηγοροῦσίν
Ac 24:21 ἢ **περὶ** μιᾶς ταύτης φωνῆς
Ac 24:21 αὐτοῖς ἑστὼς ὅτι **περὶ** ἀναστάσεως νεκρῶν ἐγὼ
Ac 24:22 ἀκριβέστερον εἰδὼς τὰ **περὶ** τῆς ὁδοῦ εἴπας·
Ac 24:24 καὶ ἤκουσεν αὐτοῦ **περὶ** τῆς εἰς Χριστὸν
Ac 24:25 διαλεγομένου δὲ αὐτοῦ **περὶ** δικαιοσύνης καὶ ἐγκρατείας
Ac 25:9 Ἱεροσόλυμα ἀναβὰς ἐκεῖ **περὶ** τούτων κριθῆναι ἐπ'
Ac 25:15 **περὶ** οὗ γενομένου μου
Ac 25:16 τε ἀπολογίας λάβοι **περὶ** τοῦ ἐγκλήματος.
Ac 25:18 **περὶ** οὗ σταθέντες οἱ
Ac 25:19 ζητήματα δέ τινα **περὶ** τῆς ἰδίας δεισιδαιμονίας
Ac 25:19 πρὸς αὐτὸν καὶ **περί** τινος Ἰησοῦ τεθνηκότος
Ac 25:20 δὲ ἐγὼ τὴν **περὶ** τούτων ζήτησιν ἔλεγον
Ac 25:20 Ἱεροσόλυμα κἀκεῖ κρίνεσθαι **περὶ** τούτων.
Ac 25:24 θεωρεῖτε τοῦτον **περὶ** οὗ ἅπαν τὸ
Ac 25:26 **περὶ** οὗ ἀσφαλές τι
Ac 26:1 ἐπιτρέπεταί σοι **περὶ** σεαυτοῦ λέγειν.
Ac 26:2 **Περὶ** πάντων ὧν ἐγκαλοῦμαι
Ac 26:7 **περὶ** ἧς ἐλπίδος ἐγκαλοῦμαι
Ac 26:26 ἐπίσταται γὰρ **περὶ** τούτων ὁ βασιλεὺς
Ac 28:7 Ἐν δὲ τοῖς **περὶ** τὸν τόπον ἐκεῖνον
Ac 28:15 ἀδελφοὶ ἀκούσαντες τὰ **περὶ** ἡμῶν ἦλθαν εἰς
Ac 28:21 ἡμεῖς οὔτε γράμματα **περὶ** σοῦ ἐδεξάμεθα
Ac 28:21 ἢ ἐλάλησέν τι **περὶ** σοῦ πονηρόν.
Ac 28:22 περὶ **μὲν** γὰρ τῆς αἱρέσεως
Ac 28:23 πείθων τε αὐτοὺς **περὶ** τοῦ Ἰησοῦ ἀπό
Ac 28:31 καὶ διδάσκων τὰ **περὶ** τοῦ κυρίου Ἰησοῦ

περιάγω (*periagō*; 1/6) *go around or about*

Ac 13:11 καὶ σκότος καὶ **περιάγων** ἐζήτει χειραγωγούς.

περιαιρέω (*periaireō*; 3/5) *take away*
Ac 27:20 λοιπὸν **περιῃρεῖτο** ἐλπὶς πᾶσα τοῦ
Ac 27:40 καὶ τὰς ἀγκύρας **περιελόντες** εἴων εἰς τὴν
Ac 28:13 ὅθεν **περιελόντες** κατηντήσαμεν εἰς Ῥήγιον.

περιαστράπτω (*periastraptō*; 2/2) *flash around*
Ac 9:3 ἐξαίφνης τε αὐτὸν **περιήστραψεν** φῶς ἐκ
Ac 22:6 ἐκ τοῦ οὐρανοῦ **περιαστράψαι** φῶς ἱκανὸν

περιβάλλω (*periballō*; 1/23) *put on*
Ac 12:8 **περιβαλοῦ** τὸ ἱμάτιόν σου

περίεργος (*periergos*; 1/2) *busybody*
Ac 19:19 δὲ τῶν τὰ **περίεργα** πραξάντων συνενέγκαντες τὰς

περιέρχομαι (*perierchomai*; 1/3) *go or travel about*
Ac 19:13 τινες καὶ τῶν **περιερχομένων** Ἰουδαίων ἐξορκιστῶν ὀνομάζειν

περιΐστημι (*periistēmi*; 1/4) *stand around*
Ac 25:7 παραγενομένου δὲ αὐτοῦ **περιέστησαν** αὐτὸν οἱ ἀπὸ

περίκειμαι (*perikeimai*; 1/5) *be placed around*
Ac 28:20 τὴν ἅλυσιν ταύτην **περίκειμαι**.

περικρατής (*perikratēs*; 1/1) *in control of*
Ac 27:16 Καῦδα ἰσχύσαμεν μόλις **περικρατεῖς** γενέσθαι τῆς σκάφης,

περιλάμπω (*perilampō*; 1/2) *shine around*
Ac 26:13 λαμπρότητα τοῦ ἡλίου **περιλάμψαν** με φῶς

περιμένω (*perimenō*; 1/1) *wait for*
Ac 1:4 μὴ χωρίζεσθαι ἀλλὰ **περιμένειν** τὴν ἐπαγγελίαν τοῦ

πέριξ (*perix*; 1/1) *around*
Ac 5:16 τὸ πλῆθος τῶν **πέριξ** πόλεων Ἰερουσαλὴμ φέροντες

περιοχή (*periochē*; 1/1) *passage*
Ac 8:32 ἡ δὲ **περιοχὴ** τῆς γραφῆς ἦν

περιπατέω (*peripateō*; 8/94[95]) *walk*
Ac 3:6 Ναζωραίου [ἔγειρε καὶ] **περιπάτει**.
Ac 3:8 ἐξαλλόμενος ἔστη καὶ **περιεπάτει** καὶ εἰσῆλθεν σὺν
Ac 3:8 εἰς τὸ ἱερὸν **περιπατῶν** καὶ ἁλλόμενος καὶ
Ac 3:9 ὁ λαὸς αὐτὸν **περιπατοῦντα** καὶ αἰνοῦντα
Ac 3:12 εὐσεβείᾳ πεποιηκόσιν τοῦ **περιπατεῖν** αὐτόν;
Ac 14:8 αὐτοῦ ὃς οὐδέποτε **περιεπάτησεν**.
Ac 14:10 καὶ ἥλατο καὶ **περιεπάτει**.
Ac 21:21 μηδὲ τοῖς ἔθεσιν **περιπατεῖν**.

περιπίπτω (*peripiptō*; 1/3) *encounter*
Ac 27:41 **περιπεσόντες** δὲ εἰς τόπον

περιποιέω (*peripoieō*; 1/3) *obtain*
Ac 20:28 ἣν **περιεποιήσατο** διὰ τοῦ αἵματος

περιρήγνυμι (*perirēgnymi*; 1/1) *tear off*
Ac 16:22 καὶ οἱ στρατηγοὶ **περιρήξαντες** αὐτῶν τὰ ἱμάτια

περισσεύω (*perisseuō*; 1/39) *exceed, be left over*
Ac 16:5 τῇ πίστει καὶ **ἐπερίσσευον** τῷ ἀριθμῷ καθ'

περισσῶς (*perissōs*; 1/4) *all the more*
Ac 26:11 αὐτοὺς ἠνάγκαζον βλασφημεῖν **περισσῶς** τε ἐμμαινόμενος αὐτοῖς

περιτέμνω (*peritemnō*; 5/17) *circumcise*
Ac 7:8 τὸν Ἰσαὰκ καὶ **περιέτεμεν** αὐτὸν τῇ ἡμέρᾳ
Ac 15:1 ἐὰν μὴ **περιτμηθῆτε** τῷ ἔθει τῷ
Ac 15:5 λέγοντες ὅτι δεῖ **περιτέμνειν** αὐτοὺς παραγγέλλειν τε
Ac 16:3 καὶ λαβὼν **περιέτεμεν** αὐτὸν διὰ τοὺς
Ac 21:21 Ἰουδαίους λέγων μὴ **περιτέμνειν** αὐτοὺς τὰ τέκνα

περιτομή (*peritomē*; 3/36) *circumcision*
Ac 7:8 ἔδωκεν αὐτῷ διαθήκην **περιτομῆς**·
Ac 10:45 ἐξέστησαν οἱ ἐκ **περιτομῆς** πιστοὶ ὅσοι συνῆλθαν
Ac 11:2 αὐτὸν οἱ ἐκ **περιτομῆς**

περιτρέπω (*peritrepō*; 1/1) *drive*
Ac 26:24 γράμματα εἰς μανίαν **περιτρέπει**.

περίχωρος (*perichōros*; 1/9) *surrounding region*
Ac 14:6 Δέρβην καὶ τὴν **περίχωρον**,

πετεινόν (*peteinon*; 2/14) *bird*
Ac 10:12 τῆς γῆς καὶ **πετεινὰ** τοῦ οὐρανοῦ.
Ac 11:6 ἑρπετὰ καὶ τὰ **πετεινὰ** τοῦ οὐρανοῦ.

Πέτρος (*Petros*; 56/155[156]) *Peter*
Ac 1:13 ὅ τε **Πέτρος** καὶ Ἰωάννης καὶ
Ac 1:15 ἡμέραις ταύταις ἀναστὰς **Πέτρος** ἐν μέσῳ
Ac 2:14 Σταθεὶς δὲ ὁ **Πέτρος** σὺν τοῖς ἕνδεκα
Ac 2:37 τε πρὸς τὸν **Πέτρον** καὶ τοὺς λοιποὺς
Ac 2:38 **Πέτρος** δὲ πρὸς αὐτούς·
Ac 3:1 **Πέτρος** δὲ καὶ Ἰωάννης
Ac 3:3 ὃς ἰδὼν **Πέτρον** καὶ Ἰωάννην μέλλοντας
Ac 3:4 ἀτενίσας δὲ **Πέτρος** εἰς αὐτὸν σὺν
Ac 3:6 εἶπεν δὲ **Πέτρος**·
Ac 3:11 δὲ αὐτοῦ τὸν **Πέτρον** καὶ τὸν Ἰωάννην
Ac 3:12 ἰδὼν δὲ ὁ **Πέτρος** ἀπεκρίνατο πρὸς τὸν
Ac 4:8 Τότε **Πέτρος** πλησθεὶς πνεύματος ἁγίου
Ac 4:13 δὲ τὴν τοῦ **Πέτρου** παρρησίαν καὶ Ἰωάννου
Ac 4:19 ὁ δὲ **Πέτρος** καὶ Ἰωάννης ἀποκριθέντες
Ac 5:3 εἶπεν δὲ ὁ **Πέτρος**·

Ac 5:8 δὲ πρὸς αὐτὴν **Πέτρος**·
Ac 5:9 ὁ δὲ **Πέτρος** πρὸς αὐτήν·
Ac 5:15 ἵνα ἐρχομένου **Πέτρου** κἂν ἡ σκιὰ
Ac 5:29 ἀποκριθεὶς δὲ **Πέτρος** καὶ οἱ ἀπόστολοι
Ac 8:14 ἀπέστειλαν πρὸς αὐτοὺς **Πέτρον** καὶ Ἰωάννην,
Ac 8:20 **Πέτρος** δὲ εἶπεν πρὸς
Ac 9:32 Ἐγένετο δὲ **Πέτρον** διερχόμενον διὰ πάντων
Ac 9:34 εἶπεν αὐτῷ ὁ **Πέτρος**·
Ac 9:38 μαθηταὶ ἀκούσαντες ὅτι **Πέτρος** ἐστὶν ἐν αὐτῇ
Ac 9:39 ἀναστὰς δὲ **Πέτρος** συνῆλθεν αὐτοῖς·
Ac 9:40 ἔξω πάντας ὁ **Πέτρος** καὶ θεὶς τὰ
Ac 9:40 καὶ ἰδοῦσα τὸν **Πέτρον** ἀνεκάθισεν.
Ac 10:5 τινα ὃς ἐπικαλεῖται **Πέτρος**·
Ac 10:9 ἀνέβη **Πέτρος** ἐπὶ τὸ δῶμα
Ac 10:13 **Πέτρε**,
Ac 10:14 ὁ δὲ **Πέτρος** εἶπεν·
Ac 10:17 ἑαυτῷ διηπόρει ὁ **Πέτρος** τί ἂν εἴη
Ac 10:18 Σίμων ὁ ἐπικαλούμενος **Πέτρος** ἐνθάδε ξενίζεται.
Ac 10:19 Τοῦ δὲ **Πέτρου** διενθυμουμένου περὶ τοῦ
Ac 10:21 καταβὰς δὲ **Πέτρος** πρὸς τοὺς ἄνδρας
Ac 10:25 τοῦ εἰσελθεῖν τὸν **Πέτρον**,
Ac 10:26 ὁ δὲ **Πέτρος** ἤγειρεν αὐτὸν λέγων·
Ac 10:32 Σίμωνα ὃς ἐπικαλεῖται **Πέτρος**,
Ac 10:34 Ἀνοίξας δὲ **Πέτρος** τὸ στόμα εἶπεν·
Ac 10:44 Ἔτι λαλοῦντος τοῦ **Πέτρου** τὰ ῥήματα ταῦτα
Ac 10:45 ὅσοι συνῆλθαν τῷ **Πέτρῳ**,
Ac 10:46 τότε ἀπεκρίθη **Πέτρος**·
Ac 11:2 Ὅτε δὲ ἀνέβη **Πέτρος** εἰς Ἰερουσαλήμ,
Ac 11:4 Ἀρξάμενος δὲ **Πέτρος** ἐξετίθετο αὐτοῖς καθεξῆς
Ac 11:7 **Πέτρε**,
Ac 11:13 Σίμωνα τὸν ἐπικαλούμενον **Πέτρον**,
Ac 12:3 προσέθετο συλλαβεῖν καὶ **Πέτρον**,
Ac 12:5 ὁ μὲν οὖν **Πέτρος** ἐτηρεῖτο ἐν τῇ
Ac 12:6 ἐκείνῃ ἦν ὁ **Πέτρος** κοιμώμενος μεταξὺ δύο
Ac 12:7 τὴν πλευρὰν τοῦ **Πέτρου** ἤγειρεν αὐτὸν λέγων·
Ac 12:11 Καὶ ὁ **Πέτρος** ἐν ἑαυτῷ γενόμενος
Ac 12:14 τὴν φωνὴν τοῦ **Πέτρου** ἀπὸ τῆς χαρᾶς
Ac 12:14 ἀπήγγειλεν ἑστάναι τὸν **Πέτρον** πρὸ τοῦ πυλῶνος.
Ac 12:16 ὁ δὲ **Πέτρος** ἐπέμενεν κρούων·
Ac 12:18 τί ἄρα ὁ **Πέτρος** ἐγένετο.
Ac 15:7 ζητήσεως γενομένης ἀναστὰς **Πέτρος** εἶπεν πρὸς αὐτούς·

πηδάλιον (*pēdalion*; 1/2) *rudder*
Ac 27:40 τὰς ζευκτηρίας τῶν **πηδαλίων** καὶ ἐπάραντες τὸν

πιάζω (*piazō*; 2/12) *seize, arrest, catch*
Ac 3:7 καὶ **πιάσας** αὐτὸν τῆς δεξιᾶς
Ac 12:4 ὃν καὶ **πιάσας** ἔθετο εἰς φυλακὴν

πικρία (*pikria*; 1/4) *bitterness*
Ac 8:23 εἰς γὰρ χολὴν **πικρίας** καὶ σύνδεσμον ἀδικίας

Πιλᾶτος (*Pilatos*; 3/55) *Pilate*
Ac 3:13 ἠρνήσασθε κατὰ πρόσωπον **Πιλάτου**,
Ac 4:27 τε καὶ Πόντιος **Πιλᾶτος** σὺν ἔθνεσιν καὶ
Ac 13:28 θανάτου εὑρόντες ᾐτήσαντο **Πιλᾶτον** ἀναιρεθῆναι αὐτόν.

πίμπλημι (*pimplēmi*; 9/24) *fill*
Ac 2:4 καὶ **ἐπλήσθησαν** πάντες πνεύματος ἁγίου
Ac 3:10 τοῦ ἱεροῦ καὶ **ἐπλήσθησαν** θάμβους καὶ ἐκστάσεως
Ac 4:8 Τότε Πέτρος **πλησθεὶς** πνεύματος ἁγίου εἶπεν
Ac 4:31 καὶ **ἐπλήσθησαν** ἅπαντες τοῦ ἁγίου
Ac 5:17 ἐπλήσθησαν **ζήλου**
Ac 9:17 ὅπως ἀναβλέψῃς καὶ **πλησθῇς** πνεύματος ἁγίου.
Ac 13:9 **πλησθεὶς** πνεύματος ἁγίου ἀτενίσας
Ac 13:45 Ἰουδαῖοι τοὺς ὄχλους **ἐπλήσθησαν** ζήλου καὶ ἀντέλεγον
Ac 19:29 καὶ **ἐπλήσθη** ἡ πόλις τῆς

πίμπρημι (*pimprēmi*; 1/1) *swell up*
Ac 28:6 προσεδόκων αὐτὸν μέλλειν **πίμπρασθαι** ἢ καταπίπτειν ἄφνω

πίνω (*pinō*; 3/72[73]) *drink*
Ac 9:9 οὐκ ἔφαγεν οὐδὲ **ἔπιεν**.
Ac 23:12 μήτε φαγεῖν μήτε **πιεῖν** ἕως οὗ ἀποκτείνωσιν
Ac 23:21 μήτε φαγεῖν μήτε **πιεῖν** ἕως οὗ ἀνέλωσιν

πιπράσκω (*pipraskō*; 3/9) *sell*
Ac 2:45 καὶ τὰς ὑπάρξεις **ἐπίπρασκον** καὶ διεμέριζον αὐτὰ
Ac 4:34 τὰς τιμὰς τῶν **πιπρασκομένων**
Ac 5:4 σοὶ ἔμενεν καὶ **πραθὲν** ἐν τῇ σῇ

πίπτω (*piptō*; 9/90) *fall*
Ac 1:26 κλήρους αὐτοῖς καὶ **ἔπεσεν** ὁ κλῆρος ἐπὶ
Ac 5:5 τοὺς λόγους τούτους **πεσὼν** ἐξέψυξεν,
Ac 5:10 **ἔπεσεν** δὲ παραχρῆμα πρὸς
Ac 9:4 καὶ **πεσὼν** ἐπὶ τὴν γῆν
Ac 10:25 αὐτῷ ὁ Κορνήλιος **πεσὼν** ἐπὶ τοὺς πόδας
Ac 13:11 παραχρῆμά τε **ἔπεσεν** ἐπ' αὐτὸν ἀχλὺς
Ac 15:16 σκηνὴν Δαυὶδ τὴν **πεπτωκυῖαν** καὶ τὰ κατεσκαμμένα
Ac 20:9 ἀπὸ τοῦ ὕπνου **ἔπεσεν** ἀπὸ τοῦ τριστέγου
Ac 22:7 **ἔπεσά** τε εἰς τὸ

Πισιδία (*Pisidia*; 1/1) *Pisidia*
Ac 14:24 Καὶ διελθόντες τὴν **Πισιδίαν** ἦλθον εἰς τὴν

Πισίδιος (*Pisidios*; 1/1) *Pisidian*
Ac 13:14 εἰς Ἀντιόχειαν τὴν **Πισιδίαν**,

πιστεύω (*pisteuō*; 37/237[241]) *believe*
Ac 2:44 πάντες δὲ οἱ **πιστεύοντες** ἦσαν ἐπὶ τὸ
Ac 4:4 ἀκουσάντων τὸν λόγον **ἐπίστευσαν** καὶ ἐγενήθη [ὁ]
Ac 4:32 δὲ πλήθους τῶν **πιστευσάντων** ἦν καρδία
Ac 5:14 μᾶλλον δὲ προσετίθεντο **πιστεύοντες** τῷ κυρίῳ,

Ac 8:12 ὅτε δὲ **ἐπίστευσαν** τῷ Φιλίππῳ εὐαγγελιζομένῳ
Ac 8:13 Σίμων καὶ αὐτὸς **ἐπίστευσεν** καὶ βαπτισθεὶς ἦν
Ac 9:26 ἐφοβοῦντο αὐτὸν μὴ **πιστεύοντες** ὅτι ἐστὶν μαθητής.
Ac 9:42 τῆς Ἰόππης καὶ **ἐπίστευσαν** πολλοὶ ἐπὶ τὸν
Ac 10:43 αὐτοῦ πάντα τὸν **πιστεύοντα** εἰς αὐτόν.
Ac 11:17 ὡς καὶ ἡμῖν **πιστεύσασιν** ἐπὶ τὸν κύριον
Ac 11:21 τε ἀριθμὸς ὁ **πιστεύσας** ἐπέστρεψεν ἐπὶ τὸν
Ac 13:12 ἀνθύπατος τὸ γεγονὸς **ἐπίστευσεν** ἐκπλησσόμενος ἐπὶ τῇ
Ac 13:39 τούτῳ πᾶς ὁ **πιστεύων** δικαιοῦται.
Ac 13:41 ὃ οὐ μὴ **πιστεύσητε** ἐάν τις ἐκδιηγῆται
Ac 13:48 τοῦ κυρίου καὶ **ἐπίστευσαν** ὅσοι ἦσαν τεταγμένοι
Ac 14:1 λαλῆσαι οὕτως ὥστε **πιστεῦσαι** Ἰουδαίων τε
Ac 14:23 κυρίῳ εἰς ὃν **πεπιστεύκεισαν**.
Ac 15:5 αἱρέσεως τῶν Φαρισαίων **πεπιστευκότες** λέγοντες ὅτι δεῖ
Ac 15:7 τοῦ εὐαγγελίου καὶ **πιστεῦσαι**.
Ac 15:11 τοῦ κυρίου Ἰησοῦ **πιστεύομεν** σωθῆναι καθ' ὃν
Ac 16:31 **πίστευσον** ἐπὶ τὸν κύριον
Ac 16:34 καὶ ἠγαλλιάσατο πανοικεὶ **πεπιστευκὼς** τῷ θεῷ.
Ac 17:12 οὖν ἐξ αὐτῶν **ἐπίστευσαν** καὶ τῶν Ἑλληνίδων
Ac 17:34 ἄνδρες κολληθέντες αὐτῷ **ἐπίστευσαν**,
Ac 18:8 δὲ ὁ ἀρχισυνάγωγος **ἐπίστευσεν** τῷ κυρίῳ σὺν
Ac 18:8 τῶν Κορινθίων ἀκούοντες **ἐπίστευον** καὶ ἐβαπτίζοντο.
Ac 18:27 συνεβάλετο πολὺ τοῖς **πεπιστευκόσιν** διὰ τῆς χάριτος·
Ac 19:2 πνεῦμα ἅγιον ἐλάβετε **πιστεύσαντες**;
Ac 19:4 μετ' αὐτὸν ἵνα **πιστεύσωσιν**,
Ac 19:18 Πολλοί τε τῶν **πεπιστευκότων** ἤρχοντο ἐξομολογούμενοι καὶ
Ac 21:20 τοῖς Ἰουδαίοις τῶν **πεπιστευκότων** καὶ πάντες ζηλωταὶ
Ac 21:25 περὶ δὲ τῶν **πεπιστευκότων** ἐθνῶν ἡμεῖς ἐπεστείλαμεν
Ac 22:19 τὰς συναγωγὰς τοὺς **πιστεύοντας** ἐπὶ σέ,
Ac 24:14 τῷ πατρῴῳ θεῷ **πιστεύων** πᾶσι τοῖς κατὰ
Ac 26:27 **πιστεύεις**,
Ac 26:27 οἶδα ὅτι πιστεύεις.
Ac 27:25 **πιστεύω** γὰρ τῷ θεῷ

πίστις (*pistis*; 15/243) *faith*

Ac 3:16 καὶ ἐπὶ τῇ **πίστει** τοῦ ὀνόματος αὐτοῦ
Ac 3:16 καὶ ἡ **πίστις** ἡ δι' αὐτοῦ
Ac 6:5 ἄνδρα πλήρης **πίστεως** καὶ πνεύματος ἁγίου,
Ac 6:7 ἱερέων ὑπήκουον τῇ **πίστει**.
Ac 11:24 πνεύματος ἁγίου καὶ **πίστεως**.
Ac 13:8 ἀνθύπατον ἀπὸ τῆς **πίστεως**.
Ac 14:9 ἰδὼν ὅτι ἔχει **πίστιν** τοῦ σωθῆναι,
Ac 14:22 παρακαλοῦντες ἐμμένειν τῇ **πίστει** καὶ ὅτι
Ac 14:27 τοῖς ἔθνεσιν θύραν **πίστεως**.
Ac 15:9 καὶ αὐτῶν τῇ **πίστει** καθαρίσας τὰς καρδίας
Ac 16:5 ἐκκλησίαι ἐστερεοῦντο τῇ **πίστει** καὶ ἐπερίσσευον τῷ
Ac 17:31 **πίστιν** παρασχὼν πᾶσιν ἀναστήσας
Ac 20:21 θεὸν μετάνοιαν καὶ **πίστιν** εἰς τὸν κύριον
Ac 24:24 εἰς Χριστὸν Ἰησοῦν **πίστεως**.
Ac 26:18 ἐν τοῖς ἡγιασμένοις **πίστει** τῇ εἰς ἐμέ.

πιστός (*pistos*; 4/67) *believing*

Ac 10:45 οἱ ἐκ περιτομῆς **πιστοὶ** ὅσοι συνῆλθαν τῷ
Ac 13:34 ὅσια Δαυὶδ τὰ **πιστά**.
Ac 16:1 υἱὸς γυναικὸς Ἰουδαίας **πιστῆς**,
Ac 16:15 εἰ κεκρίκατέ με **πιστὴν** τῷ κυρίῳ εἶναι,

πλατεῖα (*plateia*; 1/9) *wide street*

Ac 5:15 καὶ εἰς τὰς **πλατείας** ἐκφέρειν τοὺς ἀσθενεῖς

πλευρά (*pleura*; 1/5) *side*

Ac 12:7 πατάξας δὲ τὴν **πλευρὰν** τοῦ Πέτρου ἤγειρεν

πλέω (*pleō*; 4/6) *sail*

Ac 21:3 καταλιπόντες αὐτὴν εὐώνυμον **ἐπλέομεν** εἰς Συρίαν καὶ
Ac 27:2 πλοίῳ Ἀδραμυττηνῷ μέλλοντι **πλεῖν** εἰς τοὺς
Ac 27:6 ἑκατοντάρχης πλοῖον Ἀλεξανδρῖνον **πλέον** εἰς τὴν Ἰταλίαν
Ac 27:24 θεὸς πάντας τοὺς **πλέοντας** μετὰ σοῦ.

πληγή (*plēgē*; 2/22) *plague*

Ac 16:23 τε ἐπιθέντες αὐτοῖς **πληγὰς** ἔβαλον εἰς φυλακὴν
Ac 16:33 ἔλουσεν ἀπὸ τῶν **πληγῶν**,

πλῆθος (*plēthos*; 16/31) *multitude, crowd*

Ac 2:6 ταύτης συνῆλθεν τὸ **πλῆθος** καὶ συνεχύθη,
Ac 4:32 Τοῦ δὲ **πλήθους** τῶν πιστευσάντων ἦν
Ac 5:14 **πλήθη** ἀνδρῶν τε καὶ
Ac 5:16 δὲ καὶ τὸ **πλῆθος** τῶν πέριξ πόλεων
Ac 6:2 οἱ δώδεκα τὸ **πλῆθος** τῶν μαθητῶν εἶπαν·
Ac 6:5 ἐνώπιον παντὸς τοῦ **πλήθους** καὶ ἐξελέξαντο Στέφανον,
Ac 14:1 καὶ Ἑλλήνων πολὺ **πλῆθος**.
Ac 14:4 ἐσχίσθη δὲ τὸ **πλῆθος** τῆς πόλεως,
Ac 15:12 δὲ πᾶν τὸ **πλῆθος** καὶ ἤκουον Βαρναβᾶ
Ac 15:30 καὶ συναγαγόντες τὸ **πλῆθος** ἐπέδωκαν τὴν ἐπιστολήν.
Ac 17:4 τε σεβομένων Ἑλλήνων **πλῆθος** πολύ,
Ac 19:9 ὁδὸν ἐνώπιον τοῦ **πλήθους**,
Ac 21:36 ἠκολούθει γὰρ τὸ **πλῆθος** τοῦ λαοῦ κράζοντες·
Ac 23:7 καὶ ἐσχίσθη τὸ **πλῆθος**.
Ac 25:24 οὗ ἅπαν τὸ **πλῆθος** τῶν Ἰουδαίων ἐνέτυχόν
Ac 28:3 Παύλου φρυγάνων τι **πλῆθος** καὶ ἐπιθέντος

πληθύνω (*plēthynō*; 5/12) *increase*

Ac 6:1 ταῖς ἡμέραις ταύταις **πληθυνόντων** τῶν μαθητῶν ἐγένετο
Ac 6:7 θεοῦ ηὔξανεν καὶ **ἐπληθύνετο** ὁ ἀριθμὸς τῶν
Ac 7:17 ὁ λαὸς καὶ **ἐπληθύνθη** ἐν Αἰγύπτῳ
Ac 9:31 τοῦ ἁγίου πνεύματος **ἐπληθύνετο**.
Ac 12:24 θεοῦ ηὔξανεν καὶ **ἐπληθύνετο**.

πλήν (*plēn*; 4/31) *but, except*

Ac 8:1 Ἰουδαίας καὶ Σαμαρείας **πλὴν** τῶν ἀποστόλων.
Ac 15:28 ἐπιτίθεσθαι ὑμῖν βάρος **πλὴν** τούτων τῶν ἐπάναγκες,
Ac 20:23 **πλὴν** ὅτι τὸ πνεῦμα
Ac 27:22 ἔσται ἐξ ὑμῶν **πλὴν** τοῦ πλοίου.

πλήρης (*plērēs*; 8/16) *full*

Ac 6:3 **πλήρεις** πνεύματος καὶ σοφίας,
Ac 6:5 ἄνδρα **πλήρης** πίστεως καὶ πνεύματος
Ac 6:8 Στέφανος δὲ **πλήρης** χάριτος καὶ δυνάμεως
Ac 7:55 ὑπάρχων δὲ **πλήρης** πνεύματος ἁγίου ἀτενίσας
Ac 9:36 αὕτη ἦν **πλήρης** ἔργων ἀγαθῶν καὶ
Ac 11:24 ἀνὴρ ἀγαθὸς καὶ **πλήρης** πνεύματος ἁγίου
Ac 13:10 ὦ **πλήρης** παντὸς δόλου καὶ
Ac 19:28 δὲ καὶ γενόμενοι **πλήρεις** θυμοῦ ἔκραζον λέγοντες·

πληρόω (*plēroō*; 16/86) *fulfill*

Ac 1:16 ἔδει **πληρωθῆναι** τὴν γραφὴν ἣν
Ac 2:2 πνοῆς βιαίας καὶ **ἐπλήρωσεν** ὅλον τὸν οἶκον
Ac 2:28 **πληρώσεις** με εὐφροσύνης μετὰ
Ac 3:18 **ἐπλήρωσεν** οὕτως.
Ac 5:3 διὰ τι **ἐπλήρωσεν** ὁ σατανᾶς τὴν
Ac 5:28 καὶ ἰδοὺ **πεπληρώκατε** τὴν Ἰερουσαλὴμ τῆς
Ac 7:23 Ὡς δὲ **ἐπληροῦτο** αὐτῷ τεσσερακονταετὴς χρόνος,
Ac 7:30 Καὶ **πληρωθέντων** ἐτῶν τεσσεράκοντα ὤφθη
Ac 9:23 Ὡς δὲ **ἐπληροῦντο** ἡμέραι ἱκαναί,
Ac 12:25 ὑπέστρεψαν εἰς Ἰερουσαλὴμ **πληρώσαντες** τὴν διακονίαν,
Ac 13:25 ὡς δὲ **ἐπλήρου** Ἰωάννης τὸν δρόμον,
Ac 13:27 σάββατον ἀναγινωσκομένας κρίναντες **ἐπλήρωσαν**,
Ac 13:52 οἵ τε μαθηταὶ **ἐπληροῦντο** χαρᾶς καὶ πνεύματος
Ac 14:26 τὸ ἔργον ὃ **ἐπλήρωσαν**.
Ac 19:21 Ὡς δὲ **ἐπληρώθη** ταῦτα,
Ac 24:27 Διετίας δὲ **πληρωθείσης** ἔλαβεν διάδοχον ὁ

πλησίον (*plēsion*; 1/17) *near, neighbor*

Ac 7:27 δὲ ἀδικῶν τὸν **πλησίον** ἀπώσατο αὐτὸν εἰπών·

πλοῖον (*ploion*; 19/67) *boat*

Ac 20:13 προελθόντες ἐπὶ τὸ **πλοῖον** ἀνήχθημεν ἐπὶ
Ac 20:38 αὐτὸν εἰς τὸ **πλοῖον**.
Ac 21:2 καὶ εὑρόντες **πλοῖον** διαπερῶν εἰς Φοινίκην
Ac 21:3 ἐκεῖσε γὰρ τὸ **πλοῖον** ἦν ἀποφορτιζόμενον
Ac 21:6 ἀνέβημεν εἰς τὸ **πλοῖον**,
Ac 27:2 ἐπιβάντες δὲ **πλοίῳ** Ἀδραμυττηνῷ μέλλοντι πλεῖν
Ac 27:6 εὑρὼν ὁ ἑκατοντάρχης **πλοῖον** Ἀλεξανδρῖνον πλέον εἰς
Ac 27:10 φορτίου καὶ τοῦ **πλοίου** ἀλλὰ καὶ τῶν
Ac 27:15 συναρπασθέντος δὲ τοῦ **πλοίου** καὶ μὴ δυναμένου
Ac 27:17 ἐχρῶντο ὑποζωννύντες τὸ **πλοῖον**,
Ac 27:19 τὴν σκευὴν τοῦ **πλοίου** ἔρριψαν.
Ac 27:22 ὑμῶν πλὴν τοῦ **πλοίου**.
Ac 27:30 φυγεῖν ἐκ τοῦ **πλοίου** καὶ χαλασάντων τὴν
Ac 27:31 μείνωσιν ἐν τῷ **πλοίῳ**,
Ac 27:37 ψυχαὶ ἐν τῷ **πλοίῳ** διακόσιαι ἑβδομήκοντα
Ac 27:38 τροφῆς ἐκούφιζον τὸ **πλοῖον** ἐκβαλλόμενοι τὸν σῖτον
Ac 27:39 δύναιντο ἐξῶσαι τὸ **πλοῖον**.
Ac 27:44 τῶν ἀπὸ τοῦ **πλοίου**.
Ac 28:11 μῆνας ἀνήχθημεν ἐν **πλοίῳ** παρακεχειμακότι

πλόος (*ploos*; 3/3) *voyage*

Ac 21:7 ἡμεῖς δὲ τὸν **πλοῦν** διανύσαντες ἀπὸ Τύρου
Ac 27:9 ἤδη ἐπισφαλοῦς τοῦ **πλοὸς** διὰ τὸ καὶ
Ac 27:10 μέλλειν ἔσεσθαι τὸν **πλοῦν**.

πνεῦμα (*pneuma*; 70/379) *Spirit, spirit*

Ac 1:2 τοῖς ἀποστόλοις διὰ **πνεύματος** ἁγίου οὓς ἐξελέξατο
Ac 1:5 ὑμεῖς δὲ ἐν **πνεύματι** βαπτισθήσεσθε ἁγίῳ
Ac 1:8 ἐπελθόντος τοῦ ἁγίου **πνεύματος** ἐφ' ὑμᾶς
Ac 1:16 ἣν προεῖπεν τὸ **πνεῦμα** τὸ ἅγιον διὰ
Ac 2:4 καὶ ἐπλήσθησαν πάντες **πνεύματος** ἁγίου καὶ ἤρξαντο
Ac 2:4 γλώσσαις καθὼς τὸ **πνεῦμα** ἐδίδου ἀποφθέγγεσθαι αὐτοῖς.
Ac 2:17 ἐκχεῶ ἀπὸ τοῦ **πνεύματός** μου ἐπὶ πᾶσαν
Ac 2:18 ἐκχεῶ ἀπὸ τοῦ **πνεύματός** μου,
Ac 2:33 τε ἐπαγγελίαν τοῦ **πνεύματος** τοῦ ἁγίου λαβὼν
Ac 2:38 δωρεὰν τοῦ ἁγίου **πνεύματος**.
Ac 4:8 Τότε Πέτρος πλησθεὶς **πνεύματος** ἁγίου εἶπεν πρὸς
Ac 4:25 πατρὸς ἡμῶν διὰ **πνεύματος** ἁγίου στόματος Δαυὶδ
Ac 4:31 ἅπαντες τοῦ ἁγίου **πνεύματος** καὶ ἐλάλουν
Ac 5:3 ψεύσασθαί σε τὸ **πνεῦμα** τὸ ἅγιον καὶ
Ac 5:9 ὑμῖν πειράσαι τὸ **πνεῦμα** κυρίου;
Ac 5:16 καὶ ὀχλουμένους ὑπὸ **πνευμάτων** ἀκαθάρτων,
Ac 5:32 τούτων καὶ τὸ **πνεῦμα** τὸ ἅγιον ὃ
Ac 6:3 πλήρεις **πνεύματος** καὶ σοφίας,
Ac 6:5 πλήρης πίστεως καὶ **πνεύματος** ἁγίου,
Ac 6:10 σοφίᾳ καὶ τῷ **πνεύματι** ᾧ ἐλάλει.
Ac 7:51 ὑμεῖς ἀεὶ τῷ **πνεύματι** τῷ ἁγίῳ ἀντιπίπτετε
Ac 7:55 ὑπάρχων δὲ πλήρης **πνεύματος** ἁγίου ἀτενίσας εἰς
Ac 7:59 δέξαι τὸ **πνεῦμά** μου.
Ac 8:7 γὰρ τῶν ἐχόντων **πνεύματα** ἀκάθαρτα βοῶντα φωνῇ
Ac 8:15 αὐτῶν ὅπως λάβωσιν **πνεῦμα** ἅγιον·
Ac 8:17 αὐτοὺς καὶ ἐλάμβανον **πνεῦμα** ἅγιον.
Ac 8:18 ἀποστόλων δίδοται τὸ **πνεῦμα**,
Ac 8:19 τὰς χεῖρας λαμβάνῃ **πνεῦμα** ἅγιον.
Ac 8:29 εἶπεν δὲ τὸ **πνεῦμα** τῷ Φιλίππῳ·
Ac 8:39 **πνεῦμα** κυρίου ἥρπασεν τὸν
Ac 9:17 ἀναβλέψῃς καὶ πλησθῇς **πνεύματος** ἁγίου.
Ac 9:31 παρακλήσει τοῦ ἁγίου **πνεύματος** ἐπληθύνετο.
Ac 10:19 εἶπεν [αὐτῷ] τὸ **πνεῦμα**·
Ac 10:38 αὐτὸν ὁ θεὸς **πνεύματι** ἁγίῳ καὶ δυνάμει,
Ac 10:44 ταῦτα ἐπέπεσεν τὸ **πνεῦμα** τὸ ἅγιον ἐπὶ
Ac 10:45 δωρεὰ τοῦ ἁγίου **πνεύματος** ἐκκέχυται·
Ac 10:47 οἵτινες τὸ **πνεῦμα** τὸ ἅγιον ἔλαβον
Ac 11:12 εἶπεν δὲ τὸ **πνεῦμά** μοι συνελθεῖν αὐτοῖς
Ac 11:15 λαλεῖν ἐπέπεσεν τὸ **πνεῦμα** τὸ ἅγιον ἐπ'
Ac 11:16 δὲ βαπτισθήσεσθε ἐν **πνεύματι** ἁγίῳ.

Ac 11:24 ἀγαθὸς καὶ πλήρης **πνεύματος** ἁγίου καὶ πίστεως.
Ac 11:28 ἐσήμανεν διὰ τοῦ **πνεύματος** λιμὸν μεγάλην μέλλειν
Ac 13:2 νηστευόντων εἶπεν τὸ **πνεῦμα** τὸ ἅγιον·
Ac 13:4 ὑπὸ τοῦ ἁγίου **πνεύματος** κατῆλθον εἰς Σελεύκειαν,
Ac 13:9 πλησθεὶς **πνεύματος** ἁγίου ἀτενίσας εἰς
Ac 13:52 ἐπληροῦντο χαρᾶς καὶ **πνεύματος** ἁγίου.
Ac 15:8 αὐτοῖς δοὺς τὸ **πνεῦμα** τὸ ἅγιον καθὼς
Ac 15:28 ἔδοξεν γὰρ τῷ **πνεύματι** τῷ ἁγίῳ καὶ
Ac 16:6 ὑπὸ τοῦ ἁγίου **πνεύματος** λαλῆσαι τὸν λόγον
Ac 16:7 εἴασεν αὐτοὺς τὸ **πνεῦμα** Ἰησοῦ·
Ac 16:16 παιδίσκην τινα ἔχουσαν **πνεῦμα** πύθωνα ὑπαντῆσαι ἡμῖν,
Ac 16:18 καὶ ἐπιστρέψας τῷ **πνεύματι** εἶπεν·
Ac 17:16 Παύλου παρωξύνετο τὸ **πνεῦμα** αὐτοῦ ἐν αὐτῷ
Ac 18:25 καὶ ζέων τῷ **πνεύματι** ἐλάλει καὶ ἐδίδασκεν
Ac 19:2 εἰ **πνεῦμα** ἅγιον ἐλάβετε πιστεύσαντες;
Ac 19:2 ἀλλ᾽ οὐδ᾽ εἰ **πνεῦμα** ἅγιον ἔστιν ἠκούσαμεν.
Ac 19:6 χεῖρας ἦλθε τὸ **πνεῦμα** τὸ ἅγιον ἐπ᾽
Ac 19:12 τά τε **πνεύματα** τὰ πονηρὰ ἐκπορεύεσθαι.
Ac 19:13 τοὺς ἔχοντας τὰ **πνεύματα** τὰ πονηρὰ τὸ
Ac 19:15 ἀποκριθὲν δὲ τὸ **πνεῦμα** τὸ πονηρὸν εἶπεν
Ac 19:16 ᾧ ἦν τὸ **πνεῦμα** τὸ πονηρόν,
Ac 19:21 Παῦλος ἐν τῷ **πνεύματι** διελθὼν τὴν Μακεδονίαν
Ac 20:22 δεδεμένος ἐγὼ τῷ **πνεύματι** πορεύομαι εἰς Ἰερουσαλὴμ
Ac 20:23 πλὴν ὅτι τὸ **πνεῦμα** τὸ ἅγιον κατὰ
Ac 20:28 ᾧ ὑμᾶς τὸ **πνεῦμα** τὸ ἅγιον ἔθετο
Ac 21:4 ἔλεγον διὰ τοῦ **πνεύματος** μὴ ἐπιβαίνειν εἰς
Ac 21:11 τάδε λέγει τὸ **πνεῦμα** τὸ ἅγιον·
Ac 23:8 μήτε ἄγγελον μήτε **πνεῦμα**,
Ac 23:9 εἰ δὲ **πνεῦμα** ἐλάλησεν αὐτῷ ἢ
Ac 28:25 ὅτι καλῶς τὸ **πνεῦμα** τὸ ἅγιον ἐλάλησεν

πνέω (*pneō*; 1/7) *blow*

Ac 27:40 τὸν ἀρτέμωνα τῇ **πνεούσῃ** κατεῖχον εἰς τὸν

πνικτός (*pniktos*; 3/3) *strangled*

Ac 15:20 πορνείας καὶ τοῦ **πνικτοῦ** καὶ τοῦ αἵματος.
Ac 15:29 καὶ αἵματος καὶ **πνικτῶν** καὶ πορνείας,
Ac 21:25 καὶ αἷμα καὶ **πνικτὸν** καὶ πορνείαν.

πνοή (*pnoē*; 2/2) *wind*

Ac 2:2 ἦχος ὥσπερ φερομένης **πνοῆς** βιαίας καὶ ἐπλήρωσεν
Ac 17:25 πᾶσι ζωὴν καὶ **πνοὴν** καὶ τὰ πάντα·

ποιέω (*poieō*; 68/568) *do, make*

Ac 1:1 μὲν πρῶτον λόγον **ἐποιησάμην** περὶ πάντων,
Ac 1:1 ἤρξατο ὁ Ἰησοῦς **ποιεῖν** τε καὶ διδάσκειν,
Ac 2:22 καὶ σημείοις οἷς **ἐποίησεν** δι᾽ αὐτοῦ ὁ
Ac 2:36 αὐτὸν καὶ χριστὸν **ἐποίησεν** ὁ θεός,
Ac 2:37 τί **ποιήσωμεν**,
Ac 3:12 δυνάμει ἢ εὐσεβείᾳ **πεποιηκόσιν** τοῦ περιπατεῖν αὐτόν;
Ac 4:7 ἐν ποίῳ ὀνόματι **ἐποιήσατε** τοῦτο ὑμεῖς;
Ac 4:16 τί **ποιήσωμεν** τοῖς ἀνθρώποις τούτοις;
Ac 4:24 σὺ ὁ **ποιήσας** τὸν οὐρανὸν καὶ
Ac 4:28 **ποιῆσαι** ὅσα ἡ χείρ
Ac 5:34 βραχὺ τοὺς ἀνθρώπους **ποιῆσαι**
Ac 6:8 χάριτος καὶ δυνάμεως **ἐποίει** τέρατα καὶ σημεῖα
Ac 7:19 πατέρας [ἡμῶν] τοῦ **ποιεῖν** τὰ βρέφη ἔκθετα
Ac 7:24 ἀδικούμενον ἠμύνατο καὶ **ἐποίησεν** ἐκδίκησιν τῷ καταπονουμένῳ
Ac 7:36 οὗτος ἐξήγαγεν αὐτοὺς **ποιήσας** τέρατα καὶ σημεῖα
Ac 7:40 **ποίησον** ἡμῖν θεοὺς οἳ
Ac 7:43 τοὺς τύπους οὓς **ἐποιήσατε** προσκυνεῖν αὐτοῖς,
Ac 7:44 λαλῶν τῷ Μωϋσῇ **ποιῆσαι** αὐτὴν κατὰ τὸν
Ac 7:50 ἡ χείρ μου **ἐποίησεν** ταῦτα πάντα;
Ac 8:2 ἄνδρες εὐλαβεῖς καὶ **ἐποίησαν** κοπετὸν μέγαν ἐπ᾽
Ac 8:6 τὰ σημεῖα ἃ **ἐποίει**.
Ac 9:6 τι σε δεῖ **ποιεῖν**.
Ac 9:13 τοῖς ἁγίοις σου **ἐποίησεν** ἐν Ἰερουσαλήμ·
Ac 9:36 καὶ ἐλεημοσυνῶν ὧν **ἐποίει**.
Ac 9:39 καὶ ἱμάτια ὅσα **ἐποίει** μετ᾽ αὐτῶν οὖσα
Ac 10:2 **ποιῶν** ἐλεημοσύνας πολλὰς τῷ
Ac 10:33 σύ τε καλῶς **ἐποίησας** παραγενόμενος.
Ac 10:39 μάρτυρες πάντων ὧν **ἐποίησεν** ἔν τε τῇ
Ac 11:30 ὃ καὶ **ἐποίησαν** ἀποστείλαντες πρὸς τοὺς
Ac 12:8 **ἐποίησεν** δὲ οὕτως.
Ac 13:22 ὃς ποιήσει **πάντα** τὰ θελήματά μου.
Ac 14:11 ὄχλοι ἰδόντες ὃ **ἐποίησεν** Παῦλος ἐπῆραν
Ac 14:15 τί ταῦτα **ποιεῖτε**;
Ac 14:15 ὃς **ἐποίησεν** τὸν οὐρανὸν καὶ
Ac 14:27 ἐκκλησίαν ἀνήγγελλον ὅσα **ἐποίησεν** ὁ θεὸς
Ac 15:3 τῶν ἐθνῶν καὶ **ἐποίουν** χαρὰν μεγάλην πᾶσιν
Ac 15:4 ὅσα ὁ θεὸς **ἐποίησεν** μετ᾽ αὐτῶν.
Ac 15:12 Παύλου ἐξηγουμένων ὅσα **ἐποίησεν** ὁ θεὸς σημεῖα
Ac 15:17 λέγει κύριος **ποιῶν** ταῦτα
Ac 15:33 **ποιήσαντες** δὲ χρόνον ἀπελύθησαν
Ac 16:18 τοῦτο δὲ **ἐποίει** ἐπὶ πολλὰς ἡμέρας.
Ac 16:21 ἡμῖν παραδέχεσθαι οὐδὲ **ποιεῖν** Ῥωμαίοις οὖσιν.
Ac 16:30 τί με δεῖ **ποιεῖν** ἵνα σωθῶ;
Ac 17:24 ὁ θεὸς ὁ **ποιήσας** τὸν κόσμον καὶ
Ac 17:26 **ἐποίησέν** τε ἐξ ἑνὸς
Ac 18:23 Καὶ **ποιήσας** χρόνον τινα ἐξῆλθεν
Ac 19:11 τυχούσας ὁ θεὸς **ἐποίει** διὰ τῶν χειρῶν
Ac 19:14 ἑπτὰ υἱοὶ τοῦτο **ποιοῦντες**.
Ac 19:24 **ποιῶν** ναοὺς ἀργυροῦς Ἀρτέμιδος
Ac 20:3 **ποιήσας** τε μῆνας τρεῖς·
Ac 20:24 ἀλλ᾽ οὐδενὸς λόγου **ποιοῦμαι** τὴν ψυχὴν τιμίαν
Ac 21:13 τί **ποιεῖτε** κλαίοντες καὶ συνθρύπτοντές
Ac 21:19 ὧν **ἐποίησεν** ὁ θεὸς ἐν
Ac 21:23 τοῦτο οὖν **ποίησον** ὅ σοι λέγομεν·
Ac 21:33 καὶ τί ἐστιν **πεποιηκώς**.
Ac 22:10 τί **ποιήσω**,
Ac 22:10 ὧν τέτακταί σοι **ποιῆσαι**.
Ac 22:26 τί μέλλεις **ποιεῖν**;
Ac 23:12 Γενομένης δὲ ἡμέρας **ποιήσαντες** συστροφὴν οἱ Ἰουδαῖοι
Ac 23:13 ταύτην τὴν συνωμοσίαν **ποιησάμενοι**,
Ac 24:12 διαλεγόμενον ἢ ἐπίστασιν **ποιοῦντα** ὄχλου οὔτε ἐν
Ac 24:17 δὲ πλειόνων ἐλεημοσύνας **ποιήσων** εἰς τὸ ἔθνος

Ac 25:3 ἐνέδραν **ποιοῦντες** ἀνελεῖν αὐτὸν κατὰ
Ac 25:17 ἐνθάδε ἀναβολὴν μηδεμίαν **ποιησάμενος** τῇ ἑξῆς καθίσας
Ac 26:10 ὃ καὶ **ἐποίησα** ἐν Ἱεροσολύμοις,
Ac 26:28 με πείθεις Χριστιανὸν **ποιῆσαι**.
Ac 27:18 τῇ ἑξῆς ἐκβολὴν **ἐποιοῦντο**
Ac 28:17 οὐδὲν ἐναντίον **ποιήσας** τῷ λαῷ ἢ

ποιητής (*poiētēs*; 1/6) *one who does or carries out*

Ac 17:28 τῶν καθ' ὑμᾶς **ποιητῶν** εἰρήκασιν·

ποιμαίνω (*poimainō*; 1/11) *tend like a shepherd*

Ac 20:28 ἅγιον ἔθετο ἐπισκόπους **ποιμαίνειν** τὴν ἐκκλησίαν τοῦ

ποίμνιον (*poimnion*; 2/5) *flock*

Ac 20:28 καὶ παντὶ τῷ **ποιμνίῳ**,
Ac 20:29 μὴ φειδόμενοι τοῦ **ποιμνίου**,

ποῖος (*poios*; 4/33) *what kind of*

Ac 4:7 ἐν **ποίᾳ** δυνάμει ἢ ἐν
Ac 4:7 δυνάμει ἢ ἐν **ποίῳ** ὀνόματι ἐποιήσατε τοῦτο
Ac 7:49 **ποῖον** οἶκον οἰκοδομήσετέ μοι,
Ac 23:34 καὶ ἐπερωτήσας ἐκ **ποίας** ἐπαρχείας ἐστίν,

πόλις (*polis*; 43/163) *city, town*

Ac 4:27 ἀληθείας ἐν τῇ **πόλει** ταύτῃ ἐπὶ τὸν
Ac 5:16 πλῆθος τῶν πέριξ **πόλεων** Ἰερουσαλὴμ φέροντες ἀσθενεῖς
Ac 7:58 ἐκβαλόντες ἔξω τῆς **πόλεως** ἐλιθοβόλουν.
Ac 8:5 κατελθὼν εἰς [τὴν] **πόλιν** τῆς Σαμαρείας ἐκήρυσσεν
Ac 8:8 χαρὰ ἐν τῇ **πόλει** ἐκείνῃ.
Ac 8:9 προϋπῆρχεν ἐν τῇ **πόλει** μαγεύων καὶ ἐξιστάνων
Ac 8:40 διερχόμενος εὐηγγελίζετο τὰς **πόλεις** πάσας ἕως τοῦ
Ac 9:6 εἴσελθε εἰς τὴν **πόλιν** καὶ λαληθήσεταί σοι
Ac 10:9 ἐκείνων καὶ τῇ **πόλει** ἐγγιζόντων,
Ac 11:5 ἐγὼ ἤμην ἐν **πόλει** Ἰόππῃ προσευχόμενος καὶ
Ac 12:10 φέρουσαν εἰς τὴν **πόλιν**,
Ac 13:44 σχεδὸν πᾶσα ἡ **πόλις** συνήχθη ἀκοῦσαι τὸν
Ac 13:50 τοὺς πρώτους τῆς **πόλεως** καὶ ἐπήγειραν διωγμὸν
Ac 14:4 τὸ πλῆθος τῆς **πόλεως**,
Ac 14:6 κατέφυγον εἰς τὰς **πόλεις** τῆς Λυκαονίας Λύστραν
Ac 14:13 ὄντος πρὸ τῆς **πόλεως** ταύρους καὶ στέμματα
Ac 14:19 ἔσυρον ἔξω τῆς **πόλεως** νομίζοντες αὐτὸν τεθνηκέναι.
Ac 14:20 εἰσῆλθεν εἰς τὴν **πόλιν**.
Ac 14:21 εὐαγγελισάμενοί τε τὴν **πόλιν** ἐκείνην καὶ μαθητεύσαντες
Ac 15:21 γενεῶν ἀρχαίων κατὰ **πόλιν** τοὺς κηρύσσοντας αὐτὸν
Ac 15:36 τοὺς ἀδελφοὺς κατὰ **πόλιν** πᾶσαν ἐν αἷς
Ac 16:4 δὲ διεπορεύοντο τὰς **πόλεις**,
Ac 16:11 ἐπιούσῃ εἰς Νέαν **πόλιν**
Ac 16:12 μερίδος τῆς Μακεδονίας **πόλις**,
Ac 16:12 ἐν ταύτῃ τῇ **πόλει** διατρίβοντες ἡμέρας τινας.
Ac 16:14 πορφυρόπωλις **πόλεως** Θυατείρων σεβομένη
Ac 16:20 ἐκταράσσουσιν ἡμῶν τὴν **πόλιν**,
Ac 16:39 ἀπελθεῖν ἀπὸ τῆς **πόλεως**.
Ac 17:5 ὀχλοποιήσαντες ἐθορύβουν τὴν **πόλιν** καὶ ἐπιστάντες τῇ
Ac 17:16 κατείδωλον οὖσαν τὴν **πόλιν**.
Ac 18:10 πολὺς ἐν τῇ **πόλει** ταύτῃ.
Ac 19:29 καὶ ἐπλήσθη ἡ **πόλις** τῆς συγχύσεως,
Ac 19:35 γινώσκει τὴν Ἐφεσίων **πόλιν** νεωκόρον οὖσαν τῆς
Ac 20:23 τὸ ἅγιον κατὰ **πόλιν** διαμαρτύρεταί μοι λέγον
Ac 21:5 ἕως ἔξω τῆς **πόλεως**,
Ac 21:29 Ἐφέσιον ἐν τῇ **πόλει** σὺν αὐτῷ,
Ac 21:30 ἐκινήθη τε ἡ **πόλις** ὅλη καὶ ἐγένετο
Ac 21:39 οὐκ ἀσήμου **πόλεως** πολίτης·
Ac 22:3 δὲ ἐν τῇ **πόλει** ταύτῃ,
Ac 24:12 οὔτε κατὰ τὴν **πόλιν**,
Ac 25:23 κατ' ἐξοχὴν τῆς **πόλεως** καὶ κελεύσαντος
Ac 26:11 εἰς τὰς ἔξω **πόλεις**.
Ac 27:8 λιμένας ᾧ ἐγγὺς **πόλις** ἦν Λασαία.

πολιτάρχης (*politarchēs*; 2/2) *city official*

Ac 17:6 ἀδελφοὺς ἐπὶ τοὺς **πολιτάρχας** βοῶντες ὅτι
Ac 17:8 ὄχλον καὶ τοὺς **πολιτάρχας** ἀκούοντας ταῦτα,

πολιτεία (*politeia*; 1/2) *citizenship*

Ac 22:28 πολλοῦ κεφαλαίου τὴν **πολιτείαν** ταύτην ἐκτησάμην.

πολιτεύομαι (*politeuomai*; 1/2) *live*

Ac 23:1 πάσῃ συνειδήσει ἀγαθῇ **πεπολίτευμαι** τῷ θεῷ ἄχρι

πολίτης (*politēs*; 1/4) *citizen*

Ac 21:39 οὐκ ἀσήμου πόλεως **πολίτης**·

πολλάκις (*pollakis*; 1/18) *often*

Ac 26:11 πάσας τὰς συναγωγὰς **πολλάκις** τιμωρῶν αὐτοὺς ἠνάγκαζον

πολύς (*polys*; 65/417) *much (pl. many)*

Ac 1:3 παθεῖν αὐτὸν ἐν **πολλοῖς** τεκμηρίοις,
Ac 1:5 ἁγίῳ οὐ μετὰ **πολλὰς** ταύτας ἡμέρας.
Ac 2:40 ἑτέροις τε λόγοις **πλείοσιν** διεμαρτύρατο καὶ παρεκάλει
Ac 2:43 **πολλά** τε τέρατα καὶ
Ac 4:4 **πολλοὶ** δὲ τῶν ἀκουσάντων
Ac 4:17 ἵνα μὴ ἐπὶ **πλεῖον** διανεμηθῇ εἰς τὸν
Ac 4:22 ἐτῶν γὰρ ἦν **πλειόνων** τεσσεράκοντα ὁ ἄνθρωπος
Ac 5:12 σημεῖα καὶ τέρατα **πολλὰ** ἐν τῷ λαῷ.
Ac 6:7 **πολύς** τε ὄχλος τῶν
Ac 8:7 **πολλοὶ** γὰρ τῶν ἐχόντων
Ac 8:7 **πολλοὶ** δὲ παραλελυμένοι καὶ
Ac 8:8 ἐγένετο δὲ **πολλὴ** χαρὰ ἐν τῇ
Ac 8:25 **πολλάς** τε κώμας τῶν
Ac 9:13 ἤκουσα ἀπὸ **πολλῶν** περὶ τοῦ ἀνδρὸς

Ac 9:42 Ἰόππης καὶ ἐπίστευσαν **πολλοὶ** ἐπὶ τὸν κύριον.
Ac 10:2 ποιῶν ἐλεημοσύνας **πολλὰς** τῷ λαῷ καὶ
Ac 10:27 καὶ εὑρίσκει συνεληλυθότας **πολλούς**,
Ac 11:21 **πολύς** τε ἀριθμὸς ὁ
Ac 13:31 ὤφθη ἐπὶ ἡμέρας **πλείους** τοῖς συναναβᾶσιν αὐτῷ
Ac 13:43 τῆς συναγωγῆς ἠκολούθησαν **πολλοὶ** τῶν Ἰουδαίων καὶ
Ac 14:1 τε καὶ Ἑλλήνων **πολὺ** πλῆθος.
Ac 14:22 καὶ ὅτι διὰ **πολλῶν** θλίψεων δεῖ ἡμᾶς
Ac 15:7 **Πολλῆς** δὲ ζητήσεως γενομένης
Ac 15:28 καὶ ἡμῖν μηδὲν **πλέον** ἐπιτίθεσθαι ὑμῖν βάρος
Ac 15:32 ὄντες διὰ λόγου **πολλοῦ** παρεκάλεσαν τοὺς ἀδελφοὺς
Ac 15:35 μετὰ καὶ ἑτέρων **πολλῶν** τὸν λόγον τοῦ
Ac 16:16 ἥτις ἐργασίαν **πολλὴν** παρεῖχεν τοῖς κυρίοις
Ac 16:18 δὲ ἐποίει ἐπὶ **πολλὰς** ἡμέρας.
Ac 16:23 **πολλάς** τε ἐπιθέντες αὐτοῖς
Ac 17:4 σεβομένων Ἑλλήνων πλῆθος **πολύ**,
Ac 17:12 **πολλοὶ** μὲν οὖν ἐξ
Ac 18:8 καὶ **πολλοὶ** τῶν Κορινθίων ἀκούοντες
Ac 18:10 λαός ἐστί μοι **πολὺς** ἐν τῇ πόλει
Ac 18:20 δὲ αὐτῶν ἐπὶ **πλείονα** χρόνον μεῖναι οὐκ
Ac 18:27 ὃς παραγενόμενος συνεβάλετο **πολὺ** τοῖς πεπιστευκόσιν διὰ
Ac 19:18 **Πολλοί** τε τῶν πεπιστευκότων
Ac 19:32 συγκεχυμένη καὶ οἱ **πλείους** οὐκ ᾔδεισαν τίνος
Ac 20:2 παρακαλέσας αὐτοὺς λόγῳ **πολλῷ** ἦλθεν εἰς
Ac 20:9 τοῦ Παύλου ἐπὶ **πλεῖον**,
Ac 21:10 Ἐπιμενόντων δὲ ἡμέρας **πλείους** κατῆλθέν τις ἀπὸ
Ac 21:40 **πολλῆς** δὲ σιγῆς γενομένης
Ac 22:28 ἐγὼ **πολλοῦ** κεφαλαίου τὴν πολιτείαν
Ac 23:10 **Πολλῆς** δὲ γινομένης στάσεως
Ac 23:13 ἦσαν δὲ **πλείους** τεσσεράκοντα οἱ ταύτην
Ac 23:21 ἐξ αὐτῶν ἄνδρες **πλείους** τεσσεράκοντα,
Ac 24:2 **πολλῆς** εἰρήνης τυγχάνοντες διὰ
Ac 24:4 δὲ μὴ ἐπὶ **πλεῖόν** σε ἐγκόπτω,
Ac 24:10 ἐκ **πολλῶν** ἐτῶν ὄντα σε
Ac 24:11 ἐπιγνῶναι ὅτι οὐ **πλείους** εἰσίν μοι ἡμέραι
Ac 24:17 δι' ἐτῶν δὲ **πλειόνων** ἐλεημοσύνας ποιήσων
Ac 25:6 αὐτοῖς ἡμέρας οὐ **πλείους** ὀκτὼ ἢ δέκα,
Ac 25:7 Ἱεροσολύμων καταβεβηκότες Ἰουδαῖοι **πολλὰ** καὶ βαρέα αἰτιώματα
Ac 25:14 ὡς δὲ **πλείους** ἡμέρας διέτριβον ἐκεῖ,
Ac 25:23 τῆς Βερνίκης μετὰ **πολλῆς** φαντασίας καὶ εἰσελθόντων
Ac 26:9 τοῦ Ναζωραίου δεῖν **πολλὰ** ἐναντία πρᾶξαι,
Ac 26:10 καὶ **πολλούς** τε τῶν ἁγίων
Ac 26:24 τὰ **πολλά** σε γράμματα εἰς
Ac 27:10 μετὰ ὕβρεως καὶ **πολλῆς** ζημίας οὐ μόνον
Ac 27:12 πρὸς παραχειμασίαν οἱ **πλείονες** ἔθεντο βουλὴν ἀναχθῆναι
Ac 27:14 μετ' οὐ **πολὺ** δὲ ἔβαλεν κατ'
Ac 27:20 ἄστρων ἐπιφαινόντων ἐπὶ **πλείονας** ἡμέρας,
Ac 27:21 **Πολλῆς** τε ἀσιτίας ὑπαρχούσης
Ac 28:6 ἐπὶ **πολὺ** δὲ αὐτῶν προσδοκώντων
Ac 28:10 οἳ καὶ **πολλαῖς** τιμαῖς ἐτίμησαν ἡμᾶς
Ac 28:23 εἰς τὴν ξενίαν **πλείονες** οἷς ἐξετίθετο διαμαρτυρόμενος

πονηρία (*ponēria*; 1/7) *wickedness*

Ac 3:26 ἕκαστον ἀπὸ τῶν **πονηριῶν** ὑμῶν.

πονηρός (*ponēros*; 8/78) *evil*

Ac 17:5 ἀγοραίων ἄνδρας τινας **πονηροὺς** καὶ ὀχλοποιήσαντες ἐθορύβουν
Ac 18:14 τι ἢ ῥᾳδιούργημα **πονηρόν**,
Ac 19:12 τε πνεύματα τὰ **πονηρὰ** ἐκπορεύεσθαι.
Ac 19:13 τὰ πνεύματα τὰ **πονηρὰ** τὸ ὄνομα τοῦ
Ac 19:15 τὸ πνεῦμα τὸ **πονηρὸν** εἶπεν αὐτοῖς·
Ac 19:16 τὸ πνεῦμα τὸ **πονηρόν**,
Ac 25:18 ὧν ἐγὼ ὑπενόουν **πονηρῶν**,
Ac 28:21 τι περὶ σοῦ **πονηρόν**.

Ποντικός (*Pontikos*; 1/1) *of Pontus*

Ac 18:2 **Ποντικὸν** τῷ γένει προσφάτως

Πόντιος (*Pontios*; 1/3) *Pontius*

Ac 4:27 Ἡρῴδης τε καὶ **Πόντιος** Πιλᾶτος σὺν ἔθνεσιν

Πόντος (*Pontos*; 1/2) *Pontus*

Ac 2:9 **Πόντον** καὶ τὴν Ἀσίαν,

Πόπλιος (*Poplios*; 2/2) *Publius*

Ac 28:7 τῆς νήσου ὀνόματι **Ποπλίῳ**,
Ac 28:8 τὸν πατέρα τοῦ **Ποπλίου** πυρετοῖς καὶ δυσεντερίῳ

πορεύομαι (*poreuomai*; 37/147[153]) *go*

Ac 1:10 εἰς τὸν οὐρανὸν **πορευομένου** αὐτοῦ,
Ac 1:11 τρόπον ἐθεάσασθε αὐτὸν **πορευόμενον** εἰς τὸν οὐρανόν.
Ac 1:25 ἧς παρέβη Ἰούδας **πορευθῆναι** εἰς τὸν τόπον
Ac 5:20 **πορεύεσθε** καὶ σταθέντες λαλεῖτε
Ac 5:41 Οἱ μὲν οὖν **ἐπορεύοντο** χαίροντες ἀπὸ προσώπου
Ac 8:26 ἀνάστηθι καὶ **πορεύου** κατὰ μεσημβρίαν ἐπὶ
Ac 8:27 καὶ ἀναστὰς **ἐπορεύθη**.
Ac 8:36 ὡς δὲ **ἐπορεύοντο** κατὰ τὴν ὁδόν,
Ac 8:39 **ἐπορεύετο** γὰρ τὴν ὁδὸν
Ac 9:3 Ἐν δὲ τῷ **πορεύεσθαι** ἐγένετο αὐτὸν ἐγγίζειν
Ac 9:11 ἀναστὰς **πορεύθητι** ἐπὶ τὴν ῥύμην
Ac 9:15 **πορεύου**,
Ac 9:31 εἰρήνην οἰκοδομουμένη καὶ **πορευομένη** τῷ φόβῳ τοῦ
Ac 10:20 ἀναστὰς κατάβηθι καὶ **πορεύου** σὺν αὐτοῖς μηδὲν
Ac 12:17 καὶ ἐξελθὼν **ἐπορεύθη** εἰς ἕτερον τόπον.
Ac 14:16 πάντα τὰ ἔθνη **πορεύεσθαι** ταῖς ὁδοῖς αὐτῶν·
Ac 16:7 εἰς τὴν Βιθυνίαν **πορευθῆναι**,
Ac 16:16 Ἐγένετο δὲ **πορευομένων** ἡμῶν εἰς τὴν
Ac 16:36 νῦν οὖν ἐξελθόντες **πορεύεσθε** ἐν εἰρήνῃ.
Ac 17:14 ἐξαπέστειλαν οἱ ἀδελφοὶ **πορεύεσθαι** ἕως
Ac 18:6 εἰς τὰ ἔθνη **πορεύσομαι**.
Ac 19:21 Μακεδονίαν καὶ Ἀχαΐαν **πορεύεσθαι** εἰς Ἱεροσόλυμα εἰπὼν
Ac 20:1 ἀσπασάμενος ἐξῆλθεν **πορεύεσθαι** εἰς Μακεδονίαν.

Ac 20:22 ἐγὼ τῷ πνεύματι **πορεύομαι** εἰς Ἰερουσαλὴμ
Ac 21:5 ἐξελθόντες **ἐπορευόμεθα** προπεμπόντων ἡμᾶς πάντων
Ac 22:5 ἀδελφοὺς εἰς Δαμασκὸν **ἐπορευόμην**,
Ac 22:6 Ἐγένετο δέ μοι **πορευομένῳ** καὶ ἐγγίζοντι τῇ
Ac 22:10 ἀναστὰς **πορεύου** εἰς Δαμασκὸν κἀκεῖ
Ac 22:21 **πορεύου**,
Ac 23:23 ὅπως **πορευθῶσιν** ἕως Καισαρείας,
Ac 24:25 τὸ νῦν ἔχον **πορεύου**,
Ac 25:12 ἐπὶ Καίσαρα **πορεύσῃ**.
Ac 25:20 ἔλεγον εἰ βούλοιτο **πορεύεσθαι** εἰς Ἱεροσόλυμα κἀκεῖ
Ac 26:12 Ἐν οἷς **πορευόμενος** εἰς τὴν Δαμασκὸν
Ac 26:13 τοὺς σὺν ἐμοὶ **πορευομένους**.
Ac 27:3 πρὸς τοὺς φίλους **πορευθέντι** ἐπιμελείας τυχεῖν.
Ac 28:26 **πορεύθητι** πρὸς τὸν λαὸν

πορθέω (*portheō*; 1/3) *destroy*
Ac 9:21 οὗτός ἐστιν ὁ **πορθήσας** εἰς Ἰερουσαλὴμ

Πόρκιος (*Porkios*; 1/1) *Porcius*
Ac 24:27 διάδοχον ὁ Φῆλιξ **Πόρκιον** Φῆστον,

πορνεία (*porneia*; 3/25) *sexual immorality*
Ac 15:20 εἰδώλων καὶ τῆς **πορνείας** καὶ τοῦ πνικτοῦ
Ac 15:29 καὶ πνικτῶν καὶ **πορνείας**,
Ac 21:25 καὶ πνικτὸν καὶ **πορνείαν**.

πορφυρόπωλις (*porphyropōlis*; 1/1) *dealer in purple cloth*
Ac 16:14 **πορφυρόπωλις** πόλεως Θυατείρων σεβομένη

πόσος (*posos*; 1/27) *how much*
Ac 21:20 **πόσαι** μυριάδες εἰσὶν ἐν

ποταμός (*potamos*; 1/17) *river*
Ac 16:13 τῆς πύλης παρὰ **ποταμὸν** οὗ ἐνομίζομεν προσευχὴν

Ποτίολοι (*Potioloi*; 1/1) *Puteoli*
Ac 28:13 δευτεραῖοι ἤλθομεν εἰς **Ποτιόλους**,

πού (*pou*; 1/4) *somewhere*
Ac 27:29 φοβούμενοί τε μή **που** κατὰ τραχεῖς τόπους

πούς (*pous*; 19/93) *foot*
Ac 2:35 σου ὑποπόδιον τῶν **ποδῶν** σου.
Ac 4:35 ἐτίθουν παρὰ τοὺς **πόδας** τῶν ἀποστόλων,
Ac 4:37 ἔθηκεν πρὸς τοὺς **πόδας** τῶν ἀποστόλων.
Ac 5:2 τι παρὰ τοὺς **πόδας** τῶν ἀποστόλων ἔθηκεν.
Ac 5:9 ἰδοὺ οἱ **πόδες** τῶν θαψάντων τὸν
Ac 5:10 παραχρῆμα πρὸς τοὺς **πόδας** αὐτοῦ καὶ ἐξέψυξεν·
Ac 7:5 αὐτῇ οὐδὲ βῆμα **ποδὸς** καὶ ἐπηγγείλατο δοῦναι
Ac 7:33 τὸ ὑπόδημα τῶν **ποδῶν** σου,
Ac 7:49 γῆ ὑποπόδιον τῶν **ποδῶν** μου·
Ac 7:58 αὐτῶν παρὰ τοὺς **πόδας** νεανίου καλουμένου Σαύλου,
Ac 10:25 πεσὼν ἐπὶ τοὺς **πόδας** προσεκύνησεν.
Ac 13:25 τὸ ὑπόδημα τῶν **ποδῶν** λῦσαι.
Ac 13:51 τὸν κονιορτὸν τῶν **ποδῶν** ἐπ᾽ αὐτοὺς ἦλθον
Ac 14:8 ἐν Λύστροις τοῖς **ποσὶν** ἐκάθητο,
Ac 14:10 ἀνάστηθι ἐπὶ τοὺς **πόδας** σου ὀρθός.
Ac 16:24 φυλακὴν καὶ τοὺς **πόδας** ἠσφαλίσατο αὐτῶν
Ac 21:11 δήσας ἑαυτοῦ τοὺς **πόδας** καὶ τὰς χεῖρας
Ac 22:3 παρὰ τοὺς **πόδας** Γαμαλιὴλ πεπαιδευμένος
Ac 26:16 στῆθι ἐπὶ τοὺς **πόδας** σου·

πρᾶγμα (*pragma*; 1/11) *matter*
Ac 5:4 καρδίᾳ σου τὸ **πρᾶγμα** τοῦτο;

πραιτώριον (*praitōrion*; 1/8) *Praetorium, headquarters*
Ac 23:35 κελεύσας ἐν τῷ **πραιτωρίῳ** τοῦ Ἡρῴδου φυλάσσεσθαι

πρᾶξις (*praxis*; 1/6) *deed*
Ac 19:18 καὶ ἀναγγέλλοντες τὰς **πράξεις** αὐτῶν.

πράσσω (*prassō*; 13/39) *do*
Ac 3:17 ὅτι κατὰ ἄγνοιαν **ἐπράξατε** ὥσπερ καὶ οἱ
Ac 5:35 τούτοις τι μέλλετε **πράσσειν**.
Ac 15:29 διατηροῦντες ἑαυτοὺς εὖ **πράξετε**.
Ac 16:28 μηδὲν **πράξῃς** σεαυτῷ κακόν,
Ac 17:7 τῶν δογμάτων Καίσαρος **πράσσουσιν** βασιλέα ἕτερον λέγοντες
Ac 19:19 τῶν τὰ περίεργα **πραξάντων** συνενέγκαντες τὰς βίβλους
Ac 19:36 καὶ μηδὲν προπετὲς **πράσσειν**.
Ac 25:11 καὶ ἄξιον θανάτου **πέπραχά** τι,
Ac 25:25 ἄξιον αὐτὸν θανάτου **πεπραχέναι**,
Ac 26:9 δεῖν πολλὰ ἐναντία **πρᾶξαι**,
Ac 26:20 τῆς μετανοίας ἔργα **πράσσοντας**.
Ac 26:26 ἐστιν ἐν γωνίᾳ **πεπραγμένον** τοῦτο.
Ac 26:31 δεσμῶν ἄξιόν [τι] **πράσσει** ὁ ἄνθρωπος οὗτος.

πρεσβυτέριον (*presbyterion*; 1/3) *body of elders*
Ac 22:5 καὶ πᾶν τὸ **πρεσβυτέριον**,

πρεσβύτερος (*presbyteros*; 18/65[66]) *elder*
Ac 2:17 ὄψονται καὶ οἱ **πρεσβύτεροι** ὑμῶν ἐνυπνίοις ἐνυπνιασθήσονται·
Ac 4:5 ἄρχοντας καὶ τοὺς **πρεσβυτέρους** καὶ τοὺς γραμματεῖς
Ac 4:8 τοῦ λαοῦ καὶ **πρεσβύτεροι**,
Ac 4:23 ἀρχιερεῖς καὶ οἱ **πρεσβύτεροι** εἶπαν.
Ac 6:12 λαὸν καὶ τοὺς **πρεσβυτέρους** καὶ τοὺς γραμματεῖς
Ac 11:30 ἀποστείλαντες πρὸς τοὺς **πρεσβυτέρους** διὰ χειρὸς Βαρναβᾶ
Ac 14:23 αὐτοῖς κατ᾽ ἐκκλησίαν **πρεσβυτέρους**,
Ac 15:2 τοὺς ἀποστόλους καὶ **πρεσβυτέρους** εἰς Ἰερουσαλὴμ περὶ
Ac 15:4 ἀποστόλων καὶ τῶν **πρεσβυτέρων**,
Ac 15:6 ἀπόστολοι καὶ οἱ **πρεσβύτεροι** ἰδεῖν περὶ
Ac 15:22 ἀποστόλοις καὶ τοῖς **πρεσβυτέροις** σὺν ὅλῃ
Ac 15:23 ἀπόστολοι καὶ οἱ **πρεσβύτεροι** ἀδελφοὶ τοῖς

Ac 16:4 τῶν ἀποστόλων καὶ **πρεσβυτέρων** τῶν ἐν Ἱεροσολύμοις.
Ac 20:17 Ἔφεσον μετεκαλέσατο τοὺς **πρεσβυτέρους** τῆς ἐκκλησίας.
Ac 21:18 τε παρεγένοντο οἱ **πρεσβύτεροι**.
Ac 23:14 ἀρχιερεῦσιν καὶ τοῖς **πρεσβυτέροις** εἶπαν·
Ac 24:1 ἀρχιερεὺς Ἁνανίας μετὰ **πρεσβυτέρων** τινῶν καὶ ῥήτορος
Ac 25:15 ἀρχιερεῖς καὶ οἱ **πρεσβύτεροι** τῶν Ἰουδαίων αἰτούμενοι

πρηνής (*prēnēs*; 1/1) *headfirst*
Ac 1:18 τῆς ἀδικίας καὶ **πρηνὴς** γενόμενος ἐλάκησεν μέσος

πρίν (*prin*; 3/13) *before*
Ac 2:20 **πρὶν** ἐλθεῖν ἡμέραν κυρίου
Ac 7:2 ἐν τῇ Μεσοποταμίᾳ **πρὶν** ἢ κατοικῆσαι αὐτὸν
Ac 25:16 χαρίζεσθαί τινα ἄνθρωπον **πρὶν** ἢ ὁ κατηγορούμενος

Πρίσκιλλα (*Priskilla*; 3/3) *Priscilla*
Ac 18:2 τῆς Ἰταλίας καὶ **Πρίσκιλλαν** γυναῖκα αὐτοῦ,
Ac 18:18 καὶ σὺν αὐτῷ **Πρίσκιλλα** καὶ Ἀκύλας,
Ac 18:26 ἀκούσαντες δὲ αὐτοῦ **Πρίσκιλλα** καὶ Ἀκύλας προσελάβοντο

πρό (*pro*; 7/47) *before*
Ac 5:36 **πρὸ** γὰρ τούτων τῶν
Ac 12:6 δυσὶν φύλακές τε **πρὸ** τῆς θύρας ἐτήρουν
Ac 12:14 ἑστάναι τὸν Πέτρον **πρὸ** τοῦ πυλῶνος.
Ac 13:24 προκηρύξαντος Ἰωάννου **πρὸ** προσώπου τῆς εἰσόδου
Ac 14:13 Διὸς τοῦ ὄντος **πρὸ** τῆς πόλεως ταύρους
Ac 21:38 ὁ Αἰγύπτιος ὁ **πρὸ** τούτων τῶν ἡμερῶν
Ac 23:15 ἡμεῖς δὲ **πρὸ** τοῦ ἐγγίσαι αὐτὸν

προάγω (*proagō*; 4/20) *go before or ahead of*
Ac 12:6 Ὅτε δὲ ἤμελλεν **προαγαγεῖν** αὐτὸν ὁ Ἡρῴδης,
Ac 16:30 καὶ **προαγαγὼν** αὐτοὺς ἔξω ἔφη·
Ac 17:5 Ἰάσονος ἐζήτουν αὐτοὺς **προαγαγεῖν** εἰς τὸν δῆμον·
Ac 25:26 διὸ **προήγαγον** αὐτὸν ἐφ᾽ ὑμῶν

προβάλλω (*proballō*; 1/2) *put forward*
Ac 19:33 **προβαλόντων** αὐτὸν τῶν Ἰουδαίων·

πρόβατον (*probaton*; 1/39) *sheep*
Ac 8:32 ὡς **πρόβατον** ἐπὶ σφαγὴν ἤχθη

προγινώσκω (*proginōskō*; 1/5) *foreknow*
Ac 26:5 **προγινώσκοντές** με ἄνωθεν,

πρόγνωσις (*prognōsis*; 1/2) *foreknowledge*
Ac 2:23 ὡρισμένῃ βουλῇ καὶ **προγνώσει** τοῦ θεοῦ ἔκδοτον

προδότης (*prodotēs*; 1/3) *traitor*
Ac 7:52 οὗ νῦν ὑμεῖς **προδόται** καὶ φονεῖς ἐγένεσθε,

προέρχομαι (*proerchomai*; 3/9) *go ahead*
Ac 12:10 αὐτοῖς καὶ ἐξελθόντες **προῆλθον** ῥύμην μίαν,
Ac 20:5 οὗτοι δὲ **προελθόντες** ἔμενον ἡμᾶς ἐν
Ac 20:13 ἡμεῖς δὲ **προελθόντες** ἐπὶ τὸ πλοῖον

πρόθεσις (*prothesis*; 2/12) *purpose*
Ac 11:23 παρεκάλει πάντας τῇ **προθέσει** τῆς καρδίας προσμένειν
Ac 27:13 νότου δόξαντες τῆς **προθέσεως** κεκρατηκέναι,

προθυμία (*prothymia*; 1/5) *willingness*
Ac 17:11 λόγον μετὰ πάσης **προθυμίας** καθ᾽ ἡμέραν ἀνακρίνοντες

προκαταγγέλλω (*prokatangellō*; 2/2) *announce beforehand or long ago*
Ac 3:18 ἃ προκατήγγειλεν **διὰ** στόματος πάντων τῶν
Ac 7:52 καὶ ἀπέκτειναν τοὺς **προκαταγγείλαντας** περὶ τῆς ἐλεύσεως

προκηρύσσω (*prokēryssō*; 1/1) *preach beforehand*
Ac 13:24 **προκηρύξαντος** Ἰωάννου πρὸ προσώπου

προλέγω (*prolegō*; 1/15) *say or warn beforehand*
Ac 1:16 τὴν γραφὴν ἣν **προεῖπεν** τὸ πνεῦμα τὸ

πρόνοια (*pronoia*; 1/2) *provision*
Ac 24:2 διὰ τῆς σῆς **προνοίας**,

προοράω (*prooraō*; 3/4) *see ahead of time*
Ac 2:25 **προορώμην** τὸν κύριον ἐνώπιόν
Ac 2:31 **προϊδὼν** ἐλάλησεν περὶ τῆς
Ac 21:29 ἦσαν γὰρ **προεωρακότες** Τρόφιμον τὸν Ἐφέσιον

προορίζω (*proorizō*; 1/6) *predestine*
Ac 4:28 ἡ βουλή [σου] **προώρισεν** γενέσθαι.

προπέμπω (*propempō*; 3/9) *send on one's way*
Ac 15:3 Οἱ μὲν οὖν **προπεμφθέντες** ὑπὸ τῆς ἐκκλησίας
Ac 20:38 **προέπεμπον** δὲ αὐτὸν εἰς
Ac 21:5 ἐξελθόντες ἐπορευόμεθα **προπεμπόντων** ἡμᾶς πάντων σὺν

προπετής (*propetēs*; 1/2) *rash*
Ac 19:36 ὑπάρχειν καὶ μηδὲν **προπετὲς** πράσσειν.

προπορεύομαι (*proporeuomai*; 1/2) *go before or in front of*
Ac 7:40 ἡμῖν θεοὺς οἳ **προπορεύσονται** ἡμῶν·

πρός (*pros*; 133/699[700]) *to, toward, at*
Ac 1:7 εἶπεν δὲ **πρὸς** αὐτούς·
Ac 2:12 ἄλλος **πρὸς** ἄλλον λέγοντες·

Ac 2:29 εἰπεῖν μετὰ παρρησίας **πρὸς** ὑμᾶς περὶ τοῦ
Ac 2:37 καρδίαν εἶπόν τε **πρὸς** τὸν Πέτρον καὶ
Ac 2:38 Πέτρος δὲ **πρὸς** αὐτούς·
Ac 2:47 καὶ ἔχοντες χάριν **πρὸς** ὅλον τὸν λαόν.
Ac 3:2 ἐτίθουν καθ᾽ ἡμέραν **πρὸς** τὴν θύραν τοῦ
Ac 3:10 αὐτὸς ἦν ὁ **πρὸς** τὴν ἐλεημοσύνην καθήμενος
Ac 3:11 πᾶς ὁ λαὸς **πρὸς** αὐτοὺς ἐπὶ τῇ
Ac 3:12 ὁ Πέτρος ἀπεκρίνατο **πρὸς** τὸν λαόν·
Ac 3:22 ὅσα ἂν λαλήσῃ **πρὸς** ὑμᾶς.
Ac 3:25 διέθετο ὁ θεὸς **πρὸς** τοὺς πατέρας ὑμῶν
Ac 3:25 πατέρας ὑμῶν λέγων **πρὸς** ᾿Αβραάμ·
Ac 4:1 Λαλούντων δὲ αὐτῶν **πρὸς** τὸν λαὸν ἐπέστησαν
Ac 4:8 πνεύματος ἁγίου εἶπεν **πρὸς** αὐτούς·
Ac 4:15 συνεδρίου ἀπελθεῖν συνέβαλλον **πρὸς** ἀλλήλους
Ac 4:19 ᾿Ιωάννης ἀποκριθέντες εἶπον **πρὸς** αὐτούς·
Ac 4:23 ᾿Απολυθέντες δὲ ἦλθον **πρὸς** τοὺς ἰδίους καὶ
Ac 4:23 καὶ ἀπήγγειλαν ὅσα **πρὸς** αὐτοὺς οἱ ἀρχιερεῖς
Ac 4:24 ὁμοθυμαδὸν ἦραν φωνὴν **πρὸς** τὸν θεὸν καὶ
Ac 4:37 χρῆμα καὶ ἔθηκεν **πρὸς** τοὺς πόδας τῶν
Ac 5:8 ἀπεκρίθη δὲ **πρὸς** αὐτὴν Πέτρος·
Ac 5:9 ὁ δὲ Πέτρος **πρὸς** αὐτήν·
Ac 5:10 ἔπεσεν δὲ παραχρῆμα **πρὸς** τοὺς πόδας αὐτοῦ
Ac 5:10 καὶ ἐξενέγκαντες ἔθαψαν **πρὸς** τὸν ἄνδρα αὐτῆς,
Ac 5:35 εἶπέν τε **πρὸς** αὐτούς·
Ac 6:1 γογγυσμὸς τῶν ῾Ελληνιστῶν **πρὸς** τοὺς ῾Εβραίους,
Ac 7:3 καὶ εἶπεν **πρὸς** αὐτόν·
Ac 8:14 ἀπέστειλαν **πρὸς** αὐτοὺς Πέτρον καὶ
Ac 8:20 Πέτρος δὲ εἶπεν **πρὸς** αὐτόν·
Ac 8:24 ὑμεῖς ὑπὲρ ἐμοῦ **πρὸς** τὸν κύριον ὅπως
Ac 8:26 δὲ κυρίου ἐλάλησεν **πρὸς** Φίλιππον λέγων·
Ac 9:2 ἐπιστολὰς εἰς Δαμασκὸν **πρὸς** τὰς συναγωγάς,
Ac 9:10 καὶ εἶπεν **πρὸς** αὐτὸν ἐν ὁράματι
Ac 9:11 ὁ δὲ κύριος **πρὸς** αὐτόν·
Ac 9:15 εἶπεν δὲ **πρὸς** αὐτὸν ὁ κύριος·
Ac 9:27 ἐπιλαβόμενος αὐτὸν ἤγαγεν **πρὸς** τοὺς ἀποστόλους καὶ
Ac 9:29 τε καὶ συνεζήτει **πρὸς** τοὺς ῾Ελληνιστάς,
Ac 9:32 πάντων κατελθεῖν καὶ **πρὸς** τοὺς ἁγίους
Ac 9:38 ἀπέστειλαν δύο ἄνδρας **πρὸς** αὐτὸν παρακαλοῦντες·
Ac 9:40 προσηύξατο καὶ ἐπιστρέψας **πρὸς** τὸ σῶμα εἶπεν·
Ac 10:3 τοῦ θεοῦ εἰσελθόντα **πρὸς** αὐτὸν καὶ εἰπόντα
Ac 10:13 καὶ ἐγένετο φωνὴ **πρὸς** αὐτόν·
Ac 10:15 πάλιν ἐκ δευτέρου **πρὸς** αὐτόν·
Ac 10:21 καταβὰς δὲ Πέτρος **πρὸς** τοὺς ἄνδρας εἶπεν·
Ac 10:28 ἔφη τε **πρὸς** αὐτούς·
Ac 10:33 ἐξαυτῆς οὖν ἔπεμψα **πρὸς** σέ,
Ac 11:2 διεκρίνοντο **πρὸς** αὐτὸν οἱ ἐκ
Ac 11:3 λέγοντες ὅτι εἰσῆλθες **πρὸς** ἄνδρας ἀκροβυστίαν ἔχοντας
Ac 11:11 ἀπεσταλμένοι ἀπὸ Καισαρείας **πρός** με.
Ac 11:14 ὃς λαλήσει ῥήματα **πρὸς** σὲ ἐν οἷς
Ac 11:20 ᾿Αντιόχειαν ἐλάλουν καὶ **πρὸς** τοὺς ῾Ελληνιστὰς εὐαγγελιζόμενοι
Ac 11:30 καὶ ἐποίησαν ἀποστείλαντες **πρὸς** τοὺς πρεσβυτέρους διὰ
Ac 12:5 ὑπὸ τῆς ἐκκλησίας **πρὸς** τὸν θεὸν περὶ
Ac 12:8 δὲ ὁ ἄγγελος **πρὸς** αὐτόν·
Ac 12:15 οἱ δὲ **πρὸς** αὐτὴν εἶπαν·
Ac 12:20 ὁμοθυμαδὸν δὲ παρῆσαν **πρὸς** αὐτὸν καὶ πείσαντες
Ac 12:21 τοῦ βήματος ἐδημηγόρει **πρὸς** αὐτούς,
Ac 13:15 ἀπέστειλαν οἱ ἀρχισυνάγωγοι **πρὸς** αὐτοὺς λέγοντες·
Ac 13:15 ὑμῖν λόγος παρακλήσεως **πρὸς** τὸν λαόν,
Ac 13:31 εἰσιν μάρτυρες αὐτοῦ **πρὸς** τὸν λαόν.
Ac 13:32 ὑμᾶς εὐαγγελιζόμεθα τὴν **πρὸς** τοὺς πατέρας ἐπαγγελίαν
Ac 13:36 ἐκοιμήθη καὶ προσετέθη **πρὸς** τοὺς πατέρας αὐτοῦ
Ac 14:11 ὁμοιωθέντες ἀνθρώποις κατέβησαν **πρὸς** ἡμᾶς,
Ac 15:2 καὶ τῷ Βαρναβᾷ **πρὸς** αὐτούς,
Ac 15:2 ἄλλους ἐξ αὐτῶν **πρὸς** τοὺς ἀποστόλους καὶ
Ac 15:7 ἀναστὰς Πέτρος εἶπεν **πρὸς** αὐτούς·
Ac 15:25 ἐκλεξαμένοις ἄνδρας πέμψαι **πρὸς** ὑμᾶς σὺν
Ac 15:33 ἀπὸ τῶν ἀδελφῶν **πρὸς** τοὺς ἀποστείλαντας αὐτούς.
Ac 15:36 τινας ἡμέρας εἶπεν **πρὸς** Βαρναβᾶν Παῦλος·
Ac 16:36 τοὺς λόγους [τούτους] **πρὸς** τὸν Παῦλον ὅτι
Ac 16:37 δὲ Παῦλος ἔφη **πρὸς** αὐτούς·
Ac 16:40 τῆς φυλακῆς εἰσῆλθον **πρὸς** τὴν Λυδίαν καὶ
Ac 17:2 τῷ Παύλῳ εἰσῆλθεν **πρὸς** αὐτοὺς καὶ ἐπὶ
Ac 17:15 καὶ λαβόντες ἐντολὴν **πρὸς** τὸν Σιλᾶν καὶ
Ac 17:15 ὡς τάχιστα ἔλθωσιν **πρὸς** αὐτὸν ἐξῄεσαν.
Ac 17:17 κατὰ πᾶσαν ἡμέραν **πρὸς** τοὺς παρατυγχάνοντας.
Ac 18:6 τὰ ἱμάτια εἶπεν **πρὸς** αὐτούς·
Ac 18:14 εἶπεν ὁ Γαλλίων **πρὸς** τοὺς ᾿Ιουδαίους·
Ac 18:21 πάλιν ἀνακάμψω **πρὸς** ὑμᾶς τοῦ θεοῦ
Ac 19:2 εἶπέν τε **πρὸς** αὐτούς·
Ac 19:2 οἱ δὲ **πρὸς** αὐτόν·
Ac 19:31 πέμψαντες **πρὸς** αὐτὸν παρεκάλουν μὴ
Ac 19:38 αὐτῷ τεχνῖται ἔχουσι **πρός** τινα λόγον,
Ac 20:6 Φιλίππων καὶ ἤλθομεν **πρὸς** αὐτοὺς εἰς τὴν
Ac 20:18 ὡς δὲ παρεγένοντο **πρὸς** αὐτὸν εἶπεν αὐτοῖς·
Ac 21:11 καὶ ἐλθὼν **πρὸς** ἡμᾶς καὶ ἄρας
Ac 21:18 Παῦλος σὺν ἡμῖν **πρὸς** ᾿Ιάκωβον,
Ac 21:37 μοι εἰπεῖν τι **πρὸς** σέ;
Ac 21:39 ἐπίτρεψόν μοι λαλῆσαι **πρὸς** τὸν λαόν.
Ac 22:1 ἀκούσατέ μου τῆς **πρὸς** ὑμᾶς νυνὶ ἀπολογίας.
Ac 22:5 καὶ ἐπιστολὰς δεξάμενος **πρὸς** τοὺς ἀδελφοὺς εἰς
Ac 22:8 εἶπέν τε **πρός** με·
Ac 22:10 δὲ κύριος εἶπεν **πρός** με·
Ac 22:13 ἐλθὼν **πρός** με καὶ ἐπιστὰς
Ac 22:15 ἔσῃ μάρτυς αὐτῷ **πρὸς** πάντας ἀνθρώπους ὧν
Ac 22:21 καὶ εἶπεν **πρός** με·
Ac 22:25 εἶπεν **πρὸς** τὸν ἑστῶτα ἑκατόνταρχον
Ac 23:3 τότε ὁ Παῦλος **πρὸς** αὐτὸν εἶπεν·
Ac 23:17 νεανίαν τοῦτον ἀπάγαγε **πρὸς** τὸν χιλίαρχον,

Ac 23:18 παραλαβὼν αὐτὸν ἤγαγεν **πρὸς** τὸν χιλίαρχον καὶ
Ac 23:18 τὸν νεανίσκον ἀγαγεῖν **πρὸς** σὲ ἔχοντά τι
Ac 23:22 ὅτι ταῦτα ἐνεφάνισας **πρός** με.
Ac 23:24 τὸν Παῦλον διασώσωσι **πρὸς** Φήλικα τὸν ἡγεμόνα,
Ac 23:30 ἔσεσθαι ἐξαυτῆς ἔπεμψα **πρὸς** σὲ παραγγείλας καὶ
Ac 23:30 κατηγόροις λέγειν [τὰ] **πρὸς** αὐτὸν ἐπὶ σοῦ.
Ac 24:12 ἱερῷ εὗρόν με **πρός** τινα διαλεγόμενον ἢ
Ac 24:16 ἀπρόσκοπον συνείδησιν ἔχειν **πρὸς** τὸν θεὸν καὶ
Ac 24:19 εἴ τι ἔχοιεν **πρὸς** ἐμέ.
Ac 25:16 **πρὸς** οὓς ἀπεκρίθην ὅτι
Ac 25:19 ἰδίας δεισιδαιμονίας εἶχον **πρὸς** αὐτὸν καὶ
Ac 25:21 οὗ ἀναπέμψω αὐτὸν **πρὸς** Καίσαρα.
Ac 25:22 Ἀγρίππας δὲ **πρὸς** τὸν Φῆστον·
Ac 26:1 Ἀγρίππας δὲ **πρὸς** τὸν Παῦλον ἔφη·
Ac 26:9 οὖν ἔδοξα ἐμαυτῷ **πρὸς** τὸ ὄνομα Ἰησοῦ
Ac 26:14 ἤκουσα φωνὴν λέγουσαν **πρός** με τῇ Ἑβραΐδι
Ac 26:14 σκληρόν σοι **πρὸς** κέντρα λακτίζειν.
Ac 26:26 τούτων ὁ βασιλεὺς **πρὸς** ὃν καὶ παρρησιαζόμενος
Ac 26:28 ὁ δὲ Ἀγρίππας **πρὸς** τὸν Παῦλον·
Ac 26:31 καὶ ἀναχωρήσαντες ἐλάλουν **πρὸς** ἀλλήλους λέγοντες ὅτι
Ac 27:3 Παύλῳ χρησάμενος ἐπέτρεψεν **πρὸς** τοὺς φίλους πορευθέντι
Ac 27:12 τοῦ λιμένος ὑπάρχοντος **πρὸς** παραχειμασίαν οἱ πλείονες
Ac 27:34 τοῦτο γὰρ **πρὸς** τῆς ὑμετέρας σωτηρίας
Ac 28:4 **πρὸς** ἀλλήλους ἔλεγον·
Ac 28:8 **πρὸς** ὃν ὁ Παῦλος
Ac 28:10 ἀναγομένοις ἐπέθεντο τὰ **πρὸς** τὰς χρείας.
Ac 28:17 δὲ αὐτῶν ἔλεγεν **πρὸς** αὐτούς·
Ac 28:21 οἱ δὲ **πρὸς** αὐτὸν εἶπαν·
Ac 28:23 αὐτῷ ἡμέραν ἦλθον **πρὸς** αὐτὸν εἰς τὴν
Ac 28:25 ἀσύμφωνοι δὲ ὄντες **πρὸς** ἀλλήλους ἀπελύοντο εἰπόντος
Ac 28:25 Ἠσαΐου τοῦ προφήτου **πρὸς** τοὺς πατέρας ὑμῶν
Ac 28:26 πορεύθητι **πρὸς** τὸν λαὸν τοῦτον
Ac 28:30 πάντας τοὺς εἰσπορευομένους **πρὸς** αὐτόν,

προσάγω (*prosagō*; 2/4) *bring to or before*

Ac 16:20 καὶ **προσαγαγόντες** αὐτοὺς τοῖς στρατηγοῖς
Ac 27:27 ὑπενόουν οἱ ναῦται **προσάγειν** τινα αὐτοῖς χώραν.

προσαπειλέω (*prosapeileō*; 1/1) *threaten further*

Ac 4:21 οἱ δὲ **προσαπειλησάμενοι** ἀπέλυσαν αὐτούς,

προσδέομαι (*prosdeomai*; 1/1) *need*

Ac 17:25 χειρῶν ἀνθρωπίνων θεραπεύεται **προσδεόμενός** τινος,

προσδέχομαι (*prosdechomai*; 2/14) *wait for*

Ac 23:21 νῦν εἰσιν ἕτοιμοι **προσδεχόμενοι** τὴν ἀπὸ σοῦ
Ac 24:15 καὶ αὐτοὶ οὗτοι **προσδέχονται**,

προσδοκάω (*prosdokaō*; 5/16) *wait for*

Ac 3:5 δὲ ἐπεῖχεν αὐτοῖς **προσδοκῶν** τι παρ' αὐτῶν
Ac 10:24 δὲ Κορνήλιος ἦν **προσδοκῶν** αὐτοὺς συγκαλεσάμενος τοὺς
Ac 27:33 τεσσαρεσκαιδεκάτην σήμερον ἡμέραν **προσδοκῶντες** ἄσιτοι διατελεῖτε μηθὲν
Ac 28:6 οἱ δὲ **προσεδόκων** αὐτὸν μέλλειν πίμπρασθαι
Ac 28:6 πολὺ δὲ αὐτῶν **προσδοκώντων** καὶ θεωρούντων μηδὲν

προσδοκία (*prosdokia*; 1/2) *expectation*

Ac 12:11 καὶ πάσης τῆς **προσδοκίας** τοῦ λαοῦ τῶν

προσεάω (*proseaō*; 1/1) *allow to go farther*

Ac 27:7 μὴ **προσεῶντος** ἡμᾶς τοῦ ἀνέμου

προσέρχομαι (*proserchomai*; 10/86) *come or go to*

Ac 7:31 **προσερχομένου** δὲ αὐτοῦ κατανοῆσαι
Ac 8:29 **πρόσελθε** καὶ κολλήθητι τῷ
Ac 9:1 **προσελθὼν** τῷ ἀρχιερεῖ
Ac 10:28 Ἰουδαίῳ κολλᾶσθαι ἢ **προσέρχεσθαι** ἀλλοφύλῳ·
Ac 12:13 θύραν τοῦ πυλῶνος **προσῆλθεν** παιδίσκη ὑπακοῦσαι ὀνόματι
Ac 18:2 **προσῆλθεν** αὐτοῖς
Ac 22:26 δὲ ὁ ἑκατοντάρχης **προσελθὼν** τῷ χιλιάρχῳ ἀπήγγειλεν
Ac 22:27 **προσελθὼν** δὲ ὁ χιλίαρχος
Ac 23:14 οἵτινες **προσελθόντες** τοῖς ἀρχιερεῦσιν καὶ
Ac 28:9 νήσῳ ἔχοντες ἀσθενείας **προσήρχοντο** καὶ ἐθεραπεύοντο,

προσευχή (*proseuchē*; 9/36) *prayer*

Ac 1:14 προσκαρτεροῦντες ὁμοθυμαδὸν τῇ **προσευχῇ** σὺν γυναιξὶν καὶ
Ac 2:42 ἄρτου καὶ ταῖς **προσευχαῖς**.
Ac 3:1 τὴν ὥραν τῆς **προσευχῆς** τὴν ἐνάτην.
Ac 6:4 ἡμεῖς δὲ τῇ **προσευχῇ** καὶ τῇ διακονίᾳ
Ac 10:4 αἱ **προσευχαί** σου καὶ αἱ
Ac 10:31 εἰσηκούσθη σου ἡ **προσευχὴ** καὶ αἱ ἐλεημοσύναι
Ac 12:5 **προσευχὴ** δὲ ἦν ἐκτενῶς
Ac 16:13 ποταμὸν οὗ ἐνομίζομεν **προσευχὴν** εἶναι,
Ac 16:16 ἡμῶν εἰς τὴν **προσευχὴν** παιδίσκην τινα ἔχουσαν

προσεύχομαι (*proseuchomai*; 16/85) *pray*

Ac 1:24 καὶ **προσευξάμενοι** εἶπαν·
Ac 6:6 καὶ **προσευξάμενοι** ἐπέθηκαν αὐτοῖς τὰς
Ac 8:15 οἵτινες καταβάντες **προσηύξαντο** περὶ αὐτῶν ὅπως
Ac 9:11 ἰδοὺ γὰρ **προσεύχεται**
Ac 9:40 θεὶς τὰ γόνατα **προσηύξατο** καὶ ἐπιστρέψας
Ac 10:9 ἐπὶ τὸ δῶμα **προσεύξασθαι** περὶ ὥραν ἕκτην.
Ac 10:30 ἤμην τὴν ἐνάτην **προσευχόμενος** ἐν τῷ οἴκῳ
Ac 11:5 ἐν πόλει Ἰόππῃ **προσευχόμενος** καὶ εἶδον ἐν
Ac 12:12 ἱκανοὶ συνηθροισμένοι καὶ **προσευχόμενοι**.
Ac 13:3 τότε νηστεύσαντες καὶ **προσευξάμενοι** καὶ ἐπιθέντες τὰς
Ac 14:23 **προσευξάμενοι** μετὰ νηστειῶν παρέθεντο

Ac 16:25 Παῦλος καὶ Σιλᾶς **προσευχόμενοι** ὕμνουν τὸν θεόν,
Ac 20:36 σὺν πᾶσιν αὐτοῖς **προσηύξατο**.
Ac 21:5 ἐπὶ τὸν αἰγιαλὸν **προσευξάμενοι**
Ac 22:17 εἰς Ἰερουσαλὴμ καὶ **προσευχομένου** μου ἐν
Ac 28:8 Παῦλος εἰσελθὼν καὶ **προσευξάμενος** ἐπιθεὶς τὰς χεῖρας

προσέχω (*prosechō*; 6/24) *pay close attention to*

Ac 5:35 **προσέχετε** ἑαυτοῖς ἐπὶ τοῖς
Ac 8:6 **προσεῖχον** δὲ οἱ ὄχλοι
Ac 8:10 ᾧ **προσεῖχον** πάντες ἀπὸ μικροῦ
Ac 8:11 **προσεῖχον** δὲ αὐτῷ διὰ
Ac 16:14 διήνοιξεν τὴν καρδίαν **προσέχειν** τοῖς λαλουμένοις ὑπὸ
Ac 20:28 **προσέχετε** ἑαυτοῖς καὶ παντὶ

προσήλυτος (*prosēlytos*; 3/4) *proselyte*

Ac 2:11 Ἰουδαῖοί τε καὶ **προσήλυτοι**,
Ac 6:5 Παρμενᾶν καὶ Νικόλαον **προσήλυτον** Ἀντιοχέα,
Ac 13:43 καὶ τῶν σεβομένων **προσηλύτων** τῷ Παύλῳ

προσκαλέομαι (*proskaleomai*; 9/29) *call to oneself*

Ac 2:39 ὅσους ἂν **προσκαλέσηται** κύριος ὁ θεὸς
Ac 5:40 καὶ **προσκαλεσάμενοι** τοὺς ἀποστόλους δείραντες
Ac 6:2 **προσκαλεσάμενοι** δὲ οἱ δώδεκα
Ac 13:2 τὸ ἔργον ὃ **προσκέκλημαι** αὐτούς.
Ac 13:7 οὗτος **προσκαλεσάμενος** Βαρναβᾶν καὶ Σαῦλον
Ac 16:10 Μακεδονίαν συμβιβάζοντες ὅτι **προσκέκληται** ἡμᾶς ὁ θεὸς
Ac 23:17 **προσκαλεσάμενος** δὲ ὁ Παῦλος
Ac 23:18 ὁ δέσμιος Παῦλος **προσκαλεσάμενός** με ἠρώτησεν τοῦτον
Ac 23:23 Καὶ **προσκαλεσάμενος** δύο [τινας] τῶν

προσκαρτερέω (*proskartereō*; 6/10) *devote oneself to*

Ac 1:14 οὗτοι πάντες ἦσαν **προσκαρτεροῦντες** ὁμοθυμαδὸν τῇ προσευχῇ
Ac 2:42 Ἦσαν δὲ **προσκαρτεροῦντες** τῇ διδαχῇ τῶν
Ac 2:46 καθ' ἡμέραν τε **προσκαρτεροῦντες** ὁμοθυμαδὸν ἐν τῷ
Ac 6:4 διακονίᾳ τοῦ λόγου **προσκαρτερήσομεν**.
Ac 8:13 καὶ βαπτισθεὶς ἦν **προσκαρτερῶν** τῷ Φιλίππῳ,
Ac 10:7 στρατιώτην εὐσεβῆ τῶν **προσκαρτερούντων** αὐτῷ

προσκληρόω (*prosklēroō*; 1/1) *join*

Ac 17:4 αὐτῶν ἐπείσθησαν καὶ **προσεκληρώθησαν** τῷ Παύλῳ καὶ

προσκλίνω (*prosklinō*; 1/1) *join*

Ac 5:36 ᾧ **προσεκλίθη** ἀνδρῶν ἀριθμὸς ὡς

προσκυνέω (*proskyneō*; 4/60) *worship*

Ac 7:43 τύπους οὓς ἐποιήσατε **προσκυνεῖν** αὐτοῖς,
Ac 8:27 ὃς ἐληλύθει **προσκυνήσων** εἰς Ἰερουσαλήμ,
Ac 10:25 ἐπὶ τοὺς πόδας **προσεκύνησεν**.
Ac 24:11 ἀφ' ἧς ἀνέβην **προσκυνήσων** εἰς Ἰερουσαλήμ.

προσλαλέω (*proslaleō*; 2/2) *speak to or with*

Ac 13:43 οἵτινες **προσλαλοῦντες** αὐτοῖς ἔπειθον αὐτοὺς
Ac 28:20 ὑμᾶς ἰδεῖν καὶ **προσλαλῆσαι**,

προσλαμβάνω (*proslambanō*; 5/12) *welcome*

Ac 17:5 οἱ Ἰουδαῖοι καὶ **προσλαβόμενοι** τῶν ἀγοραίων ἄνδρας
Ac 18:26 Πρίσκιλλα καὶ Ἀκύλας **προσελάβοντο** αὐτὸν καὶ ἀκριβέστερον
Ac 27:33 ἄσιτοι διατελεῖτε μηθὲν **προσλαβόμενοι**.
Ac 27:36 πάντες καὶ αὐτοὶ **προσελάβοντο** τροφῆς.
Ac 28:2 ἅψαντες γὰρ πυρὰν **προσελάβοντο** πάντας ἡμᾶς διὰ

προσμένω (*prosmenō*; 3/7) *remain or stay with*

Ac 11:23 προθέσει τῆς καρδίας **προσμένειν** τῷ κυρίῳ,
Ac 13:43 αὐτοῖς ἔπειθον αὐτοὺς **προσμένειν** τῇ χάριτι τοῦ
Ac 18:18 δὲ Παῦλος ἔτι **προσμείνας** ἡμέρας ἱκανὰς

πρόσπεινος (*prospeinos*; 1/1) *hungry*

Ac 10:10 ἐγένετο δὲ **πρόσπεινος** καὶ ἤθελεν γεύσασθαι.

προσπήγνυμι (*prospēgnymi*; 1/1) *crucify*

Ac 2:23 διὰ χειρὸς ἀνόμων **προσπήξαντες** ἀνείλατε,

προσπίπτω (*prospiptō*; 1/8) *fall at someone's feet*

Ac 16:29 καὶ ἔντρομος γενόμενος **προσέπεσεν** τῷ Παύλῳ καὶ

προστάσσω (*prostassō*; 3/7) *command*

Ac 10:33 ἀκοῦσαι πάντα τὰ **προστεταγμένα** σοι ὑπὸ
Ac 10:48 **προσέταξεν** δὲ αὐτοὺς ἐν
Ac 17:26 ὁρίσας **προστεταγμένους** καιροὺς καὶ τὰς

προστίθημι (*prostithēmi*; 6/18) *add*

Ac 2:41 αὐτοῦ ἐβαπτίσθησαν καὶ **προσετέθησαν** ἐν τῇ ἡμέρᾳ
Ac 2:47 ὁ δὲ κύριος **προσετίθει** τοὺς σῳζομένους
Ac 5:14 μᾶλλον δὲ **προσετίθεντο** πιστεύοντες τῷ κυρίῳ,
Ac 11:24 καὶ **προσετέθη** ὄχλος ἱκανὸς τῷ
Ac 12:3 **προσέθετο** συλλαβεῖν καὶ Πέτρον,
Ac 13:36 βουλῇ ἐκοιμήθη καὶ **προσετέθη** πρὸς τοὺς πατέρας

προστρέχω (*prostrechō*; 1/3) *run up or ahead*

Ac 8:30 **προσδραμὼν** δὲ ὁ Φίλιππος

προσφάτως (*prosphatōs*; 1/1) *recently*

Ac 18:2 Ποντικὸν τῷ γένει **προσφάτως** ἐληλυθότα

προσφέρω (*prospherō*; 3/47) *offer, bring*
Ac 7:42 σφάγια καὶ θυσίας **προσηνέγκατέ** μοι ἔτη τεσσεράκοντα
Ac 8:18 **προσήνεγκεν** αὐτοῖς χρήματα
Ac 21:26 ἁγνισμοῦ ἕως οὗ **προσηνέχθη** ὑπὲρ ἑνὸς ἑκάστου

προσφορά (*prosphora*; 2/9) *offering*
Ac 21:26 ἑκάστου αὐτῶν ἡ **προσφορά**.
Ac 24:17 μου παρεγενόμην καὶ **προσφοράς**,

προσφωνέω (*prosphōneō*; 2/7) *call to (oneself)*
Ac 21:40 δὲ σιγῆς γενομένης **προσεφώνησεν** τῇ Ἑβραΐδι διαλέκτῳ
Ac 22:2 τῇ Ἑβραΐδι διαλέκτῳ **προσεφώνει** αὐτοῖς,

προσωπολήμπτης (*prosōpolēmptēs*; 1/1) *one who shows favoritism*
Ac 10:34 ὅτι οὐκ ἔστιν **προσωπολήμπτης** ὁ θεός,

πρόσωπον (*prosōpon*; 12/76) *face*
Ac 2:28 εὐφροσύνης μετὰ τοῦ **προσώπου** σου.
Ac 3:13 καὶ ἠρνήσασθε κατὰ **πρόσωπον** Πιλάτου,
Ac 3:20 καιροὶ ἀναψύξεως ἀπὸ **προσώπου** τοῦ κυρίου καὶ
Ac 5:41 ἐπορεύοντο χαίροντες ἀπὸ **προσώπου** τοῦ συνεδρίου,
Ac 6:15 συνεδρίῳ εἶδον τὸ **πρόσωπον** αὐτοῦ ὡσεὶ πρόσωπον
Ac 6:15 πρόσωπον αὐτοῦ ὡσεὶ **πρόσωπον** ἀγγέλου.
Ac 7:45 ὁ θεὸς ἀπὸ **προσώπου** τῶν πατέρων ἡμῶν
Ac 13:24 προκηρύξαντος Ἰωάννου πρὸ **προσώπου** τῆς εἰσόδου αὐτοῦ
Ac 17:26 κατοικεῖν ἐπὶ παντὸς **προσώπου** τῆς γῆς,
Ac 20:25 οὐκέτι ὄψεσθε τὸ **πρόσωπόν** μου ὑμεῖς πάντες
Ac 20:38 οὐκέτι μέλλουσιν τὸ **πρόσωπον** αὐτοῦ θεωρεῖν.
Ac 25:16 ὁ κατηγορούμενος κατὰ **πρόσωπον** ἔχοι τοὺς κατηγόρους

προτείνω (*proteinō*; 1/1) *tie up*
Ac 22:25 ὡς δὲ **προέτειναν** αὐτὸν τοῖς ἱμᾶσιν,

προτρέπω (*protrepō*; 1/1) *encourage*
Ac 18:27 **προτρεψάμενοι** οἱ ἀδελφοὶ ἔγραψαν

προϋπάρχω (*prouparchō*; 1/2) *be or exist previously*
Ac 8:9 τις ὀνόματι Σίμων **προϋπῆρχεν** ἐν τῇ πόλει

πρόφασις (*prophasis*; 1/6) *excuse, false motive*
Ac 27:30 εἰς τὴν θάλασσαν **προφάσει** ὡς ἐκ πρῴρης

προφητεύω (*prophēteuō*; 4/28) *prophesy*
Ac 2:17 καὶ **προφητεύσουσιν** οἱ υἱοὶ ὑμῶν
Ac 2:18 καὶ **προφητεύσουσιν**.
Ac 19:6 τε γλώσσαις καὶ **ἐπροφήτευον**.
Ac 21:9 θυγατέρες τέσσαρες παρθένοι **προφητεύουσαι**.

προφήτης (*prophētēs*; 30/144) *prophet*
Ac 2:16 εἰρημένον διὰ τοῦ **προφήτου** Ἰωήλ·
Ac 2:30 **προφήτης** οὖν ὑπάρχων καὶ
Ac 3:18 στόματος πάντων τῶν **προφητῶν** παθεῖν τὸν χριστὸν
Ac 3:21 ἀπ' αἰῶνος αὐτοῦ **προφητῶν**.
Ac 3:22 μὲν εἶπεν ὅτι **προφήτην** ὑμῖν ἀναστήσει κύριος
Ac 3:23 μὴ ἀκούσῃ τοῦ **προφήτου** ἐκείνου ἐξολεθρευθήσεται ἐκ
Ac 3:24 πάντες δὲ οἱ **προφῆται** ἀπὸ Σαμουὴλ καὶ
Ac 3:25 οἱ υἱοὶ τῶν **προφητῶν** καὶ τῆς διαθήκης
Ac 7:37 **προφήτην** ὑμῖν ἀναστήσει ὁ
Ac 7:42 ἐν βίβλῳ τῶν **προφητῶν**·
Ac 7:48 καθὼς ὁ **προφήτης** λέγει·
Ac 7:52 τίνα τῶν **προφητῶν** οὐκ ἐδίωξαν οἱ
Ac 8:28 καὶ ἀνεγίνωσκεν τὸν **προφήτην** Ἠσαΐαν.
Ac 8:30 ἀναγινώσκοντος Ἠσαΐαν τὸν **προφήτην** καὶ εἶπεν·
Ac 8:34 περὶ τίνος ὁ **προφήτης** λέγει τοῦτο;
Ac 10:43 τούτῳ πάντες οἱ **προφῆται** μαρτυροῦσιν ἄφεσιν ἁμαρτιῶν
Ac 11:27 κατῆλθον ἀπὸ Ἱεροσολύμων **προφῆται** εἰς Ἀντιόχειαν.
Ac 13:1 τὴν οὖσαν ἐκκλησίαν **προφῆται** καὶ διδάσκαλοι ὅ
Ac 13:15 νόμου καὶ τῶν **προφητῶν** ἀπέστειλαν οἱ ἀρχισυνάγωγοι
Ac 13:20 ἕως Σαμουὴλ [τοῦ] **προφήτου**.
Ac 13:27 τὰς φωνὰς τῶν **προφητῶν** τὰς κατὰ πᾶν
Ac 13:40 εἰρημένον ἐν τοῖς **προφήταις**·
Ac 15:15 οἱ λόγοι τῶν **προφητῶν** καθὼς γέγραπται·
Ac 15:32 Σιλᾶς καὶ αὐτοὶ **προφῆται** ὄντες διὰ λόγου
Ac 21:10 ἀπὸ τῆς Ἰουδαίας **προφήτης** ὀνόματι Ἅγαβος,
Ac 24:14 τοῖς ἐν τοῖς **προφήταις** γεγραμμένοις,
Ac 26:22 ὧν τε οἱ **προφῆται** ἐλάλησαν μελλόντων γίνεσθαι
Ac 26:27 τοῖς **προφήταις**;
Ac 28:23 Μωϋσέως καὶ τῶν **προφητῶν**,
Ac 28:25 διὰ Ἠσαΐου τοῦ **προφήτου** πρὸς τοὺς πατέρας

προχειρίζομαι (*procheirizomai*; 3/3) *choose or appoint for oneself*
Ac 3:20 καὶ ἀποστείλῃ τὸν **προκεχειρισμένον** ὑμῖν χριστὸν Ἰησοῦν,
Ac 22:14 τῶν πατέρων ἡμῶν **προεχειρίσατό** σε γνῶναι
Ac 26:16 **προχειρίσασθαί** σε ὑπηρέτην καὶ

προχειροτονέω (*procheirotoneō*; 1/1) *choose in advance*
Ac 10:41 ἀλλὰ μάρτυσιν τοῖς **προκεχειροτονημένοις** ὑπὸ τοῦ θεοῦ,

Πρόχορος (*Prochoros*; 1/1) *Prochorus*
Ac 6:5 καὶ Φίλιππον καὶ **Πρόχορον** καὶ Νικάνορα

πρύμνα (*prymna*; 2/3) *stern*
Ac 27:29 ἐκ **πρύμνης** ῥίψαντες ἀγκύρας τέσσαρας
Ac 27:41 ἡ δὲ **πρύμνα** ἐλύετο ὑπὸ τῆς

πρωΐ (*prōi*; 1/11[12]) *early morning*

Ac 28:23 ἀπὸ **πρωῒ** ἕως ἑσπέρας.

πρῷρα (*prōra*; 2/2) *bow*

Ac 27:30 προφάσει ὡς ἐκ **πρῴρης** ἀγκύρας μελλόντων ἐκτείνειν,
Ac 27:41 καὶ ἡ μὲν **πρῷρα** ἐρείσασα ἔμεινεν ἀσάλευτος,

πρῶτος (*prōtos*; 16/152[155]) *first*

Ac 1:1 Τὸν μὲν **πρῶτον** λόγον ἐποιησάμην περὶ
Ac 3:26 ὑμῖν **πρῶτον** ἀναστήσας ὁ θεὸς
Ac 7:12 τοὺς πατέρας ἡμῶν **πρῶτον**.
Ac 12:10 διελθόντες δὲ **πρώτην** φυλακὴν καὶ δευτέραν
Ac 13:46 ὑμῖν ἦν ἀναγκαῖον **πρῶτον** λαληθῆναι τὸν λόγον
Ac 13:50 εὐσχήμονας καὶ τοὺς **πρώτους** τῆς πόλεως
Ac 15:14 Συμεὼν ἐξηγήσατο καθὼς **πρῶτον** ὁ θεὸς ἐπεσκέψατο
Ac 16:12 ἥτις ἐστὶν **πρώτη[ς]** μερίδος τῆς Μακεδονίας
Ac 17:4 γυναικῶν τε τῶν **πρώτων** οὐκ ὀλίγαι.
Ac 20:18 ἀπὸ **πρώτης** ἡμέρας ἀφ᾽ ἧς
Ac 25:2 ἀρχιερεῖς καὶ οἱ **πρῶτοι** τῶν Ἰουδαίων κατὰ
Ac 26:20 τοῖς ἐν Δαμασκῷ **πρῶτόν** τε καὶ Ἱεροσολύμοις,
Ac 26:23 εἰ **πρῶτος** ἐξ ἀναστάσεως νεκρῶν
Ac 27:43 δυναμένους κολυμβᾶν ἀπορίψαντας **πρώτους** ἐπὶ τὴν γῆν
Ac 28:7 ὑπῆρχεν χωρία τῷ **πρώτῳ** τῆς νήσου ὀνόματι
Ac 28:17 ὄντας τῶν Ἰουδαίων **πρώτους**·

πρωτοστάτης (*prōtostatēs*; 1/1) *ringleader*

Ac 24:5 κατὰ τὴν οἰκουμένην **πρωτοστάτην** τε τῆς

πρώτως (*prōtōs*; 1/1) *for the first time*

Ac 11:26 χρηματίσαι τε **πρώτως** ἐν Ἀντιοχείᾳ τοὺς

Πτολεμαΐς (*Ptolemais*; 1/1) *Ptolemais*

Ac 21:7 Τύρου κατηντήσαμεν εἰς **Πτολεμαΐδα** καὶ ἀσπασάμενοι τοὺς

πύθων (*pythōn*; 1/1) *Python*

Ac 16:16 τινα ἔχουσαν πνεῦμα **πύθωνα** ὑπαντῆσαι ἡμῖν,

πυκνός (*pyknos*; 1/3) *frequent*

Ac 24:26 διὸ καὶ **πυκνότερον** αὐτὸν μεταπεμπόμενος ὡμίλει

πύλη (*pylē*; 4/10) *gate*

Ac 3:10 ἐπὶ τῇ ὡραίᾳ **πύλῃ** τοῦ ἱεροῦ καὶ
Ac 9:24 δὲ καὶ τὰς **πύλας** ἡμέρας τε καὶ
Ac 12:10 ἦλθαν ἐπὶ τὴν **πύλην** τὴν σιδηρᾶν τὴν
Ac 16:13 ἐξήλθομεν ἔξω τῆς **πύλης** παρὰ ποταμὸν οὗ

πυλών (*pylōn*; 5/18) *gate*

Ac 10:17 ἐπέστησαν ἐπὶ τὸν **πυλῶνα**,
Ac 12:13 τὴν θύραν τοῦ **πυλῶνος** προσῆλθεν παιδίσκη ὑπακοῦσαι
Ac 12:14 οὐκ ἤνοιξεν τὸν **πυλῶνα**,
Ac 12:14 Πέτρον πρὸ τοῦ **πυλῶνος**.
Ac 14:13 στέμματα ἐπὶ τοὺς **πυλῶνας** ἐνέγκας σὺν

πυνθάνομαι (*pynthanomai*; 7/12) *inquire*

Ac 4:7 ἐν τῷ μέσῳ **ἐπυνθάνοντο**·
Ac 10:18 καὶ φωνήσαντες **ἐπυνθάνοντο** εἰ Σίμων ὁ
Ac 10:29 **πυνθάνομαι** οὖν τίνι λόγῳ
Ac 21:33 καὶ **ἐπυνθάνετο** τίς εἴη καὶ
Ac 23:19 ἀναχωρήσας κατ᾽ ἰδίαν **ἐπυνθάνετο**,
Ac 23:20 μέλλον τι ἀκριβέστερον **πυνθάνεσθαι** περὶ αὐτοῦ.
Ac 23:34 καὶ **πυθόμενος** ὅτι ἀπὸ Κιλικίας,

πῦρ (*pyr*; 4/71) *fire*

Ac 2:3 διαμεριζόμεναι γλῶσσαι ὡσεὶ **πυρὸς** καὶ ἐκάθισεν ἐφ᾽
Ac 2:19 αἷμα καὶ **πῦρ** καὶ ἀτμίδα καπνοῦ.
Ac 7:30 ἄγγελος ἐν φλογὶ **πυρὸς** βάτου.
Ac 28:5 θηρίον εἰς τὸ **πῦρ** ἔπαθεν οὐδὲν κακόν,

πυρά (*pyra*; 2/2) *fire*

Ac 28:2 ἅψαντες γὰρ **πυρὰν** προσελάβοντο πάντας ἡμᾶς
Ac 28:3 ἐπιθέντος ἐπὶ τὴν **πυράν**,

πυρετός (*pyretos*; 1/6) *fever*

Ac 28:8 πατέρα τοῦ Ποπλίου **πυρετοῖς** καὶ δυσεντερίῳ συνεχόμενον

Πύρρος (*Pyrros*; 1/1) *Pyrrhus*

Ac 20:4 δὲ αὐτῷ Σώπατρος **Πύρρου** Βεροιαῖος,

πωλέω (*pōleō*; 3/22) *sell*

Ac 4:34 **πωλοῦντες** ἔφερον τὰς τιμὰς
Ac 4:37 ὑπάρχοντος αὐτῷ ἀγροῦ **πωλήσας** ἤνεγκεν τὸ χρῆμα
Ac 5:1 τῇ γυναικὶ αὐτοῦ **ἐπώλησεν** κτῆμα

πώς (*pōs*; 1/15) *somehow*

Ac 27:12 εἴ **πως** δύναιντο καταντήσαντες εἰς

πῶς (*pōs*; 9/103) *how*

Ac 2:8 καὶ **πῶς** ἡμεῖς ἀκούομεν ἕκαστος
Ac 4:21 μηδὲν εὑρίσκοντες τὸ **πῶς** κολάσωνται αὐτούς,
Ac 8:31 **πῶς** γὰρ ἂν δυναίμην
Ac 9:27 καὶ διηγήσατο αὐτοῖς **πῶς** ἐν τῇ ὁδῷ
Ac 9:27 ἐλάλησεν αὐτῷ καὶ **πῶς** ἐν Δαμασκῷ ἐπαρρησιάσατο
Ac 11:13 ἀπήγγειλεν δὲ ἡμῖν **πῶς** εἶδεν [τὸν] ἄγγελον
Ac 12:17 σιγᾶν διηγήσατο [αὐτοῖς] **πῶς** ὁ κύριος αὐτὸν
Ac 15:36 λόγον τοῦ κυρίου **πῶς** ἔχουσιν.
Ac 20:18 **πῶς** μεθ᾽ ὑμῶν τὸν

ῥαβδίζω (*rhabdizō*; 1/2) *whip*

Ac 16:22 τὰ ἱμάτια ἐκέλευον **ῥαβδίζειν**,

ῥαβδοῦχος (*rhabdouchos*; 2/2) *(police) officer*

Ac 16:35 οἱ στρατηγοὶ τοὺς **ῥαβδούχους** λέγοντες·

Ac 16:38 τοῖς στρατηγοῖς οἱ **ῥαβδοῦχοι** τὰ ῥήματα ταῦτα.

ῥᾳδιούργημα (*rhadiourgēma*; 1/1) *wrongdoing*
Ac 18:14 ἀδίκημά τι ἢ **ῥᾳδιούργημα** πονηρόν,

ῥᾳδιουργία (*rhadiourgia*; 1/1) *unscrupulousness*
Ac 13:10 δόλου καὶ πάσης **ῥᾳδιουργίας**,

Ῥαιφάν (*Rhaiphan*; 1/1) *Rephan*
Ac 7:43 τοῦ θεοῦ [ὑμῶν] **Ῥαιφάν**,

Ῥήγιον (*Rhēgion*; 1/1) *Rhegium*
Ac 28:13 περιελόντες κατηντήσαμεν εἰς **Ῥήγιον**.

ῥῆμα (*rhēma*; 14/68) *word*
Ac 2:14 καὶ ἐνωτίσασθε τὰ **ῥήματά** μου.
Ac 5:20 λαῷ πάντα τὰ **ῥήματα** τῆς ζωῆς ταύτης.
Ac 5:32 ἐσμεν μάρτυρες τῶν **ῥημάτων** τούτων καὶ τὸ
Ac 6:11 ἀκηκόαμεν αὐτοῦ λαλοῦντος **ῥήματα** βλάσφημα εἰς Μωϋσῆν
Ac 6:13 οὐ παύεται λαλῶν **ῥήματα** κατὰ τοῦ τόπου
Ac 10:22 αὐτοῦ καὶ ἀκοῦσαι **ῥήματα** παρὰ σοῦ.
Ac 10:37 οἴδατε τὸ γενόμενον **ῥῆμα** καθ' ὅλης τῆς
Ac 10:44 τοῦ Πέτρου τὰ **ῥήματα** ταῦτα ἐπέπεσεν τὸ
Ac 11:14 ὃς λαλήσει **ῥήματα** πρὸς σὲ ἐν
Ac 11:16 ἐμνήσθην δὲ τοῦ **ῥήματος** τοῦ κυρίου ὡς
Ac 13:42 λαληθῆναι αὐτοῖς τὰ **ῥήματα** ταῦτα.
Ac 16:38 οἱ ῥαβδοῦχοι τὰ **ῥήματα** ταῦτα.
Ac 26:25 ἀληθείας καὶ σωφροσύνης **ῥήματα** ἀποφθέγγομαι.
Ac 28:25 εἰπόντος τοῦ Παύλου **ῥῆμα** ἕν,

ῥήτωρ (*rhētōr*; 1/1) *lawyer*
Ac 24:1 πρεσβυτέρων τινῶν καὶ **ῥήτορος** Τερτύλλου τινος,

ῥιπτέω (*rhipteō*; 1/1) *throw*
Ac 22:23 τε αὐτῶν καὶ **ῥιπτούντων** τὰ ἱμάτια καὶ

ῥίπτω (*rhiptō*; 2/7) *throw*
Ac 27:19 σκευὴν τοῦ πλοίου **ἔρριψαν**.
Ac 27:29 ἐκ πρύμνης **ῥίψαντες** ἀγκύρας τέσσαρας ηὔχοντο

Ῥόδη (*Rhodē*; 1/1) *Rhoda*
Ac 12:13 παιδίσκη ὑπακοῦσαι ὀνόματι **Ῥόδη**,

Ῥόδος (*Rhodos*; 1/1) *Rhodes*
Ac 21:1 ἑξῆς εἰς τὴν **Ῥόδον** κἀκεῖθεν εἰς Πάταρα,

ῥύμη (*rhymē*; 2/4) *street*
Ac 9:11 πορεύθητι ἐπὶ τὴν **ῥύμην** τὴν καλουμένην Εὐθεῖαν
Ac 12:10 καὶ ἐξελθόντες προῆλθον **ῥύμην** μίαν,

Ῥωμαῖος (*Rhōmaios*; 11/12) *Roman*
Ac 2:10 καὶ οἱ ἐπιδημοῦντες **Ῥωμαῖοι**,
Ac 16:21 παραδέχεσθαι οὐδὲ ποιεῖν **Ῥωμαίοις** οὖσιν.
Ac 16:37 ἀνθρώπους Ῥωμαίους **ὑπάρχοντας**,
Ac 16:38 δὲ ἀκούσαντες ὅτι **Ῥωμαῖοί** εἰσιν,
Ac 22:25 εἰ ἄνθρωπον **Ῥωμαῖον** καὶ ἀκατάκριτον ἔξεστιν
Ac 22:26 γὰρ ἄνθρωπος οὗτος **Ῥωμαῖός** ἐστιν.
Ac 22:27 σὺ **Ῥωμαῖος** εἶ;
Ac 22:29 ἐφοβήθη ἐπιγνοὺς ὅτι **Ῥωμαῖός** ἐστιν καὶ ὅτι
Ac 23:27 ἐξειλάμην μαθὼν ὅτι **Ῥωμαῖός** ἐστιν.
Ac 25:16 οὐκ ἔστιν ἔθος **Ῥωμαίοις** χαρίζεσθαί τινα ἄνθρωπον
Ac 28:17 τὰς χεῖρας τῶν **Ῥωμαίων**,

Ῥώμη (*Rhōmē*; 5/8) *Rome*
Ac 18:2 Ἰουδαίους ἀπὸ τῆς **Ῥώμης**,
Ac 19:21 δεῖ με καὶ **Ῥώμην** ἰδεῖν.
Ac 23:11 δεῖ καὶ εἰς **Ῥώμην** μαρτυρῆσαι.
Ac 28:14 οὕτως εἰς τὴν **Ῥώμην** ἤλθαμεν.
Ac 28:16 δὲ εἰσήλθομεν εἰς **Ῥώμην**,

ῥώννυμι (*rhōnnymi*; 1/1) *be healthy*
Ac 15:29 **ἔρρωσθε**.

σάββατον (*sabbaton*; 10/67[68]) *Sabbath*
Ac 1:12 ἐστιν ἐγγὺς Ἰερουσαλὴμ **σαββάτου** ἔχον ὁδόν.
Ac 13:14 τῇ ἡμέρᾳ τῶν **σαββάτων** ἐκάθισαν.
Ac 13:27 τὰς κατὰ πᾶν **σάββατον** ἀναγινωσκομένας κρίναντες ἐπλήρωσαν,
Ac 13:42 εἰς τὸ μεταξὺ **σάββατον** λαληθῆναι αὐτοῖς
Ac 13:44 Τῷ δὲ ἐρχομένῳ **σαββάτῳ** σχεδὸν πᾶσα ἡ
Ac 15:21 συναγωγαῖς κατὰ πᾶν **σάββατον** ἀναγινωσκόμενος.
Ac 16:13 τε ἡμέρᾳ τῶν **σαββάτων** ἐξήλθομεν ἔξω τῆς
Ac 17:2 αὐτοὺς καὶ ἐπὶ **σάββατα** τρία διελέξατο αὐτοῖς
Ac 18:4 συναγωγῇ κατὰ πᾶν **σάββατον** ἔπειθέν τε Ἰουδαίους
Ac 20:7 τῇ μιᾷ τῶν **σαββάτων** συνηγμένων ἡμῶν κλάσαι

Σαδδουκαῖος (*Saddoukaios*; 5/14) *Sadducee*
Ac 4:1 ἱεροῦ καὶ οἱ **Σαδδουκαῖοι**,
Ac 5:17 οὖσα αἵρεσις τῶν **Σαδδουκαίων**,
Ac 23:6 ἓν μέρος ἐστὶν **Σαδδουκαίων** τὸ δὲ ἕτερον
Ac 23:7 τῶν Φαρισαίων καὶ **Σαδδουκαίων** καὶ ἐσχίσθη τὸ
Ac 23:8 **Σαδδουκαῖοι** μὲν γὰρ λέγουσιν

Σαλαμίς (*Salamis*; 1/1) *Salamis*
Ac 13:5 καὶ γενόμενοι ἐν **Σαλαμῖνι** κατήγγελλον τὸν λόγον

σαλεύω (*saleuō*; 4/15) *shake*
Ac 2:25 ἐστιν ἵνα μὴ **σαλευθῶ**.
Ac 4:31 καὶ δεηθέντων αὐτῶν **ἐσαλεύθη** ὁ τόπος ἐν
Ac 16:26 ἐγένετο μέγας ὥστε **σαλευθῆναι** τὰ θεμέλια
Ac 17:13 ἦλθον κἀκεῖ **σαλεύοντες** καὶ ταράσσοντες

Σαλμώνη (*Salmōnē*; 1/1) *Salmone*
Ac 27:7 τὴν Κρήτην κατὰ **Σαλμώνην**,

Σαμάρεια (*Samareia*; 7/11) *Samaria*
Ac 1:8 τῇ Ἰουδαίᾳ καὶ **Σαμαρείᾳ** καὶ ἕως ἐσχάτου
Ac 8:1 τῆς Ἰουδαίας καὶ **Σαμαρείας** πλὴν τῶν ἀποστόλων.
Ac 8:5 [τὴν] πόλιν τῆς **Σαμαρείας** ἐκήρυσσεν αὐτοῖς τὸν
Ac 8:9 τὸ ἔθνος τῆς **Σαμαρείας**,
Ac 8:14 ὅτι δέδεκται ἡ **Σαμάρεια** τὸν λόγον τοῦ
Ac 9:31 καὶ Γαλιλαίας καὶ **Σαμαρείας** εἶχεν εἰρήνην οἰκοδομουμένη
Ac 15:3 τε Φοινίκην καὶ **Σαμάρειαν** ἐκδιηγούμενοι τὴν ἐπιστροφὴν

Σαμαρίτης (*Samaritēs*; 1/9) *Samaritan*
Ac 8:25 τε κώμας τῶν **Σαμαριτῶν** εὐηγγελίζοντο.

Σαμοθρᾴκη (*Samothrakē*; 1/1) *Samothrace*
Ac 16:11 Τρῳάδος εὐθυδρομήσαμεν εἰς **Σαμοθρᾴκην**,

Σάμος (*Samos*; 1/1) *Samos*
Ac 20:15 ἑτέρᾳ παρεβάλομεν εἰς **Σάμον**,

Σαμουήλ (*Samouēl*; 2/3) *Samuel*
Ac 3:24 οἱ προφῆται ἀπὸ **Σαμουὴλ** καὶ τῶν καθεξῆς
Ac 13:20 ἔδωκεν κριτὰς ἕως **Σαμουὴλ** [τοῦ] προφήτου.

σανδάλιον (*sandalion*; 1/2) *sandal*
Ac 12:8 καὶ ὑπόδησαι τὰ **σανδάλιά** σου.

σανίς (*sanis*; 1/1) *board*
Ac 27:44 οὓς μὲν ἐπὶ **σανίσιν**,

Σαούλ (*Saoul*; 9/9) *Saul*
Ac 9:4 **Σαοὺλ** Σαούλ,
Ac 9:4 Σαοὺλ **Σαούλ**,
Ac 9:17 **Σαοὺλ** ἀδελφέ,
Ac 13:21 ὁ θεὸς τὸν **Σαοὺλ** υἱὸν Κίς,
Ac 22:7 **Σαοὺλ** Σαούλ,
Ac 22:7 Σαοὺλ **Σαούλ**,
Ac 22:13 **Σαοὺλ** ἀδελφέ,
Ac 26:14 **Σαοὺλ** Σαούλ,
Ac 26:14 Σαοὺλ **Σαούλ**,

Σάπφιρα (*Sapphira*; 1/1) *Sapphira*
Ac 5:1 Ἁνανίας ὀνόματι σὺν **Σαπφίρῃ** τῇ γυναικὶ αὐτοῦ

σάρξ (*sarx*; 3/147) *flesh*
Ac 2:17 μου ἐπὶ πᾶσαν **σάρκα**,
Ac 2:26 δὲ καὶ ἡ **σάρξ** μου κατασκηνώσει ἐπ'
Ac 2:31 ᾅδην οὔτε ἡ **σὰρξ** αὐτοῦ εἶδεν διαφθοράν.

Σαρών (*Sarōn*; 1/1) *Sharon*
Ac 9:35 Λύδδα καὶ τὸν **Σαρῶνα**,

σατανᾶς (*satanas*; 2/36) *Satan*
Ac 5:3 τι ἐπλήρωσεν ὁ **σατανᾶς** τὴν καρδίαν σου,
Ac 26:18 τῆς ἐξουσίας τοῦ **σατανᾶ** ἐπὶ τὸν θεόν,

Σαῦλος (*Saulos*; 15/15) *Saul*
Ac 7:58 πόδας νεανίου καλουμένου **Σαύλου**,
Ac 8:1 **Σαῦλος** δὲ ἦν συνευδοκῶν
Ac 8:3 **Σαῦλος** δὲ ἐλυμαίνετο τὴν
Ac 9:1 Ὁ δὲ **Σαῦλος** ἔτι ἐμπνέων ἀπειλῆς
Ac 9:8 ἠγέρθη δὲ **Σαῦλος** ἀπὸ τῆς γῆς,
Ac 9:11 ἐν οἰκίᾳ Ἰούδα **Σαῦλον** ὀνόματι Ταρσέα·
Ac 9:22 **Σαῦλος** δὲ μᾶλλον ἐνεδυναμοῦτο
Ac 9:24 ἐγνώσθη δὲ τῷ **Σαύλῳ** ἡ ἐπιβουλὴ αὐτῶν.
Ac 11:25 εἰς Ταρσὸν ἀναζητῆσαι **Σαῦλον**,
Ac 11:30 χειρὸς Βαρναβᾶ καὶ **Σαύλου**.
Ac 12:25 Βαρναβᾶς δὲ καὶ **Σαῦλος** ὑπέστρεψαν εἰς Ἰερουσαλὴμ
Ac 13:1 τετραάρχου σύντροφος καὶ **Σαῦλος**.
Ac 13:2 τὸν Βαρναβᾶν καὶ **Σαῦλον** εἰς τὸ ἔργον
Ac 13:7 προσκαλεσάμενος Βαρναβᾶν καὶ **Σαῦλον** ἐπεζήτησεν ἀκοῦσαι τὸν
Ac 13:9 **Σαῦλος** δέ,

σεαυτοῦ (*seautou*; 3/43) *yourself*
Ac 9:34 ἀνάστηθι καὶ στρῶσον **σεαυτῷ**.
Ac 16:28 μηδὲν πράξῃς **σεαυτῷ** κακόν,
Ac 26:1 ἐπιτρέπεταί σοι περὶ **σεαυτοῦ** λέγειν.

σέβασμα (*sebasma*; 1/2) *object of worship*
Ac 17:23 καὶ ἀναθεωρῶν τὰ **σεβάσματα** ὑμῶν εὗρον

Σεβαστός (*Sebastos*; 3/3) *(belonging to) the emperor, imperial*
Ac 25:21 εἰς τὴν τοῦ **Σεβαστοῦ** διάγνωσιν,
Ac 25:25 τούτου ἐπικαλεσαμένου τὸν **Σεβαστὸν** ἔκρινα πέμπειν.
Ac 27:1 ὀνόματι Ἰουλίῳ σπείρης **Σεβαστῆς**.

σέβομαι (*sebomai*; 8/10) *worship*
Ac 13:43 Ἰουδαίων καὶ τῶν **σεβομένων** προσηλύτων τῷ Παύλῳ
Ac 13:50 Ἰουδαῖοι παρώτρυναν τὰς **σεβομένας** γυναῖκας τὰς εὐσχήμονας
Ac 16:14 πορφυρόπωλις πόλεως Θυατείρων **σεβομένη** τὸν θεόν,
Ac 17:4 τῶν τε **σεβομένων** Ἑλλήνων πλῆθος πολύ,
Ac 17:17 Ἰουδαίοις καὶ τοῖς **σεβομένοις** καὶ ἐν τῇ
Ac 18:7 ὀνόματι Τιτίου Ἰούστου **σεβομένου** τὸν θεόν,
Ac 18:13 οὗτος τοὺς ἀνθρώπους **σέβεσθαι** τὸν θεόν.
Ac 19:27 καὶ ἡ οἰκουμένη **σέβεται**.

σεισμός (*seismos*; 1/14) *earthquake*
Ac 16:26 ἄφνω δὲ **σεισμὸς** ἐγένετο μέγας ὥστε

Σεκοῦνδος (*Sekoundos*; 1/1) *Secundus*
Ac 20:4 δὲ Ἀρίσταρχος καὶ **Σεκοῦνδος**,

Σελεύκεια (*Seleukeia*; 1/1) *Seleucia*
Ac 13:4 πνεύματος κατῆλθον εἰς **Σελεύκειαν**,

σελήνη (*selēnē*; 1/9) *moon*
Ac 2:20 σκότος καὶ ἡ **σελήνη** εἰς αἷμα,

Σέργιος (*Sergios*; 1/1) *Sergius*
Ac 13:7 σὺν τῷ ἀνθυπάτῳ **Σεργίῳ** Παύλῳ,

σημαίνω (*sēmainō*; 2/6) *indicate, signify*
Ac 11:28 αὐτῶν ὀνόματι Ἅγαβος **ἐσήμανεν** διὰ τοῦ πνεύματος
Ac 25:27 κατ' αὐτοῦ αἰτίας **σημᾶναι**.

σημεῖον (*sēmeion*; 13/75[77]) *sign*
Ac 2:19 οὐρανῷ ἄνω καὶ **σημεῖα** ἐπὶ τῆς γῆς
Ac 2:22 καὶ τέρασι καὶ **σημείοις** οἷς ἐποίησεν δι'
Ac 2:43 τε τέρατα καὶ **σημεῖα** διὰ τῶν ἀποστόλων
Ac 4:16 μὲν γὰρ γνωστὸν **σημεῖον** γέγονεν δι' αὐτῶν
Ac 4:22 ὃν γεγόνει τὸ **σημεῖον** τοῦτο τῆς ἰάσεως.
Ac 4:30 εἰς ἴασιν καὶ **σημεῖα** καὶ τέρατα γίνεσθαι
Ac 5:12 τῶν ἀποστόλων ἐγίνετο **σημεῖα** καὶ τέρατα πολλὰ
Ac 6:8 ἐποίει τέρατα καὶ **σημεῖα** μεγάλα ἐν τῷ
Ac 7:36 ποιήσας τέρατα καὶ **σημεῖα** ἐν γῇ Αἰγύπτῳ
Ac 8:6 καὶ βλέπειν τὰ **σημεῖα** ἃ ἐποίει.
Ac 8:13 θεωρῶν τε **σημεῖα** καὶ δυνάμεις μεγάλας
Ac 14:3 διδόντι **σημεῖα** καὶ τέρατα γίνεσθαι
Ac 15:12 ἐποίησεν ὁ θεὸς **σημεῖα** καὶ τέρατα ἐν

σήμερον (*sēmeron*; 9/41) *today*
Ac 4:9 εἰ ἡμεῖς **σήμερον** ἀνακρινόμεθα ἐπὶ εὐεργεσίᾳ
Ac 13:33 ἐγὼ **σήμερον** γεγέννηκά σε.
Ac 19:40 στάσεως περὶ τῆς **σήμερον**,
Ac 20:26 ὑμῖν ἐν τῇ **σήμερον** ἡμέρᾳ ὅτι καθαρός
Ac 22:3 πάντες ὑμεῖς ἐστε **σήμερον**·
Ac 24:21 νεκρῶν ἐγὼ κρίνομαι **σήμερον** ἐφ' ὑμῶν.
Ac 26:2 ἐπὶ σοῦ μέλλων **σήμερον** ἀπολογεῖσθαι
Ac 26:29 τοὺς ἀκούοντάς μου **σήμερον** γενέσθαι τοιούτους ὁποῖος
Ac 27:33 τεσσαρεσκαιδεκάτην **σήμερον** ἡμέραν προσδοκῶντες ἄσιτοι

σιγάω (*sigaō*; 3/10) *keep silent*
Ac 12:17 αὐτοῖς τῇ χειρὶ **σιγᾶν** διηγήσατο [αὐτοῖς] πῶς
Ac 15:12 **Ἐσίγησεν** δὲ πᾶν τὸ
Ac 15:13 Μετὰ δὲ τὸ **σιγῆσαι** αὐτοὺς ἀπεκρίθη Ἰάκωβος

σιγή (*sigē*; 1/2) *silence*
Ac 21:40 πολλῆς δὲ **σιγῆς** γενομένης προσεφώνησεν

σιδηροῦς (*sidērous*; 1/5) *made of iron*
Ac 12:10 τὴν πύλην τὴν **σιδηρᾶν** τὴν φέρουσαν εἰς

Σιδών (*Sidōn*; 1/9) *Sidon*
Ac 27:3 ἑτέρᾳ κατήχθημεν εἰς **Σιδῶνα**,

Σιδώνιος (*Sidōnios*; 1/2) *of Sidon*
Ac 12:20 θυμομαχῶν Τυρίοις καὶ **Σιδωνίοις**·

σικάριος (*sikarios*; 1/1) *nationalistic assassin*
Ac 21:38 τετρακισχιλίους ἄνδρας τῶν **σικαρίων**;

Σίλας (*Silas*; 12/12) *Silas*
Ac 15:22 καλούμενον Βαρσαββᾶν καὶ **Σιλᾶν**,
Ac 15:27 οὖν Ἰούδαν καὶ **Σιλᾶν** καὶ αὐτοὺς διὰ
Ac 15:32 Ἰούδας τε καὶ **Σιλᾶς** καὶ αὐτοὶ προφῆται
Ac 15:40 Παῦλος δὲ ἐπιλεξάμενος **Σιλᾶν** ἐξῆλθεν παραδοθεὶς τῇ
Ac 16:19 Παῦλον καὶ τὸν **Σιλᾶν** εἵλκυσαν εἰς τὴν
Ac 16:25 μεσονύκτιον Παῦλος καὶ **Σιλᾶς** προσευχόμενοι ὕμνουν τὸν
Ac 16:29 Παύλῳ καὶ [τῷ] **Σιλᾷ**
Ac 17:4 Παύλῳ καὶ τῷ **Σιλᾷ**,
Ac 17:10 Παῦλον καὶ τὸν **Σιλᾶν** εἰς Βέροιαν,
Ac 17:14 τε ὅ τε **Σιλᾶς** καὶ ὁ Τιμόθεος
Ac 17:15 ἐντολὴν πρὸς τὸν **Σιλᾶν** καὶ τὸν Τιμόθεον
Ac 18:5 Μακεδονίας ὅ τε **Σιλᾶς** καὶ ὁ Τιμόθεος,

σιμικίνθιον (*simikinthion*; 1/1) *apron*
Ac 19:12 αὐτοῦ σουδάρια ἢ **σιμικίνθια** καὶ ἀπαλλάσσεσθαι ἀπ'

Σίμων (*Simōn*; 13/75) *Simon*
Ac 1:13 Ἰάκωβος Ἁλφαίου καὶ **Σίμων** ὁ ζηλωτὴς καὶ
Ac 8:9 δέ τις ὀνόματι **Σίμων** προϋπῆρχεν ἐν τῇ
Ac 8:13 ὁ δὲ **Σίμων** καὶ αὐτὸς ἐπίστευσεν
Ac 8:18 ἰδὼν δὲ ὁ **Σίμων** ὅτι διὰ τῆς
Ac 8:24 ἀποκριθεὶς δὲ ὁ **Σίμων** εἶπεν·
Ac 9:43 Ἰόππῃ παρά τινι **Σίμωνι** βυρσεῖ.
Ac 10:5 Ἰόππην καὶ μετάπεμψαι **Σίμωνά** τινα ὃς ἐπικαλεῖται
Ac 10:6 ξενίζεται παρά τινι **Σίμωνι** βυρσεῖ,
Ac 10:17 τὴν οἰκίαν τοῦ **Σίμωνος** ἐπέστησαν ἐπὶ τὸν
Ac 10:18 φωνήσαντες ἐπυνθάνοντο εἰ **Σίμων** ὁ ἐπικαλούμενος Πέτρος
Ac 10:32 Ἰόππην καὶ μετακάλεσαι **Σίμωνα** ὃς ἐπικαλεῖται Πέτρος,
Ac 10:32 ξενίζεται ἐν οἰκίᾳ **Σίμωνος** βυρσέως παρὰ θάλασσαν.
Ac 11:13 Ἰόππην καὶ μετάπεμψαι **Σίμωνα** τὸν ἐπικαλούμενον Πέτρον,

Σινᾶ (*Sina*; 2/4) *Sinai*
Ac 7:30 ἐρήμῳ τοῦ ὄρους **Σινᾶ** ἄγγελος ἐν φλογὶ
Ac 7:38 ἐν τῷ ὄρει **Σινᾶ** καὶ τῶν πατέρων

σιτίον (*sition*; 1/1) *grain*
Ac 7:12 δὲ Ἰακὼβ ὄντα **σιτία** εἰς Αἴγυπτον ἐξαπέστειλεν

σῖτος (*sitos*; 1/14) *grain*
Ac 27:38 πλοῖον ἐκβαλλόμενοι τὸν **σῖτον** εἰς τὴν θάλασσαν.

σιωπάω (*siōpaō*; 1/10) *be silent or quiet*
Ac 18:9 λάλει καὶ μὴ **σιωπήσῃς**,

σκάφη (*skaphē*; 3/3) *ship*
Ac 27:16 περικρατεῖς γενέσθαι τῆς **σκάφης**,
Ac 27:30 καὶ χαλασάντων τὴν **σκάφην** εἰς τὴν θάλασσαν
Ac 27:32 τὰ σχοινία τῆς **σκάφης** καὶ εἴασαν αὐτὴν

Σκευᾶς (*Skeuas*; 1/1) *Sceva*
Ac 19:14 ἦσαν δέ τινος **Σκευᾶ** Ἰουδαίου ἀρχιερέως ἑπτὰ

σκευή (*skeuē*; 1/1) *tackle*
Ac 27:19 τρίτῃ αὐτόχειρες τὴν **σκευὴν** τοῦ πλοίου ἔρριψαν.

σκεῦος (*skeuos*; 5/23) *object, jar*
Ac 9:15 ὅτι **σκεῦος** ἐκλογῆς ἐστίν μοι
Ac 10:11 ἀνεῳγμένον καὶ καταβαῖνον **σκεῦός** τι ὡς ὀθόνην
Ac 10:16 εὐθὺς ἀνελήμφθη τὸ **σκεῦος** εἰς τὸν οὐρανόν.
Ac 11:5 καταβαῖνον **σκεῦός** τι ὡς ὀθόνην
Ac 27:17 χαλάσαντες τὸ **σκεῦος**,

σκηνή (*skēnē*; 3/20) *tent*
Ac 7:43 καὶ ἀνελάβετε τὴν **σκηνὴν** τοῦ Μόλοχ καὶ
Ac 7:44 Ἡ **σκηνὴ** τοῦ μαρτυρίου ἦν
Ac 15:16 καὶ ἀνοικοδομήσω τὴν **σκηνὴν** Δαυὶδ τὴν πεπτωκυῖαν

σκηνοποιός (*skēnopoios*; 1/1) *tent*
Ac 18:3 ἦσαν γὰρ **σκηνοποιοὶ** τῇ τέχνῃ.

σκήνωμα (*skēnōma*; 1/3) *body*
Ac 7:46 καὶ ᾐτήσατο εὑρεῖν **σκήνωμα** τῷ οἴκῳ Ἰακώβ.

σκιά (*skia*; 1/7) *shadow*
Ac 5:15 Πέτρου κἂν ἡ **σκιὰ** ἐπισκιάσῃ τινι αὐτῶν.

σκληρός (*sklēros*; 1/5) *hard*
Ac 26:14 **σκληρόν** σοι πρὸς κέντρα

σκληροτράχηλος (*sklērotrachēlos*; 1/1) *stubborn*
Ac 7:51 **Σκληροτράχηλοι** καὶ ἀπερίτμητοι καρδίαις

σκληρύνω (*sklērynō*; 1/6) *harden*
Ac 19:9 ὡς δέ τινες **ἐσκληρύνοντο** καὶ ἠπείθουν κακολογοῦντες

σκολιός (*skolios*; 1/4) *crooked*
Ac 2:40 τῆς γενεᾶς τῆς **σκολιᾶς** ταύτης.

σκότος (*skotos*; 3/31) *darkness*
Ac 2:20 ἥλιος μεταστραφήσεται εἰς **σκότος** καὶ ἡ σελήνη
Ac 13:11 αὐτὸν ἀχλὺς καὶ **σκότος** καὶ περιάγων ἐζήτει
Ac 26:18 τοῦ ἐπιστρέψαι ἀπὸ **σκότους** εἰς φῶς καὶ

σκωληκόβρωτος (*skōlēkobrōtos*; 1/1) *eaten by worms*
Ac 12:23 καὶ γενόμενος **σκωληκόβρωτος** ἐξέψυξεν.

Σολομών (*Solomōn*; 3/12) *Solomon*
Ac 3:11 στοᾷ τῇ καλουμένῃ **Σολομῶντος** ἔκθαμβοι.
Ac 5:12 ἐν τῇ στοᾷ **Σολομῶντος**,
Ac 7:47 **Σολομὼν** δὲ οἰκοδόμησεν αὐτῷ

σός (*sos*; 3/25) *your (sg.)*
Ac 5:4 πραθὲν ἐν τῇ **σῇ** ἐξουσίᾳ ὑπῆρχεν;
Ac 24:2 τούτῳ διὰ τῆς **σῆς** προνοίας,
Ac 24:4 ἡμῶν συντόμως τῇ **σῇ** ἐπιεικείᾳ.

σουδάριον (*soudarion*; 1/4) *sweat cloth*
Ac 19:12 τοῦ χρωτὸς αὐτοῦ **σουδάρια** ἢ σιμικίνθια

σοφία (*sophia*; 4/51) *wisdom*
Ac 6:3 πλήρεις πνεύματος καὶ **σοφίας**,
Ac 6:10 ἴσχυον ἀντιστῆναι τῇ **σοφίᾳ** καὶ τῷ πνεύματι
Ac 7:10 αὐτῷ χάριν καὶ **σοφίαν** ἐναντίον Φαραὼ βασιλέως
Ac 7:22 Μωϋσῆς [ἐν] πάσῃ **σοφίᾳ** Αἰγυπτίων,

σπάω (*spaō*; 1/2) *draw*
Ac 16:27 **σπασάμενος** [τὴν] μάχαιραν ἤμελλεν

σπεῖρα (*speira*; 3/7) *cohort*
Ac 10:1 ἑκατοντάρχης ἐκ **σπείρης** τῆς καλουμένης Ἰταλικῆς,
Ac 21:31 τῷ χιλιάρχῳ τῆς **σπείρης** ὅτι ὅλη συγχύννεται
Ac 27:1 ἑκατοντάρχῃ ὀνόματι Ἰουλίῳ **σπείρης** Σεβαστῆς.

σπέρμα (*sperma*; 4/43) *seed*
Ac 3:25 καὶ ἐν τῷ **σπέρματί** σου [ἐν]ευλογηθήσονται πᾶσαι
Ac 7:5 αὐτὴν καὶ τῷ **σπέρματι** αὐτοῦ μετ' αὐτόν,
Ac 7:6 ὅτι ἔσται τὸ **σπέρμα** αὐτοῦ πάροικον ἐν
Ac 13:23 θεὸς ἀπὸ τοῦ **σπέρματος** κατ' ἐπαγγελίαν ἤγαγεν

σπερμολόγος (*spermologos*; 1/1) *one who picks up scraps of information*
Ac 17:18 ἂν θέλοι ὁ **σπερμολόγος** οὗτος λέγειν;

σπεύδω (*speudō*; 2/6) *hasten*
Ac 20:16 **ἔσπευδεν** γὰρ εἰ δυνατὸν
Ac 22:18 **σπεῦσον** καὶ ἔξελθε ἐν

σπλάγχνον (*splanchnon*; 1/11) *one's inmost self*
Ac 1:18 ἐξεχύθη πάντα τὰ **σπλάγχνα** αὐτοῦ·

σπυρίς (*spyris*; 1/5) *basket*
Ac 9:25 αὐτὸν χαλάσαντες ἐν **σπυρίδι**.

στάσις (*stasis*; 5/9) *dispute, riot, standing*
Ac 15:2 γενομένης δὲ **στάσεως** καὶ ζητήσεως οὐκ
Ac 19:40 γὰρ κινδυνεύομεν ἐγκαλεῖσθαι **στάσεως** περὶ τῆς σήμερον,
Ac 23:7 αὐτοῦ εἰπόντος ἐγένετο **στάσις** τῶν Φαρισαίων καὶ

Ac 23:10 Πολλῆς δὲ γινομένης **στάσεως** φοβηθεὶς ὁ χιλίαρχος
Ac 24:5 λοιμὸν καὶ κινοῦντα **στάσεις** πᾶσιν τοῖς Ἰουδαίοις

σταυρόω (*stauroō*; 2/46) *crucify*

Ac 2:36 Ἰησοῦν ὃν ὑμεῖς **ἐσταυρώσατε**.
Ac 4:10 Ναζωραίου ὃν ὑμεῖς **ἐσταυρώσατε**,

στέμμα (*stemma*; 1/1) *garland*

Ac 14:13 πόλεως ταύρους καὶ **στέμματα** ἐπὶ τοὺς πυλῶνας

στεναγμός (*stenagmos*; 1/2) *groaning*

Ac 7:34 Αἰγύπτῳ καὶ τοῦ **στεναγμοῦ** αὐτῶν ἤκουσα,

στερεόω (*stereoō*; 3/3) *make strong*

Ac 3:7 παραχρῆμα δὲ **ἐστερεώθησαν** αἱ βάσεις αὐτοῦ
Ac 3:16 **ἐστερέωσεν** τὸ ὄνομα αὐτοῦ,
Ac 16:5 μὲν οὖν ἐκκλησίαι **ἐστερεοῦντο** τῇ πίστει

Στέφανος (*Stephanos*; 7/7) *Stephen*

Ac 6:5 πλήθους καὶ ἐξελέξαντο **Στέφανον**,
Ac 6:8 **Στέφανος** δὲ πλήρης χάριτος
Ac 6:9 Ἀσίας συζητοῦντες τῷ **Στεφάνῳ**,
Ac 7:59 καὶ ἐλιθοβόλουν τὸν **Στέφανον** ἐπικαλούμενον καὶ λέγοντα·
Ac 8:2 συνεκόμισαν δὲ τὸν **Στέφανον** ἄνδρες εὐλαβεῖς καὶ
Ac 11:19 τῆς γενομένης ἐπὶ **Στεφάνῳ** διῆλθον ἕως Φοινίκης
Ac 22:20 ἐξεχύννετο τὸ αἷμα **Στεφάνου** τοῦ μάρτυρός σου,

στοά (*stoa*; 2/4) *porch*

Ac 3:11 αὐτοὺς ἐπὶ τῇ **στοᾷ** τῇ καλουμένῃ Σολομῶντος
Ac 5:12 ἅπαντες ἐν τῇ **στοᾷ** Σολομῶντος,

Στοϊκός (*Stoikos*; 1/1) *Stoic*

Ac 17:18 τῶν Ἐπικουρείων καὶ **Στοϊκῶν** φιλοσόφων συνέβαλλον αὐτῷ,

στοιχέω (*stoicheō*; 1/5) *walk*

Ac 21:24 οὐδέν ἐστιν ἀλλὰ **στοιχεῖς** καὶ αὐτὸς φυλάσσων

στόμα (*stoma*; 12/78) *mouth*

Ac 1:16 τὸ ἅγιον διὰ **στόματος** Δαυὶδ περὶ Ἰούδα
Ac 3:18 ἃ προκατήγγειλεν διὰ **στόματος** πάντων τῶν προφητῶν
Ac 3:21 ὁ θεὸς διὰ **στόματος** τῶν ἁγίων ἀπ'
Ac 4:25 διὰ πνεύματος ἁγίου **στόματος** Δαυὶδ παιδός σου
Ac 8:32 οὐκ ἀνοίγει τὸ **στόμα** αὐτοῦ.
Ac 8:35 ὁ Φίλιππος τὸ **στόμα** αὐτοῦ καὶ ἀρξάμενος
Ac 10:34 δὲ Πέτρος τὸ **στόμα** εἶπεν·
Ac 11:8 εἰσῆλθεν εἰς τὸ **στόμα** μου.
Ac 15:7 θεὸς διὰ τοῦ **στόματός** μου ἀκοῦσαι τὰ
Ac 18:14 Παύλου ἀνοίγειν τὸ **στόμα** εἶπεν ὁ Γαλλίων
Ac 22:14 φωνὴν ἐκ τοῦ **στόματος** αὐτοῦ,
Ac 23:2 τύπτειν αὐτοῦ τὸ **στόμα**.

στράτευμα (*strateuma*; 2/8) *troops, army*

Ac 23:10 αὐτῶν ἐκέλευσεν τὸ **στράτευμα** καταβὰν ἁρπάσαι αὐτὸν
Ac 23:27 ἐπιστὰς σὺν τῷ **στρατεύματι** ἐξειλάμην μαθὼν ὅτι

στρατηγός (*stratēgos*; 8/10) *chief magistrate*

Ac 4:1 ἱερεῖς καὶ ὁ **στρατηγὸς** τοῦ ἱεροῦ καὶ
Ac 5:24 τούτους ὅ τε **στρατηγὸς** τοῦ ἱεροῦ καὶ
Ac 5:26 Τότε ἀπελθὼν ὁ **στρατηγὸς** σὺν τοῖς ὑπηρέταις
Ac 16:20 προσαγαγόντες αὐτοὺς τοῖς **στρατηγοῖς** εἶπαν·
Ac 16:22 αὐτῶν καὶ οἱ **στρατηγοὶ** περιρήξαντες αὐτῶν τὰ
Ac 16:35 γενομένης ἀπέστειλαν οἱ **στρατηγοὶ** τοὺς ῥαβδούχους λέγοντες·
Ac 16:36 ὅτι ἀπέσταλκαν οἱ **στρατηγοὶ** ἵνα ἀπολυθῆτε·
Ac 16:38 ἀπήγγειλαν δὲ τοῖς **στρατηγοῖς** οἱ ῥαβδοῦχοι τὰ

στρατιά (*stratia*; 1/2) *army*

Ac 7:42 αὐτοὺς λατρεύειν τῇ **στρατιᾷ** τοῦ οὐρανοῦ καθὼς

στρατιώτης (*stratiōtēs*; 13/26) *soldier*

Ac 10:7 τῶν οἰκετῶν καὶ **στρατιώτην** εὐσεβῆ τῶν προσκαρτερούντων
Ac 12:4 παραδοὺς τέσσαρσιν τετραδίοις **στρατιωτῶν** φυλάσσειν αὐτόν,
Ac 12:6 κοιμώμενος μεταξὺ δύο **στρατιωτῶν** δεδεμένος ἁλύσεσιν δυσὶν
Ac 12:18 ὀλίγος ἐν τοῖς **στρατιώταις** τί ἄρα ὁ
Ac 21:32 ὃς ἐξαυτῆς παραλαβὼν **στρατιώτας** καὶ ἑκατοντάρχας κατέδραμεν
Ac 21:32 χιλίαρχον καὶ τοὺς **στρατιώτας** ἐπαύσαντο τύπτοντες τὸν
Ac 21:35 αὐτὸν ὑπὸ τῶν **στρατιωτῶν** διὰ τὴν βίαν
Ac 23:23 ἑτοιμάσατε **στρατιώτας** διακοσίους,
Ac 23:31 Οἱ μὲν οὖν **στρατιῶται** κατὰ τὸ διατεταγμένον
Ac 27:31 ἑκατοντάρχῃ καὶ τοῖς **στρατιώταις**·
Ac 27:32 τότε ἀπέκοψαν οἱ **στρατιῶται** τὰ σχοινία
Ac 27:42 Τῶν δὲ **στρατιωτῶν** βουλὴ ἐγένετο ἵνα
Ac 28:16 τῷ φυλάσσοντι αὐτὸν **στρατιώτῃ**.

στρέφω (*strephō*; 3/21) *turn*

Ac 7:39 ἀλλὰ ἀπώσαντο καὶ **ἐστράφησαν** ἐν ταῖς καρδίαις
Ac 7:42 **ἔστρεψεν** δὲ ὁ θεὸς
Ac 13:46 ἰδοὺ **στρεφόμεθα** εἰς τὰ ἔθνη.

στρώννυμι (*strōnnymi*; 1/6) *spread*

Ac 9:34 ἀνάστηθι καὶ **στρῶσον** σεαυτῷ.

σύ (*sy*; 139/1063[1067]) *you (sg.)*

Ac 1:24 **σὺ** κύριε καρδιογνῶστα πάντων,
Ac 2:27 δώσεις τὸν ὅσιόν **σου** ἰδεῖν διαφθοράν.

Ac 2:28 μετὰ τοῦ προσώπου **σου**.
Ac 2:35 θῶ τοὺς ἐχθρούς **σου** ὑποπόδιον τῶν ποδῶν
Ac 2:35 ὑποπόδιον τῶν ποδῶν **σου**.
Ac 3:6 δὲ ἔχω τοῦτό **σοι** δίδωμι·
Ac 3:25 ἐν τῷ σπέρματί **σου** [ἐν]ευλογηθήσονται πᾶσαι αἱ
Ac 4:24 **σὺ** ὁ ποιήσας τὸν
Ac 4:25 στόματος Δαυὶδ παιδός **σου** εἰπών·
Ac 4:27 τὸν ἅγιον παῖδά **σου** Ἰησοῦν ὃν ἔχρισας,
Ac 4:28 ὅσα ἡ χείρ **σου** καὶ ἡ βουλή
Ac 4:28 ἡ βουλή **[σου]** προώρισεν γενέσθαι.
Ac 4:29 δὸς τοῖς δούλοις **σου** μετὰ παρρησίας πάσης
Ac 4:29 λαλεῖν τὸν λόγον **σου**,
Ac 4:30 τῷ τὴν χεῖρά **[σου]** ἐκτείνειν σε εἰς
Ac 4:30 χεῖρά [σου] ἐκτείνειν **σε** εἰς ἴασιν καὶ
Ac 4:30 τοῦ ἁγίου παιδός **σου** Ἰησοῦ.
Ac 5:3 σατανᾶς τὴν καρδίαν **σου**,
Ac 5:3 ψεύσασθαί **σε** τὸ πνεῦμα τὸ
Ac 5:4 οὐχὶ μένον **σοὶ** ἔμενεν καὶ πραθὲν
Ac 5:4 ἐν τῇ καρδίᾳ **σου** τὸ πρᾶγμα τοῦτο;
Ac 5:9 θαψάντων τὸν ἄνδρα **σου** ἐπὶ τῇ θύρᾳ
Ac 5:9 θύρᾳ καὶ ἐξοίσουσίν **σε**.
Ac 7:3 ἐκ τῆς γῆς **σου** καὶ [ἐκ] τῆς
Ac 7:3 [ἐκ] τῆς συγγενείας **σου**,
Ac 7:3 γῆν ἣν ἄν **σοι** δείξω.
Ac 7:27 τίς **σε** κατέστησεν ἄρχοντα καὶ
Ac 7:28 μὴ ἀνελεῖν με **σὺ** θέλεις ὃν τρόπον
Ac 7:32 θεὸς τῶν πατέρων **σου**,
Ac 7:33 ὑπόδημα τῶν ποδῶν **σου**,
Ac 7:34 νῦν δεῦρο ἀποστείλω **σε** εἰς Αἴγυπτον.
Ac 7:35 τίς **σε** κατέστησεν ἄρχοντα καὶ
Ac 8:20 τὸ ἀργύριόν **σου** σὺν σοὶ εἴη
Ac 8:20 σὺν **σοὶ** εἴη εἰς ἀπώλειαν
Ac 8:21 οὐκ ἔστιν **σοι** μερὶς οὐδὲ κλῆρος
Ac 8:21 ἡ γὰρ καρδία **σου** οὐκ ἔστιν εὐθεῖα
Ac 8:22 ἀπὸ τῆς κακίας **σου** ταύτης καὶ δεήθητι
Ac 8:22 εἰ ἄρα ἀφεθήσεταί **σοι** ἡ ἐπίνοια τῆς
Ac 8:22 ἐπίνοια τῆς καρδίας **σου**,
Ac 8:23 ἀδικίας ὁρῶ **σε** ὄντα.
Ac 8:34 δέομαί **σου**,
Ac 9:5 εἰμι Ἰησοῦς ὃν **σὺ** διώκεις·
Ac 9:6 πόλιν καὶ λαληθήσεταί **σοι** ὅ τι σε
Ac 9:6 σοι ὅ τι **σε** δεῖ ποιεῖν.
Ac 9:13 κακὰ τοῖς ἁγίοις **σου** ἐποίησεν ἐν Ἰερουσαλήμ·
Ac 9:14 ἐπικαλουμένους τὸ ὄνομά **σου**.
Ac 9:17 Ἰησοῦς ὁ ὀφθείς **σοι** ἐν τῇ ὁδῷ
Ac 9:34 ἰᾶταί **σε** Ἰησοῦς Χριστός·
Ac 10:4 αἱ προσευχαί **σου** καὶ αἱ ἐλεημοσύναι
Ac 10:4 καὶ αἱ ἐλεημοσύναι **σου** ἀνέβησαν εἰς μνημόσυνον
Ac 10:15 **σὺ** μὴ κοίνου.
Ac 10:19 ἄνδρες τρεῖς ζητοῦντές **σε**,
Ac 10:22 ἀγγέλου ἁγίου μεταπέμψασθαί **σε** εἰς τὸν οἶκον
Ac 10:22 ἀκοῦσαι ῥήματα παρὰ **σοῦ**.
Ac 10:31 εἰσηκούσθη **σου** ἡ προσευχὴ καὶ
Ac 10:31 καὶ αἱ ἐλεημοσύναι **σου** ἐμνήσθησαν ἐνώπιον τοῦ
Ac 10:33 οὖν ἔπεμψα πρὸς **σέ**,
Ac 10:33 **σύ** τε καλῶς ἐποίησας
Ac 10:33 πάντα τὰ προστεταγμένα **σοι** ὑπὸ τοῦ κυρίου.
Ac 11:9 **σὺ** μὴ κοίνου.
Ac 11:14 λαλήσει ῥήματα πρὸς **σὲ** ἐν οἷς σωθήσῃ
Ac 11:14 ἐν οἷς σωθήσῃ **σὺ** καὶ πᾶς ὁ
Ac 11:14 πᾶς ὁ οἶκός **σου**.
Ac 12:8 ὑπόδησαι τὰ σανδάλιά **σου**.
Ac 12:8 περιβαλοῦ τὸ ἱμάτιόν **σου** καὶ ἀκολούθει μοι.
Ac 13:11 χεὶρ κυρίου ἐπὶ **σὲ** καὶ ἔσῃ τυφλὸς
Ac 13:33 υἱός μου εἶ **σύ**,
Ac 13:33 ἐγὼ σήμερον γεγέννηκά **σε**.
Ac 13:35 δώσεις τὸν ὅσιόν **σου** ἰδεῖν διαφθοράν.
Ac 13:47 τέθεικά σε **εἰς** φῶς ἐθνῶν τοῦ
Ac 13:47 ἐθνῶν τοῦ εἶναί **σε** εἰς σωτηρίαν ἕως
Ac 14:10 ἐπὶ τοὺς πόδας **σου** ὀρθός.
Ac 16:18 παραγγέλλω **σοι** ἐν ὀνόματι Ἰησοῦ
Ac 16:31 Ἰησοῦν καὶ σωθήσῃ **σὺ** καὶ ὁ οἶκός
Ac 16:31 καὶ ὁ οἶκός **σου**.
Ac 17:19 αὕτη ἡ ὑπὸ **σοῦ** λαλουμένη διδαχή;
Ac 17:32 ἀκουσόμεθά **σου** περὶ τούτου καὶ
Ac 18:10 ἐγώ εἰμι μετὰ **σοῦ** καὶ οὐδεὶς ἐπιθήσεταί
Ac 18:10 καὶ οὐδεὶς ἐπιθήσεταί **σοι** τοῦ κακῶσαί σε,
Ac 18:10 σοι τοῦ κακῶσαί **σε**,
Ac 21:21 κατηχήθησαν δὲ περὶ **σοῦ** ὅτι ἀποστασίαν διδάσκεις
Ac 21:23 οὖν ποίησον ὅ **σοι** λέγομεν·
Ac 21:24 κατήχηνται περὶ **σοῦ** οὐδέν
Ac 21:37 εἰπεῖν τι πρὸς **σέ**;
Ac 21:38 οὐκ ἄρα **σὺ** εἶ ὁ Αἰγύπτιος
Ac 21:39 δέομαι δέ **σου**,
Ac 22:8 ὃν **σὺ** διώκεις.
Ac 22:10 εἰς Δαμασκὸν κἀκεῖ **σοι** λαληθήσεται περὶ πάντων
Ac 22:10 πάντων ὧν τέτακταί **σοι** ποιῆσαι.
Ac 22:14 πατέρων ἡμῶν προεχειρίσατό **σε** γνῶναι τὸ θέλημα
Ac 22:16 ἀπόλουσαι τὰς ἁμαρτίας **σου** ἐπικαλεσάμενος τὸ ὄνομα
Ac 22:18 διότι οὐ παραδέξονταί **σου** μαρτυρίαν περὶ ἐμοῦ.
Ac 22:19 τοὺς πιστεύοντας ἐπὶ **σέ**,
Ac 22:20 Στεφάνου τοῦ μάρτυρός **σου**,
Ac 22:21 ἔθνη μακρὰν ἐξαποστελῶ **σε**.
Ac 22:27 **σὺ** Ῥωμαῖος εἶ;
Ac 23:3 τύπτειν **σε** μέλλει ὁ θεός,
Ac 23:3 καὶ **σὺ** κάθῃ κρίνων με
Ac 23:5 ἄρχοντα τοῦ λαοῦ **σου** οὐκ ἐρεῖς κακῶς.
Ac 23:11 οὕτω **σε** δεῖ καὶ εἰς
Ac 23:18 νεανίσκον ἀγαγεῖν πρὸς **σὲ** ἔχοντά τι λαλῆσαί
Ac 23:18 ἔχοντά τι λαλῆσαί **σοι**.
Ac 23:20 συνέθεντο τοῦ ἐρωτῆσαί **σε** ὅπως αὔριον
Ac 23:21 **σὺ** οὖν μὴ πεισθῇς
Ac 23:21 προσδεχόμενοι τὴν ἀπὸ **σοῦ** ἐπαγγελίαν.
Ac 23:30 ἐξαυτῆς ἔπεμψα πρὸς **σὲ** παραγγείλας καὶ
Ac 23:30 πρὸς αὐτὸν ἐπὶ **σοῦ**.
Ac 23:35 διακούσομαί **σου**,
Ac 23:35 καὶ οἱ κατήγοροί **σου** παραγένωνται·
Ac 24:2 εἰρήνης τυγχάνοντες διὰ **σοῦ** καὶ διορθωμάτων γινομένων
Ac 24:4 μὴ ἐπὶ πλεῖόν **σε** ἐγκόπτω,
Ac 24:4 παρακαλῶ ἀκοῦσαί **σε** ἡμῶν συντόμως τῇ
Ac 24:10 πολλῶν ἐτῶν ὄντα **σε** κριτὴν τῷ ἔθνει
Ac 24:11 δυναμένου **σου** ἐπιγνῶναι ὅτι οὐ
Ac 24:13 οὐδὲ παραστῆσαι δύνανταί **σοι** περὶ ὧν νυνὶ
Ac 24:14 ὁμολογῶ δὲ τοῦτό **σοι** ὅτι κατὰ τὴν

Ac 24:19 οὓς ἔδει ἐπὶ **σοῦ** παρεῖναι καὶ κατηγορεῖν
Ac 24:25 δὲ μεταλαβὼν μετακαλέσομαί **σε**,
Ac 25:10 ἠδίκησα ὡς καὶ **σὺ** κάλλιον ἐπιγινώσκεις.
Ac 25:26 καὶ μάλιστα ἐπὶ **σοῦ**,
Ac 26:1 ἐπιτρέπεταί **σοι** περὶ σεαυτοῦ λέγειν.
Ac 26:2 ἐμαυτὸν μακάριον ἐπὶ **σοῦ** μέλλων σήμερον ἀπολογεῖσθαι
Ac 26:3 μάλιστα γνώστην ὄντα **σε** πάντων τῶν κατὰ
Ac 26:14 σκληρόν **σοι** πρὸς κέντρα λακτίζειν.
Ac 26:15 εἰμι Ἰησοῦς ὃν **σὺ** διώκεις.
Ac 26:16 ἐπὶ τοὺς πόδας **σου**·
Ac 26:16 τοῦτο γὰρ ὤφθην **σοι**,
Ac 26:16 προχειρίσασθαί **σε** ὑπηρέτην καὶ μάρτυρα
Ac 26:16 ὧν τε ὀφθήσομαί **σοι**,
Ac 26:17 ἐξαιρούμενός **σε** ἐκ τοῦ λαοῦ
Ac 26:17 οὓς ἐγὼ ἀποστέλλω **σε**
Ac 26:24 τὰ πολλά **σε** γράμματα εἰς μανίαν
Ac 26:29 μεγάλῳ οὐ μόνον **σὲ** ἀλλὰ καὶ πάντας
Ac 27:24 Καίσαρί **σε** δεῖ παραστῆναι,
Ac 27:24 καὶ ἰδοὺ κεχάρισταί **σοι** ὁ θεὸς πάντας
Ac 27:24 τοὺς πλέοντας μετὰ **σοῦ**.
Ac 28:21 οὔτε γράμματα περὶ **σοῦ** ἐδεξάμεθα ἀπὸ τῆς
Ac 28:21 ἐλάλησέν τι περὶ **σοῦ** πονηρόν.
Ac 28:22 ἀξιοῦμεν δὲ παρὰ **σοῦ** ἀκοῦσαι ἃ φρονεῖς,

συγγένεια (*syngeneia*; 2/3) *kindred*

Ac 7:3 καὶ [ἐκ] τῆς **συγγενείας** σου,
Ac 7:14 καὶ πᾶσαν τὴν **συγγένειαν** ἐν ψυχαῖς ἑβδομήκοντα

συγγενής (*syngenēs*; 1/11) *relative*

Ac 10:24 αὐτοὺς συγκαλεσάμενος τοὺς **συγγενεῖς** αὐτοῦ καὶ τοὺς

συγκάθημαι (*synkathēmai*; 1/2) *sit with*

Ac 26:30 Βερνίκη καὶ οἱ **συγκαθήμενοι** αὐτοῖς,

συγκαλέω (*synkaleō*; 3/8) *call together*

Ac 5:21 οἱ σὺν αὐτῷ **συνεκάλεσαν** τὸ συνέδριον καὶ
Ac 10:24 ἦν προσδοκῶν αὐτοὺς **συγκαλεσάμενος** τοὺς συγγενεῖς αὐτοῦ
Ac 28:17 μετὰ ἡμέρας τρεῖς **συγκαλέσασθαι** αὐτὸν τοὺς ὄντας

συγκαταβαίνω (*synkatabainō*; 1/1) *go or come down with*

Ac 25:5 δυνατοὶ **συγκαταβάντες** εἴ τι ἐστιν

συγκαταψηφίζομαι (*synkatapsēphizomai*; 1/1) *be enrolled*

Ac 1:26 ἐπὶ Μαθθίαν καὶ **συγκατεψηφίσθη** μετὰ τῶν ἕνδεκα

συγκινέω (*synkineō*; 1/1) *stir up*

Ac 6:12 **συνεκίνησάν** τε τὸν λαὸν

συγκομίζω (*synkomizō*; 1/1) *bury*

Ac 8:2 **συνεκόμισαν** δὲ τὸν Στέφανον

συγχέω (*syncheō*; 5/5) *confound or bewilder*

Ac 2:6 τὸ πλῆθος καὶ **συνεχύθη**,
Ac 9:22 μᾶλλον ἐνεδυναμοῦτο καὶ **συνέχυννεν** [τοὺς] Ἰουδαίους τοὺς
Ac 19:32 γὰρ ἡ ἐκκλησία **συγκεχυμένη** καὶ οἱ πλείους
Ac 21:27 ἐν τῷ ἱερῷ **συνέχεον** πάντα τὸν ὄχλον
Ac 21:31 σπείρης ὅτι ὅλη **συγχύννεται** Ἰερουσαλήμ.

σύγχυσις (*synchysis*; 1/1) *confusion*

Ac 19:29 ἡ πόλις τῆς **συγχύσεως**,

συζητέω (*syzēteō*; 2/10) *argue*

Ac 6:9 Κιλικίας καὶ Ἀσίας **συζητοῦντες** τῷ Στεφάνῳ,
Ac 9:29 ἐλάλει τε καὶ **συνεζήτει** πρὸς τοὺς Ἑλληνιστάς,

συλλαλέω (*syllaleō*; 1/6) *talk or speak with*

Ac 25:12 τότε ὁ Φῆστος **συλλαλήσας** μετὰ τοῦ συμβουλίου

συλλαμβάνω (*syllambanō*; 4/16) *seize (mid. assist)*

Ac 1:16 γενομένου ὁδηγοῦ τοῖς **συλλαβοῦσιν** Ἰησοῦν,
Ac 12:3 προσέθετο **συλλαβεῖν** καὶ Πέτρον,
Ac 23:27 Τὸν ἄνδρα τοῦτον **συλλημφθέντα** ὑπὸ τῶν Ἰουδαίων
Ac 26:21 τούτων με Ἰουδαῖοι **συλλαβόμενοι** [ὄντα] ἐν

συμβαίνω (*symbainō*; 3/8) *happen*

Ac 3:10 ἐκστάσεως ἐπὶ τῷ **συμβεβηκότι** αὐτῷ.
Ac 20:19 καὶ πειρασμῶν τῶν **συμβάντων** μοι ἐν ταῖς
Ac 21:35 συνέβη **βαστάζεσθαι** αὐτὸν ὑπὸ τῶν

συμβάλλω (*symballō*; 4/6) *meet*

Ac 4:15 τοῦ συνεδρίου ἀπελθεῖν **συνέβαλλον** πρὸς ἀλλήλους
Ac 17:18 καὶ Στοϊκῶν φιλοσόφων **συνέβαλλον** αὐτῷ,
Ac 18:27 ὃς παραγενόμενος **συνεβάλετο** πολὺ τοῖς πεπιστευκόσιν
Ac 20:14 ὡς δὲ **συνέβαλλεν** ἡμῖν εἰς τὴν

συμβιβάζω (*symbibazō*; 3/7) *bring together*

Ac 9:22 κατοικοῦντας ἐν Δαμασκῷ **συμβιβάζων** ὅτι οὗτός ἐστιν
Ac 16:10 ἐξελθεῖν εἰς Μακεδονίαν **συμβιβάζοντες** ὅτι προσκέκληται ἡμᾶς
Ac 19:33 δὲ τοῦ ὄχλου **συνεβίβασαν** Ἀλέξανδρον,

συμβουλεύω (*symbouleuō*; 1/4) *advise*

Ac 9:23 **συνεβουλεύσαντο** οἱ Ἰουδαῖοι ἀνελεῖν

συμβούλιον (*symboulion*; 1/8) *plan*

Ac 25:12 συλλαλήσας μετὰ τοῦ **συμβουλίου** ἀπεκρίθη·

Συμεών (*Symeōn*; 2/7) *Simeon*

Ac 13:1 τε Βαρναβᾶς καὶ **Συμεὼν** ὁ καλούμενος Νίγερ
Ac 15:14 **Συμεὼν** ἐξηγήσατο καθὼς πρῶτον

συμπαραλαμβάνω (*symparalambanō*; 3/4) *take or bring along with*
Ac 12:25 **συμπαραλαβόντες** Ἰωάννην τὸν ἐπικληθέντα
Ac 15:37 Βαρναβᾶς δὲ ἐβούλετο **συμπαραλαβεῖν** καὶ τὸν Ἰωάννην
Ac 15:38 τὸ ἔργον μὴ **συμπαραλαμβάνειν** τοῦτον.

συμπάρειμι (*sympareimi*; 1/1) *be present with*
Ac 25:24 καὶ πάντες οἱ **συμπαρόντες** ἡμῖν ἄνδρες,

συμπεριλαμβάνω (*symperilambanō*; 1/1) *take in one's arms*
Ac 20:10 ἐπέπεσεν αὐτῷ καὶ **συμπεριλαβὼν** εἶπεν·

συμπίνω (*sympinō*; 1/1) *drink with*
Ac 10:41 οἵτινες συνεφάγομεν καὶ **συνεπίομεν** αὐτῷ

συμπληρόω (*symplēroō*; 1/3) *draw near*
Ac 2:1 Καὶ ἐν τῷ **συμπληροῦσθαι** τὴν ἡμέραν τῆς

συμφέρω (*sympherō*; 2/15) *be better*
Ac 19:19 τὰ περίεργα πραξάντων **συνενέγκαντες** τὰς βίβλους κατέκαιον
Ac 20:20 οὐδὲν ὑπεστειλάμην τῶν **συμφερόντων** τοῦ μὴ ἀναγγεῖλαι

συμφωνέω (*symphōneō*; 2/6) *agree with*
Ac 5:9 τί ὅτι συνεφωνήθη **ὑμῖν** πειράσαι τὸ πνεῦμα
Ac 15:15 καὶ τούτῳ **συμφωνοῦσιν** οἱ λόγοι τῶν

συμψηφίζω (*sympsēphizō*; 1/1) *count up*
Ac 19:19 καὶ **συνεψήφισαν** τὰς τιμὰς αὐτῶν

σύν (*syn*; 51/128) *with*
Ac 1:14 ὁμοθυμαδὸν τῇ προσευχῇ **σὺν** γυναιξὶν καὶ Μαριὰμ
Ac 1:22 τῆς ἀναστάσεως αὐτοῦ **σὺν** ἡμῖν γενέσθαι ἕνα
Ac 2:14 δὲ ὁ Πέτρος **σὺν** τοῖς ἕνδεκα ἐπῆρεν
Ac 3:4 Πέτρος εἰς αὐτὸν **σὺν** τῷ Ἰωάννῃ εἶπεν·
Ac 3:8 περιεπάτει καὶ εἰσῆλθεν **σὺν** αὐτοῖς εἰς τὸ
Ac 4:13 τε αὐτοὺς ὅτι **σὺν** τῷ Ἰησοῦ ἦσαν,
Ac 4:14 τε ἄνθρωπον βλέποντες **σὺν** αὐτοῖς ἑστῶτα
Ac 4:27 καὶ Πόντιος Πιλᾶτος **σὺν** ἔθνεσιν καὶ λαοῖς
Ac 5:1 τις Ἁνανίας ὀνόματι **σὺν** Σαπφίρῃ τῇ γυναικὶ
Ac 5:17 καὶ πάντες οἱ **σὺν** αὐτῷ,
Ac 5:21 ἀρχιερεὺς καὶ οἱ **σὺν** αὐτῷ συνεκάλεσαν τὸ
Ac 5:26 ἀπελθὼν ὁ στρατηγὸς **σὺν** τοῖς ὑπηρέταις ἦγεν
Ac 7:35 καὶ λυτρωτὴν ἀπέσταλκεν **σὺν** χειρὶ ἀγγέλου
Ac 8:20 τὸ ἀργύριόν σου **σὺν** σοὶ εἴη εἰς
Ac 8:31 Φίλιππον ἀναβάντα καθίσαι **σὺν** αὐτῷ.
Ac 10:2 φοβούμενος τὸν θεὸν **σὺν** παντὶ τῷ οἴκῳ
Ac 10:20 κατάβηθι καὶ πορεύου **σὺν** αὐτοῖς μηδὲν διακρινόμενος
Ac 10:23 ἐπαύριον ἀναστὰς ἐξῆλθεν **σὺν** αὐτοῖς καί τινες
Ac 11:12 ἦλθον δὲ **σὺν** ἐμοὶ καὶ οἱ
Ac 13:7 ὃς ἦν **σὺν** τῷ ἀνθυπάτῳ Σεργίῳ
Ac 14:4 οἱ μὲν ἦσαν **σὺν** τοῖς Ἰουδαίοις,
Ac 14:4 οἱ δὲ **σὺν** τοῖς ἀποστόλοις.
Ac 14:5 τε καὶ Ἰουδαίων **σὺν** τοῖς ἄρχουσιν αὐτῶν
Ac 14:13 τοὺς πυλῶνας ἐνέγκας **σὺν** τοῖς ὄχλοις ἤθελεν
Ac 14:20 τῇ ἐπαύριον ἐξῆλθεν **σὺν** τῷ Βαρναβᾷ εἰς
Ac 14:28 χρόνον οὐκ ὀλίγον **σὺν** τοῖς μαθηταῖς.
Ac 15:22 καὶ τοῖς πρεσβυτέροις **σὺν** ὅλῃ τῇ ἐκκλησίᾳ
Ac 15:22 πέμψαι εἰς Ἀντιόχειαν **σὺν** τῷ Παύλῳ καὶ
Ac 15:25 πέμψαι πρὸς ὑμᾶς **σὺν** τοῖς ἀγαπητοῖς ἡμῶν
Ac 16:3 ἠθέλησεν ὁ Παῦλος **σὺν** αὐτῷ ἐξελθεῖν,
Ac 16:32 λόγον τοῦ κυρίου **σὺν** πᾶσιν τοῖς ἐν
Ac 17:34 Δάμαρις καὶ ἕτεροι **σὺν** αὐτοῖς.
Ac 18:8 ἐπίστευσεν τῷ κυρίῳ **σὺν** ὅλῳ τῷ οἴκῳ
Ac 18:18 καὶ **σὺν** αὐτῷ Πρίσκιλλα καὶ
Ac 19:38 Δημήτριος καὶ οἱ **σὺν** αὐτῷ τεχνῖται ἔχουσι
Ac 20:36 τὰ γόνατα αὐτοῦ **σὺν** πᾶσιν αὐτοῖς προσηύξατο.
Ac 21:5 προπεμπόντων ἡμᾶς πάντων **σὺν** γυναιξὶ καὶ τέκνοις
Ac 21:16 μαθητῶν ἀπὸ Καισαρείας **σὺν** ἡμῖν,
Ac 21:18 εἰσῄει ὁ Παῦλος **σὺν** ἡμῖν πρὸς Ἰάκωβον,
Ac 21:24 τούτους παραλαβὼν ἁγνίσθητι **σὺν** αὐτοῖς καὶ δαπάνησον
Ac 21:26 τῇ ἐχομένῃ ἡμέρᾳ **σὺν** αὐτοῖς ἁγνισθείς,
Ac 21:29 ἐν τῇ πόλει **σὺν** αὐτῷ,
Ac 22:9 οἱ δὲ **σὺν** ἐμοὶ ὄντες τὸ
Ac 23:15 ἐμφανίσατε τῷ χιλιάρχῳ **σὺν** τῷ συνεδρίῳ ὅπως
Ac 23:27 ὑπ' αὐτῶν ἐπιστὰς **σὺν** τῷ στρατεύματι ἐξειλάμην
Ac 23:32 τοὺς ἱππεῖς ἀπέρχεσθαι **σὺν** αὐτῷ ὑπέστρεψαν εἰς
Ac 24:24 παραγενόμενος ὁ Φῆλιξ **σὺν** Δρουσίλλῃ τῇ ἰδίᾳ
Ac 25:23 εἰς τὸ ἀκροατήριον **σύν** τε χιλιάρχοις καὶ
Ac 26:13 φῶς καὶ τοὺς **σὺν** ἐμοὶ πορευομένους.
Ac 27:2 τόπους ἀνήχθημεν ὄντος **σὺν** ἡμῖν Ἀριστάρχου Μακεδόνος
Ac 28:16 μένειν καθ' ἑαυτὸν **σὺν** τῷ φυλάσσοντι αὐτὸν

συνάγω (*synagō*; 11/59) *gather*
Ac 4:5 ἐπὶ τὴν αὔριον **συναχθῆναι** αὐτῶν τοὺς ἄρχοντας
Ac 4:26 καὶ οἱ ἄρχοντες **συνήχθησαν** ἐπὶ τὸ αὐτὸ
Ac 4:27 **συνήχθησαν** γὰρ ἐπ' ἀληθείας
Ac 4:31 ἐν ᾧ ἦσαν **συνηγμένοι**,
Ac 11:26 καὶ ἐνιαυτὸν ὅλον **συναχθῆναι** ἐν τῇ ἐκκλησίᾳ
Ac 13:44 πᾶσα ἡ πόλις **συνήχθη** ἀκοῦσαι τὸν λόγον
Ac 14:27 παραγενόμενοι δὲ καὶ **συναγαγόντες** τὴν ἐκκλησίαν ἀνήγγελλον
Ac 15:6 **Συνήχθησάν** τε οἱ ἀπόστολοι
Ac 15:30 καὶ **συναγαγόντες** τὸ πλῆθος ἐπέδωκαν
Ac 20:7 μιᾷ τῶν σαββάτων **συνηγμένων** ἡμῶν κλάσαι ἄρτον,
Ac 20:8 ὑπερῴῳ οὗ ἦμεν **συνηγμένοι**.

συναγωγή (*synagōgē*; 19/56) *synagogue*
Ac 6:9 τῶν ἐκ τῆς **συναγωγῆς** τῆς λεγομένης Λιβερτίνων
Ac 9:2 Δαμασκὸν πρὸς τὰς **συναγωγάς**,
Ac 9:20 εὐθέως ἐν ταῖς **συναγωγαῖς** ἐκήρυσσεν τὸν Ἰησοῦν

Ac 13:5 θεοῦ ἐν ταῖς **συναγωγαῖς** τῶν Ἰουδαίων.
Ac 13:14 [εἰσ]ελθόντες εἰς τὴν **συναγωγὴν** τῇ ἡμέρᾳ
Ac 13:43 λυθείσης δὲ τῆς **συναγωγῆς** ἠκολούθησαν πολλοὶ τῶν
Ac 14:1 αὐτοὺς εἰς τὴν **συναγωγὴν** τῶν Ἰουδαίων
Ac 15:21 ἔχει ἐν ταῖς **συναγωγαῖς** κατὰ πᾶν σάββατον
Ac 17:1 Θεσσαλονίκην ὅπου ἦν **συναγωγὴ** τῶν Ἰουδαίων.
Ac 17:10 παραγενόμενοι εἰς τὴν **συναγωγὴν** τῶν Ἰουδαίων ἀπῄεσαν.
Ac 17:17 οὖν ἐν τῇ **συναγωγῇ** τοῖς Ἰουδαίοις καὶ
Ac 18:4 δὲ ἐν τῇ **συναγωγῇ** κατὰ πᾶν σάββατον
Ac 18:7 ἦν συνομοροῦσα τῇ **συναγωγῇ**.
Ac 18:19 εἰσελθὼν εἰς τὴν **συναγωγὴν** διελέξατο τοῖς Ἰουδαίοις.
Ac 18:26 παρρησιάζεσθαι ἐν τῇ **συναγωγῇ**.
Ac 19:8 δὲ εἰς τὴν **συναγωγὴν** ἐπαρρησιάζετο ἐπὶ μῆνας
Ac 22:19 δέρων κατὰ τὰς **συναγωγὰς** τοὺς πιστεύοντας ἐπὶ
Ac 24:12 οὔτε ἐν ταῖς **συναγωγαῖς** οὔτε κατὰ τὴν
Ac 26:11 κατὰ πάσας τὰς **συναγωγὰς** πολλάκις τιμωρῶν αὐτοὺς

συναθροίζω (*synathroizō*; 2/2) *gather*
Ac 12:12 οὗ ἦσαν ἱκανοὶ **συνηθροισμένοι** καὶ προσευχόμενοι.
Ac 19:25 οὓς **συναθροίσας** καὶ τοὺς περὶ

συναλίζω (*synalizō*; 1/1) *eat with*
Ac 1:4 καὶ **συναλιζόμενος** παρήγγειλεν αὐτοῖς ἀπὸ

συναλλάσσω (*synallassō*; 1/1) *reconcile*
Ac 7:26 αὐτοῖς μαχομένοις καὶ **συνήλλασσεν** αὐτοὺς εἰς εἰρήνην

συναναβαίνω (*synanabainō*; 1/2) *come up together with*
Ac 13:31 ἡμέρας πλείους τοῖς **συναναβᾶσιν** αὐτῷ ἀπὸ

συναντάω (*synantaō*; 2/6) *meet*
Ac 10:25 **συναντήσας** αὐτῷ ὁ Κορνήλιος
Ac 20:22 τὰ ἐν αὐτῇ **συναντήσοντά** μοι μὴ εἰδώς,

συναρπάζω (*synarpazō*; 3/4) *seize*
Ac 6:12 γραμματεῖς καὶ ἐπιστάντες **συνήρπασαν** αὐτὸν καὶ ἤγαγον
Ac 19:29 εἰς τὸ θέατρον **συναρπάσαντες** Γάϊον καὶ Ἀρίσταρχον
Ac 27:15 **συναρπασθέντος** δὲ τοῦ πλοίου

σύνδεσμος (*syndesmos*; 1/4) *that which binds together*
Ac 8:23 χολὴν πικρίας καὶ **σύνδεσμον** ἀδικίας ὁρῶ σε

συνδρομή (*syndromē*; 1/1) *rushing together*
Ac 21:30 ὅλη καὶ ἐγένετο **συνδρομὴ** τοῦ λαοῦ,

συνέδριον (*synedrion*; 14/22) *Sanhedrin*
Ac 4:15 αὐτοὺς ἔξω τοῦ **συνεδρίου** ἀπελθεῖν συνέβαλλον πρὸς
Ac 5:21 αὐτῷ συνεκάλεσαν τὸ **συνέδριον** καὶ πᾶσαν
Ac 5:27 ἔστησαν ἐν τῷ **συνεδρίῳ**.
Ac 5:34 τις ἐν τῷ **συνεδρίῳ** Φαρισαῖος ὀνόματι Γαμαλιήλ,
Ac 5:41 ἀπὸ προσώπου τοῦ **συνεδρίου**,
Ac 6:12 ἤγαγον εἰς τὸ **συνέδριον**,
Ac 6:15 καθεζόμενοι ἐν τῷ **συνεδρίῳ** εἶδον τὸ πρόσωπον
Ac 22:30 καὶ πᾶν τὸ **συνέδριον**,
Ac 23:1 ὁ Παῦλος τῷ **συνεδρίῳ** εἶπεν·
Ac 23:6 ἔκραζεν ἐν τῷ **συνεδρίῳ**·
Ac 23:15 χιλιάρχῳ σὺν τῷ **συνεδρίῳ** ὅπως καταγάγῃ αὐτὸν
Ac 23:20 καταγάγῃς εἰς τὸ **συνέδριον** ὡς μέλλον τι
Ac 23:28 κατήγαγον εἰς τὸ **συνέδριον** αὐτῶν
Ac 24:20 μου ἐπὶ τοῦ **συνεδρίου**,

συνείδησις (*syneidēsis*; 2/30) *conscience*
Ac 23:1 ἐγὼ πάσῃ **συνειδήσει** ἀγαθῇ πεπολίτευμαι
Ac 24:16 αὐτὸς ἀσκῶ ἀπρόσκοπον **συνείδησιν** ἔχειν

σύνειμι (*syneimi*; 1/2) *be present*
Ac 22:11 χειραγωγούμενος ὑπὸ τῶν **συνόντων** μοι ἦλθον εἰς

συνέκδημος (*synekdēmos*; 1/2) *traveling companion*
Ac 19:29 **συνεκδήμους** Παύλου.

συνεπιτίθημι (*synepitithēmi*; 1/1) *join in the attack*
Ac 24:9 **συνεπέθεντο** δὲ καὶ οἱ

συνέπομαι (*synepomai*; 1/1) *accompany*
Ac 20:4 **συνείπετο** δὲ αὐτῷ Σώπατρος

συνέρχομαι (*synerchomai*; 16/30) *come together*
Ac 1:6 Οἱ μὲν οὖν **συνελθόντες** ἠρώτων αὐτὸν λέγοντες·
Ac 1:21 δεῖ οὖν τῶν **συνελθόντων** ἡμῖν ἀνδρῶν ἐν
Ac 2:6 τῆς φωνῆς ταύτης **συνῆλθεν** τὸ πλῆθος καὶ
Ac 5:16 **συνήρχετο** δὲ καὶ τὸ
Ac 9:39 ἀναστὰς δὲ Πέτρος **συνῆλθεν** αὐτοῖς·
Ac 10:23 τῶν ἀπὸ Ἰόππης **συνῆλθον** αὐτῷ.
Ac 10:27 εἰσῆλθεν καὶ εὑρίσκει **συνεληλυθότας** πολλούς,
Ac 10:45 περιτομῆς πιστοὶ ὅσοι **συνῆλθαν** τῷ Πέτρῳ,
Ac 11:12 τὸ πνεῦμά μοι **συνελθεῖν** αὐτοῖς μηδὲν διακρίναντα.
Ac 15:38 Παμφυλίας καὶ μὴ **συνελθόντα** αὐτοῖς εἰς τὸ
Ac 16:13 καθίσαντες ἐλαλοῦμεν ταῖς **συνελθούσαις** γυναιξίν.
Ac 19:32 ᾔδεισαν τίνος ἕνεκα **συνεληλύθεισαν**.
Ac 21:16 **συνῆλθον** δὲ καὶ τῶν
Ac 22:30 αὐτὸν καὶ ἐκέλευσεν **συνελθεῖν** τοὺς ἀρχιερεῖς καὶ
Ac 25:17 **συνελθόντων** οὖν [αὐτῶν] ἐνθάδε

Ac 28:17 **συνελθόντων** δὲ αὐτῶν ἔλεγεν

συνεσθίω (*synesthiō*; 2/5) *eat with*
Ac 10:41 οἵτινες **συνεφάγομεν** καὶ συνεπίομεν αὐτῷ
Ac 11:3 ἀκροβυστίαν ἔχοντας καὶ **συνέφαγες** αὐτοῖς.

συνετός (*synetos*; 1/4) *intelligent*
Ac 13:7 ἀνδρὶ **συνετῷ**.

συνευδοκέω (*syneudokeō*; 2/6) *approve of*
Ac 8:1 Σαῦλος δὲ ἦν **συνευδοκῶν** τῇ ἀναιρέσει αὐτοῦ.
Ac 22:20 ἤμην ἐφεστὼς καὶ **συνευδοκῶν** καὶ φυλάσσων

συνεφίστημι (*synephistēmi*; 1/1) *join in an attack*
Ac 16:22 καὶ **συνεπέστη** ὁ ὄχλος κατ'

συνέχω (*synechō*; 3/12) *surround, control*
Ac 7:57 δὲ φωνῇ μεγάλῃ **συνέσχον** τὰ ὦτα αὐτῶν
Ac 18:5 **συνείχετο** τῷ λόγῳ ὁ
Ac 28:8 πυρετοῖς καὶ δυσεντερίῳ **συνεχόμενον** κατακεῖσθαι,

συνθρύπτω (*synthryptō*; 1/1) *break*
Ac 21:13 ποιεῖτε κλαίοντες καὶ **συνθρύπτοντές** μου τὴν καρδίαν;

συνίημι (*syniēmi*; 4/26) *understand*
Ac 7:25 ἐνόμιζεν δὲ **συνιέναι** τοὺς ἀδελφοὺς [αὐτοῦ]
Ac 7:25 οἱ δὲ οὐ **συνῆκαν**.
Ac 28:26 καὶ οὐ μὴ **συνῆτε** καὶ βλέποντες βλέψετε
Ac 28:27 καὶ τῇ καρδίᾳ **συνῶσιν** καὶ ἐπιστρέψωσιν,

συνοδεύω (*synodeuō*; 1/1) *travel with*
Ac 9:7 δὲ ἄνδρες οἱ **συνοδεύοντες** αὐτῷ εἱστήκεισαν ἐνεοί,

σύνοιδα (*synoida*; 1/2) *share knowledge with*
Ac 5:2 **συνειδυίης** καὶ τῆς γυναικός,

συνομιλέω (*synomileō*; 1/1) *talk with*
Ac 10:27 καὶ **συνομιλῶν** αὐτῷ εἰσῆλθεν καὶ

συνομορέω (*synomoreō*; 1/1) *be next door*
Ac 18:7 ἡ οἰκία ἦν **συνομοροῦσα** τῇ συναγωγῇ.

συνοράω (*synoraō*; 2/2) *realize*
Ac 12:12 **συνιδών** τε ἦλθεν ἐπὶ
Ac 14:6 **συνιδόντες** κατέφυγον εἰς τὰς

συντελέω (*synteleō*; 1/6) *end*
Ac 21:27 αἱ ἑπτὰ ἡμέραι **συντελεῖσθαι**,

συντίθημι (*syntithēmi*; 1/3) *agree*
Ac 23:20 ὅτι οἱ Ἰουδαῖοι **συνέθεντο** τοῦ ἐρωτῆσαί σε

συντόμως (*syntomōs*; 1/1[2]) *briefly*
Ac 24:4 ἀκοῦσαί σε ἡμῶν **συντόμως** τῇ σῇ ἐπιεικείᾳ.

συντρέχω (*syntrechō*; 1/3) *run together*
Ac 3:11 καὶ τὸν Ἰωάννην **συνέδραμεν** πᾶς ὁ λαὸς

σύντροφος (*syntrophos*; 1/1) *foster-brother*
Ac 13:1 Ἡρῴδου τοῦ τετραάρχου **σύντροφος** καὶ Σαῦλος.

συνωμοσία (*synōmosia*; 1/1) *conspiracy*
Ac 23:13 οἱ ταύτην τὴν **συνωμοσίαν** ποιησάμενοι,

Συράκουσαι (*Syrakousai*; 1/1) *Syracuse*
Ac 28:12 καὶ καταχθέντες εἰς **Συρακούσας** ἐπεμείναμεν ἡμέρας τρεῖς,

Συρία (*Syria*; 5/8) *Syria*
Ac 15:23 τὴν Ἀντιόχειαν καὶ **Συρίαν** καὶ Κιλικίαν ἀδελφοῖς
Ac 15:41 διήρχετο δὲ τὴν **Συρίαν** καὶ [τὴν] Κιλικίαν
Ac 18:18 ἐξέπλει εἰς τὴν **Συρίαν**,
Ac 20:3 ἀνάγεσθαι εἰς τὴν **Συρίαν**,
Ac 21:3 εὐώνυμον ἐπλέομεν εἰς **Συρίαν** καὶ κατήλθομεν εἰς

Σύρτις (*Syrtis*; 1/1) *the Syrtis*
Ac 27:17 μὴ εἰς τὴν **Σύρτιν** ἐκπέσωσιν,

σύρω (*syrō*; 3/5) *drag*
Ac 8:3 **σύρων** τε ἄνδρας καὶ
Ac 14:19 λιθάσαντες τὸν Παῦλον **ἔσυρον** ἔξω τῆς πόλεως
Ac 17:6 εὑρόντες δὲ αὐτοὺς **ἔσυρον** Ἰάσονα καί τινας

συστέλλω (*systellō*; 1/2) *carry out or wrap up*
Ac 5:6 δὲ οἱ νεώτεροι **συνέστειλαν** αὐτὸν καὶ ἐξενέγκαντες

συστρέφω (*systrephō*; 1/2) *gather up*
Ac 28:3 **Συστρέψαντος** δὲ τοῦ Παύλου

συστροφή (*systrophē*; 2/2) *uproar*
Ac 19:40 λόγον περὶ τῆς **συστροφῆς** ταύτης.
Ac 23:12 δὲ ἡμέρας ποιήσαντες **συστροφὴν** οἱ Ἰουδαῖοι ἀνεθεμάτισαν

Συχέμ (*Sychem*; 2/2) *Shechem*
Ac 7:16 καὶ μετετέθησαν εἰς **Συχὲμ** καὶ ἐτέθησαν ἐν
Ac 7:16 υἱῶν Ἑμμὼρ ἐν **Συχέμ**.

σφαγή (*sphagē*; 1/3) *slaughter*
Ac 8:32 ὡς πρόβατον ἐπὶ **σφαγὴν** ἤχθη καὶ ὡς

σφάγιον (*sphagion*; 1/1) *sacrificial victim*
Ac 7:42 μὴ **σφάγια** καὶ θυσίας προσηνέγκατέ

σφόδρα (*sphodra*; 1/11) *very much*
Ac 6:7 μαθητῶν ἐν Ἰερουσαλὴμ **σφόδρα**,

σφοδρῶς (*sphodrōs*; 1/1) *violently*
Ac 27:18 **σφοδρῶς** δὲ χειμαζομένων ἡμῶν

σφυδρόν (*sphydron*; 1/1) *ankle*
Ac 3:7 αὐτοῦ καὶ τὰ **σφυδρά**,

σχεδόν (*schedon*; 2/3) *almost*
Ac 13:44 δὲ ἐρχομένῳ σαββάτῳ **σχεδὸν** πᾶσα ἡ πόλις
Ac 19:26 μόνον Ἐφέσου ἀλλὰ **σχεδὸν** πάσης τῆς Ἀσίας

σχίζω (*schizō*; 2/11) *split*
Ac 14:4 **ἐσχίσθη** δὲ τὸ πλῆθος
Ac 23:7 καὶ Σαδδουκαίων καὶ **ἐσχίσθη** τὸ πλῆθος.

σχοινίον (*schoinion*; 1/2) *cord, rope*
Ac 27:32 οἱ στρατιῶται τὰ **σχοινία** τῆς σκάφης καὶ

σχολή (*scholē*; 1/1) *lecture hall*
Ac 19:9 διαλεγόμενος ἐν τῇ **σχολῇ** Τυράννου.

σῴζω (*sōzō*; 13/105[106]) *save, preserve*
Ac 2:21 τὸ ὄνομα κυρίου **σωθήσεται**.
Ac 2:40 **σώθητε** ἀπὸ τῆς γενεᾶς
Ac 2:47 κύριος προσετίθει τοὺς **σῳζομένους** καθ᾽ ἡμέραν ἐπὶ
Ac 4:9 ἐν τίνι οὗτος **σέσωται**,
Ac 4:12 ἐν ᾧ δεῖ **σωθῆναι** ἡμᾶς.
Ac 11:14 σὲ ἐν οἷς **σωθήσῃ** σὺ καὶ πᾶς
Ac 14:9 ἔχει πίστιν τοῦ **σωθῆναι**,
Ac 15:1 οὐ δύνασθε **σωθῆναι**.
Ac 15:11 κυρίου Ἰησοῦ πιστεύομεν **σωθῆναι** καθ᾽ ὃν τρόπον
Ac 16:30 δεῖ ποιεῖν ἵνα **σωθῶ**;
Ac 16:31 κύριον Ἰησοῦν καὶ **σωθήσῃ** σὺ καὶ ὁ
Ac 27:20 ἐλπὶς πᾶσα τοῦ **σῴζεσθαι** ἡμᾶς.
Ac 27:31 ὑμεῖς **σωθῆναι** οὐ δύνασθε.

σῶμα (*sōma*; 1/142) *body*
Ac 9:40 ἐπιστρέψας πρὸς τὸ **σῶμα** εἶπεν·

Σώπατρος (*Sōpatros*; 1/1) *Sopater*
Ac 20:4 συνείπετο δὲ αὐτῷ **Σώπατρος** Πύρρου Βεροιαῖος,

Σωσθένης (*Sōsthenēs*; 1/2) *Sosthenes*
Ac 18:17 ἐπιλαβόμενοι δὲ πάντες **Σωσθένην** τὸν ἀρχισυνάγωγον ἔτυπτον

σωτήρ (*sōtēr*; 2/24) *Savior*
Ac 5:31 θεὸς ἀρχηγὸν καὶ **σωτῆρα** ὕψωσεν τῇ δεξιᾷ
Ac 13:23 ἤγαγεν τῷ Ἰσραὴλ **σωτῆρα** Ἰησοῦν,

σωτηρία (*sōtēria*; 6/45[46]) *salvation*
Ac 4:12 ἄλλῳ οὐδενὶ ἡ **σωτηρία**,
Ac 7:25 χειρὸς αὐτοῦ δίδωσιν **σωτηρίαν** αὐτοῖς·
Ac 13:26 ὁ λόγος τῆς **σωτηρίας** ταύτης ἐξαπεστάλη.
Ac 13:47 εἶναί σε εἰς **σωτηρίαν** ἕως ἐσχάτου τῆς
Ac 16:17 καταγγέλλουσιν ὑμῖν ὁδὸν **σωτηρίας**.
Ac 27:34 πρὸς τῆς ὑμετέρας **σωτηρίας** ὑπάρχει,

σωτήριον (*sōtērion*; 1/4) *salvation*
Ac 28:28 ἀπεστάλη τοῦτο τὸ **σωτήριον** τοῦ θεοῦ·

σωφροσύνη (*sōphrosynē*; 1/3) *propriety, good sense*
Ac 26:25 ἀλλὰ ἀληθείας καὶ **σωφροσύνης** ῥήματα ἀποφθέγγομαι.

ταβέρνη (*tabernē*; 1/1) *inn*
Ac 28:15 φόρου καὶ Τριῶν **ταβερνῶν**,

Ταβιθά (*Tabitha*; 2/2) *Tabitha*
Ac 9:36 ἦν μαθήτρια ὀνόματι **Ταβιθά**,
Ac 9:40 **Ταβιθά**,

τακτός (*taktos*; 1/1) *appointed*
Ac 12:21 **τακτῇ** δὲ ἡμέρᾳ ὁ

ταπεινοφροσύνη (*tapeinophrosynē*; 1/7) *humility*
Ac 20:19 κυρίῳ μετὰ πάσης **ταπεινοφροσύνης** καὶ δακρύων καὶ

ταπείνωσις (*tapeinōsis*; 1/4) *humble state*
Ac 8:33 Ἐν τῇ **ταπεινώσει** [αὐτοῦ] ἡ κρίσις

ταράσσω (*tarassō*; 3/17) *trouble*
Ac 15:24 ἐξ ἡμῶν [ἐξελθόντες] **ἐτάραξαν** ὑμᾶς λόγοις ἀνασκευάζοντες
Ac 17:8 **ἐτάραξαν** δὲ τὸν ὄχλον
Ac 17:13 κἀκεῖ σαλεύοντες καὶ **ταράσσοντες** τοὺς ὄχλους.

τάραχος (*tarachos*; 2/2) *confusion*
Ac 12:18 δὲ ἡμέρας ἦν **τάραχος** οὐκ ὀλίγος ἐν
Ac 19:23 τὸν καιρὸν ἐκεῖνον **τάραχος** οὐκ ὀλίγος

Ταρσεύς (*Tarseus*; 2/2) *man of Tarsus*
Ac 9:11 Ἰούδα Σαῦλον ὀνόματι **Ταρσέα**·
Ac 21:39 **Ταρσεὺς** τῆς Κιλικίας,

Ταρσός (*Tarsos*; 3/3) *Tarsus*
Ac 9:30 ἐξαπέστειλαν αὐτὸν εἰς **Ταρσόν**.
Ac 11:25 ἐξῆλθεν δὲ εἰς **Ταρσὸν** ἀναζητῆσαι Σαῦλον,
Ac 22:3 γεγεννημένος ἐν **Ταρσῷ** τῆς Κιλικίας,

τάσσω (*tassō*; 4/8) *appoint*
Ac 13:48 ἐπίστευσαν ὅσοι ἦσαν **τεταγμένοι** εἰς ζωὴν αἰώνιον·
Ac 15:2 **ἔταξαν** ἀναβαίνειν Παῦλον καὶ
Ac 22:10 περὶ πάντων ὧν **τέτακταί** σοι ποιῆσαι.
Ac 28:23 **Ταξάμενοι** δὲ αὐτῷ ἡμέραν

ταῦρος (*tauros*; 1/4) *bull*
Ac 14:13 πρὸ τῆς πόλεως **ταύρους** καὶ στέμματα ἐπὶ

ταχέως (*tacheōs*; 1/15) *quickly*
Ac 17:15 Τιμόθεον ἵνα ὡς **τάχιστα** ἔλθωσιν πρὸς αὐτὸν

τάχος (*tachos*; 3/8) *speed*

Ac 12:7 ἀνάστα ἐν **τάχει**.
Ac 22:18 καὶ ἔξελθε ἐν **τάχει** ἐξ Ἰερουσαλήμ,
Ac 25:4 δὲ μέλλειν ἐν **τάχει** ἐκπορεύεσθαι·

τέ (*te*; 151/215) *and*

Ac 1:1 ὁ Ἰησοῦς ποιεῖν **τε** καὶ διδάσκειν,
Ac 1:8 μου μάρτυρες ἔν **τε** Ἰερουσαλὴμ καὶ [ἐν]
Ac 1:13 ὅ **τε** Πέτρος καὶ Ἰωάννης
Ac 1:15 ἦν **τε** ὄχλος ὀνομάτων ἐπὶ
Ac 2:9 Ἰουδαίαν **τε** καὶ Καππαδοκίαν,
Ac 2:10 Φρυγίαν **τε** καὶ Παμφυλίαν,
Ac 2:11 Ἰουδαῖοί **τε** καὶ προσήλυτοι,
Ac 2:33 τήν **τε** ἐπαγγελίαν τοῦ πνεύματος
Ac 2:37 τὴν καρδίαν εἶπόν **τε** πρὸς τὸν Πέτρον
Ac 2:40 ἑτέροις **τε** λόγοις πλείοσιν διεμαρτύρατο
Ac 2:43 πολλά **τε** τέρατα καὶ σημεῖα
Ac 2:46 καθ' ἡμέραν **τε** προσκαρτεροῦντες ὁμοθυμαδὸν ἐν
Ac 2:46 κλῶντές **τε** κατ' οἶκον ἄρτον,
Ac 4:13 ἐθαύμαζον ἐπεγίνωσκόν **τε** αὐτοὺς ὅτι σὺν
Ac 4:14 τόν **τε** ἄνθρωπον βλέποντες σὺν
Ac 4:27 Ἡρῴδης **τε** καὶ Πόντιος Πιλᾶτος
Ac 4:33 χάρις **τε** μεγάλη ἦν ἐπὶ
Ac 5:14 πλήθη ἀνδρῶν **τε** καὶ γυναικῶν,
Ac 5:19 τῆς φυλακῆς ἐξαγαγών **τε** αὐτοὺς εἶπεν·
Ac 5:24 λόγους τούτους ὅ **τε** στρατηγὸς τοῦ ἱεροῦ
Ac 5:35 εἶπέν **τε** πρὸς αὐτούς·
Ac 5:42 πᾶσάν **τε** ἡμέραν ἐν τῷ
Ac 6:7 πολύς **τε** ὄχλος τῶν ἱερέων
Ac 6:12 συνεκίνησάν **τε** τὸν λαὸν καὶ
Ac 6:13 ἔστησάν **τε** μάρτυρας ψευδεῖς λέγοντας·
Ac 7:26 τῇ **τε** ἐπιούσῃ ἡμέρᾳ ὤφθη
Ac 8:3 σύρων **τε** ἄνδρας καὶ γυναῖκας
Ac 8:12 ἐβαπτίζοντο ἄνδρες **τε** καὶ γυναῖκες.
Ac 8:13 θεωρῶν **τε** σημεῖα καὶ δυνάμεις
Ac 8:25 πολλάς **τε** κώμας τῶν Σαμαριτῶν
Ac 8:28 ἦν **τε** ὑποστρέφων καὶ καθήμενος
Ac 8:31 παρεκάλεσέν **τε** τὸν Φίλιππον ἀναβάντα
Ac 8:38 ὅ **τε** Φίλιππος καὶ ὁ
Ac 9:2 ἄνδρας **τε** καὶ γυναῖκας,
Ac 9:3 ἐξαίφνης **τε** αὐτὸν περιήστραψεν φῶς
Ac 9:15 μου ἐνώπιον ἐθνῶν **τε** καὶ βασιλέων υἱῶν
Ac 9:15 καὶ βασιλέων υἱῶν **τε** Ἰσραήλ·
Ac 9:18 ἀνέβλεψέν **τε** καὶ ἀναστὰς ἐβαπτίσθη
Ac 9:24 τὰς πύλας ἡμέρας **τε** καὶ νυκτὸς ὅπως
Ac 9:29 ἐλάλει **τε** καὶ συνεζήτει πρὸς
Ac 10:22 μαρτυρούμενός **τε** ὑπὸ ὅλου τοῦ
Ac 10:28 ἔφη **τε** πρὸς αὐτούς·
Ac 10:33 σύ **τε** καλῶς ἐποίησας παραγενόμενος.
Ac 10:39 ὧν ἐποίησεν ἔν **τε** τῇ χώρᾳ τῶν
Ac 11:21 πολύς **τε** ἀριθμὸς ὁ πιστεύσας
Ac 11:26 χρηματίσαι **τε** πρώτως ἐν Ἀντιοχείᾳ
Ac 12:6 ἁλύσεσιν δυσὶν φύλακές **τε** πρὸ τῆς θύρας
Ac 12:12 συνιδών **τε** ἦλθεν ἐπὶ τὴν
Ac 12:17 τῆς φυλακῆς εἶπέν **τε**·
Ac 13:1 καὶ διδάσκαλοι ὅ **τε** Βαρναβᾶς καὶ Συμεὼν
Ac 13:1 Μαναήν **τε** Ἡρῴδου τοῦ τετραάρχου
Ac 13:4 ἐκεῖθέν **τε** ἀπέπλευσαν εἰς Κύπρον
Ac 13:11 παραχρῆμά **τε** ἔπεσεν ἐπ' αὐτὸν
Ac 13:46 παρρησιασάμενοί **τε** ὁ Παῦλος καὶ
Ac 13:52 οἵ **τε** μαθηταὶ ἐπληροῦντο χαρᾶς
Ac 14:1 ὥστε πιστεῦσαι Ἰουδαίων **τε** καὶ Ἑλλήνων πολὺ
Ac 14:5 ὁρμὴ τῶν ἐθνῶν **τε** καὶ Ἰουδαίων σὺν
Ac 14:11 οἵ **τε** ὄχλοι ἰδόντες ὃ
Ac 14:12 ἐκάλουν **τε** τὸν Βαρναβᾶν Δία,
Ac 14:13 ὅ **τε** ἱερεὺς τοῦ Διὸς
Ac 14:21 εὐαγγελισάμενοί **τε** τὴν πόλιν ἐκείνην
Ac 15:3 ἐκκλησίας διήρχοντο τήν **τε** Φοινίκην καὶ Σαμάρειαν
Ac 15:4 ἀνήγγειλάν **τε** ὅσα ὁ θεὸς
Ac 15:5 περιτέμνειν αὐτοὺς παραγγέλλειν **τε** τηρεῖν τὸν νόμον
Ac 15:6 Συνήχθησάν **τε** οἱ ἀπόστολοι καὶ
Ac 15:9 διέκρινεν μεταξὺ ἡμῶν **τε** καὶ αὐτῶν τῇ
Ac 15:32 Ἰούδας **τε** καὶ Σιλᾶς καὶ
Ac 15:39 τόν **τε** Βαρναβᾶν παραλαβόντα τὸν
Ac 16:13 τῇ **τε** ἡμέρᾳ τῶν σαββάτων
Ac 16:23 πολλάς **τε** ἐπιθέντες αὐτοῖς πληγὰς
Ac 16:34 ἀναγαγών **τε** αὐτοὺς εἰς τὸν
Ac 17:4 τῶν **τε** σεβομένων Ἑλλήνων πλῆθος
Ac 17:4 γυναικῶν **τε** τῶν πρώτων οὐκ
Ac 17:10 νυκτὸς ἐξέπεμψαν τόν **τε** Παῦλον καὶ τὸν
Ac 17:14 ὑπέμεινάν **τε** ὅ τε Σιλᾶς
Ac 17:14 ὑπέμεινάν τε ὅ **τε** Σιλᾶς καὶ ὁ
Ac 17:19 ἐπιλαβόμενοί **τε** αὐτοῦ ἐπὶ τὸν
Ac 17:26 ἐποίησέν **τε** ἐξ ἑνὸς πᾶν
Ac 18:4 πᾶν σάββατον ἔπειθέν **τε** Ἰουδαίους καὶ Ἕλληνας.
Ac 18:5 τῆς Μακεδονίας ὅ **τε** Σιλᾶς καὶ ὁ
Ac 18:26 οὗτός **τε** ἤρξατο παρρησιάζεσθαι ἐν
Ac 19:2 εἶπέν **τε** πρὸς αὐτούς·
Ac 19:3 εἶπέν **τε**·
Ac 19:6 ἐλάλουν **τε** γλώσσαις καὶ ἐπροφήτευον.
Ac 19:10 Ἰουδαίους **τε** καὶ Ἕλληνας.
Ac 19:11 Δυνάμεις **τε** οὐ τὰς τυχούσας
Ac 19:12 τά **τε** πνεύματα τὰ πονηρὰ
Ac 19:17 γνωστὸν πᾶσιν Ἰουδαίοις **τε** καὶ Ἕλλησιν
Ac 19:18 Πολλοί **τε** τῶν πεπιστευκότων ἤρχοντο
Ac 19:27 μέλλειν **τε** καὶ καθαιρεῖσθαι τῆς
Ac 19:29 ὥρμησάν **τε** ὁμοθυμαδὸν εἰς τὸ
Ac 20:3 ποιήσας **τε** μῆνας τρεῖς·
Ac 20:7 παρέτεινέν **τε** τὸν λόγον μέχρι
Ac 20:11 γευσάμενος ἐφ' ἱκανόν **τε** ὁμιλήσας ἄχρι αὐγῆς,
Ac 20:21 διαμαρτυρόμενος Ἰουδαίοις **τε** καὶ Ἕλλησιν
Ac 20:35 μνημονεύειν **τε** τῶν λόγων τοῦ
Ac 21:12 παρεκαλοῦμεν ἡμεῖς **τε** καὶ οἱ ἐντόπιοι
Ac 21:18 πάντες **τε** παρεγένοντο οἱ πρεσβύτεροι.
Ac 21:20 τὸν θεὸν εἶπόν **τε** αὐτῷ·
Ac 21:25 φυλάσσεσθαι αὐτοὺς τό **τε** εἰδωλόθυτον καὶ αἷμα
Ac 21:28 ἔτι **τε** καὶ Ἕλληνας εἰσήγαγεν
Ac 21:30 ἐκινήθη **τε** ἡ πόλις ὅλη
Ac 21:31 Ζητούντων **τε** αὐτὸν ἀποκτεῖναι ἀνέβη
Ac 21:37 Μέλλων **τε** εἰσάγεσθαι εἰς τὴν
Ac 22:4 εἰς φυλακὰς ἄνδρας **τε** καὶ γυναῖκας,
Ac 22:7 ἔπεσά **τε** εἰς τὸ ἔδαφος
Ac 22:8 εἶπέν **τε** πρός με·
Ac 22:23 κραυγαζόντων **τε** αὐτῶν καὶ ῥιπτούντων
Ac 23:5 ἔφη **τε** ὁ Παῦλος·
Ac 23:10 μέσου αὐτῶν ἄγειν **τε** εἰς τὴν παρεμβολήν.
Ac 23:24 κτήνη **τε** παραστῆσαι ἵνα ἐπιβιβάσαντες
Ac 23:28 βουλόμενός **τε** ἐπιγνῶναι τὴν αἰτίαν
Ac 24:3 πάντῃ **τε** καὶ πανταχοῦ ἀποδεχόμεθα,
Ac 24:5 τὴν οἰκουμένην πρωτοστάτην **τε** τῆς τῶν Ναζωραίων

Ac 24:10 ᾿Απεκρίθη **τε** ὁ Παῦλος νεύσαντος
Ac 24:15 μέλλειν ἔσεσθαι δικαίων **τε** καὶ ἀδίκων.
Ac 24:23 τηρεῖσθαι αὐτὸν ἔχειν **τε** ἄνεσιν καὶ μηδένα
Ac 24:27 θέλων **τε** χάριτα καταθέσθαι τοῖς
Ac 25:2 ἐνεφάνισάν **τε** αὐτῷ οἱ ἀρχιερεῖς
Ac 25:16 τοὺς κατηγόρους τόπον **τε** ἀπολογίας λάβοι
Ac 25:23 τὸ ἀκροατήριον σύν **τε** χιλιάρχοις καὶ ἀνδράσιν
Ac 25:24 ἐνέτυχόν μοι ἔν **τε** Ἱεροσολύμοις καὶ ἐνθάδε
Ac 26:3 κατὰ ᾿Ιουδαίους ἐθῶν **τε** καὶ ζητημάτων,
Ac 26:4 ἔθνει μου ἔν **τε** Ἱεροσολύμοις ἴσασι πάντες
Ac 26:10 καὶ πολλούς **τε** τῶν ἁγίων ἐγὼ
Ac 26:10 ἐξουσίαν λαβὼν ἀναιρουμένων **τε** αὐτῶν κατήνεγκα ψῆφον.
Ac 26:11 ἠνάγκαζον βλασφημεῖν περισσῶς **τε** ἐμμαινόμενος αὐτοῖς ἐδίωκον
Ac 26:14 πάντων **τε** καταπεσόντων ἡμῶν εἰς
Ac 26:16 καὶ μάρτυρα ὧν **τε** εἶδές [με] ὧν
Ac 26:16 εἶδές [με] ὧν **τε** ὀφθήσομαί σοι,
Ac 26:20 ἐν Δαμασκῷ πρῶτόν **τε** καὶ Ἱεροσολύμοις,
Ac 26:20 πᾶσάν **τε** τὴν χώραν τῆς
Ac 26:22 ἕστηκα μαρτυρόμενος μικρῷ **τε** καὶ μεγάλῳ οὐδὲν
Ac 26:22 ἐκτὸς λέγων ὧν **τε** οἱ προφῆται ἐλάλησαν
Ac 26:23 μέλλει καταγγέλλειν τῷ **τε** λαῷ καὶ τοῖς
Ac 26:30 ᾿Ανέστη **τε** ὁ βασιλεὺς καὶ
Ac 26:30 ὁ ἡγεμὼν ἥ **τε** Βερνίκη καὶ οἱ
Ac 27:1 παρεδίδουν τόν **τε** Παῦλον καί τινας
Ac 27:3 τῇ **τε** ἑτέρᾳ κατήχθημεν εἰς
Ac 27:3 φιλανθρώπως **τε** ὁ ᾿Ιούλιος τῷ
Ac 27:5 τό **τε** πέλαγος τὸ κατὰ
Ac 27:8 μόλις **τε** παραλεγόμενοι αὐτὴν ἤλθομεν
Ac 27:17 φοβούμενοί **τε** μὴ εἰς τὴν
Ac 27:20 χειμῶνός **τε** οὐκ ὀλίγου ἐπικειμένου,
Ac 27:21 Πολλῆς **τε** ἀσιτίας ὑπαρχούσης τότε
Ac 27:21 τῆς Κρήτης κερδῆσαί **τε** τὴν ὕβριν ταύτην
Ac 27:29 φοβούμενοί **τε** μή που κατὰ
Ac 27:43 ἐκέλευσέν **τε** τοὺς δυναμένους κολυμβᾶν
Ac 28:2 οἵ **τε** βάρβαροι παρεῖχον οὐ
Ac 28:23 πείθων **τε** αὐτοὺς περὶ τοῦ
Ac 28:23 τοῦ ᾿Ιησοῦ ἀπό **τε** τοῦ νόμου Μωϋσέως

τεῖχος (*teichos*; 1/9) *wall*

Ac 9:25 νυκτὸς διὰ τοῦ **τείχους** καθῆκαν αὐτὸν χαλάσαντες

τεκμήριον (*tekmērion*; 1/1) *decisive*

Ac 1:3 αὐτὸν ἐν πολλοῖς **τεκμηρίοις**,

τέκνον (*teknon*; 5/99) *child*

Ac 2:39 ἐπαγγελία καὶ τοῖς **τέκνοις** ὑμῶν καὶ πᾶσιν
Ac 7:5 οὐκ ὄντος αὐτῷ **τέκνου**.
Ac 13:33 θεὸς ἐκπεπλήρωκεν τοῖς **τέκνοις** [αὐτῶν] ἡμῖν ἀναστήσας
Ac 21:5 σὺν γυναιξὶ καὶ **τέκνοις** ἕως ἔξω τῆς
Ac 21:21 περιτέμνειν αὐτοὺς τὰ **τέκνα** μηδὲ τοῖς ἔθεσιν

τελειόω (*teleioō*; 1/23) *complete, fulfill*

Ac 20:24 τιμίαν ἐμαυτῷ ὡς **τελειῶσαι** τὸν δρόμον μου

τελευτάω (*teleutaō*; 2/11) *die*

Ac 2:29 Δαυὶδ ὅτι καὶ **ἐτελεύτησεν** καὶ ἐτάφη,
Ac 7:15 εἰς Αἴγυπτον καὶ **ἐτελεύτησεν** αὐτὸς καὶ οἱ

τελέω (*teleō*; 1/28) *finish*

Ac 13:29 ὡς δὲ **ἐτέλεσαν** πάντα τὰ περὶ

τέρας (*teras*; 9/16) *wonder*

Ac 2:19 καὶ δώσω **τέρατα** ἐν τῷ οὐρανῷ
Ac 2:22 ὑμᾶς δυνάμεσι καὶ **τέρασι** καὶ σημείοις οἷς
Ac 2:43 πολλά τε **τέρατα** καὶ σημεῖα διὰ
Ac 4:30 καὶ σημεῖα καὶ **τέρατα** γίνεσθαι διὰ τοῦ
Ac 5:12 ἐγίνετο σημεῖα καὶ **τέρατα** πολλὰ ἐν τῷ
Ac 6:8 καὶ δυνάμεως ἐποίει **τέρατα** καὶ σημεῖα μεγάλα
Ac 7:36 ἐξήγαγεν αὐτοὺς ποιήσας **τέρατα** καὶ σημεῖα
Ac 14:3 διδόντι σημεῖα καὶ **τέρατα** γίνεσθαι διὰ τῶν
Ac 15:12 θεὸς σημεῖα καὶ **τέρατα** ἐν τοῖς ἔθνεσιν

Τέρτυλλος (*Tertyllos*; 2/2) *Tertullus*

Ac 24:1 τινῶν καὶ ῥήτορος **Τερτύλλου** τινος,
Ac 24:2 ἤρξατο κατηγορεῖν ὁ **Τέρτυλλος** λέγων·

τέσσαρες (*tessares*; 6/40) *four*

Ac 10:11 ὡς ὀθόνην μεγάλην **τέσσαρσιν** ἀρχαῖς καθιέμενον ἐπὶ
Ac 11:5 ὡς ὀθόνην μεγάλην **τέσσαρσιν** ἀρχαῖς καθιεμένην ἐκ
Ac 12:4 εἰς φυλακὴν παραδοὺς **τέσσαρσιν** τετραδίοις στρατιωτῶν φυλάσσειν
Ac 21:9 δὲ ἦσαν θυγατέρες **τέσσαρες** παρθένοι προφητεύουσαι.
Ac 21:23 εἰσὶν ἡμῖν ἄνδρες **τέσσαρες** εὐχὴν ἔχοντες
Ac 27:29 πρύμνης ῥίψαντες ἀγκύρας **τέσσαρας** ηὔχοντο ἡμέραν γενέσθαι.

τεσσαρεσκαιδέκατος (*tessareskaidekatos*; 2/2) *fourteenth*

Ac 27:27 Ὡς δὲ **τεσσαρεσκαιδεκάτη** νὺξ ἐγένετο διαφερομένων
Ac 27:33 **τεσσαρεσκαιδεκάτην** σήμερον ἡμέραν προσδοκῶντες

τεσσεράκοντα (*tesserakonta*; 8/22) *forty*

Ac 1:3 δι᾿ ἡμερῶν **τεσσεράκοντα** ὀπτανόμενος αὐτοῖς καὶ
Ac 4:22 γὰρ ἦν πλειόνων **τεσσεράκοντα** ὁ ἄνθρωπος
Ac 7:30 Καὶ πληρωθέντων ἐτῶν **τεσσεράκοντα** ὤφθη αὐτῷ ἐν
Ac 7:36 τῇ ἐρήμῳ ἔτη **τεσσεράκοντα**.
Ac 7:42 προσηνέγκατέ μοι ἔτη **τεσσεράκοντα** ἐν τῇ ἐρήμῳ,
Ac 13:21 ἔτη **τεσσεράκοντα**,
Ac 23:13 ἦσαν δὲ πλείους **τεσσεράκοντα** οἱ ταύτην
Ac 23:21 αὐτῶν ἄνδρες πλείους **τεσσεράκοντα**,

τεσσερακονταετής (*tesserakontaetēs*; 2/2) *forty years*

Ac 7:23 δὲ ἐπληροῦτο αὐτῷ **τεσσερακονταετὴς** χρόνος,

Ac 13:18 καὶ ὡς **τεσσερακονταετῆ** χρόνον ἐτροποφόρησεν αὐτοὺς

τέταρτος (*tetartos*; 1/10) *fourth*
Ac 10:30 ἀπὸ **τετάρτης** ἡμέρας μέχρι ταύτης

τετράδιον (*tetradion*; 1/1) *squad*
Ac 12:4 φυλακὴν παραδοὺς τέσσαρσιν **τετραδίοις** στρατιωτῶν φυλάσσειν αὐτόν,

τετρακισχίλιοι (*tetrakischilioi*; 1/5) *four thousand*
Ac 21:38 τὴν ἔρημον τοὺς **τετρακισχιλίους** ἄνδρας τῶν σικαρίων;

τετρακόσιοι (*tetrakosioi*; 3/4) *four hundred*
Ac 5:36 ἀνδρῶν ἀριθμὸς ὡς **τετρακοσίων**·
Ac 7:6 καὶ κακώσουσιν ἔτη **τετρακόσια**·
Ac 13:20 ὡς ἔτεσιν **τετρακοσίοις** καὶ πεντήκοντα.

τετράπους (*tetrapous*; 2/3) *four-footed animal*
Ac 10:12 ὑπῆρχεν πάντα τὰ **τετράποδα** καὶ ἑρπετὰ
Ac 11:6 καὶ εἶδον τὰ **τετράποδα** τῆς γῆς καὶ

τετραάρχης (*tetraarchēs*; 1/4) *tetrarch*
Ac 13:1 τε Ἡρῴδου τοῦ **τετραάρχου** σύντροφος καὶ Σαῦλος.

τέχνη (*technē*; 2/3) *trade, craft*
Ac 17:29 χαράγματι **τέχνης** καὶ ἐνθυμήσεως ἀνθρώπου,
Ac 18:3 γὰρ σκηνοποιοὶ τῇ **τέχνῃ**.

τεχνίτης (*technitēs*; 2/4) *craftsman*
Ac 19:24 Ἀρτέμιδος παρείχετο τοῖς **τεχνίταις** οὐκ ὀλίγην ἐργασίαν,
Ac 19:38 οἱ σὺν αὐτῷ **τεχνῖται** ἔχουσι πρός τινα

τηρέω (*tēreō*; 8/70) *keep*
Ac 12:5 μὲν οὖν Πέτρος **ἐτηρεῖτο** ἐν τῇ φυλακῇ·
Ac 12:6 πρὸ τῆς θύρας **ἐτήρουν** τὴν φυλακήν.
Ac 15:5 αὐτοὺς παραγγέλλειν τε **τηρεῖν** τὸν νόμον Μωϋσέως.
Ac 16:23 τῷ δεσμοφύλακι ἀσφαλῶς **τηρεῖν** αὐτούς.
Ac 24:23 διαταξάμενος τῷ ἑκατοντάρχῃ **τηρεῖσθαι** αὐτὸν ἔχειν τε
Ac 25:4 οὖν Φῆστος ἀπεκρίθη **τηρεῖσθαι** τὸν Παῦλον εἰς
Ac 25:21 δὲ Παύλου ἐπικαλεσαμένου **τηρηθῆναι** αὐτὸν
Ac 25:21 ἐκέλευσα **τηρεῖσθαι** αὐτὸν ἕως οὗ

τήρησις (*tērēsis*; 2/3) *custody*
Ac 4:3 καὶ ἔθεντο εἰς **τήρησιν** εἰς τὴν αὔριον·
Ac 5:18 ἔθεντο αὐτοὺς ἐν **τηρήσει** δημοσίᾳ.

τίθημι (*tithēmi*; 23/100) *put, place, appoint*
Ac 1:7 οὓς ὁ πατὴρ **ἔθετο** ἐν τῇ ἰδίᾳ
Ac 2:35 ἕως ἂν **θῶ** τοὺς ἐχθρούς σου
Ac 3:2 ὃν **ἐτίθουν** καθ' ἡμέραν πρὸς
Ac 4:3 τὰς χεῖρας καὶ **ἔθεντο** εἰς τήρησιν εἰς
Ac 4:35 καὶ **ἐτίθουν** παρὰ τοὺς πόδας
Ac 4:37 τὸ χρῆμα καὶ **ἔθηκεν** πρὸς τοὺς πόδας
Ac 5:2 πόδας τῶν ἀποστόλων **ἔθηκεν**.
Ac 5:4 τί ὅτι **ἔθου** ἐν τῇ καρδίᾳ
Ac 5:15 τοὺς ἀσθενεῖς καὶ **τιθέναι** ἐπὶ κλιναρίων
Ac 5:18 τοὺς ἀποστόλους καὶ **ἔθεντο** αὐτοὺς ἐν τηρήσει
Ac 5:25 οἱ ἄνδρες οὓς **ἔθεσθε** ἐν τῇ φυλακῇ
Ac 7:16 εἰς Συχὲμ καὶ **ἐτέθησαν** ἐν τῷ μνήματι
Ac 7:60 **θεὶς** δὲ τὰ γόνατα
Ac 9:37 λούσαντες δὲ **ἔθηκαν** [αὐτὴν] ἐν ὑπερῴῳ.
Ac 9:40 ὁ Πέτρος καὶ **θεὶς** τὰ γόνατα προσηύξατο
Ac 12:4 ὃν καὶ πιάσας **ἔθετο** εἰς φυλακὴν παραδοὺς
Ac 13:29 ἀπὸ τοῦ ξύλου **ἔθηκαν** εἰς μνημεῖον.
Ac 13:47 τέθεικά **σε** εἰς φῶς ἐθνῶν
Ac 19:21 **ἔθετο** ὁ Παῦλος ἐν
Ac 20:28 πνεῦμα τὸ ἅγιον **ἔθετο** ἐπισκόπους ποιμαίνειν τὴν
Ac 20:36 Καὶ ταῦτα εἰπὼν **θεὶς** τὰ γόνατα αὐτοῦ
Ac 21:5 καὶ θέντες **τὰ** γόνατα ἐπὶ τὸν
Ac 27:12 παραχειμασίαν οἱ πλείονες **ἔθεντο** βουλὴν ἀναχθῆναι ἐκεῖθεν,

τιμάω (*timaō*; 1/21) *honor*
Ac 28:10 καὶ πολλαῖς τιμαῖς **ἐτίμησαν** ἡμᾶς καὶ ἀναγομένοις

τιμή (*timē*; 6/41) *honor*
Ac 4:34 πωλοῦντες ἔφερον τὰς **τιμὰς** τῶν πιπρασκομένων
Ac 5:2 ἐνοσφίσατο ἀπὸ τῆς **τιμῆς**,
Ac 5:3 νοσφίσασθαι ἀπὸ τῆς **τιμῆς** τοῦ χωρίου;
Ac 7:16 ᾧ ὠνήσατο Ἀβραὰμ **τιμῆς** ἀργυρίου παρὰ
Ac 19:19 καὶ συνεψήφισαν τὰς **τιμὰς** αὐτῶν καὶ εὗρον
Ac 28:10 οἳ καὶ πολλαῖς **τιμαῖς** ἐτίμησαν ἡμᾶς καὶ

τίμιος (*timios*; 2/13) *precious*
Ac 5:34 νομοδιδάσκαλος **τίμιος** παντὶ τῷ λαῷ,
Ac 20:24 ποιοῦμαι τὴν ψυχὴν **τιμίαν** ἐμαυτῷ ὡς τελειῶσαι

Τιμόθεος (*Timotheos*; 6/24) *Timothy*
Ac 16:1 ἦν ἐκεῖ ὀνόματι **Τιμόθεος**,
Ac 17:14 Σιλᾶς καὶ ὁ **Τιμόθεος** ἐκεῖ.
Ac 17:15 Σιλᾶν καὶ τὸν **Τιμόθεον** ἵνα ὡς τάχιστα
Ac 18:5 Σιλᾶς καὶ ὁ **Τιμόθεος**,
Ac 19:22 **Τιμόθεον** καὶ Ἔραστον,
Ac 20:4 Γάϊος Δερβαῖος καὶ **Τιμόθεος**,

Τίμων (*Timōn*; 1/1) *Timon*
Ac 6:5 καὶ Νικάνορα καὶ **Τίμωνα** καὶ Παρμενᾶν καὶ

τιμωρέω (*timōreō*; 2/2) *punish*
Ac 22:5 εἰς Ἰερουσαλὴμ ἵνα **τιμωρηθῶσιν**.
Ac 26:11 τὰς συναγωγὰς πολλάκις **τιμωρῶν** αὐτοὺς ἠνάγκαζον βλασφημεῖν

τίς (*tis*; 51/545[546]) *who; what, why*
Ac 1:11 **τί** ἑστήκατε [ἐμ]βλέποντες εἰς
Ac 2:12 **τί** θέλει τοῦτο εἶναι;
Ac 2:37 **τί** ποιήσωμεν,

Ac 3:12 **τί** θαυμάζετε ἐπὶ τούτῳ
Ac 3:12 τούτῳ ἢ ἡμῖν **τί** ἀτενίζετε ὡς ἰδίᾳ
Ac 4:9 ἀνθρώπου ἀσθενοῦς ἐν **τίνι** οὗτος σέσωται,
Ac 4:16 **τί** ποιήσωμεν τοῖς ἀνθρώποις
Ac 5:4 **τί** ὅτι ἔθου ἐν
Ac 5:9 τί **ὅτι** συνεφωνήθη ὑμῖν πειράσαι
Ac 7:27 **τίς** σε κατέστησεν ἄρχοντα
Ac 7:35 **τίς** σε κατέστησεν ἄρχοντα
Ac 7:40 οὐκ οἴδαμεν **τί** ἐγένετο αὐτῷ.
Ac 7:49 ἢ **τίς** τόπος τῆς καταπαύσεώς
Ac 7:52 **τίνα** τῶν προφητῶν οὐκ
Ac 8:33 τὴν γενεὰν αὐτοῦ **τίς** διηγήσεται;
Ac 8:34 περὶ **τίνος** ὁ προφήτης λέγει
Ac 8:36 **τί** κωλύει με βαπτισθῆναι;
Ac 9:4 **τί** με διώκεις;
Ac 9:5 **τίς** εἶ,
Ac 10:4 **τί** ἐστιν,
Ac 10:17 διηπόρει ὁ Πέτρος **τί** ἂν εἴη τὸ
Ac 10:21 **τίς** ἡ αἰτία δι'
Ac 10:29 πυνθάνομαι οὖν **τίνι** λόγῳ μετεπέμψασθέ με;
Ac 11:17 ἐγὼ **τίς** ἤμην δυνατὸς κωλῦσαι
Ac 12:18 ἐν τοῖς στρατιώταις **τί** ἄρα ὁ Πέτρος
Ac 13:25 **τί** ἐμὲ ὑπονοεῖτε εἶναι;
Ac 14:15 **τί** ταῦτα ποιεῖτε;
Ac 15:10 νῦν οὖν **τί** πειράζετε τὸν θεὸν
Ac 16:30 **τί** με δεῖ ποιεῖν
Ac 17:18 **τί** ἂν θέλοι ὁ
Ac 17:19 δυνάμεθα γνῶναι **τίς** ἡ καινὴ αὕτη
Ac 17:20 βουλόμεθα οὖν γνῶναι **τίνα** θέλει ταῦτα εἶναι.
Ac 19:15 ὑμεῖς δὲ **τίνες** ἐστέ;
Ac 19:32 πλείους οὐκ ᾔδεισαν **τίνος** ἕνεκα συνεληλύθεισαν.
Ac 19:35 **τίς** γάρ ἐστιν ἀνθρώπων
Ac 21:13 **τί** ποιεῖτε κλαίοντες καὶ
Ac 21:22 **τί** οὖν ἐστιν;
Ac 21:33 καὶ ἐπυνθάνετο **τίς** εἴη καὶ τί
Ac 21:33 τίς εἴη καὶ **τί** ἐστιν πεποιηκώς.
Ac 22:7 **τί** με διώκεις;
Ac 22:8 **τίς** εἶ,
Ac 22:10 **τί** ποιήσω,
Ac 22:16 καὶ νῦν **τί** μέλλεις;
Ac 22:26 **τί** μέλλεις ποιεῖν;
Ac 22:30 τὸ **τί** κατηγορεῖται ὑπὸ τῶν
Ac 23:19 **τί** ἐστιν ὃ ἔχεις
Ac 24:20 αὐτοὶ οὗτοι εἰπάτωσαν **τί** εὗρον ἀδίκημα στάντος
Ac 25:26 ἀνακρίσεως γενομένης σχῶ **τί** γράψω·
Ac 26:8 **τί** ἄπιστον κρίνεται παρ'
Ac 26:14 **τί** με διώκεις;
Ac 26:15 **τίς** εἶ,

τις (*tis*; 120/542[543]) *anyone, anything*

Ac 2:45 πᾶσιν καθότι ἄν **τις** χρείαν εἶχεν·
Ac 3:2 καί **τις** ἀνὴρ χωλὸς ἐκ
Ac 3:5 ἐπεῖχεν αὐτοῖς προσδοκῶν **τι** παρ' αὐτῶν λαβεῖν.
Ac 4:32 καὶ οὐδὲ εἷς **τι** τῶν ὑπαρχόντων αὐτῷ
Ac 4:34 οὐδὲ γὰρ ἐνδεής **τις** ἦν ἐν αὐτοῖς·
Ac 4:35 ἑκάστῳ καθότι ἄν **τις** χρείαν εἶχεν.
Ac 5:1 'Ανὴρ δέ **τις** 'Ανανίας ὀνόματι σὺν
Ac 5:2 καὶ ἐνέγκας μέρος **τι** παρὰ τοὺς πόδας
Ac 5:3 διὰ **τι** ἐπλήρωσεν ὁ σατανᾶς
Ac 5:15 ἡ σκιὰ ἐπισκιάσῃ **τινι** αὐτῶν.
Ac 5:24 διηπόρουν περὶ αὐτῶν **τι** ἂν γένοιτο τοῦτο.
Ac 5:25 παραγενόμενος δέ **τις** ἀπήγγειλεν αὐτοῖς
Ac 5:34 ἀναστὰς δέ **τις** ἐν τῷ συνεδρίῳ
Ac 5:35 τοῖς ἀνθρώποις τούτοις **τι** μέλλετε πράσσειν.
Ac 5:36 Θευδᾶς λέγων εἶναί **τινα** ἑαυτόν,
Ac 6:9 ἀνέστησαν δέ **τινες** τῶν ἐκ τῆς
Ac 7:24 καὶ ἰδών **τινα** ἀδικούμενον ἠμύνατο καὶ
Ac 8:9 'Ανὴρ δέ **τις** ὀνόματι Σίμων προϋπῆρχεν
Ac 8:9 λέγων εἶναί **τινα** ἑαυτὸν μέγαν,
Ac 8:31 δυναίμην ἐὰν μή **τις** ὁδηγήσει με;
Ac 8:34 ἢ περὶ ἑτέρου **τινος**;
Ac 8:36 ἦλθον ἐπί **τι** ὕδωρ,
Ac 9:2 ὅπως ἐάν **τινας** εὕρῃ τῆς ὁδοῦ
Ac 9:6 λαληθήσεταί σοι ὅ **τι** σε δεῖ ποιεῖν.
Ac 9:10 Ἦν δέ **τις** μαθητὴς ἐν Δαμασκῷ
Ac 9:19 Δαμασκῷ μαθητῶν ἡμέρας **τινας**
Ac 9:33 δὲ ἐκεῖ ἄνθρωπόν **τινα** ὀνόματι Αἰνέαν ἐξ
Ac 9:36 'Εν 'Ιόππῃ δέ **τις** ἦν μαθήτρια ὀνόματι
Ac 9:43 ἐν 'Ιόππῃ παρά **τινι** Σίμωνι βυρσεῖ.
Ac 10:1 'Ανὴρ δέ **τις** ἐν Καισαρείᾳ ὀνόματι
Ac 10:5 καὶ μετάπεμψαι Σίμωνά **τινα** ὃς ἐπικαλεῖται Πέτρος·
Ac 10:6 οὗτος ξενίζεται παρά **τινι** Σίμωνι βυρσεῖ,
Ac 10:11 καὶ καταβαῖνον σκεῦός **τι** ὡς ὀθόνην μεγάλην
Ac 10:23 σὺν αὐτοῖς καί **τινες** τῶν ἀδελφῶν τῶν
Ac 10:47 ὕδωρ δύναται κωλῦσαί **τις** τοῦ μὴ βαπτισθῆναι
Ac 10:48 αὐτὸν ἐπιμεῖναι ἡμέρας **τινας**.
Ac 11:5 καταβαῖνον σκεῦός **τι** ὡς ὀθόνην μεγάλην
Ac 11:20 Ἦσαν δέ **τινες** ἐξ αὐτῶν ἄνδρες
Ac 11:29 καθὼς εὐπορεῖτό **τις**,
Ac 12:1 τὰς χεῖρας κακῶσαί **τινας** τῶν ἀπὸ τῆς
Ac 13:6 Πάφου εὗρον ἄνδρα **τινα** μάγον ψευδοπροφήτην 'Ιουδαῖον
Ac 13:15 εἴ τις **ἐστιν** ἐν ὑμῖν λόγος
Ac 13:41 μὴ πιστεύσητε ἐάν **τις** ἐκδιηγῆται ὑμῖν.
Ac 14:8 Καί **τις** ἀνὴρ ἀδύνατος ἐν
Ac 15:1 Καί **τινες** κατελθόντες ἀπὸ τῆς
Ac 15:2 καὶ Βαρναβᾶν καί **τινας** ἄλλους ἐξ αὐτῶν
Ac 15:5 'Εξανέστησαν δέ **τινες** τῶν ἀπὸ τῆς
Ac 15:24 'Επειδὴ ἠκούσαμεν ὅτι **τινες** ἐξ ἡμῶν [ἐξελθόντες]
Ac 15:36 Μετὰ δέ **τινας** ἡμέρας εἶπεν πρὸς
Ac 16:1 καὶ ἰδοὺ μαθητής **τις** ἦν ἐκεῖ ὀνόματι
Ac 16:9 ἀνὴρ Μακεδών **τις** ἦν ἑστὼς καὶ
Ac 16:12 πόλει διατρίβοντες ἡμέρας **τινας**.
Ac 16:14 καί **τις** γυνὴ ὀνόματι Λυδία,
Ac 16:16 τὴν προσευχὴν παιδίσκην **τινα** ἔχουσαν πνεῦμα πύθωνα
Ac 17:4 καί **τινες** ἐξ αὐτῶν ἐπείσθησαν
Ac 17:5 τῶν ἀγοραίων ἄνδρας **τινας** πονηροὺς καὶ ὀχλοποιήσαντες
Ac 17:6 ἔσυρον 'Ιάσονα καί **τινας** ἀδελφοὺς ἐπὶ τοὺς
Ac 17:18 **τινες** δὲ καὶ τῶν
Ac 17:18 καί **τινες** ἔλεγον·
Ac 17:20 ξενίζοντα γάρ **τινα** εἰσφέρεις εἰς τὰς
Ac 17:21 ηὐκαίρουν ἢ λέγειν **τι** ἢ ἀκούειν τι
Ac 17:21 τι ἢ ἀκούειν **τι** καινότερον.
Ac 17:25 ἀνθρωπίνων θεραπεύεται προσδεόμενός **τινος**,
Ac 17:28 ὡς καί **τινες** τῶν καθ' ὑμᾶς

Ac 17:34 **τινες** δὲ ἄνδρες κολληθέντες
Ac 18:2 καὶ εὑρών **τινα** Ἰουδαῖον ὀνόματι Ἀκύλαν,
Ac 18:7 εἰσῆλθεν εἰς οἰκίαν **τινος** ὀνόματι Τιτίου Ἰούστου
Ac 18:14 μὲν ἦν ἀδίκημά **τι** ἢ ῥᾳδιούργημα πονηρόν,
Ac 18:23 Καὶ ποιήσας χρόνον **τινα** ἐξῆλθεν διερχόμενος καθεξῆς
Ac 18:24 Ἰουδαῖος δέ **τις** Ἀπολλῶς ὀνόματι,
Ac 19:1 Ἔφεσον καὶ εὑρεῖν **τινας** μαθητὰς
Ac 19:3 εἰς **τι** οὖν ἐβαπτίσθητε;
Ac 19:9 ὡς δέ **τινες** ἐσκληρύνοντο καὶ ἠπείθουν
Ac 19:13 Ἐπεχείρησαν δέ **τινες** καὶ τῶν περιερχομένων
Ac 19:14 ἦσαν δέ **τινος** Σκευᾶ Ἰουδαίου ἀρχιερέως
Ac 19:24 Δημήτριος γάρ **τις** ὀνόματι,
Ac 19:31 **τινες** δὲ καὶ τῶν
Ac 19:32 μὲν οὖν ἄλλο **τι** ἔκραζον·
Ac 19:38 τεχνῖται ἔχουσι πρός **τινα** λόγον,
Ac 19:39 εἰ δέ **τι** περαιτέρω ἐπιζητεῖτε,
Ac 20:9 καθεζόμενος δέ **τις** νεανίας ὀνόματι Εὔτυχος
Ac 21:10 ἡμέρας πλείους κατῆλθέν **τις** ἀπὸ τῆς Ἰουδαίας
Ac 21:16 ᾧ ξενισθῶμεν Μνάσωνί **τινι** Κυπρίῳ,
Ac 21:34 ἄλλοι δὲ ἄλλο **τι** ἐπεφώνουν ἐν τῷ
Ac 21:37 ἔξεστίν μοι εἰπεῖν **τι** πρὸς σέ;
Ac 22:12 Ἁνανίας δέ **τις**,
Ac 23:9 καὶ ἀναστάντες **τινες** τῶν γραμματέων τοῦ
Ac 23:17 ἔχει γὰρ ἀπαγγεῖλαί **τι** αὐτῷ.
Ac 23:18 πρὸς σὲ ἔχοντά **τι** λαλῆσαί σοι.
Ac 23:20 συνέδριον ὡς μέλλον **τι** ἀκριβέστερον πυνθάνεσθαι περὶ
Ac 23:23 Καὶ προσκαλεσάμενος δύο **[τινας]** τῶν ἑκατονταρχῶν εἶπεν·
Ac 24:1 Ἁνανίας μετὰ πρεσβυτέρων **τινῶν** καὶ ῥήτορος Τερτύλλου
Ac 24:1 καὶ ῥήτορος Τερτύλλου **τινος**,
Ac 24:12 εὗρόν με πρός **τινα** διαλεγόμενον ἢ ἐπίστασιν
Ac 24:19 **τινες** δὲ ἀπὸ τῆς
Ac 24:19 καὶ κατηγορεῖν εἴ **τι** ἔχοιεν πρὸς ἐμέ.
Ac 24:24 Μετὰ δὲ ἡμέρας **τινας** παραγενόμενος ὁ Φῆλιξ
Ac 25:5 δυνατοὶ συγκαταβάντες εἴ **τι** ἐστιν ἐν τῷ
Ac 25:8 οὔτε εἰς Καίσαρά **τι** ἥμαρτον.
Ac 25:11 ἄξιον θανάτου πέπραχά **τι**,
Ac 25:13 Ἡμερῶν δὲ διαγενομένων **τινων** Ἀγρίππας ὁ βασιλεὺς
Ac 25:14 ἀνήρ **τις** ἐστιν καταλελειμμένος ὑπὸ
Ac 25:16 ἔθος Ῥωμαίοις χαρίζεσθαί **τινα** ἄνθρωπον πρὶν ἢ
Ac 25:19 ζητήματα δέ **τινα** περὶ τῆς ἰδίας
Ac 25:19 αὐτὸν καὶ περί **τινος** Ἰησοῦ τεθνηκότος ὃν
Ac 25:26 περὶ οὗ ἀσφαλές **τι** γράψαι τῷ κυρίῳ
Ac 26:26 λανθάνειν γὰρ αὐτόν **[τι]** τούτων οὐ πείθομαι
Ac 26:31 ἢ δεσμῶν ἄξιόν **[τι]** πράσσει ὁ ἄνθρωπος
Ac 27:1 τε Παῦλον καί **τινας** ἑτέρους δεσμώτας ἑκατοντάρχῃ
Ac 27:8 ἤλθομεν εἰς τόπον **τινα** καλούμενον Καλοὺς λιμένας
Ac 27:16 νησίον δέ **τι** ὑποδραμόντες καλούμενον Καῦδα
Ac 27:26 εἰς νῆσον δέ **τινα** δεῖ ἡμᾶς ἐκπεσεῖν.
Ac 27:27 οἱ ναῦται προσάγειν **τινα** αὐτοῖς χώραν.
Ac 27:39 κόλπον δέ **τινα** κατενόουν ἔχοντα αἰγιαλὸν
Ac 27:42 μή **τις** ἐκκολυμβήσας διαφύγῃ.
Ac 27:44 οὓς δὲ ἐπί **τινων** τῶν ἀπὸ τοῦ
Ac 28:3 τοῦ Παύλου φρυγάνων **τι** πλῆθος καὶ ἐπιθέντος
Ac 28:19 ἔθνους μου ἔχων **τι** κατηγορεῖν.
Ac 28:21 Ἰουδαίας οὔτε παραγενόμενός **τις** τῶν ἀδελφῶν ἀπήγγειλεν
Ac 28:21 ἀπήγγειλεν ἢ ἐλάλησέν **τι** περὶ σοῦ πονηρόν.

Τίτιος (*Titios*; 1/1) *Titius*

Ac 18:7 οἰκίαν τινος ὀνόματι **Τιτίου** Ἰούστου σεβομένου τὸν

τοιοῦτος (*toioutos*; 4/56[57]) *such*

Ac 16:24 ὃς παραγγελίαν **τοιαύτην** λαβὼν ἔβαλεν αὐτοὺς
Ac 19:25 τοὺς περὶ τὰ **τοιαῦτα** ἐργάτας εἶπεν·
Ac 22:22 τῆς γῆς τὸν **τοιοῦτον**,
Ac 26:29 μου σήμερον γενέσθαι **τοιούτους** ὁποῖος καὶ ἐγώ

τοῖχος (*toichos*; 1/1) *wall*

Ac 23:3 **τοῖχε** κεκονιαμένε·

τολμάω (*tolmaō*; 2/16) *dare*

Ac 5:13 δὲ λοιπῶν οὐδεὶς **ἐτόλμα** κολλᾶσθαι αὐτοῖς,
Ac 7:32 γενόμενος Μωϋσῆς οὐκ **ἐτόλμα** κατανοῆσαι.

τόπος (*topos*; 18/94) *place*

Ac 1:25 λαβεῖν τὸν **τόπον** τῆς διακονίας ταύτης
Ac 1:25 πορευθῆναι εἰς τὸν **τόπον** τὸν ἴδιον.
Ac 4:31 αὐτῶν ἐσαλεύθη ὁ **τόπος** ἐν ᾧ ἦσαν
Ac 6:13 ῥήματα κατὰ τοῦ **τόπου** τοῦ ἁγίου [τούτου]
Ac 6:14 οὗτος καταλύσει τὸν **τόπον** τοῦτον καὶ ἀλλάξει
Ac 7:7 μοι ἐν τῷ **τόπῳ** τούτῳ.
Ac 7:33 ὁ γὰρ **τόπος** ἐφ᾽ ᾧ ἕστηκας
Ac 7:49 ἢ τίς **τόπος** τῆς καταπαύσεώς μου;
Ac 12:17 ἐπορεύθη εἰς ἕτερον **τόπον**.
Ac 16:3 ὄντας ἐν τοῖς **τόποις** ἐκείνοις·
Ac 21:28 νόμου καὶ τοῦ **τόπου** τούτου πάντας πανταχῇ
Ac 21:28 κεκοίνωκεν τὸν ἅγιον **τόπον** τοῦτον.
Ac 25:16 ἔχοι τοὺς κατηγόρους **τόπον** τε ἀπολογίας λάβοι
Ac 27:2 κατὰ τὴν Ἀσίαν **τόπους** ἀνήχθημεν ὄντος σὺν
Ac 27:8 αὐτὴν ἤλθομεν εἰς **τόπον** τινα καλούμενον Καλοὺς
Ac 27:29 που κατὰ τραχεῖς **τόπους** ἐκπέσωμεν,
Ac 27:41 περιπεσόντες δὲ εἰς **τόπον** διθάλασσον ἐπέκειλαν τὴν
Ac 28:7 τοῖς περὶ τὸν **τόπον** ἐκεῖνον ὑπῆρχεν χωρία

τοσοῦτος (*tosoutos*; 2/20) *so much (pl. so many)*

Ac 5:8 εἰ **τοσούτου** τὸ χωρίον ἀπέδοσθε;
Ac 5:8 **τοσούτου**.

τότε (*tote*; 21/160) *then*
Ac 1:12 **Τότε** ὑπέστρεψαν εἰς Ἰερουσαλὴμ
Ac 4:8 **Τότε** Πέτρος πλησθεὶς πνεύματος
Ac 5:26 **Τότε** ἀπελθὼν ὁ στρατηγὸς
Ac 6:11 **τότε** ὑπέβαλον ἄνδρας λέγοντας
Ac 7:4 **τότε** ἐξελθὼν ἐκ γῆς
Ac 8:17 **τότε** ἐπετίθεσαν τὰς χεῖρας
Ac 10:46 **τότε** ἀπεκρίθη Πέτρος·
Ac 10:48 **τότε** ἠρώτησαν αὐτὸν ἐπιμεῖναι
Ac 13:3 **τότε** νηστεύσαντες καὶ προσευξάμενοι
Ac 13:12 **τότε** ἰδὼν ὁ ἀνθύπατος
Ac 15:22 **Τότε** ἔδοξε τοῖς ἀποστόλοις
Ac 17:14 εὐθέως δὲ **τότε** τὸν Παῦλον ἐξαπέστειλαν
Ac 21:13 **τότε** ἀπεκρίθη ὁ Παῦλος·
Ac 21:26 **Τότε** ὁ Παῦλος παραλαβὼν
Ac 21:33 **τότε** ἐγγίσας ὁ χιλίαρχος
Ac 23:3 **τότε** ὁ Παῦλος πρὸς
Ac 25:12 **τότε** ὁ Φῆστος συλλαλήσας
Ac 26:1 **τότε** ὁ Παῦλος ἐκτείνας
Ac 27:21 τε ἀσιτίας ὑπαρχούσης **τότε** σταθεὶς ὁ Παῦλος
Ac 27:32 **τότε** ἀπέκοψαν οἱ στρατιῶται
Ac 28:1 Καὶ διασωθέντες **τότε** ἐπέγνωμεν ὅτι Μελίτη

τράπεζα (*trapeza*; 2/15) *table*
Ac 6:2 τοῦ θεοῦ διακονεῖν **τραπέζαις**.
Ac 16:34 τὸν οἶκον παρέθηκεν **τράπεζαν** καὶ ἠγαλλιάσατο πανοικεὶ

τραυματίζω (*traumatizō*; 1/2) *injure*
Ac 19:16 ὥστε γυμνοὺς καὶ **τετραυματισμένους** ἐκφυγεῖν ἐκ τοῦ

τράχηλος (*trachēlos*; 2/7) *neck*
Ac 15:10 ζυγὸν ἐπὶ τὸν **τράχηλον** τῶν μαθητῶν ὃν
Ac 20:37 ἐπιπεσόντες ἐπὶ τὸν **τράχηλον** τοῦ Παύλου κατεφίλουν

τραχύς (*trachys*; 1/2) *rough*
Ac 27:29 μή που κατὰ **τραχεῖς** τόπους ἐκπέσωμεν,

τρεῖς (*treis*; 14/69) *three*
Ac 5:7 δὲ ὡς ὡρῶν **τριῶν** διάστημα καὶ ἡ
Ac 7:20 ὃς ἀνετράφη μῆνας **τρεῖς** ἐν τῷ οἴκῳ
Ac 9:9 καὶ ἦν ἡμέρας **τρεῖς** μὴ βλέπων καὶ
Ac 10:19 ἰδοὺ ἄνδρες **τρεῖς** ζητοῦντές σε,
Ac 11:11 καὶ ἰδοὺ ἐξαυτῆς **τρεῖς** ἄνδρες ἐπέστησαν
Ac 17:2 καὶ ἐπὶ σάββατα **τρία** διελέξατο αὐτοῖς ἀπὸ
Ac 19:8 ἐπαρρησιάζετο ἐπὶ μῆνας **τρεῖς** διαλεγόμενος καὶ πείθων
Ac 20:3 ποιήσας τε μῆνας **τρεῖς**·
Ac 25:1 τῇ ἐπαρχείᾳ μετὰ **τρεῖς** ἡμέρας ἀνέβη εἰς
Ac 28:7 ὃς ἀναδεξάμενος ἡμᾶς **τρεῖς** ἡμέρας φιλοφρόνως ἐξένισεν.
Ac 28:11 Μετὰ δὲ **τρεῖς** μῆνας ἀνήχθημεν ἐν
Ac 28:12 Συρακούσας ἐπεμείναμεν ἡμέρας **τρεῖς**,
Ac 28:15 Ἀππίου φόρου καὶ **Τριῶν** ταβερνῶν,
Ac 28:17 δὲ μετὰ ἡμέρας **τρεῖς** συγκαλέσασθαι αὐτὸν

τρέφω (*trephō*; 1/9) *feed*
Ac 12:20 εἰρήνην διὰ τὸ **τρέφεσθαι** αὐτῶν τὴν χώραν

τριετία (*trietia*; 1/1) *period of three years*
Ac 20:31 γρηγορεῖτε μνημονεύοντες ὅτι **τριετίαν** νύκτα καὶ ἡμέραν

τρίς (*tris*; 2/12) *three times*
Ac 10:16 δὲ ἐγένετο ἐπὶ **τρίς** καὶ εὐθὺς ἀνελήμφθη
Ac 11:10 δὲ ἐγένετο ἐπὶ **τρίς**,

τρίστεγον (*tristegon*; 1/1) *third floor*
Ac 20:9 ἔπεσεν ἀπὸ τοῦ **τριστέγου** κάτω καὶ ἤρθη

τρισχίλιοι (*trischilioi*; 1/1) *three thousand*
Ac 2:41 ἐκείνῃ ψυχαὶ ὡσεὶ **τρισχίλιαι**.

τρίτος (*tritos*; 4/56) *third*
Ac 2:15 ἔστιν γὰρ ὥρα **τρίτη** τῆς ἡμέρας,
Ac 10:40 ἤγειρεν [ἐν] τῇ **τρίτῃ** ἡμέρᾳ καὶ ἔδωκεν
Ac 23:23 δεξιολάβους διακοσίους ἀπὸ **τρίτης** ὥρας τῆς νυκτός,
Ac 27:19 καὶ τῇ **τρίτῃ** αὐτόχειρες τὴν σκευὴν

τρόπος (*tropos*; 4/13) *way*
Ac 1:11 οὕτως ἐλεύσεται ὃν **τρόπον** ἐθεάσασθε αὐτὸν πορευόμενον
Ac 7:28 σὺ θέλεις ὃν **τρόπον** ἀνεῖλες ἐχθὲς τὸν
Ac 15:11 σωθῆναι καθ' ὃν **τρόπον** κἀκεῖνοι.
Ac 27:25 ἔσται καθ' ὃν **τρόπον** λελάληταί μοι.

τροποφορέω (*tropophoreō*; 1/1) *put up with*
Ac 13:18 ὡς τεσσερακονταετῆ χρόνον **ἐτροποφόρησεν** αὐτοὺς ἐν τῇ

τροφή (*trophē*; 7/16) *food*
Ac 2:46 μετελάμβανον **τροφῆς** ἐν ἀγαλλιάσει καὶ
Ac 9:19 καὶ λαβὼν **τροφὴν** ἐνίσχυσεν.
Ac 14:17 ἐμπιπλῶν **τροφῆς** καὶ εὐφροσύνης τὰς
Ac 27:33 Παῦλος ἅπαντας μεταλαβεῖν **τροφῆς** λέγων·
Ac 27:34 παρακαλῶ ὑμᾶς μεταλαβεῖν **τροφῆς**·
Ac 27:36 καὶ αὐτοὶ προσελάβοντο **τροφῆς**.
Ac 27:38 κορεσθέντες δὲ **τροφῆς** ἐκούφιζον τὸ πλοῖον

Τρόφιμος (*Trophimos*; 2/3) *Trophimus*
Ac 20:4 δὲ Τύχικος καὶ **Τρόφιμος**.
Ac 21:29 ἦσαν γὰρ προεωρακότες **Τρόφιμον** τὸν Ἐφέσιον ἐν

Τρῳάς (*Trōas*; 4/6) *Troas*
Ac 16:8 Μυσίαν κατέβησαν εἰς **Τρῳάδα**.
Ac 16:11 Ἀναχθέντες δὲ ἀπὸ **Τρῳάδος** εὐθυδρομήσαμεν εἰς Σαμοθρᾴκην,
Ac 20:5 ἔμενον ἡμᾶς ἐν **Τρῳάδι**,
Ac 20:6 αὐτοὺς εἰς τὴν **Τρῳάδα** ἄχρι ἡμερῶν πέντε,

τυγχάνω (*tynchanō*; 5/12) *obtain*
Ac 19:11 τε οὐ τὰς **τυχούσας** ὁ θεὸς ἐποίει
Ac 24:2 πολλῆς εἰρήνης **τυγχάνοντες** διὰ σοῦ καὶ
Ac 26:22 ἐπικουρίας οὖν **τυχὼν** τῆς ἀπὸ τοῦ
Ac 27:3 φίλους πορευθέντι ἐπιμελείας **τυχεῖν**.
Ac 28:2 παρεῖχον οὐ τὴν **τυχοῦσαν** φιλανθρωπίαν ἡμῖν,

τύπος (*typos*; 3/15) *pattern, type*
Ac 7:43 τοὺς **τύπους** οὓς ἐποιήσατε προσκυνεῖν
Ac 7:44 αὐτὴν κατὰ τὸν **τύπον** ὃν ἑωράκει·
Ac 23:25 ἐπιστολὴν ἔχουσαν τὸν **τύπον** τοῦτον·

τύπτω (*typtō*; 5/13) *beat*
Ac 18:17 Σωσθένην τὸν ἀρχισυνάγωγον **ἔτυπτον** ἔμπροσθεν τοῦ βήματος·
Ac 21:32 τοὺς στρατιώτας ἐπαύσαντο **τύπτοντες** τὸν Παῦλον.
Ac 23:2 τοῖς παρεστῶσιν αὐτῷ **τύπτειν** αὐτοῦ τὸ στόμα.
Ac 23:3 **τύπτειν** σε μέλλει ὁ
Ac 23:3 παρανομῶν κελεύεις με **τύπτεσθαι**;

Τύραννος (*Tyrannos*; 1/1) *Tyrannus*
Ac 19:9 ἐν τῇ σχολῇ **Τυράννου**.

Τύριος (*Tyrios*; 1/1) *Tyrian*
Ac 12:20 Ἦν δὲ θυμομαχῶν **Τυρίοις** καὶ Σιδωνίοις·

Τύρος (*Tyros*; 2/11) *Tyre*
Ac 21:3 καὶ κατήλθομεν εἰς **Τύρον**·
Ac 21:7 πλοῦν διανύσαντες ἀπὸ **Τύρου** κατηντήσαμεν εἰς Πτολεμαΐδα

τυφλός (*typhlos*; 1/50) *blind*
Ac 13:11 σὲ καὶ ἔσῃ **τυφλὸς** μὴ βλέπων τὸν

τυφωνικός (*typhōnikos*; 1/1) *whirlwind*
Ac 27:14 κατ᾽ αὐτῆς ἄνεμος **τυφωνικὸς** ὁ καλούμενος εὐρακύλων·

Τυχικός (*Tychikos*; 1/5) *Tychicus*
Ac 20:4 ᾽Ασιανοὶ δὲ **Τύχικος** καὶ Τρόφιμος.

ὑβρίζω (*hybrizō*; 1/5) *treat disgracefully*
Ac 14:5 τοῖς ἄρχουσιν αὐτῶν **ὑβρίσαι** καὶ λιθοβολῆσαι αὐτούς,

ὕβρις (*hybris*; 2/3) *insult*
Ac 27:10 θεωρῶ ὅτι μετὰ **ὕβρεως** καὶ πολλῆς ζημίας
Ac 27:21 κερδῆσαί τε τὴν **ὕβριν** ταύτην καὶ τὴν

ὑγιής (*hygiēs*; 1/11) *whole*
Ac 4:10 παρέστηκεν ἐνώπιον ὑμῶν **ὑγιής**.

ὕδωρ (*hydōr*; 7/76) *water*
Ac 1:5 ᾽Ιωάννης μὲν ἐβάπτισεν **ὕδατι**,
Ac 8:36 ἦλθον ἐπί τι **ὕδωρ**,
Ac 8:36 ἰδοὺ **ὕδωρ**,
Ac 8:38 ἀμφότεροι εἰς τὸ **ὕδωρ**,
Ac 8:39 ἀνέβησαν ἐκ τοῦ **ὕδατος**,
Ac 10:47 μήτι τὸ **ὕδωρ** δύναταί κωλῦσαί τις
Ac 11:16 ᾽Ιωάννης μὲν ἐβάπτισεν **ὕδατι**,

ὑετός (*hyetos*; 2/5) *rain*
Ac 14:17 οὐρανόθεν ὑμῖν **ὑετοὺς** διδοὺς καὶ καιροὺς
Ac 28:2 ἡμᾶς διὰ τὸν **ὑετὸν** τὸν ἐφεστῶτα καὶ

υἱός (*huios*; 21/377) *son*
Ac 2:17 καὶ προφητεύσουσιν οἱ **υἱοὶ** ὑμῶν καὶ αἱ
Ac 3:25 ὑμεῖς ἐστε οἱ **υἱοὶ** τῶν προφητῶν καὶ
Ac 4:36 ὅ ἐστιν μεθερμηνευόμενον **υἱὸς** παρακλήσεως,
Ac 5:21 τὴν γερουσίαν τῶν **υἱῶν** ᾽Ισραὴλ καὶ ἀπέστειλαν
Ac 7:16 ἀργυρίου παρὰ τῶν **υἱῶν** ῾Εμμὼρ ἐν Συχέμ.
Ac 7:21 αὐτὸν ἑαυτῇ εἰς **υἱόν**.
Ac 7:23 ἀδελφοὺς αὐτοῦ τοὺς **υἱοὺς** ᾽Ισραήλ.
Ac 7:29 οὗ ἐγέννησεν **υἱοὺς** δύο.
Ac 7:37 ὁ εἴπας τοῖς **υἱοῖς** ᾽Ισραήλ·
Ac 7:56 διηνοιγμένους καὶ τὸν **υἱὸν** τοῦ ἀνθρώπου
Ac 9:15 τε καὶ βασιλέων **υἱῶν** τε ᾽Ισραήλ·
Ac 9:20 οὗτός ἐστιν ὁ **υἱὸς** τοῦ θεοῦ.
Ac 10:36 [ὃν] ἀπέστειλεν τοῖς **υἱοῖς** ᾽Ισραὴλ εὐαγγελιζόμενος εἰρήνην
Ac 13:10 **υἱὲ** διαβόλου,
Ac 13:21 θεὸς τὸν Σαοὺλ **υἱὸν** Κίς,
Ac 13:26 **υἱοὶ** γένους ᾽Αβραὰμ καὶ
Ac 13:33 **υἱός** μου εἶ σύ,
Ac 16:1 **υἱὸς** γυναικὸς ᾽Ιουδαίας πιστῆς,
Ac 19:14 ᾽Ιουδαίου ἀρχιερέως ἑπτὰ **υἱοὶ** τοῦτο ποιοῦντες.
Ac 23:6 **υἱὸς** Φαρισαίων,
Ac 23:16 ᾽Ακούσας δὲ ὁ **υἱὸς** τῆς ἀδελφῆς Παύλου

ὑμεῖς (*hymeis*; 124/1832) *you (pl.)*
Ac 1:5 **ὑμεῖς** δὲ ἐν πνεύματι
Ac 1:7 οὐχ **ὑμῶν** ἐστιν γνῶναι χρόνους
Ac 1:8 ἁγίου πνεύματος ἐφ᾽ **ὑμᾶς** καὶ ἔσεσθέ μου
Ac 1:11 ὁ ἀναλημφθεὶς ἀφ᾽ **ὑμῶν** εἰς τὸν οὐρανὸν
Ac 2:14 τοῦτο **ὑμῖν** γνωστὸν ἔστω καὶ
Ac 2:15 οὐ γὰρ ὡς **ὑμεῖς** ὑπολαμβάνετε οὗτοι μεθύουσιν,
Ac 2:17 προφητεύσουσιν οἱ υἱοὶ **ὑμῶν** καὶ αἱ θυγατέρες
Ac 2:17 καὶ αἱ θυγατέρες **ὑμῶν** καὶ οἱ νεανίσκοι
Ac 2:17 καὶ οἱ νεανίσκοι **ὑμῶν** ὁράσεις ὄψονται καὶ
Ac 2:17 καὶ οἱ πρεσβύτεροι **ὑμῶν** ἐνυπνίοις ἐνυπνιασθήσονται·
Ac 2:22 τοῦ θεοῦ εἰς **ὑμᾶς** δυνάμεσι καὶ τέρασι
Ac 2:22 θεὸς ἐν μέσῳ **ὑμῶν** καθὼς αὐτοὶ οἴδατε,
Ac 2:29 μετὰ παρρησίας πρὸς **ὑμᾶς** περὶ τοῦ πατριάρχου
Ac 2:33 ἐξέχεεν τοῦτο ὃ **ὑμεῖς** [καὶ] βλέπετε καὶ
Ac 2:36 τὸν ᾽Ιησοῦν ὃν **ὑμεῖς** ἐσταυρώσατε.
Ac 2:38 καὶ βαπτισθήτω ἕκαστος **ὑμῶν** ἐπὶ τῷ ὀνόματι
Ac 2:38 ἄφεσιν τῶν ἁμαρτιῶν **ὑμῶν** καὶ λήμψεσθε
Ac 2:39 **ὑμῖν** γάρ ἐστιν ἡ
Ac 2:39 καὶ τοῖς τέκνοις **ὑμῶν** καὶ πᾶσιν τοῖς
Ac 3:13 αὐτοῦ ᾽Ιησοῦν ὃν **ὑμεῖς** μὲν παρεδώκατε καὶ
Ac 3:14 **ὑμεῖς** δὲ τὸν ἅγιον
Ac 3:14 ἄνδρα φονέα χαρισθῆναι **ὑμῖν**,
Ac 3:16 ταύτην ἀπέναντι πάντων **ὑμῶν**.
Ac 3:17 καὶ οἱ ἄρχοντες **ὑμῶν**·
Ac 3:19 εἰς τὸ ἐξαλειφθῆναι **ὑμῶν** τὰς ἁμαρτίας,
Ac 3:20 ἀποστείλῃ τὸν προκεχειρισμένον **ὑμῖν** χριστὸν ᾽Ιησοῦν,
Ac 3:22 εἶπεν ὅτι προφήτην **ὑμῖν** ἀναστήσει κύριος
Ac 3:22 κύριος ὁ θεὸς **ὑμῶν** ἐκ τῶν ἀδελφῶν
Ac 3:22 ἐκ τῶν ἀδελφῶν **ὑμῶν** ὡς ἐμέ·
Ac 3:22 ἂν λαλήσῃ πρὸς **ὑμᾶς**.

Ac 3:25 **ὑμεῖς** ἐστε οἱ υἱοὶ
Ac 3:25 πρὸς τοὺς πατέρας **ὑμῶν** λέγων πρὸς Ἀβραάμ·
Ac 3:26 **ὑμῖν** πρῶτον ἀναστήσας ὁ
Ac 3:26 ἀπέστειλεν αὐτὸν εὐλογοῦντα **ὑμᾶς** ἐν τῷ ἀποστρέφειν
Ac 3:26 ἀπὸ τῶν πονηριῶν **ὑμῶν**.
Ac 4:7 ὀνόματι ἐποιήσατε τοῦτο **ὑμεῖς**;
Ac 4:10 γνωστὸν ἔστω πᾶσιν **ὑμῖν** καὶ παντὶ τῷ
Ac 4:10 τοῦ Ναζωραίου ὃν **ὑμεῖς** ἐσταυρώσατε,
Ac 4:10 οὗτος παρέστηκεν ἐνώπιον **ὑμῶν** ὑγιής.
Ac 4:11 ὁ ἐξουθενηθεὶς ὑφ' **ὑμῶν** τῶν οἰκοδόμων,
Ac 4:19 ἐνώπιον τοῦ θεοῦ **ὑμῶν** ἀκούειν μᾶλλον ἢ
Ac 5:9 τί ὅτι συνεφωνήθη **ὑμῖν** πειράσαι τὸ πνεῦμα
Ac 5:28 [οὐ] παραγγελίᾳ παρηγγείλαμεν **ὑμῖν** μὴ διδάσκειν ἐπὶ
Ac 5:28 Ἰερουσαλὴμ τῆς διδαχῆς **ὑμῶν** καὶ βούλεσθε ἐπαγαγεῖν
Ac 5:30 ἤγειρεν Ἰησοῦν ὃν **ὑμεῖς** διεχειρίσασθε κρεμάσαντες ἐπὶ
Ac 5:38 τὰ νῦν λέγω **ὑμῖν**,
Ac 6:3 ἄνδρας ἐξ **ὑμῶν** μαρτυρουμένους ἑπτά,
Ac 7:4 ταύτην εἰς ἣν **ὑμεῖς** νῦν κατοικεῖτε,
Ac 7:37 προφήτην **ὑμῖν** ἀναστήσει ὁ θεὸς
Ac 7:37 ἐκ τῶν ἀδελφῶν **ὑμῶν** ὡς ἐμέ.
Ac 7:43 ἄστρον τοῦ θεοῦ **[ὑμῶν]** Ῥαιφάν,
Ac 7:43 καὶ μετοικιῶ **ὑμᾶς** ἐπέκεινα Βαβυλῶνος.
Ac 7:51 **ὑμεῖς** ἀεὶ τῷ πνεύματι
Ac 7:51 ὡς οἱ πατέρες **ὑμῶν** καὶ ὑμεῖς.
Ac 7:51 πατέρες ὑμῶν καὶ **ὑμεῖς**.
Ac 7:52 ἐδίωξαν οἱ πατέρες **ὑμῶν**;
Ac 7:52 οὗ νῦν **ὑμεῖς** προδόται καὶ φονεῖς
Ac 8:24 δεήθητε **ὑμεῖς** ὑπὲρ ἐμοῦ πρὸς
Ac 10:28 **ὑμεῖς** ἐπίστασθε ὡς ἀθέμιτόν
Ac 10:37 **ὑμεῖς** οἴδατε τὸ γενόμενον
Ac 11:16 **ὑμεῖς** δὲ βαπτισθήσεσθε ἐν
Ac 13:15 τις ἐστιν ἐν **ὑμῖν** λόγος παρακλήσεως πρὸς
Ac 13:26 καὶ οἱ ἐν **ὑμῖν** φοβούμενοι τὸν θεόν,
Ac 13:32 Καὶ ἡμεῖς **ὑμᾶς** εὐαγγελιζόμεθα τὴν πρὸς
Ac 13:34 εἴρηκεν ὅτι δώσω **ὑμῖν** τὰ ὅσια Δαυὶδ
Ac 13:38 γνωστὸν οὖν ἔστω **ὑμῖν**,
Ac 13:38 ὅτι διὰ τούτου **ὑμῖν** ἄφεσις ἁμαρτιῶν καταγγέλλεται,
Ac 13:41 ἐν ταῖς ἡμέραις **ὑμῶν**,
Ac 13:41 ἐάν τις ἐκδιηγῆται **ὑμῖν**.
Ac 13:46 **ὑμῖν** ἦν ἀναγκαῖον πρῶτον
Ac 14:15 ἡμεῖς ὁμοιοπαθεῖς ἐσμεν **ὑμῖν** ἄνθρωποι εὐαγγελιζόμενοι ὑμᾶς
Ac 14:15 ὑμῖν ἄνθρωποι εὐαγγελιζόμενοι **ὑμᾶς** ἀπὸ τούτων τῶν
Ac 14:17 οὐρανόθεν **ὑμῖν** ὑετοὺς διδοὺς καὶ
Ac 14:17 εὐφροσύνης τὰς καρδίας **ὑμῶν**.
Ac 15:7 **ὑμεῖς** ἐπίστασθε ὅτι ἀφ'
Ac 15:7 ἡμερῶν ἀρχαίων ἐν **ὑμῖν** ἐξελέξατο ὁ θεὸς
Ac 15:24 ἡμῶν [ἐξελθόντες] ἐτάραξαν **ὑμᾶς** λόγοις ἀνασκευάζοντες τὰς
Ac 15:24 ἀνασκευάζοντες τὰς ψυχὰς **ὑμῶν** οἷς οὐ διεστειλάμεθα,
Ac 15:25 ἄνδρας πέμψαι πρὸς **ὑμᾶς** σὺν τοῖς ἀγαπητοῖς
Ac 15:28 μηδὲν πλέον ἐπιτίθεσθαι **ὑμῖν** βάρος πλὴν τούτων
Ac 16:17 οἵτινες καταγγέλλουσιν **ὑμῖν** ὁδὸν σωτηρίας.
Ac 17:3 ὃν ἐγὼ καταγγέλλω **ὑμῖν**.
Ac 17:22 πάντα ὡς δεισιδαιμονεστέρους **ὑμᾶς** θεωρῶ.
Ac 17:23 ἀναθεωρῶν τὰ σεβάσματα **ὑμῶν** εὗρον καὶ βωμὸν
Ac 17:23 τοῦτο ἐγὼ καταγγέλλω **ὑμῖν**.
Ac 17:28 τινες τῶν καθ' **ὑμᾶς** ποιητῶν εἰρήκασιν·
Ac 18:6 τὸ αἷμα **ὑμῶν** ἐπὶ τὴν κεφαλὴν
Ac 18:6 ἐπὶ τὴν κεφαλὴν **ὑμῶν**·
Ac 18:14 λόγον ἂν ἀνεσχόμην **ὑμῶν**,
Ac 18:15 νόμου τοῦ καθ' **ὑμᾶς**,
Ac 18:21 πάλιν ἀνακάμψω πρὸς **ὑμᾶς** τοῦ θεοῦ θέλοντος,
Ac 19:13 ὁρκίζω **ὑμᾶς** τὸν Ἰησοῦν ὃν
Ac 19:15 **ὑμεῖς** δὲ τίνες ἐστέ;
Ac 19:36 τούτων δέον ἐστὶν **ὑμᾶς** κατεσταλμένους ὑπάρχειν καὶ
Ac 20:18 **ὑμεῖς** ἐπίστασθε,
Ac 20:18 πῶς μεθ' **ὑμῶν** τὸν πάντα χρόνον
Ac 20:20 τοῦ μὴ ἀναγγεῖλαι **ὑμῖν** καὶ διδάξαι ὑμᾶς
Ac 20:20 ὑμῖν καὶ διδάξαι **ὑμᾶς** δημοσίᾳ καὶ κατ'
Ac 20:25 τὸ πρόσωπόν μου **ὑμεῖς** πάντες ἐν οἷς
Ac 20:26 διότι μαρτύρομαι **ὑμῖν** ἐν τῇ σήμερον
Ac 20:27 βουλὴν τοῦ θεοῦ **ὑμῖν**.
Ac 20:28 ἐν ᾧ **ὑμᾶς** τὸ πνεῦμα τὸ
Ac 20:29 λύκοι βαρεῖς εἰς **ὑμᾶς** μὴ φειδόμενοι τοῦ
Ac 20:30 καὶ ἐξ **ὑμῶν** αὐτῶν ἀναστήσονται ἄνδρες
Ac 20:32 τὰ νῦν παρατίθεμαι **ὑμᾶς** τῷ θεῷ καὶ
Ac 20:35 πάντα ὑπέδειξα **ὑμῖν** ὅτι οὕτως κοπιῶντας
Ac 22:1 μου τῆς πρὸς **ὑμᾶς** νυνὶ ἀπολογίας.
Ac 22:3 θεοῦ καθὼς πάντες **ὑμεῖς** ἐστε σήμερον·
Ac 22:25 καὶ ἀκατάκριτον ἔξεστιν **ὑμῖν** μαστίζειν;
Ac 23:15 νῦν οὖν **ὑμεῖς** ἐμφανίσατε τῷ χιλιάρχῳ
Ac 23:15 καταγάγῃ αὐτὸν εἰς **ὑμᾶς** ὡς μέλλοντας διαγινώσκειν
Ac 24:21 κρίνομαι σήμερον ἐφ' **ὑμῶν**.
Ac 24:22 διαγνώσομαι τὰ καθ' **ὑμᾶς**·
Ac 25:5 οἱ οὖν ἐν **ὑμῖν**,
Ac 25:26 προήγαγον αὐτὸν ἐφ' **ὑμῶν** καὶ μάλιστα ἐπὶ
Ac 26:8 ἄπιστον κρίνεται παρ' **ὑμῖν** εἰ ὁ θεὸς
Ac 27:22 τὰ νῦν παραινῶ **ὑμᾶς** εὐθυμεῖν·
Ac 27:22 οὐδεμία ἔσται ἐξ **ὑμῶν** πλὴν τοῦ πλοίου.
Ac 27:31 **ὑμεῖς** σωθῆναι οὐ δύνασθε.
Ac 27:34 διὸ παρακαλῶ **ὑμᾶς** μεταλαβεῖν τροφῆς·
Ac 27:34 οὐδενὸς γὰρ ὑμῶν **θρὶξ** ἀπὸ τῆς κεφαλῆς
Ac 28:20 τὴν αἰτίαν παρεκάλεσα **ὑμᾶς** ἰδεῖν καὶ προσλαλῆσαι,
Ac 28:25 πρὸς τοὺς πατέρας **ὑμῶν**
Ac 28:28 γνωστὸν οὖν ἔστω **ὑμῖν** ὅτι τοῖς ἔθνεσιν

ὑμέτερος (*hymeteros*; 1/11) *your (pl.)*

Ac 27:34 γὰρ πρὸς τῆς **ὑμετέρας** σωτηρίας ὑπάρχει,

ὑμνέω (*hymneō*; 1/4) *sing a hymn*

Ac 16:25 καὶ Σιλᾶς προσευχόμενοι **ὕμνουν** τὸν θεόν,

ὑπακούω (*hypakouō*; 2/21) *obey*

Ac 6:7 ὄχλος τῶν ἱερέων **ὑπήκουον** τῇ πίστει.
Ac 12:13 πυλῶνος προσῆλθεν παιδίσκη **ὑπακοῦσαι** ὀνόματι Ῥόδη,

ὑπαντάω (*hypantaō*; 1/10) *meet*

Ac 16:16 ἔχουσαν πνεῦμα πύθωνα **ὑπαντῆσαι** ἡμῖν,

<u>ὕπαρξις (*hyparxis*; 1/2) *possession*</u>
Ac 2:45 κτήματα καὶ τὰς **ὑπάρξεις** ἐπίπρασκον καὶ διεμέριζον

<u>ὑπάρχω (*hyparchō*; 25/60) *be*</u>
Ac 2:30 προφήτης οὖν **ὑπάρχων** καὶ εἰδὼς ὅτι
Ac 3:2 κοιλίας μητρὸς αὐτοῦ **ὑπάρχων** ἐβαστάζετο,
Ac 3:6 καὶ χρυσίον οὐχ **ὑπάρχει** μοι,
Ac 4:32 εἶς τι τῶν **ὑπαρχόντων** αὐτῷ ἔλεγεν ἴδιον
Ac 4:34 χωρίων ἢ οἰκιῶν **ὑπῆρχον**,
Ac 4:37 **ὑπάρχοντος** αὐτῷ ἀγροῦ πωλήσας
Ac 5:4 τῇ σῇ ἐξουσίᾳ **ὑπῆρχεν**;
Ac 7:55 **ὑπάρχων** δὲ πλήρης πνεύματος
Ac 8:16 μόνον δὲ βεβαπτισμένοι **ὑπῆρχον** εἰς τὸ ὄνομα
Ac 10:12 ἐν ᾧ **ὑπῆρχεν** πάντα τὰ τετράποδα
Ac 16:3 ὁ πατὴρ αὐτοῦ **ὑπῆρχεν**.
Ac 16:20 Ἰουδαῖοι **ὑπάρχοντες**,
Ac 16:37 ἀνθρώπους Ῥωμαίους ὑπάρχοντας,
Ac 17:24 οὐρανοῦ καὶ γῆς **ὑπάρχων** κύριος οὐκ ἐν
Ac 17:27 ἑνὸς ἑκάστου ἡμῶν **ὑπάρχοντα**.
Ac 17:29 γένος οὖν **ὑπάρχοντες** τοῦ θεοῦ οὐκ
Ac 19:36 ἐστὶν ὑμᾶς κατεσταλμένους **ὑπάρχειν** καὶ μηδὲν προπετὲς
Ac 19:40 μηδενὸς αἰτίου **ὑπάρχοντος** περὶ οὗ [οὐ]
Ac 21:20 ζηλωταὶ τοῦ νόμου **ὑπάρχουσιν**·
Ac 22:3 ζηλωτὴς **ὑπάρχων** τοῦ θεοῦ καθὼς
Ac 27:12 δὲ τοῦ λιμένος **ὑπάρχοντος** πρὸς παραχειμασίαν οἱ
Ac 27:21 Πολλῆς τε ἀσιτίας **ὑπαρχούσης** τότε σταθεὶς ὁ
Ac 27:34 τῆς ὑμετέρας σωτηρίας **ὑπάρχει**,
Ac 28:7 τὸν τόπον ἐκεῖνον **ὑπῆρχεν** χωρία τῷ πρώτῳ
Ac 28:18 μηδεμίαν αἰτίαν θανάτου **ὑπάρχειν** ἐν ἐμοί.

<u>ὑπέρ (*hyper*; 7/150) *for, concerning, over*</u>
Ac 5:41 ὅτι κατηξιώθησαν **ὑπὲρ** τοῦ ὀνόματος ἀτιμασθῆναι,
Ac 8:24 δεήθητε ὑμεῖς **ὑπὲρ** ἐμοῦ πρὸς τὸν
Ac 9:16 ὅσα δεῖ αὐτὸν **ὑπὲρ** τοῦ ὀνόματός μου
Ac 15:26 τὰς ψυχὰς αὐτῶν **ὑπὲρ** τοῦ ὀνόματος τοῦ
Ac 21:13 Ἰερουσαλὴμ ἑτοίμως ἔχω **ὑπὲρ** τοῦ ὀνόματος
Ac 21:26 ἕως οὗ προσηνέχθη **ὑπὲρ** ἑνὸς ἑκάστου αὐτῶν
Ac 26:13 οὐρανόθεν **ὑπὲρ** τὴν λαμπρότητα τοῦ

<u>ὑπερεῖδον (*hypereidon*; 1/1) *overlook*</u>
Ac 17:30 χρόνους τῆς ἀγνοίας **ὑπεριδὼν** ὁ θεός,

<u>ὑπερῷον (*hyperōon*; 4/4) *upstairs room*</u>
Ac 1:13 εἰς τὸ **ὑπερῷον** ἀνέβησαν οὗ ἦσαν
Ac 9:37 ἔθηκαν [αὐτὴν] ἐν **ὑπερῴῳ**.
Ac 9:39 ἀνήγαγον εἰς τὸ **ὑπερῷον** καὶ παρέστησαν αὐτῷ
Ac 20:8 ἱκαναὶ ἐν τῷ **ὑπερῴῳ** οὗ ἦμεν συνηγμένοι.

<u>ὑπήκοος (*hypēkoos*; 1/3) *obedient*</u>
Ac 7:39 ᾧ οὐκ ἠθέλησαν **ὑπήκοοι** γενέσθαι οἱ πατέρες

<u>ὑπηρετέω (*hypēreteō*; 3/3) *serve*</u>
Ac 13:36 γὰρ ἰδίᾳ γενεᾷ **ὑπηρετήσας** τῇ τοῦ θεοῦ
Ac 20:34 οὖσιν μετ' ἐμοῦ **ὑπηρέτησαν** αἱ χεῖρες αὗται.
Ac 24:23 τῶν ἰδίων αὐτοῦ **ὑπηρετεῖν** αὐτῷ.

<u>ὑπηρέτης (*hypēretēs*; 4/20) *servant*</u>
Ac 5:22 οἱ δὲ παραγενόμενοι **ὑπηρέται** οὐχ εὗρον αὐτοὺς
Ac 5:26 στρατηγὸς σὺν τοῖς **ὑπηρέταις** ἦγεν αὐτούς
Ac 13:5 δὲ καὶ Ἰωάννην **ὑπηρέτην**.
Ac 26:16 προχειρίσασθαί σε **ὑπηρέτην** καὶ μάρτυρα ὧν

<u>ὕπνος (*hypnos*; 2/6) *sleep*</u>
Ac 20:9 καταφερόμενος **ὕπνῳ** βαθεῖ διαλεγομένου
Ac 20:9 κατενεχθεὶς ἀπὸ τοῦ **ὕπνου** ἔπεσεν ἀπὸ τοῦ

<u>ὑπό (*hypo*; 41/219[220]) *by, under*</u>
Ac 2:5 παντὸς ἔθνους τῶν **ὑπὸ** τὸν οὐρανόν.
Ac 2:24 δυνατὸν κρατεῖσθαι αὐτὸν **ὑπ'** αὐτοῦ.
Ac 4:11 ὁ ἐξουθενηθεὶς **ὑφ'** ὑμῶν τῶν οἰκοδόμων,
Ac 4:12 ὄνομά ἐστιν ἕτερον **ὑπὸ** τὸν οὐρανὸν τὸ
Ac 5:16 ἀσθενεῖς καὶ ὀχλουμένους **ὑπὸ** πνευμάτων ἀκαθάρτων,
Ac 5:21 ἀκούσαντες δὲ εἰσῆλθον **ὑπὸ** τὸν ὄρθρον εἰς
Ac 8:6 ὄχλοι τοῖς λεγομένοις **ὑπὸ** τοῦ Φιλίππου ὁμοθυμαδὸν
Ac 10:17 ἄνδρες οἱ ἀπεσταλμένοι **ὑπὸ** τοῦ Κορνηλίου διερωτήσαντες
Ac 10:22 μαρτυρούμενός τε **ὑπὸ** ὅλου τοῦ ἔθνους
Ac 10:22 ἐχρηματίσθη **ὑπὸ** ἀγγέλου ἁγίου μεταπέμψασθαί
Ac 10:33 τὰ προστεταγμένα σοι **ὑπὸ** τοῦ κυρίου.
Ac 10:38 πάντας τοὺς καταδυναστευομένους **ὑπὸ** τοῦ διαβόλου,
Ac 10:41 μάρτυσιν τοῖς προκεχειροτονημένοις **ὑπὸ** τοῦ θεοῦ,
Ac 10:42 ἐστιν ὁ ὡρισμένος **ὑπὸ** τοῦ θεοῦ κριτὴς
Ac 12:5 ἦν ἐκτενῶς γινομένη **ὑπὸ** τῆς ἐκκλησίας
Ac 13:4 μὲν οὖν ἐκπεμφθέντες **ὑπὸ** τοῦ ἁγίου πνεύματος
Ac 13:45 καὶ ἀντέλεγον τοῖς **ὑπὸ** Παύλου λαλουμένοις βλασφημοῦντες.
Ac 15:3 μὲν οὖν προπεμφθέντες **ὑπὸ** τῆς ἐκκλησίας διήρχοντο
Ac 15:40 χάριτι τοῦ κυρίου **ὑπὸ** τῶν ἀδελφῶν.
Ac 16:2 ὃς ἐμαρτυρεῖτο **ὑπὸ** τῶν ἐν Λύστροις
Ac 16:4 δόγματα τὰ κεκριμένα **ὑπὸ** τῶν ἀποστόλων
Ac 16:6 Γαλατικὴν χώραν κωλυθέντες **ὑπὸ** τοῦ ἁγίου πνεύματος
Ac 16:14 προσέχειν τοῖς λαλουμένοις **ὑπὸ** τοῦ Παύλου.
Ac 17:13 τῇ Βεροίᾳ κατηγγέλη **ὑπὸ** τοῦ Παύλου ὁ
Ac 17:19 καινὴ αὕτη ἡ **ὑπὸ** σοῦ λαλουμένη διδαχή;
Ac 17:25 οὐδὲ **ὑπὸ** χειρῶν ἀνθρωπίνων θεραπεύεται
Ac 20:3 γενομένης ἐπιβουλῆς αὐτῷ **ὑπὸ** τῶν Ἰουδαίων μέλλοντι
Ac 21:35 συνέβη βαστάζεσθαι αὐτὸν **ὑπὸ** τῶν στρατιωτῶν διὰ
Ac 22:11 χειραγωγούμενος **ὑπὸ** τῶν συνόντων μοι
Ac 22:12 μαρτυρούμενος **ὑπὸ** πάντων τῶν κατοικούντων

Ac 22:30 τὸ τί κατηγορεῖται **ὑπὸ** τῶν Ἰουδαίων,
Ac 23:10 διασπασθῇ ὁ Παῦλος **ὑπ'** αὐτῶν ἐκέλευσεν
Ac 23:27 ἄνδρα τοῦτον συλλημφθέντα **ὑπὸ** τῶν Ἰουδαίων καὶ
Ac 23:27 καὶ μέλλοντα ἀναιρεῖσθαι **ὑπ'** αὐτῶν ἐπιστὰς σὺν
Ac 24:26 χρήματα δοθήσεται αὐτῷ **ὑπὸ** τοῦ Παύλου·
Ac 25:14 τις ἐστιν καταλελειμμένος **ὑπὸ** Φήλικος δέσμιος,
Ac 26:2 πάντων ὧν ἐγκαλοῦμαι **ὑπὸ** Ἰουδαίων,
Ac 26:6 ἡμῶν ἐπαγγελίας γενομένης **ὑπὸ** τοῦ θεοῦ ἕστηκα
Ac 26:7 ἧς ἐλπίδος ἐγκαλοῦμαι **ὑπὸ** Ἰουδαίων,
Ac 27:11 ἐπείθετο ἢ τοῖς **ὑπὸ** Παύλου λεγομένοις.
Ac 27:41 δὲ πρύμνα ἐλύετο **ὑπὸ** τῆς βίας [τῶν

ὑποβάλλω (*hypoballō*; 1/1) *put up secretly*
Ac 6:11 τότε **ὑπέβαλον** ἄνδρας λέγοντας ὅτι

ὑποδείκνυμι (*hypodeiknymi*; 2/6) *show*
Ac 9:16 ἐγὼ γὰρ **ὑποδείξω** αὐτῷ ὅσα δεῖ
Ac 20:35 πάντα **ὑπέδειξα** ὑμῖν ὅτι οὕτως

ὑποδέχομαι (*hypodechomai*; 1/4) *receive or welcome as a guest*
Ac 17:7 οὓς **ὑποδέδεκται** Ἰάσων·

ὑποδέω (*hypodeō*; 1/3) *put on*
Ac 12:8 ζῶσαι καὶ **ὑπόδησαι** τὰ σανδάλιά σου.

ὑπόδημα (*hypodēma*; 2/10) *sandal*
Ac 7:33 λῦσον τὸ **ὑπόδημα** τῶν ποδῶν σου,
Ac 13:25 εἰμὶ ἄξιος τὸ **ὑπόδημα** τῶν ποδῶν λῦσαι.

ὑποζώννυμι (*hypozōnnymi*; 1/1) *brace or strengthen*
Ac 27:17 ἄραντες βοηθείαις ἐχρῶντο **ὑποζωννύντες** τὸ πλοῖον,

ὑπολαμβάνω (*hypolambanō*; 2/5) *suppose, answer, take away, support*
Ac 1:9 ἐπήρθη καὶ νεφέλη **ὑπέλαβεν** αὐτὸν ἀπὸ τῶν
Ac 2:15 γὰρ ὡς ὑμεῖς **ὑπολαμβάνετε** οὗτοι μεθύουσιν,

ὑπομένω (*hypomenō*; 1/17) *endure*
Ac 17:14 **ὑπέμεινάν** τε ὅ τε

ὑπονοέω (*hyponoeō*; 3/3) *suppose*
Ac 13:25 τί ἐμὲ **ὑπονοεῖτε** εἶναι;
Ac 25:18 ἔφερον ὧν ἐγὼ **ὑπενόουν** πονηρῶν,
Ac 27:27 μέσον τῆς νυκτὸς **ὑπενόουν** οἱ ναῦται προσάγειν

ὑποπλέω (*hypopleō*; 2/2) *sail under the shelter of*
Ac 27:4 κἀκεῖθεν ἀναχθέντες **ὑπεπλεύσαμεν** τὴν Κύπρον διὰ
Ac 27:7 ἡμᾶς τοῦ ἀνέμου **ὑπεπλεύσαμεν** τὴν Κρήτην

ὑποπνέω (*hypopneō*; 1/1) *blow gently*
Ac 27:13 **Ὑποπνεύσαντος** δὲ νότου δόξαντες

ὑποπόδιον (*hypopodion*; 2/7) *footstool*
Ac 2:35 τοὺς ἐχθρούς σου **ὑποπόδιον** τῶν ποδῶν σου.
Ac 7:49 ἡ δὲ γῆ **ὑποπόδιον** τῶν ποδῶν μου·

ὑποστέλλω (*hypostellō*; 2/4) *draw back*
Ac 20:20 ὡς οὐδὲν **ὑπεστειλάμην** τῶν συμφερόντων
Ac 20:27 οὐ γὰρ **ὑπεστειλάμην** τοῦ μὴ ἀναγγεῖλαι

ὑποστρέφω (*hypostrephō*; 11/35) *return*
Ac 1:12 Τότε **ὑπέστρεψαν** εἰς Ἰερουσαλὴμ ἀπὸ
Ac 8:25 λόγον τοῦ κυρίου **ὑπέστρεφον** εἰς Ἱεροσόλυμα,
Ac 8:28 ἦν τε **ὑποστρέφων** καὶ καθήμενος ἐπὶ
Ac 12:25 δὲ καὶ Σαῦλος **ὑπέστρεψαν** εἰς Ἰερουσαλὴμ πληρώσαντες
Ac 13:13 ἀποχωρήσας ἀπ' αὐτῶν **ὑπέστρεψεν** εἰς Ἱεροσόλυμα.
Ac 13:34 νεκρῶν μηκέτι μέλλοντα **ὑποστρέφειν** εἰς διαφθοράν,
Ac 14:21 καὶ μαθητεύσαντες ἱκανοὺς **ὑπέστρεψαν** εἰς τὴν Λύστραν
Ac 20:3 ἐγένετο γνώμης τοῦ **ὑποστρέφειν** διὰ Μακεδονίας.
Ac 21:6 ἐκεῖνοι δὲ **ὑπέστρεψαν** εἰς τὰ ἴδια.
Ac 22:17 Ἐγένετο δέ μοι **ὑποστρέψαντι** εἰς Ἰερουσαλὴμ καὶ
Ac 23:32 ἀπέρχεσθαι σὺν αὐτῷ **ὑπέστρεψαν** εἰς τὴν παρεμβολήν·

ὑποτρέχω (*hypotrechō*; 1/1) *run under the shelter of*
Ac 27:16 νησίον δέ τι **ὑποδραμόντες** καλούμενον Καῦδα ἰσχύσαμεν

ὑψηλός (*hypsēlos*; 1/11) *high*
Ac 13:17 καὶ μετὰ βραχίονος **ὑψηλοῦ** ἐξήγαγεν αὐτοὺς ἐξ

ὕψιστος (*hypsistos*; 2/13) *highest*
Ac 7:48 ἀλλ' οὐχ ὁ **ὕψιστος** ἐν χειροποιήτοις κατοικεῖ,
Ac 16:17 τοῦ θεοῦ τοῦ **ὑψίστου** εἰσίν,

ὑψόω (*hypsoō*; 3/20) *exalt, lift up, raise*
Ac 2:33 οὖν τοῦ θεοῦ **ὑψωθείς**,
Ac 5:31 ἀρχηγὸν καὶ σωτῆρα **ὕψωσεν** τῇ δεξιᾷ αὐτοῦ
Ac 13:17 καὶ τὸν λαὸν **ὕψωσεν** ἐν τῇ παροικίᾳ

φανερός (*phaneros*; 2/18) *known*
Ac 4:16 τοῖς κατοικοῦσιν Ἰερουσαλὴμ **φανερὸν** καὶ οὐ δυνάμεθα
Ac 7:13 ἀδελφοῖς αὐτοῦ καὶ **φανερὸν** ἐγένετο τῷ Φαραὼ

φανερῶς (*phanerōs*; 1/3) *openly*
Ac 10:3 εἶδεν ἐν ὁράματι **φανερῶς** ὡσεὶ περὶ ὥραν

φαντασία (*phantasia*; 1/1) *pomp*

Ac 25:23 Βερνίκης μετὰ πολλῆς **φαντασίας** καὶ εἰσελθόντων εἰς

Φαραώ (*Pharaō*; 3/5) *Pharaoh*

Ac 7:10 καὶ σοφίαν ἐναντίον **Φαραὼ** βασιλέως Αἰγύπτου καὶ
Ac 7:13 φανερὸν ἐγένετο τῷ **Φαραὼ** τὸ γένος [τοῦ]
Ac 7:21 αὐτὸν ἡ θυγάτηρ **Φαραὼ** καὶ ἀνεθρέψατο αὐτὸν

Φαρισαῖος (*Pharisaios*; 9/97[98]) *Pharisee*

Ac 5:34 ἐν τῷ συνεδρίῳ **Φαρισαῖος** ὀνόματι Γαμαλιήλ,
Ac 15:5 τῆς αἱρέσεως τῶν **Φαρισαίων** πεπιστευκότες λέγοντες ὅτι
Ac 23:6 τὸ δὲ ἕτερον **Φαρισαίων** ἔκραζεν ἐν τῷ
Ac 23:6 ἐγὼ **Φαρισαῖός** εἰμι,
Ac 23:6 υἱὸς **Φαρισαίων**,
Ac 23:7 ἐγένετο στάσις τῶν **Φαρισαίων** καὶ Σαδδουκαίων καὶ
Ac 23:8 **Φαρισαῖοι** δὲ ὁμολογοῦσιν τὰ
Ac 23:9 τοῦ μέρους τῶν **Φαρισαίων** διεμάχοντο λέγοντες·
Ac 26:5 ἡμετέρας θρησκείας ἔζησα **Φαρισαῖος**.

φάσις (*phasis*; 1/1) *news*

Ac 21:31 αὐτὸν ἀποκτεῖναι ἀνέβη **φάσις** τῷ χιλιάρχῳ

φάσκω (*phaskō*; 2/3) *allege*

Ac 24:9 καὶ οἱ Ἰουδαῖοι **φάσκοντες** ταῦτα οὕτως ἔχειν.
Ac 25:19 Ἰησοῦ τεθνηκότος ὃν **ἔφασκεν** ὁ Παῦλος ζῆν.

φείδομαι (*pheidomai*; 1/10) *spare*

Ac 20:29 εἰς ὑμᾶς μὴ **φειδόμενοι** τοῦ ποιμνίου,

φέρω (*pherō*; 10/66) *bring*

Ac 2:2 οὐρανοῦ ἦχος ὥσπερ **φερομένης** πνοῆς βιαίας καὶ
Ac 4:34 πωλοῦντες **ἔφερον** τὰς τιμὰς τῶν
Ac 4:37 αὐτῷ ἀγροῦ πωλήσας **ἤνεγκεν** τὸ χρῆμα καὶ
Ac 5:2 καὶ **ἐνέγκας** μέρος τι παρὰ
Ac 5:16 πέριξ πόλεων Ἰερουσαλὴμ **φέροντες** ἀσθενεῖς καὶ ὀχλουμένους
Ac 12:10 τὴν σιδηρᾶν τὴν **φέρουσαν** εἰς τὴν πόλιν,
Ac 14:13 ἐπὶ τοὺς πυλῶνας **ἐνέγκας** σὺν τοῖς ὄχλοις
Ac 25:18 κατήγοροι οὐδεμίαν αἰτίαν **ἔφερον** ὧν ἐγὼ ὑπενόουν
Ac 27:15 τῷ ἀνέμῳ ἐπιδόντες **ἐφερόμεθα**.
Ac 27:17 οὕτως **ἐφέροντο**.

φεύγω (*pheugō*; 2/29) *flee*

Ac 7:29 **ἔφυγεν** δὲ Μωϋσῆς ἐν
Ac 27:30 δὲ ναυτῶν ζητούντων **φυγεῖν** ἐκ τοῦ πλοίου

Φῆλιξ (*Phēlix*; 9/9) *Felix*

Ac 23:24 Παῦλον διασώσωσι πρὸς **Φήλικα** τὸν ἡγεμόνα,
Ac 23:26 τῷ κρατίστῳ ἡγεμόνι **Φήλικι** χαίρειν.
Ac 24:3 κράτιστε **Φῆλιξ**,
Ac 24:22 δὲ αὐτοὺς ὁ **Φῆλιξ**,
Ac 24:24 τινας παραγενόμενος ὁ **Φῆλιξ** σὺν Δρουσίλλῃ τῇ
Ac 24:25 ἔμφοβος γενόμενος ὁ **Φῆλιξ** ἀπεκρίθη·
Ac 24:27 ἔλαβεν διάδοχον ὁ **Φῆλιξ** Πόρκιον Φῆστον,
Ac 24:27 τοῖς Ἰουδαίοις ὁ **Φῆλιξ** κατέλιπε τὸν Παῦλον
Ac 25:14 ἐστιν καταλελειμμένος ὑπὸ **Φήλικος** δέσμιος,

φημί (*phēmi*; 25/66) *say*

Ac 2:38 **[φησίν]** καὶ βαπτισθήτω ἕκαστος
Ac 7:2 ὁ δὲ **ἔφη**·
Ac 8:36 καί **φησιν** ὁ εὐνοῦχος·
Ac 10:28 **ἔφη** τε πρὸς αὐτούς·
Ac 10:30 καὶ ὁ Κορνήλιος **ἔφη**·
Ac 10:31 καὶ **φησίν**·
Ac 16:30 προαγαγὼν αὐτοὺς ἔξω **ἔφη**·
Ac 16:37 ὁ δὲ Παῦλος **ἔφη** πρὸς αὐτούς·
Ac 17:22 τοῦ Ἀρείου πάγου **ἔφη**·
Ac 19:35 γραμματεὺς τὸν ὄχλον **φησίν**·
Ac 21:37 ὁ δὲ **ἔφη**·
Ac 22:2 καὶ **φησίν**·
Ac 22:27 ὁ δὲ **ἔφη**·
Ac 22:28 ὁ δὲ Παῦλος **ἔφη**·
Ac 23:5 **ἔφη** τε ὁ Παῦλος·
Ac 23:17 ἕνα τῶν ἑκατονταρχῶν **ἔφη**·
Ac 23:18 τὸν χιλίαρχον καὶ **φησίν**·
Ac 23:35 **ἔφη**,
Ac 25:5 **φησίν**,
Ac 25:22 **φησίν**,
Ac 25:24 καί **φησιν** ὁ Φῆστος·
Ac 26:1 πρὸς τὸν Παῦλον **ἔφη**·
Ac 26:24 μεγάλῃ τῇ φωνῇ **φησιν**·
Ac 26:25 **φησίν**,
Ac 26:32 δὲ τῷ Φήστῳ **ἔφη**·

Φῆστος (*Phēstos*; 13/13) *Festus*

Ac 24:27 ὁ Φῆλιξ Πόρκιον **Φῆστον**,
Ac 25:1 **Φῆστος** οὖν ἐπιβὰς τῇ
Ac 25:4 ὁ μὲν οὖν **Φῆστος** ἀπεκρίθη τηρεῖσθαι τὸν
Ac 25:9 Ὁ **Φῆστος** δὲ θέλων τοῖς
Ac 25:12 τότε ὁ **Φῆστος** συλλαλήσας μετὰ τοῦ
Ac 25:13 Καισάρειαν ἀσπασάμενοι τὸν **Φῆστον**.
Ac 25:14 ὁ **Φῆστος** τῷ βασιλεῖ ἀνέθετο
Ac 25:22 δὲ πρὸς τὸν **Φῆστον**·
Ac 25:23 καὶ κελεύσαντος τοῦ **Φήστου** ἤχθη ὁ Παῦλος.
Ac 25:24 καί φησιν ὁ **Φῆστος**·
Ac 26:24 αὐτοῦ ἀπολογουμένου ὁ **Φῆστος** μεγάλῃ τῇ φωνῇ
Ac 26:25 κράτιστε **Φῆστε**,
Ac 26:32 Ἀγρίππας δὲ τῷ **Φήστῳ** ἔφη·

φθέγγομαι (*phthengomai*; 1/3) *speak*

Ac 4:18 τὸ καθόλου μὴ **φθέγγεσθαι** μηδὲ διδάσκειν

φιλανθρωπία (*philanthrōpia*; 1/2) *kindness*

Ac 28:2 οὐ τὴν τυχοῦσαν **φιλανθρωπίαν** ἡμῖν,

φιλανθρώπως (*philanthrōpōs*; 1/1) *considerately*

Ac 27:3 **φιλανθρώπως** τε ὁ Ἰούλιος

Φίλιπποι (*Philippoi*; 2/4) *Philippi*

Ac 16:12 κἀκεῖθεν εἰς **Φιλίππους**,
Ac 20:6 τῶν ἀζύμων ἀπὸ **Φιλίππων** καὶ ἤλθομεν πρὸς

Φίλιππος (*Philippos*; 16/36) *Philip*

Ac 1:13 **Φίλιππος** καὶ Θωμᾶς,
Ac 6:5 καὶ **Φίλιππον** καὶ Πρόχορον καὶ
Ac 8:5 **Φίλιππος** δὲ κατελθὼν εἰς
Ac 8:6 λεγομένοις ὑπὸ τοῦ **Φιλίππου** ὁμοθυμαδὸν
Ac 8:12 δὲ ἐπίστευσαν τῷ **Φιλίππῳ** εὐαγγελιζομένῳ
Ac 8:13 ἦν προσκαρτερῶν τῷ **Φιλίππῳ**,
Ac 8:26 κυρίου ἐλάλησεν πρὸς **Φίλιππον** λέγων·
Ac 8:29 τὸ πνεῦμα τῷ **Φιλίππῳ**·
Ac 8:30 προσδραμὼν δὲ ὁ **Φίλιππος** ἤκουσεν αὐτοῦ ἀναγινώσκοντος
Ac 8:31 παρεκάλεσέν τε τὸν **Φίλιππον** ἀναβάντα καθίσαι σὺν
Ac 8:34 ὁ εὐνοῦχος τῷ **Φιλίππῳ** εἶπεν·
Ac 8:35 ἀνοίξας δὲ ὁ **Φίλιππος** τὸ στόμα αὐτοῦ
Ac 8:38 ὅ τε **Φίλιππος** καὶ ὁ εὐνοῦχος,
Ac 8:39 κυρίου ἥρπασεν τὸν **Φίλιππον** καὶ οὐκ εἶδεν
Ac 8:40 **Φίλιππος** δὲ εὑρέθη εἰς
Ac 21:8 εἰς τὸν οἶκον **Φιλίππου** τοῦ εὐαγγελιστοῦ,

φίλος (*philos*; 3/29) *friend*

Ac 10:24 καὶ τοὺς ἀναγκαίους **φίλους**.
Ac 19:31 ὄντες αὐτῷ **φίλοι**,
Ac 27:3 ἐπέτρεψεν πρὸς τοὺς **φίλους** πορευθέντι ἐπιμελείας τυχεῖν.

φιλόσοφος (*philosophos*; 1/1) *philosopher*

Ac 17:18 Ἐπικουρείων καὶ Στοϊκῶν **φιλοσόφων** συνέβαλλον αὐτῷ,

φιλοφρόνως (*philophronōs*; 1/1) *hospitably*

Ac 28:7 ἡμᾶς τρεῖς ἡμέρας **φιλοφρόνως** ἐξένισεν.

φλόξ (*phlox*; 1/7) *flame*

Ac 7:30 Σινᾶ ἄγγελος ἐν **φλογὶ** πυρὸς βάτου.

φοβέομαι (*phobeomai*; 14/95) *fear*

Ac 5:26 **ἐφοβοῦντο** γὰρ τὸν λαὸν
Ac 9:26 καὶ πάντες **ἐφοβοῦντο** αὐτὸν μὴ πιστεύοντες
Ac 10:2 εὐσεβὴς καὶ **φοβούμενος** τὸν θεὸν σὺν
Ac 10:22 ἀνὴρ δίκαιος καὶ **φοβούμενος** τὸν θεόν,
Ac 10:35 παντὶ ἔθνει ὁ **φοβούμενος** αὐτὸν καὶ ἐργαζόμενος
Ac 13:16 Ἰσραηλῖται καὶ οἱ **φοβούμενοι** τὸν θεόν,
Ac 13:26 οἱ ἐν ὑμῖν **φοβούμενοι** τὸν θεόν,
Ac 16:38 **ἐφοβήθησαν** δὲ ἀκούσαντες ὅτι
Ac 18:9 μὴ **φοβοῦ**,
Ac 22:29 ὁ χιλίαρχος δὲ **ἐφοβήθη** ἐπιγνοὺς ὅτι Ῥωμαῖός
Ac 23:10 δὲ γινομένης στάσεως **φοβηθεὶς** ὁ χιλίαρχος
Ac 27:17 **φοβούμενοί** τε μὴ εἰς
Ac 27:24 μὴ **φοβοῦ**,
Ac 27:29 **φοβούμενοί** τε μή που

φόβος (*phobos*; 5/47) *fear*

Ac 2:43 δὲ πάσῃ ψυχῇ **φόβος**,
Ac 5:5 καὶ ἐγένετο **φόβος** μέγας ἐπὶ πάντας
Ac 5:11 καὶ ἐγένετο **φόβος** μέγας ἐφ᾽ ὅλην
Ac 9:31 καὶ πορευομένη τῷ **φόβῳ** τοῦ κυρίου καὶ
Ac 19:17 Ἔφεσον καὶ ἐπέπεσεν **φόβος** ἐπὶ πάντας αὐτοὺς

Φοινίκη (*Phoinikē*; 3/3) *Phoenicia*

Ac 11:19 Στεφάνῳ διῆλθον ἕως **Φοινίκης** καὶ Κύπρου
Ac 15:3 διήρχοντο τήν τε **Φοινίκην** καὶ Σαμάρειαν ἐκδιηγούμενοι
Ac 21:2 πλοῖον διαπερῶν εἰς **Φοινίκην** ἐπιβάντες ἀνήχθημεν.

Φοῖνιξ (*Phoinix*; 1/1) *Phoenix*

Ac 27:12 δύναιντο καταντήσαντες εἰς **Φοίνικα** παραχειμάσαι λιμένα τῆς

φονεύς (*phoneus*; 3/7) *murderer*

Ac 3:14 καὶ ᾐτήσασθε ἄνδρα **φονέα** χαρισθῆναι ὑμῖν,
Ac 7:52 ὑμεῖς προδόται καὶ **φονεῖς** ἐγένεσθε,
Ac 28:4 πάντως **φονεύς** ἐστιν ὁ ἄνθρωπος

φόνος (*phonos*; 1/9) *murder*

Ac 9:1 ἐμπνέων ἀπειλῆς καὶ **φόνου** εἰς τοὺς μαθητὰς

φόρον (*phoron*; 1/1) *forum*

Ac 28:15 ἡμῖν ἄχρι Ἀππίου **φόρου** καὶ Τριῶν ταβερνῶν,

φορτίον (*phortion*; 1/6) *burden*

Ac 27:10 οὐ μόνον τοῦ **φορτίου** καὶ τοῦ πλοίου

φρονέω (*phroneō*; 1/26) *think*

Ac 28:22 σοῦ ἀκοῦσαι ἃ **φρονεῖς**,

φρυάσσω (*phryassō*; 1/1) *rage*

Ac 4:25 ἱνατί **ἐφρύαξαν** ἔθνη καὶ λαοὶ

φρύγανον (*phryganon*; 1/1) *dry wood*

Ac 28:3 δὲ τοῦ Παύλου **φρυγάνων** τι πλῆθος καὶ

Φρυγία (*Phrygia*; 3/3) *Phrygia*

Ac 2:10 **Φρυγίαν** τε καὶ Παμφυλίαν,
Ac 16:6 Διῆλθον δὲ τὴν **Φρυγίαν** καὶ Γαλατικὴν χώραν
Ac 18:23 Γαλατικὴν χώραν καὶ **Φρυγίαν**,

φυλακή (*phylakē*; 16/47) *prison*

Ac 5:19 τὰς θύρας τῆς **φυλακῆς** ἐξαγαγών τε αὐτοὺς
Ac 5:22 αὐτοὺς ἐν τῇ **φυλακῇ**·
Ac 5:25 ἔθεσθε ἐν τῇ **φυλακῇ** εἰσὶν ἐν τῷ
Ac 8:3 γυναῖκας παρεδίδου εἰς **φυλακήν**.
Ac 12:4 πιάσας ἔθετο εἰς **φυλακὴν** παραδοὺς τέσσαρσιν τετραδίοις
Ac 12:5 ἐτηρεῖτο ἐν τῇ **φυλακῇ**·
Ac 12:6 θύρας ἐτήρουν τὴν **φυλακήν**.

Ac 12:10 διελθόντες δὲ πρώτην **φυλακὴν** καὶ δευτέραν ἦλθαν
Ac 12:17 ἐξήγαγεν ἐκ τῆς **φυλακῆς** εἶπέν τε·
Ac 16:23 πληγὰς ἔβαλον εἰς **φυλακὴν** παραγγείλαντες τῷ δεσμοφύλακι
Ac 16:24 εἰς τὴν ἐσωτέραν **φυλακὴν** καὶ τοὺς πόδας
Ac 16:27 τὰς θύρας τῆς **φυλακῆς**,
Ac 16:37 ἔβαλαν εἰς **φυλακήν**,
Ac 16:40 δὲ ἀπὸ τῆς **φυλακῆς** εἰσῆλθον πρὸς τὴν
Ac 22:4 καὶ παραδιδοὺς εἰς **φυλακὰς** ἄνδρας τε καὶ
Ac 26:10 ἁγίων ἐγὼ ἐν **φυλακαῖς** κατέκλεισα τὴν παρὰ

φυλακίζω (*phylakizō*; 1/1) *imprison*

Ac 22:19 ὅτι ἐγὼ ἤμην **φυλακίζων** καὶ δέρων κατὰ

φύλαξ (*phylax*; 3/3) *guard*

Ac 5:23 ἀσφαλείᾳ καὶ τοὺς **φύλακας** ἑστῶτας ἐπὶ τῶν
Ac 12:6 δεδεμένος ἁλύσεσιν δυσὶν **φύλακές** τε πρὸ
Ac 12:19 ἀνακρίνας τοὺς **φύλακας** ἐκέλευσεν ἀπαχθῆναι,

φυλάσσω (*phylassō*; 8/31) *guard*

Ac 7:53 ἀγγέλων καὶ οὐκ **ἐφυλάξατε**.
Ac 12:4 τέσσαρσιν τετραδίοις στρατιωτῶν **φυλάσσειν** αὐτόν,
Ac 16:4 παρεδίδοσαν αὐτοῖς **φυλάσσειν** τὰ δόγματα
Ac 21:24 στοιχεῖς καὶ αὐτὸς **φυλάσσων** τὸν νόμον.
Ac 21:25 ἡμεῖς ἐπεστείλαμεν κρίναντες **φυλάσσεσθαι** αὐτοὺς τό τε
Ac 22:20 καὶ συνευδοκῶν καὶ **φυλάσσων** τὰ ἱμάτια
Ac 23:35 πραιτωρίῳ τοῦ Ἡρῴδου **φυλάσσεσθαι** αὐτόν.
Ac 28:16 ἑαυτὸν σὺν τῷ **φυλάσσοντι** αὐτὸν στρατιώτῃ.

φυλή (*phylē*; 1/31) *tribe*

Ac 13:21 ἄνδρα ἐκ **φυλῆς** Βενιαμίν,

φωνέω (*phōneō*; 4/43) *call*

Ac 9:41 **φωνήσας** δὲ τοὺς ἁγίους
Ac 10:7 **φωνήσας** δύο τῶν οἰκετῶν
Ac 10:18 καὶ **φωνήσαντες** ἐπυνθάνοντο εἰ Σίμων
Ac 16:28 **ἐφώνησεν** δὲ μεγάλῃ φωνῇ

φωνή (*phōnē*; 27/139) *voice*

Ac 2:6 γενομένης δὲ τῆς **φωνῆς** ταύτης συνῆλθεν
Ac 2:14 ἕνδεκα ἐπῆρεν τὴν **φωνὴν** αὐτοῦ καὶ ἀπεφθέγξατο
Ac 4:24 ἀκούσαντες ὁμοθυμαδὸν ἦραν **φωνὴν** πρὸς τὸν θεὸν
Ac 7:31 αὐτοῦ κατανοῆσαι ἐγένετο **φωνὴ** κυρίου·
Ac 7:57 κράξαντες δὲ **φωνῇ** μεγάλῃ συνέσχον τὰ
Ac 7:60 τὰ γόνατα ἔκραξεν **φωνῇ** μεγάλῃ·
Ac 8:7 πνεύματα ἀκάθαρτα βοῶντα **φωνῇ** μεγάλῃ ἐξήρχοντο,
Ac 9:4 τὴν γῆν ἤκουσεν **φωνὴν** λέγουσαν αὐτῷ·
Ac 9:7 ἀκούοντες μὲν τῆς **φωνῆς** μηδένα δὲ θεωροῦντες.
Ac 10:13 καὶ ἐγένετο **φωνὴ** πρὸς αὐτόν·
Ac 10:15 καὶ **φωνὴ** πάλιν ἐκ δευτέρου
Ac 11:7 ἤκουσα δὲ καὶ **φωνῆς** λεγούσης μοι·
Ac 11:9 ἀπεκρίθη δὲ **φωνὴ** ἐκ δευτέρου ἐκ
Ac 12:14 καὶ ἐπιγνοῦσα τὴν **φωνὴν** τοῦ Πέτρου ἀπὸ
Ac 12:22 Θεοῦ **φωνὴ** καὶ οὐκ ἀνθρώπου.
Ac 13:27 ἀγνοήσαντες καὶ τὰς **φωνὰς** τῶν προφητῶν
Ac 14:10 εἶπεν μεγάλῃ **φωνῇ**·
Ac 14:11 Παῦλος ἐπῆραν τὴν **φωνὴν** αὐτῶν Λυκαονιστὶ λέγοντες·
Ac 16:28 ἐφώνησεν δὲ μεγάλῃ **φωνῇ** [ὁ] Παῦλος λέγων·
Ac 19:34 **φωνὴ** ἐγένετο μία ἐκ
Ac 22:7 ἔδαφος καὶ ἤκουσα **φωνῆς** λεγούσης μοι·
Ac 22:9 ἐθεάσαντο τὴν δὲ **φωνὴν** οὐκ ἤκουσαν τοῦ
Ac 22:14 δίκαιον καὶ ἀκοῦσαι **φωνὴν** ἐκ τοῦ στόματος
Ac 22:22 καὶ ἐπῆραν τὴν **φωνὴν** αὐτῶν λέγοντες·
Ac 24:21 περὶ μιᾶς ταύτης **φωνῆς** ἧς ἐκέκραξα ἐν
Ac 26:14 τὴν γῆν ἤκουσα **φωνὴν** λέγουσαν πρός με
Ac 26:24 Φῆστος μεγάλῃ τῇ **φωνῇ** φησιν·

φῶς (*phōs*; 10/73) *light*

Ac 9:3 τε αὐτὸν περιήστραψεν **φῶς** ἐκ τοῦ οὐρανοῦ
Ac 12:7 κυρίου ἐπέστη καὶ **φῶς** ἔλαμψεν ἐν τῷ
Ac 13:47 τέθεικά σε εἰς **φῶς** ἐθνῶν τοῦ εἶναί
Ac 16:29 αἰτήσας δὲ **φῶτα** εἰσεπήδησεν καὶ ἔντρομος
Ac 22:6 τοῦ οὐρανοῦ περιαστράψαι **φῶς** ἱκανὸν περὶ ἐμέ,
Ac 22:9 ὄντες τὸ μὲν **φῶς** ἐθεάσαντο τὴν δὲ
Ac 22:11 τῆς δόξης τοῦ **φωτὸς** ἐκείνου,
Ac 26:13 ἡλίου περιλάμψαν με **φῶς** καὶ τοὺς σὺν
Ac 26:18 ἀπὸ σκότους εἰς **φῶς** καὶ τῆς ἐξουσίας
Ac 26:23 ἐξ ἀναστάσεως νεκρῶν **φῶς** μέλλει καταγγέλλειν τῷ

χαίρω (*chairō*; 7/74) *rejoice*

Ac 5:41 μὲν οὖν ἐπορεύοντο **χαίροντες** ἀπὸ προσώπου τοῦ
Ac 8:39 τὴν ὁδὸν αὐτοῦ **χαίρων**.
Ac 11:23 **ἐχάρη** καὶ παρεκάλει πάντας
Ac 13:48 δὲ τὰ ἔθνη **ἔχαιρον** καὶ ἐδόξαζον τὸν
Ac 15:23 τοῖς ἐξ ἐθνῶν **χαίρειν**.
Ac 15:31 ἀναγνόντες δὲ **ἐχάρησαν** ἐπὶ τῇ παρακλήσει.
Ac 23:26 κρατίστῳ ἡγεμόνι Φήλικι **χαίρειν**.

χαλάω (*chalaō*; 3/7) *lower*

Ac 9:25 τείχους καθῆκαν αὐτὸν **χαλάσαντες** ἐν σπυρίδι.
Ac 27:17 **χαλάσαντες** τὸ σκεῦος,
Ac 27:30 τοῦ πλοίου καὶ **χαλασάντων** τὴν σκάφην εἰς

Χαλδαῖος (*Chaldaios*; 1/1) *Chaldean*

Ac 7:4 ἐξελθὼν ἐκ γῆς **Χαλδαίων** κατῴκησεν ἐν Χαρράν.

Χανάαν (*Chanaan*; 2/2) *Canaan*

Ac 7:11 τὴν Αἴγυπτον καὶ **Χανάαν** καὶ θλῖψις μεγάλη,
Ac 13:19 ἑπτὰ ἐν γῇ **Χανάαν** κατεκληρονόμησεν τὴν γῆν

χαρά (*chara*; 4/59) *joy*

Ac 8:8 ἐγένετο δὲ πολλὴ **χαρὰ** ἐν τῇ πόλει
Ac 12:14 Πέτρου ἀπὸ τῆς **χαρᾶς** οὐκ ἤνοιξεν τὸν
Ac 13:52 τε μαθηταὶ ἐπληροῦντο **χαρᾶς** καὶ πνεύματος ἁγίου.
Ac 15:3 ἐθνῶν καὶ ἐποίουν **χαρὰν** μεγάλην πᾶσιν

χάραγμα (*charagma*; 1/8) *mark*

Ac 17:29 **χαράγματι** τέχνης καὶ ἐνθυμήσεως

χαρίζομαι (*charizomai*; 4/23) *grant, forgive*

Ac 3:14 ᾐτήσασθε ἄνδρα φονέα **χαρισθῆναι** ὑμῖν,
Ac 25:11 με δύναται αὐτοῖς **χαρίσασθαι**·
Ac 25:16 ἔστιν ἔθος Ῥωμαίοις **χαρίζεσθαί** τινα ἄνθρωπον πρὶν
Ac 27:24 καὶ ἰδοὺ **κεχάρισταί** σοι ὁ θεὸς

χάρις (*charis*; 17/155) *grace*

Ac 2:47 θεὸν καὶ ἔχοντες **χάριν** πρὸς ὅλον τὸν
Ac 4:33 **χάρις** τε μεγάλη ἦν
Ac 6:8 Στέφανος δὲ πλήρης **χάριτος** καὶ δυνάμεως ἐποίει
Ac 7:10 καὶ ἔδωκεν αὐτῷ **χάριν** καὶ σοφίαν ἐναντίον
Ac 7:46 ὃς εὗρεν **χάριν** ἐνώπιον τοῦ θεοῦ
Ac 11:23 καὶ ἰδὼν τὴν **χάριν** [τὴν] τοῦ θεοῦ,
Ac 13:43 αὐτοὺς προσμένειν τῇ **χάριτι** τοῦ θεοῦ.
Ac 14:3 τῷ λόγῳ τῆς **χάριτος** αὐτοῦ,
Ac 14:26 ἦσαν παραδεδομένοι τῇ **χάριτι** τοῦ θεοῦ εἰς
Ac 15:11 ἀλλὰ διὰ τῆς **χάριτος** τοῦ κυρίου Ἰησοῦ
Ac 15:40 ἐξῆλθεν παραδοθεὶς τῇ **χάριτι** τοῦ κυρίου
Ac 18:27 πεπιστευκόσιν διὰ τῆς **χάριτος**·
Ac 20:24 τὸ εὐαγγέλιον τῆς **χάριτος** τοῦ θεοῦ.
Ac 20:32 τῷ λόγῳ τῆς **χάριτος** αὐτοῦ,
Ac 24:27 θέλων τε **χάριτα** καταθέσθαι τοῖς Ἰουδαίοις
Ac 25:3 αἰτούμενοι **χάριν** κατ᾽ αὐτοῦ ὅπως
Ac 25:9 θέλων τοῖς Ἰουδαίοις **χάριν** καταθέσθαι ἀποκριθεὶς τῷ

Χαρράν (*Charran*; 2/2) *Haran*

Ac 7:2 κατοικῆσαι αὐτὸν ἐν **Χαρρὰν**
Ac 7:4 Χαλδαίων κατῴκησεν ἐν **Χαρράν**.

χειμάζω (*cheimazō*; 1/1) *toss in a storm*

Ac 27:18 σφοδρῶς δὲ **χειμαζομένων** ἡμῶν τῇ ἑξῆς

χειμών (*cheimōn*; 1/6) *winter*

Ac 27:20 **χειμῶνός** τε οὐκ ὀλίγου

χείρ (*cheir*; 45/175[177]) *hand*

Ac 2:23 θεοῦ ἔκδοτον διὰ **χειρὸς** ἀνόμων προσπήξαντες ἀνείλατε,
Ac 3:7 αὐτὸν τῆς δεξιᾶς **χειρὸς** ἤγειρεν αὐτόν·
Ac 4:3 ἐπέβαλον αὐτοῖς τὰς **χεῖρας** καὶ ἔθεντο εἰς
Ac 4:28 ποιῆσαι ὅσα ἡ **χείρ** σου καὶ ἡ
Ac 4:30 ἐν τῷ τὴν **χεῖρά** [σου] ἐκτείνειν σε
Ac 5:12 Διὰ δὲ τῶν **χειρῶν** τῶν ἀποστόλων ἐγίνετο
Ac 5:18 καὶ ἐπέβαλον τὰς **χεῖρας** ἐπὶ τοὺς ἀποστόλους
Ac 6:6 ἐπέθηκαν αὐτοῖς τὰς **χεῖρας**.
Ac 7:25 ὁ θεὸς διὰ **χειρὸς** αὐτοῦ δίδωσιν σωτηρίαν
Ac 7:35 λυτρωτὴν ἀπέσταλκεν σὺν **χειρὶ** ἀγγέλου τοῦ ὀφθέντος
Ac 7:41 τοῖς ἔργοις τῶν **χειρῶν** αὐτῶν.
Ac 7:50 οὐχὶ ἡ **χείρ** μου ἐποίησεν ταῦτα
Ac 8:17 τότε ἐπετίθεσαν τὰς **χεῖρας** ἐπ᾽ αὐτοὺς καὶ
Ac 8:18 τῆς ἐπιθέσεως τῶν **χειρῶν** τῶν ἀποστόλων δίδοται
Ac 8:19 ἐὰν ἐπιθῶ τὰς **χεῖρας** λαμβάνῃ πνεῦμα ἅγιον.
Ac 9:12 ἐπιθέντα αὐτῷ [τὰς] **χεῖρας** ὅπως ἀναβλέψῃ.
Ac 9:17 ἐπ᾽ αὐτὸν τὰς **χεῖρας** εἶπεν·
Ac 9:41 δοὺς δὲ αὐτῇ **χεῖρα** ἀνέστησεν αὐτήν·
Ac 11:21 καὶ ἦν **χεὶρ** κυρίου μετ᾽ αὐτῶν,
Ac 11:30 τοὺς πρεσβυτέρους διὰ **χειρὸς** Βαρναβᾶ καὶ Σαύλου.
Ac 12:1 ὁ βασιλεὺς τὰς **χεῖρας** κακῶσαί τινας τῶν
Ac 12:7 ἁλύσεις ἐκ τῶν **χειρῶν**.
Ac 12:11 ἐξείλατό με ἐκ **χειρὸς** Ἡρῴδου καὶ πάσης
Ac 12:17 δὲ αὐτοῖς τῇ **χειρὶ** σιγᾶν διηγήσατο [αὐτοῖς]
Ac 13:3 καὶ ἐπιθέντες τὰς **χεῖρας** αὐτοῖς ἀπέλυσαν.
Ac 13:11 καὶ νῦν ἰδοὺ **χεὶρ** κυρίου ἐπὶ σὲ
Ac 13:16 καὶ κατασείσας τῇ **χειρὶ** εἶπεν·
Ac 14:3 γίνεσθαι διὰ τῶν **χειρῶν** αὐτῶν.
Ac 15:23 γράψαντες διὰ **χειρὸς** αὐτῶν·
Ac 17:25 οὐδὲ ὑπὸ **χειρῶν** ἀνθρωπίνων θεραπεύεται προσδεόμενός
Ac 19:6 τοῦ Παύλου [τὰς] **χεῖρας** ἦλθε τὸ πνεῦμα
Ac 19:11 ἐποίει διὰ τῶν **χειρῶν** Παύλου,
Ac 19:26 θεοὶ οἱ διὰ **χειρῶν** γινόμενοι.
Ac 19:33 Ἀλέξανδρος κατασείσας τὴν **χεῖρα** ἤθελεν ἀπολογεῖσθαι τῷ
Ac 20:34 ἐμοῦ ὑπηρέτησαν αἱ **χεῖρες** αὗται.
Ac 21:11 πόδας καὶ τὰς **χεῖρας** εἶπεν·
Ac 21:11 καὶ παραδώσουσιν εἰς **χεῖρας** ἐθνῶν.
Ac 21:27 ἐπ᾽ αὐτὸν τὰς **χεῖρας**
Ac 21:40 ἀναβαθμῶν κατέσεισεν τῇ **χειρὶ** τῷ λαῷ.
Ac 23:19 ἐπιλαβόμενος δὲ τῆς **χειρὸς** αὐτοῦ ὁ χιλίαρχος
Ac 26:1 Παῦλος ἐκτείνας τὴν **χεῖρα** ἀπελογεῖτο·
Ac 28:3 ἐξελθοῦσα καθῆψεν τῆς **χειρὸς** αὐτοῦ.
Ac 28:4 θηρίον ἐκ τῆς **χειρὸς** αὐτοῦ,
Ac 28:8 προσευξάμενος ἐπιθεὶς τὰς **χεῖρας** αὐτῷ ἰάσατο αὐτόν.
Ac 28:17 παρεδόθην εἰς τὰς **χεῖρας** τῶν Ῥωμαίων,

χειραγωγέω (*cheiragōgeō*; 2/2) *lead by the hand*

Ac 9:8 **χειραγωγοῦντες** δὲ αὐτὸν εἰσήγαγον
Ac 22:11 **χειραγωγούμενος** ὑπὸ τῶν συνόντων

χειραγωγός (*cheiragōgos*; 1/1) *one who leads another by the hand*

Ac 13:11 καὶ περιάγων ἐζήτει **χειραγωγούς**.

χειροποίητος (*cheiropoiētos*; 2/6) *made by human hands*

Ac 7:48 ὁ ὕψιστος ἐν **χειροποιήτοις** κατοικεῖ,
Ac 17:24 κύριος οὐκ ἐν **χειροποιήτοις** ναοῖς κατοικεῖ

χειροτονέω (*cheirotoneō*; 1/2) *appoint*

Ac 14:23 **χειροτονήσαντες** δὲ αὐτοῖς κατ᾽

χήρα (*chēra*; 3/26) *widow*

Ac 6:1 τῇ καθημερινῇ αἱ **χῆραι** αὐτῶν.
Ac 9:39 αὐτῷ πᾶσαι αἱ **χῆραι** κλαίουσαι καὶ ἐπιδεικνύμεναι
Ac 9:41 ἁγίους καὶ τὰς **χήρας** παρέστησεν αὐτὴν ζῶσαν.

χιλίαρχος (*chiliarchos*; 17/21) *tribune, officer*

Ac 21:31 ἀνέβη φάσις τῷ **χιλιάρχῳ** τῆς σπείρης ὅτι
Ac 21:32 δὲ ἰδόντες τὸν **χιλίαρχον** καὶ τοὺς στρατιώτας
Ac 21:33 τότε ἐγγίσας ὁ **χιλίαρχος** ἐπελάβετο αὐτοῦ
Ac 21:37 Παῦλος λέγει τῷ **χιλιάρχῳ**·
Ac 22:24 ἐκέλευσεν ὁ **χιλίαρχος** εἰσάγεσθαι αὐτὸν εἰς
Ac 22:26 ἑκατοντάρχης προσελθὼν τῷ **χιλιάρχῳ** ἀπήγγειλεν λέγων·
Ac 22:27 προσελθὼν δὲ ὁ **χιλίαρχος** εἶπεν αὐτῷ·
Ac 22:28 ἀπεκρίθη δὲ ὁ **χιλίαρχος**·
Ac 22:29 καὶ ὁ **χιλίαρχος** δὲ ἐφοβήθη ἐπιγνοὺς
Ac 23:10 στάσεως φοβηθεὶς ὁ **χιλίαρχος** μὴ διασπασθῇ ὁ
Ac 23:15 ὑμεῖς ἐμφανίσατε τῷ **χιλιάρχῳ** σὺν τῷ συνεδρίῳ
Ac 23:17 ἀπάγαγε πρὸς τὸν **χιλίαρχον**,
Ac 23:18 ἤγαγεν πρὸς τὸν **χιλίαρχον** καὶ φησίν·
Ac 23:19 χειρὸς αὐτοῦ ὁ **χιλίαρχος** καὶ ἀναχωρήσας
Ac 23:22 ὁ μὲν οὖν **χιλίαρχος** ἀπέλυσε τὸν νεανίσκον
Ac 24:22 ὅταν Λυσίας ὁ **χιλίαρχος** καταβῇ,
Ac 25:23 ἀκροατήριον σύν τε **χιλιάρχοις** καὶ ἀνδράσιν τοῖς

χιλιάς (*chilias*; 1/23) *thousand*

Ac 4:4 τῶν ἀνδρῶν [ὡς] **χιλιάδες** πέντε.

Χίος (*Chios*; 1/1) *Chios*

Ac 20:15 ἐπιούσῃ κατηντήσαμεν ἄντικρυς **Χίου**,

χιτών (*chitōn*; 1/11) *tunic*

Ac 9:39 κλαίουσαι καὶ ἐπιδεικνύμεναι **χιτῶνας** καὶ ἱμάτια ὅσα

χλευάζω (*chleuazō*; 1/1) *sneer*

Ac 17:32 νεκρῶν οἱ μὲν **ἐχλεύαζον**,

χολή (*cholē*; 1/2) *gall*

Ac 8:23 εἰς γὰρ **χολὴν** πικρίας καὶ σύνδεσμον

χόρτασμα (*chortasma*; 1/1) *food*

Ac 7:11 καὶ οὐχ ηὕρισκον **χορτάσματα** οἱ πατέρες ἡμῶν.

χράομαι (*chraomai*; 2/11) *use, make use of*

Ac 27:3 Ἰούλιος τῷ Παύλῳ **χρησάμενος** ἐπέτρεψεν
Ac 27:17 ἣν ἄραντες βοηθείαις **ἐχρῶντο** ὑποζωννύντες τὸ πλοῖον,

χρεία (*chreia*; 5/49) *need*

Ac 2:45 καθότι ἄν τις **χρείαν** εἶχεν·
Ac 4:35 καθότι ἄν τις **χρείαν** εἶχεν.
Ac 6:3 καταστήσομεν ἐπὶ τῆς **χρείας** ταύτης,
Ac 20:34 γινώσκετε ὅτι ταῖς **χρείαις** μου καὶ τοῖς
Ac 28:10 τὰ πρὸς τὰς **χρείας**.

χρῆμα (*chrēma*; 4/6) *possessions*

Ac 4:37 πωλήσας ἤνεγκεν τὸ **χρῆμα** καὶ ἔθηκεν πρὸς
Ac 8:18 προσήνεγκεν αὐτοῖς **χρήματα**
Ac 8:20 θεοῦ ἐνόμισας διὰ **χρημάτων** κτᾶσθαι·
Ac 24:26 καὶ ἐλπίζων ὅτι **χρήματα** δοθήσεται αὐτῷ

χρηματίζω (*chrēmatizō*; 2/9) *warn, be called*

Ac 10:22 **ἐχρηματίσθη** ὑπὸ ἀγγέλου ἁγίου
Ac 11:26 **χρηματίσαι** τε πρώτως ἐν

Χριστιανός (*Christianos*; 2/3) *Christian*

Ac 11:26 Ἀντιοχείᾳ τοὺς μαθητὰς **Χριστιανούς**.
Ac 26:28 ὀλίγῳ με πείθεις **Χριστιανὸν** ποιῆσαι.

Χριστός (*Christos*; 25/529) *Christ*

Ac 2:31 τῆς ἀναστάσεως τοῦ **Χριστοῦ** ὅτι οὔτε ἐγκατελείφθη
Ac 2:36 κύριον αὐτὸν καὶ **χριστὸν** ἐποίησεν ὁ θεός,
Ac 2:38 τῷ ὀνόματι Ἰησοῦ **Χριστοῦ** εἰς ἄφεσιν τῶν
Ac 3:6 τῷ ὀνόματι Ἰησοῦ **Χριστοῦ** τοῦ Ναζωραίου [ἔγειρε
Ac 3:18 προφητῶν παθεῖν τὸν **χριστὸν** αὐτοῦ,
Ac 3:20 τὸν προκεχειρισμένον ὑμῖν **χριστὸν** Ἰησοῦν,
Ac 4:10 τῷ ὀνόματι Ἰησοῦ **Χριστοῦ** τοῦ Ναζωραίου ὃν
Ac 4:26 καὶ κατὰ τοῦ **χριστοῦ** αὐτοῦ.
Ac 5:42 καὶ εὐαγγελιζόμενοι τὸν **χριστόν** Ἰησοῦν.
Ac 8:5 ἐκήρυσσεν αὐτοῖς τὸν **Χριστόν**.
Ac 8:12 τοῦ ὀνόματος Ἰησοῦ **Χριστοῦ**,
Ac 9:22 οὗτός ἐστιν ὁ **χριστός**.
Ac 9:34 ἰᾶταί σε Ἰησοῦς **Χριστός**·
Ac 10:36 εἰρήνην διὰ Ἰησοῦ **Χριστοῦ**,
Ac 10:48 τῷ ὀνόματι Ἰησοῦ **Χριστοῦ** βαπτισθῆναι.
Ac 11:17 τὸν κύριον Ἰησοῦν **Χριστόν**,
Ac 15:26 κυρίου ἡμῶν Ἰησοῦ **Χριστοῦ**.
Ac 16:18 ἐν ὀνόματι Ἰησοῦ **Χριστοῦ** ἐξελθεῖν ἀπ' αὐτῆς·
Ac 17:3 παρατιθέμενος ὅτι τὸν **χριστὸν** ἔδει παθεῖν
Ac 17:3 οὗτός ἐστιν ὁ **χριστὸς** [ὁ] Ἰησοῦς ὃν
Ac 18:5 Ἰουδαίοις εἶναι τὸν **χριστὸν** Ἰησοῦν.
Ac 18:28 γραφῶν εἶναι τὸν **χριστὸν** Ἰησοῦν.
Ac 24:24 περὶ τῆς εἰς **Χριστὸν** Ἰησοῦν πίστεως.
Ac 26:23 εἰ παθητὸς ὁ **χριστός**,
Ac 28:31 τοῦ κυρίου Ἰησοῦ **Χριστοῦ** μετὰ πάσης παρρησίας

χρίω (*chriō*; 2/5) *anoint*

Ac 4:27 σου Ἰησοῦν ὃν **ἔχρισας**,
Ac 10:38 ὡς **ἔχρισεν** αὐτὸν ὁ θεὸς

χρόνος (*chronos*; 17/54) *time*

Ac 1:6 εἰ ἐν τῷ **χρόνῳ** τούτῳ ἀποκαθιστάνεις τὴν
Ac 1:7 ὑμῶν ἐστιν γνῶναι **χρόνους** ἢ καιροὺς οὓς
Ac 1:21 ἀνδρῶν ἐν παντὶ **χρόνῳ** ᾧ εἰσῆλθεν καὶ
Ac 3:21 μὲν δέξασθαι ἄχρι **χρόνων** ἀποκαταστάσεως πάντων ὧν
Ac 7:17 δὲ ἤγγιζεν ὁ **χρόνος** τῆς ἐπαγγελίας ἧς
Ac 7:23 ἐπληροῦτο αὐτῷ τεσσερακονταετὴς **χρόνος**,
Ac 8:11 διὰ τὸ ἱκανῷ **χρόνῳ** ταῖς μαγείαις ἐξεστακέναι
Ac 13:18 καὶ ὡς τεσσερακονταετῆ **χρόνον** ἐτροποφόρησεν αὐτοὺς ἐν
Ac 14:3 ἱκανὸν μὲν οὖν **χρόνον** διέτριψαν παρρησιαζόμενοι ἐπὶ
Ac 14:28 διέτριβον δὲ **χρόνον** οὐκ ὀλίγον σὺν
Ac 15:33 ποιήσαντες δὲ **χρόνον** ἀπελύθησαν μετ' εἰρήνης
Ac 17:30 τοὺς μὲν οὖν **χρόνους** τῆς ἀγνοίας ὑπεριδὼν

Ac 18:20 αὐτῶν ἐπὶ πλείονα **χρόνον** μεῖναι οὐκ ἐπένευσεν,
Ac 18:23 Καὶ ποιήσας **χρόνον** τινα ἐξῆλθεν διερχόμενος
Ac 19:22 αὐτὸς ἐπέσχεν **χρόνον** εἰς τὴν Ἀσίαν.
Ac 20:18 ὑμῶν τὸν πάντα **χρόνον** ἐγενόμην,
Ac 27:9 Ἱκανοῦ δὲ **χρόνου** διαγενομένου καὶ ὄντος

χρονοτριβέω (*chronotribeō*; 1/1) *spend time*
Ac 20:16 μὴ γένηται αὐτῷ **χρονοτριβῆσαι** ἐν τῇ Ἀσίᾳ·

χρυσίον (*chrysion*; 2/12) *gold*
Ac 3:6 ἀργύριον καὶ **χρυσίον** οὐχ ὑπάρχει μοι,
Ac 20:33 ἀργυρίου ἢ **χρυσίου** ἢ ἱματισμοῦ οὐδενὸς

χρυσός (*chrysos*; 1/10) *gold*
Ac 17:29 οὐκ ὀφείλομεν νομίζειν **χρυσῷ** ἢ ἀργύρῳ ἢ

χρώς (*chrōs*; 1/1) *skin*
Ac 19:12 ἀποφέρεσθαι ἀπὸ τοῦ **χρωτὸς** αὐτοῦ σουδάρια ἢ

χωλός (*chōlos*; 3/14) *lame*
Ac 3:2 καί τις ἀνὴρ **χωλὸς** ἐκ κοιλίας μητρὸς
Ac 8:7 δὲ παραλελυμένοι καὶ **χωλοὶ** ἐθεραπεύθησαν·
Ac 14:8 **χωλὸς** ἐκ κοιλίας μητρὸς

χώρα (*chōra*; 8/28) *country*
Ac 8:1 διεσπάρησαν κατὰ τὰς **χώρας** τῆς Ἰουδαίας
Ac 10:39 ἔν τε τῇ **χώρᾳ** τῶν Ἰουδαίων καὶ
Ac 12:20 τρέφεσθαι αὐτῶν τὴν **χώραν** ἀπὸ τῆς βασιλικῆς.
Ac 13:49 δι᾽ ὅλης τῆς **χώρας**.
Ac 16:6 Φρυγίαν καὶ Γαλατικὴν **χώραν** κωλυθέντες
Ac 18:23 καθεξῆς τὴν Γαλατικὴν **χώραν** καὶ Φρυγίαν,
Ac 26:20 πᾶσάν τε τὴν **χώραν** τῆς Ἰουδαίας καὶ
Ac 27:27 προσάγειν τινα αὐτοῖς **χώραν**.

χωρίζω (*chōrizō*; 3/13) *separate*
Ac 1:4 ἀπὸ Ἱεροσολύμων μὴ **χωρίζεσθαι** ἀλλὰ περιμένειν τὴν
Ac 18:1 Μετὰ ταῦτα **χωρισθεὶς** ἐκ τῶν Ἀθηνῶν
Ac 18:2 τὸ διατεταχέναι Κλαύδιον **χωρίζεσθαι** πάντας τοὺς Ἰουδαίους

χωρίον (*chōrion*; 7/10) *piece of land*
Ac 1:18 μὲν οὖν ἐκτήσατο **χωρίον** ἐκ μισθοῦ τῆς
Ac 1:19 ὥστε κληθῆναι τὸ **χωρίον** ἐκεῖνο τῇ ἰδίᾳ
Ac 1:19 τοῦτ᾽ ἔστιν **χωρίον** αἵματος.
Ac 4:34 ὅσοι γὰρ κτήτορες **χωρίων** ἢ οἰκιῶν ὑπῆρχον,
Ac 5:3 τῆς τιμῆς τοῦ **χωρίου**;
Ac 5:8 εἰ τοσούτου τὸ **χωρίον** ἀπέδοσθε;
Ac 28:7 τόπον ἐκεῖνον ὑπῆρχεν **χωρία** τῷ πρώτῳ τῆς

χῶρος (*chōros*; 1/1) *northwest wind*
Ac 27:12 λίβα καὶ κατὰ **χῶρον**.

ψαλμός (*psalmos*; 2/7) *psalm*
Ac 1:20 γὰρ ἐν βίβλῳ **ψαλμῶν**·
Ac 13:33 καὶ ἐν τῷ **ψαλμῷ** γέγραπται τῷ δευτέρῳ·

ψευδής (*pseudēs*; 1/3) *false*
Ac 6:13 ἔστησάν τε μάρτυρας **ψευδεῖς** λέγοντας·

ψεύδομαι (*pseudomai*; 2/12) *lie, speak falsehood*
Ac 5:3 **ψεύσασθαί** σε τὸ πνεῦμα
Ac 5:4 οὐκ **ἐψεύσω** ἀνθρώποις ἀλλὰ τῷ

ψευδοπροφήτης (*pseudoprophētēs*; 1/11) *false prophet*
Ac 13:6 ἄνδρα τινα μάγον **ψευδοπροφήτην** Ἰουδαῖον ᾧ ὄνομα

ψηλαφάω (*psēlaphaō*; 1/4) *touch*
Ac 17:27 εἰ ἄρα γε **ψηλαφήσειαν** αὐτὸν καὶ εὕροιεν,

ψῆφος (*psēphos*; 1/3) *pebble, stone*
Ac 26:10 τε αὐτῶν κατήνεγκα **ψῆφον**.

ψυχή (*psychē*; 15/103) *soul, life, self*
Ac 2:27 οὐκ ἐγκαταλείψεις τὴν **ψυχήν** μου εἰς ᾅδην
Ac 2:41 τῇ ἡμέρᾳ ἐκείνῃ **ψυχαὶ** ὡσεὶ τρισχίλιαι.
Ac 2:43 ἐγίνετο δὲ πάσῃ **ψυχῇ** φόβος,
Ac 3:23 ἔσται δὲ πᾶσα **ψυχὴ** ἥτις ἐὰν μὴ
Ac 4:32 ἦν καρδία καὶ **ψυχὴ** μία,
Ac 7:14 τὴν συγγένειαν ἐν **ψυχαῖς** ἑβδομήκοντα πέντε.
Ac 14:2 καὶ ἐκάκωσαν τὰς **ψυχὰς** τῶν ἐθνῶν κατὰ
Ac 14:22 ἐπιστηρίζοντες τὰς **ψυχὰς** τῶν μαθητῶν,
Ac 15:24 λόγοις ἀνασκευάζοντες τὰς **ψυχὰς** ὑμῶν οἷς
Ac 15:26 ἀνθρώποις παραδεδωκόσι τὰς **ψυχὰς** αὐτῶν
Ac 20:10 ἡ γὰρ **ψυχὴ** αὐτοῦ ἐν αὐτῷ
Ac 20:24 λόγου ποιοῦμαι τὴν **ψυχὴν** τιμίαν ἐμαυτῷ ὡς
Ac 27:10 ἀλλὰ καὶ τῶν **ψυχῶν** ἡμῶν μέλλειν ἔσεσθαι
Ac 27:22 ἀποβολὴ γὰρ **ψυχῆς** οὐδεμία ἔσται ἐξ
Ac 27:37 δὲ αἱ πᾶσαι **ψυχαὶ** ἐν τῷ πλοίῳ

ψῦχος (*psychos*; 1/3) *cold*
Ac 28:2 καὶ διὰ τὸ **ψῦχος**.

ὦ (*ō*; 4/20) *O*
Ac 1:1 **ὦ** Θεόφιλε,
Ac 13:10 **ὦ** πλήρης παντὸς δόλου
Ac 18:14 **ὦ** Ἰουδαῖοι,
Ac 27:21 **ὦ** ἄνδρες,

ὧδε (*hōde*; 2/61) *here*
Ac 9:14 καὶ **ὧδε** ἔχει ἐξουσίαν παρὰ
Ac 9:21 καὶ **ὧδε** εἰς τοῦτο ἐληλύθει

ὠδίν (*ōdin*; 1/4) *birth*
Ac 2:24 ἀνέστησεν λύσας τὰς **ὠδῖνας** τοῦ θανάτου,

ὠνέομαι (*ōneomai*; 1/1) *buy*
Ac 7:16 τῷ μνήματι ᾧ **ὠνήσατο** Ἀβραὰμ τιμῆς ἀργυρίου

ὥρα (*hōra*; 11/106) *hour*

Ac 2:15 ἔστιν γὰρ **ὥρα** τρίτη τῆς ἡμέρας,
Ac 3:1 ἱερὸν ἐπὶ τὴν **ὥραν** τῆς προσευχῆς τὴν
Ac 5:7 Ἐγένετο δὲ ὡς **ὡρῶν** τριῶν διάστημα καὶ
Ac 10:3 φανερῶς ὡσεὶ περὶ **ὥραν** ἐνάτην τῆς ἡμέρας
Ac 10:9 δῶμα προσεύξασθαι περὶ **ὥραν** ἕκτην.
Ac 10:30 μέχρι ταύτης τῆς **ὥρας** ἤμην τὴν ἐνάτην
Ac 16:18 ἐξῆλθεν αὐτῇ τῇ **ὥρᾳ**.
Ac 16:33 ἐν ἐκείνῃ τῇ **ὥρᾳ** τῆς νυκτὸς ἔλουσεν
Ac 19:34 πάντων ὡς ἐπὶ **ὥρας** δύο κραζόντων·
Ac 22:13 κἀγὼ αὐτῇ τῇ **ὥρᾳ** ἀνέβλεψα εἰς αὐτόν.
Ac 23:23 διακοσίους ἀπὸ τρίτης **ὥρας** τῆς νυκτός,

ὡραῖος (*hōraios*; 2/4) *beautiful*

Ac 3:2 ἱεροῦ τὴν λεγομένην **Ὡραίαν** τοῦ αἰτεῖν ἐλεημοσύνην
Ac 3:10 καθήμενος ἐπὶ τῇ **ὡραίᾳ** πύλῃ τοῦ ἱεροῦ

ὡς (*hōs*; 63/503[504]) *as*

Ac 1:10 καὶ **ὡς** ἀτενίζοντες ἦσαν εἰς
Ac 2:15 οὐ γὰρ **ὡς** ὑμεῖς ὑπολαμβάνετε οὗτοι
Ac 3:12 ἡμῖν τί ἀτενίζετε **ὡς** ἰδίᾳ δυνάμει ἢ
Ac 3:22 τῶν ἀδελφῶν ὑμῶν **ὡς** ἐμέ·
Ac 4:4 ἀριθμὸς τῶν ἀνδρῶν [**ὡς**] χιλιάδες πέντε.
Ac 5:7 Ἐγένετο δὲ **ὡς** ὡρῶν τριῶν διάστημα
Ac 5:24 **ὡς** δὲ ἤκουσαν τοὺς
Ac 5:36 προσεκλίθη ἀνδρῶν ἀριθμὸς **ὡς** τετρακοσίων·
Ac 7:23 **Ὡς** δὲ ἐπληροῦτο αὐτῷ
Ac 7:37 τῶν ἀδελφῶν ὑμῶν **ὡς** ἐμέ.
Ac 7:51 τῷ ἁγίῳ ἀντιπίπτετε **ὡς** οἱ πατέρες ὑμῶν
Ac 8:32 **ὡς** πρόβατον ἐπὶ σφαγὴν
Ac 8:32 σφαγὴν ἤχθη καὶ **ὡς** ἀμνὸς ἐναντίον τοῦ
Ac 8:36 **ὡς** δὲ ἐπορεύοντο κατὰ
Ac 9:18 ἀπὸ τῶν ὀφθαλμῶν **ὡς** λεπίδες,
Ac 9:23 **Ὡς** δὲ ἐπληροῦντο ἡμέραι
Ac 10:7 **ὡς** δὲ ἀπῆλθεν ὁ
Ac 10:11 καταβαῖνον σκεῦός τι **ὡς** ὀθόνην μεγάλην τέσσαρσιν
Ac 10:17 **Ὡς** δὲ ἐν ἑαυτῷ
Ac 10:25 **Ὡς** δὲ ἐγένετο τοῦ
Ac 10:28 ὑμεῖς ἐπίστασθε **ὡς** ἀθέμιτόν ἐστιν ἀνδρὶ
Ac 10:38 **ὡς** ἔχρισεν αὐτὸν ὁ
Ac 10:47 τὸ ἅγιον ἔλαβον **ὡς** καὶ ἡμεῖς;
Ac 11:5 καταβαῖνον σκεῦός τι **ὡς** ὀθόνην μεγάλην τέσσαρσιν
Ac 11:16 ῥήματος τοῦ κυρίου **ὡς** ἔλεγεν·
Ac 11:17 αὐτοῖς ὁ θεὸς **ὡς** καὶ ἡμῖν πιστεύσασιν
Ac 13:18 καὶ **ὡς** τεσσερακονταετῆ χρόνον ἐτροποφόρησεν
Ac 13:20 **ὡς** ἔτεσιν τετρακοσίοις καὶ
Ac 13:25 **ὡς** δὲ ἐπλήρου Ἰωάννης
Ac 13:29 **ὡς** δὲ ἐτέλεσαν πάντα
Ac 13:33 ἡμῖν ἀναστήσας Ἰησοῦν **ὡς** καὶ ἐν τῷ
Ac 14:5 **ὡς** δὲ ἐγένετο ὁρμὴ
Ac 16:4 **Ὡς** δὲ διεπορεύοντο τὰς
Ac 16:10 **ὡς** δὲ τὸ ὅραμα
Ac 16:15 **ὡς** δὲ ἐβαπτίσθη καὶ
Ac 17:13 **Ὡς** δὲ ἔγνωσαν οἱ
Ac 17:15 τὸν Τιμόθεον ἵνα **ὡς** τάχιστα ἔλθωσιν πρὸς
Ac 17:22 κατὰ πάντα **ὡς** δεισιδαιμονεστέρους ὑμᾶς θεωρῶ.
Ac 17:28 **ὡς** καί τινες τῶν
Ac 18:5 **Ὡς** δὲ κατῆλθον ἀπὸ
Ac 19:9 **ὡς** δέ τινες ἐσκληρύνοντο
Ac 19:21 **Ὡς** δὲ ἐπληρώθη ταῦτα,
Ac 19:34 μία ἐκ πάντων **ὡς** ἐπὶ ὥρας δύο
Ac 20:14 **ὡς** δὲ συνέβαλλεν ἡμῖν
Ac 20:18 **ὡς** δὲ παρεγένοντο πρὸς
Ac 20:20 **ὡς** οὐδὲν ὑπεστειλάμην τῶν
Ac 20:24 ψυχὴν τιμίαν ἐμαυτῷ **ὡς** τελειῶσαι τὸν δρόμον
Ac 21:1 **Ὡς** δὲ ἐγένετο ἀναχθῆναι
Ac 21:12 **ὡς** δὲ ἠκούσαμεν ταῦτα,
Ac 21:27 **Ὡς** δὲ ἔμελλον αἱ
Ac 22:5 **ὡς** καὶ ὁ ἀρχιερεὺς
Ac 22:11 **ὡς** δὲ οὐκ ἐνέβλεπον
Ac 22:25 **ὡς** δὲ προέτειναν αὐτὸν
Ac 23:11 **ὡς** γὰρ διεμαρτύρω τὰ
Ac 23:15 αὐτὸν εἰς ὑμᾶς **ὡς** μέλλοντας διαγινώσκειν ἀκριβέστερον
Ac 23:20 εἰς τὸ συνέδριον **ὡς** μέλλον τι ἀκριβέστερον
Ac 25:10 Ἰουδαίους οὐδὲν ἠδίκησα **ὡς** καὶ σὺ κάλλιον
Ac 25:14 **ὡς** δὲ πλείους ἡμέρας
Ac 27:1 **Ὡς** δὲ ἐκρίθη τοῦ
Ac 27:27 **Ὡς** δὲ τεσσαρεσκαιδεκάτη νὺξ
Ac 27:30 τὴν θάλασσαν προφάσει **ὡς** ἐκ πρῴρης ἀγκύρας
Ac 28:4 **ὡς** δὲ εἶδον οἱ
Ac 28:19 ἐπικαλέσασθαι Καίσαρα οὐχ **ὡς** τοῦ ἔθνους μου

ὡσεί (*hōsei*; 6/21) *like*

Ac 1:15 ἐπὶ τὸ αὐτὸ **ὡσεὶ** ἑκατὸν εἴκοσι·
Ac 2:3 αὐτοῖς διαμεριζόμεναι γλῶσσαι **ὡσεὶ** πυρὸς καὶ ἐκάθισεν
Ac 2:41 ἡμέρᾳ ἐκείνῃ ψυχαὶ **ὡσεὶ** τρισχίλιαι.
Ac 6:15 τὸ πρόσωπον αὐτοῦ **ὡσεὶ** πρόσωπον ἀγγέλου.
Ac 10:3 ἐν ὁράματι φανερῶς **ὡσεὶ** περὶ ὥραν ἐνάτην
Ac 19:7 οἱ πάντες ἄνδρες **ὡσεὶ** δώδεκα.

ὥσπερ (*hōsper*; 3/36) *just as, like*

Ac 2:2 τοῦ οὐρανοῦ ἦχος **ὥσπερ** φερομένης πνοῆς βιαίας
Ac 3:17 κατὰ ἄγνοιαν ἐπράξατε **ὥσπερ** καὶ οἱ ἄρχοντες
Ac 11:15 ἅγιον ἐπ' αὐτοὺς **ὥσπερ** καὶ ἐφ' ἡμᾶς

ὥστε (*hōste*; 8/83) *so that*

Ac 1:19 **ὥστε** κληθῆναι τὸ χωρίον
Ac 5:15 **ὥστε** καὶ εἰς τὰς
Ac 14:1 καὶ λαλῆσαι οὕτως **ὥστε** πιστεῦσαι Ἰουδαίων τε
Ac 15:39 ἐγένετο δὲ παροξυσμὸς **ὥστε** ἀποχωρισθῆναι αὐτοὺς ἀπ'
Ac 16:26 σεισμὸς ἐγένετο μέγας **ὥστε** σαλευθῆναι τὰ θεμέλια
Ac 19:10 **ὥστε** πάντας τοὺς κατοικοῦντας
Ac 19:12 **ὥστε** καὶ ἐπὶ τοὺς
Ac 19:16 ἰσχύσεν κατ' αὐτῶν **ὥστε** γυμνοὺς καὶ τετραυματισμένους

Frequency List (Alphabetical Order)

1 Ἀαρών
7 Ἀβραάμ
2* Ἅγαβος
1 ἀγαθοεργέω
3 ἀγαθός
1 ἀγαλλίασις
2 ἀγαλλιάω
1 ἀγαπητός
21 ἄγγελος
2 ἁγιάζω
53 ἅγιος
3 ἄγκυρα
3 ἁγνίζω
1* ἁγνισμός
2 ἀγνοέω
2 ἄγνοια
1* ἄγνωστος
2 ἀγορά
2* ἀγοραῖος
1* ἀγράμματος
11* Ἀγρίππας
1 ἀγρός
26 ἄγω
1 ἀδελφή
57 ἀδελφός
2 ᾅδης
5 ἀδικέω
2 ἀδίκημα
2 ἀδικία
1 ἄδικος
1* Ἀδραμυττηνός
1* Ἀδρίας
1 ἀδύνατος
1 ἀεί
2 ἄζυμος
1* Ἄζωτος
1 ἀήρ
1 ἀθέμιτος
3 Ἀθῆναι
2* Ἀθηναῖος
3 αἰγιαλός
4 Αἰγύπτιος
15 Αἴγυπτος
2* Αἰθίοψ
11 αἷμα
2* Αἰνέας
3 αἰνέω
6 αἵρεσις
9 αἴρω
10 αἰτέω
8 αἰτία
1 αἴτιος
1* αἰτίωμα
2 αἰών
2 αἰώνιος
5 ἀκάθαρτος
2* ἀκατάκριτος
1* Ἁκελδαμάχ
2 ἀκοή
4 ἀκολουθέω
89 ἀκούω
1* ἀκρίβεια
1* ἀκριβής
5 ἀκριβῶς
1* ἀκροατήριον
1 ἀκροβυστία
3 Ἀκύλας
1* ἀκωλύτως
2* Ἀλεξανδρεύς
2* Ἀλεξανδρῖνος
3 Ἀλέξανδρος
3 ἀλήθεια
1 ἀληθής
1 ἀληθῶς
1* ἀλίσγημα
30 ἀλλά
1 ἀλλάσσω
8 ἀλλήλων
2 ἅλλομαι
8 ἄλλος
1 ἀλλότριος
1* ἀλλόφυλος
1 ἄλογος
4 ἅλυσις
1 Ἁλφαῖος
2 ἅμα
1 ἁμαρτάνω
8 ἁμαρτία
1* ἀμάρτυρος
1 ἀμνός
1* ἀμύνομαι
1* Ἀμφίπολις
3 ἀμφότεροι
15 ἄν
2* ἀναβαθμός
19 ἀναβαίνω
1* ἀναβάλλω
5 ἀναβλέπω
1* ἀναβολή
5 ἀναγγέλλω
8 ἀναγινώσκω
2 ἀναγκάζω
2 ἀναγκαῖος
1* ἀναγνωρίζω
1 ἀνάγνωσις
17 ἀνάγω
1 ἀναδείκνυμι
1 ἀναδέχομαι
1* ἀναδίδωμι
1 ἀναζητέω
1 ἀνάθεμα
3 ἀναθεματίζω
1 ἀναθεωρέω
1* ἀναίρεσις
19 ἀναιρέω
1 ἀνακαθίζω
1 ἀνακάμπτω
5 ἀνακρίνω
1* ἀνάκρισις
8 ἀναλαμβάνω
11* Ἁνανίας
1* ἀναντίρρητος
1* ἀναντιρρήτως
1* ἀναπείθω
1 ἀναπέμπω
1* ἀνασκευάζω
1 ἀνασπάω
11 ἀνάστασις
2 ἀναστατόω
2 ἀναστρέφω
1 ἀνατίθημι
3* ἀνατρέφω
1 ἀναφαίνω
2 ἀναχωρέω
1* ἀνάψυξις
1 Ἀνδρέας
4 ἄνεμος
1 ἄνεσις
2* ἀνετάζω
1* ἀνεύθετος
1 ἀνευρίσκω
1 ἀνέχομαι
100 ἀνήρ
2 ἀνθίστημι
1 ἀνθρώπινος
46 ἄνθρωπος
5* ἀνθύπατος
2 ἀνίημι
45 ἀνίστημι
1 Ἅννας
16 ἀνοίγω
2* ἀνοικοδομέω
1 ἄνομος
1 ἀνορθόω
1 ἀντί
1* ἄντικρυς
1 ἀντιλαμβάνομαι
4 ἀντιλέγω
16 Ἀντιόχεια
1* Ἀντιοχεύς
1* Ἀντιπατρίς
1* ἀντιπίπτω
1 ἀντιτάσσω
1* ἀντοφθαλμέω
1 ἄνω
1 ἄνωθεν
1* ἀνωτερικός
7 ἄξιος
2 ἀξιόω
15 ἀπαγγέλλω
2 ἀπάγω
1 ἀπαλλάσσω
1 ἀπάντησις
12 ἅπας
1* ἀπασπάζομαι
2 ἀπειθέω
1 ἀπειθής
1 ἀπειλέω
2 ἀπειλή
1* ἄπειμι
1* ἀπελαύνω
1* ἀπελεγμός
2 ἀπέναντι
1* ἀπερίτμητος
6 ἀπέρχομαι
2 ἀπέχω
1 ἀπιστέω
1 ἄπιστος
114 ἀπό
1 ἀποβολή
1 ἀπογραφή
2 ἀποδείκνυμι
5 ἀποδέχομαι
4 ἀποδίδωμι
4 ἀποθνήσκω
1 ἀποκαθίστημι
1* ἀποκατάστασις
1 ἀποκόπτω
20 ἀποκρίνομαι
6 ἀποκτείνω
2 ἀπόλλυμι
1* Ἀπολλωνία
2 Ἀπολλῶς
6 ἀπολογέομαι
2 ἀπολογία
1 ἀπολούω
15 ἀπολύω
1* ἀποπίπτω
4* ἀποπλέω
1 ἀπορέω
1* ἀπορίπτω
2 ἀποσπάω
1 ἀποστασία
24 ἀποστέλλω
1 ἀποστολή
28 ἀπόστολος
1 ἀποστρέφω
2 ἀποτάσσω
1 ἀποτίθημι
1 ἀποτινάσσω
1 ἀποφέρω
3* ἀποφθέγγομαι
1* ἀποφορτίζομαι
1 ἀποχωρέω
1 ἀποχωρίζω
1* Ἀππίος
1 ἀπρόσκοπος
1 ἅπτω
3 ἀπωθέω
1 ἀπώλεια
5 ἄρα
1 ἆρα
1* Ἄραψ
5 ἀργύριον
1* ἀργυροκόπος
1 ἄργυρος
1 ἀργυροῦς
2* Ἄρειος
1* Ἀρεοπαγίτης
1 ἀρέσκω
2 ἀρεστός
5 ἀριθμός
3 Ἀρίσταρχος
3 ἅρμα
4 ἀρνέομαι
2 ἁρπάζω
5* Ἄρτεμις
1* ἀρτέμων
5 ἄρτος
3 ἀρχαῖος
4 ἀρχή
2 ἀρχηγός
1* ἀρχιερατικός
22 ἀρχιερεύς
3 ἀρχισυνάγωγος
10 ἄρχω
11 ἄρχων
1 ἀσάλευτος
1* ἄσημος
1 ἀσθένεια
3 ἀσθενέω
3 ἀσθενής
12 Ἀσία
1* Ἀσιανός
1* Ἀσιάρχης
1* ἀσιτία
1* ἄσιτος
1* ἀσκέω
1* ἀσμένως
5 ἀσπάζομαι
1* ἆσσον
2* Ἆσσος
1 ἀστεῖος
2 ἄστρον
1* ἀσύμφωνος
1 ἀσφάλεια
3 ἀσφαλής
1 ἀσφαλίζω
2 ἀσφαλῶς
10 ἀτενίζω
1 ἀτιμάζω
1 ἀτμίς
2 ἄτοπος
1* Ἀττάλεια
1* αὐγή
4 αὐξάνω
4 αὔριον
1 αὐτόματος
703° αὐτός
2 αὐτοῦ
1* αὐτόχειρ
1 ἀφανίζω
1* ἀφελότης
5 ἄφεσις
3 ἀφίημι

1* ἄφιξις
6 ἀφίστημι
3* ἄφνω
2 ἀφορίζω
1 ἄφωνος
3 Ἀχαΐα
1* ἀχλύς
15 ἄχρι
1 Βαβυλών
1 βαθύς
5 βάλλω
21 βαπτίζω
6 βάπτισμα
2 βάρβαρος
1 βαρέως
1 Βαρθολομαῖος
1* Βαριησοῦς
23 Βαρναβᾶς
1 βάρος
2* Βαρσαββᾶς
2 βαρύς
8 βασιλεία
20 βασιλεύς
2 βασιλικός
1 βασίλισσα
1* βάσις
4 βαστάζω
1 βάτος
1* βάτος
1 βεβηλόω
1 Βενιαμίν
3* Βερνίκη
2* Βέροια
1* Βεροιαῖος
8 βῆμα
3* βία
1* βίαιος
3 βίβλος
1 Βιθυνία
1* βίωσις
1* Βλάστος
4 βλασφημέω
1 βλάσφημος
13 βλέπω
3 βοάω
1 βοήθεια
2 βοηθέω
2* βολίζω
1 βουλεύομαι
7 βουλή
1 βούλημα
14 βούλομαι
1* βραδυπλοέω
1 βραχίων
2 βραχύς
1 βρέφος
1* βρύχω
3* βυρσεύς
1* βωμός
1* γάζα
1* Γάζα
2 Γάϊος
2* Γαλατικός
3 Γαλιλαία
3 Γαλιλαῖος
3* Γαλλίων
2* Γαμαλιήλ
80 γάρ
4 γέ
5 γενεά
7 γεννάω
9 γένος
1* γερουσία
3 γεύομαι
33 γῆ
125 γίνομαι
16 γινώσκω
1* γλεῦκος
6 γλῶσσα
1 γνώμη
1 γνωρίζω
1* γνώστης
10 γνωστός
1 γογγυσμός
1 γόμος
4 γόνυ
2 γράμμα
4 γραμματεύς
7 γραφή
12 γράφω
1 γρηγορέω
1 γυμνός
19 γυνή
2 γωνία
1 δαιμόνιον
2 δάκρυον
1* Δάμαρις
13 Δαμασκός
1 δαπανάω
11 Δαυίδ
554 δέ
22 δεῖ
2 δείκνυμι
1* δεισιδαιμονία
1* δεισιδαίμων
1 δέκα
1 δεκαπέντε
1 δεκτός
1* δεξιολάβος
7 δεξιός
7 δέομαι
1* Δερβαῖος
3* Δέρβη
3 δέρω
1 δεσμεύω
6 δέσμιος
5 δεσμός
3* δεσμοφύλαξ
3 δεσμωτήριον
2* δεσμώτης
1 δεσπότης
2 δεῦρο
1* δευτεραῖος
5 δεύτερος
8 δέχομαι
12 δέω
2 δή
1* δημηγορέω
2 Δημήτριος
4* δῆμος
4* δημόσιος
74 διά
1 διαβαίνω
2 διάβολος
1 διαγγέλλω
2 διαγίνομαι
2* διαγινώσκω
1* διάγνωσις
1* διαδέχομαι
1 διαδίδωμι
1* διάδοχος
2 διαθήκη
1* διακατελέγχομαι
2 διακονέω
8 διακονία
3 διακόσιοι
1* διακούω
4 διακρίνω
10 διαλέγομαι
6* διάλεκτος
1* διαλύω
9 διαμαρτύρομαι
1* διαμάχομαι
2 διαμερίζω
1* διανέμω
3 διανοίγω
1* διανύω
1 διαπεράω
1* διαπλέω
2* διαπονέομαι
1 διαπορεύομαι
3 διαπορέω
2* διαπρίω
1 διαρρήσσω
1 διασκορπίζω
1 διασπάω
3* διασπείρω
1 διαστέλλω
1* διάστημα
3 διαστρέφω
5 διασῴζω
1 διαταγή
5 διατάσσω
1* διατελέω
1 διατηρέω
1 διατίθημι
8 διατρίβω
2 διαφέρω
1* διαφεύγω
6* διαφθορά
2* διαχειρίζω
1* διαχλευάζω
1 διδάσκαλος
16 διδάσκω
4 διδαχή
35 δίδωμι
1* διενθυμέομαι
1 διερμηνεύω
21 διέρχομαι
1* διερωτάω
2* διετία
3 διηγέομαι
1* διθάλασσος
1 διΐστημι
1 διϊσχυρίζομαι
6 δίκαιος
4 δικαιοσύνη
2 δικαιόω
2* δικαστής
1 δίκη
8 διό
1 διοδεύω
1* Διονύσιος
1* διοπετής
1* διόρθωμα
1* Διόσκουροι
5 διότι
2 διωγμός
9 διώκω
2 δόγμα
8 δοκέω
1 δόλος
4 δόξα
5 δοξάζω
2* Δορκάς
2 δουλεύω
1 δούλη
3 δοῦλος
1 δουλόω
2 δρόμος
1* Δρούσιλλα
21 δύναμαι
10 δύναμις
1 δυνάστης
6 δυνατός
13 δύο
1* δυσεντέριον
4 δώδεκα
1* δωδεκάφυλον
1 δῶμα
4 δωρεά
10 ἐάν
20 ἑαυτοῦ
7 ἐάω
3 ἑβδομήκοντα
1 Ἑβραῖος
3* Ἑβραΐς
6 ἐγγίζω
3 ἐγγύς
13 ἐγείρω
6 ἐγκαλέω
2 ἐγκαταλείπω
2* ἔγκλημα
1 ἐγκόπτω
1 ἐγκράτεια
185 ἐγώ
1* ἔδαφος
43 ἔθνος
7 ἔθος
35 εἰ
2 εἰδωλόθυτος
2 εἴδωλον
2 εἴκοσι
278 εἰμί
7 εἰρήνη
302 εἰς
21 εἷς
6 εἰσάγω
1 εἰσακούω
3 εἴσειμι
34 εἰσέρχομαι
1* εἰσκαλέομαι
1 εἴσοδος
1* εἰσπηδάω
4 εἰσπορεύομαι
1* εἰστρέχω
1 εἰσφέρω
1 εἴωθα
84 ἐκ
11 ἕκαστος
1 ἑκατόν
13 ἑκατοντάρχης
5 ἐκβάλλω
1* ἐκβολή
1 ἐκδέχομαι
2* ἐκδιηγέομαι
1 ἐκδίκησις
1* ἔκδοτος
6 ἐκεῖ
4 ἐκεῖθεν
22 ἐκεῖνος
2* ἐκεῖσε
1 ἐκζητέω
1* ἔκθαμβος
1* ἔκθετος
23 ἐκκλησία
1* ἐκκολυμβάω
1* ἐκλαλέω
7 ἐκλέγομαι
1 ἐκλογή
2* ἐκπέμπω
1* ἐκπηδάω
5 ἐκπίπτω
3* ἐκπλέω
1* ἐκπληρόω
1* ἐκπλήρωσις
1 ἐκπλήσσω
3 ἐκπορεύομαι
4 ἔκστασις
1* ἐκταράσσω
3 ἐκτείνω
1* ἐκτένεια
1 ἐκτενῶς
4* ἐκτίθημι
2 ἐκτινάσσω
1 ἐκτός
1 ἕκτος

4 ἐκφέρω
2 ἐκφεύγω
6 ἐκχύννομαι
3* ἐκψύχω
1* ἐλαιών
1*᾿Ελαμίτης
8 ἐλεημοσύνη
1* ἔλευσις
1 ἕλκω
1 ἑλκύω
1*῾Ελλάς
9 ῞Ελλην
1 ῾Ελληνίς
3*῾Ελληνιστής
1 ῾Ελληνιστί
2 ἐλπίζω
8 ἐλπίς
1*᾿Ελύμας
4 ἐμαυτοῦ
1* ἐμβιβάζω
2 ἐμβλέπω
1* ἐμμαίνομαι
2 ἐμμένω
1*῾Εμμώρ
1 ἐμπίπλημι
1* ἐμπνέω
2 ἔμπροσθεν
1 ἐμφανής
5 ἐμφανίζω
2 ἔμφοβος
279 ἐν
1 ἔναντι
2 ἐναντίον
3 ἐναντίος
3 ἔνατος
1* ἐνδεής
2 ἕνδεκα
1 ἐνδυναμόω
1 ἐνδύω
2* ἐνέδρα
1 ἐνεδρεύω
3 ἕνεκα
1* ἐνεός
1 ἐνευλογέω
5 ἐνθάδε
1 ἐνθύμησις
2 ἐνιαυτός
1 ἐνισχύω
1 ἔννομος
2 ἐντέλλομαι
1 ἐντολή
1* ἐντόπιος
2 ἔντρομος
1 ἐντυγχάνω
1 ἐνυπνιάζομαι
1* ἐνύπνιον
13 ἐνώπιον
1* ἐνωτίζομαι
3 ἕξ
8 ἐξάγω
5 ἐξαιρέω
2 ἐξαίφνης
1 ἐξαλείφω
1* ἐξάλλομαι
1 ἐξανίστημι
7 ἐξαποστέλλω
1 ἐξαρτίζω
4 ἐξαυτῆς
4* ἔξειμι
30 ἐξέρχομαι
4 ἔξεστιν
4 ἐξηγέομαι
3 ἑξῆς
8 ἐξίστημι
1* ἐξολεθρεύω
1 ἐξομολογέω
1* ἐξορκιστής
1 ἐξουθενέω
7 ἐξουσία
1* ἐξοχή
1* ἔξυπνος
10 ἔξω
2* ἐξωθέω
8 ἐπαγγελία
1 ἐπαγγέλλομαι
1 ἐπάγω
5 ἐπαίρω
1* ἐπακροάομαι
1* ἐπάναγκες
2* ἐπαρχεία
1* ἔπαυλις
10 ἐπαύριον
2* ἐπεγείρω
3 ἐπειδή
1 ἐπεῖδον
5* ἔπειμι
1* ἐπέκεινα
4 ἐπέρχομαι
2 ἐπερωτάω
2 ἐπέχω
169 ἐπί
5 ἐπιβαίνω
4 ἐπιβάλλω
1 ἐπιβιβάζω
4* ἐπιβουλή
1* ἐπιγίνομαι
13 ἐπιγινώσκω
1 ἐπιγράφω
2 ἐπιδείκνυμι
2* ἐπιδημέω
2 ἐπιδίδωμι
1 ἐπιείκεια
3 ἐπιζητέω
1 ἐπίθεσις
1 ἐπιθυμέω
20 ἐπικαλέω
1 ἐπίκειμαι
1* ἐπικέλλω
1*᾿Επικούρειος
1* ἐπικουρία
7 ἐπιλαμβάνομαι
1 ἐπιλέγω
1 ἐπιλύω
1* ἐπιμέλεια
6 ἐπιμένω
1* ἐπινεύω
1* ἐπίνοια
6 ἐπιπίπτω
4 ἐπισκέπτομαι
1* ἐπισκευάζομαι
1 ἐπισκιάζω
1 ἐπισκοπή
1 ἐπίσκοπος
9 ἐπίσταμαι
1 ἐπίστασις
2 ἐπιστέλλω
4* ἐπιστηρίζω
5 ἐπιστολή
11 ἐπιστρέφω
1* ἐπιστροφή
1* ἐπισφαλής
1 ἐπιτάσσω
14 ἐπιτίθημι
5 ἐπιτρέπω
1* ἐπιτροπή
1 ἐπιφαίνω
1* ἐπιφανής
3 ἐπιφωνέω
2 ἐπιχειρέω
8 ἑπτά
1 ῎Εραστος
3 ἐργάζομαι
4 ἐργασία
1 ἐργάτης
10 ἔργον
1* ἐρείδω
9 ἔρημος
1 ῾Ερμῆς
2 ἑρπετόν
1 ἐρυθρός
50 ἔρχομαι
7 ἐρωτάω
3 ἐσθής
7 ἐσθίω
2 ἑσπέρα
3 ἔσχατος
1 ἔσω
1 ἐσώτερος
17 ἕτερος
5 ἔτι
1 ἑτοιμάζω
2 ἕτοιμος
1 ἑτοίμως
11 ἔτος
1 εὖ
15 εὐαγγελίζω
2 εὐαγγέλιον
1 εὐαγγελιστής
1 εὐγενής
1 εὐεργεσία
1* εὐεργετέω
9 εὐθέως
2* εὐθυδρομέω
2 εὐθυμέω
1* εὔθυμος
1* εὐθύμως
4 εὐθύς
1 εὐκαιρέω
3 εὐλαβής
1 εὐλογέω
5 εὐνοῦχος
1* εὐπορέω
1* εὐπορία
1* εὐρακύλων
35 εὑρίσκω
1 εὐσέβεια
1 εὐσεβέω
2 εὐσεβής
2 εὐσχήμων
1 εὐτόνως
1* Εὔτυχος
2 εὐφραίνω
2* εὐφροσύνη
2 εὐχαριστέω
1 εὐχαριστία
2 εὐχή
2 εὔχομαι
1 εὐώνυμος
1* ἐφάλλομαι
5*᾿Εφέσιος
8 ῎Εφεσος
11 ἐφίστημι
1 ἐχθές
2 ἐχθρός
1 ἔχιδνα
44 ἔχω
22 ἕως
12 ζάω
1* ζευκτηρία
2* Ζεύς
1 ζέω
2 ζῆλος
2 ζηλόω
3 ζηλωτής
2 ζημία
10 ζητέω
5* ζήτημα
3 ζήτησις
1 ζυγός
8 ζωή
2 ζώνη
1 ζώννυμι
1 ζῳογονέω
35 ἤ
6 ἡγεμών
4 ἡγέομαι
3 ἤδη
4 ἥλιος
125 ἡμεῖς
94 ἡμέρα
2 ἡμέτερος
8 ῾Ηρῴδης
3 ᾿Ησαΐας
2 ἡσυχάζω
1 ἡσυχία
1 ἦχος
10 θάλασσα
1 θάμβος
8 θάνατος
4 θάπτω
1 θαρσέω
1* θάρσος
5 θαυμάζω
1* θεά
3 θεάομαι
2 θέατρον
1 θεῖος
3 θέλημα
14 θέλω
1 θεμέλιον
1* θεομάχος
167 θεός
1 Θεόφιλος
5 θεραπεύω
1* θέρμη
2 Θεσσαλονικεύς
3 Θεσσαλονίκη
1* Θευδᾶς
14 θεωρέω
3 θηρίον
5 θλῖψις
2 θνῄσκω
2 θορυβέω
3 θόρυβος
1 θρησκεία
1 θρίξ
2 θρόνος
1 Θυάτιρα
3 θυγάτηρ
1* θυμομαχέω
1 θυμός
10 θύρα
1 θυρίς
2 θυσία
4 θύω
1 Θωμᾶς
8 ᾿Ιακώβ
7 ᾿Ιάκωβος
4 ἰάομαι
2 ἴασις
4 ᾿Ιάσων
16 ἴδιος
1 ἰδιώτης
23 ἰδού
3 ἱερεύς
25 ἱερόν
1* ἱερόσυλος
59 ᾿Ιερουσαλήμ
1 ᾿Ιεσσαί
69 ᾿Ιησοῦς
18 ἱκανός
5 ᾿Ικόνιον
1 ἱμάς
8 ἱμάτιον
1 ἱματισμός
15 ἵνα
2 ἱνατί
10*᾿Ιόππη
12 ᾿Ιουδαία

79 Ἰουδαῖος
8 Ἰούδας
2*Ἰούλιος
2 Ἰοῦστος
2* ἱππεύς
4 Ἰσαάκ
1 ἴσος
15 Ἰσραήλ
5 Ἰσραηλίτης
35 ἵστημι
6 ἰσχύω
3 Ἰταλία
1*Ἰταλικός
24 Ἰωάννης
1*Ἰωήλ
7 Ἰωσήφ
4 κἀγώ
3 καθαιρέω
1* καθάπτω
3 καθαρίζω
2 καθαρός
2 καθέζομαι
3 καθεξῆς
1 καθήκω
6 κάθημαι
1* καθημερινός
9 καθίζω
3 καθίημι
5 καθίστημι
1* καθόλου
4 καθότι
11 καθώς
1110° καί
1 Καϊάφας
2 καινός
9 καιρός
10 Καῖσαρ
15 Καισάρεια
1 καίτοι
8 κἀκεῖθεν
5 κἀκεῖ
3 κἀκεῖνος
1 κακία
1 κακολογέω
4 κακός
5 κακόω
1 κακῶς
1* κάκωσις
18 καλέω
1 καλός
3 καλῶς
1 καμμύω
1 κἄν
1* Κανδάκη
1 καπνός
1 Καππαδοκία
20 καρδία
2* καρδιογνώστης
1 καρπός
1* καρποφόρος
90 κατά
19 καταβαίνω
1* καταγγελεύς
11 καταγγέλλω
7 κατάγω
1* καταδίκη
1 καταδυναστεύω
1 κατακαίω
2 κατάκειμαι
1 κατακλείω
1* κατακληρονομέω
1 κατακολουθέω
1 κατακυριεύω
3 καταλαμβάνω
5 καταλείπω
1* κατάλοιπος
3 καταλύω
1* καταμένω
4 κατανοέω
9 καταντάω
1* κατανύσσομαι
1 καταξιόω
1 κατάπαυσις
1 καταπαύω
2 καταπίπτω
1 καταπονέω
1* καταριθμέω
4* κατασείω
1 κατασκάπτω
1 κατασκηνόω
1* κατασοφίζομαι
2* καταστέλλω
2* κατάσχεσις
2* κατατίθημι
1* κατατρέχω
4* καταφέρω
1 καταφεύγω
1 καταφιλέω
1* καταφρονητής
1* κατείδωλος
13 κατέρχομαι
1* κατεφίσταμαι
1 κατέχω
9 κατηγορέω
4* κατήγορος
3 κατηχέω
20 κατοικέω
1* κατοικία
2 κάτω
1* Καῦδα
1 Κεγχρεαί
2 κείρω
17 κελεύω
1 κενός
1 κέντρον
1 κερδαίνω
1 κεφάλαιον
5 κεφαλή
8 κηρύσσω
7 Κιλικία
2 κινδυνεύω
3 κινέω
1* Κίς
2 κλαίω
1 κλάσις
3* Κλαύδιος
1 κλαυθμός
4 κλάω
2 κλείω
2 κληρονομία
5 κλῆρος
1* κλινάριον
1* Κνίδος
2 κοιλία
3 κοιμάομαι
5 κοινός
3 κοινόω
1 κοινωνία
1* κοιτών
1 κολάζω
5 κολλάω
1 κόλπος
1* κολυμβάω
1* κολωνία
1 κονιάω
2 κονιορτός
1* κοπετός
1 κοπιάω
1 κορέννυμι
1 Κορίνθιος
2 Κόρινθος
8* Κορνήλιος
1 κόσμος
1* κουφίζω
2 κράβαττος
11 κράζω
4 κρατέω
3 κράτιστος
1 κράτος
1 κραυγάζω
1 κραυγή
3 κρεμάννυμι
2 Κρής
3 Κρήτη
1 κρίμα
21 κρίνω
1 κρίσις
1 Κρίσπος
4 κριτής
2 κρούω
3 κτάομαι
2 κτῆμα
1 κτῆνος
1* κτήτωρ
1 κυβερνήτης
1 κυκλόω
1 κῦμα
3* Κύπριος
5* Κύπρος
3 Κυρηναῖος
1* Κυρήνη
107 κύριος
6 κωλύω
1 κώμη
1* Κώς
1 λαγχάνω
1 λάθρᾳ
1* λακάω
1* λακτίζω
59 λαλέω
29 λαμβάνω
1 λαμπάς
1 λαμπρός
1* λαμπρότης
1 λάμπω
1 λανθάνω
48 λαός
1* Λασαία
5 λατρεύω
234 λέγω
1 λειτουργέω
1* λεπίς
1 Λευίτης
1 λευκός
1* Λιβερτῖνος
1* Λιβύη
2 λιθάζω
3 λιθοβολέω
2 λίθος
3* λιμήν
2 λιμός
1* λίψ
1 λογίζομαι
1 λόγιον
1* λόγιος
65 λόγος
1 λοιδορέω
1 λοιμός
6 λοιπός
1 Λούκιος
2 λούω
3* Λύδδα
2* Λυδία
1* Λυκαονία
1* Λυκαονιστί
1* Λυκία
1 λύκος
1* λυμαίνομαι
2* Λυσίας
5 Λύστρα
1* λυτρωτής
6 λύω
1* μαγεία
1* μαγεύω
2 μάγος
1* Μαδιάμ
1 μαθητεύω
28 μαθητής
1* μαθήτρια
1 Μαθθαῖος
2* Μαθθίας
3 μαίνομαι
2 μακάριος
8 Μακεδονία
3 Μακεδών
3 μακράν
1* μακροθύμως
3 μάλιστα
7 μᾶλλον
1* Μαναήν
1 μανθάνω
1* μανία
1* μαντεύομαι
2 Μαρία
4 Μᾶρκος
11 μαρτυρέω
1 μαρτυρία
2 μαρτύριον
2 μαρτύρομαι
13 μάρτυς
1* μαστίζω
1 μάστιξ
1 μάταιος
2 μάχαιρα
1 μάχομαι
1* μεγαλεῖος
1 μεγαλειότης
3 μεγαλύνω
31 μέγας
2 μεθερμηνεύω
2 μεθίστημι
1 μεθύω
1 μέλει
1 μελετάω
1* Μελίτη
34 μέλλω
48 μέν
13 μένω
2 μερίς
7 μέρος
2* μεσημβρία
2 μεσονύκτιον
2* Μεσοποταμία
10 μέσος
1* μεστόω
65 μετά
1 μεταβαίνω
1* μεταβάλλω
4* μετακαλέω
4 μεταλαμβάνω
5 μετανοέω
6 μετάνοια
3 μεταξύ
9* μεταπέμπω
1 μεταστρέφω
1 μετατίθημι
2* μετοικίζω
1* μετρίως
2 μέχρι
64 μή
2* μηδαμῶς
2 μηδέ
22 μηδείς
1* Μῆδος
3 μηκέτι
5 μήν
1 μηνύω
2 μήποτε

8 μήτε
4 μήτηρ
1 μήτι
2 μικρός
2 Μίλητος
2 μιμνῄσκομαι
1 μισθός
1* μίσθωμα
1* Μιτυλήνη
1* Μνάσων
2 μνῆμα
1 μνημεῖον
2 μνημονεύω
1 μνημόσυνον
4 μόλις
1* Μολόχ
8 μόνος
1* μοσχοποιέω
1* Μύρα
2 μυριάς
2* Μυσία
19 Μωϋσῆς
1 Ναζαρέθ
7 Ναζωραῖος
2 ναί
2 ναός
1* ναύκληρος
1* ναῦς
2 ναύτης
3* νεανίας
4 νεανίσκος
17 νεκρός
2 νέος
1 νεότης
1 νεύω
1 νεφέλη
1* νεωκόρος
1* νησίον
6 νῆσος
2 νηστεία
2 νηστεύω
1* Νίγερ
1* Νικάνωρ
1* Νικόλαος
7 νομίζω
1 νομοδιδάσκαλος
17 νόμος
1 νόσος
2 νοσφίζω
2 νότος
1 νουθετέω
25 νῦν
2 νυνί
16 νύξ
1 ξενία
7 ξενίζω
2 ξένος
4 ξύλον
1 ξυράω
2706° ὁ
1 ὄγδοος
1 ὅδε
1 ὁδηγέω
1 ὁδηγός
1* ὁδοιπορέω
20 ὁδός
1 ὀδούς
1 ὀδυνάω
3 ὅθεν
2* ὀθόνη
19 οἶδα
1 οἰκέτης
1* οἴκημα
12 οἰκία
4 οἰκοδομέω
1* οἰκοδόμος
25 οἶκος
5 οἰκουμένη
1* ὀκνέω
2 ὀκτώ
10 ὀλίγος
1* ὁλοκληρία
19 ὅλος
2 ὁμιλέω
1 ὀμνύω
10 ὁμοθυμαδόν
1 ὁμοιοπαθής
1 ὅμοιος
1 ὁμοιόω
3 ὁμολογέω
1* ὁμότεχνος
1 ὁμοῦ
60 ὄνομα
1 ὀνομάζω
2 ὀπίσω
1 ὁποῖος
2 ὅπου
1* ὀπτάνομαι
1 ὀπτασία
14 ὅπως
11 ὅραμα
1 ὅρασις
66 ὁράω
2* ὀργυιά
1 ὀρθός
1 ὄρθρος
5 ὁρίζω
1 ὅριον
1 ὁρκίζω
1 ὅρκος
2 ὁρμάω
1 ὁρμή
1* ὁροθεσία
3 ὄρος
225 ὅς
3 ὅσιος
17 ὅσος
23 ὅστις
1 ὀσφῦς
2 ὅταν
10 ὅτε
123 ὅτι
111 οὐ
8 οὗ
12 οὐδέ
25 οὐδείς
3 οὐδέποτε
1 οὐδέπω
3 οὐθείς
3 οὐκέτι
61 οὖν
1 οὐράνιος
2* οὐρανόθεν
26 οὐρανός
5 οὖς
14 οὔτε
236 οὗτος
27 οὕτως
2 οὐχί
1 ὀφείλω
7 ὀφθαλμός
1* ὀχλέω
1* ὀχλοποιέω
22 ὄχλος
2* πάγος
1* παθητός
2 παιδεύω
2 παιδίσκη
6 παῖς
5 πάλιν
5* Παμφυλία
1* πανοικεί
1* πανταχῇ
3 πανταχοῦ
1* πάντῃ
2 πάντως
29 παρά
1 παραβαίνω
1* παραβάλλω
1 παραβιάζομαι
2 παραγγελία
11 παραγγέλλω
20 παραγίνομαι
3 παραδέχομαι
13 παραδίδωμι
1* παραθεωρέω
2* παραινέω
1 παραιτέομαι
22 παρακαλέω
4 παράκλησις
6 παραλαμβάνω
2* παραλέγομαι
2 παραλύω
1* παρανομέω
1* παραπλέω
1* παράσημος
1 παρασκευάζω
1* παρατείνω
1 παρατηρέω
4 παρατίθημι
1* παρατυγχάνω
2 παραχειμάζω
1* παραχειμασία
6 παραχρῆμα
5 πάρειμι
1 παρεκτός
6 παρεμβολή
1* παρενοχλέω
2 παρέρχομαι
5 παρέχω
1 παρθένος
1* Πάρθοι
13 παρίστημι
1* Παρμενᾶς
1 παροικία
2 πάροικος
1* παροίχομαι
1 παροξύνω
1 παροξυσμός
1* παροτρύνω
5 παρρησία
7 παρρησιάζομαι
171 πᾶς
1 πάσχα
5 πάσχω
1* Πάταρα
3 πατάσσω
35 πατήρ
1 πατριά
3 πατριάρχης
3* πατρῷος
128 Παῦλος
6 παύω
2* Πάφος
1 παχύνω
1* πεζεύω
3 πειθαρχέω
17 πείθω
5 πειράζω
1* πειράομαι
1 πειρασμός
1 πέλαγος
11 πέμπω
5 πέντε
1 πεντήκοντα
2 πεντηκοστή
1* περαιτέρω
3* Πέργη
72 περί
1 περιάγω
3 περιαιρέω
2* περιαστράπτω
1 περιβάλλω
1 περίεργος
1 περιέρχομαι
1 περιΐστημι
1 περίκειμαι
1* περικρατής
1 περιλάμπω
1* περιμένω
1* πέριξ
1* περιοχή
8 περιπατέω
1 περιπίπτω
1 περιποιέω
1* περιρήγνυμι
1 περισσεύω
1 περισσῶς
5 περιτέμνω
3 περιτομή
1* περιτρέπω
1 περίχωρος
2 πετεινόν
56 Πέτρος
1 πηδάλιον
2 πιάζω
1 πικρία
3 Πιλᾶτος
9 πίμπλημι
1* πίμπρημι
3 πίνω
3 πιπράσκω
9 πίπτω
1* Πισιδία
1* Πισίδιος
37 πιστεύω
15 πίστις
4 πιστός
1 πλατεῖα
1 πλευρά
4 πλέω
2 πληγή
16 πλῆθος
5 πληθύνω
4 πλήν
8 πλήρης
16 πληρόω
1 πλησίον
19 πλοῖον
3* πλόος
70 πνεῦμα
1 πνέω
3* πνικτός
2* πνοή
68 ποιέω
1 ποιητής
1 ποιμαίνω
2 ποίμνιον
4 ποῖος
43 πόλις
2* πολιτάρχης
1 πολιτεία
1 πολιτεύομαι
1 πολίτης
1 πολλάκις
65 πολύς
1 πονηρία
8 πονηρός
1* Ποντικός
1 Πόντιος
1 Πόντος
2* Πόπλιος
37 πορεύομαι
1 πορθέω
1* Πόρκιος
3 πορνεία
1* πορφυρόπωλις
1 πόσος
1 ποταμός

1* Ποτίολοι
1 πού
19 πούς
1 πρᾶγμα
1 πραιτώριον
1 πρᾶξις
13 πράσσω
1 πρεσβυτέριον
18 πρεσβύτερος
1* πρηνής
3 πρίν
3* Πρίσκιλλα
7 πρό
4 προάγω
1 προβάλλω
1 πρόβατον
1 προγινώσκω
1 πρόγνωσις
1 προδότης
3 προέρχομαι
2 πρόθεσις
1 προθυμία
2* προκαταγγέλλω
1* προκηρύσσω
1 προλέγω
1 πρόνοια
3 προοράω
1 προορίζω
3 προπέμπω
1 προπετής
1 προπορεύομαι
133 πρός
2 προσάγω
1* προσαπειλέω
1* προσδέομαι
2 προσδέχομαι
5 προσδοκάω
1 προσδοκία
1* προσεάω
10 προσέρχομαι
9 προσευχή
16 προσεύχομαι
6 προσέχω
3 προσήλυτος
9 προσκαλέομαι
6 προσκαρτερέω
1* προσκληρόω
1* προσκλίνω
4 προσκυνέω
2* προσλαλέω
5 προσλαμβάνω
3 προσμένω
1* πρόσπεινος
1* προσπήγνυμι
1 προσπίπτω
3 προστάσσω
6 προστίθημι
1 προστρέχω
1* προσφάτως
3 προσφέρω
2 προσφορά
2 προσφωνέω
1* προσωπολήμπτης
12 πρόσωπον
1* προτείνω
1* προτρέπω
1 προϋπάρχω
1 πρόφασις
4 προφητεύω
30 προφήτης
3* προχειρίζομαι
1* προχειροτονέω
1* Πρόχορος
2 πρύμνα
1 πρωΐ
2* πρῷρα
16 πρῶτος
1* πρωτοστάτης
1* πρώτως
1* Πτολεμαΐς
1* πύθων
1 πυκνός
4 πύλη
5 πυλών
7 πυνθάνομαι
4 πῦρ
2* πυρά
1 πυρετός
1* Πύρρος
3 πωλέω
1 πώς
9 πῶς
1 ῥαβδίζω
2* ῥαβδοῦχος
1* ῥᾳδιούργημα
1* ῥᾳδιουργία
1* Ῥαιφάν
1* Ῥήγιον
14 ῥῆμα
1* ῥήτωρ
1* ῥιπτέω
2 ῥίπτω
1* Ῥόδη
1* Ῥόδος
2 ῥύμη
11 Ῥωμαῖος
5 Ῥώμη
1* ῥώννυμι
10 σάββατον
5 Σαδδουκαῖος
1* Σαλαμίς
4 σαλεύω
1* Σαλμώνη
7 Σαμάρεια
1 Σαμαρίτης
1* Σαμοθρᾴκη
1* Σάμος
2 Σαμουήλ
1 σανδάλιον
1* σανίς
9* Σαούλ
1* Σάπφιρα
3 σάρξ
1* Σαρών
2 σατανᾶς
15* Σαῦλος
3 σεαυτοῦ
1 σέβασμα
3* Σεβαστός
8 σέβομαι
1 σεισμός
1* Σεκοῦνδος
1* Σελεύκεια
1 σελήνη
1* Σέργιος
2 σημαίνω
13 σημεῖον
9 σήμερον
3 σιγάω
1 σιγή
1 σιδηροῦς
1 Σιδών
1 Σιδώνιος
1* σικάριος
12* Σίλας
1* σιμικίνθιον
13 Σίμων
2 Σινᾶ
1* σιτίον
1 σῖτος
1 σιωπάω
3* σκάφη
1* Σκευᾶς
1* σκευή
5 σκεῦος
3 σκηνή
1* σκηνοποιός
1 σκήνωμα
1 σκιά
1 σκληρός
1* σκληροτράχηλος
1 σκληρύνω
1 σκολιός
3 σκότος
1* σκωληκόβρωτος
3 Σολομών
3 σός
1 σουδάριον
4 σοφία
1 σπάω
3 σπεῖρα
4 σπέρμα
1* σπερμολόγος
2 σπεύδω
1 σπλάγχνον
1 σπυρίς
5 στάσις
2 σταυρόω
1* στέμμα
1 στεναγμός
3* στερεόω
7* Στέφανος
2 στοά
1* Στοϊκός
1 στοιχέω
12 στόμα
2 στράτευμα
8 στρατηγός
1 στρατιά
13 στρατιώτης
3 στρέφω
1 στρώννυμι
139 σύ
2 συγγένεια
1 συγγενής
1 συγκάθημαι
3 συγκαλέω
1* συγκαταβαίνω
1* συγκαταψηφίζομαι
1* συγκινέω
1* συγκομίζω
5* συγχέω
1* σύγχυσις
2 συζητέω
1 συλλαλέω
4 συλλαμβάνω
3 συμβαίνω
4 συμβάλλω
3 συμβιβάζω
1 συμβουλεύω
1 συμβούλιον
2 Συμεών
3 συμπαραλαμβάνω
1* συμπάρειμι
1* συμπεριλαμβάνω
1* συμπίνω
1 συμπληρόω
2 συμφέρω
2 συμφωνέω
1* συμψηφίζω
51 σύν
11 συνάγω
19 συναγωγή
2* συναθροίζω
1* συναλίζω
1* συναλλάσσω
1 συναναβαίνω
2 συναντάω
3 συναρπάζω
1 σύνδεσμος
1* συνδρομή
14 συνέδριον
2 συνείδησις
2* συνεῖδον
1 σύνειμι
1 συνέκδημος
1* συνεπιτίθημι
1* συνέπομαι
16 συνέρχομαι
2 συνεσθίω
1 συνετός
2 συνευδοκέω
1* συνεφίστημι
3 συνέχω
1* συνθρύπτω
4 συνίημι
1* συνοδεύω
1 σύνοιδα
1* συνομιλέω
1* συνομορέω
1 συντελέω
1 συντίθημι
1 συντόμως
1 συντρέχω
1* σύντροφος
1* συνωμοσία
1* Συράκουσαι
5 Συρία
1* Σύρτις
3 σύρω
1 συστέλλω
1 συστρέφω
2* συστροφή
2* Συχέμ
1 σφαγή
1* σφάγιον
1 σφόδρα
1* σφοδρῶς
1* σφυδρόν
2 σχεδόν
2 σχίζω
1 σχοινίον
1* σχολή
13 σῴζω
1 σῶμα
1* Σώπατρος
1 Σωσθένης
2 σωτήρ
6 σωτηρία
1 σωτήριον
1 σωφροσύνη
1* ταβέρναι
2* Ταβιθά
1* τακτός
1 ταπεινοφροσύνη
1 ταπείνωσις
3 ταράσσω
2* τάραχος
2* Ταρσεύς
3* Ταρσός
4 τάσσω
1 ταῦρος
1 ταχέως
3 τάχος
151 τέ
1 τεῖχος
1* τεκμήριον
5 τέκνον
1 τελειόω
2 τελευτάω
1 τελέω
9 τέρας
2* Τέρτυλλος
6 τέσσαρες
2*τεσσαρεσκαιδέκατος
8 τεσσεράκοντα

2* τεσσερακονταετής
1 τέταρτος
1* τετράδιον
1 τετρακισχίλιοι
3 τετρακόσιοι
2 τετράπους
1 τετραάρχης
2 τέχνη
2 τεχνίτης
8 τηρέω
2 τήρησις
23 τίθημι
1 τιμάω
6 τιμή
2 τίμιος
6 Τιμόθεος
1* Τίμων
2* τιμωρέω
51 τίς
120 τις
1* Τίτιος
3 τό
4 τοιοῦτος
1* τοῖχος
2 τολμάω
18 τόπος
2 τοσοῦτος
21 τότε
2 τράπεζα
1 τραυματίζω
2 τράχηλος
1 τραχύς
14 τρεῖς
1 τρέφω
1* τριετία
2 τρίς
1* τρίστεγον
1* τρισχίλιοι
4 τρίτος
4 τρόπος
1* τροποφορέω
7 τροφή
2 Τρόφιμος
4 Τρῳάς
5 τυγχάνω
3 τύπος
5 τύπτω
1* Τύραννος
1* Τύριος
2 Τύρος
1 τυφλός
1* τυφωνικός
1 Τυχικός
1 ὑβρίζω
2 ὕβρις
1 ὑγιής
7 ὕδωρ
2 ὑετός
21 υἱός
124 ὑμεῖς
1 ὑμέτερος
1 ὑμνέω
2 ὑπακούω
1 ὑπαντάω
1 ὕπαρξις
25 ὑπάρχω
7 ὑπέρ
1* ὑπερεῖδον
4* ὑπερῷον
1 ὑπήκοος
3* ὑπηρετέω
4 ὑπηρέτης
2 ὕπνος
41 ὑπό
1* ὑποβάλλω
2 ὑποδείκνυμι
1 ὑποδέχομαι
1 ὑποδέω
2 ὑπόδημα
1* ὑποζώννυμι
2 ὑπολαμβάνω
1 ὑπομένω
3* ὑπονοέω
2* ὑποπλέω
1* ὑποπνέω
2 ὑποπόδιον
2 ὑποστέλλω
11 ὑποστρέφω
1* ὑποτρέχω
1 ὑψηλός
2 ὕψιστος
3 ὑψόω
2 φανερός
1 φανερῶς
1* φαντασία
3 Φαραώ
9 Φαρισαῖος
1* φάσις
2 φάσκω
1 φείδομαι
10 φέρω
2 φεύγω
9* Φῆλιξ
25 φημί
13* Φῆστος
1 φθέγγομαι
1 φιλανθρωπία
1* φιλανθρώπως
2 Φίλιπποι
16 Φίλιππος
3 φίλος
1* φιλόσοφος
1* φιλοφρόνως
1 φλόξ
14 φοβέομαι
5 φόβος
3* Φοινίκη
1* Φοῖνιξ
3 φονεύς
1 φόνος
1* φόρον
1 φορτίον
1 φρονέω
1* φρυάσσω
1* φρύγανον
3* Φρυγία
16 φυλακή
1* φυλακίζω
3* φύλαξ
8 φυλάσσω
1 φυλή
4 φωνέω
27 φωνή
10 φῶς
7 χαίρω
3 χαλάω
1* Χαλδαῖος
2* Χανάαν
4 χαρά
1 χάραγμα
4 χαρίζομαι
17 χάρις
2* Χαρράν
1* χειμάζω
1 χειμών
45 χείρ
2* χειραγωγέω
1* χειραγωγός
2 χειροποίητος
1 χειροτονέω
3 χήρα
17 χιλίαρχος
1 χιλιάς
1* Χίος
1 χιτών
1* χλευάζω
1 χολή
1* χόρτασμα
2 χράομαι
5 χρεία
4 χρῆμα
2 χρηματίζω
2 Χριστιανός
25 Χριστός
2 χρίω
17 χρόνος
1* χρονοτριβέω
2 χρυσίον
1 χρυσός
1* χρώς
3 χωλός
8 χώρα
3 χωρίζω
7 χωρίον
1* χῶρος
2 ψαλμός
1 ψευδής
2 ψεύδομαι
1 ψευδοπροφήτης
1 ψηλαφάω
1 ψῆφος
15 ψυχή
1 ψῦχος
4 ὦ
2 ὧδε
1 ὠδίν
1* ὠνέομαι
11 ὥρα
2 ὡραῖος
63 ὡς
6 ὡσεί
3 ὥσπερ
8 ὥστε

° Not included in concordance
* Word only occurs in this book

Frequency List (in Order of Occurrence)

2706° ὁ
1110° καί
703° αὐτός
554 δέ
302 εἰς
279 ἐν
278 εἰμί
236 οὗτος
234 λέγω
225 ὅς
185 ἐγώ
171 πᾶς
169 ἐπί
167 θεός
151 τέ
139 σύ
133 πρός
128 Παῦλος
125 γίνομαι
125 ἡμεῖς
124 ὑμεῖς
123 ὅτι
120 τις
114 ἀπό
111 οὐ
107 κύριος
100 ἀνήρ
94 ἡμέρα
90 κατά
89 ἀκούω
84 ἐκ
80 γάρ
79 Ἰουδαῖος
74 διά
72 περί
70 πνεῦμα
69 Ἰησοῦς
68 ποιέω
66 ὁράω
65 λόγος
65 μετά
65 πολύς
64 μή
63 ὡς
61 οὖν
60 ὄνομα
59 Ἰερουσαλήμ
59 λαλέω
57 ἀδελφός
56 Πέτρος
53 ἅγιος
51 σύν
51 τίς
50 ἔρχομαι
48 λαός
48 μέν
46 ἄνθρωπος
45 ἀνίστημι
45 χείρ
44 ἔχω
43 ἔθνος
43 πόλις
41 ὑπό
37 πιστεύω
37 πορεύομαι
35 δίδωμι
35 εἰ
35 εὑρίσκω
35 ἤ
35 ἵστημι
35 πατήρ
34 εἰσέρχομαι
34 μέλλω
33 γῆ
31 μέγας
30 ἀλλά
30 ἐξέρχομαι
30 προφήτης
29 λαμβάνω
29 παρά
28 ἀπόστολος
28 μαθητής
27 οὕτως
27 φωνή
26 ἄγω
26 οὐρανός
25 ἱερόν
25 νῦν
25 οἶκος
25 οὐδείς
25 ὑπάρχω
25 φημί
25 Χριστός
24 ἀποστέλλω
24 Ἰωάννης
23 Βαρναβᾶς
23 ἐκκλησία
23 ἰδού
23 ὅστις
23 τίθημι
22 ἀρχιερεύς
22 δεῖ
22 ἐκεῖνος
22 ἕως
22 μηδείς
22 ὄχλος
22 παρακαλέω
21 ἄγγελος
21 βαπτίζω
21 διέρχομαι
21 δύναμαι
21 εἷς
21 κρίνω
21 τότε
21 υἱός
20 ἀποκρίνομαι
20 βασιλεύς
20 ἑαυτοῦ
20 ἐπικαλέω
20 καρδία
20 κατοικέω
20 ὁδός
20 παραγίνομαι
19 ἀναβαίνω
19 ἀναιρέω
19 γυνή
19 καταβαίνω
19 Μωϋσῆς
19 οἶδα
19 ὅλος
19 πλοῖον
19 πούς
19 συναγωγή
18 ἱκανός
18 καλέω
18 πρεσβύτερος
18 τόπος
17 ἀνάγω
17 ἕτερος
17 κελεύω
17 νεκρός
17 νόμος
17 ὅσος
17 πείθω
17 χάρις
17 χιλίαρχος
17 χρόνος
16 ἀνοίγω
16 Ἀντιόχεια
16 γινώσκω
16 διδάσκω
16 ἴδιος
16 νύξ
16 πλῆθος
16 πληρόω
16 προσεύχομαι
16 πρῶτος
16 συνέρχομαι
16 Φίλιππος
16 φυλακή
15 Αἴγυπτος
15 ἄν
15 ἀπαγγέλλω
15 ἀπολύω
15 ἄχρι
15 εὐαγγελίζω
15 ἵνα
15 Ἰσραήλ
15 Καισάρεια
15 πίστις
15* Σαῦλος
15 ψυχή
14 βούλομαι
14 ἐπιτίθημι
14 θέλω
14 θεωρέω
14 ὅπως
14 οὔτε
14 ῥῆμα
14 συνέδριον
14 τρεῖς
14 φοβέομαι
13 βλέπω
13 Δαμασκός
13 δύο
13 ἐγείρω
13 ἑκατοντάρχης
13 ἐνώπιον
13 ἐπιγινώσκω
13 κατέρχομαι
13 μάρτυς
13 μένω
13 παραδίδωμι
13 παρίστημι
13 πράσσω
13 σημεῖον
13 Σίμων
13 στρατιώτης
13 σῴζω
13* Φῆστος
12 ἅπας
12 Ἀσία
12 γράφω
12 δέω
12 ζάω
12 Ἰουδαία
12 οἰκία
12 οὐδέ
12 πρόσωπον
12* Σίλας
12 στόμα
11* Ἀγρίππας
11 αἷμα
11* Ἁνανίας
11 ἀνάστασις
11 ἄρχων
11 Δαυίδ
11 ἕκαστος
11 ἐπιστρέφω
11 ἔτος
11 ἐφίστημι
11 καθώς
11 καταγγέλλω
11 κράζω
11 μαρτυρέω
11 ὅραμα
11 παραγγέλλω
11 πέμπω
11 Ῥωμαῖος
11 συνάγω
11 ὑποστρέφω
11 ὥρα
10 αἰτέω
10 ἄρχω
10 ἀτενίζω
10 γνωστός
10 διαλέγομαι
10 δύναμις
10 ἐάν
10 ἔξω
10 ἐπαύριον
10 ἔργον
10 ζητέω
10 θάλασσα
10 θύρα
10* Ἰόππη
10 Καῖσαρ
10 μέσος
10 ὀλίγος
10 ὁμοθυμαδόν
10 ὅτε
10 προσέρχομαι
10 σάββατον
10 φέρω
10 φῶς
9 αἴρω
9 γένος
9 διαμαρτύρομαι
9 διώκω
9 Ἕλλην
9 ἐπίσταμαι
9 ἔρημος
9 εὐθέως
9 καθίζω
9 καιρός
9 καταντάω
9 κατηγορέω
9* μεταπέμπω
9 πίμπλημι
9 πίπτω
9 προσευχή
9 προσκαλέομαι
9 πῶς
9* Σαούλ
9 σήμερον
9 τέρας
9 Φαρισαῖος
9* Φῆλιξ
8 αἰτία
8 ἀλλήλων
8 ἄλλος
8 ἁμαρτία
8 ἀναγινώσκω
8 ἀναλαμβάνω
8 βασιλεία
8 βῆμα
8 δέχομαι
8 διακονία
8 διατρίβω
8 διό
8 δοκέω
8 ἐλεημοσύνη
8 ἐλπίς
8 ἐξάγω
8 ἐξίστημι
8 ἐπαγγελία
8 ἑπτά
8 Ἔφεσος
8 ζωή
8 Ἡρῴδης

8 θάνατος
8 Ἰακώβ
8 ἱμάτιον
8 Ἰούδας
8 κἀκεῖθεν
8 κηρύσσω
8* Κορνήλιος
8 Μακεδονία
8 μήτε
8 μόνος
8 οὗ
8 περιπατέω
8 πλήρης
8 πονηρός
8 σέβομαι
8 στρατηγός
8 τεσσεράκοντα
8 τηρέω
8 φυλάσσω
8 χώρα
8 ὥστε
7 Ἀβραάμ
7 ἄξιος
7 βουλή
7 γεννάω
7 γραφή
7 δεξιός
7 δέομαι
7 ἐάω
7 ἔθος
7 εἰρήνη
7 ἐκλέγομαι
7 ἐξαποστέλλω
7 ἐξουσία
7 ἐπιλαμβάνομαι
7 ἐρωτάω
7 ἐσθίω
7 Ἰάκωβος
7 Ἰωσήφ
7 κατάγω
7 Κιλικία
7 μᾶλλον
7 μέρος
7 Ναζωραῖος
7 νομίζω
7 ξενίζω
7 ὀφθαλμός
7 παρρησιάζομαι
7 πρό
7 πυνθάνομαι
7 Σαμάρεια
7* Στέφανος
7 τροφή
7 ὕδωρ
7 ὑπέρ
7 χαίρω
7 χωρίον
6 αἵρεσις
6 ἀπέρχομαι
6 ἀποκτείνω
6 ἀπολογέομαι
6 ἀφίστημι
6 βάπτισμα
6 γλῶσσα
6 δέσμιος
6* διάλεκτος
6* διαφθορά
6 δίκαιος
6 δυνατός
6 ἐγγίζω
6 ἐγκαλέω
6 εἰσάγω
6 ἐκεῖ
6 ἐκχύννομαι
6 ἐπιμένω
6 ἐπιπίπτω
6 ἡγεμών
6 ἰσχύω
6 κάθημαι
6 κωλύω
6 λοιπός
6 λύω
6 μετάνοια
6 νῆσος
6 παῖς
6 παραλαμβάνω
6 παραχρῆμα
6 παρεμβολή
6 παύω
6 προσέχω
6 προσκαρτερέω
6 προστίθημι
6 σωτηρία
6 τέσσαρες
6 τιμή
6 Τιμόθεος
6 ὡσεί
5 ἀδικέω
5 ἀκάθαρτος
5 ἀκριβῶς
5 ἀναβλέπω
5 ἀναγγέλλω
5 ἀνακρίνω
5* ἀνθύπατος
5 ἀποδέχομαι
5 ἄρα
5 ἀργύριον
5 ἀριθμός
5* Ἄρτεμις
5 ἄρτος
5 ἀσπάζομαι
5 ἄφεσις
5 βάλλω
5 γενεά
5 δεσμός
5 δεύτερος
5 διασῴζω
5 διατάσσω
5 διότι
5 δοξάζω
5 ἐκβάλλω
5 ἐκπίπτω
5 ἐμφανίζω
5 ἐνθάδε
5 ἐξαιρέω
5 ἐπαίρω
5* ἔπειμι
5 ἐπιβαίνω
5 ἐπιστολή
5 ἐπιτρέπω
5 ἔτι
5 εὐνοῦχος
5* Ἐφέσιος
5* ζήτημα
5 θαυμάζω
5 θεραπεύω
5 θλῖψις
5 Ἰκόνιον
5 Ἰσραηλίτης
5 καθίστημι
5 κἀκεῖ
5 κακόω
5 καταλείπω
5 κεφαλή
5 κλῆρος
5 κοινός
5 κολλάω
5* Κύπρος
5 λατρεύω
5 Λύστρα
5 μετανοέω
5 μήν
5 οἰκουμένη
5 ὁρίζω
5 οὖς
5 πάλιν
5* Παμφυλία
5 πάρειμι
5 παρέχω
5 παρρησία
5 πάσχω
5 πειράζω
5 πέντε
5 περιτέμνω
5 πληθύνω
5 προσδοκάω
5 προσλαμβάνω
5 πυλών
5 Ῥώμη
5 Σαδδουκαῖος
5 σκεῦος
5 στάσις
5* συγχέω
5 Συρία
5 τέκνον
5 τυγχάνω
5 τύπτω
5 φόβος
5 χρεία
4 Αἰγύπτιος
4 ἀκολουθέω
4 ἅλυσις
4 ἄνεμος
4 ἀντιλέγω
4 ἀποδίδωμι
4 ἀποθνῄσκω
4* ἀποπλέω
4 ἀρνέομαι
4 ἀρχή
4 αὐξάνω
4 αὔριον
4 βαστάζω
4 βλασφημέω
4 γέ
4 γόνυ
4 γραμματεύς
4* δῆμος
4* δημόσιος
4 διακρίνω
4 διδαχή
4 δικαιοσύνη
4 δόξα
4 δώδεκα
4 δωρεά
4 εἰσπορεύομαι
4 ἐκεῖθεν
4 ἔκστασις
4* ἐκτίθημι
4 ἐκφέρω
4 ἐμαυτοῦ
4 ἐξαυτῆς
4* ἔξειμι
4 ἔξεστιν
4 ἐξηγέομαι
4 ἐπέρχομαι
4 ἐπιβάλλω
4* ἐπιβουλή
4 ἐπισκέπτομαι
4* ἐπιστηρίζω
4 ἐργασία
4 εὐθύς
4 ἡγέομαι
4 ἥλιος
4 θάπτω
4 θύω
4 ἰάομαι
4 Ἰάσων
4 Ἰσαάκ
4 κἀγώ
4 καθότι
4 κακός
4 κατανοέω
4* κατασείω
4* καταφέρω
4* κατήγορος
4 κλάω
4 κρατέω
4 κριτής
4 Μᾶρκος
4* μετακαλέω
4 μεταλαμβάνω
4 μήτηρ
4 μόλις
4 νεανίσκος
4 ξύλον
4 οἰκοδομέω
4 παράκλησις
4 παρατίθημι
4 πιστός
4 πλέω
4 πλήν
4 ποῖος
4 προάγω
4 προσκυνέω
4 προφητεύω
4 πύλη
4 πῦρ
4 σαλεύω
4 σοφία
4 σπέρμα
4 συλλαμβάνω
4 συμβάλλω
4 συνίημι
4 τάσσω
4 τοιοῦτος
4 τρίτος
4 τρόπος
4 Τρῳάς
4* ὑπερῷον
4 ὑπηρέτης
4 φωνέω
4 χαρά
4 χαρίζομαι
4 χρῆμα
4 ὦ
3 ἀγαθός
3 ἄγκυρα
3 ἁγνίζω
3 Ἀθῆναι
3 αἰγιαλός
3 αἰνέω
3 Ἀκύλας
3 Ἀλέξανδρος
3 ἀλήθεια
3 ἀμφότεροι
3 ἀναθεματίζω
3* ἀνατρέφω
3* ἀποφθέγγομαι
3 ἀπωθέω
3 Ἀρίσταρχος
3 ἅρμα
3 ἀρχαῖος
3 ἀρχισυνάγωγος
3 ἀσθενέω
3 ἀσθενής
3 ἀσφαλής
3 ἀφίημι
3* ἄφνω
3 Ἀχαΐα
3* Βερνίκη
3* βία
3 βίβλος
3 βοάω
3* βυρσεύς
3 Γαλιλαία
3 Γαλιλαῖος
3* Γαλλίων
3 γεύομαι
3* Δέρβη
3 δέρω
3* δεσμοφύλαξ
3 δεσμωτήριον

3 διακόσιοι
3 διανοίγω
3 διαπορέω
3* διασπείρω
3 διαστρέφω
3 διηγέομαι
3 δοῦλος
3 ἑβδομήκοντα
3* Ἑβραΐς
3 ἐγγύς
3 εἴσειμι
3* ἐκπλέω
3 ἐκπορεύομαι
3 ἐκτείνω
3* ἐκψύχω
3* Ἑλληνιστής
3 ἐναντίος
3 ἔνατος
3 ἕνεκα
3 ἕξ
3 ἑξῆς
3 ἐπειδή
3 ἐπιζητέω
3 ἐπιφωνέω
3 ἐργάζομαι
3 ἐσθής
3 ἔσχατος
3 εὐλαβής
3 ζηλωτής
3 ζήτησις
3 ἤδη
3 Ἠσαΐας
3 θεάομαι
3 θέλημα
3 Θεσσαλονίκη
3 θηρίον
3 θόρυβος
3 θυγάτηρ
3 ἱερεύς
3 Ἰταλία
3 καθαιρέω
3 καθαρίζω
3 καθεξῆς
3 καθίημι
3 κἀκεῖνος
3 καλῶς
3 καταλαμβάνω
3 καταλύω
3 κατηχέω
3 κινέω
3* Κλαύδιος
3 κοιμάομαι
3 κοινόω
3 κράτιστος
3 κρεμάννυμι
3 Κρήτη
3 κτάομαι
3* Κύπριος
3 Κυρηναῖος
3 λιθοβολέω
3* λιμήν
3* Λύδδα
3 μαίνομαι
3 Μακεδών
3 μακράν
3 μάλιστα
3 μεγαλύνω
3 μεταξύ
3 μηκέτι
3* νεανίας
3 ὅθεν
3 ὁμολογέω
3 ὅρος
3 ὅσιος
3 οὐδέποτε
3 οὐθείς
3 οὐκέτι
3 πανταχοῦ
3 παραδέχομαι
3 πατάσσω
3 πατριάρχης
3* πατρῷος
3 πειθαρχέω
3* Πέργη
3 περιαιρέω
3 περιτομή
3 Πιλᾶτος
3 πίνω
3 πιπράσκω
3* πλόος
3* πνικτός
3 πορνεία
3 πρίν
3* Πρίσκιλλα
3 προέρχομαι
3 προοράω
3 προπέμπω
3 προσήλυτος
3 προσμένω
3 προστάσσω
3 προσφέρω
3* προχειρίζομαι
3 πωλέω
3 σάρξ
3 σεαυτοῦ
3* Σεβαστός
3 σιγάω
3* σκάφη
3 σκηνή
3 σκότος
3 Σολομών
3 σός
3 σπεῖρα
3* στερεόω
3 στρέφω
3 συγκαλέω
3 συμβαίνω
3 συμβιβάζω
3 συμπαραλαμβάνω
3 συναρπάζω
3 συνέχω
3 σύρω
3 ταράσσω
3* Ταρσός
3 τάχος
3 τετρακόσιοι
3 τό
3 τύπος
3* ὑπηρετέω
3* ὑπονοέω
3 ὑψόω
3 Φαραώ
3 φίλος
3* Φοινίκη
3 φονεύς
3* Φρυγία
3* φύλαξ
3 χαλάω
3 χήρα
3 χωλός
3 χωρίζω
3 ὥσπερ
2* Ἅγαβος
2 ἀγαλλιάω
2 ἁγιάζω
2 ἀγνοέω
2 ἄγνοια
2 ἀγορά
2* ἀγοραῖος
2 ᾅδης
2 ἀδίκημα
2 ἀδικία
2 ἄζυμος
2* Ἀθηναῖος
2* Αἰθίοψ
2* Αἰνέας
2 αἰών
2 αἰώνιος
2* ἀκατάκριτος
2 ἀκοή
2* Ἀλεξανδρεύς
2* Ἀλεξανδρῖνος
2 ἅλλομαι
2 ἅμα
2* ἀναβαθμός
2 ἀναγκάζω
2 ἀναγκαῖος
2 ἀναστατόω
2 ἀναστρέφω
2 ἀναχωρέω
2* ἀνετάζω
2 ἀνθίστημι
2 ἀνίημι
2* ἀνοικοδομέω
2 ἀξιόω
2 ἀπάγω
2 ἀπειθέω
2 ἀπειλή
2 ἀπέναντι
2 ἀπέχω
2 ἀποδείκνυμι
2 ἀπόλλυμι
2 Ἀπολλῶς
2 ἀπολογία
2 ἀποσπάω
2 ἀποτάσσω
2* Ἄρειος
2 ἀρεστός
2 ἁρπάζω
2 ἀρχηγός
2* Ἆσσος
2 ἄστρον
2 ἀσφαλῶς
2 ἄτοπος
2 αὐτοῦ
2 ἀφορίζω
2 βάρβαρος
2* Βαρσαββᾶς
2 βαρύς
2 βασιλικός
2* Βέροια
2 βοηθέω
2* βολίζω
2 βραχύς
2 Γάϊος
2* Γαλατικός
2* Γαμαλιήλ
2 γράμμα
2 γωνία
2 δάκρυον
2 δείκνυμι
2* δεσμώτης
2 δεῦρο
2 δή
2 Δημήτριος
2 διάβολος
2 διαγίνομαι
2* διαγινώσκω
2 διαθήκη
2 διακονέω
2 διαμερίζω
2* διαπονέομαι
2* διαπρίω
2 διαφέρω
2* διαχειρίζω
2* διετία
2 δικαιόω
2* δικαστής
2 διωγμός
2 δόγμα
2* Δορκάς
2 δουλεύω
2 δρόμος
2 ἐγκαταλείπω
2* ἔγκλημα
2 εἰδωλόθυτος
2 εἴδωλον
2 εἴκοσι
2* ἐκδιηγέομαι
2* ἐκεῖσε
2* ἐκπέμπω
2 ἐκτινάσσω
2 ἐκφεύγω
2 ἐλπίζω
2 ἐμβλέπω
2 ἐμμένω
2 ἔμπροσθεν
2 ἔμφοβος
2 ἐναντίον
2 ἕνδεκα
2* ἐνέδρα
2 ἐνιαυτός
2 ἐντέλλομαι
2 ἔντρομος
2 ἐξαίφνης
2* ἐξωθέω
2* ἐπαρχεία
2* ἐπεγείρω
2 ἐπερωτάω
2 ἐπέχω
2 ἐπιδείκνυμι
2* ἐπιδημέω
2 ἐπιδίδωμι
2 ἐπιστέλλω
2 ἐπιχειρέω
2 ἑρπετόν
2 ἑσπέρα
2 ἕτοιμος
2 εὐαγγέλιον
2* εὐθυδρομέω
2 εὐθυμέω
2 εὐσεβής
2 εὐσχήμων
2 εὐφραίνω
2* εὐφροσύνη
2 εὐχαριστέω
2 εὐχή
2 εὔχομαι
2 ἐχθρός
2* Ζεύς
2 ζῆλος
2 ζηλόω
2 ζημία
2 ζώνη
2 ἡμέτερος
2 ἡσυχάζω
2 θέατρον
2 Θεσσαλονικεύς
2 θνῄσκω
2 θορυβέω
2 θρόνος
2 θυσία
2 ἴασις
2 ἱνατί
2* Ἰούλιος
2 Ἰοῦστος
2* ἱππεύς
2 καθαρός
2 καθέζομαι
2 καινός
2* καρδιογνώστης
2 κατάκειμαι
2 καταπίπτω
2* καταστέλλω
2* κατάσχεσις
2* κατατίθημι
2 κάτω
2 κείρω
2 κινδυνεύω

2 κλαίω
2 κλείω
2 κληρονομία
2 κοιλία
2 κονιορτός
2 Κόρινθος
2 κράβαττος
2 Κρής
2 κρούω
2 κτῆμα
2 λιθάζω
2 λίθος
2 λιμός
2 λούω
2* Λυδία
2* Λυσίας
2 μάγος
2* Μαθθίας
2 μακάριος
2 Μαρία
2 μαρτύριον
2 μαρτύρομαι
2 μάχαιρα
2 μεθερμηνεύω
2 μεθίστημι
2 μερίς
2* μεσημβρία
2 μεσονύκτιον
2* Μεσοποταμία
2* μετοικίζω
2 μέχρι
2* μηδαμῶς
2 μηδέ
2 μήποτε
2 μικρός
2 Μίλητος
2 μιμνήσκομαι
2 μνῆμα
2 μνημονεύω
2 μυριάς
2* Μυσία
2 ναί
2 ναός
2 ναύτης
2 νέος
2 νηστεία
2 νηστεύω
2 νοσφίζω
2 νότος
2 νυνί
2 ξένος
2* ὀθόνη
2 ὀκτώ
2 ὁμιλέω
2 ὀπίσω
2 ὅπου
2* ὀργυιά
2 ὁρμάω
2 ὅταν
2* οὐρανόθεν
2 οὐχί
2* πάγος
2 παιδεύω
2 παιδίσκη
2 πάντως
2 παραγγελία
2* παραινέω
2* παραλέγομαι
2 παραλύω
2 παραχειμάζω
2 παρέρχομαι
2 πάροικος
2* Πάφος
2 πεντηκοστή
2* περιαστράπτω
2 πετεινόν
2 πιάζω
2 πληγή
2* πνοή
2 ποίμνιον
2* πολιτάρχης
2* Πόπλιος
2 πρόθεσις
2* προκαταγγέλλω
2 προσάγω
2 προσδέχομαι
2* προσλαλέω
2 προσφορά
2 προσφωνέω
2 πρύμνα
2* πρῷρα
2* πυρά
2* ῥαβδοῦχος
2 ῥίπτω
2 ῥύμη
2 Σαμουήλ
2 σατανᾶς
2 σημαίνω
2 Σινᾶ
2 σπεύδω
2 σταυρόω
2 στοά
2 στράτευμα
2 συγγένεια
2 συζητέω
2 Συμεών
2 συμφέρω
2 συμφωνέω
2* συναθροίζω
2 συναντάω
2 συνείδησις
2* συνεῖδον
2 συνεσθίω
2 συνευδοκέω
2* συστροφή
2* Συχέμ
2 σχεδόν
2 σχίζω
2 σωτήρ
2* Ταβιθά
2* τάραχος
2* Ταρσεύς
2 τελευτάω
2* Τέρτυλλος
2*τεσσαρεσκαιδέκατος
2* τεσσερακονταετής
2 τετράπους
2 τέχνη
2 τεχνίτης
2 τήρησις
2 τίμιος
2* τιμωρέω
2 τολμάω
2 τοσοῦτος
2 τράπεζα
2 τράχηλος
2 τρίς
2 Τρόφιμος
2 Τύρος
2 ὕβρις
2 ὑετός
2 ὑπακούω
2 ὕπνος
2 ὑποδείκνυμι
2 ὑπόδημα
2 ὑπολαμβάνω
2* ὑποπλέω
2 ὑποπόδιον
2 ὑποστέλλω
2 ὕψιστος
2 φανερός
2 φάσκω
2 φεύγω
2 Φίλιπποι
2* Χανάαν
2* Χαρράν
2* χειραγωγέω
2 χειροποίητος
2 χράομαι
2 χρηματίζω
2 Χριστιανός
2 χρίω
2 χρυσίον
2 ψαλμός
2 ψεύδομαι
2 ὧδε
2 ὡραῖος
1 Ἀαρών
1 ἀγαθοεργέω
1 ἀγαλλίασις
1 ἀγαπητός
1* ἁγνισμός
1* ἄγνωστος
1* ἀγράμματος
1 ἀγρός
1 ἀδελφή
1 ἄδικος
1* Ἀδραμυττηνός
1* Ἀδρίας
1 ἀδύνατος
1 ἀεί
1* Ἄζωτος
1 ἀήρ
1 ἀθέμιτος
1 αἴτιος
1* αἰτίωμα
1* Ἁκελδαμάχ
1* ἀκρίβεια
1* ἀκριβής
1* ἀκροατήριον
1 ἀκροβυστία
1* ἀκωλύτως
1 ἀληθής
1 ἀληθῶς
1* ἀλίσγημα
1 ἀλλάσσω
1 ἀλλότριος
1* ἀλλόφυλος
1 ἄλογος
1 Ἁλφαῖος
1 ἁμαρτάνω
1* ἀμάρτυρος
1 ἀμνός
1* ἀμύνομαι
1* Ἀμφίπολις
1* ἀναβάλλω
1* ἀναβολή
1* ἀναγνωρίζω
1 ἀνάγνωσις
1 ἀναδείκνυμι
1 ἀναδέχομαι
1* ἀναδίδωμι
1 ἀναζητέω
1 ἀνάθεμα
1 ἀναθεωρέω
1* ἀναίρεσις
1 ἀνακαθίζω
1 ἀνακάμπτω
1* ἀνάκρισις
1* ἀναντίρρητος
1* ἀναντιρρήτως
1* ἀναπείθω
1 ἀναπέμπω
1* ἀνασκευάζω
1 ἀνασπάω
1 ἀνατίθημι
1 ἀναφαίνω
1* ἀνάψυξις
1 Ἀνδρέας
1 ἄνεσις
1* ἀνεύθετος
1 ἀνευρίσκω
1 ἀνέχομαι
1 ἀνθρώπινος
1 Ἅννας
1 ἄνομος
1 ἀνορθόω
1 ἀντί
1* ἄντικρυς
1 ἀντιλαμβάνομαι
1* Ἀντιοχεύς
1* Ἀντιπατρίς
1* ἀντιπίπτω
1 ἀντιτάσσω
1* ἀντοφθαλμέω
1 ἄνω
1 ἄνωθεν
1* ἀνωτερικός
1 ἀπαλλάσσω
1 ἀπάντησις
1* ἀπασπάζομαι
1 ἀπειθής
1 ἀπειλέω
1* ἄπειμι
1* ἀπελαύνω
1* ἀπελεγμός
1* ἀπερίτμητος
1 ἀπιστέω
1 ἄπιστος
1 ἀποβολή
1 ἀπογραφή
1 ἀποκαθίστημι
1* ἀποκατάστασις
1 ἀποκόπτω
1* Ἀπολλωνία
1 ἀπολούω
1* ἀποπίπτω
1 ἀπορέω
1* ἀπορίπτω
1 ἀποστασία
1 ἀποστολή
1 ἀποστρέφω
1 ἀποτίθημι
1 ἀποτινάσσω
1 ἀποφέρω
1* ἀποφορτίζομαι
1 ἀποχωρέω
1 ἀποχωρίζω
1* Ἀππίος
1 ἀπρόσκοπος
1 ἅπτω
1 ἀπώλεια
1 ἆρα
1* Ἄραψ
1* ἀργυροκόπος
1 ἄργυρος
1 ἀργυροῦς
1* Ἀρεοπαγίτης
1 ἀρέσκω
1* ἀρτέμων
1* ἀρχιερατικός
1 ἀσάλευτος
1* ἄσημος
1 ἀσθένεια
1* Ἀσιανός
1* Ἀσιάρχης
1* ἀσιτία
1* ἄσιτος
1* ἀσκέω
1* ἀσμένως
1* ἆσσον
1 ἀστεῖος
1* ἀσύμφωνος
1 ἀσφάλεια
1 ἀσφαλίζω
1 ἀτιμάζω
1 ἀτμίς

1*᾽Αττάλεια
1* αὐγή
1 αὐτόματος
1* αὐτόχειρ
1 ἀφανίζω
1* ἀφελότης
1* ἄφιξις
1 ἄφωνος
1* ἀχλύς
1 Βαβυλών
1 βαθύς
1 βαρέως
1 Βαρθολομαῖος
1* Βαρισοῦς
1 βάρος
1 βασίλισσα
1* βάσις
1 βάτος
1* βάτος
1 βεβηλόω
1 Βενιαμίν
1* Βεροιαῖος
1* βίαιος
1 Βιθυνία
1* βίωσις
1* Βλάστος
1 βλάσφημος
1 βοήθεια
1 βουλεύομαι
1 βούλημα
1* βραδυπλοέω
1 βραχίων
1 βρέφος
1* βρύχω
1* βωμός
1* γάζα
1* Γάζα
1* γερουσία
1* γλεῦκος
1 γνώμη
1 γνωρίζω
1* γνώστης
1 γογγυσμός
1 γόμος
1 γρηγορέω
1 γυμνός
1 δαιμόνιον
1* Δάμαρις
1 δαπανάω
1* δεισιδαιμονία
1* δεισιδαίμων
1 δέκα
1 δεκαπέντε
1 δεκτός
1* δεξιολάβος
1* Δερβαῖος
1 δεσμεύω
1 δεσπότης
1* δευτεραῖος
1* δημηγορέω
1 διαβαίνω
1 διαγγέλλω
1* διάγνωσις
1* διαδέχομαι
1 διαδίδωμι
1* διάδοχος
1* διακατελέγχομαι
1* διακούω
1* διαλύω
1* διαμάχομαι
1* διανέμω
1* διανύω
1 διαπεράω
1* διαπλέω
1 διαπορεύομαι
1 διαρρήσσω
1 διασκορπίζω
1 διασπάω
1 διαστέλλω
1* διάστημα
1 διαταγή
1* διατελέω
1 διατηρέω
1 διατίθημι
1* διαφεύγω
1* διαχλευάζω
1 διδάσκαλος
1* διενθυμέομαι
1 διερμηνεύω
1* διερωτάω
1* διθάλασσος
1 διΐστημι
1 διϊσχυρίζομαι
1 δίκη
1 διοδεύω
1* Διονύσιος
1* διοπετής
1* διόρθωμα
1* Διόσκουροι
1 δόλος
1 δούλη
1 δουλόω
1* Δρούσιλλα
1 δυνάστης
1* δυσεντέριον
1* δωδεκάφυλον
1 δῶμα
1 Ἑβραῖος
1 ἐγκόπτω
1 ἐγκράτεια
1* ἔδαφος
1 εἰσακούω
1* εἰσκαλέομαι
1 εἴσοδος
1* εἰσπηδάω
1* εἰστρέχω
1 εἰσφέρω
1 εἴωθα
1 ἑκατόν
1* ἐκβολή
1 ἐκδέχομαι
1 ἐκδίκησις
1* ἔκδοτος
1 ἐκζητέω
1* ἔκθαμβος
1* ἔκθετος
1* ἐκκολυμβάω
1* ἐκλαλέω
1 ἐκλογή
1* ἐκπηδάω
1* ἐκπληρόω
1* ἐκπλήρωσις
1 ἐκπλήσσω
1* ἐκταράσσω
1* ἐκτένεια
1 ἐκτενῶς
1 ἐκτός
1 ἕκτος
1* ἐλαιών
1*᾽Ελαμίτης
1* ἔλευσις
1 ἕλκω
1 ἑλκύω
1*῾Ελλάς
1 ῾Ελληνίς
1 ῾Ελληνιστί
1*᾽Ελύμας
1* ἐμβιβάζω
1* ἐμμαίνομαι
1*῾Εμμώρ
1 ἐμπίπλημι
1* ἐμπνέω
1 ἐμφανής
1 ἔναντι
1* ἐνδεής
1 ἐνδυναμόω
1 ἐνδύω
1 ἐνεδρεύω
1* ἐνεός
1 ἐνευλογέω
1 ἐνθύμησις
1 ἐνισχύω
1 ἔννομος
1 ἐντολή
1* ἐντόπιος
1 ἐντυγχάνω
1 ἐνυπνιάζομαι
1* ἐνύπνιον
1* ἐνωτίζομαι
1 ἐξαλείφω
1* ἐξάλλομαι
1 ἐξανίστημι
1 ἐξαρτίζω
1* ἐξολεθρεύω
1 ἐξομολογέω
1* ἐξορκιστής
1 ἐξουθενέω
1* ἐξοχή
1* ἔξυπνος
1 ἐπαγγέλλομαι
1 ἐπάγω
1* ἐπακροάομαι
1* ἐπάναγκες
1* ἔπαυλις
1 ἐπεῖδον
1* ἐπέκεινα
1 ἐπιβιβάζω
1* ἐπιγίνομαι
1 ἐπιγράφω
1 ἐπιείκεια
1 ἐπίθεσις
1 ἐπιθυμέω
1 ἐπίκειμαι
1* ἐπικέλλω
1*᾽Επικούρειος
1* ἐπικουρία
1 ἐπιλέγω
1 ἐπιλύω
1* ἐπιμέλεια
1* ἐπινεύω
1* ἐπίνοια
1* ἐπισκευάζομαι
1 ἐπισκιάζω
1 ἐπισκοπή
1 ἐπίσκοπος
1 ἐπίστασις
1* ἐπιστροφή
1* ἐπισφαλής
1 ἐπιτάσσω
1* ἐπιτροπή
1 ἐπιφαίνω
1* ἐπιφανής
1 Ἔραστος
1 ἐργάτης
1* ἐρείδω
1 Ἑρμῆς
1 ἐρυθρός
1 ἔσω
1 ἐσώτερος
1 ἑτοιμάζω
1 ἑτοίμως
1 εὖ
1 εὐαγγελιστής
1 εὐγενής
1 εὐεργεσία
1* εὐεργετέω
1* εὔθυμος
1* εὐθύμως
1 εὐκαιρέω
1 εὐλογέω
1* εὐπορέω
1* εὐπορία
1* εὐρακύλων
1 εὐσέβεια
1 εὐσεβέω
1 εὐτόνως
1* Εὔτυχος
1 εὐχαριστία
1 εὐώνυμος
1* ἐφάλλομαι
1 ἐχθές
1 ἔχιδνα
1* ζευκτηρία
1 ζέω
1 ζυγός
1 ζώννυμι
1 ζῳογονέω
1 ἡσυχία
1 ἦχος
1 θάμβος
1 θαρσέω
1* θάρσος
1* θεά
1 θεῖος
1 θεμέλιον
1* θεομάχος
1 Θεόφιλος
1* θέρμη
1* Θευδᾶς
1 θρησκεία
1 θρίξ
1 Θυάτιρα
1* θυμομαχέω
1 θυμός
1 θυρίς
1 Θωμᾶς
1 ἰδιώτης
1* ἱερόσυλος
1 ᾽Ιεσσαί
1 ἱμάς
1 ἱματισμός
1 ἴσος
1*᾽Ιταλικός
1*᾽Ιωήλ
1* καθάπτω
1 καθήκω
1* καθημερινός
1* καθόλου
1 Καϊάφας
1 καίτοι
1 κακία
1 κακολογέω
1 κακῶς
1* κάκωσις
1 καλός
1 καμμύω
1 κἄν
1* Κανδάκη
1 καπνός
1 Καππαδοκία
1 καρπός
1* καρποφόρος
1* καταγγελεύς
1* καταδίκη
1 καταδυναστεύω
1 κατακαίω
1 κατακλείω
1* κατακληρονομέω
1 κατακολουθέω
1 κατακυριεύω
1* κατάλοιπος
1* καταμένω
1* κατανύσσομαι
1 καταξιόω

1 κατάπαυσις
1 καταπαύω
1 καταπονέω
1* καταριθμέω
1 κατασκάπτω
1 κατασκηνόω
1* κατασοφίζομαι
1* κατατρέχω
1 καταφεύγω
1 καταφιλέω
1* καταφρονητής
1* κατείδωλος
1* κατεφίσταμαι
1 κατέχω
1* κατοικία
1* Καῦδα
1 Κεγχρεαί
1 κενός
1 κέντρον
1 κερδαίνω
1 κεφάλαιον
1* Κίς
1 κλάσις
1 κλαυθμός
1* κλινάριον
1* Κνίδος
1 κοινωνία
1* κοιτών
1 κολάζω
1 κόλπος
1* κολυμβάω
1* κολωνία
1 κονιάω
1* κοπετός
1 κοπιάω
1 κορέννυμι
1 Κορίνθιος
1 κόσμος
1* κουφίζω
1 κράτος
1 κραυγάζω
1 κραυγή
1 κρίμα
1 κρίσις
1 Κρίσπος
1 κτῆνος
1* κτήτωρ
1 κυβερνήτης
1 κυκλόω
1 κῦμα
1* Κυρήνη
1 κώμη
1* Κώς
1 λαγχάνω
1 λάθρᾳ
1* λακάω
1* λακτίζω
1 λαμπάς
1 λαμπρός
1* λαμπρότης
1 λάμπω
1 λανθάνω
1* Λασαία
1 λειτουργέω
1* λεπίς
1 Λευίτης
1 λευκός
1* Λιβερτῖνος
1* Λιβύη
1* λίψ
1 λογίζομαι
1 λόγιον
1* λόγιος
1 λοιδορέω
1 λοιμός
1 Λούκιος
1* Λυκαονία
1* Λυκαονιστί
1* Λυκία
1 λύκος
1* λυμαίνομαι
1* λυτρωτής
1* μαγεία
1* μαγεύω
1* Μαδιάμ
1 μαθητεύω
1* μαθήτρια
1 Μαθθαῖος
1* μακροθύμως
1* Μαναήν
1 μανθάνω
1* μανία
1* μαντεύομαι
1 μαρτυρία
1* μαστίζω
1 μάστιξ
1 μάταιος
1 μάχομαι
1* μεγαλεῖος
1 μεγαλειότης
1 μεθύω
1 μέλει
1 μελετάω
1* Μελίτη
1* μεστόω
1 μεταβαίνω
1* μεταβάλλω
1 μεταστρέφω
1 μετατίθημι
1* μετρίως
1* Μῆδος
1 μηνύω
1 μήτι
1 μισθός
1* μίσθωμα
1* Μιτυλήνη
1* Μνάσων
1 μνημεῖον
1 μνημόσυνον
1* Μολόχ
1* μοσχοποιέω
1* Μύρα
1 Ναζαρέθ
1* ναύκληρος
1* ναῦς
1 νεότης
1 νεύω
1 νεφέλη
1* νεωκόρος
1* νησίον
1* Νίγερ
1* Νικάνωρ
1* Νικόλαος
1 νομοδιδάσκαλος
1 νόσος
1 νουθετέω
1 ξενία
1 ξυράω
1 ὄγδοος
1 ὅδε
1 ὁδηγέω
1 ὁδηγός
1* ὁδοιπορέω
1 ὀδούς
1 ὀδυνάω
1 οἰκέτης
1* οἴκημα
1* οἰκοδόμος
1* ὀκνέω
1* ὁλοκληρία
1 ὀμνύω
1 ὁμοιοπαθής
1 ὅμοιος
1 ὁμοιόω
1* ὁμότεχνος
1 ὁμοῦ
1 ὀνομάζω
1 ὁποῖος
1* ὀπτάνομαι
1 ὀπτασία
1 ὅρασις
1 ὀρθός
1 ὄρθρος
1 ὅριον
1 ὁρκίζω
1 ὅρκος
1 ὁρμή
1* ὁροθεσία
1 ὀσφῦς
1 οὐδέπω
1 οὐράνιος
1 ὀφείλω
1* ὀχλέω
1* ὀχλοποιέω
1* παθητός
1* πανοικεί
1* πανταχῇ
1* πάντη
1 παραβαίνω
1* παραβάλλω
1 παραβιάζομαι
1* παραθεωρέω
1 παραιτέομαι
1* παρανομέω
1* παραπλέω
1* παράσημος
1 παρασκευάζω
1* παρατείνω
1 παρατηρέω
1* παρατυγχάνω
1* παραχειμασία
1 παρεκτός
1* παρενοχλέω
1 παρθένος
1* Πάρθοι
1* Παρμενᾶς
1 παροικία
1* παροίχομαι
1 παροξύνω
1 παροξυσμός
1* παροτρύνω
1 πάσχα
1* Πάταρα
1 πατριά
1 παχύνω
1* πεζεύω
1* πειράομαι
1 πειρασμός
1 πέλαγος
1 πεντήκοντα
1* περαιτέρω
1 περιάγω
1 περιβάλλω
1 περίεργος
1 περιέρχομαι
1 περιΐστημι
1 περίκειμαι
1* περικρατής
1 περιλάμπω
1* περιμένω
1* πέριξ
1* περιοχή
1 περιπίπτω
1 περιποιέω
1* περιρήγνυμι
1 περισσεύω
1 περισσῶς
1* περιτρέπω
1 περίχωρος
1 πηδάλιον
1 πικρία
1* πίμπρημι
1* Πισιδία
1* Πισίδιος
1 πλατεῖα
1 πλευρά
1 πλησίον
1 πνέω
1 ποιητής
1 ποιμαίνω
1 πολιτεία
1 πολιτεύομαι
1 πολίτης
1 πολλάκις
1 πονηρία
1* Ποντικός
1 Πόντιος
1 Πόντος
1 πορθέω
1* Πόρκιος
1* πορφυρόπωλις
1 πόσος
1 ποταμός
1* Ποτίολοι
1 πού
1 πρᾶγμα
1 πραιτώριον
1 πρᾶξις
1 πρεσβυτέριον
1* πρηνής
1 προβάλλω
1 πρόβατον
1 προγινώσκω
1 πρόγνωσις
1 προδότης
1 προθυμία
1* προκηρύσσω
1 προλέγω
1 πρόνοια
1 προορίζω
1 προπετής
1 προπορεύομαι
1* προσαπειλέω
1* προσδέομαι
1 προσδοκία
1* προσεάω
1* προσκληρόω
1* προσκλίνω
1* πρόσπεινος
1* προσπήγνυμι
1 προσπίπτω
1 προστρέχω
1* προσφάτως
1* προσωπολήμπτης
1* προτείνω
1* προτρέπω
1 προϋπάρχω
1 πρόφασις
1* προχειροτονέω
1* Πρόχορος
1 πρωΐ
1* πρωτοστάτης
1* πρώτως
1* Πτολεμαΐς
1* πύθων
1 πυκνός
1 πυρετός
1* Πύρρος
1 πώς
1 ῥαβδίζω
1* ῥᾳδιούργημα
1* ῥᾳδιουργία
1* Ῥαιφάν
1* Ῥήγιον

1* ῥήτωρ
1* ῥιπτέω
1* Ῥόδη
1* Ῥόδος
1* ῥώννυμι
1* Σαλαμίς
1* Σαλμώνη
1 Σαμαρίτης
1* Σαμοθρᾴκη
1* Σάμος
1 σανδάλιον
1* σανίς
1* Σάπφιρα
1* Σαρών
1 σέβασμα
1 σεισμός
1* Σεκοῦνδος
1* Σελεύκεια
1 σελήνη
1* Σέργιος
1 σιγή
1 σιδηροῦς
1 Σιδών
1 Σιδώνιος
1* σικάριος
1* σιμικίνθιον
1* σιτίον
1 σῖτος
1 σιωπάω
1* Σκευᾶς
1* σκευή
1* σκηνοποιός
1 σκήνωμα
1 σκιά
1 σκληρός
1* σκληροτράχηλος
1 σκληρύνω
1 σκολιός
1* σκωληκόβρωτος
1 σουδάριον
1 σπάω
1* σπερμολόγος
1 σπλάγχνον
1 σπυρίς
1* στέμμα
1 στεναγμός
1* Στοϊκός
1 στοιχέω
1 στρατιά
1 στρώννυμι
1 συγγενής
1 συγκάθημαι
1* συγκαταβαίνω
1* συγκαταψηφίζομαι
1* συγκινέω
1* συγκομίζω
1* σύγχυσις
1 συλλαλέω
1 συμβουλεύω
1 συμβούλιον
1* συμπάρειμι
1* συμπεριλαμβάνω
1* συμπίνω
1 συμπληρόω
1* συμψηφίζω
1* συναλίζω
1* συναλλάσσω
1 συναναβαίνω
1 σύνδεσμος
1* συνδρομή
1 σύνειμι
1 συνέκδημος
1* συνεπιτίθημι
1* συνέπομαι
1 συνετός
1* συνεφίστημι
1* συνθρύπτω
1* συνοδεύω
1 σύνοιδα
1* συνομιλέω
1* συνομορέω
1 συντελέω
1 συντίθημι
1 συντόμως
1 συντρέχω
1* σύντροφος
1* συνωμοσία
1* Συράκουσαι
1* Σύρτις
1 συστέλλω
1 συστρέφω
1 σφαγή
1* σφάγιον
1 σφόδρα
1* σφοδρῶς
1* σφυδρόν
1 σχοινίον
1* σχολή
1 σῶμα
1* Σώπατρος
1 Σωσθένης
1 σωτήριον
1 σωφροσύνη
1* ταβέρναι
1* τακτός
1 ταπεινοφροσύνη
1 ταπείνωσις
1 ταῦρος
1 ταχέως
1 τεῖχος
1* τεκμήριον
1 τελειόω
1 τελέω
1 τέταρτος
1* τετράδιον
1 τετρακισχίλιοι
1 τετραάρχης
1 τιμάω
1* Τίμων
1* Τίτιος
1* τοῖχος
1 τραυματίζω
1 τραχύς
1 τρέφω
1* τριετία
1* τρίστεγον
1* τρισχίλιοι
1* τροποφορέω
1* Τύραννος
1* Τύριος
1 τυφλός
1* τυφωνικός
1 Τυχικός
1 ὑβρίζω
1 ὑγιής
1 ὑμέτερος
1 ὑμνέω
1 ὑπαντάω
1 ὕπαρξις
1* ὑπερεῖδον
1 ὑπήκοος
1* ὑποβάλλω
1 ὑποδέχομαι
1 ὑποδέω
1* ὑποζώννυμι
1 ὑπομένω
1* ὑποπνέω
1* ὑποτρέχω
1 ὑψηλός
1 φανερῶς
1* φαντασία
1* φάσις
1 φείδομαι
1 φθέγγομαι
1 φιλανθρωπία
1* φιλανθρώπως
1* φιλόσοφος
1* φιλοφρόνως
1 φλόξ
1* Φοῖνιξ
1 φόνος
1* φόρον
1 φορτίον
1 φρονέω
1* φρυάσσω
1* φρύγανον
1* φυλακίζω
1 φυλή
1* Χαλδαῖος
1 χάραγμα
1* χειμάζω
1 χειμών
1* χειραγωγός
1 χειροτονέω
1 χιλιάς
1* Χίος
1 χιτών
1* χλευάζω
1 χολή
1* χόρτασμα
1* χρονοτριβέω
1 χρυσός
1* χρώς
1* χῶρος
1 ψευδής
1 ψευδοπροφήτης
1 ψηλαφάω
1 ψῆφος
1 ψῦχος
1 ὠδίν
1* ὠνέομαι

° Not included in concordance
* Word only occurs in this book

Romans – Statistics

1060 Total word count
103 Number of words occurring at least 10 times
570 Number of words occurring once

Words whose occurrences in this book account for at least 25% of occurrences in the entire NT

100%

6/6 ἐγκεντρίζω (*enkentrizō*; graft)
4/4 φρόνημα (*phronēma*; way of thinking)
3/3 ἐκκλάω (*ekklaō*; break off), κατάκριμα (*katakrima*; condemnation), συμμαρτυρέω (*symmartyreō*; witness together with)
2/2 ἀγριέλαιος (*agrielaios*; wild olive tree), ἀναπολόγητος (*anapologētos*; without excuse), ἀνόμως (*anomōs*; without the law), ἀνοχή (*anochē*; forbearance), ἀποτομία (*apotomia*; severity), δικαίωσις (*dikaiōsis*; justification), δοῦλος (*doulos*; as a slave), καινότης (*kainotēs*; newness), μεταλλάσσω (*metallassō*; exchange), οἰκτίρω (*oiktirō*; have compassion on), παράκειμαι (*parakeimai*; be present), Σπανία (*Spania*; Spain), χρῆσις (*chrēsis*; function)
1/1 ἀλάλητος (*alalētos*; something that cannot be expressed in words), ἀμετανόητος (*ametanoētos*; unrepentant), Ἀμπλιᾶτος (*Ampliatos*; Ampliatus), ἀναλογία (*analogia*; proportion), Ἀνδρόνικος (*Andronikos*; Andronicus), ἀνελεήμων (*aneleēmōn*; unmerciful), ἀνεξεραύνητος (*anexeraunētos*; unfathomable), ἄνθραξ (*anthrax*; charcoal), ἀντιστρατεύομαι (*antistrateuomai*; war against), Ἀπελλῆς (*Apellēs*; Apelles), ἀποστυγέω (*apostygeō*; hate), ἀποτολμάω (*apotolmaō*; be or become bold), ἀρά (*ara*; cursing), Ἀριστόβουλος (*Aristoboulos*; Aristobulus), ἀσθένημα (*asthenēma*; weakness), ἀσπίς (*aspis*; snake), Ἀσύγκριτος (*Asynkritos*; Asyncritus), ἀσύνθετος (*asynthetos*; faithless), ἀφικνέομαι (*aphikneomai*; reach), ἀχρειόω (*achreioō*; be worthless or debased), Βάαλ (*Baal*; Baal), γραπτός (*graptos*; written), δικαιοκρισία (*dikaiokrisia*; righteous judgment), δολιόω (*dolioō*; deceive), ἑκατονταετής (*hekatontaetēs*; a hundred years old), ἐκκαίω (*ekkaiō*; inflame), ἐκπετάννυμι (*ekpetannymi*; hold out), Ἐπαίνετος (*Epainetos*; Epaenetus), ἐπαναμιμνήσκω (*epanamimnēskō*; remind), ἐπικαλύπτω (*epikalyptō*; cover), ἐπιποθία (*epipothia*; longing), ἐπονομάζω (*eponomazō*; call oneself), ἑπτακισχίλιοι (*heptakischilioi*; seven thousand), Ἑρμᾶς (*Hermas*; Hermas), ἐφευρετής (*epheuretēs*; one who schemes or plans), Ἡρῳδίων (*hērōdiōn*; Herodion), ἤτοι (*ētoi*; or), θειότης (*theiotēs*; deity), θεοστυγής (*theostygēs*; hating God), θήρα (*thēra*; trap), ἱεροσυλέω (*hierosyleō*; commit sacrilege), ἱερουργέω (*hierourgeō*; serve as a priest), ἱλαρότης (*hilarotēs*; cheerfulness), Ἰλλυρικόν (*Illyrikon*; Illyricum), Ἰουλία (*Ioulia*; Julia), Ἰουνιᾶς (*Iounias*; Junia), καθοράω (*kathoraō*; perceive clearly), κακοήθεια (*kakoētheia*; meanness), καλλιέλαιος (*kallielaios*; cultivated olive tree), κατάλαλος (*katalalos*; slanderer, one who speaks evil of another), κατάνυξις (*katanyxis*; stupor), Κούαρτος (*Kouartos*; Quartus), λάρυγξ (*larynx*; throat), λεῖμμα (*leimma*; remnant), ματαιόω (*mataioō*; be given to worthless or futile speculation), Νάρκισσος (*Narkissos*; Narcissus), Νηρεύς (*Nēreus*; Nereus), νομοθεσία (*nomothesia*; giving of the law), νῶτος (*nōtos*; back), Ὀλυμπᾶς (*Olympas*; Olympas), ὄρεξις (*orexis*; lustful passion), Οὐρβανός (*Ourbanos*; Urbanus), παλαιότης (*palaiotēs*; age), πάρεσις (*paresis*; passing by, overlooking), Πατροβᾶς (*Patrobas*; Patrobas), Περσίς (*Persis*; Persis), πιότης (*piotēs*; richness), πλάσμα (*plasma*; what is molded), προαιτιάομαι (*proaitiaomai*; accuse beforehand), προγίνομαι (*proginomai*; happen previously), προδίδωμι (*prodidōmi*; give first), προέχω (*proechō*; be better off), προηγέομαι (*proēgeomai*; outdo), προπάτωρ (*propatōr*; forefather), πρόσλημψις (*proslēmpsis*; acceptance), προστάτις (*prostatis*; helper), Ῥεβέκκα (*Rhebekka*; Rebecca), σεβάζομαι (*sebazomai*; worship), σκληρότης (*sklērotēs*; hardness), Στάχυς (*Stachys*; Stachys), συγκάμπτω (*synkamptō*; bend), σύμβουλος (*symboulos*; counselor), συμπαρακαλέω

(*symparakaleō*; be encouraged together), σύμφημι (*symphēmi*; agree with), σύμφυτος (*symphytos*; sharing in), συναγωνίζομαι (*synagōnizomai*; help), συναναπαύομαι (*synanapauomai*; have a time of rest with), συνδοξάζω (*syndoxazō*; share in another's glory), συνήδομαι (*synēdomai*; delight in), συντέμνω (*syntemnō*; cut short), σύντριμμα (*syntrimma*; ruin), συνωδίνω (*synōdinō*; suffer great pain together), συστενάζω (*systenazō*; groan together), Σωσίπατρος (*Sōsipatros*; Sosipater), Τέρτιος (*Tertios*; Tertius), τολμηρός (*tolmēros*; rather boldly), Τρύφαινα (*Tryphaina*; Tryphena), Τρυφῶσα (*Tryphōsa*; Tryphosa), ὕπανδρος (*hypandros*; married), ὑπερεντυγχάνω (*hyperentynchanō*; intercede), ὑπερνικάω (*hypernikaō*; be completely victorious), ὑπερφρονέω (*hyperphroneō*; hold too high an opinion of oneself), ὑπόδικος (*hypodikos*; answerable to), ὑπόλειμμα (*hypoleimma*; remnant), ὑπολείπω (*hypoleipō*; leave), Φιλόλογος (*Philologos*; Philologus), φιλόστοργος (*philostorgos*; loving), Φλέγων (*Phlegōn*; Phlegon), Φοίβη (*Phoibē*; Phoebe), χρηματισμός (*chrēmatismos*; oracle), χρηστολογία (*chrēstologia*; smooth talk), ψεῦσμα (*pseusma*; untruthfulness), ψιθυριστής (*psithyristēs*; one who bears harmful gossip against another), Ὡσηέ (*Hōsēe*; Hosea)

<u>75%</u>
3/4 παραζηλόω (*parazēloō*; make jealous)

<u>66%</u>
4/6 ὁμοίωμα (*homoiōma*; likeness), πρόσκομμα (*proskomma*; that which causes stumbling or offense)
2/3 διαστολή (*diastolē*; distinction), ἐκκλίνω (*ekklinō*; turn away), μακαρισμός (*makarismos*; blessedness), μενοῦνγε (*menounge*; rather), προτίθημι (*protithēmi*; plan), φυσικός (*physikos*; natural)

<u>60%</u>
3/5 ἀσύνετος (*asynetos*; without understanding), ἐντυγχάνω (*entynchanō*; turn to), υἱοθεσία (*huiothesia*; adoption), φόρος (*phoros*; tax)

<u>57%</u>
4/7 ἐκλογή (*eklogē*; election), ἐλευθερόω (*eleutheroō*; set free), κυριεύω (*kyrieuō*; rule, have power over)

<u>55%</u>
11/20 ἀκροβυστία (*akrobystia*; uncircumcision)
5/9 οἰκέω (*oikeō*; live)

<u>50%</u>
11/22 κατεργάζομαι (*katergazomai*; do, accomplish, bring about)
7/14 φύσις (*physis*; nature)
5/10 δικαίωμα (*dikaiōma*; regulation, decree), χρηστότης (*chrēstotēs*; kindness)
3/6 εἴπερ (*eiper*; since), ὅπλον (*hoplon*; weapon)
2/4 ἐλεάω (*eleaō*; be merciful), ἔνδειξις (*endeixis*; evidence), κάμπτω (*kamptō*; bend), κατακαυχάομαι (*katakauchaomai*; boast against), καταλλαγή (*katallagē*; reconciliation), κοίτη (*koitē*; bed), Σάρρα (*Sarra*; Sarah), στενοχωρία (*stenochōria*; distress)
1/2 ἀδιάλειπτος (*adialeiptos*; endless), ἀΐδιος (*aidios*; eternal), ἄκακος (*akakos*; innocent), ἀλαζών (*alazōn*; arrogant boaster), ἀμεταμέλητος (*ametamelētos*; free from regret), ἀναζάω (*anazaō*; come back to life), ἀνακαίνωσις (*anakainōsis*; renewal), ἀνακεφαλαιόω (*anakephalaioō*; sum up), ἀνεξιχνίαστος (*anexichniastos*; untraceable), ἀνταπόδομα (*antapodoma*; repayment), ἀνταποκρίνομαι (*antapokrinomai*; reply), ἀντιμισθία (*antimisthia*; response), ἀποβολή (*apobolē*; loss), ἀποκαραδοκία (*apokaradokia*; eager longing), ἄστοργος (*astorgos*; lacking normal human affection), ἀσχημοσύνη (*aschēmosynē*; shameless act), βδελύσσομαι (*bdelyssomai*; detest), διαταγή

(*diatagē*; decree), διχοστασία (*dichostasia*; division), δώρημα (*dōrēma*; gift), ἔκδικος (*ekdikos*; one who punishes), ἐκκλείω (*ekkleiō*; exclude), ἑκών (*hekōn*; of one's own free will), ἐλλογέω (*ellogeō*; charge to one's account), ἐμφανής (*emphanēs*; visible), ἔνδικος (*endikos*; just), ἐξεγείρω (*exegeirō*; raise), ἐπαναπαύομαι (*epanapauomai*; rest upon), ἐπίσημος (*episēmos*; well known), ἐπιφέρω (*epipherō*; bring upon), Ἑρμῆς (*Hermēs*; Hermes), ζέω (*zeō*; boil), ἥττημα (*hēttēma*; defeat), ἱλαστήριον (*hilastērion*; means by which or place where sins are forgiven, propitiation), καθήκω (*kathēkō*; it is fitting), κατασκάπτω (*kataskaptō*; demolish), Κεγχρεαί (*Kenchreai*; Cenchrea), κρέας (*kreas*; meat), λογικός (*logikos*; rational, spiritual), λογισμός (*logismos*; thought), Λούκιος (*Loukios*; Lucius), μέμφομαι (*memphomai*; find fault with), μήπω (*mēpō*; not yet), μήτρα (*mētra*; womb), μόρφωσις (*morphōsis*; outward form), νέκρωσις (*nekrōsis*; death), ὀδύνη (*odynē*; pain), ὀφείλημα (*opheilēma*; debt), παιδευτής (*paideutēs*; teacher), παρεισέρχομαι (*pareiserchomai*; come in), παροργίζω (*parorgizō*; make angry), πλάσσω (*plassō*; mold), ποίημα (*poiēma*; what is created or made), προεπαγγέλλομαι (*proepangellomai*; promise beforehand), προετοιμάζω (*proetoimazō*; prepare beforehand), πρόνοια (*pronoia*; provision), προφητικός (*prophētikos*; prophetic), Ῥοῦφος (*Rhouphos*; Rufus), σαβαώθ (*sabaōth*; [Lord of] hosts), στεναγμός (*stenagmos*; groaning), σύμμορφος (*symmorphos*; having the same form), συμπάσχω (*sympaschō*; suffer together), συναντιλαμβάνομαι (*synantilambanomai*; help), συνθάπτω (*synthaptō*; be buried together with), συσχηματίζω (*syschēmatizō*; be conformed to), σωρεύω (*sōreuō*; heap), ταλαιπωρία (*talaipōria*; misery), ταλαίπωρος (*talaipōros*; miserable), τάχα (*tacha*; perhaps), ὑβριστής (*hybristēs*; insolent person), ὑπερπερισσεύω (*hyperperisseuō*; be present in far greater measure), ὑποτίθημι (*hypotithēmi*; risk), ὕψωμα (*hypsōma*; height), φθόγγος (*phthongos*; voice), φιλοξενία (*philoxenia*; hospitality), ψωμίζω (*psōmizō*; feed), ὠφέλεια (*ōpheleia*; advantage)

47%

19/40 λογίζομαι (*logizomai*; count, consider)
9/19 παράπτωμα (*paraptōma*; sin)

46%

7/15 ὑπακοή (*hypakoē*; obedience)

45%

5/11 κλάδος (*klados*; branch)

42%

3/7 ὀφειλέτης (*opheiletēs*; one who is under obligation), παράβασις (*parabasis*; transgression)

41%

15/36 περιτομή (*peritomē*; circumcision)

40%

4/10[11] ἀπιστία (*apistia*; unbelief)
4/10 κλητός (*klētos*; called)
2/5 δουλεία (*douleia*; slavery), ἐπιτυγχάνω (*epitynchanō*; obtain), εὐπρόσδεκτος (*euprosdektos*; acceptable), θῆλυς (*thēlys*; female), λατρεία (*latreia*; service), λειτουργός (*leitourgos*; servant), μεταδίδωμι (*metadidōmi*; share), παραβάτης (*parabatēs*; transgressor), προγινώσκω (*proginōskō*; foreknow), σκοτίζω (*skotizō*; be or become darkened), φύραμα (*phyrama*; lump)

<u>38%</u>
74/193[194] νόμος (*nomos*; law)
15/39 δικαιόω (*dikaioō*; justify)
7/18[19] κτίσις (*ktisis*; creation)

<u>37%</u>
3/8 ἀπεκδέχομαι (*apekdechomai*; await expectantly)

<u>36%</u>
34/92 δικαιοσύνη (*dikaiosynē*; righteousness)
4/11 συγγενής (*syngenēs*; relative)

<u>35%</u>
21/59 ἀσπάζομαι (*aspazomai*; greet)
6/17 χάρισμα (*charisma*; gift)
5/14 ἀπειθέω (*apeitheō*; disobey)

<u>34%</u>
9/26 φρονέω (*phroneō*; think)

<u>33%</u>
12/36 ὀργή (*orgē*; wrath)
4/12 προσλαμβάνω (*proslambanō*; welcome)
3/9 ἀπαρχή (*aparchē*; firstfruits), ἄρσην (*arsēn*; male), εὐάρεστος (*euarestos*; acceptable), πλεονάζω (*pleonazō*; increase)
2/6 ἀπωθέω (*apōtheō*; push aside), ἀσέβεια (*asebeia*; godlessness), ἐξαπατάω (*exapataō*; deceive), θνητός (*thnētos*; mortal), καταλλάσσω (*katallassō*; reconcile), πληροφορέω (*plērophoreō*; accomplish), πρᾶξις (*praxis*; deed), προορίζω (*proorizō*; predestine)
1/3 αββα (*abba*; Father), ἁγιωσύνη (*hagiōsynē*; holiness), ἀκέραιος (*akeraios*; innocent), βούλημα (*boulēma*; will), γυμνότης (*gymnotēs*; nakedness), διαγγέλλω (*diangellō*; proclaim), διάκρισις (*diakrisis*; ability to discern), δυνατέω (*dynateō*; be able), Ἔραστος (*Erastos*; Erastus), εὐσχημόνως (*euschēmonōs*; properly), Ἠσαῦ (*Ēsau*; Esau), ἰός (*ios*; poison), ἴχνος (*ichnos*; footstep), κεραμεύς (*kerameus*; potter), κλίμα (*klima*; region), κῶμος (*kōmos*; carousing), λειτουργέω (*leitourgeō*; serve), ματαιότης (*mataiotēs*; futility), μέθη (*methē*; drunkenness), νεκρόω (*nekroō*; put to death), ὀκνηρός (*oknēros*; lazy), ὀφειλή (*opheilē*; debt), πάθος (*pathos*; lustful passion), παρακοή (*parakoē*; disobedience), πόσις (*posis*; drink), Πρίσκα (*Priska*; Prisca), πρόθυμος (*prothymos*; willing), προνοέω (*pronoeō*; have in mind to do), προσαγωγή (*prosagōgē*; access), πώρωσις (*pōrōsis*; hardening), συζάω (*syzaō*; live with or together), συναιχμάλωτος (*synaichmalōtos*; fellow-prisoner), συναπάγω (*synapagō*; be carried away or led astray), σφαγή (*sphagē*; slaughter), τετράπους (*tetrapous*; four-footed animal), φάσκω (*phaskō*; allege), φιλοτιμέομαι (*philotimeomai*; make it one's ambition, endeavor), φράσσω (*phrassō*; silence)

<u>30%</u>
15/50 κακός (*kakos*; evil)
6/20 νυνί (*nyni*; now)
3/10 φείδομαι (*pheidomai*; spare)

<u>29%</u>
10/34 μέλος (*melos*; a bodily part)
5/17 ῥίζα (*rhiza*; root)

<u>28%</u>
7/25 ἀδικία (*adikia*; unrighteousness), δουλεύω (*douleuō*; serve; pass. be enslaved)
6/21 βασιλεύω (*basileuō*; rule)
2/7 ἀνταποδίδωμι (*antapodidōmi*; repay), ἀπείθεια (*apeitheia*; disobedience), ἀτιμάζω (*atimazō*; dishonor), ἀτιμία (*atimia*; disgrace), ἀφορμή (*aphormē*; opportunity), δοκιμή (*dokimē*; character, proof, ordeal), δόκιμος (*dokimos*; approved), μοιχαλίς (*moichalis*; adulteress), Σιών (*Siōn*; Mount Zion)

<u>27%</u>
48/173 ἁμαρτία (*hamartia*; sin)
6/22 ἀγνοέω (*agnoeō*; be ignorant)
3/11 ἐνδείκνυμι (*endeiknymi*; show), θανατόω (*thanatoō*; kill)

<u>26%</u>
4/15[18] κατακρίνω (*katakrinō*; condemn)
4/15 κληρονόμος (*klēronomos*; heir), σκάνδαλον (*skandalon*; stumbling block)

<u>25%</u>
10/39 πράσσω (*prassō*; do)

Romans – Concordance

αββα (*abba*; 1/3) *Father*

Ro 8:15 **αββα** ὁ πατήρ.

᾿Αβραάμ (*Abraam*; 9/73) *Abraham*

Ro 4:1 οὖν ἐροῦμεν εὑρηκέναι **᾿Αβραὰμ** τὸν προπάτορα ἡμῶν
Ro 4:2 εἰ γὰρ **᾿Αβραὰμ** ἐξ ἔργων ἐδικαιώθη,
Ro 4:3 ἐπίστευσεν δὲ **᾿Αβραὰμ** τῷ θεῷ καὶ
Ro 4:9 ἐλογίσθη τῷ **᾿Αβραὰμ** ἡ πίστις εἰς
Ro 4:12 τοῦ πατρὸς ἡμῶν **᾿Αβραάμ**.
Ro 4:13 ἡ ἐπαγγελία τῷ **᾿Αβραὰμ** ἢ τῷ σπέρματι
Ro 4:16 τῷ ἐκ πίστεως **᾿Αβραάμ**,
Ro 9:7 ὅτι εἰσὶν σπέρμα **᾿Αβραὰμ** πάντες τέκνα,
Ro 11:1 ἐκ σπέρματος **᾿Αβραάμ**,

ἄβυσσος (*abyssos*; 1/9) *abyss*

Ro 10:7 καταβήσεται εἰς τὴν **ἄβυσσον**;

ἀγαθός (*agathos*; 21/102) *good*

Ro 2:7 καθ᾿ ὑπομονὴν ἔργου **ἀγαθοῦ** δόξαν καὶ τιμὴν
Ro 2:10 τῷ ἐργαζομένῳ τὸ **ἀγαθόν**,
Ro 3:8 ἵνα ἔλθῃ τὰ **ἀγαθά**;
Ro 5:7 ὑπὲρ γὰρ τοῦ **ἀγαθοῦ** τάχα τις καὶ
Ro 7:12 καὶ δικαία καὶ **ἀγαθή**.
Ro 7:13 Τὸ οὖν **ἀγαθὸν** ἐμοὶ ἐγένετο θάνατος;
Ro 7:13 διὰ τοῦ **ἀγαθοῦ** μοι κατεργαζομένη θάνατον,
Ro 7:18 **ἀγαθόν**·
Ro 7:19 ὃ θέλω ποιῶ **ἀγαθόν**,
Ro 8:28 πάντα συνεργεῖ εἰς **ἀγαθόν**,
Ro 9:11 μηδὲ πραξάντων τι **ἀγαθὸν** ἢ φαῦλον,
Ro 10:15 τῶν εὐαγγελιζομένων [τὰ] **ἀγαθά**.
Ro 12:2 τὸ **ἀγαθὸν** καὶ εὐάρεστον καὶ
Ro 12:9 κολλώμενοι τῷ **ἀγαθῷ**,
Ro 12:21 νίκα ἐν τῷ **ἀγαθῷ** τὸ κακόν.
Ro 13:3 εἰσὶν φόβος τῷ **ἀγαθῷ** ἔργῳ ἀλλὰ τῷ
Ro 13:3 τὸ **ἀγαθὸν** ποίει,
Ro 13:4 σοὶ εἰς τὸ **ἀγαθόν**.
Ro 14:16 οὖν ὑμῶν τὸ **ἀγαθόν**.
Ro 15:2 ἀρεσκέτω εἰς τὸ **ἀγαθὸν** πρὸς οἰκοδομήν·
Ro 16:19 εἶναι εἰς τὸ **ἀγαθόν**,

ἀγαθωσύνη (*agathōsynē*; 1/4) *goodness*

Ro 15:14 αὐτοὶ μεστοί ἐστε **ἀγαθωσύνης**,

ἀγαπάω (*agapaō*; 8/143) *love*

Ro 8:28 δὲ ὅτι τοῖς **ἀγαπῶσιν** τὸν θεὸν πάντα
Ro 8:37 ὑπερνικῶμεν διὰ τοῦ **ἀγαπήσαντος** ἡμᾶς.
Ro 9:13 τὸν ᾿Ιακὼβ **ἠγάπησα**,
Ro 9:25 καὶ τὴν οὐκ **ἠγαπημένην** ἠγαπημένην·
Ro 9:25 τὴν οὐκ ἠγαπημένην **ἠγαπημένην**·
Ro 13:8 μὴ τὸ ἀλλήλους **ἀγαπᾶν**·
Ro 13:8 ὁ γὰρ **ἀγαπῶν** τὸν ἕτερον νόμον
Ro 13:9 **ἀγαπήσεις** τὸν πλησίον σου

ἀγάπη (*agapē*; 9/116) *love*

Ro 5:5 ὅτι ἡ **ἀγάπη** τοῦ θεοῦ ἐκκέχυται
Ro 5:8 δὲ τὴν ἑαυτοῦ **ἀγάπην** εἰς ἡμᾶς ὁ
Ro 8:35 χωρίσει ἀπὸ τῆς **ἀγάπης** τοῦ Χριστοῦ;
Ro 8:39 χωρίσαι ἀπὸ τῆς **ἀγάπης** τοῦ θεοῦ τῆς
Ro 12:9 Ἡ **ἀγάπη** ἀνυπόκριτος.
Ro 13:10 ἡ **ἀγάπη** τῷ πλησίον κακὸν
Ro 13:10 οὖν νόμου ἡ **ἀγάπη**.
Ro 14:15 οὐκέτι κατὰ **ἀγάπην** περιπατεῖς·
Ro 15:30 καὶ διὰ τῆς **ἀγάπης** τοῦ πνεύματος συναγωνίσασθαί

ἀγαπητός (*agapētos*; 7/61) *beloved*

Ro 1:7 οὖσιν ἐν Ῥώμῃ **ἀγαπητοῖς** θεοῦ,
Ro 11:28 δὲ τὴν ἐκλογὴν **ἀγαπητοὶ** διὰ τοὺς πατέρας·
Ro 12:19 **ἀγαπητοί**,
Ro 16:5 ἀσπάσασθε ᾿Επαίνετον τὸν **ἀγαπητόν** μου,
Ro 16:8 ἀσπάσασθε ᾿Αμπλιᾶτον τὸν **ἀγαπητόν** μου ἐν κυρίῳ.
Ro 16:9 καὶ Στάχυν τὸν **ἀγαπητόν** μου.
Ro 16:12 ἀσπάσασθε Περσίδα τὴν **ἀγαπητήν**,

ἄγγελος (*angelos*; 1/175) *angel, messenger*

Ro 8:38 οὔτε ζωὴ οὔτε **ἄγγελοι** οὔτε ἀρχαὶ οὔτε

ἁγιάζω (*hagiazō*; 1/28) *set apart as sacred to God, consecrate, sanctify, purify*

Ro 15:16 **ἡγιασμένη** ἐν πνεύματι ἁγίῳ.

ἁγιασμός (*hagiasmos*; 2/10) *consecration, holiness, sanctification*

Ro 6:19 τῇ δικαιοσύνῃ εἰς **ἁγιασμόν**.
Ro 6:22 καρπὸν ὑμῶν εἰς **ἁγιασμόν**,

ἅγιος (*hagios*; 20/233) *holy, set apart*

Ro 1:2 αὐτοῦ ἐν γραφαῖς **ἁγίαις**
Ro 1:7 κλητοῖς **ἁγίοις**,
Ro 5:5 ἡμῶν διὰ πνεύματος **ἁγίου** τοῦ δοθέντος ἡμῖν.
Ro 7:12 ὁ μὲν νόμος **ἅγιος** καὶ ἡ ἐντολὴ
Ro 7:12 καὶ ἡ ἐντολὴ **ἁγία** καὶ δικαία καὶ
Ro 8:27 θεὸν ἐντυγχάνει ὑπὲρ **ἁγίων**.
Ro 9:1 μου ἐν πνεύματι **ἁγίῳ**,
Ro 11:16 δὲ ἡ ἀπαρχὴ **ἁγία**,
Ro 11:16 εἰ ἡ ῥίζα **ἁγία**,
Ro 12:1 ὑμῶν θυσίαν ζῶσαν **ἁγίαν** εὐάρεστον τῷ θεῷ,
Ro 12:13 ταῖς χρείαις τῶν **ἁγίων** κοινωνοῦντες,
Ro 14:17 χαρὰ ἐν πνεύματι **ἁγίῳ**·
Ro 15:13 ἐν δυνάμει πνεύματος **ἁγίου**.
Ro 15:16 ἡγιασμένη ἐν πνεύματι **ἁγίῳ**.
Ro 15:25 ᾿Ιερουσαλὴμ διακονῶν τοῖς **ἁγίοις**.
Ro 15:26 τοὺς πτωχοὺς τῶν **ἁγίων** τῶν ἐν ᾿Ιερουσαλήμ.
Ro 15:31 ᾿Ιερουσαλὴμ εὐπρόσδεκτος τοῖς **ἁγίοις** γένηται,
Ro 16:2 κυρίῳ ἀξίως τῶν **ἁγίων** καὶ παραστῆτε αὐτῇ
Ro 16:15 σὺν αὐτοῖς πάντας **ἁγίους**.
Ro 16:16 ἀλλήλους ἐν φιλήματι **ἁγίῳ**.

ἁγιωσύνη (*hagiōsynē*; 1/3) *holiness*

Ro 1:4 δυνάμει κατὰ πνεῦμα **ἁγιωσύνης** ἐξ ἀναστάσεως νεκρῶν,

ἀγνοέω (*agnoeō*; 6/22) *be ignorant*
Ro 1:13 θέλω δὲ ὑμᾶς **ἀγνοεῖν**,
Ro 2:4 **ἀγνοῶν** ὅτι τὸ χρηστὸν
Ro 6:3 ἢ **ἀγνοεῖτε** ὅτι,
Ro 7:1 Ἢ **ἀγνοεῖτε**,
Ro 10:3 **ἀγνοοῦντες** γὰρ τὴν τοῦ
Ro 11:25 γὰρ θέλω ὑμᾶς **ἀγνοεῖν**,

ἀγριέλαιος (*agrielaios*; 2/2) *wild olive tree*
Ro 11:17 σὺ δὲ **ἀγριέλαιος** ὢν ἐνεκεντρίσθης ἐν
Ro 11:24 κατὰ φύσιν ἐξεκόπης **ἀγριελαίου** καὶ παρὰ φύσιν

ἄγω (*agō*; 2/68[69]) *lead*
Ro 2:4 εἰς μετάνοιάν σε **ἄγει**;
Ro 8:14 γὰρ πνεύματι θεοῦ **ἄγονται**,

Ἀδάμ (*Adam*; 2/9) *Adam*
Ro 5:14 ὁ θάνατος ἀπὸ **Ἀδὰμ** μέχρι Μωϋσέως καὶ
Ro 5:14 ὁμοιώματι τῆς παραβάσεως **Ἀδὰμ** ὅς ἐστιν τύπος

ἀδελφή (*adelphē*; 2/26) *sister*
Ro 16:1 ὑμῖν Φοίβην τὴν **ἀδελφὴν** ἡμῶν,
Ro 16:15 Νηρέα καὶ τὴν **ἀδελφὴν** αὐτοῦ,

ἀδελφός (*adelphos*; 19/343) *brother*
Ro 1:13 **ἀδελφοί**,
Ro 7:1 **ἀδελφοί**,
Ro 7:4 **ἀδελφοί** μου,
Ro 8:12 **ἀδελφοί**,
Ro 8:29 πρωτότοκον ἐν πολλοῖς **ἀδελφοῖς**·
Ro 9:3 Χριστοῦ ὑπὲρ τῶν **ἀδελφῶν** μου τῶν συγγενῶν
Ro 10:1 **Ἀδελφοί**,
Ro 11:25 **ἀδελφοί**,
Ro 12:1 **ἀδελφοί**,
Ro 14:10 τί κρίνεις τὸν **ἀδελφόν** σου;
Ro 14:10 τί ἐξουθενεῖς τὸν **ἀδελφόν** σου;
Ro 14:13 τιθέναι πρόσκομμα τῷ **ἀδελφῷ** ἢ σκάνδαλον.
Ro 14:15 διὰ βρῶμα ὁ **ἀδελφός** σου λυπεῖται,
Ro 14:21 ἐν ᾧ ὁ **ἀδελφός** σου προσκόπτει.
Ro 15:14 **ἀδελφοί** μου,
Ro 15:30 **ἀδελφοί**] διὰ τοῦ κυρίου
Ro 16:14 τοὺς σὺν αὐτοῖς **ἀδελφούς**.
Ro 16:17 **ἀδελφοί**,
Ro 16:23 καὶ Κούαρτος ὁ **ἀδελφός**.

ἀδιάλειπτος (*adialeiptos*; 1/2) *endless*
Ro 9:2 ἐστιν μεγάλη καὶ **ἀδιάλειπτος** ὀδύνη τῇ καρδίᾳ

ἀδιαλείπτως (*adialeiptōs*; 1/4) *constantly*
Ro 1:9 ὡς **ἀδιαλείπτως** μνείαν ὑμῶν ποιοῦμαι

ἀδικία (*adikia*; 7/25) *unrighteousness*
Ro 1:18 πᾶσαν ἀσέβειαν καὶ **ἀδικίαν** ἀνθρώπων τῶν
Ro 1:18 τὴν ἀλήθειαν ἐν **ἀδικίᾳ** κατεχόντων,
Ro 1:29 πεπληρωμένους πάσῃ **ἀδικίᾳ** πονηρίᾳ πλεονεξίᾳ κακίᾳ,
Ro 2:8 πειθομένοις δὲ τῇ **ἀδικίᾳ** ὀργὴ καὶ θυμός.
Ro 3:5 εἰ δὲ ἡ **ἀδικία** ἡμῶν θεοῦ δικαιοσύνην
Ro 6:13 μέλη ὑμῶν ὅπλα **ἀδικίας** τῇ ἁμαρτίᾳ,
Ro 9:14 μὴ **ἀδικία** παρὰ τῷ θεῷ;

ἄδικος (*adikos*; 1/12) *evil*
Ro 3:5 μὴ **ἄδικος** ὁ θεὸς ὁ

ἀδόκιμος (*adokimos*; 1/8) *failing to meet the test*
Ro 1:28 ὁ θεὸς εἰς **ἀδόκιμον** νοῦν,

ἀδύνατος (*adynatos*; 2/10) *impossible*
Ro 8:3 Τὸ γὰρ **ἀδύνατον** τοῦ νόμου ἐν
Ro 15:1 τὰ ἀσθενήματα τῶν **ἀδυνάτων** βαστάζειν καὶ

ἀΐδιος (*aidios*; 1/2) *eternal*
Ro 1:20 ἥ τε **ἀΐδιος** αὐτοῦ δύναμις καὶ

αἷμα (*haima*; 3/97) *blood*
Ro 3:15 πόδες αὐτῶν ἐκχέαι **αἷμα**,
Ro 3:25 ἐν τῷ αὐτοῦ **αἵματι** εἰς ἔνδειξιν τῆς
Ro 5:9 νῦν ἐν τῷ **αἵματι** αὐτοῦ σωθησόμεθα δι᾽

αἰνέω (*aineō*; 1/8) *praise*
Ro 15:11 **αἰνεῖτε**,

αἰχμαλωτίζω (*aichmalōtizō*; 1/4) *make captive or prisoner*
Ro 7:23 νοός μου καὶ **αἰχμαλωτίζοντά** με ἐν τῷ

αἰών (*aiōn*; 5/122) *age*
Ro 1:25 εὐλογητὸς εἰς τοὺς **αἰῶνας**,
Ro 9:5 εὐλογητὸς εἰς τοὺς **αἰῶνας**,
Ro 11:36 δόξα εἰς τοὺς **αἰῶνας**,
Ro 12:2 μὴ συσχηματίζεσθε τῷ **αἰῶνι** τούτῳ,
Ro 16:27 δόξα εἰς τοὺς **αἰῶνας**,

αἰώνιος (*aiōnios*; 6/70[71]) *eternal*
Ro 2:7 ἀφθαρσίαν ζητοῦσιν ζωὴν **αἰώνιον**,
Ro 5:21 δικαιοσύνης εἰς ζωὴν **αἰώνιον** διὰ Ἰησοῦ Χριστοῦ
Ro 6:22 δὲ τέλος ζωὴν **αἰώνιον**.
Ro 6:23 τοῦ θεοῦ ζωὴ **αἰώνιος** ἐν Χριστῷ Ἰησοῦ
Ro 16:25 ἀποκάλυψιν μυστηρίου χρόνοις **αἰωνίοις** σεσιγημένου,
Ro 16:26 κατ᾽ ἐπιταγὴν τοῦ **αἰωνίου** θεοῦ εἰς ὑπακοὴν

ἀκαθαρσία (*akatharsia*; 2/10) *impurity*
Ro 1:24 καρδιῶν αὐτῶν εἰς **ἀκαθαρσίαν** τοῦ ἀτιμάζεσθαι τὰ
Ro 6:19 ὑμῶν δοῦλα τῇ **ἀκαθαρσίᾳ** καὶ τῇ ἀνομίᾳ

ἄκακος (*akakos*; 1/2) *innocent*
Ro 16:18 τὰς καρδίας τῶν **ἀκάκων**.

ἀκέραιος (*akeraios*; 1/3) *innocent*
Ro 16:19 **ἀκεραίους** δὲ εἰς τὸ

ἀκοή (*akoē*; 3/24) *report*
Ro 10:16 τίς ἐπίστευσεν τῇ **ἀκοῇ** ἡμῶν;
Ro 10:17 ἡ πίστις ἐξ **ἀκοῆς**,
Ro 10:17 ἡ δὲ **ἀκοὴ** διὰ ῥήματος Χριστοῦ.

ἀκούω (*akouō*; 5/426[428]) *hear*
Ro 10:14 πιστεύσωσιν οὗ οὐκ **ἤκουσαν**;
Ro 10:14 πῶς δὲ **ἀκούσωσιν** χωρὶς κηρύσσοντος;
Ro 10:18 μὴ οὐκ **ἤκουσαν**;
Ro 11:8 ὦτα τοῦ μὴ **ἀκούειν**,
Ro 15:21 καὶ οἳ οὐκ **ἀκηκόασιν** συνήσουσιν.

ἀκροατής (*akroatēs*; 1/4) *hearer*
Ro 2:13 οὐ γὰρ οἱ **ἀκροαταὶ** νόμου δίκαιοι παρὰ

ἀκροβυστία (*akrobystia*; 11/20) *uncircumcision*
Ro 2:25 ἡ περιτομή σου **ἀκροβυστία** γέγονεν.
Ro 2:26 ἐὰν οὖν ἡ **ἀκροβυστία** τὰ δικαιώματα τοῦ
Ro 2:26 οὐχ ἡ **ἀκροβυστία** αὐτοῦ εἰς περιτομὴν
Ro 2:27 ἡ ἐκ φύσεως **ἀκροβυστία** τὸν νόμον τελοῦσα
Ro 3:30 ἐκ πίστεως καὶ **ἀκροβυστίαν** διὰ τῆς πίστεως.
Ro 4:9 καὶ ἐπὶ τὴν **ἀκροβυστίαν**;
Ro 4:10 ὄντι ἢ ἐν **ἀκροβυστίᾳ**;
Ro 4:10 περιτομῇ ἀλλ' ἐν **ἀκροβυστίᾳ**·
Ro 4:11 τῆς ἐν τῇ **ἀκροβυστίᾳ**,
Ro 4:11 τῶν πιστευόντων δι' **ἀκροβυστίας**,
Ro 4:12 ἴχνεσιν τῆς ἐν **ἀκροβυστίᾳ** πίστεως τοῦ πατρὸς

Ἀκύλας (*Akylas*; 1/6) *Aquila*
Ro 16:3 Ἀσπάσασθε Πρίσκαν καὶ **Ἀκύλαν** τοὺς συνεργούς μου

ἀλαζών (*alazōn*; 1/2) *arrogant boaster*
Ro 1:30 θεοστυγεῖς ὑβριστὰς ὑπερηφάνους **ἀλαζόνας**,

ἀλάλητος (*alalētos*; 1/1) *something that cannot be expressed in words*
Ro 8:26 πνεῦμα ὑπερεντυγχάνει στεναγμοῖς **ἀλαλήτοις**·

ἀλήθεια (*alētheia*; 8/109) *truth*
Ro 1:18 ἀνθρώπων τῶν τὴν **ἀλήθειαν** ἐν ἀδικίᾳ κατεχόντων,
Ro 1:25 οἵτινες μετήλλαξαν τὴν **ἀλήθειαν** τοῦ θεοῦ
Ro 2:2 θεοῦ ἐστιν κατὰ **ἀλήθειαν** ἐπὶ τοὺς τὰ
Ro 2:8 καὶ ἀπειθοῦσι τῇ **ἀληθείᾳ** πειθομένοις δὲ τῇ
Ro 2:20 γνώσεως καὶ τῆς **ἀληθείας** ἐν τῷ νόμῳ·
Ro 3:7 εἰ δὲ ἡ **ἀλήθεια** τοῦ θεοῦ ἐν
Ro 9:1 **Ἀλήθειαν** λέγω ἐν Χριστῷ,
Ro 15:8 γεγενῆσθαι περιτομῆς ὑπὲρ **ἀληθείας** θεοῦ,

ἀληθής (*alēthēs*; 1/26) *true*
Ro 3:4 δὲ ὁ θεὸς **ἀληθής**,

ἀλλά (*alla*; 69/638) *but*
Ro 1:21 **ἀλλ'** ἐματαιώθησαν ἐν τοῖς
Ro 1:32 μόνον αὐτὰ ποιοῦσιν **ἀλλὰ** καὶ συνευδοκοῦσιν τοῖς
Ro 2:13 **ἀλλ'** οἱ ποιηταὶ νόμου
Ro 2:29 **ἀλλ'** ὁ ἐν τῷ
Ro 2:29 οὐκ ἐξ ἀνθρώπων **ἀλλ'** ἐκ τοῦ θεοῦ.
Ro 3:27 **ἀλλὰ** διὰ νόμου πίστεως.
Ro 3:31 **ἀλλὰ** νόμον ἱστάνομεν.
Ro 4:2 **ἀλλ'** οὐ πρὸς θεόν.
Ro 4:4 λογίζεται κατὰ χάριν **ἀλλὰ** κατὰ ὀφείλημα,
Ro 4:10 οὐκ ἐν περιτομῇ **ἀλλ'** ἐν ἀκροβυστίᾳ·
Ro 4:12 ἐκ περιτομῆς μόνον **ἀλλὰ** καὶ τοῖς στοιχοῦσιν
Ro 4:13 **ἀλλὰ** διὰ δικαιοσύνης πίστεως.
Ro 4:16 τοῦ νόμου μόνον **ἀλλὰ** καὶ τῷ ἐκ
Ro 4:20 διεκρίθη τῇ ἀπιστίᾳ **ἀλλ'** ἐνεδυναμώθη τῇ πίστει,
Ro 4:24 **ἀλλὰ** καὶ δι' ἡμᾶς,
Ro 5:3 **ἀλλὰ** καὶ καυχώμεθα ἐν
Ro 5:11 **ἀλλὰ** καὶ καυχώμενοι ἐν
Ro 5:14 **ἀλλὰ** ἐβασίλευσεν ὁ θάνατος
Ro 5:15 **Ἀλλ'** οὐχ ὡς τὸ
Ro 6:5 **ἀλλὰ** καὶ τῆς ἀναστάσεως
Ro 6:13 **ἀλλὰ** παραστήσατε ἑαυτοὺς τῷ
Ro 6:14 ἐστε ὑπὸ νόμον **ἀλλὰ** ὑπὸ χάριν.
Ro 6:15 ἐσμὲν ὑπὸ νόμον **ἀλλὰ** ὑπὸ χάριν;
Ro 7:7 **ἀλλὰ** τὴν ἁμαρτίαν οὐκ
Ro 7:13 **ἀλλὰ** ἡ ἁμαρτία,
Ro 7:15 **ἀλλ'** ὃ μισῶ τοῦτο
Ro 7:17 ἐγὼ κατεργάζομαι αὐτὸ **ἀλλὰ** ἡ οἰκοῦσα ἐν
Ro 7:19 **ἀλλὰ** ὃ οὐ θέλω
Ro 7:20 ἐγὼ κατεργάζομαι αὐτὸ **ἀλλὰ** ἡ οἰκοῦσα ἐν
Ro 8:4 κατὰ σάρκα περιπατοῦσιν **ἀλλὰ** κατὰ πνεῦμα.
Ro 8:9 ἐστὲ ἐν σαρκὶ **ἀλλὰ** ἐν πνεύματι,
Ro 8:15 πάλιν εἰς φόβον **ἀλλὰ** ἐλάβετε πνεῦμα υἱοθεσίας
Ro 8:20 οὐχ ἑκοῦσα **ἀλλὰ** διὰ τὸν ὑποτάξαντα,
Ro 8:23 **ἀλλὰ** καὶ αὐτοὶ τὴν
Ro 8:26 **ἀλλὰ** αὐτὸ τὸ πνεῦμα
Ro 8:32 υἱοῦ οὐκ ἐφείσατο **ἀλλὰ** ὑπὲρ ἡμῶν πάντων
Ro 8:37 **ἀλλ'** ἐν τούτοις πᾶσιν
Ro 9:7 **ἀλλ'**·
Ro 9:8 τέκνα τοῦ θεοῦ **ἀλλὰ** τὰ τέκνα τῆς
Ro 9:10 **ἀλλὰ** καὶ Ῥεβέκκα ἐξ
Ro 9:12 οὐκ ἐξ ἔργων **ἀλλ'** ἐκ τοῦ καλοῦντος,
Ro 9:16 οὐδὲ τοῦ τρέχοντος **ἀλλὰ** τοῦ ἐλεῶντος θεοῦ.
Ro 9:24 μόνον ἐξ Ἰουδαίων **ἀλλὰ** καὶ ἐξ ἐθνῶν,
Ro 9:32 οὐκ ἐκ πίστεως **ἀλλ'** ὡς ἐξ ἔργων·
Ro 10:2 ζῆλον θεοῦ ἔχουσιν **ἀλλ'** οὐ κατ' ἐπίγνωσιν·
Ro 10:8 **ἀλλὰ** τί λέγει;
Ro 10:16 **Ἀλλ'** οὐ πάντες ὑπήκουσαν
Ro 10:18 **ἀλλὰ** λέγω,
Ro 10:19 **ἀλλὰ** λέγω,
Ro 11:4 **ἀλλὰ** τί λέγει αὐτῷ
Ro 11:11 **ἀλλὰ** τῷ αὐτῶν παραπτώματι
Ro 11:18 τὴν ῥίζαν βαστάζεις **ἀλλὰ** ἡ ῥίζα σέ.
Ro 11:20 μὴ ὑψηλὰ φρόνει **ἀλλὰ** φοβοῦ·
Ro 12:2 **ἀλλὰ** μεταμορφοῦσθε τῇ ἀνακαινώσει
Ro 12:3 ὃ δεῖ φρονεῖν **ἀλλὰ** φρονεῖν εἰς τὸ
Ro 12:16 τὰ ὑψηλὰ φρονοῦντες **ἀλλὰ** τοῖς ταπεινοῖς συναπαγόμενοι.
Ro 12:19 **ἀλλὰ** δότε τόπον τῇ
Ro 12:20 **ἀλλὰ** ἐὰν πεινᾷ ὁ

Ro 12:21 ὑπὸ τοῦ κακοῦ **ἀλλὰ** νίκα ἐν τῷ
Ro 13:3 τῷ ἀγαθῷ ἔργῳ **ἀλλὰ** τῷ κακῷ.
Ro 13:5 διὰ τὴν ὀργὴν **ἀλλὰ** καὶ διὰ τὴν
Ro 13:14 **ἀλλὰ** ἐνδύσασθε τὸν κύριον
Ro 14:13 **ἀλλὰ** τοῦτο κρίνατε μᾶλλον,
Ro 14:17 βρῶσις καὶ πόσις **ἀλλὰ** δικαιοσύνη καὶ εἰρήνη
Ro 14:20 **ἀλλὰ** κακὸν τῷ ἀνθρώπῳ
Ro 15:3 **ἀλλὰ** καθὼς γέγραπται·
Ro 15:21 **ἀλλὰ** καθὼς γέγραπται·
Ro 16:4 ἐγὼ μόνος εὐχαριστῶ **ἀλλὰ** καὶ πᾶσαι αἱ
Ro 16:18 Χριστῷ οὐ δουλεύουσιν **ἀλλὰ** τῇ ἑαυτῶν κοιλίᾳ,

ἀλλάσσω (*allassō*; 1/6) *change*

Ro 1:23 καὶ **ἤλλαξαν** τὴν δόξαν τοῦ

ἀλλήλων (*allēlōn*; 14/100) *one another*

Ro 1:12 διὰ τῆς ἐν **ἀλλήλοις** πίστεως ὑμῶν τε
Ro 1:27 ὀρέξει αὐτῶν εἰς **ἀλλήλους**,
Ro 2:15 συνειδήσεως καὶ μεταξὺ **ἀλλήλων** τῶν λογισμῶν κατηγορούντων
Ro 12:5 δὲ καθ' εἷς **ἀλλήλων** μέλη.
Ro 12:10 τῇ φιλαδελφίᾳ εἰς **ἀλλήλους** φιλόστοργοι,
Ro 12:10 τῇ τιμῇ **ἀλλήλους** προηγούμενοι,
Ro 12:16 τὸ αὐτὸ εἰς **ἀλλήλους** φρονοῦντες,
Ro 13:8 εἰ μὴ τὸ **ἀλλήλους** ἀγαπᾶν·
Ro 14:13 Μηκέτι οὖν **ἀλλήλους** κρίνωμεν·
Ro 14:19 οἰκοδομῆς τῆς εἰς **ἀλλήλους**.
Ro 15:5 αὐτὸ φρονεῖν ἐν **ἀλλήλοις** κατὰ Χριστὸν Ἰησοῦν,
Ro 15:7 Διὸ προσλαμβάνεσθε **ἀλλήλους**,
Ro 15:14 δυνάμενοι καὶ **ἀλλήλους** νουθετεῖν.
Ro 16:16 ἀσπάσασθε **ἀλλήλους** ἐν φιλήματι ἁγίῳ.

ἀλλότριος (*allotrios*; 2/14) *belonging to another*

Ro 14:4 εἶ ὁ κρίνων **ἀλλότριον** οἰκέτην;
Ro 15:20 ἵνα μὴ ἐπ' **ἀλλότριον** θεμέλιον οἰκοδομῶ,

ἅμα (*hama*; 1/10) *at the same time*

Ro 3:12 πάντες ἐξέκλιναν **ἅμα** ἠχρεώθησαν·

ἁμαρτάνω (*hamartanō*; 7/42[43]) *sin*

Ro 2:12 Ὅσοι γὰρ ἀνόμως **ἥμαρτον**,
Ro 2:12 ὅσοι ἐν νόμῳ **ἥμαρτον**,
Ro 3:23 πάντες γὰρ **ἥμαρτον** καὶ ὑστεροῦνται τῆς
Ro 5:12 ἐφ' ᾧ πάντες **ἥμαρτον**·
Ro 5:14 ἐπὶ τοὺς μὴ **ἁμαρτήσαντας** ἐπὶ τῷ ὁμοιώματι
Ro 5:16 ὡς δι' ἑνὸς **ἁμαρτήσαντος** τὸ δώρημα·
Ro 6:15 **ἁμαρτήσωμεν**,

ἁμάρτημα (*hamartēma*; 1/4) *sin*

Ro 3:25 πάρεσιν τῶν προγεγονότων **ἁμαρτημάτων**

ἁμαρτία (*hamartia*; 48/173) *sin*

Ro 3:9 Ἕλληνας πάντας ὑφ' **ἁμαρτίαν** εἶναι,
Ro 3:20 γὰρ νόμου ἐπίγνωσις **ἁμαρτίας**.
Ro 4:7 ὧν ἐπεκαλύφθησαν αἱ **ἁμαρτίαι**·
Ro 4:8 μὴ λογίσηται κύριος **ἁμαρτίαν**.
Ro 5:12 ἑνὸς ἀνθρώπου ἡ **ἁμαρτία** εἰς τὸν κόσμον
Ro 5:12 καὶ διὰ τῆς **ἁμαρτίας** ὁ θάνατος,
Ro 5:13 ἄχρι γὰρ νόμου **ἁμαρτία** ἦν ἐν κόσμῳ,
Ro 5:13 **ἁμαρτία** δὲ οὐκ ἐλλογεῖται
Ro 5:20 δὲ ἐπλεόνασεν ἡ **ἁμαρτία**,
Ro 5:21 ὥσπερ ἐβασίλευσεν ἡ **ἁμαρτία** ἐν τῷ θανάτῳ,
Ro 6:1 ἐπιμένωμεν τῇ **ἁμαρτίᾳ**,
Ro 6:2 οἵτινες ἀπεθάνομεν τῇ **ἁμαρτίᾳ**,
Ro 6:6 τὸ σῶμα τῆς **ἁμαρτίας**,
Ro 6:6 δουλεύειν ἡμᾶς τῇ **ἁμαρτίᾳ**·
Ro 6:7 δεδικαίωται ἀπὸ τῆς **ἁμαρτίας**.
Ro 6:10 τῇ **ἁμαρτίᾳ** ἀπέθανεν ἐφάπαξ·
Ro 6:11 νεκροὺς μὲν τῇ **ἁμαρτίᾳ** ζῶντας δὲ τῷ
Ro 6:12 οὖν βασιλευέτω ἡ **ἁμαρτία** ἐν τῷ θνητῷ
Ro 6:13 ὅπλα ἀδικίας τῇ **ἁμαρτίᾳ**,
Ro 6:14 **ἁμαρτία** γὰρ ὑμῶν οὐ
Ro 6:16 ἤτοι **ἁμαρτίας** εἰς θάνατον ἢ
Ro 6:17 ἦτε δοῦλοι τῆς **ἁμαρτίας** ὑπηκούσατε δὲ ἐκ
Ro 6:18 δὲ ἀπὸ τῆς **ἁμαρτίας** ἐδουλώθητε τῇ δικαιοσύνῃ.
Ro 6:20 δοῦλοι ἦτε τῆς **ἁμαρτίας**,
Ro 6:22 ἐλευθερωθέντες ἀπὸ τῆς **ἁμαρτίας** δουλωθέντες δὲ τῷ
Ro 6:23 γὰρ ὀψώνια τῆς **ἁμαρτίας** θάνατος,
Ro 7:5 τὰ παθήματα τῶν **ἁμαρτιῶν** τὰ διὰ τοῦ
Ro 7:7 ὁ νόμος **ἁμαρτία**;
Ro 7:7 ἀλλὰ τὴν **ἁμαρτίαν** οὐκ ἔγνων εἰ
Ro 7:8 δὲ λαβοῦσα ἡ **ἁμαρτία** διὰ τῆς ἐντολῆς
Ro 7:8 χωρὶς γὰρ νόμου **ἁμαρτία** νεκρά.
Ro 7:9 τῆς ἐντολῆς ἡ **ἁμαρτία** ἀνέζησεν,
Ro 7:11 ἡ γὰρ **ἁμαρτία** ἀφορμὴν λαβοῦσα διὰ
Ro 7:13 ἀλλὰ ἡ **ἁμαρτία**,
Ro 7:13 ἵνα φανῇ **ἁμαρτία**,
Ro 7:13 ὑπερβολὴν ἁμαρτωλὸς ἡ **ἁμαρτία** διὰ τῆς ἐντολῆς.
Ro 7:14 πεπραμένος ὑπὸ τὴν **ἁμαρτίαν**.
Ro 7:17 οἰκοῦσα ἐν ἐμοὶ **ἁμαρτία**.
Ro 7:20 οἰκοῦσα ἐν ἐμοὶ **ἁμαρτία**.
Ro 7:23 τῷ νόμῳ τῆς **ἁμαρτίας** τῷ ὄντι ἐν
Ro 7:25 δὲ σαρκὶ νόμῳ **ἁμαρτίας**.
Ro 8:2 τοῦ νόμου τῆς **ἁμαρτίας** καὶ τοῦ θανάτου.
Ro 8:3 ἐν ὁμοιώματι σαρκὸς **ἁμαρτίας** καὶ περὶ ἁμαρτίας
Ro 8:3 ἁμαρτίας καὶ περὶ **ἁμαρτίας** κατέκρινεν τὴν ἁμαρτίαν
Ro 8:3 ἁμαρτίας κατέκρινεν τὴν **ἁμαρτίαν** ἐν τῇ σαρκί,
Ro 8:10 σῶμα νεκρὸν διὰ **ἁμαρτίαν** τὸ δὲ πνεῦμα
Ro 11:27 ὅταν ἀφέλωμαι τὰς **ἁμαρτίας** αὐτῶν.
Ro 14:23 οὐκ ἐκ πίστεως **ἁμαρτία** ἐστίν.

ἁμαρτωλός (*hamartōlos*; 4/47) *sinful*

Ro 3:7 ἔτι κἀγὼ ὡς **ἁμαρτωλὸς** κρίνομαι;
Ro 5:8 ὅτι ἔτι **ἁμαρτωλῶν** ὄντων ἡμῶν Χριστὸς
Ro 5:19 τοῦ ἑνὸς ἀνθρώπου **ἁμαρτωλοὶ** κατεστάθησαν οἱ πολλοί,
Ro 7:13 γένηται καθ' ὑπερβολὴν **ἁμαρτωλὸς** ἡ ἁμαρτία διὰ

ἀμεταμέλητος (*ametamelētos*; 1/2) *free from regret*

Ro 11:29 **ἀμεταμέλητα** γὰρ τὰ χαρίσματα

ἀμετανόητος (*ametanoētos*; 1/1) *unrepentant*
Ro 2:5 σκληρότητά σου καὶ **ἀμετανόητον** καρδίαν θησαυρίζεις σεαυτῷ

ἀμήν (*amēn*; 5/128[129]) *truly*
Ro 1:25 **ἀμήν**.
Ro 9:5 **ἀμήν**.
Ro 11:36 **ἀμήν**.
Ro 15:33 **ἀμήν**.
Ro 16:27 **ἀμήν**]

ἄμμος (*ammos*; 1/5) *sand*
Ro 9:27 Ἰσραὴλ ὡς ἡ **ἄμμος** τῆς θαλάσσης,

Ἀμπλιᾶτος (*Ampliatos*; 1/1) *Ampliatus*
Ro 16:8 ἀσπάσασθε **Ἀμπλιᾶτον** τὸν ἀγαπητόν μου

ἄν (*an*; 8/166) *particle indicating contingency*
Ro 3:4 ὅπως **ἂν** δικαιωθῇς ἐν τοῖς λόγοις
Ro 9:15 ἐλεήσω ὃν **ἂν** ἐλεῶ καὶ οἰκτιρήσω
Ro 9:15 καὶ οἰκτιρήσω ὃν **ἂν** οἰκτίρω.
Ro 9:29 ὡς Σόδομα **ἂν** ἐγενήθημεν καὶ ὡς
Ro 9:29 καὶ ὡς Γόμορρα **ἂν** ὡμοιώθημεν.
Ro 10:13 πᾶς γὰρ ὃς **ἂν** ἐπικαλέσηται τὸ ὄνομα
Ro 15:24 ὡς **ἂν** πορεύωμαι εἰς τὴν
Ro 16:2 αὐτῇ ἐν ᾧ **ἂν** ὑμῶν χρῄζῃ πράγματι·

ἀναβαίνω (*anabainō*; 1/82) *go up*
Ro 10:6 τίς **ἀναβήσεται** εἰς τὸν οὐρανόν;

ἀναγγέλλω (*anangellō*; 1/14) *declare*
Ro 15:21 οἷς οὐκ **ἀνηγγέλη** περὶ αὐτοῦ ὄψονται,

ἀνάγκη (*anankē*; 1/17) *distress*
Ro 13:5 διὸ **ἀνάγκη** ὑποτάσσεσθαι,

ἀνάγω (*anagō*; 1/23) *lead or bring up*
Ro 10:7 Χριστὸν ἐκ νεκρῶν **ἀναγαγεῖν**.

ἀναζάω (*anazaō*; 1/2) *come back to life*
Ro 7:9 ἐντολῆς ἡ ἁμαρτία **ἀνέζησεν**,

ἀνάθεμα (*anathema*; 1/6) *cursed*
Ro 9:3 ηὐχόμην γὰρ **ἀνάθεμα** εἶναι αὐτὸς ἐγὼ

ἀνακαίνωσις (*anakainōsis*; 1/2) *renewal*
Ro 12:2 ἀλλὰ μεταμορφοῦσθε τῇ **ἀνακαινώσει** τοῦ νοὸς εἰς

ἀνακεφαλαιόω (*anakephalaioō*; 1/2) *sum up*
Ro 13:9 τῷ λόγῳ τούτῳ **ἀνακεφαλαιοῦται** [ἐν τῷ]·

ἀναλογία (*analogia*; 1/1) *proportion*
Ro 12:6 προφητείαν κατὰ τὴν **ἀναλογίαν** τῆς πίστεως,

ἀναπολόγητος (*anapologētos*; 2/2) *without excuse*
Ro 1:20 τὸ εἶναι αὐτοὺς **ἀναπολογήτους**,
Ro 2:1 Διὸ **ἀναπολόγητος** εἶ,

ἀνάστασις (*anastasis*; 2/42) *resurrection*
Ro 1:4 πνεῦμα ἁγιωσύνης ἐξ **ἀναστάσεως** νεκρῶν,
Ro 6:5 ἀλλὰ καὶ τῆς **ἀναστάσεως** ἐσόμεθα·

Ἀνδρόνικος (*Andronikos*; 1/1) *Andronicus*
Ro 16:7 ἀσπάσασθε **Ἀνδρόνικον** καὶ Ἰουνιᾶν τοὺς

ἀνελεήμων (*aneleēmōn*; 1/1) *unmerciful*
Ro 1:31 ἀσυνέτους ἀσυνθέτους ἀστόργους **ἀνελεήμονας**·

ἀνεξεραύνητος (*anexeraunētos*; 1/1) *unfathomable*
Ro 11:33 ὡς **ἀνεξεραύνητα** τὰ κρίματα αὐτοῦ

ἀνεξιχνίαστος (*anexichniastos*; 1/2) *untraceable*
Ro 11:33 κρίματα αὐτοῦ καὶ **ἀνεξιχνίαστοι** αἱ ὁδοὶ αὐτοῦ.

ἀνήρ (*anēr*; 9/216) *man, husband*
Ro 4:8 μακάριος **ἀνὴρ** οὗ οὐ μὴ
Ro 7:2 γυνὴ τῷ ζῶντι **ἀνδρὶ** δέδεται νόμῳ·
Ro 7:2 δὲ ἀποθάνῃ ὁ **ἀνήρ**,
Ro 7:2 τοῦ νόμου τοῦ **ἀνδρός**.
Ro 7:3 οὖν ζῶντος τοῦ **ἀνδρὸς** μοιχαλὶς χρηματίσει ἐὰν
Ro 7:3 χρηματίσει ἐὰν γένηται **ἀνδρὶ** ἑτέρῳ·
Ro 7:3 δὲ ἀποθάνῃ ὁ **ἀνήρ**,
Ro 7:3 αὐτὴν μοιχαλίδα γενομένην **ἀνδρὶ** ἑτέρῳ.
Ro 11:4 κατέλιπον ἐμαυτῷ ἑπτακισχιλίους **ἄνδρας**,

ἀνθίστημι (*anthistēmi*; 3/14) *resist*
Ro 9:19 βουλήματι αὐτοῦ τίς **ἀνθέστηκεν**;
Ro 13:2 τοῦ θεοῦ διαταγῇ **ἀνθέστηκεν**,
Ro 13:2 οἱ δὲ **ἀνθεστηκότες** ἑαυτοῖς κρίμα λήμψονται.

ἄνθραξ (*anthrax*; 1/1) *charcoal*
Ro 12:20 τοῦτο γὰρ ποιῶν **ἄνθρακας** πυρὸς σωρεύσεις

ἀνθρώπινος (*anthrōpinos*; 1/7) *human*
Ro 6:19 **Ἀνθρώπινον** λέγω διὰ τὴν

ἄνθρωπος (*anthrōpos*; 27/550) *man, human being (pl. people)*
Ro 1:18 ἀσέβειαν καὶ ἀδικίαν **ἀνθρώπων** τῶν τὴν ἀλήθειαν
Ro 1:23 ὁμοιώματι εἰκόνος φθαρτοῦ **ἀνθρώπου** καὶ πετεινῶν καὶ
Ro 2:1 ὦ **ἄνθρωπε** πᾶς ὁ κρίνων·
Ro 2:3 ὦ **ἄνθρωπε** ὁ κρίνων τοὺς
Ro 2:9 ἐπὶ πᾶσαν ψυχὴν **ἀνθρώπου** τοῦ κατεργαζομένου τὸ
Ro 2:16 τὰ κρυπτὰ τῶν **ἀνθρώπων** κατὰ τὸ εὐαγγέλιόν
Ro 2:29 ἔπαινος οὐκ ἐξ **ἀνθρώπων** ἀλλ' ἐκ τοῦ
Ro 3:4 πᾶς δὲ **ἄνθρωπος** ψεύστης,

Ro 3:5 κατὰ **ἄνθρωπον** λέγω.
Ro 3:28 γὰρ δικαιοῦσθαι πίστει **ἄνθρωπον** χωρὶς ἔργων νόμου.
Ro 4:6 τὸν μακαρισμὸν τοῦ **ἀνθρώπου** ᾧ ὁ θεὸς
Ro 5:12 ὥσπερ δι᾽ ἑνὸς **ἀνθρώπου** ἡ ἁμαρτία εἰς
Ro 5:12 οὕτως εἰς πάντας **ἀνθρώπους** ὁ θάνατος διῆλθεν,
Ro 5:15 τῇ τοῦ ἑνὸς **ἀνθρώπου** Ἰησοῦ Χριστοῦ εἰς
Ro 5:18 παραπτώματος εἰς πάντας **ἀνθρώπους** εἰς κατάκριμα,
Ro 5:18 δικαιώματος εἰς πάντας **ἀνθρώπους** εἰς δικαίωσιν ζωῆς·
Ro 5:19 παρακοῆς τοῦ ἑνὸς **ἀνθρώπου** ἁμαρτωλοὶ κατεστάθησαν οἱ
Ro 6:6 ὁ παλαιὸς ἡμῶν **ἄνθρωπος** συνεσταυρώθη,
Ro 7:1 νόμος κυριεύει τοῦ **ἀνθρώπου** ἐφ᾽ ὅσον χρόνον
Ro 7:22 κατὰ τὸν ἔσω **ἄνθρωπον**,
Ro 7:24 Ταλαίπωρος ἐγὼ **ἄνθρωπος**·
Ro 9:20 ὦ **ἄνθρωπε**,
Ro 10:5 ὁ ποιήσας αὐτὰ **ἄνθρωπος** ζήσεται ἐν αὐτοῖς.
Ro 12:17 καλὰ ἐνώπιον πάντων **ἀνθρώπων**·
Ro 12:18 μετὰ πάντων **ἀνθρώπων** εἰρηνεύοντες·
Ro 14:18 καὶ δόκιμος τοῖς **ἀνθρώποις**.
Ro 14:20 ἀλλὰ κακὸν τῷ **ἀνθρώπῳ** τῷ διὰ προσκόμματος

ἀνίστημι (*anistēmi*; 1/107[108]) *raise or rise*
Ro 15:12 Ἰεσσαὶ καὶ ὁ **ἀνιστάμενος** ἄρχειν ἐθνῶν,

ἀνόητος (*anoētos*; 1/6) *foolish*
Ro 1:14 σοφοῖς τε καὶ **ἀνοήτοις** ὀφειλέτης εἰμί,

ἀνοίγω (*anoigō*; 1/77) *open*
Ro 3:13 τάφος **ἀνεῳγμένος** ὁ λάρυγξ αὐτῶν,

ἀνομία (*anomia*; 3/15) *wickedness*
Ro 4:7 ὧν ἀφέθησαν αἱ **ἀνομίαι** καὶ ὧν ἐπεκαλύφθησαν
Ro 6:19 ἀκαθαρσίᾳ καὶ τῇ **ἀνομίᾳ** εἰς τὴν ἀνομίαν,
Ro 6:19 ἀνομίᾳ εἰς τὴν **ἀνομίαν**,

ἀνόμως (*anomōs*; 2/2) *without the law*
Ro 2:12 Ὅσοι γὰρ **ἀνόμως** ἥμαρτον,
Ro 2:12 **ἀνόμως** καὶ ἀπολοῦνται,

ἀνοχή (*anochē*; 2/2) *forbearance*
Ro 2:4 αὐτοῦ καὶ τῆς **ἀνοχῆς** καὶ τῆς μακροθυμίας
Ro 3:26 ἐν τῇ **ἀνοχῇ** τοῦ θεοῦ,

ἀνταποδίδωμι (*antapodidōmi*; 2/7) *repay*
Ro 11:35 καὶ ἀνταποδοθήσεται **αὐτῷ**;
Ro 12:19 ἐγὼ **ἀνταποδώσω**,

ἀνταπόδομα (*antapodoma*; 1/2) *repayment*
Ro 11:9 σκάνδαλον καὶ εἰς **ἀνταπόδομα** αὐτοῖς,

ἀνταποκρίνομαι (*antapokrinomai*; 1/2) *reply*
Ro 9:20 τίς εἶ ὁ **ἀνταποκρινόμενος** τῷ θεῷ;

ἀντί (*anti*; 1/22) *instead of*
Ro 12:17 μηδενὶ κακὸν **ἀντὶ** κακοῦ ἀποδιδόντες,

ἀντιλέγω (*antilegō*; 1/11) *oppose*
Ro 10:21 λαὸν ἀπειθοῦντα καὶ **ἀντιλέγοντα**.

ἀντιμισθία (*antimisthia*; 1/2) *response*
Ro 1:27 κατεργαζόμενοι καὶ τὴν **ἀντιμισθίαν** ἣν ἔδει

ἀντιστρατεύομαι (*antistrateuomai*; 1/1) *war against*
Ro 7:23 τοῖς μέλεσίν μου **ἀντιστρατευόμενον** τῷ νόμῳ τοῦ

ἀντιτάσσω (*antitassō*; 1/5) *oppose, resist*
Ro 13:2 ὥστε ὁ **ἀντιτασσόμενος** τῇ ἐξουσίᾳ τῇ

ἀνυπόκριτος (*anypokritos*; 1/6) *sincere*
Ro 12:9 Ἡ ἀγάπη **ἀνυπόκριτος**.

ἄξιος (*axios*; 2/41) *worthy*
Ro 1:32 τὰ τοιαῦτα πράσσοντες **ἄξιοι** θανάτου εἰσίν,
Ro 8:18 γὰρ ὅτι οὐκ **ἄξια** τὰ παθήματα τοῦ

ἀξίως (*axiōs*; 1/6) *in a manner worthy of or suitable to*
Ro 16:2 προσδέξησθε ἐν κυρίῳ **ἀξίως** τῶν ἁγίων καὶ

ἀόρατος (*aoratos*; 1/5) *invisible*
Ro 1:20 τὰ γὰρ **ἀόρατα** αὐτοῦ ἀπὸ κτίσεως

ἀπαρχή (*aparchē*; 3/9) *firstfruits*
Ro 8:23 καὶ αὐτοὶ τὴν **ἀπαρχὴν** τοῦ πνεύματος ἔχοντες,
Ro 11:16 εἰ δὲ ἡ **ἀπαρχὴ** ἁγία,
Ro 16:5 ὅς ἐστιν **ἀπαρχὴ** τῆς Ἀσίας εἰς

ἀπείθεια (*apeitheia*; 2/7) *disobedience*
Ro 11:30 ἠλεήθητε τῇ τούτων **ἀπειθείᾳ**,
Ro 11:32 τοὺς πάντας εἰς **ἀπείθειαν**,

ἀπειθέω (*apeitheō*; 5/14) *disobey*
Ro 2:8 ἐξ ἐριθείας καὶ **ἀπειθοῦσι** τῇ ἀληθείᾳ πειθομένοις
Ro 10:21 μου πρὸς λαὸν **ἀπειθοῦντα** καὶ ἀντιλέγοντα.
Ro 11:30 γὰρ ὑμεῖς ποτε **ἠπειθήσατε** τῷ θεῷ,
Ro 11:31 καὶ οὗτοι νῦν **ἠπείθησαν** τῷ ὑμετέρῳ ἐλέει,
Ro 15:31 ῥυσθῶ ἀπὸ τῶν **ἀπειθούντων** ἐν τῇ Ἰουδαίᾳ

ἀπειθής (*apeithēs*; 1/6) *disobedient*
Ro 1:30 γονεῦσιν **ἀπειθεῖς**,

ἀπεκδέχομαι (*apekdechomai*; 3/8) *await expectantly*
Ro 8:19 υἱῶν τοῦ θεοῦ **ἀπεκδέχεται**.
Ro 8:23 ἑαυτοῖς στενάζομεν υἱοθεσίαν **ἀπεκδεχόμενοι**,

Ro 8:25 δι᾽ ὑπομονῆς **ἀπεκδεχόμεθα**.

ʼΑπελλῆς (*Apellēs*; 1/1) *Apelles*

Ro 16:10 ἀσπάσασθε **ʼΑπελλῆν** τὸν δόκιμον ἐν

ἀπέναντι (*apenanti*; 1/5) *opposite*

Ro 3:18 ἔστιν φόβος θεοῦ **ἀπέναντι** τῶν ὀφθαλμῶν αὐτῶν.

ἀπέρχομαι (*aperchomai*; 1/116[117]) *go, go away, depart*

Ro 15:28 **ἀπελεύσομαι** δι᾽ ὑμῶν εἰς

ἀπιστέω (*apisteō*; 1/6[8]) *fail or refuse to believe*

Ro 3:3 εἰ **ἠπίστησάν** τινες,

ἀπιστία (*apistia*; 4/10[11]) *unbelief*

Ro 3:3 μὴ ἡ **ἀπιστία** αὐτῶν τὴν πίστιν
Ro 4:20 οὐ διεκρίθη τῇ **ἀπιστίᾳ** ἀλλ᾽ ἐνεδυναμώθη
Ro 11:20 τῇ **ἀπιστίᾳ** ἐξεκλάσθησαν,
Ro 11:23 μὴ ἐπιμένωσιν τῇ **ἀπιστίᾳ**,

ἁπλότης (*haplotēs*; 1/8) *generosity*

Ro 12:8 ὁ μεταδιδοὺς ἐν **ἁπλότητι**,

ἀπό (*apo*; 24/643[646]) *from*

Ro 1:7 ὑμῖν καὶ εἰρήνη **ἀπὸ** θεοῦ πατρὸς ἡμῶν
Ro 1:18 γὰρ ὀργὴ θεοῦ **ἀπ᾽** οὐρανοῦ ἐπὶ πᾶσαν
Ro 1:20 γὰρ ἀόρατα αὐτοῦ **ἀπὸ** κτίσεως κόσμου τοῖς
Ro 5:9 σωθησόμεθα δι᾽ αὐτοῦ **ἀπὸ** τῆς ὀργῆς.
Ro 5:14 ἐβασίλευσεν ὁ θάνατος **ἀπὸ** ʼΑδὰμ μέχρι Μωϋσέως
Ro 6:7 γὰρ ἀποθανὼν δεδικαίωται **ἀπὸ** τῆς ἁμαρτίας.
Ro 6:18 ἐλευθερωθέντες δὲ **ἀπὸ** τῆς ἁμαρτίας ἐδουλώθητε
Ro 6:22 νυνὶ δὲ ἐλευθερωθέντες **ἀπὸ** τῆς ἁμαρτίας δουλωθέντες
Ro 7:2 κατήργηται **ἀπὸ** τοῦ νόμου τοῦ
Ro 7:3 ἐλευθέρα ἐστὶν **ἀπὸ** τοῦ νόμου,
Ro 7:6 νυνὶ δὲ κατηργήθημεν **ἀπὸ** τοῦ νόμου ἀποθανόντες
Ro 8:2 ʼΙησοῦ ἠλευθέρωσέν σε **ἀπὸ** τοῦ νόμου τῆς
Ro 8:21 ἡ κτίσις ἐλευθερωθήσεται **ἀπὸ** τῆς δουλείας
Ro 8:35 τίς ἡμᾶς χωρίσει **ἀπὸ** τῆς ἀγάπης τοῦ
Ro 8:39 δυνήσεται ἡμᾶς χωρίσαι **ἀπὸ** τῆς ἀγάπης
Ro 9:3 εἶναι αὐτὸς ἐγὼ **ἀπὸ** τοῦ Χριστοῦ ὑπὲρ
Ro 11:25 ὅτι πώρωσις **ἀπὸ** μέρους τῷ ʼΙσραὴλ
Ro 11:26 ἀποστρέψει ἀσεβείας **ἀπὸ** ʼΙακώβ.
Ro 15:15 δὲ ἔγραψα ὑμῖν **ἀπὸ** μέρους ὡς ἐπαναμιμνῄσκων
Ro 15:19 ὥστε με **ἀπὸ** ʼΙερουσαλὴμ καὶ κύκλῳ
Ro 15:23 ἐλθεῖν πρὸς ὑμᾶς **ἀπὸ** πολλῶν ἐτῶν,
Ro 15:24 ἐὰν ὑμῶν πρῶτον **ἀπὸ** μέρους ἐμπλησθῶ.
Ro 15:31 ἵνα ῥυσθῶ **ἀπὸ** τῶν ἀπειθούντων ἐν
Ro 16:17 καὶ ἐκκλίνετε **ἀπ᾽** αὐτῶν·

ἀποβολή (*apobolē*; 1/2) *loss*

Ro 11:15 εἰ γὰρ ἡ **ἀποβολὴ** αὐτῶν καταλλαγὴ κόσμου,

ἀποδίδωμι (*apodidōmi*; 3/48) *give back, repay*

Ro 2:6 ὃς **ἀποδώσει** ἑκάστῳ κατὰ τὰ
Ro 12:17 κακὸν ἀντὶ κακοῦ **ἀποδιδόντες**,
Ro 13:7 **ἀπόδοτε** πᾶσιν τὰς ὀφειλάς,

ἀποθνῄσκω (*apothnēskō*; 23/111) *die*

Ro 5:6 καιρὸν ὑπὲρ ἀσεβῶν **ἀπέθανεν**.
Ro 5:7 ὑπὲρ δικαίου τις **ἀποθανεῖται**·
Ro 5:7 τις καὶ τολμᾷ **ἀποθανεῖν**·
Ro 5:8 Χριστὸς ὑπὲρ ἡμῶν **ἀπέθανεν**.
Ro 5:15 παραπτώματι οἱ πολλοὶ **ἀπέθανον**,
Ro 6:2 οἵτινες **ἀπεθάνομεν** τῇ ἁμαρτίᾳ,
Ro 6:7 ὁ γὰρ **ἀποθανὼν** δεδικαίωται ἀπὸ τῆς
Ro 6:8 εἰ δὲ **ἀπεθάνομεν** σὺν Χριστῷ,
Ro 6:9 ἐκ νεκρῶν οὐκέτι **ἀποθνῄσκει**,
Ro 6:10 ὃ γὰρ **ἀπέθανεν**,
Ro 6:10 τῇ ἁμαρτίᾳ **ἀπέθανεν** ἐφάπαξ·
Ro 7:2 ἐὰν δὲ **ἀποθάνῃ** ὁ ἀνήρ,
Ro 7:3 ἐὰν δὲ **ἀποθάνῃ** ὁ ἀνήρ,
Ro 7:6 ἀπὸ τοῦ νόμου **ἀποθανόντες** ἐν ᾧ κατειχόμεθα,
Ro 7:10 ἐγὼ δὲ **ἀπέθανον** καὶ εὑρέθη μοι
Ro 8:13 μέλλετε **ἀποθνῄσκειν**·
Ro 8:34 Χριστὸς [ʼΙησοῦς] ὁ **ἀποθανών**,
Ro 14:7 καὶ οὐδεὶς ἑαυτῷ **ἀποθνῄσκει**·
Ro 14:8 ἐάν τε **ἀποθνῄσκωμεν**,
Ro 14:8 τῷ κυρίῳ **ἀποθνῄσκομεν**.
Ro 14:8 ζῶμεν ἐάν τε **ἀποθνῄσκωμεν**,
Ro 14:9 τοῦτο γὰρ Χριστὸς **ἀπέθανεν** καὶ ἔζησεν,
Ro 14:15 ὑπὲρ οὗ Χριστὸς **ἀπέθανεν**.

ἀποκαλύπτω (*apokalyptō*; 3/26) *reveal*

Ro 1:17 θεοῦ ἐν αὐτῷ **ἀποκαλύπτεται** ἐκ πίστεως εἰς
Ro 1:18 **ʼΑποκαλύπτεται** γὰρ ὀργὴ θεοῦ
Ro 8:18 τὴν μέλλουσαν δόξαν **ἀποκαλυφθῆναι** εἰς ἡμᾶς.

ἀποκάλυψις (*apokalypsis*; 3/18) *revelation*

Ro 2:5 ἡμέρᾳ ὀργῆς καὶ **ἀποκαλύψεως** δικαιοκρισίας τοῦ θεοῦ
Ro 8:19 τῆς κτίσεως τὴν **ἀποκάλυψιν** τῶν υἱῶν τοῦ
Ro 16:25 κατὰ **ἀποκάλυψιν** μυστηρίου χρόνοις αἰωνίοις

ἀποκαραδοκία (*apokaradokia*; 1/2) *eager longing*

Ro 8:19 ἡ γὰρ **ἀποκαραδοκία** τῆς κτίσεως τὴν

ἀποκτείνω (*apokteinō*; 2/74) *kill*

Ro 7:11 καὶ δι᾽ αὐτῆς **ἀπέκτεινεν**.
Ro 11:3 τοὺς προφήτας σου **ἀπέκτειναν**,

ἀπολαμβάνω (*apolambanō*; 1/10) *receive*

Ro 1:27 αὐτῶν ἐν ἑαυτοῖς **ἀπολαμβάνοντες**.

ἀπόλλυμι (*apollymi*; 2/90) *destroy*

Ro 2:12 ἀνόμως καὶ **ἀπολοῦνται**,
Ro 14:15 βρώματί σου ἐκεῖνον **ἀπόλλυε** ὑπὲρ οὗ Χριστὸς

ἀπολογέομαι (*apologeomai*; 1/10) *speak in one's defense*
Ro 2:15 κατηγορούντων ἢ καὶ **ἀπολογουμένων**,

ἀπολύτρωσις (*apolytrōsis*; 2/10) *release, redemption, deliverance*
Ro 3:24 χάριτι διὰ τῆς **ἀπολυτρώσεως** τῆς ἐν Χριστῷ
Ro 8:23 τὴν **ἀπολύτρωσιν** τοῦ σώματος ἡμῶν.

ἀποστέλλω (*apostellō*; 1/132) *send*
Ro 10:15 κηρύξωσιν ἐὰν μὴ **ἀποσταλῶσιν**;

ἀποστολή (*apostolē*; 1/4) *apostleship*
Ro 1:5 ἐλάβομεν χάριν καὶ **ἀποστολὴν** εἰς ὑπακοὴν πίστεως

ἀπόστολος (*apostolos*; 3/80) *apostle, messenger*
Ro 1:1 κλητὸς **ἀπόστολος** ἀφωρισμένος εἰς εὐαγγέλιον
Ro 11:13 εἰμι ἐγὼ ἐθνῶν **ἀπόστολος**,
Ro 16:7 ἐπίσημοι ἐν τοῖς **ἀποστόλοις**,

ἀποστρέφω (*apostrephō*; 1/9) *turn away*
Ro 11:26 **ἀποστρέψει** ἀσεβείας ἀπὸ Ἰακώβ.

ἀποστυγέω (*apostygeō*; 1/1) *hate*
Ro 12:9 **ἀποστυγοῦντες** τὸ πονηρόν,

ἀποτίθημι (*apotithēmi*; 1/9) *throw off*
Ro 13:12 **ἀποθώμεθα** οὖν τὰ ἔργα

ἀποτολμάω (*apotolmaō*; 1/1) *be or become bold*
Ro 10:20 Ἠσαΐας δὲ **ἀποτολμᾷ** καὶ λέγει·

ἀποτομία (*apotomia*; 2/2) *severity*
Ro 11:22 οὖν χρηστότητα καὶ **ἀποτομίαν** θεοῦ·
Ro 11:22 μὲν τοὺς πεσόντας **ἀποτομία**,

ἀπωθέω (*apōtheō*; 2/6) *push aside*
Ro 11:1 μὴ **ἀπώσατο** ὁ θεὸς τὸν
Ro 11:2 οὐκ **ἀπώσατο** ὁ θεὸς τὸν

ἀπώλεια (*apōleia*; 1/18) *destruction*
Ro 9:22 ὀργῆς κατηρτισμένα εἰς **ἀπώλειαν**,

ἀρά (*ara*; 1/1) *cursing*
Ro 3:14 ὧν τὸ στόμα **ἀρᾶς** καὶ πικρίας γέμει,

ἄρα (*ara*; 11/49) *therefore, then, thus*
Ro 5:18 **Ἄρα** οὖν ὡς δι'
Ro 7:3 **ἄρα** οὖν ζῶντος τοῦ
Ro 7:21 εὑρίσκω **ἄρα** τὸν νόμον,
Ro 7:25 **Ἄρα** οὖν αὐτὸς ἐγὼ
Ro 8:1 Οὐδὲν **ἄρα** νῦν κατάκριμα τοῖς
Ro 8:12 **Ἄρα** οὖν,
Ro 9:16 **ἄρα** οὖν οὐ τοῦ
Ro 9:18 **ἄρα** οὖν ὃν θέλει
Ro 10:17 **ἄρα** ἡ πίστις ἐξ
Ro 14:12 **ἄρα** [οὖν] ἕκαστος ἡμῶν
Ro 14:19 **Ἄρα** οὖν τὰ τῆς

ἀρέσκω (*areskō*; 4/17) *try to please*
Ro 8:8 σαρκὶ ὄντες θεῷ **ἀρέσαι** οὐ δύνανται.
Ro 15:1 καὶ μὴ ἑαυτοῖς **ἀρέσκειν**.
Ro 15:2 ἡμῶν τῷ πλησίον **ἀρεσκέτω** εἰς τὸ ἀγαθὸν
Ro 15:3 Χριστὸς οὐχ ἑαυτῷ **ἤρεσεν**,

ἀριθμός (*arithmos*; 1/18) *number*
Ro 9:27 ἐὰν ᾖ ὁ **ἀριθμὸς** τῶν υἱῶν Ἰσραὴλ

Ἀριστόβουλος (*Aristoboulos*; 1/1) *Aristobulus*
Ro 16:10 τοὺς ἐκ τῶν **Ἀριστοβούλου**.

ἄρσην (*arsēn*; 3/9) *male*
Ro 1:27 τε καὶ οἱ **ἄρσενες** ἀφέντες τὴν φυσικὴν
Ro 1:27 **ἄρσενες** ἐν ἄρσεσιν τὴν
Ro 1:27 ἄρσενες ἐν **ἄρσεσιν** τὴν ἀσχημοσύνην κατεργαζόμενοι

ἀρχή (*archē*; 1/55) *beginning*
Ro 8:38 οὔτε ἄγγελοι οὔτε **ἀρχαὶ** οὔτε ἐνεστῶτα οὔτε

ἄρχω (*archō*; 1/85[86]) *rule, govern (mid. begin)*
Ro 15:12 καὶ ὁ ἀνιστάμενος **ἄρχειν** ἐθνῶν,

ἄρχων (*archōn*; 1/37) *ruler*
Ro 13:3 οἱ γὰρ **ἄρχοντες** οὐκ εἰσὶν φόβος

ἀσέβεια (*asebeia*; 2/6) *godlessness*
Ro 1:18 οὐρανοῦ ἐπὶ πᾶσαν **ἀσέβειαν** καὶ ἀδικίαν ἀνθρώπων
Ro 11:26 ἀποστρέψει **ἀσεβείας** ἀπὸ Ἰακώβ.

ἀσεβής (*asebēs*; 2/9) *godless*
Ro 4:5 τὸν δικαιοῦντα τὸν **ἀσεβῆ** λογίζεται ἡ πίστις
Ro 5:6 κατὰ καιρὸν ὑπὲρ **ἀσεβῶν** ἀπέθανεν.

ἀσέλγεια (*aselgeia*; 1/10) *sensuality*
Ro 13:13 μὴ κοίταις καὶ **ἀσελγείαις**,

ἀσθένεια (*astheneia*; 2/24) *weakness, sickness*
Ro 6:19 λέγω διὰ τὴν **ἀσθένειαν** τῆς σαρκὸς ὑμῶν.
Ro 8:26 πνεῦμα συναντιλαμβάνεται τῇ **ἀσθενείᾳ** ἡμῶν·

ἀσθενέω (*astheneō*; 4/33) *be sick or ill*
Ro 4:19 καὶ μὴ **ἀσθενήσας** τῇ πίστει κατενόησεν
Ro 8:3 νόμου ἐν ᾧ **ἠσθένει** διὰ τῆς σαρκός,
Ro 14:1 Τὸν δὲ **ἀσθενοῦντα** τῇ πίστει προσλαμβάνεσθε,
Ro 14:2 ὁ δὲ **ἀσθενῶν** λάχανα ἐσθίει.

ἀσθένημα (*asthenēma*; 1/1) *weakness*
Ro 15:1 οἱ δυνατοὶ τὰ **ἀσθενήματα** τῶν ἀδυνάτων βαστάζειν

ἀσθενής (*asthenēs*; 1/26) *sick*
Ro 5:6 Χριστὸς ὄντων ἡμῶν **ἀσθενῶν** ἔτι κατὰ καιρὸν

Ἀσία (*Asia*; 1/18) *Asia*
Ro 16:5 ἐστιν ἀπαρχὴ τῆς **Ἀσίας** εἰς Χριστόν.

ἀσπάζομαι (*aspazomai*; 21/59) *greet*
Ro 16:3 **Ἀσπάσασθε** Πρίσκαν καὶ Ἀκύλαν
Ro 16:5 **ἀσπάσασθε** Ἐπαίνετον τὸν ἀγαπητόν
Ro 16:6 **ἀσπάσασθε** Μαρίαν,
Ro 16:7 **ἀσπάσασθε** Ἀνδρόνικον καὶ Ἰουνιᾶν
Ro 16:8 **ἀσπάσασθε** Ἀμπλιᾶτον τὸν ἀγαπητόν
Ro 16:9 **ἀσπάσασθε** Οὐρβανὸν τὸν συνεργὸν
Ro 16:10 **ἀσπάσασθε** Ἀπελλῆν τὸν δόκιμον
Ro 16:10 **ἀσπάσασθε** τοὺς ἐκ τῶν
Ro 16:11 **ἀσπάσασθε** Ἡρῳδίωνα τὸν συγγενῆ
Ro 16:11 **ἀσπάσασθε** τοὺς ἐκ τῶν
Ro 16:12 **ἀσπάσασθε** Τρύφαιναν καὶ Τρυφῶσαν
Ro 16:12 **ἀσπάσασθε** Περσίδα τὴν ἀγαπητήν,
Ro 16:13 **ἀσπάσασθε** Ῥοῦφον τὸν ἐκλεκτὸν
Ro 16:14 **ἀσπάσασθε** Ἀσύγκριτον,
Ro 16:15 **ἀσπάσασθε** Φιλόλογον καὶ Ἰουλίαν,
Ro 16:16 **ἀσπάσασθε** ἀλλήλους ἐν φιλήματι
Ro 16:16 **ἀσπάζονται** ὑμᾶς αἱ ἐκκλησίαι
Ro 16:21 **Ἀσπάζεται** ὑμᾶς Τιμόθεος ὁ
Ro 16:22 **ἀσπάζομαι** ὑμᾶς ἐγὼ Τέρτιος
Ro 16:23 **ἀσπάζεται** ὑμᾶς Γάϊος ὁ
Ro 16:23 **ἀσπάζεται** ὑμᾶς Ἔραστος ὁ

ἀσπίς (*aspis*; 1/1) *snake*
Ro 3:13 ἰὸς **ἀσπίδων** ὑπὸ τὰ χείλη

ἄστοργος (*astorgos*; 1/2) *lacking normal human affection*
Ro 1:31 ἀσυνέτους ἀσυνθέτους **ἀστόργους** ἀνελεήμονας·

Ἀσύγκριτος (*Asynkritos*; 1/1) *Asyncritus*
Ro 16:14 ἀσπάσασθε **Ἀσύγκριτον**,

ἀσύνετος (*asynetos*; 3/5) *without understanding*
Ro 1:21 καὶ ἐσκοτίσθη ἡ **ἀσύνετος** αὐτῶν καρδία.
Ro 1:31 **ἀσυνέτους** ἀσυνθέτους ἀστόργους ἀνελεήμονας·
Ro 10:19 ἐπ' ἔθνει **ἀσυνέτῳ** παροργιῶ ὑμᾶς.

ἀσύνθετος (*asynthetos*; 1/1) *faithless*
Ro 1:31 ἀσυνέτους **ἀσυνθέτους** ἀστόργους ἀνελεήμονας·

ἀσχημοσύνη (*aschēmosynē*; 1/2) *shameless act*
Ro 1:27 ἐν ἄρσεσιν τὴν **ἀσχημοσύνην** κατεργαζόμενοι καὶ τὴν

ἀτιμάζω (*atimazō*; 2/7) *dishonor*
Ro 1:24 εἰς ἀκαθαρσίαν τοῦ **ἀτιμάζεσθαι** τὰ σώματα αὐτῶν
Ro 2:23 νόμου τὸν θεὸν **ἀτιμάζεις**·

ἀτιμία (*atimia*; 2/7) *disgrace*
Ro 1:26 θεὸς εἰς πάθη **ἀτιμίας**,
Ro 9:21 ὃ δὲ εἰς **ἀτιμίαν**;

ἀφαιρέω (*aphaireō*; 1/10) *take away*
Ro 11:27 ὅταν **ἀφέλωμαι** τὰς ἁμαρτίας αὐτῶν.

ἀφθαρσία (*aphtharsia*; 1/7) *incorruptibility*
Ro 2:7 καὶ τιμὴν καὶ **ἀφθαρσίαν** ζητοῦσιν ζωὴν αἰώνιον,

ἄφθαρτος (*aphthartos*; 1/7[8]) *imperishable*
Ro 1:23 τὴν δόξαν τοῦ **ἀφθάρτου** θεοῦ ἐν ὁμοιώματι

ἀφίημι (*aphiēmi*; 2/143) *leave, forgive*
Ro 1:27 καὶ οἱ ἄρσενες **ἀφέντες** τὴν φυσικὴν χρῆσιν
Ro 4:7 μακάριοι ὧν **ἀφέθησαν** αἱ ἀνομίαι καὶ

ἀφικνέομαι (*aphikneomai*; 1/1) *reach*
Ro 16:19 ὑπακοὴ εἰς πάντας **ἀφίκετο**·

ἀφορίζω (*aphorizō*; 1/10) *separate*
Ro 1:1 κλητὸς ἀπόστολος **ἀφωρισμένος** εἰς εὐαγγέλιον θεοῦ,

ἀφορμή (*aphormē*; 2/7) *opportunity*
Ro 7:8 **ἀφορμὴν** δὲ λαβοῦσα ἡ
Ro 7:11 ἡ γὰρ ἁμαρτία **ἀφορμὴν** λαβοῦσα διὰ τῆς

ἄφρων (*aphrōn*; 1/11) *fool*
Ro 2:20 παιδευτὴν **ἀφρόνων**,

Ἀχαΐα (*Achaia*; 1/10) *Achaia*
Ro 15:26 γὰρ Μακεδονία καὶ **Ἀχαΐα** κοινωνίαν τινα ποιήσασθαι

ἀχρειόω (*achreioō*; 1/1) *be worthless or debased*
Ro 3:12 πάντες ἐξέκλιναν ἅμα **ἠχρεώθησαν**·

ἄχρι (*achri*; 4/48[49]) *until*
Ro 1:13 καὶ ἐκωλύθην **ἄχρι** τοῦ δεῦρο,
Ro 5:13 **ἄχρι** γὰρ νόμου ἁμαρτία
Ro 8:22 συστενάζει καὶ συνωδίνει **ἄχρι** τοῦ νῦν·
Ro 11:25 τῷ Ἰσραὴλ γέγονεν **ἄχρι** οὗ τὸ πλήρωμα

Βάαλ (*Baal*; 1/1) *Baal*
Ro 11:4 ἔκαμψαν γόνυ τῇ **Βάαλ**.

βάθος (*bathos*; 2/8) *depth*
Ro 8:39 οὔτε ὕψωμα οὔτε **βάθος** οὔτε τις κτίσις
Ro 11:33 **Ὦ βάθος** πλούτου καὶ σοφίας

βαπτίζω (*baptizō*; 2/76[77]) *baptize*
Ro 6:3 ὅσοι **ἐβαπτίσθημεν** εἰς Χριστὸν Ἰησοῦν,
Ro 6:3 τὸν θάνατον αὐτοῦ **ἐβαπτίσθημεν**;

βάπτισμα (*baptisma*; 1/19) *baptism*
Ro 6:4 αὐτῷ διὰ τοῦ **βαπτίσματος** εἰς τὸν θάνατον,

βάρβαρος (*barbaros*; 1/6) *non-Greek, uncivilized*
Ro 1:14 Ἕλλησίν τε καὶ **βαρβάροις**,

βασιλεία (*basileia*; 1/162) *kingdom*
Ro 14:17 γάρ ἐστιν ἡ **βασιλεία** τοῦ θεοῦ βρῶσις

βασιλεύω (*basileuō*; 6/21) *rule*
Ro 5:14 ἀλλὰ **ἐβασίλευσεν** ὁ θάνατος ἀπὸ
Ro 5:17 παραπτώματι ὁ θάνατος **ἐβασίλευσεν** διὰ τοῦ ἑνός,
Ro 5:17 λαμβάνοντες ἐν ζωῇ **βασιλεύσουσιν** διὰ τοῦ ἑνὸς
Ro 5:21 ἵνα ὥσπερ **ἐβασίλευσεν** ἡ ἁμαρτία ἐν
Ro 5:21 καὶ ἡ χάρις **βασιλεύσῃ** διὰ δικαιοσύνης εἰς
Ro 6:12 Μὴ οὖν **βασιλευέτω** ἡ ἁμαρτία ἐν

βαστάζω (*bastazō*; 2/27) *carry, pick up*
Ro 11:18 σὺ τὴν ῥίζαν **βαστάζεις** ἀλλὰ ἡ ῥίζα
Ro 15:1 ἀσθενήματα τῶν ἀδυνάτων **βαστάζειν** καὶ μὴ ἑαυτοῖς

βδελύσσομαι (*bdelyssomai*; 1/2) *detest*
Ro 2:22 ὁ **βδελυσσόμενος** τὰ εἴδωλα ἱεροσυλεῖς;

βέβαιος (*bebaios*; 1/8) *reliable*
Ro 4:16 εἰς τὸ εἶναι **βεβαίαν** τὴν ἐπαγγελίαν παντὶ

βεβαιόω (*bebaioō*; 1/7[8]) *confirm*
Ro 15:8 εἰς τὸ **βεβαιῶσαι** τὰς ἐπαγγελίας τῶν

Βενιαμίν (*Beniamin*; 1/4) *Benjamin*
Ro 11:1 φυλῆς **Βενιαμίν**.

βῆμα (*bēma*; 1/12) *judgment seat*
Ro 14:10 γὰρ παραστησόμεθα τῷ **βήματι** τοῦ θεοῦ,

βλασφημέω (*blasphēmeō*; 3/34) *blaspheme*
Ro 2:24 θεοῦ δι᾽ ὑμᾶς **βλασφημεῖται** ἐν τοῖς ἔθνεσιν,
Ro 3:8 καὶ μὴ καθὼς **βλασφημούμεθα** καὶ καθώς φασίν
Ro 14:16 μὴ **βλασφημείσθω** οὖν ὑμῶν τὸ

βλέπω (*blepō*; 6/132) *see*
Ro 7:23 **βλέπω** δὲ ἕτερον νόμον
Ro 8:24 ἐλπὶς δὲ **βλεπομένη** οὐκ ἔστιν ἐλπίς·
Ro 8:24 ὃ γὰρ **βλέπει** τίς ἐλπίζει;
Ro 8:25 δὲ ὃ οὐ **βλέπομεν** ἐλπίζομεν,
Ro 11:8 ὀφθαλμοὺς τοῦ μὴ **βλέπειν** καὶ ὦτα τοῦ
Ro 11:10 αὐτῶν τοῦ μὴ **βλέπειν** καὶ τὸν νῶτον

βούλημα (*boulēma*; 1/3) *will*
Ro 9:19 τῷ γὰρ **βουλήματι** αὐτοῦ τίς ἀνθέστηκεν;

βρῶμα (*brōma*; 3/17) *food*
Ro 14:15 εἰ γὰρ διὰ **βρῶμα** ὁ ἀδελφός σου
Ro 14:15 μὴ τῷ **βρώματί** σου ἐκεῖνον ἀπόλλυε
Ro 14:20 μὴ ἕνεκεν **βρώματος** κατάλυε τὸ ἔργον

βρῶσις (*brōsis*; 1/11) *food*
Ro 14:17 βασιλεία τοῦ θεοῦ **βρῶσις** καὶ πόσις ἀλλὰ

Γάϊος (*Gaios*; 1/5) *Gaius*
Ro 16:23 ἀσπάζεται ὑμᾶς **Γάϊος** ὁ ξένος μου

γάρ (*gar*; 144/1041) *for*
Ro 1:9 μάρτυς **γάρ** μού ἐστιν ὁ
Ro 1:11 ἐπιποθῶ **γὰρ** ἰδεῖν ὑμᾶς,
Ro 1:16 Οὐ **γὰρ** ἐπαισχύνομαι τὸ εὐαγγέλιον,
Ro 1:16 δύναμις **γὰρ** θεοῦ ἐστιν εἰς
Ro 1:17 δικαιοσύνη **γὰρ** θεοῦ ἐν αὐτῷ
Ro 1:18 Ἀποκαλύπτεται **γὰρ** ὀργὴ θεοῦ ἀπ᾽
Ro 1:19 ὁ θεὸς **γὰρ** αὐτοῖς ἐφανέρωσεν.
Ro 1:20 τὰ **γὰρ** ἀόρατα αὐτοῦ ἀπὸ
Ro 1:26 αἵ τε **γὰρ** θήλειαι αὐτῶν μετήλλαξαν
Ro 2:1 ἐν ᾧ **γὰρ** κρίνεις τὸν ἕτερον,
Ro 2:1 τὰ **γὰρ** αὐτὰ πράσσεις ὁ
Ro 2:11 οὐ **γάρ** ἐστιν προσωπολημψία παρὰ
Ro 2:12 Ὅσοι **γὰρ** ἀνόμως ἥμαρτον,
Ro 2:13 οὐ **γὰρ** οἱ ἀκροαταὶ νόμου
Ro 2:14 ὅταν **γὰρ** ἔθνη τὰ μὴ
Ro 2:24 τὸ **γὰρ** ὄνομα τοῦ θεοῦ
Ro 2:25 Περιτομὴ μὲν **γὰρ** ὠφελεῖ ἐὰν νόμον
Ro 2:28 οὐ **γὰρ** ὁ ἐν τῷ
Ro 3:2 πρῶτον μὲν **[γὰρ]** ὅτι ἐπιστεύθησαν τὰ
Ro 3:3 τί **γάρ**;
Ro 3:9 προῃτιασάμεθα **γὰρ** Ἰουδαίους τε καὶ
Ro 3:20 διὰ **γὰρ** νόμου ἐπίγνωσις ἁμαρτίας.
Ro 3:22 οὐ **γάρ** ἐστιν διαστολή,
Ro 3:23 πάντες **γὰρ** ἥμαρτον καὶ ὑστεροῦνται
Ro 3:28 λογιζόμεθα **γὰρ** δικαιοῦσθαι πίστει ἄνθρωπον
Ro 4:2 εἰ **γὰρ** Ἀβραὰμ ἐξ ἔργων
Ro 4:3 τί **γὰρ** ἡ γραφὴ λέγει;
Ro 4:9 λέγομεν **γάρ**·
Ro 4:13 Οὐ **γὰρ** διὰ νόμου ἡ
Ro 4:14 εἰ **γὰρ** οἱ ἐκ νόμου
Ro 4:15 ὁ **γὰρ** νόμος ὀργὴν κατεργάζεται·
Ro 5:6 Ἔτι **γὰρ** Χριστὸς ὄντων ἡμῶν
Ro 5:7 μόλις **γὰρ** ὑπὲρ δικαίου τις
Ro 5:7 ὑπὲρ **γὰρ** τοῦ ἀγαθοῦ τάχα
Ro 5:10 εἰ **γὰρ** ἐχθροὶ ὄντες κατηλλάγημεν
Ro 5:13 ἄχρι **γὰρ** νόμου ἁμαρτία ἦν
Ro 5:15 εἰ **γὰρ** τῷ τοῦ ἑνὸς
Ro 5:16 τὸ μὲν **γὰρ** κρίμα ἐξ ἑνὸς
Ro 5:17 εἰ **γὰρ** τῷ τοῦ ἑνὸς
Ro 5:19 ὥσπερ **γὰρ** διὰ τῆς παρακοῆς
Ro 6:5 εἰ **γὰρ** σύμφυτοι γεγόναμεν τῷ
Ro 6:7 ὁ **γὰρ** ἀποθανὼν δεδικαίωται ἀπὸ
Ro 6:10 ὃ **γὰρ** ἀπέθανεν,
Ro 6:14 ἁμαρτία **γὰρ** ὑμῶν οὐ κυριεύσει·
Ro 6:14 οὐ **γάρ** ἐστε ὑπὸ νόμον
Ro 6:19 ὥσπερ **γὰρ** παρεστήσατε τὰ μέλη
Ro 6:20 ὅτε **γὰρ** δοῦλοι ἦτε τῆς

Ro 6:21 τὸ **γὰρ** τέλος ἐκείνων θάνατος.
Ro 6:23 τὰ **γὰρ** ὀψώνια τῆς ἁμαρτίας
Ro 7:1 γινώσκουσιν **γὰρ** νόμον λαλῶ,
Ro 7:2 ἡ **γὰρ** ὕπανδρος γυνὴ τῷ
Ro 7:5 ὅτε **γὰρ** ἦμεν ἐν τῇ
Ro 7:7 τήν τε **γὰρ** ἐπιθυμίαν οὐκ ᾔδειν
Ro 7:8 χωρὶς **γὰρ** νόμου ἁμαρτία νεκρά.
Ro 7:11 ἡ **γὰρ** ἁμαρτία ἀφορμὴν λαβοῦσα
Ro 7:14 Οἴδαμεν **γὰρ** ὅτι ὁ νόμος
Ro 7:15 ὃ **γὰρ** κατεργάζομαι οὐ γινώσκω·
Ro 7:15 οὐ **γὰρ** ὃ θέλω τοῦτο
Ro 7:18 Οἶδα **γὰρ** ὅτι οὐκ οἰκεῖ
Ro 7:18 τὸ **γὰρ** θέλειν παράκειταί μοι,
Ro 7:19 οὐ **γὰρ** ὃ θέλω ποιῶ
Ro 7:22 συνήδομαι **γὰρ** τῷ νόμῳ τοῦ
Ro 8:2 ὁ **γὰρ** νόμος τοῦ πνεύματος
Ro 8:3 Τὸ **γὰρ** ἀδύνατον τοῦ νόμου
Ro 8:5 οἱ **γὰρ** κατὰ σάρκα ὄντες
Ro 8:6 τὸ **γὰρ** φρόνημα τῆς σαρκὸς
Ro 8:7 τῷ **γὰρ** νόμῳ τοῦ θεοῦ
Ro 8:7 οὐδὲ **γὰρ** δύναται·
Ro 8:13 εἰ **γὰρ** κατὰ σάρκα ζῆτε,
Ro 8:14 ὅσοι **γὰρ** πνεύματι θεοῦ ἄγονται,
Ro 8:15 οὐ **γὰρ** ἐλάβετε πνεῦμα δουλείας
Ro 8:18 Λογίζομαι **γὰρ** ὅτι οὐκ ἄξια
Ro 8:19 ἡ **γὰρ** ἀποκαραδοκία τῆς κτίσεως
Ro 8:20 τῇ **γὰρ** ματαιότητι ἡ κτίσις
Ro 8:22 οἴδαμεν **γὰρ** ὅτι πᾶσα ἡ
Ro 8:24 τῇ **γὰρ** ἐλπίδι ἐσώθημεν·
Ro 8:24 ὃ **γὰρ** βλέπει τίς ἐλπίζει;
Ro 8:26 τὸ **γὰρ** τί προσευξώμεθα καθὸ
Ro 8:38 πέπεισμαι **γὰρ** ὅτι οὔτε θάνατος
Ro 9:3 ηὐχόμην **γὰρ** ἀνάθεμα εἶναι αὐτὸς
Ro 9:6 οὐ **γὰρ** πάντες οἱ ἐξ
Ro 9:9 ἐπαγγελίας **γὰρ** ὁ λόγος οὗτος·
Ro 9:11 μήπω **γὰρ** γεννηθέντων μηδὲ πραξάντων
Ro 9:15 τῷ Μωϋσεῖ **γὰρ** λέγει·
Ro 9:17 λέγει **γὰρ** ἡ γραφὴ τῷ
Ro 9:19 τῷ **γὰρ** βουλήματι αὐτοῦ τίς
Ro 9:28 λόγον **γὰρ** συντελῶν καὶ συντέμνων
Ro 10:2 μαρτυρῶ **γὰρ** αὐτοῖς ὅτι ζῆλον
Ro 10:3 ἀγνοοῦντες **γὰρ** τὴν τοῦ θεοῦ
Ro 10:4 τέλος **γὰρ** νόμου Χριστὸς εἰς
Ro 10:5 Μωϋσῆς **γὰρ** γράφει τὴν δικαιοσύνην
Ro 10:10 καρδίᾳ **γὰρ** πιστεύεται εἰς δικαιοσύνην,
Ro 10:11 λέγει **γὰρ** ἡ γραφή·
Ro 10:12 οὐ **γάρ** ἐστιν διαστολὴ Ἰουδαίου
Ro 10:12 ὁ **γὰρ** αὐτὸς κύριος πάντων,
Ro 10:13 πᾶς **γὰρ** ὃς ἂν ἐπικαλέσηται
Ro 10:16 Ἠσαΐας **γὰρ** λέγει·
Ro 11:1 καὶ **γὰρ** ἐγὼ Ἰσραηλίτης εἰμί,
Ro 11:15 εἰ **γὰρ** ἡ ἀποβολὴ αὐτῶν
Ro 11:21 εἰ **γὰρ** ὁ θεὸς τῶν
Ro 11:23 δυνατὸς **γάρ** ἐστιν ὁ θεὸς
Ro 11:24 εἰ **γὰρ** σὺ ἐκ τῆς
Ro 11:25 Οὐ **γὰρ** θέλω ὑμᾶς ἀγνοεῖν,
Ro 11:29 ἀμεταμέλητα **γὰρ** τὰ χαρίσματα καὶ
Ro 11:30 ὥσπερ **γὰρ** ὑμεῖς ποτε ἠπειθήσατε
Ro 11:32 συνέκλεισεν **γὰρ** ὁ θεὸς τοὺς
Ro 11:34 τίς **γὰρ** ἔγνω νοῦν κυρίου;
Ro 12:3 Λέγω **γὰρ** διὰ τῆς χάριτος
Ro 12:4 καθάπερ **γὰρ** ἐν ἑνὶ σώματι
Ro 12:19 γέγραπται **γάρ**·
Ro 12:20 τοῦτο **γὰρ** ποιῶν ἄνθρακας πυρὸς
Ro 13:1 οὐ **γὰρ** ἔστιν ἐξουσία εἰ
Ro 13:3 οἱ **γὰρ** ἄρχοντες οὐκ εἰσὶν
Ro 13:4 θεοῦ **γὰρ** διάκονός ἐστιν σοὶ
Ro 13:4 οὐ **γὰρ** εἰκῇ τὴν μάχαιραν
Ro 13:4 θεοῦ **γὰρ** διάκονός ἐστιν ἔκδικος
Ro 13:6 διὰ τοῦτο **γὰρ** καὶ φόρους τελεῖτε·
Ro 13:6 λειτουργοὶ **γὰρ** θεοῦ εἰσιν εἰς
Ro 13:8 ὁ **γὰρ** ἀγαπῶν τὸν ἕτερον
Ro 13:9 τὸ **γὰρ** οὐ μοιχεύσεις,
Ro 13:11 νῦν **γὰρ** ἐγγύτερον ἡμῶν ἡ
Ro 14:3 ὁ θεὸς **γὰρ** αὐτὸν προσελάβετο.
Ro 14:4 δυνατεῖ **γὰρ** ὁ κύριος στῆσαι
Ro 14:5 Ὃς μὲν **[γὰρ]** κρίνει ἡμέραν παρ᾽
Ro 14:6 εὐχαριστεῖ **γὰρ** τῷ θεῷ·
Ro 14:7 οὐδεὶς **γὰρ** ἡμῶν ἑαυτῷ ζῇ
Ro 14:8 ἐάν τε **γὰρ** ζῶμεν,
Ro 14:9 εἰς τοῦτο **γὰρ** Χριστὸς ἀπέθανεν καὶ
Ro 14:10 πάντες **γὰρ** παραστησόμεθα τῷ βήματι
Ro 14:11 γέγραπται **γάρ**·
Ro 14:15 εἰ **γὰρ** διὰ βρῶμα ὁ
Ro 14:17 οὐ **γάρ** ἐστιν ἡ βασιλεία
Ro 14:18 ὁ **γὰρ** ἐν τούτῳ δουλεύων
Ro 15:3 καὶ **γὰρ** ὁ Χριστὸς οὐχ
Ro 15:4 ὅσα **γὰρ** προεγράφη,
Ro 15:8 λέγω **γὰρ** Χριστὸν διάκονον γεγενῆσθαι
Ro 15:18 οὐ **γὰρ** τολμήσω τι λαλεῖν
Ro 15:24 ἐλπίζω **γὰρ** διαπορευόμενος θεάσασθαι ὑμᾶς
Ro 15:26 εὐδόκησαν **γὰρ** Μακεδονία καὶ Ἀχαΐα
Ro 15:27 εὐδόκησαν **γὰρ** καὶ ὀφειλέται εἰσὶν
Ro 15:27 εἰ **γὰρ** τοῖς πνευματικοῖς αὐτῶν
Ro 16:2 καὶ **γὰρ** αὐτὴ προστάτις πολλῶν
Ro 16:18 οἱ **γὰρ** τοιοῦτοι τῷ κυρίῳ
Ro 16:19 ἡ **γὰρ** ὑμῶν ὑπακοὴ εἰς

γέ (*ge*; 1/26) *enclitic particle adding emphasis to the word with which it is associated*

Ro 8:32 ὅς **γε** τοῦ ἰδίου υἱοῦ

γέμω (*gemō*; 1/11) *be full*

Ro 3:14 ἀρᾶς καὶ πικρίας **γέμει**,

γεννάω (*gennaō*; 1/97) *give birth (pass. be born)*

Ro 9:11 μήπω γὰρ **γεννηθέντων** μηδὲ πραξάντων τι

γῆ (*gē*; 3/248[250]) *earth, land*

Ro 9:17 ἐν πάσῃ τῇ **γῇ**.
Ro 9:28 κύριος ἐπὶ τῆς **γῆς**.
Ro 10:18 εἰς πᾶσαν τὴν **γῆν** ἐξῆλθεν ὁ φθόγγος

γίνομαι (*ginomai*; 35/668[669]) *be, become*

Ro 1:3 υἱοῦ αὐτοῦ τοῦ **γενομένου** ἐκ σπέρματος Δαυὶδ
Ro 2:25 περιτομή σου ἀκροβυστία **γέγονεν**.
Ro 3:4 μὴ **γένοιτο**·
Ro 3:4 **γινέσθω** δὲ ὁ θεὸς
Ro 3:6 μὴ **γένοιτο**·
Ro 3:19 φραγῇ καὶ ὑπόδικος **γένηται** πᾶς ὁ κόσμος
Ro 3:31 μὴ **γένοιτο**·
Ro 4:18 ἐπίστευσεν εἰς τὸ **γενέσθαι** αὐτὸν πατέρα πολλῶν
Ro 6:2 μὴ **γένοιτο**.

Ro 6:5 εἰ γὰρ σύμφυτοι **γεγόναμεν** τῷ ὁμοιώματι
Ro 6:15 μὴ **γένοιτο**.
Ro 7:3 μοιχαλὶς χρηματίσει ἐὰν **γένηται** ἀνδρὶ ἑτέρῳ·
Ro 7:3 εἶναι αὐτὴν μοιχαλίδα **γενομένην** ἀνδρὶ ἑτέρῳ.
Ro 7:4 εἰς τὸ **γενέσθαι** ὑμᾶς ἑτέρῳ,
Ro 7:7 μὴ **γένοιτο**·
Ro 7:13 οὖν ἀγαθὸν ἐμοὶ **ἐγένετο** θάνατος;
Ro 7:13 μὴ **γένοιτο**·
Ro 7:13 ἵνα **γένηται** καθ' ὑπερβολὴν ἁμαρτωλὸς
Ro 9:14 μὴ **γένοιτο**.
Ro 9:29 ὡς Σόδομα ἂν **ἐγενήθημεν** καὶ ὡς Γόμορρα
Ro 10:20 ἐμφανὴς **ἐγενόμην** τοῖς ἐμὲ μὴ
Ro 11:1 μὴ **γένοιτο**·
Ro 11:5 κατ' ἐκλογὴν χάριτος **γέγονεν**·
Ro 11:6 ἡ χάρις οὐκέτι **γίνεται** χάρις.
Ro 11:9 **γενηθήτω** ἡ τράπεζα αὐτῶν
Ro 11:11 μὴ **γένοιτο**·
Ro 11:17 πιότητος τῆς ἐλαίας **ἐγένου**,
Ro 11:25 μέρους τῷ Ἰσραὴλ **γέγονεν** ἄχρι οὗ τὸ
Ro 11:34 τίς σύμβουλος αὐτοῦ **ἐγένετο**;
Ro 12:16 μὴ **γίνεσθε** φρόνιμοι παρ' ἑαυτοῖς.
Ro 15:8 γὰρ Χριστὸν διάκονον **γεγενῆσθαι** περιτομῆς ὑπὲρ ἀληθείας
Ro 15:16 ἵνα **γένηται** ἡ προσφορὰ τῶν
Ro 15:31 εὐπρόσδεκτος τοῖς ἁγίοις **γένηται**,
Ro 16:2 αὐτὴ προστάτις πολλῶν **ἐγενήθη** καὶ ἐμοῦ αὐτοῦ.
Ro 16:7 καὶ πρὸ ἐμοῦ **γέγοναν** ἐν Χριστῷ.

γινώσκω (*ginōskō*; 9/222) *know*

Ro 1:21 διότι **γνόντες** τὸν θεὸν οὐχ
Ro 2:18 καὶ **γινώσκεις** τὸ θέλημα καὶ
Ro 3:17 ὁδὸν εἰρήνης οὐκ **ἔγνωσαν**.
Ro 6:6 τοῦτο **γινώσκοντες** ὅτι ὁ παλαιὸς
Ro 7:1 **γινώσκουσιν** γὰρ νόμον λαλῶ,
Ro 7:7 τὴν ἁμαρτίαν οὐκ **ἔγνων** εἰ μὴ διὰ
Ro 7:15 γὰρ κατεργάζομαι οὐ **γινώσκω**·
Ro 10:19 μὴ Ἰσραὴλ οὐκ **ἔγνω**;
Ro 11:34 τίς γὰρ **ἔγνω** νοῦν κυρίου;

γλῶσσα (*glōssa*; 2/49[50]) *tongue, language*

Ro 3:13 ταῖς **γλώσσαις** αὐτῶν ἐδολιοῦσαν,
Ro 14:11 γόνυ καὶ πᾶσα **γλῶσσα** ἐξομολογήσεται τῷ θεῷ.

γνωρίζω (*gnōrizō*; 3/25) *make known*

Ro 9:22 τὴν ὀργὴν καὶ **γνωρίσαι** τὸ δυνατὸν αὐτοῦ
Ro 9:23 καὶ ἵνα **γνωρίσῃ** τὸν πλοῦτον τῆς
Ro 16:26 πάντα τὰ ἔθνη **γνωρισθέντος**,

γνῶσις (*gnōsis*; 3/29) *knowledge*

Ro 2:20 τὴν μόρφωσιν τῆς **γνώσεως** καὶ τῆς ἀληθείας
Ro 11:33 καὶ σοφίας καὶ **γνώσεως** θεοῦ·
Ro 15:14 πεπληρωμένοι πάσης [τῆς] **γνώσεως**,

γνωστός (*gnōstos*; 1/15) *known*

Ro 1:19 διότι τὸ **γνωστὸν** τοῦ θεοῦ φανερόν

Γόμορρα (*Gomorra*; 1/4) *Gomorrah*

Ro 9:29 ἐγενήθημεν καὶ ὡς **Γόμορρα** ἂν ὡμοιώθημεν.

γονεύς (*goneus*; 1/20) *parent*

Ro 1:30 **γονεῦσιν** ἀπειθεῖς,

γόνυ (*gony*; 2/12) *knee*

Ro 11:4 οἵτινες οὐκ ἔκαμψαν **γόνυ** τῇ Βάαλ.
Ro 14:11 ἐμοὶ κάμψει πᾶν **γόνυ** καὶ πᾶσα γλῶσσα

γράμμα (*gramma*; 3/14) *letter of the alphabet*

Ro 2:27 σὲ τὸν διὰ **γράμματος** καὶ περιτομῆς παραβάτην
Ro 2:29 ἐν πνεύματι οὐ **γράμματι**,
Ro 7:6 καὶ οὐ παλαιότητι **γράμματος**.

γραπτός (*graptos*; 1/1) *written*

Ro 2:15 ἔργον τοῦ νόμου **γραπτὸν** ἐν ταῖς καρδίαις

γραφή (*graphē*; 7/50) *Scripture*

Ro 1:2 προφητῶν αὐτοῦ ἐν **γραφαῖς** ἁγίαις
Ro 4:3 τί γὰρ ἡ **γραφὴ** λέγει;
Ro 9:17 λέγει γὰρ ἡ **γραφὴ** τῷ Φαραὼ ὅτι
Ro 10:11 λέγει γὰρ ἡ **γραφή**·
Ro 11:2 τί λέγει ἡ **γραφή**,
Ro 15:4 τῆς παρακλήσεως τῶν **γραφῶν** τὴν ἐλπίδα ἔχωμεν.
Ro 16:26 νῦν διά τε **γραφῶν** προφητικῶν κατ' ἐπιταγὴν

γράφω (*graphō*; 21/190[191]) *write*

Ro 1:17 καθὼς **γέγραπται**·
Ro 2:24 καθὼς **γέγραπται**.
Ro 3:4 καθὼς **γέγραπται**·
Ro 3:10 καθὼς **γέγραπται** ὅτι οὐκ ἔστιν
Ro 4:17 καθὼς **γέγραπται** ὅτι πατέρα πολλῶν
Ro 4:23 Οὐκ **ἐγράφη** δὲ δι' αὐτὸν
Ro 8:36 καθὼς **γέγραπται** ὅτι ἕνεκεν σοῦ
Ro 9:13 καθὼς **γέγραπται**·
Ro 9:33 καθὼς **γέγραπται**·
Ro 10:5 Μωϋσῆς γὰρ **γράφει** τὴν δικαιοσύνην τὴν
Ro 10:15 καθὼς **γέγραπται**·
Ro 11:8 καθὼς **γέγραπται**·
Ro 11:26 καθὼς **γέγραπται**·
Ro 12:19 **γέγραπται** γάρ·
Ro 14:11 **γέγραπται** γάρ·
Ro 15:3 ἀλλὰ καθὼς **γέγραπται**·
Ro 15:4 τὴν ἡμετέραν διδασκαλίαν **ἐγράφη**,
Ro 15:9 καθὼς **γέγραπται**·
Ro 15:15 τολμηρότερον δὲ **ἔγραψα** ὑμῖν ἀπὸ μέρους
Ro 15:21 ἀλλὰ καθὼς **γέγραπται**·
Ro 16:22 ἐγὼ Τέρτιος ὁ **γράψας** τὴν ἐπιστολὴν ἐν

γυμνότης (*gymnotēs*; 1/3) *nakedness*

Ro 8:35 ἢ λιμὸς ἢ **γυμνότης** ἢ κίνδυνος ἢ

γυνή (*gynē*; 1/211[215]) *woman, wife*

Ro 7:2 ἡ γὰρ ὕπανδρος **γυνὴ** τῷ ζῶντι ἀνδρὶ

Δαυίδ (*Dauid*; 3/59) *David*

Ro 1:3 γενομένου ἐκ σπέρματος **Δαυὶδ** κατὰ σάρκα,

Ro 4:6 καθάπερ καὶ **Δαυὶδ** λέγει τὸν μακαρισμὸν
Ro 11:9 καὶ **Δαυὶδ** λέγει·

δέ (*de*; 148/2773[2792]) *but, and*

Ro 1:12 τοῦτο **δέ** ἐστιν συμπαρακληθῆναι ἐν
Ro 1:13 οὐ θέλω **δὲ** ὑμᾶς ἀγνοεῖν,
Ro 1:17 ὁ **δὲ** δίκαιος ἐκ πίστεως
Ro 2:2 οἴδαμεν **δὲ** ὅτι τὸ κρίμα
Ro 2:3 λογίζῃ **δὲ** τοῦτο,
Ro 2:5 κατὰ **δὲ** τὴν σκληρότητά σου
Ro 2:8 τοῖς **δὲ** ἐξ ἐριθείας καὶ
Ro 2:8 τῇ ἀληθείᾳ πειθομένοις **δὲ** τῇ ἀδικίᾳ ὀργὴ
Ro 2:10 δόξα **δὲ** καὶ τιμὴ καὶ
Ro 2:17 Εἰ **δὲ** σὺ Ἰουδαῖος ἐπονομάζῃ
Ro 2:25 ἐὰν **δὲ** παραβάτης νόμου ᾖς,
Ro 3:4 γινέσθω **δὲ** ὁ θεὸς ἀληθής,
Ro 3:4 πᾶς **δὲ** ἄνθρωπος ψεύστης,
Ro 3:5 εἰ **δὲ** ἡ ἀδικία ἡμῶν
Ro 3:7 εἰ **δὲ** ἡ ἀλήθεια τοῦ
Ro 3:19 οἴδαμεν **δὲ** ὅτι ὅσα ὁ
Ro 3:21 Νυνὶ **δὲ** χωρὶς νόμου δικαιοσύνη
Ro 3:22 δικαιοσύνη **δὲ** θεοῦ διὰ πίστεως
Ro 4:3 ἐπίστευσεν **δὲ** Ἀβραὰμ τῷ θεῷ
Ro 4:4 τῷ **δὲ** ἐργαζομένῳ ὁ μισθὸς
Ro 4:5 τῷ **δὲ** μὴ ἐργαζομένῳ πιστεύοντι
Ro 4:5 μὴ ἐργαζομένῳ πιστεύοντι **δὲ** ἐπὶ τὸν δικαιοῦντα
Ro 4:15 οὗ **δὲ** οὐκ ἔστιν νόμος
Ro 4:20 εἰς **δὲ** τὴν ἐπαγγελίαν τοῦ
Ro 4:23 Οὐκ ἐγράφη **δὲ** δι' αὐτὸν μόνον
Ro 5:3 οὐ μόνον **δέ**,
Ro 5:4 ἡ **δὲ** ὑπομονὴ δοκιμήν,
Ro 5:4 ἡ **δὲ** δοκιμὴ ἐλπίδα.
Ro 5:5 ἡ **δὲ** ἐλπὶς οὐ καταισχύνει,
Ro 5:8 συνίστησιν **δὲ** τὴν ἑαυτοῦ ἀγάπην
Ro 5:11 οὐ μόνον **δέ**,
Ro 5:13 ἁμαρτία **δὲ** οὐκ ἐλλογεῖται μὴ
Ro 5:16 τὸ **δὲ** χάρισμα ἐκ πολλῶν
Ro 5:20 νόμος **δὲ** παρεισῆλθεν,
Ro 5:20 οὗ **δὲ** ἐπλεόνασεν ἡ ἁμαρτία,
Ro 6:8 εἰ **δὲ** ἀπεθάνομεν σὺν Χριστῷ,
Ro 6:10 ὃ **δὲ** ζῇ,
Ro 6:11 τῇ ἁμαρτίᾳ ζῶντας **δὲ** τῷ θεῷ ἐν
Ro 6:17 χάρις **δὲ** τῷ θεῷ ὅτι
Ro 6:17 τῆς ἁμαρτίας ὑπηκούσατε **δὲ** ἐκ καρδίας εἰς
Ro 6:18 ἐλευθερωθέντες **δὲ** ἀπὸ τῆς ἁμαρτίας
Ro 6:22 νυνὶ **δὲ** ἐλευθερωθέντες ἀπὸ τῆς
Ro 6:22 τῆς ἁμαρτίας δουλωθέντες **δὲ** τῷ θεῷ ἔχετε
Ro 6:22 τὸ **δὲ** τέλος ζωὴν αἰώνιον.
Ro 6:23 τὸ **δὲ** χάρισμα τοῦ θεοῦ
Ro 7:2 ἐὰν **δὲ** ἀποθάνῃ ὁ ἀνήρ,
Ro 7:3 ἐὰν **δὲ** ἀποθάνῃ ὁ ἀνήρ,
Ro 7:6 νυνὶ **δὲ** κατηργήθημεν ἀπὸ τοῦ
Ro 7:8 ἀφορμὴν **δὲ** λαβοῦσα ἡ ἁμαρτία
Ro 7:9 ἐγὼ **δὲ** ἔζων χωρὶς νόμου
Ro 7:9 ἐλθούσης **δὲ** τῆς ἐντολῆς ἡ
Ro 7:10 ἐγὼ **δὲ** ἀπέθανον καὶ εὑρέθη
Ro 7:14 ἐγὼ **δὲ** σάρκινός εἰμι πεπραμένος
Ro 7:16 εἰ **δὲ** ὃ οὐ θέλω
Ro 7:17 νυνὶ **δὲ** οὐκέτι ἐγὼ κατεργάζομαι
Ro 7:18 τὸ **δὲ** κατεργάζεσθαι τὸ καλὸν
Ro 7:20 εἰ **δὲ** ὃ οὐ θέλω
Ro 7:23 βλέπω **δὲ** ἕτερον νόμον ἐν
Ro 7:25 χάρις **δὲ** τῷ θεῷ διὰ
Ro 7:25 νόμῳ θεοῦ τῇ **δὲ** σαρκὶ νόμῳ ἁμαρτίας.
Ro 8:5 οἱ **δὲ** κατὰ πνεῦμα τὰ
Ro 8:6 τὸ **δὲ** φρόνημα τοῦ πνεύματος
Ro 8:8 οἱ **δὲ** ἐν σαρκὶ ὄντες
Ro 8:9 ὑμεῖς **δὲ** οὐκ ἐστὲ ἐν
Ro 8:9 εἰ **δέ** τις πνεῦμα Χριστοῦ
Ro 8:10 εἰ **δὲ** Χριστὸς ἐν ὑμῖν,
Ro 8:10 διὰ ἁμαρτίαν τὸ **δὲ** πνεῦμα ζωὴ διὰ
Ro 8:11 εἰ **δὲ** τὸ πνεῦμα τοῦ
Ro 8:13 εἰ **δὲ** πνεύματι τὰς πράξεις
Ro 8:17 εἰ **δὲ** τέκνα,
Ro 8:17 συγκληρονόμοι **δὲ** Χριστοῦ,
Ro 8:23 οὐ μόνον **δέ**,
Ro 8:24 ἐλπὶς **δὲ** βλεπομένη οὐκ ἔστιν
Ro 8:25 εἰ **δὲ** ὃ οὐ βλέπομεν
Ro 8:26 Ὡσαύτως **δὲ** καὶ τὸ πνεῦμα
Ro 8:27 ὁ **δὲ** ἐραυνῶν τὰς καρδίας
Ro 8:28 Οἴδαμεν **δὲ** ὅτι τοῖς ἀγαπῶσιν
Ro 8:30 οὓς **δὲ** προώρισεν,
Ro 8:30 οὓς **δὲ** ἐδικαίωσεν,
Ro 8:34 μᾶλλον **δὲ** ἐγερθείς,
Ro 9:6 Οὐχ οἷον **δὲ** ὅτι ἐκπέπτωκεν ὁ
Ro 9:10 Οὐ μόνον **δέ**,
Ro 9:13 τὸν **δὲ** Ἠσαῦ ἐμίσησα.
Ro 9:18 ὃν **δὲ** θέλει σκληρύνει.
Ro 9:21 τιμὴν σκεῦος ὃ **δὲ** εἰς ἀτιμίαν;
Ro 9:22 εἰ **δὲ** θέλων ὁ θεὸς
Ro 9:27 Ἠσαΐας **δὲ** κράζει ὑπὲρ τοῦ
Ro 9:30 δικαιοσύνην **δὲ** τὴν ἐκ πίστεως,
Ro 9:31 Ἰσραὴλ **δὲ** διώκων νόμον δικαιοσύνης
Ro 10:6 ἡ **δὲ** ἐκ πίστεως δικαιοσύνη
Ro 10:10 στόματι **δὲ** ὁμολογεῖται εἰς σωτηρίαν.
Ro 10:14 πῶς **δὲ** πιστεύσωσιν οὗ οὐκ
Ro 10:14 πῶς **δὲ** ἀκούσωσιν χωρὶς κηρύσσοντος;
Ro 10:15 πῶς **δὲ** κηρύξωσιν ἐὰν μὴ
Ro 10:17 ἡ **δὲ** ἀκοὴ διὰ ῥήματος
Ro 10:20 Ἠσαΐας **δὲ** ἀποτολμᾷ καὶ λέγει·
Ro 10:21 πρὸς **δὲ** τὸν Ἰσραὴλ λέγει·
Ro 11:6 εἰ **δὲ** χάριτι,
Ro 11:7 ἡ **δὲ** ἐκλογὴ ἐπέτυχεν·
Ro 11:7 οἱ **δὲ** λοιποὶ ἐπωρώθησαν,
Ro 11:12 εἰ **δὲ** τὸ παράπτωμα αὐτῶν
Ro 11:13 ὑμῖν **δὲ** λέγω τοῖς ἔθνεσιν·
Ro 11:16 εἰ **δὲ** ἡ ἀπαρχὴ ἁγία,
Ro 11:17 Εἰ **δέ** τινες τῶν κλάδων
Ro 11:17 σὺ **δὲ** ἀγριέλαιος ὢν ἐνεκεντρίσθης
Ro 11:18 εἰ **δὲ** κατακαυχᾶσαι οὐ σὺ
Ro 11:20 σὺ **δὲ** τῇ πίστει ἕστηκας.
Ro 11:22 ἐπὶ **δὲ** σὲ χρηστότης θεοῦ,
Ro 11:23 κἀκεῖνοι **δέ**,
Ro 11:28 κατὰ **δὲ** τὴν ἐκλογὴν ἀγαπητοὶ
Ro 11:30 νῦν **δὲ** ἠλεήθητε τῇ τούτων
Ro 12:4 τὰ **δὲ** μέλη πάντα οὐ
Ro 12:5 τὸ **δὲ** καθ' εἷς ἀλλήλων
Ro 12:6 ἔχοντες **δὲ** χαρίσματα κατὰ τὴν
Ro 13:1 αἱ **δὲ** οὖσαι ὑπὸ θεοῦ
Ro 13:2 οἱ **δὲ** ἀνθεστηκότες ἑαυτοῖς κρίμα
Ro 13:3 θέλεις **δὲ** μὴ φοβεῖσθαι τὴν
Ro 13:4 ἐὰν **δὲ** τὸ κακὸν ποιῇς,
Ro 13:12 ἡ **δὲ** ἡμέρα ἤγγικεν.
Ro 13:12 ἐνδυσώμεθα **[δὲ]** τὰ ὅπλα τοῦ φωτός.
Ro 14:1 Τὸν **δὲ** ἀσθενοῦντα τῇ πίστει
Ro 14:2 ὁ **δὲ** ἀσθενῶν λάχανα ἐσθίει.
Ro 14:3 ὁ **δὲ** μὴ ἐσθίων τὸν

Ro 14:4 σταθήσεται **δέ**,
Ro 14:5 ὃς **δὲ** κρίνει πᾶσαν ἡμέραν·
Ro 14:10 Σὺ **δὲ** τί κρίνεις τὸν
Ro 14:23 ὁ **δὲ** διακρινόμενος ἐὰν φάγῃ
Ro 14:23 πᾶν **δὲ** ὃ οὐκ ἐκ
Ro 15:1 Ὀφείλομεν **δὲ** ἡμεῖς οἱ δυνατοὶ
Ro 15:5 ὁ **δὲ** θεὸς τῆς ὑπομονῆς
Ro 15:9 τὰ **δὲ** ἔθνη ὑπὲρ ἐλέους
Ro 15:13 Ὁ **δὲ** θεὸς τῆς ἐλπίδος
Ro 15:14 Πέπεισμαι **δέ**,
Ro 15:15 τολμηρότερον **δὲ** ἔγραψα ὑμῖν ἀπὸ
Ro 15:20 οὕτως **δὲ** φιλοτιμούμενον εὐαγγελίζεσθαι
Ro 15:23 νυνὶ **δὲ** μηκέτι τόπον ἔχων
Ro 15:23 ἐπιποθίαν **δὲ** ἔχων τοῦ ἐλθεῖν
Ro 15:25 Νυνὶ **δὲ** πορεύομαι εἰς Ἰερουσαλὴμ
Ro 15:29 οἶδα **δὲ** ὅτι ἐρχόμενος πρὸς
Ro 15:30 Παρακαλῶ **δὲ** ὑμᾶς [, ἀδελφοί] διὰ
Ro 15:33 Ὁ **δὲ** θεὸς τῆς εἰρήνης
Ro 16:1 Συνίστημι **δὲ** ὑμῖν Φοίβην τὴν
Ro 16:17 Παρακαλῶ **δὲ** ὑμᾶς,
Ro 16:19 θέλω **δὲ** ὑμᾶς σοφοὺς εἶναι
Ro 16:19 ἀκεραίους **δὲ** εἰς τὸ κακόν.
Ro 16:20 ὁ **δὲ** θεὸς τῆς εἰρήνης
Ro 16:25 [Τῷ **δὲ** δυναμένῳ ὑμᾶς στηρίξαι
Ro 16:26 φανερωθέντος **δὲ** νῦν διά τε

δέησις (*deēsis*; 1/18) *prayer*

Ro 10:1 καρδίας καὶ ἡ **δέησις** πρὸς τὸν θεὸν

δεῖ (*dei*; 3/101) *it is necessary*

Ro 1:27 τὴν ἀντιμισθίαν ἣν **ἔδει** τῆς πλάνης αὐτῶν
Ro 8:26 τί προσευξώμεθα καθὸ **δεῖ** οὐκ οἴδαμεν,
Ro 12:3 ὑπερφρονεῖν παρ' ὃ **δεῖ** φρονεῖν ἀλλὰ φρονεῖν

δεξιός (*dexios*; 1/53[54]) *right*

Ro 8:34 καί ἐστιν ἐν **δεξιᾷ** τοῦ θεοῦ,

δέομαι (*deomai*; 1/22) *ask*

Ro 1:10 τῶν προσευχῶν μου **δεόμενος** εἴ πως ἤδη

δεῦρο (*deuro*; 1/9) *come*

Ro 1:13 ἐκωλύθην ἄχρι τοῦ **δεῦρο**,

δέω (*deō*; 1/43) *bind*

Ro 7:2 τῷ ζῶντι ἀνδρὶ **δέδεται** νόμῳ·

διά (*dia*; 91/665[667]) *through, on account of*

Ro 1:2 ὃ προεπηγγείλατο **διὰ** τῶν προφητῶν αὐτοῦ
Ro 1:5 **δι'** οὗ ἐλάβομεν χάριν
Ro 1:8 τῷ θεῷ μου **διὰ** Ἰησοῦ Χριστοῦ περὶ
Ro 1:12 συμπαρακληθῆναι ἐν ὑμῖν **διὰ** τῆς ἐν ἀλλήλοις
Ro 1:26 **Διὰ** τοῦτο παρέδωκεν αὐτοὺς
Ro 2:12 **διὰ** νόμου κριθήσονται·
Ro 2:16 τὸ εὐαγγέλιόν μου **διὰ** Χριστοῦ Ἰησοῦ.
Ro 2:23 **διὰ** τῆς παραβάσεως τοῦ
Ro 2:24 ὄνομα τοῦ θεοῦ **δι'** ὑμᾶς βλασφημεῖται ἐν
Ro 2:27 τελοῦσα σὲ τὸν **διὰ** γράμματος καὶ περιτομῆς
Ro 3:20 **διὰ** γὰρ νόμου ἐπίγνωσις
Ro 3:22 δικαιοσύνη δὲ θεοῦ **διὰ** πίστεως Ἰησοῦ Χριστοῦ
Ro 3:24 τῇ αὐτοῦ χάριτι **διὰ** τῆς ἀπολυτρώσεως τῆς
Ro 3:25 ὁ θεὸς ἱλαστήριον **διὰ** [τῆς] πίστεως ἐν
Ro 3:25 τῆς δικαιοσύνης αὐτοῦ **διὰ** τὴν πάρεσιν τῶν
Ro 3:27 **διὰ** ποίου νόμου;
Ro 3:27 ἀλλὰ **διὰ** νόμου πίστεως.
Ro 3:30 πίστεως καὶ ἀκροβυστίαν **διὰ** τῆς πίστεως.
Ro 3:31 νόμον οὖν καταργοῦμεν **διὰ** τῆς πίστεως;
Ro 4:11 πάντων τῶν πιστευόντων **δι'** ἀκροβυστίας,
Ro 4:13 Οὐ γὰρ **διὰ** νόμου ἡ ἐπαγγελία
Ro 4:13 ἀλλὰ **διὰ** δικαιοσύνης πίστεως.
Ro 4:16 **Διὰ** τοῦτο ἐκ πίστεως,
Ro 4:23 Οὐκ ἐγράφη δὲ **δι'** αὐτὸν μόνον ὅτι
Ro 4:24 ἀλλὰ καὶ **δι'** ἡμᾶς,
Ro 4:25 ὃς παρεδόθη **διὰ** τὰ παραπτώματα ἡμῶν
Ro 4:25 ἡμῶν καὶ ἠγέρθη **διὰ** τὴν δικαίωσιν ἡμῶν.
Ro 5:1 πρὸς τὸν θεὸν **διὰ** τοῦ κυρίου ἡμῶν
Ro 5:2 **δι'** οὗ καὶ τὴν
Ro 5:5 ταῖς καρδίαις ἡμῶν **διὰ** πνεύματος ἁγίου
Ro 5:9 αἵματι αὐτοῦ σωθησόμεθα **δι'** αὐτοῦ ἀπὸ τῆς
Ro 5:10 κατηλλάγημεν τῷ θεῷ **διὰ** τοῦ θανάτου τοῦ
Ro 5:11 ἐν τῷ θεῷ **διὰ** τοῦ κυρίου ἡμῶν
Ro 5:11 ἡμῶν Ἰησοῦ Χριστοῦ **δι'** οὗ νῦν τὴν
Ro 5:12 **Διὰ** τοῦτο ὥσπερ δι'
Ro 5:12 Διὰ τοῦτο ὥσπερ **δι'** ἑνὸς ἀνθρώπου ἡ
Ro 5:12 κόσμον εἰσῆλθεν καὶ **διὰ** τῆς ἁμαρτίας ὁ
Ro 5:16 καὶ οὐχ ὡς **δι'** ἑνὸς ἁμαρτήσαντος τὸ
Ro 5:17 ὁ θάνατος ἐβασίλευσεν **διὰ** τοῦ ἑνός,
Ro 5:17 ἐν ζωῇ βασιλεύσουσιν **διὰ** τοῦ ἑνὸς Ἰησοῦ
Ro 5:18 Ἄρα οὖν ὡς **δι'** ἑνὸς παραπτώματος εἰς
Ro 5:18 οὕτως καὶ **δι'** ἑνὸς δικαιώματος εἰς
Ro 5:19 ὥσπερ γὰρ **διὰ** τῆς παρακοῆς τοῦ
Ro 5:19 οὕτως καὶ **διὰ** τῆς ὑπακοῆς τοῦ
Ro 5:21 ἡ χάρις βασιλεύσῃ **διὰ** δικαιοσύνης εἰς ζωὴν
Ro 5:21 εἰς ζωὴν αἰώνιον **διὰ** Ἰησοῦ Χριστοῦ τοῦ
Ro 6:4 συνετάφημεν οὖν αὐτῷ **διὰ** τοῦ βαπτίσματος
Ro 6:4 Χριστὸς ἐκ νεκρῶν **διὰ** τῆς δόξης τοῦ
Ro 6:19 Ἀνθρώπινον λέγω **διὰ** τὴν ἀσθένειαν τῆς
Ro 7:4 ἐθανατώθητε τῷ νόμῳ **διὰ** τοῦ σώματος τοῦ
Ro 7:5 τῶν ἁμαρτιῶν τὰ **διὰ** τοῦ νόμου ἐνηργεῖτο
Ro 7:7 ἔγνων εἰ μὴ **διὰ** νόμου·
Ro 7:8 λαβοῦσα ἡ ἁμαρτία **διὰ** τῆς ἐντολῆς κατειργάσατο
Ro 7:11 ἁμαρτία ἀφορμὴν λαβοῦσα **διὰ** τῆς ἐντολῆς ἐξηπάτησέν
Ro 7:11 ἐξηπάτησέν με καὶ **δι'** αὐτῆς ἀπέκτεινεν.
Ro 7:13 **διὰ** τοῦ ἀγαθοῦ μοι
Ro 7:13 ἁμαρτωλὸς ἡ ἁμαρτία **διὰ** τῆς ἐντολῆς.
Ro 7:25 δὲ τῷ θεῷ **διὰ** Ἰησοῦ Χριστοῦ τοῦ
Ro 8:3 ἐν ᾧ ἠσθένει **διὰ** τῆς σαρκός,
Ro 8:10 μὲν σῶμα νεκρὸν **διὰ** ἁμαρτίαν τὸ δὲ
Ro 8:10 δὲ πνεῦμα ζωὴ **διὰ** δικαιοσύνην.
Ro 8:11 θνητὰ σώματα ὑμῶν **διὰ** τοῦ ἐνοικοῦντος αὐτοῦ
Ro 8:20 οὐχ ἑκοῦσα ἀλλὰ **διὰ** τὸν ὑποτάξαντα,
Ro 8:25 **δι'** ὑπομονῆς ἀπεκδεχόμεθα.
Ro 8:37 τούτοις πᾶσιν ὑπερνικῶμεν **διὰ** τοῦ ἀγαπήσαντος ἡμᾶς.
Ro 9:32 **διὰ** τι;
Ro 10:17 ἡ δὲ ἀκοὴ **διὰ** ῥήματος Χριστοῦ.
Ro 11:10 τὸν νῶτον αὐτῶν **διὰ** παντὸς σύγκαμψον.
Ro 11:28 τὸ εὐαγγέλιον ἐχθροὶ **δι'** ὑμᾶς,

Ro 11:28 τὴν ἐκλογὴν ἀγαπητοὶ **διὰ** τοὺς πατέρας·
Ro 11:36 ἐξ αὐτοῦ καὶ **δι'** αὐτοῦ καὶ εἰς
Ro 12:1 **διὰ** τῶν οἰκτιρμῶν τοῦ
Ro 12:3 Λέγω γὰρ **διὰ** τῆς χάριτος τῆς
Ro 13:5 οὐ μόνον **διὰ** τὴν ὀργὴν ἀλλὰ
Ro 13:5 ὀργὴν ἀλλὰ καὶ **διὰ** τὴν συνείδησιν.
Ro 13:6 **διὰ** τοῦτο γὰρ καὶ
Ro 14:14 ὅτι οὐδὲν κοινὸν **δι'** ἑαυτοῦ,
Ro 14:15 εἰ γὰρ **διὰ** βρῶμα ὁ ἀδελφός
Ro 14:20 τῷ ἀνθρώπῳ τῷ **διὰ** προσκόμματος ἐσθίοντι.
Ro 15:4 ἵνα **διὰ** τῆς ὑπομονῆς καὶ
Ro 15:4 τῆς ὑπομονῆς καὶ **διὰ** τῆς παρακλήσεως τῶν
Ro 15:9 **διὰ** τοῦτο ἐξομολογήσομαί σοι
Ro 15:15 ὡς ἐπαναμιμνῄσκων ὑμᾶς **διὰ** τὴν χάριν τὴν
Ro 15:18 οὐ κατειργάσατο Χριστὸς **δι'** ἐμοῦ εἰς ὑπακοὴν
Ro 15:28 ἀπελεύσομαι **δι'** ὑμῶν εἰς Σπανίαν·
Ro 15:30 ἀδελφοί] **διὰ** τοῦ κυρίου ἡμῶν
Ro 15:30 Ἰησοῦ Χριστοῦ καὶ **διὰ** τῆς ἀγάπης τοῦ
Ro 15:32 ἐλθὼν πρὸς ὑμᾶς **διὰ** θελήματος θεοῦ συναναπαύσωμαι
Ro 16:18 καὶ **διὰ** τῆς χρηστολογίας καὶ
Ro 16:26 φανερωθέντος δὲ νῦν **διά** τε γραφῶν προφητικῶν
Ro 16:27 **διὰ** Ἰησοῦ Χριστοῦ,

διαγγέλλω (*diangellō*; 1/3) *proclaim*
Ro 9:17 μου καὶ ὅπως **διαγγελῇ** τὸ ὄνομά μου

διαθήκη (*diathēkē*; 2/33) *covenant*
Ro 9:4 δόξα καὶ αἱ **διαθῆκαι** καὶ ἡ νομοθεσία
Ro 11:27 ἡ παρ' ἐμοῦ **διαθήκη**,

διακονέω (*diakoneō*; 1/37) *serve*
Ro 15:25 πορεύομαι εἰς Ἰερουσαλὴμ **διακονῶν** τοῖς ἁγίοις.

διακονία (*diakonia*; 4/34) *ministry, service*
Ro 11:13 τὴν **διακονίαν** μου δοξάζω,
Ro 12:7 εἴτε **διακονίαν** ἐν τῇ διακονίᾳ,
Ro 12:7 διακονίαν ἐν τῇ **διακονίᾳ**,
Ro 15:31 Ἰουδαίᾳ καὶ ἡ **διακονία** μου ἡ εἰς

διάκονος (*diakonos*; 4/29) *servant*
Ro 13:4 θεοῦ γὰρ **διάκονός** ἐστιν σοὶ εἰς
Ro 13:4 θεοῦ γὰρ **διάκονός** ἐστιν ἔκδικος εἰς
Ro 15:8 λέγω γὰρ Χριστὸν **διάκονον** γεγενῆσθαι περιτομῆς ὑπὲρ
Ro 16:1 οὖσαν [καὶ] **διάκονον** τῆς ἐκκλησίας τῆς

διακρίνω (*diakrinō*; 2/19) *evaluate, discern*
Ro 4:20 τοῦ θεοῦ οὐ **διεκρίθη** τῇ ἀπιστίᾳ ἀλλ'
Ro 14:23 ὁ δὲ **διακρινόμενος** ἐὰν φάγῃ κατακέκριται,

διάκρισις (*diakrisis*; 1/3) *ability to discern*
Ro 14:1 μὴ εἰς διακρίσεις **διαλογισμῶν**.

διαλογισμός (*dialogismos*; 2/14) *thought*
Ro 1:21 ἐματαιώθησαν ἐν τοῖς **διαλογισμοῖς** αὐτῶν καὶ ἐσκοτίσθη
Ro 14:1 μὴ εἰς διακρίσεις **διαλογισμῶν**.

διαπορεύομαι (*diaporeuomai*; 1/5) *go or travel through*
Ro 15:24 ἐλπίζω γὰρ **διαπορευόμενος** θεάσασθαι ὑμᾶς

διαστολή (*diastolē*; 2/3) *distinction*
Ro 3:22 οὐ γάρ ἐστιν **διαστολή**,
Ro 10:12 οὐ γάρ ἐστιν **διαστολὴ** Ἰουδαίου τε καὶ

διαταγή (*diatagē*; 1/2) *decree*
Ro 13:2 τῇ τοῦ θεοῦ **διαταγῇ** ἀνθέστηκεν,

διαφέρω (*diapherō*; 1/13) *be worth more than*
Ro 2:18 καὶ δοκιμάζεις τὰ **διαφέροντα** κατηχούμενος

διάφορος (*diaphoros*; 1/4) *different*
Ro 12:6 τὴν δοθεῖσαν ἡμῖν **διάφορα**,

διδασκαλία (*didaskalia*; 2/21) *teaching*
Ro 12:7 διδάσκων ἐν τῇ **διδασκαλίᾳ**,
Ro 15:4 εἰς τὴν ἡμετέραν **διδασκαλίαν** ἐγράφη,

διδάσκαλος (*didaskalos*; 1/58[59]) *teacher*
Ro 2:20 **διδάσκαλον** νηπίων,

διδάσκω (*didaskō*; 3/96) *teach*
Ro 2:21 ὁ οὖν **διδάσκων** ἕτερον σεαυτὸν οὐ
Ro 2:21 ἕτερον σεαυτὸν οὐ **διδάσκεις**;
Ro 12:7 εἴτε ὁ **διδάσκων** ἐν τῇ διδασκαλίᾳ,

διδαχή (*didachē*; 2/30) *teaching*
Ro 6:17 ὃν παρεδόθητε τύπον **διδαχῆς**,
Ro 16:17 σκάνδαλα παρὰ τὴν **διδαχὴν** ἣν ὑμεῖς ἐμάθετε

δίδωμι (*didōmi*; 9/415) *give*
Ro 4:20 **δοὺς** δόξαν τῷ θεῷ
Ro 5:5 πνεύματος ἁγίου τοῦ **δοθέντος** ἡμῖν.
Ro 11:8 **ἔδωκεν** αὐτοῖς ὁ θεὸς
Ro 12:3 τῆς χάριτος τῆς **δοθείσης** μοι παντὶ τῷ
Ro 12:6 τὴν χάριν τὴν **δοθεῖσαν** ἡμῖν διάφορα,
Ro 12:19 ἀλλὰ **δότε** τόπον τῇ ὀργῇ,
Ro 14:12 περὶ ἑαυτοῦ λόγον **δώσει** [τῷ θεῷ].
Ro 15:5 καὶ τῆς παρακλήσεως **δῴη** ὑμῖν τὸ αὐτὸ
Ro 15:15 τὴν χάριν τὴν **δοθεῖσάν** μοι ὑπὸ τοῦ

διέρχομαι (*dierchomai*; 1/43) *go or pass through*
Ro 5:12 ἀνθρώπους ὁ θάνατος **διῆλθεν**,

δικαιοκρισία (*dikaiokrisia*; 1/1) *righteous judgment*
Ro 2:5 ὀργῆς καὶ ἀποκαλύψεως **δικαιοκρισίας** τοῦ θεοῦ

δίκαιος (*dikaios*; 7/79) *righteous*
Ro 1:17 ὁ δὲ **δίκαιος** ἐκ πίστεως ζήσεται.
Ro 2:13 οἱ ἀκροαταὶ νόμου **δίκαιοι** παρὰ [τῷ] θεῷ,
Ro 3:10 ὅτι οὐκ ἔστιν **δίκαιος** οὐδὲ εἷς,
Ro 3:26 τὸ εἶναι αὐτὸν **δίκαιον** καὶ δικαιοῦντα τὸν

Ro 5:7 μόλις γὰρ ὑπὲρ **δικαίου** τις ἀποθανεῖται·
Ro 5:19 ὑπακοῆς τοῦ ἑνὸς **δίκαιοι** κατασταθήσονται οἱ πολλοί.
Ro 7:12 ἐντολὴ ἁγία καὶ **δικαία** καὶ ἀγαθή.

δικαιοσύνη (*dikaiosynē*; 34/92) *righteousness*

Ro 1:17 **δικαιοσύνη** γὰρ θεοῦ ἐν
Ro 3:5 ἀδικία ἡμῶν θεοῦ **δικαιοσύνην** συνίστησιν,
Ro 3:21 δὲ χωρὶς νόμου **δικαιοσύνη** θεοῦ πεφανέρωται μαρτυρουμένη
Ro 3:22 **δικαιοσύνη** δὲ θεοῦ διὰ
Ro 3:25 εἰς ἔνδειξιν τῆς **δικαιοσύνης** αὐτοῦ διὰ τὴν
Ro 3:26 τὴν ἔνδειξιν τῆς **δικαιοσύνης** αὐτοῦ ἐν τῷ
Ro 4:3 ἐλογίσθη αὐτῷ εἰς **δικαιοσύνην**.
Ro 4:5 πίστις αὐτοῦ εἰς **δικαιοσύνην**·
Ro 4:6 ὁ θεὸς λογίζεται **δικαιοσύνην** χωρὶς ἔργων·
Ro 4:9 ἡ πίστις εἰς **δικαιοσύνην**.
Ro 4:11 περιτομῆς σφραγῖδα τῆς **δικαιοσύνης** τῆς πίστεως τῆς
Ro 4:11 [καὶ] αὐτοῖς [τὴν] **δικαιοσύνην**,
Ro 4:13 ἀλλὰ διὰ **δικαιοσύνης** πίστεως.
Ro 4:22 ἐλογίσθη αὐτῷ εἰς **δικαιοσύνην**.
Ro 5:17 τῆς δωρεᾶς τῆς **δικαιοσύνης** λαμβάνοντες ἐν ζωῇ
Ro 5:21 χάρις βασιλεύσῃ διὰ **δικαιοσύνης** εἰς ζωὴν αἰώνιον
Ro 6:13 μέλη ὑμῶν ὅπλα **δικαιοσύνης** τῷ θεῷ.
Ro 6:16 ἢ ὑπακοῆς εἰς **δικαιοσύνην**;
Ro 6:18 ἁμαρτίας ἐδουλώθητε τῇ **δικαιοσύνῃ**.
Ro 6:19 ὑμῶν δοῦλα τῇ **δικαιοσύνῃ** εἰς ἁγιασμόν.
Ro 6:20 ἐλεύθεροι ἦτε τῇ **δικαιοσύνῃ**.
Ro 8:10 πνεῦμα ζωὴ διὰ **δικαιοσύνην**.
Ro 9:30 τὰ μὴ διώκοντα **δικαιοσύνην** κατέλαβεν δικαιοσύνην,
Ro 9:30 διώκοντα δικαιοσύνην κατέλαβεν **δικαιοσύνην**,
Ro 9:30 **δικαιοσύνην** δὲ τὴν ἐκ
Ro 9:31 δὲ διώκων νόμον **δικαιοσύνης** εἰς νόμον οὐκ
Ro 10:3 τὴν τοῦ θεοῦ **δικαιοσύνην** καὶ τὴν ἰδίαν
Ro 10:3 τὴν ἰδίαν **[δικαιοσύνην]** ζητοῦντες στῆσαι,
Ro 10:3 τῇ **δικαιοσύνῃ** τοῦ θεοῦ
Ro 10:4 νόμου Χριστὸς εἰς **δικαιοσύνην** παντὶ τῷ πιστεύοντι.
Ro 10:5 γὰρ γράφει τὴν **δικαιοσύνην** τὴν ἐκ [τοῦ]
Ro 10:6 δὲ ἐκ πίστεως **δικαιοσύνη** οὕτως λέγει·
Ro 10:10 γὰρ πιστεύεται εἰς **δικαιοσύνην**,
Ro 14:17 καὶ πόσις ἀλλὰ **δικαιοσύνη** καὶ εἰρήνη καὶ

δικαιόω (*dikaioō*; 15/39) *justify*

Ro 2:13 οἱ ποιηταὶ νόμου **δικαιωθήσονται**.
Ro 3:4 ὅπως ἂν **δικαιωθῇς** ἐν τοῖς λόγοις
Ro 3:20 ἔργων νόμου οὐ **δικαιωθήσεται** πᾶσα σὰρξ ἐνώπιον
Ro 3:24 **δικαιούμενοι** δωρεὰν τῇ αὐτοῦ
Ro 3:26 αὐτὸν δίκαιον καὶ **δικαιοῦντα** τὸν ἐκ πίστεως
Ro 3:28 λογιζόμεθα γὰρ **δικαιοῦσθαι** πίστει ἄνθρωπον χωρὶς
Ro 3:30 ὁ θεὸς ὃς **δικαιώσει** περιτομὴν ἐκ πίστεως
Ro 4:2 Ἀβραὰμ ἐξ ἔργων **ἐδικαιώθη**,
Ro 4:5 δὲ ἐπὶ τὸν **δικαιοῦντα** τὸν ἀσεβῆ λογίζεται
Ro 5:1 **Δικαιωθέντες** οὖν ἐκ πίστεως
Ro 5:9 πολλῷ οὖν μᾶλλον **δικαιωθέντες** νῦν ἐν τῷ
Ro 6:7 ὁ γὰρ ἀποθανὼν **δεδικαίωται** ἀπὸ τῆς ἁμαρτίας.
Ro 8:30 τούτους καὶ **ἐδικαίωσεν**·
Ro 8:30 οὓς δὲ **ἐδικαίωσεν**,
Ro 8:33 θεὸς ὁ **δικαιῶν**·

δικαίωμα (*dikaiōma*; 5/10) *regulation, decree*

Ro 1:32 οἵτινες τὸ **δικαίωμα** τοῦ θεοῦ ἐπιγνόντες
Ro 2:26 ἡ ἀκροβυστία τὰ **δικαιώματα** τοῦ νόμου φυλάσσῃ,
Ro 5:16 πολλῶν παραπτωμάτων εἰς **δικαίωμα**.
Ro 5:18 καὶ δι' ἑνὸς **δικαιώματος** εἰς πάντας ἀνθρώπους
Ro 8:4 ἵνα τὸ **δικαίωμα** τοῦ νόμου πληρωθῇ

δικαίωσις (*dikaiōsis*; 2/2) *justification*

Ro 4:25 ἠγέρθη διὰ τὴν **δικαίωσιν** ἡμῶν.
Ro 5:18 πάντας ἀνθρώπους εἰς **δικαίωσιν** ζωῆς·

διό (*dio*; 6/53) *therefore*

Ro 1:24 **Διὸ** παρέδωκεν αὐτοὺς ὁ
Ro 2:1 **Διὸ** ἀναπολόγητος εἶ,
Ro 4:22 **διὸ** [καὶ] ἐλογίσθη αὐτῷ
Ro 13:5 **διὸ** ἀνάγκη ὑποτάσσεσθαι,
Ro 15:7 **Διὸ** προσλαμβάνεσθε ἀλλήλους,
Ro 15:22 **Διὸ** καὶ ἐνεκοπτόμην τὰ

διότι (*dioti*; 4/23) *because*

Ro 1:19 **διότι** τὸ γνωστὸν τοῦ
Ro 1:21 **διότι** γνόντες τὸν θεὸν
Ro 3:20 **διότι** ἐξ ἔργων νόμου
Ro 8:7 **διότι** τὸ φρόνημα τῆς

διχοστασία (*dichostasia*; 1/2) *division*

Ro 16:17 σκοπεῖν τοὺς τὰς **διχοστασίας** καὶ τὰ σκάνδαλα

διψάω (*dipsaō*; 1/16) *be thirsty*

Ro 12:20 ἐὰν **διψᾷ**,

διωγμός (*diōgmos*; 1/10) *persecution*

Ro 8:35 ἢ στενοχωρία ἢ **διωγμὸς** ἢ λιμὸς ἢ

διώκω (*diōkō*; 5/45) *pursue, persecute*

Ro 9:30 ἔθνη τὰ μὴ **διώκοντα** δικαιοσύνην κατέλαβεν δικαιοσύνην,
Ro 9:31 Ἰσραὴλ δὲ **διώκων** νόμον δικαιοσύνης εἰς
Ro 12:13 τὴν φιλοξενίαν **διώκοντες**.
Ro 12:14 εὐλογεῖτε τοὺς **διώκοντας** [ὑμᾶς],
Ro 14:19 τὰ τῆς εἰρήνης **διώκωμεν** καὶ τὰ τῆς

δοκιμάζω (*dokimazō*; 4/22) *test*

Ro 1:28 Καὶ καθὼς οὐκ **ἐδοκίμασαν** τὸν θεὸν ἔχειν
Ro 2:18 τὸ θέλημα καὶ **δοκιμάζεις** τὰ διαφέροντα κατηχούμενος
Ro 12:2 νοὸς εἰς τὸ **δοκιμάζειν** ὑμᾶς τί τὸ
Ro 14:22 ἑαυτὸν ἐν ᾧ **δοκιμάζει**·

δοκιμή (*dokimē*; 2/7) *character, proof, ordeal*

Ro 5:4 ἡ δὲ ὑπομονὴ **δοκιμήν**,
Ro 5:4 ἡ δὲ **δοκιμὴ** ἐλπίδα.

δόκιμος (*dokimos*; 2/7) *approved*
Ro 14:18 τῷ θεῷ καὶ **δόκιμος** τοῖς ἀνθρώποις.
Ro 16:10 ἀσπάσασθε ᾿Απελλῆν τὸν **δόκιμον** ἐν Χριστῷ.

δολιόω (*dolioō*; 1/1) *deceive*
Ro 3:13 ταῖς γλώσσαις αὐτῶν **ἐδολιοῦσαν**,

δόλος (*dolos*; 1/11) *deceit*
Ro 1:29 φθόνου φόνου ἔριδος **δόλου** κακοηθείας,

δόξα (*doxa*; 16/166) *glory*
Ro 1:23 καὶ ἤλλαξαν τὴν **δόξαν** τοῦ ἀφθάρτου θεοῦ
Ro 2:7 ὑπομονὴν ἔργου ἀγαθοῦ **δόξαν** καὶ τιμὴν καὶ
Ro 2:10 **δόξα** δὲ καὶ τιμὴ
Ro 3:7 ἐπερίσσευσεν εἰς τὴν **δόξαν** αὐτοῦ,
Ro 3:23 καὶ ὑστεροῦνται τῆς **δόξης** τοῦ θεοῦ
Ro 4:20 δοὺς **δόξαν** τῷ θεῷ
Ro 5:2 ἐπ' ἐλπίδι τῆς **δόξης** τοῦ θεοῦ.
Ro 6:4 νεκρῶν διὰ τῆς **δόξης** τοῦ πατρός,
Ro 8:18 πρὸς τὴν μέλλουσαν **δόξαν** ἀποκαλυφθῆναι εἰς ἡμᾶς.
Ro 8:21 τὴν ἐλευθερίαν τῆς **δόξης** τῶν τέκνων τοῦ
Ro 9:4 υἱοθεσία καὶ ἡ **δόξα** καὶ αἱ διαθῆκαι
Ro 9:23 τὸν πλοῦτον τῆς **δόξης** αὐτοῦ ἐπὶ σκεύη
Ro 9:23 ἃ προητοίμασεν εἰς **δόξαν**;
Ro 11:36 αὐτῷ ἡ **δόξα** εἰς τοὺς αἰῶνας,
Ro 15:7 προσελάβετο ὑμᾶς εἰς **δόξαν** τοῦ θεοῦ.
Ro 16:27 ᾧ ἡ **δόξα** εἰς τοὺς αἰῶνας,

δοξάζω (*doxazō*; 5/61) *praise, glorify*
Ro 1:21 οὐχ ὡς θεὸν **ἐδόξασαν** ἢ ηὐχαρίστησαν,
Ro 8:30 τούτους καὶ **ἐδόξασεν**.
Ro 11:13 τὴν διακονίαν μου **δοξάζω**,
Ro 15:6 ἐν ἑνὶ στόματι **δοξάζητε** τὸν θεὸν καὶ
Ro 15:9 ἔθνη ὑπὲρ ἐλέους **δοξάσαι** τὸν θεόν,

δουλεία (*douleia*; 2/5) *slavery*
Ro 8:15 γὰρ ἐλάβετε πνεῦμα **δουλείας** πάλιν εἰς φόβον
Ro 8:21 ἐλευθερωθήσεται ἀπὸ τῆς **δουλείας** τῆς φθορᾶς εἰς

δουλεύω (*douleuō*; 7/25) *serve (pass. be enslaved)*
Ro 6:6 τοῦ μηκέτι **δουλεύειν** ἡμᾶς τῇ ἁμαρτίᾳ·
Ro 7:6 ὥστε **δουλεύειν** ἡμᾶς ἐν καινότητι
Ro 7:25 τῷ μὲν νοῒ **δουλεύω** νόμῳ θεοῦ τῇ
Ro 9:12 ὅτι ὁ μείζων **δουλεύσει** τῷ ἐλάσσονι,
Ro 12:11 τῷ κυρίῳ **δουλεύοντες**,
Ro 14:18 γὰρ ἐν τούτῳ **δουλεύων** τῷ Χριστῷ εὐάρεστος
Ro 16:18 ἡμῶν Χριστῷ οὐ **δουλεύουσιν** ἀλλὰ τῇ ἑαυτῶν

δοῦλος (*doulos*; 2/2) *as a slave*
Ro 6:19 τὰ μέλη ὑμῶν **δοῦλα** τῇ ἀκαθαρσίᾳ καὶ
Ro 6:19 τὰ μέλη ὑμῶν **δοῦλα** τῇ δικαιοσύνῃ εἰς

δοῦλος (*doulos*; 5/124) *slave*
Ro 1:1 Παῦλος **δοῦλος** Χριστοῦ ᾿Ιησοῦ,
Ro 6:16 ᾧ παριστάνετε ἑαυτοὺς **δούλους** εἰς ὑπακοήν,
Ro 6:16 **δοῦλοί** ἐστε ᾧ ὑπακούετε,
Ro 6:17 θεῷ ὅτι ἦτε **δοῦλοι** τῆς ἁμαρτίας ὑπηκούσατε
Ro 6:20 ὅτε γὰρ **δοῦλοι** ἦτε τῆς ἁμαρτίας,

δουλόω (*douloō*; 2/8) *enslave*
Ro 6:18 ἀπὸ τῆς ἁμαρτίας **ἐδουλώθητε** τῇ δικαιοσύνῃ.
Ro 6:22 ἀπὸ τῆς ἁμαρτίας **δουλωθέντες** δὲ τῷ θεῷ

δύναμαι (*dynamai*; 5/210) *be able*
Ro 8:7 οὐδὲ γὰρ **δύναται**·
Ro 8:8 θεῷ ἀρέσαι οὐ **δύνανται**.
Ro 8:39 τις κτίσις ἑτέρα **δυνήσεται** ἡμᾶς χωρίσαι
Ro 15:14 **δυνάμενοι** καὶ ἀλλήλους νουθετεῖν.
Ro 16:25 [Τῷ δὲ **δυναμένῳ** ὑμᾶς στηρίξαι κατὰ

δύναμις (*dynamis*; 8/119) *power*
Ro 1:4 υἱοῦ θεοῦ ἐν **δυνάμει** κατὰ πνεῦμα ἁγιωσύνης
Ro 1:16 **δύναμις** γὰρ θεοῦ ἐστιν
Ro 1:20 τε ἀΐδιος αὐτοῦ **δύναμις** καὶ θειότης,
Ro 8:38 οὔτε μέλλοντα οὔτε **δυνάμεις**
Ro 9:17 ἐν σοὶ τὴν **δύναμίν** μου καὶ ὅπως
Ro 15:13 τῇ ἐλπίδι ἐν **δυνάμει** πνεύματος ἁγίου.
Ro 15:19 ἐν **δυνάμει** σημείων καὶ τεράτων,
Ro 15:19 ἐν **δυνάμει** πνεύματος [θεοῦ].

δυνατέω (*dynateō*; 1/3) *be able*
Ro 14:4 **δυνατεῖ** γὰρ ὁ κύριος

δυνατός (*dynatos*; 5/32) *possible*
Ro 4:21 ὅτι ὃ ἐπήγγελται **δυνατός** ἐστιν καὶ ποιῆσαι.
Ro 9:22 καὶ γνωρίσαι τὸ **δυνατὸν** αὐτοῦ ἤνεγκεν ἐν
Ro 11:23 **δυνατὸς** γάρ ἐστιν ὁ
Ro 12:18 εἰ **δυνατὸν** τὸ ἐξ ὑμῶν,
Ro 15:1 δὲ ἡμεῖς οἱ **δυνατοὶ** τὰ ἀσθενήματα τῶν

δωρεά (*dōrea*; 2/11) *gift*
Ro 5:15 θεοῦ καὶ ἡ **δωρεὰ** ἐν χάριτι τῇ
Ro 5:17 χάριτος καὶ τῆς **δωρεᾶς** τῆς δικαιοσύνης λαμβάνοντες

δωρεάν (*dōrean*; 1/9) *without cost or cause*
Ro 3:24 δικαιούμενοι **δωρεὰν** τῇ αὐτοῦ χάριτι

δώρημα (*dōrēma*; 1/2) *gift*
Ro 5:16 ἑνὸς ἁμαρτήσαντος τὸ **δώρημα**·

ἐάν (*ean*; 20/333) *if*
Ro 2:25 μὲν γὰρ ὠφελεῖ **ἐὰν** νόμον πράσσῃς·
Ro 2:25 **ἐὰν** δὲ παραβάτης νόμου
Ro 2:26 **ἐὰν** οὖν ἡ ἀκροβυστία
Ro 7:2 **ἐὰν** δὲ ἀποθάνῃ ὁ
Ro 7:3 ἀνδρὸς μοιχαλὶς χρηματίσει **ἐὰν** γένηται ἀνδρὶ ἑτέρῳ·
Ro 7:3 **ἐὰν** δὲ ἀποθάνῃ ὁ
Ro 9:27 **ἐὰν** ᾖ ὁ ἀριθμὸς

Ro 10:9 ὅτι **ἐὰν** ὁμολογήσῃς ἐν τῷ
Ro 10:15 πῶς δὲ κηρύξωσιν **ἐὰν** μὴ ἀποσταλῶσιν;
Ro 11:22 **ἐὰν** ἐπιμένῃς τῇ χρηστότητι,
Ro 11:23 ἐὰν **μὴ** ἐπιμένωσιν τῇ ἀπιστίᾳ,
Ro 12:20 ἀλλὰ **ἐὰν** πεινᾷ ὁ ἐχθρός
Ro 12:20 **ἐὰν** διψᾷ,
Ro 13:4 **ἐὰν** δὲ τὸ κακὸν
Ro 14:8 **ἐάν** τε γὰρ ζῶμεν,
Ro 14:8 **ἐάν** τε ἀποθνῄσκωμεν,
Ro 14:8 **ἐάν** τε οὖν ζῶμεν
Ro 14:8 τε οὖν ζῶμεν **ἐάν** τε ἀποθνῄσκωμεν,
Ro 14:23 ὁ δὲ διακρινόμενος **ἐὰν** φάγῃ κατακέκριται,
Ro 15:24 ὑμῶν προπεμφθῆναι ἐκεῖ **ἐὰν** ὑμῶν πρῶτον

ἑαυτοῦ (*heautou*; 22/319) *himself*

Ro 1:27 πλάνης αὐτῶν ἐν **ἑαυτοῖς** ἀπολαμβάνοντες.
Ro 2:14 νόμον μὴ ἔχοντες **ἑαυτοῖς** εἰσιν νόμος·
Ro 4:19 πίστει κατενόησεν τὸ **ἑαυτοῦ** σῶμα [ἤδη] νενεκρωμένον,
Ro 5:8 συνίστησιν δὲ τὴν **ἑαυτοῦ** ἀγάπην εἰς ἡμᾶς
Ro 6:11 καὶ ὑμεῖς λογίζεσθε **ἑαυτοὺς** [εἶναι] νεκροὺς μὲν
Ro 6:13 ἀλλὰ παραστήσατε **ἑαυτοὺς** τῷ θεῷ ὡσεὶ
Ro 6:16 ὅτι ᾧ παριστάνετε **ἑαυτοὺς** δούλους εἰς ὑπακοήν,
Ro 8:3 ὁ θεὸς τὸν **ἑαυτοῦ** υἱὸν πέμψας ἐν
Ro 8:23 καὶ αὐτοὶ ἐν **ἑαυτοῖς** στενάζομεν υἱοθεσίαν ἀπεκδεχόμενοι,
Ro 11:25 μὴ ἦτε [παρ'] **ἑαυτοῖς** φρόνιμοι,
Ro 12:16 γίνεσθε φρόνιμοι παρ' **ἑαυτοῖς**.
Ro 12:19 μὴ **ἑαυτοὺς** ἐκδικοῦντες,
Ro 13:2 οἱ δὲ ἀνθεστηκότες **ἑαυτοῖς** κρίμα λήμψονται.
Ro 14:7 οὐδεὶς γὰρ ἡμῶν **ἑαυτῷ** ζῇ καὶ οὐδεὶς
Ro 14:7 ζῇ καὶ οὐδεὶς **ἑαυτῷ** ἀποθνῄσκει·
Ro 14:12 ἕκαστος ἡμῶν περὶ **ἑαυτοῦ** λόγον δώσει [τῷ
Ro 14:14 οὐδὲν κοινὸν δι' **ἑαυτοῦ**,
Ro 14:22 ὁ μὴ κρίνων **ἑαυτὸν** ἐν ᾧ δοκιμάζει·
Ro 15:1 βαστάζειν καὶ μὴ **ἑαυτοῖς** ἀρέσκειν.
Ro 15:3 ὁ Χριστὸς οὐχ **ἑαυτῷ** ἤρεσεν,
Ro 16:4 ψυχῆς μου τὸν **ἑαυτῶν** τράχηλον ὑπέθηκαν,
Ro 16:18 δουλεύουσιν ἀλλὰ τῇ **ἑαυτῶν** κοιλίᾳ,

ἐγγίζω (*engizō*; 1/42) *approach*

Ro 13:12 ἡ δὲ ἡμέρα **ἤγγικεν**.

ἐγγύς (*engys*; 2/31) *near*

Ro 10:8 **ἐγγύς** σου τὸ ῥῆμά
Ro 13:11 νῦν γὰρ **ἐγγύτερον** ἡμῶν ἡ σωτηρία

ἐγείρω (*egeirō*; 10/143[144]) *raise*

Ro 4:24 πιστεύουσιν ἐπὶ τὸν **ἐγείραντα** Ἰησοῦν τὸν κύριον
Ro 4:25 παραπτώματα ἡμῶν καὶ **ἠγέρθη** διὰ τὴν δικαίωσιν
Ro 6:4 ἵνα ὥσπερ **ἠγέρθη** Χριστὸς ἐκ νεκρῶν
Ro 6:9 εἰδότες ὅτι Χριστὸς **ἐγερθεὶς** ἐκ νεκρῶν οὐκέτι
Ro 7:4 τῷ ἐκ νεκρῶν **ἐγερθέντι**,
Ro 8:11 τὸ πνεῦμα τοῦ **ἐγείραντος** τὸν Ἰησοῦν ἐκ
Ro 8:11 ὁ **ἐγείρας** Χριστὸν ἐκ νεκρῶν
Ro 8:34 μᾶλλον δὲ **ἐγερθείς**,
Ro 10:9 ὁ θεὸς αὐτὸν **ἤγειρεν** ἐκ νεκρῶν,
Ro 13:11 ὑμᾶς ἐξ ὕπνου **ἐγερθῆναι**,

ἐγκαλέω (*enkaleō*; 1/7) *bring charges against*

Ro 8:33 τίς **ἐγκαλέσει** κατὰ ἐκλεκτῶν θεοῦ;

ἐγκαταλείπω (*enkataleipō*; 1/10) *forsake*

Ro 9:29 μὴ κύριος σαβαὼθ **ἐγκατέλιπεν** ἡμῖν σπέρμα,

ἐγκεντρίζω (*enkentrizō*; 6/6) *graft*

Ro 11:17 δὲ ἀγριέλαιος ὢν **ἐνεκεντρίσθης** ἐν αὐτοῖς
Ro 11:19 κλάδοι ἵνα ἐγὼ **ἐγκεντρισθῶ**.
Ro 11:23 **ἐγκεντρισθήσονται**·
Ro 11:23 ὁ θεὸς πάλιν **ἐγκεντρίσαι** αὐτούς.
Ro 11:24 καὶ παρὰ φύσιν **ἐνεκεντρίσθης** εἰς καλλιέλαιον,
Ro 11:24 οἱ κατὰ φύσιν **ἐγκεντρισθήσονται** τῇ ἰδίᾳ ἐλαίᾳ.

ἐγκόπτω (*enkoptō*; 1/5) *prevent, detain*

Ro 15:22 Διὸ καὶ **ἐνεκοπτόμην** τὰ πολλὰ τοῦ

ἐγώ (*egō*; 90/1715[1718]) *I*

Ro 1:8 εὐχαριστῶ τῷ θεῷ **μου** διὰ Ἰησοῦ Χριστοῦ
Ro 1:9 μάρτυς γάρ **μού** ἐστιν ὁ θεός,
Ro 1:9 ἐν τῷ πνεύματί **μου** ἐν τῷ εὐαγγελίῳ
Ro 1:10 ἐπὶ τῶν προσευχῶν **μου** δεόμενος εἴ πως
Ro 1:12 ὑμῶν τε καὶ **ἐμοῦ**.
Ro 1:15 οὕτως τὸ κατ' **ἐμὲ** πρόθυμον καὶ ὑμῖν
Ro 2:16 κατὰ τὸ εὐαγγέλιόν **μου** διὰ Χριστοῦ Ἰησοῦ.
Ro 7:4 ἀδελφοί **μου**,
Ro 7:8 ἐντολῆς κατειργάσατο ἐν **ἐμοὶ** πᾶσαν ἐπιθυμίαν·
Ro 7:9 **ἐγὼ** δὲ ἔζων χωρὶς
Ro 7:10 **ἐγὼ** δὲ ἀπέθανον καὶ
Ro 7:10 ἀπέθανον καὶ εὑρέθη **μοι** ἡ ἐντολὴ ἡ
Ro 7:11 τῆς ἐντολῆς ἐξηπάτησέν **με** καὶ δι' αὐτῆς
Ro 7:13 Τὸ οὖν ἀγαθὸν **ἐμοὶ** ἐγένετο θάνατος;
Ro 7:13 διὰ τοῦ ἀγαθοῦ **μοι** κατεργαζομένη θάνατον,
Ro 7:14 **ἐγὼ** δὲ σάρκινός εἰμι
Ro 7:17 νυνὶ δὲ οὐκέτι **ἐγὼ** κατεργάζομαι αὐτὸ ἀλλὰ
Ro 7:17 ἡ οἰκοῦσα ἐν **ἐμοὶ** ἁμαρτία.
Ro 7:18 οὐκ οἰκεῖ ἐν **ἐμοί**,
Ro 7:18 ἐν τῇ σαρκί **μου**,
Ro 7:18 γὰρ θέλειν παράκειταί **μοι**,
Ro 7:20 ὃ οὐ θέλω **[ἐγὼ]** τοῦτο ποιῶ,
Ro 7:20 οὐκέτι **ἐγὼ** κατεργάζομαι αὐτὸ ἀλλὰ
Ro 7:20 ἡ οἰκοῦσα ἐν **ἐμοὶ** ἁμαρτία.
Ro 7:21 τῷ θέλοντι **ἐμοὶ** ποιεῖν τὸ καλόν,
Ro 7:21 ὅτι **ἐμοὶ** τὸ κακὸν παράκειται·
Ro 7:23 ἐν τοῖς μέλεσίν **μου** ἀντιστρατευόμενον τῷ νόμῳ
Ro 7:23 νόμῳ τοῦ νοός **μου** καὶ αἰχμαλωτίζοντά με
Ro 7:23 μου καὶ αἰχμαλωτίζοντά **με** ἐν τῷ νόμῳ
Ro 7:23 ἐν τοῖς μέλεσίν **μου**.
Ro 7:24 Ταλαίπωρος **ἐγὼ** ἄνθρωπος·
Ro 7:24 τίς **με** ῥύσεται ἐκ τοῦ
Ro 7:25 Ἄρα οὖν αὐτὸς **ἐγὼ** τῷ μὲν νοῒ
Ro 9:1 συμμαρτυρούσης **μοι** τῆς συνειδήσεώς μου
Ro 9:1 μοι τῆς συνειδήσεώς **μου** ἐν πνεύματι ἁγίῳ,
Ro 9:2 ὅτι λύπη **μοί** ἐστιν μεγάλη καὶ
Ro 9:2 ὀδύνη τῇ καρδίᾳ **μου**.
Ro 9:3 ἀνάθεμα εἶναι αὐτὸς **ἐγὼ** ἀπὸ τοῦ Χριστοῦ
Ro 9:3 ὑπὲρ τῶν ἀδελφῶν **μου** τῶν συγγενῶν μου

Ro 9:3 μου τῶν συγγενῶν **μου** κατὰ σάρκα,
Ro 9:17 σοὶ τὴν δύναμίν **μου** καὶ ὅπως διαγγελῇ
Ro 9:17 διαγγελῇ τὸ ὄνομά **μου** ἐν πάσῃ τῇ
Ro 9:19 Ἐρεῖς **μοι** οὖν·
Ro 9:20 τί **με** ἐποίησας οὕτως;
Ro 9:25 τὸν οὐ λαόν **μου** λαόν μου καὶ
Ro 9:25 λαόν μου λαόν **μου** καὶ τὴν οὐκ
Ro 9:26 οὐ λαός **μου** ὑμεῖς,
Ro 10:19 **ἐγὼ** παραζηλώσω ὑμᾶς ἐπ'
Ro 10:20 εὑρέθην [ἐν] τοῖς **ἐμὲ** μὴ ζητοῦσιν,
Ro 10:20 ἐμφανὴς ἐγενόμην τοῖς **ἐμὲ** μὴ ἐπερωτῶσιν.
Ro 10:21 ἐξεπέτασα τὰς χεῖράς **μου** πρὸς λαὸν ἀπειθοῦντα
Ro 11:1 καὶ γὰρ **ἐγὼ** Ἰσραηλίτης εἰμί,
Ro 11:3 ζητοῦσιν τὴν ψυχήν **μου**.
Ro 11:13 μὲν οὖν εἰμι **ἐγὼ** ἐθνῶν ἀπόστολος,
Ro 11:13 τὴν διακονίαν **μου** δοξάζω,
Ro 11:14 εἴ πως παραζηλώσω **μου** τὴν σάρκα καὶ
Ro 11:19 ἐξεκλάσθησαν κλάδοι ἵνα **ἐγὼ** ἐγκεντρισθῶ.
Ro 11:27 αὐτοῖς ἡ παρ' **ἐμοῦ** διαθήκη,
Ro 12:3 χάριτος τῆς δοθείσης **μοι** παντὶ τῷ ὄντι
Ro 12:19 **ἐμοὶ** ἐκδίκησις,
Ro 12:19 **ἐγὼ** ἀνταποδώσω,
Ro 14:11 ζῶ **ἐγώ**,
Ro 14:11 ὅτι **ἐμοὶ** κάμψει πᾶν γόνυ
Ro 15:3 σε ἐπέπεσαν ἐπ' **ἐμέ**.
Ro 15:14 ἀδελφοί **μου**,
Ro 15:14 καὶ αὐτὸς **ἐγὼ** περὶ ὑμῶν ὅτι
Ro 15:15 χάριν τὴν δοθεῖσάν **μοι** ὑπὸ τοῦ θεοῦ
Ro 15:16 εἰς τὸ εἶναί **με** λειτουργὸν Χριστοῦ Ἰησοῦ
Ro 15:18 κατειργάσατο Χριστὸς δι' **ἐμοῦ** εἰς ὑπακοὴν ἐθνῶν,
Ro 15:19 ὥστε **με** ἀπὸ Ἰερουσαλὴμ καὶ
Ro 15:30 τοῦ πνεύματος συναγωνίσασθαί **μοι** ἐν ταῖς προσευχαῖς
Ro 15:30 ταῖς προσευχαῖς ὑπὲρ **ἐμοῦ** πρὸς τὸν θεόν,
Ro 15:31 καὶ ἡ διακονία **μου** ἡ εἰς Ἰερουσαλὴμ
Ro 16:2 πολλῶν ἐγενήθη καὶ **ἐμοῦ** αὐτοῦ.
Ro 16:3 Ἀκύλαν τοὺς συνεργούς **μου** ἐν Χριστῷ Ἰησοῦ,
Ro 16:4 ὑπὲρ τῆς ψυχῆς **μου** τὸν ἑαυτῶν τράχηλον
Ro 16:4 οἷς οὐκ **ἐγὼ** μόνος εὐχαριστῶ ἀλλὰ
Ro 16:5 Ἐπαίνετον τὸν ἀγαπητόν **μου**,
Ro 16:7 Ἰουνιᾶν τοὺς συγγενεῖς **μου** καὶ συναιχμαλώτους μου,
Ro 16:7 μου καὶ συναιχμαλώτους **μου**,
Ro 16:7 οἳ καὶ πρὸ **ἐμοῦ** γέγοναν ἐν Χριστῷ.
Ro 16:8 Ἀμπλιᾶτον τὸν ἀγαπητόν **μου** ἐν κυρίῳ.
Ro 16:9 Στάχυν τὸν ἀγαπητόν **μου**.
Ro 16:11 Ἡρῳδίωνα τὸν συγγενῆ **μου**.
Ro 16:13 μητέρα αὐτοῦ καὶ **ἐμοῦ**.
Ro 16:21 Τιμόθεος ὁ συνεργός **μου** καὶ Λούκιος καὶ
Ro 16:21 Σωσίπατρος οἱ συγγενεῖς **μου**.
Ro 16:22 ἀσπάζομαι ὑμᾶς **ἐγὼ** Τέρτιος ὁ γράψας
Ro 16:23 Γάϊος ὁ ξένος **μου** καὶ ὅλης τῆς
Ro 16:25 κατὰ τὸ εὐαγγέλιόν **μου** καὶ τὸ κήρυγμα

ἔθνος (*ethnos*; 29/162) *nation*

Ro 1:5 ἐν πᾶσιν τοῖς **ἔθνεσιν** ὑπὲρ τοῦ ὀνόματος
Ro 1:13 ἐν τοῖς λοιποῖς **ἔθνεσιν**.
Ro 2:14 ὅταν γὰρ **ἔθνη** τὰ μὴ νόμον
Ro 2:24 βλασφημεῖται ἐν τοῖς **ἔθνεσιν**,
Ro 3:29 οὐχὶ καὶ **ἐθνῶν**;
Ro 3:29 ναὶ καὶ **ἐθνῶν**,
Ro 4:17 ὅτι πατέρα πολλῶν **ἐθνῶν** τέθεικά σε,
Ro 4:18 αὐτὸν πατέρα πολλῶν **ἐθνῶν** κατὰ τὸ εἰρημένον·
Ro 9:24 ἀλλὰ καὶ ἐξ **ἐθνῶν**,
Ro 9:30 ὅτι **ἔθνη** τὰ μὴ διώκοντα
Ro 10:19 ὑμᾶς ἐπ' οὐκ **ἔθνει**,
Ro 10:19 ἐπ' **ἔθνει** ἀσυνέτῳ παροργιῶ ὑμᾶς.
Ro 11:11 ἡ σωτηρία τοῖς **ἔθνεσιν** εἰς τὸ παραζηλῶσαι
Ro 11:12 ἥττημα αὐτῶν πλοῦτος **ἐθνῶν**,
Ro 11:13 δὲ λέγω τοῖς **ἔθνεσιν**·
Ro 11:13 οὖν εἰμι ἐγὼ **ἐθνῶν** ἀπόστολος,
Ro 11:25 τὸ πλήρωμα τῶν **ἐθνῶν** εἰσέλθῃ
Ro 15:9 τὰ δὲ **ἔθνη** ὑπὲρ ἐλέους δοξάσαι
Ro 15:9 ἐξομολογήσομαί σοι ἐν **ἔθνεσιν** καὶ τῷ ὀνόματί
Ro 15:10 **ἔθνη**,
Ro 15:11 πάντα τὰ **ἔθνη**,
Ro 15:12 ὁ ἀνιστάμενος ἄρχειν **ἐθνῶν**,
Ro 15:12 ἐπ' αὐτῷ **ἔθνη** ἐλπιοῦσιν.
Ro 15:16 Ἰησοῦ εἰς τὰ **ἔθνη**,
Ro 15:16 ἡ προσφορὰ τῶν **ἐθνῶν** εὐπρόσδεκτος,
Ro 15:18 ἐμοῦ εἰς ὑπακοὴν **ἐθνῶν**,
Ro 15:27 αὐτῶν ἐκοινώνησαν τὰ **ἔθνη**,
Ro 16:4 αἱ ἐκκλησίαι τῶν **ἐθνῶν**,
Ro 16:26 εἰς πάντα τὰ **ἔθνη** γνωρισθέντος,

εἰ (*ei*; 44/502) *if, since*

Ro 1:10 προσευχῶν μου δεόμενος **εἴ** πως ἤδη ποτὲ
Ro 2:17 **Εἰ** δὲ σὺ Ἰουδαῖος
Ro 3:3 **εἰ** ἠπίστησάν τινες,
Ro 3:5 **εἰ** δὲ ἡ ἀδικία
Ro 3:7 **εἰ** δὲ ἡ ἀλήθεια
Ro 4:2 **εἰ** γὰρ Ἀβραὰμ ἐξ
Ro 4:14 **εἰ** γὰρ οἱ ἐκ
Ro 5:10 **εἰ** γὰρ ἐχθροὶ ὄντες
Ro 5:15 **εἰ** γὰρ τῷ τοῦ
Ro 5:17 **εἰ** γὰρ τῷ τοῦ
Ro 6:5 **εἰ** γὰρ σύμφυτοι γεγόναμεν
Ro 6:8 **εἰ** δὲ ἀπεθάνομεν σὺν
Ro 7:7 ἁμαρτίαν οὐκ ἔγνων **εἰ** μὴ διὰ νόμου·
Ro 7:7 ἐπιθυμίαν οὐκ ᾔδειν **εἰ** μὴ ὁ νόμος
Ro 7:16 **εἰ** δὲ ὃ οὐ
Ro 7:20 **εἰ** δὲ ὃ οὐ
Ro 8:9 **εἰ** δέ τις πνεῦμα Χριστοῦ
Ro 8:10 **εἰ** δὲ Χριστὸς ἐν
Ro 8:11 **εἰ** δὲ τὸ πνεῦμα
Ro 8:13 **εἰ** γὰρ κατὰ σάρκα
Ro 8:13 **εἰ** δὲ πνεύματι τὰς
Ro 8:17 **εἰ** δὲ τέκνα,
Ro 8:25 **εἰ** δὲ ὃ οὐ
Ro 8:31 **εἰ** ὁ θεὸς ὑπὲρ
Ro 9:22 **εἰ** δὲ θέλων ὁ
Ro 9:29 **εἰ** μὴ κύριος σαβαὼθ
Ro 11:6 **εἰ** δὲ χάριτι,
Ro 11:12 **εἰ** δὲ τὸ παράπτωμα
Ro 11:14 **εἴ** πως παραζηλώσω μου
Ro 11:15 **εἰ** γὰρ ἡ ἀποβολὴ
Ro 11:15 τις ἡ πρόσλημψις **εἰ** μὴ ζωὴ ἐκ
Ro 11:16 **εἰ** δὲ ἡ ἀπαρχὴ
Ro 11:16 καὶ **εἰ** ἡ ῥίζα ἁγία,
Ro 11:17 **Εἰ** δέ τινες τῶν
Ro 11:18 **εἰ** δὲ κατακαυχᾶσαι οὐ
Ro 11:21 **εἰ** γὰρ ὁ θεὸς
Ro 11:24 **εἰ** γὰρ σὺ ἐκ

Ro 12:18 **εἰ** δυνατὸν τὸ ἐξ
Ro 13:1 ἔστιν ἐξουσία **εἰ** μὴ ὑπὸ θεοῦ,
Ro 13:8 Μηδενὶ μηδὲν ὀφείλετε **εἰ** μὴ τὸ ἀλλήλους
Ro 13:9 καὶ **εἴ** τις ἑτέρα ἐντολή,
Ro 14:14 **εἰ** μὴ τῷ λογιζομένῳ
Ro 14:15 **εἰ** γὰρ διὰ βρῶμα
Ro 15:1 **εἰ** γὰρ τοῖς πνευματικοῖς αὐτῶν

εἴδωλον (*eidōlon*; 1/11) *idol*

Ro 2:22 ὁ βδελυσσόμενος τὰ **εἴδωλα** ἱεροσυλεῖς;

εἰκῇ (*eikē*; 1/6) *in vain*

Ro 13:4 οὐ γὰρ **εἰκῇ** τὴν μάχαιραν φορεῖ·

εἰκών (*eikōn*; 2/23) *likeness*

Ro 1:23 θεοῦ ἐν ὁμοιώματι **εἰκόνος** φθαρτοῦ ἀνθρώπου καὶ
Ro 8:29 προώρισεν συμμόρφους τῆς **εἰκόνος** τοῦ υἱοῦ αὐτοῦ,

εἰμί (*eimi*; 113/2460[2462]) *be*

Ro 1:6 ἐν οἷς **ἐστε** καὶ ὑμεῖς κλητοὶ
Ro 1:7 πᾶσιν τοῖς **οὖσιν** ἐν Ῥώμῃ ἀγαπητοῖς
Ro 1:9 μάρτυς γάρ μού **ἐστιν** ὁ θεός,
Ro 1:12 τοῦτο δέ **ἐστιν** συμπαρακληθῆναι ἐν ὑμῖν
Ro 1:14 καὶ ἀνοήτοις ὀφειλέτης **εἰμί**,
Ro 1:16 δύναμις γὰρ θεοῦ **ἐστιν** εἰς σωτηρίαν παντὶ
Ro 1:19 τοῦ θεοῦ φανερόν **ἐστιν** ἐν αὐτοῖς·
Ro 1:20 εἰς τὸ **εἶναι** αὐτοὺς ἀναπολογήτους,
Ro 1:22 φάσκοντες **εἶναι** σοφοὶ ἐμωράνθησαν
Ro 1:25 ὅς **ἐστιν** εὐλογητὸς εἰς τοὺς
Ro 1:32 πράσσοντες ἄξιοι θανάτου **εἰσίν**,
Ro 2:1 Διὸ ἀναπολόγητος **εἶ**,
Ro 2:2 κρίμα τοῦ θεοῦ **ἐστιν** κατὰ ἀλήθειαν ἐπὶ
Ro 2:11 οὐ γάρ **ἐστιν** προσωπολημψία παρὰ τῷ
Ro 2:14 μὴ ἔχοντες ἑαυτοῖς **εἰσιν** νόμος·
Ro 2:19 τε σεαυτὸν ὁδηγὸν **εἶναι** τυφλῶν,
Ro 2:25 δὲ παραβάτης νόμου **ἦς**,
Ro 2:28 τῷ φανερῷ Ἰουδαῖός **ἐστιν** οὐδὲ ἡ ἐν
Ro 3:8 τὸ κρίμα ἔνδικόν **ἐστιν**.
Ro 3:9 πάντας ὑφ᾽ ἁμαρτίαν **εἶναι**,
Ro 3:10 γέγραπται ὅτι οὐκ **ἔστιν** δίκαιος οὐδὲ εἷς,
Ro 3:11 οὐκ **ἔστιν** ὁ συνίων,
Ro 3:11 οὐκ **ἔστιν** ὁ ἐκζητῶν τὸν
Ro 3:12 οὐκ **ἔστιν** ὁ ποιῶν χρηστότητα,
Ro 3:12 [οὐκ **ἔστιν**] ἕως ἑνός.
Ro 3:18 οὐκ **ἔστιν** φόβος θεοῦ ἀπέναντι
Ro 3:22 οὐ γάρ **ἐστιν** διαστολή,
Ro 3:26 εἰς τὸ **εἶναι** αὐτὸν δίκαιον καὶ
Ro 4:10 ἐν περιτομῇ **ὄντι** ἢ ἐν ἀκροβυστίᾳ;
Ro 4:11 εἰς τὸ **εἶναι** αὐτὸν πατέρα πάντων
Ro 4:13 τὸ κληρονόμον αὐτὸν **εἶναι** κόσμου,
Ro 4:15 οὗ δὲ οὐκ **ἔστιν** νόμος οὐδὲ παράβασις.
Ro 4:16 εἰς τὸ **εἶναι** βεβαίαν τὴν ἐπαγγελίαν
Ro 4:16 ὅς **ἐστιν** πατὴρ πάντων ἡμῶν,
Ro 4:17 καλοῦντος τὰ μὴ **ὄντα** ὡς ὄντα.
Ro 4:17 μὴ ὄντα ὡς **ὄντα**.
Ro 4:18 οὕτως **ἔσται** τὸ σπέρμα σου,
Ro 4:21 ὃ ἐπήγγελται δυνατός **ἐστιν** καὶ ποιῆσαι.
Ro 5:6 Ἔτι γὰρ Χριστὸς **ὄντων** ἡμῶν ἀσθενῶν ἔτι
Ro 5:8 ὅτι ἔτι ἁμαρτωλῶν **ὄντων** ἡμῶν Χριστὸς
Ro 5:10 εἰ γὰρ ἐχθροὶ **ὄντες** κατηλλάγημεν τῷ θεῷ
Ro 5:13 γὰρ νόμου ἁμαρτία **ἦν** ἐν κόσμῳ,
Ro 5:13 οὐκ ἐλλογεῖται μὴ **ὄντος** νόμου,
Ro 5:14 παραβάσεως Ἀδὰμ ὅς **ἐστιν** τύπος τοῦ μέλλοντος.
Ro 6:5 καὶ τῆς ἀναστάσεως **ἐσόμεθα**·
Ro 6:11 ὑμεῖς λογίζεσθε ἑαυτοὺς [**εἶναι**] νεκροὺς μὲν
Ro 6:14 οὐ γάρ **ἐστε** ὑπὸ νόμον ἀλλὰ
Ro 6:15 ὅτι οὐκ **ἐσμὲν** ὑπὸ νόμον ἀλλὰ
Ro 6:16 δοῦλοί **ἐστε** ᾧ ὑπακούετε,
Ro 6:17 τῷ θεῷ ὅτι **ἦτε** δοῦλοι τῆς ἁμαρτίας
Ro 6:20 ὅτε γὰρ δοῦλοι **ἦτε** τῆς ἁμαρτίας,
Ro 6:20 ἐλεύθεροι **ἦτε** τῇ δικαιοσύνῃ.
Ro 7:3 ἐλευθέρα **ἐστὶν** ἀπὸ τοῦ νόμου,
Ro 7:3 τοῦ μὴ **εἶναι** αὐτὴν μοιχαλίδα γενομένην
Ro 7:5 ὅτε γὰρ **ἦμεν** ἐν τῇ σαρκί,
Ro 7:14 ὁ νόμος πνευματικός **ἐστιν**,
Ro 7:14 ἐγὼ δὲ σάρκινός **εἰμι** πεπραμένος ὑπὸ τὴν
Ro 7:18 τοῦτ᾽ **ἔστιν** ἐν τῇ σαρκί
Ro 7:23 τῆς ἁμαρτίας τῷ **ὄντι** ἐν τοῖς μέλεσίν
Ro 8:5 γὰρ κατὰ σάρκα **ὄντες** τὰ τῆς σαρκὸς
Ro 8:8 δὲ ἐν σαρκὶ **ὄντες** θεῷ ἀρέσαι οὐ
Ro 8:9 ὑμεῖς δὲ οὐκ **ἐστὲ** ἐν σαρκὶ ἀλλὰ
Ro 8:9 οὗτος οὐκ **ἔστιν** αὐτοῦ.
Ro 8:12 ὀφειλέται **ἐσμὲν** οὐ τῇ σαρκὶ
Ro 8:14 οὗτοι υἱοὶ θεοῦ **εἰσιν**.
Ro 8:16 πνεύματι ἡμῶν ὅτι **ἐσμὲν** τέκνα θεοῦ.
Ro 8:24 δὲ βλεπομένη οὐκ **ἔστιν** ἐλπίς·
Ro 8:28 κατὰ πρόθεσιν κλητοῖς **οὖσιν**.
Ro 8:29 εἰς τὸ **εἶναι** αὐτὸν πρωτότοκον ἐν
Ro 8:34 ὃς καί **ἐστιν** ἐν δεξιᾷ τοῦ
Ro 9:2 ὅτι λύπη μοί **ἐστιν** μεγάλη καὶ ἀδιάλειπτος
Ro 9:3 ηὐχόμην γὰρ ἀνάθεμα **εἶναι** αὐτὸς ἐγὼ ἀπὸ
Ro 9:4 οἵτινές **εἰσιν** Ἰσραηλῖται,
Ro 9:5 ὁ **ὢν** ἐπὶ πάντων θεὸς
Ro 9:7 οὐδ᾽ ὅτι **εἰσὶν** σπέρμα Ἀβραὰμ πάντες
Ro 9:8 τοῦτ᾽ **ἔστιν**,
Ro 9:9 τοῦτον ἐλεύσομαι καὶ **ἔσται** τῇ Σάρρᾳ υἱός.
Ro 9:20 μενοῦνγε σὺ τίς **εἶ** ὁ ἀνταποκρινόμενος τῷ
Ro 9:26 καὶ **ἔσται** ἐν τῷ τόπῳ
Ro 9:27 ἐὰν **ᾖ** ὁ ἀριθμὸς τῶν
Ro 10:6 τοῦτ᾽ **ἔστιν** Χριστὸν καταγαγεῖν·
Ro 10:7 τοῦτ᾽ **ἔστιν** Χριστὸν ἐκ νεκρῶν
Ro 10:8 σου τὸ ῥῆμά **ἐστιν** ἐν τῷ στόματί
Ro 10:8 τοῦτ᾽ **ἔστιν** τὸ ῥῆμα τῆς
Ro 10:12 οὐ γάρ **ἐστιν** διαστολὴ Ἰουδαίου τε
Ro 11:1 γὰρ ἐγὼ Ἰσραηλίτης **εἰμί**,
Ro 11:13 ὅσον μὲν οὖν **εἰμι** ἐγὼ ἐθνῶν ἀπόστολος,
Ro 11:17 σὺ δὲ ἀγριέλαιος **ὢν** ἐνεκεντρίσθης ἐν αὐτοῖς
Ro 11:23 δυνατὸς γάρ **ἐστιν** ὁ θεὸς πάλιν
Ro 11:25 ἵνα μὴ **ἦτε** [παρ᾽] ἑαυτοῖς φρόνιμοι,
Ro 12:3 μοι παντὶ τῷ **ὄντι** ἐν ὑμῖν μὴ
Ro 12:5 πολλοὶ ἓν σῶμά **ἐσμεν** ἐν Χριστῷ,
Ro 13:1 οὐ γὰρ **ἔστιν** ἐξουσία εἰ μὴ
Ro 13:1 αἱ δὲ **οὖσαι** ὑπὸ θεοῦ τεταγμέναι
Ro 13:1 ὑπὸ θεοῦ τεταγμέναι **εἰσίν**.
Ro 13:3 γὰρ ἄρχοντες οὐκ **εἰσὶν** φόβος τῷ ἀγαθῷ
Ro 13:4 θεοῦ γὰρ διάκονός **ἐστιν** σοὶ εἰς τὸ
Ro 13:4 θεοῦ γὰρ διάκονός **ἐστιν** ἔκδικος εἰς ὀργὴν
Ro 13:6 λειτουργοὶ γὰρ θεοῦ **εἰσιν** εἰς αὐτὸ τοῦτο
Ro 14:4 σὺ τίς **εἶ** ὁ κρίνων ἀλλότριον
Ro 14:8 τοῦ κυρίου **ἐσμέν**.
Ro 14:14 λογιζομένῳ τι κοινὸν **εἶναι**,
Ro 14:17 οὐ γάρ **ἐστιν** ἡ βασιλεία τοῦ

Ro 14:23 ἐκ πίστεως ἁμαρτία **ἐστίν**.
Ro 15:12 **ἔσται** ἡ ῥίζα τοῦ
Ro 15:14 καὶ αὐτοὶ μεστοί **ἐστε** ἀγαθωσύνης,
Ro 15:16 εἰς τὸ **εἶναί** με λειτουργὸν Χριστοῦ
Ro 15:27 γὰρ καὶ ὀφειλέται **εἰσὶν** αὐτῶν·
Ro 16:1 **οὖσαν** [καὶ] διάκονον τῆς
Ro 16:5 ὅς **ἐστιν** ἀπαρχὴ τῆς ᾽Ασίας
Ro 16:7 οἵτινές **εἰσιν** ἐπίσημοι ἐν τοῖς
Ro 16:11 τῶν Ναρκίσσου τοὺς **ὄντας** ἐν κυρίῳ.
Ro 16:19 δὲ ὑμᾶς σοφοὺς **εἶναι** εἰς τὸ ἀγαθόν,

εἴπερ (*eiper*; 3/6) *since*

Ro 3:30 **εἴπερ** εἷς ὁ θεὸς
Ro 8:9 **εἴπερ** πνεῦμα θεοῦ οἰκεῖ
Ro 8:17 **εἴπερ** συμπάσχομεν ἵνα καὶ

εἰρηνεύω (*eirēneuō*; 1/4) *live or be at peace*

Ro 12:18 μετὰ πάντων ἀνθρώπων **εἰρηνεύοντες**·

εἰρήνη (*eirēnē*; 10/92) *peace*

Ro 1:7 χάρις ὑμῖν καὶ **εἰρήνη** ἀπὸ θεοῦ πατρὸς
Ro 2:10 καὶ τιμὴ καὶ **εἰρήνη** παντὶ τῷ ἐργαζομένῳ
Ro 3:17 καὶ ὁδὸν **εἰρήνης** οὐκ ἔγνωσαν.
Ro 5:1 οὖν ἐκ πίστεως **εἰρήνην** ἔχομεν πρὸς τὸν
Ro 8:6 πνεύματος ζωὴ καὶ **εἰρήνη**·
Ro 14:17 ἀλλὰ δικαιοσύνη καὶ **εἰρήνη** καὶ χαρὰ ἐν
Ro 14:19 οὖν τὰ τῆς **εἰρήνης** διώκωμεν καὶ τὰ
Ro 15:13 πάσης χαρᾶς καὶ **εἰρήνης** ἐν τῷ πιστεύειν,
Ro 15:33 δὲ θεὸς τῆς **εἰρήνης** μετὰ πάντων ὑμῶν,
Ro 16:20 δὲ θεὸς τῆς **εἰρήνης** συντρίψει τὸν σατανᾶν

εἰς (*eis*; 119/1759[1767]) *into*

Ro 1:1 κλητὸς ἀπόστολος ἀφωρισμένος **εἰς** εὐαγγέλιον θεοῦ,
Ro 1:5 χάριν καὶ ἀποστολὴν **εἰς** ὑπακοὴν πίστεως
Ro 1:11 χάρισμα ὑμῖν πνευματικὸν **εἰς** τὸ στηριχθῆναι ὑμᾶς,
Ro 1:16 γὰρ θεοῦ ἐστιν **εἰς** σωτηρίαν παντὶ τῷ
Ro 1:17 ἀποκαλύπτεται ἐκ πίστεως **εἰς** πίστιν,
Ro 1:20 **εἰς** τὸ εἶναι αὐτοὺς
Ro 1:24 τῶν καρδιῶν αὐτῶν **εἰς** ἀκαθαρσίαν τοῦ ἀτιμάζεσθαι
Ro 1:25 ὅς ἐστιν εὐλογητὸς **εἰς** τοὺς αἰῶνας,
Ro 1:26 αὐτοὺς ὁ θεὸς **εἰς** πάθη ἀτιμίας,
Ro 1:26 τὴν φυσικὴν χρῆσιν **εἰς** τὴν παρὰ φύσιν,
Ro 1:27 τῇ ὀρέξει αὐτῶν **εἰς** ἀλλήλους,
Ro 1:28 αὐτοὺς ὁ θεὸς **εἰς** ἀδόκιμον νοῦν,
Ro 2:4 χρηστὸν τοῦ θεοῦ **εἰς** μετάνοιάν σε ἄγει;
Ro 2:26 ἡ ἀκροβυστία αὐτοῦ **εἰς** περιτομὴν λογισθήσεται;
Ro 3:7 ἐμῷ ψεύσματι ἐπερίσσευσεν **εἰς** τὴν δόξαν αὐτοῦ,
Ro 3:22 πίστεως ᾽Ιησοῦ Χριστοῦ **εἰς** πάντας τοὺς πιστεύοντας.
Ro 3:25 τῷ αὐτοῦ αἵματι **εἰς** ἔνδειξιν τῆς δικαιοσύνης
Ro 3:26 **εἰς** τὸ εἶναι αὐτὸν
Ro 4:3 καὶ ἐλογίσθη αὐτῷ **εἰς** δικαιοσύνην.
Ro 4:5 ἡ πίστις αὐτοῦ **εἰς** δικαιοσύνην·
Ro 4:9 ᾽Αβραὰμ ἡ πίστις **εἰς** δικαιοσύνην.
Ro 4:11 **εἰς** τὸ εἶναι αὐτὸν
Ro 4:11 **εἰς** τὸ λογισθῆναι [καὶ]
Ro 4:16 **εἰς** τὸ εἶναι βεβαίαν
Ro 4:18 ἐπ᾽ ἐλπίδι ἐπίστευσεν **εἰς** τὸ γενέσθαι αὐτὸν
Ro 4:20 **εἰς** δὲ τὴν ἐπαγγελίαν
Ro 4:22 [καὶ] ἐλογίσθη αὐτῷ **εἰς** δικαιοσύνην.
Ro 5:2 ἐσχήκαμεν [τῇ πίστει] **εἰς** τὴν χάριν ταύτην
Ro 5:8 τὴν ἑαυτοῦ ἀγάπην **εἰς** ἡμᾶς ὁ θεός,
Ro 5:12 ἀνθρώπου ἡ ἁμαρτία **εἰς** τὸν κόσμον εἰσῆλθεν
Ro 5:12 καὶ οὕτως **εἰς** πάντας ἀνθρώπους
Ro 5:15 ἀνθρώπου ᾽Ιησοῦ Χριστοῦ **εἰς** τοὺς πολλοὺς ἐπερίσσευσεν.
Ro 5:16 κρίμα ἐξ ἑνὸς **εἰς** κατάκριμα,
Ro 5:16 ἐκ πολλῶν παραπτωμάτων **εἰς** δικαίωμα.
Ro 5:18 δι᾽ ἑνὸς παραπτώματος **εἰς** πάντας ἀνθρώπους εἰς
Ro 5:18 εἰς πάντας ἀνθρώπους **εἰς** κατάκριμα,
Ro 5:18 δι᾽ ἑνὸς δικαιώματος **εἰς** πάντας ἀνθρώπους
Ro 5:18 εἰς πάντας ἀνθρώπους **εἰς** δικαίωσιν ζωῆς·
Ro 5:21 βασιλεύσῃ διὰ δικαιοσύνης **εἰς** ζωὴν αἰώνιον διὰ
Ro 6:3 ὅσοι ἐβαπτίσθημεν **εἰς** Χριστὸν ᾽Ιησοῦν,
Ro 6:3 **εἰς** τὸν θάνατον αὐτοῦ
Ro 6:4 διὰ τοῦ βαπτίσματος **εἰς** τὸν θάνατον,
Ro 6:12 θνητῷ ὑμῶν σώματι **εἰς** τὸ ὑπακούειν ταῖς
Ro 6:16 παριστάνετε ἑαυτοὺς δούλους **εἰς** ὑπακοήν,
Ro 6:16 ἤτοι ἁμαρτίας **εἰς** θάνατον ἢ ὑπακοῆς
Ro 6:16 θάνατον ἢ ὑπακοῆς **εἰς** δικαιοσύνην;
Ro 6:17 δὲ ἐκ καρδίας **εἰς** ὃν παρεδόθητε τύπον
Ro 6:19 καὶ τῇ ἀνομίᾳ **εἰς** τὴν ἀνομίαν,
Ro 6:19 δοῦλα τῇ δικαιοσύνῃ **εἰς** ἁγιασμόν.
Ro 6:22 τὸν καρπὸν ὑμῶν **εἰς** ἁγιασμόν,
Ro 7:4 **εἰς** τὸ γενέσθαι ὑμᾶς
Ro 7:5 **εἰς** τὸ καρποφορῆσαι τῷ
Ro 7:10 ἡ ἐντολὴ ἡ **εἰς** ζωήν,
Ro 7:10 αὕτη **εἰς** θάνατον·
Ro 8:7 τῆς σαρκὸς ἔχθρα **εἰς** θεόν,
Ro 8:15 πνεῦμα δουλείας πάλιν **εἰς** φόβον ἀλλὰ ἐλάβετε
Ro 8:18 μέλλουσαν δόξαν ἀποκαλυφθῆναι **εἰς** ἡμᾶς.
Ro 8:21 δουλείας τῆς φθορᾶς **εἰς** τὴν ἐλευθερίαν
Ro 8:28 θεὸν πάντα συνεργεῖ **εἰς** ἀγαθόν,
Ro 8:29 **εἰς** τὸ εἶναι αὐτὸν
Ro 9:5 πάντων θεὸς εὐλογητὸς **εἰς** τοὺς αἰῶνας,
Ro 9:8 τῆς ἐπαγγελίας λογίζεται **εἰς** σπέρμα.
Ro 9:17 τῷ Φαραὼ ὅτι **εἰς** αὐτὸ τοῦτο ἐξήγειρά
Ro 9:21 ποιῆσαι ὃ μὲν **εἰς** τιμὴν σκεῦος ὃ
Ro 9:21 σκεῦος ὃ δὲ **εἰς** ἀτιμίαν;
Ro 9:22 σκεύη ὀργῆς κατηρτισμένα **εἰς** ἀπώλειαν,
Ro 9:23 ἐλέους ἃ προητοίμασεν **εἰς** δόξαν;
Ro 9:31 διώκων νόμον δικαιοσύνης **εἰς** νόμον οὐκ ἔφθασεν.
Ro 10:1 θεὸν ὑπὲρ αὐτῶν **εἰς** σωτηρίαν.
Ro 10:4 γὰρ νόμου Χριστὸς **εἰς** δικαιοσύνην παντὶ
Ro 10:6 τίς ἀναβήσεται **εἰς** τὸν οὐρανόν;
Ro 10:7 τίς καταβήσεται **εἰς** τὴν ἄβυσσον;
Ro 10:10 καρδίᾳ γὰρ πιστεύεται **εἰς** δικαιοσύνην,
Ro 10:10 στόματι δὲ ὁμολογεῖται **εἰς** σωτηρίαν.
Ro 10:12 πλουτῶν **εἰς** πάντας τοὺς ἐπικαλουμένους
Ro 10:14 Πῶς οὖν ἐπικαλέσωνται **εἰς** ὃν οὐκ ἐπίστευσαν;
Ro 10:18 **εἰς** πᾶσαν τὴν γῆν
Ro 10:18 φθόγγος αὐτῶν καὶ **εἰς** τὰ πέρατα τῆς
Ro 11:9 ἡ τράπεζα αὐτῶν **εἰς** παγίδα καὶ εἰς
Ro 11:9 εἰς παγίδα καὶ **εἰς** θήραν καὶ εἰς

Ro 11:9 εἰς θήραν καὶ **εἰς** σκάνδαλον καὶ εἰς
Ro 11:9 εἰς σκάνδαλον καὶ **εἰς** ἀνταπόδομα αὐτοῖς,
Ro 11:11 σωτηρία τοῖς ἔθνεσιν **εἰς** τὸ παραζηλῶσαι αὐτούς.
Ro 11:24 παρὰ φύσιν ἐνεκεντρίσθης **εἰς** καλλιέλαιον,
Ro 11:32 θεὸς τοὺς πάντας **εἰς** ἀπείθειαν,
Ro 11:36 δι' αὐτοῦ καὶ **εἰς** αὐτὸν τὰ πάντα·
Ro 11:36 αὐτῷ ἡ δόξα **εἰς** τοὺς αἰῶνας,
Ro 12:2 ἀνακαινώσει τοῦ νοὸς **εἰς** τὸ δοκιμάζειν ὑμᾶς
Ro 12:3 φρονεῖν ἀλλὰ φρονεῖν **εἰς** τὸ σωφρονεῖν,
Ro 12:10 τῇ φιλαδελφίᾳ **εἰς** ἀλλήλους φιλόστοργοι,
Ro 12:16 τὸ αὐτὸ **εἰς** ἀλλήλους φρονοῦντες,
Ro 13:4 διάκονός ἐστιν σοὶ **εἰς** τὸ ἀγαθόν.
Ro 13:4 διάκονός ἐστιν ἔκδικος **εἰς** ὀργὴν τῷ τὸ
Ro 13:6 γὰρ θεοῦ εἰσιν **εἰς** αὐτὸ τοῦτο προσκαρτεροῦντες.
Ro 13:14 πρόνοιαν μὴ ποιεῖσθε **εἰς** ἐπιθυμίας.
Ro 14:1 μὴ **εἰς** διακρίσεις διαλογισμῶν.
Ro 14:9 **εἰς** τοῦτο γὰρ Χριστὸς
Ro 14:19 τῆς οἰκοδομῆς τῆς **εἰς** ἀλλήλους.
Ro 15:2 τῷ πλησίον ἀρεσκέτω **εἰς** τὸ ἀγαθὸν πρὸς
Ro 15:4 **εἰς** τὴν ἡμετέραν διδασκαλίαν
Ro 15:7 Χριστὸς προσελάβετο ὑμᾶς **εἰς** δόξαν τοῦ θεοῦ.
Ro 15:8 **εἰς** τὸ βεβαιῶσαι τὰς
Ro 15:13 **εἰς** τὸ περισσεύειν ὑμᾶς
Ro 15:16 **εἰς** τὸ εἶναί με
Ro 15:16 λειτουργὸν Χριστοῦ Ἰησοῦ **εἰς** τὰ ἔθνη,
Ro 15:18 Χριστὸς δι' ἐμοῦ **εἰς** ὑπακοὴν ἐθνῶν,
Ro 15:24 ὡς ἂν πορεύωμαι **εἰς** τὴν Σπανίαν·
Ro 15:25 Νυνὶ δὲ πορεύομαι **εἰς** Ἰερουσαλὴμ διακονῶν
Ro 15:26 κοινωνίαν τινα ποιήσασθαι **εἰς** τοὺς πτωχοὺς τῶν
Ro 15:28 ἀπελεύσομαι δι' ὑμῶν **εἰς** Σπανίαν·
Ro 15:31 διακονία μου ἡ **εἰς** Ἰερουσαλὴμ εὐπρόσδεκτος τοῖς
Ro 16:5 ἀπαρχὴ τῆς Ἀσίας **εἰς** Χριστόν.
Ro 16:6 ἥτις πολλὰ ἐκοπίασεν **εἰς** ὑμᾶς.
Ro 16:19 γὰρ ὑμῶν ὑπακοὴ **εἰς** πάντας ἀφίκετο·
Ro 16:19 ὑμᾶς σοφοὺς εἶναι **εἰς** τὸ ἀγαθόν,
Ro 16:19 ἀκεραίους δὲ **εἰς** τὸ κακόν.
Ro 16:26 τοῦ αἰωνίου θεοῦ **εἰς** ὑπακοὴν πίστεως εἰς
Ro 16:26 εἰς ὑπακοὴν πίστεως **εἰς** πάντα τὰ ἔθνη
Ro 16:27 ᾧ ἡ δόξα **εἰς** τοὺς αἰῶνας,

εἷς (*heis*; 20/343[345]) *one*

Ro 3:10 ἔστιν δίκαιος οὐδὲ **εἷς**,
Ro 3:12 [οὐκ ἔστιν] ἕως **ἑνός**.
Ro 3:30 εἴπερ **εἷς** ὁ θεὸς ὃς
Ro 5:12 τοῦτο ὥσπερ δι' **ἑνὸς** ἀνθρώπου ἡ ἁμαρτία
Ro 5:15 γὰρ τῷ τοῦ **ἑνὸς** παραπτώματι οἱ πολλοὶ
Ro 5:15 χάριτι τῇ τοῦ **ἑνὸς** ἀνθρώπου Ἰησοῦ Χριστοῦ
Ro 5:16 οὐχ ὡς δι' **ἑνὸς** ἁμαρτήσαντος τὸ δώρημα·
Ro 5:16 γὰρ κρίμα ἐξ **ἑνὸς** εἰς κατάκριμα,
Ro 5:17 γὰρ τῷ τοῦ **ἑνὸς** παραπτώματι ὁ θάνατος
Ro 5:17 ἐβασίλευσεν διὰ τοῦ **ἑνός**,
Ro 5:17 βασιλεύσουσιν διὰ τοῦ **ἑνὸς** Ἰησοῦ Χριστοῦ.
Ro 5:18 οὖν ὡς δι' **ἑνὸς** παραπτώματος εἰς πάντας
Ro 5:18 οὕτως καὶ δι' **ἑνὸς** δικαιώματος εἰς πάντας
Ro 5:19 τῆς παρακοῆς τοῦ **ἑνὸς** ἀνθρώπου ἁμαρτωλοὶ κατεστάθησαν
Ro 5:19 τῆς ὑπακοῆς τοῦ **ἑνὸς** δίκαιοι κατασταθήσονται οἱ
Ro 9:10 καὶ Ῥεβέκκα ἐξ **ἑνὸς** κοίτην ἔχουσα,
Ro 12:4 καθάπερ γὰρ ἐν **ἑνὶ** σώματι πολλὰ μέλη
Ro 12:5 οὕτως οἱ πολλοὶ **ἓν** σῶμά ἐσμεν ἐν
Ro 12:5 τὸ δὲ καθ' **εἷς** ἀλλήλων μέλη.
Ro 15:6 ἵνα ὁμοθυμαδὸν ἐν **ἑνὶ** στόματι δοξάζητε

εἰσέρχομαι (*eiserchomai*; 2/194) *go into, enter*

Ro 5:12 εἰς τὸν κόσμον **εἰσῆλθεν** καὶ διὰ τῆς
Ro 11:25 πλήρωμα τῶν ἐθνῶν **εἰσέλθῃ**

εἴτε (*eite*; 4/65) *if*

Ro 12:6 **εἴτε** προφητείαν κατὰ τὴν
Ro 12:7 **εἴτε** διακονίαν ἐν τῇ
Ro 12:7 **εἴτε** ὁ διδάσκων ἐν
Ro 12:8 **εἴτε** ὁ παρακαλῶν ἐν

ἐκ (*ek*; 60/912[914]) *from*

Ro 1:3 αὐτοῦ τοῦ γενομένου **ἐκ** σπέρματος Δαυὶδ
Ro 1:4 κατὰ πνεῦμα ἁγιωσύνης **ἐξ** ἀναστάσεως νεκρῶν,
Ro 1:17 ἐν αὐτῷ ἀποκαλύπτεται **ἐκ** πίστεως εἰς πίστιν,
Ro 1:17 ὁ δὲ δίκαιος **ἐκ** πίστεως ζήσεται.
Ro 2:8 τοῖς δὲ **ἐξ** ἐριθείας καὶ ἀπειθοῦσι
Ro 2:18 τὰ διαφέροντα κατηχούμενος **ἐκ** τοῦ νόμου,
Ro 2:27 καὶ κρινεῖ ἡ **ἐκ** φύσεως ἀκροβυστία τὸν
Ro 2:29 ὁ ἔπαινος οὐκ **ἐξ** ἀνθρώπων ἀλλ' ἐκ
Ro 2:29 ἐξ ἀνθρώπων ἀλλ' **ἐκ** τοῦ θεοῦ.
Ro 3:20 διότι **ἐξ** ἔργων νόμου οὐ
Ro 3:26 καὶ δικαιοῦντα τὸν **ἐκ** πίστεως Ἰησοῦ.
Ro 3:30 ὃς δικαιώσει περιτομὴν **ἐκ** πίστεως καὶ ἀκροβυστίαν
Ro 4:2 εἰ γὰρ Ἀβραὰμ **ἐξ** ἔργων ἐδικαιώθη,
Ro 4:12 περιτομῆς τοῖς οὐκ **ἐκ** περιτομῆς μόνον
Ro 4:14 εἰ γὰρ οἱ **ἐκ** νόμου κληρονόμοι,
Ro 4:16 Διὰ τοῦτο **ἐκ** πίστεως,
Ro 4:16 οὐ τῷ **ἐκ** τοῦ νόμου μόνον
Ro 4:16 ἀλλὰ καὶ τῷ **ἐκ** πίστεως Ἀβραάμ,
Ro 4:24 τὸν κύριον ἡμῶν **ἐκ** νεκρῶν,
Ro 5:1 Δικαιωθέντες οὖν **ἐκ** πίστεως εἰρήνην ἔχομεν
Ro 5:16 μὲν γὰρ κρίμα **ἐξ** ἑνὸς εἰς κατάκριμα,
Ro 5:16 τὸ δὲ χάρισμα **ἐκ** πολλῶν παραπτωμάτων εἰς
Ro 6:4 ὥσπερ ἠγέρθη Χριστὸς **ἐκ** νεκρῶν διὰ τῆς
Ro 6:9 ὅτι Χριστὸς ἐγερθεὶς **ἐκ** νεκρῶν οὐκέτι ἀποθνῄσκει,
Ro 6:13 τῷ θεῷ ὡσεὶ **ἐκ** νεκρῶν ζῶντας καὶ
Ro 6:17 ἁμαρτίας ὑπηκούσατε δὲ **ἐκ** καρδίας εἰς ὃν
Ro 7:4 τῷ **ἐκ** νεκρῶν ἐγερθέντι,
Ro 7:24 τίς με ῥύσεται **ἐκ** τοῦ σώματος τοῦ
Ro 8:11 ἐγείραντος τὸν Ἰησοῦν **ἐκ** νεκρῶν οἰκεῖ ἐν
Ro 8:11 ὁ ἐγείρας Χριστὸν **ἐκ** νεκρῶν ζῳοποιήσει
Ro 9:5 οἱ πατέρες καὶ **ἐξ** ὧν ὁ Χριστὸς
Ro 9:6 οἱ **ἐξ** Ἰσραὴλ οὗτοι Ἰσραήλ·
Ro 9:10 ἀλλὰ καὶ Ῥεβέκκα **ἐξ** ἑνὸς κοίτην ἔχουσα,
Ro 9:12 οὐκ **ἐξ** ἔργων ἀλλ' ἐκ
Ro 9:12 ἐξ ἔργων ἀλλ' **ἐκ** τοῦ καλοῦντος,
Ro 9:21 κεραμεὺς τοῦ πηλοῦ **ἐκ** τοῦ αὐτοῦ φυράματος

Ro 9:24 ἡμᾶς οὐ μόνον **ἐξ** Ἰουδαίων ἀλλὰ καὶ
Ro 9:24 Ἰουδαίων ἀλλὰ καὶ **ἐξ** ἐθνῶν,
Ro 9:30 δικαιοσύνην δὲ τὴν **ἐκ** πίστεως,
Ro 9:32 ὅτι οὐκ **ἐκ** πίστεως ἀλλ᾽ ὡς
Ro 9:32 πίστεως ἀλλ᾽ ὡς **ἐξ** ἔργων·
Ro 10:5 τὴν δικαιοσύνην τὴν **ἐκ** [τοῦ] νόμου ὅτι
Ro 10:6 ἡ δὲ **ἐκ** πίστεως δικαιοσύνη οὕτως
Ro 10:7 τοῦτ᾽ ἔστιν Χριστὸν **ἐκ** νεκρῶν ἀναγαγεῖν.
Ro 10:9 θεὸς αὐτὸν ἤγειρεν **ἐκ** νεκρῶν,
Ro 10:17 ἄρα ἡ πίστις **ἐξ** ἀκοῆς,
Ro 11:1 **ἐκ** σπέρματος Ἀβραάμ,
Ro 11:6 οὐκέτι **ἐξ** ἔργων,
Ro 11:14 καὶ σώσω τινας **ἐξ** αὐτῶν.
Ro 11:15 εἰ μὴ ζωὴ **ἐκ** νεκρῶν;
Ro 11:24 εἰ γὰρ σὺ **ἐκ** τῆς κατὰ φύσιν
Ro 11:26 ἥξει **ἐκ** Σιὼν ὁ ῥυόμενος,
Ro 11:36 ὅτι **ἐξ** αὐτοῦ καὶ δι᾽
Ro 12:18 εἰ δυνατὸν τὸ **ἐξ** ὑμῶν,
Ro 13:3 καὶ ἕξεις ἔπαινον **ἐξ** αὐτῆς·
Ro 13:11 ὥρα ἤδη ὑμᾶς **ἐξ** ὕπνου ἐγερθῆναι,
Ro 14:23 ὅτι οὐκ **ἐκ** πίστεως·
Ro 14:23 δὲ ὃ οὐκ **ἐκ** πίστεως ἁμαρτία ἐστίν.
Ro 16:10 ἀσπάσασθε τοὺς **ἐκ** τῶν Ἀριστοβούλου.
Ro 16:11 ἀσπάσασθε τοὺς **ἐκ** τῶν Ναρκίσσου τοὺς

ἕκαστος (*hekastos*; 5/81[82]) *each*
Ro 2:6 ὃς ἀποδώσει **ἑκάστῳ** κατὰ τὰ ἔργα
Ro 12:3 **ἑκάστῳ** ὡς ὁ θεὸς
Ro 14:5 **ἕκαστος** ἐν τῷ ἰδίῳ
Ro 14:12 ἄρα [οὖν] **ἕκαστος** ἡμῶν περὶ ἑαυτοῦ
Ro 15:2 **ἕκαστος** ἡμῶν τῷ πλησίον

ἑκατονταετής (*hekatontaetēs*; 1/1) *a hundred years old*
Ro 4:19 **ἑκατονταετής** που ὑπάρχων,

ἐκδικέω (*ekdikeō*; 1/6) *help someone get justice*
Ro 12:19 μὴ ἑαυτοὺς **ἐκδικοῦντες**,

ἐκδίκησις (*ekdikēsis*; 1/9) *rendering of justice*
Ro 12:19 ἐμοὶ **ἐκδίκησις**,

ἔκδικος (*ekdikos*; 1/2) *one who punishes*
Ro 13:4 γὰρ διάκονός ἐστιν **ἔκδικος** εἰς ὀργὴν τῷ

ἐκεῖ (*ekei*; 2/95) *there*
Ro 9:26 **ἐκεῖ** κληθήσονται υἱοὶ θεοῦ
Ro 15:24 ὑφ᾽ ὑμῶν προπεμφθῆναι **ἐκεῖ** ἐὰν ὑμῶν πρῶτον

ἐκεῖνος (*ekeinos*; 3/240[243]) *that*
Ro 6:21 τὸ γὰρ τέλος **ἐκείνων** θάνατος.
Ro 14:14 **ἐκείνῳ** κοινόν.
Ro 14:15 τῷ βρώματί σου **ἐκεῖνον** ἀπόλλυε ὑπὲρ οὗ

ἐκζητέω (*ekzēteō*; 1/7) *seek or search diligently*
Ro 3:11 οὐκ ἔστιν ὁ **ἐκζητῶν** τὸν θεόν.

ἐκκαίω (*ekkaiō*; 1/1) *inflame*
Ro 1:27 χρῆσιν τῆς θηλείας **ἐξεκαύθησαν** ἐν τῇ ὀρέξει

ἐκκλάω (*ekklaō*; 3/3) *break off*
Ro 11:17 τινες τῶν κλάδων **ἐξεκλάσθησαν**,
Ro 11:19 **ἐξεκλάσθησαν** κλάδοι ἵνα ἐγὼ
Ro 11:20 τῇ ἀπιστίᾳ **ἐξεκλάσθησαν**,

ἐκκλείω (*ekkleiō*; 1/2) *exclude*
Ro 3:27 **ἐξεκλείσθη**.

ἐκκλησία (*ekklēsia*; 5/114) *church*
Ro 16:1 [καὶ] διάκονον τῆς **ἐκκλησίας** τῆς ἐν Κεγχρεαῖς,
Ro 16:4 καὶ πᾶσαι αἱ **ἐκκλησίαι** τῶν ἐθνῶν,
Ro 16:5 κατ᾽ οἶκον αὐτῶν **ἐκκλησίαν**.
Ro 16:16 ἀσπάζονται ὑμᾶς αἱ **ἐκκλησίαι** πᾶσαι τοῦ Χριστοῦ.
Ro 16:23 καὶ ὅλης τῆς **ἐκκλησίας**.

ἐκκλίνω (*ekklinō*; 2/3) *turn away*
Ro 3:12 πάντες **ἐξέκλιναν** ἅμα ἠχρεώθησαν·
Ro 16:17 καὶ **ἐκκλίνετε** ἀπ᾽ αὐτῶν·

ἐκκόπτω (*ekkoptō*; 2/10) *cut off or down*
Ro 11:22 ἐπεὶ καὶ σὺ **ἐκκοπήσῃ**.
Ro 11:24 τῆς κατὰ φύσιν **ἐξεκόπης** ἀγριελαίου καὶ

ἐκλεκτός (*eklektos*; 2/22) *chosen*
Ro 8:33 τίς ἐγκαλέσει κατὰ **ἐκλεκτῶν** θεοῦ;
Ro 16:13 ἀσπάσασθε Ῥοῦφον τὸν **ἐκλεκτὸν** ἐν κυρίῳ

ἐκλογή (*eklogē*; 4/7) *election*
Ro 9:11 ἵνα ἡ κατ᾽ **ἐκλογὴν** πρόθεσις τοῦ θεοῦ
Ro 11:5 καιρῷ λεῖμμα κατ᾽ **ἐκλογὴν** χάριτος γέγονεν·
Ro 11:7 ἡ δὲ **ἐκλογὴ** ἐπέτυχεν·
Ro 11:28 κατὰ δὲ τὴν **ἐκλογὴν** ἀγαπητοὶ διὰ τοὺς

ἐκπετάννυμι (*ekpetannymi*; 1/1) *hold out*
Ro 10:21 ὅλην τὴν ἡμέραν **ἐξεπέτασα** τὰς χεῖράς μου

ἐκπίπτω (*ekpiptō*; 1/10) *fall off or away*
Ro 9:6 οἷον δὲ ὅτι **ἐκπέπτωκεν** ὁ λόγος τοῦ

ἐκφεύγω (*ekpheugō*; 1/8) *escape*
Ro 2:3 ὅτι σὺ **ἐκφεύξῃ** τὸ κρίμα τοῦ

ἐκχύννομαι (*ekchynnomai*; 2/27) *pour out*
Ro 3:15 οἱ πόδες αὐτῶν **ἐκχέαι** αἷμα,
Ro 5:5 ἀγάπη τοῦ θεοῦ **ἐκκέχυται** ἐν ταῖς καρδίαις

ἑκών (*hekōn*; 1/2) *of one's own free will*
Ro 8:20 οὐχ **ἑκοῦσα** ἀλλὰ διὰ τὸν

ἐλαία (*elaia*; 2/14[15]) *olive tree*
Ro 11:17 τῆς πιότητος τῆς **ἐλαίας** ἐγένου,
Ro 11:24 ἐγκεντρισθήσονται τῇ ἰδίᾳ **ἐλαίᾳ**.

ἐλάσσων (*elassōn*; 1/4) *lesser*
Ro 9:12 μείζων δουλεύσει τῷ **ἐλάσσονι**,

ἐλεάω (*eleaō*; 2/4) *be merciful*
Ro 9:16 τρέχοντος ἀλλὰ τοῦ **ἐλεῶντος** θεοῦ.
Ro 12:8 ὁ **ἐλεῶν** ἐν ἱλαρότητι.

ἐλεέω (*eleeō*; 6/28) *be merciful*
Ro 9:15 **ἐλεήσω** ὃν ἂν ἐλεῶ
Ro 9:15 ἐλεήσω ὃν ἂν **ἐλεῶ** καὶ οἰκτιρήσω ὃν
Ro 9:18 οὖν ὃν θέλει **ἐλεεῖ**,
Ro 11:30 νῦν δὲ **ἠλεήθητε** τῇ τούτων ἀπειθείᾳ,
Ro 11:31 καὶ αὐτοὶ [νῦν] **ἐλεηθῶσιν**.
Ro 11:32 ἵνα τοὺς πάντας **ἐλεήσῃ**.

ἔλεος (*eleos*; 3/27) *mercy*
Ro 9:23 αὐτοῦ ἐπὶ σκεύη **ἐλέους** ἃ προητοίμασεν εἰς
Ro 11:31 ἠπείθησαν τῷ ὑμετέρῳ **ἐλέει**,
Ro 15:9 δὲ ἔθνη ὑπὲρ **ἐλέους** δοξάσαι τὸν θεόν,

ἐλευθερία (*eleutheria*; 1/11) *freedom*
Ro 8:21 φθορᾶς εἰς τὴν **ἐλευθερίαν** τῆς δόξης τῶν

ἐλεύθερος (*eleutheros*; 2/23) *free*
Ro 6:20 **ἐλεύθεροι** ἦτε τῇ δικαιοσύνῃ.
Ro 7:3 **ἐλευθέρα** ἐστὶν ἀπὸ τοῦ

ἐλευθερόω (*eleutheroō*; 4/7) *set free*
Ro 6:18 **ἐλευθερωθέντες** δὲ ἀπὸ τῆς
Ro 6:22 νυνὶ δὲ **ἐλευθερωθέντες** ἀπὸ τῆς ἁμαρτίας
Ro 8:2 ἐν Χριστῷ Ἰησοῦ **ἠλευθέρωσέν** σε ἀπὸ τοῦ
Ro 8:21 αὐτὴ ἡ κτίσις **ἐλευθερωθήσεται** ἀπὸ τῆς δουλείας

Ἕλλην (*Hellēn*; 6/25) *Greek*
Ro 1:14 **Ἕλλησίν** τε καὶ βαρβάροις,
Ro 1:16 τε πρῶτον καὶ **Ἕλληνι**.
Ro 2:9 τε πρῶτον καὶ **Ἕλληνος**·
Ro 2:10 τε πρῶτον καὶ **Ἕλληνι**·
Ro 3:9 Ἰουδαίους τε καὶ **Ἕλληνας** πάντας ὑφ᾽ ἁμαρτίαν
Ro 10:12 Ἰουδαίου τε καὶ **Ἕλληνος**,

ἐλλογέω (*ellogeō*; 1/2) *charge to one's account*
Ro 5:13 ἁμαρτία δὲ οὐκ **ἐλλογεῖται** μὴ ὄντος νόμου,

ἐλπίζω (*elpizō*; 4/31) *hope*
Ro 8:24 γὰρ βλέπει τίς **ἐλπίζει**;
Ro 8:25 ὃ οὐ βλέπομεν **ἐλπίζομεν**,
Ro 15:12 ἐπ᾽ αὐτῷ ἔθνη **ἐλπιοῦσιν**.
Ro 15:24 **ἐλπίζω** γὰρ διαπορευόμενος θεάσασθαι

ἐλπίς (*elpis*; 13/53) *hope*
Ro 4:18 Ὃς παρ᾽ **ἐλπίδα** ἐπ᾽ ἐλπίδι ἐπίστευσεν
Ro 4:18 παρ᾽ ἐλπίδα ἐπ᾽ **ἐλπίδι** ἐπίστευσεν εἰς τὸ
Ro 5:2 καὶ καυχώμεθα ἐπ᾽ **ἐλπίδι** τῆς δόξης τοῦ
Ro 5:4 ἡ δὲ δοκιμὴ **ἐλπίδα**.
Ro 5:5 ἡ δὲ **ἐλπὶς** οὐ καταισχύνει,
Ro 8:20 ἐφ᾽ **ἐλπίδι**
Ro 8:24 τῇ γὰρ **ἐλπίδι** ἐσώθημεν·
Ro 8:24 **ἐλπὶς** δὲ βλεπομένη οὐκ
Ro 8:24 βλεπομένη οὐκ ἔστιν **ἐλπίς**·
Ro 12:12 τῇ **ἐλπίδι** χαίροντες,
Ro 15:4 τῶν γραφῶν τὴν **ἐλπίδα** ἔχωμεν.
Ro 15:13 δὲ θεὸς τῆς **ἐλπίδος** πληρώσαι ὑμᾶς πάσης
Ro 15:13 ὑμᾶς ἐν τῇ **ἐλπίδι** ἐν δυνάμει πνεύματος

ἐμαυτοῦ (*emautou*; 1/37) *myself*
Ro 11:4 κατέλιπον **ἐμαυτῷ** ἑπτακισχιλίους ἄνδρας,

ἐμός (*emos*; 2/76) *my*
Ro 3:7 θεοῦ ἐν τῷ **ἐμῷ** ψεύσματι ἐπερίσσευσεν εἰς
Ro 10:1 μὲν εὐδοκία τῆς **ἐμῆς** καρδίας καὶ ἡ

ἐμπίπλημι (*empiplēmi*; 1/5) *fill*
Ro 15:24 πρῶτον ἀπὸ μέρους **ἐμπλησθῶ**.

ἐμφανής (*emphanēs*; 1/2) *visible*
Ro 10:20 **ἐμφανὴς** ἐγενόμην τοῖς ἐμὲ

ἐν (*en*; 173/2746[2752]) *in*
Ro 1:2 τῶν προφητῶν αὐτοῦ **ἐν** γραφαῖς ἁγίαις
Ro 1:4 ὁρισθέντος υἱοῦ θεοῦ **ἐν** δυνάμει κατὰ πνεῦμα
Ro 1:5 εἰς ὑπακοὴν πίστεως **ἐν** πᾶσιν τοῖς ἔθνεσιν
Ro 1:6 **ἐν** οἷς ἐστε καὶ
Ro 1:7 πᾶσιν τοῖς οὖσιν **ἐν** Ῥώμῃ ἀγαπητοῖς θεοῦ,
Ro 1:8 πίστις ὑμῶν καταγγέλλεται **ἐν** ὅλῳ τῷ κόσμῳ.
Ro 1:9 ᾧ λατρεύω **ἐν** τῷ πνεύματί μου
Ro 1:9 τῷ πνεύματί μου **ἐν** τῷ εὐαγγελίῳ τοῦ
Ro 1:10 ἤδη ποτὲ εὐοδωθήσομαι **ἐν** τῷ θελήματι τοῦ
Ro 1:12 δέ ἐστιν συμπαρακληθῆναι **ἐν** ὑμῖν διὰ τῆς
Ro 1:12 ὑμῖν διὰ τῆς **ἐν** ἀλλήλοις πίστεως ὑμῶν
Ro 1:13 καρπὸν σχῶ καὶ **ἐν** ὑμῖν καθὼς καὶ
Ro 1:13 ὑμῖν καθὼς καὶ **ἐν** τοῖς λοιποῖς ἔθνεσιν.
Ro 1:15 καὶ ὑμῖν τοῖς **ἐν** Ῥώμῃ εὐαγγελίσασθαι.
Ro 1:17 δικαιοσύνη γὰρ θεοῦ **ἐν** αὐτῷ ἀποκαλύπτεται ἐκ
Ro 1:18 τῶν τὴν ἀλήθειαν **ἐν** ἀδικίᾳ κατεχόντων,
Ro 1:19 θεοῦ φανερόν ἐστιν **ἐν** αὐτοῖς·
Ro 1:21 ἀλλ᾽ ἐματαιώθησαν **ἐν** τοῖς διαλογισμοῖς αὐτῶν
Ro 1:23 τοῦ ἀφθάρτου θεοῦ **ἐν** ὁμοιώματι εἰκόνος φθαρτοῦ
Ro 1:24 αὐτοὺς ὁ θεὸς **ἐν** ταῖς ἐπιθυμίαις τῶν
Ro 1:24 τὰ σώματα αὐτῶν **ἐν** αὐτοῖς·
Ro 1:25 ἀλήθειαν τοῦ θεοῦ **ἐν** τῷ ψεύδει καὶ
Ro 1:27 τῆς θηλείας ἐξεκαύθησαν **ἐν** τῇ ὀρέξει αὐτῶν
Ro 1:27 ἄρσενες **ἐν** ἄρσεσιν τὴν ἀσχημοσύνην
Ro 1:27 τῆς πλάνης αὐτῶν **ἐν** ἑαυτοῖς ἀπολαμβάνοντες.
Ro 1:28 τὸν θεὸν ἔχειν **ἐν** ἐπιγνώσει,
Ro 2:1 **ἐν** ᾧ γὰρ κρίνεις
Ro 2:5 θησαυρίζεις σεαυτῷ ὀργὴν **ἐν** ἡμέρᾳ ὀργῆς
Ro 2:12 καὶ ὅσοι **ἐν** νόμῳ ἥμαρτον,
Ro 2:15 τοῦ νόμου γραπτὸν **ἐν** ταῖς καρδίαις
Ro 2:16 **ἐν** ἡμέρᾳ ὅτε κρίνει
Ro 2:17 νόμῳ καὶ καυχᾶσαι **ἐν** θεῷ
Ro 2:19 φῶς τῶν **ἐν** σκότει,
Ro 2:20 καὶ τῆς ἀληθείας **ἐν** τῷ νόμῳ·
Ro 2:23 ὃς **ἐν** νόμῳ καυχᾶσαι,
Ro 2:24 δι᾽ ὑμᾶς βλασφημεῖται **ἐν** τοῖς ἔθνεσιν,
Ro 2:28 οὐ γὰρ ὁ **ἐν** τῷ φανερῷ Ἰουδαῖός
Ro 2:28 ἐστιν οὐδὲ ἡ **ἐν** τῷ φανερῷ ἐν
Ro 2:28 ἐν τῷ φανερῷ **ἐν** σαρκὶ περιτομή,

Ro 2:29 ἀλλ' ὁ **ἐν** τῷ κρυπτῷ Ἰουδαῖος,
Ro 2:29 καὶ περιτομὴ καρδίας **ἐν** πνεύματι οὐ γράμματι,
Ro 3:4 ὅπως ἂν δικαιωθῇς **ἐν** τοῖς λόγοις σου
Ro 3:4 σου καὶ νικήσεις **ἐν** τῷ κρίνεσθαί σε.
Ro 3:7 ἀλήθεια τοῦ θεοῦ **ἐν** τῷ ἐμῷ ψεύσματι
Ro 3:16 σύντριμμα καὶ ταλαιπωρία **ἐν** ταῖς ὁδοῖς αὐτῶν,
Ro 3:19 νόμος λέγει τοῖς **ἐν** τῷ νόμῳ λαλεῖ,
Ro 3:24 τῆς ἀπολυτρώσεως τῆς **ἐν** Χριστῷ Ἰησοῦ·
Ro 3:25 διὰ [τῆς] πίστεως **ἐν** τῷ αὐτοῦ αἵματι
Ro 3:26 **ἐν** τῇ ἀνοχῇ τοῦ
Ro 3:26 τῆς δικαιοσύνης αὐτοῦ **ἐν** τῷ νῦν καιρῷ,
Ro 4:10 **ἐν** περιτομῇ ὄντι ἢ
Ro 4:10 περιτομῇ ὄντι ἢ **ἐν** ἀκροβυστίᾳ;
Ro 4:10 οὐκ **ἐν** περιτομῇ ἀλλ' ἐν
Ro 4:10 ἐν περιτομῇ ἀλλ' **ἐν** ἀκροβυστίᾳ·
Ro 4:11 τῆς πίστεως τῆς **ἐν** τῇ ἀκροβυστίᾳ,
Ro 4:12 τοῖς ἴχνεσιν τῆς **ἐν** ἀκροβυστίᾳ πίστεως
Ro 5:2 τὴν χάριν ταύτην **ἐν** ᾗ ἑστήκαμεν καὶ
Ro 5:3 ἀλλὰ καὶ καυχώμεθα **ἐν** ταῖς θλίψεσιν,
Ro 5:5 τοῦ θεοῦ ἐκκέχυται **ἐν** ταῖς καρδίαις ἡμῶν
Ro 5:9 μᾶλλον δικαιωθέντες νῦν **ἐν** τῷ αἵματι αὐτοῦ
Ro 5:10 μᾶλλον καταλλαγέντες σωθησόμεθα **ἐν** τῇ ζωῇ αὐτοῦ·
Ro 5:11 ἀλλὰ καὶ καυχώμενοι **ἐν** τῷ θεῷ διὰ
Ro 5:13 νόμου ἁμαρτία ἦν **ἐν** κόσμῳ,
Ro 5:15 καὶ ἡ δωρεὰ **ἐν** χάριτι τῇ τοῦ
Ro 5:17 τῆς δικαιοσύνης λαμβάνοντες **ἐν** ζωῇ βασιλεύσουσιν διὰ
Ro 5:21 ἐβασίλευσεν ἡ ἁμαρτία **ἐν** τῷ θανάτῳ,
Ro 6:2 πῶς ἔτι ζήσομεν **ἐν** αὐτῇ;
Ro 6:4 οὕτως καὶ ἡμεῖς **ἐν** καινότητι ζωῆς περιπατήσωμεν.
Ro 6:11 δὲ τῷ θεῷ **ἐν** Χριστῷ Ἰησοῦ.
Ro 6:12 βασιλευέτω ἡ ἁμαρτία **ἐν** τῷ θνητῷ ὑμῶν
Ro 6:23 θεοῦ ζωὴ αἰώνιος **ἐν** Χριστῷ Ἰησοῦ τῷ
Ro 7:5 ὅτε γὰρ ἦμεν **ἐν** τῇ σαρκί,
Ro 7:5 ἐνηργεῖτο **ἐν** τοῖς μέλεσιν ἡμῶν,
Ro 7:6 τοῦ νόμου ἀποθανόντες **ἐν** ᾧ κατειχόμεθα,
Ro 7:6 ὥστε δουλεύειν ἡμᾶς **ἐν** καινότητι πνεύματος καὶ
Ro 7:8 κατειργάσατο **ἐν** ἐμοὶ πᾶσαν
Ro 7:17 ἀλλὰ ἡ οἰκοῦσα **ἐν** ἐμοὶ ἁμαρτία.
Ro 7:18 ὅτι οὐκ οἰκεῖ **ἐν** ἐμοί,
Ro 7:18 τοῦτ' ἔστιν **ἐν** τῇ σαρκί μου,
Ro 7:20 ἀλλὰ ἡ οἰκοῦσα **ἐν** ἐμοὶ ἁμαρτία.
Ro 7:23 δὲ ἕτερον νόμον **ἐν** τοῖς μέλεσίν μου
Ro 7:23 καὶ αἰχμαλωτίζοντά με **ἐν** τῷ νόμῳ τῆς
Ro 7:23 ἁμαρτίας τῷ ὄντι **ἐν** τοῖς μέλεσίν μου.
Ro 8:1 νῦν κατάκριμα τοῖς **ἐν** Χριστῷ Ἰησοῦ.
Ro 8:2 πνεύματος τῆς ζωῆς **ἐν** Χριστῷ Ἰησοῦ ἠλευθέρωσέν
Ro 8:3 ἀδύνατον τοῦ νόμου **ἐν** ᾧ ἠσθένει διὰ
Ro 8:3 ἑαυτοῦ υἱὸν πέμψας **ἐν** ὁμοιώματι σαρκὸς ἁμαρτίας
Ro 8:3 κατέκρινεν τὴν ἁμαρτίαν **ἐν** τῇ σαρκί,
Ro 8:4 τοῦ νόμου πληρωθῇ **ἐν** ἡμῖν τοῖς μὴ
Ro 8:8 οἱ δὲ **ἐν** σαρκὶ ὄντες θεῷ
Ro 8:9 δὲ οὐκ ἐστὲ **ἐν** σαρκὶ ἀλλὰ ἐν
Ro 8:9 ἐν σαρκὶ ἀλλὰ **ἐν** πνεύματι,
Ro 8:9 πνεῦμα θεοῦ οἰκεῖ **ἐν** ὑμῖν.
Ro 8:10 εἰ δὲ Χριστὸς **ἐν** ὑμῖν,
Ro 8:11 ἐκ νεκρῶν οἰκεῖ **ἐν** ὑμῖν,
Ro 8:11 αὐτοῦ πνεύματος **ἐν** ὑμῖν.
Ro 8:15 ἐλάβετε πνεῦμα υἱοθεσίας **ἐν** ᾧ κράζομεν·
Ro 8:23 ἡμεῖς καὶ αὐτοὶ **ἐν** ἑαυτοῖς στενάζομεν υἱοθεσίαν
Ro 8:29 εἶναι αὐτὸν πρωτότοκον **ἐν** πολλοῖς ἀδελφοῖς·
Ro 8:34 ὅς καί ἐστιν **ἐν** δεξιᾷ τοῦ θεοῦ,
Ro 8:37 ἀλλ' **ἐν** τούτοις πᾶσιν ὑπερνικῶμεν
Ro 8:39 τοῦ θεοῦ τῆς **ἐν** Χριστῷ Ἰησοῦ τῷ
Ro 9:1 Ἀλήθειαν λέγω **ἐν** Χριστῷ,
Ro 9:1 τῆς συνειδήσεώς μου **ἐν** πνεύματι ἁγίῳ,
Ro 9:7 **ἐν** Ἰσαὰκ κληθήσεταί σοι
Ro 9:17 ὅπως ἐνδείξωμαι **ἐν** σοὶ τὴν δύναμίν
Ro 9:17 τὸ ὄνομά μου **ἐν** πάσῃ τῇ γῇ.
Ro 9:22 ἤνεγκεν **ἐν** πολλῇ μακροθυμίᾳ
Ro 9:25 ὡς καὶ **ἐν** τῷ Ὡσηὲ λέγει·
Ro 9:26 καὶ ἔσται **ἐν** τῷ τόπῳ οὗ
Ro 9:33 ἰδοὺ τίθημι **ἐν** Σιὼν λίθον προσκόμματος
Ro 10:5 αὐτὰ ἄνθρωπος ζήσεται **ἐν** αὐτοῖς.
Ro 10:6 μὴ εἴπῃς **ἐν** τῇ καρδίᾳ σου·
Ro 10:8 τὸ ῥῆμά ἐστιν **ἐν** τῷ στόματί σου
Ro 10:8 στόματί σου καὶ **ἐν** τῇ καρδίᾳ σου,
Ro 10:9 ὅτι ἐὰν ὁμολογήσῃς **ἐν** τῷ στόματί σου
Ro 10:9 Ἰησοῦν καὶ πιστεύσῃς **ἐν** τῇ καρδίᾳ σου
Ro 10:20 εὑρέθην **[ἐν]** τοῖς ἐμὲ μὴ
Ro 11:2 ἢ οὐκ οἴδατε **ἐν** Ἠλίᾳ τί λέγει
Ro 11:5 οὕτως οὖν καὶ **ἐν** τῷ νῦν καιρῷ
Ro 11:17 ἀγριέλαιος ὢν ἐνεκεντρίσθης **ἐν** αὐτοῖς καὶ συγκοινωνὸς
Ro 12:3 παντὶ τῷ ὄντι **ἐν** ὑμῖν μὴ ὑπερφρονεῖν
Ro 12:4 καθάπερ γὰρ **ἐν** ἑνὶ σώματι πολλὰ
Ro 12:5 ἓν σῶμά ἐσμεν **ἐν** Χριστῷ,
Ro 12:7 εἴτε διακονίαν **ἐν** τῇ διακονίᾳ,
Ro 12:7 εἴτε ὁ διδάσκων **ἐν** τῇ διδασκαλίᾳ,
Ro 12:8 εἴτε ὁ παρακαλῶν **ἐν** τῇ παρακλήσει·
Ro 12:8 ὁ μεταδιδοὺς **ἐν** ἁπλότητι,
Ro 12:8 ὁ προϊστάμενος **ἐν** σπουδῇ,
Ro 12:8 ὁ ἐλεῶν **ἐν** ἱλαρότητι.
Ro 12:21 κακοῦ ἀλλὰ νίκα **ἐν** τῷ ἀγαθῷ τὸ
Ro 13:9 **ἐν** τῷ λόγῳ τούτῳ
Ro 13:9 ἀνακεφαλαιοῦται **[ἐν** τῷ]·
Ro 13:13 ὡς **ἐν** ἡμέρᾳ εὐσχημόνως περιπατήσωμεν,
Ro 14:5 ἕκαστος **ἐν** τῷ ἰδίῳ νοῒ
Ro 14:14 οἶδα καὶ πέπεισμαι **ἐν** κυρίῳ Ἰησοῦ ὅτι
Ro 14:17 εἰρήνη καὶ χαρὰ **ἐν** πνεύματι ἁγίῳ·
Ro 14:18 ὁ γὰρ **ἐν** τούτῳ δουλεύων τῷ
Ro 14:21 πιεῖν οἶνον μηδὲ **ἐν** ᾧ ὁ ἀδελφός
Ro 14:22 κρίνων ἑαυτὸν **ἐν** ᾧ δοκιμάζει·
Ro 15:5 τὸ αὐτὸ φρονεῖν **ἐν** ἀλλήλοις κατὰ Χριστὸν
Ro 15:6 ἵνα ὁμοθυμαδὸν **ἐν** ἑνὶ στόματι δοξάζητε
Ro 15:9 τοῦτο ἐξομολογήσομαί σοι **ἐν** ἔθνεσιν καὶ
Ro 15:13 χαρᾶς καὶ εἰρήνης **ἐν** τῷ πιστεύειν,
Ro 15:13 τὸ περισσεύειν ὑμᾶς **ἐν** τῇ ἐλπίδι ἐν
Ro 15:13 ἐν τῇ ἐλπίδι **ἐν** δυνάμει πνεύματος ἁγίου.
Ro 15:16 ἡγιασμένη **ἐν** πνεύματι ἁγίῳ.
Ro 15:17 οὖν [τὴν] καύχησιν **ἐν** Χριστῷ Ἰησοῦ τὰ
Ro 15:19 **ἐν** δυνάμει σημείων καὶ
Ro 15:19 **ἐν** δυνάμει πνεύματος [θεοῦ].
Ro 15:23 μηκέτι τόπον ἔχων **ἐν** τοῖς κλίμασι τούτοις,
Ro 15:26 τῶν ἁγίων τῶν **ἐν** Ἰερουσαλήμ.
Ro 15:27 ὀφείλουσιν καὶ **ἐν** τοῖς σαρκικοῖς λειτουργῆσαι

Ro 15:29 ἐρχόμενος πρὸς ὑμᾶς **ἐν** πληρώματι εὐλογίας Χριστοῦ
Ro 15:30 πνεύματος συναγωνίσασθαί μοι **ἐν** ταῖς προσευχαῖς ὑπὲρ
Ro 15:31 ἀπὸ τῶν ἀπειθούντων **ἐν** τῇ Ἰουδαίᾳ καὶ
Ro 15:32 ἵνα **ἐν** χαρᾷ ἐλθὼν πρὸς
Ro 16:1 τῆς ἐκκλησίας τῆς **ἐν** Κεγχρεαῖς,
Ro 16:2 ἵνα αὐτὴν προσδέξησθε **ἐν** κυρίῳ ἀξίως τῶν
Ro 16:2 καὶ παραστῆτε αὐτῇ **ἐν** ᾧ ἂν ὑμῶν
Ro 16:3 τοὺς συνεργούς μου **ἐν** Χριστῷ Ἰησοῦ,
Ro 16:7 οἵτινές εἰσιν ἐπίσημοι **ἐν** τοῖς ἀποστόλοις,
Ro 16:7 πρὸ ἐμοῦ γέγοναν **ἐν** Χριστῷ.
Ro 16:8 τὸν ἀγαπητόν μου **ἐν** κυρίῳ.
Ro 16:9 τὸν συνεργὸν ἡμῶν **ἐν** Χριστῷ καὶ Στάχυν
Ro 16:10 Ἀπελλῆν τὸν δόκιμον **ἐν** Χριστῷ.
Ro 16:11 Ναρκίσσου τοὺς ὄντας **ἐν** κυρίῳ.
Ro 16:12 Τρυφῶσαν τὰς κοπιώσας **ἐν** κυρίῳ.
Ro 16:12 ἥτις πολλὰ ἐκοπίασεν **ἐν** κυρίῳ.
Ro 16:13 Ῥοῦφον τὸν ἐκλεκτὸν **ἐν** κυρίῳ καὶ τὴν
Ro 16:16 ἀσπάσασθε ἀλλήλους **ἐν** φιλήματι ἁγίῳ.
Ro 16:20 τοὺς πόδας ὑμῶν **ἐν** τάχει.
Ro 16:22 γράψας τὴν ἐπιστολὴν **ἐν** κυρίῳ.

ἐνδείκνυμι (*endeiknymi*; 3/11) *show*
Ro 2:15 οἵτινες **ἐνδείκνυνται** τὸ ἔργον τοῦ
Ro 9:17 ἐξήγειρά σε ὅπως **ἐνδείξωμαι** ἐν σοὶ τὴν
Ro 9:22 θέλων ὁ θεὸς **ἐνδείξασθαι** τὴν ὀργὴν καὶ

ἔνδειξις (*endeixis*; 2/4) *evidence*
Ro 3:25 αὐτοῦ αἵματι εἰς **ἔνδειξιν** τῆς δικαιοσύνης αὐτοῦ
Ro 3:26 πρὸς τὴν **ἔνδειξιν** τῆς δικαιοσύνης αὐτοῦ

ἔνδικος (*endikos*; 1/2) *just*
Ro 3:8 ὧν τὸ κρίμα **ἔνδικόν** ἐστιν.

ἐνδυναμόω (*endynamoō*; 1/7) *strengthen*
Ro 4:20 τῇ ἀπιστίᾳ ἀλλ' **ἐνεδυναμώθη** τῇ πίστει,

ἐνδύω (*endyō*; 2/27) *dress*
Ro 13:12 **ἐνδυσώμεθα** [δὲ] τὰ ὅπλα
Ro 13:14 ἀλλὰ **ἐνδύσασθε** τὸν κύριον Ἰησοῦν

ἕνεκα (*heneka*; 2/26) *because of*
Ro 8:36 καθὼς γέγραπται ὅτι **ἕνεκεν** σοῦ θανατούμεθα ὅλην
Ro 14:20 μὴ **ἕνεκεν** βρώματος κατάλυε τὸ

ἐνεργέω (*energeō*; 1/21) *work*
Ro 7:5 διὰ τοῦ νόμου **ἐνηργεῖτο** ἐν τοῖς μέλεσιν

ἐνίστημι (*enistēmi*; 1/7) *be impending*
Ro 8:38 οὔτε ἀρχαὶ οὔτε **ἐνεστῶτα** οὔτε μέλλοντα οὔτε

ἐνοικέω (*enoikeō*; 1/5) *live in*
Ro 8:11 ὑμῶν διὰ τοῦ **ἐνοικοῦντος** αὐτοῦ πνεύματος

ἐντολή (*entolē*; 7/67) *commandment*
Ro 7:8 ἁμαρτία διὰ τῆς **ἐντολῆς** κατειργάσατο ἐν ἐμοὶ
Ro 7:9 ἐλθούσης δὲ τῆς **ἐντολῆς** ἡ ἁμαρτία ἀνέζησεν,
Ro 7:10 εὑρέθη μοι ἡ **ἐντολὴ** ἡ εἰς ζωήν,
Ro 7:11 λαβοῦσα διὰ τῆς **ἐντολῆς** ἐξηπάτησέν με καὶ
Ro 7:12 ἅγιος καὶ ἡ **ἐντολὴ** ἁγία καὶ δικαία
Ro 7:13 ἁμαρτία διὰ τῆς **ἐντολῆς**.
Ro 13:9 εἴ τις ἑτέρα **ἐντολή**,

ἐντυγχάνω (*entynchanō*; 3/5) *turn to*
Ro 8:27 ὅτι κατὰ θεὸν **ἐντυγχάνει** ὑπὲρ ἁγίων.
Ro 8:34 ὃς καὶ **ἐντυγχάνει** ὑπὲρ ἡμῶν.
Ro 11:2 ὡς **ἐντυγχάνει** τῷ θεῷ κατὰ

ἐνώπιον (*enōpion*; 3/94) *before*
Ro 3:20 δικαιωθήσεται πᾶσα σὰρξ **ἐνώπιον** αὐτοῦ,
Ro 12:17 προνοούμενοι καλὰ **ἐνώπιον** πάντων ἀνθρώπων·
Ro 14:22 κατὰ σεαυτὸν ἔχε **ἐνώπιον** τοῦ θεοῦ.

ἐξαπατάω (*exapataō*; 2/6) *deceive*
Ro 7:11 διὰ τῆς ἐντολῆς **ἐξηπάτησέν** με καὶ δι'
Ro 16:18 χρηστολογίας καὶ εὐλογίας **ἐξαπατῶσιν** τὰς καρδίας τῶν

ἐξεγείρω (*exegeirō*; 1/2) *raise*
Ro 9:17 εἰς αὐτὸ τοῦτο **ἐξήγειρά** σε ὅπως ἐνδείξωμαι

ἐξέρχομαι (*exerchomai*; 1/216[218]) *come or go out or forth*
Ro 10:18 πᾶσαν τὴν γῆν **ἐξῆλθεν** ὁ φθόγγος αὐτῶν

ἐξομολογέω (*exomologeō*; 2/10) *agree*
Ro 14:11 καὶ πᾶσα γλῶσσα **ἐξομολογήσεται** τῷ θεῷ.
Ro 15:9 διὰ τοῦτο **ἐξομολογήσομαί** σοι ἐν ἔθνεσιν

ἐξουθενέω (*exoutheneō*; 2/11) *despise*
Ro 14:3 μὴ ἐσθίοντα μὴ **ἐξουθενείτω**,
Ro 14:10 καὶ σὺ τί **ἐξουθενεῖς** τὸν ἀδελφόν σου;

ἐξουσία (*exousia*; 5/102) *authority*
Ro 9:21 ἢ οὐκ ἔχει **ἐξουσίαν** ὁ κεραμεὺς τοῦ
Ro 13:1 Πᾶσα ψυχὴ **ἐξουσίαις** ὑπερεχούσαις ὑποτασσέσθω.
Ro 13:1 οὐ γὰρ ἔστιν **ἐξουσία** εἰ μὴ ὑπὸ
Ro 13:2 ὁ ἀντιτασσόμενος τῇ **ἐξουσίᾳ** τῇ τοῦ θεοῦ
Ro 13:3 μὴ φοβεῖσθαι τὴν **ἐξουσίαν**·

ἐπαγγελία (*epangelia*; 8/52) *promise*
Ro 4:13 διὰ νόμου ἡ **ἐπαγγελία** τῷ Ἀβραὰμ ἢ
Ro 4:14 καὶ κατήργηται ἡ **ἐπαγγελία**·
Ro 4:16 εἶναι βεβαίαν τὴν **ἐπαγγελίαν** παντὶ τῷ σπέρματι,
Ro 4:20 εἰς δὲ τὴν **ἐπαγγελίαν** τοῦ θεοῦ οὐ
Ro 9:4 λατρεία καὶ αἱ **ἐπαγγελίαι**,
Ro 9:8 τὰ τέκνα τῆς **ἐπαγγελίας** λογίζεται εἰς σπέρμα.
Ro 9:9 **ἐπαγγελίας** γὰρ ὁ λόγος
Ro 15:8 τὸ βεβαιῶσαι τὰς **ἐπαγγελίας** τῶν πατέρων,

ἐπαγγέλλομαι (*epangellomai*; 1/15) *promise*
Ro 4:21 πληροφορηθεὶς ὅτι ὃ **ἐπήγγελται** δυνατός ἐστιν καὶ

Ἐπαίνετος (*Epainetos*; 1/1) *Epaenetus*
Ro 16:5 ἀσπάσασθε **Ἐπαίνετον** τὸν ἀγαπητόν μου,

ἐπαινέω (*epaineō*; 1/6) *commend*
Ro 15:11 τὸν κύριον καὶ **ἐπαινεσάτωσαν** αὐτὸν πάντες οἱ

ἔπαινος (*epainos*; 2/11) *praise*
Ro 2:29 οὗ ὁ **ἔπαινος** οὐκ ἐξ ἀνθρώπων
Ro 13:3 καὶ ἕξεις **ἔπαινον** ἐξ αὐτῆς·

ἐπαισχύνομαι (*epaischynomai*; 2/11) *be ashamed*
Ro 1:16 Οὐ γὰρ **ἐπαισχύνομαι** τὸ εὐαγγέλιον,
Ro 6:21 ἐφ' οἷς νῦν **ἐπαισχύνεσθε**,

ἐπαναμιμνῄσκω (*epanamimnēskō*; 1/1) *remind*
Ro 15:15 ἀπὸ μέρους ὡς **ἐπαναμιμνῄσκων** ὑμᾶς διὰ

ἐπαναπαύομαι (*epanapauomai*; 1/2) *rest upon*
Ro 2:17 Ἰουδαῖος ἐπονομάζῃ καὶ **ἐπαναπαύῃ** νόμῳ καὶ καυχᾶσαι

ἐπεί (*epei*; 3/26) *since*
Ro 3:6 **ἐπεὶ** πῶς κρινεῖ ὁ
Ro 11:6 **ἐπεὶ** ἡ χάρις οὐκέτι
Ro 11:22 **ἐπεὶ** καὶ σὺ ἐκκοπήσῃ.

ἐπερωτάω (*eperōtaō*; 1/56) *ask*
Ro 10:20 τοῖς ἐμὲ μὴ **ἐπερωτῶσιν**.

ἐπί (*epi*; 31/886[890]) *on*
Ro 1:10 πάντοτε **ἐπὶ** τῶν προσευχῶν μου
Ro 1:18 θεοῦ ἀπ' οὐρανοῦ **ἐπὶ** πᾶσαν ἀσέβειαν καὶ
Ro 2:2 ἐστιν κατὰ ἀλήθειαν **ἐπὶ** τοὺς τὰ τοιαῦτα
Ro 2:9 θλῖψις καὶ στενοχωρία **ἐπὶ** πᾶσαν ψυχὴν ἀνθρώπου
Ro 4:5 ἐργαζομένῳ πιστεύοντι δὲ **ἐπὶ** τὸν δικαιοῦντα τὸν
Ro 4:9 μακαρισμὸς οὖν οὗτος **ἐπὶ** τὴν περιτομὴν ἢ
Ro 4:9 περιτομὴν ἢ καὶ **ἐπὶ** τὴν ἀκροβυστίαν;
Ro 4:18 Ὃς παρ' ἐλπίδα **ἐπ'** ἐλπίδι ἐπίστευσεν εἰς
Ro 4:24 τοῖς πιστεύουσιν **ἐπὶ** τὸν ἐγείραντα Ἰησοῦν
Ro 5:2 ἐστήκαμεν καὶ καυχώμεθα **ἐπ'** ἐλπίδι τῆς δόξης
Ro 5:12 **ἐφ'** ᾧ πάντες ἥμαρτον·
Ro 5:14 μέχρι Μωϋσέως καὶ **ἐπὶ** τοὺς μὴ ἁμαρτήσαντας
Ro 5:14 τοὺς μὴ ἁμαρτήσαντας **ἐπὶ** τῷ ὁμοιώματι τῆς
Ro 6:21 **ἐφ'** οἷς νῦν ἐπαισχύνεσθε,
Ro 7:1 κυριεύει τοῦ ἀνθρώπου **ἐφ'** ὅσον χρόνον ζῇ;
Ro 8:20 **ἐφ'** ἐλπίδι
Ro 9:5 ὁ ὢν **ἐπὶ** πάντων θεὸς εὐλογητὸς
Ro 9:23 τῆς δόξης αὐτοῦ **ἐπὶ** σκεύη ἐλέους ἃ
Ro 9:28 συντέμνων ποιήσει κύριος **ἐπὶ** τῆς γῆς.
Ro 9:33 καὶ ὁ πιστεύων **ἐπ'** αὐτῷ οὐ καταισχυνθήσεται.
Ro 10:11 πᾶς ὁ πιστεύων **ἐπ'** αὐτῷ οὐ καταισχυνθήσεται.
Ro 10:19 ἐγὼ παραζηλώσω ὑμᾶς **ἐπ'** οὐκ ἔθνει,
Ro 10:19 **ἐπ'** ἔθνει ἀσυνέτῳ παροργιῶ
Ro 11:13 ἐφ' **ὅσον** μὲν οὖν εἰμι
Ro 11:22 **ἐπὶ** μὲν τοὺς πεσόντας
Ro 11:22 **ἐπὶ** δὲ σὲ χρηστότης
Ro 12:20 ἄνθρακας πυρὸς σωρεύσεις **ἐπὶ** τὴν κεφαλὴν αὐτοῦ.
Ro 15:3 ὀνειδιζόντων σε ἐπέπεσαν **ἐπ'** ἐμέ.
Ro 15:12 **ἐπ'** αὐτῷ ἔθνη ἐλπιοῦσιν.
Ro 15:20 ἵνα μὴ **ἐπ'** ἀλλότριον θεμέλιον οἰκοδομῶ,
Ro 16:19 **ἐφ'** ὑμῖν οὖν χαίρω,

ἐπιγινώσκω (*epiginōskō*; 1/44) *know*
Ro 1:32 δικαίωμα τοῦ θεοῦ **ἐπιγνόντες** ὅτι οἱ τὰ

ἐπίγνωσις (*epignōsis*; 3/20) *knowledge*
Ro 1:28 θεὸν ἔχειν ἐν **ἐπιγνώσει**,
Ro 3:20 διὰ γὰρ νόμου **ἐπίγνωσις** ἁμαρτίας.
Ro 10:2 ἀλλ' οὐ κατ' **ἐπίγνωσιν**·

ἐπιζητέω (*epizēteō*; 1/13) *seek*
Ro 11:7 ὃ **ἐπιζητεῖ** Ἰσραήλ,

ἐπιθυμέω (*epithymeō*; 2/16) *long for*
Ro 7:7 οὐκ **ἐπιθυμήσεις**.
Ro 13:9 οὐκ **ἐπιθυμήσεις**,

ἐπιθυμία (*epithymia*; 5/38) *desire*
Ro 1:24 θεὸς ἐν ταῖς **ἐπιθυμίαις** τῶν καρδιῶν αὐτῶν
Ro 6:12 τὸ ὑπακούειν ταῖς **ἐπιθυμίαις** αὐτοῦ,
Ro 7:7 τήν τε γὰρ **ἐπιθυμίαν** οὐκ ᾔδειν εἰ
Ro 7:8 ἐν ἐμοὶ πᾶσαν **ἐπιθυμίαν**·
Ro 13:14 μὴ ποιεῖσθε εἰς **ἐπιθυμίας**.

ἐπικαλέω (*epikaleō*; 3/30) *call*
Ro 10:12 εἰς πάντας τοὺς **ἐπικαλουμένους** αὐτόν·
Ro 10:13 γὰρ ὃς ἂν **ἐπικαλέσηται** τὸ ὄνομα κυρίου
Ro 10:14 Πῶς οὖν **ἐπικαλέσωνται** εἰς ὃν οὐκ

ἐπικαλύπτω (*epikalyptō*; 1/1) *cover*
Ro 4:7 ἀνομίαι καὶ ὧν **ἐπεκαλύφθησαν** αἱ ἁμαρτίαι·

ἐπιμένω (*epimenō*; 3/15[16]) *remain*
Ro 6:1 **ἐπιμένωμεν** τῇ ἁμαρτίᾳ,
Ro 11:22 ἐὰν **ἐπιμένῃς** τῇ χρηστότητι,
Ro 11:23 ἐὰν μὴ ἐπιμένωσιν **τῇ** ἀπιστίᾳ,

ἐπιπίπτω (*epipiptō*; 1/11) *fall or come upon*
Ro 15:3 τῶν ὀνειδιζόντων σε **ἐπέπεσαν** ἐπ' ἐμέ.

ἐπιποθέω (*epipotheō*; 1/9) *long for*
Ro 1:11 **ἐπιποθῶ** γὰρ ἰδεῖν ὑμᾶς,

ἐπιποθία (*epipothia*; 1/1) *longing*
Ro 15:23 **ἐπιποθίαν** δὲ ἔχων τοῦ

ἐπίσημος (*episēmos*; 1/2) *well known*
Ro 16:7 οἵτινές εἰσιν **ἐπίσημοι** ἐν τοῖς ἀποστόλοις,

ἐπιστολή (*epistolē*; 1/24) *letter*
Ro 16:22 ὁ γράψας τὴν **ἐπιστολὴν** ἐν κυρίῳ.

ἐπιταγή (*epitagē*; 1/7) *command*
Ro 16:26 γραφῶν προφητικῶν κατ' **ἐπιταγὴν** τοῦ αἰωνίου θεοῦ

ἐπιτελέω (*epiteleō*; 1/10) *complete*
Ro 15:28 τοῦτο οὖν **ἐπιτελέσας** καὶ σφραγισάμενος αὐτοῖς

ἐπιτυγχάνω (*epitynchanō*; 2/5) *obtain*
Ro 11:7 τοῦτο οὐκ **ἐπέτυχεν**,
Ro 11:7 ἡ δὲ ἐκλογὴ **ἐπέτυχεν**·

ἐπιφέρω (*epipherō*; 1/2) *bring upon*
Ro 3:5 ὁ θεὸς ὁ **ἐπιφέρων** τὴν ὀργήν;

ἐπονομάζω (*eponomazō*; 1/1) *call oneself*
Ro 2:17 δὲ σὺ Ἰουδαῖος **ἐπονομάζῃ** καὶ ἐπαναπαύῃ νόμῳ

ἑπτακισχίλιοι (*heptakischilioi*; 1/1) *seven thousand*
Ro 11:4 κατέλιπον ἐμαυτῷ **ἑπτακισχιλίους** ἄνδρας,

Ἔραστος (*Erastos*; 1/3) *Erastus*
Ro 16:23 ἀσπάζεται ὑμᾶς **Ἔραστος** ὁ οἰκονόμος τῆς

ἐραυνάω (*eraunaō*; 1/6) *search*
Ro 8:27 ὁ δὲ **ἐραυνῶν** τὰς καρδίας οἶδεν

ἐργάζομαι (*ergazomai*; 4/41) *work*
Ro 2:10 εἰρήνη παντὶ τῷ **ἐργαζομένῳ** τὸ ἀγαθόν,
Ro 4:4 τῷ δὲ **ἐργαζομένῳ** ὁ μισθὸς οὐ
Ro 4:5 τῷ δὲ μὴ **ἐργαζομένῳ** πιστεύοντι δὲ ἐπὶ
Ro 13:10 πλησίον κακὸν οὐκ **ἐργάζεται**·

ἔργον (*ergon*; 15/169) *work*
Ro 2:6 ἑκάστῳ κατὰ τὰ **ἔργα** αὐτοῦ·
Ro 2:7 μὲν καθ' ὑπομονὴν **ἔργου** ἀγαθοῦ δόξαν καὶ
Ro 2:15 οἵτινες ἐνδείκνυνται τὸ **ἔργον** τοῦ νόμου γραπτὸν
Ro 3:20 διότι ἐξ **ἔργων** νόμου οὐ δικαιωθήσεται
Ro 3:27 τῶν **ἔργων**;
Ro 3:28 πίστει ἄνθρωπον χωρὶς **ἔργων** νόμου.
Ro 4:2 γὰρ Ἀβραὰμ ἐξ **ἔργων** ἐδικαιώθη,
Ro 4:6 λογίζεται δικαιοσύνην χωρὶς **ἔργων**·
Ro 9:12 οὐκ ἐξ **ἔργων** ἀλλ' ἐκ τοῦ
Ro 9:32 ἀλλ' ὡς ἐξ **ἔργων**·
Ro 11:6 οὐκέτι ἐξ **ἔργων**,
Ro 13:3 φόβος τῷ ἀγαθῷ **ἔργῳ** ἀλλὰ τῷ κακῷ.
Ro 13:12 ἀποθώμεθα οὖν τὰ **ἔργα** τοῦ σκότους,
Ro 14:20 βρώματος κατάλυε τὸ **ἔργον** τοῦ θεοῦ.
Ro 15:18 λόγῳ καὶ **ἔργῳ**,

ἐριθεία (*eritheia*; 1/7) *selfishness*
Ro 2:8 τοῖς δὲ ἐξ **ἐριθείας** καὶ ἀπειθοῦσι τῇ

ἔρις (*eris*; 2/9) *strife*
Ro 1:29 μεστοὺς φθόνου φόνου **ἔριδος** δόλου κακοηθείας,
Ro 13:13 μὴ **ἔριδι** καὶ ζήλῳ,

Ἑρμᾶς (*Hermas*; 1/1) *Hermas*
Ro 16:14 **Ἑρμᾶν** καὶ τοὺς σὺν

Ἑρμῆς (*Hermēs*; 1/2) *Hermes*
Ro 16:14 **Ἑρμῆν**,

ἑρπετόν (*herpeton*; 1/4) *reptile*
Ro 1:23 καὶ τετραπόδων καὶ **ἑρπετῶν**.

ἔρχομαι (*erchomai*; 10/631[632]) *come, go*
Ro 1:10 θελήματι τοῦ θεοῦ **ἐλθεῖν** πρὸς ὑμᾶς.
Ro 1:13 ὅτι πολλάκις προεθέμην **ἐλθεῖν** πρὸς ὑμᾶς,
Ro 3:8 ἵνα **ἔλθῃ** τὰ ἀγαθά;
Ro 7:9 **ἐλθούσης** δὲ τῆς ἐντολῆς
Ro 9:9 τὸν καιρὸν τοῦτον **ἐλεύσομαι** καὶ ἔσται τῇ
Ro 15:22 τὰ πολλὰ τοῦ **ἐλθεῖν** πρὸς ὑμᾶς·
Ro 15:23 δὲ ἔχων τοῦ **ἐλθεῖν** πρὸς ὑμᾶς ἀπὸ
Ro 15:29 οἶδα δὲ ὅτι **ἐρχόμενος** πρὸς ὑμᾶς ἐν
Ro 15:29 πληρώματι εὐλογίας Χριστοῦ **ἐλεύσομαι**.
Ro 15:32 ἵνα ἐν χαρᾷ **ἐλθὼν** πρὸς ὑμᾶς διὰ

ἐσθίω (*esthiō*; 13/158) *eat*
Ro 14:2 ὃς μὲν πιστεύει **φαγεῖν** πάντα,
Ro 14:2 δὲ ἀσθενῶν λάχανα **ἐσθίει**.
Ro 14:3 ὁ **ἐσθίων** τὸν μὴ ἐσθίοντα
Ro 14:3 ἐσθίων τὸν μὴ **ἐσθίοντα** μὴ ἐξουθενείτω,
Ro 14:3 ὁ δὲ μὴ **ἐσθίων** τὸν ἐσθίοντα μὴ
Ro 14:3 μὴ ἐσθίων τὸν **ἐσθίοντα** μὴ κρινέτω,
Ro 14:6 καὶ ὁ **ἐσθίων** κυρίῳ ἐσθίει,
Ro 14:6 ὁ ἐσθίων κυρίῳ **ἐσθίει**,
Ro 14:6 καὶ ὁ μὴ **ἐσθίων** κυρίῳ οὐκ ἐσθίει
Ro 14:6 ἐσθίων κυρίῳ οὐκ **ἐσθίει** καὶ εὐχαριστεῖ τῷ
Ro 14:20 τῷ διὰ προσκόμματος **ἐσθίοντι**.
Ro 14:21 καλὸν τὸ μὴ **φαγεῖν** κρέα μηδὲ πιεῖν
Ro 14:23 δὲ διακρινόμενος ἐὰν **φάγῃ** κατακέκριται,

ἔσω (*esō*; 1/9) *inside*
Ro 7:22 θεοῦ κατὰ τὸν **ἔσω** ἄνθρωπον,

ἕτερος (*heteros*; 9/97[98]) *other*
Ro 2:1 γὰρ κρίνεις τὸν **ἕτερον**,
Ro 2:21 ὁ οὖν διδάσκων **ἕτερον** σεαυτὸν οὐ διδάσκεις;
Ro 7:3 ἐὰν γένηται ἀνδρὶ **ἑτέρῳ**·
Ro 7:3 μοιχαλίδα γενομένην ἀνδρὶ **ἑτέρῳ**.
Ro 7:4 τὸ γενέσθαι ὑμᾶς **ἑτέρῳ**,
Ro 7:23 βλέπω δὲ **ἕτερον** νόμον ἐν τοῖς
Ro 8:39 οὔτε τις κτίσις **ἑτέρα** δυνήσεται ἡμᾶς χωρίσαι
Ro 13:8 γὰρ ἀγαπῶν τὸν **ἕτερον** νόμον πεπλήρωκεν.
Ro 13:9 καὶ εἴ τις **ἑτέρα** ἐντολή,

ἔτι (*eti*; 6/93) *still*

Ro 3:7 τί **ἔτι** κἀγὼ ὡς ἁμαρτωλὸς
Ro 5:6 **Ἔτι** γὰρ Χριστὸς ὄντων
Ro 5:6 ὄντων ἡμῶν ἀσθενῶν **ἔτι** κατὰ καιρὸν ὑπὲρ
Ro 5:8 ὅτι **ἔτι** ἁμαρτωλῶν ὄντων ἡμῶν
Ro 6:2 πῶς **ἔτι** ζήσομεν ἐν αὐτῇ;
Ro 9:19 τί [οὖν] **ἔτι** μέμφεται;

ἔτος (*etos*; 1/49) *year*

Ro 15:23 ὑμᾶς ἀπὸ πολλῶν **ἐτῶν**,

εὐαγγελίζω (*euangelizō*; 3/54) *bring good news*

Ro 1:15 τοῖς ἐν Ῥώμῃ **εὐαγγελίσασθαι**.
Ro 10:15 οἱ πόδες τῶν **εὐαγγελιζομένων** [τὰ] ἀγαθά.
Ro 15:20 οὕτως δὲ φιλοτιμούμενον **εὐαγγελίζεσθαι** οὐχ ὅπου ὠνομάσθη

εὐαγγέλιον (*euangelion*; 9/75[76]) *good news*

Ro 1:1 ἀπόστολος ἀφωρισμένος εἰς **εὐαγγέλιον** θεοῦ,
Ro 1:9 μου ἐν τῷ **εὐαγγελίῳ** τοῦ υἱοῦ αὐτοῦ,
Ro 1:16 γὰρ ἐπαισχύνομαι τὸ **εὐαγγέλιον**,
Ro 2:16 ἀνθρώπων κατὰ τὸ **εὐαγγέλιόν** μου διὰ Χριστοῦ
Ro 10:16 πάντες ὑπήκουσαν τῷ **εὐαγγελίῳ**.
Ro 11:28 κατὰ μὲν τὸ **εὐαγγέλιον** ἐχθροὶ δι' ὑμᾶς,
Ro 15:16 ἱερουργοῦντα τὸ **εὐαγγέλιον** τοῦ θεοῦ,
Ro 15:19 Ἰλλυρικοῦ πεπληρωκέναι τὸ **εὐαγγέλιον** τοῦ Χριστοῦ,
Ro 16:25 στηρίξαι κατὰ τὸ **εὐαγγέλιόν** μου καὶ τὸ

εὐάρεστος (*euarestos*; 3/9) *acceptable*

Ro 12:1 θυσίαν ζῶσαν ἁγίαν **εὐάρεστον** τῷ θεῷ,
Ro 12:2 τὸ ἀγαθὸν καὶ **εὐάρεστον** καὶ τέλειον.
Ro 14:18 δουλεύων τῷ Χριστῷ **εὐάρεστος** τῷ θεῷ καὶ

εὐδοκέω (*eudokeō*; 2/21) *be pleased*

Ro 15:26 **εὐδόκησαν** γὰρ Μακεδονία καὶ
Ro 15:27 **εὐδόκησαν** γὰρ καὶ ὀφειλέται

εὐδοκία (*eudokia*; 1/9) *good will, pleasure*

Ro 10:1 ἡ μὲν **εὐδοκία** τῆς ἐμῆς καρδίας

εὐλογέω (*eulogeō*; 2/41) *bless*

Ro 12:14 **εὐλογεῖτε** τοὺς διώκοντας [ὑμᾶς],
Ro 12:14 **εὐλογεῖτε** καὶ μὴ καταρᾶσθε.

εὐλογητός (*eulogētos*; 2/8) *blessed*

Ro 1:25 ὅς ἐστιν **εὐλογητὸς** εἰς τοὺς αἰῶνας,
Ro 9:5 ἐπὶ πάντων θεὸς **εὐλογητὸς** εἰς τοὺς αἰῶνας,

εὐλογία (*eulogia*; 2/16) *blessing*

Ro 15:29 ὑμᾶς ἐν πληρώματι **εὐλογίας** Χριστοῦ ἐλεύσομαι.
Ro 16:18 τῆς χρηστολογίας καὶ **εὐλογίας** ἐξαπατῶσιν τὰς καρδίας

εὐοδόω (*euodoō*; 1/4) *have things go well*

Ro 1:10 πως ἤδη ποτὲ **εὐοδωθήσομαι** ἐν τῷ θελήματι

εὐπρόσδεκτος (*euprosdektos*; 2/5) *acceptable*

Ro 15:16 προσφορὰ τῶν ἐθνῶν **εὐπρόσδεκτος**,
Ro 15:31 ἡ εἰς Ἰερουσαλὴμ **εὐπρόσδεκτος** τοῖς ἁγίοις γένηται,

εὑρίσκω (*heuriskō*; 4/176) *find*

Ro 4:1 Τί οὖν ἐροῦμεν **εὑρηκέναι** Ἀβραὰμ τὸν προπάτορα
Ro 7:10 δὲ ἀπέθανον καὶ **εὑρέθη** μοι ἡ ἐντολὴ
Ro 7:21 **εὑρίσκω** ἄρα τὸν νόμον,
Ro 10:20 **εὑρέθην** [ἐν] τοῖς ἐμὲ

εὐσχημόνως (*euschēmonōs*; 1/3) *properly*

Ro 13:13 ὡς ἐν ἡμέρᾳ **εὐσχημόνως** περιπατήσωμεν,

εὐφραίνω (*euphrainō*; 1/14) *make glad*

Ro 15:10 **εὐφράνθητε**,

εὐχαριστέω (*eucharisteō*; 5/38) *thank*

Ro 1:8 Πρῶτον μὲν **εὐχαριστῶ** τῷ θεῷ μου
Ro 1:21 θεὸν ἐδόξασαν ἢ **ηὐχαρίστησαν**,
Ro 14:6 **εὐχαριστεῖ** γὰρ τῷ θεῷ·
Ro 14:6 οὐκ ἐσθίει καὶ **εὐχαριστεῖ** τῷ θεῷ.
Ro 16:4 οὐκ ἐγὼ μόνος **εὐχαριστῶ** ἀλλὰ καὶ πᾶσαι

εὔχομαι (*euchomai*; 1/7) *pray*

Ro 9:3 **ηὐχόμην** γὰρ ἀνάθεμα εἶναι

ἐφάπαξ (*ephapax*; 1/5) *once for all time*

Ro 6:10 τῇ ἁμαρτίᾳ ἀπέθανεν **ἐφάπαξ**·

ἐφευρετής (*epheuretēs*; 1/1) *one who schemes or plans*

Ro 1:30 ἐφευρετὰς **κακῶν**,

ἔχθρα (*echthra*; 1/6) *hostility*

Ro 8:7 φρόνημα τῆς σαρκὸς **ἔχθρα** εἰς θεόν,

ἐχθρός (*echthros*; 3/32) *enemy*

Ro 5:10 εἰ γὰρ **ἐχθροὶ** ὄντες κατηλλάγημεν τῷ
Ro 11:28 μὲν τὸ εὐαγγέλιον **ἐχθροὶ** δι' ὑμᾶς,
Ro 12:20 ἐὰν πεινᾷ ὁ **ἐχθρός** σου,

ἔχω (*echō*; 25/706[708]) *have, hold*

Ro 1:13 ἵνα τινα καρπὸν **σχῶ** καὶ ἐν ὑμῖν
Ro 1:28 ἐδοκίμασαν τὸν θεὸν **ἔχειν** ἐν ἐπιγνώσει,
Ro 2:14 τὰ μὴ νόμον **ἔχοντα** φύσει τὰ τοῦ
Ro 2:14 οὗτοι νόμον μὴ **ἔχοντες** ἑαυτοῖς εἰσιν νόμος·
Ro 2:20 **ἔχοντα** τὴν μόρφωσιν τῆς
Ro 4:2 **ἔχει** καύχημα,
Ro 5:1 ἐκ πίστεως εἰρήνην **ἔχομεν** πρὸς τὸν θεὸν
Ro 5:2 καὶ τὴν προσαγωγὴν **ἐσχήκαμεν** [τῇ πίστει]
Ro 6:21 τίνα οὖν καρπὸν **εἴχετε** τότε;
Ro 6:22 δὲ τῷ θεῷ **ἔχετε** τὸν καρπὸν ὑμῶν
Ro 8:9 πνεῦμα Χριστοῦ οὐκ **ἔχει**,
Ro 8:23 ἀπαρχὴν τοῦ πνεύματος **ἔχοντες**,
Ro 9:10 ἐξ ἑνὸς κοίτην **ἔχουσα**,
Ro 9:21 ἢ οὐκ **ἔχει** ἐξουσίαν ὁ κεραμεὺς
Ro 10:2 ὅτι ζῆλον θεοῦ **ἔχουσιν** ἀλλ' οὐ κατ'

Ro 12:4 σώματι πολλὰ μέλη **ἔχομεν**,
Ro 12:4 οὐ τὴν αὐτὴν **ἔχει** πρᾶξιν,
Ro 12:6 **ἔχοντες** δὲ χαρίσματα κατὰ
Ro 13:3 καὶ **ἕξεις** ἔπαινον ἐξ αὐτῆς·
Ro 14:22 σὺ πίστιν [ἣν] **ἔχεις** κατὰ σεαυτὸν ἔχε
Ro 14:22 ἔχεις κατὰ σεαυτὸν **ἔχε** ἐνώπιον τοῦ θεοῦ.
Ro 15:4 γραφῶν τὴν ἐλπίδα **ἔχωμεν**.
Ro 15:17 **ἔχω** οὖν [τὴν] καύχησιν
Ro 15:23 δὲ μηκέτι τόπον **ἔχων** ἐν τοῖς κλίμασι
Ro 15:23 ἐπιποθίαν δὲ **ἔχων** τοῦ ἐλθεῖν πρὸς

ἕως (*heōs*; 2/146) *until*

Ro 3:12 [οὐκ ἔστιν] **ἕως** ἑνός.
Ro 11:8 **ἕως** τῆς σήμερον ἡμέρας.

ζάω (*zaō*; 23/139[140]) *live*

Ro 1:17 δίκαιος ἐκ πίστεως **ζήσεται**.
Ro 6:2 πῶς ἔτι **ζήσομεν** ἐν αὐτῇ;
Ro 6:10 ὃ δὲ **ζῇ**,
Ro 6:10 **ζῇ** τῷ θεῷ.
Ro 6:11 μὲν τῇ ἁμαρτίᾳ **ζῶντας** δὲ τῷ θεῷ
Ro 6:13 ὡσεὶ ἐκ νεκρῶν **ζῶντας** καὶ τὰ μέλη
Ro 7:1 ἐφ' ὅσον χρόνον **ζῇ**;
Ro 7:2 ὕπανδρος γυνὴ τῷ **ζῶντι** ἀνδρὶ δέδεται νόμῳ·
Ro 7:3 ἄρα οὖν **ζῶντος** τοῦ ἀνδρὸς μοιχαλὶς
Ro 7:9 ἐγὼ δὲ **ἔζων** χωρὶς νόμου ποτέ,
Ro 8:12 τοῦ κατὰ σάρκα **ζῆν**,
Ro 8:13 γὰρ κατὰ σάρκα **ζῆτε**,
Ro 8:13 **ζήσεσθε**.
Ro 9:26 κληθήσονται υἱοὶ θεοῦ **ζῶντος**.
Ro 10:5 ποιήσας αὐτὰ ἄνθρωπος **ζήσεται** ἐν αὐτοῖς.
Ro 12:1 σώματα ὑμῶν θυσίαν **ζῶσαν** ἁγίαν εὐάρεστον τῷ
Ro 14:7 γὰρ ἡμῶν ἑαυτῷ **ζῇ** καὶ οὐδεὶς ἑαυτῷ
Ro 14:8 ἐάν τε γὰρ **ζῶμεν**,
Ro 14:8 τῷ κυρίῳ **ζῶμεν**,
Ro 14:8 ἐάν τε οὖν **ζῶμεν** ἐάν τε ἀποθνῄσκωμεν,
Ro 14:9 Χριστὸς ἀπέθανεν καὶ **ἔζησεν**,
Ro 14:9 καὶ νεκρῶν καὶ **ζώντων** κυριεύσῃ.
Ro 14:11 **ζῶ** ἐγώ,

ζέω (*zeō*; 1/2) *boil*

Ro 12:11 τῷ πνεύματι **ζέοντες**,

ζῆλος (*zēlos*; 2/16) *zeal*

Ro 10:2 γὰρ αὐτοῖς ὅτι **ζῆλον** θεοῦ ἔχουσιν ἀλλ'
Ro 13:13 μὴ ἔριδι καὶ **ζήλῳ**,

ζητέω (*zēteō*; 4/117) *seek*

Ro 2:7 τιμὴν καὶ ἀφθαρσίαν **ζητοῦσιν** ζωὴν αἰώνιον,
Ro 10:3 τὴν ἰδίαν [δικαιοσύνην] **ζητοῦντες** στῆσαι,
Ro 10:20 τοῖς ἐμὲ μὴ **ζητοῦσιν**,
Ro 11:3 ὑπελείφθην μόνος καὶ **ζητοῦσιν** τὴν ψυχήν μου.

ζωή (*zōē*; 14/135) *life*

Ro 2:7 καὶ ἀφθαρσίαν ζητοῦσιν **ζωὴν** αἰώνιον,
Ro 5:10 σωθησόμεθα ἐν τῇ **ζωῇ** αὐτοῦ·
Ro 5:17 δικαιοσύνης λαμβάνοντες ἐν **ζωῇ** βασιλεύσουσιν διὰ τοῦ
Ro 5:18 ἀνθρώπους εἰς δικαίωσιν **ζωῆς**·
Ro 5:21 διὰ δικαιοσύνης εἰς **ζωὴν** αἰώνιον διὰ Ἰησοῦ
Ro 6:4 ἡμεῖς ἐν καινότητι **ζωῆς** περιπατήσωμεν.
Ro 6:22 τὸ δὲ τέλος **ζωὴν** αἰώνιον.
Ro 6:23 χάρισμα τοῦ θεοῦ **ζωὴ** αἰώνιος ἐν Χριστῷ
Ro 7:10 ἐντολὴ ἡ εἰς **ζωήν**,
Ro 8:2 τοῦ πνεύματος τῆς **ζωῆς** ἐν Χριστῷ Ἰησοῦ
Ro 8:6 φρόνημα τοῦ πνεύματος **ζωὴ** καὶ εἰρήνη·
Ro 8:10 τὸ δὲ πνεῦμα **ζωὴ** διὰ δικαιοσύνην.
Ro 8:38 οὔτε θάνατος οὔτε **ζωὴ** οὔτε ἄγγελοι οὔτε
Ro 11:15 πρόσλημψις εἰ μὴ **ζωὴ** ἐκ νεκρῶν;

ζῳοποιέω (*zōopoieō*; 2/11) *give life*

Ro 4:17 ἐπίστευσεν θεοῦ τοῦ **ζῳοποιοῦντος** τοὺς νεκροὺς καὶ
Ro 8:11 Χριστὸν ἐκ νεκρῶν **ζῳοποιήσει** καὶ τὰ θνητὰ

ἤ (*ē*; 27/340) *or*

Ro 1:21 ὡς θεὸν ἐδόξασαν **ἢ** ηὐχαρίστησαν,
Ro 2:4 **ἢ** τοῦ πλούτου τῆς
Ro 2:15 τῶν λογισμῶν κατηγορούντων **ἢ** καὶ ἀπολογουμένων,
Ro 3:1 περισσὸν τοῦ Ἰουδαίου **ἢ** τίς ἡ ὠφέλεια
Ro 3:29 **ἢ** Ἰουδαίων ὁ θεὸς
Ro 4:9 ἐπὶ τὴν περιτομὴν **ἢ** καὶ ἐπὶ τὴν
Ro 4:10 ἐν περιτομῇ ὄντι **ἢ** ἐν ἀκροβυστίᾳ;
Ro 4:13 ἐπαγγελία τῷ Ἀβραὰμ **ἢ** τῷ σπέρματι αὐτοῦ,
Ro 6:3 **ἢ** ἀγνοεῖτε ὅτι,
Ro 6:16 εἰς θάνατον **ἢ** ὑπακοῆς εἰς δικαιοσύνην;
Ro 7:1 **Ἢ** ἀγνοεῖτε,
Ro 8:35 θλῖψις **ἢ** στενοχωρία ἢ διωγμὸς
Ro 8:35 θλῖψις ἢ στενοχωρία **ἢ** διωγμὸς ἢ λιμὸς
Ro 8:35 στενοχωρία ἢ διωγμὸς **ἢ** λιμὸς ἢ γυμνότης
Ro 8:35 διωγμὸς ἢ λιμὸς **ἢ** γυμνότης ἢ κίνδυνος
Ro 8:35 λιμὸς ἢ γυμνότης **ἢ** κίνδυνος ἢ μάχαιρα;
Ro 8:35 γυμνότης ἢ κίνδυνος **ἢ** μάχαιρα;
Ro 9:11 πραξάντων τι ἀγαθὸν **ἢ** φαῦλον,
Ro 9:21 **ἢ** οὐκ ἔχει ἐξουσίαν
Ro 10:7 **ἤ**·
Ro 11:2 **ἢ** οὐκ οἴδατε ἐν
Ro 11:34 **ἢ** τίς σύμβουλος αὐτοῦ
Ro 11:35 **ἢ** τίς προέδωκεν αὐτῷ,
Ro 13:11 ἡ σωτηρία **ἢ** ὅτε ἐπιστεύσαμεν.
Ro 14:4 ἰδίῳ κυρίῳ στήκει **ἢ** πίπτει·
Ro 14:10 **ἢ** καὶ σὺ τί
Ro 14:13 πρόσκομμα τῷ ἀδελφῷ **ἢ** σκάνδαλον.

ἤδη (*ēdē*; 3/61) *already*

Ro 1:10 δεόμενος εἴ πως **ἤδη** ποτὲ εὐοδωθήσομαι ἐν
Ro 4:19 τὸ ἑαυτοῦ σῶμα **[ἤδη]** νενεκρωμένον,
Ro 13:11 ὅτι ὥρα **ἤδη** ὑμᾶς ἐξ ὕπνου

ἥκω (*hēkō*; 1/26) *have come*

Ro 11:26 **ἥξει** ἐκ Σιὼν ὁ

Ἠλίας (*Ēlias*; 1/29) *Elijah*

Ro 11:2 οὐκ οἴδατε ἐν **Ἠλίᾳ** τί λέγει ἡ

ἡμεῖς (*hēmeis*; 58/855) *we*

Ro 1:4 Χριστοῦ τοῦ κυρίου **ἡμῶν**,

Ro 1:7 ἀπὸ θεοῦ πατρὸς **ἡμῶν** καὶ κυρίου Ἰησοῦ
Ro 3:5 δὲ ἡ ἀδικία **ἡμῶν** θεοῦ δικαιοσύνην συνίστησιν,
Ro 3:8 καθώς φασίν τινες **ἡμᾶς** λέγειν ὅτι ποιήσωμεν
Ro 4:1 Ἀβραὰμ τὸν προπάτορα **ἡμῶν** κατὰ σάρκα;
Ro 4:12 πίστεως τοῦ πατρὸς **ἡμῶν** Ἀβραάμ.
Ro 4:16 ἐστιν πατὴρ πάντων **ἡμῶν**,
Ro 4:24 ἀλλὰ καὶ δι' **ἡμᾶς**,
Ro 4:24 Ἰησοῦν τὸν κύριον **ἡμῶν** ἐκ νεκρῶν,
Ro 4:25 διὰ τὰ παραπτώματα **ἡμῶν** καὶ ἠγέρθη διὰ
Ro 4:25 διὰ τὴν δικαίωσιν **ἡμῶν**.
Ro 5:1 διὰ τοῦ κυρίου **ἡμῶν** Ἰησοῦ Χριστοῦ
Ro 5:5 ἐν ταῖς καρδίαις **ἡμῶν** διὰ πνεύματος ἁγίου
Ro 5:5 ἁγίου τοῦ δοθέντος **ἡμῖν**.
Ro 5:6 γὰρ Χριστὸς ὄντων **ἡμῶν** ἀσθενῶν ἔτι κατὰ
Ro 5:8 ἑαυτοῦ ἀγάπην εἰς **ἡμᾶς** ὁ θεός,
Ro 5:8 ἔτι ἁμαρτωλῶν ὄντων **ἡμῶν** Χριστὸς ὑπὲρ ἡμῶν
Ro 5:8 ἡμῶν Χριστὸς ὑπὲρ **ἡμῶν** ἀπέθανεν.
Ro 5:11 διὰ τοῦ κυρίου **ἡμῶν** Ἰησοῦ Χριστοῦ δι'
Ro 5:21 Χριστοῦ τοῦ κυρίου **ἡμῶν**.
Ro 6:4 οὕτως καὶ **ἡμεῖς** ἐν καινότητι ζωῆς
Ro 6:6 ὅτι ὁ παλαιὸς **ἡμῶν** ἄνθρωπος συνεσταυρώθη,
Ro 6:6 τοῦ μηκέτι δουλεύειν **ἡμᾶς** τῇ ἁμαρτίᾳ·
Ro 6:23 Ἰησοῦ τῷ κυρίῳ **ἡμῶν**.
Ro 7:5 ἐν τοῖς μέλεσιν **ἡμῶν**,
Ro 7:6 ὥστε δουλεύειν **ἡμᾶς** ἐν καινότητι πνεύματος
Ro 7:25 Χριστοῦ τοῦ κυρίου **ἡμῶν**.
Ro 8:4 νόμου πληρωθῇ ἐν **ἡμῖν** τοῖς μὴ κατὰ
Ro 8:16 συμμαρτυρεῖ τῷ πνεύματι **ἡμῶν** ὅτι ἐσμὲν τέκνα
Ro 8:18 δόξαν ἀποκαλυφθῆναι εἰς **ἡμᾶς**.
Ro 8:23 **ἡμεῖς** καὶ αὐτοὶ ἐν
Ro 8:23 ἀπολύτρωσιν τοῦ σώματος **ἡμῶν**.
Ro 8:26 συναντιλαμβάνεται τῇ ἀσθενείᾳ **ἡμῶν**·
Ro 8:31 ὁ θεὸς ὑπὲρ **ἡμῶν**,
Ro 8:31 τίς καθ' **ἡμῶν**;
Ro 8:32 ἐφείσατο ἀλλὰ ὑπὲρ **ἡμῶν** πάντων παρέδωκεν αὐτόν,
Ro 8:32 αὐτῷ τὰ πάντα **ἡμῖν** χαρίσεται;
Ro 8:34 καὶ ἐντυγχάνει ὑπὲρ **ἡμῶν**.
Ro 8:35 τίς **ἡμᾶς** χωρίσει ἀπὸ τῆς
Ro 8:37 διὰ τοῦ ἀγαπήσαντος **ἡμᾶς**.
Ro 8:39 κτίσις ἑτέρα δυνήσεται **ἡμᾶς** χωρίσαι ἀπὸ
Ro 8:39 Ἰησοῦ τῷ κυρίῳ **ἡμῶν**.
Ro 9:10 Ἰσαὰκ τοῦ πατρὸς **ἡμῶν**·
Ro 9:24 Οὓς καὶ ἐκάλεσεν **ἡμᾶς** οὐ μόνον ἐξ
Ro 9:29 κύριος σαβαὼθ ἐγκατέλιπεν **ἡμῖν** σπέρμα,
Ro 10:16 ἐπίστευσεν τῇ ἀκοῇ **ἡμῶν**;
Ro 12:6 χάριν τὴν δοθεῖσαν **ἡμῖν** διάφορα,
Ro 13:11 νῦν γὰρ ἐγγύτερον **ἡμῶν** ἡ σωτηρία ἢ
Ro 14:7 οὐδεὶς γὰρ **ἡμῶν** ἑαυτῷ ζῇ καὶ
Ro 14:12 ἄρα [οὖν] ἕκαστος **ἡμῶν** περὶ ἑαυτοῦ λόγον
Ro 15:1 Ὀφείλομεν δὲ **ἡμεῖς** οἱ δυνατοὶ τὰ
Ro 15:2 ἕκαστος **ἡμῶν** τῷ πλησίον ἀρεσκέτω
Ro 15:6 πατέρα τοῦ κυρίου **ἡμῶν** Ἰησοῦ Χριστοῦ.
Ro 15:30 διὰ τοῦ κυρίου **ἡμῶν** Ἰησοῦ Χριστοῦ καὶ
Ro 16:1 Φοίβην τὴν ἀδελφὴν **ἡμῶν**,
Ro 16:9 Οὐρβανὸν τὸν συνεργὸν **ἡμῶν** ἐν Χριστῷ
Ro 16:18 τοιοῦτοι τῷ κυρίῳ **ἡμῶν** Χριστῷ οὐ δουλεύουσιν
Ro 16:20 χάρις τοῦ κυρίου **ἡμῶν** Ἰησοῦ μεθ' ὑμῶν.

ἡμέρα (*hēmera*; 11/389) *day*

Ro 2:5 σεαυτῷ ὀργὴν ἐν **ἡμέρᾳ** ὀργῆς καὶ ἀποκαλύψεως
Ro 2:16 ἐν **ἡμέρᾳ** ὅτε κρίνει ὁ
Ro 8:36 θανατούμεθα ὅλην τὴν **ἡμέραν**,
Ro 10:21 ὅλην τὴν **ἡμέραν** ἐξεπέτασα τὰς χεῖράς
Ro 11:8 ἕως τῆς σήμερον **ἡμέρας**.
Ro 13:12 ἡ δὲ **ἡμέρα** ἤγγικεν.
Ro 13:13 ὡς ἐν **ἡμέρᾳ** εὐσχημόνως περιπατήσωμεν,
Ro 14:5 μὲν [γὰρ] κρίνει **ἡμέραν** παρ' ἡμέραν,
Ro 14:5 κρίνει ἡμέραν παρ' **ἡμέραν**,
Ro 14:5 δὲ κρίνει πᾶσαν **ἡμέραν**·
Ro 14:6 ὁ φρονῶν τὴν **ἡμέραν** κυρίῳ φρονεῖ·

ἡμέτερος (*hēmeteros*; 1/7) *our*

Ro 15:4 εἰς τὴν **ἡμετέραν** διδασκαλίαν ἐγράφη,

Ἡρῳδίων (*Ērōdiōn*; 1/1) *Herodion*

Ro 16:11 ἀσπάσασθε **Ἡρῳδίωνα** τὸν συγγενῆ μου.

Ἠσαΐας (*Ēsaias*; 5/22) *Isaiah*

Ro 9:27 **Ἠσαΐας** δὲ κράζει ὑπὲρ
Ro 9:29 καὶ καθὼς προείρηκεν **Ἠσαΐας**·
Ro 10:16 **Ἠσαΐας** γὰρ λέγει·
Ro 10:20 **Ἠσαΐας** δὲ ἀποτολμᾷ καὶ
Ro 15:12 καὶ πάλιν **Ἠσαΐας** λέγει·

Ἠσαῦ (*Ēsau*; 1/3) *Esau*

Ro 9:13 τὸν δὲ **Ἠσαῦ** ἐμίσησα.

ἤτοι (*ētoi*; 1/1) *or*

Ro 6:16 **ἤτοι** ἁμαρτίας εἰς θάνατον

ἥττημα (*hēttēma*; 1/2) *defeat*

Ro 11:12 κόσμου καὶ τὸ **ἥττημα** αὐτῶν πλοῦτος ἐθνῶν,

θάλασσα (*thalassa*; 1/91) *sea, lake*

Ro 9:27 ἡ ἄμμος τῆς **θαλάσσης**,

θάνατος (*thanatos*; 22/120) *death*

Ro 1:32 τοιαῦτα πράσσοντες ἄξιοι **θανάτου** εἰσίν,
Ro 5:10 θεῷ διὰ τοῦ **θανάτου** τοῦ υἱοῦ αὐτοῦ,
Ro 5:12 τῆς ἁμαρτίας ὁ **θάνατος**,
Ro 5:12 πάντας ἀνθρώπους ὁ **θάνατος** διῆλθεν,
Ro 5:14 ἀλλὰ ἐβασίλευσεν ὁ **θάνατος** ἀπὸ Ἀδὰμ μέχρι
Ro 5:17 ἑνὸς παραπτώματι ὁ **θάνατος** ἐβασίλευσεν διὰ τοῦ
Ro 5:21 ἁμαρτία ἐν τῷ **θανάτῳ**,
Ro 6:3 εἰς τὸν **θάνατον** αὐτοῦ ἐβαπτίσθημεν;
Ro 6:4 βαπτίσματος εἰς τὸν **θάνατον**,
Ro 6:5 τῷ ὁμοιώματι τοῦ **θανάτου** αὐτοῦ,
Ro 6:9 **θάνατος** αὐτοῦ οὐκέτι κυριεύει.
Ro 6:16 ἤτοι ἁμαρτίας εἰς **θάνατον** ἢ ὑπακοῆς εἰς
Ro 6:21 γὰρ τέλος ἐκείνων **θάνατος**.
Ro 6:23 ὀψώνια τῆς ἁμαρτίας **θάνατος**,
Ro 7:5 τὸ καρποφορῆσαι τῷ **θανάτῳ**·
Ro 7:10 αὕτη εἰς **θάνατον**·
Ro 7:13 ἀγαθὸν ἐμοὶ ἐγένετο **θάνατος**;

Ro 7:13 ἀγαθοῦ μοι κατεργαζομένη **θάνατον**,

Ro 7:24 τοῦ σώματος τοῦ **θανάτου** τούτου;

Ro 8:2 ἁμαρτίας καὶ τοῦ **θανάτου**.

Ro 8:6 φρόνημα τῆς σαρκὸς **θάνατος**,

Ro 8:38 γὰρ ὅτι οὔτε **θάνατος** οὔτε ζωὴ οὔτε

θανατόω (*thanatoō*; 3/11) *kill*

Ro 7:4 καὶ ὑμεῖς **ἐθανατώθητε** τῷ νόμῳ διὰ

Ro 8:13 πράξεις τοῦ σώματος **θανατοῦτε**,

Ro 8:36 ὅτι ἕνεκεν σοῦ **θανατούμεθα** ὅλην τὴν ἡμέραν,

θεάομαι (*theaomai*; 1/20[22]) *see, observe*

Ro 15:24 ἐλπίζω γὰρ διαπορευόμενος **θεάσασθαι** ὑμᾶς

θειότης (*theiotēs*; 1/1) *deity*

Ro 1:20 αὐτοῦ δύναμις καὶ **θειότης**,

θέλημα (*thelēma*; 4/62) *will*

Ro 1:10 εὐοδωθήσομαι ἐν τῷ **θελήματι** τοῦ θεοῦ ἐλθεῖν

Ro 2:18 καὶ γινώσκεις τὸ **θέλημα** καὶ δοκιμάζεις τὰ

Ro 12:2 ὑμᾶς τί τὸ **θέλημα** τοῦ θεοῦ,

Ro 15:32 πρὸς ὑμᾶς διὰ **θελήματος** θεοῦ συναναπαύσωμαι ὑμῖν.

θέλω (*thelō*; 15/208) *wish, want*

Ro 1:13 οὐ **θέλω** δὲ ὑμᾶς ἀγνοεῖν,

Ro 7:15 οὐ γὰρ ὃ **θέλω** τοῦτο πράσσω,

Ro 7:16 δὲ ὃ οὐ **θέλω** τοῦτο ποιῶ,

Ro 7:18 τὸ γὰρ **θέλειν** παράκειταί μοι,

Ro 7:19 οὐ γὰρ ὃ **θέλω** ποιῶ ἀγαθόν,

Ro 7:19 ἀλλὰ ὃ οὐ **θέλω** κακὸν τοῦτο πράσσω.

Ro 7:20 δὲ ὃ οὐ **θέλω** [ἐγὼ] τοῦτο ποιῶ,

Ro 7:21 τῷ **θέλοντι** ἐμοὶ ποιεῖν τὸ

Ro 9:16 οὖν οὐ τοῦ **θέλοντος** οὐδὲ τοῦ τρέχοντος

Ro 9:18 ἄρα οὖν ὃν **θέλει** ἐλεεῖ,

Ro 9:18 ὃν δὲ **θέλει** σκληρύνει.

Ro 9:22 εἰ δὲ **θέλων** ὁ θεὸς ἐνδείξασθαι

Ro 11:25 Οὐ γὰρ **θέλω** ὑμᾶς ἀγνοεῖν,

Ro 13:3 **θέλεις** δὲ μὴ φοβεῖσθαι

Ro 16:19 **θέλω** δὲ ὑμᾶς σοφοὺς

θεμέλιος (*themelios*; 1/12) *foundation*

Ro 15:20 μὴ ἐπ᾽ ἀλλότριον **θεμέλιον** οἰκοδομῶ,

θεός (*theos*; 153/1316[1317]) *God*

Ro 1:1 ἀφωρισμένος εἰς εὐαγγέλιον **θεοῦ**,

Ro 1:4 τοῦ ὁρισθέντος υἱοῦ **θεοῦ** ἐν δυνάμει κατὰ

Ro 1:7 ἐν Ῥώμῃ ἀγαπητοῖς **θεοῦ**,

Ro 1:7 καὶ εἰρήνη ἀπὸ **θεοῦ** πατρὸς ἡμῶν καὶ

Ro 1:8 μὲν εὐχαριστῶ τῷ **θεῷ** μου διὰ Ἰησοῦ

Ro 1:9 μού ἐστιν ὁ **θεός**,

Ro 1:10 τῷ θελήματι τοῦ **θεοῦ** ἐλθεῖν πρὸς ὑμᾶς.

Ro 1:16 δύναμις γὰρ **θεοῦ** ἐστιν εἰς σωτηρίαν

Ro 1:17 δικαιοσύνη γὰρ **θεοῦ** ἐν αὐτῷ ἀποκαλύπτεται

Ro 1:18 Ἀποκαλύπτεται γὰρ ὀργὴ **θεοῦ** ἀπ᾽ οὐρανοῦ

Ro 1:19 τὸ γνωστὸν τοῦ **θεοῦ** φανερόν ἐστιν ἐν

Ro 1:19 ὁ **θεὸς** γὰρ αὐτοῖς ἐφανέρωσεν.

Ro 1:21 διότι γνόντες τὸν **θεὸν** οὐχ ὡς θεὸν

Ro 1:21 θεὸν οὐχ ὡς **θεὸν** ἐδόξασαν ἢ ηὐχαρίστησαν,

Ro 1:23 δόξαν τοῦ ἀφθάρτου **θεοῦ** ἐν ὁμοιώματι εἰκόνος

Ro 1:24 παρέδωκεν αὐτοὺς ὁ **θεὸς** ἐν ταῖς ἐπιθυμίαις

Ro 1:25 τὴν ἀλήθειαν τοῦ **θεοῦ** ἐν τῷ ψεύδει

Ro 1:26 παρέδωκεν αὐτοὺς ὁ **θεὸς** εἰς πάθη ἀτιμίας,

Ro 1:28 οὐκ ἐδοκίμασαν τὸν **θεὸν** ἔχειν ἐν ἐπιγνώσει,

Ro 1:28 παρέδωκεν αὐτοὺς ὁ **θεὸς** εἰς ἀδόκιμον νοῦν,

Ro 1:32 τὸ δικαίωμα τοῦ **θεοῦ** ἐπιγνόντες ὅτι οἱ

Ro 2:2 τὸ κρίμα τοῦ **θεοῦ** ἐστιν κατὰ ἀλήθειαν

Ro 2:3 τὸ κρίμα τοῦ **θεοῦ**;

Ro 2:4 τὸ χρηστὸν τοῦ **θεοῦ** εἰς μετάνοιάν σε

Ro 2:5 ἀποκαλύψεως δικαιοκρισίας τοῦ **θεοῦ**

Ro 2:11 προσωπολημψία παρὰ τῷ **θεῷ**.

Ro 2:13 δίκαιοι παρὰ [τῷ] **θεῷ**,

Ro 2:16 ὅτε κρίνει ὁ **θεὸς** τὰ κρυπτὰ τῶν

Ro 2:17 καὶ καυχᾶσαι ἐν **θεῷ**

Ro 2:23 τοῦ νόμου τὸν **θεὸν** ἀτιμάζεις·

Ro 2:24 γὰρ ὄνομα τοῦ **θεοῦ** δι᾽ ὑμᾶς βλασφημεῖται

Ro 2:29 ἀλλ᾽ ἐκ τοῦ **θεοῦ**.

Ro 3:2 τὰ λόγια τοῦ **θεοῦ**.

Ro 3:3 τὴν πίστιν τοῦ **θεοῦ** καταργήσει;

Ro 3:4 γινέσθω δὲ ὁ **θεὸς** ἀληθής,

Ro 3:5 ἡ ἀδικία ἡμῶν **θεοῦ** δικαιοσύνην συνίστησιν,

Ro 3:5 μὴ ἄδικος ὁ **θεὸς** ὁ ἐπιφέρων τὴν

Ro 3:6 πῶς κρινεῖ ὁ **θεὸς** τὸν κόσμον;

Ro 3:7 ἡ ἀλήθεια τοῦ **θεοῦ** ἐν τῷ ἐμῷ

Ro 3:11 ὁ ἐκζητῶν τὸν **θεόν**.

Ro 3:18 οὐκ ἔστιν φόβος **θεοῦ** ἀπέναντι τῶν ὀφθαλμῶν

Ro 3:19 ὁ κόσμος τῷ **θεῷ**·

Ro 3:21 χωρὶς νόμου δικαιοσύνη **θεοῦ** πεφανέρωται μαρτυρουμένη ὑπὸ

Ro 3:22 δικαιοσύνη δὲ **θεοῦ** διὰ πίστεως Ἰησοῦ

Ro 3:23 τῆς δόξης τοῦ **θεοῦ**

Ro 3:25 ὃν προέθετο ὁ **θεὸς** ἱλαστήριον διὰ [τῆς]

Ro 3:26 τῇ ἀνοχῇ τοῦ **θεοῦ**,

Ro 3:29 ἢ Ἰουδαίων ὁ **θεὸς** μόνον;

Ro 3:30 εἴπερ εἷς ὁ **θεὸς** ὃς δικαιώσει περιτομὴν

Ro 4:2 ἀλλ᾽ οὐ πρὸς **θεόν**.

Ro 4:3 δὲ Ἀβραὰμ τῷ **θεῷ** καὶ ἐλογίσθη αὐτῷ

Ro 4:6 ἀνθρώπου ᾧ ὁ **θεὸς** λογίζεται δικαιοσύνην χωρὶς

Ro 4:17 κατέναντι οὗ ἐπίστευσεν **θεοῦ** τοῦ ζῳοποιοῦντος τοὺς

Ro 4:20 τὴν ἐπαγγελίαν τοῦ **θεοῦ** οὐ διεκρίθη τῇ

Ro 4:20 δοὺς δόξαν τῷ **θεῷ**

Ro 5:1 ἔχομεν πρὸς τὸν **θεὸν** διὰ τοῦ κυρίου

Ro 5:2 τῆς δόξης τοῦ **θεοῦ**.

Ro 5:5 ἡ ἀγάπη τοῦ **θεοῦ** ἐκκέχυται ἐν ταῖς

Ro 5:8 εἰς ἡμᾶς ὁ **θεός**,

Ro 5:10 ὄντες κατηλλάγημεν τῷ **θεῷ** διὰ τοῦ θανάτου

Ro 5:11 καυχώμενοι ἐν τῷ **θεῷ** διὰ τοῦ κυρίου

Ro 5:15 ἡ χάρις τοῦ **θεοῦ** καὶ ἡ δωρεὰ

Ro 6:10 ζῇ τῷ **θεῷ**.

Ro 6:11 ζῶντας δὲ τῷ **θεῷ** ἐν Χριστῷ Ἰησοῦ.

Ro 6:13 παραστήσατε ἑαυτοὺς τῷ **θεῷ** ὡσεὶ ἐκ νεκρῶν

Ro 6:13 ὅπλα δικαιοσύνης τῷ **θεῷ**.
Ro 6:17 χάρις δὲ τῷ **θεῷ** ὅτι ἦτε δοῦλοι
Ro 6:22 δουλωθέντες δὲ τῷ **θεῷ** ἔχετε τὸν καρπὸν
Ro 6:23 δὲ χάρισμα τοῦ **θεοῦ** ζωὴ αἰώνιος ἐν
Ro 7:4 ἵνα καρποφορήσωμεν τῷ **θεῷ**.
Ro 7:22 τῷ νόμῳ τοῦ **θεοῦ** κατὰ τὸν ἔσω
Ro 7:25 χάρις δὲ τῷ **θεῷ** διὰ Ἰησοῦ Χριστοῦ
Ro 7:25 νοὶ δουλεύω νόμῳ **θεοῦ** τῇ δὲ σαρκὶ
Ro 8:3 ὁ **θεὸς** τὸν ἑαυτοῦ υἱὸν
Ro 8:7 σαρκὸς ἔχθρα εἰς **θεόν**,
Ro 8:7 γὰρ νόμῳ τοῦ **θεοῦ** οὐχ ὑποτάσσεται,
Ro 8:8 ἐν σαρκὶ ὄντες **θεῷ** ἀρέσαι οὐ δύνανται.
Ro 8:9 εἴπερ πνεῦμα **θεοῦ** οἰκεῖ ἐν ὑμῖν.
Ro 8:14 ὅσοι γὰρ πνεύματι **θεοῦ** ἄγονται,
Ro 8:14 οὗτοι υἱοὶ **θεοῦ** εἰσιν.
Ro 8:16 ὅτι ἐσμὲν τέκνα **θεοῦ**.
Ro 8:17 κληρονόμοι μὲν **θεοῦ**,
Ro 8:19 τῶν υἱῶν τοῦ **θεοῦ** ἀπεκδέχεται.
Ro 8:21 τῶν τέκνων τοῦ **θεοῦ**.
Ro 8:27 ὅτι κατὰ **θεὸν** ἐντυγχάνει ὑπὲρ ἁγίων.
Ro 8:28 τοῖς ἀγαπῶσιν τὸν **θεὸν** πάντα συνεργεῖ εἰς
Ro 8:31 εἰ ὁ **θεὸς** ὑπὲρ ἡμῶν,
Ro 8:33 ἐγκαλέσει κατὰ ἐκλεκτῶν **θεοῦ**;
Ro 8:33 **θεὸς** ὁ δικαιῶν·
Ro 8:34 ἐν δεξιᾷ τοῦ **θεοῦ**,
Ro 8:39 τῆς ἀγάπης τοῦ **θεοῦ** τῆς ἐν Χριστῷ
Ro 9:5 ὢν ἐπὶ πάντων **θεὸς** εὐλογητὸς εἰς τοὺς
Ro 9:6 ὁ λόγος τοῦ **θεοῦ**.
Ro 9:8 ταῦτα τέκνα τοῦ **θεοῦ** ἀλλὰ τὰ τέκνα
Ro 9:11 ἐκλογὴν πρόθεσις τοῦ **θεοῦ** μένῃ,
Ro 9:14 ἀδικία παρὰ τῷ **θεῷ**;
Ro 9:16 ἀλλὰ τοῦ ἐλεῶντος **θεοῦ**.
Ro 9:20 ὁ ἀνταποκρινόμενος τῷ **θεῷ**;
Ro 9:22 δὲ θέλων ὁ **θεὸς** ἐνδείξασθαι τὴν ὀργὴν
Ro 9:26 ἐκεῖ κληθήσονται υἱοὶ **θεοῦ** ζῶντος.
Ro 10:1 δέησις πρὸς τὸν **θεὸν** ὑπὲρ αὐτῶν εἰς
Ro 10:2 αὐτοῖς ὅτι ζῆλον **θεοῦ** ἔχουσιν ἀλλ' οὐ
Ro 10:3 γὰρ τὴν τοῦ **θεοῦ** δικαιοσύνην καὶ τὴν
Ro 10:3 τῇ δικαιοσύνῃ τοῦ **θεοῦ** οὐχ ὑπετάγησαν.
Ro 10:9 σου ὅτι ὁ **θεὸς** αὐτὸν ἤγειρεν ἐκ
Ro 11:1 μὴ ἀπώσατο ὁ **θεὸς** τὸν λαὸν αὐτοῦ;
Ro 11:2 οὐκ ἀπώσατο ὁ **θεὸς** τὸν λαὸν αὐτοῦ
Ro 11:2 ὡς ἐντυγχάνει τῷ **θεῷ** κατὰ τοῦ Ἰσραήλ;
Ro 11:8 ἔδωκεν αὐτοῖς ὁ **θεὸς** πνεῦμα κατανύξεως,
Ro 11:21 εἰ γὰρ ὁ **θεὸς** τῶν κατὰ φύσιν
Ro 11:22 χρηστότητα καὶ ἀποτομίαν **θεοῦ**·
Ro 11:22 δὲ σὲ χρηστότης **θεοῦ**,
Ro 11:23 γάρ ἐστιν ὁ **θεὸς** πάλιν ἐγκεντρίσαι αὐτούς.
Ro 11:29 ἡ κλῆσις τοῦ **θεοῦ**.
Ro 11:30 ποτε ἠπειθήσατε τῷ **θεῷ**,
Ro 11:32 συνέκλεισεν γὰρ ὁ **θεὸς** τοὺς πάντας εἰς
Ro 11:33 σοφίας καὶ γνώσεως **θεοῦ**·
Ro 12:1 τῶν οἰκτιρμῶν τοῦ **θεοῦ** παραστῆσαι τὰ σώματα
Ro 12:1 ἁγίαν εὐάρεστον τῷ **θεῷ**,
Ro 12:2 τὸ θέλημα τοῦ **θεοῦ**,
Ro 12:3 ἑκάστῳ ὡς ὁ **θεὸς** ἐμέρισεν μέτρον πίστεως.
Ro 13:1 εἰ μὴ ὑπὸ **θεοῦ**,
Ro 13:1 δὲ οὖσαι ὑπὸ **θεοῦ** τεταγμέναι εἰσίν.
Ro 13:2 ἐξουσίᾳ τῇ τοῦ **θεοῦ** διαταγῇ ἀνθέστηκεν,
Ro 13:4 **θεοῦ** γὰρ διάκονός ἐστιν
Ro 13:4 **θεοῦ** γὰρ διάκονός ἐστιν
Ro 13:6 λειτουργοὶ γὰρ **θεοῦ** εἰσιν εἰς αὐτὸ
Ro 14:3 ὁ **θεὸς** γὰρ αὐτὸν προσελάβετο.
Ro 14:6 εὐχαριστεῖ γὰρ τῷ **θεῷ**·
Ro 14:6 καὶ εὐχαριστεῖ τῷ **θεῷ**.
Ro 14:10 τῷ βήματι τοῦ **θεοῦ**,
Ro 14:11 γλῶσσα ἐξομολογήσεται τῷ **θεῷ**.
Ro 14:12 λόγον δώσει [τῷ **θεῷ**].
Ro 14:17 ἡ βασιλεία τοῦ **θεοῦ** βρῶσις καὶ πόσις
Ro 14:18 Χριστῷ εὐάρεστος τῷ **θεῷ** καὶ δόκιμος τοῖς
Ro 14:20 τὸ ἔργον τοῦ **θεοῦ**.
Ro 14:22 ἔχε ἐνώπιον τοῦ **θεοῦ**.
Ro 15:5 ὁ δὲ **θεὸς** τῆς ὑπομονῆς καὶ
Ro 15:6 στόματι δοξάζητε τὸν **θεὸν** καὶ πατέρα τοῦ
Ro 15:7 εἰς δόξαν τοῦ **θεοῦ**.
Ro 15:8 περιτομῆς ὑπὲρ ἀληθείας **θεοῦ**,
Ro 15:9 ἐλέους δοξάσαι τὸν **θεόν**,
Ro 15:13 Ὁ δὲ **θεὸς** τῆς ἐλπίδος πληρώσαι
Ro 15:15 μοι ὑπὸ τοῦ **θεοῦ**
Ro 15:16 τὸ εὐαγγέλιον τοῦ **θεοῦ**,
Ro 15:17 τὰ πρὸς τὸν **θεόν**·
Ro 15:19 ἐν δυνάμει πνεύματος [**θεοῦ**].
Ro 15:30 ἐμοῦ πρὸς τὸν **θεόν**,
Ro 15:32 ὑμᾶς διὰ θελήματος **θεοῦ** συναναπαύσωμαι ὑμῖν.
Ro 15:33 Ὁ δὲ **θεὸς** τῆς εἰρήνης μετὰ
Ro 16:20 ὁ δὲ **θεὸς** τῆς εἰρήνης συντρίψει
Ro 16:26 ἐπιταγὴν τοῦ αἰωνίου **θεοῦ** εἰς ὑπακοὴν πίστεως
Ro 16:27 μόνῳ σοφῷ **θεῷ**,

θεοστυγής (*theostygēs*; 1/1) *hating God*

Ro 1:30 καταλάλους **θεοστυγεῖς** ὑβριστὰς ὑπερηφάνους ἀλαζόνας,

θῆλυς (*thēlys*; 2/5) *female*

Ro 1:26 αἵ τε γὰρ **θήλειαι** αὐτῶν μετήλλαξαν τὴν
Ro 1:27 φυσικὴν χρῆσιν τῆς **θηλείας** ἐξεκαύθησαν ἐν

θήρα (*thēra*; 1/1) *trap*

Ro 11:9 παγίδα καὶ εἰς **θήραν** καὶ εἰς σκάνδαλον

θησαυρίζω (*thēsaurizō*; 1/8) *store up*

Ro 2:5 καὶ ἀμετανόητον καρδίαν **θησαυρίζεις** σεαυτῷ ὀργὴν ἐν

θλῖψις (*thlipsis*; 5/45) *tribulation, trouble*

Ro 2:9 **θλῖψις** καὶ στενοχωρία ἐπὶ
Ro 5:3 καυχώμεθα ἐν ταῖς **θλίψεσιν**,
Ro 5:3 εἰδότες ὅτι ἡ **θλῖψις** ὑπομονὴν κατεργάζεται,
Ro 8:35 **θλῖψις** ἢ στενοχωρία ἢ
Ro 12:12 τῇ **θλίψει** ὑπομένοντες,

θνητός (*thnētos*; 2/6) *mortal*

Ro 6:12 ἁμαρτία ἐν τῷ **θνητῷ** ὑμῶν σώματι εἰς
Ro 8:11 ζῳοποιήσει καὶ τὰ **θνητὰ** σώματα ὑμῶν διὰ

θυμός (*thymos*; 1/18) *wrath*

Ro 2:8 ἀδικίᾳ ὀργὴ καὶ **θυμός**.

θυσία (*thysia*; 1/28) *sacrifice*

Ro 12:1 τὰ σώματα ὑμῶν **θυσίαν** ζῶσαν ἁγίαν εὐάρεστον

θυσιαστήριον (*thysiastērion*; 1/23) *altar*

Ro 11:3 τὰ **θυσιαστήριά** σου κατέσκαψαν,

Ἰακώβ (*Iakōb*; 2/27) *Jacob*

Ro 9:13 τὸν **Ἰακὼβ** ἠγάπησα,
Ro 11:26 ἀποστρέψει ἀσεβείας ἀπὸ **Ἰακώβ**.

Ἰάσων (*Iasōn*; 1/5) *Jason*

Ro 16:21 καὶ Λούκιος καὶ **Ἰάσων** καὶ Σωσίπατρος οἱ

ἴδιος (*idios*; 5/114) *one's own*

Ro 8:32 ὅς γε τοῦ **ἰδίου** υἱοῦ οὐκ ἐφείσατο
Ro 10:3 δικαιοσύνην καὶ τὴν **ἰδίαν** [δικαιοσύνην] ζητοῦντες στῆσαι,
Ro 11:24 φύσιν ἐγκεντρισθήσονται τῇ **ἰδίᾳ** ἐλαίᾳ.
Ro 14:4 τῷ **ἰδίῳ** κυρίῳ στήκει ἢ
Ro 14:5 ἕκαστος ἐν τῷ **ἰδίῳ** νοῒ πληροφορείσθω.

ἰδού (*idou*; 1/200) *look!*

Ro 9:33 **ἰδοὺ** τίθημι ἐν Σιὼν

ἱεροσυλέω (*hierosyleō*; 1/1) *commit sacrilege*

Ro 2:22 βδελυσσόμενος τὰ εἴδωλα **ἱεροσυλεῖς**;

ἱερουργέω (*hierourgeō*; 1/1) *serve as a priest*

Ro 15:16 **ἱερουργοῦντα** τὸ εὐαγγέλιον τοῦ

Ἰερουσαλήμ (*Ierousalēm*; 4/139) *Jerusalem*

Ro 15:19 ὥστε με ἀπὸ **Ἰερουσαλὴμ** καὶ κύκλῳ μέχρι
Ro 15:25 δὲ πορεύομαι εἰς **Ἰερουσαλὴμ** διακονῶν τοῖς ἁγίοις.
Ro 15:26 ἁγίων τῶν ἐν **Ἰερουσαλήμ**.
Ro 15:31 μου ἡ εἰς **Ἰερουσαλὴμ** εὐπρόσδεκτος τοῖς ἁγίοις

Ἰεσσαί (*Iessai*; 1/5) *Jesse*

Ro 15:12 ἡ ῥίζα τοῦ **Ἰεσσαὶ** καὶ ὁ ἀνιστάμενος

Ἰησοῦς (*Iēsous*; 36/911[917]) *Jesus*

Ro 1:1 Παῦλος δοῦλος Χριστοῦ **Ἰησοῦ**,
Ro 1:4 **Ἰησοῦ** Χριστοῦ τοῦ κυρίου
Ro 1:6 καὶ ὑμεῖς κλητοὶ **Ἰησοῦ** Χριστοῦ,
Ro 1:7 ἡμῶν καὶ κυρίου **Ἰησοῦ** Χριστοῦ.
Ro 1:8 θεῷ μου διὰ **Ἰησοῦ** Χριστοῦ περὶ πάντων
Ro 2:16 μου διὰ Χριστοῦ **Ἰησοῦ**.
Ro 3:22 θεοῦ διὰ πίστεως **Ἰησοῦ** Χριστοῦ εἰς πάντας
Ro 3:24 τῆς ἐν Χριστῷ **Ἰησοῦ**·
Ro 3:26 τὸν ἐκ πίστεως **Ἰησοῦ**.
Ro 4:24 ἐπὶ τὸν ἐγείραντα **Ἰησοῦν** τὸν κύριον ἡμῶν
Ro 5:1 τοῦ κυρίου ἡμῶν **Ἰησοῦ** Χριστοῦ
Ro 5:11 τοῦ κυρίου ἡμῶν **Ἰησοῦ** Χριστοῦ δι᾽ οὗ
Ro 5:15 τοῦ ἑνὸς ἀνθρώπου **Ἰησοῦ** Χριστοῦ εἰς τοὺς
Ro 5:17 διὰ τοῦ ἑνὸς **Ἰησοῦ** Χριστοῦ.
Ro 5:21 ζωὴν αἰώνιον διὰ **Ἰησοῦ** Χριστοῦ τοῦ κυρίου
Ro 6:3 ἐβαπτίσθημεν εἰς Χριστὸν **Ἰησοῦν**,
Ro 6:11 θεῷ ἐν Χριστῷ **Ἰησοῦ**.
Ro 6:23 αἰώνιος ἐν Χριστῷ **Ἰησοῦ** τῷ κυρίῳ ἡμῶν.
Ro 7:25 τῷ θεῷ διὰ **Ἰησοῦ** Χριστοῦ τοῦ κυρίου
Ro 8:1 τοῖς ἐν Χριστῷ **Ἰησοῦ**.
Ro 8:2 ζωῆς ἐν Χριστῷ **Ἰησοῦ** ἠλευθέρωσέν σε ἀπὸ
Ro 8:11 τοῦ ἐγείραντος τὸν **Ἰησοῦν** ἐκ νεκρῶν οἰκεῖ
Ro 8:34 Χριστὸς **[Ἰησοῦς]** ὁ ἀποθανών,
Ro 8:39 τῆς ἐν Χριστῷ **Ἰησοῦ** τῷ κυρίῳ ἡμῶν.
Ro 10:9 στόματί σου κύριον **Ἰησοῦν** καὶ πιστεύσῃς
Ro 13:14 ἐνδύσασθε τὸν κύριον **Ἰησοῦν** Χριστὸν καὶ
Ro 14:14 πέπεισμαι ἐν κυρίῳ **Ἰησοῦ** ὅτι οὐδὲν κοινὸν
Ro 15:5 ἀλλήλοις κατὰ Χριστὸν **Ἰησοῦν**,
Ro 15:6 τοῦ κυρίου ἡμῶν **Ἰησοῦ** Χριστοῦ.
Ro 15:16 με λειτουργὸν Χριστοῦ **Ἰησοῦ** εἰς τὰ ἔθνη,
Ro 15:17 καύχησιν ἐν Χριστῷ **Ἰησοῦ** τὰ πρὸς τὸν
Ro 15:30 τοῦ κυρίου ἡμῶν **Ἰησοῦ** Χριστοῦ καὶ διὰ
Ro 16:3 μου ἐν Χριστῷ **Ἰησοῦ**,
Ro 16:20 τοῦ κυρίου ἡμῶν **Ἰησοῦ** μεθ᾽ ὑμῶν.
Ro 16:25 καὶ τὸ κήρυγμα **Ἰησοῦ** Χριστοῦ,
Ro 16:27 διὰ **Ἰησοῦ** Χριστοῦ,

ἱλαρότης (*hilarotēs*; 1/1) *cheerfulness*

Ro 12:8 ὁ ἐλεῶν ἐν **ἱλαρότητι**.

ἱλαστήριον (*hilastērion*; 1/2) *means by which or place where sins are forgiven, propitiation*

Ro 3:25 προέθετο ὁ θεὸς **ἱλαστήριον** διὰ [τῆς] πίστεως

Ἰλλυρικόν (*Illyrikon*; 1/1) *Illyricum*

Ro 15:19 κύκλῳ μέχρι τοῦ **Ἰλλυρικοῦ** πεπληρωκέναι τὸ εὐαγγέλιον

ἵνα (*hina*; 30/662[663]) *so that, in order that*

Ro 1:11 **ἵνα** τι μεταδῶ χάρισμα
Ro 1:13 **ἵνα** τινα καρπὸν σχῶ
Ro 3:8 **ἵνα** ἔλθῃ τὰ ἀγαθά;
Ro 3:19 **ἵνα** πᾶν στόμα φραγῇ
Ro 4:16 **ἵνα** κατὰ χάριν,
Ro 5:20 **ἵνα** πλεονάσῃ τὸ παράπτωμα·
Ro 5:21 **ἵνα** ὥσπερ ἐβασίλευσεν ἡ
Ro 6:1 **ἵνα** ἡ χάρις πλεονάσῃ;
Ro 6:4 **ἵνα** ὥσπερ ἠγέρθη Χριστὸς
Ro 6:6 **ἵνα** καταργηθῇ τὸ σῶμα
Ro 7:4 **ἵνα** καρποφορήσωμεν τῷ θεῷ.
Ro 7:13 **ἵνα** φανῇ ἁμαρτία,
Ro 7:13 **ἵνα** γένηται καθ᾽ ὑπερβολὴν
Ro 8:4 **ἵνα** τὸ δικαίωμα τοῦ
Ro 8:17 εἴπερ συμπάσχομεν **ἵνα** καὶ συνδοξασθῶμεν.
Ro 9:11 **ἵνα** ἡ κατ᾽ ἐκλογὴν
Ro 9:23 καὶ **ἵνα** γνωρίσῃ τὸν πλοῦτον
Ro 11:11 μὴ ἔπταισαν **ἵνα** πέσωσιν;
Ro 11:19 ἐξεκλάσθησαν κλάδοι **ἵνα** ἐγὼ ἐγκεντρισθῶ.
Ro 11:25 **ἵνα** μὴ ἦτε [παρ᾽]
Ro 11:31 **ἵνα** καὶ αὐτοὶ [νῦν]
Ro 11:32 **ἵνα** τοὺς πάντας ἐλεήσῃ.
Ro 14:9 **ἵνα** καὶ νεκρῶν καὶ
Ro 15:4 **ἵνα** διὰ τῆς ὑπομονῆς
Ro 15:6 **ἵνα** ὁμοθυμαδὸν ἐν ἑνὶ
Ro 15:16 **ἵνα** γένηται ἡ προσφορὰ
Ro 15:20 **ἵνα** μὴ ἐπ᾽ ἀλλότριον
Ro 15:31 **ἵνα** ῥυσθῶ ἀπὸ τῶν
Ro 15:32 **ἵνα** ἐν χαρᾷ ἐλθὼν
Ro 16:2 **ἵνα** αὐτὴν προσδέξησθε ἐν

<u>ἰός (*ios*; 1/3) *poison*</u>
Ro 3:13 **ἰὸς** ἀσπίδων ὑπὸ τὰ

<u>Ἰουδαία (*Ioudaia*; 1/43) *Judea*</u>
Ro 15:31 ἀπειθούντων ἐν τῇ **Ἰουδαίᾳ** καὶ ἡ διακονία

<u>Ἰουδαῖος (*Ioudaios*; 11/195) *Jew*</u>
Ro 1:16 **Ἰουδαίῳ** τε πρῶτον καὶ
Ro 2:9 **Ἰουδαίου** τε πρῶτον καὶ
Ro 2:10 **Ἰουδαίῳ** τε πρῶτον καὶ
Ro 2:17 Εἰ δὲ σὺ **Ἰουδαῖος** ἐπονομάζῃ καὶ ἐπαναπαύῃ
Ro 2:28 ἐν τῷ φανερῷ **Ἰουδαῖός** ἐστιν οὐδὲ ἡ
Ro 2:29 ἐν τῷ κρυπτῷ **Ἰουδαῖος**,
Ro 3:1 τὸ περισσὸν τοῦ **Ἰουδαίου** ἢ τίς ἡ
Ro 3:9 προῃτιασάμεθα γὰρ **Ἰουδαίους** τε καὶ Ἕλληνας
Ro 3:29 ἢ **Ἰουδαίων** ὁ θεὸς μόνον;
Ro 9:24 οὐ μόνον ἐξ **Ἰουδαίων** ἀλλὰ καὶ ἐξ
Ro 10:12 γάρ ἐστιν διαστολὴ **Ἰουδαίου** τε καὶ Ἕλληνος,

<u>Ἰουλία (*Ioulia*; 1/1) *Julia*</u>
Ro 16:15 ἀσπάσασθε Φιλόλογον καὶ **Ἰουλίαν**,

<u>Ἰουνιᾶς (*Iounias*; 1/1) *Junia*</u>
Ro 16:7 ἀσπάσασθε Ἀνδρόνικον καὶ **Ἰουνιᾶν** τοὺς συγγενεῖς μου

<u>Ἰσαάκ (*Isaak*; 2/20) *Isaac*</u>
Ro 9:7 ἐν **Ἰσαὰκ** κληθήσεταί σοι σπέρμα.
Ro 9:10 **Ἰσαὰκ** τοῦ πατρὸς ἡμῶν·

<u>Ἰσραήλ (*Israēl*; 11/68) *Israel*</u>
Ro 9:6 πάντες οἱ ἐξ **Ἰσραὴλ** οὗτοι Ἰσραήλ·
Ro 9:6 ἐξ Ἰσραὴλ οὗτοι **Ἰσραήλ**·
Ro 9:27 κράζει ὑπὲρ τοῦ **Ἰσραήλ**·
Ro 9:27 ἀριθμὸς τῶν υἱῶν **Ἰσραὴλ** ὡς ἡ ἄμμος
Ro 9:31 **Ἰσραὴλ** δὲ διώκων νόμον
Ro 10:19 μὴ **Ἰσραὴλ** οὐκ ἔγνω;
Ro 10:21 πρὸς δὲ τὸν **Ἰσραὴλ** λέγει·
Ro 11:2 θεῷ κατὰ τοῦ **Ἰσραήλ**;
Ro 11:7 ὃ ἐπιζητεῖ **Ἰσραήλ**,
Ro 11:25 ἀπὸ μέρους τῷ **Ἰσραὴλ** γέγονεν ἄχρι οὗ
Ro 11:26 καὶ οὕτως πᾶς **Ἰσραὴλ** σωθήσεται,

<u>Ἰσραηλίτης (*Israēlitēs*; 2/9) *Israelite*</u>
Ro 9:4 οἵτινές εἰσιν **Ἰσραηλῖται**,
Ro 11:1 καὶ γὰρ ἐγὼ **Ἰσραηλίτης** εἰμί,

<u>ἵστημι (*histēmi*; 6/154[155]) *set, stand*</u>
Ro 3:31 ἀλλὰ νόμον **ἱστάνομεν**.
Ro 5:2 ταύτην ἐν ᾗ **ἑστήκαμεν** καὶ καυχώμεθα ἐπ᾽
Ro 10:3 ἰδίαν [δικαιοσύνην] ζητοῦντες **στῆσαι**,
Ro 11:20 δὲ τῇ πίστει **ἕστηκας**.
Ro 14:4 **σταθήσεται** δέ,
Ro 14:4 γὰρ ὁ κύριος **στῆσαι** αὐτόν.

<u>ἴχνος (*ichnos*; 1/3) *footstep*</u>
Ro 4:12 τοῖς στοιχοῦσιν τοῖς **ἴχνεσιν** τῆς ἐν ἀκροβυστίᾳ

<u>κἀγώ (*kagō*; 2/84) *and I*</u>
Ro 3:7 τί ἔτι **κἀγὼ** ὡς ἁμαρτωλὸς κρίνομαι;
Ro 11:3 **κἀγὼ** ὑπελείφθην μόνος καὶ

<u>καθάπερ (*kathaper*; 2/13) *as, just as, like*</u>
Ro 4:6 **καθάπερ** καὶ Δαυὶδ λέγει
Ro 12:4 **καθάπερ** γὰρ ἐν ἑνὶ

<u>καθαρός (*katharos*; 1/27) *pure, clean*</u>
Ro 14:20 πάντα μὲν **καθαρά**,

<u>καθήκω (*kathēkō*; 1/2) *it is fitting*</u>
Ro 1:28 ποιεῖν τὰ μὴ **καθήκοντα**,

<u>καθίστημι (*kathistēmi*; 2/21) *put in charge*</u>
Ro 5:19 ἑνὸς ἀνθρώπου ἁμαρτωλοὶ **κατεστάθησαν** οἱ πολλοί,
Ro 5:19 τοῦ ἑνὸς δίκαιοι **κατασταθήσονται** οἱ πολλοί.

<u>καθό (*katho*; 1/4) *as*</u>
Ro 8:26 γὰρ τί προσευξώμεθα **καθὸ** δεῖ οὐκ οἴδαμεν,

<u>καθοράω (*kathoraō*; 1/1) *perceive clearly*</u>
Ro 1:20 τοῖς ποιήμασιν νοούμενα **καθορᾶται**,

<u>καθώς (*kathōs*; 20/182) *just as*</u>
Ro 1:13 καὶ ἐν ὑμῖν **καθὼς** καὶ ἐν τοῖς
Ro 1:17 **καθὼς** γέγραπται·
Ro 1:28 Καὶ **καθὼς** οὐκ ἐδοκίμασαν τὸν
Ro 2:24 **καθὼς** γέγραπται.
Ro 3:4 **καθὼς** γέγραπται·
Ro 3:8 καὶ μὴ **καθὼς** βλασφημούμεθα καὶ καθώς
Ro 3:8 καθὼς βλασφημούμεθα καὶ **καθώς** φασίν τινες ἡμᾶς
Ro 3:10 **καθὼς** γέγραπται ὅτι οὐκ
Ro 4:17 **καθὼς** γέγραπται ὅτι πατέρα
Ro 8:36 **καθὼς** γέγραπται ὅτι ἕνεκεν
Ro 9:13 **καθὼς** γέγραπται·
Ro 9:29 καὶ **καθὼς** προείρηκεν Ἠσαΐας·
Ro 9:33 **καθὼς** γέγραπται·
Ro 10:15 **καθὼς** γέγραπται·
Ro 11:8 **καθὼς** γέγραπται·
Ro 11:26 **καθὼς** γέγραπται·
Ro 15:3 ἀλλὰ **καθὼς** γέγραπται·
Ro 15:7 **καθὼς** καὶ ὁ Χριστὸς
Ro 15:9 **καθὼς** γέγραπται·
Ro 15:21 ἀλλὰ **καθὼς** γέγραπται·

<u>καινότης (*kainotēs*; 2/2) *newness*</u>
Ro 6:4 καὶ ἡμεῖς ἐν **καινότητι** ζωῆς περιπατήσωμεν.
Ro 7:6 δουλεύειν ἡμᾶς ἐν **καινότητι** πνεύματος καὶ

<u>καιρός (*kairos*; 6/85) *time*</u>
Ro 3:26 ἐν τῷ νῦν **καιρῷ**,
Ro 5:6 ἀσθενῶν ἔτι κατὰ **καιρὸν** ὑπὲρ ἀσεβῶν ἀπέθανεν.
Ro 8:18 παθήματα τοῦ νῦν **καιροῦ** πρὸς τὴν μέλλουσαν
Ro 9:9 κατὰ τὸν **καιρὸν** τοῦτον ἐλεύσομαι καὶ

Ro 11:5 ἐν τῷ νῦν **καιρῷ** λεῖμμα κατ᾿ ἐκλογὴν
Ro 13:11 τοῦτο εἰδότες τὸν **καιρόν**,

κἀκεῖνος (*kakeinos*; 1/20[22]) *and that one*
Ro 11:23 **κἀκεῖνοι** δέ,

κακία (*kakia*; 1/11) *evil*
Ro 1:29 ἀδικίᾳ πονηρίᾳ πλεονεξίᾳ **κακίᾳ**,

κακοήθεια (*kakoētheia*; 1/1) *meanness*
Ro 1:29 φόνου ἔριδος δόλου **κακοηθείας**,

κακός (*kakos*; 15/50) *evil*
Ro 1:30 ἐφευρετὰς κακῶν,
Ro 2:9 τοῦ κατεργαζομένου τὸ **κακόν**,
Ro 3:8 ὅτι ποιήσωμεν τὰ **κακά**,
Ro 7:19 ὃ οὐ θέλω **κακὸν** τοῦτο πράσσω.
Ro 7:21 ὅτι ἐμοὶ τὸ **κακὸν** παράκειται·
Ro 12:17 μηδενὶ **κακὸν** ἀντὶ κακοῦ ἀποδιδόντες,
Ro 12:17 μηδενὶ κακὸν ἀντὶ **κακοῦ** ἀποδιδόντες,
Ro 12:21 νικῶ ὑπὸ τοῦ **κακοῦ** ἀλλὰ νίκα ἐν
Ro 12:21 τῷ ἀγαθῷ τὸ **κακόν**.
Ro 13:3 ἔργῳ ἀλλὰ τῷ **κακῷ**.
Ro 13:4 ἐὰν δὲ τὸ **κακὸν** ποιῇς,
Ro 13:4 ὀργὴν τῷ τὸ **κακὸν** πράσσοντι.
Ro 13:10 ἀγάπη τῷ πλησίον **κακὸν** οὐκ ἐργάζεται·
Ro 14:20 ἀλλὰ **κακὸν** τῷ ἀνθρώπῳ τῷ
Ro 16:19 δὲ εἰς τὸ **κακόν**.

καλέω (*kaleō*; 8/148) *call*
Ro 4:17 τοὺς νεκροὺς καὶ **καλοῦντος** τὰ μὴ ὄντα
Ro 8:30 τούτους καὶ **ἐκάλεσεν**·
Ro 8:30 καὶ οὓς **ἐκάλεσεν**,
Ro 9:7 ἐν Ἰσαάκ **κληθήσεταί** σοι σπέρμα.
Ro 9:12 ἀλλ᾿ ἐκ τοῦ **καλοῦντος**,
Ro 9:24 Οὓς καὶ **ἐκάλεσεν** ἡμᾶς οὐ μόνον
Ro 9:25 **καλέσω** τὸν οὐ λαόν
Ro 9:26 ἐκεῖ **κληθήσονται** υἱοὶ θεοῦ ζῶντος.

καλλιέλαιος (*kallielaios*; 1/1) *cultivated olive tree*
Ro 11:24 φύσιν ἐνεκεντρίσθης εἰς **καλλιέλαιον**,

καλός (*kalos*; 5/101) *good*
Ro 7:16 τῷ νόμῳ ὅτι **καλός**.
Ro 7:18 δὲ κατεργάζεσθαι τὸ **καλὸν** οὔ·
Ro 7:21 ἐμοὶ ποιεῖν τὸ **καλόν**,
Ro 12:17 προνοούμενοι **καλὰ** ἐνώπιον πάντων ἀνθρώπων·
Ro 14:21 **καλὸν** τὸ μὴ φαγεῖν

καλῶς (*kalōs*; 1/36[37]) *well*
Ro 11:20 **καλῶς**·

κάμπτω (*kamptō*; 2/4) *bend*
Ro 11:4 οἵτινες οὐκ **ἔκαμψαν** γόνυ τῇ Βάαλ.
Ro 14:11 ὅτι ἐμοὶ **κάμψει** πᾶν γόνυ καὶ

καρδία (*kardia*; 15/156) *heart*
Ro 1:21 ἡ ἀσύνετος αὐτῶν **καρδία**.
Ro 1:24 ταῖς ἐπιθυμίαις τῶν **καρδιῶν** αὐτῶν εἰς ἀκαθαρσίαν
Ro 2:5 σου καὶ ἀμετανόητον **καρδίαν** θησαυρίζεις σεαυτῷ ὀργὴν
Ro 2:15 γραπτὸν ἐν ταῖς **καρδίαις** αὐτῶν,
Ro 2:29 καὶ περιτομὴ **καρδίας** ἐν πνεύματι οὐ
Ro 5:5 ἐκκέχυται ἐν ταῖς **καρδίαις** ἡμῶν διὰ πνεύματος
Ro 6:17 ὑπηκούσατε δὲ ἐκ **καρδίας** εἰς ὃν παρεδόθητε
Ro 8:27 δὲ ἐραυνῶν τὰς **καρδίας** οἶδεν τί τὸ
Ro 9:2 ἀδιάλειπτος ὀδύνη τῇ **καρδίᾳ** μου.
Ro 10:1 εὐδοκία τῆς ἐμῆς **καρδίας** καὶ ἡ δέησις
Ro 10:6 εἴπῃς ἐν τῇ **καρδίᾳ** σου·
Ro 10:8 καὶ ἐν τῇ **καρδίᾳ** σου,
Ro 10:9 πιστεύσῃς ἐν τῇ **καρδίᾳ** σου ὅτι ὁ
Ro 10:10 **καρδίᾳ** γὰρ πιστεύεται εἰς
Ro 16:18 εὐλογίας ἐξαπατῶσιν τὰς **καρδίας** τῶν ἀκάκων.

καρπός (*karpos*; 4/66) *fruit*
Ro 1:13 ἵνα τινα **καρπὸν** σχῶ καὶ ἐν
Ro 6:21 τίνα οὖν **καρπὸν** εἴχετε τότε;
Ro 6:22 θεῷ ἔχετε τὸν **καρπὸν** ὑμῶν εἰς ἁγιασμόν,
Ro 15:28 σφραγισάμενος αὐτοῖς τὸν **καρπὸν** τοῦτον,

καρποφορέω (*karpophoreō*; 2/8) *bear fruit*
Ro 7:4 ἵνα **καρποφορήσωμεν** τῷ θεῷ.
Ro 7:5 εἰς τὸ **καρποφορῆσαι** τῷ θανάτῳ·

κατά (*kata*; 50/472[473]) *according to, against*
Ro 1:3 ἐκ σπέρματος Δαυὶδ **κατὰ** σάρκα,
Ro 1:4 θεοῦ ἐν δυνάμει **κατὰ** πνεῦμα ἁγιωσύνης ἐξ
Ro 1:15 οὕτως τὸ **κατ᾿** ἐμὲ πρόθυμον καὶ
Ro 2:2 τοῦ θεοῦ ἐστιν **κατὰ** ἀλήθειαν ἐπὶ τοὺς
Ro 2:5 **κατὰ** δὲ τὴν σκληρότητά
Ro 2:6 ὃς ἀποδώσει ἑκάστῳ **κατὰ** τὰ ἔργα αὐτοῦ·
Ro 2:7 τοῖς μὲν **καθ᾿** ὑπομονὴν ἔργου ἀγαθοῦ
Ro 2:16 κρυπτὰ τῶν ἀνθρώπων **κατὰ** τὸ εὐαγγέλιόν μου
Ro 3:2 πολὺ **κατὰ** πάντα τρόπον.
Ro 3:5 **κατὰ** ἄνθρωπον λέγω.
Ro 4:1 τὸν προπάτορα ἡμῶν **κατὰ** σάρκα;
Ro 4:4 μισθὸς οὐ λογίζεται **κατὰ** χάριν ἀλλὰ κατὰ
Ro 4:4 κατὰ χάριν ἀλλὰ **κατὰ** ὀφείλημα,
Ro 4:16 ἵνα **κατὰ** χάριν,
Ro 4:18 πατέρα πολλῶν ἐθνῶν **κατὰ** τὸ εἰρημένον·
Ro 5:6 ἡμῶν ἀσθενῶν ἔτι **κατὰ** καιρὸν ὑπὲρ ἀσεβῶν
Ro 7:13 ἵνα γένηται **καθ᾿** ὑπερβολὴν ἁμαρτωλὸς ἡ
Ro 7:22 νόμῳ τοῦ θεοῦ **κατὰ** τὸν ἔσω ἄνθρωπον,
Ro 8:4 ἡμῖν τοῖς μὴ **κατὰ** σάρκα περιπατοῦσιν ἀλλὰ
Ro 8:4 σάρκα περιπατοῦσιν ἀλλὰ **κατὰ** πνεῦμα.
Ro 8:5 οἱ γὰρ **κατὰ** σάρκα ὄντες τὰ
Ro 8:5 οἱ δὲ **κατὰ** πνεῦμα τὰ τοῦ
Ro 8:12 τῇ σαρκὶ τοῦ **κατὰ** σάρκα ζῆν,
Ro 8:13 εἰ γὰρ **κατὰ** σάρκα ζῆτε,
Ro 8:27 ὅτι **κατὰ** θεὸν ἐντυγχάνει ὑπὲρ
Ro 8:28 τοῖς **κατὰ** πρόθεσιν κλητοῖς οὖσιν.
Ro 8:31 τίς **καθ᾿** ἡμῶν;
Ro 8:33 τίς ἐγκαλέσει **κατὰ** ἐκλεκτῶν θεοῦ;
Ro 9:3 τῶν συγγενῶν μου **κατὰ** σάρκα,
Ro 9:5 ὁ Χριστὸς τὸ **κατὰ** σάρκα,
Ro 9:9 **κατὰ** τὸν καιρὸν τοῦτον

Ro 9:11 ἵνα ἡ **κατ'** ἐκλογὴν πρόθεσις τοῦ
Ro 10:2 ἔχουσιν ἀλλ' οὐ **κατ'** ἐπίγνωσιν·
Ro 11:2 ἐντυγχάνει τῷ θεῷ **κατὰ** τοῦ Ἰσραήλ;
Ro 11:5 νῦν καιρῷ λεῖμμα **κατ'** ἐκλογὴν χάριτος γέγονεν·
Ro 11:21 ὁ θεὸς τῶν **κατὰ** φύσιν κλάδων οὐκ
Ro 11:24 σὺ ἐκ τῆς **κατὰ** φύσιν ἐξεκόπης ἀγριελαίου
Ro 11:24 μᾶλλον οὗτοι οἱ **κατὰ** φύσιν ἐγκεντρισθήσονται τῇ
Ro 11:28 **κατὰ** μὲν τὸ εὐαγγέλιον
Ro 11:28 **κατὰ** δὲ τὴν ἐκλογὴν
Ro 12:5 τὸ δὲ **καθ'** εἷς ἀλλήλων μέλη.
Ro 12:6 ἔχοντες δὲ χαρίσματα **κατὰ** τὴν χάριν τὴν
Ro 12:6 εἴτε προφητείαν **κατὰ** τὴν ἀναλογίαν τῆς
Ro 14:15 οὐκέτι **κατὰ** ἀγάπην περιπατεῖς·
Ro 14:22 πίστιν [ἣν] ἔχεις **κατὰ** σεαυτὸν ἔχε ἐνώπιον
Ro 15:5 φρονεῖν ἐν ἀλλήλοις **κατὰ** Χριστὸν Ἰησοῦν,
Ro 16:5 καὶ τὴν **κατ'** οἶκον αὐτῶν ἐκκλησίαν.
Ro 16:25 δυναμένῳ ὑμᾶς στηρίξαι **κατὰ** τὸ εὐαγγέλιόν μου
Ro 16:25 **κατὰ** ἀποκάλυψιν μυστηρίου χρόνοις
Ro 16:26 τε γραφῶν προφητικῶν **κατ'** ἐπιταγὴν τοῦ αἰωνίου

καταβαίνω (*katabainō*; 1/81) *come or go down*
Ro 10:7 τίς **καταβήσεται** εἰς τὴν ἄβυσσον;

καταγγέλλω (*katangellō*; 1/18) *proclaim*
Ro 1:8 ἡ πίστις ὑμῶν **καταγγέλλεται** ἐν ὅλῳ τῷ

κατάγω (*katagō*; 1/9) *bring down*
Ro 10:6 τοῦτ' ἔστιν Χριστὸν **καταγαγεῖν**·

καταισχύνω (*kataischynō*; 3/13) *put to shame*
Ro 5:5 δὲ ἐλπὶς οὐ **καταισχύνει**,
Ro 9:33 ἐπ' αὐτῷ οὐ **καταισχυνθήσεται**.
Ro 10:11 ἐπ' αὐτῷ οὐ **καταισχυνθήσεται**.

κατακαυχάομαι (*katakauchaomai*; 2/4) *boast against*
Ro 11:18 μὴ **κατακαυχῶ** τῶν κλάδων·
Ro 11:18 εἰ δὲ **κατακαυχᾶσαι** οὐ σὺ τὴν

κατάκριμα (*katakrima*; 3/3) *condemnation*
Ro 5:16 ἐξ ἑνὸς εἰς **κατάκριμα**,
Ro 5:18 πάντας ἀνθρώπους εἰς **κατάκριμα**,
Ro 8:1 Οὐδὲν ἄρα νῦν **κατάκριμα** τοῖς ἐν Χριστῷ

κατακρίνω (*katakrinō*; 4/15[18]) *condemn*
Ro 2:1 σεαυτὸν **κατακρίνεις**,
Ro 8:3 καὶ περὶ ἁμαρτίας **κατέκρινεν** τὴν ἁμαρτίαν
Ro 8:34 τίς ὁ **κατακρινῶν**;
Ro 14:23 διακρινόμενος ἐὰν φάγῃ **κατακέκριται**,

κατάλαλος (*katalalos*; 1/1) *slanderer, one who speaks evil of another*
Ro 1:30 **καταλάλους** θεοστυγεῖς ὑβριστὰς ὑπερηφάνους

καταλαμβάνω (*katalambanō*; 1/13[15]) *obtain, overcome*
Ro 9:30 μὴ διώκοντα δικαιοσύνην **κατέλαβεν** δικαιοσύνην,

καταλείπω (*kataleipō*; 1/23[24]) *leave*
Ro 11:4 **κατέλιπον** ἐμαυτῷ ἑπτακισχιλίους ἄνδρας,

καταλλαγή (*katallagē*; 2/4) *reconciliation*
Ro 5:11 οὗ νῦν τὴν **καταλλαγὴν** ἐλάβομεν.
Ro 11:15 ἡ ἀποβολὴ αὐτῶν **καταλλαγὴ** κόσμου,

καταλλάσσω (*katallassō*; 2/6) *reconcile*
Ro 5:10 γὰρ ἐχθροὶ ὄντες **κατηλλάγημεν** τῷ θεῷ διὰ
Ro 5:10 πολλῷ μᾶλλον **καταλλαγέντες** σωθησόμεθα ἐν

καταλύω (*katalyō*; 1/17) *destroy*
Ro 14:20 μὴ ἕνεκεν βρώματος **κατάλυε** τὸ ἔργον τοῦ

κατανοέω (*katanoeō*; 1/14) *consider*
Ro 4:19 ἀσθενήσας τῇ πίστει **κατενόησεν** τὸ ἑαυτοῦ σῶμα

κατάνυξις (*katanyxis*; 1/1) *stupor*
Ro 11:8 ὁ θεὸς πνεῦμα **κατανύξεως**,

καταράομαι (*kataraomai*; 1/5) *curse*
Ro 12:14 εὐλογεῖτε καὶ μὴ **καταρᾶσθε**.

καταργέω (*katargeō*; 6/27) *render ineffective*
Ro 3:3 πίστιν τοῦ θεοῦ **καταργήσει**;
Ro 3:31 νόμον οὖν **καταργοῦμεν** διὰ τῆς πίστεως;
Ro 4:14 ἡ πίστις καὶ **κατήργηται** ἡ ἐπαγγελία·
Ro 6:6 ἵνα **καταργηθῇ** τὸ σῶμα τῆς
Ro 7:2 **κατήργηται** ἀπὸ τοῦ νόμου
Ro 7:6 νυνὶ δὲ **κατηργήθημεν** ἀπὸ τοῦ νόμου

καταρτίζω (*katartizō*; 1/13) *mend*
Ro 9:22 μακροθυμίᾳ σκεύη ὀργῆς **κατηρτισμένα** εἰς ἀπώλειαν,

κατασκάπτω (*kataskaptō*; 1/2) *demolish*
Ro 11:3 τὰ θυσιαστήριά σου **κατέσκαψαν**,

καταφρονέω (*kataphroneō*; 1/9) *despise*
Ro 2:4 καὶ τῆς μακροθυμίας **καταφρονεῖς**,

κατέναντι (*katenanti*; 1/8) *opposite*
Ro 4:17 **κατέναντι** οὗ ἐπίστευσεν θεοῦ

κατεργάζομαι (*katergazomai*; 11/22) *do, accomplish, bring about*
Ro 1:27 ἄρσεσιν τὴν ἀσχημοσύνην **κατεργαζόμενοι** καὶ τὴν ἀντιμισθίαν
Ro 2:9 ψυχὴν ἀνθρώπου τοῦ **κατεργαζομένου** τὸ κακόν,
Ro 4:15 γὰρ νόμος ὀργὴν **κατεργάζεται**·
Ro 5:3 ἡ θλῖψις ὑπομονὴν **κατεργάζεται**,

Ro 7:8 διὰ τῆς ἐντολῆς **κατειργάσατο** ἐν ἐμοὶ πᾶσαν
Ro 7:13 τοῦ ἀγαθοῦ μοι **κατεργαζομένη** θάνατον,
Ro 7:15 ὃ γὰρ **κατεργάζομαι** οὐ γινώσκω·
Ro 7:17 δὲ οὐκέτι ἐγὼ **κατεργάζομαι** αὐτὸ ἀλλὰ ἡ
Ro 7:18 τὸ δὲ **κατεργάζεσθαι** τὸ καλὸν οὔ·
Ro 7:20 οὐκέτι ἐγὼ **κατεργάζομαι** αὐτὸ ἀλλὰ ἡ
Ro 15:18 λαλεῖν ὧν οὐ **κατειργάσατο** Χριστὸς δι᾽ ἐμοῦ

κατέχω (*katechō*; 2/17) *hold fast*

Ro 1:18 ἀλήθειαν ἐν ἀδικίᾳ **κατεχόντων**,
Ro 7:6 ἀποθανόντες ἐν ᾧ **κατειχόμεθα**,

κατηγορέω (*katēgoreō*; 1/22[23]) *accuse*

Ro 2:15 ἀλλήλων τῶν λογισμῶν **κατηγορούντων** ἢ καὶ ἀπολογουμένων,

κατηχέω (*katēcheō*; 1/8) *inform, instruct*

Ro 2:18 δοκιμάζεις τὰ διαφέροντα **κατηχούμενος** ἐκ τοῦ νόμου,

καυχάομαι (*kauchaomai*; 5/37) *boast*

Ro 2:17 ἐπαναπαύῃ νόμῳ καὶ **καυχᾶσαι** ἐν θεῷ
Ro 2:23 ὃς ἐν νόμῳ **καυχᾶσαι**,
Ro 5:2 ᾗ ἑστήκαμεν καὶ **καυχώμεθα** ἐπ᾽ ἐλπίδι τῆς
Ro 5:3 ἀλλὰ καὶ **καυχώμεθα** ἐν ταῖς θλίψεσιν,
Ro 5:11 ἀλλὰ καὶ **καυχώμενοι** ἐν τῷ θεῷ

καύχημα (*kauchēma*; 1/11) *ground for boasting*

Ro 4:2 ἔχει **καύχημα**,

καύχησις (*kauchēsis*; 2/11) *boasting*

Ro 3:27 Ποῦ οὖν ἡ **καύχησις**;
Ro 15:17 ἔχω οὖν [τὴν] **καύχησιν** ἐν Χριστῷ Ἰησοῦ

Κεγχρεαί (*Kenchreai*; 1/2) *Cenchrea*

Ro 16:1 ἐκκλησίας τῆς ἐν **Κεγχρεαῖς**,

κενόω (*kenoō*; 1/5) *render ineffective*

Ro 4:14 **κεκένωται** ἡ πίστις καὶ

κεραμεύς (*kerameus*; 1/3) *potter*

Ro 9:21 ἔχει ἐξουσίαν ὁ **κεραμεὺς** τοῦ πηλοῦ ἐκ

κεφαλή (*kephalē*; 1/75) *head*

Ro 12:20 σωρεύσεις ἐπὶ τὴν **κεφαλὴν** αὐτοῦ.

κήρυγμα (*kērygma*; 1/8[9]) *preaching*

Ro 16:25 μου καὶ τὸ **κήρυγμα** Ἰησοῦ Χριστοῦ,

κηρύσσω (*kēryssō*; 4/59[61]) *proclaim*

Ro 2:21 ὁ **κηρύσσων** μὴ κλέπτειν κλέπτεις;
Ro 10:8 τῆς πίστεως ὃ **κηρύσσομεν**.
Ro 10:14 δὲ ἀκούσωσιν χωρὶς **κηρύσσοντος**;
Ro 10:15 πῶς δὲ **κηρύξωσιν** ἐὰν μὴ ἀποσταλῶσιν;

κίνδυνος (*kindynos*; 1/9) *danger*

Ro 8:35 ἢ γυμνότης ἢ **κίνδυνος** ἢ μάχαιρα;

κλάδος (*klados*; 5/11) *branch*

Ro 11:16 καὶ οἱ **κλάδοι**.
Ro 11:17 δέ τινες τῶν **κλάδων** ἐξεκλάσθησαν,
Ro 11:18 μὴ κατακαυχῶ τῶν **κλάδων**·
Ro 11:19 ἐξεκλάσθησαν **κλάδοι** ἵνα ἐγὼ ἐγκεντρισθῶ.
Ro 11:21 τῶν κατὰ φύσιν **κλάδων** οὐκ ἐφείσατο,

κλαίω (*klaiō*; 2/39[40]) *weep*

Ro 12:15 **κλαίειν** μετὰ κλαιόντων.
Ro 12:15 κλαίειν μετὰ **κλαιόντων**.

κλέπτω (*kleptō*; 3/13) *steal*

Ro 2:21 ὁ κηρύσσων μὴ **κλέπτειν** κλέπτεις;
Ro 2:21 κηρύσσων μὴ κλέπτειν **κλέπτεις**;
Ro 13:9 οὐ **κλέψεις**,

κληρονόμος (*klēronomos*; 4/15) *heir*

Ro 4:13 τὸ **κληρονόμον** αὐτὸν εἶναι κόσμου,
Ro 4:14 οἱ ἐκ νόμου **κληρονόμοι**,
Ro 8:17 καὶ **κληρονόμοι**·
Ro 8:17 **κληρονόμοι** μὲν θεοῦ,

κλῆσις (*klēsis*; 1/11) *call*

Ro 11:29 χαρίσματα καὶ ἡ **κλῆσις** τοῦ θεοῦ.

κλητός (*klētos*; 4/10) *called*

Ro 1:1 **κλητὸς** ἀπόστολος ἀφωρισμένος εἰς
Ro 1:6 ἐστε καὶ ὑμεῖς **κλητοὶ** Ἰησοῦ Χριστοῦ,
Ro 1:7 **κλητοῖς** ἁγίοις,
Ro 8:28 τοῖς κατὰ πρόθεσιν **κλητοῖς** οὖσιν.

κλίμα (*klima*; 1/3) *region*

Ro 15:23 ἔχων ἐν τοῖς **κλίμασι** τούτοις,

κοιλία (*koilia*; 1/22) *stomach, belly, womb*

Ro 16:18 ἀλλὰ τῇ ἑαυτῶν **κοιλίᾳ**,

κοινός (*koinos*; 3/14) *common*

Ro 14:14 Ἰησοῦ ὅτι οὐδὲν **κοινὸν** δι᾽ ἑαυτοῦ,
Ro 14:14 τῷ λογιζομένῳ τι **κοινὸν** εἶναι,
Ro 14:14 ἐκείνῳ **κοινόν**.

κοινωνέω (*koinōneō*; 2/8) *share*

Ro 12:13 χρείαις τῶν ἁγίων **κοινωνοῦντες**,
Ro 15:27 τοῖς πνευματικοῖς αὐτῶν **ἐκοινώνησαν** τὰ ἔθνη,

κοινωνία (*koinōnia*; 1/19) *fellowship*

Ro 15:26 Μακεδονία καὶ Ἀχαΐα **κοινωνίαν** τινα ποιήσασθαι εἰς

κοίτη (*koitē*; 2/4) *bed*

Ro 9:10 Ῥεβέκκα ἐξ ἑνὸς **κοίτην** ἔχουσα,
Ro 13:13 μὴ κοίταις **καὶ** ἀσελγείαις,

κολλάω (*kollaō*; 1/12) *unite oneself with*

Ro 12:9 **κολλώμενοι** τῷ ἀγαθῷ,

κοπιάω (*kopiaō*; 3/23) *work*
Ro 16:6 ἥτις πολλὰ **ἐκοπίασεν** εἰς ὑμᾶς.
Ro 16:12 καὶ Τρυφῶσαν τὰς **κοπιώσας** ἐν κυρίῳ.
Ro 16:12 ἥτις πολλὰ **ἐκοπίασεν** ἐν κυρίῳ.

κόσμος (*kosmos*; 9/185[186]) *world*
Ro 1:8 ἐν ὅλῳ τῷ **κόσμῳ**.
Ro 1:20 αὐτοῦ ἀπὸ κτίσεως **κόσμου** τοῖς ποιήμασιν νοούμενα
Ro 3:6 ὁ θεὸς τὸν **κόσμον**;
Ro 3:19 γένηται πᾶς ὁ **κόσμος** τῷ θεῷ·
Ro 4:13 κληρονόμον αὐτὸν εἶναι **κόσμου**,
Ro 5:12 ἁμαρτία εἰς τὸν **κόσμον** εἰσῆλθεν καὶ διὰ
Ro 5:13 ἁμαρτία ἦν ἐν **κόσμῳ**,
Ro 11:12 παράπτωμα αὐτῶν πλοῦτος **κόσμου** καὶ τὸ ἥττημα
Ro 11:15 ἀποβολὴ αὐτῶν καταλλαγὴ **κόσμου**,

Κούαρτος (*Kouartos*; 1/1) *Quartus*
Ro 16:23 τῆς πόλεως καὶ **Κούαρτος** ὁ ἀδελφός.

κράζω (*krazō*; 2/55) *call out*
Ro 8:15 υἱοθεσίας ἐν ᾧ **κράζομεν**·
Ro 9:27 Ἠσαΐας δὲ **κράζει** ὑπὲρ τοῦ Ἰσραήλ·

κρέας (*kreas*; 1/2) *meat*
Ro 14:21 τὸ μὴ φαγεῖν **κρέα** μηδὲ πιεῖν οἶνον

κρίμα (*krima*; 6/27) *judgment*
Ro 2:2 δὲ ὅτι τὸ **κρίμα** τοῦ θεοῦ ἐστιν
Ro 2:3 σὺ ἐκφεύξῃ τὸ **κρίμα** τοῦ θεοῦ;
Ro 3:8 ὧν τὸ **κρίμα** ἔνδικόν ἐστιν.
Ro 5:16 τὸ μὲν γὰρ **κρίμα** ἐξ ἑνὸς εἰς
Ro 11:33 ὡς ἀνεξεραύνητα τὰ **κρίματα** αὐτοῦ καὶ ἀνεξιχνίαστοι
Ro 13:2 δὲ ἀνθεστηκότες ἑαυτοῖς **κρίμα** λήμψονται.

κρίνω (*krinō*; 18/114) *judge*
Ro 2:1 ἄνθρωπε πᾶς ὁ **κρίνων**·
Ro 2:1 ἐν ᾧ γὰρ **κρίνεις** τὸν ἕτερον,
Ro 2:1 αὐτὰ πράσσεις ὁ **κρίνων**.
Ro 2:3 ὦ ἄνθρωπε ὁ **κρίνων** τοὺς τὰ τοιαῦτα
Ro 2:12 διὰ νόμου **κριθήσονται**·
Ro 2:16 ἐν ἡμέρᾳ ὅτε **κρίνει** ὁ θεὸς τὰ
Ro 2:27 καὶ **κρινεῖ** ἡ ἐκ φύσεως
Ro 3:4 νικήσεις ἐν τῷ **κρίνεσθαί** σε.
Ro 3:6 ἐπεὶ πῶς **κρινεῖ** ὁ θεὸς τὸν
Ro 3:7 κἀγὼ ὡς ἁμαρτωλὸς **κρίνομαι**;
Ro 14:3 τὸν ἐσθίοντα μὴ **κρινέτω**,
Ro 14:4 τίς εἶ ὁ **κρίνων** ἀλλότριον οἰκέτην;
Ro 14:5 Ὃς μὲν [γὰρ] **κρίνει** ἡμέραν παρ’ ἡμέραν,
Ro 14:5 ὃς δὲ **κρίνει** πᾶσαν ἡμέραν·
Ro 14:10 Σὺ δὲ τί **κρίνεις** τὸν ἀδελφόν σου;
Ro 14:13 Μηκέτι οὖν ἀλλήλους **κρίνωμεν**·
Ro 14:13 ἀλλὰ τοῦτο **κρίνατε** μᾶλλον,
Ro 14:22 μακάριος ὁ μὴ **κρίνων** ἑαυτὸν ἐν ᾧ

κρυπτός (*kryptos*; 2/17) *secret*
Ro 2:16 ὁ θεὸς τὰ **κρυπτὰ** τῶν ἀνθρώπων κατὰ
Ro 2:29 ὁ ἐν τῷ **κρυπτῷ** Ἰουδαῖος,

κτίζω (*ktizō*; 1/15) *create*
Ro 1:25 κτίσει παρὰ τὸν **κτίσαντα**,

κτίσις (*ktisis*; 7/18[19]) *creation*
Ro 1:20 ἀόρατα αὐτοῦ ἀπὸ **κτίσεως** κόσμου τοῖς ποιήμασιν
Ro 1:25 καὶ ἐλάτρευσαν τῇ **κτίσει** παρὰ τὸν κτίσαντα,
Ro 8:19 γὰρ ἀποκαραδοκία τῆς **κτίσεως** τὴν ἀποκάλυψιν τῶν
Ro 8:20 γὰρ ματαιότητι ἡ **κτίσις** ὑπετάγη,
Ro 8:21 καὶ αὐτὴ ἡ **κτίσις** ἐλευθερωθήσεται ἀπὸ τῆς
Ro 8:22 ὅτι πᾶσα ἡ **κτίσις** συστενάζει καὶ συνωδίνει
Ro 8:39 βάθος οὔτε τις **κτίσις** ἑτέρα δυνήσεται ἡμᾶς

κύκλῳ (*kyklō*; 1/8) *around, in a circle*
Ro 15:19 ἀπὸ Ἰερουσαλὴμ καὶ **κύκλῳ** μέχρι τοῦ Ἰλλυρικοῦ

κυριεύω (*kyrieuō*; 4/7) *rule, have power over*
Ro 6:9 θάνατος αὐτοῦ οὐκέτι **κυριεύει**.
Ro 6:14 γὰρ ὑμῶν οὐ **κυριεύσει**·
Ro 7:1 ὅτι ὁ νόμος **κυριεύει** τοῦ ἀνθρώπου ἐφ’
Ro 14:9 νεκρῶν καὶ ζώντων **κυριεύσῃ**.

κύριος (*kyrios*; 43/714[717]) *Lord, sir*
Ro 1:4 Ἰησοῦ Χριστοῦ τοῦ **κυρίου** ἡμῶν,
Ro 1:7 πατρὸς ἡμῶν καὶ **κυρίου** Ἰησοῦ Χριστοῦ.
Ro 4:8 οὐ μὴ λογίσηται **κύριος** ἁμαρτίαν.
Ro 4:24 ἐγείραντα Ἰησοῦν τὸν **κύριον** ἡμῶν ἐκ νεκρῶν,
Ro 5:1 θεὸν διὰ τοῦ **κυρίου** ἡμῶν Ἰησοῦ Χριστοῦ
Ro 5:11 θεῷ διὰ τοῦ **κυρίου** ἡμῶν Ἰησοῦ Χριστοῦ
Ro 5:21 Ἰησοῦ Χριστοῦ τοῦ **κυρίου** ἡμῶν.
Ro 6:23 Χριστῷ Ἰησοῦ τῷ **κυρίῳ** ἡμῶν.
Ro 7:25 Ἰησοῦ Χριστοῦ τοῦ **κυρίου** ἡμῶν.
Ro 8:39 Χριστῷ Ἰησοῦ τῷ **κυρίῳ** ἡμῶν.
Ro 9:28 καὶ συντέμνων ποιήσει **κύριος** ἐπὶ τῆς γῆς.
Ro 9:29 εἰ μὴ **κύριος** σαβαὼθ ἐγκατέλιπεν ἡμῖν
Ro 10:9 τῷ στόματί σου **κύριον** Ἰησοῦν καὶ πιστεύσῃς
Ro 10:12 ὁ γὰρ αὐτὸς **κύριος** πάντων,
Ro 10:13 ἐπικαλέσηται τὸ ὄνομα **κυρίου** σωθήσεται.
Ro 10:16 **κύριε**,
Ro 11:3 **κύριε**,
Ro 11:34 γὰρ ἔγνω νοῦν **κυρίου**;
Ro 12:11 τῷ **κυρίῳ** δουλεύοντες,
Ro 12:19 λέγει **κύριος**.
Ro 13:14 ἀλλὰ ἐνδύσασθε τὸν **κύριον** Ἰησοῦν Χριστὸν
Ro 14:4 τῷ ἰδίῳ **κυρίῳ** στήκει ἢ πίπτει·
Ro 14:4 δυνατεῖ γὰρ ὁ **κύριος** στῆσαι αὐτόν.
Ro 14:6 φρονῶν τὴν ἡμέραν **κυρίῳ** φρονεῖ·
Ro 14:6 καὶ ὁ ἐσθίων **κυρίῳ** ἐσθίει,
Ro 14:6 ὁ μὴ ἐσθίων **κυρίῳ** οὐκ ἐσθίει καὶ
Ro 14:8 τῷ **κυρίῳ** ζῶμεν,
Ro 14:8 τῷ **κυρίῳ** ἀποθνῄσκομεν.
Ro 14:8 τοῦ **κυρίου** ἐσμέν.
Ro 14:11 λέγει **κύριος**,
Ro 14:14 καὶ πέπεισμαι ἐν **κυρίῳ** Ἰησοῦ ὅτι οὐδὲν
Ro 15:6 καὶ πατέρα τοῦ **κυρίου** ἡμῶν Ἰησοῦ Χριστοῦ.
Ro 15:11 τὸν **κύριον** καὶ ἐπαινεσάτωσαν αὐτὸν

Ro 15:30 ἀδελφοί] διὰ τοῦ **κυρίου** ἡμῶν Ἰησοῦ Χριστοῦ
Ro 16:2 αὐτὴν προσδέξησθε ἐν **κυρίῳ** ἀξίως τῶν ἁγίων
Ro 16:8 ἀγαπητόν μου ἐν **κυρίῳ**.
Ro 16:11 τοὺς ὄντας ἐν **κυρίῳ**.
Ro 16:12 τὰς κοπιώσας ἐν **κυρίῳ**.
Ro 16:12 πολλὰ ἐκοπίασεν ἐν **κυρίῳ**.
Ro 16:13 τὸν ἐκλεκτὸν ἐν **κυρίῳ** καὶ τὴν μητέρα
Ro 16:18 γὰρ τοιοῦτοι τῷ **κυρίῳ** ἡμῶν Χριστῷ οὐ
Ro 16:20 Ἡ χάρις τοῦ **κυρίου** ἡμῶν Ἰησοῦ μεθ'
Ro 16:22 τὴν ἐπιστολὴν ἐν **κυρίῳ**.

κωλύω (*kōlyō*; 1/23) *hinder*

Ro 1:13 καὶ **ἐκωλύθην** ἄχρι τοῦ δεῦρο,

κῶμος (*kōmos*; 1/3) *carousing*

Ro 13:13 μὴ **κώμοις** καὶ μέθαις,

λαλέω (*laleō*; 3/294[296]) *speak*

Ro 3:19 ἐν τῷ νόμῳ **λαλεῖ**,
Ro 7:1 γινώσκουσιν γὰρ νόμον **λαλῶ**,
Ro 15:18 γὰρ τολμήσω τι **λαλεῖν** ὧν οὐ κατειργάσατο

λαμβάνω (*lambanō*; 9/258) *take, receive*

Ro 1:5 δι' οὗ **ἐλάβομεν** χάριν καὶ ἀποστολὴν
Ro 4:11 καὶ σημεῖον **ἔλαβεν** περιτομῆς σφραγῖδα τῆς
Ro 5:11 νῦν τὴν καταλλαγὴν **ἐλάβομεν**.
Ro 5:17 δωρεᾶς τῆς δικαιοσύνης **λαμβάνοντες** ἐν ζωῇ βασιλεύσουσιν
Ro 7:8 ἀφορμὴν δὲ **λαβοῦσα** ἡ ἁμαρτία διὰ
Ro 7:11 γὰρ ἁμαρτία ἀφορμὴν **λαβοῦσα** διὰ τῆς ἐντολῆς
Ro 8:15 οὐ γὰρ **ἐλάβετε** πνεῦμα δουλείας πάλιν
Ro 8:15 εἰς φόβον ἀλλὰ **ἐλάβετε** πνεῦμα υἱοθεσίας
Ro 13:2 ἀνθεστηκότες ἑαυτοῖς κρίμα **λήμψονται**.

λαός (*laos*; 8/141[142]) *people, nation*

Ro 9:25 καλέσω τὸν οὐ **λαόν** μου λαόν μου
Ro 9:25 οὐ λαόν μου **λαόν** μου καὶ τὴν
Ro 9:26 οὐ **λαός** μου ὑμεῖς,
Ro 10:21 χεῖράς μου πρὸς **λαὸν** ἀπειθοῦντα καὶ ἀντιλέγοντα.
Ro 11:1 ὁ θεὸς τὸν **λαὸν** αὐτοῦ;
Ro 11:2 ὁ θεὸς τὸν **λαὸν** αὐτοῦ ὃν προέγνω.
Ro 15:10 μετὰ τοῦ **λαοῦ** αὐτοῦ.
Ro 15:11 αὐτὸν πάντες οἱ **λαοί**.

λάρυγξ (*larynx*; 1/1) *throat*

Ro 3:13 τάφος ἀνεῳγμένος ὁ **λάρυγξ** αὐτῶν,

λατρεία (*latreia*; 2/5) *service*

Ro 9:4 νομοθεσία καὶ ἡ **λατρεία** καὶ αἱ ἐπαγγελίαι,
Ro 12:1 τὴν λογικὴν **λατρείαν** ὑμῶν·

λατρεύω (*latreuō*; 2/21) *serve*

Ro 1:9 ᾧ **λατρεύω** ἐν τῷ πνεύματί
Ro 1:25 καὶ ἐσεβάσθησαν καὶ **ἐλάτρευσαν** τῇ κτίσει

λάχανον (*lachanon*; 1/4) *garden*

Ro 14:2 ὁ δὲ ἀσθενῶν **λάχανα** ἐσθίει.

λέγω (*legō*; 48/2345[2353]) *say*

Ro 2:22 ὁ **λέγων** μὴ μοιχεύειν μοιχεύεις;
Ro 3:5 τί **ἐροῦμεν**;
Ro 3:5 κατὰ ἄνθρωπον **λέγω**.
Ro 3:8 φασίν τινες ἡμᾶς **λέγειν** ὅτι ποιήσωμεν τὰ
Ro 3:19 ὅσα ὁ νόμος **λέγει** τοῖς ἐν τῷ
Ro 4:1 Τί οὖν **ἐροῦμεν** εὑρηκέναι Ἀβραὰμ τὸν
Ro 4:3 γὰρ ἡ γραφὴ **λέγει**;
Ro 4:6 καθάπερ καὶ Δαυὶδ **λέγει** τὸν μακαρισμὸν
Ro 4:9 **λέγομεν** γάρ·
Ro 4:18 ἐθνῶν κατὰ τὸ **εἰρημένον**·
Ro 6:1 Τί οὖν **ἐροῦμεν**;
Ro 6:19 Ἀνθρώπινον **λέγω** διὰ τὴν ἀσθένειαν
Ro 7:7 Τι οὖν **ἐροῦμεν**;
Ro 7:7 μὴ ὁ νόμος **ἔλεγεν**·
Ro 8:31 Τί οὖν **ἐροῦμεν** πρὸς ταῦτα;
Ro 9:1 Ἀλήθειαν **λέγω** ἐν Χριστῷ,
Ro 9:12 **ἐρρέθη** αὐτῇ ὅτι ὁ
Ro 9:14 Τί οὖν **ἐροῦμεν**;
Ro 9:15 τῷ Μωϋσεῖ γὰρ **λέγει**·
Ro 9:17 **λέγει** γὰρ ἡ γραφὴ
Ro 9:19 **Ἐρεῖς** μοι οὖν·
Ro 9:20 μὴ **ἐρεῖ** τὸ πλάσμα τῷ
Ro 9:25 ἐν τῷ Ὡσηὲ **λέγει**·
Ro 9:26 τῷ τόπῳ οὗ **ἐρρέθη** αὐτοῖς·
Ro 9:30 Τί οὖν **ἐροῦμεν**;
Ro 10:6 πίστεως δικαιοσύνη οὕτως **λέγει**·
Ro 10:6 μὴ **εἴπῃς** ἐν τῇ καρδίᾳ
Ro 10:8 ἀλλὰ τί **λέγει**;
Ro 10:11 **λέγει** γὰρ ἡ γραφή·
Ro 10:16 Ἠσαΐας γὰρ **λέγει**·
Ro 10:18 ἀλλὰ **λέγω**,
Ro 10:19 ἀλλὰ **λέγω**,
Ro 10:19 πρῶτος Μωϋσῆς **λέγει**·
Ro 10:20 δὲ ἀποτολμᾷ καὶ **λέγει**·
Ro 10:21 δὲ τὸν Ἰσραὴλ **λέγει**·
Ro 11:1 **Λέγω** οὖν,
Ro 11:2 ἐν Ἠλίᾳ τί **λέγει** ἡ γραφή,
Ro 11:4 ἀλλὰ τί **λέγει** αὐτῷ ὁ χρηματισμός;
Ro 11:9 καὶ Δαυὶδ **λέγει**·
Ro 11:11 **Λέγω** οὖν,
Ro 11:13 ὑμῖν δὲ **λέγω** τοῖς ἔθνεσιν·
Ro 11:19 **ἐρεῖς** οὖν·
Ro 12:3 **Λέγω** γὰρ διὰ τῆς
Ro 12:19 **λέγει** κύριος.
Ro 14:11 **λέγει** κύριος,
Ro 15:8 **λέγω** γὰρ Χριστὸν διάκονον
Ro 15:10 καὶ πάλιν **λέγει**·
Ro 15:12 καὶ πάλιν Ἠσαΐας **λέγει**·

λεῖμμα (*leimma*; 1/1) *remnant*

Ro 11:5 τῷ νῦν καιρῷ **λεῖμμα** κατ' ἐκλογὴν χάριτος

λειτουργέω (*leitourgeō*; 1/3) *serve*

Ro 15:27 ἐν τοῖς σαρκικοῖς **λειτουργῆσαι** αὐτοῖς.

λειτουργός (*leitourgos*; 2/5) *servant*

Ro 13:6 **λειτουργοὶ** γὰρ θεοῦ εἰσιν
Ro 15:16 τὸ εἶναί με **λειτουργὸν** Χριστοῦ Ἰησοῦ εἰς

λίθος (*lithos*; 2/58[59]) *stone*

Ro 9:32 προσέκοψαν τῷ **λίθῳ** τοῦ προσκόμματος,

Ro 9:33 τίθημι ἐν Σιὼν **λίθον** προσκόμματος καὶ πέτραν

λιμός (*limos*; 1/12) *famine*

Ro 8:35 ἢ διωγμὸς ἢ **λιμὸς** ἢ γυμνότης ἢ

λογίζομαι (*logizomai*; 19/40) *count, consider*

Ro 2:3 **λογίζῃ** δὲ τοῦτο,
Ro 2:26 αὐτοῦ εἰς περιτομὴν **λογισθήσεται**;
Ro 3:28 **λογιζόμεθα** γὰρ δικαιοῦσθαι πίστει
Ro 4:3 τῷ θεῷ καὶ **ἐλογίσθη** αὐτῷ εἰς δικαιοσύνην.
Ro 4:4 ὁ μισθὸς οὐ **λογίζεται** κατὰ χάριν ἀλλὰ
Ro 4:5 δικαιοῦντα τὸν ἀσεβῆ **λογίζεται** ἡ πίστις αὐτοῦ
Ro 4:6 ᾧ ὁ θεὸς **λογίζεται** δικαιοσύνην χωρὶς ἔργων·
Ro 4:8 οὗ οὐ μὴ **λογίσηται** κύριος ἁμαρτίαν.
Ro 4:9 **ἐλογίσθη** τῷ Ἀβραὰμ ἡ
Ro 4:10 πῶς οὖν **ἐλογίσθη**;
Ro 4:11 εἰς τὸ **λογισθῆναι** [καὶ] αὐτοῖς [τὴν]
Ro 4:22 διὸ [καὶ] **ἐλογίσθη** αὐτῷ εἰς δικαιοσύνην.
Ro 4:23 αὐτὸν μόνον ὅτι **ἐλογίσθη** αὐτῷ
Ro 4:24 οἷς μέλλει **λογίζεσθαι**,
Ro 6:11 οὕτως καὶ ὑμεῖς **λογίζεσθε** ἑαυτοὺς [εἶναι] νεκροὺς
Ro 8:18 **Λογίζομαι** γὰρ ὅτι οὐκ
Ro 8:36 **ἐλογίσθημεν** ὡς πρόβατα σφαγῆς.
Ro 9:8 τέκνα τῆς ἐπαγγελίας **λογίζεται** εἰς σπέρμα.
Ro 14:14 εἰ μὴ τῷ **λογιζομένῳ** τι κοινὸν εἶναι,

λογικός (*logikos*; 1/2) *rational, spiritual*

Ro 12:1 τὴν **λογικὴν** λατρείαν ὑμῶν·

λόγιον (*logion*; 1/4) *oracle*

Ro 3:2 ὅτι ἐπιστεύθησαν τὰ **λόγια** τοῦ θεοῦ.

λογισμός (*logismos*; 1/2) *thought*

Ro 2:15 μεταξὺ ἀλλήλων τῶν **λογισμῶν** κατηγορούντων ἢ καὶ

λόγος (*logos*; 7/329[330]) *word*

Ro 3:4 δικαιωθῇς ἐν τοῖς **λόγοις** σου καὶ νικήσεις
Ro 9:6 ὅτι ἐκπέπτωκεν ὁ **λόγος** τοῦ θεοῦ.
Ro 9:9 ἐπαγγελίας γὰρ ὁ **λόγος** οὗτος·
Ro 9:28 **λόγον** γὰρ συντελῶν καὶ
Ro 13:9 ἐν τῷ **λόγῳ** τούτῳ ἀνακεφαλαιοῦται [ἐν
Ro 14:12 ἡμῶν περὶ ἑαυτοῦ **λόγον** δώσει [τῷ θεῷ].
Ro 15:18 **λόγῳ** καὶ ἔργῳ,

λοιπός (*loipos*; 2/54[55]) *rest, remaining*

Ro 1:13 καὶ ἐν τοῖς **λοιποῖς** ἔθνεσιν.
Ro 11:7 οἱ δὲ **λοιποὶ** ἐπωρώθησαν,

Λούκιος (*Loukios*; 1/2) *Lucius*

Ro 16:21 συνεργός μου καὶ **Λούκιος** καὶ Ἰάσων καὶ

λυπέω (*lypeō*; 1/26) *grieve*

Ro 14:15 ὁ ἀδελφός σου **λυπεῖται**,

λύπη (*lypē*; 1/16) *grief*

Ro 9:2 ὅτι **λύπη** μοί ἐστιν μεγάλη

μακάριος (*makarios*; 3/50) *blessed*

Ro 4:7 **μακάριοι** ὧν ἀφέθησαν αἱ
Ro 4:8 **μακάριος** ἀνὴρ οὗ οὐ
Ro 14:22 **μακάριος** ὁ μὴ κρίνων

μακαρισμός (*makarismos*; 2/3) *blessedness*

Ro 4:6 Δαυὶδ λέγει τὸν **μακαρισμὸν** τοῦ ἀνθρώπου ᾧ
Ro 4:9 Ὁ **μακαρισμὸς** οὖν οὗτος ἐπὶ

Μακεδονία (*Makedonia*; 1/22) *Macedonia*

Ro 15:26 εὐδόκησαν γὰρ **Μακεδονία** καὶ Ἀχαΐα κοινωνίαν

μακροθυμία (*makrothymia*; 2/14) *patience*

Ro 2:4 ἀνοχῆς καὶ τῆς **μακροθυμίας** καταφρονεῖς,
Ro 9:22 ἤνεγκεν ἐν πολλῇ **μακροθυμίᾳ** σκεύη ὀργῆς κατηρτισμένα

μᾶλλον (*mallon*; 8/81) *more*

Ro 5:9 πολλῷ οὖν **μᾶλλον** δικαιωθέντες νῦν ἐν
Ro 5:10 πολλῷ **μᾶλλον** καταλλαγέντες σωθησόμεθα ἐν
Ro 5:15 πολλῷ **μᾶλλον** ἡ χάρις τοῦ
Ro 5:17 πολλῷ **μᾶλλον** οἱ τὴν περισσείαν
Ro 8:34 **μᾶλλον** δὲ ἐγερθείς,
Ro 11:12 πόσῳ **μᾶλλον** τὸ πλήρωμα αὐτῶν.
Ro 11:24 πόσῳ **μᾶλλον** οὗτοι οἱ κατὰ
Ro 14:13 ἀλλὰ τοῦτο κρίνατε **μᾶλλον**,

μανθάνω (*manthanō*; 1/25) *learn*

Ro 16:17 διδαχὴν ἣν ὑμεῖς **ἐμάθετε** ποιοῦντας,

Μαρία (*Maria*; 1/53[54]) *Mary*

Ro 16:6 ἀσπάσασθε **Μαρίαν**,

μαρτυρέω (*martyreō*; 2/76) *bear witness*

Ro 3:21 δικαιοσύνη θεοῦ πεφανέρωται **μαρτυρουμένη** ὑπὸ τοῦ νόμου
Ro 10:2 **μαρτυρῶ** γὰρ αὐτοῖς ὅτι

μάρτυς (*martys*; 1/35) *witness*

Ro 1:9 **μάρτυς** γάρ μού ἐστιν

ματαιότης (*mataiotēs*; 1/3) *futility*

Ro 8:20 τῇ γὰρ **ματαιότητι** ἡ κτίσις ὑπετάγη,

ματαιόω (*mataioō*; 1/1) *be given to worthless or futile speculation*

Ro 1:21 ἀλλ' **ἐματαιώθησαν** ἐν τοῖς διαλογισμοῖς

μάχαιρα (*machaira*; 2/29) *sword*

Ro 8:35 ἢ κίνδυνος ἢ **μάχαιρα**;
Ro 13:4 γὰρ εἰκῇ τὴν **μάχαιραν** φορεῖ·

μέγας (*megas*; 2/243) *great, large*

Ro 9:2 λύπη μοί ἐστιν **μεγάλη** καὶ ἀδιάλειπτος ὀδύνη
Ro 9:12 αὐτῇ ὅτι ὁ **μείζων** δουλεύσει τῷ ἐλάσσονι,

μέθη (*methē*; 1/3) *drunkenness*
Ro 13:13 μὴ κώμοις καὶ **μέθαις**,

μέλλω (*mellō*; 5/109) *be about to happen*
Ro 4:24 οἷς **μέλλει** λογίζεσθαι,
Ro 5:14 ἐστιν τύπος τοῦ **μέλλοντος**.
Ro 8:13 **μέλλετε** ἀποθνῄσκειν·
Ro 8:18 καιροῦ πρὸς τὴν **μέλλουσαν** δόξαν ἀποκαλυφθῆναι εἰς
Ro 8:38 οὔτε ἐνεστῶτα οὔτε **μέλλοντα** οὔτε δυνάμεις

μέλος (*melos*; 10/34) *a bodily part*
Ro 6:13 μηδὲ παριστάνετε τὰ **μέλη** ὑμῶν ὅπλα ἀδικίας
Ro 6:13 ζῶντας καὶ τὰ **μέλη** ὑμῶν ὅπλα δικαιοσύνης
Ro 6:19 γὰρ παρεστήσατε τὰ **μέλη** ὑμῶν δοῦλα τῇ
Ro 6:19 νῦν παραστήσατε τὰ **μέλη** ὑμῶν δοῦλα τῇ
Ro 7:5 ἐνηργεῖτο ἐν τοῖς **μέλεσιν** ἡμῶν,
Ro 7:23 νόμον ἐν τοῖς **μέλεσίν** μου ἀντιστρατευόμενον τῷ
Ro 7:23 ὄντι ἐν τοῖς **μέλεσίν** μου.
Ro 12:4 ἐνὶ σώματι πολλὰ **μέλη** ἔχομεν,
Ro 12:4 τὰ δὲ **μέλη** πάντα οὐ τὴν
Ro 12:5 καθ' εἷς ἀλλήλων **μέλη**.

μέμφομαι (*memphomai*; 1/2) *find fault with*
Ro 9:19 τί [οὖν] ἔτι **μέμφεται**;

μέν (*men*; 18/178[179]) *on the one hand*
Ro 1:8 Πρῶτον **μὲν** εὐχαριστῶ τῷ θεῷ
Ro 2:7 τοῖς **μὲν** καθ' ὑπομονὴν ἔργου
Ro 2:25 Περιτομὴ **μὲν** γὰρ ὠφελεῖ ἐὰν
Ro 3:2 πρῶτον **μὲν** [γὰρ] ὅτι ἐπιστεύθησαν
Ro 5:16 τὸ **μὲν** γὰρ κρίμα ἐξ
Ro 6:11 ἑαυτοὺς [εἶναι] νεκροὺς **μὲν** τῇ ἁμαρτίᾳ ζῶντας
Ro 7:12 ὥστε ὁ **μὲν** νόμος ἅγιος καὶ
Ro 7:25 αὐτὸς ἐγὼ τῷ **μὲν** νοῒ δουλεύω νόμῳ
Ro 8:10 τὸ **μὲν** σῶμα νεκρὸν διὰ
Ro 8:17 κληρονόμοι **μὲν** θεοῦ,
Ro 9:21 φυράματος ποιῆσαι ὃ **μὲν** εἰς τιμὴν σκεῦος
Ro 10:1 ἡ **μὲν** εὐδοκία τῆς ἐμῆς
Ro 11:13 ἐφ' ὅσον μὲν **οὖν** εἰμι ἐγὼ ἐθνῶν
Ro 11:22 ἐπὶ **μὲν** τοὺς πεσόντας ἀποτομία,
Ro 11:28 κατὰ **μὲν** τὸ εὐαγγέλιον ἐχθροὶ
Ro 14:2 ὃς **μὲν** πιστεύει φαγεῖν πάντα,
Ro 14:5 Ὃς **μὲν** [γὰρ] κρίνει ἡμέραν
Ro 14:20 πάντα **μὲν** καθαρά,

μενοῦνγε (*menounge*; 2/3) *rather*
Ro 9:20 **μενοῦνγε** σὺ τίς εἶ
Ro 10:18 **μενοῦνγε**·

μένω (*menō*; 1/118) *remain*
Ro 9:11 πρόθεσις τοῦ θεοῦ **μένῃ**,

μερίζω (*merizō*; 1/14) *divide*
Ro 12:3 ὡς ὁ θεὸς **ἐμέρισεν** μέτρον πίστεως.

μέρος (*meros*; 3/42) *part*
Ro 11:25 ὅτι πώρωσις ἀπὸ **μέρους** τῷ Ἰσραὴλ γέγονεν
Ro 15:15 ἔγραψα ὑμῖν ἀπὸ **μέρους** ὡς ἐπαναμιμνῄσκων ὑμᾶς
Ro 15:24 ὑμῶν πρῶτον ἀπὸ **μέρους** ἐμπλησθῶ.

μεστός (*mestos*; 2/9) *full*
Ro 1:29 **μεστοὺς** φθόνου φόνου ἔριδος
Ro 15:14 ὅτι καὶ αὐτοὶ **μεστοί** ἐστε ἀγαθωσύνης,

μετά (*meta*; 6/465[469]) *with, after*
Ro 12:15 χαίρειν **μετὰ** χαιρόντων,
Ro 12:15 κλαίειν **μετὰ** κλαιόντων.
Ro 12:18 **μετὰ** πάντων ἀνθρώπων εἰρηνεύοντες·
Ro 15:10 **μετὰ** τοῦ λαοῦ αὐτοῦ.
Ro 15:33 θεὸς τῆς εἰρήνης **μετὰ** πάντων ὑμῶν,
Ro 16:20 κυρίου ἡμῶν Ἰησοῦ **μεθ'** ὑμῶν.

μεταδίδωμι (*metadidōmi*; 2/5) *share*
Ro 1:11 ἵνα τι **μεταδῶ** χάρισμα ὑμῖν πνευματικὸν
Ro 12:8 ὁ **μεταδιδοὺς** ἐν ἁπλότητι,

μεταλλάσσω (*metallassō*; 2/2) *exchange*
Ro 1:25 οἵτινες **μετήλλαξαν** τὴν ἀλήθειαν τοῦ
Ro 1:26 γὰρ θήλειαι αὐτῶν **μετήλλαξαν** τὴν φυσικὴν χρῆσιν

μεταμορφόω (*metamorphoō*; 1/4) *change, be transformed*
Ro 12:2 ἀλλὰ **μεταμορφοῦσθε** τῇ ἀνακαινώσει τοῦ

μετάνοια (*metanoia*; 1/22) *repentance*
Ro 2:4 τοῦ θεοῦ εἰς **μετάνοιάν** σε ἄγει;

μεταξύ (*metaxy*; 1/9) *between, meanwhile*
Ro 2:15 τῆς συνειδήσεως καὶ **μεταξὺ** ἀλλήλων τῶν λογισμῶν

μέτρον (*metron*; 1/14) *measure*
Ro 12:3 ὁ θεὸς ἐμέρισεν **μέτρον** πίστεως.

μέχρι (*mechri*; 2/17) *until*
Ro 5:14 θάνατος ἀπὸ Ἀδὰμ **μέχρι** Μωϋσέως καὶ ἐπὶ
Ro 15:19 Ἰερουσαλὴμ καὶ κύκλῳ **μέχρι** τοῦ Ἰλλυρικοῦ πεπληρωκέναι

μή (*mē*; 80/1041[1042]) *not*
Ro 1:28 ποιεῖν τὰ **μὴ** καθήκοντα,
Ro 2:14 γὰρ ἔθνη τὰ **μὴ** νόμον ἔχοντα φύσει
Ro 2:14 οὗτοι νόμον **μὴ** ἔχοντες ἑαυτοῖς εἰσιν
Ro 2:21 ὁ κηρύσσων **μὴ** κλέπτειν κλέπτεις;
Ro 2:22 ὁ λέγων **μὴ** μοιχεύειν μοιχεύεις;
Ro 3:3 **μὴ** ἡ ἀπιστία αὐτῶν
Ro 3:4 **μὴ** γένοιτο·
Ro 3:5 **μὴ** ἄδικος ὁ θεὸς
Ro 3:6 **μὴ** γένοιτο·
Ro 3:8 καὶ **μὴ** καθὼς βλασφημούμεθα καὶ
Ro 3:31 **μὴ** γένοιτο·
Ro 4:5 τῷ δὲ **μὴ** ἐργαζομένῳ πιστεύοντι δὲ
Ro 4:8 ἀνὴρ οὗ οὐ **μὴ** λογίσηται κύριος ἁμαρτίαν.
Ro 4:17 καὶ καλοῦντος τὰ **μὴ** ὄντα ὡς ὄντα.
Ro 4:19 καὶ **μὴ** ἀσθενήσας τῇ πίστει

Ro 5:13 δὲ οὐκ ἐλλογεῖται **μὴ** ὄντος νόμου,
Ro 5:14 καὶ ἐπὶ τοὺς **μὴ** ἁμαρτήσαντας ἐπὶ τῷ
Ro 6:2 **μὴ** γένοιτο.
Ro 6:12 **Μὴ** οὖν βασιλευέτω ἡ
Ro 6:15 **μὴ** γένοιτο.
Ro 7:3 τοῦ **μὴ** εἶναι αὐτὴν μοιχαλίδα
Ro 7:7 **μὴ** γένοιτο·
Ro 7:7 οὐκ ἔγνων εἰ **μὴ** διὰ νόμου·
Ro 7:7 οὐκ ᾔδειν εἰ **μὴ** ὁ νόμος ἔλεγεν·
Ro 7:13 **μὴ** γένοιτο·
Ro 8:4 ἐν ἡμῖν τοῖς **μὴ** κατὰ σάρκα περιπατοῦσιν
Ro 9:14 **μὴ** ἀδικία παρὰ τῷ
Ro 9:14 **μὴ** γένοιτο.
Ro 9:20 **μὴ** ἐρεῖ τὸ πλάσμα
Ro 9:29 εἰ **μὴ** κύριος σαβαὼθ ἐγκατέλιπεν
Ro 9:30 ὅτι ἔθνη τὰ **μὴ** διώκοντα δικαιοσύνην κατέλαβεν
Ro 10:6 **μὴ** εἴπῃς ἐν τῇ
Ro 10:15 δὲ κηρύξωσιν ἐὰν **μὴ** ἀποσταλῶσιν;
Ro 10:18 **μὴ** οὐκ ἤκουσαν;
Ro 10:19 **μὴ** Ἰσραὴλ οὐκ ἔγνω;
Ro 10:20 [ἐν] τοῖς ἐμὲ **μὴ** ζητοῦσιν,
Ro 10:20 ἐγενόμην τοῖς ἐμὲ **μὴ** ἐπερωτῶσιν.
Ro 11:1 **μὴ** ἀπώσατο ὁ θεὸς
Ro 11:1 **μὴ** γένοιτο·
Ro 11:8 ὀφθαλμοὺς τοῦ **μὴ** βλέπειν καὶ ὦτα
Ro 11:8 καὶ ὦτα τοῦ **μὴ** ἀκούειν,
Ro 11:10 ὀφθαλμοὶ αὐτῶν τοῦ **μὴ** βλέπειν καὶ τὸν
Ro 11:11 **μὴ** ἔπταισαν ἵνα πέσωσιν;
Ro 11:11 **μὴ** γένοιτο·
Ro 11:15 ἡ πρόσλημψις εἰ **μὴ** ζωὴ ἐκ νεκρῶν;
Ro 11:18 **μὴ** κατακαυχῶ τῶν κλάδων·
Ro 11:20 **μὴ** ὑψηλὰ φρόνει ἀλλὰ
Ro 11:21 **[μή** πως] οὐδὲ σοῦ
Ro 11:23 ἐὰν μὴ **ἐπιμένωσιν** τῇ ἀπιστίᾳ,
Ro 11:25 ἵνα **μὴ** ἦτε [παρ'] ἑαυτοῖς
Ro 12:2 καὶ **μὴ** συσχηματίζεσθε τῷ αἰῶνι
Ro 12:3 ὄντι ἐν ὑμῖν **μὴ** ὑπερφρονεῖν παρ' ὃ
Ro 12:11 τῇ σπουδῇ **μὴ** ὀκνηροί,
Ro 12:14 εὐλογεῖτε καὶ **μὴ** καταρᾶσθε.
Ro 12:16 **μὴ** τὰ ὑψηλὰ φρονοῦντες
Ro 12:16 **μὴ** γίνεσθε φρόνιμοι παρ'
Ro 12:19 **μὴ** ἑαυτοὺς ἐκδικοῦντες,
Ro 12:21 **μὴ** νικῶ ὑπὸ τοῦ
Ro 13:1 ἔστιν ἐξουσία εἰ **μὴ** ὑπὸ θεοῦ,
Ro 13:3 θέλεις δὲ **μὴ** φοβεῖσθαι τὴν ἐξουσίαν·
Ro 13:8 μηδὲν ὀφείλετε εἰ **μὴ** τὸ ἀλλήλους ἀγαπᾶν·
Ro 13:13 **μὴ** κώμοις καὶ μέθαις,
Ro 13:13 μὴ **κοίταις** καὶ ἀσελγείαις,
Ro 13:13 **μὴ** ἔριδι καὶ ζήλῳ,
Ro 13:14 τῆς σαρκὸς πρόνοιαν **μὴ** ποιεῖσθε εἰς ἐπιθυμίας.
Ro 14:1 μὴ **εἰς** διακρίσεις διαλογισμῶν.
Ro 14:3 ὁ ἐσθίων τὸν **μὴ** ἐσθίοντα μὴ ἐξουθενείτω,
Ro 14:3 τὸν μὴ ἐσθίοντα **μὴ** ἐξουθενείτω,
Ro 14:3 ὁ δὲ **μὴ** ἐσθίων τὸν ἐσθίοντα
Ro 14:3 ἐσθίων τὸν ἐσθίοντα **μὴ** κρινέτω,
Ro 14:6 καὶ ὁ **μὴ** ἐσθίων κυρίῳ οὐκ
Ro 14:13 τὸ **μὴ** τιθέναι πρόσκομμα τῷ
Ro 14:14 εἰ **μὴ** τῷ λογιζομένῳ τι
Ro 14:15 **μὴ** τῷ βρώματί σου
Ro 14:16 **μὴ** βλασφημείσθω οὖν ὑμῶν
Ro 14:20 **μὴ** ἕνεκεν βρώματος κατάλυε
Ro 14:21 καλὸν τὸ **μὴ** φαγεῖν κρέα μηδὲ
Ro 14:22 μακάριος ὁ **μὴ** κρίνων ἑαυτὸν ἐν
Ro 15:1 ἀδυνάτων βαστάζειν καὶ **μὴ** ἑαυτοῖς ἀρέσκειν.
Ro 15:20 ἵνα **μὴ** ἐπ' ἀλλότριον θεμέλιον

μηδέ (*mēde*; 4/56) *nor*
Ro 6:13 **μηδὲ** παριστάνετε τὰ μέλη
Ro 9:11 μήπω γὰρ γεννηθέντων **μηδὲ** πραξάντων τι ἀγαθὸν
Ro 14:21 μὴ φαγεῖν κρέα **μηδὲ** πιεῖν οἶνον μηδὲ
Ro 14:21 μηδὲ πιεῖν οἶνον **μηδὲ** ἐν ᾧ ὁ

μηδείς (*mēdeis*; 3/90) *no one*
Ro 12:17 **μηδενὶ** κακὸν ἀντὶ κακοῦ
Ro 13:8 **Μηδενὶ** μηδὲν ὀφείλετε εἰ
Ro 13:8 Μηδενὶ **μηδὲν** ὀφείλετε εἰ μὴ

μηκέτι (*mēketi*; 3/21[22]) *no longer*
Ro 6:6 τοῦ **μηκέτι** δουλεύειν ἡμᾶς τῇ
Ro 14:13 **Μηκέτι** οὖν ἀλλήλους κρίνωμεν·
Ro 15:23 νυνὶ δὲ **μηκέτι** τόπον ἔχων ἐν

μήπω (*mēpō*; 1/2) *not yet*
Ro 9:11 **μήπω** γὰρ γεννηθέντων μηδὲ

μήτηρ (*mētēr*; 1/83) *mother*
Ro 16:13 κυρίῳ καὶ τὴν **μητέρα** αὐτοῦ καὶ ἐμοῦ.

μήτρα (*mētra*; 1/2) *womb*
Ro 4:19 τὴν νέκρωσιν τῆς **μήτρας** Σάρρας·

μισέω (*miseō*; 2/40) *hate*
Ro 7:15 ἀλλ' ὃ **μισῶ** τοῦτο ποιῶ.
Ro 9:13 τὸν δὲ Ἠσαῦ **ἐμίσησα**.

μισθός (*misthos*; 1/29) *pay*
Ro 4:4 δὲ ἐργαζομένῳ ὁ **μισθὸς** οὐ λογίζεται κατὰ

μνεία (*mneia*; 1/7) *remembrance*
Ro 1:9 ὡς ἀδιαλείπτως **μνείαν** ὑμῶν ποιοῦμαι

μοιχαλίς (*moichalis*; 2/7) *adulteress*
Ro 7:3 ζῶντος τοῦ ἀνδρὸς **μοιχαλὶς** χρηματίσει ἐὰν γένηται
Ro 7:3 μὴ εἶναι αὐτὴν **μοιχαλίδα** γενομένην ἀνδρὶ ἑτέρῳ.

μοιχεύω (*moicheuō*; 3/14[15]) *commit adultery*
Ro 2:22 ὁ λέγων μὴ **μοιχεύειν** μοιχεύεις;
Ro 2:22 λέγων μὴ μοιχεύειν **μοιχεύεις**;
Ro 13:9 τὸ γὰρ οὐ **μοιχεύσεις**,

μόλις (*molis*; 1/6) *with difficulty*
Ro 5:7 **μόλις** γὰρ ὑπὲρ δικαίου

μόνος (*monos*; 14/113[114]) *only*
Ro 1:32 οὐ **μόνον** αὐτὰ ποιοῦσιν ἀλλὰ
Ro 3:29 Ἰουδαίων ὁ θεὸς **μόνον**;
Ro 4:12 οὐκ ἐκ περιτομῆς **μόνον** ἀλλὰ καὶ τοῖς
Ro 4:16 ἐκ τοῦ νόμου **μόνον** ἀλλὰ καὶ τῷ

Ro 4:23 δὲ δι᾽ αὐτὸν **μόνον** ὅτι ἐλογίσθη αὐτῷ
Ro 5:3 οὐ **μόνον** δέ,
Ro 5:11 οὐ **μόνον** δέ,
Ro 8:23 οὐ **μόνον** δέ,
Ro 9:10 Οὐ **μόνον** δέ,
Ro 9:24 ἐκάλεσεν ἡμᾶς οὐ **μόνον** ἐξ Ἰουδαίων ἀλλὰ
Ro 11:3 κἀγὼ ὑπελείφθην **μόνος** καὶ ζητοῦσιν τὴν
Ro 13:5 οὐ **μόνον** διὰ τὴν ὀργὴν
Ro 16:4 οἷς οὐκ ἐγὼ **μόνος** εὐχαριστῶ ἀλλὰ καὶ
Ro 16:27 **μόνῳ** σοφῷ θεῷ,

μόρφωσις (*morphōsis*; 1/2) *outward form*
Ro 2:20 ἔχοντα τὴν **μόρφωσιν** τῆς γνώσεως καὶ

μυστήριον (*mystērion*; 2/28) *secret, mystery*
Ro 11:25 τὸ **μυστήριον** τοῦτο,
Ro 16:25 κατὰ ἀποκάλυψιν **μυστηρίου** χρόνοις αἰωνίοις σεσιγημένου,

μωραίνω (*mōrainō*; 1/4) *make foolish*
Ro 1:22 φάσκοντες εἶναι σοφοὶ **ἐμωράνθησαν**

Μωϋσῆς (*Mōysēs*; 4/79[80]) *Moses*
Ro 5:14 ἀπὸ Ἀδὰμ μέχρι **Μωϋσέως** καὶ ἐπὶ τοὺς
Ro 9:15 τῷ **Μωϋσεῖ** γὰρ λέγει·
Ro 10:5 **Μωϋσῆς** γὰρ γράφει τὴν
Ro 10:19 πρῶτος **Μωϋσῆς** λέγει·

ναί (*nai*; 1/33) *yes*
Ro 3:29 **ναὶ** καὶ ἐθνῶν,

Νάρκισσος (*Narkissos*; 1/1) *Narcissus*
Ro 16:11 τοὺς ἐκ τῶν **Ναρκίσσου** τοὺς ὄντας ἐν

νεκρός (*nekros*; 16/128) *dead*
Ro 1:4 ἁγιωσύνης ἐξ ἀναστάσεως **νεκρῶν**,
Ro 4:17 τοῦ ζῳοποιοῦντος τοὺς **νεκροὺς** καὶ καλοῦντος τὰ
Ro 4:24 κύριον ἡμῶν ἐκ **νεκρῶν**,
Ro 6:4 ἠγέρθη Χριστὸς ἐκ **νεκρῶν** διὰ τῆς δόξης
Ro 6:9 Χριστὸς ἐγερθεὶς ἐκ **νεκρῶν** οὐκέτι ἀποθνῄσκει,
Ro 6:11 λογίζεσθε ἑαυτοὺς [εἶναι] **νεκροὺς** μὲν τῇ ἁμαρτίᾳ
Ro 6:13 θεῷ ὡσεὶ ἐκ **νεκρῶν** ζῶντας καὶ τὰ
Ro 7:4 τῷ ἐκ **νεκρῶν** ἐγερθέντι,
Ro 7:8 γὰρ νόμου ἁμαρτία **νεκρά**.
Ro 8:10 τὸ μὲν σῶμα **νεκρὸν** διὰ ἁμαρτίαν τὸ
Ro 8:11 τὸν Ἰησοῦν ἐκ **νεκρῶν** οἰκεῖ ἐν ὑμῖν,
Ro 8:11 ἐγείρας Χριστὸν ἐκ **νεκρῶν** ζῳοποιήσει καὶ
Ro 10:7 ἔστιν Χριστὸν ἐκ **νεκρῶν** ἀναγαγεῖν.
Ro 10:9 αὐτὸν ἤγειρεν ἐκ **νεκρῶν**,
Ro 11:15 μὴ ζωὴ ἐκ **νεκρῶν**;
Ro 14:9 ἵνα καὶ **νεκρῶν** καὶ ζώντων κυριεύσῃ.

νεκρόω (*nekroō*; 1/3) *put to death*
Ro 4:19 ἑαυτοῦ σῶμα [ἤδη] **νενεκρωμένον**,

νέκρωσις (*nekrōsis*; 1/2) *death*
Ro 4:19 καὶ τὴν **νέκρωσιν** τῆς μήτρας Σάρρας·

νήπιος (*nēpios*; 1/15) *infant, child*
Ro 2:20 διδάσκαλον **νηπίων**,

Νηρεύς (*Nēreus*; 1/1) *Nereus*
Ro 16:15 **Νηρέα** καὶ τὴν ἀδελφὴν

νικάω (*nikaō*; 3/28) *overcome*
Ro 3:4 λόγοις σου καὶ **νικήσεις** ἐν τῷ κρίνεσθαί
Ro 12:21 μὴ **νικῶ** ὑπὸ τοῦ κακοῦ
Ro 12:21 τοῦ κακοῦ ἀλλὰ **νίκα** ἐν τῷ ἀγαθῷ

νοέω (*noeō*; 1/14) *understand*
Ro 1:20 κόσμου τοῖς ποιήμασιν **νοούμενα** καθορᾶται,

νομοθεσία (*nomothesia*; 1/1) *giving of the law*
Ro 9:4 διαθῆκαι καὶ ἡ **νομοθεσία** καὶ ἡ λατρεία

νόμος (*nomos*; 74/193[194]) *law*
Ro 2:12 καὶ ὅσοι ἐν **νόμῳ** ἥμαρτον,
Ro 2:12 διὰ **νόμου** κριθήσονται·
Ro 2:13 γὰρ οἱ ἀκροαταὶ **νόμου** δίκαιοι παρὰ [τῷ]
Ro 2:13 ἀλλ᾽ οἱ ποιηταὶ **νόμου** δικαιωθήσονται.
Ro 2:14 ἔθνη τὰ μὴ **νόμον** ἔχοντα φύσει τὰ
Ro 2:14 φύσει τὰ τοῦ **νόμου** ποιῶσιν,
Ro 2:14 οὗτοι **νόμον** μὴ ἔχοντες ἑαυτοῖς
Ro 2:14 ἔχοντες ἑαυτοῖς εἰσιν **νόμος**·
Ro 2:15 τὸ ἔργον τοῦ **νόμου** γραπτὸν ἐν ταῖς
Ro 2:17 ἐπονομάζῃ καὶ ἐπαναπαύῃ **νόμῳ** καὶ καυχᾶσαι ἐν
Ro 2:18 κατηχούμενος ἐκ τοῦ **νόμου**,
Ro 2:20 ἀληθείας ἐν τῷ **νόμῳ**·
Ro 2:23 ὃς ἐν **νόμῳ** καυχᾶσαι,
Ro 2:23 τῆς παραβάσεως τοῦ **νόμου** τὸν θεὸν ἀτιμάζεις·
Ro 2:25 γὰρ ὠφελεῖ ἐὰν **νόμον** πράσσῃς·
Ro 2:25 ἐὰν δὲ παραβάτης **νόμου** ἦς,
Ro 2:26 τὰ δικαιώματα τοῦ **νόμου** φυλάσσῃ,
Ro 2:27 φύσεως ἀκροβυστία τὸν **νόμον** τελοῦσα σὲ
Ro 2:27 καὶ περιτομῆς παραβάτην **νόμου**.
Ro 3:19 ὅτι ὅσα ὁ **νόμος** λέγει τοῖς ἐν
Ro 3:19 τοῖς ἐν τῷ **νόμῳ** λαλεῖ,
Ro 3:20 διότι ἐξ ἔργων **νόμου** οὐ δικαιωθήσεται
Ro 3:20 διὰ γὰρ **νόμου** ἐπίγνωσις ἁμαρτίας.
Ro 3:21 Νυνὶ δὲ χωρὶς **νόμου** δικαιοσύνη θεοῦ πεφανέρωται
Ro 3:21 μαρτυρουμένη ὑπὸ τοῦ **νόμου** καὶ τῶν προφητῶν,
Ro 3:27 διὰ ποίου **νόμου**;
Ro 3:27 ἀλλὰ διὰ **νόμου** πίστεως.
Ro 3:28 ἄνθρωπον χωρὶς ἔργων **νόμου**.
Ro 3:31 **νόμον** οὖν καταργοῦμεν διὰ
Ro 3:31 ἀλλὰ **νόμον** ἱστάνομεν.
Ro 4:13 Οὐ γὰρ διὰ **νόμου** ἡ ἐπαγγελία τῷ
Ro 4:14 γὰρ οἱ ἐκ **νόμου** κληρονόμοι,
Ro 4:15 ὁ γὰρ **νόμος** ὀργὴν κατεργάζεται·
Ro 4:15 δὲ οὐκ ἔστιν **νόμος** οὐδὲ παράβασις.
Ro 4:16 τῷ ἐκ τοῦ **νόμου** μόνον ἀλλὰ καὶ
Ro 5:13 ἄχρι γὰρ **νόμου** ἁμαρτία ἦν ἐν
Ro 5:13 ἐλλογεῖται μὴ ὄντος **νόμου**,
Ro 5:20 **νόμος** δὲ παρεισῆλθεν,
Ro 6:14 γάρ ἐστε ὑπὸ **νόμον** ἀλλὰ ὑπὸ χάριν.
Ro 6:15 οὐκ ἐσμὲν ὑπὸ **νόμον** ἀλλὰ ὑπὸ χάριν;

Ro 7:1 γινώσκουσιν γὰρ **νόμον** λαλῶ,
Ro 7:1 ὅτι ὁ **νόμος** κυριεύει τοῦ ἀνθρώπου
Ro 7:2 ζῶντι ἀνδρὶ δέδεται **νόμῳ**·
Ro 7:2 κατήργηται ἀπὸ τοῦ **νόμου** τοῦ ἀνδρός.
Ro 7:3 ἐστὶν ἀπὸ τοῦ **νόμου**,
Ro 7:4 ὑμεῖς ἐθανατώθητε τῷ **νόμῳ** διὰ τοῦ σώματος
Ro 7:5 τὰ διὰ τοῦ **νόμου** ἐνηργεῖτο ἐν τοῖς
Ro 7:6 κατηργήθημεν ἀπὸ τοῦ **νόμου** ἀποθανόντες ἐν ᾧ
Ro 7:7 ὁ **νόμος** ἁμαρτία;
Ro 7:7 εἰ μὴ διὰ **νόμου**·
Ro 7:7 εἰ μὴ ὁ **νόμος** ἔλεγεν·
Ro 7:8 χωρὶς γὰρ **νόμου** ἁμαρτία νεκρά.
Ro 7:9 δὲ ἔζων χωρὶς **νόμου** ποτέ,
Ro 7:12 ὥστε ὁ μὲν **νόμος** ἅγιος καὶ ἡ
Ro 7:14 γὰρ ὅτι ὁ **νόμος** πνευματικός ἐστιν,
Ro 7:16 σύμφημι τῷ **νόμῳ** ὅτι καλός.
Ro 7:21 εὑρίσκω ἄρα τὸν **νόμον**,
Ro 7:22 συνήδομαι γὰρ τῷ **νόμῳ** τοῦ θεοῦ κατὰ
Ro 7:23 βλέπω δὲ ἕτερον **νόμον** ἐν τοῖς μέλεσίν
Ro 7:23 μου ἀντιστρατευόμενον τῷ **νόμῳ** τοῦ νοός μου
Ro 7:23 με ἐν τῷ **νόμῳ** τῆς ἁμαρτίας τῷ
Ro 7:25 μὲν νοῒ δουλεύω **νόμῳ** θεοῦ τῇ δὲ
Ro 7:25 τῇ δὲ σαρκὶ **νόμῳ** ἁμαρτίας.
Ro 8:2 ὁ γὰρ **νόμος** τοῦ πνεύματος τῆς
Ro 8:2 σε ἀπὸ τοῦ **νόμου** τῆς ἁμαρτίας καὶ
Ro 8:3 γὰρ ἀδύνατον τοῦ **νόμου** ἐν ᾧ ἠσθένει
Ro 8:4 τὸ δικαίωμα τοῦ **νόμου** πληρωθῇ ἐν ἡμῖν
Ro 8:7 τῷ γὰρ **νόμῳ** τοῦ θεοῦ οὐχ
Ro 9:31 Ἰσραὴλ δὲ διώκων **νόμον** δικαιοσύνης εἰς νόμον
Ro 9:31 νόμον δικαιοσύνης εἰς **νόμον** οὐκ ἔφθασεν.
Ro 10:4 τέλος γὰρ **νόμου** Χριστὸς εἰς δικαιοσύνην
Ro 10:5 τὴν ἐκ [τοῦ] **νόμου** ὅτι ὁ ποιήσας
Ro 13:8 ἀγαπῶν τὸν ἕτερον **νόμον** πεπλήρωκεν.
Ro 13:10 πλήρωμα οὖν **νόμου** ἡ ἀγάπη.

νουθετέω (*noutheteō*; 1/8) *instruct*

Ro 15:14 δυνάμενοι καὶ ἀλλήλους **νουθετεῖν**.

νοῦς (*nous*; 6/24) *mind*

Ro 1:28 θεὸς εἰς ἀδόκιμον **νοῦν**,
Ro 7:23 τῷ νόμῳ τοῦ **νοός** μου καὶ αἰχμαλωτίζοντά
Ro 7:25 ἐγὼ τῷ μὲν **νοῒ** δουλεύω νόμῳ θεοῦ
Ro 11:34 τίς γὰρ ἔγνω **νοῦν** κυρίου;
Ro 12:2 τῇ ἀνακαινώσει τοῦ **νοὸς** εἰς τὸ δοκιμάζειν
Ro 14:5 ἐν τῷ ἰδίῳ **νοῒ** πληροφορείσθω.

νῦν (*nyn*; 14/146[147]) *now*

Ro 3:26 αὐτοῦ ἐν τῷ **νῦν** καιρῷ,
Ro 5:9 οὖν μᾶλλον δικαιωθέντες **νῦν** ἐν τῷ αἵματι
Ro 5:11 Χριστοῦ δι᾽ οὗ **νῦν** τὴν καταλλαγὴν ἐλάβομεν.
Ro 6:19 οὕτως **νῦν** παραστήσατε τὰ μέλη
Ro 6:21 ἐφ᾽ οἷς **νῦν** ἐπαισχύνεσθε,
Ro 8:1 Οὐδὲν ἄρα **νῦν** κατάκριμα τοῖς ἐν
Ro 8:18 τὰ παθήματα τοῦ **νῦν** καιροῦ πρὸς τὴν
Ro 8:22 συνωδίνει ἄχρι τοῦ **νῦν**·
Ro 11:5 καὶ ἐν τῷ **νῦν** καιρῷ λεῖμμα κατ᾽
Ro 11:30 **νῦν** δὲ ἠλεήθητε τῇ
Ro 11:31 οὕτως καὶ οὗτοι **νῦν** ἠπείθησαν τῷ ὑμετέρῳ
Ro 11:31 καὶ αὐτοὶ [**νῦν**] ἐλεηθῶσιν.
Ro 13:11 **νῦν** γὰρ ἐγγύτερον ἡμῶν
Ro 16:26 φανερωθέντος δὲ **νῦν** διά τε γραφῶν

νυνί (*nyni*; 6/20) *now*

Ro 3:21 **Νυνὶ** δὲ χωρὶς νόμου
Ro 6:22 **νυνὶ** δὲ ἐλευθερωθέντες ἀπὸ
Ro 7:6 **νυνὶ** δὲ κατηργήθημεν ἀπὸ
Ro 7:17 **νυνὶ** δὲ οὐκέτι ἐγὼ
Ro 15:23 **νυνὶ** δὲ μηκέτι τόπον
Ro 15:25 **Νυνὶ** δὲ πορεύομαι εἰς

νύξ (*nyx*; 1/61) *night*

Ro 13:12 ἡ **νὺξ** προέκοψεν,

νῶτος (*nōtos*; 1/1) *back*

Ro 11:10 βλέπειν καὶ τὸν **νῶτον** αὐτῶν διὰ παντὸς

ξένος (*xenos*; 1/14) *strange, stranger*

Ro 16:23 ὑμᾶς Γάϊος ὁ **ξένος** μου καὶ ὅλης

ὁδηγός (*hodēgos*; 1/5) *guide*

Ro 2:19 πέποιθάς τε σεαυτὸν **ὁδηγὸν** εἶναι τυφλῶν,

ὁδός (*hodos*; 3/101) *way*

Ro 3:16 ταλαιπωρία ἐν ταῖς **ὁδοῖς** αὐτῶν,
Ro 3:17 καὶ **ὁδὸν** εἰρήνης οὐκ ἔγνωσαν.
Ro 11:33 καὶ ἀνεξιχνίαστοι αἱ **ὁδοὶ** αὐτοῦ.

ὀδύνη (*odynē*; 1/2) *pain*

Ro 9:2 μεγάλη καὶ ἀδιάλειπτος **ὀδύνη** τῇ καρδίᾳ μου.

οἶδα (*oida*; 16/318) *know*

Ro 2:2 **οἴδαμεν** δὲ ὅτι τὸ
Ro 3:19 **οἴδαμεν** δὲ ὅτι ὅσα
Ro 5:3 **εἰδότες** ὅτι ἡ θλῖψις
Ro 6:9 **εἰδότες** ὅτι Χριστὸς ἐγερθεὶς
Ro 6:16 οὐκ **οἴδατε** ὅτι ᾧ παριστάνετε
Ro 7:7 γὰρ ἐπιθυμίαν οὐκ **ᾔδειν** εἰ μὴ ὁ
Ro 7:14 **Οἴδαμεν** γὰρ ὅτι ὁ
Ro 7:18 **Οἶδα** γὰρ ὅτι οὐκ
Ro 8:22 **οἴδαμεν** γὰρ ὅτι πᾶσα
Ro 8:26 καθὸ δεῖ οὐκ **οἴδαμεν**,
Ro 8:27 ἐραυνῶν τὰς καρδίας **οἶδεν** τί τὸ φρόνημα
Ro 8:28 **Οἴδαμεν** δὲ ὅτι τοῖς
Ro 11:2 ἢ οὐκ **οἴδατε** ἐν Ἠλίᾳ τί
Ro 13:11 Καὶ τοῦτο **εἰδότες** τὸν καιρόν,
Ro 14:14 **οἶδα** καὶ πέπεισμαι ἐν
Ro 15:29 **οἶδα** δὲ ὅτι ἐρχόμενος

οἰκέτης (*oiketēs*; 1/4) *house servant*

Ro 14:4 ὁ κρίνων ἀλλότριον **οἰκέτην**;

οἰκέω (*oikeō*; 5/9) *live*

Ro 7:17 αὐτὸ ἀλλὰ ἡ **οἰκοῦσα** ἐν ἐμοὶ ἁμαρτία.
Ro 7:18 γὰρ ὅτι οὐκ **οἰκεῖ** ἐν ἐμοί,
Ro 7:20 αὐτὸ ἀλλὰ ἡ **οἰκοῦσα** ἐν ἐμοὶ ἁμαρτία.
Ro 8:9 εἴπερ πνεῦμα θεοῦ **οἰκεῖ** ἐν ὑμῖν.
Ro 8:11 Ἰησοῦν ἐκ νεκρῶν **οἰκεῖ** ἐν ὑμῖν,

οἰκοδομέω (*oikodomeō*; 1/40) *build*
Ro 15:20 ἐπ' ἀλλότριον θεμέλιον **οἰκοδομῶ**,

οἰκοδομή (*oikodomē*; 2/18) *building (up)*
Ro 14:19 καὶ τὰ τῆς **οἰκοδομῆς** τῆς εἰς ἀλλήλους.
Ro 15:2 τὸ ἀγαθὸν πρὸς **οἰκοδομήν**·

οἰκονόμος (*oikonomos*; 1/10) *steward*
Ro 16:23 ὑμᾶς Ἔραστος ὁ **οἰκονόμος** τῆς πόλεως καὶ

οἶκος (*oikos*; 1/113[114]) *house*
Ro 16:5 καὶ τὴν κατ' **οἶκον** αὐτῶν ἐκκλησίαν.

οἰκουμένη (*oikoumenē*; 1/15) *world*
Ro 10:18 τὰ πέρατα τῆς **οἰκουμένης** τὰ ῥήματα αὐτῶν.

οἰκτιρμός (*oiktirmos*; 1/5) *compassion*
Ro 12:1 διὰ τῶν **οἰκτιρμῶν** τοῦ θεοῦ παραστῆσαι

οἰκτίρω (*oiktirō*; 2/2) *have compassion on*
Ro 9:15 ἂν ἐλεῶ καὶ **οἰκτιρήσω** ὃν ἂν οἰκτίρω.
Ro 9:15 οἰκτιρήσω ὃν ἂν **οἰκτίρω**.

οἶνος (*oinos*; 1/34) *wine*
Ro 14:21 κρέα μηδὲ πιεῖν **οἶνον** μηδὲ ἐν ᾧ

οἷος (*hoios*; 1/14) *such as*
Ro 9:6 Οὐχ **οἷον** δὲ ὅτι ἐκπέπτωκεν

ὀκνηρός (*oknēros*; 1/3) *lazy*
Ro 12:11 τῇ σπουδῇ μὴ **ὀκνηροί**,

ὅλος (*holos*; 4/109) *whole*
Ro 1:8 ὑμῶν καταγγέλλεται ἐν **ὅλῳ** τῷ κόσμῳ.
Ro 8:36 ἕνεκεν σοῦ θανατούμεθα **ὅλην** τὴν ἡμέραν,
Ro 10:21 **ὅλην** τὴν ἡμέραν ἐξεπέτασα
Ro 16:23 ξένος μου καὶ **ὅλης** τῆς ἐκκλησίας.

Ὀλυμπᾶς (*Olympas*; 1/1) *Olympas*
Ro 16:15 καὶ **Ὀλυμπᾶν** καὶ τοὺς σὺν

ὁμοθυμαδόν (*homothymadon*; 1/11) *with one mind*
Ro 15:6 ἵνα **ὁμοθυμαδὸν** ἐν ἑνὶ στόματι

ὁμοιόω (*homoioō*; 1/15) *make like*
Ro 9:29 ὡς Γόμορρα ἂν **ὡμοιώθημεν**.

ὁμοίωμα (*homoiōma*; 4/6) *likeness*
Ro 1:23 ἀφθάρτου θεοῦ ἐν **ὁμοιώματι** εἰκόνος φθαρτοῦ ἀνθρώπου
Ro 5:14 ἁμαρτήσαντας ἐπὶ τῷ **ὁμοιώματι** τῆς παραβάσεως Ἀδὰμ
Ro 6:5 σύμφυτοι γεγόναμεν τῷ **ὁμοιώματι** τοῦ θανάτου αὐτοῦ,
Ro 8:3 υἱὸν πέμψας ἐν **ὁμοιώματι** σαρκὸς ἁμαρτίας

ὁμοίως (*homoiōs*; 1/30) *in the same way*
Ro 1:27 **ὁμοίως** τε καὶ οἱ

ὁμολογέω (*homologeō*; 2/26) *confess*
Ro 10:9 ὅτι ἐὰν **ὁμολογήσῃς** ἐν τῷ στόματί
Ro 10:10 στόματι δὲ **ὁμολογεῖται** εἰς σωτηρίαν.

ὀνειδίζω (*oneidizō*; 1/8[9]) *reproach*
Ro 15:3 οἱ ὀνειδισμοὶ τῶν **ὀνειδιζόντων** σε ἐπέπεσαν ἐπ'

ὀνειδισμός (*oneidismos*; 1/5) *reproach*
Ro 15:3 οἱ **ὀνειδισμοὶ** τῶν ὀνειδιζόντων σε

ὄνομα (*onoma*; 5/229[230]) *name*
Ro 1:5 ἔθνεσιν ὑπὲρ τοῦ **ὀνόματος** αὐτοῦ,
Ro 2:24 τὸ γὰρ **ὄνομα** τοῦ θεοῦ δι'
Ro 9:17 ὅπως διαγγελῇ τὸ **ὄνομά** μου ἐν πάσῃ
Ro 10:13 ἂν ἐπικαλέσηται τὸ **ὄνομα** κυρίου σωθήσεται.
Ro 15:9 ἔθνεσιν καὶ τῷ **ὀνόματί** σου ψαλῶ.

ὀνομάζω (*onomazō*; 1/10) *name*
Ro 15:20 εὐαγγελίζεσθαι οὐχ ὅπου **ὠνομάσθη** Χριστός,

ὀξύς (*oxys*; 1/8) *sharp*
Ro 3:15 **ὀξεῖς** οἱ πόδες αὐτῶν

ὅπλον (*hoplon*; 3/6) *weapon*
Ro 6:13 τὰ μέλη ὑμῶν **ὅπλα** ἀδικίας τῇ ἁμαρτίᾳ,
Ro 6:13 τὰ μέλη ὑμῶν **ὅπλα** δικαιοσύνης τῷ θεῷ.
Ro 13:12 ἐνδυσώμεθα [δὲ] τὰ **ὅπλα** τοῦ φωτός.

ὅπου (*hopou*; 1/82) *where*
Ro 15:20 φιλοτιμούμενον εὐαγγελίζεσθαι οὐχ **ὅπου** ὠνομάσθη Χριστός,

ὅπως (*hopōs*; 3/53) *that*
Ro 3:4 **ὅπως** ἂν δικαιωθῇς ἐν
Ro 9:17 τοῦτο ἐξήγειρά σε **ὅπως** ἐνδείξωμαι ἐν σοὶ
Ro 9:17 δύναμίν μου καὶ **ὅπως** διαγγελῇ τὸ ὄνομά

ὁράω (*horaō*; 3/452) *see*
Ro 1:11 ἐπιποθῶ γὰρ **ἰδεῖν** ὑμᾶς,
Ro 11:22 **ἴδε** οὖν χρηστότητα καὶ
Ro 15:21 ἀνηγγέλη περὶ αὐτοῦ **ὄψονται**,

ὀργή (*orgē*; 12/36) *wrath*
Ro 1:18 Ἀποκαλύπτεται γὰρ **ὀργὴ** θεοῦ ἀπ' οὐρανοῦ
Ro 2:5 καρδίαν θησαυρίζεις σεαυτῷ **ὀργὴν** ἐν ἡμέρᾳ ὀργῆς
Ro 2:5 ὀργὴν ἐν ἡμέρᾳ **ὀργῆς** καὶ ἀποκαλύψεως δικαιοκρισίας
Ro 2:8 δὲ τῇ ἀδικίᾳ **ὀργὴ** καὶ θυμός.
Ro 3:5 ὁ ἐπιφέρων τὴν **ὀργήν**;
Ro 4:15 ὁ γὰρ νόμος **ὀργὴν** κατεργάζεται·
Ro 5:9 αὐτοῦ ἀπὸ τῆς **ὀργῆς**.
Ro 9:22 θεὸς ἐνδείξασθαι τὴν **ὀργὴν** καὶ γνωρίσαι

Ro 9:22 πολλῇ μακροθυμίᾳ σκεύη **ὀργῆς** κατηρτισμένα εἰς ἀπώλειαν,
Ro 12:19 δότε τόπον τῇ **ὀργῇ**,
Ro 13:4 ἔστιν ἔκδικος εἰς **ὀργὴν** τῷ τὸ κακὸν
Ro 13:5 μόνον διὰ τὴν **ὀργὴν** ἀλλὰ καὶ διὰ

ὄρεξις (*orexis*; 1/1) *lustful passion*

Ro 1:27 ἐξεκαύθησαν ἐν τῇ **ὀρέξει** αὐτῶν εἰς ἀλλήλους,

ὁρίζω (*horizō*; 1/8) *decide*

Ro 1:4 τοῦ **ὁρισθέντος** υἱοῦ θεοῦ ἐν

ὅς (*hos*; 90/1406[1407]) *who*

Ro 1:2 **ὃ** προεπηγγείλατο διὰ τῶν
Ro 1:5 δι᾽ **οὗ** ἐλάβομεν χάριν καὶ
Ro 1:6 ἐν **οἷς** ἐστε καὶ ὑμεῖς
Ro 1:9 **ᾧ** λατρεύω ἐν τῷ
Ro 1:25 **ὅς** ἐστιν εὐλογητὸς εἰς τοὺς αἰῶνας,
Ro 1:27 καὶ τὴν ἀντιμισθίαν **ἣν** ἔδει τῆς πλάνης
Ro 2:1 ἐν **ᾧ** γὰρ κρίνεις τὸν
Ro 2:6 **ὃς** ἀποδώσει ἑκάστῳ κατὰ
Ro 2:23 **ὃς** ἐν νόμῳ καυχᾶσαι,
Ro 2:29 **οὗ** ὁ ἔπαινος οὐκ
Ro 3:8 **ὧν** τὸ κρίμα ἔνδικόν
Ro 3:14 **ὧν** τὸ στόμα ἀρᾶς
Ro 3:25 **ὃν** προέθετο ὁ θεὸς
Ro 3:30 εἷς ὁ θεὸς **ὃς** δικαιώσει περιτομὴν ἐκ
Ro 4:6 μακαρισμὸν τοῦ ἀνθρώπου **ᾧ** ὁ θεὸς λογίζεται
Ro 4:7 μακάριοι **ὧν** ἀφέθησαν αἱ ἀνομίαι
Ro 4:7 αἱ ἀνομίαι καὶ **ὧν** ἐπεκαλύφθησαν αἱ ἁμαρτίαι·
Ro 4:8 μακάριος ἀνὴρ **οὗ** οὐ μὴ λογίσηται
Ro 4:16 **ὅς** ἐστιν πατὴρ πάντων
Ro 4:17 κατέναντι **οὗ** ἐπίστευσεν θεοῦ τοῦ
Ro 4:18 **Ὃς** παρ᾽ ἐλπίδα ἐπ᾽
Ro 4:21 καὶ πληροφορηθεὶς ὅτι **ὃ** ἐπήγγελται δυνατός ἐστιν
Ro 4:24 **οἷς** μέλλει λογίζεσθαι,
Ro 4:25 **ὃς** παρεδόθη διὰ τὰ
Ro 5:2 δι᾽ **οὗ** καὶ τὴν προσαγωγὴν
Ro 5:2 χάριν ταύτην ἐν **ᾗ** ἑστήκαμεν καὶ καυχώμεθα
Ro 5:11 Ἰησοῦ Χριστοῦ δι᾽ **οὗ** νῦν τὴν καταλλαγὴν
Ro 5:12 ἐφ᾽ **ᾧ** πάντες ἥμαρτον·
Ro 5:14 τῆς παραβάσεως Ἀδὰμ **ὅς** ἐστιν τύπος τοῦ
Ro 6:10 **ὃ** γὰρ ἀπέθανεν,
Ro 6:10 **ὃ** δὲ ζῇ,
Ro 6:16 οὐκ οἴδατε ὅτι **ᾧ** παριστάνετε ἑαυτοὺς δούλους
Ro 6:16 δοῦλοί ἐστε **ᾧ** ὑπακούετε,
Ro 6:17 ἐκ καρδίας εἰς **ὃν** παρεδόθητε τύπον διδαχῆς,
Ro 6:21 ἐφ᾽ **οἷς** νῦν ἐπαισχύνεσθε,
Ro 7:6 νόμου ἀποθανόντες ἐν **ᾧ** κατειχόμεθα,
Ro 7:15 **ὃ** γὰρ κατεργάζομαι οὐ
Ro 7:15 οὐ γὰρ **ὃ** θέλω τοῦτο πράσσω,
Ro 7:15 ἀλλ᾽ **ὃ** μισῶ τοῦτο ποιῶ.
Ro 7:16 εἰ δὲ **ὃ** οὐ θέλω τοῦτο
Ro 7:19 οὐ γὰρ **ὃ** θέλω ποιῶ ἀγαθόν,
Ro 7:19 ἀλλὰ **ὃ** οὐ θέλω κακὸν
Ro 7:20 εἰ δὲ **ὃ** οὐ θέλω [ἐγὼ]
Ro 8:3 τοῦ νόμου ἐν **ᾧ** ἠσθένει διὰ τῆς
Ro 8:15 πνεῦμα υἱοθεσίας ἐν **ᾧ** κράζομεν·
Ro 8:24 **ὃ** γὰρ βλέπει τίς
Ro 8:25 εἰ δὲ **ὃ** οὐ βλέπομεν ἐλπίζομεν,
Ro 8:29 ὅτι **οὓς** προέγνω,
Ro 8:30 **οὓς** δὲ προώρισεν,
Ro 8:30 καὶ **οὓς** ἐκάλεσεν,
Ro 8:30 **οὓς** δὲ ἐδικαίωσεν,
Ro 8:32 **ὅς** γε τοῦ ἰδίου
Ro 8:34 **ὃς** καί ἐστιν ἐν
Ro 8:34 **ὃς** καὶ ἐντυγχάνει ὑπὲρ
Ro 9:4 **ὧν** ἡ υἱοθεσία
Ro 9:5 **ὧν** οἱ πατέρες καὶ
Ro 9:5 πατέρες καὶ ἐξ **ὧν** ὁ Χριστὸς τὸ
Ro 9:15 ἐλεήσω **ὃν** ἂν ἐλεῶ καὶ
Ro 9:15 ἐλεῶ καὶ οἰκτιρήσω **ὃν** ἂν οἰκτίρω.
Ro 9:18 ἄρα οὖν **ὃν** θέλει ἐλεεῖ,
Ro 9:18 **ὃν** δὲ θέλει σκληρύνει.
Ro 9:21 αὐτοῦ φυράματος ποιῆσαι **ὃ** μὲν εἰς τιμὴν
Ro 9:21 εἰς τιμὴν σκεῦος **ὃ** δὲ εἰς ἀτιμίαν;
Ro 9:23 ἐπὶ σκεύη ἐλέους **ἃ** προητοίμασεν εἰς δόξαν;
Ro 9:24 **Οὓς** καὶ ἐκάλεσεν ἡμᾶς
Ro 10:8 ῥῆμα τῆς πίστεως **ὃ** κηρύσσομεν.
Ro 10:13 πᾶς γὰρ **ὃς** ἂν ἐπικαλέσηται τὸ
Ro 10:14 οὖν ἐπικαλέσωνται εἰς **ὃν** οὐκ ἐπίστευσαν;
Ro 10:14 πῶς δὲ πιστεύσωσιν **οὗ** οὐκ ἤκουσαν;
Ro 11:2 τὸν λαὸν αὐτοῦ **ὃν** προέγνω.
Ro 11:7 **ὃ** ἐπιζητεῖ Ἰσραήλ,
Ro 11:25 Ἰσραὴλ γέγονεν ἄχρι **οὗ** τὸ πλήρωμα τῶν
Ro 12:3 μὴ ὑπερφρονεῖν παρ᾽ **ὃ** δεῖ φρονεῖν ἀλλὰ
Ro 14:2 **ὃς** μὲν πιστεύει φαγεῖν
Ro 14:5 **Ὃς** μὲν [γὰρ] κρίνει
Ro 14:5 **ὃς** δὲ κρίνει πᾶσαν
Ro 14:15 ἐκεῖνον ἀπόλλυε ὑπὲρ **οὗ** Χριστὸς ἀπέθανεν.
Ro 14:21 οἶνον μηδὲ ἐν **ᾧ** ὁ ἀδελφός σου
Ro 14:22 σὺ πίστιν **[ἣν]** ἔχεις κατὰ σεαυτὸν
Ro 14:22 κρίνων ἑαυτὸν ἐν **ᾧ** δοκιμάζει·
Ro 14:23 πᾶν δὲ **ὃ** οὐκ ἐκ πίστεως
Ro 15:18 τολμήσω τι λαλεῖν **ὧν** οὐ κατειργάσατο Χριστὸς
Ro 15:21 **οἷς** οὐκ ἀνηγγέλη περὶ
Ro 15:21 καὶ **οἳ** οὐκ ἀκηκόασιν συνήσουσιν.
Ro 16:2 παραστῆτε αὐτῇ ἐν **ᾧ** ἂν ὑμῶν χρῄζῃ
Ro 16:4 **οἷς** οὐκ ἐγὼ μόνος εὐχαριστῶ
Ro 16:5 **ὅς** ἐστιν ἀπαρχὴ τῆς
Ro 16:7 **οἳ** καὶ πρὸ ἐμοῦ γέγοναν
Ro 16:17 παρὰ τὴν διδαχὴν **ἣν** ὑμεῖς ἐμάθετε ποιοῦντας,
Ro 16:27 **ᾧ** ἡ δόξα εἰς

ὅσος (*hosos*; 8/110) *as much as (pl. as many as)*

Ro 2:12 **Ὅσοι** γὰρ ἀνόμως ἥμαρτον,
Ro 2:12 καὶ **ὅσοι** ἐν νόμῳ ἥμαρτον,
Ro 3:19 οἴδαμεν δὲ ὅτι **ὅσα** ὁ νόμος λέγει
Ro 6:3 **ὅσοι** ἐβαπτίσθημεν εἰς Χριστὸν
Ro 7:1 τοῦ ἀνθρώπου ἐφ᾽ **ὅσον** χρόνον ζῇ;
Ro 8:14 **ὅσοι** γὰρ πνεύματι θεοῦ
Ro 11:13 ἐφ᾽ ὅσον **μὲν** οὖν εἰμι ἐγὼ
Ro 15:4 **ὅσα** γὰρ προεγράφη,

ὅστις (*hostis*; 10/144) *who*

Ro 1:25 **οἵτινες** μετήλλαξαν τὴν ἀλήθειαν
Ro 1:32 **οἵτινες** τὸ δικαίωμα τοῦ
Ro 2:15 **οἵτινες** ἐνδείκνυνται τὸ ἔργον
Ro 6:2 **οἵτινες** ἀπεθάνομεν τῇ ἁμαρτίᾳ,

Ro 9:4 **οἵτινές** εἰσιν Ἰσραηλῖται,
Ro 11:4 **οἵτινες** οὐκ ἔκαμψαν γόνυ
Ro 16:4 **οἵτινες** ὑπὲρ τῆς ψυχῆς
Ro 16:6 **ἥτις** πολλὰ ἐκοπίασεν εἰς
Ro 16:7 **οἵτινές** εἰσιν ἐπίσημοι ἐν
Ro 16:12 **ἥτις** πολλὰ ἐκοπίασεν ἐν

ὅταν (*hotan*; 2/123) *when*

Ro 2:14 **ὅταν** γὰρ ἔθνη τὰ
Ro 11:27 **ὅταν** ἀφέλωμαι τὰς ἁμαρτίας

ὅτε (*hote*; 4/103) *when*

Ro 2:16 ἐν ἡμέρᾳ **ὅτε** κρίνει ὁ θεὸς
Ro 6:20 **ὅτε** γὰρ δοῦλοι ἦτε
Ro 7:5 **ὅτε** γὰρ ἦμεν ἐν
Ro 13:11 ἡ σωτηρία ἢ **ὅτε** ἐπιστεύσαμεν.

ὅτι (*hoti*; 56/1294[1296]) *because, that*

Ro 1:8 περὶ πάντων ὑμῶν **ὅτι** ἡ πίστις ὑμῶν
Ro 1:13 **ὅτι** πολλάκις προεθέμην ἐλθεῖν
Ro 1:32 τοῦ θεοῦ ἐπιγνόντες **ὅτι** οἱ τὰ τοιαῦτα
Ro 2:2 οἴδαμεν δὲ **ὅτι** τὸ κρίμα τοῦ
Ro 2:3 **ὅτι** σὺ ἐκφεύξῃ τὸ
Ro 2:4 ἀγνοῶν **ὅτι** τὸ χρηστὸν τοῦ
Ro 3:2 πρῶτον μὲν [γὰρ] **ὅτι** ἐπιστεύθησαν τὰ λόγια
Ro 3:8 τινες ἡμᾶς λέγειν **ὅτι** ποιήσωμεν τὰ κακά,
Ro 3:10 καθὼς γέγραπται **ὅτι** οὐκ ἔστιν δίκαιος
Ro 3:19 οἴδαμεν δὲ **ὅτι** ὅσα ὁ νόμος
Ro 4:17 καθὼς γέγραπται **ὅτι** πατέρα πολλῶν ἐθνῶν
Ro 4:21 καὶ πληροφορηθεὶς **ὅτι** ὃ ἐπήγγελται δυνατός
Ro 4:23 δι' αὐτὸν μόνον **ὅτι** ἐλογίσθη αὐτῷ
Ro 5:3 εἰδότες **ὅτι** ἡ θλῖψις ὑπομονὴν
Ro 5:5 **ὅτι** ἡ ἀγάπη τοῦ
Ro 5:8 **ὅτι** ἔτι ἁμαρτωλῶν ὄντων
Ro 6:3 ἢ ἀγνοεῖτε **ὅτι**,
Ro 6:6 τοῦτο γινώσκοντες **ὅτι** ὁ παλαιὸς ἡμῶν
Ro 6:8 πιστεύομεν **ὅτι** καὶ συζήσομεν αὐτῷ,
Ro 6:9 εἰδότες **ὅτι** Χριστὸς ἐγερθεὶς ἐκ
Ro 6:15 **ὅτι** οὐκ ἐσμὲν ὑπὸ
Ro 6:16 οὐκ οἴδατε **ὅτι** ᾧ παριστάνετε ἑαυτοὺς
Ro 6:17 δὲ τῷ θεῷ **ὅτι** ἦτε δοῦλοι τῆς
Ro 7:1 **ὅτι** ὁ νόμος κυριεύει
Ro 7:14 Οἴδαμεν γὰρ **ὅτι** ὁ νόμος πνευματικός
Ro 7:16 σύμφημι τῷ νόμῳ **ὅτι** καλός.
Ro 7:18 Οἶδα γὰρ **ὅτι** οὐκ οἰκεῖ ἐν
Ro 7:21 **ὅτι** ἐμοὶ τὸ κακὸν
Ro 8:16 τῷ πνεύματι ἡμῶν **ὅτι** ἐσμὲν τέκνα θεοῦ.
Ro 8:18 Λογίζομαι γὰρ **ὅτι** οὐκ ἄξια τὰ
Ro 8:21 **ὅτι** καὶ αὐτὴ ἡ
Ro 8:22 οἴδαμεν γὰρ **ὅτι** πᾶσα ἡ κτίσις
Ro 8:27 **ὅτι** κατὰ θεὸν ἐντυγχάνει
Ro 8:28 Οἴδαμεν δὲ **ὅτι** τοῖς ἀγαπῶσιν τὸν
Ro 8:29 **ὅτι** οὓς προέγνω,
Ro 8:36 καθὼς γέγραπται **ὅτι** ἕνεκεν σοῦ θανατούμεθα
Ro 8:38 πέπεισμαι γὰρ **ὅτι** οὔτε θάνατος οὔτε
Ro 9:2 **ὅτι** λύπη μοί ἐστιν
Ro 9:6 Οὐχ οἷον δὲ **ὅτι** ἐκπέπτωκεν ὁ λόγος
Ro 9:7 οὐδ' **ὅτι** εἰσὶν σπέρμα Ἀβραὰμ
Ro 9:12 ἐρρέθη αὐτῇ **ὅτι** ὁ μείζων δουλεύσει
Ro 9:17 γραφὴ τῷ Φαραὼ **ὅτι** εἰς αὐτὸ τοῦτο
Ro 9:30 **ὅτι** ἔθνη τὰ μὴ
Ro 9:32 **ὅτι** οὐκ ἐκ πίστεως
Ro 10:2 μαρτυρῶ γὰρ αὐτοῖς **ὅτι** ζῆλον θεοῦ ἔχουσιν
Ro 10:5 ἐκ [τοῦ] νόμου **ὅτι** ὁ ποιήσας αὐτὰ
Ro 10:9 **ὅτι** ἐὰν ὁμολογήσῃς ἐν
Ro 10:9 τῇ καρδίᾳ σου **ὅτι** ὁ θεὸς αὐτὸν
Ro 11:25 **ὅτι** πώρωσις ἀπὸ μέρους
Ro 11:36 **ὅτι** ἐξ αὐτοῦ καὶ
Ro 13:11 **ὅτι** ὥρα ἤδη ὑμᾶς
Ro 14:11 **ὅτι** ἐμοὶ κάμψει πᾶν
Ro 14:14 ἐν κυρίῳ Ἰησοῦ **ὅτι** οὐδὲν κοινὸν δι'
Ro 14:23 **ὅτι** οὐκ ἐκ πίστεως·
Ro 15:14 ἐγὼ περὶ ὑμῶν **ὅτι** καὶ αὐτοὶ μεστοί
Ro 15:29 οἶδα δὲ **ὅτι** ἐρχόμενος πρὸς ὑμᾶς

οὐ (*ou*; 122/1621[1623]) *not*

Ro 1:13 **οὐ** θέλω δὲ ὑμᾶς
Ro 1:16 **Οὐ** γὰρ ἐπαισχύνομαι τὸ
Ro 1:21 γνόντες τὸν θεὸν **οὐχ** ὡς θεὸν ἐδόξασαν
Ro 1:28 Καὶ καθὼς **οὐκ** ἐδοκίμασαν τὸν θεὸν
Ro 1:32 **οὐ** μόνον αὐτὰ ποιοῦσιν
Ro 2:11 **οὐ** γάρ ἐστιν προσωπολημψία
Ro 2:13 **οὐ** γὰρ οἱ ἀκροαταὶ
Ro 2:21 ἕτερον σεαυτὸν **οὐ** διδάσκεις;
Ro 2:26 **οὐχ** ἡ ἀκροβυστία αὐτοῦ
Ro 2:28 **οὐ** γὰρ ὁ ἐν
Ro 2:29 καρδίας ἐν πνεύματι **οὐ** γράμματι,
Ro 2:29 οὗ ὁ ἔπαινος **οὐκ** ἐξ ἀνθρώπων ἀλλ'
Ro 3:9 **οὐ** πάντως·
Ro 3:10 καθὼς γέγραπται ὅτι **οὐκ** ἔστιν δίκαιος οὐδὲ
Ro 3:11 **οὐκ** ἔστιν ὁ συνίων,
Ro 3:11 **οὐκ** ἔστιν ὁ ἐκζητῶν
Ro 3:12 **οὐκ** ἔστιν ὁ ποιῶν
Ro 3:12 [**οὐκ** ἔστιν] ἕως ἑνός.
Ro 3:17 καὶ ὁδὸν εἰρήνης **οὐκ** ἔγνωσαν.
Ro 3:18 **οὐκ** ἔστιν φόβος θεοῦ
Ro 3:20 ἐξ ἔργων νόμου **οὐ** δικαιωθήσεται πᾶσα σὰρξ
Ro 3:22 **οὐ** γάρ ἐστιν διαστολή,
Ro 4:2 ἀλλ' **οὐ** πρὸς θεόν.
Ro 4:4 ἐργαζομένῳ ὁ μισθὸς **οὐ** λογίζεται κατὰ χάριν
Ro 4:8 μακάριος ἀνὴρ οὗ **οὐ** μὴ λογίσηται κύριος
Ro 4:10 **οὐκ** ἐν περιτομῇ ἀλλ' ἐν ἀκροβυστίᾳ·
Ro 4:12 πατέρα περιτομῆς τοῖς **οὐκ** ἐκ περιτομῆς μόνον
Ro 4:13 **Οὐ** γὰρ διὰ νόμου
Ro 4:15 οὗ δὲ **οὐκ** ἔστιν νόμος οὐδὲ
Ro 4:16 **οὐ** τῷ ἐκ τοῦ
Ro 4:20 ἐπαγγελίαν τοῦ θεοῦ **οὐ** διεκρίθη τῇ ἀπιστίᾳ
Ro 4:23 **Οὐκ** ἐγράφη δὲ δι'
Ro 5:3 **οὐ** μόνον δέ,
Ro 5:5 ἡ δὲ ἐλπὶς **οὐ** καταισχύνει,
Ro 5:11 **οὐ** μόνον δέ,
Ro 5:13 ἁμαρτία δὲ **οὐκ** ἐλλογεῖται μὴ ὄντος
Ro 5:15 Ἀλλ' **οὐχ** ὡς τὸ παράπτωμα,
Ro 5:16 καὶ **οὐχ** ὡς δι' ἑνὸς
Ro 6:14 ἁμαρτία γὰρ ὑμῶν **οὐ** κυριεύσει·
Ro 6:14 **οὐ** γάρ ἐστε ὑπὸ
Ro 6:15 ὅτι **οὐκ** ἐσμὲν ὑπὸ νόμον
Ro 6:16 **οὐκ** οἴδατε ὅτι ᾧ

Ro 7:6 καινότητι πνεύματος καὶ **οὐ** παλαιότητι γράμματος.
Ro 7:7 ἀλλὰ τὴν ἁμαρτίαν **οὐκ** ἔγνων
Ro 7:7 ἐπιθυμίαν **οὐκ** ᾔδειν
Ro 7:7 **οὐκ** ἐπιθυμήσεις.
Ro 7:15 ὃ γὰρ κατεργάζομαι **οὐ** γινώσκω·
Ro 7:15 **οὐ** γὰρ ὃ θέλω
Ro 7:16 εἰ δὲ ὃ **οὐ** θέλω τοῦτο ποιῶ,
Ro 7:18 Οἶδα γὰρ ὅτι **οὐκ** οἰκεῖ ἐν ἐμοί,
Ro 7:18 κατεργάζεσθαι τὸ καλὸν **οὔ**·
Ro 7:19 **οὐ** γὰρ ὃ θέλω
Ro 7:19 ἀλλὰ ὃ **οὐ** θέλω κακὸν τοῦτο
Ro 7:20 εἰ δὲ ὃ **οὐ** θέλω [ἐγὼ] τοῦτο
Ro 8:7 νόμῳ τοῦ θεοῦ **οὐχ** ὑποτάσσεται,
Ro 8:8 ὄντες θεῷ ἀρέσαι **οὐ** δύνανται.
Ro 8:9 ὑμεῖς δὲ **οὐκ** ἐστὲ ἐν σαρκὶ
Ro 8:9 τις πνεῦμα Χριστοῦ **οὐκ** ἔχει,
Ro 8:9 οὗτος **οὐκ** ἔστιν αὐτοῦ.
Ro 8:12 ἐσμὲν **οὐ** τῇ σαρκὶ τοῦ κατὰ
Ro 8:15 **οὐ** γὰρ ἐλάβετε πνεῦμα
Ro 8:18 Λογίζομαι γὰρ ὅτι **οὐκ** ἄξια τὰ παθήματα
Ro 8:20 **οὐχ** ἑκοῦσα ἀλλὰ διὰ
Ro 8:23 **οὐ** μόνον δέ,
Ro 8:24 ἐλπὶς δὲ βλεπομένη **οὐκ** ἔστιν ἐλπίς·
Ro 8:25 εἰ δὲ ὃ **οὐ** βλέπομεν ἐλπίζομεν,
Ro 8:26 προσευξώμεθα καθὸ δεῖ **οὐκ** οἴδαμεν,
Ro 8:32 τοῦ ἰδίου υἱοῦ **οὐκ** ἐφείσατο ἀλλὰ ὑπὲρ
Ro 9:1 **οὐ** ψεύδομαι,
Ro 9:6 **Οὐχ** οἷον δὲ ὅτι
Ro 9:6 **οὐ** γὰρ πάντες οἱ
Ro 9:8 **οὐ** τὰ τέκνα τῆς
Ro 9:10 **Οὐ** μόνον δέ,
Ro 9:12 **οὐκ** ἐξ ἔργων ἀλλ᾽
Ro 9:16 ἄρα οὖν **οὐ** τοῦ θέλοντος
Ro 9:21 ἢ **οὐκ** ἔχει ἐξουσίαν ὁ
Ro 9:24 καὶ ἐκάλεσεν ἡμᾶς **οὐ** μόνον ἐξ Ἰουδαίων
Ro 9:25 καλέσω τὸν **οὐ** λαόν μου λαόν
Ro 9:25 μου καὶ τὴν **οὐκ** ἠγαπημένην ἠγαπημένην·
Ro 9:26 **οὐ** λαός μου ὑμεῖς,
Ro 9:31 δικαιοσύνης εἰς νόμον **οὐκ** ἔφθασεν.
Ro 9:32 ὅτι **οὐκ** ἐκ πίστεως ἀλλ᾽
Ro 9:33 πιστεύων ἐπ᾽ αὐτῷ **οὐ** καταισχυνθήσεται.
Ro 10:2 θεοῦ ἔχουσιν ἀλλ᾽ **οὐ** κατ᾽ ἐπίγνωσιν·
Ro 10:3 δικαιοσύνῃ τοῦ θεοῦ **οὐχ** ὑπετάγησαν.
Ro 10:11 πιστεύων ἐπ᾽ αὐτῷ **οὐ** καταισχυνθήσεται.
Ro 10:12 **οὐ** γάρ ἐστιν διαστολὴ
Ro 10:14 εἰς ὃν **οὐκ** ἐπίστευσαν;
Ro 10:14 πιστεύσωσιν οὗ **οὐκ** ἤκουσαν;
Ro 10:16 Ἀλλ᾽ **οὐ** πάντες ὑπήκουσαν τῷ
Ro 10:18 μὴ **οὐκ** ἤκουσαν;
Ro 10:19 μὴ Ἰσραὴλ **οὐκ** ἔγνω;
Ro 10:19 παραζηλώσω ὑμᾶς ἐπ᾽ **οὐκ** ἔθνει,
Ro 11:2 **οὐκ** ἀπώσατο ὁ θεὸς
Ro 11:2 ἢ **οὐκ** οἴδατε ἐν Ἠλίᾳ
Ro 11:4 οἵτινες **οὐκ** ἔκαμψαν γόνυ τῇ
Ro 11:7 τοῦτο **οὐκ** ἐπέτυχεν,
Ro 11:18 εἰ δὲ κατακαυχᾶσαι **οὐ** σὺ τὴν ῥίζαν
Ro 11:21 κατὰ φύσιν κλάδων **οὐκ** ἐφείσατο,
Ro 11:25 **Οὐ** γὰρ θέλω ὑμᾶς
Ro 12:4 δὲ μέλη πάντα **οὐ** τὴν αὐτὴν ἔχει
Ro 13:1 **οὐ** γὰρ ἔστιν ἐξουσία
Ro 13:3 οἱ γὰρ ἄρχοντες **οὐκ** εἰσὶν φόβος τῷ
Ro 13:4 **οὐ** γὰρ εἰκῇ τὴν
Ro 13:5 **οὐ** μόνον διὰ τὴν
Ro 13:9 τὸ γὰρ **οὐ** μοιχεύσεις,
Ro 13:9 **οὐ** φονεύσεις,
Ro 13:9 **οὐ** κλέψεις,
Ro 13:9 **οὐκ** ἐπιθυμήσεις,
Ro 13:10 τῷ πλησίον κακὸν **οὐκ** ἐργάζεται·
Ro 14:6 μὴ ἐσθίων κυρίῳ **οὐκ** ἐσθίει καὶ εὐχαριστεῖ
Ro 14:17 **οὐ** γάρ ἐστιν ἡ
Ro 14:23 ὅτι **οὐκ** ἐκ πίστεως·
Ro 14:23 πᾶν δὲ ὃ **οὐκ** ἐκ πίστεως ἁμαρτία
Ro 15:3 γὰρ ὁ Χριστὸς **οὐχ** ἑαυτῷ ἤρεσεν,
Ro 15:18 **οὐ** γὰρ τολμήσω τι
Ro 15:18 τι λαλεῖν ὧν **οὐ** κατειργάσατο Χριστὸς δι᾽
Ro 15:20 δὲ φιλοτιμούμενον εὐαγγελίζεσθαι **οὐχ** ὅπου ὠνομάσθη Χριστός,
Ro 15:21 οἷς **οὐκ** ἀνηγγέλη περὶ αὐτοῦ
Ro 15:21 καὶ οἳ **οὐκ** ἀκηκόασιν συνήσουσιν.
Ro 16:4 οἷς **οὐκ** ἐγὼ μόνος εὐχαριστῶ
Ro 16:18 κυρίῳ ἡμῶν Χριστῷ **οὐ** δουλεύουσιν ἀλλὰ τῇ

οὗ (*hou*; 3/24) *where*

Ro 4:15 **οὗ** δὲ οὐκ ἔστιν
Ro 5:20 **οὗ** δὲ ἐπλεόνασεν ἡ
Ro 9:26 ἐν τῷ τόπῳ **οὗ** ἐρρέθη αὐτοῖς·

οὐδέ (*oude*; 7/141[143]) *neither, nor*

Ro 2:28 φανερῷ Ἰουδαῖός ἐστιν **οὐδὲ** ἡ ἐν τῷ
Ro 3:10 οὐκ ἔστιν δίκαιος **οὐδὲ** εἷς,
Ro 4:15 οὐκ ἔστιν νόμος **οὐδὲ** παράβασις.
Ro 8:7 **οὐδὲ** γὰρ δύναται·
Ro 9:7 **οὐδ᾽** ὅτι εἰσὶν σπέρμα
Ro 9:16 οὐ τοῦ θέλοντος **οὐδὲ** τοῦ τρέχοντος ἀλλὰ
Ro 11:21 [μή πως] **οὐδὲ** σοῦ φείσεται.

οὐδείς (*oudeis*; 4/225[227]) *no one*

Ro 8:1 **Οὐδὲν** ἄρα νῦν κατάκριμα
Ro 14:7 **οὐδεὶς** γὰρ ἡμῶν ἑαυτῷ
Ro 14:7 ἑαυτῷ ζῇ καὶ **οὐδεὶς** ἑαυτῷ ἀποθνῄσκει·
Ro 14:14 κυρίῳ Ἰησοῦ ὅτι **οὐδὲν** κοινὸν δι᾽ ἑαυτοῦ,

οὐκέτι (*ouketi*; 7/47) *no longer*

Ro 6:9 ἐγερθεὶς ἐκ νεκρῶν **οὐκέτι** ἀποθνῄσκει,
Ro 6:9 θάνατος αὐτοῦ **οὐκέτι** κυριεύει.
Ro 7:17 νυνὶ δὲ **οὐκέτι** ἐγὼ κατεργάζομαι αὐτὸ
Ro 7:20 **οὐκέτι** ἐγὼ κατεργάζομαι αὐτὸ
Ro 11:6 **οὐκέτι** ἐξ ἔργων,
Ro 11:6 ἐπεὶ ἡ χάρις **οὐκέτι** γίνεται χάρις.
Ro 14:15 **οὐκέτι** κατὰ ἀγάπην περιπατεῖς·

οὖν (*oun*; 48/497[499]) *therefore*

Ro 2:21 ὁ **οὖν** διδάσκων ἕτερον σεαυτὸν
Ro 2:26 ἐὰν **οὖν** ἡ ἀκροβυστία τὰ
Ro 3:1 Τί **οὖν** τὸ περισσὸν τοῦ
Ro 3:9 Τί **οὖν**;
Ro 3:27 Ποῦ **οὖν** ἡ καύχησις;
Ro 3:31 νόμον **οὖν** καταργοῦμεν διὰ τῆς
Ro 4:1 Τί **οὖν** ἐροῦμεν εὑρηκέναι Ἀβραὰμ
Ro 4:9 Ὁ μακαρισμὸς **οὖν** οὗτος ἐπὶ τὴν
Ro 4:10 πῶς **οὖν** ἐλογίσθη;
Ro 5:1 Δικαιωθέντες **οὖν** ἐκ πίστεως εἰρήνην
Ro 5:9 πολλῷ **οὖν** μᾶλλον δικαιωθέντες νῦν
Ro 5:18 Ἄρα **οὖν** ὡς δι᾽ ἑνὸς
Ro 6:1 Τί **οὖν** ἐροῦμεν;
Ro 6:4 συνετάφημεν **οὖν** αὐτῷ διὰ τοῦ

Ro 6:12 Μὴ **οὖν** βασιλευέτω ἡ ἁμαρτία
Ro 6:15 Τί **οὖν**;
Ro 6:21 τίνα **οὖν** καρπὸν εἴχετε τότε;
Ro 7:3 ἄρα **οὖν** ζῶντος τοῦ ἀνδρὸς
Ro 7:7 Τι **οὖν** ἐροῦμεν;
Ro 7:13 Τὸ **οὖν** ἀγαθὸν ἐμοὶ ἐγένετο
Ro 7:25 Ἄρα **οὖν** αὐτὸς ἐγὼ τῷ
Ro 8:12 Ἄρα **οὖν**,
Ro 8:31 Τί **οὖν** ἐροῦμεν πρὸς ταῦτα;
Ro 9:14 Τί **οὖν** ἐροῦμεν;
Ro 9:16 ἄρα **οὖν** οὐ τοῦ θέλοντος
Ro 9:18 ἄρα **οὖν** ὃν θέλει ἐλεεῖ,
Ro 9:19 Ἐρεῖς μοι **οὖν**·
Ro 9:19 τί **[οὖν]** ἔτι μέμφεται;
Ro 9:30 Τί **οὖν** ἐροῦμεν;
Ro 10:14 Πῶς **οὖν** ἐπικαλέσωνται εἰς ὃν
Ro 11:1 Λέγω **οὖν**,
Ro 11:5 οὕτως **οὖν** καὶ ἐν τῷ
Ro 11:7 Τί **οὖν**;
Ro 11:11 Λέγω **οὖν**,
Ro 11:13 ἐφ' ὅσον μὲν **οὖν** εἰμι ἐγὼ ἐθνῶν
Ro 11:19 ἐρεῖς **οὖν**·
Ro 11:22 ἴδε **οὖν** χρηστότητα καὶ ἀποτομίαν
Ro 12:1 Παρακαλῶ **οὖν** ὑμᾶς,
Ro 13:10 πλήρωμα **οὖν** νόμου ἡ ἀγάπη.
Ro 13:12 ἀποθώμεθα **οὖν** τὰ ἔργα τοῦ
Ro 14:8 ἐάν τε **οὖν** ζῶμεν ἐάν τε
Ro 14:12 ἄρα **[οὖν]** ἕκαστος ἡμῶν περὶ
Ro 14:13 Μηκέτι **οὖν** ἀλλήλους κρίνωμεν·
Ro 14:16 μὴ βλασφημείσθω **οὖν** ὑμῶν τὸ ἀγαθόν.
Ro 14:19 Ἄρα **οὖν** τὰ τῆς εἰρήνης
Ro 15:17 ἔχω **οὖν** [τὴν] καύχησιν ἐν
Ro 15:28 τοῦτο **οὖν** ἐπιτελέσας καὶ σφραγισάμενος
Ro 16:19 ἐφ' ὑμῖν **οὖν** χαίρω,

οὐρανός (*ouranos*; 2/272[273]) *heaven*
Ro 1:18 ὀργὴ θεοῦ ἀπ' **οὐρανοῦ** ἐπὶ πᾶσαν ἀσέβειαν
Ro 10:6 ἀναβήσεται εἰς τὸν **οὐρανόν**;

Οὐρβανός (*Ourbanos*; 1/1) *Urbanus*
Ro 16:9 ἀσπάσασθε **Οὐρβανὸν** τὸν συνεργὸν ἡμῶν

οὖς (*ous*; 1/36) *ear*
Ro 11:8 μὴ βλέπειν καὶ **ὦτα** τοῦ μὴ ἀκούειν,

οὔτε (*oute*; 10/87) *not*
Ro 8:38 πέπεισμαι γὰρ ὅτι **οὔτε** θάνατος οὔτε ζωὴ
Ro 8:38 ὅτι οὔτε θάνατος **οὔτε** ζωὴ οὔτε ἄγγελοι
Ro 8:38 θάνατος οὔτε ζωὴ **οὔτε** ἄγγελοι οὔτε ἀρχαὶ
Ro 8:38 ζωὴ οὔτε ἄγγελοι **οὔτε** ἀρχαὶ οὔτε ἐνεστῶτα
Ro 8:38 ἄγγελοι οὔτε ἀρχαὶ **οὔτε** ἐνεστῶτα οὔτε μέλλοντα
Ro 8:38 ἀρχαὶ οὔτε ἐνεστῶτα **οὔτε** μέλλοντα οὔτε δυνάμεις
Ro 8:38 ἐνεστῶτα οὔτε μέλλοντα **οὔτε** δυνάμεις
Ro 8:39 **οὔτε** ὕψωμα οὔτε βάθος
Ro 8:39 οὔτε ὕψωμα **οὔτε** βάθος οὔτε τις
Ro 8:39 ὕψωμα οὔτε βάθος **οὔτε** τις κτίσις ἑτέρα

οὗτος (*houtos*; 52/1382[1387]) *this*
Ro 1:12 **τοῦτο** δέ ἐστιν συμπαρακληθῆναι
Ro 1:26 Διὰ **τοῦτο** παρέδωκεν αὐτοὺς ὁ
Ro 2:3 λογίζῃ δὲ **τοῦτο**,
Ro 2:14 **οὗτοι** νόμον μὴ ἔχοντες
Ro 4:9 Ὁ μακαρισμὸς οὖν **οὗτος** ἐπὶ τὴν περιτομὴν
Ro 4:16 Διὰ **τοῦτο** ἐκ πίστεως,
Ro 5:2 εἰς τὴν χάριν **ταύτην** ἐν ᾗ ἑστήκαμεν
Ro 5:12 Διὰ **τοῦτο** ὥσπερ δι' ἑνὸς
Ro 6:6 **τοῦτο** γινώσκοντες ὅτι ὁ
Ro 7:10 **αὕτη** εἰς θάνατον·
Ro 7:15 γὰρ ὃ θέλω **τοῦτο** πράσσω,
Ro 7:15 ἀλλ' ὃ μισῶ **τοῦτο** ποιῶ.
Ro 7:16 ὃ οὐ θέλω **τοῦτο** ποιῶ,
Ro 7:18 **τοῦτ'** ἔστιν ἐν τῇ
Ro 7:19 οὐ θέλω κακὸν **τοῦτο** πράσσω.
Ro 7:20 οὐ θέλω [ἐγὼ] **τοῦτο** ποιῶ,
Ro 7:24 σώματος τοῦ θανάτου **τούτου**;
Ro 8:9 **οὗτος** οὐκ ἔστιν αὐτοῦ.
Ro 8:14 **οὗτοι** υἱοὶ θεοῦ εἰσιν.
Ro 8:30 **τούτους** καὶ ἐκάλεσεν·
Ro 8:30 **τούτους** καὶ ἐδικαίωσεν·
Ro 8:30 **τούτους** καὶ ἐδόξασεν.
Ro 8:31 οὖν ἐροῦμεν πρὸς **ταῦτα**;
Ro 8:37 ἀλλ' ἐν **τούτοις** πᾶσιν ὑπερνικῶμεν διὰ
Ro 9:6 οἱ ἐξ Ἰσραὴλ **οὗτοι** Ἰσραήλ·
Ro 9:8 **τοῦτ'** ἔστιν,
Ro 9:8 τέκνα τῆς σαρκὸς **ταῦτα** τέκνα τοῦ θεοῦ
Ro 9:9 γὰρ ὁ λόγος **οὗτος**·
Ro 9:9 κατὰ τὸν καιρὸν **τοῦτον** ἐλεύσομαι καὶ ἔσται
Ro 9:17 ὅτι εἰς αὐτὸ **τοῦτο** ἐξήγειρά σε ὅπως
Ro 10:6 **τοῦτ'** ἔστιν Χριστὸν καταγαγεῖν·
Ro 10:7 **τοῦτ'** ἔστιν Χριστὸν ἐκ
Ro 10:8 **τοῦτ'** ἔστιν τὸ ῥῆμα
Ro 11:7 **τοῦτο** οὐκ ἐπέτυχεν,
Ro 11:24 πόσῳ μᾶλλον **οὗτοι** οἱ κατὰ φύσιν
Ro 11:25 τὸ μυστήριον **τοῦτο**,
Ro 11:27 καὶ **αὕτη** αὐτοῖς ἡ παρ'
Ro 11:30 δὲ ἠλεήθητε τῇ **τούτων** ἀπειθείᾳ,
Ro 11:31 οὕτως καὶ **οὗτοι** νῦν ἠπείθησαν τῷ
Ro 12:2 συσχηματίζεσθε τῷ αἰῶνι **τούτῳ**,
Ro 12:20 **τοῦτο** γὰρ ποιῶν ἄνθρακας
Ro 13:6 διὰ **τοῦτο** γὰρ καὶ φόρους
Ro 13:6 εἰσιν εἰς αὐτὸ **τοῦτο** προσκαρτεροῦντες.
Ro 13:9 ἐν τῷ λόγῳ **τούτῳ** ἀνακεφαλαιοῦται [ἐν τῷ]·
Ro 13:11 Καὶ **τοῦτο** εἰδότες τὸν καιρόν,
Ro 14:9 εἰς **τοῦτο** γὰρ Χριστὸς ἀπέθανεν
Ro 14:13 ἀλλὰ **τοῦτο** κρίνατε μᾶλλον,
Ro 14:18 ὁ γὰρ ἐν **τούτῳ** δουλεύων τῷ Χριστῷ
Ro 15:9 διὰ **τοῦτο** ἐξομολογήσομαί σοι ἐν
Ro 15:23 ἐν τοῖς κλίμασι **τούτοις**,
Ro 15:28 **τοῦτο** οὖν ἐπιτελέσας καὶ
Ro 15:28 αὐτοῖς τὸν καρπὸν **τοῦτον**,

οὕτως (*houtōs*; 17/208) *in this way*
Ro 1:15 **οὕτως** τὸ κατ' ἐμὲ
Ro 4:18 **οὕτως** ἔσται τὸ σπέρμα
Ro 5:12 καὶ **οὕτως** εἰς πάντας ἀνθρώπους
Ro 5:15 **οὕτως** καὶ τὸ χάρισμα·
Ro 5:18 **οὕτως** καὶ δι' ἑνὸς
Ro 5:19 **οὕτως** καὶ διὰ τῆς
Ro 5:21 **οὕτως** καὶ ἡ χάρις
Ro 6:4 **οὕτως** καὶ ἡμεῖς ἐν
Ro 6:11 **οὕτως** καὶ ὑμεῖς λογίζεσθε
Ro 6:19 **οὕτως** νῦν παραστήσατε τὰ
Ro 9:20 τί με ἐποίησας **οὕτως**;

Ro 10:6 ἐκ πίστεως δικαιοσύνη **οὕτως** λέγει·
Ro 11:5 **οὕτως** οὖν καὶ ἐν
Ro 11:26 καὶ **οὕτως** πᾶς Ἰσραὴλ σωθήσεται,
Ro 11:31 **οὕτως** καὶ οὗτοι νῦν
Ro 12:5 **οὕτως** οἱ πολλοὶ ἓν
Ro 15:20 **οὕτως** δὲ φιλοτιμούμενον εὐαγγελίζεσθαι

οὐχί (*ouchi*; 3/54) *not*
Ro 3:27 **οὐχί**,
Ro 3:29 **οὐχὶ** καὶ ἐθνῶν;
Ro 8:32 πῶς **οὐχὶ** καὶ σὺν αὐτῷ

ὀφειλέτης (*opheiletēs*; 3/7) *one who is under obligation*
Ro 1:14 τε καὶ ἀνοήτοις **ὀφειλέτης** εἰμί,
Ro 8:12 **ὀφειλέται** ἐσμὲν οὐ τῇ
Ro 15:27 εὐδόκησαν γὰρ καὶ **ὀφειλέται** εἰσὶν αὐτῶν·

ὀφειλή (*opheilē*; 1/3) *debt*
Ro 13:7 ἀπόδοτε πᾶσιν τὰς **ὀφειλάς**,

ὀφείλημα (*opheilēma*; 1/2) *debt*
Ro 4:4 χάριν ἀλλὰ κατὰ **ὀφείλημα**,

ὀφείλω (*opheilō*; 3/35) *ought to*
Ro 13:8 Μηδενὶ μηδὲν **ὀφείλετε** εἰ μὴ τὸ
Ro 15:1 **Ὀφείλομεν** δὲ ἡμεῖς οἱ
Ro 15:27 **ὀφείλουσιν** καὶ ἐν τοῖς

ὀφθαλμός (*ophthalmos*; 3/100) *eye*
Ro 3:18 θεοῦ ἀπέναντι τῶν **ὀφθαλμῶν** αὐτῶν.
Ro 11:8 **ὀφθαλμοὺς** τοῦ μὴ βλέπειν
Ro 11:10 σκοτισθήτωσαν οἱ **ὀφθαλμοὶ** αὐτῶν τοῦ μὴ

ὀψώνιον (*opsōnion*; 1/4) *pay*
Ro 6:23 τὰ γὰρ **ὀψώνια** τῆς ἁμαρτίας θάνατος,

παγίς (*pagis*; 1/5) *snare*
Ro 11:9 τράπεζα αὐτῶν εἰς **παγίδα** καὶ εἰς θήραν

πάθημα (*pathēma*; 2/16) *suffering*
Ro 7:5 τὰ **παθήματα** τῶν ἁμαρτιῶν τὰ
Ro 8:18 οὐκ ἄξια τὰ **παθήματα** τοῦ νῦν καιροῦ

πάθος (*pathos*; 1/3) *lustful passion*
Ro 1:26 ὁ θεὸς εἰς **πάθη** ἀτιμίας,

παιδευτής (*paideutēs*; 1/2) *teacher*
Ro 2:20 **παιδευτὴν** ἀφρόνων,

παλαιός (*palaios*; 1/19) *old*
Ro 6:6 γινώσκοντες ὅτι ὁ **παλαιὸς** ἡμῶν ἄνθρωπος συνεσταυρώθη,

παλαιότης (*palaiotēs*; 1/1) *age*
Ro 7:6 πνεύματος καὶ οὐ **παλαιότητι** γράμματος.

πάλιν (*palin*; 5/139[141]) *again*
Ro 8:15 ἐλάβετε πνεῦμα δουλείας **πάλιν** εἰς φόβον
Ro 11:23 ἐστιν ὁ θεὸς **πάλιν** ἐγκεντρίσαι αὐτούς.
Ro 15:10 καὶ **πάλιν** λέγει·
Ro 15:11 καὶ **πάλιν**·
Ro 15:12 καὶ **πάλιν** Ἠσαΐας λέγει·

πάντοτε (*pantote*; 1/41) *always*
Ro 1:10 **πάντοτε** ἐπὶ τῶν προσευχῶν

πάντως (*pantōs*; 1/8) *by all means*
Ro 3:9 οὐ **πάντως**·

παρά (*para*; 13/193[194]) *from, with, beside*
Ro 1:25 ἐλάτρευσαν τῇ κτίσει **παρὰ** τὸν κτίσαντα,
Ro 1:26 χρῆσιν εἰς τὴν **παρὰ** φύσιν,
Ro 2:11 γάρ ἐστιν προσωπολημψία **παρὰ** τῷ θεῷ.
Ro 2:13 ἀκροαταὶ νόμου δίκαιοι **παρὰ** [τῷ] θεῷ,
Ro 4:18 Ὃς **παρ'** ἐλπίδα ἐπ' ἐλπίδι
Ro 9:14 μὴ ἀδικία **παρὰ** τῷ θεῷ;
Ro 11:24 ἐξεκόπης ἀγριελαίου καὶ **παρὰ** φύσιν ἐνεκεντρίσθης εἰς
Ro 11:25 ἵνα μὴ ἦτε **[παρ']** ἑαυτοῖς φρόνιμοι,
Ro 11:27 αὕτη αὐτοῖς ἡ **παρ'** ἐμοῦ διαθήκη,
Ro 12:3 ὑμῖν μὴ ὑπερφρονεῖν **παρ'** ὃ δεῖ φρονεῖν
Ro 12:16 μὴ γίνεσθε φρόνιμοι **παρ'** ἑαυτοῖς.
Ro 14:5 [γὰρ] κρίνει ἡμέραν **παρ'** ἡμέραν,
Ro 16:17 καὶ τὰ σκάνδαλα **παρὰ** τὴν διδαχὴν ἣν

παράβασις (*parabasis*; 3/7) *transgression*
Ro 2:23 διὰ τῆς **παραβάσεως** τοῦ νόμου τὸν
Ro 4:15 ἔστιν νόμος οὐδὲ **παράβασις**.
Ro 5:14 τῷ ὁμοιώματι τῆς **παραβάσεως** Ἀδὰμ ὅς ἐστιν

παραβάτης (*parabatēs*; 2/5) *transgressor*
Ro 2:25 ἐὰν δὲ **παραβάτης** νόμου ᾖς,
Ro 2:27 γράμματος καὶ περιτομῆς **παραβάτην** νόμου.

παραδίδωμι (*paradidōmi*; 6/119) *hand or give over*
Ro 1:24 Διὸ **παρέδωκεν** αὐτοὺς ὁ θεὸς
Ro 1:26 Διὰ τοῦτο **παρέδωκεν** αὐτοὺς ὁ θεὸς
Ro 1:28 **παρέδωκεν** αὐτοὺς ὁ θεὸς
Ro 4:25 ὃς **παρεδόθη** διὰ τὰ παραπτώματα
Ro 6:17 καρδίας εἰς ὃν **παρεδόθητε** τύπον διδαχῆς,
Ro 8:32 ὑπὲρ ἡμῶν πάντων **παρέδωκεν** αὐτόν,

παραζηλόω (*parazēloō*; 3/4) *make jealous*
Ro 10:19 ἐγὼ **παραζηλώσω** ὑμᾶς ἐπ' οὐκ
Ro 11:11 ἔθνεσιν εἰς τὸ **παραζηλῶσαι** αὐτούς.
Ro 11:14 εἴ πως **παραζηλώσω** μου τὴν σάρκα

παρακαλέω (*parakaleō*; 4/109) *encourage, ask*
Ro 12:1 **Παρακαλῶ** οὖν ὑμᾶς,
Ro 12:8 εἴτε ὁ **παρακαλῶν** ἐν τῇ παρακλήσει·
Ro 15:30 **Παρακαλῶ** δὲ ὑμᾶς [, ἀδελφοί]
Ro 16:17 **Παρακαλῶ** δὲ ὑμᾶς,

παράκειμαι (*parakeimai*; 2/2) *be present*
Ro 7:18 τὸ γὰρ θέλειν **παράκειταί** μοι,
Ro 7:21 ἐμοὶ τὸ κακὸν **παράκειται**·

παράκλησις (*paraklēsis*; 3/29) *encouragement*
Ro 12:8 παρακαλῶν ἐν τῇ **παρακλήσει**·
Ro 15:4 καὶ διὰ τῆς **παρακλήσεως** τῶν γραφῶν τὴν
Ro 15:5 ὑπομονῆς καὶ τῆς **παρακλήσεως** δῴη ὑμῖν τὸ

παρακοή (*parakoē*; 1/3) *disobedience*
Ro 5:19 γὰρ διὰ τῆς **παρακοῆς** τοῦ ἑνὸς ἀνθρώπου

παράπτωμα (*paraptōma*; 9/19) *sin*
Ro 4:25 παρεδόθη διὰ τὰ **παραπτώματα** ἡμῶν καὶ ἠγέρθη
Ro 5:15 οὐχ ὡς τὸ **παράπτωμα**,
Ro 5:15 τῷ τοῦ ἑνὸς **παραπτώματι** οἱ πολλοὶ ἀπέθανον,
Ro 5:16 χάρισμα ἐκ πολλῶν **παραπτωμάτων** εἰς δικαίωμα.
Ro 5:17 τῷ τοῦ ἑνὸς **παραπτώματι** ὁ θάνατος ἐβασίλευσεν
Ro 5:18 ὡς δι' ἑνὸς **παραπτώματος** εἰς πάντας ἀνθρώπους
Ro 5:20 ἵνα πλεονάσῃ τὸ **παράπτωμα**·
Ro 11:11 ἀλλὰ τῷ αὐτῶν **παραπτώματι** ἡ σωτηρία τοῖς
Ro 11:12 εἰ δὲ τὸ **παράπτωμα** αὐτῶν πλοῦτος κόσμου

παρεισέρχομαι (*pareiserchomai*; 1/2) *come in*
Ro 5:20 νόμος δὲ **παρεισῆλθεν**,

πάρεσις (*paresis*; 1/1) *passing by, overlooking*
Ro 3:25 αὐτοῦ διὰ τὴν **πάρεσιν** τῶν προγεγονότων ἁμαρτημάτων

παρίστημι (*paristēmi*; 8/41) *present, stand by*
Ro 6:13 μηδὲ **παριστάνετε** τὰ μέλη ὑμῶν
Ro 6:13 ἀλλὰ **παραστήσατε** ἑαυτοὺς τῷ θεῷ
Ro 6:16 οἴδατε ὅτι ᾧ **παριστάνετε** ἑαυτοὺς δούλους
Ro 6:19 ὥσπερ γὰρ **παρεστήσατε** τὰ μέλη ὑμῶν
Ro 6:19 οὕτως νῦν **παραστήσατε** τὰ μέλη ὑμῶν
Ro 12:1 οἰκτιρμῶν τοῦ θεοῦ **παραστῆσαι** τὰ σώματα ὑμῶν
Ro 14:10 πάντες γὰρ **παραστησόμεθα** τῷ βήματι τοῦ
Ro 16:2 τῶν ἁγίων καὶ **παραστῆτε** αὐτῇ ἐν ᾧ

παροργίζω (*parorgizō*; 1/2) *make angry*
Ro 10:19 ἐπ' ἔθνει ἀσυνέτῳ **παροργιῶ** ὑμᾶς.

πᾶς (*pas*; 70/1240[1243]) *each, every (pl. all)*
Ro 1:5 ὑπακοὴν πίστεως ἐν **πᾶσιν** τοῖς ἔθνεσιν
Ro 1:7 **πᾶσιν** τοῖς οὖσιν ἐν
Ro 1:8 Ἰησοῦ Χριστοῦ περὶ **πάντων** ὑμῶν ὅτι ἡ
Ro 1:16 ἐστιν εἰς σωτηρίαν **παντὶ** τῷ πιστεύοντι,
Ro 1:18 ἀπ' οὐρανοῦ ἐπὶ **πᾶσαν** ἀσέβειαν καὶ ἀδικίαν
Ro 1:29 πεπληρωμένους **πάσῃ** ἀδικίᾳ πονηρίᾳ πλεονεξίᾳ
Ro 2:1 ὦ ἄνθρωπε **πᾶς** ὁ κρίνων·
Ro 2:9 καὶ στενοχωρία ἐπὶ **πᾶσαν** ψυχὴν ἀνθρώπου
Ro 2:10 τιμὴ καὶ εἰρήνη **παντὶ** τῷ ἐργαζομένῳ τὸ
Ro 3:2 πολὺ κατὰ **πάντα** τρόπον.
Ro 3:4 **πᾶς** δὲ ἄνθρωπος ψεύστης,
Ro 3:9 τε καὶ Ἕλληνας **πάντας** ὑφ' ἁμαρτίαν εἶναι,
Ro 3:12 **πάντες** ἐξέκλιναν ἅμα ἠχρεώθησαν·
Ro 3:19 ἵνα **πᾶν** στόμα φραγῇ καὶ
Ro 3:19 καὶ ὑπόδικος γένηται **πᾶς** ὁ κόσμος τῷ
Ro 3:20 νόμου οὐ δικαιωθήσεται **πᾶσα** σὰρξ ἐνώπιον αὐτοῦ,
Ro 3:22 Ἰησοῦ Χριστοῦ εἰς **πάντας** τοὺς πιστεύοντας.
Ro 3:23 **πάντες** γὰρ ἥμαρτον καὶ
Ro 4:11 εἶναι αὐτὸν πατέρα **πάντων** τῶν πιστευόντων δι'
Ro 4:16 βεβαίαν τὴν ἐπαγγελίαν **παντὶ** τῷ σπέρματι,
Ro 4:16 ὅς ἐστιν πατὴρ **πάντων** ἡμῶν,
Ro 5:12 καὶ οὕτως εἰς **πάντας** ἀνθρώπους ὁ θάνατος
Ro 5:12 ἐφ' ᾧ **πάντες** ἥμαρτον·
Ro 5:18 ἑνὸς παραπτώματος εἰς **πάντας** ἀνθρώπους εἰς κατάκριμα,
Ro 5:18 ἑνὸς δικαιώματος εἰς **πάντας** ἀνθρώπους εἰς δικαίωσιν
Ro 7:8 κατειργάσατο ἐν ἐμοὶ **πᾶσαν** ἐπιθυμίαν·
Ro 8:22 οἴδαμεν γὰρ ὅτι **πᾶσα** ἡ κτίσις συστενάζει
Ro 8:28 ἀγαπῶσιν τὸν θεὸν **πάντα** συνεργεῖ εἰς ἀγαθόν,
Ro 8:32 ἀλλὰ ὑπὲρ ἡμῶν **πάντων** παρέδωκεν αὐτόν,
Ro 8:32 σὺν αὐτῷ τὰ **πάντα** ἡμῖν χαρίσεται;
Ro 8:37 ἀλλ' ἐν τούτοις **πᾶσιν** ὑπερνικῶμεν διὰ τοῦ
Ro 9:5 ὁ ὢν ἐπὶ **πάντων** θεὸς εὐλογητὸς εἰς
Ro 9:6 οὐ γὰρ **πάντες** οἱ ἐξ Ἰσραὴλ
Ro 9:7 εἰσὶν σπέρμα Ἀβραὰμ **πάντες** τέκνα,
Ro 9:17 ὄνομά μου ἐν **πάσῃ** τῇ γῇ.
Ro 10:4 Χριστὸς εἰς δικαιοσύνην **παντὶ** τῷ πιστεύοντι.
Ro 10:11 **πᾶς** ὁ πιστεύων ἐπ'
Ro 10:12 γὰρ αὐτὸς κύριος **πάντων**,
Ro 10:12 πλουτῶν εἰς **πάντας** τοὺς ἐπικαλουμένους αὐτόν·
Ro 10:13 **πᾶς** γὰρ ὃς ἂν
Ro 10:16 Ἀλλ' οὐ **πάντες** ὑπήκουσαν τῷ εὐαγγελίῳ.
Ro 10:18 εἰς **πᾶσαν** τὴν γῆν ἐξῆλθεν
Ro 11:10 νῶτον αὐτῶν διὰ **παντὸς** σύγκαμψον.
Ro 11:26 καὶ οὕτως **πᾶς** Ἰσραὴλ σωθήσεται,
Ro 11:32 ὁ θεὸς τοὺς **πάντας** εἰς ἀπείθειαν,
Ro 11:32 ἵνα τοὺς **πάντας** ἐλεήσῃ.
Ro 11:36 εἰς αὐτὸν τὰ **πάντα**·
Ro 12:3 τῆς δοθείσης μοι **παντὶ** τῷ ὄντι ἐν
Ro 12:4 τὰ δὲ μέλη **πάντα** οὐ τὴν αὐτὴν
Ro 12:17 προνοούμενοι καλὰ ἐνώπιον **πάντων** ἀνθρώπων·
Ro 12:18 μετὰ **πάντων** ἀνθρώπων εἰρηνεύοντες·
Ro 13:1 **Πᾶσα** ψυχὴ ἐξουσίαις ὑπερεχούσαις
Ro 13:7 ἀπόδοτε **πᾶσιν** τὰς ὀφειλάς,
Ro 14:2 μὲν πιστεύει φαγεῖν **πάντα**,
Ro 14:5 ὃς δὲ κρίνει **πᾶσαν** ἡμέραν·
Ro 14:10 **πάντες** γὰρ παραστησόμεθα τῷ
Ro 14:11 ὅτι ἐμοὶ κάμψει **πᾶν** γόνυ καὶ πᾶσα
Ro 14:11 πᾶν γόνυ καὶ **πᾶσα** γλῶσσα ἐξομολογήσεται
Ro 14:20 **πάντα** μὲν καθαρά,
Ro 14:23 **πᾶν** δὲ ὃ οὐκ
Ro 15:11 **πάντα** τὰ ἔθνη,
Ro 15:11 καὶ ἐπαινεσάτωσαν αὐτὸν **πάντες** οἱ λαοί.
Ro 15:13 ἐλπίδος πληρώσαι ὑμᾶς **πάσης** χαρᾶς καὶ εἰρήνης
Ro 15:14 πεπληρωμένοι **πάσης** [τῆς] γνώσεως,
Ro 15:33 τῆς εἰρήνης μετὰ **πάντων** ὑμῶν,
Ro 16:4 εὐχαριστῶ ἀλλὰ καὶ **πᾶσαι** αἱ ἐκκλησίαι τῶν
Ro 16:15 τοὺς σὺν αὐτοῖς **πάντας** ἁγίους.

Ro 16:16 ὑμᾶς αἱ ἐκκλησίαι **πᾶσαι** τοῦ Χριστοῦ.
Ro 16:19 ὑμῶν ὑπακοὴ εἰς **πάντας** ἀφίκετο·
Ro 16:26 ὑπακοὴν πίστεως εἰς **πάντα** τὰ ἔθνη γνωρισθέντος,

πατήρ (*patēr*; 14/413) *father*
Ro 1:7 εἰρήνη ἀπὸ θεοῦ **πατρὸς** ἡμῶν καὶ κυρίου
Ro 4:11 τὸ εἶναι αὐτὸν **πατέρα** πάντων τῶν πιστευόντων
Ro 4:12 καὶ **πατέρα** περιτομῆς τοῖς οὐκ
Ro 4:12 ἀκροβυστίᾳ πίστεως τοῦ **πατρὸς** ἡμῶν Ἀβραάμ.
Ro 4:16 ὅς ἐστιν **πατὴρ** πάντων ἡμῶν,
Ro 4:17 καθὼς γέγραπται ὅτι **πατέρα** πολλῶν ἐθνῶν τέθεικά
Ro 4:18 τὸ γενέσθαι αὐτὸν **πατέρα** πολλῶν ἐθνῶν
Ro 6:4 τῆς δόξης τοῦ **πατρός**,
Ro 8:15 αββα ὁ **πατήρ**.
Ro 9:5 ὧν οἱ **πατέρες** καὶ ἐξ ὧν
Ro 9:10 Ἰσαὰκ τοῦ **πατρὸς** ἡμῶν·
Ro 11:28 ἀγαπητοὶ διὰ τοὺς **πατέρας**·
Ro 15:6 τὸν θεὸν καὶ **πατέρα** τοῦ κυρίου ἡμῶν
Ro 15:8 τὰς ἐπαγγελίας τῶν **πατέρων**,

Πατροβᾶς (*Patrobas*; 1/1) *Patrobas*
Ro 16:14 **Πατροβᾶν**,

Παῦλος (*Paulos*; 1/158) *Paul*
Ro 1:1 **Παῦλος** δοῦλος Χριστοῦ Ἰησοῦ,

πείθω (*peithō*; 5/52) *persuade*
Ro 2:8 ἀπειθοῦσι τῇ ἀληθείᾳ **πειθομένοις** δὲ τῇ ἀδικίᾳ
Ro 2:19 **πέποιθάς** τε σεαυτὸν ὁδηγὸν
Ro 8:38 **πέπεισμαι** γὰρ ὅτι οὔτε
Ro 14:14 οἶδα καὶ **πέπεισμαι** ἐν κυρίῳ Ἰησοῦ
Ro 15:14 **Πέπεισμαι** δέ,

πεινάω (*peinaō*; 1/23) *be hungry*
Ro 12:20 ἀλλὰ ἐὰν **πεινᾷ** ὁ ἐχθρός σου,

πέμπω (*pempō*; 1/79) *send*
Ro 8:3 τὸν ἑαυτοῦ υἱὸν **πέμψας** ἐν ὁμοιώματι σαρκὸς

πέρας (*peras*; 1/4) *end*
Ro 10:18 καὶ εἰς τὰ **πέρατα** τῆς οἰκουμένης τὰ

περί (*peri*; 6/332[333]) *concerning, around*
Ro 1:3 **περὶ** τοῦ υἱοῦ αὐτοῦ
Ro 1:8 διὰ Ἰησοῦ Χριστοῦ **περὶ** πάντων ὑμῶν ὅτι
Ro 8:3 σαρκὸς ἁμαρτίας καὶ **περὶ** ἁμαρτίας κατέκρινεν τὴν
Ro 14:12 [οὖν] ἕκαστος ἡμῶν **περὶ** ἑαυτοῦ λόγον δώσει
Ro 15:14 καὶ αὐτὸς ἐγὼ **περὶ** ὑμῶν ὅτι καὶ
Ro 15:21 οἷς οὐκ ἀνηγγέλη **περὶ** αὐτοῦ ὄψονται,

περιπατέω (*peripateō*; 4/94[95]) *walk*
Ro 6:4 ἐν καινότητι ζωῆς **περιπατήσωμεν**.
Ro 8:4 μὴ κατὰ σάρκα **περιπατοῦσιν** ἀλλὰ κατὰ πνεῦμα.
Ro 13:13 ἐν ἡμέρᾳ εὐσχημόνως **περιπατήσωμεν**,
Ro 14:15 οὐκέτι κατὰ ἀγάπην **περιπατεῖς**·

περισσεία (*perisseia*; 1/4) *abundance*
Ro 5:17 μᾶλλον οἱ τὴν **περισσείαν** τῆς χάριτος καὶ

περισσεύω (*perisseuō*; 3/39) *exceed, be left over*
Ro 3:7 τῷ ἐμῷ ψεύσματι **ἐπερίσσευσεν** εἰς τὴν δόξαν
Ro 5:15 εἰς τοὺς πολλοὺς **ἐπερίσσευσεν**.
Ro 15:13 εἰς τὸ **περισσεύειν** ὑμᾶς ἐν τῇ

περισσός (*perissos*; 1/6) *abundant, more*
Ro 3:1 Τί οὖν τὸ **περισσὸν** τοῦ Ἰουδαίου ἢ

περιτομή (*peritomē*; 15/36) *circumcision*
Ro 2:25 **Περιτομὴ** μὲν γὰρ ὠφελεῖ
Ro 2:25 ἡ **περιτομή** σου ἀκροβυστία γέγονεν.
Ro 2:26 ἀκροβυστία αὐτοῦ εἰς **περιτομὴν** λογισθήσεται;
Ro 2:27 διὰ γράμματος καὶ **περιτομῆς** παραβάτην νόμου.
Ro 2:28 φανερῷ ἐν σαρκὶ **περιτομή**,
Ro 2:29 καὶ **περιτομὴ** καρδίας ἐν πνεύματι
Ro 3:1 ἡ ὠφέλεια τῆς **περιτομῆς**;
Ro 3:30 θεὸς ὃς δικαιώσει **περιτομὴν** ἐκ πίστεως καὶ
Ro 4:9 οὗτος ἐπὶ τὴν **περιτομὴν** ἢ καὶ ἐπὶ
Ro 4:10 ἐν **περιτομῇ** ὄντι ἢ ἐν
Ro 4:10 οὐκ ἐν **περιτομῇ** ἀλλ' ἐν ἀκροβυστίᾳ·
Ro 4:11 καὶ σημεῖον ἔλαβεν **περιτομῆς** σφραγῖδα τῆς δικαιοσύνης
Ro 4:12 καὶ πατέρα **περιτομῆς** τοῖς οὐκ ἐκ
Ro 4:12 τοῖς οὐκ ἐκ **περιτομῆς** μόνον ἀλλὰ καὶ
Ro 15:8 Χριστὸν διάκονον γεγενῆσθαι **περιτομῆς** ὑπὲρ ἀληθείας θεοῦ,

Περσίς (*Persis*; 1/1) *Persis*
Ro 16:12 ἀσπάσασθε **Περσίδα** τὴν ἀγαπητήν,

πετεινόν (*peteinon*; 1/14) *bird*
Ro 1:23 φθαρτοῦ ἀνθρώπου καὶ **πετεινῶν** καὶ τετραπόδων καὶ

πέτρα (*petra*; 1/15) *rock*
Ro 9:33 λίθον προσκόμματος καὶ **πέτραν** σκανδάλου,

πηλός (*pēlos*; 1/6) *mud, clay*
Ro 9:21 ὁ κεραμεὺς τοῦ **πηλοῦ** ἐκ τοῦ αὐτοῦ

πικρία (*pikria*; 1/4) *bitterness*
Ro 3:14 στόμα ἀρᾶς καὶ **πικρίας** γέμει,

πίνω (*pinō*; 1/72[73]) *drink*
Ro 14:21 φαγεῖν κρέα μηδὲ **πιεῖν** οἶνον μηδὲ ἐν

πιότης (*piotēs*; 1/1) *richness*
Ro 11:17 τῆς ῥίζης τῆς **πιότητος** τῆς ἐλαίας ἐγένου,

πιπράσκω (*piprasko̅*; 1/9) *sell*

Ro 7:14 δὲ σάρκινός εἰμι **πεπραμένος** ὑπὸ τὴν ἁμαρτίαν.

πίπτω (*pipto̅*; 3/90) *fall*

Ro 11:11 μὴ ἔπταισαν ἵνα **πέσωσιν**;
Ro 11:22 ἐπὶ μὲν τοὺς **πεσόντας** ἀποτομία,
Ro 14:4 κυρίῳ στήκει ἢ **πίπτει**·

πιστεύω (*pisteuo̅*; 21/237[241]) *believe*

Ro 1:16 σωτηρίαν παντὶ τῷ **πιστεύοντι**,
Ro 3:2 μὲν [γὰρ] ὅτι **ἐπιστεύθησαν** τὰ λόγια τοῦ
Ro 3:22 εἰς πάντας τοὺς **πιστεύοντας**.
Ro 4:3 **ἐπίστευσεν** δὲ Ἀβραὰμ τῷ
Ro 4:5 δὲ μὴ ἐργαζομένῳ **πιστεύοντι** δὲ ἐπὶ τὸν
Ro 4:11 πατέρα πάντων τῶν **πιστευόντων** δι' ἀκροβυστίας,
Ro 4:17 κατέναντι οὗ **ἐπίστευσεν** θεοῦ τοῦ ζῳοποιοῦντος
Ro 4:18 ἐλπίδα ἐπ' ἐλπίδι **ἐπίστευσεν** εἰς τὸ γενέσθαι
Ro 4:24 τοῖς **πιστεύουσιν** ἐπὶ τὸν ἐγείραντα
Ro 6:8 **πιστεύομεν** ὅτι καὶ συζήσομεν
Ro 9:33 καὶ ὁ **πιστεύων** ἐπ' αὐτῷ οὐ
Ro 10:4 δικαιοσύνην παντὶ τῷ **πιστεύοντι**.
Ro 10:9 κύριον Ἰησοῦν καὶ **πιστεύσῃς** ἐν τῇ καρδίᾳ
Ro 10:10 καρδίᾳ γὰρ **πιστεύεται** εἰς δικαιοσύνην,
Ro 10:11 πᾶς ὁ **πιστεύων** ἐπ' αὐτῷ οὐ
Ro 10:14 εἰς ὃν οὐκ **ἐπίστευσαν**;
Ro 10:14 πῶς δὲ **πιστεύσωσιν** οὗ οὐκ ἤκουσαν;
Ro 10:16 τίς **ἐπίστευσεν** τῇ ἀκοῇ ἡμῶν;
Ro 13:11 σωτηρία ἢ ὅτε **ἐπιστεύσαμεν**.
Ro 14:2 ὃς μὲν **πιστεύει** φαγεῖν πάντα,
Ro 15:13 εἰρήνης ἐν τῷ **πιστεύειν**,

πίστις (*pistis*; 40/243) *faith*

Ro 1:5 ἀποστολὴν εἰς ὑπακοὴν **πίστεως** ἐν πᾶσιν
Ro 1:8 ὑμῶν ὅτι ἡ **πίστις** ὑμῶν καταγγέλλεται ἐν
Ro 1:12 τῆς ἐν ἀλλήλοις **πίστεως** ὑμῶν τε καὶ
Ro 1:17 αὐτῷ ἀποκαλύπτεται ἐκ **πίστεως** εἰς πίστιν,
Ro 1:17 ἐκ πίστεως εἰς **πίστιν**,
Ro 1:17 δὲ δίκαιος ἐκ **πίστεως** ζήσεται.
Ro 3:3 ἀπιστία αὐτῶν τὴν **πίστιν** τοῦ θεοῦ καταργήσει;
Ro 3:22 δὲ θεοῦ διὰ **πίστεως** Ἰησοῦ Χριστοῦ εἰς
Ro 3:25 ἱλαστήριον διὰ [τῆς] **πίστεως** ἐν τῷ αὐτοῦ
Ro 3:26 δικαιοῦντα τὸν ἐκ **πίστεως** Ἰησοῦ.
Ro 3:27 ἀλλὰ διὰ νόμου **πίστεως**.
Ro 3:28 λογιζόμεθα γὰρ δικαιοῦσθαι **πίστει** ἄνθρωπον χωρὶς ἔργων
Ro 3:30 δικαιώσει περιτομὴν ἐκ **πίστεως** καὶ ἀκροβυστίαν διὰ
Ro 3:30 ἀκροβυστίαν διὰ τῆς **πίστεως**.
Ro 3:31 καταργοῦμεν διὰ τῆς **πίστεως**;
Ro 4:5 ἀσεβῆ λογίζεται ἡ **πίστις** αὐτοῦ εἰς δικαιοσύνην·
Ro 4:9 τῷ Ἀβραὰμ ἡ **πίστις** εἰς δικαιοσύνην.
Ro 4:11 τῆς δικαιοσύνης τῆς **πίστεως** τῆς ἐν τῇ
Ro 4:12 τῆς ἐν ἀκροβυστίᾳ **πίστεως** τοῦ πατρὸς ἡμῶν
Ro 4:13 ἀλλὰ διὰ δικαιοσύνης **πίστεως**.
Ro 4:14 κεκένωται ἡ **πίστις** καὶ κατήργηται ἡ
Ro 4:16 Διὰ τοῦτο ἐκ **πίστεως**,
Ro 4:16 καὶ τῷ ἐκ **πίστεως** Ἀβραάμ,
Ro 4:19 μὴ ἀσθενήσας τῇ **πίστει** κατενόησεν τὸ ἑαυτοῦ
Ro 4:20 ἀλλ' ἐνεδυναμώθη τῇ **πίστει**,
Ro 5:1 Δικαιωθέντες οὖν ἐκ **πίστεως** εἰρήνην ἔχομεν πρὸς
Ro 5:2 προσαγωγὴν ἐσχήκαμεν [τῇ **πίστει**] εἰς τὴν χάριν
Ro 9:30 δὲ τὴν ἐκ **πίστεως**,
Ro 9:32 ὅτι οὐκ ἐκ **πίστεως** ἀλλ' ὡς ἐξ
Ro 10:6 ἡ δὲ ἐκ **πίστεως** δικαιοσύνη οὕτως λέγει·
Ro 10:8 τὸ ῥῆμα τῆς **πίστεως** ὃ κηρύσσομεν.
Ro 10:17 ἄρα ἡ **πίστις** ἐξ ἀκοῆς,
Ro 11:20 σὺ δὲ τῇ **πίστει** ἕστηκας.
Ro 12:3 θεὸς ἐμέρισεν μέτρον **πίστεως**.
Ro 12:6 τὴν ἀναλογίαν τῆς **πίστεως**,
Ro 14:1 δὲ ἀσθενοῦντα τῇ **πίστει** προσλαμβάνεσθε,
Ro 14:22 σὺ **πίστιν** [ἣν] ἔχεις κατὰ
Ro 14:23 ὅτι οὐκ ἐκ **πίστεως**·
Ro 14:23 ὃ οὐκ ἐκ **πίστεως** ἁμαρτία ἐστίν.
Ro 16:26 θεοῦ εἰς ὑπακοὴν **πίστεως** εἰς πάντα τὰ

πλάνη (*plane̅*; 1/10) *error*

Ro 1:27 ἣν ἔδει τῆς **πλάνης** αὐτῶν ἐν ἑαυτοῖς

πλάσμα (*plasma*; 1/1) *what is molded*

Ro 9:20 μὴ ἐρεῖ τὸ **πλάσμα** τῷ πλάσαντι·

πλάσσω (*plasso̅*; 1/2) *mold*

Ro 9:20 τὸ πλάσμα τῷ **πλάσαντι**·

πλεονάζω (*pleonazo̅*; 3/9) *increase*

Ro 5:20 ἵνα **πλεονάσῃ** τὸ παράπτωμα·
Ro 5:20 οὗ δὲ **ἐπλεόνασεν** ἡ ἁμαρτία,
Ro 6:1 ἵνα ἡ χάρις **πλεονάσῃ**;

πλεονεξία (*pleonexia*; 1/10) *greed*

Ro 1:29 πάσῃ ἀδικίᾳ πονηρίᾳ **πλεονεξίᾳ** κακίᾳ,

πληροφορέω (*ple̅rophoreo̅*; 2/6) *accomplish*

Ro 4:21 καὶ **πληροφορηθεὶς** ὅτι ὃ ἐπήγγελται
Ro 14:5 τῷ ἰδίῳ νοΐ **πληροφορείσθω**.

πληρόω (*ple̅roo̅*; 6/86) *fulfill*

Ro 1:29 **πεπληρωμένους** πάσῃ ἀδικίᾳ πονηρίᾳ
Ro 8:4 δικαίωμα τοῦ νόμου **πληρωθῇ** ἐν ἡμῖν τοῖς
Ro 13:8 τὸν ἕτερον νόμον **πεπλήρωκεν**.
Ro 15:13 θεὸς τῆς ἐλπίδος **πληρώσαι** ὑμᾶς πάσης χαρᾶς
Ro 15:14 **πεπληρωμένοι** πάσης [τῆς] γνώσεως,
Ro 15:19 μέχρι τοῦ Ἰλλυρικοῦ **πεπληρωκέναι** τὸ εὐαγγέλιον τοῦ

πλήρωμα (*ple̅ro̅ma*; 4/17) *fullness*

Ro 11:12 πόσῳ μᾶλλον τὸ **πλήρωμα** αὐτῶν.
Ro 11:25 ἄχρι οὗ τὸ **πλήρωμα** τῶν ἐθνῶν εἰσέλθῃ
Ro 13:10 **πλήρωμα** οὖν νόμου ἡ
Ro 15:29 πρὸς ὑμᾶς ἐν **πληρώματι** εὐλογίας Χριστοῦ ἐλεύσομαι.

πλησίον (*plēsion*; 3/17) *near, neighbor*

Ro 13:9 ἀγαπήσεις τὸν **πλησίον** σου ὡς σεαυτόν.
Ro 13:10 ἡ ἀγάπη τῷ **πλησίον** κακὸν οὐκ ἐργάζεται·
Ro 15:2 ἕκαστος ἡμῶν τῷ **πλησίον** ἀρεσκέτω εἰς τὸ

πλουτέω (*plouteō*; 1/12) *be rich*

Ro 10:12 **πλουτῶν** εἰς πάντας τοὺς

πλοῦτος (*ploutos*; 5/22) *wealth, riches*

Ro 2:4 ἢ τοῦ **πλούτου** τῆς χρηστότητος αὐτοῦ
Ro 9:23 ἵνα γνωρίσῃ τὸν **πλοῦτον** τῆς δόξης αὐτοῦ
Ro 11:12 τὸ παράπτωμα αὐτῶν **πλοῦτος** κόσμου καὶ τὸ
Ro 11:12 τὸ ἥττημα αὐτῶν **πλοῦτος** ἐθνῶν,
Ro 11:33 Ὦ βάθος **πλούτου** καὶ σοφίας καὶ

πνεῦμα (*pneuma*; 34/379) *Spirit, spirit*

Ro 1:4 ἐν δυνάμει κατὰ **πνεῦμα** ἁγιωσύνης ἐξ ἀναστάσεως
Ro 1:9 λατρεύω ἐν τῷ **πνεύματί** μου ἐν τῷ
Ro 2:29 περιτομὴ καρδίας ἐν **πνεύματι** οὐ γράμματι,
Ro 5:5 καρδίαις ἡμῶν διὰ **πνεύματος** ἁγίου τοῦ δοθέντος
Ro 7:6 ἡμᾶς ἐν καινότητι **πνεύματος** καὶ οὐ παλαιότητι
Ro 8:2 γὰρ νόμος τοῦ **πνεύματος** τῆς ζωῆς ἐν
Ro 8:4 περιπατοῦσιν ἀλλὰ κατὰ **πνεῦμα**.
Ro 8:5 οἱ δὲ κατὰ **πνεῦμα** τὰ τοῦ πνεύματος.
Ro 8:5 πνεῦμα τὰ τοῦ **πνεύματος**.
Ro 8:6 δὲ φρόνημα τοῦ **πνεύματος** ζωὴ καὶ εἰρήνη·
Ro 8:9 σαρκὶ ἀλλὰ ἐν **πνεύματι**,
Ro 8:9 εἴπερ **πνεῦμα** θεοῦ οἰκεῖ ἐν
Ro 8:9 εἰ δέ τις **πνεῦμα** Χριστοῦ οὐκ ἔχει,
Ro 8:10 ἁμαρτίαν τὸ δὲ **πνεῦμα** ζωὴ διὰ δικαιοσύνην.
Ro 8:11 εἰ δὲ τὸ **πνεῦμα** τοῦ ἐγείραντος τὸν
Ro 8:11 τοῦ ἐνοικοῦντος αὐτοῦ **πνεύματος** ἐν ὑμῖν.
Ro 8:13 εἰ δὲ **πνεύματι** τὰς πράξεις τοῦ
Ro 8:14 ὅσοι γὰρ **πνεύματι** θεοῦ ἄγονται,
Ro 8:15 οὐ γὰρ ἐλάβετε **πνεῦμα** δουλείας πάλιν εἰς
Ro 8:15 φόβον ἀλλὰ ἐλάβετε **πνεῦμα** υἱοθεσίας ἐν ᾧ
Ro 8:16 αὐτὸ τὸ **πνεῦμα** συμμαρτυρεῖ τῷ πνεύματι
Ro 8:16 πνεῦμα συμμαρτυρεῖ τῷ **πνεύματι** ἡμῶν ὅτι ἐσμὲν
Ro 8:23 τὴν ἀπαρχὴν τοῦ **πνεύματος** ἔχοντες,
Ro 8:26 δὲ καὶ τὸ **πνεῦμα** συναντιλαμβάνεται τῇ ἀσθενείᾳ
Ro 8:26 ἀλλὰ αὐτὸ τὸ **πνεῦμα** ὑπερεντυγχάνει στεναγμοῖς ἀλαλήτοις·
Ro 8:27 τὸ φρόνημα τοῦ **πνεύματος**,
Ro 9:1 συνειδήσεώς μου ἐν **πνεύματι** ἁγίῳ,
Ro 11:8 αὐτοῖς ὁ θεὸς **πνεῦμα** κατανύξεως,
Ro 12:11 τῷ **πνεύματι** ζέοντες,
Ro 14:17 καὶ χαρὰ ἐν **πνεύματι** ἁγίῳ·
Ro 15:13 ἐλπίδι ἐν δυνάμει **πνεύματος** ἁγίου.
Ro 15:16 ἡγιασμένη ἐν **πνεύματι** ἁγίῳ.
Ro 15:19 ἐν δυνάμει **πνεύματος** [θεοῦ].
Ro 15:30 τῆς ἀγάπης τοῦ **πνεύματος** συναγωνίσασθαί μοι ἐν

πνευματικός (*pneumatikos*; 3/26) *spiritual*

Ro 1:11 μεταδῶ χάρισμα ὑμῖν **πνευματικὸν** εἰς τὸ στηριχθῆναι
Ro 7:14 ὅτι ὁ νόμος **πνευματικός** ἐστιν,
Ro 15:27 εἰ γὰρ τοῖς **πνευματικοῖς** αὐτῶν ἐκοινώνησαν τὰ

ποιέω (*poieō*; 23/568) *do, make*

Ro 1:9 ἀδιαλείπτως μνείαν ὑμῶν **ποιοῦμαι**
Ro 1:28 **ποιεῖν** τὰ μὴ καθήκοντα,
Ro 1:32 οὐ μόνον αὐτὰ **ποιοῦσιν** ἀλλὰ καὶ συνευδοκοῦσιν
Ro 2:3 τοιαῦτα πράσσοντας καὶ **ποιῶν** αὐτά,
Ro 2:14 τὰ τοῦ νόμου **ποιῶσιν**,
Ro 3:8 ἡμᾶς λέγειν ὅτι **ποιήσωμεν** τὰ κακά,
Ro 3:12 οὐκ ἔστιν ὁ **ποιῶν** χρηστότητα,
Ro 4:21 δυνατός ἐστιν καὶ **ποιῆσαι**.
Ro 7:15 ὃ μισῶ τοῦτο **ποιῶ**.
Ro 7:16 οὐ θέλω τοῦτο **ποιῶ**,
Ro 7:19 γὰρ ὃ θέλω **ποιῶ** ἀγαθόν,
Ro 7:20 θέλω [ἐγὼ] τοῦτο **ποιῶ**,
Ro 7:21 τῷ θέλοντι ἐμοὶ **ποιεῖν** τὸ καλόν,
Ro 9:20 τί με **ἐποίησας** οὕτως;
Ro 9:21 τοῦ αὐτοῦ φυράματος **ποιῆσαι** ὃ μὲν εἰς
Ro 9:28 συντελῶν καὶ συντέμνων **ποιήσει** κύριος ἐπὶ
Ro 10:5 νόμου ὅτι ὁ **ποιήσας** αὐτὰ ἄνθρωπος ζήσεται
Ro 12:20 τοῦτο γὰρ **ποιῶν** ἄνθρακας πυρὸς σωρεύσεις
Ro 13:3 τὸ ἀγαθὸν **ποίει**,
Ro 13:4 δὲ τὸ κακὸν **ποιῇς**,
Ro 13:14 σαρκὸς πρόνοιαν μὴ **ποιεῖσθε** εἰς ἐπιθυμίας.
Ro 15:26 Ἀχαΐα κοινωνίαν τινα **ποιήσασθαι** εἰς τοὺς πτωχοὺς
Ro 16:17 ἣν ὑμεῖς ἐμάθετε **ποιοῦντας**,

ποίημα (*poiēma*; 1/2) *what is created or made*

Ro 1:20 κτίσεως κόσμου τοῖς **ποιήμασιν** νοούμενα καθορᾶται,

ποιητής (*poiētēs*; 1/6) *one who does or carries out*

Ro 2:13 ἀλλ' οἱ **ποιηταὶ** νόμου δικαιωθήσονται.

ποῖος (*poios*; 1/33) *what kind of*

Ro 3:27 διὰ **ποίου** νόμου;

πόλις (*polis*; 1/163) *city, town*

Ro 16:23 ὁ οἰκονόμος τῆς **πόλεως** καὶ Κούαρτος ὁ

πολλάκις (*pollakis*; 1/18) *often*

Ro 1:13 ὅτι **πολλάκις** προεθέμην ἐλθεῖν πρὸς

πολύς (*polys*; 21/417) *much (pl. many)*

Ro 3:2 **πολὺ** κατὰ πάντα τρόπον.
Ro 4:17 γέγραπται ὅτι πατέρα **πολλῶν** ἐθνῶν τέθεικά σε,
Ro 4:18 γενέσθαι αὐτὸν πατέρα **πολλῶν** ἐθνῶν κατὰ
Ro 5:9 **πολλῷ** οὖν μᾶλλον δικαιωθέντες
Ro 5:10 **πολλῷ** μᾶλλον καταλλαγέντες σωθησόμεθα
Ro 5:15 ἑνὸς παραπτώματι οἱ **πολλοὶ** ἀπέθανον,
Ro 5:15 **πολλῷ** μᾶλλον ἡ χάρις
Ro 5:15 Χριστοῦ εἰς τοὺς **πολλοὺς** ἐπερίσσευσεν.
Ro 5:16 δὲ χάρισμα ἐκ **πολλῶν** παραπτωμάτων εἰς δικαίωμα.
Ro 5:17 **πολλῷ** μᾶλλον οἱ τὴν
Ro 5:19 ἁμαρτωλοὶ κατεστάθησαν οἱ **πολλοί**,

Ro 5:19 δίκαιοι κατασταθήσονται οἱ **πολλοί**.
Ro 8:29 αὐτὸν πρωτότοκον ἐν **πολλοῖς** ἀδελφοῖς·
Ro 9:22 αὐτοῦ ἤνεγκεν ἐν **πολλῇ** μακροθυμίᾳ σκεύη ὀργῆς
Ro 12:4 ἐν ἑνὶ σώματι **πολλὰ** μέλη ἔχομεν,
Ro 12:5 οὕτως οἱ **πολλοὶ** ἓν σῶμά ἐσμεν
Ro 15:22 καὶ ἐνεκοπτόμην τὰ **πολλὰ** τοῦ ἐλθεῖν πρὸς
Ro 15:23 πρὸς ὑμᾶς ἀπὸ **πολλῶν** ἐτῶν,
Ro 16:2 γὰρ αὐτὴ προστάτις **πολλῶν** ἐγενήθη καὶ ἐμοῦ
Ro 16:6 ἥτις **πολλὰ** ἐκοπίασεν εἰς ὑμᾶς.
Ro 16:12 ἥτις **πολλὰ** ἐκοπίασεν ἐν κυρίῳ.

πονηρία (*ponēria*; 1/7) *wickedness*

Ro 1:29 πεπληρωμένους πάσῃ ἀδικίᾳ **πονηρίᾳ** πλεονεξίᾳ κακίᾳ,

πονηρός (*ponēros*; 1/78) *evil*

Ro 12:9 ἀποστυγοῦντες τὸ **πονηρόν**,

πορεύομαι (*poreuomai*; 2/147[153]) *go*

Ro 15:24 ὡς ἂν **πορεύωμαι** εἰς τὴν Σπανίαν·
Ro 15:25 Νυνὶ δὲ **πορεύομαι** εἰς Ἰερουσαλὴμ διακονῶν

πόσις (*posis*; 1/3) *drink*

Ro 14:17 θεοῦ βρῶσις καὶ **πόσις** ἀλλὰ δικαιοσύνη καὶ

πόσος (*posos*; 2/27) *how much*

Ro 11:12 **πόσῳ** μᾶλλον τὸ πλήρωμα
Ro 11:24 **πόσῳ** μᾶλλον οὗτοι οἱ

ποτέ (*pote*; 3/29) *once*

Ro 1:10 εἴ πως ἤδη **ποτὲ** εὐοδωθήσομαι ἐν τῷ
Ro 7:9 ἔζων χωρὶς νόμου **ποτέ**,
Ro 11:30 ὥσπερ γὰρ ὑμεῖς **ποτε** ἠπειθήσατε τῷ θεῷ,

ποτίζω (*potizō*; 1/15) *give to drink*

Ro 12:20 **πότιζε** αὐτόν·

ποῦ (*pou*; 1/47[48]) *where*

Ro 3:27 **Ποῦ** οὖν ἡ καύχησις;

πού (*pou*; 1/4) *somewhere*

Ro 4:19 ἑκατονταετής **που** ὑπάρχων,

πούς (*pous*; 3/93) *foot*

Ro 3:15 ὀξεῖς οἱ **πόδες** αὐτῶν ἐκχέαι αἷμα,
Ro 10:15 ὡς ὡραῖοι οἱ **πόδες** τῶν εὐαγγελιζομένων
Ro 16:20 σατανᾶν ὑπὸ τοὺς **πόδας** ὑμῶν ἐν τάχει.

πρᾶγμα (*pragma*; 1/11) *matter*

Ro 16:2 ἂν ὑμῶν χρῄζῃ **πράγματι**·

πρᾶξις (*praxis*; 2/6) *deed*

Ro 8:13 δὲ πνεύματι τὰς **πράξεις** τοῦ σώματος θανατοῦτε,
Ro 12:4 τὴν αὐτὴν ἔχει **πρᾶξιν**,

πράσσω (*prassō*; 10/39) *do*

Ro 1:32 οἱ τὰ τοιαῦτα **πράσσοντες** ἄξιοι θανάτου εἰσίν,
Ro 1:32 καὶ συνευδοκοῦσιν τοῖς **πράσσουσιν**.
Ro 2:1 τὰ γὰρ αὐτὰ **πράσσεις** ὁ κρίνων.
Ro 2:2 τοὺς τὰ τοιαῦτα **πράσσοντας**.
Ro 2:3 τοὺς τὰ τοιαῦτα **πράσσοντας** καὶ ποιῶν αὐτά,
Ro 2:25 ὠφελεῖ ἐὰν νόμον **πράσσῃς**·
Ro 7:15 ὃ θέλω τοῦτο **πράσσω**,
Ro 7:19 θέλω κακὸν τοῦτο **πράσσω**.
Ro 9:11 γὰρ γεννηθέντων μηδὲ **πραξάντων** τι ἀγαθὸν
Ro 13:4 τῷ τὸ κακὸν **πράσσοντι**.

Πρίσκα (*Priska*; 1/3) *Prisca*

Ro 16:3 Ἀσπάσασθε **Πρίσκαν** καὶ Ἀκύλαν τοὺς

πρό (*pro*; 1/47) *before*

Ro 16:7 οἳ καὶ **πρὸ** ἐμοῦ γέγοναν ἐν

προαιτιάομαι (*proaitiaomai*; 1/1) *accuse beforehand*

Ro 3:9 **προῃτιασάμεθα** γὰρ Ἰουδαίους τε

πρόβατον (*probaton*; 1/39) *sheep*

Ro 8:36 ἐλογίσθημεν ὡς **πρόβατα** σφαγῆς.

προγίνομαι (*proginomai*; 1/1) *happen previously*

Ro 3:25 τὴν πάρεσιν τῶν **προγεγονότων** ἁμαρτημάτων

προγινώσκω (*proginōskō*; 2/5) *foreknow*

Ro 8:29 ὅτι οὓς **προέγνω**,
Ro 11:2 λαὸν αὐτοῦ ὃν **προέγνω**.

προγράφω (*prographō*; 1/4) *write in former times*

Ro 15:4 ὅσα γὰρ **προεγράφη**,

προδίδωμι (*prodidōmi*; 1/1) *give first*

Ro 11:35 ἢ τίς **προέδωκεν** αὐτῷ,

προεπαγγέλλομαι (*proepangellomai*; 1/2) *promise beforehand*

Ro 1:2 ὃ **προεπηγγείλατο** διὰ τῶν προφητῶν

προετοιμάζω (*proetoimazō*; 1/2) *prepare beforehand*

Ro 9:23 σκεύη ἐλέους ἃ **προητοίμασεν** εἰς δόξαν;

προέχω (*proechō*; 1/1) *be better off*

Ro 3:9 **προεχόμεθα**;

προηγέομαι (*proēgeomai*; 1/1) *outdo*

Ro 12:10 τῇ τιμῇ ἀλλήλους **προηγούμενοι**,

πρόθεσις (*prothesis*; 2/12) *purpose*
Ro 8:28 τοῖς κατὰ **πρόθεσιν** κλητοῖς οὖσιν.
Ro 9:11 ἡ κατ' ἐκλογὴν **πρόθεσις** τοῦ θεοῦ μένῃ,

πρόθυμος (*prothymos*; 1/3) *willing*
Ro 1:15 τὸ κατ' ἐμὲ **πρόθυμον** καὶ ὑμῖν τοῖς

προΐστημι (*proistēmi*; 1/8) *be a leader*
Ro 12:8 ὁ **προϊστάμενος** ἐν σπουδῇ,

προκόπτω (*prokoptō*; 1/6) *advance*
Ro 13:12 ἡ νὺξ **προέκοψεν**,

προλέγω (*prolegō*; 1/15) *say or warn beforehand*
Ro 9:29 καὶ καθὼς **προείρηκεν** 'Ησαΐας·

προνοέω (*pronoeō*; 1/3) *have in mind to do*
Ro 12:17 **προνοούμενοι** καλὰ ἐνώπιον πάντων

πρόνοια (*pronoia*; 1/2) *provision*
Ro 13:14 καὶ τῆς σαρκὸς **πρόνοιαν** μὴ ποιεῖσθε εἰς

προορίζω (*proorizō*; 2/6) *predestine*
Ro 8:29 καὶ **προώρισεν** συμμόρφους τῆς εἰκόνος
Ro 8:30 οὓς δὲ **προώρισεν**,

προπάτωρ (*propatōr*; 1/1) *forefather*
Ro 4:1 εὑρηκέναι 'Αβραὰμ τὸν **προπάτορα** ἡμῶν κατὰ σάρκα;

προπέμπω (*propempō*; 1/9) *send on one's way*
Ro 15:24 καὶ ὑφ' ὑμῶν **προπεμφθῆναι** ἐκεῖ ἐὰν ὑμῶν

πρός (*pros*; 17/699[700]) *to, toward, at*
Ro 1:10 τοῦ θεοῦ ἐλθεῖν **πρὸς** ὑμᾶς.
Ro 1:13 πολλάκις προεθέμην ἐλθεῖν **πρὸς** ὑμᾶς,
Ro 3:26 **πρὸς** τὴν ἔνδειξιν τῆς
Ro 4:2 ἀλλ' οὐ **πρὸς** θεόν.
Ro 5:1 πίστεως εἰρήνην ἔχομεν **πρὸς** τὸν θεὸν διὰ
Ro 8:18 τοῦ νῦν καιροῦ **πρὸς** τὴν μέλλουσαν δόξαν
Ro 8:31 Τί οὖν ἐροῦμεν **πρὸς** ταῦτα;
Ro 10:1 καὶ ἡ δέησις **πρὸς** τὸν θεὸν ὑπὲρ
Ro 10:21 **πρὸς** δὲ τὸν 'Ισραὴλ
Ro 10:21 τὰς χεῖράς μου **πρὸς** λαὸν ἀπειθοῦντα καὶ
Ro 15:2 εἰς τὸ ἀγαθὸν **πρὸς** οἰκοδομήν·
Ro 15:17 Χριστῷ 'Ιησοῦ τὰ **πρὸς** τὸν θεόν·
Ro 15:22 πολλὰ τοῦ ἐλθεῖν **πρὸς** ὑμᾶς·
Ro 15:23 ἔχων τοῦ ἐλθεῖν **πρὸς** ὑμᾶς ἀπὸ πολλῶν
Ro 15:29 δὲ ὅτι ἐρχόμενος **πρὸς** ὑμᾶς ἐν πληρώματι
Ro 15:30 προσευχαῖς ὑπὲρ ἐμοῦ **πρὸς** τὸν θεόν,
Ro 15:32 ἐν χαρᾷ ἐλθὼν **πρὸς** ὑμᾶς διὰ θελήματος

προσαγωγή (*prosagōgē*; 1/3) *access*
Ro 5:2 οὗ καὶ τὴν **προσαγωγὴν** ἐσχήκαμεν [τῇ πίστει]

προσδέχομαι (*prosdechomai*; 1/14) *wait for*
Ro 16:2 ἵνα αὐτὴν **προσδέξησθε** ἐν κυρίῳ ἀξίως

προσευχή (*proseuchē*; 3/36) *prayer*
Ro 1:10 πάντοτε ἐπὶ τῶν **προσευχῶν** μου δεόμενος εἴ
Ro 12:12 τῇ **προσευχῇ** προσκαρτεροῦντες,
Ro 15:30 μοι ἐν ταῖς **προσευχαῖς** ὑπὲρ ἐμοῦ πρὸς

προσεύχομαι (*proseuchomai*; 1/85) *pray*
Ro 8:26 τὸ γὰρ τί **προσευξώμεθα** καθὸ δεῖ οὐκ

προσκαρτερέω (*proskartereō*; 2/10) *devote oneself to*
Ro 12:12 τῇ προσευχῇ **προσκαρτεροῦντες**,
Ro 13:6 εἰς αὐτὸ τοῦτο **προσκαρτεροῦντες**.

πρόσκομμα (*proskomma*; 4/6) *that which causes stumbling or offense*
Ro 9:32 τῷ λίθῳ τοῦ **προσκόμματος**,
Ro 9:33 ἐν Σιὼν λίθον **προσκόμματος** καὶ πέτραν σκανδάλου,
Ro 14:13 τὸ μὴ τιθέναι **πρόσκομμα** τῷ ἀδελφῷ ἢ
Ro 14:20 ἀνθρώπῳ τῷ διὰ **προσκόμματος** ἐσθίοντι.

προσκόπτω (*proskoptō*; 2/8) *stumble*
Ro 9:32 **προσέκοψαν** τῷ λίθῳ τοῦ
Ro 14:21 ὁ ἀδελφός σου **προσκόπτει**.

προσλαμβάνω (*proslambanō*; 4/12) *welcome*
Ro 14:1 ἀσθενοῦντα τῇ πίστει **προσλαμβάνεσθε**,
Ro 14:3 θεὸς γὰρ αὐτὸν **προσελάβετο**.
Ro 15:7 Διὸ **προσλαμβάνεσθε** ἀλλήλους,
Ro 15:7 καὶ ὁ Χριστὸς **προσελάβετο** ὑμᾶς εἰς δόξαν

πρόσλημψις (*proslēmpsis*; 1/1) *acceptance*
Ro 11:15 τις ἡ **πρόσλημψις** εἰ μὴ ζωὴ

προστάτις (*prostatis*; 1/1) *helper*
Ro 16:2 καὶ γὰρ αὐτὴ **προστάτις** πολλῶν ἐγενήθη

προσφορά (*prosphora*; 1/9) *offering*
Ro 15:16 ἵνα γένηται ἡ **προσφορὰ** τῶν ἐθνῶν εὐπρόσδεκτος,

προσωπολημψία (*prosōpolēmpsia*; 1/4) *favoritism*
Ro 2:11 οὐ γάρ ἐστιν **προσωπολημψία** παρὰ τῷ θεῷ.

προτίθημι (*protithēmi*; 2/3) *plan*
Ro 1:13 ὅτι πολλάκις **προεθέμην** ἐλθεῖν πρὸς ὑμᾶς,
Ro 3:25 ὃν **προέθετο** ὁ θεὸς ἱλαστήριον

προφητεία (*prophēteia*; 1/19) *prophecy*
Ro 12:6 εἴτε **προφητείαν** κατὰ τὴν ἀναλογίαν

προφήτης (*prophētēs*; 3/144) *prophet*
Ro 1:2 προεπηγγείλατο διὰ τῶν **προφητῶν** αὐτοῦ ἐν γραφαῖς
Ro 3:21 νόμου καὶ τῶν **προφητῶν**,
Ro 11:3 τοὺς **προφήτας** σου ἀπέκτειναν,

προφητικός (*prophētikos*; 1/2) *prophetic*
Ro 16:26 διά τε γραφῶν **προφητικῶν** κατ᾽ ἐπιταγὴν

πρῶτος (*prōtos*; 7/152[155]) *first*
Ro 1:8 **Πρῶτον** μὲν εὐχαριστῶ τῷ
Ro 1:16 Ἰουδαίῳ τε **πρῶτον** καὶ Ἕλληνι.
Ro 2:9 Ἰουδαίου τε **πρῶτον** καὶ Ἕλληνος·
Ro 2:10 Ἰουδαίῳ τε **πρῶτον** καὶ Ἕλληνι·
Ro 3:2 **πρῶτον** μὲν [γὰρ] ὅτι
Ro 10:19 **πρῶτος** Μωϋσῆς λέγει·
Ro 15:24 ἐκεῖ ἐὰν ὑμῶν **πρῶτον** ἀπὸ μέρους ἐμπλησθῶ.

πρωτότοκος (*prōtotokos*; 1/8) *first-born*
Ro 8:29 τὸ εἶναι αὐτὸν **πρωτότοκον** ἐν πολλοῖς ἀδελφοῖς·

πταίω (*ptaiō*; 1/5) *stumble*
Ro 11:11 μὴ **ἔπταισαν** ἵνα πέσωσιν;

πτωχός (*ptōchos*; 1/34) *poor*
Ro 15:26 ποιήσασθαι εἰς τοὺς **πτωχοὺς** τῶν ἁγίων

πῦρ (*pyr*; 1/71) *fire*
Ro 12:20 γὰρ ποιῶν ἄνθρακας **πυρὸς** σωρεύσεις ἐπὶ

πωρόω (*pōroō*; 1/5) *harden*
Ro 11:7 οἱ δὲ λοιποὶ **ἐπωρώθησαν**,

πώρωσις (*pōrōsis*; 1/3) *hardening*
Ro 11:25 ὅτι **πώρωσις** ἀπὸ μέρους τῷ

πώς (*pōs*; 3/15) *somehow*
Ro 1:10 μου δεόμενος εἴ **πως** ἤδη ποτὲ εὐοδωθήσομαι
Ro 11:14 εἴ **πως** παραζηλώσω μου τὴν
Ro 11:21 [μή **πως**] οὐδὲ σοῦ φείσεται.

πῶς (*pōs*; 8/103) *how*
Ro 3:6 ἐπεὶ **πῶς** κρινεῖ ὁ θεὸς
Ro 4:10 **πῶς** οὖν ἐλογίσθη;
Ro 6:2 **πῶς** ἔτι ζήσομεν ἐν
Ro 8:32 **πῶς** οὐχὶ καὶ σὺν
Ro 10:14 **Πῶς** οὖν ἐπικαλέσωνται εἰς
Ro 10:14 **πῶς** δὲ πιστεύσωσιν οὗ
Ro 10:14 **πῶς** δὲ ἀκούσωσιν χωρὶς
Ro 10:15 **πῶς** δὲ κηρύξωσιν ἐὰν

Ῥεβέκκα (*Rhebekka*; 1/1) *Rebecca*
Ro 9:10 ἀλλὰ καὶ **Ῥεβέκκα** ἐξ ἑνὸς κοίτην

ῥῆμα (*rhēma*; 4/68) *word*
Ro 10:8 ἐγγύς σου τὸ **ῥῆμά** ἐστιν ἐν τῷ
Ro 10:8 τοῦτ᾽ ἔστιν τὸ **ῥῆμα** τῆς πίστεως ὃ
Ro 10:17 δὲ ἀκοὴ διὰ **ῥήματος** Χριστοῦ.
Ro 10:18 τῆς οἰκουμένης τὰ **ῥήματα** αὐτῶν.

ῥίζα (*rhiza*; 5/17) *root*
Ro 11:16 καὶ εἰ ἡ **ῥίζα** ἁγία,
Ro 11:17 καὶ συγκοινωνὸς τῆς **ῥίζης** τῆς πιότητος
Ro 11:18 οὐ σὺ τὴν **ῥίζαν** βαστάζεις ἀλλὰ ἡ
Ro 11:18 βαστάζεις ἀλλὰ ἡ **ῥίζα** σέ.
Ro 15:12 ἔσται ἡ **ῥίζα** τοῦ Ἰεσσαὶ καὶ

Ῥοῦφος (*Rhouphos*; 1/2) *Rufus*
Ro 16:13 ἀσπάσασθε **Ῥοῦφον** τὸν ἐκλεκτὸν ἐν

ῥύομαι (*rhyomai*; 3/17) *save, rescue, deliver*
Ro 7:24 τίς με **ῥύσεται** ἐκ τοῦ σώματος
Ro 11:26 ἐκ Σιὼν ὁ **ῥυόμενος**,
Ro 15:31 ἵνα **ῥυσθῶ** ἀπὸ τῶν ἀπειθούντων

Ῥώμη (*Rhōmē*; 2/8) *Rome*
Ro 1:7 τοῖς οὖσιν ἐν **Ῥώμῃ** ἀγαπητοῖς θεοῦ,
Ro 1:15 ὑμῖν τοῖς ἐν **Ῥώμῃ** εὐαγγελίσασθαι.

σαβαώθ (*sabaōth*; 1/2) *(Lord of) hosts*
Ro 9:29 εἰ μὴ κύριος **σαβαὼθ** ἐγκατέλιπεν ἡμῖν σπέρμα,

σαρκικός (*sarkikos*; 1/7) *belonging to the world, material*
Ro 15:27 καὶ ἐν τοῖς **σαρκικοῖς** λειτουργῆσαι αὐτοῖς.

σάρκινος (*sarkinos*; 1/4) *belonging to the world, fleshly*
Ro 7:14 ἐγὼ δὲ **σάρκινός** εἰμι πεπραμένος ὑπὸ

σάρξ (*sarx*; 26/147) *flesh*
Ro 1:3 σπέρματος Δαυὶδ κατὰ **σάρκα**,
Ro 2:28 τῷ φανερῷ ἐν **σαρκὶ** περιτομή,
Ro 3:20 οὐ δικαιωθήσεται πᾶσα **σὰρξ** ἐνώπιον αὐτοῦ,
Ro 4:1 προπάτορα ἡμῶν κατὰ **σάρκα**;
Ro 6:19 τὴν ἀσθένειαν τῆς **σαρκὸς** ὑμῶν.
Ro 7:5 ἦμεν ἐν τῇ **σαρκί**,
Ro 7:18 ἔστιν ἐν τῇ **σαρκί** μου,
Ro 7:25 θεοῦ τῇ δὲ **σαρκὶ** νόμῳ ἁμαρτίας.
Ro 8:3 ἠσθένει διὰ τῆς **σαρκός**,
Ro 8:3 πέμψας ἐν ὁμοιώματι **σαρκὸς** ἁμαρτίας καὶ
Ro 8:3 ἁμαρτίαν ἐν τῇ **σαρκί**,
Ro 8:4 τοῖς μὴ κατὰ **σάρκα** περιπατοῦσιν ἀλλὰ κατὰ
Ro 8:5 οἱ γὰρ κατὰ **σάρκα** ὄντες τὰ τῆς
Ro 8:5 ὄντες τὰ τῆς **σαρκὸς** φρονοῦσιν,
Ro 8:6 γὰρ φρόνημα τῆς **σαρκὸς** θάνατος,
Ro 8:7 τὸ φρόνημα τῆς **σαρκὸς** ἔχθρα εἰς θεόν,
Ro 8:8 οἱ δὲ ἐν **σαρκὶ** ὄντες θεῷ ἀρέσαι
Ro 8:9 οὐκ ἐστὲ ἐν **σαρκὶ** ἀλλὰ ἐν πνεύματι,
Ro 8:12 ἐσμὲν οὐ τῇ **σαρκὶ** τοῦ κατὰ σάρκα
Ro 8:12 σαρκὶ τοῦ κατὰ **σάρκα** ζῆν,
Ro 8:13 εἰ γὰρ κατὰ **σάρκα** ζῆτε,
Ro 9:3 συγγενῶν μου κατὰ **σάρκα**,
Ro 9:5 Χριστὸς τὸ κατὰ **σάρκα**,
Ro 9:8 τὰ τέκνα τῆς **σαρκὸς** ταῦτα τέκνα τοῦ
Ro 11:14 παραζηλώσω μου τὴν **σάρκα** καὶ σώσω τινας
Ro 13:14 Χριστὸν καὶ τῆς **σαρκὸς** πρόνοιαν μὴ ποιεῖσθε

Σάρρα (*Sarra*; 2/4) *Sarah*
Ro 4:19 νέκρωσιν τῆς μήτρας **Σάρρας**·
Ro 9:9 καὶ ἔσται τῇ **Σάρρᾳ** υἱός.

σατανᾶς (*satanas*; 1/36) *Satan*
Ro 16:20 εἰρήνης συντρίψει τὸν **σατανᾶν** ὑπὸ τοὺς πόδας

σεαυτοῦ (*seautou*; 6/43) *yourself*
Ro 2:1 **σεαυτὸν** κατακρίνεις,
Ro 2:5 ἀμετανόητον καρδίαν θησαυρίζεις **σεαυτῷ** ὀργὴν ἐν ἡμέρᾳ
Ro 2:19 πέποιθάς τε **σεαυτὸν** ὁδηγὸν εἶναι τυφλῶν,
Ro 2:21 οὖν διδάσκων ἕτερον **σεαυτὸν** οὐ διδάσκεις;
Ro 13:9 πλησίον σου ὡς **σεαυτόν**.
Ro 14:22 [ἣν] ἔχεις κατὰ **σεαυτὸν** ἔχε ἐνώπιον τοῦ

σεβάζομαι (*sebazomai*; 1/1) *worship*
Ro 1:25 τῷ ψεύδει καὶ **ἐσεβάσθησαν** καὶ ἐλάτρευσαν

σημεῖον (*sēmeion*; 2/75[77]) *sign*
Ro 4:11 καὶ **σημεῖον** ἔλαβεν περιτομῆς σφραγῖδα
Ro 15:19 ἐν δυνάμει **σημείων** καὶ τεράτων,

σήμερον (*sēmeron*; 1/41) *today*
Ro 11:8 ἕως τῆς **σήμερον** ἡμέρας.

σιγάω (*sigaō*; 1/10) *keep silent*
Ro 16:25 μυστηρίου χρόνοις αἰωνίοις **σεσιγημένου**,

Σιών (*Siōn*; 2/7) *Mount Zion*
Ro 9:33 ἰδοὺ τίθημι ἐν **Σιὼν** λίθον προσκόμματος
Ro 11:26 ἥξει ἐκ **Σιὼν** ὁ ῥυόμενος,

σκάνδαλον (*skandalon*; 4/15) *stumbling block*
Ro 9:33 προσκόμματος καὶ πέτραν **σκανδάλου**,
Ro 11:9 θήραν καὶ εἰς **σκάνδαλον** καὶ εἰς ἀνταπόδομα
Ro 14:13 τῷ ἀδελφῷ ἢ **σκάνδαλον**.
Ro 16:17 διχοστασίας καὶ τὰ **σκάνδαλα** παρὰ τὴν διδαχὴν

σκεῦος (*skeuos*; 3/23) *object, jar*
Ro 9:21 μὲν εἰς τιμὴν **σκεῦος** ὃ δὲ εἰς
Ro 9:22 ἐν πολλῇ μακροθυμίᾳ **σκεύη** ὀργῆς κατηρτισμένα εἰς
Ro 9:23 δόξης αὐτοῦ ἐπὶ **σκεύη** ἐλέους ἃ προητοίμασεν

σκληρότης (*sklērotēs*; 1/1) *hardness*
Ro 2:5 κατὰ δὲ τὴν **σκληρότητά** σου καὶ ἀμετανόητον

σκληρύνω (*sklērynō*; 1/6) *harden*
Ro 9:18 ὃν δὲ θέλει **σκληρύνει**.

σκοπέω (*skopeō*; 1/6) *pay attention to*
Ro 16:17 **σκοπεῖν** τοὺς τὰς διχοστασίας

σκοτίζω (*skotizō*; 2/5) *be or become darkened*
Ro 1:21 διαλογισμοῖς αὐτῶν καὶ **ἐσκοτίσθη** ἡ ἀσύνετος αὐτῶν
Ro 11:10 **σκοτισθήτωσαν** οἱ ὀφθαλμοὶ αὐτῶν

σκότος (*skotos*; 2/31) *darkness*
Ro 2:19 φῶς τῶν ἐν **σκότει**,
Ro 13:12 τὰ ἔργα τοῦ **σκότους**,

Σόδομα (*Sodoma*; 1/9) *Sodom*
Ro 9:29 ὡς **Σόδομα** ἂν ἐγενήθημεν καὶ

σοφία (*sophia*; 1/51) *wisdom*
Ro 11:33 βάθος πλούτου καὶ **σοφίας** καὶ γνώσεως θεοῦ·

σοφός (*sophos*; 4/20) *wise*
Ro 1:14 **σοφοῖς** τε καὶ ἀνοήτοις
Ro 1:22 φάσκοντες εἶναι **σοφοὶ** ἐμωράνθησαν
Ro 16:19 θέλω δὲ ὑμᾶς **σοφοὺς** εἶναι εἰς τὸ
Ro 16:27 μόνῳ **σοφῷ** θεῷ,

Σπανία (*Spania*; 2/2) *Spain*
Ro 15:24 πορεύωμαι εἰς τὴν **Σπανίαν**·
Ro 15:28 δι᾽ ὑμῶν εἰς **Σπανίαν**·

σπέρμα (*sperma*; 9/43) *seed*
Ro 1:3 τοῦ γενομένου ἐκ **σπέρματος** Δαυὶδ κατὰ σάρκα,
Ro 4:13 ᾿Αβραὰμ ἢ τῷ **σπέρματι** αὐτοῦ,
Ro 4:16 ἐπαγγελίαν παντὶ τῷ **σπέρματι**,
Ro 4:18 οὕτως ἔσται τὸ **σπέρμα** σου,
Ro 9:7 οὐδ᾽ ὅτι εἰσὶν **σπέρμα** ᾿Αβραὰμ πάντες τέκνα,
Ro 9:7 ᾿Ισαὰκ κληθήσεταί σοι **σπέρμα**.
Ro 9:8 ἐπαγγελίας λογίζεται εἰς **σπέρμα**.
Ro 9:29 σαβαὼθ ἐγκατέλιπεν ἡμῖν **σπέρμα**,
Ro 11:1 ἐκ **σπέρματος** ᾿Αβραάμ,

σπουδή (*spoudē*; 2/12) *earnestness*
Ro 12:8 ὁ προϊστάμενος ἐν **σπουδῇ**,
Ro 12:11 τῇ **σπουδῇ** μὴ ὀκνηροί,

Στάχυς (*Stachys*; 1/1) *Stachys*
Ro 16:9 ἐν Χριστῷ καὶ **Στάχυν** τὸν ἀγαπητόν μου.

στεναγμός (*stenagmos*; 1/2) *groaning*
Ro 8:26 τὸ πνεῦμα ὑπερεντυγχάνει **στεναγμοῖς** ἀλαλήτοις·

στενάζω (*stenazō*; 1/6) *sigh*
Ro 8:23 αὐτοὶ ἐν ἑαυτοῖς **στενάζομεν** υἱοθεσίαν ἀπεκδεχόμενοι,

στενοχωρία (*stenochōria*; 2/4) *distress*
Ro 2:9 θλῖψις καὶ **στενοχωρία** ἐπὶ πᾶσαν ψυχὴν
Ro 8:35 θλῖψις ἢ **στενοχωρία** ἢ διωγμὸς ἢ

στήκω (*stēkō*; 1/9) *stand*
Ro 14:4 τῷ ἰδίῳ κυρίῳ **στήκει** ἢ πίπτει·

στηρίζω (*stērizō*; 2/13) *strengthen*
Ro 1:11 πνευματικὸν εἰς τὸ **στηριχθῆναι** ὑμᾶς,
Ro 16:25 δὲ δυναμένῳ ὑμᾶς **στηρίξαι** κατὰ τὸ εὐαγγέλιόν

στοιχέω (*stoicheō*; 1/5) *walk*
Ro 4:12 ἀλλὰ καὶ τοῖς **στοιχοῦσιν** τοῖς ἴχνεσιν τῆς

στόμα (*stoma*; 6/78) *mouth*
Ro 3:14 ὧν τὸ **στόμα** ἀρᾶς καὶ πικρίας
Ro 3:19 ἵνα πᾶν **στόμα** φραγῇ καὶ ὑπόδικος
Ro 10:8 ἐστιν ἐν τῷ **στόματί** σου καὶ ἐν
Ro 10:9 ὁμολογήσῃς ἐν τῷ **στόματί** σου κύριον Ἰησοῦν
Ro 10:10 **στόματι** δὲ ὁμολογεῖται εἰς
Ro 15:6 ὁμοθυμαδὸν ἐν ἑνὶ **στόματι** δοξάζητε τὸν θεὸν

σύ (*sy*; 47/1063[1067]) *you (sg.)*
Ro 2:3 ὅτι **σὺ** ἐκφεύξῃ τὸ κρίμα
Ro 2:4 θεοῦ εἰς μετάνοιάν **σε** ἄγει;
Ro 2:5 δὲ τὴν σκληρότητά **σου** καὶ ἀμετανόητον καρδίαν
Ro 2:17 Εἰ δὲ **σὺ** Ἰουδαῖος ἐπονομάζῃ καὶ
Ro 2:25 ἡ περιτομή **σου** ἀκροβυστία γέγονεν.
Ro 2:27 τὸν νόμον τελοῦσα **σὲ** τὸν διὰ γράμματος
Ro 3:4 ἐν τοῖς λόγοις **σου** καὶ νικήσεις ἐν
Ro 3:4 ἐν τῷ κρίνεσθαί **σε**.
Ro 4:17 πολλῶν ἐθνῶν τέθεικά **σε**,
Ro 4:18 ἔσται τὸ σπέρμα **σου**,
Ro 8:2 Χριστῷ Ἰησοῦ ἠλευθέρωσέν **σε** ἀπὸ τοῦ νόμου
Ro 8:36 γέγραπται ὅτι ἕνεκεν **σοῦ** θανατούμεθα ὅλην
Ro 9:7 ἐν Ἰσαὰκ κληθήσεταί **σοι** σπέρμα.
Ro 9:17 αὐτὸ τοῦτο ἐξήγειρά **σε** ὅπως ἐνδείξωμαι ἐν
Ro 9:17 ὅπως ἐνδείξωμαι ἐν **σοὶ** τὴν δύναμίν μου
Ro 9:20 μενοῦνγε **σὺ** τίς εἶ ὁ
Ro 10:6 ἐν τῇ καρδίᾳ **σου**·
Ro 10:8 ἐγγύς **σου** τὸ ῥῆμά ἐστιν
Ro 10:8 ἐν τῷ στόματί **σου** καὶ ἐν τῇ
Ro 10:8 ἐν τῇ καρδίᾳ **σου**,
Ro 10:9 ἐν τῷ στόματί **σου** κύριον Ἰησοῦν καὶ
Ro 10:9 ἐν τῇ καρδίᾳ **σου** ὅτι ὁ θεὸς
Ro 11:3 τοὺς προφήτας **σου** ἀπέκτειναν,
Ro 11:3 τὰ θυσιαστήριά **σου** κατέσκαψαν,
Ro 11:17 **σὺ** δὲ ἀγριέλαιος ὢν
Ro 11:18 δὲ κατακαυχᾶσαι οὐ **σὺ** τὴν ῥίζαν βαστάζεις
Ro 11:18 ἀλλὰ ἡ ῥίζα **σέ**.
Ro 11:20 **σὺ** δὲ τῇ πίστει
Ro 11:21 [μή πως] οὐδὲ **σοῦ** φείσεται.
Ro 11:22 ἐπὶ δὲ **σὲ** χρηστότης θεοῦ,
Ro 11:22 ἐπεὶ καὶ **σὺ** ἐκκοπήσῃ.
Ro 11:24 εἰ γὰρ **σὺ** ἐκ τῆς κατὰ
Ro 12:20 πεινᾷ ὁ ἐχθρός **σου**,
Ro 13:4 γὰρ διάκονός ἐστιν **σοὶ** εἰς τὸ ἀγαθόν.
Ro 13:9 ἀγαπήσεις τὸν πλησίον **σου** ὡς σεαυτόν.
Ro 14:4 **σὺ** τίς εἶ ὁ
Ro 14:10 **Σὺ** δὲ τί κρίνεις
Ro 14:10 κρίνεις τὸν ἀδελφόν **σου**;
Ro 14:10 ἢ καὶ **σὺ** τί ἐξουθενεῖς τὸν
Ro 14:10 ἐξουθενεῖς τὸν ἀδελφόν **σου**;
Ro 14:15 βρῶμα ὁ ἀδελφός **σου** λυπεῖται,
Ro 14:15 μὴ τῷ βρώματί **σου** ἐκεῖνον ἀπόλλυε ὑπὲρ
Ro 14:21 ᾧ ὁ ἀδελφός **σου** προσκόπτει.
Ro 14:22 **σὺ** πίστιν [ἣν] ἔχεις
Ro 15:3 ὀνειδισμοὶ τῶν ὀνειδιζόντων **σε** ἐπέπεσαν ἐπ᾽ ἐμέ.
Ro 15:9 διὰ τοῦτο ἐξομολογήσομαί **σοι** ἐν ἔθνεσιν
Ro 15:9 καὶ τῷ ὀνόματί **σου** ψαλῶ.

συγγενής (*syngenēs*; 4/11) *relative*
Ro 9:3 ἀδελφῶν μου τῶν **συγγενῶν** μου κατὰ σάρκα,
Ro 16:7 καὶ Ἰουνιᾶν τοὺς **συγγενεῖς** μου καὶ συναιχμαλώτους
Ro 16:11 ἀσπάσασθε Ἡρῳδίωνα τὸν **συγγενῆ** μου.
Ro 16:21 καὶ Σωσίπατρος οἱ **συγγενεῖς** μου.

συγκάμπτω (*synkamptō*; 1/1) *bend*
Ro 11:10 αὐτῶν διὰ παντὸς **σύγκαμψον**.

συγκλείω (*synkleiō*; 1/4) *make or keep someone a prisoner*
Ro 11:32 **συνέκλεισεν** γὰρ ὁ θεὸς

συγκληρονόμος (*synklēronomos*; 1/4) *fellow-heir*
Ro 8:17 **συγκληρονόμοι** δὲ Χριστοῦ,

συγκοινωνός (*synkoinōnos*; 1/4) *sharer*
Ro 11:17 ἐν αὐτοῖς καὶ **συγκοινωνὸς** τῆς ῥίζης τῆς

συζάω (*syzaō*; 1/3) *live with or together*
Ro 6:8 πιστεύομεν ὅτι καὶ **συζήσομεν** αὐτῷ,

σύμβουλος (*symboulos*; 1/1) *counselor*
Ro 11:34 ἢ τίς **σύμβουλος** αὐτοῦ ἐγένετο;

συμμαρτυρέω (*symmartyreō*; 3/3) *witness together with*
Ro 2:15 **συμμαρτυρούσης** αὐτῶν τῆς συνειδήσεως
Ro 8:16 αὐτὸ τὸ πνεῦμα **συμμαρτυρεῖ** τῷ πνεύματι ἡμῶν
Ro 9:1 **συμμαρτυρούσης** μοι τῆς συνειδήσεώς

σύμμορφος (*symmorphos*; 1/2) *having the same form*
Ro 8:29 καὶ προώρισεν **συμμόρφους** τῆς εἰκόνος τοῦ

συμπαρακαλέω (*symparakaleō*; 1/1) *be encouraged together*
Ro 1:12 τοῦτο δέ ἐστιν **συμπαρακληθῆναι** ἐν ὑμῖν

συμπάσχω (*sympaschō*; 1/2) *suffer together*
Ro 8:17 εἴπερ **συμπάσχομεν** ἵνα καὶ συνδοξασθῶμεν.

σύμφημι (*symphēmi*; 1/1) *agree with*
Ro 7:16 **σύμφημι** τῷ νόμῳ ὅτι

σύμφυτος (*symphytos*; 1/1) *sharing in*
Ro 6:5 εἰ γὰρ **σύμφυτοι** γεγόναμεν τῷ ὁμοιώματι

σύν (*syn*; 4/128) *with*
Ro 6:8 εἰ δὲ ἀπεθάνομεν **σὺν** Χριστῷ,
Ro 8:32 πῶς οὐχὶ καὶ **σὺν** αὐτῷ τὰ πάντα
Ro 16:14 Ἑρμᾶν καὶ τοὺς **σὺν** αὐτοῖς ἀδελφούς.

Ro 16:15 Ὀλυμπᾶν καὶ τοὺς **σὺν** αὐτοῖς πάντας ἁγίους.

συναγωνίζομαι (*synagōnizomai*; 1/1) *help*

Ro 15:30 ἀγάπης τοῦ πνεύματος **συναγωνίσασθαί** μοι

συναιχμάλωτος (*synaichmalōtos*; 1/3) *fellow-prisoner*

Ro 16:7 συγγενεῖς μου καὶ **συναιχμαλώτους** μου,

συναναπαύομαι (*synanapauomai*; 1/1) *have a time of rest with*

Ro 15:32 διὰ θελήματος θεοῦ **συναναπαύσωμαι** ὑμῖν.

συναντιλαμβάνομαι (*synantilambanomai*; 1/2) *help*

Ro 8:26 καὶ τὸ πνεῦμα **συναντιλαμβάνεται** τῇ ἀσθενείᾳ ἡμῶν·

συναπάγω (*synapagō*; 1/3) *be carried away or led astray*

Ro 12:16 ἀλλὰ τοῖς ταπεινοῖς **συναπαγόμενοι**.

συνδοξάζω (*syndoxazō*; 1/1) *share in another's glory*

Ro 8:17 συμπάσχομεν ἵνα καὶ **συνδοξασθῶμεν**.

συνείδησις (*syneidēsis*; 3/30) *conscience*

Ro 2:15 συμμαρτυρούσης αὐτῶν τῆς **συνειδήσεως** καὶ μεταξὺ ἀλλήλων
Ro 9:1 συμμαρτυρούσης μοι τῆς **συνειδήσεώς** μου ἐν πνεύματι
Ro 13:5 καὶ διὰ τὴν **συνείδησιν**.

συνεργέω (*synergeō*; 1/4[5]) *work with*

Ro 8:28 τὸν θεὸν πάντα **συνεργεῖ** εἰς ἀγαθόν,

συνεργός (*synergos*; 3/13) *fellow-worker*

Ro 16:3 καὶ Ἀκύλαν τοὺς **συνεργούς** μου ἐν Χριστῷ
Ro 16:9 ἀσπάσασθε Οὐρβανὸν τὸν **συνεργὸν** ἡμῶν ἐν Χριστῷ
Ro 16:21 ὑμᾶς Τιμόθεος ὁ **συνεργός** μου καὶ Λούκιος

συνευδοκέω (*syneudokeō*; 1/6) *approve of*

Ro 1:32 ποιοῦσιν ἀλλὰ καὶ **συνευδοκοῦσιν** τοῖς πράσσουσιν.

συνήδομαι (*synēdomai*; 1/1) *delight in*

Ro 7:22 **συνήδομαι** γὰρ τῷ νόμῳ

συνθάπτω (*synthaptō*; 1/2) *be buried together with*

Ro 6:4 **συνετάφημεν** οὖν αὐτῷ διὰ

συνίημι (*syniēmi*; 2/26) *understand*

Ro 3:11 οὐκ ἔστιν ὁ **συνίων**,
Ro 15:21 οἳ οὐκ ἀκηκόασιν **συνήσουσιν**.

συνίστημι (*synistēmi*; 3/16) *recommend*

Ro 3:5 ἡμῶν θεοῦ δικαιοσύνην **συνίστησιν**,
Ro 5:8 **συνίστησιν** δὲ τὴν ἑαυτοῦ
Ro 16:1 **Συνίστημι** δὲ ὑμῖν Φοίβην

συντελέω (*synteleō*; 1/6) *end*

Ro 9:28 λόγον γὰρ **συντελῶν** καὶ συντέμνων ποιήσει

συντέμνω (*syntemnō*; 1/1) *cut short*

Ro 9:28 γὰρ συντελῶν καὶ **συντέμνων** ποιήσει κύριος

συντρίβω (*syntribō*; 1/7) *break in pieces*

Ro 16:20 θεὸς τῆς εἰρήνης **συντρίψει** τὸν σατανᾶν

σύντριμμα (*syntrimma*; 1/1) *ruin*

Ro 3:16 **σύντριμμα** καὶ ταλαιπωρία ἐν

συνωδίνω (*synōdinō*; 1/1) *suffer great pain together*

Ro 8:22 κτίσις συστενάζει καὶ **συνωδίνει** ἄχρι τοῦ νῦν·

συσταυρόω (*systauroō*; 1/5) *be crucified together*

Ro 6:6 παλαιὸς ἡμῶν ἄνθρωπος **συνεσταυρώθη**,

συστενάζω (*systenazō*; 1/1) *groan together*

Ro 8:22 πᾶσα ἡ κτίσις **συστενάζει** καὶ συνωδίνει

συσχηματίζω (*syschēmatizō*; 1/2) *be conformed to*

Ro 12:2 καὶ μὴ **συσχηματίζεσθε** τῷ αἰῶνι τούτῳ,

σφαγή (*sphagē*; 1/3) *slaughter*

Ro 8:36 ἐλογίσθημεν ὡς πρόβατα **σφαγῆς**.

σφραγίζω (*sphragizō*; 1/15) *seal*

Ro 15:28 οὖν ἐπιτελέσας καὶ **σφραγισάμενος** αὐτοῖς τὸν καρπὸν

σφραγίς (*sphragis*; 1/16) *seal*

Ro 4:11 σημεῖον ἔλαβεν περιτομῆς **σφραγῖδα** τῆς δικαιοσύνης τῆς

σῴζω (*sōzō*; 8/105[106]) *save, preserve*

Ro 5:9 τῷ αἵματι αὐτοῦ **σωθησόμεθα** δι' αὐτοῦ ἀπὸ
Ro 5:10 πολλῷ μᾶλλον καταλλαγέντες **σωθησόμεθα** ἐν τῇ ζωῇ
Ro 8:24 τῇ γὰρ ἐλπίδι **ἐσώθημεν**·
Ro 9:27 τὸ ὑπόλειμμα **σωθήσεται**·
Ro 10:9 **σωθήσῃ**·
Ro 10:13 τὸ ὄνομα κυρίου **σωθήσεται**.
Ro 11:14 τὴν σάρκα καὶ **σώσω** τινας ἐξ αὐτῶν.
Ro 11:26 οὕτως πᾶς Ἰσραὴλ **σωθήσεται**,

σῶμα (*sōma*; 13/142) *body*
Ro 1:24 τοῦ ἀτιμάζεσθαι τὰ **σώματα** αὐτῶν ἐν αὐτοῖς·
Ro 4:19 κατενόησεν τὸ ἑαυτοῦ **σῶμα** [ἤδη] νενεκρωμένον,
Ro 6:6 ἵνα καταργηθῇ τὸ **σῶμα** τῆς ἁμαρτίας,
Ro 6:12 τῷ θνητῷ ὑμῶν **σώματι** εἰς τὸ ὑπακούειν
Ro 7:4 νόμῳ διὰ τοῦ **σώματος** τοῦ Χριστοῦ,
Ro 7:24 ῥύσεται ἐκ τοῦ **σώματος** τοῦ θανάτου τούτου;
Ro 8:10 τὸ μὲν **σῶμα** νεκρὸν διὰ ἁμαρτίαν
Ro 8:11 καὶ τὰ θνητὰ **σώματα** ὑμῶν διὰ τοῦ
Ro 8:13 τὰς πράξεις τοῦ **σώματος** θανατοῦτε,
Ro 8:23 τὴν ἀπολύτρωσιν τοῦ **σώματος** ἡμῶν.
Ro 12:1 θεοῦ παραστῆσαι τὰ **σώματα** ὑμῶν θυσίαν ζῶσαν
Ro 12:4 γὰρ ἐν ἑνὶ **σώματι** πολλὰ μέλη ἔχομεν,
Ro 12:5 οἱ πολλοὶ ἓν **σῶμά** ἐσμεν ἐν Χριστῷ,

σωρεύω (*sōreuō*; 1/2) *heap*
Ro 12:20 ποιῶν ἄνθρακας πυρὸς **σωρεύσεις** ἐπὶ τὴν κεφαλὴν

Σωσίπατρος (*Sōsipatros*; 1/1) *Sosipater*
Ro 16:21 καὶ Ἰάσων καὶ **Σωσίπατρος** οἱ συγγενεῖς μου.

σωτηρία (*sōtēria*; 5/45[46]) *salvation*
Ro 1:16 θεοῦ ἐστιν εἰς **σωτηρίαν** παντὶ τῷ πιστεύοντι,
Ro 10:1 ὑπὲρ αὐτῶν εἰς **σωτηρίαν**.
Ro 10:10 δὲ ὁμολογεῖται εἰς **σωτηρίαν**.
Ro 11:11 αὐτῶν παραπτώματι ἡ **σωτηρία** τοῖς ἔθνεσιν
Ro 13:11 ἐγγύτερον ἡμῶν ἡ **σωτηρία** ἢ ὅτε ἐπιστεύσαμεν.

σωφρονέω (*sōphroneō*; 1/6) *be in one's right mind, be sensible*
Ro 12:3 φρονεῖν εἰς τὸ **σωφρονεῖν**,

ταλαιπωρία (*talaipōria*; 1/2) *misery*
Ro 3:16 σύντριμμα καὶ **ταλαιπωρία** ἐν ταῖς ὁδοῖς

ταλαίπωρος (*talaipōros*; 1/2) *miserable*
Ro 7:24 **Ταλαίπωρος** ἐγὼ ἄνθρωπος·

ταπεινός (*tapeinos*; 1/8) *humble*
Ro 12:16 φρονοῦντες ἀλλὰ τοῖς **ταπεινοῖς** συναπαγόμενοι.

τάσσω (*tassō*; 1/8) *appoint*
Ro 13:1 οὖσαι ὑπὸ θεοῦ **τεταγμέναι** εἰσίν.

τάφος (*taphos*; 1/7) *grave*
Ro 3:13 **τάφος** ἀνεῳγμένος ὁ λάρυγξ

τάχα (*tacha*; 1/2) *perhaps*
Ro 5:7 γὰρ τοῦ ἀγαθοῦ **τάχα** τις καὶ τυλμᾷ

τάχος (*tachos*; 1/8) *speed*
Ro 16:20 πόδας ὑμῶν ἐν **τάχει**.

τέ (*te*; 18/215) *and*
Ro 1:12 ἀλλήλοις πίστεως ὑμῶν **τε** καὶ ἐμοῦ.
Ro 1:14 Ἕλλησίν **τε** καὶ βαρβάροις,
Ro 1:14 σοφοῖς **τε** καὶ ἀνοήτοις ὀφειλέτης
Ro 1:16 Ἰουδαίῳ **τε** πρῶτον καὶ Ἕλληνι.
Ro 1:20 ἥ **τε** ἀΐδιος αὐτοῦ δύναμις
Ro 1:26 αἵ **τε** γὰρ θήλειαι αὐτῶν
Ro 1:27 ὁμοίως **τε** καὶ οἱ ἄρσενες
Ro 2:9 Ἰουδαίου **τε** πρῶτον καὶ Ἕλληνος·
Ro 2:10 Ἰουδαίῳ **τε** πρῶτον καὶ Ἕλληνι·
Ro 2:19 πέποιθάς **τε** σεαυτὸν ὁδηγὸν εἶναι
Ro 3:9 προῃτιασάμεθα γὰρ Ἰουδαίους **τε** καὶ Ἕλληνας πάντας
Ro 7:7 τήν **τε** γὰρ ἐπιθυμίαν οὐκ
Ro 10:12 ἐστιν διαστολὴ Ἰουδαίου **τε** καὶ Ἕλληνος,
Ro 14:8 ἐάν **τε** γὰρ ζῶμεν,
Ro 14:8 ἐάν **τε** ἀποθνήσκωμεν,
Ro 14:8 ἐάν **τε** οὖν ζῶμεν ἐάν
Ro 14:8 οὖν ζῶμεν ἐάν **τε** ἀποθνῄσκωμεν,
Ro 16:26 δὲ νῦν διά **τε** γραφῶν προφητικῶν κατ᾽

τέκνον (*teknon*; 7/99) *child*
Ro 8:16 ἡμῶν ὅτι ἐσμὲν **τέκνα** θεοῦ.
Ro 8:17 εἰ δὲ **τέκνα**,
Ro 8:21 τῆς δόξης τῶν **τέκνων** τοῦ θεοῦ.
Ro 9:7 σπέρμα Ἀβραὰμ πάντες **τέκνα**,
Ro 9:8 οὐ τὰ **τέκνα** τῆς σαρκὸς ταῦτα
Ro 9:8 τῆς σαρκὸς ταῦτα **τέκνα** τοῦ θεοῦ ἀλλὰ
Ro 9:8 θεοῦ ἀλλὰ τὰ **τέκνα** τῆς ἐπαγγελίας λογίζεται

τέλειος (*teleios*; 1/19) *complete, perfect, mature*
Ro 12:2 καὶ εὐάρεστον καὶ **τέλειον**.

τελέω (*teleō*; 2/28) *finish*
Ro 2:27 ἀκροβυστία τὸν νόμον **τελοῦσα** σὲ τὸν διὰ
Ro 13:6 γὰρ καὶ φόρους **τελεῖτε**·

τέλος (*telos*; 5/41) *end*
Ro 6:21 τὸ γὰρ **τέλος** ἐκείνων θάνατος.
Ro 6:22 τὸ δὲ **τέλος** ζωὴν αἰώνιον.
Ro 10:4 **τέλος** γὰρ νόμου Χριστὸς
Ro 13:7 τῷ τὸ **τέλος** τὸ τέλος,
Ro 13:7 τὸ τέλος τὸ **τέλος**,

τέρας (*teras*; 1/16) *wonder*
Ro 15:19 δυνάμει σημείων καὶ **τεράτων**,

Τέρτιος (*Tertios*; 1/1) *Tertius*
Ro 16:22 ἀσπάζομαι ὑμᾶς ἐγὼ **Τέρτιος** ὁ γράψας τὴν

τετράπους (*tetrapous*; 1/3) *four-footed animal*
Ro 1:23 καὶ πετεινῶν καὶ **τετραπόδων** καὶ ἑρπετῶν.

τίθημι (*tithēmi*; 3/100) *put, place, appoint*
Ro 4:17 πατέρα πολλῶν ἐθνῶν **τέθεικά** σε,
Ro 9:33 ἰδοὺ **τίθημι** ἐν Σιὼν λίθον
Ro 14:13 τὸ μὴ **τιθέναι** πρόσκομμα τῷ ἀδελφῷ

τιμή (*timē*; 6/41) *honor*

Ro 2:7 ἀγαθοῦ δόξαν καὶ **τιμὴν** καὶ ἀφθαρσίαν ζητοῦσιν
Ro 2:10 δόξα δὲ καὶ **τιμὴ** καὶ εἰρήνη παντὶ
Ro 9:21 ὃ μὲν εἰς **τιμὴν** σκεῦος ὃ δὲ
Ro 12:10 τῇ **τιμῇ** ἀλλήλους προηγούμενοι,
Ro 13:7 τῷ τὴν **τιμὴν** τὴν τιμήν.
Ro 13:7 τὴν τιμὴν τὴν **τιμήν**.

Τιμόθεος (*Timotheos*; 1/24) *Timothy*

Ro 16:21 Ἀσπάζεται ὑμᾶς **Τιμόθεος** ὁ συνεργός μου

τίς (*tis*; 40/545[546]) *who; what, why*

Ro 3:1 **Τί** οὖν τὸ περισσὸν
Ro 3:1 τοῦ Ἰουδαίου ἢ **τίς** ἡ ὠφέλεια τῆς
Ro 3:3 **τί** γάρ;
Ro 3:5 **τί** ἐροῦμεν;
Ro 3:7 **τί** ἔτι κἀγὼ ὡς
Ro 3:9 **Τί** οὖν;
Ro 4:1 **Τί** οὖν ἐροῦμεν εὑρηκέναι
Ro 4:3 **τί** γὰρ ἡ γραφὴ
Ro 6:1 **Τί** οὖν ἐροῦμεν;
Ro 6:15 **Τί** οὖν;
Ro 6:21 **τίνα** οὖν καρπὸν εἴχετε
Ro 7:24 **τίς** με ῥύσεται ἐκ
Ro 8:24 ὃ γὰρ βλέπει **τίς** ἐλπίζει;
Ro 8:26 τὸ γὰρ **τί** προσευξώμεθα καθὸ δεῖ
Ro 8:27 τὰς καρδίας οἶδεν **τί** τὸ φρόνημα τοῦ
Ro 8:31 **Τί** οὖν ἐροῦμεν πρὸς
Ro 8:31 **τίς** καθ' ἡμῶν;
Ro 8:33 **τίς** ἐγκαλέσει κατὰ ἐκλεκτῶν
Ro 8:34 **τίς** ὁ κατακρινῶν;
Ro 8:35 **τίς** ἡμᾶς χωρίσει ἀπὸ
Ro 9:14 **Τί** οὖν ἐροῦμεν;
Ro 9:19 **τί** [οὖν] ἔτι μέμφεται;
Ro 9:19 γὰρ βουλήματι αὐτοῦ **τίς** ἀνθέστηκεν;
Ro 9:20 μενοῦνγε σὺ **τίς** εἶ ὁ ἀνταποκρινόμενος
Ro 9:20 **τί** με ἐποίησας οὕτως;
Ro 9:30 **Τί** οὖν ἐροῦμεν;
Ro 10:6 **τίς** ἀναβήσεται εἰς τὸν
Ro 10:7 **τίς** καταβήσεται εἰς τὴν
Ro 10:8 ἀλλὰ **τί** λέγει;
Ro 10:16 **τίς** ἐπίστευσεν τῇ ἀκοῇ
Ro 11:2 οἴδατε ἐν Ἠλίᾳ **τί** λέγει ἡ γραφή,
Ro 11:4 ἀλλὰ **τί** λέγει αὐτῷ ὁ
Ro 11:7 **Τί** οὖν;
Ro 11:34 **τίς** γὰρ ἔγνω νοῦν
Ro 11:34 ἢ **τίς** σύμβουλος αὐτοῦ ἐγένετο;
Ro 11:35 ἢ **τίς** προέδωκεν αὐτῷ,
Ro 12:2 τὸ δοκιμάζειν ὑμᾶς **τί** τὸ θέλημα τοῦ
Ro 14:4 σὺ **τίς** εἶ ὁ κρίνων
Ro 14:10 Σὺ δὲ **τί** κρίνεις τὸν ἀδελφόν
Ro 14:10 ἢ καὶ σὺ **τί** ἐξουθενεῖς τὸν ἀδελφόν

τις (*tis*; 18/542[543]) *anyone, anything*

Ro 1:11 ἵνα **τι** μεταδῶ χάρισμα ὑμῖν
Ro 1:13 ἵνα **τινα** καρπὸν σχῶ καὶ
Ro 3:3 εἰ ἠπίστησάν **τινες**,
Ro 3:8 καὶ καθώς φασίν **τινες** ἡμᾶς λέγειν ὅτι
Ro 5:7 γὰρ ὑπὲρ δικαίου **τις** ἀποθανεῖται·
Ro 5:7 τοῦ ἀγαθοῦ τάχα **τις** καὶ τολμᾷ ἀποθανεῖν·
Ro 7:7 **Τι** οὖν ἐροῦμεν;
Ro 8:9 εἰ δέ **τις** πνεῦμα Χριστοῦ οὐκ
Ro 8:39 οὔτε βάθος οὔτε **τις** κτίσις ἑτέρα δυνήσεται
Ro 9:11 γεννηθέντων μηδὲ πραξάντων **τι** ἀγαθὸν ἢ φαῦλον,
Ro 9:32 διὰ **τι**;
Ro 11:14 σάρκα καὶ σώσω **τινας** ἐξ αὐτῶν.
Ro 11:15 **τις** ἡ πρόσλημψις εἰ
Ro 11:17 Εἰ δέ **τινες** τῶν κλάδων ἐξεκλάσθησαν,
Ro 13:9 καὶ εἴ **τις** ἑτέρα ἐντολή,
Ro 14:14 μὴ τῷ λογιζομένῳ **τι** κοινὸν εἶναι,
Ro 15:18 οὐ γὰρ τολμήσω **τι** λαλεῖν ὧν οὐ
Ro 15:26 καὶ Ἀχαΐα κοινωνίαν **τινα** ποιήσασθαι εἰς

τοιοῦτος (*toioutos*; 4/56[57]) *such*

Ro 1:32 ὅτι οἱ τὰ **τοιαῦτα** πράσσοντες ἄξιοι θανάτου
Ro 2:2 ἐπὶ τοὺς τὰ **τοιαῦτα** πράσσοντας.
Ro 2:3 κρίνων τοὺς τὰ **τοιαῦτα** πράσσοντας καὶ ποιῶν
Ro 16:18 οἱ γὰρ **τοιοῦτοι** τῷ κυρίῳ ἡμῶν

τολμάω (*tolmaō*; 2/16) *dare*

Ro 5:7 τάχα τις καὶ **τολμᾷ** ἀποθανεῖν·
Ro 15:18 οὐ γὰρ **τολμήσω** τι λαλεῖν ὧν

τολμηρός (*tolmēros*; 1/1) *rather boldly*

Ro 15:15 **τολμηρότερον** δὲ ἔγραψα ὑμῖν

τόπος (*topos*; 3/94) *place*

Ro 9:26 ἔσται ἐν τῷ **τόπῳ** οὗ ἐρρέθη αὐτοῖς·
Ro 12:19 ἀλλὰ δότε **τόπον** τῇ ὀργῇ,
Ro 15:23 νυνὶ δὲ μηκέτι **τόπον** ἔχων ἐν τοῖς

τότε (*tote*; 1/160) *then*

Ro 6:21 οὖν καρπὸν εἴχετε **τότε**;

τράπεζα (*trapeza*; 1/15) *table*

Ro 11:9 γενηθήτω ἡ **τράπεζα** αὐτῶν εἰς παγίδα

τράχηλος (*trachēlos*; 1/7) *neck*

Ro 16:4 μου τὸν ἑαυτῶν **τράχηλον** ὑπέθηκαν,

τρέχω (*trechō*; 1/20) *run*

Ro 9:16 θέλοντος οὐδὲ τοῦ **τρέχοντος** ἀλλὰ τοῦ ἐλεῶντος

τρόπος (*tropos*; 1/13) *way*

Ro 3:2 πολὺ κατὰ πάντα **τρόπον**.

Τρύφαινα (*Tryphaina*; 1/1) *Tryphena*

Ro 16:12 ἀσπάσασθε **Τρύφαιναν** καὶ Τρυφῶσαν τὰς

Τρυφῶσα (*Tryphōsa*; 1/1) *Tryphosa*

Ro 16:12 ἀσπάσασθε Τρύφαιναν καὶ **Τρυφῶσαν** τὰς κοπιώσας ἐν

τύπος (*typos*; 2/15) *pattern, type*

Ro 5:14 Ἀδὰμ ὅς ἐστιν **τύπος** τοῦ μέλλοντος.
Ro 6:17 εἰς ὃν παρεδόθητε **τύπον** διδαχῆς,

τυφλός (*typhlos*; 1/50) *blind*

Ro 2:19 σεαυτὸν ὁδηγὸν εἶναι **τυφλῶν**,

ὑβριστής (*hybristēs*; 1/2) *insolent person*

Ro 1:30 καταλάλους θεοστυγεῖς **ὑβριστὰς** ὑπερηφάνους ἀλαζόνας,

υἱοθεσία (*huiothesia*; 3/5) *adoption*

Ro 8:15 ἀλλὰ ἐλάβετε πνεῦμα **υἱοθεσίας** ἐν ᾧ κράζομεν·
Ro 8:23 ἐν ἑαυτοῖς στενάζομεν **υἱοθεσίαν** ἀπεκδεχόμενοι,
Ro 9:4 ὧν ἡ **υἱοθεσία** καὶ ἡ δόξα

υἱός (*huios*; 12/377) *son*

Ro 1:3 περὶ τοῦ **υἱοῦ** αὐτοῦ τοῦ γενομένου
Ro 1:4 τοῦ ὁρισθέντος **υἱοῦ** θεοῦ ἐν δυνάμει
Ro 1:9 τῷ εὐαγγελίῳ τοῦ **υἱοῦ** αὐτοῦ,
Ro 5:10 τοῦ θανάτου τοῦ **υἱοῦ** αὐτοῦ,
Ro 8:3 θεὸς τὸν ἑαυτοῦ **υἱὸν** πέμψας ἐν ὁμοιώματι
Ro 8:14 οὗτοι **υἱοὶ** θεοῦ εἰσιν.
Ro 8:19 τὴν ἀποκάλυψιν τῶν **υἱῶν** τοῦ θεοῦ ἀπεκδέχεται.
Ro 8:29 τῆς εἰκόνος τοῦ **υἱοῦ** αὐτοῦ,
Ro 8:32 γε τοῦ ἰδίου **υἱοῦ** οὐκ ἐφείσατο ἀλλὰ
Ro 9:9 ἔσται τῇ Σάρρᾳ **υἱός**.
Ro 9:26 ἐκεῖ κληθήσονται **υἱοὶ** θεοῦ ζῶντος.
Ro 9:27 ὁ ἀριθμὸς τῶν **υἱῶν** Ἰσραὴλ ὡς ἡ

ὑμεῖς (*hymeis*; 83/1832) *you (pl.)*

Ro 1:6 οἷς ἐστε καὶ **ὑμεῖς** κλητοὶ Ἰησοῦ Χριστοῦ,
Ro 1:7 χάρις **ὑμῖν** καὶ εἰρήνη ἀπὸ
Ro 1:8 Χριστοῦ περὶ πάντων **ὑμῶν** ὅτι ἡ πίστις
Ro 1:8 ὅτι ἡ πίστις **ὑμῶν** καταγγέλλεται ἐν ὅλῳ
Ro 1:9 ὡς ἀδιαλείπτως μνείαν **ὑμῶν** ποιοῦμαι
Ro 1:10 θεοῦ ἐλθεῖν πρὸς **ὑμᾶς**.
Ro 1:11 ἐπιποθῶ γὰρ ἰδεῖν **ὑμᾶς**,
Ro 1:11 τι μεταδῶ χάρισμα **ὑμῖν** πνευματικὸν εἰς τὸ
Ro 1:11 εἰς τὸ στηριχθῆναι **ὑμᾶς**,
Ro 1:12 ἐστιν συμπαρακληθῆναι ἐν **ὑμῖν** διὰ τῆς ἐν
Ro 1:12 ἐν ἀλλήλοις πίστεως **ὑμῶν** τε καὶ ἐμοῦ.
Ro 1:13 οὐ θέλω δὲ **ὑμᾶς** ἀγνοεῖν,
Ro 1:13 προεθέμην ἐλθεῖν πρὸς **ὑμᾶς**,
Ro 1:13 σχῶ καὶ ἐν **ὑμῖν** καθὼς καὶ ἐν
Ro 1:15 ἐμὲ πρόθυμον καὶ **ὑμῖν** τοῖς ἐν Ῥώμῃ
Ro 2:24 τοῦ θεοῦ δι᾽ **ὑμᾶς** βλασφημεῖται ἐν τοῖς
Ro 6:11 οὕτως καὶ **ὑμεῖς** λογίζεσθε ἑαυτοὺς [εἶναι]
Ro 6:12 ἐν τῷ θνητῷ **ὑμῶν** σώματι εἰς τὸ
Ro 6:13 παριστάνετε τὰ μέλη **ὑμῶν** ὅπλα ἀδικίας τῇ
Ro 6:13 καὶ τὰ μέλη **ὑμῶν** ὅπλα δικαιοσύνης τῷ
Ro 6:14 ἁμαρτία γὰρ **ὑμῶν** οὐ κυριεύσει·
Ro 6:19 ἀσθένειαν τῆς σαρκὸς **ὑμῶν**.
Ro 6:19 παρεστήσατε τὰ μέλη **ὑμῶν** δοῦλα τῇ ἀκαθαρσίᾳ
Ro 6:19 παραστήσατε τὰ μέλη **ὑμῶν** δοῦλα τῇ δικαιοσύνῃ
Ro 6:22 ἔχετε τὸν καρπὸν **ὑμῶν** εἰς ἁγιασμόν,
Ro 7:4 καὶ **ὑμεῖς** ἐθανατώθητε τῷ νόμῳ
Ro 7:4 εἰς τὸ γενέσθαι **ὑμᾶς** ἑτέρῳ,
Ro 8:9 **ὑμεῖς** δὲ οὐκ ἐστὲ
Ro 8:9 θεοῦ οἰκεῖ ἐν **ὑμῖν**.
Ro 8:10 δὲ Χριστὸς ἐν **ὑμῖν**,
Ro 8:11 νεκρῶν οἰκεῖ ἐν **ὑμῖν**,
Ro 8:11 τὰ θνητὰ σώματα **ὑμῶν** διὰ τοῦ ἐνοικοῦντος
Ro 8:11 αὐτοῦ πνεύματος ἐν **ὑμῖν**.
Ro 9:26 οὐ λαός μου **ὑμεῖς**,
Ro 10:19 ἐγὼ παραζηλώσω **ὑμᾶς** ἐπ᾽ οὐκ ἔθνει,
Ro 10:19 ἔθνει ἀσυνέτῳ παροργιῶ **ὑμᾶς**.
Ro 11:13 **ὑμῖν** δὲ λέγω τοῖς
Ro 11:25 Οὐ γὰρ θέλω **ὑμᾶς** ἀγνοεῖν,
Ro 11:28 εὐαγγέλιον ἐχθροὶ δι᾽ **ὑμᾶς**,
Ro 11:30 ὥσπερ γὰρ **ὑμεῖς** ποτε ἠπειθήσατε τῷ
Ro 12:1 Παρακαλῶ οὖν **ὑμᾶς**,
Ro 12:1 παραστῆσαι τὰ σώματα **ὑμῶν** θυσίαν ζῶσαν ἁγίαν
Ro 12:1 τὴν λογικὴν λατρείαν **ὑμῶν**·
Ro 12:2 εἰς τὸ δοκιμάζειν **ὑμᾶς** τί τὸ θέλημα
Ro 12:3 τῷ ὄντι ἐν **ὑμῖν** μὴ ὑπερφρονεῖν παρ᾽
Ro 12:14 εὐλογεῖτε τοὺς διώκοντας **[ὑμᾶς]**,
Ro 12:18 δυνατὸν τὸ ἐξ **ὑμῶν**,
Ro 13:11 ὅτι ὥρα ἤδη **ὑμᾶς** ἐξ ὕπνου ἐγερθῆναι,
Ro 14:16 μὴ βλασφημείσθω οὖν **ὑμῶν** τὸ ἀγαθόν.
Ro 15:5 τῆς παρακλήσεως δῴη **ὑμῖν** τὸ αὐτὸ φρονεῖν
Ro 15:7 ὁ Χριστὸς προσελάβετο **ὑμᾶς** εἰς δόξαν τοῦ
Ro 15:13 τῆς ἐλπίδος πληρώσαι **ὑμᾶς** πάσης χαρᾶς
Ro 15:13 εἰς τὸ περισσεύειν **ὑμᾶς** ἐν τῇ ἐλπίδι
Ro 15:14 αὐτὸς ἐγὼ περὶ **ὑμῶν** ὅτι καὶ αὐτοὶ
Ro 15:15 τολμηρότερον δὲ ἔγραψα **ὑμῖν** ἀπὸ μέρους ὡς
Ro 15:15 μέρους ὡς ἐπαναμιμνῄσκων **ὑμᾶς** διὰ τὴν χάριν
Ro 15:22 τοῦ ἐλθεῖν πρὸς **ὑμᾶς**·
Ro 15:23 τοῦ ἐλθεῖν πρὸς **ὑμᾶς** ἀπὸ πολλῶν ἐτῶν,
Ro 15:24 γὰρ διαπορευόμενος θεάσασθαι **ὑμᾶς** καὶ ὑφ᾽ ὑμῶν
Ro 15:24 ὑμᾶς καὶ ὑφ᾽ **ὑμῶν** προπεμφθῆναι ἐκεῖ ἐὰν
Ro 15:24 προπεμφθῆναι ἐκεῖ ἐὰν **ὑμῶν** πρῶτον ἀπὸ μέρους
Ro 15:28 ἀπελεύσομαι δι᾽ **ὑμῶν** εἰς Σπανίαν·
Ro 15:29 ὅτι ἐρχόμενος πρὸς **ὑμᾶς** ἐν πληρώματι εὐλογίας
Ro 15:30 Παρακαλῶ δὲ **ὑμᾶς** [, ἀδελφοί] διὰ τοῦ
Ro 15:32 χαρᾷ ἐλθὼν πρὸς **ὑμᾶς** διὰ θελήματος θεοῦ
Ro 15:32 θελήματος θεοῦ συναναπαύσωμαι **ὑμῖν**.
Ro 15:33 εἰρήνης μετὰ πάντων **ὑμῶν**,
Ro 16:1 Συνίστημι δὲ **ὑμῖν** Φοίβην τὴν ἀδελφὴν
Ro 16:2 ἐν ᾧ ἂν **ὑμῶν** χρῄζῃ πράγματι·
Ro 16:6 πολλὰ ἐκοπίασεν εἰς **ὑμᾶς**.
Ro 16:16 ἀσπάζονται **ὑμᾶς** αἱ ἐκκλησίαι πᾶσαι
Ro 16:17 Παρακαλῶ δὲ **ὑμᾶς**,
Ro 16:17 τὴν διδαχὴν ἣν **ὑμεῖς** ἐμάθετε ποιοῦντας,
Ro 16:19 ἡ γὰρ **ὑμῶν** ὑπακοὴ εἰς πάντας
Ro 16:19 ἐφ᾽ **ὑμῖν** οὖν χαίρω,
Ro 16:19 θέλω δὲ **ὑμᾶς** σοφοὺς εἶναι εἰς
Ro 16:20 ὑπὸ τοὺς πόδας **ὑμῶν** ἐν τάχει.
Ro 16:20 ἡμῶν Ἰησοῦ μεθ᾽ **ὑμῶν**.
Ro 16:21 Ἀσπάζεται **ὑμᾶς** Τιμόθεος ὁ συνεργός
Ro 16:22 ἀσπάζομαι **ὑμᾶς** ἐγὼ Τέρτιος ὁ
Ro 16:23 ἀσπάζεται **ὑμᾶς** Γάϊος ὁ ξένος
Ro 16:23 ἀσπάζεται **ὑμᾶς** Ἔραστος ὁ οἰκονόμος
Ro 16:25 [Τῷ δὲ δυναμένῳ **ὑμᾶς** στηρίξαι κατὰ τὸ

ὑμέτερος (*hymeteros*; 1/11) *your (pl.)*

Ro 11:31 νῦν ἠπείθησαν τῷ **ὑμετέρῳ** ἐλέει,

ὑπακοή (*hypakoē*; 7/15) *obedience*
Ro 1:5 καὶ ἀποστολὴν εἰς **ὑπακοὴν** πίστεως ἐν πᾶσιν
Ro 5:19 καὶ διὰ τῆς **ὑπακοῆς** τοῦ ἑνὸς δίκαιοι
Ro 6:16 ἑαυτοὺς δούλους εἰς **ὑπακοήν**,
Ro 6:16 εἰς θάνατον ἢ **ὑπακοῆς** εἰς δικαιοσύνην;
Ro 15:18 δι' ἐμοῦ εἰς **ὑπακοὴν** ἐθνῶν,
Ro 16:19 ἡ γὰρ ὑμῶν **ὑπακοὴ** εἰς πάντας ἀφίκετο·
Ro 16:26 αἰωνίου θεοῦ εἰς **ὑπακοὴν** πίστεως εἰς πάντα

ὑπακούω (*hypakouō*; 4/21) *obey*
Ro 6:12 σώματι εἰς τὸ **ὑπακούειν** ταῖς ἐπιθυμίαις αὐτοῦ,
Ro 6:16 δοῦλοί ἐστε ᾧ **ὑπακούετε**,
Ro 6:17 δοῦλοι τῆς ἁμαρτίας **ὑπηκούσατε** δὲ ἐκ καρδίας
Ro 10:16 Ἀλλ' οὐ πάντες **ὑπήκουσαν** τῷ εὐαγγελίῳ.

ὕπανδρος (*hypandros*; 1/1) *married*
Ro 7:2 ἡ γὰρ **ὕπανδρος** γυνὴ τῷ ζῶντι

ὑπάρχω (*hyparchō*; 1/60) *be*
Ro 4:19 ἑκατονταετής που **ὑπάρχων**,

ὑπέρ (*hyper*; 17/150) *for, concerning, over*
Ro 1:5 πᾶσιν τοῖς ἔθνεσιν **ὑπὲρ** τοῦ ὀνόματος αὐτοῦ,
Ro 5:6 ἔτι κατὰ καιρὸν **ὑπὲρ** ἀσεβῶν ἀπέθανεν.
Ro 5:7 μόλις γὰρ **ὑπὲρ** δικαίου τις ἀποθανεῖται·
Ro 5:7 **ὑπὲρ** γὰρ τοῦ ἀγαθοῦ
Ro 5:8 ὄντων ἡμῶν Χριστὸς **ὑπὲρ** ἡμῶν ἀπέθανεν.
Ro 8:27 κατὰ θεὸν ἐντυγχάνει **ὑπὲρ** ἁγίων.
Ro 8:31 εἰ ὁ θεὸς **ὑπὲρ** ἡμῶν,
Ro 8:32 οὐκ ἐφείσατο ἀλλὰ **ὑπὲρ** ἡμῶν πάντων παρέδωκεν
Ro 8:34 ὃς καὶ ἐντυγχάνει **ὑπὲρ** ἡμῶν.
Ro 9:3 ἀπὸ τοῦ Χριστοῦ **ὑπὲρ** τῶν ἀδελφῶν μου
Ro 9:27 Ἠσαΐας δὲ κράζει **ὑπὲρ** τοῦ Ἰσραήλ·
Ro 10:1 πρὸς τὸν θεὸν **ὑπὲρ** αὐτῶν εἰς σωτηρίαν.
Ro 14:15 σου ἐκεῖνον ἀπόλλυε **ὑπὲρ** οὗ Χριστὸς ἀπέθανεν.
Ro 15:8 διάκονον γεγενῆσθαι περιτομῆς **ὑπὲρ** ἀληθείας θεοῦ,
Ro 15:9 τὰ δὲ ἔθνη **ὑπὲρ** ἐλέους δοξάσαι τὸν
Ro 15:30 ἐν ταῖς προσευχαῖς **ὑπὲρ** ἐμοῦ πρὸς τὸν
Ro 16:4 οἵτινες **ὑπὲρ** τῆς ψυχῆς μου

ὑπερβολή (*hyperbolē*; 1/8) *surpassing or outstanding quality*
Ro 7:13 ἵνα γένηται καθ' **ὑπερβολὴν** ἁμαρτωλὸς ἡ ἁμαρτία

ὑπερεντυγχάνω (*hyperentynchanō*; 1/1) *intercede*
Ro 8:26 αὐτὸ τὸ πνεῦμα **ὑπερεντυγχάνει** στεναγμοῖς ἀλαλήτοις·

ὑπερέχω (*hyperechō*; 1/5) *be of more value than*
Ro 13:1 Πᾶσα ψυχὴ ἐξουσίαις **ὑπερεχούσαις** ὑποτασσέσθω.

ὑπερήφανος (*hyperēphanos*; 1/5) *arrogant*
Ro 1:30 καταλάλους θεοστυγεῖς ὑβριστὰς **ὑπερηφάνους** ἀλαζόνας,

ὑπερνικάω (*hypernikaō*; 1/1) *be completely victorious*
Ro 8:37 ἐν τούτοις πᾶσιν **ὑπερνικῶμεν** διὰ τοῦ ἀγαπήσαντος

ὑπερπερισσεύω (*hyperperisseuō*; 1/2) *be present in far greater measure*
Ro 5:20 **ὑπερεπερίσσευσεν** ἡ χάρις,

ὑπερφρονέω (*hyperphroneō*; 1/1) *hold too high an opinion of oneself*
Ro 12:3 ἐν ὑμῖν μὴ **ὑπερφρονεῖν** παρ' ὃ δεῖ

ὕπνος (*hypnos*; 1/6) *sleep*
Ro 13:11 ἤδη ὑμᾶς ἐξ **ὕπνου** ἐγερθῆναι,

ὑπό (*hypo*; 14/219[220]) *by, under*
Ro 3:9 καὶ Ἕλληνας πάντας **ὑφ'** ἁμαρτίαν εἶναι,
Ro 3:13 ἰὸς ἀσπίδων **ὑπὸ** τὰ χείλη αὐτῶν·
Ro 3:21 θεοῦ πεφανέρωται μαρτυρουμένη **ὑπὸ** τοῦ νόμου καὶ
Ro 6:14 οὐ γάρ ἐστε **ὑπὸ** νόμον ἀλλὰ ὑπὸ
Ro 6:14 ὑπὸ νόμον ἀλλὰ **ὑπὸ** χάριν.
Ro 6:15 ὅτι οὐκ ἐσμὲν **ὑπὸ** νόμον ἀλλὰ ὑπὸ
Ro 6:15 ὑπὸ νόμον ἀλλὰ **ὑπὸ** χάριν;
Ro 7:14 σάρκινός εἰμι πεπραμένος **ὑπὸ** τὴν ἁμαρτίαν.
Ro 12:21 μὴ νικῶ **ὑπὸ** τοῦ κακοῦ ἀλλὰ
Ro 13:1 ἐξουσία εἰ μὴ **ὑπὸ** θεοῦ,
Ro 13:1 αἱ δὲ οὖσαι **ὑπὸ** θεοῦ τεταγμέναι εἰσίν.
Ro 15:15 τὴν δοθεῖσάν μοι **ὑπὸ** τοῦ θεοῦ
Ro 15:24 θεάσασθαι ὑμᾶς καὶ **ὑφ'** ὑμῶν προπεμφθῆναι ἐκεῖ
Ro 16:20 συντρίψει τὸν σατανᾶν **ὑπὸ** τοὺς πόδας ὑμῶν

ὑπόδικος (*hypodikos*; 1/1) *answerable to*
Ro 3:19 στόμα φραγῇ καὶ **ὑπόδικος** γένηται πᾶς ὁ

ὑπόλειμμα (*hypoleimma*; 1/1) *remnant*
Ro 9:27 τὸ **ὑπόλειμμα** σωθήσεται·

ὑπολείπω (*hypoleipō*; 1/1) *leave*
Ro 11:3 κἀγὼ **ὑπελείφθην** μόνος καὶ ζητοῦσιν

ὑπομένω (*hypomenō*; 1/17) *endure*
Ro 12:12 τῇ θλίψει **ὑπομένοντες**,

ὑπομονή (*hypomonē*; 6/32) *endurance*
Ro 2:7 τοῖς μὲν καθ' **ὑπομονὴν** ἔργου ἀγαθοῦ δόξαν
Ro 5:3 ὅτι ἡ θλῖψις **ὑπομονὴν** κατεργάζεται,
Ro 5:4 ἡ δὲ **ὑπομονὴ** δοκιμήν,
Ro 8:25 δι' **ὑπομονῆς** ἀπεκδεχόμεθα.
Ro 15:4 ἵνα διὰ τῆς **ὑπομονῆς** καὶ διὰ τῆς
Ro 15:5 δὲ θεὸς τῆς **ὑπομονῆς** καὶ τῆς παρακλήσεως

ὑποτάσσω (*hypotassō*; 6/38) *submit, put in subjection*
Ro 8:7 τοῦ θεοῦ οὐχ **ὑποτάσσεται**,
Ro 8:20 ματαιότητι ἡ κτίσις **ὑπετάγη**,
Ro 8:20 ἀλλὰ διὰ τὸν **ὑποτάξαντα**,
Ro 10:3 τοῦ θεοῦ οὐχ **ὑπετάγησαν**.
Ro 13:1 ψυχὴ ἐξουσίαις ὑπερεχούσαις **ὑποτασσέσθω**.
Ro 13:5 διὸ ἀνάγκη **ὑποτάσσεσθαι**,

ὑποτίθημι (*hypotithēmi*; 1/2) *risk*
Ro 16:4 τὸν ἑαυτῶν τράχηλον **ὑπέθηκαν**,

ὑστερέω (*hystereō*; 1/16) *lack*
Ro 3:23 γὰρ ἥμαρτον καὶ **ὑστεροῦνται** τῆς δόξης

ὑψηλός (*hypsēlos*; 2/11) *high*
Ro 11:20 μὴ **ὑψηλὰ** φρόνει ἀλλὰ φοβοῦ·
Ro 12:16 μὴ τὰ **ὑψηλὰ** φρονοῦντες ἀλλὰ τοῖς

ὕψωμα (*hypsōma*; 1/2) *height*
Ro 8:39 οὔτε **ὕψωμα** οὔτε βάθος οὔτε

φαίνω (*phainō*; 1/30[31]) *shine*
Ro 7:13 ἵνα **φανῇ** ἁμαρτία,

φανερός (*phaneros*; 3/18) *known*
Ro 1:19 γνωστὸν τοῦ θεοῦ **φανερόν** ἐστιν ἐν αὐτοῖς·
Ro 2:28 ὁ ἐν τῷ **φανερῷ** Ἰουδαῖός ἐστιν οὐδὲ
Ro 2:28 ἡ ἐν τῷ **φανερῷ** ἐν σαρκὶ περιτομή,

φανερόω (*phaneroō*; 3/47[49]) *make known, reveal*
Ro 1:19 θεὸς γὰρ αὐτοῖς **ἐφανέρωσεν**.
Ro 3:21 νόμου δικαιοσύνη θεοῦ **πεφανέρωται** μαρτυρουμένη ὑπὸ τοῦ
Ro 16:26 **φανερωθέντος** δὲ νῦν διά

Φαραώ (*Pharaō*; 1/5) *Pharaoh*
Ro 9:17 ἡ γραφὴ τῷ **Φαραὼ** ὅτι εἰς αὐτὸ

φάσκω (*phaskō*; 1/3) *allege*
Ro 1:22 **φάσκοντες** εἶναι σοφοὶ ἐμωράνθησαν

φαῦλος (*phaulos*; 1/6) *evil*
Ro 9:11 τι ἀγαθὸν ἢ **φαῦλον**,

φείδομαι (*pheidomai*; 3/10) *spare*
Ro 8:32 ἰδίου υἱοῦ οὐκ **ἐφείσατο** ἀλλὰ ὑπὲρ ἡμῶν
Ro 11:21 φύσιν κλάδων οὐκ **ἐφείσατο**,
Ro 11:21 πως] οὐδὲ σοῦ **φείσεται**.

φέρω (*pherō*; 1/66) *bring*
Ro 9:22 τὸ δυνατὸν αὐτοῦ **ἤνεγκεν** ἐν πολλῇ μακροθυμίᾳ

φημί (*phēmi*; 1/66) *say*
Ro 3:8 βλασφημούμεθα καὶ καθώς **φασίν** τινες ἡμᾶς λέγειν

φθάνω (*phthanō*; 1/7) *come upon, attain*
Ro 9:31 εἰς νόμον οὐκ **ἔφθασεν**.

φθαρτός (*phthartos*; 1/6) *subject to decay*
Ro 1:23 ἐν ὁμοιώματι εἰκόνος **φθαρτοῦ** ἀνθρώπου καὶ πετεινῶν

φθόγγος (*phthongos*; 1/2) *voice*
Ro 10:18 γῆν ἐξῆλθεν ὁ **φθόγγος** αὐτῶν καὶ εἰς

φθόνος (*phthonos*; 1/9) *envy*
Ro 1:29 μεστοὺς **φθόνου** φόνου ἔριδος δόλου

φθορά (*phthora*; 1/9) *decay*
Ro 8:21 τῆς δουλείας τῆς **φθορᾶς** εἰς τὴν ἐλευθερίαν

φιλαδελφία (*philadelphia*; 1/6) *brotherly love*
Ro 12:10 τῇ **φιλαδελφίᾳ** εἰς ἀλλήλους φιλόστοργοι,

φίλημα (*philēma*; 1/7) *kiss*
Ro 16:16 ἀσπάσασθε ἀλλήλους ἐν **φιλήματι** ἁγίῳ.

Φιλόλογος (*Philologos*; 1/1) *Philologus*
Ro 16:15 ἀσπάσασθε **Φιλόλογον** καὶ Ἰουλίαν,

φιλοξενία (*philoxenia*; 1/2) *hospitality*
Ro 12:13 τὴν **φιλοξενίαν** διώκοντες.

φιλόστοργος (*philostorgos*; 1/1) *loving*
Ro 12:10 φιλαδελφίᾳ εἰς ἀλλήλους **φιλόστοργοι**,

φιλοτιμέομαι (*philotimeomai*; 1/3) *make it one's ambition, endeavor*
Ro 15:20 οὕτως δὲ **φιλοτιμούμενον** εὐαγγελίζεσθαι οὐχ ὅπου

Φλέγων (*Phlegōn*; 1/1) *Phlegon*
Ro 16:14 **Φλέγοντα**,

φοβέομαι (*phobeomai*; 3/95) *fear*
Ro 11:20 ὑψηλὰ φρόνει ἀλλὰ **φοβοῦ**·
Ro 13:3 θέλεις δὲ μὴ **φοβεῖσθαι** τὴν ἐξουσίαν·
Ro 13:4 **φοβοῦ**·

φόβος (*phobos*; 5/47) *fear*
Ro 3:18 οὐκ ἔστιν **φόβος** θεοῦ ἀπέναντι τῶν
Ro 8:15 δουλείας πάλιν εἰς **φόβον** ἀλλὰ ἐλάβετε πνεῦμα
Ro 13:3 ἄρχοντες οὐκ εἰσὶν **φόβος** τῷ ἀγαθῷ ἔργῳ
Ro 13:7 τῷ τὸν **φόβον** τὸν φόβον,
Ro 13:7 τὸν φόβον τὸν **φόβον**,

Φοίβη (*Phoibē*; 1/1) *Phoebe*
Ro 16:1 Συνίστημι δὲ ὑμῖν **Φοίβην** τὴν ἀδελφὴν ἡμῶν,

φονεύω (*phoneuō*; 1/12) *murder*
Ro 13:9 οὐ **φονεύσεις**,

φόνος (*phonos*; 1/9) *murder*
Ro 1:29 μεστοὺς φθόνου **φόνου** ἔριδος δόλου κακοηθείας,

φορέω (*phoreō*; 1/6) *wear*
Ro 13:4 εἰκῇ τὴν μάχαιραν **φορεῖ**·

φόρος (*phoros*; 3/5) *tax*
Ro 13:6 τοῦτο γὰρ καὶ **φόρους** τελεῖτε·
Ro 13:7 τῷ τὸν **φόρον** τὸν φόρον,
Ro 13:7 τὸν φόρον τὸν **φόρον**,

φράσσω (*phrassō*; 1/3) *silence*
Ro 3:19 ἵνα πᾶν στόμα **φραγῇ** καὶ ὑπόδικος γένηται

φρονέω (*phroneō*; 9/26) *think*
Ro 8:5 τὰ τῆς σαρκὸς **φρονοῦσιν**,
Ro 11:20 μὴ ὑψηλὰ **φρόνει** ἀλλὰ φοβοῦ·
Ro 12:3 παρ' ὃ δεῖ **φρονεῖν** ἀλλὰ φρονεῖν εἰς
Ro 12:3 δεῖ φρονεῖν ἀλλὰ **φρονεῖν** εἰς τὸ σωφρονεῖν,
Ro 12:16 αὐτὸ εἰς ἀλλήλους **φρονοῦντες**,
Ro 12:16 μὴ τὰ ὑψηλὰ **φρονοῦντες** ἀλλὰ τοῖς ταπεινοῖς
Ro 14:6 ὁ **φρονῶν** τὴν ἡμέραν κυρίῳ
Ro 14:6 τὴν ἡμέραν κυρίῳ **φρονεῖ**·
Ro 15:5 ὑμῖν τὸ αὐτὸ **φρονεῖν** ἐν ἀλλήλοις κατὰ

φρόνημα (*phronēma*; 4/4) *way of thinking*
Ro 8:6 τὸ γὰρ **φρόνημα** τῆς σαρκὸς θάνατος,
Ro 8:6 τὸ δὲ **φρόνημα** τοῦ πνεύματος ζωὴ
Ro 8:7 διότι τὸ **φρόνημα** τῆς σαρκὸς ἔχθρα
Ro 8:27 οἶδεν τί τὸ **φρόνημα** τοῦ πνεύματος,

φρόνιμος (*phronimos*; 2/14) *wise*
Ro 11:25 ἦτε [παρ'] ἑαυτοῖς **φρόνιμοι**,
Ro 12:16 μὴ γίνεσθε **φρόνιμοι** παρ' ἑαυτοῖς.

φυλάσσω (*phylassō*; 1/31) *guard*
Ro 2:26 δικαιώματα τοῦ νόμου **φυλάσσῃ**,

φυλή (*phylē*; 1/31) *tribe*
Ro 11:1 **φυλῆς** Βενιαμίν.

φύραμα (*phyrama*; 2/5) *lump*
Ro 9:21 ἐκ τοῦ αὐτοῦ **φυράματος** ποιῆσαι ὃ μὲν
Ro 11:16 καὶ τὸ **φύραμα**·

φυσικός (*physikos*; 2/3) *natural*
Ro 1:26 αὐτῶν μετήλλαξαν τὴν **φυσικὴν** χρῆσιν εἰς
Ro 1:27 ἄρσενες ἀφέντες τὴν **φυσικὴν** χρῆσιν τῆς θηλείας

φύσις (*physis*; 7/14) *nature*
Ro 1:26 εἰς τὴν παρὰ **φύσιν**,
Ro 2:14 μὴ νόμον ἔχοντα **φύσει** τὰ τοῦ νόμου
Ro 2:27 κρινεῖ ἡ ἐκ **φύσεως** ἀκροβυστία τὸν νόμον
Ro 11:21 θεὸς τῶν κατὰ **φύσιν** κλάδων οὐκ ἐφείσατο,
Ro 11:24 ἐκ τῆς κατὰ **φύσιν** ἐξεκόπης ἀγριελαίου καὶ
Ro 11:24 ἀγριελαίου καὶ παρὰ **φύσιν** ἐνεκεντρίσθης εἰς καλλιέλαιον,
Ro 11:24 οὗτοι οἱ κατὰ **φύσιν** ἐγκεντρισθήσονται τῇ ἰδίᾳ

φῶς (*phōs*; 2/73) *light*
Ro 2:19 **φῶς** τῶν ἐν σκότει,
Ro 13:12 τὰ ὅπλα τοῦ **φωτός**.

χαίρω (*chairō*; 4/74) *rejoice*
Ro 12:12 τῇ ἐλπίδι **χαίροντες**,
Ro 12:15 **χαίρειν** μετὰ χαιρόντων,
Ro 12:15 χαίρειν μετὰ **χαιρόντων**,
Ro 16:19 ἐφ' ὑμῖν οὖν **χαίρω**,

χαρά (*chara*; 3/59) *joy*
Ro 14:17 καὶ εἰρήνη καὶ **χαρὰ** ἐν πνεύματι ἁγίῳ·
Ro 15:13 πληρώσαι ὑμᾶς πάσης **χαρᾶς** καὶ εἰρήνης ἐν
Ro 15:32 ἵνα ἐν **χαρᾷ** ἐλθὼν πρὸς ὑμᾶς

χαρίζομαι (*charizomai*; 1/23) *grant, forgive*
Ro 8:32 τὰ πάντα ἡμῖν **χαρίσεται**;

χάρις (*charis*; 24/155) *grace*
Ro 1:5 δι' οὗ ἐλάβομεν **χάριν** καὶ ἀποστολὴν εἰς
Ro 1:7 **χάρις** ὑμῖν καὶ εἰρήνη
Ro 3:24 δωρεὰν τῇ αὐτοῦ **χάριτι** διὰ τῆς ἀπολυτρώσεως
Ro 4:4 οὐ λογίζεται κατὰ **χάριν** ἀλλὰ κατὰ ὀφείλημα,
Ro 4:16 ἵνα κατὰ **χάριν**,
Ro 5:2 πίστει] εἰς τὴν **χάριν** ταύτην ἐν ᾗ
Ro 5:15 μᾶλλον ἡ **χάρις** τοῦ θεοῦ
Ro 5:15 ἡ δωρεὰ ἐν **χάριτι** τῇ τοῦ ἑνὸς
Ro 5:17 τὴν περισσείαν τῆς **χάριτος** καὶ τῆς δωρεᾶς
Ro 5:20 ὑπερεπερίσσευσεν ἡ **χάρις**,
Ro 5:21 οὕτως καὶ ἡ **χάρις** βασιλεύσῃ διὰ δικαιοσύνης
Ro 6:1 ἵνα ἡ **χάρις** πλεονάσῃ;
Ro 6:14 νόμον ἀλλὰ ὑπὸ **χάριν**.
Ro 6:15 νόμον ἀλλὰ ὑπὸ **χάριν**;
Ro 6:17 **χάρις** δὲ τῷ θεῷ
Ro 7:25 **χάρις** δὲ τῷ θεῷ
Ro 11:5 λεῖμμα κατ' ἐκλογὴν **χάριτος** γέγονεν·
Ro 11:6 εἰ δὲ **χάριτι**,
Ro 11:6 ἐπεὶ ἡ **χάρις** οὐκέτι γίνεται χάρις.
Ro 11:6 χάρις οὐκέτι γίνεται **χάρις**.
Ro 12:3 γὰρ διὰ τῆς **χάριτος** τῆς δοθείσης μοι
Ro 12:6 κατὰ τὴν **χάριν** τὴν δοθεῖσαν
Ro 15:15 ὑμᾶς διὰ τὴν **χάριν** τὴν δοθεῖσάν μοι
Ro 16:20 Ἡ **χάρις** τοῦ κυρίου ἡμῶν

χάρισμα (*charisma*; 6/17) *gift*
Ro 1:11 ἵνα τι μεταδῶ **χάρισμα** ὑμῖν πνευματικὸν εἰς
Ro 5:15 οὕτως καὶ τὸ **χάρισμα**·
Ro 5:16 τὸ δὲ **χάρισμα** ἐκ πολλῶν παραπτωμάτων
Ro 6:23 τὸ δὲ **χάρισμα** τοῦ θεοῦ ζωὴ
Ro 11:29 ἀμεταμέλητα γὰρ τὰ **χαρίσματα** καὶ ἡ κλῆσις
Ro 12:6 ἔχοντες δὲ **χαρίσματα** κατὰ τὴν χάριν

χεῖλος (*cheilos*; 1/7) *lip*
Ro 3:13 ἀσπίδων ὑπὸ τὰ **χείλη** αὐτῶν·

χείρ (*cheir*; 1/175[177]) *hand*
Ro 10:21 ἡμέραν ἐξεπέτασα τὰς **χεῖράς** μου πρὸς λαὸν

χρεία (*chreia*; 1/49) *need*
Ro 12:13 ταῖς **χρείαις** τῶν ἁγίων κοινωνοῦντες,

χρῄζω (*chrēzō*; 1/5) *need*
Ro 16:2 ᾧ ἂν ὑμῶν **χρῄζῃ** πράγματι·

χρηματίζω (*chrēmatizō*; 1/9) *warn, be called*
Ro 7:3 τοῦ ἀνδρὸς μοιχαλὶς **χρηματίσει** ἐὰν γένηται ἀνδρὶ

χρηματισμός (*chrēmatismos*; 1/1) *oracle*
Ro 11:4 λέγει αὐτῷ ὁ **χρηματισμός**;

χρῆσις (*chrēsis*; 2/2) *function*
Ro 1:26 μετήλλαξαν τὴν φυσικὴν **χρῆσιν** εἰς τὴν
Ro 1:27 ἀφέντες τὴν φυσικὴν **χρῆσιν** τῆς θηλείας ἐξεκαύθησαν

χρηστολογία (*chrēstologia*; 1/1) *smooth talk*
Ro 16:18 καὶ διὰ τῆς **χρηστολογίας** καὶ εὐλογίας ἐξαπατῶσιν

χρηστός (*chrēstos*; 1/7) *kind*
Ro 2:4 ἀγνοῶν ὅτι τὸ **χρηστὸν** τοῦ θεοῦ εἰς

χρηστότης (*chrēstotēs*; 5/10) *kindness*
Ro 2:4 τοῦ πλούτου τῆς **χρηστότητος** αὐτοῦ καὶ
Ro 3:12 ἔστιν ὁ ποιῶν **χρηστότητα**,
Ro 11:22 ἴδε οὖν **χρηστότητα** καὶ ἀποτομίαν θεοῦ·
Ro 11:22 ἐπὶ δὲ σὲ **χρηστότης** θεοῦ,
Ro 11:22 ἐὰν ἐπιμένῃς τῇ **χρηστότητι**,

Χριστός (*Christos*; 65/529) *Christ*
Ro 1:1 Παῦλος δοῦλος **Χριστοῦ** Ἰησοῦ,
Ro 1:4 Ἰησοῦ **Χριστοῦ** τοῦ κυρίου ἡμῶν,
Ro 1:6 ὑμεῖς κλητοὶ Ἰησοῦ **Χριστοῦ**,
Ro 1:7 καὶ κυρίου Ἰησοῦ **Χριστοῦ**.
Ro 1:8 μου διὰ Ἰησοῦ **Χριστοῦ** περὶ πάντων ὑμῶν
Ro 2:16 εὐαγγέλιόν μου διὰ **Χριστοῦ** Ἰησοῦ.
Ro 3:22 διὰ πίστεως Ἰησοῦ **Χριστοῦ** εἰς πάντας τοὺς
Ro 3:24 ἀπολυτρώσεως τῆς ἐν **Χριστῷ** Ἰησοῦ·
Ro 5:1 κυρίου ἡμῶν Ἰησοῦ **Χριστοῦ**
Ro 5:6 Ἔτι γὰρ **Χριστὸς** ὄντων ἡμῶν ἀσθενῶν
Ro 5:8 ἁμαρτωλῶν ὄντων ἡμῶν **Χριστὸς** ὑπὲρ ἡμῶν ἀπέθανεν.
Ro 5:11 κυρίου ἡμῶν Ἰησοῦ **Χριστοῦ** δι᾽ οὗ νῦν
Ro 5:15 ἑνὸς ἀνθρώπου Ἰησοῦ **Χριστοῦ** εἰς τοὺς πολλοὺς
Ro 5:17 τοῦ ἑνὸς Ἰησοῦ **Χριστοῦ**.
Ro 5:21 αἰώνιον διὰ Ἰησοῦ **Χριστοῦ** τοῦ κυρίου ἡμῶν.
Ro 6:3 ὅσοι ἐβαπτίσθημεν εἰς **Χριστὸν** Ἰησοῦν,
Ro 6:4 ἵνα ὥσπερ ἠγέρθη **Χριστὸς** ἐκ νεκρῶν διὰ
Ro 6:8 δὲ ἀπεθάνομεν σὺν **Χριστῷ**,
Ro 6:9 εἰδότες ὅτι **Χριστὸς** ἐγερθεὶς ἐκ νεκρῶν
Ro 6:11 τῷ θεῷ ἐν **Χριστῷ** Ἰησοῦ.
Ro 6:23 ζωὴ αἰώνιος ἐν **Χριστῷ** Ἰησοῦ τῷ κυρίῳ
Ro 7:4 τοῦ σώματος τοῦ **Χριστοῦ**,
Ro 7:25 θεῷ διὰ Ἰησοῦ **Χριστοῦ** τοῦ κυρίου ἡμῶν.
Ro 8:1 κατάκριμα τοῖς ἐν **Χριστῷ** Ἰησοῦ.
Ro 8:2 τῆς ζωῆς ἐν **Χριστῷ** Ἰησοῦ ἠλευθέρωσέν σε
Ro 8:9 δέ τις πνεῦμα **Χριστοῦ** οὐκ ἔχει,
Ro 8:10 εἰ δὲ **Χριστὸς** ἐν ὑμῖν,
Ro 8:11 ὁ ἐγείρας **Χριστὸν** ἐκ νεκρῶν ζῳοποιήσει
Ro 8:17 συγκληρονόμοι δὲ **Χριστοῦ**,
Ro 8:34 **Χριστὸς** [Ἰησοῦς] ὁ ἀποθανών,
Ro 8:35 τῆς ἀγάπης τοῦ **Χριστοῦ**;
Ro 8:39 θεοῦ τῆς ἐν **Χριστῷ** Ἰησοῦ τῷ κυρίῳ
Ro 9:1 Ἀλήθειαν λέγω ἐν **Χριστῷ**,
Ro 9:3 ἐγὼ ἀπὸ τοῦ **Χριστοῦ** ὑπὲρ τῶν ἀδελφῶν
Ro 9:5 ἐξ ὧν ὁ **Χριστὸς** τὸ κατὰ σάρκα,
Ro 10:4 τέλος γὰρ νόμου **Χριστὸς** εἰς δικαιοσύνην παντὶ
Ro 10:6 τοῦτ᾽ ἔστιν **Χριστὸν** καταγαγεῖν·
Ro 10:7 τοῦτ᾽ ἔστιν **Χριστὸν** ἐκ νεκρῶν ἀναγαγεῖν.
Ro 10:17 ἀκοὴ διὰ ῥήματος **Χριστοῦ**.
Ro 12:5 σῶμά ἐσμεν ἐν **Χριστῷ**,
Ro 13:14 τὸν κύριον Ἰησοῦν **Χριστὸν** καὶ τῆς σαρκὸς
Ro 14:9 εἰς τοῦτο γὰρ **Χριστὸς** ἀπέθανεν καὶ ἔζησεν,
Ro 14:15 ἀπόλλυε ὑπὲρ οὗ **Χριστὸς** ἀπέθανεν.
Ro 14:18 τούτῳ δουλεύων τῷ **Χριστῷ** εὐάρεστος τῷ θεῷ
Ro 15:3 καὶ γὰρ ὁ **Χριστὸς** οὐχ ἑαυτῷ ἤρεσεν,
Ro 15:5 ἐν ἀλλήλοις κατὰ **Χριστὸν** Ἰησοῦν,
Ro 15:6 κυρίου ἡμῶν Ἰησοῦ **Χριστοῦ**.
Ro 15:7 καθὼς καὶ ὁ **Χριστὸς** προσελάβετο ὑμᾶς εἰς
Ro 15:8 λέγω γὰρ **Χριστὸν** διάκονον γεγενῆσθαι περιτομῆς
Ro 15:16 εἶναί με λειτουργὸν **Χριστοῦ** Ἰησοῦ εἰς τὰ
Ro 15:17 [τὴν] καύχησιν ἐν **Χριστῷ** Ἰησοῦ τὰ πρὸς
Ro 15:18 ὧν οὐ κατειργάσατο **Χριστὸς** δι᾽ ἐμοῦ εἰς
Ro 15:19 τὸ εὐαγγέλιον τοῦ **Χριστοῦ**,
Ro 15:20 οὐχ ὅπου ὠνομάσθη **Χριστός**,
Ro 15:29 ἐν πληρώματι εὐλογίας **Χριστοῦ** ἐλεύσομαι.
Ro 15:30 κυρίου ἡμῶν Ἰησοῦ **Χριστοῦ** καὶ διὰ τῆς
Ro 16:3 συνεργούς μου ἐν **Χριστῷ** Ἰησοῦ,
Ro 16:5 τῆς Ἀσίας εἰς **Χριστόν**.
Ro 16:7 ἐμοῦ γέγοναν ἐν **Χριστῷ**.
Ro 16:9 συνεργὸν ἡμῶν ἐν **Χριστῷ** καὶ Στάχυν τὸν
Ro 16:10 τὸν δόκιμον ἐν **Χριστῷ**.
Ro 16:16 ἐκκλησίαι πᾶσαι τοῦ **Χριστοῦ**.
Ro 16:18 τῷ κυρίῳ ἡμῶν **Χριστῷ** οὐ δουλεύουσιν ἀλλὰ
Ro 16:25 τὸ κήρυγμα Ἰησοῦ **Χριστοῦ**,
Ro 16:27 διὰ Ἰησοῦ **Χριστοῦ**,

χρόνος (*chronos*; 2/54) *time*
Ro 7:1 ἀνθρώπου ἐφ᾽ ὅσον **χρόνον** ζῇ;
Ro 16:25 κατὰ ἀποκάλυψιν μυστηρίου **χρόνοις** αἰωνίοις σεσιγημένου,

χωρίζω (*chōrizō*; 2/13) *separate*
Ro 8:35 τίς ἡμᾶς **χωρίσει** ἀπὸ τῆς ἀγάπης
Ro 8:39 ἑτέρα δυνήσεται ἡμᾶς **χωρίσαι** ἀπὸ τῆς ἀγάπης

χωρίς (*chōris*; 6/41) *without*
Ro 3:21 Νυνὶ δὲ **χωρὶς** νόμου δικαιοσύνη θεοῦ
Ro 3:28 δικαιοῦσθαι πίστει ἄνθρωπον **χωρὶς** ἔργων νόμου.
Ro 4:6 θεὸς λογίζεται δικαιοσύνην **χωρὶς** ἔργων·
Ro 7:8 **χωρὶς** γὰρ νόμου ἁμαρτία
Ro 7:9 ἐγὼ δὲ ἔζων **χωρὶς** νόμου ποτέ,
Ro 10:14 πῶς δὲ ἀκούσωσιν **χωρὶς** κηρύσσοντος;

ψάλλω (*psallō*; 1/5) *sing*
Ro 15:9 τῷ ὀνόματί σου **ψαλῶ**.

ψεύδομαι (*pseudomai*; 1/12) *lie, speak falsehood*
Ro 9:1 οὐ **ψεύδομαι**,

ψεῦδος (*pseudos*; 1/10) *lie*
Ro 1:25 θεοῦ ἐν τῷ **ψεύδει** καὶ ἐσεβάσθησαν καὶ

ψεῦσμα (*pseusma*; 1/1) *untruthfulness*
Ro 3:7 ἐν τῷ ἐμῷ **ψεύσματι** ἐπερίσσευσεν εἰς τὴν

ψεύστης (*pseustēs*; 1/10) *liar*
Ro 3:4 πᾶς δὲ ἄνθρωπος **ψεύστης**,

ψιθυριστής (*psithyristēs*; 1/1) *one who bears harmful gossip against another*
Ro 1:29 **ψιθυριστάς**

ψυχή (*psychē*; 4/103) *soul, life, self*
Ro 2:9 στενοχωρία ἐπὶ πᾶσαν **ψυχὴν** ἀνθρώπου τοῦ κατεργαζομένου
Ro 11:3 καὶ ζητοῦσιν τὴν **ψυχήν** μου.
Ro 13:1 Πᾶσα **ψυχὴ** ἐξουσίαις ὑπερεχούσαις ὑποτασσέσθω.
Ro 16:4 οἵτινες ὑπὲρ τῆς **ψυχῆς** μου τὸν ἑαυτῶν

ψωμίζω (*psōmizō*; 1/2) *feed*
Ro 12:20 **ψώμιζε** αὐτόν·

ὦ (*ō*; 4/20) *O*
Ro 2:1 **ὦ** ἄνθρωπε πᾶς ὁ
Ro 2:3 **ὦ** ἄνθρωπε ὁ κρίνων
Ro 9:20 **ὦ** ἄνθρωπε,
Ro 11:33 **Ὦ** βάθος πλούτου καὶ

ὥρα (*hōra*; 1/106) *hour*
Ro 13:11 ὅτι **ὥρα** ἤδη ὑμᾶς ἐξ

ὡραῖος (*hōraios*; 1/4) *beautiful*
Ro 10:15 ὡς **ὡραῖοι** οἱ πόδες τῶν

ὡς (*hōs*; 21/503[504]) *as*
Ro 1:9 **ὡς** ἀδιαλείπτως μνείαν ὑμῶν
Ro 1:21 τὸν θεὸν οὐχ **ὡς** θεὸν ἐδόξασαν ἢ
Ro 3:7 τί ἔτι κἀγὼ **ὡς** ἁμαρτωλὸς κρίνομαι;
Ro 4:17 τὰ μὴ ὄντα **ὡς** ὄντα.
Ro 5:15 Ἀλλ' οὐχ **ὡς** τὸ παράπτωμα,
Ro 5:16 καὶ οὐχ **ὡς** δι' ἑνὸς ἁμαρτήσαντος
Ro 5:18 Ἄρα οὖν **ὡς** δι' ἑνὸς παραπτώματος
Ro 8:36 ἐλογίσθημεν **ὡς** πρόβατα σφαγῆς.
Ro 9:25 **ὡς** καὶ ἐν τῷ
Ro 9:27 τῶν υἱῶν Ἰσραὴλ **ὡς** ἡ ἄμμος τῆς
Ro 9:29 **ὡς** Σόδομα ἂν ἐγενήθημεν
Ro 9:29 ἂν ἐγενήθημεν καὶ **ὡς** Γόμορρα ἂν ὡμοιώθημεν.
Ro 9:32 ἐκ πίστεως ἀλλ' **ὡς** ἐξ ἔργων·
Ro 10:15 **ὡς** ὡραῖοι οἱ πόδες
Ro 11:2 **ὡς** ἐντυγχάνει τῷ θεῷ
Ro 11:33 **ὡς** ἀνεξεραύνητα τὰ κρίματα
Ro 12:3 ἑκάστῳ **ὡς** ὁ θεὸς ἐμέρισεν
Ro 13:9 τὸν πλησίον σου **ὡς** σεαυτόν.
Ro 13:13 **ὡς** ἐν ἡμέρᾳ εὐσχημόνως
Ro 15:15 ὑμῖν ἀπὸ μέρους **ὡς** ἐπαναμιμνῄσκων ὑμᾶς
Ro 15:24 **ὡς** ἂν πορεύωμαι εἰς

ὡσαύτως (*hōsautōs*; 1/17) *in the same way*
Ro 8:26 **Ὡσαύτως** δὲ καὶ τὸ

ὡσεί (*hōsei*; 1/21) *like*
Ro 6:13 ἑαυτοὺς τῷ θεῷ **ὡσεὶ** ἐκ νεκρῶν ζῶντας

Ὡσηέ (*Ōsēe*; 1/1) *Hosea*
Ro 9:25 καὶ ἐν τῷ **Ὡσηὲ** λέγει·

ὥσπερ (*hōsper*; 6/36) *just as, like*
Ro 5:12 Διὰ τοῦτο **ὥσπερ** δι' ἑνὸς ἀνθρώπου
Ro 5:19 **ὥσπερ** γὰρ διὰ τῆς
Ro 5:21 ἵνα **ὥσπερ** ἐβασίλευσεν ἡ ἁμαρτία
Ro 6:4 ἵνα **ὥσπερ** ἠγέρθη Χριστὸς ἐκ
Ro 6:19 **ὥσπερ** γὰρ παρεστήσατε τὰ
Ro 11:30 **ὥσπερ** γὰρ ὑμεῖς ποτε

ὥστε (*hōste*; 5/83) *so that*
Ro 7:4 **ὥστε**,
Ro 7:6 **ὥστε** δουλεύειν ἡμᾶς ἐν
Ro 7:12 **ὥστε** ὁ μὲν νόμος
Ro 13:2 **ὥστε** ὁ ἀντιτασσόμενος τῇ
Ro 15:19 **ὥστε** με ἀπὸ Ἰερουσαλὴμ

ὠφέλεια (*ōpheleia*; 1/2) *advantage*
Ro 3:1 ἢ τίς ἡ **ὠφέλεια** τῆς περιτομῆς;

ὠφελέω (*ōpheleō*; 1/15) *gain, profit*
Ro 2:25 Περιτομὴ μὲν γὰρ **ὠφελεῖ** ἐὰν νόμον πράσσῃς·

Frequency List (Alphabetical Order)

1 αββα
9 ʼΑβραάμ
1 ἄβυσσος
21 ἀγαθός
1 ἀγαθωσύνη
8 ἀγαπάω
9 ἀγάπη
7 ἀγαπητός
1 ἄγγελος
1 ἁγιάζω
2 ἁγιασμός
20 ἅγιος
1 ἁγιωσύνη
6 ἀγνοέω
2* ἀγριέλαιος
2 ἄγω
2 ʼΑδάμ
2 ἀδελφή
19 ἀδελφός
1 ἀδιάλειπτος
1 ἀδιαλείπτως
7 ἀδικία
1 ἄδικος
1 ἀδόκιμος
2 ἀδύνατος
1 ἀΐδιος
3 αἷμα
1 αἰνέω
1 αἰχμαλωτίζω
5 αἰών
6 αἰώνιος
2 ἀκαθαρσία
1 ἄκακος
1 ἀκέραιος
3 ἀκοή
5 ἀκούω
1 ἀκροατής
11 ἀκροβυστία
1 ʼΑκύλας
1 ἀλαζών
1* ἀλάλητος
8 ἀλήθεια
1 ἀληθής
69 ἀλλά
1 ἀλλάσσω
14 ἀλλήλων
2 ἀλλότριος
1 ἅμα
7 ἁμαρτάνω
1 ἁμάρτημα
48 ἁμαρτία
4 ἁμαρτωλός
1 ἀμεταμέλητος
1* ἀμετανόητος
5 ἀμήν
1 ἄμμος
1*ʼΑμπλιᾶτος
8 ἄν
1 ἀναβαίνω
1 ἀναγγέλλω
1 ἀνάγκη
1 ἀνάγω
1 ἀναζάω
1 ἀνάθεμα
1 ἀνακαίνωσις
1 ἀνακεφαλαιόω
1* ἀναλογία
2* ἀναπολόγητος
2 ἀνάστασις
1*ʼΑνδρόνικος
1* ἀνελεήμων
1* ἀνεξεραύνητος
1 ἀνεξιχνίαστος
9 ἀνήρ
3 ἀνθίστημι
1* ἄνθραξ
1 ἀνθρώπινος
27 ἄνθρωπος
1 ἀνίστημι
1 ἀνόητος
1 ἀνοίγω
3 ἀνομία
2* ἀνόμως
2* ἀνοχή
2 ἀνταποδίδωμι
1 ἀνταπόδομα
1 ἀνταποκρίνομαι
1 ἀντί
1 ἀντιλέγω
1 ἀντιμισθία
1* ἀντιστρατεύομαι
1 ἀντιτάσσω
1 ἀνυπόκριτος
2 ἄξιος
1 ἀξίως
1 ἀόρατος
3 ἀπαρχή
2 ἀπείθεια
5 ἀπειθέω
1 ἀπειθής
3 ἀπεκδέχομαι
1*ʼΑπελλῆς
1 ἀπέναντι
1 ἀπέρχομαι
1 ἀπιστέω
4 ἀπιστία
1 ἁπλότης
24 ἀπό
1 ἀποβολή
3 ἀποδίδωμι
23 ἀποθνήσκω
3 ἀποκαλύπτω
3 ἀποκάλυψις
1 ἀποκαραδοκία
2 ἀποκτείνω
1 ἀπολαμβάνω
2 ἀπόλλυμι
1 ἀπολογέομαι
2 ἀπολύτρωσις
1 ἀποστέλλω
1 ἀποστολή
3 ἀπόστολος
1 ἀποστρέφω
1* ἀποστυγέω
1 ἀποτίθημι
1* ἀποτολμάω
2* ἀποτομία
2 ἀπωθέω
1 ἀπώλεια
1* ἀρά
11 ἄρα
4 ἀρέσκω
1 ἀριθμός
1*ʼΑριστόβουλος
3 ἄρσην
1 ἀρχή
1 ἄρχω
1 ἄρχων
2 ἀσέβεια
2 ἀσεβής
1 ἀσέλγεια
2 ἀσθένεια
4 ἀσθενέω
1* ἀσθένημα
1 ἀσθενής
1 ʼΑσία
21 ἀσπάζομαι
1* ἀσπίς
1 ἄστοργος
1*ʼΑσύγκριτος
3 ἀσύνετος
1* ἀσύνθετος
1 ἀσχημοσύνη
2 ἀτιμάζω
2 ἀτιμία
158° αὐτός
1 ἀφαιρέω
1 ἀφθαρσία
1 ἄφθαρτος
2 ἀφίημι
1* ἀφικνέομαι
1 ἀφορίζω
2 ἀφορμή
1 ἄφρων
1 ʼΑχαΐα
1* ἀχρειόω
4 ἄχρι
1* Βάαλ
2 βάθος
2 βαπτίζω
1 βάπτισμα
1 βάρβαρος
1 βασιλεία
6 βασιλεύω
2 βαστάζω
1 βδελύσσομαι
1 βέβαιος
1 βεβαιόω
1 Βενιαμίν
1 βῆμα
3 βλασφημέω
6 βλέπω
1 βούλημα
3 βρῶμα
1 βρῶσις
1 Γάϊος
144 γάρ
1 γέ
1 γέμω
1 γεννάω
3 γῆ
35 γίνομαι
9 γινώσκω
2 γλῶσσα
3 γνωρίζω
3 γνῶσις
1 γνωστός
1 Γόμορρα
1 γονεύς
2 γόνυ
3 γράμμα
1* γραπτός
7 γραφή
21 γράφω
1 γυμνότης
1 γυνή
3 Δαυίδ
148 δέ
1 δέησις
3 δεῖ
1 δεξιός
1 δέομαι
1 δεῦρο
1 δέω
91 διά
1 διαγγέλλω
2 διαθήκη
1 διακονέω
4 διακονία
4 διάκονος
2 διακρίνω
1 διάκρισις
2 διαλογισμός
1 διαπορεύομαι
2 διαστολή
1 διαταγή
1 διαφέρω
1 διάφορος
2 διδασκαλία
1 διδάσκαλος
3 διδάσκω
2 διδαχή
9 δίδωμι
1 διέρχομαι
1* δικαιοκρισία
7 δίκαιος
34 δικαιοσύνη
15 δικαιόω
5 δικαίωμα
2* δικαίωσις
6 διό
4 διότι
1 διχοστασία
1 διψάω
1 διωγμός
5 διώκω
4 δοκιμάζω
2 δοκιμή
2 δόκιμος
1* δολιόω
1 δόλος
16 δόξα
5 δοξάζω
2 δουλεία
7 δουλεύω
2* δοῦλος
5 δοῦλος
2 δουλόω
5 δύναμαι
8 δύναμις
1 δυνατέω
5 δυνατός
2 δωρεά
1 δωρεάν
1 δώρημα
20 ἐάν
22 ἑαυτοῦ
1 ἐγγίζω
2 ἐγγύς
10 ἐγείρω
1 ἐγκαλέω
1 ἐγκαταλείπω
6* ἐγκεντρίζω
1 ἐγκόπτω
90 ἐγώ
29 ἔθνος
44 εἰ
1 εἴδωλον
1 εἰκῇ
2 εἰκών
113 εἰμί
3 εἴπερ
1 εἰρηνεύω
10 εἰρήνη
119 εἰς
20 εἷς
2 εἰσέρχομαι
4 εἴτε
60 ἐκ
5 ἕκαστος
1* ἑκατονταετής
1 ἐκδικέω
1 ἐκδίκησις
1 ἔκδικος
2 ἐκεῖ
3 ἐκεῖνος
1 ἐκζητέω
1* ἐκκαίω

3* ἐκκλάω
1 ἐκκλείω
5 ἐκκλησία
2 ἐκκλίνω
2 ἐκκόπτω
2 ἐκλεκτός
4 ἐκλογή
1* ἐκπετάννυμι
1 ἐκπίπτω
1 ἐκφεύγω
2 ἐκχύννομαι
1 ἑκών
2 ἐλαία
1 ἐλάσσων
2 ἐλεάω
6 ἐλεέω
3 ἔλεος
1 ἐλευθερία
2 ἐλεύθερος
4 ἐλευθερόω
6 Ἕλλην
1 ἐλλογέω
4 ἐλπίζω
13 ἐλπίς
1 ἐμαυτοῦ
2 ἐμός
1 ἐμπίπλημι
1 ἐμφανής
173 ἐν
3 ἐνδείκνυμι
2 ἔνδειξις
1 ἔνδικος
1 ἐνδυναμόω
2 ἐνδύω
2 ἕνεκα
1 ἐνεργέω
1 ἐνίστημι
1 ἐνοικέω
7 ἐντολή
3 ἐντυγχάνω
3 ἐνώπιον
2 ἐξαπατάω
1 ἐξεγείρω
1 ἐξέρχομαι
2 ἐξομολογέω
2 ἐξουθενέω
5 ἐξουσία
8 ἐπαγγελία
1 ἐπαγγέλλομαι
1* Ἐπαίνετος
1 ἐπαινέω
2 ἔπαινος
2 ἐπαισχύνομαι
1* ἐπαναμιμνήσκω
1 ἐπαναπαύομαι
3 ἐπεί
1 ἐπερωτάω
31 ἐπί
1 ἐπιγινώσκω
3 ἐπίγνωσις
1 ἐπιζητέω
2 ἐπιθυμέω
5 ἐπιθυμία
3 ἐπικαλέω
1* ἐπικαλύπτω
3 ἐπιμένω
1 ἐπιπίπτω
1 ἐπιποθέω
1* ἐπιποθία
1 ἐπίσημος
1 ἐπιστολή
1 ἐπιταγή
1 ἐπιτελέω
2 ἐπιτυγχάνω
1 ἐπιφέρω
1* ἐπονομάζω
1* ἑπτακισχίλιοι
1 Ἔραστος
1 ἐραυνάω
4 ἐργάζομαι
15 ἔργον
1 ἐριθεία
2 ἔρις
1* Ἑρμᾶς
1 Ἑρμῆς
1 ἑρπετόν
10 ἔρχομαι
13 ἐσθίω
1 ἔσω
9 ἕτερος
6 ἔτι
1 ἔτος
3 εὐαγγελίζω
9 εὐαγγέλιον
3 εὐάρεστος
2 εὐδοκέω
1 εὐδοκία
2 εὐλογέω
2 εὐλογητός
2 εὐλογία
1 εὐοδόω
2 εὐπρόσδεκτος
4 εὑρίσκω
1 εὐσχημόνως
1 εὐφραίνω
5 εὐχαριστέω
1 εὔχομαι
1 ἐφάπαξ
1* ἐφευρετής
1 ἔχθρα
3 ἐχθρός
25 ἔχω
2 ἕως
23 ζάω
1 ζέω
2 ζῆλος
4 ζητέω
14 ζωή
2 ζωοποιέω
27 ἤ
3 ἤδη
1 ἥκω
1 Ἠλίας
58 ἡμεῖς
11 ἡμέρα
1 ἡμέτερος
1* Ἡρῳδίων
5 Ἠσαΐας
1 Ἠσαῦ
1* ἤτοι
1 ἥττημα
1 θάλασσα
22 θάνατος
3 θανατόω
1 θεάομαι
1* θειότης
4 θέλημα
15 θέλω
1 θεμέλιος
153 θεός
1* θεοστυγής
2 θῆλυς
1* θήρα
1 θησαυρίζω
5 θλῖψις
2 θνητός
1 θυμός
1 θυσία
1 θυσιαστήριον
2 Ἰακώβ
1 Ἰάσων
5 ἴδιος
1 ἰδού
1* ἱεροσυλέω
1* ἱερουργέω
4 Ἰερουσαλήμ
1 Ἰεσσαί
36 Ἰησοῦς
1* ἱλαρότης
1 ἱλαστήριον
1* Ἰλλυρικόν
30 ἵνα
1 ἰός
1 Ἰουδαία
11 Ἰουδαῖος
1* Ἰουλία
1* Ἰουνιᾶς
2 Ἰσαάκ
11 Ἰσραήλ
2 Ἰσραηλίτης
6 ἵστημι
1 ἴχνος
2 κἀγώ
2 καθάπερ
1 καθαρός
1 καθήκω
2 καθίστημι
1 καθό
1* καθοράω
20 καθώς
276° καί
2* καινότης
6 καιρός
1 κἀκεῖνος
1 κακία
1* κακοήθεια
15 κακός
8 καλέω
1* καλλιέλαιος
5 καλός
1 καλῶς
2 κάμπτω
15 καρδία
4 καρπός
2 καρποφορέω
50 κατά
1 καταβαίνω
1 καταγγέλλω
1 κατάγω
3 καταισχύνω
2 κατακαυχάομαι
3* κατάκριμα
4 κατακρίνω
1* κατάλαλος
1 καταλαμβάνω
1 καταλείπω
2 καταλλαγή
2 καταλλάσσω
1 καταλύω
1 κατανοέω
1* κατάνυξις
1 καταράομαι
6 καταργέω
1 καταρτίζω
1 κατασκάπτω
1 καταφρονέω
1 κατέναντι
11 κατεργάζομαι
2 κατέχω
1 κατηγορέω
1 κατηχέω
5 καυχάομαι
1 καύχημα
2 καύχησις
1 Κεγχρεαί
1 κενόω
1 κεραμεύς
1 κεφαλή
1 κήρυγμα
4 κηρύσσω
1 κίνδυνος
5 κλάδος
2 κλαίω
3 κλέπτω
4 κληρονόμος
1 κλῆσις
4 κλητός
1 κλίμα
1 κοιλία
3 κοινός
2 κοινωνέω
1 κοινωνία
2 κοίτη
1 κολλάω
3 κοπιάω
9 κόσμος
1* Κούαρτος
2 κράζω
1 κρέας
6 κρίμα
18 κρίνω
2 κρυπτός
1 κτίζω
7 κτίσις
1 κύκλῳ
4 κυριεύω
43 κύριος
1 κωλύω
1 κῶμος
3 λαλέω
9 λαμβάνω
8 λαός
1* λάρυγξ
2 λατρεία
2 λατρεύω
1 λάχανον
48 λέγω
1* λεῖμμα
1 λειτουργέω
2 λειτουργός
2 λίθος
1 λιμός
19 λογίζομαι
1 λογικός
1 λόγιον
1 λογισμός
7 λόγος
2 λοιπός
1 Λούκιος
1 λυπέω
1 λύπη
3 μακάριος
2 μακαρισμός
1 Μακεδονία
2 μακροθυμία
8 μᾶλλον
1 μανθάνω
1 Μαρία
2 μαρτυρέω
1 μάρτυς
1 ματαιότης
1* ματαιόω
2 μάχαιρα
2 μέγας
1 μέθη
5 μέλλω
10 μέλος
1 μέμφομαι
18 μέν
2 μενοῦνγε
1 μένω
1 μερίζω
3 μέρος
2 μεστός
6 μετά
2 μεταδίδωμι
2* μεταλλάσσω
1 μεταμορφόω
1 μετάνοια
1 μεταξύ
1 μέτρον
2 μέχρι
80 μή

4 μηδέ
3 μηδείς
3 μηκέτι
1 μήπω
1 μήτηρ
1 μήτρα
2 μισέω
1 μισθός
1 μνεία
2 μοιχαλίς
3 μοιχεύω
1 μόλις
14 μόνος
1 μόρφωσις
2 μυστήριον
1 μωραίνω
4 Μωϋσῆς
1 ναί
1* Νάρκισσος
16 νεκρός
1 νεκρόω
1 νέκρωσις
1 νήπιος
1* Νηρεύς
3 νικάω
1 νοέω
1* νομοθεσία
74 νόμος
1 νουθετέω
6 νοῦς
14 νῦν
6 νυνί
1 νύξ
1* νῶτος
1 ξένος
1103° ὁ
1 ὁδηγός
3 ὁδός
1 ὀδύνη
16 οἶδα
1 οἰκέτης
5 οἰκέω
1 οἰκοδομέω
2 οἰκοδομή
1 οἰκονόμος
1 οἶκος
1 οἰκουμένη
1 οἰκτιρμός
2* οἰκτίρω
1 οἶνος
1 οἷος
1 ὀκνηρός
4 ὅλος
1* Ὀλυμπᾶς
1 ὁμοθυμαδόν
1 ὁμοιόω
4 ὁμοίωμα
1 ὁμοίως
2 ὁμολογέω
1 ὀνειδίζω
1 ὀνειδισμός
5 ὄνομα
1 ὀνομάζω
1 ὀξύς
3 ὅπλον
1 ὅπου
3 ὅπως
3 ὁράω
12 ὀργή
1* ὄρεξις
1 ὁρίζω
90 ὅς
8 ὅσος
10 ὅστις
2 ὅταν
4 ὅτε
56 ὅτι
122 οὐ
3 οὗ
7 οὐδέ
4 οὐδείς
7 οὐκέτι
48 οὖν
2 οὐρανός
1* Οὐρβανός
1 οὗς
10 οὔτε
52 οὗτος
17 οὕτως
3 οὐχί
3 ὀφειλέτης
1 ὀφειλή
1 ὀφείλημα
3 ὀφείλω
3 ὀφθαλμός
1 ὀψώνιον
1 παγίς
2 πάθημα
1 πάθος
1 παιδευτής
1 παλαιός
1* παλαιότης
5 πάλιν
1 πάντοτε
1 πάντως
13 παρά
3 παράβασις
2 παραβάτης
6 παραδίδωμι
3 παραζηλόω
4 παρακαλέω
2* παράκειμαι
3 παράκλησις
1 παρακοή
9 παράπτωμα
1 παρεισέρχομαι
1* πάρεσις
8 παρίστημι
1 παροργίζω
70 πᾶς
14 πατήρ
1* Πατροβᾶς
1 Παῦλος
5 πείθω
1 πεινάω
1 πέμπω
1 πέρας
6 περί
4 περιπατέω
1 περισσεία
3 περισσεύω
1 περισσός
15 περιτομή
1* Περσίς
1 πετεινόν
1 πέτρα
1 πηλός
1 πικρία
1 πίνω
1* πιότης
1 πιπράσκω
3 πίπτω
21 πιστεύω
40 πίστις
1 πλάνη
1* πλάσμα
1 πλάσσω
3 πλεονάζω
1 πλεονεξία
2 πληροφορέω
6 πληρόω
4 πλήρωμα
3 πλησίον
1 πλουτέω
5 πλοῦτος
34 πνεῦμα
3 πνευματικός
23 ποιέω
1 ποίημα
1 ποιητής
1 ποῖος
1 πόλις
1 πολλάκις
21 πολύς
1 πονηρία
1 πονηρός
2 πορεύομαι
1 πόσις
2 πόσος
3 ποτέ
1 ποτίζω
1 ποῦ
1 πού
3 πούς
1 πρᾶγμα
2 πρᾶξις
10 πράσσω
1 Πρίσκα
1 πρό
1* προαιτιάομαι
1 πρόβατον
1* προγίνομαι
2 προγινώσκω
1 προγράφω
1* προδίδωμι
1 προεπαγγέλλομαι
1 προετοιμάζω
1* προέχω
1* προηγέομαι
2 πρόθεσις
1 πρόθυμος
1 προΐστημι
1 προκόπτω
1 προλέγω
1 προνοέω
1 πρόνοια
2 προορίζω
1* προπάτωρ
1 προπέμπω
17 πρός
1 προσαγωγή
1 προσδέχομαι
3 προσευχή
1 προσεύχομαι
2 προσκαρτερέω
4 πρόσκομμα
2 προσκόπτω
4 προσλαμβάνω
1* πρόσλημψις
1* προστάτις
1 προσφορά
1 προσωπολημψία
2 προτίθημι
1 προφητεία
3 προφήτης
1 προφητικός
7 πρῶτος
1 πρωτότοκος
1 πταίω
1 πτωχός
1 πῦρ
1 πωρόω
1 πώρωσις
3 πώς
8 πῶς
1* Ῥεβέκκα
4 ῥῆμα
5 ῥίζα
1 Ῥοῦφος
3 ῥύομαι
2 Ῥώμη
1 σαβαώθ
1 σαρκικός
1 σάρκινος
26 σάρξ
2 Σάρρα
1 σατανᾶς
6 σεαυτοῦ
1* σεβάζομαι
2 σημεῖον
1 σήμερον
1 σιγάω
2 Σιών
4 σκάνδαλον
3 σκεῦος
1* σκληρότης
1 σκληρύνω
1 σκοπέω
2 σκοτίζω
2 σκότος
1 Σόδομα
1 σοφία
4 σοφός
2* Σπανία
9 σπέρμα
2 σπουδή
1* Στάχυς
1 στεναγμός
1 στενάζω
2 στενοχωρία
1 στήκω
2 στηρίζω
1 στοιχέω
6 στόμα
47 σύ
4 συγγενής
1* συγκάμπτω
1 συγκλείω
1 συγκληρονόμος
1 συγκοινωνός
1 συζάω
1* σύμβουλος
3* συμμαρτυρέω
1 σύμμορφος
1* συμπαρακαλέω
1 συμπάσχω
1* σύμφημι
1* σύμφυτος
4 σύν
1* συναγωνίζομαι
1 συναιχμάλωτος
1* συναναπαύομαι
1 συναντιλαμβάνομαι
1 συναπάγω
1* συνδοξάζω
3 συνείδησις
1 συνεργέω
3 συνεργός
1 συνευδοκέω
1* συνήδομαι
1 συνθάπτω
2 συνίημι
3 συνίστημι
1 συντελέω
1* συντέμνω
1 συντρίβω
1* σύντριμμα
1* συνωδίνω
1 συσταυρόω
1* συστενάζω
1 συσχηματίζω
1 σφαγή
1 σφραγίζω
1 σφραγίς
8 σῴζω
13 σῶμα
1 σωρεύω
1* Σωσίπατρος
5 σωτηρία
1 σωφρονέω

1 ταλαιπωρία
1 ταλαίπωρος
1 ταπεινός
1 τάσσω
1 τάφος
1 τάχα
1 τάχος
18 τέ
7 τέκνον
1 τέλειος
2 τελέω
5 τέλος
1 τέρας
1* Τέρτιος
1 τετράπους
3 τίθημι
6 τιμή
1 Τιμόθεος
40 τίς
18 τις
2 τό
4 τοιοῦτος
2 τολμάω
1* τολμηρός
3 τόπος
1 τότε
1 τράπεζα
1 τράχηλος
1 τρέχω
1 τρόπος
1* Τρύφαινα
1* Τρυφῶσα
2 τύπος
1 τυφλός
1 ὑβριστής
3 υἱοθεσία
12 υἱός
83 ὑμεῖς
1 ὑμέτερος
7 ὑπακοή
4 ὑπακούω
1* ὕπανδρος
1 ὑπάρχω
17 ὑπέρ
1 ὑπερβολή
1* ὑπερεντυγχάνω
1 ὑπερέχω
1 ὑπερήφανος
1* ὑπερνικάω
1 ὑπερπερισσεύω
1* ὑπερφρονέω
1 ὕπνος
14 ὑπό
1* ὑπόδικος
1* ὑπόλειμμα
1* ὑπολείπω
1 ὑπομένω
6 ὑπομονή
6 ὑποτάσσω
1 ὑποτίθημι
1 ὑστερέω
2 ὑψηλός
1 ὕψωμα
1 φαίνω
3 φανερός
3 φανερόω
1 Φαραώ
1 φάσκω
1 φαῦλος
3 φείδομαι
1 φέρω
1 φημί
1 φθάνω
1 φθαρτός
1 φθόγγος
1 φθόνος
1 φθορά
1 φιλαδελφία
1 φίλημα
1* Φιλόλογος
1 φιλοξενία
1* φιλόστοργος
1 φιλοτιμέομαι
1* Φλέγων
3 φοβέομαι
5 φόβος
1* Φοίβη
1 φονεύω
1 φόνος
1 φορέω
3 φόρος
1 φράσσω
9 φρονέω
4* φρόνημα
2 φρόνιμος
1 φυλάσσω
1 φυλή
2 φύραμα
2 φυσικός
7 φύσις
2 φῶς
4 χαίρω
3 χαρά
1 χαρίζομαι
24 χάρις
6 χάρισμα
1 χεῖλος
1 χείρ
1 χρεία
1 χρῄζω
1 χρηματίζω
1* χρηματισμός
2* χρῆσις
1* χρηστολογία
1 χρηστός
5 χρηστότης
65 Χριστός
2 χρόνος
2 χωρίζω
6 χωρίς
1 ψάλλω
1 ψεύδομαι
1 ψεῦδος
1* ψεῦσμα
1 ψεύστης
1* ψιθυριστής
4 ψυχή
1 ψωμίζω
4 ὦ
1 ὥρα
1 ὡραῖος
21 ὡς
1 ὡσαύτως
1 ὡσεί
1* Ὡσηέ
6 ὥσπερ
5 ὥστε
1 ὠφέλεια
1 ὠφελέω

° Not included in concordance
* Word only occurs in this book

Frequency List (in Order of Occurrence)

1103° ὁ
276° καί
173 ἐν
158° αὐτός
153 θεός
148 δέ
144 γάρ
122 οὐ
119 εἰς
113 εἰμί
91 διά
90 ἐγώ
90 ὅς
83 ὑμεῖς
80 μή
74 νόμος
70 πᾶς
69 ἀλλά
65 Χριστός
60 ἐκ
58 ἡμεῖς
56 ὅτι
52 οὗτος
50 κατά
48 ἁμαρτία
48 λέγω
48 οὖν
47 σύ
44 εἰ
43 κύριος
40 πίστις
40 τίς
36 Ἰησοῦς
35 γίνομαι
34 δικαιοσύνη
34 πνεῦμα
31 ἐπί
30 ἵνα
29 ἔθνος
27 ἄνθρωπος
27 ἤ
26 σάρξ
25 ἔχω
24 ἀπό
24 χάρις
23 ἀποθνῄσκω
23 ζάω
23 ποιέω
22 ἑαυτοῦ
22 θάνατος
21 ἀγαθός
21 ἀσπάζομαι
21 γράφω
21 πιστεύω
21 πολύς
21 ὡς
20 ἅγιος
20 ἐάν
20 εἷς
20 καθώς
19 ἀδελφός
19 λογίζομαι
18 κρίνω
18 μέν
18 τέ
18 τις
17 οὕτως
17 πρός
17 ὑπέρ
16 δόξα
16 νεκρός
16 οἶδα
15 δικαιόω
15 ἔργον
15 θέλω
15 κακός
15 καρδία
15 περιτομή
14 ἀλλήλων
14 ζωή
14 μόνος
14 νῦν
14 πατήρ
14 ὑπό
13 ἐλπίς
13 ἐσθίω
13 παρά
13 σῶμα
12 ὀργή
12 υἱός
11 ἀκροβυστία
11 ἄρα
11 ἡμέρα
11 Ἰουδαῖος
11 Ἰσραήλ
11 κατεργάζομαι
10 ἐγείρω
10 εἰρήνη
10 ἔρχομαι
10 μέλος
10 ὅστις
10 οὔτε
10 πράσσω
9 Ἀβραάμ
9 ἀγάπη
9 ἀνήρ
9 γινώσκω
9 δίδωμι
9 ἕτερος
9 εὐαγγέλιον
9 κόσμος
9 λαμβάνω
9 παράπτωμα
9 σπέρμα
9 φρονέω
8 ἀγαπάω
8 ἀλήθεια
8 ἄν
8 δύναμις
8 ἐπαγγελία
8 καλέω
8 λαός
8 μᾶλλον
8 ὅσος
8 παρίστημι
8 πῶς
8 σῴζω
7 ἀγαπητός
7 ἀδικία
7 ἁμαρτάνω
7 γραφή
7 δίκαιος
7 δουλεύω
7 ἐντολή
7 κτίσις
7 λόγος
7 οὐδέ
7 οὐκέτι
7 πρῶτος
7 τέκνον
7 ὑπακοή
7 φύσις
6 ἀγνοέω
6 αἰώνιος
6 βασιλεύω
6 βλέπω
6 διό
6* ἐγκεντρίζω
6 ἐλεέω
6 Ἕλλην
6 ἔτι
6 ἵστημι
6 καιρός
6 καταργέω
6 κρίμα
6 μετά
6 νοῦς
6 νυνί
6 παραδίδωμι
6 περί
6 πληρόω
6 σεαυτοῦ
6 στόμα
6 τιμή
6 ὑπομονή
6 ὑποτάσσω
6 χάρισμα
6 χωρίς
6 ὥσπερ
5 αἰών
5 ἀκούω
5 ἀμήν
5 ἀπειθέω
5 δικαίωμα
5 διώκω
5 δοξάζω
5 δοῦλος
5 δύναμαι
5 δυνατός
5 ἕκαστος
5 ἐκκλησία
5 ἐξουσία
5 ἐπιθυμία
5 εὐχαριστέω
5 Ἠσαΐας
5 θλῖψις
5 ἴδιος
5 καλός
5 καυχάομαι
5 κλάδος
5 μέλλω
5 οἰκέω
5 ὄνομα
5 πάλιν
5 πείθω
5 πλοῦτος
5 ῥίζα
5 σωτηρία
5 τέλος
5 φόβος
5 χρηστότης
5 ὥστε
4 ἁμαρτωλός
4 ἀπιστία
4 ἀρέσκω
4 ἀσθενέω
4 ἄχρι
4 διακονία
4 διάκονος
4 διότι
4 δοκιμάζω
4 εἴτε
4 ἐκλογή
4 ἐλευθερόω
4 ἐλπίζω
4 ἐργάζομαι
4 εὑρίσκω
4 ζητέω
4 θέλημα
4 Ἰερουσαλήμ
4 καρπός
4 κατακρίνω
4 κηρύσσω
4 κληρονόμος
4 κλητός
4 κυριεύω
4 μηδέ
4 Μωϋσῆς
4 ὅλος
4 ὁμοίωμα
4 ὅτε
4 οὐδείς
4 παρακαλέω
4 περιπατέω
4 πλήρωμα
4 πρόσκομμα
4 προσλαμβάνω
4 ῥῆμα
4 σκάνδαλον
4 σοφός
4 συγγενής
4 σύν
4 τοιοῦτος
4 ὑπακούω
4* φρόνημα
4 χαίρω
4 ψυχή
4 ὦ
3 αἷμα
3 ἀκοή
3 ἀνθίστημι
3 ἀνομία
3 ἀπαρχή
3 ἀπεκδέχομαι
3 ἀποδίδωμι
3 ἀποκαλύπτω
3 ἀποκάλυψις
3 ἀπόστολος
3 ἄρσην
3 ἀσύνετος
3 βλασφημέω
3 βρῶμα
3 γῆ
3 γνωρίζω
3 γνῶσις
3 γράμμα
3 Δαυίδ
3 δεῖ
3 διδάσκω
3 εἴπερ
3 ἐκεῖνος
3* ἐκκλάω
3 ἔλεος
3 ἐνδείκνυμι
3 ἐντυγχάνω
3 ἐνώπιον
3 ἐπεί
3 ἐπίγνωσις
3 ἐπικαλέω
3 ἐπιμένω
3 εὐαγγελίζω
3 εὐάρεστος
3 ἐχθρός
3 ἤδη
3 θανατόω
3 καταισχύνω
3* κατάκριμα
3 κλέπτω
3 κοινός
3 κοπιάω
3 λαλέω
3 μακάριος
3 μέρος
3 μηδείς
3 μηκέτι
3 μοιχεύω
3 νικάω
3 ὁδός
3 ὅπλον
3 ὅπως

3 ὁράω
3 οὗ
3 οὐχί
3 ὀφειλέτης
3 ὀφείλω
3 ὀφθαλμός
3 παράβασις
3 παραζηλόω
3 παράκλησις
3 περισσεύω
3 πίπτω
3 πλεονάζω
3 πλησίον
3 πνευματικός
3 ποτέ
3 πούς
3 προσευχή
3 προφήτης
3 πώς
3 ῥύομαι
3 σκεῦος
3* συμμαρτυρέω
3 συνείδησις
3 συνεργός
3 συνίστημι
3 τίθημι
3 τόπος
3 υἱοθεσία
3 φανερός
3 φανερόω
3 φείδομαι
3 φοβέομαι
3 φόρος
3 χαρά
2 ἁγιασμός
2* ἀγριέλαιος
2 ἄγω
2 Ἀδάμ
2 ἀδελφή
2 ἀδύνατος
2 ἀκαθαρσία
2 ἀλλότριος
2* ἀναπολόγητος
2 ἀνάστασις
2* ἀνόμως
2* ἀνοχή
2 ἀνταποδίδωμι
2 ἄξιος
2 ἀπείθεια
2 ἀποκτείνω
2 ἀπόλλυμι
2 ἀπολύτρωσις
2* ἀποτομία
2 ἀπωθέω
2 ἀσέβεια
2 ἀσεβής
2 ἀσθένεια
2 ἀτιμάζω
2 ἀτιμία
2 ἀφίημι
2 ἀφορμή
2 βάθος
2 βαπτίζω
2 βαστάζω
2 γλῶσσα
2 γόνυ
2 διαθήκη
2 διακρίνω
2 διαλογισμός
2 διαστολή
2 διδασκαλία
2 διδαχή
2* δικαίωσις
2 δοκιμή
2 δόκιμος
2 δουλεία
2* δοῦλος
2 δουλόω
2 δωρεά
2 ἐγγύς
2 εἰκών
2 εἰσέρχομαι
2 ἐκεῖ
2 ἐκκλίνω
2 ἐκκόπτω
2 ἐκλεκτός
2 ἐκχύννομαι
2 ἐλαία
2 ἐλεάω
2 ἐλεύθερος
2 ἐμός
2 ἔνδειξις
2 ἐνδύω
2 ἕνεκα
2 ἐξαπατάω
2 ἐξομολογέω
2 ἐξουθενέω
2 ἔπαινος
2 ἐπαισχύνομαι
2 ἐπιθυμέω
2 ἐπιτυγχάνω
2 ἔρις
2 εὐδοκέω
2 εὐλογέω
2 εὐλογητός
2 εὐλογία
2 εὐπρόσδεκτος
2 ἕως
2 ζῆλος
2 ζωοποιέω
2 θῆλυς
2 θνητός
2 Ἰακώβ
2 Ἰσαάκ
2 Ἰσραηλίτης
2 κἀγώ
2 καθάπερ
2 καθίστημι
2* καινότης
2 κάμπτω
2 καρποφορέω
2 κατακαυχάομαι
2 καταλλαγή
2 καταλλάσσω
2 κατέχω
2 καύχησις
2 κλαίω
2 κοινωνέω
2 κοίτη
2 κράζω
2 κρυπτός
2 λατρεία
2 λατρεύω
2 λειτουργός
2 λίθος
2 λοιπός
2 μακαρισμός
2 μακροθυμία
2 μαρτυρέω
2 μάχαιρα
2 μέγας
2 μενοῦνγε
2 μεστός
2 μεταδίδωμι
2* μεταλλάσσω
2 μέχρι
2 μισέω
2 μοιχαλίς
2 μυστήριον
2 οἰκοδομή
2* οἰκτίρω
2 ὁμολογέω
2 ὅταν
2 οὐρανός
2 πάθημα
2 παραβάτης
2* παράκειμαι
2 πληροφορέω
2 πορεύομαι
2 πόσος
2 πρᾶξις
2 προγινώσκω
2 πρόθεσις
2 προορίζω
2 προσκαρτερέω
2 προσκόπτω
2 προτίθημι
2 Ῥώμη
2 Σάρρα
2 σημεῖον
2 Σιών
2 σκοτίζω
2 σκότος
2* Σπανία
2 σπουδή
2 στενοχωρία
2 στηρίζω
2 συνίημι
2 τελέω
2 τό
2 τολμάω
2 τύπος
2 ὑψηλός
2 φρόνιμος
2 φύραμα
2 φυσικός
2 φῶς
2* χρῆσις
2 χρόνος
2 χωρίζω
1 αββα
1 ἄβυσσος
1 ἀγαθωσύνη
1 ἄγγελος
1 ἁγιάζω
1 ἁγιωσύνη
1 ἀδιάλειπτος
1 ἀδιαλείπτως
1 ἄδικος
1 ἀδόκιμος
1 ἀΐδιος
1 αἰνέω
1 αἰχμαλωτίζω
1 ἄκακος
1 ἀκέραιος
1 ἀκροατής
1 Ἀκύλας
1 ἀλαζών
1* ἀλάλητος
1 ἀληθής
1 ἀλλάσσω
1 ἅμα
1 ἁμάρτημα
1 ἀμεταμέλητος
1* ἀμετανόητος
1 ἄμμος
1* Ἀμπλιᾶτος
1 ἀναβαίνω
1 ἀναγγέλλω
1 ἀνάγκη
1 ἀνάγω
1 ἀναζάω
1 ἀνάθεμα
1 ἀνακαίνωσις
1 ἀνακεφαλαιόω
1* ἀναλογία
1* Ἀνδρόνικος
1* ἀνελεήμων
1* ἀνεξεραύνητος
1 ἀνεξιχνίαστος
1* ἄνθραξ
1 ἀνθρώπινος
1 ἀνίστημι
1 ἀνόητος
1 ἀνοίγω
1 ἀνταπόδομα
1 ἀνταποκρίνομαι
1 ἀντί
1 ἀντιλέγω
1 ἀντιμισθία
1* ἀντιστρατεύομαι
1 ἀντιτάσσω
1 ἀνυπόκριτος
1 ἀξίως
1 ἀόρατος
1 ἀπειθής
1* Ἀπελλῆς
1 ἀπέναντι
1 ἀπέρχομαι
1 ἀπιστέω
1 ἁπλότης
1 ἀποβολή
1 ἀποκαραδοκία
1 ἀπολαμβάνω
1 ἀπολογέομαι
1 ἀποστέλλω
1 ἀποστολή
1 ἀποστρέφω
1* ἀποστυγέω
1 ἀποτίθημι
1* ἀποτολμάω
1 ἀπώλεια
1* ἀρά
1 ἀριθμός
1* Ἀριστόβουλος
1 ἀρχή
1 ἄρχω
1 ἄρχων
1 ἀσέλγεια
1* ἀσθένημα
1 ἀσθενής
1 Ἀσία
1* ἀσπίς
1 ἄστοργος
1* Ἀσύγκριτος
1* ἀσύνθετος
1 ἀσχημοσύνη
1 ἀφαιρέω
1 ἀφθαρσία
1 ἄφθαρτος
1* ἀφικνέομαι
1 ἀφορίζω
1 ἄφρων
1 Ἀχαΐα
1* ἀχρειόω
1* Βάαλ
1 βάπτισμα
1 βάρβαρος
1 βασιλεία
1 βδελύσσομαι
1 βέβαιος
1 βεβαιόω
1 Βενιαμίν
1 βῆμα
1 βούλημα
1 βρῶσις
1 Γάϊος
1 γέ
1 γέμω
1 γεννάω
1 γνωστός
1 Γόμορρα
1 γονεύς
1* γραπτός
1 γυμνότης
1 γυνή
1 δέησις
1 δεξιός
1 δέομαι
1 δεῦρο
1 δέω
1 διαγγέλλω

1 διακονέω
1 διάκρισις
1 διαπορεύομαι
1 διαταγή
1 διαφέρω
1 διάφορος
1 διδάσκαλος
1 διέρχομαι
1* δικαιοκρισία
1 διχοστασία
1 διψάω
1 διωγμός
1* δολιόω
1 δόλος
1 δυνατέω
1 δωρεάν
1 δώρημα
1 ἐγγίζω
1 ἐγκαλέω
1 ἐγκαταλείπω
1 ἐγκόπτω
1 εἴδωλον
1 εἰκῇ
1 εἰρηνεύω
1* ἑκατονταετής
1 ἐκδικέω
1 ἐκδίκησις
1 ἔκδικος
1 ἐκζητέω
1* ἐκκαίω
1 ἐκκλείω
1* ἐκπετάννυμι
1 ἐκπίπτω
1 ἐκφεύγω
1 ἑκών
1 ἐλάσσων
1 ἐλευθερία
1 ἐλλογέω
1 ἐμαυτοῦ
1 ἐμπίπλημι
1 ἐμφανής
1 ἔνδικος
1 ἐνδυναμόω
1 ἐνεργέω
1 ἐνίστημι
1 ἐνοικέω
1 ἐξεγείρω
1 ἐξέρχομαι
1 ἐπαγγέλλομαι
1* Ἐπαίνετος
1 ἐπαινέω
1* ἐπαναμιμνήσκω
1 ἐπαναπαύομαι
1 ἐπερωτάω
1 ἐπιγινώσκω
1 ἐπιζητέω
1* ἐπικαλύπτω
1 ἐπιπίπτω
1 ἐπιποθέω
1* ἐπιποθία
1 ἐπίσημος
1 ἐπιστολή
1 ἐπιταγή
1 ἐπιτελέω
1 ἐπιφέρω
1* ἐπονομάζω
1* ἑπτακισχίλιοι
1 Ἔραστος
1 ἐραυνάω
1 ἐριθεία
1* Ἑρμᾶς
1 Ἑρμῆς
1 ἑρπετόν
1 ἔσω
1 ἔτος
1 εὐδοκία
1 εὐοδόω
1 εὐσχημόνως
1 εὐφραίνω
1 εὔχομαι
1 ἐφάπαξ
1* ἐφευρετής
1 ἔχθρα
1 ζέω
1 ἥκω
1 Ἠλίας
1 ἡμέτερος
1* Ἡρῳδίων
1 Ἠσαῦ
1* ἤτοι
1 ἥττημα
1 θάλασσα
1 θεάομαι
1* θειότης
1 θεμέλιος
1* θεοστυγής
1* θήρα
1 θησαυρίζω
1 θυμός
1 θυσία
1 θυσιαστήριον
1 Ἰάσων
1 ἰδού
1* ἱεροσυλέω
1* ἱερουργέω
1 Ἰεσσαί
1* ἱλαρότης
1 ἱλαστήριον
1* Ἰλλυρικόν
1 ἰός
1 Ἰουδαία
1* Ἰουλία
1* Ἰουνιᾶς
1 ἴχνος
1 καθαρός
1 καθήκω
1 καθό
1* καθοράω
1 κἀκεῖνος
1 κακία
1* κακοήθεια
1* καλλιέλαιος
1 καλῶς
1 καταβαίνω
1 καταγγέλλω
1 κατάγω
1* κατάλαλος
1 καταλαμβάνω
1 καταλείπω
1 καταλύω
1 κατανοέω
1* κατάνυξις
1 καταράομαι
1 καταρτίζω
1 κατασκάπτω
1 καταφρονέω
1 κατέναντι
1 κατηγορέω
1 κατηχέω
1 καύχημα
1 Κεγχρεαί
1 κενόω
1 κεραμεύς
1 κεφαλή
1 κήρυγμα
1 κίνδυνος
1 κλῆσις
1 κλίμα
1 κοιλία
1 κοινωνία
1 κολλάω
1* Κούαρτος
1 κρέας
1 κτίζω
1 κύκλῳ
1 κωλύω
1 κῶμος
1* λάρυγξ
1 λάχανον
1* λεῖμμα
1 λειτουργέω
1 λιμός
1 λογικός
1 λόγιον
1 λογισμός
1 Λούκιος
1 λυπέω
1 λύπη
1 Μακεδονία
1 μανθάνω
1 Μαρία
1 μάρτυς
1 ματαιότης
1* ματαιόω
1 μέθη
1 μέμφομαι
1 μένω
1 μερίζω
1 μεταμορφόω
1 μετάνοια
1 μεταξύ
1 μέτρον
1 μήπω
1 μήτηρ
1 μήτρα
1 μισθός
1 μνεία
1 μόλις
1 μόρφωσις
1 μωραίνω
1 ναί
1* Νάρκισσος
1 νεκρόω
1 νέκρωσις
1 νήπιος
1* Νηρεύς
1 νοέω
1* νομοθεσία
1 νουθετέω
1 νύξ
1* νῶτος
1 ξένος
1 ὁδηγός
1 ὀδύνη
1 οἰκέτης
1 οἰκοδομέω
1 οἰκονόμος
1 οἶκος
1 οἰκουμένη
1 οἰκτιρμός
1 οἶνος
1 οἷος
1 ὀκνηρός
1* Ὀλυμπᾶς
1 ὁμοθυμαδόν
1 ὁμοιόω
1 ὁμοίως
1 ὀνειδίζω
1 ὀνειδισμός
1 ὀνομάζω
1 ὀξύς
1 ὅπου
1* ὄρεξις
1 ὁρίζω
1* Οὐρβανός
1 οὖς
1 ὀφειλή
1 ὀφείλημα
1 ὀψώνιον
1 παγίς
1 πάθος
1 παιδευτής
1 παλαιός
1* παλαιότης
1 πάντοτε
1 πάντως
1 παρακοή
1 παρεισέρχομαι
1* πάρεσις
1 παροργίζω
1* Πατροβᾶς
1 Παῦλος
1 πεινάω
1 πέμπω
1 πέρας
1 περισσεία
1 περισσός
1* Περσίς
1 πετεινόν
1 πέτρα
1 πηλός
1 πικρία
1 πίνω
1* πιότης
1 πιπράσκω
1 πλάνη
1* πλάσμα
1 πλάσσω
1 πλεονεξία
1 πλουτέω
1 ποίημα
1 ποιητής
1 ποῖος
1 πόλις
1 πολλάκις
1 πονηρία
1 πονηρός
1 πόσις
1 ποτίζω
1 ποῦ
1 πού
1 πρᾶγμα
1 Πρίσκα
1 πρό
1* προαιτιάομαι
1 πρόβατον
1* προγίνομαι
1 προγράφω
1* προδίδωμι
1 προεπαγγέλλομαι
1 προετοιμάζω
1* προέχω
1* προηγέομαι
1 πρόθυμος
1 προΐστημι
1 προκόπτω
1 προλέγω
1 προνοέω
1 πρόνοια
1* προπάτωρ
1 προπέμπω
1 προσαγωγή
1 προσδέχομαι
1 προσεύχομαι
1* πρόσλημψις
1* προστάτις
1 προσφορά
1 προσωπολημψία
1 προφητεία
1 προφητικός
1 πρωτότοκος
1 πταίω
1 πτωχός
1 πῦρ
1 πωρόω
1 πώρωσις
1* Ῥεβέκκα
1 Ῥοῦφος
1 σαβαώθ
1 σαρκικός

1 σάρκινος
1 σατανᾶς
1* σεβάζομαι
1 σήμερον
1 σιγάω
1* σκληρότης
1 σκληρύνω
1 σκοπέω
1 Σόδομα
1 σοφία
1* Στάχυς
1 στεναγμός
1 στενάζω
1 στήκω
1 στοιχέω
1* συγκάμπτω
1 συγκλείω
1 συγκληρονόμος
1 συγκοινωνός
1 συζάω
1* σύμβουλος
1 σύμμορφος
1* συμπαρακαλέω
1 συμπάσχω
1* σύμφημι
1* σύμφυτος
1* συναγωνίζομαι
1 συναιχμάλωτος
1* συναναπαύομαι
1 συναντιλαμβάνομαι
1 συναπάγω
1* συνδοξάζω
1 συνεργέω
1 συνευδοκέω
1* συνήδομαι
1 συνθάπτω
1 συντελέω
1* συντέμνω
1 συντρίβω
1* σύντριμμα
1* συνωδίνω
1 συσταυρόω
1* συστενάζω
1 συσχηματίζω
1 σφαγή
1 σφραγίζω
1 σφραγίς
1 σωρεύω
1* Σωσίπατρος
1 σωφρονέω
1 ταλαιπωρία
1 ταλαίπωρος
1 ταπεινός
1 τάσσω
1 τάφος
1 τάχα
1 τάχος
1 τέλειος
1 τέρας
1* Τέρτιος
1 τετράπους
1 Τιμόθεος
1* τολμηρός
1 τότε
1 τράπεζα
1 τράχηλος
1 τρέχω
1 τρόπος
1* Τρύφαινα
1* Τρυφῶσα
1 τυφλός
1 ὑβριστής
1 ὑμέτερος
1* ὕπανδρος
1 ὑπάρχω
1 ὑπερβολή
1* ὑπερεντυγχάνω
1 ὑπερέχω
1 ὑπερήφανος
1* ὑπερνικάω
1 ὑπερπερισσεύω
1* ὑπερφρονέω
1 ὕπνος
1* ὑπόδικος
1* ὑπόλειμμα
1* ὑπολείπω
1 ὑπομένω
1 ὑποτίθημι
1 ὑστερέω
1 ὕψωμα
1 φαίνω
1 Φαραώ
1 φάσκω
1 φαῦλος
1 φέρω
1 φημί
1 φθάνω
1 φθαρτός
1 φθόγγος
1 φθόνος
1 φθορά
1 φιλαδελφία
1 φίλημα
1* Φιλόλογος
1 φιλοξενία
1* φιλόστοργος
1 φιλοτιμέομαι
1* Φλέγων
1* Φοίβη
1 φονεύω
1 φόνος
1 φορέω
1 φράσσω
1 φυλάσσω
1 φυλή
1 χαρίζομαι
1 χεῖλος
1 χείρ
1 χρεία
1 χρήζω
1 χρηματίζω
1* χρηματισμός
1* χρηστολογία
1 χρηστός
1 ψάλλω
1 ψεύδομαι
1 ψεῦδος
1* ψεῦσμα
1 ψεύστης
1* ψιθυριστής
1 ψωμίζω
1 ὥρα
1 ὡραῖος
1 ὡσαύτως
1 ὡσεί
1* Ὡσηέ
1 ὠφέλεια
1 ὠφελέω

° Not included in concordance
* Word only occurs in this book

1 Corinthians – Statistics

957 Total word count
106 Number of words occurring at least 10 times
437 Number of words occurring once

Words whose occurrences in this book account for at least 25% of occurrences in the entire NT

<u>100%</u>
5/5 μωρία (*mōria*; foolishness)
4/4 ἄγαμος (*agamos*; unmarried), χοϊκός (*choikos*; made of earth or dust)
3/3 διαίρεσις (*diairesis*; variety), ἴαμα (*iama*; healing), κατακαλύπτω (*katakalyptō*; cover one's head), Στεφανᾶς (*Stephanas*; Stephanas)
2/2 ἀκατακάλυπτος (*akatakalyptos*; uncovered), ἀσχημονέω (*aschēmoneō*; behave improperly), διόπερ (*dioper*; therefore indeed), ἐγκρατεύομαι (*enkrateuomai*; exercise self-control), ἐνέργημα (*energēma*; working), ἐντροπή (*entropē*; shame), ἑρμηνεία (*hermēneia*; interpretation), καταχράομαι (*katachraomai*; use), κομάω (*komaō*; wear long hair), λογεία (*logeia*; contribution), λοίδορος (*loidoros*; slanderer), μέθυσος (*methysos*; drunkard), μυρίος (*myrios*; countless), σύμφορος (*symphoros*; good), φρήν (*phrēn*; thinking)
1/1 ἀγενής (*agenēs*; insignificant), ἀδάπανος (*adapanos*; free of charge), ἀδήλως (*adēlōs*; without a goal in mind), αἴνιγμα (*ainigma*; dim or obscure image), ἄκων (*akōn*; unwillingly), ἀμετακίνητος (*ametakinētos*; immovable), ἀνάξιος (*anaxios*; unworthy), ἀναξίως (*anaxiōs*; in an unworthy manner), ἀνδρίζομαι (*andrizomai*; act like a man), ἀντίλημψις (*antilēmpsis*; ability to help), ἀπελεύθερος (*apeleutheros*; freedman), ἀπερισπάστως (*aperispastōs*; without distraction), ἀπόδειξις (*apodeixis*; proof), ἀρχιτέκτων (*architektōn*; expert builder), ἀστατέω (*astateō*; be homeless), ἀσχήμων (*aschēmōn*; unpresentable), ἄτομος (*atomos*; indivisible), αὐλός (*aulos*; flute), Ἀχαϊκός (*Achaikos*; Achaicus), ἄψυχος (*apsychos*; inanimate), βρόχος (*brochos*; restriction), γεώργιον (*geōrgion*; field), γυμνιτεύω (*gymniteuō*; be dressed in rags), διερμηνευτής (*diermēneutēs*; interpreter), δουλαγωγέω (*doulagōgeō*; bring under control), δράσσομαι (*drassomai*; catch), δυσφημέω (*dysphēmeō*; slander, insult), ἐγκοπή (*enkopē*; obstacle), εἰδωλεῖον (*eidōleion*; idol), ἐκνήφω (*eknēphō*; come to one's senses), ἔκτρωμα (*ektrōma*; abnormal birth), ἐξαίρω (*exairō*; remove), ἑορτάζω (*heortazō*; observe a festival), ἐπιθανάτιος (*epithanatios*; sentenced to death), ἐπιθυμητής (*epithymētēs*; one who desires), ἐπισπάομαι (*epispaomai*; remove the marks of circumcision), ἑτερόγλωσσος (*heteroglōssos*; speaking a foreign or strange language), εὐπάρεδρος (*euparedros*; devotion), εὔσημος (*eusēmos*; intelligible), εὐσχημοσύνη (*euschēmosynē*; modesty), ἦθος (*ēthos*; habit [pl. morals]), ἠχέω (*ēcheō*; be noisy), θᾶ (*tha*; our Lord), θηριομαχέω (*thēriomacheō*; fight wild beasts), ἱερόθυτος (*hierothytos*; offered in sacrifice), καλάμη (*kalamē*; straw), καταστρώννυμι (*katastrōnnymi*; strike down), κημόω (*kēmoō*; muzzle), κόμη (*komē*; hair), κυβέρνησις (*kybernēsis*; ability to lead), κύμβαλον (*kymbalon*; cymbal), λύσις (*lysis*; separation), μάκελλον (*makellon*; meat market), μαράνα (*marana*; our Lord), νή (*nē*; by), νηπιάζω (*nēpiazō*; be a child), ὀλοθρευτής (*olothreutēs*; destroying angel), ὁμιλία (*homilia*; company), ὄσφρησις (*osphrēsis*; sense of smell), παίζω (*paizō*; dance), παραμυθία (*paramythia*; comfort), παρεδρεύω (*paredreuō*; serve), πάροδος (*parodos*; passage), πειθός (*peithos*; persuasive), περικάθαρμα (*perikatharma*; refuse, rubbish), περίψημα (*peripsēma*; scum), περπερεύομαι (*perpereuomai*; be conceited), πτηνός (*ptēnos*; bird), πυκτεύω (*pykteuō*; box), ῥιπή (*rhipē*; blinking), συγγνώμη (*syngnōmē*; concession), συζητητής (*syzētētēs*; skillful debater), συμμερίζω (*symmerizō*; share with), σύμφωνος (*symphōnos*; mutual consent), τάγμα (*tagma*; proper order or turn), τυπικῶς (*typikōs*; by way of example), ὑπέρακμος (*hyperakmos*; past the best age for marriage), φιλόνεικος

(*philoneikos*; argumentative), Φορτουνᾶτος (*Phortounatos*; Fortunatus), Χλόη (*Chloē*; Chloe), χρηστεύομαι (*chrēsteuomai*; be kind), ὡσπερεί (*hōsperei*; as)

85%
6/7 φυσιόω (*physioō*; cause conceit or arrogance)

75%
3/4 ἐξουσιάζω (*exousiazō*; have power over), νῖκος (*nikos*; victory), ὅλως (*holōs*; at all), πλεονέκτης (*pleonektēs*; one who is grasping or greedy)

70%
7/10 Ἀπολλῶς (*Apollōs*; Apollos)

66%
4/6 διερμηνεύω (*diermēneuō*; interpret), ἐπαινέω (*epaineō*; commend), ψυχικός (*psychikos*; unspiritual)
2/3 ἀθανασία (*athanasia*; immortality), ἀλοάω (*aloaō*; thresh), ἀροτριάω (*arotriaō*; plow), βιωτικός (*biōtikos*; pertaining to everyday life), διδακτός (*didaktos*; taught), ἑδραῖος (*hedraios*; firm), κριτήριον (*kritērion*; court), ξυράω (*xyraō*; shave), ὁσάκις (*hosakis*; as often as), συναναμίγνυμι (*synanamignymi*; associate with), συνήθεια (*synētheia*; custom)

62%
10/16 ἀνακρίνω (*anakrinō*; question, examine)
5/8 μετέχω (*metechō*; share in)

60%
3/5 ἅρπαξ (*harpax*; grasping), ἰδιώτης (*idiōtēs*; untrained or unskilled man)

57%
15/26 πνευματικός (*pneumatikos*; spiritual)
4/7 ἀφθαρσία (*aphtharsia*; incorruptibility), εἰδωλολάτρης (*eidōlolatrēs*; idolater), ἐποικοδομέω (*epoikodomeō*; build on or upon)

55%
11/20 σοφός (*sophos*; wise)
5/9 εἰδωλόθυτος (*eidōlothytos*; meal offered to idols)

50%
4/8 ἐκτός (*ektos*; outside), πάντως (*pantōs*; by all means)
3/6 ἀποστερέω (*apostereō*; defraud), φθαρτός (*phthartos*; subject to decay)
2/4 αἰσχρός (*aischros*; disgraceful, shameful), ἀνάμνησις (*anamnēsis*; reminder), ἄτιμος (*atimos*; without honor), ἄφωνος (*aphōnos*; dumb), κείρω (*keirō*; shear), κέντρον (*kentron*; sting), στέγω (*stegō*; endure)
1/2 ἀγνωσία (*agnōsia*; lack of spiritual perception), ἄδηλος (*adēlos*; indistinct), ἀκρασία (*akrasia*; self-indulgence), ἀλαλάζω (*alalazō*; wail loudly, clang), ἀμέριμνος (*amerimnos*; free from worry or anxiety), ἀπολούω (*apolouō*; cleanse oneself), ἀρσενοκοίτης (*arsenokoitēs*; [practicing] homosexual), βραβεῖον (*brabeion*; prize), διαιρέω (*diaireō*; divide, distribute), ἔκβασις (*ekbasis*; way out), ἐκκαθαίρω (*ekkathairō*; clean out), ἑκών (*hekōn*; of one's own free will), ἐλεεινός (*eleeinos*; pitiful), ἔννομος (*ennomos*; subject), ἐξεγείρω (*exegeirō*; raise), ἔσοπτρον (*esoptron*; mirror), ἥσσων (*hēssōn*;

less), ἥττημα (*hēttēma*; defeat), κιθαρίζω (*kitharizō*; play a harp), κορέννυμι (*korennymi*; fill), κρέας (*kreas*; meat), Κρίσπος (*Krispos*; Crispus), κυριακός (*kyriakos*; belonging to the Lord), παροξύνω (*paroxynō*; be irritable), πεντακόσιοι (*pentakosioi*; five hundred), περιβόλαιον (*peribolaion*; cloak), πνευματικῶς (*pneumatikōs*; spiritually), πόμα (*poma*; drink), συγκεράννυμι (*synkerannymi*; unite), συμβασιλεύω (*symbasileuō*; live together as kings), συμπάσχω (*sympaschō*; suffer together), σύνοιδα (*synoida*; share knowledge with), συστέλλω (*systellō*; carry out or wrap up), σχῆμα (*schēma*; outward form), σχολάζω (*scholazō*; be empty or unoccupied), Σωσθένης (*Sōsthenēs*; Sosthenes), ὑπεροχή (*hyperochē*; position of authority), ὑπωπιάζω (*hypōpiazō*; wear out), φανέρωσις (*phanerōsis*; bringing to light), φθόγγος (*phthongos*; voice), ψευδόμαρτυς (*pseudomartys*; false witness), ψωμίζω (*psōmizō*; feed)

<u>47%</u>
16/34 μέλος (*melos*; a bodily part)
11/23 ἄπιστος (*apistos*; unfaithful)

<u>44%</u>
4/9 ἄνομος (*anomos*; lawless), Κηφᾶς (*Kēphas*; Cephas)

<u>42%</u>
21/49[50] γλῶσσα (*glōssa*; tongue, language)
11/26 ἀσθενής (*asthenēs*; sick)
3/7 ἀνθρώπινος (*anthrōpinos*; human), σαρκικός (*sarkikos*; belonging to the world, material)

<u>41%</u>
27/65 εἴτε (*eite*; if)
7/17 χάρισμα (*charisma*; gift)

<u>40%</u>
6/15 νήπιος (*nēpios*; infant, child), παρθένος (*parthenos*; virgin)
4/10 ἐπειδή (*epeidē*; since), πόρνος (*pornos*; sexually immoral person)
2/5 γάλα (*gala*; milk), εὐσχήμων (*euschēmōn*; respected), κενόω (*kenoō*; render ineffective), ποίμνη (*poimnē*; flock), φύραμα (*phyrama*; lump), ψάλλω (*psallō*; sing)

<u>39%</u>
11/28 προφητεύω (*prophēteuō*; prophesy)

<u>38%</u>
5/13 καταισχύνω (*kataischynō*; put to shame)

<u>37%</u>
6/16 ἔπειτα (*epeita*; then)

<u>37%</u>
3/8[9] κήρυγμα (*kērygma*; preaching)
3/8 πορνεύω (*porneuō*; commit sexual immorality), σχίσμα (*schisma*; division)

36%
4/11 εἴδωλον (*eidōlon*; idol), ζηλόω (*zēloō*; be jealous), φυτεύω (*phyteuō*; plant), χράομαι (*chraomai*; use, make use of)

35%
6/17 βρῶμα (*brōma*; food)

34%
10/29 γνῶσις (*gnōsis*; knowledge)

33%
17/51 σοφία (*sophia*; wisdom)
9/27 καταργέω (*katargeō*; render ineffective)
6/18 κοιμάομαι (*koimaomai*; sleep)
5/15 ποτίζω (*potizō*; give to drink)
4/12 μωρός (*mōros*; foolish)
3/9 ᾿Αδάμ (*Adam*; Adam), ἀπαρχή (*aparchē*; firstfruits), γνώμη (*gnōmē*; purpose), οἰκέω (*oikeō*; live), φθείρω (*phtheirō*; corrupt)
2/6 ἀλλάσσω (*allassō*; change), ἀνάθεμα (*anathema*; cursed), ἀναπληρόω (*anaplēroō*; meet, fulfill), βάρβαρος (*barbaros*; non-Greek, uncivilized), εἴπερ (*eiper*; since), ἐκδέχομαι (*ekdechomai*; wait for), θνητός (*thnētos*; mortal), μάταιος (*mataios*; worthless), μιμητής (*mimētēs*; imitator), συνευδοκέω (*syneudokeō*; approve of), φορέω (*phoreō*; wear)
1/3 ἀπρόσκοπος (*aproskopos*; blameless), αὐλέω (*auleō*; play a flute), δῆλος (*dēlos*; evident), διάκρισις (*diakrisis*; ability to discern), διαστολή (*diastolē*; distinction), εἰλικρίνεια (*eilikrineia*; sincerity), ἐνεργής (*energēs*; active), εὐγενής (*eugenēs*; of high or noble birth), εὐκαιρέω (*eukaireō*; have time or opportunity), εὐσχημόνως (*euschēmonōs*; properly), θέατρον (*theatron*; theatre), ἱερός (*hieros*; sacred), μοιχός (*moichos*; adulterer), μολύνω (*molynō*; defile), νουθεσία (*nouthesia*; instruction), ὅμως (*homōs*; even), ὀφειλή (*opheilē*; debt), ὄφελος (*ophelos*; gain), παιδαγωγός (*paidagōgos*; instructor), πεντηκοστή (*pentēkostē*; Pentecost), πλουτίζω (*ploutizō*; enrich), Πρίσκα (*Priska*; Prisca), προλαμβάνω (*prolambanō*; do [something] ahead of time), συγκρίνω (*synkrinō*; compare), τήρησις (*tērēsis*; custody), τοίνυν (*toinyn*; therefore), ὑποφέρω (*hypopherō*; endure)

32%
46/142 σῶμα (*sōma*; body)
9/28 γαμέω (*gameō*; marry)

30%
4/13 ζύμη (*zymē*; yeast), χωρίζω (*chōrizō*; separate)
3/10 κλητός (*klētos*; called), σιγάω (*sigaō*; keep silent)

29%
7/24 νοῦς (*nous*; mind)
5/17 κερδαίνω (*kerdainō*; gain)

28%
2/7[8] ἄφθαρτος (*aphthartos*; imperishable), βεβαιόω (*bebaioō*; confirm)

2/7 ἀήρ (*aēr*; air), ἀτιμία (*atimia*; disgrace), γαμίζω (*gamizō*; give in marriage), δηλόω (*dēloō*; make clear), ἐνίστημι (*enistēmi*; be impending), ἐπίγειος (*epigeios*; earthly), ἐπιταγή (*epitagē*; command), συγχαίρω (*synchairō*; rejoice with or together)

27%
22/81[82] ἕκαστος (*hekastos*; 22/81[82]) each
5/18 οἰκοδομή (*oikodomē*; building [up])
3/11 ἐξουθενέω (*exoutheneō*; despise), ζωοποιέω (*zōopoieō*; give life), καύχημα (*kauchēma*; ground for boasting)

26%
8/30 συνείδησις (*syneidēsis*; conscience)
6/23 ἐλεύθερος (*eleutheros*; free)
5/19 διακρίνω (*diakrinō*; evaluate, discern), ἐπουράνιος (*epouranios*; heavenly), μεριμνάω (*merimnaō*; be anxious), προφητεία (*prophēteia*; prophecy)

25%
8/21 ποτήριον (*potērion*; cup)

1 Corinthians – Concordance

ἄγαμος (*agamos*; 4/4) *unmarried*
1Co 7:8 Λέγω δὲ τοῖς **ἀγάμοις** καὶ ταῖς χήραις,
1Co 7:11 μενέτω **ἄγαμος** ἢ τῷ ἀνδρὶ
1Co 7:32 ὁ **ἄγαμος** μεριμνᾷ τὰ τοῦ
1Co 7:34 ἡ γυνὴ ἡ **ἄγαμος** καὶ ἡ παρθένος

ἀγαπάω (*agapaō*; 2/143) *love*
1Co 2:9 ὁ θεὸς τοῖς **ἀγαπῶσιν** αὐτόν.
1Co 8:3 εἰ δέ τις **ἀγαπᾷ** τὸν θεόν,

ἀγάπη (*agapē*; 14/116) *love*
1Co 4:21 ὑμᾶς ἢ ἐν **ἀγάπῃ** πνεύματί τε πραΰτητος;
1Co 8:1 ἡ δὲ **ἀγάπη** οἰκοδομεῖ·
1Co 13:1 **ἀγάπην** δὲ μὴ ἔχω,
1Co 13:2 **ἀγάπην** δὲ μὴ ἔχω,
1Co 13:3 **ἀγάπην** δὲ μὴ ἔχω,
1Co 13:4 Ἡ **ἀγάπη** μακροθυμεῖ,
1Co 13:4 χρηστεύεται ἡ **ἀγάπη**,
1Co 13:4 [ἡ **ἀγάπη**] οὐ περπερεύεται,
1Co 13:8 Ἡ **ἀγάπη** οὐδέποτε πίπτει·
1Co 13:13 **ἀγάπη**,
1Co 13:13 δὲ τούτων ἡ **ἀγάπη**.
1Co 14:1 Διώκετε τὴν **ἀγάπην**,
1Co 16:14 πάντα ὑμῶν ἐν **ἀγάπῃ** γινέσθω.
1Co 16:24 ἡ **ἀγάπη** μου μετὰ πάντων

ἀγαπητός (*agapētos*; 4/61) *beloved*
1Co 4:14 ὡς τέκνα μου **ἀγαπητὰ** νουθετῶ[ν].
1Co 4:17 ἐστίν μου τέκνον **ἀγαπητὸν** καὶ πιστὸν ἐν
1Co 10:14 **ἀγαπητοί** μου,
1Co 15:58 ἀδελφοί μου **ἀγαπητοί**,

ἄγγελος (*angelos*; 4/175) *angel, messenger*
1Co 4:9 τῷ κόσμῳ καὶ **ἀγγέλοις** καὶ ἀνθρώποις.
1Co 6:3 οὐκ οἴδατε ὅτι **ἀγγέλους** κρινοῦμεν,
1Co 11:10 κεφαλῆς διὰ τοὺς **ἀγγέλους**.
1Co 13:1 λαλῶ καὶ τῶν **ἀγγέλων**,

ἀγενής (*agenēs*; 1/1) *insignificant*
1Co 1:28 καὶ τὰ **ἀγενῆ** τοῦ κόσμου καὶ

ἁγιάζω (*hagiazō*; 4/28) *set apart as sacred to God, consecrate, sanctify, purify*
1Co 1:2 **ἡγιασμένοις** ἐν Χριστῷ Ἰησοῦ,
1Co 6:11 ἀλλὰ **ἡγιάσθητε**,
1Co 7:14 **ἡγίασται** γὰρ ὁ ἀνὴρ
1Co 7:14 τῇ γυναικὶ καὶ **ἡγίασται** ἡ γυνὴ ἡ

ἁγιασμός (*hagiasmos*; 1/10) *consecration, holiness, sanctification*
1Co 1:30 δικαιοσύνη τε καὶ **ἁγιασμὸς** καὶ ἀπολύτρωσις,

ἅγιος (*hagios*; 12/233) *holy, set apart*
1Co 1:2 κλητοῖς **ἁγίοις**,
1Co 3:17 ναὸς τοῦ θεοῦ **ἅγιός** ἐστιν,
1Co 6:1 οὐχὶ ἐπὶ τῶν **ἁγίων**;
1Co 6:2 οἴδατε ὅτι οἱ **ἅγιοι** τὸν κόσμον κρινοῦσιν;
1Co 6:19 τοῦ ἐν ὑμῖν **ἁγίου** πνεύματός ἐστιν οὗ
1Co 7:14 νῦν δὲ **ἅγιά** ἐστιν.
1Co 7:34 ἵνα ᾖ **ἁγία** καὶ τῷ σώματι
1Co 12:3 μὴ ἐν πνεύματι **ἁγίῳ**.
1Co 14:33 ταῖς ἐκκλησίαις τῶν **ἁγίων**
1Co 16:1 τῆς εἰς τοὺς **ἁγίους** ὥσπερ διέταξα ταῖς
1Co 16:15 εἰς διακονίαν τοῖς **ἁγίοις** ἔταξαν ἑαυτούς·
1Co 16:20 ἀλλήλους ἐν φιλήματι **ἁγίῳ**.

ἀγνοέω (*agnoeō*; 4/22) *be ignorant*
1Co 10:1 θέλω γὰρ ὑμᾶς **ἀγνοεῖν**,
1Co 12:1 οὐ θέλω ὑμᾶς **ἀγνοεῖν**.
1Co 14:38 εἰ δέ τις **ἀγνοεῖ**,
1Co 14:38 ἀγνοεῖται.

ἀγνωσία (*agnōsia*; 1/2) *lack of spiritual perception*
1Co 15:34 **ἀγνωσίαν** γὰρ θεοῦ τινες

ἀγοράζω (*agorazō*; 3/30) *buy*
1Co 6:20 **ἠγοράσθητε** γὰρ τιμῆς·
1Co 7:23 τιμῆς **ἠγοράσθητε**·
1Co 7:30 χαίροντες καὶ οἱ **ἀγοράζοντες** ὡς μὴ κατέχοντες,

ἄγω (*agō*; 1/68[69]) *lead*
1Co 12:2 ἄφωνα ὡς ἂν **ἤγεσθε** ἀπαγόμενοι.

ἀγωνίζομαι (*agōnizomai*; 1/8) *struggle, fight*
1Co 9:25 πᾶς δὲ ὁ **ἀγωνιζόμενος** πάντα ἐγκρατεύεται,

Ἀδάμ (*Adam*; 3/9) *Adam*
1Co 15:22 γὰρ ἐν τῷ **Ἀδὰμ** πάντες ἀποθνῄσκουσιν,
1Co 15:45 ὁ πρῶτος ἄνθρωπος **Ἀδὰμ** εἰς ψυχὴν ζῶσαν,
1Co 15:45 ὁ ἔσχατος **Ἀδὰμ** εἰς πνεῦμα ζῳοποιοῦν.

ἀδάπανος (*adapanos*; 1/1) *free of charge*
1Co 9:18 ἵνα εὐαγγελιζόμενος **ἀδάπανον** θήσω τὸ εὐαγγέλιον

ἀδελφή (*adelphē*; 2/26) *sister*
1Co 7:15 ἀδελφὸς ἢ ἡ **ἀδελφὴ** ἐν τοῖς τοιούτοις·
1Co 9:5 οὐκ ἔχομεν ἐξουσίαν **ἀδελφὴν** γυναῖκα περιάγειν ὡς

ἀδελφός (*adelphos*; 39/343) *brother*
1Co 1:1 καὶ Σωσθένης ὁ **ἀδελφὸς**
1Co 1:10 **ἀδελφοί**,
1Co 1:11 **ἀδελφοί** μου,
1Co 1:26 **ἀδελφοί**,
1Co 2:1 **ἀδελφοί**,
1Co 3:1 **ἀδελφοί**,
1Co 4:6 **ἀδελφοί**,
1Co 5:11 συναναμίγνυσθαι ἐάν τις **ἀδελφὸς** ὀνομαζόμενος ᾖ πόρνος
1Co 6:5 ἀνὰ μέσον τοῦ **ἀδελφοῦ** αὐτοῦ;

1Co 6:6 ἀλλὰ **ἀδελφὸς** μετὰ ἀδελφοῦ κρίνεται
1Co 6:6 ἀλλὰ ἀδελφὸς μετὰ **ἀδελφοῦ** κρίνεται καὶ τοῦτο
1Co 6:8 καὶ τοῦτο **ἀδελφούς**.
1Co 7:12 εἴ τις **ἀδελφὸς** γυναῖκα ἔχει ἄπιστον
1Co 7:14 ἄπιστος ἐν τῷ **ἀδελφῷ**·
1Co 7:15 οὐ δεδούλωται ὁ **ἀδελφὸς** ἢ ἡ ἀδελφὴ
1Co 7:24 **ἀδελφοί**,
1Co 7:29 **ἀδελφοί**,
1Co 8:11 ὁ **ἀδελφὸς** δι᾿ ὃν Χριστὸς
1Co 8:12 ἁμαρτάνοντες εἰς τοὺς **ἀδελφοὺς** καὶ τύπτοντες αὐτῶν
1Co 8:13 βρῶμα σκανδαλίζει τὸν **ἀδελφόν** μου,
1Co 8:13 ἵνα μὴ τὸν **ἀδελφόν** μου σκανδαλίσω.
1Co 9:5 ἀπόστολοι καὶ οἱ **ἀδελφοὶ** τοῦ κυρίου καὶ
1Co 10:1 **ἀδελφοί**,
1Co 11:33 **ἀδελφοί** μου,
1Co 12:1 **ἀδελφοί**,
1Co 14:6 **ἀδελφοί**,
1Co 14:20 **᾿Αδελφοί**,
1Co 14:26 **ἀδελφοί**;
1Co 14:39 **ἀδελφοί** [μου],
1Co 15:1 **ἀδελφοί**,
1Co 15:6 ὤφθη ἐπάνω πεντακοσίοις **ἀδελφοῖς** ἐφάπαξ,
1Co 15:31 **[ἀδελφοί]** ἣν ἔχω ἐν
1Co 15:50 **ἀδελφοί**,
1Co 15:58 **ἀδελφοί** μου ἀγαπητοί,
1Co 16:11 αὐτὸν μετὰ τῶν **ἀδελφῶν**.
1Co 16:12 δὲ ᾿Απολλῶ τοῦ **ἀδελφοῦ**,
1Co 16:12 ὑμᾶς μετὰ τῶν **ἀδελφῶν**·
1Co 16:15 **ἀδελφοί**·
1Co 16:20 ἀσπάζονται ὑμᾶς οἱ **ἀδελφοὶ** πάντες.

ἄδηλος (*adēlos*; 1/2) *indistinct*
1Co 14:8 καὶ γὰρ ἐὰν **ἄδηλον** σάλπιγξ φωνὴν δῷ,

ἀδήλως (*adēlōs*; 1/1) *without a goal in mind*
1Co 9:26 τρέχω ὡς οὐκ **ἀδήλως**,

ἀδικέω (*adikeō*; 2/28) *do or be in the wrong*
1Co 6:7 τί οὐχὶ μᾶλλον **ἀδικεῖσθε**;
1Co 6:8 ἀλλὰ ὑμεῖς **ἀδικεῖτε** καὶ ἀποστερεῖτε,

ἀδικία (*adikia*; 1/25) *unrighteousness*
1Co 13:6 χαίρει ἐπὶ τῇ **ἀδικίᾳ**,

ἄδικος (*adikos*; 2/12) *evil*
1Co 6:1 κρίνεσθαι ἐπὶ τῶν **ἀδίκων** καὶ οὐχὶ ἐπὶ
1Co 6:9 οὐκ οἴδατε ὅτι **ἄδικοι** θεοῦ βασιλείαν οὐ

ἀδόκιμος (*adokimos*; 1/8) *failing to meet the test*
1Co 9:27 ἄλλοις κηρύξας αὐτὸς **ἀδόκιμος** γένωμαι.

ἄζυμος (*azymos*; 2/9) *without yeast*
1Co 5:7 καθώς ἐστε **ἄζυμοι**·
1Co 5:8 πονηρίας ἀλλ᾿ ἐν **ἀζύμοις** εἰλικρινείας καὶ ἀληθείας.

ἀήρ (*aēr*; 2/7) *air*
1Co 9:26 πυκτεύω ὡς οὐκ **ἀέρα** δέρων·
1Co 14:9 ἔσεσθε γὰρ εἰς **ἀέρα** λαλοῦντες.

ἀθανασία (*athanasia*; 2/3) *immortality*
1Co 15:53 θνητὸν τοῦτο ἐνδύσασθαι **ἀθανασίαν**.
1Co 15:54 θνητὸν τοῦτο ἐνδύσηται **ἀθανασίαν**,

ἀθετέω (*atheteō*; 1/16) *reject*
1Co 1:19 σύνεσιν τῶν συνετῶν **ἀθετήσω**.

αἷμα (*haima*; 4/97) *blood*
1Co 10:16 κοινωνία ἐστὶν τοῦ **αἵματος** τοῦ Χριστοῦ;
1Co 11:25 ἐν τῷ ἐμῷ **αἵματι**·
1Co 11:27 σώματος καὶ τοῦ **αἵματος** τοῦ κυρίου.
1Co 15:50 ὅτι σὰρξ καὶ **αἷμα** βασιλείαν θεοῦ κληρονομῆσαι

αἴνιγμα (*ainigma*; 1/1) *dim or obscure image*
1Co 13:12 δι᾿ ἐσόπτρου ἐν **αἰνίγματι**,

αἵρεσις (*hairesis*; 1/9) *religious party*
1Co 11:19 δεῖ γὰρ καὶ **αἱρέσεις** ἐν ὑμῖν εἶναι,

αἴρω (*airō*; 2/100[101]) *take, take up or away*
1Co 5:2 ἵνα **ἀρθῇ** ἐκ μέσου ὑμῶν
1Co 6:15 **ἄρας** οὖν τὰ μέλη

αἰσχρός (*aischros*; 2/4) *disgraceful, shameful*
1Co 11:6 εἰ δὲ **αἰσχρὸν** γυναικὶ τὸ κείρασθαι
1Co 14:35 **αἰσχρὸν** γάρ ἐστιν γυναικὶ

αἰτέω (*aiteō*; 1/70) *ask*
1Co 1:22 καὶ ᾿Ιουδαῖοι σημεῖα **αἰτοῦσιν** καὶ Ἕλληνες σοφίαν

αἰών (*aiōn*; 8/122) *age*
1Co 1:20 ποῦ συζητητὴς τοῦ **αἰῶνος** τούτου;
1Co 2:6 δὲ οὐ τοῦ **αἰῶνος** τούτου οὐδὲ τῶν
1Co 2:6 τῶν ἀρχόντων τοῦ **αἰῶνος** τούτου τῶν καταργουμένων·
1Co 2:7 θεὸς πρὸ τῶν **αἰώνων** εἰς δόξαν ἡμῶν,
1Co 2:8 τῶν ἀρχόντων τοῦ **αἰῶνος** τούτου ἔγνωκεν·
1Co 3:18 ὑμῖν ἐν τῷ **αἰῶνι** τούτῳ,
1Co 8:13 κρέα εἰς τὸν **αἰῶνα**,
1Co 10:11 τὰ τέλη τῶν **αἰώνων** κατήντηκεν.

ἀκάθαρτος (*akathartos*; 1/32) *unclean*
1Co 7:14 τὰ τέκνα ὑμῶν **ἀκάθαρτά** ἐστιν,

ἄκαρπος (*akarpos*; 1/7) *barren*
1Co 14:14 δὲ νοῦς μου **ἄκαρπός** ἐστιν.

ἀκατακάλυπτος (*akatakalyptos*; 2/2) *uncovered*
1Co 11:5 προσευχομένη ἢ προφητεύουσα **ἀκατακαλύπτῳ** τῇ κεφαλῇ καταισχύνει
1Co 11:13 πρέπον ἐστὶν γυναῖκα **ἀκατακάλυπτον** τῷ θεῷ προσεύχεσθαι;

ἀκαταστασία (*akatastasia*; 1/5) *disorder*
1Co 14:33 οὐ γάρ ἐστιν **ἀκαταστασίας** ὁ θεὸς ἀλλὰ

ἀκοή (*akoē*; 2/24) *report*
1Co 12:17 ποῦ ἡ **ἀκοή**;
1Co 12:17 εἰ ὅλον **ἀκοή**,

ἀκολουθέω (*akoloutheō*; 1/90) *follow*
1Co 10:4 γὰρ ἐκ πνευματικῆς **ἀκολουθούσης** πέτρας,

ἀκούω (*akouō*; 4/426[428]) *hear*
1Co 2:9 καὶ οὖς οὐκ **ἤκουσεν** καὶ ἐπὶ καρδίαν
1Co 5:1 Ὅλως **ἀκούεται** ἐν ὑμῖν πορνεία,
1Co 11:18 ὑμῶν ἐν ἐκκλησίᾳ **ἀκούω** σχίσματα ἐν ὑμῖν
1Co 14:2 οὐδεὶς γὰρ **ἀκούει**,

ἀκρασία (*akrasia*; 1/2) *self-indulgence*
1Co 7:5 σατανᾶς διὰ τὴν **ἀκρασίαν** ὑμῶν.

ἀκροβυστία (*akrobystia*; 2/20) *uncircumcision*
1Co 7:18 ἐν **ἀκροβυστίᾳ** κέκληταί τις,
1Co 7:19 ἐστιν καὶ ἡ **ἀκροβυστία** οὐδέν ἐστιν,

Ἀκύλας (*Akylas*; 1/6) *Aquila*
1Co 16:19 ἐν κυρίῳ πολλὰ **Ἀκύλας** καὶ Πρίσκα σὺν

ἄκων (*akōn*; 1/1) *unwillingly*
1Co 9:17 εἰ δὲ **ἄκων**,

ἀλαλάζω (*alalazō*; 1/2) *wail loudly, clang*
1Co 13:1 ἠχῶν ἢ κύμβαλον **ἀλαλάζον**.

ἀλήθεια (*alētheia*; 2/109) *truth*
1Co 5:8 ἀζύμοις εἰλικρινείας καὶ **ἀληθείας**.
1Co 13:6 συγχαίρει δὲ τῇ **ἀληθείᾳ**·

ἀλλά (*alla*; 72/638) *but*
1Co 1:17 με Χριστὸς βαπτίζειν **ἀλλὰ** εὐαγγελίζεσθαι,
1Co 1:27 **ἀλλὰ** τὰ μωρὰ τοῦ
1Co 2:4 πειθοῖ[ς] σοφίας [λόγοις **ἀλλ᾽** ἐν ἀποδείξει πνεύματος
1Co 2:5 ἐν σοφίᾳ ἀνθρώπων **ἀλλ᾽** ἐν δυνάμει θεοῦ.
1Co 2:7 **ἀλλὰ** λαλοῦμεν θεοῦ σοφίαν
1Co 2:9 **ἀλλὰ** καθὼς γέγραπται·
1Co 2:12 τοῦ κόσμου ἐλάβομεν **ἀλλὰ** τὸ πνεῦμα τὸ
1Co 2:13 ἀνθρωπίνης σοφίας λόγοις **ἀλλ᾽** ἐν διδακτοῖς πνεύματος,
1Co 3:1 ὑμῖν ὡς πνευματικοῖς **ἀλλ᾽** ὡς σαρκίνοις,
1Co 3:2 **ἀλλ᾽** οὐδὲ ἔτι νῦν
1Co 3:6 **ἀλλὰ** ὁ θεὸς ηὔξανεν·
1Co 3:7 οὔτε ὁ ποτίζων **ἀλλ᾽** ὁ αὐξάνων θεός.
1Co 4:3 **ἀλλ᾽** οὐδὲ ἐμαυτὸν ἀνακρίνω.
1Co 4:4 **ἀλλ᾽** οὐκ ἐν τούτῳ
1Co 4:14 ὑμᾶς γράφω ταῦτα **ἀλλ᾽** ὡς τέκνα μου
1Co 4:15 ἔχητε ἐν Χριστῷ **ἀλλ᾽** οὐ πολλοὺς πατέρας·
1Co 4:19 λόγον τῶν πεφυσιωμένων **ἀλλὰ** τὴν δύναμιν·
1Co 4:20 βασιλεία τοῦ θεοῦ **ἀλλ᾽** ἐν δυνάμει.
1Co 5:8 κακίας καὶ πονηρίας **ἀλλ᾽** ἐν ἀζύμοις εἰλικρινείας
1Co 6:6 **ἀλλὰ** ἀδελφὸς μετὰ ἀδελφοῦ
1Co 6:8 **ἀλλὰ** ὑμεῖς ἀδικεῖτε καὶ
1Co 6:11 ἀλλὰ **ἀπελούσασθε**,
1Co 6:11 **ἀλλὰ** ἡγιάσθητε,
1Co 6:11 **ἀλλὰ** ἐδικαιώθητε ἐν τῷ
1Co 6:12 Πάντα μοι ἔξεστιν **ἀλλ᾽** οὐ πάντα συμφέρει·
1Co 6:12 πάντα μοι ἔξεστιν **ἀλλ᾽** οὐκ ἐγὼ ἐξουσιασθήσομαι
1Co 6:13 οὐ τῇ πορνείᾳ **ἀλλὰ** τῷ κυρίῳ,
1Co 7:4 σώματος οὐκ ἐξουσιάζει **ἀλλὰ** ὁ ἀνήρ,
1Co 7:4 σώματος οὐκ ἐξουσιάζει **ἀλλὰ** ἡ γυνή.
1Co 7:7 **ἀλλὰ** ἕκαστος ἴδιον ἔχει
1Co 7:10 οὐκ ἐγὼ **ἀλλὰ** ὁ κύριος,
1Co 7:19 **ἀλλὰ** τήρησις ἐντολῶν θεοῦ.
1Co 7:21 **ἀλλ᾽** εἰ καὶ δύνασαι
1Co 7:35 βρόχον ὑμῖν ἐπιβάλω **ἀλλὰ** πρὸς τὸ εὔσχημον
1Co 8:6 **ἀλλ᾽** ἡμῖν εἷς θεὸς
1Co 8:7 **Ἀλλ᾽** οὐκ ἐν πᾶσιν
1Co 9:2 **ἀλλά** γε ὑμῖν εἰμι·
1Co 9:12 **ἀλλ᾽** οὐκ ἐχρησάμεθα τῇ
1Co 9:12 **ἀλλὰ** πάντα στέγομεν,
1Co 9:21 ὢν ἄνομος θεοῦ **ἀλλ᾽** ἔννομος Χριστοῦ,
1Co 9:27 **ἀλλὰ** ὑπωπιάζω μου τὸ
1Co 10:5 **Ἀλλ᾽** οὐκ ἐν τοῖς
1Co 10:13 ὑπὲρ ὃ δύνασθε **ἀλλὰ** ποιήσει σὺν τῷ
1Co 10:20 **ἀλλ᾽** ὅτι ἃ θύουσιν,
1Co 10:23 Πάντα ἔξεστιν **ἀλλ᾽** οὐ πάντα συμφέρει·
1Co 10:23 πάντα ἔξεστιν **ἀλλ᾽** οὐ πάντα οἰκοδομεῖ.
1Co 10:24 τὸ ἑαυτοῦ ζητείτω **ἀλλὰ** τὸ τοῦ ἑτέρου.
1Co 10:29 οὐχὶ τὴν ἑαυτοῦ **ἀλλὰ** τὴν τοῦ ἑτέρου.
1Co 10:33 τὸ ἐμαυτοῦ σύμφορον **ἀλλὰ** τὸ τῶν πολλῶν,
1Co 11:8 ἀνὴρ ἐκ γυναικὸς **ἀλλὰ** γυνὴ ἐξ ἀνδρός·
1Co 11:9 διὰ τὴν γυναῖκα **ἀλλὰ** γυνὴ διὰ τὸν
1Co 11:17 εἰς τὸ κρεῖσσον **ἀλλὰ** εἰς τὸ ἧσσον
1Co 12:14 ἔστιν ἓν μέλος **ἀλλὰ** πολλά.
1Co 12:22 **ἀλλὰ** πολλῷ μᾶλλον τὰ
1Co 12:24 **ἀλλὰ** ὁ θεὸς συνεκέρασεν
1Co 12:25 ἐν τῷ σώματι **ἀλλὰ** τὸ αὐτὸ ὑπὲρ
1Co 14:2 οὐκ ἀνθρώποις λαλεῖ **ἀλλὰ** θεῷ·
1Co 14:17 γὰρ καλῶς εὐχαριστεῖς **ἀλλ᾽** ὁ ἕτερος οὐκ
1Co 14:19 **ἀλλὰ** ἐν ἐκκλησίᾳ θέλω
1Co 14:20 γίνεσθε ταῖς φρεσὶν **ἀλλὰ** τῇ κακίᾳ νηπιάζετε,
1Co 14:22 οὐ τοῖς πιστεύουσιν **ἀλλὰ** τοῖς ἀπίστοις,
1Co 14:22 οὐ τοῖς ἀπίστοις **ἀλλὰ** τοῖς πιστεύουσιν.
1Co 14:33 ἀκαταστασίας ὁ θεὸς **ἀλλὰ** εἰρήνης.
1Co 14:34 **ἀλλὰ** ὑποτασσέσθωσαν,
1Co 15:10 **ἀλλὰ** περισσότερον αὐτῶν πάντων
1Co 15:10 οὐκ ἐγὼ δὲ **ἀλλὰ** ἡ χάρις τοῦ
1Co 15:35 **Ἀλλὰ** ἐρεῖ τις·
1Co 15:37 τὸ γενησόμενον σπείρεις **ἀλλὰ** γυμνὸν κόκκον εἰ
1Co 15:39 ἡ αὐτὴ σὰρξ **ἀλλὰ** ἄλλη μὲν ἀνθρώπων,
1Co 15:40 **ἀλλὰ** ἑτέρα μὲν ἡ
1Co 15:46 **ἀλλ᾽** οὐ πρῶτον τὸ
1Co 15:46 πρῶτον τὸ πνευματικὸν **ἀλλὰ** τὸ ψυχικόν,

ἀλλάσσω (*allassō*; 2/6) *change*
1Co 15:51 πάντες δὲ **ἀλλαγησόμεθα**,
1Co 15:52 ἄφθαρτοι καὶ ἡμεῖς **ἀλλαγησόμεθα**.

ἀλλήλων (*allēlōn*; 4/100) *one another*
1Co 7:5 μὴ ἀποστερεῖτε **ἀλλήλους**,
1Co 11:33 εἰς τὸ φαγεῖν **ἀλλήλους** ἐκδέχεσθε.
1Co 12:25 τὸ αὐτὸ ὑπὲρ **ἀλλήλων** μεριμνῶσιν τὰ μέλη.
1Co 16:20 Ἀσπάσασθε **ἀλλήλους** ἐν φιλήματι ἁγίῳ.

ἄλλος (*allos*; 23/155) *other, another*
1Co 1:16 οἶδα εἴ τινα **ἄλλον** ἐβάπτισα.
1Co 3:10 **ἄλλος** δὲ ἐποικοδομεῖ.
1Co 3:11 θεμέλιον γὰρ **ἄλλον** οὐδεὶς δύναται θεῖναι
1Co 9:2 εἰ **ἄλλοις** οὐκ εἰμὶ ἀπόστολος,
1Co 9:12 Εἰ **ἄλλοι** τῆς ὑμῶν ἐξουσίας
1Co 9:27 μή πως **ἄλλοις** κηρύξας αὐτὸς ἀδόκιμος
1Co 10:29 μου κρίνεται ὑπὸ **ἄλλης** συνειδήσεως;
1Co 12:8 **ἄλλῳ** δὲ λόγος γνώσεως
1Co 12:9 **ἄλλῳ** δὲ χαρίσματα ἰαμάτων
1Co 12:10 **ἄλλῳ** δὲ ἐνεργήματα δυνάμεων,
1Co 12:10 **ἄλλῳ** [δὲ] προφητεία,
1Co 12:10 **ἄλλῳ** [δὲ] διακρίσεις πνευμάτων,
1Co 12:10 **ἄλλῳ** δὲ ἑρμηνεία γλωσσῶν·
1Co 14:19 ἵνα καὶ **ἄλλους** κατηχήσω,
1Co 14:29 λαλείτωσαν καὶ οἱ **ἄλλοι** διακρινέτωσαν·
1Co 14:30 ἐὰν δὲ **ἄλλῳ** ἀποκαλυφθῇ καθημένῳ,
1Co 15:39 αὐτὴ σὰρξ ἀλλὰ **ἄλλη** μὲν ἀνθρώπων,
1Co 15:39 **ἄλλη** δὲ σὰρξ κτηνῶν,
1Co 15:39 **ἄλλη** δὲ σὰρξ πτηνῶν,
1Co 15:39 **ἄλλη** δὲ ἰχθύων.
1Co 15:41 **ἄλλη** δόξα ἡλίου,
1Co 15:41 καὶ **ἄλλη** δόξα σελήνης,
1Co 15:41 καὶ **ἄλλη** δόξα ἀστέρων·

ἀλοάω (*aloaō*; 2/3) *thresh*
1Co 9:9 οὐ κημώσεις βοῦν **ἀλοῶντα**.
1Co 9:10 ἀροτριᾶν καὶ ὁ **ἀλοῶν** ἐπ' ἐλπίδι τοῦ

ἁμαρτάνω (*hamartanō*; 7/42[43]) *sin*
1Co 6:18 τὸ ἴδιον σῶμα **ἁμαρτάνει**.
1Co 7:28 οὐχ **ἥμαρτες**,
1Co 7:28 οὐχ **ἥμαρτεν**·
1Co 7:36 οὐχ **ἁμαρτάνει**,
1Co 8:12 οὕτως δὲ **ἁμαρτάνοντες** εἰς τοὺς ἀδελφοὺς
1Co 8:12 ἀσθενοῦσαν εἰς Χριστὸν **ἁμαρτάνετε**.
1Co 15:34 δικαίως καὶ μὴ **ἁμαρτάνετε**,

ἁμάρτημα (*hamartēma*; 1/4) *sin*
1Co 6:18 πᾶν **ἁμάρτημα** ὃ ἐὰν ποιήσῃ

ἁμαρτία (*hamartia*; 4/173) *sin*
1Co 15:3 ἀπέθανεν ὑπὲρ τῶν **ἁμαρτιῶν** ἡμῶν κατὰ
1Co 15:17 ἐστὲ ἐν ταῖς **ἁμαρτίαις** ὑμῶν,
1Co 15:56 τοῦ θανάτου ἡ **ἁμαρτία**,
1Co 15:56 δὲ δύναμις τῆς **ἁμαρτίας** ὁ νόμος·

ἀμέριμνος (*amerimnos*; 1/2) *free from worry or anxiety*
1Co 7:32 Θέλω δὲ ὑμᾶς **ἀμερίμνους** εἶναι.

ἀμετακίνητος (*ametakinētos*; 1/1) *immovable*
1Co 15:58 **ἀμετακίνητοι**,

ἀμήν (*amēn*; 1/128[129]) *truly*
1Co 14:16 πῶς ἐρεῖ τὸ **ἀμὴν** ἐπὶ τῇ σῇ

ἀμπελών (*ampelōn*; 1/23) *vineyard*
1Co 9:7 τίς φυτεύει **ἀμπελῶνα** καὶ τὸν καρπὸν

ἄν (*an*; 7/166) *particle indicating contingency*
1Co 2:8 οὐκ **ἂν** τὸν κύριον τῆς
1Co 4:5 τι κρίνετε ἕως **ἂν** ἔλθῃ ὁ κύριος,
1Co 7:5 εἰ μήτι **ἂν** ἐκ συμφώνου πρὸς
1Co 11:27 Ὥστε ὃς **ἂν** ἐσθίῃ τὸν ἄρτον
1Co 11:31 οὐκ **ἂν** ἐκρινόμεθα·
1Co 11:34 δὲ λοιπὰ ὡς **ἂν** ἔλθω διατάξομαι.
1Co 12:2 τὰ ἄφωνα ὡς **ἂν** ἤγεσθε ἀπαγόμενοι.

ἀνά (*ana*; 2/13) *each*
1Co 6:5 ὃς δυνήσεται διακρῖναι **ἀνὰ** μέσον τοῦ ἀδελφοῦ
1Co 14:27 πλεῖστον τρεῖς καὶ **ἀνὰ** μέρος,

ἀναβαίνω (*anabainō*; 1/82) *go up*
1Co 2:9 καρδίαν ἀνθρώπου οὐκ **ἀνέβη**,

ἀναγκαῖος (*anankaios*; 1/8) *necessary*
1Co 12:22 σώματος ἀσθενέστερα ὑπάρχειν **ἀναγκαῖά** ἐστιν,

ἀνάγκη (*anankē*; 3/17) *distress*
1Co 7:26 διὰ τὴν ἐνεστῶσαν **ἀνάγκην**,
1Co 7:37 ἑδραῖος μὴ ἔχων **ἀνάγκην**,
1Co 9:16 **ἀνάγκη** γάρ μοι ἐπίκειται·

ἀνάθεμα (*anathema*; 2/6) *cursed*
1Co 12:3 **Ἀνάθεμα** Ἰησοῦς,
1Co 16:22 ἤτω **ἀνάθεμα**.

ἀνακρίνω (*anakrinō*; 10/16) *question, examine*
1Co 2:14 ὅτι πνευματικῶς **ἀνακρίνεται**.
1Co 2:15 ὁ δὲ πνευματικὸς **ἀνακρίνει** [τὰ] πάντα,
1Co 2:15 δὲ ὑπ' οὐδενὸς **ἀνακρίνεται**.
1Co 4:3 ἵνα ὑφ' ὑμῶν **ἀνακριθῶ** ἢ ὑπὸ ἀνθρωπίνης
1Co 4:3 ἀλλ' οὐδὲ ἐμαυτὸν **ἀνακρίνω**.
1Co 4:4 ὁ δὲ **ἀνακρίνων** με κύριός ἐστιν.
1Co 9:3 ἀπολογία τοῖς ἐμὲ **ἀνακρίνουσίν** ἐστιν αὕτη.
1Co 10:25 πωλούμενον ἐσθίετε μηδὲν **ἀνακρίνοντες** διὰ τὴν συνείδησιν·
1Co 10:27 ὑμῖν ἐσθίετε μηδὲν **ἀνακρίνοντες** διὰ τὴν συνείδησιν.
1Co 14:24 **ἀνακρίνεται** ὑπὸ πάντων,

ἀναμιμνῄσκω (*anamimnēskō*; 1/6) *remind*
1Co 4:17 ὃς ὑμᾶς **ἀναμνήσει** τὰς ὁδούς μου

ἀνάμνησις (*anamnēsis*; 2/4) *reminder*
1Co 11:24 εἰς τὴν ἐμὴν **ἀνάμνησιν**.
1Co 11:25 εἰς τὴν ἐμὴν **ἀνάμνησιν**.

ἀνάξιος (*anaxios*; 1/1) *unworthy*
1Co 6:2 **ἀνάξιοί** ἐστε κριτηρίων ἐλαχίστων;

ἀναξίως (*anaxiōs*; 1/1) *in an unworthy manner*
1Co 11:27 ποτήριον τοῦ κυρίου **ἀναξίως**,

ἀναπαύω (*anapauō*; 1/12) *give rest*
1Co 16:18 **ἀνέπαυσαν** γὰρ τὸ ἐμὸν

ἀναπληρόω (*anaplēroō*; 2/6) *meet, fulfill*
1Co 14:16 ὁ **ἀναπληρῶν** τὸν τόπον τοῦ
1Co 16:17 ὑμέτερον ὑστέρημα οὗτοι **ἀνεπλήρωσαν**·

ἀνάστασις (*anastasis*; 4/42) *resurrection*
1Co 15:12 ὑμῖν τινες ὅτι **ἀνάστασις** νεκρῶν οὐκ ἔστιν;
1Co 15:13 εἰ δὲ **ἀνάστασις** νεκρῶν οὐκ ἔστιν,
1Co 15:21 καὶ δι᾽ ἀνθρώπου **ἀνάστασις** νεκρῶν.
1Co 15:42 οὕτως καὶ ἡ **ἀνάστασις** τῶν νεκρῶν.

ἀνδρίζομαι (*andrizomai*; 1/1) *act like a man*
1Co 16:13 **ἀνδρίζεσθε**,

ἀνέγκλητος (*anenklētos*; 1/5) *beyond reproach*
1Co 1:8 ὑμᾶς ἕως τέλους **ἀνεγκλήτους** ἐν τῇ ἡμέρᾳ

ἀνέχομαι (*anechomai*; 1/15) *endure*
1Co 4:12 διωκόμενοι **ἀνεχόμεθα**,

ἀνήρ (*anēr*; 32/216) *man, husband*
1Co 7:2 ἑκάστη τὸν ἴδιον **ἄνδρα** ἐχέτω.
1Co 7:3 τῇ γυναικὶ ὁ **ἀνὴρ** τὴν ὀφειλὴν ἀποδιδότω,
1Co 7:3 ἡ γυνὴ τῷ **ἀνδρί**.
1Co 7:4 ἐξουσιάζει ἀλλὰ ὁ **ἀνήρ**,
1Co 7:4 δὲ καὶ ὁ **ἀνὴρ** τοῦ ἰδίου σώματος
1Co 7:10 γυναῖκα ἀπὸ **ἀνδρὸς** μὴ χωρισθῆναι,
1Co 7:11 ἄγαμος ἢ τῷ **ἀνδρὶ** καταλλαγήτω,
1Co 7:11 καὶ **ἄνδρα** γυναῖκα μὴ ἀφιέναι.
1Co 7:13 εἴ τις ἔχει **ἄνδρα** ἄπιστον καὶ οὗτος
1Co 7:13 μὴ ἀφιέτω τὸν **ἄνδρα**.
1Co 7:14 ἡγίασται γὰρ ὁ **ἀνὴρ** ὁ ἄπιστος ἐν
1Co 7:16 εἰ τὸν **ἄνδρα** σώσεις;
1Co 7:16 **ἄνερ**,
1Co 7:34 πῶς ἀρέσῃ τῷ **ἀνδρί**.
1Co 7:39 χρόνον ζῇ ὁ **ἀνὴρ** αὐτῆς·
1Co 7:39 δὲ κοιμηθῇ ὁ **ἀνήρ**,
1Co 11:3 εἰδέναι ὅτι παντὸς **ἀνδρὸς** ἡ κεφαλὴ ὁ
1Co 11:3 δὲ γυναικὸς ὁ **ἀνήρ**,
1Co 11:4 πᾶς **ἀνὴρ** προσευχόμενος ἢ προφητεύων
1Co 11:7 **Ἀνὴρ** μὲν γὰρ οὐκ
1Co 11:7 γυνὴ δὲ δόξα **ἀνδρός** ἐστιν.
1Co 11:8 οὐ γάρ ἐστιν **ἀνὴρ** ἐκ γυναικὸς ἀλλὰ
1Co 11:8 ἀλλὰ γυνὴ ἐξ **ἀνδρός**·
1Co 11:9 γὰρ οὐκ ἐκτίσθη **ἀνὴρ** διὰ τὴν γυναῖκα
1Co 11:9 γυνὴ διὰ τὸν **ἄνδρα**.
1Co 11:11 οὔτε γυνὴ χωρὶς **ἀνδρὸς** οὔτε ἀνὴρ χωρὶς
1Co 11:11 χωρὶς ἀνδρὸς οὔτε **ἀνὴρ** χωρὶς γυναικὸς
1Co 11:12 γυνὴ ἐκ τοῦ **ἀνδρός**,
1Co 11:12 οὕτως καὶ ὁ **ἀνὴρ** διὰ τῆς γυναικός·
1Co 11:14 διδάσκει ὑμᾶς ὅτι **ἀνὴρ** μὲν ἐὰν κομᾷ
1Co 13:11 ὅτε γέγονα **ἀνήρ**,
1Co 14:35 οἴκῳ τοὺς ἰδίους **ἄνδρας** ἐπερωτάτωσαν·

ἀνθρώπινος (*anthrōpinos*; 3/7) *human*
1Co 2:13 οὐκ ἐν διδακτοῖς **ἀνθρωπίνης** σοφίας λόγοις ἀλλ᾽
1Co 4:3 ἀνακριθῶ ἢ ὑπὸ **ἀνθρωπίνης** ἡμέρας·
1Co 10:13 εἴληφεν εἰ μὴ **ἀνθρώπινος**·

ἄνθρωπος (*anthrōpos*; 31/550) *man, human being (pl. people)*
1Co 1:25 θεοῦ σοφώτερον τῶν **ἀνθρώπων** ἐστὶν καὶ
1Co 1:25 θεοῦ ἰσχυρότερον τῶν **ἀνθρώπων**.
1Co 2:5 ᾖ ἐν σοφίᾳ **ἀνθρώπων** ἀλλ᾽ ἐν δυνάμει
1Co 2:9 καὶ ἐπὶ καρδίαν **ἀνθρώπου** οὐκ ἀνέβη,
1Co 2:11 τίς γὰρ οἶδεν **ἀνθρώπων** τὰ τοῦ ἀνθρώπου
1Co 2:11 ἀνθρώπων τὰ τοῦ **ἀνθρώπου** εἰ μὴ τὸ
1Co 2:11 τὸ πνεῦμα τοῦ **ἀνθρώπου** τὸ ἐν αὐτῷ;
1Co 2:14 ψυχικὸς δὲ **ἄνθρωπος** οὐ δέχεται τὰ
1Co 3:3 ἐστε καὶ κατὰ **ἄνθρωπον** περιπατεῖτε;
1Co 3:4 οὐκ **ἄνθρωποί** ἐστε;
1Co 3:21 μηδεὶς καυχάσθω ἐν **ἀνθρώποις**·
1Co 4:1 οὕτως ἡμᾶς λογιζέσθω **ἄνθρωπος** ὡς ὑπηρέτας Χριστοῦ
1Co 4:9 καὶ ἀγγέλοις καὶ **ἀνθρώποις**.
1Co 6:18 ὃ ἐὰν ποιήσῃ **ἄνθρωπος** ἐκτὸς τοῦ σώματός
1Co 7:1 καλὸν **ἀνθρώπῳ** γυναικὸς μὴ ἅπτεσθαι·
1Co 7:7 θέλω δὲ πάντας **ἀνθρώπους** εἶναι ὡς καὶ
1Co 7:23 μὴ γίνεσθε δοῦλοι **ἀνθρώπων**.
1Co 7:26 ὅτι καλὸν **ἀνθρώπῳ** τὸ οὕτως εἶναι.
1Co 9:8 Μὴ κατὰ **ἄνθρωπον** ταῦτα λαλῶ ἢ
1Co 11:28 δοκιμαζέτω δὲ **ἄνθρωπος** ἑαυτὸν καὶ οὕτως
1Co 13:1 ταῖς γλώσσαις τῶν **ἀνθρώπων** λαλῶ καὶ
1Co 14:2 λαλῶν γλώσσῃ οὐκ **ἀνθρώποις** λαλεῖ ἀλλὰ θεῷ·
1Co 14:3 ὁ δὲ προφητεύων **ἀνθρώποις** λαλεῖ οἰκοδομὴν καὶ
1Co 15:19 ἐλεεινότεροι πάντων **ἀνθρώπων** ἐσμέν.
1Co 15:21 ἐπειδὴ γὰρ δι᾽ **ἀνθρώπου** θάνατος,
1Co 15:21 καὶ δι᾽ **ἀνθρώπου** ἀνάστασις νεκρῶν.
1Co 15:32 εἰ κατὰ **ἄνθρωπον** ἐθηριομάχησα ἐν Ἐφέσῳ,
1Co 15:39 ἀλλὰ ἄλλη μὲν **ἀνθρώπων**,
1Co 15:45 ἐγένετο ὁ πρῶτος **ἄνθρωπος** Ἀδὰμ εἰς ψυχὴν
1Co 15:47 ὁ πρῶτος **ἄνθρωπος** ἐκ γῆς χοϊκός,
1Co 15:47 ὁ δεύτερος **ἄνθρωπος** ἐξ οὐρανοῦ.

ἀνίστημι (*anistēmi*; 1/107[108]) *raise or rise*
1Co 10:7 καὶ πεῖν καὶ **ἀνέστησαν** παίζειν.

ἀνοίγω (*anoigō*; 1/77) *open*
1Co 16:9 θύρα γάρ μοι **ἀνέῳγεν** μεγάλη καὶ ἐνεργής,

ἄνομος (*anomos*; 4/9) *lawless*
1Co 9:21 τοῖς **ἀνόμοις** ὡς ἄνομος,
1Co 9:21 τοῖς ἀνόμοις ὡς **ἄνομος**,
1Co 9:21 μὴ ὢν **ἄνομος** θεοῦ ἀλλ᾽ ἔννομος
1Co 9:21 ἵνα κερδάνω τοὺς **ἀνόμους**·

ἀντί (*anti*; 1/22) *instead of*
1Co 11:15 ὅτι ἡ κόμη **ἀντὶ** περιβολαίου δέδοται [αὐτῇ].

ἀντίκειμαι (*antikeimai*; 1/8) *oppose*
1Co 16:9 καὶ **ἀντικείμενοι** πολλοί.

ἀντίλημψις (*antilēmpsis*; 1/1) *ability to help*
1Co 12:28 **ἀντιλήμψεις**,

ἄξιος (*axios*; 1/41) *worthy*
1Co 16:4 ἐὰν δὲ **ἄξιον** ᾖ τοῦ κἀμὲ

ἀπαγγέλλω (*apangellō*; 1/43[45]) *proclaim*
1Co 14:25 προσκυνήσει τῷ θεῷ **ἀπαγγέλλων** ὅτι ὄντως

ἀπάγω (*apagō*; 1/15) *lead away by force*
1Co 12:2 ὡς ἂν ἤγεσθε **ἀπαγόμενοι**.

ἀπαρχή (*aparchē*; 3/9) *firstfruits*
1Co 15:20 ἐγήγερται ἐκ νεκρῶν **ἀπαρχὴ** τῶν κεκοιμημένων.
1Co 15:23 **ἀπαρχὴ** Χριστός,
1Co 16:15 ὅτι ἐστὶν **ἀπαρχὴ** τῆς Ἀχαΐας καὶ

ἄπειμι (*apeimi*; 1/7) *be away*
1Co 5:3 **ἀπὼν** τῷ σώματι παρὼν

ἀπεκδέχομαι (*apekdechomai*; 1/8) *await expectantly*
1Co 1:7 ἐν μηδενὶ χαρίσματι **ἀπεκδεχομένους** τὴν ἀποκάλυψιν τοῦ

ἀπελεύθερος (*apeleutheros*; 1/1) *freedman*
1Co 7:22 κυρίῳ κληθεὶς δοῦλος **ἀπελεύθερος** κυρίου ἐστίν,

ἀπερισπάστως (*aperispastōs*; 1/1) *without distraction*
1Co 7:35 εὐπάρεδρον τῷ κυρίῳ **ἀπερισπάστως**.

ἄπιστος (*apistos*; 11/23) *unfaithful*
1Co 6:6 καὶ τοῦτο ἐπὶ **ἀπίστων**;
1Co 7:12 ἀδελφὸς γυναῖκα ἔχει **ἄπιστον** καὶ αὕτη συνευδοκεῖ
1Co 7:13 τις ἔχει ἄνδρα **ἄπιστον** καὶ οὗτος συνευδοκεῖ
1Co 7:14 ὁ ἀνὴρ ὁ **ἄπιστος** ἐν τῇ γυναικὶ
1Co 7:14 ἡ γυνὴ ἡ **ἄπιστος** ἐν τῷ ἀδελφῷ·
1Co 7:15 εἰ δὲ ὁ **ἄπιστος** χωρίζεται,
1Co 10:27 καλεῖ ὑμᾶς τῶν **ἀπίστων** καὶ θέλετε πορεύεσθαι,
1Co 14:22 πιστεύουσιν ἀλλὰ τοῖς **ἀπίστοις**,
1Co 14:22 προφητεία οὐ τοῖς **ἀπίστοις** ἀλλὰ τοῖς πιστεύουσιν.
1Co 14:23 δὲ ἰδιῶται ἢ **ἄπιστοι**,
1Co 14:24 εἰσέλθη δέ τις **ἄπιστος** ἢ ἰδιώτης,

ἀπό (*apo*; 9/643[646]) *from*
1Co 1:3 ὑμῖν καὶ εἰρήνη **ἀπὸ** θεοῦ πατρὸς ἡμῶν
1Co 1:30 ἐγενήθη σοφία ἡμῖν **ἀπὸ** θεοῦ,
1Co 4:5 ἔπαινος γενήσεται ἑκάστῳ **ἀπὸ** τοῦ θεοῦ.
1Co 6:19 ἐστιν οὗ ἔχετε **ἀπὸ** θεοῦ,
1Co 7:10 γυναῖκα **ἀπὸ** ἀνδρὸς μὴ χωρισθῆναι,
1Co 7:27 λέλυσαι **ἀπὸ** γυναικός,
1Co 10:14 φεύγετε **ἀπὸ** τῆς εἰδωλολατρίας.
1Co 11:23 Ἐγὼ γὰρ παρέλαβον **ἀπὸ** τοῦ κυρίου,
1Co 14:36 ἢ **ἀφ'** ὑμῶν ὁ λόγος

ἀποδείκνυμι (*apodeiknymi*; 1/4) *attest*
1Co 4:9 τοὺς ἀποστόλους ἐσχάτους **ἀπέδειξεν** ὡς ἐπιθανατίους,

ἀπόδειξις (*apodeixis*; 1/1) *proof*
1Co 2:4 [λόγοις] ἀλλ' ἐν **ἀποδείξει** πνεύματος καὶ δυνάμεως,

ἀποδίδωμι (*apodidōmi*; 1/48) *give back, repay*
1Co 7:3 ἀνὴρ τὴν ὀφειλὴν **ἀποδιδότω**,

ἀποθνῄσκω (*apothnēskō*; 7/111) *die*
1Co 8:11 δι' ὃν Χριστὸς **ἀπέθανεν**.
1Co 9:15 γάρ μοι μᾶλλον **ἀποθανεῖν** ἢ
1Co 15:3 ὅτι Χριστὸς **ἀπέθανεν** ὑπὲρ τῶν ἁμαρτιῶν
1Co 15:22 τῷ Ἀδὰμ πάντες **ἀποθνῄσκουσιν**,
1Co 15:31 καθ' ἡμέραν **ἀποθνῄσκω**,
1Co 15:32 αὔριον γὰρ **ἀποθνῄσκομεν**.
1Co 15:36 ζῳοποιεῖται ἐὰν μὴ **ἀποθάνῃ**·

ἀποκαλύπτω (*apokalyptō*; 3/26) *reveal*
1Co 2:10 ἡμῖν δὲ **ἀπεκάλυψεν** ὁ θεὸς διὰ
1Co 3:13 ὅτι ἐν πυρὶ **ἀποκαλύπτεται**·
1Co 14:30 ἐὰν δὲ ἄλλῳ **ἀποκαλυφθῇ** καθημένῳ,

ἀποκάλυψις (*apokalypsis*; 3/18) *revelation*
1Co 1:7 χαρίσματι ἀπεκδεχομένους τὴν **ἀποκάλυψιν** τοῦ κυρίου ἡμῶν
1Co 14:6 λαλήσω ἢ ἐν **ἀποκαλύψει** ἢ ἐν γνώσει
1Co 14:26 **ἀποκάλυψιν** ἔχει,

ἀποκρύπτω (*apokryptō*; 1/4) *hide*
1Co 2:7 ἐν μυστηρίῳ τὴν **ἀποκεκρυμμένην**,

ἀπόλλυμι (*apollymi*; 6/90) *destroy*
1Co 1:18 σταυροῦ τοῖς μὲν **ἀπολλυμένοις** μωρία ἐστίν,
1Co 1:19 **ἀπολῶ** τὴν σοφίαν τῶν
1Co 8:11 **ἀπόλλυται** γὰρ ὁ ἀσθενῶν
1Co 10:9 ὑπὸ τῶν ὄφεων **ἀπώλλυντο**.
1Co 10:10 αὐτῶν ἐγόγγυσαν καὶ **ἀπώλοντο** ὑπὸ τοῦ ὀλοθρευτοῦ.
1Co 15:18 κοιμηθέντες ἐν Χριστῷ **ἀπώλοντο**.

Ἀπολλῶς (*Apollōs*; 7/10) *Apollos*
1Co 1:12 ἐγὼ δὲ **Ἀπολλῶ**,
1Co 3:4 ἐγὼ **Ἀπολλῶ**,
1Co 3:5 Τί οὖν ἐστιν **Ἀπολλῶς**;
1Co 3:6 **Ἀπολλῶς** ἐπότισεν,
1Co 3:22 εἴτε Παῦλος εἴτε **Ἀπολλῶς** εἴτε Κηφᾶς,
1Co 4:6 εἰς ἐμαυτὸν καὶ **Ἀπολλῶν** δι' ὑμᾶς,
1Co 16:12 Περὶ δὲ **Ἀπολλῶ** τοῦ ἀδελφοῦ,

ἀπολογία (*apologia*; 1/8) *verbal defense*
1Co 9:3 Ἡ ἐμὴ **ἀπολογία** τοῖς ἐμὲ ἀνακρίνουσίν

ἀπολούω (*apolouō*; 1/2) *cleanse oneself*
1Co 6:11 ἀλλὰ ἀπελούσασθε,

ἀπολύτρωσις (*apolytrōsis*; 1/10) *release, redemption, deliverance*
1Co 1:30 καὶ ἁγιασμὸς καὶ **ἀπολύτρωσις**,

ἀποστέλλω (*apostellō*; 1/132) *send*
1Co 1:17 οὐ γὰρ **ἀπέστειλέν** με Χριστὸς βαπτίζειν

ἀποστερέω (*apostereō*; 3/6) *defraud*
1Co 6:7 τί οὐχὶ μᾶλλον **ἀποστερεῖσθε**;
1Co 6:8 ὑμεῖς ἀδικεῖτε καὶ **ἀποστερεῖτε**,
1Co 7:5 μὴ **ἀποστερεῖτε** ἀλλήλους,

ἀποστολή (*apostolē*; 1/4) *apostleship*
1Co 9:2 σφραγίς μου τῆς **ἀποστολῆς** ὑμεῖς ἐστε ἐν

ἀπόστολος (*apostolos*; 10/80) *apostle, messenger*
1Co 1:1 Παῦλος κλητὸς **ἀπόστολος** Χριστοῦ Ἰησοῦ
1Co 4:9 θεὸς ἡμᾶς τοὺς **ἀποστόλους** ἐσχάτους ἀπέδειξεν ὡς
1Co 9:1 οὐκ εἰμὶ **ἀπόστολος**;
1Co 9:2 ἄλλοις οὐκ εἰμὶ **ἀπόστολος**,
1Co 9:5 καὶ οἱ λοιποὶ **ἀπόστολοι** καὶ οἱ ἀδελφοὶ
1Co 12:28 τῇ ἐκκλησίᾳ πρῶτον **ἀποστόλους**,
1Co 12:29 μὴ πάντες **ἀπόστολοι**;
1Co 15:7 Ἰακώβῳ εἶτα τοῖς **ἀποστόλοις** πᾶσιν·
1Co 15:9 ὁ ἐλάχιστος τῶν **ἀποστόλων** ὃς οὐκ εἰμὶ
1Co 15:9 εἰμὶ ἱκανὸς καλεῖσθαι **ἀπόστολος**,

ἀποφέρω (*apopherō*; 1/6) *take or carry away*
1Co 16:3 ἐπιστολῶν τούτους πέμψω **ἀπενεγκεῖν** τὴν χάριν ὑμῶν

ἀπρόσκοπος (*aproskopos*; 1/3) *blameless*
1Co 10:32 **ἀπρόσκοποι** καὶ Ἰουδαίοις γίνεσθε

ἅπτω (*haptō*; 1/39) *touch*
1Co 7:1 ἀνθρώπῳ γυναικὸς μὴ **ἅπτεσθαι**·

ἄρα (*ara*; 5/49) *therefore, then, thus*
1Co 5:10 ἐπεὶ ὠφείλετε **ἄρα** ἐκ τοῦ κόσμου
1Co 7:14 ἐπεὶ **ἄρα** τὰ τέκνα ὑμῶν
1Co 15:14 κενὸν **ἄρα** [καὶ] τὸ κήρυγμα
1Co 15:15 οὐκ ἤγειρεν εἴπερ **ἄρα** νεκροὶ οὐκ ἐγείρονται.
1Co 15:18 **ἄρα** καὶ οἱ κοιμηθέντες

ἄργυρος (*argyros*; 1/5) *silver*
1Co 3:12 **ἄργυρον**,

ἀρέσκω (*areskō*; 4/17) *try to please*
1Co 7:32 πῶς **ἀρέσῃ** τῷ κυρίῳ·
1Co 7:33 πῶς **ἀρέσῃ** τῇ γυναικί,
1Co 7:34 πῶς **ἀρέσῃ** τῷ ἀνδρί.
1Co 10:33 κἀγὼ πάντα πᾶσιν **ἀρέσκω** μὴ ζητῶν τὸ

ἀροτριάω (*arotriaō*; 2/3) *plow*
1Co 9:10 ἐπ᾽ ἐλπίδι ὁ **ἀροτριῶν** ἀροτριᾶν καὶ ὁ
1Co 9:10 ἐλπίδι ὁ ἀροτριῶν **ἀροτριᾶν** καὶ ὁ ἀλοῶν

ἅρπαξ (*harpax*; 3/5) *grasping*
1Co 5:10 τοῖς πλεονέκταις καὶ **ἅρπαξιν** ἢ εἰδωλολάτραις,
1Co 5:11 ἢ μέθυσος ἢ **ἅρπαξ**,
1Co 6:10 οὐχ **ἅρπαγες** βασιλείαν θεοῦ κληρονομήσουσιν.

ἄρρωστος (*arrōstos*; 1/4[5]) *sick*
1Co 11:30 πολλοὶ ἀσθενεῖς καὶ **ἄρρωστοι** καὶ κοιμῶνται ἱκανοί.

ἀρσενοκοίτης (*arsenokoitēs*; 1/2) *(practicing) homosexual*
1Co 6:9 οὔτε μαλακοὶ οὔτε **ἀρσενοκοῖται**

ἄρτι (*arti*; 7/36) *now*
1Co 4:11 ἄχρι τῆς **ἄρτι** ὥρας καὶ πεινῶμεν
1Co 4:13 πάντων περίψημα ἕως **ἄρτι**.
1Co 8:7 τῇ συνηθείᾳ ἕως **ἄρτι** τοῦ εἰδώλου ὡς
1Co 13:12 βλέπομεν γὰρ **ἄρτι** δι᾽ ἐσόπτρου ἐν
1Co 13:12 **ἄρτι** γινώσκω ἐκ μέρους,
1Co 15:6 πλείονες μένουσιν ἕως **ἄρτι**,
1Co 16:7 θέλω γὰρ ὑμᾶς **ἄρτι** ἐν παρόδῳ ἰδεῖν,

ἄρτος (*artos*; 7/97) *bread*
1Co 10:16 τὸν **ἄρτον** ὃν κλῶμεν,
1Co 10:17 ὅτι εἷς **ἄρτος**,
1Co 10:17 ἐκ τοῦ ἑνὸς **ἄρτου** μετέχομεν.
1Co 11:23 ᾗ παρεδίδετο ἔλαβεν **ἄρτον**
1Co 11:26 ἐὰν ἐσθίητε τὸν **ἄρτον** τοῦτον καὶ τὸ
1Co 11:27 ἂν ἐσθίῃ τὸν **ἄρτον** ἢ πίνῃ τὸ
1Co 11:28 οὕτως ἐκ τοῦ **ἄρτου** ἐσθιέτω καὶ ἐκ

ἀρχή (*archē*; 1/55) *beginning*
1Co 15:24 ὅταν καταργήσῃ πᾶσαν **ἀρχὴν** καὶ πᾶσαν ἐξουσίαν

ἀρχιτέκτων (*architektōn*; 1/1) *expert builder*
1Co 3:10 μοι ὡς σοφὸς **ἀρχιτέκτων** θεμέλιον ἔθηκα,

ἄρχων (*archōn*; 2/37) *ruler*
1Co 2:6 τούτου οὐδὲ τῶν **ἀρχόντων** τοῦ αἰῶνος τούτου
1Co 2:8 ἣν οὐδεὶς τῶν **ἀρχόντων** τοῦ αἰῶνος τούτου

ἀσθένεια (*astheneia*; 2/24) *weakness, sickness*
1Co 2:3 κἀγὼ ἐν **ἀσθενείᾳ** καὶ ἐν φόβῳ
1Co 15:43 σπείρεται ἐν **ἀσθενείᾳ**,

ἀσθενέω (*astheneō*; 2/33) *be sick or ill*
1Co 8:11 ἀπόλλυται γὰρ ὁ **ἀσθενῶν** ἐν τῇ σῇ
1Co 8:12 αὐτῶν τὴν συνείδησιν **ἀσθενοῦσαν** εἰς Χριστὸν ἁμαρτάνετε.

ἀσθενής (*asthenēs*; 11/26) *sick*
1Co 1:25 ἐστὶν καὶ τὸ **ἀσθενὲς** τοῦ θεοῦ ἰσχυρότερον
1Co 1:27 καὶ τὰ **ἀσθενῆ** τοῦ κόσμου ἐξελέξατο
1Co 4:10 ἡμεῖς **ἀσθενεῖς**,
1Co 8:7 ἡ συνείδησις αὐτῶν **ἀσθενὴς** οὖσα μολύνεται.
1Co 8:9 πρόσκομμα γένηται τοῖς **ἀσθενέσιν**.
1Co 8:10 ἡ συνείδησις αὐτοῦ **ἀσθενοῦς** ὄντος οἰκοδομηθήσεται εἰς
1Co 9:22 ἐγενόμην τοῖς **ἀσθενέσιν** ἀσθενής,
1Co 9:22 ἐγενόμην τοῖς ἀσθενέσιν **ἀσθενής**,
1Co 9:22 ἵνα τοὺς **ἀσθενεῖς** κερδήσω·
1Co 11:30 ἐν ὑμῖν πολλοὶ **ἀσθενεῖς** καὶ ἄρρωστοι καὶ
1Co 12:22 μέλη τοῦ σώματος **ἀσθενέστερα** ὑπάρχειν ἀναγκαῖά ἐστιν,

Ἀσία (*Asia*; 1/18) *Asia*
1Co 16:19 αἱ ἐκκλησίαι τῆς **Ἀσίας**.

ἀσπάζομαι (*aspazomai*; 4/59) *greet*
1Co 16:19 **Ἀσπάζονται** ὑμᾶς αἱ ἐκκλησίαι
1Co 16:19 **ἀσπάζεται** ὑμᾶς ἐν κυρίῳ
1Co 16:20 **ἀσπάζονται** ὑμᾶς οἱ ἀδελφοὶ
1Co 16:20 **Ἀσπάσασθε** ἀλλήλους ἐν φιλήματι

ἀσπασμός (*aspasmos*; 1/10) *greeting*
1Co 16:21 Ὁ **ἀσπασμὸς** τῇ ἐμῇ χειρὶ

ἀστατέω (*astateō*; 1/1) *be homeless*
1Co 4:11 καὶ κολαφιζόμεθα καὶ **ἀστατοῦμεν**

ἀστήρ (*astēr*; 3/24) *star*
1Co 15:41 καὶ ἄλλη δόξα **ἀστέρων**·
1Co 15:41 **ἀστὴρ** γὰρ ἀστέρος διαφέρει
1Co 15:41 ἀστὴρ γὰρ **ἀστέρος** διαφέρει ἐν δόξῃ.

ἀσχημονέω (*aschēmoneō*; 2/2) *behave improperly*
1Co 7:36 Εἰ δέ τις **ἀσχημονεῖν** ἐπὶ τὴν παρθένον
1Co 13:5 οὐκ **ἀσχημονεῖ**,

ἀσχήμων (*aschēmōn*; 1/1) *unpresentable*
1Co 12:23 καὶ τὰ **ἀσχήμονα** ἡμῶν εὐσχημοσύνην περισσοτέραν

ἀτιμία (*atimia*; 2/7) *disgrace*
1Co 11:14 μὲν ἐὰν κομᾷ **ἀτιμία** αὐτῷ ἐστιν,
1Co 15:43 σπείρεται ἐν **ἀτιμίᾳ**,

ἄτιμος (*atimos*; 2/4) *without honor*
1Co 4:10 ἡμεῖς δὲ **ἄτιμοι**.
1Co 12:23 καὶ ἃ δοκοῦμεν **ἀτιμότερα** εἶναι τοῦ σώματος

ἄτομος (*atomos*; 1/1) *indivisible*
1Co 15:52 ἐν **ἀτόμῳ**,

αὐλέω (*auleō*; 1/3) *play a flute*
1Co 14:7 πῶς γνωσθήσεται τὸ **αὐλούμενον** ἢ τὸ κιθαριζόμενον;

αὐλός (*aulos*; 1/1) *flute*
1Co 14:7 εἴτε **αὐλὸς** εἴτε κιθάρα,

αὐξάνω (*auxanō*; 2/23) *grow*
1Co 3:6 ἀλλὰ ὁ θεὸς **ηὔξανεν**·
1Co 3:7 ποτίζων ἀλλ᾽ ὁ **αὐξάνων** θεός.

αὔριον (*aurion*; 1/14) *tomorrow*
1Co 15:32 **αὔριον** γὰρ ἀποθνῄσκομεν.

ἀφθαρσία (*aphtharsia*; 4/7) *incorruptibility*
1Co 15:42 ἐγείρεται ἐν **ἀφθαρσίᾳ**·
1Co 15:50 ἡ φθορὰ τὴν **ἀφθαρσίαν** κληρονομεῖ.
1Co 15:53 φθαρτὸν τοῦτο ἐνδύσασθαι **ἀφθαρσίαν** καὶ τὸ θνητὸν
1Co 15:54 φθαρτὸν τοῦτο ἐνδύσηται **ἀφθαρσίαν** καὶ τὸ θνητὸν

ἄφθαρτος (*aphthartos*; 2/7[8]) *imperishable*
1Co 9:25 ἡμεῖς δὲ **ἄφθαρτον**.
1Co 15:52 οἱ νεκροὶ ἐγερθήσονται **ἄφθαρτοι** καὶ ἡμεῖς ἀλλαγησόμεθα.

ἀφίημι (*aphiēmi*; 3/143) *leave, forgive*
1Co 7:11 ἄνδρα γυναῖκα μὴ **ἀφιέναι**.
1Co 7:12 μὴ **ἀφιέτω** αὐτήν·
1Co 7:13 μὴ **ἀφιέτω** τὸν ἄνδρα.

ἀφόβως (*aphobōs*; 1/4) *without fear*
1Co 16:10 ἵνα **ἀφόβως** γένηται πρὸς ὑμᾶς·

ἄφρων (*aphrōn*; 1/11) *fool*
1Co 15:36 **ἄφρων**,

ἄφωνος (*aphōnos*; 2/4) *dumb*
1Co 12:2 τὰ εἴδωλα τὰ **ἄφωνα** ὡς ἂν ἤγεσθε
1Co 14:10 κόσμῳ καὶ οὐδὲν **ἄφωνον**·

Ἀχαΐα (*Achaia*; 1/10) *Achaia*
1Co 16:15 ἐστὶν ἀπαρχὴ τῆς **Ἀχαΐας** καὶ εἰς διακονίαν

Ἀχαϊκός (*Achaikos*; 1/1) *Achaicus*
1Co 16:17 καὶ Φορτουνάτου καὶ **Ἀχαϊκοῦ**,

ἄχρι (*achri*; 3/48[49]) *until*
1Co 4:11 **ἄχρι** τῆς ἄρτι ὥρας
1Co 11:26 τοῦ κυρίου καταγγέλλετε **ἄχρι** οὗ ἔλθῃ.
1Co 15:25 γὰρ αὐτὸν βασιλεύειν **ἄχρι** οὗ θῇ πάντας

ἄψυχος (*apsychos*; 1/1) *inanimate*
1Co 14:7 ὅμως τὰ **ἄψυχα** φωνὴν διδόντα,

βάθος (*bathos*; 1/8) *depth*
1Co 2:10 καὶ τὰ **βάθη** τοῦ θεοῦ.

βαπτίζω (*baptizō*; 10/76[77]) *baptize*
1Co 1:13 τὸ ὄνομα Παύλου **ἐβαπτίσθητε**;
1Co 1:14 ὅτι οὐδένα ὑμῶν **ἐβάπτισα** εἰ μὴ Κρίσπον
1Co 1:15 τὸ ἐμὸν ὄνομα **ἐβαπτίσθητε**.
1Co 1:16 **ἐβάπτισα** δὲ καὶ τὸν
1Co 1:16 εἴ τινα ἄλλον **ἐβάπτισα**.
1Co 1:17 ἀπέστειλέν με Χριστὸς **βαπτίζειν** ἀλλὰ εὐαγγελίζεσθαι,
1Co 10:2 εἰς τὸν Μωϋσῆν **ἐβαπτίσθησαν** ἐν τῇ νεφέλῃ
1Co 12:13 εἰς ἓν σῶμα **ἐβαπτίσθημεν**,
1Co 15:29 τί ποιήσουσιν οἱ **βαπτιζόμενοι** ὑπὲρ τῶν νεκρῶν;
1Co 15:29 τί καὶ **βαπτίζονται** ὑπὲρ αὐτῶν;

βάρβαρος (*barbaros*; 2/6) *non-Greek, uncivilized*
1Co 14:11 ἔσομαι τῷ λαλοῦντι **βάρβαρος** καὶ ὁ λαλῶν
1Co 14:11 λαλῶν ἐν ἐμοὶ **βάρβαρος**.

Βαρναβᾶς (*Barnabas*; 1/28) *Barnabas*
1Co 9:6 μόνος ἐγὼ καὶ **Βαρναβᾶς** οὐκ ἔχομεν ἐξουσίαν

βασιλεία (*basileia*; 5/162) *kingdom*
1Co 4:20 ἐν λόγῳ ἡ **βασιλεία** τοῦ θεοῦ ἀλλ'
1Co 6:9 ὅτι ἄδικοι θεοῦ **βασιλείαν** οὐ κληρονομήσουσιν;
1Co 6:10 οὐχ ἅρπαγες **βασιλείαν** θεοῦ κληρονομήσουσιν.
1Co 15:24 ὅταν παραδιδῷ τὴν **βασιλείαν** τῷ θεῷ καὶ
1Co 15:50 σὰρξ καὶ αἷμα **βασιλείαν** θεοῦ κληρονομῆσαι οὐ

βασιλεύω (*basileuō*; 3/21) *rule*
1Co 4:8 χωρὶς ἡμῶν ἐβασιλεύσατε·
1Co 4:8 καὶ ὄφελόν γε **ἐβασιλεύσατε**,
1Co 15:25 δεῖ γὰρ αὐτὸν **βασιλεύειν** ἄχρι οὗ θῇ

βεβαιόω (*bebaioō*; 2/7[8]) *confirm*
1Co 1:6 μαρτύριον τοῦ Χριστοῦ **ἐβεβαιώθη** ἐν ὑμῖν,
1Co 1:8 ὃς καὶ **βεβαιώσει** ὑμᾶς ἕως τέλους

βιωτικός (*biōtikos*; 2/3) *pertaining to everyday life*
1Co 6:3 μήτι γε **βιωτικά**;
1Co 6:4 **βιωτικὰ** μὲν οὖν κριτήρια

βλασφημέω (*blasphēmeō*; 1/34) *blaspheme*
1Co 10:30 τί **βλασφημοῦμαι** ὑπὲρ οὗ ἐγὼ

βλέπω (*blepō*; 7/132) *see*
1Co 1:26 **Βλέπετε** γὰρ τὴν κλῆσιν
1Co 3:10 ἕκαστος δὲ **βλεπέτω** πῶς ἐποικοδομεῖ.
1Co 8:9 **βλέπετε** δὲ μή πως
1Co 10:12 ὁ δοκῶν ἑστάναι **βλεπέτω** μὴ πέσῃ.
1Co 10:18 **βλέπετε** τὸν Ἰσραὴλ κατὰ
1Co 13:12 **βλέπομεν** γὰρ ἄρτι δι'
1Co 16:10 **βλέπετε**,

βουλή (*boulē*; 1/12) *purpose*
1Co 4:5 καὶ φανερώσει τὰς **βουλὰς** τῶν καρδιῶν·

βούλομαι (*boulomai*; 1/37) *want*
1Co 12:11 ἰδίᾳ ἑκάστῳ καθὼς **βούλεται**.

βοῦς (*bous*; 2/8) *ox*
1Co 9:9 οὐ κημώσεις **βοῦν** ἀλοῶντα.
1Co 9:9 μὴ τῶν **βοῶν** μέλει τῷ θεῷ

βραβεῖον (*brabeion*; 1/2) *prize*
1Co 9:24 δὲ λαμβάνει τὸ **βραβεῖον**;

βρόχος (*brochos*; 1/1) *restriction*
1Co 7:35 οὐχ ἵνα **βρόχον** ὑμῖν ἐπιβάλω ἀλλὰ

βρῶμα (*brōma*; 6/17) *food*
1Co 3:2 οὐ **βρῶμα**·
1Co 6:13 τὰ **βρώματα** τῇ κοιλίᾳ καὶ
1Co 6:13 ἡ κοιλία τοῖς **βρώμασιν**,
1Co 8:8 **βρῶμα** δὲ ἡμᾶς οὐ
1Co 8:13 διόπερ εἰ **βρῶμα** σκανδαλίζει τὸν ἀδελφόν
1Co 10:3 τὸ αὐτὸ πνευματικὸν **βρῶμα** ἔφαγον

βρῶσις (*brōsis*; 1/11) *food*
1Co 8:4 Περὶ τῆς **βρώσεως** οὖν τῶν εἰδωλοθύτων,

Γάϊος (*Gaios*; 1/5) *Gaius*
1Co 1:14 μὴ Κρίσπον καὶ **Γάϊον**,

γάλα (*gala*; 2/5) *milk*
1Co 3:2 **γάλα** ὑμᾶς ἐπότισα,
1Co 9:7 καὶ ἐκ τοῦ **γάλακτος** τῆς ποίμνης οὐκ

Γαλατία (*Galatia*; 1/4) *Galatia*
1Co 16:1 ταῖς ἐκκλησίαις τῆς **Γαλατίας**,

γαμέω (*gameō*; 9/28) *marry*
1Co 7:9 **γαμησάτωσαν**,
1Co 7:9 κρεῖττον γάρ ἐστιν **γαμῆσαι** ἢ πυροῦσθαι.
1Co 7:10 Τοῖς δὲ **γεγαμηκόσιν** παραγγέλλω,
1Co 7:28 ἐὰν δὲ καὶ **γαμήσῃς**,
1Co 7:28 καὶ ἐὰν **γήμῃ** ἡ παρθένος,
1Co 7:33 ὁ δὲ **γαμήσας** μεριμνᾷ τὰ τοῦ
1Co 7:34 ἡ δὲ **γαμήσασα** μεριμνᾷ τὰ τοῦ
1Co 7:36 **γαμείτωσαν**.
1Co 7:39 ἐστὶν ᾧ θέλει **γαμηθῆναι**,

γαμίζω (*gamizō*; 2/7) *give in marriage*
1Co 7:38 ὥστε καὶ ὁ **γαμίζων** τὴν ἑαυτοῦ παρθένον
1Co 7:38 καὶ ὁ μὴ **γαμίζων** κρεῖσσον ποιήσει.

γάρ (*gar*; 105/1041) *for*
1Co 1:11 ἐδηλώθη **γάρ** μοι περὶ ὑμῶν,
1Co 1:17 οὐ **γὰρ** ἀπέστειλέν με Χριστὸς
1Co 1:18 Ὁ λόγος **γὰρ** ὁ τοῦ σταυροῦ
1Co 1:19 γέγραπται **γάρ**·
1Co 1:21 ἐπειδὴ **γὰρ** ἐν τῇ σοφίᾳ
1Co 1:26 Βλέπετε **γὰρ** τὴν κλῆσιν ὑμῶν,
1Co 2:2 οὐ **γὰρ** ἔκρινά τι εἰδέναι

1Co 2:8 εἰ **γὰρ** ἔγνωσαν,
1Co 2:10 τὸ **γὰρ** πνεῦμα πάντα ἐραυνᾷ,
1Co 2:11 τίς **γὰρ** οἶδεν ἀνθρώπων τὰ
1Co 2:14 μωρία **γὰρ** αὐτῷ ἐστιν καὶ
1Co 2:16 τίς **γὰρ** ἔγνω νοῦν κυρίου,
1Co 3:2 οὔπω **γὰρ** ἐδύνασθε.
1Co 3:3 ἔτι **γὰρ** σαρκικοί ἐστε.
1Co 3:3 ὅπου **γὰρ** ἐν ὑμῖν ζῆλος
1Co 3:4 ὅταν **γὰρ** λέγῃ τις·
1Co 3:9 θεοῦ **γάρ** ἐσμεν συνεργοί,
1Co 3:11 θεμέλιον **γὰρ** ἄλλον οὐδεὶς δύναται
1Co 3:13 ἡ **γὰρ** ἡμέρα δηλώσει,
1Co 3:17 ὁ **γὰρ** ναὸς τοῦ θεοῦ
1Co 3:19 ἡ **γὰρ** σοφία τοῦ κόσμου
1Co 3:19 γέγραπται **γάρ**·
1Co 3:21 πάντα **γὰρ** ὑμῶν ἐστιν,
1Co 4:4 οὐδὲν **γὰρ** ἐμαυτῷ σύνοιδα,
1Co 4:7 τίς **γάρ** σε διακρίνει;
1Co 4:9 δοκῶ **γάρ**,
1Co 4:15 ἐὰν **γὰρ** μυρίους παιδαγωγοὺς ἔχητε
1Co 4:15 ἐν **γὰρ** Χριστῷ Ἰησοῦ διὰ
1Co 4:20 οὐ **γὰρ** ἐν λόγῳ ἡ
1Co 5:3 ἐγὼ μὲν **γάρ**,
1Co 5:7 καὶ **γὰρ** τὸ πάσχα ἡμῶν
1Co 5:12 τί **γάρ** μοι τοὺς ἔξω
1Co 6:16 ἔσονται **γάρ**,
1Co 6:20 ἠγοράσθητε **γὰρ** τιμῆς·
1Co 7:9 κρεῖττον **γάρ** ἐστιν γαμῆσαι ἢ
1Co 7:14 ἡγίασται **γὰρ** ὁ ἀνὴρ ὁ
1Co 7:16 τί **γὰρ** οἶδας,
1Co 7:22 ὁ **γὰρ** ἐν κυρίῳ κληθεὶς
1Co 7:31 παράγει **γὰρ** τὸ σχῆμα τοῦ
1Co 8:5 καὶ **γὰρ** εἴπερ εἰσὶν λεγόμενοι
1Co 8:10 ἐὰν **γάρ** τις ἴδῃ σὲ
1Co 8:11 ἀπόλλυται **γὰρ** ὁ ἀσθενῶν ἐν
1Co 9:2 ἡ **γὰρ** σφραγίς μου τῆς
1Co 9:9 ἐν **γὰρ** τῷ Μωϋσέως νόμῳ
1Co 9:10 δι᾽ ἡμᾶς **γὰρ** ἐγράφη ὅτι ὀφείλει
1Co 9:15 καλὸν **γάρ** μοι μᾶλλον ἀποθανεῖν
1Co 9:16 ἐὰν **γὰρ** εὐαγγελίζωμαι,
1Co 9:16 ἀνάγκη **γάρ** μοι ἐπίκειται·
1Co 9:16 οὐαὶ **γάρ** μοί ἐστιν ἐὰν
1Co 9:17 εἰ **γὰρ** ἑκὼν τοῦτο πράσσω,
1Co 9:19 Ἐλεύθερος **γὰρ** ὢν ἐκ πάντων
1Co 10:1 Οὐ θέλω **γὰρ** ὑμᾶς ἀγνοεῖν,
1Co 10:4 ἔπινον **γὰρ** ἐκ πνευματικῆς ἀκολουθούσης
1Co 10:5 κατεστρώθησαν **γὰρ** ἐν τῇ ἐρήμῳ.
1Co 10:17 οἱ **γὰρ** πάντες ἐκ τοῦ
1Co 10:26 τοῦ κυρίου **γὰρ** ἡ γῆ καὶ
1Co 10:29 ἱνατί **γὰρ** ἡ ἐλευθερία μου
1Co 11:5 ἓν **γάρ** ἐστιν καὶ τὸ
1Co 11:6 εἰ **γὰρ** οὐ κατακαλύπτεται γυνή,
1Co 11:7 Ἀνὴρ μὲν **γὰρ** οὐκ ὀφείλει κατακαλύπτεσθαι
1Co 11:8 οὐ **γάρ** ἐστιν ἀνὴρ ἐκ
1Co 11:9 καὶ **γὰρ** οὐκ ἐκτίσθη ἀνὴρ
1Co 11:12 ὥσπερ **γὰρ** ἡ γυνὴ ἐκ
1Co 11:18 πρῶτον μὲν **γὰρ** συνερχομένων ὑμῶν ἐν
1Co 11:19 δεῖ **γὰρ** καὶ αἱρέσεις ἐν
1Co 11:21 ἕκαστος **γὰρ** τὸ ἴδιον δεῖπνον
1Co 11:22 μὴ **γὰρ** οἰκίας οὐκ ἔχετε
1Co 11:23 Ἐγὼ **γὰρ** παρέλαβον ἀπὸ τοῦ
1Co 11:26 ὁσάκις **γὰρ** ἐὰν ἐσθίητε τὸν
1Co 11:29 ὁ **γὰρ** ἐσθίων καὶ πίνων
1Co 12:8 ᾧ μὲν **γὰρ** διὰ τοῦ πνεύματος
1Co 12:12 Καθάπερ **γὰρ** τὸ σῶμα ἕν
1Co 12:13 καὶ **γὰρ** ἐν ἑνὶ πνεύματι
1Co 12:14 Καὶ **γὰρ** τὸ σῶμα οὐκ
1Co 13:9 ἐκ μέρους **γὰρ** γινώσκομεν καὶ ἐκ
1Co 13:12 βλέπομεν **γὰρ** ἄρτι δι᾽ ἐσόπτρου
1Co 14:2 ὁ **γὰρ** λαλῶν γλώσσῃ οὐκ
1Co 14:2 οὐδεὶς **γὰρ** ἀκούει,
1Co 14:8 καὶ **γὰρ** ἐὰν ἄδηλον σάλπιγξ
1Co 14:9 ἔσεσθε **γὰρ** εἰς ἀέρα λαλοῦντες.
1Co 14:14 ἐὰν **[γὰρ]** προσεύχωμαι γλώσσῃ,
1Co 14:17 σὺ μὲν **γὰρ** καλῶς εὐχαριστεῖς ἀλλ᾽
1Co 14:31 δύνασθε **γὰρ** καθ᾽ ἕνα πάντες
1Co 14:33 οὐ **γάρ** ἐστιν ἀκαταστασίας ὁ
1Co 14:34 οὐ **γὰρ** ἐπιτρέπεται αὐταῖς λαλεῖν,
1Co 14:35 αἰσχρὸν **γάρ** ἐστιν γυναικὶ λαλεῖν
1Co 15:3 παρέδωκα **γὰρ** ὑμῖν ἐν πρώτοις,
1Co 15:9 Ἐγὼ **γάρ** εἰμι ὁ ἐλάχιστος
1Co 15:16 εἰ **γὰρ** νεκροὶ οὐκ ἐγείρονται,
1Co 15:21 ἐπειδὴ **γὰρ** δι᾽ ἀνθρώπου θάνατος,
1Co 15:22 ὥσπερ **γὰρ** ἐν τῷ Ἀδὰμ
1Co 15:25 δεῖ **γὰρ** αὐτὸν βασιλεύειν ἄχρι
1Co 15:27 πάντα **γὰρ** ὑπέταξεν ὑπὸ τοὺς
1Co 15:32 αὔριον **γὰρ** ἀποθνῄσκομεν.
1Co 15:34 ἀγνωσίαν **γὰρ** θεοῦ τινες ἔχουσιν,
1Co 15:41 ἀστὴρ **γὰρ** ἀστέρος διαφέρει ἐν
1Co 15:52 σαλπίσει **γὰρ** καὶ οἱ νεκροὶ
1Co 15:53 Δεῖ **γὰρ** τὸ φθαρτὸν τοῦτο
1Co 16:5 Μακεδονίαν **γὰρ** διέρχομαι,
1Co 16:7 οὐ θέλω **γὰρ** ὑμᾶς ἄρτι ἐν
1Co 16:7 ἐλπίζω **γὰρ** χρόνον τινα ἐπιμεῖναι
1Co 16:9 θύρα **γάρ** μοι ἀνέῳγεν μεγάλη
1Co 16:10 τὸ **γὰρ** ἔργον κυρίου ἐργάζεται
1Co 16:11 ἐκδέχομαι **γὰρ** αὐτὸν μετὰ τῶν
1Co 16:18 ἀνέπαυσαν **γὰρ** τὸ ἐμὸν πνεῦμα

γέ (*ge*; 3/26) *enclitic particle adding emphasis to the word with which it is associated*

1Co 4:8 καὶ ὄφελόν **γε** ἐβασιλεύσατε,
1Co 6:3 μήτι **γε** βιωτικά;
1Co 9:2 ἀλλά **γε** ὑμῖν εἰμι·

γεννάω (*gennaō*; 1/97) *give birth (pass. be born)*

1Co 4:15 εὐαγγελίου ἐγὼ ὑμᾶς **ἐγέννησα**.

γένος (*genos*; 3/20) *family, race, nation*

1Co 12:10 ἑτέρῳ **γένη** γλωσσῶν,
1Co 12:28 **γένη** γλωσσῶν.
1Co 14:10 τοσαῦτα εἰ τύχοι **γένη** φωνῶν εἰσιν ἐν

γεώργιον (*geōrgion*; 1/1) *field*

1Co 3:9 θεοῦ **γεώργιον**,

γῆ (*gē*; 3/248[250]) *earth, land*

1Co 8:5 οὐρανῷ εἴτε ἐπὶ **γῆς**,
1Co 10:26 κυρίου γὰρ ἡ **γῆ** καὶ τὸ πλήρωμα
1Co 15:47 πρῶτος ἄνθρωπος ἐκ **γῆς** χοϊκός,

γίνομαι (*ginomai*; 41/668[669]) *be, become*

1Co 1:30 ὃς **ἐγενήθη** σοφία ἡμῖν ἀπὸ
1Co 2:3 ἐν τρόμῳ πολλῷ **ἐγενόμην** πρὸς ὑμᾶς,

1Co 3:13 τὸ ἔργον φανερὸν **γενήσεται**,
1Co 3:18 μωρὸς **γενέσθω**,
1Co 3:18 ἵνα **γένηται** σοφός.
1Co 4:5 τότε ὁ ἔπαινος **γενήσεται** ἑκάστῳ ἀπὸ τοῦ
1Co 4:9 ὅτι θέατρον **ἐγενήθημεν** τῷ κόσμῳ καὶ
1Co 4:13 περικαθάρματα τοῦ κόσμου **ἐγενήθημεν**,
1Co 4:16 μιμηταί μου **γίνεσθε**.
1Co 6:15 μὴ **γένοιτο**.
1Co 7:21 καὶ δύνασαι ἐλεύθερος **γενέσθαι**,
1Co 7:23 μὴ **γίνεσθε** δοῦλοι ἀνθρώπων.
1Co 7:36 καὶ οὕτως ὀφείλει **γίνεσθαι**,
1Co 8:9 ὑμῶν αὕτη πρόσκομμα **γένηται** τοῖς ἀσθενέσιν.
1Co 9:15 ἵνα οὕτως **γένηται** ἐν ἐμοί·
1Co 9:20 καὶ **ἐγενόμην** τοῖς Ἰουδαίοις ὡς
1Co 9:22 **ἐγενόμην** τοῖς ἀσθενέσιν ἀσθενής,
1Co 9:22 τοῖς πᾶσιν **γέγονα** πάντα,
1Co 9:23 ἵνα συγκοινωνὸς αὐτοῦ **γένωμαι**.
1Co 9:27 κηρύξας αὐτὸς ἀδόκιμος **γένωμαι**.
1Co 10:6 δὲ τύποι ἡμῶν **ἐγενήθησαν**,
1Co 10:7 μηδὲ εἰδωλολάτραι **γίνεσθε** καθώς τινες αὐτῶν,
1Co 10:20 κοινωνοὺς τῶν δαιμονίων **γίνεσθαι**.
1Co 10:32 ἀπρόσκοποι καὶ Ἰουδαίοις **γίνεσθε** καὶ Ἕλλησιν καὶ
1Co 11:1 μιμηταί μου **γίνεσθε** καθὼς κἀγὼ Χριστοῦ.
1Co 11:19 οἱ δόκιμοι φανεροὶ **γένωνται** ἐν ὑμῖν.
1Co 13:1 **γέγονα** χαλκὸς ἠχῶν ἢ
1Co 13:11 ὅτε **γέγονα** ἀνήρ,
1Co 14:20 μὴ παιδία **γίνεσθε** ταῖς φρεσὶν ἀλλὰ
1Co 14:20 δὲ φρεσὶν τέλειοι **γίνεσθε**.
1Co 14:25 καρδίας αὐτοῦ φανερὰ **γίνεται**,
1Co 14:26 πάντα πρὸς οἰκοδομὴν **γινέσθω**.
1Co 14:40 καὶ κατὰ τάξιν **γινέσθω**.
1Co 15:10 ἐμὲ οὐ κενὴ **ἐγενήθη**,
1Co 15:37 τὸ σῶμα τὸ **γενησόμενον** σπείρεις ἀλλὰ γυμνὸν
1Co 15:45 **ἐγένετο** ὁ πρῶτος ἄνθρωπος
1Co 15:54 τότε **γενήσεται** ὁ λόγος ὁ
1Co 15:58 ἑδραῖοι **γίνεσθε**,
1Co 16:2 ἔλθω τότε λογεῖαι **γίνωνται**.
1Co 16:10 ἵνα ἀφόβως **γένηται** πρὸς ὑμᾶς·
1Co 16:14 ὑμῶν ἐν ἀγάπῃ **γινέσθω**.

γινώσκω (*ginōskō*; 16/222) *know*

1Co 1:21 τοῦ θεοῦ οὐκ **ἔγνω** ὁ κόσμος διὰ
1Co 2:8 τοῦ αἰῶνος τούτου **ἔγνωκεν**·
1Co 2:8 εἰ γὰρ **ἔγνωσαν**,
1Co 2:11 τοῦ θεοῦ οὐδεὶς **ἔγνωκεν** εἰ μὴ τὸ
1Co 2:14 καὶ οὐ δύναται **γνῶναι**,
1Co 2:16 τίς γὰρ **ἔγνω** νοῦν κυρίου,
1Co 3:20 κύριος **γινώσκει** τοὺς διαλογισμοὺς τῶν
1Co 4:19 καὶ **γνώσομαι** οὐ τὸν λόγον
1Co 8:2 εἴ τις δοκεῖ **ἐγνωκέναι** τι,
1Co 8:2 οὔπω **ἔγνω** καθὼς δεῖ γνῶναι·
1Co 8:2 ἔγνω καθὼς δεῖ **γνῶναι**·
1Co 8:3 οὗτος **ἔγνωσται** ὑπ᾽ αὐτοῦ.
1Co 13:9 ἐκ μέρους γὰρ **γινώσκομεν** καὶ ἐκ μέρους
1Co 13:12 ἄρτι **γινώσκω** ἐκ μέρους,
1Co 14:7 πῶς **γνωσθήσεται** τὸ αὐλούμενον ἢ
1Co 14:9 πῶς **γνωσθήσεται** τὸ λαλούμενον;

γλῶσσα (*glōssa*; 21/49[50]) *tongue, language*

1Co 12:10 ἑτέρῳ γένη **γλωσσῶν**,
1Co 12:10 ἄλλῳ δὲ ἑρμηνεία **γλωσσῶν**·
1Co 12:28 γένη **γλωσσῶν**.
1Co 12:30 μὴ πάντες **γλώσσαις** λαλοῦσιν;
1Co 13:1 Ἐὰν ταῖς **γλώσσαις** τῶν ἀνθρώπων λαλῶ
1Co 13:8 εἴτε **γλῶσσαι**,
1Co 14:2 ὁ γὰρ λαλῶν **γλώσσῃ** οὐκ ἀνθρώποις λαλεῖ
1Co 14:4 ὁ λαλῶν **γλώσσῃ** ἑαυτὸν οἰκοδομεῖ·
1Co 14:5 πάντας ὑμᾶς λαλεῖν **γλώσσαις**,
1Co 14:5 ἢ ὁ λαλῶν **γλώσσαις** ἐκτὸς εἰ μὴ
1Co 14:6 ἔλθω πρὸς ὑμᾶς **γλώσσαις** λαλῶν,
1Co 14:9 ὑμεῖς διὰ τῆς **γλώσσης** ἐὰν μὴ εὔσημον
1Co 14:13 Διὸ ὁ λαλῶν **γλώσσῃ** προσευχέσθω ἵνα διερμηνεύῃ.
1Co 14:14 ἐὰν [γὰρ] προσεύχωμαι **γλώσσῃ**,
1Co 14:18 πάντων ὑμῶν μᾶλλον **γλώσσαις** λαλῶ·
1Co 14:19 μυρίους λόγους ἐν **γλώσσῃ**.
1Co 14:22 ὥστε αἱ **γλῶσσαι** εἰς σημεῖόν εἰσιν
1Co 14:23 καὶ πάντες λαλῶσιν **γλώσσαις**,
1Co 14:26 **γλῶσσαν** ἔχει,
1Co 14:27 εἴτε **γλώσσῃ** τις λαλεῖ,
1Co 14:39 λαλεῖν μὴ κωλύετε **γλώσσαις**·

γνώμη (*gnōmē*; 3/9) *purpose*

1Co 1:10 ἐν τῇ αὐτῇ **γνώμῃ**.
1Co 7:25 **γνώμην** δὲ δίδωμι ὡς
1Co 7:40 κατὰ τὴν ἐμὴν **γνώμην**·

γνωρίζω (*gnōrizō*; 2/25) *make known*

1Co 12:3 διὸ **γνωρίζω** ὑμῖν ὅτι οὐδεὶς
1Co 15:1 **Γνωρίζω** δὲ ὑμῖν,

γνῶσις (*gnōsis*; 10/29) *knowledge*

1Co 1:5 λόγῳ καὶ πάσῃ **γνώσει**,
1Co 8:1 οἴδαμεν ὅτι πάντες **γνῶσιν** ἔχομεν.
1Co 8:1 ἡ **γνῶσις** φυσιοῖ,
1Co 8:7 ἐν πᾶσιν ἡ **γνῶσις**·
1Co 8:10 σὲ τὸν ἔχοντα **γνῶσιν** ἐν εἰδωλείῳ κατακείμενον,
1Co 8:11 ἐν τῇ σῇ **γνώσει**,
1Co 12:8 ἄλλῳ δὲ λόγος **γνώσεως** κατὰ τὸ αὐτὸ
1Co 13:2 καὶ πᾶσαν τὴν **γνῶσιν** καὶ ἐὰν ἔχω
1Co 13:8 εἴτε **γνῶσις**,
1Co 14:6 ἀποκαλύψει ἢ ἐν **γνώσει** ἢ ἐν προφητείᾳ

γογγύζω (*gongyzō*; 2/8) *grumble*

1Co 10:10 μηδὲ **γογγύζετε**,
1Co 10:10 καθάπερ τινες αὐτῶν **ἐγόγγυσαν** καὶ ἀπώλοντο ὑπὸ

γραμματεύς (*grammateus*; 1/62[63]) *scribe*

1Co 1:20 ποῦ **γραμματεύς**;

γραφή (*graphē*; 2/50) *Scripture*

1Co 15:3 ἡμῶν κατὰ τὰς **γραφὰς**
1Co 15:4 τρίτῃ κατὰ τὰς **γραφὰς**

γράφω (*graphō*; 18/190[191]) *write*

1Co 1:19 **γέγραπται** γάρ·
1Co 1:31 ἵνα καθὼς **γέγραπται**·
1Co 2:9 ἀλλὰ καθὼς **γέγραπται**·
1Co 3:19 **γέγραπται** γάρ·
1Co 4:6 μὴ ὑπὲρ ἃ **γέγραπται**,

1Co 4:14 Οὐκ ἐντρέπων ὑμᾶς **γράφω** ταῦτα ἀλλʼ ὡς
1Co 5:9 **Ἔγραψα** ὑμῖν ἐν τῇ
1Co 5:11 νῦν δὲ **ἔγραψα** ὑμῖν μὴ συναναμίγνυσθαι
1Co 7:1 Περὶ δὲ ὧν **ἐγράψατε**,
1Co 9:9 τῷ Μωϋσέως νόμῳ **γέγραπται**·
1Co 9:10 διʼ ἡμᾶς γὰρ **ἐγράφη** ὅτι ὀφείλει ἐπʼ
1Co 9:15 Οὐκ **ἔγραψα** δὲ ταῦτα,
1Co 10:7 ὥσπερ **γέγραπται**·
1Co 10:11 **ἐγράφη** δὲ πρὸς νουθεσίαν
1Co 14:21 ἐν τῷ νόμῳ **γέγραπται** ὅτι ἐν ἑτερογλώσσοις
1Co 14:37 ἐπιγινωσκέτω ἃ **γράφω** ὑμῖν ὅτι κυρίου
1Co 15:45 οὕτως καὶ **γέγραπται**·
1Co 15:54 ὁ λόγος ὁ **γεγραμμένος**·

γρηγορέω (*grēgoreō*; 1/22) *watch, keep awake*

1Co 16:13 **Γρηγορεῖτε**,

γυμνιτεύω (*gymniteuō*; 1/1) *be dressed in rags*

1Co 4:11 καὶ διψῶμεν καὶ **γυμνιτεύομεν** καὶ κολαφιζόμεθα καὶ

γυμνός (*gymnos*; 1/15) *naked*

1Co 15:37 γενησόμενον σπείρεις ἀλλὰ **γυμνὸν** κόκκον εἰ τύχοι

γυνή (*gynē*; 41/211[215]) *woman, wife*

1Co 5:1 ὥστε **γυναῖκά** τινα τοῦ πατρὸς
1Co 7:1 καλὸν ἀνθρώπῳ **γυναικὸς** μὴ ἅπτεσθαι·
1Co 7:2 ἕκαστος τὴν ἑαυτοῦ **γυναῖκα** ἐχέτω καὶ ἑκάστη
1Co 7:3 τῇ **γυναικὶ** ὁ ἀνὴρ τὴν
1Co 7:3 δὲ καὶ ἡ **γυνὴ** τῷ ἀνδρί.
1Co 7:4 ἡ **γυνὴ** τοῦ ἰδίου σώματος
1Co 7:4 ἐξουσιάζει ἀλλὰ ἡ **γυνή**.
1Co 7:10 **γυναῖκα** ἀπὸ ἀνδρὸς μὴ
1Co 7:11 καὶ ἄνδρα **γυναῖκα** μὴ ἀφιέναι.
1Co 7:12 εἴ τις ἀδελφὸς **γυναῖκα** ἔχει ἄπιστον καὶ
1Co 7:13 καὶ **γυνὴ** εἴ τις ἔχει
1Co 7:14 ἄπιστος ἐν τῇ **γυναικὶ** καὶ ἡγίασται ἡ
1Co 7:14 καὶ ἡγίασται ἡ **γυνὴ** ἡ ἄπιστος ἐν
1Co 7:16 **γύναι**,
1Co 7:16 εἰ τὴν **γυναῖκα** σώσεις;
1Co 7:27 δέδεσαι **γυναικί**,
1Co 7:27 λέλυσαι ἀπὸ **γυναικός**,
1Co 7:27 μὴ ζήτει **γυναῖκα**.
1Co 7:29 καὶ οἱ ἔχοντες **γυναῖκας** ὡς μὴ ἔχοντες
1Co 7:33 πῶς ἀρέσῃ τῇ **γυναικί**,
1Co 7:34 καὶ ἡ **γυνὴ** ἡ ἄγαμος καὶ
1Co 7:39 **Γυνὴ** δέδεται ἐφʼ ὅσον
1Co 9:5 ἔχομεν ἐξουσίαν ἀδελφὴν **γυναῖκα** περιάγειν ὡς καὶ
1Co 11:3 κεφαλὴ δὲ **γυναικὸς** ὁ ἀνήρ,
1Co 11:5 πᾶσα δὲ **γυνὴ** προσευχομένη ἢ προφητεύουσα
1Co 11:6 γὰρ οὐ κατακαλύπτεται **γυνή**,
1Co 11:6 εἰ δὲ αἰσχρὸν **γυναικὶ** τὸ κείρασθαι ἢ
1Co 11:7 ἡ **γυνὴ** δὲ δόξα ἀνδρός
1Co 11:8 ἐστιν ἀνὴρ ἐκ **γυναικὸς** ἀλλὰ γυνὴ ἐξ
1Co 11:8 ἐκ γυναικὸς ἀλλὰ **γυνὴ** ἐξ ἀνδρός·
1Co 11:9 ἀνὴρ διὰ τὴν **γυναῖκα** ἀλλὰ γυνὴ διὰ
1Co 11:9 τὴν γυναῖκα ἀλλὰ **γυνὴ** διὰ τὸν ἄνδρα.
1Co 11:10 τοῦτο ὀφείλει ἡ **γυνὴ** ἐξουσίαν ἔχειν ἐπὶ
1Co 11:11 πλὴν οὔτε **γυνὴ** χωρὶς ἀνδρὸς οὔτε
1Co 11:11 οὔτε ἀνὴρ χωρὶς **γυναικὸς** ἐν κυρίῳ·
1Co 11:12 ὥσπερ γὰρ ἡ **γυνὴ** ἐκ τοῦ ἀνδρός,
1Co 11:12 ἀνὴρ διὰ τῆς **γυναικός**·
1Co 11:13 πρέπον ἐστὶν γυναῖκα **ἀκατακάλυπτον** τῷ θεῷ προσεύχεσθαι;
1Co 11:15 **γυνὴ** δὲ ἐὰν κομᾷ
1Co 14:34 αἱ **γυναῖκες** ἐν ταῖς ἐκκλησίαις
1Co 14:35 αἰσχρὸν γάρ ἐστιν **γυναικὶ** λαλεῖν ἐν ἐκκλησίᾳ.

δαιμόνιον (*daimonion*; 4/61[63]) *demon*

1Co 10:20 **δαιμονίοις** καὶ οὐ θεῷ
1Co 10:20 ὑμᾶς κοινωνοὺς τῶν **δαιμονίων** γίνεσθαι.
1Co 10:21 πίνειν καὶ ποτήριον **δαιμονίων**,
1Co 10:21 μετέχειν καὶ τραπέζης **δαιμονίων**.

δέ (*de*; 211/2773[2792]) *but, and*

1Co 1:10 Παρακαλῶ **δὲ** ὑμᾶς,
1Co 1:10 ἦτε **δὲ** κατηρτισμένοι ἐν τῷ
1Co 1:12 λέγω **δὲ** τοῦτο ὅτι ἕκαστος
1Co 1:12 ἐγὼ **δὲ** Ἀπολλῶ,
1Co 1:12 ἐγὼ **δὲ** Κηφᾶ,
1Co 1:12 ἐγὼ **δὲ** Χριστοῦ.
1Co 1:16 ἐβάπτισα **δὲ** καὶ τὸν Στεφανᾶ
1Co 1:18 τοῖς **δὲ** σῳζομένοις ἡμῖν δύναμις
1Co 1:23 ἡμεῖς **δὲ** κηρύσσομεν Χριστὸν ἐσταυρωμένον,
1Co 1:23 ἔθνεσιν **δὲ** μωρίαν,
1Co 1:24 αὐτοῖς **δὲ** τοῖς κλητοῖς,
1Co 1:30 ἐξ αὐτοῦ **δὲ** ὑμεῖς ἐστε ἐν
1Co 2:6 Σοφίαν **δὲ** λαλοῦμεν ἐν τοῖς
1Co 2:6 σοφίαν **δὲ** οὐ τοῦ αἰῶνος
1Co 2:10 ἡμῖν **δὲ** ἀπεκάλυψεν ὁ θεὸς
1Co 2:12 ἡμεῖς **δὲ** οὐ τὸ πνεῦμα
1Co 2:14 ψυχικὸς **δὲ** ἄνθρωπος οὐ δέχεται
1Co 2:15 ὁ **δὲ** πνευματικὸς ἀνακρίνει [τὰ]
1Co 2:15 αὐτὸς **δὲ** ὑπʼ οὐδενὸς ἀνακρίνεται.
1Co 2:16 ἡμεῖς **δὲ** νοῦν Χριστοῦ ἔχομεν.
1Co 3:4 ἕτερος **δέ**·
1Co 3:5 τί **δέ** ἐστιν Παῦλος;
1Co 3:8 ὁ φυτεύων **δὲ** καὶ ὁ ποτίζων
1Co 3:8 ἕκαστος **δὲ** τὸν ἴδιον μισθὸν
1Co 3:10 ἄλλος **δὲ** ἐποικοδομεῖ.
1Co 3:10 ἕκαστος **δὲ** βλεπέτω πῶς ἐποικοδομεῖ.
1Co 3:12 εἰ **δέ** τις ἐποικοδομεῖ ἐπὶ
1Co 3:15 αὐτὸς **δὲ** σωθήσεται,
1Co 3:15 οὕτως **δὲ** ὡς διὰ πυρός.
1Co 3:23 ὑμεῖς **δὲ** Χριστοῦ,
1Co 3:23 Χριστὸς **δὲ** θεοῦ.
1Co 4:3 ἐμοὶ **δὲ** εἰς ἐλάχιστόν ἐστιν,
1Co 4:4 ὁ **δὲ** ἀνακρίνων με κύριός
1Co 4:6 Ταῦτα **δέ**,
1Co 4:7 τί **δὲ** ἔχεις ὃ οὐκ
1Co 4:7 εἰ **δὲ** καὶ ἔλαβες,
1Co 4:10 ὑμεῖς **δὲ** φρόνιμοι ἐν Χριστῷ·
1Co 4:10 ὑμεῖς **δὲ** ἰσχυροί·
1Co 4:10 ἡμεῖς **δὲ** ἄτιμοι.
1Co 4:18 Ὡς μὴ ἐρχομένου **δέ** μου πρὸς ὑμᾶς
1Co 4:19 ἐλεύσομαι **δὲ** ταχέως πρὸς ὑμᾶς
1Co 5:3 τῷ σώματι παρὼν **δὲ** τῷ πνεύματι,
1Co 5:11 νῦν **δὲ** ἔγραψα ὑμῖν μὴ
1Co 5:13 τοὺς **δὲ** ἔξω ὁ θεὸς
1Co 6:13 ὁ **δὲ** θεὸς καὶ ταύτην

1Co 6:13 τὸ δὲ **σῶμα** οὐ τῇ πορνείᾳ
1Co 6:14 ὁ **δὲ** θεὸς καὶ τὸν
1Co 6:17 ὁ **δὲ** κολλώμενος τῷ κυρίῳ
1Co 6:18 ὁ **δὲ** πορνεύων εἰς τὸ
1Co 7:1 Περὶ **δὲ** ὧν ἐγράψατε,
1Co 7:2 διὰ **δὲ** τὰς πορνείας ἕκαστος
1Co 7:3 ὁμοίως **δὲ** καὶ ἡ γυνὴ
1Co 7:4 ὁμοίως **δὲ** καὶ ὁ ἀνὴρ
1Co 7:6 τοῦτο **δὲ** λέγω κατὰ συγγνώμην
1Co 7:7 θέλω **δὲ** πάντας ἀνθρώπους εἶναι
1Co 7:7 ὁ **δὲ** οὕτως.
1Co 7:8 Λέγω **δὲ** τοῖς ἀγάμοις καὶ
1Co 7:9 εἰ **δὲ** οὐκ ἐγκρατεύονται,
1Co 7:10 Τοῖς **δὲ** γεγαμηκόσιν παραγγέλλω,
1Co 7:11 ἐὰν **δὲ** καὶ χωρισθῇ,
1Co 7:12 Τοῖς **δὲ** λοιποῖς λέγω ἐγὼ
1Co 7:14 νῦν **δὲ** ἅγιά ἐστιν.
1Co 7:15 εἰ **δὲ** ὁ ἄπιστος χωρίζεται,
1Co 7:15 ἐν **δὲ** εἰρήνῃ κέκληκεν ὑμᾶς
1Co 7:25 Περὶ **δὲ** τῶν παρθένων ἐπιταγὴν
1Co 7:25 γνώμην **δὲ** δίδωμι ὡς ἠλεημένος
1Co 7:28 ἐὰν **δὲ** καὶ γαμήσῃς,
1Co 7:28 θλῖψιν **δὲ** τῇ σαρκὶ ἕξουσιν
1Co 7:28 ἐγὼ **δὲ** ὑμῶν φείδομαι.
1Co 7:29 Τοῦτο **δέ** φημι,
1Co 7:32 Θέλω **δὲ** ὑμᾶς ἀμερίμνους εἶναι.
1Co 7:33 ὁ **δὲ** γαμήσας μεριμνᾷ τὰ
1Co 7:34 ἡ **δὲ** γαμήσασα μεριμνᾷ τὰ
1Co 7:35 τοῦτο **δὲ** πρὸς τὸ ὑμῶν
1Co 7:36 Εἰ **δέ** τις ἀσχημονεῖν ἐπὶ
1Co 7:37 ὃς **δὲ** ἕστηκεν ἐν τῇ
1Co 7:37 ἐξουσίαν **δὲ** ἔχει περὶ τοῦ
1Co 7:39 ἐὰν **δὲ** κοιμηθῇ ὁ ἀνήρ,
1Co 7:40 μακαριωτέρα **δέ** ἐστιν ἐὰν οὕτως
1Co 7:40 δοκῶ **δὲ** κἀγὼ πνεῦμα θεοῦ
1Co 8:1 Περὶ **δὲ** τῶν εἰδωλοθύτων,
1Co 8:1 ἡ **δὲ** ἀγάπη οἰκοδομεῖ·
1Co 8:3 εἰ **δέ** τις ἀγαπᾷ τὸν
1Co 8:7 τινες **δὲ** τῇ συνηθείᾳ ἕως
1Co 8:8 βρῶμα **δὲ** ἡμᾶς οὐ παραστήσει
1Co 8:9 βλέπετε **δὲ** μή πως ἡ
1Co 8:12 οὕτως **δὲ** ἁμαρτάνοντες εἰς τοὺς
1Co 9:15 Ἐγὼ **δὲ** οὐ κέχρημαι οὐδενὶ
1Co 9:15 Οὐκ ἔγραψα **δὲ** ταῦτα,
1Co 9:17 εἰ **δὲ** ἄκων,
1Co 9:23 πάντα **δὲ** ποιῶ διὰ τὸ
1Co 9:24 εἷς **δὲ** λαμβάνει τὸ βραβεῖον;
1Co 9:25 πᾶς **δὲ** ὁ ἀγωνιζόμενος πάντα
1Co 9:25 ἡμεῖς **δὲ** ἄφθαρτον.
1Co 10:4 ἡ πέτρα **δὲ** ἦν ὁ Χριστός.
1Co 10:6 Ταῦτα **δὲ** τύποι ἡμῶν ἐγενήθησαν,
1Co 10:11 ταῦτα **δὲ** τυπικῶς συνέβαινεν ἐκείνοις,
1Co 10:11 ἐγράφη **δὲ** πρὸς νουθεσίαν ἡμῶν,
1Co 10:13 πιστὸς **δὲ** ὁ θεός,
1Co 10:20 οὐ θέλω **δὲ** ὑμᾶς κοινωνοὺς τῶν
1Co 10:28 ἐὰν **δέ** τις ὑμῖν εἴπῃ·
1Co 10:29 συνείδησιν **δὲ** λέγω οὐχὶ τὴν
1Co 11:2 Ἐπαινῶ **δὲ** ὑμᾶς ὅτι πάντα
1Co 11:3 Θέλω **δὲ** ὑμᾶς εἰδέναι ὅτι
1Co 11:3 κεφαλὴ **δὲ** γυναικὸς ὁ ἀνήρ,
1Co 11:3 κεφαλὴ **δὲ** τοῦ Χριστοῦ ὁ
1Co 11:5 πᾶσα **δὲ** γυνὴ προσευχομένη ἢ
1Co 11:6 εἰ **δὲ** αἰσχρὸν γυναικὶ τὸ
1Co 11:7 ἡ γυνὴ **δὲ** δόξα ἀνδρός ἐστιν.
1Co 11:12 τὰ **δὲ** πάντα ἐκ τοῦ
1Co 11:15 γυνὴ **δὲ** ἐὰν κομᾷ δόξα
1Co 11:16 Εἰ **δέ** τις δοκεῖ φιλόνεικος
1Co 11:17 Τοῦτο **δὲ** παραγγέλλων οὐκ ἐπαινῶ
1Co 11:21 μὲν πεινᾷ ὃς **δὲ** μεθύει.
1Co 11:28 δοκιμαζέτω **δὲ** ἄνθρωπος ἑαυτὸν καὶ
1Co 11:31 εἰ **δὲ** ἑαυτοὺς διεκρίνομεν,
1Co 11:32 κρινόμενοι **δὲ** ὑπὸ [τοῦ] κυρίου
1Co 11:34 τὰ **δὲ** λοιπὰ ὡς ἂν
1Co 12:1 Περὶ **δὲ** τῶν πνευματικῶν,
1Co 12:4 Διαιρέσεις **δὲ** χαρισμάτων εἰσίν,
1Co 12:4 τὸ **δὲ** αὐτὸ πνεῦμα·
1Co 12:6 ὁ **δὲ** αὐτὸς θεὸς ὁ
1Co 12:7 ἑκάστῳ **δὲ** δίδοται ἡ φανέρωσις
1Co 12:8 ἄλλῳ **δὲ** λόγος γνώσεως κατὰ
1Co 12:9 ἄλλῳ **δὲ** χαρίσματα ἰαμάτων ἐν
1Co 12:10 ἄλλῳ **δὲ** ἐνεργήματα δυνάμεων,
1Co 12:10 ἄλλῳ **[δὲ]** προφητεία,
1Co 12:10 ἄλλῳ **[δὲ]** διακρίσεις πνευμάτων,
1Co 12:10 ἄλλῳ **δὲ** ἑρμηνεία γλωσσῶν·
1Co 12:11 πάντα **δὲ** ταῦτα ἐνεργεῖ τὸ
1Co 12:12 πάντα **δὲ** τὰ μέλη τοῦ
1Co 12:18 νυνὶ **δὲ** ὁ θεὸς ἔθετο
1Co 12:19 εἰ **δὲ** ἦν τὰ πάντα
1Co 12:20 νῦν **δὲ** πολλὰ μὲν μέλη,
1Co 12:20 ἓν **δὲ** σῶμα.
1Co 12:21 οὐ δύναται **δὲ** ὁ ὀφθαλμὸς εἰπεῖν
1Co 12:24 τὰ **δὲ** εὐσχήμονα ἡμῶν οὐ
1Co 12:27 ὑμεῖς **δέ** ἐστε σῶμα Χριστοῦ
1Co 12:31 ζηλοῦτε **δὲ** τὰ χαρίσματα τὰ
1Co 13:1 ἀγάπην **δὲ** μὴ ἔχω,
1Co 13:2 ἀγάπην **δὲ** μὴ ἔχω,
1Co 13:3 ἀγάπην **δὲ** μὴ ἔχω,
1Co 13:6 συγχαίρει **δὲ** τῇ ἀληθείᾳ·
1Co 13:8 εἴτε **δὲ** προφητεῖαι,
1Co 13:10 ὅταν **δὲ** ἔλθῃ τὸ τέλειον,
1Co 13:12 τότε **δὲ** πρόσωπον πρὸς πρόσωπον·
1Co 13:12 τότε **δὲ** ἐπιγνώσομαι καθὼς καὶ
1Co 13:13 Νυνὶ **δὲ** μένει πίστις,
1Co 13:13 μείζων **δὲ** τούτων ἡ ἀγάπη.
1Co 14:1 ζηλοῦτε **δὲ** τὰ πνευματικά,
1Co 14:1 μᾶλλον **δὲ** ἵνα προφητεύητε.
1Co 14:2 πνεύματι **δὲ** λαλεῖ μυστήρια·
1Co 14:3 ὁ **δὲ** προφητεύων ἀνθρώποις λαλεῖ
1Co 14:4 ὁ **δὲ** προφητεύων ἐκκλησίαν οἰκοδομεῖ.
1Co 14:5 θέλω **δὲ** πάντας ὑμᾶς λαλεῖν
1Co 14:5 μᾶλλον **δὲ** ἵνα προφητεύητε·
1Co 14:5 μείζων **δὲ** ὁ προφητεύων ἢ
1Co 14:6 Νῦν **δέ**,
1Co 14:14 ὁ **δὲ** νοῦς μου ἄκαρπός
1Co 14:15 προσεύξομαι **δὲ** καὶ τῷ νοΐ·
1Co 14:15 ψαλῶ **δὲ** καὶ τῷ νοΐ.
1Co 14:20 ταῖς **δὲ** φρεσὶν τέλειοι γίνεσθε.
1Co 14:22 ἡ **δὲ** προφητεία οὐ τοῖς
1Co 14:23 εἰσέλθωσιν **δὲ** ἰδιῶται ἢ ἄπιστοι,
1Co 14:24 ἐὰν **δὲ** πάντες προφητεύωσιν,
1Co 14:24 εἰσέλθῃ **δέ** τις ἄπιστος ἢ
1Co 14:28 ἐὰν **δὲ** μὴ ᾖ διερμηνευτής,
1Co 14:28 ἑαυτῷ **δὲ** λαλείτω καὶ τῷ
1Co 14:29 προφῆται **δὲ** δύο ἢ τρεῖς
1Co 14:30 ἐὰν **δὲ** ἄλλῳ ἀποκαλυφθῇ καθημένῳ,
1Co 14:35 εἰ **δέ** τι μαθεῖν θέλουσιν,
1Co 14:38 εἰ **δέ** τις ἀγνοεῖ,
1Co 14:40 πάντα **δὲ** εὐσχημόνως καὶ κατὰ

1Co 15:1 Γνωρίζω **δὲ** ὑμῖν,
1Co 15:6 τινες **δὲ** ἐκοιμήθησαν·
1Co 15:8 ἔσχατον **δὲ** πάντων ὡσπερεὶ τῷ
1Co 15:10 χάριτι **δὲ** θεοῦ εἰμι ὅ
1Co 15:10 οὐκ ἐγὼ **δὲ** ἀλλὰ ἡ χάρις
1Co 15:12 Εἰ **δὲ** Χριστὸς κηρύσσεται ὅτι
1Co 15:13 εἰ **δὲ** ἀνάστασις νεκρῶν οὐκ
1Co 15:14 εἰ **δὲ** Χριστὸς οὐκ ἐγήγερται,
1Co 15:15 εὑρισκόμεθα **δὲ** καὶ ψευδομάρτυρες τοῦ
1Co 15:17 εἰ **δὲ** Χριστὸς οὐκ ἐγήγερται,
1Co 15:20 Νυνὶ **δὲ** Χριστὸς ἐγήγερται ἐκ
1Co 15:23 Ἕκαστος **δὲ** ἐν τῷ ἰδίῳ
1Co 15:27 ὅταν **δὲ** εἴπῃ ὅτι πάντα
1Co 15:28 ὅταν **δὲ** ὑποταγῇ αὐτῷ τὰ
1Co 15:35 ποίῳ **δὲ** σώματι ἔρχονται;
1Co 15:38 ὁ **δὲ** θεὸς δίδωσιν αὐτῷ
1Co 15:39 ἄλλη **δὲ** σὰρξ κτηνῶν,
1Co 15:39 ἄλλη **δὲ** σὰρξ πτηνῶν,
1Co 15:39 ἄλλη **δὲ** ἰχθύων.
1Co 15:40 ἑτέρα δὲ **ἡ** τῶν ἐπιγείων.
1Co 15:50 Τοῦτο **δέ** φημι,
1Co 15:51 πάντες **δὲ** ἀλλαγησόμεθα,
1Co 15:54 ὅταν **δὲ** τὸ φθαρτὸν τοῦτο
1Co 15:56 τὸ **δὲ** κέντρον τοῦ θανάτου
1Co 15:56 ἡ **δὲ** δύναμις τῆς ἁμαρτίας
1Co 15:57 τῷ **δὲ** θεῷ χάρις τῷ
1Co 16:1 Περὶ **δὲ** τῆς λογείας τῆς
1Co 16:3 ὅταν **δὲ** παραγένωμαι,
1Co 16:4 ἐὰν **δὲ** ἄξιον ᾖ τοῦ
1Co 16:5 Ἐλεύσομαι **δὲ** πρὸς ὑμᾶς ὅταν
1Co 16:6 πρὸς ὑμᾶς **δὲ** τυχὸν παραμενῶ ἢ
1Co 16:8 ἐπιμενῶ **δὲ** ἐν Ἐφέσῳ ἕως
1Co 16:10 Ἐὰν **δὲ** ἔλθῃ Τιμόθεος,
1Co 16:11 προπέμψατε **δὲ** αὐτὸν ἐν εἰρήνῃ,
1Co 16:12 Περὶ **δὲ** Ἀπολλῶ τοῦ ἀδελφοῦ,
1Co 16:12 ἐλεύσεται **δὲ** ὅταν εὐκαιρήσῃ.
1Co 16:15 Παρακαλῶ **δὲ** ὑμᾶς,
1Co 16:17 χαίρω **δὲ** ἐπὶ τῇ παρουσίᾳ

δεῖ (*dei*; 4/101) *it is necessary*

1Co 8:2 οὔπω ἔγνω καθὼς **δεῖ** γνῶναι·
1Co 11:19 **δεῖ** γὰρ καὶ αἱρέσεις
1Co 15:25 **δεῖ** γὰρ αὐτὸν βασιλεύειν
1Co 15:53 **Δεῖ** γὰρ τὸ φθαρτὸν

δείκνυμι (*deiknymi*; 1/33) *show*

1Co 12:31 ὑπερβολὴν ὁδὸν ὑμῖν **δείκνυμι**.

δειπνέω (*deipneō*; 1/4) *eat*

1Co 11:25 ποτήριον μετὰ τὸ **δειπνῆσαι** λέγων·

δεῖπνον (*deipnon*; 2/16) *dinner, feast*

1Co 11:20 οὐκ ἔστιν κυριακὸν **δεῖπνον** φαγεῖν·
1Co 11:21 γὰρ τὸ ἴδιον **δεῖπνον** προλαμβάνει ἐν τῷ

δέρω (*derō*; 1/15) *beat*

1Co 9:26 ὡς οὐκ ἀέρα **δέρων**·

δεύτερος (*deuteros*; 2/43) *second*

1Co 12:28 **δεύτερον** προφήτας,
1Co 15:47 ὁ **δεύτερος** ἄνθρωπος ἐξ οὐρανοῦ.

δέχομαι (*dechomai*; 1/56) *take, receive*

1Co 2:14 δὲ ἄνθρωπος οὐ **δέχεται** τὰ τοῦ πνεύματος

δέω (*deō*; 2/43) *bind*

1Co 7:27 **δέδεσαι** γυναικί,
1Co 7:39 Γυνὴ **δέδεται** ἐφ' ὅσον χρόνον

δή (*dē*; 1/5) *indeed*

1Co 6:20 δοξάσατε **δὴ** τὸν θεὸν ἐν

δῆλος (*dēlos*; 1/3) *evident*

1Co 15:27 **δῆλον** ὅτι ἐκτὸς τοῦ

δηλόω (*dēloō*; 2/7) *make clear*

1Co 1:11 **ἐδηλώθη** γάρ μοι περὶ
1Co 3:13 ἡ γὰρ ἡμέρα **δηλώσει**,

διά (*dia*; 42/665[667]) *through, on account of*

1Co 1:1 ἀπόστολος Χριστοῦ Ἰησοῦ **διὰ** θελήματος θεοῦ καὶ
1Co 1:9 **δι'** οὗ ἐκλήθητε εἰς
1Co 1:10 **διὰ** τοῦ ὀνόματος τοῦ
1Co 1:21 ἔγνω ὁ κόσμος **διὰ** τῆς σοφίας τὸν
1Co 1:21 εὐδόκησεν ὁ θεὸς **διὰ** τῆς μωρίας τοῦ
1Co 2:10 ἀπεκάλυψεν ὁ θεὸς **διὰ** τοῦ πνεύματος·
1Co 3:5 διάκονοι **δι'** ὧν ἐπιστεύσατε,
1Co 3:15 οὕτως δὲ ὡς **διὰ** πυρός.
1Co 4:6 ἐμαυτὸν καὶ Ἀπολλῶν **δι'** ὑμᾶς,
1Co 4:10 ἡμεῖς μωροὶ **διὰ** Χριστόν,
1Co 4:15 γὰρ Χριστῷ Ἰησοῦ **διὰ** τοῦ εὐαγγελίου ἐγὼ
1Co 4:17 **Διὰ** τοῦτο ἔπεμψα ὑμῖν
1Co 6:7 **διὰ** τί οὐχὶ μᾶλλον
1Co 6:7 **διὰ** τί οὐχὶ μᾶλλον
1Co 6:14 καὶ ἡμᾶς ἐξεγερεῖ **διὰ** τῆς δυνάμεως αὐτοῦ.
1Co 7:2 **διὰ** δὲ τὰς πορνείας
1Co 7:5 ὑμᾶς ὁ σατανᾶς **διὰ** τὴν ἀκρασίαν ὑμῶν.
1Co 7:26 τοῦτο καλὸν ὑπάρχειν **διὰ** τὴν ἐνεστῶσαν ἀνάγκην,
1Co 8:6 κύριος Ἰησοῦς Χριστὸς **δι'** οὗ τὰ πάντα
1Co 8:6 πάντα καὶ ἡμεῖς **δι'** αὐτοῦ.
1Co 8:11 ὁ ἀδελφὸς **δι'** ὃν Χριστὸς ἀπέθανεν.
1Co 9:10 ἢ **δι'** ἡμᾶς πάντως λέγει;
1Co 9:10 **δι'** ἡμᾶς γὰρ ἐγράφη
1Co 9:23 πάντα δὲ ποιῶ **διὰ** τὸ εὐαγγέλιον,
1Co 10:1 ἦσαν καὶ πάντες **διὰ** τῆς θαλάσσης διῆλθον
1Co 10:25 ἐσθίετε μηδὲν ἀνακρίνοντες **διὰ** τὴν συνείδησιν·
1Co 10:27 ἐσθίετε μηδὲν ἀνακρίνοντες **διὰ** τὴν συνείδησιν.
1Co 10:28 μὴ ἐσθίετε **δι'** ἐκεῖνον τὸν μηνύσαντα
1Co 11:9 οὐκ ἐκτίσθη ἀνὴρ **διὰ** τὴν γυναῖκα ἀλλὰ
1Co 11:9 γυναῖκα ἀλλὰ γυνὴ **διὰ** τὸν ἄνδρα.
1Co 11:10 **διὰ** τοῦτο ὀφείλει ἡ
1Co 11:10 ἐπὶ τῆς κεφαλῆς **διὰ** τοὺς ἀγγέλους.
1Co 11:12 καὶ ὁ ἀνὴρ **διὰ** τῆς γυναικός·
1Co 11:30 **διὰ** τοῦτο ἐν ὑμῖν
1Co 12:8 ᾧ μὲν γὰρ **διὰ** τοῦ πνεύματος δίδοται
1Co 13:12 βλέπομεν γὰρ ἄρτι **δι'** ἐσόπτρου ἐν αἰνίγματι,
1Co 14:9 οὕτως καὶ ὑμεῖς **διὰ** τῆς γλώσσης ἐὰν
1Co 15:2 **δι'** οὗ καὶ σῴζεσθε,

1Co 15:21 ἐπειδὴ γὰρ **δι᾽** ἀνθρώπου θάνατος,
1Co 15:21 καὶ **δι᾽** ἀνθρώπου ἀνάστασις νεκρῶν.
1Co 15:57 ἡμῖν τὸ νῖκος **διὰ** τοῦ κυρίου ἡμῶν
1Co 16:3 **δι᾽** ἐπιστολῶν τούτους πέμψω

διαθήκη (*diathēkē*; 1/33) *covenant*
1Co 11:25 ποτήριον ἡ καινὴ **διαθήκη** ἐστὶν ἐν τῷ

διαίρεσις (*diairesis*; 3/3) *variety*
1Co 12:4 **Διαιρέσεις** δὲ χαρισμάτων εἰσίν,
1Co 12:5 καὶ **διαιρέσεις** διακονιῶν εἰσιν,
1Co 12:6 καὶ **διαιρέσεις** ἐνεργημάτων εἰσίν,

διαιρέω (*diaireō*; 1/2) *divide, distribute*
1Co 12:11 τὸ αὐτὸ πνεῦμα **διαιροῦν** ἰδίᾳ ἑκάστῳ καθὼς

διακονία (*diakonia*; 2/34) *ministry, service*
1Co 12:5 καὶ διαιρέσεις **διακονιῶν** εἰσιν,
1Co 16:15 ᾿Αχαΐας καὶ εἰς **διακονίαν** τοῖς ἁγίοις ἔταξαν

διάκονος (*diakonos*; 1/29) *servant*
1Co 3:5 **διάκονοι** δι᾽ ὧν ἐπιστεύσατε,

διακρίνω (*diakrinō*; 5/19) *evaluate, discern*
1Co 4:7 τίς γάρ σε **διακρίνει**;
1Co 6:5 ὃς δυνήσεται **διακρῖναι** ἀνὰ μέσον τοῦ
1Co 11:29 καὶ πίνει μὴ **διακρίνων** τὸ σῶμα.
1Co 11:31 εἰ δὲ ἑαυτοὺς **διεκρίνομεν**,
1Co 14:29 καὶ οἱ ἄλλοι **διακρινέτωσαν**·

διάκρισις (*diakrisis*; 1/3) *ability to discern*
1Co 12:10 ἄλλῳ [δὲ] **διακρίσεις** πνευμάτων,

διαλογισμός (*dialogismos*; 1/14) *thought*
1Co 3:20 κύριος γινώσκει τοὺς **διαλογισμοὺς** τῶν σοφῶν ὅτι

διαστολή (*diastolē*; 1/3) *distinction*
1Co 14:7 ἐὰν **διαστολὴν** τοῖς φθόγγοις μὴ

διατάσσω (*diatassō*; 4/16) *command*
1Co 7:17 ταῖς ἐκκλησίαις πάσαις **διατάσσομαι**.
1Co 9:14 καὶ ὁ κύριος **διέταξεν** τοῖς τὸ εὐαγγέλιον
1Co 11:34 ὡς ἂν ἔλθω **διατάξομαι**.
1Co 16:1 τοὺς ἁγίους ὥσπερ **διέταξα** ταῖς ἐκκλησίαις τῆς

διαφέρω (*diapherō*; 1/13) *be worth more than*
1Co 15:41 ἀστὴρ γὰρ ἀστέρος **διαφέρει** ἐν δόξῃ.

διδακτός (*didaktos*; 2/3) *taught*
1Co 2:13 λαλοῦμεν οὐκ ἐν **διδακτοῖς** ἀνθρωπίνης σοφίας λόγοις
1Co 2:13 λόγοις ἀλλ᾽ ἐν **διδακτοῖς** πνεύματος,

διδάσκαλος (*didaskalos*; 2/58[59]) *teacher*
1Co 12:28 τρίτον **διδασκάλους**,
1Co 12:29 μὴ πάντες **διδάσκαλοι**;

διδάσκω (*didaskō*; 2/96) *teach*
1Co 4:17 ἐν πάσῃ ἐκκλησίᾳ **διδάσκω**.
1Co 11:14 ἡ φύσις αὐτὴ **διδάσκει** ὑμᾶς ὅτι ἀνὴρ

διδαχή (*didachē*; 2/30) *teaching*
1Co 14:6 προφητείᾳ ἢ [ἐν] **διδαχῇ**;
1Co 14:26 **διδαχὴν** ἔχει,

δίδωμι (*didōmi*; 15/415) *give*
1Co 1:4 τοῦ θεοῦ τῇ **δοθείσῃ** ὑμῖν ἐν Χριστῷ
1Co 3:5 ὡς ὁ κύριος **ἔδωκεν**.
1Co 3:10 τοῦ θεοῦ τὴν **δοθεῖσάν** μοι ὡς σοφὸς
1Co 7:25 γνώμην δὲ **δίδωμι** ὡς ἠλεημένος ὑπὸ
1Co 9:12 μή τινα ἐγκοπὴν **δῶμεν** τῷ εὐαγγελίῳ τοῦ
1Co 11:15 κόμη ἀντὶ περιβολαίου **δέδοται** [αὐτῇ].
1Co 12:7 ἑκάστῳ δὲ **δίδοται** ἡ φανέρωσις τοῦ
1Co 12:8 διὰ τοῦ πνεύματος **δίδοται** λόγος σοφίας,
1Co 12:24 τῷ ὑστερουμένῳ περισσοτέραν **δοὺς** τιμήν,
1Co 14:7 τὰ ἄψυχα φωνὴν **διδόντα**,
1Co 14:7 τοῖς φθόγγοις μὴ **δῷ**,
1Co 14:8 ἄδηλον σάλπιγξ φωνὴν **δῷ**,
1Co 14:9 μὴ εὔσημον λόγον **δῶτε**,
1Co 15:38 ὁ δὲ θεὸς **δίδωσιν** αὐτῷ σῶμα καθὼς
1Co 15:57 θεῷ χάρις τῷ **διδόντι** ἡμῖν τὸ νῖκος

διερμηνευτής (*diermēneutēs*; 1/1) *interpreter*
1Co 14:28 δὲ μὴ ᾖ **διερμηνευτής**,

διερμηνεύω (*diermēneuō*; 4/6) *interpret*
1Co 12:30 μὴ πάντες **διερμηνεύουσιν**;
1Co 14:5 ἐκτὸς εἰ μὴ **διερμηνεύῃ**,
1Co 14:13 γλώσσῃ προσευχέσθω ἵνα **διερμηνεύῃ**.
1Co 14:27 καὶ εἷς **διερμηνευέτω**·

διέρχομαι (*dierchomai*; 3/43) *go or pass through*
1Co 10:1 διὰ τῆς θαλάσσης **διῆλθον**
1Co 16:5 ὑμᾶς ὅταν Μακεδονίαν **διέλθω**·
1Co 16:5 Μακεδονίαν γὰρ **διέρχομαι**,

δικαιοσύνη (*dikaiosynē*; 1/92) *righteousness*
1Co 1:30 **δικαιοσύνη** τε καὶ ἁγιασμὸς

δικαιόω (*dikaioō*; 2/39) *put justify*
1Co 4:4 οὐκ ἐν τούτῳ **δεδικαίωμαι**,
1Co 6:11 ἀλλὰ **ἐδικαιώθητε** ἐν τῷ ὀνόματι

δικαίως (*dikaiōs*; 1/5) *righteously, justly*
1Co 15:34 ἐκνήψατε **δικαίως** καὶ μὴ ἁμαρτάνετε,

διό (*dio*; 2/53) *therefore*
1Co 12:3 **διὸ** γνωρίζω ὑμῖν ὅτι
1Co 14:13 **Διὸ** ὁ λαλῶν γλώσσῃ

διόπερ (*dioper*; 2/2) *therefore indeed*
1Co 8:13 **διόπερ** εἰ βρῶμα σκανδαλίζει
1Co 10:14 **Διόπερ**,

διότι (*dioti*; 1/23) *because*
1Co 15:9 **διότι** ἐδίωξα τὴν ἐκκλησίαν

διψάω (*dipsaō*; 1/16) *be thirsty*
1Co 4:11 καὶ πεινῶμεν καὶ **διψῶμεν** καὶ γυμνιτεύομεν καὶ

διώκω (*diōkō*; 3/45) *pursue, persecute*
1Co 4:12 **διωκόμενοι** ἀνεχόμεθα,
1Co 14:1 **Διώκετε** τὴν ἀγάπην,
1Co 15:9 διότι **ἐδίωξα** τὴν ἐκκλησίαν τοῦ

δοκέω (*dokeō*; 9/62) *think, seem*
1Co 3:18 εἴ τις **δοκεῖ** σοφὸς εἶναι ἐν
1Co 4:9 **δοκῶ** γάρ,
1Co 7:40 **δοκῶ** δὲ κἀγὼ πνεῦμα
1Co 8:2 εἴ τις **δοκεῖ** ἐγνωκέναι τι,
1Co 10:12 Ὥστε ὁ **δοκῶν** ἑστάναι βλεπέτω μὴ
1Co 11:16 Εἰ δέ τις **δοκεῖ** φιλόνεικος εἶναι,
1Co 12:22 πολλῷ μᾶλλον τὰ **δοκοῦντα** μέλη τοῦ σώματος
1Co 12:23 καὶ ἃ **δοκοῦμεν** ἀτιμότερα εἶναι τοῦ
1Co 14:37 Εἴ τις **δοκεῖ** προφήτης εἶναι ἢ

δοκιμάζω (*dokimazō*; 3/22) *test*
1Co 3:13 τὸ πῦρ [αὐτὸ] **δοκιμάσει**.
1Co 11:28 **δοκιμαζέτω** δὲ ἄνθρωπος ἑαυτὸν
1Co 16:3 οὓς ἐὰν δοκιμάσητε,

δόκιμος (*dokimos*; 1/7) *approved*
1Co 11:19 ἵνα [καὶ] οἱ **δόκιμοι** φανεροὶ γένωνται ἐν

δόξα (*doxa*; 12/166) *glory*
1Co 2:7 τῶν αἰώνων εἰς **δόξαν** ἡμῶν,
1Co 2:8 τὸν κύριον τῆς **δόξης** ἐσταύρωσαν.
1Co 10:31 πάντα εἰς **δόξαν** θεοῦ ποιεῖτε.
1Co 11:7 κεφαλὴν εἰκὼν καὶ **δόξα** θεοῦ ὑπάρχων·
1Co 11:7 ἡ γυνὴ δὲ **δόξα** ἀνδρός ἐστιν.
1Co 11:15 δὲ ἐὰν κομᾷ **δόξα** αὐτῇ ἐστιν;
1Co 15:40 ἡ τῶν ἐπουρανίων **δόξα**,
1Co 15:41 ἄλλη **δόξα** ἡλίου,
1Co 15:41 καὶ ἄλλη **δόξα** σελήνης,
1Co 15:41 καὶ ἄλλη **δόξα** ἀστέρων·
1Co 15:41 ἀστέρος διαφέρει ἐν **δόξῃ**.
1Co 15:43 ἐγείρεται ἐν **δόξῃ**·

δοξάζω (*doxazō*; 2/61) *praise, glorify*
1Co 6:20 **δοξάσατε** δὴ τὸν θεὸν
1Co 12:26 εἴτε **δοξάζεται** [ἓν] μέλος,

δουλαγωγέω (*doulagōgeō*; 1/1) *bring under control*
1Co 9:27 τὸ σῶμα καὶ **δουλαγωγῶ**,

δοῦλος (*doulos*; 5/124) *slave*
1Co 7:21 **δοῦλος** ἐκλήθης,
1Co 7:22 ἐν κυρίῳ κληθεὶς **δοῦλος** ἀπελεύθερος κυρίου ἐστίν,
1Co 7:22 ὁ ἐλεύθερος κληθεὶς **δοῦλός** ἐστιν Χριστοῦ.
1Co 7:23 μὴ γίνεσθε **δοῦλοι** ἀνθρώπων.
1Co 12:13 εἴτε Ἕλληνες εἴτε **δοῦλοι** εἴτε ἐλεύθεροι,

δουλόω (*douloō*; 2/8) *enslave*
1Co 7:15 οὐ **δεδούλωται** ὁ ἀδελφὸς ἢ
1Co 9:19 πάντων πᾶσιν ἐμαυτὸν **ἐδούλωσα**,

δράσσομαι (*drassomai*; 1/1) *catch*
1Co 3:19 ὁ **δρασσόμενος** τοὺς σοφοὺς ἐν

δύναμαι (*dynamai*; 15/210) *be able*
1Co 2:14 ἐστιν καὶ οὐ **δύναται** γνῶναι,
1Co 3:1 οὐκ **ἠδυνήθην** λαλῆσαι ὑμῖν ὡς
1Co 3:2 οὔπω γὰρ **ἐδύνασθε**.
1Co 3:2 οὐδὲ ἔτι νῦν **δύνασθε**,
1Co 3:11 γὰρ ἄλλον οὐδεὶς **δύναται** θεῖναι παρὰ τὸν
1Co 6:5 ὃς **δυνήσεται** διακρῖναι ἀνὰ μέσον
1Co 7:21 ἀλλ' εἰ καὶ **δύνασαι** ἐλεύθερος γενέσθαι,
1Co 10:13 πειρασθῆναι ὑπὲρ ὃ **δύνασθε** ἀλλὰ ποιήσει
1Co 10:13 τὴν ἔκβασιν τοῦ **δύνασθαι** ὑπενεγκεῖν.
1Co 10:21 οὐ **δύνασθε** ποτήριον κυρίου πίνειν
1Co 10:21 οὐ δύνασθε **τραπέζης** κυρίου μετέχειν καὶ
1Co 12:3 καὶ οὐδεὶς **δύναται** εἰπεῖν·
1Co 12:21 οὐ **δύναται** δὲ ὁ ὀφθαλμὸς
1Co 14:31 **δύνασθε** γὰρ καθ' ἕνα
1Co 15:50 θεοῦ κληρονομῆσαι οὐ **δύναται** οὐδὲ ἡ φθορὰ

δύναμις (*dynamis*; 15/119) *power*
1Co 1:18 δὲ σῳζομένοις ἡμῖν **δύναμις** θεοῦ ἐστιν.
1Co 1:24 Χριστὸν θεοῦ δύναμιν **καὶ** θεοῦ σοφίαν·
1Co 2:4 ἀποδείξει πνεύματος καὶ **δυνάμεως**,
1Co 2:5 ἀνθρώπων ἀλλ' ἐν **δυνάμει** θεοῦ.
1Co 4:19 πεφυσιωμένων ἀλλὰ τὴν **δύναμιν**·
1Co 4:20 θεοῦ ἀλλ' ἐν **δυνάμει**.
1Co 5:4 πνεύματος σὺν τῇ **δυνάμει** τοῦ κυρίου ἡμῶν
1Co 6:14 ἐξεγερεῖ διὰ τῆς **δυνάμεως** αὐτοῦ.
1Co 12:10 ἄλλῳ δὲ ἐνεργήματα **δυνάμεων**,
1Co 12:28 ἔπειτα **δυνάμεις**,
1Co 12:29 μὴ πάντες **δυνάμεις**;
1Co 14:11 μὴ εἰδῶ τὴν **δύναμιν** τῆς φωνῆς,
1Co 15:24 πᾶσαν ἐξουσίαν καὶ **δύναμιν**.
1Co 15:43 ἐγείρεται ἐν **δυνάμει**·
1Co 15:56 ἡ δὲ **δύναμις** τῆς ἁμαρτίας ὁ

δυνατός (*dynatos*; 1/32) *possible*
1Co 1:26 οὐ πολλοὶ **δυνατοί**,

δύο (*dyo*; 3/134[135]) *two*
1Co 6:16 οἱ **δύο** εἰς σάρκα μίαν.
1Co 14:27 κατὰ **δύο** ἢ τὸ πλεῖστον
1Co 14:29 προφῆται δὲ **δύο** ἢ τρεῖς λαλείτωσαν

δυσφημέω (*dysphēmeō*; 1/1) *slander, insult*
1Co 4:13 **δυσφημούμενοι** παρακαλοῦμεν·

δώδεκα (*dōdeka*; 1/75) *twelve*
1Co 15:5 Κηφᾷ εἶτα τοῖς **δώδεκα**·

ἐάν (*ean*; 47/333) *if*
1Co 4:15 **ἐὰν** γὰρ μυρίους παιδαγωγοὺς
1Co 4:19 ταχέως πρὸς ὑμᾶς **ἐὰν** ὁ κύριος θελήσῃ,

1Co 5:11 ὑμῖν μὴ συναναμίγνυσθαι **ἐάν** τις ἀδελφὸς ὀνομαζόμενος
1Co 6:4 μὲν οὖν κριτήρια **ἐὰν** ἔχητε,
1Co 6:18 πᾶν ἁμάρτημα ὃ **ἐὰν** ποιήσῃ ἄνθρωπος ἐκτὸς
1Co 7:8 καλὸν αὐτοῖς **ἐὰν** μείνωσιν ὡς κἀγώ·
1Co 7:11 **ἐὰν** δὲ καὶ χωρισθῇ,
1Co 7:28 **ἐὰν** δὲ καὶ γαμήσῃς,
1Co 7:28 καὶ **ἐὰν** γήμῃ ἡ παρθένος,
1Co 7:36 **ἐὰν** ᾖ ὑπέρακμος καὶ
1Co 7:39 **ἐὰν** δὲ κοιμηθῇ ὁ
1Co 7:40 μακαριωτέρα δέ ἐστιν **ἐὰν** οὕτως μείνῃ,
1Co 8:8 οὔτε **ἐὰν** μὴ φάγωμεν ὑστερούμεθα,
1Co 8:8 οὔτε **ἐὰν** φάγωμεν περισσεύομεν.
1Co 8:10 **ἐὰν** γάρ τις ἴδῃ
1Co 9:16 **ἐὰν** γὰρ εὐαγγελίζωμαι,
1Co 9:16 γάρ μοί ἐστιν **ἐὰν** μὴ εὐαγγελίσωμαι.
1Co 10:28 **ἐὰν** δέ τις ὑμῖν
1Co 11:14 ὅτι ἀνὴρ μὲν **ἐὰν** κομᾷ ἀτιμία αὐτῷ
1Co 11:15 γυνὴ δὲ **ἐὰν** κομᾷ δόξα αὐτῇ
1Co 11:25 ὁσάκις **ἐὰν** πίνητε,
1Co 11:26 ὁσάκις γὰρ **ἐὰν** ἐσθίητε τὸν ἄρτον
1Co 12:15 **ἐὰν** εἴπῃ ὁ πούς·
1Co 12:16 καὶ **ἐὰν** εἴπῃ τὸ οὖς·
1Co 13:1 **Ἐὰν** ταῖς γλώσσαις τῶν
1Co 13:2 καὶ **ἐὰν** ἔχω προφητείαν καὶ
1Co 13:2 τὴν γνῶσιν καὶ **ἐὰν** ἔχω πᾶσαν τὴν
1Co 13:3 ὑπάρχοντά μου καὶ **ἐὰν** παραδῶ τὸ σῶμά
1Co 14:6 **ἐὰν** ἔλθω πρὸς ὑμᾶς
1Co 14:6 τί ὑμᾶς ὠφελήσω **ἐὰν** μὴ ὑμῖν λαλήσω
1Co 14:7 **ἐὰν** διαστολὴν τοῖς φθόγγοις
1Co 14:8 καὶ γὰρ **ἐὰν** ἄδηλον σάλπιγξ φωνὴν
1Co 14:9 διὰ τῆς γλώσσης **ἐὰν** μὴ εὔσημον λόγον
1Co 14:11 **ἐὰν** οὖν μὴ εἰδῶ
1Co 14:14 **ἐὰν** [γὰρ] προσεύχωμαι γλώσσῃ,
1Co 14:16 ἐπεὶ **ἐὰν** εὐλογῇς [ἐν] πνεύματι,
1Co 14:23 **Ἐὰν** οὖν συνέλθῃ ἡ
1Co 14:24 **ἐὰν** δὲ πάντες προφητεύωσιν,
1Co 14:28 **ἐὰν** δὲ μὴ ᾖ
1Co 14:30 **ἐὰν** δὲ ἄλλῳ ἀποκαλυφθῇ
1Co 15:36 οὐ ζῳοποιεῖται **ἐὰν** μὴ ἀποθάνῃ·
1Co 16:2 θησαυρίζων ὅ τι **ἐὰν** εὐοδῶται,
1Co 16:3 οὓς ἐὰν **δοκιμάσητε**,
1Co 16:4 **ἐὰν** δὲ ἄξιον ᾖ
1Co 16:6 με προπέμψητε οὗ **ἐὰν** πορεύωμαι.
1Co 16:7 ἐπιμεῖναι πρὸς ὑμᾶς **ἐὰν** ὁ κύριος ἐπιτρέψῃ.
1Co 16:10 **Ἐὰν** δὲ ἔλθῃ Τιμόθεος,

ἑαυτοῦ (*heautou*; 16/319) *himself*

1Co 3:18 Μηδεὶς **ἑαυτὸν** ἐξαπατάτω·
1Co 6:7 κρίματα ἔχετε μεθ' **ἑαυτῶν**.
1Co 6:19 καὶ οὐκ ἐστὲ **ἑαυτῶν**;
1Co 7:2 πορνείας ἕκαστος τὴν **ἑαυτοῦ** γυναῖκα ἐχέτω καὶ
1Co 7:37 τηρεῖν τὴν **ἑαυτοῦ** παρθένον,
1Co 7:38 ὁ γαμίζων τὴν **ἑαυτοῦ** παρθένον καλῶς ποιεῖ
1Co 10:24 μηδεὶς τὸ **ἑαυτοῦ** ζητείτω ἀλλὰ τὸ
1Co 10:29 λέγω οὐχὶ τὴν **ἑαυτοῦ** ἀλλὰ τὴν τοῦ
1Co 11:28 δοκιμαζέτω δὲ ἄνθρωπος **ἑαυτὸν** καὶ οὕτως
1Co 11:29 καὶ πίνων κρίμα **ἑαυτῷ** ἐσθίει καὶ πίνει
1Co 11:31 εἰ δὲ **ἑαυτοὺς** διεκρίνομεν,
1Co 13:5 οὐ ζητεῖ τὰ **ἑαυτῆς**,
1Co 14:4 ὁ λαλῶν γλώσσῃ **ἑαυτὸν** οἰκοδομεῖ·
1Co 14:28 **ἑαυτῷ** δὲ λαλείτω καὶ
1Co 16:2 ἕκαστος ὑμῶν παρ' **ἑαυτῷ** τιθέτω θησαυρίζων ὅ
1Co 16:15 τοῖς ἁγίοις ἔταξαν **ἑαυτούς**·

ἐάω (*eaō*; 1/11) *allow*

1Co 10:13 ὃς οὐκ **ἐάσει** ὑμᾶς πειρασθῆναι ὑπὲρ

ἐγείρω (*egeirō*; 20/143[144]) *raise*

1Co 6:14 καὶ τὸν κύριον **ἤγειρεν** καὶ ἡμᾶς ἐξεγερεῖ
1Co 15:4 ἐτάφη καὶ ὅτι **ἐγήγερται** τῇ ἡμέρᾳ τῇ
1Co 15:12 ὅτι ἐκ νεκρῶν **ἐγήγερται**,
1Co 15:13 οὐδὲ Χριστὸς **ἐγήγερται**·
1Co 15:14 δὲ Χριστὸς οὐκ **ἐγήγερται**,
1Co 15:15 τοῦ θεοῦ ὅτι **ἤγειρεν** τὸν Χριστόν,
1Co 15:15 ὃν οὐκ **ἤγειρεν** εἴπερ ἄρα νεκροὶ
1Co 15:15 ἄρα νεκροὶ οὐκ **ἐγείρονται**.
1Co 15:16 γὰρ νεκροὶ οὐκ **ἐγείρονται**,
1Co 15:16 οὐδὲ Χριστὸς **ἐγήγερται**·
1Co 15:17 δὲ Χριστὸς οὐκ **ἐγήγερται**,
1Co 15:20 Νυνὶ δὲ Χριστὸς **ἐγήγερται** ἐκ νεκρῶν ἀπαρχὴ
1Co 15:29 ὅλως νεκροὶ οὐκ **ἐγείρονται**,
1Co 15:32 εἰ νεκροὶ οὐκ **ἐγείρονται**,
1Co 15:35 πῶς **ἐγείρονται** οἱ νεκροί;
1Co 15:42 **ἐγείρεται** ἐν ἀφθαρσίᾳ·
1Co 15:43 **ἐγείρεται** ἐν δόξῃ·
1Co 15:43 **ἐγείρεται** ἐν δυνάμει·
1Co 15:44 **ἐγείρεται** σῶμα πνευματικόν.
1Co 15:52 καὶ οἱ νεκροὶ **ἐγερθήσονται** ἄφθαρτοι καὶ ἡμεῖς

ἐγκοπή (*enkopē*; 1/1) *obstacle*

1Co 9:12 ἵνα μή τινα **ἐγκοπὴν** δῶμεν τῷ εὐαγγελίῳ

ἐγκρατεύομαι (*enkrateuomai*; 2/2) *exercise self-control*

1Co 7:9 εἰ δὲ οὐκ **ἐγκρατεύονται**,
1Co 9:25 ὁ ἀγωνιζόμενος πάντα **ἐγκρατεύεται**,

ἐγώ (*egō*; 76/1715[1718]) *I*

1Co 1:4 Εὐχαριστῶ τῷ θεῷ **μου** πάντοτε περὶ ὑμῶν
1Co 1:11 ἐδηλώθη γάρ **μοι** περὶ ὑμῶν,
1Co 1:11 ἀδελφοί **μου**,
1Co 1:12 **ἐγὼ** μέν εἰμι Παύλου,
1Co 1:12 **ἐγὼ** δὲ Ἀπολλῶ,
1Co 1:12 **ἐγὼ** δὲ Κηφᾶ,
1Co 1:12 **ἐγὼ** δὲ Χριστοῦ.
1Co 1:17 οὐ γὰρ ἀπέστειλέν **με** Χριστὸς βαπτίζειν
1Co 2:4 καὶ ὁ λόγος **μου** καὶ τὸ κήρυγμά
1Co 2:4 καὶ τὸ κήρυγμά **μου** οὐκ ἐν πειθοῖ[ς]
1Co 3:4 **ἐγὼ** μέν εἰμι Παύλου,
1Co 3:4 **ἐγὼ** Ἀπολλῶ,
1Co 3:6 **ἐγὼ** ἐφύτευσα,
1Co 3:10 θεοῦ τὴν δοθεῖσάν **μοι** ὡς σοφὸς ἀρχιτέκτων
1Co 4:3 **ἐμοὶ** δὲ εἰς ἐλάχιστόν
1Co 4:4 ὁ δὲ ἀνακρίνων **με** κύριός ἐστιν.
1Co 4:14 ἀλλ' ὡς τέκνα **μου** ἀγαπητὰ νουθετῶ[ν].
1Co 4:15 διὰ τοῦ εὐαγγελίου **ἐγὼ** ὑμᾶς ἐγέννησα.
1Co 4:16 μιμηταί **μου** γίνεσθε.

1Co 4:17 ὅς ἐστίν **μου** τέκνον ἀγαπητὸν καὶ
1Co 4:17 ἀναμνήσει τὰς ὁδούς **μου** τὰς ἐν Χριστῷ
1Co 4:18 μὴ ἐρχομένου δέ **μου** πρὸς ὑμᾶς ἐφυσιώθησάν
1Co 5:3 **ἐγὼ** μὲν γάρ,
1Co 5:12 τί γάρ **μοι** τοὺς ἔξω κρίνειν;
1Co 6:12 Πάντα **μοι** ἔξεστιν ἀλλ' οὐ
1Co 6:12 πάντα **μοι** ἔξεστιν ἀλλ' οὐκ
1Co 6:12 ἔξεστιν ἀλλ' οὐκ **ἐγὼ** ἐξουσιασθήσομαι ὑπό τινος.
1Co 7:10 οὐκ **ἐγὼ** ἀλλὰ ὁ κύριος,
1Co 7:12 δὲ λοιποῖς λέγω **ἐγὼ** οὐχ ὁ κύριος·
1Co 7:28 **ἐγὼ** δὲ ὑμῶν φείδομαι.
1Co 8:13 σκανδαλίζει τὸν ἀδελφόν **μου**,
1Co 8:13 μὴ τὸν ἀδελφόν **μου** σκανδαλίσω.
1Co 9:1 οὐ τὸ ἔργον **μου** ὑμεῖς ἐστε ἐν
1Co 9:2 ἡ γὰρ σφραγίς **μου** τῆς ἀποστολῆς ὑμεῖς
1Co 9:3 ἐμὴ ἀπολογία τοῖς **ἐμὲ** ἀνακρίνουσίν ἐστιν αὕτη.
1Co 9:6 ἢ μόνος **ἐγὼ** καὶ Βαρναβᾶς οὐκ
1Co 9:15 **᾿Εγὼ** δὲ οὐ κέχρημαι
1Co 9:15 οὕτως γένηται ἐν **ἐμοί**·
1Co 9:15 καλὸν γάρ **μοι** μᾶλλον ἀποθανεῖν ἤ
1Co 9:15 τὸ καύχημά **μου** οὐδεὶς κενώσει.
1Co 9:16 οὐκ ἔστιν **μοι** καύχημα·
1Co 9:16 ἀνάγκη γάρ **μοι** ἐπίκειται·
1Co 9:16 οὐαὶ γάρ **μοί** ἐστιν ἐὰν μὴ
1Co 9:18 τίς οὖν **μού** ἐστιν ὁ μισθός;
1Co 9:18 καταχρήσασθαι τῇ ἐξουσίᾳ **μου** ἐν τῷ εὐαγγελίῳ.
1Co 9:26 **ἐγὼ** τοίνυν οὕτως τρέχω
1Co 9:27 ἀλλὰ ὑπωπιάζω **μου** τὸ σῶμα καὶ
1Co 10:14 ἀγαπητοί **μου**,
1Co 10:29 γὰρ ἡ ἐλευθερία **μου** κρίνεται ὑπὸ ἄλλης
1Co 10:30 εἰ **ἐγὼ** χάριτι μετέχω,
1Co 10:30 βλασφημοῦμαι ὑπὲρ οὗ **ἐγὼ** εὐχαριστῶ;
1Co 11:1 μιμηταί **μου** γίνεσθε καθὼς κἀγὼ
1Co 11:2 ὑμᾶς ὅτι πάντα **μου** μέμνησθε καί,
1Co 11:23 **᾿Εγὼ** γὰρ παρέλαβον ἀπὸ
1Co 11:24 τοῦτό **μού** ἐστιν τὸ σῶμα
1Co 11:33 ἀδελφοί **μου**,
1Co 13:3 πάντα τὰ ὑπάρχοντά **μου** καὶ ἐὰν παραδῶ
1Co 13:3 παραδῶ τὸ σῶμά **μου** ἵνα καυχήσωμαι,
1Co 14:11 ὁ λαλῶν ἐν **ἐμοὶ** βάρβαρος.
1Co 14:14 τὸ πνεῦμά **μου** προσεύχεται,
1Co 14:14 ὁ δὲ νοῦς **μου** ἄκαρπός ἐστιν.
1Co 14:19 λόγους τῷ νοΐ **μου** λαλῆσαι,
1Co 14:21 οὐδ' οὕτως εἰσακούσονταί **μου**,
1Co 14:39 ἀδελφοί **[μου]**,
1Co 15:9 **᾿Εγὼ** γάρ εἰμι ὁ
1Co 15:10 αὐτοῦ ἡ εἰς **ἐμὲ** οὐ κενὴ ἐγενήθη,
1Co 15:10 οὐκ **ἐγὼ** δὲ ἀλλὰ ἡ
1Co 15:10 θεοῦ [ἡ] σὺν **ἐμοί**.
1Co 15:11 εἴτε οὖν **ἐγὼ** εἴτε ἐκεῖνοι,
1Co 15:32 τί **μοι** τὸ ὄφελος;
1Co 15:58 ἀδελφοί **μου** ἀγαπητοί,
1Co 16:4 σὺν **ἐμοὶ** πορεύσονται.
1Co 16:6 ἵνα ὑμεῖς **με** προπέμψητε οὗ ἐὰν
1Co 16:9 θύρα γάρ **μοι** ἀνέῳγεν μεγάλη καὶ
1Co 16:11 ἵνα ἔλθῃ πρός **με**·
1Co 16:24 ἡ ἀγάπη **μου** μετὰ πάντων ὑμῶν

ἑδραῖος (*hedraios*; 2/3) *firm*

1Co 7:37 τῇ καρδίᾳ αὐτοῦ **ἑδραῖος** μὴ ἔχων ἀνάγκην,
1Co 15:58 **ἑδραῖοι** γίνεσθε,

ἔθνος (*ethnos*; 3/162) *nation*

1Co 1:23 **ἔθνεσιν** δὲ μωρίαν,
1Co 5:1 οὐδὲ ἐν τοῖς **ἔθνεσιν**,
1Co 12:2 Οἴδατε ὅτι ὅτε **ἔθνη** ἦτε πρὸς τὰ

εἰ (*ei*; 64/502) *if, since*

1Co 1:14 οὐδένα ὑμῶν ἐβάπτισα **εἰ** μὴ Κρίσπον καὶ
1Co 1:16 λοιπὸν οὐκ οἶδα **εἴ** τινα ἄλλον ἐβάπτισα.
1Co 2:2 εἰδέναι ἐν ὑμῖν **εἰ** μὴ Ἰησοῦν Χριστὸν
1Co 2:8 **εἰ** γὰρ ἔγνωσαν,
1Co 2:11 τὰ τοῦ ἀνθρώπου **εἰ** μὴ τὸ πνεῦμα
1Co 2:11 θεοῦ οὐδεὶς ἔγνωκεν **εἰ** μὴ τὸ πνεῦμα
1Co 3:12 **εἰ** δέ τις ἐποικοδομεῖ
1Co 3:14 **εἴ** τινος τὸ ἔργον
1Co 3:15 **εἴ** τινος τὸ ἔργον
1Co 3:17 **εἴ** τις τὸν ναὸν
1Co 3:18 **εἴ** τις δοκεῖ σοφὸς
1Co 4:7 **εἰ** δὲ καὶ ἔλαβες,
1Co 6:2 καὶ **εἰ** ἐν ὑμῖν κρίνεται
1Co 7:5 **εἰ** μήτι ἂν ἐκ
1Co 7:9 **εἰ** δὲ οὐκ ἐγκρατεύονται,
1Co 7:12 **εἴ** τις ἀδελφὸς γυναῖκα
1Co 7:13 καὶ γυνὴ **εἴ** τις ἔχει ἄνδρα
1Co 7:15 **εἰ** δὲ ὁ ἄπιστος
1Co 7:16 **εἰ** τὸν ἄνδρα σώσεις;
1Co 7:16 **εἰ** τὴν γυναῖκα σώσεις;
1Co 7:17 **Εἰ** μὴ ἑκάστῳ ὡς
1Co 7:21 ἀλλ' **εἰ** καὶ δύνασαι ἐλεύθερος
1Co 7:36 **Εἰ** δέ τις ἀσχημονεῖν
1Co 8:2 **εἴ** τις δοκεῖ ἐγνωκέναι
1Co 8:3 **εἰ** δέ τις ἀγαπᾷ
1Co 8:4 ὅτι οὐδεὶς θεὸς **εἰ** μὴ εἷς.
1Co 8:13 διόπερ **εἰ** βρῶμα σκανδαλίζει τὸν
1Co 9:2 **εἰ** ἄλλοις οὐκ εἰμὶ
1Co 9:11 **εἰ** ἡμεῖς ὑμῖν τὰ
1Co 9:11 μέγα **εἰ** ἡμεῖς ὑμῶν τὰ
1Co 9:12 **Εἰ** ἄλλοι τῆς ὑμῶν
1Co 9:17 **εἰ** γὰρ ἑκὼν τοῦτο
1Co 9:17 **εἰ** δὲ ἄκων,
1Co 10:13 ὑμᾶς οὐκ εἴληφεν **εἰ** μὴ ἀνθρώπινος·
1Co 10:27 **εἴ** τις καλεῖ ὑμᾶς
1Co 10:30 **εἰ** ἐγὼ χάριτι μετέχω,
1Co 11:6 **εἰ** γὰρ οὐ κατακαλύπτεται
1Co 11:6 **εἰ** δὲ αἰσχρὸν γυναικὶ
1Co 11:16 **Εἰ** δέ τις δοκεῖ
1Co 11:31 **εἰ** δὲ ἑαυτοὺς διεκρίνομεν,
1Co 11:34 **εἴ** τις πεινᾷ,
1Co 12:3 **εἰ** μὴ ἐν πνεύματι
1Co 12:17 **εἰ** ὅλον τὸ σῶμα
1Co 12:17 **εἰ** ὅλον ἀκοή,
1Co 12:19 **εἰ** δὲ ἦν τὰ
1Co 14:5 λαλῶν γλώσσαις ἐκτὸς **εἰ** μὴ διερμηνεύῃ,
1Co 14:10 τοσαῦτα **εἰ** τύχοι γένη φωνῶν
1Co 14:35 **εἰ** δέ τι μαθεῖν
1Co 14:37 **Εἴ** τις δοκεῖ προφήτης
1Co 14:38 **εἰ** δέ τις ἀγνοεῖ,
1Co 15:2 λόγῳ εὐηγγελισάμην ὑμῖν **εἰ** κατέχετε,
1Co 15:2 ἐκτὸς **εἰ** μὴ εἰκῇ ἐπιστεύσατε.
1Co 15:12 **Εἰ** δὲ Χριστὸς κηρύσσεται
1Co 15:13 **εἰ** δὲ ἀνάστασις νεκρῶν
1Co 15:14 **εἰ** δὲ Χριστὸς οὐκ
1Co 15:16 **εἰ** γὰρ νεκροὶ οὐκ

1Co 15:17 **εἰ** δὲ Χριστὸς οὐκ
1Co 15:19 **εἰ** ἐν τῇ ζωῇ
1Co 15:29 **εἰ** ὅλως νεκροὶ οὐκ
1Co 15:32 **εἰ** κατὰ ἄνθρωπον ἐθηριομάχησα
1Co 15:32 **εἰ** νεκροὶ οὐκ ἐγείρονται,
1Co 15:37 ἀλλὰ γυμνὸν κόκκον **εἰ** τύχοι σίτου ἤ
1Co 15:44 **Εἰ** ἔστιν σῶμα ψυχικόν,
1Co 16:22 **εἴ** τις οὐ φιλεῖ

εἰδωλεῖον (*eidōleion*; 1/1) *idol*
1Co 8:10 ἔχοντα γνῶσιν ἐν **εἰδωλείῳ** κατακείμενον,

εἰδωλόθυτος (*eidōlothytos*; 5/9) *meal offered to idols*
1Co 8:1 Περὶ δὲ τῶν **εἰδωλοθύτων**,
1Co 8:4 βρώσεως οὖν τῶν **εἰδωλοθύτων**,
1Co 8:7 τοῦ εἰδώλου ὡς **εἰδωλόθυτον** ἐσθίουσιν,
1Co 8:10 εἰς τὸ τὰ **εἰδωλόθυτα** ἐσθίειν;
1Co 10:19 ὅτι **εἰδωλόθυτόν** τι ἐστιν ἤ

εἰδωλολάτρης (*eidōlolatrēs*; 4/7) *idolater*
1Co 5:10 καὶ ἅρπαξιν ἢ **εἰδωλολάτραις**,
1Co 5:11 ἢ πλεονέκτης ἢ **εἰδωλολάτρης** ἢ λοίδορος ἢ
1Co 6:9 οὔτε πόρνοι οὔτε **εἰδωλολάτραι** οὔτε μοιχοὶ οὔτε
1Co 10:7 μηδὲ **εἰδωλολάτραι** γίνεσθε καθώς τινες

εἰδωλολατρία (*eidōlolatria*; 1/4) *idolatry*
1Co 10:14 φεύγετε ἀπὸ τῆς **εἰδωλολατρίας**.

εἴδωλον (*eidōlon*; 4/11) *idol*
1Co 8:4 οἴδαμεν ὅτι οὐδὲν **εἴδωλον** ἐν κόσμῳ καὶ
1Co 8:7 ἕως ἄρτι τοῦ **εἰδώλου** ὡς εἰδωλόθυτον ἐσθίουσιν,
1Co 10:19 ἐστιν ἢ ὅτι **εἴδωλόν** τι ἐστιν;
1Co 12:2 ἦτε πρὸς τὰ **εἴδωλα** τὰ ἄφωνα ὡς

εἰκῇ (*eikē*; 1/6) *in vain*
1Co 15:2 ἐκτὸς εἰ μὴ **εἰκῇ** ἐπιστεύσατε.

εἴκοσι (*eikosi*; 1/11) *twenty*
1Co 10:8 ἔπεσαν μιᾷ ἡμέρᾳ **εἴκοσι** τρεῖς χιλιάδες.

εἰκών (*eikōn*; 3/23) *likeness*
1Co 11:7 κατακαλύπτεσθαι τὴν κεφαλὴν **εἰκὼν** καὶ δόξα θεοῦ
1Co 15:49 καθὼς ἐφορέσαμεν τὴν **εἰκόνα** τοῦ χοϊκοῦ,
1Co 15:49 φορέσομεν καὶ τὴν **εἰκόνα** τοῦ ἐπουρανίου.

εἰλικρίνεια (*eilikrineia*; 1/3) *sincerity*
1Co 5:8 ἀλλ' ἐν ἀζύμοις **εἰλικρινείας** καὶ ἀληθείας.

εἰμί (*eimi*; 161/2460[2462]) *be*
1Co 1:2 τοῦ θεοῦ τῇ **οὔσῃ** ἐν Κορίνθῳ,
1Co 1:10 πάντες καὶ μὴ **ᾖ** ἐν ὑμῖν σχίσματα,
1Co 1:10 **ἦτε** δὲ κατηρτισμένοι ἐν
1Co 1:11 ἔριδες ἐν ὑμῖν **εἰσιν**.
1Co 1:12 ἐγὼ μέν **εἰμι** Παύλου,
1Co 1:18 μὲν ἀπολλυμένοις μωρία **ἐστίν**,
1Co 1:18 ἡμῖν δύναμις θεοῦ **ἐστιν**.
1Co 1:25 σοφώτερον τῶν ἀνθρώπων **ἐστὶν** καὶ τὸ ἀσθενὲς
1Co 1:28 τὰ μὴ **ὄντα**,
1Co 1:28 ἵνα τὰ **ὄντα** καταργήσῃ,
1Co 1:30 αὐτοῦ δὲ ὑμεῖς **ἐστε** ἐν Χριστῷ Ἰησοῦ,
1Co 2:5 πίστις ὑμῶν μὴ **ᾖ** ἐν σοφίᾳ ἀνθρώπων
1Co 2:14 μωρία γὰρ αὐτῷ **ἐστιν** καὶ οὐ δύναται
1Co 3:3 ἔτι γὰρ σαρκικοί **ἐστε**.
1Co 3:3 οὐχὶ σαρκικοί **ἐστε** καὶ κατὰ ἄνθρωπον
1Co 3:4 ἐγὼ μέν **εἰμι** Παύλου,
1Co 3:4 οὐκ ἄνθρωποί **ἐστε**;
1Co 3:5 Τί οὖν **ἐστιν** Ἀπολλῶς;
1Co 3:5 τί δέ **ἐστιν** Παῦλος;
1Co 3:7 οὔτε ὁ φυτεύων **ἐστίν** τι οὔτε ὁ
1Co 3:8 ὁ ποτίζων ἕν **εἰσιν**,
1Co 3:9 θεοῦ γάρ **ἐσμεν** συνεργοί,
1Co 3:9 θεοῦ οἰκοδομή **ἐστε**.
1Co 3:11 ὅς **ἐστιν** Ἰησοῦς Χριστός.
1Co 3:13 τὸ ἔργον ὁποῖόν **ἐστιν** τὸ πῦρ [αὐτὸ]
1Co 3:16 ὅτι ναὸς θεοῦ **ἐστε** καὶ τὸ πνεῦμα
1Co 3:17 τοῦ θεοῦ ἅγιός **ἐστιν**,
1Co 3:17 οἵτινές **ἐστε** ὑμεῖς.
1Co 3:18 τις δοκεῖ σοφὸς **εἶναι** ἐν ὑμῖν ἐν
1Co 3:19 παρὰ τῷ θεῷ **ἐστιν**.
1Co 3:20 τῶν σοφῶν ὅτι **εἰσὶν** μάταιοι.
1Co 3:21 πάντα γὰρ ὑμῶν **ἐστιν**,
1Co 4:3 δὲ εἰς ἐλάχιστόν **ἐστιν**,
1Co 4:4 ἀνακρίνων με κύριός **ἐστιν**.
1Co 4:8 ἤδη κεκορεσμένοι **ἐστέ**,
1Co 4:17 ὅς **ἐστίν** μου τέκνον ἀγαπητὸν
1Co 5:2 καὶ ὑμεῖς πεφυσιωμένοι **ἐστὲ** καὶ οὐχὶ μᾶλλον
1Co 5:7 ἵνα **ἦτε** νέον φύραμα,
1Co 5:7 καθώς **ἐστε** ἄζυμοι·
1Co 5:11 τις ἀδελφὸς ὀνομαζόμενος **ᾖ** πόρνος ἢ πλεονέκτης
1Co 6:2 ἀνάξιοί **ἐστε** κριτηρίων ἐλαχίστων;
1Co 6:7 ὅλως ἥττημα ὑμῖν **ἐστιν** ὅτι κρίματα ἔχετε
1Co 6:11 καὶ ταῦτά τινες **ἦτε**·
1Co 6:15 ὑμῶν μέλη Χριστοῦ **ἐστιν**;
1Co 6:16 πόρνῃ ἓν σῶμά **ἐστιν**;
1Co 6:16 **ἔσονται** γάρ,
1Co 6:17 κυρίῳ ἓν πνεῦμά **ἐστιν**.
1Co 6:18 ἐκτὸς τοῦ σώματός **ἐστιν**·
1Co 6:19 ὑμῖν ἁγίου πνεύματός **ἐστιν** οὗ ἔχετε ἀπὸ
1Co 6:19 καὶ οὐκ **ἐστὲ** ἑαυτῶν;
1Co 7:5 ἐπὶ τὸ αὐτὸ **ἦτε**,
1Co 7:7 δὲ πάντας ἀνθρώπους **εἶναι** ὡς καὶ ἐμαυτόν·
1Co 7:9 κρεῖττον γάρ **ἐστιν** γαμῆσαι ἢ πυροῦσθαι.
1Co 7:14 τέκνα ὑμῶν ἀκάθαρτά **ἐστιν**,
1Co 7:14 νῦν δὲ ἅγιά **ἐστιν**.
1Co 7:19 ἡ περιτομὴ οὐδέν **ἐστιν** καὶ ἡ ἀκροβυστία
1Co 7:19 ἡ ἀκροβυστία οὐδέν **ἐστιν**,
1Co 7:22 δοῦλος ἀπελεύθερος κυρίου **ἐστίν**,
1Co 7:22 ἐλεύθερος κληθεὶς δοῦλός **ἐστιν** Χριστοῦ.
1Co 7:25 ὑπὸ κυρίου πιστὸς **εἶναι**.
1Co 7:26 ἀνθρώπῳ τὸ οὕτως **εἶναι**.
1Co 7:29 ὁ καιρὸς συνεσταλμένος **ἐστίν**·
1Co 7:29 ὡς μὴ ἔχοντες **ὦσιν**
1Co 7:32 δὲ ὑμᾶς ἀμερίμνους **εἶναι**.
1Co 7:34 ἵνα **ᾖ** ἁγία καὶ τῷ
1Co 7:36 ἐὰν **ᾖ** ὑπέρακμος καὶ οὕτως
1Co 7:39 ἐλευθέρα **ἐστὶν** ᾧ θέλει γαμηθῆναι,

1Co 7:40 μακαριωτέρα δέ **ἐστιν** ἐὰν οὕτως μείνῃ,
1Co 8:5 καὶ γὰρ εἴπερ **εἰσὶν** λεγόμενοι θεοὶ εἴτε
1Co 8:5 ὥσπερ **εἰσὶν** θεοὶ πολλοὶ καὶ
1Co 8:7 συνείδησις αὐτῶν ἀσθενὴς **οὖσα** μολύνεται.
1Co 8:10 συνείδησις αὐτοῦ ἀσθενοῦς **ὄντος** οἰκοδομηθήσεται εἰς τὸ
1Co 9:1 Οὐκ **εἰμὶ** ἐλεύθερος;
1Co 9:1 οὐκ **εἰμὶ** ἀπόστολος;
1Co 9:1 ἔργον μου ὑμεῖς **ἐστε** ἐν κυρίῳ;
1Co 9:2 εἰ ἄλλοις οὐκ **εἰμὶ** ἀπόστολος,
1Co 9:2 ἀλλά γε ὑμῖν **εἰμι**·
1Co 9:2 τῆς ἀποστολῆς ὑμεῖς **ἐστε** ἐν κυρίῳ.
1Co 9:3 τοῖς ἐμὲ ἀνακρίνουσίν **ἐστιν** αὕτη.
1Co 9:16 οὐκ **ἔστιν** μοι καύχημα·
1Co 9:16 οὐαὶ γάρ μοί **ἐστιν** ἐὰν μὴ εὐαγγελίσωμαι.
1Co 9:18 τίς οὖν μού **ἐστιν** ὁ μισθός;
1Co 9:19 Ἐλεύθερος γὰρ **ὢν** ἐκ πάντων πᾶσιν
1Co 9:20 μὴ **ὢν** αὐτὸς ὑπὸ νόμον,
1Co 9:21 μὴ **ὢν** ἄνομος θεοῦ ἀλλ'
1Co 10:1 ὑπὸ τὴν νεφέλην **ἦσαν** καὶ πάντες διὰ
1Co 10:4 ἡ πέτρα δὲ **ἦν** ὁ Χριστός.
1Co 10:6 εἰς τὸ μὴ **εἶναι** ἡμᾶς ἐπιθυμητὰς κακῶν,
1Co 10:16 οὐχὶ κοινωνία **ἐστὶν** τοῦ αἵματος τοῦ
1Co 10:16 σώματος τοῦ Χριστοῦ **ἐστιν**;
1Co 10:17 σῶμα οἱ πολλοί **ἐσμεν**,
1Co 10:18 κοινωνοὶ τοῦ θυσιαστηρίου **εἰσίν**;
1Co 10:19 ὅτι εἰδωλόθυτόν τι **ἐστιν** ἢ ὅτι εἴδωλόν
1Co 10:19 ὅτι εἴδωλόν τι **ἐστιν**;
1Co 10:22 μὴ ἰσχυρότεροι αὐτοῦ **ἐσμεν**;
1Co 10:28 τοῦτο ἱερόθυτόν **ἐστιν**,
1Co 11:3 κεφαλὴ ὁ Χριστός **ἐστιν**,
1Co 11:5 ἓν γάρ **ἐστιν** καὶ τὸ αὐτὸ
1Co 11:7 δὲ δόξα ἀνδρός **ἐστιν**.
1Co 11:8 οὐ γάρ **ἐστιν** ἀνὴρ ἐκ γυναικὸς
1Co 11:13 πρέπον ἐστὶν **γυναῖκα** ἀκατακάλυπτον τῷ θεῷ
1Co 11:14 κομᾷ ἀτιμία αὐτῷ **ἐστιν**,
1Co 11:15 κομᾷ δόξα αὐτῇ **ἐστιν**;
1Co 11:16 τις δοκεῖ φιλόνεικος **εἶναι**,
1Co 11:19 αἱρέσεις ἐν ὑμῖν **εἶναι**,
1Co 11:20 τὸ αὐτὸ οὐκ **ἔστιν** κυριακὸν δεῖπνον φαγεῖν·
1Co 11:24 τοῦτό μού **ἐστιν** τὸ σῶμα τὸ
1Co 11:25 ἡ καινὴ διαθήκη **ἐστὶν** ἐν τῷ ἐμῷ
1Co 11:27 ἔνοχος **ἔσται** τοῦ σώματος καὶ
1Co 12:2 ὅτι ὅτε ἔθνη **ἦτε** πρὸς τὰ εἴδωλα
1Co 12:4 Διαιρέσεις δὲ χαρισμάτων **εἰσίν**,
1Co 12:5 καὶ διαιρέσεις διακονιῶν **εἰσιν**,
1Co 12:6 καὶ διαιρέσεις ἐνεργημάτων **εἰσίν**,
1Co 12:12 τὸ σῶμα ἕν **ἐστιν** καὶ μέλη πολλὰ
1Co 12:12 τοῦ σώματος πολλὰ **ὄντα** ἕν ἐστιν σῶμα,
1Co 12:12 πολλὰ ὄντα ἕν **ἐστιν** σῶμα,
1Co 12:14 τὸ σῶμα οὐκ **ἔστιν** ἓν μέλος ἀλλὰ
1Co 12:15 ὅτι οὐκ **εἰμὶ** χείρ,
1Co 12:15 οὐκ **εἰμὶ** ἐκ τοῦ σώματος,
1Co 12:15 παρὰ τοῦτο οὐκ **ἔστιν** ἐκ τοῦ σώματος;
1Co 12:16 ὅτι οὐκ **εἰμὶ** ὀφθαλμός,
1Co 12:16 οὐκ **εἰμὶ** ἐκ τοῦ σώματος,
1Co 12:16 παρὰ τοῦτο οὐκ **ἔστιν** ἐκ τοῦ σώματος;
1Co 12:19 εἰ δὲ **ἦν** τὰ πάντα ἓν
1Co 12:22 ἀσθενέστερα ὑπάρχειν ἀναγκαῖά **ἐστιν**,
1Co 12:23 ἃ δοκοῦμεν ἀτιμότερα **εἶναι** τοῦ σώματος τούτοις
1Co 12:25 ἵνα μὴ **ᾖ** σχίσμα ἐν τῷ
1Co 12:27 ὑμεῖς δέ **ἐστε** σῶμα Χριστοῦ καὶ
1Co 13:2 οὐθέν **εἰμι**.
1Co 13:11 ὅτε **ἤμην** νήπιος,
1Co 14:9 **ἔσεσθε** γὰρ εἰς ἀέρα
1Co 14:10 τύχοι γένη φωνῶν **εἰσιν** ἐν κόσμῳ καὶ
1Co 14:11 **ἔσομαι** τῷ λαλοῦντι βάρβαρος
1Co 14:12 ἐπεὶ ζηλωταί **ἐστε** πνευμάτων,
1Co 14:14 νοῦς μου ἄκαρπός **ἐστιν**.
1Co 14:15 τί οὖν **ἐστιν**;
1Co 14:22 γλῶσσαι εἰς σημεῖόν **εἰσιν** οὐ τοῖς πιστεύουσιν
1Co 14:25 θεὸς ἐν ὑμῖν **ἐστιν**.
1Co 14:26 Τί οὖν **ἐστιν**,
1Co 14:28 ἐὰν δὲ μὴ **ᾖ** διερμηνευτής,
1Co 14:33 οὐ γάρ **ἐστιν** ἀκαταστασίας ὁ θεὸς
1Co 14:35 αἰσχρὸν γάρ **ἐστιν** γυναικὶ λαλεῖν ἐν
1Co 14:37 τις δοκεῖ προφήτης **εἶναι** ἢ πνευματικός,
1Co 14:37 ὑμῖν ὅτι κυρίου **ἐστὶν** ἐντολή·
1Co 15:9 Ἐγὼ γάρ **εἰμι** ὁ ἐλάχιστος τῶν
1Co 15:9 ἀποστόλων ὃς οὐκ **εἰμὶ** ἱκανὸς καλεῖσθαι ἀπόστολος,
1Co 15:10 χάριτι δὲ θεοῦ **εἰμι** ὅ εἰμι,
1Co 15:10 θεοῦ εἰμι ὅ **εἰμι**,
1Co 15:12 ἀνάστασις νεκρῶν οὐκ **ἔστιν**;
1Co 15:13 ἀνάστασις νεκρῶν οὐκ **ἔστιν**,
1Co 15:17 ἔτι **ἐστὲ** ἐν ταῖς ἁμαρτίαις
1Co 15:19 ἐν Χριστῷ ἠλπικότες **ἐσμὲν** μόνον,
1Co 15:19 ἐλεεινότεροι πάντων ἀνθρώπων **ἐσμέν**.
1Co 15:28 ἵνα **ᾖ** ὁ θεὸς [τὰ]
1Co 15:44 Εἰ **ἔστιν** σῶμα ψυχικόν,
1Co 15:44 **ἔστιν** καὶ πνευματικόν.
1Co 15:58 κόπος ὑμῶν οὐκ **ἔστιν** κενὸς ἐν κυρίῳ.
1Co 16:4 ἐὰν δὲ ἄξιον **ᾖ** τοῦ κἀμὲ πορεύεσθαι,
1Co 16:12 καὶ πάντως οὐκ **ἦν** θέλημα ἵνα νῦν
1Co 16:15 ὅτι **ἐστὶν** ἀπαρχὴ τῆς Ἀχαΐας
1Co 16:22 **ἤτω** ἀνάθεμα.

εἴπερ (*eiper*; 2/6) *since*

1Co 8:5 καὶ γὰρ **εἴπερ** εἰσὶν λεγόμενοι θεοὶ
1Co 15:15 ὃν οὐκ ἤγειρεν **εἴπερ** ἄρα νεκροὶ οὐκ

εἰρήνη (*eirēnē*; 4/92) *peace*

1Co 1:3 χάρις ὑμῖν καὶ **εἰρήνη** ἀπὸ θεοῦ πατρὸς
1Co 7:15 ἐν δὲ **εἰρήνῃ** κέκληκεν ὑμᾶς ὁ
1Co 14:33 ὁ θεὸς ἀλλὰ **εἰρήνης**.
1Co 16:11 δὲ αὐτὸν ἐν **εἰρήνῃ**,

εἰς (*eis*; 38/1759[1767]) *into*

1Co 1:9 δι' οὗ ἐκλήθητε **εἰς** κοινωνίαν τοῦ υἱοῦ
1Co 1:13 ἢ **εἰς** τὸ ὄνομα Παύλου
1Co 1:15 τις εἴπῃ ὅτι **εἰς** τὸ ἐμὸν ὄνομα
1Co 2:7 πρὸ τῶν αἰώνων **εἰς** δόξαν ἡμῶν,
1Co 4:3 ἐμοὶ δὲ **εἰς** ἐλάχιστόν ἐστιν,
1Co 4:6 μετεσχημάτισα **εἰς** ἐμαυτὸν καὶ Ἀπολλῶν
1Co 5:5 τοιοῦτον τῷ σατανᾷ **εἰς** ὄλεθρον τῆς σαρκός,
1Co 6:16 οἱ δύο **εἰς** σάρκα μίαν.
1Co 6:18 ὁ δὲ πορνεύων **εἰς** τὸ ἴδιον σῶμα
1Co 8:6 πάντα καὶ ἡμεῖς **εἰς** αὐτόν,
1Co 8:10 ἀσθενοῦς ὄντος οἰκοδομηθήσεται **εἰς** τὸ τὰ εἰδωλόθυτα
1Co 8:12 οὕτως δὲ ἁμαρτάνοντες **εἰς** τοὺς ἀδελφοὺς

1Co 8:12 τὴν συνείδησιν ἀσθενοῦσαν **εἰς** Χριστὸν ἁμαρτάνετε.
1Co 8:13 μὴ φάγω κρέα **εἰς** τὸν αἰῶνα,
1Co 9:18 θήσω τὸ εὐαγγέλιον **εἰς** τὸ μὴ καταχρήσασθαι
1Co 10:2 καὶ πάντες **εἰς** τὸν Μωϋσῆν ἐβαπτίσθησαν
1Co 10:6 **εἰς** τὸ μὴ εἶναι
1Co 10:11 **εἰς** οὓς τὰ τέλη
1Co 10:31 πάντα **εἰς** δόξαν θεοῦ ποιεῖτε.
1Co 11:17 ἐπαινῶ ὅτι οὐκ **εἰς** τὸ κρεῖσσον ἀλλὰ
1Co 11:17 τὸ κρεῖσσον ἀλλὰ **εἰς** τὸ ἧσσον συνέρχεσθε.
1Co 11:22 οἰκίας οὐκ ἔχετε **εἰς** τὸ ἐσθίειν καὶ
1Co 11:24 τοῦτο ποιεῖτε **εἰς** τὴν ἐμὴν ἀνάμνησιν.
1Co 11:25 **εἰς** τὴν ἐμὴν ἀνάμνησιν.
1Co 11:33 συνερχόμενοι εἰς **τὸ** φαγεῖν ἀλλήλους ἐκδέχεσθε.
1Co 11:34 ἵνα μὴ **εἰς** κρίμα συνέρχησθε.
1Co 12:13 πνεύματι ἡμεῖς πάντες **εἰς** ἓν σῶμα ἐβαπτίσθημεν,
1Co 14:8 τίς παρασκευάσεται **εἰς** πόλεμον;
1Co 14:9 ἔσεσθε γὰρ **εἰς** ἀέρα λαλοῦντες.
1Co 14:22 ὥστε αἱ γλῶσσαι **εἰς** σημεῖόν εἰσιν οὐ
1Co 14:36 ἢ **εἰς** ὑμᾶς μόνους κατήντησεν;
1Co 15:10 χάρις αὐτοῦ ἡ **εἰς** ἐμὲ οὐ κενὴ
1Co 15:45 πρῶτος ἄνθρωπος ᾿Αδὰμ **εἰς** ψυχὴν ζῶσαν,
1Co 15:45 ὁ ἔσχατος ᾿Αδὰμ **εἰς** πνεῦμα ζῳοποιοῦν.
1Co 15:54 κατεπόθη ὁ θάνατος **εἰς** νῖκος.
1Co 16:1 τῆς λογείας τῆς **εἰς** τοὺς ἁγίους ὥσπερ
1Co 16:3 τὴν χάριν ὑμῶν **εἰς** ᾿Ιερουσαλήμ·
1Co 16:15 τῆς ᾿Αχαΐας καὶ **εἰς** διακονίαν τοῖς ἁγίοις

εἷς (*heis*; 31/343[345]) *one*

1Co 3:8 καὶ ὁ ποτίζων **ἕν** εἰσιν,
1Co 4:6 ἵνα μὴ **εἷς** ὑπὲρ τοῦ ἑνὸς
1Co 4:6 εἷς ὑπὲρ τοῦ **ἑνὸς** φυσιοῦσθε κατὰ τοῦ
1Co 6:16 κολλώμενος τῇ πόρνῃ **ἓν** σῶμά ἐστιν;
1Co 6:16 δύο εἰς σάρκα **μίαν**.
1Co 6:17 κολλώμενος τῷ κυρίῳ **ἓν** πνεῦμά ἐστιν.
1Co 8:4 θεὸς εἰ μὴ **εἷς**.
1Co 8:6 ἀλλ᾽ ἡμῖν **εἷς** θεὸς ὁ πατὴρ
1Co 8:6 καὶ **εἷς** κύριος ᾿Ιησοῦς Χριστὸς
1Co 9:24 **εἷς** δὲ λαμβάνει τὸ
1Co 10:8 ἐπόρνευσαν καὶ ἔπεσαν **μιᾷ** ἡμέρᾳ εἴκοσι τρεῖς
1Co 10:17 ὅτι **εἷς** ἄρτος,
1Co 10:17 **ἓν** σῶμα οἱ πολλοί
1Co 10:17 πάντες ἐκ τοῦ **ἑνὸς** ἄρτου μετέχομεν.
1Co 11:5 **ἓν** γάρ ἐστιν καὶ
1Co 12:9 ἰαμάτων ἐν τῷ **ἑνὶ** πνεύματι,
1Co 12:11 ταῦτα ἐνεργεῖ τὸ **ἓν** καὶ τὸ αὐτὸ
1Co 12:12 γὰρ τὸ σῶμα **ἕν** ἐστιν καὶ μέλη
1Co 12:12 σώματος πολλὰ ὄντα **ἕν** ἐστιν σῶμα,
1Co 12:13 καὶ γὰρ ἐν **ἑνὶ** πνεύματι ἡμεῖς πάντες
1Co 12:13 ἡμεῖς πάντες εἰς **ἓν** σῶμα ἐβαπτίσθημεν,
1Co 12:13 καὶ πάντες **ἓν** πνεῦμα ἐποτίσθημεν.
1Co 12:14 σῶμα οὐκ ἔστιν **ἓν** μέλος ἀλλὰ πολλά.
1Co 12:18 **ἓν** ἕκαστον αὐτῶν ἐν
1Co 12:19 ἦν τὰ πάντα **ἓν** μέλος,
1Co 12:20 **ἓν** δὲ σῶμα.
1Co 12:26 καὶ εἴτε πάσχει **ἓν** μέλος,
1Co 12:26 εἴτε δοξάζεται **[ἓν]** μέλος,
1Co 14:27 καὶ **εἷς** διερμηνευέτω·
1Co 14:31 δύνασθε γὰρ καθ᾽ **ἕνα** πάντες προφητεύειν,
1Co 16:2 κατὰ **μίαν** σαββάτου ἕκαστος ὑμῶν

εἰσακούω (*eisakouō*; 1/5) *hear*

1Co 14:21 καὶ οὐδ᾽ οὕτως **εἰσακούσονταί** μου,

εἰσέρχομαι (*eiserchomai*; 2/194) *go into, enter*

1Co 14:23 **εἰσέλθωσιν** δὲ ἰδιῶται ἢ
1Co 14:24 **εἰσέλθῃ** δέ τις ἄπιστος

εἶτα (*eita*; 3/15) *then*

1Co 15:5 ὅτι ὤφθη Κηφᾷ **εἶτα** τοῖς δώδεκα·
1Co 15:7 ἔπειτα ὤφθη ᾿Ιακώβῳ **εἶτα** τοῖς ἀποστόλοις πᾶσιν·
1Co 15:24 **εἶτα** τὸ τέλος,

εἴτε (*eite*; 27/65) *if*

1Co 3:22 **εἴτε** Παῦλος εἴτε ᾿Απολλῶς
1Co 3:22 εἴτε Παῦλος **εἴτε** ᾿Απολλῶς εἴτε Κηφᾶς,
1Co 3:22 Παῦλος εἴτε ᾿Απολλῶς **εἴτε** Κηφᾶς,
1Co 3:22 **εἴτε** κόσμος εἴτε ζωὴ
1Co 3:22 εἴτε κόσμος **εἴτε** ζωὴ εἴτε θάνατος,
1Co 3:22 κόσμος εἴτε ζωὴ **εἴτε** θάνατος,
1Co 3:22 **εἴτε** ἐνεστῶτα εἴτε μέλλοντα·
1Co 3:22 εἴτε ἐνεστῶτα **εἴτε** μέλλοντα·
1Co 8:5 εἰσὶν λεγόμενοι θεοὶ **εἴτε** ἐν οὐρανῷ εἴτε
1Co 8:5 εἴτε ἐν οὐρανῷ **εἴτε** ἐπὶ γῆς,
1Co 10:31 **Εἴτε** οὖν ἐσθίετε εἴτε
1Co 10:31 Εἴτε οὖν ἐσθίετε **εἴτε** πίνετε εἴτε τι
1Co 10:31 ἐσθίετε εἴτε πίνετε **εἴτε** τι ποιεῖτε,
1Co 12:13 **εἴτε** ᾿Ιουδαῖοι εἴτε ῞Ελληνες
1Co 12:13 εἴτε ᾿Ιουδαῖοι **εἴτε** ῞Ελληνες εἴτε δοῦλοι
1Co 12:13 ᾿Ιουδαῖοι εἴτε ῞Ελληνες **εἴτε** δοῦλοι εἴτε ἐλεύθεροι,
1Co 12:13 ῞Ελληνες εἴτε δοῦλοι **εἴτε** ἐλεύθεροι,
1Co 12:26 καὶ **εἴτε** πάσχει ἓν μέλος,
1Co 12:26 **εἴτε** δοξάζεται [ἓν] μέλος,
1Co 13:8 **εἴτε** δὲ προφητεῖαι,
1Co 13:8 **εἴτε** γλῶσσαι,
1Co 13:8 **εἴτε** γνῶσις,
1Co 14:7 **εἴτε** αὐλὸς εἴτε κιθάρα,
1Co 14:7 εἴτε αὐλὸς **εἴτε** κιθάρα,
1Co 14:27 **εἴτε** γλώσσῃ τις λαλεῖ,
1Co 15:11 **εἴτε** οὖν ἐγὼ εἴτε
1Co 15:11 εἴτε οὖν ἐγὼ **εἴτε** ἐκεῖνοι,

ἐκ (*ek*; 34/912[914]) *from*

1Co 1:30 **ἐξ** αὐτοῦ δὲ ὑμεῖς
1Co 2:12 τὸ πνεῦμα τὸ **ἐκ** τοῦ θεοῦ,
1Co 5:2 ἵνα ἀρθῇ **ἐκ** μέσου ὑμῶν ὁ
1Co 5:10 ἐπεὶ ὠφείλετε ἄρα **ἐκ** τοῦ κόσμου ἐξελθεῖν.
1Co 5:13 ἐξάρατε τὸν πονηρὸν **ἐξ** ὑμῶν αὐτῶν.
1Co 7:5 εἰ μήτι ἂν **ἐκ** συμφώνου πρὸς καιρόν,
1Co 7:7 ἴδιον ἔχει χάρισμα **ἐκ** θεοῦ,
1Co 8:6 θεὸς ὁ πατὴρ **ἐξ** οὗ τὰ πάντα
1Co 9:7 ποιμαίνει ποίμνην καὶ **ἐκ** τοῦ γάλακτος
1Co 9:13 ἱερὰ ἐργαζόμενοι [τὰ] **ἐκ** τοῦ ἱεροῦ ἐσθίουσιν,
1Co 9:14 τὸ εὐαγγέλιον καταγγέλλουσιν **ἐκ** τοῦ εὐαγγελίου ζῆν.
1Co 9:19 ᾿Ελεύθερος γὰρ ὢν **ἐκ** πάντων πᾶσιν ἐμαυτὸν
1Co 10:4 ἔπινον γὰρ **ἐκ** πνευματικῆς ἀκολουθούσης πέτρας,

1Co 10:17 οἱ γὰρ πάντες **ἐκ** τοῦ ἑνὸς ἄρτου
1Co 11:8 γάρ ἐστιν ἀνὴρ **ἐκ** γυναικὸς ἀλλὰ γυνὴ
1Co 11:8 γυναικὸς ἀλλὰ γυνὴ **ἐξ** ἀνδρός·
1Co 11:12 γὰρ ἡ γυνὴ **ἐκ** τοῦ ἀνδρός,
1Co 11:12 τὰ δὲ πάντα **ἐκ** τοῦ θεοῦ.
1Co 11:28 ἑαυτὸν καὶ οὕτως **ἐκ** τοῦ ἄρτου ἐσθιέτω
1Co 11:28 ἄρτου ἐσθιέτω καὶ **ἐκ** τοῦ ποτηρίου πινέτω·
1Co 12:15 οὐκ εἰμὶ **ἐκ** τοῦ σώματος,
1Co 12:15 τοῦτο οὐκ ἔστιν **ἐκ** τοῦ σώματος;
1Co 12:16 οὐκ εἰμὶ **ἐκ** τοῦ σώματος,
1Co 12:16 τοῦτο οὐκ ἔστιν **ἐκ** τοῦ σώματος;
1Co 12:27 Χριστοῦ καὶ μέλη **ἐκ** μέρους.
1Co 13:9 **ἐκ** μέρους γὰρ γινώσκομεν
1Co 13:9 γὰρ γινώσκομεν καὶ **ἐκ** μέρους προφητεύομεν·
1Co 13:10 τὸ **ἐκ** μέρους καταργηθήσεται.
1Co 13:12 ἄρτι γινώσκω **ἐκ** μέρους,
1Co 15:6 **ἐξ** ὧν οἱ πλείονες
1Co 15:12 Χριστὸς κηρύσσεται ὅτι **ἐκ** νεκρῶν ἐγήγερται,
1Co 15:20 δὲ Χριστὸς ἐγήγερται **ἐκ** νεκρῶν ἀπαρχὴ
1Co 15:47 ὁ πρῶτος ἄνθρωπος **ἐκ** γῆς χοϊκός,
1Co 15:47 ὁ δεύτερος ἄνθρωπος **ἐξ** οὐρανοῦ.

ἕκαστος (*hekastos*; 22/81[82]) *each*

1Co 1:12 δὲ τοῦτο ὅτι **ἕκαστος** ὑμῶν λέγει·
1Co 3:5 καὶ **ἑκάστῳ** ὡς ὁ κύριος
1Co 3:8 **ἕκαστος** δὲ τὸν ἴδιον
1Co 3:10 **ἕκαστος** δὲ βλεπέτω πῶς
1Co 3:13 **ἑκάστου** τὸ ἔργον φανερὸν
1Co 3:13 καὶ **ἑκάστου** τὸ ἔργον ὁποῖόν
1Co 4:5 ὁ ἔπαινος γενήσεται **ἑκάστῳ** ἀπὸ τοῦ θεοῦ.
1Co 7:2 δὲ τὰς πορνείας **ἕκαστος** τὴν ἑαυτοῦ γυναῖκα
1Co 7:2 γυναῖκα ἐχέτω καὶ **ἑκάστη** τὸν ἴδιον ἄνδρα
1Co 7:7 ἀλλὰ **ἕκαστος** ἴδιον ἔχει χάρισμα
1Co 7:17 Εἰ μὴ **ἑκάστῳ** ὡς ἐμέρισεν ὁ
1Co 7:17 **ἕκαστον** ὡς κέκληκεν ὁ
1Co 7:20 **ἕκαστος** ἐν τῇ κλήσει
1Co 7:24 **ἕκαστος** ἐν ᾧ ἐκλήθη,
1Co 11:21 **ἕκαστος** γὰρ τὸ ἴδιον
1Co 12:7 **ἑκάστῳ** δὲ δίδοται ἡ
1Co 12:11 πνεῦμα διαιροῦν ἰδίᾳ **ἑκάστῳ** καθὼς βούλεται.
1Co 12:18 ἓν **ἕκαστον** αὐτῶν ἐν τῷ
1Co 14:26 **ἕκαστος** ψαλμὸν ἔχει,
1Co 15:23 **Ἕκαστος** δὲ ἐν τῷ
1Co 15:38 καὶ ἑκάστῳ **τῶν** σπερμάτων ἴδιον σῶμα.
1Co 16:2 κατὰ μίαν σαββάτου **ἕκαστος** ὑμῶν παρ' ἑαυτῷ

ἔκβασις (*ekbasis*; 1/2) *way out*

1Co 10:13 πειρασμῷ καὶ τὴν **ἔκβασιν** τοῦ δύνασθαι ὑπενεγκεῖν.

ἐκδέχομαι (*ekdechomai*; 2/6) *wait for*

1Co 11:33 τὸ φαγεῖν ἀλλήλους **ἐκδέχεσθε**.
1Co 16:11 **ἐκδέχομαι** γὰρ αὐτὸν μετὰ

ἐκεῖνος (*ekeinos*; 4/240[243]) *that*

1Co 9:25 **ἐκεῖνοι** μὲν οὖν ἵνα
1Co 10:11 δὲ τυπικῶς συνέβαινεν **ἐκείνοις**,
1Co 10:28 μὴ ἐσθίετε δι' **ἐκεῖνον** τὸν μηνύσαντα καὶ
1Co 15:11 οὖν ἐγὼ εἴτε **ἐκεῖνοι**,

ἐκκαθαίρω (*ekkathairō*; 1/2) *clean out*

1Co 5:7 **ἐκκαθάρατε** τὴν παλαιὰν ζύμην,

ἐκκλησία (*ekklēsia*; 22/114) *church*

1Co 1:2 τῇ **ἐκκλησίᾳ** τοῦ θεοῦ τῇ
1Co 4:17 πανταχοῦ ἐν πάσῃ **ἐκκλησίᾳ** διδάσκω.
1Co 6:4 ἐξουθενημένους ἐν τῇ **ἐκκλησίᾳ**,
1Co 7:17 οὕτως ἐν ταῖς **ἐκκλησίαις** πάσαις διατάσσομαι.
1Co 10:32 Ἕλλησιν καὶ τῇ **ἐκκλησίᾳ** τοῦ θεοῦ,
1Co 11:16 ἔχομεν οὐδὲ αἱ **ἐκκλησίαι** τοῦ θεοῦ.
1Co 11:18 συνερχομένων ὑμῶν ἐν **ἐκκλησίᾳ** ἀκούω σχίσματα ἐν
1Co 11:22 ἢ τῆς **ἐκκλησίας** τοῦ θεοῦ καταφρονεῖτε,
1Co 12:28 θεὸς ἐν τῇ **ἐκκλησίᾳ** πρῶτον ἀποστόλους,
1Co 14:4 ὁ δὲ προφητεύων **ἐκκλησίαν** οἰκοδομεῖ.
1Co 14:5 ἵνα ἡ **ἐκκλησία** οἰκοδομὴν λάβῃ.
1Co 14:12 τὴν οἰκοδομὴν τῆς **ἐκκλησίας** ζητεῖτε ἵνα περισσεύητε.
1Co 14:19 ἀλλὰ ἐν **ἐκκλησίᾳ** θέλω πέντε λόγους
1Co 14:23 οὖν συνέλθῃ ἡ **ἐκκλησία** ὅλη ἐπὶ τὸ
1Co 14:28 σιγάτω ἐν **ἐκκλησίᾳ**,
1Co 14:33 ἐν πάσαις ταῖς **ἐκκλησίαις** τῶν ἁγίων
1Co 14:34 γυναῖκες ἐν ταῖς **ἐκκλησίαις** σιγάτωσαν·
1Co 14:35 γυναικὶ λαλεῖν ἐν **ἐκκλησίᾳ**.
1Co 15:9 διότι ἐδίωξα τὴν **ἐκκλησίαν** τοῦ θεοῦ·
1Co 16:1 ὥσπερ διέταξα ταῖς **ἐκκλησίαις** τῆς Γαλατίας,
1Co 16:19 Ἀσπάζονται ὑμᾶς αἱ **ἐκκλησίαι** τῆς Ἀσίας.
1Co 16:19 κατ' οἶκον αὐτῶν **ἐκκλησίᾳ**.

ἐκλέγομαι (*eklegomai*; 3/22) *choose*

1Co 1:27 μωρὰ τοῦ κόσμου **ἐξελέξατο** ὁ θεός,
1Co 1:27 ἀσθενῆ τοῦ κόσμου **ἐξελέξατο** ὁ θεός,
1Co 1:28 καὶ τὰ ἐξουθενημένα **ἐξελέξατο** ὁ θεός,

ἐκνήφω (*eknēphō*; 1/1) *come to one's senses*

1Co 15:34 **ἐκνήψατε** δικαίως καὶ μὴ

ἐκπειράζω (*ekpeirazō*; 1/4) *put to the test*

1Co 10:9 μηδὲ **ἐκπειράζωμεν** τὸν Χριστόν,

ἐκτός (*ektos*; 4/8) *outside*

1Co 6:18 ἐὰν ποιήσῃ ἄνθρωπος **ἐκτὸς** τοῦ σώματός ἐστιν·
1Co 14:5 ὁ λαλῶν γλώσσαις **ἐκτὸς** εἰ μὴ διερμηνεύῃ,
1Co 15:2 **ἐκτὸς** εἰ μὴ εἰκῇ
1Co 15:27 δῆλον ὅτι **ἐκτὸς** τοῦ ὑποτάξαντος αὐτῷ

ἔκτρωμα (*ektrōma*; 1/1) *abnormal birth*

1Co 15:8 πάντων ὡσπερεὶ τῷ **ἐκτρώματι** ὤφθη κἀμοί.

ἑκών (*hekōn*; 1/2) *of one's own free will*

1Co 9:17 εἰ γὰρ **ἑκὼν** τοῦτο πράσσω,

ἐλάχιστος (*elachistos*; 3/14) *least*

1Co 4:3 ἐμοὶ δὲ εἰς **ἐλάχιστόν** ἐστιν,

1Co 6:2 ἀνάξιοί ἐστε κριτηρίων **ἐλαχίστων**;
1Co 15:9 γάρ εἰμι ὁ **ἐλάχιστος** τῶν ἀποστόλων ὃς

ἐλέγχω (*elenchō*; 1/17) *expose, convict*
1Co 14:24 **ἐλέγχεται** ὑπὸ πάντων,

ἐλεεινός (*eleeinos*; 1/2) *pitiful*
1Co 15:19 **ἐλεεινότεροι** πάντων ἀνθρώπων ἐσμέν.

ἐλεέω (*eleeō*; 1/28) *be merciful*
1Co 7:25 δὲ δίδωμι ὡς **ἠλεημένος** ὑπὸ κυρίου πιστὸς

ἐλευθερία (*eleutheria*; 1/11) *freedom*
1Co 10:29 ἱνατί γὰρ ἡ **ἐλευθερία** μου κρίνεται ὑπὸ

ἐλεύθερος (*eleutheros*; 6/23) *free*
1Co 7:21 εἰ καὶ δύνασαι **ἐλεύθερος** γενέσθαι,
1Co 7:22 ὁμοίως ὁ **ἐλεύθερος** κληθεὶς δοῦλός ἐστιν
1Co 7:39 **ἐλευθέρα** ἐστὶν ᾧ θέλει
1Co 9:1 Οὐκ εἰμὶ **ἐλεύθερος**;
1Co 9:19 **Ἐλεύθερος** γὰρ ὢν ἐκ
1Co 12:13 εἴτε δοῦλοι εἴτε **ἐλεύθεροι**,

Ἕλλην (*Hellēn*; 4/25) *Greek*
1Co 1:22 σημεῖα αἰτοῦσιν καὶ **Ἕλληνες** σοφίαν ζητοῦσιν,
1Co 1:24 Ἰουδαίοις τε καὶ **Ἕλλησιν**,
1Co 10:32 Ἰουδαίοις γίνεσθε καὶ **Ἕλλησιν** καὶ τῇ ἐκκλησίᾳ
1Co 12:13 εἴτε Ἰουδαῖοι εἴτε **Ἕλληνες** εἴτε δοῦλοι εἴτε

ἐλπίζω (*elpizō*; 3/31) *hope*
1Co 13:7 πάντα **ἐλπίζει**,
1Co 15:19 ταύτῃ ἐν Χριστῷ **ἠλπικότες** ἐσμὲν μόνον,
1Co 16:7 **ἐλπίζω** γὰρ χρόνον τινα

ἐλπίς (*elpis*; 3/53) *hope*
1Co 9:10 ὅτι ὀφείλει ἐπ' **ἐλπίδι** ὁ ἀροτριῶν ἀροτριᾶν
1Co 9:10 ὁ ἀλοῶν ἐπ' **ἐλπίδι** τοῦ μετέχειν.
1Co 13:13 **ἐλπίς**,

ἐμαυτοῦ (*emautou*; 6/37) *myself*
1Co 4:3 ἀλλ' οὐδὲ **ἐμαυτὸν** ἀνακρίνω.
1Co 4:4 οὐδὲν γὰρ **ἐμαυτῷ** σύνοιδα,
1Co 4:6 μετεσχημάτισα εἰς **ἐμαυτὸν** καὶ Ἀπολλῶν
1Co 7:7 εἶναι ὡς καὶ **ἐμαυτόν**·
1Co 9:19 ἐκ πάντων πᾶσιν **ἐμαυτὸν** ἐδούλωσα,
1Co 10:33 μὴ ζητῶν τὸ **ἐμαυτοῦ** σύμφορον ἀλλὰ τὸ

ἐμός (*emos*; 9/76) *my*
1Co 1:15 ὅτι εἰς τὸ **ἐμὸν** ὄνομα ἐβαπτίσθητε.
1Co 5:4 ὑμῶν καὶ τοῦ **ἐμοῦ** πνεύματος σὺν τῇ
1Co 7:40 κατὰ τὴν **ἐμὴν** γνώμην·
1Co 9:3 Ἡ **ἐμὴ** ἀπολογία τοῖς ἐμὲ
1Co 11:24 ποιεῖτε εἰς τὴν **ἐμὴν** ἀνάμνησιν.
1Co 11:25 ἐστὶν ἐν τῷ **ἐμῷ** αἵματι·
1Co 11:25 εἰς τὴν **ἐμὴν** ἀνάμνησιν.
1Co 16:18 ἀνέπαυσαν γὰρ τὸ **ἐμὸν** πνεῦμα καὶ τὸ
1Co 16:21 Ὁ ἀσπασμὸς τῇ **ἐμῇ** χειρὶ Παύλου.

ἐν (*en*; 171/2746[2752]) *in*
1Co 1:2 θεοῦ τῇ οὔσῃ **ἐν** Κορίνθῳ,
1Co 1:2 ἡγιασμένοις **ἐν** Χριστῷ Ἰησοῦ,
1Co 1:2 ἡμῶν Ἰησοῦ Χριστοῦ **ἐν** παντὶ τόπῳ,
1Co 1:4 τῇ δοθείσῃ ὑμῖν **ἐν** Χριστῷ Ἰησοῦ,
1Co 1:5 ὅτι **ἐν** παντὶ ἐπλουτίσθητε ἐν
1Co 1:5 ἐν παντὶ ἐπλουτίσθητε **ἐν** αὐτῷ,
1Co 1:5 **ἐν** παντὶ λόγῳ καὶ
1Co 1:6 τοῦ Χριστοῦ ἐβεβαιώθη **ἐν** ὑμῖν,
1Co 1:7 ὑμᾶς μὴ ὑστερεῖσθαι **ἐν** μηδενὶ χαρίσματι ἀπεκδεχομένους
1Co 1:8 ἕως τέλους ἀνεγκλήτους **ἐν** τῇ ἡμέρᾳ τοῦ
1Co 1:10 καὶ μὴ ᾖ **ἐν** ὑμῖν σχίσματα,
1Co 1:10 ἦτε δὲ κατηρτισμένοι **ἐν** τῷ αὐτῷ νοῒ
1Co 1:10 αὐτῷ νοῒ καὶ **ἐν** τῇ αὐτῇ γνώμῃ.
1Co 1:11 Χλόης ὅτι ἔριδες **ἐν** ὑμῖν εἰσιν.
1Co 1:17 οὐκ **ἐν** σοφίᾳ λόγου,
1Co 1:21 ἐπειδὴ γὰρ **ἐν** τῇ σοφίᾳ τοῦ
1Co 1:30 δὲ ὑμεῖς ἐστε **ἐν** Χριστῷ Ἰησοῦ,
1Co 1:31 ὁ καυχώμενος **ἐν** κυρίῳ καυχάσθω.
1Co 2:2 ἔκρινά τι εἰδέναι **ἐν** ὑμῖν εἰ μὴ
1Co 2:3 κἀγὼ **ἐν** ἀσθενείᾳ καὶ ἐν
1Co 2:3 ἐν ἀσθενείᾳ καὶ **ἐν** φόβῳ καὶ ἐν
1Co 2:3 ἐν φόβῳ καὶ **ἐν** τρόμῳ πολλῷ ἐγενόμην
1Co 2:4 κήρυγμά μου οὐκ **ἐν** πειθοῖ[ς] σοφίας [λόγοις
1Co 2:4 σοφίας [λόγοις] ἀλλ' **ἐν** ἀποδείξει πνεύματος καὶ
1Co 2:5 ὑμῶν μὴ ᾖ **ἐν** σοφίᾳ ἀνθρώπων ἀλλ'
1Co 2:5 σοφίᾳ ἀνθρώπων ἀλλ' **ἐν** δυνάμει θεοῦ.
1Co 2:6 Σοφίαν δὲ λαλοῦμεν **ἐν** τοῖς τελείοις,
1Co 2:7 λαλοῦμεν θεοῦ σοφίαν **ἐν** μυστηρίῳ τὴν ἀποκεκρυμμένην,
1Co 2:11 τοῦ ἀνθρώπου τὸ **ἐν** αὐτῷ;
1Co 2:13 καὶ λαλοῦμεν οὐκ **ἐν** διδακτοῖς ἀνθρωπίνης σοφίας
1Co 2:13 σοφίας λόγοις ἀλλ' **ἐν** διδακτοῖς πνεύματος,
1Co 3:1 ὡς νηπίοις **ἐν** Χριστῷ.
1Co 3:3 ὅπου γὰρ **ἐν** ὑμῖν ζῆλος καὶ
1Co 3:13 ὅτι **ἐν** πυρὶ ἀποκαλύπτεται·
1Co 3:16 τοῦ θεοῦ οἰκεῖ **ἐν** ὑμῖν;
1Co 3:18 δοκεῖ σοφὸς εἶναι **ἐν** ὑμῖν ἐν τῷ
1Co 3:18 εἶναι ἐν ὑμῖν **ἐν** τῷ αἰῶνι τούτῳ,
1Co 3:19 δρασσόμενος τοὺς σοφοὺς **ἐν** τῇ πανουργίᾳ αὐτῶν·
1Co 3:21 ὥστε μηδεὶς καυχάσθω **ἐν** ἀνθρώποις·
1Co 4:2 ὧδε λοιπὸν ζητεῖται **ἐν** τοῖς οἰκονόμοις,
1Co 4:4 ἀλλ' οὐκ **ἐν** τούτῳ δεδικαίωμαι,
1Co 4:6 ἵνα **ἐν** ἡμῖν μάθητε τὸ
1Co 4:10 ὑμεῖς δὲ φρόνιμοι **ἐν** Χριστῷ·
1Co 4:15 μυρίους παιδαγωγοὺς ἔχητε **ἐν** Χριστῷ
1Co 4:15 **ἐν** γὰρ Χριστῷ Ἰησοῦ
1Co 4:17 ἀγαπητὸν καὶ πιστὸν **ἐν** κυρίῳ,
1Co 4:17 ὁδούς μου τὰς **ἐν** Χριστῷ [Ἰησοῦ],
1Co 4:17 καθὼς πανταχοῦ **ἐν** πάσῃ ἐκκλησίᾳ διδάσκω.
1Co 4:20 οὐ γὰρ **ἐν** λόγῳ ἡ βασιλεία
1Co 4:20 τοῦ θεοῦ ἀλλ' **ἐν** δυνάμει.
1Co 4:21 **ἐν** ῥάβδῳ ἔλθω πρὸς
1Co 4:21 πρὸς ὑμᾶς ἢ **ἐν** ἀγάπῃ πνεύματί τε
1Co 5:1 Ὅλως ἀκούεται **ἐν** ὑμῖν πορνεία,
1Co 5:1 πορνεία ἥτις οὐδὲ **ἐν** τοῖς ἔθνεσιν,
1Co 5:4 **ἐν** τῷ ὀνόματι τοῦ

1Co 5:5 τὸ πνεῦμα σωθῇ **ἐν** τῇ ἡμέρᾳ τοῦ
1Co 5:8 ὥστε ἑορτάζωμεν μὴ **ἐν** ζύμῃ παλαιᾷ μηδὲ
1Co 5:8 ζύμῃ παλαιᾷ μηδὲ **ἐν** ζύμῃ κακίας καὶ
1Co 5:8 καὶ πονηρίας ἀλλ᾽ **ἐν** ἀζύμοις εἰλικρινείας
1Co 5:9 Ἔγραψα ὑμῖν **ἐν** τῇ ἐπιστολῇ μὴ
1Co 6:2 καὶ εἰ **ἐν** ὑμῖν κρίνεται ὁ
1Co 6:4 τοὺς ἐξουθενημένους **ἐν** τῇ ἐκκλησίᾳ,
1Co 6:5 οὕτως οὐκ ἔνι **ἐν** ὑμῖν οὐδεὶς σοφός,
1Co 6:11 ἀλλὰ ἐδικαιώθητε **ἐν** τῷ ὀνόματι τοῦ
1Co 6:11 Ἰησοῦ Χριστοῦ καὶ **ἐν** τῷ πνεύματι τοῦ
1Co 6:19 ὑμῶν ναὸς τοῦ **ἐν** ὑμῖν ἁγίου πνεύματός
1Co 6:20 δὴ τὸν θεὸν **ἐν** τῷ σώματι ὑμῶν.
1Co 7:14 ἀνὴρ ὁ ἄπιστος **ἐν** τῇ γυναικὶ καὶ
1Co 7:14 γυνὴ ἡ ἄπιστος **ἐν** τῷ ἀδελφῷ·
1Co 7:15 ἢ ἡ ἀδελφὴ **ἐν** τοῖς τοιούτοις·
1Co 7:15 **ἐν** δὲ εἰρήνῃ κέκληκεν
1Co 7:17 καὶ οὕτως **ἐν** ταῖς ἐκκλησίαις πάσαις
1Co 7:18 **ἐν** ἀκροβυστίᾳ κέκληταί τις,
1Co 7:20 ἕκαστος **ἐν** τῇ κλήσει ᾗ
1Co 7:20 **ἐν** ταύτῃ μενέτω.
1Co 7:22 ὁ γὰρ **ἐν** κυρίῳ κληθεὶς δοῦλος
1Co 7:24 ἕκαστος **ἐν** ᾧ ἐκλήθη,
1Co 7:24 **ἐν** τούτῳ μενέτω παρὰ
1Co 7:37 ὃς δὲ ἕστηκεν **ἐν** τῇ καρδίᾳ αὐτοῦ
1Co 7:37 καὶ τοῦτο κέκρικεν **ἐν** τῇ ἰδίᾳ καρδίᾳ,
1Co 7:39 μόνον **ἐν** κυρίῳ.
1Co 8:4 ὅτι οὐδὲν εἴδωλον **ἐν** κόσμῳ καὶ ὅτι
1Co 8:5 λεγόμενοι θεοὶ εἴτε **ἐν** οὐρανῷ εἴτε ἐπὶ
1Co 8:7 Ἀλλ᾽ οὐκ **ἐν** πᾶσιν ἡ γνῶσις·
1Co 8:10 τὸν ἔχοντα γνῶσιν **ἐν** εἰδωλείῳ κατακείμενον,
1Co 8:11 γὰρ ὁ ἀσθενῶν **ἐν** τῇ σῇ γνώσει,
1Co 9:1 μου ὑμεῖς ἐστε **ἐν** κυρίῳ;
1Co 9:2 ἀποστολῆς ὑμεῖς ἐστε **ἐν** κυρίῳ.
1Co 9:9 **ἐν** γὰρ τῷ Μωϋσέως
1Co 9:15 ἵνα οὕτως γένηται **ἐν** ἐμοί·
1Co 9:18 τῇ ἐξουσίᾳ μου **ἐν** τῷ εὐαγγελίῳ.
1Co 9:24 οἴδατε ὅτι οἱ **ἐν** σταδίῳ τρέχοντες πάντες
1Co 10:2 τὸν Μωϋσῆν ἐβαπτίσθησαν **ἐν** τῇ νεφέλῃ
1Co 10:2 τῇ νεφέλῃ καὶ **ἐν** τῇ θαλάσσῃ
1Co 10:5 Ἀλλ᾽ οὐκ **ἐν** τοῖς πλείοσιν αὐτῶν
1Co 10:5 κατεστρώθησαν γὰρ **ἐν** τῇ ἐρήμῳ.
1Co 10:25 Πᾶν τὸ **ἐν** μακέλλῳ πωλούμενον ἐσθίετε
1Co 11:11 ἀνὴρ χωρὶς γυναικὸς **ἐν** κυρίῳ·
1Co 11:13 **Ἐν** ὑμῖν αὐτοῖς κρίνατε·
1Co 11:18 γὰρ συνερχομένων ὑμῶν **ἐν** ἐκκλησίᾳ ἀκούω σχίσματα
1Co 11:18 ἐκκλησίᾳ ἀκούω σχίσματα **ἐν** ὑμῖν ὑπάρχειν
1Co 11:19 γὰρ καὶ αἱρέσεις **ἐν** ὑμῖν εἶναι,
1Co 11:19 δόκιμοι φανεροὶ γένωνται **ἐν** ὑμῖν.
1Co 11:21 ἴδιον δεῖπνον προλαμβάνει **ἐν** τῷ φαγεῖν,
1Co 11:22 **ἐν** τούτῳ οὐκ ἐπαινῶ.
1Co 11:23 ὁ κύριος Ἰησοῦς **ἐν** τῇ νυκτὶ ᾗ
1Co 11:25 καινὴ διαθήκη ἐστὶν **ἐν** τῷ ἐμῷ αἵματι·
1Co 11:30 διὰ τοῦτο **ἐν** ὑμῖν πολλοὶ ἀσθενεῖς
1Co 11:34 **ἐν** οἴκῳ ἐσθιέτω,
1Co 12:3 ὑμῖν ὅτι οὐδεὶς **ἐν** πνεύματι θεοῦ λαλῶν
1Co 12:3 εἰ μὴ **ἐν** πνεύματι ἁγίῳ.
1Co 12:6 ὁ ἐνεργῶν τὰ πάντα **ἐν** πᾶσιν.
1Co 12:9 ἑτέρῳ πίστις **ἐν** τῷ αὐτῷ πνεύματι,
1Co 12:9 δὲ χαρίσματα ἰαμάτων **ἐν** τῷ ἑνὶ πνεύματι,
1Co 12:13 καὶ γὰρ **ἐν** ἑνὶ πνεύματι ἡμεῖς
1Co 12:18 ἓν ἕκαστον αὐτῶν **ἐν** τῷ σώματι καθὼς
1Co 12:25 μὴ ᾖ σχίσμα **ἐν** τῷ σώματι ἀλλὰ
1Co 12:28 ἔθετο ὁ θεὸς **ἐν** τῇ ἐκκλησίᾳ πρῶτον
1Co 13:12 ἄρτι δι᾽ ἐσόπτρου **ἐν** αἰνίγματι,
1Co 14:6 ὑμῖν λαλήσω ἢ **ἐν** ἀποκαλύψει ἢ ἐν
1Co 14:6 ἐν ἀποκαλύψει ἢ **ἐν** γνώσει ἢ ἐν
1Co 14:6 ἐν γνώσει ἢ **ἐν** προφητείᾳ ἢ [ἐν]
1Co 14:6 ἢ **[ἐν]** διδαχῇ;
1Co 14:10 γένη φωνῶν εἰσιν **ἐν** κόσμῳ καὶ οὐδὲν
1Co 14:11 καὶ ὁ λαλῶν **ἐν** ἐμοὶ βάρβαρος.
1Co 14:16 ἐπεὶ ἐὰν εὐλογῇς **[ἐν]** πνεύματι,
1Co 14:19 ἀλλὰ **ἐν** ἐκκλησίᾳ θέλω πέντε
1Co 14:19 ἢ μυρίους λόγους **ἐν** γλώσσῃ.
1Co 14:21 **ἐν** τῷ νόμῳ γέγραπται
1Co 14:21 νόμῳ γέγραπται ὅτι **ἐν** ἑτερογλώσσοις καὶ
1Co 14:21 ἐν ἑτερογλώσσοις καὶ **ἐν** χείλεσιν ἑτέρων λαλήσω
1Co 14:25 ὄντως ὁ θεὸς **ἐν** ὑμῖν ἐστιν.
1Co 14:28 σιγάτω **ἐν** ἐκκλησίᾳ,
1Co 14:33 Ὡς **ἐν** πάσαις ταῖς ἐκκλησίαις
1Co 14:34 αἱ γυναῖκες **ἐν** ταῖς ἐκκλησίαις σιγάτωσαν·
1Co 14:35 **ἐν** οἴκῳ τοὺς ἰδίους
1Co 14:35 ἐστιν γυναικὶ λαλεῖν **ἐν** ἐκκλησίᾳ.
1Co 15:1 **ἐν** ᾧ καὶ ἑστήκατε,
1Co 15:3 παρέδωκα γὰρ ὑμῖν **ἐν** πρώτοις,
1Co 15:12 πῶς λέγουσιν **ἐν** ὑμῖν τινες ὅτι
1Co 15:17 ἔτι ἐστὲ **ἐν** ταῖς ἁμαρτίαις ὑμῶν,
1Co 15:18 καὶ οἱ κοιμηθέντες **ἐν** Χριστῷ ἀπώλοντο.
1Co 15:19 εἰ **ἐν** τῇ ζωῇ ταύτῃ
1Co 15:19 τῇ ζωῇ ταύτῃ **ἐν** Χριστῷ ἠλπικότες ἐσμὲν
1Co 15:22 ὥσπερ γὰρ **ἐν** τῷ Ἀδὰμ πάντες
1Co 15:22 οὕτως καὶ **ἐν** τῷ Χριστῷ πάντες
1Co 15:23 Ἕκαστος δὲ **ἐν** τῷ ἰδίῳ τάγματι·
1Co 15:23 οἱ τοῦ Χριστοῦ **ἐν** τῇ παρουσίᾳ αὐτοῦ,
1Co 15:28 θεὸς [τὰ] πάντα **ἐν** πᾶσιν.
1Co 15:31 [ἀδελφοί] ἣν ἔχω **ἐν** Χριστῷ Ἰησοῦ τῷ
1Co 15:32 κατὰ ἄνθρωπον ἐθηριομάχησα **ἐν** Ἐφέσῳ,
1Co 15:41 γὰρ ἀστέρος διαφέρει **ἐν** δόξῃ.
1Co 15:42 σπείρεται **ἐν** φθορᾷ,
1Co 15:42 ἐγείρεται **ἐν** ἀφθαρσίᾳ·
1Co 15:43 σπείρεται **ἐν** ἀτιμίᾳ,
1Co 15:43 ἐγείρεται **ἐν** δόξῃ·
1Co 15:43 σπείρεται **ἐν** ἀσθενείᾳ,
1Co 15:43 ἐγείρεται **ἐν** δυνάμει·
1Co 15:52 **ἐν** ἀτόμῳ,
1Co 15:52 **ἐν** ῥιπῇ ὀφθαλμοῦ,
1Co 15:52 **ἐν** τῇ ἐσχάτῃ σάλπιγγι·
1Co 15:58 περισσεύοντες **ἐν** τῷ ἔργῳ τοῦ
1Co 15:58 οὐκ ἔστιν κενὸς **ἐν** κυρίῳ.
1Co 16:7 γὰρ ὑμᾶς ἄρτι **ἐν** παρόδῳ ἰδεῖν,
1Co 16:8 ἐπιμενῶ δὲ **ἐν** Ἐφέσῳ ἕως τῆς
1Co 16:11 προπέμψατε δὲ αὐτὸν **ἐν** εἰρήνῃ,
1Co 16:13 στήκετε **ἐν** τῇ πίστει,
1Co 16:14 πάντα ὑμῶν **ἐν** ἀγάπῃ γινέσθω.
1Co 16:19 ἀσπάζεται ὑμᾶς **ἐν** κυρίῳ πολλὰ Ἀκύλας
1Co 16:20 Ἀσπάσασθε ἀλλήλους **ἐν** φιλήματι ἁγίῳ.
1Co 16:24 μετὰ πάντων ὑμῶν **ἐν** Χριστῷ Ἰησοῦ.

ἔνδοξος (*endoxos*; 1/4) *glorious*

1Co 4:10 ὑμεῖς **ἔνδοξοι**,

ἐνδύω (*endyō*; 4/27) *dress*

1Co 15:53 τὸ φθαρτὸν τοῦτο **ἐνδύσασθαι** ἀφθαρσίαν
1Co 15:53 τὸ θνητὸν τοῦτο **ἐνδύσασθαι** ἀθανασίαν.
1Co 15:54 τὸ φθαρτὸν τοῦτο **ἐνδύσηται** ἀφθαρσίαν
1Co 15:54 τὸ θνητὸν τοῦτο **ἐνδύσηται** ἀθανασίαν,

ἐνεργέω (*energeō*; 2/21) *work*
1Co 12:6 αὐτὸς θεὸς ὁ **ἐνεργῶν** τὰ πάντα ἐν
1Co 12:11 πάντα δὲ ταῦτα **ἐνεργεῖ** τὸ ἓν καὶ

ἐνέργημα (*energēma*; 2/2) *working*
1Co 12:6 καὶ διαιρέσεις **ἐνεργημάτων** εἰσίν,
1Co 12:10 ἄλλῳ δὲ **ἐνεργήματα** δυνάμεων,

ἐνεργής (*energēs*; 1/3) *active*
1Co 16:9 ἀνέῳγεν μεγάλη καὶ **ἐνεργής**,

ἔνι (*eni*; 1/6) *there is*
1Co 6:5 οὕτως οὐκ **ἔνι** ἐν ὑμῖν οὐδεὶς

ἐνίστημι (*enistēmi*; 2/7) *be impending*
1Co 3:22 εἴτε **ἐνεστῶτα** εἴτε μέλλοντα·
1Co 7:26 ὑπάρχειν διὰ τὴν **ἐνεστῶσαν** ἀνάγκην,

ἔννομος (*ennomos*; 1/2) *subject*
1Co 9:21 ἄνομος θεοῦ ἀλλ᾽ **ἔννομος** Χριστοῦ,

ἔνοχος (*enochos*; 1/10) *liable*
1Co 11:27 **ἔνοχος** ἔσται τοῦ σώματος

ἐντολή (*entolē*; 2/67) *commandment*
1Co 7:19 ἀλλὰ τήρησις **ἐντολῶν** θεοῦ.
1Co 14:37 ὅτι κυρίου ἐστὶν **ἐντολή**·

ἐντρέπω (*entrepō*; 1/9) *make ashamed*
1Co 4:14 Οὐκ **ἐντρέπων** ὑμᾶς γράφω ταῦτα

ἐντροπή (*entropē*; 2/2) *shame*
1Co 6:5 πρὸς **ἐντροπὴν** ὑμῖν λέγω.
1Co 15:34 πρὸς **ἐντροπὴν** ὑμῖν λαλῶ.

ἐνώπιον (*enōpion*; 1/94) *before*
1Co 1:29 καυχήσηται πᾶσα σὰρξ **ἐνώπιον** τοῦ θεοῦ.

ἐξαίρω (*exairō*; 1/1) *remove*
1Co 5:13 **ἐξάρατε** τὸν πονηρὸν ἐξ

ἐξαπατάω (*exapataō*; 1/6) *deceive*
1Co 3:18 Μηδεὶς ἑαυτὸν **ἐξαπατάτω**·

ἐξεγείρω (*exegeirō*; 1/2) *raise*
1Co 6:14 ἤγειρεν καὶ ἡμᾶς **ἐξεγερεῖ** διὰ τῆς δυνάμεως

ἐξέρχομαι (*exerchomai*; 2/216[218]) *come or go out or forth*
1Co 5:10 ἐκ τοῦ κόσμου **ἐξελθεῖν**.
1Co 14:36 λόγος τοῦ θεοῦ **ἐξῆλθεν**,

ἔξεστιν (*exestin*; 4/31) *it is proper or lawful*
1Co 6:12 Πάντα μοι **ἔξεστιν** ἀλλ᾽ οὐ πάντα
1Co 6:12 πάντα μοι **ἔξεστιν** ἀλλ᾽ οὐκ ἐγὼ
1Co 10:23 Πάντα **ἔξεστιν** ἀλλ᾽ οὐ πάντα
1Co 10:23 πάντα **ἔξεστιν** ἀλλ᾽ οὐ πάντα

ἐξουθενέω (*exoutheneō*; 3/11) *despise*
1Co 1:28 κόσμου καὶ τὰ **ἐξουθενημένα** ἐξελέξατο ὁ θεός,
1Co 6:4 τοὺς **ἐξουθενημένους** ἐν τῇ ἐκκλησίᾳ,
1Co 16:11 τις οὖν αὐτὸν **ἐξουθενήσῃ**.

ἐξουσία (*exousia*; 10/102) *authority*
1Co 7:37 **ἐξουσίαν** δὲ ἔχει περὶ
1Co 8:9 μή πως ἡ **ἐξουσία** ὑμῶν αὕτη πρόσκομμα
1Co 9:4 μὴ οὐκ ἔχομεν **ἐξουσίαν** φαγεῖν καὶ πεῖν;
1Co 9:5 μὴ οὐκ ἔχομεν **ἐξουσίαν** ἀδελφὴν γυναῖκα περιάγειν
1Co 9:6 Βαρναβᾶς οὐκ ἔχομεν **ἐξουσίαν** μὴ ἐργάζεσθαι;
1Co 9:12 ἄλλοι τῆς ὑμῶν **ἐξουσίας** μετέχουσιν,
1Co 9:12 οὐκ ἐχρησάμεθα τῇ **ἐξουσίᾳ** ταύτῃ,
1Co 9:18 μὴ καταχρήσασθαι τῇ **ἐξουσίᾳ** μου ἐν τῷ
1Co 11:10 ὀφείλει ἡ γυνὴ **ἐξουσίαν** ἔχειν ἐπὶ τῆς
1Co 15:24 ἀρχὴν καὶ πᾶσαν **ἐξουσίαν** καὶ δύναμιν.

ἐξουσιάζω (*exousiazō*; 3/4) *have power over*
1Co 6:12 ἀλλ᾽ οὐκ ἐγὼ **ἐξουσιασθήσομαι** ὑπό τινος.
1Co 7:4 ἰδίου σώματος οὐκ **ἐξουσιάζει** ἀλλὰ ὁ ἀνήρ,
1Co 7:4 ἰδίου σώματος οὐκ **ἐξουσιάζει** ἀλλὰ ἡ γυνή.

ἔξω (*exō*; 2/63) *out*
1Co 5:12 γάρ μοι τοὺς **ἔξω** κρίνειν;
1Co 5:13 τοὺς δὲ **ἔξω** ὁ θεὸς κρινεῖ.

ἑορτάζω (*heortazō*; 1/1) *observe a festival*
1Co 5:8 ὥστε **ἑορτάζωμεν** μὴ ἐν ζύμῃ

ἐπαινέω (*epaineō*; 4/6) *commend*
1Co 11:2 **Ἐπαινῶ** δὲ ὑμᾶς ὅτι
1Co 11:17 δὲ παραγγέλλων οὐκ **ἐπαινῶ** ὅτι οὐκ εἰς
1Co 11:22 **ἐπαινέσω** ὑμᾶς;
1Co 11:22 ἐν τούτῳ οὐκ **ἐπαινῶ**.

ἔπαινος (*epainos*; 1/11) *praise*
1Co 4:5 καὶ τότε ὁ **ἔπαινος** γενήσεται ἑκάστῳ ἀπὸ

ἐπάνω (*epanō*; 1/19) *on*
1Co 15:6 ἔπειτα ὤφθη **ἐπάνω** πεντακοσίοις ἀδελφοῖς ἐφάπαξ,

ἐπεί (*epei*; 5/26) *since*
1Co 5:10 **ἐπεὶ** ὠφείλετε ἄρα ἐκ
1Co 7:14 **ἐπεὶ** ἄρα τὰ τέκνα
1Co 14:12 **ἐπεὶ** ζηλωταί ἐστε πνευμάτων,
1Co 14:16 **ἐπεὶ** ἐὰν εὐλογῇς [ἐν]
1Co 15:29 **Ἐπεὶ** τί ποιήσουσιν οἱ

ἐπειδή (*epeidē*; 4/10) *since*
1Co 1:21 **ἐπειδὴ** γὰρ ἐν τῇ
1Co 1:22 **ἐπειδὴ** καὶ Ἰουδαῖοι σημεῖα
1Co 14:16 **ἐπειδὴ** τί λέγεις οὐκ
1Co 15:21 **ἐπειδὴ** γὰρ δι᾽ ἀνθρώπου

ἔπειτα (*epeita*; 6/16) *then*
1Co 12:28 **ἔπειτα** δυνάμεις,
1Co 12:28 **ἔπειτα** χαρίσματα ἰαμάτων,
1Co 15:6 **ἔπειτα** ὤφθη ἐπάνω πεντακοσίοις
1Co 15:7 **ἔπειτα** ὤφθη Ἰακώβῳ εἶτα
1Co 15:23 **ἔπειτα** οἱ τοῦ Χριστοῦ
1Co 15:46 **ἔπειτα** τὸ πνευματικόν.

ἐπερωτάω (*eperōtaō*; 1/56) *ask*
1Co 14:35 τοὺς ἰδίους ἄνδρας **ἐπερωτάτωσαν**·

ἐπί (*epi*; 19/886[890]) *on*
1Co 1:4 πάντοτε περὶ ὑμῶν **ἐπὶ** τῇ χάριτι τοῦ
1Co 2:9 οὐκ ἤκουσεν καὶ **ἐπὶ** καρδίαν ἀνθρώπου
1Co 3:12 δέ τις ἐποικοδομεῖ **ἐπὶ** τὸν θεμέλιον χρυσόν,
1Co 6:1 τὸν ἕτερον κρίνεσθαι **ἐπὶ** τῶν ἀδίκων καὶ
1Co 6:1 ἀδίκων καὶ οὐχὶ **ἐπὶ** τῶν ἁγίων;
1Co 6:6 κρίνεται καὶ τοῦτο **ἐπὶ** ἀπίστων;
1Co 7:5 προσευχῇ καὶ πάλιν **ἐπὶ** τὸ αὐτὸ ἦτε,
1Co 7:36 δέ τις ἀσχημονεῖν **ἐπὶ** τὴν παρθένον αὐτοῦ
1Co 7:39 Γυνὴ δέδεται **ἐφ'** ὅσον χρόνον ζῇ
1Co 8:5 ἐν οὐρανῷ εἴτε **ἐπὶ** γῆς,
1Co 9:10 ἐγράφη ὅτι ὀφείλει **ἐπ'** ἐλπίδι ὁ ἀροτριῶν
1Co 9:10 καὶ ὁ ἀλοῶν **ἐπ'** ἐλπίδι τοῦ μετέχειν.
1Co 11:10 γυνὴ ἐξουσίαν ἔχειν **ἐπὶ** τῆς κεφαλῆς διὰ
1Co 11:20 Συνερχομένων οὖν ὑμῶν **ἐπὶ** τὸ αὐτὸ οὐκ
1Co 13:6 οὐ χαίρει **ἐπὶ** τῇ ἀδικίᾳ,
1Co 14:16 ἐρεῖ τὸ ἀμὴν **ἐπὶ** τῇ σῇ εὐχαριστίᾳ;
1Co 14:23 ἡ ἐκκλησία ὅλη **ἐπὶ** τὸ αὐτὸ καὶ
1Co 14:25 καὶ οὕτως πεσὼν **ἐπὶ** πρόσωπον προσκυνήσει τῷ
1Co 16:17 χαίρω δὲ **ἐπὶ** τῇ παρουσίᾳ Στεφανᾶ

ἐπιβάλλω (*epiballō*; 1/18) *lay on*
1Co 7:35 ἵνα βρόχον ὑμῖν **ἐπιβάλω** ἀλλὰ πρὸς τὸ

ἐπίγειος (*epigeios*; 2/7) *earthly*
1Co 15:40 καὶ σώματα **ἐπίγεια**·
1Co 15:40 δὲ ἡ τῶν **ἐπιγείων**.

ἐπιγινώσκω (*epiginōskō*; 4/44) *know*
1Co 13:12 τότε δὲ **ἐπιγνώσομαι** καθὼς καὶ ἐπεγνώσθην.
1Co 13:12 ἐπιγνώσομαι καθὼς καὶ **ἐπεγνώσθην**.
1Co 14:37 **ἐπιγινωσκέτω** ἃ γράφω ὑμῖν
1Co 16:18 **ἐπιγινώσκετε** οὖν τοὺς τοιούτους.

ἐπιθανάτιος (*epithanatios*; 1/1) *sentenced to death*
1Co 4:9 ἐσχάτους ἀπέδειξεν ὡς **ἐπιθανατίους**,

ἐπιθυμέω (*epithymeō*; 1/16) *long for*
1Co 10:6 καθὼς κἀκεῖνοι **ἐπεθύμησαν**.

ἐπιθυμητής (*epithymētēs*; 1/1) *one who desires*
1Co 10:6 μὴ εἶναι ἡμᾶς **ἐπιθυμητὰς** κακῶν,

ἐπικαλέω (*epikaleō*; 1/30) *call*
1Co 1:2 σὺν πᾶσιν τοῖς **ἐπικαλουμένοις** τὸ ὄνομα

ἐπίκειμαι (*epikeimai*; 1/7) *lie*
1Co 9:16 ἀνάγκη γάρ μοι **ἐπίκειται**·

ἐπιμένω (*epimenō*; 2/15[16]) *remain*
1Co 16:7 γὰρ χρόνον τινα **ἐπιμεῖναι** πρὸς ὑμᾶς ἐὰν
1Co 16:8 **ἐπιμενῶ** δὲ ἐν Ἐφέσῳ

ἐπισπάομαι (*epispaomai*; 1/1) *remove the marks of circumcision*
1Co 7:18 μὴ **ἐπισπάσθω**·

ἐπιστολή (*epistolē*; 2/24) *letter*
1Co 5:9 ὑμῖν ἐν τῇ **ἐπιστολῇ** μὴ συναναμίγνυσθαι πόρνοις,
1Co 16:3 δι' **ἐπιστολῶν** τούτους πέμψω ἀπενεγκεῖν

ἐπιταγή (*epitagē*; 2/7) *command*
1Co 7:6 συγγνώμην οὐ κατ' **ἐπιταγήν**.
1Co 7:25 δὲ τῶν παρθένων **ἐπιταγὴν** κυρίου οὐκ ἔχω,

ἐπιτρέπω (*epitrepō*; 2/18) *permit, let*
1Co 14:34 οὐ γὰρ **ἐπιτρέπεται** αὐταῖς λαλεῖν,
1Co 16:7 ἐὰν ὁ κύριος **ἐπιτρέψῃ**.

ἐποικοδομέω (*epoikodomeō*; 4/7) *build on or upon*
1Co 3:10 ἄλλος δὲ **ἐποικοδομεῖ**.
1Co 3:10 δὲ βλεπέτω πῶς **ἐποικοδομεῖ**.
1Co 3:12 εἰ δέ τις **ἐποικοδομεῖ** ἐπὶ τὸν θεμέλιον
1Co 3:14 ἔργον μενεῖ ὃ **ἐποικοδόμησεν**,

ἐπουράνιος (*epouranios*; 5/19) *heavenly*
1Co 15:40 καὶ σώματα **ἐπουράνια**,
1Co 15:40 μὲν ἡ τῶν **ἐπουρανίων** δόξα,
1Co 15:48 καὶ οἷος ὁ **ἐπουράνιος**,
1Co 15:48 τοιοῦτοι καὶ οἱ **ἐπουράνιοι**·
1Co 15:49 τὴν εἰκόνα τοῦ **ἐπουρανίου**.

ἐραυνάω (*eraunaō*; 1/6) *search*
1Co 2:10 γὰρ πνεῦμα πάντα **ἐραυνᾷ**,

ἐργάζομαι (*ergazomai*; 4/41) *work*
1Co 4:12 καὶ κοπιῶμεν **ἐργαζόμενοι** ταῖς ἰδίαις χερσίν·
1Co 9:6 ἔχομεν ἐξουσίαν μὴ **ἐργάζεσθαι**;
1Co 9:13 οἱ τὰ ἱερὰ **ἐργαζόμενοι** [τὰ] ἐκ τοῦ
1Co 16:10 γὰρ ἔργον κυρίου **ἐργάζεται** ὡς κἀγώ·

ἔργον (*ergon*; 8/169) *work*
1Co 3:13 ἑκάστου τὸ **ἔργον** φανερὸν γενήσεται,
1Co 3:13 καὶ ἑκάστου τὸ **ἔργον** ὁποῖόν ἐστιν τὸ
1Co 3:14 εἴ τινος τὸ **ἔργον** μενεῖ ὃ ἐποικοδόμησεν,
1Co 3:15 εἴ τινος τὸ **ἔργον** κατακαήσεται,
1Co 5:2 ὑμῶν ὁ τὸ **ἔργον** τοῦτο πράξας;
1Co 9:1 οὐ τὸ **ἔργον** μου ὑμεῖς ἐστε
1Co 15:58 περισσεύοντες ἐν τῷ **ἔργῳ** τοῦ κυρίου πάντοτε,
1Co 16:10 τὸ γὰρ **ἔργον** κυρίου ἐργάζεται ὡς

ἔρημος (*erēmos*; 1/48) *desert*
1Co 10:5 γὰρ ἐν τῇ **ἐρήμῳ**.

ἔρις (*eris*; 2/9) *strife*
1Co 1:11 τῶν Χλόης ὅτι **ἔριδες** ἐν ὑμῖν εἰσιν.
1Co 3:3 ὑμῖν ζῆλος καὶ **ἔρις**,

ἑρμηνεία (*hermēneia*; 2/2) *interpretation*
1Co 12:10 ἄλλῳ δὲ **ἑρμηνεία** γλωσσῶν·
1Co 14:26 **ἑρμηνείαν** ἔχει·

ἔρχομαι (*erchomai*; 18/631[632]) *come, go*
1Co 2:1 κἀγὼ **ἐλθὼν** πρὸς ὑμᾶς,
1Co 2:1 **ἦλθον** οὐ καθ' ὑπεροχὴν
1Co 4:5 κρίνετε ἕως ἂν **ἔλθῃ** ὁ κύριος,
1Co 4:18 Ὡς μὴ **ἐρχομένου** δέ μου πρὸς
1Co 4:19 **ἐλεύσομαι** δὲ ταχέως πρὸς
1Co 4:21 ἐν ῥάβδῳ **ἔλθω** πρὸς ὑμᾶς ἢ
1Co 11:26 καταγγέλλετε ἄχρι οὗ **ἔλθῃ**.
1Co 11:34 λοιπὰ ὡς ἂν **ἔλθω** διατάξομαι.
1Co 13:10 ὅταν δὲ **ἔλθῃ** τὸ τέλειον,
1Co 14:6 ἐὰν **ἔλθω** πρὸς ὑμᾶς γλώσσαις
1Co 15:35 ποίῳ δὲ σώματι **ἔρχονται**;
1Co 16:2 ἵνα μὴ ὅταν **ἔλθω** τότε λογεῖαι γίνωνται.
1Co 16:5 **Ἐλεύσομαι** δὲ πρὸς ὑμᾶς
1Co 16:10 Ἐὰν δὲ **ἔλθῃ** Τιμόθεος,
1Co 16:11 ἵνα **ἔλθῃ** πρός με·
1Co 16:12 ἵνα **ἔλθῃ** πρὸς ὑμᾶς μετὰ
1Co 16:12 θέλημα ἵνα νῦν **ἔλθῃ**·
1Co 16:12 **ἐλεύσεται** δὲ ὅταν εὐκαιρήσῃ.

ἐσθίω (*esthiō*; 27/158) *eat*
1Co 8:7 εἰδώλου ὡς εἰδωλόθυτον **ἐσθίουσιν**,
1Co 8:8 οὔτε ἐὰν μὴ **φάγωμεν** ὑστερούμεθα,
1Co 8:8 οὔτε ἐὰν **φάγωμεν** περισσεύομεν.
1Co 8:10 τὸ τὰ εἰδωλόθυτα **ἐσθίειν**;
1Co 8:13 οὐ μὴ **φάγω** κρέα εἰς τὸν
1Co 9:4 οὐκ ἔχομεν ἐξουσίαν **φαγεῖν** καὶ πεῖν;
1Co 9:7 καρπὸν αὐτοῦ οὐκ **ἐσθίει**;
1Co 9:7 τῆς ποίμνης οὐκ **ἐσθίει**;
1Co 9:13 ἐκ τοῦ ἱεροῦ **ἐσθίουσιν**,
1Co 10:3 αὐτὸ πνευματικὸν βρῶμα **ἔφαγον**
1Co 10:7 ἐκάθισεν ὁ λαὸς **φαγεῖν** καὶ πεῖν καὶ
1Co 10:18 οὐχ οἱ **ἐσθίοντες** τὰς θυσίας κοινωνοὶ
1Co 10:25 ἐν μακέλλῳ πωλούμενον **ἐσθίετε** μηδὲν ἀνακρίνοντες διὰ
1Co 10:27 τὸ παρατιθέμενον ὑμῖν **ἐσθίετε** μηδὲν ἀνακρίνοντες διὰ
1Co 10:28 μὴ **ἐσθίετε** δι' ἐκεῖνον τὸν
1Co 10:31 Εἴτε οὖν **ἐσθίετε** εἴτε πίνετε εἴτε
1Co 11:20 ἔστιν κυριακὸν δεῖπνον **φαγεῖν**·
1Co 11:21 προλαμβάνει ἐν τῷ **φαγεῖν**,
1Co 11:22 ἔχετε εἰς τὸ **ἐσθίειν** καὶ πίνειν;
1Co 11:26 ὁσάκις γὰρ ἐὰν **ἐσθίητε** τὸν ἄρτον τοῦτον
1Co 11:27 Ὥστε ὃς ἂν **ἐσθίῃ** τὸν ἄρτον ἢ
1Co 11:28 ἐκ τοῦ ἄρτου **ἐσθιέτω** καὶ ἐκ τοῦ
1Co 11:29 ὁ γὰρ **ἐσθίων** καὶ πίνων κρίμα
1Co 11:29 πίνων κρίμα ἑαυτῷ **ἐσθίει** καὶ πίνει μὴ
1Co 11:33 συνερχόμενοι εἰς τὸ **φαγεῖν** ἀλλήλους ἐκδέχεσθε.
1Co 11:34 ἐν οἴκῳ **ἐσθιέτω**,
1Co 15:32 **φάγωμεν** καὶ πίωμεν,

ἔσοπτρον (*esoptron*; 1/2) *mirror*
1Co 13:12 γὰρ ἄρτι δι' **ἐσόπτρου** ἐν αἰνίγματι,

ἔσχατος (*eschatos*; 5/52) *last*
1Co 4:9 ἡμᾶς τοὺς ἀποστόλους **ἐσχάτους** ἀπέδειξεν ὡς ἐπιθανατίους,
1Co 15:8 **ἔσχατον** δὲ πάντων ὡσπερεὶ
1Co 15:26 **ἔσχατος** ἐχθρὸς καταργεῖται ὁ
1Co 15:45 ὁ **ἔσχατος** Ἀδὰμ εἰς πνεῦμα
1Co 15:52 ἐν τῇ **ἐσχάτῃ** σάλπιγγι·

ἔσω (*esō*; 1/9) *inside*
1Co 5:12 οὐχὶ τοὺς **ἔσω** ὑμεῖς κρίνετε;

ἑτερόγλωσσος (*heteroglōssos*; 1/1) *speaking a foreign or strange language*
1Co 14:21 γέγραπται ὅτι ἐν **ἑτερογλώσσοις** καὶ ἐν χείλεσιν

ἕτερος (*heteros*; 11/97[98]) *other*
1Co 3:4 **ἕτερος** δέ·
1Co 4:6 φυσιοῦσθε κατὰ τοῦ **ἑτέρου**.
1Co 6:1 ἔχων πρὸς τὸν **ἕτερον** κρίνεσθαι ἐπὶ τῶν
1Co 10:24 ἀλλὰ τὸ τοῦ **ἑτέρου**.
1Co 10:29 ἀλλὰ τὴν τοῦ **ἑτέρου**.
1Co 12:9 **ἑτέρῳ** πίστις ἐν τῷ
1Co 12:10 **ἑτέρῳ** γένη γλωσσῶν,
1Co 14:17 εὐχαριστεῖς ἀλλ' ὁ **ἕτερος** οὐκ οἰκοδομεῖται.
1Co 14:21 καὶ ἐν χείλεσιν **ἑτέρων** λαλήσω τῷ λαῷ
1Co 15:40 ἀλλὰ **ἑτέρα** μὲν ἡ τῶν
1Co 15:40 ἑτέρα **δὲ** ἡ τῶν ἐπιγείων.

ἔτι (*eti*; 4/93) *still*
1Co 3:2 ἀλλ' οὐδὲ **ἔτι** νῦν δύνασθε,
1Co 3:3 **ἔτι** γὰρ σαρκικοί ἐστε.
1Co 12:31 Καὶ **ἔτι** καθ' ὑπερβολὴν ὁδὸν
1Co 15:17 **ἔτι** ἐστὲ ἐν ταῖς

ἑτοιμάζω (*hetoimazō*; 1/40) *prepare*
1Co 2:9 ἃ **ἡτοίμασεν** ὁ θεὸς τοῖς

εὐαγγελίζω (*euangelizō*; 6/54) *bring good news*
1Co 1:17 Χριστὸς βαπτίζειν ἀλλὰ **εὐαγγελίζεσθαι**,
1Co 9:16 ἐὰν γὰρ **εὐαγγελίζωμαι**,
1Co 9:16 ἐστιν ἐὰν μὴ **εὐαγγελίσωμαι**.
1Co 9:18 ἵνα **εὐαγγελιζόμενος** ἀδάπανον θήσω τὸ
1Co 15:1 τὸ εὐαγγέλιον ὃ **εὐηγγελισάμην** ὑμῖν,
1Co 15:2 τίνι λόγῳ **εὐηγγελισάμην** ὑμῖν εἰ κατέχετε,

εὐαγγέλιον (*euangelion*; 8/75[76]) *good news*
1Co 4:15 Ἰησοῦ διὰ τοῦ **εὐαγγελίου** ἐγὼ ὑμᾶς ἐγέννησα.
1Co 9:12 ἐγκοπὴν δῶμεν τῷ **εὐαγγελίῳ** τοῦ Χριστοῦ.
1Co 9:14 διέταξεν τοῖς τὸ **εὐαγγέλιον** καταγγέλλουσιν ἐκ τοῦ
1Co 9:14 καταγγέλλουσιν ἐκ τοῦ **εὐαγγελίου** ζῆν.
1Co 9:18 ἀδάπανον θήσω τὸ **εὐαγγέλιον** εἰς τὸ μὴ
1Co 9:18 μου ἐν τῷ **εὐαγγελίῳ**.
1Co 9:23 ποιῶ διὰ τὸ **εὐαγγέλιον**,
1Co 15:1 τὸ **εὐαγγέλιον** ὃ εὐηγγελισάμην ὑμῖν,

εὐγενής (*eugenēs*; 1/3) *of high or noble birth*
1Co 1:26 οὐ πολλοὶ **εὐγενεῖς**·

εὐδοκέω (*eudokeō*; 2/21) *be pleased*
1Co 1:21 **εὐδόκησεν** ὁ θεὸς διὰ
1Co 10:5 τοῖς πλείοσιν αὐτῶν **εὐδόκησεν** ὁ θεός,

εὐκαιρέω (*eukaireō*; 1/3) *have time or opportunity*
1Co 16:12 ἐλεύσεται δὲ ὅταν **εὐκαιρήσῃ**.

εὐλογέω (*eulogeō*; 3/41) *bless*
1Co 4:12 λοιδορούμενοι **εὐλογοῦμεν**,
1Co 10:16 τῆς εὐλογίας ὃ **εὐλογοῦμεν**,
1Co 14:16 ἐπεὶ ἐὰν **εὐλογῇς** [ἐν] πνεύματι,

εὐλογία (*eulogia*; 1/16) *blessing*
1Co 10:16 Τὸ ποτήριον τῆς **εὐλογίας** ὃ εὐλογοῦμεν,

εὐοδόω (*euodoō*; 1/4) *have things go well*
1Co 16:2 ὅ τι ἐὰν **εὐοδῶται**,

εὐπάρεδρος (*euparedros*; 1/1) *devotion*
1Co 7:35 τὸ εὔσχημον καὶ **εὐπάρεδρον** τῷ κυρίῳ ἀπερισπάστως.

εὑρίσκω (*heuriskō*; 2/176) *find*
1Co 4:2 ἵνα πιστός τις **εὑρεθῇ**.
1Co 15:15 **εὑρισκόμεθα** δὲ καὶ ψευδομάρτυρες

εὔσημος (*eusēmos*; 1/1) *intelligible*
1Co 14:9 γλώσσης ἐὰν μὴ **εὔσημον** λόγον δῶτε,

εὐσχημόνως (*euschēmonōs*; 1/3) *properly*
1Co 14:40 πάντα δὲ **εὐσχημόνως** καὶ κατὰ τάξιν

εὐσχημοσύνη (*euschēmosynē*; 1/1) *modesty*
1Co 12:23 τὰ ἀσχήμονα ἡμῶν **εὐσχημοσύνην** περισσοτέραν ἔχει,

εὐσχήμων (*euschēmōn*; 2/5) *respected*
1Co 7:35 ἀλλὰ πρὸς τὸ **εὔσχημον** καὶ εὐπάρεδρον τῷ
1Co 12:24 τὰ δὲ **εὐσχήμονα** ἡμῶν οὐ χρείαν

εὐχαριστέω (*eucharisteō*; 6/38) *thank*
1Co 1:4 **Εὐχαριστῶ** τῷ θεῷ μου
1Co 1:14 **εὐχαριστῶ** [τῷ θεῷ] ὅτι
1Co 10:30 ὑπὲρ οὗ ἐγὼ **εὐχαριστῶ**;
1Co 11:24 καὶ **εὐχαριστήσας** ἔκλασεν καὶ εἶπεν·
1Co 14:17 μὲν γὰρ καλῶς **εὐχαριστεῖς** ἀλλ' ὁ ἕτερος
1Co 14:18 **Εὐχαριστῶ** τῷ θεῷ,

εὐχαριστία (*eucharistia*; 1/15) *thanksgiving*
1Co 14:16 ἐπὶ τῇ σῇ **εὐχαριστίᾳ**;

ἐφάπαξ (*ephapax*; 1/5) *once for all time*
1Co 15:6 ἐπάνω πεντακοσίοις ἀδελφοῖς **ἐφάπαξ**,

Ἔφεσος (*Ephesos*; 2/16) *Ephesus*
1Co 15:32 ἀνθρωπον ἐθηριομάχησα ἐν **Ἐφέσῳ**,
1Co 16:8 ἐπιμενῶ δὲ ἐν **Ἐφέσῳ** ἕως τῆς πεντηκοστῆς·

ἐχθρός (*echthros*; 2/32) *enemy*
1Co 15:25 θῇ πάντας τοὺς **ἐχθροὺς** ὑπὸ τοὺς πόδας
1Co 15:26 ἔσχατος **ἐχθρὸς** καταργεῖται ὁ θάνατος·

ἔχω (*echō*; 49/706[708]) *have, hold*
1Co 2:16 δὲ νοῦν Χριστοῦ **ἔχομεν**.
1Co 4:7 τί δὲ **ἔχεις** ὃ οὐκ ἔλαβες;
1Co 4:15 γὰρ μυρίους παιδαγωγοὺς **ἔχητε** ἐν Χριστῷ
1Co 5:1 τινα τοῦ πατρὸς **ἔχειν**.
1Co 6:1 τις ὑμῶν πρᾶγμα **ἔχων** πρὸς τὸν ἕτερον
1Co 6:4 οὖν κριτήρια ἐὰν **ἔχητε**,
1Co 6:7 ἐστιν ὅτι κρίματα **ἔχετε** μεθ' ἑαυτῶν.
1Co 6:19 πνεύματός ἐστιν οὗ **ἔχετε** ἀπὸ θεοῦ,
1Co 7:2 τὴν ἑαυτοῦ γυναῖκα **ἐχέτω** καὶ ἑκάστη τὸν
1Co 7:2 τὸν ἴδιον ἄνδρα **ἐχέτω**.
1Co 7:7 ἀλλὰ ἕκαστος ἴδιον **ἔχει** χάρισμα ἐκ θεοῦ,
1Co 7:12 τις ἀδελφὸς γυναῖκα **ἔχει** ἄπιστον καὶ αὕτη
1Co 7:13 γυνὴ εἴ τις **ἔχει** ἄνδρα ἄπιστον καὶ
1Co 7:25 ἐπιταγὴν κυρίου οὐκ **ἔχω**,
1Co 7:28 δὲ τῇ σαρκὶ **ἕξουσιν** οἱ τοιοῦτοι,
1Co 7:29 ἵνα καὶ οἱ **ἔχοντες** γυναῖκας ὡς μὴ
1Co 7:29 γυναῖκας ὡς μὴ **ἔχοντες** ὦσιν
1Co 7:37 αὐτοῦ ἑδραῖος μὴ **ἔχων** ἀνάγκην,
1Co 7:37 ἐξουσίαν δὲ **ἔχει** περὶ τοῦ ἰδίου
1Co 7:40 κἀγὼ πνεῦμα θεοῦ **ἔχειν**.
1Co 8:1 ὅτι πάντες γνῶσιν **ἔχομεν**.
1Co 8:10 ἴδῃ σὲ τὸν **ἔχοντα** γνῶσιν ἐν εἰδωλείῳ
1Co 9:4 μὴ οὐκ **ἔχομεν** ἐξουσίαν φαγεῖν καὶ
1Co 9:5 μὴ οὐκ **ἔχομεν** ἐξουσίαν ἀδελφὴν γυναῖκα
1Co 9:6 καὶ Βαρναβᾶς οὐκ **ἔχομεν** ἐξουσίαν μὴ ἐργάζεσθαι;
1Co 9:17 μισθὸν **ἔχω**·
1Co 11:4 προφητεύων κατὰ κεφαλῆς **ἔχων** καταισχύνει τὴν κεφαλὴν
1Co 11:10 ἡ γυνὴ ἐξουσίαν **ἔχειν** ἐπὶ τῆς κεφαλῆς
1Co 11:16 τοιαύτην συνήθειαν οὐκ **ἔχομεν** οὐδὲ αἱ ἐκκλησίαι
1Co 11:22 γὰρ οἰκίας οὐκ **ἔχετε** εἰς τὸ ἐσθίειν
1Co 11:22 καταισχύνετε τοὺς μὴ **ἔχοντας**;
1Co 12:12 καὶ μέλη πολλὰ **ἔχει**,
1Co 12:21 χρείαν σου οὐκ **ἔχω**,
1Co 12:21 χρείαν ὑμῶν οὐκ **ἔχω**·
1Co 12:23 ἡμῶν εὐσχημοσύνην περισσοτέραν **ἔχει**,
1Co 12:24 ἡμῶν οὐ χρείαν **ἔχει**.
1Co 12:30 μὴ πάντες χαρίσματα **ἔχουσιν** ἰαμάτων;
1Co 13:1 ἀγάπην δὲ μὴ **ἔχω**,
1Co 13:2 καὶ ἐὰν **ἔχω** προφητείαν καὶ εἰδῶ
1Co 13:2 γνῶσιν καὶ ἐὰν **ἔχω** πᾶσαν τὴν πίστιν
1Co 13:2 ἀγάπην δὲ μὴ **ἔχω**,
1Co 13:3 ἀγάπην δὲ μὴ **ἔχω**,
1Co 14:26 ἕκαστος ψαλμὸν **ἔχει**,
1Co 14:26 διδαχὴν **ἔχει**,
1Co 14:26 ἀποκάλυψιν **ἔχει**,
1Co 14:26 γλῶσσαν **ἔχει**,
1Co 14:26 ἑρμηνείαν **ἔχει**·
1Co 15:31 [ἀδελφοί] ἣν **ἔχω** ἐν Χριστῷ Ἰησοῦ
1Co 15:34 γὰρ θεοῦ τινες **ἔχουσιν**,

ἕως (*heōs*; 6/146) *until*

1Co 1:8 καὶ βεβαιώσει ὑμᾶς **ἕως** τέλους ἀνεγκλήτους ἐν
1Co 4:5 καιροῦ τι κρίνετε **ἕως** ἂν ἔλθῃ ὁ
1Co 4:13 πάντων περίψημα **ἕως** ἄρτι.
1Co 8:7 δὲ τῇ συνηθείᾳ **ἕως** ἄρτι τοῦ εἰδώλου
1Co 15:6 οἱ πλείονες μένουσιν **ἕως** ἄρτι,
1Co 16:8 δὲ ἐν Ἐφέσῳ **ἕως** τῆς πεντηκοστῆς·

ζάω (*zaō*; 3/139[140]) *live*

1Co 7:39 ἐφ᾽ ὅσον χρόνον **ζῇ** ὁ ἀνὴρ αὐτῆς·
1Co 9:14 ἐκ τοῦ εὐαγγελίου **ζῆν**.
1Co 15:45 Ἀδὰμ εἰς ψυχὴν **ζῶσαν**,

ζῆλος (*zēlos*; 1/16) *zeal*

1Co 3:3 γὰρ ἐν ὑμῖν **ζῆλος** καὶ ἔρις,

ζηλόω (*zēloō*; 4/11) *be jealous*

1Co 12:31 **ζηλοῦτε** δὲ τὰ χαρίσματα
1Co 13:4 οὐ **ζηλοῖ**,
1Co 14:1 **ζηλοῦτε** δὲ τὰ πνευματικά,
1Co 14:39 **ζηλοῦτε** τὸ προφητεύειν καὶ

ζηλωτής (*zēlōtēs*; 1/8) *one who is zealous or eager*

1Co 14:12 ἐπεὶ **ζηλωταί** ἐστε πνευμάτων,

ζημιόω (*zēmioō*; 1/6) *lose*

1Co 3:15 **ζημιωθήσεται**,

ζητέω (*zēteō*; 8/117) *seek*

1Co 1:22 καὶ Ἕλληνες σοφίαν **ζητοῦσιν**,
1Co 4:2 ὧδε λοιπὸν **ζητεῖται** ἐν τοῖς οἰκονόμοις,
1Co 7:27 μὴ **ζήτει** λύσιν·
1Co 7:27 μὴ **ζήτει** γυναῖκα.
1Co 10:24 μηδεὶς τὸ ἑαυτοῦ **ζητείτω** ἀλλὰ τὸ τοῦ
1Co 10:33 πᾶσιν ἀρέσκω μὴ **ζητῶν** τὸ ἐμαυτοῦ σύμφορον
1Co 13:5 οὐ **ζητεῖ** τὰ ἑαυτῆς,
1Co 14:12 οἰκοδομὴν τῆς ἐκκλησίας **ζητεῖτε** ἵνα περισσεύητε.

ζύμη (*zymē*; 4/13) *yeast*

1Co 5:6 οἴδατε ὅτι μικρὰ **ζύμη** ὅλον τὸ φύραμα
1Co 5:7 ἐκκαθάρατε τὴν παλαιὰν **ζύμην**,
1Co 5:8 ἑορτάζωμεν μὴ ἐν **ζύμῃ** παλαιᾷ μηδὲ ἐν
1Co 5:8 παλαιᾷ μηδὲ ἐν **ζύμῃ** κακίας καὶ πονηρίας

ζυμόω (*zymoō*; 1/4) *cause to rise*

1Co 5:6 ὅλον τὸ φύραμα **ζυμοῖ**;

ζωή (*zōē*; 2/135) *life*

1Co 3:22 εἴτε κόσμος εἴτε **ζωὴ** εἴτε θάνατος,
1Co 15:19 εἰ ἐν τῇ **ζωῇ** ταύτῃ ἐν Χριστῷ

ζωοποιέω (*zōopoieō*; 3/11) *give life*

1Co 15:22 τῷ Χριστῷ πάντες **ζῳοποιηθήσονται**.
1Co 15:36 οὐ **ζῳοποιεῖται** ἐὰν μὴ ἀποθάνῃ·
1Co 15:45 Ἀδὰμ εἰς πνεῦμα **ζῳοποιοῦν**.

ἤ (*ē*; 49/340) *or*

1Co 1:13 **ἢ** εἰς τὸ ὄνομα
1Co 2:1 καθ᾽ ὑπεροχὴν λόγου **ἢ** σοφίας καταγγέλλων ὑμῖν
1Co 4:3 ὑφ᾽ ὑμῶν ἀνακριθῶ **ἢ** ὑπὸ ἀνθρωπίνης ἡμέρας·
1Co 4:21 ἔλθω πρὸς ὑμᾶς **ἢ** ἐν ἀγάπῃ πνεύματί
1Co 5:10 τοῦ κόσμου τούτου **ἢ** τοῖς πλεονέκταις καὶ
1Co 5:10 πλεονέκταις καὶ ἅρπαξιν **ἢ** εἰδωλολάτραις,
1Co 5:11 ὀνομαζόμενος ᾖ πόρνος **ἢ** πλεονέκτης ἢ εἰδωλολάτρης
1Co 5:11 πόρνος ἢ πλεονέκτης **ἢ** εἰδωλολάτρης ἢ λοίδορος
1Co 5:11 πλεονέκτης ἢ εἰδωλολάτρης **ἢ** λοίδορος ἢ μέθυσος
1Co 5:11 εἰδωλολάτρης ἢ λοίδορος **ἢ** μέθυσος ἢ ἅρπαξ,
1Co 5:11 λοίδορος ἢ μέθυσος **ἢ** ἅρπαξ,
1Co 6:2 **ἢ** οὐκ οἴδατε ὅτι
1Co 6:9 **Ἢ** οὐκ οἴδατε ὅτι
1Co 6:16 **[ἢ]** οὐκ οἴδατε ὅτι
1Co 6:19 **ἢ** οὐκ οἴδατε ὅτι
1Co 7:9 γάρ ἐστιν γαμῆσαι **ἢ** πυροῦσθαι.
1Co 7:11 μενέτω ἄγαμος **ἢ** τῷ ἀνδρὶ καταλλαγήτω,
1Co 7:15 δεδούλωται ὁ ἀδελφὸς **ἢ** ἡ ἀδελφὴ ἐν
1Co 7:16 **ἢ** τί οἶδας,
1Co 9:6 **ἢ** μόνος ἐγὼ καὶ
1Co 9:7 **ἢ** τίς ποιμαίνει ποίμνην
1Co 9:8 ἄνθρωπον ταῦτα λαλῶ **ἢ** καὶ ὁ νόμος
1Co 9:10 **ἢ** δι᾽ ἡμᾶς πάντως
1Co 9:15 μοι μᾶλλον ἀποθανεῖν **ἤ**
1Co 10:19 εἰδωλόθυτόν τι ἐστιν **ἢ** ὅτι εἴδωλόν τι
1Co 10:22 **ἢ** παραζηλοῦμεν τὸν κύριον;
1Co 11:4 πᾶς ἀνὴρ προσευχόμενος **ἢ** προφητεύων κατὰ κεφαλῆς
1Co 11:5 δὲ γυνὴ προσευχομένη **ἢ** προφητεύουσα ἀκατακαλύπτῳ τῇ
1Co 11:6 γυναικὶ τὸ κείρασθαι **ἢ** ξυρᾶσθαι,
1Co 11:22 **ἢ** τῆς ἐκκλησίας τοῦ
1Co 11:27 ἐσθίῃ τὸν ἄρτον **ἢ** πίνῃ τὸ ποτήριον
1Co 12:21 **ἢ** πάλιν ἡ κεφαλὴ
1Co 13:1 γέγονα χαλκὸς ἠχῶν **ἢ** κύμβαλον ἀλαλάζον.
1Co 14:5 δὲ ὁ προφητεύων **ἢ** ὁ λαλῶν γλώσσαις
1Co 14:6 μὴ ὑμῖν λαλήσω **ἢ** ἐν ἀποκαλύψει ἢ
1Co 14:6 ἢ ἐν ἀποκαλύψει **ἢ** ἐν γνώσει ἢ
1Co 14:6 ἢ ἐν γνώσει **ἢ** ἐν προφητείᾳ ἢ
1Co 14:6 ἢ ἐν προφητείᾳ **ἢ** [ἐν] διδαχῇ;
1Co 14:7 γνωσθήσεται τὸ αὐλούμενον **ἢ** τὸ κιθαριζόμενον;
1Co 14:19 **ἢ** μυρίους λόγους ἐν
1Co 14:23 εἰσέλθωσιν δὲ ἰδιῶται **ἢ** ἄπιστοι,
1Co 14:24 δέ τις ἄπιστος **ἢ** ἰδιώτης,
1Co 14:27 κατὰ δύο **ἢ** τὸ πλεῖστον τρεῖς
1Co 14:29 προφῆται δὲ δύο **ἢ** τρεῖς λαλείτωσαν καὶ
1Co 14:36 **ἢ** ἀφ᾽ ὑμῶν ὁ
1Co 14:36 **ἢ** εἰς ὑμᾶς μόνους
1Co 14:37 δοκεῖ προφήτης εἶναι **ἢ** πνευματικός,
1Co 15:37 εἰ τύχοι σίτου **ἤ** τινος τῶν λοιπῶν·
1Co 16:6 δὲ τυχὸν παραμενῶ **ἢ** καὶ παραχειμάσω,

ἤδη (*ēdē*; 4/61) *already*

1Co 4:8 **ἤδη** κεκορεσμένοι ἐστέ,
1Co 4:8 **ἤδη** ἐπλουτήσατε,
1Co 5:3 **ἤδη** κέκρικα ὡς παρὼν

1Co 6:7 **Ἤδη** μὲν [οὖν] ὅλως

ἦθος (*ēthos*; 1/1) *habit (pl. morals)*

1Co 15:33 φθείρουσιν **ἤθη** χρηστὰ ὁμιλίαι κακαί.

ἥλιος (*hēlios*; 1/32) *sun*

1Co 15:41 ἄλλη δόξα **ἡλίου**,

ἡμεῖς (*hēmeis*; 54/855) *we*

1Co 1:2 ὄνομα τοῦ κυρίου **ἡμῶν** Ἰησοῦ Χριστοῦ ἐν
1Co 1:2 αὐτῶν καὶ **ἡμῶν**·
1Co 1:3 ἀπὸ θεοῦ πατρὸς **ἡμῶν** καὶ κυρίου Ἰησοῦ
1Co 1:7 ἀποκάλυψιν τοῦ κυρίου **ἡμῶν** Ἰησοῦ Χριστοῦ·
1Co 1:8 ἡμέρᾳ τοῦ κυρίου **ἡμῶν** Ἰησοῦ [Χριστοῦ].
1Co 1:9 Χριστοῦ τοῦ κυρίου **ἡμῶν**.
1Co 1:10 ὀνόματος τοῦ κυρίου **ἡμῶν** Ἰησοῦ Χριστοῦ,
1Co 1:18 τοῖς δὲ σῳζομένοις **ἡμῖν** δύναμις θεοῦ ἐστιν.
1Co 1:23 **ἡμεῖς** δὲ κηρύσσομεν Χριστὸν
1Co 1:30 ὃς ἐγενήθη σοφία **ἡμῖν** ἀπὸ θεοῦ,
1Co 2:7 αἰώνων εἰς δόξαν **ἡμῶν**,
1Co 2:10 **ἡμῖν** δὲ ἀπεκάλυψεν ὁ
1Co 2:12 **ἡμεῖς** δὲ οὐ τὸ
1Co 2:12 τοῦ θεοῦ χαρισθέντα **ἡμῖν**·
1Co 2:16 **ἡμεῖς** δὲ νοῦν Χριστοῦ
1Co 4:1 οὕτως **ἡμᾶς** λογιζέσθω ἄνθρωπος ὡς
1Co 4:6 ἵνα ἐν **ἡμῖν** μάθητε τὸ μὴ
1Co 4:8 χωρὶς ἡμῶν **ἐβασιλεύσατε**·
1Co 4:8 ἵνα καὶ **ἡμεῖς** ὑμῖν συμβασιλεύσωμεν.
1Co 4:9 ὁ θεὸς **ἡμᾶς** τοὺς ἀποστόλους ἐσχάτους
1Co 4:10 **ἡμεῖς** μωροὶ διὰ Χριστόν,
1Co 4:10 **ἡμεῖς** ἀσθενεῖς,
1Co 4:10 **ἡμεῖς** δὲ ἄτιμοι.
1Co 5:4 ὀνόματι τοῦ κυρίου **[ἡμῶν]** Ἰησοῦ συναχθέντων ὑμῶν
1Co 5:4 δυνάμει τοῦ κυρίου **ἡμῶν** Ἰησοῦ,
1Co 5:7 γὰρ τὸ πάσχα **ἡμῶν** ἐτύθη Χριστός.
1Co 6:11 πνεύματι τοῦ θεοῦ **ἡμῶν**.
1Co 6:14 κύριον ἤγειρεν καὶ **ἡμᾶς** ἐξεγερεῖ διὰ τῆς
1Co 8:6 ἀλλ' **ἡμῖν** εἷς θεὸς ὁ
1Co 8:6 τὰ πάντα καὶ **ἡμεῖς** εἰς αὐτόν,
1Co 8:6 τὰ πάντα καὶ **ἡμεῖς** δι' αὐτοῦ.
1Co 8:8 βρῶμα δὲ **ἡμᾶς** οὐ παραστήσει τῷ
1Co 9:1 Ἰησοῦν τὸν κύριον **ἡμῶν** ἑόρακα;
1Co 9:10 ἢ δι' **ἡμᾶς** πάντως λέγει;
1Co 9:10 δι' **ἡμᾶς** γὰρ ἐγράφη ὅτι
1Co 9:11 εἰ **ἡμεῖς** ὑμῖν τὰ πνευματικὰ
1Co 9:11 μέγα εἰ **ἡμεῖς** ὑμῶν τὰ σαρκικὰ
1Co 9:12 οὐ μᾶλλον **ἡμεῖς**;
1Co 9:25 **ἡμεῖς** δὲ ἄφθαρτον.
1Co 10:1 ὅτι οἱ πατέρες **ἡμῶν** πάντες ὑπὸ τὴν
1Co 10:6 Ταῦτα δὲ τύποι **ἡμῶν** ἐγενήθησαν,
1Co 10:6 τὸ μὴ εἶναι **ἡμᾶς** ἐπιθυμητὰς κακῶν,
1Co 10:11 δὲ πρὸς νουθεσίαν **ἡμῶν**,
1Co 11:16 **ἡμεῖς** τοιαύτην συνήθειαν οὐκ
1Co 12:13 ἐν ἑνὶ πνεύματι **ἡμεῖς** πάντες εἰς ἓν
1Co 12:23 καὶ τὰ ἀσχήμονα **ἡμῶν** εὐσχημοσύνην περισσοτέραν ἔχει,
1Co 12:24 τὰ δὲ εὐσχήμονα **ἡμῶν** οὐ χρείαν ἔχει.
1Co 15:3 ὑπὲρ τῶν ἁμαρτιῶν **ἡμῶν** κατὰ τὰς γραφὰς
1Co 15:14 [καὶ] τὸ κήρυγμα **ἡμῶν**,
1Co 15:30 Τί καὶ **ἡμεῖς** κινδυνεύομεν πᾶσαν ὥραν;
1Co 15:31 Ἰησοῦ τῷ κυρίῳ **ἡμῶν**.
1Co 15:52 ἐγερθήσονται ἄφθαρτοι καὶ **ἡμεῖς** ἀλλαγησόμεθα.
1Co 15:57 χάρις τῷ διδόντι **ἡμῖν** τὸ νῖκος διὰ
1Co 15:57 διὰ τοῦ κυρίου **ἡμῶν** Ἰησοῦ Χριστοῦ.

ἡμέρα (*hēmera*; 7/389) *day*

1Co 1:8 ἀνεγκλήτους ἐν τῇ **ἡμέρᾳ** τοῦ κυρίου ἡμῶν
1Co 3:13 ἡ γὰρ **ἡμέρα** δηλώσει,
1Co 4:3 ἢ ὑπὸ ἀνθρωπίνης **ἡμέρας**·
1Co 5:5 σωθῇ ἐν τῇ **ἡμέρᾳ** τοῦ κυρίου.
1Co 10:8 καὶ ἔπεσαν μιᾷ **ἡμέρᾳ** εἴκοσι τρεῖς χιλιάδες.
1Co 15:4 ὅτι ἐγήγερται τῇ **ἡμέρᾳ** τῇ τρίτῃ κατὰ
1Co 15:31 καθ' **ἡμέραν** ἀποθνῄσκω,

ἥσσων (*hēssōn*; 1/2) *less*

1Co 11:17 ἀλλὰ εἰς τὸ **ἧσσον** συνέρχεσθε.

ἥττημα (*hēttēma*; 1/2) *defeat*

1Co 6:7 μὲν [οὖν] ὅλως **ἥττημα** ὑμῖν ἐστιν ὅτι

ἠχέω (*ēcheō*; 1/1) *be noisy*

1Co 13:1 γέγονα χαλκὸς **ἠχῶν** ἢ κύμβαλον ἀλαλάζον.

θᾶ (*tha*; 1/1) *our Lord*

1Co 16:22 μαράνα **θά**.

θάλασσα (*thalassa*; 2/91) *sea, lake*

1Co 10:1 πάντες διὰ τῆς **θαλάσσης** διῆλθον
1Co 10:2 καὶ ἐν τῇ **θαλάσσῃ**

θάνατος (*thanatos*; 8/120) *death*

1Co 3:22 εἴτε ζωὴ εἴτε **θάνατος**,
1Co 11:26 τὸν **θάνατον** τοῦ κυρίου καταγγέλλετε
1Co 15:21 γὰρ δι' ἀνθρώπου **θάνατος**,
1Co 15:26 ἐχθρὸς καταργεῖται ὁ **θάνατος**·
1Co 15:54 κατεπόθη ὁ **θάνατος** εἰς νῖκος.
1Co 15:55 **θάνατε**,
1Co 15:55 **θάνατε**,
1Co 15:56 δὲ κέντρον τοῦ **θανάτου** ἡ ἁμαρτία,

θάπτω (*thaptō*; 1/11) *bury*

1Co 15:4 καὶ ὅτι **ἐτάφη** καὶ ὅτι ἐγήγερται

θέατρον (*theatron*; 1/3) *theatre*

1Co 4:9 ὅτι **θέατρον** ἐγενήθημεν τῷ κόσμῳ

θέλημα (*thelēma*; 3/62) *will*

1Co 1:1 Χριστοῦ Ἰησοῦ διὰ **θελήματος** θεοῦ καὶ Σωσθένης
1Co 7:37 περὶ τοῦ ἰδίου **θελήματος** καὶ τοῦτο κέκρικεν
1Co 16:12 πάντως οὐκ ἦν **θέλημα** ἵνα νῦν ἔλθῃ·

θέλω (*thelō*; 17/208) *wish, want*

1Co 4:19 ἐὰν ὁ κύριος **θελήσῃ**,
1Co 4:21 τί **θέλετε**;
1Co 7:7 **θέλω** δὲ πάντας ἀνθρώπους

1Co 7:32 **Θέλω** δὲ ὑμᾶς ἀμερίμνους
1Co 7:36 ὃ **θέλει** ποιείτω,
1Co 7:39 ἐλευθέρα ἐστὶν ᾧ **θέλει** γαμηθῆναι,
1Co 10:1 Οὐ **θέλω** γὰρ ὑμᾶς ἀγνοεῖν,
1Co 10:20 οὐ **θέλω** δὲ ὑμᾶς κοινωνοὺς
1Co 10:27 τῶν ἀπίστων καὶ **θέλετε** πορεύεσθαι,
1Co 11:3 **Θέλω** δὲ ὑμᾶς εἰδέναι
1Co 12:1 οὐ **θέλω** ὑμᾶς ἀγνοεῖν.
1Co 12:18 τῷ σώματι καθὼς **ἠθέλησεν**.
1Co 14:5 **θέλω** δὲ πάντας ὑμᾶς
1Co 14:19 ἀλλὰ ἐν ἐκκλησίᾳ **θέλω** πέντε λόγους τῷ
1Co 14:35 δέ τι μαθεῖν **θέλουσιν**,
1Co 15:38 αὐτῷ σῶμα καθὼς **ἠθέλησεν**,
1Co 16:7 οὐ **θέλω** γὰρ ὑμᾶς ἄρτι

θεμέλιος (*themelios*; 3/12) *foundation*

1Co 3:10 ὡς σοφὸς ἀρχιτέκτων **θεμέλιον** ἔθηκα,
1Co 3:11 **θεμέλιον** γὰρ ἄλλον οὐδεὶς
1Co 3:12 ἐποικοδομεῖ ἐπὶ τὸν **θεμέλιον** χρυσόν,

θεός (*theos*; 106/1316[1317]) *God*

1Co 1:1 Ἰησοῦ διὰ θελήματος **θεοῦ** καὶ Σωσθένης ὁ
1Co 1:2 τῇ ἐκκλησίᾳ τοῦ **θεοῦ** τῇ οὔσῃ ἐν
1Co 1:3 καὶ εἰρήνη ἀπὸ **θεοῦ** πατρὸς ἡμῶν καὶ
1Co 1:4 Εὐχαριστῶ τῷ **θεῷ** μου πάντοτε περὶ
1Co 1:4 τῇ χάριτι τοῦ **θεοῦ** τῇ δοθείσῃ ὑμῖν
1Co 1:9 πιστὸς ὁ **θεός**,
1Co 1:14 εὐχαριστῶ [τῷ **θεῷ**] ὅτι οὐδένα ὑμῶν
1Co 1:18 σῳζομένοις ἡμῖν δύναμις **θεοῦ** ἐστιν.
1Co 1:20 οὐχὶ ἐμώρανεν ὁ **θεὸς** τὴν σοφίαν τοῦ
1Co 1:21 τῇ σοφίᾳ τοῦ **θεοῦ** οὐκ ἔγνω ὁ
1Co 1:21 τῆς σοφίας τὸν **θεόν**,
1Co 1:21 εὐδόκησεν ὁ **θεὸς** διὰ τῆς μωρίας
1Co 1:24 Χριστὸν θεοῦ **δύναμιν** καὶ θεοῦ σοφίαν·
1Co 1:24 θεοῦ δύναμιν καὶ **θεοῦ** σοφίαν·
1Co 1:25 τὸ μωρὸν τοῦ **θεοῦ** σοφώτερον τῶν ἀνθρώπων
1Co 1:25 τὸ ἀσθενὲς τοῦ **θεοῦ** ἰσχυρότερον τῶν ἀνθρώπων.
1Co 1:27 κόσμου ἐξελέξατο ὁ **θεός**,
1Co 1:27 κόσμου ἐξελέξατο ὁ **θεός**,
1Co 1:28 ἐξουθενημένα ἐξελέξατο ὁ **θεός**,
1Co 1:29 σὰρξ ἐνώπιον τοῦ **θεοῦ**.
1Co 1:30 σοφία ἡμῖν ἀπὸ **θεοῦ**,
1Co 2:1 τὸ μυστήριον τοῦ **θεοῦ**.
1Co 2:5 ἀλλ᾽ ἐν δυνάμει **θεοῦ**.
1Co 2:7 ἀλλὰ λαλοῦμεν **θεοῦ** σοφίαν ἐν μυστηρίῳ
1Co 2:7 ἣν προώρισεν ὁ **θεὸς** πρὸ τῶν αἰώνων
1Co 2:9 ἃ ἡτοίμασεν ὁ **θεὸς** τοῖς ἀγαπῶσιν αὐτόν.
1Co 2:10 δὲ ἀπεκάλυψεν ὁ **θεὸς** διὰ τοῦ πνεύματος·
1Co 2:10 τὰ βάθη τοῦ **θεοῦ**.
1Co 2:11 καὶ τὰ τοῦ **θεοῦ** οὐδεὶς ἔγνωκεν εἰ
1Co 2:11 τὸ πνεῦμα τοῦ **θεοῦ**.
1Co 2:12 τὸ ἐκ τοῦ **θεοῦ**,
1Co 2:12 τὰ ὑπὸ τοῦ **θεοῦ** χαρισθέντα ἡμῖν·
1Co 2:14 τοῦ πνεύματος τοῦ **θεοῦ**·
1Co 3:6 ἀλλὰ ὁ **θεὸς** ηὔξανεν·
1Co 3:7 ἀλλ᾽ ὁ αὐξάνων **θεός**.
1Co 3:9 **θεοῦ** γάρ ἐσμεν συνεργοί,
1Co 3:9 **θεοῦ** γεώργιον,
1Co 3:9 **θεοῦ** οἰκοδομή ἐστε.
1Co 3:10 τὴν χάριν τοῦ **θεοῦ** τὴν δοθεῖσάν μοι
1Co 3:16 οἴδατε ὅτι ναὸς **θεοῦ** ἐστε καὶ τὸ
1Co 3:16 τὸ πνεῦμα τοῦ **θεοῦ** οἰκεῖ ἐν ὑμῖν;
1Co 3:17 τὸν ναὸν τοῦ **θεοῦ** φθείρει,
1Co 3:17 φθερεῖ τοῦτον ὁ **θεός**·
1Co 3:17 γὰρ ναὸς τοῦ **θεοῦ** ἅγιός ἐστιν,
1Co 3:19 μωρία παρὰ τῷ **θεῷ** ἐστιν.
1Co 3:23 Χριστὸς δὲ **θεοῦ**.
1Co 4:1 καὶ οἰκονόμους μυστηρίων **θεοῦ**.
1Co 4:5 ἑκάστῳ ἀπὸ τοῦ **θεοῦ**.
1Co 4:9 ὁ **θεὸς** ἡμᾶς τοὺς ἀποστόλους
1Co 4:20 ἡ βασιλεία τοῦ **θεοῦ** ἀλλ᾽ ἐν δυνάμει.
1Co 5:13 δὲ ἔξω ὁ **θεὸς** κρινεῖ.
1Co 6:9 οἴδατε ὅτι ἄδικοι **θεοῦ** βασιλείαν οὐ κληρονομήσουσιν;
1Co 6:10 οὐχ ἅρπαγες βασιλείαν **θεοῦ** κληρονομήσουσιν.
1Co 6:11 τῷ πνεύματι τοῦ **θεοῦ** ἡμῶν.
1Co 6:13 ὁ δὲ **θεὸς** καὶ ταύτην καὶ
1Co 6:14 ὁ δὲ **θεὸς** καὶ τὸν κύριον
1Co 6:19 οὗ ἔχετε ἀπὸ **θεοῦ**,
1Co 6:20 δοξάσατε δὴ τὸν **θεὸν** ἐν τῷ σώματι
1Co 7:7 ἔχει χάρισμα ἐκ **θεοῦ**,
1Co 7:15 κέκληκεν ὑμᾶς ὁ **θεός**.
1Co 7:17 ὡς κέκληκεν ὁ **θεός**,
1Co 7:19 ἀλλὰ τήρησις ἐντολῶν **θεοῦ**.
1Co 7:24 τούτῳ μενέτω παρὰ **θεῷ**.
1Co 7:40 δὲ κἀγὼ πνεῦμα **θεοῦ** ἔχειν.
1Co 8:3 τις ἀγαπᾷ τὸν **θεόν**,
1Co 8:4 καὶ ὅτι οὐδεὶς **θεὸς** εἰ μὴ εἷς.
1Co 8:5 εἴπερ εἰσὶν λεγόμενοι **θεοὶ** εἴτε ἐν οὐρανῷ
1Co 8:5 ὥσπερ εἰσὶν **θεοὶ** πολλοὶ καὶ κύριοι
1Co 8:6 ἀλλ᾽ ἡμῖν εἷς **θεὸς** ὁ πατὴρ ἐξ
1Co 8:8 οὐ παραστήσει τῷ **θεῷ**·
1Co 9:9 βοῶν μέλει τῷ **θεῷ**
1Co 9:21 μὴ ὢν ἄνομος **θεοῦ** ἀλλ᾽ ἔννομος Χριστοῦ,
1Co 10:5 αὐτῶν εὐδόκησεν ὁ **θεός**,
1Co 10:13 πιστὸς δὲ ὁ **θεός**,
1Co 10:20 δαιμονίοις καὶ οὐ **θεῷ** [θύουσιν]·
1Co 10:31 πάντα εἰς δόξαν **θεοῦ** ποιεῖτε.
1Co 10:32 τῇ ἐκκλησίᾳ τοῦ **θεοῦ**,
1Co 11:3 τοῦ Χριστοῦ ὁ **θεός**.
1Co 11:7 εἰκὼν καὶ δόξα **θεοῦ** ὑπάρχων·
1Co 11:12 πάντα ἐκ τοῦ **θεοῦ**.
1Co 11:13 γυναῖκα ἀκατακάλυπτον τῷ **θεῷ** προσεύχεσθαι;
1Co 11:16 αἱ ἐκκλησίαι τοῦ **θεοῦ**.
1Co 11:22 τῆς ἐκκλησίας τοῦ **θεοῦ** καταφρονεῖτε,
1Co 12:3 οὐδεὶς ἐν πνεύματι **θεοῦ** λαλῶν λέγει·
1Co 12:6 ὁ δὲ αὐτὸς **θεὸς** ὁ ἐνεργῶν τὰ
1Co 12:18 νυνὶ δὲ ὁ **θεὸς** ἔθετο τὰ μέλη,
1Co 12:24 ἀλλὰ ὁ **θεὸς** συνεκέρασεν τὸ σῶμα
1Co 12:28 μὲν ἔθετο ὁ **θεὸς** ἐν τῇ ἐκκλησίᾳ
1Co 14:2 ἀνθρώποις λαλεῖ ἀλλὰ **θεῷ**·
1Co 14:18 Εὐχαριστῶ τῷ **θεῷ**,
1Co 14:25 πρόσωπον προσκυνήσει τῷ **θεῷ** ἀπαγγέλλων ὅτι ὄντως
1Co 14:25 ὅτι ὄντως ὁ **θεὸς** ἐν ὑμῖν ἐστιν.
1Co 14:28 λαλείτω καὶ τῷ **θεῷ**.
1Co 14:33 ἐστιν ἀκαταστασίας ὁ **θεὸς** ἀλλὰ εἰρήνης.
1Co 14:36 ὁ λόγος τοῦ **θεοῦ** ἐξῆλθεν,
1Co 15:9 τὴν ἐκκλησίαν τοῦ **θεοῦ**·
1Co 15:10 χάριτι δὲ **θεοῦ** εἰμι ὅ εἰμι,
1Co 15:10 ἡ χάρις τοῦ **θεοῦ** [ἡ] σὺν ἐμοί.
1Co 15:15 καὶ ψευδομάρτυρες τοῦ **θεοῦ**,
1Co 15:15 ἐμαρτυρήσαμεν κατὰ τοῦ **θεοῦ** ὅτι ἤγειρεν

1Co 15:24 τὴν βασιλείαν τῷ **θεῷ** καὶ πατρί,
1Co 15:28 ἵνα ᾖ ὁ **θεὸς** [τὰ] πάντα ἐν
1Co 15:34 ἀγνωσίαν γὰρ **θεοῦ** τινες ἔχουσιν,
1Co 15:38 ὁ δὲ **θεὸς** δίδωσιν αὐτῷ σῶμα
1Co 15:50 καὶ αἷμα βασιλείαν **θεοῦ** κληρονομῆσαι οὐ δύναται
1Co 15:57 τῷ δὲ **θεῷ** χάρις τῷ διδόντι

θερίζω (*therizō*; 1/21) *reap*
1Co 9:11 ὑμῶν τὰ σαρκικὰ **θερίσομεν**;

θηριομαχέω (*thēriomacheō*; 1/1) *fight wild beasts*
1Co 15:32 εἰ κατὰ ἄνθρωπον **ἐθηριομάχησα** ἐν Ἐφέσῳ,

θησαυρίζω (*thēsaurizō*; 1/8) *store up*
1Co 16:2 παρ᾽ ἑαυτῷ τιθέτω **θησαυρίζων** ὅ τι ἐὰν

θλῖψις (*thlipsis*; 1/45) *tribulation, trouble*
1Co 7:28 **θλῖψιν** δὲ τῇ σαρκὶ

θνητός (*thnētos*; 2/6) *mortal*
1Co 15:53 ἀφθαρσίαν καὶ τὸ **θνητὸν** τοῦτο ἐνδύσασθαι ἀθανασίαν.
1Co 15:54 ἀφθαρσίαν καὶ τὸ **θνητὸν** τοῦτο ἐνδύσηται ἀθανασίαν,

θύρα (*thyra*; 1/39) *door, gate*
1Co 16:9 **θύρα** γάρ μοι ἀνέῳγεν

θυσία (*thysia*; 1/28) *sacrifice*
1Co 10:18 οἱ ἐσθίοντες τὰς **θυσίας** κοινωνοὶ τοῦ θυσιαστηρίου

θυσιαστήριον (*thysiastērion*; 3/23) *altar*
1Co 9:13 οἱ τῷ **θυσιαστηρίῳ** παρεδρεύοντες τῷ θυσιαστηρίῳ
1Co 9:13 θυσιαστηρίῳ παρεδρεύοντες τῷ **θυσιαστηρίῳ** συμμερίζονται;
1Co 10:18 θυσίας κοινωνοὶ τοῦ **θυσιαστηρίου** εἰσίν;

θύω (*thyō*; 3/14) *slaughter*
1Co 5:7 τὸ πάσχα ἡμῶν **ἐτύθη** Χριστός.
1Co 10:20 ἀλλ᾽ ὅτι ἃ **θύουσιν**,
1Co 10:20 καὶ οὐ θεῷ **[θύουσιν]**·

Ἰάκωβος (*Iakōbos*; 1/42) *James*
1Co 15:7 ἔπειτα ὤφθη **Ἰακώβῳ** εἶτα τοῖς ἀποστόλοις

ἴαμα (*iama*; 3/3) *healing*
1Co 12:9 ἄλλῳ δὲ χαρίσματα **ἰαμάτων** ἐν τῷ ἑνὶ
1Co 12:28 ἔπειτα χαρίσματα **ἰαμάτων**,
1Co 12:30 πάντες χαρίσματα ἔχουσιν **ἰαμάτων**;

ἴδιος (*idios*; 16/114) *one's own*
1Co 3:8 ἕκαστος δὲ τὸν **ἴδιον** μισθὸν λήμψεται
1Co 3:8 λήμψεται κατὰ τὸν **ἴδιον** κόπον·
1Co 4:12 κοπιῶμεν ἐργαζόμενοι ταῖς **ἰδίαις** χερσίν·
1Co 6:18 πορνεύων εἰς τὸ **ἴδιον** σῶμα ἁμαρτάνει.
1Co 7:2 καὶ ἑκάστη τὸν **ἴδιον** ἄνδρα ἐχέτω.
1Co 7:4 ἡ γυνὴ τοῦ **ἰδίου** σώματος οὐκ ἐξουσιάζει
1Co 7:4 ὁ ἀνὴρ τοῦ **ἰδίου** σώματος οὐκ ἐξουσιάζει
1Co 7:7 ἀλλὰ ἕκαστος **ἴδιον** ἔχει χάρισμα ἐκ
1Co 7:37 ἔχει περὶ τοῦ **ἰδίου** θελήματος καὶ τοῦτο
1Co 7:37 κέκρικεν ἐν τῇ **ἰδίᾳ** καρδίᾳ,
1Co 9:7 Τίς στρατεύεται **ἰδίοις** ὀψωνίοις ποτέ;
1Co 11:21 ἕκαστος γὰρ τὸ **ἴδιον** δεῖπνον προλαμβάνει
1Co 12:11 αὐτὸ πνεῦμα διαιροῦν **ἰδίᾳ** ἑκάστῳ καθὼς βούλεται.
1Co 14:35 ἐν οἴκῳ τοὺς **ἰδίους** ἄνδρας ἐπερωτάτωσαν·
1Co 15:23 δὲ ἐν τῷ **ἰδίῳ** τάγματι·
1Co 15:38 ἑκάστῳ τῶν σπερμάτων **ἴδιον** σῶμα.

ἰδιώτης (*idiōtēs*; 3/5) *untrained or unskilled man*
1Co 14:16 τὸν τόπον τοῦ **ἰδιώτου** πῶς ἐρεῖ τὸ
1Co 14:23 εἰσέλθωσιν δὲ **ἰδιῶται** ἢ ἄπιστοι,
1Co 14:24 τις ἄπιστος ἢ **ἰδιώτης**,

ἰδού (*idou*; 1/200) *look!*
1Co 15:51 **ἰδοὺ** μυστήριον ὑμῖν λέγω·

ἱερόθυτος (*hierothytos*; 1/1) *offered in sacrifice*
1Co 10:28 τοῦτο **ἱερόθυτόν** ἐστιν,

ἱερόν (*hieron*; 1/70[72]) *temple area*
1Co 9:13 [τὰ] ἐκ τοῦ **ἱεροῦ** ἐσθίουσιν,

ἱερός (*hieros*; 1/3) *sacred*
1Co 9:13 ὅτι οἱ τὰ **ἱερὰ** ἐργαζόμενοι [τὰ] ἐκ

Ἰερουσαλήμ (*Ierousalēm*; 1/139) *Jerusalem*
1Co 16:3 χάριν ὑμῶν εἰς **Ἰερουσαλήμ**·

Ἰησοῦς (*Iēsous*; 26/911[917]) *Jesus*
1Co 1:1 κλητὸς ἀπόστολος Χριστοῦ **Ἰησοῦ** διὰ θελήματος θεοῦ
1Co 1:2 ἡγιασμένοις ἐν Χριστῷ **Ἰησοῦ**,
1Co 1:2 τοῦ κυρίου ἡμῶν **Ἰησοῦ** Χριστοῦ ἐν παντὶ
1Co 1:3 ἡμῶν καὶ κυρίου **Ἰησοῦ** Χριστοῦ.
1Co 1:4 ὑμῖν ἐν Χριστῷ **Ἰησοῦ**,
1Co 1:7 τοῦ κυρίου ἡμῶν **Ἰησοῦ** Χριστοῦ·
1Co 1:8 τοῦ κυρίου ἡμῶν **Ἰησοῦ** [Χριστοῦ].
1Co 1:9 τοῦ υἱοῦ αὐτοῦ **Ἰησοῦ** Χριστοῦ τοῦ κυρίου
1Co 1:10 τοῦ κυρίου ἡμῶν **Ἰησοῦ** Χριστοῦ,
1Co 1:30 ἐστε ἐν Χριστῷ **Ἰησοῦ**,
1Co 2:2 ὑμῖν εἰ μὴ **Ἰησοῦν** Χριστὸν καὶ τοῦτον
1Co 3:11 ὅς ἐστιν **Ἰησοῦς** Χριστός.
1Co 4:15 ἐν γὰρ Χριστῷ **Ἰησοῦ** διὰ τοῦ εὐαγγελίου
1Co 4:17 τὰς ἐν Χριστῷ **[Ἰησοῦ]**,
1Co 5:4 τοῦ κυρίου [ἡμῶν] **Ἰησοῦ** συναχθέντων ὑμῶν καὶ
1Co 5:4 τοῦ κυρίου ἡμῶν **Ἰησοῦ**,
1Co 6:11 ὀνόματι τοῦ κυρίου **Ἰησοῦ** Χριστοῦ καὶ ἐν
1Co 8:6 καὶ εἷς κύριος **Ἰησοῦς** Χριστὸς δι᾽ οὗ
1Co 9:1 οὐχὶ **Ἰησοῦν** τὸν κύριον ἡμῶν
1Co 11:23 ὅτι ὁ κύριος **Ἰησοῦς** ἐν τῇ νυκτὶ
1Co 12:3 Ἀνάθεμα **Ἰησοῦς**,
1Co 12:3 Κύριος **Ἰησοῦς**,
1Co 15:31 ἔχω ἐν Χριστῷ **Ἰησοῦ** τῷ κυρίῳ ἡμῶν.

1Co 15:57 τοῦ κυρίου ἡμῶν **Ἰησοῦ** Χριστοῦ.
1Co 16:23 χάρις τοῦ κυρίου **Ἰησοῦ** μεθ᾽ ὑμῶν.
1Co 16:24 ὑμῶν ἐν Χριστῷ **Ἰησοῦ**.

ἱκανός (*hikanos*; 2/39) *worthy*
1Co 11:30 ἄρρωστοι καὶ κοιμῶνται **ἱκανοί**.
1Co 15:9 ὃς οὐκ εἰμὶ **ἱκανὸς** καλεῖσθαι ἀπόστολος,

ἵνα (*hina*; 57/662[663]) *so that, in order that*
1Co 1:10 **ἵνα** τὸ αὐτὸ λέγητε
1Co 1:15 **ἵνα** μή τις εἴπῃ
1Co 1:17 **ἵνα** μὴ κενωθῇ ὁ
1Co 1:27 **ἵνα** καταισχύνῃ τοὺς σοφούς,
1Co 1:27 **ἵνα** καταισχύνῃ τὰ ἰσχυρά,
1Co 1:28 **ἵνα** τὰ ὄντα καταργήσῃ,
1Co 1:31 **ἵνα** καθὼς γέγραπται·
1Co 2:5 **ἵνα** ἡ πίστις ὑμῶν
1Co 2:12 **ἵνα** εἰδῶμεν τὰ ὑπὸ
1Co 3:18 **ἵνα** γένηται σοφός.
1Co 4:2 **ἵνα** πιστός τις εὑρεθῇ.
1Co 4:3 **ἵνα** ὑφ᾽ ὑμῶν ἀνακριθῶ
1Co 4:6 **ἵνα** ἐν ἡμῖν μάθητε
1Co 4:6 **ἵνα** μὴ εἷς ὑπὲρ
1Co 4:8 **ἵνα** καὶ ἡμεῖς ὑμῖν
1Co 5:2 **ἵνα** ἀρθῇ ἐκ μέσου
1Co 5:5 **ἵνα** τὸ πνεῦμα σωθῇ
1Co 5:7 **ἵνα** ἦτε νέον φύραμα,
1Co 7:5 **ἵνα** σχολάσητε τῇ προσευχῇ
1Co 7:5 **ἵνα** μὴ πειράζῃ ὑμᾶς
1Co 7:29 **ἵνα** καὶ οἱ ἔχοντες
1Co 7:34 **ἵνα** ᾖ ἁγία καὶ
1Co 7:35 οὐχ **ἵνα** βρόχον ὑμῖν ἐπιβάλω
1Co 8:13 **ἵνα** μὴ τὸν ἀδελφόν
1Co 9:12 **ἵνα** μή τινα ἐγκοπὴν
1Co 9:15 **ἵνα** οὕτως γένηται ἐν
1Co 9:18 **ἵνα** εὐαγγελιζόμενος ἀδάπανον θήσω
1Co 9:19 **ἵνα** τοὺς πλείονας κερδήσω·
1Co 9:20 **ἵνα** Ἰουδαίους κερδήσω·
1Co 9:20 **ἵνα** τοὺς ὑπὸ νόμον
1Co 9:21 **ἵνα** κερδάνω τοὺς ἀνόμους·
1Co 9:22 **ἵνα** τοὺς ἀσθενεῖς κερδήσω·
1Co 9:22 **ἵνα** πάντως τινας σώσω.
1Co 9:23 **ἵνα** συγκοινωνὸς αὐτοῦ γένωμαι.
1Co 9:24 οὕτως τρέχετε **ἵνα** καταλάβητε.
1Co 9:25 ἐκεῖνοι μὲν οὖν **ἵνα** φθαρτὸν στέφανον λάβωσιν,
1Co 10:33 **ἵνα** σωθῶσιν.
1Co 11:19 **ἵνα** [καὶ] οἱ δόκιμοι
1Co 11:32 **ἵνα** μὴ σὺν τῷ
1Co 11:34 **ἵνα** μὴ εἰς κρίμα
1Co 12:25 **ἵνα** μὴ ᾖ σχίσμα
1Co 13:3 τὸ σῶμά μου **ἵνα** καυχήσωμαι,
1Co 14:1 μᾶλλον δὲ **ἵνα** προφητεύητε.
1Co 14:5 μᾶλλον δὲ **ἵνα** προφητεύητε·
1Co 14:5 **ἵνα** ἡ ἐκκλησία οἰκοδομὴν
1Co 14:12 τῆς ἐκκλησίας ζητεῖτε **ἵνα** περισσεύητε.
1Co 14:13 λαλῶν γλώσσῃ προσευχέσθω **ἵνα** διερμηνεύῃ.
1Co 14:19 **ἵνα** καὶ ἄλλους κατηχήσω,
1Co 14:31 **ἵνα** πάντες μανθάνωσιν καὶ
1Co 15:28 **ἵνα** ᾖ ὁ θεὸς
1Co 16:2 **ἵνα** μὴ ὅταν ἔλθω
1Co 16:6 **ἵνα** ὑμεῖς με προπέμψητε
1Co 16:10 **ἵνα** ἀφόβως γένηται πρὸς
1Co 16:11 **ἵνα** ἔλθῃ πρός με·
1Co 16:12 **ἵνα** ἔλθῃ πρὸς ὑμᾶς
1Co 16:12 οὐκ ἦν θέλημα **ἵνα** νῦν ἔλθῃ·
1Co 16:16 **ἵνα** καὶ ὑμεῖς ὑποτάσσησθε

ἱνατί (*hinati*; 1/6) *why*
1Co 10:29 **ἱνατί** γὰρ ἡ ἐλευθερία

Ἰουδαῖος (*Ioudaios*; 8/195) *Jew*
1Co 1:22 ἐπειδὴ καὶ **Ἰουδαῖοι** σημεῖα αἰτοῦσιν καὶ
1Co 1:23 **Ἰουδαίοις** μὲν σκάνδαλον,
1Co 1:24 **Ἰουδαίοις** τε καὶ Ἕλλησιν,
1Co 9:20 καὶ ἐγενόμην τοῖς **Ἰουδαίοις** ὡς Ἰουδαῖος,
1Co 9:20 τοῖς Ἰουδαίοις ὡς **Ἰουδαῖος**,
1Co 9:20 ἵνα **Ἰουδαίους** κερδήσω·
1Co 10:32 ἀπρόσκοποι καὶ **Ἰουδαίοις** γίνεσθε καὶ Ἕλλησιν
1Co 12:13 εἴτε **Ἰουδαῖοι** εἴτε Ἕλληνες εἴτε

Ἰσραήλ (*Israēl*; 1/68) *Israel*
1Co 10:18 βλέπετε τὸν **Ἰσραὴλ** κατὰ σάρκα·

ἵστημι (*histēmi*; 3/154[155]) *set, stand*
1Co 7:37 ὃς δὲ **ἕστηκεν** ἐν τῇ καρδίᾳ
1Co 10:12 Ὥστε ὁ δοκῶν **ἑστάναι** βλεπέτω μὴ πέσῃ.
1Co 15:1 ἐν ᾧ καὶ **ἑστήκατε**,

ἰσχυρός (*ischyros*; 4/29) *strong*
1Co 1:25 ἀσθενὲς τοῦ θεοῦ **ἰσχυρότερον** τῶν ἀνθρώπων.
1Co 1:27 ἵνα καταισχύνῃ τὰ **ἰσχυρά**,
1Co 4:10 ὑμεῖς δὲ **ἰσχυροί**·
1Co 10:22 μὴ **ἰσχυρότεροι** αὐτοῦ ἐσμεν;

ἰχθύς (*ichthys*; 1/20) *fish*
1Co 15:39 ἄλλη δὲ **ἰχθύων**.

κἀγώ (*kagō*; 10/84) *and I*
1Co 2:1 **κἀγὼ** ἐλθὼν πρὸς ὑμᾶς,
1Co 2:3 **κἀγὼ** ἐν ἀσθενείᾳ καὶ
1Co 3:1 **Κἀγώ**,
1Co 7:8 ἐὰν μείνωσιν ὡς **κἀγώ**·
1Co 7:40 δοκῶ δὲ **κἀγὼ** πνεῦμα θεοῦ ἔχειν.
1Co 10:33 καθὼς **κἀγὼ** πάντα πᾶσιν ἀρέσκω
1Co 11:1 μου γίνεσθε καθὼς **κἀγὼ** Χριστοῦ.
1Co 15:8 τῷ ἐκτρώματι ὤφθη **κἀμοί**.
1Co 16:4 ἄξιον ᾖ τοῦ **κἀμὲ** πορεύεσθαι,
1Co 16:10 κυρίου ἐργάζεται ὡς **κἀγώ**·

καθάπερ (*kathaper*; 2/13) *as, just as, like*
1Co 10:10 **καθάπερ** τινες αὐτῶν ἐγόγγυσαν
1Co 12:12 **Καθάπερ** γὰρ τὸ σῶμα

κάθημαι (*kathēmai*; 1/91) *sit*
1Co 14:30 δὲ ἄλλῳ ἀποκαλυφθῇ **καθημένῳ**,

καθίζω (*kathizō*; 2/44[46]) *sit down*
1Co 6:4 τούτους **καθίζετε**;
1Co 10:7 **ἐκάθισεν** ὁ λαὸς φαγεῖν

καθώς (*kathōs*; 19/182) *just as*

1Co 1:6 **καθὼς** τὸ μαρτύριον τοῦ
1Co 1:31 ἵνα **καθὼς** γέγραπται·
1Co 2:9 ἀλλὰ **καθὼς** γέγραπται·
1Co 4:17 **καθὼς** πανταχοῦ ἐν πάσῃ
1Co 5:7 **καθώς** ἐστε ἄζυμοι·
1Co 8:2 οὔπω ἔγνω **καθὼς** δεῖ γνῶναι·
1Co 10:6 **καθὼς** κἀκεῖνοι ἐπεθύμησαν.
1Co 10:7 μηδὲ εἰδωλολάτραι γίνεσθε **καθώς** τινες αὐτῶν,
1Co 10:8 **καθώς** τινες αὐτῶν ἐπόρνευσαν
1Co 10:9 **καθώς** τινες αὐτῶν ἐπείρασαν
1Co 10:33 **καθὼς** κἀγὼ πάντα πᾶσιν
1Co 11:1 μιμηταί μου γίνεσθε **καθὼς** κἀγὼ Χριστοῦ.
1Co 11:2 **καθὼς** παρέδωκα ὑμῖν,
1Co 12:11 διαιροῦν ἰδίᾳ ἑκάστῳ **καθὼς** βούλεται.
1Co 12:18 ἐν τῷ σώματι **καθὼς** ἠθέλησεν.
1Co 13:12 τότε δὲ ἐπιγνώσομαι **καθὼς** καὶ ἐπεγνώσθην.
1Co 14:34 **καθὼς** καὶ ὁ νόμος
1Co 15:38 δίδωσιν αὐτῷ σῶμα **καθὼς** ἠθέλησεν,
1Co 15:49 καὶ **καθὼς** ἐφορέσαμεν τὴν εἰκόνα

καινός (*kainos*; 1/41[42]) *new*

1Co 11:25 τὸ ποτήριον ἡ **καινὴ** διαθήκη ἐστὶν ἐν

καιρός (*kairos*; 3/85) *time*

1Co 4:5 ὥστε μὴ πρὸ **καιροῦ** τι κρίνετε ἕως
1Co 7:5 ἐκ συμφώνου πρὸς **καιρόν**,
1Co 7:29 ὁ **καιρὸς** συνεσταλμένος ἐστίν·

κἀκεῖνος (*kakeinos*; 1/20[22]) *and that one*

1Co 10:6 καθὼς **κἀκεῖνοι** ἐπεθύμησαν.

κακία (*kakia*; 2/11) *evil*

1Co 5:8 μηδὲ ἐν ζύμῃ **κακίας** καὶ πονηρίας ἀλλ'
1Co 14:20 φρεσὶν ἀλλὰ τῇ **κακίᾳ** νηπιάζετε,

κακός (*kakos*; 3/50) *evil*

1Co 10:6 εἶναι ἡμᾶς ἐπιθυμητὰς **κακῶν**,
1Co 13:5 οὐ λογίζεται τὸ **κακόν**,
1Co 15:33 ἤθη χρηστὰ ὁμιλίαι **κακαί**.

καλάμη (*kalamē*; 1/1) *straw*

1Co 3:12 **καλάμην**,

καλέω (*kaleō*; 12/148) *call*

1Co 1:9 δι' οὗ **ἐκλήθητε** εἰς κοινωνίαν τοῦ
1Co 7:15 ἐν δὲ εἰρήνῃ **κέκληκεν** ὑμᾶς ὁ θεός.
1Co 7:17 ἕκαστον ὡς **κέκληκεν** ὁ θεός,
1Co 7:18 περιτετμημένος τις **ἐκλήθη**,
1Co 7:18 ἐν ἀκροβυστίᾳ **κέκληταί** τις,
1Co 7:20 τῇ κλήσει ᾗ **ἐκλήθη**,
1Co 7:21 δοῦλος **ἐκλήθης**,
1Co 7:22 γὰρ ἐν κυρίῳ **κληθεὶς** δοῦλος ἀπελεύθερος κυρίου
1Co 7:22 ὁμοίως ὁ ἐλεύθερος **κληθεὶς** δοῦλός ἐστιν Χριστοῦ.
1Co 7:24 ἕκαστος ἐν ᾧ **ἐκλήθη**,
1Co 10:27 εἴ τις **καλεῖ** ὑμᾶς τῶν ἀπίστων
1Co 15:9 οὐκ εἰμὶ ἱκανὸς **καλεῖσθαι** ἀπόστολος,

καλός (*kalos*; 6/101) *good*

1Co 5:6 Οὐ **καλὸν** τὸ καύχημα ὑμῶν.
1Co 7:1 **καλὸν** ἀνθρώπῳ γυναικὸς μὴ
1Co 7:8 **καλὸν** αὐτοῖς ἐὰν μείνωσιν
1Co 7:26 Νομίζω οὖν τοῦτο **καλὸν** ὑπάρχειν διὰ τὴν
1Co 7:26 ὅτι **καλὸν** ἀνθρώπῳ τὸ οὕτως
1Co 9:15 **καλὸν** γάρ μοι μᾶλλον

καλῶς (*kalōs*; 3/36[37]) *well*

1Co 7:37 **καλῶς** ποιήσει.
1Co 7:38 τὴν ἑαυτοῦ παρθένον **καλῶς** ποιεῖ καὶ ὁ
1Co 14:17 σὺ μὲν γὰρ **καλῶς** εὐχαριστεῖς ἀλλ' ὁ

κἄν (*kan*; 1/16[17]) *and if*

1Co 13:3 **κἂν** ψωμίσω πάντα τὰ

καρδία (*kardia*; 5/156) *heart*

1Co 2:9 ἤκουσεν καὶ ἐπὶ **καρδίαν** ἀνθρώπου οὐκ ἀνέβη,
1Co 4:5 τὰς βουλὰς τῶν **καρδιῶν**·
1Co 7:37 ἕστηκεν ἐν τῇ **καρδίᾳ** αὐτοῦ ἑδραῖος μὴ
1Co 7:37 ἐν τῇ ἰδίᾳ **καρδίᾳ**,
1Co 14:25 τὰ κρυπτὰ τῆς **καρδίας** αὐτοῦ φανερὰ γίνεται,

καρπός (*karpos*; 1/66) *fruit*

1Co 9:7 ἀμπελῶνα καὶ τὸν **καρπὸν** αὐτοῦ οὐκ ἐσθίει;

κατά (*kata*; 24/472[473]) *according to, against*

1Co 1:26 οὐ πολλοὶ σοφοὶ **κατὰ** σάρκα,
1Co 2:1 ἦλθον οὐ **καθ'** ὑπεροχὴν λόγου ἢ
1Co 3:3 σαρκικοί ἐστε καὶ **κατὰ** ἄνθρωπον περιπατεῖτε;
1Co 3:8 ἴδιον μισθὸν λήμψεται **κατὰ** τὸν ἴδιον κόπον·
1Co 3:10 **Κατὰ** τὴν χάριν τοῦ
1Co 4:6 τοῦ ἑνὸς φυσιοῦσθε **κατὰ** τοῦ ἑτέρου.
1Co 7:6 τοῦτο δὲ λέγω **κατὰ** συγγνώμην οὐ κατ'
1Co 7:6 κατὰ συγγνώμην οὐ **κατ'** ἐπιταγήν.
1Co 7:40 **κατὰ** τὴν ἐμὴν γνώμην·
1Co 9:8 Μὴ **κατὰ** ἄνθρωπον ταῦτα λαλῶ
1Co 10:18 βλέπετε τὸν Ἰσραὴλ **κατὰ** σάρκα·
1Co 11:4 προσευχόμενος ἢ προφητεύων **κατὰ** κεφαλῆς ἔχων καταισχύνει
1Co 12:8 δὲ λόγος γνώσεως **κατὰ** τὸ αὐτὸ πνεῦμα,
1Co 12:31 Καὶ ἔτι **καθ'** ὑπερβολὴν ὁδὸν ὑμῖν
1Co 14:27 **κατὰ** δύο ἢ τὸ
1Co 14:31 δύνασθε γὰρ **καθ'** ἕνα πάντες προφητεύειν,
1Co 14:40 δὲ εὐσχημόνως καὶ **κατὰ** τάξιν γινέσθω.
1Co 15:3 τῶν ἁμαρτιῶν ἡμῶν **κατὰ** τὰς γραφὰς
1Co 15:4 ἡμέρᾳ τῇ τρίτῃ **κατὰ** τὰς γραφὰς
1Co 15:15 ὅτι ἐμαρτυρήσαμεν **κατὰ** τοῦ θεοῦ ὅτι
1Co 15:31 **καθ'** ἡμέραν ἀποθνῄσκω,
1Co 15:32 εἰ **κατὰ** ἄνθρωπον ἐθηριομάχησα ἐν
1Co 16:2 **κατὰ** μίαν σαββάτου ἕκαστος
1Co 16:19 Πρίσκα σὺν τῇ **κατ'** οἶκον αὐτῶν ἐκκλησίᾳ.

καταγγέλλω (*katangellō*; 3/18) *proclaim*

1Co 2:1 λόγου ἢ σοφίας **καταγγέλλων** ὑμῖν τὸ μυστήριον

1Co 9:14 τοῖς τὸ εὐαγγέλιον **καταγγέλλουσιν** ἐκ τοῦ εὐαγγελίου
1Co 11:26 θάνατον τοῦ κυρίου **καταγγέλλετε** ἄχρι οὗ ἔλθῃ.

καταισχύνω (*kataischynō*; 5/13) *put to shame*
1Co 1:27 ἵνα **καταισχύνῃ** τοὺς σοφούς,
1Co 1:27 ἵνα **καταισχύνῃ** τὰ ἰσχυρά,
1Co 11:4 κατὰ κεφαλῆς ἔχων **καταισχύνει** τὴν κεφαλὴν αὐτοῦ.
1Co 11:5 ἀκατακαλύπτῳ τῇ κεφαλῇ **καταισχύνει** τὴν κεφαλὴν αὐτῆς·
1Co 11:22 καὶ **καταισχύνετε** τοὺς μὴ ἔχοντας;

κατακαίω (*katakaiō*; 1/12) *burn up*
1Co 3:15 τινος τὸ ἔργον **κατακαήσεται**,

κατακαλύπτω (*katakalyptō*; 3/3) *cover one's head*
1Co 11:6 εἰ γὰρ οὐ **κατακαλύπτεται** γυνή,
1Co 11:6 **κατακαλυπτέσθω**.
1Co 11:7 γὰρ οὐκ ὀφείλει **κατακαλύπτεσθαι** τὴν κεφαλὴν εἰκὼν

κατάκειμαι (*katakeimai*; 1/12) *lie*
1Co 8:10 γνῶσιν ἐν εἰδωλείῳ **κατακείμενον**,

κατακρίνω (*katakrinō*; 1/15[18]) *condemn*
1Co 11:32 σὺν τῷ κόσμῳ **κατακριθῶμεν**.

καταλαμβάνω (*katalambanō*; 1/13[15]) *obtain, overcome*
1Co 9:24 οὕτως τρέχετε ἵνα **καταλάβητε**.

καταλλάσσω (*katallassō*; 1/6) *reconcile*
1Co 7:11 ἢ τῷ ἀνδρὶ **καταλλαγήτω**,

καταντάω (*katantaō*; 2/13) *come*
1Co 10:11 τέλη τῶν αἰώνων **κατήντηκεν**.
1Co 14:36 εἰς ὑμᾶς μόνους **κατήντησεν**;

καταπίνω (*katapinō*; 1/7) *swallow*
1Co 15:54 **κατεπόθη** ὁ θάνατος εἰς

καταργέω (*katargeō*; 9/27) *render ineffective*
1Co 1:28 ἵνα τὰ ὄντα **καταργήσῃ**,
1Co 2:6 αἰῶνος τούτου τῶν **καταργουμένων**·
1Co 6:13 ταύτην καὶ ταῦτα **καταργήσει**.
1Co 13:8 **καταργηθήσονται**·
1Co 13:8 **καταργηθήσεται**.
1Co 13:10 τὸ ἐκ μέρους **καταργηθήσεται**.
1Co 13:11 **κατήργηκα** τὰ τοῦ νηπίου.
1Co 15:24 ὅταν **καταργήσῃ** πᾶσαν ἀρχὴν καὶ
1Co 15:26 ἔσχατος ἐχθρὸς **καταργεῖται** ὁ θάνατος·

καταρτίζω (*katartizō*; 1/13) *mend*
1Co 1:10 ἦτε δὲ **κατηρτισμένοι** ἐν τῷ αὐτῷ

καταστρώννυμι (*katastrōnnymi*; 1/1) *strike down*
1Co 10:5 **κατεστρώθησαν** γὰρ ἐν τῇ

καταφρονέω (*kataphroneō*; 1/9) *despise*
1Co 11:22 ἐκκλησίας τοῦ θεοῦ **καταφρονεῖτε**,

καταχράομαι (*katachraomai*; 2/2) *use*
1Co 7:31 κόσμον ὡς μὴ **καταχρώμενοι**·
1Co 9:18 εἰς τὸ μὴ **καταχρήσασθαι** τῇ ἐξουσίᾳ μου

κατεργάζομαι (*katergazomai*; 1/22) *do, accomplish, bring about*
1Co 5:3 τὸν οὕτως τοῦτο **κατεργασάμενον**·

κατέχω (*katechō*; 3/17) *hold fast*
1Co 7:30 ἀγοράζοντες ὡς μὴ **κατέχοντες**,
1Co 11:2 τὰς παραδόσεις **κατέχετε**.
1Co 15:2 εὐηγγελισάμην ὑμῖν εἰ **κατέχετε**,

κατηχέω (*katēcheō*; 1/8) *inform, instruct*
1Co 14:19 ἵνα καὶ ἄλλους **κατηχήσω**,

καυχάομαι (*kauchaomai*; 6/37) *boast*
1Co 1:29 ὅπως μὴ **καυχήσηται** πᾶσα σὰρξ ἐνώπιον
1Co 1:31 ὁ **καυχώμενος** ἐν κυρίῳ καυχάσθω.
1Co 1:31 καυχώμενος ἐν κυρίῳ **καυχάσθω**.
1Co 3:21 ὥστε μηδεὶς **καυχάσθω** ἐν ἀνθρώποις·
1Co 4:7 τί **καυχᾶσαι** ὡς μὴ λαβών;
1Co 13:3 σῶμά μου ἵνα **καυχήσωμαι**,

καύχημα (*kauchēma*; 3/11) *ground for boasting*
1Co 5:6 Οὐ καλὸν τὸ **καύχημα** ὑμῶν.
1Co 9:15 τὸ **καύχημά** μου οὐδεὶς κενώσει.
1Co 9:16 οὐκ ἔστιν μοι **καύχημα**·

καύχησις (*kauchēsis*; 1/11) *boasting*
1Co 15:31 νὴ τὴν ὑμετέραν **καύχησιν**,

κεῖμαι (*keimai*; 1/24) *lie*
1Co 3:11 θεῖναι παρὰ τὸν **κείμενον**,

κείρω (*keirō*; 2/4) *shear*
1Co 11:6 καὶ **κειράσθω**·
1Co 11:6 αἰσχρὸν γυναικὶ τὸ **κείρασθαι** ἢ ξυρᾶσθαι,

κενός (*kenos*; 4/18) *empty, in vain*
1Co 15:10 εἰς ἐμὲ οὐ **κενὴ** ἐγενήθη,
1Co 15:14 **κενὸν** ἄρα [καὶ] τὸ
1Co 15:14 **κενὴ** καὶ ἡ πίστις
1Co 15:58 ὑμῶν οὐκ ἔστιν **κενὸς** ἐν κυρίῳ.

κενόω (*kenoō*; 2/5) *render ineffective*
1Co 1:17 ἵνα μὴ **κενωθῇ** ὁ σταυρὸς τοῦ
1Co 9:15 καύχημά μου οὐδεὶς **κενώσει**.

κέντρον (*kentron*; 2/4) *sting*
1Co 15:55 τὸ **κέντρον**;
1Co 15:56 τὸ δὲ **κέντρον** τοῦ θανάτου ἡ

κερδαίνω (*kerdainō*; 5/17) *gain*
1Co 9:19 ἵνα τοὺς πλείονας **κερδήσω**·
1Co 9:20 ἵνα Ἰουδαίους **κερδήσω**·
1Co 9:20 τοὺς ὑπὸ νόμον **κερδήσω**·
1Co 9:21 ἵνα **κερδάνω** τοὺς ἀνόμους·
1Co 9:22 ἵνα τοὺς ἀσθενεῖς **κερδήσω**·

κεφαλή (*kephalē*; 10/75) *head*
1Co 11:3 παντὸς ἀνδρὸς ἡ **κεφαλὴ** ὁ Χριστός ἐστιν,
1Co 11:3 **κεφαλὴ** δὲ γυναικὸς ὁ
1Co 11:3 **κεφαλὴ** δὲ τοῦ Χριστοῦ
1Co 11:4 ἢ προφητεύων κατὰ **κεφαλῆς** ἔχων καταισχύνει τὴν
1Co 11:4 ἔχων καταισχύνει τὴν **κεφαλὴν** αὐτοῦ.
1Co 11:5 προφητεύουσα ἀκατακαλύπτῳ τῇ **κεφαλῇ** καταισχύνει τὴν κεφαλὴν
1Co 11:5 κεφαλῇ καταισχύνει τὴν **κεφαλὴν** αὐτῆς·
1Co 11:7 ὀφείλει κατακαλύπτεσθαι τὴν **κεφαλὴν** εἰκὼν καὶ δόξα
1Co 11:10 ἔχειν ἐπὶ τῆς **κεφαλῆς** διὰ τοὺς ἀγγέλους.
1Co 12:21 ἢ πάλιν ἡ **κεφαλὴ** τοῖς ποσίν·

κημόω (*kēmoō*; 1/1) *muzzle*
1Co 9:9 οὐ **κημώσεις** βοῦν ἀλοῶντα.

κήρυγμα (*kērygma*; 3/8[9]) *what is preached*
1Co 1:21 τῆς μωρίας τοῦ **κηρύγματος** σῶσαι τοὺς πιστεύοντας·
1Co 2:4 μου καὶ τὸ **κήρυγμά** μου οὐκ ἐν
1Co 15:14 ἄρα [καὶ] τὸ **κήρυγμα** ἡμῶν,

κηρύσσω (*kēryssō*; 4/59[61]) *proclaim*
1Co 1:23 ἡμεῖς δὲ **κηρύσσομεν** Χριστὸν ἐσταυρωμένον,
1Co 9:27 μή πως ἄλλοις **κηρύξας** αὐτὸς ἀδόκιμος γένωμαι.
1Co 15:11 οὕτως **κηρύσσομεν** καὶ οὕτως ἐπιστεύσατε.
1Co 15:12 Εἰ δὲ Χριστὸς **κηρύσσεται** ὅτι ἐκ νεκρῶν

Κηφᾶς (*Kēphas*; 4/9) *Cephas*
1Co 1:12 ἐγὼ δὲ **Κηφᾶ**,
1Co 3:22 εἴτε Ἀπολλῶς εἴτε **Κηφᾶς**,
1Co 9:5 τοῦ κυρίου καὶ **Κηφᾶς**;
1Co 15:5 καὶ ὅτι ὤφθη **Κηφᾷ** εἶτα τοῖς δώδεκα·

κιθάρα (*kithara*; 1/4) *harp*
1Co 14:7 εἴτε αὐλὸς εἴτε **κιθάρα**,

κιθαρίζω (*kitharizō*; 1/2) *play a harp*
1Co 14:7 αὐλούμενον ἢ τὸ **κιθαριζόμενον**;

κινδυνεύω (*kindyneuō*; 1/4) *be in danger*
1Co 15:30 Τί καὶ ἡμεῖς **κινδυνεύομεν** πᾶσαν ὥραν;

κλαίω (*klaiō*; 2/39[40]) *weep*
1Co 7:30 καὶ οἱ **κλαίοντες** ὡς μὴ κλαίοντες
1Co 7:30 κλαίοντες ὡς μὴ **κλαίοντες** καὶ οἱ χαίροντες

κλάω (*klaō*; 2/14) *break*
1Co 10:16 τὸν ἄρτον ὃν **κλῶμεν**,
1Co 11:24 καὶ εὐχαριστήσας **ἔκλασεν** καὶ εἶπεν·

κλέπτης (*kleptēs*; 1/16) *thief*
1Co 6:10 οὔτε **κλέπται** οὔτε πλεονέκται,

κληρονομέω (*klēronomeō*; 4/18) *inherit*
1Co 6:9 θεοῦ βασιλείαν οὐ **κληρονομήσουσιν**;
1Co 6:10 ἅρπαγες βασιλείαν θεοῦ **κληρονομήσουσιν**.
1Co 15:50 αἷμα βασιλείαν θεοῦ **κληρονομῆσαι** οὐ δύναται οὐδὲ
1Co 15:50 φθορὰ τὴν ἀφθαρσίαν **κληρονομεῖ**.

κλῆσις (*klēsis*; 2/11) *call*
1Co 1:26 Βλέπετε γὰρ τὴν **κλῆσιν** ὑμῶν,
1Co 7:20 ἕκαστος ἐν τῇ **κλήσει** ᾗ ἐκλήθη,

κλητός (*klētos*; 3/10) *called*
1Co 1:1 Παῦλος **κλητὸς** ἀπόστολος Χριστοῦ Ἰησοῦ
1Co 1:2 **κλητοῖς** ἁγίοις,
1Co 1:24 αὐτοῖς δὲ τοῖς **κλητοῖς**,

κοιλία (*koilia*; 2/22) *stomach, belly, womb*
1Co 6:13 τὰ βρώματα τῇ **κοιλίᾳ** καὶ ἡ κοιλία
1Co 6:13 κοιλίᾳ καὶ ἡ **κοιλία** τοῖς βρώμασιν,

κοιμάομαι (*koimaomai*; 6/18) *sleep*
1Co 7:39 ἐὰν δὲ **κοιμηθῇ** ὁ ἀνήρ,
1Co 11:30 καὶ ἄρρωστοι καὶ **κοιμῶνται** ἱκανοί.
1Co 15:6 τινες δὲ **ἐκοιμήθησαν**·
1Co 15:18 ἄρα καὶ οἱ **κοιμηθέντες** ἐν Χριστῷ ἀπώλοντο.
1Co 15:20 νεκρῶν ἀπαρχὴ τῶν **κεκοιμημένων**.
1Co 15:51 πάντες οὐ **κοιμηθησόμεθα**,

κοινωνία (*koinōnia*; 3/19) *fellowship*
1Co 1:9 οὗ ἐκλήθητε εἰς **κοινωνίαν** τοῦ υἱοῦ αὐτοῦ
1Co 10:16 οὐχὶ **κοινωνία** ἐστὶν τοῦ αἵματος
1Co 10:16 οὐχὶ **κοινωνία** τοῦ σώματος τοῦ

κοινωνός (*koinōnos*; 2/10) *partner*
1Co 10:18 ἐσθίοντες τὰς θυσίας **κοινωνοὶ** τοῦ θυσιαστηρίου εἰσίν;
1Co 10:20 θέλω δὲ ὑμᾶς **κοινωνοὺς** τῶν δαιμονίων γίνεσθαι.

κόκκος (*kokkos*; 1/7) *seed*
1Co 15:37 σπείρεις ἀλλὰ γυμνὸν **κόκκον** εἰ τύχοι σίτου

κολαφίζω (*kolaphizō*; 1/5) *beat, harrass*
1Co 4:11 καὶ γυμνιτεύομεν καὶ **κολαφιζόμεθα** καὶ ἀστατοῦμεν

κολλάω (*kollaō*; 2/12) *unite oneself with*
1Co 6:16 οἴδατε ὅτι ὁ **κολλώμενος** τῇ πόρνῃ ἓν
1Co 6:17 ὁ δὲ **κολλώμενος** τῷ κυρίῳ ἓν

κομάω (*komaō*; 2/2) *wear long hair*

1Co 11:14 ἀνὴρ μὲν ἐὰν **κομᾷ** ἀτιμία αὐτῷ ἐστιν,
1Co 11:15 γυνὴ δὲ ἐὰν **κομᾷ** δόξα αὐτῇ ἐστιν;

κόμη (*komē*; 1/1) *hair*

1Co 11:15 ὅτι ἡ κόμη **ἀντὶ** περιβολαίου δέδοται [αὐτῇ].

κοπιάω (*kopiaō*; 3/23) *work*

1Co 4:12 καὶ **κοπιῶμεν** ἐργαζόμενοι ταῖς ἰδίαις
1Co 15:10 περισσότερον αὐτῶν πάντων **ἐκοπίασα**,
1Co 16:16 τῷ συνεργοῦντι καὶ **κοπιῶντι**.

κόπος (*kopos*; 2/18) *work*

1Co 3:8 κατὰ τὸν ἴδιον **κόπον**·
1Co 15:58 εἰδότες ὅτι ὁ **κόπος** ὑμῶν οὐκ ἔστιν

κορέννυμι (*korennymi*; 1/2) *fill*

1Co 4:8 ἤδη **κεκορεσμένοι** ἐστέ,

Κόρινθος (*Korinthos*; 1/6) *Corinth*

1Co 1:2 τῇ οὔσῃ ἐν **Κορίνθῳ**,

κόσμος (*kosmos*; 21/185[186]) *world*

1Co 1:20 τὴν σοφίαν τοῦ **κόσμου**;
1Co 1:21 οὐκ ἔγνω ὁ **κόσμος** διὰ τῆς σοφίας
1Co 1:27 τὰ μωρὰ τοῦ **κόσμου** ἐξελέξατο ὁ θεός,
1Co 1:27 τὰ ἀσθενῆ τοῦ **κόσμου** ἐξελέξατο ὁ θεός,
1Co 1:28 τὰ ἀγενῆ τοῦ **κόσμου** καὶ τὰ ἐξουθενημένα
1Co 2:12 τὸ πνεῦμα τοῦ **κόσμου** ἐλάβομεν ἀλλὰ τὸ
1Co 3:19 γὰρ σοφία τοῦ **κόσμου** τούτου μωρία παρὰ
1Co 3:22 εἴτε **κόσμος** εἴτε ζωὴ εἴτε
1Co 4:9 θέατρον ἐγενήθημεν τῷ **κόσμῳ** καὶ ἀγγέλοις καὶ
1Co 4:13 ὡς περικαθάρματα τοῦ **κόσμου** ἐγενήθημεν,
1Co 5:10 τοῖς πόρνοις τοῦ **κόσμου** τούτου ἢ τοῖς
1Co 5:10 ἄρα ἐκ τοῦ **κόσμου** ἐξελθεῖν.
1Co 6:2 οἱ ἅγιοι τὸν **κόσμον** κρινοῦσιν;
1Co 6:2 ὑμῖν κρίνεται ὁ **κόσμος**,
1Co 7:31 οἱ χρώμενοι τὸν **κόσμον** ὡς μὴ καταχρώμενοι·
1Co 7:31 τὸ σχῆμα τοῦ **κόσμου** τούτου.
1Co 7:33 μεριμνᾷ τὰ τοῦ **κόσμου**,
1Co 7:34 μεριμνᾷ τὰ τοῦ **κόσμου**,
1Co 8:4 οὐδὲν εἴδωλον ἐν **κόσμῳ** καὶ ὅτι οὐδεὶς
1Co 11:32 μὴ σὺν τῷ **κόσμῳ** κατακριθῶμεν.
1Co 14:10 φωνῶν εἰσιν ἐν **κόσμῳ** καὶ οὐδὲν ἄφωνον·

κραταιόω (*krataioō*; 1/4) *become strong*

1Co 16:13 **κραταιοῦσθε**.

κρέας (*kreas*; 1/2) *meat*

1Co 8:13 οὐ μὴ φάγω **κρέα** εἰς τὸν αἰῶνα,

κρείττων (*kreittōn*; 3/19) *better*

1Co 7:9 **κρεῖττον** γάρ ἐστιν γαμῆσαι
1Co 7:38 ὁ μὴ γαμίζων **κρεῖσσον** ποιήσει.
1Co 11:17 οὐκ εἰς τὸ **κρεῖσσον** ἀλλὰ εἰς τὸ

κρίμα (*krima*; 3/27) *judgment*

1Co 6:7 ὑμῖν ἐστιν ὅτι **κρίματα** ἔχετε μεθ᾽ ἑαυτῶν.
1Co 11:29 ἐσθίων καὶ πίνων **κρίμα** ἑαυτῷ ἐσθίει καὶ
1Co 11:34 ἵνα μὴ εἰς **κρίμα** συνέρχησθε.

κρίνω (*krinō*; 17/114) *judge*

1Co 2:2 οὐ γὰρ **ἔκρινά** τι εἰδέναι ἐν
1Co 4:5 πρὸ καιροῦ τι **κρίνετε** ἕως ἂν ἔλθῃ
1Co 5:3 ἤδη **κέκρικα** ὡς παρὼν τὸν
1Co 5:12 μοι τοὺς ἔξω **κρίνειν**;
1Co 5:12 τοὺς ἔσω ὑμεῖς **κρίνετε**;
1Co 5:13 ἔξω ὁ θεὸς **κρινεῖ**.
1Co 6:1 πρὸς τὸν ἕτερον **κρίνεσθαι** ἐπὶ τῶν ἀδίκων
1Co 6:2 ἅγιοι τὸν κόσμον **κρινοῦσιν**;
1Co 6:2 εἰ ἐν ὑμῖν **κρίνεται** ὁ κόσμος,
1Co 6:3 οἴδατε ὅτι ἀγγέλους **κρινοῦμεν**,
1Co 6:6 ἀδελφὸς μετὰ ἀδελφοῦ **κρίνεται** καὶ τοῦτο
1Co 7:37 θελήματος καὶ τοῦτο **κέκρικεν** ἐν τῇ ἰδίᾳ
1Co 10:15 **κρίνατε** ὑμεῖς ὅ φημι.
1Co 10:29 ἡ ἐλευθερία μου **κρίνεται** ὑπὸ ἄλλης συνειδήσεως;
1Co 11:13 Ἐν ὑμῖν αὐτοῖς **κρίνατε**·
1Co 11:31 οὐκ ἂν **ἐκρινόμεθα**·
1Co 11:32 **κρινόμενοι** δὲ ὑπὸ [τοῦ]

Κρίσπος (*Krispos*; 1/2) *Crispus*

1Co 1:14 ἐβάπτισα εἰ μὴ **Κρίσπον** καὶ Γάϊον,

κριτήριον (*kritērion*; 2/3) *court*

1Co 6:2 ἀνάξιοί ἐστε **κριτηρίων** ἐλαχίστων;
1Co 6:4 βιωτικὰ μὲν οὖν **κριτήρια** ἐὰν ἔχητε,

κρυπτός (*kryptos*; 2/17) *secret*

1Co 4:5 καὶ φωτίσει τὰ **κρυπτὰ** τοῦ σκότους καὶ
1Co 14:25 τὰ **κρυπτὰ** τῆς καρδίας αὐτοῦ

κτῆνος (*ktēnos*; 1/4) *animal*

1Co 15:39 ἄλλη δὲ σὰρξ **κτηνῶν**,

κτίζω (*ktizō*; 1/15) *create*

1Co 11:9 καὶ γὰρ οὐκ **ἐκτίσθη** ἀνὴρ διὰ τὴν

κυβέρνησις (*kybernēsis*; 1/1) *ability to lead*

1Co 12:28 **κυβερνήσεις**,

κύμβαλον (*kymbalon*; 1/1) *cymbal*

1Co 13:1 χαλκὸς ἠχῶν ἢ **κύμβαλον** ἀλαλάζον.

κυριακός (*kyriakos*; 1/2) *belonging to the Lord*

1Co 11:20 αὐτὸ οὐκ ἔστιν **κυριακὸν** δεῖπνον φαγεῖν·

κύριος (*kyrios*; 66/714[717]) *Lord, sir*

1Co 1:2 τὸ ὄνομα τοῦ **κυρίου** ἡμῶν Ἰησοῦ Χριστοῦ
1Co 1:3 πατρὸς ἡμῶν καὶ **κυρίου** Ἰησοῦ Χριστοῦ.
1Co 1:7 τὴν ἀποκάλυψιν τοῦ **κυρίου** ἡμῶν Ἰησοῦ Χριστοῦ·
1Co 1:8 τῇ ἡμέρᾳ τοῦ **κυρίου** ἡμῶν Ἰησοῦ [Χριστοῦ].
1Co 1:9 Ἰησοῦ Χριστοῦ τοῦ **κυρίου** ἡμῶν.

1Co 1:10 τοῦ ὀνόματος τοῦ **κυρίου** ἡμῶν Ἰησοῦ Χριστοῦ,
1Co 1:31 ὁ καυχώμενος ἐν **κυρίῳ** καυχάσθω.
1Co 2:8 οὐκ ἂν τὸν **κύριον** τῆς δόξης ἐσταύρωσαν.
1Co 2:16 γὰρ ἔγνω νοῦν **κυρίου**,
1Co 3:5 ἑκάστῳ ὡς ὁ **κύριος** ἔδωκεν.
1Co 3:20 **κύριος** γινώσκει τοὺς διαλογισμοὺς
1Co 4:4 δὲ ἀνακρίνων με **κύριός** ἐστιν.
1Co 4:5 ἂν ἔλθῃ ὁ **κύριος**,
1Co 4:17 καὶ πιστὸν ἐν **κυρίῳ**,
1Co 4:19 ὑμᾶς ἐὰν ὁ **κύριος** θελήσῃ,
1Co 5:4 τῷ ὀνόματι τοῦ **κυρίου** [ἡμῶν] Ἰησοῦ συναχθέντων
1Co 5:4 τῇ δυνάμει τοῦ **κυρίου** ἡμῶν Ἰησοῦ,
1Co 5:5 τῇ ἡμέρᾳ τοῦ **κυρίου**.
1Co 6:11 τῷ ὀνόματι τοῦ **κυρίου** Ἰησοῦ Χριστοῦ καὶ
1Co 6:13 πορνείᾳ ἀλλὰ τῷ **κυρίῳ**,
1Co 6:13 καὶ ὁ **κύριος** τῷ σώματι·
1Co 6:14 θεὸς καὶ τὸν **κύριον** ἤγειρεν καὶ ἡμᾶς
1Co 6:17 δὲ κολλώμενος τῷ **κυρίῳ** ἓν πνεῦμά ἐστιν.
1Co 7:10 ἐγὼ ἀλλὰ ὁ **κύριος**,
1Co 7:12 ἐγὼ οὐχ ὁ **κύριος**·
1Co 7:17 ὡς ἐμέρισεν ὁ **κύριος**,
1Co 7:22 ὁ γὰρ ἐν **κυρίῳ** κληθεὶς δοῦλος ἀπελεύθερος
1Co 7:22 κληθεὶς δοῦλος ἀπελεύθερος **κυρίου** ἐστίν,
1Co 7:25 τῶν παρθένων ἐπιταγὴν **κυρίου** οὐκ ἔχω,
1Co 7:25 ὡς ἠλεημένος ὑπὸ **κυρίου** πιστὸς εἶναι.
1Co 7:32 μεριμνᾷ τὰ τοῦ **κυρίου**,
1Co 7:32 πῶς ἀρέσῃ τῷ **κυρίῳ**·
1Co 7:34 μεριμνᾷ τὰ τοῦ **κυρίου**,
1Co 7:35 καὶ εὐπάρεδρον τῷ **κυρίῳ** ἀπερισπάστως.
1Co 7:39 μόνον ἐν **κυρίῳ**.
1Co 8:5 θεοὶ πολλοὶ καὶ **κύριοι** πολλοί,
1Co 8:6 καὶ εἷς **κύριος** Ἰησοῦς Χριστὸς δι'
1Co 9:1 οὐχὶ Ἰησοῦν τὸν **κύριον** ἡμῶν ἑόρακα;
1Co 9:1 ὑμεῖς ἐστε ἐν **κυρίῳ**;
1Co 9:2 ὑμεῖς ἐστε ἐν **κυρίῳ**.
1Co 9:5 οἱ ἀδελφοὶ τοῦ **κυρίου** καὶ Κηφᾶς;
1Co 9:14 οὕτως καὶ ὁ **κύριος** διέταξεν τοῖς τὸ
1Co 10:21 οὐ δύνασθε ποτήριον **κυρίου** πίνειν καὶ ποτήριον
1Co 10:21 οὐ δύνασθε τραπέζης **κυρίου** μετέχειν καὶ τραπέζης
1Co 10:22 ἢ παραζηλοῦμεν τὸν **κύριον**;
1Co 10:26 τοῦ **κυρίου** γὰρ ἡ γῆ
1Co 11:11 χωρὶς γυναικὸς ἐν **κυρίῳ**·
1Co 11:23 παρέλαβον ἀπὸ τοῦ **κυρίου**,
1Co 11:23 ὅτι ὁ **κύριος** Ἰησοῦς ἐν τῇ
1Co 11:26 τὸν θάνατον τοῦ **κυρίου** καταγγέλλετε ἄχρι οὗ
1Co 11:27 τὸ ποτήριον τοῦ **κυρίου** ἀναξίως,
1Co 11:27 τοῦ αἵματος τοῦ **κυρίου**.
1Co 11:32 δὲ ὑπὸ [τοῦ] **κυρίου** παιδευόμεθα,
1Co 12:3 **Κύριος** Ἰησοῦς,
1Co 12:5 καὶ ὁ αὐτὸς **κύριος**·
1Co 14:21 λέγει **κύριος**.
1Co 14:37 γράφω ὑμῖν ὅτι **κυρίου** ἐστὶν ἐντολή·
1Co 15:31 Χριστῷ Ἰησοῦ τῷ **κυρίῳ** ἡμῶν.
1Co 15:57 νῖκος διὰ τοῦ **κυρίου** ἡμῶν Ἰησοῦ Χριστοῦ.
1Co 15:58 τῷ ἔργῳ τοῦ **κυρίου** πάντοτε,
1Co 15:58 ἔστιν κενὸς ἐν **κυρίῳ**.
1Co 16:7 ὑμᾶς ἐὰν ὁ **κύριος** ἐπιτρέψῃ.
1Co 16:10 τὸ γὰρ ἔργον **κυρίου** ἐργάζεται ὡς κἀγώ·
1Co 16:19 ἀσπάζεται ὑμᾶς ἐν **κυρίῳ** πολλὰ Ἀκύλας
1Co 16:22 οὐ φιλεῖ τὸν **κύριον**,
1Co 16:23 ἡ χάρις τοῦ **κυρίου** Ἰησοῦ μεθ' ὑμῶν.

κωλύω (*kōlyō*; 1/23) *hinder*

1Co 14:39 τὸ λαλεῖν μὴ **κωλύετε** γλώσσαις·

λαλέω (*laleō*; 34/294[296]) *speak*

1Co 2:6 Σοφίαν δὲ **λαλοῦμεν** ἐν τοῖς τελείοις,
1Co 2:7 ἀλλὰ **λαλοῦμεν** θεοῦ σοφίαν ἐν
1Co 2:13 ἃ καὶ **λαλοῦμεν** οὐκ ἐν διδακτοῖς
1Co 3:1 οὐκ ἠδυνήθην **λαλῆσαι** ὑμῖν ὡς πνευματικοῖς
1Co 9:8 κατὰ ἄνθρωπον ταῦτα **λαλῶ** ἢ καὶ ὁ
1Co 12:3 ἐν πνεύματι θεοῦ **λαλῶν** λέγει·
1Co 12:30 μὴ πάντες γλώσσαις **λαλοῦσιν**;
1Co 13:1 γλώσσαις τῶν ἀνθρώπων **λαλῶ** καὶ τῶν ἀγγέλων,
1Co 13:11 **ἐλάλουν** ὡς νήπιος,
1Co 14:2 ὁ γὰρ **λαλῶν** γλώσσῃ οὐκ ἀνθρώποις
1Co 14:2 γλώσσῃ οὐκ ἀνθρώποις **λαλεῖ** ἀλλὰ θεῷ·
1Co 14:2 πνεύματι δὲ **λαλεῖ** μυστήρια·
1Co 14:3 δὲ προφητεύων ἀνθρώποις **λαλεῖ** οἰκοδομὴν καὶ παράκλησιν
1Co 14:4 ὁ **λαλῶν** γλώσσῃ ἑαυτὸν οἰκοδομεῖ·
1Co 14:5 δὲ πάντας ὑμᾶς **λαλεῖν** γλώσσαις,
1Co 14:5 προφητεύων ἢ ὁ **λαλῶν** γλώσσαις ἐκτὸς εἰ
1Co 14:6 πρὸς ὑμᾶς γλώσσαις **λαλῶν**,
1Co 14:6 ἐὰν μὴ ὑμῖν **λαλήσω** ἢ ἐν ἀποκαλύψει
1Co 14:9 πῶς γνωσθήσεται τὸ **λαλούμενον**;
1Co 14:9 γὰρ εἰς ἀέρα **λαλοῦντες**.
1Co 14:11 ἔσομαι τῷ **λαλοῦντι** βάρβαρος καὶ ὁ
1Co 14:11 βάρβαρος καὶ ὁ **λαλῶν** ἐν ἐμοὶ βάρβαρος.
1Co 14:13 Διὸ ὁ **λαλῶν** γλώσσῃ προσευχέσθω ἵνα
1Co 14:18 ὑμῶν μᾶλλον γλώσσαις **λαλῶ**·
1Co 14:19 τῷ νοΐ μου **λαλῆσαι**,
1Co 14:21 ἐν χείλεσιν ἑτέρων **λαλήσω** τῷ λαῷ τούτῳ
1Co 14:23 αὐτὸ καὶ πάντες **λαλῶσιν** γλώσσαις,
1Co 14:27 εἴτε γλώσσῃ τις **λαλεῖ**,
1Co 14:28 ἑαυτῷ δὲ **λαλείτω** καὶ τῷ θεῷ.
1Co 14:29 δύο ἢ τρεῖς **λαλείτωσαν** καὶ οἱ ἄλλοι
1Co 14:34 γὰρ ἐπιτρέπεται αὐταῖς **λαλεῖν**,
1Co 14:35 γάρ ἐστιν γυναικὶ **λαλεῖν** ἐν ἐκκλησίᾳ.
1Co 14:39 προφητεύειν καὶ τὸ **λαλεῖν** μὴ κωλύετε γλώσσαις·
1Co 15:34 πρὸς ἐντροπὴν ὑμῖν **λαλῶ**.

λαμβάνω (*lambanō*; 11/258) *take, receive*

1Co 2:12 πνεῦμα τοῦ κόσμου **ἐλάβομεν** ἀλλὰ τὸ πνεῦμα
1Co 3:8 τὸν ἴδιον μισθὸν **λήμψεται** κατὰ τὸν ἴδιον
1Co 3:14 μισθὸν **λήμψεται**·
1Co 4:7 ἔχεις ὃ οὐκ **ἔλαβες**;
1Co 4:7 εἰ δὲ καὶ **ἔλαβες**,
1Co 4:7 καυχᾶσαι ὡς μὴ **λαβών**;
1Co 9:24 εἷς δὲ **λαμβάνει** τὸ βραβεῖον;
1Co 9:25 ἵνα φθαρτὸν στέφανον **λάβωσιν**,
1Co 10:13 πειρασμὸς ὑμᾶς οὐκ **εἴληφεν** εἰ μὴ ἀνθρώπινος·
1Co 11:23 νυκτὶ ᾗ παρεδίδετο **ἔλαβεν** ἄρτον
1Co 14:5 ἡ ἐκκλησία οἰκοδομὴν **λάβῃ**.

λαός (*laos*; 2/141[142]) *people, nation*
1Co 10:7 ἐκάθισεν ὁ **λαὸς** φαγεῖν καὶ πεῖν
1Co 14:21 ἑτέρων λαλήσω τῷ **λαῷ** τούτῳ καὶ οὐδ'

λέγω (*legō*; 33/2345[2353]) *say*
1Co 1:10 ἵνα τὸ αὐτὸ **λέγητε** πάντες καὶ μὴ
1Co 1:12 **λέγω** δὲ τοῦτο ὅτι
1Co 1:12 ὅτι ἕκαστος ὑμῶν **λέγει**·
1Co 1:15 ἵνα μή τις **εἴπῃ** ὅτι εἰς τὸ
1Co 3:4 ὅταν γὰρ **λέγῃ** τις·
1Co 6:5 πρὸς ἐντροπὴν ὑμῖν **λέγω**.
1Co 7:6 τοῦτο δὲ **λέγω** κατὰ συγγνώμην οὐ
1Co 7:8 **Λέγω** δὲ τοῖς ἀγάμοις
1Co 7:12 Τοῖς δὲ λοιποῖς **λέγω** ἐγὼ οὐχ ὁ
1Co 7:35 ὑμῶν αὐτῶν σύμφορον **λέγω**,
1Co 8:5 γὰρ εἴπερ εἰσὶν **λεγόμενοι** θεοὶ εἴτε ἐν
1Co 9:8 νόμος ταῦτα οὐ **λέγει**;
1Co 9:10 δι' ἡμᾶς πάντως **λέγει**;
1Co 10:15 ὡς φρονίμοις **λέγω**·
1Co 10:28 δέ τις ὑμῖν **εἴπῃ**·
1Co 10:29 συνείδησιν δὲ **λέγω** οὐχὶ τὴν ἑαυτοῦ
1Co 11:22 τί **εἴπω** ὑμῖν;
1Co 11:24 εὐχαριστήσας ἔκλασεν καὶ **εἶπεν**·
1Co 11:25 μετὰ τὸ δειπνῆσαι **λέγων**·
1Co 12:3 πνεύματι θεοῦ λαλῶν **λέγει**·
1Co 12:3 καὶ οὐδεὶς δύναται **εἰπεῖν**·
1Co 12:15 ἐὰν **εἴπῃ** ὁ πούς·
1Co 12:16 καὶ ἐὰν **εἴπῃ** τὸ οὖς·
1Co 12:21 δὲ ὁ ὀφθαλμὸς **εἰπεῖν** τῇ χειρί·
1Co 14:16 τοῦ ἰδιώτου πῶς **ἐρεῖ** τὸ ἀμὴν ἐπὶ
1Co 14:16 ἐπειδὴ τί **λέγεις** οὐκ οἶδεν·
1Co 14:21 **λέγει** κύριος.
1Co 14:23 οὐκ **ἐροῦσιν** ὅτι μαίνεσθε;
1Co 14:34 καὶ ὁ νόμος **λέγει**.
1Co 15:12 πῶς **λέγουσιν** ἐν ὑμῖν τινες
1Co 15:27 ὅταν δὲ **εἴπῃ** ὅτι πάντα ὑποτέτακται,
1Co 15:35 Ἀλλὰ **ἐρεῖ** τις·
1Co 15:51 ἰδοὺ μυστήριον ὑμῖν **λέγω**·

λίθος (*lithos*; 1/58[59]) *stone*
1Co 3:12 **λίθους** τιμίους,

λογεία (*logeia*; 2/2) *contribution*
1Co 16:1 Περὶ δὲ τῆς **λογείας** τῆς εἰς τοὺς
1Co 16:2 ὅταν ἔλθω τότε **λογεῖαι** γίνωνται.

λογίζομαι (*logizomai*; 3/40) *count, consider*
1Co 4:1 οὕτως ἡμᾶς **λογιζέσθω** ἄνθρωπος ὡς ὑπηρέτας
1Co 13:5 οὐ λογίζεται **τὸ** κακόν,
1Co 13:11 **ἐλογιζόμην** ὡς νήπιος·

λόγος (*logos*; 17/329[330]) *word*
1Co 1:5 ἐν παντὶ **λόγῳ** καὶ πάσῃ γνώσει,
1Co 1:17 οὐκ ἐν σοφίᾳ **λόγου**,
1Co 1:18 Ὁ **λόγος** γὰρ ὁ τοῦ
1Co 2:1 οὐ καθ' ὑπεροχὴν **λόγου** ἢ σοφίας καταγγέλλων
1Co 2:4 καὶ ὁ **λόγος** μου καὶ τὸ
1Co 2:4 σοφίας **[λόγοις]** ἀλλ' ἐν ἀποδείξει
1Co 2:13 διδακτοῖς ἀνθρωπίνης σοφίας **λόγοις** ἀλλ' ἐν διδακτοῖς
1Co 4:19 γνώσομαι οὐ τὸν **λόγον** τῶν πεφυσιωμένων
1Co 4:20 οὐ γὰρ ἐν **λόγῳ** ἡ βασιλεία τοῦ
1Co 12:8 τοῦ πνεύματος δίδοται **λόγος** σοφίας,
1Co 12:8 ἄλλῳ δὲ **λόγος** γνώσεως κατὰ τὸ
1Co 14:9 ἐὰν μὴ εὔσημον **λόγον** δῶτε,
1Co 14:19 ἐκκλησίᾳ θέλω πέντε **λόγους** τῷ νοΐ μου
1Co 14:19 ἢ μυρίους **λόγους** ἐν γλώσσῃ.
1Co 14:36 ἀφ' ὑμῶν ὁ **λόγος** τοῦ θεοῦ ἐξῆλθεν,
1Co 15:2 τίνι **λόγῳ** εὐηγγελισάμην ὑμῖν εἰ
1Co 15:54 τότε γενήσεται ὁ **λόγος** ὁ γεγραμμένος·

λοιδορέω (*loidoreō*; 1/4) *curse*
1Co 4:12 **λοιδορούμενοι** εὐλογοῦμεν,

λοίδορος (*loidoros*; 2/2) *slanderer*
1Co 5:11 ἢ εἰδωλολάτρης ἢ **λοίδορος** ἢ μέθυσος ἢ
1Co 6:10 οὐ **λοίδοροι**,

λοιπός (*loipos*; 7/54[55]) *rest, remaining*
1Co 1:16 **λοιπὸν** οὐκ οἶδα εἴ
1Co 4:2 ὧδε **λοιπὸν** ζητεῖται ἐν τοῖς
1Co 7:12 Τοῖς δὲ **λοιποῖς** λέγω ἐγὼ οὐχ
1Co 7:29 τὸ **λοιπόν**,
1Co 9:5 ὡς καὶ οἱ **λοιποὶ** ἀπόστολοι καὶ οἱ
1Co 11:34 τὰ δὲ **λοιπὰ** ὡς ἂν ἔλθω
1Co 15:37 ἤ τινος τῶν **λοιπῶν**·

λύσις (*lysis*; 1/1) *separation*
1Co 7:27 μὴ ζήτει **λύσιν**·

λύω (*lyō*; 1/42) *loose*
1Co 7:27 **λέλυσαι** ἀπὸ γυναικός,

μαίνομαι (*mainomai*; 1/5) *be out of one's mind*
1Co 14:23 οὐκ ἐροῦσιν ὅτι **μαίνεσθε**;

μακάριος (*makarios*; 1/50) *blessed*
1Co 7:40 **μακαριωτέρα** δέ ἐστιν ἐὰν

Μακεδονία (*Makedonia*; 2/22) *Macedonia*
1Co 16:5 πρὸς ὑμᾶς ὅταν **Μακεδονίαν** διέλθω·
1Co 16:5 **Μακεδονίαν** γὰρ διέρχομαι,

μάκελλον (*makellon*; 1/1) *meat market*
1Co 10:25 Πᾶν τὸ ἐν **μακέλλῳ** πωλούμενον ἐσθίετε μηδὲν

μακροθυμέω (*makrothymeō*; 1/10) *be patient*
1Co 13:4 Ἡ ἀγάπη **μακροθυμεῖ**,

μαλακός (*malakos*; 1/4) *soft*
1Co 6:9 οὔτε μοιχοὶ οὔτε **μαλακοὶ** οὔτε ἀρσενοκοῖται

μᾶλλον (*mallon*; 10/81) *more*
1Co 5:2 ἐστὲ καὶ οὐχὶ **μᾶλλον** ἐπενθήσατε,
1Co 6:7 διὰ τί οὐχὶ **μᾶλλον** ἀδικεῖσθε;
1Co 6:7 διὰ τί οὐχὶ **μᾶλλον** ἀποστερεῖσθε;
1Co 7:21 **μᾶλλον** χρῆσαι.
1Co 9:12 οὐ **μᾶλλον** ἡμεῖς;

1Co 9:15 καλὸν γάρ μοι **μᾶλλον** ἀποθανεῖν ἤ
1Co 12:22 ἀλλὰ πολλῷ **μᾶλλον** τὰ δοκοῦντα μέλη
1Co 14:1 **μᾶλλον** δὲ ἵνα προφητεύητε.
1Co 14:5 **μᾶλλον** δὲ ἵνα προφητεύητε·
1Co 14:18 πάντων ὑμῶν μᾶλλον **γλώσσαις** λαλῶ·

μανθάνω (*manthanō*; 3/25) *learn*
1Co 4:6 ἵνα ἐν ἡμῖν **μάθητε** τὸ μὴ ὑπὲρ
1Co 14:31 ἵνα πάντες **μανθάνωσιν** καὶ πάντες παρακαλῶνται.
1Co 14:35 εἰ δέ τι **μαθεῖν** θέλουσιν,

μαράνα (*marana*; 1/1) *our Lord*
1Co 16:22 **μαράνα** θά.

μαρτυρέω (*martyreō*; 1/76) *bear witness*
1Co 15:15 ὅτι **ἐμαρτυρήσαμεν** κατὰ τοῦ θεοῦ

μαρτύριον (*martyrion*; 1/19) *testimony*
1Co 1:6 καθὼς τὸ **μαρτύριον** τοῦ Χριστοῦ ἐβεβαιώθη

μάταιος (*mataios*; 2/6) *worthless*
1Co 3:20 σοφῶν ὅτι εἰσὶν **μάταιοι**.
1Co 15:17 **ματαία** ἡ πίστις ὑμῶν,

μέγας (*megas*; 5/243) *great, large*
1Co 9:11 **μέγα** εἰ ἡμεῖς ὑμῶν
1Co 12:31 τὰ χαρίσματα τὰ **μείζονα**.
1Co 13:13 **μείζων** δὲ τούτων ἡ
1Co 14:5 **μείζων** δὲ ὁ προφητεύων
1Co 16:9 γάρ μοι ἀνέῳγεν **μεγάλη** καὶ ἐνεργής,

μεθίστημι (*methistēmi*; 1/5) *remove*
1Co 13:2 πίστιν ὥστε ὄρη **μεθιστάναι**,

μέθυσος (*methysos*; 2/2) *drunkard*
1Co 5:11 ἢ λοίδορος ἢ **μέθυσος** ἢ ἅρπαξ,
1Co 6:10 οὐ **μέθυσοι**,

μεθύω (*methyō*; 1/5) *be drunk*
1Co 11:21 πεινᾷ ὃς δὲ **μεθύει**.

μέλει (*melei*; 2/10) *it is of concern*
1Co 7:21 μή σοι **μελέτω**·
1Co 9:9 μὴ τῶν βοῶν **μέλει** τῷ θεῷ

μέλλω (*mellō*; 1/109) *be about to happen*
1Co 3:22 εἴτε ἐνεστῶτα εἴτε **μέλλοντα**·

μέλος (*melos*; 16/34) *a bodily part*
1Co 6:15 τὰ σώματα ὑμῶν **μέλη** Χριστοῦ ἐστιν;
1Co 6:15 ἄρας οὖν τὰ **μέλη** τοῦ Χριστοῦ ποιήσω
1Co 6:15 Χριστοῦ ποιήσω πόρνης **μέλη**;
1Co 12:12 ἕν ἐστιν καὶ **μέλη** πολλὰ ἔχει,
1Co 12:12 πάντα δὲ τὰ **μέλη** τοῦ σώματος πολλὰ
1Co 12:14 οὐκ ἔστιν ἓν **μέλος** ἀλλὰ πολλά.
1Co 12:18 θεὸς ἔθετο τὰ **μέλη**,
1Co 12:19 τὰ πάντα ἓν **μέλος**,
1Co 12:20 δὲ πολλὰ μὲν **μέλη**,
1Co 12:22 μᾶλλον τὰ δοκοῦντα **μέλη** τοῦ σώματος ἀσθενέστερα
1Co 12:25 ἀλλήλων μεριμνῶσιν τὰ **μέλη**.
1Co 12:26 εἴτε πάσχει ἓν **μέλος**,
1Co 12:26 συμπάσχει πάντα τὰ **μέλη**·
1Co 12:26 εἴτε δοξάζεται [ἓν] **μέλος**,
1Co 12:26 συγχαίρει πάντα τὰ **μέλη**.
1Co 12:27 σῶμα Χριστοῦ καὶ **μέλη** ἐκ μέρους.

μέν (*men*; 20/178[179]) *on the one hand*
1Co 1:12 ἐγὼ **μέν** εἰμι Παύλου,
1Co 1:18 τοῦ σταυροῦ τοῖς **μὲν** ἀπολλυμένοις μωρία ἐστίν,
1Co 1:23 Ἰουδαίοις **μὲν** σκάνδαλον,
1Co 3:4 ἐγὼ **μέν** εἰμι Παύλου,
1Co 5:3 ἐγὼ **μὲν** γάρ,
1Co 6:4 βιωτικὰ **μὲν** οὖν κριτήρια ἐὰν
1Co 6:7 Ἤδη **μὲν** [οὖν] ὅλως ἥττημα
1Co 7:7 ὁ **μὲν** οὕτως,
1Co 9:24 σταδίῳ τρέχοντες πάντες **μὲν** τρέχουσιν,
1Co 9:25 ἐκεῖνοι **μὲν** οὖν ἵνα φθαρτὸν
1Co 11:7 Ἀνὴρ **μὲν** γὰρ οὐκ ὀφείλει
1Co 11:14 ὑμᾶς ὅτι ἀνὴρ **μὲν** ἐὰν κομᾷ ἀτιμία
1Co 11:18 πρῶτον **μὲν** γὰρ συνερχομένων ὑμῶν
1Co 11:21 καὶ ὃς **μὲν** πεινᾷ ὃς δὲ
1Co 12:8 ᾧ **μὲν** γὰρ διὰ τοῦ
1Co 12:20 νῦν δὲ πολλὰ **μὲν** μέλη,
1Co 12:28 Καὶ οὓς **μὲν** ἔθετο ὁ θεὸς
1Co 14:17 σὺ **μὲν** γὰρ καλῶς εὐχαριστεῖς
1Co 15:39 σὰρξ ἀλλὰ ἄλλη **μὲν** ἀνθρώπων,
1Co 15:40 ἀλλὰ ἑτέρα **μὲν** ἡ τῶν ἐπουρανίων

μένω (*menō*; 8/118) *remain*
1Co 3:14 τινος τὸ ἔργον **μενεῖ** ὃ ἐποικοδόμησεν,
1Co 7:8 καλὸν αὐτοῖς ἐὰν **μείνωσιν** ὡς κἀγώ·
1Co 7:11 **μενέτω** ἄγαμος ἢ τῷ
1Co 7:20 ἐν ταύτῃ **μενέτω**.
1Co 7:24 ἐν τούτῳ **μενέτω** παρὰ θεῷ.
1Co 7:40 ἐστιν ἐὰν οὕτως **μείνῃ**,
1Co 13:13 Νυνὶ δὲ **μένει** πίστις,
1Co 15:6 ὧν οἱ πλείονες **μένουσιν** ἕως ἄρτι,

μερίζω (*merizō*; 3/14) *divide*
1Co 1:13 **μεμέρισται** ὁ Χριστός;
1Co 7:17 μὴ ἑκάστῳ ὡς **ἐμέρισεν** ὁ κύριος,
1Co 7:34 καὶ **μεμέρισται**.

μεριμνάω (*merimnaō*; 5/19) *be anxious*
1Co 7:32 ὁ ἄγαμος **μεριμνᾷ** τὰ τοῦ κυρίου,
1Co 7:33 ὁ δὲ γαμήσας **μεριμνᾷ** τὰ τοῦ κόσμου,
1Co 7:34 καὶ ἡ παρθένος **μεριμνᾷ** τὰ τοῦ κυρίου,
1Co 7:34 ἡ δὲ γαμήσασα **μεριμνᾷ** τὰ τοῦ κόσμου,
1Co 12:25 αὐτὸ ὑπὲρ ἀλλήλων **μεριμνῶσιν** τὰ μέλη.

μέρος (*meros*; 7/42) *part*
1Co 11:18 ὑμῖν ὑπάρχειν καὶ **μέρος** τι πιστεύω.
1Co 12:27 καὶ μέλη ἐκ **μέρους**.
1Co 13:9 ἐκ **μέρους** γὰρ γινώσκομεν καὶ
1Co 13:9 γινώσκομεν καὶ ἐκ **μέρους** προφητεύομεν·
1Co 13:10 τὸ ἐκ **μέρους** καταργηθήσεται.
1Co 13:12 ἄρτι γινώσκω ἐκ **μέρους**,
1Co 14:27 τρεῖς καὶ ἀνὰ **μέρος**,

μέσος (*mesos*; 2/56[58]) *middle*

1Co 5:2 ἵνα ἀρθῇ ἐκ **μέσου** ὑμῶν ὁ τὸ
1Co 6:5 δυνήσεται διακρῖναι ἀνὰ **μέσον** τοῦ ἀδελφοῦ αὐτοῦ;

μετά (*meta*; 9/465[469]) *with, after*

1Co 6:6 ἀλλὰ ἀδελφὸς **μετὰ** ἀδελφοῦ κρίνεται καὶ
1Co 6:7 ὅτι κρίματα ἔχετε **μεθ'** ἑαυτῶν.
1Co 7:12 αὕτη συνευδοκεῖ οἰκεῖν **μετ'** αὐτοῦ,
1Co 7:13 οὗτος συνευδοκεῖ οἰκεῖν **μετ'** αὐτῆς,
1Co 11:25 καὶ τὸ ποτήριον **μετὰ** τὸ δειπνῆσαι λέγων·
1Co 16:11 ἐκδέχομαι γὰρ αὐτὸν **μετὰ** τῶν ἀδελφῶν.
1Co 16:12 ἔλθῃ πρὸς ὑμᾶς **μετὰ** τῶν ἀδελφῶν·
1Co 16:23 τοῦ κυρίου Ἰησοῦ **μεθ'** ὑμῶν.
1Co 16:24 ἡ ἀγάπη μου **μετὰ** πάντων ὑμῶν ἐν

μετασχηματίζω (*metaschēmatizō*; 1/5) *change*

1Co 4:6 **μετεσχημάτισα** εἰς ἐμαυτὸν καὶ

μετέχω (*metechō*; 5/8) *share in*

1Co 9:10 ἐπ' ἐλπίδι τοῦ **μετέχειν**.
1Co 9:12 τῆς ὑμῶν ἐξουσίας **μετέχουσιν**,
1Co 10:17 τοῦ ἑνὸς ἄρτου **μετέχομεν**.
1Co 10:21 δύνασθε τραπέζης κυρίου **μετέχειν** καὶ τραπέζης δαιμονίων.
1Co 10:30 εἰ ἐγὼ χάριτι **μετέχω**,

μή (*mē*; 96/1041[1042]) *not*

1Co 1:7 ὥστε ὑμᾶς **μὴ** ὑστερεῖσθαι ἐν μηδενὶ
1Co 1:10 λέγητε πάντες καὶ **μὴ** ᾖ ἐν ὑμῖν
1Co 1:13 **μὴ** Παῦλος ἐσταυρώθη ὑπὲρ
1Co 1:14 ὑμῶν ἐβάπτισα εἰ **μὴ** Κρίσπον καὶ Γάϊον,
1Co 1:15 ἵνα **μή** τις εἴπῃ ὅτι
1Co 1:17 ἵνα **μὴ** κενωθῇ ὁ σταυρὸς
1Co 1:28 τὰ **μὴ** ὄντα,
1Co 1:29 ὅπως **μὴ** καυχήσηται πᾶσα σὰρξ
1Co 2:2 ἐν ὑμῖν εἰ **μὴ** Ἰησοῦν Χριστὸν καὶ
1Co 2:5 ἡ πίστις ὑμῶν **μὴ** ᾖ ἐν σοφίᾳ
1Co 2:11 τοῦ ἀνθρώπου εἰ **μὴ** τὸ πνεῦμα τοῦ
1Co 2:11 οὐδεὶς ἔγνωκεν εἰ **μὴ** τὸ πνεῦμα τοῦ
1Co 4:5 ὥστε **μὴ** πρὸ καιροῦ τι
1Co 4:6 ἡμῖν μάθητε τὸ **μὴ** ὑπὲρ ἃ γέγραπται,
1Co 4:6 ἵνα **μὴ** εἷς ὑπὲρ τοῦ
1Co 4:7 τί καυχᾶσαι ὡς **μὴ** λαβών;
1Co 4:18 Ὡς **μὴ** ἐρχομένου δέ μου
1Co 5:8 ὥστε ἑορτάζωμεν **μὴ** ἐν ζύμῃ παλαιᾷ
1Co 5:9 ἐν τῇ ἐπιστολῇ **μὴ** συναναμίγνυσθαι πόρνοις,
1Co 5:11 δὲ ἔγραψα ὑμῖν **μὴ** συναναμίγνυσθαι ἐάν τις
1Co 6:9 **μὴ** πλανᾶσθε·
1Co 6:15 **μὴ** γένοιτο.
1Co 7:1 καλὸν ἀνθρώπῳ γυναικὸς **μὴ** ἅπτεσθαι·
1Co 7:5 **μὴ** ἀποστερεῖτε ἀλλήλους,
1Co 7:5 ἵνα **μὴ** πειράζῃ ὑμᾶς ὁ σατανᾶς
1Co 7:10 γυναῖκα ἀπὸ ἀνδρὸς **μὴ** χωρισθῆναι,
1Co 7:11 καὶ ἄνδρα γυναῖκα **μὴ** ἀφιέναι.
1Co 7:12 **μὴ** ἀφιέτω αὐτήν·
1Co 7:13 **μὴ** ἀφιέτω τὸν ἄνδρα.
1Co 7:17 Εἰ **μὴ** ἑκάστῳ ὡς ἐμέρισεν
1Co 7:18 **μὴ** ἐπισπάσθω·
1Co 7:18 **μὴ** περιτεμνέσθω.
1Co 7:21 **μή** σοι μελέτω·
1Co 7:23 **μὴ** γίνεσθε δοῦλοι ἀνθρώπων.
1Co 7:27 **μὴ** ζήτει λύσιν·
1Co 7:27 **μὴ** ζήτει γυναῖκα.
1Co 7:29 ἔχοντες γυναῖκας ὡς **μὴ** ἔχοντες ὦσιν
1Co 7:30 οἱ κλαίοντες ὡς **μὴ** κλαίοντες καὶ οἱ
1Co 7:30 οἱ χαίροντες ὡς **μὴ** χαίροντες καὶ οἱ
1Co 7:30 οἱ ἀγοράζοντες ὡς **μὴ** κατέχοντες,
1Co 7:31 τὸν κόσμον ὡς **μὴ** καταχρώμενοι·
1Co 7:37 καρδίᾳ αὐτοῦ ἑδραῖος **μὴ** ἔχων ἀνάγκην,
1Co 7:38 ποιεῖ καὶ ὁ **μὴ** γαμίζων κρεῖσσον ποιήσει.
1Co 8:4 οὐδεὶς θεὸς εἰ **μὴ** εἷς.
1Co 8:8 οὔτε ἐὰν **μὴ** φάγωμεν ὑστερούμεθα,
1Co 8:9 βλέπετε δὲ **μή** πως ἡ ἐξουσία
1Co 8:13 οὐ **μὴ** φάγω κρέα εἰς
1Co 8:13 ἵνα **μὴ** τὸν ἀδελφόν μου
1Co 9:4 **μὴ** οὐκ ἔχομεν ἐξουσίαν
1Co 9:5 **μὴ** οὐκ ἔχομεν ἐξουσίαν
1Co 9:6 οὐκ ἔχομεν ἐξουσίαν **μὴ** ἐργάζεσθαι;
1Co 9:8 **Μὴ** κατὰ ἄνθρωπον ταῦτα
1Co 9:9 **μὴ** τῶν βοῶν μέλει
1Co 9:12 ἵνα **μή** τινα ἐγκοπὴν δῶμεν
1Co 9:16 μοί ἐστιν ἐὰν **μὴ** εὐαγγελίσωμαι.
1Co 9:18 εὐαγγέλιον εἰς τὸ **μὴ** καταχρήσασθαι τῇ ἐξουσίᾳ
1Co 9:20 **μὴ** ὢν αὐτὸς ὑπὸ
1Co 9:21 **μὴ** ὢν ἄνομος θεοῦ
1Co 9:27 **μή** πως ἄλλοις κηρύξας
1Co 10:6 εἰς τὸ **μὴ** εἶναι ἡμᾶς ἐπιθυμητὰς
1Co 10:12 δοκῶν ἑστάναι βλεπέτω **μὴ** πέσῃ.
1Co 10:13 οὐκ εἴληφεν εἰ **μὴ** ἀνθρώπινος·
1Co 10:22 **μὴ** ἰσχυρότεροι αὐτοῦ ἐσμεν;
1Co 10:28 **μὴ** ἐσθίετε δι' ἐκεῖνον
1Co 10:33 πάντα πᾶσιν ἀρέσκω **μὴ** ζητῶν τὸ ἐμαυτοῦ
1Co 11:22 **μὴ** γὰρ οἰκίας οὐκ
1Co 11:22 καὶ καταισχύνετε τοὺς **μὴ** ἔχοντας;
1Co 11:29 ἐσθίει καὶ πίνει **μὴ** διακρίνων τὸ σῶμα.
1Co 11:32 ἵνα **μὴ** σὺν τῷ κόσμῳ
1Co 11:34 ἵνα **μὴ** εἰς κρίμα συνέρχησθε.
1Co 12:3 εἰ **μὴ** ἐν πνεύματι ἁγίῳ.
1Co 12:25 ἵνα **μὴ** ᾖ σχίσμα ἐν
1Co 12:29 **μὴ** πάντες ἀπόστολοι;
1Co 12:29 **μὴ** πάντες προφῆται;
1Co 12:29 **μὴ** πάντες διδάσκαλοι;
1Co 12:29 **μὴ** πάντες δυνάμεις;
1Co 12:30 **μὴ** πάντες χαρίσματα ἔχουσιν
1Co 12:30 **μὴ** πάντες γλώσσαις λαλοῦσιν;
1Co 12:30 **μὴ** πάντες διερμηνεύουσιν;
1Co 13:1 ἀγάπην δὲ **μὴ** ἔχω,
1Co 13:2 ἀγάπην δὲ **μὴ** ἔχω,
1Co 13:3 ἀγάπην δὲ **μὴ** ἔχω,
1Co 14:5 γλώσσαις ἐκτὸς εἰ **μὴ** διερμηνεύῃ,
1Co 14:6 ὑμᾶς ὠφελήσω ἐὰν **μὴ** ὑμῖν λαλήσω ἢ
1Co 14:7 διαστολὴν τοῖς φθόγγοις **μὴ** δῷ,
1Co 14:9 τῆς γλώσσης ἐὰν **μὴ** εὔσημον λόγον δῶτε,
1Co 14:11 ἐὰν οὖν **μὴ** εἰδῶ τὴν δύναμιν
1Co 14:20 **μὴ** παιδία γίνεσθε ταῖς
1Co 14:28 ἐὰν δὲ **μὴ** ᾖ διερμηνευτής,
1Co 14:39 καὶ τὸ λαλεῖν **μὴ** κωλύετε γλώσσαις·
1Co 15:2 ἐκτὸς εἰ **μὴ** εἰκῇ ἐπιστεύσατε.
1Co 15:33 **μὴ** πλανᾶσθε·
1Co 15:34 ἐκνήψατε δικαίως καὶ **μὴ** ἁμαρτάνετε,
1Co 15:36 οὐ ζῳοποιεῖται ἐὰν **μὴ** ἀποθάνῃ·
1Co 16:2 ἵνα **μὴ** ὅταν ἔλθω τότε
1Co 16:11 **μή** τις οὖν αὐτὸν

μηδέ (*mēde*; 6/56) *nor*
1Co 5:8 ἐν ζύμῃ παλαιᾷ **μηδὲ** ἐν ζύμῃ κακίας
1Co 5:11 τῷ τοιούτῳ **μηδὲ** συνεσθίειν.
1Co 10:7 **μηδὲ** εἰδωλολάτραι γίνεσθε καθώς
1Co 10:8 **μηδὲ** πορνεύωμεν,
1Co 10:9 **μηδὲ** ἐκπειράζωμεν τὸν Χριστόν,
1Co 10:10 **μηδὲ** γογγύζετε,

μηδείς (*mēdeis*; 6/90) *no one*
1Co 1:7 μὴ ὑστερεῖσθαι ἐν **μηδενὶ** χαρίσματι ἀπεκδεχομένους τὴν
1Co 3:18 **Μηδεὶς** ἑαυτὸν ἐξαπατάτω·
1Co 3:21 ὥστε **μηδεὶς** καυχάσθω ἐν ἀνθρώποις·
1Co 10:24 **μηδεὶς** τὸ ἑαυτοῦ ζητείτω
1Co 10:25 μακέλλῳ πωλούμενον ἐσθίετε **μηδὲν** ἀνακρίνοντες διὰ τὴν
1Co 10:27 παρατιθέμενον ὑμῖν ἐσθίετε **μηδὲν** ἀνακρίνοντες διὰ τὴν

μηνύω (*mēnyō*; 1/4) *make known, report*
1Co 10:28 δι᾽ ἐκεῖνον τὸν **μηνύσαντα** καὶ τὴν συνείδησιν·

μήτι (*mēti*; 2/18) *particle used in questions*
1Co 6:3 **μήτι** γε βιωτικά;
1Co 7:5 εἰ **μήτι** ἂν ἐκ συμφώνου

μικρός (*mikros*; 1/46) *little*
1Co 5:6 οὐκ οἴδατε ὅτι **μικρὰ** ζύμη ὅλον τὸ

μιμητής (*mimētēs*; 2/6) *imitator*
1Co 4:16 **μιμηταί** μου γίνεσθε.
1Co 11:1 **μιμηταί** μου γίνεσθε καθὼς

μιμνῄσκομαι (*mimnēskomai*; 1/23) *remember*
1Co 11:2 ὅτι πάντα μου **μέμνησθε** καί,

μισθός (*misthos*; 4/29) *pay*
1Co 3:8 δὲ τὸν ἴδιον **μισθὸν** λήμψεται κατὰ τὸν
1Co 3:14 **μισθὸν** λήμψεται·
1Co 9:17 **μισθὸν** ἔχω·
1Co 9:18 μού ἐστιν ὁ **μισθός**;

μοιχός (*moichos*; 1/3) *adulterer*
1Co 6:9 οὔτε εἰδωλολάτραι οὔτε **μοιχοὶ** οὔτε μαλακοὶ οὔτε

μολύνω (*molynō*; 1/3) *defile*
1Co 8:7 αὐτῶν ἀσθενὴς οὖσα **μολύνεται**.

μόνος (*monos*; 4/113[114]) *only*
1Co 7:39 **μόνον** ἐν κυρίῳ.
1Co 9:6 ἢ **μόνος** ἐγὼ καὶ Βαρναβᾶς
1Co 14:36 ἢ εἰς ὑμᾶς **μόνους** κατήντησεν;
1Co 15:19 Χριστῷ ἠλπικότες ἐσμὲν **μόνον**,

μυρίος (*myrios*; 2/2) *countless*
1Co 4:15 ἐὰν γὰρ **μυρίους** παιδαγωγοὺς ἔχητε ἐν
1Co 14:19 ἢ **μυρίους** λόγους ἐν γλώσσῃ.

μυστήριον (*mystērion*; 6/28) *secret, mystery*
1Co 2:1 καταγγέλλων ὑμῖν τὸ **μυστήριον** τοῦ θεοῦ.
1Co 2:7 θεοῦ σοφίαν ἐν **μυστηρίῳ** τὴν ἀποκεκρυμμένην,
1Co 4:1 Χριστοῦ καὶ οἰκονόμους **μυστηρίων** θεοῦ.
1Co 13:2 καὶ εἰδῶ τὰ **μυστήρια** πάντα καὶ πᾶσαν
1Co 14:2 πνεύματι δὲ λαλεῖ **μυστήρια**·
1Co 15:51 ἰδοὺ **μυστήριον** ὑμῖν λέγω·

μωραίνω (*mōrainō*; 1/4) *make foolish*
1Co 1:20 οὐχὶ **ἐμώρανεν** ὁ θεὸς τὴν

μωρία (*mōria*; 5/5) *foolishness*
1Co 1:18 τοῖς μὲν ἀπολλυμένοις **μωρία** ἐστίν,
1Co 1:21 θεὸς διὰ τῆς **μωρίας** τοῦ κηρύγματος σῶσαι
1Co 1:23 ἔθνεσιν δὲ **μωρίαν**,
1Co 2:14 **μωρία** γὰρ αὐτῷ ἐστιν
1Co 3:19 τοῦ κόσμου τούτου **μωρία** παρὰ τῷ θεῷ

μωρός (*mōros*; 4/12) *foolish*
1Co 1:25 ὅτι τὸ **μωρὸν** τοῦ θεοῦ σοφώτερον
1Co 1:27 ἀλλὰ τὰ **μωρὰ** τοῦ κόσμου ἐξελέξατο
1Co 3:18 **μωρὸς** γενέσθω,
1Co 4:10 ἡμεῖς **μωροὶ** διὰ Χριστόν,

Μωϋσῆς (*Mōysēs*; 2/79[80]) *Moses*
1Co 9:9 ἐν γὰρ τῷ **Μωϋσέως** νόμῳ γέγραπται·
1Co 10:2 πάντες εἰς τὸν **Μωϋσῆν** ἐβαπτίσθησαν ἐν

ναός (*naos*; 4/45) *temple*
1Co 3:16 Οὐκ οἴδατε ὅτι **ναὸς** θεοῦ ἐστε καὶ
1Co 3:17 εἴ τις τὸν **ναὸν** τοῦ θεοῦ φθείρει,
1Co 3:17 ὁ γὰρ **ναὸς** τοῦ θεοῦ ἅγιός
1Co 6:19 τὸ σῶμα ὑμῶν **ναὸς** τοῦ ἐν ὑμῖν

νεκρός (*nekros*; 13/128) *dead*
1Co 15:12 κηρύσσεται ὅτι ἐκ **νεκρῶν** ἐγήγερται,
1Co 15:12 τινες ὅτι ἀνάστασις **νεκρῶν** οὐκ ἔστιν;
1Co 15:13 εἰ δὲ ἀνάστασις **νεκρῶν** οὐκ ἔστιν,
1Co 15:15 ἤγειρεν εἴπερ ἄρα **νεκροὶ** οὐκ ἐγείρονται.
1Co 15:16 εἰ γὰρ **νεκροὶ** οὐκ ἐγείρονται,
1Co 15:20 Χριστὸς ἐγήγερται ἐκ **νεκρῶν** ἀπαρχὴ τῶν κεκοιμημένων.
1Co 15:21 δι᾽ ἀνθρώπου ἀνάστασις **νεκρῶν**.
1Co 15:29 βαπτιζόμενοι ὑπὲρ τῶν **νεκρῶν**;
1Co 15:29 εἰ ὅλως **νεκροὶ** οὐκ ἐγείρονται,
1Co 15:32 εἰ **νεκροὶ** οὐκ ἐγείρονται,
1Co 15:35 πῶς ἐγείρονται οἱ **νεκροί**;
1Co 15:42 ἡ ἀνάστασις τῶν **νεκρῶν**.
1Co 15:52 γὰρ καὶ οἱ **νεκροὶ** ἐγερθήσονται ἄφθαρτοι

νέος (*neos*; 1/24) *young, new*
1Co 5:7 ἵνα ἦτε **νέον** φύραμα,

νεφέλη (*nephelē*; 2/25) *cloud*
1Co 10:1 πάντες ὑπὸ τὴν **νεφέλην** ἦσαν καὶ πάντες
1Co 10:2 ἐβαπτίσθησαν ἐν τῇ **νεφέλῃ** καὶ ἐν τῇ

νή (*nē*; 1/1) *by*
1Co 15:31 **νὴ** τὴν ὑμετέραν καύχησιν,

νηπιάζω (*nēpiazō*; 1/1) *be a child*
1Co 14:20 ἀλλὰ τῇ κακίᾳ **νηπιάζετε**,

νήπιος (*nēpios*; 6/15) *infant, child*
1Co 3:1 ὡς **νηπίοις** ἐν Χριστῷ.
1Co 13:11 ὅτε ἤμην **νήπιος**,
1Co 13:11 ἐλάλουν ὡς **νήπιος**,
1Co 13:11 ἐφρόνουν ὡς **νήπιος**,
1Co 13:11 ἐλογιζόμην ὡς **νήπιος**·
1Co 13:11 κατήργηκα τὰ τοῦ **νηπίου**.

νῖκος (*nikos*; 3/4) *victory*
1Co 15:54 ὁ θάνατος εἰς **νῖκος**.
1Co 15:55 τὸ **νῖκος**;
1Co 15:57 διδόντι ἡμῖν τὸ **νῖκος** διὰ τοῦ κυρίου

νομίζω (*nomizō*; 2/15) *think*
1Co 7:26 **Νομίζω** οὖν τοῦτο καλὸν
1Co 7:36 τὴν παρθένον αὐτοῦ **νομίζει**,

νόμος (*nomos*; 9/193[194]) *law*
1Co 9:8 ἢ καὶ ὁ **νόμος** ταῦτα οὐ λέγει;
1Co 9:9 γὰρ τῷ Μωϋσέως **νόμῳ** γέγραπται·
1Co 9:20 τοῖς ὑπὸ **νόμον** ὡς ὑπὸ νόμον,
1Co 9:20 νόμον ὡς ὑπὸ **νόμον**,
1Co 9:20 ὢν αὐτὸς ὑπὸ **νόμον**,
1Co 9:20 ἵνα τοὺς ὑπὸ **νόμον** κερδήσω·
1Co 14:21 ἐν τῷ **νόμῳ** γέγραπται ὅτι ἐν
1Co 14:34 καθὼς καὶ ὁ **νόμος** λέγει.
1Co 15:56 τῆς ἁμαρτίας ὁ **νόμος**·

νουθεσία (*nouthesia*; 1/3) *instruction*
1Co 10:11 ἐγράφη δὲ πρὸς **νουθεσίαν** ἡμῶν,

νουθετέω (*noutheteō*; 1/8) *instruct*
1Co 4:14 τέκνα μου ἀγαπητὰ **νουθετῶ[ν]**.

νοῦς (*nous*; 7/24) *mind*
1Co 1:10 ἐν τῷ αὐτῷ **νοῒ** καὶ ἐν τῇ
1Co 2:16 τίς γὰρ ἔγνω **νοῦν** κυρίου,
1Co 2:16 ἡμεῖς δὲ **νοῦν** Χριστοῦ ἔχομεν.
1Co 14:14 ὁ δὲ **νοῦς** μου ἄκαρπός ἐστιν.
1Co 14:15 δὲ καὶ τῷ **νοΐ**·
1Co 14:15 δὲ καὶ τῷ **νοΐ**.
1Co 14:19 πέντε λόγους τῷ **νοΐ** μου λαλῆσαι,

νῦν (*nyn*; 6/146[147]) *now*
1Co 3:2 ἀλλ᾽ οὐδὲ ἔτι **νῦν** δύνασθε,
1Co 5:11 **νῦν** δὲ ἔγραψα ὑμῖν
1Co 7:14 **νῦν** δὲ ἅγιά ἐστιν.
1Co 12:20 **νῦν** δὲ πολλὰ μὲν
1Co 14:6 **Νῦν** δέ,
1Co 16:12 ἦν θέλημα ἵνα **νῦν** ἔλθῃ·

νυνί (*nyni*; 3/20) *now*
1Co 12:18 **νυνὶ** δὲ ὁ θεὸς
1Co 13:13 **Νυνὶ** δὲ μένει πίστις,
1Co 15:20 **Νυνὶ** δὲ Χριστὸς ἐγήγερται

νύξ (*nyx*; 1/61) *night*
1Co 11:23 Ἰησοῦς ἐν τῇ **νυκτὶ** ᾗ παρεδίδετο ἔλαβεν

ξύλον (*xylon*; 1/20) *wood*
1Co 3:12 **ξύλα**,

ξυράω (*xyraō*; 2/3) *shave*
1Co 11:5 τὸ αὐτὸ τῇ **ἐξυρημένῃ**.
1Co 11:6 τὸ κείρασθαι ἢ **ξυρᾶσθαι**,

ὁδός (*hodos*; 2/101) *way*
1Co 4:17 ὑμᾶς ἀναμνήσει τὰς **ὁδούς** μου τὰς ἐν
1Co 12:31 ἔτι καθ᾽ ὑπερβολὴν **ὁδὸν** ὑμῖν δείκνυμι.

οἶδα (*oida*; 25/318) *know*
1Co 1:16 λοιπὸν οὐκ **οἶδα** εἴ τινα ἄλλον
1Co 2:2 γὰρ ἔκρινά τι **εἰδέναι** ἐν ὑμῖν εἰ
1Co 2:11 τίς γὰρ **οἶδεν** ἀνθρώπων τὰ τοῦ
1Co 2:12 ἵνα **εἰδῶμεν** τὰ ὑπὸ τοῦ
1Co 3:16 Οὐκ **οἴδατε** ὅτι ναὸς θεοῦ
1Co 5:6 οὐκ **οἴδατε** ὅτι μικρὰ ζύμη
1Co 6:2 ἢ οὐκ **οἴδατε** ὅτι οἱ ἅγιοι
1Co 6:3 οὐκ **οἴδατε** ὅτι ἀγγέλους κρινοῦμεν,
1Co 6:9 Ἢ οὐκ **οἴδατε** ὅτι ἄδικοι θεοῦ
1Co 6:15 οὐκ **οἴδατε** ὅτι τὰ σώματα
1Co 6:16 [ἢ] οὐκ **οἴδατε** ὅτι ὁ κολλώμενος
1Co 6:19 ἢ οὐκ **οἴδατε** ὅτι τὸ σῶμα
1Co 7:16 τί γὰρ **οἶδας**,
1Co 7:16 ἢ τί **οἶδας**,
1Co 8:1 **οἴδαμεν** ὅτι πάντες γνῶσιν
1Co 8:4 **οἴδαμεν** ὅτι οὐδὲν εἴδωλον
1Co 9:13 Οὐκ **οἴδατε** ὅτι οἱ τὰ
1Co 9:24 Οὐκ **οἴδατε** ὅτι οἱ ἐν
1Co 11:3 Θέλω δὲ ὑμᾶς **εἰδέναι** ὅτι παντὸς ἀνδρὸς
1Co 12:2 **Οἴδατε** ὅτι ὅτε ἔθνη
1Co 13:2 ἔχω προφητείαν καὶ **εἰδῶ** τὰ μυστήρια πάντα
1Co 14:11 ἐὰν οὖν μὴ **εἰδῶ** τὴν δύναμιν τῆς
1Co 14:16 τί λέγεις οὐκ **οἶδεν**·
1Co 15:58 **εἰδότες** ὅτι ὁ κόπος
1Co 16:15 **οἴδατε** τὴν οἰκίαν Στεφανᾶ,

οἰκέω (*oikeō*; 3/9) *live*
1Co 3:16 πνεῦμα τοῦ θεοῦ **οἰκεῖ** ἐν ὑμῖν;
1Co 7:12 καὶ αὕτη συνευδοκεῖ **οἰκεῖν** μετ᾽ αὐτοῦ,
1Co 7:13 καὶ οὗτος συνευδοκεῖ **οἰκεῖν** μετ᾽ αὐτῆς,

οἰκία (*oikia*; 2/93) *house*
1Co 11:22 μὴ γὰρ **οἰκίας** οὐκ ἔχετε εἰς
1Co 16:15 οἴδατε τὴν **οἰκίαν** Στεφανᾶ,

οἰκοδομέω (*oikodomeō*; 6/40) *build*
1Co 8:1 ἡ δὲ ἀγάπη **οἰκοδομεῖ**·
1Co 8:10 αὐτοῦ ἀσθενοῦς ὄντος **οἰκοδομηθήσεται**
1Co 10:23 ἀλλ᾽ οὐ πάντα **οἰκοδομεῖ**.
1Co 14:4 λαλῶν γλώσσῃ ἑαυτὸν **οἰκοδομεῖ**·
1Co 14:4 δὲ προφητεύων ἐκκλησίαν **οἰκοδομεῖ**.
1Co 14:17 ὁ ἕτερος οὐκ **οἰκοδομεῖται**.

οἰκοδομή (*oikodomē*; 5/18) *building (up)*
1Co 3:9 θεοῦ **οἰκοδομή** ἐστε.

1Co 14:3 προφητεύων ἀνθρώποις λαλεῖ **οἰκοδομὴν** καὶ παράκλησιν καὶ
1Co 14:5 ἵνα ἡ ἐκκλησία **οἰκοδομὴν** λάβῃ.
1Co 14:12 πρὸς τὴν **οἰκοδομὴν** τῆς ἐκκλησίας ζητεῖτε
1Co 14:26 πάντα πρὸς **οἰκοδομὴν** γινέσθω.

οἰκονομία (*oikonomia*; 1/9) *management of a household*
1Co 9:17 **οἰκονομίαν** πεπίστευμαι·

οἰκονόμος (*oikonomos*; 2/10) *steward*
1Co 4:1 ὑπηρέτας Χριστοῦ καὶ **οἰκονόμους** μυστηρίων θεοῦ.
1Co 4:2 ζητεῖται ἐν τοῖς **οἰκονόμοις**,

οἶκος (*oikos*; 4/113[114]) *house*
1Co 1:16 καὶ τὸν Στεφανᾶ **οἶκον**,
1Co 11:34 ἐν **οἴκῳ** ἐσθιέτω,
1Co 14:35 ἐν **οἴκῳ** τοὺς ἰδίους ἄνδρας
1Co 16:19 σὺν τῇ κατ' **οἶκον** αὐτῶν ἐκκλησίᾳ.

οἷος (*hoios*; 2/14) *such as*
1Co 15:48 **οἷος** ὁ χοϊκός,
1Co 15:48 καὶ **οἷος** ὁ ἐπουράνιος,

ὄλεθρος (*olethros*; 1/4) *destruction*
1Co 5:5 τῷ σατανᾷ εἰς **ὄλεθρον** τῆς σαρκός,

ὀλοθρευτής (*olothreutēs*; 1/1) *destroying angel*
1Co 10:10 ἀπώλοντο ὑπὸ τοῦ **ὀλοθρευτοῦ**.

ὅλος (*holos*; 4/109) *whole*
1Co 5:6 ὅτι μικρὰ ζύμη **ὅλον** τὸ φύραμα ζυμοῖ;
1Co 12:17 εἰ **ὅλον** τὸ σῶμα ὀφθαλμός,
1Co 12:17 εἰ **ὅλον** ἀκοή,
1Co 14:23 συνέλθῃ ἡ ἐκκλησία **ὅλη** ἐπὶ τὸ αὐτὸ

ὅλως (*holōs*; 3/4) *at all*
1Co 5:1 **Ὅλως** ἀκούεται ἐν ὑμῖν
1Co 6:7 Ἤδη μὲν [οὖν] **ὅλως** ἥττημα ὑμῖν ἐστιν
1Co 15:29 εἰ **ὅλως** νεκροὶ οὐκ ἐγείρονται,

ὁμιλία (*homilia*; 1/1) *company*
1Co 15:33 φθείρουσιν ἤθη χρηστὰ **ὁμιλίαι** κακαί.

ὁμοίως (*homoiōs*; 3/30) *in the same way*
1Co 7:3 **ὁμοίως** δὲ καὶ ἡ
1Co 7:4 **ὁμοίως** δὲ καὶ ὁ
1Co 7:22 **ὁμοίως** ὁ ἐλεύθερος κληθεὶς

ὅμως (*homōs*; 1/3) *even*
1Co 14:7 **ὅμως** τὰ ἄψυχα φωνὴν

ὄνομα (*onoma*; 6/229[230]) *name*
1Co 1:2 τοῖς ἐπικαλουμένοις τὸ **ὄνομα** τοῦ κυρίου ἡμῶν
1Co 1:10 διὰ τοῦ **ὀνόματος** τοῦ κυρίου ἡμῶν
1Co 1:13 ἢ εἰς τὸ **ὄνομα** Παύλου ἐβαπτίσθητε;
1Co 1:15 εἰς τὸ ἐμὸν **ὄνομα** ἐβαπτίσθητε.
1Co 5:4 ἐν τῷ **ὀνόματι** τοῦ κυρίου [ἡμῶν]
1Co 6:11 ἐδικαιώθητε ἐν τῷ **ὀνόματι** τοῦ κυρίου Ἰησοῦ

ὀνομάζω (*onomazō*; 1/10) *name*
1Co 5:11 ἐάν τις ἀδελφὸς **ὀνομαζόμενος** ᾖ πόρνος ἢ

ὄντως (*ontōs*; 1/10) *really*
1Co 14:25 θεῷ ἀπαγγέλλων ὅτι **ὄντως** ὁ θεὸς ἐν

ὁποῖος (*hopoios*; 1/5) *of what sort*
1Co 3:13 ἑκάστου τὸ ἔργον **ὁποῖόν** ἐστιν τὸ πῦρ

ὅπου (*hopou*; 1/82) *where*
1Co 3:3 **ὅπου** γὰρ ἐν ὑμῖν

ὅπως (*hopōs*; 1/53) *that*
1Co 1:29 **ὅπως** μὴ καυχήσηται πᾶσα

ὁράω (*horaō*; 8/452) *see*
1Co 2:9 ἃ ὀφθαλμὸς οὐκ **εἶδεν** καὶ οὖς οὐκ
1Co 8:10 ἐὰν γάρ τις **ἴδῃ** σὲ τὸν ἔχοντα
1Co 9:1 τὸν κύριον ἡμῶν **ἑόρακα**;
1Co 15:5 καὶ ὅτι **ὤφθη** Κηφᾷ εἶτα τοῖς
1Co 15:6 ἔπειτα **ὤφθη** ἐπάνω πεντακοσίοις ἀδελφοῖς
1Co 15:7 ἔπειτα **ὤφθη** Ἰακώβῳ εἶτα τοῖς
1Co 15:8 ὡσπερεὶ τῷ ἐκτρώματι **ὤφθη** κἀμοί.
1Co 16:7 ἄρτι ἐν παρόδῳ **ἰδεῖν**,

ὄρος (*oros*; 1/62[63]) *mountain*
1Co 13:2 τὴν πίστιν ὥστε **ὄρη** μεθιστάναι,

ὅς (*hos*; 62/1406[1407]) *who*
1Co 1:8 **ὃς** καὶ βεβαιώσει ὑμᾶς
1Co 1:9 δι' **οὗ** ἐκλήθητε εἰς κοινωνίαν
1Co 1:30 **ὃς** ἐγενήθη σοφία ἡμῖν
1Co 2:7 **ἣν** προώρισεν ὁ θεὸς
1Co 2:8 **ἣν** οὐδεὶς τῶν ἀρχόντων
1Co 2:9 **ἃ** ὀφθαλμὸς οὐκ εἶδεν
1Co 2:9 **ἃ** ἡτοίμασεν ὁ θεὸς
1Co 2:13 **ἃ** καὶ λαλοῦμεν οὐκ
1Co 2:16 **ὃς** συμβιβάσει αὐτόν;
1Co 3:5 διάκονοι δι' **ὧν** ἐπιστεύσατε,
1Co 3:11 **ὅς** ἐστιν Ἰησοῦς Χριστός.
1Co 3:14 τὸ ἔργον μενεῖ **ὃ** ἐποικοδόμησεν,
1Co 4:5 **ὃς** καὶ φωτίσει τὰ
1Co 4:6 τὸ μὴ ὑπὲρ **ἃ** γέγραπται,
1Co 4:7 τί δὲ ἔχεις **ὃ** οὐκ ἔλαβες;
1Co 4:17 **ὅς** ἐστίν μου τέκνον
1Co 4:17 **ὃς** ὑμᾶς ἀναμνήσει τὰς
1Co 6:5 **ὃς** δυνήσεται διακρῖναι ἀνὰ
1Co 6:18 πᾶν ἁμάρτημα **ὃ** ἐὰν ποιήσῃ ἄνθρωπος
1Co 6:19 ἁγίου πνεύματός ἐστιν **οὗ** ἔχετε ἀπὸ θεοῦ,
1Co 7:1 Περὶ δὲ **ὧν** ἐγράψατε,
1Co 7:20 ἐν τῇ κλήσει **ᾗ** ἐκλήθη,
1Co 7:24 ἕκαστος ἐν **ᾧ** ἐκλήθη,
1Co 7:36 **ὃ** θέλει ποιείτω,
1Co 7:37 **ὃς** δὲ ἕστηκεν ἐν
1Co 7:39 ἐλευθέρα ἐστὶν **ᾧ** θέλει γαμηθῆναι,
1Co 8:6 ὁ πατὴρ ἐξ **οὗ** τὰ πάντα καὶ
1Co 8:6 Ἰησοῦς Χριστὸς δι' **οὗ** τὰ πάντα καὶ
1Co 8:11 ὁ ἀδελφὸς δι' **ὃν** Χριστὸς ἀπέθανεν.

1Co 10:11 εἰς **οὓς** τὰ τέλη τῶν
1Co 10:13 **ὃς** οὐκ ἐάσει ὑμᾶς
1Co 10:13 ὑμᾶς πειρασθῆναι ὑπὲρ **ὃ** δύνασθε ἀλλὰ ποιήσει
1Co 10:15 κρίνατε ὑμεῖς **ὅ** φημι.
1Co 10:16 ποτήριον τῆς εὐλογίας **ὃ** εὐλογοῦμεν,
1Co 10:16 τὸν ἄρτον **ὃν** κλῶμεν,
1Co 10:20 ἀλλ᾽ ὅτι **ἃ** θύουσιν,
1Co 10:30 τί βλασφημοῦμαι ὑπὲρ **οὗ** ἐγὼ εὐχαριστῶ;
1Co 11:21 καὶ **ὃς** μὲν πεινᾷ ὃς
1Co 11:21 ὃς μὲν πεινᾷ **ὃς** δὲ μεθύει.
1Co 11:23 **ὃ** καὶ παρέδωκα ὑμῖν,
1Co 11:23 ἐν τῇ νυκτὶ **ᾗ** παρεδίδετο ἔλαβεν ἄρτον
1Co 11:26 κυρίου καταγγέλλετε ἄχρι **οὗ** ἔλθῃ.
1Co 11:27 Ὥστε **ὃς** ἂν ἐσθίῃ τὸν
1Co 12:8 **ᾧ** μὲν γὰρ διὰ
1Co 12:23 καὶ **ἃ** δοκοῦμεν ἀτιμότερα εἶναι
1Co 12:28 Καὶ **οὓς** μὲν ἔθετο ὁ
1Co 14:37 ἐπιγινωσκέτω **ἃ** γράφω ὑμῖν ὅτι
1Co 15:1 τὸ εὐαγγέλιον **ὃ** εὐηγγελισάμην ὑμῖν,
1Co 15:1 **ὃ** καὶ παρελάβετε,
1Co 15:1 ἐν **ᾧ** καὶ ἑστήκατε,
1Co 15:2 δι᾽ **οὗ** καὶ σῴζεσθε,
1Co 15:3 **ὃ** καὶ παρέλαβον,
1Co 15:6 ἐξ **ὧν** οἱ πλείονες μένουσιν
1Co 15:9 ἐλάχιστος τῶν ἀποστόλων **ὃς** οὐκ εἰμὶ ἱκανὸς
1Co 15:10 δὲ θεοῦ εἰμι **ὅ** εἰμι,
1Co 15:15 **ὃν** οὐκ ἤγειρεν εἴπερ
1Co 15:25 αὐτὸν βασιλεύειν ἄχρι **οὗ** θῇ πάντας τοὺς
1Co 15:31 [ἀδελφοί] **ἣν** ἔχω ἐν Χριστῷ
1Co 15:36 σὺ **ὃ** σπείρεις,
1Co 15:37 καὶ **ὃ** σπείρεις,
1Co 16:2 ἑαυτῷ τιθέτω θησαυρίζων **ὅ** τι ἐὰν εὐοδῶται,
1Co 16:3 οὓς **ἐὰν** δοκιμάσητε,

ὁσάκις (*hosakis*; 2/3) *as often as*

1Co 11:25 **ὁσάκις** ἐὰν πίνητε,
1Co 11:26 **ὁσάκις** γὰρ ἐὰν ἐσθίητε

ὅσος (*hosos*; 1/110) *as much as (pl. as many as)*

1Co 7:39 Γυνὴ δέδεται ἐφ᾽ **ὅσον** χρόνον ζῇ ὁ

ὅστις (*hostis*; 2/144) *who*

1Co 3:17 **οἵτινές** ἐστε ὑμεῖς.
1Co 5:1 καὶ τοιαύτη πορνεία **ἥτις** οὐδὲ ἐν τοῖς

ὄσφρησις (*osphrēsis*; 1/1) *sense of smell*

1Co 12:17 ποῦ ἡ **ὄσφρησις**;

ὅταν (*hotan*; 12/123) *when*

1Co 3:4 **ὅταν** γὰρ λέγῃ τις·
1Co 13:10 **ὅταν** δὲ ἔλθῃ τὸ
1Co 14:26 **ὅταν** συνέρχησθε,
1Co 15:24 **ὅταν** παραδιδῷ τὴν βασιλείαν
1Co 15:24 **ὅταν** καταργήσῃ πᾶσαν ἀρχὴν
1Co 15:27 **ὅταν** δὲ εἴπῃ ὅτι
1Co 15:28 **ὅταν** δὲ ὑποταγῇ αὐτῷ
1Co 15:54 **ὅταν** δὲ τὸ φθαρτὸν
1Co 16:2 ἵνα μὴ **ὅταν** ἔλθω τότε λογεῖαι
1Co 16:3 **ὅταν** δὲ παραγένωμαι,
1Co 16:5 δὲ πρὸς ὑμᾶς **ὅταν** Μακεδονίαν διέλθω·
1Co 16:12 ἐλεύσεται δὲ **ὅταν** εὐκαιρήσῃ.

ὅτε (*hote*; 3/103) *when*

1Co 12:2 Οἴδατε ὅτι **ὅτε** ἔθνη ἦτε πρὸς
1Co 13:11 **ὅτε** ἤμην νήπιος,
1Co 13:11 **ὅτε** γέγονα ἀνήρ,

ὅτι (*hoti*; 60/1294[1296]) *because, that*

1Co 1:5 **ὅτι** ἐν παντὶ ἐπλουτίσθητε
1Co 1:11 ὑπὸ τῶν Χλόης **ὅτι** ἔριδες ἐν ὑμῖν
1Co 1:12 λέγω δὲ τοῦτο **ὅτι** ἕκαστος ὑμῶν λέγει·
1Co 1:14 εὐχαριστῶ [τῷ θεῷ] **ὅτι** οὐδένα ὑμῶν ἐβάπτισα
1Co 1:15 μή τις εἴπῃ **ὅτι** εἰς τὸ ἐμὸν
1Co 1:25 **ὅτι** τὸ μωρὸν τοῦ
1Co 1:26 **ὅτι** οὐ πολλοὶ σοφοὶ
1Co 2:14 **ὅτι** πνευματικῶς ἀνακρίνεται.
1Co 3:13 **ὅτι** ἐν πυρὶ ἀποκαλύπτεται·
1Co 3:16 Οὐκ οἴδατε **ὅτι** ναὸς θεοῦ ἐστε
1Co 3:20 διαλογισμοὺς τῶν σοφῶν **ὅτι** εἰσὶν μάταιοι.
1Co 4:9 **ὅτι** θέατρον ἐγενήθημεν τῷ
1Co 5:6 οὐκ οἴδατε **ὅτι** μικρὰ ζύμη ὅλον
1Co 6:2 ἢ οὐκ οἴδατε **ὅτι** οἱ ἅγιοι τὸν
1Co 6:3 οὐκ οἴδατε **ὅτι** ἀγγέλους κρινοῦμεν,
1Co 6:7 ἥττημα ὑμῖν ἐστιν **ὅτι** κρίματα ἔχετε μεθ᾽
1Co 6:9 Ἢ οὐκ οἴδατε **ὅτι** ἄδικοι θεοῦ βασιλείαν
1Co 6:15 οὐκ οἴδατε **ὅτι** τὰ σώματα ὑμῶν
1Co 6:16 [ἢ] οὐκ οἴδατε **ὅτι** ὁ κολλώμενος τῇ
1Co 6:19 ἢ οὐκ οἴδατε **ὅτι** τὸ σῶμα ὑμῶν
1Co 7:26 **ὅτι** καλὸν ἀνθρώπῳ τὸ
1Co 8:1 οἴδαμεν **ὅτι** πάντες γνῶσιν ἔχομεν.
1Co 8:4 οἴδαμεν **ὅτι** οὐδὲν εἴδωλον ἐν
1Co 8:4 ἐν κόσμῳ καὶ **ὅτι** οὐδεὶς θεὸς εἰ
1Co 9:10 ἡμᾶς γὰρ ἐγράφη **ὅτι** ὀφείλει ἐπ᾽ ἐλπίδι
1Co 9:13 Οὐκ οἴδατε **ὅτι** οἱ τὰ ἱερὰ
1Co 9:24 Οὐκ οἴδατε **ὅτι** οἱ ἐν σταδίῳ
1Co 10:1 **ὅτι** οἱ πατέρες ἡμῶν
1Co 10:17 **ὅτι** εἷς ἄρτος,
1Co 10:19 **ὅτι** εἰδωλόθυτόν τι ἐστιν
1Co 10:19 τι ἐστιν ἢ **ὅτι** εἴδωλόν τι ἐστιν;
1Co 10:20 ἀλλ᾽ **ὅτι** ἃ θύουσιν,
1Co 11:2 Ἐπαινῶ δὲ ὑμᾶς **ὅτι** πάντα μου μέμνησθε
1Co 11:3 δὲ ὑμᾶς εἰδέναι **ὅτι** παντὸς ἀνδρὸς ἡ
1Co 11:14 αὐτὴ διδάσκει ὑμᾶς **ὅτι** ἀνὴρ μὲν ἐὰν
1Co 11:15 ὅτι **ἡ** κόμη ἀντὶ περιβολαίου
1Co 11:17 παραγγέλλων οὐκ ἐπαινῶ **ὅτι** οὐκ εἰς τὸ
1Co 11:23 **ὅτι** ὁ κύριος Ἰησοῦς
1Co 12:2 Οἴδατε **ὅτι** ὅτε ἔθνη ἦτε
1Co 12:3 διὸ γνωρίζω ὑμῖν **ὅτι** οὐδεὶς ἐν πνεύματι
1Co 12:15 **ὅτι** οὐκ εἰμὶ χείρ,
1Co 12:16 **ὅτι** οὐκ εἰμὶ ὀφθαλμός,
1Co 14:21 τῷ νόμῳ γέγραπται **ὅτι** ἐν ἑτερογλώσσοις
1Co 14:23 οὐκ ἐροῦσιν **ὅτι** μαίνεσθε;
1Co 14:25 τῷ θεῷ ἀπαγγέλλων **ὅτι** ὄντως ὁ θεὸς
1Co 14:37 ἃ γράφω ὑμῖν **ὅτι** κυρίου ἐστὶν ἐντολή·
1Co 15:3 **ὅτι** Χριστὸς ἀπέθανεν ὑπὲρ
1Co 15:4 καὶ **ὅτι** ἐτάφη καὶ ὅτι
1Co 15:4 ὅτι ἐτάφη καὶ **ὅτι** ἐγήγερται τῇ ἡμέρᾳ
1Co 15:5 καὶ **ὅτι** ὤφθη Κηφᾷ εἶτα
1Co 15:12 δὲ Χριστὸς κηρύσσεται **ὅτι** ἐκ νεκρῶν ἐγήγερται,
1Co 15:12 ἐν ὑμῖν τινες **ὅτι** ἀνάστασις νεκρῶν οὐκ
1Co 15:15 **ὅτι** ἐμαρτυρήσαμεν κατὰ τοῦ
1Co 15:15 κατὰ τοῦ θεοῦ **ὅτι** ἤγειρεν τὸν Χριστόν,

1Co 15:27 ὅταν δὲ εἴπῃ **ὅτι** πάντα ὑποτέτακται,
1Co 15:27 δῆλον **ὅτι** ἐκτὸς τοῦ ὑποτάξαντος
1Co 15:50 **ὅτι** σὰρξ καὶ αἷμα
1Co 15:58 εἰδότες **ὅτι** ὁ κόπος ὑμῶν
1Co 16:15 **ὅτι** ἐστὶν ἀπαρχὴ τῆς
1Co 16:17 **ὅτι** τὸ ὑμέτερον ὑστέρημα

οὐ (*ou*; 156/1621[1623]) *not*

1Co 1:16 λοιπὸν **οὐκ** οἶδα εἴ τινα
1Co 1:17 **οὐ** γὰρ ἀπέστειλέν με
1Co 1:17 **οὐκ** ἐν σοφίᾳ λόγου,
1Co 1:21 σοφίᾳ τοῦ θεοῦ **οὐκ** ἔγνω ὁ κόσμος
1Co 1:26 ὅτι **οὐ** πολλοὶ σοφοὶ κατὰ
1Co 1:26 **οὐ** πολλοὶ δυνατοί,
1Co 1:26 **οὐ** πολλοὶ εὐγενεῖς·
1Co 2:1 ἦλθον **οὐ** καθ' ὑπεροχὴν λόγου
1Co 2:2 **οὐ** γὰρ ἔκρινά τι
1Co 2:4 τὸ κήρυγμά μου **οὐκ** ἐν πειθοῖ[ς] σοφίας
1Co 2:6 σοφίαν δὲ **οὐ** τοῦ αἰῶνος τούτου
1Co 2:8 **οὐκ** ἂν τὸν κύριον
1Co 2:9 ἃ ὀφθαλμὸς **οὐκ** εἶδεν καὶ οὖς
1Co 2:9 καὶ **οὖς** οὐκ ἤκουσεν
1Co 2:9 ἐπὶ καρδίαν ἀνθρώπου **οὐκ** ἀνέβη,
1Co 2:12 ἡμεῖς δὲ **οὐ** τὸ πνεῦμα τοῦ
1Co 2:13 ἃ καὶ λαλοῦμεν **οὐκ** ἐν διδακτοῖς ἀνθρωπίνης
1Co 2:14 ψυχικὸς δὲ ἄνθρωπος **οὐ** δέχεται τὰ τοῦ
1Co 2:14 αὐτῷ ἐστιν καὶ **οὐ** δύναται γνῶναι,
1Co 3:1 **οὐκ** ἠδυνήθην λαλῆσαι ὑμῖν
1Co 3:2 **οὐ** βρῶμα·
1Co 3:4 **οὐκ** ἄνθρωποί ἐστε;
1Co 3:16 **Οὐκ** οἴδατε ὅτι ναὸς
1Co 4:4 ἀλλ' **οὐκ** ἐν τούτῳ δεδικαίωμαι,
1Co 4:7 δὲ ἔχεις ὃ **οὐκ** ἔλαβες;
1Co 4:14 **Οὐκ** ἐντρέπων ὑμᾶς γράφω
1Co 4:15 ἐν Χριστῷ ἀλλ' **οὐ** πολλοὺς πατέρας·
1Co 4:19 καὶ γνώσομαι **οὐ** τὸν λόγον τῶν
1Co 4:20 **οὐ** γὰρ ἐν λόγῳ
1Co 5:6 **Οὐ** καλὸν τὸ καύχημα
1Co 5:6 **οὐκ** οἴδατε ὅτι μικρὰ
1Co 5:10 **οὐ** πάντως τοῖς πόρνοις
1Co 6:2 ἢ **οὐκ** οἴδατε ὅτι οἱ
1Co 6:3 **οὐκ** οἴδατε ὅτι ἀγγέλους
1Co 6:5 οὕτως **οὐκ** ἔνι ἐν ὑμῖν
1Co 6:9 Ἢ **οὐκ** οἴδατε ὅτι ἄδικοι
1Co 6:9 ἄδικοι θεοῦ βασιλείαν **οὐ** κληρονομήσουσιν;
1Co 6:10 **οὐ** μέθυσοι,
1Co 6:10 **οὐ** λοίδοροι,
1Co 6:10 **οὐχ** ἅρπαγες βασιλείαν θεοῦ
1Co 6:12 μοι ἔξεστιν ἀλλ' **οὐ** πάντα συμφέρει·
1Co 6:12 μοι ἔξεστιν ἀλλ' **οὐκ** ἐγὼ ἐξουσιασθήσομαι
1Co 6:13 τὸ δὲ σῶμα **οὐ** τῇ πορνείᾳ ἀλλὰ
1Co 6:15 **οὐκ** οἴδατε ὅτι τὰ
1Co 6:16 [ἢ] **οὐκ** οἴδατε ὅτι ὁ
1Co 6:19 ἢ **οὐκ** οἴδατε ὅτι τὸ
1Co 6:19 καὶ **οὐκ** ἐστὲ ἑαυτῶν;
1Co 7:4 τοῦ ἰδίου σώματος **οὐκ** ἐξουσιάζει ἀλλὰ ὁ
1Co 7:4 τοῦ ἰδίου σώματος **οὐκ** ἐξουσιάζει ἀλλὰ ἡ
1Co 7:6 λέγω κατὰ συγγνώμην **οὐ** κατ' ἐπιταγήν.
1Co 7:9 εἰ δὲ **οὐκ** ἐγκρατεύονται,
1Co 7:10 **οὐκ** ἐγὼ ἀλλὰ ὁ
1Co 7:12 λοιποῖς λέγω ἐγὼ **οὐχ** ὁ κύριος·
1Co 7:15 **οὐ** δεδούλωται ὁ ἀδελφὸς
1Co 7:25 παρθένων ἐπιταγὴν κυρίου **οὐκ** ἔχω,
1Co 7:28 **οὐχ** ἥμαρτες,
1Co 7:28 **οὐχ** ἥμαρτεν·
1Co 7:35 **οὐχ** ἵνα βρόχον ὑμῖν
1Co 7:36 **οὐχ** ἁμαρτάνει,
1Co 8:7 Ἀλλ' **οὐκ** ἐν πᾶσιν ἡ
1Co 8:8 βρῶμα δὲ ἡμᾶς **οὐ** παραστήσει τῷ θεῷ·
1Co 8:13 **οὐ** μὴ φάγω κρέα
1Co 9:1 **Οὐκ** εἰμὶ ἐλεύθερος;
1Co 9:1 **οὐκ** εἰμὶ ἀπόστολος;
1Co 9:1 **οὐ** τὸ ἔργον μου ὑμεῖς
1Co 9:2 εἰ ἄλλοις **οὐκ** εἰμὶ ἀπόστολος,
1Co 9:4 μὴ **οὐκ** ἔχομεν ἐξουσίαν φαγεῖν
1Co 9:5 μὴ **οὐκ** ἔχομεν ἐξουσίαν ἀδελφὴν
1Co 9:6 ἐγὼ καὶ Βαρναβᾶς **οὐκ** ἔχομεν ἐξουσίαν μὴ
1Co 9:7 τὸν καρπὸν αὐτοῦ **οὐκ** ἐσθίει;
1Co 9:7 γάλακτος τῆς ποίμνης **οὐκ** ἐσθίει;
1Co 9:8 ὁ νόμος ταῦτα **οὐ** λέγει;
1Co 9:9 **οὐ** κημώσεις βοῦν ἀλοῶντα.
1Co 9:12 **οὐ** μᾶλλον ἡμεῖς;
1Co 9:12 ἀλλ' **οὐκ** ἐχρησάμεθα τῇ ἐξουσίᾳ
1Co 9:13 **Οὐκ** οἴδατε ὅτι οἱ
1Co 9:15 Ἐγὼ δὲ **οὐ** κέχρημαι οὐδενὶ τούτων.
1Co 9:15 **Οὐκ** ἔγραψα δὲ ταῦτα,
1Co 9:16 **οὐκ** ἔστιν μοι καύχημα·
1Co 9:24 **Οὐκ** οἴδατε ὅτι οἱ
1Co 9:26 οὕτως τρέχω ὡς **οὐκ** ἀδήλως,
1Co 9:26 οὕτως πυκτεύω ὡς **οὐκ** ἀέρα δέρων·
1Co 10:1 **Οὐ** θέλω γὰρ ὑμᾶς
1Co 10:5 Ἀλλ' **οὐκ** ἐν τοῖς πλείοσιν
1Co 10:13 πειρασμὸς ὑμᾶς **οὐκ** εἴληφεν εἰ μὴ
1Co 10:13 ὃς **οὐκ** ἐάσει ὑμᾶς πειρασθῆναι
1Co 10:18 **οὐχ** οἱ ἐσθίοντες τὰς
1Co 10:20 δαιμονίοις καὶ **οὐ** θεῷ [θύουσιν]·
1Co 10:20 **οὐ** θέλω δὲ ὑμᾶς
1Co 10:21 **οὐ** δύνασθε ποτήριον κυρίου
1Co 10:21 οὐ **δύνασθε** τραπέζης κυρίου μετέχειν
1Co 10:23 Πάντα ἔξεστιν ἀλλ' **οὐ** πάντα συμφέρει·
1Co 10:23 πάντα ἔξεστιν ἀλλ' **οὐ** πάντα οἰκοδομεῖ.
1Co 11:6 εἰ γὰρ **οὐ** κατακαλύπτεται γυνή,
1Co 11:7 Ἀνὴρ μὲν γὰρ **οὐκ** ὀφείλει κατακαλύπτεσθαι τὴν
1Co 11:8 **οὐ** γάρ ἐστιν ἀνὴρ
1Co 11:9 καὶ γὰρ **οὐκ** ἐκτίσθη ἀνὴρ διὰ
1Co 11:16 ἡμεῖς τοιαύτην συνήθειαν **οὐκ** ἔχομεν οὐδὲ
1Co 11:17 Τοῦτο δὲ παραγγέλλων **οὐκ** ἐπαινῶ ὅτι οὐκ
1Co 11:17 οὐκ ἐπαινῶ ὅτι **οὐκ** εἰς τὸ κρεῖσσον
1Co 11:20 ἐπὶ τὸ αὐτὸ **οὐκ** ἔστιν κυριακὸν
1Co 11:22 μὴ γὰρ οἰκίας **οὐκ** ἔχετε εἰς τὸ
1Co 11:22 ἐν τούτῳ **οὐκ** ἐπαινῶ.
1Co 11:31 **οὐκ** ἂν ἐκρινόμεθα·
1Co 12:1 **οὐ** θέλω ὑμᾶς ἀγνοεῖν.
1Co 12:14 γὰρ τὸ σῶμα **οὐκ** ἔστιν ἓν μέλος
1Co 12:15 ὅτι **οὐκ** εἰμὶ χείρ,
1Co 12:15 **οὐκ** εἰμὶ ἐκ τοῦ
1Co 12:15 **οὐ** παρὰ τοῦτο οὐκ
1Co 12:15 οὐ παρὰ τοῦτο **οὐκ** ἔστιν ἐκ τοῦ
1Co 12:16 ὅτι **οὐκ** εἰμὶ ὀφθαλμός,
1Co 12:16 **οὐκ** εἰμὶ ἐκ τοῦ σώματος,
1Co 12:16 οὐ παρὰ τοῦτο **οὐκ** ἔστιν
1Co 12:16 παρὰ τοῦτο **οὐκ** ἔστιν ἐκ τοῦ σώματος;
1Co 12:21 **οὐ** δύναται δὲ ὁ
1Co 12:21 χρείαν σου **οὐκ** ἔχω,
1Co 12:21 χρείαν ὑμῶν **οὐκ** ἔχω·

1Co 12:24 δὲ εὐσχήμονα ἡμῶν **οὐ** χρείαν ἔχει.
1Co 13:4 **οὐ** ζηλοῖ,
1Co 13:4 [ἡ ἀγάπη] **οὐ** περπερεύεται,
1Co 13:4 **οὐ** φυσιοῦται,
1Co 13:5 **οὐκ** ἀσχημονεῖ,
1Co 13:5 **οὐ** ζητεῖ τὰ ἑαυτῆς,
1Co 13:5 **οὐ** παροξύνεται,
1Co 13:5 οὐ **λογίζεται** τὸ κακόν,
1Co 13:6 **οὐ** χαίρει ἐπὶ τῇ
1Co 14:2 γὰρ λαλῶν γλώσσῃ **οὐκ** ἀνθρώποις λαλεῖ
1Co 14:16 ἐπειδὴ τί λέγεις **οὐκ** οἶδεν·
1Co 14:17 ἀλλ᾽ ὁ ἕτερος **οὐκ** οἰκοδομεῖται.
1Co 14:22 εἰς σημεῖόν εἰσιν **οὐ** τοῖς πιστεύουσιν
1Co 14:22 ἡ δὲ προφητεία **οὐ** τοῖς ἀπίστοις ἀλλὰ
1Co 14:23 **οὐκ** ἐροῦσιν ὅτι μαίνεσθε;
1Co 14:33 **οὐ** γάρ ἐστιν ἀκαταστασίας
1Co 14:34 **οὐ** γὰρ ἐπιτρέπεται αὐταῖς
1Co 15:9 τῶν ἀποστόλων ὃς **οὐκ** εἰμὶ ἱκανὸς καλεῖσθαι
1Co 15:10 ἡ εἰς ἐμὲ **οὐ** κενὴ ἐγενήθη,
1Co 15:10 **οὐκ** ἐγὼ δὲ ἀλλὰ
1Co 15:12 ὅτι ἀνάστασις νεκρῶν **οὐκ** ἔστιν;
1Co 15:13 δὲ ἀνάστασις νεκρῶν **οὐκ** ἔστιν,
1Co 15:14 εἰ δὲ Χριστὸς **οὐκ** ἐγήγερται,
1Co 15:15 ὃν **οὐκ** ἤγειρεν εἴπερ ἄρα
1Co 15:15 εἴπερ ἄρα νεκροὶ **οὐκ** ἐγείρονται.
1Co 15:16 εἰ γὰρ νεκροὶ **οὐκ** ἐγείρονται,
1Co 15:17 εἰ δὲ Χριστὸς **οὐκ** ἐγήγερται,
1Co 15:29 εἰ ὅλως νεκροὶ **οὐκ** ἐγείρονται,
1Co 15:32 εἰ νεκροὶ **οὐκ** ἐγείρονται,
1Co 15:36 **οὐ** ζῳοποιεῖται ἐὰν μὴ
1Co 15:37 **οὐ** τὸ σῶμα τὸ
1Co 15:39 **Οὐ** πᾶσα σὰρξ ἡ
1Co 15:46 ἀλλ᾽ **οὐ** πρῶτον τὸ πνευματικὸν
1Co 15:50 βασιλείαν θεοῦ κληρονομῆσαι **οὐ** δύναται οὐδὲ ἡ
1Co 15:51 πάντες **οὐ** κοιμηθησόμεθα,
1Co 15:58 ὁ κόπος ὑμῶν **οὐκ** ἔστιν κενὸς ἐν
1Co 16:7 **οὐ** θέλω γὰρ ὑμᾶς
1Co 16:12 καὶ πάντως **οὐκ** ἦν θέλημα ἵνα
1Co 16:22 εἴ τις **οὐ** φιλεῖ τὸν κύριον,

οὗ (*hou*; 1/24) *where*
1Co 16:6 ὑμεῖς με προπέμψητε **οὗ** ἐὰν πορεύωμαι.

οὐαί (*ouai*; 1/46) *woe*
1Co 9:16 **οὐαὶ** γάρ μοί ἐστιν

οὐδέ (*oude*; 10/141[143]) *neither, nor*
1Co 2:6 τοῦ αἰῶνος τούτου **οὐδὲ** τῶν ἀρχόντων τοῦ
1Co 3:2 ἀλλ᾽ **οὐδὲ** ἔτι νῦν δύνασθε,
1Co 4:3 ἀλλ᾽ **οὐδὲ** ἐμαυτὸν ἀνακρίνω.
1Co 5:1 τοιαύτη πορνεία ἥτις **οὐδὲ** ἐν τοῖς ἔθνεσιν,
1Co 11:14 **οὐδὲ** ἡ φύσις αὐτὴ
1Co 11:16 συνήθειαν οὐκ ἔχομεν **οὐδὲ** αἱ ἐκκλησίαι
1Co 14:21 λαῷ τούτῳ καὶ **οὐδ᾽** οὕτως εἰσακούσονταί μου,
1Co 15:13 **οὐδὲ** Χριστὸς ἐγήγερται·
1Co 15:16 **οὐδὲ** Χριστὸς ἐγήγερται·
1Co 15:50 κληρονομῆσαι οὐ δύναται **οὐδὲ** ἡ φθορὰ

οὐδείς (*oudeis*; 18/225[227]) *no one*
1Co 1:14 [τῷ θεῷ] ὅτι **οὐδένα** ὑμῶν ἐβάπτισα εἰ
1Co 2:8 ἣν **οὐδεὶς** τῶν ἀρχόντων τοῦ
1Co 2:11 τὰ τοῦ θεοῦ **οὐδεὶς** ἔγνωκεν εἰ μὴ
1Co 2:15 αὐτὸς δὲ ὑπ᾽ **οὐδενὸς** ἀνακρίνεται.
1Co 3:11 θεμέλιον γὰρ ἄλλον **οὐδεὶς** δύναται θεῖναι
1Co 4:4 **οὐδὲν** γὰρ ἐμαυτῷ σύνοιδα,
1Co 6:5 ἔνι ἐν ὑμῖν **οὐδεὶς** σοφός,
1Co 7:19 ἡ περιτομὴ **οὐδέν** ἐστιν καὶ ἡ
1Co 7:19 καὶ ἡ ἀκροβυστία **οὐδέν** ἐστιν,
1Co 8:4 οἴδαμεν ὅτι **οὐδὲν** εἴδωλον ἐν κόσμῳ
1Co 8:4 κόσμῳ καὶ ὅτι **οὐδεὶς** θεὸς εἰ μὴ
1Co 9:15 δὲ οὐ κέχρημαι **οὐδενὶ** τούτων.
1Co 9:15 τὸ καύχημά μου **οὐδεὶς** κενώσει.
1Co 12:3 γνωρίζω ὑμῖν ὅτι **οὐδεὶς** ἐν πνεύματι θεοῦ
1Co 12:3 καὶ **οὐδεὶς** δύναται εἰπεῖν·
1Co 13:3 **οὐδὲν** ὠφελοῦμαι.
1Co 14:2 **οὐδεὶς** γὰρ ἀκούει,
1Co 14:10 ἐν κόσμῳ καὶ **οὐδὲν** ἄφωνον·

οὐδέποτε (*oudepote*; 1/16) *never*
1Co 13:8 Ἡ ἀγάπη **οὐδέποτε** πίπτει·

οὐθείς (*outheis*; 1/7) *no one*
1Co 13:2 **οὐθέν** εἰμι.

οὖν (*oun*; 19/497[499]) *therefore*
1Co 3:5 Τί **οὖν** ἐστιν Ἀπολλῶς;
1Co 4:16 Παρακαλῶ **οὖν** ὑμᾶς,
1Co 6:4 βιωτικὰ μὲν **οὖν** κριτήρια ἐὰν ἔχητε,
1Co 6:7 Ἤδη μὲν **[οὖν]** ὅλως ἥττημα ὑμῖν
1Co 6:15 ἄρας **οὖν** τὰ μέλη τοῦ
1Co 7:26 Νομίζω **οὖν** τοῦτο καλὸν ὑπάρχειν
1Co 8:4 Περὶ τῆς βρώσεως **οὖν** τῶν εἰδωλοθύτων,
1Co 9:18 τίς **οὖν** μού ἐστιν ὁ
1Co 9:25 ἐκεῖνοι μὲν **οὖν** ἵνα φθαρτὸν στέφανον
1Co 10:19 Τί **οὖν** φημι;
1Co 10:31 Εἴτε **οὖν** ἐσθίετε εἴτε πίνετε
1Co 11:20 Συνερχομένων **οὖν** ὑμῶν ἐπὶ τὸ
1Co 14:11 ἐὰν **οὖν** μὴ εἰδῶ τὴν
1Co 14:15 τί **οὖν** ἐστιν;
1Co 14:23 Ἐὰν **οὖν** συνέλθῃ ἡ ἐκκλησία
1Co 14:26 Τί **οὖν** ἐστιν,
1Co 15:11 εἴτε **οὖν** ἐγὼ εἴτε ἐκεῖνοι,
1Co 16:11 μή τις **οὖν** αὐτὸν ἐξουθενήσῃ.
1Co 16:18 ἐπιγινώσκετε **οὖν** τοὺς τοιούτους.

οὔπω (*oupō*; 2/26) *not yet*
1Co 3:2 **οὔπω** γὰρ ἐδύνασθε.
1Co 8:2 **οὔπω** ἔγνω καθὼς δεῖ

οὐρανός (*ouranos*; 2/272[273]) *heaven*
1Co 8:5 θεοὶ εἴτε ἐν **οὐρανῷ** εἴτε ἐπὶ γῆς,
1Co 15:47 δεύτερος ἄνθρωπος ἐξ **οὐρανοῦ**.

οὖς (*ous*; 2/36) *ear*
1Co 2:9 οὐκ εἶδεν καὶ **οὖς** οὐκ ἤκουσεν καὶ
1Co 12:16 ἐὰν εἴπῃ τὸ **οὖς**·

οὔτε (*oute*; 13/87) *not*
1Co 3:7 ὥστε **οὔτε** ὁ φυτεύων ἐστίν

1Co 3:7 φυτεύων ἐστίν τι **οὔτε** ὁ ποτίζων ἀλλ’
1Co 6:9 **οὔτε** πόρνοι οὔτε εἰδωλολάτραι
1Co 6:9 οὔτε πόρνοι **οὔτε** εἰδωλολάτραι οὔτε μοιχοὶ
1Co 6:9 πόρνοι οὔτε εἰδωλολάτραι **οὔτε** μοιχοὶ οὔτε μαλακοὶ
1Co 6:9 εἰδωλολάτραι οὔτε μοιχοὶ **οὔτε** μαλακοὶ οὔτε ἀρσενοκοῖται
1Co 6:9 μοιχοὶ οὔτε μαλακοὶ **οὔτε** ἀρσενοκοῖται
1Co 6:10 **οὔτε** κλέπται οὔτε πλεονέκται,
1Co 6:10 οὔτε κλέπται **οὔτε** πλεονέκται,
1Co 8:8 **οὔτε** ἐὰν μὴ φάγωμεν
1Co 8:8 **οὔτε** ἐὰν φάγωμεν περισσεύομεν.
1Co 11:11 πλὴν **οὔτε** γυνὴ χωρὶς ἀνδρὸς
1Co 11:11 γυνὴ χωρὶς ἀνδρὸς **οὔτε** ἀνὴρ χωρὶς γυναικὸς

οὗτος (*houtos*; 68/1382[1387]) *this*

1Co 1:12 λέγω δὲ **τοῦτο** ὅτι ἕκαστος ὑμῶν
1Co 1:20 συζητητὴς τοῦ αἰῶνος **τούτου**;
1Co 2:2 Ἰησοῦν Χριστὸν καὶ **τοῦτον** ἐσταυρωμένον.
1Co 2:6 οὐ τοῦ αἰῶνος **τούτου** οὐδὲ τῶν ἀρχόντων
1Co 2:6 ἀρχόντων τοῦ αἰῶνος **τούτου** τῶν καταργουμένων·
1Co 2:8 ἀρχόντων τοῦ αἰῶνος **τούτου** ἔγνωκεν·
1Co 3:17 φθερεῖ **τοῦτον** ὁ θεός·
1Co 3:18 ἐν τῷ αἰῶνι **τούτῳ**,
1Co 3:19 σοφία τοῦ κόσμου **τούτου** μωρία παρὰ τῷ
1Co 4:4 ἀλλ’ οὐκ ἐν **τούτῳ** δεδικαίωμαι,
1Co 4:6 **Ταῦτα** δέ,
1Co 4:14 ἐντρέπων ὑμᾶς γράφω **ταῦτα** ἀλλ’ ὡς τέκνα
1Co 4:17 Διὰ **τοῦτο** ἔπεμψα ὑμῖν Τιμόθεον,
1Co 5:2 ὁ τὸ ἔργον **τοῦτο** πράξας;
1Co 5:3 παρὼν τὸν οὕτως **τοῦτο** κατεργασάμενον·
1Co 5:10 πόρνοις τοῦ κόσμου **τούτου** ἢ τοῖς πλεονέκταις
1Co 6:4 **τούτους** καθίζετε;
1Co 6:6 ἀδελφοῦ κρίνεται καὶ **τοῦτο** ἐπὶ ἀπίστων;
1Co 6:8 καὶ **τοῦτο** ἀδελφούς.
1Co 6:11 καὶ **ταῦτά** τινες ἦτε·
1Co 6:13 δὲ θεὸς καὶ **ταύτην** καὶ ταῦτα καταργήσει.
1Co 6:13 καὶ ταύτην καὶ **ταῦτα** καταργήσει.
1Co 7:6 **τοῦτο** δὲ λέγω κατὰ
1Co 7:12 ἔχει ἄπιστον καὶ **αὕτη** συνευδοκεῖ οἰκεῖν
1Co 7:13 ἄνδρα ἄπιστον καὶ **οὗτος** συνευδοκεῖ οἰκεῖν μετ’
1Co 7:20 ἐν **ταύτῃ** μενέτω.
1Co 7:24 ἐν **τούτῳ** μενέτω παρὰ θεῷ.
1Co 7:26 Νομίζω οὖν **τοῦτο** καλὸν ὑπάρχειν διὰ
1Co 7:29 **Τοῦτο** δέ φημι,
1Co 7:31 σχῆμα τοῦ κόσμου **τούτου**.
1Co 7:35 **τοῦτο** δὲ πρὸς τὸ
1Co 7:37 ἰδίου θελήματος καὶ **τοῦτο** κέκρικεν ἐν τῇ
1Co 8:3 **οὗτος** ἔγνωσται ὑπ’ αὐτοῦ.
1Co 8:9 ἡ ἐξουσία ὑμῶν **αὕτη** πρόσκομμα γένηται
1Co 9:3 ἐμὲ ἀνακρίνουσίν ἐστιν **αὕτη**.
1Co 9:8 Μὴ κατὰ ἄνθρωπον **ταῦτα** λαλῶ ἢ καὶ
1Co 9:8 καὶ ὁ νόμος **ταῦτα** οὐ λέγει;
1Co 9:12 ἐχρησάμεθα τῇ ἐξουσίᾳ **ταύτῃ**,
1Co 9:15 οὐ κέχρημαι οὐδενὶ **τούτων**.
1Co 9:15 Οὐκ ἔγραψα δὲ **ταῦτα**,
1Co 9:17 εἰ γὰρ ἑκὼν **τοῦτο** πράσσω,
1Co 10:6 **Ταῦτα** δὲ τύποι ἡμῶν
1Co 10:11 **ταῦτα** δὲ τυπικῶς συνέβαινεν
1Co 10:28 **τοῦτο** ἱερόθυτόν ἐστιν,
1Co 11:10 διὰ **τοῦτο** ὀφείλει ἡ γυνὴ
1Co 11:17 **Τοῦτο** δὲ παραγγέλλων οὐκ
1Co 11:22 ἐν **τούτῳ** οὐκ ἐπαινῶ.
1Co 11:24 **τοῦτό** μού ἐστιν τὸ
1Co 11:24 **τοῦτο** ποιεῖτε εἰς τὴν
1Co 11:25 **τοῦτο** τὸ ποτήριον ἡ
1Co 11:25 **τοῦτο** ποιεῖτε,
1Co 11:26 ἐσθίητε τὸν ἄρτον **τοῦτον** καὶ τὸ ποτήριον
1Co 11:30 διὰ **τοῦτο** ἐν ὑμῖν πολλοὶ
1Co 12:11 πάντα δὲ **ταῦτα** ἐνεργεῖ τὸ ἓν
1Co 12:15 οὐ παρὰ **τοῦτο** οὐκ ἔστιν ἐκ
1Co 12:16 οὐ παρὰ **τοῦτο** οὐκ ἔστιν ἐκ
1Co 12:23 εἶναι τοῦ σώματος **τούτοις** τιμὴν περισσοτέραν περιτίθεμεν,
1Co 13:13 τὰ τρία **ταῦτα**·
1Co 13:13 μείζων δὲ **τούτων** ἡ ἀγάπη.
1Co 14:21 λαλήσω τῷ λαῷ **τούτῳ** καὶ οὐδ’ οὕτως
1Co 15:19 ἐν τῇ ζωῇ **ταύτῃ** ἐν Χριστῷ ἠλπικότες
1Co 15:50 **Τοῦτο** δέ φημι,
1Co 15:53 γὰρ τὸ φθαρτὸν **τοῦτο** ἐνδύσασθαι ἀφθαρσίαν καὶ
1Co 15:53 καὶ τὸ θνητὸν **τοῦτο** ἐνδύσασθαι ἀθανασίαν.
1Co 15:54 δὲ τὸ φθαρτὸν **τοῦτο** ἐνδύσηται ἀφθαρσίαν
1Co 15:54 καὶ τὸ θνητὸν **τοῦτο** ἐνδύσηται ἀθανασίαν,
1Co 16:3 δι’ ἐπιστολῶν **τούτους** πέμψω ἀπενεγκεῖν
1Co 16:17 τὸ ὑμέτερον ὑστέρημα **οὗτοι** ἀνεπλήρωσαν·

οὕτως (*houtōs*; 31/208) *in this way*

1Co 2:11 **οὕτως** καὶ τὰ τοῦ
1Co 3:15 **οὕτως** δὲ ὡς διὰ
1Co 4:1 **οὕτως** ἡμᾶς λογιζέσθω ἄνθρωπος
1Co 5:3 ὡς παρὼν τὸν **οὕτως** τοῦτο κατεργασάμενον·
1Co 6:5 **οὕτως** οὐκ ἔνι ἐν
1Co 7:7 ὁ μὲν **οὕτως**,
1Co 7:7 ὁ δὲ **οὕτως**.
1Co 7:17 **οὕτως** περιπατείτω.
1Co 7:17 καὶ **οὕτως** ἐν ταῖς ἐκκλησίαις
1Co 7:26 καλὸν ἀνθρώπῳ τὸ **οὕτως** εἶναι.
1Co 7:36 ἦ ὑπέρακμος καὶ **οὕτως** ὀφείλει γίνεσθαι,
1Co 7:40 δέ ἐστιν ἐὰν **οὕτως** μείνῃ,
1Co 8:12 **οὕτως** δὲ ἁμαρτάνοντες εἰς
1Co 9:14 **οὕτως** καὶ ὁ κύριος
1Co 9:15 ἵνα **οὕτως** γένηται ἐν ἐμοί·
1Co 9:24 **οὕτως** τρέχετε ἵνα καταλάβητε.
1Co 9:26 ἐγὼ τοίνυν **οὕτως** τρέχω ὡς οὐκ
1Co 9:26 **οὕτως** πυκτεύω ὡς οὐκ
1Co 11:12 **οὕτως** καὶ ὁ ἀνὴρ
1Co 11:28 ἄνθρωπος ἑαυτὸν καὶ **οὕτως** ἐκ τοῦ ἄρτου
1Co 12:12 **οὕτως** καὶ ὁ Χριστός·
1Co 14:9 **οὕτως** καὶ ὑμεῖς διὰ
1Co 14:12 **οὕτως** καὶ ὑμεῖς,
1Co 14:21 τούτῳ καὶ οὐδ’ **οὕτως** εἰσακούσονταί μου,
1Co 14:25 καὶ **οὕτως** πεσὼν ἐπὶ πρόσωπον
1Co 15:11 **οὕτως** κηρύσσομεν καὶ οὕτως
1Co 15:11 οὕτως κηρύσσομεν καὶ **οὕτως** ἐπιστεύσατε.
1Co 15:22 **οὕτως** καὶ ἐν τῷ
1Co 15:42 **οὕτως** καὶ ἡ ἀνάστασις
1Co 15:45 **οὕτως** καὶ γέγραπται·
1Co 16:1 **οὕτως** καὶ ὑμεῖς ποιήσατε.

οὐχί (*ouchi*; 12/54) *not*

1Co 1:20 **οὐχὶ** ἐμώρανεν ὁ θεὸς
1Co 3:3 **οὐχὶ** σαρκικοί ἐστε καὶ
1Co 5:2 πεφυσιωμένοι ἐστὲ καὶ **οὐχὶ** μᾶλλον ἐπενθήσατε,
1Co 5:12 **οὐχὶ** τοὺς ἔσω ὑμεῖς
1Co 6:1 τῶν ἀδίκων καὶ **οὐχὶ** ἐπὶ τῶν ἁγίων;
1Co 6:7 διὰ τί **οὐχὶ** μᾶλλον ἀδικεῖσθε;
1Co 6:7 διὰ τί **οὐχὶ** μᾶλλον ἀποστερεῖσθε;
1Co 8:10 **οὐχὶ** ἡ συνείδησις αὐτοῦ
1Co 9:1 **οὐχὶ** Ἰησοῦν τὸν κύριον
1Co 10:16 **οὐχὶ** κοινωνία ἐστὶν τοῦ
1Co 10:16 **οὐχὶ** κοινωνία τοῦ σώματος
1Co 10:29 συνείδησιν δὲ λέγω **οὐχὶ** τὴν ἑαυτοῦ ἀλλὰ

ὀφειλή (*opheilē*; 1/3) *debt*

1Co 7:3 ὁ ἀνὴρ τὴν **ὀφειλὴν** ἀποδιδότω,

ὀφείλω (*opheilō*; 5/35) *ought to*

1Co 5:10 ἐπεὶ **ὠφείλετε** ἄρα ἐκ τοῦ
1Co 7:36 ὑπέρακμος καὶ οὕτως **ὀφείλει** γίνεσθαι,
1Co 9:10 γὰρ ἐγράφη ὅτι **ὀφείλει** ἐπ᾿ ἐλπίδι ὁ
1Co 11:7 μὲν γὰρ οὐκ **ὀφείλει** κατακαλύπτεσθαι τὴν κεφαλὴν
1Co 11:10 διὰ τοῦτο **ὀφείλει** ἡ γυνὴ ἐξουσίαν

ὄφελον (*ophelon*; 1/4) *would that*

1Co 4:8 καὶ **ὄφελόν** γε ἐβασιλεύσατε,

ὄφελος (*ophelos*; 1/3) *gain*

1Co 15:32 τί μοι τὸ **ὄφελος**;

ὀφθαλμός (*ophthalmos*; 5/100) *eye*

1Co 2:9 ἃ **ὀφθαλμὸς** οὐκ εἶδεν καὶ
1Co 12:16 ὅτι οὐκ εἰμὶ **ὀφθαλμός**,
1Co 12:17 ὅλον τὸ σῶμα **ὀφθαλμός**,
1Co 12:21 δύναται δὲ ὁ **ὀφθαλμὸς** εἰπεῖν τῇ χειρί·
1Co 15:52 ἐν ῥιπῇ **ὀφθαλμοῦ**,

ὄφις (*ophis*; 1/13[14]) *snake, serpent*

1Co 10:9 καὶ ὑπὸ τῶν **ὄφεων** ἀπώλλυντο.

ὀψώνιον (*opsōnion*; 1/4) *pay*

1Co 9:7 Τίς στρατεύεται ἰδίοις **ὀψωνίοις** ποτέ;

παιδαγωγός (*paidagōgos*; 1/3) *instructor*

1Co 4:15 ἐὰν γὰρ μυρίους **παιδαγωγοὺς** ἔχητε ἐν Χριστῷ

παιδεύω (*paideuō*; 1/13) *instruct*

1Co 11:32 ὑπὸ [τοῦ] κυρίου **παιδευόμεθα**,

παιδίον (*paidion*; 1/52) *child*

1Co 14:20 μὴ **παιδία** γίνεσθε ταῖς φρεσὶν

παίζω (*paizō*; 1/1) *dance*

1Co 10:7 πεῖν καὶ ἀνέστησαν **παίζειν**.

παλαιός (*palaios*; 2/19) *old*

1Co 5:7 ἐκκαθάρατε τὴν **παλαιὰν** ζύμην,
1Co 5:8 μὴ ἐν ζύμῃ **παλαιᾷ** μηδὲ ἐν ζύμῃ

πάλιν (*palin*; 3/139[141]) *again*

1Co 3:20 καὶ **πάλιν**·
1Co 7:5 τῇ προσευχῇ καὶ **πάλιν** ἐπὶ τὸ αὐτὸ
1Co 12:21 ἢ **πάλιν** ἡ κεφαλὴ τοῖς

πανουργία (*panourgia*; 1/5) *trickery*

1Co 3:19 σοφοὺς ἐν τῇ **πανουργίᾳ** αὐτῶν·

πανταχοῦ (*pantachou*; 1/6[7]) *everywhere*

1Co 4:17 καθὼς **πανταχοῦ** ἐν πάσῃ ἐκκλησίᾳ

πάντοτε (*pantote*; 2/41) *always*

1Co 1:4 τῷ θεῷ μου **πάντοτε** περὶ ὑμῶν ἐπὶ
1Co 15:58 ἔργῳ τοῦ κυρίου **πάντοτε**,

πάντως (*pantōs*; 4/8) *by all means*

1Co 5:10 οὐ **πάντως** τοῖς πόρνοις τοῦ
1Co 9:10 ἢ δι᾿ ἡμᾶς **πάντως** λέγει;
1Co 9:22 ἵνα **πάντως** τινας σώσω.
1Co 16:12 καὶ **πάντως** οὐκ ἦν θέλημα

παρά (*para*; 6/193[194]) *from, with, beside*

1Co 3:11 οὐδεὶς δύναται θεῖναι **παρὰ** τὸν κείμενον,
1Co 3:19 κόσμου τούτου μωρία **παρὰ** τῷ θεῷ ἐστιν.
1Co 7:24 ἐν τούτῳ μενέτω **παρὰ** θεῷ.
1Co 12:15 οὐ **παρὰ** τοῦτο οὐκ ἔστιν
1Co 12:16 οὐ **παρὰ** τοῦτο οὐκ ἔστιν
1Co 16:2 σαββάτου ἕκαστος ὑμῶν **παρ᾿** ἑαυτῷ τιθέτω θησαυρίζων

παραγγέλλω (*parangellō*; 2/31[32]) *command*

1Co 7:10 Τοῖς δὲ γεγαμηκόσιν **παραγγέλλω**,
1Co 11:17 Τοῦτο δὲ **παραγγέλλων** οὐκ ἐπαινῶ ὅτι

παραγίνομαι (*paraginomai*; 1/36[37]) *come*

1Co 16:3 ὅταν δὲ **παραγένωμαι**,

παράγω (*paragō*; 1/10) *pass by or away*

1Co 7:31 **παράγει** γὰρ τὸ σχῆμα

παραδίδωμι (*paradidōmi*; 7/119) *hand or give over*

1Co 5:5 **παραδοῦναι** τὸν τοιοῦτον τῷ
1Co 11:2 καθὼς **παρέδωκα** ὑμῖν,
1Co 11:23 ὃ καὶ **παρέδωκα** ὑμῖν,
1Co 11:23 τῇ νυκτὶ ᾗ **παρεδίδετο** ἔλαβεν ἄρτον
1Co 13:3 μου καὶ ἐὰν **παραδῶ** τὸ σῶμά μου
1Co 15:3 **παρέδωκα** γὰρ ὑμῖν ἐν
1Co 15:24 ὅταν **παραδιδῷ** τὴν βασιλείαν τῷ

παράδοσις (*paradosis*; 1/13) *tradition*

1Co 11:2 τὰς **παραδόσεις** κατέχετε.

παραζηλόω (*parazēloō*; 1/4) *make jealous*

1Co 10:22 ἢ **παραζηλοῦμεν** τὸν κύριον;

παρακαλέω (*parakaleō*; 6/109) *encourage, ask*
1Co 1:10 **Παρακαλῶ** δὲ ὑμᾶς,
1Co 4:13 δυσφημούμενοι **παρακαλοῦμεν**·
1Co 4:16 **Παρακαλῶ** οὖν ὑμᾶς,
1Co 14:31 μανθάνωσιν καὶ πάντες **παρακαλῶνται**.
1Co 16:12 πολλὰ **παρεκάλεσα** αὐτόν,
1Co 16:15 **Παρακαλῶ** δὲ ὑμᾶς,

παράκλησις (*paraklēsis*; 1/29) *encouragement*
1Co 14:3 λαλεῖ οἰκοδομὴν καὶ **παράκλησιν** καὶ παραμυθίαν.

παραλαμβάνω (*paralambanō*; 3/49) *take, receive*
1Co 11:23 Ἐγὼ γὰρ **παρέλαβον** ἀπὸ τοῦ κυρίου,
1Co 15:1 ὃ καὶ **παρελάβετε**,
1Co 15:3 ὃ καὶ **παρέλαβον**,

παραμένω (*paramenō*; 1/4) *stay*
1Co 16:6 ὑμᾶς δὲ τυχὸν **παραμενῶ** ἢ καὶ παραχειμάσω,

παραμυθία (*paramythia*; 1/1) *comfort*
1Co 14:3 καὶ παράκλησιν καὶ **παραμυθίαν**.

παρασκευάζω (*paraskeuazō*; 1/4) *prepare a meal*
1Co 14:8 τίς **παρασκευάσεται** εἰς πόλεμον;

παρατίθημι (*paratithēmi*; 1/19) *place or put before*
1Co 10:27 πᾶν τὸ **παρατιθέμενον** ὑμῖν ἐσθίετε μηδὲν

παραχειμάζω (*paracheimazō*; 1/4) *spend the winter*
1Co 16:6 παραμενῶ ἢ καὶ **παραχειμάσω**,

παρεδρεύω (*paredreuō*; 1/1) *serve*
1Co 9:13 οἱ τῷ θυσιαστηρίῳ **παρεδρεύοντες** τῷ θυσιαστηρίῳ συμμερίζονται;

πάρειμι (*pareimi*; 2/24) *be present or here*
1Co 5:3 ἀπὼν τῷ σώματι **παρὼν** δὲ τῷ πνεύματι,
1Co 5:3 ἤδη κέκρικα ὡς **παρὼν** τὸν οὕτως τοῦτο

παρθένος (*parthenos*; 6/15) *virgin*
1Co 7:25 Περὶ δὲ τῶν **παρθένων** ἐπιταγὴν κυρίου
1Co 7:28 ἐὰν γήμῃ ἡ **παρθένος**,
1Co 7:34 ἄγαμος καὶ ἡ **παρθένος** μεριμνᾷ τὰ τοῦ
1Co 7:36 ἀσχημονεῖν ἐπὶ τὴν **παρθένον** αὐτοῦ νομίζει,
1Co 7:37 τηρεῖν τὴν ἑαυτοῦ **παρθένον**,
1Co 7:38 γαμίζων τὴν ἑαυτοῦ **παρθένον** καλῶς ποιεῖ

παρίστημι (*paristēmi*; 1/41) *present, stand by*
1Co 8:8 δὲ ἡμᾶς οὐ **παραστήσει** τῷ θεῷ·

πάροδος (*parodos*; 1/1) *passage*
1Co 16:7 ὑμᾶς ἄρτι ἐν **παρόδῳ** ἰδεῖν,

παροξύνω (*paroxynō*; 1/2) *be irritable*
1Co 13:5 οὐ **παροξύνεται**,

παρουσία (*parousia*; 2/24) *coming*
1Co 15:23 Χριστοῦ ἐν τῇ **παρουσίᾳ** αὐτοῦ,
1Co 16:17 δὲ ἐπὶ τῇ **παρουσίᾳ** Στεφανᾶ καὶ Φορτουνάτου

πᾶς (*pas*; 112/1240[1243]) *each, every (pl. all)*
1Co 1:2 σὺν **πᾶσιν** τοῖς ἐπικαλουμένοις τὸ
1Co 1:2 Ἰησοῦ Χριστοῦ ἐν **παντὶ** τόπῳ,
1Co 1:5 ὅτι ἐν **παντὶ** ἐπλουτίσθητε ἐν αὐτῷ,
1Co 1:5 ἐν **παντὶ** λόγῳ καὶ πάσῃ
1Co 1:5 παντὶ λόγῳ καὶ **πάσῃ** γνώσει,
1Co 1:10 τὸ αὐτὸ λέγητε **πάντες** καὶ μὴ ᾖ
1Co 1:29 ὅπως μὴ καυχήσηται **πᾶσα** σὰρξ ἐνώπιον
1Co 2:10 τὸ γὰρ πνεῦμα **πάντα** ἐραυνᾷ,
1Co 2:15 πνευματικὸς ἀνακρίνει [τὰ] **πάντα**,
1Co 3:21 **πάντα** γὰρ ὑμῶν ἐστιν,
1Co 3:22 **πάντα** ὑμῶν,
1Co 4:13 **πάντων** περίψημα ἕως ἄρτι.
1Co 4:17 καθὼς πανταχοῦ ἐν **πάσῃ** ἐκκλησίᾳ διδάσκω.
1Co 6:12 **Πάντα** μοι ἔξεστιν ἀλλ'
1Co 6:12 ἔξεστιν ἀλλ' οὐ **πάντα** συμφέρει·
1Co 6:12 **πάντα** μοι ἔξεστιν ἀλλ'
1Co 6:18 **πᾶν** ἁμάρτημα ὃ ἐὰν
1Co 7:7 θέλω δὲ **πάντας** ἀνθρώπους εἶναι ὡς
1Co 7:17 ἐν ταῖς ἐκκλησίαις **πάσαις** διατάσσομαι.
1Co 8:1 οἴδαμεν ὅτι **πάντες** γνῶσιν ἔχομεν.
1Co 8:6 ἐξ οὗ τὰ **πάντα** καὶ ἡμεῖς εἰς
1Co 8:6 δι' οὗ τὰ **πάντα** καὶ ἡμεῖς δι'
1Co 8:7 Ἀλλ' οὐκ ἐν **πᾶσιν** ἡ γνῶσις·
1Co 9:12 ἀλλὰ **πάντα** στέγομεν,
1Co 9:19 γὰρ ὢν ἐκ **πάντων** πᾶσιν ἐμαυτὸν ἐδούλωσα,
1Co 9:19 ὢν ἐκ πάντων **πᾶσιν** ἐμαυτὸν ἐδούλωσα,
1Co 9:22 τοῖς **πᾶσιν** γέγονα πάντα,
1Co 9:22 τοῖς πᾶσιν γέγονα **πάντα**,
1Co 9:23 **πάντα** δὲ ποιῶ διὰ
1Co 9:24 ἐν σταδίῳ τρέχοντες **πάντες** μὲν τρέχουσιν,
1Co 9:25 **πᾶς** δὲ ὁ ἀγωνιζόμενος
1Co 9:25 δὲ ὁ ἀγωνιζόμενος **πάντα** ἐγκρατεύεται,
1Co 10:1 οἱ πατέρες ἡμῶν **πάντες** ὑπὸ τὴν νεφέλην
1Co 10:1 νεφέλην ἦσαν καὶ **πάντες** διὰ τῆς θαλάσσης
1Co 10:2 καὶ **πάντες** εἰς τὸν Μωϋσῆν
1Co 10:3 καὶ **πάντες** τὸ αὐτὸ πνευματικὸν
1Co 10:4 καὶ **πάντες** τὸ αὐτὸ πνευματικὸν
1Co 10:17 οἱ γὰρ **πάντες** ἐκ τοῦ ἑνὸς
1Co 10:23 **Πάντα** ἔξεστιν ἀλλ' οὐ
1Co 10:23 ἔξεστιν ἀλλ' οὐ **πάντα** συμφέρει·
1Co 10:23 **πάντα** ἔξεστιν ἀλλ' οὐ
1Co 10:23 ἔξεστιν ἀλλ' οὐ **πάντα** οἰκοδομεῖ.
1Co 10:25 **Πᾶν** τὸ ἐν μακέλλῳ
1Co 10:27 **πᾶν** τὸ παρατιθέμενον ὑμῖν
1Co 10:31 **πάντα** εἰς δόξαν θεοῦ
1Co 10:33 καθὼς κἀγὼ **πάντα** πᾶσιν ἀρέσκω μὴ
1Co 10:33 καθὼς κἀγὼ πάντα **πᾶσιν** ἀρέσκω μὴ ζητῶν
1Co 11:2 δὲ ὑμᾶς ὅτι **πάντα** μου μέμνησθε καί,
1Co 11:3 ὑμᾶς εἰδέναι ὅτι **παντὸς** ἀνδρὸς ἡ κεφαλὴ
1Co 11:4 **πᾶς** ἀνὴρ προσευχόμενος ἢ

1Co 11:5 **πᾶσα** δὲ γυνὴ προσευχομένη
1Co 11:12 τὰ δὲ **πάντα** ἐκ τοῦ θεοῦ.
1Co 12:6 ὁ ἐνεργῶν τὰ **πάντα** ἐν πᾶσιν.
1Co 12:6 τὰ πάντα ἐν **πᾶσιν**.
1Co 12:11 **πάντα** δὲ ταῦτα ἐνεργεῖ
1Co 12:12 **πάντα** δὲ τὰ μέλη
1Co 12:13 ἑνὶ πνεύματι ἡμεῖς **πάντες** εἰς ἓν σῶμα
1Co 12:13 καὶ **πάντες** ἓν πνεῦμα ἐποτίσθημεν.
1Co 12:19 δὲ ἦν τὰ **πάντα** ἓν μέλος,
1Co 12:26 συμπάσχει **πάντα** τὰ μέλη·
1Co 12:26 συγχαίρει **πάντα** τὰ μέλη.
1Co 12:29 μὴ **πάντες** ἀπόστολοι;
1Co 12:29 μὴ **πάντες** προφῆται;
1Co 12:29 μὴ **πάντες** διδάσκαλοι;
1Co 12:29 μὴ **πάντες** δυνάμεις;
1Co 12:30 μὴ **πάντες** χαρίσματα ἔχουσιν ἰαμάτων;
1Co 12:30 μὴ **πάντες** γλώσσαις λαλοῦσιν;
1Co 12:30 μὴ **πάντες** διερμηνεύουσιν;
1Co 13:2 εἰδῶ τὰ μυστήρια **πάντα** καὶ πᾶσαν τὴν
1Co 13:2 μυστήρια πάντα καὶ **πᾶσαν** τὴν γνῶσιν καὶ
1Co 13:2 καὶ ἐὰν ἔχω **πᾶσαν** τὴν πίστιν ὥστε
1Co 13:3 κἂν ψωμίσω **πάντα** τὰ ὑπάρχοντά μου
1Co 13:7 **πάντα** στέγει,
1Co 13:7 **πάντα** πιστεύει,
1Co 13:7 **πάντα** ἐλπίζει,
1Co 13:7 **πάντα** ὑπομένει.
1Co 14:5 θέλω δὲ **πάντας** ὑμᾶς λαλεῖν γλώσσαις,
1Co 14:18 πάντων **ὑμῶν** μᾶλλον γλώσσαις λαλῶ·
1Co 14:23 τὸ αὐτὸ καὶ **πάντες** λαλῶσιν γλώσσαις,
1Co 14:24 ἐὰν δὲ **πάντες** προφητεύωσιν,
1Co 14:24 ἐλέγχεται ὑπὸ **πάντων**,
1Co 14:24 ἀνακρίνεται ὑπὸ **πάντων**,
1Co 14:26 **πάντα** πρὸς οἰκοδομὴν γινέσθω.
1Co 14:31 γὰρ καθ᾽ ἕνα **πάντες** προφητεύειν,
1Co 14:31 ἵνα **πάντες** μανθάνωσιν καὶ πάντες
1Co 14:31 πάντες μανθάνωσιν καὶ **πάντες** παρακαλῶνται.
1Co 14:33 Ὡς ἐν **πάσαις** ταῖς ἐκκλησίαις τῶν
1Co 14:40 **πάντα** δὲ εὐσχημόνως καὶ
1Co 15:7 εἶτα τοῖς ἀποστόλοις **πᾶσιν**·
1Co 15:8 ἔσχατον δὲ **πάντων** ὡσπερεὶ τῷ ἐκτρώματι
1Co 15:10 ἀλλὰ περισσότερον αὐτῶν **πάντων** ἐκοπίασα,
1Co 15:19 ἐλεεινότεροι **πάντων** ἀνθρώπων ἐσμέν.
1Co 15:22 ἐν τῷ Ἀδὰμ **πάντες** ἀποθνῄσκουσιν,
1Co 15:22 ἐν τῷ Χριστῷ **πάντες** ζῳοποιηθήσονται.
1Co 15:24 ὅταν καταργήσῃ **πᾶσαν** ἀρχὴν καὶ πᾶσαν
1Co 15:24 πᾶσαν ἀρχὴν καὶ **πᾶσαν** ἐξουσίαν καὶ δύναμιν.
1Co 15:25 ἄχρι οὗ θῇ **πάντας** τοὺς ἐχθροὺς ὑπὸ
1Co 15:27 **πάντα** γὰρ ὑπέταξεν ὑπὸ
1Co 15:27 δὲ εἴπῃ ὅτι **πάντα** ὑποτέτακται,
1Co 15:27 ὑποτάξαντος αὐτῷ τὰ **πάντα**.
1Co 15:28 ὑποταγῇ αὐτῷ τὰ **πάντα**,
1Co 15:28 ὑποτάξαντι αὐτῷ τὰ **πάντα**,
1Co 15:28 ὁ θεὸς [τὰ] **πάντα** ἐν πᾶσιν.
1Co 15:28 [τὰ] πάντα ἐν **πᾶσιν**.
1Co 15:30 καὶ ἡμεῖς κινδυνεύομεν **πᾶσαν** ὥραν;
1Co 15:39 Οὐ **πᾶσα** σὰρξ ἡ αὐτὴ
1Co 15:51 **πάντες** οὐ κοιμηθησόμεθα,
1Co 15:51 **πάντες** δὲ ἀλλαγησόμεθα,
1Co 16:14 **πάντα** ὑμῶν ἐν ἀγάπῃ
1Co 16:16 τοῖς τοιούτοις καὶ **παντὶ** τῷ συνεργοῦντι
1Co 16:20 ὑμᾶς οἱ ἀδελφοὶ **πάντες**.
1Co 16:24 ἀγάπη μου μετὰ **πάντων** ὑμῶν ἐν Χριστῷ

πάσχα (*pascha*; 1/29) *Passover*

1Co 5:7 καὶ γὰρ τὸ **πάσχα** ἡμῶν ἐτύθη Χριστός.

πάσχω (*paschō*; 1/42) *suffer*

1Co 12:26 καὶ εἴτε **πάσχει** ἓν μέλος,

πατήρ (*patēr*; 6/413) *father*

1Co 1:3 εἰρήνη ἀπὸ θεοῦ **πατρὸς** ἡμῶν καὶ κυρίου
1Co 4:15 ἀλλ᾽ οὐ πολλοὺς **πατέρας**·
1Co 5:1 γυναῖκά τινα τοῦ **πατρὸς** ἔχειν.
1Co 8:6 εἷς θεὸς ὁ **πατὴρ** ἐξ οὗ τὰ
1Co 10:1 ὅτι οἱ **πατέρες** ἡμῶν πάντες ὑπὸ
1Co 15:24 τῷ θεῷ καὶ **πατρί**,

Παῦλος (*Paulos*; 8/158) *Paul*

1Co 1:1 **Παῦλος** κλητὸς ἀπόστολος Χριστοῦ
1Co 1:12 ἐγὼ μέν εἰμι **Παύλου**,
1Co 1:13 μὴ **Παῦλος** ἐσταυρώθη ὑπὲρ ὑμῶν,
1Co 1:13 εἰς τὸ ὄνομα **Παύλου** ἐβαπτίσθητε;
1Co 3:4 ἐγὼ μέν εἰμι **Παύλου**,
1Co 3:5 τί δέ ἐστιν **Παῦλος**;
1Co 3:22 εἴτε **Παῦλος** εἴτε Ἀπολλῶς εἴτε
1Co 16:21 τῇ ἐμῇ χειρὶ **Παύλου**.

παύω (*pauō*; 1/15) *stop*

1Co 13:8 **παύσονται**·

πειθός (*peithos*; 1/1) *persuasive*

1Co 2:4 μου οὐκ ἐν **πειθοῖ[ς]** σοφίας [λόγοις ἀλλ᾽

πεινάω (*peinaō*; 3/23) *be hungry*

1Co 4:11 ἄρτι ὥρας καὶ **πεινῶμεν** καὶ διψῶμεν καὶ
1Co 11:21 καὶ ὃς μὲν **πεινᾷ** ὃς δὲ μεθύει.
1Co 11:34 εἴ τις **πεινᾷ**,

πειράζω (*peirazō*; 3/37[38]) *test*

1Co 7:5 ἵνα μὴ **πειράζῃ** ὑμᾶς ὁ σατανᾶς
1Co 10:9 καθώς τινες αὐτῶν **ἐπείρασαν** καὶ ὑπὸ τῶν
1Co 10:13 οὐκ ἐάσει ὑμᾶς **πειρασθῆναι** ὑπὲρ ὃ δύνασθε

πειρασμός (*peirasmos*; 2/21) *testing*

1Co 10:13 **πειρασμὸς** ὑμᾶς οὐκ εἴληφεν
1Co 10:13 ποιήσει σὺν τῷ **πειρασμῷ** καὶ τὴν ἔκβασιν

πέμπω (*pempō*; 2/79) *send*

1Co 4:17 Διὰ τοῦτο **ἔπεμψα** ὑμῖν Τιμόθεον,
1Co 16:3 δι᾽ ἐπιστολῶν τούτους **πέμψω** ἀπενεγκεῖν τὴν χάριν

πενθέω (*pentheō*; 1/9[10]) *mourn*

1Co 5:2 καὶ οὐχὶ μᾶλλον **ἐπενθήσατε**,

πεντακόσιοι (*pentakosioi*; 1/2) *five hundred*

1Co 15:6 ἔπειτα ὤφθη ἐπάνω **πεντακοσίοις** ἀδελφοῖς ἐφάπαξ,

πέντε (*pente*; 1/38) *five*
1Co 14:19 ἐν ἐκκλησίᾳ θέλω **πέντε** λόγους τῷ νοΐ

πεντηκοστή (*pentēkostē*; 1/3) *Pentecost*
1Co 16:8 Ἐφέσῳ ἕως τῆς **πεντηκοστῆς**·

περί (*peri*; 10/332[333]) *concerning, around*
1Co 1:4 θεῷ μου πάντοτε **περὶ** ὑμῶν ἐπὶ τῇ
1Co 1:11 ἐδηλώθη γάρ μοι **περὶ** ὑμῶν,
1Co 7:1 **Περὶ** δὲ ὧν ἐγράψατε,
1Co 7:25 **Περὶ** δὲ τῶν παρθένων
1Co 7:37 ἐξουσίαν δὲ ἔχει **περὶ** τοῦ ἰδίου θελήματος
1Co 8:1 **Περὶ** δὲ τῶν εἰδωλοθύτων,
1Co 8:4 **Περὶ** τῆς βρώσεως οὖν
1Co 12:1 **Περὶ** δὲ τῶν πνευματικῶν,
1Co 16:1 **Περὶ** δὲ τῆς λογείας
1Co 16:12 **Περὶ** δὲ Ἀπολλῶ τοῦ

περιάγω (*periagō*; 1/6) *go around or about*
1Co 9:5 ἐξουσίαν ἀδελφὴν γυναῖκα **περιάγειν** ὡς

περιβόλαιον (*peribolaion*; 1/2) *cloak*
1Co 11:15 ἡ κόμη ἀντὶ **περιβολαίου** δέδοται [αὐτῇ].

περικάθαρμα (*perikatharma*; 1/1) *refuse, rubbish*
1Co 4:13 ὡς **περικαθάρματα** τοῦ κόσμου ἐγενήθημεν,

περιπατέω (*peripateō*; 2/94[95]) *walk*
1Co 3:3 καὶ κατὰ ἄνθρωπον **περιπατεῖτε**;
1Co 7:17 οὕτως **περιπατείτω**.

περισσεύω (*perisseuō*; 3/39) *exceed, be left over*
1Co 8:8 οὔτε ἐὰν φάγωμεν **περισσεύομεν**.
1Co 14:12 ἐκκλησίας ζητεῖτε ἵνα **περισσεύητε**.
1Co 15:58 **περισσεύοντες** ἐν τῷ ἔργῳ

περισσότερος (*perissoteros*; 4/16) *more*
1Co 12:23 σώματος τούτοις τιμὴν **περισσοτέραν** περιτίθεμεν,
1Co 12:23 ἀσχήμονα ἡμῶν εὐσχημοσύνην **περισσοτέραν** ἔχει,
1Co 12:24 σῶμα τῷ ὑστερουμένῳ **περισσοτέραν** δοὺς τιμήν,
1Co 15:10 ἀλλὰ **περισσότερον** αὐτῶν πάντων ἐκοπίασα,

περιτέμνω (*peritemnō*; 2/17) *circumcise*
1Co 7:18 **περιτετμημένος** τις ἐκλήθη,
1Co 7:18 μὴ **περιτεμνέσθω**.

περιτίθημι (*peritithēmi*; 1/8) *put around*
1Co 12:23 τούτοις τιμὴν περισσοτέραν **περιτίθεμεν**,

περιτομή (*peritomē*; 1/36) *circumcision*
1Co 7:19 ἡ **περιτομὴ** οὐδέν ἐστιν καὶ

περίψημα (*peripsēma*; 1/1) *scum*
1Co 4:13 πάντων **περίψημα** ἕως ἄρτι.

περπερεύομαι (*perpereuomai*; 1/1) *be conceited*
1Co 13:4 [ἡ ἀγάπη] οὐ **περπερεύεται**,

πέτρα (*petra*; 2/15) *rock*
1Co 10:4 ἐκ πνευματικῆς ἀκολουθούσης **πέτρας**,
1Co 10:4 ἡ **πέτρα** δὲ ἦν ὁ

πίνω (*pinō*; 14/72[73]) *drink*
1Co 9:4 ἐξουσίαν φαγεῖν καὶ **πεῖν**;
1Co 10:4 τὸ αὐτὸ πνευματικὸν **ἔπιον** πόμα·
1Co 10:4 **ἔπινον** γὰρ ἐκ πνευματικῆς
1Co 10:7 λαὸς φαγεῖν καὶ **πεῖν** καὶ ἀνέστησαν παίζειν.
1Co 10:21 δύνασθε ποτήριον κυρίου **πίνειν** καὶ ποτήριον δαιμονίων,
1Co 10:31 οὖν ἐσθίετε εἴτε **πίνετε** εἴτε τι ποιεῖτε,
1Co 11:22 τὸ ἐσθίειν καὶ **πίνειν**;
1Co 11:25 ὁσάκις ἐὰν **πίνητε**,
1Co 11:26 καὶ τὸ ποτήριον **πίνητε**,
1Co 11:27 τὸν ἄρτον ἢ **πίνῃ** τὸ ποτήριον τοῦ
1Co 11:28 ἐκ τοῦ ποτηρίου **πινέτω**·
1Co 11:29 γὰρ ἐσθίων καὶ **πίνων** κρίμα ἑαυτῷ ἐσθίει
1Co 11:29 ἑαυτῷ ἐσθίει καὶ **πίνει** μὴ διακρίνων τὸ
1Co 15:32 φάγωμεν καὶ **πίωμεν**,

πίπτω (*piptō*; 4/90) *fall*
1Co 10:8 αὐτῶν ἐπόρνευσαν καὶ **ἔπεσαν** μιᾷ ἡμέρᾳ εἴκοσι
1Co 10:12 ἑστάναι βλεπέτω μὴ **πέσῃ**.
1Co 13:8 Ἡ ἀγάπη οὐδέποτε **πίπτει**·
1Co 14:25 καὶ οὕτως **πεσὼν** ἐπὶ πρόσωπον προσκυνήσει

πιστεύω (*pisteuō*; 9/237[241]) *believe*
1Co 1:21 κηρύγματος σῶσαι τοὺς **πιστεύοντας**·
1Co 3:5 διάκονοι δι᾽ ὧν **ἐπιστεύσατε**,
1Co 9:17 οἰκονομίαν **πεπίστευμαι**·
1Co 11:18 καὶ μέρος τι **πιστεύω**.
1Co 13:7 πάντα **πιστεύει**,
1Co 14:22 εἰσιν οὐ τοῖς **πιστεύουσιν** ἀλλὰ τοῖς ἀπίστοις,
1Co 14:22 ἀπίστοις ἀλλὰ τοῖς **πιστεύουσιν**.
1Co 15:2 εἰ μὴ εἰκῇ **ἐπιστεύσατε**.
1Co 15:11 κηρύσσομεν καὶ οὕτως **ἐπιστεύσατε**.

πίστις (*pistis*; 7/243) *faith*
1Co 2:5 ἵνα ἡ **πίστις** ὑμῶν μὴ ᾖ
1Co 12:9 ἑτέρῳ **πίστις** ἐν τῷ αὐτῷ
1Co 13:2 ἔχω πᾶσαν τὴν **πίστιν** ὥστε ὄρη μεθιστάναι,
1Co 13:13 Νυνὶ δὲ μένει **πίστις**,
1Co 15:14 κενὴ καὶ ἡ **πίστις** ὑμῶν·
1Co 15:17 ματαία ἡ **πίστις** ὑμῶν,
1Co 16:13 στήκετε ἐν τῇ **πίστει**,

πιστός (*pistos*; 5/67) *believing*
1Co 1:9 **πιστὸς** ὁ θεός,
1Co 4:2 ἵνα **πιστός** τις εὑρεθῇ.

1Co 4:17 τέκνον ἀγαπητὸν καὶ **πιστὸν** ἐν κυρίῳ,
1Co 7:25 ἠλεημένος ὑπὸ κυρίου **πιστὸς** εἶναι.
1Co 10:13 **πιστὸς** δὲ ὁ θεός,

πλανάω (*planaō*; 2/39) *lead astray*
1Co 6:9 μὴ **πλανᾶσθε**·
1Co 15:33 μὴ **πλανᾶσθε**·

πλεονέκτης (*pleonektēs*; 3/4) *one who is grasping or greedy*
1Co 5:10 τούτου ἢ τοῖς **πλεονέκταις** καὶ ἅρπαξιν ἢ
1Co 5:11 ᾖ πόρνος ἢ **πλεονέκτης** ἢ εἰδωλολάτρης ἢ
1Co 6:10 οὔτε κλέπται οὔτε **πλεονέκται**,

πλήν (*plēn*; 1/31) *but, except*
1Co 11:11 **πλὴν** οὔτε γυνὴ χωρὶς

πλήρωμα (*plērōma*; 1/17) *fullness*
1Co 10:26 γῆ καὶ τὸ **πλήρωμα** αὐτῆς.

πλουτέω (*plouteō*; 1/12) *be rich*
1Co 4:8 ἤδη **ἐπλουτήσατε**,

πλουτίζω (*ploutizō*; 1/3) *enrich*
1Co 1:5 ὅτι ἐν παντὶ **ἐπλουτίσθητε** ἐν αὐτῷ,

πνεῦμα (*pneuma*; 40/379) *Spirit, spirit*
1Co 2:4 ἀλλ' ἐν ἀποδείξει **πνεύματος** καὶ δυνάμεως,
1Co 2:10 θεὸς διὰ τοῦ **πνεύματος**·
1Co 2:10 τὸ γὰρ **πνεῦμα** πάντα ἐραυνᾷ,
1Co 2:11 εἰ μὴ τὸ **πνεῦμα** τοῦ ἀνθρώπου τὸ
1Co 2:11 εἰ μὴ τὸ **πνεῦμα** τοῦ θεοῦ.
1Co 2:12 δὲ οὐ τὸ **πνεῦμα** τοῦ κόσμου ἐλάβομεν
1Co 2:12 ἐλάβομεν ἀλλὰ τὸ **πνεῦμα** τὸ ἐκ τοῦ
1Co 2:13 ἀλλ' ἐν διδακτοῖς **πνεύματος**,
1Co 2:14 δέχεται τὰ τοῦ **πνεύματος** τοῦ θεοῦ·
1Co 3:16 ἐστε καὶ τὸ **πνεῦμα** τοῦ θεοῦ οἰκεῖ
1Co 4:21 ἢ ἐν ἀγάπῃ **πνεύματί** τε πραΰτητος;
1Co 5:3 παρὼν δὲ τῷ **πνεύματι**,
1Co 5:4 καὶ τοῦ ἐμοῦ **πνεύματος** σὺν τῇ δυνάμει
1Co 5:5 ἵνα τὸ **πνεῦμα** σωθῇ ἐν τῇ
1Co 6:11 καὶ ἐν τῷ **πνεύματι** τοῦ θεοῦ ἡμῶν.
1Co 6:17 τῷ κυρίῳ ἓν **πνεῦμά** ἐστιν.
1Co 6:19 ἐν ὑμῖν ἁγίου **πνεύματός** ἐστιν οὗ ἔχετε
1Co 7:34 σώματι καὶ τῷ **πνεύματι**·
1Co 7:40 δοκῶ δὲ κἀγὼ **πνεῦμα** θεοῦ ἔχειν.
1Co 12:3 ὅτι οὐδεὶς ἐν **πνεύματι** θεοῦ λαλῶν λέγει·
1Co 12:3 εἰ μὴ ἐν **πνεύματι** ἁγίῳ.
1Co 12:4 τὸ δὲ αὐτὸ **πνεῦμα**·
1Co 12:7 ἡ φανέρωσις τοῦ **πνεύματος** πρὸς τὸ συμφέρον.
1Co 12:8 γὰρ διὰ τοῦ **πνεύματος** δίδοται λόγος σοφίας,
1Co 12:8 κατὰ τὸ αὐτὸ **πνεῦμα**,
1Co 12:9 ἐν τῷ αὐτῷ **πνεύματι**,
1Co 12:9 ἐν τῷ ἑνὶ **πνεύματι**,
1Co 12:10 ἄλλῳ [δὲ] διακρίσεις **πνευμάτων**,
1Co 12:11 καὶ τὸ αὐτὸ **πνεῦμα** διαιροῦν ἰδίᾳ ἑκάστῳ
1Co 12:13 γὰρ ἐν ἑνὶ **πνεύματι** ἡμεῖς πάντες εἰς
1Co 12:13 καὶ πάντες ἓν **πνεῦμα** ἐποτίσθημεν.
1Co 14:2 **πνεύματι** δὲ λαλεῖ μυστήρια·
1Co 14:12 ἐπεὶ ζηλωταί ἐστε **πνευμάτων**,
1Co 14:14 τὸ **πνεῦμά** μου προσεύχεται,
1Co 14:15 προσεύξομαι τῷ **πνεύματι**,
1Co 14:15 ψαλῶ τῷ **πνεύματι**,
1Co 14:16 ἐὰν εὐλογῇς [ἐν] **πνεύματι**,
1Co 14:32 καὶ **πνεύματα** προφητῶν προφήταις ὑποτάσσεται,
1Co 15:45 ἔσχατος Ἀδὰμ εἰς **πνεῦμα** ζῳοποιοῦν.
1Co 16:18 γὰρ τὸ ἐμὸν **πνεῦμα** καὶ τὸ ὑμῶν.

πνευματικός (*pneumatikos*; 15/26) *spiritual*
1Co 2:13 **πνευματικοῖς** πνευματικὰ συγκρίνοντες.
1Co 2:13 πνευματικοῖς **πνευματικὰ** συγκρίνοντες.
1Co 2:15 ὁ δὲ **πνευματικὸς** ἀνακρίνει [τὰ] πάντα,
1Co 3:1 λαλῆσαι ὑμῖν ὡς **πνευματικοῖς** ἀλλ' ὡς σαρκίνοις,
1Co 9:11 ἡμεῖς ὑμῖν τὰ **πνευματικὰ** ἐσπείραμεν,
1Co 10:3 πάντες τὸ αὐτὸ **πνευματικὸν** βρῶμα ἔφαγον
1Co 10:4 πάντες τὸ αὐτὸ **πνευματικὸν** ἔπιον πόμα·
1Co 10:4 ἔπινον γὰρ ἐκ **πνευματικῆς** ἀκολουθούσης πέτρας,
1Co 12:1 Περὶ δὲ τῶν **πνευματικῶν**,
1Co 14:1 ζηλοῦτε δὲ τὰ **πνευματικά**,
1Co 14:37 προφήτης εἶναι ἢ **πνευματικός**,
1Co 15:44 ἐγείρεται σῶμα **πνευματικόν**.
1Co 15:44 ἔστιν καὶ **πνευματικόν**.
1Co 15:46 οὐ πρῶτον τὸ **πνευματικὸν** ἀλλὰ τὸ ψυχικόν,
1Co 15:46 ἔπειτα τὸ **πνευματικόν**.

πνευματικῶς (*pneumatikōs*; 1/2) *spiritually*
1Co 2:14 ὅτι **πνευματικῶς** ἀνακρίνεται.

ποιέω (*poieō*; 14/568) *do, make*
1Co 6:15 μέλη τοῦ Χριστοῦ **ποιήσω** πόρνης μέλη;
1Co 6:18 ἁμάρτημα ὃ ἐὰν **ποιήσῃ** ἄνθρωπος ἐκτὸς
1Co 7:36 ὃ θέλει **ποιείτω**,
1Co 7:37 καλῶς **ποιήσει**.
1Co 7:38 ἑαυτοῦ παρθένον καλῶς **ποιεῖ** καὶ ὁ μὴ
1Co 7:38 μὴ γαμίζων κρεῖσσον **ποιήσει**.
1Co 9:23 πάντα δὲ **ποιῶ** διὰ τὸ εὐαγγέλιον,
1Co 10:13 ὃ δύνασθε ἀλλὰ **ποιήσει** σὺν τῷ πειρασμῷ
1Co 10:31 πίνετε εἴτε τι **ποιεῖτε**,
1Co 10:31 εἰς δόξαν θεοῦ **ποιεῖτε**.
1Co 11:24 τοῦτο **ποιεῖτε** εἰς τὴν ἐμὴν
1Co 11:25 τοῦτο **ποιεῖτε**,
1Co 15:29 Ἐπεὶ τί **ποιήσουσιν** οἱ βαπτιζόμενοι ὑπὲρ
1Co 16:1 οὕτως καὶ ὑμεῖς **ποιήσατε**.

ποιμαίνω (*poimainō*; 1/11) *tend like a shepherd*
1Co 9:7 ἢ τίς **ποιμαίνει** ποίμνην καὶ ἐκ

ποίμνη (*poimnē*; 2/5) *flock*
1Co 9:7 ἢ τίς ποιμαίνει **ποίμνην** καὶ ἐκ τοῦ
1Co 9:7 τοῦ γάλακτος τῆς **ποίμνης** οὐκ ἐσθίει;

ποῖος (*poios*; 1/33) *what kind of*
1Co 15:35 **ποίῳ** δὲ σώματι ἔρχονται;

πόλεμος (*polemos*; 1/18) *war*
1Co 14:8 τίς παρασκευάσεται εἰς **πόλεμον**;

πολύς (*polys*; 22/417) *much (pl. many)*
1Co 1:26 ὅτι οὐ **πολλοὶ** σοφοὶ κατὰ σάρκα,
1Co 1:26 οὐ **πολλοὶ** δυνατοί,
1Co 1:26 οὐ **πολλοὶ** εὐγενεῖς·
1Co 2:3 καὶ ἐν τρόμῳ **πολλῷ** ἐγενόμην πρὸς ὑμᾶς,
1Co 4:15 Χριστῷ ἀλλ' οὐ **πολλοὺς** πατέρας·
1Co 8:5 ὥσπερ εἰσὶν θεοὶ **πολλοὶ** καὶ κύριοι πολλοί,
1Co 8:5 πολλοὶ καὶ κύριοι **πολλοί**,
1Co 9:19 ἵνα τοὺς **πλείονας** κερδήσω·
1Co 10:5 οὐκ ἐν τοῖς **πλείοσιν** αὐτῶν εὐδόκησεν ὁ
1Co 10:17 ἓν σῶμα οἱ **πολλοί** ἐσμεν,
1Co 10:33 ἀλλὰ τὸ τῶν **πολλῶν**,
1Co 11:30 τοῦτο ἐν ὑμῖν **πολλοὶ** ἀσθενεῖς καὶ ἄρρωστοι
1Co 12:12 ἐστιν καὶ μέλη **πολλὰ** ἔχει,
1Co 12:12 μέλη τοῦ σώματος **πολλὰ** ὄντα ἕν ἐστιν
1Co 12:14 ἓν μέλος ἀλλὰ **πολλά**.
1Co 12:20 νῦν δὲ **πολλὰ** μὲν μέλη,
1Co 12:22 ἀλλὰ **πολλῷ** μᾶλλον τὰ δοκοῦντα
1Co 14:27 δύο ἢ τὸ **πλεῖστον** τρεῖς καὶ ἀνὰ
1Co 15:6 ἐξ ὧν οἱ **πλείονες** μένουσιν ἕως ἄρτι,
1Co 16:9 καὶ ἀντικείμενοι **πολλοί**.
1Co 16:12 **πολλὰ** παρεκάλεσα αὐτόν,
1Co 16:19 ὑμᾶς ἐν κυρίῳ **πολλὰ** 'Ακύλας καὶ Πρίσκα

πόμα (*poma*; 1/2) *drink*
1Co 10:4 αὐτὸ πνευματικὸν ἔπιον **πόμα**·

πονηρία (*ponēria*; 1/7) *wickedness*
1Co 5:8 ζύμῃ κακίας καὶ **πονηρίας** ἀλλ' ἐν ἀζύμοις

πονηρός (*ponēros*; 1/78) *evil*
1Co 5:13 ἐξάρατε τὸν **πονηρὸν** ἐξ ὑμῶν αὐτῶν.

πορεύομαι (*poreuomai*; 4/147[153]) *go*
1Co 10:27 ἀπίστων καὶ θέλετε **πορεύεσθαι**,
1Co 16:4 ᾖ τοῦ κἀμὲ **πορεύεσθαι**,
1Co 16:4 σὺν ἐμοὶ **πορεύσονται**.
1Co 16:6 προπέμψητε οὗ ἐὰν **πορεύωμαι**.

πορνεία (*porneia*; 5/25) *sexual immorality*
1Co 5:1 ἀκούεται ἐν ὑμῖν **πορνεία**,
1Co 5:1 καὶ τοιαύτη **πορνεία** ἥτις οὐδὲ ἐν
1Co 6:13 σῶμα οὐ τῇ **πορνείᾳ** ἀλλὰ τῷ κυρίῳ,
1Co 6:18 Φεύγετε τὴν **πορνείαν**.
1Co 7:2 διὰ δὲ τὰς **πορνείας** ἕκαστος τὴν ἑαυτοῦ

πορνεύω (*porneuō*; 3/8) *commit sexual immorality*
1Co 6:18 ὁ δὲ **πορνεύων** εἰς τὸ ἴδιον
1Co 10:8 μηδὲ **πορνεύωμεν**,
1Co 10:8 καθώς τινες αὐτῶν **ἐπόρνευσαν** καὶ ἔπεσαν μιᾷ

πόρνη (*pornē*; 2/12) *prostitute*
1Co 6:15 τοῦ Χριστοῦ ποιήσω **πόρνης** μέλη;
1Co 6:16 ὁ κολλώμενος τῇ **πόρνῃ** ἓν σῶμά ἐστιν;

πόρνος (*pornos*; 4/10) *sexually immoral person*
1Co 5:9 ἐπιστολῇ μὴ συναναμίγνυσθαι **πόρνοις**,
1Co 5:10 οὐ πάντως τοῖς **πόρνοις** τοῦ κόσμου τούτου
1Co 5:11 ἀδελφὸς ὀνομαζόμενος ᾖ **πόρνος** ἢ πλεονέκτης ἢ
1Co 6:9 οὔτε **πόρνοι** οὔτε εἰδωλολάτραι οὔτε

ποτέ (*pote*; 1/29) *once*
1Co 9:7 στρατεύεται ἰδίοις ὀψωνίοις **ποτέ**;

ποτήριον (*potērion*; 8/31) *cup*
1Co 10:16 Τὸ **ποτήριον** τῆς εὐλογίας ὃ
1Co 10:21 οὐ δύνασθε **ποτήριον** κυρίου πίνειν καὶ
1Co 10:21 κυρίου πίνειν καὶ **ποτήριον** δαιμονίων,
1Co 11:25 ὡσαύτως καὶ τὸ **ποτήριον** μετὰ τὸ δειπνῆσαι
1Co 11:25 τοῦτο τὸ **ποτήριον** ἡ καινὴ διαθήκη
1Co 11:26 τοῦτον καὶ τὸ **ποτήριον** πίνητε,
1Co 11:27 ἢ πίνῃ τὸ **ποτήριον** τοῦ κυρίου ἀναξίως,
1Co 11:28 καὶ ἐκ τοῦ **ποτηρίου** πινέτω·

ποτίζω (*potizō*; 5/15) *give to drink*
1Co 3:2 γάλα ὑμᾶς **ἐπότισα**,
1Co 3:6 'Απολλῶς **ἐπότισεν**,
1Co 3:7 τι οὔτε ὁ **ποτίζων** ἀλλ' ὁ αὐξάνων
1Co 3:8 δὲ καὶ ὁ **ποτίζων** ἕν εἰσιν,
1Co 12:13 πάντες ἓν πνεῦμα **ἐποτίσθημεν**.

ποῦ (*pou*; 8/47[48]) *where*
1Co 1:20 **ποῦ** σοφός;
1Co 1:20 **ποῦ** γραμματεύς;
1Co 1:20 **ποῦ** συζητητὴς τοῦ αἰῶνος
1Co 12:17 **ποῦ** ἡ ἀκοή;
1Co 12:17 **ποῦ** ἡ ὄσφρησις;
1Co 12:19 **ποῦ** τὸ σῶμα;
1Co 15:55 **ποῦ** σου,
1Co 15:55 **ποῦ** σου,

πούς (*pous*; 4/93) *foot*
1Co 12:15 ἐὰν εἴπῃ ὁ **πούς**·
1Co 12:21 ἡ κεφαλὴ τοῖς **ποσίν**·
1Co 15:25 ἐχθροὺς ὑπὸ τοὺς **πόδας** αὐτοῦ.
1Co 15:27 ὑπέταξεν ὑπὸ τοὺς **πόδας** αὐτοῦ.

πρᾶγμα (*pragma*; 1/11) *matter*
1Co 6:1 Τολμᾷ τις ὑμῶν **πρᾶγμα** ἔχων πρὸς τὸν

πράσσω (*prassō*; 2/39) *do*
1Co 5:2 τὸ ἔργον τοῦτο **πράξας**;
1Co 9:17 γὰρ ἑκὼν τοῦτο **πράσσω**,

πραΰτης (*prautēs*; 1/11) *gentleness*
1Co 4:21 ἀγάπῃ πνεύματί τε **πραΰτητος**;

πρέπω (*prepō*; 1/7) *it is fitting or proper*
1Co 11:13 πρέπον **ἐστὶν** γυναῖκα ἀκατακάλυπτον τῷ

Πρίσκα (*Priska*; 1/3) *Prisca*
1Co 16:19 πολλὰ 'Ακύλας καὶ **Πρίσκα** σὺν τῇ κατ'

πρό (*pro*; 2/47) *before*
1Co 2:7 προώρισεν ὁ θεὸς **πρὸ** τῶν αἰώνων εἰς
1Co 4:5 ὥστε μὴ **πρὸ** καιροῦ τι κρίνετε

προλαμβάνω (*prolambanō*; 1/3) *do (something) ahead of time*
1Co 11:21 τὸ ἴδιον δεῖπνον **προλαμβάνει** ἐν τῷ φαγεῖν,

προορίζω (*proorizō*; 1/6) *predestine*
1Co 2:7 ἣν **προώρισεν** ὁ θεὸς πρὸ

προπέμπω (*propempō*; 2/9) *send on one's way*
1Co 16:6 ἵνα ὑμεῖς με **προπέμψητε** οὗ ἐὰν πορεύωμαι.
1Co 16:11 **προπέμψατε** δὲ αὐτὸν ἐν

πρός (*pros*; 24/699[700]) *to, toward, at*
1Co 2:1 κἀγὼ ἐλθὼν **πρὸς** ὑμᾶς,
1Co 2:3 τρόμῳ πολλῷ ἐγενόμην **πρὸς** ὑμᾶς,
1Co 4:18 ἐρχομένου δέ μου **πρὸς** ὑμᾶς ἐφυσιώθησάν τινες·
1Co 4:19 ἐλεύσομαι δὲ ταχέως **πρὸς** ὑμᾶς ἐὰν ὁ
1Co 4:21 ἐν ῥάβδῳ ἔλθω **πρὸς** ὑμᾶς ἢ ἐν
1Co 6:1 ὑμῶν πρᾶγμα ἔχων **πρὸς** τὸν ἕτερον κρίνεσθαι
1Co 6:5 **πρὸς** ἐντροπὴν ὑμῖν λέγω.
1Co 7:5 ἂν ἐκ συμφώνου **πρὸς** καιρόν,
1Co 7:35 τοῦτο δὲ **πρὸς** τὸ ὑμῶν αὐτῶν
1Co 7:35 ὑμῖν ἐπιβάλω ἀλλὰ **πρὸς** τὸ εὔσχημον καὶ
1Co 10:11 ἐγράφη δὲ **πρὸς** νουθεσίαν ἡμῶν,
1Co 12:2 ὅτε ἔθνη ἦτε **πρὸς** τὰ εἴδωλα τὰ
1Co 12:7 φανέρωσις τοῦ πνεύματος **πρὸς** τὸ συμφέρον.
1Co 13:12 τότε δὲ πρόσωπον **πρὸς** πρόσωπον·
1Co 14:6 ἐὰν ἔλθω **πρὸς** ὑμᾶς γλώσσαις λαλῶν,
1Co 14:12 **πρὸς** τὴν οἰκοδομὴν τῆς
1Co 14:26 πάντα **πρὸς** οἰκοδομὴν γινέσθω.
1Co 15:34 **πρὸς** ἐντροπὴν ὑμῖν λαλῶ.
1Co 16:5 Ἐλεύσομαι δὲ **πρὸς** ὑμᾶς ὅταν Μακεδονίαν
1Co 16:6 **πρὸς** ὑμᾶς δὲ τυχὸν
1Co 16:7 χρόνον τινα ἐπιμεῖναι **πρὸς** ὑμᾶς ἐὰν ὁ
1Co 16:10 ἵνα ἀφόβως γένηται **πρὸς** ὑμᾶς·
1Co 16:11 ἵνα ἔλθῃ **πρός** με·
1Co 16:12 ἵνα ἔλθῃ **πρὸς** ὑμᾶς μετὰ τῶν

προσευχή (*proseuchē*; 1/36) *prayer*
1Co 7:5 ἵνα σχολάσητε τῇ **προσευχῇ** καὶ πάλιν ἐπὶ

προσεύχομαι (*proseuchomai*; 8/85) *pray*
1Co 11:4 πᾶς ἀνὴρ **προσευχόμενος** ἢ προφητεύων
1Co 11:5 πᾶσα δὲ γυνὴ **προσευχομένη** ἢ προφητεύουσα ἀκατακαλύπτῳ
1Co 11:13 ἀκατακάλυπτον τῷ θεῷ **προσεύχεσθαι**;
1Co 14:13 ὁ λαλῶν γλώσσῃ **προσευχέσθω** ἵνα διερμηνεύῃ.
1Co 14:14 ἐὰν [γὰρ] **προσεύχωμαι** γλώσσῃ,
1Co 14:14 τὸ πνεῦμά μου **προσεύχεται**,
1Co 14:15 **προσεύξομαι** τῷ πνεύματι,
1Co 14:15 **προσεύξομαι** δὲ καὶ τῷ

πρόσκομμα (*proskomma*; 1/6) *that which causes stumbling or offense*
1Co 8:9 ἐξουσία ὑμῶν αὕτη **πρόσκομμα** γένηται τοῖς ἀσθενέσιν.

προσκυνέω (*proskyneō*; 1/60) *worship*
1Co 14:25 πεσὼν ἐπὶ πρόσωπον **προσκυνήσει** τῷ θεῷ ἀπαγγέλλων

πρόσωπον (*prosōpon*; 3/76) *face*
1Co 13:12 τότε δὲ **πρόσωπον** πρὸς πρόσωπον·
1Co 13:12 δὲ πρόσωπον πρὸς **πρόσωπον**·
1Co 14:25 οὕτως πεσὼν ἐπὶ **πρόσωπον** προσκυνήσει τῷ θεῷ

προφητεία (*prophēteia*; 5/19) *prophecy*
1Co 12:10 ἄλλῳ [δὲ] **προφητεία**,
1Co 13:2 καὶ ἐὰν ἔχω **προφητείαν** καὶ εἰδῶ τὰ
1Co 13:8 εἴτε δὲ **προφητεῖαι**,
1Co 14:6 γνώσει ἢ ἐν **προφητείᾳ** ἢ [ἐν] διδαχῇ;
1Co 14:22 ἡ δὲ **προφητεία** οὐ τοῖς ἀπίστοις

προφητεύω (*prophēteuō*; 11/28) *prophesy*
1Co 11:4 ἀνὴρ προσευχόμενος ἢ **προφητεύων** κατὰ κεφαλῆς ἔχων
1Co 11:5 γυνὴ προσευχομένη ἢ **προφητεύουσα** ἀκατακαλύπτῳ τῇ κεφαλῇ
1Co 13:9 καὶ ἐκ μέρους **προφητεύομεν**·
1Co 14:1 μᾶλλον δὲ ἵνα **προφητεύητε**.
1Co 14:3 ὁ δὲ **προφητεύων** ἀνθρώποις λαλεῖ οἰκοδομὴν
1Co 14:4 ὁ δὲ **προφητεύων** ἐκκλησίαν οἰκοδομεῖ.
1Co 14:5 μᾶλλον δὲ ἵνα **προφητεύητε**·
1Co 14:5 μείζων δὲ ὁ **προφητεύων** ἢ ὁ λαλῶν
1Co 14:24 ἐὰν δὲ πάντες **προφητεύωσιν**,
1Co 14:31 καθ᾽ ἕνα πάντες **προφητεύειν**,
1Co 14:39 ζηλοῦτε τὸ **προφητεύειν** καὶ τὸ λαλεῖν

προφήτης (*prophētēs*; 6/144) *prophet*
1Co 12:28 δεύτερον **προφήτας**,
1Co 12:29 μὴ πάντες **προφῆται**;
1Co 14:29 **προφῆται** δὲ δύο ἢ
1Co 14:32 καὶ πνεύματα **προφητῶν** προφήταις ὑποτάσσεται,
1Co 14:32 καὶ πνεύματα προφητῶν **προφήταις** ὑποτάσσεται,
1Co 14:37 Εἴ τις δοκεῖ **προφήτης** εἶναι ἢ πνευματικός,

πρῶτος (*prōtos*; 7/152[155]) *first*
1Co 11:18 **πρῶτον** μὲν γὰρ συνερχομένων
1Co 12:28 ἐν τῇ ἐκκλησίᾳ **πρῶτον** ἀποστόλους,
1Co 14:30 ὁ **πρῶτος** σιγάτω.
1Co 15:3 γὰρ ὑμῖν ἐν **πρώτοις**,
1Co 15:45 ἐγένετο ὁ **πρῶτος** ἄνθρωπος Ἀδὰμ εἰς
1Co 15:46 ἀλλ᾽ οὐ **πρῶτον** τὸ πνευματικὸν ἀλλὰ
1Co 15:47 ὁ **πρῶτος** ἄνθρωπος ἐκ γῆς

πτηνός (*ptēnos*; 1/1) *bird*
1Co 15:39 ἄλλη δὲ σὰρξ **πτηνῶν**,

πυκτεύω (*pykteuō*; 1/1) *box*
1Co 9:26 οὕτως **πυκτεύω** ὡς οὐκ ἀέρα

πῦρ (*pyr*; 3/71) *fire*
1Co 3:13 ὅτι ἐν **πυρὶ** ἀποκαλύπτεται·
1Co 3:13 ὁποῖόν ἐστιν τὸ **πῦρ** [αὐτὸ] δοκιμάσει.
1Co 3:15 δὲ ὡς διὰ **πυρός**.

πυρόω (*pyroō*; 1/6) *burn*
1Co 7:9 ἐστιν γαμῆσαι ἢ **πυροῦσθαι**.

πωλέω (*pōleō*; 1/22) *sell*
1Co 10:25 τὸ ἐν μακέλλῳ **πωλούμενον** ἐσθίετε μηδὲν ἀνακρίνοντες

πώς (*pōs*; 2/15) *somehow*
1Co 8:9 βλέπετε δὲ μή **πως** ἡ ἐξουσία ὑμῶν
1Co 9:27 μή **πως** ἄλλοις κηρύξας αὐτὸς

πῶς (*pōs*; 9/103) *how*
1Co 3:10 ἕκαστος δὲ βλεπέτω **πῶς** ἐποικοδομεῖ.
1Co 7:32 **πῶς** ἀρέσῃ τῷ κυρίῳ·
1Co 7:33 **πῶς** ἀρέσῃ τῇ γυναικί,
1Co 7:34 **πῶς** ἀρέσῃ τῷ ἀνδρί.
1Co 14:7 **πῶς** γνωσθήσεται τὸ αὐλούμενον
1Co 14:9 **πῶς** γνωσθήσεται τὸ λαλούμενον;
1Co 14:16 τόπον τοῦ ἰδιώτου **πῶς** ἐρεῖ τὸ ἀμὴν
1Co 15:12 **πῶς** λέγουσιν ἐν ὑμῖν
1Co 15:35 **πῶς** ἐγείρονται οἱ νεκροί;

ῥάβδος (*rhabdos*; 1/12) *stick, staff, rod*
1Co 4:21 ἐν **ῥάβδῳ** ἔλθω πρὸς ὑμᾶς

ῥιπή (*rhipē*; 1/1) *blinking*
1Co 15:52 ἐν **ῥιπῇ** ὀφθαλμοῦ,

σάββατον (*sabbaton*; 1/67[68]) *Sabbath*
1Co 16:2 κατὰ μίαν **σαββάτου** ἕκαστος ὑμῶν παρ᾽

σάλπιγξ (*salpinx*; 2/11) *trumpet*
1Co 14:8 γὰρ ἐὰν ἄδηλον **σάλπιγξ** φωνὴν δῷ,
1Co 15:52 ἐν τῇ ἐσχάτῃ **σάλπιγγι**·

σαλπίζω (*salpizō*; 1/12) *sound a trumpet*
1Co 15:52 **σαλπίσει** γὰρ καὶ οἱ

σαρκικός (*sarkikos*; 3/7) *belonging to the world, material*
1Co 3:3 ἔτι γὰρ **σαρκικοί** ἐστε.
1Co 3:3 οὐχὶ **σαρκικοί** ἐστε καὶ κατὰ
1Co 9:11 ἡμεῖς ὑμῶν τὰ **σαρκικὰ** θερίσομεν;

σάρκινος (*sarkinos*; 1/4) *belonging to the world, fleshly*
1Co 3:1 πνευματικοῖς ἀλλ᾽ ὡς **σαρκίνοις**,

σάρξ (*sarx*; 11/147) *flesh*
1Co 1:26 πολλοὶ σοφοὶ κατὰ **σάρκα**,
1Co 1:29 μὴ καυχήσηται πᾶσα **σὰρξ** ἐνώπιον τοῦ θεοῦ.
1Co 5:5 εἰς ὄλεθρον τῆς **σαρκός**,
1Co 6:16 οἱ δύο εἰς **σάρκα** μίαν.
1Co 7:28 θλῖψιν δὲ τῇ **σαρκὶ** ἕξουσιν οἱ τοιοῦτοι,
1Co 10:18 τὸν Ἰσραὴλ κατὰ **σάρκα**·
1Co 15:39 Οὐ πᾶσα **σὰρξ** ἡ αὐτὴ σὰρξ
1Co 15:39 σὰρξ ἡ αὐτὴ **σὰρξ** ἀλλὰ ἄλλη μὲν
1Co 15:39 ἄλλη δὲ **σὰρξ** κτηνῶν,
1Co 15:39 ἄλλη δὲ **σὰρξ** πτηνῶν,
1Co 15:50 ὅτι **σὰρξ** καὶ αἷμα βασιλείαν

σατανᾶς (*satanas*; 2/36) *Satan*
1Co 5:5 τὸν τοιοῦτον τῷ **σατανᾷ** εἰς ὄλεθρον τῆς
1Co 7:5 πειράζῃ ὑμᾶς ὁ **σατανᾶς** διὰ τὴν ἀκρασίαν

σελήνη (*selēnē*; 1/9) *moon*
1Co 15:41 καὶ ἄλλη δόξα **σελήνης**,

σημεῖον (*sēmeion*; 2/75[77]) *sign*
1Co 1:22 ἐπειδὴ καὶ Ἰουδαῖοι **σημεῖα** αἰτοῦσιν καὶ Ἕλληνες
1Co 14:22 αἱ γλῶσσαι εἰς **σημεῖόν** εἰσιν οὐ τοῖς

σιγάω (*sigaō*; 3/10) *keep silent*
1Co 14:28 **σιγάτω** ἐν ἐκκλησίᾳ,
1Co 14:30 ὁ πρῶτος **σιγάτω**.
1Co 14:34 ἐν ταῖς ἐκκλησίαις **σιγάτωσαν**·

σῖτος (*sitos*; 1/14) *grain*
1Co 15:37 κόκκον εἰ τύχοι **σίτου** ἤ τινος τῶν

σκανδαλίζω (*skandalizō*; 2/29) *cause to stumble*
1Co 8:13 διόπερ εἰ βρῶμα **σκανδαλίζει** τὸν ἀδελφόν μου,
1Co 8:13 τὸν ἀδελφόν μου **σκανδαλίσω**.

σκάνδαλον (*skandalon*; 1/15) *stumbling block*
1Co 1:23 Ἰουδαίοις μὲν **σκάνδαλον**,

σκότος (*skotos*; 1/31) *darkness*
1Co 4:5 τὰ κρυπτὰ τοῦ **σκότους** καὶ φανερώσει τὰς

σός (*sos*; 2/25) *your (sg.)*
1Co 8:11 ἀσθενῶν ἐν τῇ **σῇ** γνώσει,
1Co 14:16 ἀμὴν ἐπὶ τῇ **σῇ** εὐχαριστίᾳ;

σοφία (*sophia*; 17/51) *wisdom*
1Co 1:17 οὐκ ἐν **σοφίᾳ** λόγου,
1Co 1:19 ἀπολῶ τὴν **σοφίαν** τῶν σοφῶν καὶ
1Co 1:20 ὁ θεὸς τὴν **σοφίαν** τοῦ κόσμου;
1Co 1:21 γὰρ ἐν τῇ **σοφίᾳ** τοῦ θεοῦ οὐκ
1Co 1:21 κόσμος διὰ τῆς **σοφίας** τὸν θεόν,
1Co 1:22 αἰτοῦσιν καὶ Ἕλληνες **σοφίαν** ζητοῦσιν,
1Co 1:24 δύναμιν καὶ θεοῦ **σοφίαν**·
1Co 1:30 ὃς ἐγενήθη **σοφία** ἡμῖν ἀπὸ θεοῦ,
1Co 2:1 ὑπεροχὴν λόγου ἢ **σοφίας** καταγγέλλων ὑμῖν τὸ
1Co 2:4 οὐκ ἐν πειθοῖ[ς] **σοφίας** [λόγοις ἀλλ᾽ ἐν
1Co 2:5 μὴ ᾖ ἐν **σοφίᾳ** ἀνθρώπων ἀλλ᾽ ἐν
1Co 2:6 **Σοφίαν** δὲ λαλοῦμεν ἐν

1Co 2:6 **σοφίαν** δὲ οὐ τοῦ
1Co 2:7 ἀλλὰ λαλοῦμεν θεοῦ **σοφίαν** ἐν μυστηρίῳ
1Co 2:13 ἐν διδακτοῖς ἀνθρωπίνης **σοφίας** λόγοις
1Co 3:19 ἡ γὰρ **σοφία** τοῦ κόσμου τούτου
1Co 12:8 πνεύματος δίδοται λόγος **σοφίας**,

σοφός (*sophos*; 11/20) *wise*
1Co 1:19 τὴν σοφίαν τῶν **σοφῶν** καὶ τὴν σύνεσιν
1Co 1:20 ποῦ **σοφός**;
1Co 1:25 μωρὸν τοῦ θεοῦ **σοφώτερον** τῶν ἀνθρώπων ἐστὶν
1Co 1:26 ὅτι οὐ πολλοὶ **σοφοὶ** κατὰ σάρκα,
1Co 1:27 ἵνα καταισχύνῃ τοὺς **σοφούς**,
1Co 3:10 δοθεῖσάν μοι ὡς **σοφὸς** ἀρχιτέκτων θεμέλιον ἔθηκα,
1Co 3:18 εἴ τις δοκεῖ **σοφὸς** εἶναι ἐν ὑμῖν
1Co 3:18 ἵνα γένηται **σοφός**.
1Co 3:19 ὁ δρασσόμενος τοὺς **σοφοὺς** ἐν τῇ πανουργίᾳ
1Co 3:20 τοὺς διαλογισμοὺς τῶν **σοφῶν** ὅτι εἰσὶν μάταιοι.
1Co 6:5 ἐν ὑμῖν οὐδεὶς **σοφός**,

σπείρω (*speirō*; 8/52) *sow*
1Co 9:11 ὑμῖν τὰ πνευματικὰ **ἐσπείραμεν**,
1Co 15:36 σὺ ὃ **σπείρεις**,
1Co 15:37 καὶ ὃ **σπείρεις**,
1Co 15:37 σῶμα τὸ γενησόμενον **σπείρεις** ἀλλὰ γυμνὸν κόκκον
1Co 15:42 **σπείρεται** ἐν φθορᾷ,
1Co 15:43 **σπείρεται** ἐν ἀτιμίᾳ,
1Co 15:43 **σπείρεται** ἐν ἀσθενείᾳ,
1Co 15:44 **σπείρεται** σῶμα ψυχικόν,

σπέρμα (*sperma*; 1/43) *seed*
1Co 15:38 καὶ ἑκάστῳ τῶν **σπερμάτων** ἴδιον σῶμα.

στάδιον (*stadion*; 1/7) *stadion (c. 600 feet)*
1Co 9:24 ὅτι οἱ ἐν **σταδίῳ** τρέχοντες πάντες μὲν

σταυρός (*stauros*; 2/27) *cross*
1Co 1:17 μὴ κενωθῇ ὁ **σταυρὸς** τοῦ Χριστοῦ.
1Co 1:18 γὰρ ὁ τοῦ **σταυροῦ** τοῖς μὲν ἀπολλυμένοις

σταυρόω (*stauroō*; 4/46) *crucify*
1Co 1:13 μὴ Παῦλος **ἐσταυρώθη** ὑπὲρ ὑμῶν,
1Co 1:23 δὲ κηρύσσομεν Χριστὸν **ἐσταυρωμένον**,
1Co 2:2 Χριστὸν καὶ τοῦτον **ἐσταυρωμένον**.
1Co 2:8 κύριον τῆς δόξης **ἐσταύρωσαν**.

στέγω (*stegō*; 2/4) *endure*
1Co 9:12 ἀλλὰ πάντα **στέγομεν**,
1Co 13:7 πάντα **στέγει**,

Στεφανᾶς (*Stephanas*; 3/3) *Stephanas*
1Co 1:16 δὲ καὶ τὸν **Στεφανᾶ** οἶκον,
1Co 16:15 οἴδατε τὴν οἰκίαν **Στεφανᾶ**,
1Co 16:17 ἐπὶ τῇ παρουσίᾳ **Στεφανᾶ** καὶ Φορτουνάτου

στέφανος (*stephanos*; 1/18) *crown, wreath*
1Co 9:25 οὖν ἵνα φθαρτὸν **στέφανον** λάβωσιν,

στήκω (*stēkō*; 1/9) *stand*
1Co 16:13 **στήκετε** ἐν τῇ πίστει,

στρατεύω (*strateuō*; 1/7) *serve as a soldier*
1Co 9:7 Τίς **στρατεύεται** ἰδίοις ὀψωνίοις ποτέ;

σύ (*sy*; 8/1063[1067]) *you (sg.)*
1Co 4:7 τίς γάρ **σε** διακρίνει;
1Co 7:21 μή **σοι** μελέτω·
1Co 8:10 γάρ τις ἴδῃ **σὲ** τὸν ἔχοντα γνῶσιν
1Co 12:21 χρείαν **σου** οὐκ ἔχω,
1Co 14:17 **σὺ** μὲν γὰρ καλῶς
1Co 15:36 **σὺ** ὃ σπείρεις,
1Co 15:55 ποῦ **σου**,
1Co 15:55 ποῦ **σου**,

συγγνώμη (*syngnōmē*; 1/1) *concession*
1Co 7:6 δὲ λέγω κατὰ **συγγνώμην** οὐ κατ' ἐπιταγήν.

συγκεράννυμι (*synkerannymi*; 1/2) *unite*
1Co 12:24 ἀλλὰ ὁ θεὸς **συνεκέρασεν** τὸ σῶμα τῷ

συγκοινωνός (*synkoinōnos*; 1/4) *sharer*
1Co 9:23 ἵνα **συγκοινωνὸς** αὐτοῦ γένωμαι.

συγκρίνω (*synkrinō*; 1/3) *compare*
1Co 2:13 πνευματικοῖς πνευματικὰ **συγκρίνοντες**.

συγχαίρω (*synchairō*; 2/7) *rejoice with or together*
1Co 12:26 **συγχαίρει** πάντα τὰ μέλη.
1Co 13:6 **συγχαίρει** δὲ τῇ ἀληθείᾳ·

συζητητής (*syzētētēs*; 1/1) *skillful debater*
1Co 1:20 ποῦ **συζητητὴς** τοῦ αἰῶνος τούτου;

συμβαίνω (*symbainō*; 1/8) *happen*
1Co 10:11 ταῦτα δὲ τυπικῶς **συνέβαινεν** ἐκείνοις,

συμβασιλεύω (*symbasileuō*; 1/2) *live together as kings*
1Co 4:8 καὶ ἡμεῖς ὑμῖν **συμβασιλεύσωμεν**.

συμβιβάζω (*symbibazō*; 1/7) *bring together*
1Co 2:16 ὃς **συμβιβάσει** αὐτόν;

συμμερίζω (*symmerizō*; 1/1) *share with*
1Co 9:13 παρεδρεύοντες τῷ θυσιαστηρίῳ **συμμερίζονται**;

συμπάσχω (*sympaschō*; 1/2) *suffer together*
1Co 12:26 **συμπάσχει** πάντα τὰ μέλη·

συμφέρω (*sympherō*; 3/15) *be better*
1Co 6:12 ἀλλ' οὐ πάντα **συμφέρει**·
1Co 10:23 ἀλλ' οὐ πάντα **συμφέρει**·
1Co 12:7 πνεύματος πρὸς τὸ **συμφέρον**.

<u>σύμφορος (*symphoros*; 2/2) *good*</u>
1Co 7:35 τὸ ὑμῶν αὐτῶν **σύμφορον** λέγω,
1Co 10:33 ζητῶν τὸ ἐμαυτοῦ **σύμφορον** ἀλλὰ τὸ τῶν

<u>σύμφωνος (*symphōnos*; 1/1) *mutual consent*</u>
1Co 7:5 μήτι ἂν ἐκ **συμφώνου** πρὸς καιρόν,

<u>σύν (*syn*; 7/128) *with*</u>
1Co 1:2 **σὺν** πᾶσιν τοῖς ἐπικαλουμένοις
1Co 5:4 τοῦ ἐμοῦ πνεύματος **σὺν** τῇ δυνάμει τοῦ
1Co 10:13 δύνασθε ἀλλὰ ποιήσει **σὺν** τῷ πειρασμῷ
1Co 11:32 ἵνα μὴ **σὺν** τῷ κόσμῳ κατακριθῶμεν.
1Co 15:10 τοῦ θεοῦ [ἡ] **σὺν** ἐμοί.
1Co 16:4 **σὺν** ἐμοὶ πορεύσονται.
1Co 16:19 Ἀκύλας καὶ Πρίσκα **σὺν** τῇ κατ' οἶκον

<u>συνάγω (*synagō*; 1/59) *gather*</u>
1Co 5:4 κυρίου [ἡμῶν] Ἰησοῦ **συναχθέντων** ὑμῶν

<u>συναναμίγνυμι (*synanamignymi*; 2/3) *associate with*</u>
1Co 5:9 τῇ ἐπιστολῇ μὴ **συναναμίγνυσθαι** πόρνοις,
1Co 5:11 ἔγραψα ὑμῖν μὴ **συναναμίγνυσθαι** ἐάν τις ἀδελφὸς

<u>συνείδησις (*syneidēsis*; 8/30) *conscience*</u>
1Co 8:7 καὶ ἡ **συνείδησις** αὐτῶν ἀσθενὴς οὖσα
1Co 8:10 οὐχὶ ἡ **συνείδησις** αὐτοῦ ἀσθενοῦς ὄντος
1Co 8:12 τύπτοντες αὐτῶν τὴν **συνείδησιν** ἀσθενοῦσαν εἰς Χριστὸν
1Co 10:25 ἀνακρίνοντες διὰ τὴν **συνείδησιν**·
1Co 10:27 ἀνακρίνοντες διὰ τὴν **συνείδησιν**.
1Co 10:28 μηνύσαντα καὶ τὴν **συνείδησιν**·
1Co 10:29 **συνείδησιν** δὲ λέγω οὐχὶ
1Co 10:29 κρίνεται ὑπὸ ἄλλης **συνειδήσεως**;

<u>συνεργέω (*synergeō*; 1/4[5]) *work with*</u>
1Co 16:16 καὶ παντὶ τῷ **συνεργοῦντι** καὶ κοπιῶντι.

<u>συνεργός (*synergos*; 1/13) *fellow-worker*</u>
1Co 3:9 θεοῦ γάρ ἐσμεν **συνεργοί**,

<u>συνέρχομαι (*synerchomai*; 7/30) *come together*</u>
1Co 11:17 εἰς τὸ ἧσσον **συνέρχεσθε**.
1Co 11:18 πρῶτον μὲν γὰρ **συνερχομένων** ὑμῶν ἐν ἐκκλησίᾳ
1Co 11:20 **Συνερχομένων** οὖν ὑμῶν ἐπὶ
1Co 11:33 συνερχόμενοι **εἰς** τὸ φαγεῖν ἀλλήλους
1Co 11:34 μὴ εἰς κρίμα **συνέρχησθε**.
1Co 14:23 Ἐὰν οὖν **συνέλθῃ** ἡ ἐκκλησία ὅλη
1Co 14:26 ὅταν **συνέρχησθε**,

<u>συνεσθίω (*synesthiō*; 1/5) *eat with*</u>
1Co 5:11 τῷ τοιούτῳ μηδὲ **συνεσθίειν**.

<u>σύνεσις (*synesis*; 1/7) *understanding*</u>
1Co 1:19 σοφῶν καὶ τὴν **σύνεσιν** τῶν συνετῶν ἀθετήσω.

<u>συνετός (*synetos*; 1/4) *intelligent*</u>
1Co 1:19 τὴν σύνεσιν τῶν **συνετῶν** ἀθετήσω.

<u>συνευδοκέω (*syneudokeō*; 2/6) *approve of*</u>
1Co 7:12 ἄπιστον καὶ αὕτη **συνευδοκεῖ** οἰκεῖν μετ' αὐτοῦ,
1Co 7:13 ἄπιστον καὶ οὗτος **συνευδοκεῖ** οἰκεῖν μετ' αὐτῆς,

<u>συνήθεια (*synētheia*; 2/3) *custom*</u>
1Co 8:7 τινες δὲ τῇ **συνηθείᾳ** ἕως ἄρτι τοῦ
1Co 11:16 ἡμεῖς τοιαύτην **συνήθειαν** οὐκ ἔχομεν οὐδὲ

<u>σύνοιδα (*synoida*; 1/2) *share knowledge with*</u>
1Co 4:4 οὐδὲν γὰρ ἐμαυτῷ **σύνοιδα**,

<u>συστέλλω (*systellō*; 1/2) *carry out or wrap up*</u>
1Co 7:29 ὁ καιρὸς **συνεσταλμένος** ἐστίν·

<u>σφραγίς (*sphragis*; 1/16) *seal*</u>
1Co 9:2 ἡ γὰρ **σφραγίς** μου τῆς ἀποστολῆς

<u>σχῆμα (*schēma*; 1/2) *outward form*</u>
1Co 7:31 παράγει γὰρ τὸ **σχῆμα** τοῦ κόσμου τούτου.

<u>σχίσμα (*schisma*; 3/8) *division*</u>
1Co 1:10 ᾖ ἐν ὑμῖν **σχίσματα**,
1Co 11:18 ἐν ἐκκλησίᾳ ἀκούω **σχίσματα** ἐν ὑμῖν ὑπάρχειν
1Co 12:25 ἵνα μὴ ᾖ **σχίσμα** ἐν τῷ σώματι

<u>σχολάζω (*scholazō*; 1/2) *be empty or unoccupied*</u>
1Co 7:5 ἵνα **σχολάσητε** τῇ προσευχῇ καὶ

<u>σῴζω (*sōzō*; 9/105[106]) *save, preserve*</u>
1Co 1:18 τοῖς δὲ **σῳζομένοις** ἡμῖν δύναμις θεοῦ
1Co 1:21 μωρίας τοῦ κηρύγματος **σῶσαι** τοὺς πιστεύοντας·
1Co 3:15 αὐτὸς δὲ **σωθήσεται**,
1Co 5:5 ἵνα τὸ πνεῦμα **σωθῇ** ἐν τῇ ἡμέρᾳ
1Co 7:16 εἰ τὸν ἄνδρα **σώσεις**;
1Co 7:16 εἰ τὴν γυναῖκα **σώσεις**;
1Co 9:22 ἵνα πάντως τινας **σώσω**.
1Co 10:33 ἵνα **σωθῶσιν**.
1Co 15:2 δι' οὗ καὶ **σῴζεσθε**,

<u>σῶμα (*sōma*; 46/142) *body*</u>
1Co 5:3 ἀπὼν τῷ **σώματι** παρὼν δὲ τῷ
1Co 6:13 τὸ δὲ σῶμα **οὐ** τῇ πορνείᾳ ἀλλὰ
1Co 6:13 ὁ κύριος τῷ **σώματι**·
1Co 6:15 οἴδατε ὅτι τὰ **σώματα** ὑμῶν μέλη Χριστοῦ
1Co 6:16 τῇ πόρνῃ ἓν **σῶμά** ἐστιν;
1Co 6:18 ἄνθρωπος ἐκτὸς τοῦ **σώματός** ἐστιν·
1Co 6:18 εἰς τὸ ἴδιον **σῶμα** ἁμαρτάνει.
1Co 6:19 οἴδατε ὅτι τὸ **σῶμα** ὑμῶν ναὸς τοῦ
1Co 6:20 θεὸν ἐν τῷ **σώματι** ὑμῶν.
1Co 7:4 γυνὴ τοῦ ἰδίου **σώματος** οὐκ ἐξουσιάζει
1Co 7:4 ἀνὴρ τοῦ ἰδίου **σώματος** οὐκ ἐξουσιάζει
1Co 7:34 ἁγία καὶ τῷ **σώματι** καὶ τῷ πνεύματι·

1Co 9:27 ὑπωπιάζω μου τὸ **σῶμα** καὶ δουλαγωγῶ,
1Co 10:16 οὐχὶ κοινωνία τοῦ **σώματος** τοῦ Χριστοῦ ἐστιν;
1Co 10:17 ἓν **σῶμα** οἱ πολλοί ἐσμεν,
1Co 11:24 μού ἐστιν τὸ **σῶμα** τὸ ὑπὲρ ὑμῶν·
1Co 11:27 ἔνοχος ἔσται τοῦ **σώματος** καὶ τοῦ αἵματος
1Co 11:29 μὴ διακρίνων τὸ **σῶμα**.
1Co 12:12 Καθάπερ γὰρ τὸ **σῶμα** ἕν ἐστιν καὶ
1Co 12:12 τὰ μέλη τοῦ **σώματος** πολλὰ ὄντα ἕν
1Co 12:12 ὄντα ἕν ἐστιν **σῶμα**,
1Co 12:13 πάντες εἰς ἓν **σῶμα** ἐβαπτίσθημεν,
1Co 12:14 Καὶ γὰρ τὸ **σῶμα** οὐκ ἔστιν ἓν
1Co 12:15 εἰμὶ ἐκ τοῦ **σώματος**,
1Co 12:15 ἔστιν ἐκ τοῦ **σώματος**;
1Co 12:16 εἰμὶ ἐκ τοῦ **σώματος**,
1Co 12:16 ἔστιν ἐκ τοῦ **σώματος**;
1Co 12:17 εἰ ὅλον τὸ **σῶμα** ὀφθαλμός,
1Co 12:18 αὐτῶν ἐν τῷ **σώματι** καθὼς ἠθέλησεν.
1Co 12:19 ποῦ τὸ **σῶμα**;
1Co 12:20 ἓν δὲ **σῶμα**.
1Co 12:22 δοκοῦντα μέλη τοῦ **σώματος** ἀσθενέστερα ὑπάρχειν ἀναγκαῖά
1Co 12:23 ἀτιμότερα εἶναι τοῦ **σώματος** τούτοις τιμὴν περισσοτέραν
1Co 12:24 θεὸς συνεκέρασεν τὸ **σῶμα** τῷ ὑστερουμένῳ περισσοτέραν
1Co 12:25 σχίσμα ἐν τῷ **σώματι** ἀλλὰ τὸ αὐτὸ
1Co 12:27 ὑμεῖς δέ ἐστε **σῶμα** Χριστοῦ καὶ μέλη
1Co 13:3 ἐὰν παραδῶ τὸ **σῶμά** μου ἵνα καυχήσωμαι,
1Co 15:35 ποίῳ δὲ **σώματι** ἔρχονται;
1Co 15:37 οὐ τὸ **σῶμα** τὸ γενησόμενον σπείρεις
1Co 15:38 θεὸς δίδωσιν αὐτῷ **σῶμα** καθὼς ἠθέλησεν,
1Co 15:38 τῶν σπερμάτων ἴδιον **σῶμα**.
1Co 15:40 καὶ **σώματα** ἐπουράνια,
1Co 15:40 καὶ **σώματα** ἐπίγεια·
1Co 15:44 σπείρεται **σῶμα** ψυχικόν,
1Co 15:44 ἐγείρεται **σῶμα** πνευματικόν.
1Co 15:44 Εἰ ἔστιν **σῶμα** ψυχικόν,

Σωσθένης (*Sōsthenēs*; 1/2) *Sosthenes*
1Co 1:1 θελήματος θεοῦ καὶ **Σωσθένης** ὁ ἀδελφὸς

τάγμα (*tagma*; 1/1) *proper order or turn*
1Co 15:23 ἐν τῷ ἰδίῳ **τάγματι**·

τάξις (*taxis*; 1/9) *order*
1Co 14:40 εὐσχημόνως καὶ κατὰ **τάξιν** γινέσθω.

τάσσω (*tassō*; 1/8) *appoint*
1Co 16:15 διακονίαν τοῖς ἁγίοις **ἔταξαν** ἑαυτούς·

ταχέως (*tacheōs*; 1/15) *quickly*
1Co 4:19 ἐλεύσομαι δὲ **ταχέως** πρὸς ὑμᾶς ἐὰν

τέ (*te*; 3/215) *and*
1Co 1:24 Ἰουδαίοις **τε** καὶ Ἕλλησιν,
1Co 1:30 δικαιοσύνη **τε** καὶ ἁγιασμὸς καὶ
1Co 4:21 ἐν ἀγάπῃ πνεύματί **τε** πραΰτητος;

τέκνον (*teknon*; 3/99) *child*
1Co 4:14 ταῦτα ἀλλ᾽ ὡς **τέκνα** μου ἀγαπητὰ νουθετῶ[ν].
1Co 4:17 ὅς ἐστίν μου **τέκνον** ἀγαπητὸν καὶ πιστὸν
1Co 7:14 ἐπεὶ ἄρα τὰ **τέκνα** ὑμῶν ἀκάθαρτά ἐστιν,

τέλειος (*teleios*; 3/19) *complete, perfect, mature*
1Co 2:6 λαλοῦμεν ἐν τοῖς **τελείοις**,
1Co 13:10 δὲ ἔλθῃ τὸ **τέλειον**,
1Co 14:20 ταῖς δὲ φρεσὶν **τέλειοι** γίνεσθε.

τέλος (*telos*; 3/41) *end*
1Co 1:8 βεβαιώσει ὑμᾶς ἕως **τέλους** ἀνεγκλήτους ἐν
1Co 10:11 εἰς οὓς τὰ **τέλη** τῶν αἰώνων κατήντηκεν.
1Co 15:24 εἶτα τὸ **τέλος**,

τηρέω (*tēreō*; 1/70) *keep*
1Co 7:37 **τηρεῖν** τὴν ἑαυτοῦ παρθένον,

τήρησις (*tērēsis*; 1/3) *custody*
1Co 7:19 ἀλλὰ **τήρησις** ἐντολῶν θεοῦ.

τίθημι (*tithēmi*; 7/100) *put, place, appoint*
1Co 3:10 σοφὸς ἀρχιτέκτων θεμέλιον **ἔθηκα**,
1Co 3:11 ἄλλον οὐδεὶς δύναται **θεῖναι** παρὰ τὸν κείμενον,
1Co 9:18 ἵνα εὐαγγελιζόμενος ἀδάπανον **θήσω** τὸ εὐαγγέλιον εἰς
1Co 12:18 δὲ ὁ θεὸς **ἔθετο** τὰ μέλη,
1Co 12:28 Καὶ οὓς μὲν **ἔθετο** ὁ θεὸς ἐν
1Co 15:25 βασιλεύειν ἄχρι οὗ **θῇ** πάντας τοὺς ἐχθροὺς
1Co 16:2 ὑμῶν παρ᾽ ἑαυτῷ **τιθέτω** θησαυρίζων ὅ τι

τιμή (*timē*; 4/41) *honor*
1Co 6:20 ἠγοράσθητε γὰρ **τιμῆς**·
1Co 7:23 **τιμῆς** ἠγοράσθητε·
1Co 12:23 τοῦ σώματος τούτοις **τιμὴν** περισσοτέραν περιτίθεμεν,
1Co 12:24 ὑστερουμένῳ περισσοτέραν δοὺς **τιμήν**,

τίμιος (*timios*; 1/13) *precious*
1Co 3:12 λίθους **τιμίους**,

Τιμόθεος (*Timotheos*; 2/24) *Timothy*
1Co 4:17 τοῦτο ἔπεμψα ὑμῖν **Τιμόθεον**,
1Co 16:10 Ἐὰν δὲ ἔλθῃ **Τιμόθεος**,

τίς (*tis*; 31/545[546]) *who; what, why*
1Co 2:11 **τίς** γὰρ οἶδεν ἀνθρώπων
1Co 2:16 **τίς** γὰρ ἔγνω νοῦν
1Co 3:5 **Τί** οὖν ἐστιν Ἀπολλῶς;
1Co 3:5 **τί** δέ ἐστιν Παῦλος;
1Co 4:7 **τίς** γάρ σε διακρίνει;
1Co 4:7 **τί** δὲ ἔχεις ὃ
1Co 4:7 **τί** καυχᾶσαι ὡς μὴ
1Co 4:21 **τί** θέλετε;
1Co 5:12 **τί** γάρ μοι τοὺς
1Co 6:7 διὰ **τί** οὐχὶ μᾶλλον ἀδικεῖσθε;
1Co 6:7 διὰ **τί** οὐχὶ μᾶλλον ἀποστερεῖσθε;
1Co 6:12 ἐγὼ ἐξουσιασθήσομαι ὑπό **τινος**.
1Co 7:16 **τί** γὰρ οἶδας,
1Co 7:16 ἢ **τί** οἶδας,
1Co 9:7 **Τίς** στρατεύεται ἰδίοις ὀψωνίοις

1Co 9:7 **τίς** φυτεύει ἀμπελῶνα καὶ
1Co 9:7 ἢ **τίς** ποιμαίνει ποίμνην καὶ
1Co 9:18 **τίς** οὖν μού ἐστιν
1Co 10:19 **Τί** οὖν φημι;
1Co 10:30 **τί** βλασφημοῦμαι ὑπὲρ οὗ
1Co 11:22 **τί** εἴπω ὑμῖν;
1Co 14:6 **τί** ὑμᾶς ὠφελήσω ἐὰν
1Co 14:8 **τίς** παρασκευάσεται εἰς πόλεμον;
1Co 14:15 **τί** οὖν ἐστιν;
1Co 14:16 ἐπειδὴ **τί** λέγεις οὐκ οἶδεν·
1Co 14:26 **Τί** οὖν ἐστιν,
1Co 15:2 **τίνι** λόγῳ εὐηγγελισάμην ὑμῖν
1Co 15:29 Ἐπεὶ **τί** ποιήσουσιν οἱ βαπτιζόμενοι
1Co 15:29 **τί** καὶ βαπτίζονται ὑπὲρ
1Co 15:30 **Τί** καὶ ἡμεῖς κινδυνεύομεν
1Co 15:32 **τί** μοι τὸ ὄφελος;

τις (*tis*; 55/542[543]) *anyone, anything*

1Co 1:15 ἵνα μή **τις** εἴπῃ ὅτι εἰς
1Co 1:16 οὐκ οἶδα εἴ **τινα** ἄλλον ἐβάπτισα.
1Co 2:2 οὐ γὰρ ἔκρινά **τι** εἰδέναι ἐν ὑμῖν
1Co 3:4 ὅταν γὰρ λέγῃ **τις**·
1Co 3:7 ὁ φυτεύων ἐστίν **τι** οὔτε ὁ ποτίζων
1Co 3:12 εἰ δέ **τις** ἐποικοδομεῖ ἐπὶ τὸν
1Co 3:14 εἴ **τινος** τὸ ἔργον μενεῖ
1Co 3:15 εἴ **τινος** τὸ ἔργον κατακαήσεται,
1Co 3:17 εἴ **τις** τὸν ναὸν τοῦ
1Co 3:18 εἴ **τις** δοκεῖ σοφὸς εἶναι
1Co 4:2 ἵνα πιστός **τις** εὑρεθῇ.
1Co 4:5 μὴ πρὸ καιροῦ **τι** κρίνετε ἕως ἂν
1Co 4:18 πρὸς ὑμᾶς ἐφυσιώθησάν **τινες**·
1Co 5:1 ὥστε γυναῖκά **τινα** τοῦ πατρὸς ἔχειν.
1Co 5:11 μὴ συναναμίγνυσθαι ἐάν **τις** ἀδελφὸς ὀνομαζόμενος ᾖ
1Co 6:1 Τολμᾷ **τις** ὑμῶν πρᾶγμα ἔχων
1Co 6:11 καὶ ταῦτά **τινες** ἦτε·
1Co 7:12 εἴ **τις** ἀδελφὸς γυναῖκα ἔχει
1Co 7:13 καὶ γυνὴ εἴ **τις** ἔχει ἄνδρα ἄπιστον
1Co 7:18 περιτετμημένος **τις** ἐκλήθη,
1Co 7:18 ἐν ἀκροβυστίᾳ κέκληταί **τις**,
1Co 7:36 Εἰ δέ **τις** ἀσχημονεῖν ἐπὶ τὴν
1Co 8:2 εἴ **τις** δοκεῖ ἐγνωκέναι τι,
1Co 8:2 τις δοκεῖ ἐγνωκέναι **τι**,
1Co 8:3 εἰ δέ **τις** ἀγαπᾷ τὸν θεόν,
1Co 8:7 **τινες** δὲ τῇ συνηθείᾳ
1Co 8:10 ἐὰν γάρ **τις** ἴδῃ σὲ τὸν
1Co 9:12 ἵνα μή **τινα** ἐγκοπὴν δῶμεν τῷ
1Co 9:22 ἵνα πάντως **τινας** σώσω.
1Co 10:7 εἰδωλολάτραι γίνεσθε καθώς **τινες** αὐτῶν,
1Co 10:8 καθώς **τινες** αὐτῶν ἐπόρνευσαν καὶ
1Co 10:9 καθώς **τινες** αὐτῶν ἐπείρασαν καὶ
1Co 10:10 καθάπερ **τινες** αὐτῶν ἐγόγγυσαν καὶ
1Co 10:19 ὅτι εἰδωλόθυτόν **τι** ἐστιν ἢ ὅτι
1Co 10:19 ἢ ὅτι εἴδωλόν **τι** ἐστιν;
1Co 10:27 εἴ **τις** καλεῖ ὑμᾶς τῶν
1Co 10:28 ἐὰν δέ **τις** ὑμῖν εἴπῃ·
1Co 10:31 εἴτε πίνετε εἴτε **τι** ποιεῖτε,
1Co 11:16 Εἰ δέ **τις** δοκεῖ φιλόνεικος εἶναι,
1Co 11:18 ὑπάρχειν καὶ μέρος **τι** πιστεύω.
1Co 11:34 εἴ **τις** πεινᾷ,
1Co 14:24 εἰσέλθῃ δέ **τις** ἄπιστος ἢ ἰδιώτης,
1Co 14:27 εἴτε γλώσσῃ **τις** λαλεῖ,
1Co 14:35 εἰ δέ **τι** μαθεῖν θέλουσιν,
1Co 14:37 Εἴ **τις** δοκεῖ προφήτης εἶναι
1Co 14:38 εἰ δέ **τις** ἀγνοεῖ,
1Co 15:6 **τινες** δὲ ἐκοιμήθησαν·
1Co 15:12 λέγουσιν ἐν ὑμῖν **τινες** ὅτι ἀνάστασις νεκρῶν
1Co 15:34 ἀγνωσίαν γὰρ θεοῦ **τινες** ἔχουσιν,
1Co 15:35 Ἀλλὰ ἐρεῖ **τις**·
1Co 15:37 τύχοι σίτου ἤ **τινος** τῶν λοιπῶν·
1Co 16:2 τιθέτω θησαυρίζων ὅ **τι** ἐὰν εὐοδῶται,
1Co 16:7 ἐλπίζω γὰρ χρόνον **τινα** ἐπιμεῖναι πρὸς ὑμᾶς
1Co 16:11 μή **τις** οὖν αὐτὸν ἐξουθενήσῃ.
1Co 16:22 εἴ **τις** οὐ φιλεῖ τὸν

τοίνυν (*toinyn*; 1/3) *therefore*

1Co 9:26 ἐγὼ **τοίνυν** οὕτως τρέχω ὡς

τοιοῦτος (*toioutos*; 10/56[57]) *such*

1Co 5:1 καὶ **τοιαύτη** πορνεία ἥτις οὐδὲ
1Co 5:5 παραδοῦναι τὸν **τοιοῦτον** τῷ σατανᾷ εἰς
1Co 5:11 τῷ **τοιούτῳ** μηδὲ συνεσθίειν.
1Co 7:15 ἀδελφὴ ἐν τοῖς **τοιούτοις**·
1Co 7:28 σαρκὶ ἕξουσιν οἱ **τοιοῦτοι**,
1Co 11:16 ἡμεῖς **τοιαύτην** συνήθειαν οὐκ ἔχομεν
1Co 15:48 **τοιοῦτοι** καὶ οἱ χοϊκοί,
1Co 15:48 **τοιοῦτοι** καὶ οἱ ἐπουράνιοι·
1Co 16:16 ὑμεῖς ὑποτάσσησθε τοῖς **τοιούτοις** καὶ παντὶ τῷ
1Co 16:18 ἐπιγινώσκετε οὖν τοὺς **τοιούτους**.

τολμάω (*tolmaō*; 1/16) *dare*

1Co 6:1 **Τολμᾷ** τις ὑμῶν πρᾶγμα

τόπος (*topos*; 2/94) *place*

1Co 1:2 Χριστοῦ ἐν παντὶ **τόπῳ**,
1Co 14:16 ὁ ἀναπληρῶν τὸν **τόπον** τοῦ ἰδιώτου πῶς

τοσοῦτος (*tosoutos*; 1/20) *so much (pl. so many)*

1Co 14:10 **τοσαῦτα** εἰ τύχοι γένη

τότε (*tote*; 6/160) *then*

1Co 4:5 καὶ **τότε** ὁ ἔπαινος γενήσεται
1Co 13:12 **τότε** δὲ πρόσωπον πρὸς
1Co 13:12 **τότε** δὲ ἐπιγνώσομαι καθὼς
1Co 15:28 **τότε** [καὶ] αὐτὸς ὁ
1Co 15:54 **τότε** γενήσεται ὁ λόγος
1Co 16:2 μὴ ὅταν ἔλθω **τότε** λογεῖαι γίνωνται.

τράπεζα (*trapeza*; 2/15) *table*

1Co 10:21 οὐ δύνασθε τραπέζης **κυρίου** μετέχειν καὶ τραπέζης
1Co 10:21 κυρίου μετέχειν καὶ **τραπέζης** δαιμονίων.

τρεῖς (*treis*; 4/69) *three*

1Co 10:8 μιᾷ ἡμέρᾳ εἴκοσι **τρεῖς** χιλιάδες.
1Co 13:13 τὰ **τρία** ταῦτα·
1Co 14:27 ἢ τὸ πλεῖστον **τρεῖς** καὶ ἀνὰ μέρος,
1Co 14:29 δὲ δύο ἢ **τρεῖς** λαλείτωσαν καὶ οἱ

τρέχω (*trechō*; 4/20) *run*
1Co 9:24 οἱ ἐν σταδίῳ **τρέχοντες** πάντες μὲν τρέχουσιν,
1Co 9:24 τρέχοντες πάντες μὲν **τρέχουσιν**,
1Co 9:24 οὕτως **τρέχετε** ἵνα καταλάβητε.
1Co 9:26 ἐγὼ τοίνυν οὕτως **τρέχω** ὡς οὐκ ἀδήλως,

τρίτος (*tritos*; 2/56) *third*
1Co 12:28 **τρίτον** διδασκάλους,
1Co 15:4 τῇ ἡμέρᾳ τῇ **τρίτῃ** κατὰ τὰς γραφὰς

τρόμος (*tromos*; 1/5) *trembling*
1Co 2:3 φόβῳ καὶ ἐν **τρόμῳ** πολλῷ ἐγενόμην πρὸς

τυγχάνω (*tynchanō*; 3/12) *obtain*
1Co 14:10 τοσαῦτα εἰ **τύχοι** γένη φωνῶν εἰσιν
1Co 15:37 γυμνὸν κόκκον εἰ **τύχοι** σίτου ἤ τινος
1Co 16:6 πρὸς ὑμᾶς δὲ **τυχὸν** παραμενῶ ἢ καὶ

τυπικῶς (*typikōs*; 1/1) *by way of example*
1Co 10:11 ταῦτα δὲ **τυπικῶς** συνέβαινεν ἐκείνοις,

τύπος (*typos*; 1/15) *pattern, type*
1Co 10:6 Ταῦτα δὲ **τύποι** ἡμῶν ἐγενήθησαν,

τύπτω (*typtō*; 1/13) *beat*
1Co 8:12 τοὺς ἀδελφοὺς καὶ **τύπτοντες** αὐτῶν τὴν συνείδησιν

υἱός (*huios*; 2/377) *son*
1Co 1:9 εἰς κοινωνίαν τοῦ **υἱοῦ** αὐτοῦ Ἰησοῦ Χριστοῦ
1Co 15:28 [καὶ] αὐτὸς ὁ **υἱὸς** ὑποταγήσεται τῷ ὑποτάξαντι

ὑμεῖς (*hymeis*; 146/1832) *you (pl.)*
1Co 1:3 χάρις **ὑμῖν** καὶ εἰρήνη ἀπὸ
1Co 1:4 μου πάντοτε περὶ **ὑμῶν** ἐπὶ τῇ χάριτι
1Co 1:4 θεοῦ τῇ δοθείσῃ **ὑμῖν** ἐν Χριστῷ Ἰησοῦ,
1Co 1:6 Χριστοῦ ἐβεβαιώθη ἐν **ὑμῖν**,
1Co 1:7 ὥστε **ὑμᾶς** μὴ ὑστερεῖσθαι ἐν
1Co 1:8 ὃς καὶ βεβαιώσει **ὑμᾶς** ἕως τέλους ἀνεγκλήτους
1Co 1:10 Παρακαλῶ δὲ **ὑμᾶς**,
1Co 1:10 μὴ ᾖ ἐν **ὑμῖν** σχίσματα,
1Co 1:11 γάρ μοι περὶ **ὑμῶν**,
1Co 1:11 ὅτι ἔριδες ἐν **ὑμῖν** εἰσιν.
1Co 1:12 τοῦτο ὅτι ἕκαστος **ὑμῶν** λέγει·
1Co 1:13 Παῦλος ἐσταυρώθη ὑπὲρ **ὑμῶν**,
1Co 1:14 θεῷ] ὅτι οὐδένα **ὑμῶν** ἐβάπτισα εἰ μὴ
1Co 1:26 γὰρ τὴν κλῆσιν **ὑμῶν**,
1Co 1:30 ἐξ αὐτοῦ δὲ **ὑμεῖς** ἐστε ἐν Χριστῷ
1Co 2:1 κἀγὼ ἐλθὼν πρὸς **ὑμᾶς**,
1Co 2:1 ἢ σοφίας καταγγέλλων **ὑμῖν** τὸ μυστήριον
1Co 2:2 τι εἰδέναι ἐν **ὑμῖν** εἰ μὴ Ἰησοῦν
1Co 2:3 πολλῷ ἐγενόμην πρὸς **ὑμᾶς**,
1Co 2:5 ἵνα ἡ πίστις **ὑμῶν** μὴ ᾖ ἐν
1Co 3:1 οὐκ ἠδυνήθην λαλῆσαι **ὑμῖν** ὡς πνευματικοῖς ἀλλ'
1Co 3:2 γάλα **ὑμᾶς** ἐπότισα,
1Co 3:3 ὅπου γὰρ ἐν **ὑμῖν** ζῆλος καὶ ἔρις,
1Co 3:16 θεοῦ οἰκεῖ ἐν **ὑμῖν**;
1Co 3:17 οἵτινές ἐστε **ὑμεῖς**.
1Co 3:18 σοφὸς εἶναι ἐν **ὑμῖν** ἐν τῷ αἰῶνι
1Co 3:21 πάντα γὰρ **ὑμῶν** ἐστιν,
1Co 3:22 πάντα **ὑμῶν**,
1Co 3:23 **ὑμεῖς** δὲ Χριστοῦ,
1Co 4:3 ἵνα ὑφ' **ὑμῶν** ἀνακριθῶ ἢ ὑπὸ
1Co 4:6 καὶ Ἀπολλῶν δι' **ὑμᾶς**,
1Co 4:8 ἵνα καὶ ἡμεῖς **ὑμῖν** συμβασιλεύσωμεν.
1Co 4:10 **ὑμεῖς** δὲ φρόνιμοι ἐν
1Co 4:10 **ὑμεῖς** δὲ ἰσχυροί·
1Co 4:10 **ὑμεῖς** ἔνδοξοι,
1Co 4:14 Οὐκ ἐντρέπων **ὑμᾶς** γράφω ταῦτα ἀλλ'
1Co 4:15 τοῦ εὐαγγελίου ἐγὼ **ὑμᾶς** ἐγέννησα.
1Co 4:16 Παρακαλῶ οὖν **ὑμᾶς**,
1Co 4:17 Διὰ τοῦτο ἔπεμψα **ὑμῖν** Τιμόθεον,
1Co 4:17 ὃς **ὑμᾶς** ἀναμνήσει τὰς ὁδούς
1Co 4:18 δέ μου πρὸς **ὑμᾶς** ἐφυσιώθησάν τινες·
1Co 4:19 δὲ ταχέως πρὸς **ὑμᾶς** ἐὰν ὁ κύριος
1Co 4:21 ῥάβδῳ ἔλθω πρὸς **ὑμᾶς** ἢ ἐν ἀγάπῃ
1Co 5:1 Ὅλως ἀκούεται ἐν **ὑμῖν** πορνεία,
1Co 5:2 καὶ **ὑμεῖς** πεφυσιωμένοι ἐστὲ καὶ
1Co 5:2 ἀρθῇ ἐκ μέσου **ὑμῶν** ὁ τὸ ἔργον
1Co 5:4 [ἡμῶν] Ἰησοῦ συναχθέντων **ὑμῶν** καὶ τοῦ ἐμοῦ
1Co 5:6 καλὸν τὸ καύχημα **ὑμῶν**.
1Co 5:9 Ἔγραψα **ὑμῖν** ἐν τῇ ἐπιστολῇ
1Co 5:11 νῦν δὲ ἔγραψα **ὑμῖν** μὴ συναναμίγνυσθαι ἐάν
1Co 5:12 οὐχὶ τοὺς ἔσω **ὑμεῖς** κρίνετε;
1Co 5:13 τὸν πονηρὸν ἐξ **ὑμῶν** αὐτῶν.
1Co 6:1 Τολμᾷ τις **ὑμῶν** πρᾶγμα ἔχων πρὸς
1Co 6:2 καὶ εἰ ἐν **ὑμῖν** κρίνεται ὁ κόσμος,
1Co 6:5 πρὸς ἐντροπὴν **ὑμῖν** λέγω.
1Co 6:5 οὐκ ἔνι ἐν **ὑμῖν** οὐδεὶς σοφός,
1Co 6:7 [οὖν] ὅλως ἥττημα **ὑμῖν** ἐστιν ὅτι κρίματα
1Co 6:8 ἀλλὰ **ὑμεῖς** ἀδικεῖτε καὶ ἀποστερεῖτε,
1Co 6:15 ὅτι τὰ σώματα **ὑμῶν** μέλη Χριστοῦ ἐστιν;
1Co 6:19 ὅτι τὸ σῶμα **ὑμῶν** ναὸς τοῦ ἐν
1Co 6:19 ναὸς τοῦ ἐν **ὑμῖν** ἁγίου πνεύματός ἐστιν
1Co 6:20 ἐν τῷ σώματι **ὑμῶν**.
1Co 7:5 ἵνα μὴ πειράζῃ **ὑμᾶς** ὁ σατανᾶς διὰ
1Co 7:5 διὰ τὴν ἀκρασίαν **ὑμῶν**.
1Co 7:14 ἄρα τὰ τέκνα **ὑμῶν** ἀκάθαρτά ἐστιν,
1Co 7:15 δὲ εἰρήνῃ κέκληκεν **ὑμᾶς** ὁ θεός.
1Co 7:28 ἐγὼ δὲ **ὑμῶν** φείδομαι.
1Co 7:32 Θέλω δὲ **ὑμᾶς** ἀμερίμνους εἶναι.
1Co 7:35 δὲ πρὸς τὸ **ὑμῶν** αὐτῶν σύμφορον λέγω,
1Co 7:35 οὐχ ἵνα βρόχον **ὑμῖν** ἐπιβάλω ἀλλὰ πρὸς
1Co 8:9 πως ἡ ἐξουσία **ὑμῶν** αὕτη πρόσκομμα γένηται
1Co 9:1 τὸ ἔργον μου **ὑμεῖς** ἐστε ἐν κυρίῳ;
1Co 9:2 ἀλλά γε **ὑμῖν** εἰμι·
1Co 9:2 μου τῆς ἀποστολῆς **ὑμεῖς** ἐστε ἐν κυρίῳ.
1Co 9:11 εἰ ἡμεῖς **ὑμῖν** τὰ πνευματικὰ ἐσπείραμεν,
1Co 9:11 μέγα εἰ ἡμεῖς **ὑμῶν** τὰ σαρκικὰ θερίσομεν;
1Co 9:12 Εἰ ἄλλοι τῆς **ὑμῶν** ἐξουσίας μετέχουσιν,
1Co 10:1 Οὐ θέλω γὰρ **ὑμᾶς** ἀγνοεῖν,
1Co 10:13 πειρασμὸς **ὑμᾶς** οὐκ εἴληφεν εἰ
1Co 10:13 ὃς οὐκ ἐάσει **ὑμᾶς** πειρασθῆναι ὑπὲρ ὃ
1Co 10:15 κρίνατε **ὑμεῖς** ὅ φημι.
1Co 10:20 οὐ θέλω δὲ **ὑμᾶς** κοινωνοὺς τῶν δαιμονίων
1Co 10:27 εἴ τις καλεῖ **ὑμᾶς** τῶν ἀπίστων καὶ

1Co 10:27 πᾶν τὸ παρατιθέμενον **ὑμῖν** ἐσθίετε μηδὲν ἀνακρίνοντες
1Co 10:28 ἐὰν δέ τις **ὑμῖν** εἴπῃ·
1Co 11:2 Ἐπαινῶ δὲ **ὑμᾶς** ὅτι πάντα μου
1Co 11:2 καθὼς παρέδωκα **ὑμῖν**,
1Co 11:3 Θέλω δὲ **ὑμᾶς** εἰδέναι ὅτι παντὸς
1Co 11:13 Ἐν **ὑμῖν** αὐτοῖς κρίνατε·
1Co 11:14 φύσις αὐτὴ διδάσκει **ὑμᾶς** ὅτι ἀνὴρ μὲν
1Co 11:18 μὲν γὰρ συνερχομένων **ὑμῶν** ἐν ἐκκλησίᾳ ἀκούω
1Co 11:18 ἀκούω σχίσματα ἐν **ὑμῖν** ὑπάρχειν καὶ μέρος
1Co 11:19 καὶ αἱρέσεις ἐν **ὑμῖν** εἶναι,
1Co 11:19 φανεροὶ γένωνται ἐν **ὑμῖν**.
1Co 11:20 Συνερχομένων οὖν **ὑμῶν** ἐπὶ τὸ αὐτὸ
1Co 11:22 τί εἴπω **ὑμῖν**;
1Co 11:22 ἐπαινέσω **ὑμᾶς**;
1Co 11:23 ὃ καὶ παρέδωκα **ὑμῖν**,
1Co 11:24 σῶμα τὸ ὑπὲρ **ὑμῶν**·
1Co 11:30 διὰ τοῦτο ἐν **ὑμῖν** πολλοὶ ἀσθενεῖς καὶ
1Co 12:1 οὐ θέλω **ὑμᾶς** ἀγνοεῖν.
1Co 12:3 διὸ γνωρίζω **ὑμῖν** ὅτι οὐδεὶς ἐν
1Co 12:21 χρείαν **ὑμῶν** οὐκ ἔχω·
1Co 12:27 **Ὑμεῖς** δέ ἐστε σῶμα
1Co 12:31 καθ' ὑπερβολὴν ὁδὸν **ὑμῖν** δείκνυμι.
1Co 14:5 θέλω δὲ πάντας **ὑμᾶς** λαλεῖν γλώσσαις,
1Co 14:6 ἐὰν ἔλθω πρὸς **ὑμᾶς** γλώσσαις λαλῶν,
1Co 14:6 τί **ὑμᾶς** ὠφελήσω ἐὰν μὴ
1Co 14:6 ὠφελήσω ἐὰν μὴ **ὑμῖν** λαλήσω ἢ ἐν
1Co 14:9 οὕτως καὶ **ὑμεῖς** διὰ τῆς γλώσσης
1Co 14:12 οὕτως καὶ **ὑμεῖς**,
1Co 14:18 πάντων ὑμῶν **μᾶλλον** γλώσσαις λαλῶ·
1Co 14:25 ὁ θεὸς ἐν **ὑμῖν** ἐστιν.
1Co 14:36 ἢ ἀφ' **ὑμῶν** ὁ λόγος τοῦ
1Co 14:36 ἢ εἰς **ὑμᾶς** μόνους κατήντησεν;
1Co 14:37 ἐπιγινωσκέτω ἃ γράφω **ὑμῖν** ὅτι κυρίου ἐστὶν
1Co 15:1 Γνωρίζω δὲ **ὑμῖν**,
1Co 15:1 εὐαγγέλιον ὃ εὐηγγελισάμην **ὑμῖν**,
1Co 15:2 τίνι λόγῳ εὐηγγελισάμην **ὑμῖν** εἰ κατέχετε,
1Co 15:3 παρέδωκα γὰρ **ὑμῖν** ἐν πρώτοις,
1Co 15:12 πῶς λέγουσιν ἐν **ὑμῖν** τινες ὅτι ἀνάστασις
1Co 15:14 καὶ ἡ πίστις **ὑμῶν**·
1Co 15:17 ματαία ἡ πίστις **ὑμῶν**,
1Co 15:17 ἐν ταῖς ἁμαρτίαις **ὑμῶν**,
1Co 15:34 πρὸς ἐντροπὴν **ὑμῖν** λαλῶ.
1Co 15:51 ἰδοὺ μυστήριον **ὑμῖν** λέγω·
1Co 15:58 ὅτι ὁ κόπος **ὑμῶν** οὐκ ἔστιν κενὸς
1Co 16:1 οὕτως καὶ **ὑμεῖς** ποιήσατε.
1Co 16:2 μίαν σαββάτου ἕκαστος **ὑμῶν** παρ' ἑαυτῷ τιθέτω
1Co 16:3 ἀπενεγκεῖν τὴν χάριν **ὑμῶν** εἰς Ἰερουσαλήμ·
1Co 16:5 Ἐλεύσομαι δὲ πρὸς **ὑμᾶς** ὅταν Μακεδονίαν διέλθω·
1Co 16:6 πρὸς **ὑμᾶς** δὲ τυχὸν παραμενῶ
1Co 16:6 ἵνα **ὑμεῖς** με προπέμψητε οὗ
1Co 16:7 οὐ θέλω γὰρ **ὑμᾶς** ἄρτι ἐν παρόδῳ
1Co 16:7 τινα ἐπιμεῖναι πρὸς **ὑμᾶς** ἐὰν ὁ κύριος
1Co 16:10 ἀφόβως γένηται πρὸς **ὑμᾶς**·
1Co 16:12 ἵνα ἔλθῃ πρὸς **ὑμᾶς** μετὰ τῶν ἀδελφῶν·
1Co 16:14 πάντα **ὑμῶν** ἐν ἀγάπῃ γινέσθω.
1Co 16:15 Παρακαλῶ δὲ **ὑμᾶς**,
1Co 16:16 ἵνα καὶ **ὑμεῖς** ὑποτάσσησθε τοῖς τοιούτοις
1Co 16:18 πνεῦμα καὶ τὸ **ὑμῶν**.
1Co 16:19 Ἀσπάζονται **ὑμᾶς** αἱ ἐκκλησίαι τῆς
1Co 16:19 ἀσπάζεται **ὑμᾶς** ἐν κυρίῳ πολλὰ
1Co 16:20 ἀσπάζονται **ὑμᾶς** οἱ ἀδελφοὶ πάντες.
1Co 16:23 κυρίου Ἰησοῦ μεθ' **ὑμῶν**.
1Co 16:24 μου μετὰ πάντων **ὑμῶν** ἐν Χριστῷ Ἰησοῦ.

ὑμέτερος (*hymeteros*; 2/11) *your (pl.)*

1Co 15:31 νὴ τὴν **ὑμετέραν** καύχησιν,
1Co 16:17 ὅτι τὸ **ὑμέτερον** ὑστέρημα οὗτοι ἀνεπλήρωσαν·

ὑπάρχω (*hyparchō*; 5/60) *be*

1Co 7:26 οὖν τοῦτο καλὸν **ὑπάρχειν** διὰ τὴν ἐνεστῶσαν
1Co 11:7 καὶ δόξα θεοῦ **ὑπάρχων**·
1Co 11:18 σχίσματα ἐν ὑμῖν **ὑπάρχειν** καὶ μέρος τι
1Co 12:22 τοῦ σώματος ἀσθενέστερα **ὑπάρχειν** ἀναγκαῖά ἐστιν,
1Co 13:3 ψωμίσω πάντα τὰ **ὑπάρχοντά** μου καὶ ἐὰν

ὑπέρ (*hyper*; 10/150) *for, concerning, over*

1Co 1:13 μὴ Παῦλος ἐσταυρώθη **ὑπὲρ** ὑμῶν,
1Co 4:6 μάθητε τὸ μὴ **ὑπὲρ** ἃ γέγραπται,
1Co 4:6 ἵνα μὴ εἷς **ὑπὲρ** τοῦ ἑνὸς φυσιοῦσθε
1Co 10:13 ἐάσει ὑμᾶς πειρασθῆναι **ὑπὲρ** ὃ δύνασθε
1Co 10:30 τί βλασφημοῦμαι **ὑπὲρ** οὗ ἐγὼ εὐχαριστῶ;
1Co 11:24 τὸ σῶμα τὸ **ὑπὲρ** ὑμῶν·
1Co 12:25 ἀλλὰ τὸ αὐτὸ **ὑπὲρ** ἀλλήλων μεριμνῶσιν τὰ
1Co 15:3 ὅτι Χριστὸς ἀπέθανεν **ὑπὲρ** τῶν ἁμαρτιῶν ἡμῶν
1Co 15:29 ποιήσουσιν οἱ βαπτιζόμενοι **ὑπὲρ** τῶν νεκρῶν;
1Co 15:29 τί καὶ βαπτίζονται **ὑπὲρ** αὐτῶν;

ὑπέρακμος (*hyperakmos*; 1/1) *past the best age for marriage*

1Co 7:36 ἐὰν ᾖ **ὑπέρακμος** καὶ οὕτως ὀφείλει

ὑπερβολή (*hyperbolē*; 1/8) *surpassing or outstanding quality*

1Co 12:31 Καὶ ἔτι καθ' **ὑπερβολὴν** ὁδὸν ὑμῖν δείκνυμι.

ὑπεροχή (*hyperochē*; 1/2) *position of authority*

1Co 2:1 ἦλθον οὐ καθ' **ὑπεροχὴν** λόγου ἢ σοφίας

ὑπηρέτης (*hypēretēs*; 1/20) *servant*

1Co 4:1 λογιζέσθω ἄνθρωπος ὡς **ὑπηρέτας** Χριστοῦ καὶ οἰκονόμους

ὑπό (*hypo*; 21/219[220]) *by, under*

1Co 1:11 **ὑπὸ** τῶν Χλόης ὅτι
1Co 2:12 ἵνα εἰδῶμεν τὰ **ὑπὸ** τοῦ θεοῦ χαρισθέντα
1Co 2:15 αὐτὸς δὲ **ὑπ'** οὐδενὸς ἀνακρίνεται.
1Co 4:3 ἵνα **ὑφ'** ὑμῶν ἀνακριθῶ ἢ
1Co 4:3 ὑμῶν ἀνακριθῶ ἢ **ὑπὸ** ἀνθρωπίνης ἡμέρας·
1Co 6:12 οὐκ ἐγὼ ἐξουσιασθήσομαι **ὑπό** τινος.
1Co 7:25 δίδωμι ὡς ἠλεημένος **ὑπὸ** κυρίου πιστὸς εἶναι.
1Co 8:3 οὗτος ἔγνωσται **ὑπ'** αὐτοῦ.

1Co 9:20 τοῖς **ὑπὸ** νόμον ὡς ὑπὸ
1Co 9:20 ὑπὸ νόμον ὡς **ὑπὸ** νόμον,
1Co 9:20 μὴ ὢν αὐτὸς **ὑπὸ** νόμον,
1Co 9:20 ἵνα τοὺς **ὑπὸ** νόμον κερδήσω·
1Co 10:1 πατέρες ἡμῶν πάντες **ὑπὸ** τὴν νεφέλην ἦσαν
1Co 10:9 αὐτῶν ἐπείρασαν καὶ **ὑπὸ** τῶν ὄφεων ἀπώλλυντο.
1Co 10:10 ἐγόγγυσαν καὶ ἀπώλοντο **ὑπὸ** τοῦ ὀλοθρευτοῦ.
1Co 10:29 ἐλευθερία μου κρίνεται **ὑπὸ** ἄλλης συνειδήσεως;
1Co 11:32 κρινόμενοι δὲ **ὑπὸ** [τοῦ] κυρίου παιδευόμεθα,
1Co 14:24 ἐλέγχεται **ὑπὸ** πάντων,
1Co 14:24 ἀνακρίνεται **ὑπὸ** πάντων,
1Co 15:25 πάντας τοὺς ἐχθροὺς **ὑπὸ** τοὺς πόδας αὐτοῦ.
1Co 15:27 πάντα γὰρ ὑπέταξεν **ὑπὸ** τοὺς πόδας αὐτοῦ.

ὑπομένω (*hypomenō*; 1/17) *endure*

1Co 13:7 πάντα **ὑπομένει**.

ὑποτάσσω (*hypotassō*; 9/38) *submit, put in subjection*

1Co 14:32 πνεύματα προφητῶν προφήταις **ὑποτάσσεται**,
1Co 14:34 ἀλλὰ **ὑποτασσέσθωσαν**,
1Co 15:27 πάντα γὰρ **ὑπέταξεν** ὑπὸ τοὺς πόδας
1Co 15:27 εἴπῃ ὅτι πάντα **ὑποτέτακται**,
1Co 15:27 ὅτι ἐκτὸς τοῦ **ὑποτάξαντος** αὐτῷ τὰ πάντα.
1Co 15:28 ὅταν δὲ **ὑποταγῇ** αὐτῷ τὰ πάντα,
1Co 15:28 αὐτὸς ὁ υἱὸς **ὑποταγήσεται** τῷ ὑποτάξαντι αὐτῷ
1Co 15:28 υἱὸς ὑποταγήσεται τῷ **ὑποτάξαντι** αὐτῷ τὰ πάντα,
1Co 16:16 ἵνα καὶ ὑμεῖς **ὑποτάσσησθε** τοῖς τοιούτοις

ὑποφέρω (*hypopherō*; 1/3) *endure*

1Co 10:13 ἔκβασιν τοῦ δύνασθαι **ὑπενεγκεῖν**.

ὑπωπιάζω (*hypōpiazō*; 1/2) *wear out*

1Co 9:27 ἀλλὰ **ὑπωπιάζω** μου τὸ σῶμα

ὑστερέω (*hystereō*; 3/16) *lack*

1Co 1:7 ὥστε ὑμᾶς μὴ **ὑστερεῖσθαι** ἐν μηδενὶ χαρίσματι
1Co 8:8 ἐὰν μὴ φάγωμεν **ὑστερούμεθα**,
1Co 12:24 τὸ σῶμα τῷ **ὑστερουμένῳ** περισσοτέραν δοὺς τιμήν,

ὑστέρημα (*hysterēma*; 1/9) *what is lacking*

1Co 16:17 ὅτι τὸ ὑμέτερον **ὑστέρημα** οὗτοι ἀνεπλήρωσαν·

φανερός (*phaneros*; 3/18) *known*

1Co 3:13 ἑκάστου τὸ ἔργον **φανερὸν** γενήσεται,
1Co 11:19 [καὶ] οἱ δόκιμοι **φανεροὶ** γένωνται ἐν ὑμῖν.
1Co 14:25 τῆς καρδίας αὐτοῦ **φανερὰ** γίνεται,

φανερόω (*phaneroō*; 1/47[49]) *make known, reveal*

1Co 4:5 τοῦ σκότους καὶ **φανερώσει** τὰς βουλὰς

φανέρωσις (*phanerōsis*; 1/2) *bringing to light*

1Co 12:7 δὲ δίδοται ἡ **φανέρωσις** τοῦ πνεύματος

φείδομαι (*pheidomai*; 1/10) *spare*

1Co 7:28 ἐγὼ δὲ ὑμῶν **φείδομαι**.

φεύγω (*pheugō*; 2/29) *flee*

1Co 6:18 **Φεύγετε** τὴν πορνείαν.
1Co 10:14 **φεύγετε** ἀπὸ τῆς εἰδωλολατρίας.

φημί (*phēmi*; 5/66) *say*

1Co 6:16 **φησίν**,
1Co 7:29 Τοῦτο δέ **φημι**,
1Co 10:15 κρίνατε ὑμεῖς ὅ **φημι**.
1Co 10:19 Τί οὖν **φημι**;
1Co 15:50 Τοῦτο δέ **φημι**,

φθαρτός (*phthartos*; 3/6) *subject to decay*

1Co 9:25 μὲν οὖν ἵνα **φθαρτὸν** στέφανον λάβωσιν,
1Co 15:53 Δεῖ γὰρ τὸ **φθαρτὸν** τοῦτο ἐνδύσασθαι ἀφθαρσίαν
1Co 15:54 ὅταν δὲ τὸ **φθαρτὸν** τοῦτο ἐνδύσηται ἀφθαρσίαν

φθείρω (*phtheirō*; 3/9) *corrupt*

1Co 3:17 ναὸν τοῦ θεοῦ **φθείρει**,
1Co 3:17 **φθερεῖ** τοῦτον ὁ θεός·
1Co 15:33 **φθείρουσιν** ἤθη χρηστὰ ὁμιλίαι

φθόγγος (*phthongos*; 1/2) *voice*

1Co 14:7 ἐὰν διαστολὴν τοῖς **φθόγγοις** μὴ δῷ,

φθορά (*phthora*; 2/9) *decay*

1Co 15:42 σπείρεται ἐν **φθορᾷ**,
1Co 15:50 δύναται οὐδὲ ἡ **φθορὰ** τὴν ἀφθαρσίαν κληρονομεῖ.

φιλέω (*phileō*; 1/25) *love*

1Co 16:22 εἴ τις οὐ **φιλεῖ** τὸν κύριον,

φίλημα (*philēma*; 1/7) *kiss*

1Co 16:20 Ἀσπάσασθε ἀλλήλους ἐν **φιλήματι** ἁγίῳ.

φιλόνεικος (*philoneikos*; 1/1) *argumentative*

1Co 11:16 δέ τις δοκεῖ **φιλόνεικος** εἶναι,

φόβος (*phobos*; 1/47) *fear*

1Co 2:3 ἀσθενείᾳ καὶ ἐν **φόβῳ** καὶ ἐν τρόμῳ

φορέω (*phoreō*; 2/6) *wear*

1Co 15:49 καὶ καθὼς **ἐφορέσαμεν** τὴν εἰκόνα τοῦ
1Co 15:49 **φορέσομεν** καὶ τὴν εἰκόνα

Φορτουνᾶτος (*Phortounatos*; 1/1) *Fortunatus*
1Co 16:17 παρουσίᾳ Στεφανᾶ καὶ **Φορτουνάτου** καὶ Ἀχαϊκοῦ,

φρήν (*phrēn*; 2/2) *thinking*
1Co 14:20 παιδία γίνεσθε ταῖς **φρεσὶν** ἀλλὰ τῇ κακίᾳ
1Co 14:20 ταῖς δὲ **φρεσὶν** τέλειοι γίνεσθε.

φρονέω (*phroneō*; 1/26) *think*
1Co 13:11 **ἐφρόνουν** ὡς νήπιος,

φρόνιμος (*phronimos*; 2/14) *wise*
1Co 4:10 ὑμεῖς δὲ **φρόνιμοι** ἐν Χριστῷ·
1Co 10:15 ὡς **φρονίμοις** λέγω·

φύραμα (*phyrama*; 2/5) *lump*
1Co 5:6 ζύμη ὅλον τὸ **φύραμα** ζυμοῖ;
1Co 5:7 ἵνα ἦτε νέον **φύραμα**,

φυσιόω (*physioō*; 6/7) *cause conceit or arrogance*
1Co 4:6 ὑπὲρ τοῦ ἑνὸς **φυσιοῦσθε** κατὰ τοῦ ἑτέρου.
1Co 4:18 μου πρὸς ὑμᾶς **ἐφυσιώθησάν** τινες·
1Co 4:19 τὸν λόγον τῶν **πεφυσιωμένων** ἀλλὰ τὴν δύναμιν·
1Co 5:2 καὶ ὑμεῖς **πεφυσιωμένοι** ἐστὲ καὶ οὐχὶ
1Co 8:1 ἡ γνῶσις **φυσιοῖ**,
1Co 13:4 οὐ **φυσιοῦται**,

φύσις (*physis*; 1/14) *nature*
1Co 11:14 οὐδὲ ἡ **φύσις** αὐτὴ διδάσκει ὑμᾶς

φυτεύω (*phyteuō*; 4/11) *plant*
1Co 3:6 ἐγὼ **ἐφύτευσα**,
1Co 3:7 ὥστε οὔτε ὁ **φυτεύων** ἐστίν τι οὔτε
1Co 3:8 ὁ **φυτεύων** δὲ καὶ ὁ
1Co 9:7 τίς **φυτεύει** ἀμπελῶνα καὶ τὸν

φωνή (*phōnē*; 4/139) *voice*
1Co 14:7 ὅμως τὰ ἄψυχα **φωνὴν** διδόντα,
1Co 14:8 ἐὰν ἄδηλον σάλπιγξ **φωνὴν** δῷ,
1Co 14:10 εἰ τύχοι γένη **φωνῶν** εἰσιν ἐν κόσμῳ
1Co 14:11 τὴν δύναμιν τῆς **φωνῆς**,

φωτίζω (*phōtizō*; 1/11) *give light*
1Co 4:5 ὃς καὶ **φωτίσει** τὰ κρυπτὰ τοῦ

χαίρω (*chairō*; 4/74) *rejoice*
1Co 7:30 κλαίοντες καὶ οἱ **χαίροντες** ὡς μὴ χαίροντες
1Co 7:30 χαίροντες ὡς μὴ **χαίροντες** καὶ οἱ ἀγοράζοντες
1Co 13:6 οὐ **χαίρει** ἐπὶ τῇ ἀδικίᾳ,
1Co 16:17 **χαίρω** δὲ ἐπὶ τῇ

χαλκός (*chalkos*; 1/5) *copper*
1Co 13:1 γέγονα **χαλκὸς** ἠχῶν ἢ κύμβαλον

χαρίζομαι (*charizomai*; 1/23) *grant, forgive*
1Co 2:12 ὑπὸ τοῦ θεοῦ **χαρισθέντα** ἡμῖν·

χάρις (*charis*; 10/155) *grace*
1Co 1:3 **χάρις** ὑμῖν καὶ εἰρήνη
1Co 1:4 ὑμῶν ἐπὶ τῇ **χάριτι** τοῦ θεοῦ τῇ
1Co 3:10 Κατὰ τὴν **χάριν** τοῦ θεοῦ τὴν
1Co 10:30 εἰ ἐγὼ **χάριτι** μετέχω,
1Co 15:10 **χάριτι** δὲ θεοῦ εἰμι
1Co 15:10 καὶ ἡ **χάρις** αὐτοῦ ἡ εἰς
1Co 15:10 δὲ ἀλλὰ ἡ **χάρις** τοῦ θεοῦ [ἡ]
1Co 15:57 τῷ δὲ θεῷ **χάρις** τῷ διδόντι ἡμῖν
1Co 16:3 πέμψω ἀπενεγκεῖν τὴν **χάριν** ὑμῶν εἰς Ἰερουσαλήμ·
1Co 16:23 ἡ **χάρις** τοῦ κυρίου Ἰησοῦ

χάρισμα (*charisma*; 7/17) *gift*
1Co 1:7 ὑστερεῖσθαι ἐν μηδενὶ **χαρίσματι** ἀπεκδεχομένους τὴν ἀποκάλυψιν
1Co 7:7 ἕκαστος ἴδιον ἔχει **χάρισμα** ἐκ θεοῦ,
1Co 12:4 Διαιρέσεις δὲ **χαρισμάτων** εἰσίν,
1Co 12:9 ἄλλῳ δὲ **χαρίσματα** ἰαμάτων ἐν τῷ
1Co 12:28 ἔπειτα **χαρίσματα** ἰαμάτων,
1Co 12:30 μὴ πάντες **χαρίσματα** ἔχουσιν ἰαμάτων;
1Co 12:31 ζηλοῦτε δὲ τὰ **χαρίσματα** τὰ μείζονα.

χεῖλος (*cheilos*; 1/7) *lip*
1Co 14:21 ἑτερογλώσσοις καὶ ἐν **χείλεσιν** ἑτέρων λαλήσω τῷ

χείρ (*cheir*; 4/175[177]) *hand*
1Co 4:12 ἐργαζόμενοι ταῖς ἰδίαις **χερσίν**·
1Co 12:15 ὅτι οὐκ εἰμὶ **χείρ**,
1Co 12:21 ὀφθαλμὸς εἰπεῖν τῇ **χειρί**·
1Co 16:21 ἀσπασμὸς τῇ ἐμῇ **χειρὶ** Παύλου.

χήρα (*chēra*; 1/26) *widow*
1Co 7:8 ἀγάμοις καὶ ταῖς **χήραις**,

χιλιάς (*chilias*; 1/23) *thousand*
1Co 10:8 ἡμέρᾳ εἴκοσι τρεῖς **χιλιάδες**.

Χλόη (*Chloē*; 1/1) *Chloe*
1Co 1:11 ὑπὸ τῶν **Χλόης** ὅτι ἔριδες ἐν

χοϊκός (*choikos*; 4/4) *made of earth or dust*
1Co 15:47 ἄνθρωπος ἐκ γῆς **χοϊκός**,
1Co 15:48 οἷος ὁ **χοϊκός**,
1Co 15:48 τοιοῦτοι καὶ οἱ **χοϊκοί**,
1Co 15:49 τὴν εἰκόνα τοῦ **χοϊκοῦ**,

χόρτος (*chortos*; 1/15) *grass, hay*
1Co 3:12 **χόρτον**,

χράομαι (*chraomai*; 4/11) *use, make use of*
1Co 7:21 μᾶλλον **χρῆσαι**.
1Co 7:31 καὶ οἱ **χρώμενοι** τὸν κόσμον ὡς
1Co 9:12 ἀλλ᾽ οὐκ **ἐχρησάμεθα** τῇ ἐξουσίᾳ ταύτῃ,
1Co 9:15 Ἐγὼ δὲ οὐ **κέχρημαι** οὐδενὶ τούτων.

χρεία (*chreia*; 3/49) *need*

1Co 12:21 **χρείαν** σου οὐκ ἔχω,
1Co 12:21 **χρείαν** ὑμῶν οὐκ ἔχω·
1Co 12:24 εὐσχήμονα ἡμῶν οὐ **χρείαν** ἔχει.

χρηστεύομαι (*chrēsteuomai*; 1/1) *be kind*

1Co 13:4 **χρηστεύεται** ἡ ἀγάπη,

χρηστός (*chrēstos*; 1/7) *kind*

1Co 15:33 φθείρουσιν ἤθη **χρηστὰ** ὁμιλίαι κακαί.

Χριστός (*Christos*; 64/529) *Christ*

1Co 1:1 Παῦλος κλητὸς ἀπόστολος **Χριστοῦ** Ἰησοῦ διὰ θελήματος
1Co 1:2 ἡγιασμένοις ἐν **Χριστῷ** Ἰησοῦ,
1Co 1:2 κυρίου ἡμῶν Ἰησοῦ **Χριστοῦ** ἐν παντὶ τόπῳ,
1Co 1:3 καὶ κυρίου Ἰησοῦ **Χριστοῦ**.
1Co 1:4 δοθείσῃ ὑμῖν ἐν **Χριστῷ** Ἰησοῦ,
1Co 1:6 τὸ μαρτύριον τοῦ **Χριστοῦ** ἐβεβαιώθη ἐν ὑμῖν,
1Co 1:7 κυρίου ἡμῶν Ἰησοῦ **Χριστοῦ**·
1Co 1:8 κυρίου ἡμῶν Ἰησοῦ **[Χριστοῦ]**.
1Co 1:9 υἱοῦ αὐτοῦ Ἰησοῦ **Χριστοῦ** τοῦ κυρίου ἡμῶν.
1Co 1:10 κυρίου ἡμῶν Ἰησοῦ **Χριστοῦ**,
1Co 1:12 ἐγὼ δὲ **Χριστοῦ**.
1Co 1:13 μεμέρισται ὁ **Χριστός**;
1Co 1:17 γὰρ ἀπέστειλέν με **Χριστὸς** βαπτίζειν ἀλλὰ εὐαγγελίζεσθαι,
1Co 1:17 ὁ σταυρὸς τοῦ **Χριστοῦ**.
1Co 1:23 ἡμεῖς δὲ κηρύσσομεν **Χριστὸν** ἐσταυρωμένον,
1Co 1:24 Χριστὸν **θεοῦ** δύναμιν καὶ θεοῦ
1Co 1:30 ὑμεῖς ἐστε ἐν **Χριστῷ** Ἰησοῦ,
1Co 2:2 εἰ μὴ Ἰησοῦν **Χριστὸν** καὶ τοῦτον ἐσταυρωμένον.
1Co 2:16 ἡμεῖς δὲ νοῦν **Χριστοῦ** ἔχομεν.
1Co 3:1 ὡς νηπίοις ἐν **Χριστῷ**.
1Co 3:11 ὅς ἐστιν Ἰησοῦς **Χριστός**.
1Co 3:23 ὑμεῖς δὲ **Χριστοῦ**,
1Co 3:23 **Χριστὸς** δὲ θεοῦ.
1Co 4:1 ἄνθρωπος ὡς ὑπηρέτας **Χριστοῦ** καὶ οἰκονόμους μυστηρίων
1Co 4:10 ἡμεῖς μωροὶ διὰ **Χριστόν**,
1Co 4:10 δὲ φρόνιμοι ἐν **Χριστῷ**·
1Co 4:15 παιδαγωγοὺς ἔχητε ἐν **Χριστῷ** ἀλλ᾽ οὐ πολλοὺς
1Co 4:15 ἐν γὰρ **Χριστῷ** Ἰησοῦ διὰ τοῦ
1Co 4:17 μου τὰς ἐν **Χριστῷ** [Ἰησοῦ],
1Co 5:7 πάσχα ἡμῶν ἐτύθη **Χριστός**.
1Co 6:11 τοῦ κυρίου Ἰησοῦ **Χριστοῦ** καὶ ἐν τῷ
1Co 6:15 σώματα ὑμῶν μέλη **Χριστοῦ** ἐστιν;
1Co 6:15 τὰ μέλη τοῦ **Χριστοῦ** ποιήσω πόρνης μέλη;
1Co 7:22 κληθεὶς δοῦλός ἐστιν **Χριστοῦ**.
1Co 8:6 εἷς κύριος Ἰησοῦς **Χριστὸς** δι᾽ οὗ τὰ
1Co 8:11 ἀδελφὸς δι᾽ ὃν **Χριστὸς** ἀπέθανεν.
1Co 8:12 συνείδησιν ἀσθενοῦσαν εἰς **Χριστὸν** ἁμαρτάνετε.
1Co 9:12 τῷ εὐαγγελίῳ τοῦ **Χριστοῦ**.
1Co 9:21 θεοῦ ἀλλ᾽ ἔννομος **Χριστοῦ**,
1Co 10:4 δὲ ἦν ὁ **Χριστός**.
1Co 10:9 μηδὲ ἐκπειράζωμεν τὸν **Χριστόν**,
1Co 10:16 τοῦ αἵματος τοῦ **Χριστοῦ**;
1Co 10:16 τοῦ σώματος τοῦ **Χριστοῦ** ἐστιν;
1Co 11:1 γίνεσθε καθὼς κἀγὼ **Χριστοῦ**.
1Co 11:3 ἡ κεφαλὴ ὁ **Χριστός** ἐστιν,
1Co 11:3 κεφαλὴ δὲ τοῦ **Χριστοῦ** ὁ θεός.
1Co 12:12 οὕτως καὶ ὁ **Χριστός**·
1Co 12:27 δέ ἐστε σῶμα **Χριστοῦ** καὶ μέλη ἐκ
1Co 15:3 ὅτι **Χριστὸς** ἀπέθανεν ὑπὲρ τῶν
1Co 15:12 Εἰ δὲ **Χριστὸς** κηρύσσεται ὅτι ἐκ
1Co 15:13 οὐδὲ **Χριστὸς** ἐγήγερται·
1Co 15:14 εἰ δὲ **Χριστὸς** οὐκ ἐγήγερται,
1Co 15:15 ὅτι ἤγειρεν τὸν **Χριστόν**,
1Co 15:16 οὐδὲ **Χριστὸς** ἐγήγερται·
1Co 15:17 εἰ δὲ **Χριστὸς** οὐκ ἐγήγερται,
1Co 15:18 οἱ κοιμηθέντες ἐν **Χριστῷ** ἀπώλοντο.
1Co 15:19 ζωῇ ταύτῃ ἐν **Χριστῷ** ἠλπικότες ἐσμὲν μόνον,
1Co 15:20 Νυνὶ δὲ **Χριστὸς** ἐγήγερται ἐκ νεκρῶν
1Co 15:22 καὶ ἐν τῷ **Χριστῷ** πάντες ζῳοποιηθήσονται.
1Co 15:23 ἀπαρχὴ **Χριστός**,
1Co 15:23 ἔπειτα οἱ τοῦ **Χριστοῦ** ἐν τῇ παρουσίᾳ
1Co 15:31 ἣν ἔχω ἐν **Χριστῷ** Ἰησοῦ τῷ κυρίῳ
1Co 15:57 κυρίου ἡμῶν Ἰησοῦ **Χριστοῦ**.
1Co 16:24 πάντων ὑμῶν ἐν **Χριστῷ** Ἰησοῦ.

χρόνος (*chronos*; 2/54) *time*

1Co 7:39 δέδεται ἐφ᾽ ὅσον **χρόνον** ζῇ ὁ ἀνήρ
1Co 16:7 ἐλπίζω γὰρ **χρόνον** τινα ἐπιμεῖναι πρὸς

χρυσός (*chrysos*; 1/10) *gold*

1Co 3:12 ἐπὶ τὸν θεμέλιον **χρυσόν**,

χωρίζω (*chōrizō*; 4/13) *separate*

1Co 7:10 ἀπὸ ἀνδρὸς μὴ **χωρισθῆναι**,
1Co 7:11 ἐὰν δὲ καὶ **χωρισθῇ**,
1Co 7:15 δὲ ὁ ἄπιστος **χωρίζεται**,
1Co 7:15 **χωριζέσθω**·

χωρίς (*chōris*; 3/41) *without*

1Co 4:8 χωρὶς **ἡμῶν** ἐβασιλεύσατε·
1Co 11:11 πλὴν οὔτε γυνὴ **χωρὶς** ἀνδρὸς οὔτε ἀνὴρ
1Co 11:11 ἀνδρὸς οὔτε ἀνὴρ **χωρὶς** γυναικὸς ἐν κυρίῳ·

ψάλλω (*psallō*; 2/5) *sing*

1Co 14:15 **ψαλῶ** τῷ πνεύματι,
1Co 14:15 **ψαλῶ** δὲ καὶ τῷ

ψαλμός (*psalmos*; 1/7) *psalm*

1Co 14:26 ἕκαστος **ψαλμὸν** ἔχει,

ψευδόμαρτυς (*pseudomartys*; 1/2) *false witness*

1Co 15:15 εὑρισκόμεθα δὲ καὶ **ψευδομάρτυρες** τοῦ θεοῦ,

ψυχή (*psychē*; 1/103) *soul, life, self*

1Co 15:45 ἄνθρωπος Ἀδὰμ εἰς **ψυχὴν** ζῶσαν,

ψυχικός (*psychikos*; 4/6) *unspiritual*

1Co 2:14 **ψυχικὸς** δὲ ἄνθρωπος οὐ

1Co 15:44 σπείρεται σῶμα **ψυχικόν**,
1Co 15:44 Εἰ ἔστιν σῶμα **ψυχικόν**,
1Co 15:46 πνευματικὸν ἀλλὰ τὸ **ψυχικόν**,

ψωμίζω (*psōmizō*; 1/2) *feed*
1Co 13:3 κἂν **ψωμίσω** πάντα τὰ ὑπάρχοντά

ὧδε (*hōde*; 1/61) *here*
1Co 4:2 **ὧδε** λοιπὸν ζητεῖται ἐν

ὥρα (*hōra*; 2/106) *hour*
1Co 4:11 ἄχρι τῆς ἄρτι **ὥρας** καὶ πεινῶμεν καὶ
1Co 15:30 ἡμεῖς κινδυνεύομεν πᾶσαν **ὥραν**;

ὡς (*hōs*; 38/503[504]) *as*
1Co 3:1 ἠδυνήθην λαλῆσαι ὑμῖν **ὡς** πνευματικοῖς ἀλλ' ὡς
1Co 3:1 ὡς πνευματικοῖς ἀλλ' **ὡς** σαρκίνοις,
1Co 3:1 **ὡς** νηπίοις ἐν Χριστῷ.
1Co 3:5 καὶ ἑκάστῳ **ὡς** ὁ κύριος ἔδωκεν.
1Co 3:10 τὴν δοθεῖσάν μοι **ὡς** σοφὸς ἀρχιτέκτων θεμέλιον
1Co 3:15 οὕτως δὲ **ὡς** διὰ πυρός.
1Co 4:1 ἡμᾶς λογιζέσθω ἄνθρωπος **ὡς** ὑπηρέτας Χριστοῦ καὶ
1Co 4:7 τί καυχᾶσαι **ὡς** μὴ λαβών;
1Co 4:9 ἀποστόλους ἐσχάτους ἀπέδειξεν **ὡς** ἐπιθανατίους,
1Co 4:13 **ὡς** περικαθάρματα τοῦ κόσμου
1Co 4:14 γράφω ταῦτα ἀλλ' **ὡς** τέκνα μου ἀγαπητὰ
1Co 4:18 **Ὡς** μὴ ἐρχομένου δέ
1Co 5:3 ἤδη κέκρικα **ὡς** παρὼν τὸν οὕτως
1Co 7:7 πάντας ἀνθρώπους εἶναι **ὡς** καὶ ἐμαυτόν·
1Co 7:8 αὐτοῖς ἐὰν μείνωσιν **ὡς** κἀγώ·
1Co 7:17 Εἰ μὴ ἑκάστῳ **ὡς** ἐμέρισεν ὁ κύριος,
1Co 7:17 ἕκαστον **ὡς** κέκληκεν ὁ θεός,
1Co 7:25 γνώμην δὲ δίδωμι **ὡς** ἠλεημένος ὑπὸ κυρίου
1Co 7:29 οἱ ἔχοντες γυναῖκας **ὡς** μὴ ἔχοντες ὦσιν
1Co 7:30 καὶ οἱ κλαίοντες **ὡς** μὴ κλαίοντες καὶ
1Co 7:30 καὶ οἱ χαίροντες **ὡς** μὴ χαίροντες καὶ
1Co 7:30 καὶ οἱ ἀγοράζοντες **ὡς** μὴ κατέχοντες,
1Co 7:31 χρώμενοι τὸν κόσμον **ὡς** μὴ καταχρώμενοι·
1Co 8:7 ἄρτι τοῦ εἰδώλου **ὡς** εἰδωλόθυτον ἐσθίουσιν,
1Co 9:5 ἀδελφὴν γυναῖκα περιάγειν **ὡς** καὶ οἱ λοιποὶ
1Co 9:20 ἐγενόμην τοῖς Ἰουδαίοις **ὡς** Ἰουδαῖος,
1Co 9:20 τοῖς ὑπὸ νόμον **ὡς** ὑπὸ νόμον,
1Co 9:21 τοῖς ἀνόμοις **ὡς** ἄνομος,
1Co 9:26 τοίνυν οὕτως τρέχω **ὡς** οὐκ ἀδήλως,
1Co 9:26 οὕτως πυκτεύω **ὡς** οὐκ ἀέρα δέρων·
1Co 10:15 **ὡς** φρονίμοις λέγω·
1Co 11:34 τὰ δὲ λοιπὰ **ὡς** ἂν ἔλθω διατάξομαι.
1Co 12:2 εἴδωλα τὰ ἄφωνα **ὡς** ἂν ἤγεσθε ἀπαγόμενοι.
1Co 13:11 ἐλάλουν **ὡς** νήπιος,
1Co 13:11 ἐφρόνουν **ὡς** νήπιος,
1Co 13:11 ἐλογιζόμην **ὡς** νήπιος·
1Co 14:33 **Ὡς** ἐν πάσαις ταῖς
1Co 16:10 ἔργον κυρίου ἐργάζεται **ὡς** κἀγώ·

ὡσαύτως (*hōsautōs*; 1/17) *in the same way*
1Co 11:25 **ὡσαύτως** καὶ τὸ ποτήριον

ὥσπερ (*hōsper*; 5/36) *just as, like*
1Co 8:5 **ὥσπερ** εἰσὶν θεοὶ πολλοὶ
1Co 10:7 **ὥσπερ** γέγραπται·
1Co 11:12 **ὥσπερ** γὰρ ἡ γυνὴ
1Co 15:22 **ὥσπερ** γὰρ ἐν τῷ
1Co 16:1 εἰς τοὺς ἁγίους **ὥσπερ** διέταξα ταῖς ἐκκλησίαις

ὡσπερεί (*hōsperei*; 1/1) *as*
1Co 15:8 ἔσχατον δὲ πάντων **ὡσπερεὶ** τῷ ἐκτρώματι ὤφθη

ὥστε (*hōste*; 14/83) *so that*
1Co 1:7 **ὥστε** ὑμᾶς μὴ ὑστερεῖσθαι
1Co 3:7 **ὥστε** οὔτε ὁ φυτεύων
1Co 3:21 **ὥστε** μηδεὶς καυχάσθω ἐν
1Co 4:5 **ὥστε** μὴ πρὸ καιροῦ
1Co 5:1 **ὥστε** γυναῖκά τινα τοῦ
1Co 5:8 **ὥστε** ἑορτάζωμεν μὴ ἐν
1Co 7:38 **ὥστε** καὶ ὁ γαμίζων
1Co 10:12 **Ὥστε** ὁ δοκῶν ἑστάναι
1Co 11:27 **Ὥστε** ὃς ἂν ἐσθίῃ
1Co 11:33 **Ὥστε**,
1Co 13:2 πᾶσαν τὴν πίστιν **ὥστε** ὄρη μεθιστάναι,
1Co 14:22 **ὥστε** αἱ γλῶσσαι εἰς
1Co 14:39 **Ὥστε**,
1Co 15:58 **Ὥστε**,

ὠφελέω (*ōpheleō*; 2/15) *gain, profit*
1Co 13:3 οὐδὲν **ὠφελοῦμαι**.
1Co 14:6 τί ὑμᾶς **ὠφελήσω** ἐὰν μὴ ὑμῖν

Frequency List (Alphabetical Order)

4* ἄγαμος
2 ἀγαπάω
14 ἀγάπη
4 ἀγαπητός
4 ἄγγελος
1* ἀγενής
4 ἁγιάζω
1 ἁγιασμός
12 ἅγιος
4 ἀγνοέω
1 ἀγνωσία
3 ἀγοράζω
1 ἄγω
1 ἀγωνίζομαι
3 Ἀδάμ
1* ἀδάπανος
2 ἀδελφή
39 ἀδελφός
1 ἄδηλος
1* ἀδήλως
2 ἀδικέω
1 ἀδικία
2 ἄδικος
1 ἀδόκιμος
2 ἄζυμος
2 ἀήρ
2 ἀθανασία
1 ἀθετέω
4 αἷμα
1* αἴνιγμα
1 αἵρεσις
2 αἴρω
2 αἰσχρός
1 αἰτέω
8 αἰών
1 ἀκάθαρτος
1 ἄκαρπος
2* ἀκατακάλυπτος
1 ἀκαταστασία
2 ἀκοή
1 ἀκολουθέω
4 ἀκούω
1 ἀκρασία
2 ἀκροβυστία
1 Ἀκύλας
1* ἄκων
1 ἀλαλάζω
2 ἀλήθεια
72 ἀλλά
2 ἀλλάσσω
4 ἀλλήλων
23 ἄλλος
2 ἀλοάω
7 ἁμαρτάνω
1 ἁμάρτημα
4 ἁμαρτία
1 ἀμέριμνος
1* ἀμετακίνητος
1 ἀμήν
1 ἀμπελών
7 ἄν
2 ἀνά
1 ἀναβαίνω
1 ἀναγκαῖος
3 ἀνάγκη
2 ἀνάθεμα
10 ἀνακρίνω
1 ἀναμιμνήσκω
2 ἀνάμνησις
1* ἀνάξιος
1* ἀναξίως
1 ἀναπαύω
2 ἀναπληρόω
4 ἀνάστασις
1* ἀνδρίζομαι
1 ἀνέγκλητος
1 ἀνέχομαι
32 ἀνήρ
3 ἀνθρώπινος
31 ἄνθρωπος
1 ἀνίστημι
1 ἀνοίγω
4 ἄνομος
1 ἀντί
1 ἀντίκειμαι
1* ἀντίλημψις
1 ἄξιος
1 ἀπαγγέλλω
1 ἀπάγω
3 ἀπαρχή
1 ἄπειμι
1 ἀπεκδέχομαι
1* ἀπελεύθερος
1* ἀπερισπάστως
11 ἄπιστος
9 ἀπό
1 ἀποδείκνυμι
1* ἀπόδειξις
1 ἀποδίδωμι
7 ἀποθνῄσκω
3 ἀποκαλύπτω
3 ἀποκάλυψις
1 ἀποκρύπτω
6 ἀπόλλυμι
7 Ἀπολλῶς
1 ἀπολογία
1 ἀπολούω
1 ἀπολύτρωσις
1 ἀποστέλλω
3 ἀποστερέω
1 ἀποστολή
10 ἀπόστολος
1 ἀποφέρω
1 ἀπρόσκοπος
1 ἅπτω
5 ἄρα
1 ἄργυρος
4 ἀρέσκω
2 ἀροτριάω
3 ἅρπαξ
1 ἄρρωστος
1 ἀρσενοκοίτης
7 ἄρτι
7 ἄρτος
1 ἀρχή
1* ἀρχιτέκτων
2 ἄρχων
2 ἀσθένεια
2 ἀσθενέω
11 ἀσθενής
1 Ἀσία
4 ἀσπάζομαι
1 ἀσπασμός
1* ἀστατέω
3 ἀστήρ
2* ἀσχημονέω
1* ἀσχήμων
2 ἀτιμία
2 ἄτιμος
1* ἄτομος
1 αὐλέω
1* αὐλός
2 αὐξάνω
1 αὔριον
85° αὐτός
4 ἀφθαρσία
2 ἄφθαρτος
3 ἀφίημι
1 ἀφόβως
1 ἄφρων
2 ἄφωνος
1 Ἀχαΐα
1* Ἀχαϊκός
3 ἄχρι
1* ἄψυχος
1 βάθος
10 βαπτίζω
2 βάρβαρος
1 Βαρναβᾶς
5 βασιλεία
3 βασιλεύω
2 βεβαιόω
2 βιωτικός
1 βλασφημέω
7 βλέπω
1 βουλή
1 βούλομαι
2 βοῦς
1 βραβεῖον
1* βρόχος
6 βρῶμα
1 βρῶσις
1 Γάϊος
2 γάλα
1 Γαλατία
9 γαμέω
2 γαμίζω
105 γάρ
3 γέ
1 γεννάω
3 γένος
1* γεώργιον
3 γῆ
41 γίνομαι
16 γινώσκω
21 γλῶσσα
3 γνώμη
2 γνωρίζω
10 γνῶσις
2 γογγύζω
1 γραμματεύς
2 γραφή
18 γράφω
1 γρηγορέω
1* γυμνιτεύω
1 γυμνός
41 γυνή
4 δαιμόνιον
211 δέ
4 δεῖ
1 δείκνυμι
1 δειπνέω
2 δεῖπνον
1 δέρω
2 δεύτερος
1 δέχομαι
2 δέω
1 δή
1 δῆλος
2 δηλόω
42 διά
1 διαθήκη
3* διαίρεσις
1 διαιρέω
2 διακονία
1 διάκονος
5 διακρίνω
1 διάκρισις
1 διαλογισμός
1 διαστολή
4 διατάσσω
1 διαφέρω
2 διδακτός
2 διδάσκαλος
2 διδάσκω
2 διδαχή
15 δίδωμι
1* διερμηνευτής
4 διερμηνεύω
3 διέρχομαι
1 δικαιοσύνη
2 δικαιόω
1 δικαίως
2 διό
2* διόπερ
1 διότι
1 διψάω
3 διώκω
9 δοκέω
3 δοκιμάζω
1 δόκιμος
12 δόξα
2 δοξάζω
1* δουλαγωγέω
5 δοῦλος
2 δουλόω
1* δράσσομαι
15 δύναμαι
15 δύναμις
1 δυνατός
3 δύο
1* δυσφημέω
1 δώδεκα
47 ἐάν
16 ἑαυτοῦ
1 ἐάω
20 ἐγείρω
1* ἐγκοπή
2* ἐγκρατεύομαι
76 ἐγώ
2 ἑδραῖος
3 ἔθνος
64 εἰ
1* εἰδωλεῖον
5 εἰδωλόθυτος
4 εἰδωλολάτρης
1 εἰδωλολατρία
4 εἴδωλον
1 εἰκῇ
1 εἴκοσι
3 εἰκών
1 εἰλικρίνεια
161 εἰμί
2 εἴπερ
4 εἰρήνη
38 εἰς
31 εἷς
1 εἰσακούω
2 εἰσέρχομαι
3 εἶτα
27 εἴτε
34 ἐκ
22 ἕκαστος
1 ἔκβασις
2 ἐκδέχομαι
4 ἐκεῖνος
1 ἐκκαθαίρω
22 ἐκκλησία
3 ἐκλέγομαι
1* ἐκνήφω
1 ἐκπειράζω
4 ἐκτός
1* ἔκτρωμα
1 ἑκών
3 ἐλάχιστος
1 ἐλέγχω
1 ἐλεεινός
1 ἐλεέω
1 ἐλευθερία

6 ἐλεύθερος
4 Ἕλλην
3 ἐλπίζω
3 ἐλπίς
6 ἐμαυτοῦ
9 ἐμός
171 ἐν
1 ἔνδοξος
4 ἐνδύω
2 ἐνεργέω
2* ἐνέργημα
1 ἐνεργής
1 ἔνι
2 ἐνίστημι
1 ἔννομος
1 ἔνοχος
2 ἐντολή
1 ἐντρέπω
2* ἐντροπή
1 ἐνώπιον
1* ἐξαίρω
1 ἐξαπατάω
1 ἐξεγείρω
2 ἐξέρχομαι
4 ἔξεστιν
3 ἐξουθενέω
10 ἐξουσία
3 ἐξουσιάζω
2 ἔξω
1* ἑορτάζω
4 ἐπαινέω
1 ἔπαινος
1 ἐπάνω
5 ἐπεί
4 ἐπειδή
6 ἔπειτα
1 ἐπερωτάω
19 ἐπί
1 ἐπιβάλλω
2 ἐπίγειος
4 ἐπιγινώσκω
1* ἐπιθανάτιος
1 ἐπιθυμέω
1* ἐπιθυμητής
1 ἐπικαλέω
1 ἐπίκειμαι
2 ἐπιμένω
1* ἐπισπάομαι
2 ἐπιστολή
2 ἐπιταγή
2 ἐπιτρέπω
4 ἐποικοδομέω
5 ἐπουράνιος
1 ἐραυνάω
4 ἐργάζομαι
8 ἔργον
1 ἔρημος
2 ἔρις
2* ἑρμηνεία
18 ἔρχομαι
27 ἐσθίω
1 ἔσοπτρον
5 ἔσχατος
1 ἔσω
1* ἑτερόγλωσσος
11 ἕτερος
4 ἔτι
1 ἑτοιμάζω
6 εὐαγγελίζω
8 εὐαγγέλιον
1 εὐγενής
2 εὐδοκέω
1 εὐκαιρέω
3 εὐλογέω
1 εὐλογία
1 εὐοδόω
1* εὐπάρεδρος
2 εὑρίσκω
1* εὔσημος
1 εὐσχημόνως
1* εὐσχημοσύνη
2 εὐσχήμων
6 εὐχαριστέω
1 εὐχαριστία
1 ἐφάπαξ
2 Ἔφεσος
2 ἐχθρός
49 ἔχω
6 ἕως
3 ζάω
1 ζῆλος
4 ζηλόω
1 ζηλωτής
1 ζημιόω
8 ζητέω
4 ζύμη
1 ζυμόω
2 ζωή
3 ζωοποιέω
49 ἤ
4 ἤδη
1* ἦθος
1 ἥλιος
54 ἡμεῖς
7 ἡμέρα
1 ἥσσων
1 ἥττημα
1* ἠχέω
1* θᾶ
2 θάλασσα
8 θάνατος
1 θάπτω
1 θέατρον
3 θέλημα
17 θέλω
3 θεμέλιος
106 θεός
1 θερίζω
1* θηριομαχέω
1 θησαυρίζω
1 θλῖψις
2 θνητός
1 θύρα
1 θυσία
3 θυσιαστήριον
3 θύω
1 Ἰάκωβος
3* ἴαμα
16 ἴδιος
3 ἰδιώτης
1 ἰδού
1* ἱερόθυτος
1 ἱερόν
1 ἱερός
1 Ἰερουσαλήμ
26 Ἰησοῦς
2 ἱκανός
57 ἵνα
1 ἱνατί
8 Ἰουδαῖος
1 Ἰσραήλ
3 ἵστημι
4 ἰσχυρός
1 ἰχθύς
10 κἀγώ
2 καθάπερ
1 κάθημαι
2 καθίζω
19 καθώς
279° καί
1 καινός
3 καιρός
1 κἀκεῖνος
2 κακία
3 κακός
1* καλάμη
12 καλέω
6 καλός
3 καλῶς
1 κἄν
5 καρδία
1 καρπός
24 κατά
3 καταγγέλλω
5 καταισχύνω
1 κατακαίω
3* κατακαλύπτω
1 κατάκειμαι
1 κατακρίνω
1 καταλαμβάνω
1 καταλλάσσω
2 καταντάω
1 καταπίνω
9 καταργέω
1 καταρτίζω
1* καταστρώννυμι
1 καταφρονέω
2* καταχράομαι
1 κατεργάζομαι
3 κατέχω
1 κατηχέω
6 καυχάομαι
3 καύχημα
1 καύχησις
1 κεῖμαι
2 κείρω
4 κενός
2 κενόω
2 κέντρον
5 κερδαίνω
10 κεφαλή
1* κημόω
3 κήρυγμα
4 κηρύσσω
4 Κηφᾶς
1 κιθάρα
1 κιθαρίζω
1 κινδυνεύω
2 κλαίω
2 κλάω
1 κλέπτης
4 κληρονομέω
2 κλῆσις
3 κλητός
2 κοιλία
6 κοιμάομαι
3 κοινωνία
2 κοινωνός
1 κόκκος
1 κολαφίζω
2 κολλάω
2* κομάω
1* κόμη
3 κοπιάω
2 κόπος
1 κορέννυμι
1 Κόρινθος
21 κόσμος
1 κραταιόω
1 κρέας
3 κρείττων
3 κρίμα
17 κρίνω
1 Κρίσπος
2 κριτήριον
2 κρυπτός
1 κτῆνος
1 κτίζω
1* κυβέρνησις
1* κύμβαλον
1 κυριακός
66 κύριος
1 κωλύω
34 λαλέω
11 λαμβάνω
2 λαός
33 λέγω
1 λίθος
2* λογεία
3 λογίζομαι
17 λόγος
1 λοιδορέω
2* λοίδορος
7 λοιπός
1* λύσις
1 λύω
1 μαίνομαι
1 μακάριος
2 Μακεδονία
1* μάκελλον
1 μακροθυμέω
1 μαλακός
10 μᾶλλον
3 μανθάνω
1* μαράνα
1 μαρτυρέω
1 μαρτύριον
2 μάταιος
5 μέγας
1 μεθίστημι
2* μέθυσος
1 μεθύω
2 μέλει
1 μέλλω
16 μέλος
20 μέν
8 μένω
3 μερίζω
5 μεριμνάω
7 μέρος
2 μέσος
9 μετά
1 μετασχηματίζω
5 μετέχω
96 μή
6 μηδέ
6 μηδείς
1 μηνύω
2 μήτι
1 μικρός
2 μιμητής
1 μιμνήσκομαι
4 μισθός
1 μοιχός
1 μολύνω
4 μόνος
2* μυρίος
6 μυστήριον
1 μωραίνω
5* μωρία
4 μωρός
2 Μωϋσῆς
4 ναός
13 νεκρός
1 νέος
2 νεφέλη
1* νή
1* νηπιάζω
6 νήπιος
3 νῖκος
2 νομίζω
9 νόμος
1 νουθεσία
1 νουθετέω
7 νοῦς
6 νῦν
3 νυνί
1 νύξ
1 ξύλον
2 ξυράω

866° ὁ
2 ὁδός
25 οἶδα
3 οἰκέω
2 οἰκία
6 οἰκοδομέω
5 οἰκοδομή
1 οἰκονομία
2 οἰκονόμος
4 οἶκος
2 οἷος
1 ὄλεθρος
1* ὀλοθρευτής
4 ὅλος
3 ὅλως
1* ὁμιλία
3 ὁμοίως
1 ὅμως
6 ὄνομα
1 ὀνομάζω
1 ὄντως
1 ὁποῖος
1 ὅπου
1 ὅπως
8 ὁράω
1 ὅρος
62 ὅς
2 ὁσάκις
1 ὅσος
2 ὅστις
1* ὄσφρησις
12 ὅταν
3 ὅτε
60 ὅτι
156 οὐ
1 οὗ
1 οὐαί
10 οὐδέ
18 οὐδείς
1 οὐδέποτε
1 οὐθείς
19 οὖν
2 οὔπω
2 οὐρανός
2 οὖς
13 οὔτε
68 οὗτος
31 οὕτως
12 οὐχί
1 ὀφειλή
5 ὀφείλω
1 ὄφελον
1 ὄφελος
5 ὀφθαλμός
1 ὄφις
1 ὀψώνιον
1 παιδαγωγός
1 παιδεύω
1 παιδίον
1* παίζω
2 παλαιός
3 πάλιν
1 πανουργία
1 πανταχοῦ
2 πάντοτε
4 πάντως
6 παρά
2 παραγγέλλω
1 παραγίνομαι
1 παράγω
7 παραδίδωμι
1 παράδοσις
1 παραζηλόω
6 παρακαλέω
1 παράκλησις
3 παραλαμβάνω
1 παραμένω
1* παραμυθία
1 παρασκευάζω
1 παρατίθημι
1 παραχειμάζω
1* παρεδρεύω
2 πάρειμι
6 παρθένος
1 παρίστημι
1* πάροδος
1 παροξύνω
2 παρουσία
112 πᾶς
1 πάσχα
1 πάσχω
6 πατήρ
8 Παῦλος
1 παύω
1* πειθός
3 πεινάω
3 πειράζω
2 πειρασμός
2 πέμπω
1 πενθέω
1 πεντακόσιοι
1 πέντε
1 πεντηκοστή
10 περί
1 περιάγω
1 περιβόλαιον
1* περικάθαρμα
2 περιπατέω
3 περισσεύω
4 περισσότερος
2 περιτέμνω
1 περιτίθημι
1 περιτομή
1* περίψημα
1* περπερεύομαι
2 πέτρα
14 πίνω
4 πίπτω
9 πιστεύω
7 πίστις
5 πιστός
2 πλανάω
3 πλεονέκτης
1 πλήν
1 πλήρωμα
1 πλουτέω
1 πλουτίζω
40 πνεῦμα
15 πνευματικός
1 πνευματικῶς
14 ποιέω
1 ποιμαίνω
2 ποίμνη
1 ποῖος
1 πόλεμος
22 πολύς
1 πόμα
1 πονηρία
1 πονηρός
4 πορεύομαι
5 πορνεία
3 πορνεύω
2 πόρνη
4 πόρνος
1 ποτέ
8 ποτήριον
5 ποτίζω
8 ποῦ
4 πούς
1 πρᾶγμα
2 πράσσω
1 πραΰτης
1 πρέπω
1 Πρίσκα
2 πρό
1 προλαμβάνω
1 προορίζω
2 προπέμπω
24 πρός
1 προσευχή
8 προσεύχομαι
1 πρόσκομμα
1 προσκυνέω
3 πρόσωπον
5 προφητεία
11 προφητεύω
6 προφήτης
7 πρῶτος
1* πτηνός
1* πυκτεύω
3 πῦρ
1 πυρόω
1 πωλέω
2 πώς
9 πῶς
1 ῥάβδος
1* ῥιπή
1 σάββατον
2 σάλπιγξ
1 σαλπίζω
3 σαρκικός
1 σάρκινος
11 σάρξ
2 σατανᾶς
1 σελήνη
2 σημεῖον
3 σιγάω
1 σῖτος
2 σκανδαλίζω
1 σκάνδαλον
1 σκότος
2 σός
17 σοφία
11 σοφός
8 σπείρω
1 σπέρμα
1 στάδιον
2 σταυρός
4 σταυρόω
2 στέγω
3* Στεφανᾶς
1 στέφανος
1 στήκω
1 στρατεύω
8 σύ
1* συγγνώμη
1 συγκεράννυμι
1 συγκοινωνός
1 συγκρίνω
2 συγχαίρω
1* συζητητής
1 συμβαίνω
1 συμβασιλεύω
1 συμβιβάζω
1* συμμερίζω
1 συμπάσχω
3 συμφέρω
2* σύμφορος
1* σύμφωνος
7 σύν
1 συνάγω
2 συναναμίγνυμι
8 συνείδησις
1 συνεργέω
1 συνεργός
7 συνέρχομαι
1 συνεσθίω
1 σύνεσις
1 συνετός
2 συνευδοκέω
2 συνήθεια
1 σύνοιδα
1 συστέλλω
1 σφραγίς
1 σχῆμα
3 σχίσμα
1 σχολάζω
9 σῴζω
46 σῶμα
1 Σωσθένης
1* τάγμα
1 τάξις
1 τάσσω
1 ταχέως
3 τέ
3 τέκνον
3 τέλειος
3 τέλος
1 τηρέω
1 τήρησις
7 τίθημι
4 τιμή
1 τίμιος
2 Τιμόθεος
31 τίς
55 τις
3 τό
1 τοίνυν
10 τοιοῦτος
1 τολμάω
2 τόπος
1 τοσοῦτος
6 τότε
2 τράπεζα
4 τρεῖς
4 τρέχω
2 τρίτος
1 τρόμος
3 τυγχάνω
1* τυπικῶς
1 τύπος
1 τύπτω
2 υἱός
146 ὑμεῖς
2 ὑμέτερος
5 ὑπάρχω
10 ὑπέρ
1* ὑπέρακμος
1 ὑπερβολή
1 ὑπεροχή
1 ὑπηρέτης
21 ὑπό
1 ὑπομένω
9 ὑποτάσσω
1 ὑποφέρω
1 ὑπωπιάζω
3 ὑστερέω
1 ὑστέρημα
3 φανερός
1 φανερόω
1 φανέρωσις
1 φείδομαι
2 φεύγω
5 φημί
3 φθαρτός
3 φθείρω
1 φθόγγος
2 φθορά
1 φιλέω
1 φίλημα
1* φιλόνεικος
1 φόβος
2 φορέω
1* Φορτουνᾶτος
2* φρήν
1 φρονέω
2 φρόνιμος
2 φύραμα
6 φυσιόω
1 φύσις
4 φυτεύω
4 φωνή
1 φωτίζω

4 χαίρω
1 χαλκός
1 χαρίζομαι
10 χάρις
7 χάρισμα
1 χεῖλος
4 χείρ
1 χήρα
1 χιλιάς
1* Χλόη
4* χοϊκός
1 χόρτος
4 χράομαι
3 χρεία
1* χρηστεύομαι
1 χρηστός
64 Χριστός
2 χρόνος
1 χρυσός
4 χωρίζω
3 χωρίς
2 ψάλλω
1 ψαλμός
1 ψευδόμαρτυς
1 ψυχή
4 ψυχικός
1 ψωμίζω
1 ὧδε
2 ὥρα
38 ὡς
1 ὡσαύτως
5 ὥσπερ
1* ὡσπερεί
14 ὥστε
2 ὠφελέω

° Not included in concordance
* Word only occurs in this book

Frequency List (in Order of Occurrence)

866° ὁ
279° καί
211 δέ
171 ἐν
161 εἰμί
156 οὐ
146 ὑμεῖς
112 πᾶς
106 θεός
105 γάρ
96 μή
85° αὐτός
76 ἐγώ
72 ἀλλά
68 οὗτος
66 κύριος
64 εἰ
64 Χριστός
62 ὅς
60 ὅτι
57 ἵνα
55 τις
54 ἡμεῖς
49 ἔχω
49 ἤ
47 ἐάν
46 σῶμα
42 διά
41 γίνομαι
41 γυνή
40 πνεῦμα
39 ἀδελφός
38 εἰς
38 ὡς
34 ἐκ
34 λαλέω
33 λέγω
32 ἀνήρ
31 ἄνθρωπος
31 εἷς
31 οὕτως
31 τίς
27 εἴτε
27 ἐσθίω
26 Ἰησοῦς
25 οἶδα
24 κατά
24 πρός
23 ἄλλος
22 ἕκαστος
22 ἐκκλησία
22 πολύς
21 γλῶσσα
21 κόσμος
21 ὑπό
20 ἐγείρω
20 μέν
19 ἐπί
19 καθώς
19 οὖν
18 γράφω
18 ἔρχομαι
18 οὐδείς
17 θέλω
17 κρίνω
17 λόγος
17 σοφία
16 γινώσκω
16 ἑαυτοῦ
16 ἴδιος
16 μέλος
15 δίδωμι
15 δύναμαι
15 δύναμις
15 πνευματικός
14 ἀγάπη
14 πίνω
14 ποιέω
14 ὥστε
13 νεκρός
13 οὔτε
12 ἅγιος
12 δόξα
12 καλέω
12 ὅταν
12 οὐχί
11 ἄπιστος
11 ἀσθενής
11 ἕτερος
11 λαμβάνω
11 προφητεύω
11 σάρξ
11 σοφός
10 ἀνακρίνω
10 ἀπόστολος
10 βαπτίζω
10 γνῶσις
10 ἐξουσία
10 κἀγώ
10 κεφαλή
10 μᾶλλον
10 οὐδέ
10 περί
10 τοιοῦτος
10 ὑπέρ
10 χάρις
9 ἀπό
9 γαμέω
9 δοκέω
9 ἐμός
9 καταργέω
9 μετά
9 νόμος
9 πιστεύω
9 πῶς
9 σῴζω
9 ὑποτάσσω
8 αἰών
8 ἔργον
8 εὐαγγέλιον
8 ζητέω
8 θάνατος
8 Ἰουδαῖος
8 μένω
8 ὁράω
8 Παῦλος
8 ποτήριον
8 ποῦ
8 προσεύχομαι
8 σπείρω
8 σύ
8 συνείδησις
7 ἁμαρτάνω
7 ἄν
7 ἀποθνῄσκω
7 Ἀπολλῶς
7 ἄρτι
7 ἄρτος
7 βλέπω
7 ἡμέρα
7 λοιπός
7 μέρος
7 νοῦς
7 παραδίδωμι
7 πίστις
7 πρῶτος
7 σύν
7 συνέρχομαι
7 τίθημι
7 χάρισμα
6 ἀπόλλυμι
6 βρῶμα
6 ἐλεύθερος
6 ἐμαυτοῦ
6 ἔπειτα
6 εὐαγγελίζω
6 εὐχαριστέω
6 ἕως
6 καλός
6 καυχάομαι
6 κοιμάομαι
6 μηδέ
6 μηδείς
6 μυστήριον
6 νήπιος
6 νῦν
6 οἰκοδομέω
6 ὄνομα
6 παρά
6 παρακαλέω
6 παρθένος
6 πατήρ
6 προφήτης
6 τότε
6 φυσιόω
5 ἄρα
5 βασιλεία
5 διακρίνω
5 δοῦλος
5 εἰδωλόθυτος
5 ἐπεί
5 ἐπουράνιος
5 ἔσχατος
5 καρδία
5 καταισχύνω
5 κερδαίνω
5 μέγας
5 μεριμνάω
5 μετέχω
5* μωρία
5 οἰκοδομή
5 ὀφείλω
5 ὀφθαλμός
5 πιστός
5 πορνεία
5 ποτίζω
5 προφητεία
5 ὑπάρχω
5 φημί
5 ὥσπερ
4* ἄγαμος
4 ἀγαπητός
4 ἄγγελος
4 ἁγιάζω
4 ἀγνοέω
4 αἷμα
4 ἀκούω
4 ἀλλήλων
4 ἁμαρτία
4 ἀνάστασις
4 ἄνομος
4 ἀρέσκω
4 ἀσπάζομαι
4 ἀφθαρσία
4 δαιμόνιον
4 δεῖ
4 διατάσσω
4 διερμηνεύω
4 εἰδωλολάτρης
4 εἴδωλον
4 εἰρήνη
4 ἐκεῖνος
4 ἐκτός
4 Ἕλλην
4 ἐνδύω
4 ἔξεστιν
4 ἐπαινέω
4 ἐπειδή
4 ἐπιγινώσκω
4 ἐποικοδομέω
4 ἐργάζομαι
4 ἔτι
4 ζηλόω
4 ζύμη
4 ἤδη
4 ἰσχυρός
4 κενός
4 κηρύσσω
4 Κηφᾶς
4 κληρονομέω
4 μισθός
4 μόνος
4 μωρός
4 ναός
4 οἶκος
4 ὅλος
4 πάντως
4 περισσότερος
4 πίπτω
4 πορεύομαι
4 πόρνος
4 πούς
4 σταυρόω
4 τιμή
4 τρεῖς
4 τρέχω
4 φυτεύω
4 φωνή
4 χαίρω
4 χείρ
4* χοϊκός
4 χράομαι
4 χωρίζω
4 ψυχικός
3 ἀγοράζω
3 Ἀδάμ
3 ἀνάγκη
3 ἀνθρώπινος
3 ἀπαρχή
3 ἀποκαλύπτω
3 ἀποκάλυψις
3 ἀποστερέω
3 ἅρπαξ
3 ἀστήρ
3 ἀφίημι
3 ἄχρι
3 βασιλεύω
3 γέ
3 γένος
3 γῆ
3 γνώμη
3* διαίρεσις
3 διέρχομαι
3 διώκω
3 δοκιμάζω
3 δύο
3 ἔθνος
3 εἰκών
3 εἶτα
3 ἐκλέγομαι
3 ἐλάχιστος
3 ἐλπίζω
3 ἐλπίς
3 ἐξουθενέω
3 ἐξουσιάζω
3 εὐλογέω
3 ζάω
3 ζῳοποιέω
3 θέλημα
3 θεμέλιος

3 θυσιαστήριον
3 θύω
3* ἴαμα
3 ἰδιώτης
3 ἵστημι
3 καιρός
3 κακός
3 καλῶς
3 καταγγέλλω
3* κατακαλύπτω
3 κατέχω
3 καύχημα
3 κήρυγμα
3 κλητός
3 κοινωνία
3 κοπιάω
3 κρείττων
3 κρίμα
3 λογίζομαι
3 μανθάνω
3 μερίζω
3 νῖκος
3 νυνί
3 οἰκέω
3 ὅλως
3 ὁμοίως
3 ὅτε
3 πάλιν
3 παραλαμβάνω
3 πεινάω
3 πειράζω
3 περισσεύω
3 πλεονέκτης
3 πορνεύω
3 πρόσωπον
3 πῦρ
3 σαρκικός
3 σιγάω
3* Στεφανᾶς
3 συμφέρω
3 σχίσμα
3 τέ
3 τέκνον
3 τέλειος
3 τέλος
3 τό
3 τυγχάνω
3 ὑστερέω
3 φανερός
3 φθαρτός
3 φθείρω
3 χρεία
3 χωρίς
2 ἀγαπάω
2 ἀδελφή
2 ἀδικέω
2 ἄδικος
2 ἄζυμος
2 ἀήρ
2 ἀθανασία
2 αἴρω
2 αἰσχρός
2* ἀκατακάλυπτος
2 ἀκοή
2 ἀκροβυστία
2 ἀλήθεια
2 ἀλλάσσω
2 ἀλοάω
2 ἀνά
2 ἀνάθεμα
2 ἀνάμνησις
2 ἀναπληρόω
2 ἀροτριάω
2 ἄρχων
2 ἀσθένεια
2 ἀσθενέω
2* ἀσχημονέω
2 ἀτιμία
2 ἄτιμος
2 αὐξάνω
2 ἄφθαρτος
2 ἄφωνος
2 βάρβαρος
2 βεβαιόω
2 βιωτικός
2 βοῦς
2 γάλα
2 γαμίζω
2 γνωρίζω
2 γογγύζω
2 γραφή
2 δεῖπνον
2 δεύτερος
2 δέω
2 δηλόω
2 διακονία
2 διδακτός
2 διδάσκαλος
2 διδάσκω
2 διδαχή
2 δικαιόω
2 διό
2* διόπερ
2 δοξάζω
2 δουλόω
2* ἐγκρατεύομαι
2 ἑδραῖος
2 εἴπερ
2 εἰσέρχομαι
2 ἐκδέχομαι
2 ἐνεργέω
2* ἐνέργημα
2 ἐνίστημι
2 ἐντολή
2* ἐντροπή
2 ἐξέρχομαι
2 ἔξω
2 ἐπίγειος
2 ἐπιμένω
2 ἐπιστολή
2 ἐπιταγή
2 ἐπιτρέπω
2 ἔρις
2* ἑρμηνεία
2 εὐδοκέω
2 εὑρίσκω
2 εὐσχήμων
2 Ἔφεσος
2 ἐχθρός
2 ζωή
2 θάλασσα
2 θνητός
2 ἱκανός
2 καθάπερ
2 καθίζω
2 κακία
2 καταντάω
2* καταχράομαι
2 κείρω
2 κενόω
2 κέντρον
2 κλαίω
2 κλάω
2 κλῆσις
2 κοιλία
2 κοινωνός
2 κολλάω
2* κομάω
2 κόπος
2 κριτήριον
2 κρυπτός
2 λαός
2* λογεία
2* λοίδορος
2 Μακεδονία
2 μάταιος
2* μέθυσος
2 μέλει
2 μέσος
2 μήτι
2 μιμητής
2* μυρίος
2 Μωϋσῆς
2 νεφέλη
2 νομίζω
2 ξυράω
2 ὁδός
2 οἰκία
2 οἰκονόμος
2 οἷος
2 ὁσάκις
2 ὅστις
2 οὔπω
2 οὐρανός
2 οὖς
2 παλαιός
2 πάντοτε
2 παραγγέλλω
2 πάρειμι
2 παρουσία
2 πειρασμός
2 πέμπω
2 περιπατέω
2 περιτέμνω
2 πέτρα
2 πλανάω
2 ποίμνη
2 πόρνη
2 πράσσω
2 πρό
2 προπέμπω
2 πώς
2 σάλπιγξ
2 σατανᾶς
2 σημεῖον
2 σκανδαλίζω
2 σός
2 σταυρός
2 στέγω
2 συγχαίρω
2* σύμφορος
2 συναναμίγνυμι
2 συνευδοκέω
2 συνήθεια
2 Τιμόθεος
2 τόπος
2 τράπεζα
2 τρίτος
2 υἱός
2 ὑμέτερος
2 φεύγω
2 φθορά
2 φορέω
2* φρήν
2 φρόνιμος
2 φύραμα
2 χρόνος
2 ψάλλω
2 ὥρα
2 ὠφελέω
1* ἀγενής
1 ἁγιασμός
1 ἀγνωσία
1 ἄγω
1 ἀγωνίζομαι
1* ἀδάπανος
1 ἄδηλος
1* ἀδήλως
1 ἀδικία
1 ἀδόκιμος
1 ἀθετέω
1* αἴνιγμα
1 αἵρεσις
1 αἰτέω
1 ἀκάθαρτος
1 ἄκαρπος
1 ἀκαταστασία
1 ἀκολουθέω
1 ἀκρασία
1 Ἀκύλας
1* ἄκων
1 ἀλαλάζω
1 ἁμάρτημα
1 ἀμέριμνος
1* ἀμετακίνητος
1 ἀμήν
1 ἀμπελών
1 ἀναβαίνω
1 ἀναγκαῖος
1 ἀναμιμνήσκω
1* ἀνάξιος
1* ἀναξίως
1 ἀναπαύω
1* ἀνδρίζομαι
1 ἀνέγκλητος
1 ἀνέχομαι
1 ἀνίστημι
1 ἀνοίγω
1 ἀντί
1 ἀντίκειμαι
1* ἀντίλημψις
1 ἄξιος
1 ἀπαγγέλλω
1 ἀπάγω
1 ἄπειμι
1 ἀπεκδέχομαι
1* ἀπελεύθερος
1* ἀπερισπάστως
1 ἀποδείκνυμι
1* ἀπόδειξις
1 ἀποδίδωμι
1 ἀποκρύπτω
1 ἀπολογία
1 ἀπολούω
1 ἀπολύτρωσις
1 ἀποστέλλω
1 ἀποστολή
1 ἀποφέρω
1 ἀπρόσκοπος
1 ἅπτω
1 ἄργυρος
1 ἄρρωστος
1 ἀρσενοκοίτης
1 ἀρχή
1* ἀρχιτέκτων
1 Ἀσία
1 ἀσπασμός
1* ἀστατέω
1* ἀσχήμων
1* ἄτομος
1 αὐλέω
1* αὐλός
1 αὔριον
1 ἀφόβως
1 ἄφρων
1 Ἀχαΐα
1* Ἀχαϊκός
1* ἄψυχος
1 βάθος
1 Βαρναβᾶς
1 βλασφημέω
1 βουλή
1 βούλομαι
1 βραβεῖον
1* βρόχος
1 βρῶσις
1 Γάϊος
1 Γαλατία
1 γεννάω
1* γεώργιον
1 γραμματεύς

1 γρηγορέω
1* γυμνιτεύω
1 γυμνός
1 δείκνυμι
1 δειπνέω
1 δέρω
1 δέχομαι
1 δή
1 δῆλος
1 διαθήκη
1 διαιρέω
1 διάκονος
1 διάκρισις
1 διαλογισμός
1 διαστολή
1 διαφέρω
1* διερμηνευτής
1 δικαιοσύνη
1 δικαίως
1 διότι
1 διψάω
1 δόκιμος
1* δουλαγωγέω
1* δράσσομαι
1 δυνατός
1* δυσφημέω
1 δώδεκα
1 ἐάω
1* ἐγκοπή
1* εἰδωλεῖον
1 εἰδωλολατρία
1 εἰκῇ
1 εἴκοσι
1 εἰλικρίνεια
1 εἰσακούω
1 ἔκβασις
1 ἐκκαθαίρω
1* ἐκνήφω
1 ἐκπειράζω
1* ἔκτρωμα
1 ἑκών
1 ἐλέγχω
1 ἐλεεινός
1 ἐλεέω
1 ἐλευθερία
1 ἔνδοξος
1 ἐνεργής
1 ἔνι
1 ἔννομος
1 ἔνοχος
1 ἐντρέπω
1 ἐνώπιον
1* ἐξαίρω
1 ἐξαπατάω
1 ἐξεγείρω
1* ἑορτάζω
1 ἔπαινος
1 ἐπάνω
1 ἐπερωτάω
1 ἐπιβάλλω
1* ἐπιθανάτιος
1 ἐπιθυμέω
1* ἐπιθυμητής
1 ἐπικαλέω
1 ἐπίκειμαι
1* ἐπισπάομαι
1 ἐραυνάω
1 ἔρημος
1 ἔσοπτρον
1 ἔσω
1* ἑτερόγλωσσος
1 ἑτοιμάζω
1 εὐγενής
1 εὐκαιρέω
1 εὐλογία
1 εὐοδόω
1* εὐπάρεδρος
1* εὔσημος
1 εὐσχημόνως
1* εὐσχημοσύνη
1 εὐχαριστία
1 ἐφάπαξ
1 ζῆλος
1 ζηλωτής
1 ζημιόω
1 ζυμόω
1* ἦθος
1 ἥλιος
1 ἥσσων
1 ἥττημα
1* ἠχέω
1* θᾶ
1 θάπτω
1 θέατρον
1 θερίζω
1* θηριομαχέω
1 θησαυρίζω
1 θλῖψις
1 θύρα
1 θυσία
1 Ἰάκωβος
1 ἰδού
1* ἱερόθυτος
1 ἱερόν
1 ἱερός
1 Ἰερουσαλήμ
1 ἱνατί
1 Ἰσραήλ
1 ἰχθύς
1 κάθημαι
1 καινός
1 κἀκεῖνος
1* καλάμη
1 κἄν
1 καρπός
1 κατακαίω
1 κατάκειμαι
1 κατακρίνω
1 καταλαμβάνω
1 καταλλάσσω
1 καταπίνω
1 καταρτίζω
1* καταστρώννυμι
1 καταφρονέω
1 κατεργάζομαι
1 κατηχέω
1 καύχησις
1 κεῖμαι
1* κημόω
1 κιθάρα
1 κιθαρίζω
1 κινδυνεύω
1 κλέπτης
1 κόκκος
1 κολαφίζω
1* κόμη
1 κορέννυμι
1 Κόρινθος
1 κραταιόω
1 κρέας
1 Κρίσπος
1 κτῆνος
1 κτίζω
1* κυβέρνησις
1* κύμβαλον
1 κυριακός
1 κωλύω
1 λίθος
1 λοιδορέω
1* λύσις
1 λύω
1 μαίνομαι
1 μακάριος
1* μάκελλον
1 μακροθυμέω
1 μαλακός
1* μαράνα
1 μαρτυρέω
1 μαρτύριον
1 μεθίστημι
1 μεθύω
1 μέλλω
1 μετασχηματίζω
1 μηνύω
1 μικρός
1 μιμνήσκομαι
1 μοιχός
1 μολύνω
1 μωραίνω
1 νέος
1* νή
1* νηπιάζω
1 νουθεσία
1 νουθετέω
1 νύξ
1 ξύλον
1 οἰκονομία
1 ὄλεθρος
1* ὀλοθρευτής
1* ὁμιλία
1 ὅμως
1 ὀνομάζω
1 ὄντως
1 ὁποῖος
1 ὅπου
1 ὅπως
1 ὅρος
1 ὅσος
1* ὄσφρησις
1 οὗ
1 οὐαί
1 οὐδέποτε
1 οὐθείς
1 ὀφειλή
1 ὄφελον
1 ὄφελος
1 ὄφις
1 ὀψώνιον
1 παιδαγωγός
1 παιδεύω
1 παιδίον
1* παίζω
1 πανουργία
1 πανταχοῦ
1 παραγίνομαι
1 παράγω
1 παράδοσις
1 παραζηλόω
1 παράκλησις
1 παραμένω
1* παραμυθία
1 παρασκευάζω
1 παρατίθημι
1 παραχειμάζω
1* παρεδρεύω
1 παρίστημι
1* πάροδος
1 παροξύνω
1 πάσχα
1 πάσχω
1 παύω
1* πειθός
1 πενθέω
1 πεντακόσιοι
1 πέντε
1 πεντηκοστή
1 περιάγω
1 περιβόλαιον
1* περικάθαρμα
1 περιτίθημι
1 περιτομή
1* περίψημα
1* περπερεύομαι
1 πλήν
1 πλήρωμα
1 πλουτέω
1 πλουτίζω
1 πνευματικῶς
1 ποιμαίνω
1 ποῖος
1 πόλεμος
1 πόμα
1 πονηρία
1 πονηρός
1 ποτέ
1 πρᾶγμα
1 πραΰτης
1 πρέπω
1 Πρίσκα
1 προλαμβάνω
1 προορίζω
1 προσευχή
1 πρόσκομμα
1 προσκυνέω
1* πτηνός
1* πυκτεύω
1 πυρόω
1 πωλέω
1 ῥάβδος
1* ῥιπή
1 σάββατον
1 σαλπίζω
1 σάρκινος
1 σελήνη
1 σῖτος
1 σκάνδαλον
1 σκότος
1 σπέρμα
1 στάδιον
1 στέφανος
1 στήκω
1 στρατεύω
1* συγγνώμη
1 συγκεράννυμι
1 συγκοινωνός
1 συγκρίνω
1* συζητητής
1 συμβαίνω
1 συμβασιλεύω
1 συμβιβάζω
1* συμμερίζω
1 συμπάσχω
1* σύμφωνος
1 συνάγω
1 συνεργέω
1 συνεργός
1 συνεσθίω
1 σύνεσις
1 συνετός
1 σύνοιδα
1 συστέλλω
1 σφραγίς
1 σχῆμα
1 σχολάζω
1 Σωσθένης
1* τάγμα
1 τάξις
1 τάσσω
1 ταχέως
1 τηρέω
1 τήρησις
1 τίμιος
1 τοίνυν
1 τολμάω
1 τοσοῦτος
1 τρόμος
1* τυπικῶς
1 τύπος
1 τύπτω
1* ὑπέρακμος

1 ὑπερβολή
1 ὑπεροχή
1 ὑπηρέτης
1 ὑπομένω
1 ὑποφέρω
1 ὑπωπιάζω
1 ὑστέρημα
1 φανερόω
1 φανέρωσις
1 φείδομαι
1 φθόγγος
1 φιλέω
1 φίλημα
1* φιλόνεικος
1 φόβος
1* Φορτουνᾶτος
1 φρονέω
1 φύσις
1 φωτίζω
1 χαλκός
1 χαρίζομαι
1 χεῖλος
1 χήρα
1 χιλιάς
1* Χλόη
1 χόρτος
1* χρηστεύομαι
1 χρηστός
1 χρυσός
1 ψαλμός
1 ψευδόμαρτυς
1 ψυχή
1 ψωμίζω
1 ὧδε
1 ὡσαύτως
1* ὡσπερεί

° Not included in concordance
* Word only occurs in this book

2 Corinthians – Statistics

783 Total word count
65 Number of words occurring at least 10 times
393 Number of words occurring once

Words whose occurrences in this book account for at least 25% of occurrences in the entire NT

100%

4/4 κάλυμμα (*kalymma*; veil)

3/3 ἐκδημέω (*ekdēmeō*; be away from home), ἐνδημέω (*endēmeō*; be at home), καθαίρεσις (*kathairesis*; destruction), καταναρκάω (*katanarkaō*; be a burden to), σπουδαῖος (*spoudaios*; earnest), στενοχωρέω (*stenochōreō*; be held in check)

2/2 ἁγνότης (*hagnotēs*; purity), ἀγρυπνία (*agrypnia*; sleeplessness), ἄμετρος (*ametros*; immeasurable), ἀνακαλύπτω (*anakalyptō*; unveil), αὐθαίρετος (*authairetos*; of one's own accord), ἐξαπορέω (*exaporeō*; despair), ἐπενδύομαι (*ependyomai*; put on), ἐπιπόθησις (*epipothēsis*; longing), ἐφικνέομαι (*ephikneomai*; reach), ἡνίκα (*hēnika*; when), κατάκρισις (*katakrisis*; condemnation), μωμάομαι (*mōmaomai*; find fault with), πέρυσι (*perysi*; a year ago), προαμαρτάνω (*proamartanō*; sin previously or in the past), προενάρχομαι (*proenarchomai*; begin), προσαναπληρόω (*prosanaplēroō*; supply), σκῆνος (*skēnos*; tent), συμπέμπω (*sympempō*; send along with), ὑπερλίαν (*hyperlian*; outstanding), φειδομένως (*pheidomenōs*; sparingly), φωτισμός (*phōtismos*; light)

1/1 ἀβαρής (*abarēs*; not a burden), ἀγανάκτησις (*aganaktēsis*; indignation), ἁδρότης (*hadrotēs*; generous amount), ἀνεκδιήγητος (*anekdiēgētos*; indescribable), ᾽παρασκεύαστος (*aparaskeuastos*; unprepared), ἀπεῖπον (*apeipon*; renounce), ἀπόκριμα (*apokrima*; sentence), ῾Αρέτας (*Haretas*; Aretas), ἁρμόζω (*harmozō*; promise or give in marriage), ἄρρητος (*arrētos*; too sacred to put in words), αὐγάζω (*augazō*; see), Βελιάρ (*Beliar*; Belial), βυθός (*bythos*; open sea), Δαμασκηνός (*Damaskēnos*; of Damascus), δίψος (*dipsos*; thirst), δόλιος (*dolios*; deceitful), δολοώ (*doloō*; distort), δότης (*dotēs*; giver), δυσφημία (*dysphēmia*; slander), ἐγκρίνω (*enkrinō*; class or classify with), ἐθνάρχης (*ethnarchēs*; governor), εἰσδέχομαι (*eisdechomai*; welcome), ἐκδαπανάω (*ekdapanaō*; spend oneself fully), ἐκφοβέω (*ekphobeō*; frighten), ἐλαττονέω (*elattoneō*; be in need), ἐλαφρία (*elaphria*; vacillation), ἐμπεριπατέω (*emperipateō*; live), ἐντυπόω (*entypoō*; engrave), ἐπακούω (*epakouō*; listen to), ἐπισκηνόω (*episkēnoō*; rest upon), ἐπιτιμία (*epitimia*; punishment), ἑσσόομαι (*hessoomai*; be worse off), ἑτεροζυγέω (*heterozygeō*; be mismated), εὐφημία (*euphēmia*; good reputation or report), ἱκανότης (*hikanotēs*; capacity), ἱλαρός (*hilaros*; cheerful), καπηλεύω (*kapēleuō*; peddle for profit), καταβαρέω (*katabareō*; be a burden to), κατάρτισις (*katartisis*; being made complete), κατοπτρίζω (*katoptrizō*; behold), μετοχή (*metochē*; partnership), μολυσμός (*molysmos*; defilement), νυχθήμερον (*nychthēmeron*; night and a day), ὀχύρωμα (*ochyrōma*; stronghold), πανοῦργος (*panourgos*; tricky), παραυτίκα (*parautika*; momentary), παραφρονέω (*paraphroneō*; be out of one's mind), πένης (*penēs*; poor or needy person), πεντάκις (*pentakis*; five times), προαιρέω (*proaireō*; decide ahead of time), προκαταρτίζω (*prokatartizō*; prepare in advance), προσκοπή (*proskopē*; cause for offense), πτωχεύω (*ptōcheuō*; become poor), σαργάνη (*sarganē*; rope), σκόλοψ (*skolops*; thorn), συγκατάθεσις (*synkatathesis*; agreement), συλάω (*sylaō*; rob), συμφώνησις (*symphōnēsis*; agreement), συναποστέλλω (*synapostellō*; send along with), συνυπουργέω (*synypourgeō*; join in and help), συστατικός (*systatikos*; commendatory), ὑπερβαλλόντως (*hyperballontōs*; much more or more severely), ὑπερέκεινα (*hyperekeina*; beyond), ὑπερεκτείνω (*hyperekteinō*; go beyond), φυσίωσις (*physiōsis*; conceit), ψευδαπόστολος (*pseudapostolos*; false apostle), ψιθυρισμός (*psithyrismos*; harmful gossip)

<u>88%</u>
8/9 κίνδυνος (*kindynos*; danger)

<u>83%</u>
5/6 θαρρέω (*tharreō*; be full of courage), νόημα (*noēma*; mind)

<u>80%</u>
4/5 πλεονεκτέω (*pleonekteō*; take advantage of), προθυμία (*prothymia*; willingness)

<u>75%</u>
3/4 ἀφροσύνη (*aphrosynē*; folly), κανών (*kanōn*; limits, rule, principle)

<u>69%</u>
9/13 Τίτος (*Titos*; Titus)

<u>66%</u>
4/6 πεποίθησις (*pepoithēsis*; confidence)
2/3 ἀρραβών (*arrabōn*; pledge), δυνατέω (*dynateō*; be able), ἐγγράφω (*engraphō*; write), εἰλικρίνεια (*eilikrineia*; sincerity), ἰσότης (*isotēs*; equality), πλάξ (*plax*; tablet), πλατύνω (*platynō*; enlarge), πλουτίζω (*ploutizō*; enrich), πτωχεία (*ptōcheia*; poverty), συγκρίνω (*synkrinō*; compare), ὑπεραίρω (*hyperairō*; be puffed up with pride)

<u>62%</u>
5/8 ἁπλότης (*haplotēs*; generosity), ὑπερβολή (*hyperbolē*; surpassing or outstanding quality)

<u>60%</u>
3/5 ἄνεσις (*anesis*; relief), ἡδέως (*hēdeōs*; gladly), μετασχηματίζω (*metaschēmatizō*; change)

<u>58%</u>
7/12 περισσοτέρως (*perissoterōs*; all the more)

<u>57%</u>
4/7 ἄπειμι (*apeimi*; be away), δοκιμή (*dokimē*; character, proof, ordeal)

<u>56%</u>
9/16 συνίστημι (*synistēmi*; recommend)

<u>54%</u>
20/37 καυχάομαι (*kauchaomai*; boast)
6/11 καύχησις (*kauchēsis*; boasting)

<u>50%</u>
3/6 καταλλάσσω (*katallassō*; reconcile), ὀσμή (*osmē*; fragrance)
2/4 καθό (*katho*; as), καταλλαγή (*katallagē*; reconciliation), παρασκευάζω (*paraskeuazō*; prepare a meal), περισσεία (*perisseia*; abundance), στενοχωρία (*stenochōria*; distress)
1/2 ἀμεταμέλητος (*ametamelētos*; free from regret), ἀνακαινόω (*anakainoō*; renew), ἀντιμισθία (*antimisthia*; response), ἀποτόμως (*apotomōs*; severely), αὐτάρκεια (*autarkeia*; what is necessary), ἐλαφρός (*elaphros*; light, easy), ἐπιείκεια (*epieikeia*; kindness), ἐπίστασις (*epistasis*; pressure), ἐρεθίζω (*erethizō*; stir up), Εὕα (*hEua*; Eve), ἥσσων (*hēssōn*; less), θαῦμα (*thauma*; wonder),

θριαμβεύω (*thriambeuō*; lead), θυρίς (*thyris*; window), ἱκανόω (*hikanoō*; make capable), καταβάλλω (*kataballō*; knock down), καταδουλόω (*katadouloō*; make a slave of), καταλαλιά (*katalalia*; slander), Κορίνθιος (*Korinthios*; Corinthian), κυρόω (*kyroō*; put into effect), λογισμός (*logismos*; thought), ναυαγέω (*nauageō*; be shipwrecked), νέκρωσις (*nekrōsis*; death), ὁδοιπορία (*hodoiporia*; journey), ὀδυρμός (*odyrmos*; mourning), οἰκητήριον (*oikētērion*; dwelling), ὀστράκινος (*ostrakinos*; made of baked clay), πρεσβεύω (*presbeuō*; be an ambassador), προεπαγγέλλομαι (*proepangellomai*; promise beforehand), ῥαβδίζω (*rhabdizō*; whip), στέλλω (*stellō*; try to guard against or avoid), στρατεία (*strateia*; warfare), συνέκδημος (*synekdēmos*; traveling companion), συνοχή (*synochē*; distress), ὑπερπερισσεύω (*hyperperisseuō*; be present in far greater measure), ὕψωμα (*hypsōma*; height), φανέρωσις (*phanerōsis*; bringing to light), χειροτονέω (*cheirotoneō*; appoint), χορηγέω (*chorēgeō*; supply), ψευδάδελφος (*pseudadelphos*; false brother)

46%

12/26 λυπέω (*lypeō*; grieve)

45%

5/11 ἄφρων (*aphrōn*; fool)

44%

4/9 ὑστέρημα (*hysterēma*; what is lacking)

42%

3/7 ἀφορμή (*aphormē*; opportunity)

41%

5/12 σπουδή (*spoudē*; earnestness)

40%

4/10 ἐπιτελέω (*epiteleō*; complete)

2/5 ἀκαταστασία (*akatastasia*; disorder), εὐπρόσδεκτος (*euprosdektos*; acceptable), Μακεδών (*Makedōn*; a Macedonian), νηστεία (*nēsteia*; fasting), πανουργία (*panourgia*; trickery), περίσσευμα (*perisseuma*; abundance), ὑπερβάλλω (*hyperballō*; surpass), ὑπόστασις (*hypostasis*; confidence)

37%

11/29 παράκλησις (*paraklēsis*; encouragement)

6/16 λύπη (*lypē*; grief)

3/8 ἀδόκιμος (*adokimos*; failing to meet the test)

35%

12/34 διακονία (*diakonia*; ministry, service)

33%

8/24 ἐπιστολή (*epistolē*; letter)

5/15 ἀνέχομαι (*anechomai*; endure), πώς (*pōs*; somehow)

2/6 βαρέω (*bareō*; burden), βουλεύομαι (*bouleuomai*; plan), ἐγκακέω (*enkakeō*; become discouraged), ἐκδύω (*ekdyō*; take off), θνητός (*thnētos*; mortal), Κόρινθος (*Korinthos*; Corinth), μεταμέλομαι (*metamelomai*; regret), ὅπλον (*hoplon*; weapon), σπόρος (*sporos*; seed), στενάζω (*stenazō*; sigh)

1/3 ἁγιωσύνη (*hagiōsynē*; holiness), ἀνάγνωσις (*anagnōsis*; reading), ἀχειροποίητος (*acheiropoiētos*; not made by human hand[s]), γυμνότης (*gymnotēs*; nakedness), ἐπιβαρέω (*epibareō*; be a financial burden), ἑτοίμως (*hetoimōs*; readily), εὐωδία (*euōdia*; sweet smell), ἴχνος (*ichnos*; footstep), κλίμα (*klima*; region), λίθινος (*lithinos*; made of stone), μόχθος (*mochthos*; labor), παράδεισος (*paradeisos*; paradise), παρακοή (*parakoē*; disobedience), παρεκτός (*parektos*; except), περιφέρω (*peripherō*; carry about), προνοέω (*pronoeō*; have in mind to do), συζάω (*syzaō*; live with or together), συναποθνῄσκω (*synapothnēskō*; die together or with), τυφλόω (*typhloō*; blind), ὕβρις (*hybris*; insult), ὑπήκοος (*hypēkoos*; obedient), φιλοτιμέομαι (*philotimeomai*; make it one's ambition, endeavor), φράσσω (*phrassō*; silence), ψῦχος (*psychos*; cold)

<u>31%</u>
5/16 ζῆλος (*zēlos*; zeal)

<u>30%</u>
4/13 καθάπερ (*kathaper*; as, just as, like)
3/10 Ἀχαΐα (*Achaia*; Achaia), θλίβω (*thlibō*; press hard), φείδομαι (*pheidomai*; spare)

<u>28%</u>
2/7 ἀεί (*aei*; always), ἀτιμία (*atimia*; disgrace), δόκιμος (*dokimos*; approved), εὔχομαι (*euchomai*; pray), καταπίνω (*katapinō*; swallow), λάμπω (*lampō*; shine), σαρκικός (*sarkikos*; belonging to the world, material)

<u>27%</u>
6/22 κατεργάζομαι (*katergazomai*; do, accomplish, bring about), Μακεδονία (*Makedonia*; Macedonia)
5/18 πολλάκις (*pollakis*; often)
3/11 καύχημα (*kauchēma*; ground for boasting), χράομαι (*chraomai*; use, make use of)

<u>25%</u>
10/39 περισσεύω (*perisseuō*; exceed, be left over)

2 Corinthians – Concordance

ἀβαρής (*abarēs*; 1/1) *not a burden*
2Co 11:9 καὶ ἐν παντὶ **ἀβαρῆ** ἐμαυτὸν ὑμῖν ἐτήρησα

Ἀβραάμ (*Abraam*; 1/73) *Abraham*
2Co 11:22 σπέρμα **Ἀβραάμ** εἰσιν;

ἀγαθός (*agathos*; 2/102) *good*
2Co 5:10 εἴτε **ἀγαθὸν** εἴτε φαῦλον.
2Co 9:8 εἰς πᾶν ἔργον **ἀγαθόν**,

ἀγανάκτησις (*aganaktēsis*; 1/1) *indignation*
2Co 7:11 ἀλλὰ **ἀγανάκτησιν**,

ἀγαπάω (*agapaō*; 4/143) *love*
2Co 9:7 ἱλαρὸν γὰρ δότην **ἀγαπᾷ** ὁ θεός.
2Co 11:11 ὅτι οὐκ **ἀγαπῶ** ὑμᾶς;
2Co 12:15 εἰ περισσοτέρως ὑμᾶς **ἀγαπῶ[ν]**,
2Co 12:15 ἧσσον **ἀγαπῶμαι**;

ἀγάπη (*agapē*; 9/116) *love*
2Co 2:4 λυπηθῆτε ἀλλὰ τὴν **ἀγάπην** ἵνα γνῶτε ἣν
2Co 2:8 κυρῶσαι εἰς αὐτὸν **ἀγάπην**·
2Co 5:14 ἡ γὰρ **ἀγάπη** τοῦ Χριστοῦ συνέχει
2Co 6:6 ἐν **ἀγάπῃ** ἀνυποκρίτῳ,
2Co 8:7 ἡμῶν ἐν ὑμῖν **ἀγάπῃ**,
2Co 8:8 τῆς ὑμετέρας **ἀγάπης** γνήσιον δοκιμάζων·
2Co 8:24 οὖν ἔνδειξιν τῆς **ἀγάπης** ὑμῶν καὶ ἡμῶν
2Co 13:11 ὁ θεὸς τῆς **ἀγάπης** καὶ εἰρήνης ἔσται
2Co 13:13 Χριστοῦ καὶ ἡ **ἀγάπη** τοῦ θεοῦ καὶ

ἀγαπητός (*agapētos*; 2/61) *beloved*
2Co 7:1 **ἀγαπητοί**,
2Co 12:19 **ἀγαπητοί**,

ἄγγελος (*angelos*; 2/175) *angel, messenger*
2Co 11:14 μετασχηματίζεται εἰς **ἄγγελον** φωτός.
2Co 12:7 **ἄγγελος** σατανᾶ,

ἅγιος (*hagios*; 8/233) *holy, set apart*
2Co 1:1 Κορίνθῳ σὺν τοῖς **ἁγίοις** πᾶσιν τοῖς οὖσιν
2Co 6:6 ἐν πνεύματι ἁγίῳ,
2Co 8:4 τῆς εἰς τοὺς **ἁγίους**,
2Co 9:1 τῆς εἰς τοὺς **ἁγίους** περισσόν μοί ἐστιν
2Co 9:12 τὰ ὑστερήματα τῶν **ἁγίων**,
2Co 13:12 Ἀσπάσασθε ἀλλήλους ἐν **ἁγίῳ** φιλήματι.
2Co 13:12 Ἀσπάζονται ὑμᾶς οἱ **ἅγιοι** πάντες.
2Co 13:13 ἡ κοινωνία τοῦ **ἁγίου** πνεύματος μετὰ

ἁγιωσύνη (*hagiōsynē*; 1/3) *holiness*
2Co 7:1 ἐπιτελοῦντες **ἁγιωσύνην** ἐν φόβῳ θεοῦ.

ἀγνοέω (*agnoeō*; 3/22) *be ignorant*
2Co 1:8 γὰρ θέλομεν ὑμᾶς **ἀγνοεῖν**,
2Co 2:11 αὐτοῦ τὰ νοήματα **ἀγνοοῦμεν**.
2Co 6:9 ὡς **ἀγνοούμενοι** καὶ ἐπιγινωσκόμενοι,

ἁγνός (*hagnos*; 2/8) *pure*
2Co 7:11 ἑαυτοὺς **ἁγνοὺς** εἶναι τῷ πράγματι.
2Co 11:2 παρθένον **ἁγνὴν** παραστῆσαι τῷ Χριστῷ·

ἁγνότης (*hagnotēs*; 2/2) *purity*
2Co 6:6 ἐν **ἁγνότητι**,
2Co 11:3 ἁπλότητος [καὶ τῆς **ἁγνότητος]** τῆς εἰς τὸν

ἀγρυπνία (*agrypnia*; 2/2) *sleeplessness*
2Co 6:5 ἐν **ἀγρυπνίαις**,
2Co 11:27 ἐν **ἀγρυπνίαις** πολλάκις,

ἀδελφός (*adelphos*; 12/343) *brother*
2Co 1:1 καὶ Τιμόθεος ὁ **ἀδελφὸς** τῇ ἐκκλησίᾳ τοῦ
2Co 1:8 **ἀδελφοί**,
2Co 2:13 με Τίτον τὸν **ἀδελφόν** μου,
2Co 8:1 **ἀδελφοί**,
2Co 8:18 μετ' αὐτοῦ τὸν **ἀδελφὸν** οὗ ὁ ἔπαινος
2Co 8:22 αὐτοῖς τὸν **ἀδελφὸν** ἡμῶν ὃν ἐδοκιμάσαμεν
2Co 8:23 εἴτε **ἀδελφοὶ** ἡμῶν,
2Co 9:3 ἔπεμψα δὲ τοὺς **ἀδελφούς**,
2Co 9:5 ἡγησάμην παρακαλέσαι τοὺς **ἀδελφούς**,
2Co 11:9 οἱ **ἀδελφοὶ** ἐλθόντες ἀπὸ Μακεδονίας,
2Co 12:18 καὶ συναπέστειλα τὸν **ἀδελφόν**·
2Co 13:11 **ἀδελφοί**,

ἀδικέω (*adikeō*; 3/28) *wrong*
2Co 7:2 οὐδένα **ἠδικήσαμεν**,
2Co 7:12 οὐχ ἕνεκεν τοῦ **ἀδικήσαντος** οὐδὲ ἕνεκεν
2Co 7:12 οὐδὲ ἕνεκεν τοῦ **ἀδικηθέντος** ἀλλ' ἕνεκεν

ἀδικία (*adikia*; 1/25) *unrighteousness*
2Co 12:13 χαρίσασθέ μοι τὴν **ἀδικίαν** ταύτην.

ἀδόκιμος (*adokimos*; 3/8) *failing to meet the test*
2Co 13:5 εἰ μήτι **ἀδόκιμοί** ἐστε.
2Co 13:6 ἡμεῖς οὐκ ἐσμὲν **ἀδόκιμοι**.
2Co 13:7 ἡμεῖς δὲ ὡς **ἀδόκιμοι** ὦμεν.

ἁδρότης (*hadrotēs*; 1/1) *generous amount*
2Co 8:20 ἐν τῇ **ἁδρότητι** ταύτῃ τῇ διακονουμένῃ

ἀεί (*aei*; 2/7) *always*
2Co 4:11 **ἀεὶ** γὰρ ἡμεῖς οἱ
2Co 6:10 ὡς λυπούμενοι **ἀεὶ** δὲ χαίροντες,

αἰσχύνη (*aischynē*; 1/6) *shame*
2Co 4:2 τὰ κρυπτὰ τῆς **αἰσχύνης**,

αἰσχύνω (*aischynō*; 1/5) *be ashamed*
2Co 10:8 οὐκ **αἰσχυνθήσομαι**.

αἰχμαλωτίζω (*aichmalōtizō*; 1/4) *make captive or prisoner*
2Co 10:5 καὶ **αἰχμαλωτίζοντες** πᾶν νόημα εἰς

αἰών (*aiōn*; 3/122) *age*
2Co 4:4 ὁ θεὸς τοῦ **αἰῶνος** τούτου ἐτύφλωσεν τὰ
2Co 9:9 μένει εἰς τὸν **αἰῶνα**.
2Co 11:31 εὐλογητὸς εἰς τοὺς **αἰῶνας**,

αἰώνιος (*aiōnios*; 3/70[71]) *eternal*
2Co 4:17 εἰς ὑπερβολὴν **αἰώνιον** βάρος δόξης
2Co 4:18 δὲ μὴ βλεπόμενα **αἰώνια**.

2Co 5:1 ἀχειροποίητον **αἰώνιον** ἐν τοῖς οὐρανοῖς.

ἀκαθαρσία (*akatharsia*; 1/10) *impurity*
2Co 12:21 ἐπὶ τῇ **ἀκαθαρσίᾳ** καὶ πορνείᾳ καὶ

ἀκάθαρτος (*akathartos*; 1/32) *unclean*
2Co 6:17 καὶ **ἀκαθάρτου** μὴ ἅπτεσθε·

ἀκαταστασία (*akatastasia*; 2/5) *disorder*
2Co 6:5 ἐν **ἀκαταστασίαις**,
2Co 12:20 **ἀκαταστασίαι**·

ἀκούω (*akouō*; 2/426[428]) *hear*
2Co 12:4 παράδεισον καὶ **ἤκουσεν** ἄρρητα ῥήματα ἃ
2Co 12:6 βλέπει με ἢ **ἀκούει** [τι] ἐξ ἐμοῦ

ἀλήθεια (*alētheia*; 8/109) *truth*
2Co 4:2 τῇ φανερώσει τῆς **ἀληθείας** συνιστάνοντες
2Co 6:7 ἐν λόγῳ **ἀληθείας**,
2Co 7:14 ὡς πάντα ἐν **ἀληθείᾳ** ἐλαλήσαμεν ὑμῖν,
2Co 7:14 ἡ ἐπὶ Τίτου **ἀλήθεια** ἐγενήθη.
2Co 11:10 ἔστιν **ἀλήθεια** Χριστοῦ ἐν ἐμοὶ
2Co 12:6 **ἀλήθειαν** γὰρ ἐρῶ·
2Co 13:8 τι κατὰ τῆς **ἀληθείας** ἀλλὰ ὑπὲρ τῆς
2Co 13:8 ἀλλὰ ὑπὲρ τῆς **ἀληθείας**.

ἀληθής (*alēthēs*; 1/26) *true*
2Co 6:8 ὡς πλάνοι καὶ **ἀληθεῖς**,

ἀλλά (*alla*; 68/638) *but*
2Co 1:9 **ἀλλὰ** αὐτοὶ ἐν ἑαυτοῖς
2Co 1:9 ὦμεν ἐφ' ἑαυτοῖς **ἀλλ'** ἐπὶ τῷ θεῷ
2Co 1:12 ἐν σοφίᾳ σαρκικῇ **ἀλλ'** ἐν χάριτι θεοῦ,
2Co 1:13 ἄλλα γράφομεν ὑμῖν **ἀλλ'** ἢ ἃ ἀναγινώσκετε
2Co 1:19 ναὶ καὶ οὒ **ἀλλὰ** ναὶ ἐν αὐτῷ
2Co 1:24 ὑμῶν τῆς πίστεως **ἀλλὰ** συνεργοί ἐσμεν τῆς
2Co 2:4 οὐχ ἵνα λυπηθῆτε **ἀλλὰ** τὴν ἀγάπην ἵνα
2Co 2:5 **ἀλλὰ** ἀπὸ μέρους,
2Co 2:13 **ἀλλὰ** ἀποταξάμενος αὐτοῖς ἐξῆλθον
2Co 2:17 **ἀλλ'** ὡς ἐξ εἰλικρινείας,
2Co 2:17 **ἀλλ'** ὡς ἐκ θεοῦ
2Co 3:3 οὐ μέλανι **ἀλλὰ** πνεύματι θεοῦ ζῶντος,
2Co 3:3 ἐν πλαξὶν λιθίναις **ἀλλ'** ἐν πλαξὶν
2Co 3:5 **ἀλλ'** ἡ ἱκανότης ἡμῶν
2Co 3:6 οὐ γράμματος ἀλλὰ **πνεύματος**·
2Co 3:14 **ἀλλὰ** ἐπωρώθη τὰ νοήματα
2Co 3:15 **ἀλλ'** ἕως σήμερον ἡνίκα
2Co 4:2 **ἀλλὰ** ἀπειπάμεθα τὰ κρυπτὰ
2Co 4:2 λόγον τοῦ θεοῦ **ἀλλὰ** τῇ φανερώσει τῆς
2Co 4:5 κηρύσσομεν **ἀλλὰ** Ἰησοῦν Χριστὸν κύριον,
2Co 4:8 θλιβόμενοι **ἀλλ'** οὐ στενοχωρούμενοι,
2Co 4:8 ἀπορούμενοι **ἀλλ'** οὐκ ἐξαπορούμενοι,
2Co 4:9 διωκόμενοι **ἀλλ'** οὐκ ἐγκαταλειπόμενοι,
2Co 4:9 καταβαλλόμενοι **ἀλλ'** οὐκ ἀπολλύμενοι,
2Co 4:16 **ἀλλ'** εἰ καὶ ὁ
2Co 4:16 **ἀλλ'** ὁ ἔσω ἡμῶν
2Co 4:18 ἡμῶν τὰ βλεπόμενα **ἀλλὰ** τὰ μὴ βλεπόμενα·
2Co 5:4 οὐ θέλομεν ἐκδύσασθαι **ἀλλ'** ἐπενδύσασθαι,
2Co 5:12 συνιστάνομεν ὑμῖν **ἀλλὰ** ἀφορμὴν διδόντες
2Co 5:15 μηκέτι ἑαυτοῖς ζῶσιν **ἀλλὰ** τῷ ὑπὲρ αὐτῶν
2Co 5:16 **ἀλλὰ** νῦν οὐκέτι γινώσκομεν.
2Co 6:4 **ἀλλ'** ἐν παντὶ συνιστάντες
2Co 7:5 ἡ σὰρξ ἡμῶν **ἀλλ'** ἐν παντὶ θλιβόμενοι·
2Co 7:6 **ἀλλ'** ὁ παρακαλῶν τοὺς
2Co 7:7 τῇ παρουσίᾳ αὐτοῦ **ἀλλὰ** καὶ ἐν τῇ
2Co 7:9 οὐχ ὅτι ἐλυπήθητε **ἀλλ'** ὅτι ἐλυπήθητε εἰς
2Co 7:11 **ἀλλὰ** ἀπολογίαν,
2Co 7:11 **ἀλλὰ** ἀγανάκτησιν,
2Co 7:11 **ἀλλὰ** φόβον,
2Co 7:11 **ἀλλὰ** ἐπιπόθησιν,
2Co 7:11 **ἀλλὰ** ζῆλον,
2Co 7:11 **ἀλλὰ** ἐκδίκησιν.
2Co 7:12 ἀδικηθέντος **ἀλλ'** ἕνεκεν τοῦ φανερωθῆναι
2Co 7:14 **ἀλλ'** ὡς πάντα ἐν
2Co 8:5 καθὼς ἠλπίσαμεν **ἀλλὰ** ἑαυτοὺς ἔδωκαν
2Co 8:7 **'Αλλ'** ὥσπερ ἐν παντὶ
2Co 8:8 κατ' ἐπιταγὴν λέγω **ἀλλὰ** διὰ τῆς ἑτέρων
2Co 8:10 μόνον τὸ ποιῆσαι **ἀλλὰ** καὶ τὸ θέλειν
2Co 8:13 **ἀλλ'** ἐξ ἰσότητος·
2Co 8:19 **ἀλλὰ** καὶ χειροτονηθεὶς ὑπὸ
2Co 8:21 ἐνώπιον κυρίου **ἀλλὰ** καὶ ἐνώπιον
2Co 9:12 **ἀλλὰ** καὶ περισσεύουσα διὰ
2Co 10:4 ἡμῶν οὐ σαρκικὰ **ἀλλὰ** δυνατὰ τῷ θεῷ
2Co 10:12 **ἀλλὰ** αὐτοὶ ἐν ἑαυτοῖς
2Co 10:13 ἄμετρα καυχησόμεθα **ἀλλὰ** κατὰ τὸ μέτρον
2Co 10:18 **ἀλλὰ** ὃν ὁ κύριος
2Co 11:1 **ἀλλὰ** καὶ ἀνέχεσθέ μου.
2Co 11:6 **ἀλλ'** οὐ τῇ γνώσει,
2Co 11:6 **ἀλλ'** ἐν παντὶ φανερώσαντες
2Co 11:17 κατὰ κύριον λαλῶ **ἀλλ'** ὡς ἐν ἀφροσύνῃ,
2Co 12:14 ζητῶ τὰ ὑμῶν **ἀλλὰ** ὑμᾶς.
2Co 12:14 τοῖς γονεῦσιν θησαυρίζειν **ἀλλὰ** οἱ γονεῖς
2Co 12:16 **ἀλλὰ** ὑπάρχων πανοῦργος δόλῳ
2Co 13:3 ὑμᾶς οὐκ ἀσθενεῖ **ἀλλὰ** δυνατεῖ ἐν ὑμῖν.
2Co 13:4 **ἀλλὰ** ζῇ ἐκ δυνάμεως
2Co 13:4 **ἀλλὰ** ζήσομεν σὺν αὐτῷ
2Co 13:7 **ἀλλ'** ἵνα ὑμεῖς τὸ
2Co 13:8 τῆς ἀληθείας **ἀλλὰ** ὑπὲρ τῆς ἀληθείας.

ἀλλήλων (*allēlōn*; 1/100) *one another*
2Co 13:12 Ἀσπάσασθε **ἀλλήλους** ἐν ἁγίῳ φιλήματι.

ἄλλος (*allos*; 4/155) *other, another*
2Co 1:13 οὐ γὰρ **ἄλλα** γράφομεν ὑμῖν ἀλλ'
2Co 8:13 οὐ γὰρ ἵνα **ἄλλοις** ἄνεσις,
2Co 11:4 ὁ ἐρχόμενος **ἄλλον** Ἰησοῦν κηρύσσει ὃν
2Co 11:8 **ἄλλας** ἐκκλησίας ἐσύλησα λαβὼν

ἀλλότριος (*allotrios*; 2/14) *belonging to another*
2Co 10:15 ἄμετρα καυχώμενοι ἐν **ἀλλοτρίοις** κόποις,
2Co 10:16 οὐκ ἐν **ἀλλοτρίῳ** κανόνι εἰς τὰ

ἁμαρτία (*hamartia*; 3/173) *sin*
2Co 5:21 τὸν μὴ γνόντα **ἁμαρτίαν** ὑπὲρ ἡμῶν
2Co 5:21 ἁμαρτίαν ὑπὲρ ἡμῶν **ἁμαρτίαν** ἐποίησεν,
2Co 11:7 Ἢ **ἁμαρτίαν** ἐποίησα ἐμαυτὸν ταπεινῶν

ἀμεταμέλητος (*ametamelētos*; 1/2) *free from regret*
2Co 7:10 εἰς σωτηρίαν **ἀμεταμέλητον** ἐργάζεται·

ἄμετρος (*ametros*; 2/2) *immeasurable*
2Co 10:13 οὐκ εἰς τὰ **ἄμετρα** καυχησόμεθα ἀλλὰ κατὰ
2Co 10:15 εἰς τὰ **ἄμετρα** καυχώμενοι ἐν ἀλλοτρίοις

ἀμήν (*amēn*; 1/128[129]) *truly*
2Co 1:20 δι' αὐτοῦ τὸ **ἀμὴν** τῷ θεῷ πρὸς

ἄν (*an*; 3/166) *particle indicating contingency*
2Co 3:15 σήμερον ἡνίκα **ἂν** ἀναγινώσκηται Μωϋσῆς,

2Co 10:9 μὴ δόξω ὡς **ἂν** ἐκφοβεῖν ὑμᾶς διὰ
2Co 11:21 Ἐν ᾧ δ' **ἄν** τις τολμᾷ,

ἀναγγέλλω (*anangellō; 1/14) declare*
2Co 7:7 **ἀναγγέλλων** ἡμῖν τὴν ὑμῶν

ἀναγινώσκω (*anaginōskō; 3/32) read*
2Co 1:13 ἀλλ' ἢ ἃ **ἀναγινώσκετε** ἢ καὶ ἐπιγινώσκετε·
2Co 3:2 καὶ **ἀναγινωσκομένη** ὑπὸ πάντων
2Co 3:15 σήμερον ἡνίκα ἂν **ἀναγινώσκηται** Μωϋσῆς,

ἀναγκάζω (*anankazō; 1/9) force*
2Co 12:11 ὑμεῖς με **ἠναγκάσατε**.

ἀναγκαῖος (*anankaios; 1/8) necessary*
2Co 9:5 **ἀναγκαῖον** οὖν ἡγησάμην παρακαλέσαι

ἀνάγκη (*anankē; 3/17) distress*
2Co 6:4 ἐν **ἀνάγκαις**,
2Co 9:7 λύπης ἢ ἐξ **ἀνάγκης**·
2Co 12:10 ἐν **ἀνάγκαις**,

ἀνάγνωσις (*anagnōsis; 1/3) reading*
2Co 3:14 κάλυμμα ἐπὶ τῇ **ἀναγνώσει** τῆς παλαιᾶς

ἀνακαινόω (*anakainoō; 1/2) renew*
2Co 4:16 ὁ ἔσω ἡμῶν **ἀνακαινοῦται** ἡμέρᾳ καὶ ἡμέρᾳ.

ἀνακαλύπτω (*anakalyptō; 2/2) unveil*
2Co 3:14 μὴ **ἀνακαλυπτόμενον** ὅτι ἐν Χριστῷ
2Co 3:18 ἡμεῖς δὲ πάντες **ἀνακεκαλυμμένῳ** προσώπῳ

ἀναμιμνῄσκω (*anamimnēskō; 1/6) remind*
2Co 7:15 ἐστιν **ἀναμιμνησκομένου** τὴν πάντων ὑμῶν

ἀναπαύω (*anapauō; 1/12) give rest*
2Co 7:13 ὅτι **ἀναπέπαυται** τὸ πνεῦμα αὐτοῦ

ἀναστρέφω (*anastrephō; 1/9) return*
2Co 1:12 **ἀνεστράφημεν** ἐν τῷ κόσμῳ,

ἀνεκδιήγητος (*anekdiēgētos; 1/1) indescribable*
2Co 9:15 θεῷ ἐπὶ τῇ **ἀνεκδιηγήτῳ** αὐτοῦ δωρεᾷ.

ἄνεσις (*anesis; 3/5) relief*
2Co 2:13 οὐκ ἔσχηκα **ἄνεσιν** τῷ πνεύματί μου
2Co 7:5 οὐδεμίαν ἔσχηκεν **ἄνεσιν** ἡ σὰρξ ἡμῶν
2Co 8:13 γὰρ ἵνα ἄλλοις **ἄνεσις**,

ἀνέχομαι (*anechomai; 5/15) endure*
2Co 11:1 Ὄφελον **ἀνείχεσθέ** μου μικρόν τι
2Co 11:1 ἀλλὰ καὶ **ἀνέχεσθέ** μου.
2Co 11:4 καλῶς **ἀνέχεσθε**.
2Co 11:19 ἡδέως γὰρ **ἀνέχεσθε** τῶν ἀφρόνων φρόνιμοι
2Co 11:20 **ἀνέχεσθε** γὰρ εἴ τις

ἀνήρ (*anēr; 1/216) man, husband*
2Co 11:2 ὑμᾶς ἑνὶ **ἀνδρὶ** παρθένον ἁγνὴν

ἄνθρωπος (*anthrōpos; 8/550) man, human being (pl. people)*
2Co 3:2 ἀναγινωσκομένη ὑπὸ πάντων **ἀνθρώπων**,
2Co 4:2 πρὸς πᾶσαν συνείδησιν **ἀνθρώπων** ἐνώπιον
2Co 4:16 ὁ ἔξω ἡμῶν **ἄνθρωπος** διαφθείρεται,
2Co 5:11 φόβον τοῦ κυρίου **ἀνθρώπους** πείθομεν,
2Co 8:21 ἀλλὰ καὶ ἐνώπιον **ἀνθρώπων**.
2Co 12:2 οἶδα **ἄνθρωπον** ἐν Χριστῷ πρὸ
2Co 12:3 οἶδα τὸν τοιοῦτον **ἄνθρωπον**,
2Co 12:4 ἃ οὐκ ἐξὸν **ἀνθρώπῳ** λαλῆσαι.

ἀνοίγω (*anoigō; 2/77) open*
2Co 2:12 καὶ θύρας μοι **ἀνεῳγμένης** ἐν κυρίῳ,
2Co 6:11 Τὸ στόμα ἡμῶν **ἀνέῳγεν** πρὸς ὑμᾶς,

ἀνομία (*anomia; 1/15) wickedness*
2Co 6:14 μετοχὴ δικαιοσύνῃ καὶ **ἀνομίᾳ**,

ἀντιμισθία (*antimisthia; 1/2) response*
2Co 6:13 τὴν δὲ αὐτὴν **ἀντιμισθίαν**,

ἀνυπόκριτος (*anypokritos; 1/6) sincere*
2Co 6:6 ἐν ἀγάπῃ **ἀνυποκρίτῳ**,

ἅπαξ (*hapax; 1/14) once*
2Co 11:25 **ἅπαξ** ἐλιθάσθην,

ἀπαρασκεύαστος (*aparaskeuastos; 1/1) unprepared*
2Co 9:4 ὑμᾶς **ἀπαρασκευάστους** καταισχυνθῶμεν

ἄπειμι (*apeimi; 4/7) be away*
2Co 10:1 **ἀπὼν** δὲ θαρρῶ εἰς
2Co 10:11 λόγῳ δι' ἐπιστολῶν **ἀπόντες**,
2Co 13:2 τὸ δεύτερον καὶ **ἀπὼν** νῦν,
2Co 13:10 Διὰ τοῦτο ταῦτα **ἀπὼν** γράφω,

ἀπεῖπον (*apeipon; 1/1) renounce*
2Co 4:2 ἀλλὰ **ἀπειπάμεθα** τὰ κρυπτὰ τῆς

ἄπιστος (*apistos; 3/23) unfaithful*
2Co 4:4 τὰ νοήματα τῶν **ἀπίστων** εἰς τὸ μὴ
2Co 6:14 Μὴ γίνεσθε ἑτεροζυγοῦντες **ἀπίστοις**·
2Co 6:15 μερὶς πιστῷ μετὰ **ἀπίστου**;

ἁπλότης (*haplotēs; 5/8) generosity*
2Co 1:12 ὅτι ἐν **ἁπλότητι** καὶ εἰλικρινείᾳ τοῦ
2Co 8:2 τὸ πλοῦτος τῆς **ἁπλότητος** αὐτῶν·
2Co 9:11 πλουτιζόμενοι εἰς πᾶσαν **ἁπλότητα**,
2Co 9:13 τοῦ Χριστοῦ καὶ **ἁπλότητι** τῆς κοινωνίας
2Co 11:3 ἀπὸ τῆς **ἁπλότητος** [καὶ τῆς ἁγνότητος]

ἀπό (*apo; 17/643[646]) from*
2Co 1:2 ὑμῖν καὶ εἰρήνη **ἀπὸ** θεοῦ πατρὸς ἡμῶν
2Co 1:14 καὶ ἐπέγνωτε ἡμᾶς **ἀπὸ** μέρους,
2Co 1:16 καὶ πάλιν **ἀπὸ** Μακεδονίας ἐλθεῖν πρὸς
2Co 2:3 ἐλθὼν λύπην σχῶ **ἀφ'** ὧν ἔδει με
2Co 2:5 ἀλλὰ **ἀπὸ** μέρους,
2Co 3:5 οὐχ ὅτι **ἀφ'** ἑαυτῶν ἱκανοί ἐσμεν
2Co 3:18 μεταμορφούμεθα **ἀπὸ** δόξης εἰς δόξαν
2Co 3:18 εἰς δόξαν καθάπερ **ἀπὸ** κυρίου πνεύματος.
2Co 5:6 τῷ σώματι ἐκδημοῦμεν **ἀπὸ** τοῦ κυρίου·
2Co 5:16 Ὥστε ἡμεῖς **ἀπὸ** τοῦ νῦν οὐδένα
2Co 7:1 ἑαυτοὺς **ἀπὸ** παντὸς μολυσμοῦ σαρκὸς
2Co 7:13 τὸ πνεῦμα αὐτοῦ **ἀπὸ** πάντων ὑμῶν·
2Co 8:10 τὸ θέλειν προενήρξασθε **ἀπὸ** πέρυσι·
2Co 9:2 ὅτι Ἀχαΐα παρεσκεύασται **ἀπὸ** πέρυσι,
2Co 11:3 τὰ νοήματα ὑμῶν **ἀπὸ** τῆς ἁπλότητος [καὶ

2Co 11:9 οἱ ἀδελφοὶ ἐλθόντες **ἀπὸ** Μακεδονίας,
2Co 12:8 παρεκάλεσα ἵνα ἀποστῇ **ἀπ'** ἐμοῦ.

ἀποθνῄσκω (*apothnēskō*; 5/111) *die*
2Co 5:14 εἷς ὑπὲρ πάντων **ἀπέθανεν**,
2Co 5:14 ἄρα οἱ πάντες **ἀπέθανον**·
2Co 5:15 καὶ ὑπὲρ πάντων **ἀπέθανεν**,
2Co 5:15 τῷ ὑπὲρ αὐτῶν **ἀποθανόντι** καὶ ἐγερθέντι.
2Co 6:9 ὡς **ἀποθνῄσκοντες** καὶ ἰδοὺ ζῶμεν,

ἀποκάλυψις (*apokalypsis*; 2/18) *revelation*
2Co 12:1 εἰς ὀπτασίας καὶ **ἀποκαλύψεις** κυρίου.
2Co 12:7 τῇ ὑπερβολῇ τῶν **ἀποκαλύψεων**.

ἀπόκριμα (*apokrima*; 1/1) *sentence*
2Co 1:9 ἐν ἑαυτοῖς τὸ **ἀπόκριμα** τοῦ θανάτου

ἀποκτείνω (*apokteinō*; 1/74) *kill*
2Co 3:6 τὸ γὰρ γράμμα **ἀποκτέννει**,

ἀπόλλυμι (*apollymi*; 3/90) *destroy*
2Co 2:15 καὶ ἐν τοῖς **ἀπολλυμένοις**,
2Co 4:3 ἐν τοῖς ἀπολλυμένοις **ἐστὶν** κεκαλυμμένον,
2Co 4:9 καταβαλλόμενοι ἀλλ' οὐκ **ἀπολλύμενοι**,

ἀπολογέομαι (*apologeomai*; 1/10) *speak in one's defense*
2Co 12:19 δοκεῖτε ὅτι ὑμῖν **ἀπολογούμεθα**.

ἀπολογία (*apologia*; 1/8) *verbal defense*
2Co 7:11 ἀλλὰ **ἀπολογίαν**,

ἀπορέω (*aporeō*; 1/6) *be at a loss*
2Co 4:8 **ἀπορούμενοι** ἀλλ' οὐκ ἐξαπορούμενοι,

ἀποστέλλω (*apostellō*; 1/132) *send*
2Co 12:17 μή τινα ὧν **ἀπέσταλκα** πρὸς ὑμᾶς,

ἀπόστολος (*apostolos*; 6/80) *apostle, messenger*
2Co 1:1 Παῦλος **ἀπόστολος** Χριστοῦ Ἰησοῦ διὰ
2Co 8:23 **ἀπόστολοι** ἐκκλησιῶν,
2Co 11:5 ὑστερηκέναι τῶν ὑπερλίαν **ἀποστόλων**.
2Co 11:13 εἰς **ἀποστόλους** Χριστοῦ.
2Co 12:11 τῶν ὑπερλίαν **ἀποστόλων** εἰ καὶ οὐδέν
2Co 12:12 σημεῖα τοῦ **ἀποστόλου** κατειργάσθη ἐν ὑμῖν

ἀποτάσσω (*apotassō*; 1/6) *say goodbye*
2Co 2:13 ἀλλὰ **ἀποταξάμενος** αὐτοῖς ἐξῆλθον εἰς

ἀποτόμως (*apotomōs*; 1/2) *severely*
2Co 13:10 ἵνα παρὼν μὴ **ἀποτόμως** χρήσωμαι κατὰ

ἅπτω (*haptō*; 1/39) *touch*
2Co 6:17 καὶ ἀκαθάρτου μὴ **ἅπτεσθε**·

ἄρα (*ara*; 3/49) *therefore, then, thus*
2Co 1:17 οὖν βουλόμενος μήτι **ἄρα** τῇ ἐλαφρίᾳ
2Co 5:14 **ἄρα** οἱ πάντες ἀπέθανον·
2Co 7:12 **ἄρα** εἰ καὶ ἔγραψα

Ἁρέτας (*Haretas*; 1/1) *Aretas*
2Co 11:32 Δαμασκῷ ὁ ἐθνάρχης **Ἁρέτα** τοῦ βασιλέως

ἀριστερός (*aristeros*; 1/4) *left*
2Co 6:7 τῶν δεξιῶν καὶ **ἀριστερῶν**,

ἀρκέω (*arkeō*; 1/8) *be enough or sufficient*
2Co 12:9 **ἀρκεῖ** σοι ἡ χάρις

ἁρμόζω (*harmozō*; 1/1) *promise or give in marriage*
2Co 11:2 **ἡρμοσάμην** γὰρ ὑμᾶς ἑνὶ

ἁρπάζω (*harpazō*; 2/14) *take by force*
2Co 12:2 **ἁρπαγέντα** τὸν τοιοῦτον ἕως
2Co 12:4 ὅτι **ἡρπάγη** εἰς τὸν παράδεισον

ἀρραβών (*arrabōn*; 2/3) *pledge*
2Co 1:22 καὶ δοὺς τὸν **ἀρραβῶνα** τοῦ πνεύματος ἐν
2Co 5:5 δοὺς ἡμῖν τὸν **ἀρραβῶνα** τοῦ πνεύματος.

ἄρρητος (*arrētos*; 1/1) *too sacred to put in words*
2Co 12:4 παράδεισον καὶ ἤκουσεν **ἄρρητα** ῥήματα ἃ

ἄρτος (*artos*; 1/97) *bread*
2Co 9:10 σπείροντι καὶ **ἄρτον** εἰς βρῶσιν χορηγήσει

ἀρχαῖος (*archaios*; 1/11) *old*
2Co 5:17 τὰ **ἀρχαῖα** παρῆλθεν,

ἄρχω (*archō*; 1/85[86]) *rule, govern (mid. begin)*
2Co 3:1 **Ἀρχόμεθα** πάλιν ἑαυτοὺς συνιστάνειν;

ἀσέλγεια (*aselgeia*; 1/10) *sensuality*
2Co 12:21 καὶ πορνείᾳ καὶ **ἀσελγείᾳ** ᾗ ἔπραξαν.

ἀσθένεια (*astheneia*; 6/24) *weakness, sickness*
2Co 11:30 τὰ τῆς **ἀσθενείας** μου καυχήσομαι.
2Co 12:5 μὴ ἐν ταῖς **ἀσθενείαις**.
2Co 12:9 γὰρ δύναμις ἐν **ἀσθενείᾳ** τελεῖται.
2Co 12:9 καυχήσομαι ἐν ταῖς **ἀσθενείαις** μου,
2Co 12:10 διὸ εὐδοκῶ ἐν **ἀσθενείαις**,
2Co 13:4 γὰρ ἐσταυρώθη ἐξ **ἀσθενείας**,

ἀσθενέω (*astheneō*; 7/33) *be sick or ill*
2Co 11:21 ὡς ὅτι ἡμεῖς **ἠσθενήκαμεν**.
2Co 11:29 τίς **ἀσθενεῖ** καὶ οὐκ ἀσθενῶ;
2Co 11:29 ἀσθενεῖ καὶ οὐκ **ἀσθενῶ**;
2Co 12:10 ὅταν γὰρ **ἀσθενῶ**,
2Co 13:3 εἰς ὑμᾶς οὐκ **ἀσθενεῖ** ἀλλὰ δυνατεῖ ἐν
2Co 13:4 καὶ γὰρ ἡμεῖς **ἀσθενοῦμεν** ἐν αὐτῷ,
2Co 13:9 γὰρ ὅταν ἡμεῖς **ἀσθενῶμεν**,

ἀσθενής (*asthenēs*; 1/26) *sick*
2Co 10:10 τοῦ σώματος **ἀσθενὴς** καὶ ὁ λόγος

Ἀσία (*Asia*; 1/18) *Asia*
2Co 1:8 γενομένης ἐν τῇ **Ἀσίᾳ**,

ἀσπάζομαι (*aspazomai*; 2/59) *greet*
2Co 13:12 **Ἀσπάσασθε** ἀλλήλους ἐν ἁγίῳ
2Co 13:12 **Ἀσπάζονται** ὑμᾶς οἱ ἅγιοι

ἀτενίζω (*atenizō*; 2/14) *fix one's gaze at*
2Co 3:7 ὥστε μὴ δύνασθαι **ἀτενίσαι** τοὺς υἱοὺς
2Co 3:13 πρὸς τὸ μὴ **ἀτενίσαι** τοὺς υἱοὺς Ἰσραὴλ

ἀτιμία (*atimia*; 2/7) *disgrace*
2Co 6:8 διὰ δόξης καὶ **ἀτιμίας**,
2Co 11:21 κατὰ **ἀτιμίαν** λέγω,

αὐγάζω (*augazō*; 1/1) *see*
2Co 4:4 εἰς τὸ μὴ **αὐγάσαι** τὸν φωτισμὸν τοῦ

αὐθαίρετος (*authairetos*; 2/2) *of one's own accord*
2Co 8:3 **αὐθαίρετοι**
2Co 8:17 δὲ ὑπάρχων **αὐθαίρετος** ἐξῆλθεν πρὸς

αὐξάνω (*auxanō*; 2/23) *grow*
2Co 9:10 σπόρον ὑμῶν καὶ **αὐξήσει** τὰ γενήματα τῆς
2Co 10:15 δὲ ἔχοντες **αὐξανομένης** τῆς πίστεως ὑμῶν

αὐτάρκεια (*autarkeia*; 1/2) *what is necessary*
2Co 9:8 πᾶσαν **αὐτάρκειαν** ἔχοντες περισσεύητε εἰς

ἀφίστημι (*aphistēmi*; 1/14) *leave*
2Co 12:8 κύριον παρεκάλεσα ἵνα **ἀποστῇ** ἀπ' ἐμοῦ.

ἀφορίζω (*aphorizō*; 1/10) *separate*
2Co 6:17 μέσου αὐτῶν καὶ **ἀφορίσθητε**,

ἀφορμή (*aphormē*; 3/7) *opportunity*
2Co 5:12 ὑμῖν ἀλλὰ **ἀφορμὴν** διδόντες ὑμῖν
2Co 11:12 ἵνα ἐκκόψω τὴν **ἀφορμὴν** τῶν θελόντων
2Co 11:12 ἀφορμὴν τῶν θελόντων **ἀφορμήν**,

ἀφροσύνη (*aphrosynē*; 3/4) *folly*
2Co 11:1 μου μικρόν τι **ἀφροσύνης**·
2Co 11:17 ἀλλ' ὡς ἐν **ἀφροσύνῃ**,
2Co 11:21 ἐν **ἀφροσύνῃ** λέγω,

ἄφρων (*aphrōn*; 5/11) *fool*
2Co 11:16 τις με δόξῃ **ἄφρονα** εἶναι·
2Co 11:16 κἂν ὡς **ἄφρονα** δέξασθέ με,
2Co 11:19 γὰρ ἀνέχεσθε τῶν **ἀφρόνων** φρόνιμοι
2Co 12:6 οὐκ ἔσομαι **ἄφρων**,
2Co 12:11 Γέγονα **ἄφρων**,

Ἀχαΐα (*Achaia*; 3/10) *Achaia*
2Co 1:1 ἐν ὅλῃ τῇ **Ἀχαΐᾳ**,
2Co 9:2 ὅτι **Ἀχαΐα** παρεσκεύασται ἀπὸ πέρυσι,
2Co 11:10 τοῖς κλίμασιν τῆς **Ἀχαΐας**.

ἀχειροποίητος (*acheiropoiētos*; 1/3) *not made by human hand(s)*
2Co 5:1 οἰκίαν **ἀχειροποίητον** αἰώνιον ἐν τοῖς

ἄχρι (*achri*; 3/48[49]) *until*
2Co 3:14 **ἄχρι** γὰρ τῆς σήμερον
2Co 10:13 ἐφικέσθαι **ἄχρι** καὶ ὑμῶν.
2Co 10:14 **ἄχρι** γὰρ καὶ ὑμῶν

βάθος (*bathos*; 1/8) *depth*
2Co 8:2 καὶ ἡ κατὰ **βάθους** πτωχεία αὐτῶν

βαρέω (*bareō*; 2/6) *burden*
2Co 1:8 ὑπερβολὴν ὑπὲρ δύναμιν **ἐβαρήθημεν** ὥστε
2Co 5:4 τῷ σκήνει στενάζομεν **βαρούμενοι**,

βάρος (*baros*; 1/6) *burden*
2Co 4:17 αἰώνιον **βάρος** δόξης κατεργάζεται ἡμῖν,

βαρύς (*barys*; 1/6) *heavy*
2Co 10:10 **βαρεῖαι** καὶ ἰσχυραί,

βασιλεύς (*basileus*; 1/115) *king*
2Co 11:32 Ἁρέτα τοῦ **βασιλέως** ἐφρούρει τὴν πόλιν

βέβαιος (*bebaios*; 1/8) *reliable*
2Co 1:7 ἡ ἐλπὶς ἡμῶν **βεβαία** ὑπὲρ ὑμῶν εἰδότες

βεβαιόω (*bebaioō*; 1/7[8]) *confirm*
2Co 1:21 ὁ δὲ **βεβαιῶν** ἡμᾶς σὺν ὑμῖν

Βελιάρ (*Beliar*; 1/1) *Belial*
2Co 6:15 συμφώνησις Χριστοῦ πρὸς **Βελιάρ**,

βῆμα (*bēma*; 1/12) *judicial bench*
2Co 5:10 δεῖ ἔμπροσθεν τοῦ **βήματος** τοῦ Χριστοῦ,

βλέπω (*blepō*; 7/132) *see*
2Co 4:18 σκοπούντων ἡμῶν τὰ **βλεπόμενα** ἀλλὰ τὰ μὴ
2Co 4:18 ἀλλὰ τὰ μὴ **βλεπόμενα**·
2Co 4:18 τὰ γὰρ **βλεπόμενα** πρόσκαιρα,
2Co 4:18 τὰ δὲ μὴ **βλεπόμενα** αἰώνια.
2Co 7:8 **βλέπω** [γὰρ] ὅτι ἡ
2Co 10:7 Τὰ κατὰ πρόσωπον **βλέπετε**.
2Co 12:6 λογίσηται ὑπὲρ ὃ **βλέπει** με ἢ ἀκούει

βοηθέω (*boētheō*; 1/8) *help*
2Co 6:2 ἐν ἡμέρᾳ σωτηρίας **ἐβοήθησά** σοι.

βουλεύομαι (*bouleuomai*; 2/6) *plan*
2Co 1:17 ἢ ἃ **βουλεύομαι** κατὰ σάρκα βουλεύομαι,
2Co 1:17 βουλεύομαι κατὰ σάρκα **βουλεύομαι**,

βούλομαι (*boulomai*; 2/37) *want*
2Co 1:15 τῇ πεποιθήσει **ἐβουλόμην** πρότερον πρὸς
2Co 1:17 τοῦτο οὖν **βουλόμενος** μήτι ἄρα τῇ

βρῶσις (*brōsis*; 1/11) *food*
2Co 9:10 καὶ ἄρτον εἰς **βρῶσιν** χορηγήσει καὶ

βυθός (*bythos*; 1/1) *open sea*
2Co 11:25 νυχθήμερον ἐν τῷ **βυθῷ** πεποίηκα·

γάρ (*gar*; 77/1041) *for*
2Co 1:8 Οὐ **γὰρ** θέλομεν ὑμᾶς ἀγνοεῖν,
2Co 1:12 Ἡ **γὰρ** καύχησις ἡμῶν αὕτη
2Co 1:13 οὐ **γὰρ** ἄλλα γράφομεν ὑμῖν
2Co 1:19 ὁ τοῦ θεοῦ **γὰρ** υἱὸς Ἰησοῦς Χριστὸς
2Co 1:20 ὅσαι **γὰρ** ἐπαγγελίαι θεοῦ,
2Co 1:24 τῇ **γὰρ** πίστει ἑστήκατε.
2Co 2:1 Ἔκρινα **γὰρ** ἐμαυτῷ τοῦτο τὸ
2Co 2:2 εἰ **γὰρ** ἐγὼ λυπῶ ὑμᾶς,
2Co 2:4 ἐκ **γὰρ** πολλῆς θλίψεως καὶ
2Co 2:9 εἰς τοῦτο **γὰρ** καὶ ἔγραψα,
2Co 2:10 καὶ **γὰρ** ἐγὼ ὃ κεχάρισμαι,
2Co 2:11 οὐ **γὰρ** αὐτοῦ τὰ νοήματα
2Co 2:17 οὐ **γάρ** ἐσμεν ὡς οἱ
2Co 3:6 τὸ **γὰρ** γράμμα ἀποκτέννει,
2Co 3:9 εἰ **γὰρ** τῇ διακονίᾳ τῆς
2Co 3:10 καὶ **γὰρ** οὐ δεδόξασται τὸ
2Co 3:11 εἰ **γὰρ** τὸ καταργούμενον διὰ
2Co 3:14 ἄχρι **γὰρ** τῆς σήμερον ἡμέρας
2Co 4:5 Οὐ **γὰρ** ἑαυτοὺς κηρύσσομεν ἀλλὰ

2Co 4:11 ἀεὶ **γὰρ** ἡμεῖς οἱ ζῶντες
2Co 4:15 τὰ **γὰρ** πάντα δι᾽ ὑμᾶς,
2Co 4:17 τὸ **γὰρ** παραυτίκα ἐλαφρὸν τῆς
2Co 4:18 τὰ **γὰρ** βλεπόμενα πρόσκαιρα,
2Co 5:1 Οἴδαμεν **γὰρ** ὅτι ἐὰν ἡ
2Co 5:2 καὶ **γὰρ** ἐν τούτῳ στενάζομεν
2Co 5:4 καὶ **γὰρ** οἱ ὄντες ἐν
2Co 5:7 διὰ πίστεως **γὰρ** περιπατοῦμεν,
2Co 5:10 τοὺς **γὰρ** πάντας ἡμᾶς φανερωθῆναι
2Co 5:13 εἴτε **γὰρ** ἐξέστημεν,
2Co 5:14 ἡ **γὰρ** ἀγάπη τοῦ Χριστοῦ
2Co 6:2 λέγει **γάρ**·
2Co 6:14 τίς **γὰρ** μετοχὴ δικαιοσύνῃ καὶ
2Co 6:16 ἡμεῖς **γὰρ** ναὸς θεοῦ ἐσμεν
2Co 7:3 προείρηκα **γὰρ** ὅτι ἐν ταῖς
2Co 7:5 Καὶ **γὰρ** ἐλθόντων ἡμῶν εἰς
2Co 7:8 βλέπω **[γὰρ]** ὅτι ἡ ἐπιστολὴ
2Co 7:9 ἐλυπήθητε **γὰρ** κατὰ θεόν,
2Co 7:10 ἡ **γὰρ** κατὰ θεὸν λύπη
2Co 7:11 ἰδοὺ **γὰρ** αὐτὸ τοῦτο τὸ
2Co 8:9 γινώσκετε **γὰρ** τὴν χάριν τοῦ
2Co 8:10 τοῦτο **γὰρ** ὑμῖν συμφέρει,
2Co 8:12 εἰ **γὰρ** ἡ προθυμία πρόκειται,
2Co 8:13 οὐ **γὰρ** ἵνα ἄλλοις ἄνεσις,
2Co 8:21 προνοοῦμεν **γὰρ** καλὰ οὐ μόνον
2Co 9:1 Περὶ μὲν **γὰρ** τῆς διακονίας τῆς
2Co 9:2 οἶδα **γὰρ** τὴν προθυμίαν ὑμῶν
2Co 9:7 ἱλαρὸν **γὰρ** δότην ἀγαπᾷ ὁ
2Co 10:3 Ἐν σαρκὶ **γὰρ** περιπατοῦντες οὐ κατὰ
2Co 10:4 τὰ **γὰρ** ὅπλα τῆς στρατείας
2Co 10:8 ἐάν [τε] **γὰρ** περισσότερόν τι καυχήσωμαι
2Co 10:12 Οὐ **γὰρ** τολμῶμεν ἐγκρῖναι ἢ
2Co 10:14 οὐ **γὰρ** ὡς μὴ ἐφικνούμενοι
2Co 10:14 ἄχρι **γὰρ** καὶ ὑμῶν ἐφθάσαμεν
2Co 10:18 οὐ **γὰρ** ὁ ἑαυτὸν συνιστάνων,
2Co 11:2 ζηλῶ **γὰρ** ὑμᾶς θεοῦ ζήλῳ,
2Co 11:2 ἡρμοσάμην **γὰρ** ὑμᾶς ἑνὶ ἀνδρὶ
2Co 11:4 εἰ μὲν **γὰρ** ὁ ἐρχόμενος ἄλλον
2Co 11:5 Λογίζομαι **γὰρ** μηδὲν ὑστερηκέναι τῶν
2Co 11:9 τὸ **γὰρ** ὑστέρημά μου προσανεπλήρωσαν
2Co 11:13 οἱ **γὰρ** τοιοῦτοι ψευδαπόστολοι,
2Co 11:14 αὐτὸς **γὰρ** ὁ σατανᾶς μετασχηματίζεται
2Co 11:19 ἡδέως **γὰρ** ἀνέχεσθε τῶν ἀφρόνων
2Co 11:20 ἀνέχεσθε **γὰρ** εἴ τις ὑμᾶς
2Co 12:6 Ἐὰν **γὰρ** θελήσω καυχήσασθαι,
2Co 12:6 ἀλήθειαν **γὰρ** ἐρῶ·
2Co 12:9 ἡ **γὰρ** δύναμις ἐν ἀσθενείᾳ
2Co 12:10 ὅταν **γὰρ** ἀσθενῶ,
2Co 12:11 ἐγὼ **γὰρ** ὤφειλον ὑφ᾽ ὑμῶν
2Co 12:11 οὐδὲν **γὰρ** ὑστέρησα τῶν ὑπερλίαν
2Co 12:13 τί **γάρ** ἐστιν ὃ ἡσσώθητε
2Co 12:14 οὐ **γὰρ** ζητῶ τὰ ὑμῶν
2Co 12:14 οὐ **γὰρ** ὀφείλει τὰ τέκνα
2Co 12:20 φοβοῦμαι **γὰρ** μή πως ἐλθὼν
2Co 13:4 καὶ **γὰρ** ἐσταυρώθη ἐξ ἀσθενείας,
2Co 13:4 καὶ **γὰρ** ἡμεῖς ἀσθενοῦμεν ἐν
2Co 13:8 οὐ **γὰρ** δυνάμεθά τι κατὰ
2Co 13:9 χαίρομεν **γὰρ** ὅταν ἡμεῖς ἀσθενῶμεν,

γέ (*ge*; 2/26) *enclitic particle adding emphasis to the word with which it is associated*

2Co 5:3 εἴ **γε** καὶ ἐκδυσάμενοι οὐ
2Co 11:16 εἰ δὲ μή **γε**,

γένημα (*genēma*; 1/4) *product*

2Co 9:10 καὶ αὐξήσει τὰ **γενήματα** τῆς δικαιοσύνης

γένος (*genos*; 1/20) *family, race, nation*

2Co 11:26 κινδύνοις ἐκ **γένους**,

γίνομαι (*ginomai*; 11/668[669]) *be, become*

2Co 1:8 θλίψεως ἡμῶν τῆς **γενομένης** ἐν τῇ Ἀσίᾳ,
2Co 1:19 οὐκ **ἐγένετο** ναὶ καὶ οὒ
2Co 1:19 ναὶ ἐν αὐτῷ **γέγονεν**.
2Co 3:7 ἐντετυπωμένη λίθοις **ἐγενήθη** ἐν δόξῃ,
2Co 5:17 ἰδοὺ **γέγονεν** καινά·
2Co 5:21 ἵνα ἡμεῖς **γενώμεθα** δικαιοσύνη θεοῦ ἐν
2Co 6:14 Μὴ **γίνεσθε** ἑτεροζυγοῦντες ἀπίστοις·
2Co 7:14 ἐπὶ Τίτου ἀλήθεια **ἐγενήθη**.
2Co 8:14 ἐκείνων περίσσευμα **γένηται** εἰς τὸ ὑμῶν
2Co 8:14 ὅπως **γένηται** ἰσότης,
2Co 12:11 **Γέγονα** ἄφρων,

γινώσκω (*ginōskō*; 8/222) *know*

2Co 2:4 τὴν ἀγάπην ἵνα **γνῶτε** ἣν ἔχω
2Co 2:9 ἵνα **γνῶ** τὴν δοκιμὴν ὑμῶν,
2Co 3:2 **γινωσκομένη** καὶ ἀναγινωσκομένη ὑπὸ
2Co 5:16 εἰ καὶ **ἐγνώκαμεν** κατὰ σάρκα Χριστόν,
2Co 5:16 ἀλλὰ νῦν οὐκέτι **γινώσκομεν**.
2Co 5:21 τὸν μὴ **γνόντα** ἁμαρτίαν ὑπὲρ ἡμῶν
2Co 8:9 **γινώσκετε** γὰρ τὴν χάριν
2Co 13:6 ἐλπίζω δὲ ὅτι **γνώσεσθε** ὅτι ἡμεῖς οὐκ

γνήσιος (*gnēsios*; 1/4) *genuine*

2Co 8:8 τῆς ὑμετέρας ἀγάπης **γνήσιον** δοκιμάζων·

γνώμη (*gnōmē*; 1/9) *purpose*

2Co 8:10 καὶ **γνώμην** ἐν τούτῳ δίδωμι·

γνωρίζω (*gnōrizō*; 1/25) *make known*

2Co 8:1 **Γνωρίζομεν** δὲ ὑμῖν,

γνῶσις (*gnōsis*; 6/29) *knowledge*

2Co 2:14 τὴν ὀσμὴν τῆς **γνώσεως** αὐτοῦ φανεροῦντι
2Co 4:6 πρὸς φωτισμὸν τῆς **γνώσεως** τῆς δόξης τοῦ
2Co 6:6 ἐν **γνώσει**,
2Co 8:7 καὶ λόγῳ καὶ **γνώσει** καὶ πάσῃ σπουδῇ
2Co 10:5 ἐπαιρόμενον κατὰ τῆς **γνώσεως** τοῦ θεοῦ,
2Co 11:6 ἀλλ᾽ οὐ τῇ **γνώσει**,

γονεύς (*goneus*; 2/20) *parent*

2Co 12:14 τὰ τέκνα τοῖς **γονεῦσιν** θησαυρίζειν ἀλλὰ
2Co 12:14 θησαυρίζειν ἀλλὰ οἱ **γονεῖς** τοῖς τέκνοις.

γράμμα (*gramma*; 3/14) *letter of the alphabet*

2Co 3:6 οὐ γράμματος **ἀλλὰ** πνεύματος·
2Co 3:6 τὸ γὰρ **γράμμα** ἀποκτέννει,
2Co 3:7 ἐν **γράμμασιν** ἐντετυπωμένη λίθοις ἐγενήθη

γράφω (*graphō*; 10/190[191]) *write*

2Co 1:13 οὐ γὰρ ἄλλα **γράφομεν** ὑμῖν ἀλλ᾽ ἢ
2Co 2:3 καὶ **ἔγραψα** τοῦτο αὐτό,
2Co 2:4 συνοχῆς καρδίας **ἔγραψα** ὑμῖν διὰ πολλῶν
2Co 2:9 τοῦτο γὰρ καὶ **ἔγραψα**,
2Co 4:13 πίστεως κατὰ τὸ **γεγραμμένον**·
2Co 7:12 ἄρα εἰ καὶ **ἔγραψα** ὑμῖν,
2Co 8:15 καθὼς **γέγραπται**·
2Co 9:1 μοί ἐστιν τὸ **γράφειν** ὑμῖν·

2Co 9:9 καθὼς **γέγραπται**·
2Co 13:10 τοῦτο ταῦτα ἀπὼν **γράφω**,

γυμνός (*gymnos*; 1/15) *naked*
2Co 5:3 καὶ ἐκδυσάμενοι οὐ **γυμνοὶ** εὑρεθησόμεθα.

γυμνότης (*gymnotēs*; 1/3) *nakedness*
2Co 11:27 ἐν ψύχει καὶ **γυμνότητι**·

δάκρυον (*dakryon*; 1/10) *tear*
2Co 2:4 ὑμῖν διὰ πολλῶν **δακρύων**,

Δαμασκηνός (*Damaskēnos*; 1/1) *of Damascus*
2Co 11:32 ἐφρούρει τὴν πόλιν **Δαμασκηνῶν** πιάσαι με,

Δαμασκός (*Damaskos*; 1/15) *Damascus*
2Co 11:32 ἐν **Δαμασκῷ** ὁ ἐθνάρχης Ἁρέτα

δαπανάω (*dapanaō*; 1/5) *spend*
2Co 12:15 δὲ ἥδιστα **δαπανήσω** καὶ ἐκδαπανηθήσομαι

δέ (*de*; 73/2773[2792]) *but, and*
2Co 1:6 εἴτε **δὲ** θλιβόμεθα,
2Co 1:12 περισσοτέρως **δὲ** πρὸς ὑμᾶς.
2Co 1:13 ἐλπίζω **δὲ** ὅτι ἕως τέλους
2Co 1:18 πιστὸς **δὲ** ὁ θεὸς ὅτι
2Co 1:21 ὁ **δὲ** βεβαιῶν ἡμᾶς σὺν
2Co 1:23 Ἐγὼ **δὲ** μάρτυρα τὸν θεὸν
2Co 2:5 Εἰ **δέ** τις λελύπηκεν,
2Co 2:10 ᾧ **δέ** τι χαρίζεσθε,
2Co 2:12 Ἐλθὼν **δὲ** εἰς τὴν Τρῳάδα
2Co 2:14 Τῷ **δὲ** θεῷ χάρις τῷ
2Co 2:16 οἷς **δὲ** ὀσμὴ ἐκ ζωῆς
2Co 3:4 Πεποίθησιν **δὲ** τοιαύτην ἔχομεν διὰ
2Co 3:6 τὸ **δὲ** πνεῦμα ζῳοποιεῖ.
2Co 3:7 Εἰ **δὲ** ἡ διακονία τοῦ
2Co 3:16 ἡνίκα **δὲ** ἐὰν ἐπιστρέψῃ πρὸς
2Co 3:17 ὁ **δὲ** κύριος τὸ πνεῦμά
2Co 3:17 οὗ **δὲ** τὸ πνεῦμα κυρίου,
2Co 3:18 ἡμεῖς **δὲ** πάντες ἀνακεκαλυμμένῳ προσώπῳ
2Co 4:3 εἰ **δὲ** καὶ ἔστιν κεκαλυμμένον
2Co 4:5 ἑαυτοὺς **δὲ** δούλους ὑμῶν διὰ
2Co 4:7 Ἔχομεν **δὲ** τὸν θησαυρὸν τοῦτον
2Co 4:12 ἡ **δὲ** ζωὴ ἐν ὑμῖν.
2Co 4:13 Ἔχοντες **δὲ** τὸ αὐτὸ πνεῦμα
2Co 4:18 τὰ **δὲ** μὴ βλεπόμενα αἰώνια.
2Co 5:5 ὁ **δὲ** κατεργασάμενος ἡμᾶς εἰς
2Co 5:8 θαρροῦμεν **δὲ** καὶ εὐδοκοῦμεν μᾶλλον
2Co 5:11 θεῷ **δὲ** πεφανερώμεθα·
2Co 5:11 ἐλπίζω **δὲ** καὶ ἐν ταῖς
2Co 5:18 τὰ **δὲ** πάντα ἐκ τοῦ
2Co 6:1 Συνεργοῦντες **δὲ** καὶ παρακαλοῦμεν μὴ
2Co 6:10 ὡς λυπούμενοι ἀεὶ **δὲ** χαίροντες,
2Co 6:10 ὡς πτωχοὶ πολλοὺς **δὲ** πλουτίζοντες,
2Co 6:12 στενοχωρεῖσθε **δὲ** ἐν τοῖς σπλάγχνοις
2Co 6:13 τὴν **δὲ** αὐτὴν ἀντιμισθίαν,
2Co 6:15 τίς **δὲ** συμφώνησις Χριστοῦ πρὸς
2Co 6:16 τίς **δὲ** συγκατάθεσις ναῷ θεοῦ
2Co 7:7 οὐ μόνον **δὲ** ἐν τῇ παρουσίᾳ
2Co 7:10 ἡ **δὲ** τοῦ κόσμου λύπη
2Co 7:13 Ἐπὶ **δὲ** τῇ παρακλήσει ἡμῶν
2Co 8:1 Γνωρίζομεν **δὲ** ὑμῖν,
2Co 8:11 νυνὶ **δὲ** καὶ τὸ ποιῆσαι
2Co 8:16 Χάρις **δὲ** τῷ θεῷ τῷ
2Co 8:17 σπουδαιότερος **δὲ** ὑπάρχων αὐθαίρετος
2Co 8:18 συνεπέμψαμεν **δὲ** μετ᾽ αὐτοῦ τὸν
2Co 8:19 οὐ μόνον **δέ**,
2Co 8:22 συνεπέμψαμεν **δὲ** αὐτοῖς τὸν ἀδελφὸν
2Co 8:22 νυνὶ **δὲ** πολὺ σπουδαιότερον πεποιθήσει
2Co 9:3 ἔπεμψα **δὲ** τοὺς ἀδελφούς,
2Co 9:6 Τοῦτο **δέ**,
2Co 9:8 δυνατεῖ **δὲ** ὁ θεὸς πᾶσαν
2Co 9:10 ὁ **δὲ** ἐπιχορηγῶν σπόρον τῷ
2Co 10:1 Αὐτὸς **δὲ** ἐγὼ Παῦλος παρακαλῶ
2Co 10:1 ἀπὼν **δὲ** θαρρῶ εἰς ὑμᾶς·
2Co 10:2 δέομαι **δὲ** τὸ μὴ παρὼν θαρρῆσαι
2Co 10:10 ἡ **δὲ** παρουσία τοῦ σώματος
2Co 10:13 ἡμεῖς **δὲ** οὐκ εἰς τὰ
2Co 10:15 ἐλπίδα **δὲ** ἔχοντες αὐξανομένης τῆς
2Co 10:17 Ὁ **δὲ** καυχώμενος ἐν κυρίῳ
2Co 11:3 φοβοῦμαι **δὲ** μή πως,
2Co 11:6 εἰ **δὲ** καὶ ἰδιώτης τῷ
2Co 11:12 Ὃ **δὲ** ποιῶ,
2Co 11:16 εἰ **δὲ** μή γε,
2Co 11:21 Ἐν ᾧ **δ᾽** ἄν τις τολμᾷ,
2Co 12:1 ἐλεύσομαι **δὲ** εἰς ὀπτασίας καὶ
2Co 12:5 ὑπὲρ **δὲ** ἐμαυτοῦ οὐ καυχήσομαι
2Co 12:6 φείδομαι **δέ**,
2Co 12:15 ἐγὼ **δὲ** ἥδιστα δαπανήσω καὶ
2Co 12:16 Ἔστω **δέ**,
2Co 12:19 τὰ **δὲ** πάντα,
2Co 13:6 ἐλπίζω **δὲ** ὅτι γνώσεσθε ὅτι
2Co 13:7 εὐχόμεθα **δὲ** πρὸς τὸν θεὸν
2Co 13:7 ἡμεῖς **δὲ** ὡς ἀδόκιμοι ὦμεν.
2Co 13:9 ὑμεῖς **δὲ** δυνατοὶ ἦτε·

δέησις (*deēsis*; 2/18) *prayer*
2Co 1:11 ὑπὲρ ἡμῶν τῇ **δεήσει**,
2Co 9:14 καὶ αὐτῶν **δεήσει** ὑπὲρ ὑμῶν ἐπιποθούντων

δεῖ (*dei*; 4/101) *it is necessary*
2Co 2:3 σχῶ ἀφ᾽ ὧν **ἔδει** με χαίρειν,
2Co 5:10 φανερωθῆναι **δεῖ** ἔμπροσθεν τοῦ βήματος
2Co 11:30 Εἰ καυχᾶσθαι **δεῖ**,
2Co 12:1 Καυχᾶσθαι **δεῖ**,

δεκατέσσαρες (*dekatessares*; 1/5) *fourteen*
2Co 12:2 Χριστῷ πρὸ ἐτῶν **δεκατεσσάρων**,

δεκτός (*dektos*; 1/5) *acceptable*
2Co 6:2 καιρῷ **δεκτῷ** ἐπήκουσά σου καὶ

δεξιός (*dexios*; 1/53[54]) *right*
2Co 6:7 δικαιοσύνης τῶν **δεξιῶν** καὶ ἀριστερῶν,

δέομαι (*deomai*; 3/22) *ask*
2Co 5:20 **δεόμεθα** ὑπὲρ Χριστοῦ,
2Co 8:4 πολλῆς παρακλήσεως **δεόμενοι** ἡμῶν τὴν
2Co 10:2 **δέομαι** δὲ τὸ μὴ

δέρω (*derō*; 1/15) *beat*
2Co 11:20 εἰς πρόσωπον ὑμᾶς **δέρει**.

δεύτερος (*deuteros*; 2/43) *second*
2Co 1:15 ἵνα **δευτέραν** χάριν σχῆτε,
2Co 13:2 ὡς παρὼν τὸ **δεύτερον** καὶ ἀπὼν νῦν,

δέχομαι (*dechomai*; 5/56) *receive*
2Co 6:1 χάριν τοῦ θεοῦ **δέξασθαι** ὑμᾶς·
2Co 7:15 φόβου καὶ τρόμου **ἐδέξασθε** αὐτόν.

2Co 8:17 τὴν μὲν παράκλησιν **ἐδέξατο**,
2Co 11:4 ἕτερον ὃ οὐκ **ἐδέξασθε**,
2Co 11:16 κἂν ὡς ἄφρονα **δέξασθέ** με,

διά (*dia*; 45/665[667]) *through, on account of*

2Co 1:1 Χριστοῦ Ἰησοῦ **διὰ** θελήματος θεοῦ καὶ
2Co 1:4 ἐν πάσῃ θλίψει **διὰ** τῆς παρακλήσεως ἧς
2Co 1:5 οὕτως **διὰ** τοῦ Χριστοῦ περισσεύει
2Co 1:11 εἰς ἡμᾶς χάρισμα **διὰ** πολλῶν εὐχαριστηθῇ
2Co 1:16 καὶ **δι'** ὑμῶν διελθεῖν εἰς
2Co 1:19 ὁ ἐν ὑμῖν **δι'** ἡμῶν κηρυχθείς,
2Co 1:19 **δι'** ἐμοῦ καὶ Σιλουανοῦ
2Co 1:20 διὸ καὶ **δι'** αὐτοῦ τὸ ἀμὴν
2Co 1:20 θεῷ πρὸς δόξαν **δι'** ἡμῶν.
2Co 2:4 καρδίας ἔγραψα ὑμῖν **διὰ** πολλῶν δακρύων,
2Co 2:10 **δι'** ὑμᾶς ἐν προσώπῳ
2Co 2:14 γνώσεως αὐτοῦ φανεροῦντι **δι'** ἡμῶν ἐν
2Co 3:4 δὲ τοιαύτην ἔχομεν **διὰ** τοῦ Χριστοῦ πρὸς
2Co 3:7 τὸ πρόσωπον Μωϋσέως **διὰ** τὴν δόξαν τοῦ
2Co 3:11 γὰρ τὸ καταργούμενον **διὰ** δόξης,
2Co 4:1 **Διὰ** τοῦτο,
2Co 4:5 δὲ δούλους ὑμῶν **διὰ** Ἰησοῦν.
2Co 4:11 εἰς θάνατον παραδιδόμεθα **διὰ** Ἰησοῦν,
2Co 4:15 τὰ γὰρ πάντα **δι'** ὑμᾶς,
2Co 4:15 ἡ χάρις πλεονάσασα **διὰ** τῶν πλειόνων τὴν
2Co 5:7 **διὰ** πίστεως γὰρ περιπατοῦμεν,
2Co 5:7 οὐ **διὰ** εἴδους·
2Co 5:10 κομίσηται ἕκαστος τὰ **διὰ** τοῦ σώματος
2Co 5:18 ἡμᾶς ἑαυτῷ **διὰ** Χριστοῦ καὶ δόντος
2Co 5:20 τοῦ θεοῦ παρακαλοῦντος **δι'** ἡμῶν·
2Co 6:7 **διὰ** τῶν ὅπλων τῆς
2Co 6:8 **διὰ** δόξης καὶ ἀτιμίας,
2Co 6:8 **διὰ** δυσφημίας καὶ εὐφημίας·
2Co 7:13 **διὰ** τοῦτο παρακεκλήμεθα.
2Co 8:5 κυρίῳ καὶ ἡμῖν **διὰ** θελήματος θεοῦ
2Co 8:8 λέγω ἀλλὰ **διὰ** τῆς ἑτέρων σπουδῆς
2Co 8:9 ὅτι **δι'** ὑμᾶς ἐπτώχευσεν πλούσιος
2Co 8:18 ἐν τῷ εὐαγγελίῳ **διὰ** πασῶν τῶν ἐκκλησιῶν,
2Co 9:11 ἥτις κατεργάζεται **δι'** ἡμῶν εὐχαριστίαν
2Co 9:12 περισσεύουσα **διὰ** πολλῶν εὐχαριστιῶν τῷ
2Co 9:13 **διὰ** τῆς δοκιμῆς τῆς
2Co 9:14 ἐπιποθούντων ὑμᾶς **διὰ** τὴν ὑπερβάλλουσαν
2Co 10:1 Παῦλος παρακαλῶ ὑμᾶς **διὰ** τῆς πραΰτητος
2Co 10:9 ἂν ἐκφοβεῖν ὑμᾶς **διὰ** τῶν ἐπιστολῶν·
2Co 10:11 ἐσμεν τῷ λόγῳ **δι'** ἐπιστολῶν ἀπόντες,
2Co 11:11 **διὰ** τί;
2Co 11:33 καὶ **διὰ** θυρίδος ἐν σαργάνῃ
2Co 11:33 ἐν σαργάνῃ ἐχαλάσθην **διὰ** τοῦ τείχους καὶ
2Co 12:17 δι' **αὐτοῦ** ἐπλεονέκτησα ὑμᾶς;
2Co 13:10 **Διὰ** τοῦτο ταῦτα ἀπὼν

διαθήκη (*diathēkē*; 2/33) *covenant*

2Co 3:6 ἡμᾶς διακόνους καινῆς **διαθήκης**,
2Co 3:14 ἀναγνώσει τῆς παλαιᾶς **διαθήκης** μένει,

διακονέω (*diakoneō*; 3/37) *serve*

2Co 3:3 ἐπιστολὴ Χριστοῦ **διακονηθεῖσα** ὑφ' ἡμῶν,
2Co 8:19 χάριτι ταύτῃ τῇ **διακονουμένῃ** ὑφ' ἡμῶν
2Co 8:20 ἁδρότητι ταύτῃ τῇ **διακονουμένῃ** ὑφ' ἡμῶν·

διακονία (*diakonia*; 12/34) *ministry, service*

2Co 3:7 Εἰ δὲ ἡ **διακονία** τοῦ θανάτου ἐν
2Co 3:8 οὐχὶ μᾶλλον ἡ **διακονία** τοῦ πνεύματος
2Co 3:9 εἰ γὰρ τῇ **διακονίᾳ** τῆς κατακρίσεως δόξα,
2Co 3:9 περισσεύει ἡ **διακονία** τῆς δικαιοσύνης
2Co 4:1 ἔχοντες τὴν **διακονίαν** ταύτην καθὼς
2Co 5:18 ἡμῖν τὴν **διακονίαν** τῆς καταλλαγῆς,
2Co 6:3 μὴ μωμηθῇ ἡ **διακονία**,
2Co 8:4 τὴν κοινωνίαν τῆς **διακονίας** τῆς εἰς τοὺς
2Co 9:1 μὲν γὰρ τῆς **διακονίας** τῆς εἰς τοὺς
2Co 9:12 ὅτι ἡ **διακονία** τῆς λειτουργίας ταύτης
2Co 9:13 δοκιμῆς τῆς **διακονίας** ταύτης δοξάζοντες
2Co 11:8 πρὸς τὴν ὑμῶν **διακονίαν**,

διάκονος (*diakonos*; 5/29) *servant*

2Co 3:6 ἱκάνωσεν ἡμᾶς **διακόνους** καινῆς διαθήκης,
2Co 6:4 ἑαυτοὺς ὡς θεοῦ **διάκονοι**,
2Co 11:15 καὶ οἱ **διάκονοι** αὐτοῦ μετασχηματίζονται
2Co 11:15 ὡς **διάκονοι** δικαιοσύνης·
2Co 11:23 **διάκονοι** Χριστοῦ εἰσιν;

διαφθείρω (*diaphtheirō*; 1/6) *destroy*

2Co 4:16 ἔξω ἡμῶν ἄνθρωπος **διαφθείρεται**,

δίδωμι (*didōmi*; 13/415) *give*

2Co 1:22 ἡμᾶς καὶ **δοὺς** τὸν ἀρραβῶνα τοῦ
2Co 5:5 ὁ **δοὺς** ἡμῖν τὸν ἀρραβῶνα
2Co 5:12 ἀλλὰ ἀφορμὴν **διδόντες** ὑμῖν καυχήματος
2Co 5:18 Χριστοῦ καὶ **δόντος** ἡμῖν τὴν διακονίαν
2Co 6:3 Μηδεμίαν ἐν μηδενὶ **διδόντες** προσκοπήν,
2Co 8:1 θεοῦ τὴν **δεδομένην** ἐν ταῖς ἐκκλησίαις
2Co 8:5 ἀλλὰ ἑαυτοὺς **ἔδωκαν** πρῶτον τῷ κυρίῳ
2Co 8:10 γνώμην ἐν τούτῳ **δίδωμι**·
2Co 8:16 τῷ θεῷ τῷ **δόντι** τὴν αὐτὴν σπουδὴν
2Co 9:9 **ἔδωκεν** τοῖς πένησιν,
2Co 10:8 ἐξουσίας ἡμῶν ἧς **ἔδωκεν** ὁ κύριος εἰς
2Co 12:7 **ἐδόθη** μοι σκόλοψ τῇ
2Co 13:10 ἣν ὁ κύριος **ἔδωκέν** μοι εἰς οἰκοδομὴν

διέρχομαι (*dierchomai*; 1/43) *go or pass through*

2Co 1:16 καὶ δι' ὑμῶν **διελθεῖν** εἰς Μακεδονίαν καὶ

δικαιοσύνη (*dikaiosynē*; 7/92) *righteousness*

2Co 3:9 ἡ διακονία τῆς **δικαιοσύνης** δόξῃ.
2Co 5:21 ἡμεῖς γενώμεθα **δικαιοσύνη** θεοῦ ἐν αὐτῷ.
2Co 6:7 τῶν ὅπλων τῆς **δικαιοσύνης** τῶν δεξιῶν
2Co 6:14 τίς γὰρ μετοχὴ **δικαιοσύνῃ** καὶ ἀνομίᾳ,
2Co 9:9 ἡ **δικαιοσύνη** αὐτοῦ μένει εἰς
2Co 9:10 τὰ γενήματα τῆς **δικαιοσύνης** ὑμῶν.
2Co 11:15 ὡς διάκονοι **δικαιοσύνης**·

διό (*dio*; 9/53) *therefore*

2Co 1:20 **διὸ** καὶ δι' αὐτοῦ
2Co 2:8 **διὸ** παρακαλῶ ὑμᾶς κυρῶσαι
2Co 4:13 **διὸ** ἐλάλησα,
2Co 4:13 **διὸ** καὶ λαλοῦμεν,
2Co 4:16 **Διὸ** οὐκ ἐγκακοῦμεν,
2Co 5:9 **διὸ** καὶ φιλοτιμούμεθα,
2Co 6:17 **διὸ** ἐξέλθατε ἐκ μέσου
2Co 12:7 **διὸ** ἵνα μὴ ὑπεραίρωμαι,
2Co 12:10 **διὸ** εὐδοκῶ ἐν ἀσθενείαις,

δίψος (*dipsos*; 1/1) *thirst*

2Co 11:27 ἐν λιμῷ καὶ **δίψει**,

διωγμός (*diōgmos*; 1/10) *persecution*

2Co 12:10 ἐν **διωγμοῖς** καὶ στενοχωρίαις,

διώκω (*diōkō*; 1/45) *pursue, persecute*
2Co 4:9 **διωκόμενοι** ἀλλ᾽ οὐκ ἐγκαταλειπόμενοι,

δοκέω (*dokeō*; 3/62) *think, seem*
2Co 10:9 ἵνα μὴ **δόξω** ὡς ἂν ἐκφοβεῖν
2Co 11:16 μή τις με **δόξῃ** ἄφρονα εἶναι·
2Co 12:19 Πάλαι **δοκεῖτε** ὅτι ὑμῖν ἀπολογούμεθα.

δοκιμάζω (*dokimazō*; 3/22) *test*
2Co 8:8 ὑμετέρας ἀγάπης γνήσιον **δοκιμάζων**·
2Co 8:22 ἀδελφὸν ἡμῶν ὃν **ἐδοκιμάσαμεν** ἐν πολλοῖς
2Co 13:5 ἑαυτοὺς **δοκιμάζετε**·

δοκιμή (*dokimē*; 4/7) *character, proof, ordeal*
2Co 2:9 ἵνα γνῶ τὴν **δοκιμὴν** ὑμῶν,
2Co 8:2 ὅτι ἐν πολλῇ **δοκιμῇ** θλίψεως ἡ περισσεία
2Co 9:13 διὰ τῆς **δοκιμῆς** τῆς διακονίας ταύτης
2Co 13:3 ἐπεὶ **δοκιμὴν** ζητεῖτε τοῦ ἐν

δόκιμος (*dokimos*; 2/7) *approved*
2Co 10:18 ἐκεῖνός ἐστιν **δόκιμος**,
2Co 13:7 οὐχ ἵνα ἡμεῖς **δόκιμοι** φανῶμεν,

δόλιος (*dolios*; 1/1) *deceitful*
2Co 11:13 ἐργάται **δόλιοι**,

δόλος (*dolos*; 1/11) *deceit*
2Co 12:16 ὑπάρχων πανοῦργος **δόλῳ** ὑμᾶς ἔλαβον.

δολόω (*doloō*; 1/1) *distort*
2Co 4:2 ἐν πανουργίᾳ μηδὲ **δολοῦντες** τὸν λόγον

δόξα (*doxa*; 19/166) *glory*
2Co 1:20 τῷ θεῷ πρὸς **δόξαν** δι᾽ ἡμῶν.
2Co 3:7 λίθοις ἐγενήθη ἐν **δόξῃ**,
2Co 3:7 Μωϋσέως διὰ τὴν **δόξαν** τοῦ προσώπου
2Co 3:8 πνεύματος ἔσται ἐν **δόξῃ**;
2Co 3:9 διακονίᾳ τῆς κατακρίσεως **δόξα**,
2Co 3:9 διακονία τῆς δικαιοσύνης **δόξῃ**.
2Co 3:10 εἵνεκεν τῆς ὑπερβαλλούσης **δόξης**.
2Co 3:11 τὸ καταργούμενον διὰ **δόξης**,
2Co 3:11 τὸ μένον ἐν **δόξῃ**.
2Co 3:18 τὴν **δόξαν** κυρίου κατοπτριζόμενοι τὴν
2Co 3:18 μεταμορφούμεθα ἀπὸ **δόξης** εἰς δόξαν
2Co 3:18 ἀπὸ δόξης εἰς **δόξαν** καθάπερ ἀπὸ κυρίου
2Co 4:4 τοῦ εὐαγγελίου τῆς **δόξης** τοῦ Χριστοῦ,
2Co 4:6 τῆς γνώσεως τῆς **δόξης** τοῦ θεοῦ ἐν
2Co 4:15 περισσεύσῃ εἰς τὴν **δόξαν** τοῦ θεοῦ.
2Co 4:17 αἰώνιον βάρος **δόξης** κατεργάζεται ἡμῖν,
2Co 6:8 διὰ **δόξης** καὶ ἀτιμίας,
2Co 8:19 τοῦ κυρίου **δόξαν** καὶ προθυμίαν ἡμῶν,
2Co 8:23 **δόξα** Χριστοῦ.

δοξάζω (*doxazō*; 3/61) *praise, glorify*
2Co 3:10 καὶ γὰρ οὐ **δεδόξασται** τὸ δεδοξασμένον ἐν
2Co 3:10 οὐ δεδόξασται τὸ **δεδοξασμένον** ἐν τούτῳ
2Co 9:13 τῆς διακονίας ταύτης **δοξάζοντες** τὸν θεὸν

δότης (*dotēs*; 1/1) *giver*
2Co 9:7 ἱλαρὸν γὰρ **δότην** ἀγαπᾷ ὁ θεός.

δοῦλος (*doulos*; 1/124) *slave*
2Co 4:5 ἑαυτοὺς δὲ **δούλους** ὑμῶν διὰ Ἰησοῦν.

δύναμαι (*dynamai*; 3/210) *be able*
2Co 1:4 ἡμῶν εἰς τὸ **δύνασθαι** ἡμᾶς παρακαλεῖν
2Co 3:7 ὥστε μὴ **δύνασθαι** ἀτενίσαι τοὺς υἱοὺς
2Co 13:8 οὐ γὰρ **δυνάμεθά** τι κατὰ τῆς

δύναμις (*dynamis*; 10/119) *power*
2Co 1:8 ὑπερβολὴν ὑπὲρ **δύναμιν** ἐβαρήθημεν ὥστε
2Co 4:7 ἡ ὑπερβολὴ τῆς **δυνάμεως** ᾖ τοῦ θεοῦ
2Co 6:7 ἐν **δυνάμει** θεοῦ·
2Co 8:3 ὅτι κατὰ **δύναμιν**,
2Co 8:3 καὶ παρὰ **δύναμιν**,
2Co 12:9 ἡ γὰρ **δύναμις** ἐν ἀσθενείᾳ τελεῖται.
2Co 12:9 ἐπ᾽ ἐμὲ ἡ **δύναμις** τοῦ Χριστοῦ.
2Co 12:12 καὶ τέρασιν καὶ **δυνάμεσιν**.
2Co 13:4 ἀλλὰ ζῇ ἐκ **δυνάμεως** θεοῦ.
2Co 13:4 σὺν αὐτῷ ἐκ **δυνάμεως** θεοῦ εἰς ὑμᾶς.

δυνατέω (*dynateō*; 2/3) *be able*
2Co 9:8 **δυνατεῖ** δὲ ὁ θεὸς
2Co 13:3 οὐκ ἀσθενεῖ ἀλλὰ **δυνατεῖ** ἐν ὑμῖν.

δυνατός (*dynatos*; 3/32) *possible*
2Co 10:4 οὐ σαρκικὰ ἀλλὰ **δυνατὰ** τῷ θεῷ πρὸς
2Co 12:10 τότε **δυνατός** εἰμι.
2Co 13:9 ὑμεῖς δὲ **δυνατοὶ** ἦτε·

δύο (*dyo*; 1/134[135]) *two*
2Co 13:1 ἐπὶ στόματος **δύο** μαρτύρων καὶ τριῶν

δυσφημία (*dysphēmia*; 1/1) *slander*
2Co 6:8 διὰ **δυσφημίας** καὶ εὐφημίας·

δωρεά (*dōrea*; 1/11) *gift*
2Co 9:15 τῇ ἀνεκδιηγήτῳ αὐτοῦ **δωρεᾷ**.

δωρεάν (*dōrean*; 1/9) *without cost*
2Co 11:7 ὅτι **δωρεὰν** τὸ τοῦ θεοῦ

ἐάν (*ean*; 7/333) *if*
2Co 3:16 ἡνίκα δὲ **ἐὰν** ἐπιστρέψῃ πρὸς κύριον,
2Co 5:1 Οἴδαμεν γὰρ ὅτι **ἐὰν** ἡ ἐπίγειος ἡμῶν
2Co 8:12 καθὸ **ἐὰν** ἔχῃ εὐπρόσδεκτος,
2Co 9:4 μή πως **ἐὰν** ἔλθωσιν σὺν ἐμοὶ
2Co 10:8 **ἐάν** [τε] γὰρ περισσότερόν
2Co 12:6 **Ἐὰν** γὰρ θελήσω καυχήσασθαι,
2Co 13:2 ὅτι **ἐὰν** ἔλθω εἰς τὸ

ἑαυτοῦ (*heautou*; 29/319) *himself*
2Co 1:9 ἀλλὰ αὐτοὶ ἐν **ἑαυτοῖς** τὸ ἀπόκριμα τοῦ
2Co 1:9 πεποιθότες ὦμεν ἐφ᾽ **ἑαυτοῖς** ἀλλ᾽ ἐπὶ τῷ
2Co 3:1 Ἀρχόμεθα πάλιν **ἑαυτοὺς** συνιστάνειν;
2Co 3:5 οὐχ ὅτι ἀφ᾽ **ἑαυτῶν** ἱκανοί ἐσμεν
2Co 3:5 τι ὡς ἐξ **ἑαυτῶν**,
2Co 4:2 συνιστάνοντες **ἑαυτοὺς** πρὸς πᾶσαν
2Co 4:5 Οὐ γὰρ **ἑαυτοὺς** κηρύσσομεν ἀλλὰ Ἰησοῦν
2Co 4:5 **ἑαυτοὺς** δὲ δούλους ὑμῶν
2Co 5:12 οὐ πάλιν **ἑαυτοὺς** συνιστάνομεν ὑμῖν ἀλλὰ
2Co 5:15 οἱ ζῶντες μηκέτι **ἑαυτοῖς** ζῶσιν ἀλλὰ τῷ
2Co 5:18 καταλλάξαντος ἡμᾶς **ἑαυτῷ** διὰ Χριστοῦ
2Co 5:19 Χριστῷ κόσμον καταλλάσσων **ἑαυτῷ**,
2Co 6:4 συνιστάντες **ἑαυτοὺς** ὡς θεοῦ διάκονοι,
2Co 7:1 καθαρίσωμεν **ἑαυτοὺς** ἀπὸ παντὸς
2Co 7:11 παντὶ συνεστήσατε **ἑαυτοὺς** ἁγνοὺς εἶναι
2Co 8:5 ἠλπίσαμεν ἀλλὰ **ἑαυτοὺς** ἔδωκαν πρῶτον τῷ

2Co 10:7 εἴ τις πέποιθεν **ἑαυτῷ** Χριστοῦ εἶναι,
2Co 10:7 λογιζέσθω πάλιν ἐφ' **ἑαυτοῦ**,
2Co 10:12 ἐγκρῖναι ἢ συγκρῖναι **ἑαυτούς** τισιν τῶν
2Co 10:12 ἑαυτούς τισιν τῶν **ἑαυτοὺς** συνιστανόντων,
2Co 10:12 ἀλλὰ αὐτοὶ ἐν **ἑαυτοῖς** ἑαυτοὺς μετροῦντες
2Co 10:12 αὐτοὶ ἐν ἑαυτοῖς **ἑαυτοὺς** μετροῦντες καὶ
2Co 10:12 καὶ συγκρίνοντες **ἑαυτοὺς** ἑαυτοῖς οὐ
2Co 10:12 ἑαυτοὺς **ἑαυτοῖς** οὐ συνιᾶσιν.
2Co 10:14 εἰς ὑμᾶς ὑπερεκτείνομεν **ἑαυτούς**,
2Co 10:18 οὐ γὰρ ὁ **ἑαυτὸν** συνιστάνων,
2Co 13:5 **Ἑαυτοὺς** πειράζετε εἰ ἐστὲ
2Co 13:5 **ἑαυτοὺς** δοκιμάζετε·
2Co 13:5 ἢ οὐκ ἐπιγινώσκετε **ἑαυτοὺς** ὅτι Ἰησοῦς

Ἑβραῖος (*Hebraios*; 1/4) *Hebrew person*

2Co 11:22 **Ἑβραῖοί** εἰσιν;

ἐγγράφω (*engraphō*; 2/3) *write*

2Co 3:2 **ἐγγεγραμμένη** ἐν ταῖς καρδίαις
2Co 3:3 **ἐγγεγραμμένη** οὐ μέλανι ἀλλὰ

ἐγείρω (*egeirō*; 4/143[144]) *raise*

2Co 1:9 τῷ θεῷ τῷ **ἐγείροντι** τοὺς νεκρούς·
2Co 4:14 εἰδότες ὅτι ὁ **ἐγείρας** τὸν κύριον Ἰησοῦν
2Co 4:14 ἡμᾶς σὺν Ἰησοῦ **ἐγερεῖ** καὶ παραστήσει σὺν
2Co 5:15 αὐτῶν ἀποθανόντι καὶ **ἐγερθέντι**.

ἐγκακέω (*enkakeō*; 2/6) *become discouraged*

2Co 4:1 οὐκ **ἐγκακοῦμεν**
2Co 4:16 Διὸ οὐκ **ἐγκακοῦμεν**,

ἐγκαταλείπω (*enkataleipō*; 1/10) *forsake*

2Co 4:9 διωκόμενοι ἀλλ' οὐκ **ἐγκαταλειπόμενοι**,

ἐγκρίνω (*enkrinō*; 1/1) *class or classify with*

2Co 10:12 τολμῶμεν **ἐγκρῖναι** ἢ συγκρῖναι ἑαυτούς

ἐγώ (*egō*; 55/1715[1718]) *I*

2Co 1:17 ἵνα ᾖ παρ' **ἐμοὶ** τὸ ναὶ ναὶ
2Co 1:19 δι' **ἐμοῦ** καὶ Σιλουανοῦ καὶ
2Co 1:23 **Ἐγὼ** δὲ μάρτυρα τὸν
2Co 2:2 εἰ γὰρ **ἐγὼ** λυπῶ ὑμᾶς,
2Co 2:2 τίς ὁ εὐφραίνων **με** εἰ μὴ ὁ
2Co 2:2 ὁ λυπούμενος ἐξ **ἐμοῦ**;
2Co 2:3 ἀφ' ὧν ἔδει **με** χαίρειν,
2Co 2:5 οὐκ **ἐμὲ** λελύπηκεν,
2Co 2:10 καὶ γὰρ **ἐγὼ** ὃ κεχάρισμαι,
2Co 2:12 καὶ θύρας **μοι** ἀνεῳγμένης ἐν κυρίῳ,
2Co 2:13 ἄνεσιν τῷ πνεύματί **μου** τῷ μὴ εὑρεῖν
2Co 2:13 τῷ μὴ εὑρεῖν **με** Τίτον τὸν ἀδελφόν
2Co 2:13 Τίτον τὸν ἀδελφόν **μου**,
2Co 6:16 καὶ αὐτοὶ ἔσονταί **μου** λαός.
2Co 6:18 καὶ ὑμεῖς ἔσεσθέ **μοι** εἰς υἱοὺς καὶ
2Co 7:4 πολλή **μοι** παρρησία πρὸς ὑμᾶς,
2Co 7:4 πολλή **μοι** καύχησις ὑπὲρ ὑμῶν·
2Co 7:7 ὑμῶν ζῆλον ὑπὲρ **ἐμοῦ** ὥστε με μᾶλλον
2Co 7:7 ὑπὲρ ἐμοῦ ὥστε **με** μᾶλλον χαρῆναι.
2Co 9:1 ἁγίους περισσόν **μοί** ἐστιν τὸ γράφειν
2Co 9:4 ἔλθωσιν σὺν **ἐμοὶ** Μακεδόνες καὶ εὕρωσιν
2Co 10:1 Αὐτὸς δὲ **ἐγὼ** Παῦλος παρακαλῶ ὑμᾶς
2Co 11:1 ἀνείχεσθέ **μου** μικρόν τι ἀφροσύνης·
2Co 11:1 ἀλλὰ καὶ ἀνέχεσθέ **μου**.
2Co 11:9 ὑστέρημά **μου** προσανεπλήρωσαν οἱ ἀδελφοὶ
2Co 11:10 ἀλήθεια Χριστοῦ ἐν **ἐμοὶ** ὅτι ἡ καύχησις
2Co 11:10 οὐ φραγήσεται εἰς **ἐμὲ** ἐν τοῖς κλίμασιν
2Co 11:16 μή τις **με** δόξῃ ἄφρονα εἶναι·
2Co 11:16 ὡς ἄφρονα δέξασθέ **με**,
2Co 11:23 ὑπὲρ **ἐγώ**·
2Co 11:28 παρεκτὸς ἡ ἐπίστασίς **μοι** ἡ καθ' ἡμέραν,
2Co 11:29 σκανδαλίζεται καὶ οὐκ **ἐγὼ** πυροῦμαι;
2Co 11:30 τὰ τῆς ἀσθενείας **μου** καυχήσομαι.
2Co 11:32 πόλιν Δαμασκηνῶν πιάσαι **με**,
2Co 12:6 μή τις εἰς **ἐμὲ** λογίσηται ὑπὲρ ὃ
2Co 12:6 ὑπὲρ ὃ βλέπει **με** ἢ ἀκούει [τι]
2Co 12:6 ἀκούει [τι] ἐξ **ἐμοῦ**
2Co 12:7 ἐδόθη **μοι** σκόλοψ τῇ σαρκί,
2Co 12:7 ἵνα **με** κολαφίζῃ,
2Co 12:8 ἵνα ἀποστῇ ἀπ' **ἐμοῦ**.
2Co 12:9 καὶ εἴρηκέν **μοι**·
2Co 12:9 σοι ἡ χάρις **μου**,
2Co 12:9 ἐν ταῖς ἀσθενείαις **μου**,
2Co 12:9 ἵνα ἐπισκηνώσῃ ἐπ' **ἐμὲ** ἡ δύναμις τοῦ
2Co 12:11 ὑμεῖς **με** ἠναγκάσατε.
2Co 12:11 **ἐγὼ** γὰρ ὤφειλον ὑφ'
2Co 12:13 μὴ ὅτι αὐτὸς **ἐγὼ** οὐ κατενάρκησα ὑμῶν;
2Co 12:13 χαρίσασθέ **μοι** τὴν ἀδικίαν ταύτην.
2Co 12:15 **ἐγὼ** δὲ ἥδιστα δαπανήσω
2Co 12:16 **ἐγὼ** οὐ κατεβάρησα ὑμᾶς·
2Co 12:21 μὴ πάλιν ἐλθόντος **μου** ταπεινώσῃ με ὁ
2Co 12:21 ἐλθόντος μου ταπεινώσῃ **με** ὁ θεός μου
2Co 12:21 με ὁ θεός **μου** πρὸς ὑμᾶς καὶ
2Co 13:3 ζητεῖτε τοῦ ἐν **ἐμοὶ** λαλοῦντος Χριστοῦ,
2Co 13:10 ὁ κύριος ἔδωκέν **μοι** εἰς οἰκοδομὴν καὶ

ἐθνάρχης (*ethnarchēs*; 1/1) *governor*

2Co 11:32 Δαμασκῷ ὁ **ἐθνάρχης** Ἁρέτα τοῦ βασιλέως

ἔθνος (*ethnos*; 1/162) *nation*

2Co 11:26 κινδύνοις ἐξ **ἐθνῶν**,

εἰ (*ei*; 36/502) *if, since*

2Co 2:2 **εἰ** γὰρ ἐγὼ λυπῶ
2Co 2:2 ὁ εὐφραίνων με **εἰ** μὴ ὁ λυπούμενος
2Co 2:5 **Εἰ** δέ τις λελύπηκεν,
2Co 2:9 **εἰ** εἰς πάντα ὑπήκοοί ἐστε.
2Co 2:10 **εἴ** τι κεχάρισμαι,
2Co 3:7 **Εἰ** δὲ ἡ διακονία
2Co 3:9 **εἰ** γὰρ τῇ διακονίᾳ
2Co 3:11 **εἰ** γὰρ τὸ καταργούμενον
2Co 4:3 **εἰ** δὲ καὶ ἔστιν
2Co 4:16 ἀλλ' **εἰ** καὶ ὁ ἔξω
2Co 5:3 **εἴ** γε καὶ ἐκδυσάμενοι
2Co 5:16 **εἰ** καὶ ἐγνώκαμεν κατὰ
2Co 5:17 ὥστε **εἴ** τις ἐν Χριστῷ,
2Co 7:8 Ὅτι **εἰ** καὶ ἐλύπησα ὑμᾶς
2Co 7:8 **εἰ** καὶ μετεμελόμην,
2Co 7:8 ἡ ἐπιστολὴ ἐκείνη **εἰ** καὶ πρὸς ὥραν
2Co 7:12 ἄρα **εἰ** καὶ ἔγραψα ὑμῖν,
2Co 7:14 ὅτι **εἴ** τι αὐτῷ ὑπὲρ
2Co 8:12 **εἰ** γὰρ ἡ προθυμία
2Co 10:7 **εἴ** τις πέποιθεν ἑαυτῷ
2Co 11:4 **εἰ** μὲν γὰρ ὁ
2Co 11:6 **εἰ** δὲ καὶ ἰδιώτης
2Co 11:15 οὐ μέγα οὖν **εἰ** καὶ οἱ διάκονοι
2Co 11:16 **εἰ** δὲ μή γε,
2Co 11:20 ἀνέχεσθε γὰρ **εἴ** τις ὑμᾶς καταδουλοῖ,
2Co 11:20 **εἴ** τις κατεσθίει,
2Co 11:20 **εἴ** τις λαμβάνει,

2Co 11:20 **εἴ** τις ἐπαίρεται,
2Co 11:20 **εἴ** τις εἰς πρόσωπον
2Co 11:30 **Εἰ** καυχᾶσθαι δεῖ,
2Co 12:5 ἐμαυτοῦ οὐ καυχήσομαι **εἰ** μὴ ἐν ταῖς
2Co 12:11 τῶν ὑπερλίαν ἀποστόλων **εἰ** καὶ οὐδέν εἰμι.
2Co 12:13 **εἰ** μὴ ὅτι αὐτὸς
2Co 12:15 **εἰ** περισσοτέρως ὑμᾶς ἀγαπῶ[ν],
2Co 13:5 Ἑαυτοὺς πειράζετε **εἰ** ἐστὲ ἐν τῇ
2Co 13:5 **εἰ** μήτι ἀδόκιμοί ἐστε.

εἶδος (*eidos*; 1/5) *visible form*
2Co 5:7 οὐ διὰ **εἴδους**·

εἴδωλον (*eidōlon*; 1/11) *idol*
2Co 6:16 ναῷ θεοῦ μετὰ **εἰδώλων**;

εἰκών (*eikōn*; 2/23) *likeness*
2Co 3:18 τὴν αὐτὴν **εἰκόνα** μεταμορφούμεθα ἀπὸ
2Co 4:4 ὅς ἐστιν **εἰκὼν** τοῦ θεοῦ.

εἰλικρίνεια (*eilikrineia*; 2/3) *sincerity*
2Co 1:12 ἐν ἁπλότητι καὶ **εἰλικρινείᾳ** τοῦ θεοῦ,
2Co 2:17 ἀλλ' ὡς ἐξ **εἰλικρινείας**,

εἰμί (*eimi*; 62/2460[2462]) *be*
2Co 1:1 τοῦ θεοῦ τῇ **οὔσῃ** ἐν Κορίνθῳ σὺν
2Co 1:1 ἁγίοις πᾶσιν τοῖς **οὖσιν** ἐν ὅλῃ τῇ
2Co 1:7 ὅτι ὡς κοινωνοί **ἐστε** τῶν παθημάτων,
2Co 1:9 ἵνα μὴ πεποιθότες **ὦμεν** ἐφ' ἑαυτοῖς ἀλλ'
2Co 1:12 καύχησις ἡμῶν αὕτη **ἐστίν**,
2Co 1:14 ὅτι καύχημα ὑμῶν **ἐσμεν** καθάπερ καὶ ὑμεῖς
2Co 1:17 ἵνα **ᾖ** παρ' ἐμοὶ τὸ
2Co 1:18 πρὸς ὑμᾶς οὐκ **ἔστιν** ναὶ καὶ οὔ.
2Co 1:24 πίστεως ἀλλὰ συνεργοί **ἐσμεν** τῆς χαρᾶς
2Co 2:3 χαρὰ πάντων ὑμῶν **ἐστιν**.
2Co 2:9 εἰς πάντα ὑπήκοοί **ἐστε**.
2Co 2:15 ὅτι Χριστοῦ εὐωδία **ἐσμὲν** τῷ θεῷ ἐν
2Co 2:17 οὐ γάρ **ἐσμεν** ὡς οἱ πολλοὶ
2Co 3:2 ἐπιστολὴ ἡμῶν ὑμεῖς **ἐστε**,
2Co 3:3 φανερούμενοι ὅτι **ἐστὲ** ἐπιστολὴ Χριστοῦ
2Co 3:5 ἀφ' ἑαυτῶν ἱκανοί **ἐσμεν** λογίσασθαί τι ὡς
2Co 3:8 διακονία τοῦ πνεύματος **ἔσται** ἐν δόξῃ;
2Co 3:17 κύριος τὸ πνεῦμά **ἐστιν**·
2Co 4:3 δὲ καὶ **ἔστιν** κεκαλυμμένον τὸ εὐαγγέλιον
2Co 4:3 ἐν τοῖς ἀπολλυμένοις **ἐστὶν** κεκαλυμμένον,
2Co 4:4 ὅς **ἐστιν** εἰκὼν τοῦ θεοῦ.
2Co 4:7 ὑπερβολὴ τῆς δυνάμεως **ᾖ** τοῦ θεοῦ καὶ
2Co 5:4 καὶ γὰρ οἱ **ὄντες** ἐν τῷ σκήνει
2Co 5:9 εὐάρεστοι αὐτῷ **εἶναι**.
2Co 5:19 ὡς ὅτι θεὸς **ἦν** ἐν Χριστῷ κόσμον
2Co 6:16 γὰρ ναὸς θεοῦ **ἐσμεν** ζῶντος,
2Co 6:16 καὶ ἐμπεριπατήσω καὶ **ἔσομαι** αὐτῶν θεὸς
2Co 6:16 θεὸς καὶ αὐτοὶ **ἔσονταί** μου λαός.
2Co 6:18 καὶ **ἔσομαι** ὑμῖν εἰς πατέρα
2Co 6:18 πατέρα καὶ ὑμεῖς **ἔσεσθέ** μοι εἰς υἱοὺς
2Co 7:3 καρδίαις ἡμῶν **ἐστε** εἰς τὸ συναποθανεῖν
2Co 7:11 ἑαυτοὺς ἁγνοὺς **εἶναι** τῷ πράγματι.
2Co 7:15 εἰς ὑμᾶς **ἐστιν** ἀναμιμνῃσκομένου τὴν
2Co 8:9 ὑμᾶς ἐπτώχευσεν πλούσιος **ὤν**,
2Co 8:22 πολλοῖς πολλάκις σπουδαῖον **ὄντα**,
2Co 9:1 ἁγίους περισσόν μοί **ἐστιν** τὸ γράφειν
2Co 9:3 καθὼς ἔλεγον παρεσκευασμένοι **ἦτε**,
2Co 9:5 ταύτην ἑτοίμην **εἶναι** οὕτως ὡς εὐλογίαν
2Co 9:12 ταύτης οὐ μόνον **ἐστὶν** προσαναπληροῦσα
2Co 10:7 πέποιθεν ἑαυτῷ Χριστοῦ **εἶναι**,
2Co 10:11 ὅτι οἷοί **ἐσμεν** τῷ λόγῳ δι'
2Co 10:18 ἐκεῖνός **ἐστιν** δόκιμος,
2Co 11:10 **ἔστιν** ἀλήθεια Χριστοῦ ἐν
2Co 11:15 ὧν τὸ τέλος **ἔσται** κατὰ τὰ ἔργα
2Co 11:16 με δόξῃ ἄφρονα **εἶναι**·
2Co 11:19 τῶν ἀφρόνων φρόνιμοι **ὄντες**·
2Co 11:22 Ἑβραῖοί **εἰσιν**;
2Co 11:22 Ἰσραηλῖταί **εἰσιν**;
2Co 11:22 σπέρμα Ἀβραάμ **εἰσιν**;
2Co 11:23 διάκονοι Χριστοῦ **εἰσιν**;
2Co 11:31 ὁ **ὢν** εὐλογητὸς εἰς τοὺς
2Co 12:6 οὐκ **ἔσομαι** ἄφρων,
2Co 12:10 τότε δυνατός **εἰμι**.
2Co 12:11 εἰ καὶ οὐδέν **εἰμι**.
2Co 12:13 τί γάρ **ἐστιν** ὃ ἡσσώθητε ὑπὲρ
2Co 12:16 **Ἔστω** δέ,
2Co 13:5 Ἑαυτοὺς πειράζετε εἰ **ἐστὲ** ἐν τῇ πίστει,
2Co 13:5 εἰ μήτι ἀδόκιμοί **ἐστε**.
2Co 13:6 ὅτι ἡμεῖς οὐκ **ἐσμὲν** ἀδόκιμοι.
2Co 13:7 δὲ ὡς ἀδόκιμοι **ὦμεν**.
2Co 13:9 ὑμεῖς δὲ δυνατοὶ **ἦτε**·
2Co 13:11 ἀγάπης καὶ εἰρήνης **ἔσται** μεθ' ὑμῶν.

εἰρηνεύω (*eirēneuō*; 1/4) *live or be at peace*
2Co 13:11 **εἰρηνεύετε**,

εἰρήνη (*eirēnē*; 2/92) *peace*
2Co 1:2 χάρις ὑμῖν καὶ **εἰρήνη** ἀπὸ θεοῦ πατρὸς
2Co 13:11 τῆς ἀγάπης καὶ **εἰρήνης** ἔσται μεθ' ὑμῶν.

εἰς (*eis*; 78/1759[1767]) *into*
2Co 1:4 τῇ θλίψει ἡμῶν **εἰς** τὸ δύνασθαι ἡμᾶς
2Co 1:5 παθήματα τοῦ Χριστοῦ **εἰς** ἡμᾶς,
2Co 1:10 **εἰς** ὃν ἠλπίκαμεν [ὅτι]
2Co 1:11 πολλῶν προσώπων τὸ **εἰς** ἡμᾶς χάρισμα διὰ
2Co 1:16 δι' ὑμῶν διελθεῖν **εἰς** Μακεδονίαν καὶ
2Co 1:16 ὑφ' ὑμῶν προπεμφθῆναι **εἰς** τὴν Ἰουδαίαν.
2Co 1:21 ἡμᾶς σὺν ὑμῖν **εἰς** Χριστὸν καὶ χρίσας
2Co 1:23 ὑμῶν οὐκέτι ἦλθον **εἰς** Κόρινθον.
2Co 2:4 ἣν ἔχω περισσοτέρως **εἰς** ὑμᾶς.
2Co 2:8 παρακαλῶ ὑμᾶς κυρῶσαι **εἰς** αὐτὸν ἀγάπην·
2Co 2:9 **εἰς** τοῦτο γὰρ καὶ
2Co 2:9 εἰ **εἰς** πάντα ὑπήκοοί ἐστε.
2Co 2:12 Ἐλθὼν δὲ **εἰς** τὴν Τρῳάδα εἰς
2Co 2:12 εἰς τὴν Τρῳάδα **εἰς** τὸ εὐαγγέλιον τοῦ
2Co 2:13 αὐτοῖς ἐξῆλθον **εἰς** Μακεδονίαν.
2Co 2:16 ὀσμὴ ἐκ θανάτου **εἰς** θάνατον,
2Co 2:16 ὀσμὴ ἐκ ζωῆς **εἰς** ζωήν.
2Co 3:7 υἱοὺς Ἰσραὴλ **εἰς** τὸ πρόσωπον Μωϋσέως
2Co 3:13 τοὺς υἱοὺς Ἰσραὴλ **εἰς** τὸ τέλος τοῦ
2Co 3:18 ἀπὸ δόξης **εἰς** δόξαν καθάπερ ἀπὸ
2Co 4:4 νοήματα τῶν ἀπίστων **εἰς** τὸ μὴ αὐγάσαι
2Co 4:11 ἡμεῖς οἱ ζῶντες **εἰς** θάνατον παραδιδόμεθα
2Co 4:15 τὴν εὐχαριστίαν περισσεύσῃ **εἰς** τὴν δόξαν
2Co 4:17 καθ' ὑπερβολὴν **εἰς** ὑπερβολὴν αἰώνιον
2Co 5:5 κατεργασάμενος ἡμᾶς **εἰς** αὐτὸ τοῦτο θεός,
2Co 6:1 καὶ παρακαλοῦμεν μὴ **εἰς** κενὸν τὴν χάριν
2Co 6:18 καὶ ἔσομαι ὑμῖν **εἰς** πατέρα καὶ ὑμεῖς
2Co 6:18 ὑμεῖς ἔσεσθέ μοι **εἰς** υἱοὺς καὶ θυγατέρας,
2Co 7:3 καρδίαις ἡμῶν ἐστε **εἰς** τὸ συναποθανεῖν
2Co 7:5 ἐλθόντων ἡμῶν **εἰς** Μακεδονίαν οὐδεμίαν
2Co 7:9 ἀλλ' ὅτι ἐλυπήθητε **εἰς** μετάνοιαν·
2Co 7:10 μετάνοιαν **εἰς** σωτηρίαν ἀμεταμέλητον

2Co 7:15 αὐτοῦ περισσοτέρως **εἰς** ὑμᾶς ἐστιν
2Co 8:2 αὐτῶν ἐπερίσσευσεν **εἰς** τὸ πλοῦτος τῆς
2Co 8:4 τῆς διακονίας τῆς **εἰς** τοὺς ἁγίους,
2Co 8:6 **εἰς** τὸ παρακαλέσαι ἡμᾶς
2Co 8:6 οὕτως καὶ ἐπιτελέσῃ **εἰς** ὑμᾶς καὶ τὴν
2Co 8:14 περίσσευμα **εἰς** τὸ ἐκείνων ὑστέρημα,
2Co 8:14 περίσσευμα γένηται **εἰς** τὸ ὑμῶν ὑστέρημα,
2Co 8:22 πεποιθήσει πολλῇ τῇ **εἰς** ὑμᾶς.
2Co 8:23 κοινωνὸς ἐμὸς καὶ **εἰς** ὑμᾶς συνεργός·
2Co 8:24 ὑπὲρ ὑμῶν **εἰς** αὐτοὺς ἐνδεικνύμενοι εἰς
2Co 8:24 αὐτοὺς ἐνδεικνύμενοι **εἰς** πρόσωπον τῶν
2Co 9:1 τῆς διακονίας τῆς **εἰς** τοὺς ἁγίους
2Co 9:5 προέλθωσιν **εἰς** ὑμᾶς καὶ προκαταρτίσωσιν
2Co 9:8 πᾶσαν χάριν περισσεῦσαι **εἰς** ὑμᾶς,
2Co 9:8 ἔχοντες περισσεύητε **εἰς** πᾶν ἔργον
2Co 9:9 δικαιοσύνη αὐτοῦ μένει **εἰς** τὸν αἰῶνα.
2Co 9:10 σπείροντι καὶ ἄρτον **εἰς** βρῶσιν χορηγήσει
2Co 9:11 παντὶ πλουτιζόμενοι **εἰς** πᾶσαν ἁπλότητα,
2Co 9:13 τῆς ὁμολογίας ὑμῶν **εἰς** τὸ εὐαγγέλιον τοῦ
2Co 9:13 ἁπλότητι τῆς κοινωνίας **εἰς** αὐτοὺς καὶ εἰς
2Co 9:13 εἰς αὐτοὺς καὶ **εἰς** πάντας,
2Co 10:1 ἀπὼν δὲ θαρρῶ **εἰς** ὑμᾶς·
2Co 10:5 πᾶν νόημα **εἰς** τὴν ὑπακοὴν τοῦ
2Co 10:8 ἔδωκεν ὁ κύριος **εἰς** οἰκοδομὴν καὶ οὐκ
2Co 10:8 οἰκοδομὴν καὶ οὐκ **εἰς** καθαίρεσιν ὑμῶν,
2Co 10:13 ἡμεῖς δὲ οὐκ **εἰς** τὰ ἄμετρα καυχησόμεθα
2Co 10:14 ἐφικνούμενοι **εἰς** ὑμᾶς ὑπερεκτείνομεν
2Co 10:15 οὐκ **εἰς** τὰ ἄμετρα καυχώμενοι
2Co 10:15 τὸν κανόνα ἡμῶν **εἰς** περισσείαν
2Co 10:16 **εἰς** τὰ ὑπερέκεινα ὑμῶν
2Co 10:16 κανόνι **εἰς** τὰ ἕτοιμα καυχήσασθαι.
2Co 11:3 τῆς ἁγνότητος] τῆς **εἰς** τὸν Χριστόν.
2Co 11:6 φανερώσαντες ἐν πᾶσιν **εἰς** ὑμᾶς.
2Co 11:10 αὕτη οὐ φραγήσεται **εἰς** ἐμὲ ἐν τοῖς
2Co 11:13 μετασχηματιζόμενοι **εἰς** ἀποστόλους
2Co 11:14 μετασχηματίζεται **εἰς** ἄγγελον φωτός.
2Co 11:20 εἴ τις **εἰς** πρόσωπον ὑμᾶς δέρει.
2Co 11:31 ὁ ὢν εὐλογητὸς **εἰς** τοὺς αἰῶνας,
2Co 12:1 ἐλεύσομαι δὲ **εἰς** ὀπτασίας καὶ
2Co 12:4 ὅτι ἡρπάγη **εἰς** τὸν παράδεισον καὶ
2Co 12:6 μή τις **εἰς** ἐμὲ λογίσηται ὑπὲρ
2Co 13:2 ὅτι ἐὰν ἔλθω **εἰς** τὸ πάλιν οὐ
2Co 13:3 ὃς **εἰς** ὑμᾶς οὐκ ἀσθενεῖ
2Co 13:4 ἐκ δυνάμεως θεοῦ **εἰς** ὑμᾶς.
2Co 13:10 κύριος ἔδωκέν μοι **εἰς** οἰκοδομὴν καὶ οὐκ
2Co 13:10 οἰκοδομὴν καὶ οὐκ **εἰς** καθαίρεσιν.

εἷς (*heis*; 3/343[345]) *one*

2Co 5:14 ὅτι **εἷς** ὑπὲρ πάντων ἀπέθανεν,
2Co 11:2 γὰρ ὑμᾶς **ἑνὶ** ἀνδρὶ παρθένον ἁγνὴν
2Co 11:24 πεντάκις τεσσεράκοντα παρὰ **μίαν** ἔλαβον,

εἰσδέχομαι (*eisdechomai*; 1/1) *welcome*

2Co 6:17 κἀγὼ **εἰσδέξομαι** ὑμᾶς

εἴτε (*eite*; 14/65) *if*

2Co 1:6 **εἴτε** δὲ θλιβόμεθα,
2Co 1:6 **εἴτε** παρακαλούμεθα,
2Co 5:9 **εἴτε** ἐνδημοῦντες εἴτε ἐκδημοῦντες,
2Co 5:9 εἴτε ἐνδημοῦντες **εἴτε** ἐκδημοῦντες,
2Co 5:10 **εἴτε** ἀγαθὸν εἴτε φαῦλον.
2Co 5:10 εἴτε ἀγαθὸν **εἴτε** φαῦλον.
2Co 5:13 **εἴτε** γὰρ ἐξέστημεν,
2Co 5:13 **εἴτε** σωφρονοῦμεν,
2Co 8:23 **εἴτε** ὑπὲρ Τίτου,
2Co 8:23 **εἴτε** ἀδελφοὶ ἡμῶν,
2Co 12:2 **εἴτε** ἐν σώματι οὐκ
2Co 12:2 **εἴτε** ἐκτὸς τοῦ σώματος
2Co 12:3 **εἴτε** ἐν σώματι εἴτε
2Co 12:3 εἴτε ἐν σώματι **εἴτε** χωρὶς τοῦ σώματος

ἐκ (*ek*; 30/912[914]) *from*

2Co 1:10 ὃς **ἐκ** τηλικούτου θανάτου ἐρρύσατο
2Co 1:11 ἵνα **ἐκ** πολλῶν προσώπων τὸ
2Co 2:2 μὴ ὁ λυπούμενος **ἐξ** ἐμοῦ;
2Co 2:4 **ἐκ** γὰρ πολλῆς θλίψεως
2Co 2:16 οἷς μὲν ὀσμὴ **ἐκ** θανάτου εἰς θάνατον,
2Co 2:16 οἷς δὲ ὀσμὴ **ἐκ** ζωῆς εἰς ζωήν.
2Co 2:17 ἀλλ' ὡς **ἐξ** εἰλικρινείας,
2Co 2:17 ἀλλ' ὡς **ἐκ** θεοῦ κατέναντι θεοῦ
2Co 3:1 πρὸς ὑμᾶς ἢ **ἐξ** ὑμῶν;
2Co 3:5 λογίσασθαί τι ὡς **ἐξ** ἑαυτῶν,
2Co 3:5 ἡ ἱκανότης ἡμῶν **ἐκ** τοῦ θεοῦ,
2Co 4:6 **ἐκ** σκότους φῶς λάμψει,
2Co 4:7 θεοῦ καὶ μὴ **ἐξ** ἡμῶν·
2Co 5:1 οἰκοδομὴν **ἐκ** θεοῦ ἔχομεν,
2Co 5:2 ἡμῶν τὸ **ἐξ** οὐρανοῦ ἐπενδύσασθαι
2Co 5:8 μᾶλλον ἐκδημῆσαι **ἐκ** τοῦ σώματος
2Co 5:18 τὰ δὲ πάντα **ἐκ** τοῦ θεοῦ τοῦ
2Co 6:17 διὸ ἐξέλθατε **ἐκ** μέσου αὐτῶν καὶ
2Co 7:9 ἐν μηδενὶ ζημιωθῆτε **ἐξ** ἡμῶν.
2Co 8:7 σπουδῇ καὶ τῇ **ἐξ** ἡμῶν ἐν ὑμῖν
2Co 8:11 καὶ τὸ ἐπιτελέσαι **ἐκ** τοῦ ἔχειν.
2Co 8:13 ἀλλ' **ἐξ** ἰσότητος·
2Co 9:7 μὴ **ἐκ** λύπης ἢ ἐξ
2Co 9:7 ἐκ λύπης ἢ **ἐξ** ἀνάγκης·
2Co 11:26 κινδύνοις **ἐκ** γένους,
2Co 11:26 κινδύνοις **ἐξ** ἐθνῶν,
2Co 12:6 ἢ ἀκούει [τι] **ἐξ** ἐμοῦ
2Co 13:4 καὶ γὰρ ἐσταυρώθη **ἐξ** ἀσθενείας,
2Co 13:4 ἀλλὰ ζῇ **ἐκ** δυνάμεως θεοῦ.
2Co 13:4 ζήσομεν σὺν αὐτῷ **ἐκ** δυνάμεως θεοῦ εἰς

ἕκαστος (*hekastos*; 2/81[82]) *each*

2Co 5:10 ἵνα κομίσηται **ἕκαστος** τὰ διὰ τοῦ
2Co 9:7 **ἕκαστος** καθὼς προῄρηται τῇ

ἐκδαπανάω (*ekdapanaō*; 1/1) *spend oneself fully*

2Co 12:15 δαπανήσω καὶ **ἐκδαπανηθήσομαι** ὑπὲρ τῶν

ἐκδημέω (*ekdēmeō*; 3/3) *be away from home*

2Co 5:6 ἐν τῷ σώματι **ἐκδημοῦμεν** ἀπὸ τοῦ κυρίου·
2Co 5:8 μᾶλλον **ἐκδημῆσαι** ἐκ τοῦ σώματος
2Co 5:9 εἴτε ἐνδημοῦντες εἴτε **ἐκδημοῦντες**,

ἐκδικέω (*ekdikeō*; 1/6) *help someone get justice*

2Co 10:6 ἑτοίμῳ ἔχοντες **ἐκδικῆσαι** πᾶσαν παρακοήν,

ἐκδίκησις (*ekdikēsis*; 1/9) *rendering of justice*

2Co 7:11 ἀλλὰ **ἐκδίκησιν**.

ἐκδύω (*ekdyō*; 2/6) *strip*

2Co 5:3 εἴ γε καὶ **ἐκδυσάμενοι** οὐ γυμνοὶ
2Co 5:4 οὐ θέλομεν **ἐκδύσασθαι** ἀλλ' ἐπενδύσασθαι,

ἐκεῖνος (*ekeinos*; 5/240[243]) *that*

2Co 7:8 ὅτι ἡ ἐπιστολὴ **ἐκείνη** εἰ καὶ πρὸς
2Co 8:9 ἵνα ὑμεῖς τῇ **ἐκείνου** πτωχείᾳ πλουτήσητε.
2Co 8:14 περίσσευμα εἰς τὸ **ἐκείνων** ὑστέρημα,

2Co 8:14 ἵνα καὶ τὸ **ἐκείνων** περίσσευμα γένηται εἰς
2Co 10:18 **ἐκεῖνός** ἐστιν δόκιμος,

ἐκκλησία (*ekklēsia*; 9/114) *church*
2Co 1:1 ὁ ἀδελφὸς τῇ **ἐκκλησίᾳ** τοῦ θεοῦ τῇ
2Co 8:1 ἐν ταῖς **ἐκκλησίαις** τῆς Μακεδονίας,
2Co 8:18 διὰ πασῶν τῶν **ἐκκλησιῶν**,
2Co 8:19 ὑπὸ τῶν **ἐκκλησιῶν** συνέκδημος ἡμῶν σὺν
2Co 8:23 ἀπόστολοι **ἐκκλησιῶν**,
2Co 8:24 εἰς πρόσωπον τῶν **ἐκκλησιῶν**.
2Co 11:8 ἄλλας **ἐκκλησίας** ἐσύλησα λαβὼν ὀψώνιον
2Co 11:28 μέριμνα πασῶν τῶν **ἐκκλησιῶν**.
2Co 12:13 ὑπὲρ τὰς λοιπὰς **ἐκκλησίας**,

ἐκκόπτω (*ekkoptō*; 1/10) *cut off or down*
2Co 11:12 ἵνα **ἐκκόψω** τὴν ἀφορμὴν τῶν

ἐκτός (*ektos*; 1/8) *outside*
2Co 12:2 εἴτε **ἐκτὸς** τοῦ σώματος οὐκ

ἐκφεύγω (*ekpheugō*; 1/8) *escape*
2Co 11:33 τείχους καὶ **ἐξέφυγον** τὰς χεῖρας αὐτοῦ.

ἐκφοβέω (*ekphobeō*; 1/1) *frighten*
2Co 10:9 δόξω ὡς ἂν **ἐκφοβεῖν** ὑμᾶς διὰ τῶν

ἐλαττονέω (*elattoneō*; 1/1) *be in need*
2Co 8:15 τὸ ὀλίγον οὐκ **ἠλαττόνησεν**.

ἐλαφρία (*elaphria*; 1/1) *vacillation*
2Co 1:17 μήτι ἄρα τῇ **ἐλαφρίᾳ** ἐχρησάμην;

ἐλαφρός (*elaphros*; 1/2) *light, easy*
2Co 4:17 τὸ γὰρ παραυτίκα **ἐλαφρὸν** τῆς θλίψεως

ἐλεέω (*eleeō*; 1/28) *be merciful*
2Co 4:1 διακονίαν ταύτην καθὼς **ἠλεήθημεν**,

ἐλευθερία (*eleutheria*; 1/11) *freedom*
2Co 3:17 **ἐλευθερία**.

ἐλπίζω (*elpizō*; 5/31) *hope*
2Co 1:10 εἰς ὃν **ἠλπίκαμεν** [ὅτι] καὶ ἔτι
2Co 1:13 **ἐλπίζω** δὲ ὅτι ἕως
2Co 5:11 **ἐλπίζω** δὲ καὶ ἐν
2Co 8:5 καὶ οὐ καθὼς **ἠλπίσαμεν** ἀλλὰ ἑαυτοὺς
2Co 13:6 **ἐλπίζω** δὲ ὅτι γνώσεσθε

ἐλπίς (*elpis*; 3/53) *hope*
2Co 1:7 καὶ ἡ **ἐλπὶς** ἡμῶν βεβαία ὑπὲρ
2Co 3:12 οὖν τοιαύτην **ἐλπίδα** πολλῇ παρρησίᾳ
2Co 10:15 **ἐλπίδα** δὲ ἔχοντες αὐξανομένης

ἐμαυτοῦ (*emautou*; 4/37) *myself*
2Co 2:1 Ἔκρινα γὰρ **ἐμαυτῷ** τοῦτο τὸ μὴ
2Co 11:7 ἁμαρτίαν ἐποίησα **ἐμαυτὸν** ταπεινῶν ἵνα
2Co 11:9 ἐν παντὶ ἀβαρῆ **ἐμαυτὸν** ὑμῖν ἐτήρησα καὶ
2Co 12:5 ὑπὲρ δὲ **ἐμαυτοῦ** οὐ καυχήσομαι εἰ

ἐμός (*emos*; 3/76) *my*
2Co 1:23 ἐπικαλοῦμαι ἐπὶ τὴν **ἐμὴν** ψυχήν,
2Co 2:3 ὑμᾶς ὅτι ἡ **ἐμὴ** χαρὰ πάντων ὑμῶν
2Co 8:23 κοινωνὸς **ἐμὸς** καὶ εἰς ὑμᾶς

ἐμπεριπατέω (*emperipateō*; 1/1) *live*
2Co 6:16 ἐν αὐτοῖς καὶ **ἐμπεριπατήσω** καὶ ἔσομαι

ἔμπροσθεν (*emprosthen*; 1/48) *before*
2Co 5:10 φανερωθῆναι δεῖ **ἔμπροσθεν** τοῦ βήματος

ἐν (*en*; 160/2746[2752]) *in*
2Co 1:1 θεοῦ τῇ οὔσῃ **ἐν** Κορίνθῳ σὺν τοῖς
2Co 1:1 πᾶσιν τοῖς οὖσιν **ἐν** ὅλῃ τῇ Ἀχαΐᾳ,
2Co 1:4 ἡμᾶς παρακαλεῖν τοὺς **ἐν** πάσῃ θλίψει διὰ
2Co 1:6 τῆς ἐνεργουμένης **ἐν** ὑπομονῇ
2Co 1:8 ἡμῶν τῆς γενομένης **ἐν** τῇ Ἀσίᾳ,
2Co 1:9 ἀλλὰ αὐτοὶ **ἐν** ἑαυτοῖς τὸ ἀπόκριμα
2Co 1:12 ὅτι **ἐν** ἁπλότητι καὶ εἰλικρινείᾳ
2Co 1:12 [καὶ] οὐκ **ἐν** σοφίᾳ σαρκικῇ ἀλλ'
2Co 1:12 σοφίᾳ σαρκικῇ ἀλλ' **ἐν** χάριτι θεοῦ,
2Co 1:12 ἀνεστράφημεν **ἐν** τῷ κόσμῳ,
2Co 1:14 καὶ ὑμεῖς ἡμῶν **ἐν** τῇ ἡμέρᾳ τοῦ
2Co 1:19 Ἰησοῦς Χριστὸς ὁ **ἐν** ὑμῖν δι' ἡμῶν
2Co 1:19 οὐ ἀλλὰ ναὶ **ἐν** αὐτῷ γέγονεν.
2Co 1:20 **ἐν** αὐτῷ τὸ ναί·
2Co 1:22 ἀρραβῶνα τοῦ πνεύματος **ἐν** ταῖς καρδίαις
2Co 2:1 τὸ μὴ πάλιν **ἐν** λύπῃ πρὸς ὑμᾶς
2Co 2:10 δι' ὑμᾶς **ἐν** προσώπῳ Χριστοῦ,
2Co 2:12 θύρας μοι ἀνεῳγμένης **ἐν** κυρίῳ,
2Co 2:14 πάντοτε θριαμβεύοντι ἡμᾶς **ἐν** τῷ Χριστῷ
2Co 2:14 φανεροῦντι δι' ἡμῶν **ἐν** παντὶ τόπῳ·
2Co 2:15 ἐσμὲν τῷ θεῷ **ἐν** τοῖς σῳζομένοις καὶ
2Co 2:15 τοῖς σῳζομένοις καὶ **ἐν** τοῖς ἀπολλυμένοις,
2Co 2:17 θεοῦ κατέναντι θεοῦ **ἐν** Χριστῷ λαλοῦμεν.
2Co 3:2 ἐγγεγραμμένη **ἐν** ταῖς καρδίαις ἡμῶν,
2Co 3:3 οὐκ **ἐν** πλαξὶν λιθίναις ἀλλ'
2Co 3:3 πλαξὶν λιθίναις ἀλλ' **ἐν** πλαξὶν καρδίαις
2Co 3:7 τοῦ θανάτου **ἐν** γράμμασιν ἐντετυπωμένη
2Co 3:7 λίθοις ἐγενήθη **ἐν** δόξῃ,
2Co 3:8 τοῦ πνεύματος ἔσται **ἐν** δόξῃ;
2Co 3:10 τὸ δεδοξασμένον **ἐν** τούτῳ τῷ μέρει
2Co 3:11 μᾶλλον τὸ μένον **ἐν** δόξῃ.
2Co 3:14 ἀνακαλυπτόμενον ὅτι **ἐν** Χριστῷ
2Co 4:2 μὴ περιπατοῦντες **ἐν** πανουργίᾳ μηδὲ
2Co 4:3 ἐν **τοῖς** ἀπολλυμένοις ἐστὶν κεκαλυμμένον,
2Co 4:4 **ἐν** οἷς ὁ θεὸς
2Co 4:6 ὃς ἔλαμψεν **ἐν** ταῖς καρδίαις ἡμῶν
2Co 4:6 δόξης τοῦ θεοῦ **ἐν** προσώπῳ [Ἰησοῦ]
2Co 4:7 θησαυρὸν τοῦτον **ἐν** ὀστρακίνοις σκεύεσιν,
2Co 4:8 **ἐν** παντὶ θλιβόμενοι ἀλλ'
2Co 4:10 νέκρωσιν τοῦ Ἰησοῦ **ἐν** τῷ σώματι
2Co 4:10 ζωὴ τοῦ Ἰησοῦ **ἐν** τῷ σώματι ἡμῶν
2Co 4:11 τοῦ Ἰησοῦ φανερωθῇ **ἐν** τῇ θνητῇ σαρκὶ
2Co 4:12 ὥστε ὁ θάνατος **ἐν** ἡμῖν ἐνεργεῖται,
2Co 4:12 ἡ δὲ ζωὴ **ἐν** ὑμῖν.
2Co 5:1 ἀχειροποίητον αἰώνιον **ἐν** τοῖς οὐρανοῖς.
2Co 5:2 καὶ γὰρ **ἐν** τούτῳ στενάζομεν τὸ
2Co 5:4 γὰρ οἱ ὄντες **ἐν** τῷ σκήνει στενάζομεν
2Co 5:6 ὅτι ἐνδημοῦντες **ἐν** τῷ σώματι
2Co 5:11 ἐλπίζω δὲ καὶ **ἐν** ταῖς συνειδήσεσιν ὑμῶν
2Co 5:12 ἔχητε πρὸς τοὺς **ἐν** προσώπῳ καυχωμένους
2Co 5:12 καυχωμένους καὶ μὴ **ἐν** καρδίᾳ.
2Co 5:17 ὥστε εἴ τις **ἐν** Χριστῷ,
2Co 5:19 ὅτι θεὸς ἦν **ἐν** Χριστῷ κόσμον
2Co 5:19 αὐτῶν καὶ θέμενος **ἐν** ἡμῖν τὸν λόγον
2Co 5:21 γενώμεθα δικαιοσύνη θεοῦ **ἐν** αὐτῷ.
2Co 6:2 ἐπήκουσά σου καὶ **ἐν** ἡμέρᾳ σωτηρίας
2Co 6:3 Μηδεμίαν **ἐν** μηδενὶ διδόντες προσκοπήν,

2Co 6:4 ἀλλ’ **ἐν** παντὶ συνιστάντες ἑαυτοὺς
2Co 6:4 **ἐν** ὑπομονῇ πολλῇ,
2Co 6:4 **ἐν** θλίψεσιν,
2Co 6:4 **ἐν** ἀνάγκαις,
2Co 6:4 **ἐν** στενοχωρίαις,
2Co 6:5 **ἐν** πληγαῖς,
2Co 6:5 **ἐν** φυλακαῖς,
2Co 6:5 **ἐν** ἀκαταστασίαις,
2Co 6:5 **ἐν** κόποις,
2Co 6:5 **ἐν** ἀγρυπνίαις,
2Co 6:5 **ἐν** νηστείαις,
2Co 6:6 **ἐν** ἁγνότητι,
2Co 6:6 **ἐν** γνώσει,
2Co 6:6 **ἐν** μακροθυμίᾳ,
2Co 6:6 **ἐν** χρηστότητι,
2Co 6:6 ἐν **πνεύματι** ἁγίῳ,
2Co 6:6 **ἐν** ἀγάπῃ ἀνυποκρίτῳ,
2Co 6:7 **ἐν** λόγῳ ἀληθείας,
2Co 6:7 **ἐν** δυνάμει θεοῦ·
2Co 6:12 οὐ στενοχωρεῖσθε **ἐν** ἡμῖν,
2Co 6:12 στενοχωρεῖσθε δὲ **ἐν** τοῖς σπλάγχνοις
2Co 6:16 ὅτι ἐνοικήσω **ἐν** αὐτοῖς
2Co 7:1 ἐπιτελοῦντες ἁγιωσύνην **ἐν** φόβῳ θεοῦ.
2Co 7:3 προείρηκα γὰρ ὅτι **ἐν** ταῖς καρδίαις ἡμῶν
2Co 7:5 σὰρξ ἡμῶν ἀλλ’ **ἐν** παντὶ θλιβόμενοι·
2Co 7:6 ἡμᾶς ὁ θεὸς **ἐν** τῇ παρουσίᾳ Τίτου,
2Co 7:7 οὐ μόνον δὲ **ἐν** τῇ παρουσίᾳ αὐτοῦ
2Co 7:7 αὐτοῦ ἀλλὰ καὶ **ἐν** τῇ παρακλήσει ᾗ
2Co 7:8 καὶ ἐλύπησα ὑμᾶς **ἐν** τῇ ἐπιστολῇ,
2Co 7:9 ἵνα **ἐν** μηδενὶ ζημιωθῆτε ἐξ
2Co 7:11 **ἐν** παντὶ συνεστήσατε ἑαυτοὺς
2Co 7:14 ἀλλ’ ὡς πάντα **ἐν** ἀληθείᾳ ἐλαλήσαμεν ὑμῖν,
2Co 7:16 χαίρω ὅτι **ἐν** παντὶ θαρρῶ ἐν
2Co 7:16 ἐν παντὶ θαρρῶ **ἐν** ὑμῖν.
2Co 8:1 θεοῦ τὴν δεδομένην **ἐν** ταῖς ἐκκλησίαις
2Co 8:2 ὅτι **ἐν** πολλῇ δοκιμῇ θλίψεως
2Co 8:7 Ἀλλ’ ὥσπερ **ἐν** παντὶ περισσεύετε,
2Co 8:7 τῇ ἐξ ἡμῶν **ἐν** ὑμῖν ἀγάπῃ,
2Co 8:7 ἵνα καὶ **ἐν** ταύτῃ τῇ χάριτι
2Co 8:10 καὶ γνώμην **ἐν** τούτῳ δίδωμι·
2Co 8:14 **ἐν** τῷ νῦν καιρῷ
2Co 8:16 σπουδὴν ὑπὲρ ὑμῶν **ἐν** τῇ καρδίᾳ Τίτου,
2Co 8:18 οὗ ὁ ἔπαινος **ἐν** τῷ εὐαγγελίῳ διὰ
2Co 8:20 τις ἡμᾶς μωμήσηται **ἐν** τῇ ἁδρότητι ταύτῃ
2Co 8:22 ἡμῶν ὃν ἐδοκιμάσαμεν **ἐν** πολλοῖς πολλάκις
2Co 9:3 ὑπὲρ ὑμῶν κενωθῇ **ἐν** τῷ μέρει τούτῳ,
2Co 9:4 **ἐν** τῇ ὑποστάσει ταύτῃ.
2Co 9:8 ἵνα **ἐν** παντὶ πάντοτε πᾶσαν
2Co 9:11 **ἐν** παντὶ πλουτιζόμενοι εἰς
2Co 10:1 πρόσωπον μὲν ταπεινὸς **ἐν** ὑμῖν,
2Co 10:3 **Ἐν** σαρκὶ γὰρ περιπατοῦντες
2Co 10:6 καὶ **ἐν** ἑτοίμῳ ἔχοντες ἐκδικῆσαι
2Co 10:12 ἀλλὰ αὐτοὶ **ἐν** ἑαυτοῖς ἑαυτοὺς μετροῦντες
2Co 10:14 καὶ ὑμῶν ἐφθάσαμεν **ἐν** τῷ εὐαγγελίῳ τοῦ
2Co 10:15 ἄμετρα καυχώμενοι **ἐν** ἀλλοτρίοις κόποις,
2Co 10:15 τῆς πίστεως ὑμῶν **ἐν** ὑμῖν μεγαλυνθῆναι
2Co 10:16 οὐκ **ἐν** ἀλλοτρίῳ κανόνι εἰς
2Co 10:17 Ὁ δὲ καυχώμενος **ἐν** κυρίῳ καυχάσθω·
2Co 11:3 ἐξηπάτησεν Εὕαν **ἐν** τῇ πανουργίᾳ αὐτοῦ,
2Co 11:6 ἀλλ’ **ἐν** παντὶ φανερώσαντες ἐν
2Co 11:6 ἐν παντὶ φανερώσαντες **ἐν** πᾶσιν εἰς ὑμᾶς.
2Co 11:9 καὶ **ἐν** παντὶ ἀβαρῆ ἐμαυτὸν
2Co 11:10 ἔστιν ἀλήθεια Χριστοῦ **ἐν** ἐμοὶ ὅτι ἡ
2Co 11:10 φραγήσεται εἰς ἐμὲ **ἐν** τοῖς κλίμασιν τῆς
2Co 11:12 ἵνα **ἐν** ᾧ καυχῶνται εὑρεθῶσιν
2Co 11:17 λαλῶ ἀλλ’ ὡς **ἐν** ἀφροσύνῃ,
2Co 11:17 **ἐν** ταύτῃ τῇ ὑποστάσει
2Co 11:21 **Ἐν** ᾧ δ’ ἄν
2Co 11:21 **ἐν** ἀφροσύνῃ λέγω,
2Co 11:23 ἐν **κόποις** περισσοτέρως,
2Co 11:23 **ἐν** φυλακαῖς περισσοτέρως,
2Co 11:23 **ἐν** πληγαῖς ὑπερβαλλόντως,
2Co 11:23 **ἐν** θανάτοις πολλάκις.
2Co 11:25 νυχθήμερον **ἐν** τῷ βυθῷ πεποίηκα·
2Co 11:26 κινδύνοις **ἐν** πόλει,
2Co 11:26 κινδύνοις **ἐν** ἐρημίᾳ,
2Co 11:26 κινδύνοις **ἐν** θαλάσσῃ,
2Co 11:26 κινδύνοις **ἐν** ψευδαδέλφοις,
2Co 11:27 **ἐν** ἀγρυπνίαις πολλάκις,
2Co 11:27 **ἐν** λιμῷ καὶ δίψει,
2Co 11:27 **ἐν** νηστείαις πολλάκις,
2Co 11:27 **ἐν** ψύχει καὶ γυμνότητι·
2Co 11:32 **ἐν** Δαμασκῷ ὁ ἐθνάρχης
2Co 11:33 καὶ διὰ θυρίδος **ἐν** σαργάνῃ ἐχαλάσθην διὰ
2Co 12:2 οἶδα ἄνθρωπον **ἐν** Χριστῷ πρὸ ἐτῶν
2Co 12:2 εἴτε **ἐν** σώματι οὐκ οἶδα,
2Co 12:3 εἴτε **ἐν** σώματι εἴτε χωρὶς
2Co 12:5 καυχήσομαι εἰ μὴ **ἐν** ταῖς ἀσθενείαις.
2Co 12:9 ἡ γὰρ δύναμις **ἐν** ἀσθενείᾳ τελεῖται.
2Co 12:9 οὖν μᾶλλον καυχήσομαι **ἐν** ταῖς ἀσθενείαις
2Co 12:10 διὸ εὐδοκῶ **ἐν** ἀσθενείαις,
2Co 12:10 **ἐν** ὕβρεσιν,
2Co 12:10 **ἐν** ἀνάγκαις,
2Co 12:10 **ἐν** διωγμοῖς καὶ στενοχωρίαις,
2Co 12:12 ἀποστόλου κατειργάσθη **ἐν** ὑμῖν ἐν πάσῃ
2Co 12:12 κατειργάσθη ἐν ὑμῖν **ἐν** πάσῃ ὑπομονῇ,
2Co 12:19 κατέναντι θεοῦ **ἐν** Χριστῷ λαλοῦμεν·
2Co 13:3 δοκιμὴν ζητεῖτε τοῦ **ἐν** ἐμοὶ λαλοῦντος
2Co 13:3 ἀσθενεῖ ἀλλὰ δυνατεῖ **ἐν** ὑμῖν.
2Co 13:4 γὰρ ἡμεῖς ἀσθενοῦμεν **ἐν** αὐτῷ,
2Co 13:5 πειράζετε εἰ ἐστὲ **ἐν** τῇ πίστει,
2Co 13:5 ὅτι Ἰησοῦς Χριστὸς **ἐν** ὑμῖν;
2Co 13:12 Ἀσπάσασθε ἀλλήλους **ἐν** ἁγίῳ φιλήματι.

ἐνδείκνυμι (*endeiknymi*; 1/11) *show*

2Co 8:24 εἰς αὐτοὺς **ἐνδεικνύμενοι** εἰς πρόσωπον

ἔνδειξις (*endeixis*; 1/4) *evidence*

2Co 8:24 τὴν οὖν **ἔνδειξιν** τῆς ἀγάπης ὑμῶν

ἐνδημέω (*endēmeō*; 3/3) *be at home*

2Co 5:6 καὶ εἰδότες ὅτι **ἐνδημοῦντες** ἐν τῷ σώματι
2Co 5:8 σώματος καὶ **ἐνδημῆσαι** πρὸς τὸν κύριον.
2Co 5:9 εἴτε **ἐνδημοῦντες** εἴτε ἐκδημοῦντες,

ἕνεκα (*heneka*; 4/26) *because of*

2Co 3:10 τούτῳ τῷ μέρει **εἵνεκεν** τῆς ὑπερβαλλούσης
2Co 7:12 οὐχ ἕνεκεν **τοῦ** ἀδικήσαντος οὐδὲ ἕνεκεν
2Co 7:12 ἀδικήσαντος οὐδὲ **ἕνεκεν** τοῦ ἀδικηθέντος
2Co 7:12 ἀδικηθέντος ἀλλ’ **ἕνεκεν** τοῦ φανερωθῆναι

ἐνεργέω (*energeō*; 2/21) *work*

2Co 1:6 τῆς **ἐνεργουμένης** ἐν ὑπομονῇ τῶν
2Co 4:12 θάνατος ἐν ἡμῖν **ἐνεργεῖται**,

ἐνοικέω (*enoikeō*; 1/5) *live in*

2Co 6:16 ὁ θεὸς ὅτι **ἐνοικήσω** ἐν αὐτοῖς καὶ

ἐντυπόω (*entypoō*; 1/1) *engrave*
2Co 3:7 ἐν γράμμασιν **ἐντετυπωμένη** λίθοις ἐγενήθη

ἐνώπιον (*enōpion*; 4/94) *before*
2Co 4:2 συνείδησιν ἀνθρώπων **ἐνώπιον** τοῦ θεοῦ.
2Co 7:12 ἡμῶν πρὸς ὑμᾶς **ἐνώπιον** τοῦ θεοῦ.
2Co 8:21 καλὰ οὐ μόνον **ἐνώπιον** κυρίου ἀλλὰ καὶ
2Co 8:21 κυρίου ἀλλὰ καὶ **ἐνώπιον** ἀνθρώπων.

ἐξαπατάω (*exapataō*; 1/6) *deceive*
2Co 11:3 ὡς ὁ ὄφις **ἐξηπάτησεν** Εὕαν ἐν τῇ

ἐξαπορέω (*exaporeō*; 2/2) *despair*
2Co 1:8 ἐβαρήθημεν ὥστε **ἐξαπορηθῆναι** ἡμᾶς καὶ
2Co 4:8 ἀπορούμενοι ἀλλ' οὐκ **ἐξαπορούμενοι**,

ἐξέρχομαι (*exerchomai*; 3/216[218]) *come or go out or forth*
2Co 2:13 αὐτοῖς **ἐξῆλθον** εἰς Μακεδονίαν.
2Co 6:17 διὸ **ἐξέλθατε** ἐκ μέσου αὐτῶν
2Co 8:17 ὑπάρχων αὐθαίρετος **ἐξῆλθεν** πρὸς ὑμᾶς.

ἔξεστιν (*exestin*; 1/31) *it is proper or lawful*
2Co 12:4 ῥήματα ἃ οὐκ **ἐξὸν** ἀνθρώπῳ λαλῆσαι.

ἐξίστημι (*existēmi*; 1/17) *be amazed or surprised*
2Co 5:13 εἴτε γὰρ **ἐξέστημεν**,

ἐξουθενέω (*exoutheneō*; 1/11) *despise*
2Co 10:10 καὶ ὁ λόγος **ἐξουθενημένος**.

ἐξουσία (*exousia*; 2/102) *authority*
2Co 10:8 περὶ τῆς **ἐξουσίας** ἡμῶν ἧς ἔδωκεν
2Co 13:10 χρήσωμαι κατὰ τὴν **ἐξουσίαν** ἣν ὁ κύριος

ἔξω (*exō*; 1/63) *out*
2Co 4:16 εἰ καὶ ὁ **ἔξω** ἡμῶν ἄνθρωπος διαφθείρεται,

ἔξωθεν (*exōthen*; 1/13) *from outside*
2Co 7:5 **ἔξωθεν** μάχαι,

ἐπαγγελία (*epangelia*; 2/52) *promise*
2Co 1:20 ὅσαι γὰρ **ἐπαγγελίαι** θεοῦ,
2Co 7:1 οὖν ἔχοντες τὰς **ἐπαγγελίας**,

ἔπαινος (*epainos*; 1/11) *praise*
2Co 8:18 ἀδελφὸν οὗ ὁ **ἔπαινος** ἐν τῷ εὐαγγελίῳ

ἐπαίρω (*epairō*; 2/19) *raise*
2Co 10:5 πᾶν ὕψωμα **ἐπαιρόμενον** κατὰ τῆς γνώσεως
2Co 11:20 εἴ τις **ἐπαίρεται**,

ἐπακούω (*epakouō*; 1/1) *listen to*
2Co 6:2 καιρῷ δεκτῷ **ἐπήκουσά** σου καὶ ἐν

ἐπεί (*epei*; 2/26) *since*
2Co 11:18 **ἐπεὶ** πολλοὶ καυχῶνται κατὰ
2Co 13:3 **ἐπεὶ** δοκιμὴν ζητεῖτε τοῦ

ἐπενδύομαι (*ependyomai*; 2/2) *put on*
2Co 5:2 τὸ ἐξ οὐρανοῦ **ἐπενδύσασθαι** ἐπιποθοῦντες,
2Co 5:4 θέλομεν ἐκδύσασθαι ἀλλ' **ἐπενδύσασθαι**,

ἐπί (*epi*; 24/886[890]) *on*
2Co 1:4 ὁ παρακαλῶν ἡμᾶς **ἐπὶ** πάσῃ τῇ θλίψει
2Co 1:9 μὴ πεποιθότες ὦμεν **ἐφ'** ἑαυτοῖς ἀλλ' ἐπὶ
2Co 1:9 ἐφ' ἑαυτοῖς ἀλλ' **ἐπὶ** τῷ θεῷ τῷ
2Co 1:23 τὸν θεὸν ἐπικαλοῦμαι **ἐπὶ** τὴν ἐμὴν ψυχήν,
2Co 2:3 πεποιθὼς **ἐπὶ** πάντας ὑμᾶς ὅτι
2Co 3:13 ἐτίθει κάλυμμα **ἐπὶ** τὸ πρόσωπον αὐτοῦ
2Co 3:14 τὸ αὐτὸ κάλυμμα **ἐπὶ** τῇ ἀναγνώσει τῆς
2Co 3:15 κάλυμμα **ἐπὶ** τὴν καρδίαν αὐτῶν
2Co 5:4 **ἐφ'** ᾧ οὐ θέλομεν
2Co 7:4 τῇ χαρᾷ **ἐπὶ** πάσῃ τῇ θλίψει
2Co 7:7 παρακλήσει ᾗ παρεκλήθη **ἐφ'** ὑμῖν,
2Co 7:13 **'Επὶ** δὲ τῇ παρακλήσει
2Co 7:13 μᾶλλον ἐχάρημεν **ἐπὶ** τῇ χαρᾷ Τίτου,
2Co 7:14 καύχησις ἡμῶν ἡ **ἐπὶ** Τίτου ἀλήθεια
2Co 9:6 καὶ ὁ σπείρων **ἐπ'** εὐλογίαις ἐπ' εὐλογίαις
2Co 9:6 σπείρων ἐπ' εὐλογίαις **ἐπ'** εὐλογίαις καὶ
2Co 9:13 δοξάζοντες τὸν θεὸν **ἐπὶ** τῇ ὑποταγῇ τῆς
2Co 9:14 χάριν τοῦ θεοῦ **ἐφ'** ὑμῖν.
2Co 9:15 Χάρις τῷ θεῷ **ἐπὶ** τῇ ἀνεκδιηγήτῳ αὐτοῦ
2Co 10:2 ᾗ λογίζομαι τολμῆσαι **ἐπί** τινας τοὺς
2Co 10:7 τοῦτο λογιζέσθω πάλιν **ἐφ'** ἑαυτοῦ,
2Co 12:9 ἵνα ἐπισκηνώσῃ **ἐπ'** ἐμὲ ἡ δύναμις
2Co 12:21 καὶ μὴ μετανοησάντων **ἐπὶ** τῇ ἀκαθαρσίᾳ
2Co 13:1 **ἐπὶ** στόματος δύο μαρτύρων

ἐπιβαρέω (*epibareō*; 1/3) *be a financial burden*
2Co 2:5 ἵνα μὴ **ἐπιβαρῶ**,

ἐπίγειος (*epigeios*; 1/7) *earthly*
2Co 5:1 ὅτι ἐὰν ἡ **ἐπίγειος** ἡμῶν οἰκία τοῦ

ἐπιγινώσκω (*epiginōskō*; 5/44) *know*
2Co 1:13 ἀναγινώσκετε ἢ καὶ **ἐπιγινώσκετε**·
2Co 1:13 ὅτι ἕως τέλους **ἐπιγνώσεσθε**,
2Co 1:14 καθὼς καὶ **ἐπέγνωτε** ἡμᾶς ἀπὸ μέρους,
2Co 6:9 ὡς ἀγνοούμενοι καὶ **ἐπιγινωσκόμενοι**,
2Co 13:5 ἢ οὐκ **ἐπιγινώσκετε** ἑαυτοὺς ὅτι Ἰησοῦς

ἐπιείκεια (*epieikeia*; 1/2) *kindness*
2Co 10:1 πραΰτητος καὶ **ἐπιεικείας** τοῦ Χριστοῦ,

ἐπικαλέω (*epikaleō*; 1/30) *call*
2Co 1:23 τὸν θεὸν **ἐπικαλοῦμαι** ἐπὶ τὴν ἐμὴν

ἐπιποθέω (*epipotheō*; 2/9) *long for*
2Co 5:2 ἐξ οὐρανοῦ ἐπενδύσασθαι **ἐπιποθοῦντες**,
2Co 9:14 δεήσει ὑπὲρ ὑμῶν **ἐπιποθούντων** ὑμᾶς διὰ

ἐπιπόθησις (*epipothēsis*; 2/2) *longing*
2Co 7:7 ἡμῖν τὴν ὑμῶν **ἐπιπόθησιν**,
2Co 7:11 ἀλλὰ **ἐπιπόθησιν**,

ἐπισκηνόω (*episkēnoō*; 1/1) *rest upon*
2Co 12:9 ἵνα **ἐπισκηνώσῃ** ἐπ' ἐμὲ ἡ

ἐπίστασις (*epistasis*; 1/2) *pressure*
2Co 11:28 τῶν παρεκτὸς ἡ **ἐπίστασίς** μοι ἡ καθ'

ἐπιστολή (*epistolē*; 8/24) *letter*
2Co 3:1 ὥς τινες συστατικῶν **ἐπιστολῶν** πρὸς ὑμᾶς
2Co 3:2 ἡ **ἐπιστολὴ** ἡμῶν ὑμεῖς ἐστε,
2Co 3:3 ὅτι ἐστὲ **ἐπιστολὴ** Χριστοῦ διακονηθεῖσα
2Co 7:8 ὑμᾶς ἐν τῇ **ἐπιστολῇ**,

2Co 7:8 [γὰρ] ὅτι ἡ **ἐπιστολὴ** ἐκείνη εἰ καὶ
2Co 10:9 ὑμᾶς διὰ τῶν **ἐπιστολῶν**·
2Co 10:10 ὅτι αἱ **ἐπιστολαὶ** μέν,
2Co 10:11 τῷ λόγῳ δι᾽ **ἐπιστολῶν** ἀπόντες,

ἐπιστρέφω (*epistrephō*; 1/36) *turn back*
2Co 3:16 ἡνίκα δὲ ἐὰν **ἐπιστρέψῃ** πρὸς κύριον,

ἐπιταγή (*epitagē*; 1/7) *command*
2Co 8:8 Οὐ κατ᾽ **ἐπιταγὴν** λέγω ἀλλὰ διὰ

ἐπιτελέω (*epiteleō*; 4/10) *complete*
2Co 7:1 **ἐπιτελοῦντες** ἁγιωσύνην ἐν φόβῳ
2Co 8:6 προενήρξατο οὕτως καὶ **ἐπιτελέσῃ** εἰς ὑμᾶς
2Co 8:11 καὶ τὸ ποιῆσαι **ἐπιτελέσατε**,
2Co 8:11 οὕτως καὶ τὸ **ἐπιτελέσαι** ἐκ τοῦ ἔχειν.

ἐπιτιμία (*epitimia*; 1/1) *punishment*
2Co 2:6 τῷ τοιούτῳ ἡ **ἐπιτιμία** αὕτη ἡ ὑπὸ

ἐπιχορηγέω (*epichorēgeō*; 1/5) *supply*
2Co 9:10 ὁ δὲ **ἐπιχορηγῶν** σπόρον τῷ σπείροντι

ἐργάζομαι (*ergazomai*; 1/41) *work*
2Co 7:10 εἰς σωτηρίαν ἀμεταμέλητον **ἐργάζεται**·

ἐργάτης (*ergatēs*; 1/16) *laborer*
2Co 11:13 **ἐργάται** δόλιοι,

ἔργον (*ergon*; 3/169) *work*
2Co 9:8 περισσεύητε εἰς πᾶν **ἔργον** ἀγαθόν,
2Co 10:11 καὶ παρόντες τῷ **ἔργῳ**.
2Co 11:15 ἔσται κατὰ τὰ **ἔργα** αὐτῶν.

ἐρεθίζω (*erethizō*; 1/2) *stir up*
2Co 9:2 τὸ ὑμῶν ζῆλος **ἠρέθισεν** τοὺς πλείονας.

ἐρημία (*erēmia*; 1/4) *deserted place*
2Co 11:26 κινδύνοις ἐν **ἐρημίᾳ**,

ἐριθεία (*eritheia*; 1/7) *selfishness*
2Co 12:20 **ἐριθεῖαι**,

ἔρις (*eris*; 1/9) *strife*
2Co 12:20 μή πως **ἔρις**,

ἔρχομαι (*erchomai*; 16/631[632]) *come, go*
2Co 1:15 πρότερον πρὸς ὑμᾶς **ἐλθεῖν**,
2Co 1:16 πάλιν ἀπὸ Μακεδονίας **ἐλθεῖν** πρὸς ὑμᾶς
2Co 1:23 ὑμῶν οὐκέτι **ἦλθον** εἰς Κόρινθον.
2Co 2:1 λύπῃ πρὸς ὑμᾶς **ἐλθεῖν**.
2Co 2:3 ἵνα μὴ **ἐλθὼν** λύπην σχῶ ἀφ᾽
2Co 2:12 **Ἐλθὼν** δὲ εἰς τὴν
2Co 7:5 Καὶ γὰρ **ἐλθόντων** ἡμῶν εἰς Μακεδονίαν
2Co 9:4 μή πως ἐὰν **ἔλθωσιν** σὺν ἐμοὶ Μακεδόνες
2Co 11:4 μὲν γὰρ ὁ **ἐρχόμενος** ἄλλον Ἰησοῦν
2Co 11:9 οἱ ἀδελφοὶ **ἐλθόντες** ἀπὸ Μακεδονίας,
2Co 12:1 **ἐλεύσομαι** δὲ εἰς ὀπτασίας
2Co 12:14 τοῦτο ἑτοίμως ἔχω **ἐλθεῖν** πρὸς ὑμᾶς,
2Co 12:20 γὰρ μή πως **ἐλθὼν** οὐχ οἵους θέλω
2Co 12:21 μὴ πάλιν **ἐλθόντος** μου ταπεινώσῃ με
2Co 13:1 Τρίτον τοῦτο **ἔρχομαι** πρὸς ὑμᾶς·
2Co 13:2 ὅτι ἐὰν **ἔλθω** εἰς τὸ πάλιν

ἑσσόομαι (*hessoomai*; 1/1) *be worse off*
2Co 12:13 γάρ ἐστιν ὃ **ἡσσώθητε** ὑπὲρ τὰς λοιπὰς

ἔσω (*esō*; 1/9) *inside*
2Co 4:16 ἀλλ᾽ ὁ **ἔσω** ἡμῶν ἀνακαινοῦται ἡμέρᾳ

ἔσωθεν (*esōthen*; 1/12) *within*
2Co 7:5 **ἔσωθεν** φόβοι.

ἑτεροζυγέω (*heterozygeō*; 1/1) *be mismated*
2Co 6:14 Μὴ γίνεσθε **ἑτεροζυγοῦντες** ἀπίστοις·

ἕτερος (*heteros*; 3/97[98]) *other*
2Co 8:8 ἀλλὰ διὰ τῆς **ἑτέρων** σπουδῆς καὶ τὸ
2Co 11:4 ἢ πνεῦμα **ἕτερον** λαμβάνετε ὃ οὐκ
2Co 11:4 ἢ εὐαγγέλιον **ἕτερον** ὃ οὐκ ἐδέξασθε,

ἔτι (*eti*; 1/93) *still*
2Co 1:10 ἠλπίκαμεν [ὅτι] καὶ **ἔτι** ῥύσεται,

ἕτοιμος (*hetoimos*; 3/17) *ready*
2Co 9:5 ταύτην **ἑτοίμην** εἶναι οὕτως ὡς
2Co 10:6 καὶ ἐν **ἑτοίμῳ** ἔχοντες ἐκδικῆσαι πᾶσαν
2Co 10:16 κανόνι εἰς τὰ **ἕτοιμα** καυχήσασθαι.

ἑτοίμως (*hetoimōs*; 1/3) *readily*
2Co 12:14 Ἰδοὺ τρίτον τοῦτο **ἑτοίμως** ἔχω ἐλθεῖν

ἔτος (*etos*; 1/49) *year*
2Co 12:2 ἐν Χριστῷ πρὸ **ἐτῶν** δεκατεσσάρων,

Εὕα (*hEua*; 1/2) *Eve*
2Co 11:3 ὁ ὄφις ἐξηπάτησεν **Εὕαν** ἐν τῇ πανουργίᾳ

εὐαγγελίζω (*euangelizō*; 2/54) *bring good news*
2Co 10:16 τὰ ὑπερέκεινα ὑμῶν **εὐαγγελίσασθαι**,
2Co 11:7 τοῦ θεοῦ εὐαγγέλιον **εὐηγγελισάμην** ὑμῖν;

εὐαγγέλιον (*euangelion*; 8/75[76]) *good news*
2Co 2:12 Τρῳάδα εἰς τὸ **εὐαγγέλιον** τοῦ Χριστοῦ
2Co 4:3 ἔστιν κεκαλυμμένον τὸ **εὐαγγέλιον** ἡμῶν,
2Co 4:4 τὸν φωτισμὸν τοῦ **εὐαγγελίου** τῆς δόξης
2Co 8:18 ἔπαινος ἐν τῷ **εὐαγγελίῳ** διὰ πασῶν τῶν
2Co 9:13 ὑμῶν εἰς τὸ **εὐαγγέλιον** τοῦ Χριστοῦ καὶ
2Co 10:14 ἐφθάσαμεν ἐν τῷ **εὐαγγελίῳ** τοῦ Χριστοῦ,
2Co 11:4 ἢ **εὐαγγέλιον** ἕτερον ὃ οὐκ
2Co 11:7 τὸ τοῦ θεοῦ **εὐαγγέλιον** εὐηγγελισάμην

εὐάρεστος (*euarestos*; 1/9) *acceptable*
2Co 5:9 **εὐάρεστοι** αὐτῷ εἶναι.

εὐδοκέω (*eudokeō*; 2/21) *be pleased*
2Co 5:8 δὲ καὶ **εὐδοκοῦμεν** μᾶλλον ἐκδημῆσαι ἐκ
2Co 12:10 διὸ **εὐδοκῶ** ἐν ἀσθενείαις,

εὐλογητός (*eulogētos*; 2/8) *blessed*
2Co 1:3 **Εὐλογητὸς** ὁ θεὸς καὶ
2Co 11:31 ὁ ὢν **εὐλογητὸς** εἰς τοὺς αἰῶνας,

εὐλογία (*eulogia*; 4/16) *blessing*
2Co 9:5 τὴν προεπηγγελμένην **εὐλογίαν** ὑμῶν,
2Co 9:5 εἶναι οὕτως ὡς **εὐλογίαν** καὶ μὴ ὡς
2Co 9:6 ὁ σπείρων ἐπ᾽ **εὐλογίαις** ἐπ᾽ εὐλογίαις καὶ
2Co 9:6 ἐπ᾽ εὐλογίαις ἐπ᾽ **εὐλογίαις** καὶ θερίσει.

εὐπρόσδεκτος (*euprosdektos*; 2/5) *acceptable*

2Co 6:2 ἰδοὺ νῦν καιρὸς **εὐπρόσδεκτος**,
2Co 8:12 καθὸ ἐὰν ἔχῃ **εὐπρόσδεκτος**,

εὑρίσκω (*heuriskō*; 6/176) *find*

2Co 2:13 μου τῷ μὴ **εὑρεῖν** με Τίτον τὸν
2Co 5:3 ἐκδυσάμενοι οὐ γυμνοὶ **εὑρεθησόμεθα**.
2Co 9:4 ἐμοὶ Μακεδόνες καὶ **εὕρωσιν** ὑμᾶς
2Co 11:12 ἐν ᾧ καυχῶνται **εὑρεθῶσιν** καθὼς καὶ
2Co 12:20 οὐχ οἵους θέλω **εὕρω** ὑμᾶς κἀγὼ εὑρεθῶ
2Co 12:20 εὕρω ὑμᾶς κἀγὼ **εὑρεθῶ** ὑμῖν οἷον οὐ

εὐφημία (*euphēmia*; 1/1) *good reputation or report*

2Co 6:8 διὰ δυσφημίας καὶ **εὐφημίας**·

εὐφραίνω (*euphrainō*; 1/14) *make glad*

2Co 2:2 καὶ τίς ὁ **εὐφραίνων** με εἰ μὴ

εὐχαριστέω (*eucharisteō*; 1/38) *thank*

2Co 1:11 διὰ πολλῶν **εὐχαριστηθῇ** ὑπὲρ ἡμῶν.

εὐχαριστία (*eucharistia*; 3/15) *thanksgiving*

2Co 4:15 τῶν πλειόνων τὴν **εὐχαριστίαν** περισσεύσῃ
2Co 9:11 δι' ἡμῶν **εὐχαριστίαν** τῷ θεῷ·
2Co 9:12 διὰ πολλῶν **εὐχαριστιῶν** τῷ θεῷ.

εὔχομαι (*euchomai*; 2/7) *pray*

2Co 13:7 **εὐχόμεθα** δὲ πρὸς τὸν
2Co 13:9 τοῦτο καὶ **εὐχόμεθα**,

εὐωδία (*euōdia*; 1/3) *sweet smell*

2Co 2:15 ὅτι Χριστοῦ **εὐωδία** ἐσμὲν τῷ θεῷ

ἐφικνέομαι (*ephikneomai*; 2/2) *reach*

2Co 10:13 **ἐφικέσθαι** ἄχρι καὶ ὑμῶν.
2Co 10:14 γὰρ ὡς μὴ **ἐφικνούμενοι** εἰς ὑμᾶς

ἔχω (*echō*; 22/706[708]) *have, hold*

2Co 1:9 ἀπόκριμα τοῦ θανάτου **ἐσχήκαμεν**,
2Co 1:15 ἵνα δευτέραν χάριν **σχῆτε**,
2Co 2:3 μὴ ἐλθὼν λύπην **σχῶ** ἀφ' ὧν ἔδει
2Co 2:4 ἵνα γνῶτε ἣν **ἔχω** περισσοτέρως εἰς ὑμᾶς.
2Co 2:13 οὐκ **ἔσχηκα** ἄνεσιν τῷ πνεύματί
2Co 3:4 δὲ τοιαύτην **ἔχομεν** διὰ τοῦ Χριστοῦ
2Co 3:12 **Ἔχοντες** οὖν τοιαύτην ἐλπίδα
2Co 4:1 **ἔχοντες** τὴν διακονίαν ταύτην
2Co 4:7 **Ἔχομεν** δὲ τὸν θησαυρὸν
2Co 4:13 **Ἔχοντες** δὲ τὸ αὐτὸ
2Co 5:1 οἰκοδομὴν ἐκ θεοῦ **ἔχομεν**,
2Co 5:12 ἵνα **ἔχητε** πρὸς τοὺς ἐν
2Co 6:10 ὡς μηδὲν **ἔχοντες** καὶ πάντα κατέχοντες.
2Co 7:1 ταύτας οὖν **ἔχοντες** τὰς ἐπαγγελίας,
2Co 7:5 οὐδεμίαν **ἔσχηκεν** ἄνεσιν ἡ σὰρξ
2Co 8:11 ἐπιτελέσαι ἐκ τοῦ **ἔχειν**.
2Co 8:12 καθὸ ἐὰν **ἔχῃ** εὐπρόσδεκτος,
2Co 8:12 οὐ καθὸ οὐκ **ἔχει**.
2Co 9:8 πᾶσαν αὐτάρκειαν **ἔχοντες** περισσεύητε εἰς
2Co 10:6 καὶ ἐν ἑτοίμῳ **ἔχοντες** ἐκδικῆσαι πᾶσαν
2Co 10:15 ἐλπίδα δὲ **ἔχοντες** αὐξανομένης τῆς
2Co 12:14 τρίτον τοῦτο ἑτοίμως **ἔχω** ἐλθεῖν πρὸς

ἕως (*heōs*; 3/146) *until*

2Co 1:13 ἐλπίζω δὲ ὅτι **ἕως** τέλους ἐπιγνώσεσθε,
2Co 3:15 ἀλλ' **ἕως** σήμερον ἡνίκα ἂν
2Co 12:2 τὸν τοιοῦτον **ἕως** τρίτου οὐρανοῦ.

ζάω (*zaō*; 9/139[140]) *live*

2Co 1:8 ἡμᾶς καὶ τοῦ **ζῆν**·
2Co 3:3 ἀλλὰ πνεύματι θεοῦ **ζῶντος**,
2Co 4:11 γὰρ ἡμεῖς οἱ **ζῶντες** εἰς θάνατον
2Co 5:15 ἵνα οἱ **ζῶντες** μηκέτι ἑαυτοῖς ζῶσιν
2Co 5:15 ζῶντες μηκέτι ἑαυτοῖς **ζῶσιν** ἀλλὰ τῷ ὑπὲρ
2Co 6:9 ἀποθνῄσκοντες καὶ ἰδοὺ **ζῶμεν**,
2Co 6:16 ναὸς θεοῦ ἐσμεν **ζῶντος**,
2Co 13:4 ἀλλὰ **ζῇ** ἐκ δυνάμεως θεοῦ.
2Co 13:4 ἀλλὰ **ζήσομεν** σὺν αὐτῷ ἐκ

ζῆλος (*zēlos*; 5/16) *zeal*

2Co 7:7 τὸν ὑμῶν **ζῆλον** ὑπὲρ ἐμοῦ ὥστε
2Co 7:11 ἀλλὰ **ζῆλον**,
2Co 9:2 τὸ ὑμῶν **ζῆλος** ἠρέθισεν τοὺς πλείονας.
2Co 11:2 γὰρ ὑμᾶς θεοῦ **ζήλῳ**,
2Co 12:20 **ζῆλος**,

ζηλόω (*zēloō*; 1/11) *be jealous*

2Co 11:2 **ζηλῶ** γὰρ ὑμᾶς θεοῦ

ζημιόω (*zēmioō*; 1/6) *lose*

2Co 7:9 ἵνα ἐν μηδενὶ **ζημιωθῆτε** ἐξ ἡμῶν.

ζητέω (*zēteō*; 2/117) *seek*

2Co 12:14 οὐ γὰρ **ζητῶ** τὰ ὑμῶν ἀλλὰ
2Co 13:3 ἐπεὶ δοκιμὴν **ζητεῖτε** τοῦ ἐν ἐμοὶ

ζωή (*zōē*; 6/135) *life*

2Co 2:16 δὲ ὀσμὴ ἐκ **ζωῆς** εἰς ζωήν.
2Co 2:16 ἐκ ζωῆς εἰς **ζωήν**.
2Co 4:10 ἵνα καὶ ἡ **ζωὴ** τοῦ Ἰησοῦ ἐν
2Co 4:11 ἵνα καὶ ἡ **ζωὴ** τοῦ Ἰησοῦ φανερωθῇ
2Co 4:12 ἡ δὲ **ζωὴ** ἐν ὑμῖν.
2Co 5:4 θνητὸν ὑπὸ τῆς **ζωῆς**.

ζωοποιέω (*zōopoieō*; 1/11) *give life*

2Co 3:6 τὸ δὲ πνεῦμα **ζωοποιεῖ**.

ἤ (*ē*; 14/340) *or*

2Co 1:13 γράφομεν ὑμῖν ἀλλ' **ἢ** ἃ ἀναγινώσκετε ἢ
2Co 1:13 ἢ ἃ ἀναγινώσκετε **ἢ** καὶ ἐπιγινώσκετε·
2Co 1:17 **ἢ** ἃ βουλεύομαι κατὰ
2Co 3:1 **ἢ** μὴ χρῄζομεν ὥς
2Co 3:1 ἐπιστολῶν πρὸς ὑμᾶς **ἢ** ἐξ ὑμῶν;
2Co 6:14 **ἢ** τίς κοινωνία φωτὶ
2Co 6:15 **ἢ** τίς μερὶς πιστῷ
2Co 9:7 μὴ ἐκ λύπης **ἢ** ἐξ ἀνάγκης·
2Co 10:12 τολμῶμεν ἐγκρῖναι **ἢ** συγκρῖναι ἑαυτούς
2Co 11:4 **ἢ** πνεῦμα ἕτερον λαμβάνετε
2Co 11:4 **ἢ** εὐαγγέλιον ἕτερον ὃ
2Co 11:7 **Ἢ** ἁμαρτίαν ἐποίησα ἐμαυτὸν
2Co 12:6 ὃ βλέπει με **ἢ** ἀκούει [τι] ἐξ
2Co 13:5 **ἢ** οὐκ ἐπιγινώσκετε ἑαυτοὺς

ἡγέομαι (*hēgeomai*; 1/28) *consider*

2Co 9:5 ἀναγκαῖον οὖν **ἡγησάμην** παρακαλέσαι

ἡδέως (*hēdeōs*; 3/5) *gladly*

2Co 11:19 **ἡδέως** γὰρ ἀνέχεσθε τῶν
2Co 12:9 **ἥδιστα** οὖν μᾶλλον καυχήσομαι
2Co 12:15 ἐγὼ δὲ **ἥδιστα** δαπανήσω καὶ

ἡμεῖς (*hēmeis*; 108/855) *we*

2Co 1:2 ἀπὸ θεοῦ πατρὸς **ἡμῶν** καὶ κυρίου Ἰησοῦ
2Co 1:3 πατὴρ τοῦ κυρίου **ἡμῶν** Ἰησοῦ Χριστοῦ,
2Co 1:4 ὁ παρακαλῶν **ἡμᾶς** ἐπὶ πάσῃ τῇ
2Co 1:4 πάσῃ τῇ θλίψει **ἡμῶν** εἰς τὸ δύνασθαι
2Co 1:4 εἰς τὸ δύνασθαι **ἡμᾶς** παρακαλεῖν τοὺς ἐν
2Co 1:5 τοῦ Χριστοῦ εἰς **ἡμᾶς**,
2Co 1:5 καὶ ἡ παράκλησις **ἡμῶν**.
2Co 1:6 παθημάτων ὧν καὶ **ἡμεῖς** πάσχομεν.
2Co 1:7 καὶ ἡ ἐλπὶς **ἡμῶν** βεβαία ὑπὲρ ὑμῶν
2Co 1:8 ὑπὲρ τῆς θλίψεως **ἡμῶν** τῆς γενομένης ἐν
2Co 1:8 ὥστε ἐξαπορηθῆναι **ἡμᾶς** καὶ τοῦ ζῆν·
2Co 1:10 θανάτου ἐρρύσατο **ἡμᾶς** καὶ ῥύσεται,
2Co 1:11 καὶ ὑμῶν ὑπὲρ **ἡμῶν** τῇ δεήσει,
2Co 1:11 προσώπων τὸ εἰς **ἡμᾶς** χάρισμα διὰ πολλῶν
2Co 1:11 πολλῶν εὐχαριστηθῇ ὑπὲρ **ἡμῶν**.
2Co 1:12 Ἡ γὰρ καύχησις **ἡμῶν** αὕτη ἐστίν,
2Co 1:12 μαρτύριον τῆς συνειδήσεως **ἡμῶν**,
2Co 1:14 καθὼς καὶ ἐπέγνωτε **ἡμᾶς** ἀπὸ μέρους,
2Co 1:14 καθάπερ καὶ ὑμεῖς **ἡμῶν** ἐν τῇ ἡμέρᾳ
2Co 1:14 τοῦ κυρίου [**ἡμῶν**] Ἰησοῦ.
2Co 1:18 ὅτι ὁ λόγος **ἡμῶν** ὁ πρὸς ὑμᾶς
2Co 1:19 ἐν ὑμῖν δι' **ἡμῶν** κηρυχθείς,
2Co 1:20 πρὸς δόξαν δι' **ἡμῶν**.
2Co 1:21 ὁ δὲ βεβαιῶν **ἡμᾶς** σὺν ὑμῖν εἰς
2Co 1:21 Χριστὸν καὶ χρίσας **ἡμᾶς** θεός,
2Co 1:22 ὁ καὶ σφραγισάμενος **ἡμᾶς** καὶ δοὺς τὸν
2Co 1:22 ἐν ταῖς καρδίαις **ἡμῶν**.
2Co 2:14 πάντοτε θριαμβεύοντι **ἡμᾶς** ἐν τῷ Χριστῷ
2Co 2:14 αὐτοῦ φανεροῦντι δι' **ἡμῶν** ἐν παντὶ τόπῳ·
2Co 3:2 ἡ ἐπιστολὴ **ἡμῶν** ὑμεῖς ἐστε,
2Co 3:2 ἐν ταῖς καρδίαις **ἡμῶν**,
2Co 3:3 Χριστοῦ διακονηθεῖσα ὑφ' **ἡμῶν**,
2Co 3:5 ἀλλ' ἡ ἱκανότης **ἡμῶν** ἐκ τοῦ θεοῦ,
2Co 3:6 ἱκάνωσεν **ἡμᾶς** διακόνους καινῆς διαθήκης,
2Co 3:18 **ἡμεῖς** δὲ πάντες ἀνακεκαλυμμένῳ
2Co 4:3 κεκαλυμμένον τὸ εὐαγγέλιον **ἡμῶν**,
2Co 4:6 ἐν ταῖς καρδίαις **ἡμῶν** πρὸς φωτισμὸν τῆς
2Co 4:7 καὶ μὴ ἐξ **ἡμῶν**·
2Co 4:10 ἐν τῷ σώματι **ἡμῶν** φανερωθῇ.
2Co 4:11 ἀεὶ γὰρ **ἡμεῖς** οἱ ζῶντες εἰς
2Co 4:11 τῇ θνητῇ σαρκὶ **ἡμῶν**.
2Co 4:12 ὁ θάνατος ἐν **ἡμῖν** ἐνεργεῖται,
2Co 4:13 καὶ **ἡμεῖς** πιστεύομεν,
2Co 4:14 κύριον Ἰησοῦν καὶ **ἡμᾶς** σὺν Ἰησοῦ ἐγερεῖ
2Co 4:16 καὶ ὁ ἔξω **ἡμῶν** ἄνθρωπος διαφθείρεται,
2Co 4:16 ἀλλ' ὁ ἔσω **ἡμῶν** ἀνακαινοῦται ἡμέρᾳ καὶ
2Co 4:17 ἐλαφρὸν τῆς θλίψεως **ἡμῶν** καθ' ὑπερβολὴν
2Co 4:17 βάρος δόξης κατεργάζεται **ἡμῖν**,
2Co 4:18 μὴ σκοπούντων **ἡμῶν** τὰ βλεπόμενα ἀλλὰ
2Co 5:1 ἐὰν ἡ ἐπίγειος **ἡμῶν** οἰκία τοῦ σκήνους
2Co 5:2 τὸ οἰκητήριον **ἡμῶν** τὸ ἐξ οὐρανοῦ
2Co 5:5 ὁ δὲ κατεργασάμενος **ἡμᾶς** εἰς αὐτὸ τοῦτο
2Co 5:5 ὁ δοὺς **ἡμῖν** τὸν ἀρραβῶνα τοῦ
2Co 5:10 τοὺς γὰρ πάντας **ἡμᾶς** φανερωθῆναι δεῖ
2Co 5:12 ὑμῖν καυχήματος ὑπὲρ **ἡμῶν**,
2Co 5:14 τοῦ Χριστοῦ συνέχει **ἡμᾶς**,
2Co 5:16 Ὥστε **ἡμεῖς** ἀπὸ τοῦ νῦν
2Co 5:18 καταλλάξαντος **ἡμᾶς** ἑαυτῷ διὰ Χριστοῦ
2Co 5:18 Χριστοῦ καὶ δόντος **ἡμῖν** τὴν διακονίαν
2Co 5:19 καὶ θέμενος ἐν **ἡμῖν** τὸν λόγον τῆς
2Co 5:20 θεοῦ παρακαλοῦντος δι' **ἡμῶν**·
2Co 5:21 ἁμαρτίαν ὑπὲρ **ἡμῶν** ἁμαρτίαν ἐποίησεν,
2Co 5:21 ἵνα **ἡμεῖς** γενώμεθα δικαιοσύνη θεοῦ
2Co 6:11 Τὸ στόμα **ἡμῶν** ἀνέῳγεν πρὸς ὑμᾶς,
2Co 6:11 ἡ καρδία **ἡμῶν** πεπλάτυνται·
2Co 6:12 οὐ στενοχωρεῖσθε ἐν **ἡμῖν**,
2Co 6:16 **ἡμεῖς** γὰρ ναὸς θεοῦ
2Co 7:2 Χωρήσατε **ἡμᾶς**·
2Co 7:3 ἐν ταῖς καρδίαις **ἡμῶν** ἐστε εἰς τὸ
2Co 7:4 πάσῃ τῇ θλίψει **ἡμῶν**.
2Co 7:5 ἐλθόντων **ἡμῶν** εἰς Μακεδονίαν οὐδεμίαν
2Co 7:5 ἄνεσιν ἡ σὰρξ **ἡμῶν** ἀλλ' ἐν παντὶ
2Co 7:6 τοὺς ταπεινοὺς παρεκάλεσεν **ἡμᾶς** ὁ θεὸς
2Co 7:7 ἀναγγέλλων **ἡμῖν** τὴν ὑμῶν ἐπιπόθησιν,
2Co 7:9 μηδενὶ ζημιωθῆτε ἐξ **ἡμῶν**.
2Co 7:12 ὑμῶν τὴν ὑπὲρ **ἡμῶν** πρὸς ὑμᾶς ἐνώπιον
2Co 7:13 τῇ παρακλήσει **ἡμῶν** περισσοτέρως μᾶλλον
2Co 7:14 καὶ ἡ καύχησις **ἡμῶν** ἡ ἐπὶ Τίτου
2Co 8:4 παρακλήσεως δεόμενοι **ἡμῶν** τὴν χάριν καὶ
2Co 8:5 τῷ κυρίῳ καὶ **ἡμῖν** διὰ θελήματος θεοῦ
2Co 8:6 εἰς τὸ παρακαλέσαι **ἡμᾶς** Τίτον,
2Co 8:7 καὶ τῇ ἐξ **ἡμῶν** ἐν ὑμῖν ἀγάπῃ,
2Co 8:9 χάριν τοῦ κυρίου **ἡμῶν** Ἰησοῦ Χριστοῦ,
2Co 8:19 ἐκκλησιῶν συνέκδημος **ἡμῶν** σὺν τῇ χάριτι
2Co 8:19 τῇ διακονουμένῃ ὑφ' **ἡμῶν** πρὸς τὴν [αὐτοῦ]
2Co 8:19 δόξαν καὶ προθυμίαν **ἡμῶν**,
2Co 8:20 μή τις **ἡμᾶς** μωμήσηται ἐν τῇ
2Co 8:20 τῇ διακονουμένῃ ὑφ' **ἡμῶν**·
2Co 8:22 αὐτοῖς τὸν ἀδελφὸν **ἡμῶν** ὃν ἐδοκιμάσαμεν
2Co 8:23 εἴτε ἀδελφοὶ **ἡμῶν**,
2Co 8:24 ὑμῶν καὶ **ἡμῶν** καυχήσεως ὑπὲρ ὑμῶν
2Co 9:3 μὴ τὸ καύχημα **ἡμῶν** τὸ ὑπὲρ ὑμῶν
2Co 9:4 ἀπαρασκευάστους καταισχυνθῶμεν **ἡμεῖς**,
2Co 9:11 ἥτις κατεργάζεται δι' **ἡμῶν** εὐχαριστίαν
2Co 10:2 τοὺς λογιζομένους **ἡμᾶς** ὡς κατὰ σάρκα
2Co 10:4 ὅπλα τῆς στρατείας **ἡμῶν** οὐ σαρκικὰ ἀλλὰ
2Co 10:7 οὕτως καὶ **ἡμεῖς**.
2Co 10:8 περὶ τῆς ἐξουσίας **ἡμῶν** ἧς ἔδωκεν ὁ
2Co 10:13 **ἡμεῖς** δὲ οὐκ εἰς
2Co 10:13 κανόνος οὗ ἐμέρισεν **ἡμῖν** ὁ θεὸς μέτρου,
2Co 10:15 κατὰ τὸν κανόνα **ἡμῶν** εἰς περισσείαν
2Co 11:12 εὑρεθῶσιν καθὼς καὶ **ἡμεῖς**.
2Co 11:21 ὡς ὅτι **ἡμεῖς** ἠσθενήκαμεν.
2Co 13:4 καὶ γὰρ **ἡμεῖς** ἀσθενοῦμεν ἐν αὐτῷ,
2Co 13:6 γνώσεσθε ὅτι **ἡμεῖς** οὐκ ἐσμὲν ἀδόκιμοι.
2Co 13:7 οὐχ ἵνα **ἡμεῖς** δόκιμοι φανῶμεν,
2Co 13:7 **ἡμεῖς** δὲ ὡς ἀδόκιμοι
2Co 13:9 χαίρομεν γὰρ ὅταν **ἡμεῖς** ἀσθενῶμεν,

ἡμέρα (*hēmera*; 7/389) *day*

2Co 1:14 ἡμῶν ἐν τῇ **ἡμέρᾳ** τοῦ κυρίου [ἡμῶν]
2Co 3:14 γὰρ τῆς σήμερον **ἡμέρας** τὸ αὐτὸ κάλυμμα
2Co 4:16 ἔσω ἡμῶν ἀνακαινοῦται **ἡμέρᾳ** καὶ ἡμέρᾳ.
2Co 4:16 ἀνακαινοῦται ἡμέρᾳ καὶ **ἡμέρᾳ**.
2Co 6:2 σου καὶ ἐν **ἡμέρᾳ** σωτηρίας ἐβοήθησά σοι.
2Co 6:2 ἰδοὺ νῦν **ἡμέρα** σωτηρίας.
2Co 11:28 μοι ἡ καθ' **ἡμέραν**,

ἡνίκα (*hēnika*; 2/2) *when*

2Co 3:15 ἀλλ' ἕως σήμερον **ἡνίκα** ἂν ἀναγινώσκηται
2Co 3:16 **ἡνίκα** δὲ ἐὰν ἐπιστρέψῃ

ἧσσων (*hēssōn*, 1/2) *less*

2Co 12:15 **ἧσσον** ἀγαπῶμαι;

θάλασσα (*thalassa*; 1/91) *sea*

2Co 11:26 κινδύνοις ἐν **θαλάσσῃ**,

θάνατος (*thanatos*; 9/120) *death*

2Co 1:9 τὸ ἀπόκριμα τοῦ **θανάτου** ἐσχήκαμεν,
2Co 1:10 ὃς ἐκ τηλικούτου **θανάτου** ἐρρύσατο ἡμᾶς
2Co 2:16 μὲν ὀσμὴ ἐκ **θανάτου** εἰς θάνατον,
2Co 2:16 ἐκ θανάτου εἰς **θάνατον**,
2Co 3:7 ἡ διακονία τοῦ **θανάτου** ἐν γράμμασιν
2Co 4:11 οἱ ζῶντες εἰς **θάνατον** παραδιδόμεθα διὰ
2Co 4:12 ὥστε ὁ **θάνατος** ἐν ἡμῖν ἐνεργεῖται,
2Co 7:10 τοῦ κόσμου λύπη **θάνατον** κατεργάζεται.
2Co 11:23 ἐν **θανάτοις** πολλάκις.

θανατόω (*thanatoō*; 1/11) *kill*

2Co 6:9 παιδευόμενοι καὶ μὴ **θανατούμενοι**,

θαρρέω (*tharreō*; 5/6) *be full of courage*

2Co 5:6 **Θαρροῦντες** οὖν πάντοτε καὶ
2Co 5:8 **θαρροῦμεν** δὲ καὶ εὐδοκοῦμεν
2Co 7:16 ὅτι ἐν παντὶ **θαρρῶ** ἐν ὑμῖν.
2Co 10:1 ἀπὼν δὲ **θαρρῶ** εἰς ὑμᾶς·
2Co 10:2 τὸ μὴ παρὼν **θαρρῆσαι** τῇ πεποιθήσει ᾗ

θαῦμα (*thauma*; 1/2) *wonder*

2Co 11:14 καὶ οὐ **θαῦμα**·

θέλημα (*thelēma*; 2/62) *will*

2Co 1:1 Χριστοῦ Ἰησοῦ διὰ **θελήματος** θεοῦ καὶ
2Co 8:5 καὶ ἡμῖν διὰ **θελήματος** θεοῦ

θέλω (*thelō*; 8/208) *wish, want*

2Co 1:8 Οὐ γὰρ **θέλομεν** ὑμᾶς ἀγνοεῖν,
2Co 5:4 ἐφ᾽ ᾧ οὐ **θέλομεν** ἐκδύσασθαι ἀλλ᾽
2Co 8:10 ἀλλὰ καὶ τὸ **θέλειν** προενήρξασθε ἀπὸ
2Co 8:11 ἡ προθυμία τοῦ **θέλειν**,
2Co 11:12 τὴν ἀφορμὴν τῶν **θελόντων** ἀφορμήν,
2Co 12:6 Ἐὰν γὰρ **θελήσω** καυχήσασθαι,
2Co 12:20 ἐλθὼν οὐχ οἵους **θέλω** εὕρω ὑμᾶς κἀγὼ
2Co 12:20 ὑμῖν οἷον οὐ **θέλετε**·

θεός (*theos*; 79/1316[1317]) *God*

2Co 1:1 Ἰησοῦ διὰ θελήματος **θεοῦ** καὶ Τιμόθεος ὁ
2Co 1:1 τῇ ἐκκλησίᾳ τοῦ **θεοῦ** τῇ οὔσῃ ἐν
2Co 1:2 καὶ εἰρήνη ἀπὸ **θεοῦ** πατρὸς ἡμῶν καὶ
2Co 1:3 Εὐλογητὸς ὁ **θεὸς** καὶ πατὴρ τοῦ
2Co 1:3 οἰκτιρμῶν καὶ **θεὸς** πάσης παρακλήσεως,
2Co 1:4 αὐτοὶ ὑπὸ τοῦ **θεοῦ**.
2Co 1:9 ἀλλ᾽ ἐπὶ τῷ **θεῷ** τῷ ἐγείροντι τοὺς
2Co 1:12 καὶ εἰλικρινείᾳ τοῦ **θεοῦ**,
2Co 1:12 ἀλλ᾽ ἐν χάριτι **θεοῦ**,
2Co 1:18 πιστὸς δὲ ὁ **θεὸς** ὅτι ὁ λόγος
2Co 1:19 ὁ τοῦ **θεοῦ** γὰρ υἱὸς Ἰησοῦς
2Co 1:20 ὅσαι γὰρ ἐπαγγελίαι **θεοῦ**,
2Co 1:20 τὸ ἀμὴν τῷ **θεῷ** πρὸς δόξαν δι᾽
2Co 1:21 καὶ χρίσας ἡμᾶς **θεός**,
2Co 1:23 δὲ μάρτυρα τὸν **θεὸν** ἐπικαλοῦμαι ἐπὶ τὴν
2Co 2:14 Τῷ δὲ **θεῷ** χάρις τῷ πάντοτε
2Co 2:15 εὐωδία ἐσμὲν τῷ **θεῷ** ἐν τοῖς σῳζομένοις
2Co 2:17 τὸν λόγον τοῦ **θεοῦ**,
2Co 2:17 ἀλλ᾽ ὡς ἐκ **θεοῦ** κατέναντι θεοῦ ἐν
2Co 2:17 ἐκ θεοῦ κατέναντι **θεοῦ** ἐν Χριστῷ
2Co 3:3 μέλανι ἀλλὰ πνεύματι **θεοῦ** ζῶντος,
2Co 3:4 Χριστοῦ πρὸς τὸν **θεόν**.
2Co 3:5 ἡμῶν ἐκ τοῦ **θεοῦ**,
2Co 4:2 τὸν λόγον τοῦ **θεοῦ** ἀλλὰ τῇ φανερώσει
2Co 4:2 ἀνθρώπων ἐνώπιον τοῦ **θεοῦ**.
2Co 4:4 ἐν οἷς ὁ **θεὸς** τοῦ αἰῶνος τούτου
2Co 4:4 ἐστιν εἰκὼν τοῦ **θεοῦ**.
2Co 4:6 ὅτι ὁ **θεὸς** ὁ εἰπών·
2Co 4:6 τῆς δόξης τοῦ **θεοῦ** ἐν προσώπῳ [Ἰησοῦ]
2Co 4:7 δυνάμεως ᾖ τοῦ **θεοῦ** καὶ μὴ ἐξ
2Co 4:15 τὴν δόξαν τοῦ **θεοῦ**.
2Co 5:1 οἰκοδομὴν ἐκ **θεοῦ** ἔχομεν,
2Co 5:5 εἰς αὐτὸ τοῦτο **θεός**,
2Co 5:11 **θεῷ** δὲ πεφανερώμεθα·
2Co 5:13 **θεῷ**·
2Co 5:18 πάντα ἐκ τοῦ **θεοῦ** τοῦ καταλλάξαντος
2Co 5:19 ὡς ὅτι **θεὸς** ἦν ἐν Χριστῷ
2Co 5:20 πρεσβεύομεν ὡς τοῦ **θεοῦ** παρακαλοῦντος
2Co 5:20 καταλλάγητε τῷ **θεῷ**.
2Co 5:21 ἡμεῖς γενώμεθα δικαιοσύνη **θεοῦ** ἐν αὐτῷ.
2Co 6:1 τὴν χάριν τοῦ **θεοῦ** δέξασθαι ὑμᾶς·
2Co 6:4 συνιστάντες ἑαυτοὺς ὡς **θεοῦ** διάκονοι,
2Co 6:7 ἐν δυνάμει **θεοῦ**·
2Co 6:16 δὲ συγκατάθεσις ναῷ **θεοῦ** μετὰ εἰδώλων;
2Co 6:16 ἡμεῖς γὰρ ναὸς **θεοῦ** ἐσμεν ζῶντος,
2Co 6:16 καθὼς εἶπεν ὁ **θεὸς** ὅτι ἐνοικήσω ἐν
2Co 6:16 καὶ ἔσομαι αὐτῶν **θεὸς** καὶ αὐτοὶ ἔσονταί
2Co 7:1 ἁγιωσύνην ἐν φόβῳ **θεοῦ**.
2Co 7:6 παρεκάλεσεν ἡμᾶς ὁ **θεὸς** ἐν τῇ παρουσίᾳ
2Co 7:9 ἐλυπήθητε γὰρ κατὰ **θεόν**,
2Co 7:10 ἡ γὰρ κατὰ **θεὸν** λύπη μετάνοιαν εἰς
2Co 7:11 τοῦτο τὸ κατὰ **θεὸν** λυπηθῆναι πόσην
2Co 7:12 ὑμᾶς ἐνώπιον τοῦ **θεοῦ**.
2Co 8:1 τὴν χάριν τοῦ **θεοῦ** τὴν δεδομένην ἐν
2Co 8:5 ἡμῖν διὰ θελήματος **θεοῦ**
2Co 8:16 Χάρις δὲ τῷ **θεῷ** τῷ δόντι τὴν
2Co 9:7 δότην ἀγαπᾷ ὁ **θεός**.
2Co 9:8 δυνατεῖ δὲ ὁ **θεὸς** πᾶσαν χάριν
2Co 9:11 ἡμῶν εὐχαριστίαν τῷ **θεῷ**·
2Co 9:12 πολλῶν εὐχαριστιῶν τῷ **θεῷ**.
2Co 9:13 δοξάζοντες τὸν **θεὸν** ἐπὶ τῇ ὑποταγῇ
2Co 9:14 ὑπερβάλλουσαν χάριν τοῦ **θεοῦ** ἐφ᾽ ὑμῖν.
2Co 9:15 Χάρις τῷ **θεῷ** ἐπὶ τῇ ἀνεκδιηγήτῳ
2Co 10:4 ἀλλὰ δυνατὰ τῷ **θεῷ** πρὸς καθαίρεσιν
2Co 10:5 τῆς γνώσεως τοῦ **θεοῦ**,
2Co 10:13 ἐμέρισεν ἡμῖν ὁ **θεὸς** μέτρου,
2Co 11:2 ζηλῶ γὰρ ὑμᾶς **θεοῦ** ζήλῳ,
2Co 11:7 τὸ τοῦ **θεοῦ** εὐαγγέλιον εὐηγγελισάμην
2Co 11:11 ὁ **θεὸς** οἶδεν.
2Co 11:31 ὁ **θεὸς** καὶ πατὴρ τοῦ
2Co 12:2 ὁ **θεὸς** οἶδεν,
2Co 12:3 ὁ **θεὸς** οἶδεν,
2Co 12:19 κατέναντι **θεοῦ** ἐν Χριστῷ λαλοῦμεν·
2Co 12:21 ταπεινώσῃ με ὁ **θεός** μου πρὸς ὑμᾶς
2Co 13:4 ζῇ ἐκ δυνάμεως **θεοῦ**.
2Co 13:4 αὐτῷ ἐκ δυνάμεως **θεοῦ** εἰς ὑμᾶς.
2Co 13:7 δὲ πρὸς τὸν **θεὸν** μὴ ποιῆσαι ὑμᾶς
2Co 13:11 καὶ ὁ **θεὸς** τῆς ἀγάπης καὶ
2Co 13:13 ἡ ἀγάπη τοῦ **θεοῦ** καὶ ἡ κοινωνία

θερίζω (*therizō*; 2/21) *reap*

2Co 9:6 φειδομένως φειδομένως καὶ **θερίσει**,
2Co 9:6 ἐπ᾽ εὐλογίαις καὶ **θερίσει**.

θησαυρίζω (*thēsaurizō*; 1/8) *store up*

2Co 12:14 τοῖς γονεῦσιν **θησαυρίζειν** ἀλλὰ οἱ γονεῖς

θησαυρός (*thēsauros*; 1/17) *treasure*
2Co 4:7 Ἔχομεν δὲ τὸν **θησαυρὸν** τοῦτον ἐν

θλίβω (*thlibō*; 3/10) *press hard*
2Co 1:6 εἴτε δὲ **θλιβόμεθα**,
2Co 4:8 ἐν παντὶ **θλιβόμενοι** ἀλλ' οὐ
2Co 7:5 ἀλλ' ἐν παντὶ **θλιβόμενοι**·

θλῖψις (*thlipsis*; 9/45) *trouble*
2Co 1:4 ἐπὶ πάσῃ τῇ **θλίψει** ἡμῶν εἰς τὸ
2Co 1:4 τοὺς ἐν πάσῃ **θλίψει** διὰ τῆς παρακλήσεως
2Co 1:8 ὑπὲρ τῆς **θλίψεως** ἡμῶν τῆς γενομένης
2Co 2:4 ἐκ γὰρ πολλῆς **θλίψεως** καὶ συνοχῆς
2Co 4:17 παραυτίκα ἐλαφρὸν τῆς **θλίψεως** ἡμῶν καθ'
2Co 6:4 ἐν **θλίψεσιν**,
2Co 7:4 ἐπὶ πάσῃ τῇ **θλίψει** ἡμῶν.
2Co 8:2 ἐν πολλῇ δοκιμῇ **θλίψεως** ἡ περισσεία τῆς
2Co 8:13 ὑμῖν **θλῖψις**,

θνητός (*thnētos*; 2/6) *mortal*
2Co 4:11 φανερωθῇ ἐν τῇ **θνητῇ** σαρκὶ ἡμῶν.
2Co 5:4 ἵνα καταποθῇ τὸ **θνητὸν** ὑπὸ τῆς ζωῆς.

θριαμβεύω (*thriambeuō*; 1/2) *lead*
2Co 2:14 χάρις τῷ πάντοτε **θριαμβεύοντι** ἡμᾶς ἐν τῷ

θυγάτηρ (*thygatēr*; 1/28) *daughter*
2Co 6:18 εἰς υἱοὺς καὶ **θυγατέρας**,

θυμός (*thymos*; 1/18) *wrath*
2Co 12:20 **θυμοί**,

θύρα (*thyra*; 1/39) *door*
2Co 2:12 τοῦ Χριστοῦ καὶ **θύρας** μοι ἀνεῳγμένης ἐν

θυρίς (*thyris*; 1/2) *window*
2Co 11:33 καὶ διὰ **θυρίδος** ἐν σαργάνῃ ἐχαλάσθην

ἰδιώτης (*idiōtēs*; 1/5) *untrained or unskilled man*
2Co 11:6 εἰ δὲ καὶ **ἰδιώτης** τῷ λόγῳ,

ἰδού (*idou*; 6/200) *look!*
2Co 5:17 **ἰδοὺ** γέγονεν καινά·
2Co 6:2 **ἰδοὺ** νῦν καιρὸς εὐπρόσδεκτος,
2Co 6:2 **ἰδοὺ** νῦν ἡμέρα σωτηρίας.
2Co 6:9 ὡς ἀποθνῄσκοντες καὶ **ἰδοὺ** ζῶμεν,
2Co 7:11 **ἰδοὺ** γὰρ αὐτὸ τοῦτο
2Co 12:14 **Ἰδοὺ** τρίτον τοῦτο ἑτοίμως

Ἰησοῦς (*Iēsous*; 19/911[917]) *Jesus*
2Co 1:1 ἀπόστολος Χριστοῦ **Ἰησοῦ** διὰ θελήματος
2Co 1:2 ἡμῶν καὶ κυρίου **Ἰησοῦ** Χριστοῦ.
2Co 1:3 τοῦ κυρίου ἡμῶν **Ἰησοῦ** Χριστοῦ,
2Co 1:14 τοῦ κυρίου [ἡμῶν] **Ἰησοῦ**.
2Co 1:19 θεοῦ γὰρ υἱὸς **Ἰησοῦς** Χριστὸς ὁ ἐν
2Co 4:5 κηρύσσομεν ἀλλὰ **Ἰησοῦν** Χριστὸν κύριον,
2Co 4:5 δούλους ὑμῶν διὰ **Ἰησοῦν**.
2Co 4:6 θεοῦ ἐν προσώπῳ **[Ἰησοῦ]** Χριστοῦ.
2Co 4:10 τὴν νέκρωσιν τοῦ **Ἰησοῦ** ἐν τῷ σώματι
2Co 4:10 ἡ ζωὴ τοῦ **Ἰησοῦ** ἐν τῷ σώματι
2Co 4:11 θάνατον παραδιδόμεθα διὰ **Ἰησοῦν**,
2Co 4:11 ἡ ζωὴ τοῦ **Ἰησοῦ** φανερωθῇ ἐν τῇ
2Co 4:14 ἐγείρας τὸν κύριον **Ἰησοῦν** καὶ ἡμᾶς σὺν
2Co 4:14 καὶ ἡμᾶς σὺν **Ἰησοῦ** ἐγερεῖ καὶ
2Co 8:9 τοῦ κυρίου ἡμῶν **Ἰησοῦ** Χριστοῦ,
2Co 11:4 ὁ ἐρχόμενος ἄλλον **Ἰησοῦν** κηρύσσει ὃν
2Co 11:31 πατὴρ τοῦ κυρίου **Ἰησοῦ** οἶδεν,
2Co 13:5 ἑαυτοὺς ὅτι **Ἰησοῦς** Χριστὸς ἐν ὑμῖν;
2Co 13:13 χάρις τοῦ κυρίου **Ἰησοῦ** Χριστοῦ καὶ ἡ

ἱκανός (*hikanos*; 3/39) *worthy*
2Co 2:6 **ἱκανὸν** τῷ τοιούτῳ ἡ
2Co 2:16 πρὸς ταῦτα τίς **ἱκανός**;
2Co 3:5 ὅτι ἀφ' ἑαυτῶν **ἱκανοί** ἐσμεν λογίσασθαί τι

ἱκανότης (*hikanotēs*; 1/1) *capacity*
2Co 3:5 ἀλλ' ἡ **ἱκανότης** ἡμῶν ἐκ τοῦ

ἱκανόω (*hikanoō*; 1/2) *make capable*
2Co 3:6 ὃς καὶ **ἱκάνωσεν** ἡμᾶς διακόνους καινῆς

ἱλαρός (*hilaros*; 1/1) *cheerful*
2Co 9:7 **ἱλαρὸν** γὰρ δότην ἀγαπᾷ

ἵνα (*hina*; 44/662[663]) *so that, in order that*
2Co 1:9 **ἵνα** μὴ πεποιθότες ὦμεν
2Co 1:11 **ἵνα** ἐκ πολλῶν προσώπων
2Co 1:15 **ἵνα** δευτέραν χάριν σχῆτε,
2Co 1:17 **ἵνα** ᾖ παρ' ἐμοὶ
2Co 2:3 **ἵνα** μὴ ἐλθὼν λύπην
2Co 2:4 οὐχ **ἵνα** λυπηθῆτε ἀλλὰ τὴν
2Co 2:4 ἀλλὰ τὴν ἀγάπην **ἵνα** γνῶτε ἣν ἔχω
2Co 2:5 **ἵνα** μὴ ἐπιβαρῶ,
2Co 2:9 **ἵνα** γνῶ τὴν δοκιμὴν
2Co 2:11 **ἵνα** μὴ πλεονεκτηθῶμεν ὑπὸ
2Co 4:7 **ἵνα** ἡ ὑπερβολὴ τῆς
2Co 4:10 **ἵνα** καὶ ἡ ζωὴ
2Co 4:11 **ἵνα** καὶ ἡ ζωὴ
2Co 4:15 **ἵνα** ἡ χάρις πλεονάσασα
2Co 5:4 **ἵνα** καταποθῇ τὸ θνητὸν
2Co 5:10 **ἵνα** κομίσηται ἕκαστος τὰ
2Co 5:12 **ἵνα** ἔχητε πρὸς τοὺς
2Co 5:15 **ἵνα** οἱ ζῶντες μηκέτι
2Co 5:21 **ἵνα** ἡμεῖς γενώμεθα δικαιοσύνη
2Co 6:3 **ἵνα** μὴ μωμηθῇ ἡ
2Co 7:9 **ἵνα** ἐν μηδενὶ ζημιωθῆτε
2Co 8:6 **ἵνα** καθὼς προενήρξατο οὕτως
2Co 8:7 **ἵνα** καὶ ἐν ταύτῃ
2Co 8:9 ἵνα **ὑμεῖς** τῇ ἐκείνου πτωχείᾳ
2Co 8:13 οὐ γὰρ **ἵνα** ἄλλοις ἄνεσις,
2Co 8:14 **ἵνα** καὶ τὸ ἐκείνων
2Co 9:3 **ἵνα** μὴ τὸ καύχημα
2Co 9:3 **ἵνα** καθὼς ἔλεγον παρεσκευασμένοι
2Co 9:4 **ἵνα** μὴ λέγω ὑμεῖς,
2Co 9:5 **ἵνα** προέλθωσιν εἰς ὑμᾶς
2Co 9:8 **ἵνα** ἐν παντὶ πάντοτε
2Co 10:9 **ἵνα** μὴ δόξω ὡς
2Co 11:7 ἐμαυτὸν ταπεινῶν **ἵνα** ὑμεῖς ὑψωθῆτε,
2Co 11:12 **ἵνα** ἐκκόψω τὴν ἀφορμὴν
2Co 11:12 **ἵνα** ἐν ᾧ καυχῶνται
2Co 11:16 **ἵνα** κἀγὼ μικρόν τι
2Co 12:7 διὸ **ἵνα** μὴ ὑπεραίρωμαι,
2Co 12:7 **ἵνα** με κολαφίζῃ,
2Co 12:7 **ἵνα** μὴ ὑπεραίρωμαι.
2Co 12:8 κύριον παρεκάλεσα **ἵνα** ἀποστῇ ἀπ' ἐμοῦ.
2Co 12:9 **ἵνα** ἐπισκηνώσῃ ἐπ' ἐμὲ
2Co 13:7 οὐχ **ἵνα** ἡμεῖς δόκιμοι φανῶμεν,
2Co 13:7 ἀλλ' **ἵνα** ὑμεῖς τὸ καλὸν

2Co 13:10 **ἵνα** παρὼν μὴ ἀποτόμως

Ἰουδαία (*Ioudaia*; 1/43) *Judea*
2Co 1:16 προπεμφθῆναι εἰς τὴν **Ἰουδαίαν**.

Ἰουδαῖος (*Ioudaios*; 1/195) *Jew*
2Co 11:24 Ὑπὸ **Ἰουδαίων** πεντάκις τεσσεράκοντα

ἰσότης (*isotēs*; 2/3) *equality*
2Co 8:13 ἀλλ᾽ ἐξ **ἰσότητος**·
2Co 8:14 ὅπως γένηται **ἰσότης**,

Ἰσραήλ (*Israēl*; 2/68) *Israel*
2Co 3:7 τοὺς υἱοὺς **Ἰσραὴλ** εἰς τὸ πρόσωπον
2Co 3:13 ἀτενίσαι τοὺς υἱοὺς **Ἰσραὴλ** εἰς τὸ τέλος

Ἰσραηλίτης (*Israēlitēs*; 1/9) *Israelite*
2Co 11:22 **Ἰσραηλῖταί** εἰσιν;

ἵστημι (*histēmi*; 2/154[155]) *set, stand*
2Co 1:24 τῇ γὰρ πίστει **ἑστήκατε**.
2Co 13:1 μαρτύρων καὶ τριῶν **σταθήσεται** πᾶν ῥῆμα.

ἰσχυρός (*ischyros*; 1/29) *strong*
2Co 10:10 βαρεῖαι καὶ **ἰσχυραί**,

ἴχνος (*ichnos*; 1/3) *footstep*
2Co 12:18 οὐ τοῖς αὐτοῖς **ἴχνεσιν**;

κἀγώ (*kagō*; 9/84) *and I*
2Co 2:10 **κἀγώ**·
2Co 6:17 **κἀγὼ** εἰσδέξομαι ὑμᾶς
2Co 11:16 ἵνα **κἀγὼ** μικρόν τι καυχήσωμαι.
2Co 11:18 **κἀγὼ** καυχήσομαι.
2Co 11:21 τολμῶ **κἀγώ**.
2Co 11:22 **κἀγώ**.
2Co 11:22 **κἀγώ**.
2Co 11:22 **κἀγώ**.
2Co 12:20 θέλω εὕρω ὑμᾶς **κἀγὼ** εὑρεθῶ ὑμῖν οἷον

καθαίρεσις (*kathairesis*; 3/3) *destruction*
2Co 10:4 τῷ θεῷ πρὸς **καθαίρεσιν** ὀχυρωμάτων,
2Co 10:8 καὶ οὐκ εἰς **καθαίρεσιν** ὑμῶν,
2Co 13:10 καὶ οὐκ εἰς **καθαίρεσιν**.

καθαιρέω (*kathaireō*; 1/9) *take down*
2Co 10:4 λογισμοὺς **καθαιροῦντες**

καθάπερ (*kathaper*; 4/13) *as, just as, like*
2Co 1:14 καύχημα ὑμῶν ἐσμεν **καθάπερ** καὶ ὑμεῖς
2Co 3:13 καὶ οὐ **καθάπερ** Μωϋσῆς ἐτίθει κάλυμμα
2Co 3:18 δόξης εἰς δόξαν **καθάπερ** ἀπὸ κυρίου
2Co 8:11 ὅπως **καθάπερ** ἡ προθυμία τοῦ

καθαρίζω (*katharizō*; 1/31) *cleanse*
2Co 7:1 **καθαρίσωμεν** ἑαυτοὺς ἀπὸ παντὸς

καθό (*katho*; 2/4) *as*
2Co 8:12 **καθὸ** ἐὰν ἔχῃ εὐπρόσδεκτος,
2Co 8:12 οὐ **καθὸ** οὐκ ἔχει.

καθώς (*kathōs*; 12/182) *just as*
2Co 1:5 ὅτι **καθὼς** περισσεύει τὰ παθήματα
2Co 1:14 **καθὼς** καὶ ἐπέγνωτε ἡμᾶς
2Co 4:1 τὴν διακονίαν ταύτην **καθὼς** ἠλεήθημεν,
2Co 6:16 **καθὼς** εἶπεν ὁ θεὸς
2Co 8:5 καὶ οὐ **καθὼς** ἠλπίσαμεν ἀλλὰ ἑαυτοὺς
2Co 8:6 ἵνα **καθὼς** προενήρξατο οὕτως καὶ
2Co 8:15 **καθὼς** γέγραπται·
2Co 9:3 ἵνα **καθὼς** ἔλεγον παρεσκευασμένοι ἦτε,
2Co 9:7 ἕκαστος **καθὼς** προῄρηται τῇ καρδίᾳ,
2Co 9:9 **καθὼς** γέγραπται·
2Co 10:7 ὅτι **καθὼς** αὐτὸς Χριστοῦ,
2Co 11:12 ᾧ καυχῶνται εὑρεθῶσιν **καθὼς** καὶ ἡμεῖς.

καινός (*kainos*; 3/41[42]) *new*
2Co 3:6 ἱκάνωσεν ἡμᾶς διακόνους **καινῆς** διαθήκης,
2Co 5:17 **καινὴ** κτίσις·
2Co 5:17 ἰδοὺ γέγονεν **καινά**·

καιρός (*kairos*; 3/85) *time*
2Co 6:2 **καιρῷ** δεκτῷ ἐπήκουσά σου
2Co 6:2 ἰδοὺ νῦν **καιρὸς** εὐπρόσδεκτος,
2Co 8:14 ἐν τῷ νῦν **καιρῷ** τὸ ὑμῶν περίσσευμα

κακός (*kakos*; 1/50) *evil*
2Co 13:7 μὴ ποιῆσαι ὑμᾶς **κακὸν** μηδέν,

καλός (*kalos*; 2/101) *good*
2Co 8:21 προνοοῦμεν γὰρ **καλὰ** οὐ μόνον ἐνώπιον
2Co 13:7 ἵνα ὑμεῖς τὸ **καλὸν** ποιῆτε,

κάλυμμα (*kalymma*; 4/4) *veil*
2Co 3:13 Μωϋσῆς ἐτίθει **κάλυμμα** ἐπὶ τὸ πρόσωπον
2Co 3:14 ἡμέρας τὸ αὐτὸ **κάλυμμα** ἐπὶ τῇ ἀναγνώσει
2Co 3:15 **κάλυμμα** ἐπὶ τὴν καρδίαν
2Co 3:16 περιαιρεῖται τὸ **κάλυμμα**.

καλύπτω (*kalyptō*; 2/8) *cover*
2Co 4:3 ἔστιν **κεκαλυμμένον** τὸ εὐαγγέλιον ἡμῶν,
2Co 4:3 τοῖς ἀπολλυμένοις ἐστὶν **κεκαλυμμένον**,

καλῶς (*kalōs*; 1/36[37]) *well*
2Co 11:4 **καλῶς** ἀνέχεσθε.

κἄν (*kan*; 1/16[17]) *and if*
2Co 11:16 **κἂν** ὡς ἄφρονα δέξασθέ

κανών (*kanōn*; 3/4) *limits, rule, principle*
2Co 10:13 τὸ μέτρον τοῦ **κανόνος** οὗ ἐμέρισεν ἡμῖν
2Co 10:15 κατὰ τὸν **κανόνα** ἡμῶν εἰς περισσείαν
2Co 10:16 οὐκ ἐν ἀλλοτρίῳ **κανόνι** εἰς τὰ ἕτοιμα

καπηλεύω (*kapēleuō*; 1/1) *peddle for profit*
2Co 2:17 ὡς οἱ πολλοὶ **καπηλεύοντες** τὸν λόγον τοῦ

καρδία (*kardia*; 11/156) *heart*
2Co 1:22 πνεύματος ἐν ταῖς **καρδίαις** ἡμῶν.
2Co 2:4 θλίψεως καὶ συνοχῆς **καρδίας** ἔγραψα ὑμῖν
2Co 3:2 ἐγγεγραμμένη ἐν ταῖς **καρδίαις** ἡμῶν,
2Co 3:3 ἀλλ᾽ ἐν πλαξὶν **καρδίαις** σαρκίναις.
2Co 3:15 κάλυμμα ἐπὶ τὴν **καρδίαν** αὐτῶν κεῖται·
2Co 4:6 ἐν ταῖς **καρδίαις** ἡμῶν πρὸς φωτισμὸν
2Co 5:12 καὶ μὴ ἐν **καρδίᾳ**.
2Co 6:11 ἡ **καρδία** ἡμῶν πεπλάτυνται·
2Co 7:3 ὅτι ἐν ταῖς **καρδίαις** ἡμῶν ἐστε εἰς
2Co 8:16 ὑμῶν ἐν τῇ **καρδίᾳ** Τίτου,
2Co 9:7 καθὼς προῄρηται τῇ **καρδίᾳ**,

κατά (*kata*; 26/472[473]) *according to, against*
2Co 1:8 ὅτι **καθ'** ὑπερβολὴν ὑπὲρ δύναμιν
2Co 1:17 ἢ ἃ βουλεύομαι **κατὰ** σάρκα βουλεύομαι,
2Co 4:13 πνεῦμα τῆς πίστεως **κατὰ** τὸ γεγραμμένον·
2Co 4:17 τῆς θλίψεως ἡμῶν **καθ'** ὑπερβολὴν εἰς
2Co 5:16 νῦν οὐδένα οἴδαμεν **κατὰ** σάρκα·
2Co 5:16 εἰ καὶ ἐγνώκαμεν **κατὰ** σάρκα Χριστόν,
2Co 7:9 ἐλυπήθητε γὰρ **κατὰ** θεόν,
2Co 7:10 ἡ γὰρ **κατὰ** θεὸν λύπη μετάνοιαν
2Co 7:11 αὐτὸ τοῦτο τὸ **κατὰ** θεὸν λυπηθῆναι πόσην
2Co 8:2 αὐτῶν καὶ ἡ **κατὰ** βάθους πτωχεία αὐτῶν
2Co 8:3 ὅτι **κατὰ** δύναμιν,
2Co 8:8 Οὐ **κατ'** ἐπιταγὴν λέγω ἀλλὰ
2Co 10:1 ὃς **κατὰ** πρόσωπον μὲν ταπεινὸς
2Co 10:2 ἡμᾶς ὡς **κατὰ** σάρκα περιπατοῦντας.
2Co 10:3 γὰρ περιπατοῦντες οὐ **κατὰ** σάρκα
2Co 10:5 πᾶν ὕψωμα ἐπαιρόμενον **κατὰ** τῆς γνώσεως
2Co 10:7 Τὰ **κατὰ** πρόσωπον βλέπετε.
2Co 10:13 ἄμετρα καυχησόμεθα ἀλλὰ **κατὰ** τὸ μέτρον
2Co 10:15 ἐν ὑμῖν μεγαλυνθῆναι **κατὰ** τὸν κανόνα
2Co 11:15 τὸ τέλος ἔσται **κατὰ** τὰ ἔργα αὐτῶν.
2Co 11:17 οὐ **κατὰ** κύριον λαλῶ ἀλλ'
2Co 11:18 ἐπεὶ πολλοὶ καυχῶνται **κατὰ** σάρκα,
2Co 11:21 **κατὰ** ἀτιμίαν λέγω,
2Co 11:28 ἐπίστασίς μοι ἡ **καθ'** ἡμέραν,
2Co 13:8 γὰρ δυνάμεθά τι **κατὰ** τῆς ἀληθείας ἀλλὰ
2Co 13:10 μὴ ἀποτόμως χρήσωμαι **κατὰ** τὴν ἐξουσίαν

καταβάλλω (*kataballō*; 1/2) *knock down*
2Co 4:9 **καταβαλλόμενοι** ἀλλ' οὐκ ἀπολλύμενοι,

καταβαρέω (*katabareō*; 1/1) *be a burden to*
2Co 12:16 ἐγὼ οὐ **κατεβάρησα** ὑμᾶς·

καταδουλόω (*katadouloō*; 1/2) *make a slave of*
2Co 11:20 εἴ τις ὑμᾶς **καταδουλοῖ**,

καταισχύνω (*kataischynō*; 2/13) *put to shame*
2Co 7:14 οὐ **κατῃσχύνθην**,
2Co 9:4 ἀπαρασκευάστους **καταισχυνθῶμεν** ἡμεῖς,

κατάκρισις (*katakrisis*; 2/2) *condemnation*
2Co 3:9 τῇ διακονίᾳ τῆς **κατακρίσεως** δόξα,
2Co 7:3 πρὸς **κατάκρισιν** οὐ λέγω·

καταλαλιά (*katalalia*; 1/2) *slander*
2Co 12:20 **καταλαλιαί**,

καταλλαγή (*katallagē*; 2/4) *reconciliation*
2Co 5:18 τὴν διακονίαν τῆς **καταλλαγῆς**,
2Co 5:19 τὸν λόγον τῆς **καταλλαγῆς**.

καταλλάσσω (*katallassō*; 3/6) *reconcile*
2Co 5:18 τοῦ θεοῦ τοῦ **καταλλάξαντος** ἡμᾶς ἑαυτῷ
2Co 5:19 ἐν Χριστῷ κόσμον **καταλλάσσων** ἑαυτῷ,
2Co 5:20 **καταλλάγητε** τῷ θεῷ.

καταλύω (*katalyō*; 1/17) *destroy*
2Co 5:1 οἰκία τοῦ σκήνους **καταλυθῇ**,

καταναρκάω (*katanarkaō*; 3/3) *be a burden to*
2Co 11:9 καὶ ὑστερηθεὶς οὐ **κατενάρκησα** οὐθενός·
2Co 12:13 αὐτὸς ἐγὼ οὐ **κατενάρκησα** ὑμῶν;
2Co 12:14 καὶ οὐ **καταναρκήσω**·

καταπίνω (*katapinō*; 2/7) *swallow*
2Co 2:7 τῇ περισσοτέρᾳ λύπῃ **καταποθῇ** ὁ τοιοῦτος.
2Co 5:4 ἵνα **καταποθῇ** τὸ θνητὸν ὑπὸ

καταργέω (*katargeō*; 4/27) *render ineffective*
2Co 3:7 προσώπου αὐτοῦ τὴν **καταργουμένην**,
2Co 3:11 εἰ γὰρ τὸ **καταργούμενον** διὰ δόξης,
2Co 3:13 τὸ τέλος τοῦ **καταργουμένου**.
2Co 3:14 ὅτι ἐν Χριστῷ **καταργεῖται**·

καταρτίζω (*katartizō*; 1/13) *mend*
2Co 13:11 **καταρτίζεσθε**,

κατάρτισις (*katartisis*; 1/1) *being made complete*
2Co 13:9 τὴν ὑμῶν **κατάρτισιν**.

κατέναντι (*katenanti*; 2/8) *opposite*
2Co 2:17 ὡς ἐκ θεοῦ **κατέναντι** θεοῦ ἐν Χριστῷ
2Co 12:19 **κατέναντι** θεοῦ ἐν Χριστῷ

κατεργάζομαι (*katergazomai*; 6/22) *do, accomplish, bring about*
2Co 4:17 αἰώνιον βάρος δόξης **κατεργάζεται** ἡμῖν,
2Co 5:5 ὁ δὲ **κατεργασάμενος** ἡμᾶς εἰς αὐτὸ
2Co 7:10 κόσμου λύπη θάνατον **κατεργάζεται**.
2Co 7:11 πόσην **κατειργάσατο** ὑμῖν σπουδήν,
2Co 9:11 ἥτις **κατεργάζεται** δι' ἡμῶν εὐχαριστίαν
2Co 12:12 σημεῖα τοῦ ἀποστόλου **κατειργάσθη** ἐν ὑμῖν

κατεσθίω (*katesthiō*; 1/14) *eat up*
2Co 11:20 εἴ τις **κατεσθίει**,

κατέχω (*katechō*; 1/17) *hold fast*
2Co 6:10 ἔχοντες καὶ πάντα **κατέχοντες**.

κατοπτρίζω (*katoptrizō*; 1/1) *behold*
2Co 3:18 κυρίου **κατοπτριζόμενοι** τὴν αὐτὴν εἰκόνα

καυχάομαι (*kauchaomai*; 20/37) *boast*
2Co 5:12 τοὺς ἐν προσώπῳ **καυχωμένους** καὶ μὴ ἐν
2Co 7:14 αὐτῷ ὑπὲρ ὑμῶν **κεκαύχημαι**,
2Co 9:2 ἣν ὑπὲρ ὑμῶν **καυχῶμαι** Μακεδόσιν,
2Co 10:8 τι **καυχήσωμαι** περὶ τῆς ἐξουσίας
2Co 10:13 εἰς τὰ ἄμετρα **καυχησόμεθα** ἀλλὰ κατὰ τὸ
2Co 10:15 εἰς τὰ ἄμετρα **καυχώμενοι** ἐν ἀλλοτρίοις
2Co 10:16 εἰς τὰ ἕτοιμα **καυχήσασθαι**.
2Co 10:17 Ὁ δὲ **καυχώμενος** ἐν κυρίῳ καυχάσθω·
2Co 10:17 καυχώμενος ἐν κυρίῳ **καυχάσθω**·
2Co 11:12 ἵνα ἐν ᾧ **καυχῶνται** εὑρεθῶσιν καθὼς καὶ
2Co 11:16 κἀγὼ μικρόν τι **καυχήσωμαι**.
2Co 11:18 ἐπεὶ πολλοὶ **καυχῶνται** κατὰ σάρκα,
2Co 11:18 κἀγὼ **καυχήσομαι**.
2Co 11:30 Εἰ **καυχᾶσθαι** δεῖ,
2Co 11:30 τῆς ἀσθενείας μου **καυχήσομαι**.
2Co 12:1 **Καυχᾶσθαι** δεῖ,
2Co 12:5 ὑπὲρ τοῦ τοιούτου **καυχήσομαι**,
2Co 12:5 δὲ ἐμαυτοῦ οὐ **καυχήσομαι** εἰ μὴ ἐν
2Co 12:6 Ἐὰν γὰρ θελήσω **καυχήσασθαι**,
2Co 12:9 οὖν μᾶλλον **καυχήσομαι** ἐν ταῖς ἀσθενείαις

καύχημα (*kauchēma*; 3/11) *ground for boasting*
2Co 1:14 ὅτι **καύχημα** ὑμῶν ἐσμεν καθάπερ
2Co 5:12 ἀφορμὴν διδόντες ὑμῖν **καυχήματος** ὑπὲρ

2Co 9:3 ἵνα μὴ τὸ **καύχημα** ἡμῶν τὸ ὑπὲρ

καύχησις (*kauchēsis*; 6/11) *boasting*
2Co 1:12 Ἡ γὰρ **καύχησις** ἡμῶν αὕτη ἐστίν,
2Co 7:4 πολλή μοι **καύχησις** ὑπὲρ ὑμῶν·
2Co 7:14 οὕτως καὶ ἡ **καύχησις** ἡμῶν ἡ ἐπὶ
2Co 8:24 ὑμῶν καὶ ἡμῶν **καυχήσεως** ὑπὲρ ὑμῶν εἰς
2Co 11:10 ἐμοὶ ὅτι ἡ **καύχησις** αὕτη οὐ φραγήσεται
2Co 11:17 τῇ ὑποστάσει τῆς **καυχήσεως**.

κεῖμαι (*keimai*; 1/24) *lie*
2Co 3:15 τὴν καρδίαν αὐτῶν **κεῖται**·

κενός (*kenos*; 1/18) *empty, in vain*
2Co 6:1 παρακαλοῦμεν μὴ εἰς **κενὸν** τὴν χάριν τοῦ

κενόω (*kenoō*; 1/5) *render ineffective*
2Co 9:3 τὸ ὑπὲρ ὑμῶν **κενωθῇ** ἐν τῷ μέρει

κηρύσσω (*kēryssō*; 4/59[61]) *proclaim*
2Co 1:19 ὑμῖν δι' ἡμῶν **κηρυχθείς**,
2Co 4:5 Οὐ γὰρ ἑαυτοὺς **κηρύσσομεν** ἀλλὰ Ἰησοῦν
2Co 11:4 ἄλλον Ἰησοῦν **κηρύσσει** ὃν οὐκ
2Co 11:4 κηρύσσει ὃν οὐκ **ἐκηρύξαμεν**,

κίνδυνος (*kindynos*; 8/9) *danger*
2Co 11:26 **κινδύνοις** ποταμῶν,
2Co 11:26 **κινδύνοις** λῃστῶν,
2Co 11:26 **κινδύνοις** ἐκ γένους,
2Co 11:26 **κινδύνοις** ἐξ ἐθνῶν,
2Co 11:26 **κινδύνοις** ἐν πόλει,
2Co 11:26 **κινδύνοις** ἐν ἐρημίᾳ,
2Co 11:26 **κινδύνοις** ἐν θαλάσσῃ,
2Co 11:26 **κινδύνοις** ἐν ψευδαδέλφοις,

κλίμα (*klima*; 1/3) *region*
2Co 11:10 ἐμὲ ἐν τοῖς **κλίμασιν** τῆς Ἀχαΐας.

κοινωνία (*koinōnia*; 4/19) *fellowship*
2Co 6:14 ἢ τίς **κοινωνία** φωτὶ πρὸς σκότος;
2Co 8:4 χάριν καὶ τὴν **κοινωνίαν** τῆς διακονίας
2Co 9:13 καὶ ἁπλότητι τῆς **κοινωνίας** εἰς αὐτοὺς
2Co 13:13 θεοῦ καὶ ἡ **κοινωνία** τοῦ ἁγίου πνεύματος

κοινωνός (*koinōnos*; 2/10) *partner*
2Co 1:7 ὅτι ὡς **κοινωνοί** ἐστε τῶν παθημάτων,
2Co 8:23 **κοινωνὸς** ἐμὸς καὶ εἰς

κολαφίζω (*kolaphizō*; 1/5) *beat, harrass*
2Co 12:7 ἵνα με **κολαφίζῃ**,

κομίζω (*komizō*; 1/10) *bring (mid. receive)*
2Co 5:10 ἵνα **κομίσηται** ἕκαστος τὰ διὰ

κόπος (*kopos*; 4/18) *work*
2Co 6:5 ἐν **κόποις**,
2Co 10:15 καυχώμενοι ἐν ἀλλοτρίοις **κόποις**,
2Co 11:23 ἐν κόποις **περισσοτέρως**,
2Co 11:27 **κόπῳ** καὶ μόχθῳ,

Κορίνθιος (*Korinthios*; 1/2) *Corinthian*
2Co 6:11 **Κορίνθιοι**,

Κόρινθος (*Korinthos*; 2/6) *Corinth*
2Co 1:1 τῇ οὔσῃ ἐν **Κορίνθῳ** σὺν τοῖς ἁγίοις
2Co 1:23 οὐκέτι ἦλθον εἰς **Κόρινθον**.

κόσμος (*kosmos*; 3/185[186]) *world*
2Co 1:12 ἀνεστράφημεν ἐν τῷ **κόσμῳ**,
2Co 5:19 ἦν ἐν Χριστῷ **κόσμον** καταλλάσσων ἑαυτῷ,
2Co 7:10 ἡ δὲ τοῦ **κόσμου** λύπη θάνατον

κρίνω (*krinō*; 2/114) *judge*
2Co 2:1 **Ἔκρινα** γὰρ ἐμαυτῷ τοῦτο
2Co 5:14 **κρίναντας** τοῦτο,

κρυπτός (*kryptos*; 1/17) *secret*
2Co 4:2 ἀλλὰ ἀπειπάμεθα τὰ **κρυπτὰ** τῆς αἰσχύνης,

κτίσις (*ktisis*; 1/18[19]) *creation*
2Co 5:17 καινὴ **κτίσις**·

κυριεύω (*kyrieuō*; 1/7) *rule, have power over*
2Co 1:24 οὐχ ὅτι **κυριεύομεν** ὑμῶν τῆς πίστεως

κύριος (*kyrios*; 29/714[717]) *Lord, sir*
2Co 1:2 πατρὸς ἡμῶν καὶ **κυρίου** Ἰησοῦ Χριστοῦ.
2Co 1:3 καὶ πατὴρ τοῦ **κυρίου** ἡμῶν Ἰησοῦ
2Co 1:14 τῇ ἡμέρᾳ τοῦ **κυρίου** [ἡμῶν] Ἰησοῦ.
2Co 2:12 μοι ἀνεῳγμένης ἐν **κυρίῳ**,
2Co 3:16 ἐὰν ἐπιστρέψῃ πρὸς **κύριον**,
2Co 3:17 ὁ δὲ **κύριος** τὸ πνεῦμά ἐστιν·
2Co 3:17 δὲ τὸ πνεῦμα **κυρίου**,
2Co 3:18 τὴν δόξαν **κυρίου** κατοπτριζόμενοι τὴν
2Co 3:18 δόξαν καθάπερ ἀπὸ **κυρίου** πνεύματος.
2Co 4:5 ἀλλὰ Ἰησοῦν Χριστὸν **κύριον**,
2Co 4:14 ὁ ἐγείρας τὸν **κύριον** Ἰησοῦν καὶ ἡμᾶς
2Co 5:6 ἐκδημοῦμεν ἀπὸ τοῦ **κυρίου**·
2Co 5:8 ἐνδημῆσαι πρὸς τὸν **κύριον**.
2Co 5:11 τὸν φόβον τοῦ **κυρίου** ἀνθρώπους
2Co 6:17 λέγει **κύριος**,
2Co 6:18 λέγει κύριος **παντοκράτωρ**.
2Co 8:5 ἔδωκαν πρῶτον τῷ **κυρίῳ** καὶ ἡμῖν διὰ
2Co 8:9 τὴν χάριν τοῦ **κυρίου** ἡμῶν Ἰησοῦ
2Co 8:19 τὴν [αὐτοῦ] τοῦ **κυρίου** δόξαν καὶ
2Co 8:21 οὐ μόνον ἐνώπιον **κυρίου** ἀλλὰ καὶ ἐνώπιον
2Co 10:8 ἧς ἔδωκεν ὁ **κύριος** εἰς οἰκοδομὴν καὶ
2Co 10:17 δὲ καυχώμενος ἐν **κυρίῳ** καυχάσθω·
2Co 10:18 ἀλλὰ ὃν ὁ **κύριος** συνίστησιν.
2Co 11:17 οὐ κατὰ **κύριον** λαλῶ ἀλλ' ὡς
2Co 11:31 καὶ πατὴρ τοῦ **κυρίου** Ἰησοῦ οἶδεν,
2Co 12:1 ὀπτασίας καὶ ἀποκαλύψεις **κυρίου**.
2Co 12:8 τούτου τρὶς τὸν **κύριον** παρεκάλεσα ἵνα
2Co 13:10 ἐξουσίαν ἣν ὁ **κύριος** ἔδωκέν μοι εἰς
2Co 13:13 Ἡ χάρις τοῦ **κυρίου** Ἰησοῦ Χριστοῦ καὶ

κυρόω (*kyroō*; 1/2) *put into effect*
2Co 2:8 παρακαλῶ ὑμᾶς **κυρῶσαι** εἰς αὐτὸν ἀγάπην·

λαλέω (*laleō*; 10/294[296]) *speak*
2Co 2:17 θεοῦ ἐν Χριστῷ **λαλοῦμεν**.
2Co 4:13 διὸ **ἐλάλησα**,
2Co 4:13 διὸ καὶ **λαλοῦμεν**,
2Co 7:14 πάντα ἐν ἀληθείᾳ **ἐλαλήσαμεν** ὑμῖν,
2Co 11:17 ὃ **λαλῶ**,
2Co 11:17 οὐ κατὰ κύριον **λαλῶ** ἀλλ' ὡς ἐν
2Co 11:23 παραφρονῶν **λαλῶ**,
2Co 12:4 οὐκ ἐξὸν ἀνθρώπῳ **λαλῆσαι**.
2Co 12:19 θεοῦ ἐν Χριστῷ **λαλοῦμεν**·

2Co 13:3 τοῦ ἐν ἐμοὶ **λαλοῦντος** Χριστοῦ,

λαμβάνω (*lambanō; 6/258) take, receive*
2Co 11:4 ἢ πνεῦμα ἕτερον **λαμβάνετε** ὃ οὐκ ἐλάβετε,
2Co 11:4 λαμβάνετε ὃ οὐκ **ἐλάβετε**,
2Co 11:8 ἄλλας ἐκκλησίας ἐσύλησα **λαβὼν** ὀψώνιον
2Co 11:20 εἴ τις **λαμβάνει**,
2Co 11:24 τεσσεράκοντα παρὰ μίαν **ἔλαβον**,
2Co 12:16 πανοῦργος δόλῳ ὑμᾶς **ἔλαβον**.

λάμπω (*lampō; 2/7) shine*
2Co 4:6 ἐκ σκότους φῶς **λάμψει**,
2Co 4:6 ὃς **ἔλαμψεν** ἐν ταῖς καρδίαις

λαός (*laos*; 1/141[142]) *people*
2Co 6:16 αὐτοὶ ἔσονταί μου **λαός**.

λέγω (*legō; 15/2345[2353]) say*
2Co 4:6 ὁ θεὸς ὁ **εἰπών**·
2Co 6:2 **λέγει** γάρ·
2Co 6:13 ὡς τέκνοις **λέγω**,
2Co 6:16 καθὼς **εἶπεν** ὁ θεὸς ὅτι
2Co 6:17 **λέγει** κύριος,
2Co 6:18 λέγει **κύριος** παντοκράτωρ.
2Co 7:3 πρὸς κατάκρισιν οὐ **λέγω**·
2Co 8:8 Οὐ κατ᾽ ἐπιταγὴν **λέγω** ἀλλὰ διὰ τῆς
2Co 9:3 ἵνα καθὼς **ἔλεγον** παρεσκευασμένοι ἦτε,
2Co 9:4 ἵνα μὴ **λέγω** ὑμεῖς,
2Co 11:16 Πάλιν **λέγω**,
2Co 11:21 κατὰ ἀτιμίαν **λέγω**,
2Co 11:21 ἐν ἀφροσύνῃ **λέγω**,
2Co 12:6 ἀλήθειαν γὰρ **ἐρῶ**·
2Co 12:9 καὶ **εἴρηκέν** μοι·

λειτουργία (*leitourgia*; 1/6) *service, ministry*
2Co 9:12 ἡ διακονία τῆς **λειτουργίας** ταύτης οὐ

λῃστής (*lēstēs*; 1/15) *robber, insurrectionist*
2Co 11:26 κινδύνοις **λῃστῶν**,

λιθάζω (*lithazō; 1/8[9]) stone*
2Co 11:25 ἅπαξ **ἐλιθάσθην**,

λίθινος (*lithinos*; 1/3) *made of stone*
2Co 3:3 οὐκ ἐν πλαξὶν **λιθίναις** ἀλλ᾽ ἐν πλαξὶν

λίθος (*lithos*; 1/58[59]) *stone*
2Co 3:7 ἐν γράμμασιν ἐντετυπωμένη **λίθοις** ἐγενήθη

λιμός (*limos*; 1/12) *famine*
2Co 11:27 ἐν **λιμῷ** καὶ δίψει,

λογίζομαι (*logizomai*; 8/40) *count, consider*
2Co 3:5 ἑαυτῶν ἱκανοί ἐσμεν **λογίσασθαί** τι ὡς ἐξ
2Co 5:19 μὴ **λογιζόμενος** αὐτοῖς τὰ παραπτώματα
2Co 10:2 τῇ πεποιθήσει ᾗ **λογίζομαι** τολμῆσαι ἐπί
2Co 10:2 ἐπί τινας τοὺς **λογιζομένους** ἡμᾶς ὡς κατὰ
2Co 10:7 τοῦτο **λογιζέσθω** πάλιν ἐφ᾽ ἑαυτοῦ,
2Co 10:11 τοῦτο **λογιζέσθω** ὁ τοιοῦτος,
2Co 11:5 **Λογίζομαι** γὰρ μηδὲν ὑστερηκέναι
2Co 12:6 τις εἰς ἐμὲ **λογίσηται** ὑπὲρ ὃ βλέπει

λογισμός (*logismos*; 1/2) *thought*
2Co 10:4 **λογισμοὺς** καθαιροῦντες

λόγος (*logos*; 9/329[330]) *word*
2Co 1:18 θεὸς ὅτι ὁ **λόγος** ἡμῶν ὁ πρὸς
2Co 2:17 πολλοὶ καπηλεύοντες τὸν **λόγον** τοῦ θεοῦ,
2Co 4:2 μηδὲ δολοῦντες τὸν **λόγον** τοῦ θεοῦ ἀλλὰ
2Co 5:19 ἐν ἡμῖν τὸν **λόγον** τῆς καταλλαγῆς.
2Co 6:7 ἐν **λόγῳ** ἀληθείας,
2Co 8:7 πίστει καὶ **λόγῳ** καὶ γνώσει καὶ
2Co 10:10 ἀσθενὴς καὶ ὁ **λόγος** ἐξουθενημένος.
2Co 10:11 οἷοί ἐσμεν τῷ **λόγῳ** δι᾽ ἐπιστολῶν ἀπόντες,
2Co 11:6 καὶ ἰδιώτης τῷ **λόγῳ**,

λοιπός (*loipos*; 3/54[55]) *rest, remaining*
2Co 12:13 ἡσσώθητε ὑπὲρ τὰς **λοιπὰς** ἐκκλησίας,
2Co 13:2 προημαρτηκόσιν καὶ τοῖς **λοιποῖς** πᾶσιν,
2Co 13:11 **Λοιπόν**,

λυπέω (*lypeō; 12/26) grieve*
2Co 2:2 εἰ γὰρ ἐγὼ **λυπῶ** ὑμᾶς,
2Co 2:2 εἰ μὴ ὁ **λυπούμενος** ἐξ ἐμοῦ;
2Co 2:4 οὐχ ἵνα **λυπηθῆτε** ἀλλὰ τὴν ἀγάπην
2Co 2:5 Εἰ δέ τις **λελύπηκεν**,
2Co 2:5 οὐκ ἐμὲ **λελύπηκεν**,
2Co 6:10 ὡς **λυπούμενοι** ἀεὶ δὲ χαίροντες,
2Co 7:8 Ὅτι εἰ καὶ **ἐλύπησα** ὑμᾶς ἐν τῇ
2Co 7:8 καὶ πρὸς ὥραν **ἐλύπησεν** ὑμᾶς,
2Co 7:9 οὐχ ὅτι **ἐλυπήθητε** ἀλλ᾽ ὅτι ἐλυπήθητε
2Co 7:9 ἀλλ᾽ ὅτι **ἐλυπήθητε** εἰς μετάνοιαν·
2Co 7:9 **ἐλυπήθητε** γὰρ κατὰ θεόν,
2Co 7:11 τὸ κατὰ θεὸν **λυπηθῆναι** πόσην κατειργάσατο ὑμῖν

λύπη (*lypē*; 6/16) *grief*
2Co 2:1 μὴ πάλιν ἐν **λύπῃ** πρὸς ὑμᾶς ἐλθεῖν.
2Co 2:3 ἵνα μὴ ἐλθὼν **λύπην** σχῶ ἀφ᾽ ὧν
2Co 2:7 πως τῇ περισσοτέρᾳ **λύπῃ** καταποθῇ ὁ τοιοῦτος.
2Co 7:10 γὰρ κατὰ θεὸν **λύπη** μετάνοιαν εἰς σωτηρίαν
2Co 7:10 δὲ τοῦ κόσμου **λύπη** θάνατον κατεργάζεται.
2Co 9:7 μὴ ἐκ **λύπης** ἢ ἐξ ἀνάγκης·

Μακεδονία (*Makedonia*; 6/22) *Macedonia*
2Co 1:16 ὑμῶν διελθεῖν εἰς **Μακεδονίαν** καὶ πάλιν
2Co 1:16 καὶ πάλιν ἀπὸ **Μακεδονίας** ἐλθεῖν πρὸς
2Co 2:13 αὐτοῖς ἐξῆλθον εἰς **Μακεδονίαν**.
2Co 7:5 ἡμῶν εἰς **Μακεδονίαν** οὐδεμίαν ἔσχηκεν
2Co 8:1 ταῖς ἐκκλησίαις τῆς **Μακεδονίας**,
2Co 11:9 ἀδελφοὶ ἐλθόντες ἀπὸ **Μακεδονίας**,

Μακεδών (*Makedōn*; 2/5) *a Macedonian*
2Co 9:2 ὑπὲρ ὑμῶν καυχῶμαι **Μακεδόσιν**,
2Co 9:4 ἔλθωσιν σὺν ἐμοὶ **Μακεδόνες** καὶ εὕρωσιν

μακροθυμία (*makrothymia*; 1/14) *patience*
2Co 6:6 ἐν **μακροθυμίᾳ**,

μᾶλλον (*mallon*; 8/81) *more*
2Co 2:7 ὥστε τοὐναντίον **μᾶλλον** ὑμᾶς χαρίσασθαι
2Co 3:8 πῶς οὐχὶ **μᾶλλον** ἡ διακονία τοῦ
2Co 3:9 πολλῷ **μᾶλλον** περισσεύει ἡ διακονία
2Co 3:11 πολλῷ **μᾶλλον** τὸ μένον ἐν
2Co 5:8 δὲ καὶ εὐδοκοῦμεν **μᾶλλον** ἐκδημῆσαι ἐκ
2Co 7:7 ἐμοῦ ὥστε με **μᾶλλον** χαρῆναι.
2Co 7:13 ἡμῶν περισσοτέρως **μᾶλλον** ἐχάρημεν ἐπὶ

2Co 12:9 ἥδιστα οὖν **μᾶλλον** καυχήσομαι ἐν ταῖς

μαρτυρέω (*martyreō*; 1/76) *bear witness*
2Co 8:3 **μαρτυρῶ**,

μαρτύριον (*martyrion*; 1/19) *testimony*
2Co 1:12 τὸ **μαρτύριον** τῆς συνειδήσεως ἡμῶν,

μάρτυς (*martys*; 2/35) *witness*
2Co 1:23 Ἐγὼ δὲ **μάρτυρα** τὸν θεὸν ἐπικαλοῦμαι
2Co 13:1 ἐπὶ στόματος δύο **μαρτύρων** καὶ τριῶν

μάχη (*machē*; 1/4) *quarrel*
2Co 7:5 ἔξωθεν **μάχαι**,

μεγαλύνω (*megalynō*; 1/8) *enlarge*
2Co 10:15 ὑμῶν ἐν ὑμῖν **μεγαλυνθῆναι** κατὰ τὸν

μέγας (*megas*; 1/243) *large*
2Co 11:15 οὐ **μέγα** οὖν εἰ καὶ

μέλας (*melas*; 1/6) *black*
2Co 3:3 ἐγγεγραμμένη οὐ **μέλανι** ἀλλὰ πνεύματι

μέν (*men*; 8/178[179]) *on the one hand*
2Co 2:16 οἷς **μὲν** ὀσμὴ ἐκ θανάτου
2Co 8:17 ὅτι τὴν **μὲν** παράκλησιν ἐδέξατο,
2Co 9:1 Περὶ **μὲν** γὰρ τῆς διακονίας
2Co 10:1 ὃς κατὰ πρόσωπον **μὲν** ταπεινὸς ἐν ὑμῖν,
2Co 10:10 ὅτι αἱ ἐπιστολαὶ **μέν**,
2Co 11:4 εἰ **μὲν** γὰρ ὁ ἐρχόμενος
2Co 12:1 οὐ συμφέρον **μέν**,
2Co 12:12 τὰ **μὲν** σημεῖα τοῦ ἀποστόλου

μένω (*menō*; 3/118) *remain*
2Co 3:11 πολλῷ μᾶλλον τὸ **μένον** ἐν δόξῃ.
2Co 3:14 τῆς παλαιᾶς διαθήκης **μένει**,
2Co 9:9 ἡ δικαιοσύνη αὐτοῦ **μένει** εἰς τὸν αἰῶνα.

μερίζω (*merizō*; 1/14) *divide*
2Co 10:13 τοῦ κανόνος οὗ **ἐμέρισεν** ἡμῖν ὁ θεὸς

μέριμνα (*merimna*; 1/6) *care*
2Co 11:28 ἡ **μέριμνα** πασῶν τῶν ἐκκλησιῶν.

μερίς (*meris*; 1/5) *part*
2Co 6:15 ἢ τίς **μερὶς** πιστῷ μετὰ ἀπίστου;

μέρος (*meros*; 4/42) *part*
2Co 1:14 ἐπέγνωτε ἡμᾶς ἀπὸ **μέρους**,
2Co 2:5 ἀλλὰ ἀπὸ **μέρους**,
2Co 3:10 τούτῳ τῷ **μέρει** εἵνεκεν τῆς ὑπερβαλλούσης
2Co 9:3 κενωθῇ ἐν τῷ **μέρει** τούτῳ,

μέσος (*mesos*; 1/56[58]) *middle*
2Co 6:17 διὸ ἐξέλθατε ἐκ **μέσου** αὐτῶν καὶ

μετά (*meta*; 7/465[469]) *with, after*
2Co 6:15 τίς μερὶς πιστῷ **μετὰ** ἀπίστου;
2Co 6:16 συγκατάθεσις ναῷ θεοῦ **μετὰ** εἰδώλων;
2Co 7:15 ὡς **μετὰ** φόβου καὶ τρόμου
2Co 8:4 **μετὰ** πολλῆς παρακλήσεως δεόμενοι
2Co 8:18 συνεπέμψαμεν δὲ **μετ'** αὐτοῦ τὸν ἀδελφὸν
2Co 13:11 καὶ εἰρήνης ἔσται **μεθ'** ὑμῶν.
2Co 13:13 τοῦ ἁγίου πνεύματος **μετὰ** πάντων ὑμῶν.

μεταμέλομαι (*metamelomai*; 2/6) *regret*
2Co 7:8 οὐ **μεταμέλομαι**·
2Co 7:8 εἰ καὶ **μετεμελόμην**,

μεταμορφόω (*metamorphoō*; 1/4) *change, be transformed*
2Co 3:18 αὐτὴν εἰκόνα **μεταμορφούμεθα** ἀπὸ δόξης

μετανοέω (*metanoeō*; 1/34) *repent*
2Co 12:21 καὶ μὴ **μετανοησάντων** ἐπὶ τῇ ἀκαθαρσίᾳ

μετάνοια (*metanoia*; 2/22) *repentance*
2Co 7:9 ὅτι ἐλυπήθητε εἰς **μετάνοιαν**·
2Co 7:10 θεὸν λύπη **μετάνοιαν** εἰς σωτηρίαν

μετασχηματίζω (*metaschēmatizō*; 3/5) *change*
2Co 11:13 **μετασχηματιζόμενοι** εἰς ἀποστόλους
2Co 11:14 ὁ σατανᾶς **μετασχηματίζεται** εἰς ἄγγελον
2Co 11:15 αὐτοῦ **μετασχηματίζονται** ὡς διάκονοι

μετοχή (*metochē*; 1/1) *partnership*
2Co 6:14 τίς γὰρ **μετοχὴ** δικαιοσύνῃ καὶ ἀνομίᾳ,

μετρέω (*metreō*; 1/11) *measure*
2Co 10:12 ἑαυτοὺς **μετροῦντες** καὶ συγκρίνοντες

μέτρον (*metron*; 2/14) *measure*
2Co 10:13 ἀλλὰ κατὰ τὸ **μέτρον** τοῦ κανόνος οὗ
2Co 10:13 ἡμῖν ὁ θεὸς **μέτρου**,

μή (*mē*; 50/1041[1042]) *not*
2Co 1:9 ἵνα **μὴ** πεποιθότες ὦμεν ἐφ'
2Co 2:1 ἐμαυτῷ τοῦτο τὸ **μὴ** πάλιν ἐν λύπῃ
2Co 2:2 εὐφραίνων με εἰ **μὴ** ὁ λυπούμενος ἐξ
2Co 2:3 ἵνα **μὴ** ἐλθὼν λύπην σχῶ
2Co 2:5 ἵνα **μὴ** ἐπιβαρῶ,
2Co 2:7 **μή** πως τῇ περισσοτέρᾳ
2Co 2:11 ἵνα **μὴ** πλεονεκτηθῶμεν ὑπὸ τοῦ
2Co 2:13 πνεύματί μου τῷ **μὴ** εὑρεῖν με Τίτον
2Co 3:1 ἢ **μὴ** χρῄζομεν ὥς τινες
2Co 3:7 ὥστε **μὴ** δύνασθαι ἀτενίσαι τοὺς
2Co 3:13 αὐτοῦ πρὸς τὸ **μὴ** ἀτενίσαι τοὺς υἱοὺς
2Co 3:14 **μὴ** ἀνακαλυπτόμενον ὅτι ἐν
2Co 4:2 **μὴ** περιπατοῦντες ἐν πανουργίᾳ
2Co 4:4 ἀπίστων εἰς τὸ **μὴ** αὐγάσαι τὸν φωτισμὸν
2Co 4:7 τοῦ θεοῦ καὶ **μὴ** ἐξ ἡμῶν·
2Co 4:18 **μὴ** σκοπούντων ἡμῶν τὰ
2Co 4:18 βλεπόμενα ἀλλὰ τὰ **μὴ** βλεπόμενα·
2Co 4:18 τὰ δὲ **μὴ** βλεπόμενα αἰώνια.
2Co 5:12 προσώπῳ καυχωμένους καὶ **μὴ** ἐν καρδίᾳ.
2Co 5:19 **μὴ** λογιζόμενος αὐτοῖς τὰ
2Co 5:21 τὸν **μὴ** γνόντα ἁμαρτίαν ὑπὲρ
2Co 6:1 δὲ καὶ παρακαλοῦμεν **μὴ** εἰς κενὸν τὴν
2Co 6:3 ἵνα **μὴ** μωμηθῇ ἡ διακονία,
2Co 6:9 ὡς παιδευόμενοι καὶ **μὴ** θανατούμενοι,
2Co 6:14 **Μὴ** γίνεσθε ἑτεροζυγοῦντες ἀπίστοις·
2Co 6:17 καὶ ἀκαθάρτου **μὴ** ἅπτεσθε·
2Co 8:20 **μή** τις ἡμᾶς μωμήσηται
2Co 9:3 ἵνα **μὴ** τὸ καύχημα ἡμῶν
2Co 9:4 **μή** πως ἐὰν ἔλθωσιν
2Co 9:4 ἵνα **μὴ** λέγω ὑμεῖς,
2Co 9:5 ὡς εὐλογίαν καὶ **μὴ** ὡς πλεονεξίαν.
2Co 9:7 **μὴ** ἐκ λύπης ἢ
2Co 10:2 δέομαι δὲ τὸ **μὴ** παρὼν θαρρῆσαι τῇ

2Co 10:9 ἵνα **μὴ** δόξω ὡς ἂν
2Co 10:14 οὐ γὰρ ὡς **μὴ** ἐφικνούμενοι εἰς ὑμᾶς
2Co 11:3 φοβοῦμαι δὲ **μή** πως,
2Co 11:16 **μή** τις με δόξῃ
2Co 11:16 εἰ δὲ **μή** γε,
2Co 12:5 οὐ καυχήσομαι εἰ **μὴ** ἐν ταῖς ἀσθενείαις.
2Co 12:6 **μή** τις εἰς ἐμὲ
2Co 12:7 διὸ ἵνα **μὴ** ὑπεραίρωμαι,
2Co 12:7 ἵνα **μὴ** ὑπεραίρωμαι.
2Co 12:13 εἰ **μὴ** ὅτι αὐτὸς ἐγὼ
2Co 12:17 **μή** τινα ὧν ἀπέσταλκα
2Co 12:20 φοβοῦμαι γὰρ **μή** πως ἐλθὼν οὐχ
2Co 12:20 **μή** πως ἔρις,
2Co 12:21 **μὴ** πάλιν ἐλθόντος μου
2Co 12:21 προημαρτηκότων καὶ **μὴ** μετανοησάντων
2Co 13:7 πρὸς τὸν θεὸν **μὴ** ποιῆσαι ὑμᾶς κακὸν
2Co 13:10 ἵνα παρὼν **μὴ** ἀποτόμως χρήσωμαι κατὰ

μηδέ (*mēde*; 1/56) *nor*
2Co 4:2 ἐν πανουργίᾳ **μηδὲ** δολοῦντες τὸν λόγον

μηδείς (*mēdeis*; 6/90) *no one*
2Co 6:3 **Μηδεμίαν** ἐν μηδενὶ διδόντες
2Co 6:3 Μηδεμίαν ἐν **μηδενὶ** διδόντες προσκοπήν,
2Co 6:10 ὡς **μηδὲν** ἔχοντες καὶ πάντα
2Co 7:9 ἵνα ἐν **μηδενὶ** ζημιωθῆτε ἐξ ἡμῶν.
2Co 11:5 Λογίζομαι γὰρ **μηδὲν** ὑστερηκέναι τῶν
2Co 13:7 ποιῆσαι ὑμᾶς κακὸν **μηδέν**,

μηκέτι (*mēketi*; 1/21[22]) *no longer*
2Co 5:15 ἵνα οἱ ζῶντες **μηκέτι** ἑαυτοῖς ζῶσιν ἀλλὰ

μήτι (*mēti*; 3/18) *particle used in questions*
2Co 1:17 τοῦτο οὖν βουλόμενος **μήτι** ἄρα τῇ ἐλαφρίᾳ
2Co 12:18 **μήτι** ἐπλεονέκτησεν ὑμᾶς Τίτος;
2Co 13:5 εἰ **μήτι** ἀδόκιμοί ἐστε.

μικρός (*mikros*; 2/46) *little*
2Co 11:1 ἀνείχεσθέ μου **μικρόν** τι ἀφροσύνης·
2Co 11:16 ἵνα κἀγὼ **μικρόν** τι καυχήσωμαι.

μολυσμός (*molysmos*; 1/1) *defilement*
2Co 7:1 ἀπὸ παντὸς **μολυσμοῦ** σαρκὸς καὶ

μόνος (*monos*; 5/113[114]) *only*
2Co 7:7 οὐ **μόνον** δὲ ἐν τῇ
2Co 8:10 οἵτινες οὐ **μόνον** τὸ ποιῆσαι ἀλλὰ
2Co 8:19 οὐ **μόνον** δέ,
2Co 8:21 γὰρ καλὰ οὐ **μόνον** ἐνώπιον κυρίου ἀλλὰ
2Co 9:12 ταύτης οὐ **μόνον** ἐστὶν προσαναπληροῦσα

μόχθος (*mochthos*; 1/3) *labor*
2Co 11:27 κόπῳ καὶ **μόχθῳ**,

μωμάομαι (*mōmaomai*; 2/2) *find fault with*
2Co 6:3 ἵνα μὴ **μωμηθῇ** ἡ διακονία,
2Co 8:20 μή τις ἡμᾶς **μωμήσηται** ἐν τῇ ἁδρότητι

Μωϋσῆς (*Mōysēs*; 3/79[80]) *Moses*
2Co 3:7 εἰς τὸ πρόσωπον **Μωϋσέως** διὰ τὴν δόξαν
2Co 3:13 καὶ οὐ καθάπερ **Μωϋσῆς** ἐτίθει κάλυμμα
2Co 3:15 ἡνίκα ἂν ἀναγινώσκηται **Μωϋσῆς**,

ναί (*nai*; 6/33) *yes*
2Co 1:17 παρ’ ἐμοὶ τὸ **ναὶ** ναὶ καὶ τὸ
2Co 1:17 ἐμοὶ τὸ ναὶ **ναὶ** καὶ τὸ οὒ
2Co 1:18 ὑμᾶς οὐκ ἔστιν **ναὶ** καὶ οὔ.
2Co 1:19 οὐκ ἐγένετο **ναὶ** καὶ οὒ ἀλλὰ
2Co 1:19 καὶ οὒ ἀλλὰ **ναὶ** ἐν αὐτῷ γέγονεν.
2Co 1:20 ἐν αὐτῷ τὸ **ναί**·

ναός (*naos*; 2/45) *temple*
2Co 6:16 δὲ συγκατάθεσις **ναῷ** θεοῦ μετὰ εἰδώλων;
2Co 6:16 ἡμεῖς γὰρ **ναὸς** θεοῦ ἐσμεν ζῶντος,

ναυαγέω (*nauageō*; 1/2) *be shipwrecked*
2Co 11:25 τρὶς **ἐναυάγησα**,

νεκρός (*nekros*; 1/128) *dead*
2Co 1:9 τῷ ἐγείροντι τοὺς **νεκρούς**·

νέκρωσις (*nekrōsis*; 1/2) *death*
2Co 4:10 πάντοτε τὴν **νέκρωσιν** τοῦ Ἰησοῦ ἐν

νηστεία (*nēsteia*; 2/5) *fasting*
2Co 6:5 ἐν **νηστείαις**,
2Co 11:27 ἐν **νηστείαις** πολλάκις,

νόημα (*noēma*; 5/6) *mind*
2Co 2:11 γὰρ αὐτοῦ τὰ **νοήματα** ἀγνοοῦμεν.
2Co 3:14 ἀλλὰ ἐπωρώθη τὰ **νοήματα** αὐτῶν.
2Co 4:4 τούτου ἐτύφλωσεν τὰ **νοήματα** τῶν ἀπίστων
2Co 10:5 πᾶν **νόημα** εἰς τὴν ὑπακοὴν
2Co 11:3 τὰ νοήματα **ὑμῶν** ἀπὸ τῆς ἁπλότητος

νῦν (*nyn*; 7/146[147]) *now*
2Co 5:16 ἡμεῖς ἀπὸ τοῦ **νῦν** οὐδένα οἴδαμεν κατὰ
2Co 5:16 ἀλλὰ **νῦν** οὐκέτι γινώσκομεν.
2Co 6:2 ἰδοὺ **νῦν** καιρὸς εὐπρόσδεκτος,
2Co 6:2 ἰδοὺ **νῦν** ἡμέρα σωτηρίας.
2Co 7:9 **νῦν** χαίρω,
2Co 8:14 ἐν τῷ **νῦν** καιρῷ τὸ ὑμῶν
2Co 13:2 δεύτερον καὶ ἀπὼν **νῦν**,

νυνί (*nyni*; 2/20) *now*
2Co 8:11 **νυνὶ** δὲ καὶ τὸ
2Co 8:22 **νυνὶ** δὲ πολὺ σπουδαιότερον

νυχθήμερον (*nychthēmeron*; 1/1) *night and a day*
2Co 11:25 **νυχθήμερον** ἐν τῷ βυθῷ

ὁδοιπορία (*hodoiporia*; 1/2) *journey*
2Co 11:26 **ὁδοιπορίαις** πολλάκις,

ὀδυρμός (*odyrmos*; 1/2) *mourning*
2Co 7:7 τὸν ὑμῶν **ὀδυρμόν**,

οἶδα (*oida*; 16/318) *know*
2Co 1:7 βεβαία ὑπὲρ ὑμῶν **εἰδότες** ὅτι ὡς κοινωνοί
2Co 4:14 **εἰδότες** ὅτι ὁ ἐγείρας
2Co 5:1 **Οἴδαμεν** γὰρ ὅτι ἐὰν
2Co 5:6 οὖν πάντοτε καὶ **εἰδότες** ὅτι ἐνδημοῦντες
2Co 5:11 **Εἰδότες** οὖν τὸν φόβον
2Co 5:16 τοῦ νῦν οὐδένα **οἴδαμεν** κατὰ σάρκα·
2Co 9:2 **οἶδα** γὰρ τὴν προθυμίαν
2Co 11:11 ὁ θεὸς **οἶδεν**.
2Co 11:31 τοῦ κυρίου Ἰησοῦ **οἶδεν**,
2Co 12:2 **οἶδα** ἄνθρωπον ἐν Χριστῷ
2Co 12:2 ἐν σώματι οὐκ **οἶδα**,
2Co 12:2 τοῦ σώματος οὐκ **οἶδα**,

2Co 12:2 ὁ θεὸς **οἶδεν**,
2Co 12:3 καὶ **οἶδα** τὸν τοιοῦτον ἄνθρωπον,
2Co 12:3 τοῦ σώματος οὐκ **οἶδα**,
2Co 12:3 ὁ θεὸς **οἶδεν**,

οἰκητήριον (*oikētērion*; 1/2) *dwelling*

2Co 5:2 τούτῳ στενάζομεν τὸ **οἰκητήριον** ἡμῶν τὸ

οἰκία (*oikia*; 2/93) *house*

2Co 5:1 ἡ ἐπίγειος ἡμῶν **οἰκία** τοῦ σκήνους
2Co 5:1 **οἰκίαν** ἀχειροποίητον αἰώνιον ἐν

οἰκοδομή (*oikodomē*; 4/18) *building (up)*

2Co 5:1 **οἰκοδομὴν** ἐκ θεοῦ ἔχομεν,
2Co 10:8 ὁ κύριος εἰς **οἰκοδομὴν** καὶ οὐκ εἰς
2Co 12:19 ὑπὲρ τῆς ὑμῶν **οἰκοδομῆς**.
2Co 13:10 ἔδωκέν μοι εἰς **οἰκοδομὴν** καὶ οὐκ εἰς

οἰκτιρμός (*oiktirmos*; 1/5) *compassion*

2Co 1:3 ὁ πατὴρ τῶν **οἰκτιρμῶν** καὶ θεὸς πάσης

οἷος (*hoios*; 3/14) *such as*

2Co 10:11 ὅτι **οἷοί** ἐσμεν τῷ λόγῳ
2Co 12:20 πως ἐλθὼν οὐχ **οἵους** θέλω εὕρω ὑμᾶς
2Co 12:20 κἀγὼ εὑρεθῶ ὑμῖν **οἷον** οὐ θέλετε·

ὀλίγος (*oligos*; 1/40) *little*

2Co 8:15 καὶ ὁ τὸ **ὀλίγον** οὐκ ἠλαττόνησεν.

ὅλος (*holos*; 1/109) *whole*

2Co 1:1 τοῖς οὖσιν ἐν **ὅλῃ** τῇ Ἀχαΐᾳ,

ὁμολογία (*homologia*; 1/6) *confession*

2Co 9:13 τῇ ὑποταγῇ τῆς **ὁμολογίας** ὑμῶν εἰς τὸ

ὅπλον (*hoplon*; 2/6) *weapon*

2Co 6:7 διὰ τῶν **ὅπλων** τῆς δικαιοσύνης τῶν
2Co 10:4 τὰ γὰρ **ὅπλα** τῆς στρατείας ἡμῶν

ὀπτασία (*optasia*; 1/4) *vision*

2Co 12:1 δὲ εἰς **ὀπτασίας** καὶ ἀποκαλύψεις κυρίου.

ὅπως (*hopōs*; 2/53) *that*

2Co 8:11 **ὅπως** καθάπερ ἡ προθυμία
2Co 8:14 **ὅπως** γένηται ἰσότης,

ὅς (*hos*; 42/1406[1407]) *who*

2Co 1:4 τῆς παρακλήσεως **ἧς** παρακαλούμεθα αὐτοὶ
2Co 1:6 τῶν αὐτῶν παθημάτων **ὧν** καὶ ἡμεῖς
2Co 1:10 **ὃς** ἐκ τηλικούτου θανάτου
2Co 1:10 εἰς **ὃν** ἠλπίκαμεν [ὅτι] καὶ
2Co 1:13 ὑμῖν ἀλλ᾽ ἢ **ἃ** ἀναγινώσκετε ἢ καὶ
2Co 1:17 ἢ **ἃ** βουλεύομαι κατὰ σάρκα
2Co 2:3 λύπην σχῶ ἀφ᾽ **ὧν** ἔδει με χαίρειν,
2Co 2:4 ἀγάπην ἵνα γνῶτε **ἣν** ἔχω περισσοτέρως
2Co 2:10 **ᾧ** δέ τι χαρίζεσθε,
2Co 2:10 καὶ γὰρ ἐγὼ **ὃ** κεχάρισμαι,
2Co 2:16 **οἷς** μὲν ὀσμὴ ἐκ
2Co 2:16 **οἷς** δὲ ὀσμὴ ἐκ
2Co 3:6 **ὃς** καὶ ἱκάνωσεν ἡμᾶς
2Co 4:4 ἐν **οἷς** ὁ θεὸς τοῦ
2Co 4:4 **ὅς** ἐστιν εἰκὼν τοῦ
2Co 4:6 **ὃς** ἔλαμψεν ἐν ταῖς
2Co 5:4 ἐφ᾽ **ᾧ** οὐ θέλομεν ἐκδύσασθαι
2Co 5:10 τοῦ σώματος πρὸς **ἃ** ἔπραξεν,
2Co 7:7 ἐν τῇ παρακλήσει **ᾗ** παρεκλήθη ἐφ᾽ ὑμῖν,
2Co 8:18 αὐτοῦ τὸν ἀδελφὸν **οὗ** ὁ ἔπαινος ἐν
2Co 8:22 ἀδελφὸν ἡμῶν **ὃν** ἐδοκιμάσαμεν ἐν πολλοῖς
2Co 9:2 προθυμίαν ὑμῶν **ἣν** ὑπὲρ ὑμῶν καυχῶμαι
2Co 10:1 **ὃς** κατὰ πρόσωπον μὲν
2Co 10:2 τῇ πεποιθήσει **ᾗ** λογίζομαι τολμῆσαι ἐπί
2Co 10:8 τῆς ἐξουσίας ἡμῶν **ἧς** ἔδωκεν ὁ κύριος
2Co 10:13 μέτρον τοῦ κανόνος **οὗ** ἐμέρισεν ἡμῖν ὁ
2Co 10:18 ἀλλὰ **ὃν** ὁ κύριος συνίστησιν.
2Co 11:4 Ἰησοῦν κηρύσσει **ὃν** οὐκ ἐκηρύξαμεν,
2Co 11:4 πνεῦμα ἕτερον λαμβάνετε **ὃ** οὐκ ἐλάβετε,
2Co 11:4 ἢ εὐαγγέλιον ἕτερον **ὃ** οὐκ ἐδέξασθε,
2Co 11:12 **Ὃ** δὲ ποιῶ,
2Co 11:12 ἵνα ἐν **ᾧ** καυχῶνται εὑρεθῶσιν καθὼς
2Co 11:15 **ὧν** τὸ τέλος ἔσται
2Co 11:17 **ὃ** λαλῶ,
2Co 11:21 Ἐν **ᾧ** δ᾽ ἄν τις
2Co 12:4 ἄρρητα ῥήματα **ἃ** οὐκ ἐξὸν ἀνθρώπῳ
2Co 12:6 ἐμὲ λογίσηται ὑπὲρ **ὃ** βλέπει με ἢ
2Co 12:13 τί γάρ ἐστιν **ὃ** ἡσσώθητε ὑπὲρ τὰς
2Co 12:17 μή τινα **ὧν** ἀπέσταλκα πρὸς ὑμᾶς,
2Co 12:21 πορνείᾳ καὶ ἀσελγείᾳ **ᾗ** ἔπραξαν.
2Co 13:3 **ὃς** εἰς ὑμᾶς οὐκ
2Co 13:10 κατὰ τὴν ἐξουσίαν **ἣν** ὁ κύριος ἔδωκέν

ὀσμή (*osmē*; 3/6) *fragrance*

2Co 2:14 Χριστῷ καὶ τὴν **ὀσμὴν** τῆς γνώσεως αὐτοῦ
2Co 2:16 οἷς μὲν **ὀσμὴ** ἐκ θανάτου εἰς
2Co 2:16 οἷς δὲ **ὀσμὴ** ἐκ ζωῆς εἰς

ὅσος (*hosos*; 1/110) *as much as (pl. as many as)*

2Co 1:20 **ὅσαι** γὰρ ἐπαγγελίαι θεοῦ,

ὅστις (*hostis*; 2/144) *who*

2Co 8:10 **οἵτινες** οὐ μόνον τὸ
2Co 9:11 **ἥτις** κατεργάζεται δι᾽ ἡμῶν

ὀστράκινος (*ostrakinos*; 1/2) *made of baked clay*

2Co 4:7 θησαυρὸν τοῦτον ἐν **ὀστρακίνοις** σκεύεσιν,

ὅταν (*hotan*; 3/123) *when*

2Co 10:6 **ὅταν** πληρωθῇ ὑμῶν ἡ
2Co 12:10 **ὅταν** γὰρ ἀσθενῶ,
2Co 13:9 χαίρομεν γὰρ **ὅταν** ἡμεῖς ἀσθενῶμεν,

ὅτι (*hoti*; 51/1294[1296]) *because, that*

2Co 1:5 **ὅτι** καθὼς περισσεύει τὰ
2Co 1:7 ὑπὲρ ὑμῶν εἰδότες **ὅτι** ὡς κοινωνοί ἐστε
2Co 1:8 **ὅτι** καθ᾽ ὑπερβολὴν ὑπὲρ
2Co 1:10 εἰς ὃν ἠλπίκαμεν **[ὅτι]** καὶ ἔτι ῥύσεται,
2Co 1:12 **ὅτι** ἐν ἁπλότητι καὶ
2Co 1:13 ἐλπίζω δὲ **ὅτι** ἕως τέλους ἐπιγνώσεσθε,
2Co 1:14 **ὅτι** καύχημα ὑμῶν ἐσμεν
2Co 1:18 δὲ ὁ θεὸς **ὅτι** ὁ λόγος ἡμῶν
2Co 1:23 **ὅτι** φειδόμενος ὑμῶν οὐκέτι
2Co 1:24 οὐχ **ὅτι** κυριεύομεν ὑμῶν τῆς
2Co 2:3 ἐπὶ πάντας ὑμᾶς **ὅτι** ἡ ἐμὴ χαρὰ
2Co 2:15 **ὅτι** Χριστοῦ εὐωδία ἐσμὲν
2Co 3:3 φανερούμενοι **ὅτι** ἐστὲ ἐπιστολὴ Χριστοῦ
2Co 3:5 οὐχ **ὅτι** ἀφ᾽ ἑαυτῶν ἱκανοί
2Co 3:14 μὴ ἀνακαλυπτόμενον **ὅτι** ἐν Χριστῷ
2Co 4:6 **ὅτι** ὁ θεὸς ὁ
2Co 4:14 εἰδότες **ὅτι** ὁ ἐγείρας τὸν
2Co 5:1 Οἴδαμεν γὰρ **ὅτι** ἐὰν ἡ ἐπίγειος

2Co 5:6 πάντοτε καὶ εἰδότες **ὅτι** ἐνδημοῦντες ἐν τῷ
2Co 5:14 **ὅτι** εἷς ὑπὲρ πάντων
2Co 5:19 ὡς **ὅτι** θεὸς ἦν ἐν
2Co 6:16 εἶπεν ὁ θεὸς **ὅτι** ἐνοικήσω ἐν αὐτοῖς
2Co 7:3 προείρηκα γὰρ **ὅτι** ἐν ταῖς καρδίαις
2Co 7:8 **Ὅτι** εἰ καὶ ἐλύπησα
2Co 7:8 βλέπω [γὰρ] **ὅτι** ἡ ἐπιστολὴ ἐκείνη
2Co 7:9 οὐχ **ὅτι** ἐλυπήθητε ἀλλ᾽ ὅτι
2Co 7:9 ὅτι ἐλυπήθητε ἀλλ᾽ **ὅτι** ἐλυπήθητε εἰς
2Co 7:13 **ὅτι** ἀναπέπαυται τὸ πνεῦμα
2Co 7:14 **ὅτι** εἴ τι αὐτῷ
2Co 7:16 χαίρω **ὅτι** ἐν παντὶ θαρρῶ
2Co 8:2 **ὅτι** ἐν πολλῇ δοκιμῇ
2Co 8:3 **ὅτι** κατὰ δύναμιν,
2Co 8:9 **ὅτι** δι᾽ ὑμᾶς ἐπτώχευσεν
2Co 8:17 **ὅτι** τὴν μὲν παράκλησιν
2Co 9:2 **ὅτι** Ἀχαΐα παρεσκεύασται ἀπὸ
2Co 9:12 **ὅτι** ἡ διακονία τῆς
2Co 10:7 **ὅτι** καθὼς αὐτὸς Χριστοῦ,
2Co 10:10 **ὅτι** αἱ ἐπιστολαὶ μέν,
2Co 10:11 **ὅτι** οἷοί ἐσμεν τῷ
2Co 11:7 **ὅτι** δωρεὰν τὸ τοῦ
2Co 11:10 Χριστοῦ ἐν ἐμοὶ **ὅτι** ἡ καύχησις αὕτη
2Co 11:11 **ὅτι** οὐκ ἀγαπῶ ὑμᾶς;
2Co 11:21 ὡς **ὅτι** ἡμεῖς ἠσθενήκαμεν.
2Co 11:31 **ὅτι** οὐ ψεύδομαι.
2Co 12:4 **ὅτι** ἡρπάγη εἰς τὸν
2Co 12:13 εἰ μὴ **ὅτι** αὐτὸς ἐγὼ οὐ
2Co 12:19 Πάλαι δοκεῖτε **ὅτι** ὑμῖν ἀπολογούμεθα.
2Co 13:2 **ὅτι** ἐὰν ἔλθω εἰς
2Co 13:5 οὐκ ἐπιγινώσκετε ἑαυτοὺς **ὅτι** Ἰησοῦς
2Co 13:6 ἐλπίζω δὲ **ὅτι** γνώσεσθε ὅτι ἡμεῖς
2Co 13:6 δὲ ὅτι γνώσεσθε **ὅτι** ἡμεῖς οὐκ ἐσμὲν

οὐ (*ou*; 97/1621[1623]) *not*

2Co 1:8 **Οὐ** γὰρ θέλομεν ὑμᾶς
2Co 1:12 [καὶ] **οὐκ** ἐν σοφίᾳ σαρκικῇ
2Co 1:13 **οὐ** γὰρ ἄλλα γράφομεν
2Co 1:17 ναὶ ναὶ καὶ τὸ **οὒ** οὔ;
2Co 1:17 ναὶ ναὶ καὶ τὸ οὒ **οὔ**;
2Co 1:18 ὁ πρὸς ὑμᾶς **οὐκ** ἔστιν ναὶ καὶ
2Co 1:18 ἔστιν ναὶ καὶ **οὔ**.
2Co 1:19 **οὐκ** ἐγένετο ναὶ καὶ
2Co 1:19 ἐγένετο ναὶ καὶ **οὒ** ἀλλὰ ναὶ ἐν
2Co 1:24 **οὐχ** ὅτι κυριεύομεν ὑμῶν
2Co 2:4 **οὐχ** ἵνα λυπηθῆτε ἀλλὰ
2Co 2:5 **οὐκ** ἐμὲ λελύπηκεν,
2Co 2:11 **οὐ** γὰρ αὐτοῦ τὰ
2Co 2:13 **οὐκ** ἔσχηκα ἄνεσιν τῷ
2Co 2:17 **οὐ** γάρ ἐσμεν ὡς
2Co 3:3 ἐγγεγραμμένη **οὐ** μέλανι ἀλλὰ πνεύματι
2Co 3:3 **οὐκ** ἐν πλαξὶν λιθίναις
2Co 3:5 **οὐχ** ὅτι ἀφ᾽ ἑαυτῶν
2Co 3:6 οὐ **γράμματος** ἀλλὰ πνεύματος·
2Co 3:10 καὶ γὰρ **οὐ** δεδόξασται τὸ δεδοξασμένον
2Co 3:13 καὶ **οὐ** καθάπερ Μωϋσῆς ἐτίθει
2Co 4:1 **οὐκ** ἐγκακοῦμεν
2Co 4:5 **Οὐ** γὰρ ἑαυτοὺς κηρύσσομεν
2Co 4:8 παντὶ θλιβόμενοι ἀλλ᾽ **οὐ** στενοχωρούμενοι,
2Co 4:8 ἀπορούμενοι ἀλλ᾽ **οὐκ** ἐξαπορούμενοι,
2Co 4:9 διωκόμενοι ἀλλ᾽ **οὐκ** ἐγκαταλειπόμενοι,
2Co 4:9 καταβαλλόμενοι ἀλλ᾽ **οὐκ** ἀπολλύμενοι,
2Co 4:16 Διὸ **οὐκ** ἐγκακοῦμεν,
2Co 5:3 καὶ ἐκδυσάμενοι **οὐ** γυμνοὶ εὑρεθησόμεθα.
2Co 5:4 ἐφ᾽ ᾧ **οὐ** θέλομεν ἐκδύσασθαι ἀλλ᾽
2Co 5:7 **οὐ** διὰ εἴδους·
2Co 5:12 **οὐ** πάλιν ἑαυτοὺς συνιστάνομεν
2Co 6:12 **οὐ** στενοχωρεῖσθε ἐν ἡμῖν,
2Co 7:3 πρὸς κατάκρισιν **οὐ** λέγω·
2Co 7:7 **οὐ** μόνον δὲ ἐν
2Co 7:8 **οὐ** μεταμέλομαι·
2Co 7:9 **οὐχ** ὅτι ἐλυπήθητε ἀλλ᾽
2Co 7:12 οὐχ **ἕνεκεν** τοῦ ἀδικήσαντος οὐδὲ
2Co 7:14 **οὐ** κατῃσχύνθην,
2Co 8:5 καὶ **οὐ** καθὼς ἠλπίσαμεν ἀλλὰ
2Co 8:8 **Οὐ** κατ᾽ ἐπιταγὴν λέγω
2Co 8:10 οἵτινες **οὐ** μόνον τὸ ποιῆσαι
2Co 8:12 **οὐ** καθὸ οὐκ ἔχει.
2Co 8:12 οὐ καθὸ **οὐκ** ἔχει.
2Co 8:13 **οὐ** γὰρ ἵνα ἄλλοις
2Co 8:15 ὁ τὸ πολὺ **οὐκ** ἐπλεόνασεν,
2Co 8:15 ὁ τὸ ὀλίγον **οὐκ** ἠλαττόνησεν.
2Co 8:19 **οὐ** μόνον δέ,
2Co 8:21 προνοοῦμεν γὰρ καλὰ **οὐ** μόνον ἐνώπιον
2Co 9:12 τῆς λειτουργίας ταύτης **οὐ** μόνον ἐστὶν
2Co 10:3 σαρκὶ γὰρ περιπατοῦντες **οὐ** κατὰ σάρκα
2Co 10:4 τῆς στρατείας ἡμῶν **οὐ** σαρκικὰ ἀλλὰ
2Co 10:8 εἰς οἰκοδομὴν καὶ **οὐκ** εἰς καθαίρεσιν
2Co 10:8 **οὐκ** αἰσχυνθήσομαι.
2Co 10:12 **Οὐ** γὰρ τολμῶμεν ἐγκρῖναι
2Co 10:12 ἑαυτοὺς ἑαυτοῖς **οὐ** συνιᾶσιν.
2Co 10:13 ἡμεῖς δὲ **οὐκ** εἰς τὰ ἄμετρα
2Co 10:14 **οὐ** γὰρ ὡς μὴ
2Co 10:15 **οὐκ** εἰς τὰ ἄμετρα
2Co 10:16 **οὐκ** ἐν ἀλλοτρίῳ κανόνι
2Co 10:18 **οὐ** γὰρ ὁ ἑαυτὸν
2Co 11:4 Ἰησοῦν κηρύσσει ὃν **οὐκ** ἐκηρύξαμεν,
2Co 11:4 ἕτερον λαμβάνετε ὃ **οὐκ** ἐλάβετε,
2Co 11:4 εὐαγγέλιον ἕτερον ὃ **οὐκ** ἐδέξασθε,
2Co 11:6 ἀλλ᾽ **οὐ** τῇ γνώσει,
2Co 11:9 καὶ ὑστερηθεὶς **οὐ** κατενάρκησα οὐθενός·
2Co 11:10 ἡ καύχησις αὕτη **οὐ** φραγήσεται εἰς ἐμὲ
2Co 11:11 ὅτι **οὐκ** ἀγαπῶ ὑμᾶς;
2Co 11:14 καὶ **οὐ** θαῦμα·
2Co 11:15 **οὐ** μέγα οὖν εἰ
2Co 11:17 **οὐ** κατὰ κύριον λαλῶ
2Co 11:29 τίς ἀσθενεῖ καὶ **οὐκ** ἀσθενῶ;
2Co 11:29 τίς σκανδαλίζεται καὶ **οὐκ** ἐγὼ πυροῦμαι;
2Co 11:31 ὅτι **οὐ** ψεύδομαι.
2Co 12:1 **οὐ** συμφέρον μέν,
2Co 12:2 εἴτε ἐν σώματι **οὐκ** οἶδα,
2Co 12:2 ἐκτὸς τοῦ σώματος **οὐκ** οἶδα,
2Co 12:3 χωρὶς τοῦ σώματος **οὐκ** οἶδα,
2Co 12:4 ῥήματα ἃ **οὐκ** ἐξὸν ἀνθρώπῳ λαλῆσαι.
2Co 12:5 ὑπὲρ δὲ ἐμαυτοῦ **οὐ** καυχήσομαι εἰ μὴ
2Co 12:6 **οὐκ** ἔσομαι ἄφρων,
2Co 12:13 ὅτι αὐτὸς ἐγὼ **οὐ** κατενάρκησα ὑμῶν;
2Co 12:14 καὶ **οὐ** καταναρκήσω·
2Co 12:14 **οὐ** γὰρ ζητῶ τὰ
2Co 12:14 **οὐ** γὰρ ὀφείλει τὰ
2Co 12:16 ἐγὼ **οὐ** κατεβάρησα ὑμᾶς·
2Co 12:18 **οὐ** τῷ αὐτῷ πνεύματι
2Co 12:18 **οὐ** τοῖς αὐτοῖς ἴχνεσιν;
2Co 12:20 μή πως ἐλθὼν **οὐχ** οἵους θέλω εὕρω
2Co 12:20 εὑρεθῶ ὑμῖν οἷον **οὐ** θέλετε·
2Co 13:2 εἰς τὸ πάλιν **οὐ** φείσομαι,
2Co 13:3 ὃς εἰς ὑμᾶς **οὐκ** ἀσθενεῖ ἀλλὰ δυνατεῖ
2Co 13:5 ἢ **οὐκ** ἐπιγινώσκετε ἑαυτοὺς ὅτι

2Co 13:6 γνώσεσθε ὅτι ἡμεῖς **οὐκ** ἐσμὲν ἀδόκιμοι.
2Co 13:7 **οὐχ** ἵνα ἡμεῖς δόκιμοι
2Co 13:8 **οὐ** γὰρ δυνάμεθά τι
2Co 13:10 εἰς οἰκοδομὴν καὶ **οὐκ** εἰς καθαίρεσιν.

οὗ (*hou*; 1/24) *where*

2Co 3:17 **οὗ** δὲ τὸ πνεῦμα

οὐδέ (*oude*; 1/141[143]) *neither, nor*

2Co 7:12 ἀδικήσαντος **οὐδὲ** ἕνεκεν τοῦ ἀδικηθέντος

οὐδείς (*oudeis*; 7/225[227]) *no one*

2Co 5:16 ἀπὸ τοῦ νῦν **οὐδένα** οἴδαμεν κατὰ σάρκα·
2Co 7:2 **οὐδένα** ἠδικήσαμεν,
2Co 7:2 **οὐδένα** ἐφθείραμεν,
2Co 7:2 **οὐδένα** ἐπλεονεκτήσαμεν.
2Co 7:5 εἰς Μακεδονίαν **οὐδεμίαν** ἔσχηκεν ἄνεσιν
2Co 12:11 **οὐδὲν** γὰρ ὑστέρησα τῶν
2Co 12:11 ἀποστόλων εἰ καὶ **οὐδέν** εἰμι.

οὐθείς (*outheis*; 1/7) *no one*

2Co 11:9 ὑστερηθεὶς οὐ κατενάρκησα **οὐθενός**·

οὐκέτι (*ouketi*; 2/47) *no longer*

2Co 1:23 ὅτι φειδόμενος ὑμῶν **οὐκέτι** ἦλθον εἰς
2Co 5:16 ἀλλὰ νῦν **οὐκέτι** γινώσκομεν.

οὖν (*oun*; 10/497[499]) *therefore*

2Co 1:17 τοῦτο **οὖν** βουλόμενος μήτι ἄρα
2Co 3:12 Ἔχοντες **οὖν** τοιαύτην ἐλπίδα πολλῇ
2Co 5:6 Θαρροῦντες **οὖν** πάντοτε καὶ εἰδότες
2Co 5:11 Εἰδότες **οὖν** τὸν φόβον τοῦ
2Co 5:20 Ὑπὲρ Χριστοῦ **οὖν** πρεσβεύομεν ὡς τοῦ
2Co 7:1 ταύτας **οὖν** ἔχοντες τὰς ἐπαγγελίας,
2Co 8:24 τὴν **οὖν** ἔνδειξιν τῆς ἀγάπης
2Co 9:5 ἀναγκαῖον **οὖν** ἡγησάμην παρακαλέσαι
2Co 11:15 οὐ μέγα **οὖν** εἰ καὶ οἱ
2Co 12:9 ἥδιστα **οὖν** μᾶλλον καυχήσομαι ἐν

οὐρανός (*ouranos*; 3/272[273]) *heaven*

2Co 5:1 αἰώνιον ἐν τοῖς **οὐρανοῖς**.
2Co 5:2 ἡμῶν τὸ ἐξ **οὐρανοῦ** ἐπενδύσασθαι
2Co 12:2 τοιοῦτον ἕως τρίτου **οὐρανοῦ**.

οὗτος (*houtos*; 43/1382[1387]) *this*

2Co 1:12 γὰρ καύχησις ἡμῶν **αὕτη** ἐστίν,
2Co 1:15 Καὶ **ταύτῃ** τῇ πεποιθήσει ἐβουλόμην
2Co 1:17 **τοῦτο** οὖν βουλόμενος μήτι
2Co 2:1 Ἔκρινα γὰρ ἐμαυτῷ **τοῦτο** τὸ μὴ πάλιν
2Co 2:3 καὶ ἔγραψα **τοῦτο** αὐτό,
2Co 2:6 τοιούτῳ ἡ ἐπιτιμία **αὕτη** ἡ ὑπὸ τῶν
2Co 2:9 εἰς **τοῦτο** γὰρ καὶ ἔγραψα,
2Co 2:16 καὶ πρὸς **ταῦτα** τίς ἱκανός;
2Co 3:10 δεδοξασμένον ἐν **τούτῳ** τῷ μέρει εἵνεκεν
2Co 4:1 Διὰ **τοῦτο**,
2Co 4:1 τὴν διακονίαν **ταύτην** καθὼς ἠλεήθημεν,
2Co 4:4 τοῦ αἰῶνος **τούτου** ἐτύφλωσεν τὰ νοήματα
2Co 4:7 θησαυρὸν **τοῦτον** ἐν ὀστρακίνοις σκεύεσιν,
2Co 5:2 καὶ γὰρ ἐν **τούτῳ** στενάζομεν τὸ
2Co 5:5 ἡμᾶς εἰς αὐτὸ **τοῦτο** θεός,
2Co 5:14 κρίναντας **τοῦτο**,
2Co 7:1 **ταύτας** οὖν ἔχοντες τὰς
2Co 7:11 ἰδοὺ γὰρ αὐτὸ **τοῦτο** τὸ κατὰ θεὸν
2Co 7:13 διὰ **τοῦτο** παρακεκλήμεθα.
2Co 8:6 καὶ τὴν χάριν **ταύτην**.
2Co 8:7 ἵνα καὶ ἐν **ταύτῃ** τῇ χάριτι περισσεύητε.
2Co 8:10 καὶ γνώμην ἐν **τούτῳ** δίδωμι·
2Co 8:10 **τοῦτο** γὰρ ὑμῖν συμφέρει,
2Co 8:19 σὺν τῇ χάριτι **ταύτῃ** τῇ διακονουμένῃ ὑφ'
2Co 8:20 στελλόμενοι **τοῦτο**,
2Co 8:20 ἐν τῇ ἁδρότητι **ταύτῃ** τῇ διακονουμένῃ ὑφ'
2Co 9:3 ἐν τῷ μέρει **τούτῳ**,
2Co 9:4 ἐν τῇ ὑποστάσει **ταύτῃ**.
2Co 9:5 **ταύτην** ἑτοίμην εἶναι οὕτως
2Co 9:6 **Τοῦτο** δέ,
2Co 9:12 διακονία τῆς λειτουργίας **ταύτης** οὐ μόνον
2Co 9:13 δοκιμῆς τῆς διακονίας **ταύτης** δοξάζοντες
2Co 10:7 **τοῦτο** λογιζέσθω πάλιν ἐφ'
2Co 10:11 **τοῦτο** λογιζέσθω ὁ τοιοῦτος,
2Co 11:10 ὅτι ἡ καύχησις **αὕτη** οὐ φραγήσεται εἰς
2Co 11:17 ἐν **ταύτῃ** τῇ ὑποστάσει τῆς
2Co 12:8 ὑπὲρ **τούτου** τρὶς τὸν κύριον
2Co 12:13 μοι τὴν ἀδικίαν **ταύτην**.
2Co 12:14 Ἰδοὺ τρίτον **τοῦτο** ἑτοίμως ἔχω ἐλθεῖν
2Co 13:1 Τρίτον **τοῦτο** ἔρχομαι πρὸς ὑμᾶς·
2Co 13:9 **τοῦτο** καὶ εὐχόμεθα,
2Co 13:10 Διὰ **τοῦτο** ταῦτα ἀπὼν γράφω,
2Co 13:10 Διὰ τοῦτο **ταῦτα** ἀπὼν γράφω,

οὕτως (*houtōs*; 7/208) *in this way*

2Co 1:5 **οὕτως** διὰ τοῦ Χριστοῦ
2Co 1:7 **οὕτως** καὶ τῆς παρακλήσεως.
2Co 7:14 **οὕτως** καὶ ἡ καύχησις
2Co 8:6 καθὼς προενήρξατο **οὕτως** καὶ ἐπιτελέσῃ
2Co 8:11 **οὕτως** καὶ τὸ ἐπιτελέσαι
2Co 9:5 ταύτην ἑτοίμην εἶναι **οὕτως** ὡς εὐλογίαν
2Co 10:7 **οὕτως** καὶ ἡμεῖς.

οὐχί (*ouchi*; 1/54) *not*

2Co 3:8 πῶς **οὐχὶ** μᾶλλον ἡ διακονία

ὀφείλω (*opheilō*; 2/35) *ought to*

2Co 12:11 ἐγὼ γὰρ **ὤφειλον** ὑφ' ὑμῶν συνίστασθαι·
2Co 12:14 οὐ γὰρ **ὀφείλει** τὰ τέκνα τοῖς

ὄφελον (*ophelon*; 1/4) *would that*

2Co 11:1 **Ὄφελον** ἀνείχεσθέ μου μικρόν

ὄφις (*ophis*; 1/13[14]) *snake*

2Co 11:3 ὡς ὁ **ὄφις** ἐξηπάτησεν Εὕαν ἐν

ὀχύρωμα (*ochyrōma*; 1/1) *stronghold*

2Co 10:4 θεῷ πρὸς καθαίρεσιν **ὀχυρωμάτων**,

ὀψώνιον (*opsōnion*; 1/4) *pay*

2Co 11:8 ἐσύλησα λαβὼν **ὀψώνιον** πρὸς τὴν ὑμῶν

πάθημα (*pathēma*; 3/16) *suffering*

2Co 1:5 περισσεύει τὰ **παθήματα** τοῦ Χριστοῦ εἰς
2Co 1:6 ὑπομονῇ τῶν αὐτῶν **παθημάτων** ὧν καὶ
2Co 1:7 κοινωνοί ἐστε τῶν **παθημάτων**,

παιδεύω (*paideuō*; 1/13) *instruct*

2Co 6:9 ὡς **παιδευόμενοι** καὶ μὴ θανατούμενοι,

πάλαι (*palai*; 1/7) *long ago*

2Co 12:19 **Πάλαι** δοκεῖτε ὅτι ὑμῖν

παλαιός (*palaios*; 1/19) *old*

2Co 3:14 τῇ ἀναγνώσει τῆς **παλαιᾶς** διαθήκης μένει,

πάλιν (*palin*; 8/139[141]) *again*

2Co 1:16 εἰς Μακεδονίαν καὶ **πάλιν** ἀπὸ Μακεδονίας
2Co 2:1 τοῦτο τὸ μὴ **πάλιν** ἐν λύπῃ πρὸς
2Co 3:1 Ἀρχόμεθα **πάλιν** ἑαυτοὺς συνιστάνειν;
2Co 5:12 οὐ **πάλιν** ἑαυτοὺς συνιστάνομεν ὑμῖν
2Co 10:7 τοῦτο λογιζέσθω **πάλιν** ἐφ' ἑαυτοῦ,
2Co 11:16 **Πάλιν** λέγω,
2Co 12:21 μὴ **πάλιν** ἐλθόντος μου ταπεινώσῃ
2Co 13:2 ἔλθω εἰς τὸ **πάλιν** οὐ φείσομαι,

πανουργία (*panourgia*; 2/5) *trickery*

2Co 4:2 ἐν **πανουργίᾳ** μηδὲ δολοῦντες τὸν
2Co 11:3 Εὕαν ἐν τῇ **πανουργίᾳ** αὐτοῦ,

πανοῦργος (*panourgos*; 1/1) *tricky*

2Co 12:16 ἀλλὰ ὑπάρχων **πανοῦργος** δόλῳ ὑμᾶς

παντοκράτωρ (*pantokratōr*; 1/10) *the Almighty*

2Co 6:18 λέγει κύριος παντοκράτωρ.

πάντοτε (*pantote*; 4/41) *always*

2Co 2:14 θεῷ χάρις τῷ **πάντοτε** θριαμβεύοντι ἡμᾶς
2Co 4:10 **πάντοτε** τὴν νέκρωσιν τοῦ
2Co 5:6 Θαρροῦντες οὖν **πάντοτε** καὶ εἰδότες ὅτι
2Co 9:8 ἵνα ἐν παντὶ **πάντοτε** πᾶσαν αὐτάρκειαν

παρά (*para*; 3/193[194]) *from, with, beside*

2Co 1:17 ἵνα ᾖ **παρ'** ἐμοὶ τὸ ναὶ
2Co 8:3 καὶ **παρὰ** δύναμιν,
2Co 11:24 πεντάκις τεσσεράκοντα **παρὰ** μίαν ἔλαβον,

παράδεισος (*paradeisos*; 1/3) *paradise*

2Co 12:4 ἡρπάγη εἰς τὸν **παράδεισον** καὶ ἤκουσεν

παραδίδωμι (*paradidōmi*; 1/119) *hand or give over*

2Co 4:11 εἰς θάνατον **παραδιδόμεθα** διὰ Ἰησοῦν,

παρακαλέω (*parakaleō*; 18/109) *encourage, ask*

2Co 1:4 ὁ **παρακαλῶν** ἡμᾶς ἐπὶ πάσῃ
2Co 1:4 δύνασθαι ἡμᾶς **παρακαλεῖν** τοὺς ἐν πάσῃ
2Co 1:4 τῆς παρακλήσεως ἧς **παρακαλούμεθα** αὐτοὶ
2Co 1:6 εἴτε **παρακαλούμεθα**,
2Co 2:7 ὑμᾶς χαρίσασθαι καὶ **παρακαλέσαι**,
2Co 2:8 διὸ **παρακαλῶ** ὑμᾶς κυρῶσαι εἰς
2Co 5:20 ὡς τοῦ θεοῦ **παρακαλοῦντος** δι' ἡμῶν·
2Co 6:1 δὲ καὶ **παρακαλοῦμεν** μὴ εἰς κενὸν
2Co 7:6 ἀλλ' ὁ **παρακαλῶν** τοὺς ταπεινοὺς
2Co 7:6 τοὺς ταπεινοὺς **παρεκάλεσεν** ἡμᾶς ὁ θεὸς
2Co 7:7 τῇ παρακλήσει ᾗ **παρεκλήθη** ἐφ' ὑμῖν,
2Co 7:13 διὰ τοῦτο **παρακεκλήμεθα**.
2Co 8:6 εἰς τὸ **παρακαλέσαι** ἡμᾶς Τίτον,
2Co 9:5 οὖν ἡγησάμην **παρακαλέσαι** τοὺς ἀδελφούς,
2Co 10:1 δὲ ἐγὼ Παῦλος **παρακαλῶ** ὑμᾶς διὰ τῆς
2Co 12:8 τρὶς τὸν κύριον **παρεκάλεσα** ἵνα ἀποστῇ
2Co 12:18 **παρεκάλεσα** Τίτον καὶ συναπέστειλα
2Co 13:11 **παρακαλεῖσθε**,

παράκλησις (*paraklēsis*; 11/29) *encouragement*

2Co 1:3 καὶ θεὸς πάσης **παρακλήσεως**,
2Co 1:4 διὰ τῆς **παρακλήσεως** ἧς παρακαλούμεθα
2Co 1:5 περισσεύει καὶ ἡ **παράκλησις** ἡμῶν.
2Co 1:6 ὑπὲρ τῆς ὑμῶν **παρακλήσεως** καὶ σωτηρίας·
2Co 1:6 τῆς ὑμῶν **παρακλήσεως** τῆς ἐνεργουμένης
2Co 1:7 οὕτως καὶ τῆς **παρακλήσεως**.
2Co 7:4 πεπλήρωμαι τῇ **παρακλήσει**,
2Co 7:7 καὶ ἐν τῇ **παρακλήσει** ᾗ παρεκλήθη ἐφ'
2Co 7:13 Ἐπὶ δὲ τῇ **παρακλήσει** ἡμῶν περισσοτέρως
2Co 8:4 μετὰ πολλῆς **παρακλήσεως** δεόμενοι ἡμῶν
2Co 8:17 ὅτι τὴν μὲν **παράκλησιν** ἐδέξατο,

παρακοή (*parakoē*; 1/3) *disobedience*

2Co 10:6 ἕχοντες ἐκδικῆσαι πᾶσαν **παρακοήν**,

παράπτωμα (*paraptōma*; 1/19) *sin*

2Co 5:19 αὐτοῖς τὰ **παραπτώματα** αὐτῶν καὶ θέμενος

παρασκευάζω (*paraskeuazō*; 2/4) *prepare a meal*

2Co 9:2 ὅτι Ἀχαΐα **παρεσκεύασται** ἀπὸ πέρυσι,
2Co 9:3 ἵνα καθὼς ἔλεγον **παρεσκευασμένοι** ἦτε,

παραυτίκα (*parautika*; 1/1) *momentary*

2Co 4:17 τὸ γὰρ **παραυτίκα** ἐλαφρὸν τῆς θλίψεως

παραφρονέω (*paraphroneō*; 1/1) *be out of one's mind*

2Co 11:23 **παραφρονῶν** λαλῶ,

πάρειμι (*pareimi*; 5/24) *be present or here*

2Co 10:2 δὲ τὸ μὴ **παρὼν** θαρρῆσαι τῇ πεποιθήσει
2Co 10:11 τοιοῦτοι καὶ **παρόντες** τῷ ἔργῳ.
2Co 11:9 καὶ **παρὼν** πρὸς ὑμᾶς καὶ
2Co 13:2 ὡς **παρὼν** τὸ δεύτερον καὶ
2Co 13:10 ἵνα **παρὼν** μὴ ἀποτόμως χρήσωμαι

παρεκτός (*parektos*; 1/3) *except*

2Co 11:28 χωρὶς τῶν **παρεκτὸς** ἡ ἐπίστασίς μοι

παρέρχομαι (*parerchomai*; 1/29) *pass*

2Co 5:17 τὰ ἀρχαῖα **παρῆλθεν**,

παρθένος (*parthenos*; 1/15) *virgin*

2Co 11:2 ἑνὶ ἀνδρὶ **παρθένον** ἁγνὴν παραστῆσαι τῷ

παρίστημι (*paristēmi*; 2/41) *present*

2Co 4:14 Ἰησοῦ ἐγερεῖ καὶ **παραστήσει** σὺν ὑμῖν.
2Co 11:2 παρθένον ἁγνὴν **παραστῆσαι** τῷ Χριστῷ·

παρουσία (*parousia*; 3/24) *coming*

2Co 7:6 θεὸς ἐν τῇ **παρουσίᾳ** Τίτου,
2Co 7:7 δὲ ἐν τῇ **παρουσίᾳ** αὐτοῦ ἀλλὰ καὶ
2Co 10:10 ἡ δὲ **παρουσία** τοῦ σώματος ἀσθενὴς

παρρησία (*parrēsia*; 2/31) *boldness*

2Co 3:12 τοιαύτην ἐλπίδα πολλῇ **παρρησίᾳ** χρώμεθα
2Co 7:4 πολλή μοι **παρρησία** πρὸς ὑμᾶς,

πᾶς (*pas*; 52/1240[1243]) *each, every (pl. all)*

2Co 1:1 σὺν τοῖς ἁγίοις **πᾶσιν** τοῖς οὖσιν ἐν
2Co 1:3 οἰκτιρμῶν καὶ θεὸς **πάσης** παρακλήσεως,
2Co 1:4 παρακαλῶν ἡμᾶς ἐπὶ **πάσῃ** τῇ θλίψει ἡμῶν
2Co 1:4 παρακαλεῖν τοὺς ἐν **πάσῃ** θλίψει διὰ τῆς
2Co 2:3 πεποιθὼς ἐπὶ **πάντας** ὑμᾶς ὅτι ἡ
2Co 2:3 ἡ ἐμὴ χαρὰ **πάντων** ὑμῶν ἐστιν.
2Co 2:5 **πάντας** ὑμᾶς.
2Co 2:9 εἰ εἰς **πάντα** ὑπήκοοί ἐστε.
2Co 2:14 δι' ἡμῶν ἐν **παντὶ** τόπῳ·
2Co 3:2 ἀναγινωσκομένη ὑπὸ **πάντων** ἀνθρώπων,
2Co 3:18 ἡμεῖς δὲ **πάντες** ἀνακεκαλυμμένῳ προσώπῳ

2Co 4:2 ἑαυτοὺς πρὸς **πᾶσαν** συνείδησιν ἀνθρώπων
2Co 4:8 ἐν **παντὶ** θλιβόμενοι ἀλλ' οὐ
2Co 4:15 τὰ γὰρ **πάντα** δι' ὑμᾶς,
2Co 5:10 τοὺς γὰρ **πάντας** ἡμᾶς φανερωθῆναι δεῖ
2Co 5:14 ὅτι εἷς ὑπὲρ **πάντων** ἀπέθανεν,
2Co 5:14 ἄρα οἱ **πάντες** ἀπέθανον·
2Co 5:15 καὶ ὑπὲρ **πάντων** ἀπέθανεν,
2Co 5:18 τὰ δὲ **πάντα** ἐκ τοῦ θεοῦ
2Co 6:4 ἀλλ' ἐν **παντὶ** συνιστάντες ἑαυτοὺς ὡς
2Co 6:10 μηδὲν ἔχοντες καὶ **πάντα** κατέχοντες.
2Co 7:1 ἑαυτοὺς ἀπὸ **παντὸς** μολυσμοῦ σαρκὸς καὶ
2Co 7:4 τῇ χαρᾷ ἐπὶ **πάσῃ** τῇ θλίψει ἡμῶν.
2Co 7:5 ἡμῶν ἀλλ' ἐν **παντὶ** θλιβόμενοι·
2Co 7:11 ἐν **παντὶ** συνεστήσατε ἑαυτοὺς ἁγνοὺς
2Co 7:13 πνεῦμα αὐτοῦ ἀπὸ **πάντων** ὑμῶν·
2Co 7:14 ἀλλ' ὡς **πάντα** ἐν ἀληθείᾳ ἐλαλήσαμεν
2Co 7:15 ἀναμιμνῃσκομένου τὴν **πάντων** ὑμῶν
2Co 7:16 χαίρω ὅτι ἐν **παντὶ** θαρρῶ ἐν ὑμῖν.
2Co 8:7 'Αλλ' ὥσπερ ἐν **παντὶ** περισσεύετε,
2Co 8:7 καὶ γνώσει καὶ **πάσῃ** σπουδῇ καὶ τῇ
2Co 8:18 τῷ εὐαγγελίῳ διὰ **πασῶν** τῶν ἐκκλησιῶν,
2Co 9:8 δὲ ὁ θεὸς **πᾶσαν** χάριν περισσεῦσαι εἰς
2Co 9:8 ἵνα ἐν **παντὶ** πάντοτε πᾶσαν αὐτάρκειαν
2Co 9:8 πάντοτε **πᾶσαν** αὐτάρκειαν ἔχοντες
2Co 9:8 περισσεύητε εἰς **πᾶν** ἔργον ἀγαθόν,
2Co 9:11 ἐν **παντὶ** πλουτιζόμενοι εἰς πᾶσαν
2Co 9:11 παντὶ πλουτιζόμενοι εἰς **πᾶσαν** ἁπλότητα,
2Co 9:13 αὐτοὺς καὶ εἰς **πάντας**,
2Co 10:5 καὶ **πᾶν** ὕψωμα ἐπαιρόμενον κατὰ
2Co 10:5 καὶ αἰχμαλωτίζοντες **πᾶν** νόημα εἰς τὴν
2Co 10:6 ἑτοίμῳ ἔχοντες ἐκδικῆσαι **πᾶσαν** παρακοήν,
2Co 11:6 ἀλλ' ἐν **παντὶ** φανερώσαντες ἐν πᾶσιν
2Co 11:6 παντὶ φανερώσαντες ἐν **πᾶσιν** εἰς ὑμᾶς.
2Co 11:9 καὶ ἐν **παντὶ** ἀβαρῆ ἐμαυτὸν ὑμῖν
2Co 11:28 ἡ μέριμνα **πασῶν** τῶν ἐκκλησιῶν.
2Co 12:12 ἐν ὑμῖν ἐν **πάσῃ** ὑπομονῇ,
2Co 12:19 τὰ δὲ **πάντα**,
2Co 13:1 καὶ τριῶν σταθήσεται **πᾶν** ῥῆμα.
2Co 13:2 καὶ τοῖς λοιποῖς **πᾶσιν**,
2Co 13:12 ὑμᾶς οἱ ἅγιοι **πάντες**.
2Co 13:13 ἁγίου πνεύματος μετὰ **πάντων** ὑμῶν.

πάσχω (*paschō*; 1/42) *suffer*

2Co 1:6 ὧν καὶ ἡμεῖς **πάσχομεν**.

πατήρ (*patēr*; 5/413) *father*

2Co 1:2 εἰρήνη ἀπὸ θεοῦ **πατρὸς** ἡμῶν καὶ κυρίου
2Co 1:3 ὁ θεὸς καὶ **πατὴρ** τοῦ κυρίου ἡμῶν
2Co 1:3 ὁ **πατὴρ** τῶν οἰκτιρμῶν καὶ
2Co 6:18 ἔσομαι ὑμῖν εἰς **πατέρα** καὶ ὑμεῖς ἔσεσθέ
2Co 11:31 ὁ θεὸς καὶ **πατὴρ** τοῦ κυρίου 'Ιησοῦ

Παῦλος (*Paulos*; 2/158) *Paul*

2Co 1:1 **Παῦλος** ἀπόστολος Χριστοῦ 'Ιησοῦ
2Co 10:1 Αὐτὸς δὲ ἐγὼ **Παῦλος** παρακαλῶ ὑμᾶς διὰ

πείθω (*peithō*; 4/52) *persuade*

2Co 1:9 ἵνα μὴ **πεποιθότες** ὦμεν ἐφ' ἑαυτοῖς
2Co 2:3 **πεποιθὼς** ἐπὶ πάντας ὑμᾶς
2Co 5:11 τοῦ κυρίου ἀνθρώπους **πείθομεν**,
2Co 10:7 εἴ τις **πέποιθεν** ἑαυτῷ Χριστοῦ εἶναι,

πειράζω (*peirazō*; 1/37[38]) *test*

2Co 13:5 'Εαυτοὺς **πειράζετε** εἰ ἐστὲ ἐν

πέμπω (*pempō*; 1/79) *send*

2Co 9:3 **ἔπεμψα** δὲ τοὺς ἀδελφούς,

πένης (*penēs*; 1/1) *poor or needy person*

2Co 9:9 ἔδωκεν τοῖς **πένησιν**,

πενθέω (*pentheō*; 1/9[10]) *mourn*

2Co 12:21 καὶ **πενθήσω** πολλοὺς τῶν προημαρτηκότων

πεντάκις (*pentakis*; 1/1) *five times*

2Co 11:24 'Υπὸ 'Ιουδαίων **πεντάκις** τεσσεράκοντα

πεποίθησις (*pepoithēsis*; 4/6) *confidence*

2Co 1:15 ταύτῃ τῇ **πεποιθήσει** ἐβουλόμην πρότερον
2Co 3:4 **Πεποίθησιν** δὲ τοιαύτην ἔχομεν
2Co 8:22 δὲ πολὺ σπουδαιότερον **πεποιθήσει** πολλῇ
2Co 10:2 θαρρῆσαι τῇ **πεποιθήσει** ᾗ λογίζομαι

περί (*peri*; 2/332[333]) *concerning, around*

2Co 9:1 **Περὶ** μὲν γὰρ τῆς
2Co 10:8 τι καυχήσωμαι **περὶ** τῆς ἐξουσίας ἡμῶν

περιαιρέω (*periaireō*; 1/5) *take away*

2Co 3:16 **περιαιρεῖται** τὸ κάλυμμα.

περιπατέω (*peripateō*; 5/94[95]) *walk*

2Co 4:2 μὴ **περιπατοῦντες** ἐν πανουργίᾳ μηδὲ
2Co 5:7 διὰ πίστεως γὰρ **περιπατοῦμεν**,
2Co 10:2 ὡς κατὰ σάρκα **περιπατοῦντας**.
2Co 10:3 σαρκὶ γὰρ **περιπατοῦντες** οὐ κατὰ σάρκα
2Co 12:18 τῷ αὐτῷ πνεύματι **περιεπατήσαμεν**;

περισσεία (*perisseia*; 2/4) *abundance*

2Co 8:2 θλίψεως ἡ **περισσεία** τῆς χαρᾶς αὐτῶν
2Co 10:15 κανόνα ἡμῶν εἰς **περισσείαν**

περίσσευμα (*perisseuma*; 2/5) *abundance*

2Co 8:14 καιρῷ τὸ ὑμῶν **περίσσευμα** εἰς τὸ ἐκείνων
2Co 8:14 καὶ τὸ ἐκείνων **περίσσευμα** γένηται εἰς τὸ

περισσεύω (*perisseuō*; 10/39) *exceed, be left over*

2Co 1:5 ὅτι καθὼς **περισσεύει** τὰ παθήματα τοῦ
2Co 1:5 τοῦ Χριστοῦ **περισσεύει** καὶ ἡ παράκλησις
2Co 3:9 πολλῷ μᾶλλον **περισσεύει** ἡ διακονία τῆς
2Co 4:15 τὴν εὐχαριστίαν **περισσεύσῃ** εἰς τὴν δόξαν
2Co 8:2 αὐτῶν **ἐπερίσσευσεν** εἰς τὸ πλοῦτος
2Co 8:7 ὥσπερ ἐν παντὶ **περισσεύετε**,
2Co 8:7 ταύτῃ τῇ χάριτι **περισσεύητε**.
2Co 9:8 θεὸς πᾶσαν χάριν **περισσεῦσαι** εἰς ὑμᾶς,
2Co 9:8 αὐτάρκειαν ἔχοντες **περισσεύητε** εἰς πᾶν
2Co 9:12 ἀλλὰ καὶ **περισσεύουσα** διὰ πολλῶν

περισσός (*perissos*; 1/6) *more*

2Co 9:1 εἰς τοὺς ἁγίους **περισσόν** μοί ἐστιν τὸ

περισσότερος (*perissoteros*; 2/16) *more*

2Co 2:7 μή πως τῇ **περισσοτέρᾳ** λύπῃ καταποθῇ ὁ
2Co 10:8 ἐάν [τε] γὰρ **περισσότερόν** τι καυχήσωμαι

περισσοτέρως (*perissoterōs*; 7/12) *all the more*

2Co 1:12 **περισσοτέρως** δὲ πρὸς ὑμᾶς.
2Co 2:4 γνῶτε ἣν ἔχω **περισσοτέρως** εἰς ὑμᾶς.
2Co 7:13 ἡμῶν **περισσοτέρως** μᾶλλον ἐχάρημεν ἐπὶ
2Co 7:15 τὰ σπλάγχνα αὐτοῦ **περισσοτέρως** εἰς ὑμᾶς

2Co 11:23 ἐν κόποις περισσοτέρως,
2Co 11:23 ἐν φυλακαῖς **περισσοτέρως**,
2Co 12:15 εἰ **περισσοτέρως** ὑμᾶς ἀγαπῶ[ν],

περιφέρω (*peripherō*; 1/3) *carry about*
2Co 4:10 ἐν τῷ σώματι **περιφέροντες**,

πέρυσι (*perysi*; 2/2) *a year ago*
2Co 8:10 θέλειν προενήρξασθε ἀπὸ **πέρυσι**·
2Co 9:2 Ἀχαΐα παρεσκεύασται ἀπὸ **πέρυσι**,

πιάζω (*piazō*; 1/12) *seize, arrest, catch*
2Co 11:32 τὴν πόλιν Δαμασκηνῶν **πιάσαι** με,

πιστεύω (*pisteuō*; 2/237[241]) *believe*
2Co 4:13 **ἐπίστευσα**,
2Co 4:13 καὶ ἡμεῖς **πιστεύομεν**,

πίστις (*pistis*; 7/243) *faith*
2Co 1:24 ὑμῶν τῆς **πίστεως** ἀλλὰ συνεργοί ἐσμεν
2Co 1:24 τῇ γὰρ **πίστει** ἑστήκατε.
2Co 4:13 πνεῦμα τῆς **πίστεως** κατὰ τὸ γεγραμμένον·
2Co 5:7 διὰ **πίστεως** γὰρ περιπατοῦμεν,
2Co 8:7 **πίστει** καὶ λόγῳ καὶ
2Co 10:15 αὐξανομένης τῆς **πίστεως** ὑμῶν ἐν ὑμῖν
2Co 13:5 ἐστὲ ἐν τῇ **πίστει**,

πιστός (*pistos*; 2/67) *believing*
2Co 1:18 **πιστὸς** δὲ ὁ θεὸς
2Co 6:15 ἢ τίς μερὶς **πιστῷ** μετὰ ἀπίστου;

πλάνος (*planos*; 1/5) *deceitful*
2Co 6:8 ὡς **πλάνοι** καὶ ἀληθεῖς,

πλάξ (*plax*; 2/3) *tablet*
2Co 3:3 οὐκ ἐν **πλαξὶν** λιθίναις ἀλλ' ἐν
2Co 3:3 ἀλλ' ἐν **πλαξὶν** καρδίαις σαρκίναις.

πλατύνω (*platynō*; 2/3) *enlarge*
2Co 6:11 ἡ καρδία ἡμῶν **πεπλάτυνται**·
2Co 6:13 **πλατύνθητε** καὶ ὑμεῖς.

πλεονάζω (*pleonazō*; 2/9) *increase*
2Co 4:15 ἵνα ἡ χάρις **πλεονάσασα** διὰ τῶν πλειόνων
2Co 8:15 τὸ πολὺ οὐκ **ἐπλεόνασεν**,

πλεονεκτέω (*pleonekteō*; 4/5) *take advantage of*
2Co 2:11 ἵνα μὴ **πλεονεκτηθῶμεν** ὑπὸ τοῦ σατανᾶ·
2Co 7:2 οὐδένα **ἐπλεονεκτήσαμεν**.
2Co 12:17 δι' αὐτοῦ ἐπλεονέκτησα **ὑμᾶς**;
2Co 12:18 μήτι **ἐπλεονέκτησεν** ὑμᾶς Τίτος;

πλεονεξία (*pleonexia*; 1/10) *greed*
2Co 9:5 καὶ μὴ ὡς **πλεονεξίαν**.

πληγή (*plēgē*; 2/22) *plague*
2Co 6:5 ἐν **πληγαῖς**,
2Co 11:23 ἐν **πληγαῖς** ὑπερβαλλόντως,

πληθύνω (*plēthynō*; 1/12) *increase*
2Co 9:10 χορηγήσει καὶ **πληθυνεῖ** τὸν σπόρον ὑμῶν

πληρόω (*plēroō*; 2/86) *fulfill*
2Co 7:4 **πεπλήρωμαι** τῇ παρακλήσει,
2Co 10:6 ὅταν **πληρωθῇ** ὑμῶν ἡ ὑπακοή.

πλούσιος (*plousios*; 1/28) *rich*
2Co 8:9 δι' ὑμᾶς ἐπτώχευσεν **πλούσιος** ὤν,

πλουτέω (*plouteō*; 1/12) *be rich*
2Co 8:9 τῇ ἐκείνου πτωχείᾳ **πλουτήσητε**.

πλουτίζω (*ploutizō*; 2/3) *enrich*
2Co 6:10 πτωχοὶ πολλοὺς δὲ **πλουτίζοντες**,
2Co 9:11 ἐν παντὶ **πλουτιζόμενοι** εἰς πᾶσαν

πλοῦτος (*ploutos*; 1/22) *wealth, riches*
2Co 8:2 εἰς τὸ **πλοῦτος** τῆς ἁπλότητος αὐτῶν·

πνεῦμα (*pneuma*; 17/379) *Spirit, spirit*
2Co 1:22 ἀρραβῶνα τοῦ **πνεύματος** ἐν ταῖς καρδίαις
2Co 2:13 ἔσχηκα ἄνεσιν τῷ **πνεύματί** μου τῷ μὴ
2Co 3:3 οὐ μέλανι ἀλλὰ **πνεύματι** θεοῦ ζῶντος,
2Co 3:6 οὐ γράμματος ἀλλὰ **πνεύματος**·
2Co 3:6 τὸ δὲ **πνεῦμα** ζῳοποιεῖ.
2Co 3:8 ἡ διακονία τοῦ **πνεύματος** ἔσται ἐν δόξῃ;
2Co 3:17 δὲ κύριος τὸ **πνεῦμά** ἐστιν·
2Co 3:17 οὗ δὲ τὸ **πνεῦμα** κυρίου,
2Co 3:18 καθάπερ ἀπὸ κυρίου **πνεύματος**.
2Co 4:13 δὲ τὸ αὐτὸ **πνεῦμα** τῆς πίστεως κατὰ
2Co 5:5 τὸν ἀρραβῶνα τοῦ **πνεύματος**.
2Co 6:6 ἐν πνεύματι **ἁγίῳ**,
2Co 7:1 μολυσμοῦ σαρκὸς καὶ **πνεύματος**,
2Co 7:13 ἀναπέπαυται τὸ **πνεῦμα** αὐτοῦ ἀπὸ πάντων
2Co 11:4 ἢ **πνεῦμα** ἕτερον λαμβάνετε ὃ
2Co 12:18 οὐ τῷ αὐτῷ **πνεύματι** περιεπατήσαμεν;
2Co 13:13 τοῦ ἁγίου **πνεύματος** μετὰ πάντων ὑμῶν.

ποιέω (*poieō*; 9/568) *do, make*
2Co 5:21 ὑπὲρ ἡμῶν ἁμαρτίαν **ἐποίησεν**,
2Co 8:10 οὐ μόνον τὸ **ποιῆσαι** ἀλλὰ καὶ τὸ
2Co 8:11 δὲ καὶ τὸ **ποιῆσαι** ἐπιτελέσατε,
2Co 11:7 Ἢ ἁμαρτίαν **ἐποίησα** ἐμαυτὸν ταπεινῶν
2Co 11:12 Ὃ δὲ **ποιῶ**,
2Co 11:12 καὶ **ποιήσω**,
2Co 11:25 ἐν τῷ βυθῷ **πεποίηκα**·
2Co 13:7 τὸν θεὸν μὴ **ποιῆσαι** ὑμᾶς κακὸν μηδέν,
2Co 13:7 ὑμεῖς τὸ καλὸν **ποιῆτε**,

πόλις (*polis*; 2/163) *city, town*
2Co 11:26 κινδύνοις ἐν **πόλει**,
2Co 11:32 βασιλέως ἐφρούρει τὴν **πόλιν** Δαμασκηνῶν

πολλάκις (*pollakis*; 5/18) *often*
2Co 8:22 ἐν πολλοῖς **πολλάκις** σπουδαῖον ὄντα,
2Co 11:23 ἐν θανάτοις **πολλάκις**.
2Co 11:26 ὁδοιπορίαις **πολλάκις**,
2Co 11:27 ἐν ἀγρυπνίαις **πολλάκις**,
2Co 11:27 ἐν νηστείαις **πολλάκις**,

πολύς (*polys*; 24/417) *much (pl. many)*
2Co 1:11 ἵνα ἐκ **πολλῶν** προσώπων τὸ εἰς
2Co 1:11 χάρισμα διὰ **πολλῶν** εὐχαριστηθῇ ὑπὲρ
2Co 2:4 ἐκ γὰρ **πολλῆς** θλίψεως καὶ συνοχῆς
2Co 2:4 ἔγραψα ὑμῖν διὰ **πολλῶν** δακρύων,
2Co 2:6 ἡ ὑπὸ τῶν **πλειόνων**,
2Co 2:17 ὡς οἱ **πολλοὶ** καπηλεύοντες τὸν λόγον
2Co 3:9 **πολλῷ** μᾶλλον περισσεύει ἡ
2Co 3:11 **πολλῷ** μᾶλλον τὸ μένον
2Co 3:12 τοιαύτην ἐλπίδα **πολλῇ** παρρησίᾳ χρώμεθα

2Co 4:15 διὰ τῶν **πλειόνων** τὴν εὐχαριστίαν
2Co 6:4 ἐν ὑπομονῇ **πολλῇ**,
2Co 6:10 ὡς πτωχοὶ **πολλοὺς** δὲ πλουτίζοντες,
2Co 7:4 **πολλή** μοι παρρησία πρὸς
2Co 7:4 **πολλή** μοι καύχησις ὑπὲρ
2Co 8:2 ὅτι ἐν **πολλῇ** δοκιμῇ θλίψεως ἡ
2Co 8:4 μετὰ **πολλῆς** παρακλήσεως δεόμενοι ἡμῶν
2Co 8:15 ὁ τὸ **πολὺ** οὐκ ἐπλεόνασεν,
2Co 8:22 ἐδοκιμάσαμεν ἐν **πολλοῖς** πολλάκις
2Co 8:22 νυνὶ δὲ **πολὺ** σπουδαιότερον πεποιθήσει
2Co 8:22 σπουδαιότερον πεποιθήσει **πολλῇ** τῇ εἰς
2Co 9:2 ζῆλος ἠρέθισεν τοὺς **πλείονας**.
2Co 9:12 καὶ περισσεύουσα διὰ **πολλῶν** εὐχαριστιῶν
2Co 11:18 ἐπεὶ **πολλοὶ** καυχῶνται κατὰ σάρκα,
2Co 12:21 καὶ πενθήσω **πολλοὺς** τῶν προημαρτηκότων

πορνεία (*porneia*; 1/25) *sexual immorality*
2Co 12:21 τῇ ἀκαθαρσίᾳ καὶ **πορνείᾳ** καὶ ἀσελγείᾳ ᾗ

πόσος (*posos*; 1/27) *how much*
2Co 7:11 θεὸν λυπηθῆναι **πόσην** κατειργάσατο ὑμῖν

ποταμός (*potamos*; 1/17) *river*
2Co 11:26 κινδύνοις **ποταμῶν**,

πρᾶγμα (*pragma*; 1/11) *matter*
2Co 7:11 ἁγνοὺς εἶναι τῷ **πράγματι**.

πράσσω (*prassō*; 2/39) *do*
2Co 5:10 σώματος πρὸς ἃ **ἔπραξεν**,
2Co 12:21 καὶ ἀσελγείᾳ ᾗ **ἔπραξαν**.

πραΰτης (*prautēs*; 1/11) *gentleness*
2Co 10:1 ὑμᾶς διὰ τῆς **πραΰτητος** καὶ ἐπιεικείας

πρεσβεύω (*presbeuō*; 1/2) *be an ambassador*
2Co 5:20 Χριστοῦ οὖν **πρεσβεύομεν** ὡς τοῦ θεοῦ

πρό (*pro*; 1/47) *before*
2Co 12:2 ἐν Χριστῷ **πρὸ** ἐτῶν δεκατεσσάρων,

προαιρέω (*proaireō*; 1/1) *decide ahead of time*
2Co 9:7 ἕκαστος καθὼς **προῄρηται** τῇ καρδίᾳ,

προαμαρτάνω (*proamartanō*; 2/2) *sin previously or in the past*
2Co 12:21 πολλοὺς τῶν **προημαρτηκότων** καὶ μὴ
2Co 13:2 τοῖς **προημαρτηκόσιν** καὶ τοῖς λοιποῖς

προενάρχομαι (*proenarchomai*; 2/2) *begin*
2Co 8:6 ἵνα καθὼς **προενήρξατο** οὕτως καὶ
2Co 8:10 καὶ τὸ θέλειν **προενήρξασθε** ἀπὸ πέρυσι·

προεπαγγέλλομαι (*proepangellomai*; 1/2) *promise beforehand*
2Co 9:5 τὴν **προεπηγγελμένην** εὐλογίαν ὑμῶν,

προέρχομαι (*proerchomai*; 1/9) *go ahead*
2Co 9:5 ἵνα **προέλθωσιν** εἰς ὑμᾶς καὶ

προθυμία (*prothymia*; 4/5) *willingness*
2Co 8:11 ὅπως καθάπερ ἡ **προθυμία** τοῦ θέλειν,
2Co 8:12 εἰ γὰρ ἡ **προθυμία** πρόκειται,
2Co 8:19 κυρίου δόξαν καὶ **προθυμίαν** ἡμῶν,
2Co 9:2 οἶδα γὰρ τὴν **προθυμίαν** ὑμῶν ἣν ὑπὲρ

προκαταρτίζω (*prokatartizō*; 1/1) *prepare in advance*
2Co 9:5 καὶ **προκαταρτίσωσιν** τὴν προεπηγγελμένην

πρόκειμαι (*prokeimai*; 1/5) *be set before*
2Co 8:12 γὰρ ἡ προθυμία **πρόκειται**,

προλέγω (*prolegō*; 3/15) *say or warn beforehand*
2Co 7:3 **προείρηκα** γὰρ ὅτι ἐν
2Co 13:2 **προείρηκα** καὶ προλέγω,
2Co 13:2 προείρηκα καὶ **προλέγω**,

προνοέω (*pronoeō*; 1/3) *have in mind to do*
2Co 8:21 **προνοοῦμεν** γὰρ καλὰ οὐ

προπέμπω (*propempō*; 1/9) *send on one's way*
2Co 1:16 ὑφ' ὑμῶν **προπεμφθῆναι** εἰς τὴν Ἰουδαίαν.

πρός (*pros*; 33/699[700]) *to, toward, at*
2Co 1:12 περισσοτέρως δὲ **πρὸς** ὑμᾶς.
2Co 1:15 ἐβουλόμην πρότερον **πρὸς** ὑμᾶς ἐλθεῖν,
2Co 1:16 ἀπὸ Μακεδονίας ἐλθεῖν **πρὸς** ὑμᾶς καὶ ὑφ'
2Co 1:18 λόγος ἡμῶν ὁ **πρὸς** ὑμᾶς οὐκ ἔστιν
2Co 1:20 ἀμὴν τῷ θεῷ **πρὸς** δόξαν δι' ἡμῶν.
2Co 2:1 πάλιν ἐν λύπῃ **πρὸς** ὑμᾶς ἐλθεῖν.
2Co 2:16 καὶ **πρὸς** ταῦτα τίς ἱκανός;
2Co 3:1 τινες συστατικῶν ἐπιστολῶν **πρὸς** ὑμᾶς ἢ
2Co 3:4 διὰ τοῦ Χριστοῦ **πρὸς** τὸν θεόν.
2Co 3:13 τὸ πρόσωπον αὐτοῦ **πρὸς** τὸ μὴ ἀτενίσαι
2Co 3:16 δὲ ἐὰν ἐπιστρέψῃ **πρὸς** κύριον,
2Co 4:2 ἑαυτοὺς **πρὸς** πᾶσαν συνείδησιν ἀνθρώπων
2Co 4:6 καρδίαις ἡμῶν **πρὸς** φωτισμὸν τῆς γνώσεως
2Co 5:8 σώματος καὶ ἐνδημῆσαι **πρὸς** τὸν κύριον.
2Co 5:10 διὰ τοῦ σώματος **πρὸς** ἃ ἔπραξεν,
2Co 5:12 ἵνα ἔχητε **πρὸς** τοὺς ἐν προσώπῳ
2Co 6:11 στόμα ἡμῶν ἀνέῳγεν **πρὸς** ὑμᾶς,
2Co 6:14 τίς κοινωνία φωτὶ **πρὸς** σκότος;
2Co 6:15 δὲ συμφώνησις Χριστοῦ **πρὸς** Βελιάρ,
2Co 7:3 **πρὸς** κατάκρισιν οὐ λέγω·
2Co 7:4 πολλή μοι παρρησία **πρὸς** ὑμᾶς,
2Co 7:8 ἐκείνη εἰ καὶ **πρὸς** ὥραν ἐλύπησεν ὑμᾶς,
2Co 7:12 τὴν ὑπὲρ ἡμῶν **πρὸς** ὑμᾶς ἐνώπιον τοῦ
2Co 8:17 ὑπάρχων αὐθαίρετος ἐξῆλθεν **πρὸς** ὑμᾶς.
2Co 8:19 διακονουμένῃ ὑφ' ἡμῶν **πρὸς** τὴν [αὐτοῦ]
2Co 10:4 τῷ θεῷ **πρὸς** καθαίρεσιν ὀχυρωμάτων,
2Co 11:8 λαβὼν ὀψώνιον **πρὸς** τὴν ὑμῶν διακονίαν,
2Co 11:9 καὶ παρὼν **πρὸς** ὑμᾶς καὶ ὑστερηθεὶς
2Co 12:14 ἑτοίμως ἔχω ἐλθεῖν **πρὸς** ὑμᾶς,
2Co 12:17 τινα ὧν ἀπέσταλκα **πρὸς** ὑμᾶς,
2Co 12:21 ὁ θεός μου **πρὸς** ὑμᾶς καὶ πενθήσω
2Co 13:1 Τρίτον τοῦτο ἔρχομαι **πρὸς** ὑμᾶς·
2Co 13:7 εὐχόμεθα δὲ **πρὸς** τὸν θεὸν μὴ

προσαναπληρόω (*prosanaplēroō*; 2/2) *supply*
2Co 9:12 ἐστὶν **προσαναπληροῦσα** τὰ ὑστερήματα
2Co 11:9 ὑστέρημά μου **προσανεπλήρωσαν** οἱ ἀδελφοὶ

πρόσκαιρος (*proskairos*; 1/4) *not lasting*
2Co 4:18 τὰ γὰρ βλεπόμενα **πρόσκαιρα**,

προσκοπή (*proskopē*; 1/1) *cause for offense*
2Co 6:3 ἐν μηδενὶ διδόντες **προσκοπήν**,

πρόσωπον (*prosōpon*; 12/76) *face*
2Co 1:11 ἵνα ἐκ πολλῶν **προσώπων** τὸ εἰς ἡμᾶς
2Co 2:10 δι' ὑμᾶς ἐν **προσώπῳ** Χριστοῦ,
2Co 3:7 Ἰσραὴλ εἰς τὸ **πρόσωπον** Μωϋσέως διὰ
2Co 3:7 τοῦ **προσώπου** αὐτοῦ τὴν καταργουμένην,
2Co 3:13 κάλυμμα ἐπὶ τὸ **πρόσωπον** αὐτοῦ πρὸς τὸ
2Co 3:18 ἀνακεκαλυμμένῳ **προσώπῳ** τὴν δόξαν
2Co 4:6 τοῦ θεοῦ ἐν **προσώπῳ** [Ἰησοῦ] Χριστοῦ.
2Co 5:12 πρὸς τοὺς ἐν **προσώπῳ** καυχωμένους καὶ μὴ
2Co 8:24 εἰς **πρόσωπον** τῶν ἐκκλησιῶν.
2Co 10:1 ὃς κατὰ **πρόσωπον** μὲν ταπεινὸς ἐν
2Co 10:7 Τὰ κατὰ **πρόσωπον** βλέπετε.
2Co 11:20 εἴ τις εἰς **πρόσωπον** ὑμᾶς δέρει.

πρότερος (*proteros*; 1/11) *former*
2Co 1:15 ἐβουλόμην **πρότερον** πρὸς ὑμᾶς ἐλθεῖν,

πρῶτος (*prōtos*; 1/152[155]) *first*
2Co 8:5 ἀλλὰ ἑαυτοὺς ἔδωκαν **πρῶτον** τῷ κυρίῳ καὶ

πτωχεία (*ptōcheia*; 2/3) *poverty*
2Co 8:2 κατὰ βάθους **πτωχεία** αὐτῶν ἐπερίσσευσεν
2Co 8:9 ὑμεῖς τῇ ἐκείνου **πτωχείᾳ** πλουτήσητε.

πτωχεύω (*ptōcheuō*; 1/1) *become poor*
2Co 8:9 ὅτι δι' ὑμᾶς **ἐπτώχευσεν** πλούσιος ὤν,

πτωχός (*ptōchos*; 1/34) *poor*
2Co 6:10 ὡς **πτωχοὶ** πολλοὺς δὲ πλουτίζοντες,

πυρόω (*pyroō*; 1/6) *burn*
2Co 11:29 καὶ οὐκ ἐγὼ **πυροῦμαι**;

πωρόω (*pōroō*; 1/5) *harden*
2Co 3:14 ἀλλὰ **ἐπωρώθη** τὰ νοήματα αὐτῶν.

πώς (*pōs*; 5/15) *somehow*
2Co 2:7 μή **πως** τῇ περισσοτέρᾳ λύπῃ
2Co 9:4 μή **πως** ἐὰν ἔλθωσιν σὺν
2Co 11:3 φοβοῦμαι δὲ μή **πως**,
2Co 12:20 φοβοῦμαι γὰρ μή **πως** ἐλθὼν οὐχ οἵους
2Co 12:20 μή **πως** ἔρις,

πῶς (*pōs*; 1/103) *how*
2Co 3:8 **πῶς** οὐχὶ μᾶλλον ἡ

ῥαβδίζω (*rhabdizō*; 1/2) *whip*
2Co 11:25 τρὶς **ἐρραβδίσθην**,

ῥῆμα (*rhēma*; 2/68) *word*
2Co 12:4 καὶ ἤκουσεν ἄρρητα **ῥήματα** ἃ οὐκ ἐξὸν
2Co 13:1 τριῶν σταθήσεται πᾶν **ῥῆμα**.

ῥύομαι (*rhyomai*; 3/17) *save, rescue, deliver*
2Co 1:10 τηλικούτου θανάτου **ἐρρύσατο** ἡμᾶς καὶ
2Co 1:10 ἐρρύσατο ἡμᾶς καὶ **ῥύσεται**,
2Co 1:10 [ὅτι] καὶ ἔτι **ῥύσεται**,

σαργάνη (*sarganē*; 1/1) *rope*
2Co 11:33 διὰ θυρίδος ἐν **σαργάνῃ** ἐχαλάσθην διὰ

σαρκικός (*sarkikos*; 2/7) *belonging to the world, material*
2Co 1:12 οὐκ ἐν σοφίᾳ **σαρκικῇ** ἀλλ' ἐν χάριτι
2Co 10:4 στρατείας ἡμῶν οὐ **σαρκικὰ** ἀλλὰ δυνατὰ

σάρκινος (*sarkinos*; 1/4) *belonging to the world, fleshly*
2Co 3:3 ἐν πλαξὶν καρδίαις **σαρκίναις**.

σάρξ (*sarx*; 11/147) *flesh*
2Co 1:17 ἃ βουλεύομαι κατὰ **σάρκα** βουλεύομαι,
2Co 4:11 ἐν τῇ θνητῇ **σαρκὶ** ἡμῶν.
2Co 5:16 οὐδένα οἴδαμεν κατὰ **σάρκα**·
2Co 5:16 καὶ ἐγνώκαμεν κατὰ **σάρκα** Χριστόν,
2Co 7:1 παντὸς μολυσμοῦ **σαρκὸς** καὶ πνεύματος,
2Co 7:5 ἔσχηκεν ἄνεσιν ἡ **σὰρξ** ἡμῶν ἀλλ' ἐν
2Co 10:2 ἡμᾶς ὡς κατὰ **σάρκα** περιπατοῦντας.
2Co 10:3 Ἐν **σαρκὶ** γὰρ περιπατοῦντες οὐ
2Co 10:3 οὐ κατὰ **σάρκα** στρατευόμεθα,
2Co 11:18 πολλοὶ καυχῶνται κατὰ **σάρκα**,
2Co 12:7 μοι σκόλοψ τῇ **σαρκί**,

σατανᾶς (*satanas*; 3/36) *Satan*
2Co 2:11 πλεονεκτηθῶμεν ὑπὸ τοῦ **σατανᾶ**·
2Co 11:14 αὐτὸς γὰρ ὁ **σατανᾶς** μετασχηματίζεται εἰς
2Co 12:7 ἄγγελος **σατανᾶ**,

σημεῖον (*sēmeion*; 2/75[77]) *sign*
2Co 12:12 τὰ μὲν **σημεῖα** τοῦ ἀποστόλου κατειργάσθη
2Co 12:12 **σημείοις** τε καὶ τέρασιν

σήμερον (*sēmeron*; 2/41) *today*
2Co 3:14 ἄχρι γὰρ τῆς **σήμερον** ἡμέρας τὸ αὐτὸ
2Co 3:15 ἀλλ' ἕως **σήμερον** ἡνίκα ἂν ἀναγινώσκηται

Σιλουανός (*Silouanos*; 1/4) *Silvanus*
2Co 1:19 δι' ἐμοῦ καὶ **Σιλουανοῦ** καὶ Τιμοθέου,

σκανδαλίζω (*skandalizō*; 1/29) *cause someone to sin*
2Co 11:29 τίς **σκανδαλίζεται** καὶ οὐκ ἐγὼ

σκεῦος (*skeuos*; 1/23) *object*
2Co 4:7 τοῦτον ἐν ὀστρακίνοις **σκεύεσιν**,

σκῆνος (*skēnos*; 2/2) *tent*
2Co 5:1 ἡμῶν οἰκία τοῦ **σκήνους** καταλυθῇ,
2Co 5:4 ἐν τῷ **σκήνει** στενάζομεν βαρούμενοι,

σκόλοψ (*skolops*; 1/1) *thorn*
2Co 12:7 ἐδόθη μοι **σκόλοψ** τῇ σαρκί,

σκοπέω (*skopeō*; 1/6) *pay attention to*
2Co 4:18 μὴ **σκοπούντων** ἡμῶν τὰ βλεπόμενα

σκορπίζω (*skorpizō*; 1/5) *scatter*
2Co 9:9 **ἐσκόρπισεν**,

σκότος (*skotos*; 2/31) *darkness*
2Co 4:6 ἐκ **σκότους** φῶς λάμψει,
2Co 6:14 κοινωνία φωτὶ πρὸς **σκότος**;

σοφία (*sophia*; 1/51) *wisdom*
2Co 1:12 [καὶ] οὐκ ἐν **σοφίᾳ** σαρκικῇ ἀλλ᾽ ἐν

σπείρω (*speirō*; 3/52) *sow*
2Co 9:6 ὁ σπείρων **φειδομένως** φειδομένως καὶ
2Co 9:6 καὶ ὁ **σπείρων** ἐπ᾽ εὐλογίαις ἐπ᾽
2Co 9:10 σπόρον τῷ **σπείροντι** καὶ ἄρτον εἰς

σπέρμα (*sperma*; 1/43) *seed*
2Co 11:22 **σπέρμα** Ἀβραάμ εἰσιν;

σπλάγχνον (*splanchnon*; 2/11) *one's inmost self*
2Co 6:12 δὲ ἐν τοῖς **σπλάγχνοις** ὑμῶν·
2Co 7:15 καὶ τὰ **σπλάγχνα** αὐτοῦ περισσοτέρως εἰς

σπόρος (*sporos*; 2/6) *seed*
2Co 9:10 ὁ δὲ ἐπιχορηγῶν **σπόρον** τῷ σπείροντι καὶ
2Co 9:10 καὶ πληθυνεῖ τὸν **σπόρον** ὑμῶν καὶ αὐξήσει

σπουδαῖος (*spoudaios*; 3/3) *earnest*
2Co 8:17 **σπουδαιότερος** δὲ ὑπάρχων αὐθαίρετος
2Co 8:22 ἐν πολλοῖς πολλάκις **σπουδαῖον** ὄντα,
2Co 8:22 νυνὶ δὲ πολὺ **σπουδαιότερον** πεποιθήσει

σπουδή (*spoudē*; 5/12) *earnestness*
2Co 7:11 πόσην κατειργάσατο ὑμῖν **σπουδήν**,
2Co 7:12 τοῦ φανερωθῆναι τὴν **σπουδὴν** ὑμῶν τὴν
2Co 8:7 γνώσει καὶ πάσῃ **σπουδῇ** καὶ τῇ ἐξ
2Co 8:8 διὰ τῆς ἑτέρων **σπουδῆς** καὶ τὸ τῆς
2Co 8:16 δόντι τὴν αὐτὴν **σπουδὴν** ὑπὲρ ὑμῶν ἐν

σταυρόω (*stauroō*; 1/46) *crucify*
2Co 13:4 καὶ γὰρ **ἐσταυρώθη** ἐξ ἀσθενείας,

στέλλω (*stellō*; 1/2) *try to guard against or avoid*
2Co 8:20 **στελλόμενοι** τοῦτο,

στενάζω (*stenazō*; 2/6) *sigh*
2Co 5:2 γὰρ ἐν τούτῳ **στενάζομεν** τὸ οἰκητήριον
2Co 5:4 ἐν τῷ σκήνει **στενάζομεν** βαρούμενοι,

στενοχωρέω (*stenochōreō*; 3/3) *be held in check*
2Co 4:8 θλιβόμενοι ἀλλ᾽ οὐ **στενοχωρούμενοι**,
2Co 6:12 οὐ **στενοχωρεῖσθε** ἐν ἡμῖν,
2Co 6:12 **στενοχωρεῖσθε** δὲ ἐν τοῖς

στενοχωρία (*stenochōria*; 2/4) *distress*
2Co 6:4 ἐν **στενοχωρίαις**,
2Co 12:10 ἐν διωγμοῖς καὶ **στενοχωρίαις**,

στόμα (*stoma*; 2/78) *mouth*
2Co 6:11 Τὸ **στόμα** ἡμῶν ἀνέῳγεν πρὸς
2Co 13:1 ἐπὶ **στόματος** δύο μαρτύρων καὶ

στρατεία (*strateia*; 1/2) *warfare*
2Co 10:4 γὰρ ὅπλα τῆς **στρατείας** ἡμῶν οὐ σαρκικὰ

στρατεύω (*strateuō*; 1/7) *serve as a soldier*
2Co 10:3 οὐ κατὰ σάρκα **στρατευόμεθα**,

σύ (*sy*; 3/1063[1067]) *you (sg.)*
2Co 6:2 καιρῷ δεκτῷ ἐπήκουσά **σου** καὶ ἐν ἡμέρᾳ
2Co 6:2 ἡμέρᾳ σωτηρίας ἐβοήθησά **σοι**.
2Co 12:9 ἀρκεῖ **σοι** ἡ χάρις μου,

συγκατάθεσις (*synkatathesis*; 1/1) *agreement*
2Co 6:16 τίς δὲ **συγκατάθεσις** ναῷ θεοῦ μετὰ

συγκρίνω (*synkrinō*; 2/3) *compare*
2Co 10:12 ἐγκρῖναι ἢ **συγκρῖναι** ἑαυτούς τισιν τῶν
2Co 10:12 μετροῦντες καὶ **συγκρίνοντες** ἑαυτοὺς

συζάω (*syzaō*; 1/3) *live with or together*
2Co 7:3 τὸ συναποθανεῖν καὶ **συζῆν**.

συλάω (*sylaō*; 1/1) *rob*
2Co 11:8 ἄλλας ἐκκλησίας **ἐσύλησα** λαβὼν ὀψώνιον

συμπέμπω (*sympempō*; 2/2) *send along with*
2Co 8:18 **συνεπέμψαμεν** δὲ μετ᾽ αὐτοῦ
2Co 8:22 **συνεπέμψαμεν** δὲ αὐτοῖς τὸν

συμφέρω (*sympherō*; 2/15) *it is better*
2Co 8:10 τοῦτο γὰρ ὑμῖν **συμφέρει**,
2Co 12:1 οὐ **συμφέρον** μέν,

συμφώνησις (*symphōnēsis*; 1/1) *agreement*
2Co 6:15 τίς δὲ **συμφώνησις** Χριστοῦ πρὸς Βελιάρ,

σύν (*syn*; 7/128) *with*
2Co 1:1 οὔσῃ ἐν Κορίνθῳ **σὺν** τοῖς ἁγίοις πᾶσιν
2Co 1:21 δὲ βεβαιῶν ἡμᾶς **σὺν** ὑμῖν εἰς Χριστὸν
2Co 4:14 Ἰησοῦν καὶ ἡμᾶς **σὺν** Ἰησοῦ ἐγερεῖ καὶ
2Co 4:14 ἐγερεῖ καὶ παραστήσει **σὺν** ὑμῖν.
2Co 8:19 συνέκδημος ἡμῶν **σὺν** τῇ χάριτι ταύτῃ
2Co 9:4 πως ἐὰν ἔλθωσιν **σὺν** ἐμοὶ Μακεδόνες καὶ
2Co 13:4 ἀλλὰ ζήσομεν **σὺν** αὐτῷ ἐκ δυνάμεως

συναποθνῄσκω (*synapothnēskō*; 1/3) *die together or with*
2Co 7:3 ἐστε εἰς τὸ **συναποθανεῖν** καὶ συζῆν.

συναποστέλλω (*synapostellō*; 1/1) *send along with*
2Co 12:18 Τίτον καὶ **συναπέστειλα** τὸν ἀδελφόν·

συνείδησις (*syneidēsis*; 3/30) *conscience*
2Co 1:12 τὸ μαρτύριον τῆς **συνειδήσεως** ἡμῶν,
2Co 4:2 πρὸς πᾶσαν **συνείδησιν** ἀνθρώπων ἐνώπιον
2Co 5:11 ἐν ταῖς **συνειδήσεσιν** ὑμῶν πεφανερῶσθαι.

συνέκδημος (*synekdēmos*; 1/2) *traveling companion*
2Co 8:19 ὑπὸ τῶν ἐκκλησιῶν **συνέκδημος** ἡμῶν σὺν

συνεργέω (*synergeō*; 1/4[5]) *work with*
2Co 6:1 **Συνεργοῦντες** δὲ καὶ παρακαλοῦμεν

συνεργός (*synergos*; 2/13) *fellow-worker*
2Co 1:24 πίστεως ἀλλὰ **συνεργοί** ἐσμεν τῆς χαρᾶς
2Co 8:23 καὶ εἰς ὑμᾶς **συνεργός**·

συνέχω (*synechō*; 1/12) *surround, control*
2Co 5:14 ἀγάπη τοῦ Χριστοῦ **συνέχει** ἡμᾶς,

συνίημι (*syniēmi*; 1/26) *understand*
2Co 10:12 ἑαυτοὺς ἑαυτοῖς οὐ **συνιᾶσιν**.

συνίστημι (*synistēmi*; 9/16) *recommend*
2Co 3:1 Ἀρχόμεθα πάλιν ἑαυτοὺς **συνιστάνειν**;

2Co 4:2 τῆς ἀληθείας **συνιστάνοντες** ἑαυτοὺς πρὸς
2Co 5:12 ἑαυτοὺς **συνιστάνομεν** ὑμῖν ἀλλὰ ἀφορμὴν
2Co 6:4 ἐν παντὶ **συνιστάντες** ἑαυτοὺς ὡς θεοῦ
2Co 7:11 παντὶ **συνεστήσατε** ἑαυτοὺς ἁγνοὺς εἶναι
2Co 10:12 τισιν τῶν ἑαυτοὺς **συνιστανόντων**,
2Co 10:18 γὰρ ὁ ἑαυτὸν **συνιστάνων**,
2Co 10:18 ὃν ὁ κύριος **συνίστησιν**.
2Co 12:11 ὤφειλον ὑφ' ὑμῶν **συνίστασθαι**·

συνοχή (*synochē*; 1/2) *distress*
2Co 2:4 θλίψεως καὶ **συνοχῆς** καρδίας ἔγραψα ὑμῖν

συνυπουργέω (*synypourgeō*; 1/1) *join in and help*
2Co 1:11 **συνυπουργούντων** καὶ ὑμῶν ὑπὲρ

συστατικός (*systatikos*; 1/1) *commendatory*
2Co 3:1 ὥς τινες **συστατικῶν** ἐπιστολῶν πρὸς ὑμᾶς

σφραγίζω (*sphragizō*; 1/15) *seal*
2Co 1:22 ὁ καὶ **σφραγισάμενος** ἡμᾶς καὶ δοὺς

σῴζω (*sōzō*; 1/105[106]) *save, preserve*
2Co 2:15 θεῷ ἐν τοῖς **σῳζομένοις** καὶ ἐν τοῖς

σῶμα (*sōma*; 10/142) *body*
2Co 4:10 Ἰησοῦ ἐν τῷ **σώματι** περιφέροντες,
2Co 4:10 Ἰησοῦ ἐν τῷ **σώματι** ἡμῶν φανερωθῇ.
2Co 5:6 ἐνδημοῦντες ἐν τῷ **σώματι** ἐκδημοῦμεν ἀπὸ
2Co 5:8 ἐκδημῆσαι ἐκ τοῦ **σώματος** καὶ ἐνδημῆσαι
2Co 5:10 τὰ διὰ τοῦ **σώματος** πρὸς ἃ ἔπραξεν,
2Co 10:10 δὲ παρουσία τοῦ **σώματος** ἀσθενὴς καὶ ὁ
2Co 12:2 εἴτε ἐν **σώματι** οὐκ οἶδα,
2Co 12:2 εἴτε ἐκτὸς τοῦ **σώματος** οὐκ οἶδα,
2Co 12:3 εἴτε ἐν **σώματι** εἴτε χωρὶς τοῦ
2Co 12:3 εἴτε χωρὶς τοῦ **σώματος** οὐκ οἶδα,

σωτηρία (*sōtēria*; 4/45[46]) *salvation*
2Co 1:6 ὑμῶν παρακλήσεως καὶ **σωτηρίας**·
2Co 6:2 καὶ ἐν ἡμέρᾳ **σωτηρίας** ἐβοήθησά σοι.
2Co 6:2 ἰδοὺ νῦν ἡμέρα **σωτηρίας**.
2Co 7:10 μετάνοιαν εἰς **σωτηρίαν** ἀμεταμέλητον

σωφρονέω (*sōphroneō*; 1/6) *be in one's right mind, be sensible*
2Co 5:13 εἴτε **σωφρονοῦμεν**,

ταπεινός (*tapeinos*; 2/8) *humble*
2Co 7:6 τοὺς **ταπεινοὺς** παρεκάλεσεν ἡμᾶς ὁ
2Co 10:1 κατὰ πρόσωπον μὲν **ταπεινὸς** ἐν ὑμῖν,

ταπεινόω (*tapeinoō*; 2/14) *humble*
2Co 11:7 ἐποίησα ἐμαυτὸν **ταπεινῶν** ἵνα ὑμεῖς
2Co 12:21 πάλιν ἐλθόντος μου **ταπεινώσῃ** με ὁ θεός

τέ (*te*; 2/215) *and*
2Co 10:8 ἐάν **[τε]** γὰρ περισσότερόν τι
2Co 12:12 σημείοις **τε** καὶ τέρασιν καὶ

τεῖχος (*teichos*; 1/9) *wall*
2Co 11:33 ἐχαλάσθην διὰ τοῦ **τείχους** καὶ ἐξέφυγον

τέκνον (*teknon*; 3/99) *child*
2Co 6:13 ὡς **τέκνοις** λέγω,
2Co 12:14 ὀφείλει τὰ **τέκνα** τοῖς γονεῦσιν
2Co 12:14 οἱ γονεῖς τοῖς **τέκνοις**.

τελέω (*teleō*; 1/28) *finish*
2Co 12:9 δύναμις ἐν ἀσθενείᾳ **τελεῖται**.

τέλος (*telos*; 3/41) *end*
2Co 1:13 δὲ ὅτι ἕως **τέλους** ἐπιγνώσεσθε,
2Co 3:13 Ἰσραὴλ εἰς τὸ **τέλος** τοῦ καταργουμένου.
2Co 11:15 ὧν τὸ **τέλος** ἔσται κατὰ τὰ

τέρας (*teras*; 1/16) *wonder*
2Co 12:12 σημείοις τε καὶ **τέρασιν** καὶ δυνάμεσιν.

τεσσεράκοντα (*tesserakonta*; 1/22) *forty*
2Co 11:24 πεντάκις **τεσσεράκοντα** παρὰ μίαν ἔλαβον,

τηλικοῦτος (*tēlikoutos*; 1/4) *so great*
2Co 1:10 ὃς ἐκ **τηλικούτου** θανάτου ἐρρύσατο ἡμᾶς

τηρέω (*tēreō*; 2/70) *keep*
2Co 11:9 ἀβαρῆ ἐμαυτὸν ὑμῖν **ἐτήρησα** καὶ τηρήσω.
2Co 11:9 ὑμῖν ἐτήρησα καὶ **τηρήσω**.

τίθημι (*tithēmi*; 2/100) *put, place*
2Co 3:13 οὐ καθάπερ Μωϋσῆς **ἐτίθει** κάλυμμα ἐπὶ τὸ
2Co 5:19 παραπτώματα αὐτῶν καὶ **θέμενος** ἐν ἡμῖν

Τιμόθεος (*Timotheos*; 2/24) *Timothy*
2Co 1:1 θελήματος θεοῦ καὶ **Τιμόθεος** ὁ ἀδελφὸς τῇ
2Co 1:19 καὶ Σιλουανοῦ καὶ **Τιμοθέου**,

τίς (*tis*; 12/545[546]) *who, what, why*
2Co 2:2 καὶ **τίς** ὁ εὐφραίνων με
2Co 2:16 καὶ πρὸς ταῦτα **τίς** ἱκανός;
2Co 6:14 **τίς** γὰρ μετοχὴ δικαιοσύνῃ
2Co 6:14 ἢ **τίς** κοινωνία φωτὶ πρὸς
2Co 6:15 **τίς** δὲ συμφώνησις Χριστοῦ
2Co 6:15 ἢ **τίς** μερὶς πιστῷ μετὰ
2Co 6:16 **τίς** δὲ συγκατάθεσις ναῷ
2Co 11:11 διὰ **τί**;
2Co 11:29 **τίς** ἀσθενεῖ καὶ οὐκ
2Co 11:29 **τίς** σκανδαλίζεται καὶ οὐκ
2Co 12:6 με ἢ ἀκούει **[τι]** ἐξ ἐμοῦ
2Co 12:13 **τί** γάρ ἐστιν ὃ

τις (*tis*; 24/542[543]) *anyone, anything*
2Co 2:5 Εἰ δέ **τις** λελύπηκεν,
2Co 2:10 ᾧ δέ **τι** χαρίζεσθε,
2Co 2:10 εἴ **τι** κεχάρισμαι,
2Co 3:1 χρῄζομεν ὥς **τινες** συστατικῶν ἐπιστολῶν
2Co 3:5 ἱκανοί ἐσμεν λογίσασθαί **τι** ὡς ἐξ ἑαυτῶν,
2Co 5:17 ὥστε εἴ **τις** ἐν Χριστῷ,
2Co 7:14 ὅτι εἴ **τι** αὐτῷ ὑπὲρ ὑμῶν
2Co 8:20 μή **τις** ἡμᾶς μωμήσηται ἐν
2Co 10:2 τολμῆσαι ἐπί **τινας** τοὺς λογιζομένους
2Co 10:7 εἴ **τις** πέποιθεν ἑαυτῷ Χριστοῦ
2Co 10:8 [τε] γὰρ περισσότερόν **τι** καυχήσωμαι περὶ
2Co 10:12 ἢ συγκρῖναι ἑαυτούς **τισιν** τῶν ἑαυτοὺς
2Co 11:1 ἀνείχεσθέ μου μικρόν **τι** ἀφροσύνης·
2Co 11:16 μή **τις** με δόξῃ ἄφρονα
2Co 11:16 ἵνα κἀγὼ μικρόν **τι** καυχήσωμαι.
2Co 11:20 ἀνέχεσθε γὰρ εἴ **τις** ὑμᾶς καταδουλοῖ,
2Co 11:20 εἴ **τις** κατεσθίει,
2Co 11:20 εἴ **τις** λαμβάνει,
2Co 11:20 εἴ **τις** ἐπαίρεται,

2Co 11:20 εἴ **τις** εἰς πρόσωπον ὑμᾶς
2Co 11:21 ᾧ δ' ἄν **τις** τολμᾷ,
2Co 12:6 μή **τις** εἰς ἐμὲ λογίσηται
2Co 12:17 μή **τινα** ὧν ἀπέσταλκα πρὸς
2Co 13:8 οὐ γὰρ δυνάμεθά **τι** κατὰ τῆς ἀληθείας

Τίτος (*Titos*; 9/13) *Titus*
2Co 2:13 μὴ εὑρεῖν με **Τίτον** τὸν ἀδελφόν μου,
2Co 7:6 ἐν τῇ παρουσίᾳ **Τίτου**,
2Co 7:13 ἐπὶ τῇ χαρᾷ **Τίτου**,
2Co 7:14 ἡμῶν ἡ ἐπὶ **Τίτου** ἀλήθεια ἐγενήθη.
2Co 8:6 τὸ παρακαλέσαι ἡμᾶς **Τίτον**,
2Co 8:16 ἐν τῇ καρδίᾳ **Τίτου**,
2Co 8:23 εἴτε ὑπὲρ **Τίτου**,
2Co 12:18 παρεκάλεσα **Τίτον** καὶ συναπέστειλα τὸν
2Co 12:18 μήτι ἐπλεονέκτησεν ὑμᾶς **Τίτος**;

τοιοῦτος (*toioutos*; 10/56[57]) *such*
2Co 2:6 ἱκανὸν τῷ **τοιούτῳ** ἡ ἐπιτιμία αὕτη
2Co 2:7 λύπῃ καταποθῇ ὁ **τοιοῦτος**.
2Co 3:4 Πεποίθησιν δὲ **τοιαύτην** ἔχομεν διὰ τοῦ
2Co 3:12 Ἔχοντες οὖν **τοιαύτην** ἐλπίδα πολλῇ
2Co 10:11 τοῦτο λογιζέσθω ὁ **τοιοῦτος**,
2Co 10:11 **τοιοῦτοι** καὶ παρόντες τῷ
2Co 11:13 οἱ γὰρ **τοιοῦτοι** ψευδαπόστολοι,
2Co 12:2 ἁρπαγέντα τὸν **τοιοῦτον** ἕως τρίτου
2Co 12:3 καὶ οἶδα τὸν **τοιοῦτον** ἄνθρωπον,
2Co 12:5 ὑπὲρ τοῦ **τοιούτου** καυχήσομαι,

τολμάω (*tolmaō*; 4/16) *dare*
2Co 10:2 πεποιθήσει ᾗ λογίζομαι **τολμῆσαι** ἐπί τινας
2Co 10:12 Οὐ γὰρ **τολμῶμεν** ἐγκρῖναι ἢ συγκρῖναι
2Co 11:21 δ' ἄν τις **τολμᾷ**,
2Co 11:21 **τολμῶ** κἀγώ.

τόπος (*topos*; 1/94) *place*
2Co 2:14 ἡμῶν ἐν παντὶ **τόπῳ**·

τότε (*tote*; 1/160) *then*
2Co 12:10 **τότε** δυνατός εἰμι.

τρεῖς (*treis*; 1/69) *three*
2Co 13:1 δύο μαρτύρων καὶ **τριῶν** σταθήσεται πᾶν

τρίς (*tris*; 3/12) *three times*
2Co 11:25 **τρὶς** ἐρραβδίσθην,
2Co 11:25 **τρὶς** ἐναυάγησα,
2Co 12:8 ὑπὲρ τούτου **τρὶς** τὸν κύριον παρεκάλεσα

τρίτος (*tritos*; 3/56) *third*
2Co 12:2 τὸν τοιοῦτον ἕως **τρίτου** οὐρανοῦ.
2Co 12:14 Ἰδοὺ **τρίτον** τοῦτο ἑτοίμως ἔχω
2Co 13:1 **Τρίτον** τοῦτο ἔρχομαι πρὸς

τρόμος (*tromos*; 1/5) *trembling*
2Co 7:15 μετὰ φόβου καὶ **τρόμου** ἐδέξασθε αὐτόν.

Τρῳάς (*Trōas*; 1/6) *Troas*
2Co 2:12 δὲ εἰς τὴν **Τρῳάδα** εἰς τὸ εὐαγγέλιον

τυφλόω (*typhloō*; 1/3) *blind*
2Co 4:4 τοῦ αἰῶνος τούτου **ἐτύφλωσεν** τὰ νοήματα

ὕβρις (*hybris*; 1/3) *insult*
2Co 12:10 ἐν **ὕβρεσιν**,

υἱός (*huios*; 4/377) *son*
2Co 1:19 τοῦ θεοῦ γὰρ **υἱὸς** Ἰησοῦς Χριστὸς ὁ
2Co 3:7 δύνασθαι ἀτενίσαι τοὺς **υἱοὺς** Ἰσραὴλ εἰς
2Co 3:13 μὴ ἀτενίσαι τοὺς **υἱοὺς** Ἰσραὴλ εἰς τὸ
2Co 6:18 ἔσεσθέ μοι εἰς **υἱοὺς** καὶ θυγατέρας,

ὑμεῖς (*hymeis*; 153/1832) *you (pl.)*
2Co 1:2 χάρις **ὑμῖν** καὶ εἰρήνη ἀπὸ
2Co 1:6 ὑπὲρ τῆς **ὑμῶν** παρακλήσεως καὶ σωτηρίας·
2Co 1:6 ὑπὲρ τῆς **ὑμῶν** παρακλήσεως τῆς
2Co 1:7 ἡμῶν βεβαία ὑπὲρ **ὑμῶν** εἰδότες ὅτι ὡς
2Co 1:8 Οὐ γὰρ θέλομεν **ὑμᾶς** ἀγνοεῖν,
2Co 1:11 συνυπουργούντων καὶ **ὑμῶν** ὑπὲρ ἡμῶν τῇ
2Co 1:12 περισσοτέρως δὲ πρὸς **ὑμᾶς**.
2Co 1:13 γὰρ ἄλλα γράφομεν **ὑμῖν** ἀλλ' ἢ ἃ
2Co 1:14 ὅτι καύχημα **ὑμῶν** ἐσμεν καθάπερ καὶ
2Co 1:14 ἐσμεν καθάπερ καὶ **ὑμεῖς** ἡμῶν ἐν τῇ
2Co 1:15 ἐβουλόμην πρότερον πρὸς **ὑμᾶς** ἐλθεῖν,
2Co 1:16 καὶ δι' **ὑμῶν** διελθεῖν εἰς Μακεδονίαν
2Co 1:16 Μακεδονίας ἐλθεῖν πρὸς **ὑμᾶς** καὶ ὑφ'
2Co 1:16 ὑμᾶς καὶ ὑφ' **ὑμῶν** προπεμφθῆναι εἰς τὴν
2Co 1:18 ἡμῶν ὁ πρὸς **ὑμᾶς** οὐκ ἔστιν ναὶ
2Co 1:19 Χριστὸς ὁ ἐν **ὑμῖν** δι' ἡμῶν κηρυχθείς,
2Co 1:21 βεβαιῶν ἡμᾶς σὺν **ὑμῖν** εἰς Χριστὸν καὶ
2Co 1:23 ὅτι φειδόμενος **ὑμῶν** οὐκέτι ἦλθον εἰς
2Co 1:24 οὐχ ὅτι κυριεύομεν **ὑμῶν** τῆς πίστεως ἀλλὰ
2Co 1:24 ἐσμεν τῆς χαρᾶς **ὑμῶν**·
2Co 2:1 ἐν λύπῃ πρὸς **ὑμᾶς** ἐλθεῖν.
2Co 2:2 γὰρ ἐγὼ λυπῶ **ὑμᾶς**,
2Co 2:3 πεποιθὼς ἐπὶ πάντας **ὑμᾶς** ὅτι ἡ ἐμὴ
2Co 2:3 ἐμὴ χαρὰ πάντων **ὑμῶν** ἐστιν.
2Co 2:4 συνοχῆς καρδίας ἔγραψα **ὑμῖν** διὰ πολλῶν
2Co 2:4 ἔχω περισσοτέρως εἰς **ὑμᾶς**.
2Co 2:5 πάντας **ὑμᾶς**.
2Co 2:7 τοὐναντίον μᾶλλον **ὑμᾶς** χαρίσασθαι καὶ
2Co 2:8 διὸ παρακαλῶ **ὑμᾶς** κυρῶσαι εἰς αὐτὸν
2Co 2:9 γνῶ τὴν δοκιμὴν **ὑμῶν**,
2Co 2:10 δι' **ὑμᾶς** ἐν προσώπῳ Χριστοῦ,
2Co 3:1 ἐπιστολῶν πρὸς **ὑμᾶς** ἢ ἐξ ὑμῶν;
2Co 3:1 ὑμᾶς ἢ ἐξ **ὑμῶν**;
2Co 3:2 ἡ ἐπιστολὴ ἡμῶν **ὑμεῖς** ἐστε,
2Co 4:5 ἑαυτοὺς δὲ δούλους **ὑμῶν** διὰ Ἰησοῦν.
2Co 4:12 δὲ ζωὴ ἐν **ὑμῖν**.
2Co 4:14 καὶ παραστήσει σὺν **ὑμῖν**.
2Co 4:15 γὰρ πάντα δι' **ὑμᾶς**,
2Co 5:11 ἐν ταῖς συνειδήσεσιν **ὑμῶν** πεφανερῶσθαι.
2Co 5:12 ἑαυτοὺς συνιστάνομεν **ὑμῖν** ἀλλὰ ἀφορμὴν
2Co 5:12 ἀφορμὴν διδόντες **ὑμῖν** καυχήματος ὑπὲρ
2Co 5:13 **ὑμῖν**.
2Co 6:1 τοῦ θεοῦ δέξασθαι **ὑμᾶς**·
2Co 6:11 ἡμῶν ἀνέῳγεν πρὸς **ὑμᾶς**,
2Co 6:12 ἐν τοῖς σπλάγχνοις **ὑμῶν**·
2Co 6:13 πλατύνθητε καὶ **ὑμεῖς**.
2Co 6:17 κἀγὼ εἰσδέξομαι **ὑμᾶς**
2Co 6:18 καὶ ἔσομαι **ὑμῖν** εἰς πατέρα καὶ
2Co 6:18 εἰς πατέρα καὶ **ὑμεῖς** ἔσεσθέ μοι εἰς
2Co 7:4 μοι παρρησία πρὸς **ὑμᾶς**,
2Co 7:4 μοι καύχησις ὑπὲρ **ὑμῶν**·
2Co 7:7 ᾗ παρεκλήθη ἐφ' **ὑμῖν**,
2Co 7:7 ἀναγγέλλων ἡμῖν τὴν **ὑμῶν** ἐπιπόθησιν,
2Co 7:7 τὸν **ὑμῶν** ὀδυρμόν,
2Co 7:7 τὸν **ὑμῶν** ζῆλον ὑπὲρ ἐμοῦ
2Co 7:8 εἰ καὶ ἐλύπησα **ὑμᾶς** ἐν τῇ ἐπιστολῇ,
2Co 7:8 πρὸς ὥραν ἐλύπησεν **ὑμᾶς**,

2Co 7:11 πόσην κατειργάσατο **ὑμῖν** σπουδήν,
2Co 7:12 εἰ καὶ ἔγραψα **ὑμῖν**,
2Co 7:12 φανερωθῆναι τὴν σπουδὴν **ὑμῶν** τὴν ὑπὲρ
2Co 7:12 ὑπὲρ ἡμῶν πρὸς **ὑμᾶς** ἐνώπιον τοῦ θεοῦ.
2Co 7:13 αὐτοῦ ἀπὸ πάντων **ὑμῶν**·
2Co 7:14 τι αὐτῷ ὑπὲρ **ὑμῶν** κεκαύχημαι,
2Co 7:14 ἐν ἀληθείᾳ ἐλαλήσαμεν **ὑμῖν**,
2Co 7:15 εἰς **ὑμᾶς** ἐστιν ἀναμιμνῃσκομένου
2Co 7:15 τὴν πάντων **ὑμῶν** ὑπακοήν,
2Co 7:16 παντὶ θαρρῶ ἐν **ὑμῖν**.
2Co 8:1 Γνωρίζομεν δὲ **ὑμῖν**,
2Co 8:6 καὶ ἐπιτελέσῃ εἰς **ὑμᾶς** καὶ τὴν χάριν
2Co 8:7 ἐξ ἡμῶν ἐν **ὑμῖν** ἀγάπῃ,
2Co 8:9 ὅτι δι' **ὑμᾶς** ἐπτώχευσεν πλούσιος ὤν,
2Co 8:9 ἵνα ὑμεῖς **τῇ** ἐκείνου πτωχείᾳ πλουτήσητε.
2Co 8:10 τοῦτο γὰρ **ὑμῖν** συμφέρει,
2Co 8:13 **ὑμῖν** θλῖψις,
2Co 8:14 νῦν καιρῷ τὸ **ὑμῶν** περίσσευμα εἰς τὸ
2Co 8:14 γένηται εἰς τὸ **ὑμῶν** ὑστέρημα,
2Co 8:16 αὐτὴν σπουδὴν ὑπὲρ **ὑμῶν** ἐν τῇ καρδίᾳ
2Co 8:17 αὐθαίρετος ἐξῆλθεν πρὸς **ὑμᾶς**.
2Co 8:22 πολλῇ τῇ εἰς **ὑμᾶς**.
2Co 8:23 ἐμὸς καὶ εἰς **ὑμᾶς** συνεργός·
2Co 8:24 τῆς ἀγάπης **ὑμῶν** καὶ ἡμῶν καυχήσεως
2Co 8:24 ὑπὲρ **ὑμῶν** εἰς αὐτοὺς ἐνδεικνύμενοι
2Co 9:1 ἐστιν τὸ γράφειν **ὑμῖν**·
2Co 9:2 γὰρ τὴν προθυμίαν **ὑμῶν** ἣν ὑπὲρ ὑμῶν
2Co 9:2 ὑμῶν ἣν ὑπὲρ **ὑμῶν** καυχῶμαι Μακεδόσιν,
2Co 9:2 καὶ τὸ **ὑμῶν** ζῆλος ἠρέθισεν τοὺς
2Co 9:3 ἡμῶν τὸ ὑπὲρ **ὑμῶν** κενωθῇ ἐν τῷ
2Co 9:4 εὕρωσιν **ὑμᾶς** ἀπαρασκευάστους
2Co 9:4 ἵνα μὴ λέγω **ὑμεῖς**,
2Co 9:5 προέλθωσιν εἰς **ὑμᾶς** καὶ προκαταρτίσωσιν
2Co 9:5 τὴν προεπηγγελμένην εὐλογίαν **ὑμῶν**,
2Co 9:8 χάριν περισσεῦσαι εἰς **ὑμᾶς**,
2Co 9:10 πληθυνεῖ τὸν σπόρον **ὑμῶν** καὶ αὐξήσει τὰ
2Co 9:10 γενήματα τῆς δικαιοσύνης **ὑμῶν**.
2Co 9:13 τῆς ὁμολογίας **ὑμῶν** εἰς τὸ εὐαγγέλιον
2Co 9:14 αὐτῶν δεήσει ὑπὲρ **ὑμῶν** ἐπιποθούντων
2Co 9:14 ὑμῶν ἐπιποθούντων **ὑμᾶς** διὰ τὴν
2Co 9:14 τοῦ θεοῦ ἐφ' **ὑμῖν**.
2Co 10:1 Παῦλος παρακαλῶ **ὑμᾶς** διὰ τῆς πραΰτητος
2Co 10:1 μὲν ταπεινὸς ἐν **ὑμῖν**,
2Co 10:1 δὲ θαρρῶ εἰς **ὑμᾶς**·
2Co 10:6 ὅταν πληρωθῇ **ὑμῶν** ἡ ὑπακοή.
2Co 10:8 οὐκ εἰς καθαίρεσιν **ὑμῶν**,
2Co 10:9 ὡς ἂν ἐκφοβεῖν **ὑμᾶς** διὰ τῶν ἐπιστολῶν·
2Co 10:13 ἐφικέσθαι ἄχρι καὶ **ὑμῶν**.
2Co 10:14 ἐφικνούμενοι εἰς **ὑμᾶς** ὑπερεκτείνομεν
2Co 10:14 ἄχρι γὰρ καὶ **ὑμῶν** ἐφθάσαμεν ἐν τῷ
2Co 10:15 τῆς πίστεως **ὑμῶν** ἐν ὑμῖν μεγαλυνθῆναι
2Co 10:15 πίστεως ὑμῶν ἐν **ὑμῖν** μεγαλυνθῆναι κατὰ
2Co 10:16 εἰς τὰ ὑπερέκεινα **ὑμῶν** εὐαγγελίσασθαι,
2Co 11:2 ζηλῶ γὰρ **ὑμᾶς** θεοῦ ζήλῳ,
2Co 11:2 ἡρμοσάμην γὰρ **ὑμᾶς** ἑνὶ ἀνδρὶ παρθένον
2Co 11:3 τὰ νοήματα **ὑμῶν** ἀπὸ τῆς ἁπλότητος
2Co 11:6 ἐν πᾶσιν εἰς **ὑμᾶς**.
2Co 11:7 ἐμαυτὸν ταπεινῶν ἵνα **ὑμεῖς** ὑψωθῆτε,
2Co 11:7 θεοῦ εὐαγγέλιον εὐηγγελισάμην **ὑμῖν**;
2Co 11:8 ὀψώνιον πρὸς τὴν **ὑμῶν** διακονίαν,
2Co 11:9 καὶ παρὼν πρὸς **ὑμᾶς** καὶ ὑστερηθεὶς οὐ
2Co 11:9 ἀβαρῆ ἐμαυτὸν **ὑμῖν** ἐτήρησα καὶ τηρήσω.
2Co 11:11 ὅτι οὐκ ἀγαπῶ **ὑμᾶς**;
2Co 11:20 γὰρ εἴ τις **ὑμᾶς** καταδουλοῖ,
2Co 11:20 τις εἰς πρόσωπον **ὑμᾶς** δέρει.
2Co 12:11 **ὑμεῖς** με ἠναγκάσατε.
2Co 12:11 γὰρ ὤφειλον ὑφ' **ὑμῶν** συνίστασθαι·
2Co 12:12 κατειργάσθη ἐν **ὑμῖν** ἐν πάσῃ ὑπομονῇ,
2Co 12:13 ἐγὼ οὐ κατενάρκησα **ὑμῶν**;
2Co 12:14 ἔχω ἐλθεῖν πρὸς **ὑμᾶς**,
2Co 12:14 γὰρ ζητῶ τὰ **ὑμῶν** ἀλλὰ ὑμᾶς.
2Co 12:14 τὰ ὑμῶν ἀλλὰ **ὑμᾶς**.
2Co 12:15 ὑπὲρ τῶν ψυχῶν **ὑμῶν**.
2Co 12:15 εἰ περισσοτέρως **ὑμᾶς** ἀγαπῶ[ν],
2Co 12:16 ἐγὼ οὐ κατεβάρησα **ὑμᾶς**·
2Co 12:16 ὑπάρχων πανοῦργος δόλῳ **ὑμᾶς** ἔλαβον.
2Co 12:17 ὧν ἀπέσταλκα πρὸς **ὑμᾶς**,
2Co 12:17 δι' αὐτοῦ ἐπλεονέκτησα **ὑμᾶς**;
2Co 12:18 μήτι ἐπλεονέκτησεν **ὑμᾶς** Τίτος;
2Co 12:19 Πάλαι δοκεῖτε ὅτι **ὑμῖν** ἀπολογούμεθα.
2Co 12:19 ὑπὲρ τῆς **ὑμῶν** οἰκοδομῆς.
2Co 12:20 οἵους θέλω εὕρω **ὑμᾶς** κἀγὼ εὑρεθῶ ὑμῖν
2Co 12:20 ὑμᾶς κἀγὼ εὑρεθῶ **ὑμῖν** οἷον οὐ θέλετε·
2Co 12:21 θεός μου πρὸς **ὑμᾶς** καὶ πενθήσω πολλοὺς
2Co 13:1 τοῦτο ἔρχομαι πρὸς **ὑμᾶς**·
2Co 13:3 ὃς εἰς **ὑμᾶς** οὐκ ἀσθενεῖ ἀλλὰ
2Co 13:3 ἀλλὰ δυνατεῖ ἐν **ὑμῖν**.
2Co 13:4 δυνάμεως θεοῦ εἰς **ὑμᾶς**.
2Co 13:5 Ἰησοῦς Χριστὸς ἐν **ὑμῖν**;
2Co 13:7 θεὸν μὴ ποιῆσαι **ὑμᾶς** κακὸν μηδέν,
2Co 13:7 ἀλλ' ἵνα **ὑμεῖς** τὸ καλὸν ποιῆτε,
2Co 13:9 **ὑμεῖς** δὲ δυνατοὶ ἦτε·
2Co 13:9 τὴν **ὑμῶν** κατάρτισιν.
2Co 13:11 εἰρήνης ἔσται μεθ' **ὑμῶν**.
2Co 13:12 Ἀσπάζονται **ὑμᾶς** οἱ ἅγιοι πάντες.
2Co 13:13 πνεύματος μετὰ πάντων **ὑμῶν**.

ὑμέτερος (*hymeteros*; 1/11) *your (pl.)*

2Co 8:8 καὶ τὸ τῆς **ὑμετέρας** ἀγάπης γνήσιον

ὑπακοή (*hypakoē*; 3/15) *obedience*

2Co 7:15 τὴν πάντων ὑμῶν **ὑπακοήν**,
2Co 10:5 νόημα εἰς τὴν **ὑπακοὴν** τοῦ Χριστοῦ,
2Co 10:6 πληρωθῇ ὑμῶν ἡ **ὑπακοή**.

ὑπάρχω (*hyparchō*; 2/60) *be*

2Co 8:17 δὲ **ὑπάρχων** αὐθαίρετος ἐξῆλθεν πρὸς
2Co 12:16 ἀλλὰ **ὑπάρχων** πανοῦργος δόλῳ ὑμᾶς

ὑπέρ (*hyper*; 34/150) *for, concerning, over*

2Co 1:6 **ὑπὲρ** τῆς ὑμῶν παρακλήσεως
2Co 1:6 **ὑπὲρ** τῆς ὑμῶν παρακλήσεως
2Co 1:7 ἐλπὶς ἡμῶν βεβαία **ὑπὲρ** ὑμῶν εἰδότες ὅτι
2Co 1:8 **ὑπὲρ** τῆς θλίψεως ἡμῶν
2Co 1:8 καθ' ὑπερβολὴν **ὑπὲρ** δύναμιν ἐβαρήθημεν
2Co 1:11 καὶ ὑμῶν **ὑπὲρ** ἡμῶν τῇ δεήσει,
2Co 1:11 διὰ πολλῶν εὐχαριστηθῇ **ὑπὲρ** ἡμῶν.
2Co 5:12 διδόντες ὑμῖν καυχήματος **ὑπὲρ** ἡμῶν,
2Co 5:14 ὅτι εἷς **ὑπὲρ** πάντων ἀπέθανεν,
2Co 5:15 καὶ **ὑπὲρ** πάντων ἀπέθανεν,
2Co 5:15 ζῶσιν ἀλλὰ τῷ **ὑπὲρ** αὐτῶν ἀποθανόντι καὶ
2Co 5:20 **Ὑπὲρ** Χριστοῦ οὖν πρεσβεύομεν
2Co 5:20 δεόμεθα **ὑπὲρ** Χριστοῦ,
2Co 5:21 ἁμαρτίαν **ὑπὲρ** ἡμῶν ἁμαρτίαν ἐποίησεν,
2Co 7:4 πολλή μοι καύχησις **ὑπὲρ** ὑμῶν·
2Co 7:7 τὸν ὑμῶν ζῆλον **ὑπὲρ** ἐμοῦ ὥστε με
2Co 7:12 σπουδὴν ὑμῶν τὴν **ὑπὲρ** ἡμῶν πρὸς ὑμᾶς
2Co 7:14 εἴ τι αὐτῷ **ὑπὲρ** ὑμῶν κεκαύχημαι,

2Co 8:16 τὴν αὐτὴν σπουδὴν **ὑπὲρ** ὑμῶν ἐν τῇ
2Co 8:23 εἴτε **ὑπὲρ** Τίτου,
2Co 8:24 καὶ ἡμῶν καυχήσεως **ὑπὲρ** ὑμῶν εἰς αὐτοὺς
2Co 9:2 προθυμίαν ὑμῶν ἣν **ὑπὲρ** ὑμῶν καυχῶμαι
2Co 9:3 καύχημα ἡμῶν τὸ **ὑπὲρ** ὑμῶν κενωθῇ ἐν
2Co 9:14 καὶ αὐτῶν δεήσει **ὑπὲρ** ὑμῶν ἐπιποθούντων
2Co 11:23 **ὑπὲρ** ἐγώ·
2Co 12:5 **ὑπὲρ** τοῦ τοιούτου καυχήσομαι,
2Co 12:5 **ὑπὲρ** δὲ ἐμαυτοῦ οὐ
2Co 12:6 εἰς ἐμὲ λογίσηται **ὑπὲρ** ὃ βλέπει με
2Co 12:8 **ὑπὲρ** τούτου τρὶς τὸν
2Co 12:10 **ὑπὲρ** Χριστοῦ·
2Co 12:13 ὃ ἡσσώθητε **ὑπὲρ** τὰς λοιπὰς ἐκκλησίας,
2Co 12:15 καὶ ἐκδαπανηθήσομαι **ὑπὲρ** τῶν ψυχῶν
2Co 12:19 **ὑπὲρ** τῆς ὑμῶν οἰκοδομῆς.
2Co 13:8 τῆς ἀληθείας ἀλλὰ **ὑπὲρ** τῆς ἀληθείας.

ὑπεραίρω (*hyperairō*; 2/3) *be puffed up with pride*
2Co 12:7 διὸ ἵνα μὴ **ὑπεραίρωμαι**,
2Co 12:7 ἵνα μὴ **ὑπεραίρωμαι**.

ὑπερβαλλόντως (*hyperballontōs*; 1/1) *much more or more severely*
2Co 11:23 ἐν πληγαῖς **ὑπερβαλλόντως**,

ὑπερβάλλω (*hyperballō*; 2/5) *surpass*
2Co 3:10 μέρει εἵνεκεν τῆς **ὑπερβαλλούσης** δόξης.
2Co 9:14 διὰ τὴν **ὑπερβάλλουσαν** χάριν τοῦ θεοῦ

ὑπερβολή (*hyperbolē*; 5/8) *surpassing or outstanding quality*
2Co 1:8 καθ᾽ **ὑπερβολὴν** ὑπὲρ δύναμιν ἐβαρήθημεν
2Co 4:7 ἵνα ἡ **ὑπερβολὴ** τῆς δυνάμεως ᾖ
2Co 4:17 ἡμῶν καθ᾽ **ὑπερβολὴν** εἰς ὑπερβολὴν
2Co 4:17 ὑπερβολὴν εἰς **ὑπερβολὴν** αἰώνιον βάρος
2Co 12:7 καὶ τῇ **ὑπερβολῇ** τῶν ἀποκαλύψεων.

ὑπερέκεινα (*hyperekeina*; 1/1) *beyond*
2Co 10:16 εἰς τὰ **ὑπερέκεινα** ὑμῶν εὐαγγελίσασθαι,

ὑπερεκτείνω (*hyperekteinō*; 1/1) *go beyond*
2Co 10:14 εἰς ὑμᾶς **ὑπερεκτείνομεν** ἑαυτούς,

ὑπερλίαν (*hyperlian*; 2/2) *outstanding*
2Co 11:5 ὑστερηκέναι τῶν **ὑπερλίαν** ἀποστόλων.
2Co 12:11 γὰρ ὑστέρησα τῶν **ὑπερλίαν** ἀποστόλων εἰ

ὑπερπερισσεύω (*hyperperisseuō*; 1/2) *be present in far greater measure*
2Co 7:4 **ὑπερπερισσεύομαι** τῇ χαρᾷ ἐπὶ

ὑπήκοος (*hypēkoos*; 1/3) *obedient*
2Co 2:9 εἰ εἰς πάντα **ὑπήκοοί** ἐστε.

ὑπό (*hypo*; 12/219[220]) *by, under*
2Co 1:4 ἧς παρακαλούμεθα αὐτοὶ **ὑπὸ** τοῦ θεοῦ.
2Co 1:16 πρὸς ὑμᾶς καὶ **ὑφ᾽** ὑμῶν προπεμφθῆναι εἰς
2Co 2:6 ἐπιτιμία αὕτη ἡ **ὑπὸ** τῶν πλειόνων,
2Co 2:11 ἵνα μὴ πλεονεκτηθῶμεν **ὑπὸ** τοῦ σατανᾶ·
2Co 3:2 καὶ ἀναγινωσκομένη **ὑπὸ** πάντων
2Co 3:3 ἐπιστολὴ Χριστοῦ διακονηθεῖσα **ὑφ᾽** ἡμῶν,
2Co 5:4 καταποθῇ τὸ θνητὸν **ὑπὸ** τῆς ζωῆς.
2Co 8:19 ἀλλὰ καὶ χειροτονηθεὶς **ὑπὸ** τῶν ἐκκλησιῶν
2Co 8:19 ταύτῃ τῇ διακονουμένῃ **ὑφ᾽** ἡμῶν πρὸς τὴν
2Co 8:20 ταύτῃ τῇ διακονουμένῃ **ὑφ᾽** ἡμῶν·
2Co 11:24 **Ὑπὸ** Ἰουδαίων πεντάκις τεσσεράκοντα
2Co 12:11 ἐγὼ γὰρ ὤφειλον **ὑφ᾽** ὑμῶν συνίστασθαι·

ὑπομονή (*hypomonē*; 3/32) *patient endurance*
2Co 1:6 τῆς ἐνεργουμένης ἐν **ὑπομονῇ** τῶν αὐτῶν
2Co 6:4 ἐν **ὑπομονῇ** πολλῇ,
2Co 12:12 ὑμῖν ἐν πάσῃ **ὑπομονῇ**,

ὑπόστασις (*hypostasis*; 2/5) *confidence*
2Co 9:4 ἐν τῇ **ὑποστάσει** ταύτῃ.
2Co 11:17 ἐν ταύτῃ τῇ **ὑποστάσει** τῆς καυχήσεως.

ὑποταγή (*hypotagē*; 1/4) *obedience*
2Co 9:13 θεὸν ἐπὶ τῇ **ὑποταγῇ** τῆς ὁμολογίας ὑμῶν

ὑστερέω (*hystereō*; 3/16) *lack*
2Co 11:5 γὰρ μηδὲν **ὑστερηκέναι** τῶν ὑπερλίαν
2Co 11:9 πρὸς ὑμᾶς καὶ **ὑστερηθεὶς** οὐ κατενάρκησα
2Co 12:11 οὐδὲν γὰρ **ὑστέρησα** τῶν ὑπερλίαν

ὑστέρημα (*hysterēma*; 4/9) *what is lacking*
2Co 8:14 εἰς τὸ ἐκείνων **ὑστέρημα**,
2Co 8:14 εἰς τὸ ὑμῶν **ὑστέρημα**,
2Co 9:12 προσαναπληροῦσα τὰ **ὑστερήματα** τῶν
2Co 11:9 τὸ γὰρ **ὑστέρημά** μου προσανεπλήρωσαν οἱ

ὑψόω (*hypsoō*; 1/20) *exalt, lift up, raise*
2Co 11:7 ταπεινῶν ἵνα ὑμεῖς **ὑψωθῆτε**,

ὕψωμα (*hypsōma*; 1/2) *height*
2Co 10:5 καὶ πᾶν **ὕψωμα** ἐπαιρόμενον κατὰ τῆς

φαίνω (*phainō*; 1/30[31]) *shine*
2Co 13:7 ἵνα ἡμεῖς δόκιμοι **φανῶμεν**,

φανερόω (*phaneroō*; 9/47[49]) *make known, reveal*
2Co 2:14 τῆς γνώσεως αὐτοῦ **φανεροῦντι** δι᾽ ἡμῶν ἐν
2Co 3:3 **φανερούμενοι** ὅτι ἐστὲ ἐπιστολὴ
2Co 4:10 τῷ σώματι ἡμῶν **φανερωθῇ**.
2Co 4:11 ζωὴ τοῦ Ἰησοῦ **φανερωθῇ** ἐν τῇ θνητῇ
2Co 5:10 πάντας ἡμᾶς **φανερωθῆναι** δεῖ ἔμπροσθεν
2Co 5:11 θεῷ δὲ **πεφανερώμεθα**·
2Co 5:11 ταῖς συνειδήσεσιν ὑμῶν **πεφανερῶσθαι**.
2Co 7:12 ἕνεκεν τοῦ **φανερωθῆναι** τὴν σπουδὴν ὑμῶν
2Co 11:6 ἀλλ᾽ ἐν παντὶ **φανερώσαντες** ἐν πᾶσιν εἰς

φανέρωσις (*phanerōsis*; 1/2) *bringing to light*
2Co 4:2 θεοῦ ἀλλὰ τῇ **φανερώσει** τῆς ἀληθείας

φαῦλος (*phaulos*; 1/6) *evil*
2Co 5:10 εἴτε ἀγαθὸν εἴτε **φαῦλον**.

φείδομαι (*pheidomai*; 3/10) *spare*
2Co 1:23 ὅτι **φειδόμενος** ὑμῶν οὐκέτι ἦλθον
2Co 12:6 **φείδομαι** δέ,
2Co 13:2 τὸ πάλιν οὐ **φείσομαι**,

φειδομένως (*pheidomenōs*; 2/2) *sparingly*
2Co 9:6 φειδομένως **φειδομένως** καὶ θερίσει,
2Co 9:6 φειδομένως **φειδομένως** καὶ θερίσει,

φημί (*phēmi*; 1/66) *say*
2Co 10:10 **φησίν**,

φθάνω (*phthanō; 1/7*) *come upon, attain*
2Co 10:14 γὰρ καὶ ὑμῶν **ἐφθάσαμεν** ἐν τῷ εὐαγγελίῳ

φθείρω (*phtheirō; 2/9*) *corrupt*
2Co 7:2 οὐδένα **ἐφθείραμεν**,
2Co 11:3 φθαρῇ **τὰ** νοήματα ὑμῶν ἀπὸ

φίλημα (*philēma*; 1/7) *kiss*
2Co 13:12 ἀλλήλους ἐν ἁγίῳ **φιλήματι**.

φιλοτιμέομαι (*philotimeomai*; 1/3) *make it one's ambition, endeavor*
2Co 5:9 διὸ καὶ **φιλοτιμούμεθα**,

φοβέομαι (*phobeomai*; 2/95) *fear*
2Co 11:3 **φοβοῦμαι** δὲ μή πως,
2Co 12:20 **φοβοῦμαι** γὰρ μή πως

φόβος (*phobos*; 5/47) *fear*
2Co 5:11 οὖν τὸν **φόβον** τοῦ κυρίου ἀνθρώπους
2Co 7:1 ἐπιτελοῦντες ἁγιωσύνην ἐν **φόβῳ** θεοῦ.
2Co 7:5 ἔσωθεν **φόβοι**.
2Co 7:11 ἀλλὰ **φόβον**,
2Co 7:15 ὡς μετὰ **φόβου** καὶ τρόμου ἐδέξασθε

φράσσω (*phrassō; 1/3*) *silence*
2Co 11:10 καύχησις αὕτη οὐ **φραγήσεται** εἰς ἐμὲ ἐν

φρονέω (*phroneō;* 1/26) *think*
2Co 13:11 τὸ αὐτὸ **φρονεῖτε**,

φρόνιμος (*phronimos*; 1/14) *wise*
2Co 11:19 ἀνέχεσθε τῶν ἀφρόνων **φρόνιμοι** ὄντες·

φρουρέω (*phroureō; 1/4*) *guard*
2Co 11:32 βασιλέως **ἐφρούρει** τὴν πόλιν Δαμασκηνῶν

φυλακή (*phylakē*; 2/47) *prison*
2Co 6:5 ἐν **φυλακαῖς**,
2Co 11:23 ἐν **φυλακαῖς** περισσοτέρως,

φυσίωσις (*physiōsis*; 1/1) *conceit*
2Co 12:20 **φυσιώσεις**,

φῶς (*phōs*; 3/73) *light*
2Co 4:6 ἐκ σκότους **φῶς** λάμψει,
2Co 6:14 ἢ τίς κοινωνία **φωτὶ** πρὸς σκότος;
2Co 11:14 μετασχηματίζεται εἰς ἄγγελον **φωτός**.

φωτισμός (*phōtismos*; 2/2) *light*
2Co 4:4 μὴ αὐγάσαι τὸν **φωτισμὸν** τοῦ εὐαγγελίου
2Co 4:6 καρδίαις ἡμῶν πρὸς **φωτισμὸν** τῆς γνώσεως

χαίρω (*chairō; 8/74*) *rejoice*
2Co 2:3 ὧν ἔδει με **χαίρειν**,
2Co 6:10 λυπούμενοι ἀεὶ δὲ **χαίροντες**,
2Co 7:7 ὥστε με μᾶλλον **χαρῆναι**.
2Co 7:9 νῦν **χαίρω**,
2Co 7:13 περισσοτέρως μᾶλλον **ἐχάρημεν** ἐπὶ τῇ
2Co 7:16 **χαίρω** ὅτι ἐν παντὶ
2Co 13:9 **χαίρομεν** γὰρ ὅταν ἡμεῖς
2Co 13:11 **χαίρετε**,

χαλάω (*chalaō; 1/7*) *lower*
2Co 11:33 ἐν σαργάνῃ **ἐχαλάσθην** διὰ τοῦ τείχους

χαρά (*chara*; 5/59) *joy*
2Co 1:24 συνεργοί ἐσμεν τῆς **χαρᾶς** ὑμῶν·
2Co 2:3 ὅτι ἡ ἐμὴ **χαρὰ** πάντων ὑμῶν ἐστιν.
2Co 7:4 ὑπερπερισσεύομαι τῇ **χαρᾷ** ἐπὶ πάσῃ τῇ
2Co 7:13 ἐχάρημεν ἐπὶ τῇ **χαρᾷ** Τίτου,
2Co 8:2 ἡ περισσεία τῆς **χαρᾶς** αὐτῶν καὶ ἡ

χαρίζομαι (*charizomai*; 5/23) *grant, forgive*
2Co 2:7 μᾶλλον ὑμᾶς **χαρίσασθαι** καὶ παρακαλέσαι,
2Co 2:10 ᾧ δέ τι **χαρίζεσθε**,
2Co 2:10 γὰρ ἐγὼ ὃ **κεχάρισμαι**,
2Co 2:10 εἴ τι **κεχάρισμαι**,
2Co 12:13 **χαρίσασθέ** μοι τὴν ἀδικίαν

χάρις (*charis*; 18/155) *grace*
2Co 1:2 **χάρις** ὑμῖν καὶ εἰρήνη
2Co 1:12 σαρκικῇ ἀλλ' ἐν **χάριτι** θεοῦ,
2Co 1:15 ἵνα δευτέραν **χάριν** σχῆτε,
2Co 2:14 Τῷ δὲ θεῷ **χάρις** τῷ πάντοτε θριαμβεύοντι
2Co 4:15 ἵνα ἡ **χάρις** πλεονάσασα διὰ τῶν
2Co 6:1 εἰς κενὸν τὴν **χάριν** τοῦ θεοῦ δέξασθαι
2Co 8:1 τὴν **χάριν** τοῦ θεοῦ τὴν
2Co 8:4 ἡμῶν τὴν **χάριν** καὶ τὴν κοινωνίαν
2Co 8:6 ὑμᾶς καὶ τὴν **χάριν** ταύτην.
2Co 8:7 ἐν ταύτῃ τῇ **χάριτι** περισσεύητε.
2Co 8:9 γινώσκετε γὰρ τὴν **χάριν** τοῦ κυρίου ἡμῶν
2Co 8:16 **Χάρις** δὲ τῷ θεῷ
2Co 8:19 ἡμῶν σὺν τῇ **χάριτι** ταύτῃ τῇ διακονουμένῃ
2Co 9:8 ὁ θεὸς πᾶσαν **χάριν** περισσεῦσαι εἰς ὑμᾶς,
2Co 9:14 διὰ τὴν ὑπερβάλλουσαν **χάριν** τοῦ θεοῦ ἐφ'
2Co 9:15 **Χάρις** τῷ θεῷ ἐπὶ
2Co 12:9 ἀρκεῖ σοι ἡ **χάρις** μου,
2Co 13:13 Ἡ **χάρις** τοῦ κυρίου Ἰησοῦ

χάρισμα (*charisma*; 1/17) *gift*
2Co 1:11 τὸ εἰς ἡμᾶς **χάρισμα** διὰ πολλῶν

χείρ (*cheir*; 1/175[177]) *hand*
2Co 11:33 καὶ ἐξέφυγον τὰς **χεῖρας** αὐτοῦ.

χειροτονέω (*cheirotoneō; 1/2*) *appoint*
2Co 8:19 ἀλλὰ καὶ **χειροτονηθεὶς** ὑπὸ τῶν ἐκκλησιῶν

χορηγέω (*chorēgeō; 1/2*) *supply*
2Co 9:10 ἄρτον εἰς βρῶσιν **χορηγήσει** καὶ πληθυνεῖ

χράομαι (*chraomai*; 3/11) *use, make use of*
2Co 1:17 ἄρα τῇ ἐλαφρίᾳ **ἐχρησάμην**;
2Co 3:12 ἐλπίδα πολλῇ παρρησίᾳ **χρώμεθα**
2Co 13:10 μὴ ἀποτόμως **χρήσωμαι** κατὰ τὴν ἐξουσίαν

χρῄζω (*chrēzō; 1/5*) *need*
2Co 3:1 ἢ μὴ **χρῄζομεν** ὥς τινες συστατικῶν

χρηστότης (*chrēstotēs*; 1/10) *kindness*
2Co 6:6 ἐν **χρηστότητι**,

Χριστός (*Christos*; 47/529) *Christ*
2Co 1:1 ἀπόστολος **Χριστοῦ** Ἰησοῦ διὰ θελήματος
2Co 1:2 καὶ κυρίου Ἰησοῦ **Χριστοῦ**.
2Co 1:3 κυρίου ἡμῶν Ἰησοῦ **Χριστοῦ**,

2Co 1:5 τὰ παθήματα τοῦ **Χριστοῦ** εἰς ἡμᾶς,
2Co 1:5 οὕτως διὰ τοῦ **Χριστοῦ** περισσεύει καὶ ἡ
2Co 1:19 γὰρ υἱὸς Ἰησοῦς **Χριστὸς** ὁ ἐν ὑμῖν
2Co 1:21 σὺν ὑμῖν εἰς **Χριστὸν** καὶ χρίσας ἡμᾶς
2Co 2:10 ὑμᾶς ἐν προσώπῳ **Χριστοῦ**,
2Co 2:12 τὸ εὐαγγέλιον τοῦ **Χριστοῦ** καὶ θύρας μοι
2Co 2:14 ἡμᾶς ἐν τῷ **Χριστῷ** καὶ τὴν ὀσμὴν
2Co 2:15 ὅτι **Χριστοῦ** εὐωδία ἐσμὲν τῷ
2Co 2:17 κατέναντι θεοῦ ἐν **Χριστῷ** λαλοῦμεν.
2Co 3:3 ὅτι ἐστὲ ἐπιστολὴ **Χριστοῦ** διακονηθεῖσα
2Co 3:4 ἔχομεν διὰ τοῦ **Χριστοῦ** πρὸς τὸν θεόν.
2Co 3:14 ὅτι ἐν **Χριστῷ** καταργεῖται·
2Co 4:4 τῆς δόξης τοῦ **Χριστοῦ**,
2Co 4:5 κηρύσσομεν ἀλλὰ Ἰησοῦν **Χριστὸν** κύριον,
2Co 4:6 ἐν προσώπῳ [Ἰησοῦ] **Χριστοῦ**.
2Co 5:10 τοῦ βήματος τοῦ **Χριστοῦ**,
2Co 5:14 γὰρ ἀγάπη τοῦ **Χριστοῦ** συνέχει ἡμᾶς,
2Co 5:16 ἐγνώκαμεν κατὰ σάρκα **Χριστόν**,
2Co 5:17 εἴ τις ἐν **Χριστῷ**,
2Co 5:18 ἡμᾶς ἑαυτῷ διὰ **Χριστοῦ** καὶ δόντος ἡμῖν
2Co 5:19 θεὸς ἦν ἐν **Χριστῷ** κόσμον καταλλάσσων
2Co 5:20 Ὑπὲρ **Χριστοῦ** οὖν πρεσβεύομεν ὡς
2Co 5:20 δεόμεθα ὑπὲρ **Χριστοῦ**,
2Co 6:15 τίς δὲ συμφώνησις **Χριστοῦ** πρὸς Βελιάρ,
2Co 8:9 κυρίου ἡμῶν Ἰησοῦ **Χριστοῦ**,
2Co 8:23 δόξα **Χριστοῦ**.
2Co 9:13 τὸ εὐαγγέλιον τοῦ **Χριστοῦ** καὶ ἁπλότητι
2Co 10:1 καὶ ἐπιεικείας τοῦ **Χριστοῦ**,
2Co 10:5 τὴν ὑπακοὴν τοῦ **Χριστοῦ**,
2Co 10:7 τις πέποιθεν ἑαυτῷ **Χριστοῦ** εἶναι,
2Co 10:7 ὅτι καθὼς αὐτὸς **Χριστοῦ**,
2Co 10:14 τῷ εὐαγγελίῳ τοῦ **Χριστοῦ**,
2Co 11:2 ἁγνὴν παραστῆσαι τῷ **Χριστῷ**·
2Co 11:3 τῆς εἰς τὸν **Χριστόν**.
2Co 11:10 ἔστιν ἀλήθεια **Χριστοῦ** ἐν ἐμοὶ ὅτι
2Co 11:13 εἰς ἀποστόλους **Χριστοῦ**.
2Co 11:23 διάκονοι **Χριστοῦ** εἰσιν;
2Co 12:2 ἄνθρωπον ἐν **Χριστῷ** πρὸ ἐτῶν
2Co 12:9 ἡ δύναμις τοῦ **Χριστοῦ**.
2Co 12:10 ὑπὲρ **Χριστοῦ**·
2Co 12:19 κατέναντι θεοῦ ἐν **Χριστῷ** λαλοῦμεν·
2Co 13:3 ἐν ἐμοὶ λαλοῦντος **Χριστοῦ**,
2Co 13:5 ἑαυτοὺς ὅτι Ἰησοῦς **Χριστὸς** ἐν ὑμῖν;
2Co 13:13 τοῦ κυρίου Ἰησοῦ **Χριστοῦ** καὶ ἡ ἀγάπη

χρίω (*chriō*; 1/5) *anoint*
2Co 1:21 εἰς Χριστὸν καὶ **χρίσας** ἡμᾶς θεός,

χωρέω (*chōreō*; 1/10) *make room for*
2Co 7:2 **Χωρήσατε** ἡμᾶς·

χωρίς (*chōris*; 2/41) *without*
2Co 11:28 **χωρὶς** τῶν παρεκτὸς ἡ
2Co 12:3 ἐν σώματι εἴτε **χωρὶς** τοῦ σώματος οὐκ

ψευδάδελφος (*pseudadelphos*; 1/2) *false brother*
2Co 11:26 κινδύνοις ἐν **ψευδαδέλφοις**,

ψευδαπόστολος (*pseudapostolos*; 1/1) *false apostle*
2Co 11:13 οἱ γὰρ τοιοῦτοι **ψευδαπόστολοι**,

ψεύδομαι (*pseudomai*; 1/12) *lie, speak falsehood*
2Co 11:31 ὅτι οὐ **ψεύδομαι**.

ψιθυρισμός (*psithyrismos*; 1/1) *harmful gossip*
2Co 12:20 **ψιθυρισμοί**,

ψυχή (*psychē*; 2/103) *soul, life, self*
2Co 1:23 ἐπὶ τὴν ἐμὴν **ψυχήν**,
2Co 12:15 ἐκδαπανηθήσομαι ὑπὲρ τῶν **ψυχῶν** ὑμῶν.

ψῦχος (*psychos*; 1/3) *cold*
2Co 11:27 ἐν **ψύχει** καὶ γυμνότητι·

ὥρα (*hōra*; 1/106) *hour*
2Co 7:8 εἰ καὶ πρὸς **ὥραν** ἐλύπησεν ὑμᾶς,

ὡς (*hōs*; 31/503[504]) *as*
2Co 1:7 ὑμῶν εἰδότες ὅτι **ὡς** κοινωνοί ἐστε τῶν
2Co 2:17 οὐ γάρ ἐσμεν **ὡς** οἱ πολλοὶ καπηλεύοντες
2Co 2:17 ἀλλ᾽ **ὡς** ἐξ εἰλικρινείας,
2Co 2:17 ἀλλ᾽ **ὡς** ἐκ θεοῦ κατέναντι
2Co 3:1 ἢ μὴ χρῄζομεν **ὥς** τινες συστατικῶν
2Co 3:5 ἐσμεν λογίσασθαί τι **ὡς** ἐξ ἑαυτῶν,
2Co 5:19 **ὡς** ὅτι θεὸς ἦν
2Co 5:20 πρεσβεύομεν **ὡς** τοῦ θεοῦ παρακαλοῦντος
2Co 6:4 συνιστάντες ἑαυτοὺς **ὡς** θεοῦ διάκονοι,
2Co 6:8 **ὡς** πλάνοι καὶ ἀληθεῖς,
2Co 6:9 **ὡς** ἀγνοούμενοι καὶ ἐπιγινωσκόμενοι,
2Co 6:9 **ὡς** ἀποθνῄσκοντες καὶ ἰδοὺ
2Co 6:9 **ὡς** παιδευόμενοι καὶ μὴ
2Co 6:10 **ὡς** λυπούμενοι ἀεὶ δὲ
2Co 6:10 **ὡς** πτωχοὶ πολλοὺς δὲ
2Co 6:10 **ὡς** μηδὲν ἔχοντες καὶ
2Co 6:13 **ὡς** τέκνοις λέγω,
2Co 7:14 ἀλλ᾽ **ὡς** πάντα ἐν ἀληθείᾳ
2Co 7:15 **ὡς** μετὰ φόβου καὶ
2Co 9:5 ἑτοίμην εἶναι οὕτως **ὡς** εὐλογίαν καὶ μὴ
2Co 9:5 εὐλογίαν καὶ μὴ **ὡς** πλεονεξίαν.
2Co 10:2 λογιζομένους ἡμᾶς **ὡς** κατὰ σάρκα
2Co 10:9 ἵνα μὴ δόξω **ὡς** ἂν ἐκφοβεῖν ὑμᾶς
2Co 10:14 οὐ γὰρ **ὡς** μὴ ἐφικνούμενοι εἰς
2Co 11:3 **ὡς** ὁ ὄφις ἐξηπάτησεν
2Co 11:15 μετασχηματίζονται **ὡς** διάκονοι
2Co 11:16 κἂν **ὡς** ἄφρονα δέξασθέ με,
2Co 11:17 κύριον λαλῶ ἀλλ᾽ **ὡς** ἐν ἀφροσύνῃ,
2Co 11:21 **ὡς** ὅτι ἡμεῖς ἠσθενήκαμεν.
2Co 13:2 **ὡς** παρὼν τὸ δεύτερον
2Co 13:7 ἡμεῖς δὲ **ὡς** ἀδόκιμοι ὦμεν.

ὥσπερ (*hōsper*; 1/36) *just as, like*
2Co 8:7 Ἀλλ᾽ **ὥσπερ** ἐν παντὶ περισσεύετε,

ὥστε (*hōste*; 7/83) *so that*
2Co 1:8 δύναμιν ἐβαρήθημεν **ὥστε** ἐξαπορηθῆναι
2Co 2:7 **ὥστε** τοὐναντίον μᾶλλον ὑμᾶς
2Co 3:7 **ὥστε** μὴ δύνασθαι ἀτενίσαι
2Co 4:12 **ὥστε** ὁ θάνατος ἐν
2Co 5:16 **Ὥστε** ἡμεῖς ἀπὸ τοῦ
2Co 5:17 **ὥστε** εἴ τις ἐν
2Co 7:7 ζῆλον ὑπὲρ ἐμοῦ **ὥστε** με μᾶλλον χαρῆναι.

Frequency List (Alphabetical Order)

1* ἀβαρής
1 Ἀβραάμ
2 ἀγαθός
1* ἀγανάκτησις
4 ἀγαπάω
9 ἀγάπη
2 ἀγαπητός
2 ἄγγελος
8 ἅγιος
1 ἁγιωσύνη
3 ἀγνοέω
2 ἁγνός
2* ἁγνότης
2* ἀγρυπνία
12 ἀδελφός
3 ἀδικέω
1 ἀδικία
3 ἀδόκιμος
1* ἁδρότης
2 ἀεί
1 αἰσχύνη
1 αἰσχύνω
1 αἰχμαλωτίζω
3 αἰών
3 αἰώνιος
1 ἀκαθαρσία
1 ἀκάθαρτος
2 ἀκαταστασία
2 ἀκούω
8 ἀλήθεια
1 ἀληθής
68 ἀλλά
1 ἀλλήλων
4 ἄλλος
2 ἀλλότριος
3 ἁμαρτία
1 ἀμεταμέλητος
2* ἄμετρος
1 ἀμήν
3 ἄν
1 ἀναγγέλλω
3 ἀναγινώσκω
1 ἀναγκάζω
1 ἀναγκαῖος
3 ἀνάγκη
1 ἀνάγνωσις
1 ἀνακαινόω
2* ἀνακαλύπτω
1 ἀναμιμνῄσκω
1 ἀναπαύω
1 ἀναστρέφω
1* ἀνεκδιήγητος
3 ἄνεσις
5 ἀνέχομαι
1 ἀνήρ
8 ἄνθρωπος
2 ἀνοίγω
1 ἀνομία
1 ἀντιμισθία
1 ἀνυπόκριτος
1 ἅπαξ
1* ἀπαρασκεύαστος
4 ἄπειμι
1* ἀπεῖπον
3 ἄπιστος
5 ἁπλότης
17 ἀπό
5 ἀποθνῄσκω
2 ἀποκάλυψις
1* ἀπόκριμα
1 ἀποκτείνω
3 ἀπόλλυμι
1 ἀπολογέομαι
1 ἀπολογία
1 ἀπορέω
1 ἀποστέλλω
6 ἀπόστολος
1 ἀποτάσσω
1 ἀποτόμως
1 ἅπτω
3 ἄρα
1* Ἁρέτας
1 ἀριστερός
1 ἀρκέω
1* ἁρμόζω
2 ἁρπάζω
2 ἀρραβών
1* ἄρρητος
1 ἄρτος
1 ἀρχαῖος
1 ἄρχω
1 ἀσέλγεια
6 ἀσθένεια
7 ἀσθενέω
1 ἀσθενής
1 Ἀσία
2 ἀσπάζομαι
2 ἀτενίζω
2 ἀτιμία
1* αὐγάζω
2* αὐθαίρετος
2 αὐξάνω
1 αὐτάρκεια
62° αὐτός
1 ἀφίστημι
1 ἀφορίζω
3 ἀφορμή
3 ἀφροσύνη
5 ἄφρων
3 Ἀχαΐα
1 ἀχειροποίητος
3 ἄχρι
1 βάθος
2 βαρέω
1 βάρος
1 βαρύς
1 βασιλεύς
1 βέβαιος
1 βεβαιόω
1* Βελιάρ
1 βῆμα
7 βλέπω
1 βοηθέω
2 βουλεύομαι
2 βούλομαι
1 βρῶσις
1* βυθός
77 γάρ
2 γέ
1 γένημα
1 γένος
11 γίνομαι
8 γινώσκω
1 γνήσιος
1 γνώμη
1 γνωρίζω
6 γνῶσις
2 γονεύς
3 γράμμα
10 γράφω
1 γυμνός
1 γυμνότης
1 δάκρυον
1* Δαμασκηνός
1 Δαμασκός
1 δαπανάω
73 δέ
2 δέησις
4 δεῖ
1 δεκατέσσαρες
1 δεκτός
1 δεξιός
3 δέομαι
1 δέρω
2 δεύτερος
5 δέχομαι
45 διά
2 διαθήκη
3 διακονέω
12 διακονία
5 διάκονος
1 διαφθείρω
13 δίδωμι
1 διέρχομαι
7 δικαιοσύνη
9 διό
1* δίψος
1 διωγμός
1 διώκω
3 δοκέω
3 δοκιμάζω
4 δοκιμή
2 δόκιμος
1* δόλιος
1 δόλος
1* δολόω
19 δόξα
3 δοξάζω
1* δότης
1 δοῦλος
3 δύναμαι
10 δύναμις
2 δυνατέω
3 δυνατός
1 δύο
1* δυσφημία
1 δωρεά
1 δωρεάν
7 ἐάν
29 ἑαυτοῦ
1 Ἑβραῖος
2 ἐγγράφω
4 ἐγείρω
2 ἐγκακέω
1 ἐγκαταλείπω
1* ἐγκρίνω
55 ἐγώ
1* ἐθνάρχης
1 ἔθνος
36 εἰ
1 εἶδος
1 εἴδωλον
2 εἰκών
2 εἰλικρίνεια
62 εἰμί
1 εἰρηνεύω
2 εἰρήνη
78 εἰς
3 εἷς
1* εἰσδέχομαι
14 εἴτε
30 ἐκ
2 ἕκαστος
1* ἐκδαπανάω
3* ἐκδημέω
1 ἐκδικέω
1 ἐκδίκησις
2 ἐκδύω
5 ἐκεῖνος
9 ἐκκλησία
1 ἐκκόπτω
1 ἐκτός
1 ἐκφεύγω
1* ἐκφοβέω
1* ἐλαττονέω
1* ἐλαφρία
1 ἐλαφρός
1 ἐλεέω
1 ἐλευθερία
5 ἐλπίζω
3 ἐλπίς
4 ἐμαυτοῦ
3 ἐμός
1* ἐμπεριπατέω
1 ἔμπροσθεν
160 ἐν
1 ἐνδείκνυμι
1 ἔνδειξις
3* ἐνδημέω
4 ἕνεκα
2 ἐνεργέω
1 ἐνοικέω
1* ἐντυπόω
4 ἐνώπιον
1 ἐξαπατάω
2* ἐξαπορέω
3 ἐξέρχομαι
1 ἔξεστιν
1 ἐξίστημι
1 ἐξουθενέω
2 ἐξουσία
1 ἔξω
1 ἔξωθεν
2 ἐπαγγελία
1 ἔπαινος
2 ἐπαίρω
1* ἐπακούω
2 ἐπεί
2* ἐπενδύομαι
24 ἐπί
1 ἐπιβαρέω
1 ἐπίγειος
5 ἐπιγινώσκω
1 ἐπιείκεια
1 ἐπικαλέω
2 ἐπιποθέω
2* ἐπιπόθησις
1* ἐπισκηνόω
1 ἐπίστασις
8 ἐπιστολή
1 ἐπιστρέφω
1 ἐπιταγή
4 ἐπιτελέω
1* ἐπιτιμία
1 ἐπιχορηγέω
1 ἐργάζομαι
1 ἐργάτης
3 ἔργον
1 ἐρεθίζω
1 ἐρημία
1 ἐριθεία
1 ἔρις
16 ἔρχομαι
1* ἑσσόομαι
1 ἔσω
1 ἔσωθεν
1* ἑτεροζυγέω
3 ἕτερος
1 ἔτι
3 ἕτοιμος
1 ἑτοίμως
1 ἔτος
1 Εὕα
2 εὐαγγελίζω
8 εὐαγγέλιον
1 εὐάρεστος
2 εὐδοκέω

2 εὐλογητός
4 εὐλογία
2 εὐπρόσδεκτος
6 εὑρίσκω
1* εὐφημία
1 εὐφραίνω
1 εὐχαριστέω
3 εὐχαριστία
2 εὔχομαι
1 εὐωδία
2* ἐφικνέομαι
22 ἔχω
3 ἕως
9 ζάω
5 ζῆλος
1 ζηλόω
1 ζημιόω
2 ζητέω
6 ζωή
1 ζωοποιέω
14 ἤ
1 ἡγέομαι
3 ἡδέως
108 ἡμεῖς
7 ἡμέρα
2* ἡνίκα
1 ἥσσων
1 θάλασσα
9 θάνατος
1 θανατόω
5 θαρρέω
1 θαῦμα
2 θέλημα
8 θέλω
79 θεός
2 θερίζω
1 θησαυρίζω
1 θησαυρός
3 θλίβω
9 θλῖψις
2 θνητός
1 θριαμβεύω
1 θυγάτηρ
1 θυμός
1 θύρα
1 θυρίς
1 ἰδιώτης
6 ἰδού
19 Ἰησοῦς
3 ἱκανός
1* ἱκανότης
1 ἱκανόω
1* ἱλαρός
44 ἵνα
1 Ἰουδαία
1 Ἰουδαῖος
2 ἰσότης
2 Ἰσραήλ
1 Ἰσραηλίτης
2 ἵστημι
1 ἰσχυρός
1 ἴχνος
9 κἀγώ
3* καθαίρεσις
1 καθαιρέω
4 καθάπερ
1 καθαρίζω
2 καθό
12 καθώς
198° καί
3 καινός
3 καιρός
1 κακός
2 καλός
4* κάλυμμα
2 καλύπτω
1 καλῶς
1 κἄν
3 κανών
1* καπηλεύω
11 καρδία
26 κατά
1 καταβάλλω
1* καταβαρέω
1 καταδουλόω
2 καταισχύνω
2* κατάκρισις
1 καταλαλιά
2 καταλλαγή
3 καταλλάσσω
1 καταλύω
3* καταναρκάω
2 καταπίνω
4 καταργέω
1 καταρτίζω
1* κατάρτισις
2 κατέναντι
6 κατεργάζομαι
1 κατεσθίω
1 κατέχω
1* κατοπτρίζω
20 καυχάομαι
3 καύχημα
6 καύχησις
1 κεῖμαι
1 κενός
1 κενόω
4 κηρύσσω
8 κίνδυνος
1 κλίμα
4 κοινωνία
2 κοινωνός
1 κολαφίζω
1 κομίζω
4 κόπος
1 Κορίνθιος
2 Κόρινθος
3 κόσμος
2 κρίνω
1 κρυπτός
1 κτίσις
1 κυριεύω
29 κύριος
1 κυρόω
10 λαλέω
6 λαμβάνω
2 λάμπω
1 λαός
15 λέγω
1 λειτουργία
1 λῃστής
1 λιθάζω
1 λίθινος
1 λίθος
1 λιμός
8 λογίζομαι
1 λογισμός
9 λόγος
3 λοιπός
12 λυπέω
6 λύπη
6 Μακεδονία
2 Μακεδών
1 μακροθυμία
8 μᾶλλον
1 μαρτυρέω
1 μαρτύριον
2 μάρτυς
1 μάχη
1 μεγαλύνω
1 μέγας
1 μέλας
8 μέν
3 μένω
1 μερίζω
1 μέριμνα
1 μερίς
4 μέρος
1 μέσος
7 μετά
2 μεταμέλομαι
1 μεταμορφόω
1 μετανοέω
2 μετάνοια
3 μετασχηματίζω
1* μετοχή
1 μετρέω
2 μέτρον
50 μή
1 μηδέ
6 μηδείς
1 μηκέτι
3 μήτι
2 μικρός
1* μολυσμός
5 μόνος
1 μόχθος
2* μωμάομαι
3 Μωϋσῆς
6 ναί
2 ναός
1 ναυαγέω
1 νεκρός
1 νέκρωσις
2 νηστεία
5 νόημα
7 νῦν
2 νυνί
1* νυχθήμερον
552° ὁ
1 ὁδοιπορία
1 ὀδυρμός
16 οἶδα
1 οἰκητήριον
2 οἰκία
4 οἰκοδομή
1 οἰκτιρμός
3 οἷος
1 ὀλίγος
1 ὅλος
1 ὁμολογία
2 ὅπλον
1 ὀπτασία
2 ὅπως
42 ὅς
3 ὀσμή
1 ὅσος
2 ὅστις
1 ὀστράκινος
3 ὅταν
51 ὅτι
97 οὐ
1 οὗ
1 οὐδέ
7 οὐδείς
1 οὐθείς
2 οὐκέτι
10 οὖν
3 οὐρανός
43 οὗτος
7 οὕτως
1 οὐχί
2 ὀφείλω
1 ὄφελον
1 ὄφις
1* ὀχύρωμα
1 ὀψώνιον
3 πάθημα
1 παιδεύω
1 πάλαι
1 παλαιός
8 πάλιν
2 πανουργία
1* πανοῦργος
1 παντοκράτωρ
4 πάντοτε
3 παρά
1 παράδεισος
1 παραδίδωμι
18 παρακαλέω
11 παράκλησις
1 παρακοή
1 παράπτωμα
2 παρασκευάζω
1* παραυτίκα
1* παραφρονέω
5 πάρειμι
1 παρεκτός
1 παρέρχομαι
1 παρθένος
2 παρίστημι
3 παρουσία
2 παρρησία
52 πᾶς
1 πάσχω
5 πατήρ
2 Παῦλος
4 πείθω
1 πειράζω
1 πέμπω
1* πένης
1 πενθέω
1* πεντάκις
4 πεποίθησις
2 περί
1 περιαιρέω
5 περιπατέω
2 περισσεία
2 περίσσευμα
10 περισσεύω
1 περισσός
2 περισσότερος
7 περισσοτέρως
1 περιφέρω
2* πέρυσι
1 πιάζω
2 πιστεύω
7 πίστις
2 πιστός
1 πλάνος
2 πλάξ
2 πλατύνω
2 πλεονάζω
4 πλεονεκτέω
1 πλεονεξία
2 πληγή
1 πληθύνω
2 πληρόω
1 πλούσιος
1 πλουτέω
2 πλουτίζω
1 πλοῦτος
17 πνεῦμα
9 ποιέω
2 πόλις
5 πολλάκις
24 πολύς
1 πορνεία
1 πόσος
1 ποταμός
1 πρᾶγμα
2 πράσσω
1 πραΰτης
1 πρεσβεύω
1 πρό
1* προαιρέω
2* προαμαρτάνω
2* προενάρχομαι
1 προεπαγγέλλομαι
1 προέρχομαι
4 προθυμία
1* προκαταρτίζω

1 πρόκειμαι
3 προλέγω
1 προνοέω
1 προπέμπω
33 πρός
2* προσαναπληρόω
1 πρόσκαιρος
1* προσκοπή
12 πρόσωπον
1 πρότερος
1 πρῶτος
2 πτωχεία
1* πτωχεύω
1 πτωχός
1 πυρόω
1 πωρόω
5 πώς
1 πῶς
1 ῥαβδίζω
2 ῥῆμα
3 ῥύομαι
1* σαργάνη
2 σαρκικός
1 σάρκινος
11 σάρξ
3 σατανᾶς
2 σημεῖον
2 σήμερον
1 Σιλουανός
1 σκανδαλίζω
1 σκεῦος
2* σκῆνος
1* σκόλοψ
1 σκοπέω
1 σκορπίζω
2 σκότος
1 σοφία
3 σπείρω
1 σπέρμα
2 σπλάγχνον
2 σπόρος
3* σπουδαῖος
5 σπουδή
1 σταυρόω
1 στέλλω
2 στενάζω
3* στενοχωρέω
2 στενοχωρία
2 στόμα
1 στρατεία
1 στρατεύω
3 σύ
1* συγκατάθεσις
2 συγκρίνω
1 συζάω
1* συλάω
2* συμπέμπω
2 συμφέρω
1* συμφώνησις
7 σύν
1 συναποθνῄσκω
1* συναποστέλλω
3 συνείδησις
1 συνέκδημος
1 συνεργέω
2 συνεργός
1 συνέχω
1 συνίημι
9 συνίστημι
1 συνοχή
1* συνυπουργέω
1* συστατικός
1 σφραγίζω
1 σῴζω
10 σῶμα
4 σωτηρία
1 σωφρονέω
2 ταπεινός
2 ταπεινόω
2 τέ
1 τεῖχος
3 τέκνον
1 τελέω
3 τέλος
1 τέρας
1 τεσσεράκοντα
1 τηλικοῦτος
2 τηρέω
2 τίθημι
2 Τιμόθεος
12 τίς
24 τις
9 Τίτος
10 τοιοῦτος
4 τολμάω
1 τόπος
1 τότε
1 τρεῖς
3 τρίς
3 τρίτος
1 τρόμος
1 Τρῳάς
1 τυφλόω
1 ὕβρις
4 υἱός
153 ὑμεῖς
1 ὑμέτερος
3 ὑπακοή
2 ὑπάρχω
34 ὑπέρ
2 ὑπεραίρω
1* ὑπερβαλλόντως
2 ὑπερβάλλω
5 ὑπερβολή
1* ὑπερέκεινα
1* ὑπερεκτείνω
2* ὑπερλίαν
1 ὑπερπερισσεύω
1 ὑπήκοος
12 ὑπό
3 ὑπομονή
2 ὑπόστασις
1 ὑποταγή
3 ὑστερέω
4 ὑστέρημα
1 ὑψόω
1 ὕψωμα
1 φαίνω
9 φανερόω
1 φανέρωσις
1 φαῦλος
3 φείδομαι
2* φειδομένως
1 φημί
1 φθάνω
2 φθείρω
1 φίλημα
1 φιλοτιμέομαι
2 φοβέομαι
5 φόβος
1 φράσσω
1 φρονέω
1 φρόνιμος
1 φρουρέω
2 φυλακή
1* φυσίωσις
3 φῶς
2* φωτισμός
8 χαίρω
1 χαλάω
5 χαρά
5 χαρίζομαι
18 χάρις
1 χάρισμα
1 χείρ
1 χειροτονέω
1 χορηγέω
3 χράομαι
1 χρῄζω
1 χρηστότης
47 Χριστός
1 χρίω
1 χωρέω
2 χωρίς
1 ψευδάδελφος
1* ψευδαπόστολος
1 ψεύδομαι
1* ψιθυρισμός
2 ψυχή
1 ψῦχος
1 ὥρα
31 ὡς
1 ὥσπερ
7 ὥστε

° Not included in concordance
* Word only occurs in this book

Frequency List (in Order of Occurrence)

552° ὁ
198° καί
160 ἐν
153 ὑμεῖς
108 ἡμεῖς
97 οὐ
79 θεός
78 εἰς
77 γάρ
73 δέ
68 ἀλλά
62° αὐτός
62 εἰμί
55 ἐγώ
52 πᾶς
51 ὅτι
50 μή
47 Χριστός
45 διά
44 ἵνα
43 οὗτος
42 ὅς
36 εἰ
34 ὑπέρ
33 πρός
31 ὡς
30 ἐκ
29 ἑαυτοῦ
29 κύριος
26 κατά
24 ἐπί
24 πολύς
24 τις
22 ἔχω
20 καυχάομαι
19 δόξα
19 Ἰησοῦς
18 παρακαλέω
18 χάρις
17 ἀπό
17 πνεῦμα
16 ἔρχομαι
16 οἶδα
15 λέγω
14 εἴτε
14 ἤ
13 δίδωμι
12 ἀδελφός
12 διακονία
12 καθώς
12 λυπέω
12 πρόσωπον
12 τίς
12 ὑπό
11 γίνομαι
11 καρδία
11 παράκλησις
11 σάρξ
10 γράφω
10 δύναμις
10 λαλέω
10 οὖν
10 περισσεύω
10 σῶμα
10 τοιοῦτος
9 ἀγάπη
9 διό
9 ἐκκλησία
9 ζάω
9 θάνατος
9 θλῖψις
9 κἀγώ
9 λόγος
9 ποιέω
9 συνίστημι
9 Τίτος
9 φανερόω
8 ἅγιος
8 ἀλήθεια
8 ἄνθρωπος
8 γινώσκω
8 ἐπιστολή
8 εὐαγγέλιον
8 θέλω
8 κίνδυνος
8 λογίζομαι
8 μᾶλλον
8 μέν
8 πάλιν
8 χαίρω
7 ἀσθενέω
7 βλέπω
7 δικαιοσύνη
7 ἐάν
7 ἡμέρα
7 μετά
7 νῦν
7 οὐδείς
7 οὕτως
7 περισσοτέρως
7 πίστις
7 σύν
7 ὥστε
6 ἀπόστολος
6 ἀσθένεια
6 γνῶσις
6 εὑρίσκω
6 ζωή
6 ἰδού
6 κατεργάζομαι
6 καύχησις
6 λαμβάνω
6 λύπη
6 Μακεδονία
6 μηδείς
6 ναί
5 ἀνέχομαι
5 ἁπλότης
5 ἀποθνήσκω
5 ἄφρων
5 δέχομαι
5 διάκονος
5 ἐκεῖνος
5 ἐλπίζω
5 ἐπιγινώσκω
5 ζῆλος
5 θαρρέω
5 μόνος
5 νόημα
5 πάρειμι
5 πατήρ
5 περιπατέω
5 πολλάκις
5 πώς
5 σπουδή
5 ὑπερβολή
5 φόβος
5 χαρά
5 χαρίζομαι
4 ἀγαπάω
4 ἄλλος
4 ἄπειμι
4 δεῖ
4 δοκιμή
4 ἐγείρω
4 ἐμαυτοῦ
4 ἕνεκα
4 ἐνώπιον
4 ἐπιτελέω
4 εὐλογία
4 καθάπερ
4* κάλυμμα
4 καταργέω
4 κηρύσσω
4 κοινωνία
4 κόπος
4 μέρος
4 οἰκοδομή
4 πάντοτε
4 πείθω
4 πεποίθησις
4 πλεονεκτέω
4 προθυμία
4 σωτηρία
4 τολμάω
4 υἱός
4 ὑστέρημα
3 ἀγνοέω
3 ἀδικέω
3 ἀδόκιμος
3 αἰών
3 αἰώνιος
3 ἁμαρτία
3 ἄν
3 ἀναγινώσκω
3 ἀνάγκη
3 ἄνεσις
3 ἄπιστος
3 ἀπόλλυμι
3 ἄρα
3 ἀφορμή
3 ἀφροσύνη
3 Ἀχαΐα
3 ἄχρι
3 γράμμα
3 δέομαι
3 διακονέω
3 δοκέω
3 δοκιμάζω
3 δοξάζω
3 δύναμαι
3 δυνατός
3 εἷς
3* ἐκδημέω
3 ἐλπίς
3 ἐμός
3* ἐνδημέω
3 ἐξέρχομαι
3 ἔργον
3 ἕτερος
3 ἕτοιμος
3 εὐχαριστία
3 ἕως
3 ἡδέως
3 θλίβω
3 ἱκανός
3* καθαίρεσις
3 καινός
3 καιρός
3 κανών
3 καταλλάσσω
3* καταναρκάω
3 καύχημα
3 κόσμος
3 λοιπός
3 μένω
3 μετασχηματίζω
3 μήτι
3 Μωϋσῆς
3 οἷος
3 ὀσμή
3 ὅταν
3 οὐρανός
3 πάθημα
3 παρά
3 παρουσία
3 προλέγω
3 ῥύομαι
3 σατανᾶς
3 σπείρω
3* σπουδαῖος
3* στενοχωρέω
3 σύ
3 συνείδησις
3 τέκνον
3 τέλος
3 τρίς
3 τρίτος
3 ὑπακοή
3 ὑπομονή
3 ὑστερέω
3 φείδομαι
3 φῶς
3 χράομαι
2 ἀγαθός
2 ἀγαπητός
2 ἄγγελος
2 ἁγνός
2* ἁγνότης
2* ἀγρυπνία
2 ἀεί
2 ἀκαταστασία
2 ἀκούω
2 ἀλλότριος
2* ἄμετρος
2* ἀνακαλύπτω
2 ἀνοίγω
2 ἀποκάλυψις
2 ἁρπάζω
2 ἀρραβών
2 ἀσπάζομαι
2 ἀτενίζω
2 ἀτιμία
2* αὐθαίρετος
2 αὐξάνω
2 βαρέω
2 βουλεύομαι
2 βούλομαι
2 γέ
2 γονεύς
2 δέησις
2 δεύτερος
2 διαθήκη
2 δόκιμος
2 δυνατέω
2 ἐγγράφω
2 ἐγκακέω
2 εἰκών
2 εἰλικρίνεια
2 εἰρήνη
2 ἕκαστος
2 ἐκδύω
2 ἐνεργέω
2* ἐξαπορέω
2 ἐξουσία
2 ἐπαγγελία
2 ἐπαίρω
2 ἐπεί
2* ἐπενδύομαι
2 ἐπιποθέω
2* ἐπιπόθησις
2 εὐαγγελίζω
2 εὐδοκέω
2 εὐλογητός
2 εὐπρόσδεκτος
2 εὔχομαι
2* ἐφικνέομαι
2 ζητέω
2* ἡνίκα

2 θέλημα
2 θερίζω
2 θνητός
2 ἰσότης
2 Ἰσραήλ
2 ἵστημι
2 καθό
2 καλός
2 καλύπτω
2 καταισχύνω
2* κατάκρισις
2 καταλλαγή
2 καταπίνω
2 κατέναντι
2 κοινωνός
2 Κόρινθος
2 κρίνω
2 λάμπω
2 Μακεδών
2 μάρτυς
2 μεταμέλομαι
2 μετάνοια
2 μέτρον
2 μικρός
2* μωμάομαι
2 ναός
2 νηστεία
2 νυνί
2 οἰκία
2 ὅπλον
2 ὅπως
2 ὅστις
2 οὐκέτι
2 ὀφείλω
2 πανουργία
2 παρασκευάζω
2 παρίστημι
2 παρρησία
2 Παῦλος
2 περί
2 περισσεία
2 περίσσευμα
2 περισσότερος
2* πέρυσι
2 πιστεύω
2 πιστός
2 πλάξ
2 πλατύνω
2 πλεονάζω
2 πληγή
2 πληρόω
2 πλουτίζω
2 πόλις
2 πράσσω
2* προαμαρτάνω
2* προενάρχομαι
2* προσαναπληρόω
2 πτωχεία
2 ῥῆμα
2 σαρκικός
2 σημεῖον
2 σήμερον
2* σκῆνος
2 σκότος
2 σπλάγχνον
2 σπόρος
2 στενάζω
2 στενοχωρία
2 στόμα
2 συγκρίνω
2* συμπέμπω
2 συμφέρω
2 συνεργός
2 ταπεινός
2 ταπεινόω
2 τέ
2 τηρέω
2 τίθημι
2 Τιμόθεος
2 ὑπάρχω
2 ὑπεραίρω
2 ὑπερβάλλω
2* ὑπερλίαν
2 ὑπόστασις
2* φειδομένως
2 φθείρω
2 φοβέομαι
2 φυλακή
2* φωτισμός
2 χωρίς
2 ψυχή
1* ἀβαρής
1 Ἀβραάμ
1* ἀγανάκτησις
1 ἁγιωσύνη
1 ἀδικία
1* ἁδρότης
1 αἰσχύνη
1 αἰσχύνω
1 αἰχμαλωτίζω
1 ἀκαθαρσία
1 ἀκάθαρτος
1 ἀληθής
1 ἀλλήλων
1 ἀμεταμέλητος
1 ἀμήν
1 ἀναγγέλλω
1 ἀναγκάζω
1 ἀναγκαῖος
1 ἀνάγνωσις
1 ἀνακαινόω
1 ἀναμιμνήσκω
1 ἀναπαύω
1 ἀναστρέφω
1* ἀνεκδιήγητος
1 ἀνήρ
1 ἀνομία
1 ἀντιμισθία
1 ἀνυπόκριτος
1 ἅπαξ
1* ἀπαρασκεύαστος
1* ἀπεῖπον
1* ἀπόκριμα
1 ἀποκτείνω
1 ἀπολογέομαι
1 ἀπολογία
1 ἀπορέω
1 ἀποστέλλω
1 ἀποτάσσω
1 ἀποτόμως
1 ἅπτω
1* Ἁρέτας
1 ἀριστερός
1 ἀρκέω
1* ἁρμόζω
1* ἄρρητος
1 ἄρτος
1 ἀρχαῖος
1 ἄρχω
1 ἀσέλγεια
1 ἀσθενής
1 Ἀσία
1* αὐγάζω
1 αὐτάρκεια
1 ἀφίστημι
1 ἀφορίζω
1 ἀχειροποίητος
1 βάθος
1 βάρος
1 βαρύς
1 βασιλεύς
1 βέβαιος
1 βεβαιόω
1* Βελιάρ
1 βῆμα
1 βοηθέω
1 βρῶσις
1* βυθός
1 γένημα
1 γένος
1 γνήσιος
1 γνώμη
1 γνωρίζω
1 γυμνός
1 γυμνότης
1 δάκρυον
1* Δαμασκηνός
1 Δαμασκός
1 δαπανάω
1 δεκατέσσαρες
1 δεκτός
1 δεξιός
1 δέρω
1 διαφθείρω
1 διέρχομαι
1* δίψος
1 διωγμός
1 διώκω
1* δόλιος
1 δόλος
1* δολοώ
1* δότης
1 δοῦλος
1 δύο
1* δυσφημία
1 δωρεά
1 δωρεάν
1 Ἑβραῖος
1 ἐγκαταλείπω
1* ἐγκρίνω
1* ἐθνάρχης
1 ἔθνος
1 εἶδος
1 εἴδωλον
1 εἰρηνεύω
1* εἰσδέχομαι
1* ἐκδαπανάω
1 ἐκδικέω
1 ἐκδίκησις
1 ἐκκόπτω
1 ἐκτός
1 ἐκφεύγω
1* ἐκφοβέω
1* ἐλαττονέω
1* ἐλαφρία
1 ἐλαφρός
1 ἐλεέω
1 ἐλευθερία
1* ἐμπεριπατέω
1 ἔμπροσθεν
1 ἐνδείκνυμι
1 ἔνδειξις
1 ἐνοικέω
1* ἐντυπόω
1 ἐξαπατάω
1 ἔξεστιν
1 ἐξίστημι
1 ἐξουθενέω
1 ἔξω
1 ἔξωθεν
1 ἔπαινος
1* ἐπακούω
1 ἐπιβαρέω
1 ἐπίγειος
1 ἐπιείκεια
1 ἐπικαλέω
1* ἐπισκηνόω
1 ἐπίστασις
1 ἐπιστρέφω
1 ἐπιταγή
1* ἐπιτιμία
1 ἐπιχορηγέω
1 ἐργάζομαι
1 ἐργάτης
1 ἐρεθίζω
1 ἐρημία
1 ἐριθεία
1 ἔρις
1* ἑσσόομαι
1 ἔσω
1 ἔσωθεν
1* ἑτεροζυγέω
1 ἔτι
1 ἑτοίμως
1 ἔτος
1 Εὕα
1 εὐάρεστος
1* εὐφημία
1 εὐφραίνω
1 εὐχαριστέω
1 εὐωδία
1 ζηλόω
1 ζημιόω
1 ζωοποιέω
1 ἡγέομαι
1 ἥσσων
1 θάλασσα
1 θανατόω
1 θαῦμα
1 θησαυρίζω
1 θησαυρός
1 θριαμβεύω
1 θυγάτηρ
1 θυμός
1 θύρα
1 θυρίς
1 ἰδιώτης
1* ἱκανότης
1 ἱκανόω
1* ἱλαρός
1 Ἰουδαία
1 Ἰουδαῖος
1 Ἰσραηλίτης
1 ἰσχυρός
1 ἴχνος
1 καθαιρέω
1 καθαρίζω
1 κακός
1 καλῶς
1 κἄν
1* καπηλεύω
1 καταβάλλω
1* καταβαρέω
1 καταδουλόω
1 καταλαλιά
1 καταλύω
1 καταρτίζω
1* κατάρτισις
1 κατεσθίω
1 κατέχω
1* κατοπτρίζω
1 κεῖμαι
1 κενός
1 κενόω
1 κλίμα
1 κολαφίζω
1 κομίζω
1 Κορίνθιος
1 κρυπτός
1 κτίσις
1 κυριεύω
1 κυρόω
1 λαός
1 λειτουργία
1 λῃστής
1 λιθάζω
1 λίθινος
1 λίθος
1 λιμός
1 λογισμός

1 μακροθυμία
1 μαρτυρέω
1 μαρτύριον
1 μάχη
1 μεγαλύνω
1 μέγας
1 μέλας
1 μερίζω
1 μέριμνα
1 μερίς
1 μέσος
1 μεταμορφόω
1 μετανοέω
1* μετοχή
1 μετρέω
1 μηδέ
1 μηκέτι
1* μολυσμός
1 μόχθος
1 ναυαγέω
1 νεκρός
1 νέκρωσις
1* νυχθήμερον
1 ὁδοιπορία
1 ὀδυρμός
1 οἰκητήριον
1 οἰκτιρμός
1 ὀλίγος
1 ὅλος
1 ὁμολογία
1 ὀπτασία
1 ὅσος
1 ὀστράκινος
1 οὗ
1 οὐδέ
1 οὐθείς
1 οὐχί
1 ὄφελον
1 ὄφις
1* ὀχύρωμα
1 ὀψώνιον
1 παιδεύω
1 πάλαι
1 παλαιός
1* πανοῦργος
1 παντοκράτωρ
1 παράδεισος
1 παραδίδωμι
1 παρακοή
1 παράπτωμα
1* παραυτίκα
1* παραφρονέω
1 παρεκτός
1 παρέρχομαι
1 παρθένος
1 πάσχω
1 πειράζω
1 πέμπω
1* πένης
1 πενθέω
1* πεντάκις
1 περιαιρέω
1 περισσός
1 περιφέρω
1 πιάζω
1 πλάνος
1 πλεονεξία
1 πληθύνω
1 πλούσιος
1 πλουτέω
1 πλοῦτος
1 πορνεία
1 πόσος
1 ποταμός
1 πρᾶγμα
1 πραΰτης
1 πρεσβεύω
1 πρό
1* προαιρέω
1 προεπαγγέλλομαι
1 προέρχομαι
1* προκαταρτίζω
1 πρόκειμαι
1 προνοέω
1 προπέμπω
1 πρόσκαιρος
1* προσκοπή
1 πρότερος
1 πρῶτος
1* πτωχεύω
1 πτωχός
1 πυρόω
1 πωρόω
1 πῶς
1 ῥαβδίζω
1* σαργάνη
1 σάρκινος
1 Σιλουανός
1 σκανδαλίζω
1 σκεῦος
1* σκόλοψ
1 σκοπέω
1 σκορπίζω
1 σοφία
1 σπέρμα
1 σταυρόω
1 στέλλω
1 στρατεία
1 στρατεύω
1* συγκατάθεσις
1 συζάω
1* συλάω
1* συμφώνησις
1 συναποθνήσκω
1* συναποστέλλω
1 συνέκδημος
1 συνεργέω
1 συνέχω
1 συνίημι
1 συνοχή
1* συνυπουργέω
1* συστατικός
1 σφραγίζω
1 σῴζω
1 σωφρονέω
1 τεῖχος
1 τελέω
1 τέρας
1 τεσσεράκοντα
1 τηλικοῦτος
1 τόπος
1 τότε
1 τρεῖς
1 τρόμος
1 Τρῳάς
1 τυφλόω
1 ὕβρις
1 ὑμέτερος
1* ὑπερβαλλόντως
1* ὑπερέκεινα
1* ὑπερεκτείνω
1 ὑπερπερισσεύω
1 ὑπήκοος
1 ὑποταγή
1 ὑψόω
1 ὕψωμα
1 φαίνω
1 φανέρωσις
1 φαῦλος
1 φημί
1 φθάνω
1 φίλημα
1 φιλοτιμέομαι
1 φράσσω
1 φρονέω
1 φρόνιμος
1 φρουρέω
1* φυσίωσις
1 χαλάω
1 χάρισμα
1 χείρ
1 χειροτονέω
1 χορηγέω
1 χρήζω
1 χρηστότης
1 χρίω
1 χωρέω
1 ψευδάδελφος
1* ψευδαπόστολος
1 ψεύδομαι
1* ψιθυρισμός
1 ψῦχος
1 ὥρα
1 ὥσπερ

° Not included in concordance
* Word only occurs in this book

Galatians – Statistics

520 Total word count
38 Number of words occurring at least 10 times
295 Number of words occurring once

Words whose occurrences in this book account for at least 25% of occurrences in the entire NT

100%

2/2 Ἁγάρ (*Hagar*; Hagar), Ἀραβία (*Arabia*; Arabia), ἐπικατάρατος (*epikataratos*; under a curse), Ἰουδαϊσμός (*Ioudaismos*; Judaism), προσανατίθημι (*prosanatithēmi*; go [to someone] for advice, add to)

1/1 ἀλληγορέω (*allēgoreō*; speak allegorically), βασκαίνω (*baskainō*; bewitch), Γαλάτης (*Galatēs*; a Galatian), δάκνω (*daknō*; bite), ἐθνικῶς (*ethnikōs*; like a Gentile), εἴκω (*eikō*; yield), ἐκπτύω (*ekptyō*; despise), ἐπιδιατάσσομαι (*epidiatassomai*; add to), εὐπροσωπέω (*euprosōpeō*; make a good showing), ἰουδαΐζω (*ioudaizō*; live like a Jew), Ἰουδαϊκῶς (*Ioudaikōs*; like a Jew), ἱστορέω (*historeō*; visit), κατασκοπέω (*kataskopeō*; spy on), κενόδοξος (*kenodoxos*; conceited), μορφόω (*morphoō*; form), μυκτηρίζω (*myktērizō*; mock), ὀρθοποδέω (*orthopodeō*; be consistent), παρείσακτος (*pareisaktos*; brought in under false pretenses), πατρικός (*patrikos*; coming from one's [fore]fathers), πεισμονή (*peismonē*; persuasion), προευαγγελίζομαι (*proeuangelizomai*; proclaim the good news beforehand or ahead of time), προθεσμία (*prothesmia*; set time), προκαλέω (*prokaleō*; irritate), προκυρόω (*prokyroō*; make previously), στίγμα (*stigma*; mark), συνηλικιώτης (*synēlikiōtēs*; contemporary), συνυποκρίνομαι (*synypokrinomai*; join in acting with insincerity or cowardice), συστοιχέω (*systoicheō*; correspond to), φθονέω (*phthoneō*; envy), φρεναπατάω (*phrenapataō*; deceive)

66%

2/3 ἀνέρχομαι (*anerchomai*; go or come up), παιδαγωγός (*paidagōgos*; instructor), πορθέω (*portheō*; destroy), ὠδίνω (*ōdinō*; suffer birth-pains)

50%

3/6 εἰκῇ (*eikē*; in vain), ἔνι (*eni*; there is), κατάρα (*katara*; curse)

2/4 ἐξαγοράζω (*exagorazō*; set free), Σινᾶ (*Sina*; Sinai), συγκλείω (*synkleiō*; make or keep someone a prisoner)

1/2 ἀληθεύω (*alētheuō*; speak the truth), ἀναλόω (*analoō*; consume), ἀνατίθημι (*anatithēmi*; lay before), διχοστασία (*dichostasia*; division), ἐκκλείω (*ekkleiō*; exclude), ἐνάρχομαι (*enarchomai*; begin), ἐνευλογέω (*eneulogeō*; bless), ἐξορύσσω (*exoryssō*; dig out), καταδουλόω (*katadouloō*; make a slave of), κυρόω (*kyroō*; put into effect), μεταστρέφω (*metastrephō*; turn), παρεισέρχομαι (*pareiserchomai*; come in), πηλίκος (*pēlikos*; how large), φαρμακεία (*pharmakeia*; sorcery), ψευδάδελφος (*pseudadelphos*; false brother)

44%

4/9 Κηφᾶς (*Kēphas*; Cephas)

40%

2/5 δουλεία (*douleia*; slavery), στοιχέω (*stoicheō*; walk)

38%

5/13 παιδίσκη (*paidiskē*; maid)

36%
4/11 ἐλευθερία (*eleutheria*; freedom)

35%
6/17 περιτέμνω (*peritemnō*; circumcise)

33%
3/9 ἀναγκάζω (*anankazō*; force)
2/6 ἀνάθεμα (*anathema*; cursed), ἀνόητος (*anoētos*; foolish), μεσίτης (*mesitēs*; mediator)
1/3 αββα (*abba*; Father), ἀκυρόω (*akyroō*; cancel), ἀναστατόω (*anastatoō*; agitate), ἆρα (*ara*; interrogative particle expecting a negative response), δεκαπέντε (*dekapente*; fifteen), δῆλος (*dēlos*; evident), ἐνέχω (*enechō*; have a grudge against), ἐπίτροπος (*epitropos*; steward), καταγινώσκω (*kataginōskō*; condemn), κλίμα (*klima*; region), κῶμος (*kōmos*; carousing), μακαρισμός (*makarismos, blessedness*), μέθη (*methē*; drunkenness), οἰκεῖος (*oikeios*; member of the household), ὅμως (*homōs*; even), προλαμβάνω (*prolambanō*; do [something] ahead of time), συναπάγω (*synapagō*; be carried away or led astray)

28%
2/7 στοιχεῖον (*stoicheion*; elements)

27%
3/11 ζηλόω (*zēloō*; be jealous)

26%
6/23 ἐλεύθερος (*eleutheros*; free)

Galatians – Concordance

αββα (*abba*; 1/3) *Father*
Gal 4:6 **αββα** ὁ πατήρ.

Ἀβραάμ (*Abraam*; 9/73) *Abraham*
Gal 3:6 Καθὼς **Ἀβραὰμ** ἐπίστευσεν τῷ θεῷ,
Gal 3:7 οὗτοι υἱοί εἰσιν **Ἀβραάμ**.
Gal 3:8 προευηγγελίσατο τῷ **Ἀβραὰμ** ὅτι ἐνευλογηθήσονται ἐν
Gal 3:9 σὺν τῷ πιστῷ **Ἀβραάμ**.
Gal 3:14 ἡ εὐλογία τοῦ **Ἀβραὰμ** γένηται ἐν Χριστῷ
Gal 3:16 τῷ δὲ **Ἀβραὰμ** ἐρρέθησαν αἱ ἐπαγγελίαι
Gal 3:18 τῷ δὲ **Ἀβραὰμ** δι' ἐπαγγελίας κεχάρισται
Gal 3:29 ἄρα τοῦ **Ἀβραὰμ** σπέρμα ἐστέ,
Gal 4:22 γέγραπται γὰρ ὅτι **Ἀβραὰμ** δύο υἱοὺς ἔσχεν,

ἀγαθός (*agathos*; 2/102) *good*
Gal 6:6 κατηχοῦντι ἐν πᾶσιν **ἀγαθοῖς**.
Gal 6:10 ἐργαζώμεθα τὸ **ἀγαθὸν** πρὸς πάντας,

ἀγαθωσύνη (*agathōsynē*; 1/4) *goodness*
Gal 5:22 μακροθυμία χρηστότης **ἀγαθωσύνη**,

ἀγαπάω (*agapaō*; 2/143) *love*
Gal 2:20 τοῦ θεοῦ τοῦ **ἀγαπήσαντός** με καὶ παραδόντος
Gal 5:14 **ἀγαπήσεις** τὸν πλησίον σου

ἀγάπη (*agapē*; 3/116) *love*
Gal 5:6 ἀλλὰ πίστις δι' **ἀγάπης** ἐνεργουμένη.
Gal 5:13 ἀλλὰ διὰ τῆς **ἀγάπης** δουλεύετε ἀλλήλοις.
Gal 5:22 τοῦ πνεύματός ἐστιν **ἀγάπη** χαρὰ εἰρήνη,

Ἁγάρ (*Hagar*; 2/2) *Hagar*
Gal 4:24 ἥτις ἐστὶν **Ἁγάρ**.
Gal 4:25 τὸ δὲ **Ἁγὰρ** Σινᾶ ὄρος ἐστὶν

ἄγγελος (*angelos*; 3/175) *angel, messenger*
Gal 1:8 ἐὰν ἡμεῖς ἢ **ἄγγελος** ἐξ οὐρανοῦ εὐαγγελίζηται
Gal 3:19 διαταγεὶς δι' **ἀγγέλων** ἐν χειρὶ μεσίτου.
Gal 4:14 ἀλλὰ ὡς **ἄγγελον** θεοῦ ἐδέξασθέ με,

ἀγνοέω (*agnoeō*; 1/22) *be ignorant*
Gal 1:22 ἤμην δὲ **ἀγνοούμενος** τῷ προσώπῳ ταῖς

ἄγω (*agō*; 1/68[69]) *lead*
Gal 5:18 εἰ δὲ πνεύματι **ἄγεσθε**,

ἀδελφός (*adelphos*; 11/343) *brother*
Gal 1:2 σὺν ἐμοὶ πάντες **ἀδελφοὶ** ταῖς ἐκκλησίαις
Gal 1:11 **ἀδελφοί**,
Gal 1:19 μὴ Ἰάκωβον τὸν **ἀδελφὸν** τοῦ κυρίου.
Gal 3:15 **Ἀδελφοί**,
Gal 4:12 **ἀδελφοί**,
Gal 4:28 **ἀδελφοί**,
Gal 4:31 **ἀδελφοί**,
Gal 5:11 **ἀδελφοί**,
Gal 5:13 **ἀδελφοί**·
Gal 6:1 **Ἀδελφοί**,
Gal 6:18 **ἀδελφοί**·

ἀδικέω (*adikeō*; 1/28) *do or be in the wrong*
Gal 4:12 οὐδέν με **ἠδικήσατε**·

ἀθετέω (*atheteō*; 2/16) *reject*
Gal 2:21 Οὐκ **ἀθετῶ** τὴν χάριν τοῦ
Gal 3:15 κεκυρωμένην διαθήκην οὐδεὶς **ἀθετεῖ** ἢ ἐπιδιατάσσεται.

αἷμα (*haima*; 1/97) *blood*
Gal 1:16 προσανεθέμην σαρκὶ καὶ **αἵματι**

αἵρεσις (*hairesis*; 1/9) *religious party*
Gal 5:20 **αἱρέσεις**,

αἰών (*aiōn*; 3/122) *age*
Gal 1:4 ἡμᾶς ἐκ τοῦ **αἰῶνος** τοῦ ἐνεστῶτος πονηροῦ
Gal 1:5 δόξα εἰς τοὺς **αἰῶνας** τῶν αἰώνων,
Gal 1:5 τοὺς αἰῶνας τῶν **αἰώνων**,

αἰώνιος (*aiōnios*; 1/70[71]) *eternal*
Gal 6:8 πνεύματος θερίσει ζωὴν **αἰώνιον**.

ἀκαθαρσία (*akatharsia*; 1/10) *impurity*
Gal 5:19 **ἀκαθαρσία**,

ἀκοή (*akoē*; 2/24) *report*
Gal 3:2 ἐλάβετε ἢ ἐξ **ἀκοῆς** πίστεως;
Gal 3:5 νόμου ἢ ἐξ **ἀκοῆς** πίστεως;

ἀκούω (*akouō*; 3/426[428]) *hear*
Gal 1:13 **Ἠκούσατε** γὰρ τὴν ἐμὴν
Gal 1:23 μόνον δὲ **ἀκούοντες** ἦσαν ὅτι ὁ
Gal 4:21 τὸν νόμον οὐκ **ἀκούετε**;

ἀκροβυστία (*akrobystia*; 3/20) *uncircumcision*
Gal 2:7 τὸ εὐαγγέλιον τῆς **ἀκροβυστίας** καθὼς Πέτρος τῆς
Gal 5:6 τι ἰσχύει οὔτε **ἀκροβυστία** ἀλλὰ πίστις δι'
Gal 6:15 τι ἐστιν οὔτε **ἀκροβυστία** ἀλλὰ καινὴ κτίσις.

ἀκυρόω (*akyroō*; 1/3) *cancel*
Gal 3:17 γεγονὼς νόμος οὐκ **ἀκυροῖ** εἰς τὸ καταργῆσαι

ἀλήθεια (*alētheia*; 3/109) *truth*
Gal 2:5 ἵνα ἡ **ἀλήθεια** τοῦ εὐαγγελίου διαμείνῃ
Gal 2:14 ὀρθοποδοῦσιν πρὸς τὴν **ἀλήθειαν** τοῦ εὐαγγελίου,
Gal 5:7 ὑμᾶς ἐνέκοψεν [τῇ] **ἀληθείᾳ** μὴ πείθεσθαι;

ἀληθεύω (*alētheuō*; 1/2) *speak the truth*
Gal 4:16 ἐχθρὸς ὑμῶν γέγονα **ἀληθεύων** ὑμῖν;

<u>ἀλλά (*alla*; 23/638) *but*</u>
Gal 1:1 οὐδὲ δι' ἀνθρώπου **ἀλλὰ** διὰ Ἰησοῦ Χριστοῦ
Gal 1:8 **ἀλλὰ** καὶ ἐὰν ἡμεῖς
Gal 1:12 αὐτὸ οὔτε ἐδιδάχθην **ἀλλὰ** δι' ἀποκαλύψεως Ἰησοῦ
Gal 1:17 **ἀλλὰ** ἀπῆλθον εἰς Ἀραβίαν
Gal 2:3 **ἀλλ'** οὐδὲ Τίτος ὁ
Gal 2:7 **ἀλλὰ** τοὐναντίον ἰδόντες ὅτι
Gal 2:14 **ἀλλ'** ὅτε εἶδον ὅτι
Gal 3:12 **ἀλλ'** ὁ ποιήσας αὐτὰ
Gal 3:16 ὡς ἐπὶ πολλῶν **ἀλλ'** ὡς ἐφ' ἑνός·
Gal 3:22 **ἀλλὰ** συνέκλεισεν ἡ γραφὴ
Gal 4:2 **ἀλλὰ** ὑπὸ ἐπιτρόπους ἐστὶν
Gal 4:7 οὐκέτι εἶ δοῦλος **ἀλλὰ** υἱός·
Gal 4:8 **Ἀλλὰ** τότε μὲν οὐκ
Gal 4:14 **ἀλλὰ** ὡς ἄγγελον θεοῦ
Gal 4:17 **ἀλλὰ** ἐκκλεῖσαι ὑμᾶς θέλουσιν,
Gal 4:23 **ἀλλ'** ὁ μὲν ἐκ
Gal 4:29 **ἀλλ'** ὥσπερ τότε ὁ
Gal 4:30 **ἀλλὰ** τί λέγει ἡ
Gal 4:31 ἐσμὲν παιδίσκης τέκνα **ἀλλὰ** τῆς ἐλευθέρας.
Gal 5:6 ἰσχύει οὔτε ἀκροβυστία **ἀλλὰ** πίστις δι' ἀγάπης
Gal 5:13 **ἀλλὰ** διὰ τῆς ἀγάπης
Gal 6:13 αὐτοὶ νόμον φυλάσσουσιν **ἀλλὰ** θέλουσιν ὑμᾶς περιτέμνεσθαι,
Gal 6:15 ἐστιν οὔτε ἀκροβυστία **ἀλλὰ** καινὴ κτίσις.

<u>ἀλλάσσω (*allassō*; 1/6) *change*</u>
Gal 4:20 ὑμᾶς ἄρτι καὶ **ἀλλάξαι** τὴν φωνήν μου,

<u>ἀλληγορέω (*allēgoreō*; 1/1) *speak allegorically*</u>
Gal 4:24 ἅτινά ἐστιν **ἀλληγορούμενα**·

<u>ἀλλήλων (*allēlōn*; 7/100) *one another*</u>
Gal 5:13 τῆς ἀγάπης δουλεύετε **ἀλλήλοις**.
Gal 5:15 εἰ δὲ **ἀλλήλους** δάκνετε καὶ κατεσθίετε,
Gal 5:15 βλέπετε μὴ ὑπ' **ἀλλήλων** ἀναλωθῆτε.
Gal 5:17 ταῦτα γὰρ **ἀλλήλοις** ἀντίκειται,
Gal 5:26 **ἀλλήλους** προκαλούμενοι,
Gal 5:26 **ἀλλήλοις** φθονοῦντες.
Gal 6:2 **Ἀλλήλων** τὰ βάρη βαστάζετε

<u>ἄλλος (*allos*; 2/155) *other, another*</u>
Gal 1:7 ὃ οὐκ ἔστιν **ἄλλο**,
Gal 5:10 κυρίῳ ὅτι οὐδὲν **ἄλλο** φρονήσετε·

<u>ἁμαρτία (*hamartia*; 3/173) *sin*</u>
Gal 1:4 ἑαυτὸν ὑπὲρ τῶν **ἁμαρτιῶν** ἡμῶν,
Gal 2:17 ἆρα Χριστὸς **ἁμαρτίας** διάκονος;
Gal 3:22 τὰ πάντα ὑπὸ **ἁμαρτίαν**,

<u>ἁμαρτωλός (*hamartōlos*; 2/47) *sinful*</u>
Gal 2:15 οὐκ ἐξ ἐθνῶν **ἁμαρτωλοί**·
Gal 2:17 εὑρέθημεν καὶ αὐτοὶ **ἁμαρτωλοί**,

<u>ἀμήν (*amēn*; 2/128[129]) *truly*</u>
Gal 1:5 **ἀμήν**.
Gal 6:18 **ἀμήν**.

<u>ἄν (*an*; 2/166) *particle indicating contingency*</u>
Gal 1:10 δοῦλος οὐκ **ἂν** ἤμην.
Gal 3:21 ὄντως ἐκ νόμου **ἂν** ἦν ἡ δικαιοσύνη.

<u>ἀναβαίνω (*anabainō*; 2/82) *go up*</u>
Gal 2:1 δεκατεσσάρων ἐτῶν πάλιν **ἀνέβην** εἰς Ἱεροσόλυμα μετὰ
Gal 2:2 **ἀνέβην** δὲ κατὰ ἀποκάλυψιν·

<u>ἀναγκάζω (*anankazō*; 3/9) *force*</u>
Gal 2:3 **ἠναγκάσθη** περιτμηθῆναι·
Gal 2:14 πῶς τὰ ἔθνη **ἀναγκάζεις** ἰουδαΐζειν;
Gal 6:12 οὗτοι **ἀναγκάζουσιν** ὑμᾶς περιτέμνεσθαι,

<u>ἀνάθεμα (*anathema*; 2/6) *cursed*</u>
Gal 1:8 **ἀνάθεμα** ἔστω.
Gal 1:9 **ἀνάθεμα** ἔστω.

<u>ἀναλόω (*analoō*; 1/2) *consume*</u>
Gal 5:15 μὴ ὑπ' ἀλλήλων **ἀναλωθῆτε**.

<u>ἀναπληρόω (*anaplēroō*; 1/6) *meet, fulfill*</u>
Gal 6:2 βαστάζετε καὶ οὕτως **ἀναπληρώσετε** τὸν νόμον τοῦ

<u>ἀναστατόω (*anastatoō*; 1/3) *agitate*</u>
Gal 5:12 καὶ ἀποκόψονται οἱ **ἀναστατοῦντες** ὑμᾶς.

<u>ἀναστροφή (*anastrophē*; 1/13) *manner of life*</u>
Gal 1:13 γὰρ τὴν ἐμὴν **ἀναστροφήν** ποτε ἐν τῷ

<u>ἀνατίθημι (*anatithēmi*; 1/2) *lay before*</u>
Gal 2:2 καὶ **ἀνεθέμην** αὐτοῖς τὸ εὐαγγέλιον

<u>ἀνέρχομαι (*anerchomai*; 2/3) *go or come up*</u>
Gal 1:17 οὐδὲ **ἀνῆλθον** εἰς Ἱεροσόλυμα πρὸς
Gal 1:18 μετὰ ἔτη τρία **ἀνῆλθον** εἰς Ἱεροσόλυμα ἱστορῆσαι

<u>ἀνήρ (*anēr*; 1/216) *man, husband*</u>
Gal 4:27 τῆς ἐχούσης τὸν **ἄνδρα**.

<u>ἀνθίστημι (*anthistēmi*; 1/14) *resist*</u>
Gal 2:11 κατὰ πρόσωπον αὐτῷ **ἀντέστην**,

<u>ἄνθρωπος (*anthrōpos*; 14/550) *man, human being (pl. people)*</u>
Gal 1:1 ἀπόστολος οὐκ ἀπ' **ἀνθρώπων** οὐδὲ δι' ἀνθρώπου
Gal 1:1 ἀνθρώπων οὐδὲ δι' **ἀνθρώπου** ἀλλὰ διὰ Ἰησοῦ
Gal 1:10 Ἄρτι γὰρ **ἀνθρώπους** πείθω ἢ τὸν
Gal 1:10 ἢ ζητῶ **ἀνθρώποις** ἀρέσκειν;
Gal 1:10 εἰ ἔτι **ἀνθρώποις** ἤρεσκον,
Gal 1:11 οὐκ ἔστιν κατὰ **ἄνθρωπον**·
Gal 1:12 γὰρ ἐγὼ παρὰ **ἀνθρώπου** παρέλαβον αὐτὸ οὔτε
Gal 2:6 πρόσωπον [ὁ] θεὸς **ἀνθρώπου** οὐ λαμβάνει
Gal 2:16 ὅτι οὐ δικαιοῦται **ἄνθρωπος** ἐξ ἔργων νόμου

Gal 3:15 κατὰ **ἄνθρωπον** λέγω·
Gal 3:15 ὅμως **ἀνθρώπου** κεκυρωμένην διαθήκην οὐδεὶς
Gal 5:3 δὲ πάλιν παντὶ **ἀνθρώπῳ** περιτεμνομένῳ ὅτι ὀφειλέτης
Gal 6:1 ἐὰν καὶ προλημφθῇ **ἄνθρωπος** ἔν τινι παραπτώματι,
Gal 6:7 γὰρ ἐὰν σπείρῃ **ἄνθρωπος**,

ἀνόητος (*anoētos*; 2/6) *foolish*
Gal 3:1 Ὦ **ἀνόητοι** Γαλάται,
Gal 3:3 οὕτως **ἀνόητοί** ἐστε,

ἀντίκειμαι (*antikeimai*; 1/8) *oppose*
Gal 5:17 ταῦτα γὰρ ἀλλήλοις **ἀντίκειται**,

Ἀντιόχεια (*Antiocheia*; 1/18) *Antioch*
Gal 2:11 ἦλθεν Κηφᾶς εἰς **Ἀντιόχειαν**,

ἄνω (*anō*; 1/9) *above, up*
Gal 4:26 ἡ δὲ **ἄνω** Ἰερουσαλὴμ ἐλευθέρα ἐστίν,

ἄνωθεν (*anōthen*; 1/13) *from above*
Gal 4:9 στοιχεῖα οἷς πάλιν **ἄνωθεν** δουλεύειν θέλετε;

ἀπεκδέχομαι (*apekdechomai*; 1/8) *await expectantly*
Gal 5:5 πίστεως ἐλπίδα δικαιοσύνης **ἀπεκδεχόμεθα**.

ἀπέρχομαι (*aperchomai*; 1/116[117]) *go, go away, depart*
Gal 1:17 ἀλλὰ **ἀπῆλθον** εἰς Ἀραβίαν καὶ

ἀπό (*apo*; 8/643[646]) *from*
Gal 1:1 ἀπόστολος οὐκ **ἀπ'** ἀνθρώπων
Gal 1:3 ὑμῖν καὶ εἰρήνη **ἀπὸ** θεοῦ πατρὸς ἡμῶν
Gal 1:6 οὕτως ταχέως μετατίθεσθε **ἀπὸ** τοῦ καλέσαντος ὑμᾶς
Gal 2:6 **Ἀπὸ** δὲ τῶν δοκούντων
Gal 2:12 γὰρ ἐλθεῖν τινας **ἀπὸ** Ἰακώβου μετὰ τῶν
Gal 3:2 μόνον θέλω μαθεῖν **ἀφ'** ὑμῶν·
Gal 4:24 μία μὲν **ἀπὸ** ὄρους Σινᾶ εἰς
Gal 5:4 κατηργήθητε **ἀπὸ** Χριστοῦ,

ἀποθνῄσκω (*apothnēskō*; 2/111) *die*
Gal 2:19 διὰ νόμου νόμῳ **ἀπέθανον**,
Gal 2:21 ἄρα Χριστὸς δωρεὰν **ἀπέθανεν**.

ἀποκαλύπτω (*apokalyptō*; 2/26) *reveal*
Gal 1:16 **ἀποκαλύψαι** τὸν υἱὸν αὐτοῦ
Gal 3:23 τὴν μέλλουσαν πίστιν **ἀποκαλυφθῆναι**,

ἀποκάλυψις (*apokalypsis*; 2/18) *revelation*
Gal 1:12 ἐδιδάχθην ἀλλὰ δι' **ἀποκαλύψεως** Ἰησοῦ Χριστοῦ.
Gal 2:2 ἀνέβην δὲ κατὰ **ἀποκάλυψιν**·

ἀποκόπτω (*apokoptō*; 1/6) *cut off*
Gal 5:12 Ὄφελον καὶ **ἀποκόψονται** οἱ ἀναστατοῦντες ὑμᾶς.

ἀπολαμβάνω (*apolambanō*; 1/10) *receive*
Gal 4:5 ἵνα τὴν υἱοθεσίαν **ἀπολάβωμεν**.

ἀπορέω (*aporeō*; 1/6) *be at a loss*
Gal 4:20 ὅτι **ἀποροῦμαι** ἐν ὑμῖν.

ἀποστολή (*apostolē*; 1/4) *apostleship*
Gal 2:8 ἐνεργήσας Πέτρῳ εἰς **ἀποστολὴν** τῆς περιτομῆς ἐνήργησεν

ἀπόστολος (*apostolos*; 3/80) *apostle, messenger*
Gal 1:1 Παῦλος **ἀπόστολος** οὐκ ἀπ' ἀνθρώπων
Gal 1:17 τοὺς πρὸ ἐμοῦ **ἀποστόλους**,
Gal 1:19 ἕτερον δὲ τῶν **ἀποστόλων** οὐκ εἶδον εἰ

ἄρα (*ara*; 5/49) *therefore, then, thus*
Gal 2:21 **ἄρα** Χριστὸς δωρεὰν ἀπέθανεν.
Gal 3:7 γινώσκετε **ἄρα** ὅτι οἱ ἐκ
Gal 3:29 **ἄρα** τοῦ Ἀβραὰμ σπέρμα
Gal 5:11 **ἄρα** κατήργηται τὸ σκάνδαλον
Gal 6:10 **Ἄρα** οὖν ὡς καιρὸν

ἆρα (*ara*; 1/3) *interrogative particle expecting a negative response*
Gal 2:17 **ἆρα** Χριστὸς ἁμαρτίας διάκονος;

Ἀραβία (*Arabia*; 2/2) *Arabia*
Gal 1:17 ἀλλὰ ἀπῆλθον εἰς **Ἀραβίαν** καὶ πάλιν ὑπέστρεψα
Gal 4:25 ἐστὶν ἐν τῇ **Ἀραβίᾳ**·

ἀρέσκω (*areskō*; 2/17) *try to please*
Gal 1:10 ἢ ζητῶ ἀνθρώποις **ἀρέσκειν**;
Gal 1:10 εἰ ἔτι ἀνθρώποις **ἤρεσκον**,

ἄρσην (*arsēn*; 1/9) *male*
Gal 3:28 οὐκ ἔνι **ἄρσεν** καὶ θῆλυ·

ἄρτι (*arti*; 3/36) *now*
Gal 1:9 ὡς προειρήκαμεν καὶ **ἄρτι** πάλιν λέγω·
Gal 1:10 **Ἄρτι** γὰρ ἀνθρώπους πείθω
Gal 4:20 παρεῖναι πρὸς ὑμᾶς **ἄρτι** καὶ ἀλλάξαι τὴν

ἀσέλγεια (*aselgeia*; 1/10) *sensuality*
Gal 5:19 **ἀσέλγεια**,

ἀσθένεια (*astheneia*; 1/24) *weakness, sickness*
Gal 4:13 δὲ ὅτι δι' **ἀσθένειαν** τῆς σαρκὸς εὐηγγελισάμην

ἀσθενής (*asthenēs*; 1/26) *sick*
Gal 4:9 πάλιν ἐπὶ τὰ **ἀσθενῆ** καὶ πτωχὰ στοιχεῖα

ἀφορίζω (*aphorizō*; 2/10) *separate*
Gal 1:15 [ὁ θεὸς] ὁ **ἀφορίσας** με ἐκ κοιλίας

Gal 2:12 ὑπέστελλεν καὶ **ἀφώριζεν** ἑαυτόν φοβούμενος τοὺς

ἀφορμή (*aphormē*; 1/7) *opportunity*

Gal 5:13 τὴν ἐλευθερίαν εἰς **ἀφορμὴν** τῇ σαρκί,

ἄχρι (*achri*; 2/48[49]) *until*

Gal 3:19 ἄχρις **οὗ** ἔλθῃ τὸ σπέρμα
Gal 4:2 ἐστὶν καὶ οἰκονόμους **ἄχρι** τῆς προθεσμίας

βαπτίζω (*baptizō*; 1/76[77]) *baptize*

Gal 3:27 γὰρ εἰς Χριστὸν **ἐβαπτίσθητε**,

Βαρναβᾶς (*Barnabas*; 3/28) *Barnabas*

Gal 2:1 εἰς Ἱεροσόλυμα μετὰ **Βαρναβᾶ** συμπαραλαβὼν καὶ Τίτον·
Gal 2:9 ἔδωκαν ἐμοὶ καὶ **Βαρναβᾷ** κοινωνίας,
Gal 2:13 ὥστε καὶ **Βαρναβᾶς** συναπήχθη αὐτῶν τῇ

βάρος (*baros*; 1/6) *burden*

Gal 6:2 Ἀλλήλων τὰ **βάρη** βαστάζετε καὶ οὕτως

βασιλεία (*basileia*; 1/162) *kingdom*

Gal 5:21 τὰ τοιαῦτα πράσσοντες **βασιλείαν** θεοῦ οὐ κληρονομήσουσιν.

βασκαίνω (*baskainō*; 1/1) *bewitch*

Gal 3:1 τίς ὑμᾶς **ἐβάσκανεν**,

βαστάζω (*bastazō*; 4/27) *carry, pick up*

Gal 5:10 δὲ ταράσσων ὑμᾶς **βαστάσει** τὸ κρίμα,
Gal 6:2 Ἀλλήλων τὰ βάρη **βαστάζετε** καὶ οὕτως ἀναπληρώσετε
Gal 6:5 τὸ ἴδιον φορτίον **βαστάσει**.
Gal 6:17 τῷ σώματί μου **βαστάζω**.

βιβλίον (*biblion*; 1/34) *book*

Gal 3:10 γεγραμμένοις ἐν τῷ **βιβλίῳ** τοῦ νόμου τοῦ

βλέπω (*blepō*; 1/132) *see*

Gal 5:15 **βλέπετε** μὴ ὑπ᾽ ἀλλήλων

βοάω (*boaō*; 1/12) *call*

Gal 4:27 ῥῆξον καὶ **βόησον**,

Γαλάτης (*Galatēs*; 1/1) *a Galatian*

Gal 3:1 Ὦ ἀνόητοι **Γαλάται**,

Γαλατία (*Galatia*; 1/4) *Galatia*

Gal 1:2 ταῖς ἐκκλησίαις τῆς **Γαλατίας**,

γάρ (*gar*; 36/1041) *for*

Gal 1:10 Ἄρτι **γὰρ** ἀνθρώπους πείθω ἢ
Gal 1:11 Γνωρίζω **γὰρ** ὑμῖν,
Gal 1:12 οὐδὲ **γὰρ** ἐγὼ παρὰ ἀνθρώπου
Gal 1:13 Ἠκούσατε **γὰρ** τὴν ἐμὴν ἀναστροφήν
Gal 2:6 ἐμοὶ **γὰρ** οἱ δοκοῦντες οὐδὲν
Gal 2:8 ὁ **γὰρ** ἐνεργήσας Πέτρῳ εἰς
Gal 2:12 πρὸ τοῦ **γὰρ** ἐλθεῖν τινας ἀπὸ
Gal 2:18 εἰ **γὰρ** ἃ κατέλυσα ταῦτα
Gal 2:19 ἐγὼ **γὰρ** διὰ νόμου νόμῳ
Gal 2:21 εἰ **γὰρ** διὰ νόμου δικαιοσύνη,
Gal 3:10 Ὅσοι **γὰρ** ἐξ ἔργων νόμου
Gal 3:10 γέγραπται **γὰρ** ὅτι ἐπικατάρατος πᾶς
Gal 3:18 εἰ **γὰρ** ἐκ νόμου ἡ
Gal 3:21 εἰ **γὰρ** ἐδόθη νόμος ὁ
Gal 3:26 Πάντες **γὰρ** υἱοὶ θεοῦ ἐστε
Gal 3:27 ὅσοι **γὰρ** εἰς Χριστὸν ἐβαπτίσθητε,
Gal 3:28 πάντες **γὰρ** ὑμεῖς εἷς ἐστε
Gal 4:15 μαρτυρῶ **γὰρ** ὑμῖν ὅτι εἰ
Gal 4:22 γέγραπται **γὰρ** ὅτι Ἀβραὰμ δύο
Gal 4:24 αὗται **γάρ** εἰσιν δύο διαθῆκαι,
Gal 4:25 δουλεύει **γὰρ** μετὰ τῶν τέκνων
Gal 4:27 γέγραπται **γάρ**·
Gal 4:30 οὐ **γὰρ** μὴ κληρονομήσει ὁ
Gal 5:5 ἡμεῖς **γὰρ** πνεύματι ἐκ πίστεως
Gal 5:6 ἐν **γὰρ** Χριστῷ Ἰησοῦ οὔτε
Gal 5:13 ὑμεῖς **γὰρ** ἐπ᾽ ἐλευθερίᾳ ἐκλήθητε,
Gal 5:14 ὁ **γὰρ** πᾶς νόμος ἐν
Gal 5:17 ἡ **γὰρ** σὰρξ ἐπιθυμεῖ κατὰ
Gal 5:17 ταῦτα **γὰρ** ἀλλήλοις ἀντίκειται,
Gal 6:3 εἰ **γὰρ** δοκεῖ τις εἶναί
Gal 6:5 ἕκαστος **γὰρ** τὸ ἴδιον φορτίον
Gal 6:7 ὃ **γὰρ** ἐὰν σπείρῃ ἄνθρωπος,
Gal 6:9 καιρῷ **γὰρ** ἰδίῳ θερίσομεν μὴ
Gal 6:13 οὐδὲ **γὰρ** οἱ περιτεμνόμενοι αὐτοὶ
Gal 6:15 οὔτε **γὰρ** περιτομή τι ἐστιν
Gal 6:17 ἐγὼ **γὰρ** τὰ στίγματα τοῦ

γέ (*ge*; 1/26) *enclitic particle adding emphasis to the word with which it is associated*

Gal 3:4 εἴ **γε** καὶ εἰκῇ.

γεννάω (*gennaō*; 3/97) *give birth (pass. be born)*

Gal 4:23 παιδίσκης κατὰ σάρκα **γεγέννηται**,
Gal 4:24 Σινᾶ εἰς δουλείαν **γεννῶσα**,
Gal 4:29 ὁ κατὰ σάρκα **γεννηθεὶς** ἐδίωκεν τὸν κατὰ

γένος (*genos*; 1/20) *family, race, nation*

Gal 1:14 συνηλικιώτας ἐν τῷ **γένει** μου,

γίνομαι (*ginomai*; 12/668[669]) *be, become*

Gal 2:17 μὴ **γένοιτο**.
Gal 3:13 κατάρας τοῦ νόμου **γενόμενος** ὑπὲρ ἡμῶν κατάρα,
Gal 3:14 εὐλογία τοῦ Ἀβραὰμ **γένηται** ἐν Χριστῷ Ἰησοῦ,
Gal 3:17 καὶ τριάκοντα ἔτη **γεγονὼς** νόμος οὐκ ἀκυροῖ
Gal 3:21 μὴ **γένοιτο**.
Gal 3:24 νόμος παιδαγωγὸς ἡμῶν **γέγονεν** εἰς Χριστόν,
Gal 4:4 **γενόμενον** ἐκ γυναικός,
Gal 4:4 **γενόμενον** ὑπὸ νόμον,
Gal 4:12 **Γίνεσθε** ὡς ἐγώ,
Gal 4:16 ὥστε ἐχθρὸς ὑμῶν **γέγονα** ἀληθεύων ὑμῖν;
Gal 5:26 μὴ **γινώμεθα** κενόδοξοι,
Gal 6:14 Ἐμοὶ δὲ μὴ **γένοιτο** καυχᾶσθαι εἰ μὴ

γινώσκω (*ginōskō*; 4/222) *know*
Gal 2:9 καὶ **γνόντες** τὴν χάριν τὴν
Gal 3:7 **γινώσκετε** ἄρα ὅτι οἱ
Gal 4:9 νῦν δὲ **γνόντες** θεόν,
Gal 4:9 μᾶλλον δὲ **γνωσθέντες** ὑπὸ θεοῦ,

γνωρίζω (*gnōrizō*; 1/25) *make known*
Gal 1:11 **Γνωρίζω** γὰρ ὑμῖν,

γράμμα (*gramma*; 1/14) *letter of the alphabet*
Gal 6:11 ἴδετε πηλίκοις ὑμῖν **γράμμασιν** ἔγραψα τῇ ἐμῇ

γραφή (*graphē*; 3/50) *Scripture*
Gal 3:8 προϊδοῦσα δὲ ἡ **γραφὴ** ὅτι ἐκ πίστεως
Gal 3:22 ἀλλὰ συνέκλεισεν ἡ **γραφὴ** τὰ πάντα ὑπὸ
Gal 4:30 τί λέγει ἡ **γραφή**;

γράφω (*graphō*; 7/190[191]) *write*
Gal 1:20 ἃ δὲ **γράφω** ὑμῖν,
Gal 3:10 **γέγραπται** γὰρ ὅτι ἐπικατάρατος
Gal 3:10 ἐμμένει πᾶσιν τοῖς **γεγραμμένοις** ἐν τῷ βιβλίῳ
Gal 3:13 ὅτι **γέγραπται**·
Gal 4:22 **γέγραπται** γὰρ ὅτι ᾿Αβραὰμ
Gal 4:27 **γέγραπται** γάρ·
Gal 6:11 πηλίκοις ὑμῖν γράμμασιν **ἔγραψα** τῇ ἐμῇ χειρί.

γυνή (*gynē*; 1/211[215]) *woman, wife*
Gal 4:4 γενόμενον ἐκ **γυναικός**,

δάκνω (*daknō*; 1/1) *bite*
Gal 5:15 εἰ δὲ ἀλλήλους **δάκνετε** καὶ κατεσθίετε,

Δαμασκός (*Damaskos*; 1/15) *Damascus*
Gal 1:17 πάλιν ὑπέστρεψα εἰς **Δαμασκόν**.

δέ (*de*; 58/2773[2792]) *but, and*
Gal 1:15 Ὅτε **δὲ** εὐδόκησεν [ὁ θεὸς]
Gal 1:19 ἕτερον **δὲ** τῶν ἀποστόλων οὐκ
Gal 1:20 ἃ **δὲ** γράφω ὑμῖν,
Gal 1:22 ἤμην **δὲ** ἀγνοούμενος τῷ προσώπῳ
Gal 1:23 μόνον **δὲ** ἀκούοντες ἦσαν ὅτι
Gal 2:2 ἀνέβην **δὲ** κατὰ ἀποκάλυψιν·
Gal 2:2 κατ᾿ ἰδίαν **δὲ** τοῖς δοκοῦσιν,
Gal 2:4 διὰ **δὲ** τοὺς παρεισάκτους ψευδαδέλφους,
Gal 2:6 ᾿Απὸ **δὲ** τῶν δοκούντων εἶναί
Gal 2:9 αὐτοὶ **δὲ** εἰς τὴν περιτομήν·
Gal 2:11 Ὅτε **δὲ** ἦλθεν Κηφᾶς εἰς
Gal 2:12 ὅτε **δὲ** ἦλθον,
Gal 2:16 εἰδότες **[δὲ]** ὅτι οὐ δικαιοῦται
Gal 2:17 εἰ **δὲ** ζητοῦντες δικαιωθῆναι ἐν
Gal 2:20 ζῶ **δὲ** οὐκέτι ἐγώ,
Gal 2:20 ζῇ **δὲ** ἐν ἐμοὶ Χριστός·
Gal 2:20 ὃ **δὲ** νῦν ζῶ ἐν
Gal 3:8 προϊδοῦσα **δὲ** ἡ γραφὴ ὅτι
Gal 3:11 ὅτι **δὲ** ἐν νόμῳ οὐδεὶς
Gal 3:12 ὁ **δὲ** νόμος οὐκ ἔστιν
Gal 3:16 τῷ **δὲ** ᾿Αβραὰμ ἐρρέθησαν αἱ
Gal 3:17 τοῦτο **δὲ** λέγω·
Gal 3:18 τῷ **δὲ** ᾿Αβραὰμ δι᾿ ἐπαγγελίας
Gal 3:20 ὁ **δὲ** μεσίτης ἑνὸς οὐκ
Gal 3:20 ὁ **δὲ** θεὸς εἷς ἐστιν.
Gal 3:23 Πρὸ τοῦ **δὲ** ἐλθεῖν τὴν πίστιν
Gal 3:25 ἐλθούσης **δὲ** τῆς πίστεως οὐκέτι
Gal 3:29 εἰ **δὲ** ὑμεῖς Χριστοῦ,
Gal 4:1 Λέγω **δέ**,
Gal 4:4 ὅτε **δὲ** ἦλθεν τὸ πλήρωμα
Gal 4:6 Ὅτι **δέ** ἐστε υἱοί,
Gal 4:7 εἰ **δὲ** υἱός,
Gal 4:9 νῦν **δὲ** γνόντες θεόν,
Gal 4:9 μᾶλλον **δὲ** γνωσθέντες ὑπὸ θεοῦ,
Gal 4:13 οἴδατε **δὲ** ὅτι δι᾿ ἀσθένειαν
Gal 4:18 καλὸν **δὲ** ζηλοῦσθαι ἐν καλῷ
Gal 4:20 ἤθελον **δὲ** παρεῖναι πρὸς ὑμᾶς
Gal 4:23 ὁ **δὲ** ἐκ τῆς ἐλευθέρας
Gal 4:25 τὸ **δὲ** ῾Αγὰρ Σινᾶ ὄρος
Gal 4:25 συστοιχεῖ **δὲ** τῇ νῦν ᾿Ιερουσαλήμ,
Gal 4:26 ἡ **δὲ** ἄνω ᾿Ιερουσαλὴμ ἐλευθέρα
Gal 4:28 ὑμεῖς **δέ**,
Gal 5:3 μαρτύρομαι **δὲ** πάλιν παντὶ ἀνθρώπῳ
Gal 5:10 ὁ **δὲ** ταράσσων ὑμᾶς βαστάσει
Gal 5:11 ᾿Εγὼ **δέ**,
Gal 5:15 εἰ **δὲ** ἀλλήλους δάκνετε καὶ
Gal 5:16 Λέγω **δέ**,
Gal 5:17 τὸ **δὲ** πνεῦμα κατὰ τῆς
Gal 5:18 εἰ **δὲ** πνεύματι ἄγεσθε,
Gal 5:19 φανερὰ **δέ** ἐστιν τὰ ἔργα
Gal 5:22 ὁ **δὲ** καρπὸς τοῦ πνεύματός
Gal 5:24 οἱ **δὲ** τοῦ Χριστοῦ [᾿Ιησοῦ]
Gal 6:4 τὸ **δὲ** ἔργον ἑαυτοῦ δοκιμαζέτω
Gal 6:6 Κοινωνείτω **δὲ** ὁ κατηχούμενος τὸν
Gal 6:8 ὁ **δὲ** σπείρων εἰς τὸ
Gal 6:9 τὸ **δὲ** καλὸν ποιοῦντες μὴ
Gal 6:10 μάλιστα **δὲ** πρὸς τοὺς οἰκείους
Gal 6:14 ᾿Εμοὶ **δὲ** μὴ γένοιτο καυχᾶσθαι

δεκαπέντε (*dekapente*; 1/3) *fifteen*
Gal 1:18 πρὸς αὐτὸν ἡμέρας **δεκαπέντε**,

δεκατέσσαρες (*dekatessares*; 1/5) *fourteen*
Gal 2:1 Ἔπειτα διὰ **δεκατεσσάρων** ἐτῶν πάλιν ἀνέβην

δεξιός (*dexios*; 1/53[54]) *right*
Gal 2:9 **δεξιὰς** ἔδωκαν ἐμοὶ καὶ

δέομαι (*deomai*; 1/22) *ask*
Gal 4:12 **δέομαι** ὑμῶν.

δέχομαι (*dechomai*; 1/56) *take, receive*
Gal 4:14 ὡς ἄγγελον θεοῦ **ἐδέξασθέ** με,

δῆλος (*dēlos*; 1/3) *evident*
Gal 3:11 παρὰ τῷ θεῷ **δῆλον**,

διά (*dia*; 19/665[667]) *through, on account of*
Gal 1:1 ἀπ᾿ ἀνθρώπων οὐδὲ **δι᾿** ἀνθρώπου ἀλλὰ διὰ
Gal 1:1 δι᾿ ἀνθρώπου ἀλλὰ **διὰ** ᾿Ιησοῦ Χριστοῦ καὶ
Gal 1:12 οὔτε ἐδιδάχθην ἀλλὰ **δι᾿** ἀποκαλύψεως ᾿Ιησοῦ Χριστοῦ.
Gal 1:15 μου καὶ καλέσας **διὰ** τῆς χάριτος αὐτοῦ

Gal 2:1 Ἔπειτα **διὰ** δεκατεσσάρων ἐτῶν πάλιν
Gal 2:4 **διὰ** δὲ τοὺς παρεισάκτους
Gal 2:16 νόμου ἐὰν μὴ **διὰ** πίστεως Ἰησοῦ Χριστοῦ,
Gal 2:19 ἐγὼ γὰρ **διὰ** νόμου νόμῳ ἀπέθανον,
Gal 2:21 εἰ γὰρ **διὰ** νόμου δικαιοσύνη,
Gal 3:14 τοῦ πνεύματος λάβωμεν **διὰ** τῆς πίστεως.
Gal 3:18 τῷ δὲ Ἀβραὰμ **δι'** ἐπαγγελίας κεχάρισται ὁ
Gal 3:19 διαταγεὶς **δι'** ἀγγέλων ἐν χειρὶ
Gal 3:26 υἱοὶ θεοῦ ἐστε **διὰ** τῆς πίστεως ἐν
Gal 4:7 καὶ κληρονόμος **διὰ** θεοῦ.
Gal 4:13 οἴδατε δὲ ὅτι **δι'** ἀσθένειαν τῆς σαρκὸς
Gal 4:23 ἐκ τῆς ἐλευθέρας **δι'** ἐπαγγελίας.
Gal 5:6 ἀκροβυστία ἀλλὰ πίστις **δι'** ἀγάπης ἐνεργουμένη.
Gal 5:13 ἀλλὰ **διὰ** τῆς ἀγάπης δουλεύετε
Gal 6:14 **δι'** οὗ ἐμοὶ κόσμος

διαθήκη (*diathēkē*; 3/33) *covenant*
Gal 3:15 ὅμως ἀνθρώπου κεκυρωμένην **διαθήκην** οὐδεὶς ἀθετεῖ ἢ
Gal 3:17 **διαθήκην** προκεκυρωμένην ὑπὸ τοῦ
Gal 4:24 γάρ εἰσιν δύο **διαθῆκαι**,

διάκονος (*diakonos*; 1/29) *servant*
Gal 2:17 ἆρα Χριστὸς ἁμαρτίας **διάκονος**;

διαμένω (*diamenō*; 1/5) *stay*
Gal 2:5 ἀλήθεια τοῦ εὐαγγελίου **διαμείνῃ** πρὸς ὑμᾶς.

διατάσσω (*diatassō*; 1/16) *command*
Gal 3:19 **διαταγεὶς** δι' ἀγγέλων ἐν

διαφέρω (*diapherō*; 2/13) *be worth more than*
Gal 2:6 ἦσαν οὐδέν μοι **διαφέρει**·
Gal 4:1 οὐδὲν **διαφέρει** δούλου κύριος πάντων

διδάσκω (*didaskō*; 1/96) *teach*
Gal 1:12 παρέλαβον αὐτὸ οὔτε **ἐδιδάχθην** ἀλλὰ δι' ἀποκαλύψεως

δίδωμι (*didōmi*; 6/415) *give*
Gal 1:4 τοῦ **δόντος** ἑαυτὸν ὑπὲρ τῶν
Gal 2:9 τὴν χάριν τὴν **δοθεῖσάν** μοι,
Gal 2:9 δεξιὰς **ἔδωκαν** ἐμοὶ καὶ Βαρναβᾷ
Gal 3:21 εἰ γὰρ **ἐδόθη** νόμος ὁ δυνάμενος
Gal 3:22 πίστεως Ἰησοῦ Χριστοῦ **δοθῇ** τοῖς πιστεύουσιν.
Gal 4:15 ὀφθαλμοὺς ὑμῶν ἐξορύξαντες **ἐδώκατέ** μοι.

δίκαιος (*dikaios*; 1/79) *righteous*
Gal 3:11 ὅτι ὁ **δίκαιος** ἐκ πίστεως ζήσεται·

δικαιοσύνη (*dikaiosynē*; 4/92) *righteousness*
Gal 2:21 γὰρ διὰ νόμου **δικαιοσύνη**,
Gal 3:6 ἐλογίσθη αὐτῷ εἰς **δικαιοσύνην**·
Gal 3:21 ἂν ἦν ἡ **δικαιοσύνη**.
Gal 5:5 ἐκ πίστεως ἐλπίδα **δικαιοσύνης** ἀπεκδεχόμεθα.

δικαιόω (*dikaioō*; 8/39) *justify*
Gal 2:16 [δὲ] ὅτι οὐ **δικαιοῦται** ἄνθρωπος ἐξ ἔργων
Gal 2:16 ἵνα **δικαιωθῶμεν** ἐκ πίστεως Χριστοῦ
Gal 2:16 ἔργων νόμου οὐ **δικαιωθήσεται** πᾶσα σάρξ.
Gal 2:17 εἰ δὲ ζητοῦντες **δικαιωθῆναι** ἐν Χριστῷ εὑρέθημεν
Gal 3:8 ὅτι ἐκ πίστεως **δικαιοῖ** τὰ ἔθνη ὁ
Gal 3:11 ἐν νόμῳ οὐδεὶς **δικαιοῦται** παρὰ τῷ θεῷ
Gal 3:24 ἵνα ἐκ πίστεως **δικαιωθῶμεν**·
Gal 5:4 οἵτινες ἐν νόμῳ **δικαιοῦσθε**,

διό (*dio*; 1/53) *therefore*
Gal 4:31 **διό**,

διχοστασία (*dichostasia*; 1/2) *division*
Gal 5:20 **διχοστασίαι**,

διώκω (*diōkō*; 5/45) *pursue, persecute*
Gal 1:13 ὅτι καθ' ὑπερβολὴν **ἐδίωκον** τὴν ἐκκλησίαν
Gal 1:23 ἦσαν ὅτι ὁ **διώκων** ἡμᾶς ποτε νῦν
Gal 4:29 κατὰ σάρκα γεννηθεὶς **ἐδίωκεν** τὸν κατὰ πνεῦμα,
Gal 5:11 τί ἔτι **διώκομαι**;
Gal 6:12 τοῦ Χριστοῦ μὴ **διώκωνται**.

δοκέω (*dokeō*; 5/62) *think, seem*
Gal 2:2 ἰδίαν δὲ τοῖς **δοκοῦσιν**,
Gal 2:6 Ἀπὸ δὲ τῶν **δοκούντων** εἶναί τι,
Gal 2:6 ἐμοὶ γὰρ οἱ **δοκοῦντες** οὐδὲν προσανέθεντο,
Gal 2:9 οἱ **δοκοῦντες** στῦλοι εἶναι,
Gal 6:3 εἰ γὰρ **δοκεῖ** τις εἶναί τι

δοκιμάζω (*dokimazō*; 1/22) *test*
Gal 6:4 δὲ ἔργον ἑαυτοῦ **δοκιμαζέτω** ἕκαστος,

δόξα (*doxa*; 1/166) *glory*
Gal 1:5 ᾧ ἡ **δόξα** εἰς τοὺς αἰῶνας

δοξάζω (*doxazō*; 1/61) *praise, glorify*
Gal 1:24 καὶ **ἐδόξαζον** ἐν ἐμοὶ τὸν

δουλεία (*douleia*; 2/5) *slavery*
Gal 4:24 ὄρους Σινᾶ εἰς **δουλείαν** γεννῶσα,
Gal 5:1 μὴ πάλιν ζυγῷ **δουλείας** ἐνέχεσθε.

δουλεύω (*douleuō*; 4/25) *serve (pass. be enslaved)*
Gal 4:8 οὐκ εἰδότες θεὸν **ἐδουλεύσατε** τοῖς φύσει μὴ
Gal 4:9 οἷς πάλιν ἄνωθεν **δουλεύειν** θέλετε;
Gal 4:25 **δουλεύει** γὰρ μετὰ τῶν
Gal 5:13 διὰ τῆς ἀγάπης **δουλεύετε** ἀλλήλοις.

δοῦλος (*doulos*; 4/124) *slave*
Gal 1:10 Χριστοῦ **δοῦλος** οὐκ ἂν ἤμην.
Gal 3:28 οὐκ ἔνι **δοῦλος** οὐδὲ ἐλεύθερος,
Gal 4:1 οὐδὲν διαφέρει **δούλου** κύριος πάντων ὤν,
Gal 4:7 ὥστε οὐκέτι εἶ **δοῦλος** ἀλλὰ υἱός·

δουλόω (*douloō*; 1/8) *enslave*
Gal 4:3 τοῦ κόσμου ἤμεθα **δεδουλωμένοι**·

<u>δύναμαι (*dynamai*; 1/210) *be able*</u>
Gal 3:21 ἐδόθη νόμος ὁ **δυνάμενος** ζῳοποιῆσαι,

<u>δύναμις (*dynamis*; 1/119) *power*</u>
Gal 3:5 πνεῦμα καὶ ἐνεργῶν **δυνάμεις** ἐν ὑμῖν,

<u>δυνατός (*dynatos*; 1/32) *possible*</u>
Gal 4:15 ὑμῖν ὅτι εἰ **δυνατὸν** τοὺς ὀφθαλμοὺς ὑμῶν

<u>δύο (*dyo*; 2/134[135]) *two*</u>
Gal 4:22 γὰρ ὅτι Ἀβραὰμ **δύο** υἱοὺς ἔσχεν,
Gal 4:24 αὗται γάρ εἰσιν **δύο** διαθῆκαι,

<u>δωρεάν (*dōrean*; 1/9) *without cost or cause*</u>
Gal 2:21 ἄρα Χριστὸς **δωρεὰν** ἀπέθανεν.

<u>ἐάν (*ean*; 7/333) *if*</u>
Gal 1:8 ἀλλὰ καὶ **ἐὰν** ἡμεῖς ἢ ἄγγελος
Gal 2:16 ἐξ ἔργων νόμου **ἐὰν** μὴ διὰ πίστεως
Gal 5:2 λέγω ὑμῖν ὅτι **ἐὰν** περιτέμνησθε,
Gal 5:10 ὅστις **ἐὰν** ᾖ.
Gal 5:17 ἵνα μὴ ἃ **ἐὰν** θέλητε ταῦτα ποιῆτε.
Gal 6:1 **ἐὰν** καὶ προλημφθῇ ἄνθρωπος
Gal 6:7 ὃ γὰρ **ἐὰν** σπείρῃ ἄνθρωπος,

<u>ἑαυτοῦ (*heautou*; 7/319) *himself*</u>
Gal 1:4 τοῦ δόντος **ἑαυτὸν** ὑπὲρ τῶν ἁμαρτιῶν
Gal 2:12 ὑπέστελλεν καὶ ἀφώριζεν **ἑαυτόν** φοβούμενος τοὺς ἐκ
Gal 2:20 με καὶ παραδόντος **ἑαυτὸν** ὑπὲρ ἐμοῦ.
Gal 6:3 φρεναπατᾷ **ἑαυτόν**.
Gal 6:4 τὸ δὲ ἔργον **ἑαυτοῦ** δοκιμαζέτω ἕκαστος,
Gal 6:4 καὶ τότε εἰς **ἑαυτὸν** μόνον τὸ καύχημα
Gal 6:8 εἰς τὴν σάρκα **ἑαυτοῦ** ἐκ τῆς σαρκὸς

<u>ἐγείρω (*egeirō*; 1/143[144]) *raise*</u>
Gal 1:1 θεοῦ πατρὸς τοῦ **ἐγείραντος** αὐτὸν ἐκ νεκρῶν,

<u>ἐγκακέω (*enkakeō*; 1/6) *become discouraged*</u>
Gal 6:9 καλὸν ποιοῦντες μὴ **ἐγκακῶμεν**,

<u>ἐγκόπτω (*enkoptō*; 1/5) *prevent, detain*</u>
Gal 5:7 τίς ὑμᾶς **ἐνέκοψεν** [τῇ] ἀληθείᾳ μὴ

<u>ἐγκράτεια (*enkrateia*; 1/4) *self-control*</u>
Gal 5:23 πραΰτης **ἐγκράτεια**·

<u>ἐγώ (*egō*; 38/1715[1718]) *I*</u>
Gal 1:2 καὶ οἱ σὺν **ἐμοὶ** πάντες ἀδελφοὶ ταῖς
Gal 1:11 τὸ εὐαγγελισθὲν ὑπ᾽ **ἐμοῦ** ὅτι οὐκ ἔστιν
Gal 1:12 οὐδὲ γὰρ **ἐγὼ** παρὰ ἀνθρώπου παρέλαβον
Gal 1:14 ἐν τῷ γένει **μου**,
Gal 1:14 ὑπάρχων τῶν πατρικῶν **μου** παραδόσεων.
Gal 1:15 θεὸς] ὁ ἀφορίσας **με** ἐκ κοιλίας μητρός
Gal 1:15 ἐκ κοιλίας μητρός **μου** καὶ καλέσας διὰ
Gal 1:16 υἱὸν αὐτοῦ ἐν **ἐμοί**,
Gal 1:17 πρὸς τοὺς πρὸ **ἐμοῦ** ἀποστόλους,
Gal 1:24 καὶ ἐδόξαζον ἐν **ἐμοὶ** τὸν θεόν.
Gal 2:3 Τίτος ὁ σὺν **ἐμοί**,
Gal 2:6 ποτε ἦσαν οὐδέν **μοι** διαφέρει·
Gal 2:6 **ἐμοὶ** γὰρ οἱ δοκοῦντες
Gal 2:8 περιτομῆς ἐνήργησεν καὶ **ἐμοὶ** εἰς τὰ ἔθνη,
Gal 2:9 χάριν τὴν δοθεῖσάν **μοι**,
Gal 2:9 δεξιὰς ἔδωκαν **ἐμοὶ** καὶ Βαρναβᾷ κοινωνίας,
Gal 2:19 **ἐγὼ** γὰρ διὰ νόμου
Gal 2:20 ζῶ δὲ οὐκέτι **ἐγώ**,
Gal 2:20 ζῇ δὲ ἐν **ἐμοὶ** Χριστός·
Gal 2:20 θεοῦ τοῦ ἀγαπήσαντός **με** καὶ παραδόντος ἑαυτὸν
Gal 2:20 παραδόντος ἑαυτὸν ὑπὲρ **ἐμοῦ**.
Gal 4:12 Γίνεσθε ὡς **ἐγώ**,
Gal 4:12 οὐδέν με **ἠδικήσατε**·
Gal 4:14 ἐν τῇ σαρκί **μου** οὐκ ἐξουθενήσατε οὐδὲ
Gal 4:14 ἄγγελον θεοῦ ἐδέξασθέ **με**,
Gal 4:15 ὑμῶν ἐξορύξαντες ἐδώκατέ **μοι**.
Gal 4:18 ἐν τῷ παρεῖναί **με** πρὸς ὑμᾶς.
Gal 4:19 τέκνα **μου**,
Gal 4:20 ἀλλάξαι τὴν φωνήν **μου**,
Gal 4:21 Λέγετέ **μοι**,
Gal 5:2 Ἴδε **ἐγὼ** Παῦλος λέγω ὑμῖν
Gal 5:10 **ἐγὼ** πέποιθα εἰς ὑμᾶς
Gal 5:11 **Ἐγὼ** δέ,
Gal 6:14 **Ἐμοὶ** δὲ μὴ γένοιτο
Gal 6:14 δι᾽ οὗ **ἐμοὶ** κόσμος ἐσταύρωται κἀγὼ
Gal 6:17 Τοῦ λοιποῦ κόπους **μοι** μηδεὶς παρεχέτω·
Gal 6:17 **ἐγὼ** γὰρ τὰ στίγματα
Gal 6:17 ἐν τῷ σώματί **μου** βαστάζω.

<u>ἐθνικῶς (*ethnikōs*; 1/1) *like a Gentile*</u>
Gal 2:14 σὺ Ἰουδαῖος ὑπάρχων **ἐθνικῶς** καὶ οὐχὶ Ἰουδαϊκῶς

<u>ἔθνος (*ethnos*; 10/162) *nation*</u>
Gal 1:16 αὐτὸν ἐν τοῖς **ἔθνεσιν**,
Gal 2:2 κηρύσσω ἐν τοῖς **ἔθνεσιν**,
Gal 2:8 ἐμοὶ εἰς τὰ **ἔθνη**,
Gal 2:9 ἡμεῖς εἰς τὰ **ἔθνη**,
Gal 2:12 Ἰακώβου μετὰ τῶν **ἐθνῶν** συνήσθιεν·
Gal 2:14 πῶς τὰ **ἔθνη** ἀναγκάζεις ἰουδαΐζειν;
Gal 2:15 καὶ οὐκ ἐξ **ἐθνῶν** ἁμαρτωλοί·
Gal 3:8 πίστεως δικαιοῖ τὰ **ἔθνη** ὁ θεός,
Gal 3:8 σοὶ πάντα τὰ **ἔθνη**·
Gal 3:14 ἵνα εἰς τὰ **ἔθνη** ἡ εὐλογία τοῦ

<u>εἰ (*ei*; 20/502) *if, since*</u>
Gal 1:7 **εἰ** μή τινές εἰσιν
Gal 1:9 **εἴ** τις ὑμᾶς εὐαγγελίζεται
Gal 1:10 **εἰ** ἔτι ἀνθρώποις ἤρεσκον,
Gal 1:19 ἀποστόλων οὐκ εἶδον **εἰ** μὴ Ἰάκωβον τὸν
Gal 2:14 **εἰ** σὺ Ἰουδαῖος ὑπάρχων
Gal 2:17 **εἰ** δὲ ζητοῦντες δικαιωθῆναι
Gal 2:18 **εἰ** γὰρ ἃ κατέλυσα
Gal 2:21 **εἰ** γὰρ διὰ νόμου
Gal 3:4 **εἴ** γε καὶ εἰκῇ.
Gal 3:18 **εἰ** γὰρ ἐκ νόμου
Gal 3:21 **εἰ** γὰρ ἐδόθη νόμος
Gal 3:29 **εἰ** δὲ ὑμεῖς Χριστοῦ,
Gal 4:7 **εἰ** δὲ υἱός,
Gal 4:15 γὰρ ὑμῖν ὅτι **εἰ** δυνατὸν τοὺς ὀφθαλμοὺς
Gal 5:11 **εἰ** περιτομὴν ἔτι κηρύσσω,
Gal 5:15 **εἰ** δὲ ἀλλήλους δάκνετε
Gal 5:18 **εἰ** δὲ πνεύματι ἄγεσθε,

Gal 5:25 **Εἰ** ζῶμεν πνεύματι,
Gal 6:3 **εἰ** γὰρ δοκεῖ τις
Gal 6:14 μὴ γένοιτο καυχᾶσθαι **εἰ** μὴ ἐν τῷ

εἰδωλολατρία (*eidōlolatria*; 1/4) *idolatry*
Gal 5:20 **εἰδωλολατρία**,

εἰκῇ (*eikē*; 3/6) *in vain*
Gal 3:4 τοσαῦτα ἐπάθετε **εἰκῇ**;
Gal 3:4 εἴ γε καὶ **εἰκῇ**.
Gal 4:11 ὑμᾶς μή πως **εἰκῇ** κεκοπίακα εἰς ὑμᾶς.

εἴκω (*eikō*; 1/1) *yield*
Gal 2:5 οὐδὲ πρὸς ὥραν **εἴξαμεν** τῇ ὑποταγῇ,

εἰμί (*eimi*; 53/2460[2462]) *be*
Gal 1:7 ὃ οὐκ **ἔστιν** ἄλλο,
Gal 1:7 εἰ μή τινες **εἰσιν** οἱ ταράσσοντες ὑμᾶς
Gal 1:8 ἀνάθεμα **ἔστω**.
Gal 1:9 ἀνάθεμα **ἔστω**.
Gal 1:10 δοῦλος οὐκ ἂν **ἤμην**.
Gal 1:11 ἐμοῦ ὅτι οὐκ **ἔστιν** κατὰ ἄνθρωπον·
Gal 1:22 **ἤμην** δὲ ἀγνοούμενος τῷ
Gal 1:23 μόνον δὲ ἀκούοντες **ἦσαν** ὅτι ὁ διώκων
Gal 2:3 Ἕλλην **ὤν**,
Gal 2:6 δὲ τῶν δοκούντων **εἶναί** τι,
Gal 2:6 ὁποῖοί ποτε **ἦσαν** οὐδέν μοι διαφέρει·
Gal 2:9 οἱ δοκοῦντες στῦλοι **εἶναι**,
Gal 2:11 ὅτι κατεγνωσμένος **ἦν**.
Gal 3:3 οὕτως ἀνόητοί **ἐστε**,
Gal 3:7 οὗτοι υἱοί **εἰσιν** Ἀβραάμ.
Gal 3:10 ἐξ ἔργων νόμου **εἰσίν**,
Gal 3:10 ὑπὸ κατάραν **εἰσίν**·
Gal 3:12 δὲ νόμος οὐκ **ἔστιν** ἐκ πίστεως,
Gal 3:16 ὅς **ἐστιν** Χριστός.
Gal 3:20 μεσίτης ἑνὸς οὐκ **ἔστιν**,
Gal 3:20 δὲ θεὸς εἷς **ἐστιν**.
Gal 3:21 ἐκ νόμου ἂν **ἦν** ἡ δικαιοσύνη.
Gal 3:25 οὐκέτι ὑπὸ παιδαγωγόν **ἐσμεν**.
Gal 3:26 γὰρ υἱοὶ θεοῦ **ἐστε** διὰ τῆς πίστεως
Gal 3:28 γὰρ ὑμεῖς εἷς **ἐστε** ἐν Χριστῷ Ἰησοῦ.
Gal 3:29 τοῦ Ἀβραὰμ σπέρμα **ἐστέ**,
Gal 4:1 ὁ κληρονόμος νήπιός **ἐστιν**,
Gal 4:1 δούλου κύριος πάντων **ὤν**,
Gal 4:2 ἀλλὰ ὑπὸ ἐπιτρόπους **ἐστὶν** καὶ οἰκονόμους
Gal 4:3 ὅτε **ἦμεν** νήπιοι,
Gal 4:3 στοιχεῖα τοῦ κόσμου **ἤμεθα** δεδουλωμένοι·
Gal 4:6 Ὅτι δέ **ἐστε** υἱοί,
Gal 4:7 ὥστε οὐκέτι **εἶ** δοῦλος ἀλλὰ υἱός·
Gal 4:8 τοῖς φύσει μὴ **οὖσιν** θεοῖς·
Gal 4:21 ὑπὸ νόμον θέλοντες **εἶναι**,
Gal 4:24 ἅτινά **ἐστιν** ἀλληγορούμενα·
Gal 4:24 αὗται γάρ **εἰσιν** δύο διαθῆκαι,
Gal 4:24 ἥτις **ἐστὶν** Ἁγάρ.
Gal 4:25 Ἁγὰρ Σινᾶ ὄρος **ἐστὶν** ἐν τῇ Ἀραβίᾳ·
Gal 4:26 ἄνω Ἰερουσαλὴμ ἐλευθέρα **ἐστίν**,
Gal 4:26 ἥτις **ἐστὶν** μήτηρ ἡμῶν·
Gal 4:28 Ἰσαὰκ ἐπαγγελίας τέκνα **ἐστέ**.
Gal 4:31 οὐκ **ἐσμὲν** παιδίσκης τέκνα ἀλλὰ
Gal 5:3 περιτεμνομένῳ ὅτι ὀφειλέτης **ἐστὶν** ὅλον τὸν νόμον
Gal 5:10 ὅστις ἐὰν **ᾖ**.
Gal 5:18 οὐκ **ἐστὲ** ὑπὸ νόμον.
Gal 5:19 φανερὰ δέ **ἐστιν** τὰ ἔργα τῆς
Gal 5:19 ἅτινά **ἐστιν** πορνεία,
Gal 5:22 καρπὸς τοῦ πνεύματός **ἐστιν** ἀγάπη χαρὰ εἰρήνη,
Gal 5:23 τῶν τοιούτων οὐκ **ἔστιν** νόμος.
Gal 6:3 γὰρ δοκεῖ τις **εἶναί** τι μηδὲν ὤν,
Gal 6:3 εἶναί τι μηδὲν **ὤν**,
Gal 6:15 γὰρ περιτομή τι **ἐστιν** οὔτε ἀκροβυστία

εἰρήνη (*eirēnē*; 3/92) *peace*
Gal 1:3 χάρις ὑμῖν καὶ **εἰρήνη** ἀπὸ θεοῦ πατρὸς
Gal 5:22 ἐστιν ἀγάπη χαρὰ **εἰρήνη**,
Gal 6:16 **εἰρήνη** ἐπ᾽ αὐτοὺς καὶ

εἰς (*eis*; 30/1759[1767]) *into*
Gal 1:5 ᾧ ἡ δόξα **εἰς** τοὺς αἰῶνας τῶν
Gal 1:6 ἐν χάριτι [Χριστοῦ] **εἰς** ἕτερον εὐαγγέλιον,
Gal 1:17 οὐδὲ ἀνῆλθον **εἰς** Ἱεροσόλυμα πρὸς τοὺς
Gal 1:17 ἀλλὰ ἀπῆλθον **εἰς** Ἀραβίαν καὶ πάλιν
Gal 1:17 καὶ πάλιν ὑπέστρεψα **εἰς** Δαμασκόν.
Gal 1:18 ἔτη τρία ἀνῆλθον **εἰς** Ἱεροσόλυμα ἱστορῆσαι Κηφᾶν
Gal 1:21 Ἔπειτα ἦλθον **εἰς** τὰ κλίματα τῆς
Gal 2:1 ἐτῶν πάλιν ἀνέβην **εἰς** Ἱεροσόλυμα μετὰ Βαρναβᾶ
Gal 2:2 μή πως **εἰς** κενὸν τρέχω ἢ
Gal 2:8 γὰρ ἐνεργήσας Πέτρῳ **εἰς** ἀποστολὴν τῆς περιτομῆς
Gal 2:8 ἐνήργησεν καὶ ἐμοὶ **εἰς** τὰ ἔθνη,
Gal 2:9 ἵνα ἡμεῖς **εἰς** τὰ ἔθνη,
Gal 2:9 αὐτοὶ δὲ **εἰς** τὴν περιτομήν·
Gal 2:11 δὲ ἦλθεν Κηφᾶς **εἰς** Ἀντιόχειαν,
Gal 2:16 καὶ ἡμεῖς **εἰς** Χριστὸν Ἰησοῦν ἐπιστεύσαμεν,
Gal 3:6 καὶ ἐλογίσθη αὐτῷ **εἰς** δικαιοσύνην·
Gal 3:14 ἵνα **εἰς** τὰ ἔθνη ἡ
Gal 3:17 νόμος οὐκ ἀκυροῖ **εἰς** τὸ καταργῆσαι τὴν
Gal 3:23 νόμον ἐφρουρούμεθα συγκλειόμενοι **εἰς** τὴν μέλλουσαν πίστιν
Gal 3:24 παιδαγωγὸς ἡμῶν γέγονεν **εἰς** Χριστόν,
Gal 3:27 ὅσοι γὰρ **εἰς** Χριστὸν ἐβαπτίσθητε,
Gal 4:6 τοῦ υἱοῦ αὐτοῦ **εἰς** τὰς καρδίας ἡμῶν
Gal 4:11 πως εἰκῇ κεκοπίακα **εἰς** ὑμᾶς.
Gal 4:24 ἀπὸ ὄρους Σινᾶ **εἰς** δουλείαν γεννῶσα,
Gal 5:10 ἐγὼ πέποιθα **εἰς** ὑμᾶς ἐν κυρίῳ
Gal 5:13 μὴ τὴν ἐλευθερίαν **εἰς** ἀφορμὴν τῇ σαρκί,
Gal 6:4 καὶ τότε **εἰς** ἑαυτὸν μόνον τὸ
Gal 6:4 ἕξει καὶ οὐκ **εἰς** τὸν ἕτερον·
Gal 6:8 ὅτι ὁ σπείρων **εἰς** τὴν σάρκα ἑαυτοῦ
Gal 6:8 ὁ δὲ σπείρων **εἰς** τὸ πνεῦμα ἐκ

εἷς (*heis*; 8/343[345]) *one*
Gal 3:16 ἀλλ᾽ ὡς ἐφ᾽ **ἑνός**·
Gal 3:20 ὁ δὲ μεσίτης **ἑνὸς** οὐκ ἔστιν,
Gal 3:20 ὁ δὲ θεὸς **εἷς** ἐστιν.
Gal 3:28 πάντες γὰρ ὑμεῖς **εἷς** ἐστε ἐν Χριστῷ
Gal 4:22 **ἕνα** ἐκ τῆς παιδίσκης
Gal 4:22 τῆς παιδίσκης καὶ **ἕνα** ἐκ τῆς ἐλευθέρας.
Gal 4:24 **μία** μὲν ἀπὸ ὄρους
Gal 5:14 πᾶς νόμος ἐν **ἑνὶ** λόγῳ πεπλήρωται,

ἐκ (*ek*; 35/912[914]) *from*
Gal 1:1 τοῦ ἐγείραντος αὐτὸν **ἐκ** νεκρῶν,

Gal 1:4 ὅπως ἐξέληται ἡμᾶς **ἐκ** τοῦ αἰῶνος τοῦ
Gal 1:8 ἡμεῖς ἢ ἄγγελος **ἐξ** οὐρανοῦ εὐαγγελίζηται [ὑμῖν]
Gal 1:15 ὁ ἀφορίσας με **ἐκ** κοιλίας μητρός μου
Gal 2:12 ἑαυτόν φοβούμενος τοὺς **ἐκ** περιτομῆς.
Gal 2:15 Ἰουδαῖοι καὶ οὐκ **ἐξ** ἐθνῶν ἁμαρτωλοί·
Gal 2:16 οὐ δικαιοῦται ἄνθρωπος **ἐξ** ἔργων νόμου ἐὰν
Gal 2:16 ἵνα δικαιωθῶμεν **ἐκ** πίστεως Χριστοῦ καὶ
Gal 2:16 Χριστοῦ καὶ οὐκ **ἐξ** ἔργων νόμου,
Gal 2:16 ὅτι **ἐξ** ἔργων νόμου οὐ
Gal 3:2 **ἐξ** ἔργων νόμου τὸ
Gal 3:2 πνεῦμα ἐλάβετε ἢ **ἐξ** ἀκοῆς πίστεως;
Gal 3:5 **ἐξ** ἔργων νόμου ἢ
Gal 3:5 ἔργων νόμου ἢ **ἐξ** ἀκοῆς πίστεως;
Gal 3:7 ἄρα ὅτι οἱ **ἐκ** πίστεως,
Gal 3:8 ἡ γραφὴ ὅτι **ἐκ** πίστεως δικαιοῖ τὰ
Gal 3:9 ὥστε οἱ **ἐκ** πίστεως εὐλογοῦνται σὺν
Gal 3:10 Ὅσοι γὰρ **ἐξ** ἔργων νόμου εἰσίν,
Gal 3:11 ὅτι ὁ δίκαιος **ἐκ** πίστεως ζήσεται·
Gal 3:12 νόμος οὐκ ἔστιν **ἐκ** πίστεως,
Gal 3:13 Χριστὸς ἡμᾶς ἐξηγόρασεν **ἐκ** τῆς κατάρας
Gal 3:18 εἰ γὰρ **ἐκ** νόμου ἡ κληρονομία,
Gal 3:18 οὐκέτι **ἐξ** ἐπαγγελίας·
Gal 3:21 ὄντως ἐκ **νόμου** ἂν ἦν ἡ
Gal 3:22 ἵνα ἡ ἐπαγγελία **ἐκ** πίστεως Ἰησοῦ Χριστοῦ
Gal 3:24 ἵνα **ἐκ** πίστεως δικαιωθῶμεν·
Gal 4:4 γενόμενον **ἐκ** γυναικός,
Gal 4:22 ἕνα **ἐκ** τῆς παιδίσκης καὶ
Gal 4:22 παιδίσκης καὶ ἕνα **ἐκ** τῆς ἐλευθέρας.
Gal 4:23 ἀλλ' ὁ μὲν **ἐκ** τῆς παιδίσκης κατὰ
Gal 4:23 ὁ δὲ **ἐκ** τῆς ἐλευθέρας δι'
Gal 5:5 ἡμεῖς γὰρ πνεύματι **ἐκ** πίστεως ἐλπίδα δικαιοσύνης
Gal 5:8 ἡ πεισμονὴ οὐκ **ἐκ** τοῦ καλοῦντος ὑμᾶς.
Gal 6:8 τὴν σάρκα ἑαυτοῦ **ἐκ** τῆς σαρκὸς θερίσει
Gal 6:8 εἰς τὸ πνεῦμα **ἐκ** τοῦ πνεύματος θερίσει

ἕκαστος (*hekastos*; 2/81[82]) *each*

Gal 6:4 ἔργον ἑαυτοῦ δοκιμαζέτω **ἕκαστος**,
Gal 6:5 **ἕκαστος** γὰρ τὸ ἴδιον

ἐκβάλλω (*ekballō*; 1/79[81]) *cast or drive out*

Gal 4:30 **ἔκβαλε** τὴν παιδίσκην καὶ

ἐκκλείω (*ekkleiō*; 1/2) *exclude*

Gal 4:17 ἀλλὰ **ἐκκλεῖσαι** ὑμᾶς θέλουσιν,

ἐκκλησία (*ekklēsia*; 3/114) *church*

Gal 1:2 πάντες ἀδελφοὶ ταῖς **ἐκκλησίαις** τῆς Γαλατίας,
Gal 1:13 ὑπερβολὴν ἐδίωκον τὴν **ἐκκλησίαν** τοῦ θεοῦ
Gal 1:22 τῷ προσώπῳ ταῖς **ἐκκλησίαις** τῆς Ἰουδαίας

ἐκλύομαι (*eklyomai*; 1/5) *give up*

Gal 6:9 ἰδίῳ θερίσομεν μὴ **ἐκλυόμενοι**.

ἐκπίπτω (*ekpiptō*; 1/10) *fall off or away*

Gal 5:4 τῆς χάριτος **ἐξεπέσατε**.

ἐκπτύω (*ekptyō*; 1/1) *despise*

Gal 4:14 οὐκ ἐξουθενήσατε οὐδὲ **ἐξεπτύσατε**,

ἔλεος (*eleos*; 1/27) *mercy*

Gal 6:16 ἐπ' αὐτοὺς καὶ **ἔλεος** καὶ ἐπὶ τὸν

ἐλευθερία (*eleutheria*; 4/11) *freedom*

Gal 2:4 παρεισῆλθον κατασκοπῆσαι τὴν **ἐλευθερίαν** ἡμῶν ἣν ἔχομεν
Gal 5:1 Τῇ **ἐλευθερίᾳ** ἡμᾶς Χριστὸς ἠλευθέρωσεν·
Gal 5:13 ὑμεῖς γὰρ ἐπ' **ἐλευθερίᾳ** ἐκλήθητε,
Gal 5:13 μόνον μὴ τὴν **ἐλευθερίαν** εἰς ἀφορμὴν τῇ

ἐλεύθερος (*eleutheros*; 6/23) *free*

Gal 3:28 ἔνι δοῦλος οὐδὲ **ἐλεύθερος**,
Gal 4:22 ἕνα ἐκ τῆς **ἐλευθέρας**.
Gal 4:23 δὲ ἐκ τῆς **ἐλευθέρας** δι' ἐπαγγελίας.
Gal 4:26 δὲ ἄνω Ἰερουσαλὴμ **ἐλευθέρα** ἐστίν,
Gal 4:30 τοῦ υἱοῦ τῆς **ἐλευθέρας**.
Gal 4:31 τέκνα ἀλλὰ τῆς **ἐλευθέρας**.

ἐλευθερόω (*eleutheroō*; 1/7) *set free*

Gal 5:1 ἐλευθερίᾳ ἡμᾶς Χριστὸς **ἠλευθέρωσεν**·

Ἕλλην (*Hellēn*; 2/25) *Greek*

Gal 2:3 **Ἕλλην** ὤν,
Gal 3:28 ἔνι Ἰουδαῖος οὐδὲ **Ἕλλην**,

ἐλπίς (*elpis*; 1/53) *hope*

Gal 5:5 πνεύματι ἐκ πίστεως **ἐλπίδα** δικαιοσύνης ἀπεκδεχόμεθα.

ἐμαυτοῦ (*emautou*; 1/37) *myself*

Gal 2:18 παραβάτην **ἐμαυτὸν** συνιστάνω.

ἐμμένω (*emmenō*; 1/4) *remain faithful to, live*

Gal 3:10 πᾶς ὃς οὐκ **ἐμμένει** πᾶσιν τοῖς γεγραμμένοις

ἐμός (*emos*; 2/76) *my*

Gal 1:13 Ἠκούσατε γὰρ τὴν **ἐμὴν** ἀναστροφήν ποτε ἐν
Gal 6:11 γράμμασιν ἔγραψα τῇ **ἐμῇ** χειρί.

ἔμπροσθεν (*emprosthen*; 1/48) *before*

Gal 2:14 εἶπον τῷ Κηφᾷ **ἔμπροσθεν** πάντων·

ἐν (*en*; 41/2746[2752]) *in*

Gal 1:6 τοῦ καλέσαντος ὑμᾶς **ἐν** χάριτι [Χριστοῦ]
Gal 1:13 ἐμὴν ἀναστροφήν ποτε **ἐν** τῷ Ἰουδαϊσμῷ,
Gal 1:14 καὶ προέκοπτον **ἐν** τῷ Ἰουδαϊσμῷ ὑπὲρ
Gal 1:14 ὑπὲρ πολλοὺς συνηλικιώτας **ἐν** τῷ γένει μου,
Gal 1:16 τὸν υἱὸν αὐτοῦ **ἐν** ἐμοί,
Gal 1:16 ἵνα εὐαγγελίζωμαι αὐτὸν **ἐν** τοῖς ἔθνεσιν,
Gal 1:22 τῆς Ἰουδαίας ταῖς **ἐν** Χριστῷ.
Gal 1:24 καὶ ἐδόξαζον **ἐν** ἐμοὶ τὸν θεόν.
Gal 2:2 εὐαγγέλιον ὃ κηρύσσω **ἐν** τοῖς ἔθνεσιν,
Gal 2:4 ἡμῶν ἣν ἔχομεν **ἐν** Χριστῷ Ἰησοῦ,
Gal 2:17 δὲ ζητοῦντες δικαιωθῆναι **ἐν** Χριστῷ εὑρέθημεν καὶ
Gal 2:20 ζῇ δὲ **ἐν** ἐμοὶ Χριστός·
Gal 2:20 δὲ νῦν ζῶ **ἐν** σαρκί,
Gal 2:20 **ἐν** πίστει ζῶ τῇ

Gal 3:5 ἐνεργῶν δυνάμεις **ἐν** ὑμῖν,
Gal 3:8 ὅτι ἐνευλογηθήσονται **ἐν** σοὶ πάντα
Gal 3:10 πᾶσιν τοῖς γεγραμμένοις **ἐν** τῷ βιβλίῳ τοῦ
Gal 3:11 ὅτι δὲ **ἐν** νόμῳ οὐδεὶς δικαιοῦται
Gal 3:12 ποιήσας αὐτὰ ζήσεται **ἐν** αὐτοῖς.
Gal 3:14 τοῦ Ἀβραὰμ γένηται **ἐν** Χριστῷ Ἰησοῦ,
Gal 3:19 διαταγεὶς δι' ἀγγέλων **ἐν** χειρὶ μεσίτου.
Gal 3:26 διὰ τῆς πίστεως **ἐν** Χριστῷ Ἰησοῦ·
Gal 3:28 ὑμεῖς εἷς ἐστε **ἐν** Χριστῷ Ἰησοῦ.
Gal 4:14 τὸν πειρασμὸν ὑμῶν **ἐν** τῇ σαρκί μου
Gal 4:18 καλὸν δὲ ζηλοῦσθαι **ἐν** καλῷ πάντοτε καὶ
Gal 4:18 καὶ μὴ μόνον **ἐν** τῷ παρεῖναί με
Gal 4:19 οὗ μορφωθῇ Χριστὸς **ἐν** ὑμῖν·
Gal 4:20 ὅτι ἀποροῦμαι **ἐν** ὑμῖν.
Gal 4:25 Σινᾶ ὄρος ἐστὶν **ἐν** τῇ Ἀραβίᾳ·
Gal 5:4 οἵτινες **ἐν** νόμῳ δικαιοῦσθε,
Gal 5:6 **ἐν** γὰρ Χριστῷ Ἰησοῦ
Gal 5:10 πέποιθα εἰς ὑμᾶς **ἐν** κυρίῳ ὅτι οὐδὲν
Gal 5:14 γὰρ πᾶς νόμος **ἐν** ἑνὶ λόγῳ πεπλήρωται,
Gal 5:14 **ἐν** τῷ·
Gal 6:1 καὶ προλημφθῇ ἄνθρωπος **ἔν** τινι παραπτώματι,
Gal 6:1 καταρτίζετε τὸν τοιοῦτον **ἐν** πνεύματι πραΰτητος,
Gal 6:6 λόγον τῷ κατηχοῦντι **ἐν** πᾶσιν ἀγαθοῖς.
Gal 6:12 Ὅσοι θέλουσιν εὐπροσωπῆσαι **ἐν** σαρκί,
Gal 6:13 ἵνα **ἐν** τῇ ὑμετέρᾳ σαρκὶ
Gal 6:14 καυχᾶσθαι εἰ μὴ **ἐν** τῷ σταυρῷ τοῦ
Gal 6:17 στίγματα τοῦ Ἰησοῦ **ἐν** τῷ σώματί μου

ἐνάρχομαι (*enarchomai*; 1/2) *begin*
Gal 3:3 **ἐναρξάμενοι** πνεύματι νῦν σαρκὶ

ἐνδύω (*endyō*; 1/27) *dress*
Gal 3:27 Χριστὸν **ἐνεδύσασθε**.

ἐνεργέω (*energeō*; 4/21) *work*
Gal 2:8 ὁ γὰρ **ἐνεργήσας** Πέτρῳ εἰς ἀποστολὴν
Gal 2:8 ἀποστολὴν τῆς περιτομῆς **ἐνήργησεν** καὶ ἐμοὶ εἰς
Gal 3:5 τὸ πνεῦμα καὶ **ἐνεργῶν** δυνάμεις ἐν ὑμῖν,
Gal 5:6 πίστις δι' ἀγάπης **ἐνεργουμένη**.

ἐνευλογέω (*eneulogeō*; 1/2) *bless*
Gal 3:8 τῷ Ἀβραὰμ ὅτι **ἐνευλογηθήσονται** ἐν σοὶ πάντα

ἐνέχω (*enechō*; 1/3) *have a grudge against*
Gal 5:1 πάλιν ζυγῷ δουλείας **ἐνέχεσθε**.

ἔνι (*eni*; 3/6) *there is*
Gal 3:28 οὐκ **ἔνι** Ἰουδαῖος οὐδὲ Ἕλλην,
Gal 3:28 οὐκ **ἔνι** δοῦλος οὐδὲ ἐλεύθερος,
Gal 3:28 οὐκ **ἔνι** ἄρσεν καὶ θῆλυ·

ἐνιαυτός (*eniautos*; 1/14) *year*
Gal 4:10 καὶ καιροὺς καὶ **ἐνιαυτούς**,

ἐνίστημι (*enistēmi*; 1/7) *be impending*
Gal 1:4 τοῦ αἰῶνος τοῦ **ἐνεστῶτος** πονηροῦ κατὰ τὸ

ἐνώπιον (*enōpion*; 1/94) *before*
Gal 1:20 ἰδοὺ **ἐνώπιον** τοῦ θεοῦ ὅτι

ἐξαγοράζω (*exagorazō*; 2/4) *set free*
Gal 3:13 Χριστὸς ἡμᾶς **ἐξηγόρασεν** ἐκ τῆς κατάρας
Gal 4:5 τοὺς ὑπὸ νόμον **ἐξαγοράσῃ**,

ἐξαιρέω (*exaireō*; 1/8) *pull out*
Gal 1:4 ὅπως **ἐξέληται** ἡμᾶς ἐκ τοῦ

ἐξαποστέλλω (*exapostellō*; 2/12[13]) *send off or away*
Gal 4:4 **ἐξαπέστειλεν** ὁ θεὸς τὸν
Gal 4:6 **ἐξαπέστειλεν** ὁ θεὸς τὸ

ἐξορύσσω (*exoryssō*; 1/2) *dig out*
Gal 4:15 τοὺς ὀφθαλμοὺς ὑμῶν **ἐξορύξαντες** ἐδώκατέ μοι.

ἐξουθενέω (*exoutheneō*; 1/11) *despise*
Gal 4:14 σαρκί μου οὐκ **ἐξουθενήσατε** οὐδὲ ἐξεπτύσατε,

ἐπαγγελία (*epangelia*; 10/52) *promise*
Gal 3:14 ἵνα τὴν **ἐπαγγελίαν** τοῦ πνεύματος λάβωμεν
Gal 3:16 Ἀβραὰμ ἐρρέθησαν αἱ **ἐπαγγελίαι** καὶ τῷ σπέρματι
Gal 3:17 τὸ καταργῆσαι τὴν **ἐπαγγελίαν**.
Gal 3:18 οὐκέτι ἐξ **ἐπαγγελίας**·
Gal 3:18 δὲ Ἀβραὰμ δι' **ἐπαγγελίας** κεχάρισται ὁ θεός.
Gal 3:21 νόμος κατὰ τῶν **ἐπαγγελιῶν** [τοῦ θεοῦ];
Gal 3:22 ἵνα ἡ **ἐπαγγελία** ἐκ πίστεως Ἰησοῦ
Gal 3:29 κατ' **ἐπαγγελίαν** κληρονόμοι.
Gal 4:23 τῆς ἐλευθέρας δι' **ἐπαγγελίας**.
Gal 4:28 κατὰ Ἰσαὰκ **ἐπαγγελίας** τέκνα ἐστέ.

ἐπαγγέλλομαι (*epangellomai*; 1/15) *promise*
Gal 3:19 τὸ σπέρμα ᾧ **ἐπήγγελται**,

ἔπειτα (*epeita*; 3/16) *then*
Gal 1:18 **Ἔπειτα** μετὰ ἔτη τρία
Gal 1:21 **Ἔπειτα** ἦλθον εἰς τὰ
Gal 2:1 **Ἔπειτα** διὰ δεκατεσσάρων ἐτῶν

ἐπί (*epi*; 8/886[890]) *on*
Gal 3:13 πᾶς ὁ κρεμάμενος **ἐπὶ** ξύλου,
Gal 3:16 ὡς **ἐπὶ** πολλῶν ἀλλ' ὡς
Gal 3:16 πολλῶν ἀλλ' ὡς **ἐφ'** ἑνός·
Gal 4:1 **ἐφ'** ὅσον χρόνον ὁ
Gal 4:9 πῶς ἐπιστρέφετε πάλιν **ἐπὶ** τὰ ἀσθενῆ καὶ
Gal 5:13 ὑμεῖς γὰρ **ἐπ'** ἐλευθερίᾳ ἐκλήθητε,
Gal 6:16 εἰρήνη **ἐπ'** αὐτοὺς καὶ ἔλεος
Gal 6:16 καὶ ἔλεος καὶ **ἐπὶ** τὸν Ἰσραὴλ τοῦ

ἐπιδιατάσσομαι (*epidiatassomai*; 1/1) *add to*
Gal 3:15 οὐδεὶς ἀθετεῖ ἢ **ἐπιδιατάσσεται**.

ἐπιθυμέω (*epithymeō*; 1/16) *long for*
Gal 5:17 ἡ γὰρ σὰρξ **ἐπιθυμεῖ** κατὰ τοῦ πνεύματος,

ἐπιθυμία (*epithymia*; 2/38) *desire*
Gal 5:16 πνεύματι περιπατεῖτε καὶ **ἐπιθυμίαν** σαρκὸς οὐ μὴ
Gal 5:24 παθήμασιν καὶ ταῖς **ἐπιθυμίαις**.

ἐπικατάρατος (*epikataratos*; 2/2) *under a curse*
Gal 3:10 γέγραπται γὰρ ὅτι **ἐπικατάρατος** πᾶς ὃς οὐκ
Gal 3:13 **ἐπικατάρατος** πᾶς ὁ κρεμάμενος

ἐπιμένω (*epimenō*; 1/15[16]) *remain*
Gal 1:18 ἱστορῆσαι Κηφᾶν καὶ **ἐπέμεινα** πρὸς αὐτὸν ἡμέρας

ἐπιστρέφω (*epistrephō*; 1/36) *turn back*
Gal 4:9 πῶς **ἐπιστρέφετε** πάλιν ἐπὶ τὰ

ἐπιτελέω (*epiteleō*; 1/10) *complete*
Gal 3:3 πνεύματι νῦν σαρκὶ **ἐπιτελεῖσθε**;

ἐπίτροπος (*epitropos*; 1/3) *steward*
Gal 4:2 ἀλλὰ ὑπὸ **ἐπιτρόπους** ἐστὶν καὶ οἰκονόμους

ἐπιχορηγέω (*epichorēgeō*; 1/5) *supply*
Gal 3:5 ὁ οὖν **ἐπιχορηγῶν** ὑμῖν τὸ πνεῦμα

ἐργάζομαι (*ergazomai*; 1/41) *work*
Gal 6:10 **ἐργαζώμεθα** τὸ ἀγαθὸν πρὸς

ἔργον (*ergon*; 8/169) *work*
Gal 2:16 δικαιοῦται ἄνθρωπος ἐξ **ἔργων** νόμου ἐὰν
Gal 2:16 καὶ οὐκ ἐξ **ἔργων** νόμου,
Gal 2:16 ὅτι ἐξ **ἔργων** νόμου οὐ δικαιωθήσεται
Gal 3:2 ἐξ **ἔργων** νόμου τὸ πνεῦμα
Gal 3:5 ἐξ **ἔργων** νόμου ἢ ἐξ
Gal 3:10 Ὅσοι γὰρ ἐξ **ἔργων** νόμου εἰσίν,
Gal 5:19 δέ ἐστιν τὰ **ἔργα** τῆς σαρκός,
Gal 6:4 τὸ δὲ **ἔργον** ἑαυτοῦ δοκιμαζέτω ἕκαστος,

ἔρημος (*erēmos*; 1/48) *desert*
Gal 4:27 τὰ τέκνα τῆς **ἐρήμου** μᾶλλον ἢ τῆς

ἐριθεία (*eritheia*; 1/7) *selfishness*
Gal 5:20 **ἐριθεῖαι**,

ἔρις (*eris*; 1/9) *strife*
Gal 5:20 **ἔρις**,

ἔρχομαι (*erchomai*; 8/631[632]) *come, go*
Gal 1:21 Ἔπειτα **ἦλθον** εἰς τὰ κλίματα
Gal 2:11 Ὅτε δὲ **ἦλθεν** Κηφᾶς εἰς Ἀντιόχειαν,
Gal 2:12 πρὸ τοῦ γὰρ **ἐλθεῖν** τινας ἀπὸ Ἰακώβου
Gal 2:12 ὅτε δὲ **ἦλθον**,
Gal 3:19 ἄχρις οὗ ἔλθῃ **τὸ** σπέρμα ᾧ ἐπήγγελται,
Gal 3:23 Πρὸ τοῦ δὲ **ἐλθεῖν** τὴν πίστιν ὑπὸ
Gal 3:25 **ἐλθούσης** δὲ τῆς πίστεως
Gal 4:4 ὅτε δὲ **ἦλθεν** τὸ πλήρωμα τοῦ

ἕτερος (*heteros*; 3/97[98]) *other*
Gal 1:6 χάριτι [Χριστοῦ] εἰς **ἕτερον** εὐαγγέλιον,
Gal 1:19 **ἕτερον** δὲ τῶν ἀποστόλων
Gal 6:4 οὐκ εἰς τὸν **ἕτερον**·

ἔτι (*eti*; 3/93) *still*
Gal 1:10 εἰ **ἔτι** ἀνθρώποις ἤρεσκον,
Gal 5:11 εἰ περιτομὴν **ἔτι** κηρύσσω,
Gal 5:11 τί **ἔτι** διώκομαι;

ἔτος (*etos*; 3/49) *year*
Gal 1:18 Ἔπειτα μετὰ **ἔτη** τρία ἀνῆλθον εἰς
Gal 2:1 Ἔπειτα διὰ δεκατεσσάρων **ἐτῶν** πάλιν ἀνέβην εἰς
Gal 3:17 τετρακόσια καὶ τριάκοντα **ἔτη** γεγονὼς νόμος οὐκ

εὐαγγελίζω (*euangelizō*; 7/54) *bring good news*
Gal 1:8 ἄγγελος ἐξ οὐρανοῦ **εὐαγγελίζηται** [ὑμῖν] παρ' ὃ
Gal 1:8 [ὑμῖν] παρ' ὃ **εὐηγγελισάμεθα** ὑμῖν,
Gal 1:9 εἴ τις ὑμᾶς **εὐαγγελίζεται** παρ' ὃ παρελάβετε,
Gal 1:11 τὸ εὐαγγέλιον τὸ **εὐαγγελισθὲν** ὑπ' ἐμοῦ ὅτι
Gal 1:16 ἵνα **εὐαγγελίζωμαι** αὐτὸν ἐν τοῖς
Gal 1:23 ἡμᾶς ποτε νῦν **εὐαγγελίζεται** τὴν πίστιν ἥν
Gal 4:13 ἀσθένειαν τῆς σαρκὸς **εὐηγγελισάμην** ὑμῖν τὸ πρότερον,

εὐαγγέλιον (*euangelion*; 7/75[76]) *good news*
Gal 1:6 [Χριστοῦ] εἰς ἕτερον **εὐαγγέλιον**,
Gal 1:7 θέλοντες μεταστρέψαι τὸ **εὐαγγέλιον** τοῦ Χριστοῦ.
Gal 1:11 τὸ **εὐαγγέλιον** τὸ εὐαγγελισθὲν ὑπ'
Gal 2:2 ἀνεθέμην αὐτοῖς τὸ **εὐαγγέλιον** ὃ κηρύσσω
Gal 2:5 ἡ ἀλήθεια τοῦ **εὐαγγελίου** διαμείνῃ πρὸς ὑμᾶς.
Gal 2:7 ὅτι πεπίστευμαι τὸ **εὐαγγέλιον** τῆς ἀκροβυστίας καθὼς
Gal 2:14 τὴν ἀλήθειαν τοῦ **εὐαγγελίου**,

εὐδοκέω (*eudokeō*; 1/21) *be pleased*
Gal 1:15 Ὅτε δὲ **εὐδόκησεν** [ὁ θεὸς] ὁ

εὐθέως (*eutheōs*; 1/36) *immediately*
Gal 1:16 **εὐθέως** οὐ προσανεθέμην σαρκὶ

εὐλογέω (*eulogeō*; 1/41) *bless*
Gal 3:9 οἱ ἐκ πίστεως **εὐλογοῦνται** σὺν τῷ πιστῷ

εὐλογία (*eulogia*; 1/16) *blessing*
Gal 3:14 τὰ ἔθνη ἡ **εὐλογία** τοῦ Ἀβραὰμ γένηται

εὐπροσωπέω (*euprosōpeō*; 1/1) *make a good showing*
Gal 6:12 Ὅσοι θέλουσιν **εὐπροσωπῆσαι** ἐν σαρκί,

εὑρίσκω (*heuriskō*; 1/176) *find*
Gal 2:17 δικαιωθῆναι ἐν Χριστῷ **εὑρέθημεν** καὶ αὐτοὶ ἁμαρτωλοί,

εὐφραίνω (*euphrainō*; 1/14) *make glad*
Gal 4:27 **εὐφράνθητι**,

ἔχθρα (*echthra*; 1/6) *hostility*
Gal 5:20 **ἔχθραι**,

ἐχθρός (*echthros*; 1/32) *enemy*
Gal 4:16 ὥστε **ἐχθρὸς** ὑμῶν γέγονα ἀληθεύων

ἔχω (*echō*; 5/706[708]) *have, hold*
Gal 2:4 ἐλευθερίαν ἡμῶν ἣν **ἔχομεν** ἐν Χριστῷ Ἰησοῦ,
Gal 4:22 Ἀβραὰμ δύο υἱοὺς **ἔσχεν**,
Gal 4:27 μᾶλλον ἢ τῆς **ἐχούσης** τὸν ἄνδρα.
Gal 6:4 μόνον τὸ καύχημα **ἕξει** καὶ οὐκ εἰς
Gal 6:10 οὖν ὡς καιρὸν **ἔχομεν**,

ζάω (*zaō*; 9/139[140]) *live*
Gal 2:14 καὶ οὐχὶ Ἰουδαϊκῶς **ζῇς**,
Gal 2:19 ἵνα θεῷ **ζήσω**.
Gal 2:20 **ζῶ** δὲ οὐκέτι ἐγώ,
Gal 2:20 **ζῇ** δὲ ἐν ἐμοὶ
Gal 2:20 ὃ δὲ νῦν **ζῶ** ἐν σαρκί,
Gal 2:20 ἐν πίστει **ζῶ** τῇ τοῦ υἱοῦ
Gal 3:11 δίκαιος ἐκ πίστεως **ζήσεται**·
Gal 3:12 ὁ ποιήσας αὐτὰ **ζήσεται** ἐν αὐτοῖς.
Gal 5:25 Εἰ **ζῶμεν** πνεύματι,

ζῆλος (*zēlos*; 1/16) *zeal*
Gal 5:20 **ζῆλος**,

ζηλόω (*zēloō*; 3/11) *be jealous*
Gal 4:17 **ζηλοῦσιν** ὑμᾶς οὐ καλῶς,
Gal 4:17 ἵνα αὐτοὺς **ζηλοῦτε**·
Gal 4:18 καλὸν δὲ **ζηλοῦσθαι** ἐν καλῷ πάντοτε

ζηλωτής (*zēlōtēs*; 1/8) *one who is zealous or eager*
Gal 1:14 περισσοτέρως **ζηλωτὴς** ὑπάρχων τῶν πατρικῶν

ζητέω (*zēteō*; 2/117) *seek*
Gal 1:10 ἢ **ζητῶ** ἀνθρώποις ἀρέσκειν;
Gal 2:17 εἰ δὲ **ζητοῦντες** δικαιωθῆναι ἐν Χριστῷ

ζυγός (*zygos*; 1/6) *yoke*
Gal 5:1 καὶ μὴ πάλιν **ζυγῷ** δουλείας ἐνέχεσθε.

ζύμη (*zymē*; 1/13) *yeast*
Gal 5:9 μικρὰ **ζύμη** ὅλον τὸ φύραμα

ζυμόω (*zymoō*; 1/4) *cause to rise*
Gal 5:9 ὅλον τὸ φύραμα **ζυμοῖ**.

ζωή (*zōē*; 1/135) *life*
Gal 6:8 τοῦ πνεύματος θερίσει **ζωὴν** αἰώνιον.

ζωοποιέω (*zōopoieō*; 1/11) *give life*
Gal 3:21 νόμος ὁ δυνάμενος **ζῳοποιῆσαι**,

ἤ (*ē*; 8/340) *or*
Gal 1:8 καὶ ἐὰν ἡμεῖς **ἢ** ἄγγελος ἐξ οὐρανοῦ
Gal 1:10 γὰρ ἀνθρώπους πείθω **ἢ** τὸν θεόν;
Gal 1:10 **ἢ** ζητῶ ἀνθρώποις ἀρέσκειν;
Gal 2:2 εἰς κενὸν τρέχω **ἢ** ἔδραμον.
Gal 3:2 τὸ πνεῦμα ἐλάβετε **ἢ** ἐξ ἀκοῆς πίστεως;
Gal 3:5 ἐξ ἔργων νόμου **ἢ** ἐξ ἀκοῆς πίστεως;
Gal 3:15 διαθήκην οὐδεὶς ἀθετεῖ **ἢ** ἐπιδιατάσσεται.
Gal 4:27 τῆς ἐρήμου μᾶλλον **ἢ** τῆς ἐχούσης τὸν

ἡμεῖς (*hēmeis*; 21/855) *we*
Gal 1:3 ἀπὸ θεοῦ πατρὸς **ἡμῶν** καὶ κυρίου Ἰησοῦ
Gal 1:4 ὑπὲρ τῶν ἁμαρτιῶν **ἡμῶν**,
Gal 1:4 ὅπως ἐξέληται **ἡμᾶς** ἐκ τοῦ αἰῶνος
Gal 1:4 θεοῦ καὶ πατρὸς **ἡμῶν**,
Gal 1:8 ἀλλὰ καὶ ἐὰν **ἡμεῖς** ἢ ἄγγελος ἐξ
Gal 1:23 ὅτι ὁ διώκων **ἡμᾶς** ποτε νῦν εὐαγγελίζεται
Gal 2:4 κατασκοπῆσαι τὴν ἐλευθερίαν **ἡμῶν** ἣν ἔχομεν ἐν
Gal 2:4 ἵνα **ἡμᾶς** καταδουλώσουσιν,
Gal 2:9 ἵνα **ἡμεῖς** εἰς τὰ ἔθνη,
Gal 2:15 **ἡμεῖς** φύσει Ἰουδαῖοι καὶ
Gal 2:16 καὶ **ἡμεῖς** εἰς Χριστὸν Ἰησοῦν
Gal 3:13 Χριστὸς **ἡμᾶς** ἐξηγόρασεν ἐκ τῆς
Gal 3:13 νόμου γενόμενος ὑπὲρ **ἡμῶν** κατάρα,
Gal 3:24 ὁ νόμος παιδαγωγὸς **ἡμῶν** γέγονεν εἰς Χριστόν,
Gal 4:3 οὕτως καὶ **ἡμεῖς**,
Gal 4:6 εἰς τὰς καρδίας **ἡμῶν** κρᾶζον·
Gal 4:26 ἥτις ἐστὶν μήτηρ **ἡμῶν**·
Gal 5:1 Τῇ ἐλευθερίᾳ **ἡμᾶς** Χριστὸς ἠλευθέρωσεν·
Gal 5:5 **ἡμεῖς** γὰρ πνεύματι ἐκ
Gal 6:14 σταυρῷ τοῦ κυρίου **ἡμῶν** Ἰησοῦ Χριστοῦ,
Gal 6:18 χάρις τοῦ κυρίου **ἡμῶν** Ἰησοῦ Χριστοῦ μετὰ

ἡμέρα (*hēmera*; 2/389) *day*
Gal 1:18 ἐπέμεινα πρὸς αὐτὸν **ἡμέρας** δεκαπέντε,
Gal 4:10 **ἡμέρας** παρατηρεῖσθε καὶ μῆνας

θαυμάζω (*thaumazō*; 1/43) *marvel*
Gal 1:6 **Θαυμάζω** ὅτι οὕτως ταχέως

θέλημα (*thelēma*; 1/62) *will*
Gal 1:4 πονηροῦ κατὰ τὸ **θέλημα** τοῦ θεοῦ καὶ

θέλω (*thelō*; 9/208) *wish, want*
Gal 1:7 ταράσσοντες ὑμᾶς καὶ **θέλοντες** μεταστρέψαι τὸ εὐαγγέλιον
Gal 3:2 τοῦτο μόνον **θέλω** μαθεῖν ἀφ' ὑμῶν·
Gal 4:9 πάλιν ἄνωθεν δουλεύειν **θέλετε**;
Gal 4:17 ἀλλὰ ἐκκλεῖσαι ὑμᾶς **θέλουσιν**,
Gal 4:20 **ἤθελον** δὲ παρεῖναι πρὸς
Gal 4:21 οἱ ὑπὸ νόμον **θέλοντες** εἶναι,
Gal 5:17 μὴ ἃ ἐὰν **θέλητε** ταῦτα ποιῆτε.
Gal 6:12 Ὅσοι **θέλουσιν** εὐπροσωπῆσαι ἐν σαρκί,
Gal 6:13 νόμον φυλάσσουσιν ἀλλὰ **θέλουσιν** ὑμᾶς περιτέμνεσθαι,

θεός (*theos*; 31/1316[1317]) *God*
Gal 1:1 Ἰησοῦ Χριστοῦ καὶ **θεοῦ** πατρὸς τοῦ ἐγείραντος
Gal 1:3 καὶ εἰρήνη ἀπὸ **θεοῦ** πατρὸς ἡμῶν καὶ

Gal 1:4 τὸ θέλημα τοῦ **θεοῦ** καὶ πατρὸς ἡμῶν,
Gal 1:10 πείθω ἢ τὸν **θεόν**;
Gal 1:13 τὴν ἐκκλησίαν τοῦ **θεοῦ** καὶ ἐπόρθουν αὐτήν,
Gal 1:15 δὲ εὐδόκησεν [ὁ **θεὸς**] ὁ ἀφορίσας με
Gal 1:20 ἰδοὺ ἐνώπιον τοῦ **θεοῦ** ὅτι οὐ ψεύδομαι.
Gal 1:24 ἐν ἐμοὶ τὸν **θεόν**.
Gal 2:6 πρόσωπον [ὁ] **θεὸς** ἀνθρώπου οὐ λαμβάνει
Gal 2:19 ἵνα **θεῷ** ζήσω.
Gal 2:20 τοῦ υἱοῦ τοῦ **θεοῦ** τοῦ ἀγαπήσαντός με
Gal 2:21 τὴν χάριν τοῦ **θεοῦ**·
Gal 3:6 Ἀβραὰμ ἐπίστευσεν τῷ **θεῷ**,
Gal 3:8 τὰ ἔθνη ὁ **θεὸς**,
Gal 3:11 δικαιοῦται παρὰ τῷ **θεῷ** δῆλον,
Gal 3:17 προκεκυρωμένην ὑπὸ τοῦ **θεοῦ** ὁ μετὰ τετρακόσια
Gal 3:18 ἐπαγγελίας κεχάρισται ὁ **θεός**.
Gal 3:20 ὁ δὲ **θεὸς** εἷς ἐστιν.
Gal 3:21 τῶν ἐπαγγελιῶν [τοῦ **θεοῦ**];
Gal 3:26 Πάντες γὰρ υἱοὶ **θεοῦ** ἐστε διὰ τῆς
Gal 4:4 ἐξαπέστειλεν ὁ **θεὸς** τὸν υἱὸν αὐτοῦ,
Gal 4:6 ἐξαπέστειλεν ὁ **θεὸς** τὸ πνεῦμα τοῦ
Gal 4:7 καὶ κληρονόμος διὰ **θεοῦ**.
Gal 4:8 μὲν οὐκ εἰδότες **θεὸν** ἐδουλεύσατε τοῖς φύσει
Gal 4:8 φύσει μὴ οὖσιν **θεοῖς**·
Gal 4:9 νῦν δὲ γνόντες **θεόν**,
Gal 4:9 δὲ γνωσθέντες ὑπὸ **θεοῦ**,
Gal 4:14 ἀλλὰ ὡς ἄγγελον **θεοῦ** ἐδέξασθέ με,
Gal 5:21 τοιαῦτα πράσσοντες βασιλείαν **θεοῦ** οὐ κληρονομήσουσιν.
Gal 6:7 **θεὸς** οὐ μυκτηρίζεται.
Gal 6:16 τὸν Ἰσραὴλ τοῦ **θεοῦ**.

θερίζω (*therizō*; 4/21) *reap*

Gal 6:7 τοῦτο καὶ **θερίσει**·
Gal 6:8 ἐκ τῆς σαρκὸς **θερίσει** φθοράν,
Gal 6:8 ἐκ τοῦ πνεύματος **θερίσει** ζωὴν αἰώνιον.
Gal 6:9 καιρῷ γὰρ ἰδίῳ **θερίσομεν** μὴ ἐκλυόμενοι.

θῆλυς (*thēlys*; 1/5) *female*

Gal 3:28 ἔνι ἄρσεν καὶ **θῆλυ**·

θυμός (*thymos*; 1/18) *wrath*

Gal 5:20 **θυμοί**,

Ἰάκωβος (*Iakōbos*; 3/42) *James*

Gal 1:19 εἶδον εἰ μὴ **Ἰάκωβον** τὸν ἀδελφὸν τοῦ
Gal 2:9 **Ἰάκωβος** καὶ Κηφᾶς καὶ
Gal 2:12 ἐλθεῖν τινας ἀπὸ **Ἰακώβου** μετὰ τῶν ἐθνῶν

ἴδε (*ide*; 1/31) *look!*

Gal 5:2 **Ἴδε** ἐγὼ Παῦλος λέγω

ἴδιος (*idios*; 3/114) *one's own*

Gal 2:2 κατ᾽ **ἰδίαν** δὲ τοῖς δοκοῦσιν,
Gal 6:5 ἕκαστος γὰρ τὸ **ἴδιον** φορτίον βαστάσει.
Gal 6:9 καιρῷ γὰρ **ἰδίῳ** θερίσομεν μὴ ἐκλυόμενοι.

ἰδού (*idou*; 1/200) *look!*

Gal 1:20 **ἰδοὺ** ἐνώπιον τοῦ θεοῦ

Ἰερουσαλήμ (*Ierousalēm*; 5/139) *Jerusalem*

Gal 1:17 οὐδὲ ἀνῆλθον εἰς **Ἱεροσόλυμα** πρὸς τοὺς πρὸ
Gal 1:18 τρία ἀνῆλθον εἰς **Ἱεροσόλυμα** ἱστορῆσαι Κηφᾶν καὶ
Gal 2:1 πάλιν ἀνέβην εἰς **Ἱεροσόλυμα** μετὰ Βαρναβᾶ συμπαραλαβὼν
Gal 4:25 δὲ τῇ νῦν **Ἰερουσαλήμ**,
Gal 4:26 ἡ δὲ ἄνω **Ἰερουσαλὴμ** ἐλευθέρα ἐστίν,

Ἰησοῦς (*Iēsous*; 17/911[917]) *Jesus*

Gal 1:1 ἀνθρώπου ἀλλὰ διὰ **Ἰησοῦ** Χριστοῦ καὶ θεοῦ
Gal 1:3 ἡμῶν καὶ κυρίου **Ἰησοῦ** Χριστοῦ
Gal 1:12 ἀλλὰ δι᾽ ἀποκαλύψεως **Ἰησοῦ** Χριστοῦ.
Gal 2:4 ἔχομεν ἐν Χριστῷ **Ἰησοῦ**,
Gal 2:16 μὴ διὰ πίστεως **Ἰησοῦ** Χριστοῦ,
Gal 2:16 ἡμεῖς εἰς Χριστὸν **Ἰησοῦν** ἐπιστεύσαμεν,
Gal 3:1 οἷς κατ᾽ ὀφθαλμοὺς **Ἰησοῦς** Χριστὸς προεγράφη ἐσταυρωμένος;
Gal 3:14 γένηται ἐν Χριστῷ **Ἰησοῦ**,
Gal 3:22 ἐπαγγελία ἐκ πίστεως **Ἰησοῦ** Χριστοῦ δοθῇ
Gal 3:26 πίστεως ἐν Χριστῷ **Ἰησοῦ**·
Gal 3:28 ἐστε ἐν Χριστῷ **Ἰησοῦ**.
Gal 4:14 ὡς Χριστὸν **Ἰησοῦν**.
Gal 5:6 ἐν γὰρ Χριστῷ **Ἰησοῦ** οὔτε περιτομή τι
Gal 5:24 δὲ τοῦ Χριστοῦ [**Ἰησοῦ**] τὴν σάρκα ἐσταύρωσαν
Gal 6:14 τοῦ κυρίου ἡμῶν **Ἰησοῦ** Χριστοῦ,
Gal 6:17 τὰ στίγματα τοῦ **Ἰησοῦ** ἐν τῷ σώματί
Gal 6:18 τοῦ κυρίου ἡμῶν **Ἰησοῦ** Χριστοῦ μετὰ τοῦ

ἵνα (*hina*; 17/662[663]) *so that, in order that*

Gal 1:16 **ἵνα** εὐαγγελίζωμαι αὐτὸν ἐν
Gal 2:4 **ἵνα** ἡμᾶς καταδουλώσουσιν,
Gal 2:5 **ἵνα** ἡ ἀλήθεια τοῦ
Gal 2:9 **ἵνα** ἡμεῖς εἰς τὰ
Gal 2:10 μόνον τῶν πτωχῶν **ἵνα** μνημονεύωμεν,
Gal 2:16 **ἵνα** δικαιωθῶμεν ἐκ πίστεως
Gal 2:19 **ἵνα** θεῷ ζήσω.
Gal 3:14 **ἵνα** εἰς τὰ ἔθνη
Gal 3:14 **ἵνα** τὴν ἐπαγγελίαν τοῦ
Gal 3:22 **ἵνα** ἡ ἐπαγγελία ἐκ
Gal 3:24 **ἵνα** ἐκ πίστεως δικαιωθῶμεν·
Gal 4:5 **ἵνα** τοὺς ὑπὸ νόμον
Gal 4:5 **ἵνα** τὴν υἱοθεσίαν ἀπολάβωμεν.
Gal 4:17 **ἵνα** αὐτοὺς ζηλοῦτε·
Gal 5:17 **ἵνα** μὴ ἃ ἐὰν
Gal 6:12 μόνον **ἵνα** τῷ σταυρῷ τοῦ
Gal 6:13 **ἵνα** ἐν τῇ ὑμετέρᾳ

Ἰουδαία (*Ioudaia*; 1/43) *Judea*

Gal 1:22 ταῖς ἐκκλησίαις τῆς **Ἰουδαίας** ταῖς ἐν Χριστῷ.

ἰουδαΐζω (*ioudaizō*; 1/1) *live like a Jew*

Gal 2:14 τὰ ἔθνη ἀναγκάζεις **ἰουδαΐζειν**;

Ἰουδαϊκῶς (*Ioudaikōs*; 1/1) *like a Jew*

Gal 2:14 ἐθνικῶς καὶ οὐχὶ **Ἰουδαϊκῶς** ζῇς,

Ἰουδαῖος (*Ioudaios*; 4/195) *Jew*
Gal 2:13 [καὶ] οἱ λοιποὶ **Ἰουδαῖοι**,
Gal 2:14 εἰ σὺ **Ἰουδαῖος** ὑπάρχων ἐθνικῶς καὶ
Gal 2:15 ἡμεῖς φύσει **Ἰουδαῖοι** καὶ οὐκ ἐξ
Gal 3:28 οὐκ ἔνι **Ἰουδαῖος** οὐδὲ Ἕλλην,

Ἰουδαϊσμός (*Ioudaismos*; 2/2) *Judaism*
Gal 1:13 ποτε ἐν τῷ **Ἰουδαϊσμῷ**,
Gal 1:14 προέκοπτον ἐν τῷ **Ἰουδαϊσμῷ** ὑπὲρ πολλοὺς συνηλικιώτας

Ἰσαάκ (*Isaak*; 1/20) *Isaac*
Gal 4:28 κατὰ **Ἰσαὰκ** ἐπαγγελίας τέκνα ἐστέ.

Ἰσραήλ (*Israēl*; 1/68) *Israel*
Gal 6:16 καὶ ἐπὶ τὸν **Ἰσραὴλ** τοῦ θεοῦ.

ἱστορέω (*historeō*; 1/1) *visit*
Gal 1:18 ἀνῆλθον εἰς Ἱεροσόλυμα **ἱστορῆσαι** Κηφᾶν καὶ ἐπέμεινα

ἰσχύω (*ischyō*; 1/28) *be able*
Gal 5:6 οὔτε περιτομή τι **ἰσχύει** οὔτε ἀκροβυστία

Ἰωάννης (*Iōannēs*; 1/135) *John*
Gal 2:9 καὶ Κηφᾶς καὶ **Ἰωάννης**,

κἀγώ (*kagō*; 2/84) *and I*
Gal 4:12 ὅτι **κἀγὼ** ὡς ὑμεῖς,
Gal 6:14 ἐμοὶ κόσμος ἐσταύρωται **κἀγὼ** κόσμῳ.

καθώς (*kathōs*; 3/182) *just as*
Gal 2:7 εὐαγγέλιον τῆς ἀκροβυστίας **καθὼς** Πέτρος τῆς περιτομῆς,
Gal 3:6 **Καθὼς** Ἀβραὰμ ἐπίστευσεν τῷ
Gal 5:21 **καθὼς** προεῖπον ὅτι οἱ

καινός (*kainos*; 1/41[42]) *new*
Gal 6:15 οὔτε ἀκροβυστία ἀλλὰ **καινὴ** κτίσις.

καιρός (*kairos*; 3/85) *time*
Gal 4:10 καὶ μῆνας καὶ **καιροὺς** καὶ ἐνιαυτούς,
Gal 6:9 **καιρῷ** γὰρ ἰδίῳ θερίσομεν
Gal 6:10 Ἄρα οὖν ὡς **καιρὸν** ἔχομεν,

καλέω (*kaleō*; 4/148) *call*
Gal 1:6 μετατίθεσθε ἀπὸ τοῦ **καλέσαντος** ὑμᾶς ἐν χάριτι
Gal 1:15 μητρός μου καὶ **καλέσας** διὰ τῆς χάριτος
Gal 5:8 οὐκ ἐκ τοῦ **καλοῦντος** ὑμᾶς.
Gal 5:13 γὰρ ἐπ' ἐλευθερίᾳ **ἐκλήθητε**,

καλός (*kalos*; 3/101) *good*
Gal 4:18 **καλὸν** δὲ ζηλοῦσθαι ἐν
Gal 4:18 δὲ ζηλοῦσθαι ἐν **καλῷ** πάντοτε καὶ μὴ
Gal 6:9 τὸ δὲ **καλὸν** ποιοῦντες μὴ ἐγκακῶμεν,

καλῶς (*kalōs*; 2/36[37]) *well*
Gal 4:17 ζηλοῦσιν ὑμᾶς οὐ **καλῶς**,
Gal 5:7 Ἐτρέχετε **καλῶς**·

κανών (*kanōn*; 1/4) *limits, rule, principle*
Gal 6:16 καὶ ὅσοι τῷ **κανόνι** τούτῳ στοιχήσουσιν,

καρδία (*kardia*; 1/156) *heart*
Gal 4:6 αὐτοῦ εἰς τὰς **καρδίας** ἡμῶν κρᾶζον·

καρπός (*karpos*; 1/66) *fruit*
Gal 5:22 ὁ δὲ **καρπὸς** τοῦ πνεύματός ἐστιν

κατά (*kata*; 17/472[473]) *according to, against*
Gal 1:4 τοῦ ἐνεστῶτος πονηροῦ **κατὰ** τὸ θέλημα τοῦ
Gal 1:11 ὅτι οὐκ ἔστιν **κατὰ** ἄνθρωπον·
Gal 1:13 ὅτι **καθ'** ὑπερβολὴν ἐδίωκον τὴν
Gal 2:2 ἀνέβην δὲ **κατὰ** ἀποκάλυψιν·
Gal 2:2 **κατ'** ἰδίαν δὲ τοῖς
Gal 2:11 **κατὰ** πρόσωπον αὐτῷ ἀντέστην,
Gal 3:1 οἷς **κατ'** ὀφθαλμοὺς Ἰησοῦς Χριστὸς
Gal 3:15 **κατὰ** ἄνθρωπον λέγω·
Gal 3:21 ὁ οὖν νόμος **κατὰ** τῶν ἐπαγγελιῶν [τοῦ
Gal 3:29 **κατ'** ἐπαγγελίαν κληρονόμοι.
Gal 4:23 ἐκ τῆς παιδίσκης **κατὰ** σάρκα γεγέννηται,
Gal 4:28 **κατὰ** Ἰσαὰκ ἐπαγγελίας τέκνα
Gal 4:29 ὥσπερ τότε ὁ **κατὰ** σάρκα γεννηθεὶς ἐδίωκεν
Gal 4:29 γεννηθεὶς ἐδίωκεν τὸν **κατὰ** πνεῦμα,
Gal 5:17 γὰρ σὰρξ ἐπιθυμεῖ **κατὰ** τοῦ πνεύματος,
Gal 5:17 τὸ δὲ πνεῦμα **κατὰ** τῆς σαρκός,
Gal 5:23 **κατὰ** τῶν τοιούτων οὐκ

καταγινώσκω (*kataginōskō*; 1/3) *condemn*
Gal 2:11 ὅτι **κατεγνωσμένος** ἦν.

καταδουλόω (*katadouloō*; 1/2) *make a slave of*
Gal 2:4 ἵνα ἡμᾶς **καταδουλώσουσιν**,

καταλύω (*katalyō*; 1/17) *destroy*
Gal 2:18 εἰ γὰρ ἃ **κατέλυσα** ταῦτα πάλιν οἰκοδομῶ,

κατάρα (*katara*; 3/6) *curse*
Gal 3:10 ὑπὸ **κατάραν** εἰσίν·
Gal 3:13 ἐξηγόρασεν ἐκ τῆς **κατάρας** τοῦ νόμου γενόμενος
Gal 3:13 γενόμενος ὑπὲρ ἡμῶν **κατάρα**,

καταργέω (*katargeō*; 3/27) *render ineffective*
Gal 3:17 ἀκυροῖ εἰς τὸ **καταργῆσαι** τὴν ἐπαγγελίαν.
Gal 5:4 **κατηργήθητε** ἀπὸ Χριστοῦ,
Gal 5:11 ἄρα **κατήργηται** τὸ σκάνδαλον τοῦ

καταρτίζω (*katartizō*; 1/13) *mend*
Gal 6:1 ὑμεῖς οἱ πνευματικοὶ **καταρτίζετε** τὸν τοιοῦτον ἐν

κατασκοπέω (*kataskopeō*; 1/1) *spy on*
Gal 2:4 οἵτινες παρεισῆλθον **κατασκοπῆσαι** τὴν ἐλευθερίαν ἡμῶν

κατεσθίω (*katesthiō*; 1/14) *consume, eat up*
Gal 5:15 ἀλλήλους δάκνετε καὶ **κατεσθίετε**,

κατηχέω (*katēcheō*; 2/8) *inform, instruct*
Gal 6:6 Κοινωνείτω δὲ ὁ **κατηχούμενος** τὸν λόγον
Gal 6:6 τὸν λόγον τῷ **κατηχοῦντι** ἐν πᾶσιν ἀγαθοῖς.

καυχάομαι (*kauchaomai*; 2/37) *boast*
Gal 6:13 τῇ ὑμετέρᾳ σαρκὶ **καυχήσωνται**.
Gal 6:14 δὲ μὴ γένοιτο **καυχᾶσθαι** εἰ μὴ ἐν

καύχημα (*kauchēma*; 1/11) *ground for boasting*
Gal 6:4 ἑαυτὸν μόνον τὸ **καύχημα** ἕξει καὶ οὐκ

κενόδοξος (*kenodoxos*; 1/1) *conceited*
Gal 5:26 μὴ γινώμεθα **κενόδοξοι**,

κενός (*kenos*; 1/18) *empty, in vain*
Gal 2:2 μή πως εἰς **κενὸν** τρέχω ἢ ἔδραμον.

κηρύσσω (*kēryssō*; 2/59[61]) *proclaim*
Gal 2:2 τὸ εὐαγγέλιον ὃ **κηρύσσω** ἐν τοῖς ἔθνεσιν,
Gal 5:11 εἰ περιτομὴν ἔτι **κηρύσσω**,

Κηφᾶς (*Kēphas*; 4/9) *Cephas*
Gal 1:18 εἰς Ἱεροσόλυμα ἱστορῆσαι **Κηφᾶν** καὶ ἐπέμεινα πρὸς
Gal 2:9 Ἰάκωβος καὶ **Κηφᾶς** καὶ Ἰωάννης,
Gal 2:11 Ὅτε δὲ ἦλθεν **Κηφᾶς** εἰς Ἀντιόχειαν,
Gal 2:14 εἶπον τῷ Κηφᾷ **ἔμπροσθεν** πάντων·

Κιλικία (*Kilikia*; 1/8) *Cilicia*
Gal 1:21 Συρίας καὶ τῆς **Κιλικίας**·

κληρονομέω (*klēronomeō*; 2/18) *inherit*
Gal 4:30 οὐ γὰρ μὴ **κληρονομήσει** ὁ υἱὸς τῆς
Gal 5:21 βασιλείαν θεοῦ οὐ **κληρονομήσουσιν**.

κληρονομία (*klēronomia*; 1/14) *inheritance*
Gal 3:18 ἐκ νόμου ἡ **κληρονομία**,

κληρονόμος (*klēronomos*; 3/15) *heir*
Gal 3:29 κατ᾽ ἐπαγγελίαν **κληρονόμοι**.
Gal 4:1 ὅσον χρόνον ὁ **κληρονόμος** νήπιός ἐστιν,
Gal 4:7 καὶ **κληρονόμος** διὰ θεοῦ.

κλίμα (*klima*; 1/3) *region*
Gal 1:21 ἦλθον εἰς τὰ **κλίματα** τῆς Συρίας καὶ

κοιλία (*koilia*; 1/22) *stomach, belly, womb*
Gal 1:15 ἀφορίσας με ἐκ **κοιλίας** μητρός μου καὶ

κοινωνέω (*koinōneō*; 1/8) *share*
Gal 6:6 **Κοινωνείτω** δὲ ὁ κατηχούμενος

κοινωνία (*koinōnia*; 1/19) *fellowship*
Gal 2:9 ἐμοὶ καὶ Βαρναβᾷ **κοινωνίας**,

κοπιάω (*kopiaō*; 1/23) *work*
Gal 4:11 μή πως εἰκῇ **κεκοπίακα** εἰς ὑμᾶς.

κόπος (*kopos*; 1/18) *work*
Gal 6:17 Τοῦ λοιποῦ **κόπους** μοι μηδεὶς παρεχέτω·

κόσμος (*kosmos*; 3/185[186]) *world*
Gal 4:3 τὰ στοιχεῖα τοῦ **κόσμου** ἤμεθα δεδουλωμένοι·
Gal 6:14 δι᾽ οὗ ἐμοὶ **κόσμος** ἐσταύρωται κἀγὼ κόσμῳ.
Gal 6:14 κόσμος ἐσταύρωται κἀγὼ **κόσμῳ**.

κράζω (*krazō*; 1/55) *call out*
Gal 4:6 τὰς καρδίας ἡμῶν **κρᾶζον**·

κρεμάννυμι (*kremannymi*; 1/7) *hang*
Gal 3:13 ἐπικατάρατος πᾶς ὁ **κρεμάμενος** ἐπὶ ξύλου,

κρίμα (*krima*; 1/27) *judgment*
Gal 5:10 ὑμᾶς βαστάσει τὸ **κρίμα**,

κτίσις (*ktisis*; 1/18[19]) *creation*
Gal 6:15 ἀκροβυστία ἀλλὰ καινὴ **κτίσις**.

κύριος (*kyrios*; 6/714[717]) *Lord, sir*
Gal 1:3 πατρὸς ἡμῶν καὶ **κυρίου** Ἰησοῦ Χριστοῦ
Gal 1:19 τὸν ἀδελφὸν τοῦ **κυρίου**.
Gal 4:1 οὐδὲν διαφέρει δούλου **κύριος** πάντων ὤν,
Gal 5:10 εἰς ὑμᾶς ἐν **κυρίῳ** ὅτι οὐδὲν ἄλλο
Gal 6:14 τῷ σταυρῷ τοῦ **κυρίου** ἡμῶν Ἰησοῦ Χριστοῦ,
Gal 6:18 Ἡ χάρις τοῦ **κυρίου** ἡμῶν Ἰησοῦ Χριστοῦ

κυρόω (*kyroō*; 1/2) *put into effect*
Gal 3:15 ὅμως ἀνθρώπου **κεκυρωμένην** διαθήκην οὐδεὶς ἀθετεῖ

κῶμος (*kōmos*; 1/3) *carousing*
Gal 5:21 **κῶμοι** καὶ τὰ ὅμοια

λαμβάνω (*lambanō*; 3/258) *take, receive*
Gal 2:6 θεὸς ἀνθρώπου οὐ **λαμβάνει**
Gal 3:2 νόμου τὸ πνεῦμα **ἐλάβετε** ἢ ἐξ ἀκοῆς
Gal 3:14 ἐπαγγελίαν τοῦ πνεύματος **λάβωμεν** διὰ τῆς πίστεως.

λέγω (*legō*; 11/2345[2353]) *say*
Gal 1:9 καὶ ἄρτι πάλιν **λέγω**·
Gal 2:14 εἶπον **τῷ** Κηφᾷ ἔμπροσθεν πάντων·
Gal 3:15 κατὰ ἄνθρωπον **λέγω**·
Gal 3:16 τῷ δὲ Ἀβραὰμ **ἐρρέθησαν** αἱ ἐπαγγελίαι καὶ
Gal 3:16 οὐ **λέγει**·
Gal 3:17 τοῦτο δὲ **λέγω**·
Gal 4:1 **Λέγω** δέ,
Gal 4:21 **Λέγετέ** μοι,
Gal 4:30 ἀλλὰ τί **λέγει** ἡ γραφή;
Gal 5:2 Ἴδε ἐγὼ Παῦλος **λέγω** ὑμῖν ὅτι ἐὰν
Gal 5:16 **Λέγω** δέ,

λογίζομαι (*logizomai*; 1/40) *count, consider*
Gal 3:6 καὶ **ἐλογίσθη** αὐτῷ εἰς δικαιοσύνην·

λόγος (*logos*; 2/329[330]) *word*

Gal 5:14 νόμος ἐν ἑνὶ **λόγῳ** πεπλήρωται,
Gal 6:6 ὁ κατηχούμενος τὸν **λόγον** τῷ κατηχοῦντι ἐν

λοιπός (*loipos*; 2/54[55]) *rest, remaining*

Gal 2:13 αὐτῷ [καὶ] οἱ **λοιποὶ** Ἰουδαῖοι,
Gal 6:17 Τοῦ **λοιποῦ** κόπους μοι μηδεὶς

μακαρισμός (*makarismos*; 1/3) *blessedness*

Gal 4:15 ποῦ οὖν ὁ **μακαρισμὸς** ὑμῶν;

μακροθυμία (*makrothymia*; 1/14) *patience*

Gal 5:22 **μακροθυμία** χρηστότης ἀγαθωσύνη,

μάλιστα (*malista*; 1/12) *especially*

Gal 6:10 **μάλιστα** δὲ πρὸς τοὺς

μᾶλλον (*mallon*; 2/81) *more*

Gal 4:9 **μᾶλλον** δὲ γνωσθέντες ὑπὸ
Gal 4:27 τέκνα τῆς ἐρήμου **μᾶλλον** ἢ τῆς ἐχούσης

μανθάνω (*manthanō*; 1/25) *learn*

Gal 3:2 τοῦτο μόνον θέλω **μαθεῖν** ἀφ᾽ ὑμῶν·

μαρτυρέω (*martyreō*; 1/76) *bear witness*

Gal 4:15 **μαρτυρῶ** γὰρ ὑμῖν ὅτι

μαρτύρομαι (*martyromai*; 1/5) *testify*

Gal 5:3 **μαρτύρομαι** δὲ πάλιν παντὶ

μέθη (*methē*; 1/3) *drunkenness*

Gal 5:21 **μέθαι**,

μέλλω (*mellō*; 1/109) *be about to happen*

Gal 3:23 συγκλειόμενοι εἰς τὴν **μέλλουσαν** πίστιν ἀποκαλυφθῆναι,

μέν (*men*; 3/178[179]) *on the one hand*

Gal 4:8 Ἀλλὰ τότε **μὲν** οὐκ εἰδότες θεὸν
Gal 4:23 ἀλλ᾽ ὁ **μὲν** ἐκ τῆς παιδίσκης
Gal 4:24 μία **μὲν** ἀπὸ ὄρους Σινᾶ

μεσίτης (*mesitēs*; 2/6) *mediator*

Gal 3:19 ἀγγέλων ἐν χειρὶ **μεσίτου**.
Gal 3:20 ὁ δὲ **μεσίτης** ἑνὸς οὐκ ἔστιν,

μετά (*meta*; 7/465[469]) *with, after*

Gal 1:18 Ἔπειτα **μετὰ** ἔτη τρία ἀνῆλθον
Gal 2:1 ἀνέβην εἰς Ἱεροσόλυμα **μετὰ** Βαρναβᾶ συμπαραλαβὼν καὶ
Gal 2:12 τινας ἀπὸ Ἰακώβου **μετὰ** τῶν ἐθνῶν συνήσθιεν·
Gal 3:17 τοῦ θεοῦ ὁ **μετὰ** τετρακόσια καὶ τριάκοντα
Gal 4:25 δουλεύει γὰρ **μετὰ** τῶν τέκνων αὐτῆς.
Gal 4:30 υἱὸς τῆς παιδίσκης **μετὰ** τοῦ υἱοῦ τῆς
Gal 6:18 ἡμῶν Ἰησοῦ Χριστοῦ **μετὰ** τοῦ πνεύματος ὑμῶν,

μεταστρέφω (*metastrephō*; 1/2) *turn*

Gal 1:7 ὑμᾶς καὶ θέλοντες **μεταστρέψαι** τὸ εὐαγγέλιον τοῦ

μετατίθημι (*metatithēmi*; 1/6) *remove*

Gal 1:6 ὅτι οὕτως ταχέως **μετατίθεσθε** ἀπὸ τοῦ καλέσαντος

μέχρι (*mechri*; 1/17) *until*

Gal 4:19 οὓς πάλιν ὠδίνω **μέχρις** οὗ μορφωθῇ Χριστὸς

μή (*mē*; 24/1041[1042]) *not*

Gal 1:7 εἰ **μή** τινες εἰσιν οἱ
Gal 1:19 οὐκ εἶδον εἰ **μὴ** Ἰάκωβον τὸν ἀδελφὸν
Gal 2:2 **μή** πως εἰς κενὸν
Gal 2:16 ἔργων νόμου ἐὰν **μὴ** διὰ πίστεως Ἰησοῦ
Gal 2:17 **μὴ** γένοιτο.
Gal 3:21 **μὴ** γένοιτο.
Gal 4:8 ἐδουλεύσατε τοῖς φύσει **μὴ** οὖσιν θεοῖς·
Gal 4:11 φοβοῦμαι ὑμᾶς **μή** πως εἰκῇ κεκοπίακα
Gal 4:18 καλῷ πάντοτε καὶ **μὴ** μόνον ἐν τῷ
Gal 4:30 οὐ γὰρ **μὴ** κληρονομήσει ὁ υἱὸς
Gal 5:1 στήκετε οὖν καὶ **μὴ** πάλιν ζυγῷ δουλείας
Gal 5:7 ἐνέκοψεν [τῇ] ἀληθείᾳ **μὴ** πείθεσθαι;
Gal 5:13 μόνον **μὴ** τὴν ἐλευθερίαν εἰς
Gal 5:15 βλέπετε **μὴ** ὑπ᾽ ἀλλήλων ἀναλωθῆτε.
Gal 5:16 ἐπιθυμίαν σαρκὸς οὐ **μὴ** τελέσητε.
Gal 5:17 ἵνα **μὴ** ἃ ἐὰν θέλητε
Gal 5:26 **μὴ** γινώμεθα κενόδοξοι,
Gal 6:1 σκοπῶν σεαυτὸν **μὴ** καὶ σὺ πειρασθῇς.
Gal 6:7 **Μὴ** πλανᾶσθε,
Gal 6:9 δὲ καλὸν ποιοῦντες **μὴ** ἐγκακῶμεν,
Gal 6:9 γὰρ ἰδίῳ θερίσομεν **μὴ** ἐκλυόμενοι.
Gal 6:12 σταυρῷ τοῦ Χριστοῦ **μὴ** διώκωνται.
Gal 6:14 Ἐμοὶ δὲ **μὴ** γένοιτο καυχᾶσθαι εἰ
Gal 6:14 γένοιτο καυχᾶσθαι εἰ **μὴ** ἐν τῷ σταυρῷ

μηδείς (*mēdeis*; 2/90) *no one*

Gal 6:3 τις εἶναί τι **μηδὲν** ὤν,
Gal 6:17 λοιποῦ κόπους μοι **μηδεὶς** παρεχέτω·

μήν (*mēn*; 1/18) *month*

Gal 4:10 ἡμέρας παρατηρεῖσθε καὶ **μῆνας** καὶ καιροὺς

μήτηρ (*mētēr*; 2/83) *mother*

Gal 1:15 με ἐκ κοιλίας **μητρός** μου καὶ καλέσας
Gal 4:26 ἥτις ἐστὶν **μήτηρ** ἡμῶν·

μικρός (*mikros*; 1/46) *little*

Gal 5:9 **μικρὰ** ζύμη ὅλον τὸ

μνημονεύω (*mnēmoneuō*; 1/21) *remember*

Gal 2:10 τῶν πτωχῶν ἵνα **μνημονεύωμεν**,

μόνος (*monos*; 7/113[114]) *only*

Gal 1:23 **μόνον** δὲ ἀκούοντες ἦσαν
Gal 2:10 **μόνον** τῶν πτωχῶν ἵνα
Gal 3:2 τοῦτο **μόνον** θέλω μαθεῖν ἀφ᾽
Gal 4:18 πάντοτε καὶ μὴ **μόνον** ἐν τῷ παρεῖναί
Gal 5:13 **μόνον** μὴ τὴν ἐλευθερίαν

Gal 6:4 τότε εἰς ἑαυτὸν **μόνον** τὸ καύχημα ἕξει
Gal 6:12 **μόνον** ἵνα τῷ σταυρῷ

μορφόω (*morphoō*; 1/1) *form*
Gal 4:19 ὠδίνω μέχρις οὗ **μορφωθῇ** Χριστὸς ἐν ὑμῖν·

μυκτηρίζω (*myktērizō*; 1/1) *mock*
Gal 6:7 θεὸς οὐ **μυκτηρίζεται**.

νεκρός (*nekros*; 1/128) *dead*
Gal 1:1 ἐγείραντος αὐτὸν ἐκ **νεκρῶν**,

νήπιος (*nēpios*; 2/15) *infant, child*
Gal 4:1 χρόνον ὁ κληρονόμος **νήπιός** ἐστιν,
Gal 4:3 ὅτε ἦμεν **νήπιοι**,

νόμος (*nomos*; 32/193[194]) *law*
Gal 2:16 ἄνθρωπος ἐξ ἔργων **νόμου** ἐὰν μὴ διὰ
Gal 2:16 οὐκ ἐξ ἔργων **νόμου**,
Gal 2:16 ὅτι ἐξ ἔργων **νόμου** οὐ δικαιωθήσεται πᾶσα
Gal 2:19 ἐγὼ γὰρ διὰ **νόμου** νόμῳ ἀπέθανον,
Gal 2:19 γὰρ διὰ νόμου **νόμῳ** ἀπέθανον,
Gal 2:21 εἰ γὰρ διὰ **νόμου** δικαιοσύνη,
Gal 3:2 ἐξ ἔργων **νόμου** τὸ πνεῦμα ἐλάβετε
Gal 3:5 ἐξ ἔργων **νόμου** ἢ ἐξ ἀκοῆς
Gal 3:10 γὰρ ἐξ ἔργων **νόμου** εἰσίν,
Gal 3:10 τῷ βιβλίῳ τοῦ **νόμου** τοῦ ποιῆσαι αὐτά.
Gal 3:11 ὅτι δὲ ἐν **νόμῳ** οὐδεὶς δικαιοῦται παρὰ
Gal 3:12 ὁ δὲ **νόμος** οὐκ ἔστιν ἐκ
Gal 3:13 τῆς κατάρας τοῦ **νόμου** γενόμενος ὑπὲρ ἡμῶν
Gal 3:17 τριάκοντα ἔτη γεγονὼς **νόμος** οὐκ ἀκυροῖ
Gal 3:18 εἰ γὰρ ἐκ **νόμου** ἡ κληρονομία,
Gal 3:19 Τί οὖν ὁ **νόμος**;
Gal 3:21 ὁ οὖν **νόμος** κατὰ τῶν ἐπαγγελιῶν
Gal 3:21 εἰ γὰρ ἐδόθη **νόμος** ὁ δυνάμενος ζῳοποιῆσαι,
Gal 3:21 ὄντως ἐκ νόμου **ἂν** ἦν ἡ δικαιοσύνη.
Gal 3:23 τὴν πίστιν ὑπὸ **νόμον** ἐφρουρούμεθα συγκλειόμενοι εἰς
Gal 3:24 ὥστε ὁ **νόμος** παιδαγωγὸς ἡμῶν γέγονεν
Gal 4:4 γενόμενον ὑπὸ **νόμον**,
Gal 4:5 ἵνα τοὺς ὑπὸ **νόμον** ἐξαγοράσῃ,
Gal 4:21 οἱ ὑπὸ **νόμον** θέλοντες εἶναι,
Gal 4:21 τὸν **νόμον** οὐκ ἀκούετε;
Gal 5:3 ἐστὶν ὅλον τὸν **νόμον** ποιῆσαι.
Gal 5:4 οἵτινες ἐν **νόμῳ** δικαιοῦσθε,
Gal 5:14 ὁ γὰρ πᾶς **νόμος** ἐν ἑνὶ λόγῳ
Gal 5:18 οὐκ ἐστὲ ὑπὸ **νόμον**.
Gal 5:23 τοιούτων οὐκ ἔστιν **νόμος**.
Gal 6:2 οὕτως ἀναπληρώσετε τὸν **νόμον** τοῦ Χριστοῦ.
Gal 6:13 οἱ περιτεμνόμενοι αὐτοὶ **νόμον** φυλάσσουσιν ἀλλὰ θέλουσιν

νῦν (*nyn*; 6/146[147]) *now*
Gal 1:23 διώκων ἡμᾶς ποτε **νῦν** εὐαγγελίζεται τὴν πίστιν
Gal 2:20 ὃ δὲ **νῦν** ζῶ ἐν σαρκί,
Gal 3:3 ἐναρξάμενοι πνεύματι **νῦν** σαρκὶ ἐπιτελεῖσθε;
Gal 4:9 **νῦν** δὲ γνόντες θεόν,
Gal 4:25 συστοιχεῖ δὲ τῇ **νῦν** Ἰερουσαλήμ,
Gal 4:29 οὕτως καὶ **νῦν**.

ξύλον (*xylon*; 1/20) *wood*
Gal 3:13 ὁ κρεμάμενος ἐπὶ **ξύλου**,

οἶδα (*oida*; 3/318) *know*
Gal 2:16 **εἰδότες** [δὲ] ὅτι οὐ
Gal 4:8 τότε μὲν οὐκ **εἰδότες** θεὸν ἐδουλεύσατε τοῖς
Gal 4:13 **οἴδατε** δὲ ὅτι δι᾽

οἰκεῖος (*oikeios*; 1/3) *member of the household*
Gal 6:10 δὲ πρὸς τοὺς **οἰκείους** τῆς πίστεως.

οἰκοδομέω (*oikodomeō*; 1/40) *build*
Gal 2:18 κατέλυσα ταῦτα πάλιν **οἰκοδομῶ**,

οἰκονόμος (*oikonomos*; 1/10) *steward*
Gal 4:2 ἐπιτρόπους ἐστὶν καὶ **οἰκονόμους** ἄχρι τῆς προθεσμίας

ὅλος (*holos*; 2/109) *whole*
Gal 5:3 ὅτι ὀφειλέτης ἐστὶν **ὅλον** τὸν νόμον ποιῆσαι.
Gal 5:9 μικρὰ ζύμη **ὅλον** τὸ φύραμα ζυμοῖ.

ὅμοιος (*homoios*; 1/45) *like*
Gal 5:21 κῶμοι καὶ τὰ **ὅμοια** τούτοις,

ὅμως (*homōs*; 1/3) *even*
Gal 3:15 **ὅμως** ἀνθρώπου κεκυρωμένην διαθήκην

ὄντως (*ontōs*; 1/10) *really*
Gal 3:21 ὄντως **ἐκ** νόμου ἂν ἦν

ὁποῖος (*hopoios*; 1/5) *of what sort*
Gal 2:6 **ὁποῖοί** ποτε ἦσαν οὐδέν

ὅπως (*hopōs*; 1/53) *that*
Gal 1:4 **ὅπως** ἐξέληται ἡμᾶς ἐκ

ὁράω (*horaō*; 4/452) *see*
Gal 1:19 τῶν ἀποστόλων οὐκ **εἶδον** εἰ μὴ Ἰάκωβον
Gal 2:7 ἀλλὰ τοὐναντίον **ἰδόντες** ὅτι πεπίστευμαι τὸ
Gal 2:14 ἀλλ᾽ ὅτε **εἶδον** ὅτι οὐκ ὀρθοποδοῦσιν
Gal 6:11 **ἴδετε** πηλίκοις ὑμῖν γράμμασιν

ὀρθοποδέω (*orthopodeō*; 1/1) *be consistent*
Gal 2:14 εἶδον ὅτι οὐκ **ὀρθοποδοῦσιν** πρὸς τὴν ἀλήθειαν

ὄρος (*oros*; 2/62[63]) *mountain*
Gal 4:24 μία μὲν ἀπὸ **ὄρους** Σινᾶ εἰς δουλείαν
Gal 4:25 δὲ Ἁγὰρ Σινᾶ **ὄρος** ἐστὶν ἐν τῇ

ὅς (*hos*; 24/1406[1407]) *who*
Gal 1:5 **ᾧ** ἡ δόξα εἰς
Gal 1:7 **ὃ** οὐκ ἔστιν ἄλλο,

Gal 1:8 εὐαγγελίζηται [ὑμῖν] παρ' **ὃ** εὐηγγελισάμεθα ὑμῖν,
Gal 1:9 ὑμᾶς εὐαγγελίζεται παρ' **ὃ** παρελάβετε,
Gal 1:20 **ἃ** δὲ γράφω ὑμῖν,
Gal 1:23 εὐαγγελίζεται τὴν πίστιν **ἥν** ποτε ἐπόρθει,
Gal 2:2 αὐτοῖς τὸ εὐαγγέλιον **ὃ** κηρύσσω ἐν τοῖς
Gal 2:4 τὴν ἐλευθερίαν ἡμῶν **ἣν** ἔχομεν
Gal 2:5 **οἷς** οὐδὲ πρὸς ὥραν
Gal 2:10 **ὃ** καὶ ἐσπούδασα αὐτὸ
Gal 2:18 εἰ γὰρ **ἃ** κατέλυσα ταῦτα πάλιν
Gal 2:20 **ὃ** δὲ νῦν ζῶ
Gal 3:1 **οἷς** κατ' ὀφθαλμοὺς Ἰησοῦς
Gal 3:10 ὅτι ἐπικατάρατος πᾶς **ὃς** οὐκ ἐμμένει
Gal 3:16 **ὅς** ἐστιν Χριστός.
Gal 3:19 ἄχρις οὗ **ἔλθῃ** τὸ σπέρμα ᾧ
Gal 3:19 ἔλθῃ τὸ σπέρμα **ᾧ** ἐπήγγελται,
Gal 4:9 καὶ πτωχὰ στοιχεῖα **οἷς** πάλιν ἄνωθεν δουλεύειν
Gal 4:19 **οὓς** πάλιν ὠδίνω μέχρις
Gal 4:19 πάλιν ὠδίνω μέχρις **οὗ** μορφωθῇ Χριστὸς ἐν
Gal 5:17 ἵνα μὴ **ἃ** ἐὰν θέλητε ταῦτα
Gal 5:21 **ἃ** προλέγω ὑμῖν,
Gal 6:7 **ὃ** γὰρ ἐὰν σπείρῃ
Gal 6:14 δι' **οὗ** ἐμοὶ κόσμος ἐσταύρωται

ὅσος (*hosos*; 5/110) *as much as (pl. as many as)*

Gal 3:10 **Ὅσοι** γὰρ ἐξ ἔργων
Gal 3:27 **ὅσοι** γὰρ εἰς Χριστὸν
Gal 4:1 ἐφ' **ὅσον** χρόνον ὁ κληρονόμος
Gal 6:12 **Ὅσοι** θέλουσιν εὐπροσωπῆσαι ἐν
Gal 6:16 καὶ **ὅσοι** τῷ κανόνι τούτῳ

ὅστις (*hostis*; 7/144) *who*

Gal 2:4 **οἵτινες** παρεισῆλθον κατασκοπῆσαι τὴν
Gal 4:24 **ἅτινά** ἐστιν ἀλληγορούμενα·
Gal 4:24 **ἥτις** ἐστὶν Ἁγάρ.
Gal 4:26 **ἥτις** ἐστὶν μήτηρ ἡμῶν·
Gal 5:4 **οἵτινες** ἐν νόμῳ δικαιοῦσθε,
Gal 5:10 **ὅστις** ἐὰν ᾖ.
Gal 5:19 **ἅτινά** ἐστιν πορνεία,

ὅτε (*hote*; 6/103) *when*

Gal 1:15 **Ὅτε** δὲ εὐδόκησεν [ὁ
Gal 2:11 **Ὅτε** δὲ ἦλθεν Κηφᾶς
Gal 2:12 **ὅτε** δὲ ἦλθον,
Gal 2:14 ἀλλ' **ὅτε** εἶδον ὅτι οὐκ
Gal 4:3 **ὅτε** ἦμεν νήπιοι,
Gal 4:4 **ὅτε** δὲ ἦλθεν τὸ

ὅτι (*hoti*; 29/1294[1296]) *because, that*

Gal 1:6 Θαυμάζω **ὅτι** οὕτως ταχέως μετατίθεσθε
Gal 1:11 εὐαγγελισθὲν ὑπ' ἐμοῦ **ὅτι** οὐκ ἔστιν κατὰ
Gal 1:13 **ὅτι** καθ' ὑπερβολὴν ἐδίωκον
Gal 1:20 ἐνώπιον τοῦ θεοῦ **ὅτι** οὐ ψεύδομαι.
Gal 1:23 δὲ ἀκούοντες ἦσαν **ὅτι** ὁ διώκων ἡμᾶς
Gal 2:7 ἀλλὰ τοὐναντίον ἰδόντες **ὅτι** πεπίστευμαι τὸ εὐαγγέλιον
Gal 2:11 **ὅτι** κατεγνωσμένος ἦν.
Gal 2:14 ἀλλ' ὅτε εἶδον **ὅτι** οὐκ ὀρθοποδοῦσιν πρὸς
Gal 2:16 εἰδότες [δὲ] **ὅτι** οὐ δικαιοῦται ἄνθρωπος
Gal 2:16 **ὅτι** ἐξ ἔργων νόμου
Gal 3:7 γινώσκετε ἄρα **ὅτι** οἱ ἐκ πίστεως,
Gal 3:8 δὲ ἡ γραφὴ **ὅτι** ἐκ πίστεως δικαιοῖ
Gal 3:8 προευηγγελίσατο τῷ Ἀβραὰμ **ὅτι** ἐνευλογηθήσονται ἐν σοὶ
Gal 3:10 γέγραπται γὰρ **ὅτι** ἐπικατάρατος πᾶς ὃς
Gal 3:11 **ὅτι** δὲ ἐν νόμῳ
Gal 3:11 **ὅτι** ὁ δίκαιος ἐκ
Gal 3:13 **ὅτι** γέγραπται·
Gal 4:6 **Ὅτι** δέ ἐστε υἱοί,
Gal 4:12 **ὅτι** κἀγὼ ὡς ὑμεῖς,
Gal 4:13 οἴδατε δὲ **ὅτι** δι' ἀσθένειαν τῆς
Gal 4:15 μαρτυρῶ γὰρ ὑμῖν **ὅτι** εἰ δυνατὸν τοὺς
Gal 4:20 **ὅτι** ἀποροῦμαι ἐν ὑμῖν.
Gal 4:22 γέγραπται γὰρ **ὅτι** Ἀβραὰμ δύο υἱοὺς
Gal 4:27 **ὅτι** πολλὰ τὰ τέκνα
Gal 5:2 Παῦλος λέγω ὑμῖν **ὅτι** ἐὰν περιτέμνησθε,
Gal 5:3 παντὶ ἀνθρώπῳ περιτεμνομένῳ **ὅτι** ὀφειλέτης ἐστὶν ὅλον
Gal 5:10 ὑμᾶς ἐν κυρίῳ **ὅτι** οὐδὲν ἄλλο φρονήσετε·
Gal 5:21 καθὼς προεῖπον **ὅτι** οἱ τὰ τοιαῦτα
Gal 6:8 **ὅτι** ὁ σπείρων εἰς

οὐ (*ou*; 37/1621[1623]) *not*

Gal 1:1 Παῦλος ἀπόστολος **οὐκ** ἀπ' ἀνθρώπων οὐδὲ
Gal 1:7 ὃ **οὐκ** ἔστιν ἄλλο,
Gal 1:10 Χριστοῦ δοῦλος **οὐκ** ἂν ἤμην.
Gal 1:11 ὑπ' ἐμοῦ ὅτι **οὐκ** ἔστιν κατὰ ἄνθρωπον·
Gal 1:16 εὐθέως **οὐ** προσανεθέμην σαρκὶ καὶ
Gal 1:19 δὲ τῶν ἀποστόλων **οὐκ** εἶδον εἰ μὴ
Gal 1:20 τοῦ θεοῦ ὅτι **οὐ** ψεύδομαι.
Gal 2:6 [ὁ] θεὸς ἀνθρώπου **οὐ** λαμβάνει
Gal 2:14 ὅτε εἶδον ὅτι **οὐκ** ὀρθοποδοῦσιν πρὸς τὴν
Gal 2:15 φύσει Ἰουδαῖοι καὶ **οὐκ** ἐξ ἐθνῶν ἁμαρτωλοί·
Gal 2:16 εἰδότες [δὲ] ὅτι **οὐ** δικαιοῦται ἄνθρωπος ἐξ
Gal 2:16 πίστεως Χριστοῦ καὶ **οὐκ** ἐξ ἔργων νόμου,
Gal 2:16 ἐξ ἔργων νόμου **οὐ** δικαιωθήσεται πᾶσα σάρξ.
Gal 2:21 **Οὐκ** ἀθετῶ τὴν χάριν
Gal 3:10 ἐπικατάρατος πᾶς ὃς **οὐκ** ἐμμένει πᾶσιν
Gal 3:12 ὁ δὲ νόμος **οὐκ** ἔστιν ἐκ πίστεως,
Gal 3:16 **οὐ** λέγει·
Gal 3:17 ἔτη γεγονὼς νόμος **οὐκ** ἀκυροῖ εἰς τὸ
Gal 3:20 δὲ μεσίτης ἑνὸς **οὐκ** ἔστιν,
Gal 3:28 **οὐκ** ἔνι Ἰουδαῖος οὐδὲ
Gal 3:28 **οὐκ** ἔνι δοῦλος οὐδὲ ἐλεύθερος,
Gal 3:28 **οὐκ** ἔνι ἄρσεν καὶ θῆλυ·
Gal 4:8 Ἀλλὰ τότε μὲν **οὐκ** εἰδότες θεὸν ἐδουλεύσατε
Gal 4:14 τῇ σαρκί μου **οὐκ** ἐξουθενήσατε οὐδὲ ἐξεπτύσατε,
Gal 4:17 ζηλοῦσιν ὑμᾶς **οὐ** καλῶς,
Gal 4:21 τὸν νόμον **οὐκ** ἀκούετε;
Gal 4:27 στεῖρα ἡ **οὐ** τίκτουσα,
Gal 4:27 ἡ **οὐκ** ὠδίνουσα·
Gal 4:30 **οὐ** γὰρ μὴ κληρονομήσει
Gal 4:31 **οὐκ** ἐσμὲν παιδίσκης τέκνα
Gal 5:8 ἡ πεισμονὴ **οὐκ** ἐκ τοῦ καλοῦντος
Gal 5:16 καὶ ἐπιθυμίαν σαρκὸς **οὐ** μὴ τελέσητε.
Gal 5:18 **οὐκ** ἐστὲ ὑπὸ νόμον.
Gal 5:21 πράσσοντες βασιλείαν θεοῦ **οὐ** κληρονομήσουσιν.
Gal 5:23 κατὰ τῶν τοιούτων **οὐκ** ἔστιν νόμος.
Gal 6:4 καύχημα ἕξει καὶ **οὐκ** εἰς τὸν ἕτερον·
Gal 6:7 θεὸς **οὐ** μυκτηρίζεται.

οὐδέ (*oude*; 9/141[143]) *neither, nor*
Gal 1:1 οὐκ ἀπ' ἀνθρώπων **οὐδὲ** δι' ἀνθρώπου ἀλλὰ
Gal 1:12 **οὐδὲ** γὰρ ἐγὼ παρὰ
Gal 1:17 **οὐδὲ** ἀνῆλθον εἰς Ἱεροσόλυμα
Gal 2:3 ἀλλ' **οὐδὲ** Τίτος ὁ σὺν
Gal 2:5 οἷς **οὐδὲ** πρὸς ὥραν εἴξαμεν
Gal 3:28 οὐκ ἔνι Ἰουδαῖος **οὐδὲ** Ἕλλην,
Gal 3:28 οὐκ ἔνι δοῦλος **οὐδὲ** ἐλεύθερος,
Gal 4:14 μου οὐκ ἐξουθενήσατε **οὐδὲ** ἐξεπτύσατε,
Gal 6:13 **οὐδὲ** γὰρ οἱ περιτεμνόμενοι

οὐδείς (*oudeis*; 8/225[227]) *no one*
Gal 2:6 ὁποῖοί ποτε ἦσαν **οὐδέν** μοι διαφέρει·
Gal 2:6 γὰρ οἱ δοκοῦντες **οὐδὲν** προσανέθεντο,
Gal 3:11 δὲ ἐν νόμῳ **οὐδεὶς** δικαιοῦται παρὰ τῷ
Gal 3:15 ἀνθρώπου κεκυρωμένην διαθήκην **οὐδεὶς** ἀθετεῖ ἢ ἐπιδιατάσσεται.
Gal 4:1 **οὐδὲν** διαφέρει δούλου κύριος
Gal 4:12 οὐδέν **με** ἠδικήσατε·
Gal 5:2 Χριστὸς ὑμᾶς **οὐδὲν** ὠφελήσει.
Gal 5:10 ἐν κυρίῳ ὅτι **οὐδὲν** ἄλλο φρονήσετε·

οὐκέτι (*ouketi*; 4/47) *no longer*
Gal 2:20 ζῶ δὲ **οὐκέτι** ἐγώ,
Gal 3:18 **οὐκέτι** ἐξ ἐπαγγελίας·
Gal 3:25 δὲ τῆς πίστεως **οὐκέτι** ὑπὸ παιδαγωγόν ἐσμεν.
Gal 4:7 ὥστε **οὐκέτι** εἶ δοῦλος ἀλλὰ

οὖν (*oun*; 6/497[499]) *therefore*
Gal 3:5 ὁ **οὖν** ἐπιχορηγῶν ὑμῖν τὸ
Gal 3:19 Τί **οὖν** ὁ νόμος;
Gal 3:21 ὁ **οὖν** νόμος κατὰ τῶν
Gal 4:15 ποῦ **οὖν** ὁ μακαρισμὸς ὑμῶν;
Gal 5:1 στήκετε **οὖν** καὶ μὴ πάλιν
Gal 6:10 Ἄρα **οὖν** ὡς καιρὸν ἔχομεν,

οὐρανός (*ouranos*; 1/272[273]) *heaven*
Gal 1:8 ἢ ἄγγελος ἐξ **οὐρανοῦ** εὐαγγελίζηται [ὑμῖν]

οὔτε (*oute*; 5/87) *not*
Gal 1:12 ἀνθρώπου παρέλαβον αὐτὸ **οὔτε** ἐδιδάχθην ἀλλὰ δι'
Gal 5:6 γὰρ Χριστῷ Ἰησοῦ **οὔτε** περιτομή τι ἰσχύει
Gal 5:6 περιτομή τι ἰσχύει **οὔτε** ἀκροβυστία ἀλλὰ πίστις
Gal 6:15 **οὔτε** γὰρ περιτομή τι
Gal 6:15 περιτομή τι ἐστιν **οὔτε** ἀκροβυστία ἀλλὰ καινὴ

οὗτος (*houtos*; 12/1382[1387]) *this*
Gal 2:10 καὶ ἐσπούδασα αὐτὸ **τοῦτο** ποιῆσαι.
Gal 2:18 γὰρ ἃ κατέλυσα **ταῦτα** πάλιν οἰκοδομῶ,
Gal 3:2 **τοῦτο** μόνον θέλω μαθεῖν
Gal 3:7 **οὗτοι** υἱοί εἰσιν Ἀβραάμ.
Gal 3:17 **τοῦτο** δὲ λέγω·
Gal 4:24 **αὗται** γάρ εἰσιν δύο
Gal 5:17 **ταῦτα** γὰρ ἀλλήλοις ἀντίκειται,
Gal 5:17 ἃ ἐὰν θέλητε **ταῦτα** ποιῆτε.
Gal 5:21 καὶ τὰ ὅμοια **τούτοις**,
Gal 6:7 **τοῦτο** καὶ θερίσει·
Gal 6:12 **οὗτοι** ἀναγκάζουσιν ὑμᾶς περιτέμνεσθαι,
Gal 6:16 ὅσοι τῷ κανόνι **τούτῳ** στοιχήσουσιν,

οὕτως (*houtōs*; 5/208) *in this way*
Gal 1:6 Θαυμάζω ὅτι **οὕτως** ταχέως μετατίθεσθε ἀπὸ
Gal 3:3 **οὕτως** ἀνόητοί ἐστε,
Gal 4:3 **οὕτως** καὶ ἡμεῖς,
Gal 4:29 **οὕτως** καὶ νῦν.
Gal 6:2 βάρη βαστάζετε καὶ **οὕτως** ἀναπληρώσετε τὸν νόμον

οὐχί (*ouchi*; 1/54) *not*
Gal 2:14 ὑπάρχων ἐθνικῶς καὶ **οὐχὶ** Ἰουδαϊκῶς ζῇς,

ὀφειλέτης (*opheiletēs*; 1/7) *one who is under obligation*
Gal 5:3 ἀνθρώπῳ περιτεμνομένῳ ὅτι **ὀφειλέτης** ἐστὶν ὅλον τὸν

ὄφελον (*ophelon*; 1/4) *would that*
Gal 5:12 **Ὄφελον** καὶ ἀποκόψονται οἱ

ὀφθαλμός (*ophthalmos*; 2/100) *eye*
Gal 3:1 οἷς κατ' **ὀφθαλμοὺς** Ἰησοῦς Χριστὸς προεγράφη
Gal 4:15 εἰ δυνατὸν τοὺς **ὀφθαλμοὺς** ὑμῶν ἐξορύξαντες ἐδώκατέ

πάθημα (*pathēma*; 1/16) *suffering*
Gal 5:24 ἐσταύρωσαν σὺν τοῖς **παθήμασιν** καὶ ταῖς ἐπιθυμίαις.

παιδαγωγός (*paidagōgos*; 2/3) *instructor*
Gal 3:24 ὥστε ὁ νόμος **παιδαγωγὸς** ἡμῶν γέγονεν εἰς
Gal 3:25 πίστεως οὐκέτι ὑπὸ **παιδαγωγόν** ἐσμεν.

παιδίσκη (*paidiskē*; 5/13) *maid*
Gal 4:22 ἕνα ἐκ τῆς **παιδίσκης** καὶ ἕνα ἐκ
Gal 4:23 μὲν ἐκ τῆς **παιδίσκης** κατὰ σάρκα γεγέννηται,
Gal 4:30 ἔκβαλε τὴν **παιδίσκην** καὶ τὸν υἱὸν
Gal 4:30 ὁ υἱὸς τῆς **παιδίσκης** μετὰ τοῦ υἱοῦ
Gal 4:31 οὐκ ἐσμὲν **παιδίσκης** τέκνα ἀλλὰ τῆς

πάλιν (*palin*; 9/139[141]) *again*
Gal 1:9 προειρήκαμεν καὶ ἄρτι **πάλιν** λέγω·
Gal 1:17 εἰς Ἀραβίαν καὶ **πάλιν** ὑπέστρεψα εἰς Δαμασκόν.
Gal 2:1 διὰ δεκατεσσάρων ἐτῶν **πάλιν** ἀνέβην εἰς Ἱεροσόλυμα
Gal 2:18 ἃ κατέλυσα ταῦτα **πάλιν** οἰκοδομῶ,
Gal 4:9 πῶς ἐπιστρέφετε **πάλιν** ἐπὶ τὰ ἀσθενῆ
Gal 4:9 πτωχὰ στοιχεῖα οἷς **πάλιν** ἄνωθεν δουλεύειν θέλετε;
Gal 4:19 οὓς **πάλιν** ὠδίνω μέχρις οὗ
Gal 5:1 οὖν καὶ μὴ **πάλιν** ζυγῷ δουλείας ἐνέχεσθε.
Gal 5:3 μαρτύρομαι δὲ **πάλιν** παντὶ ἀνθρώπῳ περιτεμνομένῳ

πάντοτε (*pantote*; 1/41) *always*
Gal 4:18 ζηλοῦσθαι ἐν καλῷ **πάντοτε** καὶ μὴ μόνον

παρά (*para*; 4/193[194]) *from, with, beside*
Gal 1:8 οὐρανοῦ εὐαγγελίζηται [ὑμῖν] **παρ'** ὃ εὐηγγελισάμεθα ὑμῖν,
Gal 1:9 τις ὑμᾶς εὐαγγελίζεται **παρ'** ὃ παρελάβετε,
Gal 1:12 οὐδὲ γὰρ ἐγὼ **παρὰ** ἀνθρώπου παρέλαβον αὐτὸ
Gal 3:11 νόμῳ οὐδεὶς δικαιοῦται **παρὰ** τῷ θεῷ δῆλον,

παράβασις (*parabasis*; 1/7) *transgression*
Gal 3:19 τῶν **παραβάσεων** χάριν προσετέθη,

παραβάτης (*parabatēs*; 1/5) *transgressor*
Gal 2:18 **παραβάτην** ἐμαυτὸν συνιστάνω.

παραδίδωμι (*paradidōmi*; 1/119) *hand or give over*
Gal 2:20 ἀγαπήσαντός με καὶ **παραδόντος** ἑαυτὸν ὑπὲρ ἐμοῦ.

παράδοσις (*paradosis*; 1/13) *tradition*
Gal 1:14 τῶν πατρικῶν μου **παραδόσεων**.

παραλαμβάνω (*paralambanō*; 2/49) *take, receive*
Gal 1:9 εὐαγγελίζεται παρ' ὃ **παρελάβετε**,
Gal 1:12 ἐγὼ παρὰ ἀνθρώπου **παρέλαβον** αὐτὸ οὔτε ἐδιδάχθην

παράπτωμα (*paraptōma*; 1/19) *sin*
Gal 6:1 ἄνθρωπος ἔν τινι **παραπτώματι**,

παρατηρέω (*paratēreō*; 1/6) *watch, keep*
Gal 4:10 ἡμέρας **παρατηρεῖσθε** καὶ μῆνας καὶ

πάρειμι (*pareimi*; 2/24) *be present or here*
Gal 4:18 μόνον ἐν τῷ **παρεῖναί** με πρὸς ὑμᾶς.
Gal 4:20 ἤθελον δὲ **παρεῖναι** πρὸς ὑμᾶς ἄρτι

παρείσακτος (*pareisaktos*; 1/1) *brought in under false pretenses*
Gal 2:4 διὰ δὲ τοὺς **παρεισάκτους** ψευδαδέλφους,

παρεισέρχομαι (*pareiserchomai*; 1/2) *come in*
Gal 2:4 οἵτινες **παρεισῆλθον** κατασκοπῆσαι τὴν ἐλευθερίαν

παρέχω (*parechō*; 1/16) *cause*
Gal 6:17 κόπους μοι μηδεὶς **παρεχέτω**·

πᾶς (*pas*; 15/1240[1243]) *each, every (pl. all)*
Gal 1:2 οἱ σὺν ἐμοὶ **πάντες** ἀδελφοὶ ταῖς ἐκκλησίαις
Gal 2:14 τῷ Κηφᾷ ἔμπροσθεν **πάντων**·
Gal 2:16 νόμου οὐ δικαιωθήσεται **πᾶσα** σάρξ.
Gal 3:8 ἐνευλογηθήσονται ἐν σοὶ **πάντα** τὰ ἔθνη·
Gal 3:10 γὰρ ὅτι ἐπικατάρατος **πᾶς** ὃς οὐκ ἐμμένει
Gal 3:10 ὃς οὐκ ἐμμένει **πᾶσιν** τοῖς γεγραμμένοις ἐν
Gal 3:13 ἐπικατάρατος **πᾶς** ὁ κρεμάμενος ἐπὶ
Gal 3:22 ἡ γραφὴ τὰ **πάντα** ὑπὸ ἁμαρτίαν,
Gal 3:26 **Πάντες** γὰρ υἱοὶ θεοῦ
Gal 3:28 **πάντες** γὰρ ὑμεῖς εἷς
Gal 4:1 διαφέρει δούλου κύριος **πάντων** ὤν,
Gal 5:3 μαρτύρομαι δὲ πάλιν **παντὶ** ἀνθρώπῳ περιτεμνομένῳ ὅτι
Gal 5:14 ὁ γὰρ **πᾶς** νόμος ἐν ἑνὶ
Gal 6:6 τῷ κατηχοῦντι ἐν **πᾶσιν** ἀγαθοῖς.
Gal 6:10 τὸ ἀγαθὸν πρὸς **πάντας**,

πάσχω (*paschō*; 1/42) *suffer*
Gal 3:4 τοσαῦτα **ἐπάθετε** εἰκῇ;

πατήρ (*patēr*; 5/413) *father*
Gal 1:1 Χριστοῦ καὶ θεοῦ **πατρὸς** τοῦ ἐγείραντος αὐτὸν
Gal 1:3 εἰρήνη ἀπὸ θεοῦ **πατρὸς** ἡμῶν καὶ κυρίου
Gal 1:4 τοῦ θεοῦ καὶ **πατρὸς** ἡμῶν,
Gal 4:2 τῆς προθεσμίας τοῦ **πατρός**.
Gal 4:6 αββα ὁ **πατήρ**.

πατρικός (*patrikos*; 1/1) *coming from one's (fore)fathers*
Gal 1:14 ζηλωτὴς ὑπάρχων τῶν **πατρικῶν** μου παραδόσεων.

Παῦλος (*Paulos*; 2/158) *Paul*
Gal 1:1 **Παῦλος** ἀπόστολος οὐκ ἀπ'
Gal 5:2 Ἴδε ἐγὼ **Παῦλος** λέγω ὑμῖν ὅτι

πείθω (*peithō*; 3/52) *persuade*
Gal 1:10 Ἄρτι γὰρ ἀνθρώπους **πείθω** ἢ τὸν θεόν;
Gal 5:7 [τῇ] ἀληθείᾳ μὴ **πείθεσθαι**;
Gal 5:10 ἐγὼ **πέποιθα** εἰς ὑμᾶς ἐν

πειράζω (*peirazō*; 1/37[38]) *test*
Gal 6:1 μὴ καὶ σὺ **πειρασθῇς**.

πειρασμός (*peirasmos*; 1/21) *testing*
Gal 4:14 καὶ τὸν **πειρασμὸν** ὑμῶν ἐν τῇ

πεισμονή (*peismonē*; 1/1) *persuasion*
Gal 5:8 ἡ **πεισμονὴ** οὐκ ἐκ τοῦ

περιπατέω (*peripateō*; 1/94[95]) *walk*
Gal 5:16 πνεύματι **περιπατεῖτε** καὶ ἐπιθυμίαν σαρκὸς

περισσοτέρως (*perissoterōs*; 1/12) *all the more*
Gal 1:14 **περισσοτέρως** ζηλωτὴς ὑπάρχων τῶν

περιτέμνω (*peritemnō*; 6/17) *circumcise*
Gal 2:3 ἠναγκάσθη **περιτμηθῆναι**·
Gal 5:2 ὑμῖν ὅτι ἐὰν **περιτέμνησθε**,
Gal 5:3 πάλιν παντὶ ἀνθρώπῳ **περιτεμνομένῳ** ὅτι ὀφειλέτης ἐστὶν
Gal 6:12 οὗτοι ἀναγκάζουσιν ὑμᾶς **περιτέμνεσθαι**,
Gal 6:13 οὐδὲ γὰρ οἱ **περιτεμνόμενοι** αὐτοὶ νόμον φυλάσσουσιν
Gal 6:13 ἀλλὰ θέλουσιν ὑμᾶς **περιτέμνεσθαι**,

περιτομή (*peritomē*; 7/36) *circumcision*
Gal 2:7 καθὼς Πέτρος τῆς **περιτομῆς**,

Gal 2:8 εἰς ἀποστολὴν τῆς **περιτομῆς** ἐνήργησεν καὶ ἐμοὶ
Gal 2:9 δὲ εἰς τὴν **περιτομήν**·
Gal 2:12 φοβούμενος τοὺς ἐκ **περιτομῆς**.
Gal 5:6 Χριστῷ Ἰησοῦ οὔτε **περιτομή** τι ἰσχύει οὔτε
Gal 5:11 εἰ **περιτομὴν** ἔτι κηρύσσω,
Gal 6:15 οὔτε γὰρ **περιτομή** τι ἐστιν οὔτε

Πέτρος (*Petros*; 2/155[156]) *Peter*
Gal 2:7 τῆς ἀκροβυστίας καθὼς **Πέτρος** τῆς περιτομῆς,
Gal 2:8 ὁ γὰρ ἐνεργήσας **Πέτρῳ** εἰς ἀποστολὴν τῆς

πηλίκος (*pēlikos*; 1/2) *how large*
Gal 6:11 ἴδετε **πηλίκοις** ὑμῖν γράμμασιν ἔγραψα

πιστεύω (*pisteuō*; 4/237[241]) *believe*
Gal 2:7 τοὐναντίον ἰδόντες ὅτι **πεπίστευμαι** τὸ εὐαγγέλιον τῆς
Gal 2:16 εἰς Χριστὸν Ἰησοῦν **ἐπιστεύσαμεν**,
Gal 3:6 Καθὼς Ἀβραὰμ **ἐπίστευσεν** τῷ θεῷ,
Gal 3:22 Χριστοῦ δοθῇ τοῖς **πιστεύουσιν**.

πίστις (*pistis*; 22/243) *faith*
Gal 1:23 νῦν εὐαγγελίζεται τὴν **πίστιν** ἥν ποτε ἐπόρθει,
Gal 2:16 ἐὰν μὴ διὰ **πίστεως** Ἰησοῦ Χριστοῦ,
Gal 2:16 ἵνα δικαιωθῶμεν ἐκ **πίστεως** Χριστοῦ καὶ
Gal 2:20 ἐν **πίστει** ζῶ τῇ τοῦ
Gal 3:2 ἢ ἐξ ἀκοῆς **πίστεως**;
Gal 3:5 ἢ ἐξ ἀκοῆς **πίστεως**;
Gal 3:7 ὅτι οἱ ἐκ **πίστεως**,
Gal 3:8 γραφὴ ὅτι ἐκ **πίστεως** δικαιοῖ τὰ ἔθνη
Gal 3:9 ὥστε οἱ ἐκ **πίστεως** εὐλογοῦνται σὺν τῷ
Gal 3:11 ὁ δίκαιος ἐκ **πίστεως** ζήσεται·
Gal 3:12 οὐκ ἔστιν ἐκ **πίστεως**,
Gal 3:14 λάβωμεν διὰ τῆς **πίστεως**.
Gal 3:22 ἡ ἐπαγγελία ἐκ **πίστεως** Ἰησοῦ Χριστοῦ δοθῇ
Gal 3:23 δὲ ἐλθεῖν τὴν **πίστιν** ὑπὸ νόμον ἐφρουρούμεθα
Gal 3:23 εἰς τὴν μέλλουσαν **πίστιν** ἀποκαλυφθῆναι,
Gal 3:24 ἵνα ἐκ **πίστεως** δικαιωθῶμεν·
Gal 3:25 ἐλθούσης δὲ τῆς **πίστεως** οὐκέτι ὑπὸ παιδαγωγόν
Gal 3:26 ἐστε διὰ τῆς **πίστεως** ἐν Χριστῷ Ἰησοῦ·
Gal 5:5 γὰρ πνεύματι ἐκ **πίστεως** ἐλπίδα δικαιοσύνης ἀπεκδεχόμεθα.
Gal 5:6 οὔτε ἀκροβυστία ἀλλὰ **πίστις** δι' ἀγάπης ἐνεργουμένη.
Gal 5:22 **πίστις**
Gal 6:10 τοὺς οἰκείους τῆς **πίστεως**.

πιστός (*pistos*; 1/67) *believing*
Gal 3:9 εὐλογοῦνται σὺν τῷ **πιστῷ** Ἀβραάμ.

πλανάω (*planaō*; 1/39) *lead astray*
Gal 6:7 Μὴ **πλανᾶσθε**,

πληρόω (*plēroō*; 1/86) *fulfill*
Gal 5:14 ἐν ἑνὶ λόγῳ **πεπλήρωται**,

πλήρωμα (*plērōma*; 1/17) *fullness*
Gal 4:4 δὲ ἦλθεν τὸ **πλήρωμα** τοῦ χρόνου,

πλησίον (*plēsion*; 1/17) *near, neighbor*
Gal 5:14 ἀγαπήσεις τὸν **πλησίον** σου ὡς σεαυτόν.

πνεῦμα (*pneuma*; 18/379) *Spirit, spirit*
Gal 3:2 ἔργων νόμου τὸ **πνεῦμα** ἐλάβετε ἢ ἐξ
Gal 3:3 ἐναρξάμενοι **πνεύματι** νῦν σαρκὶ ἐπιτελεῖσθε;
Gal 3:5 ἐπιχορηγῶν ὑμῖν τὸ **πνεῦμα** καὶ ἐνεργῶν δυνάμεις
Gal 3:14 τὴν ἐπαγγελίαν τοῦ **πνεύματος** λάβωμεν διὰ
Gal 4:6 ὁ θεὸς τὸ **πνεῦμα** τοῦ υἱοῦ αὐτοῦ
Gal 4:29 ἐδίωκεν τὸν κατὰ **πνεῦμα**,
Gal 5:5 ἡμεῖς γὰρ **πνεύματι** ἐκ πίστεως ἐλπίδα
Gal 5:16 **πνεύματι** περιπατεῖτε καὶ ἐπιθυμίαν
Gal 5:17 ἐπιθυμεῖ κατὰ τοῦ **πνεύματος**,
Gal 5:17 τὸ δὲ **πνεῦμα** κατὰ τῆς σαρκός,
Gal 5:18 εἰ δὲ **πνεύματι** ἄγεσθε,
Gal 5:22 δὲ καρπὸς τοῦ **πνεύματός** ἐστιν ἀγάπη χαρὰ
Gal 5:25 Εἰ ζῶμεν **πνεύματι**,
Gal 5:25 **πνεύματι** καὶ στοιχῶμεν.
Gal 6:1 τὸν τοιοῦτον ἐν **πνεύματι** πραΰτητος,
Gal 6:8 σπείρων εἰς τὸ **πνεῦμα** ἐκ τοῦ πνεύματος
Gal 6:8 πνεῦμα ἐκ τοῦ **πνεύματος** θερίσει ζωὴν αἰώνιον.
Gal 6:18 Χριστοῦ μετὰ τοῦ **πνεύματος** ὑμῶν,

πνευματικός (*pneumatikos*; 1/26) *spiritual*
Gal 6:1 ὑμεῖς οἱ **πνευματικοὶ** καταρτίζετε τὸν τοιοῦτον

ποιέω (*poieō*; 6/568) *do, make*
Gal 2:10 ἐσπούδασα αὐτὸ τοῦτο **ποιῆσαι**.
Gal 3:10 τοῦ νόμου τοῦ **ποιῆσαι** αὐτά.
Gal 3:12 ἀλλ' ὁ **ποιήσας** αὐτὰ ζήσεται ἐν
Gal 5:3 ὅλον τὸν νόμον **ποιῆσαι**.
Gal 5:17 ἐὰν θέλητε ταῦτα **ποιῆτε**.
Gal 6:9 τὸ δὲ καλὸν **ποιοῦντες** μὴ ἐγκακῶμεν,

πολύς (*polys*; 3/417) *much (pl. many)*
Gal 1:14 τῷ Ἰουδαϊσμῷ ὑπὲρ **πολλοὺς** συνηλικιώτας ἐν τῷ
Gal 3:16 ὡς ἐπὶ **πολλῶν** ἀλλ' ὡς ἐφ'
Gal 4:27 ὅτι **πολλὰ** τὰ τέκνα τῆς

πονηρός (*ponēros*; 1/78) *evil*
Gal 1:4 αἰῶνος τοῦ ἐνεστῶτος **πονηροῦ** κατὰ τὸ θέλημα

πορθέω (*portheō*; 2/3) *destroy*
Gal 1:13 τοῦ θεοῦ καὶ **ἐπόρθουν** αὐτήν,
Gal 1:23 πίστιν ἥν ποτε **ἐπόρθει**,

πορνεία (*porneia*; 1/25) *sexual immorality*
Gal 5:19 ἅτινά ἐστιν **πορνεία**,

ποτέ (*pote*; 4/29) *once*
Gal 1:13 τὴν ἐμὴν ἀναστροφήν **ποτε** ἐν τῷ Ἰουδαϊσμῷ,

Gal 1:23 ὁ διώκων ἡμᾶς **ποτε** νῦν εὐαγγελίζεται τὴν
Gal 1:23 τὴν πίστιν ἥν **ποτε** ἐπόρθει,
Gal 2:6 ὁποῖοί **ποτε** ἦσαν οὐδέν μοι

ποῦ (*pou*; 1/47[48]) *where*
Gal 4:15 **ποῦ** οὖν ὁ μακαρισμὸς

πράσσω (*prassō*; 1/39) *do*
Gal 5:21 οἱ τὰ τοιαῦτα **πράσσοντες** βασιλείαν θεοῦ

πραΰτης (*prautēs*; 2/11) *gentleness*
Gal 5:23 **πραΰτης** ἐγκράτεια·
Gal 6:1 τοιοῦτον ἐν πνεύματι **πραΰτητος**,

πρό (*pro*; 3/47) *before*
Gal 1:17 πρὸς τοὺς **πρὸ** ἐμοῦ ἀποστόλους,
Gal 2:12 **πρὸ** τοῦ γὰρ ἐλθεῖν
Gal 3:23 **Πρὸ** τοῦ δὲ ἐλθεῖν

προγράφω (*prographō*; 1/4) *write in former times*
Gal 3:1 ὀφθαλμοὺς Ἰησοῦς Χριστὸς **προεγράφη** ἐσταυρωμένος;

προευαγγελίζομαι (*proeuangelizomai*; 1/1) *proclaim the good news beforehand or ahead of time*
Gal 3:8 **προευηγγελίσατο** τῷ Ἀβραὰμ ὅτι

προθεσμία (*prothesmia*; 1/1) *set time*
Gal 4:2 οἰκονόμους ἄχρι τῆς **προθεσμίας** τοῦ πατρός.

προκαλέω (*prokaleō*; 1/1) *irritate*
Gal 5:26 ἀλλήλους **προκαλούμενοι**,

προκόπτω (*prokoptō*; 1/6) *advance*
Gal 1:14 καὶ **προέκοπτον** ἐν τῷ Ἰουδαϊσμῷ

προκυρόω (*prokyroō*; 1/1) *make previously*
Gal 3:17 διαθήκην **προκεκυρωμένην** ὑπὸ τοῦ θεοῦ

προλαμβάνω (*prolambanō*; 1/3) *do (something) ahead of time*
Gal 6:1 ἐὰν καὶ **προλημφθῇ** ἄνθρωπος ἔν τινι

προλέγω (*prolegō*; 3/15) *say or warn beforehand*
Gal 1:9 ὡς **προειρήκαμεν** καὶ ἄρτι πάλιν
Gal 5:21 ἃ **προλέγω** ὑμῖν,
Gal 5:21 καθὼς **προεῖπον** ὅτι οἱ τὰ

προοράω (*prooraō*; 1/4) *see ahead of time*
Gal 3:8 **προϊδοῦσα** δὲ ἡ γραφὴ

πρός (*pros*; 9/699[700]) *to, toward, at*
Gal 1:17 ἀνῆλθον εἰς Ἱεροσόλυμα **πρὸς** τοὺς πρὸ ἐμοῦ
Gal 1:18 Κηφᾶν καὶ ἐπέμεινα **πρὸς** αὐτὸν ἡμέρας δεκαπέντε,
Gal 2:5 οἷς οὐδὲ **πρὸς** ὥραν εἴξαμεν τῇ
Gal 2:5 τοῦ εὐαγγελίου διαμείνῃ **πρὸς** ὑμᾶς.
Gal 2:14 ὅτι οὐκ ὀρθοποδοῦσιν **πρὸς** τὴν ἀλήθειαν
Gal 4:18 τῷ παρεῖναί με **πρὸς** ὑμᾶς.
Gal 4:20 ἤθελον δὲ παρεῖναι **πρὸς** ὑμᾶς ἄρτι καὶ
Gal 6:10 ἐργαζώμεθα τὸ ἀγαθὸν **πρὸς** πάντας,
Gal 6:10 μάλιστα δὲ **πρὸς** τοὺς οἰκείους τῆς

προσανατίθημι (*prosanatithēmi*; 2/2) *go (to someone) for advice, add to*
Gal 1:16 εὐθέως οὐ **προσανεθέμην** σαρκὶ καὶ αἵματι
Gal 2:6 οἱ δοκοῦντες οὐδὲν **προσανέθεντο**,

προστίθημι (*prostithēmi*; 1/18) *add*
Gal 3:19 τῶν παραβάσεων χάριν **προσετέθη**,

πρόσωπον (*prosōpon*; 3/76) *face*
Gal 1:22 δὲ ἀγνοούμενος τῷ **προσώπῳ** ταῖς ἐκκλησίαις τῆς
Gal 2:6 **πρόσωπον** [ὁ] θεὸς ἀνθρώπου
Gal 2:11 κατὰ **πρόσωπον** αὐτῷ ἀντέστην,

πρότερος (*proteros*; 1/11) *former*
Gal 4:13 εὐηγγελισάμην ὑμῖν τὸ **πρότερον**,

πτωχός (*ptōchos*; 2/34) *poor*
Gal 2:10 μόνον τῶν **πτωχῶν** ἵνα μνημονεύωμεν,
Gal 4:9 τὰ ἀσθενῆ καὶ **πτωχὰ** στοιχεῖα οἷς πάλιν

πώς (*pōs*; 2/15) *somehow*
Gal 2:2 μή **πως** εἰς κενὸν τρέχω
Gal 4:11 φοβοῦμαι ὑμᾶς μή **πως** εἰκῇ κεκοπίακα εἰς

πῶς (*pōs*; 2/103) *how*
Gal 2:14 **πῶς** τὰ ἔθνη ἀναγκάζεις
Gal 4:9 **πῶς** ἐπιστρέφετε πάλιν ἐπὶ

ῥήγνυμι (*rhēgnymi*; 1/7) *burst, attack, break forth*
Gal 4:27 **ῥῆξον** καὶ βόησον,

σάρξ (*sarx*; 18/147) *flesh*
Gal 1:16 εὐθέως οὐ προσανεθέμην **σαρκὶ** καὶ αἵματι
Gal 2:16 οὐ δικαιωθήσεται πᾶσα **σάρξ**.
Gal 2:20 νῦν ζῶ ἐν **σαρκί**,
Gal 3:3 ἐναρξάμενοι πνεύματι νῦν **σαρκὶ** ἐπιτελεῖσθε;
Gal 4:13 δι' ἀσθένειαν τῆς **σαρκὸς** εὐηγγελισάμην ὑμῖν τὸ
Gal 4:14 ὑμῶν ἐν τῇ **σαρκί** μου οὐκ ἐξουθενήσατε
Gal 4:23 τῆς παιδίσκης κατὰ **σάρκα** γεγέννηται,
Gal 4:29 τότε ὁ κατὰ **σάρκα** γεννηθεὶς ἐδίωκεν τὸν
Gal 5:13 εἰς ἀφορμὴν τῇ **σαρκί**,
Gal 5:16 περιπατεῖτε καὶ ἐπιθυμίαν **σαρκὸς** οὐ μὴ τελέσητε.
Gal 5:17 ἡ γὰρ **σὰρξ** ἐπιθυμεῖ κατὰ τοῦ
Gal 5:17 πνεῦμα κατὰ τῆς **σαρκός**,
Gal 5:19 τὰ ἔργα τῆς **σαρκός**,

Gal 5:24 Χριστοῦ ['Ιησοῦ] τὴν **σάρκα** ἐσταύρωσαν σὺν
Gal 6:8 σπείρων εἰς τὴν **σάρκα** ἑαυτοῦ ἐκ τῆς
Gal 6:8 ἑαυτοῦ ἐκ τῆς **σαρκὸς** θερίσει φθοράν,
Gal 6:12 θέλουσιν εὐπροσωπῆσαι ἐν **σαρκί**,
Gal 6:13 ἐν τῇ ὑμετέρᾳ **σαρκὶ** καυχήσωνται.

σεαυτοῦ (*seautou*; 2/43) *yourself*
Gal 5:14 πλησίον σου ὡς **σεαυτόν**.
Gal 6:1 σκοπῶν **σεαυτὸν** μὴ καὶ σὺ

Σινᾶ (*Sina*; 2/4) *Sinai*
Gal 4:24 μὲν ἀπὸ ὄρους **Σινᾶ** εἰς δουλείαν γεννῶσα,
Gal 4:25 τὸ δὲ 'Αγὰρ **Σινᾶ** ὄρος ἐστὶν ἐν

σκάνδαλον (*skandalon*; 1/15) *stumbling block*
Gal 5:11 ἄρα κατήργηται τὸ **σκάνδαλον** τοῦ σταυροῦ.

σκοπέω (*skopeō*; 1/6) *pay attention to*
Gal 6:1 **σκοπῶν** σεαυτὸν μὴ καὶ

σπείρω (*speirō*; 3/52) *sow*
Gal 6:7 ὃ γὰρ ἐὰν **σπείρῃ** ἄνθρωπος,
Gal 6:8 ὅτι ὁ **σπείρων** εἰς τὴν σάρκα
Gal 6:8 ὁ δὲ **σπείρων** εἰς τὸ πνεῦμα

σπέρμα (*sperma*; 5/43) *seed*
Gal 3:16 ἐπαγγελίαι καὶ τῷ **σπέρματι** αὐτοῦ.
Gal 3:16 καὶ τοῖς **σπέρμασιν**,
Gal 3:16 καὶ τῷ **σπέρματί** σου,
Gal 3:19 οὗ ἔλθῃ τὸ **σπέρμα** ᾧ ἐπήγγελται,
Gal 3:29 ἄρα τοῦ 'Αβραὰμ **σπέρμα** ἐστέ,

σπουδάζω (*spoudazō*; 1/11) *do one's best*
Gal 2:10 ὃ καὶ **ἐσπούδασα** αὐτὸ τοῦτο ποιῆσαι.

σταυρός (*stauros*; 3/27) *cross*
Gal 5:11 τὸ σκάνδαλον τοῦ **σταυροῦ**.
Gal 6:12 μόνον ἵνα τῷ **σταυρῷ** τοῦ Χριστοῦ μὴ
Gal 6:14 μὴ ἐν τῷ **σταυρῷ** τοῦ κυρίου ἡμῶν

σταυρόω (*stauroō*; 3/46) *crucify*
Gal 3:1 'Ιησοῦς Χριστὸς προεγράφη **ἐσταυρωμένος**;
Gal 5:24 ['Ιησοῦ] τὴν σάρκα **ἐσταύρωσαν** σὺν τοῖς παθήμασιν
Gal 6:14 οὗ ἐμοὶ κόσμος **ἐσταύρωται** κἀγὼ κόσμῳ.

στεῖρα (*steira*; 1/5) *a woman incapable of having children*
Gal 4:27 **στεῖρα** ἡ οὐ τίκτουσα,

στήκω (*stēkō*; 1/9) *stand*
Gal 5:1 **στήκετε** οὖν καὶ μὴ

στίγμα (*stigma*; 1/1) *mark*
Gal 6:17 ἐγὼ γὰρ τὰ **στίγματα** τοῦ 'Ιησοῦ ἐν

στοιχεῖον (*stoicheion*; 2/7) *elements*
Gal 4:3 ὑπὸ τὰ **στοιχεῖα** τοῦ κόσμου ἤμεθα
Gal 4:9 ἀσθενῆ καὶ πτωχὰ **στοιχεῖα** οἷς πάλιν ἄνωθεν

στοιχέω (*stoicheō*; 2/5) *walk*
Gal 5:25 πνεύματι καὶ **στοιχῶμεν**.
Gal 6:16 τῷ κανόνι τούτῳ **στοιχήσουσιν**,

στῦλος (*stylos*; 1/4) *pillar*
Gal 2:9 οἱ δοκοῦντες **στῦλοι** εἶναι,

σύ (*sy*; 5/1063[1067]) *you (sg.)*
Gal 2:14 εἰ **σὺ** 'Ιουδαῖος ὑπάρχων ἐθνικῶς
Gal 3:8 ὅτι ἐνευλογηθήσονται ἐν **σοὶ** πάντα τὰ ἔθνη·
Gal 3:16 καὶ τῷ σπέρματί **σου**,
Gal 5:14 ἀγαπήσεις τὸν πλησίον **σου** ὡς σεαυτόν.
Gal 6:1 σεαυτὸν μὴ καὶ **σὺ** πειρασθῇς.

συγκλείω (*synkleiō*; 2/4) *make or keep someone a prisoner*
Gal 3:22 ἀλλὰ **συνέκλεισεν** ἡ γραφὴ τὰ
Gal 3:23 ὑπὸ νόμον ἐφρουρούμεθα **συγκλειόμενοι** εἰς τὴν μέλλουσαν

συμπαραλαμβάνω (*symparalambanō*; 1/4) *take or bring along with*
Gal 2:1 'Ιεροσόλυμα μετὰ Βαρναβᾶ **συμπαραλαβὼν** καὶ Τίτον·

σύν (*syn*; 4/128) *with*
Gal 1:2 καὶ οἱ **σὺν** ἐμοὶ πάντες ἀδελφοὶ
Gal 2:3 οὐδὲ Τίτος ὁ **σὺν** ἐμοί,
Gal 3:9 ἐκ πίστεως εὐλογοῦνται **σὺν** τῷ πιστῷ 'Αβραάμ.
Gal 5:24 τὴν σάρκα ἐσταύρωσαν **σὺν** τοῖς παθήμασιν

συναπάγω (*synapagō*; 1/3) *be carried away or led astray*
Gal 2:13 ὥστε καὶ Βαρναβᾶς **συναπήχθη** αὐτῶν τῇ ὑποκρίσει.

συνεσθίω (*synesthiō*; 1/5) *eat with*
Gal 2:12 μετὰ τῶν ἐθνῶν **συνήσθιεν**·

συνηλικιώτης (*synēlikiōtēs*; 1/1) *contemporary*
Gal 1:14 'Ιουδαϊσμῷ ὑπὲρ πολλοὺς **συνηλικιώτας** ἐν τῷ γένει

συνίστημι (*synistēmi*; 1/16) *recommend*
Gal 2:18 παραβάτην ἐμαυτὸν **συνιστάνω**.

συνυποκρίνομαι (*synypokrinomai*; 1/1) *join in acting with insincerity or cowardice*
Gal 2:13 καὶ **συνυπεκρίθησαν** αὐτῷ [καὶ] οἱ

Συρία (*Syria*; 1/8) *Syria*
Gal 1:21 τὰ κλίματα τῆς **Συρίας** καὶ τῆς Κιλικίας·

συσταυρόω (*systauroō*; 1/5) *be crucified together*
Gal 2:19 Χριστῷ **συνεσταύρωμαι**·

συστοιχέω (*systoicheō*; 1/1) *correspond to*
Gal 4:25 **συστοιχεῖ** δὲ τῇ νῦν

σῶμα (*sōma*; 1/142) *body*
Gal 6:17 Ἰησοῦ ἐν τῷ **σώματί** μου βαστάζω.

ταράσσω (*tarassō*; 2/17) *trouble*
Gal 1:7 τινες εἰσιν οἱ **ταράσσοντες** ὑμᾶς καὶ θέλοντες
Gal 5:10 ὁ δὲ **ταράσσων** ὑμᾶς βαστάσει τὸ

ταχέως (*tacheōs*; 1/15) *quickly*
Gal 1:6 Θαυμάζω ὅτι οὕτως **ταχέως** μετατίθεσθε ἀπὸ

τέκνον (*teknon*; 5/99) *child*
Gal 4:19 **τέκνα** μου,
Gal 4:25 γὰρ μετὰ τῶν **τέκνων** αὐτῆς.
Gal 4:27 ὅτι πολλὰ τὰ **τέκνα** τῆς ἐρήμου μᾶλλον
Gal 4:28 κατὰ Ἰσαὰκ ἐπαγγελίας **τέκνα** ἐστέ.
Gal 4:31 οὐκ ἐσμὲν παιδίσκης **τέκνα** ἀλλὰ τῆς ἐλευθέρας.

τελέω (*teleō*; 1/28) *finish*
Gal 5:16 σαρκὸς οὐ μὴ **τελέσητε**.

τετρακόσιοι (*tetrakosioi*; 1/4) *four hundred*
Gal 3:17 θεοῦ ὁ μετὰ **τετρακόσια** καὶ τριάκοντα ἔτη

τίκτω (*tiktō*; 1/18) *bear*
Gal 4:27 στεῖρα ἡ οὐ **τίκτουσα**,

τίς (*tis*; 5/545[546]) *who; what, why*
Gal 3:1 **τίς** ὑμᾶς ἐβάσκανεν,
Gal 3:19 **Τί** οὖν ὁ νόμος;
Gal 4:30 ἀλλὰ **τί** λέγει ἡ γραφή;
Gal 5:7 **τίς** ὑμᾶς ἐνέκοψεν [τῇ]
Gal 5:11 **τί** ἔτι διώκομαι;

τις (*tis*; 9/542[543]) *anyone, anything*
Gal 1:7 εἰ μή **τινες** εἰσιν οἱ ταράσσοντες
Gal 1:9 εἴ **τις** ὑμᾶς εὐαγγελίζεται παρ'
Gal 2:6 τῶν δοκούντων εἶναί **τι**,
Gal 2:12 τοῦ γὰρ ἐλθεῖν **τινας** ἀπὸ Ἰακώβου μετὰ
Gal 5:6 Ἰησοῦ οὔτε περιτομή **τι** ἰσχύει οὔτε ἀκροβυστία
Gal 6:1 προλημφθῇ ἄνθρωπος ἔν **τινι** παραπτώματι,
Gal 6:3 εἰ γὰρ δοκεῖ **τις** εἶναί τι μηδὲν
Gal 6:3 δοκεῖ τις εἶναί **τι** μηδὲν ὤν,
Gal 6:15 οὔτε γὰρ περιτομή **τι** ἐστιν οὔτε ἀκροβυστία

Τίτος (*Titos*; 2/13) *Titus*
Gal 2:1 Βαρναβᾶ συμπαραλαβὼν καὶ **Τίτον**·
Gal 2:3 ἀλλ' οὐδὲ **Τίτος** ὁ σὺν ἐμοί,

τοιοῦτος (*toioutos*; 3/56[57]) *such*
Gal 5:21 ὅτι οἱ τὰ **τοιαῦτα** πράσσοντες βασιλείαν θεοῦ
Gal 5:23 κατὰ τῶν **τοιούτων** οὐκ ἔστιν νόμος.
Gal 6:1 πνευματικοὶ καταρτίζετε τὸν **τοιοῦτον** ἐν πνεύματι πραΰτητος,

τοσοῦτος (*tosoutos*; 1/20) *so much (pl. so many)*
Gal 3:4 **τοσαῦτα** ἐπάθετε εἰκῇ;

τότε (*tote*; 3/160) *then*
Gal 4:8 Ἀλλὰ **τότε** μὲν οὐκ εἰδότες
Gal 4:29 ἀλλ' ὥσπερ **τότε** ὁ κατὰ σάρκα
Gal 6:4 καὶ **τότε** εἰς ἑαυτὸν μόνον

τρεῖς (*treis*; 1/69) *three*
Gal 1:18 Ἔπειτα μετὰ ἔτη **τρία** ἀνῆλθον εἰς Ἱεροσόλυμα

τρέχω (*trechō*; 3/20) *run*
Gal 2:2 πως εἰς κενὸν **τρέχω** ἢ ἔδραμον.
Gal 2:2 κενὸν τρέχω ἢ **ἔδραμον**.
Gal 5:7 **Ἐτρέχετε** καλῶς·

τριάκοντα (*triakonta*; 1/11) *thirty*
Gal 3:17 μετὰ τετρακόσια καὶ **τριάκοντα** ἔτη γεγονὼς νόμος

υἱοθεσία (*huiothesia*; 1/5) *adoption*
Gal 4:5 ἵνα τὴν **υἱοθεσίαν** ἀπολάβωμεν.

υἱός (*huios*; 13/377) *son*
Gal 1:16 ἀποκαλύψαι τὸν **υἱὸν** αὐτοῦ ἐν ἐμοί,
Gal 2:20 ζῶ τῇ τοῦ **υἱοῦ** τοῦ θεοῦ τοῦ
Gal 3:7 οὗτοι **υἱοί** εἰσιν Ἀβραάμ.
Gal 3:26 Πάντες γὰρ **υἱοὶ** θεοῦ ἐστε διὰ
Gal 4:4 ὁ θεὸς τὸν **υἱὸν** αὐτοῦ,
Gal 4:6 Ὅτι δέ ἐστε **υἱοί**,
Gal 4:6 τὸ πνεῦμα τοῦ **υἱοῦ** αὐτοῦ εἰς τὰς
Gal 4:7 εἶ δοῦλος ἀλλὰ **υἱός**·
Gal 4:7 εἰ δὲ **υἱός**,
Gal 4:22 ὅτι Ἀβραὰμ δύο **υἱοὺς** ἔσχεν,
Gal 4:30 παιδίσκην καὶ τὸν **υἱὸν** αὐτῆς·
Gal 4:30 μὴ κληρονομήσει ὁ **υἱὸς** τῆς παιδίσκης μετὰ
Gal 4:30 παιδίσκης μετὰ τοῦ **υἱοῦ** τῆς ἐλευθέρας.

ὑμεῖς (*hymeis*; 47/1832) *you (pl.)*
Gal 1:3 χάρις **ὑμῖν** καὶ εἰρήνη ἀπὸ
Gal 1:6 ἀπὸ τοῦ καλέσαντος **ὑμᾶς** ἐν χάριτι [Χριστοῦ]
Gal 1:7 εἰσιν οἱ ταράσσοντες **ὑμᾶς** καὶ θέλοντες μεταστρέψαι
Gal 1:8 ἐξ οὐρανοῦ εὐαγγελίζηται **[ὑμῖν]** παρ' ὃ εὐηγγελισάμεθα
Gal 1:8 παρ' ὃ εὐηγγελισάμεθα **ὑμῖν**,
Gal 1:9 εἴ τις **ὑμᾶς** εὐαγγελίζεται παρ' ὃ
Gal 1:11 Γνωρίζω γὰρ **ὑμῖν**,
Gal 1:20 ἃ δὲ γράφω **ὑμῖν**,
Gal 2:5 εὐαγγελίου διαμείνῃ πρὸς **ὑμᾶς**.
Gal 3:1 τίς **ὑμᾶς** ἐβάσκανεν,

Gal 3:2 θέλω μαθεῖν ἀφ’ **ὑμῶν**·
Gal 3:5 ὁ οὖν ἐπιχορηγῶν **ὑμῖν** τὸ πνεῦμα καὶ
Gal 3:5 ἐνεργῶν δυνάμεις ἐν **ὑμῖν**,
Gal 3:28 πάντες γὰρ **ὑμεῖς** εἷς ἐστε ἐν
Gal 3:29 εἰ δὲ **ὑμεῖς** Χριστοῦ,
Gal 4:11 φοβοῦμαι **ὑμᾶς** μή πως εἰκῇ
Gal 4:11 εἰκῇ κεκοπίακα εἰς **ὑμᾶς**.
Gal 4:12 ὅτι κἀγὼ ὡς **ὑμεῖς**,
Gal 4:12 δέομαι **ὑμῶν**.
Gal 4:13 τῆς σαρκὸς εὐηγγελισάμην **ὑμῖν** τὸ πρότερον,
Gal 4:14 καὶ τὸν πειρασμὸν **ὑμῶν** ἐν τῇ σαρκί
Gal 4:15 οὖν ὁ μακαρισμὸς **ὑμῶν**;
Gal 4:15 μαρτυρῶ γὰρ **ὑμῖν** ὅτι εἰ δυνατὸν
Gal 4:15 δυνατὸν τοὺς ὀφθαλμοὺς **ὑμῶν** ἐξορύξαντες ἐδώκατέ μοι.
Gal 4:16 ὥστε ἐχθρὸς **ὑμῶν** γέγονα ἀληθεύων ὑμῖν;
Gal 4:16 ὑμῶν γέγονα ἀληθεύων **ὑμῖν**;
Gal 4:17 ζηλοῦσιν **ὑμᾶς** οὐ καλῶς,
Gal 4:17 ἀλλὰ ἐκκλεῖσαι **ὑμᾶς** θέλουσιν,
Gal 4:18 παρεῖναί με πρὸς **ὑμᾶς**.
Gal 4:19 μορφωθῇ Χριστὸς ἐν **ὑμῖν**·
Gal 4:20 δὲ παρεῖναι πρὸς **ὑμᾶς** ἄρτι καὶ ἀλλάξαι
Gal 4:20 ὅτι ἀποροῦμαι ἐν **ὑμῖν**.
Gal 4:28 **ὑμεῖς** δέ,
Gal 5:2 ἐγὼ Παῦλος λέγω **ὑμῖν** ὅτι ἐὰν περιτέμνησθε,
Gal 5:2 Χριστὸς **ὑμᾶς** οὐδὲν ὠφελήσει.
Gal 5:7 τίς **ὑμᾶς** ἐνέκοψεν [τῇ] ἀληθείᾳ
Gal 5:8 ἐκ τοῦ καλοῦντος **ὑμᾶς**.
Gal 5:10 ἐγὼ πέποιθα εἰς **ὑμᾶς** ἐν κυρίῳ ὅτι
Gal 5:10 ὁ δὲ ταράσσων **ὑμᾶς** βαστάσει τὸ κρίμα,
Gal 5:12 ἀποκόψονται οἱ ἀναστατοῦντες **ὑμᾶς**.
Gal 5:13 **ὑμεῖς** γὰρ ἐπ’ ἐλευθερίᾳ
Gal 5:21 ἃ προλέγω **ὑμῖν**,
Gal 6:1 **ὑμεῖς** οἱ πνευματικοὶ καταρτίζετε
Gal 6:11 ἴδετε πηλίκοις **ὑμῖν** γράμμασιν ἔγραψα τῇ
Gal 6:12 οὗτοι ἀναγκάζουσιν **ὑμᾶς** περιτέμνεσθαι,
Gal 6:13 φυλάσσουσιν ἀλλὰ θέλουσιν **ὑμᾶς** περιτέμνεσθαι,
Gal 6:18 μετὰ τοῦ πνεύματος **ὑμῶν**,

ὑμέτερος (*hymeteros*; 1/11) *your (pl.)*
Gal 6:13 ἵνα ἐν τῇ **ὑμετέρᾳ** σαρκὶ καυχήσωνται.

ὑπάρχω (*hyparchō*; 2/60) *be*
Gal 1:14 περισσοτέρως ζηλωτὴς **ὑπάρχων** τῶν πατρικῶν μου
Gal 2:14 εἰ σὺ Ἰουδαῖος **ὑπάρχων** ἐθνικῶς καὶ οὐχὶ

ὑπέρ (*hyper*; 4/150) *for, concerning, over*
Gal 1:4 τοῦ δόντος ἑαυτὸν **ὑπὲρ** τῶν ἁμαρτιῶν ἡμῶν,
Gal 1:14 ἐν τῷ Ἰουδαϊσμῷ **ὑπὲρ** πολλοὺς συνηλικιώτας ἐν
Gal 2:20 καὶ παραδόντος ἑαυτὸν **ὑπὲρ** ἐμοῦ.
Gal 3:13 τοῦ νόμου γενόμενος **ὑπὲρ** ἡμῶν κατάρα,

ὑπερβολή (*hyperbolē*; 1/8) *surpassing or outstanding quality*
Gal 1:13 ὅτι καθ’ **ὑπερβολὴν** ἐδίωκον τὴν ἐκκλησίαν

ὑπό (*hypo*; 14/219[220]) *by, under*
Gal 1:11 εὐαγγέλιον τὸ εὐαγγελισθὲν **ὑπ’** ἐμοῦ ὅτι
Gal 3:10 **ὑπὸ** κατάραν εἰσίν·
Gal 3:17 διαθήκην προκεκυρωμένην **ὑπὸ** τοῦ θεοῦ ὁ
Gal 3:22 γραφὴ τὰ πάντα **ὑπὸ** ἁμαρτίαν,
Gal 3:23 ἐλθεῖν τὴν πίστιν **ὑπὸ** νόμον ἐφρουρούμεθα συγκλειόμενοι
Gal 3:25 τῆς πίστεως οὐκέτι **ὑπὸ** παιδαγωγόν ἐσμεν.
Gal 4:2 ἀλλὰ **ὑπὸ** ἐπιτρόπους ἐστὶν καὶ
Gal 4:3 **ὑπὸ** τὰ στοιχεῖα τοῦ
Gal 4:4 γενόμενον **ὑπὸ** νόμον,
Gal 4:5 ἵνα τοὺς **ὑπὸ** νόμον ἐξαγοράσῃ,
Gal 4:9 μᾶλλον δὲ γνωσθέντες **ὑπὸ** θεοῦ,
Gal 4:21 οἱ **ὑπὸ** νόμον θέλοντες εἶναι,
Gal 5:15 βλέπετε μὴ **ὑπ’** ἀλλήλων ἀναλωθῆτε.
Gal 5:18 οὐκ ἐστὲ **ὑπὸ** νόμον.

ὑπόκρισις (*hypokrisis*; 1/6) *hypocrisy*
Gal 2:13 συναπήχθη αὐτῶν τῇ **ὑποκρίσει**.

ὑποστέλλω (*hypostellō*; 1/4) *draw back*
Gal 2:12 **ὑπέστελλεν** καὶ ἀφώριζεν ἑαυτόν

ὑποστρέφω (*hypostrephō*; 1/35) *return*
Gal 1:17 Ἀραβίαν καὶ πάλιν **ὑπέστρεψα** εἰς Δαμασκόν.

ὑποταγή (*hypotagē*; 1/4) *obedience*
Gal 2:5 ὥραν εἴξαμεν τῇ **ὑποταγῇ**,

φανερός (*phaneros*; 1/18) *known*
Gal 5:19 **φανερὰ** δέ ἐστιν τὰ

φαρμακεία (*pharmakeia*; 1/2) *sorcery*
Gal 5:20 **φαρμακεία**,

φθονέω (*phthoneō*; 1/1) *envy*
Gal 5:26 ἀλλήλοις **φθονοῦντες**.

φθόνος (*phthonos*; 1/9) *envy*
Gal 5:21 **φθόνοι**,

φθορά (*phthora*; 1/9) *decay*
Gal 6:8 τῆς σαρκὸς θερίσει **φθοράν**,

φοβέομαι (*phobeomai*; 2/95) *fear*
Gal 2:12 καὶ ἀφώριζεν ἑαυτόν **φοβούμενος** τοὺς ἐκ περιτομῆς.
Gal 4:11 **φοβοῦμαι** ὑμᾶς μή πως

φορτίον (*phortion*; 1/6) *burden*
Gal 6:5 γὰρ τὸ ἴδιον **φορτίον** βαστάσει.

φρεναπατάω (*phrenapataō*; 1/1) *deceive*
Gal 6:3 **φρεναπατᾷ** ἑαυτόν.

φρονέω (*phroneō*; 1/26) *think*
Gal 5:10 ὅτι οὐδὲν ἄλλο **φρονήσετε**·

φρουρέω (*phroureō*; 1/4) *guard*
Gal 3:23 πίστιν ὑπὸ νόμον **ἐφρουρούμεθα** συγκλειόμενοι εἰς τὴν

φυλάσσω (*phylassō*; 1/31) *guard*
Gal 6:13 περιτεμνόμενοι αὐτοὶ νόμον **φυλάσσουσιν** ἀλλὰ θέλουσιν ὑμᾶς

φύραμα (*phyrama*; 1/5) *lump*
Gal 5:9 ζύμη ὅλον τὸ **φύραμα** ζυμοῖ.

φύσις (*physis*; 2/14) *nature*
Gal 2:15 ἡμεῖς **φύσει** Ἰουδαῖοι καὶ οὐκ
Gal 4:8 θεὸν ἐδουλεύσατε τοῖς **φύσει** μὴ οὖσιν θεοῖς·

φωνή (*phōnē*; 1/139) *voice*
Gal 4:20 καὶ ἀλλάξαι τὴν **φωνήν** μου,

χαρά (*chara*; 1/59) *joy*
Gal 5:22 πνεύματός ἐστιν ἀγάπη **χαρὰ** εἰρήνη,

χαρίζομαι (*charizomai*; 1/23) *grant, forgive*
Gal 3:18 Ἀβραὰμ δι᾽ ἐπαγγελίας **κεχάρισται** ὁ θεός.

χάριν (*charin*; 1/9) *for the sake of*
Gal 3:19 τῶν παραβάσεων **χάριν** προσετέθη,

χάρις (*charis*; 7/155) *grace*
Gal 1:3 **χάρις** ὑμῖν καὶ εἰρήνη
Gal 1:6 καλέσαντος ὑμᾶς ἐν **χάριτι** [Χριστοῦ] εἰς ἕτερον
Gal 1:15 καλέσας διὰ τῆς **χάριτος** αὐτοῦ
Gal 2:9 καὶ γνόντες τὴν **χάριν** τὴν δοθεῖσάν μοι,
Gal 2:21 Οὐκ ἀθετῶ τὴν **χάριν** τοῦ θεοῦ·
Gal 5:4 τῆς **χάριτος** ἐξεπέσατε.
Gal 6:18 Ἡ **χάρις** τοῦ κυρίου ἡμῶν

χείρ (*cheir*; 2/175[177]) *hand*
Gal 3:19 δι᾽ ἀγγέλων ἐν **χειρὶ** μεσίτου.
Gal 6:11 ἔγραψα τῇ ἐμῇ **χειρί**.

χρηστότης (*chrēstotēs*; 1/10) *kindness*
Gal 5:22 μακροθυμία **χρηστότης** ἀγαθωσύνη,

Χριστός (*Christos*; 38/529) *Christ*
Gal 1:1 ἀλλὰ διὰ Ἰησοῦ **Χριστοῦ** καὶ θεοῦ πατρὸς
Gal 1:3 καὶ κυρίου Ἰησοῦ **Χριστοῦ**
Gal 1:6 ὑμᾶς ἐν χάριτι **[Χριστοῦ]** εἰς ἕτερον εὐαγγέλιον,
Gal 1:7 τὸ εὐαγγέλιον τοῦ **Χριστοῦ**.
Gal 1:10 **Χριστοῦ** δοῦλος οὐκ ἂν
Gal 1:12 δι᾽ ἀποκαλύψεως Ἰησοῦ **Χριστοῦ**.
Gal 1:22 Ἰουδαίας ταῖς ἐν **Χριστῷ**.
Gal 2:4 ἣν ἔχομεν ἐν **Χριστῷ** Ἰησοῦ,
Gal 2:16 διὰ πίστεως Ἰησοῦ **Χριστοῦ**,
Gal 2:16 καὶ ἡμεῖς εἰς **Χριστὸν** Ἰησοῦν ἐπιστεύσαμεν,
Gal 2:16 δικαιωθῶμεν ἐκ πίστεως **Χριστοῦ** καὶ οὐκ ἐξ
Gal 2:17 ζητοῦντες δικαιωθῆναι ἐν **Χριστῷ** εὑρέθημεν καὶ αὐτοὶ
Gal 2:17 ἆρα **Χριστὸς** ἁμαρτίας διάκονος;
Gal 2:19 **Χριστῷ** συνεσταύρωμαι·
Gal 2:20 δὲ ἐν ἐμοὶ **Χριστός**·
Gal 2:21 ἄρα **Χριστὸς** δωρεὰν ἀπέθανεν.
Gal 3:1 κατ᾽ ὀφθαλμοὺς Ἰησοῦς **Χριστὸς** προεγράφη ἐσταυρωμένος;
Gal 3:13 **Χριστὸς** ἡμᾶς ἐξηγόρασεν ἐκ
Gal 3:14 Ἀβραὰμ γένηται ἐν **Χριστῷ** Ἰησοῦ,
Gal 3:16 ὅς ἐστιν **Χριστός**.
Gal 3:22 ἐκ πίστεως Ἰησοῦ **Χριστοῦ** δοθῇ τοῖς πιστεύουσιν.
Gal 3:24 ἡμῶν γέγονεν εἰς **Χριστόν**,
Gal 3:26 τῆς πίστεως ἐν **Χριστῷ** Ἰησοῦ·
Gal 3:27 ὅσοι γὰρ εἰς **Χριστὸν** ἐβαπτίσθητε,
Gal 3:27 **Χριστὸν** ἐνεδύσασθε.
Gal 3:28 εἷς ἐστε ἐν **Χριστῷ** Ἰησοῦ.
Gal 3:29 εἰ δὲ ὑμεῖς **Χριστοῦ**,
Gal 4:14 ὡς **Χριστὸν** Ἰησοῦν.
Gal 4:19 μέχρις οὗ μορφωθῇ **Χριστὸς** ἐν ὑμῖν·
Gal 5:1 Τῇ ἐλευθερίᾳ ἡμᾶς **Χριστὸς** ἠλευθέρωσεν·
Gal 5:2 **Χριστὸς** ὑμᾶς οὐδὲν ὠφελήσει.
Gal 5:4 κατηργήθητε ἀπὸ **Χριστοῦ**,
Gal 5:6 ἐν γὰρ **Χριστῷ** Ἰησοῦ οὔτε περιτομή
Gal 5:24 οἱ δὲ τοῦ **Χριστοῦ** [Ἰησοῦ] τὴν σάρκα
Gal 6:2 τὸν νόμον τοῦ **Χριστοῦ**.
Gal 6:12 τῷ σταυρῷ τοῦ **Χριστοῦ** μὴ διώκωνται.
Gal 6:14 κυρίου ἡμῶν Ἰησοῦ **Χριστοῦ**,
Gal 6:18 κυρίου ἡμῶν Ἰησοῦ **Χριστοῦ** μετὰ τοῦ πνεύματος

χρόνος (*chronos*; 2/54) *time*
Gal 4:1 ἐφ᾽ ὅσον **χρόνον** ὁ κληρονόμος νήπιός
Gal 4:4 τὸ πλήρωμα τοῦ **χρόνου**,

ψευδάδελφος (*pseudadelphos*; 1/2) *false brother*
Gal 2:4 δὲ τοὺς παρεισάκτους **ψευδαδέλφους**,

ψεύδομαι (*pseudomai*; 1/12) *lie, speak falsehood*
Gal 1:20 θεοῦ ὅτι οὐ **ψεύδομαι**.

ὦ (*ō*; 1/20) *O*
Gal 3:1 **Ὦ** ἀνόητοι Γαλάται,

ὠδίνω (*ōdinō*; 2/3) *suffer birth-pains*
Gal 4:19 οὓς πάλιν **ὠδίνω** μέχρις οὗ μορφωθῇ
Gal 4:27 ἡ οὐκ **ὠδίνουσα**·

ὥρα (*hōra*; 1/106) *hour*
Gal 2:5 οἷς οὐδὲ πρὸς **ὥραν** εἴξαμεν τῇ ὑποταγῇ,

ὡς (*hōs*; 9/503[504]) *as*
Gal 1:9 **ὡς** προειρήκαμεν καὶ ἄρτι
Gal 3:16 **ὡς** ἐπὶ πολλῶν ἀλλ᾽
Gal 3:16 ἐπὶ πολλῶν ἀλλ᾽ **ὡς** ἐφ᾽ ἑνός·
Gal 4:12 Γίνεσθε **ὡς** ἐγώ,
Gal 4:12 ὅτι κἀγὼ **ὡς** ὑμεῖς,
Gal 4:14 ἀλλὰ **ὡς** ἄγγελον θεοῦ ἐδέξασθέ

Gal 4:14 **ὡς** Χριστὸν Ἰησοῦν.
Gal 5:14 τὸν πλησίον σου **ὡς** σεαυτόν.
Gal 6:10 Ἄρα οὖν **ὡς** καιρὸν ἔχομεν,

ὥσπερ (*hōsper*; 1/36) *just as, like*

Gal 4:29 ἀλλ᾽ **ὥσπερ** τότε ὁ κατὰ

ὥστε (*hōste*; 5/83) *so that*

Gal 2:13 **ὥστε** καὶ Βαρναβᾶς συναπήχθη
Gal 3:9 **ὥστε** οἱ ἐκ πίστεως
Gal 3:24 **ὥστε** ὁ νόμος παιδαγωγὸς
Gal 4:7 **ὥστε** οὐκέτι εἶ δοῦλος
Gal 4:16 **ὥστε** ἐχθρὸς ὑμῶν γέγονα

ὠφελέω (*ōpheleō*; 1/15) *gain, profit*

Gal 5:2 Χριστὸς ὑμᾶς οὐδὲν **ὠφελήσει**.

Frequency List (Alphabetical Order)

1 αββα
9 Ἀβραάμ
2 ἀγαθός
1 ἀγαθωσύνη
2 ἀγαπάω
3 ἀγάπη
2* Ἁγάρ
3 ἄγγελος
1 ἀγνοέω
1 ἄγω
11 ἀδελφός
1 ἀδικέω
2 ἀθετέω
1 αἷμα
1 αἵρεσις
3 αἰών
1 αἰώνιος
1 ἀκαθαρσία
2 ἀκοή
3 ἀκούω
3 ἀκροβυστία
1 ἀκυρόω
3 ἀλήθεια
1 ἀληθεύω
23 ἀλλά
1 ἀλλάσσω
1* ἀλληγορέω
7 ἀλλήλων
2 ἄλλος
3 ἁμαρτία
2 ἁμαρτωλός
2 ἀμήν
2 ἄν
2 ἀναβαίνω
3 ἀναγκάζω
2 ἀνάθεμα
1 ἀναλόω
1 ἀναπληρόω
1 ἀναστατόω
1 ἀναστροφή
1 ἀνατίθημι
2 ἀνέρχομαι
1 ἀνήρ
1 ἀνθίστημι
14 ἄνθρωπος
2 ἀνόητος
1 ἀντίκειμαι
1 Ἀντιόχεια
1 ἄνω
1 ἄνωθεν
1 ἀπεκδέχομαι
1 ἀπέρχομαι
8 ἀπό
2 ἀποθνῄσκω
2 ἀποκαλύπτω
2 ἀποκάλυψις
1 ἀποκόπτω
1 ἀπολαμβάνω
1 ἀπορέω
1 ἀποστολή
3 ἀπόστολος
5 ἄρα
1 ἆρα
2* Ἀραβία
2 ἀρέσκω
1 ἄρσην
3 ἄρτι
1 ἀσέλγεια
1 ἀσθένεια
1 ἀσθενής
26° αὐτός
2 ἀφορίζω
1 ἀφορμή
2 ἄχρι
1 βαπτίζω
3 Βαρναβᾶς
1 βάρος
1 βασιλεία
1* βασκαίνω
4 βαστάζω
1 βιβλίον
1 βλέπω
1 βοάω
1* Γαλάτης
1 Γαλατία
36 γάρ
1 γέ
3 γεννάω
1 γένος
12 γίνομαι
4 γινώσκω
1 γνωρίζω
1 γράμμα
3 γραφή
7 γράφω
1 γυνή
1* δάκνω
1 Δαμασκός
58 δέ
1 δεκαπέντε
1 δεκατέσσαρες
1 δεξιός
1 δέομαι
1 δέχομαι
1 δῆλος
19 διά
3 διαθήκη
1 διάκονος
1 διαμένω
1 διατάσσω
2 διαφέρω
1 διδάσκω
6 δίδωμι
1 δίκαιος
4 δικαιοσύνη
8 δικαιόω
1 διό
1 διχοστασία
5 διώκω
5 δοκέω
1 δοκιμάζω
1 δόξα
1 δοξάζω
2 δουλεία
4 δουλεύω
4 δοῦλος
1 δουλόω
1 δύναμαι
1 δύναμις
1 δυνατός
2 δύο
1 δωρεάν
7 ἐάν
7 ἑαυτοῦ
1 ἐγείρω
1 ἐγκακέω
1 ἐγκόπτω
1 ἐγκράτεια
38 ἐγώ
1* ἐθνικῶς
10 ἔθνος
20 εἰ
1 εἰδωλολατρία
3 εἰκῇ
1* εἴκω
53 εἰμί
3 εἰρήνη
30 εἰς
8 εἷς
35 ἐκ
2 ἕκαστος
1 ἐκβάλλω
1 ἐκκλείω
3 ἐκκλησία
1 ἐκλύομαι
1 ἐκπίπτω
1* ἐκπτύω
1 ἔλεος
4 ἐλευθερία
6 ἐλεύθερος
1 ἐλευθερόω
2 Ἕλλην
1 ἐλπίς
1 ἐμαυτοῦ
1 ἐμμένω
2 ἐμός
1 ἔμπροσθεν
41 ἐν
1 ἐνάρχομαι
1 ἐνδύω
4 ἐνεργέω
1 ἐνευλογέω
1 ἐνέχω
3 ἔνι
1 ἐνιαυτός
1 ἐνίστημι
1 ἐνώπιον
2 ἐξαγοράζω
1 ἐξαιρέω
2 ἐξαποστέλλω
1 ἐξορύσσω
1 ἐξουθενέω
10 ἐπαγγελία
1 ἐπαγγέλλομαι
3 ἔπειτα
8 ἐπί
1* ἐπιδιατάσσομαι
1 ἐπιθυμέω
2 ἐπιθυμία
2* ἐπικατάρατος
1 ἐπιμένω
1 ἐπιστρέφω
1 ἐπιτελέω
1 ἐπίτροπος
1 ἐπιχορηγέω
1 ἐργάζομαι
8 ἔργον
1 ἔρημος
1 ἐριθεία
1 ἔρις
8 ἔρχομαι
3 ἕτερος
3 ἔτι
3 ἔτος
7 εὐαγγελίζω
7 εὐαγγέλιον
1 εὐδοκέω
1 εὐθέως
1 εὐλογέω
1 εὐλογία
1* εὐπροσωπέω
1 εὑρίσκω
1 εὐφραίνω
1 ἔχθρα
1 ἐχθρός
5 ἔχω
9 ζάω
1 ζῆλος
3 ζηλόω
1 ζηλωτής
2 ζητέω
1 ζυγός
1 ζύμη
1 ζυμόω
1 ζωή
1 ζωοποιέω
8 ἤ
21 ἡμεῖς
2 ἡμέρα
1 θαυμάζω
1 θέλημα
9 θέλω
31 θεός
4 θερίζω
1 θῆλυς
1 θυμός
3 Ἰάκωβος
1 ἴδε
3 ἴδιος
1 ἰδού
5 Ἰερουσαλήμ
17 Ἰησοῦς
17 ἵνα
1 Ἰουδαία
1* ἰουδαΐζω
1* Ἰουδαϊκῶς
4 Ἰουδαῖος
2* Ἰουδαϊσμός
1 Ἰσαάκ
1 Ἰσραήλ
1* ἱστορέω
1 ἰσχύω
1 Ἰωάννης
2 κἀγώ
3 καθώς
72° καί
1 καινός
3 καιρός
4 καλέω
3 καλός
2 καλῶς
1 κανών
1 καρδία
1 καρπός
17 κατά
1 καταγινώσκω
1 καταδουλόω
1 καταλύω
3 κατάρα
3 καταργέω
1 καταρτίζω
1* κατασκοπέω
1 κατεσθίω
2 κατηχέω
2 καυχάομαι
1 καύχημα
1* κενόδοξος
1 κενός
2 κηρύσσω
4 Κηφᾶς
1 Κιλικία
2 κληρονομέω
1 κληρονομία
3 κληρονόμος
1 κλίμα
1 κοιλία
1 κοινωνέω
1 κοινωνία
1 κοπιάω
1 κόπος
3 κόσμος
1 κράζω
1 κρεμάννυμι
1 κρίμα
1 κτίσις
6 κύριος
1 κυρόω
1 κῶμος
3 λαμβάνω
11 λέγω

1 λογίζομαι
2 λόγος
2 λοιπός
1 μακαρισμός
1 μακροθυμία
1 μάλιστα
2 μᾶλλον
1 μανθάνω
1 μαρτυρέω
1 μαρτύρομαι
1 μέθη
1 μέλλω
3 μέν
2 μεσίτης
7 μετά
1 μεταστρέφω
1 μετατίθημι
1 μέχρι
24 μή
2 μηδείς
1 μήν
2 μήτηρ
1 μικρός
1 μνημονεύω
7 μόνος
1* μορφόω
1* μυκτηρίζω
1 νεκρός
2 νήπιος
32 νόμος
6 νῦν
1 ξύλον
277° ὁ
3 οἶδα
1 οἰκεῖος
1 οἰκοδομέω
1 οἰκονόμος
2 ὅλος
1 ὅμοιος
1 ὅμως
1 ὄντως
1 ὁποῖος
1 ὅπως
4 ὁράω
1* ὀρθοποδέω
2 ὄρος
24 ὅς
5 ὅσος
7 ὅστις
6 ὅτε
29 ὅτι
37 οὐ
9 οὐδέ
8 οὐδείς
4 οὐκέτι
6 οὖν
1 οὐρανός
5 οὔτε
12 οὗτος
5 οὕτως
1 οὐχί
1 ὀφειλέτης
1 ὄφελον
2 ὀφθαλμός
1 πάθημα
2 παιδαγωγός
5 παιδίσκη
9 πάλιν
1 πάντοτε
4 παρά
1 παράβασις
1 παραβάτης
1 παραδίδωμι
1 παράδοσις
2 παραλαμβάνω
1 παράπτωμα
1 παρατηρέω
2 πάρειμι
1* παρείσακτος
1 παρεισέρχομαι
1 παρέχω
15 πᾶς
1 πάσχω
5 πατήρ
1* πατρικός
2 Παῦλος
3 πείθω
1 πειράζω
1 πειρασμός
1* πεισμονή
1 περιπατέω
1 περισσοτέρως
6 περιτέμνω
7 περιτομή
2 Πέτρος
1 πηλίκος
4 πιστεύω
22 πίστις
1 πιστός
1 πλανάω
1 πληρόω
1 πλήρωμα
1 πλησίον
18 πνεῦμα
1 πνευματικός
6 ποιέω
3 πολύς
1 πονηρός
2 πορθέω
1 πορνεία
4 ποτέ
1 ποῦ
1 πράσσω
2 πραΰτης
3 πρό
1 προγράφω
1* προευαγγελίζομαι
1* προθεσμία
1* προκαλέω
1 προκόπτω
1* προκυρόω
1 προλαμβάνω
3 προλέγω
1 προοράω
9 πρός
2* προσανατίθημι
1 προστίθημι
3 πρόσωπον
1 πρότερος
2 πτωχός
2 πώς
2 πῶς
1 ῥήγνυμι
18 σάρξ
2 σεαυτοῦ
2 Σινᾶ
1 σκάνδαλον
1 σκοπέω
3 σπείρω
5 σπέρμα
1 σπουδάζω
3 σταυρός
3 σταυρόω
1 στεῖρα
1 στήκω
1* στίγμα
2 στοιχεῖον
2 στοιχέω
1 στῦλος
5 σύ
2 συγκλείω
1 συμπαραλαμβάνω
4 σύν
1 συναπάγω
1 συνεσθίω
1* συνηλικιώτης
1 συνίστημι
1* συνυποκρίνομαι
1 Συρία
1 συσταυρόω
1* συστοιχέω
1 σῶμα
2 ταράσσω
1 ταχέως
5 τέκνον
1 τελέω
1 τετρακόσιοι
1 τίκτω
5 τίς
9 τις
2 Τίτος
3 τοιοῦτος
1 τοσοῦτος
3 τότε
1 τρεῖς
3 τρέχω
1 τριάκοντα
1 υἱοθεσία
13 υἱός
47 ὑμεῖς
1 ὑμέτερος
2 ὑπάρχω
4 ὑπέρ
1 ὑπερβολή
14 ὑπό
1 ὑπόκρισις
1 ὑποστέλλω
1 ὑποστρέφω
1 ὑποταγή
1 φανερός
1 φαρμακεία
1* φθονέω
1 φθόνος
1 φθορά
2 φοβέομαι
1 φορτίον
1* φρεναπατάω
1 φρονέω
1 φρουρέω
1 φυλάσσω
1 φύραμα
2 φύσις
1 φωνή
1 χαρά
1 χαρίζομαι
1 χάριν
7 χάρις
2 χείρ
1 χρηστότης
38 Χριστός
2 χρόνος
1 ψευδάδελφος
1 ψεύδομαι
1 ὦ
2 ὠδίνω
1 ὥρα
9 ὡς
1 ὥσπερ
5 ὥστε
1 ὠφελέω

° Not included in concordance
* Word only occurs in this book

Frequency List (in Order of Occurrence)

277° ὁ
72° καί
58 δέ
53 εἰμί
47 ὑμεῖς
41 ἐν
38 ἐγώ
38 Χριστός
37 οὐ
36 γάρ
35 ἐκ
32 νόμος
31 θεός
30 εἰς
29 ὅτι
26° αὐτός
24 μή
24 ὅς
23 ἀλλά
22 πίστις
21 ἡμεῖς
20 εἰ
19 διά
18 πνεῦμα
18 σάρξ
17 Ἰησοῦς
17 ἵνα
17 κατά
15 πᾶς
14 ἄνθρωπος
14 ὑπό
13 υἱός
12 γίνομαι
12 οὗτος
11 ἀδελφός
11 λέγω
10 ἔθνος
10 ἐπαγγελία
9 Ἀβραάμ
9 ζάω
9 θέλω
9 οὐδέ
9 πάλιν
9 πρός
9 τις
9 ὡς
8 ἀπό
8 δικαιόω
8 εἷς
8 ἐπί
8 ἔργον
8 ἔρχομαι
8 ἤ
8 οὐδείς
7 ἀλλήλων
7 γράφω
7 ἐάν
7 ἑαυτοῦ
7 εὐαγγελίζω
7 εὐαγγέλιον
7 μετά
7 μόνος
7 ὅστις
7 περιτομή
7 χάρις
6 δίδωμι
6 ἐλεύθερος
6 κύριος
6 νῦν
6 ὅτε
6 οὖν
6 περιτέμνω
6 ποιέω
5 ἄρα
5 διώκω
5 δοκέω
5 ἔχω
5 Ἰερουσαλήμ
5 ὅσος
5 οὔτε
5 οὕτως
5 παιδίσκη
5 πατήρ
5 σπέρμα
5 σύ
5 τέκνον
5 τίς
5 ὥστε
4 βαστάζω
4 γινώσκω
4 δικαιοσύνη
4 δουλεύω
4 δοῦλος
4 ἐλευθερία
4 ἐνεργέω
4 θερίζω
4 Ἰουδαῖος
4 καλέω
4 Κηφᾶς
4 ὁράω
4 οὐκέτι
4 παρά
4 πιστεύω
4 ποτέ
4 σύν
4 ὑπέρ
3 ἀγάπη
3 ἄγγελος
3 αἰών
3 ἀκούω
3 ἀκροβυστία
3 ἀλήθεια
3 ἁμαρτία
3 ἀναγκάζω
3 ἀπόστολος
3 ἄρτι
3 Βαρναβᾶς
3 γεννάω
3 γραφή
3 διαθήκη
3 εἰκῇ
3 εἰρήνη
3 ἐκκλησία
3 ἔνι
3 ἔπειτα
3 ἕτερος
3 ἔτι
3 ἔτος
3 ζηλόω
3 Ἰάκωβος
3 ἴδιος
3 καθώς
3 καιρός
3 καλός
3 κατάρα
3 καταργέω
3 κληρονόμος
3 κόσμος
3 λαμβάνω
3 μέν
3 οἶδα
3 πείθω
3 πολύς
3 πρό
3 προλέγω
3 πρόσωπον
3 σπείρω
3 σταυρός
3 σταυρόω
3 τοιοῦτος
3 τότε
3 τρέχω
2 ἀγαθός
2 ἀγαπάω
2* Ἁγάρ
2 ἀθετέω
2 ἀκοή
2 ἄλλος
2 ἁμαρτωλός
2 ἀμήν
2 ἄν
2 ἀναβαίνω
2 ἀνάθεμα
2 ἀνέρχομαι
2 ἀνόητος
2 ἀποθνῄσκω
2 ἀποκαλύπτω
2 ἀποκάλυψις
2* Ἀραβία
2 ἀρέσκω
2 ἀφορίζω
2 ἄχρι
2 διαφέρω
2 δουλεία
2 δύο
2 ἕκαστος
2 Ἕλλην
2 ἐμός
2 ἐξαγοράζω
2 ἐξαποστέλλω
2 ἐπιθυμία
2* ἐπικατάρατος
2 ζητέω
2 ἡμέρα
2* Ἰουδαϊσμός
2 κἀγώ
2 καλῶς
2 κατηχέω
2 καυχάομαι
2 κηρύσσω
2 κληρονομέω
2 λόγος
2 λοιπός
2 μᾶλλον
2 μεσίτης
2 μηδείς
2 μήτηρ
2 νήπιος
2 ὅλος
2 ὅρος
2 ὀφθαλμός
2 παιδαγωγός
2 παραλαμβάνω
2 πάρειμι
2 Παῦλος
2 Πέτρος
2 πορθέω
2 πραΰτης
2* προσανατίθημι
2 πτωχός
2 πώς
2 πῶς
2 σεαυτοῦ
2 Σινᾶ
2 στοιχεῖον
2 στοιχέω
2 συγκλείω
2 ταράσσω
2 Τίτος
2 ὑπάρχω
2 φοβέομαι
2 φύσις
2 χείρ
2 χρόνος
2 ὠδίνω
1 αββα
1 ἀγαθωσύνη
1 ἀγνοέω
1 ἄγω
1 ἀδικέω
1 αἷμα
1 αἵρεσις
1 αἰώνιος
1 ἀκαθαρσία
1 ἀκυρόω
1 ἀληθεύω
1 ἀλλάσσω
1* ἀλληγορέω
1 ἀναλόω
1 ἀναπληρόω
1 ἀναστατόω
1 ἀναστροφή
1 ἀνατίθημι
1 ἀνήρ
1 ἀνθίστημι
1 ἀντίκειμαι
1 Ἀντιόχεια
1 ἄνω
1 ἄνωθεν
1 ἀπεκδέχομαι
1 ἀπέρχομαι
1 ἀποκόπτω
1 ἀπολαμβάνω
1 ἀπορέω
1 ἀποστολή
1 ἆρα
1 ἄρσην
1 ἀσέλγεια
1 ἀσθένεια
1 ἀσθενής
1 ἀφορμή
1 βαπτίζω
1 βάρος
1 βασιλεία
1* βασκαίνω
1 βιβλίον
1 βλέπω
1 βοάω
1* Γαλάτης
1 Γαλατία
1 γέ
1 γένος
1 γνωρίζω
1 γράμμα
1 γυνή
1* δάκνω
1 Δαμασκός
1 δεκαπέντε
1 δεκατέσσαρες
1 δεξιός
1 δέομαι
1 δέχομαι
1 δῆλος
1 διάκονος
1 διαμένω
1 διατάσσω
1 διδάσκω
1 δίκαιος
1 διό
1 διχοστασία
1 δοκιμάζω
1 δόξα
1 δοξάζω
1 δουλόω
1 δύναμαι
1 δύναμις
1 δυνατός
1 δωρεάν
1 ἐγείρω
1 ἐγκακέω

1 ἐγκόπτω
1 ἐγκράτεια
1* ἐθνικῶς
1 εἰδωλολατρία
1* εἴκω
1 ἐκβάλλω
1 ἐκκλείω
1 ἐκλύομαι
1 ἐκπίπτω
1* ἐκπτύω
1 ἔλεος
1 ἐλευθερόω
1 ἐλπίς
1 ἐμαυτοῦ
1 ἐμμένω
1 ἔμπροσθεν
1 ἐνάρχομαι
1 ἐνδύω
1 ἐνευλογέω
1 ἐνέχω
1 ἐνιαυτός
1 ἐνίστημι
1 ἐνώπιον
1 ἐξαιρέω
1 ἐξορύσσω
1 ἐξουθενέω
1 ἐπαγγέλλομαι
1* ἐπιδιατάσσομαι
1 ἐπιθυμέω
1 ἐπιμένω
1 ἐπιστρέφω
1 ἐπιτελέω
1 ἐπίτροπος
1 ἐπιχορηγέω
1 ἐργάζομαι
1 ἔρημος
1 ἐριθεία
1 ἔρις
1 εὐδοκέω
1 εὐθέως
1 εὐλογέω
1 εὐλογία
1* εὐπροσωπέω
1 εὑρίσκω
1 εὐφραίνω
1 ἔχθρα
1 ἐχθρός
1 ζῆλος
1 ζηλωτής
1 ζυγός
1 ζύμη
1 ζυμόω
1 ζωή
1 ζωοποιέω
1 θαυμάζω
1 θέλημα
1 θῆλυς
1 θυμός
1 ἴδε
1 ἰδού
1 Ἰουδαία
1* ἰουδαΐζω
1* Ἰουδαϊκῶς
1 Ἰσαάκ
1 Ἰσραήλ
1* ἱστορέω
1 ἰσχύω
1 Ἰωάννης
1 καινός
1 κανών
1 καρδία
1 καρπός
1 καταγινώσκω
1 καταδουλόω
1 καταλύω
1 καταρτίζω
1* κατασκοπέω
1 κατεσθίω
1 καύχημα
1* κενόδοξος
1 κενός
1 Κιλικία
1 κληρονομία
1 κλίμα
1 κοιλία
1 κοινωνέω
1 κοινωνία
1 κοπιάω
1 κόπος
1 κράζω
1 κρεμάννυμι
1 κρίμα
1 κτίσις
1 κυρόω
1 κῶμος
1 λογίζομαι
1 μακαρισμός
1 μακροθυμία
1 μάλιστα
1 μανθάνω
1 μαρτυρέω
1 μαρτύρομαι
1 μέθη
1 μέλλω
1 μεταστρέφω
1 μετατίθημι
1 μέχρι
1 μήν
1 μικρός
1 μνημονεύω
1* μορφόω
1* μυκτηρίζω
1 νεκρός
1 ξύλον
1 οἰκεῖος
1 οἰκοδομέω
1 οἰκονόμος
1 ὅμοιος
1 ὅμως
1 ὄντως
1 ὁποῖος
1 ὅπως
1* ὀρθοποδέω
1 οὐρανός
1 οὐχί
1 ὀφειλέτης
1 ὄφελον
1 πάθημα
1 πάντοτε
1 παράβασις
1 παραβάτης
1 παραδίδωμι
1 παράδοσις
1 παράπτωμα
1 παρατηρέω
1* παρείσακτος
1 παρεισέρχομαι
1 παρέχω
1 πάσχω
1* πατρικός
1 πειράζω
1 πειρασμός
1* πεισμονή
1 περιπατέω
1 περισσοτέρως
1 πηλίκος
1 πιστός
1 πλανάω
1 πληρόω
1 πλήρωμα
1 πλησίον
1 πνευματικός
1 πονηρός
1 πορνεία
1 ποῦ
1 πράσσω
1 προγράφω
1* προευαγγελίζομαι
1* προθεσμία
1* προκαλέω
1 προκόπτω
1* προκυρόω
1 προλαμβάνω
1 προοράω
1 προστίθημι
1 πρότερος
1 ῥήγνυμι
1 σκάνδαλον
1 σκοπέω
1 σπουδάζω
1 στεῖρα
1 στήκω
1* στίγμα
1 στῦλος
1 συμπαραλαμβάνω
1 συναπάγω
1 συνεσθίω
1* συνηλικιώτης
1 συνίστημι
1* συνυποκρίνομαι
1 Συρία
1 συσταυρόω
1* συστοιχέω
1 σῶμα
1 ταχέως
1 τελέω
1 τετρακόσιοι
1 τίκτω
1 τοσοῦτος
1 τρεῖς
1 τριάκοντα
1 υἱοθεσία
1 ὑμέτερος
1 ὑπερβολή
1 ὑπόκρισις
1 ὑποστέλλω
1 ὑποστρέφω
1 ὑποταγή
1 φανερός
1 φαρμακεία
1* φθονέω
1 φθόνος
1 φθορά
1 φορτίον
1* φρεναπατάω
1 φρονέω
1 φρουρέω
1 φυλάσσω
1 φύραμα
1 φωνή
1 χαρά
1 χαρίζομαι
1 χάριν
1 χρηστότης
1 ψευδάδελφος
1 ψεύδομαι
1 ὦ
1 ὥρα
1 ὥσπερ
1 ὠφελέω

° Not included in concordance
* Word only occurs in this book

Ephesians – Statistics

530 Total word count
40 Number of words occurring at least 10 times
311 Number of words occurring once

Words whose occurrences in this book account for at least 25% of occurrences in the entire NT

100%

2/2 ἐκτρέφω (*ektrephō*; feed), ἑνότης (*henotēs*; unity), μεθοδεία (*methodeia*; trickery), συμμέτοχος (*symmetochos*; sharer), συναρμολογέω (*synarmologeō*; be joined together)

1/1 ἄθεος (*atheos*; without God), αἰσχρότης (*aischrotēs*; indecent behavior), αἰχμαλωτεύω (*aichmalōteuō*; capture), ἀνανεόω (*ananeoō*; renew), ἄνοιξις (*anoixis*; [act of] opening), ἀπαλγέω (*apalgeō*; lose all feeling), ἄσοφος (*asophos*; senseless), βέλος (*belos*; arrow), ἐξισχύω (*exischyō*; be fully able), ἐπιδύω (*epidyō*; set [of the sun]), ἐπιφαύσκω (*epiphauskō*; shine), ἑτοιμασία (*hetoimasia*; readiness), εὔνοια (*eunoia*; good will), εὐτραπελία (*eutrapelia*; vulgar or dirty talk), θυρεός (*thyreos*; shield), καταρτισμός (*katartismos*; equipping), κατώτερος (*katōteros*; lower), κληρόω (*klēroō*; choose), κλυδωνίζομαι (*klydōnizomai*; be tossed by the sea), κοσμοκράτωρ (*kosmokratōr*; world ruler), κρυφῇ (*kryphē*; in secret), κυβεία (*kybeia*; trickery), μακροχρόνιος (*makrochronios*; long-lived), μέγεθος (*megethos*; greatness), μεσότοιχον (*mesotoichon*; dividing wall), μωρολογία (*mōrologia*; foolish talk), πάλη (*palē*; struggle), παροργισμός (*parorgismos*; anger), πολυποίκιλος (*polypoikilos*; in varied forms), προελπίζω (*proelpizō*; be the first to hope), προσκαρτέρησις (*proskarterēsis*; perseverance), ῥυτίς (*rhytis*; wrinkle), συμπολίτης (*sympolitēs*; fellow-citizen), συνοικοδομέω (*synoikodomeō*; build together), σύσσωμος (*syssōmos*; member of the same body)

66%

2/3 ἀπαλλοτριόω (*apallotrioō*; be a stranger to), πανοπλία (*panoplia*; armor), προσαγωγή (*prosagōgē*; access), ὑπεράνω (*hyperanō*; far above)

60%

3/5 ὑπερβάλλω (*hyperballō*; surpass)

50%

1/2 ἀκρογωνιαῖος (*akrogōniaios*; cornerstone), ἀληθεύω (*alētheuō*; speak the truth), ἀνακεφαλαιόω (*anakephalaioō*; sum up), ἀνεξιχνίαστος (*anexichniastos*; untraceable), ἀνθρωπάρεσκος (*anthrōpareskos*; people-pleaser), αὔξησις (*auxēsis*; growth), ἁφή (*haphē*; ligament), ἐπιχορηγία (*epichorēgia*; supply), εὔσπλαγχνος (*eusplanchnos*; tenderhearted), θάλπω (*thalpō*; take care of), κατοικητήριον (*katoikētērion*; house), λουτρόν (*loutron*; washing), ὁσιότης (*hosiotēs*; holiness), ὀφθαλμοδουλία (*ophthalmodoulia*; service rendered merely for the sake of impressing others), παροργίζω (*parorgizō*; make angry), περικεφαλαία (*perikephalaia*; helmet), ποίημα (*poiēma*; what is created or made), πολιτεία (*politeia*; citizenship), πρεσβεύω (*presbeuō*; be an ambassador), προετοιμάζω (*proetoimazō*; prepare beforehand), προσκολλάω (*proskollaō*; be united), ῥιζόω (*rhizoō*; be firmly rooted), σπίλος (*spilos*; spot), συγκαθίζω (*synkathizō*; sit together with), συζωοποιέω (*syzōopoieō*; make alive together with), ὕμνος (*hymnos*; hymn), φρόνησις (*phronēsis*; insight), χαριτόω (*charitoō*; bestow on freely)

37%
3/8 ἐνέργεια (*energeia*; working, activity)

33%
3/9 οἰκονομία (*oikonomia*; management of a household)
2/6 ἔχθρα (*echthra*; hostility), προορίζω (*proorizō*; predestine), ὕψος (*hypsos*; height)
1/3 αἰχμαλωσία (*aichmalōsia*; captivity), ἀνήκω (*anēkō*; it is proper or right), ἀπατάω (*apataō*; deceive), ἀπειλή (*apeilē*; threat), ἀποκαταλλάσσω (*apokatallassō*; reconcile), ἀρραβών (*arrabōn*; pledge), ἀσωτία (*asōtia*; dissipation), εὐαγγελιστής (*euangelistēs*; evangelist), εὐωδία (*euōdia*; sweet smell), κατενώπιον (*katenōpion*; before), ματαιότης (*mataiotēs*; futility), μῆκος (*mēkos*; length), νουθεσία (*nouthesia*; instruction), οἰκεῖος (*oikeios*; member of the household), πατριά (*patria*; family), περιφέρω (*peripherō*; carry about), προτίθημι (*protithēmi*; plan), πώρωσις (*pōrōsis*; hardening), σκοτόω (*skotoō*; be or become darkened), συγκοινωνέω (*synkoinōneō*; take part in), συνεγείρω (*synegeirō*; raise together with), ὑπερεκπερισσοῦ (*hyperekperissou*; with all earnestness), ὑποδέω (*hypodeō*; put on)

30%
3/10 ἀπολύτρωσις (*apolytrōsis*; release, redemption, deliverance), ὀνομάζω (*onomazō*; name)

28%
2/7 ἀπείθεια (*apeitheia*; disobedience)

27%
3/11 ἔπαινος (*epainos*; praise), κλῆσις (*klēsis*; call)

26%
5/19 ἐπουράνιος (*epouranios*; heavenly)
4/15 κτίζω (*ktizō*; create)

Ephesians – Concordance

ἀγαθός (*agathos*; 4/102) *good*
Ep 2:10 Ἰησοῦ ἐπὶ ἔργοις **ἀγαθοῖς** οἷς προητοίμασεν
Ep 4:28 [ἰδίαις] χερσὶν τὸ **ἀγαθόν**,
Ep 4:29 ἀλλὰ εἴ τις **ἀγαθὸς** πρὸς οἰκοδομὴν τῆς
Ep 6:8 ἐάν τι ποιήσῃ **ἀγαθόν**,

ἀγαθωσύνη (*agathōsynē*; 1/4) *goodness*
Ep 5:9 φωτὸς ἐν πάσῃ **ἀγαθωσύνῃ** καὶ δικαιοσύνῃ

ἀγαπάω (*agapaō*; 10/143) *love*
Ep 1:6 ἡμᾶς ἐν τῷ **ἠγαπημένῳ**.
Ep 2:4 ἀγάπην αὐτοῦ ἣν **ἠγάπησεν** ἡμᾶς,
Ep 5:2 καὶ ὁ Χριστὸς **ἠγάπησεν** ἡμᾶς καὶ παρέδωκεν
Ep 5:25 **ἀγαπᾶτε** τὰς γυναῖκας,
Ep 5:25 καὶ ὁ Χριστὸς **ἠγάπησεν** τὴν ἐκκλησίαν καὶ
Ep 5:28 [καὶ] οἱ ἄνδρες **ἀγαπᾶν** τὰς ἑαυτῶν γυναῖκας
Ep 5:28 ὁ **ἀγαπῶν** τὴν ἑαυτοῦ γυναῖκα
Ep 5:28 ἑαυτοῦ γυναῖκα ἑαυτὸν **ἀγαπᾷ**·
Ep 5:33 ἑαυτοῦ γυναῖκα οὕτως **ἀγαπάτω** ὡς ἑαυτόν,
Ep 6:24 μετὰ πάντων τῶν **ἀγαπώντων** τὸν κύριον ἡμῶν

ἀγάπη (*agapē*; 10/116) *love*
Ep 1:4 κατενώπιον αὐτοῦ ἐν **ἀγάπῃ**,
Ep 1:15 Ἰησοῦ καὶ τὴν **ἀγάπην** τὴν εἰς πάντας
Ep 2:4 διὰ τὴν πολλὴν **ἀγάπην** αὐτοῦ ἣν ἠγάπησεν
Ep 3:17 ἐν **ἀγάπῃ** ἐρριζωμένοι καὶ τεθεμελιωμένοι,
Ep 3:19 ὑπερβάλλουσαν τῆς γνώσεως **ἀγάπην** τοῦ Χριστοῦ,
Ep 4:2 ἀνεχόμενοι ἀλλήλων ἐν **ἀγάπῃ**,
Ep 4:15 ἀληθεύοντες δὲ ἐν **ἀγάπῃ** αὐξήσωμεν εἰς αὐτὸν
Ep 4:16 οἰκοδομὴν ἑαυτοῦ ἐν **ἀγάπῃ**.
Ep 5:2 καὶ περιπατεῖτε ἐν **ἀγάπῃ**,
Ep 6:23 τοῖς ἀδελφοῖς καὶ **ἀγάπη** μετὰ πίστεως ἀπὸ

ἀγαπητός (*agapētos*; 2/61) *beloved*
Ep 5:1 θεοῦ ὡς τέκνα **ἀγαπητὰ**
Ep 6:21 ὑμῖν Τύχικος ὁ **ἀγαπητὸς** ἀδελφὸς καὶ πιστὸς

ἁγιάζω (*hagiazō*; 1/28) *set apart as sacred to God, consecrate, sanctify, purify*
Ep 5:26 ἵνα αὐτὴν **ἁγιάσῃ** καθαρίσας τῷ λουτρῷ

ἅγιος (*hagios*; 15/233) *holy, set apart*
Ep 1:1 θελήματος θεοῦ τοῖς **ἁγίοις** τοῖς οὖσιν [ἐν
Ep 1:4 κόσμου εἶναι ἡμᾶς **ἁγίους** καὶ ἀμώμους κατενώπιον
Ep 1:13 τῆς ἐπαγγελίας τῷ **ἁγίῳ**,
Ep 1:15 εἰς πάντας τοὺς **ἁγίους**
Ep 1:18 αὐτοῦ ἐν τοῖς **ἁγίοις**,
Ep 2:19 ἐστὲ συμπολῖται τῶν **ἁγίων** καὶ οἰκεῖοι τοῦ
Ep 2:21 αὔξει εἰς ναὸν **ἅγιον** ἐν κυρίῳ,
Ep 3:5 νῦν ἀπεκαλύφθη τοῖς **ἁγίοις** ἀποστόλοις αὐτοῦ καὶ
Ep 3:8 τῷ ἐλαχιστοτέρῳ πάντων **ἁγίων** ἐδόθη ἡ χάρις
Ep 3:18 σὺν πᾶσιν τοῖς **ἁγίοις** τί τὸ πλάτος
Ep 4:12 τὸν καταρτισμὸν τῶν **ἁγίων** εἰς ἔργον διακονίας,
Ep 4:30 τὸ πνεῦμα τὸ **ἅγιον** τοῦ θεοῦ,
Ep 5:3 καθὼς πρέπει **ἁγίοις**,
Ep 5:27 ἀλλ᾽ ἵνα ᾖ **ἁγία** καὶ ἄμωμος.
Ep 6:18 περὶ πάντων τῶν **ἁγίων**

ἄγνοια (*agnoia*; 1/4) *ignorance*
Ep 4:18 θεοῦ διὰ τὴν **ἄγνοιαν** τὴν οὖσαν ἐν

ἀγρυπνέω (*agrypneō*; 1/4) *be alert*
Ep 6:18 καὶ εἰς αὐτὸ **ἀγρυπνοῦντες** ἐν πάσῃ προσκαρτερήσει

ἀδελφός (*adelphos*; 2/343) *brother*
Ep 6:21 Τύχικος ὁ ἀγαπητὸς **ἀδελφὸς** καὶ πιστὸς διάκονος
Ep 6:23 Εἰρήνη τοῖς **ἀδελφοῖς** καὶ ἀγάπη μετὰ

ᾄδω (*adō*; 1/5) *sing*
Ep 5:19 **ᾄδοντες** καὶ ψάλλοντες τῇ

ἀήρ (*aēr*; 1/7) *air*
Ep 2:2 τῆς ἐξουσίας τοῦ **ἀέρος**,

ἄθεος (*atheos*; 1/1) *without God*
Ep 2:12 μὴ ἔχοντες καὶ **ἄθεοι** ἐν τῷ κόσμῳ.

αἷμα (*haima*; 3/97) *blood*
Ep 1:7 ἀπολύτρωσιν διὰ τοῦ **αἵματος** αὐτοῦ,
Ep 2:13 ἐγγὺς ἐν τῷ **αἵματι** τοῦ Χριστοῦ.
Ep 6:12 ἡ πάλη πρὸς **αἷμα** καὶ σάρκα ἀλλὰ

αἴρω (*airō*; 1/100[101]) *take, take up or away*
Ep 4:31 κραυγὴ καὶ βλασφημία **ἀρθήτω** ἀφ᾽ ὑμῶν σὺν

αἰσχρός (*aischros*; 1/4) *disgraceful, shameful*
Ep 5:12 γινόμενα ὑπ᾽ αὐτῶν **αἰσχρόν** ἐστιν καὶ λέγειν,

αἰσχρότης (*aischrotēs*; 1/1) *indecent behavior*
Ep 5:4 καὶ **αἰσχρότης** καὶ μωρολογία ἢ

αἰτέω (*aiteō*; 2/70) *ask*
Ep 3:13 διὸ **αἰτοῦμαι** μὴ ἐγκακεῖν ἐν
Ep 3:20 ποιῆσαι ὑπερεκπερισσοῦ ὧν **αἰτούμεθα** ἢ νοοῦμεν κατὰ

αἰχμαλωσία (*aichmalōsia*; 1/3) *captivity*
Ep 4:8 εἰς ὕψος ᾐχμαλώτευσεν **αἰχμαλωσίαν**,

αἰχμαλωτεύω (*aichmalōteuō*; 1/1) *capture*
Ep 4:8 ἀναβὰς εἰς ὕψος **ᾐχμαλώτευσεν** αἰχμαλωσίαν,

αἰών (*aiōn*; 7/122) *age*
Ep 1:21 μόνον ἐν τῷ **αἰῶνι** τούτῳ ἀλλὰ καὶ
Ep 2:2 περιεπατήσατε κατὰ τὸν **αἰῶνα** τοῦ κόσμου τούτου,
Ep 2:7 ἐνδείξηται ἐν τοῖς **αἰῶσιν** τοῖς ἐπερχομένοις τὸ
Ep 3:9 ἀποκεκρυμμένου ἀπὸ τῶν **αἰώνων** ἐν τῷ θεῷ
Ep 3:11 κατὰ πρόθεσιν τῶν **αἰώνων** ἣν ἐποίησεν ἐν
Ep 3:21 τὰς γενεὰς τοῦ **αἰῶνος** τῶν αἰώνων,
Ep 3:21 τοῦ αἰῶνος τῶν **αἰώνων**,

ἀκαθαρσία (*akatharsia*; 2/10) *impurity*
Ep 4:19 ἀσελγείᾳ εἰς ἐργασίαν **ἀκαθαρσίας** πάσης ἐν πλεονεξίᾳ.
Ep 5:3 Πορνεία δὲ καὶ **ἀκαθαρσία** πᾶσα ἢ πλεονεξία

ἀκάθαρτος (*akathartos*; 1/32) *unclean*
Ep 5:5 πᾶς πόρνος ἢ **ἀκάθαρτος** ἢ πλεονέκτης,

ἄκαρπος (*akarpos*; 1/7) *barren*
Ep 5:11 τοῖς ἔργοις τοῖς **ἀκάρποις** τοῦ σκότους,

ἀκούω (*akouō*; 5/426[428]) *hear*
Ep 1:13 ᾧ καὶ ὑμεῖς **ἀκούσαντες** τὸν λόγον τῆς
Ep 1:15 Διὰ τοῦτο κἀγὼ **ἀκούσας** τὴν καθ᾽ ὑμᾶς
Ep 3:2 εἴ γε **ἠκούσατε** τὴν οἰκονομίαν τῆς
Ep 4:21 εἴ γε αὐτὸν **ἠκούσατε** καὶ ἐν αὐτῷ
Ep 4:29 δῷ χάριν τοῖς **ἀκούουσιν**.

ἀκριβῶς (*akribōs*; 1/9) *accurately*
Ep 5:15 Βλέπετε οὖν **ἀκριβῶς** πῶς περιπατεῖτε μὴ

ἀκροβυστία (*akrobystia*; 1/20) *uncircumcision*
Ep 2:11 οἱ λεγόμενοι **ἀκροβυστία** ὑπὸ τῆς λεγομένης

ἀκρογωνιαῖος (*akrogōniaios*; 1/2) *cornerstone*
Ep 2:20 ὄντος **ἀκρογωνιαίου** αὐτοῦ Χριστοῦ Ἰησοῦ,

ἀλήθεια (*alētheia*; 6/109) *truth*
Ep 1:13 τὸν λόγον τῆς **ἀληθείας**,
Ep 4:21 καθώς ἐστιν **ἀλήθεια** ἐν τῷ Ἰησοῦ,
Ep 4:24 καὶ ὁσιότητι τῆς **ἀληθείας**.
Ep 4:25 τὸ ψεῦδος λαλεῖτε **ἀλήθειαν** ἕκαστος μετὰ
Ep 5:9 καὶ δικαιοσύνῃ καὶ **ἀληθείᾳ**
Ep 6:14 ὀσφὺν ὑμῶν ἐν **ἀληθείᾳ** καὶ ἐνδυσάμενοι τὸν

ἀληθεύω (*alētheuō*; 1/2) *speak the truth*
Ep 4:15 **ἀληθεύοντες** δὲ ἐν ἀγάπῃ

ἀλλά (*alla*; 13/638) *but*
Ep 1:21 τῷ αἰῶνι τούτῳ **ἀλλὰ** καὶ ἐν τῷ
Ep 2:19 ξένοι καὶ πάροικοι **ἀλλὰ** ἐστὲ συμπολῖται
Ep 4:29 **ἀλλὰ** εἴ τις ἀγαθὸς
Ep 5:4 **ἀλλὰ** μᾶλλον εὐχαριστία.
Ep 5:15 μὴ ὡς ἄσοφοι **ἀλλ᾽** ὡς σοφοί,
Ep 5:17 **ἀλλὰ** συνίετε τί τὸ
Ep 5:18 **ἀλλὰ** πληροῦσθε ἐν πνεύματι,
Ep 5:24 **ἀλλὰ** ὡς ἡ ἐκκλησία
Ep 5:27 **ἀλλ᾽** ἵνα ᾖ ἁγία
Ep 5:29 ἑαυτοῦ σάρκα ἐμίσησεν **ἀλλὰ** ἐκτρέφει καὶ θάλπει
Ep 6:4 τὰ τέκνα ὑμῶν **ἀλλὰ** ἐκτρέφετε αὐτὰ ἐν
Ep 6:6 ὀφθαλμοδουλίαν ὡς ἀνθρωπάρεσκοι **ἀλλ᾽** ὡς δοῦλοι Χριστοῦ
Ep 6:12 αἷμα καὶ σάρκα **ἀλλὰ** πρὸς τὰς ἀρχάς,

ἀλλήλων (*allēlōn*; 4/100) *one another*
Ep 4:2 ἀνεχόμενοι **ἀλλήλων** ἐν ἀγάπῃ,
Ep 4:25 ὅτι ἐσμὲν **ἀλλήλων** μέλη.
Ep 4:32 γίνεσθε [δὲ] εἰς **ἀλλήλους** χρηστοί,
Ep 5:21 Ὑποτασσόμενοι **ἀλλήλοις** ἐν φόβῳ Χριστοῦ,

ἅλυσις (*halysis*; 1/11) *chain*
Ep 6:20 οὗ πρεσβεύω ἐν **ἁλύσει**,

ἁμαρτάνω (*hamartanō*; 1/42[43]) *sin*
Ep 4:26 ὀργίζεσθε καὶ μὴ **ἁμαρτάνετε**·

ἁμαρτία (*hamartia*; 1/173) *sin*
Ep 2:1 παραπτώμασιν καὶ ταῖς **ἁμαρτίαις** ὑμῶν,

ἀμήν (*amēn*; 1/128[129]) *truly*
Ep 3:21 **ἀμήν**.

ἀμφότεροι (*amphoteroi*; 3/14) *both*
Ep 2:14 ὁ ποιήσας τὰ **ἀμφότερα** ἓν καὶ τὸ
Ep 2:16 καὶ ἀποκαταλλάξῃ τοὺς **ἀμφοτέρους** ἐν ἑνὶ σώματι
Ep 2:18 τὴν προσαγωγὴν οἱ **ἀμφότεροι** ἐν ἑνὶ πνεύματι

ἄμωμος (*amōmos*; 2/8) *faultless*
Ep 1:4 ἡμᾶς ἁγίους καὶ **ἀμώμους** κατενώπιον αὐτοῦ
Ep 5:27 ᾖ ἁγία καὶ **ἄμωμος**.

ἀναβαίνω (*anabainō*; 3/82) *go up*
Ep 4:8 **ἀναβὰς** εἰς ὕψος ᾐχμαλώτευσεν
Ep 4:9 τὸ δὲ **ἀνέβη** τί ἐστιν,
Ep 4:10 ἐστιν καὶ ὁ **ἀναβὰς** ὑπεράνω πάντων τῶν

ἀναγινώσκω (*anaginōskō*; 1/32) *read*
Ep 3:4 πρὸς ὃ δύνασθε **ἀναγινώσκοντες** νοῆσαι τὴν σύνεσίν

ἀνακεφαλαιόω (*anakephalaioō*; 1/2) *sum up*
Ep 1:10 **ἀνακεφαλαιώσασθαι** τὰ πάντα ἐν

ἀναλαμβάνω (*analambanō*; 2/12[13]) *take up*
Ep 6:13 διὰ τοῦτο **ἀναλάβετε** τὴν πανοπλίαν τοῦ
Ep 6:16 ἐν πᾶσιν **ἀναλαβόντες** τὸν θυρεὸν τῆς

ἀνανεόω (*ananeoō*; 1/1) *renew*
Ep 4:23 **ἀνανεοῦσθαι** δὲ τῷ πνεύματι

ἀναστρέφω (*anastrephō*; 1/9) *return*
Ep 2:3 καὶ ἡμεῖς πάντες **ἀνεστράφημέν** ποτε ἐν

ἀναστροφή (*anastrophē*; 1/13) *manner of life*

Ep 4:22 κατὰ τὴν προτέραν **ἀναστροφὴν** τὸν παλαιὸν ἄνθρωπον

ἄνεμος (*anemos*; 1/31) *wind*

Ep 4:14 καὶ περιφερόμενοι παντὶ **ἀνέμῳ** τῆς διδασκαλίας ἐν

ἀνεξιχνίαστος (*anexichniastos*; 1/2) *untraceable*

Ep 3:8 ἔθνεσιν εὐαγγελίσασθαι τὸ **ἀνεξιχνίαστον** πλοῦτος τοῦ Χριστοῦ

ἀνέχομαι (*anechomai*; 1/15) *endure*

Ep 4:2 **ἀνεχόμενοι** ἀλλήλων ἐν ἀγάπῃ,

ἀνήκω (*anēkō*; 1/3) *it is proper or right*

Ep 5:4 ἃ οὐκ **ἀνῆκεν**,

ἀνήρ (*anēr*; 7/216) *man, husband*

Ep 4:13 εἰς **ἄνδρα** τέλειον,
Ep 5:22 γυναῖκες τοῖς ἰδίοις **ἀνδράσιν** ὡς τῷ κυρίῳ,
Ep 5:23 ὅτι **ἀνήρ** ἐστιν κεφαλὴ τῆς
Ep 5:24 αἱ γυναῖκες τοῖς **ἀνδράσιν** ἐν παντί.
Ep 5:25 Οἱ **ἄνδρες**,
Ep 5:28 ὀφείλουσιν [καὶ] οἱ **ἄνδρες** ἀγαπᾶν τὰς ἑαυτῶν
Ep 5:33 ἵνα φοβῆται τὸν **ἄνδρα**.

ἀνθίστημι (*anthistēmi*; 1/14) *resist*

Ep 6:13 ἵνα δυνηθῆτε **ἀντιστῆναι** ἐν τῇ ἡμέρᾳ

ἀνθρωπάρεσκος (*anthrōpareskos*; 1/2) *people-pleaser*

Ep 6:6 κατ' ὀφθαλμοδουλίαν ὡς **ἀνθρωπάρεσκοι** ἀλλ' ὡς δοῦλοι

ἄνθρωπος (*anthrōpos*; 9/550) *man, human being (pl. people)*

Ep 2:15 εἰς ἕνα καινὸν **ἄνθρωπον** ποιῶν εἰρήνην
Ep 3:5 τοῖς υἱοῖς τῶν **ἀνθρώπων** ὡς νῦν ἀπεκαλύφθη
Ep 3:16 εἰς τὸν ἔσω **ἄνθρωπον**,
Ep 4:8 ἔδωκεν δόματα τοῖς **ἀνθρώποις**.
Ep 4:14 τῇ κυβείᾳ τῶν **ἀνθρώπων**,
Ep 4:22 ἀναστροφὴν τὸν παλαιὸν **ἄνθρωπον** τὸν φθειρόμενον κατὰ
Ep 4:24 ἐνδύσασθαι τὸν καινὸν **ἄνθρωπον** τὸν κατὰ θεὸν
Ep 5:31 ἀντὶ τούτου καταλείψει **ἄνθρωπος** [τὸν] πατέρα καὶ
Ep 6:7 κυρίῳ καὶ οὐκ **ἀνθρώποις**,

ἀνίημι (*aniēmi*; 1/4) *loosen, desert*

Ep 6:9 **ἀνιέντες** τὴν ἀπειλήν,

ἀνίστημι (*anistēmi*; 1/107[108]) *raise or rise*

Ep 5:14 καὶ **ἀνάστα** ἐκ τῶν νεκρῶν,

ἄνοιξις (*anoixis*; 1/1) *(act of) opening*

Ep 6:19 δοθῇ λόγος ἐν **ἀνοίξει** τοῦ στόματός μου,

ἀντί (*anti*; 1/22) *instead of*

Ep 5:31 **ἀντὶ** τούτου καταλείψει ἄνθρωπος

ἀξίως (*axiōs*; 1/6) *in a manner worthy of or suitable to*

Ep 4:1 δέσμιος ἐν κυρίῳ **ἀξίως** περιπατῆσαι τῆς κλήσεως

ἀπαλγέω (*apalgeō*; 1/1) *lose all feeling*

Ep 4:19 οἵτινες **ἀπηλγηκότες** ἑαυτοὺς παρέδωκαν τῇ

ἀπαλλοτριόω (*apallotrioō*; 2/3) *be a stranger to*

Ep 2:12 **ἀπηλλοτριωμένοι** τῆς πολιτείας τοῦ
Ep 4:18 **ἀπηλλοτριωμένοι** τῆς ζωῆς τοῦ

ἅπας (*hapas*; 1/33[34]) *all*

Ep 6:13 τῇ πονηρᾷ καὶ **ἅπαντα** κατεργασάμενοι στῆναι.

ἀπατάω (*apataō*; 1/3) *deceive*

Ep 5:6 Μηδεὶς ὑμᾶς **ἀπατάτω** κενοῖς λόγοις·

ἀπάτη (*apatē*; 1/7) *deception*

Ep 4:22 τὰς ἐπιθυμίας τῆς **ἀπάτης**,

ἀπείθεια (*apeitheia*; 2/7) *disobedience*

Ep 2:2 τοῖς υἱοῖς τῆς **ἀπειθείας**·
Ep 5:6 τοὺς υἱοὺς τῆς **ἀπειθείας**.

ἀπειλή (*apeilē*; 1/3) *threat*

Ep 6:9 ἀνιέντες τὴν **ἀπειλήν**,

ἁπλότης (*haplotēs*; 1/8) *generosity*

Ep 6:5 καὶ τρόμου ἐν **ἁπλότητι** τῆς καρδίας ὑμῶν

ἀπό (*apo*; 4/643[646]) *from*

Ep 1:2 ὑμῖν καὶ εἰρήνη **ἀπὸ** θεοῦ πατρὸς ἡμῶν
Ep 3:9 μυστηρίου τοῦ ἀποκεκρυμμένου **ἀπὸ** τῶν αἰώνων ἐν
Ep 4:31 καὶ βλασφημία ἀρθήτω **ἀφ'** ὑμῶν σὺν πάσῃ
Ep 6:23 ἀγάπη μετὰ πίστεως **ἀπὸ** θεοῦ πατρὸς καὶ

ἀποκαλύπτω (*apokalyptō*; 1/26) *reveal*

Ep 3:5 ἀνθρώπων ὡς νῦν **ἀπεκαλύφθη** τοῖς ἁγίοις ἀποστόλοις

ἀποκάλυψις (*apokalypsis*; 2/18) *revelation*

Ep 1:17 πνεῦμα σοφίας καὶ **ἀποκαλύψεως** ἐν ἐπιγνώσει αὐτοῦ,
Ep 3:3 [ὅτι] κατὰ **ἀποκάλυψιν** ἐγνωρίσθη μοι τὸ

ἀποκαταλλάσσω (*apokatallassō*; 1/3) *reconcile*

Ep 2:16 καὶ **ἀποκαταλλάξῃ** τοὺς ἀμφοτέρους ἐν

ἀποκρύπτω (*apokryptō*; 1/4) *hide*
Ep 3:9 τοῦ μυστηρίου τοῦ **ἀποκεκρυμμένου** ἀπὸ τῶν αἰώνων

ἀποκτείνω (*apokteinō*; 1/74) *kill*
Ep 2:16 **ἀποκτείνας** τὴν ἔχθραν ἐν

ἀπολύτρωσις (*apolytrōsis*; 3/10) *release, redemption, deliverance*
Ep 1:7 ᾧ ἔχομεν τὴν **ἀπολύτρωσιν** διὰ τοῦ αἵματος
Ep 1:14 εἰς **ἀπολύτρωσιν** τῆς περιποιήσεως,
Ep 4:30 ἐσφραγίσθητε εἰς ἡμέραν **ἀπολυτρώσεως**.

ἀπόστολος (*apostolos*; 4/80) *apostle, messenger*
Ep 1:1 Παῦλος **ἀπόστολος** Χριστοῦ Ἰησοῦ διὰ
Ep 2:20 τῷ θεμελίῳ τῶν **ἀποστόλων** καὶ προφητῶν,
Ep 3:5 ἀπεκαλύφθη τοῖς ἁγίοις **ἀποστόλοις** αὐτοῦ καὶ προφήταις
Ep 4:11 ἔδωκεν τοὺς μὲν **ἀποστόλους**,

ἀποτίθημι (*apotithēmi*; 2/9) *throw off*
Ep 4:22 **ἀποθέσθαι** ὑμᾶς κατὰ τὴν
Ep 4:25 Διὸ **ἀποθέμενοι** τὸ ψεῦδος λαλεῖτε

ἄρα (*ara*; 1/49) *therefore, then, thus*
Ep 2:19 **Ἄρα** οὖν οὐκέτι ἐστὲ

ἀρραβών (*arrabōn*; 1/3) *pledge*
Ep 1:14 ὅ ἐστιν **ἀρραβὼν** τῆς κληρονομίας ἡμῶν,

ἀρχή (*archē*; 3/55) *beginning*
Ep 1:21 ὑπεράνω πάσης **ἀρχῆς** καὶ ἐξουσίας καὶ
Ep 3:10 γνωρισθῇ νῦν ταῖς **ἀρχαῖς** καὶ ταῖς ἐξουσίαις
Ep 6:12 ἀλλὰ πρὸς τὰς **ἀρχάς**,

ἄρχων (*archōn*; 1/37) *ruler*
Ep 2:2 κατὰ τὸν **ἄρχοντα** τῆς ἐξουσίας τοῦ

ἀσέλγεια (*aselgeia*; 1/10) *sensuality*
Ep 4:19 ἑαυτοὺς παρέδωκαν τῇ **ἀσελγείᾳ** εἰς ἐργασίαν ἀκαθαρσίας

ἄσοφος (*asophos*; 1/1) *senseless*
Ep 5:15 περιπατεῖτε μὴ ὡς **ἄσοφοι** ἀλλ' ὡς σοφοί,

ἀσωτία (*asōtia*; 1/3) *dissipation*
Ep 5:18 ἐν ᾧ ἐστιν **ἀσωτία**,

αὐξάνω (*auxanō*; 2/23) *grow*
Ep 2:21 πᾶσα οἰκοδομὴ συναρμολογουμένη **αὔξει** εἰς ναὸν ἅγιον
Ep 4:15 δὲ ἐν ἀγάπῃ **αὐξήσωμεν** εἰς αὐτὸν τὰ

αὔξησις (*auxēsis*; 1/2) *growth*
Ep 4:16 ἑκάστου μέρους τὴν **αὔξησιν** τοῦ σώματος ποιεῖται

ἄφεσις (*aphesis*; 1/17) *forgiveness*
Ep 1:7 τὴν **ἄφεσιν** τῶν παραπτωμάτων,

ἁφή (*haphē*; 1/2) *ligament*
Ep 4:16 συμβιβαζόμενον διὰ πάσης **ἁφῆς** τῆς ἐπιχορηγίας κατ'

ἀφθαρσία (*aphtharsia*; 1/7) *incorruptibility*
Ep 6:24 Ἰησοῦν Χριστὸν ἐν **ἀφθαρσίᾳ**.

ἄφρων (*aphrōn*; 1/11) *fool*
Ep 5:17 τοῦτο μὴ γίνεσθε **ἄφρονες**,

βάθος (*bathos*; 1/8) *depth*
Ep 3:18 καὶ ὕψος καὶ **βάθος**,

βάπτισμα (*baptisma*; 1/19) *baptism*
Ep 4:5 ἓν **βάπτισμα**,

βασιλεία (*basileia*; 1/162) *kingdom*
Ep 5:5 κληρονομίαν ἐν τῇ **βασιλείᾳ** τοῦ Χριστοῦ

βέλος (*belos*; 1/1) *arrow*
Ep 6:16 δυνήσεσθε πάντα τὰ **βέλη** τοῦ πονηροῦ [τὰ]

βλασφημία (*blasphēmia*; 1/18) *blasphemy*
Ep 4:31 καὶ κραυγὴ καὶ **βλασφημία** ἀρθήτω ἀφ' ὑμῶν

βλέπω (*blepō*; 1/132) *see*
Ep 5:15 **Βλέπετε** οὖν ἀκριβῶς πῶς

βουλή (*boulē*; 1/12) *purpose*
Ep 1:11 ἐνεργοῦντος κατὰ τὴν **βουλὴν** τοῦ θελήματος αὐτοῦ

γάρ (*gar*; 11/1041) *for*
Ep 2:8 Τῇ **γὰρ** χάριτί ἐστε σεσῳσμένοι
Ep 2:10 αὐτοῦ **γάρ** ἐσμεν ποίημα,
Ep 2:14 Αὐτὸς **γάρ** ἐστιν ἡ εἰρήνη
Ep 5:5 τοῦτο **γὰρ** ἴστε γινώσκοντες,
Ep 5:6 διὰ ταῦτα **γὰρ** ἔρχεται ἡ ὀργὴ
Ep 5:8 ἦτε **γάρ** ποτε σκότος,
Ep 5:9 ὁ **γὰρ** καρπὸς τοῦ φωτὸς
Ep 5:12 τὰ **γὰρ** κρυφῇ γινόμενα ὑπ'
Ep 5:14 πᾶν **γὰρ** τὸ φανερούμενον φῶς
Ep 5:29 Οὐδεὶς **γάρ** ποτε τὴν ἑαυτοῦ
Ep 6:1 τοῦτο **γάρ** ἐστιν δίκαιον.

γέ (*ge*; 2/26) *enclitic particle adding emphasis to the word with which it is associated*
Ep 3:2 εἴ **γε** ἠκούσατε τὴν οἰκονομίαν
Ep 4:21 εἴ **γε** αὐτὸν ἠκούσατε καὶ

γενεά (*genea*; 2/43) *generation*
Ep 3:5 ὃ ἑτέραις **γενεαῖς** οὐκ ἐγνωρίσθη τοῖς
Ep 3:21 εἰς πάσας τὰς **γενεὰς** τοῦ αἰῶνος τῶν

γῆ (*gē*; 4/248[250]) *earth, land*
Ep 1:10 τὰ ἐπὶ τῆς **γῆς** ἐν αὐτῷ.

Ep 3:15 οὐρανοῖς καὶ ἐπὶ **γῆς** ὀνομάζεται,
Ep 4:9 κατώτερα [μέρη] τῆς **γῆς**;
Ep 6:3 μακροχρόνιος ἐπὶ τῆς **γῆς**.

γίνομαι (*ginomai*; 8/668[669]) *be, become*

Ep 2:13 ποτε ὄντες μακρὰν **ἐγενήθητε** ἐγγὺς ἐν τῷ
Ep 3:7 οὗ **ἐγενήθην** διάκονος κατὰ τὴν
Ep 4:32 **γίνεσθε** [δὲ] εἰς ἀλλήλους
Ep 5:1 **Γίνεσθε** οὖν μιμηταὶ τοῦ
Ep 5:7 μὴ οὖν **γίνεσθε** συμμέτοχοι αὐτῶν·
Ep 5:12 τὰ γὰρ κρυφῇ **γινόμενα** ὑπ' αὐτῶν αἰσχρόν
Ep 5:17 διὰ τοῦτο μὴ **γίνεσθε** ἄφρονες,
Ep 6:3 ἵνα εὖ σοι **γένηται** καὶ ἔσῃ μακροχρόνιος

γινώσκω (*ginōskō*; 3/222) *know*

Ep 3:19 **γνῶναί** τε τὴν ὑπερβάλλουσαν
Ep 5:5 τοῦτο γὰρ ἴστε **γινώσκοντες**,
Ep 6:22 ἵνα **γνῶτε** τὰ περὶ ἡμῶν

γνωρίζω (*gnōrizō*; 6/25) *make known*

Ep 1:9 **γνωρίσας** ἡμῖν τὸ μυστήριον
Ep 3:3 [ὅτι] κατὰ ἀποκάλυψιν **ἐγνωρίσθη** μοι τὸ μυστήριον,
Ep 3:5 ἑτέραις γενεαῖς οὐκ **ἐγνωρίσθη** τοῖς υἱοῖς
Ep 3:10 ἵνα **γνωρισθῇ** νῦν ταῖς ἀρχαῖς
Ep 6:19 ἐν παρρησίᾳ **γνωρίσαι** τὸ μυστήριον τοῦ
Ep 6:21 πάντα **γνωρίσει** ὑμῖν Τύχικος ὁ

γνῶσις (*gnōsis*; 1/29) *knowledge*

Ep 3:19 τὴν ὑπερβάλλουσαν τῆς **γνώσεως** ἀγάπην τοῦ Χριστοῦ,

γονεύς (*goneus*; 1/20) *parent*

Ep 6:1 ὑπακούετε τοῖς **γονεῦσιν** ὑμῶν [ἐν κυρίῳ]·

γόνυ (*gony*; 1/12) *knee*

Ep 3:14 χάριν κάμπτω τὰ **γόνατά** μου πρὸς τὸν

γυνή (*gynē*; 9/211[215]) *woman, wife*

Ep 5:22 αἱ **γυναῖκες** τοῖς ἰδίοις ἀνδράσιν
Ep 5:23 ἐστιν κεφαλὴ τῆς **γυναικὸς** ὡς καὶ ὁ
Ep 5:24 οὕτως καὶ αἱ **γυναῖκες** τοῖς ἀνδράσιν ἐν
Ep 5:25 ἀγαπᾶτε τὰς **γυναῖκας**,
Ep 5:28 ἀγαπᾶν τὰς ἑαυτῶν **γυναῖκας** ὡς τὰ ἑαυτῶν
Ep 5:28 ἀγαπῶν τὴν ἑαυτοῦ **γυναῖκα** ἑαυτὸν ἀγαπᾷ·
Ep 5:31 προσκολληθήσεται πρὸς τὴν **γυναῖκα** αὐτοῦ,
Ep 5:33 ἕκαστος τὴν ἑαυτοῦ **γυναῖκα** οὕτως ἀγαπάτω
Ep 5:33 ἡ δὲ **γυνὴ** ἵνα φοβῆται τὸν

δέ (*de*; 20/2773[2792]) *but, and*

Ep 2:4 ὁ **δὲ** θεὸς πλούσιος ὢν
Ep 2:13 νυνὶ **δὲ** ἐν Χριστῷ Ἰησοῦ
Ep 3:20 Τῷ **δὲ** δυναμένῳ ὑπὲρ πάντα
Ep 4:7 Ἑνὶ **δὲ** ἑκάστῳ ἡμῶν ἐδόθη
Ep 4:9 τὸ **δὲ** ἀνέβη τί ἐστιν,
Ep 4:11 τοὺς **δὲ** προφήτας,
Ep 4:11 τοὺς **δὲ** εὐαγγελιστάς,
Ep 4:11 τοὺς **δὲ** ποιμένας καὶ διδασκάλους,
Ep 4:15 ἀληθεύοντες **δὲ** ἐν ἀγάπῃ αὐξήσωμεν
Ep 4:20 ὑμεῖς **δὲ** οὐχ οὕτως ἐμάθετε
Ep 4:23 ἀνανεοῦσθαι **δὲ** τῷ πνεύματι τοῦ
Ep 4:28 μᾶλλον **δὲ** κοπιάτω ἐργαζόμενος ταῖς
Ep 4:32 γίνεσθε **[δὲ]** εἰς ἀλλήλους χρηστοί,
Ep 5:3 Πορνεία **δὲ** καὶ ἀκαθαρσία πᾶσα
Ep 5:8 νῦν **δὲ** φῶς ἐν κυρίῳ·
Ep 5:11 μᾶλλον **δὲ** καὶ ἐλέγχετε.
Ep 5:13 τὰ **δὲ** πάντα ἐλεγχόμενα ὑπὸ
Ep 5:32 ἐγὼ **δὲ** λέγω εἰς Χριστὸν
Ep 5:33 ἡ **δὲ** γυνὴ ἵνα φοβῆται
Ep 6:21 Ἵνα **δὲ** εἰδῆτε καὶ ὑμεῖς

δέησις (*deēsis*; 2/18) *prayer*

Ep 6:18 πάσης προσευχῆς καὶ **δεήσεως** προσευχόμενοι ἐν παντὶ
Ep 6:18 πάσῃ προσκαρτερήσει καὶ **δεήσει** περὶ πάντων τῶν

δεῖ (*dei*; 1/101) *it is necessary*

Ep 6:20 αὐτῷ παρρησιάσωμαι ὡς **δεῖ** με λαλῆσαι.

δεξιός (*dexios*; 1/53[54]) *right*

Ep 1:20 καὶ καθίσας ἐν **δεξιᾷ** αὐτοῦ ἐν τοῖς

δέσμιος (*desmios*; 2/16) *prisoner*

Ep 3:1 ἐγὼ Παῦλος ὁ **δέσμιος** τοῦ Χριστοῦ ['Ιησοῦ]
Ep 4:1 ὑμᾶς ἐγὼ ὁ **δέσμιος** ἐν κυρίῳ ἀξίως

δέχομαι (*dechomai*; 1/56) *take, receive*

Ep 6:17 περικεφαλαίαν τοῦ σωτηρίου **δέξασθε** καὶ τὴν μάχαιραν

διά (*dia*; 21/665[667]) *through, on account of*

Ep 1:1 ἀπόστολος Χριστοῦ Ἰησοῦ **διὰ** θελήματος θεοῦ τοῖς
Ep 1:5 ἡμᾶς εἰς υἱοθεσίαν **διὰ** Ἰησοῦ Χριστοῦ εἰς
Ep 1:7 ἔχομεν τὴν ἀπολύτρωσιν **διὰ** τοῦ αἵματος αὐτοῦ,
Ep 1:15 **Διὰ** τοῦτο κἀγὼ ἀκούσας
Ep 2:4 **διὰ** τὴν πολλὴν ἀγάπην
Ep 2:8 χάριτί ἐστε σεσῳσμένοι **διὰ** πίστεως·
Ep 2:16 σώματι τῷ θεῷ **διὰ** τοῦ σταυροῦ,
Ep 2:18 ὅτι **δι'** αὐτοῦ ἔχομεν τὴν
Ep 3:6 ἐν Χριστῷ Ἰησοῦ **διὰ** τοῦ εὐαγγελίου,
Ep 3:10 ἐν τοῖς ἐπουρανίοις **διὰ** τῆς ἐκκλησίας ἡ
Ep 3:12 προσαγωγὴν ἐν πεποιθήσει **διὰ** τῆς πίστεως αὐτοῦ.
Ep 3:16 αὐτοῦ δυνάμει κραταιωθῆναι **διὰ** τοῦ πνεύματος αὐτοῦ
Ep 3:17 κατοικῆσαι τὸν Χριστὸν **διὰ** τῆς πίστεως ἐν
Ep 4:6 ἐπὶ πάντων καὶ **διὰ** πάντων καὶ ἐν
Ep 4:16 συναρμολογούμενον καὶ συμβιβαζόμενον **διὰ** πάσης ἁφῆς τῆς
Ep 4:18 τοῦ θεοῦ **διὰ** τὴν ἄγνοιαν
Ep 4:18 **διὰ** τὴν πώρωσιν τῆς καρδίας
Ep 5:6 **διὰ** ταῦτα γὰρ ἔρχεται
Ep 5:17 **διὰ** τοῦτο μὴ γίνεσθε
Ep 6:13 **διὰ** τοῦτο ἀναλάβετε τὴν
Ep 6:18 **Διὰ** πάσης προσευχῆς καὶ

διάβολος (*diabolos*; 2/37) *devil*

Ep 4:27 δίδοτε τόπον τῷ **διαβόλῳ**.
Ep 6:11 τὰς μεθοδείας τοῦ **διαβόλου**·

διαθήκη (*diathēkē*; 1/33) *covenant*
Ep 2:12 καὶ ξένοι τῶν **διαθηκῶν** τῆς ἐπαγγελίας,

διακονία (*diakonia*; 1/34) *ministry, service*
Ep 4:12 ἁγίων εἰς ἔργον **διακονίας**,

διάκονος (*diakonos*; 2/29) *servant*
Ep 3:7 οὗ ἐγενήθην **διάκονος** κατὰ τὴν δωρεὰν
Ep 6:21 ἀδελφὸς καὶ πιστὸς **διάκονος** ἐν κυρίῳ,

διάνοια (*dianoia*; 2/12) *mind, understanding*
Ep 2:3 σαρκὸς καὶ τῶν **διανοιῶν**,
Ep 4:18 ἐσκοτωμένοι τῇ **διανοίᾳ** ὄντες,

διδασκαλία (*didaskalia*; 1/21) *teaching*
Ep 4:14 παντὶ ἀνέμῳ τῆς **διδασκαλίας** ἐν τῇ κυβείᾳ

διδάσκαλος (*didaskalos*; 1/58[59]) *teacher*
Ep 4:11 δὲ ποιμένας καὶ **διδασκάλους**,

διδάσκω (*didaskō*; 1/96) *teach*
Ep 4:21 καὶ ἐν αὐτῷ **ἐδιδάχθητε**,

δίδωμι (*didōmi*; 12/415) *give*
Ep 1:17 **δώῃ** ὑμῖν πνεῦμα σοφίας
Ep 1:22 αὐτοῦ καὶ αὐτὸν **ἔδωκεν** κεφαλὴν ὑπὲρ πάντα
Ep 3:2 τοῦ θεοῦ τῆς **δοθείσης** μοι εἰς ὑμᾶς,
Ep 3:7 τοῦ θεοῦ τῆς **δοθείσης** μοι κατὰ τὴν
Ep 3:8 ἐλαχιστοτέρῳ πάντων ἁγίων **ἐδόθη** ἡ χάρις αὕτη,
Ep 3:16 ἵνα **δῷ** ὑμῖν κατὰ τὸ
Ep 4:7 δὲ ἑκάστῳ ἡμῶν **ἐδόθη** ἡ χάρις κατὰ
Ep 4:8 **ἔδωκεν** δόματα τοῖς ἀνθρώποις.
Ep 4:11 Καὶ αὐτὸς **ἔδωκεν** τοὺς μὲν ἀποστόλους,
Ep 4:27 μηδὲ **δίδοτε** τόπον τῷ διαβόλῳ.
Ep 4:29 ἵνα **δῷ** χάριν τοῖς ἀκούουσιν.
Ep 6:19 ἵνα μοι **δοθῇ** λόγος ἐν ἀνοίξει

δίκαιος (*dikaios*; 1/79) *righteous*
Ep 6:1 τοῦτο γάρ ἐστιν **δίκαιον**.

δικαιοσύνη (*dikaiosynē*; 3/92) *righteousness*
Ep 4:24 θεὸν κτισθέντα ἐν **δικαιοσύνῃ** καὶ ὁσιότητι
Ep 5:9 πάσῃ ἀγαθωσύνῃ καὶ **δικαιοσύνῃ** καὶ ἀληθείᾳ
Ep 6:14 τὸν θώρακα τῆς **δικαιοσύνης**

διό (*dio*; 5/53) *therefore*
Ep 2:11 **Διὸ** μνημονεύετε ὅτι ποτὲ
Ep 3:13 **διὸ** αἰτοῦμαι μὴ ἐγκακεῖν
Ep 4:8 **διὸ** λέγει·
Ep 4:25 **Διὸ** ἀποθέμενοι τὸ ψεῦδος
Ep 5:14 **διὸ** λέγει·

δόγμα (*dogma*; 1/5) *rule*
Ep 2:15 τῶν ἐντολῶν ἐν **δόγμασιν** καταργήσας,

δοκιμάζω (*dokimazō*; 1/22) *test*
Ep 5:10 **δοκιμάζοντες** τί ἐστιν εὐάρεστον

δόμα (*doma*; 1/4) *gift*
Ep 4:8 ἔδωκεν **δόματα** τοῖς ἀνθρώποις.

δόξα (*doxa*; 8/166) *glory*
Ep 1:6 εἰς ἔπαινον **δόξης** τῆς χάριτος αὐτοῦ
Ep 1:12 ἡμᾶς εἰς ἔπαινον **δόξης** αὐτοῦ τοὺς προηλπικότας
Ep 1:14 εἰς ἔπαινον τῆς **δόξης** αὐτοῦ.
Ep 1:17 ὁ πατὴρ τῆς **δόξης**,
Ep 1:18 ὁ πλοῦτος τῆς **δόξης** τῆς κληρονομίας αὐτοῦ
Ep 3:13 ἥτις ἐστὶν **δόξα** ὑμῶν.
Ep 3:16 τὸ πλοῦτος τῆς **δόξης** αὐτοῦ δυνάμει κραταιωθῆναι
Ep 3:21 αὐτῷ ἡ **δόξα** ἐν τῇ ἐκκλησίᾳ

δουλεύω (*douleuō*; 1/25) *serve (pass. be enslaved)*
Ep 6:7 μετ᾽ εὐνοίας **δουλεύοντες** ὡς τῷ κυρίῳ

δοῦλος (*doulos*; 3/124) *slave*
Ep 6:5 Οἱ **δοῦλοι**,
Ep 6:6 ἀνθρωπάρεσκοι ἀλλ᾽ ὡς **δοῦλοι** Χριστοῦ ποιοῦντες τὸ
Ep 6:8 παρὰ κυρίου εἴτε **δοῦλος** εἴτε ἐλεύθερος.

δύναμαι (*dynamai*; 5/210) *be able*
Ep 3:4 πρὸς ὃ **δύνασθε** ἀναγινώσκοντες νοῆσαι τὴν
Ep 3:20 Τῷ δὲ **δυναμένῳ** ὑπὲρ πάντα ποιῆσαι
Ep 6:11 θεοῦ πρὸς τὸ **δύνασθαι** ὑμᾶς στῆναι πρὸς
Ep 6:13 ἵνα **δυνηθῆτε** ἀντιστῆναι ἐν τῇ
Ep 6:16 ἐν ᾧ **δυνήσεσθε** πάντα τὰ βέλη

δύναμις (*dynamis*; 5/119) *power*
Ep 1:19 ὑπερβάλλον μέγεθος τῆς **δυνάμεως** αὐτοῦ εἰς ἡμᾶς
Ep 1:21 καὶ ἐξουσίας καὶ **δυνάμεως** καὶ κυριότητος
Ep 3:7 τὴν ἐνέργειαν τῆς **δυνάμεως** αὐτοῦ.
Ep 3:16 τῆς δόξης αὐτοῦ **δυνάμει** κραταιωθῆναι διὰ
Ep 3:20 νοοῦμεν κατὰ τὴν **δύναμιν** τὴν ἐνεργουμένην ἐν

δύο (*dyo*; 2/134[135]) *two*
Ep 2:15 ἵνα τοὺς **δύο** κτίσῃ ἐν αὐτῷ
Ep 5:31 καὶ ἔσονται οἱ **δύο** εἰς σάρκα μίαν.

δωρεά (*dōrea*; 2/11) *gift*
Ep 3:7 διάκονος κατὰ τὴν **δωρεὰν** τῆς χάριτος τοῦ
Ep 4:7 τὸ μέτρον τῆς **δωρεᾶς** τοῦ Χριστοῦ.

δῶρον (*dōron*; 1/19) *gift*
Ep 2:8 θεοῦ τὸ **δῶρον**·

ἐάν (*ean*; 1/333) *if*
Ep 6:8 εἰδότες ὅτι ἕκαστος **ἐάν** τι ποιήσῃ ἀγαθόν,

ἑαυτοῦ (*heautou*; 14/319) *himself*
Ep 4:16 ποιεῖται εἰς οἰκοδομὴν **ἑαυτοῦ** ἐν ἀγάπῃ.
Ep 4:19 οἵτινες ἀπηλγηκότες **ἑαυτοὺς** παρέδωκαν τῇ ἀσελγείᾳ

Ep 4:32 χαριζόμενοι **ἑαυτοῖς**,
Ep 5:2 ἡμᾶς καὶ παρέδωκεν **ἑαυτὸν** ὑπὲρ ἡμῶν προσφορὰν
Ep 5:19 λαλοῦντες **ἑαυτοῖς** [ἐν] ψαλμοῖς καὶ
Ep 5:25 τὴν ἐκκλησίαν καὶ **ἑαυτὸν** παρέδωκεν ὑπὲρ αὐτῆς,
Ep 5:27 ἵνα παραστήσῃ αὐτὸς **ἑαυτῷ** ἔνδοξον τὴν ἐκκλησίαν,
Ep 5:28 ἄνδρες ἀγαπᾶν τὰς **ἑαυτῶν** γυναῖκας ὡς τὰ
Ep 5:28 γυναῖκας ὡς τὰ **ἑαυτῶν** σώματα.
Ep 5:28 ὁ ἀγαπῶν τὴν **ἑαυτοῦ** γυναῖκα ἑαυτὸν ἀγαπᾷ·
Ep 5:28 τὴν ἑαυτοῦ γυναῖκα **ἑαυτὸν** ἀγαπᾷ·
Ep 5:29 γάρ ποτε τὴν **ἑαυτοῦ** σάρκα ἐμίσησεν ἀλλὰ
Ep 5:33 ἕκαστος τὴν **ἑαυτοῦ** γυναῖκα οὕτως ἀγαπάτω
Ep 5:33 οὕτως ἀγαπάτω ὡς **ἑαυτόν**,

ἐγγύς (*engys*; 2/31) *near*

Ep 2:13 ὄντες μακρὰν ἐγενήθητε **ἐγγὺς** ἐν τῷ αἵματι
Ep 2:17 καὶ εἰρήνην τοῖς **ἐγγύς**·

ἐγείρω (*egeirō*; 2/143[144]) *raise*

Ep 1:20 ἐν τῷ Χριστῷ **ἐγείρας** αὐτὸν ἐκ νεκρῶν
Ep 5:14 **ἔγειρε**,

ἐγκακέω (*enkakeō*; 1/6) *become discouraged*

Ep 3:13 διὸ αἰτοῦμαι μὴ **ἐγκακεῖν** ἐν ταῖς θλίψεσίν

ἐγώ (*egō*; 16/1715[1718]) *I*

Ep 1:16 ἐπὶ τῶν προσευχῶν **μου**,
Ep 3:1 Τούτου χάριν **ἐγὼ** Παῦλος ὁ δέσμιος
Ep 3:2 θεοῦ τῆς δοθείσης **μοι** εἰς ὑμᾶς,
Ep 3:3 κατὰ ἀποκάλυψιν ἐγνωρίσθη **μοι** τὸ μυστήριον,
Ep 3:4 νοῆσαι τὴν σύνεσίν **μου** ἐν τῷ μυστηρίῳ
Ep 3:7 θεοῦ τῆς δοθείσης **μοι** κατὰ τὴν ἐνέργειαν
Ep 3:8 **Ἐμοὶ** τῷ ἐλαχιστοτέρῳ πάντων
Ep 3:13 ἐν ταῖς θλίψεσίν **μου** ὑπὲρ ὑμῶν,
Ep 3:14 κάμπτω τὰ γόνατά **μου** πρὸς τὸν πατέρα,
Ep 4:1 Παρακαλῶ οὖν ὑμᾶς **ἐγὼ** ὁ δέσμιος ἐν
Ep 5:32 **ἐγὼ** δὲ λέγω εἰς
Ep 6:19 καὶ ὑπὲρ **ἐμοῦ**,
Ep 6:19 ἵνα **μοι** δοθῇ λόγος ἐν
Ep 6:19 ἀνοίξει τοῦ στόματός **μου**,
Ep 6:20 παρρησιάσωμαι ὡς δεῖ **με** λαλῆσαι.
Ep 6:21 ὑμεῖς τὰ κατ᾽ **ἐμέ**,

ἔθνος (*ethnos*; 5/162) *nation*

Ep 2:11 ποτὲ ὑμεῖς τὰ **ἔθνη** ἐν σαρκί,
Ep 3:1 ὑπὲρ ὑμῶν τῶν **ἐθνῶν**
Ep 3:6 εἶναι τὰ **ἔθνη** συγκληρονόμα καὶ σύσσωμα
Ep 3:8 τοῖς **ἔθνεσιν** εὐαγγελίσασθαι τὸ ἀνεξιχνίαστον
Ep 4:17 καθὼς καὶ τὰ **ἔθνη** περιπατεῖ ἐν ματαιότητι

εἰ (*ei*; 4/502) *if, since*

Ep 3:2 **εἴ** γε ἠκούσατε τὴν
Ep 4:9 **εἰ** μὴ ὅτι καὶ κατέβη
Ep 4:21 **εἴ** γε αὐτὸν ἠκούσατε
Ep 4:29 ἀλλὰ **εἴ** τις ἀγαθὸς πρὸς

εἰδωλολάτρης (*eidōlolatrēs*; 1/7) *idolater*

Ep 5:5 ὅ ἐστιν **εἰδωλολάτρης**,

εἰμί (*eimi*; 48/2460[2462]) *be*

Ep 1:1 τοῖς ἁγίοις τοῖς **οὖσιν** [ἐν Ἐφέσῳ] καὶ
Ep 1:4 πρὸ καταβολῆς κόσμου **εἶναι** ἡμᾶς ἁγίους
Ep 1:12 εἰς τὸ **εἶναι** ἡμᾶς εἰς ἔπαινον
Ep 1:14 ὅ **ἐστιν** ἀρραβὼν τῆς κληρονομίας
Ep 1:18 εἰδέναι ὑμᾶς τίς **ἐστιν** ἡ ἐλπὶς τῆς
Ep 1:23 ἥτις **ἐστὶν** τὸ σῶμα αὐτοῦ,
Ep 2:1 Καὶ ὑμᾶς **ὄντας** νεκροὺς τοῖς παραπτώμασιν
Ep 2:3 καὶ **ἤμεθα** τέκνα φύσει ὀργῆς
Ep 2:4 δὲ θεὸς πλούσιος **ὢν** ἐν ἐλέει,
Ep 2:5 καὶ **ὄντας** ἡμᾶς νεκροὺς τοῖς
Ep 2:5 χάριτί **ἐστε** σεσῳσμένοι
Ep 2:8 Τῇ γὰρ χάριτί **ἐστε** σεσῳσμένοι διὰ πίστεως·
Ep 2:10 αὐτοῦ γάρ **ἐσμεν** ποίημα,
Ep 2:12 ὅτι **ἦτε** τῷ καιρῷ ἐκείνῳ
Ep 2:13 ὑμεῖς οἵ ποτε **ὄντες** μακρὰν ἐγενήθητε ἐγγὺς
Ep 2:14 Αὐτὸς γάρ **ἐστιν** ἡ εἰρήνη ἡμῶν,
Ep 2:19 Ἄρα οὖν οὐκέτι **ἐστὲ** ξένοι καὶ πάροικοι
Ep 2:19 καὶ πάροικοι ἀλλὰ **ἐστὲ** συμπολῖται τῶν ἁγίων
Ep 2:20 **ὄντος** ἀκρογωνιαίου αὐτοῦ Χριστοῦ
Ep 3:6 **εἶναι** τὰ ἔθνη συγκληρονόμα
Ep 3:13 ἥτις **ἐστὶν** δόξα ὑμῶν.
Ep 4:9 δὲ ἀνέβη τί **ἐστιν**,
Ep 4:10 ὁ καταβὰς αὐτός **ἐστιν** καὶ ὁ ἀναβὰς
Ep 4:14 ἵνα μηκέτι **ὦμεν** νήπιοι,
Ep 4:15 ὅς **ἐστιν** ἡ κεφαλή,
Ep 4:18 ἐσκοτωμένοι τῇ διανοίᾳ **ὄντες**,
Ep 4:18 τὴν ἄγνοιαν τὴν **οὖσαν** ἐν αὐτοῖς,
Ep 4:21 καθώς **ἐστιν** ἀλήθεια ἐν τῷ
Ep 4:25 ὅτι **ἐσμὲν** ἀλλήλων μέλη.
Ep 5:5 ὅ **ἐστιν** εἰδωλολάτρης,
Ep 5:8 **ἦτε** γάρ ποτε σκότος,
Ep 5:10 δοκιμάζοντες τί **ἐστιν** εὐάρεστον τῷ κυρίῳ,
Ep 5:12 ὑπ᾽ αὐτῶν αἰσχρόν **ἐστιν** καὶ λέγειν,
Ep 5:14 τὸ φανερούμενον φῶς **ἐστιν**.
Ep 5:16 αἱ ἡμέραι πονηραί **εἰσιν**.
Ep 5:18 ἐν ᾧ **ἐστιν** ἀσωτία,
Ep 5:23 ὅτι ἀνήρ **ἐστιν** κεφαλὴ τῆς γυναικὸς
Ep 5:27 ἀλλ᾽ ἵνα **ᾖ** ἁγία καὶ ἄμωμος.
Ep 5:30 ὅτι μέλη **ἐσμὲν** τοῦ σώματος αὐτοῦ.
Ep 5:31 καὶ **ἔσονται** οἱ δύο εἰς
Ep 5:32 μυστήριον τοῦτο μέγα **ἐστίν**·
Ep 6:1 τοῦτο γάρ **ἐστιν** δίκαιον.
Ep 6:2 ἥτις **ἐστὶν** ἐντολὴ πρώτη ἐν
Ep 6:3 σοι γένηται καὶ **ἔσῃ** μακροχρόνιος ἐπὶ τῆς
Ep 6:9 ὑμῶν ὁ κύριός **ἐστιν** ἐν οὐρανοῖς καὶ
Ep 6:9 καὶ προσωπολημψία οὐκ **ἔστιν** παρ᾽ αὐτῷ.
Ep 6:12 ὅτι οὐκ **ἔστιν** ἡμῖν ἡ πάλη
Ep 6:17 ὅ **ἐστιν** ῥῆμα θεοῦ.

εἰρήνη (*eirēnē*; 8/92) *peace*

Ep 1:2 χάρις ὑμῖν καὶ **εἰρήνη** ἀπὸ θεοῦ πατρὸς
Ep 2:14 γάρ ἐστιν ἡ **εἰρήνη** ἡμῶν,
Ep 2:15 καινὸν ἄνθρωπον ποιῶν **εἰρήνην**
Ep 2:17 καὶ ἐλθὼν εὐηγγελίσατο **εἰρήνην** ὑμῖν τοῖς μακρὰν
Ep 2:17 τοῖς μακρὰν καὶ **εἰρήνην** τοῖς ἐγγύς·

Ep 4:3 τῷ συνδέσμῳ τῆς **εἰρήνης**·
Ep 6:15 τοῦ εὐαγγελίου τῆς **εἰρήνης**,
Ep 6:23 **Εἰρήνη** τοῖς ἀδελφοῖς καὶ

εἰς (*eis*; 37/1759[1767]) *into*

Ep 1:5 προορίσας ἡμᾶς **εἰς** υἱοθεσίαν διὰ Ἰησοῦ
Ep 1:5 διὰ Ἰησοῦ Χριστοῦ **εἰς** αὐτόν,
Ep 1:6 **εἰς** ἔπαινον δόξης τῆς
Ep 1:8 ἧς ἐπερίσσευσεν **εἰς** ἡμᾶς,
Ep 1:10 **εἰς** οἰκονομίαν τοῦ πληρώματος
Ep 1:12 **εἰς** τὸ εἶναι ἡμᾶς
Ep 1:12 τὸ εἶναι ἡμᾶς **εἰς** ἔπαινον δόξης αὐτοῦ
Ep 1:14 **εἰς** ἀπολύτρωσιν τῆς περιποιήσεως,
Ep 1:14 **εἰς** ἔπαινον τῆς δόξης
Ep 1:15 τὴν ἀγάπην τὴν **εἰς** πάντας τοὺς ἁγίους
Ep 1:18 τῆς καρδίας [ὑμῶν] **εἰς** τὸ εἰδέναι ὑμᾶς
Ep 1:19 τῆς δυνάμεως αὐτοῦ **εἰς** ἡμᾶς τοὺς πιστεύοντας
Ep 2:15 κτίσῃ ἐν αὐτῷ **εἰς** ἕνα καινὸν ἄνθρωπον
Ep 2:21 οἰκοδομὴ συναρμολογουμένη αὔξει **εἰς** ναὸν ἅγιον ἐν
Ep 2:22 καὶ ὑμεῖς συνοικοδομεῖσθε **εἰς** κατοικητήριον τοῦ θεοῦ
Ep 3:2 τῆς δοθείσης μοι **εἰς** ὑμᾶς,
Ep 3:16 τοῦ πνεύματος αὐτοῦ **εἰς** τὸν ἔσω ἄνθρωπον,
Ep 3:19 ἵνα πληρωθῆτε **εἰς** πᾶν τὸ πλήρωμα
Ep 3:21 ἐν Χριστῷ Ἰησοῦ **εἰς** πάσας τὰς γενεὰς
Ep 4:8 ἀναβὰς **εἰς** ὕψος ᾐχμαλώτευσεν αἰχμαλωσίαν,
Ep 4:9 ὅτι καὶ κατέβη **εἰς** τὰ κατώτερα [μέρη]
Ep 4:12 καταρτισμὸν τῶν ἁγίων **εἰς** ἔργον διακονίας,
Ep 4:12 **εἰς** οἰκοδομὴν τοῦ σώματος
Ep 4:13 καταντήσωμεν οἱ πάντες **εἰς** τὴν ἑνότητα
Ep 4:13 **εἰς** ἄνδρα τέλειον,
Ep 4:13 **εἰς** μέτρον ἡλικίας τοῦ
Ep 4:15 ἐν ἀγάπῃ αὐξήσωμεν **εἰς** αὐτὸν τὰ πάντα,
Ep 4:16 τοῦ σώματος ποιεῖται **εἰς** οἰκοδομὴν ἑαυτοῦ
Ep 4:19 παρέδωκαν τῇ ἀσελγείᾳ **εἰς** ἐργασίαν ἀκαθαρσίας πάσης
Ep 4:30 ἐν ᾧ ἐσφραγίσθητε **εἰς** ἡμέραν ἀπολυτρώσεως.
Ep 4:32 γίνεσθε [δὲ] **εἰς** ἀλλήλους χρηστοί,
Ep 5:2 θυσίαν τῷ θεῷ **εἰς** ὀσμὴν εὐωδίας.
Ep 5:31 ἔσονται οἱ δύο **εἰς** σάρκα μίαν.
Ep 5:32 ἐγὼ δὲ λέγω **εἰς** Χριστὸν καὶ εἰς
Ep 5:32 εἰς Χριστὸν καὶ **εἰς** τὴν ἐκκλησίαν.
Ep 6:18 καὶ **εἰς** αὐτὸ ἀγρυπνοῦντες ἐν
Ep 6:22 ἔπεμψα πρὸς ὑμᾶς **εἰς** αὐτὸ τοῦτο,

εἷς (*heis*; 15/343[345]) *one*

Ep 2:14 ποιήσας τὰ ἀμφότερα **ἓν** καὶ τὸ μεσότοιχον
Ep 2:15 ἐν αὐτῷ εἰς **ἕνα** καινὸν ἄνθρωπον ποιῶν
Ep 2:16 τοὺς ἀμφοτέρους ἐν **ἑνὶ** σώματι τῷ θεῷ
Ep 2:18 οἱ ἀμφότεροι ἐν **ἑνὶ** πνεύματι πρὸς τὸν
Ep 4:4 **Ἓν** σῶμα καὶ ἓν
Ep 4:4 Ἓν σῶμα καὶ **ἓν** πνεῦμα,
Ep 4:4 καὶ ἐκλήθητε ἐν **μιᾷ** ἐλπίδι τῆς κλήσεως
Ep 4:5 **εἷς** κύριος,
Ep 4:5 **μία** πίστις,
Ep 4:5 **ἓν** βάπτισμα,
Ep 4:6 **εἷς** θεὸς καὶ πατὴρ
Ep 4:7 **Ἑνὶ** δὲ ἑκάστῳ ἡμῶν
Ep 4:16 ἐνέργειαν ἐν μέτρῳ **ἑνὸς** ἑκάστου μέρους
Ep 5:31 δύο εἰς σάρκα **μίαν**.
Ep 5:33 ὑμεῖς οἱ καθ᾽ **ἕνα**,

εἴτε (*eite*; 2/65) *if*

Ep 6:8 κομίσεται παρὰ κυρίου **εἴτε** δοῦλος εἴτε ἐλεύθερος.
Ep 6:8 κυρίου εἴτε δοῦλος **εἴτε** ἐλεύθερος.

ἐκ (*ek*; 8/912[914]) *from*

Ep 1:20 Χριστῷ ἐγείρας αὐτὸν **ἐκ** νεκρῶν καὶ καθίσας
Ep 2:8 καὶ τοῦτο οὐκ **ἐξ** ὑμῶν,
Ep 2:9 οὐκ **ἐξ** ἔργων,
Ep 3:15 **ἐξ** οὗ πᾶσα πατριὰ
Ep 4:16 **ἐξ** οὗ πᾶν τὸ
Ep 4:29 πᾶς λόγος σαπρὸς **ἐκ** τοῦ στόματος ὑμῶν
Ep 5:14 καὶ ἀνάστα **ἐκ** τῶν νεκρῶν,
Ep 6:6 θέλημα τοῦ θεοῦ **ἐκ** ψυχῆς,

ἕκαστος (*hekastos*; 5/81[82]) *each*

Ep 4:7 Ἑνὶ δὲ **ἑκάστῳ** ἡμῶν ἐδόθη ἡ
Ep 4:16 ἐν μέτρῳ ἑνὸς **ἑκάστου** μέρους τὴν αὔξησιν
Ep 4:25 ψεῦδος λαλεῖτε ἀλήθειαν **ἕκαστος** μετὰ τοῦ πλησίον
Ep 5:33 **ἕκαστος** τὴν ἑαυτοῦ γυναῖκα
Ep 6:8 εἰδότες ὅτι **ἕκαστος** ἐάν τι ποιήσῃ

ἐκεῖνος (*ekeinos*; 1/240[243]) *that*

Ep 2:12 ἦτε τῷ καιρῷ **ἐκείνῳ** χωρὶς Χριστοῦ,

ἐκκλησία (*ekklēsia*; 9/114) *church*

Ep 1:22 ὑπὲρ πάντα τῇ **ἐκκλησίᾳ**,
Ep 3:10 ἐπουρανίοις διὰ τῆς **ἐκκλησίας** ἡ πολυποίκιλος σοφία
Ep 3:21 δόξα ἐν τῇ **ἐκκλησίᾳ** καὶ ἐν Χριστῷ
Ep 5:23 Χριστὸς κεφαλὴ τῆς **ἐκκλησίας**,
Ep 5:24 ἀλλὰ ὡς ἡ **ἐκκλησία** ὑποτάσσεται τῷ Χριστῷ,
Ep 5:25 Χριστὸς ἠγάπησεν τὴν **ἐκκλησίαν** καὶ ἑαυτὸν παρέδωκεν
Ep 5:27 ἑαυτῷ ἔνδοξον τὴν **ἐκκλησίαν**,
Ep 5:29 ὁ Χριστὸς τὴν **ἐκκλησίαν**,
Ep 5:32 καὶ εἰς τὴν **ἐκκλησίαν**.

ἐκλέγομαι (*eklegomai*; 1/22) *choose*

Ep 1:4 καθὼς **ἐξελέξατο** ἡμᾶς ἐν αὐτῷ

ἐκπορεύομαι (*ekporeuomai*; 1/33) *go or come out*

Ep 4:29 στόματος ὑμῶν μὴ **ἐκπορευέσθω**,

ἐκτρέφω (*ektrephō*; 2/2) *feed*

Ep 5:29 σάρκα ἐμίσησεν ἀλλὰ **ἐκτρέφει** καὶ θάλπει αὐτήν,
Ep 6:4 τέκνα ὑμῶν ἀλλὰ **ἐκτρέφετε** αὐτὰ ἐν παιδείᾳ

ἐλάχιστος (*elachistos*; 1/14) *least*

Ep 3:8 Ἐμοὶ τῷ **ἐλαχιστοτέρῳ** πάντων ἁγίων ἐδόθη

ἐλέγχω (*elenchō*; 2/17) *expose, convict*
Ep 5:11 μᾶλλον δὲ καὶ **ἐλέγχετε**.
Ep 5:13 τὰ δὲ πάντα **ἐλεγχόμενα** ὑπὸ τοῦ φωτὸς

ἔλεος (*eleos*; 1/27) *mercy*
Ep 2:4 πλούσιος ὢν ἐν **ἐλέει**,

ἐλεύθερος (*eleutheros*; 1/23) *free*
Ep 6:8 εἴτε δοῦλος εἴτε **ἐλεύθερος**.

ἐλπίς (*elpis*; 3/53) *hope*
Ep 1:18 τίς ἐστιν ἡ **ἐλπὶς** τῆς κλήσεως αὐτοῦ,
Ep 2:12 **ἐλπίδα** μὴ ἔχοντες καὶ
Ep 4:4 ἐκλήθητε ἐν μιᾷ **ἐλπίδι** τῆς κλήσεως ὑμῶν·

ἐν (*en*; 122/2746[2752]) *in*
Ep 1:1 ἁγίοις τοῖς οὖσιν [**ἐν** Ἐφέσῳ] καὶ πιστοῖς
Ep 1:1 Ἐφέσῳ] καὶ πιστοῖς **ἐν** Χριστῷ Ἰησοῦ,
Ep 1:3 ὁ εὐλογήσας ἡμᾶς **ἐν** πάσῃ εὐλογίᾳ πνευματικῇ
Ep 1:3 πάσῃ εὐλογίᾳ πνευματικῇ **ἐν** τοῖς ἐπουρανίοις ἐν
Ep 1:3 ἐν τοῖς ἐπουρανίοις **ἐν** Χριστῷ,
Ep 1:4 καθὼς ἐξελέξατο ἡμᾶς **ἐν** αὐτῷ πρὸ καταβολῆς
Ep 1:4 ἀμώμους κατενώπιον αὐτοῦ **ἐν** ἀγάπῃ,
Ep 1:6 ἧς ἐχαρίτωσεν ἡμᾶς **ἐν** τῷ ἠγαπημένῳ.
Ep 1:7 **Ἐν** ᾧ ἔχομεν τὴν
Ep 1:8 **ἐν** πάσῃ σοφίᾳ καὶ
Ep 1:9 αὐτοῦ ἣν προέθετο **ἐν** αὐτῷ
Ep 1:10 ἀνακεφαλαιώσασθαι τὰ πάντα **ἐν** τῷ Χριστῷ,
Ep 1:10 ἐπὶ τῆς γῆς **ἐν** αὐτῷ.
Ep 1:11 **Ἐν** ᾧ καὶ ἐκληρώθημεν
Ep 1:12 αὐτοῦ τοὺς προηλπικότας **ἐν** τῷ Χριστῷ.
Ep 1:13 **Ἐν** ᾧ καὶ ὑμεῖς
Ep 1:13 ἐν **ᾧ** καὶ πιστεύσαντες ἐσφραγίσθητε
Ep 1:15 καθ' ὑμᾶς πίστιν **ἐν** τῷ κυρίῳ Ἰησοῦ
Ep 1:17 σοφίας καὶ ἀποκαλύψεως **ἐν** ἐπιγνώσει αὐτοῦ,
Ep 1:18 τῆς κληρονομίας αὐτοῦ **ἐν** τοῖς ἁγίοις,
Ep 1:20 Ἣν ἐνήργησεν **ἐν** τῷ Χριστῷ
Ep 1:20 καὶ καθίσας **ἐν** δεξιᾷ αὐτοῦ
Ep 1:20 ἐν δεξιᾷ αὐτοῦ **ἐν** τοῖς ἐπουρανίοις
Ep 1:21 οὐ μόνον **ἐν** τῷ αἰῶνι τούτῳ
Ep 1:21 τούτῳ ἀλλὰ καὶ **ἐν** τῷ μέλλοντι·
Ep 1:23 τοῦ τὰ πάντα **ἐν** πᾶσιν πληρουμένου.
Ep 2:2 **ἐν** αἷς ποτε περιεπατήσατε
Ep 2:2 νῦν ἐνεργοῦντος **ἐν** τοῖς υἱοῖς
Ep 2:3 **ἐν** οἷς καὶ ἡμεῖς
Ep 2:3 πάντες ἀνεστράφημέν ποτε **ἐν** ταῖς ἐπιθυμίαις τῆς
Ep 2:4 θεὸς πλούσιος ὢν **ἐν** ἐλέει,
Ep 2:6 συνήγειρεν καὶ συνεκάθισεν **ἐν** τοῖς ἐπουρανίοις ἐν
Ep 2:6 ἐν τοῖς ἐπουρανίοις **ἐν** Χριστῷ Ἰησοῦ,
Ep 2:7 ἵνα ἐνδείξηται **ἐν** τοῖς αἰῶσιν
Ep 2:7 τῆς χάριτος αὐτοῦ **ἐν** χρηστότητι
Ep 2:7 ἐφ' ἡμᾶς **ἐν** Χριστῷ Ἰησοῦ.
Ep 2:10 κτισθέντες **ἐν** Χριστῷ Ἰησοῦ ἐπὶ
Ep 2:10 ἵνα **ἐν** αὐτοῖς περιπατήσωμεν.
Ep 2:11 ὑμεῖς τὰ ἔθνη **ἐν** σαρκί,
Ep 2:11 τῆς λεγομένης περιτομῆς **ἐν** σαρκὶ χειροποιήτου,
Ep 2:12 ἔχοντες καὶ ἄθεοι **ἐν** τῷ κόσμῳ.
Ep 2:13 νυνὶ δὲ **ἐν** Χριστῷ Ἰησοῦ ὑμεῖς
Ep 2:13 μακρὰν ἐγενήθητε ἐγγὺς **ἐν** τῷ αἵματι τοῦ
Ep 2:14 τὴν ἔχθραν **ἐν** τῇ σαρκὶ αὐτοῦ,
Ep 2:15 τῶν ἐντολῶν **ἐν** δόγμασιν καταργήσας,
Ep 2:15 δύο κτίσῃ **ἐν** αὐτῷ
Ep 2:16 ἀποκαταλλάξῃ τοὺς ἀμφοτέρους **ἐν** ἑνὶ σώματι τῷ
Ep 2:16 ἀποκτείνας τὴν ἔχθραν **ἐν** αὐτῷ.
Ep 2:18 προσαγωγὴν οἱ ἀμφότεροι **ἐν** ἑνὶ πνεύματι
Ep 2:21 **ἐν** ᾧ πᾶσα οἰκοδομὴ
Ep 2:21 εἰς ναὸν ἅγιον **ἐν** κυρίῳ,
Ep 2:22 **ἐν** ᾧ καὶ ὑμεῖς
Ep 2:22 κατοικητήριον τοῦ θεοῦ **ἐν** πνεύματι.
Ep 3:3 καθὼς προέγραψα **ἐν** ὀλίγῳ,
Ep 3:4 τὴν σύνεσίν μου **ἐν** τῷ μυστηρίῳ τοῦ
Ep 3:5 αὐτοῦ καὶ προφήταις **ἐν** πνεύματι,
Ep 3:6 συμμέτοχα τῆς ἐπαγγελίας **ἐν** Χριστῷ Ἰησοῦ
Ep 3:9 ἀπὸ τῶν αἰώνων **ἐν** τῷ θεῷ τῷ
Ep 3:10 καὶ ταῖς ἐξουσίαις **ἐν** τοῖς ἐπουρανίοις διὰ
Ep 3:11 αἰώνων ἣν ἐποίησεν **ἐν** τῷ Χριστῷ Ἰησοῦ
Ep 3:12 **ἐν** ᾧ ἔχομεν τὴν
Ep 3:12 παρρησίαν καὶ προσαγωγὴν **ἐν** πεποιθήσει διὰ τῆς
Ep 3:13 αἰτοῦμαι μὴ ἐγκακεῖν **ἐν** ταῖς θλίψεσίν μου
Ep 3:15 οὗ πᾶσα πατριὰ **ἐν** οὐρανοῖς καὶ ἐπὶ
Ep 3:17 διὰ τῆς πίστεως **ἐν** ταῖς καρδίαις ὑμῶν,
Ep 3:17 **ἐν** ἀγάπῃ ἐρριζωμένοι καὶ
Ep 3:20 τὴν ἐνεργουμένην **ἐν** ἡμῖν,
Ep 3:21 αὐτῷ ἡ δόξα **ἐν** τῇ ἐκκλησίᾳ καὶ
Ep 3:21 τῇ ἐκκλησίᾳ καὶ **ἐν** Χριστῷ Ἰησοῦ εἰς
Ep 4:1 ἐγὼ ὁ δέσμιος **ἐν** κυρίῳ ἀξίως περιπατῆσαι
Ep 4:2 ἀνεχόμενοι ἀλλήλων **ἐν** ἀγάπῃ,
Ep 4:3 ἑνότητα τοῦ πνεύματος **ἐν** τῷ συνδέσμῳ τῆς
Ep 4:4 καθὼς καὶ ἐκλήθητε **ἐν** μιᾷ ἐλπίδι τῆς
Ep 4:6 διὰ πάντων καὶ **ἐν** πᾶσιν.
Ep 4:14 ἀνέμῳ τῆς διδασκαλίας **ἐν** τῇ κυβείᾳ τῶν
Ep 4:14 **ἐν** πανουργίᾳ πρὸς τὴν
Ep 4:15 ἀληθεύοντες δὲ **ἐν** ἀγάπῃ αὐξήσωμεν εἰς
Ep 4:16 κατ' ἐνέργειαν **ἐν** μέτρῳ ἑνὸς
Ep 4:16 εἰς οἰκοδομὴν ἑαυτοῦ **ἐν** ἀγάπῃ.
Ep 4:17 λέγω καὶ μαρτύρομαι **ἐν** κυρίῳ,
Ep 4:17 τὰ ἔθνη περιπατεῖ **ἐν** ματαιότητι τοῦ νοὸς
Ep 4:18 ἄγνοιαν τὴν οὖσαν **ἐν** αὐτοῖς,
Ep 4:19 ἐργασίαν ἀκαθαρσίας πάσης **ἐν** πλεονεξίᾳ.
Ep 4:21 αὐτὸν ἠκούσατε καὶ **ἐν** αὐτῷ ἐδιδάχθητε,
Ep 4:21 καθώς ἐστιν ἀλήθεια **ἐν** τῷ Ἰησοῦ,
Ep 4:24 κατὰ θεὸν κτισθέντα **ἐν** δικαιοσύνῃ
Ep 4:30 **ἐν** ᾧ ἐσφραγίσθητε εἰς
Ep 4:32 καὶ ὁ θεὸς **ἐν** Χριστῷ ἐχαρίσατο ὑμῖν.
Ep 5:2 καὶ περιπατεῖτε **ἐν** ἀγάπῃ,
Ep 5:3 πλεονεξία μηδὲ ὀνομαζέσθω **ἐν** ὑμῖν,
Ep 5:5 οὐκ ἔχει κληρονομίαν **ἐν** τῇ βασιλείᾳ τοῦ
Ep 5:8 νῦν δὲ φῶς **ἐν** κυρίῳ·
Ep 5:9 καρπὸς τοῦ φωτὸς **ἐν** πάσῃ ἀγαθωσύνῃ καὶ
Ep 5:18 **ἐν** ᾧ ἐστιν ἀσωτία,
Ep 5:18 ἀλλὰ πληροῦσθε **ἐν** πνεύματι,
Ep 5:19 λαλοῦντες ἑαυτοῖς [**ἐν**] ψαλμοῖς καὶ ὕμνοις
Ep 5:20 πάντοτε ὑπὲρ πάντων **ἐν** ὀνόματι τοῦ κυρίου
Ep 5:21 Ὑποτασσόμενοι ἀλλήλοις **ἐν** φόβῳ Χριστοῦ,
Ep 5:24 γυναῖκες τοῖς ἀνδράσιν **ἐν** παντί.
Ep 5:26 λουτρῷ τοῦ ὕδατος **ἐν** ῥήματι,
Ep 6:1 τοῖς γονεῦσιν ὑμῶν [**ἐν** κυρίῳ]·

Ep 6:2 ἐντολὴ πρώτη **ἐν** ἐπαγγελίᾳ,
Ep 6:4 ἀλλὰ ἐκτρέφετε αὐτὰ **ἐν** παιδείᾳ καὶ νουθεσίᾳ
Ep 6:5 φόβου καὶ τρόμου **ἐν** ἁπλότητι τῆς καρδίας
Ep 6:9 ὁ κύριός ἐστιν **ἐν** οὐρανοῖς καὶ προσωπολημψία
Ep 6:10 ἐνδυναμοῦσθε **ἐν** κυρίῳ
Ep 6:10 καὶ **ἐν** τῷ κράτει
Ep 6:12 πνευματικὰ τῆς πονηρίας **ἐν** τοῖς ἐπουρανίοις.
Ep 6:13 ἵνα δυνηθῆτε ἀντιστῆναι **ἐν** τῇ ἡμέρᾳ τῇ
Ep 6:14 τὴν ὀσφὺν ὑμῶν **ἐν** ἀληθείᾳ καὶ ἐνδυσάμενοι
Ep 6:15 ὑποδησάμενοι τοὺς πόδας **ἐν** ἑτοιμασίᾳ τοῦ εὐαγγελίου
Ep 6:16 **ἐν** πᾶσιν ἀναλαβόντες τὸν
Ep 6:16 **ἐν** ᾧ δυνήσεσθε πάντα
Ep 6:18 καὶ δεήσεως προσευχόμενοι **ἐν** παντὶ καιρῷ
Ep 6:18 ἐν παντὶ καιρῷ **ἐν** πνεύματι,
Ep 6:18 εἰς αὐτὸ ἀγρυπνοῦντες **ἐν** πάσῃ προσκαρτερήσει καὶ
Ep 6:19 μοι δοθῇ λόγος **ἐν** ἀνοίξει τοῦ στόματός
Ep 6:19 **ἐν** παρρησίᾳ γνωρίσαι τὸ
Ep 6:20 ὑπὲρ οὗ πρεσβεύω **ἐν** ἁλύσει,
Ep 6:20 ἵνα **ἐν** αὐτῷ παρρησιάσωμαι ὡς
Ep 6:21 καὶ πιστὸς διάκονος **ἐν** κυρίῳ,
Ep 6:24 ἡμῶν Ἰησοῦν Χριστὸν **ἐν** ἀφθαρσίᾳ.

ἐνδείκνυμι (*endeiknymi*; 1/11) *show*
Ep 2:7 ἵνα **ἐνδείξηται** ἐν τοῖς αἰῶσιν

ἔνδοξος (*endoxos*; 1/4) *glorious*
Ep 5:27 παραστήσῃ αὐτὸς ἑαυτῷ **ἔνδοξον** τὴν ἐκκλησίαν,

ἐνδυναμόω (*endynamoō*; 1/7) *strengthen*
Ep 6:10 **ἐνδυναμοῦσθε** ἐν κυρίῳ καὶ

ἐνδύω (*endyō*; 3/27) *dress*
Ep 4:24 καὶ **ἐνδύσασθαι** τὸν καινὸν ἄνθρωπον
Ep 6:11 **ἐνδύσασθε** τὴν πανοπλίαν τοῦ
Ep 6:14 ἐν ἀληθείᾳ καὶ **ἐνδυσάμενοι** τὸν θώρακα τῆς

ἐνέργεια (*energeia*; 3/8) *working, activity*
Ep 1:19 πιστεύοντας κατὰ τὴν **ἐνέργειαν** τοῦ κράτους τῆς
Ep 3:7 μοι κατὰ τὴν **ἐνέργειαν** τῆς δυνάμεως αὐτοῦ.
Ep 4:16 τῆς ἐπιχορηγίας κατ' **ἐνέργειαν** ἐν μέτρῳ ἑνὸς

ἐνεργέω (*energeō*; 4/21) *work*
Ep 1:11 τοῦ τὰ πάντα **ἐνεργοῦντος** κατὰ τὴν βουλὴν
Ep 1:20 Ἣν **ἐνήργησεν** ἐν τῷ Χριστῷ
Ep 2:2 πνεύματος τοῦ νῦν **ἐνεργοῦντος** ἐν τοῖς υἱοῖς
Ep 3:20 τὴν δύναμιν τὴν **ἐνεργουμένην** ἐν ἡμῖν,

ἑνότης (*henotēs*; 2/2) *unity*
Ep 4:3 σπουδάζοντες τηρεῖν τὴν **ἑνότητα** τοῦ πνεύματος ἐν
Ep 4:13 πάντες εἰς τὴν **ἑνότητα** τῆς πίστεως καὶ

ἐντολή (*entolē*; 2/67) *commandment*
Ep 2:15 τὸν νόμον τῶν **ἐντολῶν** ἐν δόγμασιν καταργήσας,
Ep 6:2 ἥτις ἐστὶν **ἐντολὴ** πρώτη ἐν ἐπαγγελίᾳ,

ἐξαγοράζω (*exagorazō*; 1/4) *set free*
Ep 5:16 **ἐξαγοραζόμενοι** τὸν καιρόν,

ἐξισχύω (*exischyō*; 1/1) *be fully able*
Ep 3:18 ἵνα **ἐξισχύσητε** καταλαβέσθαι σὺν πᾶσιν

ἐξουσία (*exousia*; 4/102) *authority*
Ep 1:21 πάσης ἀρχῆς καὶ **ἐξουσίας** καὶ δυνάμεως καὶ
Ep 2:2 τὸν ἄρχοντα τῆς **ἐξουσίας** τοῦ ἀέρος,
Ep 3:10 ἀρχαῖς καὶ ταῖς **ἐξουσίαις** ἐν τοῖς ἐπουρανίοις
Ep 6:12 πρὸς τὰς **ἐξουσίας**,

ἐπαγγελία (*epangelia*; 4/52) *promise*
Ep 1:13 τῷ πνεύματι τῆς **ἐπαγγελίας** τῷ ἁγίῳ,
Ep 2:12 τῶν διαθηκῶν τῆς **ἐπαγγελίας**,
Ep 3:6 καὶ συμμέτοχα τῆς **ἐπαγγελίας** ἐν Χριστῷ Ἰησοῦ
Ep 6:2 ἐντολὴ πρώτη ἐν **ἐπαγγελίᾳ**,

ἔπαινος (*epainos*; 3/11) *praise*
Ep 1:6 εἰς **ἔπαινον** δόξης τῆς χάριτος
Ep 1:12 εἶναι ἡμᾶς εἰς **ἔπαινον** δόξης αὐτοῦ τοὺς
Ep 1:14 εἰς **ἔπαινον** τῆς δόξης αὐτοῦ.

ἐπέρχομαι (*eperchomai*; 1/9) *come, come upon*
Ep 2:7 τοῖς αἰῶσιν τοῖς **ἐπερχομένοις** τὸ ὑπερβάλλον πλοῦτος

ἐπί (*epi*; 11/886[890]) *on*
Ep 1:10 τὰ **ἐπὶ** τοῖς οὐρανοῖς καὶ
Ep 1:10 οὐρανοῖς καὶ τὰ **ἐπὶ** τῆς γῆς ἐν
Ep 1:16 ὑμῶν μνείαν ποιούμενος **ἐπὶ** τῶν προσευχῶν μου,
Ep 2:7 αὐτοῦ ἐν χρηστότητι **ἐφ'** ἡμᾶς ἐν Χριστῷ
Ep 2:10 ἐν Χριστῷ Ἰησοῦ **ἐπὶ** ἔργοις ἀγαθοῖς οἷς
Ep 2:20 ἐποικοδομηθέντες **ἐπὶ** τῷ θεμελίῳ τῶν
Ep 3:15 ἐν οὐρανοῖς καὶ **ἐπὶ** γῆς ὀνομάζεται,
Ep 4:6 ὁ **ἐπὶ** πάντων καὶ διὰ
Ep 4:26 ἥλιος μὴ ἐπιδυέτω **ἐπὶ** [τῷ] παροργισμῷ ὑμῶν,
Ep 5:6 ὀργὴ τοῦ θεοῦ **ἐπὶ** τοὺς υἱοὺς τῆς
Ep 6:3 καὶ ἔσῃ μακροχρόνιος **ἐπὶ** τῆς γῆς.

ἐπίγνωσις (*epignōsis*; 2/20) *knowledge*
Ep 1:17 καὶ ἀποκαλύψεως ἐν **ἐπιγνώσει** αὐτοῦ,
Ep 4:13 πίστεως καὶ τῆς **ἐπιγνώσεως** τοῦ υἱοῦ τοῦ

ἐπιδύω (*epidyō*; 1/1) *set (of the sun)*
Ep 4:26 ὁ ἥλιος μὴ **ἐπιδυέτω** ἐπὶ [τῷ] παροργισμῷ

ἐπιθυμία (*epithymia*; 2/38) *desire*
Ep 2:3 ποτε ἐν ταῖς **ἐπιθυμίαις** τῆς σαρκὸς ἡμῶν
Ep 4:22 φθειρόμενον κατὰ τὰς **ἐπιθυμίας** τῆς ἀπάτης,

ἐπιφαύσκω (*epiphauskō*; 1/1) *shine*
Ep 5:14 καὶ **ἐπιφαύσει** σοι ὁ Χριστός.

ἐπιχορηγία (*epichorēgia*; 1/2) *supply*
Ep 4:16 πάσης ἁφῆς τῆς **ἐπιχορηγίας** κατ' ἐνέργειαν

ἐποικοδομέω (*epoikodomeō*; 1/7) *build on or upon*
Ep 2:20 **ἐποικοδομηθέντες** ἐπὶ τῷ θεμελίῳ

ἐπουράνιος (*epouranios*; 5/19) *heavenly*
Ep 1:3 πνευματικῇ ἐν τοῖς **ἐπουρανίοις** ἐν Χριστῷ,
Ep 1:20 αὐτοῦ ἐν τοῖς **ἐπουρανίοις**
Ep 2:6 συνεκάθισεν ἐν τοῖς **ἐπουρανίοις** ἐν Χριστῷ Ἰησοῦ,
Ep 3:10 ἐξουσίαις ἐν τοῖς **ἐπουρανίοις** διὰ τῆς ἐκκλησίας
Ep 6:12 πονηρίας ἐν τοῖς **ἐπουρανίοις**.

ἐργάζομαι (*ergazomai*; 1/41) *work*
Ep 4:28 μᾶλλον δὲ κοπιάτω **ἐργαζόμενος** ταῖς [ἰδίαις] χερσὶν

ἐργασία (*ergasia*; 1/6) *gain*
Ep 4:19 τῇ ἀσελγείᾳ εἰς **ἐργασίαν** ἀκαθαρσίας πάσης ἐν

ἔργον (*ergon*; 4/169) *work*
Ep 2:9 οὐκ ἐξ **ἔργων**,
Ep 2:10 Χριστῷ Ἰησοῦ ἐπὶ **ἔργοις** ἀγαθοῖς οἷς προητοίμασεν
Ep 4:12 τῶν ἁγίων εἰς **ἔργον** διακονίας,
Ep 5:11 μὴ συγκοινωνεῖτε τοῖς **ἔργοις** τοῖς ἀκάρποις τοῦ

ἔρχομαι (*erchomai*; 2/631[632]) *come, go*
Ep 2:17 καὶ **ἐλθὼν** εὐηγγελίσατο εἰρήνην ὑμῖν
Ep 5:6 διὰ ταῦτα γὰρ **ἔρχεται** ἡ ὀργὴ τοῦ

ἔσω (*esō*; 1/9) *inside*
Ep 3:16 αὐτοῦ εἰς τὸν **ἔσω** ἄνθρωπον,

ἕτερος (*heteros*; 1/97[98]) *other*
Ep 3:5 ὃ **ἑτέραις** γενεαῖς οὐκ ἐγνωρίσθη

ἑτοιμασία (*hetoimasia*; 1/1) *readiness*
Ep 6:15 τοὺς πόδας ἐν **ἑτοιμασίᾳ** τοῦ εὐαγγελίου

εὖ (*eu*; 1/5) *well*
Ep 6:3 ἵνα **εὖ** σοι γένηται καὶ

εὐαγγελίζω (*euangelizō*; 2/54) *bring good news*
Ep 2:17 καὶ ἐλθὼν **εὐηγγελίσατο** εἰρήνην ὑμῖν τοῖς
Ep 3:8 τοῖς ἔθνεσιν **εὐαγγελίσασθαι** τὸ ἀνεξιχνίαστον πλοῦτος

εὐαγγέλιον (*euangelion*; 4/75[76]) *good news*
Ep 1:13 τὸ **εὐαγγέλιον** τῆς σωτηρίας ὑμῶν,
Ep 3:6 Ἰησοῦ διὰ τοῦ **εὐαγγελίου**,
Ep 6:15 ἐν ἑτοιμασίᾳ τοῦ **εὐαγγελίου** τῆς εἰρήνης,
Ep 6:19 τὸ μυστήριον τοῦ **εὐαγγελίου**,

εὐαγγελιστής (*euangelistēs*; 1/3) *evangelist*
Ep 4:11 τοὺς δὲ **εὐαγγελιστάς**,

εὐάρεστος (*euarestos*; 1/9) *acceptable*
Ep 5:10 δοκιμάζοντες τί ἐστιν **εὐάρεστον** τῷ κυρίῳ,

εὐδοκία (*eudokia*; 2/9) *good will, pleasure*
Ep 1:5 κατὰ τὴν **εὐδοκίαν** τοῦ θελήματος αὐτοῦ,
Ep 1:9 κατὰ τὴν **εὐδοκίαν** αὐτοῦ ἣν προέθετο

εὐλογέω (*eulogeō*; 1/41) *bless*
Ep 1:3 ὁ **εὐλογήσας** ἡμᾶς ἐν πάσῃ

εὐλογητός (*eulogētos*; 1/8) *blessed*
Ep 1:3 **Εὐλογητὸς** ὁ θεὸς καὶ

εὐλογία (*eulogia*; 1/16) *blessing*
Ep 1:3 ἡμᾶς ἐν πάσῃ **εὐλογίᾳ** πνευματικῇ ἐν τοῖς

εὔνοια (*eunoia*; 1/1) *good will*
Ep 6:7 μετ' **εὐνοίας** δουλεύοντες ὡς τῷ

εὔσπλαγχνος (*eusplanchnos*; 1/2) *tenderhearted*
Ep 4:32 **εὔσπλαγχνοι**,

εὐτραπελία (*eutrapelia*; 1/1) *vulgar or dirty talk*
Ep 5:4 καὶ μωρολογία ἢ **εὐτραπελία**,

εὐχαριστέω (*eucharisteō*; 2/38) *thank*
Ep 1:16 οὐ παύομαι **εὐχαριστῶν** ὑπὲρ ὑμῶν μνείαν
Ep 5:20 **εὐχαριστοῦντες** πάντοτε ὑπὲρ πάντων

εὐχαριστία (*eucharistia*; 1/15) *thanksgiving*
Ep 5:4 ἀλλὰ μᾶλλον **εὐχαριστία**.

εὐωδία (*euōdia*; 1/3) *sweet smell*
Ep 5:2 θεῷ εἰς ὀσμὴν **εὐωδίας**.

Ἔφεσος (*Ephesos*; 1/16) *Ephesus*
Ep 1:1 τοῖς οὖσιν [ἐν **Ἐφέσῳ**] καὶ πιστοῖς ἐν

ἔχθρα (*echthra*; 2/6) *hostility*
Ep 2:14 τὴν **ἔχθραν** ἐν τῇ σαρκὶ
Ep 2:16 ἀποκτείνας τὴν **ἔχθραν** ἐν αὐτῷ.

ἔχω (*echō*; 8/706[708]) *have, hold*
Ep 1:7 Ἐν ᾧ **ἔχομεν** τὴν ἀπολύτρωσιν διὰ
Ep 2:12 ἐλπίδα μὴ **ἔχοντες** καὶ ἄθεοι ἐν
Ep 2:18 ὅτι δι' αὐτοῦ **ἔχομεν** τὴν προσαγωγὴν οἱ
Ep 3:12 ἐν ᾧ **ἔχομεν** τὴν παρρησίαν καὶ
Ep 4:28 ἵνα **ἔχῃ** μεταδιδόναι τῷ χρείαν
Ep 4:28 μεταδιδόναι τῷ χρείαν **ἔχοντι**.
Ep 5:5 οὐκ **ἔχει** κληρονομίαν ἐν τῇ

Ep 5:27 μὴ **ἔχουσαν** σπίλον ἢ ῥυτίδα

ζωή (*zōē*; 1/135) *life*

Ep 4:18 ἀπηλλοτριωμένοι τῆς **ζωῆς** τοῦ θεοῦ διὰ

ἤ (*ē*; 7/340) *or*

Ep 3:20 ὑπερεκπερισσοῦ ὧν αἰτούμεθα **ἢ** νοοῦμεν κατὰ τὴν
Ep 5:3 καὶ ἀκαθαρσία πᾶσα **ἢ** πλεονεξία μηδὲ ὀνομαζέσθω
Ep 5:4 αἰσχρότης καὶ μωρολογία **ἢ** εὐτραπελία,
Ep 5:5 ὅτι πᾶς πόρνος **ἢ** ἀκάθαρτος ἢ πλεονέκτης,
Ep 5:5 πόρνος ἢ ἀκάθαρτος **ἢ** πλεονέκτης,
Ep 5:27 μὴ ἔχουσαν σπίλον **ἢ** ῥυτίδα ἤ τι
Ep 5:27 σπίλον ἢ ῥυτίδα **ἤ** τι τῶν τοιούτων,

ἡλικία (*hēlikia*; 1/8) *age*

Ep 4:13 εἰς μέτρον **ἡλικίας** τοῦ πληρώματος τοῦ

ἥλιος (*hēlios*; 1/32) *sun*

Ep 4:26 ὁ **ἥλιος** μὴ ἐπιδυέτω ἐπὶ

ἡμεῖς (*hēmeis*; 28/855) *we*

Ep 1:2 ἀπὸ θεοῦ πατρὸς **ἡμῶν** καὶ κυρίου Ἰησοῦ
Ep 1:3 πατὴρ τοῦ κυρίου **ἡμῶν** Ἰησοῦ Χριστοῦ,
Ep 1:3 ὁ εὐλογήσας **ἡμᾶς** ἐν πάσῃ εὐλογίᾳ
Ep 1:4 καθὼς ἐξελέξατο **ἡμᾶς** ἐν αὐτῷ πρὸ
Ep 1:4 καταβολῆς κόσμου εἶναι **ἡμᾶς** ἁγίους καὶ ἀμώμους
Ep 1:5 προορίσας **ἡμᾶς** εἰς υἱοθεσίαν διὰ
Ep 1:6 αὐτοῦ ἧς ἐχαρίτωσεν **ἡμᾶς** ἐν τῷ ἠγαπημένῳ.
Ep 1:8 ἧς ἐπερίσσευσεν εἰς **ἡμᾶς**,
Ep 1:9 γνωρίσας **ἡμῖν** τὸ μυστήριον τοῦ
Ep 1:12 εἰς τὸ εἶναι **ἡμᾶς** εἰς ἔπαινον δόξης
Ep 1:14 ἀρραβὼν τῆς κληρονομίας **ἡμῶν**,
Ep 1:17 θεὸς τοῦ κυρίου **ἡμῶν** Ἰησοῦ Χριστοῦ,
Ep 1:19 δυνάμεως αὐτοῦ εἰς **ἡμᾶς** τοὺς πιστεύοντας
Ep 2:3 ἐν οἷς καὶ **ἡμεῖς** πάντες ἀνεστράφημέν ποτε
Ep 2:3 ἐπιθυμίαις τῆς σαρκὸς **ἡμῶν** ποιοῦντες τὰ θελήματα
Ep 2:4 αὐτοῦ ἣν ἠγάπησεν **ἡμᾶς**,
Ep 2:5 καὶ ὄντας **ἡμᾶς** νεκροὺς τοῖς παραπτώμασιν
Ep 2:7 ἐν χρηστότητι ἐφ' **ἡμᾶς** ἐν Χριστῷ Ἰησοῦ.
Ep 2:14 ἐστιν ἡ εἰρήνη **ἡμῶν**,
Ep 3:11 Ἰησοῦ τῷ κυρίῳ **ἡμῶν**,
Ep 3:20 τὴν ἐνεργουμένην ἐν **ἡμῖν**,
Ep 4:7 Ἑνὶ δὲ ἑκάστῳ **ἡμῶν** ἐδόθη ἡ χάρις
Ep 5:2 ὁ Χριστὸς ἠγάπησεν **ἡμᾶς** καὶ παρέδωκεν ἑαυτὸν
Ep 5:2 παρέδωκεν ἑαυτὸν ὑπὲρ **ἡμῶν** προσφορὰν καὶ θυσίαν
Ep 5:20 ὀνόματι τοῦ κυρίου **ἡμῶν** Ἰησοῦ Χριστοῦ τῷ
Ep 6:12 ὅτι οὐκ ἔστιν **ἡμῖν** ἡ πάλη πρὸς
Ep 6:22 γνῶτε τὰ περὶ **ἡμῶν** καὶ παρακαλέσῃ τὰς
Ep 6:24 ἀγαπώντων τὸν κύριον **ἡμῶν** Ἰησοῦν Χριστὸν ἐν

ἡμέρα (*hēmera*; 3/389) *day*

Ep 4:30 ᾧ ἐσφραγίσθητε εἰς **ἡμέραν** ἀπολυτρώσεως.
Ep 5:16 ὅτι αἱ **ἡμέραι** πονηραί εἰσιν.
Ep 6:13 ἀντιστῆναι ἐν τῇ **ἡμέρᾳ** τῇ πονηρᾷ καὶ

θάλπω (*thalpō*; 1/2) *take care of*

Ep 5:29 ἀλλὰ ἐκτρέφει καὶ **θάλπει** αὐτήν,

θέλημα (*thelēma*; 7/62) *will*

Ep 1:1 Χριστοῦ Ἰησοῦ διὰ **θελήματος** θεοῦ τοῖς ἁγίοις
Ep 1:5 τὴν εὐδοκίαν τοῦ **θελήματος** αὐτοῦ,
Ep 1:9 τὸ μυστήριον τοῦ **θελήματος** αὐτοῦ,
Ep 1:11 τὴν βουλὴν τοῦ **θελήματος** αὐτοῦ
Ep 2:3 ἡμῶν ποιοῦντες τὰ **θελήματα** τῆς σαρκὸς
Ep 5:17 συνίετε τί τὸ **θέλημα** τοῦ κυρίου.
Ep 6:6 Χριστοῦ ποιοῦντες τὸ **θέλημα** τοῦ θεοῦ ἐκ

θεμέλιος (*themelios*; 1/12) *foundation*

Ep 2:20 ἐποικοδομηθέντες ἐπὶ τῷ **θεμελίῳ** τῶν ἀποστόλων καὶ

θεμελιόω (*themelioō*; 1/5) *establish*

Ep 3:17 ἀγάπῃ ἐρριζωμένοι καὶ **τεθεμελιωμένοι**,

θεός (*theos*; 31/1316[1317]) *God*

Ep 1:1 Ἰησοῦ διὰ θελήματος **θεοῦ** τοῖς ἁγίοις τοῖς
Ep 1:2 καὶ εἰρήνη ἀπὸ **θεοῦ** πατρὸς ἡμῶν καὶ
Ep 1:3 Εὐλογητὸς ὁ **θεὸς** καὶ πατὴρ τοῦ
Ep 1:17 ἵνα ὁ **θεὸς** τοῦ κυρίου ἡμῶν
Ep 2:4 ὁ δὲ **θεὸς** πλούσιος ὢν ἐν
Ep 2:8 **θεοῦ** τὸ δῶρον·
Ep 2:10 οἷς προητοίμασεν ὁ **θεὸς**,
Ep 2:16 ἑνὶ σώματι τῷ **θεῷ** διὰ τοῦ σταυροῦ,
Ep 2:19 καὶ οἰκεῖοι τοῦ **θεοῦ**,
Ep 2:22 εἰς κατοικητήριον τοῦ **θεοῦ** ἐν πνεύματι.
Ep 3:2 τῆς χάριτος τοῦ **θεοῦ** τῆς δοθείσης μοι
Ep 3:7 τῆς χάριτος τοῦ **θεοῦ** τῆς δοθείσης μοι
Ep 3:9 αἰώνων ἐν τῷ **θεῷ** τῷ τὰ πάντα
Ep 3:10 πολυποίκιλος σοφία τοῦ **θεοῦ**,
Ep 3:19 τὸ πλήρωμα τοῦ **θεοῦ**.
Ep 4:6 εἷς **θεὸς** καὶ πατὴρ πάντων,
Ep 4:13 τοῦ υἱοῦ τοῦ **θεοῦ**,
Ep 4:18 τῆς ζωῆς τοῦ **θεοῦ** διὰ τὴν ἄγνοιαν
Ep 4:24 ἄνθρωπον τὸν κατὰ **θεὸν** κτισθέντα ἐν δικαιοσύνῃ
Ep 4:30 τὸ ἅγιον τοῦ **θεοῦ**,
Ep 4:32 καθὼς καὶ ὁ **θεὸς** ἐν Χριστῷ ἐχαρίσατο
Ep 5:1 οὖν μιμηταὶ τοῦ **θεοῦ** ὡς τέκνα ἀγαπητὰ
Ep 5:2 καὶ θυσίαν τῷ **θεῷ** εἰς ὀσμὴν εὐωδίας.
Ep 5:5 τοῦ Χριστοῦ καὶ **θεοῦ**.
Ep 5:6 ἡ ὀργὴ τοῦ **θεοῦ** ἐπὶ τοὺς υἱοὺς
Ep 5:20 Ἰησοῦ Χριστοῦ τῷ **θεῷ** καὶ πατρί.
Ep 6:6 τὸ θέλημα τοῦ **θεοῦ** ἐκ ψυχῆς,
Ep 6:11 τὴν πανοπλίαν τοῦ **θεοῦ** πρὸς τὸ δύνασθαι
Ep 6:13 τὴν πανοπλίαν τοῦ **θεοῦ**,
Ep 6:17 ὅ ἐστιν ῥῆμα **θεοῦ**.
Ep 6:23 μετὰ πίστεως ἀπὸ **θεοῦ** πατρὸς καὶ κυρίου

θλῖψις (*thlipsis*; 1/45) *tribulation, trouble*

Ep 3:13 ἐγκακεῖν ἐν ταῖς **θλίψεσίν** μου ὑπὲρ ὑμῶν,

θυμός (*thymos*; 1/18) *wrath*

Ep 4:31 πᾶσα πικρία καὶ **θυμὸς** καὶ ὀργὴ καὶ

θυρεός (*thyreos*; 1/1) *shield*
Ep 6:16 πᾶσιν ἀναλαβόντες τὸν **θυρεὸν** τῆς πίστεως,

θυσία (*thysia*; 1/28) *sacrifice*
Ep 5:2 ἡμῶν προσφορὰν καὶ **θυσίαν** τῷ θεῷ εἰς

θώραξ (*thōrax*; 1/5) *breastplate*
Ep 6:14 καὶ ἐνδυσάμενοι τὸν **θώρακα** τῆς δικαιοσύνης

ἴδιος (*idios*; 2/114) *one's own*
Ep 4:28 κοπιάτω ἐργαζόμενος ταῖς **[ἰδίαις]** χερσὶν τὸ ἀγαθόν,
Ep 5:22 αἱ γυναῖκες τοῖς **ἰδίοις** ἀνδράσιν ὡς τῷ

Ἰησοῦς (*Iēsous*; 20/911[917]) *Jesus*
Ep 1:1 Παῦλος ἀπόστολος Χριστοῦ **Ἰησοῦ** διὰ θελήματος θεοῦ
Ep 1:1 πιστοῖς ἐν Χριστῷ **Ἰησοῦ**,
Ep 1:2 ἡμῶν καὶ κυρίου **Ἰησοῦ** Χριστοῦ.
Ep 1:3 τοῦ κυρίου ἡμῶν **Ἰησοῦ** Χριστοῦ,
Ep 1:5 εἰς υἱοθεσίαν διὰ **Ἰησοῦ** Χριστοῦ εἰς αὐτόν,
Ep 1:15 ἐν τῷ κυρίῳ **Ἰησοῦ** καὶ τὴν ἀγάπην
Ep 1:17 τοῦ κυρίου ἡμῶν **Ἰησοῦ** Χριστοῦ,
Ep 2:6 ἐπουρανίοις ἐν Χριστῷ **Ἰησοῦ**,
Ep 2:7 ἡμᾶς ἐν Χριστῷ **Ἰησοῦ**.
Ep 2:10 κτισθέντες ἐν Χριστῷ **Ἰησοῦ** ἐπὶ ἔργοις ἀγαθοῖς
Ep 2:13 δὲ ἐν Χριστῷ **Ἰησοῦ** ὑμεῖς οἵ ποτε
Ep 2:20 ἀκρογωνιαίου αὐτοῦ Χριστοῦ **Ἰησοῦ**,
Ep 3:1 δέσμιος τοῦ Χριστοῦ **[Ἰησοῦ]** ὑπὲρ ὑμῶν τῶν
Ep 3:6 ἐπαγγελίας ἐν Χριστῷ **Ἰησοῦ** διὰ τοῦ εὐαγγελίου,
Ep 3:11 ἐν τῷ Χριστῷ **Ἰησοῦ** τῷ κυρίῳ ἡμῶν,
Ep 3:21 καὶ ἐν Χριστῷ **Ἰησοῦ** εἰς πάσας τὰς
Ep 4:21 ἀλήθεια ἐν τῷ **Ἰησοῦ**,
Ep 5:20 τοῦ κυρίου ἡμῶν **Ἰησοῦ** Χριστοῦ τῷ θεῷ
Ep 6:23 πατρὸς καὶ κυρίου **Ἰησοῦ** Χριστοῦ.
Ep 6:24 τὸν κύριον ἡμῶν **Ἰησοῦν** Χριστὸν ἐν ἀφθαρσίᾳ.

ἵνα (*hina*; 23/662[663]) *so that, in order that*
Ep 1:17 **ἵνα** ὁ θεὸς τοῦ
Ep 2:7 **ἵνα** ἐνδείξηται ἐν τοῖς
Ep 2:9 **ἵνα** μή τις καυχήσηται.
Ep 2:10 **ἵνα** ἐν αὐτοῖς περιπατήσωμεν.
Ep 2:15 **ἵνα** τοὺς δύο κτίσῃ
Ep 3:10 **ἵνα** γνωρισθῇ νῦν ταῖς
Ep 3:16 **ἵνα** δῷ ὑμῖν κατὰ
Ep 3:18 **ἵνα** ἐξισχύσητε καταλαβέσθαι σὺν
Ep 3:19 **ἵνα** πληρωθῆτε εἰς πᾶν
Ep 4:10 **ἵνα** πληρώσῃ τὰ πάντα.
Ep 4:14 **ἵνα** μηκέτι ὦμεν νήπιοι,
Ep 4:28 **ἵνα** ἔχῃ μεταδιδόναι τῷ
Ep 4:29 **ἵνα** δῷ χάριν τοῖς
Ep 5:26 **ἵνα** αὐτὴν ἁγιάσῃ καθαρίσας
Ep 5:27 **ἵνα** παραστήσῃ αὐτὸς ἑαυτῷ
Ep 5:27 ἀλλ' **ἵνα** ᾖ ἁγία καὶ
Ep 5:33 ἡ δὲ γυνὴ **ἵνα** φοβῆται τὸν ἄνδρα.
Ep 6:3 **ἵνα** εὖ σοι γένηται
Ep 6:13 **ἵνα** δυνηθῆτε ἀντιστῆναι ἐν
Ep 6:19 **ἵνα** μοι δοθῇ λόγος
Ep 6:20 **ἵνα** ἐν αὐτῷ παρρησιάσωμαι
Ep 6:21 **Ἵνα** δὲ εἰδῆτε καὶ
Ep 6:22 **ἵνα** γνῶτε τὰ περὶ

Ἰσραήλ (*Israēl*; 1/68) *Israel*
Ep 2:12 τῆς πολιτείας τοῦ **Ἰσραὴλ** καὶ ξένοι τῶν

ἵστημι (*histēmi*; 3/154[155]) *set, stand*
Ep 6:11 τὸ δύνασθαι ὑμᾶς **στῆναι** πρὸς τὰς μεθοδείας
Ep 6:13 καὶ ἅπαντα κατεργασάμενοι **στῆναι**.
Ep 6:14 **στῆτε** οὖν περιζωσάμενοι τὴν

ἰσχύς (*ischys*; 2/10) *strength*
Ep 1:19 τοῦ κράτους τῆς **ἰσχύος** αὐτοῦ.
Ep 6:10 τῷ κράτει τῆς **ἰσχύος** αὐτοῦ.

κἀγώ (*kagō*; 1/84) *and I*
Ep 1:15 Διὰ τοῦτο **κἀγὼ** ἀκούσας τὴν καθ'

καθαρίζω (*katharizō*; 1/31) *cleanse*
Ep 5:26 ἵνα αὐτὴν ἁγιάσῃ **καθαρίσας** τῷ λουτρῷ τοῦ

καθεύδω (*katheudō*; 1/22) *sleep*
Ep 5:14 ὁ **καθεύδων**,

καθίζω (*kathizō*; 1/44[46]) *sit down*
Ep 1:20 ἐκ νεκρῶν καὶ **καθίσας** ἐν δεξιᾷ αὐτοῦ

καθώς (*kathōs*; 10/182) *just as*
Ep 1:4 **καθὼς** ἐξελέξατο ἡμᾶς ἐν
Ep 3:3 **καθὼς** προέγραψα ἐν ὀλίγῳ,
Ep 4:4 **καθὼς** καὶ ἐκλήθητε ἐν
Ep 4:17 **καθὼς** καὶ τὰ ἔθνη
Ep 4:21 **καθώς** ἐστιν ἀλήθεια ἐν
Ep 4:32 **καθὼς** καὶ ὁ θεὸς
Ep 5:2 **καθὼς** καὶ ὁ Χριστὸς
Ep 5:3 **καθὼς** πρέπει ἁγίοις,
Ep 5:25 **καθὼς** καὶ ὁ Χριστὸς
Ep 5:29 **καθὼς** καὶ ὁ Χριστὸς

καινός (*kainos*; 2/41[42]) *new*
Ep 2:15 αὐτῷ εἰς ἕνα **καινὸν** ἄνθρωπον ποιῶν εἰρήνην
Ep 4:24 καὶ ἐνδύσασθαι τὸν **καινὸν** ἄνθρωπον τὸν

καιρός (*kairos*; 4/85) *time*
Ep 1:10 τοῦ πληρώματος τῶν **καιρῶν**,
Ep 2:12 ὅτι ἦτε τῷ **καιρῷ** ἐκείνῳ χωρὶς Χριστοῦ,
Ep 5:16 ἐξαγοραζόμενοι τὸν **καιρόν**,
Ep 6:18 προσευχόμενοι ἐν παντὶ **καιρῷ** ἐν πνεύματι,

κακία (*kakia*; 1/11) *evil*
Ep 4:31 ὑμῶν σὺν πάσῃ **κακίᾳ**.

καλέω (*kaleō*; 2/148) *call*
Ep 4:1 τῆς κλήσεως ἧς **ἐκλήθητε**,
Ep 4:4 καθὼς καὶ **ἐκλήθητε** ἐν μιᾷ ἐλπίδι

κάμπτω (*kamptō*; 1/4) *bend*
Ep 3:14 Τούτου χάριν **κάμπτω** τὰ γόνατά μου

καρδία (*kardia*; 6/156) *heart*
Ep 1:18 τοὺς ὀφθαλμοὺς τῆς **καρδίας** [ὑμῶν] εἰς τὸ
Ep 3:17 πίστεως ἐν ταῖς **καρδίαις** ὑμῶν,
Ep 4:18 τὴν πώρωσιν τῆς **καρδίας** αὐτῶν,
Ep 5:19 καὶ ψάλλοντες τῇ **καρδίᾳ** ὑμῶν τῷ κυρίῳ,
Ep 6:5 ἐν ἁπλότητι τῆς **καρδίας** ὑμῶν ὡς τῷ
Ep 6:22 καὶ παρακαλέσῃ τὰς **καρδίας** ὑμῶν.

καρπός (*karpos*; 1/66) *fruit*
Ep 5:9 ὁ γὰρ **καρπὸς** τοῦ φωτὸς ἐν

κατά (*kata*; 24/472[473]) *according to, against*
Ep 1:5 **κατὰ** τὴν εὐδοκίαν τοῦ
Ep 1:7 **κατὰ** τὸ πλοῦτος τῆς
Ep 1:9 **κατὰ** τὴν εὐδοκίαν αὐτοῦ
Ep 1:11 καὶ ἐκληρώθημεν προορισθέντες **κατὰ** πρόθεσιν τοῦ τὰ
Ep 1:11 τὰ πάντα ἐνεργοῦντος **κατὰ** τὴν βουλὴν τοῦ
Ep 1:15 κἀγὼ ἀκούσας τὴν **καθ'** ὑμᾶς πίστιν ἐν
Ep 1:19 ἡμᾶς τοὺς πιστεύοντας **κατὰ** τὴν ἐνέργειαν
Ep 2:2 αἷς ποτε περιεπατήσατε **κατὰ** τὸν αἰῶνα τοῦ
Ep 2:2 **κατὰ** τὸν ἄρχοντα τῆς
Ep 3:3 [ὅτι] **κατὰ** ἀποκάλυψιν ἐγνωρίσθη μοι
Ep 3:7 οὗ ἐγενήθην διάκονος **κατὰ** τὴν δωρεὰν τῆς
Ep 3:7 τῆς δοθείσης μοι **κατὰ** τὴν ἐνέργειαν τῆς
Ep 3:11 **κατὰ** πρόθεσιν τῶν αἰώνων
Ep 3:16 ἵνα δῷ ὑμῖν **κατὰ** τὸ πλοῦτος τῆς
Ep 3:20 αἰτούμεθα ἢ νοοῦμεν **κατὰ** τὴν δύναμιν τὴν
Ep 4:7 ἐδόθη ἡ χάρις **κατὰ** τὸ μέτρον τῆς
Ep 4:16 ἁφῆς τῆς ἐπιχορηγίας **κατ'** ἐνέργειαν ἐν μέτρῳ
Ep 4:22 ἀποθέσθαι ὑμᾶς **κατὰ** τὴν προτέραν ἀναστροφὴν
Ep 4:22 ἄνθρωπον τὸν φθειρόμενον **κατὰ** τὰς ἐπιθυμίας τῆς
Ep 4:24 καινὸν ἄνθρωπον τὸν **κατὰ** θεὸν κτισθέντα
Ep 5:33 καὶ ὑμεῖς οἱ **καθ'** ἕνα,
Ep 6:5 ὑπακούετε τοῖς **κατὰ** σάρκα κυρίοις μετὰ
Ep 6:6 μὴ **κατ'** ὀφθαλμοδουλίαν ὡς ἀνθρωπάρεσκοι
Ep 6:21 καὶ ὑμεῖς τὰ **κατ'** ἐμέ,

καταβαίνω (*katabainō*; 2/81) *come or go down*
Ep 4:9 μὴ ὅτι καὶ **κατέβη** εἰς τὰ κατώτερα
Ep 4:10 ὁ **καταβὰς** αὐτός ἐστιν καὶ

καταβολή (*katabolē*; 1/11) *beginning*
Ep 1:4 ἐν αὐτῷ πρὸ **καταβολῆς** κόσμου εἶναι ἡμᾶς

καταλαμβάνω (*katalambanō*; 1/13[15]) *obtain, overcome*
Ep 3:18 ἵνα ἐξισχύσητε **καταλαβέσθαι** σὺν πᾶσιν

καταλείπω (*kataleipō*; 1/23[24]) *leave*
Ep 5:31 ἀντὶ τούτου **καταλείψει** ἄνθρωπος [τὸν] πατέρα

καταντάω (*katantaō*; 1/13) *come*
Ep 4:13 μέχρι **καταντήσωμεν** οἱ πάντες εἰς

καταργέω (*katargeō*; 1/27) *render ineffective*
Ep 2:15 ἐντολῶν ἐν δόγμασιν **καταργήσας**,

καταρτισμός (*katartismos*; 1/1) *equipping*
Ep 4:12 πρὸς τὸν **καταρτισμὸν** τῶν ἁγίων εἰς

κατενώπιον (*katenōpion*; 1/3) *before*
Ep 1:4 ἁγίους καὶ ἀμώμους **κατενώπιον** αὐτοῦ ἐν ἀγάπῃ,

κατεργάζομαι (*katergazomai*; 1/22) *do, accomplish, bring about*
Ep 6:13 πονηρᾷ καὶ ἅπαντα **κατεργασάμενοι** στῆναι.

κατοικέω (*katoikeō*; 1/44) *live*
Ep 3:17 **κατοικῆσαι** τὸν Χριστὸν διὰ

κατοικητήριον (*katoikētērion*; 1/2) *house*
Ep 2:22 ὑμεῖς συνοικοδομεῖσθε εἰς **κατοικητήριον** τοῦ θεοῦ ἐν

κατώτερος (*katōteros*; 1/1) *lower*
Ep 4:9 κατέβη εἰς τὰ **κατώτερα** [μέρη] τῆς γῆς;

καυχάομαι (*kauchaomai*; 1/37) *boast*
Ep 2:9 ἵνα μή τις **καυχήσηται**.

κενός (*kenos*; 1/18) *empty, in vain*
Ep 5:6 Μηδεὶς ὑμᾶς ἀπατάτω **κενοῖς** λόγοις·

κεφαλή (*kephalē*; 4/75) *head*
Ep 1:22 καὶ αὐτὸν ἔδωκεν **κεφαλὴν** ὑπὲρ πάντα τῇ
Ep 4:15 ὅς ἐστιν ἡ **κεφαλή**,
Ep 5:23 ὅτι ἀνήρ ἐστιν **κεφαλὴ** τῆς γυναικὸς ὡς
Ep 5:23 καὶ ὁ Χριστὸς **κεφαλὴ** τῆς ἐκκλησίας,

κλέπτω (*kleptō*; 2/13) *steal*
Ep 4:28 ὁ **κλέπτων** μηκέτι κλεπτέτω,
Ep 4:28 ὁ κλέπτων μηκέτι **κλεπτέτω**,

κληρονομία (*klēronomia*; 3/14) *inheritance*
Ep 1:14 ἐστιν ἀρραβὼν τῆς **κληρονομίας** ἡμῶν,
Ep 1:18 τῆς δόξης τῆς **κληρονομίας** αὐτοῦ ἐν τοῖς
Ep 5:5 οὐκ ἔχει **κληρονομίαν** ἐν τῇ βασιλείᾳ

κληρόω (*klēroō*; 1/1) *choose*
Ep 1:11 Ἐν ᾧ καὶ **ἐκληρώθημεν** προορισθέντες κατὰ πρόθεσιν

κλῆσις (*klēsis*; 3/11) *call*
Ep 1:18 ἡ ἐλπὶς τῆς **κλήσεως** αὐτοῦ,
Ep 4:1 ἀξίως περιπατῆσαι τῆς **κλήσεως** ἧς ἐκλήθητε,
Ep 4:4 μιᾷ ἐλπίδι τῆς **κλήσεως** ὑμῶν·

κλυδωνίζομαι (*klydōnizomai*; 1/1) *be tossed by the sea*
Ep 4:14 **κλυδωνιζόμενοι** καὶ περιφερόμενοι παντὶ

κομίζω (*komizō*; 1/10) *bring (mid. receive)*
Ep 6:8 τοῦτο **κομίσεται** παρὰ κυρίου εἴτε

κοπιάω (*kopiaō*; 1/23) *work*
Ep 4:28 μᾶλλον δὲ **κοπιάτω** ἐργαζόμενος ταῖς [ἰδίαις]

κοσμοκράτωρ (*kosmokratōr*; 1/1) *world ruler*
Ep 6:12 πρὸς τοὺς **κοσμοκράτορας** τοῦ σκότους τούτου,

κόσμος (*kosmos*; 3/185[186]) *world*
Ep 1:4 αὐτῷ πρὸ καταβολῆς **κόσμου** εἶναι ἡμᾶς ἁγίους
Ep 2:2 τὸν αἰῶνα τοῦ **κόσμου** τούτου,
Ep 2:12 ἄθεοι ἐν τῷ **κόσμῳ**.

κραταιόω (*krataioō*; 1/4) *become strong*
Ep 3:16 δόξης αὐτοῦ δυνάμει **κραταιωθῆναι** διὰ τοῦ πνεύματος

κράτος (*kratos*; 2/12) *might, strength*
Ep 1:19 τὴν ἐνέργειαν τοῦ **κράτους** τῆς ἰσχύος αὐτοῦ.
Ep 6:10 καὶ ἐν τῷ **κράτει** τῆς ἰσχύος αὐτοῦ.

κραυγή (*kraugē*; 1/6) *shout*
Ep 4:31 καὶ ὀργὴ καὶ **κραυγὴ** καὶ βλασφημία ἀρθήτω

κρυφῇ (*kryphē*; 1/1) *in secret*
Ep 5:12 τὰ γὰρ **κρυφῇ** γινόμενα ὑπ' αὐτῶν

κτίζω (*ktizō*; 4/15) *create*
Ep 2:10 **κτισθέντες** ἐν Χριστῷ Ἰησοῦ
Ep 2:15 ἵνα τοὺς δύο **κτίσῃ** ἐν αὐτῷ εἰς
Ep 3:9 τῷ τὰ πάντα **κτίσαντι**,
Ep 4:24 τὸν κατὰ θεὸν **κτισθέντα** ἐν δικαιοσύνῃ καὶ

κυβεία (*kybeia*; 1/1) *trickery*
Ep 4:14 διδασκαλίας ἐν τῇ **κυβείᾳ** τῶν ἀνθρώπων,

κύριος (*kyrios*; 26/714[717]) *Lord, sir*
Ep 1:2 πατρὸς ἡμῶν καὶ **κυρίου** Ἰησοῦ Χριστοῦ.
Ep 1:3 καὶ πατὴρ τοῦ **κυρίου** ἡμῶν Ἰησοῦ Χριστοῦ,
Ep 1:15 πίστιν ἐν τῷ **κυρίῳ** Ἰησοῦ καὶ τὴν
Ep 1:17 ὁ θεὸς τοῦ **κυρίου** ἡμῶν Ἰησοῦ Χριστοῦ,
Ep 2:21 ναὸν ἅγιον ἐν **κυρίῳ**,
Ep 3:11 Χριστῷ Ἰησοῦ τῷ **κυρίῳ** ἡμῶν,
Ep 4:1 ὁ δέσμιος ἐν **κυρίῳ** ἀξίως περιπατῆσαι τῆς
Ep 4:5 εἷς **κύριος**,
Ep 4:17 καὶ μαρτύρομαι ἐν **κυρίῳ**,
Ep 5:8 δὲ φῶς ἐν **κυρίῳ**·
Ep 5:10 ἐστιν εὐάρεστον τῷ **κυρίῳ**,
Ep 5:17 τὸ θέλημα τοῦ **κυρίου**.
Ep 5:19 καρδίᾳ ὑμῶν τῷ **κυρίῳ**,
Ep 5:20 ἐν ὀνόματι τοῦ **κυρίου** ἡμῶν Ἰησοῦ Χριστοῦ
Ep 5:22 ἀνδράσιν ὡς τῷ **κυρίῳ**,
Ep 6:1 γονεῦσιν ὑμῶν [ἐν **κυρίῳ**]·
Ep 6:4 παιδείᾳ καὶ νουθεσίᾳ **κυρίου**.
Ep 6:5 τοῖς κατὰ σάρκα **κυρίοις** μετὰ φόβου καὶ
Ep 6:7 δουλεύοντες ὡς τῷ **κυρίῳ** καὶ οὐκ ἀνθρώποις,
Ep 6:8 τοῦτο κομίσεται παρὰ **κυρίου** εἴτε δοῦλος εἴτε
Ep 6:9 Καὶ οἱ **κύριοι**,
Ep 6:9 καὶ ὑμῶν ὁ **κύριός** ἐστιν ἐν οὐρανοῖς
Ep 6:10 ἐνδυναμοῦσθε ἐν **κυρίῳ** καὶ ἐν τῷ
Ep 6:21 πιστὸς διάκονος ἐν **κυρίῳ**,
Ep 6:23 θεοῦ πατρὸς καὶ **κυρίου** Ἰησοῦ Χριστοῦ.
Ep 6:24 τῶν ἀγαπώντων τὸν **κύριον** ἡμῶν Ἰησοῦν Χριστὸν

κυριότης (*kyriotēs*; 1/4) *(angelic) power, authority*
Ep 1:21 καὶ δυνάμεως καὶ **κυριότητος** καὶ παντὸς ὀνόματος

λαλέω (*laleō*; 3/294[296]) *speak*
Ep 4:25 ἀποθέμενοι τὸ ψεῦδος **λαλεῖτε** ἀλήθειαν ἕκαστος μετὰ
Ep 5:19 **λαλοῦντες** ἑαυτοῖς [ἐν] ψαλμοῖς
Ep 6:20 ὡς δεῖ με **λαλῆσαι**.

λέγω (*legō*; 7/2345[2353]) *say*
Ep 2:11 οἱ **λεγόμενοι** ἀκροβυστία ὑπὸ τῆς
Ep 2:11 ἀκροβυστία ὑπὸ τῆς **λεγομένης** περιτομῆς ἐν σαρκὶ
Ep 4:8 διὸ **λέγει**·
Ep 4:17 Τοῦτο οὖν **λέγω** καὶ μαρτύρομαι ἐν
Ep 5:12 αἰσχρόν ἐστιν καὶ **λέγειν**,
Ep 5:14 διὸ **λέγει**·
Ep 5:32 ἐγὼ δὲ **λέγω** εἰς Χριστὸν καὶ

λόγος (*logos*; 4/329[330]) *word*
Ep 1:13 ὑμεῖς ἀκούσαντες τὸν **λόγον** τῆς ἀληθείας,
Ep 4:29 πᾶς **λόγος** σαπρὸς ἐκ τοῦ
Ep 5:6 ὑμᾶς ἀπατάτω κενοῖς **λόγοις**·
Ep 6:19 ἵνα μοι δοθῇ **λόγος** ἐν ἀνοίξει τοῦ

λοιπός (*loipos*; 2/54[55]) *rest, remaining*
Ep 2:3 ὡς καὶ οἱ **λοιποί**·
Ep 6:10 Τοῦ **λοιποῦ**,

λουτρόν (*loutron*; 1/2) *washing*
Ep 5:26 ἁγιάσῃ καθαρίσας τῷ **λουτρῷ** τοῦ ὕδατος ἐν

λυπέω (*lypeō*; 1/26) *grieve*
Ep 4:30 καὶ μὴ **λυπεῖτε** τὸ πνεῦμα τὸ

λύω (*lyō*; 1/42) *loose*
Ep 2:14 μεσότοιχον τοῦ φραγμοῦ **λύσας**,

μακράν (*makran*; 2/10) *far*
Ep 2:13 οἵ ποτε ὄντες **μακρὰν** ἐγενήθητε ἐγγὺς ἐν
Ep 2:17 εἰρήνην ὑμῖν τοῖς **μακρὰν** καὶ εἰρήνην τοῖς

μακροθυμία (*makrothymia*; 1/14) *patience*
Ep 4:2 μετὰ **μακροθυμίας**,

μακροχρόνιος (*makrochronios*; 1/1) *long-lived*
Ep 6:3 γένηται καὶ ἔσῃ **μακροχρόνιος** ἐπὶ τῆς γῆς.

μᾶλλον (*mallon*; 3/81) *more*
Ep 4:28 **μᾶλλον** δὲ κοπιάτω ἐργαζόμενος
Ep 5:4 ἀλλὰ **μᾶλλον** εὐχαριστία.
Ep 5:11 **μᾶλλον** δὲ καὶ ἐλέγχετε.

μανθάνω (*manthanō*; 1/25) *learn*
Ep 4:20 δὲ οὐχ οὕτως **ἐμάθετε** τὸν Χριστόν,

μαρτύρομαι (*martyromai*; 1/5) *testify*
Ep 4:17 οὖν λέγω καὶ **μαρτύρομαι** ἐν κυρίῳ,

ματαιότης (*mataiotēs*; 1/3) *futility*
Ep 4:17 ἔθνη περιπατεῖ ἐν **ματαιότητι** τοῦ νοὸς αὐτῶν,

μάχαιρα (*machaira*; 1/29) *sword*
Ep 6:17 δέξασθε καὶ τὴν **μάχαιραν** τοῦ πνεύματος,

μέγας (*megas*; 1/243) *great, large*
Ep 5:32 τὸ μυστήριον τοῦτο **μέγα** ἐστίν·

μέγεθος (*megethos*; 1/1) *greatness*
Ep 1:19 τί τὸ ὑπερβάλλον **μέγεθος** τῆς δυνάμεως αὐτοῦ

μεθοδεία (*methodeia*; 2/2) *trickery*
Ep 4:14 πανουργίᾳ πρὸς τὴν **μεθοδείαν** τῆς πλάνης,
Ep 6:11 στῆναι πρὸς τὰς **μεθοδείας** τοῦ διαβόλου·

μεθύσκω (*methyskō*; 1/5) *get drunk*
Ep 5:18 καὶ μὴ **μεθύσκεσθε** οἴνῳ,

μέλλω (*mellō*; 1/109) *be about to happen*
Ep 1:21 καὶ ἐν τῷ **μέλλοντι**·

μέλος (*melos*; 2/34) *a bodily part*
Ep 4:25 ὅτι ἐσμὲν ἀλλήλων **μέλη**.
Ep 5:30 ὅτι **μέλη** ἐσμὲν τοῦ σώματος

μέν (*men*; 1/178[179]) *on the one hand*
Ep 4:11 αὐτὸς ἔδωκεν τοὺς **μὲν** ἀποστόλους,

μέρος (*meros*; 2/42) *part*
Ep 4:9 εἰς τὰ κατώτερα **[μέρη]** τῆς γῆς;
Ep 4:16 μέτρῳ ἑνὸς ἑκάστου **μέρους** τὴν αὔξησιν

μεσότοιχον (*mesotoichon*; 1/1) *dividing wall*
Ep 2:14 ἓν καὶ τὸ **μεσότοιχον** τοῦ φραγμοῦ λύσας,

μετά (*meta*; 7/465[469]) *with, after*
Ep 4:2 **μετὰ** πάσης ταπεινοφροσύνης καὶ
Ep 4:2 **μετὰ** μακροθυμίας,
Ep 4:25 λαλεῖτε ἀλήθειαν ἕκαστος **μετὰ** τοῦ πλησίον αὐτοῦ,
Ep 6:5 κατὰ σάρκα κυρίοις **μετὰ** φόβου καὶ τρόμου
Ep 6:7 **μετ᾽** εὐνοίας δουλεύοντες ὡς
Ep 6:23 ἀδελφοῖς καὶ ἀγάπη **μετὰ** πίστεως ἀπὸ θεοῦ
Ep 6:24 ἡ χάρις **μετὰ** πάντων τῶν ἀγαπώντων

μεταδίδωμι (*metadidōmi*; 1/5) *share*
Ep 4:28 ἵνα ἔχῃ **μεταδιδόναι** τῷ χρείαν ἔχοντι.

μέτρον (*metron*; 3/14) *measure*
Ep 4:7 χάρις κατὰ τὸ **μέτρον** τῆς δωρεᾶς τοῦ
Ep 4:13 εἰς **μέτρον** ἡλικίας τοῦ πληρώματος
Ep 4:16 κατ᾽ ἐνέργειαν ἐν **μέτρῳ** ἑνὸς ἑκάστου μέρους

μέχρι (*mechri*; 1/17) *until*
Ep 4:13 **μέχρι** καταντήσωμεν οἱ πάντες

μή (*mē*; 16/1041[1042]) *not*
Ep 2:9 ἵνα **μή** τις καυχήσηται.
Ep 2:12 ἐλπίδα **μὴ** ἔχοντες καὶ ἄθεοι
Ep 3:13 διὸ αἰτοῦμαι **μὴ** ἐγκακεῖν ἐν ταῖς
Ep 4:9 εἰ **μὴ** ὅτι καὶ κατέβη
Ep 4:26 ὀργίζεσθε καὶ **μὴ** ἁμαρτάνετε·
Ep 4:26 ὁ ἥλιος **μὴ** ἐπιδυέτω ἐπὶ [τῷ]
Ep 4:29 τοῦ στόματος ὑμῶν **μὴ** ἐκπορευέσθω,
Ep 4:30 καὶ **μὴ** λυπεῖτε τὸ πνεῦμα
Ep 5:7 **μὴ** οὖν γίνεσθε συμμέτοχοι
Ep 5:11 καὶ **μὴ** συγκοινωνεῖτε τοῖς ἔργοις
Ep 5:15 ἀκριβῶς πῶς περιπατεῖτε **μὴ** ὡς ἄσοφοι ἀλλ᾽
Ep 5:17 διὰ τοῦτο **μὴ** γίνεσθε ἄφρονες,
Ep 5:18 καὶ **μὴ** μεθύσκεσθε οἴνῳ,
Ep 5:27 **μὴ** ἔχουσαν σπίλον ἢ
Ep 6:4 **μὴ** παροργίζετε τὰ τέκνα
Ep 6:6 **μὴ** κατ᾽ ὀφθαλμοδουλίαν ὡς

μηδέ (*mēde*; 2/56) *nor*
Ep 4:27 **μηδὲ** δίδοτε τόπον τῷ
Ep 5:3 πᾶσα ἢ πλεονεξία **μηδὲ** ὀνομαζέσθω ἐν ὑμῖν,

μηδείς (*mēdeis*; 1/90) *no one*
Ep 5:6 **Μηδεὶς** ὑμᾶς ἀπατάτω κενοῖς

μηκέτι (*mēketi*; 3/21[22]) *no longer*
Ep 4:14 ἵνα **μηκέτι** ὦμεν νήπιοι,
Ep 4:17 **μηκέτι** ὑμᾶς περιπατεῖν,
Ep 4:28 ὁ κλέπτων **μηκέτι** κλεπτέτω,

μῆκος (*mēkos*; 1/3) *length*
Ep 3:18 τὸ πλάτος καὶ **μῆκος** καὶ ὕψος καὶ

μήτηρ (*mētēr*; 2/83) *mother*
Ep 5:31 πατέρα καὶ [τὴν] **μητέρα** καὶ προσκολληθήσεται πρὸς
Ep 6:2 σου καὶ τὴν **μητέρα**,

μιμητής (*mimētēs*; 1/6) *imitator*
Ep 5:1 Γίνεσθε οὖν **μιμηταὶ** τοῦ θεοῦ ὡς

μισέω (*miseō*; 1/40) *hate*
Ep 5:29 τὴν ἑαυτοῦ σάρκα **ἐμίσησεν** ἀλλὰ ἐκτρέφει

μνεία (*mneia*; 1/7) *remembrance*

Ep 1:16 εὐχαριστῶν ὑπὲρ ὑμῶν **μνείαν** ποιούμενος ἐπὶ τῶν

μνημονεύω (*mnēmoneuō*; 1/21) *remember*

Ep 2:11 Διὸ **μνημονεύετε** ὅτι ποτὲ ὑμεῖς

μόνος (*monos*; 1/113[114]) *only*

Ep 1:21 οὐ **μόνον** ἐν τῷ αἰῶνι

μυστήριον (*mystērion*; 6/28) *secret, mystery*

Ep 1:9 γνωρίσας ἡμῖν τὸ **μυστήριον** τοῦ θελήματος αὐτοῦ,
Ep 3:3 ἐγνωρίσθη μοι τὸ **μυστήριον**,
Ep 3:4 μου ἐν τῷ **μυστηρίῳ** τοῦ Χριστοῦ,
Ep 3:9 ἡ οἰκονομία τοῦ **μυστηρίου** τοῦ ἀποκεκρυμμένου ἀπὸ
Ep 5:32 τὸ **μυστήριον** τοῦτο μέγα ἐστίν·
Ep 6:19 παρρησίᾳ γνωρίσαι τὸ **μυστήριον** τοῦ εὐαγγελίου,

μωρολογία (*mōrologia*; 1/1) *foolish talk*

Ep 5:4 καὶ αἰσχρότης καὶ **μωρολογία** ἢ εὐτραπελία,

ναός (*naos*; 1/45) *temple*

Ep 2:21 συναρμολογουμένη αὔξει εἰς **ναὸν** ἅγιον ἐν κυρίῳ,

νεκρός (*nekros*; 4/128) *dead*

Ep 1:20 ἐγείρας αὐτὸν ἐκ **νεκρῶν** καὶ καθίσας ἐν
Ep 2:1 Καὶ ὑμᾶς ὄντας **νεκροὺς** τοῖς παραπτώμασιν
Ep 2:5 καὶ ὄντας ἡμᾶς **νεκροὺς** τοῖς παραπτώμασιν συνεζωοποίησεν
Ep 5:14 ἀνάστα ἐκ τῶν **νεκρῶν**,

νήπιος (*nēpios*; 1/15) *infant, child*

Ep 4:14 ἵνα μηκέτι ὦμεν **νήπιοι**,

νοέω (*noeō*; 2/14) *understand*

Ep 3:4 ὃ δύνασθε ἀναγινώσκοντες **νοῆσαι** τὴν σύνεσίν μου
Ep 3:20 ὧν αἰτούμεθα ἢ **νοοῦμεν** κατὰ τὴν δύναμιν

νόμος (*nomos*; 1/193[194]) *law*

Ep 2:15 τὸν **νόμον** τῶν ἐντολῶν ἐν

νουθεσία (*nouthesia*; 1/3) *instruction*

Ep 6:4 ἐν παιδείᾳ καὶ **νουθεσίᾳ** κυρίου.

νοῦς (*nous*; 2/24) *mind*

Ep 4:17 ἐν ματαιότητι τοῦ **νοὸς** αὐτῶν,
Ep 4:23 τῷ πνεύματι τοῦ **νοὸς** ὑμῶν

νῦν (*nyn*; 4/146[147]) *now*

Ep 2:2 τοῦ πνεύματος τοῦ **νῦν** ἐνεργοῦντος ἐν τοῖς
Ep 3:5 τῶν ἀνθρώπων ὡς **νῦν** ἀπεκαλύφθη τοῖς ἁγίοις
Ep 3:10 ἵνα γνωρισθῇ **νῦν** ταῖς ἀρχαῖς καὶ
Ep 5:8 **νῦν** δὲ φῶς ἐν

νυνί (*nyni*; 1/20) *now*

Ep 2:13 **νυνὶ** δὲ ἐν Χριστῷ

ξένος (*xenos*; 2/14) *strange, stranger*

Ep 2:12 τοῦ Ἰσραὴλ καὶ **ξένοι** τῶν διαθηκῶν τῆς
Ep 2:19 οὖν οὐκέτι ἐστὲ **ξένοι** καὶ πάροικοι ἀλλὰ

οἶδα (*oida*; 5/318) *know*

Ep 1:18 [ὑμῶν] εἰς τὸ **εἰδέναι** ὑμᾶς τίς ἐστιν
Ep 5:5 τοῦτο γὰρ **ἴστε** γινώσκοντες,
Ep 6:8 **εἰδότες** ὅτι ἕκαστος ἐάν
Ep 6:9 **εἰδότες** ὅτι καὶ αὐτῶν
Ep 6:21 Ἵνα δὲ **εἰδῆτε** καὶ ὑμεῖς τὰ

οἰκεῖος (*oikeios*; 1/3) *member of the household*

Ep 2:19 τῶν ἁγίων καὶ **οἰκεῖοι** τοῦ θεοῦ,

οἰκοδομή (*oikodomē*; 4/18) *building (up)*

Ep 2:21 ἐν ᾧ πᾶσα **οἰκοδομὴ** συναρμολογουμένη αὔξει εἰς
Ep 4:12 εἰς **οἰκοδομὴν** τοῦ σώματος τοῦ
Ep 4:16 σώματος ποιεῖται εἰς **οἰκοδομὴν** ἑαυτοῦ ἐν ἀγάπῃ.
Ep 4:29 τις ἀγαθὸς πρὸς **οἰκοδομὴν** τῆς χρείας,

οἰκονομία (*oikonomia*; 3/9) *management of a household*

Ep 1:10 εἰς **οἰκονομίαν** τοῦ πληρώματος τῶν
Ep 3:2 γε ἠκούσατε τὴν **οἰκονομίαν** τῆς χάριτος
Ep 3:9 [πάντας] τίς ἡ **οἰκονομία** τοῦ μυστηρίου τοῦ

οἶνος (*oinos*; 1/34) *wine*

Ep 5:18 καὶ μὴ μεθύσκεσθε **οἴνῳ**,

ὀλίγος (*oligos*; 1/40) *little*

Ep 3:3 καθὼς προέγραψα ἐν **ὀλίγῳ**,

ὄνομα (*onoma*; 2/229[230]) *name*

Ep 1:21 κυριότητος καὶ παντὸς **ὀνόματος** ὀνομαζομένου,
Ep 5:20 ὑπὲρ πάντων ἐν **ὀνόματι** τοῦ κυρίου ἡμῶν

ὀνομάζω (*onomazō*; 3/10) *name*

Ep 1:21 καὶ παντὸς ὀνόματος **ὀνομαζομένου**,
Ep 3:15 καὶ ἐπὶ γῆς **ὀνομάζεται**,
Ep 5:3 ἢ πλεονεξία μηδὲ **ὀνομαζέσθω** ἐν ὑμῖν,

ὀργή (*orgē*; 3/36) *wrath*

Ep 2:3 ἤμεθα τέκνα φύσει **ὀργῆς** ὡς καὶ οἱ
Ep 4:31 καὶ θυμὸς καὶ **ὀργὴ** καὶ κραυγὴ καὶ
Ep 5:6 γὰρ ἔρχεται ἡ **ὀργὴ** τοῦ θεοῦ ἐπὶ

ὀργίζω (*orgizō*; 1/8) *be angry*

Ep 4:26 **ὀργίζεσθε** καὶ μὴ ἁμαρτάνετε·

ὅς (*hos*; 33/1406[1407]) *who*

Ep 1:6 τῆς χάριτος αὐτοῦ **ἧς** ἐχαρίτωσεν ἡμᾶς ἐν
Ep 1:7 Ἐν **ᾧ** ἔχομεν τὴν ἀπολύτρωσιν
Ep 1:8 **ἧς** ἐπερίσσευσεν εἰς ἡμᾶς,

Ep 1:9 τὴν εὐδοκίαν αὐτοῦ **ἣν** προέθετο ἐν αὐτῷ
Ep 1:11 Ἐν **ᾧ** καὶ ἐκληρώθημεν προορισθέντες
Ep 1:13 Ἐν **ᾧ** καὶ ὑμεῖς ἀκούσαντες
Ep 1:13 ἐν ᾧ **καὶ** πιστεύσαντες ἐσφραγίσθητε τῷ
Ep 1:14 **ὅ** ἐστιν ἀρραβὼν τῆς
Ep 1:20 **Ἣν** ἐνήργησεν ἐν τῷ
Ep 2:2 ἐν **αἷς** ποτε περιεπατήσατε κατὰ
Ep 2:3 ἐν **οἷς** καὶ ἡμεῖς πάντες
Ep 2:4 πολλὴν ἀγάπην αὐτοῦ **ἣν** ἠγάπησεν ἡμᾶς,
Ep 2:10 ἐπὶ ἔργοις ἀγαθοῖς **οἷς** προητοίμασεν ὁ θεὸς,
Ep 2:21 ἐν **ᾧ** πᾶσα οἰκοδομὴ συναρμολογουμένη
Ep 2:22 ἐν **ᾧ** καὶ ὑμεῖς συνοικοδομεῖσθε
Ep 3:4 πρὸς **ὃ** δύνασθε ἀναγινώσκοντες νοῆσαι
Ep 3:5 **ὃ** ἑτέραις γενεαῖς οὐκ
Ep 3:7 **οὗ** ἐγενήθην διάκονος κατὰ
Ep 3:11 πρόθεσιν τῶν αἰώνων **ἣν** ἐποίησεν ἐν τῷ
Ep 3:12 ἐν **ᾧ** ἔχομεν τὴν παρρησίαν
Ep 3:15 ἐξ **οὗ** πᾶσα πατριὰ ἐν
Ep 3:20 πάντα ποιῆσαι ὑπερεκπερισσοῦ **ὧν** αἰτούμεθα ἢ νοοῦμεν
Ep 4:1 περιπατῆσαι τῆς κλήσεως **ἧς** ἐκλήθητε,
Ep 4:15 **ὅς** ἐστιν ἡ κεφαλή,
Ep 4:16 ἐξ **οὗ** πᾶν τὸ σῶμα
Ep 4:30 ἐν **ᾧ** ἐσφραγίσθητε εἰς ἡμέραν
Ep 5:4 **ἃ** οὐκ ἀνῆκεν,
Ep 5:5 **ὅ** ἐστιν εἰδωλολάτρης,
Ep 5:18 ἐν **ᾧ** ἐστιν ἀσωτία,
Ep 6:16 ἐν **ᾧ** δυνήσεσθε πάντα τὰ
Ep 6:17 **ὅ** ἐστιν ῥῆμα θεοῦ.
Ep 6:20 ὑπὲρ **οὗ** πρεσβεύω ἐν ἁλύσει,
Ep 6:22 **ὃν** ἔπεμψα πρὸς ὑμᾶς

ὁσιότης (*hosiotēs*; 1/2) *holiness*
Ep 4:24 ἐν δικαιοσύνῃ καὶ **ὁσιότητι** τῆς ἀληθείας.

ὀσμή (*osmē*; 1/6) *fragrance*
Ep 5:2 τῷ θεῷ εἰς **ὀσμὴν** εὐωδίας.

ὅστις (*hostis*; 4/144) *who*
Ep 1:23 **ἥτις** ἐστὶν τὸ σῶμα
Ep 3:13 **ἥτις** ἐστὶν δόξα ὑμῶν.
Ep 4:19 **οἵτινες** ἀπηλγηκότες ἑαυτοὺς παρέδωκαν
Ep 6:2 **ἥτις** ἐστὶν ἐντολὴ πρώτη

ὀσφῦς (*osphys*; 1/8) *waist*
Ep 6:14 οὖν περιζωσάμενοι τὴν **ὀσφὺν** ὑμῶν ἐν ἀληθείᾳ

ὅτι (*hoti*; 13/1294[1296]) *because, that*
Ep 2:11 Διὸ μνημονεύετε **ὅτι** ποτὲ ὑμεῖς τὰ
Ep 2:12 **ὅτι** ἦτε τῷ καιρῷ
Ep 2:18 **ὅτι** δι᾽ αὐτοῦ ἔχομεν
Ep 3:3 **[ὅτι]** κατὰ ἀποκάλυψιν ἐγνωρίσθη
Ep 4:9 εἰ μὴ **ὅτι** καὶ κατέβη εἰς
Ep 4:25 **ὅτι** ἐσμὲν ἀλλήλων μέλη.
Ep 5:5 **ὅτι** πᾶς πόρνος ἢ
Ep 5:16 **ὅτι** αἱ ἡμέραι πονηραί
Ep 5:23 **ὅτι** ἀνήρ ἐστιν κεφαλὴ
Ep 5:30 **ὅτι** μέλη ἐσμὲν τοῦ
Ep 6:8 εἰδότες **ὅτι** ἕκαστος ἐάν τι
Ep 6:9 εἰδότες **ὅτι** καὶ αὐτῶν καὶ
Ep 6:12 **ὅτι** οὐκ ἔστιν ἡμῖν

οὐ (*ou*; 11/1621[1623]) *not*
Ep 1:16 **οὐ** παύομαι εὐχαριστῶν ὑπὲρ
Ep 1:21 **οὐ** μόνον ἐν τῷ
Ep 2:8 καὶ τοῦτο **οὐκ** ἐξ ὑμῶν,
Ep 2:9 **οὐκ** ἐξ ἔργων,
Ep 3:5 ὃ ἑτέραις γενεαῖς **οὐκ** ἐγνωρίσθη τοῖς υἱοῖς
Ep 4:20 ὑμεῖς δὲ **οὐχ** οὕτως ἐμάθετε τὸν
Ep 5:4 ἃ **οὐκ** ἀνῆκεν,
Ep 5:5 **οὐκ** ἔχει κληρονομίαν ἐν
Ep 6:7 τῷ κυρίῳ καὶ **οὐκ** ἀνθρώποις,
Ep 6:9 καὶ προσωπολημψία **οὐκ** ἔστιν παρ᾽ αὐτῷ.
Ep 6:12 ὅτι **οὐκ** ἔστιν ἡμῖν ἡ

οὐδείς (*oudeis*; 1/225[227]) *no one*
Ep 5:29 **Οὐδεὶς** γάρ ποτε τὴν

οὐκέτι (*ouketi*; 1/47) *no longer*
Ep 2:19 Ἄρα οὖν **οὐκέτι** ἐστὲ ξένοι καὶ

οὖν (*oun*; 7/497[499]) *therefore*
Ep 2:19 Ἄρα **οὖν** οὐκέτι ἐστὲ ξένοι
Ep 4:1 Παρακαλῶ **οὖν** ὑμᾶς ἐγὼ ὁ
Ep 4:17 Τοῦτο **οὖν** λέγω καὶ μαρτύρομαι
Ep 5:1 Γίνεσθε **οὖν** μιμηταὶ τοῦ θεοῦ
Ep 5:7 μὴ **οὖν** γίνεσθε συμμέτοχοι αὐτῶν·
Ep 5:15 Βλέπετε **οὖν** ἀκριβῶς πῶς περιπατεῖτε
Ep 6:14 στῆτε **οὖν** περιζωσάμενοι τὴν ὀσφὺν

οὐρανός (*ouranos*; 4/272[273]) *heaven*
Ep 1:10 τὰ ἐπὶ τοῖς **οὐρανοῖς** καὶ τὰ ἐπὶ
Ep 3:15 πᾶσα πατριὰ ἐν **οὐρανοῖς** καὶ ἐπὶ γῆς
Ep 4:10 ὑπεράνω πάντων τῶν **οὐρανῶν**,
Ep 6:9 κύριός ἐστιν ἐν **οὐρανοῖς** καὶ προσωπολημψία οὐκ

οὗτος (*houtos*; 18/1382[1387]) *this*
Ep 1:15 Διὰ **τοῦτο** κἀγὼ ἀκούσας τὴν
Ep 1:21 ἐν τῷ αἰῶνι **τούτῳ** ἀλλὰ καὶ ἐν
Ep 2:2 αἰῶνα τοῦ κόσμου **τούτου**,
Ep 2:8 καὶ **τοῦτο** οὐκ ἐξ ὑμῶν,
Ep 3:1 **Τούτου** χάριν ἐγὼ Παῦλος
Ep 3:8 ἐδόθη ἡ χάρις **αὕτη**,
Ep 3:14 **Τούτου** χάριν κάμπτω τὰ
Ep 4:17 **Τοῦτο** οὖν λέγω καὶ
Ep 5:5 **τοῦτο** γὰρ ἴστε γινώσκοντες,
Ep 5:6 διὰ **ταῦτα** γὰρ ἔρχεται ἡ
Ep 5:17 διὰ **τοῦτο** μὴ γίνεσθε ἄφρονες,
Ep 5:31 ἀντὶ **τούτου** καταλείψει ἄνθρωπος [τὸν]
Ep 5:32 τὸ μυστήριον **τοῦτο** μέγα ἐστίν·
Ep 6:1 **τοῦτο** γάρ ἐστιν δίκαιον.
Ep 6:8 **τοῦτο** κομίσεται παρὰ κυρίου
Ep 6:12 κοσμοκράτορας τοῦ σκότους **τούτου**,
Ep 6:13 διὰ **τοῦτο** ἀναλάβετε τὴν πανοπλίαν
Ep 6:22 ὑμᾶς εἰς αὐτὸ **τοῦτο**,

οὕτως (*houtōs*; 4/208) *in this way*
Ep 4:20 ὑμεῖς δὲ οὐχ **οὕτως** ἐμάθετε τὸν Χριστόν,
Ep 5:24 **οὕτως** καὶ αἱ γυναῖκες
Ep 5:28 **οὕτως** ὀφείλουσιν [καὶ] οἱ
Ep 5:33 τὴν ἑαυτοῦ γυναῖκα **οὕτως** ἀγαπάτω ὡς ἑαυτόν,

ὀφείλω (*opheilō*; 1/35) *ought to*
Ep 5:28 οὕτως **ὀφείλουσιν** [καὶ] οἱ ἄνδρες

ὀφθαλμοδουλία (*ophthalmodoulia*; 1/2) *service rendered merely for the sake of impressing others*
Ep 6:6 μὴ κατ' **ὀφθαλμοδουλίαν** ὡς ἀνθρωπάρεσκοι

ὀφθαλμός (*ophthalmos*; 1/100) *eye*
Ep 1:18 πεφωτισμένους τοὺς **ὀφθαλμοὺς** τῆς καρδίας [ὑμῶν]

παιδεία (*paideia*; 1/6) *discipline*
Ep 6:4 ἐκτρέφετε αὐτὰ ἐν **παιδείᾳ** καὶ νουθεσίᾳ κυρίου.

παλαιός (*palaios*; 1/19) *old*
Ep 4:22 προτέραν ἀναστροφὴν τὸν **παλαιὸν** ἄνθρωπον τὸν φθειρόμενον

πάλη (*palē*; 1/1) *struggle*
Ep 6:12 ἔστιν ἡμῖν ἡ **πάλη** πρὸς αἷμα καὶ

πανοπλία (*panoplia*; 2/3) *armor*
Ep 6:11 ἐνδύσασθε τὴν **πανοπλίαν** τοῦ θεοῦ πρὸς
Ep 6:13 τοῦτο ἀναλάβετε τὴν **πανοπλίαν** τοῦ θεοῦ,

πανουργία (*panourgia*; 1/5) *trickery*
Ep 4:14 ἐν **πανουργίᾳ** πρὸς τὴν μεθοδείαν

πάντοτε (*pantote*; 1/41) *always*
Ep 5:20 εὐχαριστοῦντες **πάντοτε** ὑπὲρ πάντων ἐν

παρά (*para*; 2/193[194]) *from, with, beside*
Ep 6:8 τοῦτο κομίσεται **παρὰ** κυρίου εἴτε δοῦλος
Ep 6:9 προσωπολημψία οὐκ ἔστιν **παρ'** αὐτῷ.

παραδίδωμι (*paradidōmi*; 3/119) *hand or give over*
Ep 4:19 οἵτινες ἀπηλγηκότες ἑαυτοὺς **παρέδωκαν** τῇ ἀσελγείᾳ εἰς
Ep 5:2 ἠγάπησεν ἡμᾶς καὶ **παρέδωκεν** ἑαυτὸν ὑπὲρ ἡμῶν
Ep 5:25 ἐκκλησίαν καὶ ἑαυτὸν **παρέδωκεν** ὑπὲρ αὐτῆς,

παρακαλέω (*parakaleō*; 2/109) *encourage, ask*
Ep 4:1 **Παρακαλῶ** οὖν ὑμᾶς ἐγὼ
Ep 6:22 περὶ ἡμῶν καὶ **παρακαλέσῃ** τὰς καρδίας ὑμῶν.

παράπτωμα (*paraptōma*; 3/19) *sin*
Ep 1:7 τὴν ἄφεσιν τῶν **παραπτωμάτων**,
Ep 2:1 ὄντας νεκροὺς τοῖς **παραπτώμασιν** καὶ ταῖς ἁμαρτίαις
Ep 2:5 ἡμᾶς νεκροὺς τοῖς **παραπτώμασιν** συνεζωοποίησεν τῷ Χριστῷ,

παρίστημι (*paristēmi*; 1/41) *present, stand by*
Ep 5:27 ἵνα **παραστήσῃ** αὐτὸς ἑαυτῷ ἔνδοξον

πάροικος (*paroikos*; 1/4) *alien*
Ep 2:19 ἐστὲ ξένοι καὶ **πάροικοι** ἀλλὰ ἐστὲ συμπολῖται

παροργίζω (*parorgizō*; 1/2) *make angry*
Ep 6:4 μὴ **παροργίζετε** τὰ τέκνα ὑμῶν

παροργισμός (*parorgismos*; 1/1) *anger*
Ep 4:26 ἐπιδυέτω ἐπὶ [τῷ] **παροργισμῷ** ὑμῶν,

παρρησία (*parrēsia*; 2/31) *boldness*
Ep 3:12 ᾧ ἔχομεν τὴν **παρρησίαν** καὶ προσαγωγὴν ἐν
Ep 6:19 ἐν **παρρησίᾳ** γνωρίσαι τὸ μυστήριον

παρρησιάζομαι (*parrēsiazomai*; 1/9) *speak boldly or freely*
Ep 6:20 ἵνα ἐν αὐτῷ **παρρησιάσωμαι** ὡς δεῖ με

πᾶς (*pas*; 52/1240[1243]) *each, every (pl. all)*
Ep 1:3 εὐλογήσας ἡμᾶς ἐν **πάσῃ** εὐλογίᾳ πνευματικῇ ἐν
Ep 1:8 ἐν **πάσῃ** σοφίᾳ καὶ φρονήσει,
Ep 1:10 ἀνακεφαλαιώσασθαι τὰ **πάντα** ἐν τῷ Χριστῷ,
Ep 1:11 πρόθεσιν τοῦ τὰ **πάντα** ἐνεργοῦντος κατὰ
Ep 1:15 ἀγάπην τὴν εἰς **πάντας** τοὺς ἁγίους
Ep 1:21 ὑπεράνω **πάσης** ἀρχῆς καὶ ἐξουσίας
Ep 1:21 καὶ κυριότητος καὶ **παντὸς** ὀνόματος ὀνομαζομένου,
Ep 1:22 καὶ **πάντα** ὑπέταξεν ὑπὸ τοὺς
Ep 1:22 ἔδωκεν κεφαλὴν ὑπὲρ **πάντα** τῇ ἐκκλησίᾳ,
Ep 1:23 πλήρωμα τοῦ τὰ **πάντα** ἐν πᾶσιν πληρουμένου.
Ep 1:23 τὰ πάντα ἐν **πᾶσιν** πληρουμένου.
Ep 2:3 οἷς καὶ ἡμεῖς **πάντες** ἀνεστράφημέν ποτε ἐν
Ep 2:21 ἐν ᾧ **πᾶσα** οἰκοδομὴ συναρμολογουμένη αὔξει
Ep 3:8 Ἐμοὶ τῷ ἐλαχιστοτέρῳ **πάντων** ἁγίων ἐδόθη
Ep 3:9 καὶ φωτίσαι **[πάντας]** τίς ἡ οἰκονομία
Ep 3:9 θεῷ τῷ τὰ **πάντα** κτίσαντι,
Ep 3:15 ἐξ οὗ **πᾶσα** πατριὰ ἐν οὐρανοῖς
Ep 3:18 ἐξισχύσητε καταλαβέσθαι σὺν **πᾶσιν** τοῖς ἁγίοις τί
Ep 3:19 ἵνα πληρωθῆτε εἰς **πᾶν** τὸ πλήρωμα τοῦ
Ep 3:20 δὲ δυναμένῳ ὑπὲρ **πάντα** ποιῆσαι ὑπερεκπερισσοῦ ὧν
Ep 3:21 Χριστῷ Ἰησοῦ εἰς **πάσας** τὰς γενεὰς τοῦ
Ep 4:2 μετὰ **πάσης** ταπεινοφροσύνης καὶ πραΰτητος,
Ep 4:6 θεὸς καὶ πατὴρ **πάντων**,
Ep 4:6 ὁ ἐπὶ **πάντων** καὶ διὰ πάντων
Ep 4:6 πάντων καὶ διὰ **πάντων** καὶ ἐν πᾶσιν.
Ep 4:6 πάντων καὶ ἐν **πᾶσιν**.
Ep 4:10 ὁ ἀναβὰς ὑπεράνω **πάντων** τῶν οὐρανῶν,
Ep 4:10 ἵνα πληρώσῃ τὰ **πάντα**.
Ep 4:13 μέχρι καταντήσωμεν οἱ **πάντες** εἰς τὴν ἑνότητα
Ep 4:14 κλυδωνιζόμενοι καὶ περιφερόμενοι **παντὶ** ἀνέμῳ τῆς διδασκαλίας
Ep 4:15 εἰς αὐτὸν τὰ **πάντα**,

Ep 4:16 ἐξ οὗ **πᾶν** τὸ σῶμα συναρμολογούμενον
Ep 4:16 καὶ συμβιβαζόμενον διὰ **πάσης** ἁφῆς τῆς ἐπιχορηγίας
Ep 4:19 εἰς ἐργασίαν ἀκαθαρσίας **πάσης** ἐν πλεονεξίᾳ.
Ep 4:29 **πᾶς** λόγος σαπρὸς ἐκ
Ep 4:31 **πᾶσα** πικρία καὶ θυμὸς
Ep 4:31 ἀφ' ὑμῶν σὺν **πάσῃ** κακίᾳ.
Ep 5:3 δὲ καὶ ἀκαθαρσία **πᾶσα** ἢ πλεονεξία μηδὲ
Ep 5:5 ὅτι **πᾶς** πόρνος ἢ ἀκάθαρτος
Ep 5:9 τοῦ φωτὸς ἐν **πάσῃ** ἀγαθωσύνῃ καὶ δικαιοσύνῃ
Ep 5:13 τὰ δὲ **πάντα** ἐλεγχόμενα ὑπὸ τοῦ
Ep 5:14 **πᾶν** γὰρ τὸ φανερούμενον
Ep 5:20 εὐχαριστοῦντες πάντοτε ὑπὲρ **πάντων** ἐν ὀνόματι τοῦ
Ep 5:24 τοῖς ἀνδράσιν ἐν **παντί**.
Ep 6:16 ἐν **πᾶσιν** ἀναλαβόντες τὸν θυρεὸν
Ep 6:16 ἐν ᾧ δυνήσεσθε **πάντα** τὰ βέλη τοῦ
Ep 6:18 Διὰ **πάσης** προσευχῆς καὶ δεήσεως
Ep 6:18 δεήσεως προσευχόμενοι ἐν **παντὶ** καιρῷ ἐν πνεύματι,
Ep 6:18 αὐτὸ ἀγρυπνοῦντες ἐν **πάσῃ** προσκαρτερήσει καὶ δεήσει
Ep 6:18 καὶ δεήσει περὶ **πάντων** τῶν ἁγίων
Ep 6:21 **πάντα** γνωρίσει ὑμῖν Τύχικος
Ep 6:24 ἡ χάρις μετὰ **πάντων** τῶν ἀγαπώντων τὸν

πατήρ (*patēr*; 11/413) *father*

Ep 1:2 εἰρήνη ἀπὸ θεοῦ **πατρὸς** ἡμῶν καὶ κυρίου
Ep 1:3 ὁ θεὸς καὶ **πατὴρ** τοῦ κυρίου ἡμῶν
Ep 1:17 ὁ **πατὴρ** τῆς δόξης,
Ep 2:18 πνεύματι πρὸς τὸν **πατέρα**.
Ep 3:14 μου πρὸς τὸν **πατέρα**,
Ep 4:6 εἷς θεὸς καὶ **πατὴρ** πάντων,
Ep 5:20 τῷ θεῷ καὶ **πατρί**.
Ep 5:31 καταλείψει ἄνθρωπος [τὸν] **πατέρα** καὶ [τὴν] μητέρα
Ep 6:2 τίμα τὸν **πατέρα** σου καὶ τὴν
Ep 6:4 Καὶ οἱ **πατέρες**,
Ep 6:23 πίστεως ἀπὸ θεοῦ **πατρὸς** καὶ κυρίου Ἰησοῦ

πατριά (*patria*; 1/3) *family*

Ep 3:15 ἐξ οὗ πᾶσα **πατριὰ** ἐν οὐρανοῖς καὶ

Παῦλος (*Paulos*; 2/158) *Paul*

Ep 1:1 **Παῦλος** ἀπόστολος Χριστοῦ Ἰησοῦ
Ep 3:1 Τούτου χάριν ἐγὼ **Παῦλος** ὁ δέσμιος τοῦ

παύω (*pauō*; 1/15) *stop*

Ep 1:16 οὐ **παύομαι** εὐχαριστῶν ὑπὲρ ὑμῶν

πέμπω (*pempō*; 1/79) *send*

Ep 6:22 ὃν **ἔπεμψα** πρὸς ὑμᾶς εἰς

πεποίθησις (*pepoithēsis*; 1/6) *confidence*

Ep 3:12 καὶ προσαγωγὴν ἐν **πεποιθήσει** διὰ τῆς πίστεως

περί (*peri*; 2/332[333]) *concerning, around*

Ep 6:18 προσκαρτερήσει καὶ δεήσει **περὶ** πάντων τῶν ἁγίων
Ep 6:22 ἵνα γνῶτε τὰ **περὶ** ἡμῶν καὶ παρακαλέσῃ

περιζώννυμι (*perizōnnymi*; 1/6) *wrap around*

Ep 6:14 στῆτε οὖν **περιζωσάμενοι** τὴν ὀσφὺν ὑμῶν

περικεφαλαία (*perikephalaia*; 1/2) *helmet*

Ep 6:17 καὶ τὴν **περικεφαλαίαν** τοῦ σωτηρίου δέξασθε

περιπατέω (*peripateō*; 8/94[95]) *walk*

Ep 2:2 ἐν αἷς ποτε **περιεπατήσατε** κατὰ τὸν αἰῶνα
Ep 2:10 ἵνα ἐν αὐτοῖς **περιπατήσωμεν**.
Ep 4:1 ἐν κυρίῳ ἀξίως **περιπατῆσαι** τῆς κλήσεως ἧς
Ep 4:17 μηκέτι ὑμᾶς **περιπατεῖν**,
Ep 4:17 καὶ τὰ ἔθνη **περιπατεῖ** ἐν ματαιότητι τοῦ
Ep 5:2 καὶ **περιπατεῖτε** ἐν ἀγάπῃ,
Ep 5:8 ὡς τέκνα φωτὸς **περιπατεῖτε**
Ep 5:15 οὖν ἀκριβῶς πῶς **περιπατεῖτε** μὴ ὡς ἄσοφοι

περιποίησις (*peripoiēsis*; 1/5) *possession*

Ep 1:14 εἰς ἀπολύτρωσιν τῆς **περιποιήσεως**,

περισσεύω (*perisseuō*; 1/39) *exceed, be left over*

Ep 1:8 ἧς **ἐπερίσσευσεν** εἰς ἡμᾶς,

περιτομή (*peritomē*; 1/36) *circumcision*

Ep 2:11 ὑπὸ τῆς λεγομένης **περιτομῆς** ἐν σαρκὶ χειροποιήτου,

περιφέρω (*peripherō*; 1/3) *carry about*

Ep 4:14 κλυδωνιζόμενοι καὶ **περιφερόμενοι** παντὶ ἀνέμῳ τῆς

πικρία (*pikria*; 1/4) *bitterness*

Ep 4:31 πᾶσα **πικρία** καὶ θυμὸς καὶ

πιστεύω (*pisteuō*; 2/237[241]) *believe*

Ep 1:13 ἐν ᾧ καὶ **πιστεύσαντες** ἐσφραγίσθητε τῷ πνεύματι
Ep 1:19 εἰς ἡμᾶς τοὺς **πιστεύοντας** κατὰ τὴν ἐνέργειαν

πίστις (*pistis*; 8/243) *faith*

Ep 1:15 τὴν καθ' ὑμᾶς **πίστιν** ἐν τῷ κυρίῳ
Ep 2:8 ἐστε σεσῳσμένοι διὰ **πίστεως**·
Ep 3:12 πεποιθήσει διὰ τῆς **πίστεως** αὐτοῦ.
Ep 3:17 Χριστὸν διὰ τῆς **πίστεως** ἐν ταῖς καρδίαις
Ep 4:5 μία **πίστις**,
Ep 4:13 τὴν ἑνότητα τῆς **πίστεως** καὶ τῆς ἐπιγνώσεως
Ep 6:16 τὸν θυρεὸν τῆς **πίστεως**,
Ep 6:23 καὶ ἀγάπη μετὰ **πίστεως** ἀπὸ θεοῦ πατρὸς

πιστός (*pistos*; 2/67) *believing*

Ep 1:1 [ἐν Ἐφέσῳ] καὶ **πιστοῖς** ἐν Χριστῷ Ἰησοῦ,
Ep 6:21 ἀγαπητὸς ἀδελφὸς καὶ **πιστὸς** διάκονος ἐν κυρίῳ,

πλάνη (*planē*; 1/10) *error*
Ep 4:14 τὴν μεθοδείαν τῆς **πλάνης**,

πλάτος (*platos*; 1/4) *breadth*
Ep 3:18 ἁγίοις τί τὸ **πλάτος** καὶ μῆκος καὶ

πλεονέκτης (*pleonektēs*; 1/4) *one who is grasping or greedy*
Ep 5:5 ἢ ἀκάθαρτος ἢ **πλεονέκτης**,

πλεονεξία (*pleonexia*; 2/10) *greed*
Ep 4:19 ἀκαθαρσίας πάσης ἐν **πλεονεξίᾳ**.
Ep 5:3 ἀκαθαρσία πᾶσα ἢ **πλεονεξία** μηδὲ ὀνομαζέσθω ἐν

πλήν (*plēn*; 1/31) *but, except*
Ep 5:33 **πλὴν** καὶ ὑμεῖς οἱ

πληρόω (*plēroō*; 4/86) *fulfill*
Ep 1:23 πάντα ἐν πᾶσιν **πληρουμένου**.
Ep 3:19 ἵνα **πληρωθῆτε** εἰς πᾶν τὸ
Ep 4:10 ἵνα **πληρώσῃ** τὰ πάντα.
Ep 5:18 ἀλλὰ **πληροῦσθε** ἐν πνεύματι,

πλήρωμα (*plērōma*; 4/17) *fullness*
Ep 1:10 εἰς οἰκονομίαν τοῦ **πληρώματος** τῶν καιρῶν,
Ep 1:23 τὸ **πλήρωμα** τοῦ τὰ πάντα
Ep 3:19 εἰς πᾶν τὸ **πλήρωμα** τοῦ θεοῦ.
Ep 4:13 μέτρον ἡλικίας τοῦ **πληρώματος** τοῦ Χριστοῦ,

πλησίον (*plēsion*; 1/17) *near, neighbor*
Ep 4:25 ἕκαστος μετὰ τοῦ **πλησίον** αὐτοῦ,

πλούσιος (*plousios*; 1/28) *rich*
Ep 2:4 ὁ δὲ θεὸς **πλούσιος** ὢν ἐν ἐλέει,

πλοῦτος (*ploutos*; 5/22) *wealth, riches*
Ep 1:7 κατὰ τὸ **πλοῦτος** τῆς χάριτος αὐτοῦ
Ep 1:18 τίς ὁ **πλοῦτος** τῆς δόξης τῆς
Ep 2:7 ἐπερχομένοις τὸ ὑπερβάλλον **πλοῦτος** τῆς χάριτος αὐτοῦ
Ep 3:8 εὐαγγελίσασθαι τὸ ἀνεξιχνίαστον **πλοῦτος** τοῦ Χριστοῦ
Ep 3:16 ὑμῖν κατὰ τὸ **πλοῦτος** τῆς δόξης αὐτοῦ

πνεῦμα (*pneuma*; 14/379) *Spirit, spirit*
Ep 1:13 πιστεύσαντες ἐσφραγίσθητε τῷ **πνεύματι** τῆς ἐπαγγελίας τῷ
Ep 1:17 δώῃ ὑμῖν **πνεῦμα** σοφίας καὶ ἀποκαλύψεως
Ep 2:2 τοῦ **πνεύματος** τοῦ νῦν ἐνεργοῦντος
Ep 2:18 ἀμφότεροι ἐν ἑνὶ **πνεύματι** πρὸς τὸν πατέρα.
Ep 2:22 τοῦ θεοῦ ἐν **πνεύματι**.
Ep 3:5 καὶ προφήταις ἐν **πνεύματι**,
Ep 3:16 κραταιωθῆναι διὰ τοῦ **πνεύματος** αὐτοῦ εἰς
Ep 4:3 τὴν ἑνότητα τοῦ **πνεύματος** ἐν τῷ συνδέσμῳ
Ep 4:4 σῶμα καὶ ἓν **πνεῦμα**,
Ep 4:23 ἀνανεοῦσθαι δὲ τῷ **πνεύματι** τοῦ νοὸς ὑμῶν
Ep 4:30 μὴ λυπεῖτε τὸ **πνεῦμα** τὸ ἅγιον τοῦ
Ep 5:18 ἀλλὰ πληροῦσθε ἐν **πνεύματι**,
Ep 6:17 τὴν μάχαιραν τοῦ **πνεύματος**,
Ep 6:18 παντὶ καιρῷ ἐν **πνεύματι**,

πνευματικός (*pneumatikos*; 3/26) *spiritual*
Ep 1:3 ἐν πάσῃ εὐλογίᾳ **πνευματικῇ** ἐν τοῖς ἐπουρανίοις
Ep 5:19 ὕμνοις καὶ ᾠδαῖς **πνευματικαῖς**,
Ep 6:12 πρὸς τὰ **πνευματικὰ** τῆς πονηρίας ἐν

ποιέω (*poieō*; 10/568) *do, make*
Ep 1:16 ὑπὲρ ὑμῶν μνείαν **ποιούμενος** ἐπὶ τῶν προσευχῶν
Ep 2:3 τῆς σαρκὸς ἡμῶν **ποιοῦντες** τὰ θελήματα
Ep 2:14 ὁ **ποιήσας** τὰ ἀμφότερα ἓν
Ep 2:15 ἕνα καινὸν ἄνθρωπον **ποιῶν** εἰρήνην
Ep 3:11 τῶν αἰώνων ἣν **ἐποίησεν** ἐν τῷ Χριστῷ
Ep 3:20 δυναμένῳ ὑπὲρ πάντα **ποιῆσαι** ὑπερεκπερισσοῦ ὧν αἰτούμεθα
Ep 4:16 αὔξησιν τοῦ σώματος **ποιεῖται** εἰς οἰκοδομὴν ἑαυτοῦ
Ep 6:6 ὡς δοῦλοι Χριστοῦ **ποιοῦντες** τὸ θέλημα
Ep 6:8 ἕκαστος ἐάν τι **ποιήσῃ** ἀγαθόν,
Ep 6:9 τὰ αὐτὰ **ποιεῖτε** πρὸς αὐτούς,

ποίημα (*poiēma*; 1/2) *what is created or made*
Ep 2:10 αὐτοῦ γάρ ἐσμεν **ποίημα**,

ποιμήν (*poimēn*; 1/18) *shepherd*
Ep 4:11 τοὺς δὲ **ποιμένας** καὶ διδασκάλους,

πολιτεία (*politeia*; 1/2) *citizenship*
Ep 2:12 ἀπηλλοτριωμένοι τῆς **πολιτείας** τοῦ Ἰσραὴλ

πολυποίκιλος (*polypoikilos*; 1/1) *in varied forms*
Ep 3:10 τῆς ἐκκλησίας ἡ **πολυποίκιλος** σοφία τοῦ θεοῦ,

πολύς (*polys*; 1/417) *much (pl. many)*
Ep 2:4 διὰ τὴν **πολλὴν** ἀγάπην αὐτοῦ ἣν

πονηρία (*ponēria*; 1/7) *wickedness*
Ep 6:12 τὰ πνευματικὰ τῆς **πονηρίας** ἐν τοῖς ἐπουρανίοις.

πονηρός (*ponēros*; 3/78) *evil*
Ep 5:16 ὅτι αἱ ἡμέραι **πονηραί** εἰσιν.
Ep 6:13 τῇ ἡμέρᾳ τῇ **πονηρᾷ** καὶ ἅπαντα κατεργασάμενοι
Ep 6:16 τὰ βέλη τοῦ **πονηροῦ** [τὰ] πεπυρωμένα σβέσαι·

πορνεία (*porneia*; 1/25) *sexual immorality*
Ep 5:3 **Πορνεία** δὲ καὶ ἀκαθαρσία

πόρνος (*pornos*; 1/10) *sexually immoral person*
Ep 5:5 ὅτι πᾶς **πόρνος** ἢ ἀκάθαρτος ἢ

ποτέ (*pote*; 6/29) *once*
Ep 2:2 ἐν αἷς **ποτε** περιεπατήσατε κατὰ τὸν

Ep 2:3 ἡμεῖς πάντες ἀνεστράφημέν **ποτε** ἐν ταῖς ἐπιθυμίαις
Ep 2:11 Διὸ μνημονεύετε ὅτι **ποτὲ** ὑμεῖς τὰ ἔθνη
Ep 2:13 Ἰησοῦ ὑμεῖς οἵ **ποτε** ὄντες μακρὰν ἐγενήθητε
Ep 5:8 ἦτε γάρ **ποτε** σκότος,
Ep 5:29 Οὐδεὶς γάρ **ποτε** τὴν ἑαυτοῦ σάρκα

πούς (*pous*; 2/93) *foot*
Ep 1:22 ὑπέταξεν ὑπὸ τοὺς **πόδας** αὐτοῦ καὶ αὐτὸν
Ep 6:15 καὶ ὑποδησάμενοι τοὺς **πόδας** ἐν ἑτοιμασίᾳ

πράσσω (*prassō*; 1/39) *do*
Ep 6:21 τί **πράσσω**,

πραΰτης (*prautēs*; 1/11) *gentleness*
Ep 4:2 πάσης ταπεινοφροσύνης καὶ **πραΰτητος**,

πρέπω (*prepō*; 1/7) *it is fitting or proper*
Ep 5:3 καθὼς **πρέπει** ἁγίοις,

πρεσβεύω (*presbeuō*; 1/2) *be an ambassador*
Ep 6:20 ὑπὲρ οὗ **πρεσβεύω** ἐν ἁλύσει,

πρό (*pro*; 1/47) *before*
Ep 1:4 ἡμᾶς ἐν αὐτῷ **πρὸ** καταβολῆς κόσμου εἶναι

προγράφω (*prographō*; 1/4) *write in former times*
Ep 3:3 καθὼς **προέγραψα** ἐν ὀλίγῳ,

προελπίζω (*proelpizō*; 1/1) *be the first to hope*
Ep 1:12 δόξης αὐτοῦ τοὺς **προηλπικότας** ἐν τῷ Χριστῷ.

προετοιμάζω (*proetoimazō*; 1/2) *prepare beforehand*
Ep 2:10 ἔργοις ἀγαθοῖς οἷς **προητοίμασεν** ὁ θεὸς,

πρόθεσις (*prothesis*; 2/12) *purpose*
Ep 1:11 ἐκληρώθημεν προορισθέντες κατὰ **πρόθεσιν** τοῦ τὰ πάντα
Ep 3:11 κατὰ **πρόθεσιν** τῶν αἰώνων ἣν

προορίζω (*proorizō*; 2/6) *predestine*
Ep 1:5 **προορίσας** ἡμᾶς εἰς υἱοθεσίαν
Ep 1:11 ᾧ καὶ ἐκληρώθημεν **προορισθέντες** κατὰ πρόθεσιν τοῦ

πρός (*pros*; 16/699[700]) *to, toward, at*
Ep 2:18 ἐν ἑνὶ πνεύματι **πρὸς** τὸν πατέρα.
Ep 3:4 **πρὸς** ὃ δύνασθε ἀναγινώσκοντες
Ep 3:14 τὰ γόνατά μου **πρὸς** τὸν πατέρα,
Ep 4:12 **πρὸς** τὸν καταρτισμὸν τῶν
Ep 4:14 ἐν πανουργίᾳ **πρὸς** τὴν μεθοδείαν τῆς
Ep 4:29 εἴ τις ἀγαθὸς **πρὸς** οἰκοδομὴν τῆς χρείας,
Ep 5:31 μητέρα καὶ προσκολληθήσεται **πρὸς** τὴν γυναῖκα αὐτοῦ,
Ep 6:9 τὰ αὐτὰ ποιεῖτε **πρὸς** αὐτούς,
Ep 6:11 πανοπλίαν τοῦ θεοῦ **πρὸς** τὸ δύνασθαι ὑμᾶς
Ep 6:11 δύνασθαι ὑμᾶς στῆναι **πρὸς** τὰς μεθοδείας
Ep 6:12 ἡμῖν ἡ πάλη **πρὸς** αἷμα καὶ σάρκα
Ep 6:12 καὶ σάρκα ἀλλὰ **πρὸς** τὰς ἀρχάς,
Ep 6:12 **πρὸς** τὰς ἐξουσίας,
Ep 6:12 **πρὸς** τοὺς κοσμοκράτορας τοῦ
Ep 6:12 **πρὸς** τὰ πνευματικὰ τῆς
Ep 6:22 ὃν ἔπεμψα **πρὸς** ὑμᾶς εἰς αὐτὸ

προσαγωγή (*prosagōgē*; 2/3) *access*
Ep 2:18 αὐτοῦ ἔχομεν τὴν **προσαγωγὴν** οἱ ἀμφότεροι
Ep 3:12 τὴν παρρησίαν καὶ **προσαγωγὴν** ἐν πεποιθήσει διὰ

προσευχή (*proseuchē*; 2/36) *prayer*
Ep 1:16 ποιούμενος ἐπὶ τῶν **προσευχῶν** μου,
Ep 6:18 Διὰ πάσης **προσευχῆς** καὶ δεήσεως προσευχόμενοι

προσεύχομαι (*proseuchomai*; 1/85) *pray*
Ep 6:18 προσευχῆς καὶ δεήσεως **προσευχόμενοι** ἐν παντὶ καιρῷ

προσκαρτέρησις (*proskarterēsis*; 1/1) *perseverance*
Ep 6:18 ἀγρυπνοῦντες ἐν πάσῃ **προσκαρτερήσει** καὶ δεήσει περὶ

προσκολλάω (*proskollaō*; 1/2) *be united*
Ep 5:31 [τὴν] μητέρα καὶ **προσκολληθήσεται** πρὸς τὴν γυναῖκα

προσφορά (*prosphora*; 1/9) *offering*
Ep 5:2 ἑαυτὸν ὑπὲρ ἡμῶν **προσφορὰν** καὶ θυσίαν τῷ

προσωπολημψία (*prosōpolēmpsia*; 1/4) *favoritism*
Ep 6:9 ἐν οὐρανοῖς καὶ **προσωπολημψία** οὐκ ἔστιν

πρότερος (*proteros*; 1/11) *former*
Ep 4:22 ὑμᾶς κατὰ τὴν **προτέραν** ἀναστροφὴν τὸν παλαιὸν

προτίθημι (*protithēmi*; 1/3) *plan*
Ep 1:9 εὐδοκίαν αὐτοῦ ἣν **προέθετο** ἐν αὐτῷ

προφήτης (*prophētēs*; 3/144) *prophet*
Ep 2:20 τῶν ἀποστόλων καὶ **προφητῶν**,
Ep 3:5 ἀποστόλοις αὐτοῦ καὶ **προφήταις** ἐν πνεύματι,
Ep 4:11 τοὺς δὲ **προφήτας**,

πρῶτος (*prōtos*; 1/152[155]) *first*
Ep 6:2 ἥτις ἐστὶν ἐντολὴ **πρώτη** ἐν ἐπαγγελίᾳ,

πυρόω (*pyroō*; 1/6) *burn*
Ep 6:16 τοῦ πονηροῦ [τὰ] **πεπυρωμένα** σβέσαι·

πώρωσις (*pōrōsis*; 1/3) *hardening*
Ep 4:18 διὰ τὴν **πώρωσιν** τῆς καρδίας αὐτῶν,

πῶς (*pōs*; 1/103) *how*
Ep 5:15 Βλέπετε οὖν ἀκριβῶς **πῶς** περιπατεῖτε μὴ

ῥῆμα (*rhēma*; 2/68) *word*
Ep 5:26 τοῦ ὕδατος ἐν **ῥήματι**,
Ep 6:17 ὅ ἐστιν **ῥῆμα** θεοῦ.

ῥιζόω (*rhizoō*; 1/2) *be firmly rooted*
Ep 3:17 ἐν ἀγάπῃ **ἐρριζωμένοι** καὶ τεθεμελιωμένοι,

ῥυτίς (*rhytis*; 1/1) *wrinkle*
Ep 5:27 ἔχουσαν σπίλον ἢ **ῥυτίδα** ἤ τι τῶν

σαπρός (*sapros*; 1/8) *bad*
Ep 4:29 πᾶς λόγος **σαπρὸς** ἐκ τοῦ στόματος

σάρξ (*sarx*; 9/147) *flesh*
Ep 2:3 ταῖς ἐπιθυμίαις τῆς **σαρκὸς** ἡμῶν ποιοῦντες
Ep 2:3 τὰ θελήματα τῆς **σαρκὸς** καὶ τῶν διανοιῶν,
Ep 2:11 τὰ ἔθνη ἐν **σαρκί**,
Ep 2:11 λεγομένης περιτομῆς ἐν **σαρκὶ** χειροποιήτου,
Ep 2:14 ἔχθραν ἐν τῇ **σαρκὶ** αὐτοῦ,
Ep 5:29 ποτε τὴν ἑαυτοῦ **σάρκα** ἐμίσησεν ἀλλὰ ἐκτρέφει
Ep 5:31 οἱ δύο εἰς **σάρκα** μίαν.
Ep 6:5 ὑπακούετε τοῖς κατὰ **σάρκα** κυρίοις μετὰ φόβου
Ep 6:12 πρὸς αἷμα καὶ **σάρκα** ἀλλὰ πρὸς τὰς

σβέννυμι (*sbennymi*; 1/6) *extinguish*
Ep 6:16 πονηροῦ [τὰ] πεπυρωμένα **σβέσαι**·

σκότος (*skotos*; 3/31) *darkness*
Ep 5:8 ἦτε γάρ ποτε **σκότος**,
Ep 5:11 τοῖς ἀκάρποις τοῦ **σκότους**,
Ep 6:12 τοὺς κοσμοκράτορας τοῦ **σκότους** τούτου,

σκοτόω (*skotoō*; 1/3) *be or become darkened*
Ep 4:18 **ἐσκοτωμένοι** τῇ διανοίᾳ ὄντες,

σοφία (*sophia*; 3/51) *wisdom*
Ep 1:8 ἐν πάσῃ **σοφίᾳ** καὶ φρονήσει,
Ep 1:17 δώῃ ὑμῖν πνεῦμα **σοφίας** καὶ ἀποκαλύψεως
Ep 3:10 ἐκκλησίας ἡ πολυποίκιλος **σοφία** τοῦ θεοῦ,

σοφός (*sophos*; 1/20) *wise*
Ep 5:15 ἄσοφοι ἀλλ᾽ ὡς **σοφοί**,

σπίλος (*spilos*; 1/2) *spot*
Ep 5:27 μὴ ἔχουσαν **σπίλον** ἢ ῥυτίδα ἤ

σπουδάζω (*spoudazō*; 1/11) *do one's best*
Ep 4:3 **σπουδάζοντες** τηρεῖν τὴν ἑνότητα

σταυρός (*stauros*; 1/27) *cross*
Ep 2:16 θεῷ διὰ τοῦ **σταυροῦ**,

στόμα (*stoma*; 2/78) *mouth*
Ep 4:29 σαπρὸς ἐκ τοῦ **στόματος** ὑμῶν μὴ ἐκπορευέσθω,
Ep 6:19 ἐν ἀνοίξει τοῦ **στόματός** μου,

σύ (*sy*; 3/1063[1067]) *you (sg.)*
Ep 5:14 καὶ ἐπιφαύσει **σοι** ὁ Χριστός.
Ep 6:2 τίμα τὸν πατέρα **σου** καὶ τὴν μητέρα,
Ep 6:3 ἵνα εὖ **σοι** γένηται καὶ ἔσῃ

συγκαθίζω (*synkathizō*; 1/2) *sit together with*
Ep 2:6 καὶ συνήγειρεν καὶ **συνεκάθισεν** ἐν τοῖς ἐπουρανίοις

συγκληρονόμος (*synklēronomos*; 1/4) *sharing together*
Ep 3:6 εἶναι τὰ ἔθνη **συγκληρονόμα** καὶ σύσσωμα

συγκοινωνέω (*synkoinōneō*; 1/3) *take part in*
Ep 5:11 καὶ μὴ **συγκοινωνεῖτε** τοῖς ἔργοις τοῖς

συζωοποιέω (*syzōopoieō*; 1/2) *make alive together with*
Ep 2:5 νεκροὺς τοῖς παραπτώμασιν **συνεζωοποίησεν** τῷ Χριστῷ,

συμβιβάζω (*symbibazō*; 1/7) *bring together*
Ep 4:16 σῶμα συναρμολογούμενον καὶ **συμβιβαζόμενον** διὰ πάσης ἁφῆς

συμμέτοχος (*symmetochos*; 2/2) *sharer*
Ep 3:6 καὶ σύσσωμα καὶ **συμμέτοχα** τῆς ἐπαγγελίας
Ep 5:7 μὴ οὖν γίνεσθε **συμμέτοχοι** αὐτῶν·

συμπολίτης (*sympolitēs*; 1/1) *fellow-citizen*
Ep 2:19 πάροικοι ἀλλὰ ἐστὲ **συμπολῖται** τῶν ἁγίων

σύν (*syn*; 2/128) *with*
Ep 3:18 ἵνα ἐξισχύσητε καταλαβέσθαι **σὺν** πᾶσιν τοῖς ἁγίοις
Ep 4:31 ἀρθήτω ἀφ᾽ ὑμῶν **σὺν** πάσῃ κακίᾳ.

συναρμολογέω (*synarmologeō*; 2/2) *be joined together*
Ep 2:21 ᾧ πᾶσα οἰκοδομὴ **συναρμολογουμένη** αὔξει εἰς ναὸν
Ep 4:16 πᾶν τὸ σῶμα **συναρμολογούμενον** καὶ συμβιβαζόμενον διὰ

σύνδεσμος (*syndesmos*; 1/4) *that which binds together*
Ep 4:3 πνεύματος ἐν τῷ **συνδέσμῳ** τῆς εἰρήνης·

συνεγείρω (*synegeirō*; 1/3) *raise together with*
Ep 2:6 καὶ **συνήγειρεν** καὶ συνεκάθισεν ἐν

σύνεσις (*synesis*; 1/7) *understanding*
Ep 3:4 ἀναγινώσκοντες νοῆσαι τὴν **σύνεσίν** μου ἐν

συνίημι (*syniēmi*; 1/26) *understand*
Ep 5:17 ἀλλὰ **συνίετε** τί τὸ θέλημα

συνοικοδομέω (*synoikodomeō*; 1/1) *build together*
Ep 2:22 ᾧ καὶ ὑμεῖς **συνοικοδομεῖσθε** εἰς κατοικητήριον τοῦ

σύσσωμος (*syssōmos*; 1/1) *member of the same body*
Ep 3:6 ἔθνη συγκληρονόμα καὶ **σύσσωμα** καὶ συμμέτοχα τῆς

σφραγίζω (*sphragizō*; 2/15) *seal*
Ep 1:13 ᾧ καὶ πιστεύσαντες **ἐσφραγίσθητε** τῷ πνεύματι τῆς
Ep 4:30 ἐν ᾧ **ἐσφραγίσθητε** εἰς ἡμέραν ἀπολυτρώσεως.

σῴζω (*sōzō*; 2/105[106]) *save, preserve*
Ep 2:5 χάριτί ἐστε **σεσῳσμένοι**
Ep 2:8 γὰρ χάριτί ἐστε **σεσῳσμένοι** διὰ πίστεως·

σῶμα (*sōma*; 9/142) *body*
Ep 1:23 ἥτις ἐστὶν τὸ **σῶμα** αὐτοῦ,
Ep 2:16 ἀμφοτέρους ἐν ἑνὶ **σώματι** τῷ θεῷ διὰ
Ep 4:4 Ἓν **σῶμα** καὶ ἓν πνεῦμα,
Ep 4:12 εἰς οἰκοδομὴν τοῦ **σώματος** τοῦ Χριστοῦ,
Ep 4:16 οὗ πᾶν τὸ **σῶμα** συναρμολογούμενον καὶ συμβιβαζόμενον
Ep 4:16 τὴν αὔξησιν τοῦ **σώματος** ποιεῖται εἰς οἰκοδομὴν
Ep 5:23 αὐτὸς σωτὴρ τοῦ **σώματος**·
Ep 5:28 ὡς τὰ ἑαυτῶν **σώματα**.
Ep 5:30 μέλη ἐσμὲν τοῦ **σώματος** αὐτοῦ.

σωτήρ (*sōtēr*; 1/24) *Savior*
Ep 5:23 αὐτὸς **σωτὴρ** τοῦ σώματος·

σωτηρία (*sōtēria*; 1/45[46]) *salvation*
Ep 1:13 τὸ εὐαγγέλιον τῆς **σωτηρίας** ὑμῶν,

σωτήριον (*sōtērion*; 1/4) *salvation*
Ep 6:17 τὴν περικεφαλαίαν τοῦ **σωτηρίου** δέξασθε

ταπεινοφροσύνη (*tapeinophrosynē*; 1/7) *humility*
Ep 4:2 μετὰ πάσης **ταπεινοφροσύνης** καὶ πραΰτητος,

τέ (*te*; 1/215) *and*
Ep 3:19 γνῶναί **τε** τὴν ὑπερβάλλουσαν τῆς

τέκνον (*teknon*; 5/99) *child*
Ep 2:3 καὶ ἤμεθα **τέκνα** φύσει ὀργῆς ὡς
Ep 5:1 τοῦ θεοῦ ὡς **τέκνα** ἀγαπητὰ
Ep 5:8 ὡς **τέκνα** φωτὸς περιπατεῖτε
Ep 6:1 Τὰ **τέκνα**,
Ep 6:4 μὴ παροργίζετε τὰ **τέκνα** ὑμῶν ἀλλὰ ἐκτρέφετε

τέλειος (*teleios*; 1/19) *complete, perfect, mature*
Ep 4:13 εἰς ἄνδρα **τέλειον**,

τηρέω (*tēreō*; 1/70) *keep*
Ep 4:3 σπουδάζοντες **τηρεῖν** τὴν ἑνότητα τοῦ

τιμάω (*timaō*; 1/21) *honor*
Ep 6:2 **τίμα** τὸν πατέρα σου

τίς (*tis*; 9/545[546]) *who; what, why*
Ep 1:18 τὸ εἰδέναι ὑμᾶς **τίς** ἐστιν ἡ ἐλπὶς
Ep 1:18 **τίς** ὁ πλοῦτος τῆς
Ep 1:19 καὶ **τί** τὸ ὑπερβάλλον μέγεθος
Ep 3:9 καὶ φωτίσαι [πάντας] **τίς** ἡ οἰκονομία τοῦ
Ep 3:18 πᾶσιν τοῖς ἁγίοις **τί** τὸ πλάτος καὶ
Ep 4:9 τὸ δὲ ἀνέβη **τί** ἐστιν,
Ep 5:10 δοκιμάζοντες **τί** ἐστιν εὐάρεστον τῷ
Ep 5:17 ἀλλὰ συνίετε **τί** τὸ θέλημα τοῦ
Ep 6:21 **τί** πράσσω,

τις (*tis*; 4/542[543]) *anyone, anything*
Ep 2:9 ἵνα μή **τις** καυχήσηται.
Ep 4:29 ἀλλὰ εἴ **τις** ἀγαθὸς πρὸς οἰκοδομὴν
Ep 5:27 ἤ ῥυτίδα ἤ **τι** τῶν τοιούτων,
Ep 6:8 ὅτι ἕκαστος ἐάν **τι** ποιήσῃ ἀγαθόν,

τοιοῦτος (*toioutos*; 1/56[57]) *such*
Ep 5:27 ἤ τι τῶν **τοιούτων**,

τόπος (*topos*; 1/94) *place*
Ep 4:27 μηδὲ δίδοτε **τόπον** τῷ διαβόλῳ.

τρόμος (*tromos*; 1/5) *trembling*
Ep 6:5 μετὰ φόβου καὶ **τρόμου** ἐν ἁπλότητι τῆς

Τυχικός (*Tychikos*; 1/5) *Tychicus*
Ep 6:21 πάντα γνωρίσει ὑμῖν **Τύχικος** ὁ ἀγαπητὸς ἀδελφὸς

ὕδωρ (*hydōr*; 1/76) *water*
Ep 5:26 τῷ λουτρῷ τοῦ **ὕδατος** ἐν ῥήματι,

υἱοθεσία (*huiothesia*; 1/5) *adoption*
Ep 1:5 προορίσας ἡμᾶς εἰς **υἱοθεσίαν** διὰ Ἰησοῦ Χριστοῦ

υἱός (*huios*; 4/377) *son*
Ep 2:2 ἐνεργοῦντος ἐν τοῖς **υἱοῖς** τῆς ἀπειθείας·
Ep 3:5 οὐκ ἐγνωρίσθη τοῖς **υἱοῖς** τῶν ἀνθρώπων ὡς
Ep 4:13 τῆς ἐπιγνώσεως τοῦ **υἱοῦ** τοῦ θεοῦ,
Ep 5:6 θεοῦ ἐπὶ τοὺς **υἱοὺς** τῆς ἀπειθείας.

ὑμεῖς (*hymeis*; 45/1832) *you (pl.)*
Ep 1:2 χάρις **ὑμῖν** καὶ εἰρήνη ἀπὸ
Ep 1:13 Ἐν ᾧ καὶ **ὑμεῖς** ἀκούσαντες τὸν λόγον
Ep 1:13 εὐαγγέλιον τῆς σωτηρίας **ὑμῶν**,
Ep 1:15 ἀκούσας τὴν καθ' **ὑμᾶς** πίστιν ἐν τῷ

Ep 1:16 παύομαι εὐχαριστῶν ὑπὲρ **ὑμῶν** μνείαν ποιούμενος ἐπὶ
Ep 1:17 δώῃ **ὑμῖν** πνεῦμα σοφίας καὶ
Ep 1:18 ὀφθαλμοὺς τῆς καρδίας **[ὑμῶν]** εἰς τὸ εἰδέναι
Ep 1:18 εἰς τὸ εἰδέναι **ὑμᾶς** τίς ἐστιν ἡ
Ep 2:1 Καὶ **ὑμᾶς** ὄντας νεκροὺς τοῖς
Ep 2:1 καὶ ταῖς ἁμαρτίαις **ὑμῶν**,
Ep 2:8 τοῦτο οὐκ ἐξ **ὑμῶν**,
Ep 2:11 μνημονεύετε ὅτι ποτὲ **ὑμεῖς** τὰ ἔθνη ἐν
Ep 2:13 ἐν Χριστῷ Ἰησοῦ **ὑμεῖς** οἵ ποτε ὄντες
Ep 2:17 ἐλθὼν εὐηγγελίσατο εἰρήνην **ὑμῖν** τοῖς μακρὰν καὶ
Ep 2:22 ἐν ᾧ καὶ **ὑμεῖς** συνοικοδομεῖσθε εἰς κατοικητήριον
Ep 3:1 Χριστοῦ [Ἰησοῦ] ὑπὲρ **ὑμῶν** τῶν ἐθνῶν
Ep 3:2 δοθείσης μοι εἰς **ὑμᾶς**,
Ep 3:13 θλίψεσίν μου ὑπὲρ **ὑμῶν**,
Ep 3:13 ἥτις ἐστὶν δόξα **ὑμῶν**.
Ep 3:16 ἵνα δῷ **ὑμῖν** κατὰ τὸ πλοῦτος
Ep 3:17 ἐν ταῖς καρδίαις **ὑμῶν**,
Ep 4:1 Παρακαλῶ οὖν **ὑμᾶς** ἐγὼ ὁ δέσμιος
Ep 4:4 ἐλπίδι τῆς κλήσεως **ὑμῶν**·
Ep 4:17 μηκέτι **ὑμᾶς** περιπατεῖν,
Ep 4:20 **ὑμεῖς** δὲ οὐχ οὕτως
Ep 4:22 ἀποθέσθαι **ὑμᾶς** κατὰ τὴν προτέραν
Ep 4:23 πνεύματι τοῦ νοὸς **ὑμῶν**
Ep 4:26 ἐπὶ [τῷ] παροργισμῷ **ὑμῶν**,
Ep 4:29 ἐκ τοῦ στόματος **ὑμῶν** μὴ ἐκπορευέσθω,
Ep 4:31 βλασφημία ἀρθήτω ἀφ᾽ **ὑμῶν** σὺν πάσῃ κακίᾳ.
Ep 4:32 ἐν Χριστῷ ἐχαρίσατο **ὑμῖν**.
Ep 5:3 μηδὲ ὀνομαζέσθω ἐν **ὑμῖν**,
Ep 5:6 Μηδεὶς **ὑμᾶς** ἀπατάτω κενοῖς λόγοις·
Ep 5:19 ψάλλοντες τῇ καρδίᾳ **ὑμῶν** τῷ κυρίῳ,
Ep 5:33 πλὴν καὶ **ὑμεῖς** οἱ καθ᾽ ἕνα,
Ep 6:1 ὑπακούετε τοῖς γονεῦσιν **ὑμῶν** [ἐν κυρίῳ]·
Ep 6:4 παροργίζετε τὰ τέκνα **ὑμῶν** ἀλλὰ ἐκτρέφετε αὐτὰ
Ep 6:5 ἁπλότητι τῆς καρδίας **ὑμῶν** ὡς τῷ Χριστῷ,
Ep 6:9 καὶ αὐτῶν καὶ **ὑμῶν** ὁ κύριός ἐστιν
Ep 6:11 πρὸς τὸ δύνασθαι **ὑμᾶς** στῆναι πρὸς τὰς
Ep 6:14 περιζωσάμενοι τὴν ὀσφὺν **ὑμῶν** ἐν ἀληθείᾳ
Ep 6:21 δὲ εἰδῆτε καὶ **ὑμεῖς** τὰ κατ᾽ ἐμέ,
Ep 6:21 πάντα γνωρίσει **ὑμῖν** Τύχικος ὁ ἀγαπητὸς
Ep 6:22 ὃν ἔπεμψα πρὸς **ὑμᾶς** εἰς αὐτὸ τοῦτο,
Ep 6:22 παρακαλέσῃ τὰς καρδίας **ὑμῶν**.

ὕμνος (*hymnos*; 1/2) *hymn*

Ep 5:19 [ἐν] ψαλμοῖς καὶ **ὕμνοις** καὶ ᾠδαῖς πνευματικαῖς,

ὑπακούω (*hypakouō*; 2/21) *obey*

Ep 6:1 **ὑπακούετε** τοῖς γονεῦσιν ὑμῶν
Ep 6:5 **ὑπακούετε** τοῖς κατὰ σάρκα

ὑπέρ (*hyper*; 10/150) *for, concerning, over*

Ep 1:16 οὐ παύομαι εὐχαριστῶν **ὑπὲρ** ὑμῶν μνείαν ποιούμενος
Ep 1:22 αὐτὸν ἔδωκεν κεφαλὴν **ὑπὲρ** πάντα τῇ ἐκκλησίᾳ,
Ep 3:1 τοῦ Χριστοῦ [Ἰησοῦ] **ὑπὲρ** ὑμῶν τῶν ἐθνῶν
Ep 3:13 ταῖς θλίψεσίν μου **ὑπὲρ** ὑμῶν,
Ep 3:20 Τῷ δὲ δυναμένῳ **ὑπὲρ** πάντα ποιῆσαι ὑπερεκπερισσοῦ
Ep 5:2 καὶ παρέδωκεν ἑαυτὸν **ὑπὲρ** ἡμῶν προσφορὰν καὶ
Ep 5:20 εὐχαριστοῦντες πάντοτε **ὑπὲρ** πάντων ἐν ὀνόματι
Ep 5:25 καὶ ἑαυτὸν παρέδωκεν **ὑπὲρ** αὐτῆς,
Ep 6:19 καὶ **ὑπὲρ** ἐμοῦ,
Ep 6:20 **ὑπὲρ** οὗ πρεσβεύω ἐν

ὑπεράνω (*hyperanō*; 2/3) *far above*

Ep 1:21 **ὑπεράνω** πάσης ἀρχῆς καὶ
Ep 4:10 καὶ ὁ ἀναβὰς **ὑπεράνω** πάντων τῶν οὐρανῶν,

ὑπερβάλλω (*hyperballō*; 3/5) *surpass*

Ep 1:19 καὶ τί τὸ **ὑπερβάλλον** μέγεθος τῆς δυνάμεως
Ep 2:7 τοῖς ἐπερχομένοις τὸ **ὑπερβάλλον** πλοῦτος τῆς χάριτος
Ep 3:19 γνῶναί τε τὴν **ὑπερβάλλουσαν** τῆς γνώσεως ἀγάπην

ὑπερεκπερισσοῦ (*hyperekperissou*; 1/3) *with all earnestness*

Ep 3:20 ὑπὲρ πάντα ποιῆσαι **ὑπερεκπερισσοῦ** ὧν αἰτούμεθα ἢ

ὑπό (*hypo*; 4/219[220]) *by, under*

Ep 1:22 καὶ πάντα ὑπέταξεν **ὑπὸ** τοὺς πόδας αὐτοῦ
Ep 2:11 οἱ λεγόμενοι ἀκροβυστία **ὑπὸ** τῆς λεγομένης περιτομῆς
Ep 5:12 γὰρ κρυφῇ γινόμενα **ὑπ᾽** αὐτῶν αἰσχρόν ἐστιν
Ep 5:13 δὲ πάντα ἐλεγχόμενα **ὑπὸ** τοῦ φωτὸς φανεροῦται,

ὑποδέω (*hypodeō*; 1/3) *put on*

Ep 6:15 καὶ **ὑποδησάμενοι** τοὺς πόδας ἐν

ὑποτάσσω (*hypotassō*; 3/38) *submit, put in subjection*

Ep 1:22 καὶ πάντα **ὑπέταξεν** ὑπὸ τοὺς πόδας
Ep 5:21 **Ὑποτασσόμενοι** ἀλλήλοις ἐν φόβῳ
Ep 5:24 ὡς ἡ ἐκκλησία **ὑποτάσσεται** τῷ Χριστῷ,

ὕψος (*hypsos*; 2/6) *height*

Ep 3:18 καὶ μῆκος καὶ **ὕψος** καὶ βάθος,
Ep 4:8 ἀναβὰς εἰς **ὕψος** ᾐχμαλώτευσεν αἰχμαλωσίαν,

φανερόω (*phaneroō*; 2/47[49]) *make known, reveal*

Ep 5:13 ὑπὸ τοῦ φωτὸς **φανεροῦται**,
Ep 5:14 πᾶν γὰρ τὸ **φανερούμενον** φῶς ἐστιν.

φθείρω (*phtheirō*; 1/9) *corrupt*

Ep 4:22 παλαιὸν ἄνθρωπον τὸν **φθειρόμενον** κατὰ τὰς ἐπιθυμίας

φοβέομαι (*phobeomai*; 1/95) *fear*
Ep 5:33 δὲ γυνὴ ἵνα **φοβῆται** τὸν ἄνδρα.

φόβος (*phobos*; 2/47) *fear*
Ep 5:21 Ὑποτασσόμενοι ἀλλήλοις ἐν **φόβῳ** Χριστοῦ,
Ep 6:5 σάρκα κυρίοις μετὰ **φόβου** καὶ τρόμου ἐν

φραγμός (*phragmos*; 1/4) *fence*
Ep 2:14 τὸ μεσότοιχον τοῦ **φραγμοῦ** λύσας,

φρόνησις (*phronēsis*; 1/2) *insight*
Ep 1:8 πάσῃ σοφίᾳ καὶ **φρονήσει**,

φύσις (*physis*; 1/14) *nature*
Ep 2:3 καὶ ἤμεθα τέκνα **φύσει** ὀργῆς ὡς καὶ

φῶς (*phōs*; 5/73) *light*
Ep 5:8 νῦν δὲ **φῶς** ἐν κυρίῳ·
Ep 5:8 ὡς τέκνα **φωτὸς** περιπατεῖτε
Ep 5:9 γὰρ καρπὸς τοῦ **φωτὸς** ἐν πάσῃ ἀγαθωσύνῃ
Ep 5:13 ἐλεγχόμενα ὑπὸ τοῦ **φωτὸς** φανεροῦται,
Ep 5:14 γὰρ τὸ φανερούμενον **φῶς** ἐστιν.

φωτίζω (*phōtizō*; 2/11) *give light*
Ep 1:18 **πεφωτισμένους** τοὺς ὀφθαλμοὺς τῆς
Ep 3:9 καὶ **φωτίσαι** [πάντας] τίς ἡ

χαρίζομαι (*charizomai*; 2/23) *grant, forgive*
Ep 4:32 **χαριζόμενοι** ἑαυτοῖς,
Ep 4:32 θεὸς ἐν Χριστῷ **ἐχαρίσατο** ὑμῖν.

χάριν (*charin*; 2/9) *for the sake of*
Ep 3:1 Τούτου **χάριν** ἐγὼ Παῦλος ὁ
Ep 3:14 Τούτου **χάριν** κάμπτω τὰ γόνατά

χάρις (*charis*; 12/155) *grace*
Ep 1:2 **χάρις** ὑμῖν καὶ εἰρήνη
Ep 1:6 ἔπαινον δόξης τῆς **χάριτος** αὐτοῦ ἧς ἐχαρίτωσεν
Ep 1:7 τὸ πλοῦτος τῆς **χάριτος** αὐτοῦ
Ep 2:5 **χάριτί** ἐστε σεσῳσμένοι
Ep 2:7 ὑπερβάλλον πλοῦτος τῆς **χάριτος** αὐτοῦ ἐν χρηστότητι
Ep 2:8 Τῇ γὰρ **χάριτί** ἐστε σεσῳσμένοι διὰ
Ep 3:2 τὴν οἰκονομίαν τῆς **χάριτος** τοῦ θεοῦ τῆς
Ep 3:7 τὴν δωρεὰν τῆς **χάριτος** τοῦ θεοῦ τῆς
Ep 3:8 ἁγίων ἐδόθη ἡ **χάρις** αὕτη,
Ep 4:7 ἡμῶν ἐδόθη ἡ **χάρις** κατὰ τὸ μέτρον
Ep 4:29 ἵνα δῷ **χάριν** τοῖς ἀκούουσιν.
Ep 6:24 ἡ **χάρις** μετὰ πάντων τῶν

χαριτόω (*charitoō*; 1/2) *bestow on freely*
Ep 1:6 χάριτος αὐτοῦ ἧς **ἐχαρίτωσεν** ἡμᾶς ἐν τῷ

χείρ (*cheir*; 1/175[177]) *hand*
Ep 4:28 ἐργαζόμενος ταῖς [ἰδίαις] **χερσὶν** τὸ ἀγαθόν,

χειροποίητος (*cheiropoiētos*; 1/6) *made by human hands*
Ep 2:11 περιτομῆς ἐν σαρκὶ **χειροποιήτου**,

χρεία (*chreia*; 2/49) *need*
Ep 4:28 ἔχῃ μεταδιδόναι τῷ **χρείαν** ἔχοντι.
Ep 4:29 πρὸς οἰκοδομὴν τῆς **χρείας**,

χρηστός (*chrēstos*; 1/7) *kind*
Ep 4:32 [δὲ] εἰς ἀλλήλους **χρηστοί**,

χρηστότης (*chrēstotēs*; 1/10) *kindness*
Ep 2:7 χάριτος αὐτοῦ ἐν **χρηστότητι** ἐφ' ἡμᾶς ἐν

Χριστός (*Christos*; 46/529) *Christ*
Ep 1:1 Παῦλος ἀπόστολος **Χριστοῦ** Ἰησοῦ διὰ θελήματος
Ep 1:1 καὶ πιστοῖς ἐν **Χριστῷ** Ἰησοῦ,
Ep 1:2 καὶ κυρίου Ἰησοῦ **Χριστοῦ**.
Ep 1:3 κυρίου ἡμῶν Ἰησοῦ **Χριστοῦ**,
Ep 1:3 τοῖς ἐπουρανίοις ἐν **Χριστῷ**,
Ep 1:5 υἱοθεσίαν διὰ Ἰησοῦ **Χριστοῦ** εἰς αὐτόν,
Ep 1:10 πάντα ἐν τῷ **Χριστῷ**,
Ep 1:12 προηλπικότας ἐν τῷ **Χριστῷ**.
Ep 1:17 κυρίου ἡμῶν Ἰησοῦ **Χριστοῦ**,
Ep 1:20 ἐνήργησεν ἐν τῷ **Χριστῷ** ἐγείρας αὐτὸν ἐκ
Ep 2:5 παραπτώμασιν συνεζωοποίησεν τῷ **Χριστῷ**,
Ep 2:6 τοῖς ἐπουρανίοις ἐν **Χριστῷ** Ἰησοῦ,
Ep 2:7 ἐφ' ἡμᾶς ἐν **Χριστῷ** Ἰησοῦ.
Ep 2:10 κτισθέντες ἐν **Χριστῷ** Ἰησοῦ ἐπὶ ἔργοις
Ep 2:12 καιρῷ ἐκείνῳ χωρὶς **Χριστοῦ**,
Ep 2:13 νυνὶ δὲ ἐν **Χριστῷ** Ἰησοῦ ὑμεῖς οἵ
Ep 2:13 τῷ αἵματι τοῦ **Χριστοῦ**.
Ep 2:20 ὄντος ἀκρογωνιαίου αὐτοῦ **Χριστοῦ** Ἰησοῦ,
Ep 3:1 ὁ δέσμιος τοῦ **Χριστοῦ** [Ἰησοῦ] ὑπὲρ ὑμῶν
Ep 3:4 τῷ μυστηρίῳ τοῦ **Χριστοῦ**,
Ep 3:6 τῆς ἐπαγγελίας ἐν **Χριστῷ** Ἰησοῦ διὰ τοῦ
Ep 3:8 ἀνεξιχνίαστον πλοῦτος τοῦ **Χριστοῦ**
Ep 3:11 ἐποίησεν ἐν τῷ **Χριστῷ** Ἰησοῦ τῷ κυρίῳ
Ep 3:17 κατοικῆσαι τὸν **Χριστὸν** διὰ τῆς πίστεως
Ep 3:19 γνώσεως ἀγάπην τοῦ **Χριστοῦ**,
Ep 3:21 ἐκκλησίᾳ καὶ ἐν **Χριστῷ** Ἰησοῦ εἰς πάσας
Ep 4:7 τῆς δωρεᾶς τοῦ **Χριστοῦ**.
Ep 4:12 τοῦ σώματος τοῦ **Χριστοῦ**,
Ep 4:13 τοῦ πληρώματος τοῦ **Χριστοῦ**,
Ep 4:15 **Χριστός**,
Ep 4:20 οὕτως ἐμάθετε τὸν **Χριστόν**,
Ep 4:32 ὁ θεὸς ἐν **Χριστῷ** ἐχαρίσατο ὑμῖν.
Ep 5:2 καθὼς καὶ ὁ **Χριστὸς** ἠγάπησεν ἡμᾶς καὶ
Ep 5:5 τῇ βασιλείᾳ τοῦ **Χριστοῦ** καὶ θεοῦ.
Ep 5:14 ἐπιφαύσει σοι ὁ **Χριστός**.
Ep 5:20 κυρίου ἡμῶν Ἰησοῦ **Χριστοῦ** τῷ θεῷ καὶ
Ep 5:21 ἀλλήλοις ἐν φόβῳ **Χριστοῦ**,
Ep 5:23 ὡς καὶ ὁ **Χριστὸς** κεφαλὴ τῆς ἐκκλησίας,
Ep 5:24 ἐκκλησία ὑποτάσσεται τῷ **Χριστῷ**,
Ep 5:25 καθὼς καὶ ὁ **Χριστὸς** ἠγάπησεν τὴν ἐκκλησίαν
Ep 5:29 καθὼς καὶ ὁ **Χριστὸς** τὴν ἐκκλησίαν,
Ep 5:32 δὲ λέγω εἰς **Χριστὸν** καὶ εἰς τὴν
Ep 6:5 ὑμῶν ὡς τῷ **Χριστῷ**,
Ep 6:6 ἀλλ' ὡς δοῦλοι **Χριστοῦ** ποιοῦντες τὸ θέλημα

Ep 6:23 καὶ κυρίου Ἰησοῦ **Χριστοῦ**.
Ep 6:24 κύριον ἡμῶν Ἰησοῦν **Χριστὸν** ἐν ἀφθαρσίᾳ.

χωρίς (*chōris*; 1/41) *without*
Ep 2:12 τῷ καιρῷ ἐκείνῳ **χωρὶς** Χριστοῦ,

ψάλλω (*psallō*; 1/5) *sing*
Ep 5:19 ᾄδοντες καὶ **ψάλλοντες** τῇ καρδίᾳ ὑμῶν

ψαλμός (*psalmos*; 1/7) *psalm*
Ep 5:19 λαλοῦντες ἑαυτοῖς [ἐν] **ψαλμοῖς** καὶ ὕμνοις

ψεῦδος (*pseudos*; 1/10) *lie*
Ep 4:25 Διὸ ἀποθέμενοι τὸ **ψεῦδος** λαλεῖτε ἀλήθειαν ἕκαστος

ψυχή (*psychē*; 1/103) *soul, life, self*
Ep 6:6 τοῦ θεοῦ ἐκ **ψυχῆς**,

ᾠδή (*ōdē*; 1/7) *song*
Ep 5:19 καὶ ὕμνοις καὶ **ᾠδαῖς** πνευματικαῖς,

ὡς (*hōs*; 16/503[504]) *as*
Ep 2:3 τέκνα φύσει ὀργῆς **ὡς** καὶ οἱ λοιποί·
Ep 3:5 υἱοῖς τῶν ἀνθρώπων **ὡς** νῦν ἀπεκαλύφθη
Ep 5:1 μιμηταὶ τοῦ θεοῦ **ὡς** τέκνα ἀγαπητὰ
Ep 5:8 **ὡς** τέκνα φωτὸς περιπατεῖτε
Ep 5:15 πῶς περιπατεῖτε μὴ **ὡς** ἄσοφοι ἀλλ' ὡς
Ep 5:15 ὡς ἄσοφοι ἀλλ' **ὡς** σοφοί,
Ep 5:22 τοῖς ἰδίοις ἀνδράσιν **ὡς** τῷ κυρίῳ,
Ep 5:23 κεφαλὴ τῆς γυναικὸς **ὡς** καὶ ὁ Χριστὸς
Ep 5:24 ἀλλὰ **ὡς** ἡ ἐκκλησία ὑποτάσσεται
Ep 5:28 τὰς ἑαυτῶν γυναῖκας **ὡς** τὰ ἑαυτῶν σώματα.
Ep 5:33 γυναῖκα οὕτως ἀγαπάτω **ὡς** ἑαυτόν,
Ep 6:5 τῆς καρδίας ὑμῶν **ὡς** τῷ Χριστῷ,
Ep 6:6 μὴ κατ' ὀφθαλμοδουλίαν **ὡς** ἀνθρωπάρεσκοι ἀλλ' ὡς
Ep 6:6 ὡς ἀνθρωπάρεσκοι ἀλλ' **ὡς** δοῦλοι Χριστοῦ ποιοῦντες
Ep 6:7 μετ' εὐνοίας δουλεύοντες **ὡς** τῷ κυρίῳ καὶ
Ep 6:20 ἐν αὐτῷ παρρησιάσωμαι **ὡς** δεῖ με λαλῆσαι.

Frequency List (Alphabetical Order)

4 ἀγαθός
1 ἀγαθωσύνη
10 ἀγαπάω
10 ἀγάπη
2 ἀγαπητός
1 ἁγιάζω
15 ἅγιος
1 ἄγνοια
1 ἀγρυπνέω
2 ἀδελφός
1 ᾄδω
1 ἀήρ
1* ἄθεος
3 αἷμα
1 αἴρω
1 αἰσχρός
1* αἰσχρότης
2 αἰτέω
1 αἰχμαλωσία
1* αἰχμαλωτεύω
7 αἰών
2 ἀκαθαρσία
1 ἀκάθαρτος
1 ἄκαρπος
5 ἀκούω
1 ἀκριβῶς
1 ἀκροβυστία
1 ἀκρογωνιαῖος
6 ἀλήθεια
1 ἀληθεύω
13 ἀλλά
4 ἀλλήλων
1 ἅλυσις
1 ἁμαρτάνω
1 ἁμαρτία
1 ἀμήν
3 ἀμφότεροι
2 ἄμωμος
3 ἀναβαίνω
1 ἀναγινώσκω
1 ἀνακεφαλαιόω
2 ἀναλαμβάνω
1* ἀνανεόω
1 ἀναστρέφω
1 ἀναστροφή
1 ἄνεμος
1 ἀνεξιχνίαστος
1 ἀνέχομαι
1 ἀνήκω
7 ἀνήρ
1 ἀνθίστημι
1 ἀνθρωπάρεσκος
9 ἄνθρωπος
1 ἀνίημι
1 ἀνίστημι
1* ἄνοιξις
1 ἀντί
1 ἀξίως
1* ἀπαλγέω
2 ἀπαλλοτριόω
1 ἅπας
1 ἀπατάω
1 ἀπάτη
2 ἀπείθεια
1 ἀπειλή
1 ἁπλότης
4 ἀπό
1 ἀποκαλύπτω
2 ἀποκάλυψις
1 ἀποκαταλλάσσω
1 ἀποκρύπτω
1 ἀποκτείνω
3 ἀπολύτρωσις
4 ἀπόστολος
2 ἀποτίθημι
1 ἄρα
1 ἀρραβών
3 ἀρχή
1 ἄρχων
1 ἀσέλγεια
1* ἄσοφος
1 ἀσωτία
2 αὐξάνω
1 αὔξησις
67° αὐτός
1 ἄφεσις
1 ἁφή
1 ἀφθαρσία
1 ἄφρων
1 βάθος
1 βάπτισμα
1 βασιλεία
1* βέλος
1 βλασφημία
1 βλέπω
1 βουλή
11 γάρ
2 γέ
2 γενεά
4 γῆ
8 γίνομαι
3 γινώσκω
6 γνωρίζω
1 γνῶσις
1 γονεύς
1 γόνυ
9 γυνή
20 δέ
2 δέησις
1 δεῖ
1 δεξιός
2 δέσμιος
1 δέχομαι
21 διά
2 διάβολος
1 διαθήκη
1 διακονία
2 διάκονος
2 διάνοια
1 διδασκαλία
1 διδάσκαλος
1 διδάσκω
12 δίδωμι
1 δίκαιος
3 δικαιοσύνη
5 διό
1 δόγμα
1 δοκιμάζω
1 δόμα
8 δόξα
1 δουλεύω
3 δοῦλος
5 δύναμαι
5 δύναμις
2 δύο
2 δωρεά
1 δῶρον
1 ἐάν
14 ἑαυτοῦ
2 ἐγγύς
2 ἐγείρω
1 ἐγκακέω
16 ἐγώ
5 ἔθνος
4 εἰ
1 εἰδωλολάτρης
48 εἰμί
8 εἰρήνη
37 εἰς
15 εἷς
2 εἴτε
8 ἐκ
5 ἕκαστος
1 ἐκεῖνος
9 ἐκκλησία
1 ἐκλέγομαι
1 ἐκπορεύομαι
2* ἐκτρέφω
1 ἐλάχιστος
2 ἐλέγχω
1 ἔλεος
1 ἐλεύθερος
3 ἐλπίς
122 ἐν
1 ἐνδείκνυμι
1 ἔνδοξος
1 ἐνδυναμόω
3 ἐνδύω
3 ἐνέργεια
4 ἐνεργέω
2* ἑνότης
2 ἐντολή
1 ἐξαγοράζω
1* ἐξισχύω
4 ἐξουσία
4 ἐπαγγελία
3 ἔπαινος
1 ἐπέρχομαι
11 ἐπί
2 ἐπίγνωσις
1* ἐπιδύω
2 ἐπιθυμία
1* ἐπιφαύσκω
1 ἐπιχορηγία
1 ἐποικοδομέω
5 ἐπουράνιος
1 ἐργάζομαι
1 ἐργασία
4 ἔργον
2 ἔρχομαι
1 ἔσω
1 ἕτερος
1* ἑτοιμασία
1 εὖ
2 εὐαγγελίζω
4 εὐαγγέλιον
1 εὐαγγελιστής
1 εὐάρεστος
2 εὐδοκία
1 εὐλογέω
1 εὐλογητός
1 εὐλογία
1* εὔνοια
1 εὔσπλαγχνος
1* εὐτραπελία
2 εὐχαριστέω
1 εὐχαριστία
1 εὐωδία
1 Ἔφεσος
2 ἔχθρα
8 ἔχω
1 ζωή
7 ἤ
1 ἡλικία
1 ἥλιος
28 ἡμεῖς
3 ἡμέρα
1 θάλπω
7 θέλημα
1 θεμέλιος
1 θεμελιόω
31 θεός
1 θλῖψις
1 θυμός
1* θυρεός
1 θυσία
1 θώραξ
2 ἴδιος
20 Ἰησοῦς
23 ἵνα
1 Ἰσραήλ
3 ἵστημι
2 ἰσχύς
1 κἀγώ
1 καθαρίζω
1 καθεύδω
1 καθίζω
10 καθώς
137° καί
2 καινός
4 καιρός
1 κακία
2 καλέω
1 κάμπτω
6 καρδία
1 καρπός
24 κατά
2 καταβαίνω
1 καταβολή
1 καταλαμβάνω
1 καταλείπω
1 καταντάω
1 καταργέω
1* καταρτισμός
1 κατενώπιον
1 κατεργάζομαι
1 κατοικέω
1 κατοικητήριον
1* κατώτερος
1 καυχάομαι
1 κενός
4 κεφαλή
2 κλέπτω
3 κληρονομία
1* κληρόω
3 κλῆσις
1* κλυδωνίζομαι
1 κομίζω
1 κοπιάω
1* κοσμοκράτωρ
3 κόσμος
1 κραταιόω
2 κράτος
1 κραυγή
1* κρυφῇ
4 κτίζω
1* κυβεία
26 κύριος
1 κυριότης
3 λαλέω
7 λέγω
4 λόγος
2 λοιπός
1 λουτρόν
1 λυπέω
1 λύω
2 μακράν
1 μακροθυμία
1* μακροχρόνιος
3 μᾶλλον
1 μανθάνω
1 μαρτύρομαι
1 ματαιότης
1 μάχαιρα
1 μέγας
1* μέγεθος
2* μεθοδεία
1 μεθύσκω
1 μέλλω

2 μέλος
1 μέν
2 μέρος
1* μεσότοιχον
7 μετά
1 μεταδίδωμι
3 μέτρον
1 μέχρι
16 μή
2 μηδέ
1 μηδείς
3 μηκέτι
1 μῆκος
2 μήτηρ
1 μιμητής
1 μισέω
1 μνεία
1 μνημονεύω
1 μόνος
6 μυστήριον
1* μωρολογία
1 ναός
4 νεκρός
1 νήπιος
2 νοέω
1 νόμος
1 νουθεσία
2 νοῦς
4 νῦν
1 νυνί
2 ξένος
431° ὁ
5 οἶδα
1 οἰκεῖος
4 οἰκοδομή
3 οἰκονομία
1 οἶνος
1 ὀλίγος
2 ὄνομα
3 ὀνομάζω
3 ὀργή
1 ὀργίζω
33 ὅς
1 ὁσιότης
1 ὀσμή
4 ὅστις
1 ὀσφῦς
13 ὅτι
11 οὐ
1 οὐδείς
1 οὐκέτι
7 οὖν
4 οὐρανός
18 οὗτος
4 οὕτως
1 ὀφείλω
1 ὀφθαλμοδουλία
1 ὀφθαλμός
1 παιδεία
1 παλαιός
1* πάλη
2 πανοπλία
1 πανουργία
1 πάντοτε
2 παρά
3 παραδίδωμι
2 παρακαλέω
3 παράπτωμα
1 παρίστημι
1 πάροικος
1 παροργίζω
1* παροργισμός
2 παρρησία
1 παρρησιάζομαι
52 πᾶς
11 πατήρ
1 πατριά
2 Παῦλος
1 παύω
1 πέμπω
1 πεποίθησις
2 περί
1 περιζώννυμι
1 περικεφαλαία
8 περιπατέω
1 περιποίησις
1 περισσεύω
1 περιτομή
1 περιφέρω
1 πικρία
2 πιστεύω
8 πίστις
2 πιστός
1 πλάνη
1 πλάτος
1 πλεονέκτης
2 πλεονεξία
1 πλήν
4 πληρόω
4 πλήρωμα
1 πλησίον
1 πλούσιος
5 πλοῦτος
14 πνεῦμα
3 πνευματικός
10 ποιέω
1 ποίημα
1 ποιμήν
1 πολιτεία
1* πολυποίκιλος
1 πολύς
1 πονηρία
3 πονηρός
1 πορνεία
1 πόρνος
6 ποτέ
2 πούς
1 πράσσω
1 πραΰτης
1 πρέπω
1 πρεσβεύω
1 πρό
1 προγράφω
1* προελπίζω
1 προετοιμάζω
2 πρόθεσις
2 προορίζω
16 πρός
2 προσαγωγή
2 προσευχή
1 προσεύχομαι
1* προσκαρτέρησις
1 προσκολλάω
1 προσφορά
1 προσωπολημψία
1 πρότερος
1 προτίθημι
3 προφήτης
1 πρῶτος
1 πυρόω
1 πώρωσις
1 πῶς
2 ῥῆμα
1 ῥιζόω
1* ῥυτίς
1 σαπρός
9 σάρξ
1 σβέννυμι
3 σκότος
1 σκοτόω
3 σοφία
1 σοφός
1 σπίλος
1 σπουδάζω
1 σταυρός
2 στόμα
3 σύ
1 συγκαθίζω
1 συγκληρονόμος
1 συγκοινωνέω
1 συζωοποιέω
1 συμβιβάζω
2* συμμέτοχος
1* συμπολίτης
2 σύν
2* συναρμολογέω
1 σύνδεσμος
1 συνεγείρω
1 σύνεσις
1 συνίημι
1* συνοικοδομέω
1* σύσσωμος
2 σφραγίζω
2 σῴζω
9 σῶμα
1 σωτήρ
1 σωτηρία
1 σωτήριον
1 ταπεινοφροσύνη
1 τέ
5 τέκνον
1 τέλειος
1 τηρέω
1 τιμάω
9 τίς
4 τις
2 τό
1 τοιοῦτος
1 τόπος
1 τρόμος
1 Τυχικός
1 ὕδωρ
1 υἱοθεσία
4 υἱός
45 ὑμεῖς
1 ὕμνος
2 ὑπακούω
10 ὑπέρ
2 ὑπεράνω
3 ὑπερβάλλω
1 ὑπερεκπερισσοῦ
4 ὑπό
1 ὑποδέω
3 ὑποτάσσω
2 ὕψος
2 φανερόω
1 φθείρω
1 φοβέομαι
2 φόβος
1 φραγμός
1 φρόνησις
1 φύσις
5 φῶς
2 φωτίζω
2 χαρίζομαι
2 χάριν
12 χάρις
1 χαριτόω
1 χείρ
1 χειροποίητος
2 χρεία
1 χρηστός
1 χρηστότης
46 Χριστός
1 χωρίς
1 ψάλλω
1 ψαλμός
1 ψεῦδος
1 ψυχή
1 ᾠδή
16 ὡς

° Not included in concordance
* Word only occurs in this book

Frequency List (in Order of Occurrence)

431° ὁ
137° καί
122 ἐν
67° αὐτός
52 πᾶς
48 εἰμί
46 Χριστός
45 ὑμεῖς
37 εἰς
33 ὅς
31 θεός
28 ἡμεῖς
26 κύριος
24 κατά
23 ἵνα
21 διά
20 δέ
20 Ἰησοῦς
18 οὗτος
16 ἐγώ
16 μή
16 πρός
16 ὡς
15 ἅγιος
15 εἷς
14 ἑαυτοῦ
14 πνεῦμα
13 ἀλλά
13 ὅτι
12 δίδωμι
12 χάρις
11 γάρ
11 ἐπί
11 οὐ
11 πατήρ
10 ἀγαπάω
10 ἀγάπη
10 καθώς
10 ποιέω
10 ὑπέρ
9 ἄνθρωπος
9 γυνή
9 ἐκκλησία
9 σάρξ
9 σῶμα
9 τίς
8 γίνομαι
8 δόξα
8 εἰρήνη
8 ἐκ
8 ἔχω
8 περιπατέω
8 πίστις
7 αἰών
7 ἀνήρ
7 ἤ
7 θέλημα
7 λέγω
7 μετά
7 οὖν
6 ἀλήθεια
6 γνωρίζω
6 καρδία
6 μυστήριον
6 ποτέ
5 ἀκούω
5 διό
5 δύναμαι
5 δύναμις
5 ἔθνος
5 ἕκαστος
5 ἐπουράνιος
5 οἶδα
5 πλοῦτος
5 τέκνον
5 φῶς
4 ἀγαθός
4 ἀλλήλων
4 ἀπό
4 ἀπόστολος
4 γῆ
4 εἰ
4 ἐνεργέω
4 ἐξουσία
4 ἐπαγγελία
4 ἔργον
4 εὐαγγέλιον
4 καιρός
4 κεφαλή
4 κτίζω
4 λόγος
4 νεκρός
4 νῦν
4 οἰκοδομή
4 ὅστις
4 οὐρανός
4 οὕτως
4 πληρόω
4 πλήρωμα
4 τις
4 υἱός
4 ὑπό
3 αἷμα
3 ἀμφότεροι
3 ἀναβαίνω
3 ἀπολύτρωσις
3 ἀρχή
3 γινώσκω
3 δικαιοσύνη
3 δοῦλος
3 ἐλπίς
3 ἐνδύω
3 ἐνέργεια
3 ἔπαινος
3 ἡμέρα
3 ἵστημι
3 κληρονομία
3 κλῆσις
3 κόσμος
3 λαλέω
3 μᾶλλον
3 μέτρον
3 μηκέτι
3 οἰκονομία
3 ὀνομάζω
3 ὀργή
3 παραδίδωμι
3 παράπτωμα
3 πνευματικός
3 πονηρός
3 προφήτης
3 σκότος
3 σοφία
3 σύ
3 ὑπερβάλλω
3 ὑποτάσσω
2 ἀγαπητός
2 ἀδελφός
2 αἰτέω
2 ἀκαθαρσία
2 ἄμωμος
2 ἀναλαμβάνω
2 ἀπαλλοτριόω
2 ἀπείθεια
2 ἀποκάλυψις
2 ἀποτίθημι
2 αὐξάνω
2 γέ
2 γενεά
2 δέησις
2 δέσμιος
2 διάβολος
2 διάκονος
2 διάνοια
2 δύο
2 δωρεά
2 ἐγγύς
2 ἐγείρω
2 εἴτε
2* ἐκτρέφω
2 ἐλέγχω
2* ἑνότης
2 ἐντολή
2 ἐπίγνωσις
2 ἐπιθυμία
2 ἔρχομαι
2 εὐαγγελίζω
2 εὐδοκία
2 εὐχαριστέω
2 ἔχθρα
2 ἴδιος
2 ἰσχύς
2 καινός
2 καλέω
2 καταβαίνω
2 κλέπτω
2 κράτος
2 λοιπός
2 μακράν
2* μεθοδεία
2 μέλος
2 μέρος
2 μηδέ
2 μήτηρ
2 νοέω
2 νοῦς
2 ξένος
2 ὄνομα
2 πανοπλία
2 παρά
2 παρακαλέω
2 παρρησία
2 Παῦλος
2 περί
2 πιστεύω
2 πιστός
2 πλεονεξία
2 πούς
2 πρόθεσις
2 προορίζω
2 προσαγωγή
2 προσευχή
2 ῥῆμα
2 στόμα
2* συμμέτοχος
2 σύν
2* συναρμολογέω
2 σφραγίζω
2 σῴζω
2 τό
2 ὑπακούω
2 ὑπεράνω
2 ὕψος
2 φανερόω
2 φόβος
2 φωτίζω
2 χαρίζομαι
2 χάριν
2 χρεία
1 ἀγαθωσύνη
1 ἁγιάζω
1 ἄγνοια
1 ἀγρυπνέω
1 ᾄδω
1 ἀήρ
1* ἄθεος
1 αἴρω
1 αἰσχρός
1* αἰσχρότης
1 αἰχμαλωσία
1* αἰχμαλωτεύω
1 ἀκάθαρτος
1 ἄκαρπος
1 ἀκριβῶς
1 ἀκροβυστία
1 ἀκρογωνιαῖος
1 ἀληθεύω
1 ἅλυσις
1 ἁμαρτάνω
1 ἁμαρτία
1 ἀμήν
1 ἀναγινώσκω
1 ἀνακεφαλαιόω
1* ἀνανεόω
1 ἀναστρέφω
1 ἀναστροφή
1 ἄνεμος
1 ἀνεξιχνίαστος
1 ἀνέχομαι
1 ἀνήκω
1 ἀνθίστημι
1 ἀνθρωπάρεσκος
1 ἀνίημι
1 ἀνίστημι
1* ἄνοιξις
1 ἀντί
1 ἀξίως
1* ἀπαλγέω
1 ἅπας
1 ἀπατάω
1 ἀπάτη
1 ἀπειλή
1 ἁπλότης
1 ἀποκαλύπτω
1 ἀποκαταλλάσσω
1 ἀποκρύπτω
1 ἀποκτείνω
1 ἄρα
1 ἀρραβών
1 ἄρχων
1 ἀσέλγεια
1* ἄσοφος
1 ἀσωτία
1 αὔξησις
1 ἄφεσις
1 ἁφή
1 ἀφθαρσία
1 ἄφρων
1 βάθος
1 βάπτισμα
1 βασιλεία
1* βέλος
1 βλασφημία
1 βλέπω
1 βουλή
1 γνῶσις
1 γονεύς
1 γόνυ
1 δεῖ
1 δεξιός
1 δέχομαι
1 διαθήκη
1 διακονία
1 διδασκαλία
1 διδάσκαλος
1 διδάσκω
1 δίκαιος
1 δόγμα
1 δοκιμάζω
1 δόμα

1 δουλεύω
1 δῶρον
1 ἐάν
1 ἐγκακέω
1 εἰδωλολάτρης
1 ἐκεῖνος
1 ἐκλέγομαι
1 ἐκπορεύομαι
1 ἐλάχιστος
1 ἔλεος
1 ἐλεύθερος
1 ἐνδείκνυμι
1 ἔνδοξος
1 ἐνδυναμόω
1 ἐξαγοράζω
1* ἐξισχύω
1 ἐπέρχομαι
1* ἐπιδύω
1* ἐπιφαύσκω
1 ἐπιχορηγία
1 ἐποικοδομέω
1 ἐργάζομαι
1 ἐργασία
1 ἔσω
1 ἕτερος
1* ἑτοιμασία
1 εὖ
1 εὐαγγελιστής
1 εὐάρεστος
1 εὐλογέω
1 εὐλογητός
1 εὐλογία
1* εὔνοια
1 εὔσπλαγχνος
1* εὐτραπελία
1 εὐχαριστία
1 εὐωδία
1 Ἔφεσος
1 ζωή
1 ἡλικία
1 ἥλιος
1 θάλπω
1 θεμέλιος
1 θεμελιόω
1 θλῖψις
1 θυμός
1* θυρεός
1 θυσία
1 θώραξ
1 Ἰσραήλ
1 κἀγώ
1 καθαρίζω
1 καθεύδω
1 καθίζω
1 κακία
1 κάμπτω
1 καρπός
1 καταβολή
1 καταλαμβάνω
1 καταλείπω
1 καταντάω
1 καταργέω
1* καταρτισμός
1 κατενώπιον
1 κατεργάζομαι
1 κατοικέω
1 κατοικητήριον
1* κατώτερος
1 καυχάομαι
1 κενός
1* κληρόω
1* κλυδωνίζομαι
1 κομίζω
1 κοπιάω
1* κοσμοκράτωρ
1 κραταιόω
1 κραυγή
1* κρυφῇ
1* κυβεία
1 κυριότης
1 λουτρόν
1 λυπέω
1 λύω
1 μακροθυμία
1* μακροχρόνιος
1 μανθάνω
1 μαρτύρομαι
1 ματαιότης
1 μάχαιρα
1 μέγας
1* μέγεθος
1 μεθύσκω
1 μέλλω
1 μέν
1* μεσότοιχον
1 μεταδίδωμι
1 μέχρι
1 μηδείς
1 μῆκος
1 μιμητής
1 μισέω
1 μνεία
1 μνημονεύω
1 μόνος
1* μωρολογία
1 ναός
1 νήπιος
1 νόμος
1 νουθεσία
1 νυνί
1 οἰκεῖος
1 οἶνος
1 ὀλίγος
1 ὀργίζω
1 ὁσιότης
1 ὀσμή
1 ὀσφῦς
1 οὐδείς
1 οὐκέτι
1 ὀφείλω
1 ὀφθαλμοδουλία
1 ὀφθαλμός
1 παιδεία
1 παλαιός
1* πάλη
1 πανουργία
1 πάντοτε
1 παρίστημι
1 πάροικος
1 παροργίζω
1* παροργισμός
1 παρρησιάζομαι
1 πατριά
1 παύω
1 πέμπω
1 πεποίθησις
1 περιζώννυμι
1 περικεφαλαία
1 περιποίησις
1 περισσεύω
1 περιτομή
1 περιφέρω
1 πικρία
1 πλάνη
1 πλάτος
1 πλεονέκτης
1 πλήν
1 πλησίον
1 πλούσιος
1 ποίημα
1 ποιμήν
1 πολιτεία
1* πολυποίκιλος
1 πολύς
1 πονηρία
1 πορνεία
1 πόρνος
1 πράσσω
1 πραΰτης
1 πρέπω
1 πρεσβεύω
1 πρό
1 προγράφω
1* προελπίζω
1 προετοιμάζω
1 προσεύχομαι
1* προσκαρτέρησις
1 προσκολλάω
1 προσφορά
1 προσωποληψία
1 πρότερος
1 προτίθημι
1 πρῶτος
1 πυρόω
1 πώρωσις
1 πῶς
1 ῥιζόω
1* ῥυτίς
1 σαπρός
1 σβέννυμι
1 σκοτόω
1 σοφός
1 σπίλος
1 σπουδάζω
1 σταυρός
1 συγκαθίζω
1 συγκληρονόμος
1 συγκοινωνέω
1 συζωοποιέω
1 συμβιβάζω
1* συμπολίτης
1 σύνδεσμος
1 συνεγείρω
1 σύνεσις
1 συνίημι
1* συνοικοδομέω
1* σύσσωμος
1 σωτήρ
1 σωτηρία
1 σωτήριον
1 ταπεινοφροσύνη
1 τέ
1 τέλειος
1 τηρέω
1 τιμάω
1 τοιοῦτος
1 τόπος
1 τρόμος
1 Τυχικός
1 ὕδωρ
1 υἱοθεσία
1 ὕμνος
1 ὑπερεκπερισσοῦ
1 ὑποδέω
1 φθείρω
1 φοβέομαι
1 φραγμός
1 φρόνησις
1 φύσις
1 χαριτόω
1 χείρ
1 χειροποίητος
1 χρηστός
1 χρηστότης
1 χωρίς
1 ψάλλω
1 ψαλμός
1 ψεῦδος
1 ψυχή
1 ᾠδή

° Not included in concordance
* Word only occurs in this book

Philippians – Statistics

443 Total word count
28 Number of words occurring at least 10 times
272 Number of words occurring once

Words whose occurrences in this book account for at least 25% of occurrences in the entire NT

100%
2/2[3] μορφή (*morphē*; form)
2/2 Ἐπαφρόδιτος (*Epaphroditos*; Epaphroditus), συναθλέω (*synathleō*; contend together with)
1/1 ἁγνῶς (*hagnōs*; with pure motive), αἴσθησις (*aisthēsis*; insight), ἀκαιρέομαι (*akaireomai*; be without opportunity), ἄλυπος (*alypos*; relieved of sorrow or anxiety), ἀναθάλλω (*anathallō*; revive), ἀπουσία (*apousia*; absence), ἁρπαγμός (*harpagmos*; something to grasp after), αὐτάρκης (*autarkēs*; content), γνησίως (*gnēsiōs*; genuinely), ἐξανάστασις (*exanastasis*; resurrection), ἐπεκτείνομαι (*epekteinomai*; stretch toward), ἐπιπόθητος (*epipothētos*; longed for), ἑτέρως (*heterōs*; otherwise), Κλήμης (*Klēmēs*; Clement), λῆμψις (*lēmpsis*; receiving), μεγάλως (*megalōs*; greatly), μυέω (*mueō*; learn the secret of), ὀκταήμερος (*oktaēmeros*; on the eighth day), παραβολεύομαι (*paraboleuomai*; risk), παραμύθιον (*paramythion*; comfort), παραπλήσιος (*paraplēsios*; nearly), πολίτευμα (*politeuma*; citizenship), προσφιλής (*prosphilēs*; pleasing), πτύρω (*ptyrō*; be frightened or afraid), σκοπός (*skopos*; goal), σκύβαλον (*skybalon*; dung), σύζυγος (*syzygos*; fellow-worker), συμμιμητής (*symmimētēs*; fellow-imitator), συμμορφίζω (*symmorphizō*; take on the same form as), σύμψυχος (*sympsychos*; united in spirit), Συντύχη (*Syntychē*; Syntyche), ὑπερυψόω (*hyperypsoō*; raise to the highest position), Φιλιππήσιος (*Philippēsios*; Philippian)

66%
2/3 κέρδος (*kerdos*; gain), προκοπή (*prokopē*; progress)

60%
3/5 ὑπερέχω (*hyperechō*; be of more value than)

50%
2/4 Ἑβραῖος (*Hebraios*; Hebrew person), ζημία (*zēmia*; loss)
1/2 ἀναλύω (*analyō*; come back), ἀποκαραδοκία (*apokaradokia*; eager longing), ἀφοράω (*aphoraō*; fix one's eyes on), βεβαίωσις (*bebaiōsis*; confirmation), βραβεῖον (*brabeion*; prize), δόσις (*dosis*; giving), εἰλικρινής (*eilikrinēs*; pure), ἐνάρχομαι (*enarchomai*; begin), ἐπιχορηγία (*epichorēgia*; supply), πολιτεύομαι (*politeuomai*; live), σπένδω (*spendō*; pour out as a drink-offering), σύμμορφος (*symmorphos*; having the same form), συστρατιώτης (*systratiōtēs*; fellow-soldier), σχῆμα (*schēma*; outward form), ὑστέρησις (*hysterēsis*; need), φωστήρ (*phōstēr*; light)

40%
2/5 ἄμεμπτος (*amemptos*; blameless)

38%
10/26 φρονέω (*phroneō*; think)

33%
2/6 λειτουργία (*leitourgia*; service, ministry), σκοπέω (*skopeō*; pay attention to)
1/3 ἀδημονέω (*adēmoneō*; be distressed or troubled), αἱρέω (*haireō*; choose), αἴτημα (*aitēma*; request), ἀκέραιος (*akeraios*; innocent), ἀπρόσκοπος (*aproskopos*; blameless), εὐωδία (*euōdia*; sweet smell), μενοῦνγε (*menounge*; rather), οἴομαι (*oiomai*; suppose), ὀκνηρός (*oknēros*; lazy), συγκοινωνέω (*synkoinōneō*; take part in), ὑπήκοος (*hypēkoos*; obedient)

28%
2/7 ἐπίγειος (*epigeios*; earthly), ἐριθεία (*eritheia*; selfishness), συγχαίρω (*synchairō*; rejoice with or together)

Philippians – Concordance

ἀγαθός (*agathos*; 1/102) *good*
Phl 1:6 ἐν ὑμῖν ἔργον **ἀγαθὸν** ἐπιτελέσει ἄχρι

ἀγάπη (*agapē*; 4/116) *love*
Phl 1:9 ἵνα ἡ **ἀγάπη** ὑμῶν ἔτι μᾶλλον
Phl 1:16 οἱ μὲν ἐξ **ἀγάπης**,
Phl 2:1 εἴ τι παραμύθιον **ἀγάπης**,
Phl 2:2 τὴν αὐτὴν **ἀγάπην** ἔχοντες,

ἀγαπητός (*agapētos*; 3/61) *beloved*
Phl 2:12 **ἀγαπητοί** μου,
Phl 4:1 ἀδελφοί μου **ἀγαπητοὶ** καὶ ἐπιπόθητοι,
Phl 4:1 **ἀγαπητοί**.

ἅγιος (*hagios*; 3/233) *holy, set apart*
Phl 1:1 Ἰησοῦ πᾶσιν τοῖς **ἁγίοις** ἐν Χριστῷ Ἰησοῦ
Phl 4:21 Ἀσπάσασθε πάντα **ἅγιον** ἐν Χριστῷ Ἰησοῦ.
Phl 4:22 ὑμᾶς πάντες οἱ **ἅγιοι**,

ἁγνός (*hagnos*; 1/8) *pure*
Phl 4:8 ὅσα **ἁγνά**,

ἁγνῶς (*hagnōs*; 1/1) *with pure motive*
Phl 1:17 οὐχ **ἁγνῶς**,

ἀγών (*agōn*; 1/6) *struggle*
Phl 1:30 τὸν αὐτὸν **ἀγῶνα** ἔχοντες,

ἀδελφός (*adelphos*; 9/343) *brother*
Phl 1:12 **ἀδελφοί**,
Phl 1:14 πλείονας τῶν **ἀδελφῶν** ἐν κυρίῳ πεποιθότας
Phl 2:25 Ἐπαφρόδιτον τὸν **ἀδελφὸν** καὶ συνεργὸν καὶ
Phl 3:1 **ἀδελφοί** μου,
Phl 3:13 **ἀδελφοί**,
Phl 3:17 **ἀδελφοί**,
Phl 4:1 **ἀδελφοί** μου ἀγαπητοὶ καὶ
Phl 4:8 **ἀδελφοί**,
Phl 4:21 οἱ σὺν ἐμοὶ **ἀδελφοί**.

ἀδημονέω (*adēmoneō*; 1/3) *be distressed or troubled*
Phl 2:26 πάντας ὑμᾶς καὶ **ἀδημονῶν**,

αἱρέω (*haireō*; 1/3) *choose*
Phl 1:22 καὶ τί **αἱρήσομαι** οὐ γνωρίζω.

αἴσθησις (*aisthēsis*; 1/1) *insight*
Phl 1:9 ἐπιγνώσει καὶ πάσῃ **αἰσθήσει**

αἰσχύνη (*aischynē*; 1/6) *shame*
Phl 3:19 δόξα ἐν τῇ **αἰσχύνῃ** αὐτῶν,

αἰσχύνω (*aischynō*; 1/5) *be ashamed*
Phl 1:20 ὅτι ἐν οὐδενὶ **αἰσχυνθήσομαι** ἀλλ' ἐν πάσῃ

αἴτημα (*aitēma*; 1/3) *request*
Phl 4:6 εὐχαριστίας τὰ **αἰτήματα** ὑμῶν γνωριζέσθω

αἰών (*aiōn*; 2/122) *age*
Phl 4:20 δόξα εἰς τοὺς **αἰῶνας** τῶν αἰώνων,
Phl 4:20 τοὺς αἰῶνας τῶν **αἰώνων**,

ἀκαιρέομαι (*akaireomai*; 1/1) *be without opportunity*
Phl 4:10 **ἠκαιρεῖσθε** δέ.

ἀκέραιος (*akeraios*; 1/3) *innocent*
Phl 2:15 γένησθε ἄμεμπτοι καὶ **ἀκέραιοι**,

ἀκούω (*akouō*; 4/426[428]) *hear*
Phl 1:27 ὑμᾶς εἴτε ἀπὼν **ἀκούω** τὰ περὶ ὑμῶν,
Phl 1:30 ἐμοὶ καὶ νῦν **ἀκούετε** ἐν ἐμοί.
Phl 2:26 διότι **ἠκούσατε** ὅτι ἠσθένησεν.
Phl 4:9 καὶ παρελάβετε καὶ **ἠκούσατε** καὶ εἴδετε ἐν

ἀλήθεια (*alētheia*; 1/109) *truth*
Phl 1:18 εἴτε προφάσει εἴτε **ἀληθείᾳ**,

ἀληθής (*alēthēs*; 1/26) *true*
Phl 4:8 ὅσα ἐστὶν **ἀληθῆ**,

ἀλλά (*alla*; 15/638) *but*
Phl 1:18 **Ἀλλὰ** καὶ χαρήσομαι,
Phl 1:20 αἰσχυνθήσομαι **ἀλλ'** ἐν πάσῃ παρρησίᾳ
Phl 1:29 εἰς αὐτὸν πιστεύειν **ἀλλὰ** καὶ τὸ ὑπὲρ
Phl 2:3 κατὰ κενοδοξίαν **ἀλλὰ** τῇ ταπεινοφροσύνῃ
Phl 2:4 ἕκαστος σκοποῦντες **ἀλλὰ** [καὶ] τὰ ἑτέρων
Phl 2:7 **ἀλλὰ** ἑαυτὸν ἐκένωσεν μορφὴν
Phl 2:12 παρουσίᾳ μου μόνον **ἀλλὰ** νῦν πολλῷ μᾶλλον
Phl 2:17 **Ἀλλὰ** εἰ καὶ σπένδομαι
Phl 2:27 **ἀλλὰ** ὁ θεὸς ἠλέησεν
Phl 2:27 αὐτὸν δὲ μόνον **ἀλλὰ** καὶ ἐμέ,
Phl 3:7 [**Ἀλλὰ**] ἅτινα ἦν μοι
Phl 3:8 **ἀλλὰ** μενοῦνγε καὶ ἡγοῦμαι
Phl 3:9 τὴν ἐκ νόμου **ἀλλὰ** τὴν διὰ πίστεως
Phl 4:6 **ἀλλ'** ἐν παντὶ τῇ
Phl 4:17 **ἀλλὰ** ἐπιζητῶ τὸν καρπὸν

ἀλλήλων (*allēlōn*; 1/100) *one another*
Phl 2:3 τῇ ταπεινοφροσύνῃ **ἀλλήλους** ἡγούμενοι

ἄλλος (*allos*; 1/155) *other, another*
Phl 3:4 Εἴ τις δοκεῖ **ἄλλος** πεποιθέναι ἐν σαρκί,

ἄλυπος (*alypos*; 1/1) *relieved of sorrow or anxiety*
Phl 2:28 πάλιν χαρῆτε κἀγὼ **ἀλυπότερος** ὦ.

ἄμεμπτος (*amemptos*; 2/5) *blameless*
Phl 2:15 ἵνα γένησθε **ἄμεμπτοι** καὶ ἀκέραιοι,
Phl 3:6 ἐν νόμῳ γενόμενος **ἄμεμπτος**.

ἀμήν (*amēn*; 1/128[129]) *truly*
Phl 4:20 **ἀμήν**.

ἄμωμος (*amōmos*; 1/8) *faultless*
Phl 2:15 τέκνα θεοῦ **ἄμωμα** μέσον γενεᾶς σκολιᾶς

ἄν (*an*; 1/166) *particle indicating contingency*
Phl 2:23 ἐλπίζω πέμψαι ὡς **ἂν** ἀφίδω τὰ περὶ

ἀναγκαῖος (*anankaios*; 2/8) *necessary*
Phl 1:24 [ἐν] τῇ σαρκὶ **ἀναγκαιότερον** δι' ὑμᾶς.
Phl 2:25 **'Αναγκαῖον** δὲ ἡγησάμην 'Επαφρόδιτον

ἀναθάλλω (*anathallō*; 1/1) *revive*
Phl 4:10 ὅτι ἤδη ποτὲ **ἀνεθάλετε** τὸ ὑπὲρ ἐμοῦ

ἀναλύω (*analyō*; 1/2) *come back*
Phl 1:23 ἔχων εἰς τὸ **ἀναλῦσαι** καὶ σὺν Χριστῷ

ἀναπληρόω (*anaplēroō*; 1/6) *meet, fulfill*
Phl 2:30 ἵνα **ἀναπληρώσῃ** τὸ ὑμῶν ὑστέρημα

ἀνάστασις (*anastasis*; 1/42) *resurrection*
Phl 3:10 τὴν δύναμιν τῆς **ἀναστάσεως** αὐτοῦ καὶ

ἄνθρωπος (*anthrōpos*; 3/550) *man, human being (pl. people)*
Phl 2:7 ἐν ὁμοιώματι **ἀνθρώπων** γενόμενος·
Phl 2:7 σχήματι εὑρεθεὶς ὡς **ἄνθρωπος**
Phl 4:5 ὑμῶν γνωσθήτω πᾶσιν **ἀνθρώποις**.

ἀντίκειμαι (*antikeimai*; 1/8) *oppose*
Phl 1:28 μηδενὶ ὑπὸ τῶν **ἀντικειμένων**,

ἄνω (*anō*; 1/9) *above, up*
Phl 3:14 τὸ βραβεῖον τῆς **ἄνω** κλήσεως τοῦ θεοῦ

ἀξίως (*axiōs*; 1/6) *in a manner worthy of or suitable to*
Phl 1:27 Μόνον **ἀξίως** τοῦ εὐαγγελίου τοῦ

ἅπαξ (*hapax*; 1/14) *once*
Phl 4:16 ἐν Θεσσαλονίκῃ καὶ **ἅπαξ** καὶ δὶς εἰς

ἄπειμι (*apeimi*; 1/7) *be away*
Phl 1:27 ἰδὼν ὑμᾶς εἴτε **ἀπὼν** ἀκούω τὰ περὶ

ἀπεκδέχομαι (*apekdechomai*; 1/8) *await expectantly*
Phl 3:20 οὗ καὶ σωτῆρα **ἀπεκδεχόμεθα** κύριον 'Ιησοῦν

ἀπέχω (*apechō*; 1/19) *receive in full*
Phl 4:18 **ἀπέχω** δὲ πάντα καὶ

ἀπό (*apo*; 4/643[646]) *from*
Phl 1:2 ὑμῖν καὶ εἰρήνη **ἀπὸ** θεοῦ πατρὸς ἡμῶν
Phl 1:5 εἰς τὸ εὐαγγέλιον **ἀπὸ** τῆς πρώτης ἡμέρας
Phl 1:28 καὶ τοῦτο **ἀπὸ** θεοῦ·
Phl 4:15 ὅτε ἐξῆλθον **ἀπὸ** Μακεδονίας,

ἀποβαίνω (*apobainō*; 1/4) *get out*
Phl 1:19 ὅτι τοῦτό μοι **ἀποβήσεται** εἰς σωτηρίαν διὰ

ἀποθνῄσκω (*apothnēskō*; 1/111) *die*
Phl 1:21 Χριστὸς καὶ τὸ **ἀποθανεῖν** κέρδος.

ἀποκαλύπτω (*apokalyptō*; 1/26) *reveal*
Phl 3:15 ὁ θεὸς ὑμῖν **ἀποκαλύψει**·

ἀποκαραδοκία (*apokaradokia*; 1/2) *eager longing*
Phl 1:20 κατὰ τὴν **ἀποκαραδοκίαν** καὶ ἐλπίδα μου,

ἀπολογία (*apologia*; 2/8) *verbal defense*
Phl 1:7 καὶ ἐν τῇ **ἀπολογίᾳ** καὶ βεβαιώσει τοῦ
Phl 1:16 ὅτι εἰς **ἀπολογίαν** τοῦ εὐαγγελίου κεῖμαι,

ἀπόστολος (*apostolos*; 1/80) *apostle, messenger*
Phl 2:25 ὑμῶν δὲ **ἀπόστολον** καὶ λειτουργὸν τῆς

ἀπουσία (*apousia*; 1/1) *absence*
Phl 2:12 μᾶλλον ἐν τῇ **ἀπουσίᾳ** μου,

ἀπρόσκοπος (*aproskopos*; 1/3) *blameless*
Phl 1:10 ἦτε εἰλικρινεῖς καὶ **ἀπρόσκοποι** εἰς ἡμέραν

ἀπώλεια (*apōleia*; 2/18) *destruction*
Phl 1:28 ἐστὶν αὐτοῖς ἔνδειξις **ἀπωλείας**,
Phl 3:19 ὧν τὸ τέλος **ἀπώλεια**,

ἀρετή (*aretē*; 1/5) *moral excellence*
Phl 4:8 εἴ τις **ἀρετὴ** καὶ εἴ τις

ἁρπαγμός (*harpagmos*; 1/1) *something to grasp after*
Phl 2:6 ὑπάρχων οὐχ **ἁρπαγμὸν** ἡγήσατο τὸ εἶναι

ἀρχή (*archē*; 1/55) *beginning*
Phl 4:15 ὅτι ἐν **ἀρχῇ** τοῦ εὐαγγελίου,

ἀσθενέω (*astheneō*; 2/33) *be sick or ill*
Phl 2:26 διότι ἠκούσατε ὅτι **ἠσθένησεν**.
Phl 2:27 καὶ γὰρ **ἠσθένησεν** παραπλήσιον θανάτῳ·

ἀσπάζομαι (*aspazomai*; 3/59) *greet*
Phl 4:21 **'Ασπάσασθε** πάντα ἅγιον ἐν
Phl 4:21 **ἀσπάζονται** ὑμᾶς οἱ σὺν
Phl 4:22 **ἀσπάζονται** ὑμᾶς πάντες οἱ

ἀσφαλής (*asphalēs*; 1/5) *safe*
Phl 3:1 ὑμῖν δὲ **ἀσφαλές**.

αὐτάρκης (*autarkēs*; 1/1) *content*
Phl 4:11 ἐν οἷς εἰμι **αὐτάρκης** εἶναι.

ἀφόβως (*aphobōs*; 1/4) *without fear*
Phl 1:14 τολμᾶν **ἀφόβως** τὸν λόγον λαλεῖν.

ἀφοράω (*aphoraō*; 1/2) *fix one's eyes on*
Phl 2:23 πέμψαι ὡς ἂν **ἀφίδω** τὰ περὶ ἐμὲ

ἄχρι (*achri*; 2/48[49]) *until*
Phl 1:5 τῆς πρώτης ἡμέρας **ἄχρι** τοῦ νῦν,
Phl 1:6 ἀγαθὸν ἐπιτελέσει **ἄχρι** ἡμέρας Χριστοῦ

βεβαίωσις (*bebaiōsis*; 1/2) *confirmation*
Phl 1:7 τῇ ἀπολογίᾳ καὶ **βεβαιώσει** τοῦ εὐαγγελίου

Βενιαμίν (*Beniamin*; 1/4) *Benjamin*
Phl 3:5 φυλῆς **Βενιαμίν**,

βίβλος (*biblos*; 1/10) *book*
Phl 4:3 τὰ ὀνόματα ἐν **βίβλῳ** ζωῆς.

βλέπω (*blepō*; 3/132) *see*
Phl 3:2 **Βλέπετε** τοὺς κύνας,
Phl 3:2 **βλέπετε** τοὺς κακοὺς ἐργάτας,
Phl 3:2 **βλέπετε** τὴν κατατομήν.

βούλομαι (*boulomai*; 1/37) *want*
Phl 1:12 Γινώσκειν δὲ ὑμᾶς **βούλομαι**,

βραβεῖον (*brabeion*; 1/2) *prize*
Phl 3:14 διώκω εἰς τὸ **βραβεῖον** τῆς ἄνω κλήσεως

γάρ (*gar*; 13/1041) *for*
Phl 1:8 μάρτυς **γάρ** μου ὁ θεός
Phl 1:18 Τί **γάρ**;
Phl 1:19 οἶδα **γὰρ** ὅτι τοῦτό μοι
Phl 1:21 Ἐμοὶ **γὰρ** τὸ ζῆν Χριστὸς
Phl 1:23 πολλῷ [**γὰρ**] μᾶλλον κρεῖσσον·
Phl 2:13 θεὸς **γάρ** ἐστιν ὁ ἐνεργῶν
Phl 2:20 οὐδένα **γὰρ** ἔχω ἰσόψυχον,
Phl 2:21 οἱ πάντες **γὰρ** τὰ ἑαυτῶν ζητοῦσιν,
Phl 2:27 καὶ **γὰρ** ἠσθένησεν παραπλήσιον θανάτῳ·
Phl 3:3 ἡμεῖς **γάρ** ἐσμεν ἡ περιτομή,
Phl 3:18 πολλοὶ **γὰρ** περιπατοῦσιν οὓς πολλάκις
Phl 3:20 ἡμῶν **γὰρ** τὸ πολίτευμα ἐν
Phl 4:11 ἐγὼ **γὰρ** ἔμαθον ἐν οἷς

γενεά (*genea*; 1/43) *generation*
Phl 2:15 ἄμωμα μέσον **γενεᾶς** σκολιᾶς καὶ

γένος (*genos*; 1/20) *family, race, nation*
Phl 3:5 ἐκ **γένους** Ἰσραήλ,

γίνομαι (*ginomai*; 6/668[669]) *be, become*
Phl 1:13 φανεροὺς ἐν Χριστῷ **γενέσθαι** ἐν ὅλῳ τῷ
Phl 2:7 ἐν ὁμοιώματι ἀνθρώπων **γενόμενος**·
Phl 2:8 ἑαυτὸν **γενόμενος** ὑπήκοος μέχρι θανάτου,
Phl 2:15 ἵνα **γένησθε** ἄμεμπτοι καὶ ἀκέραιοι,
Phl 3:6 τὴν ἐν νόμῳ **γενόμενος** ἄμεμπτος.
Phl 3:17 Συμμιμηταί μου **γίνεσθε**,

γινώσκω (*ginōskō*; 5/222) *know*
Phl 1:12 **Γινώσκειν** δὲ ὑμᾶς βούλομαι,
Phl 2:19 ἵνα κἀγὼ εὐψυχῶ **γνοὺς** τὰ περὶ ὑμῶν.
Phl 2:22 δὲ δοκιμὴν αὐτοῦ **γινώσκετε**,
Phl 3:10 τοῦ **γνῶναι** αὐτὸν καὶ τὴν
Phl 4:5 ἐπιεικὲς ὑμῶν **γνωσθήτω** πᾶσιν ἀνθρώποις.

γλῶσσα (*glōssa*; 1/49[50]) *tongue*
Phl 2:11 πᾶσα **γλῶσσα** ἐξομολογήσηται ὅτι κύριος

γνήσιος (*gnēsios*; 1/4) *genuine*
Phl 4:3 **γνήσιε** σύζυγε,

γνησίως (*gnēsiōs*; 1/1) *genuinely*
Phl 2:20 ὅστις **γνησίως** τὰ περὶ ὑμῶν

γνωρίζω (*gnōrizō*; 2/25) *make known*
Phl 1:22 τί αἱρήσομαι οὐ **γνωρίζω**.
Phl 4:6 αἰτήματα ὑμῶν **γνωριζέσθω** πρὸς τὸν θεόν.

γνῶσις (*gnōsis*; 1/29) *knowledge*
Phl 3:8 τὸ ὑπερέχον τῆς **γνώσεως** Χριστοῦ Ἰησοῦ

γογγυσμός (*gongysmos*; 1/4) *complaining, whispering*
Phl 2:14 ποιεῖτε χωρὶς **γογγυσμῶν** καὶ διαλογισμῶν,

γόνυ (*gony*; 1/12) *knee*
Phl 2:10 ὀνόματι Ἰησοῦ πᾶν **γόνυ** κάμψῃ ἐπουρανίων

γράφω (*graphō*; 1/190[191]) *write*
Phl 3:1 τὰ αὐτὰ **γράφειν** ὑμῖν ἐμοὶ μὲν

δέ (*de*; 27/2773[2792]) *but, and*
Phl 1:12 Γινώσκειν **δὲ** ὑμᾶς βούλομαι,
Phl 1:15 τινες **δὲ** καὶ δι' εὐδοκίαν
Phl 1:17 οἱ **δὲ** ἐξ ἐριθείας τὸν
Phl 1:22 εἰ **δὲ** τὸ ζῆν ἐν
Phl 1:23 συνέχομαι **δὲ** ἐκ τῶν δύο,
Phl 1:24 τὸ **δὲ** ἐπιμένειν [ἐν] τῇ
Phl 1:28 ὑμῶν **δὲ** σωτηρίας,
Phl 2:8 θανάτου **δὲ** σταυροῦ.
Phl 2:18 τὸ **δὲ** αὐτὸ καὶ ὑμεῖς
Phl 2:19 Ἐλπίζω **δὲ** ἐν κυρίῳ Ἰησοῦ
Phl 2:22 τὴν **δὲ** δοκιμὴν αὐτοῦ γινώσκετε,
Phl 2:24 πέποιθα **δὲ** ἐν κυρίῳ ὅτι
Phl 2:25 Ἀναγκαῖον **δὲ** ἡγησάμην Ἐπαφρόδιτον τὸν
Phl 2:25 ὑμῶν **δὲ** ἀπόστολον καὶ λειτουργὸν
Phl 2:27 οὐκ αὐτὸν **δὲ** μόνον ἀλλὰ καὶ
Phl 3:1 ὑμῖν **δὲ** ἀσφαλές.
Phl 3:12 διώκω **δὲ** εἰ καὶ καταλάβω,
Phl 3:13 ἓν **δέ**,
Phl 3:13 τοῖς **δὲ** ἔμπροσθεν ἐπεκτεινόμενος,
Phl 3:18 νῦν δὲ **καὶ** κλαίων λέγω,
Phl 4:10 Ἐχάρην **δὲ** ἐν κυρίῳ μεγάλως
Phl 4:10 ἠκαιρεῖσθε **δέ**.
Phl 4:15 οἴδατε **δὲ** καὶ ὑμεῖς,
Phl 4:18 ἀπέχω **δὲ** πάντα καὶ περισσεύω·
Phl 4:19 ὁ **δὲ** θεός μου πληρώσει
Phl 4:20 τῷ **δὲ** θεῷ καὶ πατρὶ
Phl 4:22 μάλιστα **δὲ** οἱ ἐκ τῆς

δέησις (*deēsis*; 4/18) *prayer*
Phl 1:4 πάντοτε ἐν πάσῃ **δεήσει** μου ὑπὲρ πάντων
Phl 1:4 μετὰ χαρᾶς τὴν **δέησιν** ποιούμενος,
Phl 1:19 διὰ τῆς ὑμῶν **δεήσεως** καὶ ἐπιχορηγίας τοῦ
Phl 4:6 προσευχῇ καὶ τῇ **δεήσει** μετὰ εὐχαριστίας

δεκτός (*dektos*; 1/5) *acceptable*
Phl 4:18 θυσίαν **δεκτήν**,

δεσμός (*desmos*; 4/18) *bond*
Phl 1:7 ἔν τε τοῖς **δεσμοῖς** μου καὶ ἐν
Phl 1:13 ὥστε τοὺς **δεσμούς** μου φανεροὺς ἐν
Phl 1:14 πεποιθότας τοῖς **δεσμοῖς** μου περισσοτέρως
Phl 1:17 θλῖψιν ἐγείρειν τοῖς **δεσμοῖς** μου.

δέχομαι (*dechomai*; 1/56) *receive*
Phl 4:18 πεπλήρωμαι **δεξάμενος** παρὰ Ἐπαφροδίτου

διά (*dia*; 14/665[667]) *through, on account of*
Phl 1:7 ὑπὲρ πάντων ὑμῶν **διὰ** τὸ ἔχειν με
Phl 1:11 καρπὸν δικαιοσύνης τὸν **διὰ** Ἰησοῦ
Phl 1:15 τινες μὲν καὶ **διὰ** φθόνον καὶ ἔριν,
Phl 1:15 τινες δὲ καὶ **δι'** εὐδοκίαν τὸν Χριστὸν
Phl 1:19 εἰς σωτηρίαν **διὰ** τῆς ὑμῶν δεήσεως
Phl 1:20 εἴτε **διὰ** ζωῆς εἴτε διὰ
Phl 1:20 διὰ ζωῆς εἴτε **διὰ** θανάτου.
Phl 1:24 τῇ σαρκὶ ἀναγκαιότερον **δι'** ὑμᾶς.
Phl 1:26 Ἰησοῦ ἐν ἐμοὶ **διὰ** τῆς ἐμῆς παρουσίας
Phl 2:30 ὅτι **διὰ** τὸ ἔργον Χριστοῦ
Phl 3:7 ταῦτα ἥγημαι **διὰ** τὸν Χριστὸν ζημίαν.
Phl 3:8 πάντα ζημίαν εἶναι **διὰ** τὸ ὑπερέχον τῆς
Phl 3:8 **δι'** ὃν τὰ πάντα
Phl 3:9 νόμου ἀλλὰ τὴν **διὰ** πίστεως Χριστοῦ,

διάκονος (*diakonos*; 1/29) *servant*
Phl 1:1 σὺν ἐπισκόποις καὶ **διακόνοις**,

διαλογισμός (*dialogismos*; 1/14) *thought*
Phl 2:14 χωρὶς γογγυσμῶν καὶ **διαλογισμῶν**,

διαστρέφω (*diastrephō*; 1/7) *pervert*
Phl 2:15 γενεᾶς σκολιᾶς καὶ **διεστραμμένης**,

διαφέρω (*diapherō*; 1/13) *be worth more than*
Phl 1:10 δοκιμάζειν ὑμᾶς τὰ **διαφέροντα**,

δίκαιος (*dikaios*; 2/79) *righteous*
Phl 1:7 Καθώς ἐστιν **δίκαιον** ἐμοὶ τοῦτο φρονεῖν
Phl 4:8 ὅσα **δίκαια**,

δικαιοσύνη (*dikaiosynē*; 4/92) *righteousness*
Phl 1:11 καρπὸν **δικαιοσύνης** τὸν διὰ Ἰησοῦ
Phl 3:6 κατὰ **δικαιοσύνην** τὴν ἐν νόμῳ
Phl 3:9 μὴ ἔχων ἐμὴν **δικαιοσύνην** τὴν ἐκ νόμου
Phl 3:9 τὴν ἐκ θεοῦ **δικαιοσύνην** ἐπὶ τῇ πίστει,

διό (*dio*; 1/53) *therefore*
Phl 2:9 **διὸ** καὶ ὁ θεὸς

διότι (*dioti*; 1/23) *because*
Phl 2:26 **διότι** ἠκούσατε ὅτι ἠσθένησεν.

δίς (*dis*; 1/6) *twice*
Phl 4:16 καὶ ἅπαξ καὶ **δὶς** εἰς τὴν χρείαν

διώκω (*diōkō*; 3/45) *pursue, persecute*
Phl 3:6 κατὰ ζῆλος **διώκων** τὴν ἐκκλησίαν,
Phl 3:12 **διώκω** δὲ εἰ καὶ
Phl 3:14 κατὰ σκοπὸν **διώκω** εἰς τὸ βραβεῖον

δοκέω (*dokeō*; 1/62) *think, seem*
Phl 3:4 Εἴ τις **δοκεῖ** ἄλλος πεποιθέναι ἐν

δοκιμάζω (*dokimazō*; 1/22) *test*
Phl 1:10 εἰς τὸ **δοκιμάζειν** ὑμᾶς τὰ διαφέροντα,

δοκιμή (*dokimē*; 1/7) *character, proof, ordeal*
Phl 2:22 τὴν δὲ **δοκιμὴν** αὐτοῦ γινώσκετε,

δόμα (*doma*; 1/4) *gift*
Phl 4:17 ὅτι ἐπιζητῶ τὸ **δόμα**,

δόξα (*doxa*; 6/166) *glory*
Phl 1:11 Χριστοῦ εἰς **δόξαν** καὶ ἔπαινον θεοῦ.
Phl 2:11 Ἰησοῦς Χριστὸς εἰς **δόξαν** θεοῦ πατρός.
Phl 3:19 κοιλία καὶ ἡ **δόξα** ἐν τῇ αἰσχύνῃ
Phl 3:21 τῷ σώματι τῆς **δόξης** αὐτοῦ κατὰ τὴν
Phl 4:19 πλοῦτος αὐτοῦ ἐν **δόξῃ** ἐν Χριστῷ Ἰησοῦ.
Phl 4:20 πατρὶ ἡμῶν ἡ **δόξα** εἰς τοὺς αἰῶνας

δόσις (*dosis*; 1/2) *giving*
Phl 4:15 ἐκοινώνησεν εἰς λόγον **δόσεως** καὶ λήμψεως

δουλεύω (*douleuō*; 1/25) *serve (pass. be enslaved)*
Phl 2:22 σὺν ἐμοὶ **ἐδούλευσεν** εἰς τὸ εὐαγγέλιον.

δοῦλος (*doulos*; 2/124) *slave*
Phl 1:1 Παῦλος καὶ Τιμόθεος **δοῦλοι** Χριστοῦ
Phl 2:7 ἑαυτὸν ἐκένωσεν μορφὴν **δούλου** λαβών,

δύναμαι (*dynamai*; 1/210) *be able*
Phl 3:21 ἐνέργειαν τοῦ **δύνασθαι** αὐτὸν καὶ ὑποτάξαι

δύναμις (*dynamis*; 1/119) *power*
Phl 3:10 αὐτὸν καὶ τὴν **δύναμιν** τῆς ἀναστάσεως

δύο (*dyo*; 1/134[135]) *two*
Phl 1:23 δὲ ἐκ τῶν **δύο**,

ἑαυτοῦ (*heautou*; 6/319) *himself*
Phl 2:3 ἀλλήλους ἡγούμενοι ὑπερέχοντας **ἑαυτῶν**,
Phl 2:4 μὴ τὰ **ἑαυτῶν** ἕκαστος σκοποῦντες ἀλλὰ
Phl 2:7 ἀλλὰ **ἑαυτὸν** ἐκένωσεν μορφὴν δούλου
Phl 2:8 ἐταπείνωσεν **ἑαυτὸν** γενόμενος ὑπήκοος
Phl 2:12 τρόμου τὴν **ἑαυτῶν** σωτηρίαν κατεργάζεσθε·
Phl 2:21 πάντες γὰρ τὰ **ἑαυτῶν** ζητοῦσιν,

Ἑβραῖος (*Hebraios*; 2/4) *Hebrew person*
Phl 3:5 **Ἑβραῖος** ἐξ Ἑβραίων,
Phl 3:5 Ἑβραῖος ἐξ **Ἑβραίων**,

ἐγγίζω (*engizō*; 1/42) *approach*
Phl 2:30 μέχρι θανάτου **ἤγγισεν** παραβολευσάμενος

ἐγγύς (*engys*; 1/31) *near*
Phl 4:5 ὁ κύριος **ἐγγύς**.

ἐγείρω (*egeirō*; 1/143[144]) *raise*
Phl 1:17 οἰόμενοι θλῖψιν **ἐγείρειν** τοῖς δεσμοῖς μου.

ἐγώ (*egō*; 52/1715[1718]) *I*
Phl 1:3 Εὐχαριστῶ τῷ θεῷ **μου** ἐπὶ πάσῃ τῇ
Phl 1:4 ἐν πάσῃ δεήσει **μου** ὑπὲρ πάντων ὑμῶν,
Phl 1:7 Καθώς ἐστιν δίκαιον **ἐμοὶ** τοῦτο φρονεῖν
Phl 1:7 διὰ τὸ ἔχειν **με** ἐν τῇ καρδίᾳ
Phl 1:7 τε τοῖς δεσμοῖς **μου** καὶ ἐν τῇ

Phl 1:7 εὐαγγελίου συγκοινωνούς **μου** τῆς χάριτος
Phl 1:8 μάρτυς γάρ **μου** ὁ θεός ὡς
Phl 1:12 ὅτι τὰ κατ' **ἐμὲ** μᾶλλον εἰς προκοπὴν
Phl 1:13 ὥστε τοὺς δεσμούς **μου** φανεροὺς ἐν Χριστῷ
Phl 1:14 τοῖς δεσμοῖς **μου** περισσοτέρως τολμᾶν
Phl 1:17 ἐγείρειν τοῖς δεσμοῖς **μου**.
Phl 1:19 γὰρ ὅτι τοῦτό **μοι** ἀποβήσεται εἰς σωτηρίαν
Phl 1:20 ἀποκαραδοκίαν καὶ ἐλπίδα **μου**,
Phl 1:20 ἐν τῷ σώματί **μου**,
Phl 1:21 **'Εμοὶ** γὰρ τὸ ζῆν
Phl 1:22 τοῦτό **μοι** καρπὸς ἔργου,
Phl 1:26 Χριστῷ 'Ιησοῦ ἐν **ἐμοὶ** διὰ τῆς ἐμῆς
Phl 1:30 οἷον εἴδετε ἐν **ἐμοὶ** καὶ νῦν ἀκούετε
Phl 1:30 νῦν ἀκούετε ἐν **ἐμοί**.
Phl 2:2 πληρώσατέ **μου** τὴν χαρὰν ἵνα
Phl 2:12 ἀγαπητοί **μου**,
Phl 2:12 ἐν τῇ παρουσίᾳ **μου** μόνον ἀλλὰ νῦν
Phl 2:12 ἐν τῇ ἀπουσίᾳ **μου**,
Phl 2:16 εἰς καύχημα **ἐμοὶ** εἰς ἡμέραν Χριστοῦ,
Phl 2:18 χαίρετε καὶ συγχαίρετέ **μοι**.
Phl 2:22 πατρὶ τέκνον σὺν **ἐμοὶ** ἐδούλευσεν εἰς τὸ
Phl 2:23 ἀφίδω τὰ περὶ **ἐμὲ** ἐξαυτῆς·
Phl 2:25 συνεργὸν καὶ συστρατιώτην **μου**,
Phl 2:25 λειτουργὸν τῆς χρείας **μου**,
Phl 2:27 μόνον ἀλλὰ καὶ **ἐμέ**,
Phl 2:30 ὑστέρημα τῆς πρός **με** λειτουργίας.
Phl 3:1 ἀδελφοί **μου**,
Phl 3:1 αὐτὰ γράφειν ὑμῖν **ἐμοὶ** μὲν οὐκ ὀκνηρόν,
Phl 3:4 καίπερ **ἐγὼ** ἔχων πεποίθησιν καὶ
Phl 3:4 **ἐγὼ** μᾶλλον·
Phl 3:7 ['Αλλὰ] ἅτινα ἦν **μοι** κέρδη,
Phl 3:8 'Ιησοῦ τοῦ κυρίου **μου**,
Phl 3:13 **ἐγὼ** ἐμαυτὸν οὐ λογίζομαι
Phl 3:17 Συμμιμηταί **μου** γίνεσθε,
Phl 4:1 ἀδελφοί **μου** ἀγαπητοὶ καὶ ἐπιπόθητοι,
Phl 4:1 χαρὰ καὶ στέφανός **μου**,
Phl 4:3 συνήθλησάν **μοι** μετὰ καὶ Κλήμεντος
Phl 4:3 τῶν λοιπῶν συνεργῶν **μου**,
Phl 4:9 καὶ εἴδετε ἐν **ἐμοί**,
Phl 4:10 ἀνεθάλετε τὸ ὑπὲρ **ἐμοῦ** φρονεῖν,
Phl 4:11 **ἐγὼ** γὰρ ἔμαθον ἐν
Phl 4:13 ἐν τῷ ἐνδυναμοῦντί **με**.
Phl 4:14 ἐποιήσατε συγκοινωνήσαντές **μου** τῇ θλίψει.
Phl 4:15 οὐδεμία **μοι** ἐκκλησία ἐκοινώνησεν εἰς
Phl 4:16 εἰς τὴν χρείαν **μοι** ἐπέμψατε.
Phl 4:19 ὁ δὲ θεός **μου** πληρώσει πᾶσαν χρείαν
Phl 4:21 ὑμᾶς οἱ σὺν **ἐμοὶ** ἀδελφοί.

εἰ (*ei*; 13/502) *if, since*

Phl 1:22 **εἰ** δὲ τὸ ζῆν
Phl 2:1 **Εἴ** τις οὖν παράκλησις
Phl 2:1 **εἴ** τι παραμύθιον ἀγάπης,
Phl 2:1 **εἴ** τις κοινωνία πνεύματος,
Phl 2:1 **εἴ** τις σπλάγχνα καὶ
Phl 2:17 'Αλλὰ **εἰ** καὶ σπένδομαι ἐπὶ
Phl 3:4 **Εἴ** τις δοκεῖ ἄλλος
Phl 3:11 **εἴ** πως καταντήσω εἰς
Phl 3:12 διώκω δὲ **εἰ** καὶ καταλάβω,
Phl 3:15 καὶ **εἴ** τι ἑτέρως φρονεῖτε,
Phl 4:8 **εἴ** τις ἀρετὴ
Phl 4:8 καὶ **εἴ** τις ἔπαινος,
Phl 4:15 καὶ λήμψεως **εἰ** μὴ ὑμεῖς μόνοι,

εἰλικρινής (*eilikrinēs*; 1/2) *pure*

Phl 1:10 ἵνα ἦτε **εἰλικρινεῖς** καὶ ἀπρόσκοποι εἰς

εἰμί (*eimi*; 17/2460[2462]) *be*

Phl 1:1 Χριστῷ 'Ιησοῦ τοῖς **οὖσιν** ἐν Φιλίπποις σὺν
Phl 1:7 Καθώς **ἐστιν** δίκαιον ἐμοὶ τοῦτο
Phl 1:7 χάριτος πάντας ὑμᾶς **ὄντας**.
Phl 1:10 ἵνα **ἦτε** εἰλικρινεῖς καὶ ἀπρόσκοποι
Phl 1:23 καὶ σὺν Χριστῷ **εἶναι**,
Phl 1:28 ἥτις **ἐστὶν** αὐτοῖς ἔνδειξις ἀπωλείας,
Phl 2:6 ἁρπαγμὸν ἡγήσατο τὸ **εἶναι** ἴσα θεῷ,
Phl 2:13 θεὸς γάρ **ἐστιν** ὁ ἐνεργῶν ἐν
Phl 2:26 ἐπειδὴ ἐπιποθῶν **ἦν** πάντας ὑμᾶς καὶ
Phl 2:28 χαρῆτε κἀγὼ ἀλυπότερος **ὦ**.
Phl 3:3 ἡμεῖς γάρ **ἐσμεν** ἡ περιτομή,
Phl 3:7 ['Αλλὰ] ἅτινα **ἦν** μοι κέρδη,
Phl 3:8 πάντα ζημίαν **εἶναι** διὰ τὸ ὑπερέχον
Phl 4:8 ὅσα **ἐστὶν** ἀληθῆ,
Phl 4:9 θεὸς τῆς εἰρήνης **ἔσται** μεθ' ὑμῶν.
Phl 4:11 ἔμαθον ἐν οἷς **εἰμι** αὐτάρκης εἶναι.
Phl 4:11 οἷς εἰμι αὐτάρκης **εἶναι**.

εἰρήνη (*eirēnē*; 3/92) *peace*

Phl 1:2 χάρις ὑμῖν καὶ **εἰρήνη** ἀπὸ θεοῦ πατρὸς
Phl 4:7 καὶ ἡ **εἰρήνη** τοῦ θεοῦ ἡ
Phl 4:9 ὁ θεὸς τῆς **εἰρήνης** ἔσται μεθ' ὑμῶν.

εἰς (*eis*; 23/1759[1767]) *into*

Phl 1:5 τῇ κοινωνίᾳ ὑμῶν **εἰς** τὸ εὐαγγέλιον ἀπὸ
Phl 1:10 **εἰς** τὸ δοκιμάζειν ὑμᾶς
Phl 1:10 καὶ ἀπρόσκοποι **εἰς** ἡμέραν Χριστοῦ,
Phl 1:11 διὰ 'Ιησοῦ Χριστοῦ **εἰς** δόξαν καὶ ἔπαινον
Phl 1:12 ἐμὲ μᾶλλον **εἰς** προκοπὴν τοῦ εὐαγγελίου
Phl 1:16 εἰδότες ὅτι **εἰς** ἀπολογίαν τοῦ εὐαγγελίου
Phl 1:19 τοῦτό μοι ἀποβήσεται **εἰς** σωτηρίαν διὰ τῆς
Phl 1:23 τὴν ἐπιθυμίαν ἔχων **εἰς** τὸ ἀναλῦσαι καὶ
Phl 1:25 πᾶσιν ὑμῖν **εἰς** τὴν ὑμῶν προκοπὴν
Phl 1:29 οὐ μόνον τὸ **εἰς** αὐτὸν πιστεύειν ἀλλὰ
Phl 2:11 'Ιησοῦς Χριστὸς **εἰς** δόξαν θεοῦ πατρός.
Phl 2:16 **εἰς** καύχημα ἐμοὶ εἰς
Phl 2:16 εἰς καύχημα ἐμοὶ **εἰς** ἡμέραν Χριστοῦ,
Phl 2:16 ὅτι οὐκ **εἰς** κενὸν ἔδραμον οὐδὲ
Phl 2:16 κενὸν ἔδραμον οὐδὲ **εἰς** κενὸν ἐκοπίασα.
Phl 2:22 σὺν ἐμοὶ ἐδούλευσεν **εἰς** τὸ εὐαγγέλιον.
Phl 3:11 εἴ πως καταντήσω **εἰς** τὴν ἐξανάστασιν τὴν
Phl 3:14 κατὰ σκοπὸν διώκω **εἰς** τὸ βραβεῖον τῆς
Phl 3:16 πλὴν **εἰς** ὃ ἐφθάσαμεν,
Phl 4:15 μοι ἐκκλησία ἐκοινώνησεν **εἰς** λόγον δόσεως
Phl 4:16 ἅπαξ καὶ δὶς **εἰς** τὴν χρείαν μοι
Phl 4:17 καρπὸν τὸν πλεονάζοντα **εἰς** λόγον ὑμῶν.
Phl 4:20 ἡμῶν ἡ δόξα **εἰς** τοὺς αἰῶνας τῶν

εἷς (*heis*; 4/343[345]) *one*

Phl 1:27 ὅτι στήκετε ἐν **ἑνὶ** πνεύματι,
Phl 1:27 **μιᾷ** ψυχῇ συναθλοῦντες τῇ
Phl 2:2 τὸ **ἓν** φρονοῦντες,
Phl 3:13 **ἓν** δέ,

εἴτε (*eite*; 6/65) *if*

Phl 1:18 **εἴτε** προφάσει εἴτε ἀληθείᾳ,
Phl 1:18 εἴτε προφάσει **εἴτε** ἀληθείᾳ,
Phl 1:20 **εἴτε** διὰ ζωῆς εἴτε
Phl 1:20 εἴτε διὰ ζωῆς **εἴτε** διὰ θανάτου.

Phl 1:27 ἵνα **εἴτε** ἐλθὼν καὶ ἰδὼν
Phl 1:27 καὶ ἰδὼν ὑμᾶς **εἴτε** ἀπὼν ἀκούω τὰ

ἐκ (*ek*; 10/912[914]) *from*

Phl 1:16 οἱ μὲν **ἐξ** ἀγάπης,
Phl 1:17 οἱ δὲ **ἐξ** ἐριθείας τὸν Χριστὸν
Phl 1:23 συνέχομαι δὲ **ἐκ** τῶν δύο,
Phl 3:5 **ἐκ** γένους Ἰσραήλ,
Phl 3:5 Ἑβραῖος **ἐξ** Ἑβραίων,
Phl 3:9 ἐμὴν δικαιοσύνην τὴν **ἐκ** νόμου ἀλλὰ τὴν
Phl 3:9 τὴν **ἐκ** θεοῦ δικαιοσύνην ἐπὶ
Phl 3:11 τὴν ἐξανάστασιν τὴν **ἐκ** νεκρῶν.
Phl 3:20 **ἐξ** οὗ καὶ σωτῆρα
Phl 4:22 μάλιστα δὲ οἱ **ἐκ** τῆς Καίσαρος οἰκίας.

ἕκαστος (*hekastos*; 2/81[82]) *each*

Phl 2:4 μὴ τὰ ἑαυτῶν **ἕκαστος** σκοποῦντες ἀλλὰ
Phl 2:4 [καὶ] τὰ ἑτέρων **ἕκαστοι**.

ἐκκλησία (*ekklēsia*; 2/114) *church*

Phl 3:6 ζῆλος διώκων τὴν **ἐκκλησίαν**,
Phl 4:15 οὐδεμία μοι **ἐκκλησία** ἐκοινώνησεν εἰς

ἐλεέω (*eleeō*; 1/28) *be merciful*

Phl 2:27 ἀλλὰ ὁ θεὸς **ἠλέησεν** αὐτόν,

ἐλπίζω (*elpizō*; 2/31) *hope*

Phl 2:19 **Ἐλπίζω** δὲ ἐν κυρίῳ
Phl 2:23 τοῦτον μὲν οὖν **ἐλπίζω** πέμψαι ὡς ἂν

ἐλπίς (*elpis*; 1/53) *hope*

Phl 1:20 τὴν ἀποκαραδοκίαν καὶ **ἐλπίδα** μου,

ἐμαυτοῦ (*emautou*; 1/37) *myself*

Phl 3:13 ἐγὼ **ἐμαυτὸν** οὐ λογίζομαι κατειληφέναι·

ἐμός (*emos*; 2/76) *my*

Phl 1:26 ἐμοὶ διὰ τῆς **ἐμῆς** παρουσίας πάλιν πρὸς
Phl 3:9 μὴ ἔχων **ἐμὴν** δικαιοσύνην τὴν ἐκ

ἔμπροσθεν (*emprosthen*; 1/48) *before*

Phl 3:13 τοῖς δὲ **ἔμπροσθεν** ἐπεκτεινόμενος,

ἐν (*en*; 66/2746[2752]) *in*

Phl 1:1 πᾶσιν τοῖς ἁγίοις **ἐν** Χριστῷ Ἰησοῦ τοῖς
Phl 1:1 τοῖς οὖσιν **ἐν** Φιλίπποις σὺν ἐπισκόποις
Phl 1:4 πάντοτε **ἐν** πάσῃ δεήσει μου
Phl 1:6 ὅτι ὁ ἐναρξάμενος **ἐν** ὑμῖν ἔργον
Phl 1:7 τὸ ἔχειν με **ἐν** τῇ καρδίᾳ ὑμᾶς,
Phl 1:7 **ἔν** τε τοῖς δεσμοῖς
Phl 1:7 δεσμοῖς μου καὶ **ἐν** τῇ ἀπολογίᾳ καὶ
Phl 1:8 πάντας ὑμᾶς **ἐν** σπλάγχνοις Χριστοῦ Ἰησοῦ.
Phl 1:9 μᾶλλον περισσεύῃ **ἐν** ἐπιγνώσει καὶ πάσῃ
Phl 1:13 δεσμούς μου φανεροὺς **ἐν** Χριστῷ γενέσθαι
Phl 1:13 ἐν Χριστῷ γενέσθαι **ἐν** ὅλῳ τῷ πραιτωρίῳ
Phl 1:14 πλείονας τῶν ἀδελφῶν **ἐν** κυρίῳ πεποιθότας
Phl 1:18 καὶ **ἐν** τούτῳ χαίρω.
Phl 1:20 ὅτι **ἐν** οὐδενὶ αἰσχυνθήσομαι ἀλλ᾽
Phl 1:20 αἰσχυνθήσομαι ἀλλ᾽ **ἐν** πάσῃ παρρησίᾳ ὡς
Phl 1:20 μεγαλυνθήσεται Χριστὸς **ἐν** τῷ σώματί μου,
Phl 1:22 δὲ τὸ ζῆν **ἐν** σαρκί,
Phl 1:24 τὸ δὲ ἐπιμένειν **[ἐν]** τῇ σαρκὶ ἀναγκαιότερον
Phl 1:26 καύχημα ὑμῶν περισσεύῃ **ἐν** Χριστῷ Ἰησοῦ
Phl 1:26 ἐν Χριστῷ Ἰησοῦ **ἐν** ἐμοὶ διὰ τῆς
Phl 1:27 ὅτι στήκετε **ἐν** ἑνὶ πνεύματι,
Phl 1:28 καὶ μὴ πτυρόμενοι **ἐν** μηδενὶ ὑπὸ τῶν
Phl 1:30 οἷον εἴδετε **ἐν** ἐμοὶ καὶ νῦν
Phl 1:30 καὶ νῦν ἀκούετε **ἐν** ἐμοί.
Phl 2:1 τις οὖν παράκλησις **ἐν** Χριστῷ,
Phl 2:5 Τοῦτο φρονεῖτε **ἐν** ὑμῖν ὃ καὶ
Phl 2:5 ὑμῖν ὃ καὶ **ἐν** Χριστῷ Ἰησοῦ,
Phl 2:6 ὃς **ἐν** μορφῇ θεοῦ ὑπάρχων
Phl 2:7 **ἐν** ὁμοιώματι ἀνθρώπων γενόμενος·
Phl 2:10 ἵνα **ἐν** τῷ ὀνόματι Ἰησοῦ
Phl 2:12 μὴ ὡς **ἐν** τῇ παρουσίᾳ μου
Phl 2:12 νῦν πολλῷ μᾶλλον **ἐν** τῇ ἀπουσίᾳ μου,
Phl 2:13 ὁ ἐνεργῶν **ἐν** ὑμῖν
Phl 2:15 **ἐν** οἷς φαίνεσθε ὡς
Phl 2:15 φαίνεσθε ὡς φωστῆρες **ἐν** κόσμῳ,
Phl 2:19 Ἐλπίζω δὲ **ἐν** κυρίῳ Ἰησοῦ Τιμόθεον
Phl 2:24 πέποιθα δὲ **ἐν** κυρίῳ ὅτι καὶ
Phl 2:29 οὖν αὐτὸν **ἐν** κυρίῳ μετὰ πάσης
Phl 3:1 χαίρετε **ἐν** κυρίῳ.
Phl 3:3 καὶ καυχώμενοι **ἐν** Χριστῷ Ἰησοῦ καὶ
Phl 3:3 Ἰησοῦ καὶ οὐκ **ἐν** σαρκὶ πεποιθότες,
Phl 3:4 ἔχων πεποίθησιν καὶ **ἐν** σαρκί.
Phl 3:4 δοκεῖ ἄλλος πεποιθέναι **ἐν** σαρκί,
Phl 3:6 κατὰ δικαιοσύνην τὴν **ἐν** νόμῳ γενόμενος
Phl 3:9 καὶ εὑρεθῶ **ἐν** αὐτῷ,
Phl 3:14 κλήσεως τοῦ θεοῦ **ἐν** Χριστῷ Ἰησοῦ.
Phl 3:19 καὶ ἡ δόξα **ἐν** τῇ αἰσχύνῃ αὐτῶν,
Phl 3:20 γὰρ τὸ πολίτευμα **ἐν** οὐρανοῖς ὑπάρχει,
Phl 4:1 οὕτως στήκετε **ἐν** κυρίῳ,
Phl 4:2 τὸ αὐτὸ φρονεῖν **ἐν** κυρίῳ.
Phl 4:3 αἵτινες **ἐν** τῷ εὐαγγελίῳ συνήθλησάν
Phl 4:3 ὧν τὰ ὀνόματα **ἐν** βίβλῳ ζωῆς.
Phl 4:4 Χαίρετε **ἐν** κυρίῳ πάντοτε·
Phl 4:6 ἀλλ᾽ **ἐν** παντὶ τῇ προσευχῇ
Phl 4:7 τὰ νοήματα ὑμῶν **ἐν** Χριστῷ Ἰησοῦ.
Phl 4:9 ἠκούσατε καὶ εἴδετε **ἐν** ἐμοί,
Phl 4:10 Ἐχάρην δὲ **ἐν** κυρίῳ μεγάλως ὅτι
Phl 4:11 ἐγὼ γὰρ ἔμαθον **ἐν** οἷς εἰμι αὐτάρκης
Phl 4:12 **ἐν** παντὶ καὶ ἐν
Phl 4:12 ἐν παντὶ καὶ **ἐν** πᾶσιν μεμύημαι,
Phl 4:13 πάντα ἰσχύω **ἐν** τῷ ἐνδυναμοῦντί με.
Phl 4:15 ὅτι **ἐν** ἀρχῇ τοῦ εὐαγγελίου,
Phl 4:16 ὅτι καὶ **ἐν** Θεσσαλονίκῃ καὶ ἅπαξ
Phl 4:19 τὸ πλοῦτος αὐτοῦ **ἐν** δόξῃ ἐν Χριστῷ
Phl 4:19 αὐτοῦ ἐν δόξῃ **ἐν** Χριστῷ Ἰησοῦ.
Phl 4:21 Ἀσπάσασθε πάντα ἅγιον **ἐν** Χριστῷ Ἰησοῦ.

ἐνάρχομαι (*enarchomai*; 1/2) *begin*

Phl 1:6 ὅτι ὁ **ἐναρξάμενος** ἐν ὑμῖν ἔργον

ἔνδειξις (*endeixis*; 1/4) *evidence*

Phl 1:28 ἥτις ἐστὶν αὐτοῖς **ἔνδειξις** ἀπωλείας,

ἐνδυναμόω (*endynamoō*; 1/7) *strengthen*

Phl 4:13 ἰσχύω ἐν τῷ **ἐνδυναμοῦντί** με.

ἐνέργεια (*energeia*; 1/8) *working, activity*

Phl 3:21 αὐτοῦ κατὰ τὴν **ἐνέργειαν** τοῦ δύνασθαι

ἐνεργέω (*energeō*; 2/21) *work*

Phl 2:13 γάρ ἐστιν ὁ **ἐνεργῶν** ἐν ὑμῖν καὶ

Phl 2:13 θέλειν καὶ τὸ **ἐνεργεῖν** ὑπὲρ τῆς εὐδοκίας.

ἔντιμος (*entimos*; 1/5) *valuable*
Phl 2:29 καὶ τοὺς τοιούτους **ἐντίμους** ἔχετε,

ἐξανάστασις (*exanastasis*; 1/1) *resurrection*
Phl 3:11 εἰς τὴν **ἐξανάστασιν** τὴν ἐκ νεκρῶν.

ἐξαυτῆς (*exautēs*; 1/6) *at once*
Phl 2:23 τὰ περὶ ἐμὲ **ἐξαυτῆς**·

ἐξέρχομαι (*exerchomai*; 1/216[218]) *come or go out or forth*
Phl 4:15 ὅτε **ἐξῆλθον** ἀπὸ Μακεδονίας,

ἐξομολογέω (*exomologeō*; 1/10) *agree*
Phl 2:11 πᾶσα γλῶσσα **ἐξομολογήσηται** ὅτι κύριος

ἔπαινος (*epainos*; 2/11) *praise*
Phl 1:11 εἰς δόξαν καὶ **ἔπαινον** θεοῦ.
Phl 4:8 καὶ εἴ τις **ἔπαινος**,

Ἐπαφρόδιτος (*Epaphroditos*; 2/2) *Epaphroditus*
Phl 2:25 δὲ ἡγησάμην **Ἐπαφρόδιτον** τὸν ἀδελφὸν καὶ
Phl 4:18 δεξάμενος παρὰ **Ἐπαφροδίτου** τὰ παρ' ὑμῶν,

ἐπειδή (*epeidē*; 1/10) *since*
Phl 2:26 **ἐπειδὴ** ἐπιποθῶν ἦν πάντας

ἐπεκτείνομαι (*epekteinomai*; 1/1) *stretch toward*
Phl 3:13 τοῖς δὲ ἔμπροσθεν **ἐπεκτεινόμενος**,

ἐπέχω (*epechō*; 1/5) *notice*
Phl 2:16 λόγον ζωῆς **ἐπέχοντες**,

ἐπί (*epi*; 7/886[890]) *on*
Phl 1:3 τῷ θεῷ μου **ἐπὶ** πάσῃ τῇ μνείᾳ
Phl 1:5 **ἐπὶ** τῇ κοινωνίᾳ ὑμῶν
Phl 2:17 εἰ καὶ σπένδομαι **ἐπὶ** τῇ θυσίᾳ καὶ
Phl 2:27 ἵνα μὴ λύπην **ἐπὶ** λύπην σχῶ.
Phl 3:9 ἐκ θεοῦ δικαιοσύνην **ἐπὶ** τῇ πίστει,
Phl 3:12 **ἐφ'** ᾧ καὶ κατελήμφθην
Phl 4:10 **ἐφ'** ᾧ καὶ ἐφρονεῖτε,

ἐπίγειος (*epigeios*; 2/7) *earthly*
Phl 2:10 ἐπουρανίων καὶ **ἐπιγείων** καὶ καταχθονίων
Phl 3:19 οἱ τὰ **ἐπίγεια** φρονοῦντες.

ἐπίγνωσις (*epignōsis*; 1/20) *knowledge*
Phl 1:9 περισσεύῃ ἐν **ἐπιγνώσει** καὶ πάσῃ αἰσθήσει

ἐπιεικής (*epieikēs*; 1/5) *gentle*
Phl 4:5 τὸ **ἐπιεικὲς** ὑμῶν γνωσθήτω πᾶσιν

ἐπιζητέω (*epizēteō*; 2/13) *seek*
Phl 4:17 οὐχ ὅτι **ἐπιζητῶ** τὸ δόμα,
Phl 4:17 ἀλλὰ **ἐπιζητῶ** τὸν καρπὸν τὸν

ἐπιθυμία (*epithymia*; 1/38) *desire*
Phl 1:23 τὴν **ἐπιθυμίαν** ἔχων εἰς τὸ

ἐπιλανθάνομαι (*epilanthanomai*; 1/8) *forget*
Phl 3:13 ὀπίσω **ἐπιλανθανόμενος** τοῖς δὲ ἔμπροσθεν

ἐπιμένω (*epimenō*; 1/15[16]) *remain*
Phl 1:24 τὸ δὲ **ἐπιμένειν** [ἐν] τῇ σαρκὶ

ἐπιποθέω (*epipotheō*; 2/9) *long for*
Phl 1:8 ὁ θεός ὡς **ἐπιποθῶ** πάντας ὑμᾶς ἐν
Phl 2:26 ἐπειδὴ **ἐπιποθῶν** ἦν πάντας ὑμᾶς

ἐπιπόθητος (*epipothētos*; 1/1) *longed for*
Phl 4:1 μου ἀγαπητοὶ καὶ **ἐπιπόθητοι**,

ἐπίσκοπος (*episkopos*; 1/5) *overseer*
Phl 1:1 ἐν Φιλίπποις σὺν **ἐπισκόποις** καὶ διακόνοις,

ἐπιτελέω (*epiteleō*; 1/10) *complete*
Phl 1:6 ὑμῖν ἔργον ἀγαθὸν **ἐπιτελέσει** ἄχρι ἡμέρας

ἐπιχορηγία (*epichorēgia*; 1/2) *supply*
Phl 1:19 δεήσεως καὶ **ἐπιχορηγίας** τοῦ πνεύματος

ἐπουράνιος (*epouranios*; 1/19) *heavenly*
Phl 2:10 πᾶν γόνυ κάμψῃ **ἐπουρανίων** καὶ ἐπιγείων

ἐργάτης (*ergatēs*; 1/16) *laborer*
Phl 3:2 βλέπετε τοὺς κακοὺς **ἐργάτας**,

ἔργον (*ergon*; 3/169) *work*
Phl 1:6 ἐν ὑμῖν **ἔργον** ἀγαθὸν ἐπιτελέσει ἄχρι
Phl 1:22 τοῦτό μοι καρπὸς **ἔργου**,
Phl 2:30 ὅτι διὰ τὸ **ἔργον** Χριστοῦ μέχρι θανάτου

ἐριθεία (*eritheia*; 2/7) *selfishness*
Phl 1:17 οἱ δὲ ἐξ **ἐριθείας** τὸν Χριστὸν
Phl 2:3 μηδὲν κατ' **ἐριθείαν** μηδὲ κατὰ κενοδοξίαν

ἔρις (*eris*; 1/9) *strife*
Phl 1:15 διὰ φθόνον καὶ **ἔριν**,

ἔρχομαι (*erchomai*; 3/631[632]) *come, go*
Phl 1:12 προκοπὴν τοῦ εὐαγγελίου **ἐλήλυθεν**,
Phl 1:27 ἵνα εἴτε **ἐλθὼν** καὶ ἰδὼν ὑμᾶς
Phl 2:24 καὶ αὐτὸς ταχέως **ἐλεύσομαι**.

ἐρωτάω (*erōtaō*; 1/62[63]) *ask*
Phl 4:3 ναὶ **ἐρωτῶ** καὶ σέ,

ἕτερος (*heteros*; 1/97[98]) *other*
Phl 2:4 ἀλλὰ [καὶ] τὰ **ἑτέρων** ἕκαστοι.

ἑτέρως (*heterōs*; 1/1) *otherwise*
Phl 3:15 καὶ εἴ τι **ἑτέρως** φρονεῖτε,

ἔτι (*eti*; 1/93) *still*
Phl 1:9 ἡ ἀγάπη ὑμῶν **ἔτι** μᾶλλον καὶ μᾶλλον

εὐαγγέλιον (*euangelion*; 9/75[76]) *good news*
Phl 1:5 ὑμῶν εἰς τὸ **εὐαγγέλιον** ἀπὸ τῆς πρώτης
Phl 1:7 βεβαιώσει τοῦ **εὐαγγελίου** συγκοινωνούς μου

Phl 1:12 εἰς προκοπὴν τοῦ **εὐαγγελίου** ἐλήλυθεν,
Phl 1:16 εἰς ἀπολογίαν τοῦ **εὐαγγελίου** κεῖμαι,
Phl 1:27 ἀξίως τοῦ **εὐαγγελίου** τοῦ Χριστοῦ
Phl 1:27 τῇ πίστει τοῦ **εὐαγγελίου**
Phl 2:22 ἐδούλευσεν εἰς τὸ **εὐαγγέλιον**.
Phl 4:3 αἵτινες ἐν τῷ **εὐαγγελίῳ** συνήθλησάν μοι
Phl 4:15 ἐν ἀρχῇ τοῦ **εὐαγγελίου**,

εὐάρεστος (*euarestos*; 1/9) *acceptable*
Phl 4:18 **εὐάρεστον** τῷ θεῷ.

εὐδοκία (*eudokia*; 2/9) *good will, pleasure*
Phl 1:15 καὶ δι᾽ **εὐδοκίαν** τὸν Χριστὸν κηρύσσουσιν·
Phl 2:13 ἐνεργεῖν ὑπὲρ τῆς **εὐδοκίας**.

Εὐοδία (*Euodia*; 1/1) *Euodia*
Phl 4:2 **Εὐοδίαν** παρακαλῶ καὶ Συντύχην

εὑρίσκω (*heuriskō*; 2/176) *find*
Phl 2:7 καὶ σχήματι **εὑρεθεὶς** ὡς ἄνθρωπος
Phl 3:9 καὶ **εὑρεθῶ** ἐν αὐτῷ,

εὔφημος (*euphēmos*; 1/1) *worthy of praise*
Phl 4:8 ὅσα **εὔφημα**,

εὐχαριστέω (*eucharisteō*; 1/38) *thank*
Phl 1:3 **Εὐχαριστῶ** τῷ θεῷ μου

εὐχαριστία (*eucharistia*; 1/15) *thanksgiving*
Phl 4:6 δεήσει μετὰ **εὐχαριστίας** τὰ αἰτήματα ὑμῶν

εὐψυχέω (*eupsycheō*; 1/1) *be encouraged*
Phl 2:19 ἵνα κἀγὼ **εὐψυχῶ** γνοὺς τὰ περὶ

εὐωδία (*euōdia*; 1/3) *sweet smell*
Phl 4:18 ὀσμὴν **εὐωδίας**,

ἐχθρός (*echthros*; 1/32) *enemy*
Phl 3:18 τοὺς **ἐχθροὺς** τοῦ σταυροῦ τοῦ

ἔχω (*echō*; 10/706[708]) *have, hold*
Phl 1:7 ὑμᾶς διὰ τὸ **ἔχειν** με ἐν τῇ
Phl 1:23 τὴν ἐπιθυμίαν **ἔχων** εἰς τὸ ἀναλῦσαι
Phl 1:30 τὸν αὐτὸν ἀγῶνα **ἔχοντες**,
Phl 2:2 τὴν αὐτὴν ἀγάπην **ἔχοντες**,
Phl 2:20 οὐδένα γὰρ **ἔχω** ἰσόψυχον,
Phl 2:27 λύπην ἐπὶ λύπην **σχῶ**.
Phl 2:29 τοὺς τοιούτους ἐντίμους **ἔχετε**,
Phl 3:4 καίπερ ἐγὼ **ἔχων** πεποίθησιν καὶ ἐν
Phl 3:9 μὴ **ἔχων** ἐμὴν δικαιοσύνην τὴν
Phl 3:17 περιπατοῦντας καθὼς **ἔχετε** τύπον ἡμᾶς.

ζάω (*zaō*; 2/139[140]) *live*
Phl 1:21 Ἐμοὶ γὰρ τὸ **ζῆν** Χριστὸς καὶ τὸ
Phl 1:22 εἰ δὲ τὸ **ζῆν** ἐν σαρκί,

ζῆλος (*zēlos*; 1/16) *zeal*
Phl 3:6 κατὰ **ζῆλος** διώκων τὴν ἐκκλησίαν,

ζημία (*zēmia*; 2/4) *loss*
Phl 3:7 διὰ τὸν Χριστὸν **ζημίαν**.
Phl 3:8 καὶ ἡγοῦμαι πάντα **ζημίαν** εἶναι διὰ τὸ

ζημιόω (*zēmioō*; 1/6) *lose*
Phl 3:8 δι᾽ ὃν τὰ πάντα **ἐζημιώθην**,

ζητέω (*zēteō*; 1/117) *seek*
Phl 2:21 γὰρ τὰ ἑαυτῶν **ζητοῦσιν**,

ζωή (*zōē*; 3/135) *life*
Phl 1:20 εἴτε διὰ **ζωῆς** εἴτε διὰ θανάτου.
Phl 2:16 λόγον **ζωῆς** ἐπέχοντες,
Phl 4:3 ὀνόματα ἐν βίβλῳ **ζωῆς**.

ἡγέομαι (*hēgeomai*; 6/28) *consider*
Phl 2:3 ἀλλήλους **ἡγούμενοι** ὑπερέχοντας ἑαυτῶν,
Phl 2:6 οὐχ ἁρπαγμὸν **ἡγήσατο** τὸ εἶναι ἴσα
Phl 2:25 δὲ **ἡγησάμην** Ἐπαφρόδιτον τὸν ἀδελφὸν
Phl 3:7 ταῦτα **ἥγημαι** διὰ τὸν Χριστὸν
Phl 3:8 ἀλλὰ μενοῦνγε καὶ **ἡγοῦμαι** πάντα ζημίαν
Phl 3:8 καὶ **ἡγοῦμαι** σκύβαλα,

ἤδη (*ēdē*; 3/61) *already*
Phl 3:12 Οὐχ ὅτι **ἤδη** ἔλαβον ἢ ἤδη
Phl 3:12 ἤδη ἔλαβον ἢ **ἤδη** τετελείωμαι,
Phl 4:10 κυρίῳ μεγάλως ὅτι **ἤδη** ποτὲ ἀνεθάλετε τὸ

ἡμεῖς (*hēmeis*; 6/855) *we*
Phl 1:2 ἀπὸ θεοῦ πατρὸς **ἡμῶν** καὶ κυρίου Ἰησοῦ
Phl 3:3 **ἡμεῖς** γάρ ἐσμεν ἡ
Phl 3:17 καθὼς ἔχετε τύπον **ἡμᾶς**.
Phl 3:20 **ἡμῶν** γὰρ τὸ πολίτευμα
Phl 3:21 σῶμα τῆς ταπεινώσεως **ἡμῶν** σύμμορφον τῷ
Phl 4:20 θεῷ καὶ πατρὶ **ἡμῶν** ἡ δόξα εἰς

ἡμέρα (*hēmera*; 4/389) *day*
Phl 1:5 ἀπὸ τῆς πρώτης **ἡμέρας** ἄχρι τοῦ νῦν,
Phl 1:6 ἀγαθὸν ἐπιτελέσει ἄχρι **ἡμέρας** Χριστοῦ
Phl 1:10 καὶ ἀπρόσκοποι εἰς **ἡμέραν** Χριστοῦ,
Phl 2:16 καύχημα ἐμοὶ εἰς **ἡμέραν** Χριστοῦ,

θάνατος (*thanatos*; 6/120) *death*
Phl 1:20 ζωῆς εἴτε διὰ **θανάτου**.
Phl 2:8 γενόμενος ὑπήκοος μέχρι **θανάτου**,
Phl 2:8 **θανάτου** δὲ σταυροῦ.
Phl 2:27 γὰρ ἠσθένησεν παραπλήσιον **θανάτῳ**·
Phl 2:30 ἔργον Χριστοῦ μέχρι **θανάτου** ἤγγισεν
Phl 3:10 συμμορφιζόμενος τῷ **θανάτῳ** αὐτοῦ,

θέλω (*thelō*; 1/208) *wish, want*
Phl 2:13 ὑμῖν καὶ τὸ **θέλειν** καὶ τὸ ἐνεργεῖν

θεός (*theos*; 23/1316[1317]) *God*
Phl 1:2 καὶ εἰρήνη ἀπὸ **θεοῦ** πατρὸς ἡμῶν καὶ
Phl 1:3 Εὐχαριστῶ τῷ **θεῷ** μου ἐπὶ πάσῃ
Phl 1:8 γάρ μου ὁ **θεός** ὡς ἐπιποθῶ πάντας
Phl 1:11 δόξαν καὶ ἔπαινον **θεοῦ**.
Phl 1:28 καὶ τοῦτο ἀπὸ **θεοῦ**·
Phl 2:6 ὃς ἐν μορφῇ **θεοῦ** ὑπάρχων οὐχ ἁρπαγμὸν
Phl 2:6 τὸ εἶναι ἴσα **θεῷ**,
Phl 2:9 διὸ καὶ ὁ **θεὸς** αὐτὸν ὑπερύψωσεν καὶ
Phl 2:11 Χριστὸς εἰς δόξαν **θεοῦ** πατρός.
Phl 2:13 **θεὸς** γάρ ἐστιν ὁ

Phl 2:15 τέκνα **θεοῦ** ἄμωμα μέσον γενεᾶς
Phl 2:27 ἀλλὰ ὁ **θεὸς** ἠλέησεν αὐτόν,
Phl 3:3 οἱ πνεύματι **θεοῦ** λατρεύοντες καὶ
Phl 3:9 τὴν ἐκ **θεοῦ** δικαιοσύνην ἐπὶ τῇ
Phl 3:14 ἄνω κλήσεως τοῦ **θεοῦ** ἐν Χριστῷ Ἰησοῦ.
Phl 3:15 καὶ τοῦτο ὁ **θεὸς** ὑμῖν ἀποκαλύψει·
Phl 3:19 ὧν ὁ **θεὸς** ἡ κοιλία καὶ
Phl 4:6 γνωριζέσθω πρὸς τὸν **θεόν**.
Phl 4:7 ἡ εἰρήνη τοῦ **θεοῦ** ἡ ὑπερέχουσα πάντα
Phl 4:9 καὶ ὁ **θεὸς** τῆς εἰρήνης ἔσται
Phl 4:18 εὐάρεστον τῷ **θεῷ**.
Phl 4:19 ὁ δὲ **θεός** μου πληρώσει πᾶσαν
Phl 4:20 τῷ δὲ **θεῷ** καὶ πατρὶ ἡμῶν

Θεσσαλονίκη (*Thessalonikē*; 1/5) *Thessalonica*
Phl 4:16 ὅτι καὶ ἐν **Θεσσαλονίκῃ** καὶ ἅπαξ καὶ

θλῖψις (*thlipsis*; 2/45) *trouble*
Phl 1:17 οἰόμενοι **θλῖψιν** ἐγείρειν τοῖς δεσμοῖς
Phl 4:14 συγκοινωνήσαντές μου τῇ **θλίψει**.

θυσία (*thysia*; 2/28) *sacrifice*
Phl 2:17 σπένδομαι ἐπὶ τῇ **θυσίᾳ** καὶ λειτουργίᾳ τῆς
Phl 4:18 **θυσίαν** δεκτήν,

Ἰησοῦς (*Iēsous*; 22/911[917]) *Jesus*
Phl 1:1 δοῦλοι Χριστοῦ **Ἰησοῦ** πᾶσιν τοῖς ἁγίοις
Phl 1:1 ἁγίοις ἐν Χριστῷ **Ἰησοῦ** τοῖς οὖσιν ἐν
Phl 1:2 ἡμῶν καὶ κυρίου **Ἰησοῦ** Χριστοῦ.
Phl 1:6 ἄχρι ἡμέρας Χριστοῦ **Ἰησοῦ**·
Phl 1:8 ἐν σπλάγχνοις Χριστοῦ **Ἰησοῦ**.
Phl 1:11 τὸν διὰ **Ἰησοῦ** Χριστοῦ εἰς δόξαν
Phl 1:19 ἐπιχορηγίας τοῦ πνεύματος **Ἰησοῦ** Χριστοῦ
Phl 1:26 περισσεύῃ ἐν Χριστῷ **Ἰησοῦ** ἐν ἐμοὶ διὰ
Phl 2:5 καὶ ἐν Χριστῷ **Ἰησοῦ**,
Phl 2:10 ἐν τῷ ὀνόματι **Ἰησοῦ** πᾶν γόνυ κάμψῃ
Phl 2:11 ὅτι κύριος **Ἰησοῦς** Χριστὸς εἰς δόξαν
Phl 2:19 δὲ ἐν κυρίῳ **Ἰησοῦ** Τιμόθεον ταχέως πέμψαι
Phl 2:21 οὐ τὰ **Ἰησοῦ** Χριστοῦ.
Phl 3:3 καυχώμενοι ἐν Χριστῷ **Ἰησοῦ** καὶ οὐκ ἐν
Phl 3:8 γνώσεως Χριστοῦ **Ἰησοῦ** τοῦ κυρίου μου,
Phl 3:12 κατελήμφθην ὑπὸ Χριστοῦ [**Ἰησοῦ**].
Phl 3:14 θεοῦ ἐν Χριστῷ **Ἰησοῦ**.
Phl 3:20 ἀπεκδεχόμεθα κύριον **Ἰησοῦν** Χριστόν,
Phl 4:7 ὑμῶν ἐν Χριστῷ **Ἰησοῦ**.
Phl 4:19 δόξῃ ἐν Χριστῷ **Ἰησοῦ**.
Phl 4:21 ἅγιον ἐν Χριστῷ **Ἰησοῦ**.
Phl 4:23 χάρις τοῦ κυρίου **Ἰησοῦ** Χριστοῦ μετὰ τοῦ

ἵνα (*hina*; 12/662[663]) *so that, in order that*
Phl 1:9 **ἵνα** ἡ ἀγάπη ὑμῶν
Phl 1:10 **ἵνα** ἦτε εἰλικρινεῖς καὶ
Phl 1:26 **ἵνα** τὸ καύχημα ὑμῶν
Phl 1:27 **ἵνα** εἴτε ἐλθὼν καὶ
Phl 2:2 μου τὴν χαρὰν **ἵνα** τὸ αὐτὸ φρονῆτε,
Phl 2:10 **ἵνα** ἐν τῷ ὀνόματι
Phl 2:15 **ἵνα** γένησθε ἄμεμπτοι καὶ
Phl 2:19 **ἵνα** κἀγὼ εὐψυχῶ γνοὺς
Phl 2:27 **ἵνα** μὴ λύπην ἐπὶ
Phl 2:28 **ἵνα** ἰδόντες αὐτὸν πάλιν
Phl 2:30 **ἵνα** ἀναπληρώσῃ τὸ ὑμῶν
Phl 3:8 **ἵνα** Χριστὸν κερδήσω

ἴσος (*isos*; 1/8) *equal*
Phl 2:6 ἡγήσατο τὸ εἶναι **ἴσα** θεῷ,

ἰσόψυχος (*isopsychos*; 1/1) *sharing the same feelings*
Phl 2:20 οὐδένα γὰρ ἔχω **ἰσόψυχον**,

Ἰσραήλ (*Israēl*; 1/68) *Israel*
Phl 3:5 ἐκ γένους **Ἰσραήλ**,

ἰσχύω (*ischyō*; 1/28) *be able*
Phl 4:13 πάντα **ἰσχύω** ἐν τῷ ἐνδυναμοῦντί

κἀγώ (*kagō*; 2/84) *and I*
Phl 2:19 ἵνα **κἀγὼ** εὐψυχῶ γνοὺς τὰ
Phl 2:28 αὐτὸν πάλιν χαρῆτε **κἀγὼ** ἀλυπότερος ὦ.

καθώς (*kathōs*; 3/182) *just as*
Phl 1:7 **Καθώς** ἐστιν δίκαιον ἐμοὶ
Phl 2:12 **καθὼς** πάντοτε ὑπηκούσατε,
Phl 3:17 οὕτω περιπατοῦντας **καθὼς** ἔχετε τύπον

καίπερ (*kaiper*; 1/5) *though*
Phl 3:4 **καίπερ** ἐγὼ ἔχων πεποίθησιν

Καῖσαρ (*Kaisar*; 1/29) *Caesar*
Phl 4:22 οἱ ἐκ τῆς **Καίσαρος** οἰκίας.

κακός (*kakos*; 1/50) *evil*
Phl 3:2 βλέπετε τοὺς **κακοὺς** ἐργάτας,

καλῶς (*kalōs*; 1/36[37]) *well*
Phl 4:14 πλὴν **καλῶς** ἐποιήσατε συγκοινωνήσαντές

κάμπτω (*kamptō*; 1/4) *bend*
Phl 2:10 πᾶν γόνυ **κάμψῃ** ἐπουρανίων καὶ ἐπιγείων

καρδία (*kardia*; 2/156) *heart*
Phl 1:7 με ἐν τῇ **καρδίᾳ** ὑμᾶς,
Phl 4:7 νοῦν φρουρήσει τὰς **καρδίας** ὑμῶν καὶ τὰ

καρπός (*karpos*; 3/66) *fruit*
Phl 1:11 πεπληρωμένοι **καρπὸν** δικαιοσύνης τὸν διὰ
Phl 1:22 τοῦτό μοι **καρπὸς** ἔργου,
Phl 4:17 ἀλλὰ ἐπιζητῶ τὸν **καρπὸν** τὸν πλεονάζοντα

κατά (*kata*; 11/472[473]) *according to, against*
Phl 1:12 ὅτι τὰ **κατ'** ἐμὲ μᾶλλον εἰς
Phl 1:20 **κατὰ** τὴν ἀποκαραδοκίαν καὶ
Phl 2:3 μηδὲν **κατ'** ἐριθείαν μηδὲ κατὰ
Phl 2:3 κατ' ἐριθείαν μηδὲ **κατὰ** κενοδοξίαν ἀλλὰ τῇ
Phl 3:5 **κατὰ** νόμον Φαρισαῖος,
Phl 3:6 **κατὰ** ζῆλος διώκων τὴν
Phl 3:6 **κατὰ** δικαιοσύνην τὴν ἐν
Phl 3:14 **κατὰ** σκοπὸν διώκω εἰς
Phl 3:21 τῆς δόξης αὐτοῦ **κατὰ** τὴν ἐνέργειαν τοῦ
Phl 4:11 οὐχ ὅτι **καθ'** ὑστέρησιν λέγω,
Phl 4:19 πᾶσαν χρείαν ὑμῶν **κατὰ** τὸ πλοῦτος αὐτοῦ

καταγγέλλω (*katangellō*; 2/18) *proclaim*
Phl 1:17 ἐριθείας τὸν Χριστὸν **καταγγέλλουσιν**,
Phl 1:18 Χριστὸς **καταγγέλλεται**,

καταλαμβάνω (*katalambanō*; 3/13[15]) *obtain, overcome*
Phl 3:12 δὲ εἰ καὶ **καταλάβω**,
Phl 3:12 ἐφ᾽ ᾧ καὶ **κατελήμφθην** ὑπὸ Χριστοῦ [Ἰησοῦ].
Phl 3:13 ἐμαυτὸν οὐ λογίζομαι **κατειληφέναι**·

καταντάω (*katantaō*; 1/13) *come*
Phl 3:11 εἴ πως **καταντήσω** εἰς τὴν ἐξανάστασιν

κατατομή (*katatomē*; 1/1) *mutilation*
Phl 3:2 βλέπετε τὴν **κατατομήν**.

καταχθόνιος (*katachthonios*; 1/1) *under the earth*
Phl 2:10 καὶ ἐπιγείων καὶ **καταχθονίων**

κατεργάζομαι (*katergazomai*; 1/22) *do, accomplish, bring about*
Phl 2:12 τὴν ἑαυτῶν σωτηρίαν **κατεργάζεσθε**·

καυχάομαι (*kauchaomai*; 1/37) *boast*
Phl 3:3 λατρεύοντες καὶ **καυχώμενοι** ἐν Χριστῷ

καύχημα (*kauchēma*; 2/11) *ground for boasting*
Phl 1:26 ἵνα τὸ **καύχημα** ὑμῶν περισσεύῃ ἐν
Phl 2:16 εἰς **καύχημα** ἐμοὶ εἰς ἡμέραν

κεῖμαι (*keimai*; 1/24) *lie*
Phl 1:16 ἀπολογίαν τοῦ εὐαγγελίου **κεῖμαι**,

κενοδοξία (*kenodoxia*; 1/1) *conceit*
Phl 2:3 κατὰ **κενοδοξίαν** ἀλλὰ τῇ ταπεινοφροσύνῃ

κενός (*kenos*; 2/18) *empty, in vain*
Phl 2:16 ὅτι οὐκ εἰς **κενὸν** ἔδραμον οὐδὲ εἰς
Phl 2:16 ἔδραμον οὐδὲ εἰς **κενὸν** ἐκοπίασα.

κενόω (*kenoō*; 1/5) *render ineffective*
Phl 2:7 ἑαυτὸν **ἐκένωσεν** μορφὴν δούλου λαβών,

κερδαίνω (*kerdainō*; 1/17) *gain*
Phl 3:8 ἵνα Χριστὸν **κερδήσω**

κέρδος (*kerdos*; 2/3) *gain*
Phl 1:21 καὶ τὸ ἀποθανεῖν **κέρδος**.
Phl 3:7 ἅτινα ἦν μοι **κέρδη**,

κηρύσσω (*kēryssō*; 1/59[61]) *proclaim*
Phl 1:15 εὐδοκίαν τὸν Χριστὸν **κηρύσσουσιν**·

κλαίω (*klaiō*; 1/39[40]) *weep*
Phl 3:18 νῦν δὲ καὶ **κλαίων** λέγω,

Κλήμης (*Klēmēs*; 1/1) *Clement*
Phl 4:3 μοι μετὰ καὶ **Κλήμεντος** καὶ τῶν λοιπῶν

κλῆσις (*klēsis*; 1/11) *call*
Phl 3:14 βραβεῖον τῆς ἄνω **κλήσεως** τοῦ θεοῦ ἐν

κοιλία (*koilia*; 1/22) *stomach, belly, womb*
Phl 3:19 ὁ θεὸς ἡ **κοιλία** καὶ ἡ δόξα

κοινωνέω (*koinōneō*; 1/8) *share*
Phl 4:15 μοι ἐκκλησία **ἐκοινώνησεν** εἰς λόγον δόσεως

κοινωνία (*koinōnia*; 3/19) *fellowship*
Phl 1:5 ἐπὶ τῇ **κοινωνίᾳ** ὑμῶν εἰς τὸ
Phl 2:1 εἴ τις **κοινωνία** πνεύματος,
Phl 3:10 καὶ [τὴν] **κοινωνίαν** [τῶν] παθημάτων αὐτοῦ,

κοπιάω (*kopiaō*; 1/23) *work*
Phl 2:16 οὐδὲ εἰς κενὸν **ἐκοπίασα**.

κόσμος (*kosmos*; 1/185[186]) *world*
Phl 2:15 ὡς φωστῆρες ἐν **κόσμῳ**,

κρείττων (*kreittōn*; 1/19) *better*
Phl 1:23 πολλῷ [γὰρ] μᾶλλον **κρεῖσσον**·

κύριος (*kyrios*; 15/714[717]) *Lord, sir*
Phl 1:2 πατρὸς ἡμῶν καὶ **κυρίου** Ἰησοῦ Χριστοῦ.
Phl 1:14 ἀδελφῶν ἐν **κυρίῳ** πεποιθότας τοῖς δεσμοῖς
Phl 2:11 ἐξομολογήσηται ὅτι **κύριος** Ἰησοῦς Χριστὸς
Phl 2:19 δὲ ἐν **κυρίῳ** Ἰησοῦ Τιμόθεον ταχέως
Phl 2:24 πέποιθα δὲ ἐν **κυρίῳ** ὅτι καὶ αὐτὸς
Phl 2:29 οὖν αὐτὸν ἐν **κυρίῳ** μετὰ πάσης χαρᾶς
Phl 3:1 χαίρετε ἐν **κυρίῳ**.
Phl 3:8 Χριστοῦ Ἰησοῦ τοῦ **κυρίου** μου,
Phl 3:20 σωτῆρα ἀπεκδεχόμεθα **κύριον** Ἰησοῦν
Phl 4:1 οὕτως στήκετε ἐν **κυρίῳ**,
Phl 4:2 αὐτὸ φρονεῖν ἐν **κυρίῳ**.
Phl 4:4 Χαίρετε ἐν **κυρίῳ** πάντοτε·
Phl 4:5 ὁ **κύριος** ἐγγύς.
Phl 4:10 Ἐχάρην δὲ ἐν **κυρίῳ** μεγάλως ὅτι ἤδη
Phl 4:23 Ἡ χάρις τοῦ **κυρίου** Ἰησοῦ Χριστοῦ μετὰ

κύων (*kyōn*; 1/5) *dog*
Phl 3:2 Βλέπετε τοὺς **κύνας**,

λαλέω (*laleō*; 1/294[296]) *speak*
Phl 1:14 ἀφόβως τὸν λόγον **λαλεῖν**.

λαμβάνω (*lambanō*; 2/258) *take, receive*
Phl 2:7 ἐκένωσεν μορφὴν δούλου **λαβών**,
Phl 3:12 Οὐχ ὅτι ἤδη **ἔλαβον** ἢ ἤδη τετελείωμαι,

λατρεύω (*latreuō*; 1/21) *serve*
Phl 3:3 πνεύματι θεοῦ **λατρεύοντες** καὶ καυχώμενοι

λέγω (*legō*; 4/2345[2353]) *say*
Phl 3:18 περιπατοῦσιν οὓς πολλάκις **ἔλεγον** ὑμῖν,
Phl 3:18 δὲ καὶ κλαίων **λέγω**,
Phl 4:4 πάλιν **ἐρῶ**,
Phl 4:11 ὅτι καθ᾽ ὑστέρησιν **λέγω**,

λειτουργία (*leitourgia*; 2/6) *service, ministry*
Phl 2:17 τῇ θυσίᾳ καὶ **λειτουργίᾳ** τῆς πίστεως ὑμῶν,

Phl 2:30 τῆς πρός με **λειτουργίας**.

<u>λειτουργός (*leitourgos*; 1/5) *servant*</u>
Phl 2:25 ἀπόστολον καὶ **λειτουργὸν** τῆς χρείας μου,

<u>λῆμψις (*lēmpsis*; 1/1) *receiving*</u>
Phl 4:15 λόγον δόσεως καὶ **λήμψεως** εἰ μὴ ὑμεῖς

<u>λογίζομαι (*logizomai*; 2/40) *count, consider*</u>
Phl 3:13 ἐγὼ ἐμαυτὸν οὐ **λογίζομαι** κατειληφέναι·
Phl 4:8 ταῦτα **λογίζεσθε**·

<u>λόγος (*logos*; 4/329[330]) *word*</u>
Phl 1:14 τολμᾶν ἀφόβως τὸν **λόγον** λαλεῖν.
Phl 2:16 **λόγον** ζωῆς ἐπέχοντες,
Phl 4:15 ἐκοινώνησεν εἰς **λόγον** δόσεως καὶ λήμψεως
Phl 4:17 τὸν πλεονάζοντα εἰς **λόγον** ὑμῶν.

<u>λοιπός (*loipos*; 4/54[55]) *rest, remaining*</u>
Phl 1:13 πραιτωρίῳ καὶ τοῖς **λοιποῖς** πᾶσιν,
Phl 3:1 Τὸ **λοιπόν**,
Phl 4:3 Κλήμεντος καὶ τῶν **λοιπῶν** συνεργῶν μου,
Phl 4:8 Τὸ **λοιπόν**,

<u>λύπη (*lypē*; 2/16) *grief*</u>
Phl 2:27 ἵνα μὴ **λύπην** ἐπὶ λύπην σχῶ.
Phl 2:27 μὴ λύπην ἐπὶ **λύπην** σχῶ.

<u>Μακεδονία (*Makedonia*; 1/22) *Macedonia*</u>
Phl 4:15 ὅτε ἐξῆλθον ἀπὸ **Μακεδονίας**,

<u>μάλιστα (*malista*; 1/12) *especially*</u>
Phl 4:22 **μάλιστα** δὲ οἱ ἐκ

<u>μᾶλλον (*mallon*; 6/81) *more*</u>
Phl 1:9 ἀγάπη ὑμῶν ἔτι **μᾶλλον** καὶ μᾶλλον
Phl 1:9 ἔτι μᾶλλον καὶ **μᾶλλον** περισσεύῃ ἐν
Phl 1:12 τὰ κατ᾽ ἐμὲ **μᾶλλον** εἰς προκοπὴν τοῦ
Phl 1:23 πολλῷ [γὰρ] **μᾶλλον** κρεῖσσον·
Phl 2:12 ἀλλὰ νῦν πολλῷ **μᾶλλον** ἐν τῇ ἀπουσίᾳ
Phl 3:4 ἐγὼ **μᾶλλον**·

<u>μανθάνω (*manthanō*; 2/25) *learn*</u>
Phl 4:9 ἃ καὶ **ἐμάθετε** καὶ παρελάβετε καὶ
Phl 4:11 ἐγὼ γὰρ **ἔμαθον** ἐν οἷς εἰμι

<u>μάρτυς (*martys*; 1/35) *witness*</u>
Phl 1:8 **μάρτυς** γάρ μου ὁ

<u>μεγαλύνω (*megalynō*; 1/8) *enlarge*</u>
Phl 1:20 καὶ νῦν **μεγαλυνθήσεται** Χριστὸς ἐν τῷ

<u>μεγάλως (*megalōs*; 1/1) *greatly*</u>
Phl 4:10 δὲ ἐν κυρίῳ **μεγάλως** ὅτι ἤδη ποτὲ

<u>μέν (*men*; 5/178[179]) *on the one hand*</u>
Phl 1:15 τινες **μὲν** καὶ διὰ φθόνον
Phl 1:16 οἱ **μὲν** ἐξ ἀγάπης,
Phl 2:23 τοῦτον **μὲν** οὖν ἐλπίζω πέμψαι
Phl 3:1 γράφειν ὑμῖν ἐμοὶ **μὲν** οὐκ ὀκνηρόν,
Phl 3:13 τὰ **μὲν** ὀπίσω ἐπιλανθανόμενος τοῖς

<u>μενοῦνγε (*menounge*; 1/3) *rather*</u>
Phl 3:8 ἀλλὰ **μενοῦνγε** καὶ ἡγοῦμαι πάντα

<u>μένω (*menō*; 1/118) *remain*</u>
Phl 1:25 πεποιθὼς οἶδα ὅτι **μενῶ** καὶ παραμενῶ πᾶσιν

<u>μεριμνάω (*merimnaō*; 2/19) *be anxious*</u>
Phl 2:20 τὰ περὶ ὑμῶν **μεριμνήσει**·
Phl 4:6 μηδὲν **μεριμνᾶτε**,

<u>μέσος (*mesos*; 1/56[58]) *middle*</u>
Phl 2:15 τέκνα θεοῦ ἄμωμα **μέσον** γενεᾶς σκολιᾶς καὶ

<u>μετά (*meta*; 7/465[469]) *with, after*</u>
Phl 1:4 **μετὰ** χαρᾶς τὴν δέησιν
Phl 2:12 **μετὰ** φόβου καὶ τρόμου
Phl 2:29 αὐτὸν ἐν κυρίῳ **μετὰ** πάσης χαρᾶς καὶ
Phl 4:3 συνήθλησάν μοι **μετὰ** καὶ Κλήμεντος καὶ
Phl 4:6 καὶ τῇ δεήσει **μετὰ** εὐχαριστίας τὰ αἰτήματα
Phl 4:9 τῆς εἰρήνης ἔσται **μεθ᾽** ὑμῶν.
Phl 4:23 κυρίου Ἰησοῦ Χριστοῦ **μετὰ** τοῦ πνεύματος

<u>μετασχηματίζω (*metaschēmatizō*; 1/5) *change*</u>
Phl 3:21 ὃς **μετασχηματίσει** τὸ σῶμα τῆς

<u>μέχρι (*mechri*; 2/17) *until*</u>
Phl 2:8 ἑαυτὸν γενόμενος ὑπήκοος **μέχρι** θανάτου,
Phl 2:30 τὸ ἔργον Χριστοῦ **μέχρι** θανάτου ἤγγισεν

<u>μή (*mē*; 6/1041[1042]) *not*</u>
Phl 1:28 καὶ **μὴ** πτυρόμενοι ἐν μηδενὶ
Phl 2:4 **μὴ** τὰ ἑαυτῶν ἕκαστος
Phl 2:12 **μὴ** ὡς ἐν τῇ
Phl 2:27 ἵνα **μὴ** λύπην ἐπὶ λύπην
Phl 3:9 **μὴ** ἔχων ἐμὴν δικαιοσύνην
Phl 4:15 καὶ λήμψεως εἰ **μὴ** ὑμεῖς μόνοι,

<u>μηδέ (*mēde*; 1/56) *nor*</u>
Phl 2:3 μηδὲν κατ᾽ ἐριθείαν **μηδὲ** κατὰ κενοδοξίαν

<u>μηδείς (*mēdeis*; 3/90) *no one*</u>
Phl 1:28 πτυρόμενοι ἐν **μηδενὶ** ὑπὸ τῶν ἀντικειμένων,
Phl 2:3 **μηδὲν** κατ᾽ ἐριθείαν μηδὲ
Phl 4:6 **μηδὲν** μεριμνᾶτε,

<u>μνεία (*mneia*; 1/7) *remembrance*</u>
Phl 1:3 ἐπὶ πάσῃ τῇ **μνείᾳ** ὑμῶν

<u>μόνος (*monos*; 5/113[114]) *only*</u>
Phl 1:27 **Μόνον** ἀξίως τοῦ εὐαγγελίου
Phl 1:29 οὐ **μόνον** τὸ εἰς αὐτὸν
Phl 2:12 τῇ παρουσίᾳ μου **μόνον** ἀλλὰ νῦν πολλῷ
Phl 2:27 οὐκ αὐτὸν δὲ **μόνον** ἀλλὰ καὶ ἐμέ,
Phl 4:15 εἰ μὴ ὑμεῖς **μόνοι**,

<u>μορφή (*morphē*; 2/2[3]) *form*</u>
Phl 2:6 ὃς ἐν **μορφῇ** θεοῦ ὑπάρχων οὐχ
Phl 2:7 ἑαυτὸν ἐκένωσεν **μορφὴν** δούλου λαβών,

<u>μυέω (*mueō*; 1/1) *learn the secret of*</u>
Phl 4:12 καὶ ἐν πᾶσιν **μεμύημαι**,

ναί (*nai*; 1/33) *yes*
Phl 4:3 **ναὶ** ἐρωτῶ καὶ σέ,

νεκρός (*nekros*; 1/128) *dead*
Phl 3:11 ἐξανάστασιν τὴν ἐκ **νεκρῶν**.

νόημα (*noēma*; 1/6) *mind*
Phl 4:7 ὑμῶν καὶ τὰ **νοήματα** ὑμῶν ἐν Χριστῷ

νόμος (*nomos*; 3/193[194]) *law*
Phl 3:5 κατὰ **νόμον** Φαρισαῖος,
Phl 3:6 τὴν ἐν **νόμῳ** γενόμενος ἄμεμπτος.
Phl 3:9 δικαιοσύνην τὴν ἐκ **νόμου** ἀλλὰ τὴν διὰ

νοῦς (*nous*; 1/24) *mind*
Phl 4:7 πάντα **νοῦν** φρουρήσει τὰς καρδίας

νῦν (*nyn*; 5/146[147]) *now*
Phl 1:5 ἡμέρας ἄχρι τοῦ **νῦν**,
Phl 1:20 πάντοτε καὶ **νῦν** μεγαλυνθήσεται Χριστὸς
Phl 1:30 ἐν ἐμοὶ καὶ **νῦν** ἀκούετε ἐν ἐμοί.
Phl 2:12 μου μόνον ἀλλὰ **νῦν** πολλῷ μᾶλλον ἐν
Phl 3:18 νῦν **δὲ** καὶ κλαίων λέγω,

οἶδα (*oida*; 6/318) *know*
Phl 1:16 **εἰδότες** ὅτι εἰς ἀπολογίαν
Phl 1:19 **οἶδα** γὰρ ὅτι τοῦτό
Phl 1:25 καὶ τοῦτο πεποιθὼς **οἶδα** ὅτι μενῶ καὶ
Phl 4:12 **οἶδα** καὶ ταπεινοῦσθαι,
Phl 4:12 **οἶδα** καὶ περισσεύειν·
Phl 4:15 **οἴδατε** δὲ καὶ ὑμεῖς,

οἰκία (*oikia*; 1/93) *house*
Phl 4:22 ἐκ τῆς Καίσαρος **οἰκίας**.

οἰκτιρμός (*oiktirmos*; 1/5) *compassion*
Phl 2:1 τις σπλάγχνα καὶ **οἰκτιρμοί**,

οἴομαι (*oiomai*; 1/3) *suppose*
Phl 1:17 **οἰόμενοι** θλῖψιν ἐγείρειν τοῖς

οἷος (*hoios*; 1/14) *such as*
Phl 1:30 **οἷον** εἴδετε ἐν ἐμοὶ

ὀκνηρός (*oknēros*; 1/3) *lazy*
Phl 3:1 ἐμοὶ μὲν οὐκ **ὀκνηρόν**,

ὀκταήμερος (*oktaēmeros*; 1/1) *on the eighth day*
Phl 3:5 περιτομῇ **ὀκταήμερος**,

ὅλος (*holos*; 1/109) *whole*
Phl 1:13 Χριστῷ γενέσθαι ἐν **ὅλῳ** τῷ πραιτωρίῳ καὶ

ὁμοίωμα (*homoiōma*; 1/6) *likeness*
Phl 2:7 ἐν **ὁμοιώματι** ἀνθρώπων γενόμενος·

ὄνομα (*onoma*; 4/229[230]) *name*
Phl 2:9 ἐχαρίσατο αὐτῷ τὸ **ὄνομα** τὸ ὑπὲρ πᾶν
Phl 2:9 τὸ ὑπὲρ πᾶν **ὄνομα**,
Phl 2:10 ἵνα ἐν τῷ **ὀνόματι** Ἰησοῦ πᾶν γόνυ
Phl 4:3 ὧν τὰ **ὀνόματα** ἐν βίβλῳ ζωῆς.

ὀπίσω (*opisō*; 1/35) *after*
Phl 3:13 τὰ μὲν **ὀπίσω** ἐπιλανθανόμενος τοῖς δὲ

ὁράω (*horaō*; 4/452) *see*
Phl 1:27 εἴτε ἐλθὼν καὶ **ἰδὼν** ὑμᾶς εἴτε ἀπὼν
Phl 1:30 οἷον **εἴδετε** ἐν ἐμοὶ καὶ
Phl 2:28 ἵνα **ἰδόντες** αὐτὸν πάλιν χαρῆτε
Phl 4:9 καὶ ἠκούσατε καὶ **εἴδετε** ἐν ἐμοί,

ὅς (*hos*; 15/1406[1407]) *who*
Phl 2:5 φρονεῖτε ἐν ὑμῖν **ὃ** καὶ ἐν Χριστῷ
Phl 2:6 **ὃς** ἐν μορφῇ θεοῦ
Phl 2:15 ἐν **οἷς** φαίνεσθε ὡς φωστῆρες
Phl 3:8 δι᾽ **ὃν** τὰ πάντα ἐζημιώθην,
Phl 3:12 ἐφ᾽ **ᾧ** καὶ κατελήμφθην ὑπὸ
Phl 3:16 πλὴν εἰς **ὃ** ἐφθάσαμεν,
Phl 3:18 γὰρ περιπατοῦσιν **οὓς** πολλάκις ἔλεγον ὑμῖν,
Phl 3:19 **ὧν** τὸ τέλος ἀπώλεια,
Phl 3:19 **ὧν** ὁ θεὸς ἡ
Phl 3:20 ἐξ **οὗ** καὶ σωτῆρα ἀπεκδεχόμεθα
Phl 3:21 **ὃς** μετασχηματίσει τὸ σῶμα
Phl 4:3 **ὧν** τὰ ὀνόματα ἐν βίβλῳ ζωῆς.
Phl 4:9 **ἃ** καὶ ἐμάθετε καὶ
Phl 4:10 ἐφ᾽ **ᾧ** καὶ ἐφρονεῖτε,
Phl 4:11 γὰρ ἔμαθον ἐν **οἷς** εἰμι αὐτάρκης εἶναι.

ὀσμή (*osmē*; 1/6) *fragrance*
Phl 4:18 **ὀσμὴν** εὐωδίας,

ὅσος (*hosos*; 7/110) *as much as (pl. as many as)*
Phl 3:15 **Ὅσοι** οὖν τέλειοι,
Phl 4:8 **ὅσα** ἐστὶν ἀληθῆ,
Phl 4:8 **ὅσα** σεμνά,
Phl 4:8 **ὅσα** δίκαια,
Phl 4:8 **ὅσα** ἁγνά,
Phl 4:8 **ὅσα** προσφιλῆ,
Phl 4:8 **ὅσα** εὔφημα,

ὅστις (*hostis*; 4/144) *who*
Phl 1:28 **ἥτις** ἐστὶν αὐτοῖς ἔνδειξις
Phl 2:20 **ὅστις** γνησίως τὰ περὶ
Phl 3:7 [Ἀλλὰ] **ἅτινα** ἦν μοι κέρδη,
Phl 4:3 **αἵτινες** ἐν τῷ εὐαγγελίῳ

ὅτε (*hote*; 1/103) *when*
Phl 4:15 **ὅτε** ἐξῆλθον ἀπὸ Μακεδονίας,

ὅτι (*hoti*; 21/1294[1296]) *because, that*
Phl 1:6 **ὅτι** ὁ ἐναρξάμενος ἐν
Phl 1:12 **ὅτι** τὰ κατ᾽ ἐμὲ
Phl 1:16 εἰδότες **ὅτι** εἰς ἀπολογίαν τοῦ
Phl 1:18 πλὴν **ὅτι** παντὶ τρόπῳ,
Phl 1:19 οἶδα γὰρ **ὅτι** τοῦτό μοι ἀποβήσεται
Phl 1:20 **ὅτι** ἐν οὐδενὶ αἰσχυνθήσομαι
Phl 1:25 τοῦτο πεποιθὼς οἶδα **ὅτι** μενῶ καὶ παραμενῶ
Phl 1:27 **ὅτι** στήκετε ἐν ἑνὶ
Phl 1:29 **ὅτι** ὑμῖν ἐχαρίσθη τὸ
Phl 2:11 γλῶσσα ἐξομολογήσηται **ὅτι** κύριος Ἰησοῦς
Phl 2:16 **ὅτι** οὐκ εἰς κενὸν
Phl 2:22 **ὅτι** ὡς πατρὶ τέκνον

Phl 2:24 δὲ ἐν κυρίῳ **ὅτι** καὶ αὐτὸς ταχέως
Phl 2:26 διότι ἠκούσατε **ὅτι** ἠσθένησεν.
Phl 2:30 **ὅτι** διὰ τὸ ἔργον
Phl 3:12 Οὐχ **ὅτι** ἤδη ἔλαβον ἢ
Phl 4:10 ἐν κυρίῳ μεγάλως **ὅτι** ἤδη ποτὲ ἀνεθάλετε
Phl 4:11 οὐχ **ὅτι** καθ' ὑστέρησιν λέγω,
Phl 4:15 **ὅτι** ἐν ἀρχῇ τοῦ
Phl 4:16 **ὅτι** καὶ ἐν Θεσσαλονίκῃ
Phl 4:17 οὐχ **ὅτι** ἐπιζητῶ τὸ δόμα,

οὐ (*ou*; 13/1621[1623]) *not*
Phl 1:17 **οὐχ** ἁγνῶς,
Phl 1:22 καὶ τί αἱρήσομαι **οὐ** γνωρίζω.
Phl 1:29 **οὐ** μόνον τὸ εἰς
Phl 2:6 μορφῇ θεοῦ ὑπάρχων **οὐχ** ἁρπαγμὸν ἡγήσατο
Phl 2:16 ὅτι **οὐκ** εἰς κενὸν ἔδραμον
Phl 2:21 **οὐ** τὰ 'Ιησοῦ Χριστοῦ.
Phl 2:27 **οὐκ** αὐτὸν δὲ μόνον
Phl 3:1 ὑμῖν ἐμοὶ μὲν **οὐκ** ὀκνηρόν,
Phl 3:3 'Ιησοῦ καὶ **οὐκ** ἐν σαρκὶ πεποιθότες,
Phl 3:12 **Οὐχ** ὅτι ἤδη ἔλαβον
Phl 3:13 ἐγὼ ἐμαυτὸν **οὐ** λογίζομαι κατειληφέναι·
Phl 4:11 **οὐχ** ὅτι καθ' ὑστέρησιν
Phl 4:17 **οὐχ** ὅτι ἐπιζητῶ τὸ

οὐδέ (*oude*; 1/141[143]) *neither, nor*
Phl 2:16 εἰς κενὸν ἔδραμον **οὐδὲ** εἰς κενὸν ἐκοπίασα.

οὐδείς (*oudeis*; 3/225[227]) *no one*
Phl 1:20 ὅτι ἐν **οὐδενὶ** αἰσχυνθήσομαι ἀλλ' ἐν
Phl 2:20 **οὐδένα** γὰρ ἔχω ἰσόψυχον,
Phl 4:15 **οὐδεμία** μοι ἐκκλησία ἐκοινώνησεν

οὖν (*oun*; 5/497[499]) *therefore*
Phl 2:1 Εἴ τις **οὖν** παράκλησις ἐν Χριστῷ,
Phl 2:23 τοῦτον μὲν **οὖν** ἐλπίζω πέμψαι ὡς
Phl 2:28 σπουδαιοτέρως **οὖν** ἔπεμψα αὐτόν,
Phl 2:29 προσδέχεσθε **οὖν** αὐτὸν ἐν κυρίῳ
Phl 3:15 Ὅσοι **οὖν** τέλειοι,

οὐρανός (*ouranos*; 1/272[273]) *heaven*
Phl 3:20 τὸ πολίτευμα ἐν **οὐρανοῖς** ὑπάρχει,

οὗτος (*houtos*; 15/1382[1387]) *this*
Phl 1:6 πεποιθὼς αὐτὸ **τοῦτο**,
Phl 1:7 δίκαιον ἐμοὶ **τοῦτο** φρονεῖν ὑπὲρ πάντων
Phl 1:9 Καὶ **τοῦτο** προσεύχομαι,
Phl 1:18 καὶ ἐν **τούτῳ** χαίρω.
Phl 1:19 οἶδα γὰρ ὅτι **τοῦτό** μοι ἀποβήσεται εἰς
Phl 1:22 **τοῦτό** μοι καρπὸς ἔργου,
Phl 1:25 καὶ **τοῦτο** πεποιθὼς οἶδα ὅτι
Phl 1:28 καὶ **τοῦτο** ἀπὸ θεοῦ·
Phl 2:5 **Τοῦτο** φρονεῖτε ἐν ὑμῖν
Phl 2:23 **τοῦτον** μὲν οὖν ἐλπίζω
Phl 3:7 **ταῦτα** ἥγημαι διὰ τὸν
Phl 3:15 **τοῦτο** φρονῶμεν·
Phl 3:15 καὶ **τοῦτο** ὁ θεὸς ὑμῖν
Phl 4:8 **ταῦτα** λογίζεσθε·
Phl 4:9 **ταῦτα** πράσσετε·

οὕτως (*houtōs*; 2/208) *in this way*
Phl 3:17 τοὺς **οὕτω** περιπατοῦντας καθὼς ἔχετε
Phl 4:1 **οὕτως** στήκετε ἐν κυρίῳ,

πάθημα (*pathēma*; 1/16) *suffering*
Phl 3:10 [τὴν] κοινωνίαν [τῶν] **παθημάτων** αὐτοῦ,

πάλιν (*palin*; 3/139[141]) *again*
Phl 1:26 τῆς ἐμῆς παρουσίας **πάλιν** πρὸς ὑμᾶς.
Phl 2:28 αὐτὸν **πάλιν** χαρῆτε κἀγὼ ἀλυπότερος
Phl 4:4 **πάλιν** ἐρῶ,

πάντοτε (*pantote*; 4/41) *always*
Phl 1:4 **πάντοτε** ἐν πάσῃ δεήσει
Phl 1:20 παρρησίᾳ ὡς **πάντοτε** καὶ νῦν
Phl 2:12 καθὼς **πάντοτε** ὑπηκούσατε,
Phl 4:4 Χαίρετε ἐν κυρίῳ **πάντοτε**·

παρά (*para*; 2/193[194]) *from, with, beside*
Phl 4:18 πεπλήρωμαι δεξάμενος **παρὰ** 'Επαφροδίτου
Phl 4:18 παρὰ 'Επαφροδίτου τὰ **παρ'** ὑμῶν,

παραβολεύομαι (*paraboleuomai*; 1/1) *risk*
Phl 2:30 ἤγγισεν **παραβολευσάμενος** τῇ ψυχῇ,

παρακαλέω (*parakaleō*; 2/109) *encourage, ask*
Phl 4:2 Εὐοδίαν **παρακαλῶ** καὶ Συντύχην παρακαλῶ
Phl 4:2 καὶ Συντύχην **παρακαλῶ** τὸ αὐτὸ φρονεῖν

παράκλησις (*paraklēsis*; 1/29) *encouragement*
Phl 2:1 Εἴ τις οὖν **παράκλησις** ἐν Χριστῷ,

παραλαμβάνω (*paralambanō*; 1/49) *take, receive*
Phl 4:9 καὶ ἐμάθετε καὶ **παρελάβετε** καὶ ἠκούσατε

παραμένω (*paramenō*; 1/4) *stay*
Phl 1:25 ὅτι μενῶ καὶ **παραμενῶ** πᾶσιν ὑμῖν εἰς

παραμύθιον (*paramythion*; 1/1) *comfort*
Phl 2:1 εἴ τι **παραμύθιον** ἀγάπης,

παραπλήσιος (*paraplēsios*; 1/1) *nearly*
Phl 2:27 καὶ γὰρ ἠσθένησεν **παραπλήσιον** θανάτῳ·

παρουσία (*parousia*; 2/24) *coming*
Phl 1:26 διὰ τῆς ἐμῆς **παρουσίας** πάλιν πρὸς ὑμᾶς.
Phl 2:12 ὡς ἐν τῇ **παρουσίᾳ** μου μόνον ἀλλὰ

παρρησία (*parrēsia*; 1/31) *boldness*
Phl 1:20 ἀλλ' ἐν πάσῃ **παρρησίᾳ** ὡς πάντοτε καὶ

πᾶς (*pas*; 33/1240[1243]) *each, every (pl. all)*
Phl 1:1 δοῦλοι Χριστοῦ 'Ιησοῦ **πᾶσιν** τοῖς ἁγίοις ἐν
Phl 1:3 θεῷ μου ἐπὶ **πάσῃ** τῇ μνείᾳ ὑμῶν
Phl 1:4 πάντοτε ἐν **πάσῃ** δεήσει μου ὑπὲρ
Phl 1:4 δεήσει μου ὑπὲρ **πάντων** ὑμῶν,
Phl 1:7 τοῦτο φρονεῖν ὑπὲρ **πάντων** ὑμῶν διὰ τὸ
Phl 1:7 μου τῆς χάριτος **πάντας** ὑμᾶς ὄντας.
Phl 1:8 ὡς ἐπιποθῶ **πάντας** ὑμᾶς ἐν σπλάγχνοις
Phl 1:9 ἐν ἐπιγνώσει καὶ **πάσῃ** αἰσθήσει
Phl 1:13 καὶ τοῖς λοιποῖς **πᾶσιν**,
Phl 1:18 πλὴν ὅτι **παντὶ** τρόπῳ,
Phl 1:20 ἀλλ' ἐν **πάσῃ** παρρησίᾳ ὡς πάντοτε

Phl 1:25 μενῶ καὶ παραμενῶ **πᾶσιν** ὑμῖν εἰς τὴν
Phl 2:9 ὄνομα τὸ ὑπὲρ **πᾶν** ὄνομα,
Phl 2:10 τῷ ὀνόματι Ἰησοῦ **πᾶν** γόνυ κάμψῃ
Phl 2:11 καὶ **πᾶσα** γλῶσσα ἐξομολογήσηται ὅτι
Phl 2:14 **Πάντα** ποιεῖτε χωρὶς γογγυσμῶν
Phl 2:17 χαίρω καὶ συγχαίρω **πᾶσιν** ὑμῖν·
Phl 2:21 οἱ **πάντες** γὰρ τὰ ἑαυτῶν
Phl 2:26 ἐπιποθῶν ἦν **πάντας** ὑμᾶς καὶ ἀδημονῶν,
Phl 2:29 ἐν κυρίῳ μετὰ **πάσης** χαρᾶς καὶ τοὺς
Phl 3:8 μενοῦνγε καὶ ἡγοῦμαι **πάντα** ζημίαν εἶναι
Phl 3:8 δι᾽ ὃν τὰ **πάντα** ἐζημιώθην,
Phl 3:21 ὑποτάξαι αὐτῷ τὰ **πάντα**.
Phl 4:5 ἐπιεικὲς ὑμῶν γνωσθήτω **πᾶσιν** ἀνθρώποις.
Phl 4:6 ἀλλ᾽ ἐν **παντὶ** τῇ προσευχῇ καὶ
Phl 4:7 θεοῦ ἡ ὑπερέχουσα **πάντα** νοῦν φρουρήσει
Phl 4:12 ἐν **παντὶ** καὶ ἐν πᾶσιν
Phl 4:12 παντὶ καὶ ἐν **πᾶσιν** μεμύημαι,
Phl 4:13 **πάντα** ἰσχύω ἐν τῷ
Phl 4:18 ἀπέχω δὲ **πάντα** καὶ περισσεύω·
Phl 4:19 θεός μου πληρώσει **πᾶσαν** χρείαν ὑμῶν κατὰ
Phl 4:21 Ἀσπάσασθε **πάντα** ἅγιον ἐν Χριστῷ
Phl 4:22 ἀσπάζονται ὑμᾶς **πάντες** οἱ ἅγιοι,

πάσχω (*paschō*; 1/42) *suffer*
Phl 1:29 τὸ ὑπὲρ αὐτοῦ **πάσχειν**,

πατήρ (*patēr*; 4/413) *father*
Phl 1:2 εἰρήνη ἀπὸ θεοῦ **πατρὸς** ἡμῶν καὶ κυρίου
Phl 2:11 εἰς δόξαν θεοῦ **πατρός**.
Phl 2:22 ὅτι ὡς **πατρὶ** τέκνον σὺν ἐμοὶ
Phl 4:20 δὲ θεῷ καὶ **πατρὶ** ἡμῶν ἡ δόξα

Παῦλος (*Paulos*; 1/158) *Paul*
Phl 1:1 **Παῦλος** καὶ Τιμόθεος δοῦλοι

πείθω (*peithō*; 6/52) *persuade*
Phl 1:6 **πεποιθὼς** αὐτὸ τοῦτο,
Phl 1:14 ἐν κυρίῳ **πεποιθότας** τοῖς δεσμοῖς μου
Phl 1:25 καὶ τοῦτο **πεποιθὼς** οἶδα ὅτι μενῶ
Phl 2:24 **πέποιθα** δὲ ἐν κυρίῳ
Phl 3:3 οὐκ ἐν σαρκὶ **πεποιθότες**,
Phl 3:4 τις δοκεῖ ἄλλος **πεποιθέναι** ἐν σαρκί,

πεινάω (*peinaō*; 1/23) *be hungry*
Phl 4:12 καὶ χορτάζεσθαι καὶ **πεινᾶν** καὶ περισσεύειν

πέμπω (*pempō*; 5/79) *send*
Phl 2:19 Ἰησοῦ Τιμόθεον ταχέως **πέμψαι** ὑμῖν,
Phl 2:23 μὲν οὖν ἐλπίζω **πέμψαι** ὡς ἂν ἀφίδω
Phl 2:25 **πέμψαι** πρὸς ὑμᾶς,
Phl 2:28 σπουδαιοτέρως οὖν **ἔπεμψα** αὐτόν,
Phl 4:16 τὴν χρείαν μοι **ἐπέμψατε**.

πεποίθησις (*pepoithēsis*; 1/6) *confidence*
Phl 3:4 καίπερ ἐγὼ ἔχων **πεποίθησιν** καὶ ἐν σαρκί.

περί (*peri*; 4/332[333]) *concerning, around*
Phl 1:27 ἀπὼν ἀκούω τὰ **περὶ** ὑμῶν,
Phl 2:19 εὐψυχῶ γνοὺς τὰ **περὶ** ὑμῶν.
Phl 2:20 ὅστις γνησίως τὰ **περὶ** ὑμῶν μεριμνήσει·
Phl 2:23 ἂν ἀφίδω τὰ **περὶ** ἐμὲ ἐξαυτῆς·

περιπατέω (*peripateō*; 2/94[95]) *walk*
Phl 3:17 τοὺς οὕτω **περιπατοῦντας** καθὼς ἔχετε
Phl 3:18 πολλοὶ γὰρ **περιπατοῦσιν** οὓς πολλάκις

περισσεύω (*perisseuō*; 5/39) *exceed, be left over*
Phl 1:9 μᾶλλον καὶ μᾶλλον **περισσεύῃ** ἐν ἐπιγνώσει
Phl 1:26 τὸ καύχημα ὑμῶν **περισσεύῃ** ἐν Χριστῷ
Phl 4:12 οἶδα καὶ **περισσεύειν**·
Phl 4:12 πεινᾶν καὶ **περισσεύειν** καὶ ὑστερεῖσθαι·
Phl 4:18 δὲ πάντα καὶ **περισσεύω**·

περισσοτέρως (*perissoterōs*; 1/12) *all the more*
Phl 1:14 δεσμοῖς μου **περισσοτέρως** τολμᾶν ἀφόβως

περιτομή (*peritomē*; 2/36) *circumcision*
Phl 3:3 γάρ ἐσμεν ἡ **περιτομή**,
Phl 3:5 **περιτομῇ** ὀκταήμερος,

πιστεύω (*pisteuō*; 1/237[241]) *believe*
Phl 1:29 τὸ εἰς αὐτὸν **πιστεύειν** ἀλλὰ καὶ τὸ

πίστις (*pistis*; 5/243) *faith*
Phl 1:25 καὶ χαρὰν τῆς **πίστεως**,
Phl 1:27 συναθλοῦντες τῇ **πίστει** τοῦ εὐαγγελίου
Phl 2:17 καὶ λειτουργίᾳ τῆς **πίστεως** ὑμῶν,
Phl 3:9 ἀλλὰ τὴν διὰ **πίστεως** Χριστοῦ,
Phl 3:9 δικαιοσύνην ἐπὶ τῇ **πίστει**,

πλεονάζω (*pleonazō*; 1/9) *increase*
Phl 4:17 καρπὸν τὸν **πλεονάζοντα** εἰς λόγον ὑμῶν.

πλήν (*plēn*; 3/31) *but, except*
Phl 1:18 **πλὴν** ὅτι παντὶ τρόπῳ,
Phl 3:16 **πλὴν** εἰς ὃ ἐφθάσαμεν,
Phl 4:14 **πλὴν** καλῶς ἐποιήσατε συγκοινωνήσαντές

πληρόω (*plēroō*; 4/86) *fulfill*
Phl 1:11 **πεπληρωμένοι** καρπὸν δικαιοσύνης τὸν
Phl 2:2 **πληρώσατέ** μου τὴν χαρὰν
Phl 4:18 **πεπλήρωμαι** δεξάμενος παρὰ Ἐπαφροδίτου
Phl 4:19 δὲ θεός μου **πληρώσει** πᾶσαν χρείαν ὑμῶν

πλοῦτος (*ploutos*; 1/22) *wealth, riches*
Phl 4:19 ὑμῶν κατὰ τὸ **πλοῦτος** αὐτοῦ ἐν δόξῃ

πνεῦμα (*pneuma*; 5/379) *Spirit, spirit*
Phl 1:19 καὶ ἐπιχορηγίας τοῦ **πνεύματος** Ἰησοῦ
Phl 1:27 στήκετε ἐν ἑνὶ **πνεύματι**,
Phl 2:1 εἴ τις κοινωνία **πνεύματος**,
Phl 3:3 οἱ **πνεύματι** θεοῦ λατρεύοντες καὶ
Phl 4:23 Χριστοῦ μετὰ τοῦ **πνεύματος** ὑμῶν.

ποιέω (*poieō*; 3/568) *do, make*
Phl 1:4 χαρᾶς τὴν δέησιν **ποιούμενος**,
Phl 2:14 Πάντα **ποιεῖτε** χωρὶς γογγυσμῶν καὶ
Phl 4:14 πλὴν καλῶς **ἐποιήσατε** συγκοινωνήσαντές

πολίτευμα (*politeuma*; 1/1) *citizenship*
Phl 3:20 γὰρ τὸ **πολίτευμα** ἐν οὐρανοῖς ὑπάρχει,

πολιτεύομαι (*politeuomai*; 1/2) *live*
Phl 1:27 εὐαγγελίου τοῦ Χριστοῦ **πολιτεύεσθε**,

πολλάκις (*pollakis*; 1/18) *often*
Phl 3:18 γὰρ περιπατοῦσιν οὓς **πολλάκις** ἔλεγον ὑμῖν,

πολύς (*polys*; 4/417) *much (pl. many)*
Phl 1:14 καὶ τοὺς **πλείονας** τῶν ἀδελφῶν ἐν
Phl 1:23 **πολλῷ** [γὰρ] μᾶλλον κρεῖσσον·
Phl 2:12 μόνον ἀλλὰ νῦν **πολλῷ** μᾶλλον ἐν τῇ
Phl 3:18 **πολλοὶ** γὰρ περιπατοῦσιν οὓς

ποτέ (*pote*; 1/29) *once*
Phl 4:10 μεγάλως ὅτι ἤδη **ποτὲ** ἀνεθάλετε τὸ ὑπὲρ

πραιτώριον (*praitōrion*; 1/8) *Praetorium, headquarters*
Phl 1:13 ἐν ὅλῳ τῷ **πραιτωρίῳ** καὶ τοῖς λοιποῖς

πράσσω (*prassō*; 1/39) *do*
Phl 4:9 ταῦτα **πράσσετε**·

προκοπή (*prokopē*; 2/3) *progress*
Phl 1:12 ἐμὲ μᾶλλον εἰς **προκοπὴν** τοῦ εὐαγγελίου
Phl 1:25 εἰς τὴν ὑμῶν **προκοπὴν** καὶ χαρὰν τῆς

πρός (*pros*; 4/699[700]) *to, toward, at*
Phl 1:26 ἐμῆς παρουσίας πάλιν **πρὸς** ὑμᾶς.
Phl 2:25 πέμψαι **πρὸς** ὑμᾶς,
Phl 2:30 ὑμῶν ὑστέρημα τῆς **πρός** με λειτουργίας.
Phl 4:6 αἰτήματα ὑμῶν γνωριζέσθω **πρὸς** τὸν θεόν.

προσδέχομαι (*prosdechomai*; 1/14) *wait for*
Phl 2:29 **προσδέχεσθε** οὖν αὐτὸν ἐν

προσευχή (*proseuchē*; 1/36) *prayer*
Phl 4:6 ἐν παντὶ τῇ **προσευχῇ** καὶ τῇ δεήσει

προσεύχομαι (*proseuchomai*; 1/85) *pray*
Phl 1:9 Καὶ τοῦτο **προσεύχομαι**,

προσφιλής (*prosphilēs*; 1/1) *pleasing*
Phl 4:8 ὅσα **προσφιλῆ**,

πρόφασις (*prophasis*; 1/6) *false motive*
Phl 1:18 εἴτε **προφάσει** εἴτε ἀληθείᾳ,

πρῶτος (*prōtos*; 1/152[155]) *first*
Phl 1:5 εὐαγγέλιον ἀπὸ τῆς **πρώτης** ἡμέρας ἄχρι

πτύρω (*ptyrō*; 1/1) *be frightened or afraid*
Phl 1:28 καὶ μὴ **πτυρόμενοι** ἐν μηδενὶ ὑπὸ

πώς (*pōs*; 1/15) *somehow*
Phl 3:11 εἴ **πως** καταντήσω εἰς τὴν

σάρξ (*sarx*; 5/147) *flesh*
Phl 1:22 τὸ ζῆν ἐν **σαρκί**,
Phl 1:24 ἐπιμένειν [ἐν] τῇ **σαρκὶ** ἀναγκαιότερον δι'
Phl 3:3 καὶ οὐκ ἐν **σαρκὶ** πεποιθότες,
Phl 3:4 πεποίθησιν καὶ ἐν **σαρκί**.
Phl 3:4 ἄλλος πεποιθέναι ἐν **σαρκί**,

σεμνός (*semnos*; 1/4) *respectable, worthy*
Phl 4:8 ὅσα **σεμνά**,

σκολιός (*skolios*; 1/4) *crooked*
Phl 2:15 ἄμωμα μέσον γενεᾶς **σκολιᾶς** καὶ διεστραμμένης,

σκοπέω (*skopeō*; 2/6) *pay attention to*
Phl 2:4 τὰ ἑαυτῶν ἕκαστος **σκοποῦντες** ἀλλὰ [καὶ]
Phl 3:17 καὶ **σκοπεῖτε** τοὺς οὕτω περιπατοῦντας

σκοπός (*skopos*; 1/1) *goal*
Phl 3:14 κατὰ **σκοπὸν** διώκω εἰς τὸ

σκύβαλον (*skybalon*; 1/1) *dung*
Phl 3:8 καὶ ἡγοῦμαι **σκύβαλα**,

σπένδω (*spendō*; 1/2) *pour out as a drink-offering*
Phl 2:17 'Αλλὰ εἰ καὶ **σπένδομαι** ἐπὶ τῇ θυσίᾳ

σπλάγχνον (*splanchnon*; 2/11) *one's inmost self*
Phl 1:8 πάντας ὑμᾶς ἐν **σπλάγχνοις** Χριστοῦ 'Ιησοῦ.
Phl 2:1 εἴ τις **σπλάγχνα** καὶ οἰκτιρμοί,

σπουδαίως (*spoudaiōs*; 1/4) *earnestly*
Phl 2:28 **σπουδαιοτέρως** οὖν ἔπεμψα αὐτόν,

σταυρός (*stauros*; 2/27) *cross*
Phl 2:8 θανάτου δὲ **σταυροῦ**.
Phl 3:18 τοὺς ἐχθροὺς τοῦ **σταυροῦ** τοῦ Χριστοῦ,

στέφανος (*stephanos*; 1/18) *crown, wreath*
Phl 4:1 χαρὰ καὶ **στέφανός** μου,

στήκω (*stēkō*; 2/9) *stand*
Phl 1:27 ὅτι **στήκετε** ἐν ἑνὶ πνεύματι,
Phl 4:1 οὕτως **στήκετε** ἐν κυρίῳ,

στοιχέω (*stoicheō*; 1/5) *walk*
Phl 3:16 τῷ αὐτῷ **στοιχεῖν**.

σύ (*sy*; 1/1063[1067]) *you (sg.)*
Phl 4:3 ναὶ ἐρωτῶ καὶ **σέ**,

συγκοινωνέω (*synkoinōneō*; 1/3) *take part in*
Phl 4:14 ἐποιήσατε **συγκοινωνήσαντές** μου τῇ θλίψει.

συγκοινωνός (*synkoinōnos*; 1/4) *sharer*
Phl 1:7 εὐαγγελίου **συγκοινωνούς** μου τῆς χάριτος

συγχαίρω (*synchairō*; 2/7) *rejoice with or together*
Phl 2:17 χαίρω καὶ **συγχαίρω** πᾶσιν ὑμῖν·
Phl 2:18 ὑμεῖς χαίρετε καὶ **συγχαίρετέ** μοι.

σύζυγος (*syzygos*; 1/1) *fellow-worker*
Phl 4:3 γνήσιε **σύζυγε**,

συλλαμβάνω (*syllambanō*; 1/16) *seize (mid. assist)*
Phl 4:3 **συλλαμβάνου** αὐταῖς,

συμμιμητής (*symmimētēs*; 1/1) *fellow-imitator*
Phl 3:17 **Συμμιμηταί** μου γίνεσθε,

συμμορφίζω (*symmorphizō*; 1/1) *take on the same form as*
Phl 3:10 **συμμορφιζόμενος** τῷ θανάτῳ αὐτοῦ,

σύμμορφος (*symmorphos*; 1/2) *having the same form*
Phl 3:21 ταπεινώσεως ἡμῶν **σύμμορφον** τῷ σώματι

σύμψυχος (*sympsychos*; 1/1) *united in spirit*
Phl 2:2 **σύμψυχοι**,

σύν (*syn*; 4/128) *with*
Phl 1:1 ἐν Φιλίπποις **σὺν** ἐπισκόποις καὶ διακόνοις,
Phl 1:23 τὸ ἀναλῦσαι καὶ **σὺν** Χριστῷ εἶναι,
Phl 2:22 ὡς πατρὶ τέκνον **σὺν** ἐμοὶ ἐδούλευσεν εἰς
Phl 4:21 ἀσπάζονται ὑμᾶς οἱ **σὺν** ἐμοὶ ἀδελφοί.

συναθλέω (*synathleō*; 2/2) *contend together with*
Phl 1:27 μιᾷ ψυχῇ **συναθλοῦντες** τῇ πίστει τοῦ
Phl 4:3 ἐν τῷ εὐαγγελίῳ **συνήθλησάν** μοι μετὰ καὶ

συνεργός (*synergos*; 2/13) *fellow-worker*
Phl 2:25 ἀδελφὸν καὶ **συνεργὸν** καὶ συστρατιώτην
Phl 4:3 καὶ τῶν λοιπῶν **συνεργῶν** μου,

συνέχω (*synechō*; 1/12) *surround, control*
Phl 1:23 **συνέχομαι** δὲ ἐκ τῶν

Συντύχη (*Syntychē*; 1/1) *Syntyche*
Phl 4:2 Εὐοδίαν παρακαλῶ καὶ **Συντύχην** παρακαλῶ

συστρατιώτης (*systratiōtēs*; 1/2) *fellow-soldier*
Phl 2:25 καὶ συνεργὸν καὶ **συστρατιώτην** μου,

σχῆμα (*schēma*; 1/2) *outward form*
Phl 2:7 καὶ **σχήματι** εὑρεθεὶς ὡς ἄνθρωπος

σῶμα (*sōma*; 3/142) *body*
Phl 1:20 Χριστὸς ἐν τῷ **σώματί** μου,
Phl 3:21 μετασχηματίσει τὸ **σῶμα** τῆς ταπεινώσεως
Phl 3:21 ἡμῶν σύμμορφον τῷ **σώματι** τῆς δόξης αὐτοῦ

σωτήρ (*sōtēr*; 1/24) *Savior*
Phl 3:20 ἐξ οὗ καὶ **σωτῆρα** ἀπεκδεχόμεθα κύριον

σωτηρία (*sōtēria*; 3/45[46]) *salvation*
Phl 1:19 μοι ἀποβήσεται εἰς **σωτηρίαν** διὰ τῆς ὑμῶν
Phl 1:28 ὑμῶν δὲ **σωτηρίας**,
Phl 2:12 τρόμου τὴν ἑαυτῶν **σωτηρίαν** κατεργάζεσθε·

ταπεινοφροσύνη (*tapeinophrosynē*; 1/7) *humility*
Phl 2:3 τῇ **ταπεινοφροσύνῃ** ἀλλήλους ἡγούμενοι

ταπεινόω (*tapeinoō*; 2/14) *humble*
Phl 2:8 **ἐταπείνωσεν** ἑαυτὸν γενόμενος ὑπήκοος
Phl 4:12 οἶδα καὶ **ταπεινοῦσθαι**,

ταπείνωσις (*tapeinōsis*; 1/4) *humble state*
Phl 3:21 τὸ σῶμα τῆς **ταπεινώσεως** ἡμῶν σύμμορφον

ταχέως (*tacheōs*; 2/15) *quickly*
Phl 2:19 κυρίῳ Ἰησοῦ Τιμόθεον **ταχέως** πέμψαι ὑμῖν,
Phl 2:24 ὅτι καὶ αὐτὸς **ταχέως** ἐλεύσομαι.

τέ (*te*; 1/215) *and*
Phl 1:7 ἔν **τε** τοῖς δεσμοῖς μου

τέκνον (*teknon*; 2/99) *child*
Phl 2:15 **τέκνα** θεοῦ ἄμωμα μέσον
Phl 2:22 ὅτι ὡς πατρὶ **τέκνον** σὺν ἐμοὶ ἐδούλευσεν

τέλειος (*teleios*; 1/19) *complete, perfect, mature*
Phl 3:15 Ὅσοι οὖν **τέλειοι**,

τελειόω (*teleioō*; 1/23) *make perfect*
Phl 3:12 ἔλαβον ἢ ἤδη **τετελείωμαι**,

τέλος (*telos*; 1/41) *end*
Phl 3:19 ὧν τὸ **τέλος** ἀπώλεια,

Τιμόθεος (*Timotheos*; 2/24) *Timothy*
Phl 1:1 Παῦλος καὶ **Τιμόθεος** δοῦλοι Χριστοῦ
Phl 2:19 ἐν κυρίῳ Ἰησοῦ **Τιμόθεον** ταχέως πέμψαι

τίς (*tis*; 2/545[546]) *who, what, why*
Phl 1:18 **Τί** γάρ;
Phl 1:22 καὶ **τί** αἱρήσομαι οὐ γνωρίζω.

τις (*tis*; 10/542[543]) *anyone, anything*
Phl 1:15 **τινες** μὲν καὶ διὰ
Phl 1:15 **τινες** δὲ καὶ δι'
Phl 2:1 Εἴ **τις** οὖν παράκλησις ἐν
Phl 2:1 εἴ **τι** παραμύθιον ἀγάπης,
Phl 2:1 εἴ **τις** κοινωνία πνεύματος,
Phl 2:1 εἴ **τις** σπλάγχνα καὶ οἰκτιρμοί,
Phl 3:4 Εἴ **τις** δοκεῖ ἄλλος πεποιθέναι
Phl 3:15 καὶ εἴ **τι** ἑτέρως φρονεῖτε,
Phl 4:8 εἴ **τις** ἀρετὴ καὶ εἴ
Phl 4:8 ἀρετὴ καὶ εἴ **τις** ἔπαινος,

τοιοῦτος (*toioutos*; 1/56[57]) *such*
Phl 2:29 χαρᾶς καὶ τοὺς **τοιούτους** ἐντίμους ἔχετε,

τολμάω (*tolmaō*; 1/16) *dare*
Phl 1:14 μου περισσοτέρως **τολμᾶν** ἀφόβως τὸν λόγον

τρέχω (*trechō*; 1/20) *run*
Phl 2:16 οὐκ εἰς κενὸν **ἔδραμον** οὐδὲ εἰς κενὸν

τρόμος (*tromos*; 1/5) *trembling*
Phl 2:12 φόβου καὶ **τρόμου** τὴν ἑαυτῶν σωτηρίαν

τρόπος (*tropos*; 1/13) *way*
Phl 1:18 πλὴν ὅτι παντὶ **τρόπῳ**,

τύπος (*typos*; 1/15) *pattern, type*
Phl 3:17 περιπατοῦντας καθὼς ἔχετε **τύπον** ἡμᾶς.

ὑμεῖς (*hymeis*; 51/1832) *you (pl.)*
Phl 1:2 χάρις **ὑμῖν** καὶ εἰρήνη ἀπὸ
Phl 1:3 πάσῃ τῇ μνείᾳ **ὑμῶν**
Phl 1:4 μου ὑπὲρ πάντων **ὑμῶν**,
Phl 1:5 ἐπὶ τῇ κοινωνίᾳ **ὑμῶν** εἰς τὸ εὐαγγέλιον
Phl 1:6 ἐν **ὑμῖν** ἔργον ἀγαθὸν ἐπιτελέσει
Phl 1:7 φρονεῖν ὑπὲρ πάντων **ὑμῶν** διὰ τὸ ἔχειν
Phl 1:7 ἐν τῇ καρδίᾳ **ὑμᾶς**,
Phl 1:7 τῆς χάριτος πάντας **ὑμᾶς** ὄντας.
Phl 1:8 ὡς ἐπιποθῶ πάντας **ὑμᾶς** ἐν σπλάγχνοις
Phl 1:9 ἵνα ἡ ἀγάπη **ὑμῶν** ἔτι μᾶλλον καὶ
Phl 1:10 εἰς τὸ δοκιμάζειν **ὑμᾶς** τὰ διαφέροντα,
Phl 1:12 Γινώσκειν δὲ **ὑμᾶς** βούλομαι,
Phl 1:19 διὰ τῆς **ὑμῶν** δεήσεως καὶ ἐπιχορηγίας
Phl 1:24 σαρκὶ ἀναγκαιότερον δι' **ὑμᾶς**.
Phl 1:25 καὶ παραμενῶ πᾶσιν **ὑμῖν** εἰς τὴν ὑμῶν
Phl 1:25 ὑμῖν εἰς τὴν **ὑμῶν** προκοπὴν καὶ χαρὰν
Phl 1:26 ἵνα τὸ καύχημα **ὑμῶν** περισσεύῃ ἐν Χριστῷ
Phl 1:26 παρουσίας πάλιν πρὸς **ὑμᾶς**.
Phl 1:27 ἐλθὼν καὶ ἰδὼν **ὑμᾶς** εἴτε ἀπὼν ἀκούω
Phl 1:27 ἀκούω τὰ περὶ **ὑμῶν**,
Phl 1:28 **ὑμῶν** δὲ σωτηρίας,
Phl 1:29 ὅτι **ὑμῖν** ἐχαρίσθη τὸ ὑπὲρ
Phl 2:5 Τοῦτο φρονεῖτε ἐν **ὑμῖν** ὃ καὶ ἐν
Phl 2:13 ὁ ἐνεργῶν ἐν **ὑμῖν** καὶ τὸ θέλειν
Phl 2:17 λειτουργίᾳ τῆς πίστεως **ὑμῶν**,
Phl 2:17 καὶ συγχαίρω πᾶσιν **ὑμῖν**·
Phl 2:18 δὲ αὐτὸ καὶ **ὑμεῖς** χαίρετε καὶ συγχαίρετέ
Phl 2:19 Τιμόθεον ταχέως πέμψαι **ὑμῖν**,
Phl 2:19 γνοὺς τὰ περὶ **ὑμῶν**.
Phl 2:20 γνησίως τὰ περὶ **ὑμῶν** μεριμνήσει·
Phl 2:25 **ὑμῶν** δὲ ἀπόστολον καὶ
Phl 2:25 πέμψαι πρὸς **ὑμᾶς**,
Phl 2:26 ἐπιποθῶν ἦν πάντας **ὑμᾶς** καὶ ἀδημονῶν,
Phl 2:30 ἵνα ἀναπληρώσῃ τὸ **ὑμῶν** ὑστέρημα τῆς
Phl 3:1 τὰ αὐτὰ γράφειν **ὑμῖν** ἐμοὶ μὲν οὐκ
Phl 3:1 **ὑμῖν** δὲ ἀσφαλές.
Phl 3:15 τοῦτο ὁ θεὸς **ὑμῖν** ἀποκαλύψει·
Phl 3:18 οὓς πολλάκις ἔλεγον **ὑμῖν**,
Phl 4:5 τὸ ἐπιεικὲς **ὑμῶν** γνωσθήτω πᾶσιν
Phl 4:6 τὰ αἰτήματα **ὑμῶν** γνωριζέσθω πρὸς τὸν
Phl 4:7 τὰς καρδίας **ὑμῶν** καὶ τὰ νοήματα
Phl 4:7 καὶ τὰ νοήματα **ὑμῶν** ἐν Χριστῷ Ἰησοῦ.
Phl 4:9 εἰρήνης ἔσται μεθ' **ὑμῶν**.
Phl 4:15 οἴδατε δὲ καὶ **ὑμεῖς**,
Phl 4:15 λήμψεως εἰ μὴ **ὑμεῖς** μόνοι,
Phl 4:17 πλεονάζοντα εἰς λόγον **ὑμῶν**.
Phl 4:18 Ἐπαφροδίτου τὰ παρ' **ὑμῶν**,
Phl 4:19 πᾶσαν χρείαν **ὑμῶν** κατὰ τὸ πλοῦτος
Phl 4:21 ἀσπάζονται **ὑμᾶς** οἱ σὺν ἐμοὶ
Phl 4:22 ἀσπάζονται **ὑμᾶς** πάντες οἱ ἅγιοι,
Phl 4:23 μετὰ τοῦ πνεύματος **ὑμῶν**.

ὑπακούω (*hypakouō*; 1/21) *obey*
Phl 2:12 καθὼς πάντοτε **ὑπηκούσατε**,

ὑπάρχω (*hyparchō*; 2/60) *be*
Phl 2:6 μορφῇ θεοῦ **ὑπάρχων** οὐχ ἁρπαγμὸν ἡγήσατο
Phl 3:20 πολίτευμα ἐν οὐρανοῖς **ὑπάρχει**,

ὑπέρ (*hyper*; 7/150) *for, concerning, over*
Phl 1:4 πάσῃ δεήσει μου **ὑπὲρ** πάντων ὑμῶν,
Phl 1:7 ἐμοὶ τοῦτο φρονεῖν **ὑπὲρ** πάντων ὑμῶν διὰ
Phl 1:29 ὑμῖν ἐχαρίσθη τὸ **ὑπὲρ** Χριστοῦ,
Phl 1:29 ἀλλὰ καὶ τὸ **ὑπὲρ** αὐτοῦ πάσχειν,
Phl 2:9 τὸ ὄνομα τὸ **ὑπὲρ** πᾶν ὄνομα,
Phl 2:13 καὶ τὸ ἐνεργεῖν **ὑπὲρ** τῆς εὐδοκίας.
Phl 4:10 ποτὲ ἀνεθάλετε τὸ **ὑπὲρ** ἐμοῦ φρονεῖν,

ὑπερέχω (*hyperechō*; 3/5) *be of more value than*
Phl 2:3 ἀλλήλους ἡγούμενοι **ὑπερέχοντας** ἑαυτῶν,
Phl 3:8 διὰ τὸ **ὑπερέχον** τῆς γνώσεως Χριστοῦ
Phl 4:7 τοῦ θεοῦ ἡ **ὑπερέχουσα** πάντα νοῦν

ὑπερυψόω (*hyperypsoō*; 1/1) *raise to the highest position*
Phl 2:9 ὁ θεὸς αὐτὸν **ὑπερύψωσεν** καὶ ἐχαρίσατο

ὑπήκοος (*hypēkoos*; 1/3) *obedient*
Phl 2:8 ἑαυτὸν γενόμενος **ὑπήκοος** μέχρι θανάτου,

ὑπό (*hypo*; 2/219[220]) *by, under*
Phl 1:28 πτυρόμενοι ἐν μηδενὶ **ὑπὸ** τῶν ἀντικειμένων,
Phl 3:12 ᾧ καὶ κατελήμφθην **ὑπὸ** Χριστοῦ [Ἰησοῦ].

ὑποτάσσω (*hypotassō*; 1/38) *submit, put in subjection*
Phl 3:21 αὐτὸν καὶ **ὑποτάξαι** αὐτῷ τὰ πάντα.

ὑστερέω (*hystereō*; 1/16) *lack*
Phl 4:12 καὶ περισσεύειν καὶ **ὑστερεῖσθαι**·

ὑστέρημα (*hysterēma*; 1/9) *what is lacking*
Phl 2:30 ἀναπληρώσῃ τὸ ὑμῶν **ὑστέρημα** τῆς πρός με

ὑστέρησις (*hysterēsis*; 1/2) *need*
Phl 4:11 οὐχ ὅτι καθ' **ὑστέρησιν** λέγω,

φαίνω (*phainō*; 1/30[31]) *shine*
Phl 2:15 ἐν οἷς **φαίνεσθε** ὡς φωστῆρες ἐν

φανερός (*phaneros*; 1/18) *known*
Phl 1:13 δεσμούς μου **φανεροὺς** ἐν Χριστῷ γενέσθαι

Φαρισαῖος (*Pharisaios*; 1/97[98]) *Pharisee*
Phl 3:5 κατὰ νόμον **Φαρισαῖος**,

φθάνω (*phthanō*; 1/7) *come upon, attain*
Phl 3:16 πλὴν εἰς ὃ **ἐφθάσαμεν**,

φθόνος (*phthonos*; 1/9) *envy*
Phl 1:15 μὲν καὶ διὰ **φθόνον** καὶ ἔριν,

Φιλιππήσιος (*Philippēsios*; 1/1) *Philippian*
Phl 4:15 **Φιλιππήσιοι**,

Φίλιπποι (*Philippoi*; 1/4) *Philippi*
Phl 1:1 τοῖς οὖσιν ἐν **Φιλίπποις** σὺν ἐπισκόποις καὶ

φόβος (*phobos*; 1/47) *fear*
Phl 2:12 μετὰ **φόβου** καὶ τρόμου τὴν

φρονέω (*phroneō*; 10/26) *think*
Phl 1:7 ἐμοὶ τοῦτο **φρονεῖν** ὑπὲρ πάντων ὑμῶν
Phl 2:2 ἵνα τὸ αὐτὸ **φρονῆτε**,
Phl 2:2 τὸ ἓν **φρονοῦντες**,
Phl 2:5 Τοῦτο **φρονεῖτε** ἐν ὑμῖν ὃ
Phl 3:15 τοῦτο **φρονῶμεν**·
Phl 3:15 εἴ τι ἑτέρως **φρονεῖτε**,
Phl 3:19 οἱ τὰ ἐπίγεια **φρονοῦντες**.
Phl 4:2 παρακαλῶ τὸ αὐτὸ **φρονεῖν** ἐν κυρίῳ.
Phl 4:10 τὸ ὑπὲρ ἐμοῦ **φρονεῖν**,
Phl 4:10 ἐφ' ᾧ καὶ **ἐφρονεῖτε**,

φρουρέω (*phroureō*; 1/4) *guard*
Phl 4:7 πάντα νοῦν **φρουρήσει** τὰς καρδίας ὑμῶν

φυλή (*phylē*; 1/31) *tribe*
Phl 3:5 **φυλῆς** Βενιαμίν,

φωστήρ (*phōstēr*; 1/2) *light*
Phl 2:15 οἷς φαίνεσθε ὡς **φωστῆρες** ἐν κόσμῳ,

χαίρω (*chairō*; 9/74) *rejoice*
Phl 1:18 καὶ ἐν τούτῳ **χαίρω**.
Phl 1:18 'Αλλὰ καὶ **χαρήσομαι**,
Phl 2:17 **χαίρω** καὶ συγχαίρω πᾶσιν
Phl 2:18 αὐτὸ καὶ ὑμεῖς **χαίρετε** καὶ συγχαίρετέ μοι.
Phl 2:28 αὐτὸν πάλιν **χαρῆτε** κἀγὼ ἀλυπότερος ὦ.
Phl 3:1 **χαίρετε** ἐν κυρίῳ.
Phl 4:4 **Χαίρετε** ἐν κυρίῳ πάντοτε·
Phl 4:4 **χαίρετε**.
Phl 4:10 **'Εχάρην** δὲ ἐν κυρίῳ

χαρά (*chara*; 5/59) *joy*
Phl 1:4 μετὰ **χαρᾶς** τὴν δέησιν ποιούμενος,
Phl 1:25 ὑμῶν προκοπὴν καὶ **χαρὰν** τῆς πίστεως,
Phl 2:2 πληρώσατέ μου τὴν **χαρὰν** ἵνα τὸ αὐτὸ
Phl 2:29 κυρίῳ μετὰ πάσης **χαρᾶς** καὶ τοὺς τοιούτους
Phl 4:1 **χαρὰ** καὶ στέφανός μου,

χαρίζομαι (*charizomai*; 2/23) *grant, forgive*
Phl 1:29 ὅτι ὑμῖν **ἐχαρίσθη** τὸ ὑπὲρ Χριστοῦ,
Phl 2:9 ὑπερύψωσεν καὶ **ἐχαρίσατο** αὐτῷ τὸ ὄνομα

χάρις (*charis*; 3/155) *grace*
Phl 1:2 **χάρις** ὑμῖν καὶ εἰρήνη
Phl 1:7 μου τῆς **χάριτος** πάντας ὑμᾶς ὄντας.
Phl 4:23 Ἡ **χάρις** τοῦ κυρίου 'Ιησοῦ

χορτάζω (*chortazō*; 1/16) *feed*
Phl 4:12 καὶ **χορτάζεσθαι** καὶ πεινᾶν καὶ

χρεία (*chreia*; 3/49) *need*
Phl 2:25 καὶ λειτουργὸν τῆς **χρείας** μου,
Phl 4:16 δὶς εἰς τὴν **χρείαν** μοι ἐπέμψατε.
Phl 4:19 μου πληρώσει πᾶσαν **χρείαν** ὑμῶν κατὰ τὸ

Χριστός (*Christos*; 37/529) *Christ*
Phl 1:1 καὶ Τιμόθεος δοῦλοι **Χριστοῦ** 'Ιησοῦ πᾶσιν
Phl 1:1 τοῖς ἁγίοις ἐν **Χριστῷ** 'Ιησοῦ τοῖς οὖσιν
Phl 1:2 καὶ κυρίου 'Ιησοῦ **Χριστοῦ**.
Phl 1:6 ἐπιτελέσει ἄχρι ἡμέρας **Χριστοῦ** 'Ιησοῦ·
Phl 1:8 ὑμᾶς ἐν σπλάγχνοις **Χριστοῦ** 'Ιησοῦ.
Phl 1:10 ἀπρόσκοποι εἰς ἡμέραν **Χριστοῦ**,
Phl 1:11 τὸν διὰ 'Ιησοῦ **Χριστοῦ** εἰς δόξαν καὶ
Phl 1:13 μου φανεροὺς ἐν **Χριστῷ** γενέσθαι ἐν ὅλῳ
Phl 1:15 δι' εὐδοκίαν τὸν **Χριστὸν** κηρύσσουσιν·
Phl 1:17 ἐξ ἐριθείας τὸν **Χριστὸν** καταγγέλλουσιν,
Phl 1:18 **Χριστὸς** καταγγέλλεται,
Phl 1:19 τοῦ πνεύματος 'Ιησοῦ **Χριστοῦ**
Phl 1:20 νῦν μεγαλυνθήσεται **Χριστὸς** ἐν τῷ σώματί
Phl 1:21 γὰρ τὸ ζῆν **Χριστὸς** καὶ τὸ ἀποθανεῖν
Phl 1:23 ἀναλῦσαι καὶ σὺν **Χριστῷ** εἶναι,
Phl 1:26 ὑμῶν περισσεύῃ ἐν **Χριστῷ** 'Ιησοῦ ἐν ἐμοὶ
Phl 1:27 τοῦ εὐαγγελίου τοῦ **Χριστοῦ** πολιτεύεσθε,
Phl 1:29 ἐχαρίσθη τὸ ὑπὲρ **Χριστοῦ**,
Phl 2:1 οὖν παράκλησις ἐν **Χριστῷ**,
Phl 2:5 ὃ καὶ ἐν **Χριστῷ** 'Ιησοῦ,
Phl 2:11 ὅτι κύριος 'Ιησοῦς **Χριστὸς** εἰς δόξαν θεοῦ
Phl 2:16 ἐμοὶ εἰς ἡμέραν **Χριστοῦ**,
Phl 2:21 οὐ τὰ 'Ιησοῦ **Χριστοῦ**.
Phl 2:30 τὸ ἔργον **Χριστοῦ** μέχρι θανάτου ἤγγισεν
Phl 3:3 καὶ καυχώμενοι ἐν **Χριστῷ** 'Ιησοῦ καὶ οὐκ
Phl 3:7 ἥγημαι διὰ τὸν **Χριστὸν** ζημίαν.
Phl 3:8 τῆς γνώσεως **Χριστοῦ** 'Ιησοῦ τοῦ κυρίου
Phl 3:8 ἵνα **Χριστὸν** κερδήσω
Phl 3:9 τὴν διὰ πίστεως **Χριστοῦ**,
Phl 3:12 καὶ κατελήμφθην ὑπὸ **Χριστοῦ** ['Ιησοῦ].
Phl 3:14 τοῦ θεοῦ ἐν **Χριστῷ** 'Ιησοῦ.
Phl 3:18 τοῦ σταυροῦ τοῦ **Χριστοῦ**,
Phl 3:20 ἀπεκδεχόμεθα κύριον 'Ιησοῦν **Χριστόν**,
Phl 4:7 νοήματα ὑμῶν ἐν **Χριστῷ** 'Ιησοῦ.
Phl 4:19 ἐν δόξῃ ἐν **Χριστῷ** 'Ιησοῦ.
Phl 4:21 πάντα ἅγιον ἐν **Χριστῷ** 'Ιησοῦ.
Phl 4:23 κυρίου 'Ιησοῦ **Χριστοῦ** μετὰ τοῦ πνεύματος

χωρίς (*chōris*; 1/41) *without*
Phl 2:14 ποιεῖτε **χωρὶς** γογγυσμῶν καὶ διαλογισμῶν,

ψυχή (*psychē*; 2/103) *soul, life, self*
Phl 1:27 μιᾷ **ψυχῇ** συναθλοῦντες τῇ πίστει
Phl 2:30 ἤγγισεν παραβολευσάμενος τῇ **ψυχῇ**,

ὡς (*hōs*; 7/503[504]) *as*
Phl 1:8 μου ὁ θεός **ὡς** ἐπιποθῶ πάντας ὑμᾶς
Phl 1:20 ἐν πάσῃ παρρησίᾳ **ὡς** πάντοτε καὶ νῦν
Phl 2:7 καὶ σχήματι εὑρεθεὶς **ὡς** ἄνθρωπος
Phl 2:12 μὴ **ὡς** ἐν τῇ παρουσίᾳ
Phl 2:15 ἐν οἷς φαίνεσθε **ὡς** φωστῆρες ἐν κόσμῳ,
Phl 2:22 ὅτι **ὡς** πατρὶ τέκνον σὺν
Phl 2:23 οὖν ἐλπίζω πέμψαι **ὡς** ἂν ἀφίδω τὰ

ὥστε (*hōste*; 3/83) *so that*
Phl 1:13 **ὥστε** τοὺς δεσμούς μου
Phl 2:12 **Ὥστε**,
Phl 4:1 **Ὥστε**,

Frequency List (Alphabetical Order)

1 ἀγαθός
4 ἀγάπη
3 ἀγαπητός
3 ἅγιος
1 ἁγνός
1* ἁγνῶς
1 ἀγών
9 ἀδελφός
1 ἀδημονέω
1 αἱρέω
1* αἴσθησις
1 αἰσχύνη
1 αἰσχύνω
1 αἴτημα
2 αἰών
1* ἀκαιρέομαι
1 ἀκέραιος
4 ἀκούω
1 ἀλήθεια
1 ἀληθής
15 ἀλλά
1 ἀλλήλων
1 ἄλλος
1* ἄλυπος
2 ἄμεμπτος
1 ἀμήν
1 ἄμωμος
1 ἄν
2 ἀναγκαῖος
1* ἀναθάλλω
1 ἀναλύω
1 ἀναπληρόω
1 ἀνάστασις
3 ἄνθρωπος
1 ἀντίκειμαι
1 ἄνω
1 ἀξίως
1 ἅπαξ
1 ἄπειμι
1 ἀπεκδέχομαι
1 ἀπέχω
4 ἀπό
1 ἀποβαίνω
1 ἀποθνήσκω
1 ἀποκαλύπτω
1 ἀποκαραδοκία
2 ἀπολογία
1 ἀπόστολος
1* ἀπουσία
1 ἀπρόσκοπος
2 ἀπώλεια
1 ἀρετή
1* ἁρπαγμός
1 ἀρχή
2 ἀσθενέω
3 ἀσπάζομαι
1 ἀσφαλής
1* αὐτάρκης
31° αὐτός

1 ἀφόβως
1 ἀφοράω
2 ἄχρι
1 βεβαίωσις
1 Βενιαμίν
1 βίβλος
3 βλέπω
1 βούλομαι
1 βραβεῖον
13 γάρ
1 γενεά
1 γένος
6 γίνομαι
5 γινώσκω
1 γλῶσσα
1 γνήσιος
1* γνησίως
2 γνωρίζω
1 γνῶσις
1 γογγυσμός
1 γόνυ
1 γράφω
27 δέ
4 δέησις
1 δεκτός
4 δεσμός
1 δέχομαι
14 διά
1 διάκονος
1 διαλογισμός
1 διαστρέφω
1 διαφέρω
2 δίκαιος
4 δικαιοσύνη
1 διό
1 διότι
1 δίς
3 διώκω
1 δοκέω
1 δοκιμάζω
1 δοκιμή
1 δόμα
6 δόξα
1 δόσις
1 δουλεύω
2 δοῦλος
1 δύναμαι
1 δύναμις
1 δύο
6 ἑαυτοῦ
2 Ἑβραῖος
1 ἐγγίζω
1 ἐγγύς
1 ἐγείρω
52 ἐγώ
2013 εἰ
1 εἰλικρινής
17 εἰμί
3 εἰρήνη
23 εἰς

4 εἷς
6 εἴτε
10 ἐκ
2 ἕκαστος
2 ἐκκλησία
1 ἐλεέω
2 ἐλπίζω
1 ἐλπίς
1 ἐμαυτοῦ
2 ἐμός
1 ἔμπροσθεν
66 ἐν
1 ἐνάρχομαι
1 ἔνδειξις
1 ἐνδυναμόω
1 ἐνέργεια
2 ἐνεργέω
1 ἔντιμος
1* ἐξανάστασις
1 ἐξαυτῆς
1 ἐξέρχομαι
1 ἐξομολογέω
2 ἔπαινος
2* Ἐπαφρόδιτος
1 ἐπειδή
1* ἐπεκτείνομαι
1 ἐπέχω
7 ἐπί
2 ἐπίγειος
1 ἐπίγνωσις
1 ἐπιεικής
2 ἐπιζητέω
1 ἐπιθυμία
1 ἐπιλανθάνομαι
1 ἐπιμένω
2 ἐπιποθέω
1* ἐπιπόθητος
1 ἐπίσκοπος
1 ἐπιτελέω
1 ἐπιχορηγία
1 ἐπουράνιος
1 ἐργάτης
3 ἔργον
2 ἐριθεία
1 ἔρις
3 ἔρχομαι
1 ἐρωτάω
1 ἕτερος
1* ἑτέρως
1 ἔτι
9 εὐαγγέλιον
1 εὐάρεστος
2 εὐδοκία
1* Εὐοδία
2 εὑρίσκω
1* εὔφημος
1 εὐχαριστέω
1 εὐχαριστία
1* εὐψυχέω
1 εὐωδία

1 ἐχθρός
10 ἔχω
2 ζάω
1 ζῆλος
2 ζημία
1 ζημιόω
1 ζητέω
3 ζωή
6 ἡγέομαι
3 ἤδη
6 ἡμεῖς
4 ἡμέρα
6 θάνατος
1 θέλω
23 θεός
1 Θεσσαλονίκη
2 θλῖψις
2 θυσία
22 Ἰησοῦς
12 ἵνα
1 ἴσος
1* ἰσόψυχος
1 Ἰσραήλ
1 ἰσχύω
2 κἀγώ
3 καθώς
107° καί
1 καίπερ
1 Καῖσαρ
1 κακός
1 καλῶς
1 κάμπτω
2 καρδία
3 καρπός
11 κατά
2 καταγγέλλω
3 καταλαμβάνω
1 καταντάω
1* κατατομή
1* καταχθόνιος
1 κατεργάζομαι
1 καυχάομαι
2 καύχημα
1 κεῖμαι
1* κενοδοξία
2 κενός
1 κενόω
1 κερδαίνω
2 κέρδος
1 κηρύσσω
1 κλαίω
1* Κλήμης
1 κλῆσις
1 κοιλία
1 κοινωνέω
3 κοινωνία
1 κοπιάω
1 κόσμος
1 κρείττων
15 κύριος

1 κύων
1 λαλέω
2 λαμβάνω
1 λατρεύω
4 λέγω
2 λειτουργία
1 λειτουργός
1* λῆμψις
2 λογίζομαι
4 λόγος
4 λοιπός
2 λύπη
1 Μακεδονία
1 μάλιστα
6 μᾶλλον
2 μανθάνω
1 μάρτυς
1 μεγαλύνω
1* μεγάλως
5 μέν
1 μενοῦνγε
1 μένω
2 μεριμνάω
1 μέσος
7 μετά
1 μετασχηματίζω
2 μέχρι
6 μή
1 μηδέ
3 μηδείς
1 μνεία
5 μόνος
2* μορφή
1* μυέω
1 ναί
1 νεκρός
1 νόημα
3 νόμος
1 νοῦς
5 νῦν
192° ὁ
6 οἶδα
1 οἰκία
1 οἰκτιρμός
1 οἴομαι
1 οἷος
1 ὀκνηρός
1* ὀκταήμερος
1 ὅλος
1 ὁμοίωμα
4 ὄνομα
1 ὀπίσω
4 ὁράω
15 ὅς
1 ὀσμή
7 ὅσος
4 ὅστις
1 ὅτε
21 ὅτι
13 οὐ

1 οὐδέ
3 οὐδείς
5 οὖν
1 οὐρανός
15 οὗτος
2 οὕτως
1 πάθημα
3 πάλιν
4 πάντοτε
2 παρά
1* παραβολεύομαι
2 παρακαλέω
1 παράκλησις
1 παραλαμβάνω
1 παραμένω
1* παραμύθιον
1* παραπλήσιος
2 παρουσία
1 παρρησία
33 πᾶς
1 πάσχω
4 πατήρ
1 Παῦλος
6 πείθω
1 πεινάω
5 πέμπω
1 πεποίθησις
4 περί
2 περιπατέω
5 περισσεύω
1 περισσοτέρως
2 περιτομή
1 πιστεύω
5 πίστις
1 πλεονάζω
3 πλήν
4 πληρόω
1 πλοῦτος
5 πνεῦμα
3 ποιέω
1* πολίτευμα
1 πολιτεύομαι
1 πολλάκις
4 πολύς
1 ποτέ
1 πραιτώριον
1 πράσσω
2 προκοπή
4 πρός
1 προσδέχομαι
1 προσευχή
1 προσεύχομαι
1* προσφιλής
1 πρόφασις
1 πρῶτος
1* πτύρω
1 πώς
5 σάρξ
1 σεμνός
1 σκολιός
2 σκοπέω
1* σκοπός
1* σκύβαλον
1 σπένδω
2 σπλάγχνον
1 σπουδαίως
2 σταυρός
1 στέφανος
2 στήκω
1 στοιχέω
1 σύ
1 συγκοινωνέω
1 συγκοινωνός
2 συγχαίρω
1* σύζυγος
1 συλλαμβάνω
1* συμμιμητής
1* συμμορφίζω
1 σύμμορφος
1* σύμψυχος
4 σύν
2* συναθλέω
2 συνεργός
1 συνέχω
1* Συντύχη
1 συστρατιώτης
1 σχῆμα
3 σῶμα
1 σωτήρ
3 σωτηρία
1 ταπεινοφροσύνη
2 ταπεινόω
1 ταπείνωσις
2 ταχέως
1 τέ
2 τέκνον
1 τέλειος
1 τελειόω
1 τέλος
2 Τιμόθεος
2 τίς
10 τις
1 τό
1 τοιοῦτος
1 τολμάω
1 τρέχω
1 τρόμος
1 τρόπος
1 τύπος
51 ὑμεῖς
1 ὑπακούω
2 ὑπάρχω
7 ὑπέρ
3 ὑπερέχω
1* ὑπερυψόω
1 ὑπήκοος
2 ὑπό
1 ὑποτάσσω
1 ὑστερέω
1 ὑστέρημα
1 ὑστέρησις
1 φαίνω
1 φανερός
1 Φαρισαῖος
1 φθάνω
1 φθόνος
1* Φιλιππήσιος
1 Φίλιπποι
1 φόβος
10 φρονέω
1 φρουρέω
1 φυλή
1 φωστήρ
9 χαίρω
5 χαρά
2 χαρίζομαι
3 χάρις
1 χορτάζω
3 χρεία
37 Χριστός
1 χωρίς
2 ψυχή
7 ὡς
3 ὥστε

° Not included in concordance
* Word only occurs in this book

Frequency List (in Order of Occurrence)

192° ὁ
107° καί
66 ἐν
52 ἐγώ
51 ὑμεῖς
37 Χριστός
33 πᾶς
31° αὐτός
27 δέ
23 εἰς
23 θεός
22 Ἰησοῦς
21 ὅτι
17 εἰμί
15 ἀλλά
15 κύριος
15 ὅς
15 οὗτος
14 διά
13 γάρ
13 εἰ
13 οὐ
12 ἵνα
11 κατά
10 ἐκ
10 ἔχω
10 τις
10 φρονέω
9 ἀδελφός
9 εὐαγγέλιον
9 χαίρω
7 ἐπί
7 μετά
7 ὅσος
7 ὑπέρ
7 ὡς
6 γίνομαι
6 δόξα
6 ἑαυτοῦ
6 εἴτε
6 ἡγέομαι
6 ἡμεῖς
6 θάνατος
6 μᾶλλον
6 μή
6 οἶδα
6 πείθω
5 γινώσκω
5 μέν
5 μόνος
5 νῦν
5 οὖν
5 πέμπω
5 περισσεύω
5 πίστις
5 πνεῦμα
5 σάρξ
5 χαρά
4 ἀγάπη
4 ἀκούω
4 ἀπό
4 δέησις
4 δεσμός
4 δικαιοσύνη
4 εἷς
4 ἡμέρα
4 λέγω
4 λόγος
4 λοιπός
4 ὄνομα
4 ὁράω
4 ὅστις
4 πάντοτε
4 πατήρ
4 περί
4 πληρόω
4 πολύς
4 πρός
4 σύν
3 ἀγαπητός
3 ἅγιος
3 ἄνθρωπος
3 ἀσπάζομαι
3 βλέπω
3 διώκω
3 εἰρήνη
3 ἔργον
3 ἔρχομαι
3 ζωή
3 ἤδη
3 καθώς
3 καρπός
3 καταλαμβάνω
3 κοινωνία
3 μηδείς
3 νόμος
3 οὐδείς
3 πάλιν
3 πλήν
3 ποιέω
3 σῶμα
3 σωτηρία
3 ὑπερέχω
3 χάρις
3 χρεία
3 ὥστε
2 αἰών
2 ἄμεμπτος
2 ἀναγκαῖος
2 ἀπολογία
2 ἀπώλεια
2 ἀσθενέω
2 ἄχρι
2 γνωρίζω
2 δίκαιος
2 δοῦλος
2 Ἑβραῖος
2 ἕκαστος
2 ἐκκλησία
2 ἐλπίζω
2 ἐμός
2 ἐνεργέω
2 ἔπαινος
2* Ἐπαφρόδιτος
2 ἐπίγειος
2 ἐπιζητέω
2 ἐπιποθέω
2 ἐριθεία
2 εὐδοκία
2 εὑρίσκω
2 ζάω
2 ζημία
2 θλῖψις
2 θυσία
2 κἀγώ
2 καρδία
2 καταγγέλλω
2 καύχημα
2 κενός
2 κέρδος
2 λαμβάνω
2 λειτουργία
2 λογίζομαι
2 λύπη
2 μανθάνω
2 μεριμνάω
2 μέχρι
2* μορφή
2 οὕτως
2 παρά
2 παρακαλέω
2 παρουσία
2 περιπατέω
2 περιτομή
2 προκοπή
2 σκοπέω
2 σπλάγχνον
2 σταυρός
2 στήκω
2 συγχαίρω
2* συναθλέω
2 συνεργός
2 ταπεινόω
2 ταχέως
2 τέκνον
2 Τιμόθεος
2 τίς
2 ὑπάρχω
2 ὑπό
2 χαρίζομαι
2 ψυχή
1 ἀγαθός
1 ἁγνός
1* ἁγνῶς
1 ἀγών
1 ἀδημονέω
1 αἱρέω
1* αἴσθησις
1 αἰσχύνη
1 αἰσχύνω
1 αἴτημα
1* ἀκαιρέομαι
1 ἀκέραιος
1 ἀλήθεια
1 ἀληθής
1 ἀλλήλων
1 ἄλλος
1* ἄλυπος
1 ἀμήν
1 ἄμωμος
1 ἄν
1* ἀναθάλλω
1 ἀναλύω
1 ἀναπληρόω
1 ἀνάστασις
1 ἀντίκειμαι
1 ἄνω
1 ἀξίως
1 ἅπαξ
1 ἄπειμι
1 ἀπεκδέχομαι
1 ἀπέχω
1 ἀποβαίνω
1 ἀποθνῄσκω
1 ἀποκαλύπτω
1 ἀποκαραδοκία
1 ἀπόστολος
1* ἀπουσία
1 ἀπρόσκοπος
1 ἀρετή
1* ἁρπαγμός
1 ἀρχή
1 ἀσφαλής
1* αὐτάρκης
1 ἀφόβως
1 ἀφοράω
1 βεβαίωσις
1 Βενιαμίν
1 βίβλος
1 βούλομαι
1 βραβεῖον
1 γενεά
1 γένος
1 γλῶσσα
1 γνήσιος
1* γνησίως
1 γνῶσις
1 γογγυσμός
1 γόνυ
1 γράφω
1 δεκτός
1 δέχομαι
1 διάκονος
1 διαλογισμός
1 διαστρέφω
1 διαφέρω
1 διό
1 διότι
1 δίς
1 δοκέω
1 δοκιμάζω
1 δοκιμή
1 δόμα
1 δόσις
1 δουλεύω
1 δύναμαι
1 δύναμις
1 δύο
1 ἐγγίζω
1 ἐγγύς
1 ἐγείρω
1 εἰλικρινής
1 ἐλεέω
1 ἐλπίς
1 ἐμαυτοῦ
1 ἔμπροσθεν
1 ἐνάρχομαι
1 ἔνδειξις
1 ἐνδυναμόω
1 ἐνέργεια
1 ἔντιμος
1* ἐξανάστασις
1 ἐξαυτῆς
1 ἐξέρχομαι
1 ἐξομολογέω
1 ἐπειδή
1* ἐπεκτείνομαι
1 ἐπέχω
1 ἐπίγνωσις
1 ἐπιεικής
1 ἐπιθυμία
1 ἐπιλανθάνομαι
1 ἐπιμένω
1* ἐπιπόθητος
1 ἐπίσκοπος
1 ἐπιτελέω
1 ἐπιχορηγία
1 ἐπουράνιος
1 ἐργάτης
1 ἔρις
1 ἐρωτάω
1 ἕτερος
1* ἑτέρως
1 ἔτι
1 εὐάρεστος
1* Εὐοδία
1* εὔφημος
1 εὐχαριστέω
1 εὐχαριστία
1* εὐψυχέω
1 εὐωδία
1 ἐχθρός
1 ζῆλος
1 ζημιόω
1 ζητέω
1 θέλω
1 Θεσσαλονίκη
1 ἴσος
1* ἰσόψυχος
1 Ἰσραήλ

1 ἰσχύω
1 καίπερ
1 Καῖσαρ
1 κακός
1 καλῶς
1 κάμπτω
1 καταντάω
1* κατατομή
1* καταχθόνιος
1 κατεργάζομαι
1 καυχάομαι
1 κεῖμαι
1* κενοδοξία
1 κενόω
1 κερδαίνω
1 κηρύσσω
1 κλαίω
1* Κλήμης
1 κλῆσις
1 κοιλία
1 κοινωνέω
1 κοπιάω
1 κόσμος
1 κρείττων
1 κύων
1 λαλέω
1 λατρεύω
1 λειτουργός
1* λῆμψις
1 Μακεδονία
1 μάλιστα
1 μάρτυς
1 μεγαλύνω
1* μεγάλως
1 μενοῦνγε
1 μένω
1 μέσος
1 μετασχηματίζω
1 μηδέ
1 μνεία
1* μυέω
1 ναί
1 νεκρός
1 νόημα
1 νοῦς
1 οἰκία
1 οἰκτιρμός
1 οἴομαι
1 οἷος
1 ὀκνηρός
1* ὀκταήμερος
1 ὅλος
1 ὁμοίωμα
1 ὀπίσω
1 ὀσμή
1 ὅτε
1 οὐδέ
1 οὐρανός
1 πάθημα
1* παραβολεύομαι
1 παράκλησις
1 παραλαμβάνω
1 παραμένω
1* παραμύθιον
1* παραπλήσιος
1 παρρησία
1 πάσχω
1 Παῦλος
1 πεινάω
1 πεποίθησις
1 περισσοτέρως
1 πιστεύω
1 πλεονάζω
1 πλοῦτος
1* πολίτευμα
1 πολιτεύομαι
1 πολλάκις
1 ποτέ
1 πραιτώριον
1 πράσσω
1 προσδέχομαι
1 προσευχή
1 προσεύχομαι
1* προσφιλής
1 πρόφασις
1 πρῶτος
1* πτύρω
1 πώς
1 σεμνός
1 σκολιός
1* σκοπός
1* σκύβαλον
1 σπένδω
1 σπουδαίως
1 στέφανος
1 στοιχέω
1 σύ
1 συγκοινωνέω
1 συγκοινωνός
1* σύζυγος
1 συλλαμβάνω
1* συμμιμητής
1* συμμορφίζω
1 σύμμορφος
1* σύμψυχος
1 συνέχω
1* Συντύχη
1 συστρατιώτης
1 σχῆμα
1 σωτήρ
1 ταπεινοφροσύνη
1 ταπείνωσις
1 τέ
1 τέλειος
1 τελειόω
1 τέλος
1 τό
1 τοιοῦτος
1 τολμάω
1 τρέχω
1 τρόμος
1 τρόπος
1 τύπος
1 ὑπακούω
1* ὑπερυψόω
1 ὑπήκοος
1 ὑποτάσσω
1 ὑστερέω
1 ὑστέρημα
1 ὑστέρησις
1 φαίνω
1 φανερός
1 Φαρισαῖος
1 φθάνω
1 φθόνος
1* Φιλιππήσιος
1 Φίλιπποι
1 φόβος
1 φρουρέω
1 φυλή
1 φωστήρ
1 χορτάζω
1 χωρίς

° Not included in concordance
* Word only occurs in this book

Colossians – Statistics

432 Total word count
19 Number of words occurring at least 10 times
267 Number of words occurring once

Words whose occurrences in this book account for at least 25% of occurrences in the entire NT

100%

2/2 ἀπεκδύομαι (*apekdyomai*; disarm)

1/1 ἀθυμέω (*athymeō*; become discouraged or disheartened), αἰσχρολογία (*aischrologia*; obscene speech), ἀνεψιός (*anepsios*; cousin), ἀνταναπληρόω (*antanaplēroō*; complete), ἀνταπόδοσις (*antapodosis*; compensation), ἀπέκδυσις (*apekdysis*; putting off), ἀπόχρησις (*apochrēsis*; process of being used), ἀρεσκεία (*areskeia*; desire to please), ἀφειδία (*apheidia*; severe discipline), βραβεύω (*brabeuō*; act as judge or umpire), δογματίζω (*dogmatizō*; obey rules and regulations), ἐθελοθρησκία (*ethelothrēskia*; self-imposed piety or religion), εἰρηνοποιέω (*eirēnopoieō*; make peace), ἐμβατεύω (*embateuō*; take one's stand on), εὐχάριστος (*eucharistos*; thankful), θεότης (*theotēs*; deity), Ἱεράπολις (*Hierapolis*; Hierapolis), καταβραβεύω (*katabrabeuō*; rule against), Κολοσσαί (*Kolossai*; Colossa), Λαοδικεύς (*Laodikeus*; a Laodicean), μετακινέω (*metakineō*; shift), μομφή (*momphē*; cause for complaint), νεομηνία (*neomēnia*; new moon festival), Νύμφαν (*Nymphan*; Nympha or Numfa), ὁρατός (*horatos*; visible), παρηγορία (*parēgoria*; comfort), πιθανολογία (*pithanologia*; attractive [but false] argument), πλησμονή (*plēsmonē*; satisfaction), προακούω (*proakouō*; hear before or previously), προσηλόω (*prosēloō*; nail to), πρωτεύω (*prōteuō*; have first place), Σκύθης (*Skythēs*; Scythian), στερέωμα (*stereōma*; firmness), συλαγωγέω (*sylagōgeō*; make a captive of), σωματικῶς (*sōmatikōs*; in bodily form), φιλοσοφία (*philosophia*; philosophy), χειρόγραφον (*cheirographon*; record of one's debts)

66%

4/6 Λαοδίκεια (*Laodikeia*; Laodicea)

2/3 ἀποκαταλλάσσω (*apokatallassō*; reconcile), Ἐπαφρᾶς (*Epaphras*; Epaphras), συνεγείρω (*synegeirō*; raise together with)

50%

2/4 σύνδεσμος (*syndesmos*; that which binds together)

1/2 ἀνακαινόω (*anakainoō*; renew), ἀνθρωπάρεσκος (*anthrōpareskos*; people-pleaser), Ἄρχιππος (*Archippos*; Archippus), αὔξησις (*auxēsis*; growth), ἁφή (*haphē*; ligament), δειγματίζω (*deigmatizō*; disgrace), δυναμόω (*dynamoō*; strengthen), ἐρεθίζω (*erethizō*; stir up), θριαμβεύω (*thriambeuō*; lead), ἱκανόω (*hikanoō*; make capable), Ὀνήσιμος (*Onēsimos*; Onesimus), ὀφθαλμοδουλία (*ophthalmodoulia*; service rendered merely for the sake of impressing others), παραλογίζομαι (*paralogizomai*; deceive), ῥιζόω (*rhizoō*; be firmly rooted), συζωοποιέω (*syzōopoieō*; make alive together with), συνθάπτω (*synthaptō*; be buried together with), τελειότης (*teleiotēs*; completeness), ὕμνος (*hymnos*; hymn), ὑπεναντίος (*hypenantios*; against)

42%

3/7 ταπεινοφροσύνη (*tapeinophrosynē*; humility)

<u>40%</u>

2/5 ἀόρατος (*aoratos*; invisible)

<u>33%</u>

1/3 ἀνήκω (*anēkō*; it is proper or right), ἀπαλλοτριόω (*apallotrioō*; be a stranger to), ἀπόκρυφος (*apokryphos*; secret), ἀρτύω (*artyō*; season), ἀχειροποίητος (*acheiropoiētos*; not made by human hand[s]), Δημᾶς (*Dēmas*; Demas), ἑδραῖος (*hedraios*; firm), ἔνταλμα (*entalma*; commandment), ἡλίκος (*hēlikos*; how great), θιγγάνω (*thinganō*; touch), Ἰοῦστος (*Ioustos*; Justus), ἰσότης (*isotēs*; equality), κατενώπιον (*katenōpion*; before), Λουκᾶς (*Loukas*; Luke), νεκρόω (*nekroō*; put to death), πάθος (*pathos*; lustful passion), πόσις (*posis*; drink), συναιχμάλωτος (*synaichmalōtos*; fellow-prisoner)

<u>28%</u>

2/7 στοιχεῖον (*stoicheion*; elements), συμβιβάζω (*symbibazō*; bring together), σύνεσις (*synesis*; understanding)

Colossians – Concordance

ἀγαθός (*agathos*; 1/102) *good*
Col 1:10 ἐν παντὶ ἔργῳ **ἀγαθῷ** καρποφοροῦντες καὶ

ἀγαπάω (*agapaō*; 2/143) *love*
Col 3:12 θεοῦ ἅγιοι καὶ **ἠγαπημένοι**,
Col 3:19 **ἀγαπᾶτε** τὰς γυναῖκας καὶ

ἀγάπη (*agapē*; 5/116) *love*
Col 1:4 Ἰησοῦ καὶ τὴν **ἀγάπην** ἣν ἔχετε εἰς
Col 1:8 ἡμῖν τὴν ὑμῶν **ἀγάπην** ἐν πνεύματι.
Col 1:13 τοῦ υἱοῦ τῆς **ἀγάπης** αὐτοῦ,
Col 2:2 αὐτῶν συμβιβασθέντες ἐν **ἀγάπῃ** καὶ εἰς πᾶν
Col 3:14 δὲ τούτοις τὴν **ἀγάπην**,

ἀγαπητός (*agapētos*; 4/61) *beloved*
Col 1:7 ἀπὸ Ἐπαφρᾶ τοῦ **ἀγαπητοῦ** συνδούλου ἡμῶν,
Col 4:7 Τύχικος ὁ **ἀγαπητὸς** ἀδελφὸς καὶ πιστὸς
Col 4:9 τῷ πιστῷ καὶ **ἀγαπητῷ** ἀδελφῷ,
Col 4:14 ὁ ἰατρὸς ὁ **ἀγαπητὸς** καὶ Δημᾶς.

ἄγγελος (*angelos*; 1/175) *angel, messenger*
Col 2:18 καὶ θρησκείᾳ τῶν **ἀγγέλων**,

ἅγιος (*hagios*; 6/233) *holy, set apart*
Col 1:2 τοῖς ἐν Κολοσσαῖς **ἁγίοις** καὶ πιστοῖς
Col 1:4 εἰς πάντας τοὺς **ἁγίους**
Col 1:12 τοῦ κλήρου τῶν **ἁγίων** ἐν τῷ φωτί·
Col 1:22 παραστῆσαι ὑμᾶς **ἁγίους** καὶ ἀμώμους καὶ
Col 1:26 δὲ ἐφανερώθη τοῖς **ἁγίοις** αὐτοῦ,
Col 3:12 ἐκλεκτοὶ τοῦ θεοῦ **ἅγιοι** καὶ ἠγαπημένοι,

ἀγών (*agōn*; 1/6) *struggle*
Col 2:1 ὑμᾶς εἰδέναι ἡλίκον **ἀγῶνα** ἔχω ὑπὲρ ὑμῶν

ἀγωνίζομαι (*agōnizomai*; 2/8) *struggle, fight*
Col 1:29 κοπιῶ **ἀγωνιζόμενος** κατὰ τὴν ἐνέργειαν
Col 4:12 πάντοτε **ἀγωνιζόμενος** ὑπὲρ ὑμῶν ἐν

ἀδελφός (*adelphos*; 5/343) *brother*
Col 1:1 καὶ Τιμόθεος ὁ **ἀδελφὸς**
Col 1:2 ἁγίοις καὶ πιστοῖς **ἀδελφοῖς** ἐν Χριστῷ,
Col 4:7 ὁ ἀγαπητὸς **ἀδελφὸς** καὶ πιστὸς διάκονος
Col 4:9 πιστῷ καὶ ἀγαπητῷ **ἀδελφῷ**,
Col 4:15 τοὺς ἐν Λαοδικείᾳ **ἀδελφοὺς** καὶ Νύμφαν καὶ

ἀδικέω (*adikeō*; 2/28) *wrong*
Col 3:25 ὁ γὰρ **ἀδικῶν** κομίσεται ὃ ἠδίκησεν,
Col 3:25 ἀδικῶν κομίσεται ὃ **ἠδίκησεν**,

ᾄδω (*adō*; 1/5) *sing*
Col 3:16 ἐν [τῇ] χάριτι **ᾄδοντες** ἐν ταῖς καρδίαις

ἀθυμέω (*athymeō*; 1/1) *become discouraged or disheartened*
Col 3:21 ἵνα μὴ **ἀθυμῶσιν**.

αἷμα (*haima*; 1/97) *blood*
Col 1:20 εἰρηνοποιήσας διὰ τοῦ **αἵματος** τοῦ σταυροῦ

αἴρω (*airō*; 1/100[101]) *take, take up or away*
Col 2:14 καὶ αὐτὸ ἦρκεν **ἐκ** τοῦ μέσου προσηλώσας

αἰσχρολογία (*aischrologia*; 1/1) *obscene speech*
Col 3:8 **αἰσχρολογίαν** ἐκ τοῦ στόματος

αἰτέω (*aiteō*; 1/70) *ask*
Col 1:9 ὑμῶν προσευχόμενοι καὶ **αἰτούμενοι**,

αἰών (*aiōn*; 1/122) *age*
Col 1:26 ἀποκεκρυμμένον ἀπὸ τῶν **αἰώνων** καὶ ἀπὸ

ἀκαθαρσία (*akatharsia*; 1/10) *impurity*
Col 3:5 πορνείαν **ἀκαθαρσίαν** πάθος ἐπιθυμίαν

ἀκούω (*akouō*; 4/426[428]) *hear*
Col 1:4 **ἀκούσαντες** τὴν πίστιν ὑμῶν
Col 1:6 ἀφ' ἧς ἡμέρας **ἠκούσατε** καὶ ἐπέγνωτε τὴν
Col 1:9 ἀφ' ἧς ἡμέρας **ἠκούσαμεν**,
Col 1:23 τοῦ εὐαγγελίου οὗ **ἠκούσατε**,

ἀκροβυστία (*akrobystia*; 2/20) *uncircumcision*
Col 2:13 καὶ τῇ **ἀκροβυστίᾳ** τῆς σαρκὸς ὑμῶν,
Col 3:11 περιτομὴ καὶ **ἀκροβυστία**,

ἅλας (*halas*; 1/8) *salt*
Col 4:6 **ἅλατι** ἠρτυμένος,

ἀλήθεια (*alētheia*; 2/109) *truth*
Col 1:5 τῷ λόγῳ τῆς **ἀληθείας** τοῦ εὐαγγελίου
Col 1:6 τοῦ θεοῦ ἐν **ἀληθείᾳ**·

ἀλλά (*alla*; 3/638) *but*
Col 2:5 **ἀλλὰ** τῷ πνεύματι σὺν
Col 3:11 **ἀλλὰ** [τὰ] πάντα καὶ
Col 3:22 **ἀλλ'** ἐν ἁπλότητι καρδίας

ἀλλήλων (*allēlōn*; 2/100) *one another*
Col 3:9 μὴ ψεύδεσθε εἰς **ἀλλήλους**,
Col 3:13 ἀνεχόμενοι **ἀλλήλων** καὶ χαριζόμενοι

ἅμα (*hama*; 1/10) *at the same time*
Col 4:3 προσευχόμενοι **ἅμα** καὶ περὶ ἡμῶν,

ἁμαρτία (*hamartia*; 1/173) *sin*
Col 1:14 τὴν ἄφεσιν τῶν **ἁμαρτιῶν**·

ἄμωμος (*amōmos*; 1/8) *faultless*
Col 1:22 ὑμᾶς ἁγίους καὶ **ἀμώμους** καὶ ἀνεγκλήτους

ἀναγινώσκω (*anaginōskō*; 3/32) *read*
Col 4:16 καὶ ὅταν **ἀναγνωσθῇ** παρ' ὑμῖν ἡ
Col 4:16 τῇ Λαοδικέων ἐκκλησίᾳ **ἀναγνωσθῇ**,
Col 4:16 ἵνα καὶ ὑμεῖς **ἀναγνῶτε**.

ἀνακαινόω (*anakainoō*; 1/2) *renew*
Col 3:10 τὸν νέον τὸν **ἀνακαινούμενον** εἰς ἐπίγνωσιν

ἀνέγκλητος (*anenklētos*; 1/5) *beyond reproach*
Col 1:22 καὶ ἀμώμους καὶ **ἀνεγκλήτους** κατενώπιον

ἀνέχομαι (*anechomai*; 1/15) *endure*
Col 3:13 **ἀνεχόμενοι** ἀλλήλων καὶ χαριζόμενοι

ἀνεψιός (*anepsios*; 1/1) *cousin*
Col 4:10 καὶ Μᾶρκος ὁ **ἀνεψιὸς** Βαρναβᾶ περὶ οὗ

ἀνήκω (*anēkō*; 1/3) *it is proper or right*
Col 3:18 τοῖς ἀνδράσιν ὡς **ἀνῆκεν** ἐν κυρίῳ.

ἀνήρ (*anēr*; 2/216) *man, husband*
Col 3:18 ὑποτάσσεσθε τοῖς **ἀνδράσιν** ὡς ἀνῆκεν ἐν
Col 3:19 Οἱ **ἄνδρες**,

ἀνθρωπάρεσκος (*anthrōpareskos*; 1/2) *people-pleaser*
Col 3:22 ἐν ὀφθαλμοδουλίᾳ ὡς **ἀνθρωπάρεσκοι**,

ἄνθρωπος (*anthrōpos*; 7/550) *man, human being (pl. people)*
Col 1:28 πάντα **ἄνθρωπον** καὶ διδάσκοντες πάντα
Col 1:28 πάντα **ἄνθρωπον** ἐν πάσῃ σοφίᾳ,
Col 1:28 πάντα **ἄνθρωπον** τέλειον ἐν Χριστῷ·
Col 2:8 τὴν παράδοσιν τῶν **ἀνθρώπων**,
Col 2:22 καὶ διδασκαλίας τῶν **ἀνθρώπων**,
Col 3:9 τὸν παλαιὸν **ἄνθρωπον** σὺν ταῖς πράξεσιν
Col 3:23 κυρίῳ καὶ οὐκ **ἀνθρώποις**,

ἀνοίγω (*anoigō*; 1/77) *open*
Col 4:3 ἵνα ὁ θεὸς **ἀνοίξῃ** ἡμῖν θύραν τοῦ

ἀνταναπληρόω (*antanaplēroō*; 1/1) *complete*
Col 1:24 ὑπὲρ ὑμῶν καὶ **ἀνταναπληρῶ** τὰ ὑστερήματα

ἀνταπόδοσις (*antapodosis*; 1/1) *compensation*
Col 3:24 τὴν **ἀνταπόδοσιν** τῆς κληρονομίας.

ἄνω (*anō*; 2/9) *above, up*
Col 3:1 τὰ **ἄνω** ζητεῖτε,
Col 3:2 τὰ **ἄνω** φρονεῖτε,

ἀξίως (*axiōs*; 1/6) *in a manner worthy of or suitable to*
Col 1:10 περιπατῆσαι **ἀξίως** τοῦ κυρίου εἰς

ἀόρατος (*aoratos*; 2/5) *invisible*
Col 1:15 τοῦ θεοῦ τοῦ **ἀοράτου**,
Col 1:16 ὁρατὰ καὶ τὰ **ἀόρατα**,

ἀπαλλοτριόω (*apallotrioō*; 1/3) *be a stranger to*
Col 1:21 ποτε ὄντας **ἀπηλλοτριωμένους** καὶ ἐχθροὺς

ἀπάτη (*apatē*; 1/7) *deception*
Col 2:8 καὶ κενῆς **ἀπάτης** κατὰ τὴν παράδοσιν

ἀπείθεια (*apeitheia*; 1/7) *disobedience*
Col 3:6 τοὺς υἱοὺς τῆς **ἀπειθείας**].

ἄπειμι (*apeimi*; 1/7) *be away*
Col 2:5 καὶ τῇ σαρκὶ **ἄπειμι**,

ἀπεκδύομαι (*apekdyomai*; 2/2) *disarm*
Col 2:15 **ἀπεκδυσάμενος** τὰς ἀρχὰς καὶ
Col 3:9 **ἀπεκδυσάμενοι** τὸν παλαιὸν ἄνθρωπον

ἀπέκδυσις (*apekdysis*; 1/1) *putting off*
Col 2:11 ἀχειροποιήτῳ ἐν τῇ **ἀπεκδύσει** τοῦ σώματος

ἁπλότης (*haplotēs*; 1/8) *generosity*
Col 3:22 ἀλλ' ἐν **ἁπλότητι** καρδίας φοβούμενοι τὸν

ἀπό (*apo*; 9/643[646]) *from*
Col 1:2 ὑμῖν καὶ εἰρήνη **ἀπὸ** θεοῦ πατρὸς ἡμῶν.
Col 1:6 **ἀφ'** ἧς ἡμέρας ἠκούσατε
Col 1:7 καθὼς ἐμάθετε **ἀπὸ** Ἐπαφρᾶ τοῦ ἀγαπητοῦ
Col 1:9 **ἀφ'** ἧς ἡμέρας ἠκούσαμεν,
Col 1:23 καὶ μὴ μετακινούμενοι **ἀπὸ** τῆς ἐλπίδος τοῦ
Col 1:26 τὸ ἀποκεκρυμμένον **ἀπὸ** τῶν αἰώνων καὶ
Col 1:26 τῶν αἰώνων καὶ **ἀπὸ** τῶν γενεῶν
Col 2:20 ἀπεθάνετε σὺν Χριστῷ **ἀπὸ** τῶν στοιχείων
Col 3:24 εἰδότες ὅτι **ἀπὸ** κυρίου ἀπολήμψεσθε τὴν

ἀποθνῄσκω (*apothnēskō*; 2/111) *die*
Col 2:20 Εἰ **ἀπεθάνετε** σὺν Χριστῷ ἀπὸ
Col 3:3 **ἀπεθάνετε** γὰρ καὶ ἡ

ἀποκαταλλάσσω (*apokatallassō*; 2/3) *reconcile*
Col 1:20 καὶ δι' αὐτοῦ **ἀποκαταλλάξαι** τὰ πάντα εἰς
Col 1:22 νυνὶ δὲ **ἀποκατήλλαξεν** ἐν τῷ σώματι

ἀπόκειμαι (*apokeimai*; 1/4) *be stored away*
Col 1:5 τὴν ἐλπίδα τὴν **ἀποκειμένην** ὑμῖν ἐν τοῖς

ἀποκρίνομαι (*apokrinomai*; 1/231) *answer*
Col 4:6 ὑμᾶς ἑνὶ ἑκάστῳ **ἀποκρίνεσθαι**.

ἀποκρύπτω (*apokryptō*; 1/4) *hide*
Col 1:26 τὸ **ἀποκεκρυμμένον** ἀπὸ τῶν αἰώνων

ἀπόκρυφος (*apokryphos*; 1/3) *secret*
Col 2:3 σοφίας καὶ γνώσεως **ἀπόκρυφοι**.

ἀπολαμβάνω (*apolambanō*; 1/10) *receive*
Col 3:24 ἀπὸ κυρίου **ἀπολήμψεσθε** τὴν ἀνταπόδοσιν

ἀπολύτρωσις (*apolytrōsis*; 1/10) *release, redemption, deliverance*
Col 1:14 ᾧ ἔχομεν τὴν **ἀπολύτρωσιν**,

ἀπόστολος (*apostolos*; 1/80) *apostle, messenger*
Col 1:1 Παῦλος **ἀπόστολος** Χριστοῦ Ἰησοῦ διὰ

ἀποτίθημι (*apotithēmi*; 1/9) *throw off*
Col 3:8 νυνὶ δὲ **ἀπόθεσθε** καὶ ὑμεῖς τὰ

ἀπόχρησις (*apochrēsis*; 1/1) *process of being used*
Col 2:22 εἰς φθορὰν τῇ **ἀποχρήσει**,

ἅπτω (*haptō*; 1/39) *touch*
Col 2:21 μὴ **ἅψῃ** μηδὲ γεύσῃ μηδὲ

ἀρεσκεία (*areskeia*; 1/1) *desire to please*
Col 1:10 κυρίου εἰς πᾶσαν **ἀρεσκείαν**,

Ἀρίσταρχος (*Aristarchos*; 1/5) *Aristarchus*
Col 4:10 ὑμᾶς **Ἀρίσταρχος** ὁ συναιχμάλωτός μου

ἀρτύω (*artyō*; 1/3) *season*
Col 4:6 ἅλατι **ἠρτυμένος**,

ἀρχή (*archē*; 4/55) *beginning*
Col 1:16 εἴτε κυριότητες εἴτε **ἀρχαὶ** εἴτε ἐξουσίαι·
Col 1:18 ὅς ἐστιν **ἀρχή**,
Col 2:10 ἡ κεφαλὴ πάσης **ἀρχῆς** καὶ ἐξουσίας.
Col 2:15 ἀπεκδυσάμενος τὰς **ἀρχὰς** καὶ τὰς ἐξουσίας

Ἄρχιππος (*Archippos*; 1/2) *Archippus*
Col 4:17 καὶ εἴπατε **Ἀρχίππῳ**·

ἀσπάζομαι (*aspazomai*; 4/59) *greet*
Col 4:10 **Ἀσπάζεται** ὑμᾶς Ἀρίσταρχος ὁ
Col 4:12 **ἀσπάζεται** ὑμᾶς Ἐπαφρᾶς ὁ
Col 4:14 **ἀσπάζεται** ὑμᾶς Λουκᾶς ὁ
Col 4:15 **Ἀσπάσασθε** τοὺς ἐν Λαοδικείᾳ

ἀσπασμός (*aspasmos*; 1/10) *greeting*
Col 4:18 Ὁ **ἀσπασμὸς** τῇ ἐμῇ χειρὶ

αὐξάνω (*auxanō*; 3/23) *grow*
Col 1:6 καρποφορούμενον καὶ **αὐξανόμενον** καθὼς
Col 1:10 καὶ **αὐξανόμενοι** τῇ ἐπιγνώσει τοῦ
Col 2:19 καὶ συμβιβαζόμενον **αὔξει** τὴν αὔξησιν τοῦ

αὔξησις (*auxēsis*; 1/2) *growth*
Col 2:19 αὔξει τὴν **αὔξησιν** τοῦ θεοῦ.

ἀφειδία (*apheidia*; 1/1) *severe discipline*
Col 2:23 καὶ ταπεινοφροσύνῃ [καὶ] **ἀφειδίᾳ** σώματος,

ἄφεσις (*aphesis*; 1/17) *forgiveness*
Col 1:14 τὴν **ἄφεσιν** τῶν ἁμαρτιῶν·

ἁφή (*haphē*; 1/2) *ligament*
Col 2:19 διὰ τῶν **ἁφῶν** καὶ συνδέσμων ἐπιχορηγούμενον

ἀχειροποίητος (*acheiropoiētos*; 1/3) *not made by human hand(s)*
Col 2:11 περιτομῇ **ἀχειροποιήτῳ** ἐν τῇ ἀπεκδύσει

βαπτισμός (*baptismos*; 1/4) *baptism, (ritual) washing*
Col 2:12 αὐτῷ ἐν τῷ **βαπτισμῷ**,

βάρβαρος (*barbaros*; 1/6) *non-Greek, uncivilized*
Col 3:11 **βάρβαρος**,

Βαρναβᾶς (*Barnabas*; 1/28) *Barnabas*
Col 4:10 ὁ ἀνεψιὸς **Βαρναβᾶ** περὶ οὗ ἐλάβετε

βασιλεία (*basileia*; 2/162) *kingdom*
Col 1:13 μετέστησεν εἰς τὴν **βασιλείαν** τοῦ υἱοῦ τῆς
Col 4:11 συνεργοὶ εἰς τὴν **βασιλείαν** τοῦ θεοῦ,

βεβαιόω (*bebaioō*; 1/7[8]) *confirm*
Col 2:7 ἐν αὐτῷ καὶ **βεβαιούμενοι** τῇ πίστει καθὼς

βλασφημία (*blasphēmia*; 1/18) *blasphemy*
Col 3:8 **βλασφημίαν**,

βλέπω (*blepō*; 3/132) *see*
Col 2:5 χαίρων καὶ **βλέπων** ὑμῶν τὴν τάξιν
Col 2:8 **Βλέπετε** μή τις ὑμᾶς
Col 4:17 **Βλέπε** τὴν διακονίαν ἣν

βραβεύω (*brabeuō*; 1/1) *act as judge or umpire*
Col 3:15 τοῦ Χριστοῦ **βραβευέτω** ἐν ταῖς καρδίαις

βρῶσις (*brōsis*; 1/11) *food*
Col 2:16 ὑμᾶς κρινέτω ἐν **βρώσει** καὶ ἐν πόσει

γάρ (*gar*; 6/1041) *for*
Col 2:1 Θέλω **γὰρ** ὑμᾶς εἰδέναι ἡλίκον
Col 2:5 εἰ **γὰρ** καὶ τῇ σαρκὶ
Col 3:3 ἀπεθάνετε **γὰρ** καὶ ἡ ζωὴ
Col 3:20 τοῦτο **γὰρ** εὐάρεστόν ἐστιν ἐν
Col 3:25 ὁ **γὰρ** ἀδικῶν κομίσεται ὃ
Col 4:13 μαρτυρῶ **γὰρ** αὐτῷ ὅτι ἔχει

γέ (*ge*; 1/26) *enclitic particle adding emphasis to the word with which it is associated*
Col 1:23 εἴ **γε** ἐπιμένετε τῇ πίστει

γενεά (*genea*; 1/43) *generation*
Col 1:26 καὶ ἀπὸ τῶν **γενεῶν**

γεύομαι (*geuomai*; 1/15) *taste*
Col 2:21 μὴ ἅψῃ μηδὲ **γεύσῃ** μηδὲ θίγῃς,

γῆ (*gē*; 4/248[250]) *earth, land*
Col 1:16 καὶ ἐπὶ τῆς **γῆς**,
Col 1:20 τὰ ἐπὶ τῆς **γῆς** εἴτε τὰ ἐν
Col 3:2 τὰ ἐπὶ τῆς **γῆς**.
Col 3:5 τὰ ἐπὶ τῆς **γῆς**,

γίνομαι (*ginomai*; 5/668[669]) *be, become*
Col 1:18 ἵνα **γένηται** ἐν πᾶσιν αὐτὸς
Col 1:23 οὗ **ἐγενόμην** ἐγὼ Παῦλος διάκονος.
Col 1:25 ἧς **ἐγενόμην** ἐγὼ διάκονος κατὰ
Col 3:15 καὶ εὐχάριστοι **γίνεσθε**.
Col 4:11 οἵτινες **ἐγενήθησάν** μοι παρηγορία.

γινώσκω (*ginōskō*; 1/222) *know*
Col 4:8 ἵνα **γνῶτε** τὰ περὶ ἡμῶν

γνωρίζω (*gnōrizō*; 3/25) *make known*
Col 1:27 ἠθέλησεν ὁ θεὸς **γνωρίσαι** τί τὸ πλοῦτος
Col 4:7 κατ᾽ ἐμὲ πάντα **γνωρίσει** ὑμῖν Τύχικος ὁ
Col 4:9 πάντα ὑμῖν **γνωρίσουσιν** τὰ ὧδε.

γνῶσις (*gnōsis*; 1/29) *knowledge*
Col 2:3 τῆς σοφίας καὶ **γνώσεως** ἀπόκρυφοι.

γονεύς (*goneus*; 1/20) *parent*
Col 3:20 ὑπακούετε τοῖς **γονεῦσιν** κατὰ πάντα,

γρηγορέω (*grēgoreō*; 1/22) *keep awake*
Col 4:2 **γρηγοροῦντες** ἐν αὐτῇ ἐν

γυνή (*gynē*; 2/211[215]) *woman, wife*
Col 3:18 Αἱ **γυναῖκες**,
Col 3:19 ἀγαπᾶτε τὰς **γυναῖκας** καὶ μὴ πικραίνεσθε

δέ (*de*; 5/2773[2792]) *but, and*
Col 1:22 νυνὶ **δὲ** ἀποκατήλλαξεν ἐν τῷ
Col 1:26 νῦν **δὲ** ἐφανερώθη τοῖς ἁγίοις
Col 2:17 τὸ **δὲ** σῶμα τοῦ Χριστοῦ.
Col 3:8 νυνὶ **δὲ** ἀπόθεσθε καὶ ὑμεῖς

Col 3:14 ἐπὶ πᾶσιν **δὲ** τούτοις τὴν ἀγάπην,

δεῖ (*dei*; 2/101) *it is necessary*
Col 4:4 φανερώσω αὐτὸ ὡς **δεῖ** με λαλῆσαι.
Col 4:6 εἰδέναι πῶς **δεῖ** ὑμᾶς ἑνὶ ἑκάστῳ

δειγματίζω (*deigmatizō*; 1/2) *disgrace*
Col 2:15 καὶ τὰς ἐξουσίας **ἐδειγμάτισεν** ἐν παρρησίᾳ,

δεξιός (*dexios*; 1/53[54]) *right*
Col 3:1 Χριστός ἐστιν ἐν **δεξιᾷ** τοῦ θεοῦ

δεσμός (*desmos*; 1/18) *bond*
Col 4:18 μνημονεύετέ μου τῶν **δεσμῶν**.

δέχομαι (*dechomai*; 1/56) *receive*
Col 4:10 **δέξασθε** αὐτόν

δέω (*deō*; 1/43) *bind*
Col 4:3 δι' ὃ καὶ **δέδεμαι**,

δηλόω (*dēloō*; 1/7) *make clear*
Col 1:8 ὁ καὶ **δηλώσας** ἡμῖν τὴν ὑμῶν

Δημᾶς (*Dēmas*; 1/3) *Demas*
Col 4:14 ὁ ἀγαπητὸς καὶ **Δημᾶς**.

διά (*dia*; 14/665[667]) *through, on account of*
Col 1:1 Χριστοῦ Ἰησοῦ **διὰ** θελήματος θεοῦ καὶ
Col 1:5 **διὰ** τὴν ἐλπίδα τὴν
Col 1:9 **Διὰ** τοῦτο καὶ ἡμεῖς,
Col 1:16 τὰ πάντα **δι'** αὐτοῦ καὶ εἰς
Col 1:20 καὶ **δι'** αὐτοῦ ἀποκαταλλάξαι τὰ
Col 1:20 εἰρηνοποιήσας **διὰ** τοῦ αἵματος τοῦ
Col 1:20 [**δι'** αὐτοῦ] εἴτε τὰ
Col 1:22 σαρκὸς αὐτοῦ **διὰ** τοῦ θανάτου παραστῆσαι
Col 2:8 ἔσται ὁ συλαγωγῶν **διὰ** τῆς φιλοσοφίας καὶ
Col 2:12 ᾧ καὶ συνηγέρθητε **διὰ** τῆς πίστεως τῆς
Col 2:19 πᾶν τὸ σῶμα **διὰ** τῶν ἁφῶν καὶ
Col 3:6 **δι'** ἃ ἔρχεται ἡ
Col 3:17 τῷ θεῷ πατρὶ **δι'** αὐτοῦ.
Col 4:3 **δι'** ὃ καὶ δέδεμαι,

διακονία (*diakonia*; 1/34) *ministry, service*
Col 4:17 Βλέπε τὴν **διακονίαν** ἣν παρέλαβες ἐν

διάκονος (*diakonos*; 4/29) *servant*
Col 1:7 πιστὸς ὑπὲρ ὑμῶν **διάκονος** τοῦ Χριστοῦ,
Col 1:23 ἐγενόμην ἐγὼ Παῦλος **διάκονος**.
Col 1:25 ἐγενόμην ἐγὼ **διάκονος** κατὰ τὴν οἰκονομίαν
Col 4:7 ἀδελφὸς καὶ πιστὸς **διάκονος** καὶ σύνδουλος

διάνοια (*dianoia*; 1/12) *mind*
Col 1:21 καὶ ἐχθροὺς τῇ **διανοίᾳ** ἐν τοῖς ἔργοις

διδασκαλία (*didaskalia*; 1/21) *teaching*
Col 2:22 ἐντάλματα καὶ **διδασκαλίας** τῶν ἀνθρώπων,

διδάσκω (*didaskō*; 3/96) *teach*
Col 1:28 ἄνθρωπον καὶ **διδάσκοντες** πάντα ἄνθρωπον
Col 2:7 τῇ πίστει καθὼς **ἐδιδάχθητε**,
Col 3:16 πάσῃ σοφίᾳ **διδάσκοντες** καὶ νουθετοῦντες

δίδωμι (*didōmi*; 1/415) *give*
Col 1:25 τοῦ θεοῦ τὴν **δοθεῖσάν** μοι εἰς ὑμᾶς

δίκαιος (*dikaios*; 1/79) *righteous*
Col 4:1 τὸ **δίκαιον** καὶ τὴν ἰσότητα

δόγμα (*dogma*; 1/5) *rule*
Col 2:14 χειρόγραφον τοῖς **δόγμασιν** ὃ ἦν ὑπεναντίον

δογματίζω (*dogmatizō*; 1/1) *obey rules and regulations*
Col 2:20 ζῶντες ἐν κόσμῳ **δογματίζεσθε**;

δόξα (*doxa*; 4/166) *glory*
Col 1:11 τὸ κράτος τῆς **δόξης** αὐτοῦ εἰς πᾶσαν
Col 1:27 τὸ πλοῦτος τῆς **δόξης** τοῦ μυστηρίου τούτου
Col 1:27 ἡ ἐλπὶς τῆς **δόξης**·
Col 3:4 αὐτῷ φανερωθήσεσθε ἐν **δόξῃ**.

δουλεύω (*douleuō*; 1/25) *serve (pass. be enslaved)*
Col 3:24 τῷ κυρίῳ Χριστῷ **δουλεύετε**·

δοῦλος (*doulos*; 4/124) *slave*
Col 3:11 **δοῦλος**,
Col 3:22 Οἱ **δοῦλοι**,
Col 4:1 τὴν ἰσότητα τοῖς **δούλοις** παρέχεσθε,
Col 4:12 **δοῦλος** Χριστοῦ [Ἰησοῦ],

δύναμις (*dynamis*; 2/119) *power*
Col 1:11 ἐν πάσῃ **δυνάμει** δυναμούμενοι κατὰ τὸ
Col 1:29 ἐν ἐμοὶ ἐν **δυνάμει**.

δυναμόω (*dynamoō*; 1/2) *strengthen*
Col 1:11 πάσῃ δυνάμει **δυναμούμενοι** κατὰ τὸ κράτος

ἐάν (*ean*; 4/333) *if*
Col 3:13 καὶ χαριζόμενοι ἑαυτοῖς **ἐάν** τις πρός τινα
Col 3:17 πᾶν ὅ τι **ἐὰν** ποιῆτε ἐν λόγῳ
Col 3:23 ὃ **ἐὰν** ποιῆτε,
Col 4:10 **ἐὰν** ἔλθῃ πρὸς ὑμᾶς,

ἑαυτοῦ (*heautou*; 2/319) *himself*
Col 3:13 ἀλλήλων καὶ χαριζόμενοι **ἑαυτοῖς** ἐάν τις
Col 3:16 διδάσκοντες καὶ νουθετοῦντες **ἑαυτούς**,

ἐγείρω (*egeirō*; 1/143[144]) *raise*
Col 2:12 τοῦ θεοῦ τοῦ **ἐγείραντος** αὐτὸν ἐκ νεκρῶν·

ἐγώ (*egō*; 11/1715[1718]) *I*
Col 1:23 οὗ ἐγενόμην **ἐγὼ** Παῦλος διάκονος.
Col 1:24 ἐν τῇ σαρκί **μου** ὑπὲρ τοῦ σώματος
Col 1:25 ἧς ἐγενόμην **ἐγὼ** διάκονος κατὰ τὴν
Col 1:25 θεοῦ τὴν δοθεῖσάν **μοι** εἰς ὑμᾶς πληρῶσαι
Col 1:29 τὴν ἐνεργουμένην ἐν **ἐμοὶ** ἐν δυνάμει.
Col 2:1 ἑόρακαν τὸ πρόσωπόν **μου** ἐν σαρκί,
Col 4:4 αὐτὸ ὡς δεῖ **με** λαλῆσαι.
Col 4:7 Τὰ κατ' **ἐμὲ** πάντα γνωρίσει ὑμῖν
Col 4:10 ὁ συναιχμάλωτός **μου** καὶ Μᾶρκος ὁ
Col 4:11 οἵτινες ἐγενήθησάν **μοι** παρηγορία.
Col 4:18 μνημονεύετέ **μου** τῶν δεσμῶν.

ἑδραῖος (*hedraios*; 1/3) *firm*
Col 1:23 καὶ **ἑδραῖοι** καὶ μὴ μετακινούμενοι

ἐθελοθρησκία (*ethelothrēskia*; 1/1) *self-imposed piety or religion*
Col 2:23 ἐν **ἐθελοθρησκίᾳ** καὶ ταπεινοφροσύνῃ [καὶ]

ἔθνος (*ethnos*; 1/162) *nation*
Col 1:27 τούτου ἐν τοῖς **ἔθνεσιν**,

εἰ (*ei*; 4/502) *if, since*
Col 1:23 **εἴ** γε ἐπιμένετε τῇ
Col 2:5 **εἰ** γὰρ καὶ τῇ
Col 2:20 **Εἰ** ἀπεθάνετε σὺν Χριστῷ
Col 3:1 **Εἰ** οὖν συνηγέρθητε τῷ

εἰδωλολατρία (*eidōlolatria*; 1/4) *idolatry*
Col 3:5 ἥτις ἐστὶν **εἰδωλολατρία**,

εἰκῇ (*eikē*; 1/6) *in vain*
Col 2:18 **εἰκῇ** φυσιούμενος ὑπὸ τοῦ

εἰκών (*eikōn*; 2/23) *likeness*
Col 1:15 ὅς ἐστιν **εἰκὼν** τοῦ θεοῦ τοῦ
Col 3:10 ἐπίγνωσιν κατ' **εἰκόνα** τοῦ κτίσαντος αὐτόν,

εἰμί (*eimi*; 26/2460[2462]) *be*
Col 1:6 παντὶ τῷ κόσμῳ **ἐστὶν** καρποφορούμενον καὶ
Col 1:7 ὅς **ἐστιν** πιστὸς ὑπὲρ ὑμῶν
Col 1:15 ὅς **ἐστιν** εἰκὼν τοῦ θεοῦ
Col 1:17 καὶ αὐτός **ἐστιν** πρὸ πάντων καὶ
Col 1:18 καὶ αὐτός **ἐστιν** ἡ κεφαλὴ τοῦ
Col 1:18 ὅς **ἐστιν** ἀρχή,
Col 1:21 Καὶ ὑμᾶς ποτε **ὄντας** ἀπηλλοτριωμένους καὶ
Col 1:24 ὅ **ἐστιν** ἡ ἐκκλησία,
Col 1:27 ὅ **ἐστιν** Χριστὸς ἐν ὑμῖν,
Col 2:3 ἐν ᾧ **εἰσιν** πάντες οἱ θησαυροὶ
Col 2:5 πνεύματι σὺν ὑμῖν **εἰμι**,
Col 2:8 μή τις ὑμᾶς **ἔσται** ὁ συλαγωγῶν διὰ
Col 2:10 καὶ **ἐστὲ** ἐν αὐτῷ πεπληρωμένοι,
Col 2:10 ὅς **ἐστιν** ἡ κεφαλὴ πάσης
Col 2:13 ὑμᾶς νεκροὺς **ὄντας** [ἐν] τοῖς παραπτώμασιν
Col 2:14 τοῖς δόγμασιν ὃ **ἦν** ὑπεναντίον ἡμῖν,
Col 2:17 ἅ **ἐστιν** σκιὰ τῶν μελλόντων,
Col 2:22 ἅ **ἐστιν** πάντα εἰς φθορὰν
Col 2:23 ἅτινά **ἐστιν** λόγον μὲν ἔχοντα
Col 3:1 οὗ ὁ Χριστός **ἐστιν** ἐν δεξιᾷ τοῦ
Col 3:5 ἥτις **ἐστὶν** εἰδωλολατρία,
Col 3:14 ὅ **ἐστιν** σύνδεσμος τῆς τελειότητος.
Col 3:20 τοῦτο γὰρ εὐάρεστόν **ἐστιν** ἐν κυρίῳ.
Col 3:25 καὶ οὐκ **ἔστιν** προσωπολημψία.
Col 4:9 ὅς **ἐστιν** ἐξ ὑμῶν·
Col 4:11 οἱ **ὄντες** ἐκ περιτομῆς,

εἰρήνη (*eirēnē*; 2/92) *peace*
Col 1:2 χάρις ὑμῖν καὶ **εἰρήνη** ἀπὸ θεοῦ πατρὸς
Col 3:15 καὶ ἡ **εἰρήνη** τοῦ Χριστοῦ βραβευέτω

εἰρηνοποιέω (*eirēnopoieō*; 1/1) *make peace*
Col 1:20 **εἰρηνοποιήσας** διὰ τοῦ αἵματος

εἰς (*eis*; 19/1759[1767]) *into*
Col 1:4 ἀγάπην ἣν ἔχετε **εἰς** πάντας τοὺς ἁγίους
Col 1:6 τοῦ παρόντος **εἰς** ὑμᾶς,
Col 1:10 ἀξίως τοῦ κυρίου **εἰς** πᾶσαν ἀρεσκείαν,
Col 1:11 τῆς δόξης αὐτοῦ **εἰς** πᾶσαν ὑπομονὴν καὶ
Col 1:12 τῷ ἱκανώσαντι ὑμᾶς **εἰς** τὴν μερίδα τοῦ
Col 1:13 σκότους καὶ μετέστησεν **εἰς** τὴν βασιλείαν
Col 1:16 δι' αὐτοῦ καὶ **εἰς** αὐτὸν ἔκτισται·
Col 1:20 ἀποκαταλλάξαι τὰ πάντα **εἰς** αὐτόν,
Col 1:25 τὴν δοθεῖσάν μοι **εἰς** ὑμᾶς πληρῶσαι τὸν
Col 1:29 **εἰς** ὃ καὶ κοπιῶ
Col 2:2 ἐν ἀγάπῃ καὶ **εἰς** πᾶν πλοῦτος τῆς
Col 2:2 **εἰς** ἐπίγνωσιν τοῦ μυστηρίου
Col 2:5 τὸ στερέωμα τῆς **εἰς** Χριστὸν πίστεως ὑμῶν.
Col 2:22 ἅ ἐστιν πάντα **εἰς** φθορὰν τῇ ἀποχρήσει,
Col 3:9 μὴ ψεύδεσθε **εἰς** ἀλλήλους,
Col 3:10 τὸν ἀνακαινούμενον **εἰς** ἐπίγνωσιν κατ'
Col 3:15 **εἰς** ἣν καὶ ἐκλήθητε
Col 4:8 ἔπεμψα πρὸς ὑμᾶς **εἰς** αὐτὸ τοῦτο,
Col 4:11 οὗτοι μόνοι συνεργοὶ **εἰς** τὴν βασιλείαν τοῦ

εἷς (*heis*; 2/343[345]) *one*
Col 3:15 καὶ ἐκλήθητε ἐν **ἑνὶ** σώματι·
Col 4:6 πῶς δεῖ ὑμᾶς **ἑνὶ** ἑκάστῳ ἀποκρίνεσθαι.

εἴτε (*eite*; 6/65) *if*
Col 1:16 **εἴτε** θρόνοι εἴτε κυριότητες
Col 1:16 εἴτε θρόνοι **εἴτε** κυριότητες εἴτε ἀρχαὶ
Col 1:16 εἴτε κυριότητες **εἴτε** ἀρχαὶ εἴτε ἐξουσίαι·
Col 1:16 κυριότητες εἴτε ἀρχαὶ **εἴτε** ἐξουσίαι·
Col 1:20 [δι' αὐτοῦ] **εἴτε** τὰ ἐπὶ τῆς
Col 1:20 ἐπὶ τῆς γῆς **εἴτε** τὰ ἐν τοῖς

ἐκ (*ek*; 11/912[914]) *from*
Col 1:13 ὃς ἐρρύσατο ἡμᾶς **ἐκ** τῆς ἐξουσίας τοῦ
Col 1:18 πρωτότοκος **ἐκ** τῶν νεκρῶν,
Col 2:12 τοῦ ἐγείραντος αὐτὸν **ἐκ** νεκρῶν·
Col 2:14 καὶ αὐτὸ ἦρκεν **ἐκ** τοῦ μέσου προσηλώσας
Col 2:19 **ἐξ** οὗ πᾶν τὸ
Col 3:8 αἰσχρολογίαν **ἐκ** τοῦ στόματος ὑμῶν·
Col 3:23 **ἐκ** ψυχῆς ἐργάζεσθε ὡς
Col 4:9 ὅς ἐστιν **ἐξ** ὑμῶν·
Col 4:11 οἱ ὄντες **ἐκ** περιτομῆς,
Col 4:12 ὑμᾶς Ἐπαφρᾶς ὁ **ἐξ** ὑμῶν,
Col 4:16 καὶ τὴν **ἐκ** Λαοδικείας

ἕκαστος (*hekastos*; 1/81[82]) *each*
Col 4:6 δεῖ ὑμᾶς ἑνὶ **ἑκάστῳ** ἀποκρίνεσθαι.

ἐκκλησία (*ekklēsia*; 4/114) *church*
Col 1:18 τοῦ σώματος τῆς **ἐκκλησίας**·
Col 1:24 ὅ ἐστιν ἡ **ἐκκλησία**,
Col 4:15 κατ' οἶκον αὐτῆς **ἐκκλησίαν**.
Col 4:16 ἐν τῇ Λαοδικέων **ἐκκλησίᾳ** ἀναγνωσθῇ,

ἐκλεκτός (*eklektos*; 1/22) *chosen*
Col 3:12 ὡς **ἐκλεκτοὶ** τοῦ θεοῦ ἅγιοι

ἐλεύθερος (*eleutheros*; 1/23) *free*
Col 3:11 **ἐλεύθερος**,

Ἕλλην (*Hellēn*; 1/25) *Greek*
Col 3:11 ὅπου οὐκ ἔνι **Ἕλλην** καὶ Ἰουδαῖος,

ἐλπίς (*elpis*; 3/53) *hope*
Col 1:5 διὰ τὴν **ἐλπίδα** τὴν ἀποκειμένην ὑμῖν
Col 1:23 ἀπὸ τῆς **ἐλπίδος** τοῦ εὐαγγελίου οὗ
Col 1:27 ἡ **ἐλπὶς** τῆς δόξης·

ἐμβατεύω (*embateuō*; 1/1) *take one's stand on*
Col 2:18 ἃ ἑόρακεν **ἐμβατεύων**,

ἐμός (*emos*; 1/76) *my*
Col 4:18 Ὁ ἀσπασμὸς τῇ **ἐμῇ** χειρὶ Παύλου.

ἐν (*en*; 88/2746[2752]) *in*
Col 1:2 τοῖς **ἐν** Κολοσσαῖς ἁγίοις καὶ
Col 1:2 καὶ πιστοῖς ἀδελφοῖς **ἐν** Χριστῷ,
Col 1:4 τὴν πίστιν ὑμῶν **ἐν** Χριστῷ Ἰησοῦ καὶ
Col 1:5 τὴν ἀποκειμένην ὑμῖν **ἐν** τοῖς οὐρανοῖς,
Col 1:5 ἣν προηκούσατε **ἐν** τῷ λόγῳ τῆς
Col 1:6 καθὼς καὶ **ἐν** παντὶ τῷ κόσμῳ
Col 1:6 αὐξανόμενον καθὼς καὶ **ἐν** ὑμῖν,
Col 1:6 χάριν τοῦ θεοῦ **ἐν** ἀληθείᾳ·
Col 1:8 τὴν ὑμῶν ἀγάπην **ἐν** πνεύματι.
Col 1:9 τοῦ θελήματος αὐτοῦ **ἐν** πάσῃ σοφίᾳ καὶ
Col 1:10 **ἐν** παντὶ ἔργῳ ἀγαθῷ
Col 1:11 **ἐν** πάσῃ δυνάμει δυναμούμενοι
Col 1:12 κλήρου τῶν ἁγίων **ἐν** τῷ φωτί·
Col 1:14 **ἐν** ᾧ ἔχομεν τὴν
Col 1:16 ὅτι **ἐν** αὐτῷ ἐκτίσθη τὰ
Col 1:16 ἐκτίσθη τὰ πάντα **ἐν** τοῖς οὐρανοῖς καὶ
Col 1:17 καὶ τὰ πάντα **ἐν** αὐτῷ συνέστηκεν,
Col 1:18 ἵνα γένηται **ἐν** πᾶσιν αὐτὸς πρωτεύων,
Col 1:19 ὅτι **ἐν** αὐτῷ εὐδόκησεν πᾶν
Col 1:20 γῆς εἴτε τὰ **ἐν** τοῖς οὐρανοῖς.
Col 1:21 ἐχθροὺς τῇ διανοίᾳ **ἐν** τοῖς ἔργοις τοῖς
Col 1:22 νυνὶ δὲ ἀποκατήλλαξεν **ἐν** τῷ σώματι τῆς
Col 1:23 τοῦ κηρυχθέντος **ἐν** πάσῃ κτίσει τῇ
Col 1:24 Νῦν χαίρω **ἐν** τοῖς παθήμασιν ὑπὲρ
Col 1:24 θλίψεων τοῦ Χριστοῦ **ἐν** τῇ σαρκί μου
Col 1:27 τοῦ μυστηρίου τούτου **ἐν** τοῖς ἔθνεσιν,
Col 1:27 ὅ ἐστιν Χριστὸς **ἐν** ὑμῖν,
Col 1:28 πάντα ἄνθρωπον **ἐν** πάσῃ σοφίᾳ,
Col 1:28 πάντα ἄνθρωπον τέλειον **ἐν** Χριστῷ·
Col 1:29 τὴν ἐνεργουμένην **ἐν** ἐμοὶ ἐν δυνάμει.
Col 1:29 τὴν ἐνεργουμένην ἐν ἐμοὶ **ἐν** δυνάμει.
Col 2:1 ὑμῶν καὶ τῶν **ἐν** Λαοδικείᾳ καὶ ὅσοι
Col 2:1 τὸ πρόσωπόν μου **ἐν** σαρκί,
Col 2:2 καρδίαι αὐτῶν συμβιβασθέντες **ἐν** ἀγάπῃ καὶ
Col 2:3 **ἐν** ᾧ εἰσιν πάντες
Col 2:4 μηδεὶς ὑμᾶς παραλογίζηται **ἐν** πιθανολογίᾳ.
Col 2:6 **ἐν** αὐτῷ περιπατεῖτε,
Col 2:7 καὶ ἐποικοδομούμενοι **ἐν** αὐτῷ καὶ
Col 2:7 περισσεύοντες **ἐν** εὐχαριστίᾳ.
Col 2:9 ὅτι **ἐν** αὐτῷ κατοικεῖ πᾶν
Col 2:10 καὶ ἐστὲ **ἐν** αὐτῷ πεπληρωμένοι,
Col 2:11 **Ἐν** ᾧ καὶ περιετμήθητε
Col 2:11 περιτομῇ ἀχειροποιήτῳ **ἐν** τῇ ἀπεκδύσει τοῦ
Col 2:11 **ἐν** τῇ περιτομῇ τοῦ
Col 2:12 συνταφέντες αὐτῷ **ἐν** τῷ βαπτισμῷ,
Col 2:12 **ἐν** ᾧ καὶ συνηγέρθητε
Col 2:13 ὑμᾶς νεκροὺς ὄντας **[ἐν]** τοῖς παραπτώμασιν
Col 2:15 τὰς ἐξουσίας ἐδειγμάτισεν **ἐν** παρρησίᾳ,
Col 2:15 θριαμβεύσας αὐτοὺς **ἐν** αὐτῷ.
Col 2:16 τις ὑμᾶς κρινέτω **ἐν** βρώσει καὶ ἐν
Col 2:16 ἐν βρώσει καὶ **ἐν** πόσει ἢ ἐν
Col 2:16 ἐν πόσει ἢ **ἐν** μέρει ἑορτῆς ἢ
Col 2:18 θέλων **ἐν** ταπεινοφροσύνῃ καὶ θρησκείᾳ
Col 2:20 τί ὡς ζῶντες **ἐν** κόσμῳ δογματίζεσθε;
Col 2:23 ἔχοντα σοφίας **ἐν** ἐθελοθρησκίᾳ καὶ
Col 2:23 οὐκ **ἐν** τιμῇ τινι πρὸς
Col 3:1 ὁ Χριστός ἐστιν **ἐν** δεξιᾷ τοῦ θεοῦ
Col 3:3 σὺν τῷ Χριστῷ **ἐν** τῷ θεῷ.
Col 3:4 σὺν αὐτῷ φανερωθήσεσθε **ἐν** δόξῃ.
Col 3:7 **ἐν** οἷς καὶ ὑμεῖς
Col 3:7 ὅτε ἐζῆτε **ἐν** τούτοις·
Col 3:11 [τὰ] πάντα καὶ **ἐν** πᾶσιν Χριστός.
Col 3:15 τοῦ Χριστοῦ βραβευέτω **ἐν** ταῖς καρδίαις
Col 3:15 ἣν καὶ ἐκλήθητε **ἐν** ἑνὶ σώματι·
Col 3:16 ἐνοικείτω **ἐν** ὑμῖν πλουσίως,
Col 3:16 **ἐν** πάσῃ σοφίᾳ διδάσκοντες
Col 3:16 πνευματικαῖς **ἐν** [τῇ] χάριτι
Col 3:16 ᾄδοντες **ἐν** ταῖς καρδίαις
Col 3:17 τι ἐὰν ποιῆτε **ἐν** λόγῳ ἢ ἐν
Col 3:17 ἐν λόγῳ ἢ **ἐν** ἔργῳ,
Col 3:17 πάντα **ἐν** ὀνόματι κυρίου Ἰησοῦ,
Col 3:18 ἀνδράσιν ὡς ἀνῆκεν **ἐν** κυρίῳ.
Col 3:20 γὰρ εὐάρεστόν ἐστιν **ἐν** κυρίῳ.
Col 3:22 μὴ **ἐν** ὀφθαλμοδουλίᾳ ὡς ἀνθρωπάρεσκοι,
Col 3:22 ἀλλ' **ἐν** ἁπλότητι καρδίας φοβούμενοι
Col 4:1 ὑμεῖς ἔχετε κύριον **ἐν** οὐρανῷ.
Col 4:2 γρηγοροῦντες **ἐν** αὐτῇ ἐν εὐχαριστίᾳ,
Col 4:2 γρηγοροῦντες ἐν αὐτῇ **ἐν** εὐχαριστίᾳ,
Col 4:5 **Ἐν** σοφίᾳ περιπατεῖτε πρὸς
Col 4:6 λόγος ὑμῶν πάντοτε **ἐν** χάριτι,
Col 4:7 διάκονος καὶ σύνδουλος **ἐν** κυρίῳ,
Col 4:12 ὑπὲρ ὑμῶν **ἐν** ταῖς προσευχαῖς,
Col 4:12 καὶ πεπληροφορημένοι **ἐν** παντὶ θελήματι
Col 4:13 ὑμῶν καὶ τῶν **ἐν** Λαοδικείᾳ καὶ τῶν
Col 4:13 Λαοδικείᾳ καὶ τῶν **ἐν** Ἱεραπόλει.
Col 4:15 Ἀσπάσασθε τοὺς **ἐν** Λαοδικείᾳ ἀδελφοὺς
Col 4:16 ποιήσατε ἵνα καὶ **ἐν** τῇ Λαοδικέων ἐκκλησίᾳ
Col 4:17 διακονίαν ἣν παρέλαβες **ἐν** κυρίῳ,

ἐνδύω (*endyō*; 2/27) *dress*
Col 3:10 καὶ **ἐνδυσάμενοι** τὸν νέον τὸν
Col 3:12 **Ἐνδύσασθε** οὖν,

ἐνέργεια (*energeia*; 2/8) *working, activity*
Col 1:29 κατὰ τὴν **ἐνέργειαν** αὐτοῦ τὴν ἐνεργουμένην
Col 2:12 τῆς πίστεως τῆς **ἐνεργείας** τοῦ θεοῦ τοῦ

ἐνεργέω (*energeō*; 1/21) *work*
Col 1:29 ἐνέργειαν αὐτοῦ τὴν **ἐνεργουμένην** ἐν ἐμοὶ

ἔνι (*eni*; 1/6) *there is*
Col 3:11 ὅπου οὐκ **ἔνι** Ἕλλην καὶ Ἰουδαῖος,

ἐνοικέω (*enoikeō*; 1/5) *live in*
Col 3:16 τοῦ Χριστοῦ **ἐνοικείτω** ἐν ὑμῖν πλουσίως,

ἔνταλμα (*entalma*; 1/3) *commandment*
Col 2:22 κατὰ τὰ **ἐντάλματα** καὶ διδασκαλίας τῶν

ἐντολή (*entolē*; 1/67) *commandment*
Col 4:10 περὶ οὗ ἐλάβετε **ἐντολάς**,

ἐξαγοράζω (*exagorazō*; 1/4) *set free*
Col 4:5 ἔξω τὸν καιρὸν **ἐξαγοραζόμενοι**.

ἐξαλείφω (*exaleiphō*; 1/5) *wipe away or out*
Col 2:14 **ἐξαλείψας** τὸ καθ' ἡμῶν

ἐξουσία (*exousia*; 4/102) *authority*
Col 1:13 ἡμᾶς ἐκ τῆς **ἐξουσίας** τοῦ σκότους καὶ
Col 1:16 εἴτε ἀρχαὶ εἴτε **ἐξουσίαι**·
Col 2:10 πάσης ἀρχῆς καὶ **ἐξουσίας**.
Col 2:15 τὰς **ἐξουσίας** ἐδειγμάτισεν ἐν παρρησίᾳ,

ἔξω (*exō*; 1/63) *out*
Col 4:5 πρὸς τοὺς **ἔξω** τὸν καιρὸν ἐξαγοραζόμενοι.

ἑορτή (*heortē*; 1/25) *festival*
Col 2:16 ἢ ἐν μέρει **ἑορτῆς** ἢ νεομηνίας ἢ

Ἐπαφρᾶς (*Epaphras*; 2/3) *Epaphras*
Col 1:7 καθὼς ἐμάθετε ἀπὸ **Ἐπαφρᾶ** τοῦ ἀγαπητοῦ
Col 4:12 ἀσπάζεται ὑμᾶς **Ἐπαφρᾶς** ὁ ἐξ ὑμῶν,

ἐπί (*epi*; 6/886[890]) *on*
Col 1:16 τοῖς οὐρανοῖς καὶ **ἐπὶ** τῆς γῆς,
Col 1:20 αὐτοῦ] εἴτε τὰ **ἐπὶ** τῆς γῆς εἴτε
Col 3:2 μὴ τὰ **ἐπὶ** τῆς γῆς.
Col 3:5 τὰ μέλη τὰ **ἐπὶ** τῆς γῆς,
Col 3:6 ὀργὴ τοῦ θεοῦ **[ἐπὶ** τοὺς υἱοὺς τῆς
Col 3:14 **ἐπὶ** πᾶσιν δὲ τούτοις

ἐπιγινώσκω (*epiginōskō*; 1/44) *know*
Col 1:6 ἡμέρας ἠκούσατε καὶ **ἐπέγνωτε** τὴν χάριν

ἐπίγνωσις (*epignōsis*; 4/20) *knowledge*
Col 1:9 τὴν **ἐπίγνωσιν** τοῦ θελήματος αὐτοῦ
Col 1:10 καὶ αὐξανόμενοι τῇ **ἐπιγνώσει** τοῦ θεοῦ,
Col 2:2 εἰς **ἐπίγνωσιν** τοῦ μυστηρίου τοῦ
Col 3:10 ἀνακαινούμενον εἰς **ἐπίγνωσιν** κατ' εἰκόνα

ἐπιθυμία (*epithymia*; 1/38) *desire*
Col 3:5 ἀκαθαρσίαν πάθος **ἐπιθυμίαν** κακήν,

ἐπιμένω (*epimenō*; 1/15[16]) *remain*
Col 1:23 εἴ γε **ἐπιμένετε** τῇ πίστει τεθεμελιωμένοι

ἐπιστολή (*epistolē*; 1/24) *letter*
Col 4:16 παρ' ὑμῖν ἡ **ἐπιστολή**,

ἐπιχορηγέω (*epichorēgeō*; 1/5) *supply*
Col 2:19 συνδέσμων **ἐπιχορηγούμενον** καὶ

ἐποικοδομέω (*epoikodomeō*; 1/7) *build on or upon*
Col 2:7 ἐρριζωμένοι καὶ **ἐποικοδομούμενοι** ἐν αὐτῷ

ἐργάζομαι (*ergazomai*; 1/41) *work*
Col 3:23 ἐκ ψυχῆς **ἐργάζεσθε** ὡς τῷ κυρίῳ

ἔργον (*ergon*; 3/169) *work*
Col 1:10 ἐν παντὶ **ἔργῳ** ἀγαθῷ καρποφοροῦντες καὶ
Col 1:21 διανοίᾳ ἐν τοῖς **ἔργοις** τοῖς πονηροῖς,
Col 3:17 λόγῳ ἢ ἐν **ἔργῳ**,

ἐρεθίζω (*erethizō*; 1/2) *stir up*
Col 3:21 μὴ **ἐρεθίζετε** τὰ τέκνα ὑμῶν,

ἔρχομαι (*erchomai*; 2/631[632]) *come, go*
Col 3:6 δι' ἃ **ἔρχεται** ἡ ὀργὴ τοῦ
Col 4:10 ἐὰν **ἔλθῃ** πρὸς ὑμᾶς,

εὐαγγέλιον (*euangelion*; 2/75[76]) *good news*
Col 1:5 τῆς ἀληθείας τοῦ **εὐαγγελίου**
Col 1:23 τῆς ἐλπίδος τοῦ **εὐαγγελίου** οὗ ἠκούσατε,

εὐάρεστος (*euarestos*; 1/9) *acceptable*
Col 3:20 τοῦτο γὰρ **εὐάρεστόν** ἐστιν ἐν κυρίῳ.

εὐδοκέω (*eudokeō*; 1/21) *be pleased*
Col 1:19 ὅτι ἐν αὐτῷ **εὐδόκησεν** πᾶν τὸ πλήρωμα

εὐχαριστέω (*eucharisteō*; 3/38) *thank*
Col 1:3 **Εὐχαριστοῦμεν** τῷ θεῷ πατρὶ
Col 1:12 **εὐχαριστοῦντες** τῷ πατρὶ τῷ
Col 3:17 **εὐχαριστοῦντες** τῷ θεῷ πατρὶ

εὐχαριστία (*eucharistia*; 2/15) *thanksgiving*
Col 2:7 περισσεύοντες ἐν **εὐχαριστίᾳ**.
Col 4:2 ἐν αὐτῇ ἐν **εὐχαριστίᾳ**,

εὐχάριστος (*eucharistos*; 1/1) *thankful*
Col 3:15 καὶ **εὐχάριστοι** γίνεσθε.

ἐχθρός (*echthros*; 1/32) *enemy*
Col 1:21 ἀπηλλοτριωμένους καὶ **ἐχθροὺς** τῇ διανοίᾳ

ἔχω (*echō*; 7/706[708]) *have, hold*
Col 1:4 τὴν ἀγάπην ἣν **ἔχετε** εἰς πάντας τοὺς
Col 1:14 ἐν ᾧ **ἔχομεν** τὴν ἀπολύτρωσιν,
Col 2:1 εἰδέναι ἡλίκον ἀγῶνα **ἔχω** ὑπὲρ ὑμῶν καὶ
Col 2:23 λόγον μὲν **ἔχοντα** σοφίας ἐν ἐθελοθρησκίᾳ
Col 3:13 τις πρός τινα **ἔχῃ** μομφήν·
Col 4:1 ὅτι καὶ ὑμεῖς **ἔχετε** κύριον ἐν οὐρανῷ.
Col 4:13 γὰρ αὐτῷ ὅτι **ἔχει** πολὺν πόνον ὑπὲρ

ζάω (*zaō*; 2/139[140]) *live*
Col 2:20 τί ὡς **ζῶντες** ἐν κόσμῳ δογματίζεσθε;
Col 3:7 ὅτε **ἐζῆτε** ἐν τούτοις·

ζητέω (*zēteō*; 1/117) *seek*
Col 3:1 τὰ ἄνω **ζητεῖτε**,

ζωή (*zōē*; 2/135) *life*
Col 3:3 γὰρ καὶ ἡ **ζωὴ** ὑμῶν κέκρυπται σὺν
Col 3:4 ἡ **ζωὴ** ὑμῶν,

ἤ (*ē*; 4/340) *or*
Col 2:16 καὶ ἐν πόσει **ἢ** ἐν μέρει ἑορτῆς
Col 2:16 ἐν μέρει ἑορτῆς **ἢ** νεομηνίας ἢ σαββάτων·
Col 2:16 ἑορτῆς ἢ νεομηνίας **ἢ** σαββάτων·
Col 3:17 ποιῆτε ἐν λόγῳ **ἢ** ἐν ἔργῳ,

ἡλίκος (*hēlikos*; 1/3) *how great*
Col 2:1 γὰρ ὑμᾶς εἰδέναι **ἡλίκον** ἀγῶνα ἔχω ὑπὲρ

ἡμεῖς (*hēmeis*; 13/855) *we*
Col 1:2 ἀπὸ θεοῦ πατρὸς **ἡμῶν**.
Col 1:3 τοῦ κυρίου **ἡμῶν** Ἰησοῦ Χριστοῦ πάντοτε
Col 1:7 τοῦ ἀγαπητοῦ συνδούλου **ἡμῶν**,
Col 1:8 ὁ καὶ δηλώσας **ἡμῖν** τὴν ὑμῶν ἀγάπην
Col 1:9 Διὰ τοῦτο καὶ **ἡμεῖς**,
Col 1:13 ὃς ἐρρύσατο **ἡμᾶς** ἐκ τῆς ἐξουσίας
Col 1:28 ὃν **ἡμεῖς** καταγγέλλομεν νουθετοῦντες πάντα
Col 2:13 χαρισάμενος **ἡμῖν** πάντα τὰ παραπτώματα.
Col 2:14 τὸ καθ' **ἡμῶν** χειρόγραφον τοῖς δόγμασιν
Col 2:14 ὃ ἦν ὑπεναντίον **ἡμῖν**,
Col 4:3 ἅμα καὶ περὶ **ἡμῶν**,
Col 4:3 ὁ θεὸς ἀνοίξῃ **ἡμῖν** θύραν τοῦ λόγου
Col 4:8 γνῶτε τὰ περὶ **ἡμῶν** καὶ παρακαλέσῃ τὰς

ἡμέρα (*hēmera*; 2/389) *day*
Col 1:6 ἀφ' ἧς **ἡμέρας** ἠκούσατε καὶ ἐπέγνωτε
Col 1:9 ἀφ' ἧς **ἡμέρας** ἠκούσαμεν,

θάνατος (*thanatos*; 1/120) *death*
Col 1:22 διὰ τοῦ **θανάτου** παραστῆσαι ὑμᾶς ἁγίους

θέλημα (*thelēma*; 3/62) *will*
Col 1:1 Ἰησοῦ διὰ **θελήματος** θεοῦ καὶ Τιμόθεος
Col 1:9 ἐπίγνωσιν τοῦ **θελήματος** αὐτοῦ ἐν πάσῃ
Col 4:12 ἐν παντὶ **θελήματι** τοῦ θεοῦ.

θέλω (*thelō*; 3/208) *wish, want*
Col 1:27 οἷς **ἠθέλησεν** ὁ θεὸς γνωρίσαι
Col 2:1 **Θέλω** γὰρ ὑμᾶς εἰδέναι
Col 2:18 καταβραβευέτω **θέλων** ἐν ταπεινοφροσύνῃ

θεμελιόω (*themelioō*; 1/5) *establish*
Col 1:23 τῇ πίστει **τεθεμελιωμένοι** καὶ ἑδραῖοι καὶ

θεός (*theos*; 21/1316[1317]) *God*
Col 1:1 Ἰησοῦ διὰ θελήματος **θεοῦ** καὶ Τιμόθεος ὁ
Col 1:2 καὶ εἰρήνη ἀπὸ **θεοῦ** πατρὸς ἡμῶν.
Col 1:3 Εὐχαριστοῦμεν τῷ **θεῷ** πατρὶ τοῦ κυρίου
Col 1:6 τὴν χάριν τοῦ **θεοῦ** ἐν ἀληθείᾳ·
Col 1:10 τῇ ἐπιγνώσει τοῦ **θεοῦ**,
Col 1:15 ἐστιν εἰκὼν τοῦ **θεοῦ** τοῦ ἀοράτου,
Col 1:25 τὴν οἰκονομίαν τοῦ **θεοῦ** τὴν δοθεῖσάν μοι
Col 1:25 τὸν λόγον τοῦ **θεοῦ**,
Col 1:27 οἷς ἠθέλησεν ὁ **θεὸς** γνωρίσαι τί τὸ
Col 2:2 τοῦ μυστηρίου τοῦ **θεοῦ**,
Col 2:12 ἐνεργείας τοῦ **θεοῦ** τοῦ ἐγείραντος αὐτὸν
Col 2:19 τὴν αὔξησιν τοῦ **θεοῦ**.
Col 3:1 ἐν δεξιᾷ τοῦ **θεοῦ** καθήμενος·
Col 3:3 Χριστῷ ἐν τῷ **θεῷ**.
Col 3:6 ἡ ὀργὴ τοῦ **θεοῦ** [ἐπὶ τοὺς υἱοὺς
Col 3:12 ὡς ἐκλεκτοὶ τοῦ **θεοῦ** ἅγιοι καὶ ἠγαπημένοι,
Col 3:16 καρδίαις ὑμῶν τῷ **θεῷ**·
Col 3:17 εὐχαριστοῦντες τῷ **θεῷ** πατρὶ δι᾽ αὐτοῦ.
Col 4:3 ἵνα ὁ **θεὸς** ἀνοίξῃ ἡμῖν θύραν
Col 4:11 τὴν βασιλείαν τοῦ **θεοῦ**,
Col 4:12 παντὶ θελήματι τοῦ **θεοῦ**.

θεότης (*theotēs*; 1/1) *deity*
Col 2:9 τὸ πλήρωμα τῆς **θεότητος** σωματικῶς,

θησαυρός (*thēsauros*; 1/17) *treasure*
Col 2:3 εἰσιν πάντες οἱ **θησαυροὶ** τῆς σοφίας καὶ

θιγγάνω (*thinganō*; 1/3) *touch*
Col 2:21 μηδὲ γεύσῃ μηδὲ **θίγῃς**,

θλῖψις (*thlipsis*; 1/45) *trouble*
Col 1:24 τὰ ὑστερήματα τῶν **θλίψεων** τοῦ Χριστοῦ ἐν

θρησκεία (*thrēskeia*; 1/4) *religion*
Col 2:18 ταπεινοφροσύνῃ καὶ **θρησκείᾳ** τῶν ἀγγέλων,

θριαμβεύω (*thriambeuō*; 1/2) *lead*
Col 2:15 **θριαμβεύσας** αὐτοὺς ἐν αὐτῷ.

θρόνος (*thronos*; 1/62) *throne*
Col 1:16 εἴτε **θρόνοι** εἴτε κυριότητες εἴτε

θυμός (*thymos*; 1/18) *wrath*
Col 3:8 **θυμόν**,

θύρα (*thyra*; 1/39) *door*
Col 4:3 θεὸς ἀνοίξῃ ἡμῖν **θύραν** τοῦ λόγου λαλῆσαι

ἰατρός (*iatros*; 1/7) *physician*
Col 4:14 ὑμᾶς Λουκᾶς ὁ **ἰατρὸς** ὁ ἀγαπητὸς καὶ

Ἱεράπολις (*Hierapolis*; 1/1) *Hierapolis*
Col 4:13 καὶ τῶν ἐν **Ἱεραπόλει**.

Ἰησοῦς (*Iēsous*; 7/911[917]) *Jesus*
Col 1:1 ἀπόστολος Χριστοῦ **Ἰησοῦ** διὰ θελήματος
Col 1:3 τοῦ κυρίου ἡμῶν **Ἰησοῦ** Χριστοῦ πάντοτε
Col 1:4 ὑμῶν ἐν Χριστῷ **Ἰησοῦ** καὶ τὴν ἀγάπην
Col 2:6 τὸν Χριστὸν **Ἰησοῦν** τὸν κύριον,
Col 3:17 ἐν ὀνόματι κυρίου **Ἰησοῦ**,
Col 4:11 καὶ **Ἰησοῦς** ὁ λεγόμενος Ἰοῦστος,
Col 4:12 δοῦλος Χριστοῦ **[Ἰησοῦ]**,

ἱκανόω (*hikanoō*; 1/2) *make capable*
Col 1:12 τῷ πατρὶ τῷ **ἱκανώσαντι** ὑμᾶς εἰς τὴν

ἵνα (*hina*; 13/662[663]) *so that, in order that*
Col 1:9 **ἵνα** πληρωθῆτε τὴν ἐπίγνωσιν
Col 1:18 **ἵνα** γένηται ἐν πᾶσιν
Col 1:28 **ἵνα** παραστήσωμεν πάντα ἄνθρωπον
Col 2:2 **ἵνα** παρακληθῶσιν αἱ καρδίαι
Col 2:4 **ἵνα** μηδεὶς ὑμᾶς παραλογίζηται
Col 3:21 **ἵνα** μὴ ἀθυμῶσιν.
Col 4:3 **ἵνα** ὁ θεὸς ἀνοίξῃ
Col 4:4 **ἵνα** φανερώσω αὐτὸ ὡς
Col 4:8 **ἵνα** γνῶτε τὰ περὶ
Col 4:12 **ἵνα** σταθῆτε τέλειοι καὶ
Col 4:16 ποιήσατε **ἵνα** καὶ ἐν τῇ
Col 4:16 τὴν ἐκ Λαοδικείας **ἵνα** καὶ ὑμεῖς ἀναγνῶτε.
Col 4:17 **ἵνα** αὐτὴν πληροῖς.

Ἰουδαῖος (*Ioudaios*; 1/195) *Jew*
Col 3:11 ἔνι Ἕλλην καὶ **Ἰουδαῖος**,

Ἰοῦστος (*Ioustos*; 1/3) *Justus*
Col 4:11 Ἰησοῦς ὁ λεγόμενος **Ἰοῦστος**,

ἰσότης (*isotēs*; 1/3) *equality*
Col 4:1 δίκαιον καὶ τὴν **ἰσότητα** τοῖς δούλοις

ἵστημι (*histēmi*; 1/154[155]) *set, stand*
Col 4:12 ἵνα **σταθῆτε** τέλειοι καὶ πεπληροφορημένοι

κάθημαι (*kathēmai*; 1/91) *sit*
Col 3:1 δεξιᾷ τοῦ θεοῦ **καθήμενος**·

καθώς (*kathōs*; 5/182) *just as*
Col 1:6 **καθὼς** καὶ ἐν παντὶ
Col 1:6 καὶ αὐξανόμενον **καθὼς** καὶ ἐν ὑμῖν,
Col 1:7 **καθὼς** ἐμάθετε ἀπὸ Ἐπαφρᾶ
Col 2:7 βεβαιούμενοι τῇ πίστει **καθὼς** ἐδιδάχθητε,
Col 3:13 **καθὼς** καὶ ὁ κύριος

καιρός (*kairos*; 1/85) *time*
Col 4:5 τοὺς ἔξω τὸν **καιρὸν** ἐξαγοραζόμενοι.

κακία (*kakia*; 1/11) *evil*
Col 3:8 **κακίαν**,

κακός (*kakos*; 1/50) *evil*
Col 3:5 ἀκαθαρσίαν πάθος ἐπιθυμίαν **κακήν**,

καλέω (*kaleō*; 1/148) *call*
Col 3:15 εἰς ἣν καὶ **ἐκλήθητε** ἐν ἑνὶ σώματι·

καρδία (*kardia*; 5/156) *heart*
Col 2:2 αἱ **καρδίαι** αὐτῶν συμβιβασθέντες ἐν
Col 3:15 βραβευέτω ἐν ταῖς **καρδίαις** ὑμῶν,
Col 3:16 ᾄδοντες ἐν ταῖς **καρδίαις** ὑμῶν τῷ θεῷ·
Col 3:22 ἁπλότητι **καρδίας** φοβούμενοι τὸν κύριον.
Col 4:8 καὶ παρακαλέσῃ τὰς **καρδίας** ὑμῶν,

καρποφορέω (*karpophoreō*; 2/8) *bear fruit*
Col 1:6 ἐστὶν **καρποφορούμενον** καὶ αὐξανόμενον
Col 1:10 ἀγαθῷ **καρποφοροῦντες** καὶ αὐξανόμενοι τῇ

κατά (*kata*; 14/472[473]) *according to, against*
Col 1:11 πάσῃ δυνάμει δυναμούμενοι **κατὰ** τὸ κράτος
Col 1:25 ἐγενόμην ἐγὼ διάκονος **κατὰ** τὴν οἰκονομίαν
Col 1:29 κοπιῶ ἀγωνιζόμενος **κατὰ** τὴν ἐνέργειαν
Col 2:8 καὶ κενῆς ἀπάτης **κατὰ** τὴν παράδοσιν τῶν
Col 2:8 **κατὰ** τὰ στοιχεῖα τοῦ
Col 2:8 κόσμου καὶ οὐ **κατὰ** Χριστόν·
Col 2:14 ἐξαλείψας τὸ **καθ'** ἡμῶν χειρόγραφον τοῖς
Col 2:22 **κατὰ** τὰ ἐντάλματα καὶ
Col 3:10 εἰς ἐπίγνωσιν **κατ'** εἰκόνα τοῦ κτίσαντος
Col 3:20 ὑπακούετε τοῖς γονεῦσιν **κατὰ** πάντα,
Col 3:22 ὑπακούετε **κατὰ** πάντα τοῖς κατὰ
Col 3:22 κατὰ πάντα τοῖς **κατὰ** σάρκα κυρίοις,
Col 4:7 Τὰ **κατ'** ἐμὲ πάντα γνωρίσει
Col 4:15 καὶ τὴν **κατ'** οἶκον αὐτῆς ἐκκλησίαν.

καταβραβεύω (*katabrabeuō*; 1/1) *rule against*
Col 2:18 μηδεὶς ὑμᾶς **καταβραβευέτω** θέλων ἐν

καταγγέλλω (*katangellō*; 1/18) *proclaim*
Col 1:28 ὃν ἡμεῖς **καταγγέλλομεν** νουθετοῦντες πάντα

κατενώπιον (*katenōpion*; 1/3) *before*
Col 1:22 καὶ ἀνεγκλήτους **κατενώπιον** αὐτοῦ,

κατοικέω (*katoikeō*; 2/44) *live*
Col 1:19 πᾶν τὸ πλήρωμα **κατοικῆσαι**
Col 2:9 ὅτι ἐν αὐτῷ **κατοικεῖ** πᾶν τὸ πλήρωμα

κενός (*kenos*; 1/18) *empty, in vain*
Col 2:8 τῆς φιλοσοφίας καὶ **κενῆς** ἀπάτης κατὰ τὴν

κεφαλή (*kephalē*; 3/75) *head*
Col 1:18 αὐτός ἐστιν ἡ **κεφαλὴ** τοῦ σώματος τῆς
Col 2:10 ὅς ἐστιν ἡ **κεφαλὴ** πάσης ἀρχῆς καὶ
Col 2:19 οὐ κρατῶν τὴν **κεφαλήν**,

κηρύσσω (*kēryssō*; 1/59[61]) *proclaim*
Col 1:23 τοῦ **κηρυχθέντος** ἐν πάσῃ κτίσει

κληρονομία (*klēronomia*; 1/14) *inheritance*
Col 3:24 τὴν ἀνταπόδοσιν τῆς **κληρονομίας**.

κλῆρος (*klēros*; 1/11) *lot*
Col 1:12 τὴν μερίδα τοῦ **κλήρου** τῶν ἁγίων ἐν

Κολοσσαί (*Kolossai*; 1/1) *Colosse*
Col 1:2 τοῖς ἐν **Κολοσσαῖς** ἁγίοις καὶ πιστοῖς

κομίζω (*komizō*; 1/10) *bring (mid. receive)*
Col 3:25 ὁ γὰρ ἀδικῶν **κομίσεται** ὃ ἠδίκησεν,

κοπιάω (*kopiaō*; 1/23) *work*
Col 1:29 εἰς ὃ καὶ **κοπιῶ** ἀγωνιζόμενος κατὰ τὴν

κόσμος (*kosmos*; 4/185[186]) *world*
Col 1:6 ἐν παντὶ τῷ **κόσμῳ** ἐστὶν καρποφορούμενον
Col 2:8 τὰ στοιχεῖα τοῦ **κόσμου** καὶ οὐ κατὰ
Col 2:20 τῶν στοιχείων τοῦ **κόσμου**,
Col 2:20 ὡς ζῶντες ἐν **κόσμῳ** δογματίζεσθε;

κρατέω (*krateō*; 1/47) *hold*
Col 2:19 καὶ οὐ **κρατῶν** τὴν κεφαλήν,

κράτος (*kratos*; 1/12) *might, strength*
Col 1:11 δυναμούμενοι κατὰ τὸ **κράτος** τῆς δόξης

κρίνω (*krinō*; 1/114) *judge*
Col 2:16 οὖν τις ὑμᾶς **κρινέτω** ἐν βρώσει καὶ

κρύπτω (*kryptō*; 1/18) *hide*
Col 3:3 ἡ ζωὴ ὑμῶν **κέκρυπται** σὺν τῷ Χριστῷ

κτίζω (*ktizō*; 3/15) *create*
Col 1:16 ὅτι ἐν αὐτῷ **ἐκτίσθη** τὰ πάντα ἐν
Col 1:16 καὶ εἰς αὐτὸν **ἔκτισται**·
Col 3:10 κατ' εἰκόνα τοῦ **κτίσαντος** αὐτόν,

κτίσις (*ktisis*; 2/18[19]) *creation*
Col 1:15 πρωτότοκος πάσης **κτίσεως**,
Col 1:23 κηρυχθέντος ἐν πάσῃ **κτίσει** τῇ ὑπὸ τὸν

κύριος (*kyrios*; 16/714[717]) *Lord, sir*
Col 1:3 θεῷ πατρὶ τοῦ **κυρίου** ἡμῶν Ἰησοῦ Χριστοῦ
Col 1:10 ἀξίως τοῦ **κυρίου** εἰς πᾶσαν ἀρεσκείαν,
Col 2:6 Χριστὸν Ἰησοῦν τὸν **κύριον**,
Col 3:13 καθὼς καὶ ὁ **κύριος** ἐχαρίσατο ὑμῖν,
Col 3:17 πάντα ἐν ὀνόματι **κυρίου** Ἰησοῦ,
Col 3:18 ὡς ἀνῆκεν ἐν **κυρίῳ**.
Col 3:20 εὐάρεστόν ἐστιν ἐν **κυρίῳ**.
Col 3:22 τοῖς κατὰ σάρκα **κυρίοις**,
Col 3:22 καρδίας φοβούμενοι τὸν **κύριον**.
Col 3:23 ἐργάζεσθε ὡς τῷ **κυρίῳ** καὶ οὐκ ἀνθρώποις,
Col 3:24 εἰδότες ὅτι ἀπὸ **κυρίου** ἀπολήμψεσθε τὴν
Col 3:24 τῷ **κυρίῳ** Χριστῷ δουλεύετε·
Col 4:1 Οἱ **κύριοι**,
Col 4:1 καὶ ὑμεῖς ἔχετε **κύριον** ἐν οὐρανῷ.
Col 4:7 καὶ σύνδουλος ἐν **κυρίῳ**,
Col 4:17 ἣν παρέλαβες ἐν **κυρίῳ**,

κυριότης (*kyriotēs*; 1/4) *(angelic) power, authority*
Col 1:16 εἴτε θρόνοι εἴτε **κυριότητες** εἴτε ἀρχαὶ εἴτε

λαλέω (*laleō*; 2/294[296]) *speak*
Col 4:3 θύραν τοῦ λόγου **λαλῆσαι** τὸ μυστήριον τοῦ
Col 4:4 ὡς δεῖ με **λαλῆσαι**.

λαμβάνω (*lambanō*; 1/258) *take, receive*
Col 4:10 Βαρναβᾶ περὶ οὗ **ἐλάβετε** ἐντολάς,

Λαοδίκεια (*Laodikeia*; 4/6) *Laodicea*
Col 2:1 καὶ τῶν ἐν **Λαοδικείᾳ** καὶ ὅσοι οὐχ
Col 4:13 καὶ τῶν ἐν **Λαοδικείᾳ** καὶ τῶν ἐν
Col 4:15 Ἀσπάσασθε τοὺς ἐν **Λαοδικείᾳ** ἀδελφοὺς
Col 4:16 καὶ τὴν ἐκ **Λαοδικείας** ἵνα καὶ ὑμεῖς

Λαοδικεύς (*Laodikeus*; 1/1) *a Laodicean*
Col 4:16 καὶ ἐν τῇ **Λαοδικέων** ἐκκλησίᾳ ἀναγνωσθῇ,

λέγω (*legō*; 3/2345[2353]) *say*
Col 2:4 Τοῦτο **λέγω**,
Col 4:11 καὶ Ἰησοῦς ὁ **λεγόμενος** Ἰοῦστος,
Col 4:17 καὶ **εἴπατε** Ἀρχίππῳ·

λόγος (*logos*; 7/329[330]) *word*
Col 1:5 προηκούσατε ἐν τῷ **λόγῳ** τῆς ἀληθείας τοῦ
Col 1:25 ὑμᾶς πληρῶσαι τὸν **λόγον** τοῦ θεοῦ,
Col 2:23 ἅτινά ἐστιν **λόγον** μὲν ἔχοντα σοφίας
Col 3:16 Ὁ **λόγος** τοῦ Χριστοῦ ἐνοικείτω
Col 3:17 ἐὰν ποιῆτε ἐν **λόγῳ** ἢ ἐν ἔργῳ,
Col 4:3 ἡμῖν θύραν τοῦ **λόγου** λαλῆσαι τὸ μυστήριον
Col 4:6 ὁ **λόγος** ὑμῶν πάντοτε ἐν

Λουκᾶς (*Loukas*; 1/3) *Luke*
Col 4:14 ἀσπάζεται ὑμᾶς **Λουκᾶς** ὁ ἰατρὸς ὁ

μακροθυμία (*makrothymia*; 2/14) *patience*
Col 1:11 πᾶσαν ὑπομονὴν καὶ **μακροθυμίαν**.
Col 3:12 ταπεινοφροσύνην πραΰτητα **μακροθυμίαν**,

μανθάνω (*manthanō*; 1/25) *learn*
Col 1:7 καθὼς **ἐμάθετε** ἀπὸ Ἐπαφρᾶ τοῦ

Μᾶρκος (*Markos*; 1/8) *Mark*
Col 4:10 συναιχμάλωτός μου καὶ **Μᾶρκος** ὁ ἀνεψιὸς

μαρτυρέω (*martyreō*; 1/76) *bear witness*
Col 4:13 **μαρτυρῶ** γὰρ αὐτῷ ὅτι

μεθίστημι (*methistēmi*; 1/5) *remove*
Col 1:13 σκότους καὶ **μετέστησεν** εἰς τὴν βασιλείαν

μέλλω (*mellō*; 1/109) *be about to happen*
Col 2:17 ἐστιν σκιὰ τῶν **μελλόντων**,

μέλος (*melos*; 1/34) *a bodily part*
Col 3:5 Νεκρώσατε οὖν τὰ **μέλη** τὰ ἐπὶ τῆς

μέν (*men*; 1/178[179]) *on the one hand*
Col 2:23 ἅτινά ἐστιν λόγον **μὲν** ἔχοντα σοφίας ἐν

μερίς (*meris*; 1/5) *part*
Col 1:12 ὑμᾶς εἰς τὴν **μερίδα** τοῦ κλήρου τῶν

μέρος (*meros*; 1/42) *part*
Col 2:16 πόσει ἢ ἐν **μέρει** ἑορτῆς ἢ νεομηνίας

μέσος (*mesos*; 1/56[58]) *middle*
Col 2:14 ἦρκεν ἐκ τοῦ **μέσου** προσηλώσας αὐτὸ τῷ

μετά (*meta*; 2/465[469]) *with, after*
Col 1:11 **Μετὰ** χαρᾶς
Col 4:18 ἡ χάρις μεθ᾽ **ὑμῶν**.

μετακινέω (*metakineō*; 1/1) *shift*
Col 1:23 καὶ μὴ **μετακινούμενοι** ἀπὸ τῆς ἐλπίδος

μή (*mē*; 10/1041[1042]) *not*
Col 1:23 καὶ ἑδραῖοι καὶ **μὴ** μετακινούμενοι ἀπὸ τῆς
Col 2:8 Βλέπετε **μή** τις ὑμᾶς ἔσται
Col 2:16 **Μὴ** οὖν τις ὑμᾶς
Col 2:21 **μὴ** ἅψῃ μηδὲ γεύσῃ
Col 3:2 **μὴ** τὰ ἐπὶ τῆς
Col 3:9 **μὴ** ψεύδεσθε εἰς ἀλλήλους,
Col 3:19 γυναῖκας καὶ **μὴ** πικραίνεσθε πρὸς αὐτάς.
Col 3:21 **μὴ** ἐρεθίζετε τὰ τέκνα
Col 3:21 ἵνα **μὴ** ἀθυμῶσιν.
Col 3:22 **μὴ** ἐν ὀφθαλμοδουλίᾳ ὡς

μηδέ (*mēde*; 2/56) *nor*
Col 2:21 μὴ ἅψῃ **μηδὲ** γεύσῃ μηδὲ θίγῃς,
Col 2:21 ἅψῃ μηδὲ γεύσῃ **μηδὲ** θίγῃς,

μηδείς (*mēdeis*; 2/90) *no one*
Col 2:4 ἵνα **μηδεὶς** ὑμᾶς παραλογίζηται ἐν
Col 2:18 **μηδεὶς** ὑμᾶς καταβραβευέτω θέλων

μνημονεύω (*mnēmoneuō*; 1/21) *remember*
Col 4:18 **μνημονεύετέ** μου τῶν δεσμῶν.

μομφή (*momphē*; 1/1) *cause for complaint*
Col 3:13 πρός τινα ἔχῃ **μομφήν**·

μόνος (*monos*; 1/113[114]) *only*
Col 4:11 οὗτοι **μόνοι** συνεργοὶ εἰς τὴν

μυστήριον (*mystērion*; 4/28) *secret, mystery*
Col 1:26 τὸ **μυστήριον** τὸ ἀποκεκρυμμένον ἀπὸ
Col 1:27 τῆς δόξης τοῦ **μυστηρίου** τούτου ἐν τοῖς
Col 2:2 εἰς ἐπίγνωσιν τοῦ **μυστηρίου** τοῦ θεοῦ,
Col 4:3 λόγου λαλῆσαι τὸ **μυστήριον** τοῦ Χριστοῦ,

νεκρός (*nekros*; 3/128) *dead*
Col 1:18 πρωτότοκος ἐκ τῶν **νεκρῶν**,
Col 2:12 ἐγείραντος αὐτὸν ἐκ **νεκρῶν**·
Col 2:13 καὶ ὑμᾶς **νεκροὺς** ὄντας [ἐν] τοῖς

νεκρόω (*nekroō*; 1/3) *put to death*
Col 3:5 **Νεκρώσατε** οὖν τὰ μέλη

νεομηνία (*neomēnia*; 1/1) *new moon festival*
Col 2:16 μέρει ἑορτῆς ἢ **νεομηνίας** ἢ σαββάτων·

νέος (*neos*; 1/24) *new*
Col 3:10 ἐνδυσάμενοι τὸν **νέον** τὸν ἀνακαινούμενον

νουθετέω (*noutheteō*; 2/8) *instruct*
Col 1:28 καταγγέλλομεν **νουθετοῦντες** πάντα
Col 3:16 διδάσκοντες καὶ **νουθετοῦντες** ἑαυτούς,

νοῦς (*nous*; 1/24) *mind*
Col 2:18 φυσιούμενος ὑπὸ τοῦ **νοὸς** τῆς σαρκὸς

Νύμφαν (*Nymphan*; 1/1) *Nympha or Numfa*
Col 4:15 Λαοδικείᾳ ἀδελφοὺς καὶ **Νύμφαν** καὶ τὴν

νῦν (*nyn*; 2/146[147]) *now*
Col 1:24 **Νῦν** χαίρω ἐν τοῖς
Col 1:26 **νῦν** δὲ ἐφανερώθη τοῖς

νυνί (*nyni*; 2/20) *now*
Col 1:22 **νυνὶ** δὲ ἀποκατήλλαξεν ἐν
Col 3:8 **νυνὶ** δὲ ἀπόθεσθε καὶ

οἶδα (*oida*; 4/318) *know*
Col 2:1 Θέλω γὰρ ὑμᾶς **εἰδέναι** ἡλίκον ἀγῶνα ἔχω
Col 3:24 **εἰδότες** ὅτι ἀπὸ κυρίου
Col 4:1 **εἰδότες** ὅτι καὶ ὑμεῖς
Col 4:6 **εἰδέναι** πῶς δεῖ ὑμᾶς

οἰκονομία (*oikonomia*; 1/9) *management of a household*
Col 1:25 διάκονος κατὰ τὴν **οἰκονομίαν** τοῦ θεοῦ τὴν

οἶκος (*oikos*; 1/113[114]) *house*
Col 4:15 καὶ τὴν κατ' **οἶκον** αὐτῆς ἐκκλησίαν.

οἰκτιρμός (*oiktirmos*; 1/5) *compassion*
Col 3:12 σπλάγχνα **οἰκτιρμοῦ** χρηστότητα

'Ονήσιμος (*Onēsimos*; 1/2) *Onesimus*
Col 4:9 σὺν **'Ονησίμῳ** τῷ πιστῷ καὶ

ὄνομα (*onoma*; 1/229[230]) *name*
Col 3:17 πάντα ἐν **ὀνόματι** κυρίου 'Ιησοῦ,

ὅπου (*hopou*; 1/82) *where*
Col 3:11 **ὅπου** οὐκ ἔνι Ἕλλην

ὁρατός (*horatos*; 1/1) *visible*
Col 1:16 τὰ **ὁρατὰ** καὶ τὰ ἀόρατα,

ὁράω (*horaō*; 2/452) *see*
Col 2:1 καὶ ὅσοι οὐχ **ἑόρακαν** τὸ πρόσωπόν μου
Col 2:18 ἃ **ἑόρακεν** ἐμβατεύων,

ὀργή (*orgē*; 2/36) *wrath*
Col 3:6 ἃ ἔρχεται ἡ **ὀργὴ** τοῦ θεοῦ [ἐπὶ
Col 3:8 ὀργήν,

ὅς (*hos*; 38/1406[1407]) *who*
Col 1:4 καὶ τὴν ἀγάπην **ἣν** ἔχετε εἰς πάντας
Col 1:5 **ἣν** προηκούσατε ἐν τῷ
Col 1:6 ἀφ' **ἧς** ἡμέρας ἠκούσατε καὶ
Col 1:7 **ὅς** ἐστιν πιστὸς ὑπὲρ
Col 1:9 ἀφ' **ἧς** ἡμέρας ἠκούσαμεν,
Col 1:13 **ὃς** ἐρρύσατο ἡμᾶς ἐκ
Col 1:14 ἐν **ᾧ** ἔχομεν τὴν ἀπολύτρωσιν,
Col 1:15 **ὅς** ἐστιν εἰκὼν τοῦ
Col 1:18 **ὅς** ἐστιν ἀρχή,
Col 1:23 ἐλπίδος τοῦ εὐαγγελίου **οὗ** ἠκούσατε,
Col 1:23 **οὗ** ἐγενόμην ἐγὼ Παῦλος
Col 1:24 **ὅ** ἐστιν ἡ ἐκκλησία,
Col 1:25 **ἧς** ἐγενόμην ἐγὼ διάκονος
Col 1:27 **οἷς** ἠθέλησεν ὁ θεὸς
Col 1:27 **ὅ** ἐστιν Χριστὸς ἐν
Col 1:28 **ὃν** ἡμεῖς καταγγέλλομεν νουθετοῦντες
Col 1:29 εἰς **ὃ** καὶ κοπιῶ ἀγωνιζόμενος
Col 2:3 ἐν **ᾧ** εἰσιν πάντες οἱ
Col 2:10 **ὅς** ἐστιν ἡ κεφαλὴ
Col 2:11 'Εν **ᾧ** καὶ περιετμήθητε περιτομῇ
Col 2:12 ἐν **ᾧ** καὶ συνηγέρθητε διὰ
Col 2:14 χειρόγραφον τοῖς δόγμασιν **ὃ** ἦν ὑπεναντίον
Col 2:17 **ἅ** ἐστιν σκιὰ τῶν
Col 2:18 **ἃ** ἑόρακεν ἐμβατεύων,
Col 2:19 ἐξ **οὗ** πᾶν τὸ σῶμα
Col 2:22 **ἅ** ἐστιν πάντα εἰς
Col 3:6 δι' **ἃ** ἔρχεται ἡ ὀργὴ
Col 3:7 ἐν **οἷς** καὶ ὑμεῖς περιεπατήσατέ
Col 3:14 **ὅ** ἐστιν σύνδεσμος τῆς
Col 3:15 εἰς **ἣν** καὶ ἐκλήθητε ἐν
Col 3:17 καὶ πᾶν **ὅ** τι ἐὰν ποιῆτε
Col 3:23 **ὃ** ἐὰν ποιῆτε,
Col 3:25 γὰρ ἀδικῶν κομίσεται **ὃ** ἠδίκησεν,
Col 4:3 δι' **ὃ** καὶ δέδεμαι,
Col 4:8 **ὃν** ἔπεμψα πρὸς ὑμᾶς
Col 4:9 **ὅς** ἐστιν ἐξ ὑμῶν·
Col 4:10 ἀνεψιὸς Βαρναβᾶ περὶ **οὗ** ἐλάβετε ἐντολάς,
Col 4:17 τὴν διακονίαν **ἣν** παρέλαβες ἐν κυρίῳ,

ὅσος (*hosos*; 1/110) *as much as (pl. as many as)*
Col 2:1 ἐν Λαοδικείᾳ καὶ **ὅσοι** οὐχ ἑόρακαν τὸ

ὅστις (*hostis*; 3/144) *who*
Col 2:23 **ἅτινά** ἐστιν λόγον μὲν
Col 3:5 **ἥτις** ἐστὶν εἰδωλολατρία,
Col 4:11 **οἵτινες** ἐγενήθησάν μοι παρηγορία.

ὅταν (*hotan*; 2/123) *when*
Col 3:4 **ὅταν** ὁ Χριστὸς φανερωθῇ,
Col 4:16 καὶ **ὅταν** ἀναγνωσθῇ παρ' ὑμῖν

ὅτε (*hote*; 1/103) *when*
Col 3:7 **ὅτε** ἐζῆτε ἐν τούτοις·

ὅτι (*hoti*; 6/1294[1296]) *because, that*
Col 1:16 **ὅτι** ἐν αὐτῷ ἐκτίσθη
Col 1:19 **ὅτι** ἐν αὐτῷ εὐδόκησεν
Col 2:9 **ὅτι** ἐν αὐτῷ κατοικεῖ
Col 3:24 εἰδότες **ὅτι** ἀπὸ κυρίου ἀπολήμψεσθε
Col 4:1 εἰδότες **ὅτι** καὶ ὑμεῖς ἔχετε
Col 4:13 μαρτυρῶ γὰρ αὐτῷ **ὅτι** ἔχει πολὺν πόνον

οὐ (*ou*; 8/1621[1623]) *not*
Col 1:9 **οὐ** παυόμεθα ὑπὲρ ὑμῶν
Col 2:1 Λαοδικείᾳ καὶ ὅσοι **οὐχ** ἑόρακαν τὸ
Col 2:8 τοῦ κόσμου καὶ **οὐ** κατὰ Χριστόν·
Col 2:19 καὶ **οὐ** κρατῶν τὴν κεφαλήν,
Col 2:23 **οὐκ** ἐν τιμῇ τινι
Col 3:11 ὅπου **οὐκ** ἔνι Ἕλλην καὶ
Col 3:23 τῷ κυρίῳ καὶ **οὐκ** ἀνθρώποις,
Col 3:25 καὶ **οὐκ** ἔστιν προσωπολημψία.

οὗ (*hou*; 1/24) *where*
Col 3:1 **οὗ** ὁ Χριστός ἐστιν

οὖν (*oun*; 5/497[499]) *therefore*
Col 2:6 'Ως **οὖν** παρελάβετε τὸν Χριστὸν
Col 2:16 Μὴ **οὖν** τις ὑμᾶς κρινέτω
Col 3:1 Εἰ **οὖν** συνηγέρθητε τῷ Χριστῷ,
Col 3:5 Νεκρώσατε **οὖν** τὰ μέλη τὰ
Col 3:12 'Ενδύσασθε **οὖν**,

οὐρανός (*ouranos*; 5/272[273]) *heaven*
Col 1:5 ὑμῖν ἐν τοῖς **οὐρανοῖς**,
Col 1:16 πάντα ἐν τοῖς **οὐρανοῖς** καὶ ἐπὶ τῆς
Col 1:20 τὰ ἐν τοῖς **οὐρανοῖς**.
Col 1:23 τῇ ὑπὸ τὸν **οὐρανόν**,
Col 4:1 ἔχετε κύριον ἐν **οὐρανῷ**.

οὗτος (*houtos*; 8/1382[1387]) *this*
Col 1:9 Διὰ **τοῦτο** καὶ ἡμεῖς,
Col 1:27 τοῦ μυστηρίου **τούτου** ἐν τοῖς ἔθνεσιν,
Col 2:4 **Τοῦτο** λέγω,
Col 3:7 ὅτε ἐζῆτε ἐν **τούτοις**·
Col 3:14 ἐπὶ πᾶσιν δὲ **τούτοις** τὴν ἀγάπην,
Col 3:20 **τοῦτο** γὰρ εὐάρεστόν ἐστιν
Col 4:8 ὑμᾶς εἰς αὐτὸ **τοῦτο**,
Col 4:11 **οὗτοι** μόνοι συνεργοὶ εἰς

οὕτως (*houtōs*; 1/208) *in this way*
Col 3:13 **οὕτως** καὶ ὑμεῖς·

ὀφθαλμοδουλία (*ophthalmodoulia*; 1/2) *service rendered merely for the sake of impressing others*
Col 3:22 μὴ ἐν **ὀφθαλμοδουλίᾳ** ὡς ἀνθρωπάρεσκοι,

πάθημα (*pathēma*; 1/16) *suffering*
Col 1:24 χαίρω ἐν τοῖς **παθήμασιν** ὑπὲρ ὑμῶν καὶ

πάθος (*pathos*; 1/3) *lustful passion*
Col 3:5 ἀκαθαρσίαν **πάθος** ἐπιθυμίαν κακήν,

παλαιός (*palaios*; 1/19) *old*
Col 3:9 ἀπεκδυσάμενοι τὸν **παλαιὸν** ἄνθρωπον σὺν

πάντοτε (*pantote*; 3/41) *always*
Col 1:3 Χριστοῦ **πάντοτε** περὶ ὑμῶν προσευχόμενοι,
Col 4:6 ὁ λόγος ὑμῶν **πάντοτε** ἐν χάριτι,
Col 4:12 **πάντοτε** ἀγωνιζόμενος ὑπὲρ ὑμῶν

παρά (*para*; 1/193[194]) *from, with, beside*
Col 4:16 καὶ ὅταν ἀναγνωσθῇ **παρ'** ὑμῖν ἡ ἐπιστολή,

παράδοσις (*paradosis*; 1/13) *tradition*
Col 2:8 ἀπάτης κατὰ τὴν **παράδοσιν** τῶν ἀνθρώπων,

παρακαλέω (*parakaleō*; 2/109) *encourage, ask*
Col 2:2 ἵνα **παρακληθῶσιν** αἱ καρδίαι αὐτῶν
Col 4:8 περὶ ἡμῶν καὶ **παρακαλέσῃ** τὰς καρδίας

παραλαμβάνω (*paralambanō*; 2/49) *take, receive*
Col 2:6 Ὡς οὖν **παρελάβετε** τὸν Χριστὸν Ἰησοῦν
Col 4:17 τὴν διακονίαν ἣν **παρέλαβες** ἐν κυρίῳ,

παραλογίζομαι (*paralogizomai*; 1/2) *deceive*
Col 2:4 μηδεὶς ὑμᾶς **παραλογίζηται** ἐν πιθανολογίᾳ.

παράπτωμα (*paraptōma*; 2/19) *sin*
Col 2:13 [ἐν] τοῖς **παραπτώμασιν** καὶ τῇ ἀκροβυστίᾳ
Col 2:13 ἡμῖν πάντα τὰ **παραπτώματα**.

πάρειμι (*pareimi*; 1/24) *be present or here*
Col 1:6 τοῦ **παρόντος** εἰς ὑμᾶς,

παρέχω (*parechō*; 1/16) *cause*
Col 4:1 ἰσότητα τοῖς δούλοις **παρέχεσθε**,

παρηγορία (*parēgoria*; 1/1) *comfort*
Col 4:11 οἵτινες ἐγενήθησάν μοι **παρηγορία**.

παρίστημι (*paristēmi*; 2/41) *present*
Col 1:22 διὰ τοῦ θανάτου **παραστῆσαι** ὑμᾶς ἁγίους
Col 1:28 ἵνα **παραστήσωμεν** πάντα ἄνθρωπον τέλειον

παρρησία (*parrēsia*; 1/31) *boldness*
Col 2:15 ἐξουσίας ἐδειγμάτισεν ἐν **παρρησίᾳ**,

πᾶς (*pas*; 39/1240[1243]) *each, every (pl. all)*
Col 1:4 ἣν ἔχετε εἰς **πάντας** τοὺς ἁγίους
Col 1:6 καθὼς καὶ ἐν **παντὶ** τῷ κόσμῳ ἐστὶν
Col 1:9 θελήματος αὐτοῦ ἐν **πάσῃ** σοφίᾳ καὶ συνέσει
Col 1:10 τοῦ κυρίου εἰς **πᾶσαν** ἀρεσκείαν,
Col 1:10 ἐν **παντὶ** ἔργῳ ἀγαθῷ καρποφοροῦντες
Col 1:11 ἐν **πάσῃ** δυνάμει δυναμούμενοι κατὰ
Col 1:11 αὐτοῦ εἰς **πᾶσαν** ὑπομονὴν καὶ μακροθυμίαν.
Col 1:15 πρωτότοκος **πάσης** κτίσεως,
Col 1:16 αὐτῷ ἐκτίσθη τὰ **πάντα** ἐν τοῖς οὐρανοῖς
Col 1:16 τὰ **πάντα** δι' αὐτοῦ καὶ
Col 1:17 αὐτός ἐστιν πρὸ **πάντων** καὶ τὰ πάντα
Col 1:17 πάντων καὶ τὰ **πάντα** ἐν αὐτῷ συνέστηκεν,
Col 1:18 ἵνα γένηται ἐν **πᾶσιν** αὐτὸς πρωτεύων,
Col 1:19 αὐτῷ εὐδόκησεν **πᾶν** τὸ πλήρωμα κατοικῆσαι
Col 1:20 αὐτοῦ ἀποκαταλλάξαι τὰ **πάντα** εἰς αὐτόν,
Col 1:23 τοῦ κηρυχθέντος ἐν **πάσῃ** κτίσει τῇ ὑπὸ
Col 1:28 νουθετοῦντες **πάντα** ἄνθρωπον καὶ
Col 1:28 καὶ διδάσκοντες **πάντα** ἄνθρωπον ἐν πάσῃ
Col 1:28 πάντα ἄνθρωπον ἐν **πάσῃ** σοφίᾳ,
Col 1:28 ἵνα παραστήσωμεν **πάντα** ἄνθρωπον τέλειον
Col 2:2 καὶ εἰς **πᾶν** πλοῦτος τῆς πληροφορίας
Col 2:3 ἐν ᾧ εἰσιν **πάντες** οἱ θησαυροὶ τῆς
Col 2:9 ἐν αὐτῷ κατοικεῖ **πᾶν** τὸ πλήρωμα τῆς
Col 2:10 ἐστιν ἡ κεφαλὴ **πάσης** ἀρχῆς καὶ ἐξουσίας.
Col 2:13 χαρισάμενος ἡμῖν **πάντα** τὰ παραπτώματα.
Col 2:19 ἐξ οὗ **πᾶν** τὸ σῶμα διὰ
Col 2:22 ἅ ἐστιν **πάντα** εἰς φθορὰν τῇ
Col 3:8 καὶ ὑμεῖς τὰ **πάντα**,
Col 3:11 ἀλλὰ [τὰ] **πάντα** καὶ ἐν πᾶσιν
Col 3:11 πάντα καὶ ἐν **πᾶσιν** Χριστός.
Col 3:14 ἐπὶ **πᾶσιν** δὲ τούτοις τὴν
Col 3:16 ἐν **πάσῃ** σοφίᾳ διδάσκοντες καὶ
Col 3:17 καὶ **πᾶν** ὅ τι ἐὰν
Col 3:17 **πάντα** ἐν ὀνόματι κυρίου
Col 3:20 τοῖς γονεῦσιν κατὰ **πάντα**,
Col 3:22 ὑπακούετε κατὰ **πάντα** τοῖς κατὰ σάρκα
Col 4:7 Τὰ κατ' ἐμὲ **πάντα** γνωρίσει ὑμῖν Τύχικος
Col 4:9 **πάντα** ὑμῖν γνωρίσουσιν τὰ
Col 4:12 πεπληροφορημένοι ἐν **παντὶ** θελήματι τοῦ

πατήρ (*patēr*; 5/413) *father*
Col 1:2 εἰρήνη ἀπὸ θεοῦ **πατρὸς** ἡμῶν.
Col 1:3 Εὐχαριστοῦμεν τῷ θεῷ **πατρὶ** τοῦ κυρίου
Col 1:12 εὐχαριστοῦντες τῷ **πατρὶ** τῷ ἱκανώσαντι
Col 3:17 εὐχαριστοῦντες τῷ θεῷ **πατρὶ** δι' αὐτοῦ.
Col 3:21 Οἱ **πατέρες**,

Παῦλος (*Paulos*; 3/158) *Paul*
Col 1:1 **Παῦλος** ἀπόστολος Χριστοῦ Ἰησοῦ
Col 1:23 οὗ ἐγενόμην ἐγὼ **Παῦλος** διάκονος.
Col 4:18 τῇ ἐμῇ χειρὶ **Παύλου**.

παύω (*pauō*; 1/15) *stop*
Col 1:9 οὐ **παυόμεθα** ὑπὲρ ὑμῶν προσευχόμενοι

πέμπω (*pempō*; 1/79) *send*
Col 4:8 ὃν **ἔπεμψα** πρὸς ὑμᾶς εἰς

περί (*peri*; 4/332[333]) *concerning, around*
Col 1:3 Χριστοῦ πάντοτε **περὶ** ὑμῶν προσευχόμενοι,
Col 4:3 προσευχόμενοι ἅμα καὶ **περὶ** ἡμῶν,
Col 4:8 ἵνα γνῶτε τὰ **περὶ** ἡμῶν καὶ παρακαλέσῃ
Col 4:10 ἀνεψιὸς Βαρναβᾶ **περὶ** οὗ ἐλάβετε ἐντολάς,

περιπατέω (*peripateō*; 4/94[95]) *walk*
Col 1:10 **περιπατῆσαι** ἀξίως τοῦ κυρίου
Col 2:6 ἐν αὐτῷ **περιπατεῖτε**,
Col 3:7 οἷς καὶ ὑμεῖς **περιεπατήσατέ** ποτε,
Col 4:5 Ἐν σοφίᾳ **περιπατεῖτε** πρὸς τοὺς ἔξω

περισσεύω (*perisseuō*; 1/39) *exceed, be left over*
Col 2:7 **περισσεύοντες** ἐν εὐχαριστίᾳ.

περιτέμνω (*peritemnō*; 1/17) *circumcise*
Col 2:11 ᾧ καὶ **περιετμήθητε** περιτομῇ ἀχειροποιήτῳ

περιτομή (*peritomē*; 4/36) *circumcision*
Col 2:11 ᾧ καὶ περιετμήθητε **περιτομῇ** ἀχειροποιήτῳ
Col 2:11 ἐν τῇ **περιτομῇ** τοῦ Χριστοῦ,
Col 3:11 **περιτομὴ** καὶ ἀκροβυστία,
Col 4:11 οἱ ὄντες ἐκ **περιτομῆς**,

πιθανολογία (*pithanologia*; 1/1) *attractive (but false) argument*
Col 2:4 ὑμᾶς παραλογίζηται ἐν **πιθανολογίᾳ**.

πικραίνω (*pikrainō*; 1/4) *make bitter*
Col 3:19 γυναῖκας καὶ μὴ **πικραίνεσθε** πρὸς αὐτάς.

πίστις (*pistis*; 5/243) *faith*
Col 1:4 ἀκούσαντες τὴν **πίστιν** ὑμῶν ἐν Χριστῷ
Col 1:23 τῇ **πίστει** τεθεμελιωμένοι καὶ ἑδραῖοι
Col 2:5 τῆς εἰς Χριστὸν **πίστεως** ὑμῶν.
Col 2:7 βεβαιούμενοι τῇ **πίστει** καθὼς ἐδιδάχθητε,
Col 2:12 συνηγέρθητε διὰ τῆς **πίστεως** τῆς ἐνεργείας

πιστός (*pistos*; 4/67) *believing*
Col 1:2 ἁγίοις καὶ **πιστοῖς** ἀδελφοῖς ἐν Χριστῷ,
Col 1:7 ὅς ἐστιν **πιστὸς** ὑπὲρ ὑμῶν διάκονος
Col 4:7 ἀδελφὸς καὶ **πιστὸς** διάκονος καὶ σύνδουλος
Col 4:9 Ὀνησίμῳ τῷ **πιστῷ** καὶ ἀγαπητῷ ἀδελφῷ,

πλεονεξία (*pleonexia*; 1/10) *greed*
Col 3:5 καὶ τὴν **πλεονεξίαν**,

πληροφορέω (*plērophoreō*; 1/6) *accomplish*
Col 4:12 καὶ **πεπληροφορημένοι** ἐν παντὶ θελήματι

πληροφορία (*plērophoria*; 1/4) *full assurance*
Col 2:2 πλοῦτος τῆς **πληροφορίας** τῆς συνέσεως,

πληρόω (*plēroō*; 4/86) *fulfill*
Col 1:9 ἵνα **πληρωθῆτε** τὴν ἐπίγνωσιν τοῦ
Col 1:25 μοι εἰς ὑμᾶς **πληρῶσαι** τὸν λόγον τοῦ
Col 2:10 ἐστὲ ἐν αὐτῷ **πεπληρωμένοι**,
Col 4:17 ἵνα αὐτὴν **πληροῖς**.

πλήρωμα (*plērōma*; 2/17) *fullness*
Col 1:19 εὐδόκησεν πᾶν τὸ **πλήρωμα** κατοικῆσαι
Col 2:9 πᾶν τὸ **πλήρωμα** τῆς θεότητος σωματικῶς,

πλησμονή (*plēsmonē*; 1/1) *satisfaction*
Col 2:23 τιμῇ τινι πρὸς **πλησμονὴν** τῆς σαρκός.

πλουσίως (*plousiōs*; 1/4) *richly*
Col 3:16 ἐνοικείτω ἐν ὑμῖν **πλουσίως**,

πλοῦτος (*ploutos*; 2/22) *wealth, riches*
Col 1:27 γνωρίσαι τί τὸ **πλοῦτος** τῆς δόξης τοῦ
Col 2:2 καὶ εἰς πᾶν **πλοῦτος** τῆς πληροφορίας τῆς

πνεῦμα (*pneuma*; 2/379) *Spirit, spirit*
Col 1:8 ὑμῶν ἀγάπην ἐν **πνεύματι**.
Col 2:5 ἀλλὰ τῷ **πνεύματι** σὺν ὑμῖν εἰμι,

πνευματικός (*pneumatikos*; 2/26) *spiritual*
Col 1:9 σοφίᾳ καὶ συνέσει **πνευματικῇ**,
Col 3:16 ὕμνοις ᾠδαῖς **πνευματικαῖς** ἐν [τῇ] χάριτι

ποιέω (*poieō*; 3/568) *do, make*
Col 3:17 ὅ τι ἐὰν **ποιῆτε** ἐν λόγῳ ἢ
Col 3:23 ὃ ἐὰν **ποιῆτε**,
Col 4:16 **ποιήσατε** ἵνα καὶ ἐν

πολύς (*polys*; 1/417) *much (pl. many)*
Col 4:13 αὐτῷ ὅτι ἔχει **πολὺν** πόνον ὑπὲρ ὑμῶν

πονηρός (*ponēros*; 1/78) *evil*
Col 1:21 τοῖς ἔργοις τοῖς **πονηροῖς**,

πόνος (*ponos*; 1/4) *pain*
Col 4:13 ὅτι ἔχει πολὺν **πόνον** ὑπὲρ ὑμῶν καὶ

πορνεία (*porneia*; 1/25) *sexual immorality*
Col 3:5 **πορνείαν** ἀκαθαρσίαν πάθος ἐπιθυμίαν

πόσις (*posis*; 1/3) *drink*
Col 2:16 βρώσει καὶ ἐν **πόσει** ἢ ἐν μέρει

ποτέ (*pote*; 2/29) *once*
Col 1:21 Καὶ ὑμᾶς **ποτε** ὄντας ἀπηλλοτριωμένους καὶ
Col 3:7 καὶ ὑμεῖς περιεπατήσατέ **ποτε**,

πρᾶξις (*praxis*; 1/6) *deed*
Col 3:9 ἄνθρωπον σὺν ταῖς **πράξεσιν** αὐτοῦ

πραΰτης (*prautēs*; 1/11) *gentleness*
Col 3:12 ταπεινοφροσύνην **πραΰτητα** μακροθυμίαν,

πρό (*pro*; 1/47) *before*
Col 1:17 καὶ αὐτός ἐστιν **πρὸ** πάντων καὶ τὰ

προακούω (*proakouō*; 1/1) *hear before or previously*
Col 1:5 ἣν **προηκούσατε** ἐν τῷ λόγῳ

πρός (*pros*; 6/699[700]) *to, toward, at*
Col 2:23 ἐν τιμῇ τινι **πρὸς** πλησμονὴν τῆς σαρκός.
Col 3:13 ἑαυτοῖς ἐάν τις **πρός** τινα ἔχῃ μομφήν·
Col 3:19 καὶ μὴ πικραίνεσθε **πρὸς** αὐτάς.
Col 4:5 Ἐν σοφίᾳ περιπατεῖτε **πρὸς** τοὺς ἔξω τὸν
Col 4:8 ὃν ἔπεμψα **πρὸς** ὑμᾶς εἰς αὐτὸ
Col 4:10 ἐὰν ἔλθῃ **πρὸς** ὑμᾶς,

προσευχή (*proseuchē*; 2/36) *prayer*
Col 4:2 Τῇ **προσευχῇ** προσκαρτερεῖτε,
Col 4:12 ὑμῶν ἐν ταῖς **προσευχαῖς**,

προσεύχομαι (*proseuchomai*; 3/85) *pray*
Col 1:3 πάντοτε περὶ ὑμῶν **προσευχόμενοι**,
Col 1:9 ὑπὲρ ὑμῶν **προσευχόμενοι** καὶ αἰτούμενοι,
Col 4:3 **προσευχόμενοι** ἅμα καὶ περὶ

προσηλόω (*prosēloō*; 1/1) *nail to*
Col 2:14 ἐκ τοῦ μέσου **προσηλώσας** αὐτὸ τῷ σταυρῷ·

προσκαρτερέω (*proskartereō*; 1/10) *devote oneself to*
Col 4:2 Τῇ προσευχῇ **προσκαρτερεῖτε**,

προσωποληµψία (*prosōpolēmpsia*; 1/4) *favoritism*
Col 3:25 καὶ οὐκ ἔστιν **προσωποληµψία**.

πρόσωπον (*prosōpon*; 1/76) *face*
Col 2:1 οὐχ ἑόρακαν τὸ **πρόσωπόν** µου ἐν σαρκί,

πρωτεύω (*prōteuō*; 1/1) *have first place*
Col 1:18 ἐν πᾶσιν αὐτὸς **πρωτεύων**,

πρωτότοκος (*prōtotokos*; 2/8) *first-born*
Col 1:15 **πρωτότοκος** πάσης κτίσεως,
Col 1:18 **πρωτότοκος** ἐκ τῶν νεκρῶν,

πῶς (*pōs*; 1/103) *how*
Col 4:6 εἰδέναι **πῶς** δεῖ ὑµᾶς ἑνὶ

ῥιζόω (*rhizoō*; 1/2) *be firmly rooted*
Col 2:7 **ἐρριζωµένοι** καὶ ἐποικοδοµούµενοι ἐν

ῥύοµαι (*rhyomai*; 1/17) *save, rescue, deliver*
Col 1:13 ὃς **ἐρρύσατο** ἡµᾶς ἐκ τῆς

σάββατον (*sabbaton*; 1/67[68]) *Sabbath*
Col 2:16 ἢ νεοµηνίας ἢ **σαββάτων**·

σάρξ (*sarx*; 9/147) *flesh*
Col 1:22 τῷ σώµατι τῆς **σαρκὸς** αὐτοῦ διὰ τοῦ
Col 1:24 Χριστοῦ ἐν τῇ **σαρκί** µου ὑπὲρ τοῦ
Col 2:1 πρόσωπόν µου ἐν **σαρκί**,
Col 2:5 γὰρ καὶ τῇ **σαρκὶ** ἄπειµι,
Col 2:11 τοῦ σώµατος τῆς **σαρκός**,
Col 2:13 τῇ ἀκροβυστίᾳ τῆς **σαρκὸς** ὑµῶν,
Col 2:18 τοῦ νοὸς τῆς **σαρκὸς** αὐτοῦ,
Col 2:23 πρὸς πλησµονὴν τῆς **σαρκός**.
Col 3:22 πάντα τοῖς κατὰ **σάρκα** κυρίοις,

σκιά (*skia*; 1/7) *shadow*
Col 2:17 ἅ ἐστιν **σκιὰ** τῶν µελλόντων,

σκότος (*skotos*; 1/31) *darkness*
Col 1:13 τῆς ἐξουσίας τοῦ **σκότους** καὶ µετέστησεν

Σκύθης (*Skythēs*; 1/1) *Scythian*
Col 3:11 **Σκύθης**,

σοφία (*sophia*; 6/51) *wisdom*
Col 1:9 ἐν πάσῃ **σοφίᾳ** καὶ συνέσει πνευµατικῇ,
Col 1:28 ἄνθρωπον ἐν πάσῃ **σοφίᾳ**,
Col 2:3 οἱ θησαυροὶ τῆς **σοφίας** καὶ γνώσεως
Col 2:23 λόγον µὲν ἔχοντα **σοφίας** ἐν ἐθελοθρησκίᾳ
Col 3:16 πάσῃ **σοφίᾳ** διδάσκοντες καὶ νουθετοῦντες
Col 4:5 Ἐν **σοφίᾳ** περιπατεῖτε πρὸς τοὺς

σπλάγχνον (*splanchnon*; 1/11) *one's inmost self*
Col 3:12 **σπλάγχνα** οἰκτιρµοῦ χρηστότητα

σταυρός (*stauros*; 2/27) *cross*
Col 1:20 τοῦ αἵµατος τοῦ **σταυροῦ** αὐτοῦ,
Col 2:14 προσηλώσας αὐτὸ τῷ **σταυρῷ**·

στερέωµα (*stereōma*; 1/1) *firmness*
Col 2:5 τάξιν καὶ τὸ **στερέωµα** τῆς εἰς Χριστὸν

στοιχεῖον (*stoicheion*; 2/7) *elements*
Col 2:8 κατὰ τὰ **στοιχεῖα** τοῦ κόσµου καὶ
Col 2:20 Χριστῷ ἀπὸ τῶν **στοιχείων** τοῦ κόσµου,

στόµα (*stoma*; 1/78) *mouth*
Col 3:8 αἰσχρολογίαν ἐκ τοῦ **στόµατος** ὑµῶν·

συζωοποιέω (*syzōopoieō*; 1/2) *make alive together with*
Col 2:13 **συνεζωοποίησεν** ὑµᾶς σὺν αὐτῷ,

συλαγωγέω (*sylagōgeō*; 1/1) *make a captive of*
Col 2:8 ὑµᾶς ἔσται ὁ **συλαγωγῶν** διὰ τῆς φιλοσοφίας

συµβιβάζω (*symbibazō*; 2/7) *bring together*
Col 2:2 αἱ καρδίαι αὐτῶν **συµβιβασθέντες** ἐν ἀγάπῃ
Col 2:19 ἐπιχορηγούµενον καὶ **συµβιβαζόµενον** αὔξει

σύν (*syn*; 7/128) *with*
Col 2:5 ἀλλὰ τῷ πνεύµατι **σὺν** ὑµῖν εἰµι,
Col 2:13 συνεζωοποίησεν ὑµᾶς **σὺν** αὐτῷ,
Col 2:20 Εἰ ἀπεθάνετε **σὺν** Χριστῷ ἀπὸ τῶν
Col 3:3 ζωὴ ὑµῶν κέκρυπται **σὺν** τῷ Χριστῷ ἐν
Col 3:4 τότε καὶ ὑµεῖς **σὺν** αὐτῷ φανερωθήσεσθε ἐν
Col 3:9 τὸν παλαιὸν ἄνθρωπον **σὺν** ταῖς πράξεσιν
Col 4:9 **σὺν** Ὀνησίµῳ τῷ πιστῷ

συναιχµάλωτος (*synaichmalōtos*; 1/3) *fellow-prisoner*
Col 4:10 ὁ **συναιχµάλωτός** µου καὶ Μᾶρκος

σύνδεσµος (*syndesmos*; 2/4) *that which binds together*
Col 2:19 τῶν ἁφῶν καὶ **συνδέσµων** ἐπιχορηγούµενον
Col 3:14 ὅ ἐστιν **σύνδεσµος** τῆς τελειότητος.

σύνδουλος (*syndoulos*; 2/10) *fellow-servant*
Col 1:7 Ἐπαφρᾶ τοῦ ἀγαπητοῦ **συνδούλου** ἡµῶν,
Col 4:7 πιστὸς διάκονος καὶ **σύνδουλος** ἐν κυρίῳ,

συνεγείρω (*synegeirō*; 2/3) *raise together with*
Col 2:12 ἐν ᾧ καὶ **συνηγέρθητε** διὰ τῆς πίστεως
Col 3:1 Εἰ οὖν **συνηγέρθητε** τῷ Χριστῷ,

συνεργός (*synergos*; 1/13) *fellow-worker*
Col 4:11 οὗτοι µόνοι **συνεργοὶ** εἰς τὴν βασιλείαν

σύνεσις (*synesis*; 2/7) *understanding*
Col 1:9 πάσῃ σοφίᾳ καὶ **συνέσει** πνευµατικῇ,
Col 2:2 τῆς πληροφορίας τῆς **συνέσεως**,

συνθάπτω (*synthaptō*; 1/2) *be buried together with*
Col 2:12 **συνταφέντες** αὐτῷ ἐν τῷ

συνίστηµι (*synistēmi*; 1/16) *recommend*
Col 1:17 πάντα ἐν αὐτῷ **συνέστηκεν**,

σῶµα (*sōma*; 8/142) *body*
Col 1:18 ἡ κεφαλὴ τοῦ **σώµατος** τῆς ἐκκλησίας·
Col 1:22 ἀποκατήλλαξεν ἐν τῷ **σώµατι** τῆς σαρκὸς
Col 1:24 µου ὑπὲρ τοῦ **σώµατος** αὐτοῦ,
Col 2:11 τῇ ἀπεκδύσει τοῦ **σώµατος** τῆς σαρκός,
Col 2:17 τὸ δὲ **σῶµα** τοῦ Χριστοῦ.
Col 2:19 οὗ πᾶν τὸ **σῶµα** διὰ τῶν ἁφῶν
Col 2:23 ταπεινοφροσύνῃ [καὶ] ἀφειδίᾳ **σώµατος**,
Col 3:15 ἐκλήθητε ἐν ἑνὶ **σώµατι**·

σωματικῶς (*sōmatikōs*; 1/1) *in bodily form*
Col 2:9 πλήρωμα τῆς θεότητος **σωματικῶς**,

τάξις (*taxis*; 1/9) *order*
Col 2:5 βλέπων ὑμῶν τὴν **τάξιν** καὶ τὸ στερέωμα

ταπεινοφροσύνη (*tapeinophrosynē*; 3/7) *humility*
Col 2:18 θέλων ἐν **ταπεινοφροσύνῃ** καὶ θρησκείᾳ τῶν
Col 2:23 καὶ **ταπεινοφροσύνῃ** [καὶ] ἀφειδίᾳ σώματος,
Col 3:12 χρηστότητα **ταπεινοφροσύνην** πραΰτητα

τέκνον (*teknon*; 2/99) *child*
Col 3:20 Τὰ **τέκνα**,
Col 3:21 μὴ ἐρεθίζετε τὰ **τέκνα** ὑμῶν,

τέλειος (*teleios*; 2/19) *complete, perfect, mature*
Col 1:28 πάντα ἄνθρωπον **τέλειον** ἐν Χριστῷ·
Col 4:12 ἵνα σταθῆτε **τέλειοι** καὶ πεπληροφορημένοι

τελειότης (*teleiotēs*; 1/2) *completeness*
Col 3:14 ἐστιν σύνδεσμος τῆς **τελειότητος**.

τιμή (*timē*; 1/41) *honor*
Col 2:23 οὐκ ἐν **τιμῇ** τινι πρὸς πλησμονὴν

Τιμόθεος (*Timotheos*; 1/24) *Timothy*
Col 1:1 θελήματος θεοῦ καὶ **Τιμόθεος** ὁ ἀδελφὸς

τίς (*tis*; 2/545[546]) *who, what, why*
Col 1:27 ὁ θεὸς γνωρίσαι **τί** τὸ πλοῦτος τῆς
Col 2:20 **τί** ὡς ζῶντες ἐν

τις (*tis*; 6/542[543]) *anyone, anything*
Col 2:8 Βλέπετε μή **τις** ὑμᾶς ἔσται ὁ
Col 2:16 Μὴ οὖν **τις** ὑμᾶς κρινέτω ἐν
Col 2:23 οὐκ ἐν τιμῇ **τινι** πρὸς πλησμονὴν τῆς
Col 3:13 χαριζόμενοι ἑαυτοῖς ἐάν **τις** πρός τινα ἔχῃ
Col 3:13 ἐάν τις πρός **τινα** ἔχῃ μομφήν·
Col 3:17 καὶ πᾶν ὅ **τι** ἐὰν ποιῆτε ἐν

τότε (*tote*; 1/160) *then*
Col 3:4 **τότε** καὶ ὑμεῖς σὺν

Τυχικός (*Tychikos*; 1/5) *Tychicus*
Col 4:7 γνωρίσει ὑμῖν **Τύχικος** ὁ ἀγαπητὸς ἀδελφὸς

υἱός (*huios*; 2/377) *son*
Col 1:13 τὴν βασιλείαν τοῦ **υἱοῦ** τῆς ἀγάπης αὐτοῦ,
Col 3:6 θεοῦ [ἐπὶ τοὺς **υἱοὺς** τῆς ἀπειθείας].

ὑμεῖς (*hymeis*; 57/1832) *you (pl.)*
Col 1:2 χάρις **ὑμῖν** καὶ εἰρήνη ἀπὸ
Col 1:3 Χριστοῦ πάντοτε περὶ **ὑμῶν** προσευχόμενοι,
Col 1:4 ἀκούσαντες τὴν πίστιν **ὑμῶν** ἐν Χριστῷ
Col 1:5 τὴν ἀποκειμένην **ὑμῖν** ἐν τοῖς οὐρανοῖς,
Col 1:6 τοῦ παρόντος εἰς **ὑμᾶς**,
Col 1:6 καθὼς καὶ ἐν **ὑμῖν**,
Col 1:7 πιστὸς ὑπὲρ **ὑμῶν** διάκονος τοῦ Χριστοῦ,
Col 1:8 δηλώσας ἡμῖν τὴν **ὑμῶν** ἀγάπην ἐν πνεύματι.
Col 1:9 ὑπὲρ **ὑμῶν** προσευχόμενοι καὶ αἰτούμενοι,
Col 1:12 πατρὶ τῷ ἱκανώσαντι **ὑμᾶς** εἰς τὴν μερίδα
Col 1:21 Καὶ **ὑμᾶς** ποτε ὄντας ἀπηλλοτριωμένους
Col 1:22 παραστῆσαι **ὑμᾶς** ἁγίους καὶ ἀμώμους
Col 1:24 τοῖς παθήμασιν ὑπὲρ **ὑμῶν** καὶ ἀνταναπληρῶ
Col 1:25 δοθεῖσάν μοι εἰς **ὑμᾶς** πληρῶσαι τὸν λόγον
Col 1:27 ἐστιν Χριστὸς ἐν **ὑμῖν**,
Col 2:1 Θέλω γὰρ **ὑμᾶς** εἰδέναι ἡλίκον ἀγῶνα
Col 2:1 ἀγῶνα ἔχω ὑπὲρ **ὑμῶν** καὶ τῶν ἐν
Col 2:4 ἵνα μηδεὶς **ὑμᾶς** παραλογίζηται ἐν
Col 2:5 τῷ πνεύματι σὺν **ὑμῖν** εἰμι,
Col 2:5 χαίρων καὶ βλέπων **ὑμῶν** τὴν τάξιν καὶ
Col 2:5 εἰς Χριστὸν πίστεως **ὑμῶν**.
Col 2:8 Βλέπετε μή τις **ὑμᾶς** ἔσται ὁ συλαγωγῶν
Col 2:13 καὶ **ὑμᾶς** νεκροὺς ὄντας [ἐν]
Col 2:13 ἀκροβυστίᾳ τῆς σαρκὸς **ὑμῶν**,
Col 2:13 συνεζωοποίησεν **ὑμᾶς** σὺν αὐτῷ,
Col 2:16 Μὴ οὖν τις **ὑμᾶς** κρινέτω ἐν βρώσει
Col 2:18 μηδεὶς **ὑμᾶς** καταβραβευέτω θέλων ἐν
Col 3:3 καὶ ἡ ζωὴ **ὑμῶν** κέκρυπται σὺν τῷ
Col 3:4 ἡ ζωὴ **ὑμῶν**,
Col 3:4 τότε καὶ **ὑμεῖς** σὺν αὐτῷ φανερωθήσεσθε
Col 3:7 ἐν οἷς καὶ **ὑμεῖς** περιεπατήσατέ ποτε,
Col 3:8 δὲ ἀπόθεσθε καὶ **ὑμεῖς** τὰ πάντα,
Col 3:8 ἐκ τοῦ στόματος **ὑμῶν**·
Col 3:13 ὁ κύριος ἐχαρίσατο **ὑμῖν**,
Col 3:13 οὕτως καὶ **ὑμεῖς**·
Col 3:15 ἐν ταῖς καρδίαις **ὑμῶν**,
Col 3:16 Χριστοῦ ἐνοικείτω ἐν **ὑμῖν** πλουσίως,
Col 3:16 ἐν ταῖς καρδίαις **ὑμῶν** τῷ θεῷ·
Col 3:21 ἐρεθίζετε τὰ τέκνα **ὑμῶν**,
Col 4:1 εἰδότες ὅτι καὶ **ὑμεῖς** ἔχετε κύριον ἐν
Col 4:6 ὁ λόγος **ὑμῶν** πάντοτε ἐν χάριτι,
Col 4:6 εἰδέναι πῶς δεῖ **ὑμᾶς** ἑνὶ ἑκάστῳ
Col 4:7 πάντα γνωρίσει **ὑμῖν** Τύχικος ὁ ἀγαπητὸς
Col 4:8 ὃν ἔπεμψα πρὸς **ὑμᾶς** εἰς αὐτὸ τοῦτο,
Col 4:8 παρακαλέσῃ τὰς καρδίας **ὑμῶν**,
Col 4:9 ὅς ἐστιν ἐξ **ὑμῶν**·
Col 4:9 πάντα **ὑμῖν** γνωρίσουσιν τὰ ὧδε.
Col 4:10 Ἀσπάζεται **ὑμᾶς** Ἀρίσταρχος ὁ
Col 4:10 ἐὰν ἔλθῃ πρὸς **ὑμᾶς**,
Col 4:12 ἀσπάζεται **ὑμᾶς** Ἐπαφρᾶς ὁ ἐξ
Col 4:12 Ἐπαφρᾶς ὁ ἐξ **ὑμῶν**,
Col 4:12 πάντοτε ἀγωνιζόμενος ὑπὲρ **ὑμῶν** ἐν ταῖς
Col 4:13 πολὺν πόνον ὑπὲρ **ὑμῶν** καὶ τῶν ἐν
Col 4:14 ἀσπάζεται **ὑμᾶς** Λουκᾶς ὁ ἰατρὸς
Col 4:16 ὅταν ἀναγνωσθῇ παρ᾽ **ὑμῖν** ἡ ἐπιστολή,
Col 4:16 Λαοδικείας ἵνα καὶ **ὑμεῖς** ἀναγνῶτε.
Col 4:18 ἡ χάρις μεθ᾽ **ὑμῶν**.

ὕμνος (*hymnos*; 1/2) *hymn*
Col 3:16 ψαλμοῖς **ὕμνοις** ᾠδαῖς πνευματικαῖς ἐν

ὑπακούω (*hypakouō*; 2/21) *obey*
Col 3:20 **ὑπακούετε** τοῖς γονεῦσιν κατὰ
Col 3:22 **ὑπακούετε** κατὰ πάντα τοῖς

ὑπεναντίος (*hypenantios*; 1/2) *against*
Col 2:14 δόγμασιν ὃ ἦν **ὑπεναντίον** ἡμῖν,

ὑπέρ (*hyper*; 7/150) *for, concerning, over*
Col 1:7 ὅς ἐστιν πιστὸς **ὑπὲρ** ὑμῶν διάκονος τοῦ
Col 1:9 οὐ παυόμεθα **ὑπὲρ** ὑμῶν προσευχόμενοι καὶ
Col 1:24 παθήμασιν **ὑπὲρ** ὑμῶν καὶ ἀνταναπληρῶ
Col 1:24 τῇ σαρκί μου **ὑπὲρ** τοῦ σώματος αὐτοῦ,
Col 2:1 ἡλίκον ἀγῶνα ἔχω **ὑπὲρ** ὑμῶν καὶ τῶν
Col 4:12 πάντοτε ἀγωνιζόμενος **ὑπὲρ** ὑμῶν ἐν ταῖς
Col 4:13 ἔχει πολὺν πόνον **ὑπὲρ** ὑμῶν καὶ τῶν

ὑπό (*hypo*; 2/219[220]) *by, under*
Col 1:23 πάσῃ κτίσει τῇ **ὑπὸ** τὸν οὐρανόν,

Col 2:18 εἰκῇ φυσιούμενος **ὑπὸ** τοῦ νοὸς τῆς

ὑπομονή (*hypomonē*; 1/32) *patient endurance*
Col 1:11 αὐτοῦ εἰς πᾶσαν **ὑπομονὴν** καὶ μακροθυμίαν.

ὑποτάσσω (*hypotassō*; 1/38) *submit, put in subjection*
Col 3:18 **ὑποτάσσεσθε** τοῖς ἀνδράσιν ὡς

ὑστέρημα (*hysterēma*; 1/9) *what is lacking*
Col 1:24 ἀνταναπληρῶ τὰ **ὑστερήματα** τῶν θλίψεων

φανερόω (*phaneroō*; 4/47[49]) *make known, reveal*
Col 1:26 νῦν δὲ **ἐφανερώθη** τοῖς ἁγίοις αὐτοῦ,
Col 3:4 ὅταν ὁ Χριστὸς **φανερωθῇ**,
Col 3:4 ὑμεῖς σὺν αὐτῷ **φανερωθήσεσθε** ἐν δόξῃ.
Col 4:4 ἵνα **φανερώσω** αὐτὸ ὡς δεῖ

φθορά (*phthora*; 1/9) *decay*
Col 2:22 ἐστιν πάντα εἰς **φθορὰν** τῇ ἀποχρήσει,

φιλοσοφία (*philosophia*; 1/1) *philosophy*
Col 2:8 διὰ τῆς **φιλοσοφίας** καὶ κενῆς ἀπάτης

φοβέομαι (*phobeomai*; 1/95) *fear*
Col 3:22 ἁπλότητι καρδίας **φοβούμενοι** τὸν κύριον.

φρονέω (*phroneō*; 1/26) *think*
Col 3:2 τὰ ἄνω **φρονεῖτε**,

φυσιόω (*physioō*; 1/7) *cause conceit or arrogance*
Col 2:18 εἰκῇ **φυσιούμενος** ὑπὸ τοῦ νοὸς

φῶς (*phōs*; 1/73) *light*
Col 1:12 ἁγίων ἐν τῷ **φωτί**·

χαίρω (*chairō*; 2/74) *rejoice*
Col 1:24 Νῦν **χαίρω** ἐν τοῖς παθήμασιν
Col 2:5 **χαίρων** καὶ βλέπων ὑμῶν

χαρά (*chara*; 1/59) *joy*
Col 1:11 Μετὰ **χαρᾶς**

χαρίζομαι (*charizomai*; 3/23) *grant, forgive*
Col 2:13 **χαρισάμενος** ἡμῖν πάντα τὰ
Col 3:13 ἀλλήλων καὶ **χαριζόμενοι** ἑαυτοῖς ἐάν τις
Col 3:13 καὶ ὁ κύριος **ἐχαρίσατο** ὑμῖν,

χάρις (*charis*; 5/155) *grace*
Col 1:2 **χάρις** ὑμῖν καὶ εἰρήνη
Col 1:6 καὶ ἐπέγνωτε τὴν **χάριν** τοῦ θεοῦ ἐν
Col 3:16 πνευματικαῖς ἐν [τῇ] **χάριτι** ᾄδοντες ἐν ταῖς
Col 4:6 ὑμῶν πάντοτε ἐν **χάριτι**,
Col 4:18 ἡ χάρις **μεθ'** ὑμῶν.

χείρ (*cheir*; 1/175[177]) *hand*
Col 4:18 ἀσπασμὸς τῇ ἐμῇ **χειρὶ** Παύλου.

χειρόγραφον (*cheirographon*; 1/1) *record of one's debts*
Col 2:14 τὸ καθ' ἡμῶν **χειρόγραφον** τοῖς δόγμασιν ὃ

χρηστότης (*chrēstotēs*; 1/10) *kindness*
Col 3:12 οἰκτιρμοῦ **χρηστότητα** ταπεινοφροσύνην

Χριστός (*Christos*; 25/529) *Christ*
Col 1:1 ἀπόστολος **Χριστοῦ** Ἰησοῦ διὰ θελήματος
Col 1:2 πιστοῖς ἀδελφοῖς ἐν **Χριστῷ**,
Col 1:3 ἡμῶν Ἰησοῦ **Χριστοῦ** πάντοτε περὶ ὑμῶν
Col 1:4 πίστιν ὑμῶν ἐν **Χριστῷ** Ἰησοῦ καὶ τὴν
Col 1:7 ὑμῶν διάκονος τοῦ **Χριστοῦ**,
Col 1:24 τῶν θλίψεων τοῦ **Χριστοῦ** ἐν τῇ σαρκί
Col 1:27 ὅ ἐστιν **Χριστὸς** ἐν ὑμῖν,
Col 1:28 ἄνθρωπον τέλειον ἐν **Χριστῷ**·
Col 2:2 **Χριστοῦ**,
Col 2:5 στερέωμα τῆς εἰς **Χριστὸν** πίστεως ὑμῶν.
Col 2:6 τὸν **Χριστὸν** Ἰησοῦν τὸν κύριον,
Col 2:8 καὶ οὐ κατὰ **Χριστόν**·
Col 2:11 τῇ περιτομῇ τοῦ **Χριστοῦ**,
Col 2:17 δὲ σῶμα τοῦ **Χριστοῦ**.
Col 2:20 ἀπεθάνετε σὺν **Χριστῷ** ἀπὸ τῶν στοιχείων
Col 3:1 οὖν συνηγέρθητε τῷ **Χριστῷ**,
Col 3:1 οὗ ὁ **Χριστός** ἐστιν ἐν δεξιᾷ
Col 3:3 κέκρυπται σὺν τῷ **Χριστῷ** ἐν τῷ θεῷ.
Col 3:4 ὅταν ὁ **Χριστὸς** φανερωθῇ,
Col 3:11 καὶ ἐν πᾶσιν **Χριστός**.
Col 3:15 ἡ εἰρήνη τοῦ **Χριστοῦ** βραβευέτω ἐν ταῖς
Col 3:16 Ὁ λόγος τοῦ **Χριστοῦ** ἐνοικείτω ἐν ὑμῖν
Col 3:24 τῷ κυρίῳ **Χριστῷ** δουλεύετε·
Col 4:3 τὸ μυστήριον τοῦ **Χριστοῦ**,
Col 4:12 δοῦλος **Χριστοῦ** [Ἰησοῦ],

ψαλμός (*psalmos*; 1/7) *psalm*
Col 3:16 **ψαλμοῖς** ὕμνοις ᾠδαῖς πνευματικαῖς

ψεύδομαι (*pseudomai*; 1/12) *lie, speak falsehood*
Col 3:9 μὴ **ψεύδεσθε** εἰς ἀλλήλους,

ψυχή (*psychē*; 1/103) *soul, life, self*
Col 3:23 ἐκ **ψυχῆς** ἐργάζεσθε ὡς τῷ

ὧδε (*hōde*; 1/61) *here*
Col 4:9 ὑμῖν γνωρίσουσιν τὰ **ὧδε**.

ᾠδή (*ōdē*; 1/7) *song*
Col 3:16 ψαλμοῖς ὕμνοις **ᾠδαῖς** πνευματικαῖς ἐν [τῇ]

ὡς (*hōs*; 7/503[504]) *as*
Col 2:6 **Ὡς** οὖν παρελάβετε τὸν
Col 2:20 τί **ὡς** ζῶντες ἐν κόσμῳ
Col 3:12 **ὡς** ἐκλεκτοὶ τοῦ θεοῦ
Col 3:18 τοῖς ἀνδράσιν **ὡς** ἀνῆκεν ἐν κυρίῳ.
Col 3:22 μὴ ἐν ὀφθαλμοδουλίᾳ **ὡς** ἀνθρωπάρεσκοι,
Col 3:23 ἐκ ψυχῆς ἐργάζεσθε **ὡς** τῷ κυρίῳ καὶ
Col 4:4 ἵνα φανερώσω αὐτὸ **ὡς** δεῖ με λαλῆσαι.

Frequency List (Alphabetical Order)

1 ἀγαθός
2 ἀγαπάω
5 ἀγάπη
4 ἀγαπητός
1 ἄγγελος
6 ἅγιος
1 ἀγών
2 ἀγωνίζομαι
5 ἀδελφός
2 ἀδικέω
1 ᾄδω
1* ἀθυμέω
1 αἷμα
1 αἴρω
1* αἰσχρολογία
1 αἰτέω
1 αἰών
1 ἀκαθαρσία
4 ἀκούω
2 ἀκροβυστία
1 ἅλας
2 ἀλήθεια
3 ἀλλά
2 ἀλλήλων
1 ἅμα
1 ἁμαρτία
1 ἄμωμος
3 ἀναγινώσκω
1 ἀνακαινόω
1 ἀνέγκλητος
1 ἀνέχομαι
1* ἀνεψιός
1 ἀνήκω
2 ἀνήρ
1 ἀνθρωπάρεσκος
7 ἄνθρωπος
1 ἀνοίγω
1* ἀνταναπληρόω
1* ἀνταπόδοσις
2 ἄνω
1 ἀξίως
2 ἀόρατος
1 ἀπαλλοτριόω
1 ἀπάτη
1 ἀπείθεια
1 ἄπειμι
2* ἀπεκδύομαι
1* ἀπέκδυσις
1 ἁπλότης
9 ἀπό
2 ἀποθνῄσκω
2 ἀποκαταλλάσσω
1 ἀπόκειμαι
1 ἀποκρίνομαι
1 ἀποκρύπτω
1 ἀπόκρυφος
1 ἀπολαμβάνω
1 ἀπολύτρωσις
1 ἀπόστολος
1 ἀποτίθημι
1* ἀπόχρησις
1 ἅπτω
1* ἀρεσκεία
1 Ἀρίσταρχος
1 ἀρτύω
4 ἀρχή
1 Ἄρχιππος
4 ἀσπάζομαι
1 ἀσπασμός
3 αὐξάνω
1 αὔξησις
45° αὐτός
1* ἀφειδία
1 ἄφεσις
1 ἁφή
1 ἀχειροποίητος
1 βαπτισμός
1 βάρβαρος
1 Βαρναβᾶς
2 βασιλεία
1 βεβαιόω
1 βλασφημία
3 βλέπω
1* βραβεύω
1 βρῶσις
6 γάρ
1 γέ
1 γενεά
1 γεύομαι
4 γῆ
5 γίνομαι
1 γινώσκω
3 γνωρίζω
1 γνῶσις
1 γονεύς
1 γρηγορέω
2 γυνή
5 δέ
2 δεῖ
1 δειγματίζω
1 δεξιός
1 δεσμός
1 δέχομαι
1 δέω
1 δηλόω
1 Δημᾶς
14 διά
1 διακονία
4 διάκονος
1 διάνοια
1 διδασκαλία
3 διδάσκω
1 δίδωμι
1 δίκαιος
1 δόγμα
1* δογματίζω
4 δόξα
1 δουλεύω
4 δοῦλος
2 δύναμις
1 δυναμόω
4 ἐάν
2 ἑαυτοῦ
1 ἐγείρω
11 ἐγώ
1 ἑδραῖος
1* ἐθελοθρησκία
1 ἔθνος
4 εἰ
1 εἰδωλολατρία
1 εἰκῇ
2 εἰκών
26 εἰμί
2 εἰρήνη
1* εἰρηνοποιέω
19 εἰς
2 εἷς
6 εἴτε
11 ἐκ
1 ἕκαστος
4 ἐκκλησία
1 ἐκλεκτός
1 ἐλεύθερος
1 Ἕλλην
3 ἐλπίς
1* ἐμβατεύω
1 ἐμός
88 ἐν
2 ἐνδύω
2 ἐνέργεια
1 ἐνεργέω
1 ἔνι
1 ἐνοικέω
1 ἔνταλμα
1 ἐντολή
1 ἐξαγοράζω
1 ἐξαλείφω
4 ἐξουσία
1 ἔξω
1 ἑορτή
2 Ἐπαφρᾶς
6 ἐπί
1 ἐπιγινώσκω
4 ἐπίγνωσις
1 ἐπιθυμία
1 ἐπιμένω
1 ἐπιστολή
1 ἐπιχορηγέω
1 ἐποικοδομέω
1 ἐργάζομαι
3 ἔργον
1 ἐρεθίζω
2 ἔρχομαι
2 εὐαγγέλιον
1 εὐάρεστος
1 εὐδοκέω
3 εὐχαριστέω
2 εὐχαριστία
1* εὐχάριστος
1 ἐχθρός
7 ἔχω
2 ζάω
1 ζητέω
2 ζωή
4 ἤ
1 ἡλίκος
13 ἡμεῖς
2 ἡμέρα
1 θάνατος
3 θέλημα
3 θέλω
1 θεμελιόω
21 θεός
1* θεότης
1 θησαυρός
1 θιγγάνω
1 θλῖψις
1 θρησκεία
1 θριαμβεύω
1 θρόνος
1 θυμός
1 θύρα
1 ἰατρός
1* Ἱεράπολις
7 Ἰησοῦς
1 ἱκανόω
13 ἵνα
1 Ἰουδαῖος
1 Ἰοῦστος
1 ἰσότης
1 ἵστημι
1 κάθημαι
5 καθώς
101° καί
1 καιρός
1 κακία
1 κακός
1 καλέω
5 καρδία
2 καρποφορέω
14 κατά
1* καταβραβεύω
1 καταγγέλλω
1 κατενώπιον
2 κατοικέω
1 κενός
3 κεφαλή
1 κηρύσσω
1 κληρονομία
1 κλῆρος
1* Κολοσσαί
1 κομίζω
1 κοπιάω
4 κόσμος
1 κρατέω
1 κράτος
1 κρίνω
1 κρύπτω
3 κτίζω
2 κτίσις
16 κύριος
1 κυριότης
2 λαλέω
1 λαμβάνω
4 Λαοδίκεια
1* Λαοδικεύς
3 λέγω
7 λόγος
1 Λουκᾶς
2 μακροθυμία
1 μανθάνω
1 Μᾶρκος
1 μαρτυρέω
1 μεθίστημι
1 μέλλω
1 μέλος
1 μέν
1 μερίς
1 μέρος
1 μέσος
2 μετά
1* μετακινέω
10 μή
2 μηδέ
2 μηδείς
1 μνημονεύω
1* μομφή
1 μόνος
4 μυστήριον
3 νεκρός
1 νεκρόω
1* νεομηνία
1 νέος
2 νουθετέω
1 νοῦς
1* Νύμφαν
2 νῦν
2 νυνί
260° ὁ
4 οἶδα
1 οἰκονομία
1 οἶκος
1 οἰκτιρμός
1 Ὀνήσιμος
1 ὄνομα
1 ὅπου
1* ὁρατός
2 ὁράω
2 ὀργή
38 ὅς
1 ὅσος
3 ὅστις
2 ὅταν
1 ὅτε
6 ὅτι
8 οὐ
1 οὗ
5 οὖν
5 οὐρανός
8 οὗτος

1 οὕτως
1 ὀφθαλμοδουλία
1 πάθημα
1 πάθος
1 παλαιός
3 πάντοτε
1 παρά
1 παράδοσις
2 παρακαλέω
2 παραλαμβάνω
1 παραλογίζομαι
2 παράπτωμα
1 πάρειμι
1 παρέχω
1* παρηγορία
2 παρίστημι
1 παρρησία
39 πᾶς
5 πατήρ
3 Παῦλος
1 παύω
1 πέμπω
4 περί
4 περιπατέω
1 περισσεύω
1 περιτέμνω
4 περιτομή
1* πιθανολογία
1 πικραίνω
5 πίστις
4 πιστός
1 πλεονεξία
1 πληροφορέω
1 πληροφορία
4 πληρόω
2 πλήρωμα
1* πλησμονή
1 πλουσίως
2 πλοῦτος
2 πνεῦμα
2 πνευματικός
3 ποιέω
1 πολύς
1 πονηρός
1 πόνος
1 πορνεία
1 πόσις
2 ποτέ
1 πρᾶξις
1 πραΰτης
1 πρό
1* προακούω
6 πρός
2 προσευχή
3 προσεύχομαι
1* προσηλόω
1 προσκαρτερέω
1 προσωπολημψία
1 πρόσωπον
1* πρωτεύω
2 πρωτότοκος
1 πῶς
1 ῥιζόω
1 ῥύομαι
1 σάββατον
9 σάρξ
1 σκιά
1 σκότος
1* Σκύθης
6 σοφία
1 σπλάγχνον
2 σταυρός
1* στερέωμα
2 στοιχεῖον
1 στόμα
1 συζωοποιέω
1* συλαγωγέω
2 συμβιβάζω
7 σύν
1 συναιχμάλωτος
2 σύνδεσμος
2 σύνδουλος
2 συνεγείρω
1 συνεργός
2 σύνεσις
1 συνθάπτω
1 συνίστημι
8 σῶμα
1* σωματικῶς
1 τάξις
3 ταπεινοφροσύνη
2 τέκνον
2 τέλειος
1 τελειότης
1 τιμή
1 Τιμόθεος
2 τίς
6 τις
2 τό
1 τότε
1 Τυχικός
2 υἱός
57 ὑμεῖς
1 ὕμνος
2 ὑπακούω
1 ὑπεναντίος
7 ὑπέρ
2 ὑπό
1 ὑπομονή
1 ὑποτάσσω
1 ὑστέρημα
4 φανερόω
1 φθορά
1* φιλοσοφία
1 φοβέομαι
1 φρονέω
1 φυσιόω
1 φῶς
2 χαίρω
1 χαρά
3 χαρίζομαι
5 χάρις
1 χείρ
1* χειρόγραφον
1 χρηστότης
25 Χριστός
1 ψαλμός
1 ψεύδομαι
1 ψυχή
1 ὧδε
1 ᾠδή
7 ὡς

° Not included in concordance
* Word only occurs in this book

Frequency List (in Order of Occurrence)

260° ὁ
101° καί
88 ἐν
57 ὑμεῖς
45° αὐτός
39 πᾶς
38 ὅς
26 εἰμί
25 Χριστός
21 θεός
19 εἰς
16 κύριος
14 διά
14 κατά
13 ἡμεῖς
13 ἵνα
11 ἐγώ
11 ἐκ
10 μή
9 ἀπό
9 σάρξ
8 οὐ
8 οὗτος
8 σῶμα
7 ἄνθρωπος
7 ἔχω
7 Ἰησοῦς
7 λόγος
7 σύν
7 ὑπέρ
7 ὡς
6 ἅγιος
6 γάρ
6 εἴτε
6 ἐπί
6 ὅτι
6 πρός
6 σοφία
6 τις
5 ἀγάπη
5 ἀδελφός
5 γίνομαι
5 δέ
5 καθώς
5 καρδία
5 οὖν
5 οὐρανός
5 πατήρ
5 πίστις
5 χάρις
4 ἀγαπητός
4 ἀκούω
4 ἀρχή
4 ἀσπάζομαι
4 γῆ
4 διάκονος
4 δόξα
4 δοῦλος
4 ἐάν
4 εἰ
4 ἐκκλησία
4 ἐξουσία
4 ἐπίγνωσις
4 ἤ
4 κόσμος
4 Λαοδίκεια
4 μυστήριον
4 οἶδα
4 περί
4 περιπατέω
4 περιτομή
4 πιστός
4 πληρόω
4 φανερόω
3 ἀλλά
3 ἀναγινώσκω
3 αὐξάνω
3 βλέπω
3 γνωρίζω
3 διδάσκω
3 ἐλπίς
3 ἔργον
3 εὐχαριστέω
3 θέλημα
3 θέλω
3 κεφαλή
3 κτίζω
3 λέγω
3 νεκρός
3 ὅστις
3 πάντοτε
3 Παῦλος
3 ποιέω
3 προσεύχομαι
3 ταπεινοφροσύνη
3 χαρίζομαι
2 ἀγαπάω
2 ἀγωνίζομαι
2 ἀδικέω
2 ἀκροβυστία
2 ἀλήθεια
2 ἀλλήλων
2 ἀνήρ
2 ἄνω
2 ἀόρατος
2* ἀπεκδύομαι
2 ἀποθνήσκω
2 ἀποκαταλλάσσω
2 βασιλεία
2 γυνή
2 δεῖ
2 δύναμις
2 ἑαυτοῦ
2 εἰκών
2 εἰρήνη
2 εἷς
2 ἐνδύω
2 ἐνέργεια
2 Ἐπαφρᾶς
2 ἔρχομαι
2 εὐαγγέλιον
2 εὐχαριστία
2 ζάω
2 ζωή
2 ἡμέρα
2 καρποφορέω
2 κατοικέω
2 κτίσις
2 λαλέω
2 μακροθυμία
2 μετά
2 μηδέ
2 μηδείς
2 νουθετέω
2 νῦν
2 νυνί
2 ὁράω
2 ὀργή
2 ὅταν
2 παρακαλέω
2 παραλαμβάνω
2 παράπτωμα
2 παρίστημι
2 πλήρωμα
2 πλοῦτος
2 πνεῦμα
2 πνευματικός
2 ποτέ
2 προσευχή
2 πρωτότοκος
2 σταυρός
2 στοιχεῖον
2 συμβιβάζω
2 σύνδεσμος
2 σύνδουλος
2 συνεγείρω
2 σύνεσις
2 τέκνον
2 τέλειος
2 τίς
2 τό
2 υἱός
2 ὑπακούω
2 ὑπό
2 χαίρω
1 ἀγαθός
1 ἄγγελος
1 ἀγών
1 ᾄδω
1* ἀθυμέω
1 αἷμα
1 αἴρω
1* αἰσχρολογία
1 αἰτέω
1 αἰών
1 ἀκαθαρσία
1 ἅλας
1 ἅμα
1 ἁμαρτία
1 ἄμωμος
1 ἀνακαινόω
1 ἀνέγκλητος
1 ἀνέχομαι
1* ἀνεψιός
1 ἀνήκω
1 ἀνθρωπάρεσκος
1 ἀνοίγω
1* ἀνταναπληρόω
1* ἀνταπόδοσις
1 ἀξίως
1 ἀπαλλοτριόω
1 ἀπάτη
1 ἀπείθεια
1 ἄπειμι
1* ἀπέκδυσις
1 ἁπλότης
1 ἀπόκειμαι
1 ἀποκρίνομαι
1 ἀποκρύπτω
1 ἀπόκρυφος
1 ἀπολαμβάνω
1 ἀπολύτρωσις
1 ἀπόστολος
1 ἀποτίθημι
1* ἀπόχρησις
1 ἅπτω
1* ἀρεσκεία
1 Ἀρίσταρχος
1 ἀρτύω
1 Ἄρχιππος
1 ἀσπασμός
1 αὔξησις
1* ἀφειδία
1 ἄφεσις
1 ἁφή
1 ἀχειροποίητος
1 βαπτισμός
1 βάρβαρος
1 Βαρναβᾶς
1 βεβαιόω
1 βλασφημία
1* βραβεύω
1 βρῶσις
1 γέ
1 γενεά
1 γεύομαι
1 γινώσκω
1 γνῶσις
1 γονεύς
1 γρηγορέω
1 δειγματίζω
1 δεξιός
1 δεσμός
1 δέχομαι
1 δέω
1 δηλόω
1 Δημᾶς
1 διακονία
1 διάνοια
1 διδασκαλία
1 δίδωμι
1 δίκαιος
1 δόγμα
1* δογματίζω
1 δουλεύω
1 δυναμόω
1 ἐγείρω
1 ἑδραῖος
1* ἐθελοθρησκία
1 ἔθνος
1 εἰδωλολατρία
1 εἰκῇ
1* εἰρηνοποιέω
1 ἕκαστος
1 ἐκλεκτός
1 ἐλεύθερος
1 Ἕλλην
1* ἐμβατεύω
1 ἐμός
1 ἐνεργέω
1 ἔνι
1 ἐνοικέω
1 ἔνταλμα
1 ἐντολή
1 ἐξαγοράζω
1 ἐξαλείφω
1 ἔξω
1 ἑορτή
1 ἐπιγινώσκω
1 ἐπιθυμία
1 ἐπιμένω
1 ἐπιστολή
1 ἐπιχορηγέω
1 ἐποικοδομέω
1 ἐργάζομαι
1 ἐρεθίζω
1 εὐάρεστος
1 εὐδοκέω
1* εὐχάριστος
1 ἐχθρός
1 ζητέω
1 ἡλίκος
1 θάνατος
1 θεμελιόω
1* θεότης
1 θησαυρός
1 θιγγάνω
1 θλῖψις
1 θρησκεία
1 θριαμβεύω
1 θρόνος
1 θυμός
1 θύρα
1 ἰατρός
1* Ἱεράπολις
1 ἱκανόω
1 Ἰουδαῖος
1 Ἰοῦστος
1 ἰσότης
1 ἵστημι

1 κάθημαι
1 καιρός
1 κακία
1 κακός
1 καλέω
1* καταβραβεύω
1 καταγγέλλω
1 κατενώπιον
1 κενός
1 κηρύσσω
1 κληρονομία
1 κλῆρος
1* Κολοσσαί
1 κομίζω
1 κοπιάω
1 κρατέω
1 κράτος
1 κρίνω
1 κρύπτω
1 κυριότης
1 λαμβάνω
1* Λαοδικεύς
1 Λουκᾶς
1 μανθάνω
1 Μᾶρκος
1 μαρτυρέω
1 μεθίστημι
1 μέλλω
1 μέλος
1 μέν
1 μερίς
1 μέρος
1 μέσος
1* μετακινέω
1 μνημονεύω
1* μομφή
1 μόνος
1 νεκρόω
1* νεομηνία
1 νέος
1 νοῦς
1* Νύμφαν
1 οἰκονομία
1 οἶκος
1 οἰκτιρμός
1 Ὀνήσιμος
1 ὄνομα
1 ὅπου
1* ὁρατός
1 ὅσος
1 ὅτε
1 οὗ
1 οὕτως
1 ὀφθαλμοδουλία
1 πάθημα
1 πάθος
1 παλαιός
1 παρά
1 παράδοσις
1 παραλογίζομαι
1 πάρειμι
1 παρέχω
1* παρηγορία
1 παρρησία
1 παύω
1 πέμπω
1 περισσεύω
1 περιτέμνω
1* πιθανολογία
1 πικραίνω
1 πλεονεξία
1 πληροφορέω
1 πληροφορία
1* πλησμονή
1 πλουσίως
1 πολύς
1 πονηρός
1 πόνος
1 πορνεία
1 πόσις
1 πρᾶξις
1 πραΰτης
1 πρό
1* προακούω
1* προσηλόω
1 προσκαρτερέω
1 προσωπολημψία
1 πρόσωπον
1* πρωτεύω
1 πῶς
1 ῥιζόω
1 ῥύομαι
1 σάββατον
1 σκιά
1 σκότος
1* Σκύθης
1 σπλάγχνον
1* στερέωμα
1 στόμα
1 συζωοποιέω
1* συλαγωγέω
1 συναιχμάλωτος
1 συνεργός
1 συνθάπτω
1 συνίστημι
1* σωματικῶς
1 τάξις
1 τελειότης
1 τιμή
1 Τιμόθεος
1 τότε
1 Τυχικός
1 ὕμνος
1 ὑπεναντίος
1 ὑπομονή
1 ὑποτάσσω
1 ὑστέρημα
1 φθορά
1* φιλοσοφία
1 φοβέομαι
1 φρονέω
1 φυσιόω
1 φῶς
1 χαρά
1 χείρ
1* χειρόγραφον
1 χρηστότης
1 ψαλμός
1 ψεύδομαι
1 ψυχή
1 ὧδε
1 ᾠδή

° Not included in concordance
* Word only occurs in this book

1 Thessalonians – Statistics

363 Total word count
26 Number of words occurring at least 10 times
200 Number of words occurring once

Words whose occurrences in this book account for at least 25% of occurrences in the entire NT

100%

2/2 ἀμέμπτως (*amemptōs*; blamelessly), περιλείπομαι (*perileipomai*; remain)

1/1 ἀναμένω (*anamenō*; wait expectantly), ἀπορφανίζω (*aporphanizō*; separate from), ἄτακτος (*ataktos*; lazy), ἐκδιώκω (*ekdiōkō*; persecute harshly), ἐνορκίζω (*enorkizō*; charge), ἐξηχέω (*exēcheō*; ring out), θεοδίδακτος (*theodidaktos*; taught by God), κέλευσμα (*keleusma*; shout of command), κολακεία (*kolakeia*; flattery), ὀλιγόψυχος (*oligopsychos*; fainthearted), ὁλοτελής (*holotelēs*; wholly), ὁμείρομαι (*homeiromai*; yearn for), ὁσίως (*hosiōs*; in a manner pleasing to God), προπάσχω (*propaschō*; suffer previously), σαίνω (*sainō*; be disturbed or upset), συμφυλέτης (*symphyletēs*; fellow-countryman), τροφός (*trophos*; nurse), ὑπερβαίνω (*hyperbainō*; do wrong to)

75%

3/4 ἀδιαλείπτως (*adialeiptōs*; constantly)

66%

2/3 ὑπερεκπερισσοῦ (*hyperekperissou*; with all earnestness)

50%

2/4 παραμυθέομαι (*paramytheomai*; comfort), στέγω (*stegō*; endure)

1/2 αἰφνίδιος (*aiphnidios*; sudden), ἀρχάγγελος (*archangelos*; archangel), ἔκδικος (*ekdikos*; one who punishes), θάλπω (*thalpō*; take care of), ὁλόκληρος (*holoklēros*; sound), περικεφαλαία (*perikephalaia*; helmet), τοιγαροῦν (*toigaroun*; therefore)

40%

2/5 εἴσοδος (*eisodos*; coming)

33%

2/6 μιμητής (*mimētēs*; imitator), νήφω (*nēphō*; be sober)

1/3 ἁγιωσύνη (*hagiōsynē*; holiness), ἀπάντησις (*apantēsis*; meeting), ἀσφάλεια (*asphaleia*; security), ἐπιβαρέω (*epibareō*; be a financial burden), εὐσχημόνως (*euschēmonōs*; properly), κατευθύνω (*kateuthynō*; direct), μόχθος (*mochthos*; labor), πάθος (*pathos*; lustful passion), φιλοτιμέομαι (*philotimeomai*; make it one's ambition, endeavor)

30%

4/13 καθάπερ (*kathaper*; as, just as, like)

3/10 ἁγιασμός (*hagiasmos*; consecration, holiness, sanctification)

28%

2/7 μνεία (*mneia*; remembrance), φθάνω (*phthanō*; come upon, attain)

1 Thessalonians – Concordance

ἀγαθός (*agathos*; 2/102) *good*
1Th 3:6 ἔχετε μνείαν ἡμῶν **ἀγαθὴν** πάντοτε,
1Th 5:15 ἀλλὰ πάντοτε τὸ **ἀγαθὸν** διώκετε [καὶ] εἰς

ἀγαπάω (*agapaō*; 2/143) *love*
1Th 1:4 ἀδελφοὶ **ἠγαπημένοι** ὑπὸ [τοῦ] θεοῦ,
1Th 4:9 ἐστε εἰς τὸ **ἀγαπᾶν** ἀλλήλους,

ἀγάπη (*agapē*; 5/116) *love*
1Th 1:3 τοῦ κόπου τῆς **ἀγάπης** καὶ τῆς ὑπομονῆς
1Th 3:6 πίστιν καὶ τὴν **ἀγάπην** ὑμῶν καὶ ὅτι
1Th 3:12 καὶ περισσεύσαι τῇ **ἀγάπῃ** εἰς ἀλλήλους καὶ
1Th 5:8 θώρακα πίστεως καὶ **ἀγάπης** καὶ περικεφαλαίαν ἐλπίδα
1Th 5:13 αὐτοὺς ὑπερεκπερισσοῦ ἐν **ἀγάπῃ** διὰ τὸ ἔργον

ἀγαπητός (*agapētos*; 1/61) *beloved*
1Th 2:8 διότι **ἀγαπητοὶ** ἡμῖν ἐγενήθητε.

ἁγιάζω (*hagiazō*; 1/28) *set apart as sacred to God, consecrate, sanctify, purify*
1Th 5:23 θεὸς τῆς εἰρήνης **ἁγιάσαι** ὑμᾶς ὁλοτελεῖς,

ἁγιασμός (*hagiasmos*; 3/10) *consecration, holiness, sanctification*
1Th 4:3 ὁ **ἁγιασμὸς** ὑμῶν,
1Th 4:4 σκεῦος κτᾶσθαι ἐν **ἁγιασμῷ** καὶ τιμῇ,
1Th 4:7 ἀκαθαρσίᾳ ἀλλ᾽ ἐν **ἁγιασμῷ**.

ἅγιος (*hagios*; 5/233) *holy, set apart*
1Th 1:5 καὶ ἐν πνεύματι **ἁγίῳ** καὶ [ἐν] πληροφορίᾳ
1Th 1:6 μετὰ χαρᾶς πνεύματος **ἁγίου**,
1Th 3:13 μετὰ πάντων τῶν **ἁγίων** αὐτοῦ,
1Th 4:8 πνεῦμα αὐτοῦ τὸ **ἅγιον** εἰς ὑμᾶς.
1Th 5:26 πάντας ἐν φιλήματι **ἁγίῳ**.

ἁγιωσύνη (*hagiōsynē*; 1/3) *holiness*
1Th 3:13 καρδίας ἀμέμπτους ἐν **ἁγιωσύνῃ** ἔμπροσθεν τοῦ θεοῦ

ἀγνοέω (*agnoeō*; 1/22) *be ignorant*
1Th 4:13 θέλομεν δὲ ὑμᾶς **ἀγνοεῖν**,

ἄγω (*agō*; 1/68[69]) *lead*
1Th 4:14 διὰ τοῦ Ἰησοῦ **ἄξει** σὺν αὐτῷ.

ἀγών (*agōn*; 1/6) *struggle*
1Th 2:2 θεοῦ ἐν πολλῷ **ἀγῶνι**.

ἀδελφός (*adelphos*; 19/343) *brother*
1Th 1:4 **ἀδελφοὶ** ἠγαπημένοι ὑπὸ [τοῦ]
1Th 2:1 **ἀδελφοί**,
1Th 2:9 **ἀδελφοί**,
1Th 2:14 **ἀδελφοί**,
1Th 2:17 **ἀδελφοί**,
1Th 3:2 τὸν **ἀδελφὸν** ἡμῶν καὶ συνεργὸν
1Th 3:7 **ἀδελφοί**,
1Th 4:1 **ἀδελφοί**,
1Th 4:6 τῷ πράγματι τὸν **ἀδελφὸν** αὐτοῦ,
1Th 4:10 εἰς πάντας τοὺς **ἀδελφοὺς** [τοὺς] ἐν ὅλῃ
1Th 4:10 **ἀδελφοί**,
1Th 4:13 **ἀδελφοί**,
1Th 5:1 **ἀδελφοί**,
1Th 5:4 **ἀδελφοί**,
1Th 5:12 **ἀδελφοί**,
1Th 5:14 **ἀδελφοί**,
1Th 5:25 **Ἀδελφοί**,
1Th 5:26 Ἀσπάσασθε τοὺς **ἀδελφοὺς** πάντας ἐν φιλήματι
1Th 5:27 ἐπιστολὴν πᾶσιν τοῖς **ἀδελφοῖς**.

ἀδιαλείπτως (*adialeiptōs*; 3/4) *constantly*
1Th 1:2 **ἀδιαλείπτως**
1Th 2:13 εὐχαριστοῦμεν τῷ θεῷ **ἀδιαλείπτως**,
1Th 5:17 **ἀδιαλείπτως** προσεύχεσθε,

ἀήρ (*aēr*; 1/7) *air*
1Th 4:17 τοῦ κυρίου εἰς **ἀέρα**·

ἀθετέω (*atheteō*; 2/16) *reject*
1Th 4:8 τοιγαροῦν ὁ **ἀθετῶν** οὐκ ἄνθρωπον ἀθετεῖ
1Th 4:8 ἀθετῶν οὐκ ἄνθρωπον **ἀθετεῖ** ἀλλὰ τὸν θεὸν

Ἀθῆναι (*Athēnai*; 1/4) *Athens*
1Th 3:1 εὐδοκήσαμεν καταλειφθῆναι ἐν **Ἀθήναις** μόνοι

αἰφνίδιος (*aiphnidios*; 1/2) *sudden*
1Th 5:3 τότε **αἰφνίδιος** αὐτοῖς ἐφίσταται ὄλεθρος

ἀκαθαρσία (*akatharsia*; 2/10) *impurity*
1Th 2:3 πλάνης οὐδὲ ἐξ **ἀκαθαρσίας** οὐδὲ ἐν δόλῳ,
1Th 4:7 ὁ θεὸς ἐπὶ **ἀκαθαρσίᾳ** ἀλλ᾽ ἐν ἁγιασμῷ.

ἀκοή (*akoē*; 1/24) *report*
1Th 2:13 ὅτι παραλαβόντες λόγον **ἀκοῆς** παρ᾽ ἡμῶν

ἀκριβῶς (*akribōs*; 1/9) *accurately*
1Th 5:2 αὐτοὶ γὰρ **ἀκριβῶς** οἴδατε ὅτι ἡμέρα

ἀληθινός (*alēthinos*; 1/28) *true, real*
1Th 1:9 θεῷ ζῶντι καὶ **ἀληθινῷ**

ἀληθῶς (*alēthōs*; 1/18) *truly*
1Th 2:13 ἀλλὰ καθώς ἐστιν **ἀληθῶς** λόγον θεοῦ,

ἀλλά (*alla*; 13/638) *but*
1Th 1:5 ἐν λόγῳ μόνον **ἀλλὰ** καὶ ἐν δυνάμει
1Th 1:8 **ἀλλ᾽** ἐν παντὶ τόπῳ
1Th 2:2 **ἀλλὰ** προπαθόντες καὶ ὑβρισθέντες,
1Th 2:4 **ἀλλὰ** καθὼς δεδοκιμάσμεθα ὑπὸ
1Th 2:4 ὡς ἀνθρώποις ἀρέσκοντες **ἀλλὰ** θεῷ τῷ δοκιμάζοντι
1Th 2:7 **ἀλλὰ** ἐγενήθημεν νήπιοι ἐν

1Th 2:8 εὐαγγέλιον τοῦ θεοῦ **ἀλλὰ** καὶ τὰς ἑαυτῶν
1Th 2:13 οὐ λόγον ἀνθρώπων **ἀλλὰ** καθώς ἐστιν ἀληθῶς
1Th 4:7 θεὸς ἐπὶ ἀκαθαρσίᾳ **ἀλλ'** ἐν ἁγιασμῷ.
1Th 4:8 οὐκ ἄνθρωπον ἀθετεῖ **ἀλλὰ** τὸν θεὸν τὸν
1Th 5:6 ὡς οἱ λοιποί **ἀλλὰ** γρηγορῶμεν καὶ νήφωμεν.
1Th 5:9 θεὸς εἰς ὀργὴν **ἀλλὰ** εἰς περιποίησιν σωτηρίας
1Th 5:15 **ἀλλὰ** πάντοτε τὸ ἀγαθὸν

ἀλλήλων (*allēlōn*; 5/100) *one another*
1Th 3:12 τῇ ἀγάπῃ εἰς **ἀλλήλους** καὶ εἰς πάντας
1Th 4:9 εἰς τὸ ἀγαπᾶν **ἀλλήλους**,
1Th 4:18 Ὥστε παρακαλεῖτε **ἀλλήλους** ἐν τοῖς λόγοις
1Th 5:11 Διὸ παρακαλεῖτε **ἀλλήλους** καὶ οἰκοδομεῖτε
1Th 5:15 διώκετε [καὶ] εἰς **ἀλλήλους** καὶ εἰς πάντας.

ἄλλος (*allos*; 1/155) *other, another*
1Th 2:6 ὑμῶν οὔτε ἀπ' **ἄλλων**,

ἅμα (*hama*; 2/10) *at the same time*
1Th 4:17 ζῶντες οἱ περιλειπόμενοι **ἅμα** σὺν αὐτοῖς ἁρπαγησόμεθα
1Th 5:10 γρηγορῶμεν εἴτε καθεύδωμεν **ἅμα** σὺν αὐτῷ ζήσωμεν.

ἁμαρτία (*hamartia*; 1/173) *sin*
1Th 2:16 ἀναπληρῶσαι αὐτῶν τὰς **ἁμαρτίας** πάντοτε.

ἄμεμπτος (*amemptos*; 1/5) *blameless*
1Th 3:13 ὑμῶν τὰς καρδίας **ἀμέμπτους** ἐν ἁγιωσύνῃ ἔμπροσθεν

ἀμέμπτως (*amemptōs*; 2/2) *blamelessly*
1Th 2:10 καὶ δικαίως καὶ **ἀμέμπτως** ὑμῖν τοῖς πιστεύουσιν
1Th 5:23 καὶ τὸ σῶμα **ἀμέμπτως** ἐν τῇ παρουσίᾳ

ἀμήν (*amēn*; 1/128[129]) *truly*
1Th 3:13 **[ἀμήν]**.

ἀναγινώσκω (*anaginōskō*; 1/32) *read*
1Th 5:27 ὑμᾶς τὸν κύριον **ἀναγνωσθῆναι** τὴν ἐπιστολὴν πᾶσιν

ἀνάγκη (*anankē*; 1/17) *distress*
1Th 3:7 ἐπὶ πάσῃ τῇ **ἀνάγκῃ** καὶ θλίψει ἡμῶν

ἀναμένω (*anamenō*; 1/1) *wait expectantly*
1Th 1:10 καὶ **ἀναμένειν** τὸν υἱὸν αὐτοῦ

ἀναπληρόω (*anaplēroō*; 1/6) *meet, fulfill*
1Th 2:16 εἰς τὸ **ἀναπληρῶσαι** αὐτῶν τὰς ἁμαρτίας

ἄνθρωπος (*anthrōpos*; 5/550) *man, human being (pl. people)*
1Th 2:4 οὐχ ὡς **ἀνθρώποις** ἀρέσκοντες ἀλλὰ θεῷ
1Th 2:6 οὔτε ζητοῦντες ἐξ **ἀνθρώπων** δόξαν οὔτε
1Th 2:13 ἐδέξασθε οὐ λόγον **ἀνθρώπων** ἀλλὰ καθώς ἐστιν
1Th 2:15 ἀρεσκόντων καὶ πᾶσιν **ἀνθρώποις** ἐναντίων,
1Th 4:8 ὁ ἀθετῶν οὐκ **ἄνθρωπον** ἀθετεῖ ἀλλὰ τὸν

ἀνίστημι (*anistēmi*; 2/107[108]) *raise or rise*
1Th 4:14 Ἰησοῦς ἀπέθανεν καὶ **ἀνέστη**,
1Th 4:16 νεκροὶ ἐν Χριστῷ **ἀναστήσονται** πρῶτον,

ἀνταποδίδωμι (*antapodidōmi*; 1/7) *repay*
1Th 3:9 δυνάμεθα τῷ θεῷ **ἀνταποδοῦναι** περὶ ὑμῶν

ἀντέχομαι (*antechomai*; 1/4) *be loyal to*
1Th 5:14 **ἀντέχεσθε** τῶν ἀσθενῶν,

ἀντί (*anti*; 1/22) *instead of*
1Th 5:15 μή τις κακὸν **ἀντὶ** κακοῦ τινι ἀποδῷ,

ἀξίως (*axiōs*; 1/6) *in a manner worthy of or suitable to*
1Th 2:12 τὸ περιπατεῖν ὑμᾶς **ἀξίως** τοῦ θεοῦ τοῦ

ἀπαγγέλλω (*apangellō*; 1/43[45]) *proclaim*
1Th 1:9 γὰρ περὶ ἡμῶν **ἀπαγγέλλουσιν** ὁποίαν εἴσοδον ἔσχομεν

ἀπάντησις (*apantēsis*; 1/3) *meeting*
1Th 4:17 ἐν νεφέλαις εἰς **ἀπάντησιν** τοῦ κυρίου εἰς

ἅπαξ (*hapax*; 1/14) *once*
1Th 2:18 μὲν Παῦλος καὶ **ἅπαξ** καὶ δίς,

ἀπέχω (*apechō*; 2/19) *receive in full*
1Th 4:3 **ἀπέχεσθαι** ὑμᾶς ἀπὸ τῆς
1Th 5:22 παντὸς εἴδους πονηροῦ **ἀπέχεσθε**.

ἀπό (*apo*; 9/643[646]) *from*
1Th 1:8 **ἀφ'** ὑμῶν γὰρ ἐξήχηται
1Th 1:9 πρὸς τὸν θεὸν **ἀπὸ** τῶν εἰδώλων δουλεύειν
1Th 2:6 ἀνθρώπων δόξαν οὔτε **ἀφ'** ὑμῶν οὔτε ἀπ'
1Th 2:6 ἀφ' ὑμῶν οὔτε **ἀπ'** ἄλλων,
1Th 2:17 ἀπορφανισθέντες **ἀφ'** ὑμῶν πρὸς καιρὸν
1Th 3:6 Τιμοθέου πρὸς ἡμᾶς **ἀφ'** ὑμῶν καὶ εὐαγγελισαμένου
1Th 4:3 ἀπέχεσθαι ὑμᾶς **ἀπὸ** τῆς πορνείας,
1Th 4:16 καταβήσεται **ἀπ'** οὐρανοῦ καὶ οἱ
1Th 5:22 **ἀπὸ** παντὸς εἴδους πονηροῦ

ἀποδίδωμι (*apodidōmi*; 1/48) *give back, repay*
1Th 5:15 ἀντὶ κακοῦ τινι **ἀποδῷ**,

ἀποθνῄσκω (*apothnēskō*; 2/111) *die*
1Th 4:14 πιστεύομεν ὅτι Ἰησοῦς **ἀπέθανεν** καὶ ἀνέστη,
1Th 5:10 τοῦ **ἀποθανόντος** ὑπὲρ ἡμῶν,

ἀποκτείνω (*apokteinō*; 1/74) *kill*
1Th 2:15 καὶ τὸν κύριον **ἀποκτεινάντων** Ἰησοῦν καὶ

ἀπορφανίζω (*aporphanizō*; 1/1) *separate from*
1Th 2:17 **ἀπορφανισθέντες** ἀφ' ὑμῶν πρὸς

ἀπόστολος (*apostolos*; 1/80) *apostle, messenger*
1Th 2:7 εἶναι ὡς Χριστοῦ **ἀπόστολοι**.

ἄρα (*ara*; 1/49) *therefore, then, thus*
1Th 5:6 **ἄρα** οὖν μὴ καθεύδωμεν

ἀρέσκω (*areskō*; 3/17) *try to please*
1Th 2:4 οὐχ ὡς ἀνθρώποις **ἀρέσκοντες** ἀλλὰ θεῷ τῷ
1Th 2:15 καὶ θεῷ μὴ **ἀρεσκόντων** καὶ πᾶσιν ἀνθρώποις
1Th 4:1 ὑμᾶς περιπατεῖν καὶ **ἀρέσκειν** θεῷ,

ἁρπάζω (*harpazō*; 1/14) *take by force*
1Th 4:17 ἅμα σὺν αὐτοῖς **ἁρπαγησόμεθα** ἐν νεφέλαις

ἄρτι (*arti*; 1/36) *now*
1Th 3:6 **Ἄρτι** δὲ ἐλθόντος Τιμοθέου

ἀρχάγγελος (*archangelos*; 1/2) *archangel*
1Th 4:16 ἐν φωνῇ **ἀρχαγγέλου** καὶ ἐν σάλπιγγι

ἀσθενής (*asthenēs*; 1/26) *sick*
1Th 5:14 ἀντέχεσθε τῶν **ἀσθενῶν**,

ἀσπάζομαι (*aspazomai*; 1/59) *greet*
1Th 5:26 **Ἀσπάσασθε** τοὺς ἀδελφοὺς πάντας

ἀσφάλεια (*asphaleia*; 1/3) *security*
1Th 5:3 εἰρήνη καὶ **ἀσφάλεια**,

ἄτακτος (*ataktos*; 1/1) *lazy*
1Th 5:14 νουθετεῖτε τοὺς **ἀτάκτους**,

Ἀχαΐα (*Achaia*; 2/10) *Achaia*
1Th 1:7 καὶ ἐν τῇ **Ἀχαΐᾳ**.
1Th 1:8 καὶ [ἐν τῇ] **Ἀχαΐᾳ**,

βάρος (*baros*; 1/6) *burden*
1Th 2:7 δυνάμενοι ἐν **βάρει** εἶναι ὡς Χριστοῦ

βασιλεία (*basileia*; 1/162) *kingdom*
1Th 2:12 εἰς τὴν ἑαυτοῦ **βασιλείαν** καὶ δόξαν.

γάρ (*gar*; 23/1041) *for*
1Th 1:8 ἀφ᾽ ὑμῶν **γὰρ** ἐξήχηται ὁ λόγος
1Th 1:9 αὐτοὶ **γὰρ** περὶ ἡμῶν ἀπαγγέλλουσιν
1Th 2:1 Αὐτοὶ **γὰρ** οἴδατε,
1Th 2:3 ἡ **γὰρ** παράκλησις ἡμῶν οὐκ
1Th 2:5 Οὔτε **γάρ** ποτε ἐν λόγῳ
1Th 2:9 Μνημονεύετε **γάρ**,
1Th 2:14 ὑμεῖς **γὰρ** μιμηταὶ ἐγενήθητε,
1Th 2:19 τίς **γὰρ** ἡμῶν ἐλπὶς ἢ
1Th 2:20 ὑμεῖς **γάρ** ἐστε ἡ δόξα
1Th 3:3 αὐτοὶ **γὰρ** οἴδατε ὅτι εἰς
1Th 3:4 καὶ **γὰρ** ὅτε πρὸς ὑμᾶς
1Th 3:9 τίνα **γὰρ** εὐχαριστίαν δυνάμεθα τῷ
1Th 4:2 οἴδατε **γὰρ** τίνας παραγγελίας ἐδώκαμεν
1Th 4:3 Τοῦτο **γάρ** ἐστιν θέλημα τοῦ
1Th 4:7 οὐ **γὰρ** ἐκάλεσεν ἡμᾶς ὁ
1Th 4:9 αὐτοὶ **γὰρ** ὑμεῖς θεοδίδακτοί ἐστε
1Th 4:10 καὶ **γὰρ** ποιεῖτε αὐτὸ εἰς
1Th 4:14 εἰ **γὰρ** πιστεύομεν ὅτι Ἰησοῦς
1Th 4:15 Τοῦτο **γὰρ** ὑμῖν λέγομεν ἐν
1Th 5:2 αὐτοὶ **γὰρ** ἀκριβῶς οἴδατε ὅτι
1Th 5:5 πάντες **γὰρ** ὑμεῖς υἱοὶ φωτός
1Th 5:7 Οἱ **γὰρ** καθεύδοντες νυκτὸς καθεύδουσιν
1Th 5:18 τοῦτο **γὰρ** θέλημα θεοῦ ἐν

γαστήρ (*gastēr*; 1/9) *womb*
1Th 5:3 ὠδὶν τῇ ἐν **γαστρὶ** ἐχούσῃ,

γίνομαι (*ginomai*; 12/668[669]) *be, become*
1Th 1:5 εὐαγγέλιον ἡμῶν οὐκ **ἐγενήθη** εἰς ὑμᾶς ἐν
1Th 1:5 καθὼς οἴδατε οἷοι **ἐγενήθημεν** [ἐν] ὑμῖν δι᾽
1Th 1:6 ὑμεῖς μιμηταὶ ἡμῶν **ἐγενήθητε** καὶ τοῦ κυρίου,
1Th 1:7 ὥστε **γενέσθαι** ὑμᾶς τύπον πᾶσιν
1Th 2:1 ὅτι οὐ κενὴ **γέγονεν**,
1Th 2:5 ἐν λόγῳ κολακείας **ἐγενήθημεν**,
1Th 2:7 ἀλλὰ **ἐγενήθημεν** νήπιοι ἐν μέσῳ
1Th 2:8 διότι ἀγαπητοὶ ἡμῖν **ἐγενήθητε**.
1Th 2:10 ὑμῖν τοῖς πιστεύουσιν **ἐγενήθημεν**,
1Th 2:14 ὑμεῖς γὰρ μιμηταὶ **ἐγενήθητε**,
1Th 3:4 καθὼς καὶ **ἐγένετο** καὶ οἴδατε.
1Th 3:5 καὶ εἰς κενὸν **γένηται** ὁ κόπος ἡμῶν.

γινώσκω (*ginōskō*; 1/222) *know*
1Th 3:5 ἔπεμψα εἰς τὸ **γνῶναι** τὴν πίστιν ὑμῶν,

γράφω (*graphō*; 2/190[191]) *write*
1Th 4:9 οὐ χρείαν ἔχετε **γράφειν** ὑμῖν,
1Th 5:1 χρείαν ἔχετε ὑμῖν **γράφεσθαι**,

γρηγορέω (*grēgoreō*; 2/22) *watch, keep awake*
1Th 5:6 οἱ λοιποί ἀλλὰ **γρηγορῶμεν** καὶ νήφωμεν.
1Th 5:10 ἵνα εἴτε **γρηγορῶμεν** εἴτε καθεύδωμεν ἅμα

δέ (*de*; 15/2773[2792]) *but, and*
1Th 2:16 ἔφθασεν **δὲ** ἐπ᾽ αὐτοὺς ἡ
1Th 2:17 ἡμεῖς **δέ**,
1Th 3:6 Ἄρτι **δὲ** ἐλθόντος Τιμοθέου πρὸς
1Th 3:11 Αὐτὸς **δὲ** ὁ θεὸς καὶ
1Th 3:12 ὑμᾶς **δὲ** ὁ κύριος πλεονάσαι
1Th 4:9 Περὶ **δὲ** τῆς φιλαδελφίας οὐ
1Th 4:10 Παρακαλοῦμεν **δὲ** ὑμᾶς,
1Th 4:13 Οὐ θέλομεν **δὲ** ὑμᾶς ἀγνοεῖν,
1Th 5:1 Περὶ **δὲ** τῶν χρόνων καὶ
1Th 5:4 ὑμεῖς **δέ**,
1Th 5:8 ἡμεῖς **δὲ** ἡμέρας ὄντες νήφωμεν
1Th 5:12 Ἐρωτῶμεν **δὲ** ὑμᾶς,
1Th 5:14 Παρακαλοῦμεν **δὲ** ὑμᾶς,
1Th 5:21 πάντα **δὲ** δοκιμάζετε,
1Th 5:23 Αὐτὸς **δὲ** ὁ θεὸς τῆς

δεῖ (*dei*; 1/101) *it is necessary*
1Th 4:1 ἡμῶν τὸ πῶς **δεῖ** ὑμᾶς περιπατεῖν καὶ

δέομαι (*deomai*; 1/22) *ask*
1Th 3:10 καὶ ἡμέρας ὑπερεκπερισσοῦ **δεόμενοι** εἰς τὸ ἰδεῖν

δέχομαι (*dechomai*; 2/56) *take, receive*
1Th 1:6 **δεξάμενοι** τὸν λόγον ἐν
1Th 2:13 ἡμῶν τοῦ θεοῦ **ἐδέξασθε** οὐ λόγον ἀνθρώπων

διά (*dia*; 10/665[667]) *through, on account of*
1Th 1:5 ἐγενήθημεν [ἐν] ὑμῖν **δι'** ὑμᾶς.
1Th 2:13 Καὶ **διὰ** τοῦτο καὶ ἡμεῖς
1Th 3:5 **διὰ** τοῦτο κἀγὼ μηκέτι
1Th 3:7 **διὰ** τοῦτο παρεκλήθημεν,
1Th 3:7 καὶ θλίψει ἡμῶν **διὰ** τῆς ὑμῶν πίστεως,
1Th 3:9 χαρᾷ ᾗ χαίρομεν **δι'** ὑμᾶς ἔμπροσθεν τοῦ
1Th 4:2 παραγγελίας ἐδώκαμεν ὑμῖν **διὰ** τοῦ κυρίου Ἰησοῦ.
1Th 4:14 θεὸς τοὺς κοιμηθέντας **διὰ** τοῦ Ἰησοῦ ἄξει
1Th 5:9 εἰς περιποίησιν σωτηρίας **διὰ** τοῦ κυρίου ἡμῶν
1Th 5:13 ὑπερεκπερισσοῦ ἐν ἀγάπῃ **διὰ** τὸ ἔργον αὐτῶν.

διαμαρτύρομαι (*diamartyromai*; 1/15) *declare solemnly and emphatically*
1Th 4:6 προείπαμεν ὑμῖν καὶ **διεμαρτυράμεθα**.

δίδωμι (*didōmi*; 2/415) *give*
1Th 4:2 γὰρ τίνας παραγγελίας **ἐδώκαμεν** ὑμῖν διὰ
1Th 4:8 θεὸν τὸν [καὶ] **διδόντα** τὸ πνεῦμα αὐτοῦ

δικαίως (*dikaiōs*; 1/5) *righteously, justly*
1Th 2:10 ὡς ὁσίως καὶ **δικαίως** καὶ ἀμέμπτως ὑμῖν

διό (*dio*; 2/53) *therefore*
1Th 3:1 **Διὸ** μηκέτι στέγοντες εὐδοκήσαμεν
1Th 5:11 **Διὸ** παρακαλεῖτε ἀλλήλους καὶ

διότι (*dioti*; 3/23) *because*
1Th 2:8 **διότι** ἀγαπητοὶ ἡμῖν ἐγενήθητε.
1Th 2:18 **διότι** ἠθελήσαμεν ἐλθεῖν πρὸς
1Th 4:6 **διότι** ἔκδικος κύριος περὶ

δίς (*dis*; 1/6) *twice*
1Th 2:18 καὶ ἅπαξ καὶ **δίς**,

διώκω (*diōkō*; 1/45) *pursue, persecute*
1Th 5:15 πάντοτε τὸ ἀγαθὸν **διώκετε** [καὶ] εἰς ἀλλήλους

δοκιμάζω (*dokimazō*; 3/22) *test*
1Th 2:4 ἀλλὰ καθὼς **δεδοκιμάσμεθα** ὑπὸ τοῦ θεοῦ
1Th 2:4 ἀλλὰ θεῷ τῷ **δοκιμάζοντι** τὰς καρδίας ἡμῶν.
1Th 5:21 πάντα δὲ **δοκιμάζετε**,

δόλος (*dolos*; 1/11) *deceit*
1Th 2:3 ἀκαθαρσίας οὐδὲ ἐν **δόλῳ**,

δόξα (*doxa*; 3/166) *glory*
1Th 2:6 ζητοῦντες ἐξ ἀνθρώπων **δόξαν** οὔτε ἀφ' ὑμῶν
1Th 2:12 ἑαυτοῦ βασιλείαν καὶ **δόξαν**.
1Th 2:20 γάρ ἐστε ἡ **δόξα** ἡμῶν καὶ ἡ

δουλεύω (*douleuō*; 1/25) *serve (pass. be enslaved)*
1Th 1:9 ἀπὸ τῶν εἰδώλων **δουλεύειν** θεῷ ζῶντι καὶ

δύναμαι (*dynamai*; 2/210) *be able*
1Th 2:7 **δυνάμενοι** ἐν βάρει εἶναι
1Th 3:9 τίνα γὰρ εὐχαριστίαν **δυνάμεθα** τῷ θεῷ ἀνταποδοῦναι

δύναμις (*dynamis*; 1/119) *power*
1Th 1:5 ἀλλὰ καὶ ἐν **δυνάμει** καὶ ἐν πνεύματι

ἐάν (*ean*; 2/333) *if*
1Th 2:7 ὡς **ἐὰν** τροφὸς θάλπῃ τὰ
1Th 3:8 ὅτι νῦν ζῶμεν **ἐὰν** ὑμεῖς στήκετε ἐν

ἑαυτοῦ (*heautou*; 6/319) *himself*
1Th 2:7 τροφὸς θάλπῃ τὰ **ἑαυτῆς** τέκνα,
1Th 2:8 ἀλλὰ καὶ τὰς **ἑαυτῶν** ψυχάς,
1Th 2:11 ὡς πατὴρ τέκνα **ἑαυτοῦ**
1Th 2:12 ὑμᾶς εἰς τὴν **ἑαυτοῦ** βασιλείαν καὶ δόξαν.
1Th 4:4 ἕκαστον ὑμῶν τὸ **ἑαυτοῦ** σκεῦος κτᾶσθαι ἐν
1Th 5:13 εἰρηνεύετε ἐν **ἑαυτοῖς**.

ἐγείρω (*egeirō*; 1/143[144]) *raise*
1Th 1:10 ὃν **ἤγειρεν** ἐκ [τῶν] νεκρῶν,

ἐγκόπτω (*enkoptō*; 1/5) *prevent, detain*
1Th 2:18 καὶ **ἐνέκοψεν** ἡμᾶς ὁ σατανᾶς.

ἐγώ (*egō*; 1/1715[1718]) *I*
1Th 2:18 **ἐγὼ** μὲν Παῦλος καὶ

ἔθνος (*ethnos*; 2/162) *nation*
1Th 2:16 κωλυόντων ἡμᾶς τοῖς **ἔθνεσιν** λαλῆσαι ἵνα σωθῶσιν,
1Th 4:5 καθάπερ καὶ τὰ **ἔθνη** τὰ μὴ εἰδότα

εἰ (*ei*; 1/502) *if, since*
1Th 4:14 **εἰ** γὰρ πιστεύομεν ὅτι

εἶδος (*eidos*; 1/5) *visible form, sight*
1Th 5:22 ἀπὸ παντὸς **εἴδους** πονηροῦ ἀπέχεσθε.

εἴδωλον (*eidōlon*; 1/11) *idol*
1Th 1:9 θεὸν ἀπὸ τῶν **εἰδώλων** δουλεύειν θεῷ ζῶντι

εἰμί (*eimi*; 12/2460[2462]) *be*
1Th 2:7 δυνάμενοι ἐν βάρει **εἶναι** ὡς Χριστοῦ ἀπόστολοι.
1Th 2:13 ἀνθρώπων ἀλλὰ καθώς **ἐστιν** ἀληθῶς λόγον θεοῦ,
1Th 2:14 τοῦ θεοῦ τῶν **οὐσῶν** ἐν τῇ Ἰουδαίᾳ
1Th 2:20 ὑμεῖς γάρ **ἐστε** ἡ δόξα ἡμῶν
1Th 3:4 ὅτε πρὸς ὑμᾶς **ἦμεν**,
1Th 4:3 Τοῦτο γάρ **ἐστιν** θέλημα τοῦ θεοῦ,
1Th 4:9 γὰρ ὑμεῖς θεοδίδακτοί **ἐστε** εἰς τὸ ἀγαπᾶν
1Th 4:17 πάντοτε σὺν κυρίῳ **ἐσόμεθα**.
1Th 5:4 οὐκ **ἐστὲ** ἐν σκότει,

1Th 5:5 ὑμεῖς υἱοὶ φωτός **ἐστε** καὶ υἱοὶ ἡμέρας.
1Th 5:5 Οὐκ **ἐσμὲν** νυκτὸς οὐδὲ σκότους·
1Th 5:8 ἡμεῖς δὲ ἡμέρας **ὄντες** νήφωμεν ἐνδυσάμενοι θώρακα

εἰρηνεύω (*eirēneuō*; 1/4) *live or be at peace*
1Th 5:13 **εἰρηνεύετε** ἐν ἑαυτοῖς.

εἰρήνη (*eirēnē*; 3/92) *peace*
1Th 1:1 χάρις ὑμῖν καὶ **εἰρήνη**.
1Th 5:3 **εἰρήνη** καὶ ἀσφάλεια,
1Th 5:23 ὁ θεὸς τῆς **εἰρήνης** ἁγιάσαι ὑμᾶς ὁλοτελεῖς,

εἰς (*eis*; 26/1759[1767]) *into*
1Th 1:5 ἡμῶν οὐκ ἐγενήθη **εἰς** ὑμᾶς ἐν λόγῳ
1Th 2:9 τινα ὑμῶν ἐκηρύξαμεν **εἰς** ὑμᾶς τὸ εὐαγγέλιον
1Th 2:12 παραμυθούμενοι καὶ μαρτυρόμενοι **εἰς** τὸ περιπατεῖν ὑμᾶς
1Th 2:12 τοῦ καλοῦντος ὑμᾶς **εἰς** τὴν ἑαυτοῦ βασιλείαν
1Th 2:16 **εἰς** τὸ ἀναπληρῶσαι αὐτῶν
1Th 2:16 αὐτοὺς ἡ ὀργὴ **εἰς** τέλος.
1Th 3:2 **εἰς** τὸ στηρίξαι ὑμᾶς
1Th 3:3 γὰρ οἴδατε ὅτι **εἰς** τοῦτο κείμεθα·
1Th 3:5 μηκέτι στέγων ἔπεμψα **εἰς** τὸ γνῶναι τὴν
1Th 3:5 ὁ πειράζων καὶ **εἰς** κενὸν γένηται ὁ
1Th 3:10 ἡμέρας ὑπερεκπερισσοῦ δεόμενοι **εἰς** τὸ ἰδεῖν ὑμῶν
1Th 3:12 περισσεύσαι τῇ ἀγάπῃ **εἰς** ἀλλήλους καὶ εἰς
1Th 3:12 εἰς ἀλλήλους καὶ **εἰς** πάντας καθάπερ καὶ
1Th 3:12 καθάπερ καὶ ἡμεῖς **εἰς** ὑμᾶς,
1Th 3:13 **εἰς** τὸ στηρίξαι ὑμῶν
1Th 4:8 αὐτοῦ τὸ ἅγιον **εἰς** ὑμᾶς.
1Th 4:9 ὑμεῖς θεοδίδακτοί ἐστε **εἰς** τὸ ἀγαπᾶν ἀλλήλους,
1Th 4:10 γὰρ ποιεῖτε αὐτὸ **εἰς** πάντας τοὺς ἀδελφοὺς
1Th 4:15 ζῶντες οἱ περιλειπόμενοι **εἰς** τὴν παρουσίαν τοῦ
1Th 4:17 ἁρπαγησόμεθα ἐν νεφέλαις **εἰς** ἀπάντησιν τοῦ κυρίου
1Th 4:17 ἀπάντησιν τοῦ κυρίου **εἰς** ἀέρα·
1Th 5:9 ἡμᾶς ὁ θεὸς **εἰς** ὀργὴν ἀλλὰ εἰς
1Th 5:9 εἰς ὀργὴν ἀλλὰ **εἰς** περιποίησιν σωτηρίας
1Th 5:15 ἀγαθὸν διώκετε [καὶ] **εἰς** ἀλλήλους καὶ εἰς
1Th 5:15 εἰς ἀλλήλους καὶ **εἰς** πάντας.
1Th 5:18 ἐν Χριστῷ Ἰησοῦ **εἰς** ὑμᾶς.

εἷς (*heis*; 3/343[345]) *one*
1Th 2:11 ὡς **ἕνα** ἕκαστον ὑμῶν ὡς
1Th 5:11 ἀλλήλους καὶ οἰκοδομεῖτε **εἷς** τὸν ἕνα,
1Th 5:11 οἰκοδομεῖτε εἷς τὸν **ἕνα**,

εἴσοδος (*eisodos*; 2/5) *coming*
1Th 1:9 ἡμῶν ἀπαγγέλλουσιν ὁποίαν **εἴσοδον** ἔσχομεν πρὸς ὑμᾶς,
1Th 2:1 τὴν **εἴσοδον** ἡμῶν τὴν πρὸς

εἴτε (*eite*; 2/65) *if*
1Th 5:10 ἵνα **εἴτε** γρηγορῶμεν εἴτε καθεύδωμεν
1Th 5:10 ἵνα εἴτε γρηγορῶμεν **εἴτε** καθεύδωμεν ἅμα

ἐκ (*ek*; 6/912[914]) *from*
1Th 1:10 τὸν υἱὸν αὐτοῦ **ἐκ** τῶν οὐρανῶν,
1Th 1:10 ὃν ἤγειρεν **ἐκ** [τῶν] νεκρῶν,
1Th 1:10 τὸν ῥυόμενον ἡμᾶς **ἐκ** τῆς ὀργῆς τῆς
1Th 2:3 παράκλησις ἡμῶν οὐκ **ἐκ** πλάνης οὐδὲ ἐξ
1Th 2:3 ἐκ πλάνης οὐδὲ **ἐξ** ἀκαθαρσίας οὐδὲ ἐν
1Th 2:6 οὔτε ζητοῦντες **ἐξ** ἀνθρώπων δόξαν οὔτε

ἕκαστος (*hekastos*; 2/81[82]) *each*
1Th 2:11 ὡς ἕνα **ἕκαστον** ὑμῶν ὡς πατὴρ
1Th 4:4 εἰδέναι **ἕκαστον** ὑμῶν τὸ ἑαυτοῦ

ἔκδικος (*ekdikos*; 1/2) *one who punishes*
1Th 4:6 διότι **ἔκδικος** κύριος περὶ πάντων

ἐκδιώκω (*ekdiōkō*; 1/1) *persecute harshly*
1Th 2:15 προφήτας καὶ ἡμᾶς **ἐκδιωξάντων** καὶ θεῷ μὴ

ἐκκλησία (*ekklēsia*; 2/114) *church*
1Th 1:1 καὶ Τιμόθεος τῇ **ἐκκλησίᾳ** Θεσσαλονικέων ἐν θεῷ
1Th 2:14 τῶν **ἐκκλησιῶν** τοῦ θεοῦ τῶν

ἐκλογή (*eklogē*; 1/7) *election*
1Th 1:4 τὴν **ἐκλογὴν** ὑμῶν,

ἐκφεύγω (*ekpheugō*; 1/8) *escape*
1Th 5:3 καὶ οὐ μὴ **ἐκφύγωσιν**.

ἐλπίς (*elpis*; 4/53) *hope*
1Th 1:3 τῆς ὑπομονῆς τῆς **ἐλπίδος** τοῦ κυρίου ἡμῶν
1Th 2:19 τίς γὰρ ἡμῶν **ἐλπὶς** ἢ χαρὰ ἢ
1Th 4:13 οἱ μὴ ἔχοντες **ἐλπίδα**.
1Th 5:8 ἀγάπης καὶ περικεφαλαίαν **ἐλπίδα** σωτηρίας·

ἔμπροσθεν (*emprosthen*; 4/48) *before*
1Th 1:3 ἡμῶν Ἰησοῦ Χριστοῦ **ἔμπροσθεν** τοῦ θεοῦ
1Th 2:19 **ἔμπροσθεν** τοῦ κυρίου ἡμῶν
1Th 3:9 χαίρομεν δι' ὑμᾶς **ἔμπροσθεν** τοῦ θεοῦ ἡμῶν,
1Th 3:13 ἀμέμπτους ἐν ἁγιωσύνῃ **ἔμπροσθεν** τοῦ θεοῦ

ἐν (*en*; 55/2746[2752]) *in*
1Th 1:1 τῇ ἐκκλησίᾳ Θεσσαλονικέων **ἐν** θεῷ πατρὶ
1Th 1:5 ἐγενήθη εἰς ὑμᾶς **ἐν** λόγῳ μόνον ἀλλὰ
1Th 1:5 μόνον ἀλλὰ καὶ **ἐν** δυνάμει καὶ ἐν
1Th 1:5 ἐν δυνάμει καὶ **ἐν** πνεύματι ἁγίῳ καὶ
1Th 1:5 καὶ **[ἐν]** πληροφορίᾳ πολλῇ,
1Th 1:5 οἷοι ἐγενήθημεν **[ἐν]** ὑμῖν δι' ὑμᾶς.
1Th 1:6 δεξάμενοι τὸν λόγον **ἐν** θλίψει πολλῇ μετὰ
1Th 1:7 πᾶσιν τοῖς πιστεύουσιν **ἐν** τῇ Μακεδονίᾳ
1Th 1:7 τῇ Μακεδονίᾳ καὶ **ἐν** τῇ Ἀχαΐᾳ.
1Th 1:8 κυρίου οὐ μόνον **ἐν** τῇ Μακεδονίᾳ καὶ
1Th 1:8 τῇ Μακεδονίᾳ καὶ **[ἐν τῇ]** Ἀχαΐᾳ,
1Th 1:8 ἀλλ' **ἐν** παντὶ τόπῳ ἡ
1Th 2:2 **ἐν** Φιλίπποις ἐπαρρησιασάμεθα ἐν
1Th 2:2 ἐν Φιλίπποις ἐπαρρησιασάμεθα **ἐν** τῷ θεῷ ἡμῶν
1Th 2:2 εὐαγγέλιον τοῦ θεοῦ **ἐν** πολλῷ ἀγῶνι.
1Th 2:3 ἐξ ἀκαθαρσίας οὐδὲ **ἐν** δόλῳ,
1Th 2:5 Οὔτε γάρ ποτε **ἐν** λόγῳ κολακείας ἐγενήθημεν,

1Th 2:5 οὔτε **ἐν** προφάσει πλεονεξίας,
1Th 2:7 δυνάμενοι **ἐν** βάρει εἶναι ὡς
1Th 2:7 ἀλλὰ ἐγενήθημεν νήπιοι **ἐν** μέσῳ ὑμῶν,
1Th 2:13 καὶ ἐνεργεῖται **ἐν** ὑμῖν τοῖς πιστεύουσιν.
1Th 2:14 θεοῦ τῶν οὐσῶν **ἐν** τῇ Ἰουδαίᾳ ἐν
1Th 2:14 ἐν τῇ Ἰουδαίᾳ **ἐν** Χριστῷ Ἰησοῦ,
1Th 2:17 πρόσωπον ὑμῶν ἰδεῖν **ἐν** πολλῇ ἐπιθυμίᾳ.
1Th 2:19 κυρίου ἡμῶν Ἰησοῦ **ἐν** τῇ αὐτοῦ παρουσίᾳ;
1Th 3:1 στέγοντες εὐδοκήσαμεν καταλειφθῆναι **ἐν** Ἀθήναις μόνοι
1Th 3:2 συνεργὸν τοῦ θεοῦ **ἐν** τῷ εὐαγγελίῳ τοῦ
1Th 3:3 τὸ μηδένα σαίνεσθαι **ἐν** ταῖς θλίψεσιν ταύταις.
1Th 3:8 ἐὰν ὑμεῖς στήκετε **ἐν** κυρίῳ.
1Th 3:13 τὰς καρδίας ἀμέμπτους **ἐν** ἁγιωσύνῃ ἔμπροσθεν τοῦ
1Th 3:13 καὶ πατρὸς ἡμῶν **ἐν** τῇ παρουσίᾳ τοῦ
1Th 4:1 ὑμᾶς καὶ παρακαλοῦμεν **ἐν** κυρίῳ Ἰησοῦ,
1Th 4:4 ἑαυτοῦ σκεῦος κτᾶσθαι **ἐν** ἁγιασμῷ καὶ τιμῇ,
1Th 4:5 μὴ **ἐν** πάθει ἐπιθυμίας καθάπερ
1Th 4:6 ὑπερβαίνειν καὶ πλεονεκτεῖν **ἐν** τῷ πράγματι τὸν
1Th 4:7 ἐπὶ ἀκαθαρσίᾳ ἀλλ᾽ **ἐν** ἁγιασμῷ.
1Th 4:10 τοὺς ἀδελφοὺς [τοὺς] **ἐν** ὅλῃ τῇ Μακεδονίᾳ.
1Th 4:15 γὰρ ὑμῖν λέγομεν **ἐν** λόγῳ κυρίου,
1Th 4:16 αὐτὸς ὁ κύριος **ἐν** κελεύσματι,
1Th 4:16 **ἐν** φωνῇ ἀρχαγγέλου καὶ
1Th 4:16 φωνῇ ἀρχαγγέλου καὶ **ἐν** σάλπιγγι θεοῦ,
1Th 4:16 καὶ οἱ νεκροὶ **ἐν** Χριστῷ ἀναστήσονται πρῶτον,
1Th 4:17 σὺν αὐτοῖς ἁρπαγησόμεθα **ἐν** νεφέλαις εἰς ἀπάντησιν
1Th 4:18 Ὥστε παρακαλεῖτε ἀλλήλους **ἐν** τοῖς λόγοις τούτοις.
1Th 5:2 κυρίου ὡς κλέπτης **ἐν** νυκτὶ οὕτως ἔρχεται.
1Th 5:3 ἡ ὠδὶν τῇ **ἐν** γαστρὶ ἐχούσῃ,
1Th 5:4 οὐκ ἐστὲ **ἐν** σκότει,
1Th 5:12 εἰδέναι τοὺς κοπιῶντας **ἐν** ὑμῖν καὶ προϊσταμένους
1Th 5:12 καὶ προϊσταμένους ὑμῶν **ἐν** κυρίῳ καὶ νουθετοῦντας
1Th 5:13 ἡγεῖσθαι αὐτοὺς ὑπερεκπερισσοῦ **ἐν** ἀγάπῃ διὰ τὸ
1Th 5:13 εἰρηνεύετε **ἐν** ἑαυτοῖς.
1Th 5:18 **ἐν** παντὶ εὐχαριστεῖτε·
1Th 5:18 γὰρ θέλημα θεοῦ **ἐν** Χριστῷ Ἰησοῦ εἰς
1Th 5:23 τὸ σῶμα ἀμέμπτως **ἐν** τῇ παρουσίᾳ τοῦ
1Th 5:26 τοὺς ἀδελφοὺς πάντας **ἐν** φιλήματι ἁγίῳ.

ἐναντίος (*enantios*; 1/8) *against*
1Th 2:15 καὶ πᾶσιν ἀνθρώποις **ἐναντίων**,

ἐνδύω (*endyō*; 1/27) *dress*
1Th 5:8 ἡμέρας ὄντες νήφωμεν **ἐνδυσάμενοι** θώρακα πίστεως καὶ

ἐνεργέω (*energeō*; 1/21) *work*
1Th 2:13 ὃς καὶ **ἐνεργεῖται** ἐν ὑμῖν τοῖς

ἐνορκίζω (*enorkizō*; 1/1) *charge*
1Th 5:27 **Ἐνορκίζω** ὑμᾶς τὸν κύριον

ἐξέρχομαι (*exerchomai*; 1/216[218]) *come or go out or forth*
1Th 1:8 πρὸς τὸν θεὸν **ἐξελήλυθεν**,

ἐξηχέω (*exēcheō*; 1/1) *ring out*
1Th 1:8 ἀφ᾽ ὑμῶν γὰρ **ἐξήχηται** ὁ λόγος τοῦ

ἐξουθενέω (*exoutheneō*; 1/11) *despise*
1Th 5:20 προφητείας μὴ **ἐξουθενεῖτε**,

ἔξω (*exō*; 1/63) *out*
1Th 4:12 εὐσχημόνως πρὸς τοὺς **ἔξω** καὶ μηδενὸς χρείαν

ἔπειτα (*epeita*; 1/16) *then*
1Th 4:17 **ἔπειτα** ἡμεῖς οἱ ζῶντες

ἐπί (*epi*; 6/886[890]) *on*
1Th 1:2 ὑμῶν μνείαν ποιούμενοι **ἐπὶ** τῶν προσευχῶν ἡμῶν,
1Th 2:16 ἔφθασεν δὲ **ἐπ᾽** αὐτοὺς ἡ ὀργὴ
1Th 3:7 **ἐφ᾽** ὑμῖν ἐπὶ πάσῃ
1Th 3:7 ἐφ᾽ ὑμῖν **ἐπὶ** πάσῃ τῇ ἀνάγκῃ
1Th 3:9 ἀνταποδοῦναι περὶ ὑμῶν **ἐπὶ** πάσῃ τῇ χαρᾷ
1Th 4:7 ἡμᾶς ὁ θεὸς **ἐπὶ** ἀκαθαρσίᾳ ἀλλ᾽ ἐν

ἐπιβαρέω (*epibareō*; 1/3) *be a financial burden*
1Th 2:9 πρὸς τὸ μὴ **ἐπιβαρῆσαί** τινα ὑμῶν ἐκηρύξαμεν

ἐπιθυμία (*epithymia*; 2/38) *desire*
1Th 2:17 ἰδεῖν ἐν πολλῇ **ἐπιθυμίᾳ**.
1Th 4:5 μὴ ἐν πάθει **ἐπιθυμίας** καθάπερ καὶ τὰ

ἐπιποθέω (*epipotheō*; 1/9) *long for*
1Th 3:6 **ἐπιποθοῦντες** ἡμᾶς ἰδεῖν καθάπερ

ἐπιστολή (*epistolē*; 1/24) *letter*
1Th 5:27 κύριον ἀναγνωσθῆναι τὴν **ἐπιστολὴν** πᾶσιν τοῖς ἀδελφοῖς.

ἐπιστρέφω (*epistrephō*; 1/36) *turn back*
1Th 1:9 καὶ πῶς **ἐπεστρέψατε** πρὸς τὸν θεὸν

ἐργάζομαι (*ergazomai*; 2/41) *work*
1Th 2:9 νυκτὸς καὶ ἡμέρας **ἐργαζόμενοι** πρὸς τὸ μὴ
1Th 4:11 τὰ ἴδια καὶ **ἐργάζεσθαι** ταῖς [ἰδίαις] χερσὶν

ἔργον (*ergon*; 2/169) *work*
1Th 1:3 μνημονεύοντες ὑμῶν τοῦ **ἔργου** τῆς πίστεως
1Th 5:13 ἀγάπῃ διὰ τὸ **ἔργον** αὐτῶν.

ἔρχομαι (*erchomai*; 4/631[632]) *come, go*
1Th 1:10 τῆς ὀργῆς τῆς **ἐρχομένης**.
1Th 2:18 διότι ἠθελήσαμεν **ἐλθεῖν** πρὸς ὑμᾶς,
1Th 3:6 Ἄρτι δὲ **ἐλθόντος** Τιμοθέου πρὸς ἡμᾶς
1Th 5:2 ἐν νυκτὶ οὕτως **ἔρχεται**.

ἐρωτάω (*erōtaō*; 2/62[63]) *ask*
1Th 4:1 **ἐρωτῶμεν** ὑμᾶς καὶ παρακαλοῦμεν
1Th 5:12 **Ἐρωτῶμεν** δὲ ὑμᾶς,

εὐαγγελίζω (*euangelizō*; 1/54) *bring good news*
1Th 3:6 ἀφ' ὑμῶν καὶ **εὐαγγελισαμένου** ἡμῖν τὴν πίστιν

εὐαγγέλιον (*euangelion*; 6/75[76]) *good news*
1Th 1:5 ὅτι τὸ **εὐαγγέλιον** ἡμῶν οὐκ ἐγενήθη
1Th 2:2 πρὸς ὑμᾶς τὸ **εὐαγγέλιον** τοῦ θεοῦ ἐν
1Th 2:4 θεοῦ πιστευθῆναι τὸ **εὐαγγέλιον**,
1Th 2:8 οὐ μόνον τὸ **εὐαγγέλιον** τοῦ θεοῦ ἀλλὰ
1Th 2:9 εἰς ὑμᾶς τὸ **εὐαγγέλιον** τοῦ θεοῦ.
1Th 3:2 θεοῦ ἐν τῷ **εὐαγγελίῳ** τοῦ Χριστοῦ,

εὐδοκέω (*eudokeō*; 2/21) *be pleased*
1Th 2:8 οὕτως ὁμειρόμενοι ὑμῶν **εὐδοκοῦμεν** μεταδοῦναι ὑμῖν οὐ
1Th 3:1 Διὸ μηκέτι στέγοντες **εὐδοκήσαμεν** καταλειφθῆναι ἐν Ἀθήναις

εὐσχημόνως (*euschēmonōs*; 1/3) *properly*
1Th 4:12 ἵνα περιπατῆτε **εὐσχημόνως** πρὸς τοὺς ἔξω

εὐχαριστέω (*eucharisteō*; 3/38) *thank*
1Th 1:2 **Εὐχαριστοῦμεν** τῷ θεῷ πάντοτε
1Th 2:13 τοῦτο καὶ ἡμεῖς **εὐχαριστοῦμεν** τῷ θεῷ ἀδιαλείπτως,
1Th 5:18 ἐν παντὶ **εὐχαριστεῖτε**·

εὐχαριστία (*eucharistia*; 1/15) *thanksgiving*
1Th 3:9 τίνα γὰρ **εὐχαριστίαν** δυνάμεθα τῷ θεῷ

ἐφίστημι (*ephistēmi*; 1/21) *come up, be present or imminent*
1Th 5:3 τότε αἰφνίδιος αὐτοῖς **ἐφίσταται** ὄλεθρος ὥσπερ ἡ

ἔχω (*echō*; 8/706[708]) *have, hold*
1Th 1:8 ὥστε μὴ χρείαν **ἔχειν** ἡμᾶς λαλεῖν τι.
1Th 1:9 ἀπαγγέλλουσιν ὁποίαν εἴσοδον **ἔσχομεν** πρὸς ὑμᾶς,
1Th 3:6 ὑμῶν καὶ ὅτι **ἔχετε** μνείαν ἡμῶν ἀγαθὴν
1Th 4:9 φιλαδελφίας οὐ χρείαν **ἔχετε** γράφειν ὑμῖν,
1Th 4:12 καὶ μηδενὸς χρείαν **ἔχητε**.
1Th 4:13 λοιποὶ οἱ μὴ **ἔχοντες** ἐλπίδα.
1Th 5:1 οὐ χρείαν **ἔχετε** ὑμῖν γράφεσθαι,
1Th 5:3 τῇ ἐν γαστρὶ **ἐχούσῃ**,

ζάω (*zaō*; 5/139[140]) *live*
1Th 1:9 εἰδώλων δουλεύειν θεῷ **ζῶντι** καὶ ἀληθινῷ
1Th 3:8 ὅτι νῦν **ζῶμεν** ἐὰν ὑμεῖς στήκετε
1Th 4:15 ὅτι ἡμεῖς οἱ **ζῶντες** οἱ περιλειπόμενοι εἰς
1Th 4:17 ἔπειτα ἡμεῖς οἱ **ζῶντες** οἱ περιλειπόμενοι ἅμα
1Th 5:10 ἅμα σὺν αὐτῷ **ζήσωμεν**.

ζητέω (*zēteō*; 1/117) *seek*
1Th 2:6 οὔτε **ζητοῦντες** ἐξ ἀνθρώπων δόξαν

ἤ (*ē*; 3/340) *or*
1Th 2:19 γὰρ ἡμῶν ἐλπὶς **ἢ** χαρὰ ἢ στέφανος
1Th 2:19 ἐλπὶς ἢ χαρὰ **ἢ** στέφανος καυχήσεως
1Th 2:19 **ἢ** οὐχὶ καὶ ὑμεῖς

ἡγέομαι (*hēgeomai*; 1/28) *consider*
1Th 5:13 καὶ **ἡγεῖσθαι** αὐτοὺς ὑπερεκπερισσοῦ ἐν

ἡμεῖς (*hēmeis*; 49/855) *we*
1Th 1:2 ἐπὶ τῶν προσευχῶν **ἡμῶν**,
1Th 1:3 ἐλπίδος τοῦ κυρίου **ἡμῶν** Ἰησοῦ Χριστοῦ ἔμπροσθεν
1Th 1:3 θεοῦ καὶ πατρὸς **ἡμῶν**,
1Th 1:5 ὅτι τὸ εὐαγγέλιον **ἡμῶν** οὐκ ἐγενήθη εἰς
1Th 1:6 Καὶ ὑμεῖς μιμηταὶ **ἡμῶν** ἐγενήθητε καὶ τοῦ
1Th 1:8 μὴ χρείαν ἔχειν **ἡμᾶς** λαλεῖν τι.
1Th 1:9 αὐτοὶ γὰρ περὶ **ἡμῶν** ἀπαγγέλλουσιν ὁποίαν εἴσοδον
1Th 1:10 Ἰησοῦν τὸν ῥυόμενον **ἡμᾶς** ἐκ τῆς ὀργῆς
1Th 2:1 τὴν εἴσοδον **ἡμῶν** τὴν πρὸς ὑμᾶς
1Th 2:2 ἐν τῷ θεῷ **ἡμῶν** λαλῆσαι πρὸς ὑμᾶς
1Th 2:3 ἡ γὰρ παράκλησις **ἡμῶν** οὐκ ἐκ πλάνης
1Th 2:4 δοκιμάζοντι τὰς καρδίας **ἡμῶν**.
1Th 2:8 διότι ἀγαπητοὶ **ἡμῖν** ἐγενήθητε.
1Th 2:9 τὸν κόπον **ἡμῶν** καὶ τὸν μόχθον·
1Th 2:13 διὰ τοῦτο καὶ **ἡμεῖς** εὐχαριστοῦμεν τῷ θεῷ
1Th 2:13 λόγον ἀκοῆς παρ' **ἡμῶν** τοῦ θεοῦ ἐδέξασθε
1Th 2:15 τοὺς προφήτας καὶ **ἡμᾶς** ἐκδιωξάντων καὶ θεῷ
1Th 2:16 κωλυόντων **ἡμᾶς** τοῖς ἔθνεσιν λαλῆσαι
1Th 2:17 **ἡμεῖς** δέ,
1Th 2:18 καὶ ἐνέκοψεν **ἡμᾶς** ὁ σατανᾶς.
1Th 2:19 τίς γὰρ **ἡμῶν** ἐλπὶς ἢ χαρὰ
1Th 2:19 ἔμπροσθεν τοῦ κυρίου **ἡμῶν** Ἰησοῦ ἐν τῇ
1Th 2:20 ἐστε ἡ δόξα **ἡμῶν** καὶ ἡ χαρά.
1Th 3:2 τὸν ἀδελφὸν **ἡμῶν** καὶ συνεργὸν τοῦ
1Th 3:5 γένηται ὁ κόπος **ἡμῶν**.
1Th 3:6 ἐλθόντος Τιμοθέου πρὸς **ἡμᾶς** ἀφ' ὑμῶν καὶ
1Th 3:6 ὑμῶν καὶ εὐαγγελισαμένου **ἡμῖν** τὴν πίστιν
1Th 3:6 ὅτι ἔχετε μνείαν **ἡμῶν** ἀγαθὴν πάντοτε,
1Th 3:6 ἐπιποθοῦντες **ἡμᾶς** ἰδεῖν καθάπερ καὶ
1Th 3:6 ἰδεῖν καθάπερ καὶ **ἡμεῖς** ὑμᾶς,
1Th 3:7 ἀνάγκῃ καὶ θλίψει **ἡμῶν** διὰ τῆς ὑμῶν
1Th 3:9 ἔμπροσθεν τοῦ θεοῦ **ἡμῶν**,
1Th 3:11 θεὸς καὶ πατὴρ **ἡμῶν** καὶ ὁ κύριος
1Th 3:11 καὶ ὁ κύριος **ἡμῶν** Ἰησοῦς κατευθύναι τὴν
1Th 3:11 κατευθύναι τὴν ὁδὸν **ἡμῶν** πρὸς ὑμᾶς·
1Th 3:12 πάντας καθάπερ καὶ **ἡμεῖς** εἰς ὑμᾶς,
1Th 3:13 θεοῦ καὶ πατρὸς **ἡμῶν** ἐν τῇ παρουσίᾳ
1Th 3:13 παρουσίᾳ τοῦ κυρίου **ἡμῶν** Ἰησοῦ μετὰ πάντων
1Th 4:1 καθὼς παρελάβετε παρ' **ἡμῶν** τὸ πῶς δεῖ
1Th 4:7 οὐ γὰρ ἐκάλεσεν **ἡμᾶς** ὁ θεὸς ἐπὶ
1Th 4:15 ὅτι **ἡμεῖς** οἱ ζῶντες οἱ
1Th 4:17 ἔπειτα **ἡμεῖς** οἱ ζῶντες οἱ
1Th 5:8 **ἡμεῖς** δὲ ἡμέρας ὄντες
1Th 5:9 ὅτι οὐκ ἔθετο **ἡμᾶς** ὁ θεὸς εἰς
1Th 5:9 διὰ τοῦ κυρίου **ἡμῶν** Ἰησοῦ Χριστοῦ
1Th 5:10 τοῦ ἀποθανόντος ὑπὲρ **ἡμῶν**,
1Th 5:23 παρουσίᾳ τοῦ κυρίου **ἡμῶν** Ἰησοῦ Χριστοῦ τηρηθείη.
1Th 5:25 προσεύχεσθε [καὶ] περὶ **ἡμῶν**.
1Th 5:28 χάρις τοῦ κυρίου **ἡμῶν** Ἰησοῦ Χριστοῦ μεθ'

ἡμέρα (*hēmera*; 6/389) *day*

1Th 2:9 νυκτὸς καὶ **ἡμέρας** ἐργαζόμενοι πρὸς τὸ
1Th 3:10 νυκτὸς καὶ **ἡμέρας** ὑπερεκπερισσοῦ δεόμενοι
1Th 5:2 ἀκριβῶς οἴδατε ὅτι **ἡμέρα** κυρίου ὡς κλέπτης
1Th 5:4 ἵνα ἡ **ἡμέρα** ὑμᾶς ὡς κλέπτης
1Th 5:5 ἐστε καὶ υἱοὶ **ἡμέρας**.
1Th 5:8 ἡμεῖς δὲ **ἡμέρας** ὄντες νήφωμεν ἐνδυσάμενοι

ἡσυχάζω (*hēsychazō*; 1/5) *be silent or quiet*

1Th 4:11 καὶ φιλοτιμεῖσθαι **ἡσυχάζειν** καὶ πράσσειν

θάλπω (*thalpō*; 1/2) *take care of*

1Th 2:7 ὡς ἐὰν τροφὸς **θάλπῃ** τὰ ἑαυτῆς τέκνα,

θέλημα (*thelēma*; 2/62) *will*

1Th 4:3 Τοῦτο γάρ ἐστιν **θέλημα** τοῦ θεοῦ,
1Th 5:18 τοῦτο γὰρ **θέλημα** θεοῦ ἐν Χριστῷ

θέλω (*thelō*; 2/208) *wish, want*

1Th 2:18 διότι **ἠθελήσαμεν** ἐλθεῖν πρὸς ὑμᾶς,
1Th 4:13 Οὐ **θέλομεν** δὲ ὑμᾶς ἀγνοεῖν,

θεοδίδακτος (*theodidaktos*; 1/1) *taught by God*

1Th 4:9 αὐτοὶ γὰρ ὑμεῖς **θεοδίδακτοί** ἐστε εἰς τὸ

θεός (*theos*; 36/1316[1317]) *God*

1Th 1:1 ἐκκλησίᾳ Θεσσαλονικέων ἐν **θεῷ** πατρὶ καὶ κυρίῳ
1Th 1:2 Εὐχαριστοῦμεν τῷ **θεῷ** πάντοτε περὶ πάντων
1Th 1:3 Χριστοῦ ἔμπροσθεν τοῦ **θεοῦ** καὶ πατρὸς ἡμῶν,
1Th 1:4 ἠγαπημένοι ὑπὸ [τοῦ] **θεοῦ**,
1Th 1:8 ἡ πρὸς τὸν **θεὸν** ἐξελήλυθεν,
1Th 1:9 ἐπεστρέψατε πρὸς τὸν **θεὸν** ἀπὸ τῶν εἰδώλων
1Th 1:9 τῶν εἰδώλων δουλεύειν **θεῷ** ζῶντι καὶ ἀληθινῷ
1Th 2:2 ἐπαρρησιασάμεθα ἐν τῷ **θεῷ** ἡμῶν λαλῆσαι
1Th 2:2 τὸ εὐαγγέλιον τοῦ **θεοῦ** ἐν πολλῷ ἀγῶνι.
1Th 2:4 δεδοκιμάσμεθα ὑπὸ τοῦ **θεοῦ** πιστευθῆναι τὸ εὐαγγέλιον,
1Th 2:4 ἀνθρώποις ἀρέσκοντες ἀλλὰ **θεῷ** τῷ δοκιμάζοντι τὰς
1Th 2:5 **θεὸς** μάρτυς,
1Th 2:8 τὸ εὐαγγέλιον τοῦ **θεοῦ** ἀλλὰ καὶ τὰς
1Th 2:9 τὸ εὐαγγέλιον τοῦ **θεοῦ**.
1Th 2:10 μάρτυρες καὶ ὁ **θεός**,
1Th 2:12 ὑμᾶς ἀξίως τοῦ **θεοῦ** τοῦ καλοῦντος ὑμᾶς
1Th 2:13 ἡμεῖς εὐχαριστοῦμεν τῷ **θεῷ** ἀδιαλείπτως,
1Th 2:13 παρ' ἡμῶν τοῦ **θεοῦ** ἐδέξασθε οὐ λόγον
1Th 2:13 ἐστιν ἀληθῶς λόγον **θεοῦ**,
1Th 2:14 τῶν ἐκκλησιῶν τοῦ **θεοῦ** τῶν οὐσῶν ἐν
1Th 2:15 ἡμᾶς ἐκδιωξάντων καὶ **θεῷ** μὴ ἀρεσκόντων
1Th 3:2 καὶ συνεργὸν τοῦ **θεοῦ** ἐν τῷ εὐαγγελίῳ
1Th 3:9 εὐχαριστίαν δυνάμεθα τῷ **θεῷ** ἀνταποδοῦναι περὶ ὑμῶν
1Th 3:9 ὑμᾶς ἔμπροσθεν τοῦ **θεοῦ** ἡμῶν,
1Th 3:11 Αὐτὸς δὲ ὁ **θεὸς** καὶ πατὴρ ἡμῶν
1Th 3:13 ἁγιωσύνῃ ἔμπροσθεν τοῦ **θεοῦ** καὶ πατρὸς ἡμῶν
1Th 4:1 περιπατεῖν καὶ ἀρέσκειν **θεῷ**,
1Th 4:3 ἐστιν θέλημα τοῦ **θεοῦ**,
1Th 4:5 μὴ εἰδότα τὸν **θεόν**,
1Th 4:7 ἐκάλεσεν ἡμᾶς ὁ **θεὸς** ἐπὶ ἀκαθαρσίᾳ ἀλλ'
1Th 4:8 ἀθετεῖ ἀλλὰ τὸν **θεὸν** τὸν [καὶ] διδόντα
1Th 4:14 οὕτως καὶ ὁ **θεὸς** τοὺς κοιμηθέντας διὰ
1Th 4:16 καὶ ἐν σάλπιγγι **θεοῦ**,
1Th 5:9 ἔθετο ἡμᾶς ὁ **θεὸς** εἰς ὀργὴν ἀλλὰ
1Th 5:18 τοῦτο γὰρ θέλημα **θεοῦ** ἐν Χριστῷ Ἰησοῦ
1Th 5:23 Αὐτὸς δὲ ὁ **θεὸς** τῆς εἰρήνης ἁγιάσαι

Θεσσαλονικεύς (*Thessalonikeus*; 1/4) *a Thessalonian*

1Th 1:1 Τιμόθεος τῇ ἐκκλησίᾳ **Θεσσαλονικέων** ἐν θεῷ πατρὶ

θλίβω (*thlibō*; 1/10) *press hard*

1Th 3:4 ὑμῖν ὅτι μέλλομεν **θλίβεσθαι**,

θλῖψις (*thlipsis*; 3/45) *tribulation, trouble*

1Th 1:6 τὸν λόγον ἐν **θλίψει** πολλῇ μετὰ χαρᾶς
1Th 3:3 σαίνεσθαι ἐν ταῖς **θλίψεσιν** ταύταις.
1Th 3:7 τῇ ἀνάγκῃ καὶ **θλίψει** ἡμῶν διὰ τῆς

θώραξ (*thōrax*; 1/5) *breastplate*

1Th 5:8 ὄντες νήφωμεν ἐνδυσάμενοι **θώρακα** πίστεως καὶ ἀγάπης

ἴδιος (*idios*; 3/114) *one's own*

1Th 2:14 ὑμεῖς ὑπὸ τῶν **ἰδίων** συμφυλετῶν καθὼς καὶ
1Th 4:11 καὶ πράσσειν τὰ **ἴδια** καὶ ἐργάζεσθαι ταῖς
1Th 4:11 ἐργάζεσθαι ταῖς **[ἰδίαις]** χερσὶν ὑμῶν,

Ἰησοῦς (*Iēsous*; 16/911[917]) *Jesus*

1Th 1:1 πατρὶ καὶ κυρίῳ **Ἰησοῦ** Χριστῷ,
1Th 1:3 τοῦ κυρίου ἡμῶν **Ἰησοῦ** Χριστοῦ ἔμπροσθεν
1Th 1:10 **Ἰησοῦν** τὸν ῥυόμενον ἡμᾶς
1Th 2:14 Ἰουδαίᾳ ἐν Χριστῷ **Ἰησοῦ**,
1Th 2:15 τὸν κύριον ἀποκτεινάντων **Ἰησοῦν** καὶ τοὺς προφήτας
1Th 2:19 τοῦ κυρίου ἡμῶν **Ἰησοῦ** ἐν τῇ αὐτοῦ
1Th 3:11 ὁ κύριος ἡμῶν **Ἰησοῦς** κατευθύναι τὴν ὁδὸν
1Th 3:13 τοῦ κυρίου ἡμῶν **Ἰησοῦ** μετὰ πάντων τῶν
1Th 4:1 παρακαλοῦμεν ἐν κυρίῳ **Ἰησοῦ**,
1Th 4:2 διὰ τοῦ κυρίου **Ἰησοῦ**.
1Th 4:14 γὰρ πιστεύομεν ὅτι **Ἰησοῦς** ἀπέθανεν καὶ ἀνέστη,
1Th 4:14 κοιμηθέντας διὰ τοῦ **Ἰησοῦ** ἄξει σὺν αὐτῷ.
1Th 5:9 τοῦ κυρίου ἡμῶν **Ἰησοῦ** Χριστοῦ
1Th 5:18 θεοῦ ἐν Χριστῷ **Ἰησοῦ** εἰς ὑμᾶς.
1Th 5:23 τοῦ κυρίου ἡμῶν **Ἰησοῦ** Χριστοῦ τηρηθείη.
1Th 5:28 τοῦ κυρίου ἡμῶν **Ἰησοῦ** Χριστοῦ μεθ' ὑμῶν.

ἵνα (*hina*; 7/662[663]) *so that, in order that*

1Th 2:16 τοῖς ἔθνεσιν λαλῆσαι **ἵνα** σωθῶσιν,
1Th 4:1 **ἵνα** καθὼς παρελάβετε παρ'
1Th 4:1 **ἵνα** περισσεύητε μᾶλλον.
1Th 4:12 **ἵνα** περιπατῆτε εὐσχημόνως πρὸς
1Th 4:13 **ἵνα** μὴ λυπῆσθε καθὼς
1Th 5:4 **ἵνα** ἡ ἡμέρα ὑμᾶς
1Th 5:10 **ἵνα** εἴτε γρηγορῶμεν εἴτε

'Ιουδαία (*Ioudaia*; 1/43) *Judea*
1Th 2:14 οὐσῶν ἐν τῇ **'Ιουδαίᾳ** ἐν Χριστῷ 'Ιησοῦ,

'Ιουδαῖος (*Ioudaios*; 1/195) *Jew*
1Th 2:14 αὐτοὶ ὑπὸ τῶν **'Ιουδαίων**,

κἀγώ (*kagō*; 1/84) *and I*
1Th 3:5 διὰ τοῦτο **κἀγὼ** μηκέτι στέγων ἔπεμψα

καθάπερ (*kathaper*; 4/13) *as, just as, like*
1Th 2:11 **καθάπερ** οἴδατε,
1Th 3:6 ἐπιποθοῦντες ἡμᾶς ἰδεῖν **καθάπερ** καὶ ἡμεῖς ὑμᾶς,
1Th 3:12 καὶ εἰς πάντας **καθάπερ** καὶ ἡμεῖς εἰς
1Th 4:5 ἐν πάθει ἐπιθυμίας **καθάπερ** καὶ τὰ ἔθνη

καθεύδω (*katheudō*; 4/22) *sleep*
1Th 5:6 ἄρα οὖν μὴ **καθεύδωμεν** ὡς οἱ λοιποί
1Th 5:7 Οἱ γὰρ **καθεύδοντες** νυκτὸς καθεύδουσιν
1Th 5:7 γὰρ καθεύδοντες νυκτὸς **καθεύδουσιν** καὶ οἱ μεθυσκόμενοι
1Th 5:10 εἴτε γρηγορῶμεν εἴτε **καθεύδωμεν** ἅμα σὺν αὐτῷ

καθώς (*kathōs*; 13/182) *just as*
1Th 1:5 **καθὼς** οἴδατε οἷοι ἐγενήθημεν
1Th 2:2 **καθὼς** οἴδατε,
1Th 2:4 ἀλλὰ **καθὼς** δεδοκιμάσμεθα ὑπὸ τοῦ
1Th 2:5 **καθὼς** οἴδατε,
1Th 2:13 λόγον ἀνθρώπων ἀλλὰ **καθώς** ἐστιν ἀληθῶς λόγον
1Th 2:14 τῶν ἰδίων συμφυλετῶν **καθὼς** καὶ αὐτοὶ ὑπὸ
1Th 3:4 **καθὼς** καὶ ἐγένετο καὶ
1Th 4:1 ἵνα **καθὼς** παρελάβετε παρ' ἡμῶν
1Th 4:1 **καθὼς** καὶ περιπατεῖτε,
1Th 4:6 **καθὼς** καὶ προείπαμεν ὑμῖν
1Th 4:11 **καθὼς** ὑμῖν παρηγγείλαμεν,
1Th 4:13 ἵνα μὴ λυπῆσθε **καθὼς** καὶ οἱ λοιποὶ
1Th 5:11 **καθὼς** καὶ ποιεῖτε.

καιρός (*kairos*; 2/85) *time*
1Th 2:17 ἀφ' ὑμῶν πρὸς **καιρὸν** ὥρας,
1Th 5:1 χρόνων καὶ τῶν **καιρῶν**,

κακός (*kakos*; 2/50) *evil*
1Th 5:15 ὁρᾶτε μή τις **κακὸν** ἀντὶ κακοῦ τινι
1Th 5:15 τις κακὸν ἀντὶ **κακοῦ** τινι ἀποδῷ,

καλέω (*kaleō*; 3/148) *call*
1Th 2:12 τοῦ θεοῦ τοῦ **καλοῦντος** ὑμᾶς εἰς τὴν
1Th 4:7 οὐ γὰρ **ἐκάλεσεν** ἡμᾶς ὁ θεὸς
1Th 5:24 πιστὸς ὁ **καλῶν** ὑμᾶς,

καλός (*kalos*; 1/101) *good*
1Th 5:21 τὸ **καλὸν** κατέχετε,

καρδία (*kardia*; 3/156) *heart*
1Th 2:4 τῷ δοκιμάζοντι τὰς **καρδίας** ἡμῶν.
1Th 2:17 προσώπῳ οὐ **καρδίᾳ**,
1Th 3:13 στηρίξαι ὑμῶν τὰς **καρδίας** ἀμέμπτους ἐν ἁγιωσύνῃ

καταβαίνω (*katabainō*; 1/81) *come or go down*
1Th 4:16 **καταβήσεται** ἀπ' οὐρανοῦ καὶ

καταλαμβάνω (*katalambanō*; 1/13[15]) *obtain, overcome*
1Th 5:4 ὑμᾶς ὡς κλέπτης **καταλάβῃ**·

καταλείπω (*kataleipō*; 1/23[24]) *leave*
1Th 3:1 μηκέτι στέγοντες εὐδοκήσαμεν **καταλειφθῆναι** ἐν 'Αθήναις μόνοι

καταρτίζω (*katartizō*; 1/13) *mend*
1Th 3:10 τὸ πρόσωπον καὶ **καταρτίσαι** τὰ ὑστερήματα

κατευθύνω (*kateuthynō*; 1/3) *direct*
1Th 3:11 κύριος ἡμῶν 'Ιησοῦς **κατευθύναι** τὴν ὁδὸν ἡμῶν

κατέχω (*katechō*; 1/17) *hold fast*
1Th 5:21 τὸ καλὸν **κατέχετε**,

καύχησις (*kauchēsis*; 1/11) *boasting*
1Th 2:19 χαρὰ ἢ στέφανος **καυχήσεως**

κεῖμαι (*keimai*; 1/24) *lie*
1Th 3:3 ὅτι εἰς τοῦτο **κείμεθα**·

κέλευσμα (*keleusma*; 1/1) *shout of command*
1Th 4:16 ὁ κύριος ἐν **κελεύσματι**,

κενός (*kenos*; 2/18) *empty, in vain*
1Th 2:1 ὑμᾶς ὅτι οὐ **κενὴ** γέγονεν,
1Th 3:5 πειράζων καὶ εἰς **κενὸν** γένηται ὁ κόπος

κηρύσσω (*kēryssō*; 1/59[61]) *proclaim*
1Th 2:9 ἐπιβαρῆσαί τινα ὑμῶν **ἐκηρύξαμεν** εἰς ὑμᾶς

κλέπτης (*kleptēs*; 2/16) *thief*
1Th 5:2 ἡμέρα κυρίου ὡς **κλέπτης** ἐν νυκτὶ οὕτως
1Th 5:4 ἡμέρα ὑμᾶς ὡς **κλέπτης** καταλάβῃ·

κοιμάομαι (*koimaomai*; 3/18) *sleep*
1Th 4:13 περὶ τῶν **κοιμωμένων**,
1Th 4:14 ὁ θεὸς τοὺς **κοιμηθέντας** διὰ τοῦ 'Ιησοῦ
1Th 4:15 μὴ φθάσωμεν τοὺς **κοιμηθέντας**·

κολακεία (*kolakeia*; 1/1) *flattery*
1Th 2:5 ποτε ἐν λόγῳ **κολακείας** ἐγενήθημεν,

κοπιάω (*kopiaō*; 1/23) *work*
1Th 5:12 εἰδέναι τοὺς **κοπιῶντας** ἐν ὑμῖν καὶ

κόπος (*kopos*; 3/18) *work*
1Th 1:3 πίστεως καὶ τοῦ **κόπου** τῆς ἀγάπης καὶ
1Th 2:9 τὸν **κόπον** ἡμῶν καὶ τὸν

1Th 3:5 κενὸν γένηται ὁ **κόπος** ἡμῶν.

<u>κτάομαι (*ktaomai*; 1/7) *acquire*</u>

1Th 4:4 τὸ ἑαυτοῦ σκεῦος **κτᾶσθαι** ἐν ἁγιασμῷ καὶ

<u>κύριος (*kyrios*; 24/714[717]) *Lord, sir*</u>

1Th 1:1 θεῷ πατρὶ καὶ **κυρίῳ** Ἰησοῦ Χριστῷ,
1Th 1:3 τῆς ἐλπίδος τοῦ **κυρίου** ἡμῶν Ἰησοῦ Χριστοῦ
1Th 1:6 ἐγενήθητε καὶ τοῦ **κυρίου**,
1Th 1:8 ὁ λόγος τοῦ **κυρίου** οὐ μόνον ἐν
1Th 2:15 τῶν καὶ τὸν **κύριον** ἀποκτεινάντων Ἰησοῦν
1Th 2:19 ἔμπροσθεν τοῦ **κυρίου** ἡμῶν Ἰησοῦ ἐν
1Th 3:8 ὑμεῖς στήκετε ἐν **κυρίῳ**.
1Th 3:11 ἡμῶν καὶ ὁ **κύριος** ἡμῶν Ἰησοῦς κατευθύναι
1Th 3:12 ὑμᾶς δὲ ὁ **κύριος** πλεονάσαι καὶ περισσεύσαι
1Th 3:13 τῇ παρουσίᾳ τοῦ **κυρίου** ἡμῶν Ἰησοῦ μετὰ
1Th 4:1 καὶ παρακαλοῦμεν ἐν **κυρίῳ** Ἰησοῦ,
1Th 4:2 ὑμῖν διὰ τοῦ **κυρίου** Ἰησοῦ.
1Th 4:6 διότι ἔκδικος **κύριος** περὶ πάντων τούτων,
1Th 4:15 λέγομεν ἐν λόγῳ **κυρίου**,
1Th 4:15 τὴν παρουσίαν τοῦ **κυρίου** οὐ μὴ φθάσωμεν
1Th 4:16 ὅτι αὐτὸς ὁ **κύριος** ἐν κελεύσματι,
1Th 4:17 εἰς ἀπάντησιν τοῦ **κυρίου** εἰς ἀέρα·
1Th 4:17 οὕτως πάντοτε σὺν **κυρίῳ** ἐσόμεθα.
1Th 5:2 οἴδατε ὅτι ἡμέρα **κυρίου** ὡς κλέπτης ἐν
1Th 5:9 σωτηρίας διὰ τοῦ **κυρίου** ἡμῶν Ἰησοῦ Χριστοῦ
1Th 5:12 προϊσταμένους ὑμῶν ἐν **κυρίῳ** καὶ νουθετοῦντας ὑμᾶς
1Th 5:23 τῇ παρουσίᾳ τοῦ **κυρίου** ἡμῶν Ἰησοῦ Χριστοῦ
1Th 5:27 Ἐνορκίζω ὑμᾶς τὸν **κύριον** ἀναγνωσθῆναι τὴν ἐπιστολὴν
1Th 5:28 Ἡ χάρις τοῦ **κυρίου** ἡμῶν Ἰησοῦ Χριστοῦ

<u>κωλύω (*kōlyō*; 1/23) *hinder*</u>

1Th 2:16 **κωλυόντων** ἡμᾶς τοῖς ἔθνεσιν

<u>λαλέω (*laleō*; 4/294[296]) *speak*</u>

1Th 1:8 χρείαν ἔχειν ἡμᾶς **λαλεῖν** τι.
1Th 2:2 τῷ θεῷ ἡμῶν **λαλῆσαι** πρὸς ὑμᾶς τὸ
1Th 2:4 οὕτως **λαλοῦμεν**,
1Th 2:16 ἡμᾶς τοῖς ἔθνεσιν **λαλῆσαι** ἵνα σωθῶσιν,

<u>λέγω (*legō*; 2/2345[2353]) *say*</u>

1Th 4:15 Τοῦτο γὰρ ὑμῖν **λέγομεν** ἐν λόγῳ κυρίου,
1Th 5:3 ὅταν **λέγωσιν**·

<u>λόγος (*logos*; 9/329[330]) *word*</u>

1Th 1:5 εἰς ὑμᾶς ἐν **λόγῳ** μόνον ἀλλὰ καὶ
1Th 1:6 δεξάμενοι τὸν **λόγον** ἐν θλίψει πολλῇ
1Th 1:8 γὰρ ἐξήχηται ὁ **λόγος** τοῦ κυρίου οὐ
1Th 2:5 γάρ ποτε ἐν **λόγῳ** κολακείας ἐγενήθημεν,
1Th 2:13 ὅτι παραλαβόντες **λόγον** ἀκοῆς παρ' ἡμῶν
1Th 2:13 θεοῦ ἐδέξασθε οὐ **λόγον** ἀνθρώπων ἀλλὰ καθώς
1Th 2:13 καθώς ἐστιν ἀληθῶς **λόγον** θεοῦ,
1Th 4:15 ὑμῖν λέγομεν ἐν **λόγῳ** κυρίου,
1Th 4:18 ἀλλήλους ἐν τοῖς **λόγοις** τούτοις.

<u>λοιπός (*loipos*; 3/54[55]) *rest, remaining*</u>

1Th 4:1 **Λοιπὸν** οὖν,
1Th 4:13 καθὼς καὶ οἱ **λοιποὶ** οἱ μὴ ἔχοντες
1Th 5:6 καθεύδωμεν ὡς οἱ **λοιποί** ἀλλὰ γρηγορῶμεν

<u>λυπέω (*lypeō*; 1/26) *grieve*</u>

1Th 4:13 ἵνα μὴ **λυπῆσθε** καθὼς καὶ οἱ

<u>Μακεδονία (*Makedonia*; 3/22) *Macedonia*</u>

1Th 1:7 πιστεύουσιν ἐν τῇ **Μακεδονίᾳ** καὶ ἐν τῇ
1Th 1:8 μόνον ἐν τῇ **Μακεδονίᾳ** καὶ [ἐν τῇ]
1Th 4:10 ἐν ὅλῃ τῇ **Μακεδονίᾳ**.

<u>μακροθυμέω (*makrothymeō*; 1/10) *be patient*</u>

1Th 5:14 **μακροθυμεῖτε** πρὸς πάντας.

<u>μᾶλλον (*mallon*; 2/81) *more*</u>

1Th 4:1 ἵνα περισσεύητε **μᾶλλον**.
1Th 4:10 περισσεύειν **μᾶλλον**

<u>μαρτύρομαι (*martyromai*; 1/5) *testify*</u>

1Th 2:12 καὶ παραμυθούμενοι καὶ **μαρτυρόμενοι** εἰς τὸ περιπατεῖν

<u>μάρτυς (*martys*; 2/35) *witness*</u>

1Th 2:5 θεὸς **μάρτυς**,
1Th 2:10 ὑμεῖς **μάρτυρες** καὶ ὁ θεός,

<u>μεθύσκω (*methyskō*; 1/5) *get drunk*</u>

1Th 5:7 καθεύδουσιν καὶ οἱ **μεθυσκόμενοι** νυκτὸς μεθύουσιν·

<u>μεθύω (*methyō*; 1/5) *be drunk*</u>

1Th 5:7 οἱ μεθυσκόμενοι νυκτὸς **μεθύουσιν**·

<u>μέλλω (*mellō*; 1/109) *be about to happen*</u>

1Th 3:4 προελέγομεν ὑμῖν ὅτι **μέλλομεν** θλίβεσθαι,

<u>μέν (*men*; 1/178[179]) *on the one hand*</u>

1Th 2:18 ἐγὼ **μὲν** Παῦλος καὶ ἅπαξ

<u>μέσος (*mesos*; 1/56[58]) *middle*</u>

1Th 2:7 ἐγενήθημεν νήπιοι ἐν **μέσῳ** ὑμῶν,

<u>μετά (*meta*; 3/465[469]) *with, after*</u>

1Th 1:6 ἐν θλίψει πολλῇ **μετὰ** χαρᾶς πνεύματος ἁγίου,
1Th 3:13 κυρίου ἡμῶν Ἰησοῦ **μετὰ** πάντων τῶν ἁγίων
1Th 5:28 ἡμῶν Ἰησοῦ Χριστοῦ **μεθ'** ὑμῶν.

<u>μεταδίδωμι (*metadidōmi*; 1/5) *share*</u>

1Th 2:8 ὁμειρόμενοι ὑμῶν εὐδοκοῦμεν **μεταδοῦναι** ὑμῖν οὐ μόνον

<u>μή (*mē*; 15/1041[1042]) *not*</u>

1Th 1:8 ὥστε **μὴ** χρείαν ἔχειν ἡμᾶς
1Th 2:9 ἐργαζόμενοι πρὸς τὸ **μὴ** ἐπιβαρῆσαί τινα ὑμῶν

1Th 2:15 ἐκδιωξάντων καὶ θεῷ **μὴ** ἀρεσκόντων καὶ πᾶσιν
1Th 3:5 **μή** πως ἐπείρασεν ὑμᾶς
1Th 4:5 **μὴ** ἐν πάθει ἐπιθυμίας
1Th 4:5 τὰ ἔθνη τὰ **μὴ** εἰδότα τὸν θεόν,
1Th 4:6 τὸ **μὴ** ὑπερβαίνειν καὶ πλεονεκτεῖν
1Th 4:13 ἵνα **μὴ** λυπῆσθε καθὼς καὶ
1Th 4:13 οἱ λοιποὶ οἱ **μὴ** ἔχοντες ἐλπίδα.
1Th 4:15 τοῦ κυρίου οὐ **μὴ** φθάσωμεν τοὺς κοιμηθέντας·
1Th 5:3 καὶ οὐ **μὴ** ἐκφύγωσιν.
1Th 5:6 ἄρα οὖν **μὴ** καθεύδωμεν ὡς οἱ
1Th 5:15 ὁρᾶτε **μή** τις κακὸν ἀντὶ
1Th 5:19 τὸ πνεῦμα **μὴ** σβέννυτε,
1Th 5:20 προφητείας **μὴ** ἐξουθενεῖτε,

μηδείς (*mēdeis*; 2/90) *no one*
1Th 3:3 τὸ **μηδένα** σαίνεσθαι ἐν ταῖς
1Th 4:12 τοὺς ἔξω καὶ **μηδενὸς** χρείαν ἔχητε.

μηκέτι (*mēketi*; 2/21[22]) *no longer*
1Th 3:1 Διὸ **μηκέτι** στέγοντες εὐδοκήσαμεν καταλειφθῆναι
1Th 3:5 διὰ τοῦτο κἀγὼ **μηκέτι** στέγων ἔπεμψα εἰς

μιμητής (*mimētēs*; 2/6) *imitator*
1Th 1:6 Καὶ ὑμεῖς **μιμηταὶ** ἡμῶν ἐγενήθητε καὶ
1Th 2:14 ὑμεῖς γὰρ **μιμηταὶ** ἐγενήθητε,

μνεία (*mneia*; 2/7) *remembrance*
1Th 1:2 περὶ πάντων ὑμῶν **μνείαν** ποιούμενοι ἐπὶ
1Th 3:6 καὶ ὅτι ἔχετε **μνείαν** ἡμῶν ἀγαθὴν πάντοτε,

μνημονεύω (*mnēmoneuō*; 2/21) *remember*
1Th 1:3 **μνημονεύοντες** ὑμῶν τοῦ ἔργου
1Th 2:9 **Μνημονεύετε** γάρ,

μόνος (*monos*; 4/113[114]) *only*
1Th 1:5 ὑμᾶς ἐν λόγῳ **μόνον** ἀλλὰ καὶ ἐν
1Th 1:8 τοῦ κυρίου οὐ **μόνον** ἐν τῇ Μακεδονίᾳ
1Th 2:8 μεταδοῦναι ὑμῖν οὐ **μόνον** τὸ εὐαγγέλιον
1Th 3:1 καταλειφθῆναι ἐν Ἀθήναις **μόνοι**

μόχθος (*mochthos*; 1/3) *labor*
1Th 2:9 ἡμῶν καὶ τὸν **μόχθον**·

νεκρός (*nekros*; 2/128) *dead*
1Th 1:10 ἤγειρεν ἐκ [τῶν] **νεκρῶν**,
1Th 4:16 οὐρανοῦ καὶ οἱ **νεκροὶ** ἐν Χριστῷ ἀναστήσονται

νεφέλη (*nephelē*; 1/25) *cloud*
1Th 4:17 αὐτοῖς ἁρπαγησόμεθα ἐν **νεφέλαις** εἰς ἀπάντησιν τοῦ

νήπιος (*nēpios*; 1/15) *infant, child*
1Th 2:7 ἀλλὰ ἐγενήθημεν **νήπιοι** ἐν μέσῳ ὑμῶν,

νήφω (*nēphō*; 2/6) *be sober*
1Th 5:6 ἀλλὰ γρηγορῶμεν καὶ **νήφωμεν**.
1Th 5:8 δὲ ἡμέρας ὄντες **νήφωμεν** ἐνδυσάμενοι θώρακα πίστεως

νουθετέω (*noutheteō*; 2/8) *instruct*
1Th 5:12 ἐν κυρίῳ καὶ **νουθετοῦντας** ὑμᾶς
1Th 5:14 **νουθετεῖτε** τοὺς ἀτάκτους,

νῦν (*nyn*; 1/146[147]) *now*
1Th 3:8 ὅτι **νῦν** ζῶμεν ἐὰν ὑμεῖς

νύξ (*nyx*; 6/61) *night*
1Th 2:9 **νυκτὸς** καὶ ἡμέρας ἐργαζόμενοι
1Th 3:10 **νυκτὸς** καὶ ἡμέρας ὑπερεκπερισσοῦ
1Th 5:2 ὡς κλέπτης ἐν **νυκτὶ** οὕτως ἔρχεται.
1Th 5:5 Οὐκ ἐσμὲν **νυκτὸς** οὐδὲ σκότους·
1Th 5:7 Οἱ γὰρ καθεύδοντες **νυκτὸς** καθεύδουσιν
1Th 5:7 καὶ οἱ μεθυσκόμενοι **νυκτὸς** μεθύουσιν·

ὁδός (*hodos*; 1/101) *way*
1Th 3:11 Ἰησοῦς κατευθύναι τὴν **ὁδὸν** ἡμῶν πρὸς ὑμᾶς·

οἶδα (*oida*; 13/318) *know*
1Th 1:4 **εἰδότες**,
1Th 1:5 καθὼς **οἴδατε** οἷοι ἐγενήθημεν [ἐν]
1Th 2:1 Αὐτοὶ γὰρ **οἴδατε**,
1Th 2:2 καθὼς **οἴδατε**,
1Th 2:5 καθὼς **οἴδατε**,
1Th 2:11 καθάπερ **οἴδατε**,
1Th 3:3 αὐτοὶ γὰρ **οἴδατε** ὅτι εἰς τοῦτο
1Th 3:4 καὶ ἐγένετο καὶ **οἴδατε**.
1Th 4:2 **οἴδατε** γὰρ τίνας παραγγελίας
1Th 4:4 **εἰδέναι** ἕκαστον ὑμῶν τὸ
1Th 4:5 ἔθνη τὰ μὴ **εἰδότα** τὸν θεόν,
1Th 5:2 αὐτοὶ γὰρ ἀκριβῶς **οἴδατε** ὅτι ἡμέρα κυρίου
1Th 5:12 **εἰδέναι** τοὺς κοπιῶντας ἐν

οἰκοδομέω (*oikodomeō*; 1/40) *build*
1Th 5:11 παρακαλεῖτε ἀλλήλους καὶ **οἰκοδομεῖτε** εἷς τὸν ἕνα,

οἷος (*hoios*; 1/14) *such as*
1Th 1:5 καθὼς οἴδατε **οἷοι** ἐγενήθημεν [ἐν] ὑμῖν

ὄλεθρος (*olethros*; 1/4) *destruction*
1Th 5:3 αἰφνίδιος αὐτοῖς ἐφίσταται **ὄλεθρος** ὥσπερ ἡ ὠδὶν

ὀλιγόψυχος (*oligopsychos*; 1/1) *fainthearted*
1Th 5:14 παραμυθεῖσθε τοὺς **ὀλιγοψύχους**,

ὁλόκληρος (*holoklēros*; 1/2) *sound*
1Th 5:23 καὶ **ὁλόκληρον** ὑμῶν τὸ πνεῦμα

ὅλος (*holos*; 1/109) *whole*
1Th 4:10 ἀδελφοὺς [τοὺς] ἐν **ὅλῃ** τῇ Μακεδονίᾳ.

ὁλοτελής (*holotelēs*; 1/1) *wholly*
1Th 5:23 εἰρήνης ἁγιάσαι ὑμᾶς **ὁλοτελεῖς**,

ὁμείρομαι (*homeiromai*; 1/1) *yearn for*

1Th 2:8 οὕτως **ὁμειρόμενοι** ὑμῶν εὐδοκοῦμεν μεταδοῦναι

ὁποῖος (*hopoios*; 1/5) *of what sort*

1Th 1:9 περὶ ἡμῶν ἀπαγγέλλουσιν **ὁποίαν** εἴσοδον ἔσχομεν πρὸς

ὁράω (*horaō*; 4/452) *see*

1Th 2:17 τὸ πρόσωπον ὑμῶν **ἰδεῖν** ἐν πολλῇ ἐπιθυμίᾳ.
1Th 3:6 ἐπιποθοῦντες ἡμᾶς **ἰδεῖν** καθάπερ καὶ ἡμεῖς
1Th 3:10 δεόμενοι εἰς τὸ **ἰδεῖν** ὑμῶν τὸ πρόσωπον
1Th 5:15 **ὁρᾶτε** μή τις κακὸν

ὀργή (*orgē*; 3/36) *wrath*

1Th 1:10 ἡμᾶς ἐκ τῆς **ὀργῆς** τῆς ἐρχομένης.
1Th 2:16 ἐπ' αὐτοὺς ἡ **ὀργὴ** εἰς τέλος.
1Th 5:9 ὁ θεὸς εἰς **ὀργὴν** ἀλλὰ εἰς περιποίησιν

ὅς (*hos*; 4/1406[1407]) *who*

1Th 1:10 **ὃν** ἤγειρεν ἐκ [τῶν]
1Th 2:13 **ὃς** καὶ ἐνεργεῖται ἐν
1Th 3:9 πάσῃ τῇ χαρᾷ **ᾗ** χαίρομεν δι' ὑμᾶς
1Th 5:24 **ὃς** καὶ ποιήσει.

ὁσίως (*hosiōs*; 1/1) *in a manner pleasing to God*

1Th 2:10 ὡς **ὁσίως** καὶ δικαίως καὶ

ὅταν (*hotan*; 1/123) *when*

1Th 5:3 **ὅταν** λέγωσιν·

ὅτε (*hote*; 1/103) *when*

1Th 3:4 καὶ γὰρ **ὅτε** πρὸς ὑμᾶς ἦμεν,

ὅτι (*hoti*; 13/1294[1296]) *because, that*

1Th 1:5 **ὅτι** τὸ εὐαγγέλιον ἡμῶν
1Th 2:1 τὴν πρὸς ὑμᾶς **ὅτι** οὐ κενὴ γέγονεν,
1Th 2:13 **ὅτι** παραλαβόντες λόγον ἀκοῆς
1Th 2:14 **ὅτι** τὰ αὐτὰ ἐπάθετε
1Th 3:3 αὐτοὶ γὰρ οἴδατε **ὅτι** εἰς τοῦτο κείμεθα·
1Th 3:4 προελέγομεν ὑμῖν **ὅτι** μέλλομεν θλίβεσθαι,
1Th 3:6 ἀγάπην ὑμῶν καὶ **ὅτι** ἔχετε μνείαν ἡμῶν
1Th 3:8 **ὅτι** νῦν ζῶμεν ἐὰν
1Th 4:14 εἰ γὰρ πιστεύομεν **ὅτι** Ἰησοῦς ἀπέθανεν καὶ
1Th 4:15 **ὅτι** ἡμεῖς οἱ ζῶντες
1Th 4:16 **ὅτι** αὐτὸς ὁ κύριος
1Th 5:2 γὰρ ἀκριβῶς οἴδατε **ὅτι** ἡμέρα κυρίου ὡς
1Th 5:9 **ὅτι** οὐκ ἔθετο ἡμᾶς

οὐ (*ou*; 18/1621[1623]) *not*

1Th 1:5 τὸ εὐαγγέλιον ἡμῶν **οὐκ** ἐγενήθη εἰς ὑμᾶς
1Th 1:8 λόγος τοῦ κυρίου **οὐ** μόνον ἐν τῇ
1Th 2:1 πρὸς ὑμᾶς ὅτι **οὐ** κενὴ γέγονεν,
1Th 2:3 γὰρ παράκλησις ἡμῶν **οὐκ** ἐκ πλάνης οὐδὲ
1Th 2:4 **οὐχ** ὡς ἀνθρώποις ἀρέσκοντες
1Th 2:8 εὐδοκοῦμεν μεταδοῦναι ὑμῖν **οὐ** μόνον τὸ εὐαγγέλιον
1Th 2:13 τοῦ θεοῦ ἐδέξασθε **οὐ** λόγον ἀνθρώπων ἀλλὰ
1Th 2:17 προσώπῳ **οὐ** καρδίᾳ,
1Th 4:7 **οὐ** γὰρ ἐκάλεσεν ἡμᾶς
1Th 4:8 τοιγαροῦν ὁ ἀθετῶν **οὐκ** ἄνθρωπον ἀθετεῖ
1Th 4:9 δὲ τῆς φιλαδελφίας **οὐ** χρείαν ἔχετε γράφειν
1Th 4:13 **Οὐ** θέλομεν δὲ ὑμᾶς
1Th 4:15 παρουσίαν τοῦ κυρίου **οὐ** μὴ φθάσωμεν τοὺς
1Th 5:1 **οὐ** χρείαν ἔχετε ὑμῖν
1Th 5:3 καὶ **οὐ** μὴ ἐκφύγωσιν.
1Th 5:4 **οὐκ** ἐστὲ ἐν σκότει,
1Th 5:5 **Οὐκ** ἐσμὲν νυκτὸς οὐδὲ
1Th 5:9 ὅτι **οὐκ** ἔθετο ἡμᾶς ὁ

οὐδέ (*oude*; 3/141[143]) *neither, nor*

1Th 2:3 οὐκ ἐκ πλάνης **οὐδὲ** ἐξ ἀκαθαρσίας οὐδὲ
1Th 2:3 οὐδὲ ἐξ ἀκαθαρσίας **οὐδὲ** ἐν δόλῳ,
1Th 5:5 Οὐκ ἐσμὲν νυκτὸς **οὐδὲ** σκότους·

οὖν (*oun*; 2/497[499]) *therefore*

1Th 4:1 Λοιπὸν **οὖν**,
1Th 5:6 ἄρα **οὖν** μὴ καθεύδωμεν ὡς

οὐρανός (*ouranos*; 2/272[273]) *heaven*

1Th 1:10 αὐτοῦ ἐκ τῶν **οὐρανῶν**,
1Th 4:16 καταβήσεται ἀπ' **οὐρανοῦ** καὶ οἱ νεκροὶ

οὔτε (*oute*; 5/87) *not*

1Th 2:5 **Οὔτε** γάρ ποτε ἐν
1Th 2:5 **οὔτε** ἐν προφάσει πλεονεξίας,
1Th 2:6 **οὔτε** ζητοῦντες ἐξ ἀνθρώπων
1Th 2:6 ἐξ ἀνθρώπων δόξαν **οὔτε** ἀφ' ὑμῶν οὔτε
1Th 2:6 οὔτε ἀφ' ὑμῶν **οὔτε** ἀπ' ἄλλων,

οὗτος (*houtos*; 10/1382[1387]) *this*

1Th 2:13 Καὶ διὰ **τοῦτο** καὶ ἡμεῖς εὐχαριστοῦμεν
1Th 3:3 ἐν ταῖς θλίψεσιν **ταύταις**.
1Th 3:3 οἴδατε ὅτι εἰς **τοῦτο** κείμεθα·
1Th 3:5 διὰ **τοῦτο** κἀγὼ μηκέτι στέγων
1Th 3:7 διὰ **τοῦτο** παρεκλήθημεν,
1Th 4:3 **Τοῦτο** γάρ ἐστιν θέλημα
1Th 4:6 κύριος περὶ πάντων **τούτων**,
1Th 4:15 **Τοῦτο** γὰρ ὑμῖν λέγομεν
1Th 4:18 ἐν τοῖς λόγοις **τούτοις**.
1Th 5:18 **τοῦτο** γὰρ θέλημα θεοῦ

οὕτως (*houtōs*; 5/208) *in this way*

1Th 2:4 **οὕτως** λαλοῦμεν,
1Th 2:8 **οὕτως** ὁμειρόμενοι ὑμῶν εὐδοκοῦμεν
1Th 4:14 **οὕτως** καὶ ὁ θεὸς
1Th 4:17 καὶ **οὕτως** πάντοτε σὺν κυρίῳ
1Th 5:2 κλέπτης ἐν νυκτὶ **οὕτως** ἔρχεται.

οὐχί (*ouchi*; 1/54) *not*

1Th 2:19 ἢ **οὐχὶ** καὶ ὑμεῖς

πάθος (*pathos*; 1/3) *lustful passion*

1Th 4:5 μὴ ἐν **πάθει** ἐπιθυμίας καθάπερ καὶ

πάντοτε (*pantote*; 6/41) *always*

1Th 1:2 Εὐχαριστοῦμεν τῷ θεῷ **πάντοτε** περὶ πάντων ὑμῶν
1Th 2:16 αὐτῶν τὰς ἁμαρτίας **πάντοτε**.
1Th 3:6 μνείαν ἡμῶν ἀγαθὴν **πάντοτε**,
1Th 4:17 καὶ οὕτως **πάντοτε** σὺν κυρίῳ ἐσόμεθα.
1Th 5:15 ἀλλὰ **πάντοτε** τὸ ἀγαθὸν διώκετε

1Th 5:16 **Πάντοτε** χαίρετε,

παρά (*para*; 2/193[194]) *from, with, beside*
1Th 2:13 παραλαβόντες λόγον ἀκοῆς **παρ'** ἡμῶν τοῦ θεοῦ
1Th 4:1 ἵνα καθὼς παρελάβετε **παρ'** ἡμῶν τὸ πῶς

παραγγελία (*parangelia*; 1/5) *order*
1Th 4:2 οἴδατε γὰρ τίνας **παραγγελίας** ἐδώκαμεν ὑμῖν διὰ

παραγγέλλω (*parangellō*; 1/31[32]) *command*
1Th 4:11 καθὼς ὑμῖν **παρηγγείλαμεν**,

παρακαλέω (*parakaleō*; 8/109) *encourage, ask*
1Th 2:12 **παρακαλοῦντες** ὑμᾶς καὶ παραμυθούμενοι
1Th 3:2 στηρίξαι ὑμᾶς καὶ **παρακαλέσαι** ὑπὲρ τῆς πίστεως
1Th 3:7 διὰ τοῦτο **παρεκλήθημεν**,
1Th 4:1 ἐρωτῶμεν ὑμᾶς καὶ **παρακαλοῦμεν** ἐν κυρίῳ Ἰησοῦ,
1Th 4:10 **Παρακαλοῦμεν** δὲ ὑμᾶς,
1Th 4:18 Ὥστε **παρακαλεῖτε** ἀλλήλους ἐν τοῖς
1Th 5:11 Διὸ **παρακαλεῖτε** ἀλλήλους καὶ οἰκοδομεῖτε
1Th 5:14 **Παρακαλοῦμεν** δὲ ὑμᾶς,

παράκλησις (*paraklēsis*; 1/29) *encouragement*
1Th 2:3 ἡ γὰρ **παράκλησις** ἡμῶν οὐκ ἐκ

παραλαμβάνω (*paralambanō*; 2/49) *take, receive*
1Th 2:13 ὅτι **παραλαβόντες** λόγον ἀκοῆς παρ'
1Th 4:1 ἵνα καθὼς **παρελάβετε** παρ' ἡμῶν τὸ

παραμυθέομαι (*paramytheomai*; 2/4) *comfort*
1Th 2:12 παρακαλοῦντες ὑμᾶς καὶ **παραμυθούμενοι** καὶ μαρτυρόμενοι εἰς
1Th 5:14 **παραμυθεῖσθε** τοὺς ὀλιγοψύχους,

παρουσία (*parousia*; 4/24) *coming*
1Th 2:19 ἐν τῇ αὐτοῦ **παρουσίᾳ**;
1Th 3:13 ἡμῶν ἐν τῇ **παρουσίᾳ** τοῦ κυρίου ἡμῶν
1Th 4:15 περιλειπόμενοι εἰς τὴν **παρουσίαν** τοῦ κυρίου οὐ
1Th 5:23 ἀμέμπτως ἐν τῇ **παρουσίᾳ** τοῦ κυρίου ἡμῶν

παρρησιάζομαι (*parrēsiazomai*; 1/9) *speak boldly or freely*
1Th 2:2 ἐν Φιλίπποις **ἐπαρρησιασάμεθα** ἐν τῷ θεῷ

πᾶς (*pas*; 18/1240[1243]) *each, every (pl. all)*
1Th 1:2 θεῷ πάντοτε περὶ **πάντων** ὑμῶν μνείαν ποιούμενοι
1Th 1:7 γενέσθαι ὑμᾶς τύπον **πᾶσιν** τοῖς πιστεύουσιν ἐν
1Th 1:8 ἀλλ' ἐν **παντὶ** τόπῳ ἡ πίστις
1Th 2:15 μὴ ἀρεσκόντων καὶ **πᾶσιν** ἀνθρώποις ἐναντίων,
1Th 3:7 ἐφ' ὑμῖν ἐπὶ **πάσῃ** τῇ ἀνάγκῃ καὶ
1Th 3:9 περὶ ὑμῶν ἐπὶ **πάσῃ** τῇ χαρᾷ ᾗ
1Th 3:12 ἀλλήλους καὶ εἰς **πάντας** καθάπερ καὶ ἡμεῖς
1Th 3:13 ἡμῶν Ἰησοῦ μετὰ **πάντων** τῶν ἁγίων αὐτοῦ,
1Th 4:6 ἔκδικος κύριος περὶ **πάντων** τούτων,
1Th 4:10 ποιεῖτε αὐτὸ εἰς **πάντας** τοὺς ἀδελφοὺς [τοὺς]
1Th 5:5 **πάντες** γὰρ ὑμεῖς υἱοὶ
1Th 5:14 μακροθυμεῖτε πρὸς **πάντας**.
1Th 5:15 ἀλλήλους καὶ εἰς **πάντας**.
1Th 5:18 ἐν **παντὶ** εὐχαριστεῖτε·
1Th 5:21 **πάντα** δὲ δοκιμάζετε,
1Th 5:22 ἀπὸ **παντὸς** εἴδους πονηροῦ ἀπέχεσθε.
1Th 5:26 Ἀσπάσασθε τοὺς ἀδελφοὺς **πάντας** ἐν φιλήματι ἁγίῳ.
1Th 5:27 ἀναγνωσθῆναι τὴν ἐπιστολὴν **πᾶσιν** τοῖς ἀδελφοῖς.

πάσχω (*paschō*; 1/42) *suffer*
1Th 2:14 ὅτι τὰ αὐτὰ **ἐπάθετε** καὶ ὑμεῖς ὑπὸ

πατήρ (*patēr*; 5/413) *father*
1Th 1:1 Θεσσαλονικέων ἐν θεῷ **πατρὶ** καὶ κυρίῳ Ἰησοῦ
1Th 1:3 τοῦ θεοῦ καὶ **πατρὸς** ἡμῶν,
1Th 2:11 ἕκαστον ὑμῶν ὡς **πατὴρ** τέκνα ἑαυτοῦ
1Th 3:11 ὁ θεὸς καὶ **πατὴρ** ἡμῶν καὶ ὁ
1Th 3:13 τοῦ θεοῦ καὶ **πατρὸς** ἡμῶν ἐν τῇ

Παῦλος (*Paulos*; 2/158) *Paul*
1Th 1:1 **Παῦλος** καὶ Σιλουανὸς καὶ
1Th 2:18 ἐγὼ μὲν **Παῦλος** καὶ ἅπαξ καὶ

πειράζω (*peirazō*; 2/37[38]) *test*
1Th 3:5 μή πως **ἐπείρασεν** ὑμᾶς ὁ πειράζων
1Th 3:5 ἐπείρασεν ὑμᾶς ὁ **πειράζων** καὶ εἰς κενὸν

πέμπω (*pempō*; 2/79) *send*
1Th 3:2 καὶ **ἐπέμψαμεν** Τιμόθεον,
1Th 3:5 κἀγὼ μηκέτι στέγων **ἔπεμψα** εἰς τὸ γνῶναι

περί (*peri*; 8/332[333]) *concerning, around*
1Th 1:2 τῷ θεῷ πάντοτε **περὶ** πάντων ὑμῶν μνείαν
1Th 1:9 αὐτοὶ γὰρ **περὶ** ἡμῶν ἀπαγγέλλουσιν ὁποίαν
1Th 3:9 τῷ θεῷ ἀνταποδοῦναι **περὶ** ὑμῶν ἐπὶ πάσῃ
1Th 4:6 διότι ἔκδικος κύριος **περὶ** πάντων τούτων,
1Th 4:9 **Περὶ** δὲ τῆς φιλαδελφίας
1Th 4:13 **περὶ** τῶν κοιμωμένων,
1Th 5:1 **Περὶ** δὲ τῶν χρόνων
1Th 5:25 προσεύχεσθε [καὶ] περὶ **ἡμῶν**.

περικεφαλαία (*perikephalaia*; 1/2) *helmet*
1Th 5:8 καὶ ἀγάπης καὶ **περικεφαλαίαν** ἐλπίδα σωτηρίας·

περιλείπομαι (*perileipomai*; 2/2) *remain*
1Th 4:15 οἱ ζῶντες οἱ **περιλειπόμενοι** εἰς τὴν παρουσίαν
1Th 4:17 οἱ ζῶντες οἱ **περιλειπόμενοι** ἅμα σὺν αὐτοῖς

περιπατέω (*peripateō*; 4/94[95]) *walk*
1Th 2:12 μαρτυρόμενοι εἰς τὸ **περιπατεῖν** ὑμᾶς ἀξίως
1Th 4:1 πῶς δεῖ ὑμᾶς **περιπατεῖν** καὶ ἀρέσκειν θεῷ,

1Th 4:1 καθὼς καὶ **περιπατεῖτε**,
1Th 4:12 ἵνα **περιπατῆτε** εὐσχημόνως πρὸς τοὺς

περιποίησις (*peripoiēsis*; 1/5) *possession*
1Th 5:9 ὀργὴν ἀλλὰ εἰς **περιποίησιν** σωτηρίας διὰ

περισσεύω (*perisseuō*; 3/39) *exceed, be left over*
1Th 3:12 κύριος πλεονάσαι καὶ **περισσεύσαι** τῇ ἀγάπῃ
1Th 4:1 ἵνα **περισσεύητε** μᾶλλον.
1Th 4:10 **περισσεύειν** μᾶλλον

περισσοτέρως (*perissoterōs*; 1/12) *all the more*
1Th 2:17 **περισσοτέρως** ἐσπουδάσαμεν τὸ πρόσωπον

πιστεύω (*pisteuō*; 5/237[241]) *believe*
1Th 1:7 τύπον πᾶσιν τοῖς **πιστεύουσιν** ἐν τῇ Μακεδονίᾳ
1Th 2:4 ὑπὸ τοῦ θεοῦ **πιστευθῆναι** τὸ εὐαγγέλιον,
1Th 2:10 ἀμέμπτως ὑμῖν τοῖς **πιστεύουσιν** ἐγενήθημεν,
1Th 2:13 ἐν ὑμῖν τοῖς **πιστεύουσιν**.
1Th 4:14 εἰ γὰρ **πιστεύομεν** ὅτι Ἰησοῦς ἀπέθανεν

πίστις (*pistis*; 8/243) *faith*
1Th 1:3 τοῦ ἔργου τῆς **πίστεως** καὶ τοῦ κόπου
1Th 1:8 παντὶ τόπῳ ἡ **πίστις** ὑμῶν ἡ πρὸς
1Th 3:2 παρακαλέσαι ὑπὲρ τῆς **πίστεως** ὑμῶν
1Th 3:5 τὸ γνῶναι τὴν **πίστιν** ὑμῶν,
1Th 3:6 εὐαγγελισαμένου ἡμῖν τὴν **πίστιν** καὶ τὴν ἀγάπην
1Th 3:7 διὰ τῆς ὑμῶν **πίστεως**,
1Th 3:10 τὰ ὑστερήματα τῆς **πίστεως** ὑμῶν;
1Th 5:8 νήφωμεν ἐνδυσάμενοι θώρακα **πίστεως** καὶ ἀγάπης καὶ

πιστός (*pistos*; 1/67) *believing*
1Th 5:24 **πιστὸς** ὁ καλῶν ὑμᾶς,

πλάνη (*planē*; 1/10) *error*
1Th 2:3 ἡμῶν οὐκ ἐκ **πλάνης** οὐδὲ ἐξ ἀκαθαρσίας

πλεονάζω (*pleonazō*; 1/9) *increase*
1Th 3:12 δὲ ὁ κύριος **πλεονάσαι** καὶ περισσεύσαι τῇ

πλεονεκτέω (*pleonekteō*; 1/5) *take advantage of*
1Th 4:6 μὴ ὑπερβαίνειν καὶ **πλεονεκτεῖν** ἐν τῷ πράγματι

πλεονεξία (*pleonexia*; 1/10) *greed*
1Th 2:5 οὔτε ἐν προφάσει **πλεονεξίας**,

πληροφορία (*plērophoria*; 1/4) *full assurance*
1Th 1:5 ἁγίῳ καὶ [ἐν] **πληροφορίᾳ** πολλῇ,

πνεῦμα (*pneuma*; 5/379) *Spirit, spirit*
1Th 1:5 δυνάμει καὶ ἐν **πνεύματι** ἁγίῳ καὶ [ἐν]
1Th 1:6 πολλῇ μετὰ χαρᾶς **πνεύματος** ἁγίου,
1Th 4:8 [καὶ] διδόντα τὸ **πνεῦμα** αὐτοῦ τὸ ἅγιον
1Th 5:19 τὸ **πνεῦμα** μὴ σβέννυτε,
1Th 5:23 ὁλόκληρον ὑμῶν τὸ **πνεῦμα** καὶ ἡ ψυχὴ

ποιέω (*poieō*; 4/568) *do, make*
1Th 1:2 πάντων ὑμῶν μνείαν **ποιούμενοι** ἐπὶ τῶν προσευχῶν
1Th 4:10 καὶ γὰρ **ποιεῖτε** αὐτὸ εἰς πάντας
1Th 5:11 καθὼς καὶ **ποιεῖτε**.
1Th 5:24 ὃς καὶ **ποιήσει**.

πολύς (*polys*; 4/417) *much (pl. many)*
1Th 1:5 καὶ [ἐν] πληροφορίᾳ **πολλῇ**,
1Th 1:6 λόγον ἐν θλίψει **πολλῇ** μετὰ χαρᾶς πνεύματος
1Th 2:2 τοῦ θεοῦ ἐν **πολλῷ** ἀγῶνι.
1Th 2:17 ὑμῶν ἰδεῖν ἐν **πολλῇ** ἐπιθυμίᾳ.

πονηρός (*ponēros*; 1/78) *evil*
1Th 5:22 ἀπὸ παντὸς εἴδους **πονηροῦ** ἀπέχεσθε.

πορνεία (*porneia*; 1/25) *sexual immorality*
1Th 4:3 ὑμᾶς ἀπὸ τῆς **πορνείας**,

ποτέ (*pote*; 1/29) *once*
1Th 2:5 Οὔτε γάρ **ποτε** ἐν λόγῳ κολακείας

πρᾶγμα (*pragma*; 1/11) *matter*
1Th 4:6 πλεονεκτεῖν ἐν τῷ **πράγματι** τὸν ἀδελφὸν αὐτοῦ,

πράσσω (*prassō*; 1/39) *do*
1Th 4:11 φιλοτιμεῖσθαι ἡσυχάζειν καὶ **πράσσειν** τὰ ἴδια καὶ

προΐστημι (*proistēmi*; 1/8) *be a leader*
1Th 5:12 ἐν ὑμῖν καὶ **προϊσταμένους** ὑμῶν ἐν κυρίῳ

προλέγω (*prolegō*; 2/15) *say or warn beforehand*
1Th 3:4 **προελέγομεν** ὑμῖν ὅτι μέλλομεν
1Th 4:6 καθὼς καὶ **προείπαμεν** ὑμῖν καὶ διεμαρτυράμεθα.

προπάσχω (*propaschō*; 1/1) *suffer previously*
1Th 2:2 ἀλλὰ **προπαθόντες** καὶ ὑβρισθέντες,

πρός (*pros*; 13/699[700]) *to, toward, at*
1Th 1:8 πίστις ὑμῶν ἡ **πρὸς** τὸν θεὸν ἐξελήλυθεν,
1Th 1:9 ὁποίαν εἴσοδον ἔσχομεν **πρὸς** ὑμᾶς,
1Th 1:9 καὶ πῶς ἐπεστρέψατε **πρὸς** τὸν θεὸν ἀπὸ
1Th 2:1 εἴσοδον ἡμῶν τὴν **πρὸς** ὑμᾶς ὅτι οὐ
1Th 2:2 θεῷ ἡμῶν λαλῆσαι **πρὸς** ὑμᾶς τὸ εὐαγγέλιον
1Th 2:9 καὶ ἡμέρας ἐργαζόμενοι **πρὸς** τὸ μὴ ἐπιβαρῆσαί
1Th 2:17 ἀπορφανισθέντες ἀφ' ὑμῶν **πρὸς** καιρὸν ὥρας,
1Th 2:18 διότι ἠθελήσαμεν ἐλθεῖν **πρὸς** ὑμᾶς,
1Th 3:4 καὶ γὰρ ὅτε **πρὸς** ὑμᾶς ἦμεν,
1Th 3:6 δὲ ἐλθόντος Τιμοθέου **πρὸς** ἡμᾶς ἀφ' ὑμῶν
1Th 3:11 τὴν ὁδὸν ἡμῶν **πρὸς** ὑμᾶς·
1Th 4:12 ἵνα περιπατῆτε εὐσχημόνως **πρὸς** τοὺς ἔξω

1Th 5:14 μακροθυμεῖτε **πρὸς** πάντας.

προσευχή (*proseuchē*; 1/36) *prayer*
1Th 1:2 ποιούμενοι ἐπὶ τῶν **προσευχῶν** ἡμῶν,

προσεύχομαι (*proseuchomai*; 2/85) *pray*
1Th 5:17 ἀδιαλείπτως **προσεύχεσθε**,
1Th 5:25 προσεύχεσθε **[καὶ]** περὶ ἡμῶν.

πρόσωπον (*prosōpon*; 3/76) *face*
1Th 2:17 **προσώπῳ** οὐ καρδίᾳ,
1Th 2:17 περισσοτέρως ἐσπουδάσαμεν τὸ **πρόσωπον** ὑμῶν ἰδεῖν ἐν
1Th 3:10 ἰδεῖν ὑμῶν τὸ **πρόσωπον** καὶ καταρτίσαι τὰ

πρόφασις (*prophasis*; 1/6) *excuse, false motive*
1Th 2:5 οὔτε ἐν **προφάσει** πλεονεξίας,

προφητεία (*prophēteia*; 1/19) *prophecy*
1Th 5:20 **προφητείας** μὴ ἐξουθενεῖτε,

προφήτης (*prophētēs*; 1/144) *prophet*
1Th 2:15 Ἰησοῦν καὶ τοὺς **προφήτας** καὶ ἡμᾶς ἐκδιωξάντων

πρῶτος (*prōtos*; 1/152[155]) *first*
1Th 4:16 ἐν Χριστῷ ἀναστήσονται **πρῶτον**,

πώς (*pōs*; 1/15) *somehow*
1Th 3:5 μή **πως** ἐπείρασεν ὑμᾶς ὁ

πῶς (*pōs*; 2/103) *how*
1Th 1:9 καὶ **πῶς** ἐπεστρέψατε πρὸς τὸν
1Th 4:1 παρ᾽ ἡμῶν τὸ **πῶς** δεῖ ὑμᾶς περιπατεῖν

ῥύομαι (*rhyomai*; 1/17) *save, rescue, deliver*
1Th 1:10 Ἰησοῦν τὸν **ῥυόμενον** ἡμᾶς ἐκ τῆς

σαίνω (*sainō*; 1/1) *be disturbed or upset*
1Th 3:3 τὸ μηδένα **σαίνεσθαι** ἐν ταῖς θλίψεσιν

σάλπιγξ (*salpinx*; 1/11) *trumpet*
1Th 4:16 ἀρχαγγέλου καὶ ἐν **σάλπιγγι** θεοῦ,

σατανᾶς (*satanas*; 1/36) *Satan*
1Th 2:18 ἐνέκοψεν ἡμᾶς ὁ **σατανᾶς**.

σβέννυμι (*sbennymi*; 1/6) *extinguish*
1Th 5:19 τὸ πνεῦμα μὴ **σβέννυτε**,

Σιλουανός (*Silouanos*; 1/4) *Silvanus*
1Th 1:1 Παῦλος καὶ **Σιλουανὸς** καὶ Τιμόθεος τῇ

σκεῦος (*skeuos*; 1/23) *object, jar*
1Th 4:4 ὑμῶν τὸ ἑαυτοῦ **σκεῦος** κτᾶσθαι ἐν ἁγιασμῷ

σκότος (*skotos*; 2/31) *darkness*
1Th 5:4 οὐκ ἐστὲ ἐν **σκότει**,
1Th 5:5 ἐσμὲν νυκτὸς οὐδὲ **σκότους**·

σπουδάζω (*spoudazō*; 1/11) *do one's best*
1Th 2:17 περισσοτέρως **ἐσπουδάσαμεν** τὸ πρόσωπον ὑμῶν

στέγω (*stegō*; 2/4) *endure*
1Th 3:1 Διὸ μηκέτι **στέγοντες** εὐδοκήσαμεν καταλειφθῆναι ἐν
1Th 3:5 τοῦτο κἀγὼ μηκέτι **στέγων** ἔπεμψα εἰς τὸ

στέφανος (*stephanos*; 1/18) *crown, wreath*
1Th 2:19 ἢ χαρὰ ἢ **στέφανος** καυχήσεως

στήκω (*stēkō*; 1/9) *stand*
1Th 3:8 ζῶμεν ἐὰν ὑμεῖς **στήκετε** ἐν κυρίῳ.

στηρίζω (*stērizō*; 2/13) *strengthen*
1Th 3:2 εἰς τὸ **στηρίξαι** ὑμᾶς καὶ παρακαλέσαι
1Th 3:13 εἰς τὸ **στηρίξαι** ὑμῶν τὰς καρδίας

συμφυλέτης (*symphyletēs*; 1/1) *fellow-countryman*
1Th 2:14 ὑπὸ τῶν ἰδίων **συμφυλετῶν** καθὼς καὶ αὐτοὶ

σύν (*syn*; 4/128) *with*
1Th 4:14 τοῦ Ἰησοῦ ἄξει **σὺν** αὐτῷ.
1Th 4:17 οἱ περιλειπόμενοι ἅμα **σὺν** αὐτοῖς ἁρπαγησόμεθα ἐν
1Th 4:17 καὶ οὕτως πάντοτε **σὺν** κυρίῳ ἐσόμεθα.
1Th 5:10 εἴτε καθεύδωμεν ἅμα **σὺν** αὐτῷ ζήσωμεν.

συνεργός (*synergos*; 1/13) *fellow-worker*
1Th 3:2 ἀδελφὸν ἡμῶν καὶ **συνεργὸν** τοῦ θεοῦ ἐν

σῴζω (*sōzō*; 1/105[106]) *save, preserve*
1Th 2:16 ἔθνεσιν λαλῆσαι ἵνα **σωθῶσιν**,

σῶμα (*sōma*; 1/142) *body*
1Th 5:23 ψυχὴ καὶ τὸ **σῶμα** ἀμέμπτως ἐν τῇ

σωτηρία (*sōtēria*; 2/45[46]) *salvation*
1Th 5:8 καὶ περικεφαλαίαν ἐλπίδα **σωτηρίας**·
1Th 5:9 ἀλλὰ εἰς περιποίησιν **σωτηρίας** διὰ τοῦ κυρίου

τέκνον (*teknon*; 2/99) *child*
1Th 2:7 θάλπῃ τὰ ἑαυτῆς **τέκνα**,
1Th 2:11 ὑμῶν ὡς πατὴρ **τέκνα** ἑαυτοῦ

τέλος (*telos*; 1/41) *end*
1Th 2:16 ἡ ὀργὴ εἰς **τέλος**.

τηρέω (*tēreō*; 1/70) *keep*
1Th 5:23 ἡμῶν Ἰησοῦ Χριστοῦ **τηρηθείη**.

τίθημι (*tithēmi*; 1/100) *put, place, appoint*
1Th 5:9 ὅτι οὐκ **ἔθετο** ἡμᾶς ὁ θεὸς

τιμή (*timē*; 1/41) *honor*
1Th 4:4 ἐν ἁγιασμῷ καὶ **τιμῇ**,

Τιμόθεος (*Timotheos*; 3/24) *Timothy*
1Th 1:1 καὶ Σιλουανὸς καὶ **Τιμόθεος** τῇ ἐκκλησίᾳ Θεσσαλονικέων
1Th 3:2 καὶ ἐπέμψαμεν **Τιμόθεον**,
1Th 3:6 Ἄρτι δὲ ἐλθόντος **Τιμοθέου** πρὸς ἡμᾶς ἀφ'

τίς (*tis*; 3/545[546]) *who; what, why*
1Th 2:19 **τίς** γὰρ ἡμῶν ἐλπὶς
1Th 3:9 **τίνα** γὰρ εὐχαριστίαν δυνάμεθα
1Th 4:2 οἴδατε γὰρ **τίνας** παραγγελίας ἐδώκαμεν ὑμῖν

τις (*tis*; 4/542[543]) *anyone, anything*
1Th 1:8 ἔχειν ἡμᾶς λαλεῖν **τι**.
1Th 2:9 τὸ μὴ ἐπιβαρῆσαί **τινα** ὑμῶν ἐκηρύξαμεν εἰς
1Th 5:15 ὁρᾶτε μή **τις** κακὸν ἀντὶ κακοῦ
1Th 5:15 κακὸν ἀντὶ κακοῦ **τινι** ἀποδῷ,

τοιγαροῦν (*toigaroun*; 1/2) *therefore*
1Th 4:8 **τοιγαροῦν** ὁ ἀθετῶν οὐκ

τόπος (*topos*; 1/94) *place*
1Th 1:8 ἀλλ' ἐν παντὶ **τόπῳ** ἡ πίστις ὑμῶν

τότε (*tote*; 1/160) *then*
1Th 5:3 **τότε** αἰφνίδιος αὐτοῖς ἐφίσταται

τροφός (*trophos*; 1/1) *nurse*
1Th 2:7 ὡς ἐὰν **τροφὸς** θάλπῃ τὰ ἑαυτῆς

τύπος (*typos*; 1/15) *pattern, type*
1Th 1:7 ὥστε γενέσθαι ὑμᾶς **τύπον** πᾶσιν τοῖς πιστεύουσιν

ὑβρίζω (*hybrizō*; 1/5) *treat disgracefully*
1Th 2:2 ἀλλὰ προπαθόντες καὶ **ὑβρισθέντες**,

υἱός (*huios*; 3/377) *son*
1Th 1:10 καὶ ἀναμένειν τὸν **υἱὸν** αὐτοῦ ἐκ τῶν
1Th 5:5 πάντες γὰρ ὑμεῖς **υἱοὶ** φωτός ἐστε καὶ
1Th 5:5 φωτός ἐστε καὶ **υἱοὶ** ἡμέρας.

ὑμεῖς (*hymeis*; 84/1832) *you (pl.)*
1Th 1:1 χάρις **ὑμῖν** καὶ εἰρήνη.
1Th 1:2 πάντοτε περὶ πάντων **ὑμῶν** μνείαν ποιούμενοι ἐπὶ
1Th 1:3 μνημονεύοντες **ὑμῶν** τοῦ ἔργου τῆς
1Th 1:4 τὴν ἐκλογὴν **ὑμῶν**,
1Th 1:5 οὐκ ἐγενήθη εἰς **ὑμᾶς** ἐν λόγῳ μόνον
1Th 1:5 οἷοι ἐγενήθημεν [ἐν] **ὑμῖν** δι' ὑμᾶς.
1Th 1:5 [ἐν] ὑμῖν δι' **ὑμᾶς**.
1Th 1:6 Καὶ **ὑμεῖς** μιμηταὶ ἡμῶν ἐγενήθητε
1Th 1:7 ὥστε γενέσθαι **ὑμᾶς** τύπον πᾶσιν τοῖς
1Th 1:8 ἀφ' **ὑμῶν** γὰρ ἐξήχηται ὁ
1Th 1:8 τόπῳ ἡ πίστις **ὑμῶν** ἡ πρὸς τὸν
1Th 1:9 εἴσοδον ἔσχομεν πρὸς **ὑμᾶς**,
1Th 2:1 ἡμῶν τὴν πρὸς **ὑμᾶς** ὅτι οὐ κενὴ
1Th 2:2 ἡμῶν λαλῆσαι πρὸς **ὑμᾶς** τὸ εὐαγγέλιον τοῦ
1Th 2:6 δόξαν οὔτε ἀφ' **ὑμῶν** οὔτε ἀπ' ἄλλων,
1Th 2:7 νήπιοι ἐν μέσῳ **ὑμῶν**,
1Th 2:8 οὕτως ὁμειρόμενοι **ὑμῶν** εὐδοκοῦμεν μεταδοῦναι ὑμῖν
1Th 2:8 ὑμῶν εὐδοκοῦμεν μεταδοῦναι **ὑμῖν** οὐ μόνον
1Th 2:9 μὴ ἐπιβαρῆσαί τινα **ὑμῶν** ἐκηρύξαμεν εἰς ὑμᾶς
1Th 2:9 ὑμῶν ἐκηρύξαμεν εἰς **ὑμᾶς** τὸ εὐαγγέλιον
1Th 2:10 **ὑμεῖς** μάρτυρες καὶ ὁ
1Th 2:10 δικαίως καὶ ἀμέμπτως **ὑμῖν** τοῖς πιστεύουσιν ἐγενήθημεν,
1Th 2:11 ὡς ἕνα ἕκαστον **ὑμῶν** ὡς πατὴρ τέκνα
1Th 2:12 παρακαλοῦντες **ὑμᾶς** καὶ παραμυθούμενοι
1Th 2:12 εἰς τὸ περιπατεῖν **ὑμᾶς** ἀξίως τοῦ θεοῦ
1Th 2:12 θεοῦ τοῦ καλοῦντος **ὑμᾶς** εἰς τὴν ἑαυτοῦ
1Th 2:13 καὶ ἐνεργεῖται ἐν **ὑμῖν** τοῖς πιστεύουσιν.
1Th 2:14 **ὑμεῖς** γὰρ μιμηταὶ ἐγενήθητε,
1Th 2:14 αὐτὰ ἐπάθετε καὶ **ὑμεῖς** ὑπὸ τῶν ἰδίων
1Th 2:17 ἀπορφανισθέντες ἀφ' **ὑμῶν** πρὸς καιρὸν ὥρας,
1Th 2:17 ἐσπουδάσαμεν τὸ πρόσωπον **ὑμῶν** ἰδεῖν ἐν πολλῇ
1Th 2:18 ἠθελήσαμεν ἐλθεῖν πρὸς **ὑμᾶς**,
1Th 2:19 ἢ οὐχὶ καὶ **ὑμεῖς**
1Th 2:20 **ὑμεῖς** γάρ ἐστε ἡ
1Th 3:2 εἰς τὸ στηρίξαι **ὑμᾶς** καὶ παρακαλέσαι ὑπὲρ
1Th 3:2 ὑπὲρ τῆς πίστεως **ὑμῶν**
1Th 3:4 γὰρ ὅτε πρὸς **ὑμᾶς** ἦμεν,
1Th 3:4 προελέγομεν **ὑμῖν** ὅτι μέλλομεν θλίβεσθαι,
1Th 3:5 γνῶναι τὴν πίστιν **ὑμῶν**,
1Th 3:5 μή πως ἐπείρασεν **ὑμᾶς** ὁ πειράζων καὶ
1Th 3:6 πρὸς ἡμᾶς ἀφ' **ὑμῶν** καὶ εὐαγγελισαμένου ἡμῖν
1Th 3:6 καὶ τὴν ἀγάπην **ὑμῶν** καὶ ὅτι ἔχετε
1Th 3:6 καθάπερ καὶ ἡμεῖς **ὑμᾶς**,
1Th 3:7 ἐφ' **ὑμῖν** ἐπὶ πάσῃ τῇ
1Th 3:7 ἡμῶν διὰ τῆς **ὑμῶν** πίστεως,
1Th 3:8 νῦν ζῶμεν ἐὰν **ὑμεῖς** στήκετε ἐν κυρίῳ.
1Th 3:9 θεῷ ἀνταποδοῦναι περὶ **ὑμῶν** ἐπὶ πάσῃ τῇ
1Th 3:9 ῇ χαίρομεν δι' **ὑμᾶς** ἔμπροσθεν τοῦ θεοῦ
1Th 3:10 εἰς τὸ ἰδεῖν **ὑμῶν** τὸ πρόσωπον καὶ
1Th 3:10 ὑστερήματα τῆς πίστεως **ὑμῶν**;
1Th 3:11 ὁδὸν ἡμῶν πρὸς **ὑμᾶς**·
1Th 3:12 **ὑμᾶς** δὲ ὁ κύριος
1Th 3:12 καὶ ἡμεῖς εἰς **ὑμᾶς**,
1Th 3:13 εἰς τὸ στηρίξαι **ὑμῶν** τὰς καρδίας ἀμέμπτους
1Th 4:1 ἐρωτῶμεν **ὑμᾶς** καὶ παρακαλοῦμεν ἐν
1Th 4:1 τὸ πῶς δεῖ **ὑμᾶς** περιπατεῖν καὶ ἀρέσκειν
1Th 4:2 τίνας παραγγελίας ἐδώκαμεν **ὑμῖν** διὰ τοῦ κυρίου
1Th 4:3 ὁ ἁγιασμὸς **ὑμῶν**,
1Th 4:3 ἀπέχεσθαι **ὑμᾶς** ἀπὸ τῆς πορνείας,
1Th 4:4 εἰδέναι ἕκαστον **ὑμῶν** τὸ ἑαυτοῦ σκεῦος
1Th 4:6 καθὼς καὶ προείπαμεν **ὑμῖν** καὶ διεμαρτυράμεθα.
1Th 4:8 τὸ ἅγιον εἰς **ὑμᾶς**.
1Th 4:9 χρείαν ἔχετε γράφειν **ὑμῖν**,
1Th 4:9 αὐτοὶ γὰρ **ὑμεῖς** θεοδίδακτοί ἐστε εἰς
1Th 4:10 Παρακαλοῦμεν δὲ **ὑμᾶς**,
1Th 4:11 ταῖς [ἰδίαις] χερσὶν **ὑμῶν**,
1Th 4:11 καθὼς **ὑμῖν** παρηγγείλαμεν,
1Th 4:13 Οὐ θέλομεν δὲ **ὑμᾶς** ἀγνοεῖν,

1Th 4:15 Τοῦτο γὰρ **ὑμῖν** λέγομεν ἐν λόγῳ
1Th 5:1 οὐ χρείαν ἔχετε **ὑμῖν** γράφεσθαι,
1Th 5:4 **ὑμεῖς** δέ,
1Th 5:4 ἵνα ἡ ἡμέρα **ὑμᾶς** ὡς κλέπτης καταλάβῃ·
1Th 5:5 πάντες γὰρ **ὑμεῖς** υἱοὶ φωτός ἐστε
1Th 5:12 Ἐρωτῶμεν δὲ **ὑμᾶς**,
1Th 5:12 τοὺς κοπιῶντας ἐν **ὑμῖν** καὶ προϊσταμένους ὑμῶν
1Th 5:12 ὑμῖν καὶ προϊσταμένους **ὑμῶν** ἐν κυρίῳ καὶ
1Th 5:12 κυρίῳ καὶ νουθετοῦντας **ὑμᾶς**
1Th 5:14 Παρακαλοῦμεν δὲ **ὑμᾶς**,
1Th 5:18 Χριστῷ Ἰησοῦ εἰς **ὑμᾶς**.
1Th 5:23 τῆς εἰρήνης ἁγιάσαι **ὑμᾶς** ὁλοτελεῖς,
1Th 5:23 καὶ ὁλόκληρον **ὑμῶν** τὸ πνεῦμα καὶ
1Th 5:24 πιστὸς ὁ καλῶν **ὑμᾶς**,
1Th 5:27 Ἐνορκίζω **ὑμᾶς** τὸν κύριον ἀναγνωσθῆναι
1Th 5:28 Ἰησοῦ Χριστοῦ μεθ' **ὑμῶν**.

ὑπέρ (*hyper*; 2/150) *for, concerning, over*
1Th 3:2 ὑμᾶς καὶ παρακαλέσαι **ὑπὲρ** τῆς πίστεως ὑμῶν
1Th 5:10 τοῦ ἀποθανόντος **ὑπὲρ** ἡμῶν,

ὑπερβαίνω (*hyperbainō*; 1/1) *do wrong to*
1Th 4:6 τὸ μὴ **ὑπερβαίνειν** καὶ πλεονεκτεῖν ἐν

ὑπερεκπερισσοῦ (*hyperekperissou*; 2/3) *with all earnestness*
1Th 3:10 νυκτὸς καὶ ἡμέρας **ὑπερεκπερισσοῦ** δεόμενοι
1Th 5:13 καὶ ἡγεῖσθαι αὐτοὺς **ὑπερεκπερισσοῦ** ἐν ἀγάπῃ διὰ

ὑπό (*hypo*; 4/219[220]) *by, under*
1Th 1:4 ἀδελφοὶ ἠγαπημένοι **ὑπὸ** [τοῦ] θεοῦ,
1Th 2:4 ἀλλὰ καθὼς δεδοκιμάσμεθα **ὑπὸ** τοῦ θεοῦ πιστευθῆναι
1Th 2:14 ἐπάθετε καὶ ὑμεῖς **ὑπὸ** τῶν ἰδίων συμφυλετῶν
1Th 2:14 καθὼς καὶ αὐτοὶ **ὑπὸ** τῶν Ἰουδαίων,

ὑπομονή (*hypomonē*; 1/32) *endurance*
1Th 1:3 ἀγάπης καὶ τῆς **ὑπομονῆς** τῆς ἐλπίδος τοῦ

ὑστέρημα (*hysterēma*; 1/9) *what is lacking*
1Th 3:10 καὶ καταρτίσαι τὰ **ὑστερήματα** τῆς πίστεως ὑμῶν;

φθάνω (*phthanō*; 2/7) *come upon, attain*
1Th 2:16 **ἔφθασεν** δὲ ἐπ' αὐτοὺς
1Th 4:15 κυρίου οὐ μὴ **φθάσωμεν** τοὺς κοιμηθέντας·

φιλαδελφία (*philadelphia*; 1/6) *brotherly love*
1Th 4:9 Περὶ δὲ τῆς **φιλαδελφίας** οὐ χρείαν ἔχετε

φίλημα (*philēma*; 1/7) *kiss*
1Th 5:26 ἀδελφοὺς πάντας ἐν **φιλήματι** ἁγίῳ.

Φίλιπποι (*Philippoi*; 1/4) *Philippi*
1Th 2:2 ἐν **Φιλίπποις** ἐπαρρησιασάμεθα ἐν τῷ

φιλοτιμέομαι (*philotimeomai*; 1/3) *make it one's ambition, endeavor*
1Th 4:11 καὶ **φιλοτιμεῖσθαι** ἡσυχάζειν καὶ πράσσειν

φωνή (*phōnē*; 1/139) *voice*
1Th 4:16 ἐν **φωνῇ** ἀρχαγγέλου καὶ ἐν

φῶς (*phōs*; 1/73) *light*
1Th 5:5 γὰρ ὑμεῖς υἱοὶ **φωτός** ἐστε καὶ υἱοὶ

χαίρω (*chairō*; 2/74) *rejoice*
1Th 3:9 τῇ χαρᾷ ᾗ **χαίρομεν** δι' ὑμᾶς ἔμπροσθεν
1Th 5:16 Πάντοτε **χαίρετε**,

χαρά (*chara*; 4/59) *joy*
1Th 1:6 θλίψει πολλῇ μετὰ **χαρᾶς** πνεύματος ἁγίου,
1Th 2:19 ἡμῶν ἐλπὶς ἢ **χαρὰ** ἢ στέφανος καυχήσεως
1Th 2:20 ἡμῶν καὶ ἡ **χαρά**.
1Th 3:9 ἐπὶ πάσῃ τῇ **χαρᾷ** ᾗ χαίρομεν δι'

χάρις (*charis*; 2/155) *grace*
1Th 1:1 **χάρις** ὑμῖν καὶ εἰρήνη.
1Th 5:28 Ἡ **χάρις** τοῦ κυρίου ἡμῶν

χείρ (*cheir*; 1/175[177]) *hand*
1Th 4:11 ἐργάζεσθαι ταῖς [ἰδίαις] **χερσὶν** ὑμῶν,

χρεία (*chreia*; 4/49) *need*
1Th 1:8 ὥστε μὴ **χρείαν** ἔχειν ἡμᾶς λαλεῖν
1Th 4:9 τῆς φιλαδελφίας οὐ **χρείαν** ἔχετε γράφειν ὑμῖν,
1Th 4:12 ἔξω καὶ μηδενὸς **χρείαν** ἔχητε.
1Th 5:1 οὐ **χρείαν** ἔχετε ὑμῖν γράφεσθαι,

Χριστός (*Christos*; 10/529) *Christ*
1Th 1:1 καὶ κυρίῳ Ἰησοῦ **Χριστῷ**,
1Th 1:3 κυρίου ἡμῶν Ἰησοῦ **Χριστοῦ** ἔμπροσθεν τοῦ θεοῦ
1Th 2:7 βάρει εἶναι ὡς **Χριστοῦ** ἀπόστολοι.
1Th 2:14 τῇ Ἰουδαίᾳ ἐν **Χριστῷ** Ἰησοῦ,
1Th 3:2 τῷ εὐαγγελίῳ τοῦ **Χριστοῦ**,
1Th 4:16 οἱ νεκροὶ ἐν **Χριστῷ** ἀναστήσονται πρῶτον,
1Th 5:9 κυρίου ἡμῶν Ἰησοῦ **Χριστοῦ**
1Th 5:18 θέλημα θεοῦ ἐν **Χριστῷ** Ἰησοῦ εἰς ὑμᾶς.
1Th 5:23 κυρίου ἡμῶν Ἰησοῦ **Χριστοῦ** τηρηθείη.
1Th 5:28 κυρίου ἡμῶν Ἰησοῦ **Χριστοῦ** μεθ' ὑμῶν.

χρόνος (*chronos*; 1/54) *time*
1Th 5:1 Περὶ δὲ τῶν **χρόνων** καὶ τῶν καιρῶν,

ψυχή (*psychē*; 2/103) *soul, life, self*
1Th 2:8 καὶ τὰς ἑαυτῶν **ψυχάς**,
1Th 5:23 πνεῦμα καὶ ἡ **ψυχὴ** καὶ τὸ σῶμα

ὠδίν (*ōdin*; 1/4) *birth*
1Th 5:3 ὄλεθρος ὥσπερ ἡ **ὠδὶν** τῇ ἐν γαστρὶ

ὥρα (*hōra*; 1/106) *hour*
1Th 2:17 ὑμῶν πρὸς καιρὸν **ὥρας**,

ὡς (*hōs*; 9/503[504]) *as*

1Th 2:4 οὐχ **ὡς** ἀνθρώποις ἀρέσκοντες ἀλλὰ
1Th 2:7 ἐν βάρει εἶναι **ὡς** Χριστοῦ ἀπόστολοι.
1Th 2:7 **ὡς** ἐὰν τροφὸς θάλπῃ
1Th 2:10 **ὡς** ὁσίως καὶ δικαίως
1Th 2:11 **ὡς** ἕνα ἕκαστον ὑμῶν
1Th 2:11 ἕνα ἕκαστον ὑμῶν **ὡς** πατὴρ τέκνα ἑαυτοῦ
1Th 5:2 ὅτι ἡμέρα κυρίου **ὡς** κλέπτης ἐν νυκτὶ
1Th 5:4 ἡ ἡμέρα ὑμᾶς **ὡς** κλέπτης καταλάβῃ·
1Th 5:6 οὖν μὴ καθεύδωμεν **ὡς** οἱ λοιποί ἀλλὰ

ὥσπερ (*hōsper*; 1/36) *just as, like*

1Th 5:3 αὐτοῖς ἐφίσταται ὄλεθρος **ὥσπερ** ἡ ὠδὶν τῇ

ὥστε (*hōste*; 3/83) *so that*

1Th 1:7 **ὥστε** γενέσθαι ὑμᾶς τύπον
1Th 1:8 **ὥστε** μὴ χρείαν ἔχειν
1Th 4:18 **Ὥστε** παρακαλεῖτε ἀλλήλους ἐν

Frequency List (Alphabetical Order)

2 ἀγαθός
2 ἀγαπάω
5 ἀγάπη
1 ἀγαπητός
1 ἁγιάζω
3 ἁγιασμός
5 ἅγιος
1 ἁγιωσύνη
1 ἀγνοέω
1 ἄγω
1 ἀγών
19 ἀδελφός
3 ἀδιαλείπτως
1 ἀήρ
2 ἀθετέω
1 Ἀθῆναι
1 αἰφνίδιος
2 ἀκαθαρσία
1 ἀκοή
1 ἀκριβῶς
1 ἀληθινός
1 ἀληθῶς
13 ἀλλά
5 ἀλλήλων
1 ἄλλος
2 ἅμα
1 ἁμαρτία
1 ἄμεμπτος
2* ἀμέμπτως
1 ἀμήν
1 ἀναγινώσκω
1 ἀνάγκη
1* ἀναμένω
1 ἀναπληρόω
5 ἄνθρωπος
2 ἀνίστημι
1 ἀνταποδίδωμι
1 ἀντέχομαι
1 ἀντί
1 ἀξίως
1 ἀπαγγέλλω
1 ἀπάντησις
1 ἅπαξ
2 ἀπέχω
9 ἀπό
1 ἀποδίδωμι
2 ἀποθνῄσκω
1 ἀποκτείνω
1* ἀπορφανίζω
1 ἀπόστολος
1 ἄρα
3 ἀρέσκω
1 ἁρπάζω
1 ἄρτι
1 ἀρχάγγελος
1 ἀσθενής
1 ἀσπάζομαι
1 ἀσφάλεια
1* ἄτακτος
24° αὐτός
2 Ἀχαΐα
1 βάρος
1 βασιλεία
23 γάρ
1 γαστήρ
12 γίνομαι
1 γινώσκω
2 γράφω
2 γρηγορέω
15 δέ
1 δεῖ
1 δέομαι
2 δέχομαι
10 διά
1 διαμαρτύρομαι
2 δίδωμι
1 δικαίως
2 διό
3 διότι
1 δίς
1 διώκω
3 δοκιμάζω
1 δόλος
3 δόξα
1 δουλεύω
2 δύναμαι
1 δύναμις
2 ἐάν
6 ἑαυτοῦ
1 ἐγείρω
1 ἐγκόπτω
1 ἐγώ
2 ἔθνος
1 εἰ
1 εἶδος
1 εἴδωλον
12 εἰμί
1 εἰρηνεύω
3 εἰρήνη
26 εἰς
3 εἷς
2 εἴσοδος
2 εἴτε
6 ἐκ
2 ἕκαστος
1 ἔκδικος
1* ἐκδιώκω
2 ἐκκλησία
1 ἐκλογή
1 ἐκφεύγω
4 ἐλπίς
4 ἔμπροσθεν
55 ἐν
1 ἐναντίος
1 ἐνδύω
1 ἐνεργέω
1* ἐνορκίζω
1 ἐξέρχομαι
1* ἐξηχέω
1 ἐξουθενέω
1 ἔξω
1 ἔπειτα
6 ἐπί
1 ἐπιβαρέω
2 ἐπιθυμία
1 ἐπιποθέω
1 ἐπιστολή
1 ἐπιστρέφω
2 ἐργάζομαι
2 ἔργον
4 ἔρχομαι
2 ἐρωτάω
1 εὐαγγελίζω
6 εὐαγγέλιον
2 εὐδοκέω
1 εὐσχημόνως
3 εὐχαριστέω
1 εὐχαριστία
1 ἐφίστημι
8 ἔχω
5 ζάω
1 ζητέω
3 ἤ
1 ἡγέομαι
49 ἡμεῖς
6 ἡμέρα
1 ἡσυχάζω
1 θάλπω
2 θέλημα
2 θέλω
1* θεοδίδακτος
36 θεός
1 Θεσσαλονικεύς
1 θλίβω
3 θλῖψις
1 θώραξ
3 ἴδιος
16 Ἰησοῦς
7 ἵνα
1 Ἰουδαία
1 Ἰουδαῖος
1 κἀγώ
4 καθάπερ
4 καθεύδω
13 καθώς
102° καί
2 καιρός
2 κακός
3 καλέω
1 καλός
3 καρδία
1 καταβαίνω
1 καταλαμβάνω
1 καταλείπω
1 καταρτίζω
1 κατευθύνω
1 κατέχω
1 καύχησις
1 κεῖμαι
1* κέλευσμα
2 κενός
1 κηρύσσω
2 κλέπτης
3 κοιμάομαι
1* κολακεία
1 κοπιάω
3 κόπος
1 κτάομαι
24 κύριος
1 κωλύω
4 λαλέω
2 λέγω
9 λόγος
3 λοιπός
1 λυπέω
3 Μακεδονία
1 μακροθυμέω
2 μᾶλλον
1 μαρτύρομαι
2 μάρτυς
1 μεθύσκω
1 μεθύω
1 μέλλω
1 μέν
1 μέσος
3 μετά
1 μεταδίδωμι
15 μή
2 μηδείς
2 μηκέτι
2 μιμητής
2 μνεία
2 μνημονεύω
4 μόνος
1 μόχθος
2 νεκρός
1 νεφέλη
1 νήπιος
2 νήφω
2 νουθετέω
1 νῦν
6 νύξ
193° ὁ
1 ὁδός
13 οἶδα
1 οἰκοδομέω
1 οἷος
1 ὄλεθρος
1* ὀλιγόψυχος
1 ὁλόκληρος
1 ὅλος
1* ὁλοτελής
1* ὁμείρομαι
1 ὁποῖος
4 ὁράω
3 ὀργή
4 ὅς
1* ὁσίως
1 ὅταν
1 ὅτε
13 ὅτι
18 οὐ
3 οὐδέ
2 οὖν
2 οὐρανός
5 οὔτε
10 οὗτος
5 οὕτως
1 οὐχί
1 πάθος
6 πάντοτε
2 παρά
1 παραγγελία
1 παραγγέλλω
8 παρακαλέω
1 παράκλησις
2 παραλαμβάνω
2 παραμυθέομαι
4 παρουσία
1 παρρησιάζομαι
18 πᾶς
1 πάσχω
5 πατήρ
2 Παῦλος
2 πειράζω
2 πέμπω
8 περί
1 περικεφαλαία
2* περιλείπομαι
4 περιπατέω
1 περιποίησις
3 περισσεύω
1 περισσοτέρως
5 πιστεύω
8 πίστις
1 πιστός
1 πλάνη
1 πλεονάζω
1 πλεονεκτέω
1 πλεονεξία
1 πληροφορία
5 πνεῦμα
4 ποιέω
4 πολύς
1 πονηρός
1 πορνεία
1 ποτέ
1 πρᾶγμα
1 πράσσω
1 προΐστημι
2 προλέγω
1* προπάσχω
13 πρός
1 προσευχή
2 προσεύχομαι
3 πρόσωπον
1 πρόφασις
1 προφητεία
1 προφήτης
1 πρῶτος

1 πώς
2 πῶς
1 ῥύομαι
1* σαίνω
1 σάλπιγξ
1 σατανᾶς
1 σβέννυμι
1 Σιλουανός
1 σκεῦος
2 σκότος
1 σπουδάζω
2 στέγω
1 στέφανος
1 στήκω
2 στηρίζω
1* συμφυλέτης
4 σύν
1 συνεργός
1 σῴζω
1 σῶμα
2 σωτηρία
2 τέκνον
1 τέλος
1 τηρέω
1 τίθημι
1 τιμή
3 Τιμόθεος
3 τίς
4 τις
1 τοιγαροῦν
1 τόπος
1 τότε
1* τροφός
1 τύπος
1 ὑβρίζω
3 υἱός
84 ὑμεῖς
2 ὑπέρ
1* ὑπερβαίνω
2 ὑπερεκπερισσοῦ
4 ὑπό
1 ὑπομονή
1 ὑστέρημα
2 φθάνω
1 φιλαδελφία
1 φίλημα
1 Φίλιπποι
1 φιλοτιμέομαι
1 φωνή
1 φῶς
2 χαίρω
4 χαρά
2 χάρις
1 χείρ
4 χρεία
10 Χριστός
1 χρόνος
2 ψυχή
1 ὠδίν
1 ὥρα
9 ὡς
1 ὥσπερ
3 ὥστε

° Not included in concordance
* Word only occurs in this book

Frequency List (in Order of Occurrence)

193° ὁ
102° καί
84 ὑμεῖς
55 ἐν
49 ἡμεῖς
36 θεός
26 εἰς
24° αὐτός
24 κύριος
23 γάρ
19 ἀδελφός
18 οὐ
18 πᾶς
16 Ἰησοῦς
15 δέ
15 μή
13 ἀλλά
13 καθώς
13 οἶδα
13 ὅτι
13 πρός
12 γίνομαι
12 εἰμί
10 διά
10 οὗτος
10 Χριστός
9 ἀπό
9 λόγος
9 ὡς
8 ἔχω
8 παρακαλέω
8 περί
8 πίστις
7 ἵνα
6 ἑαυτοῦ
6 ἐκ
6 ἐπί
6 εὐαγγέλιον
6 ἡμέρα
6 νύξ
6 πάντοτε
5 ἀγάπη
5 ἅγιος
5 ἀλλήλων
5 ἄνθρωπος
5 ζάω
5 οὔτε
5 οὕτως
5 πατήρ
5 πιστεύω
5 πνεῦμα
4 ἐλπίς
4 ἔμπροσθεν
4 ἔρχομαι
4 καθάπερ
4 καθεύδω
4 λαλέω
4 μόνος
4 ὁράω
4 ὅς
4 παρουσία
4 περιπατέω
4 ποιέω
4 πολύς
4 σύν
4 τις
4 ὑπό
4 χαρά
4 χρεία
3 ἁγιασμός
3 ἀδιαλείπτως
3 ἀρέσκω
3 διότι
3 δοκιμάζω
3 δόξα
3 εἰρήνη
3 εἷς
3 εὐχαριστέω
3 ἤ
3 θλῖψις
3 ἴδιος
3 καλέω
3 καρδία
3 κοιμάομαι
3 κόπος
3 λοιπός
3 Μακεδονία
3 μετά
3 ὀργή
3 οὐδέ
3 περισσεύω
3 πρόσωπον
3 Τιμόθεος
3 τίς
3 υἱός
3 ὥστε
2 ἀγαθός
2 ἀγαπάω
2 ἀθετέω
2 ἀκαθαρσία
2 ἅμα
2* ἀμέμπτως
2 ἀνίστημι
2 ἀπέχω
2 ἀποθνῄσκω
2 Ἀχαΐα
2 γράφω
2 γρηγορέω
2 δέχομαι
2 δίδωμι
2 διό
2 δύναμαι
2 ἐάν
2 ἔθνος
2 εἴσοδος
2 εἴτε
2 ἕκαστος
2 ἐκκλησία
2 ἐπιθυμία
2 ἐργάζομαι
2 ἔργον
2 ἐρωτάω
2 εὐδοκέω
2 θέλημα
2 θέλω
2 καιρός
2 κακός
2 κενός
2 κλέπτης
2 λέγω
2 μᾶλλον
2 μάρτυς
2 μηδείς
2 μηκέτι
2 μιμητής
2 μνεία
2 μνημονεύω
2 νεκρός
2 νήφω
2 νουθετέω
2 οὖν
2 οὐρανός
2 παρά
2 παραλαμβάνω
2 παραμυθέομαι
2 Παῦλος
2 πειράζω
2 πέμπω
2* περιλείπομαι
2 προλέγω
2 προσεύχομαι
2 πῶς
2 σκότος
2 στέγω
2 στηρίζω
2 σωτηρία
2 τέκνον
2 ὑπέρ
2 ὑπερεκπερισσοῦ
2 φθάνω
2 χαίρω
2 χάρις
2 ψυχή
1 ἀγαπητός
1 ἁγιάζω
1 ἁγιωσύνη
1 ἀγνοέω
1 ἄγω
1 ἀγών
1 ἀήρ
1 Ἀθῆναι
1 αἰφνίδιος
1 ἀκοή
1 ἀκριβῶς
1 ἀληθινός
1 ἀληθῶς
1 ἄλλος
1 ἁμαρτία
1 ἄμεμπτος
1 ἀμήν
1 ἀναγινώσκω
1 ἀνάγκη
1* ἀναμένω
1 ἀναπληρόω
1 ἀνταποδίδωμι
1 ἀντέχομαι
1 ἀντί
1 ἀξίως
1 ἀπαγγέλλω
1 ἀπάντησις
1 ἅπαξ
1 ἀποδίδωμι
1 ἀποκτείνω
1* ἀπορφανίζω
1 ἀπόστολος
1 ἄρα
1 ἁρπάζω
1 ἄρτι
1 ἀρχάγγελος
1 ἀσθενής
1 ἀσπάζομαι
1 ἀσφάλεια
1* ἄτακτος
1 βάρος
1 βασιλεία
1 γαστήρ
1 γινώσκω
1 δεῖ
1 δέομαι
1 διαμαρτύρομαι
1 δικαίως
1 δίς
1 διώκω
1 δόλος
1 δουλεύω
1 δύναμις
1 ἐγείρω
1 ἐγκόπτω
1 ἐγώ
1 εἰ
1 εἶδος
1 εἴδωλον
1 εἰρηνεύω
1 ἔκδικος
1* ἐκδιώκω
1 ἐκλογή
1 ἐκφεύγω
1 ἐναντίος
1 ἐνδύω
1 ἐνεργέω
1* ἐνορκίζω
1 ἐξέρχομαι
1* ἐξηχέω
1 ἐξουθενέω
1 ἔξω
1 ἔπειτα
1 ἐπιβαρέω
1 ἐπιποθέω
1 ἐπιστολή
1 ἐπιστρέφω
1 εὐαγγελίζω
1 εὐσχημόνως
1 εὐχαριστία
1 ἐφίστημι
1 ζητέω
1 ἡγέομαι
1 ἡσυχάζω
1 θάλπω
1* θεοδίδακτος
1 Θεσσαλονικεύς
1 θλίβω
1 θώραξ
1 Ἰουδαία
1 Ἰουδαῖος
1 κἀγώ
1 καλός
1 καταβαίνω
1 καταλαμβάνω
1 καταλείπω
1 καταρτίζω
1 κατευθύνω
1 κατέχω
1 καύχησις
1 κεῖμαι
1* κέλευσμα
1 κηρύσσω
1* κολακεία
1 κοπιάω
1 κτάομαι
1 κωλύω
1 λυπέω
1 μακροθυμέω
1 μαρτύρομαι
1 μεθύσκω
1 μεθύω
1 μέλλω
1 μέν
1 μέσος
1 μεταδίδωμι
1 μόχθος
1 νεφέλη
1 νήπιος
1 νῦν
1 ὁδός
1 οἰκοδομέω
1 οἷος
1 ὄλεθρος
1* ὀλιγόψυχος
1 ὁλόκληρος
1 ὅλος
1* ὁλοτελής
1* ὁμείρομαι
1 ὁποῖος
1* ὁσίως
1 ὅταν
1 ὅτε
1 οὐχί
1 πάθος
1 παραγγελία
1 παραγγέλλω

1 παράκλησις
1 παρρησιάζομαι
1 πάσχω
1 περικεφαλαία
1 περιποίησις
1 περισσοτέρως
1 πιστός
1 πλάνη
1 πλεονάζω
1 πλεονεκτέω
1 πλεονεξία
1 πληροφορία
1 πονηρός
1 πορνεία
1 ποτέ
1 πρᾶγμα
1 πράσσω
1 προΐστημι
1* προπάσχω
1 προσευχή
1 πρόφασις
1 προφητεία
1 προφήτης
1 πρῶτος
1 πώς
1 ῥύομαι
1* σαίνω
1 σάλπιγξ
1 σατανᾶς
1 σβέννυμι
1 Σιλουανός
1 σκεῦος
1 σπουδάζω
1 στέφανος
1 στήκω
1* συμφυλέτης
1 συνεργός
1 σῴζω
1 σῶμα
1 τέλος
1 τηρέω
1 τίθημι
1 τιμή
1 τοιγαροῦν
1 τόπος
1 τότε
1* τροφός
1 τύπος
1 ὑβρίζω
1* ὑπερβαίνω
1 ὑπομονή
1 ὑστέρημα
1 φιλαδελφία
1 φίλημα
1 Φίλιπποι
1 φιλοτιμέομαι
1 φωνή
1 φῶς
1 χείρ
1 χρόνος
1 ὠδίν
1 ὥρα
1 ὥσπερ

° Not included in concordance
* Word only occurs in this book

2 Thessalonians – Statistics

249 Total word count
17 Number of words occurring at least 10 times
149 Number of words occurring once

Words whose occurrences in this book account for at least 25% of occurrences in the entire NT

100%

2/2 ἀτάκτως (*ataktōs*; in idleness or laziness), ἐνδοξάζομαι (*endoxazomai*; receive glory)

1/1 ἀτακτέω (*atakteō*; be lazy or idle), ἐγκαυχάομαι (*enkauchaomai*; boast), ἔνδειγμα (*endeigma*; evidence), καλοποιέω (*kalopoieō*; do what is good), περιεργάζομαι (*periergazomai*; be a busybody), σημειόω (*sēmeioō*; take note of), τίνω (*tinō*; undergo), ὑπεραυξάνω (*hyperauxanō*; grow abundantly)

50%

2/4 μιμέομαι (*mimeomai*; imitate)

1/2 ἀποστασία (*apostasia*; apostasy), ἐπισυναγωγή (*episynagōgē*; assembling), σέβασμα (*sebasma*; object of worship), στέλλω (*stellō*; try to guard against or avoid)

33%

1/3 αἱρέω (*haireō*; choose), δίκη (*dikē*; punishment), ἐπιβαρέω (*epibareō*; be a financial burden), θροέω (*throeō*; be alarmed or startled), καταξιόω (*kataxioō*; count worthy), κατευθύνω (*kateuthynō*; direct), μόχθος (*mochthos*; labor), συναναμίγνυμι (*synanamignymi*; associate with), ὑπεραίρω (*hyperairō*; be puffed up with pride)

2 Thessalonians – Concordance

ἀγαθός (*agathos*; 2/102) *good*

2Th 2:16 αἰωνίαν καὶ ἐλπίδα **ἀγαθὴν** ἐν χάριτι,
2Th 2:17 ἔργῳ καὶ λόγῳ **ἀγαθῷ**.

ἀγαθωσύνη (*agathōsynē*; 1/4) *goodness*

2Th 1:11 πληρώσῃ πᾶσαν εὐδοκίαν **ἀγαθωσύνης** καὶ ἔργον πίστεως

ἀγαπάω (*agapaō*; 2/143) *love*

2Th 2:13 ἀδελφοὶ **ἠγαπημένοι** ὑπὸ κυρίου,
2Th 2:16 πατὴρ ἡμῶν ὁ **ἀγαπήσας** ἡμᾶς καὶ δοὺς

ἀγάπη (*agapē*; 3/116) *love*

2Th 1:3 καὶ πλεονάζει ἡ **ἀγάπη** ἑνὸς ἑκάστου πάντων
2Th 2:10 ἀνθ' ὧν τὴν **ἀγάπην** τῆς ἀληθείας οὐκ
2Th 3:5 καρδίας εἰς τὴν **ἀγάπην** τοῦ θεοῦ καὶ

ἄγγελος (*angelos*; 1/175) *angel, messenger*

2Th 1:7 ἀπ' οὐρανοῦ μετ' **ἀγγέλων** δυνάμεως αὐτοῦ

ἁγιασμός (*hagiasmos*; 1/10) *consecration, holiness, sanctification*

2Th 2:13 εἰς σωτηρίαν ἐν **ἁγιασμῷ** πνεύματος καὶ πίστει

ἅγιος (*hagios*; 1/233) *holy, set apart*

2Th 1:10 ἐνδοξασθῆναι ἐν τοῖς **ἁγίοις** αὐτοῦ καὶ θαυμασθῆναι

ἀδελφός (*adelphos*; 9/343) *brother*

2Th 1:3 **ἀδελφοί**,
2Th 2:1 **ἀδελφοί**,
2Th 2:13 **ἀδελφοὶ** ἠγαπημένοι ὑπὸ κυρίου,
2Th 2:15 **ἀδελφοί**,
2Th 3:1 **ἀδελφοί**,
2Th 3:6 **ἀδελφοί**,
2Th 3:6 ὑμᾶς ἀπὸ παντὸς **ἀδελφοῦ** ἀτάκτως περιπατοῦντος καὶ
2Th 3:13 **ἀδελφοί**,
2Th 3:15 ἀλλὰ νουθετεῖτε ὡς **ἀδελφόν**.

ἀδικία (*adikia*; 2/25) *unrighteousness*

2Th 2:10 ἐν πάσῃ ἀπάτῃ **ἀδικίας** τοῖς ἀπολλυμένοις,
2Th 2:12 ἀλλὰ εὐδοκήσαντες τῇ **ἀδικίᾳ**.

αἱρέω (*haireō*; 1/3) *choose*

2Th 2:13 ὅτι **εἵλατο** ὑμᾶς ὁ θεὸς

αἰώνιος (*aiōnios*; 2/70[71]) *eternal*

2Th 1:9 δίκην τίσουσιν ὄλεθρον **αἰώνιον** ἀπὸ προσώπου τοῦ
2Th 2:16 καὶ δοὺς παράκλησιν **αἰωνίαν** καὶ ἐλπίδα ἀγαθὴν

ἀκούω (*akouō*; 1/426[428]) *hear*

2Th 3:11 **'Ακούομεν** γάρ τινας περιπατοῦντας

ἀλήθεια (*alētheia*; 3/109) *truth*

2Th 2:10 τὴν ἀγάπην τῆς **ἀληθείας** οὐκ ἐδέξαντο εἰς
2Th 2:12 μὴ πιστεύσαντες τῇ **ἀληθείᾳ** ἀλλὰ εὐδοκήσαντες τῇ
2Th 2:13 πνεύματος καὶ πίστει **ἀληθείας**,

ἀλλά (*alla*; 5/638) *but*

2Th 2:12 πιστεύσαντες τῇ ἀληθείᾳ **ἀλλὰ** εὐδοκήσαντες τῇ ἀδικίᾳ.
2Th 3:8 **ἀλλ'** ἐν κόπῳ καὶ
2Th 3:9 **ἀλλ'** ἵνα ἑαυτοὺς τύπον
2Th 3:11 ἀτάκτως μηδὲν ἐργαζομένους **ἀλλὰ** περιεργαζομένους·
2Th 3:15 **ἀλλὰ** νουθετεῖτε ὡς ἀδελφόν.

ἀλλήλων (*allēlōn*; 1/100) *one another*

2Th 1:3 πάντων ὑμῶν εἰς **ἀλλήλους**,

ἀναιρέω (*anaireō*; 1/24) *do away with*

2Th 2:8 ὁ κύριος ['Ιησοῦς] **ἀνελεῖ** τῷ πνεύματι τοῦ

ἄνεσις (*anesis*; 1/5) *relief*

2Th 1:7 ὑμῖν τοῖς θλιβομένοις **ἄνεσιν** μεθ' ἡμῶν,

ἀνέχομαι (*anechomai*; 1/15) *endure*

2Th 1:4 ταῖς θλίψεσιν αἷς **ἀνέχεσθε**,

ἄνθρωπος (*anthrōpos*; 2/550) *man, human being (pl. people)*

2Th 2:3 καὶ ἀποκαλυφθῇ ὁ **ἄνθρωπος** τῆς ἀνομίας,
2Th 3:2 ἀτόπων καὶ πονηρῶν **ἀνθρώπων**·

ἀνομία (*anomia*; 2/15) *wickedness*

2Th 2:3 ὁ ἄνθρωπος τῆς **ἀνομίας**,
2Th 2:7 ἤδη ἐνεργεῖται τῆς **ἀνομίας**·

ἄνομος (*anomos*; 1/9) *lawless*

2Th 2:8 τότε ἀποκαλυφθήσεται ὁ **ἄνομος**,

ἀνταποδίδωμι (*antapodidōmi*; 1/7) *repay*

2Th 1:6 δίκαιον παρὰ θεῷ **ἀνταποδοῦναι** τοῖς θλίβουσιν ὑμᾶς

ἀντί (*anti*; 1/22) *instead of*

2Th 2:10 **ἀνθ'** ὧν τὴν ἀγάπην

ἀντίκειμαι (*antikeimai*; 1/8) *oppose*

2Th 2:4 ὁ **ἀντικείμενος** καὶ ὑπεραιρόμενος ἐπὶ

ἄξιος (*axios*; 1/41) *worthy*

2Th 1:3 καθὼς **ἄξιόν** ἐστιν,

ἀξιόω (*axioō*; 1/7) *consider worthy*

2Th 1:11 ἵνα ὑμᾶς **ἀξιώσῃ** τῆς κλήσεως ὁ

ἀπαρχή (*aparchē*; 1/9) *firstfruits*
2Th 2:13 ὑμᾶς ὁ θεὸς **ἀπαρχὴν** εἰς σωτηρίαν ἐν

ἀπάτη (*apatē*; 1/7) *deception*
2Th 2:10 καὶ ἐν πάσῃ **ἀπάτῃ** ἀδικίας τοῖς ἀπολλυμένοις,

ἀπό (*apo*; 8/643[646]) *from*
2Th 1:2 ὑμῖν καὶ εἰρήνη **ἀπὸ** θεοῦ πατρὸς [ἡμῶν]
2Th 1:7 τοῦ κυρίου Ἰησοῦ **ἀπ᾽** οὐρανοῦ μετ᾽ ἀγγέλων
2Th 1:9 τίσουσιν ὄλεθρον αἰώνιον **ἀπὸ** προσώπου τοῦ κυρίου
2Th 1:9 τοῦ κυρίου καὶ **ἀπὸ** τῆς δόξης τῆς
2Th 2:2 ταχέως σαλευθῆναι ὑμᾶς **ἀπὸ** τοῦ νοὸς μηδὲ
2Th 3:2 καὶ ἵνα ῥυσθῶμεν **ἀπὸ** τῶν ἀτόπων καὶ
2Th 3:3 ὑμᾶς καὶ φυλάξει **ἀπὸ** τοῦ πονηροῦ.
2Th 3:6 Χριστοῦ στέλλεσθαι ὑμᾶς **ἀπὸ** παντὸς ἀδελφοῦ ἀτάκτως

ἀποδείκνυμι (*apodeiknymi*; 1/4) *attest*
2Th 2:4 τοῦ θεοῦ καθίσαι **ἀποδεικνύντα** ἑαυτὸν ὅτι ἔστιν

ἀποκαλύπτω (*apokalyptō*; 3/26) *reveal*
2Th 2:3 ἀποστασία πρῶτον καὶ **ἀποκαλυφθῇ** ὁ ἄνθρωπος τῆς
2Th 2:6 οἴδατε εἰς τὸ **ἀποκαλυφθῆναι** αὐτὸν ἐν τῷ
2Th 2:8 καὶ τότε **ἀποκαλυφθήσεται** ὁ ἄνομος,

ἀποκάλυψις (*apokalypsis*; 1/18) *revelation*
2Th 1:7 ἐν τῇ **ἀποκαλύψει** τοῦ κυρίου Ἰησοῦ

ἀπόλλυμι (*apollymi*; 1/90) *destroy*
2Th 2:10 ἀπάτῃ ἀδικίας τοῖς **ἀπολλυμένοις**,

ἀποστασία (*apostasia*; 1/2) *apostasy*
2Th 2:3 μὴ ἔλθῃ ἡ **ἀποστασία** πρῶτον καὶ ἀποκαλυφθῇ

ἀπώλεια (*apōleia*; 1/18) *destruction*
2Th 2:3 ὁ υἱὸς τῆς **ἀπωλείας**,

ἄρα (*ara*; 1/49) *therefore, then, thus*
2Th 2:15 **Ἄρα** οὖν,

ἄρτι (*arti*; 1/36) *now*
2Th 2:7 μόνον ὁ κατέχων **ἄρτι** ἕως ἐκ μέσου

ἄρτος (*artos*; 2/97) *bread*
2Th 3:8 οὐδὲ δωρεὰν **ἄρτον** ἐφάγομεν παρά τινος,
2Th 3:12 ἐργαζόμενοι τὸν ἑαυτῶν **ἄρτον** ἐσθίωσιν.

ἀσπασμός (*aspasmos*; 1/10) *greeting*
2Th 3:17 Ὁ **ἀσπασμὸς** τῇ ἐμῇ χειρὶ

ἀτακτέω (*atakteō*; 1/1) *be lazy or idle*
2Th 3:7 ὅτι οὐκ **ἠτακτήσαμεν** ἐν ὑμῖν

ἀτάκτως (*ataktōs*; 2/2) *in idleness or laziness*
2Th 3:6 ἀπὸ παντὸς ἀδελφοῦ **ἀτάκτως** περιπατοῦντος καὶ μὴ
2Th 3:11 περιπατοῦντας ἐν ὑμῖν **ἀτάκτως** μηδὲν ἐργαζομένους ἀλλὰ

ἄτοπος (*atopos*; 1/4) *improper, unusual*
2Th 3:2 ῥυσθῶμεν ἀπὸ τῶν **ἀτόπων** καὶ πονηρῶν ἀνθρώπων·

βασιλεία (*basileia*; 1/162) *kingdom*
2Th 1:5 καταξιωθῆναι ὑμᾶς τῆς **βασιλείας** τοῦ θεοῦ,

γάρ (*gar*; 5/1041) *for*
2Th 2:7 τὸ **γὰρ** μυστήριον ἤδη ἐνεργεῖται
2Th 3:2 οὐ **γὰρ** πάντων ἡ πίστις.
2Th 3:7 Αὐτοὶ **γὰρ** οἴδατε πῶς δεῖ
2Th 3:10 καὶ **γὰρ** ὅτε ἦμεν πρὸς
2Th 3:11 Ἀκούομεν **γάρ** τινας περιπατοῦντας ἐν

γίνομαι (*ginomai*; 1/668[669]) *be, become*
2Th 2:7 ἕως ἐκ μέσου **γένηται**.

γράφω (*graphō*; 1/190[191]) *write*
2Th 3:17 οὕτως **γράφω**.

δέ (*de*; 11/2773[2792]) *but, and*
2Th 2:1 Ἐρωτῶμεν **δὲ** ὑμᾶς,
2Th 2:13 ἡμεῖς **δὲ** ὀφείλομεν εὐχαριστεῖν τῷ
2Th 2:16 Αὐτὸς **δὲ** ὁ κύριος ἡμῶν
2Th 3:3 Πιστὸς **δέ** ἐστιν ὁ κύριος,
2Th 3:4 πεποίθαμεν **δὲ** ἐν κυρίῳ ἐφ᾽
2Th 3:5 Ὁ **δὲ** κύριος κατευθύναι ὑμῶν
2Th 3:6 Παραγγέλλομεν **δὲ** ὑμῖν,
2Th 3:12 τοῖς **δὲ** τοιούτοις παραγγέλλομεν καὶ
2Th 3:13 ὑμεῖς **δέ**,
2Th 3:14 Εἰ **δέ** τις οὐχ ὑπακούει
2Th 3:16 Αὐτὸς **δὲ** ὁ κύριος τῆς

δεῖ (*dei*; 1/101) *it is necessary*
2Th 3:7 γὰρ οἴδατε πῶς **δεῖ** μιμεῖσθαι ἡμᾶς,

δέχομαι (*dechomai*; 1/56) *take, receive*
2Th 2:10 τῆς ἀληθείας οὐκ **ἐδέξαντο** εἰς τὸ σωθῆναι

διά (*dia*; 10/665[667]) *through, on account of*
2Th 2:2 μήτε **διὰ** πνεύματος μήτε διὰ
2Th 2:2 διὰ πνεύματος μήτε **διὰ** λόγου μήτε δι᾽
2Th 2:2 διὰ λόγου μήτε **δι᾽** ἐπιστολῆς ὡς δι᾽
2Th 2:2 δι᾽ ἐπιστολῆς ὡς **δι᾽** ἡμῶν,
2Th 2:11 καὶ **διὰ** τοῦτο πέμπει αὐτοῖς
2Th 2:14 [καὶ] ἐκάλεσεν ὑμᾶς **διὰ** τοῦ εὐαγγελίου ἡμῶν
2Th 2:15 ἃς ἐδιδάχθητε εἴτε **διὰ** λόγου εἴτε δι᾽
2Th 2:15 διὰ λόγου εἴτε **δι᾽** ἐπιστολῆς ἡμῶν.
2Th 3:14 τῷ λόγῳ ἡμῶν **διὰ** τῆς ἐπιστολῆς,
2Th 3:16 ὑμῖν τὴν εἰρήνην **διὰ** παντὸς ἐν παντὶ

διδάσκω (*didaskō*; 1/96) *teach*
2Th 2:15 τὰς παραδόσεις ἃς **ἐδιδάχθητε** εἴτε διὰ λόγου

δίδωμι (*didōmi*; 4/415) *give*
2Th 1:8 **διδόντος** ἐκδίκησιν τοῖς μὴ
2Th 2:16 ἀγαπήσας ἡμᾶς καὶ **δοὺς** παράκλησιν αἰωνίαν καὶ
2Th 3:9 ἵνα ἑαυτοὺς τύπον **δῶμεν** ὑμῖν εἰς τὸ
2Th 3:16 κύριος τῆς εἰρήνης **δῴη** ὑμῖν τὴν εἰρήνην

δίκαιος (*dikaios*; 2/79) *righteous*
2Th 1:5 ἔνδειγμα τῆς **δικαίας** κρίσεως τοῦ θεοῦ
2Th 1:6 εἴπερ **δίκαιον** παρὰ θεῷ ἀνταποδοῦναι

δίκη (*dikē*; 1/3) *punishment*
2Th 1:9 οἵτινες **δίκην** τίσουσιν ὄλεθρον αἰώνιον

διωγμός (*diōgmos*; 1/10) *persecution*
2Th 1:4 ἐν πᾶσιν τοῖς **διωγμοῖς** ὑμῶν καὶ ταῖς

δόξα (*doxa*; 2/166) *glory*
2Th 1:9 καὶ ἀπὸ τῆς **δόξης** τῆς ἰσχύος αὐτοῦ,
2Th 2:14 ἡμῶν εἰς περιποίησιν **δόξης** τοῦ κυρίου ἡμῶν

δοξάζω (*doxazō*; 1/61) *praise, glorify*
2Th 3:1 κυρίου τρέχῃ καὶ **δοξάζηται** καθὼς καὶ πρὸς

δύναμις (*dynamis*; 3/119) *power*
2Th 1:7 οὐρανοῦ μετ᾽ ἀγγέλων **δυνάμεως** αὐτοῦ
2Th 1:11 ἔργον πίστεως ἐν **δυνάμει**,
2Th 2:9 σατανᾶ ἐν πάσῃ **δυνάμει** καὶ σημείοις καὶ

δωρεάν (*dōrean*; 1/9) *without cost or cause*
2Th 3:8 οὐδὲ **δωρεὰν** ἄρτον ἐφάγομεν παρά

ἐάν (*ean*; 1/333) *if*
2Th 2:3 ὅτι **ἐὰν** μὴ ἔλθῃ ἡ

ἑαυτοῦ (*heautou*; 4/319) *himself*
2Th 2:4 θεοῦ καθίσαι ἀποδεικνύντα **ἑαυτὸν** ὅτι ἔστιν θεός.
2Th 2:6 αὐτὸν ἐν τῷ **ἑαυτοῦ** καιρῷ.
2Th 3:9 ἀλλ᾽ ἵνα **ἑαυτοὺς** τύπον δῶμεν ὑμῖν
2Th 3:12 ἡσυχίας ἐργαζόμενοι τὸν **ἑαυτῶν** ἄρτον ἐσθίωσιν.

ἐγκακέω (*enkakeō*; 1/6) *become discouraged*
2Th 3:13 μὴ **ἐγκακήσητε** καλοποιοῦντες.

ἐγκαυχάομαι (*enkauchaomai*; 1/1) *boast*
2Th 1:4 ἡμᾶς ἐν ὑμῖν **ἐγκαυχᾶσθαι** ἐν ταῖς ἐκκλησίαις

εἰ (*ei*; 2/502) *if, since*
2Th 3:10 ὅτι **εἴ** τις οὐ θέλει
2Th 3:14 **Εἰ** δέ τις οὐχ

εἰμί (*eimi*; 7/2460[2462]) *be*
2Th 1:3 καθὼς ἄξιόν **ἐστιν**,
2Th 2:4 ἀποδεικνύντα ἑαυτὸν ὅτι **ἔστιν** θεός.
2Th 2:5 μνημονεύετε ὅτι ἔτι **ὢν** πρὸς ὑμᾶς ταῦτα
2Th 2:9 οὗ **ἐστιν** ἡ παρουσία κατ᾽
2Th 3:3 Πιστὸς δέ **ἐστιν** ὁ κύριος,
2Th 3:10 καὶ γὰρ ὅτε **ἦμεν** πρὸς ὑμᾶς,
2Th 3:17 ὅ **ἐστιν** σημεῖον ἐν πάσῃ

εἴπερ (*eiper*; 1/6) *since*
2Th 1:6 **εἴπερ** δίκαιον παρὰ θεῷ

εἰρήνη (*eirēnē*; 3/92) *peace*
2Th 1:2 χάρις ὑμῖν καὶ **εἰρήνη** ἀπὸ θεοῦ πατρὸς
2Th 3:16 ὁ κύριος τῆς **εἰρήνης** δῴη ὑμῖν τὴν
2Th 3:16 δῴη ὑμῖν τὴν **εἰρήνην** διὰ παντὸς ἐν

εἰς (*eis*; 14/1759[1767]) *into*
2Th 1:3 ἑκάστου πάντων ὑμῶν **εἰς** ἀλλήλους,
2Th 1:5 κρίσεως τοῦ θεοῦ **εἰς** τὸ καταξιωθῆναι ὑμᾶς
2Th 1:11 **Εἰς** ὃ καὶ προσευχόμεθα
2Th 2:2 **εἰς** τὸ μὴ ταχέως
2Th 2:4 ὥστε αὐτὸν **εἰς** τὸν ναὸν τοῦ
2Th 2:6 τὸ κατέχον οἴδατε **εἰς** τὸ ἀποκαλυφθῆναι αὐτὸν
2Th 2:10 ἀληθείας οὐκ ἐδέξαντο **εἰς** τὸ σωθῆναι αὐτούς.
2Th 2:11 θεὸς ἐνέργειαν πλάνης **εἰς** τὸ πιστεῦσαι αὐτοὺς
2Th 2:13 ὁ θεὸς ἀπαρχὴν **εἰς** σωτηρίαν ἐν ἁγιασμῷ
2Th 2:14 **εἰς** ὃ [καὶ] ἐκάλεσεν
2Th 2:14 τοῦ εὐαγγελίου ἡμῶν **εἰς** περιποίησιν δόξης
2Th 3:5 ὑμῶν τὰς καρδίας **εἰς** τὴν ἀγάπην τοῦ
2Th 3:5 τοῦ θεοῦ καὶ **εἰς** τὴν ὑπομονὴν τοῦ
2Th 3:9 τύπον δῶμεν ὑμῖν **εἰς** τὸ μιμεῖσθαι ἡμᾶς.

εἷς (*heis*; 1/343[345]) *one*
2Th 1:3 πλεονάζει ἡ ἀγάπη **ἑνὸς** ἑκάστου πάντων ὑμῶν

εἴτε (*eite*; 2/65) *if*
2Th 2:15 παραδόσεις ἃς ἐδιδάχθητε **εἴτε** διὰ λόγου εἴτε
2Th 2:15 εἴτε διὰ λόγου **εἴτε** δι᾽ ἐπιστολῆς ἡμῶν.

ἐκ (*ek*; 1/912[914]) *from*
2Th 2:7 κατέχων ἄρτι ἕως **ἐκ** μέσου γένηται.

ἕκαστος (*hekastos*; 1/81[82]) *each*
2Th 1:3 ἡ ἀγάπη ἑνὸς **ἑκάστου** πάντων ὑμῶν εἰς

ἐκδίκησις (*ekdikēsis*; 1/9) *rendering of justice*
2Th 1:8 διδόντος **ἐκδίκησιν** τοῖς μὴ εἰδόσιν

ἐκεῖνος (*ekeinos*; 1/240[243]) *that*
2Th 1:10 ἐν τῇ ἡμέρᾳ **ἐκείνῃ**.

ἐκκλησία (*ekklēsia*; 2/114) *church*
2Th 1:1 καὶ Τιμόθεος τῇ **ἐκκλησίᾳ** Θεσσαλονικέων ἐν θεῷ

2Th 1:4 ἐγκαυχᾶσθαι ἐν ταῖς **ἐκκλησίαις** τοῦ θεοῦ

ἐλπίς (*elpis*; 1/53) *hope*

2Th 2:16 παράκλησιν αἰωνίαν καὶ **ἐλπίδα** ἀγαθὴν ἐν χάριτι,

ἐμός (*emos*; 1/76) *my*

2Th 3:17 Ὁ ἀσπασμὸς τῇ **ἐμῇ** χειρὶ Παύλου,

ἐν (*en*; 26/2746[2752]) *in*

2Th 1:1 τῇ ἐκκλησίᾳ Θεσσαλονικέων **ἐν** θεῷ πατρὶ ἡμῶν
2Th 1:4 ὥστε αὐτοὺς ἡμᾶς **ἐν** ὑμῖν ἐγκαυχᾶσθαι ἐν
2Th 1:4 ἐν ὑμῖν ἐγκαυχᾶσθαι **ἐν** ταῖς ἐκκλησίαις τοῦ
2Th 1:4 ὑμῶν καὶ πίστεως **ἐν** πᾶσιν τοῖς διωγμοῖς
2Th 1:7 **ἐν** τῇ ἀποκαλύψει τοῦ
2Th 1:8 **ἐν** πυρὶ φλογός,
2Th 1:10 ἔλθῃ ἐνδοξασθῆναι **ἐν** τοῖς ἁγίοις
2Th 1:10 θαυμασθῆναι **ἐν** πᾶσιν τοῖς πιστεύσασιν,
2Th 1:10 **ἐν** τῇ ἡμέρᾳ ἐκείνῃ.
2Th 1:11 καὶ ἔργον πίστεως **ἐν** δυνάμει,
2Th 1:12 ἡμῶν Ἰησοῦ **ἐν** ὑμῖν,
2Th 1:12 καὶ ὑμεῖς **ἐν** αὐτῷ,
2Th 2:6 τὸ ἀποκαλυφθῆναι αὐτὸν **ἐν** τῷ ἑαυτοῦ καιρῷ.
2Th 2:9 τοῦ σατανᾶ **ἐν** πάσῃ δυνάμει
2Th 2:10 καὶ **ἐν** πάσῃ ἀπάτῃ ἀδικίας
2Th 2:13 ἀπαρχὴν εἰς σωτηρίαν **ἐν** ἁγιασμῷ πνεύματος καὶ
2Th 2:16 καὶ ἐλπίδα ἀγαθὴν **ἐν** χάριτι,
2Th 2:17 καρδίας καὶ στηρίξαι **ἐν** παντὶ ἔργῳ καὶ
2Th 3:4 πεποίθαμεν δὲ **ἐν** κυρίῳ ἐφ' ὑμᾶς,
2Th 3:6 **ἐν** ὀνόματι τοῦ κυρίου
2Th 3:7 ὅτι οὐκ ἠτακτήσαμεν **ἐν** ὑμῖν
2Th 3:8 ἀλλ' **ἐν** κόπῳ καὶ μόχθῳ
2Th 3:11 γάρ τινας περιπατοῦντας **ἐν** ὑμῖν ἀτάκτως μηδὲν
2Th 3:12 παραγγέλλομεν καὶ παρακαλοῦμεν **ἐν** κυρίῳ Ἰησοῦ Χριστῷ,
2Th 3:16 εἰρήνην διὰ παντὸς **ἐν** παντὶ τρόπῳ.
2Th 3:17 ὅ ἐστιν σημεῖον **ἐν** πάσῃ ἐπιστολῇ·

ἔνδειγμα (*endeigma*; 1/1) *evidence*

2Th 1:5 **ἔνδειγμα** τῆς δικαίας κρίσεως

ἐνδοξάζομαι (*endoxazomai*; 2/2) *receive glory*

2Th 1:10 ὅταν ἔλθῃ **ἐνδοξασθῆναι** ἐν τοῖς ἁγίοις
2Th 1:12 ὅπως **ἐνδοξασθῇ** τὸ ὄνομα τοῦ

ἐνέργεια (*energeia*; 2/8) *working, activity*

2Th 2:9 ἡ παρουσία κατ' **ἐνέργειαν** τοῦ σατανᾶ ἐν
2Th 2:11 αὐτοῖς ὁ θεὸς **ἐνέργειαν** πλάνης εἰς τὸ

ἐνεργέω (*energeō*; 1/21) *work*

2Th 2:7 γὰρ μυστήριον ἤδη **ἐνεργεῖται** τῆς ἀνομίας·

ἐνίστημι (*enistēmi*; 1/7) *be impending*

2Th 2:2 ὡς ὅτι **ἐνέστηκεν** ἡ ἡμέρα τοῦ

ἐντρέπω (*entrepō*; 1/9) *make ashamed*

2Th 3:14 ἵνα **ἐντραπῇ**·

ἐξαπατάω (*exapataō*; 1/6) *deceive*

2Th 2:3 Μή τις ὑμᾶς **ἐξαπατήσῃ** κατὰ μηδένα τρόπον.

ἐξουσία (*exousia*; 1/102) *authority*

2Th 3:9 ὅτι οὐκ ἔχομεν **ἐξουσίαν**,

ἐπί (*epi*; 4/886[890]) *on*

2Th 1:10 τὸ μαρτύριον ἡμῶν **ἐφ'** ὑμᾶς,
2Th 2:1 καὶ ἡμῶν ἐπισυναγωγῆς **ἐπ'** αὐτὸν
2Th 2:4 ἀντικείμενος καὶ ὑπεραιρόμενος **ἐπὶ** πάντα λεγόμενον θεὸν
2Th 3:4 δὲ ἐν κυρίῳ **ἐφ'** ὑμᾶς,

ἐπιβαρέω (*epibareō*; 1/3) *be a financial burden*

2Th 3:8 πρὸς τὸ μὴ **ἐπιβαρῆσαί** τινα ὑμῶν·

ἐπιστολή (*epistolē*; 4/24) *letter*

2Th 2:2 λόγου μήτε δι' **ἐπιστολῆς** ὡς δι' ἡμῶν,
2Th 2:15 λόγου εἴτε δι' **ἐπιστολῆς** ἡμῶν.
2Th 3:14 ἡμῶν διὰ τῆς **ἐπιστολῆς**,
2Th 3:17 σημεῖον ἐν πάσῃ **ἐπιστολῇ**·

ἐπισυναγωγή (*episynagōgē*; 1/2) *assembling*

2Th 2:1 Χριστοῦ καὶ ἡμῶν **ἐπισυναγωγῆς** ἐπ' αὐτὸν

ἐπιφάνεια (*epiphaneia*; 1/6) *appearing*

2Th 2:8 καὶ καταργήσει τῇ **ἐπιφανείᾳ** τῆς παρουσίας αὐτοῦ,

ἐργάζομαι (*ergazomai*; 4/41) *work*

2Th 3:8 νυκτὸς καὶ ἡμέρας **ἐργαζόμενοι** πρὸς τὸ μὴ
2Th 3:10 τις οὐ θέλει **ἐργάζεσθαι** μηδὲ ἐσθιέτω.
2Th 3:11 ὑμῖν ἀτάκτως μηδὲν **ἐργαζομένους** ἀλλὰ περιεργαζομένους·
2Th 3:12 ἵνα μετὰ ἡσυχίας **ἐργαζόμενοι** τὸν ἑαυτῶν ἄρτον

ἔργον (*ergon*; 2/169) *work*

2Th 1:11 εὐδοκίαν ἀγαθωσύνης καὶ **ἔργον** πίστεως ἐν δυνάμει,
2Th 2:17 στηρίξαι ἐν παντὶ **ἔργῳ** καὶ λόγῳ ἀγαθῷ.

ἔρχομαι (*erchomai*; 2/631[632]) *come, go*

2Th 1:10 ὅταν **ἔλθῃ** ἐνδοξασθῆναι ἐν τοῖς
2Th 2:3 ὅτι ἐὰν μὴ **ἔλθῃ** ἡ ἀποστασία πρῶτον

ἐρωτάω (*erōtaō*; 1/62[63]) *ask*

2Th 2:1 **Ἐρωτῶμεν** δὲ ὑμᾶς,

ἐσθίω (*esthiō*; 3/158) *eat*

2Th 3:8 οὐδὲ δωρεὰν ἄρτον **ἐφάγομεν** παρά τινος,
2Th 3:10 θέλει ἐργάζεσθαι μηδὲ **ἐσθιέτω**.
2Th 3:12 τὸν ἑαυτῶν ἄρτον **ἐσθίωσιν**.

ἔτι (*eti*; 1/93) *still*

2Th 2:5 Οὐ μνημονεύετε ὅτι **ἔτι** ὢν πρὸς ὑμᾶς

εὐαγγέλιον (*euangelion*; 2/75[76]) *good news*
2Th 1:8 μὴ ὑπακούουσιν τῷ **εὐαγγελίῳ** τοῦ κυρίου ἡμῶν
2Th 2:14 ὑμᾶς διὰ τοῦ **εὐαγγελίου** ἡμῶν εἰς περιποίησιν

εὐδοκέω (*eudokeō*; 1/21) *be pleased*
2Th 2:12 τῇ ἀληθείᾳ ἀλλὰ **εὐδοκήσαντες** τῇ ἀδικίᾳ.

εὐδοκία (*eudokia*; 1/9) *good will, pleasure*
2Th 1:11 καὶ πληρώσῃ πᾶσαν **εὐδοκίαν** ἀγαθωσύνης καὶ ἔργον

εὐχαριστέω (*eucharisteō*; 2/38) *thank*
2Th 1:3 **Εὐχαριστεῖν** ὀφείλομεν τῷ θεῷ
2Th 2:13 ἡμεῖς δὲ ὀφείλομεν **εὐχαριστεῖν** τῷ θεῷ πάντοτε

ἐχθρός (*echthros*; 1/32) *enemy*
2Th 3:15 καὶ μὴ ὡς **ἐχθρὸν** ἡγεῖσθε,

ἔχω (*echō*; 1/706[708]) *have, hold*
2Th 3:9 οὐχ ὅτι οὐκ **ἔχομεν** ἐξουσίαν,

ἕως (*heōs*; 1/146) *until*
2Th 2:7 ὁ κατέχων ἄρτι **ἕως** ἐκ μέσου γένηται.

ἤ (*ē*; 1/340) *or*
2Th 2:4 πάντα λεγόμενον θεὸν **ἢ** σέβασμα,

ἡγέομαι (*hēgeomai*; 1/28) *consider*
2Th 3:15 μὴ ὡς ἐχθρὸν **ἡγεῖσθε**,

ἤδη (*ēdē*; 1/61) *already*
2Th 2:7 τὸ γὰρ μυστήριον **ἤδη** ἐνεργεῖται τῆς ἀνομίας·

ἡμεῖς (*hēmeis*; 26/855) *we*
2Th 1:1 ἐν θεῷ πατρὶ **ἡμῶν** καὶ κυρίῳ Ἰησοῦ
2Th 1:2 ἀπὸ θεοῦ πατρὸς **[ἡμῶν]** καὶ κυρίου Ἰησοῦ
2Th 1:4 ὥστε αὐτοὺς **ἡμᾶς** ἐν ὑμῖν ἐγκαυχᾶσθαι
2Th 1:7 θλιβομένοις ἄνεσιν μεθ' **ἡμῶν**,
2Th 1:8 εὐαγγελίῳ τοῦ κυρίου **ἡμῶν** Ἰησοῦ,
2Th 1:10 ἐπιστεύθη τὸ μαρτύριον **ἡμῶν** ἐφ' ὑμᾶς,
2Th 1:11 κλήσεως ὁ θεὸς **ἡμῶν** καὶ πληρώσῃ πᾶσαν
2Th 1:12 ὄνομα τοῦ κυρίου **ἡμῶν** Ἰησοῦ ἐν ὑμῖν,
2Th 1:12 χάριν τοῦ θεοῦ **ἡμῶν** καὶ κυρίου Ἰησοῦ
2Th 2:1 παρουσίας τοῦ κυρίου **ἡμῶν** Ἰησοῦ Χριστοῦ
2Th 2:1 Ἰησοῦ Χριστοῦ καὶ **ἡμῶν** ἐπισυναγωγῆς ἐπ' αὐτὸν
2Th 2:2 ἐπιστολῆς ὡς δι' **ἡμῶν**,
2Th 2:13 **ἡμεῖς** δὲ ὀφείλομεν εὐχαριστεῖν
2Th 2:14 διὰ τοῦ εὐαγγελίου **ἡμῶν** εἰς περιποίησιν δόξης
2Th 2:14 δόξης τοῦ κυρίου **ἡμῶν** Ἰησοῦ Χριστοῦ.
2Th 2:15 εἴτε δι' ἐπιστολῆς **ἡμῶν**.
2Th 2:16 δὲ ὁ κύριος **ἡμῶν** Ἰησοῦς Χριστὸς καὶ
2Th 2:16 θεὸς ὁ πατὴρ **ἡμῶν** ὁ ἀγαπήσας ἡμᾶς
2Th 2:16 ἡμῶν ὁ ἀγαπήσας **ἡμᾶς** καὶ δοὺς παράκλησιν
2Th 3:1 περὶ **ἡμῶν**,
2Th 3:6 ὀνόματι τοῦ κυρίου **[ἡμῶν]** Ἰησοῦ Χριστοῦ στέλλεσθαι
2Th 3:6 ἣν παρελάβοσαν παρ' **ἡμῶν**.
2Th 3:7 πῶς δεῖ μιμεῖσθαι **ἡμᾶς**,
2Th 3:9 εἰς τὸ μιμεῖσθαι **ἡμᾶς**.
2Th 3:14 ὑπακούει τῷ λόγῳ **ἡμῶν** διὰ τῆς ἐπιστολῆς,
2Th 3:18 χάρις τοῦ κυρίου **ἡμῶν** Ἰησοῦ Χριστοῦ μετὰ

ἡμέρα (*hēmera*; 3/389) *day*
2Th 1:10 ἐν τῇ **ἡμέρᾳ** ἐκείνῃ.
2Th 2:2 ὅτι ἐνέστηκεν ἡ **ἡμέρα** τοῦ κυρίου·
2Th 3:8 μόχθῳ νυκτὸς καὶ **ἡμέρας** ἐργαζόμενοι πρὸς

ἡσυχία (*hēsychia*; 1/4) *silence*
2Th 3:12 ἵνα μετὰ **ἡσυχίας** ἐργαζόμενοι τὸν ἑαυτῶν

θαυμάζω (*thaumazō*; 1/43) *marvel*
2Th 1:10 ἁγίοις αὐτοῦ καὶ **θαυμασθῆναι** ἐν πᾶσιν

θέλω (*thelō*; 1/208) *wish, want*
2Th 3:10 εἴ τις οὐ **θέλει** ἐργάζεσθαι μηδὲ ἐσθιέτω.

θεός (*theos*; 18/1316[1317]) *God*
2Th 1:1 ἐκκλησίᾳ Θεσσαλονικέων ἐν **θεῷ** πατρὶ ἡμῶν
2Th 1:2 καὶ εἰρήνη ἀπὸ **θεοῦ** πατρὸς [ἡμῶν] καὶ
2Th 1:3 Εὐχαριστεῖν ὀφείλομεν τῷ **θεῷ** πάντοτε περὶ ὑμῶν,
2Th 1:4 ταῖς ἐκκλησίαις τοῦ **θεοῦ** ὑπὲρ τῆς ὑπομονῆς
2Th 1:5 δικαίας κρίσεως τοῦ **θεοῦ** εἰς τὸ καταξιωθῆναι
2Th 1:5 τῆς βασιλείας τοῦ **θεοῦ**,
2Th 1:6 εἴπερ δίκαιον παρὰ **θεῷ** ἀνταποδοῦναι τοῖς θλίβουσιν
2Th 1:8 τοῖς μὴ εἰδόσιν **θεὸν** καὶ τοῖς μὴ
2Th 1:11 τῆς κλήσεως ὁ **θεὸς** ἡμῶν καὶ πληρώσῃ
2Th 1:12 τὴν χάριν τοῦ **θεοῦ** ἡμῶν καὶ κυρίου
2Th 2:4 ἐπὶ πάντα λεγόμενον **θεὸν** ἢ σέβασμα,
2Th 2:4 τὸν ναὸν τοῦ **θεοῦ** καθίσαι ἀποδεικνύντα ἑαυτὸν
2Th 2:4 ἑαυτὸν ὅτι ἔστιν **θεός**.
2Th 2:11 πέμπει αὐτοῖς ὁ **θεὸς** ἐνέργειαν πλάνης εἰς
2Th 2:13 ὀφείλομεν εὐχαριστεῖν τῷ **θεῷ** πάντοτε περὶ ὑμῶν,
2Th 2:13 εἵλατο ὑμᾶς ὁ **θεὸς** ἀπαρχὴν εἰς σωτηρίαν
2Th 2:16 Χριστὸς καὶ [ὁ] **θεὸς** ὁ πατὴρ ἡμῶν
2Th 3:5 τὴν ἀγάπην τοῦ **θεοῦ** καὶ εἰς τὴν

Θεσσαλονικεύς (*Thessalonikeus*; 1/4) *a Thessalonian*
2Th 1:1 Τιμόθεος τῇ ἐκκλησίᾳ **Θεσσαλονικέων** ἐν θεῷ πατρὶ

θλίβω (*thlibō*; 2/10) *press hard*
2Th 1:6 θεῷ ἀνταποδοῦναι τοῖς **θλίβουσιν** ὑμᾶς θλῖψιν
2Th 1:7 καὶ ὑμῖν τοῖς **θλιβομένοις** ἄνεσιν μεθ' ἡμῶν,

θλῖψις (*thlipsis*; 2/45) *tribulation, trouble*
2Th 1:4 ὑμῶν καὶ ταῖς **θλίψεσιν** αἷς ἀνέχεσθε,
2Th 1:6 τοῖς θλίβουσιν ὑμᾶς **θλῖψιν**

θροέω (*throeō*; 1/3) *be alarmed or startled*
2Th 2:2 τοῦ νοὸς μηδὲ **θροεῖσθαι**,

᾿Ιησοῦς (*Iēsous*; 13/911[917]) *Jesus*
2Th 1:1 ἡμῶν καὶ κυρίῳ **᾿Ιησοῦ** Χριστῷ,
2Th 1:2 [ἡμῶν] καὶ κυρίου **᾿Ιησοῦ** Χριστοῦ.
2Th 1:7 ἀποκαλύψει τοῦ κυρίου **᾿Ιησοῦ** ἀπ᾿ οὐρανοῦ
2Th 1:8 τοῦ κυρίου ἡμῶν **᾿Ιησοῦ**,
2Th 1:12 τοῦ κυρίου ἡμῶν **᾿Ιησοῦ** ἐν ὑμῖν,
2Th 1:12 ἡμῶν καὶ κυρίου **᾿Ιησοῦ** Χριστοῦ.
2Th 2:1 τοῦ κυρίου ἡμῶν **᾿Ιησοῦ** Χριστοῦ καὶ ἡμῶν
2Th 2:8 ὃν ὁ κύριος **[᾿Ιησοῦς]** ἀνελεῖ τῷ πνεύματι
2Th 2:14 τοῦ κυρίου ἡμῶν **᾿Ιησοῦ** Χριστοῦ.
2Th 2:16 ὁ κύριος ἡμῶν **᾿Ιησοῦς** Χριστὸς καὶ [ὁ]
2Th 3:6 τοῦ κυρίου [ἡμῶν] **᾿Ιησοῦ** Χριστοῦ στέλλεσθαι ὑμᾶς
2Th 3:12 παρακαλοῦμεν ἐν κυρίῳ **᾿Ιησοῦ** Χριστῷ,
2Th 3:18 τοῦ κυρίου ἡμῶν **᾿Ιησοῦ** Χριστοῦ μετὰ πάντων

ἵνα (*hina*; 7/662[663]) *so that, in order that*
2Th 1:11 **ἵνα** ὑμᾶς ἀξιώσῃ τῆς
2Th 2:12 **ἵνα** κριθῶσιν πάντες οἱ
2Th 3:1 **ἵνα** ὁ λόγος τοῦ
2Th 3:2 καὶ **ἵνα** ῥυσθῶμεν ἀπὸ τῶν
2Th 3:9 ἀλλ᾿ **ἵνα** ἑαυτοὺς τύπον δῶμεν
2Th 3:12 **ἵνα** μετὰ ἡσυχίας ἐργαζόμενοι
2Th 3:14 **ἵνα** ἐντραπῇ·

ἰσχύς (*ischys*; 1/10) *strength*
2Th 1:9 τῆς δόξης τῆς **ἰσχύος** αὐτοῦ,

καθίζω (*kathizō*; 1/44[46]) *sit down*
2Th 2:4 ναὸν τοῦ θεοῦ **καθίσαι** ἀποδεικνύντα ἑαυτὸν

καθώς (*kathōs*; 2/182) *just as*
2Th 1:3 **καθὼς** ἄξιόν ἐστιν,
2Th 3:1 τρέχῃ καὶ δοξάζηται **καθὼς** καὶ πρὸς ὑμᾶς,

καιρός (*kairos*; 1/85) *time*
2Th 2:6 ἐν τῷ ἑαυτοῦ **καιρῷ**.

καλέω (*kaleō*; 1/148) *call*
2Th 2:14 εἰς ὃ [καὶ] **ἐκάλεσεν** ὑμᾶς διὰ τοῦ

καλοποιέω (*kalopoieō*; 1/1) *do what is good*
2Th 3:13 μὴ ἐγκακήσητε **καλοποιοῦντες**.

καρδία (*kardia*; 2/156) *heart*
2Th 2:17 παρακαλέσαι ὑμῶν τὰς **καρδίας** καὶ στηρίξαι ἐν
2Th 3:5 κατευθύναι ὑμῶν τὰς **καρδίας** εἰς τὴν ἀγάπην

κατά (*kata*; 4/472[473]) *according to, against*
2Th 1:12 **κατὰ** τὴν χάριν τοῦ
2Th 2:3 τις ὑμᾶς ἐξαπατήσῃ **κατὰ** μηδένα τρόπον.
2Th 2:9 ἐστιν ἡ παρουσία **κατ᾿** ἐνέργειαν τοῦ σατανᾶ
2Th 3:6 περιπατοῦντος καὶ μὴ **κατὰ** τὴν παράδοσιν ἣν

καταξιόω (*kataxioō*; 1/3) *count worthy*
2Th 1:5 θεοῦ εἰς τὸ **καταξιωθῆναι** ὑμᾶς τῆς βασιλείας

καταργέω (*katargeō*; 1/27) *render ineffective*
2Th 2:8 στόματος αὐτοῦ καὶ **καταργήσει** τῇ ἐπιφανείᾳ τῆς

κατευθύνω (*kateuthynō*; 1/3) *direct*
2Th 3:5 ῾Ο δὲ κύριος **κατευθύναι** ὑμῶν τὰς καρδίας

κατέχω (*katechō*; 2/17) *hold fast*
2Th 2:6 καὶ νῦν τὸ **κατέχον** οἴδατε εἰς τὸ
2Th 2:7 μόνον ὁ **κατέχων** ἄρτι ἕως ἐκ

κλῆσις (*klēsis*; 1/11) *call*
2Th 1:11 ὑμᾶς ἀξιώσῃ τῆς **κλήσεως** ὁ θεὸς ἡμῶν

κόπος (*kopos*; 1/18) *work*
2Th 3:8 ἀλλ᾿ ἐν **κόπῳ** καὶ μόχθῳ νυκτὸς

κρατέω (*krateō*; 1/47) *hold*
2Th 2:15 στήκετε καὶ **κρατεῖτε** τὰς παραδόσεις ἃς

κρίνω (*krinō*; 1/114) *judge*
2Th 2:12 ἵνα **κριθῶσιν** πάντες οἱ μὴ

κρίσις (*krisis*; 1/47) *judgment*
2Th 1:5 ἔνδειγμα τῆς δικαίας **κρίσεως** τοῦ θεοῦ εἰς

κύριος (*kyrios*; 22/714[717]) *Lord, sir*
2Th 1:1 πατρὶ ἡμῶν καὶ **κυρίῳ** ᾿Ιησοῦ Χριστῷ,
2Th 1:2 πατρὸς [ἡμῶν] καὶ **κυρίου** ᾿Ιησοῦ Χριστοῦ.
2Th 1:7 τῇ ἀποκαλύψει τοῦ **κυρίου** ᾿Ιησοῦ ἀπ᾿ οὐρανοῦ
2Th 1:8 τῷ εὐαγγελίῳ τοῦ **κυρίου** ἡμῶν ᾿Ιησοῦ,
2Th 1:9 ἀπὸ προσώπου τοῦ **κυρίου** καὶ ἀπὸ τῆς
2Th 1:12 τὸ ὄνομα τοῦ **κυρίου** ἡμῶν ᾿Ιησοῦ ἐν
2Th 1:12 θεοῦ ἡμῶν καὶ **κυρίου** ᾿Ιησοῦ Χριστοῦ.
2Th 2:1 τῆς παρουσίας τοῦ **κυρίου** ἡμῶν ᾿Ιησοῦ Χριστοῦ
2Th 2:2 ἡ ἡμέρα τοῦ **κυρίου**·
2Th 2:8 ὃν ὁ **κύριος** [᾿Ιησοῦς] ἀνελεῖ τῷ
2Th 2:13 ἀδελφοὶ ἠγαπημένοι ὑπὸ **κυρίου**,
2Th 2:14 περιποίησιν δόξης τοῦ **κυρίου** ἡμῶν ᾿Ιησοῦ Χριστοῦ.
2Th 2:16 Αὐτὸς δὲ ὁ **κύριος** ἡμῶν ᾿Ιησοῦς Χριστὸς
2Th 3:1 ὁ λόγος τοῦ **κυρίου** τρέχῃ καὶ δοξάζηται
2Th 3:3 δέ ἐστιν ὁ **κύριος**,
2Th 3:4 πεποίθαμεν δὲ ἐν **κυρίῳ** ἐφ᾿ ὑμᾶς,
2Th 3:5 ῾Ο δὲ **κύριος** κατευθύναι ὑμῶν τὰς
2Th 3:6 ἐν ὀνόματι τοῦ **κυρίου** [ἡμῶν] ᾿Ιησοῦ Χριστοῦ
2Th 3:12 καὶ παρακαλοῦμεν ἐν **κυρίῳ** ᾿Ιησοῦ Χριστῷ,
2Th 3:16 Αὐτὸς δὲ ὁ **κύριος** τῆς εἰρήνης δῴη
2Th 3:16 ὁ **κύριος** μετὰ πάντων ὑμῶν.
2Th 3:18 ῾Η χάρις τοῦ **κυρίου** ἡμῶν ᾿Ιησοῦ Χριστοῦ

λέγω *(legō; 2/2345[2353]) say*
2Th 2:4 ὑπεραιρόμενος ἐπὶ πάντα **λεγόμενον** θεὸν ἢ σέβασμα,
2Th 2:5 πρὸς ὑμᾶς ταῦτα **ἔλεγον** ὑμῖν;

λόγος *(logos; 5/329[330]) word*
2Th 2:2 πνεύματος μήτε διὰ **λόγου** μήτε δι' ἐπιστολῆς
2Th 2:15 ἐδιδάχθητε εἴτε διὰ **λόγου** εἴτε δι' ἐπιστολῆς
2Th 2:17 παντὶ ἔργῳ καὶ **λόγῳ** ἀγαθῷ.
2Th 3:1 ἵνα ὁ **λόγος** τοῦ κυρίου τρέχῃ
2Th 3:14 οὐχ ὑπακούει τῷ **λόγῳ** ἡμῶν διὰ τῆς

λοιπός *(loipos; 1/54[55]) rest*
2Th 3:1 Τὸ **λοιπὸν** προσεύχεσθε,

μαρτύριον *(martyrion; 1/19) testimony*
2Th 1:10 ὅτι ἐπιστεύθη τὸ **μαρτύριον** ἡμῶν ἐφ' ὑμᾶς,

μέσος *(mesos; 1/56[58]) middle*
2Th 2:7 ἄρτι ἕως ἐκ **μέσου** γένηται.

μετά *(meta; 5/465[469]) with, after*
2Th 1:7 τοῖς θλιβομένοις ἄνεσιν **μεθ'** ἡμῶν,
2Th 1:7 Ἰησοῦ ἀπ' οὐρανοῦ **μετ'** ἀγγέλων δυνάμεως αὐτοῦ
2Th 3:12 ἵνα **μετὰ** ἡσυχίας ἐργαζόμενοι τὸν
2Th 3:16 ὁ κύριος **μετὰ** πάντων ὑμῶν.
2Th 3:18 ἡμῶν Ἰησοῦ Χριστοῦ **μετὰ** πάντων ὑμῶν.

μή *(mē; 11/1041[1042]) not*
2Th 1:8 διδόντος ἐκδίκησιν τοῖς **μὴ** εἰδόσιν θεὸν
2Th 1:8 θεὸν καὶ τοῖς **μὴ** ὑπακούουσιν τῷ εὐαγγελίῳ
2Th 2:2 εἰς τὸ **μὴ** ταχέως σαλευθῆναι ὑμᾶς
2Th 2:3 **Μή** τις ὑμᾶς ἐξαπατήσῃ
2Th 2:3 ὅτι ἐὰν **μὴ** ἔλθῃ ἡ ἀποστασία
2Th 2:12 κριθῶσιν πάντες οἱ **μὴ** πιστεύσαντες τῇ ἀληθείᾳ
2Th 3:6 ἀτάκτως περιπατοῦντος καὶ **μὴ** κατὰ τὴν παράδοσιν
2Th 3:8 ἐργαζόμενοι πρὸς τὸ **μὴ** ἐπιβαρῆσαί τινα ὑμῶν·
2Th 3:13 **μὴ** ἐγκακήσητε καλοποιοῦντες.
2Th 3:14 τοῦτον σημειοῦσθε **μὴ** συναναμίγνυσθαι αὐτῷ,
2Th 3:15 καὶ **μὴ** ὡς ἐχθρὸν ἡγεῖσθε,

μηδέ *(mēde; 2/56) nor*
2Th 2:2 ἀπὸ τοῦ νοὸς **μηδὲ** θροεῖσθαι,
2Th 3:10 οὐ θέλει ἐργάζεσθαι **μηδὲ** ἐσθιέτω.

μηδείς *(mēdeis; 2/90) no one*
2Th 2:3 ὑμᾶς ἐξαπατήσῃ κατὰ **μηδένα** τρόπον.
2Th 3:11 ἐν ὑμῖν ἀτάκτως **μηδὲν** ἐργαζομένους ἀλλὰ περιεργαζομένους·

μήτε *(mēte; 3/34) and not*
2Th 2:2 **μήτε** διὰ πνεύματος μήτε
2Th 2:2 μήτε διὰ πνεύματος **μήτε** διὰ λόγου μήτε
2Th 2:2 μήτε διὰ λόγου **μήτε** δι' ἐπιστολῆς ὡς

μιμέομαι *(mimeomai; 2/4) imitate*
2Th 3:7 οἴδατε πῶς δεῖ **μιμεῖσθαι** ἡμᾶς,
2Th 3:9 ὑμῖν εἰς τὸ **μιμεῖσθαι** ἡμᾶς.

μνημονεύω *(mnēmoneuō; 1/21) remember*
2Th 2:5 Οὐ **μνημονεύετε** ὅτι ἔτι ὢν

μόνος *(monos; 1/113[114]) only*
2Th 2:7 **μόνον** ὁ κατέχων ἄρτι

μόχθος *(mochthos; 1/3) labor*
2Th 3:8 ἐν κόπῳ καὶ **μόχθῳ** νυκτὸς καὶ ἡμέρας

μυστήριον *(mystērion; 1/28) secret, mystery*
2Th 2:7 τὸ γὰρ **μυστήριον** ἤδη ἐνεργεῖται τῆς

ναός *(naos; 1/45) temple*
2Th 2:4 αὐτὸν εἰς τὸν **ναὸν** τοῦ θεοῦ καθίσαι

νουθετέω *(noutheteō; 1/8) instruct*
2Th 3:15 ἀλλὰ **νουθετεῖτε** ὡς ἀδελφόν.

νοῦς *(nous; 1/24) mind*
2Th 2:2 ὑμᾶς ἀπὸ τοῦ **νοὸς** μηδὲ θροεῖσθαι,

νῦν *(nyn; 1/146[147]) now*
2Th 2:6 καὶ **νῦν** τὸ κατέχον οἴδατε

νύξ *(nyx; 1/61) night*
2Th 3:8 κόπῳ καὶ μόχθῳ **νυκτὸς** καὶ ἡμέρας ἐργαζόμενοι

οἶδα *(oida; 3/318) know*
2Th 1:8 ἐκδίκησιν τοῖς μὴ **εἰδόσιν** θεὸν καὶ τοῖς
2Th 2:6 νῦν τὸ κατέχον **οἴδατε** εἰς τὸ ἀποκαλυφθῆναι
2Th 3:7 Αὐτοὶ γὰρ **οἴδατε** πῶς δεῖ μιμεῖσθαι

ὄλεθρος *(olethros; 1/4) destruction*
2Th 1:9 οἵτινες δίκην τίσουσιν **ὄλεθρον** αἰώνιον ἀπὸ προσώπου

ὄνομα *(onoma; 2/229[230]) name*
2Th 1:12 ὅπως ἐνδοξασθῇ τὸ **ὄνομα** τοῦ κυρίου ἡμῶν
2Th 3:6 ἐν **ὀνόματι** τοῦ κυρίου [ἡμῶν]

ὅπως *(hopōs; 1/53) that*
2Th 1:12 **ὅπως** ἐνδοξασθῇ τὸ ὄνομα

ὅς *(hos; 12/1406[1407]) who*
2Th 1:4 καὶ ταῖς θλίψεσιν **αἷς** ἀνέχεσθε,
2Th 1:5 ὑπὲρ **ἧς** καὶ πάσχετε,
2Th 1:11 Εἰς **ὃ** καὶ προσευχόμεθα πάντοτε
2Th 2:8 **ὃν** ὁ κύριος [Ἰησοῦς]
2Th 2:9 **οὗ** ἐστιν ἡ παρουσία
2Th 2:10 ἀνθ' **ὧν** τὴν ἀγάπην τῆς
2Th 2:14 εἰς **ὃ** [καὶ] ἐκάλεσεν ὑμᾶς
2Th 2:15 κρατεῖτε τὰς παραδόσεις **ἃς** ἐδιδάχθητε εἴτε
2Th 3:3 **ὃς** στηρίξει ὑμᾶς καὶ

2Th 3:4 ὅτι **ἃ** παραγγέλλομεν [καὶ] ποιεῖτε
2Th 3:6 κατὰ τὴν παράδοσιν **ἣν** παρελάβοσαν παρ' ἡμῶν.
2Th 3:17 **ὅ** ἐστιν σημεῖον ἐν

ὅστις (*hostis*; 1/144) *who*
2Th 1:9 **οἵτινες** δίκην τίσουσιν ὄλεθρον

ὅταν (*hotan*; 1/123) *when*
2Th 1:10 **ὅταν** ἔλθῃ ἐνδοξασθῆναι ἐν

ὅτε (*hote*; 1/103) *when*
2Th 3:10 καὶ γὰρ **ὅτε** ἦμεν πρὸς ὑμᾶς,

ὅτι (*hoti*; 11/1294[1296]) *because, that*
2Th 1:3 **ὅτι** ὑπεραυξάνει ἡ πίστις
2Th 1:10 **ὅτι** ἐπιστεύθη τὸ μαρτύριον
2Th 2:2 ὡς **ὅτι** ἐνέστηκεν ἡ ἡμέρα
2Th 2:3 **ὅτι** ἐὰν μὴ ἔλθῃ
2Th 2:4 καθίσαι ἀποδεικνύντα ἑαυτὸν **ὅτι** ἔστιν θεός.
2Th 2:5 Οὐ μνημονεύετε **ὅτι** ἔτι ὢν πρὸς
2Th 2:13 **ὅτι** εἵλατο ὑμᾶς ὁ
2Th 3:4 **ὅτι** ἃ παραγγέλλομεν [καὶ]
2Th 3:7 **ὅτι** οὐκ ἠτακτήσαμεν ἐν
2Th 3:9 οὐχ **ὅτι** οὐκ ἔχομεν ἐξουσίαν,
2Th 3:10 **ὅτι** εἴ τις οὐ

οὐ (*ou*; 8/1621[1623]) *not*
2Th 2:5 **Οὐ** μνημονεύετε ὅτι ἔτι
2Th 2:10 ἀγάπην τῆς ἀληθείας **οὐκ** ἐδέξαντο εἰς τὸ
2Th 3:2 **οὐ** γὰρ πάντων ἡ
2Th 3:7 ὅτι **οὐκ** ἠτακτήσαμεν ἐν ὑμῖν
2Th 3:9 **οὐχ** ὅτι οὐκ ἔχομεν
2Th 3:9 οὐχ ὅτι **οὐκ** ἔχομεν ἐξουσίαν,
2Th 3:10 ὅτι εἴ τις **οὐ** θέλει ἐργάζεσθαι μηδὲ
2Th 3:14 Εἰ δέ τις **οὐχ** ὑπακούει τῷ λόγῳ

οὐδέ (*oude*; 1/141[143]) *neither, nor*
2Th 3:8 **οὐδὲ** δωρεὰν ἄρτον ἐφάγομεν

οὖν (*oun*; 1/497[499]) *therefore*
2Th 2:15 Ἄρα **οὖν**,

οὐρανός (*ouranos*; 1/272[273]) *heaven*
2Th 1:7 κυρίου Ἰησοῦ ἀπ' **οὐρανοῦ** μετ' ἀγγέλων δυνάμεως

οὗτος (*houtos*; 4/1382[1387]) *this*
2Th 2:5 ὢν πρὸς ὑμᾶς **ταῦτα** ἔλεγον ὑμῖν;
2Th 2:11 καὶ διὰ **τοῦτο** πέμπει αὐτοῖς ὁ
2Th 3:10 **τοῦτο** παρηγγέλλομεν ὑμῖν,
2Th 3:14 **τοῦτον** σημειοῦσθε μὴ συναναμίγνυσθαι

οὕτως (*houtōs*; 1/208) *in this way*
2Th 3:17 **οὕτως** γράφω.

ὀφείλω (*opheilō*; 2/35) *ought to*
2Th 1:3 Εὐχαριστεῖν **ὀφείλομεν** τῷ θεῷ πάντοτε
2Th 2:13 ἡμεῖς δὲ **ὀφείλομεν** εὐχαριστεῖν τῷ θεῷ

πάντοτε (*pantote*; 3/41) *always*
2Th 1:3 ὀφείλομεν τῷ θεῷ **πάντοτε** περὶ ὑμῶν,
2Th 1:11 ὃ καὶ προσευχόμεθα **πάντοτε** περὶ ὑμῶν,
2Th 2:13 εὐχαριστεῖν τῷ θεῷ **πάντοτε** περὶ ὑμῶν,

παρά (*para*; 3/193[194]) *from, with, beside*
2Th 1:6 εἴπερ δίκαιον **παρὰ** θεῷ ἀνταποδοῦναι τοῖς
2Th 3:6 ἣν παρελάβοσαν **παρ'** ἡμῶν.
2Th 3:8 δωρεὰν ἄρτον ἐφάγομεν **παρά** τινος,

παραγγέλλω (*parangellō*; 4/31[32]) *command*
2Th 3:4 ὅτι ἃ **παραγγέλλομεν** [καὶ] ποιεῖτε καὶ
2Th 3:6 **Παραγγέλλομεν** δὲ ὑμῖν,
2Th 3:10 τοῦτο **παρηγγέλλομεν** ὑμῖν,
2Th 3:12 τοῖς δὲ τοιούτοις **παραγγέλλομεν** καὶ παρακαλοῦμεν ἐν

παράδοσις (*paradosis*; 2/13) *tradition*
2Th 2:15 καὶ κρατεῖτε τὰς **παραδόσεις** ἃς ἐδιδάχθητε εἴτε
2Th 3:6 μὴ κατὰ τὴν **παράδοσιν** ἣν παρελάβοσαν

παρακαλέω (*parakaleō*; 2/109) *encourage, ask*
2Th 2:17 **παρακαλέσαι** ὑμῶν τὰς καρδίας
2Th 3:12 τοιούτοις παραγγέλλομεν καὶ **παρακαλοῦμεν** ἐν κυρίῳ Ἰησοῦ

παράκλησις (*paraklēsis*; 1/29) *encouragement*
2Th 2:16 ἡμᾶς καὶ δοὺς **παράκλησιν** αἰωνίαν καὶ ἐλπίδα

παραλαμβάνω (*paralambanō*; 1/49) *take, receive*
2Th 3:6 τὴν παράδοσιν ἣν **παρελάβοσαν** παρ' ἡμῶν.

παρουσία (*parousia*; 3/24) *coming*
2Th 2:1 ὑπὲρ τῆς **παρουσίας** τοῦ κυρίου ἡμῶν
2Th 2:8 τῇ ἐπιφανείᾳ τῆς **παρουσίας** αὐτοῦ,
2Th 2:9 οὗ ἐστιν ἡ **παρουσία** κατ' ἐνέργειαν τοῦ

πᾶς (*pas*; 16/1240[1243]) *each, every (pl. all)*
2Th 1:3 ἀγάπη ἑνὸς ἑκάστου **πάντων** ὑμῶν εἰς ἀλλήλους,
2Th 1:4 καὶ πίστεως ἐν **πᾶσιν** τοῖς διωγμοῖς ὑμῶν
2Th 1:10 καὶ θαυμασθῆναι ἐν **πᾶσιν** τοῖς πιστεύσασιν,
2Th 1:11 ἡμῶν καὶ πληρώσῃ **πᾶσαν** εὐδοκίαν ἀγαθωσύνης καὶ
2Th 2:4 καὶ ὑπεραιρόμενος ἐπὶ **πάντα** λεγόμενον θεὸν ἢ
2Th 2:9 τοῦ σατανᾶ ἐν **πάσῃ** δυνάμει καὶ σημείοις
2Th 2:10 καὶ ἐν **πάσῃ** ἀπάτῃ ἀδικίας τοῖς
2Th 2:12 ἵνα κριθῶσιν **πάντες** οἱ μὴ πιστεύσαντες
2Th 2:17 καὶ στηρίξαι ἐν **παντὶ** ἔργῳ καὶ λόγῳ
2Th 3:2 οὐ γὰρ **πάντων** ἡ πίστις.
2Th 3:6 στέλλεσθαι ὑμᾶς ἀπὸ **παντὸς** ἀδελφοῦ ἀτάκτως περιπατοῦντος
2Th 3:16 τὴν εἰρήνην διὰ **παντὸς** ἐν παντὶ τρόπῳ.
2Th 3:16 διὰ παντὸς ἐν **παντὶ** τρόπῳ.
2Th 3:16 ὁ κύριος μετὰ **πάντων** ὑμῶν.
2Th 3:17 ἐστιν σημεῖον ἐν **πάσῃ** ἐπιστολῇ·

2Th 3:18 Ἰησοῦ Χριστοῦ μετὰ **πάντων** ὑμῶν.

πάσχω (*paschō*; 1/42) *suffer*
2Th 1:5 ὑπὲρ ἧς καὶ **πάσχετε**,

πατήρ (*patēr*; 3/413) *father*
2Th 1:1 Θεσσαλονικέων ἐν θεῷ **πατρὶ** ἡμῶν καὶ κυρίῳ
2Th 1:2 εἰρήνη ἀπὸ θεοῦ **πατρὸς** [ἡμῶν] καὶ κυρίου
2Th 2:16 [ὁ] θεὸς ὁ **πατὴρ** ἡμῶν ὁ ἀγαπήσας

Παῦλος (*Paulos*; 2/158) *Paul*
2Th 1:1 **Παῦλος** καὶ Σιλουανὸς καὶ
2Th 3:17 τῇ ἐμῇ χειρὶ **Παύλου**,

πείθω (*peithō*; 1/52) *persuade*
2Th 3:4 **πεποίθαμεν** δὲ ἐν κυρίῳ

πέμπω (*pempō*; 1/79) *send*
2Th 2:11 καὶ διὰ τοῦτο **πέμπει** αὐτοῖς ὁ θεὸς

περί (*peri*; 4/332[333]) *concerning, around*
2Th 1:3 τῷ θεῷ πάντοτε **περὶ** ὑμῶν,
2Th 1:11 καὶ προσευχόμεθα πάντοτε **περὶ** ὑμῶν,
2Th 2:13 τῷ θεῷ πάντοτε **περὶ** ὑμῶν,
2Th 3:1 **περὶ** ἡμῶν,

περιεργάζομαι (*periergazomai*; 1/1) *be a busybody*
2Th 3:11 μηδὲν ἐργαζομένους ἀλλὰ **περιεργαζομένους**·

περιπατέω (*peripateō*; 2/94[95]) *walk*
2Th 3:6 παντὸς ἀδελφοῦ ἀτάκτως **περιπατοῦντος** καὶ μὴ κατὰ
2Th 3:11 Ἀκούομεν γάρ τινας **περιπατοῦντας** ἐν ὑμῖν ἀτάκτως

περιποίησις (*peripoiēsis*; 1/5) *possession*
2Th 2:14 εὐαγγελίου ἡμῶν εἰς **περιποίησιν** δόξης τοῦ κυρίου

πιστεύω (*pisteuō*; 4/237[241]) *believe*
2Th 1:10 ἐν πᾶσιν τοῖς **πιστεύσασιν**,
2Th 1:10 ὅτι **ἐπιστεύθη** τὸ μαρτύριον ἡμῶν
2Th 2:11 πλάνης εἰς τὸ **πιστεῦσαι** αὐτοὺς τῷ ψεύδει,
2Th 2:12 πάντες οἱ μὴ **πιστεύσαντες** τῇ ἀληθείᾳ ἀλλὰ

πίστις (*pistis*; 5/243) *faith*
2Th 1:3 ὅτι ὑπεραυξάνει ἡ **πίστις** ὑμῶν καὶ πλεονάζει
2Th 1:4 ὑπομονῆς ὑμῶν καὶ **πίστεως** ἐν πᾶσιν τοῖς
2Th 1:11 ἀγαθωσύνης καὶ ἔργον **πίστεως** ἐν δυνάμει,
2Th 2:13 ἁγιασμῷ πνεύματος καὶ **πίστει** ἀληθείας,
2Th 3:2 γὰρ πάντων ἡ **πίστις**.

πιστός (*pistos*; 1/67) *believing*
2Th 3:3 **Πιστὸς** δέ ἐστιν ὁ

πλάνη (*planē*; 1/10) *error*
2Th 2:11 ὁ θεὸς ἐνέργειαν **πλάνης** εἰς τὸ πιστεῦσαι

πλεονάζω (*pleonazō*; 1/9) *increase*
2Th 1:3 πίστις ὑμῶν καὶ **πλεονάζει** ἡ ἀγάπη ἑνὸς

πληρόω (*plēroō*; 1/86) *fulfill*
2Th 1:11 θεὸς ἡμῶν καὶ **πληρώσῃ** πᾶσαν εὐδοκίαν ἀγαθωσύνης

πνεῦμα (*pneuma*; 3/379) *Spirit, spirit*
2Th 2:2 μήτε διὰ **πνεύματος** μήτε διὰ λόγου
2Th 2:8 [Ἰησοῦς] ἀνελεῖ τῷ **πνεύματι** τοῦ στόματος αὐτοῦ
2Th 2:13 σωτηρίαν ἐν ἁγιασμῷ **πνεύματος** καὶ πίστει ἀληθείας,

ποιέω (*poieō*; 2/568) *do, make*
2Th 3:4 ἃ παραγγέλλομεν [καὶ] **ποιεῖτε** καὶ ποιήσετε.
2Th 3:4 [καὶ] ποιεῖτε καὶ **ποιήσετε**.

πονηρός (*ponēros*; 2/78) *evil*
2Th 3:2 τῶν ἀτόπων καὶ **πονηρῶν** ἀνθρώπων·
2Th 3:3 φυλάξει ἀπὸ τοῦ **πονηροῦ**.

πρός (*pros*; 4/699[700]) *to, toward, at*
2Th 2:5 ὅτι ἔτι ὢν **πρὸς** ὑμᾶς ταῦτα ἔλεγον
2Th 3:1 δοξάζηται καθὼς καὶ **πρὸς** ὑμᾶς,
2Th 3:8 καὶ ἡμέρας ἐργαζόμενοι **πρὸς** τὸ μὴ ἐπιβαρῆσαί
2Th 3:10 γὰρ ὅτε ἦμεν **πρὸς** ὑμᾶς,

προσεύχομαι (*proseuchomai*; 2/85) *pray*
2Th 1:11 Εἰς ὃ καὶ **προσευχόμεθα** πάντοτε περὶ ὑμῶν,
2Th 3:1 Τὸ λοιπὸν **προσεύχεσθε**,

πρόσωπον (*prosōpon*; 1/76) *face*
2Th 1:9 ὄλεθρον αἰώνιον ἀπὸ **προσώπου** τοῦ κυρίου

πρῶτος (*prōtos*; 1/152[155]) *first*
2Th 2:3 ἔλθῃ ἡ ἀποστασία **πρῶτον** καὶ ἀποκαλυφθῇ ὁ

πῦρ (*pyr*; 1/71) *fire*
2Th 1:8 ἐν **πυρὶ** φλογός,

πῶς (*pōs*; 1/103) *how*
2Th 3:7 Αὐτοὶ γὰρ οἴδατε **πῶς** δεῖ μιμεῖσθαι ἡμᾶς,

ῥύομαι (*rhyomai*; 1/17) *save, rescue, deliver*
2Th 3:2 καὶ ἵνα **ῥυσθῶμεν** ἀπὸ τῶν ἀτόπων

σαλεύω (*saleuō*; 1/15) *shake*
2Th 2:2 τὸ μὴ ταχέως **σαλευθῆναι** ὑμᾶς ἀπὸ τοῦ

σατανᾶς (*satanas*; 1/36) *Satan*
2Th 2:9 κατ' ἐνέργειαν τοῦ **σατανᾶ** ἐν πάσῃ δυνάμει

σέβασμα (*sebasma*; 1/2) *object of worship*
2Th 2:4 λεγόμενον θεὸν ἢ **σέβασμα**,

σημεῖον (*sēmeion*; 2/75[77]) *sign*
2Th 2:9 πάσῃ δυνάμει καὶ **σημείοις** καὶ τέρασιν ψεύδους
2Th 3:17 ὅ ἐστιν **σημεῖον** ἐν πάσῃ ἐπιστολῇ·

σημειόω (*sēmeioō*; 1/1) *take note of*
2Th 3:14 τοῦτον **σημειοῦσθε** μὴ συναναμίγνυσθαι αὐτῷ,

Σιλουανός (*Silouanos*; 1/4) *Silvanus*
2Th 1:1 Παῦλος καὶ **Σιλουανὸς** καὶ Τιμόθεος τῇ

στέλλω (*stellō*; 1/2) *try to guard against or avoid*
2Th 3:6 [ἡμῶν] Ἰησοῦ Χριστοῦ **στέλλεσθαι** ὑμᾶς ἀπὸ παντὸς

στήκω (*stēkō*; 1/9) *stand*
2Th 2:15 **στήκετε** καὶ κρατεῖτε τὰς

στηρίζω (*stērizō*; 2/13) *strengthen*
2Th 2:17 τὰς καρδίας καὶ **στηρίξαι** ἐν παντὶ ἔργῳ
2Th 3:3 ὃς **στηρίξει** ὑμᾶς καὶ φυλάξει

στόμα (*stoma*; 1/78) *mouth*
2Th 2:8 τῷ πνεύματι τοῦ **στόματος** αὐτοῦ καὶ καταργήσει

συναναμίγνυμι (*synanamignymi*; 1/3) *associate with*
2Th 3:14 τοῦτον σημειοῦσθε μὴ **συναναμίγνυσθαι** αὐτῷ,

σῴζω (*sōzō*; 1/105[106]) *save, preserve*
2Th 2:10 ἐδέξαντο εἰς τὸ **σωθῆναι** αὐτούς.

σωτηρία (*sōtēria*; 1/45[46]) *salvation*
2Th 2:13 θεὸς ἀπαρχὴν εἰς **σωτηρίαν** ἐν ἁγιασμῷ πνεύματος

ταχέως (*tacheōs*; 1/15) *quickly*
2Th 2:2 εἰς τὸ μὴ **ταχέως** σαλευθῆναι ὑμᾶς ἀπὸ

τέρας (*teras*; 1/16) *wonder*
2Th 2:9 καὶ σημείοις καὶ **τέρασιν** ψεύδους

Τιμόθεος (*Timotheos*; 1/24) *Timothy*
2Th 1:1 καὶ Σιλουανὸς καὶ **Τιμόθεος** τῇ ἐκκλησίᾳ Θεσσαλονικέων

τίνω (*tinō*; 1/1) *undergo*
2Th 1:9 οἵτινες δίκην **τίσουσιν** ὄλεθρον αἰώνιον

τις (*tis*; 6/542[543]) *anyone, anything*
2Th 2:3 Μή **τις** ὑμᾶς ἐξαπατήσῃ κατὰ
2Th 3:8 ἄρτον ἐφάγομεν παρά **τινος**,
2Th 3:8 τὸ μὴ ἐπιβαρῆσαί **τινα** ὑμῶν·
2Th 3:10 ὅτι εἴ **τις** οὐ θέλει ἐργάζεσθαι
2Th 3:11 Ἀκούομεν γάρ **τινας** περιπατοῦντας ἐν ὑμῖν
2Th 3:14 Εἰ δέ **τις** οὐχ ὑπακούει τῷ

τοιοῦτος (*toioutos*; 1/56[57]) *such*
2Th 3:12 τοῖς δὲ **τοιούτοις** παραγγέλλομεν καὶ παρακαλοῦμεν

τότε (*tote*; 1/160) *then*
2Th 2:8 καὶ **τότε** ἀποκαλυφθήσεται ὁ ἄνομος,

τρέχω (*trechō*; 1/20) *run*
2Th 3:1 λόγος τοῦ κυρίου **τρέχῃ** καὶ δοξάζηται καθὼς

τρόπος (*tropos*; 2/13) *way*
2Th 2:3 ἐξαπατήσῃ κατὰ μηδένα **τρόπον**.
2Th 3:16 παντὸς ἐν παντὶ **τρόπῳ**.

τύπος (*typos*; 1/15) *pattern, type*
2Th 3:9 ἀλλ' ἵνα ἑαυτοὺς **τύπον** δῶμεν ὑμῖν εἰς

υἱός (*huios*; 1/377) *son*
2Th 2:3 ὁ **υἱὸς** τῆς ἀπωλείας,

ὑμεῖς (*hymeis*; 40/1832) *you (pl.)*
2Th 1:2 χάρις **ὑμῖν** καὶ εἰρήνη ἀπὸ
2Th 1:3 θεῷ πάντοτε περὶ **ὑμῶν**,
2Th 1:3 ὑπεραυξάνει ἡ πίστις **ὑμῶν** καὶ πλεονάζει ἡ
2Th 1:3 ἑνὸς ἑκάστου πάντων **ὑμῶν** εἰς ἀλλήλους,
2Th 1:4 αὐτοὺς ἡμᾶς ἐν **ὑμῖν** ἐγκαυχᾶσθαι ἐν ταῖς
2Th 1:4 ὑπὲρ τῆς ὑπομονῆς **ὑμῶν** καὶ πίστεως ἐν
2Th 1:4 πᾶσιν τοῖς διωγμοῖς **ὑμῶν** καὶ ταῖς θλίψεσιν
2Th 1:5 εἰς τὸ καταξιωθῆναι **ὑμᾶς** τῆς βασιλείας
2Th 1:6 ἀνταποδοῦναι τοῖς θλίβουσιν **ὑμᾶς** θλῖψιν
2Th 1:7 καὶ **ὑμῖν** τοῖς θλιβομένοις ἄνεσιν
2Th 1:10 μαρτύριον ἡμῶν ἐφ' **ὑμᾶς**,
2Th 1:11 προσευχόμεθα πάντοτε περὶ **ὑμῶν**,
2Th 1:11 ἵνα **ὑμᾶς** ἀξιώσῃ τῆς κλήσεως
2Th 1:12 ἡμῶν Ἰησοῦ ἐν **ὑμῖν**,
2Th 1:12 καὶ **ὑμεῖς** ἐν αὐτῷ,
2Th 2:1 Ἐρωτῶμεν δὲ **ὑμᾶς**,
2Th 2:2 μὴ ταχέως σαλευθῆναι **ὑμᾶς** ἀπὸ τοῦ νοὸς
2Th 2:3 Μή τις **ὑμᾶς** ἐξαπατήσῃ κατὰ μηδένα
2Th 2:5 ἔτι ὢν πρὸς **ὑμᾶς** ταῦτα ἔλεγον ὑμῖν;
2Th 2:5 ὑμᾶς ταῦτα ἔλεγον **ὑμῖν**;
2Th 2:13 θεῷ πάντοτε περὶ **ὑμῶν**,
2Th 2:13 ὅτι εἵλατο **ὑμᾶς** ὁ θεὸς ἀπαρχὴν
2Th 2:14 ὃ [καὶ] ἐκάλεσεν **ὑμᾶς** διὰ τοῦ εὐαγγελίου
2Th 2:17 παρακαλέσαι **ὑμῶν** τὰς καρδίας καὶ
2Th 3:1 καθὼς καὶ πρὸς **ὑμᾶς**,
2Th 3:3 ὃς στηρίξει **ὑμᾶς** καὶ φυλάξει ἀπὸ
2Th 3:4 ἐν κυρίῳ ἐφ' **ὑμᾶς**,
2Th 3:5 δὲ κύριος κατευθύναι **ὑμῶν** τὰς καρδίας εἰς
2Th 3:6 Παραγγέλλομεν δὲ **ὑμῖν**,
2Th 3:6 Ἰησοῦ Χριστοῦ στέλλεσθαι **ὑμᾶς** ἀπὸ παντὸς ἀδελφοῦ
2Th 3:7 οὐκ ἠτακτήσαμεν ἐν **ὑμῖν**
2Th 3:8 μὴ ἐπιβαρῆσαί τινα **ὑμῶν**·
2Th 3:9 ἑαυτοὺς τύπον δῶμεν **ὑμῖν** εἰς τὸ μιμεῖσθαι
2Th 3:10 ὅτε ἦμεν πρὸς **ὑμᾶς**,
2Th 3:10 τοῦτο παρηγγέλλομεν **ὑμῖν**,

2Th 3:11 τινας περιπατοῦντας ἐν **ὑμῖν** ἀτάκτως μηδὲν ἐργαζομένους
2Th 3:13 **ὑμεῖς** δέ,
2Th 3:16 τῆς εἰρήνης δῴη **ὑμῖν** τὴν εἰρήνην διὰ
2Th 3:16 κύριος μετὰ πάντων **ὑμῶν**.
2Th 3:18 Χριστοῦ μετὰ πάντων **ὑμῶν**.

ὑπακούω (*hypakouō*; 2/21) *obey*
2Th 1:8 καὶ τοῖς μὴ **ὑπακούουσιν** τῷ εὐαγγελίῳ τοῦ
2Th 3:14 δέ τις οὐχ **ὑπακούει** τῷ λόγῳ ἡμῶν

ὑπέρ (*hyper*; 3/150) *for, concerning, over*
2Th 1:4 ἐκκλησίαις τοῦ θεοῦ **ὑπὲρ** τῆς ὑπομονῆς ὑμῶν
2Th 1:5 **ὑπὲρ** ἧς καὶ πάσχετε,
2Th 2:1 **ὑπὲρ** τῆς παρουσίας τοῦ

ὑπεραίρω (*hyperairō*; 1/3) *be puffed up with pride*
2Th 2:4 ὁ ἀντικείμενος καὶ **ὑπεραιρόμενος** ἐπὶ πάντα λεγόμενον

ὑπεραυξάνω (*hyperauxanō*; 1/1) *grow abundantly*
2Th 1:3 ὅτι **ὑπεραυξάνει** ἡ πίστις ὑμῶν

ὑπό (*hypo*; 1/219[220]) *by, under*
2Th 2:13 ἀδελφοὶ ἠγαπημένοι **ὑπὸ** κυρίου,

ὑπομονή (*hypomonē*; 2/32) *endurance*
2Th 1:4 θεοῦ ὑπὲρ τῆς **ὑπομονῆς** ὑμῶν καὶ πίστεως
2Th 3:5 καὶ εἰς τὴν **ὑπομονὴν** τοῦ Χριστοῦ.

φλόξ (*phlox*; 1/7) *flame*
2Th 1:8 ἐν πυρὶ **φλογός**,

φυλάσσω (*phylassō*; 1/31) *guard*
2Th 3:3 στηρίξει ὑμᾶς καὶ **φυλάξει** ἀπὸ τοῦ πονηροῦ.

χάρις (*charis*; 4/155) *grace*
2Th 1:2 **χάρις** ὑμῖν καὶ εἰρήνη
2Th 1:12 κατὰ τὴν **χάριν** τοῦ θεοῦ ἡμῶν
2Th 2:16 ἐλπίδα ἀγαθὴν ἐν **χάριτι**,
2Th 3:18 Ἡ **χάρις** τοῦ κυρίου ἡμῶν

χείρ (*cheir*; 1/175[177]) *hand*
2Th 3:17 ἀσπασμὸς τῇ ἐμῇ **χειρὶ** Παύλου,

Χριστός (*Christos*; 10/529) *Christ*
2Th 1:1 καὶ κυρίῳ Ἰησοῦ **Χριστῷ**,
2Th 1:2 καὶ κυρίου Ἰησοῦ **Χριστοῦ**.
2Th 1:12 καὶ κυρίου Ἰησοῦ **Χριστοῦ**.
2Th 2:1 κυρίου ἡμῶν Ἰησοῦ **Χριστοῦ** καὶ ἡμῶν ἐπισυναγωγῆς
2Th 2:14 κυρίου ἡμῶν Ἰησοῦ **Χριστοῦ**.
2Th 2:16 κύριος ἡμῶν Ἰησοῦς **Χριστὸς** καὶ [ὁ] θεὸς
2Th 3:5 τὴν ὑπομονὴν τοῦ **Χριστοῦ**.
2Th 3:6 κυρίου [ἡμῶν] Ἰησοῦ **Χριστοῦ** στέλλεσθαι ὑμᾶς ἀπὸ
2Th 3:12 ἐν κυρίῳ Ἰησοῦ **Χριστῷ**,
2Th 3:18 κυρίου ἡμῶν Ἰησοῦ **Χριστοῦ** μετὰ πάντων ὑμῶν.

ψεῦδος (*pseudos*; 2/10) *lie*
2Th 2:9 σημείοις καὶ τέρασιν **ψεύδους**
2Th 2:11 πιστεῦσαι αὐτοὺς τῷ **ψεύδει**,

ὡς (*hōs*; 4/503[504]) *as*
2Th 2:2 μήτε δι᾽ ἐπιστολῆς **ὡς** δι᾽ ἡμῶν,
2Th 2:2 **ὡς** ὅτι ἐνέστηκεν ἡ
2Th 3:15 καὶ μὴ **ὡς** ἐχθρὸν ἡγεῖσθε,
2Th 3:15 ἀλλὰ νουθετεῖτε **ὡς** ἀδελφόν.

ὥστε (*hōste*; 2/83) *so that*
2Th 1:4 **ὥστε** αὐτοὺς ἡμᾶς ἐν
2Th 2:4 **ὥστε** αὐτὸν εἰς τὸν

Frequency List (Alphabetical Order)

2 ἀγαθός
1 ἀγαθωσύνη
2 ἀγαπάω
3 ἀγάπη
1 ἄγγελος
1 ἁγιασμός
1 ἅγιος
9 ἀδελφός
2 ἀδικία
1 αἱρέω
2 αἰώνιος
1 ἀκούω
3 ἀλήθεια
5 ἀλλά
1 ἀλλήλων
1 ἀναιρέω
1 ἄνεσις
1 ἀνέχομαι
2 ἄνθρωπος
2 ἀνομία
1 ἄνομος
1 ἀνταποδίδωμι
1 ἀντί
1 ἀντίκειμαι
1 ἄξιος
1 ἀξιόω
1 ἀπαρχή
1 ἀπάτη
8 ἀπό
1 ἀποδείκνυμι
3 ἀποκαλύπτω
1 ἀποκάλυψις
1 ἀπόλλυμι
1 ἀποστασία
1 ἀπώλεια
1 ἄρα
1 ἄρτι
2 ἄρτος
1 ἀσπασμός
1* ἀτακτέω
2* ἀτάκτως
1 ἄτοπος
17° αὐτός
1 βασιλεία
5 γάρ
1 γίνομαι
1 γράφω
11 δέ
1 δεῖ
1 δέχομαι
10 διά
1 διδάσκω
4 δίδωμι
2 δίκαιος
1 δίκη
1 διωγμός
2 δόξα
1 δοξάζω
3 δύναμις
1 δωρεάν
1 ἐάν
4 ἑαυτοῦ
1 ἐγκακέω
1* ἐγκαυχάομαι
2 εἰ
7 εἰμί
1 εἴπερ
3 εἰρήνη
14 εἰς
1 εἷς
2 εἴτε
1 ἐκ
1 ἕκαστος
1 ἐκδίκησις
1 ἐκεῖνος
2 ἐκκλησία
1 ἐλπίς
1 ἐμός
26 ἐν
1* ἔνδειγμα
2* ἐνδοξάζομαι
2 ἐνέργεια
1 ἐνεργέω
1 ἐνίστημι
1 ἐντρέπω
1 ἐξαπατάω
1 ἐξουσία
4 ἐπί
1 ἐπιβαρέω
4 ἐπιστολή
1 ἐπισυναγωγή
1 ἐπιφάνεια
4 ἐργάζομαι
2 ἔργον
2 ἔρχομαι
1 ἐρωτάω
3 ἐσθίω
1 ἔτι
2 εὐαγγέλιον
1 εὐδοκέω
1 εὐδοκία
2 εὐχαριστέω
1 ἐχθρός
1 ἔχω
1 ἕως
1 ἤ
1 ἡγέομαι
1 ἤδη
26 ἡμεῖς
3 ἡμέρα
1 ἡσυχία
1 θαυμάζω
1 θέλω
18 θεός
1 Θεσσαλονικεύς
2 θλίβω
2 θλῖψις
1 θροέω
13 Ἰησοῦς
7 ἵνα
1 ἰσχύς
1 καθίζω
2 καθώς
50° καί
1 καιρός
1 καλέω
1* καλοποιέω
2 καρδία
4 κατά
1 καταξιόω
1 καταργέω
1 κατευθύνω
2 κατέχω
1 κλῆσις
1 κόπος
1 κρατέω
1 κρίνω
1 κρίσις
22 κύριος
2 λέγω
5 λόγος
1 λοιπός
1 μαρτύριον
1 μέσος
5 μετά
11 μή
2 μηδέ
2 μηδείς
3 μήτε
2 μιμέομαι
1 μνημονεύω
1 μόνος
1 μόχθος
1 μυστήριον
1 ναός
1 νουθετέω
1 νοῦς
1 νῦν
1 νύξ
112° ὁ
3 οἶδα
1 ὄλεθρος
2 ὄνομα
1 ὅπως
12 ὅς
1 ὅστις
1 ὅταν
1 ὅτε
11 ὅτι
8 οὐ
1 οὐδέ
1 οὖν
1 οὐρανός
4 οὗτος
1 οὕτως
2 ὀφείλω
3 πάντοτε
3 παρά
4 παραγγέλλω
2 παράδοσις
2 παρακαλέω
1 παράκλησις
1 παραλαμβάνω
3 παρουσία
16 πᾶς
1 πάσχω
3 πατήρ
2 Παῦλος
1 πείθω
1 πέμπω
4 περί
1* περιεργάζομαι
2 περιπατέω
1 περιποίησις
4 πιστεύω
5 πίστις
1 πιστός
1 πλάνη
1 πλεονάζω
1 πληρόω
3 πνεῦμα
2 ποιέω
2 πονηρός
4 πρός
2 προσεύχομαι
1 πρόσωπον
1 πρῶτος
1 πῦρ
1 πῶς
1 ῥύομαι
1 σαλεύω
1 σατανᾶς
1 σέβασμα
2 σημεῖον
1* σημειόω
1 Σιλουανός
1 στέλλω
1 στήκω
2 στηρίζω
1 στόμα
1 συναναμίγνυμι
1 σῴζω
1 σωτηρία
1 ταχέως
1 τέρας
1 Τιμόθεος
1* τίνω
6 τις
1 τοιοῦτος
1 τότε
1 τρέχω
2 τρόπος
1 τύπος
1 υἱός
40 ὑμεῖς
2 ὑπακούω
3 ὑπέρ
1 ὑπεραίρω
1* ὑπεραυξάνω
1 ὑπό
2 ὑπομονή
1 φλόξ
1 φυλάσσω
4 χάρις
1 χείρ
10 Χριστός
2 ψεῦδος
4 ὡς
2 ὥστε

° Not included in concordance
* Word only occurs in this book

Frequency List (in Order of Occurrence)

112° ὁ
50° καί
40 ὑμεῖς
26 ἐν
26 ἡμεῖς
22 κύριος
18 θεός
17° αὐτός
16 πᾶς
14 εἰς
13 Ἰησοῦς
12 ὅς
11 δέ
11 μή
11 ὅτι
10 διά
10 Χριστός
9 ἀδελφός
8 ἀπό
8 οὐ
7 εἰμί
7 ἵνα
6 τις
5 ἀλλά
5 γάρ
5 λόγος
5 μετά
5 πίστις
4 δίδωμι
4 ἑαυτοῦ
4 ἐπί
4 ἐπιστολή
4 ἐργάζομαι
4 κατά
4 οὗτος
4 παραγγέλλω
4 περί
4 πιστεύω
4 πρός
4 χάρις
4 ὡς
3 ἀγάπη
3 ἀλήθεια
3 ἀποκαλύπτω
3 δύναμις
3 εἰρήνη
3 ἐσθίω
3 ἡμέρα
3 μήτε
3 οἶδα
3 πάντοτε
3 παρά
3 παρουσία
3 πατήρ
3 πνεῦμα
3 ὑπέρ
2 ἀγαθός
2 ἀγαπάω
2 ἀδικία
2 αἰώνιος
2 ἄνθρωπος
2 ἀνομία
2 ἄρτος
2* ἀτάκτως
2 δίκαιος
2 δόξα
2 εἰ
2 εἴτε
2 ἐκκλησία
2* ἐνδοξάζομαι
2 ἐνέργεια
2 ἔργον
2 ἔρχομαι
2 εὐαγγέλιον
2 εὐχαριστέω
2 θλίβω
2 θλῖψις
2 καθώς
2 καρδία
2 κατέχω
2 λέγω
2 μηδέ
2 μηδείς
2 μιμέομαι
2 ὄνομα
2 ὀφείλω
2 παράδοσις
2 παρακαλέω
2 Παῦλος
2 περιπατέω
2 ποιέω
2 πονηρός
2 προσεύχομαι
2 σημεῖον
2 στηρίζω
2 τρόπος
2 ὑπακούω
2 ὑπομονή
2 ψεῦδος
2 ὥστε
1 ἀγαθωσύνη
1 ἄγγελος
1 ἁγιασμός
1 ἅγιος
1 αἱρέω
1 ἀκούω
1 ἀλλήλων
1 ἀναιρέω
1 ἄνεσις
1 ἀνέχομαι
1 ἄνομος
1 ἀνταποδίδωμι
1 ἀντί
1 ἀντίκειμαι
1 ἄξιος
1 ἀξιόω
1 ἀπαρχή
1 ἀπάτη
1 ἀποδείκνυμι
1 ἀποκάλυψις
1 ἀπόλλυμι
1 ἀποστασία
1 ἀπώλεια
1 ἄρα
1 ἄρτι
1 ἀσπασμός
1* ἀτακτέω
1 ἄτοπος
1 βασιλεία
1 γίνομαι
1 γράφω
1 δεῖ
1 δέχομαι
1 διδάσκω
1 δίκη
1 διωγμός
1 δοξάζω
1 δωρεάν
1 ἐάν
1 ἐγκακέω
1* ἐγκαυχάομαι
1 εἴπερ
1 εἷς
1 ἐκ
1 ἕκαστος
1 ἐκδίκησις
1 ἐκεῖνος
1 ἐλπίς
1 ἐμός
1* ἔνδειγμα
1 ἐνεργέω
1 ἐνίστημι
1 ἐντρέπω
1 ἐξαπατάω
1 ἐξουσία
1 ἐπιβαρέω
1 ἐπισυναγωγή
1 ἐπιφάνεια
1 ἐρωτάω
1 ἔτι
1 εὐδοκέω
1 εὐδοκία
1 ἐχθρός
1 ἔχω
1 ἕως
1 ἤ
1 ἡγέομαι
1 ἤδη
1 ἡσυχία
1 θαυμάζω
1 θέλω
1 Θεσσαλονικεύς
1 θροέω
1 ἰσχύς
1 καθίζω
1 καιρός
1 καλέω
1* καλοποιέω
1 καταξιόω
1 καταργέω
1 κατευθύνω
1 κλῆσις
1 κόπος
1 κρατέω
1 κρίνω
1 κρίσις
1 λοιπός
1 μαρτύριον
1 μέσος
1 μνημονεύω
1 μόνος
1 μόχθος
1 μυστήριον
1 ναός
1 νουθετέω
1 νοῦς
1 νῦν
1 νύξ
1 ὄλεθρος
1 ὅπως
1 ὅστις
1 ὅταν
1 ὅτε
1 οὐδέ
1 οὖν
1 οὐρανός
1 οὕτως
1 παράκλησις
1 παραλαμβάνω
1 πάσχω
1 πείθω
1 πέμπω
1* περιεργάζομαι
1 περιποίησις
1 πιστός
1 πλάνη
1 πλεονάζω
1 πληρόω
1 πρόσωπον
1 πρῶτος
1 πῦρ
1 πῶς
1 ῥύομαι
1 σαλεύω
1 σατανᾶς
1 σέβασμα
1* σημειόω
1 Σιλουανός
1 στέλλω
1 στήκω
1 στόμα
1 συναναμίγνυμι
1 σῴζω
1 σωτηρία
1 ταχέως
1 τέρας
1 Τιμόθεος
1* τίνω
1 τοιοῦτος
1 τότε
1 τρέχω
1 τύπος
1 υἱός
1 ὑπεραίρω
1* ὑπεραυξάνω
1 ὑπό
1 φλόξ
1 φυλάσσω
1 χείρ

° Not included in concordance
* Word only occurs in this book

1 Timothy – Statistics

538 Total word count
25 Number of words occurring at least 10 times
342 Number of words occurring only

Words whose occurrences in this book account for at least 25% of occurrences in the entire NT

100%

3/3 ἀνεπίλημπτος (*anepilēmptos*; above reproach), ἐπαρκέω (*eparkeō*; assist)

2/2 ἁγνεία (*hagneia*; moral purity), ἀπόδεκτος (*apodektos*; pleasing), ἀποδοχή (*apodochē*; acceptance), ἔντευξις (*enteuxis*; prayer), ἑτεροδιδασκαλέω (*heterodidaskaleō*; teach a different [i.e. false] doctrine), κόσμιος (*kosmios*; proper, respectable), πορισμός (*porismos*; gain)

1/1 ἀδηλότης (*adēlotēs*; uncertainty), αἰδώς (*aidōs*; propriety), ἄλλως (*allōs*; otherwise), ἀμοιβή (*amoibē*; repayment), ἀνδραποδιστής (*andrapodistēs*; slave trader), ἀνδροφόνος (*androphonos*; murderer), ἀντίθεσις (*antithesis*; contradiction), ἀντίλυτρον (*antilytron*; ransom), ἀπέραντος (*aperantos*; endless), ἀπόβλητος (*apoblētos*; rejected), ἀποθησαυρίζω (*apothēsaurizō*; acquire as a treasure), ἀπρόσιτος (*aprositos*; unapproachable), αὐθεντέω (*authenteō*; have or exercise authority over), βαθμός (*bathmos*; standing), βλαβερός (*blaberos*; harmful), γραώδης (*graōdēs*; silly), γυμνασία (*gymnasia*; training), διαπαρατριβή (*diaparatribē*; constant arguing or irritation), διατροφή (*diatrophē*; food), δίλογος (*dilogos*; two-faced, insincere), διώκτης (*diōktēs*; persecutor), ἑδραίωμα (*hedraiōma*; support), ἔκγονος (*ekgonos*; grandchild), ἐκζήτησις (*ekzētēsis*; senseless speculation), ἐντρέφω (*entrephō*; live or feed on), ἐπίορκος (*epiorkos*; perjurer), ἐπιπλήσσω (*epiplēssō*; reprimand), εὐμετάδοτος (*eumetadotos*; generous), ἤρεμος (*ēremos*; quiet), θεοσέβεια (*theosebeia*; worship of God), καταλέγω (*katalegō*; enroll), καταστολή (*katastolē*; manner of dress), καταστρηνιάω (*katastrēniaō*; be carried away by one's own sensuous impulses), καυστηριάζω (*kaustēriazō*; burn with a hot iron so as to deaden to feeling, cauterize), κοινωνικός (*koinōnikos*; generous), λογομαχία (*logomachia*; fight or quarrel about words), ματαιολογία (*mataiologia*; empty talk), μετάλημψις (*metalēmpsis*; receiving), μητρολῴας (*mētrolōas*; one who murders his mother), μονόω (*monoō*; leave alone), νεόφυτος (*neophytos*; recently converted), νοσέω (*noseō*; have an unhealthy desire), ξενοδοχέω (*xenodocheō*; show hospitality), οἰκοδεσποτέω (*oikodespoteō*; run the household), ὁμολογουμένως (*homologoumenōs*; undeniably), πατρολῴας (*patrolōas*; one who murders his father), περιπείρω (*peripeirō*; pierce through), πλέγμα (*plegma*; elaborate hairstyle), πραϋπάθεια (*praupatheia*; gentleness), πρόκριμα (*prokrima*; prejudice), πρόσκλισις (*prosklisis*; favoritism), ῥητῶς (*rhētōs*; expressly), σκέπασμα (*skepasma*; clothing), στόμαχος (*stomachos*; stomach), τεκνογονέω (*teknogoneō*; have or bear children), τεκνογονία (*teknogonia*; childbirth), τεκνοτροφέω (*teknotropheō*; bring up children), ὑδροποτέω (*hydropoteō*; drink water), ὑπερπλεονάζω (*hyperpleonazō*; overflow), ὑπόνοια (*hyponoia*; suspicion), ὑψηλοφρονέω (*hypsēlophroneō*; be proud or arrogant), φιλαργυρία (*philargyria*; love of money), φλύαρος (*phlyaros*; gossipy), ψευδολόγος (*pseudologos*; liar), ψευδώνυμος (*pseudōnymos*; falsely called)

66%

2/3[4] ἐπακολουθέω (*epakoloutheō*; follow)

2/3 ἀστοχέω (*astocheō*; miss the mark), νηφάλιος (*nēphalios*; temperate), ὀρέγω (*oregō*; be eager for), πρόδηλος (*prodēlos*; very obvious or evident), σεμνότης (*semnotēs*; dignity, probity), σωφροσύνη (*sōphrosynē*; propriety, good sense), τυφόω (*typhoō*; be swollen with pride)

60%

3/5 βέβηλος (*bebēlos*; vile), ἐκτρέπω (*ektrepō*; wander, go astray)

53%
8/15 εὐσέβεια (*eusebeia*; godliness)

50%
4/8 προΐστημι (*proistēmi*; be a leader)
2/4 ἡσυχία (*hēsychia*; silence), σεμνός (*semnos*; respectable, worthy), ὑποταγή (*hypotagē*; obedience), ὠφέλιμος (*ōphelimos*; valuable)
1/2 ἀγαθοεργέω (*agathoergeō*; do good), αἰσχροκερδής (*aischrokerdēs*; greedy for gain), ἄμαχος (*amachos*; peaceable), ἀνόσιος (*anosios*; irreligious), ἀπόλαυσις (*apolausis*; enjoyment), ἀποπλανάω (*apoplanaō*; mislead), ἀρσενοκοίτης (*arsenokoitēs*; [practicing] homosexual), αὐτάρκεια (*autarkeia*; what is necessary), ἀφιλάργυρος (*aphilargyros*; not greedy for money), βραδύνω (*bradynō*; be delayed), βυθίζω (*bythizō*; sink), γενεαλογία (*genealogia*; genealogy), διαβεβαιόομαι (*diabebaioomai*; speak confidently), διάγω (*diagō*; lead), διδακτικός (*didaktikos*; able to teach), Εὕα (*hEua*; Eve), εὐεργεσία (*euergesia*; service), εὐσεβέω (*eusebeō*; worship), ἡσύχιος (*hēsychios*; quiet), κενοφωνία (*kenophōnia*; foolish talk), μελετάω (*meletaō*; practice), ναυαγέω (*nauageō*; be shipwrecked), νομίμως (*nomimōs*; lawfully), ὀδύνη (*odynē*; pain), πάροινος (*paroinos*; drunkard), περίεργος (*periergos*; busybody), πλάσσω (*plassō*; mold), πλήκτης (*plēktēs*; quick-tempered or violent man), πρόγονος (*progonos*; parent), σπαταλάω (*spatalaō*; live in luxury), στρατεία (*strateia*; warfare), σωματικός (*sōmatikos*; bodily), ὑβριστής (*hybristēs*; insolent person), Ὑμέναιος (*Hymenaios*; Hymenaeus), ὑπεροχή (*hyperochē*; position of authority), ὑποτίθημι (*hypotithēmi*; risk), ὑποτύπωσις (*hypotypōsis*; example)

42%
3/7 ἐμπίπτω (*empiptō*; fall into or among)

40%
4/10 ὄντως (*ontōs*; really)

40%
2/5 μῦθος (*mythos*; myth), παγίς (*pagis*; snare), παραγγελία (*parangelia*; order)

38%
8/21 διδασκαλία (*didaskalia*; teaching)

33%
2/6 ὁμολογία (*homologia*; confession)
1/3[4] παρακολουθέω (*parakoloutheō*; follow closely)
1/3 ἀθανασία (*athanasia*; immortality), ἀλοάω (*aloaō*; thresh), ἀνάγνωσις (*anagnōsis*; reading), ἀντιλαμβάνομαι (*antilambanomai*; help), ἀπατάω (*apataō*; deceive), δυνάστης (*dynastēs*; ruler), ἐπιμελέομαι (*epimeleomai*; take care of), ζῳογονέω (*zōogoneō*; give life to), κατηγορία (*katēgoria*; charge), κῆρυξ (*kēryx*; preacher), λοιδορία (*loidoria*; cursing or speaking evil), νομοδιδάσκαλος (*nomodidaskalos*; teacher or interpreter of the law), οἰκεῖος (*oikeios*; member of the household), παραθήκη (*parathēkē*; what is entrusted to one's care), περιέρχομαι (*perierchomai*; go or travel about), περιποιέω (*peripoieō*; obtain), πολυτελής (*polytelēs*; expensive), Πόντιος (*Pontios*; Pontius), πρεσβυτέριον (*presbyterion*; body of elders), προκοπή (*prokopē*; progress), προνοέω (*pronoeō*; have in mind to do), πυκνός (*pyknos*; frequent), φιλόξενος (*philoxenos*; hospitable)

30%
8/26 χήρα (*chēra*; widow)

28%
2/7 προσμένω (*prosmenō*; remain or stay with)

1 Timothy – Concordance

ἀγαθοεργέω (*agathoergeō*; 1/2) *do good*
1Ti 6:18 **ἀγαθοεργεῖν**,

ἀγαθός (*agathos*; 4/102) *good*
1Ti 1:5 συνειδήσεως **ἀγαθῆς** καὶ πίστεως
1Ti 1:19 ἔχων πίστιν καὶ **ἀγαθὴν** συνείδησιν,
1Ti 2:10 δι' ἔργων **ἀγαθῶν**.
1Ti 5:10 εἰ παντὶ ἔργῳ **ἀγαθῷ** ἐπηκολούθησεν.

ἀγάπη (*agapē*; 5/116) *love*
1Ti 1:5 ἐστὶν **ἀγάπη** ἐκ καθαρᾶς καρδίας
1Ti 1:14 μετὰ πίστεως καὶ **ἀγάπης** τῆς ἐν Χριστῷ
1Ti 2:15 ἐν πίστει καὶ **ἀγάπῃ** καὶ ἁγιασμῷ μετὰ
1Ti 4:12 ἐν **ἀγάπῃ**,
1Ti 6:11 **ἀγάπην** ὑπομονὴν πραϋπαθίαν.

ἀγαπητός (*agapētos*; 1/61) *beloved*
1Ti 6:2 εἰσιν καὶ **ἀγαπητοὶ** οἱ τῆς εὐεργεσίας

ἄγγελος (*angelos*; 2/175) *angel, messenger*
1Ti 3:16 ὤφθη **ἀγγέλοις**,
1Ti 5:21 καὶ τῶν ἐκλεκτῶν **ἀγγέλων**,

ἁγιάζω (*hagiazō*; 1/28) *set apart as sacred to God, consecrate, sanctify, purify*
1Ti 4:5 **ἁγιάζεται** γὰρ διὰ λόγου

ἁγιασμός (*hagiasmos*; 1/10) *consecration, holiness, sanctification*
1Ti 2:15 καὶ ἀγάπῃ καὶ **ἁγιασμῷ** μετὰ σωφροσύνης·

ἅγιος (*hagios*; 1/233) *holy, set apart*
1Ti 5:10 εἰ **ἁγίων** πόδας ἔνιψεν,

ἁγνεία (*hagneia*; 2/2) *moral purity*
1Ti 4:12 ἐν **ἁγνείᾳ**.
1Ti 5:2 ἀδελφὰς ἐν πάσῃ **ἁγνείᾳ**.

ἀγνοέω (*agnoeō*; 1/22) *be ignorant*
1Ti 1:13 ὅτι **ἀγνοῶν** ἐποίησα ἐν ἀπιστίᾳ·

ἁγνός (*hagnos*; 1/8) *pure*
1Ti 5:22 σεαυτὸν **ἁγνὸν** τήρει.

ἀγών (*agōn*; 1/6) *struggle*
1Ti 6:12 ἀγωνίζου τὸν καλὸν **ἀγῶνα** τῆς πίστεως,

ἀγωνίζομαι (*agōnizomai*; 2/8) *struggle, fight*
1Ti 4:10 γὰρ κοπιῶμεν καὶ **ἀγωνιζόμεθα**,
1Ti 6:12 **ἀγωνίζου** τὸν καλὸν ἀγῶνα

Ἀδάμ (*Adam*; 2/9) *Adam*
1Ti 2:13 **Ἀδὰμ** γὰρ πρῶτος ἐπλάσθη,
1Ti 2:14 καὶ **Ἀδὰμ** οὐκ ἠπατήθη,

ἀδελφή (*adelphē*; 1/26) *sister*
1Ti 5:2 νεωτέρας ὡς **ἀδελφὰς** ἐν πάσῃ ἁγνείᾳ.

ἀδελφός (*adelphos*; 3/343) *brother*
1Ti 4:6 ὑποτιθέμενος τοῖς **ἀδελφοῖς** καλὸς ἔσῃ
1Ti 5:1 νεωτέρους ὡς **ἀδελφούς**,
1Ti 6:2 ὅτι **ἀδελφοί** εἰσιν,

ἀδηλότης (*adēlotēs*; 1/1) *uncertainty*
1Ti 6:17 ἐπὶ πλούτου **ἀδηλότητι** ἀλλ' ἐπὶ θεῷ

ἀθανασία (*athanasia*; 1/3) *immortality*
1Ti 6:16 ὁ μόνος ἔχων **ἀθανασίαν**,

ἀθετέω (*atheteō*; 1/16) *reject*
1Ti 5:12 τὴν πρώτην πίστιν **ἠθέτησαν**·

αἰδώς (*aidōs*; 1/1) *propriety*
1Ti 2:9 κοσμίῳ μετὰ **αἰδοῦς** καὶ σωφροσύνης

αἰσχροκερδής (*aischrokerdēs*; 1/2) *greedy for material gain*
1Ti 3:8 μὴ **αἰσχροκερδεῖς**,

αἰών (*aiōn*; 4/122) *age*
1Ti 1:17 δὲ βασιλεῖ τῶν **αἰώνων**,
1Ti 1:17 δόξα εἰς τοὺς **αἰῶνας** τῶν αἰώνων,
1Ti 1:17 τοὺς αἰῶνας τῶν **αἰώνων**,
1Ti 6:17 ἐν τῷ νῦν **αἰῶνι** παράγγελλε μὴ

αἰώνιος (*aiōnios*; 3/70[71]) *eternal*
1Ti 1:16 αὐτῷ εἰς ζωὴν **αἰώνιον**.
1Ti 6:12 ἐπιλαβοῦ τῆς **αἰωνίου** ζωῆς,
1Ti 6:16 τιμὴ καὶ κράτος **αἰώνιον**,

ἀκούω (*akouō*; 1/426[428]) *hear*
1Ti 4:16 σώσεις καὶ τοὺς **ἀκούοντάς** σου.

Ἀλέξανδρος (*Alexandros*; 1/6) *Alexander*
1Ti 1:20 ἐστιν Ὑμέναιος καὶ **Ἀλέξανδρος**,

ἀλήθεια (*alētheia*; 6/109) *truth*
1Ti 2:4 καὶ εἰς ἐπίγνωσιν **ἀληθείας** ἐλθεῖν.
1Ti 2:7 **ἀλήθειαν** λέγω οὐ ψεύδομαι,
1Ti 2:7 ἐν πίστει καὶ **ἀληθείᾳ**.
1Ti 3:15 καὶ ἑδραίωμα τῆς **ἀληθείας**.
1Ti 4:3 καὶ ἐπεγνωκόσι τὴν **ἀλήθειαν**.
1Ti 6:5 καὶ ἀπεστερημένων τῆς **ἀληθείας**,

ἀλλά (*alla*; 12/638) *but*
1Ti 1:13 **ἀλλὰ** ἠλεήθην,
1Ti 1:16 **ἀλλὰ** διὰ τοῦτο ἠλεήθην,
1Ti 2:10 **ἀλλ'** ὃ πρέπει γυναιξὶν
1Ti 2:12 **ἀλλ'** εἶναι ἐν ἡσυχίᾳ.
1Ti 3:3 **ἀλλὰ** ἐπιεικῆ ἄμαχον ἀφιλάργυρον,
1Ti 4:12 **ἀλλὰ** τύπος γίνου τῶν
1Ti 5:1 μὴ ἐπιπλήξῃς **ἀλλὰ** παρακάλει ὡς πατέρα,
1Ti 5:13 μόνον δὲ ἀργαὶ **ἀλλὰ** καὶ φλύαροι καὶ
1Ti 5:23 **ἀλλὰ** οἴνῳ ὀλίγῳ χρῶ
1Ti 6:2 **ἀλλὰ** μᾶλλον δουλευέτωσαν,
1Ti 6:4 **ἀλλὰ** νοσῶν περὶ ζητήσεις
1Ti 6:17 ἐπὶ πλούτου ἀδηλότητι **ἀλλ'** ἐπὶ θεῷ τῷ

ἀλλότριος (*allotrios*; 1/14) *belonging to another*
1Ti 5:22 μηδὲ κοινώνει ἁμαρτίαις **ἀλλοτρίαις**·

ἄλλως (*allōs*; 1/1) *otherwise*
1Ti 5:25 καὶ τὰ **ἄλλως** ἔχοντα κρυβῆναι οὐ

ἀλοάω (*aloaō*; 1/3) *thresh*
1Ti 5:18 βοῦν **ἀλοῶντα** οὐ φιμώσεις,

ἅμα (*hama*; 1/10) *at the same time*
1Ti 5:13 **ἅμα** δὲ καὶ ἀργαὶ

ἁμαρτάνω (*hamartanō*; 1/42[43]) *sin*
1Ti 5:20 Τοὺς **ἁμαρτάνοντας** ἐνώπιον πάντων ἔλεγχε,

ἁμαρτία (*hamartia*; 2/173) *sin*
1Ti 5:22 μηδὲ κοινώνει **ἁμαρτίαις** ἀλλοτρίαις·
1Ti 5:24 ἀνθρώπων αἱ **ἁμαρτίαι** πρόδηλοί εἰσιν

ἁμαρτωλός (*hamartōlos*; 2/47) *sinful*
1Ti 1:9 ἀσεβέσι καὶ **ἁμαρτωλοῖς**,
1Ti 1:15 εἰς τὸν κόσμον **ἁμαρτωλοὺς** σῶσαι,

ἄμαχος (*amachos*; 1/2) *peaceable*
1Ti 3:3 ἀλλὰ ἐπιεικῆ **ἄμαχον** ἀφιλάργυρον,

ἀμελέω (*ameleō*; 1/4) *disregard*
1Ti 4:14 μὴ **ἀμέλει** τοῦ ἐν σοὶ

ἀμήν (*amēn*; 2/128[129]) *truly*
1Ti 1:17 **ἀμήν**.
1Ti 6:16 **ἀμήν**.

ἀμοιβή (*amoibē*; 1/1) *repayment*
1Ti 5:4 καὶ **ἀμοιβὰς** ἀποδιδόναι τοῖς προγόνοις·

ἀνάγνωσις (*anagnōsis*; 1/3) *reading*
1Ti 4:13 ἔρχομαι πρόσεχε τῇ **ἀναγνώσει**,

ἀναλαμβάνω (*analambanō*; 1/12[13]) *take up*
1Ti 3:16 **ἀνελήμφθη** ἐν δόξῃ.

ἀναστρέφω (*anastrephō*; 1/9) *return*
1Ti 3:15 ἐν οἴκῳ θεοῦ **ἀναστρέφεσθαι**,

ἀναστροφή (*anastrophē*; 1/13) *manner of life*
1Ti 4:12 ἐν **ἀναστροφῇ**,

ἀνδραποδιστής (*andrapodistēs*; 1/1) *slave trader*
1Ti 1:10 ἀρσενοκοίταις **ἀνδραποδισταῖς** ψεύσταις

ἀνδροφόνος (*androphonos*; 1/1) *murderer*
1Ti 1:9 **ἀνδροφόνοις**

ἀνέγκλητος (*anenklētos*; 1/5) *beyond reproach*
1Ti 3:10 εἶτα διακονείτωσαν **ἀνέγκλητοι** ὄντες.

ἀνεπίλημπτος (*anepilēmptos*; 3/3) *above reproach*
1Ti 3:2 οὖν τὸν ἐπίσκοπον **ἀνεπίλημπτον** εἶναι,
1Ti 5:7 ἵνα **ἀνεπίλημπτοι** ὦσιν.
1Ti 6:14 ἄσπιλον **ἀνεπίλημπτον** μέχρι τῆς ἐπιφανείας

ἀνήρ (*anēr*; 5/216) *man, husband*
1Ti 2:8 προσεύχεσθαι τοὺς **ἄνδρας** ἐν παντὶ τόπῳ
1Ti 2:12 ἐπιτρέπω οὐδὲ αὐθεντεῖν **ἀνδρός**,
1Ti 3:2 μιᾶς γυναικὸς **ἄνδρα**,
1Ti 3:12 ἔστωσαν μιᾶς γυναικὸς **ἄνδρες**,
1Ti 5:9 ἑνὸς **ἀνδρὸς** γυνή,

ἄνθρωπος (*anthrōpos*; 10/550) *man, human being (pl. people)*
1Ti 2:1 εὐχαριστίας ὑπὲρ πάντων **ἀνθρώπων**,
1Ti 2:4 ὃς πάντας **ἀνθρώπους** θέλει σωθῆναι καὶ
1Ti 2:5 μεσίτης θεοῦ καὶ **ἀνθρώπων**,
1Ti 2:5 **ἄνθρωπος** Χριστὸς Ἰησοῦς,
1Ti 4:10 σωτὴρ πάντων **ἀνθρώπων** μάλιστα πιστῶν.
1Ti 5:24 Τινων **ἀνθρώπων** αἱ ἁμαρτίαι πρόδηλοί
1Ti 6:5 διεφθαρμένων **ἀνθρώπων** τὸν νοῦν
1Ti 6:9 βυθίζουσιν τοὺς **ἀνθρώπους** εἰς ὄλεθρον καὶ
1Ti 6:11 ὦ **ἄνθρωπε** θεοῦ,
1Ti 6:16 εἶδεν οὐδεὶς **ἀνθρώπων** οὐδὲ ἰδεῖν δύναται·

ἀνόητος (*anoētos*; 1/6) *foolish*
1Ti 6:9 ἐπιθυμίας πολλὰς **ἀνοήτους** καὶ βλαβεράς,

ἄνομος (*anomos*; 1/9) *lawless*
1Ti 1:9 **ἀνόμοις** δὲ καὶ ἀνυποτάκτοις,

ἀνόσιος (*anosios*; 1/2) *irreligious*
1Ti 1:9 **ἀνοσίοις** καὶ βεβήλοις,

ἀντίθεσις (*antithesis*; 1/1) *contradiction*
1Ti 6:20 κενοφωνίας καὶ **ἀντιθέσεις** τῆς ψευδωνύμου

ἀντίκειμαι (*antikeimai*; 2/8) *oppose*
1Ti 1:10 τῇ ὑγιαινούσῃ διδασκαλίᾳ **ἀντίκειται**
1Ti 5:14 ἀφορμὴν διδόναι τῷ **ἀντικειμένῳ** λοιδορίας

ἀντιλαμβάνομαι (*antilambanomai*; 1/3) *help*
1Ti 6:2 οἱ τῆς εὐεργεσίας **ἀντιλαμβανόμενοι**.

ἀντίλυτρον (*antilytron*; 1/1) *ransom*
1Ti 2:6 ὁ δοὺς ἑαυτὸν **ἀντίλυτρον** ὑπὲρ πάντων,

ἀνυπόκριτος (*anypokritos*; 1/6) *sincere*
1Ti 1:5 ἀγαθῆς καὶ πίστεως **ἀνυποκρίτου**,

ἀνυπότακτος (*anypotaktos*; 1/4) *disorderly*
1Ti 1:9 ἀνόμοις δὲ καὶ **ἀνυποτάκτοις**,

ἄξιος (*axios*; 4/41) *worthy*
1Ti 1:15 καὶ πάσης ἀποδοχῆς **ἄξιος**,
1Ti 4:9 καὶ πάσης ἀποδοχῆς **ἄξιος**·
1Ti 5:18 **ἄξιος** ὁ ἐργάτης τοῦ
1Ti 6:1 δεσπότας πάσης τιμῆς **ἀξίους** ἡγείσθωσαν,

ἀξιόω (*axioō*; 1/7) *consider worthy*
1Ti 5:17 πρεσβύτεροι διπλῆς τιμῆς **ἀξιούσθωσαν**,

ἀόρατος (*aoratos*; 1/5) *invisible*
1Ti 1:17 ἀφθάρτῳ **ἀοράτῳ** μόνῳ θεῷ,

ἅπας (*hapas*; 1/33[34]) *all*
1Ti 1:16 Ἰησοῦς τὴν **ἅπασαν** μακροθυμίαν πρὸς

ἀπατάω (*apataō*; 1/3) *deceive*
1Ti 2:14 καὶ Ἀδὰμ οὐκ **ἠπατήθη**,

ἀπέραντος (*aperantos*; 1/1) *endless*
1Ti 1:4 μύθοις καὶ γενεαλογίαις **ἀπεράντοις**,

ἀπέχω (*apechō*; 1/19) *receive in full*
1Ti 4:3 **ἀπέχεσθαι** βρωμάτων,

ἀπιστία (*apistia*; 1/10[11]) *unbelief*
1Ti 1:13 ἀγνοῶν ἐποίησα ἐν **ἀπιστίᾳ**·

ἄπιστος (*apistos*; 1/23) *unfaithful*
1Ti 5:8 ἤρνηται καὶ ἔστιν **ἀπίστου** χείρων.

ἀπό (*apo*; 3/643[646]) *from*
1Ti 1:2 χάρις ἔλεος εἰρήνη **ἀπὸ** θεοῦ πατρὸς καὶ
1Ti 3:7 μαρτυρίαν καλὴν ἔχειν **ἀπὸ** τῶν ἔξωθεν,
1Ti 6:10 ὀρεγόμενοι ἀπεπλανήθησαν **ἀπὸ** τῆς πίστεως

ἀπόβλητος (*apoblētos*; 1/1) *rejected*
1Ti 4:4 καὶ οὐδὲν **ἀπόβλητον** μετὰ εὐχαριστίας

ἀπόδεκτος (*apodektos*; 2/2) *pleasing*
1Ti 2:3 καλὸν καὶ **ἀπόδεκτον** ἐνώπιον τοῦ σωτῆρος
1Ti 5:4 γάρ ἐστιν **ἀπόδεκτον** ἐνώπιον τοῦ θεοῦ.

ἀποδίδωμι (*apodidōmi*; 1/48) *give back, repay*
1Ti 5:4 καὶ ἀμοιβὰς **ἀποδιδόναι** τοῖς προγόνοις·

ἀποδοχή (*apodochē*; 2/2) *acceptance*
1Ti 1:15 λόγος καὶ πάσης **ἀποδοχῆς** ἄξιος,
1Ti 4:9 λόγος καὶ πάσης **ἀποδοχῆς** ἄξιος·

ἀποθησαυρίζω (*apothēsaurizō*; 1/1) *acquire as a treasure*
1Ti 6:19 **ἀποθησαυρίζοντας** ἑαυτοῖς θεμέλιον καλὸν

ἀπόλαυσις (*apolausis*; 1/2) *enjoyment*
1Ti 6:17 πάντα πλουσίως εἰς **ἀπόλαυσιν**,

ἀποπλανάω (*apoplanaō*; 1/2) *mislead*
1Ti 6:10 ὀρεγόμενοι **ἀπεπλανήθησαν** ἀπὸ τῆς πίστεως

ἀποστερέω (*apostereō*; 1/6) *defraud*
1Ti 6:5 τὸν νοῦν καὶ **ἀπεστερημένων** τῆς ἀληθείας,

ἀπόστολος (*apostolos*; 2/80) *apostle, messenger*
1Ti 1:1 Παῦλος **ἀπόστολος** Χριστοῦ Ἰησοῦ κατ᾽
1Ti 2:7 ἐγὼ κῆρυξ καὶ **ἀπόστολος**,

ἀπρόσιτος (*aprositos*; 1/1) *unapproachable*
1Ti 6:16 φῶς οἰκῶν **ἀπρόσιτον**,

ἀπωθέω (*apōtheō*; 1/6) *push aside*
1Ti 1:19 ἥν τινες **ἀπωσάμενοι** περὶ τὴν πίστιν

ἀπώλεια (*apōleia*; 1/18) *destruction*
1Ti 6:9 εἰς ὄλεθρον καὶ **ἀπώλειαν**·

ἀργός (*argos*; 2/8) *idle*
1Ti 5:13 δὲ καὶ **ἀργαὶ** μανθάνουσιν περιερχόμεναι
1Ti 5:13 οὐ μόνον δὲ **ἀργαὶ** ἀλλὰ καὶ φλύαροι

ἀρκέω (*arkeō*; 1/8) *be enough or sufficient*
1Ti 6:8 τούτοις **ἀρκεσθησόμεθα**.

ἀρνέομαι (*arneomai*; 1/33) *deny*
1Ti 5:8 τὴν πίστιν **ἤρνηται** καὶ ἔστιν ἀπίστου

ἀρσενοκοίτης (*arsenokoitēs*; 1/2) *(practicing) homosexual*
1Ti 1:10 πόρνοις **ἀρσενοκοίταις** ἀνδραποδισταῖς

ἀσεβής (*asebēs*; 1/9) *godless*
1Ti 1:9 **ἀσεβέσι** καὶ ἁμαρτωλοῖς,

ἀσθένεια (*astheneia*; 1/24) *weakness, sickness*
1Ti 5:23 τὰς πυκνάς σου **ἀσθενείας**.

ἄσπιλος (*aspilos*; 1/4) *pure, undefiled*
1Ti 6:14 σε τὴν ἐντολὴν **ἄσπιλον** ἀνεπίλημπτον μέχρι

ἀστοχέω (*astocheō*; 2/3) *miss the mark*
1Ti 1:6 ὧν τινες **ἀστοχήσαντες** ἐξετράπησαν εἰς
1Ti 6:21 περὶ τὴν πίστιν **ἠστόχησαν**.

αὐθεντέω (*authenteō*; 1/1) *have or exercise authority over*
1Ti 2:12 οὐκ ἐπιτρέπω οὐδὲ **αὐθεντεῖν** ἀνδρός,

αὐτάρκεια (*autarkeia*; 1/2) *what is necessary*
1Ti 6:6 ἡ εὐσέβεια μετὰ **αὐταρκείας**·

ἄφθαρτος (*aphthartos*; 1/7[8]) *imperishable*
1Ti 1:17 **ἀφθάρτῳ** ἀοράτῳ μόνῳ θεῷ,

ἀφιλάργυρος (*aphilargyros*; 1/2) *not greedy for money*
1Ti 3:3 ἀλλὰ ἐπιεικῆ ἄμαχον **ἀφιλάργυρον**,

ἀφίστημι (*aphistēmi*; 1/14) *leave*
1Ti 4:1 ἐν ὑστέροις καιροῖς **ἀποστήσονταί** τινες

ἀφορμή (*aphormē*; 1/7) *opportunity*
1Ti 5:14 μηδεμίαν **ἀφορμὴν** διδόναι τῷ ἀντικειμένῳ

βαθμός (*bathmos*; 1/1) *standing*
1Ti 3:13 καλῶς διακονήσαντες **βαθμὸν** ἑαυτοῖς καλὸν

βαρέω (*bareō*; 1/6) *burden*
1Ti 5:16 αὐταῖς καὶ μὴ **βαρείσθω** ἡ ἐκκλησία,

βασιλεύς (*basileus*; 3/115) *king*
1Ti 1:17 Τῷ δὲ **βασιλεῖ** τῶν αἰώνων,
1Ti 2:2 ὑπὲρ **βασιλέων** καὶ πάντων τῶν
1Ti 6:15 ὁ **βασιλεὺς** τῶν βασιλευόντων καὶ

βασιλεύω (*basileuō*; 1/21) *rule*
1Ti 6:15 ὁ βασιλεὺς τῶν **βασιλευόντων** καὶ κύριος

βέβηλος (*bebēlos*; 3/5) *vile*
1Ti 1:9 ἀνοσίοις καὶ **βεβήλοις**,
1Ti 4:7 τοὺς δὲ **βεβήλους** καὶ γραώδεις μύθους
1Ti 6:20 ἐκτρεπόμενος τὰς **βεβήλους** κενοφωνίας καὶ

βίος (*bios*; 1/10) *life*
1Ti 2:2 ἤρεμον καὶ ἡσύχιον **βίον** διάγωμεν ἐν πάσῃ

βλαβερός (*blaberos*; 1/1) *harmful*
1Ti 6:9 πολλὰς ἀνοήτους καὶ **βλαβεράς**,

βλασφημέω (*blasphēmeō*; 2/34) *blaspheme*
1Ti 1:20 ἵνα παιδευθῶσιν μὴ **βλασφημεῖν**.
1Ti 6:1 καὶ ἡ διδασκαλία **βλασφημῆται**.

βλασφημία (*blasphēmia*; 1/18) *blasphemy*
1Ti 6:4 γίνεται φθόνος ἔρις **βλασφημίαι**,

βλάσφημος (*blasphēmos*; 1/4) *blasphemer or blaspheming*
1Ti 1:13 τὸ πρότερον ὄντα **βλάσφημον** καὶ διώκτην

βούλομαι (*boulomai*; 3/37) *want*
1Ti 2:8 **Βούλομαι** οὖν προσεύχεσθαι τοὺς
1Ti 5:14 **Βούλομαι** οὖν νεωτέρας γαμεῖν,
1Ti 6:9 οἱ δὲ **βουλόμενοι** πλουτεῖν ἐμπίπτουσιν εἰς

βοῦς (*bous*; 1/8) *ox*
1Ti 5:18 **βοῦν** ἀλοῶντα οὐ φιμώσεις,

βραδύνω (*bradynō*; 1/2) *be delayed*
1Ti 3:15 ἐὰν δὲ **βραδύνω**,

βρῶμα (*brōma*; 1/17) *food*
1Ti 4:3 ἀπέχεσθαι **βρωμάτων**,

βυθίζω (*bythizō*; 1/2) *sink*
1Ti 6:9 αἵτινες **βυθίζουσιν** τοὺς ἀνθρώπους εἰς

γαμέω (*gameō*; 3/28) *marry*
1Ti 4:3 κωλυόντων **γαμεῖν**,
1Ti 5:11 **γαμεῖν** θέλουσιν
1Ti 5:14 Βούλομαι οὖν νεωτέρας **γαμεῖν**,

γάρ (*gar*; 13/1041) *for*
1Ti 2:5 εἷς **γὰρ** θεός,
1Ti 2:13 Ἀδὰμ **γὰρ** πρῶτος ἐπλάσθη,
1Ti 3:13 οἱ **γὰρ** καλῶς διακονήσαντες βαθμὸν
1Ti 4:5 ἁγιάζεται **γὰρ** διὰ λόγου θεοῦ
1Ti 4:8 ἡ **γὰρ** σωματικὴ γυμνασία πρὸς
1Ti 4:10 εἰς τοῦτο **γὰρ** κοπιῶμεν καὶ ἀγωνιζόμεθα,
1Ti 4:16 τοῦτο **γὰρ** ποιῶν καὶ σεαυτὸν
1Ti 5:4 τοῦτο **γάρ** ἐστιν ἀπόδεκτον ἐνώπιον
1Ti 5:11 ὅταν **γὰρ** καταστρηνιάσωσιν τοῦ Χριστοῦ,
1Ti 5:15 ἤδη **γάρ** τινες ἐξετράπησαν ὀπίσω
1Ti 5:18 λέγει **γὰρ** ἡ γραφή·
1Ti 6:7 οὐδὲν **γὰρ** εἰσηνέγκαμεν εἰς τὸν
1Ti 6:10 ῥίζα **γὰρ** πάντων τῶν κακῶν

γενεαλογία (*genealogia*; 1/2) *genealogy*
1Ti 1:4 μύθοις καὶ **γενεαλογίαις** ἀπεράντοις,

γίνομαι (*ginomai*; 4/668[669]) *be, become*
1Ti 2:14 ἐξαπατηθεῖσα ἐν παραβάσει **γέγονεν**·
1Ti 4:12 ἀλλὰ τύπος **γίνου** τῶν πιστῶν ἐν
1Ti 5:9 ἔλαττον ἐτῶν ἑξήκοντα **γεγονυῖα**,
1Ti 6:4 ἐξ ὧν **γίνεται** φθόνος ἔρις βλασφημίαι,

γνήσιος (*gnēsios*; 1/4) *genuine*
1Ti 1:2 Τιμοθέῳ **γνησίῳ** τέκνῳ ἐν πίστει,

γνῶσις (*gnōsis*; 1/29) *knowledge*
1Ti 6:20 ἀντιθέσεις τῆς ψευδωνύμου **γνώσεως**,

γραφή (*graphē*; 1/50) *Scripture*
1Ti 5:18 λέγει γὰρ ἡ **γραφή**·

γράφω (*graphō*; 1/190[191]) *write*
1Ti 3:14 Ταῦτά σοι **γράφω** ἐλπίζων ἐλθεῖν πρὸς

γραώδης (*graōdēs*; 1/1) *silly*
1Ti 4:7 δὲ βεβήλους καὶ **γραώδεις** μύθους παραιτοῦ.

γυμνάζω (*gymnazō*; 1/4) *train*
1Ti 4:7 **Γύμναζε** δὲ σεαυτὸν πρὸς

γυμνασία (*gymnasia*; 1/1) *training*
1Ti 4:8 ἡ γὰρ σωματικὴ **γυμνασία** πρὸς ὀλίγον ἐστὶν

γυνή (*gynē*; 9/211[215]) *woman, wife*
1Ti 2:9 Ὡσαύτως [καὶ] **γυναῖκας** ἐν καταστολῇ
1Ti 2:10 ἀλλ᾽ ὃ πρέπει **γυναιξὶν** ἐπαγγελλομέναις
1Ti 2:11 **Γυνὴ** ἐν ἡσυχίᾳ μανθανέτω
1Ti 2:12 διδάσκειν δὲ **γυναικὶ** οὐκ ἐπιτρέπω οὐδὲ
1Ti 2:14 ἡ δὲ **γυνὴ** ἐξαπατηθεῖσα ἐν παραβάσει
1Ti 3:2 μιᾶς **γυναικὸς** ἄνδρα,
1Ti 3:11 **Γυναῖκας** ὡσαύτως σεμνάς,
1Ti 3:12 διάκονοι ἔστωσαν μιᾶς **γυναικὸς** ἄνδρες,
1Ti 5:9 ἑνὸς ἀνδρὸς **γυνή**,

δαιμόνιον (*daimonion*; 1/61[63]) *demon*
1Ti 4:1 πλάνοις καὶ διδασκαλίαις **δαιμονίων**,

δέ (*de*; 30/2773[2792]) *but, and*
1Ti 1:5 τὸ **δὲ** τέλος τῆς παραγγελίας
1Ti 1:8 Οἴδαμεν **δὲ** ὅτι καλὸς ὁ
1Ti 1:9 ἀνόμοις **δὲ** καὶ ἀνυποτάκτοις,
1Ti 1:14 ὑπερεπλεόνασεν **δὲ** ἡ χάρις τοῦ
1Ti 1:17 Τῷ **δὲ** βασιλεῖ τῶν αἰώνων,
1Ti 2:12 διδάσκειν **δὲ** γυναικὶ οὐκ ἐπιτρέπω
1Ti 2:14 ἡ **δὲ** γυνὴ ἐξαπατηθεῖσα ἐν
1Ti 2:15 σωθήσεται **δὲ** διὰ τῆς τεκνογονίας,
1Ti 3:5 εἰ δέ **τις** τοῦ ἰδίου οἴκου
1Ti 3:7 δεῖ **δὲ** καὶ μαρτυρίαν καλὴν
1Ti 3:10 καὶ οὗτοι **δὲ** δοκιμαζέσθωσαν πρῶτον,
1Ti 3:15 ἐὰν **δὲ** βραδύνω,
1Ti 4:1 Τὸ **δὲ** πνεῦμα ῥητῶς λέγει
1Ti 4:7 τοὺς **δὲ** βεβήλους καὶ γραώδεις
1Ti 4:7 Γύμναζε **δὲ** σεαυτὸν πρὸς εὐσέβειαν·
1Ti 4:8 ἡ **δὲ** εὐσέβεια πρὸς πάντα
1Ti 5:4 εἰ **δέ** τις χήρα τέκνα
1Ti 5:5 ἡ **δὲ** ὄντως χήρα καὶ
1Ti 5:6 ἡ **δὲ** σπαταλῶσα ζῶσα τέθνηκεν.
1Ti 5:8 εἰ **δέ** τις τῶν ἰδίων
1Ti 5:11 νεωτέρας **δὲ** χήρας παραιτοῦ·

1Ti 5:13 ἅμα **δὲ** καὶ ἀργαὶ μανθάνουσιν
1Ti 5:13 οὐ μόνον **δὲ** ἀργαὶ ἀλλὰ καὶ
1Ti 5:24 τισιν **δὲ** καὶ ἐπακολουθοῦσιν·
1Ti 6:2 οἱ **δὲ** πιστοὺς ἔχοντες δεσπότας
1Ti 6:6 Ἔστιν **δὲ** πορισμὸς μέγας ἡ
1Ti 6:8 ἔχοντες **δὲ** διατροφὰς καὶ σκεπάσματα,
1Ti 6:9 οἱ **δὲ** βουλόμενοι πλουτεῖν ἐμπίπτουσιν
1Ti 6:11 Σὺ **δέ**,
1Ti 6:11 δίωκε **δὲ** δικαιοσύνην εὐσέβειαν πίστιν,

δέησις (*deēsis*; 2/18) *prayer*
1Ti 2:1 ποιεῖσθαι **δεήσεις** προσευχὰς ἐντεύξεις
1Ti 5:5 ταῖς **δεήσεσιν** καὶ ταῖς προσευχαῖς

δεῖ (*dei*; 4/101) *it is necessary*
1Ti 3:2 **δεῖ** οὖν τὸν ἐπίσκοπον
1Ti 3:7 **δεῖ** δὲ καὶ μαρτυρίαν
1Ti 3:15 ἵνα εἰδῇς πῶς **δεῖ** ἐν οἴκῳ θεοῦ
1Ti 5:13 λαλοῦσαι τὰ μὴ **δέοντα**.

δείκνυμι (*deiknymi*; 1/33) *show*
1Ti 6:15 ἣν καιροῖς ἰδίοις **δείξει** ὁ μακάριος καὶ

δεσπότης (*despotēs*; 2/10) *master*
1Ti 6:1 τοὺς ἰδίους **δεσπότας** πάσης τιμῆς ἀξίους
1Ti 6:2 ἔχοντες **δεσπότας** μὴ καταφρονείτωσαν,

διά (*dia*; 6/665[667]) *through, on account of*
1Ti 1:16 ἀλλὰ **διὰ** τοῦτο ἠλεήθην,
1Ti 2:10 **δι'** ἔργων ἀγαθῶν.
1Ti 2:15 σωθήσεται δὲ **διὰ** τῆς τεκνογονίας,
1Ti 4:5 ἁγιάζεται γὰρ **διὰ** λόγου θεοῦ καὶ
1Ti 4:14 ὃ ἐδόθη σοι **διὰ** προφητείας μετὰ ἐπιθέσεως
1Ti 5:23 οἴνῳ ὀλίγῳ χρῶ **διὰ** τὸν στόμαχον καὶ

διαβεβαιόομαι (*diabebaioomai*; 1/2) *speak confidently*
1Ti 1:7 μήτε περὶ τίνων **διαβεβαιοῦνται**.

διάβολος (*diabolos*; 3/37) *devil*
1Ti 3:6 κρίμα ἐμπέσῃ τοῦ **διαβόλου**.
1Ti 3:7 καὶ παγίδα τοῦ **διαβόλου**.
1Ti 3:11 μὴ **διαβόλους**,

διάγω (*diagō*; 1/2) *lead*
1Ti 2:2 ἡσύχιον βίον **διάγωμεν** ἐν πάσῃ εὐσεβείᾳ

διακονέω (*diakoneō*; 2/37) *serve*
1Ti 3:10 εἶτα **διακονείτωσαν** ἀνέγκλητοι ὄντες.
1Ti 3:13 γὰρ καλῶς **διακονήσαντες** βαθμὸν ἑαυτοῖς

διακονία (*diakonia*; 1/34) *ministry, service*
1Ti 1:12 ἡγήσατο θέμενος εἰς **διακονίαν**

διάκονος (*diakonos*; 3/29) *servant*
1Ti 3:8 **Διακόνους** ὡσαύτως σεμνούς,
1Ti 3:12 **διάκονοι** ἔστωσαν μιᾶς γυναικὸς
1Ti 4:6 ἀδελφοῖς καλὸς ἔσῃ **διάκονος** Χριστοῦ

διαλογισμός (*dialogismos*; 1/14) *thought*
1Ti 2:8 χωρὶς ὀργῆς καὶ **διαλογισμοῦ**.

διαμαρτύρομαι (*diamartyromai*; 1/15) *declare solemnly and emphatically*
1Ti 5:21 **Διαμαρτύρομαι** ἐνώπιον τοῦ θεοῦ

διαπαρατριβή (*diaparatribē*; 1/1) *constant arguing or irritation*
1Ti 6:5 **διαπαρατριβαὶ** διεφθαρμένων ἀνθρώπων τὸν

διατροφή (*diatrophē*; 1/1) *food*
1Ti 6:8 ἔχοντες δὲ **διατροφὰς** καὶ σκεπάσματα,

διαφθείρω (*diaphtheirō*; 1/6) *destroy*
1Ti 6:5 διαπαρατριβαὶ **διεφθαρμένων** ἀνθρώπων τὸν

διδακτικός (*didaktikos*; 1/2) *able to teach*
1Ti 3:2 σώφρονα κόσμιον φιλόξενον **διδακτικόν**,

διδασκαλία (*didaskalia*; 8/21) *teaching*
1Ti 1:10 ἕτερον τῇ ὑγιαινούσῃ **διδασκαλίᾳ** ἀντίκειται
1Ti 4:1 πλάνοις καὶ **διδασκαλίαις** δαιμονίων,
1Ti 4:6 τῆς καλῆς **διδασκαλίας** ᾗ παρηκολούθηκας·
1Ti 4:13 τῇ **διδασκαλίᾳ**.
1Ti 4:16 σεαυτῷ καὶ τῇ **διδασκαλίᾳ**,
1Ti 5:17 ἐν λόγῳ καὶ **διδασκαλίᾳ**.
1Ti 6:1 θεοῦ καὶ ἡ **διδασκαλία** βλασφημῆται.
1Ti 6:3 τῇ κατ' εὐσέβειαν **διδασκαλίᾳ**,

διδάσκαλος (*didaskalos*; 1/58[59]) *teacher*
1Ti 2:7 **διδάσκαλος** ἐθνῶν ἐν πίστει

διδάσκω (*didaskō*; 3/96) *teach*
1Ti 2:12 **διδάσκειν** δὲ γυναικὶ οὐκ
1Ti 4:11 Παράγγελλε ταῦτα καὶ **δίδασκε**.
1Ti 6:2 Ταῦτα **δίδασκε** καὶ παρακάλει.

δίδωμι (*didōmi*; 3/415) *give*
1Ti 2:6 ὁ **δοὺς** ἑαυτὸν ἀντίλυτρον ὑπὲρ
1Ti 4:14 ὃ **ἐδόθη** σοι διὰ προφητείας
1Ti 5:14 μηδεμίαν ἀφορμὴν **διδόναι** τῷ ἀντικειμένῳ

δίκαιος (*dikaios*; 1/79) *righteous*
1Ti 1:9 ὅτι **δικαίῳ** νόμος οὐ κεῖται,

δικαιοσύνη (*dikaiosynē*; 1/92) *righteousness*
1Ti 6:11 δίωκε δὲ **δικαιοσύνην** εὐσέβειαν πίστιν,

δικαιόω (*dikaioō*; 1/39) *justify*
1Ti 3:16 **ἐδικαιώθη** ἐν πνεύματι,

δίλογος (*dilogos*; 1/1) *two-faced, insincere*
1Ti 3:8 μὴ **διλόγους**,

διπλοῦς (*diplous*; 1/4) *double*
1Ti 5:17 πρεσβύτεροι **διπλῆς** τιμῆς ἀξιούσθωσαν,

διώκτης (*diōktēs*; 1/1) *persecutor*
1Ti 1:13 ὄντα βλάσφημον καὶ **διώκτην** καὶ ὑβριστήν,

διώκω (*diōkō*; 1/45) *pursue, persecute*
1Ti 6:11 **δίωκε** δὲ δικαιοσύνην εὐσέβειαν

δοκιμάζω (*dokimazō*; 1/22) *test*
1Ti 3:10 καὶ οὗτοι δὲ **δοκιμαζέσθωσαν** πρῶτον,

δόξα (*doxa*; 3/166) *glory*
1Ti 1:11 εὐαγγέλιον τῆς **δόξης** τοῦ μακαρίου θεοῦ,
1Ti 1:17 τιμὴ καὶ **δόξα** εἰς τοὺς αἰῶνας
1Ti 3:16 ἀνελήμφθη ἐν **δόξῃ**.

δουλεύω (*douleuō*; 1/25) *serve (pass. be enslaved)*
1Ti 6:2 ἀλλὰ μᾶλλον **δουλευέτωσαν**,

δοῦλος (*doulos*; 1/124) *slave*
1Ti 6:1 εἰσὶν ὑπὸ ζυγὸν **δοῦλοι**,

δύναμαι (*dynamai*; 3/210) *be able*
1Ti 5:25 ἔχοντα κρυβῆναι οὐ **δύνανται**.
1Ti 6:7 οὐδὲ ἐξενεγκεῖν τι **δυνάμεθα**·
1Ti 6:16 ἀνθρώπων οὐδὲ ἰδεῖν **δύναται**·

δυνάστης (*dynastēs*; 1/3) *ruler*
1Ti 6:15 μακάριος καὶ μόνος **δυνάστης**,

δύο (*dyo*; 1/134[135]) *two*
1Ti 5:19 εἰ μὴ ἐπὶ **δύο** ἢ τριῶν μαρτύρων.

ἐάν (*ean*; 3/333) *if*
1Ti 1:8 **ἐάν** τις αὐτῷ νομίμως
1Ti 2:15 **ἐὰν** μείνωσιν ἐν πίστει
1Ti 3:15 **ἐὰν** δὲ βραδύνω,

ἑαυτοῦ (*heautou*; 5/319) *himself*
1Ti 2:6 ὁ δοὺς **ἑαυτὸν** ἀντίλυτρον ὑπὲρ πάντων,
1Ti 2:9 καὶ σωφροσύνης κοσμεῖν **ἑαυτάς**,
1Ti 3:13 βαθμὸν **ἑαυτοῖς** καλὸν περιποιοῦνται
1Ti 6:10 πίστεως καὶ **ἑαυτοὺς** περιέπειραν ὀδύναις
1Ti 6:19 ἀποθησαυρίζοντας **ἑαυτοῖς** θεμέλιον καλὸν

ἐγώ (*egō*; 6/1715[1718]) *I*
1Ti 1:11 ὃ ἐπιστεύθην **ἐγώ**.
1Ti 1:12 ἔχω τῷ ἐνδυναμώσαντί **με** Χριστῷ Ἰησοῦ τῷ
1Ti 1:12 ὅτι πιστόν **με** ἡγήσατο θέμενος εἰς
1Ti 1:15 ὧν πρῶτός εἰμι **ἐγώ**.
1Ti 1:16 ἵνα ἐν **ἐμοὶ** πρώτῳ ἐνδείξηται Χριστὸς
1Ti 2:7 εἰς ὃ ἐτέθην **ἐγὼ** κῆρυξ καὶ ἀπόστολος,

ἑδραίωμα (*hedraiōma*; 1/1) *support*
1Ti 3:15 στῦλος καὶ **ἑδραίωμα** τῆς ἀληθείας.

ἔθνος (*ethnos*; 2/162) *nation*
1Ti 2:7 διδάσκαλος **ἐθνῶν** ἐν πίστει καὶ
1Ti 3:16 ἐκηρύχθη ἐν **ἔθνεσιν**,

εἰ (*ei*; 13/502) *if, since*
1Ti 1:10 καὶ **εἴ** τι ἕτερον τῇ
1Ti 3:1 **Εἴ** τις ἐπισκοπῆς ὀρέγεται,
1Ti 3:5 εἰ **δέ** τις τοῦ ἰδίου
1Ti 5:4 **εἰ** δέ τις χήρα
1Ti 5:8 **εἰ** δέ τις τῶν
1Ti 5:10 **εἰ** ἐτεκνοτρόφησεν,
1Ti 5:10 **εἰ** ἐξενοδόχησεν,
1Ti 5:10 **εἰ** ἁγίων πόδας ἔνιψεν,
1Ti 5:10 **εἰ** θλιβομένοις ἐπήρκεσεν,
1Ti 5:10 **εἰ** παντὶ ἔργῳ ἀγαθῷ
1Ti 5:16 **εἴ** τις πιστὴ ἔχει
1Ti 5:19 ἐκτὸς **εἰ** μὴ ἐπὶ δύο
1Ti 6:3 **εἴ** τις ἑτεροδιδασκαλεῖ καὶ

εἰμί (*eimi*; 29/2460[2462]) *be*
1Ti 1:5 τῆς παραγγελίας **ἐστὶν** ἀγάπη ἐκ καθαρᾶς
1Ti 1:7 θέλοντες **εἶναι** νομοδιδάσκαλοι,
1Ti 1:13 τὸ πρότερον **ὄντα** βλάσφημον καὶ διώκτην
1Ti 1:15 ὧν πρῶτός **εἰμι** ἐγώ.
1Ti 1:20 ὧν **ἐστιν** Ὑμέναιος καὶ Ἀλέξανδρος,
1Ti 2:2 τῶν ἐν ὑπεροχῇ **ὄντων**,
1Ti 2:12 ἀλλ' **εἶναι** ἐν ἡσυχίᾳ.
1Ti 3:2 τὸν ἐπίσκοπον ἀνεπίλημπτον **εἶναι**,
1Ti 3:10 εἶτα διακονείτωσαν ἀνέγκλητοι **ὄντες**.
1Ti 3:12 διάκονοι **ἔστωσαν** μιᾶς γυναικὸς ἄνδρες,
1Ti 3:15 ἥτις **ἐστὶν** ἐκκλησία θεοῦ ζῶντος,
1Ti 3:16 ὁμολογουμένως μέγα **ἐστὶν** τὸ τῆς εὐσεβείας
1Ti 4:6 τοῖς ἀδελφοῖς καλὸς **ἔσῃ** διάκονος Χριστοῦ
1Ti 4:8 γυμνασία πρὸς ὀλίγον **ἐστὶν** ὠφέλιμος,
1Ti 4:8 πάντα ὠφέλιμός **ἐστιν** ἐπαγγελίαν ἔχουσα
1Ti 4:10 ὅς **ἐστιν** σωτὴρ πάντων ἀνθρώπων
1Ti 4:15 ἐν τούτοις **ἴσθι**,
1Ti 4:15 ἡ προκοπὴ φανερὰ **ᾖ** πᾶσιν.
1Ti 5:4 τοῦτο γάρ **ἐστιν** ἀπόδεκτον ἐνώπιον τοῦ
1Ti 5:7 ἵνα ἀνεπίλημπτοι **ὦσιν**.
1Ti 5:8 πίστιν ἤρνηται καὶ **ἔστιν** ἀπίστου χείρων.
1Ti 5:24 ἁμαρτίαι πρόδηλοί **εἰσιν** προάγουσαι
1Ti 6:1 Ὅσοι **εἰσὶν** ὑπὸ ζυγὸν δοῦλοι,
1Ti 6:2 ὅτι ἀδελφοί **εἰσιν**,
1Ti 6:2 ὅτι πιστοί **εἰσιν** καὶ ἀγαπητοὶ οἱ
1Ti 6:5 νομιζόντων πορισμὸν **εἶναι** τὴν εὐσέβειαν.
1Ti 6:6 **Ἔστιν** δὲ πορισμὸς μέγας
1Ti 6:10 πάντων τῶν κακῶν **ἐστιν** ἡ φιλαργυρία,
1Ti 6:18 εὐμεταδότους **εἶναι**,

εἰρήνη (*eirēnē*; 1/92) *peace*
1Ti 1:2 χάρις ἔλεος **εἰρήνη** ἀπὸ θεοῦ πατρὸς

εἰς (*eis*; 19/1759[1767]) *into*
1Ti 1:3 ἐν Ἐφέσῳ πορευόμενος **εἰς** Μακεδονίαν,
1Ti 1:6 ἐξετράπησαν **εἰς** ματαιολογίαν
1Ti 1:12 με ἡγήσατο θέμενος **εἰς** διακονίαν
1Ti 1:15 Ἰησοῦς ἦλθεν **εἰς** τὸν κόσμον ἁμαρτωλοὺς
1Ti 1:16 πιστεύειν ἐπ' αὐτῷ **εἰς** ζωὴν αἰώνιον.
1Ti 1:17 τιμὴ καὶ δόξα **εἰς** τοὺς αἰῶνας τῶν
1Ti 2:4 σωθῆναι καὶ **εἰς** ἐπίγνωσιν ἀληθείας ἐλθεῖν.
1Ti 2:7 **εἰς** ὃ ἐτέθην ἐγὼ
1Ti 3:6 ἵνα μὴ τυφωθεὶς **εἰς** κρίμα ἐμπέσῃ τοῦ
1Ti 3:7 ἵνα μὴ **εἰς** ὀνειδισμὸν ἐμπέσῃ καὶ
1Ti 4:3 ἔκτισεν **εἰς** μετάλημψιν μετὰ εὐχαριστίας
1Ti 4:10 **εἰς** τοῦτο γὰρ κοπιῶμεν
1Ti 5:24 πρόδηλοί εἰσιν προάγουσαι **εἰς** κρίσιν,
1Ti 6:7 εἰσηνέγκαμεν **εἰς** τὸν κόσμον,
1Ti 6:9 πλουτεῖν ἐμπίπτουσιν **εἰς** πειρασμὸν καὶ
1Ti 6:9 τοὺς ἀνθρώπους **εἰς** ὄλεθρον καὶ ἀπώλειαν·
1Ti 6:12 **εἰς** ἣν ἐκλήθης καὶ
1Ti 6:17 ἡμῖν πάντα πλουσίως **εἰς** ἀπόλαυσιν,
1Ti 6:19 ἑαυτοῖς θεμέλιον καλὸν **εἰς** τὸ μέλλον,

εἷς (*heis*; 5/343[345]) *one*
1Ti 2:5 **εἷς** γὰρ θεός,
1Ti 2:5 **εἷς** καὶ μεσίτης θεοῦ
1Ti 3:2 **μιᾶς** γυναικὸς ἄνδρα,

1Ti 3:12 διάκονοι ἔστωσαν **μιᾶς** γυναικὸς ἄνδρες,
1Ti 5:9 **ἑνὸς** ἀνδρὸς γυνή,

εἰσφέρω (*eispherō*; 1/8) *bring in*
1Ti 6:7 οὐδὲν γὰρ **εἰσηνέγκαμεν** εἰς τὸν κόσμον,

εἶτα (*eita*; 2/15) *then*
1Ti 2:13 **εἶτα** Εὕα.
1Ti 3:10 **εἶτα** διακονείτωσαν ἀνέγκλητοι ὄντες.

ἐκ (*ek*; 2/912[914]) *from*
1Ti 1:5 ἐστὶν ἀγάπη **ἐκ** καθαρᾶς καρδίας καὶ
1Ti 6:4 **ἐξ** ὧν γίνεται φθόνος

ἔκγονος (*ekgonos*; 1/1) *grandchild*
1Ti 5:4 χήρα τέκνα ἢ **ἔκγονα** ἔχει,

ἐκζήτησις (*ekzētēsis*; 1/1) *senseless speculation*
1Ti 1:4 αἵτινες **ἐκζητήσεις** παρέχουσιν μᾶλλον ἢ

ἐκκλησία (*ekklēsia*; 3/114) *church*
1Ti 3:5 πῶς **ἐκκλησίας** θεοῦ ἐπιμελήσεται,
1Ti 3:15 ἥτις ἐστὶν **ἐκκλησία** θεοῦ ζῶντος,
1Ti 5:16 μὴ βαρείσθω ἡ **ἐκκλησία**,

ἐκλεκτός (*eklektos*; 1/22) *chosen*
1Ti 5:21 Ἰησοῦ καὶ τῶν **ἐκλεκτῶν** ἀγγέλων,

ἐκτός (*ektos*; 1/8) *outside*
1Ti 5:19 **ἐκτὸς** εἰ μὴ ἐπὶ

ἐκτρέπω (*ektrepō*; 3/5) *wander, go astray*
1Ti 1:6 ὧν τινες ἀστοχήσαντες **ἐξετράπησαν** εἰς
1Ti 5:15 γάρ τινες **ἐξετράπησαν** ὀπίσω τοῦ σατανᾶ.
1Ti 6:20 φύλαξον **ἐκτρεπόμενος** τὰς βεβήλους

ἐκφέρω (*ekpherō*; 1/8) *carry or bring out*
1Ti 6:7 ὅτι οὐδὲ **ἐξενεγκεῖν** τι δυνάμεθα·

ἐλάσσων (*elassōn*; 1/4) *lesser*
1Ti 5:9 μὴ **ἔλαττον** ἐτῶν ἑξήκοντα γεγονυῖα,

ἐλέγχω (*elenchō*; 1/17) *convict*
1Ti 5:20 ἁμαρτάνοντας ἐνώπιον πάντων **ἔλεγχε**,

ἐλεέω (*eleeō*; 2/28) *be merciful*
1Ti 1:13 ἀλλὰ **ἠλεήθην**,
1Ti 1:16 ἀλλὰ διὰ τοῦτο **ἠλεήθην**,

ἔλεος (*eleos*; 1/27) *mercy*
1Ti 1:2 χάρις **ἔλεος** εἰρήνη ἀπὸ θεοῦ

ἐλπίζω (*elpizō*; 4/31) *hope*
1Ti 3:14 Ταῦτά σοι γράφω **ἐλπίζων** ἐλθεῖν πρὸς σὲ
1Ti 4:10 ὅτι **ἠλπίκαμεν** ἐπὶ θεῷ ζῶντι,
1Ti 5:5 χήρα καὶ μεμονωμένη **ἤλπικεν** ἐπὶ θεὸν καὶ
1Ti 6:17 ὑψηλοφρονεῖν μηδὲ **ἠλπικέναι** ἐπὶ πλούτου

ἐλπίς (*elpis*; 1/53) *hope*
1Ti 1:1 Χριστοῦ Ἰησοῦ τῆς **ἐλπίδος** ἡμῶν

ἐμπίπτω (*empiptō*; 3/7) *fall into or among*
1Ti 3:6 τυφωθεὶς εἰς κρίμα **ἐμπέσῃ** τοῦ διαβόλου.
1Ti 3:7 μὴ εἰς ὀνειδισμὸν **ἐμπέσῃ** καὶ παγίδα τοῦ
1Ti 6:9 πλουτεῖν **ἐμπίπτουσιν** εἰς πειρασμὸν

ἐν (*en*; 44/2746[2752]) *in*
1Ti 1:2 Τιμοθέῳ γνησίῳ τέκνῳ **ἐν** πίστει,
1Ti 1:3 σε προσμεῖναι **ἐν** Ἐφέσῳ πορευόμενος εἰς
1Ti 1:4 οἰκονομίαν θεοῦ τὴν **ἐν** πίστει.
1Ti 1:13 ὅτι ἀγνοῶν ἐποίησα **ἐν** ἀπιστίᾳ·
1Ti 1:14 καὶ ἀγάπης τῆς **ἐν** Χριστῷ Ἰησοῦ.
1Ti 1:16 ἵνα **ἐν** ἐμοὶ πρώτῳ ἐνδείξηται
1Ti 1:18 ἵνα στρατεύῃ ἐν **αὐταῖς** τὴν καλὴν
1Ti 2:2 καὶ πάντων τῶν **ἐν** ὑπεροχῇ ὄντων,
1Ti 2:2 ἡσύχιον βίον διάγωμεν **ἐν** πάσῃ εὐσεβείᾳ
1Ti 2:7 διδάσκαλος ἐθνῶν **ἐν** πίστει καὶ ἀληθείᾳ.
1Ti 2:8 τοὺς ἄνδρας **ἐν** παντὶ τόπῳ ἐπαίροντας
1Ti 2:9 [καὶ] γυναῖκας **ἐν** καταστολῇ κοσμίῳ μετὰ
1Ti 2:9 μὴ **ἐν** πλέγμασιν καὶ χρυσίῳ
1Ti 2:11 Γυνὴ **ἐν** ἡσυχίᾳ μανθανέτω ἐν
1Ti 2:11 ἐν ἡσυχίᾳ μανθανέτω **ἐν** πάσῃ ὑποταγῇ·
1Ti 2:12 ἀλλ' εἶναι **ἐν** ἡσυχίᾳ.
1Ti 2:14 γυνὴ ἐξαπατηθεῖσα **ἐν** παραβάσει γέγονεν·
1Ti 2:15 ἐὰν μείνωσιν **ἐν** πίστει καὶ ἀγάπῃ
1Ti 3:4 τέκνα ἔχοντα **ἐν** ὑποταγῇ,
1Ti 3:9 τῆς πίστεως **ἐν** καθαρᾷ συνειδήσει.
1Ti 3:11 πιστὰς **ἐν** πᾶσιν.
1Ti 3:13 καὶ πολλὴν παρρησίαν **ἐν** πίστει τῇ ἐν
1Ti 3:13 ἐν πίστει τῇ **ἐν** Χριστῷ Ἰησοῦ.
1Ti 3:14 ἐλθεῖν πρὸς σὲ **ἐν** τάχει·
1Ti 3:15 εἰδῇς πῶς δεῖ **ἐν** οἴκῳ θεοῦ ἀναστρέφεσθαι,
1Ti 3:16 ὃς ἐφανερώθη **ἐν** σαρκί,
1Ti 3:16 ἐδικαιώθη **ἐν** πνεύματι,
1Ti 3:16 ἐκηρύχθη **ἐν** ἔθνεσιν,
1Ti 3:16 ἐπιστεύθη **ἐν** κόσμῳ,
1Ti 3:16 ἀνελήμφθη **ἐν** δόξῃ.
1Ti 4:1 ῥητῶς λέγει ὅτι **ἐν** ὑστέροις καιροῖς
1Ti 4:2 **ἐν** ὑποκρίσει ψευδολόγων,
1Ti 4:12 γίνου τῶν πιστῶν **ἐν** λόγῳ,
1Ti 4:12 **ἐν** ἀναστροφῇ,
1Ti 4:12 **ἐν** ἀγάπῃ,
1Ti 4:12 **ἐν** πίστει,
1Ti 4:12 **ἐν** ἁγνείᾳ.
1Ti 4:14 μὴ ἀμέλει τοῦ **ἐν** σοὶ χαρίσματος,
1Ti 4:15 **ἐν** τούτοις ἴσθι,
1Ti 5:2 νεωτέρας ὡς ἀδελφὰς **ἐν** πάσῃ ἁγνείᾳ.
1Ti 5:10 **ἐν** ἔργοις καλοῖς μαρτυρουμένη,
1Ti 5:17 οἱ κοπιῶντες **ἐν** λόγῳ καὶ διδασκαλίᾳ.
1Ti 6:17 Τοῖς πλουσίοις **ἐν** τῷ νῦν αἰῶνι
1Ti 6:18 πλουτεῖν **ἐν** ἔργοις καλοῖς,

ἐνδείκνυμι (*endeiknymi*; 1/11) *show*
1Ti 1:16 ἐν ἐμοὶ πρώτῳ **ἐνδείξηται** Χριστὸς Ἰησοῦς

ἐνδυναμόω (*endynamoō*; 1/7) *strengthen*
1Ti 1:12 Χάριν ἔχω τῷ **ἐνδυναμώσαντί** με Χριστῷ

ἔντευξις (*enteuxis*; 2/2) *prayer*
1Ti 2:1 δεήσεις προσευχὰς **ἐντεύξεις** εὐχαριστίας
1Ti 4:5 λόγου θεοῦ καὶ **ἐντεύξεως**.

ἐντολή (*entolē*; 1/67) *commandment*
1Ti 6:14 σε τὴν **ἐντολὴν** ἄσπιλον ἀνεπίλημπτον μέχρι

<u>ἐντρέφω (*entrephō*; 1/1) *live or feed on*</u>
1Ti 4:6 **ἐντρεφόμενος** τοῖς λόγοις τῆς

<u>ἐνώπιον (*enōpion*; 6/94) *before*</u>
1Ti 2:3 καὶ ἀπόδεκτον **ἐνώπιον** τοῦ σωτῆρος ἡμῶν
1Ti 5:4 γάρ ἐστιν ἀπόδεκτον **ἐνώπιον** τοῦ θεοῦ.
1Ti 5:20 Τοὺς ἁμαρτάνοντας **ἐνώπιον** πάντων ἔλεγχε,
1Ti 5:21 Διαμαρτύρομαι **ἐνώπιον** τοῦ θεοῦ καὶ
1Ti 6:12 καλὴν ὁμολογίαν **ἐνώπιον** πολλῶν μαρτύρων.
1Ti 6:13 παραγγέλλω [σοι] **ἐνώπιον** τοῦ θεοῦ τοῦ

<u>ἐξαπατάω (*exapataō*; 1/6) *deceive*</u>
1Ti 2:14 ἡ δὲ γυνὴ **ἐξαπατηθεῖσα** ἐν παραβάσει

<u>ἑξήκοντα (*hexēkonta*; 1/9) *sixty*</u>
1Ti 5:9 μὴ ἔλαττον ἐτῶν **ἑξήκοντα** γεγονυῖα,

<u>ἔξωθεν (*exōthen*; 1/13) *from outside*</u>
1Ti 3:7 ἔχειν ἀπὸ τῶν **ἔξωθεν**,

<u>ἐπαγγελία (*epangelia*; 1/52) *promise*</u>
1Ti 4:8 ὠφέλιμός ἐστιν **ἐπαγγελίαν** ἔχουσα ζωῆς

<u>ἐπαγγέλλομαι (*epangellomai*; 2/15) *promise*</u>
1Ti 2:10 γυναιξὶν **ἐπαγγελλομέναις** θεοσέβειαν,
1Ti 6:21 ἥν τινες **ἐπαγγελλόμενοι** περὶ τὴν πίστιν

<u>ἐπαίρω (*epairō*; 1/19) *raise*</u>
1Ti 2:8 παντὶ τόπῳ **ἐπαίροντας** ὁσίους χεῖρας χωρὶς

<u>ἐπακολουθέω (*epakoloutheō*; 2/3[4]) *follow*</u>
1Ti 5:10 παντὶ ἔργῳ ἀγαθῷ **ἐπηκολούθησεν**.
1Ti 5:24 τισιν δὲ καὶ **ἐπακολουθοῦσιν**·

<u>ἐπαρκέω (*eparkeō*; 3/3) *assist*</u>
1Ti 5:10 εἰ θλιβομένοις **ἐπήρκεσεν**,
1Ti 5:16 **ἐπαρκείτω** αὐταῖς καὶ μὴ
1Ti 5:16 ταῖς ὄντως χήραις **ἐπαρκέσῃ**.

<u>ἐπέχω (*epechō*; 1/5) *notice*</u>
1Ti 4:16 **ἔπεχε** σεαυτῷ καὶ τῇ

<u>ἐπί (*epi*; 8/886[890]) *on*</u>
1Ti 1:16 τῶν μελλόντων πιστεύειν **ἐπ'** αὐτῷ εἰς ζωὴν
1Ti 1:18 κατὰ τὰς προαγούσας **ἐπὶ** σὲ προφητείας,
1Ti 4:10 ὅτι ἠλπίκαμεν **ἐπὶ** θεῷ ζῶντι,
1Ti 5:5 μεμονωμένη ἤλπικεν **ἐπὶ** θεὸν καὶ προσμένει
1Ti 5:19 ἐκτὸς εἰ μὴ **ἐπὶ** δύο ἢ τριῶν
1Ti 6:13 τοῦ μαρτυρήσαντος **ἐπὶ** Ποντίου Πιλάτου
1Ti 6:17 μηδὲ ἠλπικέναι **ἐπὶ** πλούτου ἀδηλότητι ἀλλ'
1Ti 6:17 ἀδηλότητι ἀλλ' **ἐπὶ** θεῷ τῷ παρέχοντι

<u>ἐπιγινώσκω (*epiginōskō*; 1/44) *know*</u>
1Ti 4:3 τοῖς πιστοῖς καὶ **ἐπεγνωκόσι** τὴν ἀλήθειαν.

<u>ἐπίγνωσις (*epignōsis*; 1/20) *knowledge*</u>
1Ti 2:4 σωθῆναι καὶ εἰς **ἐπίγνωσιν** ἀληθείας ἐλθεῖν.

<u>ἐπιεικής (*epieikēs*; 1/5) *gentle*</u>
1Ti 3:3 ἀλλὰ **ἐπιεικῆ** ἄμαχον ἀφιλάργυρον,

<u>ἐπίθεσις (*epithesis*; 1/4) *laying on*</u>
1Ti 4:14 διὰ προφητείας μετὰ **ἐπιθέσεως** τῶν χειρῶν

<u>ἐπιθυμέω (*epithymeō*; 1/16) *long for*</u>
1Ti 3:1 καλοῦ ἔργου **ἐπιθυμεῖ**.

<u>ἐπιθυμία (*epithymia*; 1/38) *desire*</u>
1Ti 6:9 καὶ παγίδα καὶ **ἐπιθυμίας** πολλὰς ἀνοήτους

<u>ἐπιλαμβάνομαι (*epilambanomai*; 2/19) *take*</u>
1Ti 6:12 **ἐπιλαβοῦ** τῆς αἰωνίου ζωῆς,
1Ti 6:19 ἵνα **ἐπιλάβωνται** τῆς ὄντως ζωῆς.

<u>ἐπιμελέομαι (*epimeleomai*; 1/3) *take care of*</u>
1Ti 3:5 πῶς ἐκκλησίας θεοῦ **ἐπιμελήσεται**,

<u>ἐπιμένω (*epimenō*; 1/15[16]) *remain*</u>
1Ti 4:16 **ἐπίμενε** αὐτοῖς·

<u>ἐπίορκος (*epiorkos*; 1/1) *perjurer*</u>
1Ti 1:10 ἀνδραποδισταῖς ψεύσταις **ἐπιόρκοις**,

<u>ἐπιπλήσσω (*epiplēssō*; 1/1) *reprimand*</u>
1Ti 5:1 Πρεσβυτέρῳ μὴ **ἐπιπλήξῃς** ἀλλὰ παρακάλει

<u>ἐπισκοπή (*episkopē*; 1/4) *visitation*</u>
1Ti 3:1 Εἴ τις **ἐπισκοπῆς** ὀρέγεται,

<u>ἐπίσκοπος (*episkopos*; 1/5) *overseer*</u>
1Ti 3:2 δεῖ οὖν τὸν **ἐπίσκοπον** ἀνεπίλημπτον εἶναι,

<u>ἐπίσταμαι (*epistamai*; 1/14) *know*</u>
1Ti 6:4 μηδὲν **ἐπιστάμενος**,

<u>ἐπιταγή (*epitagē*; 1/7) *command*</u>
1Ti 1:1 Ἰησοῦ κατ' **ἐπιταγὴν** θεοῦ σωτῆρος ἡμῶν

<u>ἐπιτίθημι (*epitithēmi*; 1/38[39]) *put on*</u>
1Ti 5:22 ταχέως μηδενὶ **ἐπιτίθει** μηδὲ κοινώνει

<u>ἐπιτρέπω (*epitrepō*; 1/18) *permit, let*</u>
1Ti 2:12 δὲ γυναικὶ οὐκ **ἐπιτρέπω** οὐδὲ αὐθεντεῖν

<u>ἐπιφάνεια (*epiphaneia*; 1/6) *appearing*</u>
1Ti 6:14 μέχρι τῆς **ἐπιφανείας** τοῦ κυρίου ἡμῶν

<u>ἐργάτης (*ergatēs*; 1/16) *laborer*</u>
1Ti 5:18 ἄξιος ὁ **ἐργάτης** τοῦ μισθοῦ αὐτοῦ.

<u>ἔργον (*ergon*; 6/169) *work*</u>
1Ti 2:10 δι' **ἔργων** ἀγαθῶν.
1Ti 3:1 καλοῦ **ἔργου** ἐπιθυμεῖ.
1Ti 5:10 ἐν **ἔργοις** καλοῖς μαρτυρουμένη,
1Ti 5:10 εἰ παντὶ **ἔργῳ** ἀγαθῷ ἐπηκολούθησεν.
1Ti 5:25 ὡσαύτως καὶ τὰ **ἔργα** τὰ καλὰ πρόδηλα,
1Ti 6:18 πλουτεῖν ἐν **ἔργοις** καλοῖς,

<u>ἔρις (*eris*; 1/9) *strife*</u>
1Ti 6:4 ὧν γίνεται φθόνος **ἔρις** βλασφημίαι,

<u>ἔρχομαι (*erchomai*; 4/631[632]) *come, go*</u>
1Ti 1:15 ὅτι Χριστὸς Ἰησοῦς **ἦλθεν** εἰς τὸν κόσμον

1Ti 2:4 εἰς ἐπίγνωσιν ἀληθείας **ἐλθεῖν**.
1Ti 3:14 σοι γράφω ἐλπίζων **ἐλθεῖν** πρὸς σὲ ἐν
1Ti 4:13 ἕως **ἔρχομαι** πρόσεχε τῇ ἀναγνώσει,

ἑτεροδιδασκαλέω (*heterodidaskaleō*; 2/2) *teach a different (i.e. false) doctrine*
1Ti 1:3 παραγγείλῃς τισιν μὴ **ἑτεροδιδασκαλεῖν**
1Ti 6:3 εἴ τις **ἑτεροδιδασκαλεῖ** καὶ μὴ προσέρχεται

ἕτερος (*heteros*; 1/97[98]) *other*
1Ti 1:10 καὶ εἴ τι **ἕτερον** τῇ ὑγιαινούσῃ διδασκαλίᾳ

ἔτος (*etos*; 1/49) *year*
1Ti 5:9 μὴ ἔλαττον **ἐτῶν** ἑξήκοντα γεγονυῖα,

Εὕα (*hEua*; 1/2) *Eve*
1Ti 2:13 εἶτα **Εὕα**.

εὐαγγέλιον (*euangelion*; 1/75[76]) *good news*
1Ti 1:11 κατὰ τὸ **εὐαγγέλιον** τῆς δόξης τοῦ

εὐεργεσία (*euergesia*; 1/2) *service*
1Ti 6:2 οἱ τῆς **εὐεργεσίας** ἀντιλαμβανόμενοι.

εὐμετάδοτος (*eumetadotos*; 1/1) *generous*
1Ti 6:18 **εὐμεταδότους** εἶναι,

εὐσέβεια (*eusebeia*; 8/15) *godliness*
1Ti 2:2 διάγωμεν ἐν πάσῃ **εὐσεβείᾳ** καὶ σεμνότητι.
1Ti 3:16 ἐστὶν τὸ τῆς **εὐσεβείας** μυστήριον·
1Ti 4:7 δὲ σεαυτὸν πρὸς **εὐσέβειαν**·
1Ti 4:8 ἡ δὲ **εὐσέβεια** πρὸς πάντα ὠφέλιμός
1Ti 6:3 καὶ τῇ κατ' **εὐσέβειαν** διδασκαλίᾳ,
1Ti 6:5 πορισμὸν εἶναι τὴν **εὐσέβειαν**.
1Ti 6:6 μέγας ἡ **εὐσέβεια** μετὰ αὐταρκείας·
1Ti 6:11 δίωκε δὲ δικαιοσύνην **εὐσέβειαν** πίστιν,

εὐσεβέω (*eusebeō*; 1/2) *worship*
1Ti 5:4 τὸν ἴδιον οἶκον **εὐσεβεῖν** καὶ ἀμοιβὰς

εὐχαριστία (*eucharistia*; 3/15) *thanksgiving*
1Ti 2:1 ἐντεύξεις **εὐχαριστίας** ὑπὲρ πάντων
1Ti 4:3 μετάλημψιν μετὰ **εὐχαριστίας** τοῖς πιστοῖς
1Ti 4:4 ἀπόβλητον μετὰ **εὐχαριστίας** λαμβανόμενον·

Ἔφεσος (*Ephesos*; 1/16) *Ephesus*
1Ti 1:3 ἐν **Ἐφέσῳ** πορευόμενος εἰς Μακεδονίαν,

ἔχω (*echō*; 14/706[708]) *have, hold*
1Ti 1:12 Χάριν **ἔχω** τῷ ἐνδυναμώσαντί με
1Ti 1:19 **ἔχων** πίστιν καὶ ἀγαθὴν
1Ti 3:4 τέκνα **ἔχοντα** ἐν ὑποταγῇ,
1Ti 3:7 καὶ μαρτυρίαν καλὴν **ἔχειν** ἀπὸ τῶν ἔξωθεν,
1Ti 3:9 **ἔχοντας** τὸ μυστήριον τῆς
1Ti 4:8 ἐστιν ἐπαγγελίαν **ἔχουσα** ζωῆς τῆς νῦν
1Ti 5:4 τέκνα ἢ ἔκγονα **ἔχει**,
1Ti 5:12 **ἔχουσαι** κρίμα ὅτι τὴν
1Ti 5:16 εἴ τις πιστὴ **ἔχει** χήρας,
1Ti 5:20 οἱ λοιποὶ φόβον **ἔχωσιν**.
1Ti 5:25 καὶ τὰ ἄλλως **ἔχοντα** κρυβῆναι οὐ δύνανται.
1Ti 6:2 οἱ δὲ πιστοὺς **ἔχοντες** δεσπότας μὴ
1Ti 6:8 **ἔχοντες** δὲ διατροφὰς καὶ
1Ti 6:16 ὁ μόνος **ἔχων** ἀθανασίαν,

ἕως (*heōs*; 1/146) *until*
1Ti 4:13 **ἕως** ἔρχομαι πρόσεχε τῇ

ζάω (*zaō*; 3/139[140]) *live*
1Ti 3:15 ἐστὶν ἐκκλησία θεοῦ **ζῶντος**,
1Ti 4:10 ἠλπίκαμεν ἐπὶ θεῷ **ζῶντι**,
1Ti 5:6 ἡ δὲ σπαταλῶσα **ζῶσα** τέθνηκεν.

ζήτησις (*zētēsis*; 1/7) *controversy, discussion*
1Ti 6:4 ἀλλὰ νοσῶν περὶ **ζητήσεις** καὶ λογομαχίας,

ζυγός (*zygos*; 1/6) *yoke*
1Ti 6:1 Ὅσοι εἰσὶν ὑπὸ **ζυγὸν** δοῦλοι,

ζωή (*zōē*; 4/135) *life*
1Ti 1:16 ἐπ' αὐτῷ εἰς **ζωὴν** αἰώνιον.
1Ti 4:8 ἐστιν ἐπαγγελίαν ἔχουσα **ζωῆς** τῆς νῦν καὶ
1Ti 6:12 ἐπιλαβοῦ τῆς αἰωνίου **ζωῆς**,
1Ti 6:19 ἐπιλάβωνται τῆς ὄντως **ζωῆς**.

ζῳογονέω (*zōogoneō*; 1/3) *give life to*
1Ti 6:13 τοῦ θεοῦ τοῦ **ζῳογονοῦντος** τὰ πάντα καὶ

ἤ (*ē*; 5/340) *or*
1Ti 1:4 παρέχουσιν μᾶλλον **ἢ** οἰκονομίαν θεοῦ
1Ti 2:9 καὶ χρυσίῳ **ἢ** μαργαρίταις ἢ ἱματισμῷ
1Ti 2:9 χρυσίῳ ἢ μαργαρίταις **ἢ** ἱματισμῷ πολυτελεῖ,
1Ti 5:4 τις χήρα τέκνα **ἢ** ἔκγονα ἔχει,
1Ti 5:19 μὴ ἐπὶ δύο **ἢ** τριῶν μαρτύρων.

ἡγέομαι (*hēgeomai*; 2/28) *consider*
1Ti 1:12 πιστόν με **ἡγήσατο** θέμενος εἰς διακονίαν
1Ti 6:1 πάσης τιμῆς ἀξίους **ἡγείσθωσαν**,

ἤδη (*ēdē*; 1/61) *already*
1Ti 5:15 **ἤδη** γάρ τινες ἐξετράπησαν

ἡμεῖς (*hēmeis*; 9/855) *we*
1Ti 1:1 θεοῦ σωτῆρος **ἡμῶν** καὶ Χριστοῦ Ἰησοῦ
1Ti 1:1 Ἰησοῦ τῆς ἐλπίδος **ἡμῶν**
1Ti 1:2 Ἰησοῦ τοῦ κυρίου **ἡμῶν**.
1Ti 1:12 Ἰησοῦ τῷ κυρίῳ **ἡμῶν**,
1Ti 1:14 χάρις τοῦ κυρίου **ἡμῶν** μετὰ πίστεως καὶ
1Ti 2:3 ἐνώπιον τοῦ σωτῆρος **ἡμῶν** θεοῦ,
1Ti 6:3 τοῖς τοῦ κυρίου **ἡμῶν** Ἰησοῦ Χριστοῦ καὶ
1Ti 6:14 ἐπιφανείας τοῦ κυρίου **ἡμῶν** Ἰησοῦ
1Ti 6:17 θεῷ τῷ παρέχοντι **ἡμῖν** πάντα πλουσίως εἰς

ἡμέρα (*hēmera*; 1/389) *day*
1Ti 5:5 προσευχαῖς νυκτὸς καὶ **ἡμέρας**,

ἤρεμος (*ēremos*; 1/1) *quiet*
1Ti 2:2 ἵνα **ἤρεμον** καὶ ἡσύχιον βίον

ἡσυχία (*hēsychia*; 2/4) *silence*
1Ti 2:11 Γυνὴ ἐν **ἡσυχίᾳ** μανθανέτω ἐν πάσῃ
1Ti 2:12 ἀλλ' εἶναι ἐν **ἡσυχίᾳ**.

ἡσύχιος (*hēsychios*; 1/2) *quiet*
1Ti 2:2 ἵνα ἤρεμον καὶ **ἡσύχιον** βίον διάγωμεν ἐν

θέλω (*thelō*; 3/208) *wish, want*
1Ti 1:7 **θέλοντες** εἶναι νομοδιδάσκαλοι,
1Ti 2:4 ὃς πάντας ἀνθρώπους **θέλει** σωθῆναι καὶ εἰς
1Ti 5:11 γαμεῖν **θέλουσιν**

θεμέλιος (*themelios*; 1/12) *foundation*
1Ti 6:19 ἀποθησαυρίζοντας ἑαυτοῖς **θεμέλιον** καλὸν

θεός (*theos*; 22/1316[1317]) *God*
1Ti 1:1 Ἰησοῦ κατ' ἐπιταγὴν **θεοῦ** σωτῆρος ἡμῶν
1Ti 1:2 ἔλεος εἰρήνη ἀπὸ **θεοῦ** πατρὸς καὶ Χριστοῦ
1Ti 1:4 μᾶλλον ἢ οἰκονομίαν **θεοῦ** τὴν ἐν πίστει.
1Ti 1:11 δόξης τοῦ μακαρίου **θεοῦ**,
1Ti 1:17 ἀφθάρτῳ ἀοράτῳ μόνῳ **θεῷ**,
1Ti 2:3 τοῦ σωτῆρος ἡμῶν **θεοῦ**,
1Ti 2:5 εἷς γὰρ **θεός**,
1Ti 2:5 εἷς καὶ μεσίτης **θεοῦ** καὶ ἀνθρώπων,
1Ti 3:5 πῶς ἐκκλησίας **θεοῦ** ἐπιμελήσεται,
1Ti 3:15 δεῖ ἐν οἴκῳ **θεοῦ** ἀναστρέφεσθαι,
1Ti 3:15 ἥτις ἐστὶν ἐκκλησία **θεοῦ** ζῶντος,
1Ti 4:3 ἃ ὁ **θεὸς** ἔκτισεν εἰς μετάλημψιν
1Ti 4:4 ὅτι πᾶν κτίσμα **θεοῦ** καλὸν καὶ οὐδὲν
1Ti 4:5 γὰρ διὰ λόγου **θεοῦ** καὶ ἐντεύξεως.
1Ti 4:10 ὅτι ἠλπίκαμεν ἐπὶ **θεῷ** ζῶντι,
1Ti 5:4 ἀπόδεκτον ἐνώπιον τοῦ **θεοῦ**.
1Ti 5:5 μεμονωμένη ἤλπικεν ἐπὶ **θεὸν** καὶ προσμένει
1Ti 5:21 ἐνώπιον τοῦ **θεοῦ** καὶ Χριστοῦ Ἰησοῦ
1Ti 6:1 τὸ ὄνομα τοῦ **θεοῦ** καὶ ἡ διδασκαλία
1Ti 6:11 ὦ ἄνθρωπε **θεοῦ**,
1Ti 6:13 [σοι] ἐνώπιον τοῦ **θεοῦ** τοῦ ζῳογονοῦντος
1Ti 6:17 ἀδηλότητι ἀλλ' ἐπὶ **θεῷ** τῷ παρέχοντι ἡμῖν

θεοσέβεια (*theosebeia*; 1/1) *worship of God*
1Ti 2:10 γυναιξὶν ἐπαγγελλομέναις **θεοσέβειαν**,

θλίβω (*thlibō*; 1/10) *press hard*
1Ti 5:10 εἰ **θλιβομένοις** ἐπήρκεσεν,

θνῄσκω (*thnēskō*; 1/9) *die*
1Ti 5:6 δὲ σπαταλῶσα ζῶσα **τέθνηκεν**.

ἴδιος (*idios*; 9/114) *one's own*
1Ti 2:6 τὸ μαρτύριον καιροῖς **ἰδίοις**.
1Ti 3:4 τοῦ **ἰδίου** οἴκου καλῶς προϊστάμενον,
1Ti 3:5 δέ τις τοῦ **ἰδίου** οἴκου προστῆναι οὐκ
1Ti 3:12 προϊστάμενοι καὶ τῶν **ἰδίων** οἴκων.
1Ti 4:2 κεκαυστηριασμένων τὴν **ἰδίαν** συνείδησιν,
1Ti 5:4 πρῶτον τὸν **ἴδιον** οἶκον εὐσεβεῖν καὶ
1Ti 5:8 δέ τις τῶν **ἰδίων** καὶ μάλιστα οἰκείων
1Ti 6:1 τοὺς **ἰδίους** δεσπότας πάσης τιμῆς
1Ti 6:15 ἣν καιροῖς **ἰδίοις** δείξει ὁ μακάριος

Ἰησοῦς (*Iēsous*; 14/911[917]) *Jesus*
1Ti 1:1 ἀπόστολος Χριστοῦ **Ἰησοῦ** κατ' ἐπιταγὴν
1Ti 1:1 ἡμῶν καὶ Χριστοῦ **Ἰησοῦ** τῆς ἐλπίδος ἡμῶν
1Ti 1:2 καὶ Χριστοῦ **Ἰησοῦ** τοῦ κυρίου ἡμῶν.
1Ti 1:12 ἐνδυναμώσαντί με Χριστῷ **Ἰησοῦ** τῷ κυρίῳ
1Ti 1:14 τῆς ἐν Χριστῷ **Ἰησοῦ**.
1Ti 1:15 ὅτι Χριστὸς **Ἰησοῦς** ἦλθεν εἰς τὸν
1Ti 1:16 ἐνδείξηται Χριστὸς **Ἰησοῦς** τὴν ἅπασαν
1Ti 2:5 ἄνθρωπος Χριστὸς **Ἰησοῦς**,
1Ti 3:13 τῇ ἐν Χριστῷ **Ἰησοῦ**.
1Ti 4:6 ἔσῃ διάκονος Χριστοῦ **Ἰησοῦ**,
1Ti 5:21 θεοῦ καὶ Χριστοῦ **Ἰησοῦ** καὶ τῶν ἐκλεκτῶν
1Ti 6:3 τοῦ κυρίου ἡμῶν **Ἰησοῦ** Χριστοῦ καὶ τῇ
1Ti 6:13 καὶ Χριστοῦ **Ἰησοῦ** τοῦ μαρτυρήσαντος ἐπὶ
1Ti 6:14 τοῦ κυρίου ἡμῶν **Ἰησοῦ** Χριστοῦ,

ἱματισμός (*himatismos*; 1/5) *clothing*
1Ti 2:9 ἢ μαργαρίταις ἢ **ἱματισμῷ** πολυτελεῖ,

ἵνα (*hina*; 15/662[663]) *so that, in order that*
1Ti 1:3 **ἵνα** παραγγείλῃς τισιν μὴ
1Ti 1:16 **ἵνα** ἐν ἐμοὶ πρώτῳ
1Ti 1:18 ἵνα **στρατεύῃ** ἐν αὐταῖς τὴν
1Ti 1:20 **ἵνα** παιδευθῶσιν μὴ βλασφημεῖν.
1Ti 2:2 **ἵνα** ἤρεμον καὶ ἡσύχιον
1Ti 3:6 **ἵνα** μὴ τυφωθεὶς εἰς
1Ti 3:7 **ἵνα** μὴ εἰς ὀνειδισμὸν
1Ti 3:15 **ἵνα** εἰδῇς πῶς δεῖ
1Ti 4:15 **ἵνα** σου ἡ προκοπὴ
1Ti 5:7 **ἵνα** ἀνεπίλημπτοι ὦσιν.
1Ti 5:16 **ἵνα** ταῖς ὄντως χήραις
1Ti 5:20 **ἵνα** καὶ οἱ λοιποὶ
1Ti 5:21 **ἵνα** ταῦτα φυλάξῃς χωρὶς
1Ti 6:1 **ἵνα** μὴ τὸ ὄνομα
1Ti 6:19 **ἵνα** ἐπιλάβωνται τῆς ὄντως

καθαρός (*katharos*; 2/27) *pure*
1Ti 1:5 ἀγάπη ἐκ **καθαρᾶς** καρδίας καὶ συνειδήσεως
1Ti 3:9 τῆς πίστεως ἐν **καθαρᾷ** συνειδήσει.

καθώς (*kathōs*; 1/182) *just as*
1Ti 1:3 **Καθὼς** παρεκάλεσά σε προσμεῖναι

καιρός (*kairos*; 3/85) *time*
1Ti 2:6 τὸ μαρτύριον **καιροῖς** ἰδίοις.
1Ti 4:1 ἐν ὑστέροις **καιροῖς** ἀποστήσονταί τινες
1Ti 6:15 ἣν **καιροῖς** ἰδίοις δείξει ὁ

κακός (*kakos*; 1/50) *evil*
1Ti 6:10 γὰρ πάντων τῶν **κακῶν** ἐστιν ἡ φιλαργυρία,

καλέω (*kaleō*; 1/148) *call*
1Ti 6:12 εἰς ἣν **ἐκλήθης** καὶ ὡμολόγησας τὴν

καλός (*kalos*; 16/101) *good*
1Ti 1:8 Οἴδαμεν δὲ ὅτι **καλὸς** ὁ νόμος,
1Ti 1:18 ἐν αὐταῖς τὴν **καλὴν** στρατείαν
1Ti 2:3 τοῦτο **καλὸν** καὶ ἀπόδεκτον ἐνώπιον
1Ti 3:1 **καλοῦ** ἔργου ἐπιθυμεῖ.
1Ti 3:7 δὲ καὶ μαρτυρίαν **καλὴν** ἔχειν ἀπὸ τῶν
1Ti 3:13 βαθμὸν ἑαυτοῖς **καλὸν** περιποιοῦνται καὶ
1Ti 4:4 πᾶν κτίσμα θεοῦ **καλὸν** καὶ οὐδὲν ἀπόβλητον
1Ti 4:6 τοῖς ἀδελφοῖς **καλὸς** ἔσῃ διάκονος Χριστοῦ
1Ti 4:6 τῆς **καλῆς** διδασκαλίας ᾗ παρηκολούθηκας·
1Ti 5:10 ἐν ἔργοις **καλοῖς** μαρτυρουμένη,
1Ti 5:25 τὰ ἔργα τὰ **καλὰ** πρόδηλα,
1Ti 6:12 ἀγωνίζου τὸν **καλὸν** ἀγῶνα τῆς πίστεως,
1Ti 6:12 ὡμολόγησας τὴν **καλὴν** ὁμολογίαν ἐνώπιον
1Ti 6:13 Ποντίου Πιλάτου τὴν **καλὴν** ὁμολογίαν,
1Ti 6:18 πλουτεῖν ἐν ἔργοις **καλοῖς**,
1Ti 6:19 ἑαυτοῖς θεμέλιον **καλὸν** εἰς τὸ μέλλον,

καλῶς (*kalōs*; 4/36[37]) *well*
1Ti 3:4 τοῦ ἰδίου οἴκου **καλῶς** προϊστάμενον,

1Ti 3:12 τέκνων καλῶς **προϊστάμενοι** καὶ τῶν ἰδίων
1Ti 3:13 οἱ γὰρ **καλῶς** διακονήσαντες βαθμὸν
1Ti 5:17 Οἱ **καλῶς** προεστῶτες πρεσβύτεροι διπλῆς

καρδία (*kardia*; 1/156) *heart*
1Ti 1:5 ἀγάπη ἐκ καθαρᾶς **καρδίας** καὶ συνειδήσεως

κατά (*kata*; 6/472[473]) *according to, against*
1Ti 1:1 Χριστοῦ Ἰησοῦ **κατ'** ἐπιταγὴν θεοῦ σωτῆρος
1Ti 1:11 **κατὰ** τὸ εὐαγγέλιον τῆς
1Ti 1:18 **κατὰ** τὰς προαγούσας ἐπὶ
1Ti 5:19 **κατὰ** πρεσβυτέρου κατηγορίαν μὴ
1Ti 5:21 μηδὲν ποιῶν **κατὰ** πρόσκλισιν.
1Ti 6:3 Χριστοῦ καὶ τῇ **κατ'** εὐσέβειαν διδασκαλίᾳ,

καταλέγω (*katalegō*; 1/1) *enroll*
1Ti 5:9 Χήρα **καταλεγέσθω** μὴ ἔλαττον ἐτῶν

καταστολή (*katastolē*; 1/1) *manner of dress*
1Ti 2:9 γυναῖκας ἐν **καταστολῇ** κοσμίῳ μετὰ αἰδοῦς

καταστρηνιάω (*katastrēniaō*; 1/1) *be carried away by one's own sensuous impulses*
1Ti 5:11 ὅταν γὰρ **καταστρηνιάσωσιν** τοῦ Χριστοῦ,

καταφρονέω (*kataphroneō*; 2/9) *despise*
1Ti 4:12 σου τῆς νεότητος **καταφρονείτω**,
1Ti 6:2 ἔχοντες δεσπότας μὴ **καταφρονείτωσαν**,

κατηγορία (*katēgoria*; 1/3) *charge*
1Ti 5:19 πρεσβυτέρου **κατηγορίαν** μὴ παραδέχου,

καυστηριάζω (*kaustēriazō*; 1/1) *burn with a hot iron so as to deaden to feeling, cauterize*
1Ti 4:2 **κεκαυστηριασμένων** τὴν ἰδίαν συνείδησιν,

κεῖμαι (*keimai*; 1/24) *lie*
1Ti 1:9 δικαίῳ νόμος οὐ **κεῖται**,

κενοφωνία (*kenophōnia*; 1/2) *foolish talk*
1Ti 6:20 τὰς βεβήλους **κενοφωνίας** καὶ ἀντιθέσεις

κῆρυξ (*kēryx*; 1/3) *preacher*
1Ti 2:7 ὃ ἐτέθην ἐγὼ **κῆρυξ** καὶ ἀπόστολος,

κηρύσσω (*kēryssō*; 1/59[61]) *proclaim*
1Ti 3:16 **ἐκηρύχθη** ἐν ἔθνεσιν,

κοινωνέω (*koinōneō*; 1/8) *share*
1Ti 5:22 μηδενὶ ἐπιτίθει μηδὲ **κοινώνει** ἁμαρτίαις

κοινωνικός (*koinōnikos*; 1/1) *generous*
1Ti 6:18 **κοινωνικούς**,

κοπιάω (*kopiaō*; 2/23) *work*
1Ti 4:10 εἰς τοῦτο γὰρ **κοπιῶμεν** καὶ ἀγωνιζόμεθα,
1Ti 5:17 μάλιστα οἱ **κοπιῶντες** ἐν λόγῳ καὶ

κοσμέω (*kosmeō*; 1/10) *adorn*
1Ti 2:9 αἰδοῦς καὶ σωφροσύνης **κοσμεῖν** ἑαυτάς,

κόσμιος (*kosmios*; 2/2) *proper, respectable*
1Ti 2:9 γυναῖκας ἐν καταστολῇ **κοσμίῳ** μετὰ αἰδοῦς
1Ti 3:2 σώφρονα **κόσμιον** φιλόξενον διδακτικόν,

κόσμος (*kosmos*; 3/185[186]) *world*
1Ti 1:15 ἦλθεν εἰς τὸν **κόσμον** ἁμαρτωλοὺς σῶσαι,
1Ti 3:16 ἐπιστεύθη ἐν **κόσμῳ**,
1Ti 6:7 εἰσηνέγκαμεν εἰς τὸν **κόσμον**,

κράτος (*kratos*; 1/12) *might, strength*
1Ti 6:16 ᾧ τιμὴ καὶ **κράτος** αἰώνιον,

κρίμα (*krima*; 2/27) *judgment*
1Ti 3:6 μὴ τυφωθεὶς εἰς **κρίμα** ἐμπέσῃ τοῦ διαβόλου.
1Ti 5:12 ἔχουσαι **κρίμα** ὅτι τὴν πρώτην

κρίσις (*krisis*; 1/47) *judgment*
1Ti 5:24 εἰσιν προάγουσαι εἰς **κρίσιν**,

κρύπτω (*kryptō*; 1/18) *hide*
1Ti 5:25 τὰ ἄλλως ἔχοντα **κρυβῆναι** οὐ δύνανται.

κτίζω (*ktizō*; 1/15) *create*
1Ti 4:3 ἃ ὁ θεὸς **ἔκτισεν** εἰς μετάλημψιν μετὰ

κτίσμα (*ktisma*; 1/4) *creature*
1Ti 4:4 ὅτι πᾶν **κτίσμα** θεοῦ καλὸν καὶ

κυριεύω (*kyrieuō*; 1/7) *rule, have power over*
1Ti 6:15 καὶ κύριος τῶν **κυριευόντων**,

κύριος (*kyrios*; 6/714[717]) *Lord, sir*
1Ti 1:2 Χριστοῦ Ἰησοῦ τοῦ **κυρίου** ἡμῶν.
1Ti 1:12 Χριστῷ Ἰησοῦ τῷ **κυρίῳ** ἡμῶν,
1Ti 1:14 ἡ χάρις τοῦ **κυρίου** ἡμῶν μετὰ πίστεως
1Ti 6:3 λόγοις τοῖς τοῦ **κυρίου** ἡμῶν Ἰησοῦ Χριστοῦ
1Ti 6:14 τῆς ἐπιφανείας τοῦ **κυρίου** ἡμῶν Ἰησοῦ
1Ti 6:15 βασιλευόντων καὶ **κύριος** τῶν κυριευόντων,

κωλύω (*kōlyō*; 1/23) *hinder*
1Ti 4:3 **κωλυόντων** γαμεῖν,

λαλέω (*laleō*; 1/294[296]) *speak*
1Ti 5:13 λαλοῦσαι **τὰ** μὴ δέοντα.

λαμβάνω (*lambanō*; 1/258) *take, receive*
1Ti 4:4 ἀπόβλητον μετὰ εὐχαριστίας **λαμβανόμενον**·

λέγω (*legō*; 4/2345[2353]) *say*
1Ti 1:7 νοοῦντες μήτε ἃ **λέγουσιν** μήτε περὶ τίνων
1Ti 2:7 ἀλήθειαν **λέγω** οὐ ψεύδομαι,
1Ti 4:1 δὲ πνεῦμα ῥητῶς **λέγει** ὅτι ἐν ὑστέροις
1Ti 5:18 **λέγει** γὰρ ἡ γραφή·

λογομαχία (*logomachia*; 1/1) *fight or quarrel about words*
1Ti 6:4 περὶ ζητήσεις καὶ **λογομαχίας**,

λόγος (*logos*; 8/329[330]) *word*
1Ti 1:15 πιστὸς ὁ **λόγος** καὶ πάσης ἀποδοχῆς
1Ti 3:1 Πιστὸς ὁ **λόγος**.

1Ti 4:5 γὰρ διὰ **λόγου** θεοῦ καὶ ἐντεύξεως.
1Ti 4:6 ἐντρεφόμενος τοῖς **λόγοις** τῆς πίστεως καὶ
1Ti 4:9 πιστὸς ὁ **λόγος** καὶ πάσης ἀποδοχῆς
1Ti 4:12 τῶν πιστῶν ἐν **λόγῳ**,
1Ti 5:17 οἱ κοπιῶντες ἐν **λόγῳ** καὶ διδασκαλίᾳ.
1Ti 6:3 ὑγιαίνουσιν **λόγοις** τοῖς τοῦ κυρίου

λοιδορία (*loidoria*; 1/3) *cursing or speaking evil*
1Ti 5:14 διδόναι τῷ ἀντικειμένῳ **λοιδορίας** χάριν·

λοιπός (*loipos*; 1/54[55]) *rest*
1Ti 5:20 ἵνα καὶ οἱ **λοιποὶ** φόβον ἔχωσιν.

μακάριος (*makarios*; 2/50) *blessed*
1Ti 1:11 τῆς δόξης τοῦ **μακαρίου** θεοῦ,
1Ti 6:15 δείξει ὁ **μακάριος** καὶ μόνος δυνάστης,

Μακεδονία (*Makedonia*; 1/22) *Macedonia*
1Ti 1:3 Ἐφέσῳ πορευόμενος εἰς **Μακεδονίαν**,

μακροθυμία (*makrothymia*; 1/14) *patience*
1Ti 1:16 τὴν ἅπασαν **μακροθυμίαν** πρὸς ὑποτύπωσιν

μάλιστα (*malista*; 3/12) *especially*
1Ti 4:10 σωτὴρ πάντων ἀνθρώπων **μάλιστα** πιστῶν.
1Ti 5:8 τῶν ἰδίων καὶ **μάλιστα** οἰκείων οὐ προνοεῖ,
1Ti 5:17 **μάλιστα** οἱ κοπιῶντες ἐν

μᾶλλον (*mallon*; 2/81) *more*
1Ti 1:4 ἐκζητήσεις παρέχουσιν **μᾶλλον** ἢ οἰκονομίαν
1Ti 6:2 ἀλλὰ **μᾶλλον** δουλευέτωσαν,

μανθάνω (*manthanō*; 3/25) *learn*
1Ti 2:11 ἐν ἡσυχίᾳ **μανθανέτω** ἐν πάσῃ ὑποταγῇ·
1Ti 5:4 **μανθανέτωσαν** πρῶτον τὸν ἴδιον
1Ti 5:13 δὲ καὶ ἀργαὶ **μανθάνουσιν** περιερχόμεναι

μαργαρίτης (*margaritēs*; 1/9) *pearl*
1Ti 2:9 καὶ χρυσίῳ ἢ **μαργαρίταις** ἢ ἱματισμῷ

μαρτυρέω (*martyreō*; 2/76) *bear witness*
1Ti 5:10 ἐν ἔργοις καλοῖς **μαρτυρουμένη**,
1Ti 6:13 Ἰησοῦ τοῦ **μαρτυρήσαντος** ἐπὶ Ποντίου

μαρτυρία (*martyria*; 1/37) *testimony*
1Ti 3:7 δεῖ δὲ καὶ **μαρτυρίαν** καλὴν ἔχειν ἀπὸ

μαρτύριον (*martyrion*; 1/19) *testimony*
1Ti 2:6 τὸ **μαρτύριον** καιροῖς ἰδίοις.

μάρτυς (*martys*; 2/35) *witness*
1Ti 5:19 δύο ἢ τριῶν **μαρτύρων**.
1Ti 6:12 ὁμολογίαν ἐνώπιον πολλῶν **μαρτύρων**.

ματαιολογία (*mataiologia*; 1/1) *empty talk*
1Ti 1:6 ἐξετράπησαν εἰς **ματαιολογίαν**

μέγας (*megas*; 2/243) *large*
1Ti 3:16 καὶ ὁμολογουμένως **μέγα** ἐστὶν τὸ τῆς
1Ti 6:6 Ἔστιν δὲ πορισμὸς **μέγας** ἡ εὐσέβεια μετὰ

μελετάω (*meletaō*; 1/2) *practice*
1Ti 4:15 ταῦτα **μελέτα**,

μέλλω (*mellō*; 3/109) *be about to happen*
1Ti 1:16 ὑποτύπωσιν τῶν **μελλόντων** πιστεύειν ἐπ'
1Ti 4:8 νῦν καὶ τῆς **μελλούσης**.
1Ti 6:19 καλὸν εἰς τὸ **μέλλον**,

μένω (*menō*; 1/118) *remain*
1Ti 2:15 ἐὰν **μείνωσιν** ἐν πίστει καὶ

μεσίτης (*mesitēs*; 1/6) *mediator*
1Ti 2:5 εἷς καὶ **μεσίτης** θεοῦ καὶ ἀνθρώπων,

μετά (*meta*; 9/465[469]) *with, after*
1Ti 1:14 τοῦ κυρίου ἡμῶν **μετὰ** πίστεως καὶ ἀγάπης
1Ti 2:9 κοσμίῳ **μετὰ** αἰδοῦς καὶ σωφροσύνης
1Ti 2:15 ἀγάπῃ καὶ ἁγιασμῷ **μετὰ** σωφροσύνης·
1Ti 3:4 **μετὰ** πάσης σεμνότητος
1Ti 4:3 εἰς μετάλημψιν **μετὰ** εὐχαριστίας τοῖς
1Ti 4:4 ἀπόβλητον **μετὰ** εὐχαριστίας λαμβανόμενον·
1Ti 4:14 διὰ προφητείας **μετὰ** ἐπιθέσεως τῶν χειρῶν
1Ti 6:6 μέγας ἡ εὐσέβεια **μετὰ** αὐταρκείας·
1Ti 6:21 Ἡ χάρις **μεθ'** ὑμῶν.

μετάλημψις (*metalēmpsis*; 1/1) *receiving*
1Ti 4:3 ἔκτισεν εἰς **μετάλημψιν** μετὰ εὐχαριστίας

μέχρι (*mechri*; 1/17) *until*
1Ti 6:14 ἄσπιλον ἀνεπίλημπτον **μέχρι** τῆς ἐπιφανείας

μή (*mē*; 24/1041[1042]) *not*
1Ti 1:3 ἵνα παραγγείλῃς τισιν **μὴ** ἑτεροδιδασκαλεῖν
1Ti 1:7 **μὴ** νοοῦντες μήτε ἃ
1Ti 1:20 ἵνα παιδευθῶσιν **μὴ** βλασφημεῖν.
1Ti 2:9 **μὴ** ἐν πλέγμασιν καὶ
1Ti 3:3 **μὴ** πάροινον μὴ πλήκτην,
1Ti 3:3 μὴ πάροινον **μὴ** πλήκτην,
1Ti 3:6 **μὴ** νεόφυτον,
1Ti 3:6 ἵνα **μὴ** τυφωθεὶς εἰς κρίμα
1Ti 3:7 ἵνα **μὴ** εἰς ὀνειδισμὸν ἐμπέσῃ
1Ti 3:8 **μὴ** διλόγους,
1Ti 3:8 **μὴ** οἴνῳ πολλῷ προσέχοντας,
1Ti 3:8 **μὴ** αἰσχροκερδεῖς,
1Ti 3:11 **μὴ** διαβόλους,
1Ti 4:14 **μὴ** ἀμέλει τοῦ ἐν
1Ti 5:1 Πρεσβυτέρῳ **μὴ** ἐπιπλήξῃς ἀλλὰ παρακάλει
1Ti 5:9 Χήρα καταλεγέσθω **μὴ** ἔλαττον ἐτῶν
1Ti 5:13 λαλοῦσαι τὰ μὴ **δέοντα**.
1Ti 5:16 αὐταῖς καὶ **μὴ** βαρείσθω ἡ ἐκκλησία,
1Ti 5:19 πρεσβυτέρου κατηγορίαν **μὴ** παραδέχου,
1Ti 5:19 ἐκτὸς εἰ **μὴ** ἐπὶ δύο ἢ
1Ti 6:1 ἵνα **μὴ** τὸ ὄνομα τοῦ
1Ti 6:2 ἔχοντες δεσπότας **μὴ** καταφρονείτωσαν,
1Ti 6:3 ἑτεροδιδασκαλεῖ καὶ **μὴ** προσέρχεται
1Ti 6:17 αἰῶνι παράγγελλε **μὴ** ὑψηλοφρονεῖν μηδὲ

μηδέ (*mēde*; 3/56) *nor*
1Ti 1:4 **μηδὲ** προσέχειν μύθοις καὶ
1Ti 5:22 μηδενὶ ἐπιτίθει **μηδὲ** κοινώνει ἁμαρτίαις
1Ti 6:17 ὑψηλοφρονεῖν **μηδὲ** ἠλπικέναι ἐπὶ πλούτου

μηδείς (*mēdeis*; 5/90) *no one*
1Ti 4:12 **Μηδείς** σου τῆς νεότητος
1Ti 5:14 **μηδεμίαν** ἀφορμὴν διδόναι τῷ
1Ti 5:21 **μηδὲν** ποιῶν κατὰ πρόσκλισιν.
1Ti 5:22 ταχέως **μηδενὶ** ἐπιτίθει μηδὲ κοινώνει
1Ti 6:4 **μηδὲν** ἐπιστάμενος,

μηκέτι (*mēketi*; 1/21[22]) *no longer*
1Ti 5:23 **Μηκέτι** ὑδροπότει,

μήτε (*mēte*; 2/34) *and not*
1Ti 1:7 μὴ νοοῦντες **μήτε** ἃ λέγουσιν μήτε
1Ti 1:7 ἃ λέγουσιν **μήτε** περὶ τίνων διαβεβαιοῦνται.

μήτηρ (*mētēr*; 1/83) *mother*
1Ti 5:2 πρεσβυτέρας ὡς **μητέρας**,

μητρολῴας (*mētrolōas*; 1/1) *one who murders his mother*
1Ti 1:9 πατρολῴαις καὶ **μητρολῴαις**,

μισθός (*misthos*; 1/29) *pay*
1Ti 5:18 ὁ ἐργάτης τοῦ **μισθοῦ** αὐτοῦ.

μόνος (*monos*; 4/113[114]) *only*
1Ti 1:17 ἀφθάρτῳ ἀοράτῳ **μόνῳ** θεῷ,
1Ti 5:13 οὐ **μόνον** δὲ ἀργαὶ ἀλλὰ
1Ti 6:15 ὁ μακάριος καὶ **μόνος** δυνάστης,
1Ti 6:16 ὁ **μόνος** ἔχων ἀθανασίαν,

μονόω (*monoō*; 1/1) *leave alone*
1Ti 5:5 χήρα καὶ **μεμονωμένη** ἤλπικεν ἐπὶ θεὸν

μῦθος (*mythos*; 2/5) *myth*
1Ti 1:4 μηδὲ προσέχειν **μύθοις** καὶ γενεαλογίαις
1Ti 4:7 βεβήλους καὶ γραώδεις **μύθους** παραιτοῦ.

μυστήριον (*mystērion*; 2/28) *secret, mystery*
1Ti 3:9 ἔχοντας τὸ **μυστήριον** τῆς πίστεως ἐν
1Ti 3:16 τὸ τῆς εὐσεβείας **μυστήριον**·

ναυαγέω (*nauageō*; 1/2) *be shipwrecked*
1Ti 1:19 περὶ τὴν πίστιν **ἐναυάγησαν**,

νέος (*neos*; 4/24) *new*
1Ti 5:1 **νεωτέρους** ὡς ἀδελφούς,
1Ti 5:2 **νεωτέρας** ὡς ἀδελφὰς ἐν
1Ti 5:11 **νεωτέρας** δὲ χήρας παραιτοῦ·
1Ti 5:14 Βούλομαι οὖν **νεωτέρας** γαμεῖν,

νεότης (*neotēs*; 1/4) *youth*
1Ti 4:12 Μηδείς σου τῆς **νεότητος** καταφρονείτω,

νεόφυτος (*neophytos*; 1/1) *recently converted*
1Ti 3:6 μὴ **νεόφυτον**,

νηφάλιος (*nēphalios*; 2/3) *temperate*
1Ti 3:2 **νηφάλιον** σώφρονα κόσμιον φιλόξενον
1Ti 3:11 **νηφαλίους**,

νίπτω (*niptō*; 1/17) *wash*
1Ti 5:10 εἰ ἁγίων πόδας **ἔνιψεν**,

νοέω (*noeō*; 1/14) *understand*
1Ti 1:7 μὴ **νοοῦντες** μήτε ἃ λέγουσιν

νομίζω (*nomizō*; 1/15) *think*
1Ti 6:5 **νομιζόντων** πορισμὸν εἶναι τὴν

νομίμως (*nomimōs*; 1/2) *lawfully*
1Ti 1:8 ἐάν τις αὐτῷ **νομίμως** χρῆται,

νομοδιδάσκαλος (*nomodidaskalos*; 1/3) *teacher or interpreter of the law*
1Ti 1:7 θέλοντες εἶναι **νομοδιδάσκαλοι**,

νόμος (*nomos*; 2/193[194]) *law*
1Ti 1:8 ὅτι καλὸς ὁ **νόμος**,
1Ti 1:9 ὅτι δικαίῳ **νόμος** οὐ κεῖται,

νοσέω (*noseō*; 1/1) *have an unhealthy desire*
1Ti 6:4 ἀλλὰ **νοσῶν** περὶ ζητήσεις καὶ

νοῦς (*nous*; 1/24) *mind*
1Ti 6:5 ἀνθρώπων τὸν **νοῦν** καὶ ἀπεστερημένων τῆς

νῦν (*nyn*; 2/146[147]) *now*
1Ti 4:8 ἔχουσα ζωῆς τῆς **νῦν** καὶ τῆς μελλούσης.
1Ti 6:17 πλουσίοις ἐν τῷ **νῦν** αἰῶνι παράγγελλε μὴ

νύξ (*nyx*; 1/61) *night*
1Ti 5:5 καὶ ταῖς προσευχαῖς **νυκτὸς** καὶ ἡμέρας,

ξενοδοχέω (*xenodocheō*; 1/1) *show hospitality*
1Ti 5:10 εἰ **ἐξενοδόχησεν**,

ὀδύνη (*odynē*; 1/2) *pain*
1Ti 6:10 καὶ ἑαυτοὺς περιέπειραν **ὀδύναις** πολλαῖς.

οἶδα (*oida*; 4/318) *know*
1Ti 1:8 **Οἴδαμεν** δὲ ὅτι καλὸς
1Ti 1:9 **εἰδὼς** τοῦτο,
1Ti 3:5 οἴκου προστῆναι οὐκ **οἶδεν**,
1Ti 3:15 ἵνα **εἰδῇς** πῶς δεῖ ἐν

οἰκεῖος (*oikeios*; 1/3) *member of the household*
1Ti 5:8 ἰδίων καὶ μάλιστα **οἰκείων** οὐ προνοεῖ,

οἰκέω (*oikeō*; 1/9) *live*
1Ti 6:16 φῶς **οἰκῶν** ἀπρόσιτον,

οἰκία (*oikia*; 1/93) *house*
1Ti 5:13 μανθάνουσιν περιερχόμεναι τὰς **οἰκίας**,

οἰκοδεσποτέω (*oikodespoteō*; 1/1) *run the household*
1Ti 5:14 **οἰκοδεσποτεῖν**,

οἰκονομία (*oikonomia*; 1/9) *management of a household*
1Ti 1:4 παρέχουσιν μᾶλλον ἢ **οἰκονομίαν** θεοῦ τὴν

οἶκος (*oikos*; 5/113[114]) *house*
1Ti 3:4 τοῦ ἰδίου **οἴκου** καλῶς προϊστάμενον,

1Ti 3:5 τις τοῦ ἰδίου **οἴκου** προστῆναι οὐκ οἶδεν,
1Ti 3:12 καὶ τῶν ἰδίων **οἴκων**.
1Ti 3:15 πῶς δεῖ ἐν **οἴκῳ** θεοῦ ἀναστρέφεσθαι,
1Ti 5:4 τὸν ἴδιον **οἶκον** εὐσεβεῖν καὶ ἀμοιβὰς

οἶνος (*oinos*; 2/34) *wine*
1Ti 3:8 μὴ **οἴνῳ** πολλῷ προσέχοντας,
1Ti 5:23 ἀλλὰ **οἴνῳ** ὀλίγῳ χρῶ διὰ

ὄλεθρος (*olethros*; 1/4) *destruction*
1Ti 6:9 τοὺς ἀνθρώπους εἰς **ὄλεθρον** καὶ ἀπώλειαν·

ὀλίγος (*oligos*; 2/40) *little*
1Ti 4:8 γυμνασία πρὸς **ὀλίγον** ἐστὶν ὠφέλιμος,
1Ti 5:23 ἀλλὰ οἴνῳ **ὀλίγῳ** χρῶ διὰ τὸν

ὁμολογέω (*homologeō*; 1/26) *confess*
1Ti 6:12 ἣν ἐκλήθης καὶ **ὡμολόγησας** τὴν καλὴν

ὁμολογία (*homologia*; 2/6) *confession*
1Ti 6:12 καλὴν **ὁμολογίαν** ἐνώπιον πολλῶν μαρτύρων.
1Ti 6:13 Πιλάτου τὴν καλὴν **ὁμολογίαν**,

ὁμολογουμένως (*homologoumenōs*; 1/1) *undeniably*
1Ti 3:16 καὶ **ὁμολογουμένως** μέγα ἐστὶν τὸ

ὀνειδισμός (*oneidismos*; 1/5) *reproach*
1Ti 3:7 ἵνα μὴ εἰς **ὀνειδισμὸν** ἐμπέσῃ καὶ παγίδα

ὄνομα (*onoma*; 1/229[230]) *name*
1Ti 6:1 ἵνα μὴ τὸ **ὄνομα** τοῦ θεοῦ καὶ

ὄντως (*ontōs*; 4/10) *really*
1Ti 5:3 Χήρας τίμα τὰς **ὄντως** χήρας.
1Ti 5:5 ἡ δὲ **ὄντως** χήρα καὶ μεμονωμένη
1Ti 5:16 ἵνα ταῖς **ὄντως** χήραις ἐπαρκέσῃ.
1Ti 6:19 ἵνα ἐπιλάβωνται τῆς **ὄντως** ζωῆς.

ὀπίσω (*opisō*; 1/35) *after*
1Ti 5:15 γάρ τινες ἐξετράπησαν **ὀπίσω** τοῦ σατανᾶ.

ὁράω (*horaō*; 3/452) *see*
1Ti 3:16 **ὤφθη** ἀγγέλοις,
1Ti 6:16 ὃν **εἶδεν** οὐδεὶς ἀνθρώπων οὐδὲ
1Ti 6:16 οὐδεὶς ἀνθρώπων οὐδὲ **ἰδεῖν** δύναται·

ὀργή (*orgē*; 1/36) *wrath*
1Ti 2:8 ὁσίους χεῖρας χωρὶς **ὀργῆς** καὶ διαλογισμοῦ.

ὀρέγω (*oregō*; 2/3) *be eager for*
1Ti 3:1 Εἴ τις ἐπισκοπῆς **ὀρέγεται**,
1Ti 6:10 ἧς τινες **ὀρεγόμενοι** ἀπεπλανήθησαν ἀπὸ

ὅς (*hos*; 22/1406[1407]) *who*
1Ti 1:6 **ὧν** τινες ἀστοχήσαντες ἐξετράπησαν
1Ti 1:7 μὴ νοοῦντες μήτε **ἃ** λέγουσιν μήτε περὶ
1Ti 1:11 **ὃ** ἐπιστεύθην ἐγώ.
1Ti 1:15 **ὧν** πρῶτός εἰμι ἐγώ.
1Ti 1:19 **ἥν** τινες ἀπωσάμενοι περὶ
1Ti 1:20 **ὧν** ἐστιν Ὑμέναιος καὶ
1Ti 1:20 **οὓς** παρέδωκα τῷ σατανᾷ,
1Ti 2:4 **ὃς** πάντας ἀνθρώπους θέλει
1Ti 2:7 εἰς **ὃ** ἐτέθην ἐγὼ κῆρυξ
1Ti 2:10 ἀλλ᾽ **ὃ** πρέπει γυναιξὶν ἐπαγγελλομέναις
1Ti 3:16 **ὃς** ἐφανερώθη ἐν σαρκί,
1Ti 4:3 **ἃ** ὁ θεὸς ἔκτισεν
1Ti 4:6 τῆς καλῆς διδασκαλίας **ᾗ** παρηκολούθηκας·
1Ti 4:10 **ὅς** ἐστιν σωτὴρ πάντων
1Ti 4:14 **ὃ** ἐδόθη σοι διὰ
1Ti 6:4 ἐξ **ὧν** γίνεται φθόνος ἔρις
1Ti 6:10 **ἧς** τινες ὀρεγόμενοι ἀπεπλανήθησαν
1Ti 6:12 εἰς **ἣν** ἐκλήθης καὶ ὡμολόγησας
1Ti 6:15 **ἣν** καιροῖς ἰδίοις δείξει
1Ti 6:16 **ὃν** εἶδεν οὐδεὶς ἀνθρώπων
1Ti 6:16 **ᾧ** τιμὴ καὶ κράτος
1Ti 6:21 **ἥν** τινες ἐπαγγελλόμενοι περὶ

ὅσιος (*hosios*; 1/8) *holy*
1Ti 2:8 παντὶ τόπῳ ἐπαίροντας **ὁσίους** χεῖρας χωρὶς

ὅσος (*hosos*; 1/110) *as much as (pl. as many as)*
1Ti 6:1 **Ὅσοι** εἰσὶν ὑπὸ ζυγὸν

ὅστις (*hostis*; 3/144) *who*
1Ti 1:4 **αἵτινες** ἐκζητήσεις παρέχουσιν μᾶλλον
1Ti 3:15 **ἥτις** ἐστὶν ἐκκλησία θεοῦ
1Ti 6:9 **αἵτινες** βυθίζουσιν τοὺς ἀνθρώπους

ὅταν (*hotan*; 1/123) *when*
1Ti 5:11 **ὅταν** γὰρ καταστρηνιάσωσιν τοῦ

ὅτι (*hoti*; 12/1294[1296]) *because, that*
1Ti 1:8 Οἴδαμεν δὲ **ὅτι** καλὸς ὁ νόμος,
1Ti 1:9 **ὅτι** δικαίῳ νόμος οὐ
1Ti 1:12 **ὅτι** πιστόν με ἡγήσατο
1Ti 1:13 **ὅτι** ἀγνοῶν ἐποίησα ἐν
1Ti 1:15 **ὅτι** Χριστὸς Ἰησοῦς ἦλθεν
1Ti 4:1 πνεῦμα ῥητῶς λέγει **ὅτι** ἐν ὑστέροις καιροῖς
1Ti 4:4 **ὅτι** πᾶν κτίσμα θεοῦ
1Ti 4:10 **ὅτι** ἠλπίκαμεν ἐπὶ θεῷ
1Ti 5:12 ἔχουσαι κρίμα **ὅτι** τὴν πρώτην πίστιν
1Ti 6:2 **ὅτι** ἀδελφοί εἰσιν,
1Ti 6:2 **ὅτι** πιστοί εἰσιν καὶ
1Ti 6:7 **ὅτι** οὐδὲ ἐξενεγκεῖν τι

οὐ (*ou*; 9/1621[1623]) *not*
1Ti 1:9 ὅτι δικαίῳ νόμος **οὐ** κεῖται,
1Ti 2:7 ἀλήθειαν λέγω **οὐ** ψεύδομαι,
1Ti 2:12 δὲ γυναικὶ **οὐκ** ἐπιτρέπω οὐδὲ αὐθεντεῖν
1Ti 2:14 καὶ Ἀδὰμ **οὐκ** ἠπατήθη,
1Ti 3:5 ἰδίου οἴκου προστῆναι **οὐκ** οἶδεν,
1Ti 5:8 καὶ μάλιστα οἰκείων **οὐ** προνοεῖ,
1Ti 5:13 **οὐ** μόνον δὲ ἀργαὶ
1Ti 5:18 βοῦν ἀλοῶντα **οὐ** φιμώσεις,
1Ti 5:25 ἄλλως ἔχοντα κρυβῆναι **οὐ** δύνανται.

οὐδέ (*oude*; 3/141[143]) *neither, nor*
1Ti 2:12 οὐκ ἐπιτρέπω **οὐδὲ** αὐθεντεῖν ἀνδρός,
1Ti 6:7 ὅτι **οὐδὲ** ἐξενεγκεῖν τι δυνάμεθα·
1Ti 6:16 εἶδεν οὐδεὶς ἀνθρώπων **οὐδὲ** ἰδεῖν δύναται·

οὐδείς (*oudeis*; 3/225[227]) *no one*
1Ti 4:4 θεοῦ καλὸν καὶ **οὐδὲν** ἀπόβλητον μετὰ
1Ti 6:7 **οὐδὲν** γὰρ εἰσηνέγκαμεν εἰς

1Ti 6:16 ὃν εἶδεν **οὐδεὶς** ἀνθρώπων οὐδὲ ἰδεῖν

οὖν (*oun*; 4/497[499]) *therefore*
1Ti 2:1 Παρακαλῶ **οὖν** πρῶτον πάντων ποιεῖσθαι
1Ti 2:8 Βούλομαι **οὖν** προσεύχεσθαι τοὺς ἄνδρας
1Ti 3:2 δεῖ **οὖν** τὸν ἐπίσκοπον ἀνεπίλημπτον
1Ti 5:14 Βούλομαι **οὖν** νεωτέρας γαμεῖν,

οὗτος (*houtos*; 18/1382[1387]) *this*
1Ti 1:9 εἰδὼς **τοῦτο**,
1Ti 1:16 ἀλλὰ διὰ **τοῦτο** ἠλεήθην,
1Ti 1:18 **Ταύτην** τὴν παραγγελίαν παρατίθεμαί
1Ti 2:3 **τοῦτο** καλὸν καὶ ἀπόδεκτον
1Ti 3:10 καὶ **οὗτοι** δὲ δοκιμαζέσθωσαν πρῶτον,
1Ti 3:14 **Ταῦτά** σοι γράφω ἐλπίζων
1Ti 4:6 **Ταῦτα** ὑποτιθέμενος τοῖς ἀδελφοῖς
1Ti 4:10 εἰς **τοῦτο** γὰρ κοπιῶμεν καὶ
1Ti 4:11 Παράγγελλε **ταῦτα** καὶ δίδασκε.
1Ti 4:15 **ταῦτα** μελέτα,
1Ti 4:15 ἐν **τούτοις** ἴσθι,
1Ti 4:16 **τοῦτο** γὰρ ποιῶν καὶ
1Ti 5:4 **τοῦτο** γάρ ἐστιν ἀπόδεκτον
1Ti 5:7 καὶ **ταῦτα** παράγγελλε,
1Ti 5:21 ἵνα **ταῦτα** φυλάξῃς χωρὶς προκρίματος,
1Ti 6:2 **Ταῦτα** δίδασκε καὶ παρακάλει.
1Ti 6:8 **τούτοις** ἀρκεσθησόμεθα.
1Ti 6:11 **ταῦτα** φεῦγε·

παγίς (*pagis*; 2/5) *snare*
1Ti 3:7 ὀνειδισμὸν ἐμπέσῃ καὶ **παγίδα** τοῦ διαβόλου.
1Ti 6:9 εἰς πειρασμὸν καὶ **παγίδα** καὶ ἐπιθυμίας

παιδεύω (*paideuō*; 1/13) *instruct*
1Ti 1:20 ἵνα **παιδευθῶσιν** μὴ βλασφημεῖν.

παράβασις (*parabasis*; 1/7) *transgression*
1Ti 2:14 γυνὴ ἐξαπατηθεῖσα ἐν **παραβάσει** γέγονεν·

παραγγελία (*parangelia*; 2/5) *order*
1Ti 1:5 δὲ τέλος τῆς **παραγγελίας** ἐστὶν ἀγάπη ἐκ
1Ti 1:18 Ταύτην τὴν **παραγγελίαν** παρατίθεμαί σοι,

παραγγέλλω (*parangellō*; 5/31[32]) *command*
1Ti 1:3 ἵνα **παραγγείλῃς** τισιν μὴ ἑτεροδιδασκαλεῖν
1Ti 4:11 **Παράγγελλε** ταῦτα καὶ δίδασκε.
1Ti 5:7 καὶ ταῦτα **παράγγελλε**,
1Ti 6:13 **παραγγέλλω** [σοι] ἐνώπιον τοῦ
1Ti 6:17 τῷ νῦν αἰῶνι **παράγγελλε** μὴ ὑψηλοφρονεῖν

παραδέχομαι (*paradechomai*; 1/6) *accept*
1Ti 5:19 πρεσβυτέρου κατηγορίαν μὴ **παραδέχου**,

παραδίδωμι (*paradidōmi*; 1/119) *hand or give over*
1Ti 1:20 οὓς **παρέδωκα** τῷ σατανᾷ,

παραθήκη (*parathēkē*; 1/3) *what is entrusted to one's care*
1Ti 6:20 τὴν παραθήκην **φύλαξον** ἐκτρεπόμενος τὰς

παραιτέομαι (*paraiteomai*; 2/12) *ask for*
1Ti 4:7 καὶ γραώδεις μύθους **παραιτοῦ**.
1Ti 5:11 νεωτέρας δὲ χήρας **παραιτοῦ**·

παρακαλέω (*parakaleō*; 4/109) *encourage, ask*
1Ti 1:3 Καθὼς **παρεκάλεσά** σε προσμεῖναι ἐν
1Ti 2:1 **Παρακαλῶ** οὖν πρῶτον πάντων
1Ti 5:1 μὴ ἐπιπλήξῃς ἀλλὰ **παρακάλει** ὡς πατέρα,
1Ti 6:2 Ταῦτα δίδασκε καὶ **παρακάλει**.

παράκλησις (*paraklēsis*; 1/29) *encouragement*
1Ti 4:13 τῇ **παρακλήσει**,

παρακολουθέω (*parakoloutheō*; 1/3[4]) *follow closely*
1Ti 4:6 καλῆς διδασκαλίας ᾗ **παρηκολούθηκας**·

παρατίθημι (*paratithēmi*; 1/19) *place or put before*
1Ti 1:18 Ταύτην τὴν παραγγελίαν **παρατίθεμαί** σοι,

παρέχω (*parechō*; 2/16) *cause*
1Ti 1:4 ἐκζητήσεις **παρέχουσιν** μᾶλλον ἢ οἰκονομίαν
1Ti 6:17 ἐπὶ θεῷ τῷ **παρέχοντι** ἡμῖν πάντα πλουσίως

πάροινος (*paroinos*; 1/2) *drunkard*
1Ti 3:3 μὴ **πάροινον** μὴ πλήκτην,

παρρησία (*parrēsia*; 1/31) *boldness*
1Ti 3:13 καὶ πολλὴν **παρρησίαν** ἐν πίστει τῇ

πᾶς (*pas*; 23/1240[1243]) *each, every (pl. all)*
1Ti 1:15 ὁ λόγος καὶ **πάσης** ἀποδοχῆς ἄξιος,
1Ti 2:1 οὖν πρῶτον **πάντων** ποιεῖσθαι δεήσεις
1Ti 2:1 εὐχαριστίας ὑπὲρ **πάντων** ἀνθρώπων,
1Ti 2:2 ὑπὲρ βασιλέων καὶ **πάντων** τῶν ἐν ὑπεροχῇ
1Ti 2:2 διάγωμεν ἐν **πάσῃ** εὐσεβείᾳ καὶ σεμνότητι.
1Ti 2:4 ὃς **πάντας** ἀνθρώπους θέλει σωθῆναι
1Ti 2:6 ἑαυτὸν ἀντίλυτρον ὑπὲρ **πάντων**,
1Ti 2:8 τοὺς ἄνδρας ἐν **παντὶ** τόπῳ ἐπαίροντας
1Ti 2:11 ἡσυχίᾳ μανθανέτω ἐν **πάσῃ** ὑποταγῇ·
1Ti 3:4 μετὰ **πάσης** σεμνότητος
1Ti 3:11 πιστὰς ἐν **πᾶσιν**.
1Ti 4:4 ὅτι **πᾶν** κτίσμα θεοῦ καλὸν
1Ti 4:8 δὲ εὐσέβεια πρὸς **πάντα** ὠφέλιμός ἐστιν
1Ti 4:9 ὁ λόγος καὶ **πάσης** ἀποδοχῆς ἄξιος·
1Ti 4:10 ὅς ἐστιν σωτὴρ **πάντων** ἀνθρώπων μάλιστα
1Ti 4:15 προκοπὴ φανερὰ ᾖ **πᾶσιν**.
1Ti 5:2 ὡς ἀδελφὰς ἐν **πάσῃ** ἁγνείᾳ.
1Ti 5:10 εἰ **παντὶ** ἔργῳ ἀγαθῷ ἐπηκολούθησεν.
1Ti 5:20 Τοὺς ἁμαρτάνοντας ἐνώπιον **πάντων** ἔλεγχε,
1Ti 6:1 τοὺς ἰδίους δεσπότας **πάσης** τιμῆς ἀξίους
1Ti 6:10 ῥίζα γὰρ **πάντων** τῶν κακῶν ἐστιν
1Ti 6:13 τοῦ ζῳογονοῦντος τὰ **πάντα** καὶ Χριστοῦ
1Ti 6:17 τῷ παρέχοντι ἡμῖν **πάντα** πλουσίως εἰς

πατήρ (*patēr*; 2/413) *father*
1Ti 1:2 εἰρήνη ἀπὸ θεοῦ **πατρὸς** καὶ Χριστοῦ Ἰησοῦ
1Ti 5:1 ἀλλὰ παρακάλει ὡς **πατέρα**,

πατρολῴας (*patrolōas*; 1/1) *one who murders his father*
1Ti 1:9 **πατρολῴαις** καὶ μητρολῴαις,

Παῦλος (*Paulos*; 1/158) *Paul*
1Ti 1:1 **Παῦλος** ἀπόστολος Χριστοῦ Ἰησοῦ

πειρασμός (*peirasmos*; 1/21) *testing*
1Ti 6:9 ἐμπίπτουσιν εἰς **πειρασμὸν** καὶ παγίδα καὶ

περί (*peri*; 4/332[333]) *concerning, around*
1Ti 1:7 ἃ λέγουσιν μήτε **περὶ** τίνων διαβεβαιοῦνται.
1Ti 1:19 ἥν τινες ἀπωσάμενοι **περὶ** τὴν πίστιν
1Ti 6:4 ἀλλὰ νοσῶν **περὶ** ζητήσεις καὶ λογομαχίας,
1Ti 6:21 ἐπαγγελλόμενοι **περὶ** τὴν πίστιν ἠστόχησαν.

περίεργος (*periergos*; 1/2) *busybody*
1Ti 5:13 καὶ φλύαροι καὶ **περίεργοι**,

περιέρχομαι (*perierchomai*; 1/3) *go or travel about*
1Ti 5:13 μανθάνουσιν **περιερχόμεναι** τὰς οἰκίας,

περιπείρω (*peripeirō*; 1/1) *pierce through*
1Ti 6:10 καὶ ἑαυτοὺς **περιέπειραν** ὀδύναις πολλαῖς.

περιποιέω (*peripoieō*; 1/3) *obtain*
1Ti 3:13 ἑαυτοῖς καλὸν **περιποιοῦνται** καὶ πολλὴν

Πιλᾶτος (*Pilatos*; 1/55) *Pilate*
1Ti 6:13 ἐπὶ Ποντίου **Πιλάτου** τὴν καλὴν ὁμολογίαν,

πιστεύω (*pisteuō*; 3/237[241]) *believe*
1Ti 1:11 ὃ **ἐπιστεύθην** ἐγώ.
1Ti 1:16 τῶν μελλόντων **πιστεύειν** ἐπ' αὐτῷ εἰς
1Ti 3:16 **ἐπιστεύθη** ἐν κόσμῳ,

πίστις (*pistis*; 19/243) *faith*
1Ti 1:2 γνησίῳ τέκνῳ ἐν **πίστει**,
1Ti 1:4 θεοῦ τὴν ἐν **πίστει**.
1Ti 1:5 ἀγαθῆς καὶ **πίστεως** ἀνυποκρίτου,
1Ti 1:14 κυρίου ἡμῶν μετὰ **πίστεως** καὶ ἀγάπης τῆς
1Ti 1:19 ἔχων **πίστιν** καὶ ἀγαθὴν συνείδησιν,
1Ti 1:19 ἀπωσάμενοι περὶ τὴν **πίστιν** ἐναυάγησαν,
1Ti 2:7 διδάσκαλος ἐθνῶν ἐν **πίστει** καὶ ἀληθείᾳ.
1Ti 2:15 ἐὰν μείνωσιν ἐν **πίστει** καὶ ἀγάπῃ καὶ
1Ti 3:9 τῆς **πίστεως** ἐν καθαρᾷ συνειδήσει.
1Ti 3:13 πολλὴν παρρησίαν ἐν **πίστει** τῇ ἐν Χριστῷ
1Ti 4:1 τινες τῆς **πίστεως** προσέχοντες πνεύμασιν
1Ti 4:6 τοῖς λόγοις τῆς **πίστεως** καὶ τῆς καλῆς
1Ti 4:12 ἐν **πίστει**,
1Ti 5:8 τὴν **πίστιν** ἤρνηται καὶ ἔστιν
1Ti 5:12 ὅτι τὴν πρώτην **πίστιν** ἠθέτησαν·
1Ti 6:10 ἀπὸ τῆς **πίστεως** καὶ ἑαυτοὺς περιέπειραν
1Ti 6:11 δὲ δικαιοσύνην εὐσέβειαν **πίστιν**,
1Ti 6:12 καλὸν ἀγῶνα τῆς **πίστεως**,
1Ti 6:21 ἐπαγγελλόμενοι περὶ τὴν **πίστιν** ἠστόχησαν.

πιστός (*pistos*; 11/67) *believing*
1Ti 1:12 ὅτι **πιστόν** με ἡγήσατο θέμενος
1Ti 1:15 **πιστὸς** ὁ λόγος καὶ
1Ti 3:1 **Πιστὸς** ὁ λόγος.
1Ti 3:11 **πιστὰς** ἐν πᾶσιν.
1Ti 4:3 εὐχαριστίας τοῖς **πιστοῖς** καὶ ἐπεγνωκόσι
1Ti 4:9 **πιστὸς** ὁ λόγος καὶ
1Ti 4:10 πάντων ἀνθρώπων μάλιστα **πιστῶν**.
1Ti 4:12 τύπος γίνου τῶν **πιστῶν** ἐν λόγῳ,
1Ti 5:16 εἴ τις **πιστὴ** ἔχει χήρας,
1Ti 6:2 οἱ δὲ **πιστοὺς** ἔχοντες δεσπότας μὴ
1Ti 6:2 ὅτι **πιστοί** εἰσιν καὶ ἀγαπητοὶ

πλάνος (*planos*; 1/5) *deceitful*
1Ti 4:1 πνεύμασιν **πλάνοις** καὶ διδασκαλίαις

πλάσσω (*plassō*; 1/2) *mold*
1Ti 2:13 Ἀδὰμ γὰρ πρῶτος **ἐπλάσθη**,

πλέγμα (*plegma*; 1/1) *elaborate hairstyle*
1Ti 2:9 μὴ ἐν **πλέγμασιν** καὶ χρυσίῳ ἢ

πλήκτης (*plēktēs*; 1/2) *quick-tempered or violent man*
1Ti 3:3 μὴ πάροινον μὴ **πλήκτην**,

πλούσιος (*plousios*; 1/28) *rich*
1Ti 6:17 Τοῖς **πλουσίοις** ἐν τῷ νῦν

πλουσίως (*plousiōs*; 1/4) *richly*
1Ti 6:17 ἡμῖν πάντα **πλουσίως** εἰς ἀπόλαυσιν,

πλουτέω (*plouteō*; 2/12) *be rich*
1Ti 6:9 βουλόμενοι **πλουτεῖν** ἐμπίπτουσιν εἰς
1Ti 6:18 **πλουτεῖν** ἐν ἔργοις καλοῖς,

πλοῦτος (*ploutos*; 1/22) *wealth, riches*
1Ti 6:17 μηδὲ ἠλπικέναι ἐπὶ **πλούτου** ἀδηλότητι ἀλλ'

πνεῦμα (*pneuma*; 3/379) *Spirit, spirit*
1Ti 3:16 ἐδικαιώθη ἐν **πνεύματι**,
1Ti 4:1 Τὸ δὲ **πνεῦμα** ῥητῶς λέγει ὅτι
1Ti 4:1 προσέχοντες **πνεύμασιν** πλάνοις καὶ

ποιέω (*poieō*; 4/568) *do, make*
1Ti 1:13 ὅτι ἀγνοῶν **ἐποίησα** ἐν ἀπιστίᾳ·
1Ti 2:1 πάντων **ποιεῖσθαι** δεήσεις προσευχὰς
1Ti 4:16 τοῦτο γὰρ **ποιῶν** καὶ σεαυτὸν σώσεις
1Ti 5:21 μηδὲν **ποιῶν** κατὰ πρόσκλισιν.

πολύς (*polys*; 5/417) *much (pl. many)*
1Ti 3:8 μὴ οἴνῳ **πολλῷ** προσέχοντας,
1Ti 3:13 περιποιοῦνται καὶ **πολλὴν** παρρησίαν ἐν
1Ti 6:9 ἐπιθυμίας **πολλὰς** ἀνοήτους καὶ βλαβεράς,
1Ti 6:10 ἑαυτοὺς περιέπειραν ὀδύναις **πολλαῖς**.
1Ti 6:12 καλὴν ὁμολογίαν ἐνώπιον **πολλῶν** μαρτύρων.

πολυτελής (*polytelēs*; 1/3) *expensive*
1Ti 2:9 μαργαρίταις ἢ ἱματισμῷ **πολυτελεῖ**,

πονηρός (*ponēros*; 1/78) *evil*
1Ti 6:4 ὑπόνοιαι **πονηραί**,

Πόντιος (*Pontios*; 1/3) *Pontius*
1Ti 6:13 ἐπὶ **Ποντίου** Πιλάτου τὴν καλὴν

πορεύομαι (*poreuomai*; 1/147[153]) *go*
1Ti 1:3 ἐν Ἐφέσῳ **πορευόμενος** εἰς Μακεδονίαν,

πορισμός (*porismos*; 2/2) *gain*
1Ti 6:5 νομιζόντων **πορισμὸν** εἶναι τὴν εὐσέβειαν.
1Ti 6:6 Ἔστιν δὲ **πορισμὸς** μέγας ἡ εὐσέβεια

πόρνος (*pornos*; 1/10) *sexually immoral person*
1Ti 1:10 **πόρνοις** ἀρσενοκοίταις ἀνδραποδισταῖς

<u>πούς (*pous*; 1/93) *foot*</u>
1Ti 5:10 εἰ ἁγίων **πόδας** ἔνιψεν,

<u>πραϋπάθεια (*praupatheia*; 1/1) *gentleness*</u>
1Ti 6:11 ἀγάπην ὑπομονὴν **πραϋπαθίαν**.

<u>πρέπω (*prepō*; 1/7) *it is fitting or proper*</u>
1Ti 2:10 ἀλλ᾽ ὃ **πρέπει** γυναιξὶν ἐπαγγελλομέναις

<u>πρεσβυτέριον (*presbyterion*; 1/3) *body of elders*</u>
1Ti 4:14 τῶν χειρῶν τοῦ **πρεσβυτερίου**.

<u>πρεσβύτερος (*presbyteros*; 4/65[66]) *elder*</u>
1Ti 5:1 **Πρεσβυτέρῳ** μὴ ἐπιπλήξῃς ἀλλὰ
1Ti 5:2 **πρεσβυτέρας** ὡς μητέρας,
1Ti 5:17 προεστῶτες **πρεσβύτεροι** διπλῆς τιμῆς
1Ti 5:19 κατὰ **πρεσβυτέρου** κατηγορίαν μὴ

<u>προάγω (*proagō*; 2/20) *go before or ahead of*</u>
1Ti 1:18 κατὰ τὰς **προαγούσας** ἐπὶ σὲ προφητείας,
1Ti 5:24 πρόδηλοί εἰσιν **προάγουσαι** εἰς κρίσιν,

<u>πρόγονος (*progonos*; 1/2) *parent*</u>
1Ti 5:4 ἀμοιβὰς ἀποδιδόναι τοῖς **προγόνοις**·

<u>πρόδηλος (*prodēlos*; 2/3) *very obvious or evident*</u>
1Ti 5:24 αἱ ἁμαρτίαι **πρόδηλοί** εἰσιν προάγουσαι εἰς
1Ti 5:25 ἔργα τὰ καλὰ **πρόδηλα**,

<u>προΐστημι (*proistēmi*; 4/8) *be a leader*</u>
1Ti 3:4 ἰδίου οἴκου καλῶς **προϊστάμενον**,
1Ti 3:5 τοῦ ἰδίου οἴκου **προστῆναι** οὐκ οἶδεν,
1Ti 3:12 τέκνων καλῶς προϊστάμενοι **καὶ** τῶν ἰδίων οἴκων.
1Ti 5:17 Οἱ καλῶς **προεστῶτες** πρεσβύτεροι διπλῆς τιμῆς

<u>προκοπή (*prokopē*; 1/3) *progress*</u>
1Ti 4:15 ἵνα σου ἡ **προκοπὴ** φανερὰ ᾖ πᾶσιν.

<u>πρόκριμα (*prokrima*; 1/1) *prejudice*</u>
1Ti 5:21 ταῦτα φυλάξῃς χωρὶς **προκρίματος**,

<u>προνοέω (*pronoeō*; 1/3) *have in mind to do*</u>
1Ti 5:8 μάλιστα οἰκείων οὐ **προνοεῖ**,

<u>πρός (*pros*; 5/699[700]) *to, toward, at*</u>
1Ti 1:16 τὴν ἅπασαν μακροθυμίαν **πρὸς** ὑποτύπωσιν τῶν μελλόντων
1Ti 3:14 γράφω ἐλπίζων ἐλθεῖν **πρὸς** σὲ ἐν τάχει·
1Ti 4:7 Γύμναζε δὲ σεαυτὸν **πρὸς** εὐσέβειαν·
1Ti 4:8 γὰρ σωματικὴ γυμνασία **πρὸς** ὀλίγον ἐστὶν ὠφέλιμος,
1Ti 4:8 ἡ δὲ εὐσέβεια **πρὸς** πάντα ὠφέλιμός ἐστιν

<u>προσέρχομαι (*proserchomai*; 1/86) *come or go to*</u>
1Ti 6:3 ἑτεροδιδασκαλεῖ καὶ μὴ **προσέρχεται** ὑγιαίνουσιν λόγοις τοῖς

<u>προσευχή (*proseuchē*; 2/36) *prayer*</u>
1Ti 2:1 πάντων ποιεῖσθαι δεήσεις **προσευχὰς** ἐντεύξεις εὐχαριστίας ὑπὲρ
1Ti 5:5 δεήσεσιν καὶ ταῖς **προσευχαῖς** νυκτὸς καὶ ἡμέρας,

<u>προσεύχομαι (*proseuchomai*; 1/85) *pray*</u>
1Ti 2:8 Βούλομαι οὖν **προσεύχεσθαι** τοὺς ἄνδρας ἐν

<u>προσέχω (*prosechō*; 4/24) *pay close attention to*</u>
1Ti 1:4 μηδὲ **προσέχειν** μύθοις καὶ γενεαλογίαις
1Ti 3:8 μὴ οἴνῳ πολλῷ **προσέχοντας**,
1Ti 4:1 τινες τῆς πίστεως **προσέχοντες** πνεύμασιν πλάνοις καὶ
1Ti 4:13 ἕως ἔρχομαι **πρόσεχε** τῇ ἀναγνώσει,

<u>πρόσκλισις (*prosklisis*; 1/1) *favoritism*</u>
1Ti 5:21 μηδὲν ποιῶν κατὰ **πρόσκλισιν**.

<u>προσμένω (*prosmenō*; 2/7) *remain or stay with*</u>
1Ti 1:3 Καθὼς παρεκάλεσά σε **προσμεῖναι** ἐν Ἐφέσῳ πορευόμενος
1Ti 5:5 ἐπὶ θεὸν καὶ **προσμένει** ταῖς δεήσεσιν καὶ

<u>πρότερος (*proteros*; 1/11) *former*</u>
1Ti 1:13 τὸ **πρότερον** ὄντα βλάσφημον καὶ

<u>προφητεία (*prophēteia*; 2/19) *prophecy*</u>
1Ti 1:18 προαγούσας ἐπὶ σὲ **προφητείας**,
1Ti 4:14 ἐδόθη σοι διὰ **προφητείας** μετὰ ἐπιθέσεως

<u>πρῶτος (*prōtos*; 7/152[155]) *first*</u>
1Ti 1:15 ὧν **πρῶτός** εἰμι ἐγώ.
1Ti 1:16 ἵνα ἐν ἐμοὶ **πρώτῳ** ἐνδείξηται Χριστὸς Ἰησοῦς
1Ti 2:1 Παρακαλῶ οὖν **πρῶτον** πάντων ποιεῖσθαι δεήσεις
1Ti 2:13 Ἀδὰμ γὰρ **πρῶτος** ἐπλάσθη,
1Ti 3:10 οὗτοι δὲ δοκιμαζέσθωσαν **πρῶτον**,
1Ti 5:4 μανθανέτωσαν **πρῶτον** τὸν ἴδιον οἶκον
1Ti 5:12 κρίμα ὅτι τὴν **πρώτην** πίστιν ἠθέτησαν·

<u>πυκνός (*pyknos*; 1/3) *frequent*</u>
1Ti 5:23 στόμαχον καὶ τὰς **πυκνάς** σου ἀσθενείας.

<u>πῶς (*pōs*; 2/103) *how*</u>
1Ti 3:5 **πῶς** ἐκκλησίας θεοῦ ἐπιμελήσεται,
1Ti 3:15 ἵνα εἰδῇς **πῶς** δεῖ ἐν οἴκῳ

<u>ῥητῶς (*rhētōs*; 1/1) *expressly*</u>
1Ti 4:1 Τὸ δὲ πνεῦμα **ῥητῶς** λέγει ὅτι ἐν

<u>ῥίζα (*rhiza*; 1/17) *root*</u>
1Ti 6:10 **ῥίζα** γὰρ πάντων τῶν

<u>σάρξ (*sarx*; 1/147) *flesh*</u>
1Ti 3:16 ὃς ἐφανερώθη ἐν **σαρκί**,

<u>σατανᾶς (*satanas*; 2/36) *Satan*</u>
1Ti 1:20 οὓς παρέδωκα τῷ **σατανᾷ**,
1Ti 5:15 ἐξετράπησαν ὀπίσω τοῦ **σατανᾶ**.

σεαυτοῦ (*seautou*; 4/43) *yourself*
1Ti 4:7 Γύμναζε δὲ **σεαυτὸν** πρὸς εὐσέβειαν·
1Ti 4:16 ἔπεχε **σεαυτῷ** καὶ τῇ διδασκαλίᾳ,
1Ti 4:16 γὰρ ποιῶν καὶ **σεαυτὸν** σώσεις καὶ τοὺς
1Ti 5:22 **σεαυτὸν** ἁγνὸν τήρει.

σεμνός (*semnos*; 2/4) *respectable, worthy*
1Ti 3:8 Διακόνους ὡσαύτως **σεμνούς**,
1Ti 3:11 Γυναῖκας ὡσαύτως **σεμνάς**,

σεμνότης (*semnotēs*; 2/3) *dignity, probity*
1Ti 2:2 πάσῃ εὐσεβείᾳ καὶ **σεμνότητι**.
1Ti 3:4 μετὰ πάσης **σεμνότητος**

σκέπασμα (*skepasma*; 1/1) *clothing*
1Ti 6:8 δὲ διατροφὰς καὶ **σκεπάσματα**,

σπαταλάω (*spatalaō*; 1/2) *live in luxury*
1Ti 5:6 ἡ δὲ **σπαταλῶσα** ζῶσα τέθνηκεν.

στόμαχος (*stomachos*; 1/1) *stomach*
1Ti 5:23 χρῶ διὰ τὸν **στόμαχον** καὶ τὰς πυκνάς

στρατεία (*strateia*; 1/2) *warfare*
1Ti 1:18 αὐταῖς τὴν καλὴν **στρατείαν**

στρατεύω (*strateuō*; 1/7) *serve as a soldier*
1Ti 1:18 ἵνα στρατεύῃ **ἐν** αὐταῖς τὴν καλὴν

στῦλος (*stylos*; 1/4) *pillar*
1Ti 3:15 **στῦλος** καὶ ἑδραίωμα τῆς

σύ (*sy*; 14/1063[1067]) *you (sg.)*
1Ti 1:3 Καθὼς παρεκάλεσά **σε** προσμεῖναι ἐν Ἐφέσῳ
1Ti 1:18 τὴν παραγγελίαν παρατίθεμαί **σοι**,
1Ti 1:18 τὰς προαγούσας ἐπὶ **σὲ** προφητείας,
1Ti 3:14 Ταῦτά **σοι** γράφω ἐλπίζων ἐλθεῖν
1Ti 3:14 ἐλπίζων ἐλθεῖν πρὸς **σὲ** ἐν τάχει·
1Ti 4:12 Μηδείς **σου** τῆς νεότητος καταφρονείτω,
1Ti 4:14 ἀμέλει τοῦ ἐν **σοὶ** χαρίσματος,
1Ti 4:14 ὃ ἐδόθη **σοι** διὰ προφητείας μετὰ
1Ti 4:15 ἵνα **σου** ἡ προκοπὴ φανερὰ
1Ti 4:16 καὶ τοὺς ἀκούοντάς **σου**.
1Ti 5:23 καὶ τὰς πυκνάς **σου** ἀσθενείας.
1Ti 6:11 **Σὺ** δέ,
1Ti 6:13 παραγγέλλω **[σοι]** ἐνώπιον τοῦ θεοῦ
1Ti 6:14 τηρῆσαί **σε** τὴν ἐντολὴν ἄσπιλον

συνείδησις (*syneidēsis*; 4/30) *conscience*
1Ti 1:5 καθαρᾶς καρδίας καὶ **συνειδήσεως** ἀγαθῆς καὶ πίστεως
1Ti 1:19 πίστιν καὶ ἀγαθὴν **συνείδησιν**,
1Ti 3:9 πίστεως ἐν καθαρᾷ **συνειδήσει**.
1Ti 4:2 κεκαυστηριασμένων τὴν ἰδίαν **συνείδησιν**,

σῴζω (*sōzō*; 4/105[106]) *save, preserve*
1Ti 1:15 τὸν κόσμον ἁμαρτωλοὺς **σῶσαι**,
1Ti 2:4 πάντας ἀνθρώπους θέλει **σωθῆναι** καὶ εἰς ἐπίγνωσιν
1Ti 2:15 **σωθήσεται** δὲ διὰ τῆς
1Ti 4:16 ποιῶν καὶ σεαυτὸν **σώσεις** καὶ τοὺς ἀκούοντάς

σωματικός (*sōmatikos*; 1/2) *bodily*
1Ti 4:8 ἡ γὰρ **σωματικὴ** γυμνασία πρὸς ὀλίγον

σωτήρ (*sōtēr*; 3/24) *Savior*
1Ti 1:1 κατ' ἐπιταγὴν θεοῦ **σωτῆρος** ἡμῶν καὶ Χριστοῦ
1Ti 2:3 ἀπόδεκτον ἐνώπιον τοῦ **σωτῆρος** ἡμῶν θεοῦ,
1Ti 4:10 ὅς ἐστιν **σωτὴρ** πάντων ἀνθρώπων μάλιστα

σωφροσύνη (*sōphrosynē*; 2/3) *propriety, good sense*
1Ti 2:9 μετὰ αἰδοῦς καὶ **σωφροσύνης** κοσμεῖν ἑαυτάς,
1Ti 2:15 καὶ ἁγιασμῷ μετὰ **σωφροσύνης**·

σώφρων (*sōphrōn*; 1/4) *sensible*
1Ti 3:2 νηφάλιον **σώφρονα** κόσμιον φιλόξενον διδακτικόν,

ταχέως (*tacheōs*; 1/15) *quickly*
1Ti 5:22 χεῖρας **ταχέως** μηδενὶ ἐπιτίθει μηδὲ

τάχος (*tachos*; 1/8) *speed*
1Ti 3:14 πρὸς σὲ ἐν **τάχει**·

τεκνογονέω (*teknogoneō*; 1/1) *have or bear children*
1Ti 5:14 **τεκνογονεῖν**,

τεκνογονία (*teknogonia*; 1/1) *childbirth*
1Ti 2:15 δὲ διὰ τῆς **τεκνογονίας**,

τέκνον (*teknon*; 5/99) *child*
1Ti 1:2 Τιμοθέῳ γνησίῳ **τέκνῳ** ἐν πίστει,
1Ti 1:18 **τέκνον** Τιμόθεε,
1Ti 3:4 **τέκνα** ἔχοντα ἐν ὑποταγῇ,
1Ti 3:12 τέκνων **καλῶς** προϊστάμενοι καὶ τῶν
1Ti 5:4 δέ τις χήρα **τέκνα** ἢ ἔκγονα ἔχει,

τεκνοτροφέω (*teknotropheō*; 1/1) *bring up children*
1Ti 5:10 εἰ **ἐτεκνοτρόφησεν**,

τέλος (*telos*; 1/41) *end*
1Ti 1:5 τὸ δὲ **τέλος** τῆς παραγγελίας ἐστὶν

τηρέω (*tēreō*; 2/70) *keep*
1Ti 5:22 σεαυτὸν ἁγνὸν **τήρει**.
1Ti 6:14 **τηρῆσαί** σε τὴν ἐντολὴν

τίθημι (*tithēmi*; 2/100) *put, place*
1Ti 1:12 πιστόν με ἡγήσατο **θέμενος** εἰς διακονίαν
1Ti 2:7 εἰς ὃ **ἐτέθην** ἐγὼ κῆρυξ καὶ

τιμάω (*timaō*; 1/21) *honor*
1Ti 5:3 Χήρας **τίμα** τὰς ὄντως χήρας.

τιμή (*timē*; 4/41) *honor*
1Ti 1:17 **τιμὴ** καὶ δόξα εἰς
1Ti 5:17 προεστῶτες πρεσβύτεροι διπλῆς **τιμῆς** ἀξιούσθωσαν,

1Ti 6:1 ἰδίους δεσπότας πάσης **τιμῆς** ἀξίους ἡγείσθωσαν,
1Ti 6:16 ᾧ **τιμὴ** καὶ κράτος αἰώνιον,

Τιμόθεος (*Timotheos*; 3/24) *Timothy*
1Ti 1:2 **Τιμοθέῳ** γνησίῳ τέκνῳ ἐν
1Ti 1:18 τέκνον **Τιμόθεε**,
1Ti 6:20 Ὦ **Τιμόθεε**,

τίς (*tis*; 1/545[546]) *who, what, why*
1Ti 1:7 λέγουσιν μήτε περὶ **τίνων** διαβεβαιοῦνται.

τις (*tis*; 18/542[543]) *anyone, anything*
1Ti 1:3 ἵνα παραγγείλῃς **τισιν** μὴ ἑτεροδιδασκαλεῖν
1Ti 1:6 ὧν **τινες** ἀστοχήσαντες ἐξετράπησαν εἰς
1Ti 1:8 ἐάν **τις** αὐτῷ νομίμως χρῆται,
1Ti 1:10 καὶ εἴ **τι** ἕτερον τῇ ὑγιαινούσῃ
1Ti 1:19 ἥν **τινες** ἀπωσάμενοι περὶ τὴν
1Ti 3:1 Εἴ **τις** ἐπισκοπῆς ὀρέγεται,
1Ti 3:5 εἰ δέ τις **τοῦ** ἰδίου οἴκου προστῆναι
1Ti 4:1 ὑστέροις καιροῖς ἀποστήσονταί **τινες** τῆς πίστεως προσέχοντες
1Ti 5:4 εἰ δέ **τις** χήρα τέκνα ἢ
1Ti 5:8 εἰ δέ **τις** τῶν ἰδίων καὶ
1Ti 5:15 ἤδη γάρ **τινες** ἐξετράπησαν ὀπίσω τοῦ
1Ti 5:16 εἴ **τις** πιστὴ ἔχει χήρας,
1Ti 5:24 **Τινων** ἀνθρώπων αἱ ἁμαρτίαι
1Ti 5:24 **τισιν** δὲ καὶ ἐπακολουθοῦσιν·
1Ti 6:3 εἴ **τις** ἑτεροδιδασκαλεῖ καὶ μὴ
1Ti 6:7 ὅτι οὐδὲ ἐξενεγκεῖν **τι** δυνάμεθα·
1Ti 6:10 ἧς **τινες** ὀρεγόμενοι ἀπεπλανήθησαν ἀπὸ
1Ti 6:21 ἥν **τινες** ἐπαγγελλόμενοι περὶ τὴν

τόπος (*topos*; 1/94) *place*
1Ti 2:8 ἄνδρας ἐν παντὶ **τόπῳ** ἐπαίροντας ὁσίους χεῖρας

τρεῖς (*treis*; 1/69) *three*
1Ti 5:19 ἐπὶ δύο ἢ **τριῶν** μαρτύρων.

τύπος (*typos*; 1/15) *pattern, type*
1Ti 4:12 ἀλλὰ **τύπος** γίνου τῶν πιστῶν

τυφόω (*typhoō*; 2/3) *be swollen with pride*
1Ti 3:6 ἵνα μὴ **τυφωθεὶς** εἰς κρίμα ἐμπέσῃ
1Ti 6:4 **τετύφωται**,

ὑβριστής (*hybristēs*; 1/2) *insolent person*
1Ti 1:13 καὶ διώκτην καὶ **ὑβριστήν**,

ὑγιαίνω (*hygiainō*; 2/12) *be sound*
1Ti 1:10 τι ἕτερον τῇ **ὑγιαινούσῃ** διδασκαλίᾳ ἀντίκειται
1Ti 6:3 καὶ μὴ προσέρχεται **ὑγιαίνουσιν** λόγοις τοῖς

ὑδροποτέω (*hydropoteō*; 1/1) *drink water*
1Ti 5:23 Μηκέτι **ὑδροπότει**,

ὑμεῖς (*hymeis*; 1/1832) *you (pl.)*
1Ti 6:21 Ἡ χάρις μεθ' **ὑμῶν**.

Ὑμέναιος (*Hymenaios*; 1/2) *Hymenaeus*
1Ti 1:20 ὧν ἐστιν **Ὑμέναιος** καὶ Ἀλέξανδρος,

ὑπέρ (*hyper*; 3/150) *for, concerning, over*
1Ti 2:1 προσευχὰς ἐντεύξεις εὐχαριστίας **ὑπὲρ** πάντων ἀνθρώπων,
1Ti 2:2 **ὑπὲρ** βασιλέων καὶ πάντων
1Ti 2:6 δοὺς ἑαυτὸν ἀντίλυτρον **ὑπὲρ** πάντων,

ὑπεροχή (*hyperochē*; 1/2) *position of authority*
1Ti 2:2 πάντων τῶν ἐν **ὑπεροχῇ** ὄντων,

ὑπερπλεονάζω (*hyperpleonazō*; 1/1) *overflow*
1Ti 1:14 **ὑπερεπλεόνασεν** δὲ ἡ χάρις

ὑπό (*hypo*; 1/219[220]) *by, under*
1Ti 6:1 Ὅσοι εἰσὶν **ὑπὸ** ζυγὸν δοῦλοι,

ὑπόκρισις (*hypokrisis*; 1/6) *hypocrisy*
1Ti 4:2 ἐν **ὑποκρίσει** ψευδολόγων,

ὑπομονή (*hypomonē*; 1/32) *patient endurance*
1Ti 6:11 ἀγάπην **ὑπομονὴν** πραϋπαθίαν.

ὑπόνοια (*hyponoia*; 1/1) *suspicion*
1Ti 6:4 **ὑπόνοιαι** πονηραί,

ὑποταγή (*hypotagē*; 2/4) *obedience*
1Ti 2:11 μανθανέτω ἐν πάσῃ **ὑποταγῇ**·
1Ti 3:4 τέκνα ἔχοντα ἐν **ὑποταγῇ**,

ὑποτίθημι (*hypotithēmi*; 1/2) *risk*
1Ti 4:6 Ταῦτα **ὑποτιθέμενος** τοῖς ἀδελφοῖς καλὸς

ὑποτύπωσις (*hypotypōsis*; 1/2) *example*
1Ti 1:16 ἅπασαν μακροθυμίαν πρὸς **ὑποτύπωσιν** τῶν μελλόντων πιστεύειν

ὕστερος (*hysteros*; 1/11[12]) *last*
1Ti 4:1 λέγει ὅτι ἐν **ὑστέροις** καιροῖς ἀποστήσονταί τινες

ὑψηλοφρονέω (*hypsēlophroneō*; 1/1) *be proud or arrogant*
1Ti 6:17 αἰῶνι παράγγελλε μὴ **ὑψηλοφρονεῖν** μηδὲ ἠλπικέναι ἐπὶ

φανερός (*phaneros*; 1/18) *known*
1Ti 4:15 σου ἡ προκοπὴ **φανερὰ** ᾖ πᾶσιν.

φανερόω (*phaneroō*; 1/47[49]) *make known, reveal*
1Ti 3:16 ὃς **ἐφανερώθη** ἐν σαρκί,

φεύγω (*pheugō*; 1/29) *flee*
1Ti 6:11 ταῦτα **φεῦγε**·

φθόνος (*phthonos*; 1/9) *envy*
1Ti 6:4 ἐξ ὧν γίνεται **φθόνος** ἔρις βλασφημίαι,

φιλαργυρία (*philargyria*; 1/1) *love of money*
1Ti 6:10 κακῶν ἐστιν ἡ **φιλαργυρία**,

<u>φιλόξενος (*philoxenos*; 1/3) *hospitable*</u>
1Ti 3:2 νηφάλιον σώφρονα κόσμιον **φιλόξενον** διδακτικόν,

<u>φιμόω (*phimoō*; 1/7) *silence*</u>
1Ti 5:18 βοῦν ἀλοῶντα οὐ **φιμώσεις**,

<u>φλύαρος (*phlyaros*; 1/1) *gossipy*</u>
1Ti 5:13 ἀργαὶ ἀλλὰ καὶ **φλύαροι** καὶ περίεργοι,

<u>φόβος (*phobos*; 1/47) *fear*</u>
1Ti 5:20 καὶ οἱ λοιποὶ **φόβον** ἔχωσιν.

<u>φυλάσσω (*phylassō*; 2/31) *guard*</u>
1Ti 5:21 ἵνα ταῦτα **φυλάξῃς** χωρὶς προκρίματος,
1Ti 6:20 τὴν παραθήκην φύλαξον **ἐκτρεπόμενος** τὰς βεβήλους κενοφωνίας

<u>φῶς (*phōs*; 1/73) *light*</u>
1Ti 6:16 **φῶς** οἰκῶν ἀπρόσιτον,

<u>χάριν (*charin*; 1/9) *for the sake of*</u>
1Ti 5:14 τῷ ἀντικειμένῳ λοιδορίας **χάριν**·

<u>χάρις (*charis*; 4/155) *grace*</u>
1Ti 1:2 **χάρις** ἔλεος εἰρήνη ἀπὸ
1Ti 1:12 **Χάριν** ἔχω τῷ ἐνδυναμώσαντί
1Ti 1:14 ὑπερεπλεόνασεν δὲ ἡ **χάρις** τοῦ κυρίου ἡμῶν
1Ti 6:21 Ἡ **χάρις** μεθ' ὑμῶν.

<u>χάρισμα (*charisma*; 1/17) *gift*</u>
1Ti 4:14 τοῦ ἐν σοὶ **χαρίσματος**,

<u>χείρ (*cheir*; 3/175[177]) *hand*</u>
1Ti 2:8 τόπῳ ἐπαίροντας ὁσίους **χεῖρας** χωρὶς ὀργῆς καὶ
1Ti 4:14 μετὰ ἐπιθέσεως τῶν **χειρῶν** τοῦ πρεσβυτερίου.
1Ti 5:22 **χεῖρας** ταχέως μηδενὶ ἐπιτίθει

<u>χείρων (*cheirōn*; 1/11) *worse*</u>
1Ti 5:8 καὶ ἔστιν ἀπίστου **χείρων**.

<u>χήρα (*chēra*; 8/26) *widow*</u>
1Ti 5:3 **Χήρας** τίμα τὰς ὄντως
1Ti 5:3 τίμα τὰς ὄντως **χήρας**.
1Ti 5:4 εἰ δέ τις **χήρα** τέκνα ἢ ἔκγονα
1Ti 5:5 ἡ δὲ ὄντως **χήρα** καὶ μεμονωμένη ἤλπικεν
1Ti 5:9 **Χήρα** καταλεγέσθω μὴ ἔλαττον
1Ti 5:11 νεωτέρας δὲ **χήρας** παραιτοῦ·
1Ti 5:16 τις πιστὴ ἔχει **χήρας**,
1Ti 5:16 ἵνα ταῖς ὄντως **χήραις** ἐπαρκέσῃ.

<u>χράομαι (*chraomai*; 2/11) *use, make use of*</u>
1Ti 1:8 τις αὐτῷ νομίμως **χρῆται**,
1Ti 5:23 ἀλλὰ οἴνῳ ὀλίγῳ **χρῶ** διὰ τὸν στόμαχον

<u>Χριστός (*Christos*; 15/529) *Christ*</u>
1Ti 1:1 Παῦλος ἀπόστολος **Χριστοῦ** Ἰησοῦ κατ' ἐπιταγὴν
1Ti 1:1 σωτῆρος ἡμῶν καὶ **Χριστοῦ** Ἰησοῦ τῆς ἐλπίδος
1Ti 1:2 θεοῦ πατρὸς καὶ **Χριστοῦ** Ἰησοῦ τοῦ κυρίου
1Ti 1:12 τῷ ἐνδυναμώσαντί με **Χριστῷ** Ἰησοῦ τῷ κυρίῳ
1Ti 1:14 ἀγάπης τῆς ἐν **Χριστῷ** Ἰησοῦ.
1Ti 1:15 ὅτι **Χριστὸς** Ἰησοῦς ἦλθεν εἰς
1Ti 1:16 ἐμοὶ πρώτῳ ἐνδείξηται **Χριστὸς** Ἰησοῦς τὴν ἅπασαν
1Ti 2:5 ἄνθρωπος **Χριστὸς** Ἰησοῦς,
1Ti 3:13 πίστει τῇ ἐν **Χριστῷ** Ἰησοῦ.
1Ti 4:6 καλὸς ἔσῃ διάκονος **Χριστοῦ** Ἰησοῦ,
1Ti 5:11 γὰρ καταστρηνιάσωσιν τοῦ **Χριστοῦ**,
1Ti 5:21 τοῦ θεοῦ καὶ **Χριστοῦ** Ἰησοῦ καὶ τῶν
1Ti 6:3 κυρίου ἡμῶν Ἰησοῦ **Χριστοῦ** καὶ τῇ κατ'
1Ti 6:13 τὰ πάντα καὶ **Χριστοῦ** Ἰησοῦ τοῦ μαρτυρήσαντος
1Ti 6:14 κυρίου ἡμῶν Ἰησοῦ **Χριστοῦ**,

<u>χρυσίον (*chrysion*; 1/12) *gold*</u>
1Ti 2:9 ἐν πλέγμασιν καὶ **χρυσίῳ** ἢ μαργαρίταις ἢ

<u>χωρίς (*chōris*; 2/41) *without*</u>
1Ti 2:8 ἐπαίροντας ὁσίους χεῖρας **χωρὶς** ὀργῆς καὶ διαλογισμοῦ.
1Ti 5:21 ἵνα ταῦτα φυλάξῃς **χωρὶς** προκρίματος,

<u>ψευδολόγος (*pseudologos*; 1/1) *liar*</u>
1Ti 4:2 ἐν ὑποκρίσει **ψευδολόγων**,

<u>ψεύδομαι (*pseudomai*; 1/12) *lie, speak falsehood*</u>
1Ti 2:7 ἀλήθειαν λέγω οὐ **ψεύδομαι**,

<u>ψευδώνυμος (*pseudōnymos*; 1/1) *falsely called*</u>
1Ti 6:20 καὶ ἀντιθέσεις τῆς **ψευδωνύμου** γνώσεως,

<u>ψεύστης (*pseustēs*; 1/10) *liar*</u>
1Ti 1:10 πόρνοις ἀρσενοκοίταις ἀνδραποδισταῖς **ψεύσταις** ἐπιόρκοις,

<u>ὦ (*ō*; 2/20) *O*</u>
1Ti 6:11 **ὦ** ἄνθρωπε θεοῦ,
1Ti 6:20 **Ὦ** Τιμόθεε,

<u>ὡς (*hōs*; 4/503[504]) *as*</u>
1Ti 5:1 ἐπιπλήξῃς ἀλλὰ παρακάλει **ὡς** πατέρα,
1Ti 5:1 νεωτέρους **ὡς** ἀδελφούς,
1Ti 5:2 πρεσβυτέρας **ὡς** μητέρας,
1Ti 5:2 νεωτέρας **ὡς** ἀδελφὰς ἐν πάσῃ

<u>ὡσαύτως (*hōsautōs*; 4/17) *in the same way*</u>
1Ti 2:9 **Ὡσαύτως** [καὶ] γυναῖκας ἐν
1Ti 3:8 Διακόνους **ὡσαύτως** σεμνούς,
1Ti 3:11 Γυναῖκας **ὡσαύτως** σεμνάς,
1Ti 5:25 **ὡσαύτως** καὶ τὰ ἔργα

<u>ὠφέλιμος (*ōphelimos*; 2/4) *valuable*</u>
1Ti 4:8 πρὸς ὀλίγον ἐστὶν **ὠφέλιμος**,
1Ti 4:8 εὐσέβεια πρὸς πάντα **ὠφέλιμός** ἐστιν ἐπαγγελίαν ἔχουσα

Frequency List (Alphabetical Order)

1 ἀγαθοεργέω
4 ἀγαθός
5 ἀγάπη
1 ἀγαπητός
2 ἄγγελος
1 ἁγιάζω
1 ἁγιασμός
1 ἅγιος
2* ἁγνεία
1 ἀγνοέω
1 ἁγνός
1 ἀγών
2 ἀγωνίζομαι
2 ᾿Αδάμ
1 ἀδελφή
3 ἀδελφός
1* ἀδηλότης
1 ἀθανασία
1 ἀθετέω
1* αἰδώς
1 αἰσχροκερδής
4 αἰών
3 αἰώνιος
1 ἀκούω
1 ᾿Αλέξανδρος
6 ἀλήθεια
12 ἀλλά
1 ἀλλότριος
1* ἄλλως
1 ἀλοάω
1 ἅμα
1 ἁμαρτάνω
2 ἁμαρτία
2 ἁμαρτωλός
1 ἄμαχος
1 ἀμελέω
2 ἀμήν
1* ἀμοιβή
1 ἀνάγνωσις
1 ἀναλαμβάνω
1 ἀναστρέφω
1 ἀναστροφή
1* ἀνδραποδιστής
1* ἀνδροφόνος
1 ἀνέγκλητος
3* ἀνεπίλημπτος
5 ἀνήρ
10 ἄνθρωπος
1 ἀνόητος
1 ἄνομος
1 ἀνόσιος
1* ἀντίθεσις
2 ἀντίκειμαι
1 ἀντιλαμβάνομαι
1* ἀντίλυτρον
1 ἀνυπόκριτος
1 ἀνυπότακτος
4 ἄξιος
1 ἀξιόω
1 ἀόρατος
1 ἅπας
1 ἀπατάω
1* ἀπέραντος
1 ἀπέχω
1 ἀπιστία
1 ἄπιστος
3 ἀπό
1* ἀπόβλητος
2* ἀπόδεκτος
1 ἀποδίδωμι
2* ἀποδοχή
1* ἀποθησαυρίζω
1 ἀπόλαυσις
1 ἀποπλανάω
1 ἀποστερέω
2 ἀπόστολος
1* ἀπρόσιτος
1 ἀπωθέω
1 ἀπώλεια
2 ἀργός
1 ἀρκέω
1 ἀρνέομαι
1 ἀρσενοκοίτης
1 ἀσεβής
1 ἀσθένεια
1 ἄσπιλος
2 ἀστοχέω
1* αὐθεντέω
1 αὐτάρκεια
6° αὐτός
1 ἄφθαρτος
1 ἀφιλάργυρος
1 ἀφίστημι
1 ἀφορμή
1* βαθμός
1 βαρέω
3 βασιλεύς
1 βασιλεύω
3 βέβηλος
1 βίος
1* βλαβερός
2 βλασφημέω
1 βλασφημία
1 βλάσφημος
3 βούλομαι
1 βοῦς
1 βραδύνω
1 βρῶμα
1 βυθίζω
3 γαμέω
13 γάρ
1 γενεαλογία
4 γίνομαι
1 γνήσιος
1 γνῶσις
1 γραφή
1 γράφω
1* γραώδης
1 γυμνάζω
1* γυμνασία
9 γυνή
1 δαιμόνιον
30 δέ
2 δέησις
4 δεῖ
1 δείκνυμι
2 δεσπότης
6 διά
1 διαβεβαιόομαι
3 διάβολος
1 διάγω
2 διακονέω
1 διακονία
3 διάκονος
1 διαλογισμός
1 διαμαρτύρομαι
1* διαπαρατριβή
1* διατροφή
1 διαφθείρω
1 διδακτικός
8 διδασκαλία
1 διδάσκαλος
3 διδάσκω
3 δίδωμι
1 δίκαιος
1 δικαιοσύνη
1 δικαιόω
1* δίλογος
1 διπλοῦς
1* διώκτης
1 διώκω
1 δοκιμάζω
3 δόξα
1 δουλεύω
1 δοῦλος
3 δύναμαι
1 δυνάστης
1 δύο
3 ἐάν
5 ἑαυτοῦ
6 ἐγώ
1* ἑδραίωμα
2 ἔθνος
13 εἰ
29 εἰμί
1 εἰρήνη
19 εἰς
5 εἷς
1 εἰσφέρω
2 εἶτα
2 ἐκ
1* ἔκγονος
1* ἐκζήτησις
3 ἐκκλησία
1 ἐκλεκτός
1 ἐκτός
3 ἐκτρέπω
1 ἐκφέρω
1 ἐλάσσων
1 ἐλέγχω
2 ἐλεέω
1 ἔλεος
4 ἐλπίζω
1 ἐλπίς
3 ἐμπίπτω
44 ἐν
1 ἐνδείκνυμι
1 ἐνδυναμόω
2* ἔντευξις
1 ἐντολή
1* ἐντρέφω
6 ἐνώπιον
1 ἐξαπατάω
1 ἑξήκοντα
1 ἔξωθεν
1 ἐπαγγελία
2 ἐπαγγέλλομαι
1 ἐπαίρω
2 ἐπακολουθέω
3* ἐπαρκέω
1 ἐπέχω
8 ἐπί
1 ἐπιγινώσκω
1 ἐπίγνωσις
1 ἐπιεικής
1 ἐπίθεσις
1 ἐπιθυμέω
1 ἐπιθυμία
2 ἐπιλαμβάνομαι
1 ἐπιμελέομαι
1 ἐπιμένω
1* ἐπίορκος
1* ἐπιπλήσσω
1 ἐπισκοπή
1 ἐπίσκοπος
1 ἐπίσταμαι
1 ἐπιταγή
1 ἐπιτίθημι
1 ἐπιτρέπω
1 ἐπιφάνεια
1 ἐργάτης
6 ἔργον
1 ἔρις
4 ἔρχομαι
2* ἑτεροδιδασκαλέω
1 ἕτερος
1 ἔτος
1 Εὕα
1 εὐαγγέλιον
1 εὐεργεσία
1* εὐμετάδοτος
8 εὐσέβεια
1 εὐσεβέω
3 εὐχαριστία
1 ῎Εφεσος
14 ἔχω
1 ἕως
3 ζάω
1 ζήτησις
1 ζυγός
4 ζωή
1 ζῳογονέω
5 ἤ
2 ἡγέομαι
1 ἤδη
9 ἡμεῖς
1 ἡμέρα
1* ἤρεμος
2 ἡσυχία
1 ἡσύχιος
3 θέλω
1 θεμέλιος
22 θεός
1* θεοσέβεια
1 θλίβω
1 θνήσκω
9 ἴδιος
14 ᾿Ιησοῦς
1 ἱματισμός
15 ἵνα
2 καθαρός
1 καθώς
93° καί
3 καιρός
1 κακός
1 καλέω
16 καλός
4 καλῶς
1 καρδία
6 κατά
1* καταλέγω
1* καταστολή
1* καταστρηνιάω
2 καταφρονέω
1 κατηγορία
1* καυστηριάζω
1 κεῖμαι
1 κενοφωνία
1 κῆρυξ
1 κηρύσσω
1 κοινωνέω
1* κοινωνικός
2 κοπιάω
1 κοσμέω
2* κόσμιος
3 κόσμος
1 κράτος
2 κρίμα
1 κρίσις
1 κρύπτω
1 κτίζω
1 κτίσμα
1 κυριεύω
6 κύριος
1 κωλύω
1 λαλέω
1 λαμβάνω

4 λέγω
1* λογομαχία
8 λόγος
1 λοιδορία
1 λοιπός
2 μακάριος
1 Μακεδονία
1 μακροθυμία
3 μάλιστα
2 μᾶλλον
3 μανθάνω
1 μαργαρίτης
2 μαρτυρέω
1 μαρτυρία
1 μαρτύριον
2 μάρτυς
1* ματαιολογία
2 μέγας
1 μελετάω
3 μέλλω
1 μένω
1 μεσίτης
9 μετά
1* μετάλημψις
1 μέχρι
24 μή
3 μηδέ
5 μηδείς
1 μηκέτι
2 μήτε
1 μήτηρ
1* μητρολῴας
1 μισθός
4 μόνος
1* μονόω
2 μῦθος
2 μυστήριον
1 ναυαγέω
4 νέος
1 νεότης
1* νεόφυτος
2 νηφάλιος
1 νίπτω
1 νοέω
1 νομίζω
1 νομίμως
1 νομοδιδάσκαλος
2 νόμος
1* νοσέω
1 νοῦς
2 νῦν
1 νύξ
1* ξενοδοχέω
158° ὁ
1 ὀδύνη
4 οἶδα
1 οἰκεῖος
1 οἰκέω
1 οἰκία
1* οἰκοδεσποτέω
1 οἰκονομία
5 οἶκος
2 οἶνος
1 ὄλεθρος
2 ὀλίγος
1 ὁμολογέω
2 ὁμολογία
1* ὁμολογουμένως
1 ὀνειδισμός
1 ὄνομα
4 ὄντως
1 ὀπίσω
3 ὁράω
1 ὀργή
2 ὀρέγω
22 ὅς
1 ὅσιος
1 ὅσος
3 ὅστις
1 ὅταν
12 ὅτι
9 οὐ
3 οὐδέ
3 οὐδείς
4 οὖν
18 οὗτος
2 παγίς
1 παιδεύω
1 παράβασις
2 παραγγελία
5 παραγγέλλω
1 παραδέχομαι
1 παραδίδωμι
1 παραθήκη
2 παραιτέομαι
4 παρακαλέω
1 παράκλησις
1 παρακολουθέω
1 παρατίθημι
2 παρέχω
1 πάροινος
1 παρρησία
23 πᾶς
2 πατήρ
1* πατρολῴας
1 Παῦλος
1 πειρασμός
4 περί
1 περίεργος
1 περιέρχομαι
1* περιπείρω
1 περιποιέω
1 Πιλᾶτος
3 πιστεύω
19 πίστις
11 πιστός
1 πλάνος
1 πλάσσω
1* πλέγμα
1 πλήκτης
1 πλούσιος
1 πλουσίως
2 πλουτέω
1 πλοῦτος
3 πνεῦμα
4 ποιέω
5 πολύς
1 πολυτελής
1 πονηρός
1 Πόντιος
1 πορεύομαι
2* πορισμός
1 πόρνος
1 πούς
1* πραϋπάθεια
1 πρέπω
1 πρεσβυτέριον
4 πρεσβύτερος
2 προάγω
1 πρόγονος
2 πρόδηλος
4 προΐστημι
1 προκοπή
1* πρόκριμα
1 προνοέω
5 πρός
1 προσέρχομαι
2 προσευχή
1 προσεύχομαι
4 προσέχω
1* πρόσκλισις
2 προσμένω
1 πρότερος
2 προφητεία
7 πρῶτος
1 πυκνός
2 πῶς
1* ῥητῶς
1 ῥίζα
1 σάρξ
2 σατανᾶς
4 σεαυτοῦ
2 σεμνός
2 σεμνότης
1* σκέπασμα
1 σπαταλάω
1* στόμαχος
1 στρατεία
1 στρατεύω
1 στῦλος
14 σύ
4 συνείδησις
4 σῴζω
1 σωματικός
3 σωτήρ
2 σωφροσύνη
1 σώφρων
1 ταχέως
1 τάχος
1* τεκνογονέω
1* τεκνογονία
5 τέκνον
1* τεκνοτροφέω
1 τέλος
2 τηρέω
2 τίθημι
1 τιμάω
4 τιμή
3 Τιμόθεος
1 τίς
18 τις
1 τόπος
1 τρεῖς
1 τύπος
2 τυφόω
1 ὑβριστής
2 ὑγιαίνω
1* ὑδροποτέω
1 ὑμεῖς
1 Ὑμέναιος
3 ὑπέρ
1 ὑπεροχή
1* ὑπερπλεονάζω
1 ὑπό
1 ὑπόκρισις
1 ὑπομονή
1* ὑπόνοια
2 ὑποταγή
1 ὑποτίθημι
1 ὑποτύπωσις
1 ὕστερος
1* ὑψηλοφρονέω
1 φανερός
1 φανερόω
1 φεύγω
1 φθόνος
1* φιλαργυρία
1 φιλόξενος
1 φιμόω
1* φλύαρος
1 φόβος
2 φυλάσσω
1 φῶς
1 χάριν
4 χάρις
1 χάρισμα
3 χείρ
1 χείρων
8 χήρα
2 χράομαι
15 Χριστός
1 χρυσίον
2 χωρίς
1* ψευδολόγος
1 ψεύδομαι
1* ψευδώνυμος
1 ψεύστης
2 ὦ
4 ὡς
4 ὡσαύτως
2 ὠφέλιμος

° Not included in concordance
* Word only occurs in this book

Frequency List (in Order of Occurrence)

158° ὁ
93° καί
44 ἐν
30 δέ
29 εἰμί
24 μή
23 πᾶς
22 θεός
22 ὅς
19 εἰς
19 πίστις
18 οὗτος
18 τις
16 καλός
15 ἵνα
15 Χριστός
14 ἔχω
14 Ἰησοῦς
14 σύ
13 γάρ
13 εἰ
12 ἀλλά
12 ὅτι
11 πιστός
10 ἄνθρωπος
9 γυνή
9 ἡμεῖς
9 ἴδιος
9 μετά
9 οὐ
8 διδασκαλία
8 ἐπί
8 εὐσέβεια
8 λόγος
8 χήρα
7 πρῶτος
6 ἀλήθεια
6° αὐτός
6 διά
6 ἐγώ
6 ἐνώπιον
6 ἔργον
6 κατά
6 κύριος
5 ἀγάπη
5 ἀνήρ
5 ἑαυτοῦ
5 εἷς
5 ἤ
5 μηδείς
5 οἶκος
5 παραγγέλλω
5 πολύς
5 πρός
5 τέκνον
4 ἀγαθός
4 αἰών
4 ἄξιος
4 γίνομαι
4 δεῖ
4 ἐλπίζω
4 ἔρχομαι
4 ζωή
4 καλῶς
4 λέγω
4 μόνος
4 νέος
4 οἶδα
4 ὄντως
4 οὖν
4 παρακαλέω
4 περί
4 ποιέω
4 πρεσβύτερος
4 προΐστημι
4 προσέχω
4 σεαυτοῦ
4 συνείδησις
4 σῴζω
4 τιμή
4 χάρις
4 ὡς
4 ὡσαύτως
3 ἀδελφός
3 αἰώνιος
3* ἀνεπίλημπτος
3 ἀπό
3 βασιλεύς
3 βέβηλος
3 βούλομαι
3 γαμέω
3 διάβολος
3 διάκονος
3 διδάσκω
3 δίδωμι
3 δόξα
3 δύναμαι
3 ἐάν
3 ἐκκλησία
3 ἐκτρέπω
3 ἐμπίπτω
3* ἐπαρκέω
3 εὐχαριστία
3 ζάω
3 θέλω
3 καιρός
3 κόσμος
3 μάλιστα
3 μανθάνω
3 μέλλω
3 μηδέ
3 ὁράω
3 ὅστις
3 οὐδέ
3 οὐδείς
3 πιστεύω
3 πνεῦμα
3 σωτήρ
3 Τιμόθεος
3 ὑπέρ
3 χείρ
2 ἄγγελος
2* ἁγνεία
2 ἀγωνίζομαι
2 Ἀδάμ
2 ἁμαρτία
2 ἁμαρτωλός
2 ἀμήν
2 ἀντίκειμαι
2* ἀπόδεκτος
2* ἀποδοχή
2 ἀπόστολος
2 ἀργός
2 ἀστοχέω
2 βλασφημέω
2 δέησις
2 δεσπότης
2 διακονέω
2 ἔθνος
2 εἶτα
2 ἐκ
2 ἐλεέω
2* ἔντευξις
2 ἐπαγγέλλομαι
2 ἐπακολουθέω
2 ἐπιλαμβάνομαι
2* ἑτεροδιδασκαλέω
2 ἡγέομαι
2 ἡσυχία
2 καθαρός
2 καταφρονέω
2 κοπιάω
2* κόσμιος
2 κρίμα
2 μακάριος
2 μᾶλλον
2 μαρτυρέω
2 μάρτυς
2 μέγας
2 μήτε
2 μῦθος
2 μυστήριον
2 νηφάλιος
2 νόμος
2 νῦν
2 οἶνος
2 ὀλίγος
2 ὁμολογία
2 ὀρέγω
2 παγίς
2 παραγγελία
2 παραιτέομαι
2 παρέχω
2 πατήρ
2 πλουτέω
2* πορισμός
2 προάγω
2 πρόδηλος
2 προσευχή
2 προσμένω
2 προφητεία
2 πῶς
2 σατανᾶς
2 σεμνός
2 σεμνότης
2 σωφροσύνη
2 τηρέω
2 τίθημι
2 τυφόω
2 ὑγιαίνω
2 ὑποταγή
2 φυλάσσω
2 χράομαι
2 χωρίς
2 ὦ
2 ὠφέλιμος
1 ἀγαθοεργέω
1 ἀγαπητός
1 ἁγιάζω
1 ἁγιασμός
1 ἅγιος
1 ἀγνοέω
1 ἁγνός
1 ἀγών
1 ἀδελφή
1* ἀδηλότης
1 ἀθανασία
1 ἀθετέω
1* αἰδώς
1 αἰσχροκερδής
1 ἀκούω
1 Ἀλέξανδρος
1 ἀλλότριος
1* ἄλλως
1 ἀλοάω
1 ἅμα
1 ἁμαρτάνω
1 ἄμαχος
1 ἀμελέω
1* ἀμοιβή
1 ἀνάγνωσις
1 ἀναλαμβάνω
1 ἀναστρέφω
1 ἀναστροφή
1* ἀνδραποδιστής
1* ἀνδροφόνος
1 ἀνέγκλητος
1 ἀνόητος
1 ἄνομος
1 ἀνόσιος
1* ἀντίθεσις
1 ἀντιλαμβάνομαι
1* ἀντίλυτρον
1 ἀνυπόκριτος
1 ἀνυπότακτος
1 ἀξιόω
1 ἀόρατος
1 ἅπας
1 ἀπατάω
1* ἀπέραντος
1 ἀπέχω
1 ἀπιστία
1 ἄπιστος
1* ἀπόβλητος
1 ἀποδίδωμι
1* ἀποθησαυρίζω
1 ἀπόλαυσις
1 ἀποπλανάω
1 ἀποστερέω
1* ἀπρόσιτος
1 ἀπωθέω
1 ἀπώλεια
1 ἀρκέω
1 ἀρνέομαι
1 ἀρσενοκοίτης
1 ἀσεβής
1 ἀσθένεια
1 ἄσπιλος
1* αὐθεντέω
1 αὐτάρκεια
1 ἄφθαρτος
1 ἀφιλάργυρος
1 ἀφίστημι
1 ἀφορμή
1* βαθμός
1 βαρέω
1 βασιλεύω
1 βίος
1* βλαβερός
1 βλασφημία
1 βλάσφημος
1 βοῦς
1 βραδύνω
1 βρῶμα
1 βυθίζω
1 γενεαλογία
1 γνήσιος
1 γνῶσις
1 γραφή
1 γράφω
1* γραώδης
1 γυμνάζω
1* γυμνασία
1 δαιμόνιον
1 δείκνυμι
1 διαβεβαιόομαι
1 διάγω
1 διακονία
1 διαλογισμός
1 διαμαρτύρομαι
1* διαπαρατριβή
1* διατροφή
1 διαφθείρω
1 διδακτικός
1 διδάσκαλος
1 δίκαιος
1 δικαιοσύνη
1 δικαιόω

1* δίλογος
1 διπλοῦς
1* διώκτης
1 διώκω
1 δοκιμάζω
1 δουλεύω
1 δοῦλος
1 δυνάστης
1 δύο
1* ἑδραίωμα
1 εἰρήνη
1 εἰσφέρω
1* ἔκγονος
1* ἐκζήτησις
1 ἐκλεκτός
1 ἐκτός
1 ἐκφέρω
1 ἐλάσσων
1 ἐλέγχω
1 ἔλεος
1 ἐλπίς
1 ἐνδείκνυμι
1 ἐνδυναμόω
1 ἐντολή
1* ἐντρέφω
1 ἐξαπατάω
1 ἑξήκοντα
1 ἔξωθεν
1 ἐπαγγελία
1 ἐπαίρω
1 ἐπέχω
1 ἐπιγινώσκω
1 ἐπίγνωσις
1 ἐπιεικής
1 ἐπίθεσις
1 ἐπιθυμέω
1 ἐπιθυμία
1 ἐπιμελέομαι
1 ἐπιμένω
1* ἐπίορκος
1* ἐπιπλήσσω
1 ἐπισκοπή
1 ἐπίσκοπος
1 ἐπίσταμαι
1 ἐπιταγή
1 ἐπιτίθημι
1 ἐπιτρέπω
1 ἐπιφάνεια
1 ἐργάτης
1 ἔρις
1 ἕτερος
1 ἔτος
1 Εὕα
1 εὐαγγέλιον
1 εὐεργεσία
1* εὐμετάδοτος
1 εὐσεβέω
1 Ἔφεσος
1 ἕως
1 ζήτησις
1 ζυγός
1 ζῳογονέω
1 ἤδη
1 ἡμέρα
1* ἤρεμος
1 ἡσύχιος
1 θεμέλιος
1* θεοσέβεια
1 θλίβω
1 θνῄσκω
1 ἱματισμός
1 καθώς
1 κακός
1 καλέω
1 καρδία
1* καταλέγω
1* καταστολή
1* καταστρηνιάω
1 κατηγορία
1* καυστηριάζω
1 κεῖμαι
1 κενοφωνία
1 κῆρυξ
1 κηρύσσω
1 κοινωνέω
1* κοινωνικός
1 κοσμέω
1 κράτος
1 κρίσις
1 κρύπτω
1 κτίζω
1 κτίσμα
1 κυριεύω
1 κωλύω
1 λαλέω
1 λαμβάνω
1* λογομαχία
1 λοιδορία
1 λοιπός
1 Μακεδονία
1 μακροθυμία
1 μαργαρίτης
1 μαρτυρία
1 μαρτύριον
1* ματαιολογία
1 μελετάω
1 μένω
1 μεσίτης
1* μετάλημψις
1 μέχρι
1 μηκέτι
1 μήτηρ
1* μητρολῴας
1 μισθός
1* μονόω
1 ναυαγέω
1 νεότης
1* νεόφυτος
1 νίπτω
1 νοέω
1 νομίζω
1 νομίμως
1 νομοδιδάσκαλος
1* νοσέω
1 νοῦς
1 νύξ
1* ξενοδοχέω
1 ὀδύνη
1 οἰκεῖος
1 οἰκέω
1 οἰκία
1* οἰκοδεσποτέω
1 οἰκονομία
1 ὄλεθρος
1 ὁμολογέω
1* ὁμολογουμένως
1 ὀνειδισμός
1 ὄνομα
1 ὀπίσω
1 ὀργή
1 ὅσιος
1 ὅσος
1 ὅταν
1 παιδεύω
1 παράβασις
1 παραδέχομαι
1 παραδίδωμι
1 παραθήκη
1 παράκλησις
1 παρακολουθέω
1 παρατίθημι
1 πάροινος
1 παρρησία
1* πατρολῴας
1 Παῦλος
1 πειρασμός
1 περίεργος
1 περιέρχομαι
1* περιπείρω
1 περιποιέω
1 Πιλᾶτος
1 πλάνος
1 πλάσσω
1* πλέγμα
1 πλήκτης
1 πλούσιος
1 πλουσίως
1 πλοῦτος
1 πολυτελής
1 πονηρός
1 Πόντιος
1 πορεύομαι
1 πόρνος
1 πούς
1* πραϋπάθεια
1 πρέπω
1 πρεσβυτέριον
1 πρόγονος
1 προκοπή
1* πρόκριμα
1 προνοέω
1 προσέρχομαι
1 προσεύχομαι
1* πρόσκλισις
1 πρότερος
1 πυκνός
1* ῥητῶς
1 ῥίζα
1 σάρξ
1* σκέπασμα
1 σπαταλάω
1* στόμαχος
1 στρατεία
1 στρατεύω
1 στῦλος
1 σωματικός
1 σώφρων
1 ταχέως
1 τάχος
1* τεκνογονέω
1* τεκνογονία
1* τεκνοτροφέω
1 τέλος
1 τιμάω
1 τίς
1 τόπος
1 τρεῖς
1 τύπος
1 ὑβριστής
1* ὑδροποτέω
1 ὑμεῖς
1 Ὑμέναιος
1 ὑπεροχή
1* ὑπερπλεονάζω
1 ὑπό
1 ὑπόκρισις
1 ὑπομονή
1* ὑπόνοια
1 ὑποτίθημι
1 ὑποτύπωσις
1 ὕστερος
1* ὑψηλοφρονέω
1 φανερός
1 φανερόω
1 φεύγω
1 φθόνος
1* φιλαργυρία
1 φιλόξενος
1 φιμόω
1* φλύαρος
1 φόβος
1 φῶς
1 χάριν
1 χάρισμα
1 χείρων
1 χρυσίον
1* ψευδολόγος
1 ψεύδομαι
1* ψευδώνυμος
1 ψεύστης

° Not included in concordance
* Word only occurs in this book

2 Timothy – Statistics

456 Total word count
20 Number of words occurring at least 10 times
310 Number of words occurring once

Words whose occurrences in this book account for at least 25% of occurrences in the entire NT

100%

2/2 ἀθλέω (*athleō*; compete), Ὀνησίφορος (*Onēsiphoros*; Onesiphorus), συγκακοπαθέω (*synkakopatheō*; share in [someone else's] suffering)

1/1 ἀγωγή (*agōgē*; manner of life), ἀκαίρως (*akairōs*; when the time is not right), ἀκρατής (*akratēs*; lacking self-control), ἀναζωπυρέω (*anazōpyreō*; stir into flame), ἀνάλυσις (*analysis*; departure), ἀνανήφω (*ananēphō*; regain one's senses), ἀναψύχω (*anapsychō*; refresh), ἀνεξίκακος (*anexikakos*; tolerant), ἀνεπαίσχυντος (*anepaischyntos*; with no need to be ashamed), ἀνήμερος (*anēmeros*; fierce), ἀντιδιατίθημι (*antidiatithēmi*; oppose), ἀπαίδευτος (*apaideutos*; ignorant), ἀποτρέπω (*apotrepō*; avoid), ἄρτιος (*artios*; fully qualified), ἄσπονδος (*aspondos*; irreconcilable), ἀφιλάγαθος (*aphilagathos*; enemy to goodness), βελτίων (*beltiōn*; [very] well), γάγγραινα (*gangraina*; gangrene), γόης (*goēs*; imposter), γυναικάριον (*gynaikarion*; morally weak woman), Δαλματία (*Dalmatia*; Dalmatia), δειλία (*deilia*; cowardice), ἔκδηλος (*ekdēlos*; clearly evident), ἐλεγμός (*elegmos*; refutation of error), ἐνδύνω (*endynō*; slip in), ἐπανόρθωσις (*epanorthōsis*; correction), ἐπισωρεύω (*episōreuō*; accumulate), Ἑρμογένης (*Hermogenēs*; Hermogenes), Εὔβουλος (*Euboulos*; Eubulus), Εὐνίκη (*Eunikē*; Eunice), ἤπιος (*ēpios*; gentle), θεόπνευστος (*theopneustos*; inspired by God), Ἰαμβρῆς (*Iambrēs*; Jambres), Ἰάννης (*Iannēs*; Jannes), Κάρπος (*Karpos*; Carpus), καταφθείρω (*kataphtheirō*; corrupt), Κλαυδία (*Klaudia*; Claudia), κνήθω (*knēthō*; feel an itching), Κρήσκης (*Krēskēs*; Crescens), Λίνος (*Linos*; Linus), λογομαχέω (*logomacheō*; fight or quarrel about words), Λωΐς (*Lōis*; Lois), μάμμη (*mammē*; grandmother), μεμβράνα (*membrana*; parchment), μηδέποτε (*mēdepote*; never), νεωτερικός (*neōterikos*; youthful), ὀρθοτομέω (*orthotomeō*; use or interpret correctly), πιστόω (*pistoō*; firmly believe), Πούδης (*Poudēs*; Pudens), πραγματεία (*pragmateia*; affairs), στρατολογέω (*stratologeō*; enlist soldiers), σωφρονισμός (*sōphronismos*; sound judgement), φαιλόνης (*phailonēs*; cloak), φίλαυτος (*philautos*; selfish), φιλήδονος (*philēdonos*; given over to pleasure), Φίλητος (*Philētos*; Philetus), φιλόθεος (*philotheos*; loving God), Φύγελος (*Phygelos*; Phygelus), χαλκεύς (*chalkeus*; coppersmith), χρήσιμος (*chrēsimos*; good)

66%

2/3 εὔχρηστος (*euchrēstos*; useful), κακοπαθέω (*kakopatheō*; suffer), παραθήκη (*parathēkē*; what is entrusted to one's care)

50%

3/6 ἐπιφάνεια (*epiphaneia*; appearing), προκόπτω (*prokoptō*; advance)

1/2 ἀδιάλειπτος (*adialeiptos*; endless), ἀλαζών (*alazōn*; arrogant boaster), ἄνοια (*anoia*; foolishness, fury), ἀνόσιος (*anosios*; irreligious), ἄστοργος (*astorgos*; lacking normal human affection), ἀχάριστος (*acharistos*; ungrateful), διδακτικός (*didaktikos*; able to teach), ἐκκαθαίρω (*ekkathairō*; clean out), ἐμπλέκω (*emplekō*; be mixed up in or involved in), ἐξαρτίζω (*exartizō*; equip, be completed), εὐκαίρως (*eukairōs*; when the time is right), εὐσεβῶς (*eusebōs*; in a godly manner), ζωγρέω (*zōgreō*; catch), καταστροφή (*katastrophē*; ruin), κενοφωνία (*kenophōnia*; foolish talk), μόρφωσις (*morphōsis*; outward form), νομή (*nomē*; pasture), νομίμως (*nomimōs*; lawfully), ξύλινος (*xylinos*; wooden), ὀστράκινος (*ostrakinos*; made of baked clay), πρόγονος (*progonos*; parent), προπετής (*propetēs*; rash), σοφίζω (*sophizō*; give wisdom), σπένδω (*spendō*; pour out as a drink-offering), συμβασιλεύω (*symbasileuō*; live together as kings), σωρεύω (*sōreuō*; heap), Ὑμέναιος (*Hymenaios*; Hymenaeus), ὑποτύπωσις (*hypotypōsis*; example), φιλάργυρος (*philargyros*; fond of money), χαλεπός (*chalepos*; hard)

40%
2/5 ἐνοικέω (*enoikeō*; live in)

33%
2/6 πληροφορέω (*plērophoreō*; accomplish)
1/3[4] παρακολουθέω (*parakoloutheō*; follow closely)
1/3 ἀνατρέπω (*anatrepō*; overturn), ἀργυροῦς (*argyrous*; made of silver), ἀστοχέω (*astocheō*; miss the mark), Δημᾶς (*Dēmas*; Demas), δρόμος (*dromos*; course), Ἔραστος (*Erastos*; Erastus), εὐαγγελιστής (*euangelistēs*; evangelist), ἱερός (*hieros*; sacred), κῆρυξ (*kēryx*; preacher), Λουκᾶς (*Loukas*; Luke), Μίλητος (*Milētos*; Miletus), Πρίσκα (*Priska*; Prisca), προδότης (*prodotēs*; traitor), στεφανόω (*stephanoō*; crown), συζάω (*syzaō*; live with or together), συναποθνῄσκω (*synapothnēskō*; die together or with), Τρόφιμος (*Trophimos*; Trophimus), τυφόω (*typhoō*; be swollen with pride), ὑπόμνησις (*hypomnēsis*; remembering), ὑποφέρω (*hypopherō*; endure)

28%
2/7 ἀπολείπω (*apoleipō*; leave behind), ἐνδυναμόω (*endynamoō*; strengthen)

27%
3/11 ἐπαισχύνομαι (*epaischynomai*; be ashamed), σπουδάζω (*spoudazō*; do one's best)

2 Timothy – Concordance

ἀγαθός (*agathos*; 2/102) *good*
2Ti 2:21 εἰς πᾶν ἔργον **ἀγαθὸν** ἡτοιμασμένον.
2Ti 3:17 πρὸς πᾶν ἔργον **ἀγαθὸν** ἐξηρτισμένος.

ἀγαπάω (*agapaō*; 2/143) *love*
2Ti 4:8 καὶ πᾶσι τοῖς **ἠγαπηκόσι** τὴν ἐπιφάνειαν αὐτοῦ.
2Ti 4:10 γάρ με ἐγκατέλιπεν **ἀγαπήσας** τὸν νῦν αἰῶνα

ἀγάπη (*agapē*; 4/116) *love*
2Ti 1:7 ἀλλὰ δυνάμεως καὶ **ἀγάπης** καὶ σωφρονισμοῦ.
2Ti 1:13 ἐν πίστει καὶ **ἀγάπῃ** τῇ ἐν Χριστῷ
2Ti 2:22 δὲ δικαιοσύνην πίστιν **ἀγάπην** εἰρήνην μετὰ
2Ti 3:10 τῇ **ἀγάπῃ**,

ἀγαπητός (*agapētos*; 1/61) *beloved*
2Ti 1:2 Τιμοθέῳ **ἀγαπητῷ** τέκνῳ,

ἁγιάζω (*hagiazō*; 1/28) *set apart as sacred to God, consecrate, sanctify, purify*
2Ti 2:21 **ἡγιασμένον**,

ἅγιος (*hagios*; 2/233) *holy, set apart*
2Ti 1:9 καὶ καλέσαντος κλήσει **ἁγίᾳ**,
2Ti 1:14 φύλαξον διὰ πνεύματος **ἁγίου** τοῦ ἐνοικοῦντος ἐν

ἄγω (*agō*; 2/68[69]) *lead*
2Ti 3:6 **ἀγόμενα** ἐπιθυμίαις ποικίλαις,
2Ti 4:11 Μᾶρκον ἀναλαβὼν **ἄγε** μετὰ σεαυτοῦ,

ἀγωγή (*agōgē*; 1/1) *manner of life*
2Ti 3:10 τῇ **ἀγωγῇ**,

ἀγών (*agōn*; 1/6) *struggle*
2Ti 4:7 τὸν καλὸν **ἀγῶνα** ἠγώνισμαι,

ἀγωνίζομαι (*agōnizomai*; 1/8) *struggle, fight*
2Ti 4:7 τὸν καλὸν ἀγῶνα **ἠγώνισμαι**,

ἀδελφός (*adelphos*; 1/343) *brother*
2Ti 4:21 Κλαυδία καὶ οἱ **ἀδελφοὶ** πάντες.

ἀδιάλειπτος (*adialeiptos*; 1/2) *endless*
2Ti 1:3 ὡς **ἀδιάλειπτον** ἔχω τὴν περὶ

ἀδικία (*adikia*; 1/25) *unrighteousness*
2Ti 2:19 ἀποστήτω ἀπὸ **ἀδικίας** πᾶς ὁ ὀνομάζων

ἀδόκιμος (*adokimos*; 1/8) *failing to meet the test*
2Ti 3:8 **ἀδόκιμοι** περὶ τὴν πίστιν.

ἀθλέω (*athleō*; 2/2) *compete*
2Ti 2:5 ἐὰν δὲ καὶ **ἀθλῇ** τις,
2Ti 2:5 ἐὰν μὴ νομίμως **ἀθλήσῃ**.

αἰτία (*aitia*; 2/20) *reason, charge*
2Ti 1:6 Δι' ἣν **αἰτίαν** ἀναμιμνῄσκω σε ἀναζωπυρεῖν
2Ti 1:12 δι' ἣν **αἰτίαν** καὶ ταῦτα πάσχω·

αἰχμαλωτίζω (*aichmalōtizō*; 1/4) *make captive or prisoner*
2Ti 3:6 τὰς οἰκίας καὶ **αἰχμαλωτίζοντες** γυναικάρια σεσωρευμένα ἁμαρτίαις,

αἰών (*aiōn*; 3/122) *age*
2Ti 4:10 ἀγαπήσας τὸν νῦν **αἰῶνα** καὶ ἐπορεύθη εἰς
2Ti 4:18 δόξα εἰς τοὺς **αἰῶνας** τῶν αἰώνων,
2Ti 4:18 τοὺς αἰῶνας τῶν **αἰώνων**,

αἰώνιος (*aiōnios*; 2/70[71]) *eternal*
2Ti 1:9 Ἰησοῦ πρὸ χρόνων **αἰωνίων**,
2Ti 2:10 Ἰησοῦ μετὰ δόξης **αἰωνίου**.

ἀκαίρως (*akairōs*; 1/1) *when the time is not right*
2Ti 4:2 ἐπίστηθι εὐκαίρως **ἀκαίρως**,

ἀκοή (*akoē*; 2/24) *report*
2Ti 4:3 διδασκάλους κνηθόμενοι τὴν **ἀκοὴν**
2Ti 4:4 τῆς ἀληθείας τὴν **ἀκοὴν** ἀποστρέψουσιν,

ἀκούω (*akouō*; 4/426[428]) *hear*
2Ti 1:13 ὧν παρ' ἐμοῦ **ἤκουσας** ἐν πίστει καὶ
2Ti 2:2 καὶ ἃ **ἤκουσας** παρ' ἐμοῦ διὰ
2Ti 2:14 ἐπὶ καταστροφῇ τῶν **ἀκουόντων**.
2Ti 4:17 κήρυγμα πληροφορηθῇ καὶ **ἀκούσωσιν** πάντα τὰ ἔθνη,

ἀκρατής (*akratēs*; 1/1) *lacking self-control*
2Ti 3:3 ἄστοργοι ἄσπονδοι διάβολοι **ἀκρατεῖς** ἀνήμεροι ἀφιλάγαθοι

Ἀκύλας (*Akylas*; 1/6) *Aquila*
2Ti 4:19 Ἄσπασαι Πρίσκαν καὶ **Ἀκύλαν** καὶ τὸν Ὀνησιφόρου

ἀλαζών (*alazōn*; 1/2) *arrogant boaster*
2Ti 3:2 ἄνθρωποι φίλαυτοι φιλάργυροι **ἀλαζόνες** ὑπερήφανοι βλάσφημοι,

Ἀλέξανδρος (*Alexandros*; 1/6) *Alexander*
2Ti 4:14 **Ἀλέξανδρος** ὁ χαλκεὺς πολλά

ἀλήθεια (*alētheia*; 6/109) *truth*
2Ti 2:15 τὸν λόγον τῆς **ἀληθείας**.
2Ti 2:18 οἵτινες περὶ τὴν **ἀλήθειαν** ἠστόχησαν,
2Ti 2:25 μετάνοιαν εἰς ἐπίγνωσιν **ἀληθείας**

2Ti 3:7 μηδέποτε εἰς ἐπίγνωσιν **ἀληθείας** ἐλθεῖν δυνάμενα.
2Ti 3:8 οὗτοι ἀνθίστανται τῇ **ἀληθείᾳ**,
2Ti 4:4 ἀπὸ μὲν τῆς **ἀληθείας** τὴν ἀκοὴν ἀποστρέψουσιν,

ἀλλά (*alla*; 12/638) *but*
2Ti 1:7 θεὸς πνεῦμα δειλίας **ἀλλὰ** δυνάμεως καὶ ἀγάπης
2Ti 1:8 **ἀλλὰ** συγκακοπάθησον τῷ εὐαγγελίῳ
2Ti 1:9 τὰ ἔργα ἡμῶν **ἀλλὰ** κατὰ ἰδίαν πρόθεσιν
2Ti 1:12 **ἀλλ'** οὐκ ἐπαισχύνομαι,
2Ti 1:17 **ἀλλὰ** γενόμενος ἐν Ῥώμῃ
2Ti 2:9 **ἀλλὰ** ὁ λόγος τοῦ
2Ti 2:20 χρυσᾶ καὶ ἀργυρᾶ **ἀλλὰ** καὶ ξύλινα καὶ
2Ti 2:24 οὐ δεῖ μάχεσθαι **ἀλλὰ** ἤπιον εἶναι πρὸς
2Ti 3:9 **ἀλλ'** οὐ προκόψουσιν ἐπὶ
2Ti 4:3 διδασκαλίας οὐκ ἀνέξονται **ἀλλὰ** κατὰ τὰς ἰδίας
2Ti 4:8 μόνον δὲ ἐμοὶ **ἀλλὰ** καὶ πᾶσι τοῖς
2Ti 4:16 **ἀλλὰ** πάντες με ἐγκατέλιπον·

ἅλυσις (*halysis*; 1/11) *chain*
2Ti 1:16 ἀνέψυξεν καὶ τὴν **ἅλυσίν** μου οὐκ ἐπαισχύνθη,

ἁμαρτία (*hamartia*; 1/173) *sin*
2Ti 3:6 αἰχμαλωτίζοντες γυναικάρια σεσωρευμένα **ἁμαρτίαις**,

ἀμήν (*amēn*; 1/128[129]) *truly*
2Ti 4:18 **ἀμήν**.

ἀναζωπυρέω (*anazōpyreō*; 1/1) *stir into flame*
2Ti 1:6 αἰτίαν ἀναμιμνῄσκω σε **ἀναζωπυρεῖν** τὸ χάρισμα τοῦ

ἀναλαμβάνω (*analambanō*; 1/12[13]) *take up*
2Ti 4:11 Μᾶρκον **ἀναλαβὼν** ἄγε μετὰ σεαυτοῦ,

ἀνάλυσις (*analysis*; 1/1) *departure*
2Ti 4:6 ὁ καιρὸς τῆς **ἀναλύσεώς** μου ἐφέστηκεν.

ἀναμιμνῄσκω (*anamimnēskō*; 1/6) *remind*
2Ti 1:6 Δι' ἣν αἰτίαν **ἀναμιμνῄσκω** σε ἀναζωπυρεῖν

ἀνανήφω (*ananēphō*; 1/1) *regain one's senses*
2Ti 2:26 καὶ **ἀνανήψωσιν** ἐκ τῆς τοῦ

ἀνάστασις (*anastasis*; 1/42) *resurrection*
2Ti 2:18 λέγοντες [τὴν] **ἀνάστασιν** ἤδη γεγονέναι,

ἀνατρέπω (*anatrepō*; 1/3) *overturn*
2Ti 2:18 καὶ **ἀνατρέπουσιν** τήν τινων πίστιν.

ἀναψύχω (*anapsychō*; 1/1) *refresh*
2Ti 1:16 ὅτι πολλάκις με **ἀνέψυξεν** καὶ τὴν ἅλυσίν

ἀνεξίκακος (*anexikakos*; 1/1) *tolerant*
2Ti 2:24 **ἀνεξίκακον**,

ἀνεπαίσχυντος (*anepaischyntos*; 1/1) *with no need to be ashamed*
2Ti 2:15 ἐργάτην **ἀνεπαίσχυντον**,

ἀνέχομαι (*anechomai*; 1/15) *endure*
2Ti 4:3 ὑγιαινούσης διδασκαλίας οὐκ **ἀνέξονται** ἀλλὰ κατὰ τὰς

ἀνήμερος (*anēmeros*; 1/1) *fierce*
2Ti 3:3 ἄσπονδοι διάβολοι ἀκρατεῖς **ἀνήμεροι** ἀφιλάγαθοι

ἀνθίστημι (*anthistēmi*; 3/14) *resist*
2Ti 3:8 Ἰάννης καὶ Ἰαμβρῆς **ἀντέστησαν** Μωϋσεῖ,
2Ti 3:8 οὕτως καὶ οὗτοι **ἀνθίστανται** τῇ ἀληθείᾳ,
2Ti 4:15 λίαν γὰρ **ἀντέστη** τοῖς ἡμετέροις λόγοις.

ἄνθρωπος (*anthrōpos*; 5/550) *man, human being (pl. people)*
2Ti 2:2 ταῦτα παράθου πιστοῖς **ἀνθρώποις**,
2Ti 3:2 ἔσονται γὰρ οἱ **ἄνθρωποι** φίλαυτοι φιλάργυροι ἀλαζόνες
2Ti 3:8 **ἄνθρωποι** κατεφθαρμένοι τὸν νοῦν,
2Ti 3:13 πονηροὶ δὲ **ἄνθρωποι** καὶ γόητες προκόψουσιν
2Ti 3:17 ὁ τοῦ θεοῦ **ἄνθρωπος**,

ἄνοια (*anoia*; 1/2) *foolishness, fury*
2Ti 3:9 ἡ γὰρ **ἄνοια** αὐτῶν ἔκδηλος ἔσται

ἀνόσιος (*anosios*; 1/2) *irreligious*
2Ti 3:2 ἀχάριστοι **ἀνόσιοι**

ἀντιδιατίθημι (*antidiatithēmi*; 1/1) *oppose*
2Ti 2:25 πραΰτητι παιδεύοντα τοὺς **ἀντιδιατιθεμένους**,

Ἀντιόχεια (*Antiocheia*; 1/18) *Antioch*
2Ti 3:11 μοι ἐγένετο ἐν **Ἀντιοχείᾳ**,

ἀνυπόκριτος (*anypokritos*; 1/6) *sincere*
2Ti 1:5 τῆς ἐν σοὶ **ἀνυποκρίτου** πίστεως,

ἀπαίδευτος (*apaideutos*; 1/1) *ignorant*
2Ti 2:23 δὲ μωρὰς καὶ **ἀπαιδεύτους** ζητήσεις παραιτοῦ,

ἀπειθής (*apeithēs*; 1/6) *disobedient*
2Ti 3:2 γονεῦσιν **ἀπειθεῖς**,

ἀπιστέω (*apisteō*; 1/6[8]) *fail or refuse to believe*
2Ti 2:13 εἰ **ἀπιστοῦμεν**,

ἀπό (*apo*; 7/643[646]) *from*
2Ti 1:2 χάρις ἔλεος εἰρήνη **ἀπὸ** θεοῦ πατρὸς καὶ
2Ti 1:3 ᾧ λατρεύω **ἀπὸ** προγόνων ἐν καθαρᾷ
2Ti 2:19 ἀποστήτω **ἀπὸ** ἀδικίας πᾶς ὁ

2Ti 2:21 τις ἐκκαθάρῃ ἑαυτὸν **ἀπὸ** τούτων,
2Ti 3:15 καὶ ὅτι **ἀπὸ** βρέφους [τὰ] ἱερὰ
2Ti 4:4 καὶ **ἀπὸ** μὲν τῆς ἀληθείας
2Ti 4:18 με ὁ κύριος **ἀπὸ** παντὸς ἔργου πονηροῦ

ἀποδίδωμι (*apodidōmi*; 2/48) *give back, repay*
2Ti 4:8 ὃν **ἀποδώσει** μοι ὁ κύριος
2Ti 4:14 **ἀποδώσει** αὐτῷ ὁ κύριος

ἀπόκειμαι (*apokeimai*; 1/4) *be stored away*
2Ti 4:8 λοιπὸν **ἀπόκειταί** μοι ὁ τῆς

ἀπολείπω (*apoleipō*; 2/7) *leave behind*
2Ti 4:13 τὸν φαιλόνην ὃν **ἀπέλιπον** ἐν Τρῳάδι παρὰ
2Ti 4:20 Τρόφιμον δὲ **ἀπέλιπον** ἐν Μιλήτῳ ἀσθενοῦντα.

ἀπολογία (*apologia*; 1/8) *verbal defense*
2Ti 4:16 τῇ πρώτῃ μου **ἀπολογίᾳ** οὐδείς μοι παρεγένετο,

ἀποστέλλω (*apostellō*; 1/132) *send*
2Ti 4:12 Τύχικον δὲ **ἀπέστειλα** εἰς Ἔφεσον.

ἀπόστολος (*apostolos*; 2/80) *apostle, messenger*
2Ti 1:1 Παῦλος **ἀπόστολος** Χριστοῦ Ἰησοῦ διὰ
2Ti 1:11 ἐγὼ κῆρυξ καὶ **ἀπόστολος** καὶ διδάσκαλος,

ἀποστρέφω (*apostrephō*; 2/9) *turn away*
2Ti 1:15 ὅτι **ἀπεστράφησάν** με πάντες οἱ
2Ti 4:4 ἀληθείας τὴν ἀκοὴν **ἀποστρέψουσιν**,

ἀποτρέπω (*apotrepō*; 1/1) *avoid*
2Ti 3:5 καὶ τούτους **ἀποτρέπου**.

ἀργυροῦς (*argyrous*; 1/3) *made of silver*
2Ti 2:20 σκεύη χρυσᾶ καὶ **ἀργυρᾶ** ἀλλὰ καὶ ξύλινα

ἀρέσκω (*areskō*; 1/17) *try to please*
2Ti 2:4 ἵνα τῷ στρατολογήσαντι **ἀρέσῃ**.

ἀρνέομαι (*arneomai*; 4/33) *deny*
2Ti 2:12 εἰ **ἀρνησόμεθα**,
2Ti 2:12 κἀκεῖνος **ἀρνήσεται** ἡμᾶς·
2Ti 2:13 **ἀρνήσασθαι** γὰρ ἑαυτὸν οὐ
2Ti 3:5 δὲ δύναμιν αὐτῆς **ἠρνημένοι**·

ἄρτιος (*artios*; 1/1) *fully qualified*
2Ti 3:17 ἵνα **ἄρτιος** ᾖ ὁ τοῦ

ἀσέβεια (*asebeia*; 1/6) *godlessness*
2Ti 2:16 πλεῖον γὰρ προκόψουσιν **ἀσεβείας**

ἀσθενέω (*astheneō*; 1/33) *be sick or ill*
2Ti 4:20 ἀπέλιπον ἐν Μιλήτῳ **ἀσθενοῦντα**.

Ἀσία (*Asia*; 1/18) *Asia*
2Ti 1:15 οἱ ἐν τῇ **Ἀσίᾳ**,

ἀσπάζομαι (*aspazomai*; 2/59) *greet*
2Ti 4:19 **Ἄσπασαι** Πρίσκαν καὶ Ἀκύλαν
2Ti 4:21 Ἀσπάζεταί **σε** Εὔβουλος καὶ Πούδης

ἄσπονδος (*aspondos*; 1/1) *irreconcilable*
2Ti 3:3 ἄστοργοι **ἄσπονδοι** διάβολοι ἀκρατεῖς ἀνήμεροι

ἄστοργος (*astorgos*; 1/2) *lacking normal human affection*
2Ti 3:3 **ἄστοργοι** ἄσπονδοι διάβολοι ἀκρατεῖς

ἀστοχέω (*astocheō*; 1/3) *miss the mark*
2Ti 2:18 περὶ τὴν ἀλήθειαν **ἠστόχησαν**,

ἀτιμία (*atimia*; 1/7) *disgrace*
2Ti 2:20 ἃ δὲ εἰς **ἀτιμίαν**·

ἀφθαρσία (*aphtharsia*; 1/7) *incorruptibility*
2Ti 1:10 δὲ ζωὴν καὶ **ἀφθαρσίαν** διὰ τοῦ εὐαγγελίου

ἀφιλάγαθος (*aphilagathos*; 1/1) *enemy to goodness*
2Ti 3:3 διάβολοι ἀκρατεῖς ἀνήμεροι **ἀφιλάγαθοι**

ἀφίστημι (*aphistēmi*; 1/14) *leave*
2Ti 2:19 **ἀποστήτω** ἀπὸ ἀδικίας πᾶς

ἀχάριστος (*acharistos*; 1/2) *ungrateful*
2Ti 3:2 **ἀχάριστοι** ἀνόσιοι

βασιλεία (*basileia*; 2/162) *kingdom*
2Ti 4:1 αὐτοῦ καὶ τὴν **βασιλείαν** αὐτοῦ·
2Ti 4:18 σώσει εἰς τὴν **βασιλείαν** αὐτοῦ τὴν ἐπουράνιον·

βέβηλος (*bebēlos*; 1/5) *vile*
2Ti 2:16 τὰς δὲ **βεβήλους** κενοφωνίας περιΐστασο·

βελτίων (*beltiōn*; 1/1) *(very) well*
2Ti 1:18 **βέλτιον** σὺ γινώσκεις.

βιβλίον (*biblion*; 1/34) *book*
2Ti 4:13 καὶ τὰ **βιβλία** μάλιστα τὰς μεμβράνας.

βίος (*bios*; 1/10) *life*
2Ti 2:4 ἐμπλέκεται ταῖς τοῦ **βίου** πραγματείαις,

βλάσφημος (*blasphēmos*; 1/4) *blasphemer or blaspheming*
2Ti 3:2 φιλάργυροι ἀλαζόνες ὑπερήφανοι **βλάσφημοι**,

βρέφος (*brephos*; 1/8) *baby*
2Ti 3:15 καὶ ὅτι ἀπὸ **βρέφους** [τὰ] ἱερὰ γράμματα

γάγγραινα (*gangraina*; 1/1) *gangrene*
2Ti 2:17 λόγος αὐτῶν ὡς **γάγγραινα** νομὴν ἕξει.

Γαλατία (*Galatia*; 1/4) *Galatia*
2Ti 4:10 Κρήσκης εἰς **Γαλατίαν**,

γάρ (*gar*; 14/1041) *for*
2Ti 1:7 οὐ **γὰρ** ἔδωκεν ἡμῖν ὁ
2Ti 1:12 οἶδα **γὰρ** ᾧ πεπίστευκα καὶ
2Ti 2:7 δώσει **γάρ** σοι ὁ κύριος
2Ti 2:11 εἰ **γὰρ** συναπεθάνομεν,
2Ti 2:13 ἀρνήσασθαι **γὰρ** ἑαυτὸν οὐ δύναται.
2Ti 2:16 ἐπὶ πλεῖον **γὰρ** προκόψουσιν ἀσεβείας
2Ti 3:2 ἔσονται **γὰρ** οἱ ἄνθρωποι φίλαυτοι
2Ti 3:6 ἐκ τούτων **γάρ** εἰσιν οἱ ἐνδύνοντες
2Ti 3:9 ἡ **γὰρ** ἄνοια αὐτῶν ἔκδηλος
2Ti 4:3 Ἔσται **γὰρ** καιρὸς ὅτε τῆς
2Ti 4:6 Ἐγὼ **γὰρ** ἤδη σπένδομαι,
2Ti 4:10 Δημᾶς **γάρ** με ἐγκατέλιπεν ἀγαπήσας
2Ti 4:11 ἔστιν **γάρ** μοι εὔχρηστος εἰς
2Ti 4:15 λίαν **γὰρ** ἀντέστη τοῖς ἡμετέροις

γεννάω (*gennaō*; 1/97) *give birth (pass. be born)*
2Ti 2:23 εἰδὼς ὅτι **γεννῶσιν** μάχας·

γεωργός (*geōrgos*; 1/19) *vinedresser, farmer*
2Ti 2:6 τὸν κοπιῶντα **γεωργὸν** δεῖ πρῶτον τῶν

γίνομαι (*ginomai*; 4/668[669]) *be, become*
2Ti 1:17 ἀλλὰ **γενόμενος** ἐν Ῥώμῃ σπουδαίως
2Ti 2:18 [τὴν] ἀνάστασιν ἤδη **γεγονέναι**,
2Ti 3:9 καὶ ἡ ἐκείνων **ἐγένετο**.
2Ti 3:11 οἷά μοι **ἐγένετο** ἐν Ἀντιοχείᾳ,

γινώσκω (*ginōskō*; 3/222) *know*
2Ti 1:18 βέλτιον σὺ **γινώσκεις**.
2Ti 2:19 **ἔγνω** κύριος τοὺς ὄντας
2Ti 3:1 Τοῦτο δὲ **γίνωσκε**,

γόης (*goēs*; 1/1) *imposter*
2Ti 3:13 δὲ ἄνθρωποι καὶ **γόητες** προκόψουσιν ἐπὶ τὸ

γονεύς (*goneus*; 1/20) *parent*
2Ti 3:2 **γονεῦσιν** ἀπειθεῖς,

γράμμα (*gramma*; 1/14) *letter of the alphabet*
2Ti 3:15 βρέφους [τὰ] ἱερὰ **γράμματα** οἶδας,

γραφή (*graphē*; 1/50) *Scripture*
2Ti 3:16 πᾶσα **γραφὴ** θεόπνευστος καὶ ὠφέλιμος

γυναικάριον (*gynaikarion*; 1/1) *morally weak woman*
2Ti 3:6 οἰκίας καὶ αἰχμαλωτίζοντες **γυναικάρια** σεσωρευμένα ἁμαρτίαις,

δάκρυον (*dakryon*; 1/10) *tear*
2Ti 1:4 μεμνημένος σου τῶν **δακρύων**,

Δαλματία (*Dalmatia*; 1/1) *Dalmatia*
2Ti 4:10 Τίτος εἰς **Δαλματίαν**·

Δαυίδ (*Dauid*; 1/59) *David*
2Ti 2:8 ἐκ σπέρματος **Δαυίδ**,

δέ (*de*; 24/2773[2792]) *but, and*
2Ti 1:5 πέπεισμαι **δὲ** ὅτι καὶ ἐν
2Ti 1:10 φανερωθεῖσαν **δὲ** νῦν διὰ τῆς
2Ti 1:10 τὸν θάνατον φωτίσαντος **δὲ** ζωὴν καὶ ἀφθαρσίαν
2Ti 2:5 ἐὰν **δὲ** καὶ ἀθλῇ τις,
2Ti 2:16 τὰς **δὲ** βεβήλους κενοφωνίας περιΐστασο·
2Ti 2:20 Ἐν μεγάλῃ **δὲ** οἰκίᾳ οὐκ ἔστιν
2Ti 2:20 εἰς τιμὴν ἃ **δὲ** εἰς ἀτιμίαν·
2Ti 2:22 Τὰς **δὲ** νεωτερικὰς ἐπιθυμίας φεῦγε,
2Ti 2:22 δίωκε **δὲ** δικαιοσύνην πίστιν ἀγάπην
2Ti 2:23 τὰς **δὲ** μωρὰς καὶ ἀπαιδεύτους
2Ti 2:24 δοῦλον **δὲ** κυρίου οὐ δεῖ
2Ti 3:1 Τοῦτο **δὲ** γίνωσκε,
2Ti 3:5 μόρφωσιν εὐσεβείας τὴν **δὲ** δύναμιν αὐτῆς ἠρνημένοι·
2Ti 3:8 ὃν τρόπον **δὲ** Ἰάννης καὶ Ἰαμβρῆς
2Ti 3:10 Σὺ **δὲ** παρηκολούθησάς μου τῇ
2Ti 3:12 καὶ πάντες **δὲ** οἱ θέλοντες εὐσεβῶς
2Ti 3:13 πονηροὶ **δὲ** ἄνθρωποι καὶ γόητες
2Ti 3:14 Σὺ **δὲ** μένε ἐν οἷς
2Ti 4:4 ἐπὶ **δὲ** τοὺς μύθους ἐκτραπήσονται.
2Ti 4:5 Σὺ **δὲ** νῆφε ἐν πᾶσιν,
2Ti 4:8 οὐ μόνον **δὲ** ἐμοὶ ἀλλὰ καὶ
2Ti 4:12 Τύχικον **δὲ** ἀπέστειλα εἰς Ἔφεσον.
2Ti 4:17 ὁ **δὲ** κύριός μοι παρέστη
2Ti 4:20 Τρόφιμον **δὲ** ἀπέλιπον ἐν Μιλήτῳ

δέησις (*deēsis*; 1/18) *prayer*
2Ti 1:3 μνείαν ἐν ταῖς **δεήσεσίν** μου νυκτὸς καὶ

δεῖ (*dei*; 2/101) *it is necessary*
2Ti 2:6 τὸν κοπιῶντα γεωργὸν **δεῖ** πρῶτον τῶν καρπῶν
2Ti 2:24 δὲ κυρίου οὐ **δεῖ** μάχεσθαι ἀλλὰ ἤπιον

δειλία (*deilia*; 1/1) *cowardice*
2Ti 1:7 ὁ θεὸς πνεῦμα **δειλίας** ἀλλὰ δυνάμεως καὶ

δέσμιος (*desmios*; 1/16) *prisoner*
2Ti 1:8 μηδὲ ἐμὲ τὸν **δέσμιον** αὐτοῦ,

δεσμός (*desmos*; 1/18) *bond*
2Ti 2:9 ᾧ κακοπαθῶ μέχρι **δεσμῶν** ὡς κακοῦργος,

δεσπότης (*despotēs*; 1/10) *master*
2Ti 2:21 εὔχρηστον τῷ **δεσπότῃ**,

δέω (*deō*; 1/43) *bind*
2Ti 2:9 τοῦ θεοῦ οὐ **δέδεται**·

Δημᾶς (*Dēmas*; 1/3) *Demas*
2Ti 4:10 **Δημᾶς** γάρ με ἐγκατέλιπεν

διά (*dia*; 12/665[667]) *through, on account of*
2Ti 1:1 ἀπόστολος Χριστοῦ Ἰησοῦ **διὰ** θελήματος θεοῦ κατ’

2Ti 1:6 **Δι'** ἣν αἰτίαν ἀναμιμνήσκω
2Ti 1:6 ἐστιν ἐν σοὶ **διὰ** τῆς ἐπιθέσεως τῶν
2Ti 1:10 φανερωθεῖσαν δὲ νῦν **διὰ** τῆς ἐπιφανείας
2Ti 1:10 ζωὴν καὶ ἀφθαρσίαν **διὰ** τοῦ εὐαγγελίου
2Ti 1:12 **δι'** ἣν αἰτίαν καὶ
2Ti 1:14 καλὴν παραθήκην φύλαξον **διὰ** πνεύματος ἁγίου τοῦ
2Ti 2:2 ἤκουσας παρ' ἐμοῦ **διὰ** πολλῶν μαρτύρων,
2Ti 2:10 **διὰ** τοῦτο πάντα ὑπομένω
2Ti 2:10 τοῦτο πάντα ὑπομένω **διὰ** τοὺς ἐκλεκτούς,
2Ti 3:15 σοφίσαι εἰς σωτηρίαν **διὰ** πίστεως τῆς ἐν
2Ti 4:17 ἵνα **δι'** ἐμοῦ τὸ κήρυγμα

διάβολος (*diabolos*; 2/37) *devil*
2Ti 2:26 ἐκ τῆς τοῦ **διαβόλου** παγίδος,
2Ti 3:3 ἄστοργοι ἄσπονδοι **διάβολοι** ἀκρατεῖς ἀνήμεροι ἀφιλάγαθοι

διακονέω (*diakoneō*; 1/37) *serve*
2Ti 1:18 ὅσα ἐν Ἐφέσῳ **διηκόνησεν**,

διακονία (*diakonia*; 2/34) *ministry, service*
2Ti 4:5 τὴν **διακονίαν** σου πληροφόρησον.
2Ti 4:11 μοι εὔχρηστος εἰς **διακονίαν**.

διαμαρτύρομαι (*diamartyromai*; 2/15) *declare solemnly and emphatically*
2Ti 2:14 Ταῦτα ὑπομίμνησκε **διαμαρτυρόμενος** ἐνώπιον τοῦ θεοῦ
2Ti 4:1 **Διαμαρτύρομαι** ἐνώπιον τοῦ θεοῦ

διδακτικός (*didaktikos*; 1/2) *able to teach*
2Ti 2:24 **διδακτικόν**,

διδασκαλία (*didaskalia*; 3/21) *teaching*
2Ti 3:10 παρηκολούθησάς μου τῇ **διδασκαλίᾳ**,
2Ti 3:16 καὶ ὠφέλιμος πρὸς **διδασκαλίαν**,
2Ti 4:3 ὅτε τῆς ὑγιαινούσης **διδασκαλίας** οὐκ ἀνέξονται ἀλλὰ

διδάσκαλος (*didaskalos*; 2/58[59]) *teacher*
2Ti 1:11 καὶ ἀπόστολος καὶ **διδάσκαλος**,
2Ti 4:3 ἐπιθυμίας ἑαυτοῖς ἐπισωρεύσουσιν **διδασκάλους** κνηθόμενοι τὴν ἀκοὴν

διδάσκω (*didaskō*; 1/96) *teach*
2Ti 2:2 ἔσονται καὶ ἑτέρους **διδάξαι**.

διδαχή (*didachē*; 1/30) *teaching*
2Ti 4:2 πάσῃ μακροθυμίᾳ καὶ **διδαχῇ**.

δίδωμι (*didōmi*; 6/415) *give*
2Ti 1:7 οὐ γὰρ **ἔδωκεν** ἡμῖν ὁ θεὸς
2Ti 1:9 τὴν **δοθεῖσαν** ἡμῖν ἐν Χριστῷ
2Ti 1:16 **δῴη** ἔλεος ὁ κύριος
2Ti 1:18 **δῴη** αὐτῷ ὁ κύριος
2Ti 2:7 **δώσει** γάρ σοι ὁ
2Ti 2:25 μήποτε **δώῃ** αὐτοῖς ὁ θεὸς

δίκαιος (*dikaios*; 1/79) *righteous*
2Ti 4:8 ὁ **δίκαιος** κριτής,

δικαιοσύνη (*dikaiosynē*; 3/92) *righteousness*
2Ti 2:22 δίωκε δὲ **δικαιοσύνην** πίστιν ἀγάπην εἰρήνην
2Ti 3:16 παιδείαν τὴν ἐν **δικαιοσύνῃ**,
2Ti 4:8 μοι ὁ τῆς **δικαιοσύνης** στέφανος,

διωγμός (*diōgmos*; 2/10) *persecution*
2Ti 3:11 τοῖς **διωγμοῖς**,
2Ti 3:11 οἵους **διωγμοὺς** ὑπήνεγκα καὶ ἐκ

διώκω (*diōkō*; 2/45) *pursue, persecute*
2Ti 2:22 **δίωκε** δὲ δικαιοσύνην πίστιν
2Ti 3:12 ἐν Χριστῷ Ἰησοῦ **διωχθήσονται**.

δόκιμος (*dokimos*; 1/7) *approved*
2Ti 2:15 σπούδασον σεαυτὸν **δόκιμον** παραστῆσαι τῷ θεῷ,

δόξα (*doxa*; 2/166) *glory*
2Ti 2:10 Χριστῷ Ἰησοῦ μετὰ **δόξης** αἰωνίου.
2Ti 4:18 ᾧ ἡ **δόξα** εἰς τοὺς αἰῶνας

δοῦλος (*doulos*; 1/124) *slave*
2Ti 2:24 **δοῦλον** δὲ κυρίου οὐ

δρόμος (*dromos*; 1/3) *course*
2Ti 4:7 τὸν **δρόμον** τετέλεκα,

δύναμαι (*dynamai*; 3/210) *be able*
2Ti 2:13 γὰρ ἑαυτὸν οὐ **δύναται**.
2Ti 3:7 ἐπίγνωσιν ἀληθείας ἐλθεῖν **δυνάμενα**.
2Ti 3:15 τὰ **δυνάμενά** σε σοφίσαι εἰς

δύναμις (*dynamis*; 3/119) *power*
2Ti 1:7 πνεῦμα δειλίας ἀλλὰ **δυνάμεως** καὶ ἀγάπης
2Ti 1:8 τῷ εὐαγγελίῳ κατὰ **δύναμιν** θεοῦ,
2Ti 3:5 εὐσεβείας τὴν δὲ **δύναμιν** αὐτῆς ἠρνημένοι·

δυνατός (*dynatos*; 1/32) *possible*
2Ti 1:12 καὶ πέπεισμαι ὅτι **δυνατός** ἐστιν τὴν παραθήκην

ἐάν (*ean*; 3/333) *if*
2Ti 2:5 **ἐὰν** δὲ καὶ ἀθλῇ
2Ti 2:5 οὐ στεφανοῦται **ἐὰν** μὴ νομίμως ἀθλήσῃ.
2Ti 2:21 **ἐὰν** οὖν τις ἐκκαθάρῃ

ἑαυτοῦ (*heautou*; 3/319) *himself*
2Ti 2:13 ἀρνήσασθαι γὰρ **ἑαυτὸν** οὐ δύναται.
2Ti 2:21 οὖν τις ἐκκαθάρῃ **ἑαυτὸν** ἀπὸ τούτων,
2Ti 4:3 τὰς ἰδίας ἐπιθυμίας **ἑαυτοῖς** ἐπισωρεύσουσιν διδασκάλους κνηθόμενοι

ἐγείρω (*egeirō*; 1/143[144]) *raise*
2Ti 2:8 Μνημόνευε Ἰησοῦν Χριστὸν **ἐγηγερμένον** ἐκ νεκρῶν,

ἐγκαταλείπω (*enkataleipō*; 2/10) *forsake*

2Ti 4:10 Δημᾶς γάρ με **ἐγκατέλιπεν** ἀγαπήσας τὸν νῦν
2Ti 4:16 ἀλλὰ πάντες με **ἐγκατέλιπον**·

ἐγώ (*egō*; 33/1715[1718]) *I*

2Ti 1:3 ἐν ταῖς δεήσεσίν **μου** νυκτὸς καὶ ἡμέρας,
2Ti 1:6 ἐπιθέσεως τῶν χειρῶν **μου**.
2Ti 1:8 κυρίου ἡμῶν μηδὲ **ἐμὲ** τὸν δέσμιον αὐτοῦ,
2Ti 1:11 εἰς ὃ ἐτέθην **ἐγὼ** κῆρυξ καὶ ἀπόστολος
2Ti 1:12 ἐστιν τὴν παραθήκην **μου** φυλάξαι εἰς ἐκείνην
2Ti 1:13 λόγων ὧν παρ' **ἐμοῦ** ἤκουσας ἐν πίστει
2Ti 1:15 ὅτι ἀπεστράφησάν **με** πάντες οἱ ἐν
2Ti 1:16 ὅτι πολλάκις **με** ἀνέψυξεν καὶ τὴν
2Ti 1:16 καὶ τὴν ἅλυσίν **μου** οὐκ ἐπαισχύνθη,
2Ti 1:17 Ῥώμῃ σπουδαίως ἐζήτησέν **με** καὶ εὗρεν·
2Ti 2:1 τέκνον **μου**,
2Ti 2:2 ἃ ἤκουσας παρ' **ἐμοῦ** διὰ πολλῶν μαρτύρων,
2Ti 2:8 κατὰ τὸ εὐαγγέλιόν **μου**,
2Ti 3:10 Σὺ δὲ παρηκολούθησάς **μου** τῇ διδασκαλίᾳ,
2Ti 3:11 οἷά **μοι** ἐγένετο ἐν Ἀντιοχείᾳ,
2Ti 3:11 καὶ ἐκ πάντων **με** ἐρρύσατο ὁ κύριος.
2Ti 4:6 **Ἐγὼ** γὰρ ἤδη σπένδομαι,
2Ti 4:6 καιρὸς τῆς ἀναλύσεώς **μου** ἐφέστηκεν.
2Ti 4:8 λοιπὸν ἀπόκειταί **μοι** ὁ τῆς δικαιοσύνης
2Ti 4:8 ὃν ἀποδώσει **μοι** ὁ κύριος ἐν
2Ti 4:8 οὐ μόνον δὲ **ἐμοὶ** ἀλλὰ καὶ πᾶσι
2Ti 4:9 Σπούδασον ἐλθεῖν πρός **με** ταχέως·
2Ti 4:10 Δημᾶς γάρ **με** ἐγκατέλιπεν ἀγαπήσας τὸν
2Ti 4:11 ἐστιν μόνος μετ' **ἐμοῦ**.
2Ti 4:11 ἔστιν γάρ **μοι** εὔχρηστος εἰς διακονίαν.
2Ti 4:14 ὁ χαλκεὺς πολλά **μοι** κακὰ ἐνεδείξατο·
2Ti 4:16 Ἐν τῇ πρώτῃ **μου** ἀπολογίᾳ οὐδείς μοι
2Ti 4:16 μου ἀπολογίᾳ οὐδείς **μοι** παρεγένετο,
2Ti 4:16 ἀλλὰ πάντες **με** ἐγκατέλιπον·
2Ti 4:17 ὁ δὲ κύριός **μοι** παρέστη καὶ ἐνεδυνάμωσέν
2Ti 4:17 παρέστη καὶ ἐνεδυνάμωσέν **με**,
2Ti 4:17 ἵνα δι' **ἐμοῦ** τὸ κήρυγμα πληροφορηθῇ
2Ti 4:18 ῥύσεταί **με** ὁ κύριος ἀπὸ

ἔθνος (*ethnos*; 1/162) *nation*

2Ti 4:17 ἀκούσωσιν πάντα τὰ **ἔθνη**,

εἰ (*ei*; 4/502) *if, since*

2Ti 2:11 **εἰ** γὰρ συναπεθάνομεν,
2Ti 2:12 **εἰ** ὑπομένομεν,
2Ti 2:12 **εἰ** ἀρνησόμεθα,
2Ti 2:13 **εἰ** ἀπιστοῦμεν,

εἰμί (*eimi*; 16/2460[2462]) *be*

2Ti 1:6 ὅ **ἐστιν** ἐν σοὶ διὰ
2Ti 1:12 πέπεισμαι ὅτι δυνατός **ἐστιν** τὴν παραθήκην μου
2Ti 1:15 ὧν **ἐστιν** Φύγελος καὶ Ἑρμογένης.
2Ti 2:2 οἵτινες ἱκανοὶ **ἔσονται** καὶ ἑτέρους διδάξαι.
2Ti 2:17 ὧν **ἐστιν** Ὑμέναιος καὶ Φίλητος,
2Ti 2:19 ἔγνω κύριος τοὺς **ὄντας** αὐτοῦ,
2Ti 2:20 δὲ οἰκίᾳ οὐκ **ἔστιν** μόνον σκεύη χρυσᾶ
2Ti 2:21 **ἔσται** σκεῦος εἰς τιμήν,
2Ti 2:24 μάχεσθαι ἀλλὰ ἤπιον **εἶναι** πρὸς πάντας,
2Ti 3:2 **ἔσονται** γὰρ οἱ ἄνθρωποι
2Ti 3:6 ἐκ τούτων γάρ **εἰσιν** οἱ ἐνδύνοντες εἰς
2Ti 3:9 ἄνοια αὐτῶν ἔκδηλος **ἔσται** πᾶσιν,
2Ti 3:17 ἵνα ἄρτιος **ᾖ** ὁ τοῦ θεοῦ
2Ti 4:3 **Ἔσται** γὰρ καιρὸς ὅτε
2Ti 4:11 Λουκᾶς **ἐστιν** μόνος μετ' ἐμοῦ.
2Ti 4:11 **ἔστιν** γάρ μοι εὔχρηστος

εἰρήνη (*eirēnē*; 2/92) *peace*

2Ti 1:2 χάρις ἔλεος **εἰρήνη** ἀπὸ θεοῦ πατρὸς
2Ti 2:22 δικαιοσύνην πίστιν ἀγάπην **εἰρήνην** μετὰ τῶν ἐπικαλουμένων

εἰς (*eis*; 18/1759[1767]) *into*

2Ti 1:11 **εἰς** ὃ ἐτέθην ἐγὼ
2Ti 1:12 παραθήκην μου φυλάξαι **εἰς** ἐκείνην τὴν ἡμέραν.
2Ti 2:20 καὶ ἃ μὲν **εἰς** τιμὴν ἃ δὲ
2Ti 2:20 τιμὴν ἃ δὲ **εἰς** ἀτιμίαν·
2Ti 2:21 ἔσται σκεῦος **εἰς** τιμήν,
2Ti 2:21 **εἰς** πᾶν ἔργον ἀγαθὸν
2Ti 2:25 ὁ θεὸς μετάνοιαν **εἰς** ἐπίγνωσιν ἀληθείας
2Ti 2:26 ἐζωγρημένοι ὑπ' αὐτοῦ **εἰς** τὸ ἐκείνου θέλημα.
2Ti 3:6 εἰσιν οἱ ἐνδύνοντες **εἰς** τὰς οἰκίας καὶ
2Ti 3:7 μανθάνοντα καὶ μηδέποτε **εἰς** ἐπίγνωσιν ἀληθείας ἐλθεῖν
2Ti 3:15 δυνάμενά σε σοφίσαι **εἰς** σωτηρίαν διὰ πίστεως
2Ti 4:10 αἰῶνα καὶ ἐπορεύθη **εἰς** Θεσσαλονίκην,
2Ti 4:10 Κρήσκης **εἰς** Γαλατίαν,
2Ti 4:10 Τίτος **εἰς** Δαλματίαν·
2Ti 4:11 γάρ μοι εὔχρηστος **εἰς** διακονίαν.
2Ti 4:12 Τύχικον δὲ ἀπέστειλα **εἰς** Ἔφεσον.
2Ti 4:18 πονηροῦ καὶ σώσει **εἰς** τὴν βασιλείαν αὐτοῦ
2Ti 4:18 ᾧ ἡ δόξα **εἰς** τοὺς αἰῶνας τῶν

ἐκ (*ek*; 7/912[914]) *from*

2Ti 2:8 Ἰησοῦν Χριστὸν ἐγηγερμένον **ἐκ** νεκρῶν,
2Ti 2:8 **ἐκ** σπέρματος Δαυίδ,
2Ti 2:22 ἐπικαλουμένων τὸν κύριον **ἐκ** καθαρᾶς καρδίας.
2Ti 2:26 καὶ ἀνανήψωσιν **ἐκ** τῆς τοῦ διαβόλου
2Ti 3:6 **ἐκ** τούτων γάρ εἰσιν
2Ti 3:11 διωγμοὺς ὑπήνεγκα καὶ **ἐκ** πάντων με ἐρρύσατο
2Ti 4:17 καὶ ἐρρύσθην ἐκ **στόματος** λέοντος.

ἔκδηλος (*ekdēlos*; 1/1) *clearly evident*

2Ti 3:9 γὰρ ἄνοια αὐτῶν **ἔκδηλος** ἔσται πᾶσιν,

ἐκεῖνος (*ekeinos*; 6/240[243]) *that*

2Ti 1:12 μου φυλάξαι εἰς **ἐκείνην** τὴν ἡμέραν.
2Ti 1:18 παρὰ κυρίου ἐν **ἐκείνῃ** τῇ ἡμέρᾳ.
2Ti 2:13 **ἐκεῖνος** πιστὸς μένει,
2Ti 2:26 αὐτοῦ εἰς τὸ **ἐκείνου** θέλημα.
2Ti 3:9 ὡς καὶ ἡ **ἐκείνων** ἐγένετο.
2Ti 4:8 ὁ κύριος ἐν **ἐκείνῃ** τῇ ἡμέρᾳ,

ἐκκαθαίρω (*ekkathairō*; 1/2) *clean out*

2Ti 2:21 ἐὰν οὖν τις **ἐκκαθάρῃ** ἑαυτὸν ἀπὸ τούτων,

ἐκλεκτός (*eklektos*; 1/22) *chosen*

2Ti 2:10 ὑπομένω διὰ τοὺς **ἐκλεκτούς**,

ἐκτρέπω *(ektrepō; 1/5) wander, go astray*
2Ti 4:4 δὲ τοὺς μύθους **ἐκτραπήσονται**.

ἐλεγμός *(elegmos; 1/1) refutation of error*
2Ti 3:16 πρὸς **ἐλεγμόν**,

ἐλέγχω *(elenchō; 1/17) expose, convict*
2Ti 4:2 **ἔλεγξον**,

ἔλεος *(eleos; 3/27) mercy*
2Ti 1:2 χάρις **ἔλεος** εἰρήνη ἀπὸ θεοῦ
2Ti 1:16 δῴη **ἔλεος** ὁ κύριος τῷ
2Ti 1:18 ὁ κύριος εὑρεῖν **ἔλεος** παρὰ κυρίου ἐν

ἐμπλέκω *(emplekō; 1/2) be mixed up in or involved in*
2Ti 2:4 οὐδεὶς στρατευόμενος **ἐμπλέκεται** ταῖς τοῦ βίου

ἐν *(en; 37/2746[2752]) in*
2Ti 1:1 ἐπαγγελίαν ζωῆς τῆς **ἐν** Χριστῷ Ἰησοῦ
2Ti 1:3 λατρεύω ἀπὸ προγόνων **ἐν** καθαρᾷ συνειδήσει,
2Ti 1:3 περὶ σοῦ μνείαν **ἐν** ταῖς δεήσεσίν μου
2Ti 1:5 ὑπόμνησιν λαβὼν τῆς **ἐν** σοὶ ἀνυποκρίτου πίστεως,
2Ti 1:5 ἐνῴκησεν πρῶτον **ἐν** τῇ μάμμῃ σου
2Ti 1:5 ὅτι καὶ **ἐν** σοί.
2Ti 1:6 ὅ ἐστιν **ἐν** σοὶ διὰ τῆς
2Ti 1:9 τὴν δοθεῖσαν ἡμῖν **ἐν** Χριστῷ Ἰησοῦ πρὸ
2Ti 1:13 παρ' ἐμοῦ ἤκουσας **ἐν** πίστει καὶ ἀγάπῃ
2Ti 1:13 καὶ ἀγάπῃ τῇ **ἐν** Χριστῷ Ἰησοῦ·
2Ti 1:14 τοῦ ἐνοικοῦντος **ἐν** ἡμῖν.
2Ti 1:15 με πάντες οἱ **ἐν** τῇ Ἀσίᾳ,
2Ti 1:17 ἀλλὰ γενόμενος **ἐν** Ῥώμῃ σπουδαίως ἐζήτησέν
2Ti 1:18 ἔλεος παρὰ κυρίου **ἐν** ἐκείνῃ τῇ ἡμέρᾳ.
2Ti 1:18 καὶ ὅσα **ἐν** Ἐφέσῳ διηκόνησεν,
2Ti 2:1 ἐνδυναμοῦ **ἐν** τῇ χάριτι
2Ti 2:1 ἐν τῇ χάριτι τῇ **ἐν** Χριστῷ Ἰησοῦ,
2Ti 2:7 ὁ κύριος σύνεσιν **ἐν** πᾶσιν.
2Ti 2:9 **ἐν** ᾧ κακοπαθῶ μέχρι
2Ti 2:10 σωτηρίας τύχωσιν τῆς **ἐν** Χριστῷ Ἰησοῦ
2Ti 2:20 **Ἐν** μεγάλῃ δὲ οἰκίᾳ
2Ti 2:25 **ἐν** πραΰτητι παιδεύοντα τοὺς
2Ti 3:1 ὅτι **ἐν** ἐσχάταις ἡμέραις ἐνστήσονται
2Ti 3:11 οἷά μοι ἐγένετο **ἐν** Ἀντιοχείᾳ,
2Ti 3:11 **ἐν** Ἰκονίῳ,
2Ti 3:11 **ἐν** Λύστροις,
2Ti 3:12 θέλοντες εὐσεβῶς ζῆν **ἐν** Χριστῷ Ἰησοῦ διωχθήσονται.
2Ti 3:14 Σὺ δὲ μένε **ἐν** οἷς ἔμαθες καὶ
2Ti 3:15 διὰ πίστεως τῆς **ἐν** Χριστῷ Ἰησοῦ.
2Ti 3:16 πρὸς παιδείαν τὴν **ἐν** δικαιοσύνῃ,
2Ti 4:2 **ἐν** πάσῃ μακροθυμίᾳ καὶ
2Ti 4:5 Σὺ δὲ νῆφε **ἐν** πᾶσιν,
2Ti 4:8 μοι ὁ κύριος **ἐν** ἐκείνῃ τῇ ἡμέρᾳ,
2Ti 4:13 φαιλόνην ὃν ἀπέλιπον **ἐν** Τρῳάδι παρὰ Κάρπῳ
2Ti 4:16 **Ἐν** τῇ πρώτῃ μου
2Ti 4:20 Ἔραστος ἔμεινεν **ἐν** Κορίνθῳ,
2Ti 4:20 Τρόφιμον δὲ ἀπέλιπον **ἐν** Μιλήτῳ ἀσθενοῦντα.

ἐνδείκνυμι *(endeiknymi; 1/11) show*
2Ti 4:14 πολλά μοι κακὰ **ἐνεδείξατο**·

ἐνδυναμόω *(endynamoō; 2/7) strengthen*
2Ti 2:1 **ἐνδυναμοῦ** ἐν τῇ χάριτι
2Ti 4:17 μοι παρέστη καὶ **ἐνεδυνάμωσέν** με,

ἐνδύνω *(endynō; 1/1) slip in*
2Ti 3:6 γάρ εἰσιν οἱ **ἐνδύνοντες** εἰς τὰς οἰκίας

ἐνίστημι *(enistēmi; 1/7) be impending*
2Ti 3:1 ἐν ἐσχάταις ἡμέραις **ἐνστήσονται** καιροὶ χαλεποί·

ἐνοικέω *(enoikeō; 2/5) live in*
2Ti 1:5 ἥτις **ἐνῴκησεν** πρῶτον ἐν τῇ
2Ti 1:14 πνεύματος ἁγίου τοῦ **ἐνοικοῦντος** ἐν ἡμῖν.

ἐνώπιον *(enōpion; 2/94) before*
2Ti 2:14 Ταῦτα ὑπομίμνῃσκε διαμαρτυρόμενος **ἐνώπιον** τοῦ θεοῦ μὴ
2Ti 4:1 Διαμαρτύρομαι **ἐνώπιον** τοῦ θεοῦ καὶ

ἐξαρτίζω *(exartizō; 1/2) equip, be completed*
2Ti 3:17 πᾶν ἔργον ἀγαθὸν **ἐξηρτισμένος**.

ἐπαγγελία *(epangelia; 1/52) promise*
2Ti 1:1 θελήματος θεοῦ κατ' **ἐπαγγελίαν** ζωῆς τῆς

ἐπαισχύνομαι *(epaischynomai; 3/11) be ashamed*
2Ti 1:8 μὴ οὖν **ἐπαισχυνθῇς** τὸ μαρτύριον τοῦ
2Ti 1:12 ἀλλ' οὐκ **ἐπαισχύνομαι**,
2Ti 1:16 ἅλυσίν μου οὐκ **ἐπαισχύνθη**,

ἐπανόρθωσις *(epanorthōsis; 1/1) correction*
2Ti 3:16 πρὸς **ἐπανόρθωσιν**,

ἐπί *(epi; 6/886[890]) on*
2Ti 2:14 **ἐπ'** οὐδὲν χρήσιμον,
2Ti 2:14 **ἐπὶ** καταστροφῇ τῶν ἀκουόντων.
2Ti 2:16 **ἐπὶ** πλεῖον γὰρ προκόψουσιν
2Ti 3:9 ἀλλ' οὐ προκόψουσιν **ἐπὶ** πλεῖον·
2Ti 3:13 καὶ γόητες προκόψουσιν **ἐπὶ** τὸ χεῖρον πλανῶντες
2Ti 4:4 **ἐπὶ** δὲ τοὺς μύθους

ἐπίγνωσις *(epignōsis; 2/20) knowledge*
2Ti 2:25 θεὸς μετάνοιαν εἰς **ἐπίγνωσιν** ἀληθείας
2Ti 3:7 καὶ μηδέποτε εἰς **ἐπίγνωσιν** ἀληθείας ἐλθεῖν δυνάμενα.

ἐπίθεσις *(epithesis; 1/4) laying on*
2Ti 1:6 σοὶ διὰ τῆς **ἐπιθέσεως** τῶν χειρῶν μου.

ἐπιθυμία (*epithymia*; 3/38) *desire*
2Ti 2:22 Τὰς δὲ νεωτερικὰς **ἐπιθυμίας** φεῦγε,
2Ti 3:6 ἀγόμενα **ἐπιθυμίαις** ποικίλαις,
2Ti 4:3 κατὰ τὰς ἰδίας **ἐπιθυμίας** ἑαυτοῖς ἐπισωρεύσουσιν διδασκάλους

ἐπικαλέω (*epikaleō*; 1/30) *call*
2Ti 2:22 εἰρήνην μετὰ τῶν **ἐπικαλουμένων** τὸν κύριον

ἐπιποθέω (*epipotheō*; 1/9) *long for*
2Ti 1:4 **ἐπιποθῶν** σε ἰδεῖν,

ἐπισωρεύω (*episōreuō*; 1/1) *accumulate*
2Ti 4:3 ἰδίας ἐπιθυμίας ἑαυτοῖς **ἐπισωρεύσουσιν** διδασκάλους κνηθόμενοι τὴν

ἐπιτιμάω (*epitimaō*; 1/29) *command, rebuke*
2Ti 4:2 **ἐπιτίμησον**,

ἐπιφάνεια (*epiphaneia*; 3/6) *appearing*
2Ti 1:10 νῦν διὰ τῆς **ἐπιφανείας** τοῦ σωτῆρος ἡμῶν
2Ti 4:1 καὶ τὴν **ἐπιφάνειαν** αὐτοῦ καὶ τὴν
2Ti 4:8 τοῖς ἠγαπηκόσι τὴν **ἐπιφάνειαν** αὐτοῦ.

ἐπουράνιος (*epouranios*; 1/19) *heavenly*
2Ti 4:18 βασιλείαν αὐτοῦ τὴν **ἐπουράνιον**·

Ἔραστος (*Erastos*; 1/3) *Erastus*
2Ti 4:20 **Ἔραστος** ἔμεινεν ἐν Κορίνθῳ,

ἐργάτης (*ergatēs*; 1/16) *laborer*
2Ti 2:15 **ἐργάτην** ἀνεπαίσχυντον,

ἔργον (*ergon*; 6/169) *work*
2Ti 1:9 οὐ κατὰ τὰ **ἔργα** ἡμῶν ἀλλὰ κατὰ
2Ti 2:21 εἰς πᾶν **ἔργον** ἀγαθὸν ἡτοιμασμένον.
2Ti 3:17 πρὸς πᾶν **ἔργον** ἀγαθὸν ἐξηρτισμένος.
2Ti 4:5 **ἔργον** ποίησον εὐαγγελιστοῦ,
2Ti 4:14 κύριος κατὰ τὰ **ἔργα** αὐτοῦ·
2Ti 4:18 κύριος ἀπὸ παντὸς **ἔργου** πονηροῦ καὶ σώσει

Ἑρμογένης (*Hermogenēs*; 1/1) *Hermogenes*
2Ti 1:15 ἐστιν Φύγελος καὶ **Ἑρμογένης**.

ἔρχομαι (*erchomai*; 4/631[632]) *come, go*
2Ti 3:7 εἰς ἐπίγνωσιν ἀληθείας **ἐλθεῖν** δυνάμενα.
2Ti 4:9 Σπούδασον **ἐλθεῖν** πρός με ταχέως·
2Ti 4:13 Τρῳάδι παρὰ Κάρπῳ **ἐρχόμενος** φέρε,
2Ti 4:21 Σπούδασον πρὸ χειμῶνος **ἐλθεῖν**.

ἔσχατος (*eschatos*; 1/52) *last*
2Ti 3:1 ὅτι ἐν **ἐσχάταις** ἡμέραις ἐνστήσονται καιροὶ

ἕτερος (*heteros*; 1/97[98]) *other*
2Ti 2:2 ἱκανοὶ ἔσονται καὶ **ἑτέρους** διδάξαι.

ἑτοιμάζω (*hetoimazō*; 1/40) *prepare*
2Ti 2:21 πᾶν ἔργον ἀγαθὸν **ἡτοιμασμένον**.

εὐαγγέλιον (*euangelion*; 3/75[76]) *good news*
2Ti 1:8 ἀλλὰ συγκακοπάθησον τῷ **εὐαγγελίῳ** κατὰ δύναμιν θεοῦ,
2Ti 1:10 ἀφθαρσίαν διὰ τοῦ **εὐαγγελίου**
2Ti 2:8 κατὰ τὸ **εὐαγγέλιόν** μου,

εὐαγγελιστής (*euangelistēs*; 1/3) *evangelist*
2Ti 4:5 ἔργον ποίησον **εὐαγγελιστοῦ**,

Εὔβουλος (*Euboulos*; 1/1) *Eubulus*
2Ti 4:21 Ἀσπάζεταί σε Εὔβουλος **καὶ** Πούδης καὶ Λίνος

εὐκαίρως (*eukairōs*; 1/2) *when the time is right*
2Ti 4:2 ἐπίστηθι **εὐκαίρως** ἀκαίρως,

Εὐνίκη (*Eunikē*; 1/1) *Eunice*
2Ti 1:5 τῇ μητρί σου **Εὐνίκῃ**,

εὑρίσκω (*heuriskō*; 2/176) *find*
2Ti 1:17 ἐζήτησέν με καὶ **εὗρεν**·
2Ti 1:18 αὐτῷ ὁ κύριος **εὑρεῖν** ἔλεος παρὰ κυρίου

εὐσέβεια (*eusebeia*; 1/15) *godliness*
2Ti 3:5 ἔχοντες μόρφωσιν **εὐσεβείας** τὴν δὲ δύναμιν

εὐσεβῶς (*eusebōs*; 1/2) *in a godly manner*
2Ti 3:12 δὲ οἱ θέλοντες **εὐσεβῶς** ζῆν ἐν Χριστῷ

εὔχρηστος (*euchrēstos*; 2/3) *useful*
2Ti 2:21 **εὔχρηστον** τῷ δεσπότῃ,
2Ti 4:11 ἔστιν γάρ μοι **εὔχρηστος** εἰς διακονίαν.

Ἔφεσος (*Ephesos*; 2/16) *Ephesus*
2Ti 1:18 καὶ ὅσα ἐν **Ἐφέσῳ** διηκόνησεν,
2Ti 4:12 δὲ ἀπέστειλα εἰς **Ἔφεσον**.

ἐφίστημι (*ephistēmi*; 2/21) *come up, be present or imminent*
2Ti 4:2 **ἐπίστηθι** εὐκαίρως ἀκαίρως,
2Ti 4:6 τῆς ἀναλύσεώς μου **ἐφέστηκεν**.

ἔχω (*echō*; 6/706[708]) *have, hold*
2Ti 1:3 Χάριν **ἔχω** τῷ θεῷ,
2Ti 1:3 ὡς ἀδιάλειπτον **ἔχω** τὴν περὶ σοῦ
2Ti 1:13 Ὑποτύπωσιν **ἔχε** ὑγιαινόντων λόγων ὧν
2Ti 2:17 ὡς γάγγραινα νομὴν **ἕξει**.
2Ti 2:19 **ἔχων** τὴν σφραγῖδα ταύτην·
2Ti 3:5 **ἔχοντες** μόρφωσιν εὐσεβείας τὴν

ζάω (*zaō*; 2/139[140]) *live*
2Ti 3:12 οἱ θέλοντες εὐσεβῶς **ζῆν** ἐν Χριστῷ Ἰησοῦ
2Ti 4:1 τοῦ μέλλοντος κρίνειν **ζῶντας** καὶ νεκρούς,

ζητέω (*zēteō*; 1/117) *seek*
2Ti 1:17 ἐν Ῥώμῃ σπουδαίως **ἐζήτησέν** με καὶ εὗρεν·

ζήτησις (*zētēsis*; 1/7) *controversy, discussion*
2Ti 2:23 μωρὰς καὶ ἀπαιδεύτους **ζητήσεις** παραιτοῦ,

ζωγρέω (*zōgreō*; 1/2) *catch*
2Ti 2:26 **ἐζωγρημένοι** ὑπ' αὐτοῦ εἰς

ζωή (*zōē*; 2/135) *life*
2Ti 1:1 θεοῦ κατ' ἐπαγγελίαν **ζωῆς** τῆς ἐν Χριστῷ
2Ti 1:10 θάνατον φωτίσαντος δὲ **ζωὴν** καὶ ἀφθαρσίαν

ἤ (*ē*; 1/340) *or*
2Ti 3:4 φιλήδονοι μᾶλλον **ἢ** φιλόθεοι,

ἤδη (*ēdē*; 2/61) *already*
2Ti 2:18 λέγοντες [τὴν] ἀνάστασιν **ἤδη** γεγονέναι,
2Ti 4:6 Ἐγὼ γὰρ **ἤδη** σπένδομαι,

ἡμεῖς (*hēmeis*; 9/855) *we*
2Ti 1:2 Ἰησοῦ τοῦ κυρίου **ἡμῶν**.
2Ti 1:7 οὐ γὰρ ἔδωκεν **ἡμῖν** ὁ θεὸς πνεῦμα
2Ti 1:8 μαρτύριον τοῦ κυρίου **ἡμῶν** μηδὲ ἐμὲ τὸν
2Ti 1:9 τοῦ σώσαντος **ἡμᾶς** καὶ καλέσαντος κλήσει
2Ti 1:9 κατὰ τὰ ἔργα **ἡμῶν** ἀλλὰ κατὰ ἰδίαν
2Ti 1:9 τὴν δοθεῖσαν **ἡμῖν** ἐν Χριστῷ Ἰησοῦ
2Ti 1:10 ἐπιφανείας τοῦ σωτῆρος **ἡμῶν** Χριστοῦ Ἰησοῦ,
2Ti 1:14 τοῦ ἐνοικοῦντος ἐν **ἡμῖν**.
2Ti 2:12 κἀκεῖνος ἀρνήσεται **ἡμᾶς**·

ἡμέρα (*hēmera*; 5/389) *day*
2Ti 1:3 μου νυκτὸς καὶ **ἡμέρας**,
2Ti 1:12 εἰς ἐκείνην τὴν **ἡμέραν**.
2Ti 1:18 ἐν ἐκείνῃ τῇ **ἡμέρᾳ**.
2Ti 3:1 ὅτι ἐν ἐσχάταις **ἡμέραις** ἐνστήσονται καιροὶ χαλεποί·
2Ti 4:8 ἐν ἐκείνῃ τῇ **ἡμέρᾳ**,

ἡμέτερος (*hēmeteros*; 1/7) *our*
2Ti 4:15 γὰρ ἀντέστη τοῖς **ἡμετέροις** λόγοις.

ἤπιος (*ēpios*; 1/1) *gentle*
2Ti 2:24 δεῖ μάχεσθαι ἀλλὰ **ἤπιον** εἶναι πρὸς πάντας,

θάνατος (*thanatos*; 1/120) *death*
2Ti 1:10 καταργήσαντος μὲν τὸν **θάνατον** φωτίσαντος δὲ ζωὴν

θέλημα (*thelēma*; 2/62) *will*
2Ti 1:1 Χριστοῦ Ἰησοῦ διὰ **θελήματος** θεοῦ κατ' ἐπαγγελίαν
2Ti 2:26 εἰς τὸ ἐκείνου **θέλημα**.

θέλω (*thelō*; 1/208) *wish, want*
2Ti 3:12 πάντες δὲ οἱ **θέλοντες** εὐσεβῶς ζῆν ἐν

θεμέλιος (*themelios*; 1/12) *foundation*
2Ti 2:19 ὁ μέντοι στερεὸς **θεμέλιος** τοῦ θεοῦ ἕστηκεν,

θεόπνευστος (*theopneustos*; 1/1) *inspired by God*
2Ti 3:16 πᾶσα γραφὴ **θεόπνευστος** καὶ ὠφέλιμος πρὸς

θεός (*theos*; 13/1316[1317]) *God*
2Ti 1:1 Ἰησοῦ διὰ θελήματος **θεοῦ** κατ' ἐπαγγελίαν ζωῆς
2Ti 1:2 ἔλεος εἰρήνη ἀπὸ **θεοῦ** πατρὸς καὶ Χριστοῦ
2Ti 1:3 Χάριν ἔχω τῷ **θεῷ**,
2Ti 1:6 τὸ χάρισμα τοῦ **θεοῦ**,
2Ti 1:7 ἔδωκεν ἡμῖν ὁ **θεὸς** πνεῦμα δειλίας ἀλλὰ
2Ti 1:8 εὐαγγελίῳ κατὰ δύναμιν **θεοῦ**,
2Ti 2:9 ὁ λόγος τοῦ **θεοῦ** οὐ δέδεται·
2Ti 2:14 διαμαρτυρόμενος ἐνώπιον τοῦ **θεοῦ** μὴ λογομαχεῖν,
2Ti 2:15 δόκιμον παραστῆσαι τῷ **θεῷ**,
2Ti 2:19 στερεὸς θεμέλιος τοῦ **θεοῦ** ἕστηκεν,
2Ti 2:25 δώῃ αὐτοῖς ὁ **θεὸς** μετάνοιαν εἰς ἐπίγνωσιν
2Ti 3:17 ᾖ ὁ τοῦ **θεοῦ** ἄνθρωπος,
2Ti 4:1 Διαμαρτύρομαι ἐνώπιον τοῦ **θεοῦ** καὶ Χριστοῦ Ἰησοῦ

Θεσσαλονίκη (*Thessalonikē*; 1/5) *Thessalonica*
2Ti 4:10 καὶ ἐπορεύθη εἰς **Θεσσαλονίκην**,

Ἰαμβρῆς (*Iambrēs*; 1/1) *Jambres*
2Ti 3:8 δὲ Ἰάννης καὶ **Ἰαμβρῆς** ἀντέστησαν Μωϋσεῖ,

Ἰάννης (*Iannēs*; 1/1) *Jannes*
2Ti 3:8 ὃν τρόπον δὲ **Ἰάννης** καὶ Ἰαμβρῆς ἀντέστησαν

ἴδιος (*idios*; 2/114) *one's own*
2Ti 1:9 ἡμῶν ἀλλὰ κατὰ **ἰδίαν** πρόθεσιν καὶ χάριν,
2Ti 4:3 ἀλλὰ κατὰ τὰς **ἰδίας** ἐπιθυμίας ἑαυτοῖς ἐπισωρεύσουσιν

ἱερός (*hieros*; 1/3) *sacred*
2Ti 3:15 ἀπὸ βρέφους [τὰ] **ἱερὰ** γράμματα οἶδας,

Ἰησοῦς (*Iēsous*; 13/911[917]) *Jesus*
2Ti 1:1 Παῦλος ἀπόστολος Χριστοῦ **Ἰησοῦ** διὰ θελήματος θεοῦ
2Ti 1:1 τῆς ἐν Χριστῷ **Ἰησοῦ**
2Ti 1:2 πατρὸς καὶ Χριστοῦ **Ἰησοῦ** τοῦ κυρίου ἡμῶν.
2Ti 1:9 ἡμῖν ἐν Χριστῷ **Ἰησοῦ** πρὸ χρόνων αἰωνίων,
2Ti 1:10 σωτῆρος ἡμῶν Χριστοῦ **Ἰησοῦ**,
2Ti 1:13 τῇ ἐν Χριστῷ **Ἰησοῦ**·
2Ti 2:1 τῇ ἐν Χριστῷ **Ἰησοῦ**,
2Ti 2:3 καλὸς στρατιώτης Χριστοῦ **Ἰησοῦ**.
2Ti 2:8 Μνημόνευε **Ἰησοῦν** Χριστὸν ἐγηγερμένον ἐκ
2Ti 2:10 τῆς ἐν Χριστῷ **Ἰησοῦ** μετὰ δόξης αἰωνίου.
2Ti 3:12 ζῆν ἐν Χριστῷ **Ἰησοῦ** διωχθήσονται.
2Ti 3:15 τῆς ἐν Χριστῷ **Ἰησοῦ**.
2Ti 4:1 θεοῦ καὶ Χριστοῦ **Ἰησοῦ** τοῦ μέλλοντος κρίνειν

ἱκανός (*hikanos*; 1/39) *worthy*
2Ti 2:2 οἵτινες **ἱκανοὶ** ἔσονται καὶ ἑτέρους

Ἰκόνιον (*Ikonion*; 1/6) *Iconiun*
2Ti 3:11 ἐν **Ἰκονίῳ**,

ἵνα (*hina*; 5/662[663]) *so that, in order that*
2Ti 1:4 **ἵνα** χαρᾶς πληρωθῶ,
2Ti 2:4 **ἵνα** τῷ στρατολογήσαντι ἀρέσῃ.
2Ti 2:10 **ἵνα** καὶ αὐτοὶ σωτηρίας
2Ti 3:17 **ἵνα** ἄρτιος ᾖ ὁ
2Ti 4:17 **ἵνα** δι᾽ ἐμοῦ τὸ

ἵστημι (*histēmi*; 1/154[155]) *set, stand*
2Ti 2:19 θεμέλιος τοῦ θεοῦ **ἕστηκεν**,

καθαρός (*katharos*; 2/27) *pure, clean*
2Ti 1:3 ἀπὸ προγόνων ἐν **καθαρᾷ** συνειδήσει,
2Ti 2:22 τὸν κύριον ἐκ **καθαρᾶς** καρδίας.

καιρός (*kairos*; 3/85) *time*
2Ti 3:1 ἐσχάταις ἡμέραις ἐνστήσονται **καιροὶ** χαλεποί·
2Ti 4:3 Ἔσται γὰρ **καιρὸς** ὅτε τῆς ὑγιαινούσης
2Ti 4:6 καὶ ὁ **καιρὸς** τῆς ἀναλύσεώς μου

κἀκεῖνος (*kakeinos*; 1/20[22]) *and that one*
2Ti 2:12 **κἀκεῖνος** ἀρνήσεται ἡμᾶς·

κακοπαθέω (*kakopatheō*; 2/3) *suffer*
2Ti 2:9 ἐν ᾧ **κακοπαθῶ** μέχρι δεσμῶν ὡς
2Ti 4:5 **κακοπάθησον**,

κακός (*kakos*; 1/50) *evil*
2Ti 4:14 χαλκεὺς πολλά μοι **κακὰ** ἐνεδείξατο·

κακοῦργος (*kakourgos*; 1/4) *criminal*
2Ti 2:9 μέχρι δεσμῶν ὡς **κακοῦργος**,

καλέω (*kaleō*; 1/148) *call*
2Ti 1:9 σώσαντος ἡμᾶς καὶ **καλέσαντος** κλήσει ἁγίᾳ,

καλός (*kalos*; 3/101) *good*
2Ti 1:14 τὴν **καλὴν** παραθήκην φύλαξον διὰ
2Ti 2:3 Συγκακοπάθησον ὡς **καλὸς** στρατιώτης Χριστοῦ Ἰησοῦ.
2Ti 4:7 τὸν **καλὸν** ἀγῶνα ἠγώνισμαι,

καρδία (*kardia*; 1/156) *heart*
2Ti 2:22 κύριον ἐκ καθαρᾶς **καρδίας**.

καρπός (*karpos*; 1/66) *fruit*
2Ti 2:6 δεῖ πρῶτον τῶν **καρπῶν** μεταλαμβάνειν.

Κάρπος (*Karpos*; 1/1) *Carpus*
2Ti 4:13 ἐν Τρῳάδι παρὰ **Κάρπῳ** ἐρχόμενος φέρε,

κατά (*kata*; 7/472[473]) *according to, against*
2Ti 1:1 διὰ θελήματος θεοῦ **κατ᾽** ἐπαγγελίαν ζωῆς
2Ti 1:8 συγκακοπάθησον τῷ εὐαγγελίῳ **κατὰ** δύναμιν θεοῦ,
2Ti 1:9 οὐ **κατὰ** τὰ ἔργα ἡμῶν
2Ti 1:9 ἔργα ἡμῶν ἀλλὰ **κατὰ** ἰδίαν πρόθεσιν καὶ
2Ti 2:8 **κατὰ** τὸ εὐαγγέλιόν μου,
2Ti 4:3 οὐκ ἀνέξονται ἀλλὰ **κατὰ** τὰς ἰδίας ἐπιθυμίας
2Ti 4:14 αὐτῷ ὁ κύριος **κατὰ** τὰ ἔργα αὐτοῦ·

καταργέω (*katargeō*; 1/27) *render ineffective*
2Ti 1:10 **καταργήσαντος** μὲν τὸν θάνατον

καταστροφή (*katastrophē*; 1/2) *ruin*
2Ti 2:14 ἐπὶ **καταστροφῇ** τῶν ἀκουόντων.

καταφθείρω (*kataphtheirō*; 1/1) *corrupt*
2Ti 3:8 ἄνθρωποι **κατεφθαρμένοι** τὸν νοῦν,

κενοφωνία (*kenophōnia*; 1/2) *foolish talk*
2Ti 2:16 τὰς δὲ βεβήλους **κενοφωνίας** περιΐστασο·

κήρυγμα (*kērygma*; 1/8[9]) *preaching*
2Ti 4:17 δι᾽ ἐμοῦ τὸ **κήρυγμα** πληροφορηθῇ καὶ ἀκούσωσιν

κῆρυξ (*kēryx*; 1/3) *preacher*
2Ti 1:11 ὃ ἐτέθην ἐγὼ **κῆρυξ** καὶ ἀπόστολος καὶ

κηρύσσω (*kēryssō*; 1/59[61]) *proclaim*
2Ti 4:2 **κήρυξον** τὸν λόγον,

Κλαυδία (*Klaudia*; 1/1) *Claudia*
2Ti 4:21 καὶ Λίνος καὶ **Κλαυδία** καὶ οἱ ἀδελφοὶ

κλῆσις (*klēsis*; 1/11) *call*
2Ti 1:9 ἡμᾶς καὶ καλέσαντος **κλήσει** ἁγίᾳ,

κνήθω (*knēthō*; 1/1) *feel an itching*
2Ti 4:3 ἑαυτοῖς ἐπισωρεύσουσιν διδασκάλους **κνηθόμενοι** τὴν ἀκοήν

κοπιάω (*kopiaō*; 1/23) *work*
2Ti 2:6 τὸν **κοπιῶντα** γεωργὸν δεῖ πρῶτον

Κόρινθος (*Korinthos*; 1/6) *Corinth*
2Ti 4:20 Ἔραστος ἔμεινεν ἐν **Κορίνθῳ**,

Κρήσκης (*Krēskēs*; 1/1) *Crescens*
2Ti 4:10 **Κρήσκης** εἰς Γαλατίαν,

κρίνω (*krinō*; 1/114) *judge*
2Ti 4:1 Ἰησοῦ τοῦ μέλλοντος **κρίνειν** ζῶντας καὶ νεκρούς,

κριτής (*kritēs*; 1/19) *judge*
2Ti 4:8 ὁ δίκαιος **κριτής**,

κύριος (*kyrios*; 16/714[717]) *Lord, sir*
2Ti 1:2 Χριστοῦ Ἰησοῦ τοῦ **κυρίου** ἡμῶν.

2Ti 1:8 τὸ μαρτύριον τοῦ **κυρίου** ἡμῶν μηδὲ ἐμὲ
2Ti 1:16 δῴη ἔλεος ὁ **κύριος** τῷ Ὀνησιφόρου οἴκῳ,
2Ti 1:18 δῴη αὐτῷ ὁ **κύριος** εὑρεῖν ἔλεος παρὰ
2Ti 1:18 εὑρεῖν ἔλεος παρὰ **κυρίου** ἐν ἐκείνῃ τῇ
2Ti 2:7 γάρ σοι ὁ **κύριος** σύνεσιν ἐν πᾶσιν.
2Ti 2:19 ἔγνω **κύριος** τοὺς ὄντας αὐτοῦ,
2Ti 2:19 ὀνομάζων τὸ ὄνομα **κυρίου**.
2Ti 2:22 τῶν ἐπικαλουμένων τὸν **κύριον** ἐκ καθαρᾶς καρδίας.
2Ti 2:24 δοῦλον δὲ **κυρίου** οὐ δεῖ μάχεσθαι
2Ti 3:11 με ἐρρύσατο ὁ **κύριος**.
2Ti 4:8 ἀποδώσει μοι ὁ **κύριος** ἐν ἐκείνῃ τῇ
2Ti 4:14 ἀποδώσει αὐτῷ ὁ **κύριος** κατὰ τὰ ἔργα
2Ti 4:17 ὁ δὲ **κύριός** μοι παρέστη καὶ
2Ti 4:18 ῥύσεταί με ὁ **κύριος** ἀπὸ παντὸς ἔργου
2Ti 4:22 Ὁ **κύριος** μετὰ τοῦ πνεύματός

λαμβάνω (*lambanō*; 1/258) *take, receive*
2Ti 1:5 ὑπόμνησιν **λαβὼν** τῆς ἐν σοὶ

λατρεύω (*latreuō*; 1/21) *serve*
2Ti 1:3 ᾧ **λατρεύω** ἀπὸ προγόνων ἐν

λέγω (*legō*; 2/2345[2353]) *say*
2Ti 2:7 νόει ὃ **λέγω**·
2Ti 2:18 **λέγοντες** [τὴν] ἀνάστασιν ἤδη

λέων (*leōn*; 1/9) *lion*
2Ti 4:17 ἐρρύσθην ἐκ στόματος **λέοντος**.

λίαν (*lian*; 1/12) *exceedingly*
2Ti 4:15 **λίαν** γὰρ ἀντέστη τοῖς

Λίνος (*Linos*; 1/1) *Linus*
2Ti 4:21 καὶ Πούδης καὶ **Λίνος** καὶ Κλαυδία καὶ

λογίζομαι (*logizomai*; 1/40) *count, consider*
2Ti 4:16 μὴ αὐτοῖς **λογισθείη**·

λογομαχέω (*logomacheō*; 1/1) *fight or quarrel about words*
2Ti 2:14 τοῦ θεοῦ μὴ **λογομαχεῖν**,

λόγος (*logos*; 7/329[330]) *word*
2Ti 1:13 Ὑποτύπωσιν ἔχε ὑγιαινόντων **λόγων** ὧν παρ᾽ ἐμοῦ
2Ti 2:9 ἀλλὰ ὁ **λόγος** τοῦ θεοῦ οὐ
2Ti 2:11 πιστὸς ὁ **λόγος**·
2Ti 2:15 ὀρθοτομοῦντα τὸν **λόγον** τῆς ἀληθείας.
2Ti 2:17 καὶ ὁ **λόγος** αὐτῶν ὡς γάγγραινα
2Ti 4:2 κήρυξον τὸν **λόγον**,
2Ti 4:15 ἀντέστη τοῖς ἡμετέροις **λόγοις**.

λοιπός (*loipos*; 1/54[55]) *rest*
2Ti 4:8 **λοιπὸν** ἀπόκειταί μοι ὁ

Λουκᾶς (*Loukas*; 1/3) *Luke*
2Ti 4:11 **Λουκᾶς** ἐστιν μόνος μετ᾽

Λύστρα (*Lystra*; 1/6) *Lystra*
2Ti 3:11 ἐν **Λύστροις**,

Λωΐς (*Lōis*; 1/1) *Lois*
2Ti 1:5 τῇ μάμμῃ σου **Λωΐδι** καὶ τῇ μητρί

μακροθυμία (*makrothymia*; 2/14) *patience*
2Ti 3:10 τῇ **μακροθυμίᾳ**,
2Ti 4:2 ἐν πάσῃ **μακροθυμίᾳ** καὶ διδαχῇ.

μάλιστα (*malista*; 1/12) *especially*
2Ti 4:13 καὶ τὰ βιβλία **μάλιστα** τὰς μεμβράνας.

μᾶλλον (*mallon*; 1/81) *more*
2Ti 3:4 φιλήδονοι **μᾶλλον** ἢ φιλόθεοι,

μάμμη (*mammē*; 1/1) *grandmother*
2Ti 1:5 πρῶτον ἐν τῇ **μάμμῃ** σου Λωΐδι καὶ

μανθάνω (*manthanō*; 3/25) *learn*
2Ti 3:7 πάντοτε **μανθάνοντα** καὶ μηδέποτε εἰς
2Ti 3:14 μένε ἐν οἷς **ἔμαθες** καὶ ἐπιστώθης,
2Ti 3:14 εἰδὼς παρὰ τίνων **ἔμαθες**,

Μᾶρκος (*Markos*; 1/8) *Mark*
2Ti 4:11 **Μᾶρκον** ἀναλαβὼν ἄγε μετὰ

μαρτύριον (*martyrion*; 1/19) *testimony*
2Ti 1:8 οὖν ἐπαισχυνθῇς τὸ **μαρτύριον** τοῦ κυρίου ἡμῶν

μάρτυς (*martys*; 1/35) *witness*
2Ti 2:2 ἐμοῦ διὰ πολλῶν **μαρτύρων**,

μάχη (*machē*; 1/4) *quarrel*
2Ti 2:23 εἰδὼς ὅτι γεννῶσιν **μάχας**·

μάχομαι (*machomai*; 1/4) *quarrel*
2Ti 2:24 κυρίου οὐ δεῖ **μάχεσθαι** ἀλλὰ ἤπιον εἶναι

μέγας (*megas*; 1/243) *great, large*
2Ti 2:20 Ἐν **μεγάλῃ** δὲ οἰκίᾳ οὐκ

μέλλω (*mellō*; 1/109) *be about to happen*
2Ti 4:1 Χριστοῦ Ἰησοῦ τοῦ **μέλλοντος** κρίνειν ζῶντας καὶ

μεμβράνα (*membrana*; 1/1) *parchment*
2Ti 4:13 βιβλία μάλιστα τὰς **μεμβράνας**.

μέν (*men*; 3/178[179]) *on the one hand*
2Ti 1:10 καταργήσαντος **μὲν** τὸν θάνατον φωτίσαντος
2Ti 2:20 καὶ ἃ **μὲν** εἰς τιμὴν ἃ
2Ti 4:4 καὶ ἀπὸ **μὲν** τῆς ἀληθείας τὴν

μέντοι (*mentoi*; 1/8) *but*
2Ti 2:19 ὁ **μέντοι** στερεὸς θεμέλιος τοῦ

μένω (*menō*; 3/118) *remain*
2Ti 2:13 ἐκεῖνος πιστὸς **μένει**,
2Ti 3:14 Σὺ δὲ **μένε** ἐν οἷς ἔμαθες
2Ti 4:20 Ἔραστος **ἔμεινεν** ἐν Κορίνθῳ,

μετά (*meta*; 6/465[469]) *with, after*
2Ti 2:10 ἐν Χριστῷ Ἰησοῦ **μετὰ** δόξης αἰωνίου.
2Ti 2:22 πίστιν ἀγάπην εἰρήνην **μετὰ** τῶν ἐπικαλουμένων τὸν
2Ti 4:11 Λουκᾶς ἐστιν μόνος **μετ'** ἐμοῦ.
2Ti 4:11 Μᾶρκον ἀναλαβὼν ἄγε **μετὰ** σεαυτοῦ,
2Ti 4:22 Ὁ κύριος **μετὰ** τοῦ πνεύματός σου.
2Ti 4:22 ἡ χάρις **μεθ'** ὑμῶν.

μεταλαμβάνω (*metalambanō*; 1/7) *receive*
2Ti 2:6 πρῶτον τῶν καρπῶν **μεταλαμβάνειν**.

μετάνοια (*metanoia*; 1/22) *repentance*
2Ti 2:25 αὐτοῖς ὁ θεὸς **μετάνοιαν** εἰς ἐπίγνωσιν ἀληθείας

μέχρι (*mechri*; 1/17) *until*
2Ti 2:9 ἐν ᾧ κακοπαθῶ **μέχρι** δεσμῶν ὡς κακοῦργος,

μή (*mē*; 4/1041[1042]) *not*
2Ti 1:8 **μὴ** οὖν ἐπαισχυνθῇς τὸ
2Ti 2:5 οὐ στεφανοῦται ἐὰν **μὴ** νομίμως ἀθλήσῃ.
2Ti 2:14 ἐνώπιον τοῦ θεοῦ **μὴ** λογομαχεῖν,
2Ti 4:16 **μὴ** αὐτοῖς λογισθείη·

μηδέ (*mēde*; 1/56) *nor*
2Ti 1:8 τοῦ κυρίου ἡμῶν **μηδὲ** ἐμὲ τὸν δέσμιον

μηδέποτε (*mēdepote*; 1/1) *never*
2Ti 3:7 πάντοτε μανθάνοντα καὶ **μηδέποτε** εἰς ἐπίγνωσιν ἀληθείας

μήποτε (*mēpote*; 1/25) *lest*
2Ti 2:25 **μήποτε** δώῃ αὐτοῖς ὁ

μήτηρ (*mētēr*; 1/83) *mother*
2Ti 1:5 Λωΐδι καὶ τῇ **μητρί** σου Εὐνίκῃ,

Μίλητος (*Milētos*; 1/3) *Miletus*
2Ti 4:20 δὲ ἀπέλιπον ἐν **Μιλήτῳ** ἀσθενοῦντα.

μιμνῄσκομαι (*mimnēskomai*; 1/23) *remember*
2Ti 1:4 **μεμνημένος** σου τῶν δακρύων,

μνεία (*mneia*; 1/7) *remembrance*
2Ti 1:3 τὴν περὶ σοῦ **μνείαν** ἐν ταῖς δεήσεσίν

μνημονεύω (*mnēmoneuō*; 1/21) *remember*
2Ti 2:8 **Μνημόνευε** Ἰησοῦν Χριστὸν ἐγηγερμένον

μόνος (*monos*; 3/113[114]) *only*
2Ti 2:20 οἰκίᾳ οὐκ ἔστιν **μόνον** σκεύη χρυσᾶ καὶ
2Ti 4:8 οὐ **μόνον** δὲ ἐμοὶ ἀλλὰ
2Ti 4:11 Λουκᾶς ἐστιν **μόνος** μετ' ἐμοῦ.

μόρφωσις (*morphōsis*; 1/2) *outward form*
2Ti 3:5 ἔχοντες **μόρφωσιν** εὐσεβείας τὴν δὲ

μῦθος (*mythos*; 1/5) *myth*
2Ti 4:4 ἐπὶ δὲ τοὺς **μύθους** ἐκτραπήσονται.

μωρός (*mōros*; 1/12) *foolish*
2Ti 2:23 τὰς δὲ **μωρὰς** καὶ ἀπαιδεύτους ζητήσεις

Μωϋσῆς (*Mōysēs*; 1/79[80]) *Moses*
2Ti 3:8 καὶ Ἰαμβρῆς ἀντέστησαν **Μωϋσεῖ**,

νεκρός (*nekros*; 2/128) *dead*
2Ti 2:8 Χριστὸν ἐγηγερμένον ἐκ **νεκρῶν**,
2Ti 4:1 κρίνειν ζῶντας καὶ **νεκρούς**,

νεωτερικός (*neōterikos*; 1/1) *youthful*
2Ti 2:22 Τὰς δὲ **νεωτερικὰς** ἐπιθυμίας φεῦγε,

νήφω (*nēphō*; 1/6) *be sober*
2Ti 4:5 Σὺ δὲ **νῆφε** ἐν πᾶσιν,

νοέω (*noeō*; 1/14) *understand*
2Ti 2:7 **νόει** ὃ λέγω·

νομή (*nomē*; 1/2) *pasture*
2Ti 2:17 αὐτῶν ὡς γάγγραινα **νομὴν** ἕξει.

νομίμως (*nomimōs*; 1/2) *lawfully*
2Ti 2:5 στεφανοῦται ἐὰν μὴ **νομίμως** ἀθλήσῃ.

νοῦς (*nous*; 1/24) *mind*
2Ti 3:8 ἄνθρωποι κατεφθαρμένοι τὸν **νοῦν**,

νῦν (*nyn*; 2/146[147]) *now*
2Ti 1:10 φανερωθεῖσαν δὲ **νῦν** διὰ τῆς ἐπιφανείας
2Ti 4:10 ἐγκατέλιπεν ἀγαπήσας τὸν **νῦν** αἰῶνα καὶ ἐπορεύθη

νύξ (*nyx*; 1/61) *night*
2Ti 1:3 ταῖς δεήσεσίν μου **νυκτὸς** καὶ ἡμέρας,

ξύλινος (*xylinos*; 1/2) *wooden*
2Ti 2:20 ἀργυρᾶ ἀλλὰ καὶ **ξύλινα** καὶ ὀστράκινα,

οἶδα (*oida*; 5/318) *know*
2Ti 1:12 **οἶδα** γὰρ ᾧ πεπίστευκα
2Ti 1:15 **Οἶδας** τοῦτο,
2Ti 2:23 **εἰδὼς** ὅτι γεννῶσιν μάχας·
2Ti 3:14 **εἰδὼς** παρὰ τίνων ἔμαθες,
2Ti 3:15 [τὰ] ἱερὰ γράμματα **οἶδας**,

οἰκία (*oikia*; 2/93) *house*
2Ti 2:20 Ἐν μεγάλῃ δὲ **οἰκίᾳ** οὐκ ἔστιν μόνον
2Ti 3:6 ἐνδύνοντες εἰς τὰς **οἰκίας** καὶ αἰχμαλωτίζοντες γυναικάρια

οἶκος (*oikos*; 2/113[114]) *house*
2Ti 1:16 κύριος τῷ Ὀνησιφόρου **οἴκῳ**,
2Ti 4:19 καὶ τὸν Ὀνησιφόρου **οἶκον**.

οἷος (*hoios*; 2/14) *such as*
2Ti 3:11 **οἷά** μοι ἐγένετο ἐν
2Ti 3:11 **οἵους** διωγμοὺς ὑπήνεγκα καὶ

Ὀνησίφορος (*Onēsiphoros*; 2/2) *Onesiphorus*
2Ti 1:16 ὁ κύριος τῷ **Ὀνησιφόρου** οἴκῳ,
2Ti 4:19 Ἀκύλαν καὶ τὸν **Ὀνησιφόρου** οἶκον.

ὄνομα (*onoma*; 1/229[230]) *name*
2Ti 2:19 ὁ ὀνομάζων τὸ **ὄνομα** κυρίου.

ὀνομάζω (*onomazō*; 1/10) *name*
2Ti 2:19 ἀδικίας πᾶς ὁ **ὀνομάζων** τὸ ὄνομα κυρίου.

ὁράω (*horaō*; 1/452) *see*
2Ti 1:4 ἐπιποθῶν σε **ἰδεῖν**,

ὀρθοτομέω (*orthotomeō*; 1/1) *use or interpret correctly*
2Ti 2:15 **ὀρθοτομοῦντα** τὸν λόγον τῆς

ὅς (*hos*; 20/1406[1407]) *who*
2Ti 1:3 **ᾧ** λατρεύω ἀπὸ προγόνων
2Ti 1:6 Δι᾽ **ἣν** αἰτίαν ἀναμιμνῄσκω σε
2Ti 1:6 **ὅ** ἐστιν ἐν σοὶ
2Ti 1:11 εἰς **ὃ** ἐτέθην ἐγὼ κῆρυξ
2Ti 1:12 δι᾽ **ἣν** αἰτίαν καὶ ταῦτα
2Ti 1:12 οἶδα γὰρ **ᾧ** πεπίστευκα καὶ πέπεισμαι
2Ti 1:13 ἔχε ὑγιαινόντων λόγων **ὧν** παρ᾽ ἐμοῦ ἤκουσας
2Ti 1:15 **ὧν** ἐστιν Φύγελος καὶ
2Ti 2:2 καὶ **ἃ** ἤκουσας παρ᾽ ἐμοῦ
2Ti 2:7 νόει **ὃ** λέγω·
2Ti 2:9 ἐν **ᾧ** κακοπαθῶ μέχρι δεσμῶν
2Ti 2:17 **ὧν** ἐστιν Ὑμέναιος καὶ
2Ti 2:20 καὶ **ἃ** μὲν εἰς τιμὴν
2Ti 2:20 μὲν εἰς τιμὴν **ἃ** δὲ εἰς ἀτιμίαν·
2Ti 3:8 **ὃν** τρόπον δὲ Ἰάννης
2Ti 3:14 δὲ μένε ἐν **οἷς** ἔμαθες καὶ ἐπιστώθης,
2Ti 4:8 **ὃν** ἀποδώσει μοι ὁ
2Ti 4:13 τὸν φαιλόνην **ὃν** ἀπέλιπον ἐν Τρῳάδι
2Ti 4:15 **ὃν** καὶ σὺ φυλάσσου,
2Ti 4:18 **ᾧ** ἡ δόξα εἰς

ὅσος (*hosos*; 1/110) *as much as (pl. as many as)*
2Ti 1:18 καὶ **ὅσα** ἐν Ἐφέσῳ διηκόνησεν,

ὅστις (*hostis*; 3/144) *who*
2Ti 1:5 **ἥτις** ἐνῴκησεν πρῶτον ἐν
2Ti 2:2 **οἵτινες** ἱκανοὶ ἔσονται καὶ
2Ti 2:18 **οἵτινες** περὶ τὴν ἀλήθειαν

ὀστράκινος (*ostrakinos*; 1/2) *made of baked clay*
2Ti 2:20 καὶ ξύλινα καὶ **ὀστράκινα**,

ὅτε (*hote*; 1/103) *when*
2Ti 4:3 Ἔσται γὰρ καιρὸς **ὅτε** τῆς ὑγιαινούσης διδασκαλίας

ὅτι (*hoti*; 7/1294[1296]) *because, that*
2Ti 1:5 πέπεισμαι δὲ **ὅτι** καὶ ἐν σοί.
2Ti 1:12 πεπίστευκα καὶ πέπεισμαι **ὅτι** δυνατός ἐστιν τὴν
2Ti 1:15 **ὅτι** ἀπεστράφησάν με πάντες
2Ti 1:16 **ὅτι** πολλάκις με ἀνέψυξεν
2Ti 2:23 εἰδὼς **ὅτι** γεννῶσιν μάχας·
2Ti 3:1 **ὅτι** ἐν ἐσχάταις ἡμέραις
2Ti 3:15 καὶ **ὅτι** ἀπὸ βρέφους [τὰ]

οὐ (*ou*; 12/1621[1623]) *not*
2Ti 1:7 **οὐ** γὰρ ἔδωκεν ἡμῖν
2Ti 1:9 **οὐ** κατὰ τὰ ἔργα
2Ti 1:12 ἀλλ᾽ **οὐκ** ἐπαισχύνομαι,
2Ti 1:16 τὴν ἅλυσίν μου **οὐκ** ἐπαισχύνθη,
2Ti 2:5 **οὐ** στεφανοῦται ἐὰν μὴ
2Ti 2:9 λόγος τοῦ θεοῦ **οὐ** δέδεται·
2Ti 2:13 ἀρνήσασθαι γὰρ ἑαυτὸν **οὐ** δύναται.
2Ti 2:20 μεγάλῃ δὲ οἰκίᾳ **οὐκ** ἔστιν μόνον σκεύη
2Ti 2:24 δοῦλον δὲ κυρίου **οὐ** δεῖ μάχεσθαι ἀλλὰ
2Ti 3:9 ἀλλ᾽ **οὐ** προκόψουσιν ἐπὶ πλεῖον·
2Ti 4:3 τῆς ὑγιαινούσης διδασκαλίας **οὐκ** ἀνέξονται ἀλλὰ κατὰ
2Ti 4:8 **οὐ** μόνον δὲ ἐμοὶ

οὐδείς (*oudeis*; 3/225[227]) *no one*
2Ti 2:4 **οὐδεὶς** στρατευόμενος ἐμπλέκεται ταῖς
2Ti 2:14 ἐπ᾽ **οὐδὲν** χρήσιμον,
2Ti 4:16 πρώτῃ μου ἀπολογίᾳ **οὐδείς** μοι παρεγένετο,

οὖν (*oun*; 3/497[499]) *therefore*
2Ti 1:8 μὴ **οὖν** ἐπαισχυνθῇς τὸ μαρτύριον
2Ti 2:1 Σὺ **οὖν**,
2Ti 2:21 ἐὰν **οὖν** τις ἐκκαθάρῃ ἑαυτὸν

οὗτος (*houtos*; 11/1382[1387]) *this*
2Ti 1:12 ἣν αἰτίαν καὶ **ταῦτα** πάσχω·
2Ti 1:15 Οἶδας **τοῦτο**,
2Ti 2:2 **ταῦτα** παράθου πιστοῖς ἀνθρώποις,
2Ti 2:10 διὰ **τοῦτο** πάντα ὑπομένω διὰ
2Ti 2:14 **Ταῦτα** ὑπομίμνῃσκε διαμαρτυρόμενος ἐνώπιον
2Ti 2:19 ἔχων τὴν σφραγῖδα **ταύτην**·
2Ti 2:21 ἐκκαθάρῃ ἑαυτὸν ἀπὸ **τούτων**,
2Ti 3:1 **Τοῦτο** δὲ γίνωσκε,
2Ti 3:5 καὶ **τούτους** ἀποτρέπου.
2Ti 3:6 ἐκ **τούτων** γάρ εἰσιν οἱ
2Ti 3:8 οὕτως καὶ **οὗτοι** ἀνθίστανται τῇ ἀληθείᾳ,

οὕτως (*houtōs*; 1/208) *in this way*
2Ti 3:8 **οὕτως** καὶ οὗτοι ἀνθίστανται

παγίς (*pagis*; 1/5) *snare*
2Ti 2:26 τῆς τοῦ διαβόλου **παγίδος**,

πάθημα (*pathēma*; 1/16) *suffering*
2Ti 3:11 τοῖς **παθήμασιν**,

παιδεία (*paideia*; 1/6) *discipline*
2Ti 3:16 πρὸς **παιδείαν** τὴν ἐν δικαιοσύνῃ,

παιδεύω (*paideuō*; 1/13) *instruct*
2Ti 2:25 ἐν πραΰτητι **παιδεύοντα** τοὺς ἀντιδιατιθεμένους,

πάντοτε (*pantote*; 1/41) *always*
2Ti 3:7 **πάντοτε** μανθάνοντα καὶ μηδέποτε

παρά (*para*; 5/193[194]) *from, with, beside*
2Ti 1:13 ὑγιαινόντων λόγων ὧν **παρ᾽** ἐμοῦ ἤκουσας
2Ti 1:18 κύριος εὑρεῖν ἔλεος **παρὰ** κυρίου ἐν ἐκείνῃ
2Ti 2:2 καὶ ἃ ἤκουσας **παρ᾽** ἐμοῦ διὰ πολλῶν
2Ti 3:14 εἰδὼς **παρὰ** τίνων ἔμαθες,
2Ti 4:13 ἀπέλιπον ἐν Τρῳάδι **παρὰ** Κάρπῳ ἐρχόμενος φέρε,

παραγίνομαι (*paraginomai*; 1/36[37]) *come*
2Ti 4:16 ἀπολογίᾳ οὐδείς μοι **παρεγένετο**,

παραθήκη (*parathēkē*; 2/3) *what is entrusted to one's care*
2Ti 1:12 δυνατός ἐστιν τὴν **παραθήκην** μου φυλάξαι
2Ti 1:14 τὴν καλὴν **παραθήκην** φύλαξον διὰ πνεύματος

παραιτέομαι (*paraiteomai*; 1/12) *ask for*
2Ti 2:23 καὶ ἀπαιδεύτους ζητήσεις **παραιτοῦ**,

παρακαλέω (*parakaleō*; 1/109) *encourage, ask*
2Ti 4:2 **παρακάλεσον**,

παρακολουθέω (*parakoloutheō*; 1/3[4]) *follow closely*
2Ti 3:10 Σὺ δὲ **παρηκολούθησάς** μου τῇ διδασκαλίᾳ,

παρατίθημι (*paratithēmi*; 1/19) *place or put before*
2Ti 2:2 ταῦτα **παράθου** πιστοῖς ἀνθρώποις,

παρίστημι (*paristēmi*; 2/41) *present, stand by*
2Ti 2:15 σπούδασον σεαυτὸν δόκιμον **παραστῆσαι** τῷ θεῷ,
2Ti 4:17 δὲ κύριός μοι **παρέστη** καὶ ἐνεδυνάμωσέν με,

πᾶς (*pas*; 18/1240[1243]) *each, every (pl. all)*
2Ti 1:15 ὅτι ἀπεστράφησάν με **πάντες** οἱ ἐν τῇ
2Ti 2:7 κύριος σύνεσιν ἐν **πᾶσιν**.
2Ti 2:10 διὰ τοῦτο **πάντα** ὑπομένω διὰ τοὺς
2Ti 2:19 ἀποστήτω ἀπὸ ἀδικίας **πᾶς** ὁ ὀνομάζων τὸ
2Ti 2:21 εἰς **πᾶν** ἔργον ἀγαθὸν ἡτοιμασμένον.
2Ti 2:24 ἤπιον εἶναι πρὸς **πάντας**,
2Ti 3:9 αὐτῶν ἔκδηλος ἔσται **πᾶσιν**,
2Ti 3:11 ὑπήνεγκα καὶ ἐκ **πάντων** με ἐρρύσατο ὁ
2Ti 3:12 καὶ **πάντες** δὲ οἱ θέλοντες
2Ti 3:16 **πᾶσα** γραφὴ θεόπνευστος καὶ
2Ti 3:17 πρὸς **πᾶν** ἔργον ἀγαθὸν ἐξηρτισμένος.
2Ti 4:2 ἐν **πάσῃ** μακροθυμίᾳ καὶ διδαχῇ.
2Ti 4:5 δὲ νῆφε ἐν **πᾶσιν**,
2Ti 4:8 ἐμοὶ ἀλλὰ καὶ **πᾶσι** τοῖς ἠγαπηκόσι τὴν
2Ti 4:16 ἀλλὰ **πάντες** με ἐγκατέλιπον·
2Ti 4:17 πληροφορηθῇ καὶ ἀκούσωσιν **πάντα** τὰ ἔθνη,
2Ti 4:18 ὁ κύριος ἀπὸ **παντὸς** ἔργου πονηροῦ καὶ
2Ti 4:21 καὶ οἱ ἀδελφοὶ **πάντες**.

πάσχω (*paschō*; 1/42) *suffer*
2Ti 1:12 αἰτίαν καὶ ταῦτα **πάσχω**·

πατήρ (*patēr*; 1/413) *father*
2Ti 1:2 εἰρήνη ἀπὸ θεοῦ **πατρὸς** καὶ Χριστοῦ Ἰησοῦ

Παῦλος (*Paulos*; 1/158) *Paul*
2Ti 1:1 **Παῦλος** ἀπόστολος Χριστοῦ Ἰησοῦ

πείθω (*peithō*; 2/52) *persuade*
2Ti 1:5 **πέπεισμαι** δὲ ὅτι καὶ
2Ti 1:12 ᾧ πεπίστευκα καὶ **πέπεισμαι** ὅτι δυνατός ἐστιν

περί (*peri*; 3/332[333]) *concerning, around*
2Ti 1:3 ἀδιάλειπτον ἔχω τὴν **περὶ** σοῦ μνείαν ἐν
2Ti 2:18 οἵτινες **περὶ** τὴν ἀλήθειαν ἠστόχησαν,
2Ti 3:8 ἀδόκιμοι **περὶ** τὴν πίστιν.

περιΐστημι (*periistēmi*; 1/4) *stand around*
2Ti 2:16 δὲ βεβήλους κενοφωνίας **περιΐστασο**·

πιστεύω (*pisteuō*; 1/237[241]) *believe*
2Ti 1:12 οἶδα γὰρ ᾧ **πεπίστευκα** καὶ πέπεισμαι ὅτι

πίστις (*pistis*; 8/243) *faith*
2Ti 1:5 ἐν σοὶ ἀνυποκρίτου **πίστεως**,
2Ti 1:13 ἐμοῦ ἤκουσας ἐν **πίστει** καὶ ἀγάπῃ τῇ
2Ti 2:18 ἀνατρέπουσιν τήν τινων **πίστιν**.
2Ti 2:22 δίωκε δὲ δικαιοσύνην **πίστιν** ἀγάπην εἰρήνην μετὰ
2Ti 3:8 ἀδόκιμοι περὶ τὴν **πίστιν**.
2Ti 3:10 τῇ **πίστει**,
2Ti 3:15 εἰς σωτηρίαν διὰ **πίστεως** τῆς ἐν Χριστῷ
2Ti 4:7 τὴν **πίστιν** τετήρηκα·

πιστός (*pistos*; 3/67) *believing*
2Ti 2:2 ταῦτα παράθου **πιστοῖς** ἀνθρώποις,
2Ti 2:11 **πιστὸς** ὁ λόγος·
2Ti 2:13 ἐκεῖνος **πιστὸς** μένει,

πιστόω (*pistoō*; 1/1) *firmly believe*
2Ti 3:14 οἷς ἔμαθες καὶ **ἐπιστώθης**,

πλανάω (*planaō*; 2/39) *lead astray*
2Ti 3:13 ἐπὶ τὸ χεῖρον **πλανῶντες** καὶ πλανώμενοι.
2Ti 3:13 χεῖρον πλανῶντες καὶ **πλανώμενοι**.

πληροφορέω (*plērophoreō*; 2/6) *accomplish*
2Ti 4:5 τὴν διακονίαν σου **πληροφόρησον**.
2Ti 4:17 ἐμοῦ τὸ κήρυγμα **πληροφορηθῇ** καὶ ἀκούσωσιν πάντα

πληρόω (*plēroō*; 1/86) *fulfill*
2Ti 1:4 ἵνα χαρᾶς **πληρωθῶ**,

πνεῦμα (*pneuma*; 3/379) *Spirit, spirit*
2Ti 1:7 ἡμῖν ὁ θεὸς **πνεῦμα** δειλίας ἀλλὰ δυνάμεως
2Ti 1:14 παραθήκην φύλαξον διὰ **πνεύματος** ἁγίου τοῦ ἐνοικοῦντος
2Ti 4:22 κύριος μετὰ τοῦ **πνεύματός** σου.

ποιέω (*poieō*; 1/568) *do, make*
2Ti 4:5 ἔργον **ποίησον** εὐαγγελιστοῦ,

ποικίλος (*poikilos*; 1/10) *various kinds of*
2Ti 3:6 ἀγόμενα ἐπιθυμίαις **ποικίλαις**,

πολλάκις (*pollakis*; 1/18) *often*
2Ti 1:16 ὅτι **πολλάκις** με ἀνέψυξεν καὶ

πολύς (*polys*; 4/417) *much (pl. many)*
2Ti 2:2 παρ' ἐμοῦ διὰ **πολλῶν** μαρτύρων,
2Ti 2:16 ἐπὶ **πλεῖον** γὰρ προκόψουσιν ἀσεβείας
2Ti 3:9 οὐ προκόψουσιν ἐπὶ **πλεῖον**·
2Ti 4:14 Ἀλέξανδρος ὁ χαλκεὺς **πολλά** μοι κακὰ ἐνεδείξατο·

πονηρός (*ponēros*; 2/78) *evil*
2Ti 3:13 **πονηροὶ** δὲ ἄνθρωποι καὶ
2Ti 4:18 ἀπὸ παντὸς ἔργου **πονηροῦ** καὶ σώσει εἰς

πορεύομαι (*poreuomai*; 1/147[153]) *go*
2Ti 4:10 νῦν αἰῶνα καὶ **ἐπορεύθη** εἰς Θεσσαλονίκην,

Πούδης (*Poudēs*; 1/1) *Pudens*
2Ti 4:21 σε Εὔβουλος καὶ **Πούδης** καὶ Λίνος καὶ

πραγματεία (*pragmateia*; 1/1) *affairs*
2Ti 2:4 ταῖς τοῦ βίου **πραγματείαις**,

πραΰτης (*prautēs*; 1/11) *gentleness*
2Ti 2:25 ἐν **πραΰτητι** παιδεύοντα τοὺς ἀντιδιατιθεμένους,

Πρίσκα (*Priska*; 1/3) *Prisca*
2Ti 4:19 Ἄσπασαι **Πρίσκαν** καὶ Ἀκύλαν καὶ

πρό (*pro*; 2/47) *before*
2Ti 1:9 ἐν Χριστῷ Ἰησοῦ **πρὸ** χρόνων αἰωνίων,
2Ti 4:21 Σπούδασον **πρὸ** χειμῶνος ἐλθεῖν.

πρόγονος (*progonos*; 1/2) *parent*
2Ti 1:3 ᾧ λατρεύω ἀπὸ **προγόνων** ἐν καθαρᾷ συνειδήσει,

προδότης (*prodotēs*; 1/3) *traitor*
2Ti 3:4 **προδόται** προπετεῖς τετυφωμένοι,

πρόθεσις (*prothesis*; 2/12) *purpose*
2Ti 1:9 ἀλλὰ κατὰ ἰδίαν **πρόθεσιν** καὶ χάριν,
2Ti 3:10 τῇ **προθέσει**,

προκόπτω (*prokoptō*; 3/6) *advance*
2Ti 2:16 ἐπὶ πλεῖον γὰρ **προκόψουσιν** ἀσεβείας
2Ti 3:9 ἀλλ' οὐ **προκόψουσιν** ἐπὶ πλεῖον·
2Ti 3:13 ἄνθρωποι καὶ γόητες **προκόψουσιν** ἐπὶ τὸ χεῖρον

προπετής (*propetēs*; 1/2) *rash*
2Ti 3:4 προδόται **προπετεῖς** τετυφωμένοι,

πρός (*pros*; 7/699[700]) *to, toward, at*
2Ti 2:24 ἀλλὰ ἤπιον εἶναι **πρὸς** πάντας,
2Ti 3:16 θεόπνευστος καὶ ὠφέλιμος **πρὸς** διδασκαλίαν,
2Ti 3:16 **πρὸς** ἐλεγμόν,
2Ti 3:16 **πρὸς** ἐπανόρθωσιν,
2Ti 3:16 **πρὸς** παιδείαν τὴν ἐν
2Ti 3:17 **πρὸς** πᾶν ἔργον ἀγαθὸν
2Ti 4:9 Σπούδασον ἐλθεῖν **πρός** με ταχέως·

πρῶτος (*prōtos*; 3/152[155]) *first*
2Ti 1:5 ἥτις ἐνῴκησεν **πρῶτον** ἐν τῇ μάμμῃ
2Ti 2:6 κοπιῶντα γεωργὸν δεῖ **πρῶτον** τῶν καρπῶν μεταλαμβάνειν.
2Ti 4:16 Ἐν τῇ **πρώτῃ** μου ἀπολογίᾳ οὐδείς

ῥύομαι (*rhyomai*; 3/17) *save, rescue, deliver*
2Ti 3:11 ἐκ πάντων με **ἐρρύσατο** ὁ κύριος.
2Ti 4:17 καὶ ἐρρύσθην **ἐκ** στόματος λέοντος.
2Ti 4:18 **ῥύσεταί** με ὁ κύριος

Ῥώμη (*Rhōmē*; 1/8) *Rome*
2Ti 1:17 ἀλλὰ γενόμενος ἐν **Ῥώμῃ** σπουδαίως ἐζήτησέν με

σεαυτοῦ (*seautou*; 2/43) *yourself*
2Ti 2:15 σπούδασον **σεαυτὸν** δόκιμον παραστῆσαι τῷ
2Ti 4:11 ἀναλαβὼν ἄγε μετὰ **σεαυτοῦ**,

σκεῦος (*skeuos*; 2/23) *object, jar*
2Ti 2:20 οὐκ ἔστιν μόνον **σκεύη** χρυσᾶ καὶ ἀργυρᾶ
2Ti 2:21 ἔσται **σκεῦος** εἰς τιμήν,

σοφίζω (*sophizō*; 1/2) *give wisdom*
2Ti 3:15 τὰ δυνάμενά σε **σοφίσαι** εἰς σωτηρίαν διὰ

σπένδω (*spendō*; 1/2) *pour out as a drink-offering*
2Ti 4:6 Ἐγὼ γὰρ ἤδη **σπένδομαι**,

σπέρμα (*sperma*; 1/43) *seed*
2Ti 2:8 ἐκ **σπέρματος** Δαυίδ,

σπουδάζω (*spoudazō*; 3/11) *do one's best*
2Ti 2:15 **σπούδασον** σεαυτὸν δόκιμον παραστῆσαι
2Ti 4:9 **Σπούδασον** ἐλθεῖν πρός με
2Ti 4:21 **Σπούδασον** πρὸ χειμῶνος ἐλθεῖν.

σπουδαίως (*spoudaiōs*; 1/4) *earnestly*
2Ti 1:17 γενόμενος ἐν Ῥώμῃ **σπουδαίως** ἐζήτησέν με

<u>στερεός (*stereos*; 1/4) *firm*</u>
2Ti 2:19 ὁ μέντοι **στερεὸς** θεμέλιος τοῦ θεοῦ

<u>στέφανος (*stephanos*; 1/18) *crown, wreath*</u>
2Ti 4:8 ὁ τῆς δικαιοσύνης **στέφανος**,

<u>στεφανόω (*stephanoō*; 1/3) *crown*</u>
2Ti 2:5 οὐ **στεφανοῦται** ἐὰν μὴ νομίμως

<u>στόμα (*stoma*; 1/78) *mouth*</u>
2Ti 4:17 καὶ ἐρρύσθην ἐκ **στόματος** λέοντος.

<u>στρατεύω (*strateuō*; 1/7) *serve as a soldier*</u>
2Ti 2:4 οὐδεὶς **στρατευόμενος** ἐμπλέκεται ταῖς τοῦ

<u>στρατιώτης (*stratiōtēs*; 1/26) *soldier*</u>
2Ti 2:3 Συγκακοπάθησον ὡς καλὸς **στρατιώτης** Χριστοῦ Ἰησοῦ.

<u>στρατολογέω (*stratologeō*; 1/1) *enlist soldiers*</u>
2Ti 2:4 ἵνα τῷ **στρατολογήσαντι** ἀρέσῃ.

<u>σύ (*sy*; 20/1063[1067]) *you (sg.)*</u>
2Ti 1:3 ἔχω τὴν περὶ **σοῦ** μνείαν ἐν ταῖς
2Ti 1:4 ἐπιποθῶν **σε** ἰδεῖν,
2Ti 1:4 μεμνημένος **σου** τῶν δακρύων,
2Ti 1:5 λαβὼν τῆς ἐν **σοὶ** ἀνυποκρίτου πίστεως,
2Ti 1:5 ἐν τῇ μάμμῃ **σου** Λωΐδι καὶ τῇ
2Ti 1:5 καὶ τῇ μητρί **σου** Εὐνίκῃ,
2Ti 1:5 ὅτι καὶ ἐν **σοί**.
2Ti 1:6 ἣν αἰτίαν ἀναμιμνῄσκω **σε** ἀναζωπυρεῖν τὸ χάρισμα
2Ti 1:6 ὅ ἐστιν ἐν **σοὶ** διὰ τῆς ἐπιθέσεως
2Ti 1:18 βέλτιον **σὺ** γινώσκεις.
2Ti 2:1 **Σὺ** οὖν,
2Ti 2:7 δώσει γάρ **σοι** ὁ κύριος σύνεσιν
2Ti 3:10 **Σὺ** δὲ παρηκολούθησάς μου
2Ti 3:14 **Σὺ** δὲ μένε ἐν
2Ti 3:15 τὰ δυνάμενά **σε** σοφίσαι εἰς σωτηρίαν
2Ti 4:5 **Σὺ** δὲ νῆφε ἐν
2Ti 4:5 τὴν διακονίαν **σου** πληροφόρησον.
2Ti 4:15 ὃν καὶ **σὺ** φυλάσσου,
2Ti 4:21 Ἀσπάζεταί σε **Εὔβουλος** καὶ Πούδης καὶ
2Ti 4:22 μετὰ τοῦ πνεύματός **σου**.

<u>συγκακοπαθέω (*synkakopatheō*; 2/2) *share in (someone else's) suffering*</u>
2Ti 1:8 ἀλλὰ **συγκακοπάθησον** τῷ εὐαγγελίῳ κατὰ
2Ti 2:3 **Συγκακοπάθησον** ὡς καλὸς στρατιώτης

<u>συζάω (*syzaō*; 1/3) *live with or together*</u>
2Ti 2:11 καὶ **συζήσομεν**·

<u>συμβασιλεύω (*symbasileuō*; 1/2) *live together as kings*</u>
2Ti 2:12 καὶ **συμβασιλεύσομεν**·

<u>συναποθνῄσκω (*synapothnēskō*; 1/3) *die together or with*</u>
2Ti 2:11 εἰ γὰρ **συναπεθάνομεν**,

<u>συνείδησις (*syneidēsis*; 1/30) *conscience*</u>
2Ti 1:3 προγόνων ἐν καθαρᾷ **συνειδήσει**,

<u>σύνεσις (*synesis*; 1/7) *understanding*</u>
2Ti 2:7 σοι ὁ κύριος **σύνεσιν** ἐν πᾶσιν.

<u>σφραγίς (*sphragis*; 1/16) *seal*</u>
2Ti 2:19 ἔχων τὴν **σφραγῖδα** ταύτην·

<u>σῴζω (*sōzō*; 2/105[106]) *save, preserve*</u>
2Ti 1:9 τοῦ **σώσαντος** ἡμᾶς καὶ καλέσαντος
2Ti 4:18 ἔργου πονηροῦ καὶ **σώσει** εἰς τὴν βασιλείαν

<u>σωρεύω (*sōreuō*; 1/2) *heap*</u>
2Ti 3:6 καὶ αἰχμαλωτίζοντες γυναικάρια **σεσωρευμένα** ἁμαρτίαις,

<u>σωτήρ (*sōtēr*; 1/24) *Savior*</u>
2Ti 1:10 τῆς ἐπιφανείας τοῦ **σωτῆρος** ἡμῶν Χριστοῦ Ἰησοῦ,

<u>σωτηρία (*sōtēria*; 2/45[46]) *salvation*</u>
2Ti 2:10 ἵνα καὶ αὐτοὶ **σωτηρίας** τύχωσιν τῆς ἐν
2Ti 3:15 σε σοφίσαι εἰς **σωτηρίαν** διὰ πίστεως τῆς

<u>σωφρονισμός (*sōphronismos*; 1/1) *sound judgement*</u>
2Ti 1:7 καὶ ἀγάπης καὶ **σωφρονισμοῦ**.

<u>ταχέως (*tacheōs*; 1/15) *quickly*</u>
2Ti 4:9 ἐλθεῖν πρός με **ταχέως**·

<u>τέκνον (*teknon*; 2/99) *child*</u>
2Ti 1:2 Τιμοθέῳ ἀγαπητῷ **τέκνῳ**,
2Ti 2:1 **τέκνον** μου,

<u>τελέω (*teleō*; 1/28) *finish*</u>
2Ti 4:7 τὸν δρόμον **τετέλεκα**,

<u>τηρέω (*tēreō*; 1/70) *keep*</u>
2Ti 4:7 τὴν πίστιν **τετήρηκα**·

<u>τίθημι (*tithēmi*; 1/100) *put, place, appoint*</u>
2Ti 1:11 εἰς ὃ **ἐτέθην** ἐγὼ κῆρυξ καὶ

<u>τιμή (*timē*; 2/41) *honor*</u>
2Ti 2:20 ἃ μὲν εἰς **τιμὴν** ἃ δὲ εἰς
2Ti 2:21 ἔσται σκεῦος εἰς **τιμήν**,

<u>Τιμόθεος (*Timotheos*; 1/24) *Timothy*</u>
2Ti 1:2 **Τιμοθέῳ** ἀγαπητῷ τέκνῳ,

<u>τίς (*tis*; 1/545[546]) *who; what, why*</u>
2Ti 3:14 εἰδὼς παρὰ **τίνων** ἔμαθες,

τις (*tis*; 3/542[543]) *anyone, anything*
2Ti 2:5 δὲ καὶ ἀθλῇ **τις**,
2Ti 2:18 καὶ ἀνατρέπουσιν τήν **τινων** πίστιν.
2Ti 2:21 ἐὰν οὖν **τις** ἐκκαθάρῃ ἑαυτὸν ἀπὸ

Τίτος (*Titos*; 1/13) *Titus*
2Ti 4:10 **Τίτος** εἰς Δαλματίαν·

τρόπος (*tropos*; 1/13) *way*
2Ti 3:8 ὃν **τρόπον** δὲ Ἰάννης καὶ

Τρόφιμος (*Trophimos*; 1/3) *Trophimus*
2Ti 4:20 **Τρόφιμον** δὲ ἀπέλιπον ἐν

Τρῳάς (*Trōas*; 1/6) *Troas*
2Ti 4:13 ὃν ἀπέλιπον ἐν **Τρῳάδι** παρὰ Κάρπῳ ἐρχόμενος

τυγχάνω (*tynchanō*; 1/12) *obtain*
2Ti 2:10 καὶ αὐτοὶ σωτηρίας **τύχωσιν** τῆς ἐν Χριστῷ

τυφόω (*typhoō*; 1/3) *be swollen with pride*
2Ti 3:4 προδόται προπετεῖς **τετυφωμένοι**,

Τυχικός (*Tychikos*; 1/5) *Tychicus*
2Ti 4:12 **Τύχικον** δὲ ἀπέστειλα εἰς

ὑγιαίνω (*hygiainō*; 2/12) *be sound*
2Ti 1:13 Ὑποτύπωσιν ἔχε **ὑγιαινόντων** λόγων ὧν παρ'
2Ti 4:3 καιρὸς ὅτε τῆς **ὑγιαινούσης** διδασκαλίας οὐκ ἀνέξονται

ὑμεῖς (*hymeis*; 1/1832) *you (pl.)*
2Ti 4:22 ἡ χάρις μεθ' **ὑμῶν**.

Ὑμέναιος (*Hymenaios*; 1/2) *Hymenaeus*
2Ti 2:17 ὧν ἐστιν **Ὑμέναιος** καὶ Φίλητος,

ὑπερήφανος (*hyperēphanos*; 1/5) *arrogant*
2Ti 3:2 φίλαυτοι φιλάργυροι ἀλαζόνες **ὑπερήφανοι** βλάσφημοι,

ὑπό (*hypo*; 1/219[220]) *by, under*
2Ti 2:26 ἐζωγρημένοι **ὑπ'** αὐτοῦ εἰς τὸ

ὑπομένω (*hypomenō*; 2/17) *endure*
2Ti 2:10 διὰ τοῦτο πάντα **ὑπομένω** διὰ τοὺς ἐκλεκτούς,
2Ti 2:12 εἰ **ὑπομένομεν**,

ὑπομιμνῄσκω (*hypomimnēskō*; 1/7) *remind*
2Ti 2:14 Ταῦτα **ὑπομίμνῃσκε** διαμαρτυρόμενος ἐνώπιον τοῦ

ὑπόμνησις (*hypomnēsis*; 1/3) *remembering*
2Ti 1:5 **ὑπόμνησιν** λαβὼν τῆς ἐν

ὑπομονή (*hypomonē*; 1/32) *endurance*
2Ti 3:10 τῇ **ὑπομονῇ**,

ὑποτύπωσις (*hypotypōsis*; 1/2) *example*
2Ti 1:13 **Ὑποτύπωσιν** ἔχε ὑγιαινόντων λόγων

ὑποφέρω (*hypopherō*; 1/3) *endure*
2Ti 3:11 οἵους διωγμοὺς **ὑπήνεγκα** καὶ ἐκ πάντων

φαιλόνης (*phailonēs*; 1/1) *cloak*
2Ti 4:13 τὸν **φαιλόνην** ὃν ἀπέλιπον ἐν

φανερόω (*phaneroō*; 1/47[49]) *make known, reveal*
2Ti 1:10 **φανερωθεῖσαν** δὲ νῦν διὰ

φέρω (*pherō*; 1/66) *bring*
2Ti 4:13 παρὰ Κάρπῳ ἐρχόμενος **φέρε**,

φεύγω (*pheugō*; 1/29) *flee*
2Ti 2:22 δὲ νεωτερικὰς ἐπιθυμίας **φεῦγε**,

φιλάργυρος (*philargyros*; 1/2) *fond of money*
2Ti 3:2 οἱ ἄνθρωποι φίλαυτοι **φιλάργυροι** ἀλαζόνες ὑπερήφανοι βλάσφημοι,

φίλαυτος (*philautos*; 1/1) *selfish*
2Ti 3:2 γὰρ οἱ ἄνθρωποι **φίλαυτοι** φιλάργυροι ἀλαζόνες ὑπερήφανοι

φιλήδονος (*philēdonos*; 1/1) *given over to pleasure*
2Ti 3:4 **φιλήδονοι** μᾶλλον ἢ φιλόθεοι,

Φίλητος (*Philētos*; 1/1) *Philetus*
2Ti 2:17 ἐστιν Ὑμέναιος καὶ **Φίλητος**,

φιλόθεος (*philotheos*; 1/1) *loving God*
2Ti 3:4 φιλήδονοι μᾶλλον ἢ **φιλόθεοι**,

Φύγελος (*Phygelos*; 1/1) *Phygelus*
2Ti 1:15 ὧν ἐστιν **Φύγελος** καὶ Ἑρμογένης.

φυλάσσω (*phylassō*; 3/31) *guard*
2Ti 1:12 τὴν παραθήκην μου **φυλάξαι** εἰς ἐκείνην τὴν
2Ti 1:14 τὴν καλὴν παραθήκην **φύλαξον** διὰ πνεύματος ἁγίου
2Ti 4:15 ὃν καὶ σὺ **φυλάσσου**,

φωτίζω (*phōtizō*; 1/11) *give light*
2Ti 1:10 μὲν τὸν θάνατον **φωτίσαντος** δὲ ζωὴν καὶ

χαλεπός (*chalepos*; 1/2) *hard*
2Ti 3:1 ἡμέραις ἐνστήσονται καιροὶ **χαλεποί**·

χαλκεύς (*chalkeus*; 1/1) *coppersmith*
2Ti 4:14 Ἀλέξανδρος ὁ **χαλκεὺς** πολλά μοι κακὰ

<u>χαρά (*chara*; 1/59) *joy*</u>
2Ti 1:4 ἵνα **χαρᾶς** πληρωθῶ,

<u>χάρις (*charis*; 5/155) *grace*</u>
2Ti 1:2 **χάρις** ἔλεος εἰρήνη ἀπὸ
2Ti 1:3 **Χάριν** ἔχω τῷ θεῷ,
2Ti 1:9 ἰδίαν πρόθεσιν καὶ **χάριν**,
2Ti 2:1 ἐνδυναμοῦ ἐν τῇ **χάριτι** τῇ ἐν Χριστῷ
2Ti 4:22 ἡ **χάρις** μεθ' ὑμῶν.

<u>χάρισμα (*charisma*; 1/17) *gift*</u>
2Ti 1:6 σε ἀναζωπυρεῖν τὸ **χάρισμα** τοῦ θεοῦ,

<u>χειμών (*cheimōn*; 1/6) *winter*</u>
2Ti 4:21 Σπούδασον πρὸ **χειμῶνος** ἐλθεῖν.

<u>χείρ (*cheir*; 1/175[177]) *hand*</u>
2Ti 1:6 τῆς ἐπιθέσεως τῶν **χειρῶν** μου.

<u>χείρων (*cheirōn*; 1/11) *worse*</u>
2Ti 3:13 προκόψουσιν ἐπὶ τὸ **χεῖρον** πλανῶντες καὶ πλανώμενοι.

<u>χρήσιμος (*chrēsimos*; 1/1) *good*</u>
2Ti 2:14 ἐπ' οὐδὲν **χρήσιμον**,

<u>Χριστός (*Christos*; 13/529) *Christ*</u>
2Ti 1:1 Παῦλος ἀπόστολος **Χριστοῦ** Ἰησοῦ διὰ θελήματος
2Ti 1:1 ζωῆς τῆς ἐν **Χριστῷ** Ἰησοῦ
2Ti 1:2 θεοῦ πατρὸς καὶ **Χριστοῦ** Ἰησοῦ τοῦ κυρίου
2Ti 1:9 δοθεῖσαν ἡμῖν ἐν **Χριστῷ** Ἰησοῦ πρὸ χρόνων
2Ti 1:10 τοῦ σωτῆρος ἡμῶν **Χριστοῦ** Ἰησοῦ,
2Ti 1:13 ἀγάπῃ τῇ ἐν **Χριστῷ** Ἰησοῦ·
2Ti 2:1 χάριτι τῇ ἐν **Χριστῷ** Ἰησοῦ,
2Ti 2:3 ὡς καλὸς στρατιώτης **Χριστοῦ** Ἰησοῦ.
2Ti 2:8 Μνημόνευε Ἰησοῦν **Χριστὸν** ἐγηγερμένον ἐκ νεκρῶν,
2Ti 2:10 τύχωσιν τῆς ἐν **Χριστῷ** Ἰησοῦ μετὰ δόξης
2Ti 3:12 εὐσεβῶς ζῆν ἐν **Χριστῷ** Ἰησοῦ διωχθήσονται.
2Ti 3:15 πίστεως τῆς ἐν **Χριστῷ** Ἰησοῦ.
2Ti 4:1 τοῦ θεοῦ καὶ **Χριστοῦ** Ἰησοῦ τοῦ μέλλοντος

<u>χρόνος (*chronos*; 1/54) *time*</u>
2Ti 1:9 Χριστῷ Ἰησοῦ πρὸ **χρόνων** αἰωνίων,

<u>χρυσοῦς (*chrysous*; 1/18) *made of gold*</u>
2Ti 2:20 ἔστιν μόνον σκεύη **χρυσᾶ** καὶ ἀργυρᾶ ἀλλὰ

<u>ὡς (*hōs*; 5/503[504]) *as*</u>
2Ti 1:3 **ὡς** ἀδιάλειπτον ἔχω τὴν
2Ti 2:3 Συγκακοπάθησον **ὡς** καλὸς στρατιώτης Χριστοῦ
2Ti 2:9 κακοπαθῶ μέχρι δεσμῶν **ὡς** κακοῦργος,
2Ti 2:17 ὁ λόγος αὐτῶν **ὡς** γάγγραινα νομὴν ἕξει.
2Ti 3:9 **ὡς** καὶ ἡ ἐκείνων

<u>ὠφέλιμος (*ōphelimos*; 1/4) *valuable*</u>
2Ti 3:16 γραφὴ θεόπνευστος καὶ **ὠφέλιμος** πρὸς διδασκαλίαν,

Frequency List (Alphabetical Order)

2 ἀγαθός
2 ἀγαπάω
4 ἀγάπη
1 ἀγαπητός
1 ἁγιάζω
2 ἅγιος
2 ἄγω
1* ἀγωγή
1 ἀγών
1 ἀγωνίζομαι
1 ἀδελφός
1 ἀδιάλειπτος
1 ἀδικία
1 ἀδόκιμος
2* ἀθλέω
2 αἰτία
1 αἰχμαλωτίζω
3 αἰών
2 αἰώνιος
1* ἀκαίρως
2 ἀκοή
4 ἀκούω
1* ἀκρατής
1 Ἀκύλας
1 ἀλαζών
1 Ἀλέξανδρος
6 ἀλήθεια
12 ἀλλά
1 ἅλυσις
1 ἁμαρτία
1 ἀμήν
1* ἀναζωπυρέω
1 ἀναλαμβάνω
1* ἀνάλυσις
1 ἀναμιμνήσκω
1* ἀνανήφω
1 ἀνάστασις
1 ἀνατρέπω
1* ἀναψύχω
1* ἀνεξίκακος
1* ἀνεπαίσχυντος
1 ἀνέχομαι
1* ἀνήμερος
3 ἀνθίστημι
5 ἄνθρωπος
1 ἄνοια
1 ἀνόσιος
1* ἀντιδιατίθημι
1 Ἀντιόχεια
1 ἀνυπόκριτος
1* ἀπαίδευτος
1 ἀπειθής
1 ἀπιστέω
7 ἀπό
2 ἀποδίδωμι
1 ἀπόκειμαι
2 ἀπολείπω
1 ἀπολογία
1 ἀποστέλλω
2 ἀπόστολος
2 ἀποστρέφω
1* ἀποτρέπω
1 ἀργυροῦς
1 ἀρέσκω
4 ἀρνέομαι
1* ἄρτιος
1 ἀσέβεια
1 ἀσθενέω
1 Ἀσία
2 ἀσπάζομαι
1* ἄσπονδος
1 ἄστοργος
1 ἀστοχέω
1 ἀτιμία
16° αὐτός
1 ἀφθαρσία
1* ἀφιλάγαθος
1 ἀφίστημι
1 ἀχάριστος
2 βασιλεία
1 βέβηλος
1* βελτίων
1 βιβλίον
1 βίος
1 βλάσφημος
1 βρέφος
1* γάγγραινα
1 Γαλατία
14 γάρ
1 γεννάω
1 γεωργός
4 γίνομαι
3 γινώσκω
1* γόης
1 γονεύς
1 γράμμα
1 γραφή
1* γυναικάριον
1 δάκρυον
1* Δαλματία
1 Δαυίδ
24 δέ
1 δέησις
2 δεῖ
1* δειλία
1 δέσμιος
1 δεσμός
1 δεσπότης
1 δέω
1 Δημᾶς
12 διά
2 διάβολος
1 διακονέω
2 διακονία
2 διαμαρτύρομαι
1 διδακτικός
3 διδασκαλία
2 διδάσκαλος
1 διδάσκω
1 διδαχή
6 δίδωμι
1 δίκαιος
3 δικαιοσύνη
2 διωγμός
2 διώκω
1 δόκιμος
2 δόξα
1 δοῦλος
1 δρόμος
3 δύναμαι
3 δύναμις
1 δυνατός
3 ἐάν
3 ἑαυτοῦ
1 ἐγείρω
2 ἐγκαταλείπω
33 ἐγώ
1 ἔθνος
4 εἰ
16 εἰμί
2 εἰρήνη
18 εἰς
7 ἐκ
1* ἔκδηλος
6 ἐκεῖνος
1 ἐκκαθαίρω
1 ἐκλεκτός
1 ἐκτρέπω
1* ἐλεγμός
1 ἐλέγχω
3 ἔλεος
1 ἐμπλέκω
37 ἐν
1 ἐνδείκνυμι
2 ἐνδυναμόω
1* ἐνδύνω
1 ἐνίστημι
2 ἐνοικέω
2 ἐνώπιον
1 ἐξαρτίζω
1 ἐπαγγελία
3 ἐπαισχύνομαι
1* ἐπανόρθωσις
6 ἐπί
2 ἐπίγνωσις
1 ἐπίθεσις
3 ἐπιθυμία
1 ἐπικαλέω
1 ἐπιποθέω
1* ἐπισωρεύω
1 ἐπιτιμάω
3 ἐπιφάνεια
1 ἐπουράνιος
1 Ἔραστος
1 ἐργάτης
6 ἔργον
1* Ἑρμογένης
4 ἔρχομαι
1 ἔσχατος
1 ἕτερος
1 ἑτοιμάζω
3 εὐαγγέλιον
1 εὐαγγελιστής
1* Εὔβουλος
1 εὐκαίρως
1* Εὐνίκη
2 εὑρίσκω
1 εὐσέβεια
1 εὐσεβῶς
2 εὔχρηστος
2 Ἔφεσος
2 ἐφίστημι
6 ἔχω
2 ζάω
1 ζητέω
1 ζήτησις
1 ζωγρέω
2 ζωή
1 ἤ
2 ἤδη
9 ἡμεῖς
5 ἡμέρα
1 ἡμέτερος
1* ἤπιος
1 θάνατος
2 θέλημα
1 θέλω
1 θεμέλιος
1* θεόπνευστος
13 θεός
1 Θεσσαλονίκη
1* Ἰαμβρῆς
1* Ἰάννης
2 ἴδιος
1 ἱερός
13 Ἰησοῦς
1 ἱκανός
1 Ἰκόνιον
5 ἵνα
1 ἵστημι
2 καθαρός
68° καί
3 καιρός
1 κἀκεῖνος
2 κακοπαθέω
1 κακός
1 κακοῦργος
1 καλέω
3 καλός
1 καρδία
1 καρπός
1* Κάρπος
7 κατά
1 καταργέω
1 καταστροφή
1* καταφθείρω
1 κενοφωνία
1 κήρυγμα
1 κῆρυξ
1 κηρύσσω
1* Κλαυδία
1 κλῆσις
1* κνήθω
1 κοπιάω
1 Κόρινθος
1* Κρήσκης
1 κρίνω
1 κριτής
16 κύριος
1 λαμβάνω
1 λατρεύω
2 λέγω
1 λέων
1 λίαν
1* Λίνος
1 λογίζομαι
1* λογομαχέω
7 λόγος
1 λοιπός
1 Λουκᾶς
1 Λύστρα
1* Λωΐς
2 μακροθυμία
1 μάλιστα
1 μᾶλλον
1* μάμμη
3 μανθάνω
1 Μᾶρκος
1 μαρτύριον
1 μάρτυς
1 μάχη
1 μάχομαι
1 μέγας
1 μέλλω
1* μεμβράνα
3 μέν
1 μέντοι
3 μένω
6 μετά
1 μεταλαμβάνω
1 μετάνοια
1 μέχρι
4 μή
1 μηδέ
1* μηδέποτε
1 μήποτε
1 μήτηρ
1 Μίλητος
1 μιμνήσκομαι
1 μνεία
1 μνημονεύω
3 μόνος
1 μόρφωσις
1 μῦθος
1 μωρός
1 Μωϋσῆς

2 νεκρός
1* νεωτερικός
1 νήφω
1 νοέω
1 νομή
1 νομίμως
1 νοῦς
2 νῦν
1 νύξ
1 ξύλινος
150° ὁ
5 οἶδα
2 οἰκία
2 οἶκος
2 οἷος
2* Ὀνησίφορος
1 ὄνομα
1 ὀνομάζω
1 ὁράω
1* ὀρθοτομέω
20 ὅς
1 ὅσος
3 ὅστις
1 ὀστράκινος
1 ὅτε
7 ὅτι
12 οὐ
3 οὐδείς
3 οὖν
11 οὗτος
1 οὕτως
1 παγίς
1 πάθημα
1 παιδεία
1 παιδεύω
1 πάντοτε
5 παρά
1 παραγίνομαι
2 παραθήκη
1 παραιτέομαι
1 παρακαλέω
1 παρακολουθέω
1 παρατίθημι
2 παρίστημι
18 πᾶς
1 πάσχω
1 πατήρ
1 Παῦλος
2 πείθω
3 περί
1 περιΐστημι
1 πιστεύω
8 πίστις
3 πιστός
1* πιστόω
2 πλανάω
2 πληροφορέω
1 πληρόω
3 πνεῦμα
1 ποιέω
1 ποικίλος
1 πολλάκις
4 πολύς
2 πονηρός
1 πορεύομαι
1* Πούδης
1* πραγματεία
1 πραΰτης
1 Πρίσκα
2 πρό
1 πρόγονος
1 προδότης
2 πρόθεσις
3 προκόπτω
1 προπετής
7 πρός
3 πρῶτος
3 ῥύομαι
1 Ῥώμη
2 σεαυτοῦ
2 σκεῦος
1 σοφίζω
1 σπένδω
1 σπέρμα
3 σπουδάζω
1 σπουδαίως
1 στερεός
1 στέφανος
1 στεφανόω
1 στόμα
1 στρατεύω
1 στρατιώτης
1* στρατολογέω
20 σύ
2* συγκακοπαθέω
1 συζάω
1 συμβασιλεύω
1 συναποθνῄσκω
1 συνείδησις
1 σύνεσις
1 σφραγίς
2 σῴζω
1 σωρεύω
1 σωτήρ
2 σωτηρία
1* σωφρονισμός
1 ταχέως
2 τέκνον
1 τελέω
1 τηρέω
1 τίθημι
2 τιμή
1 Τιμόθεος
1 τίς
3 τις
1 Τίτος
1 τό
1 τρόπος
1 Τρόφιμος
1 Τρῳάς
1 τυγχάνω
1 τυφόω
1 Τυχικός
2 ὑγιαίνω
1 ὑμεῖς
1 Ὑμέναιος
1 ὑπερήφανος
1 ὑπό
2 ὑπομένω
1 ὑπομιμνῄσκω
1 ὑπόμνησις
1 ὑπομονή
1 ὑποτύπωσις
1 ὑποφέρω
1* φαιλόνης
1 φανερόω
1 φέρω
1 φεύγω
1 φιλάργυρος
1* φίλαυτος
1* φιλήδονος
1* Φίλητος
1* φιλόθεος
1* Φύγελος
3 φυλάσσω
1 φωτίζω
1 χαλεπός
1* χαλκεύς
1 χαρά
5 χάρις
1 χάρισμα
1 χειμών
1 χείρ
1 χείρων
1* χρήσιμος
13 Χριστός
1 χρόνος
1 χρυσοῦς
5 ὡς
1 ὠφέλιμος

° Not included in concordance
* Word only occurs in this book

Frequency List (in Order of Occurrence)

150° ὁ
68° καί
37 ἐν
33 ἐγώ
24 δέ
20 ὅς
20 σύ
18 εἰς
18 πᾶς
16° αὐτός
16 εἰμί
16 κύριος
14 γάρ
13 θεός
13 Ἰησοῦς
13 Χριστός
12 ἀλλά
12 διά
12 οὐ
11 οὗτος
9 ἡμεῖς
8 πίστις
7 ἀπό
7 ἐκ
7 κατά
7 λόγος
7 ὅτι
7 πρός
6 ἀλήθεια
6 δίδωμι
6 ἐκεῖνος
6 ἐπί
6 ἔργον
6 ἔχω
6 μετά
5 ἄνθρωπος
5 ἡμέρα
5 ἵνα
5 οἶδα
5 παρά
5 χάρις
5 ὡς
4 ἀγάπη
4 ἀκούω
4 ἀρνέομαι
4 γίνομαι
4 εἰ
4 ἔρχομαι
4 μή
4 πολύς
3 αἰών
3 ἀνθίστημι
3 γινώσκω
3 διδασκαλία
3 δικαιοσύνη
3 δύναμαι
3 δύναμις
3 ἐάν
3 ἑαυτοῦ
3 ἔλεος
3 ἐπαισχύνομαι
3 ἐπιθυμία
3 ἐπιφάνεια
3 εὐαγγέλιον
3 καιρός
3 καλός
3 μανθάνω
3 μέν
3 μένω
3 μόνος
3 ὅστις
3 οὐδείς
3 οὖν
3 περί
3 πιστός
3 πνεῦμα
3 προκόπτω
3 πρῶτος
3 ῥύομαι
3 σπουδάζω
3 τις
3 φυλάσσω
2 ἀγαθός
2 ἀγαπάω
2 ἅγιος
2 ἄγω
2* ἀθλέω
2 αἰτία
2 αἰώνιος
2 ἀκοή
2 ἀποδίδωμι
2 ἀπολείπω
2 ἀπόστολος
2 ἀποστρέφω
2 ἀσπάζομαι
2 βασιλεία
2 δεῖ
2 διάβολος
2 διακονία
2 διαμαρτύρομαι
2 διδάσκαλος
2 διωγμός
2 διώκω
2 δόξα
2 ἐγκαταλείπω
2 εἰρήνη
2 ἐνδυναμόω
2 ἐνοικέω
2 ἐνώπιον
2 ἐπίγνωσις
2 εὑρίσκω
2 εὔχρηστος
2 Ἔφεσος
2 ἐφίστημι
2 ζάω
2 ζωή
2 ἤδη
2 θέλημα
2 ἴδιος
2 καθαρός
2 κακοπαθέω
2 λέγω
2 μακροθυμία
2 νεκρός
2 νῦν
2 οἰκία
2 οἶκος
2 οἷος
2* Ὀνησίφορος
2 παραθήκη
2 παρίστημι
2 πείθω
2 πλανάω
2 πληροφορέω
2 πονηρός
2 πρό
2 πρόθεσις
2 σεαυτοῦ
2 σκεῦος
2* συγκακοπαθέω
2 σῴζω
2 σωτηρία
2 τέκνον
2 τιμή
2 ὑγιαίνω
2 ὑπομένω
1 ἀγαπητός
1 ἁγιάζω
1* ἀγωγή
1 ἀγών
1 ἀγωνίζομαι
1 ἀδελφός
1 ἀδιάλειπτος
1 ἀδικία
1 ἀδόκιμος
1 αἰχμαλωτίζω
1* ἀκαίρως
1* ἀκρατής
1 Ἀκύλας
1 ἀλαζών
1 Ἀλέξανδρος
1 ἅλυσις
1 ἁμαρτία
1 ἀμήν
1* ἀναζωπυρέω
1 ἀναλαμβάνω
1* ἀνάλυσις
1 ἀναμιμνῄσκω
1* ἀνανήφω
1 ἀνάστασις
1 ἀνατρέπω
1* ἀναψύχω
1* ἀνεξίκακος
1* ἀνεπαίσχυντος
1 ἀνέχομαι
1* ἀνήμερος
1 ἄνοια
1 ἀνόσιος
1* ἀντιδιατίθημι
1 Ἀντιόχεια
1 ἀνυπόκριτος
1* ἀπαίδευτος
1 ἀπειθής
1 ἀπιστέω
1 ἀπόκειμαι
1 ἀπολογία
1 ἀποστέλλω
1* ἀποτρέπω
1 ἀργυροῦς
1 ἀρέσκω
1* ἄρτιος
1 ἀσέβεια
1 ἀσθενέω
1 Ἀσία
1* ἄσπονδος
1 ἄστοργος
1 ἀστοχέω
1 ἀτιμία
1 ἀφθαρσία
1* ἀφιλάγαθος
1 ἀφίστημι
1 ἀχάριστος
1 βέβηλος
1* βελτίων
1 βιβλίον
1 βίος
1 βλάσφημος
1 βρέφος
1* γάγγραινα
1 Γαλατία
1 γεννάω
1 γεωργός
1* γόης
1 γονεύς
1 γράμμα
1 γραφή
1* γυναικάριον
1 δάκρυον
1* Δαλματία
1 Δαυίδ
1 δέησις
1* δειλία
1 δέσμιος
1 δεσμός
1 δεσπότης
1 δέω
1 Δημᾶς
1 διακονέω
1 διδακτικός
1 διδάσκω
1 διδαχή
1 δίκαιος
1 δόκιμος
1 δοῦλος
1 δρόμος
1 δυνατός
1 ἐγείρω
1 ἔθνος
1* ἔκδηλος
1 ἐκκαθαίρω
1 ἐκλεκτός
1 ἐκτρέπω
1* ἐλεγμός
1 ἐλέγχω
1 ἐμπλέκω
1 ἐνδείκνυμι
1* ἐνδύνω
1 ἐνίστημι
1 ἐξαρτίζω
1 ἐπαγγελία
1* ἐπανόρθωσις
1 ἐπίθεσις
1 ἐπικαλέω
1 ἐπιποθέω
1* ἐπισωρεύω
1 ἐπιτιμάω
1 ἐπουράνιος
1 Ἔραστος
1 ἐργάτης
1* Ἑρμογένης
1 ἔσχατος
1 ἕτερος
1 ἑτοιμάζω
1 εὐαγγελιστής
1* Εὔβουλος
1 εὐκαίρως
1* Εὐνίκη
1 εὐσέβεια
1 εὐσεβῶς
1 ζητέω
1 ζήτησις
1 ζωγρέω
1 ἤ
1 ἡμέτερος
1* ἤπιος
1 θάνατος
1 θέλω
1 θεμέλιος
1* θεόπνευστος
1 Θεσσαλονίκη
1* Ἰαμβρῆς
1* Ἰάννης
1 ἱερός
1 ἱκανός
1 Ἰκόνιον
1 ἵστημι
1 κἀκεῖνος
1 κακός
1 κακοῦργος
1 καλέω
1 καρδία
1 καρπός
1* Κάρπος
1 καταργέω
1 καταστροφή
1* καταφθείρω
1 κενοφωνία

1 κήρυγμα
1 κῆρυξ
1 κηρύσσω
1* Κλαυδία
1 κλῆσις
1* κνήθω
1 κοπιάω
1 Κόρινθος
1* Κρήσκης
1 κρίνω
1 κριτής
1 λαμβάνω
1 λατρεύω
1 λέων
1 λίαν
1* Λίνος
1 λογίζομαι
1* λογομαχέω
1 λοιπός
1 Λουκᾶς
1 Λύστρα
1* Λωΐς
1 μάλιστα
1 μᾶλλον
1* μάμμη
1 Μᾶρκος
1 μαρτύριον
1 μάρτυς
1 μάχη
1 μάχομαι
1 μέγας
1 μέλλω
1* μεμβράνα
1 μέντοι
1 μεταλαμβάνω
1 μετάνοια
1 μέχρι
1 μηδέ
1* μηδέποτε
1 μήποτε
1 μήτηρ
1 Μίλητος
1 μιμνῄσκομαι
1 μνεία
1 μνημονεύω
1 μόρφωσις
1 μῦθος
1 μωρός
1 Μωϋσῆς
1* νεωτερικός
1 νήφω
1 νοέω
1 νομή
1 νομίμως
1 νοῦς
1 νύξ
1 ξύλινος
1 ὄνομα
1 ὀνομάζω
1 ὁράω
1* ὀρθοτομέω
1 ὅσος
1 ὀστράκινος
1 ὅτε
1 οὕτως
1 παγίς
1 πάθημα
1 παιδεία
1 παιδεύω
1 πάντοτε
1 παραγίνομαι
1 παραιτέομαι
1 παρακαλέω
1 παρακολουθέω
1 παρατίθημι
1 πάσχω
1 πατήρ
1 Παῦλος
1 περιΐστημι
1 πιστεύω
1* πιστόω
1 πληρόω
1 ποιέω
1 ποικίλος
1 πολλάκις
1 πορεύομαι
1* Πούδης
1* πραγματεία
1 πραΰτης
1 Πρίσκα
1 πρόγονος
1 προδότης
1 προπετής
1 Ῥώμη
1 σοφίζω
1 σπένδω
1 σπέρμα
1 σπουδαίως
1 στερεός
1 στέφανος
1 στεφανόω
1 στόμα
1 στρατεύω
1 στρατιώτης
1* στρατολογέω
1 συζάω
1 συμβασιλεύω
1 συναποθνῄσκω
1 συνείδησις
1 σύνεσις
1 σφραγίς
1 σωρεύω
1 σωτήρ
1* σωφρονισμός
1 ταχέως
1 τελέω
1 τηρέω
1 τίθημι
1 Τιμόθεος
1 τίς
1 Τίτος
1 τό
1 τρόπος
1 Τρόφιμος
1 Τρῳάς
1 τυγχάνω
1 τυφόω
1 Τυχικός
1 ὑμεῖς
1 Ὑμέναιος
1 ὑπερήφανος
1 ὑπό
1 ὑπομιμνῄσκω
1 ὑπόμνησις
1 ὑπομονή
1 ὑποτύπωσις
1 ὑποφέρω
1* φαιλόνης
1 φανερόω
1 φέρω
1 φεύγω
1 φιλάργυρος
1* φίλαυτος
1* φιλήδονος
1* Φίλητος
1* φιλόθεος
1* Φύγελος
1 φωτίζω
1 χαλεπός
1* χαλκεύς
1 χαρά
1 χάρισμα
1 χειμών
1 χείρ
1 χείρων
1* χρήσιμος
1 χρόνος
1 χρυσοῦς
1 ὠφέλιμος

° Not included in concordance
* Word only occurs in this book

Titus – Statistics

291 Total word count
9 Number of words occurring at least 10 times
212 Number of words occurring once

Words whose occurrences in this book account for at least 25% of occurrences in the entire NT

100%

1/1 αἱρετικός (hairetikos; divisive), ἀκατάγνωστος (akatagnōstos; above criticism), Ἀρτεμᾶς (Artemas; Artemas), αὐτοκατάκριτος (autokatakritos; self-condemned), ἀφθορία (aphthoria; integrity), ἀψευδής (apseudēs; who never lies), βδελυκτός (bdelyktos; detestable), ἐγκρατής (enkratēs; self-controlled), ἐκστρέφω (ekstrephō; be perverted or corrupt), ἐπιδιορθόω (epidiorthoō; finish setting in order or set in order), ἐπιστομίζω (epistomizō; silence), Ζηνᾶς (Zēnas; Zenas), ἱεροπρεπής (hieroprepēs; reverent), ματαιολόγος (mataiologos; empty talker), Νικόπολις (Nikopolis; Nicopolis), οἰκουργός (oikourgos; devoted to home duties), ὀργίλος (orgilos; quick-tempered), περιούσιος (periousios; special), περιφρονέω (periphroneō; look down on), πρεσβῦτις (presbytis; old or elderly woman), στυγητός (stygētos; hated), σωτήριος (sōtērios; bringing salvation), σωφρονίζω (sōphronizō; train), σωφρόνως (sōphronōs; according to good sense), φιλάγαθος (philagathos; loving what is good), φίλανδρος (philandros; loving one's husband), φιλότεκνος (philoteknos; loving one's children), φρεναπάτης (phrenapatēs; deceiver), φροντίζω (phrontizō; concentrate upon)

75%

3/4 σώφρων (sōphrōn; sensible)

50%

2/4 ἀνυπότακτος (anypotaktos; disorderly), ἐπιφαίνω (epiphainō; appear)

1/2 αἰσχροκερδής (aischrokerdēs; greedy for material gain), ἄμαχος (amachos; peaceable), ἀνακαίνωσις (anakainōsis; renewal), ἀνωφελής (anōphelēs; useless), ἀποτόμως (apotomōs; severely), αὐθάδης (authadēs; arrogant), γενεαλογία (genealogia; genealogy), διαβεβαιόομαι (diabebaioomai; speak confidently), διάγω (diagō; lead), εὐσεβῶς (eusebōs; in a godly manner), κοσμικός (kosmikos; worldly), λουτρόν (loutron; washing), παλιγγενεσία (palingenesia; rebirth), πάροινος (paroinos; drunkard), πλήκτης (plēktēs; quick-tempered or violent man), φιλανθρωπία (philanthrōpia; kindness)

40%

2/5 ἀνέγκλητος (anenklētos; beyond reproach), μιαίνω (miainō; defile)

33%

4/12 ὑγιαίνω (hygiainō; be sound)

2/6 ἀπειθής (apeithēs; disobedient), λείπω (leipō; lack)

1/3 ἀνατρέπω (anatrepō; overturn), ἀσωτία (asōtia; dissipation), κατηγορία (katēgoria; charge), κέρδος (kerdos; gain), Κρής (Krēs; a Cretan), λυτρόω (lytroō; redeem), νηφάλιος (nēphalios; temperate), νοσφίζω (nosphizō; keep back for oneself), νουθεσία (nouthesia; instruction), πρεσβύτης (presbytēs; old or elderly man), σεμνότης (semnotēs; dignity, probity), φιλόξενος (philoxenos; hospitable)

28%

2/7 ἐπιταγή (epitagē; command)

Titus – Concordance

ἀγαθός (*agathos*; 4/102) *good*
Tit 1:16 πρὸς πᾶν ἔργον **ἀγαθὸν** ἀδόκιμοι.
Tit 2:5 σώφρονας ἁγνὰς οἰκουργοὺς **ἀγαθάς**,
Tit 2:10 πᾶσαν πίστιν ἐνδεικνυμένους **ἀγαθήν**,
Tit 3:1 πρὸς πᾶν ἔργον **ἀγαθὸν** ἑτοίμους εἶναι,

ἀγάπη (*agapē*; 1/116) *love*
Tit 2:2 τῇ **ἀγάπῃ**,

ἅγιος (*hagios*; 1/233) *holy, set apart*
Tit 3:5 καὶ ἀνακαινώσεως πνεύματος **ἁγίου**,

ἁγνός (*hagnos*; 1/8) *pure*
Tit 2:5 σώφρονας **ἁγνὰς** οἰκουργοὺς ἀγαθάς,

ἀδόκιμος (*adokimos*; 1/8) *failing to meet the test*
Tit 1:16 πᾶν ἔργον ἀγαθὸν **ἀδόκιμοι**.

ἀεί (*aei*; 1/7) *always*
Tit 1:12 Κρῆτες **ἀεὶ** ψεῦσται,

αἱρετικός (*hairetikos*; 1/1) *divisive*
Tit 3:10 **αἱρετικὸν** ἄνθρωπον μετὰ μίαν

αἰσχροκερδής (*aischrokerdēs*; 1/2) *greedy for material gain*
Tit 1:7 μὴ **αἰσχροκερδῆ**,

αἰσχρός (*aischros*; 1/4) *disgraceful, shameful*
Tit 1:11 ἃ μὴ δεῖ **αἰσχροῦ** κέρδους χάριν.

αἰτία (*aitia*; 1/20) *reason, charge*
Tit 1:13 δι᾽ ἣν **αἰτίαν** ἔλεγχε αὐτοὺς ἀποτόμως,

αἰών (*aiōn*; 1/122) *age*
Tit 2:12 ἐν τῷ νῦν **αἰῶνι**,

αἰώνιος (*aiōnios*; 3/70[71]) *eternal*
Tit 1:2 ἐπ᾽ ἐλπίδι ζωῆς **αἰωνίου**,
Tit 1:2 θεὸς πρὸ χρόνων **αἰωνίων**,
Tit 3:7 κατ᾽ ἐλπίδα ζωῆς **αἰωνίου**.

ἄκαρπος (*akarpos*; 1/7) *barren*
Tit 3:14 ἵνα μὴ ὦσιν **ἄκαρποι**.

ἀκατάγνωστος (*akatagnōstos*; 1/1) *above criticism*
Tit 2:8 λόγον ὑγιῆ **ἀκατάγνωστον**,

ἀλήθεια (*alētheia*; 2/109) *truth*
Tit 1:1 θεοῦ καὶ ἐπίγνωσιν **ἀληθείας** τῆς κατ᾽ εὐσέβειαν
Tit 1:14 ἀνθρώπων ἀποστρεφομένων τὴν **ἀλήθειαν**.

ἀληθής (*alēthēs*; 1/26) *true*
Tit 1:13 μαρτυρία αὕτη ἐστὶν **ἀληθής**.

ἀλλά (*alla*; 4/638) *but*
Tit 1:8 **ἀλλὰ** φιλόξενον φιλάγαθον σώφρονα
Tit 1:15 **ἀλλὰ** μεμίανται αὐτῶν καὶ
Tit 2:10 **ἀλλὰ** πᾶσαν πίστιν ἐνδεικνυμένους
Tit 3:5 ἃ ἐποιήσαμεν ἡμεῖς **ἀλλὰ** κατὰ τὸ αὐτοῦ

ἀλλήλων (*allēlōn*; 1/100) *one another*
Tit 3:3 μισοῦντες **ἀλλήλους**.

ἁμαρτάνω (*hamartanō*; 1/42[43]) *sin*
Tit 3:11 ὁ τοιοῦτος καὶ **ἁμαρτάνει** ὢν αὐτοκατάκριτος.

ἄμαχος (*amachos*; 1/2) *peaceable*
Tit 3:2 **ἀμάχους** εἶναι,

ἀναγκαῖος (*anankaios*; 1/8) *necessary*
Tit 3:14 προΐστασθαι εἰς τὰς **ἀναγκαίας** χρείας,

ἀνακαίνωσις (*anakainōsis*; 1/2) *renewal*
Tit 3:5 λουτροῦ παλιγγενεσίας καὶ **ἀνακαινώσεως** πνεύματος ἁγίου,

ἀνατρέπω (*anatrepō*; 1/3) *overturn*
Tit 1:11 οἵτινες ὅλους οἴκους **ἀνατρέπουσιν** διδάσκοντες ἃ μὴ

ἀνέγκλητος (*anenklētos*; 2/5) *beyond reproach*
Tit 1:6 εἴ τις ἐστιν **ἀνέγκλητος**,
Tit 1:7 γὰρ τὸν ἐπίσκοπον **ἀνέγκλητον** εἶναι ὡς θεοῦ

ἀνήρ (*anēr*; 2/216) *man, husband*
Tit 1:6 μιᾶς γυναικὸς **ἀνήρ**,
Tit 2:5 ὑποτασσομένας τοῖς ἰδίοις **ἀνδράσιν**,

ἄνθρωπος (*anthrōpos*; 5/550) *man, human being (pl. people)*
Tit 1:14 μύθοις καὶ ἐντολαῖς **ἀνθρώπων** ἀποστρεφομένων τὴν ἀλήθειαν.
Tit 2:11 θεοῦ σωτήριος πᾶσιν **ἀνθρώποις**
Tit 3:2 πραΰτητα πρὸς πάντας **ἀνθρώπους**.
Tit 3:8 καὶ ὠφέλιμα τοῖς **ἀνθρώποις**.
Tit 3:10 αἱρετικὸν **ἄνθρωπον** μετὰ μίαν καὶ

ἀνόητος (*anoētos*; 1/6) *foolish*
Tit 3:3 ποτε καὶ ἡμεῖς **ἀνόητοι**,

ἀνομία (*anomia*; 1/15) *wickedness*
Tit 2:14 ἡμᾶς ἀπὸ πάσης **ἀνομίας** καὶ καθαρίσῃ ἑαυτῷ

ἀντέχομαι (*antechomai*; 1/4) *be loyal to*
Tit 1:9 **ἀντεχόμενον** τοῦ κατὰ τὴν

ἀντιλέγω (*antilegō*; 2/11) *oppose*
Tit 1:9 ὑγιαινούσῃ καὶ τοὺς **ἀντιλέγοντας** ἐλέγχειν.
Tit 2:9 μὴ **ἀντιλέγοντας**,

ἀνυπότακτος (*anypotaktos*; 2/4) *disorderly*
Tit 1:6 κατηγορίᾳ ἀσωτίας ἢ **ἀνυπότακτα**.
Tit 1:10 γὰρ πολλοὶ [καὶ] **ἀνυπότακτοι**,

ἀνωφελής (*anōphelēs*; 1/2) *useless*
Tit 3:9 εἰσὶν γὰρ **ἀνωφελεῖς** καὶ μάταιοι.

ἀπειθής (*apeithēs*; 2/6) *disobedient*
Tit 1:16 βδελυκτοὶ ὄντες καὶ **ἀπειθεῖς** καὶ πρὸς πᾶν
Tit 3:3 **ἀπειθεῖς**,

ἄπιστος (*apistos*; 1/23) *unfaithful*
Tit 1:15 δὲ μεμιαμμένοις καὶ **ἀπίστοις** οὐδὲν καθαρόν,

ἀπό (*apo*; 2/643[646]) *from*
Tit 1:4 χάρις καὶ εἰρήνη **ἀπὸ** θεοῦ πατρὸς καὶ
Tit 2:14 ἵνα λυτρώσηται ἡμᾶς **ἀπὸ** πάσης ἀνομίας

ἀπολείπω (*apoleipō*; 1/7) *leave behind*
Tit 1:5 Τούτου χάριν **ἀπέλιπόν** σε ἐν Κρήτῃ,

Ἀπολλῶς (*Apollōs*; 1/10) *Apollos*
Tit 3:13 τὸν νομικὸν καὶ **Ἀπολλῶν** σπουδαίως πρόπεμψον,

ἀπόστολος (*apostolos*; 1/80) *apostle, messenger*
Tit 1:1 **ἀπόστολος** δὲ Ἰησοῦ Χριστοῦ

ἀποστρέφω (*apostrephō*; 1/9) *turn away*
Tit 1:14 καὶ ἐντολαῖς ἀνθρώπων **ἀποστρεφομένων** τὴν ἀλήθειαν.

ἀποτόμως (*apotomōs*; 1/2) *severely*
Tit 1:13 αἰτίαν ἔλεγχε αὐτοὺς **ἀποτόμως**,

ἀργός (*argos*; 1/8) *idle*
Tit 1:12 γαστέρες **ἀργαί**.

ἀρνέομαι (*arneomai*; 2/33) *deny*
Tit 1:16 τοῖς δὲ ἔργοις **ἀρνοῦνται**,
Tit 2:12 ἵνα **ἀρνησάμενοι** τὴν ἀσέβειαν καὶ

Ἀρτεμᾶς (*Artemas*; 1/1) *Artemas*
Tit 3:12 Ὅταν πέμψω **Ἀρτεμᾶν** πρὸς σὲ ἢ

ἀρχή (*archē*; 1/55) *beginning*
Tit 3:1 Ὑπομίμνῃσκε αὐτοὺς **ἀρχαῖς** ἐξουσίαις ὑποτάσσεσθαι,

ἀσέβεια (*asebeia*; 1/6) *godlessness*
Tit 2:12 ἵνα ἀρνησάμενοι τὴν **ἀσέβειαν** καὶ τὰς κοσμικὰς

ἀσπάζομαι (*aspazomai*; 2/59) *greet*
Tit 3:15 **Ἀσπάζονταί** σε οἱ μετ᾽
Tit 3:15 **Ἄσπασαι** τοὺς φιλοῦντας ἡμᾶς

ἀσωτία (*asōtia*; 1/3) *dissipation*
Tit 1:6 μὴ ἐν κατηγορίᾳ **ἀσωτίας** ἢ ἀνυπότακτα.

αὐθάδης (*authadēs*; 1/2) *arrogant*
Tit 1:7 μὴ **αὐθάδη**,

αὐτοκατάκριτος (*autokatakritos*; 1/1) *self-condemned*
Tit 3:11 καὶ ἁμαρτάνει ὢν **αὐτοκατάκριτος**.

ἀφθορία (*aphthoria*; 1/1) *integrity*
Tit 2:7 ἐν τῇ διδασκαλίᾳ **ἀφθορίαν**,

ἀψευδής (*apseudēs*; 1/1) *who never lies*
Tit 1:2 ἣν ἐπηγγείλατο ὁ **ἀψευδὴς** θεὸς πρὸ χρόνων

βδελυκτός (*bdelyktos*; 1/1) *detestable*
Tit 1:16 **βδελυκτοὶ** ὄντες καὶ ἀπειθεῖς

βλασφημέω (*blasphēmeō*; 2/34) *blaspheme*
Tit 2:5 λόγος τοῦ θεοῦ **βλασφημῆται**.
Tit 3:2 μηδένα **βλασφημεῖν**,

βούλομαι (*boulomai*; 1/37) *want*
Tit 3:8 καὶ περὶ τούτων **βούλομαί** σε διαβεβαιοῦσθαι,

γάρ (*gar*; 6/1041) *for*
Tit 1:7 δεῖ **γὰρ** τὸν ἐπίσκοπον ἀνέγκλητον
Tit 1:10 Εἰσὶν **γὰρ** πολλοὶ [καὶ] ἀνυπότακτοι,
Tit 2:11 Ἐπεφάνη **γὰρ** ἡ χάρις τοῦ
Tit 3:3 Ἦμεν **γάρ** ποτε καὶ ἡμεῖς
Tit 3:9 εἰσὶν **γὰρ** ἀνωφελεῖς καὶ μάταιοι.
Tit 3:12 ἐκεῖ **γὰρ** κέκρικα παραχειμάσαι.

γαστήρ (*gastēr*; 1/9) *womb*
Tit 1:12 **γαστέρες** ἀργαί.

γενεαλογία (*genealogia*; 1/2) *genealogy*
Tit 3:9 δὲ ζητήσεις καὶ **γενεαλογίας** καὶ ἔρεις καὶ

γίνομαι (*ginomai*; 1/668[669]) *be, become*
Tit 3:7 ἐκείνου χάριτι κληρονόμοι **γενηθῶμεν** κατ᾽ ἐλπίδα ζωῆς

γνήσιος (*gnēsios*; 1/4) *genuine*
Tit 1:4 Τίτῳ **γνησίῳ** τέκνῳ κατὰ κοινὴν

γυνή (*gynē*; 1/211[215]) *woman, wife*
Tit 1:6 μιᾶς **γυναικὸς** ἀνήρ,

δέ (*de*; 8/2773[2792]) *but, and*

Tit 1:1 ἀπόστολος **δὲ** Ἰησοῦ Χριστοῦ κατὰ
Tit 1:3 ἐφανέρωσεν **δὲ** καιροῖς ἰδίοις τὸν
Tit 1:15 τοῖς **δὲ** μεμιαμμένοις καὶ ἀπίστοις
Tit 1:16 τοῖς **δὲ** ἔργοις ἀρνοῦνται,
Tit 2:1 Σὺ **δὲ** λάλει ἃ πρέπει
Tit 3:4 ὅτε **δὲ** ἡ χρηστότης καὶ
Tit 3:9 μωρὰς **δὲ** ζητήσεις καὶ γενεαλογίας
Tit 3:14 μανθανέτωσαν **δὲ** καὶ οἱ ἡμέτεροι

δεῖ (*dei*; 3/101) *it is necessary*

Tit 1:7 **δεῖ** γὰρ τὸν ἐπίσκοπον
Tit 1:11 οὓς **δεῖ** ἐπιστομίζειν,
Tit 1:11 διδάσκοντες ἃ μὴ **δεῖ** αἰσχροῦ κέρδους χάριν.

δεσπότης (*despotēs*; 1/10) *master*

Tit 2:9 Δούλους ἰδίοις **δεσπόταις** ὑποτάσσεσθαι ἐν πᾶσιν,

δεύτερος (*deuteros*; 1/43) *second*

Tit 3:10 μετὰ μίαν καὶ **δευτέραν** νουθεσίαν παραιτοῦ,

διά (*dia*; 3/665[667]) *through, on account of*

Tit 1:13 **δι'** ἣν αἰτίαν ἔλεγχε
Tit 3:5 ἔλεος ἔσωσεν ἡμᾶς **διὰ** λουτροῦ παλιγγενεσίας καὶ
Tit 3:6 ἐφ' ἡμᾶς πλουσίως **διὰ** Ἰησοῦ Χριστοῦ τοῦ

διαβεβαιόομαι (*diabebaioomai*; 1/2) *speak confidently*

Tit 3:8 τούτων βούλομαί σε **διαβεβαιοῦσθαι**,

διάβολος (*diabolos*; 1/37) *devil*

Tit 2:3 μὴ **διαβόλους** μὴ οἴνῳ πολλῷ

διάγω (*diagō*; 1/2) *lead*

Tit 3:3 κακίᾳ καὶ φθόνῳ **διάγοντες**,

διατάσσω (*diatassō*; 1/16) *command*

Tit 1:5 ὡς ἐγώ σοι **διεταξάμην**,

διδασκαλία (*didaskalia*; 4/21) *teaching*

Tit 1:9 παρακαλεῖν ἐν τῇ **διδασκαλίᾳ** τῇ ὑγιαινούσῃ
Tit 2:1 πρέπει τῇ ὑγιαινούσῃ **διδασκαλίᾳ**.
Tit 2:7 ἐν τῇ **διδασκαλίᾳ** ἀφθορίαν,
Tit 2:10 ἵνα τὴν **διδασκαλίαν** τὴν τοῦ σωτῆρος

διδάσκω (*didaskō*; 1/96) *teach*

Tit 1:11 ὅλους οἴκους ἀνατρέπουσιν **διδάσκοντες** ἃ μὴ δεῖ

διδαχή (*didachē*; 1/30) *teaching*

Tit 1:9 τοῦ κατὰ τὴν **διδαχὴν** πιστοῦ λόγου,

δίδωμι (*didōmi*; 1/415) *give*

Tit 2:14 ὃς **ἔδωκεν** ἑαυτὸν ὑπὲρ ἡμῶν,

δίκαιος (*dikaios*; 1/79) *righteous*

Tit 1:8 φιλόξενον φιλάγαθον σώφρονα **δίκαιον** ὅσιον ἐγκρατῆ,

δικαιοσύνη (*dikaiosynē*; 1/92) *righteousness*

Tit 3:5 ἔργων τῶν ἐν **δικαιοσύνῃ** ἃ ἐποιήσαμεν ἡμεῖς

δικαιόω (*dikaioō*; 1/39) *justify*

Tit 3:7 ἵνα **δικαιωθέντες** τῇ ἐκείνου χάριτι

δικαίως (*dikaiōs*; 1/5) *righteously, justly*

Tit 2:12 ἐπιθυμίας σωφρόνως καὶ **δικαίως** καὶ εὐσεβῶς ζήσωμεν

δόξα (*doxa*; 1/166) *glory*

Tit 2:13 καὶ ἐπιφάνειαν τῆς **δόξης** τοῦ μεγάλου θεοῦ

δουλεύω (*douleuō*; 1/25) *serve (pass. be enslaved)*

Tit 3:3 **δουλεύοντες** ἐπιθυμίαις καὶ ἡδοναῖς

δοῦλος (*doulos*; 2/124) *slave*

Tit 1:1 Παῦλος **δοῦλος** θεοῦ,
Tit 2:9 **Δούλους** ἰδίοις δεσπόταις ὑποτάσσεσθαι

δουλόω (*douloō*; 1/8) *enslave*

Tit 2:3 μὴ οἴνῳ πολλῷ **δεδουλωμένας**,

δυνατός (*dynatos*; 1/32) *possible*

Tit 1:9 ἵνα **δυνατὸς** ᾖ καὶ παρακαλεῖν

ἑαυτοῦ (*heautou*; 2/319) *himself*

Tit 2:14 ὃς ἔδωκεν **ἑαυτὸν** ὑπὲρ ἡμῶν,
Tit 2:14 ἀνομίας καὶ καθαρίσῃ **ἑαυτῷ** λαὸν περιούσιον,

ἐγκρατής (*enkratēs*; 1/1) *self-controlled*

Tit 1:8 σώφρονα δίκαιον ὅσιον **ἐγκρατῆ**,

ἐγώ (*egō*; 4/1715[1718]) *I*

Tit 1:3 ὃ ἐπιστεύθην **ἐγὼ** κατ' ἐπιταγὴν τοῦ
Tit 1:5 ὡς **ἐγώ** σοι διεταξάμην,
Tit 3:12 σπούδασον ἐλθεῖν πρός **με** εἰς Νικόπολιν,
Tit 3:15 σε οἱ μετ' **ἐμοῦ** πάντες.

εἰ (*ei*; 1/502) *if, since*

Tit 1:6 **εἴ** τις ἐστιν ἀνέγκλητος,

εἰμί (*eimi*; 16/2460[2462]) *be*

Tit 1:6 εἴ τις **ἐστιν** ἀνέγκλητος,
Tit 1:7 τὸν ἐπίσκοπον ἀνέγκλητον **εἶναι** ὡς θεοῦ οἰκονόμον,
Tit 1:9 ἵνα δυνατὸς **ᾖ** καὶ παρακαλεῖν ἐν
Tit 1:10 **Εἰσὶν** γὰρ πολλοὶ [καὶ]
Tit 1:13 ἡ μαρτυρία αὕτη **ἐστὶν** ἀληθής.
Tit 1:16 βδελυκτοὶ **ὄντες** καὶ ἀπειθεῖς καὶ
Tit 2:2 Πρεσβύτας νηφαλίους **εἶναι**,
Tit 2:4 τὰς νέας φιλάνδρους **εἶναι**,

Tit 2:9 εὐαρέστους **εἶναι**,
Tit 3:1 ἔργον ἀγαθὸν ἑτοίμους **εἶναι**,
Tit 3:2 ἀμάχους **εἶναι**,
Tit 3:3 **Ἦμεν** γάρ ποτε καὶ
Tit 3:8 ταῦτά **ἐστιν** καλὰ καὶ ὠφέλιμα
Tit 3:9 **εἰσὶν** γὰρ ἀνωφελεῖς καὶ
Tit 3:11 τοιοῦτος καὶ ἁμαρτάνει **ὢν** αὐτοκατάκριτος.
Tit 3:14 ἵνα μὴ **ὦσιν** ἄκαρποι.

εἰρήνη (*eirēnē*; 1/92) *peace*
Tit 1:4 χάρις καὶ **εἰρήνη** ἀπὸ θεοῦ πατρὸς

εἰς (*eis*; 2/1759[1767]) *into*
Tit 3:12 ἐλθεῖν πρός με **εἰς** Νικόπολιν,
Tit 3:14 καλῶν ἔργων προΐστασθαι **εἰς** τὰς ἀναγκαίας χρείας,

εἷς (*heis*; 2/343[345]) *one*
Tit 1:6 **μιᾶς** γυναικὸς ἀνήρ,
Tit 3:10 αἱρετικὸν ἄνθρωπον μετὰ **μίαν** καὶ δευτέραν νουθεσίαν

ἐκ (*ek*; 4/912[914]) *from*
Tit 1:10 μάλιστα οἱ **ἐκ** τῆς περιτομῆς,
Tit 1:12 εἶπέν τις **ἐξ** αὐτῶν ἴδιος αὐτῶν
Tit 2:8 ἵνα ὁ **ἐξ** ἐναντίας ἐντραπῇ μηδὲν
Tit 3:5 οὐκ **ἐξ** ἔργων τῶν ἐν

ἐκεῖ (*ekei*; 1/95) *there*
Tit 3:12 **ἐκεῖ** γὰρ κέκρικα παραχειμάσαι.

ἐκεῖνος (*ekeinos*; 1/240[243]) *that*
Tit 3:7 ἵνα δικαιωθέντες τῇ **ἐκείνου** χάριτι κληρονόμοι γενηθῶμεν

ἐκλεκτός (*eklektos*; 1/22) *chosen*
Tit 1:1 Χριστοῦ κατὰ πίστιν **ἐκλεκτῶν** θεοῦ καὶ ἐπίγνωσιν

ἐκστρέφω (*ekstrephō*; 1/1) *be perverted or corrupt*
Tit 3:11 εἰδὼς ὅτι **ἐξέστραπται** ὁ τοιοῦτος καὶ

ἐκχύννομαι (*ekchynnomai*; 1/27) *pour out*
Tit 3:6 οὗ **ἐξέχεεν** ἐφ' ἡμᾶς πλουσίως

ἐλέγχω (*elenchō*; 3/17) *expose, convict*
Tit 1:9 καὶ τοὺς ἀντιλέγοντας **ἐλέγχειν**.
Tit 1:13 δι' ἣν αἰτίαν **ἔλεγχε** αὐτοὺς ἀποτόμως,
Tit 2:15 καὶ παρακάλει καὶ **ἔλεγχε** μετὰ πάσης ἐπιταγῆς·

ἔλεος (*eleos*; 1/27) *mercy*
Tit 3:5 κατὰ τὸ αὐτοῦ **ἔλεος** ἔσωσεν ἡμᾶς διὰ

ἐλπίς (*elpis*; 3/53) *hope*
Tit 1:2 ἐπ' **ἐλπίδι** ζωῆς αἰωνίου,
Tit 2:13 προσδεχόμενοι τὴν μακαρίαν **ἐλπίδα** καὶ ἐπιφάνειαν τῆς
Tit 3:7 κληρονόμοι γενηθῶμεν κατ' **ἐλπίδα** ζωῆς αἰωνίου.

ἐν (*en*; 13/2746[2752]) *in*
Tit 1:3 τὸν λόγον αὐτοῦ **ἐν** κηρύγματι,
Tit 1:5 χάριν ἀπέλιπόν σε **ἐν** Κρήτῃ,
Tit 1:6 μὴ **ἐν** κατηγορίᾳ ἀσωτίας ἢ
Tit 1:9 ᾖ καὶ παρακαλεῖν **ἐν** τῇ διδασκαλίᾳ τῇ
Tit 1:13 ἵνα ὑγιαίνωσιν **ἐν** τῇ πίστει,
Tit 2:3 Πρεσβύτιδας ὡσαύτως **ἐν** καταστήματι ἱεροπρεπεῖς,
Tit 2:7 **ἐν** τῇ διδασκαλίᾳ ἀφθορίαν,
Tit 2:9 ἰδίοις δεσπόταις ὑποτάσσεσθαι **ἐν** πᾶσιν,
Tit 2:10 ἡμῶν θεοῦ κοσμῶσιν **ἐν** πᾶσιν.
Tit 2:12 καὶ εὐσεβῶς ζήσωμεν **ἐν** τῷ νῦν αἰῶνι,
Tit 3:3 ἐν **κακίᾳ** καὶ φθόνῳ διάγοντες,
Tit 3:5 ἐξ ἔργων τῶν **ἐν** δικαιοσύνῃ ἃ ἐποιήσαμεν
Tit 3:15 τοὺς φιλοῦντας ἡμᾶς **ἐν** πίστει.

ἐναντίος (*enantios*; 1/8) *against*
Tit 2:8 ἵνα ὁ ἐξ **ἐναντίας** ἐντραπῇ μηδὲν ἔχων

ἐνδείκνυμι (*endeiknymi*; 2/11) *show*
Tit 2:10 ἀλλὰ πᾶσαν πίστιν **ἐνδεικνυμένους** ἀγαθήν,
Tit 3:2 πᾶσαν **ἐνδεικνυμένους** πραΰτητα πρὸς πάντας

ἐντολή (*entolē*; 1/67) *commandment*
Tit 1:14 Ἰουδαϊκοῖς μύθοις καὶ **ἐντολαῖς** ἀνθρώπων ἀποστρεφομένων τὴν

ἐντρέπω (*entrepō*; 1/9) *make ashamed*
Tit 2:8 ὁ ἐξ ἐναντίας **ἐντραπῇ** μηδὲν ἔχων λέγειν

ἐξουσία (*exousia*; 1/102) *authority*
Tit 3:1 Ὑπομίμνῃσκε αὐτοὺς ἀρχαῖς **ἐξουσίαις** ὑποτάσσεσθαι,

ἐπαγγέλλομαι (*epangellomai*; 1/15) *promise*
Tit 1:2 ἣν **ἐπηγγείλατο** ὁ ἀψευδὴς θεὸς

ἐπί (*epi*; 2/886[890]) *on*
Tit 1:2 **ἐπ'** ἐλπίδι ζωῆς αἰωνίου,
Tit 3:6 οὗ ἐξέχεεν **ἐφ'** ἡμᾶς πλουσίως διὰ

ἐπίγνωσις (*epignōsis*; 1/20) *knowledge*
Tit 1:1 ἐκλεκτῶν θεοῦ καὶ **ἐπίγνωσιν** ἀληθείας τῆς

ἐπιδιορθόω (*epidiorthoō*; 1/1) *finish setting in order or set in order*
Tit 1:5 ἵνα τὰ λείποντα **ἐπιδιορθώσῃ** καὶ καταστήσῃς κατὰ

ἐπιεικής (*epieikēs*; 1/5) *gentle*
Tit 3:2 **ἐπιεικεῖς**,

ἐπιθυμία (*epithymia*; 2/38) *desire*
Tit 2:12 καὶ τὰς κοσμικὰς **ἐπιθυμίας** σωφρόνως καὶ δικαίως

Tit 3:3 δουλεύοντες **ἐπιθυμίαις** καὶ ἡδοναῖς ποικίλαις,

ἐπίσκοπος (*episkopos*; 1/5) *overseer*
Tit 1:7 δεῖ γὰρ τὸν **ἐπίσκοπον** ἀνέγκλητον εἶναι ὡς

ἐπιστομίζω (*epistomizō*; 1/1) *silence*
Tit 1:11 οὓς δεῖ **ἐπιστομίζειν**,

ἐπιταγή (*epitagē*; 2/7) *command*
Tit 1:3 ἐπιστεύθην ἐγὼ κατ' **ἐπιταγὴν** τοῦ σωτῆρος ἡμῶν
Tit 2:15 ἔλεγχε μετὰ πάσης **ἐπιταγῆς**·

ἐπιφαίνω (*epiphainō*; 2/4) *appear*
Tit 2:11 **'Επεφάνη** γὰρ ἡ χάρις
Tit 3:4 καὶ ἡ φιλανθρωπία **ἐπεφάνη** τοῦ σωτῆρος ἡμῶν

ἐπιφάνεια (*epiphaneia*; 1/6) *appearing*
Tit 2:13 μακαρίαν ἐλπίδα καὶ **ἐπιφάνειαν** τῆς δόξης

ἔργον (*ergon*; 8/169) *work*
Tit 1:16 τοῖς δὲ **ἔργοις** ἀρνοῦνται,
Tit 1:16 καὶ πρὸς πᾶν **ἔργον** ἀγαθὸν ἀδόκιμοι.
Tit 2:7 παρεχόμενος τύπον καλῶν **ἔργων**,
Tit 2:14 ζηλωτὴν καλῶν **ἔργων**.
Tit 3:1 πρὸς πᾶν **ἔργον** ἀγαθὸν ἑτοίμους εἶναι,
Tit 3:5 οὐκ ἐξ **ἔργων** τῶν ἐν δικαιοσύνῃ
Tit 3:8 ἵνα φροντίζωσιν καλῶν **ἔργων** προΐστασθαι οἱ πεπιστευκότες
Tit 3:14 οἱ ἡμέτεροι καλῶν **ἔργων** προΐστασθαι εἰς

ἔρις (*eris*; 1/9) *strife*
Tit 3:9 καὶ γενεαλογίας καὶ **ἔρεις** καὶ μάχας νομικὰς

ἔρχομαι (*erchomai*; 1/631[632]) *come, go*
Tit 3:12 σπούδασον **ἐλθεῖν** πρός με εἰς

ἕτοιμος (*hetoimos*; 1/17) *ready*
Tit 3:1 πᾶν ἔργον ἀγαθὸν **ἑτοίμους** εἶναι,

εὐάρεστος (*euarestos*; 1/9) *acceptable*
Tit 2:9 **εὐαρέστους** εἶναι,

εὐσέβεια (*eusebeia*; 1/15) *godliness*
Tit 1:1 ἀληθείας τῆς κατ' **εὐσέβειαν**

εὐσεβῶς (*eusebōs*; 1/2) *in a godly manner*
Tit 2:12 καὶ δικαίως καὶ **εὐσεβῶς** ζήσωμεν ἐν τῷ

ἔχω (*echō*; 2/706[708]) *have, hold*
Tit 1:6 τέκνα **ἔχων** πιστά,
Tit 2:8 ἐναντίας ἐντραπῇ μηδὲν **ἔχων** λέγειν περὶ ἡμῶν

ζάω (*zaō*; 1/139[140]) *live*
Tit 2:12 δικαίως καὶ εὐσεβῶς **ζήσωμεν** ἐν τῷ νῦν

ζηλωτής (*zēlōtēs*; 1/8) *one who is zealous or eager*
Tit 2:14 **ζηλωτὴν** καλῶν ἔργων.

Ζηνᾶς (*Zēnas*; 1/1) *Zenas*
Tit 3:13 **Ζηνᾶν** τὸν νομικὸν καὶ

ζήτησις (*zētēsis*; 1/7) *controversy, discussion*
Tit 3:9 μωρὰς δὲ **ζητήσεις** καὶ γενεαλογίας καὶ

ζωή (*zōē*; 2/135) *life*
Tit 1:2 ἐπ' ἐλπίδι **ζωῆς** αἰωνίου,
Tit 3:7 γενηθῶμεν κατ' ἐλπίδα **ζωῆς** αἰωνίου.

ἤ (*ē*; 2/340) *or*
Tit 1:6 ἐν κατηγορίᾳ ἀσωτίας **ἢ** ἀνυπότακτα.
Tit 3:12 'Αρτεμᾶν πρὸς σὲ **ἢ** Τύχικον,

ἡδονή (*hēdonē*; 1/5) *pleasure*
Tit 3:3 δουλεύοντες ἐπιθυμίαις καὶ **ἡδοναῖς** ποικίλαις,

ἡμεῖς (*hēmeis*; 15/855) *we*
Tit 1:3 ἐπιταγὴν τοῦ σωτῆρος **ἡμῶν** θεοῦ,
Tit 1:4 'Ιησοῦ τοῦ σωτῆρος **ἡμῶν**.
Tit 2:8 ἔχων λέγειν περὶ **ἡμῶν** φαῦλον.
Tit 2:10 τὴν τοῦ σωτῆρος **ἡμῶν** θεοῦ κοσμῶσιν ἐν
Tit 2:12 παιδεύουσα **ἡμᾶς**,
Tit 2:13 θεοῦ καὶ σωτῆρος **ἡμῶν** 'Ιησοῦ Χριστοῦ,
Tit 2:14 ἔδωκεν ἑαυτὸν ὑπὲρ **ἡμῶν**,
Tit 2:14 ἵνα λυτρώσηται **ἡμᾶς** ἀπὸ πάσης ἀνομίας
Tit 3:3 γάρ ποτε καὶ **ἡμεῖς** ἀνόητοι,
Tit 3:4 ἐπεφάνη τοῦ σωτῆρος **ἡμῶν** θεοῦ,
Tit 3:5 δικαιοσύνῃ ἃ ἐποιήσαμεν **ἡμεῖς** ἀλλὰ κατὰ
Tit 3:5 αὐτοῦ ἔλεος ἔσωσεν **ἡμᾶς** διὰ λουτροῦ παλιγγενεσίας
Tit 3:6 οὗ ἐξέχεεν ἐφ' **ἡμᾶς** πλουσίως διὰ 'Ιησοῦ
Tit 3:6 Χριστοῦ τοῦ σωτῆρος **ἡμῶν**,
Tit 3:15 ἄσπασαι τοὺς φιλοῦντας **ἡμᾶς** ἐν πίστει.

ἡμέτερος (*hēmeteros*; 1/7) *our*
Tit 3:14 δὲ καὶ οἱ **ἡμέτεροι** καλῶν ἔργων προΐστασθαι

θεός (*theos*; 13/1316[1317]) *God*
Tit 1:1 Παῦλος δοῦλος **θεοῦ**,
Tit 1:1 κατὰ πίστιν ἐκλεκτῶν **θεοῦ** καὶ ἐπίγνωσιν ἀληθείας
Tit 1:2 ἐπηγγείλατο ὁ ἀψευδὴς **θεὸς** πρὸ χρόνων αἰωνίων,
Tit 1:3 τοῦ σωτῆρος ἡμῶν **θεοῦ**,
Tit 1:4 καὶ εἰρήνη ἀπὸ **θεοῦ** πατρὸς καὶ Χριστοῦ
Tit 1:7 ἀνέγκλητον εἶναι ὡς **θεοῦ** οἰκονόμον,
Tit 1:16 **θεὸν** ὁμολογοῦσιν εἰδέναι,
Tit 2:5 ὁ λόγος τοῦ **θεοῦ** βλασφημῆται.
Tit 2:10 τοῦ σωτῆρος ἡμῶν **θεοῦ** κοσμῶσιν ἐν πᾶσιν.
Tit 2:11 ἡ χάρις τοῦ **θεοῦ** σωτήριος πᾶσιν ἀνθρώποις
Tit 2:13 δόξης τοῦ μεγάλου **θεοῦ** καὶ σωτῆρος ἡμῶν
Tit 3:4 τοῦ σωτῆρος ἡμῶν **θεοῦ**,
Tit 3:8 προΐστασθαι οἱ πεπιστευκότες **θεῷ**·

θηρίον (*thērion*; 1/46) *animal*
Tit 1:12 κακὰ **θηρία**,

ἴδιος (*idios*; 4/114) *one's own*
Tit 1:3 ἐφανέρωσεν δὲ καιροῖς **ἰδίοις** τὸν λόγον αὐτοῦ
Tit 1:12 τις ἐξ αὐτῶν **ἴδιος** αὐτῶν προφήτης·
Tit 2:5 ὑποτασσομένας τοῖς **ἰδίοις** ἀνδράσιν,
Tit 2:9 Δούλους **ἰδίοις** δεσπόταις ὑποτάσσεσθαι ἐν

ἱεροπρεπής (*hieroprepēs*; 1/1) *reverent*
Tit 2:3 ὡσαύτως ἐν καταστήματι **ἱεροπρεπεῖς**,

Ἰησοῦς (*Iēsous*; 4/911[917]) *Jesus*
Tit 1:1 ἀπόστολος δὲ **Ἰησοῦ** Χριστοῦ κατὰ πίστιν
Tit 1:4 πατρὸς καὶ Χριστοῦ **Ἰησοῦ** τοῦ σωτῆρος ἡμῶν.
Tit 2:13 καὶ σωτῆρος ἡμῶν **Ἰησοῦ** Χριστοῦ,
Tit 3:6 ἡμᾶς πλουσίως διὰ **Ἰησοῦ** Χριστοῦ τοῦ σωτῆρος

ἵνα (*hina*; 13/662[663]) *so that, in order that*
Tit 1:5 **ἵνα** τὰ λείποντα ἐπιδιορθώσῃ
Tit 1:9 **ἵνα** δυνατὸς ᾖ καὶ
Tit 1:13 **ἵνα** ὑγιαίνωσιν ἐν τῇ
Tit 2:4 **ἵνα** σωφρονίζωσιν τὰς νέας
Tit 2:5 **ἵνα** μὴ ὁ λόγος
Tit 2:8 **ἵνα** ὁ ἐξ ἐναντίας
Tit 2:10 **ἵνα** τὴν διδασκαλίαν τὴν
Tit 2:12 **ἵνα** ἀρνησάμενοι τὴν ἀσέβειαν
Tit 2:14 **ἵνα** λυτρώσηται ἡμᾶς ἀπὸ
Tit 3:7 **ἵνα** δικαιωθέντες τῇ ἐκείνου
Tit 3:8 **ἵνα** φροντίζωσιν καλῶν ἔργων
Tit 3:13 **ἵνα** μηδὲν αὐτοῖς λείπῃ.
Tit 3:14 **ἵνα** μὴ ὦσιν ἄκαρποι.

Ἰουδαϊκός (*Ioudaikos*; 1/1) *Jewish*
Tit 1:14 μὴ προσέχοντες **Ἰουδαϊκοῖς** μύθοις καὶ ἐντολαῖς

καθαρίζω (*katharizō*; 1/31) *cleanse*
Tit 2:14 πάσης ἀνομίας καὶ **καθαρίσῃ** ἑαυτῷ λαὸν περιούσιον,

καθαρός (*katharos*; 3/27) *pure, clean*
Tit 1:15 πάντα **καθαρὰ** τοῖς καθαροῖς·
Tit 1:15 πάντα καθαρὰ τοῖς **καθαροῖς**·
Tit 1:15 καὶ ἀπίστοις οὐδὲν **καθαρόν**,

καθίστημι (*kathistēmi*; 1/21) *put in charge*
Tit 1:5 λείποντα ἐπιδιορθώσῃ καὶ **καταστήσῃς** κατὰ πόλιν πρεσβυτέρους,

καιρός (*kairos*; 1/85) *time*
Tit 1:3 ἐφανέρωσεν δὲ **καιροῖς** ἰδίοις τὸν λόγον

κακία (*kakia*; 1/11) *evil*
Tit 3:3 ἐν κακίᾳ **καὶ** φθόνῳ διάγοντες,

κακός (*kakos*; 1/50) *evil*
Tit 1:12 **κακὰ** θηρία,

καλοδιδάσκαλος (*kalodidaskalos*; 1/1) *teaching what is good*
Tit 2:3 **καλοδιδασκάλους**,

καλός (*kalos*; 5/101) *good*
Tit 2:7 σεαυτὸν παρεχόμενος τύπον **καλῶν** ἔργων,
Tit 2:14 ζηλωτὴν **καλῶν** ἔργων.
Tit 3:8 ἵνα φροντίζωσιν **καλῶν** ἔργων προΐστασθαι
Tit 3:8 ταῦτά ἐστιν **καλὰ** καὶ ὠφέλιμα τοῖς
Tit 3:14 καὶ οἱ ἡμέτεροι **καλῶν** ἔργων προΐστασθαι

κατά (*kata*; 8/472[473]) *according to, against*
Tit 1:1 δὲ Ἰησοῦ Χριστοῦ **κατὰ** πίστιν ἐκλεκτῶν θεοῦ
Tit 1:1 ἐπίγνωσιν ἀληθείας τῆς **κατ'** εὐσέβειαν
Tit 1:3 ὃ ἐπιστεύθην ἐγὼ **κατ'** ἐπιταγὴν τοῦ σωτῆρος
Tit 1:4 Τίτῳ γνησίῳ τέκνῳ **κατὰ** κοινὴν πίστιν,
Tit 1:5 ἐπιδιορθώσῃ καὶ καταστήσῃς **κατὰ** πόλιν πρεσβυτέρους,
Tit 1:9 ἀντεχόμενον τοῦ **κατὰ** τὴν διδαχὴν πιστοῦ
Tit 3:5 ἐποιήσαμεν ἡμεῖς ἀλλὰ **κατὰ** τὸ αὐτοῦ ἔλεος
Tit 3:7 χάριτι κληρονόμοι γενηθῶμεν **κατ'** ἐλπίδα ζωῆς αἰωνίου.

κατάστημα (*katastēma*; 1/1) *behavior*
Tit 2:3 Πρεσβύτιδας ὡσαύτως ἐν **καταστήματι** ἱεροπρεπεῖς,

κατηγορία (*katēgoria*; 1/3) *charge*
Tit 1:6 μὴ ἐν **κατηγορίᾳ** ἀσωτίας ἢ ἀνυπότακτα.

κέρδος (*kerdos*; 1/3) *gain*
Tit 1:11 μὴ δεῖ αἰσχροῦ **κέρδους** χάριν.

κήρυγμα (*kērygma*; 1/8[9]) *preaching*
Tit 1:3 λόγον αὐτοῦ ἐν **κηρύγματι**,

κληρονόμος (*klēronomos*; 1/15) *heir*
Tit 3:7 τῇ ἐκείνου χάριτι **κληρονόμοι** γενηθῶμεν κατ' ἐλπίδα

κοινός (*koinos*; 1/14) *common*
Tit 1:4 γνησίῳ τέκνῳ κατὰ **κοινὴν** πίστιν,

κοσμέω (*kosmeō*; 1/10) *adorn*
Tit 2:10 σωτῆρος ἡμῶν θεοῦ **κοσμῶσιν** ἐν πᾶσιν.

κοσμικός (*kosmikos*; 1/2) *worldly*
Tit 2:12 ἀσέβειαν καὶ τὰς **κοσμικὰς** ἐπιθυμίας σωφρόνως καὶ

Κρής (*Krēs*; 1/3) *a Cretan*
Tit 1:12 **Κρῆτες** ἀεὶ ψεῦσται,

Κρήτη (*Krētē*; 1/4) *Crete*
Tit 1:5 ἀπέλιπόν σε ἐν **Κρήτῃ**,

κρίνω (*krinō*; 1/114) *judge*
Tit 3:12 ἐκεῖ γὰρ **κέκρικα** παραχειμάσαι.

λαλέω (*laleō*; 2/294[296]) *speak*
Tit 2:1 Σὺ δὲ **λάλει** ἃ πρέπει τῇ
Tit 2:15 Ταῦτα **λάλει** καὶ παρακάλει καὶ

λαός (*laos*; 1/141[142]) *people, nation*
Tit 2:14 καὶ καθαρίσῃ ἑαυτῷ **λαὸν** περιούσιον,

λέγω (*legō*; 2/2345[2353]) *say*
Tit 1:12 **εἶπέν** τις ἐξ αὐτῶν
Tit 2:8 ἐντραπῇ μηδὲν ἔχων **λέγειν** περὶ ἡμῶν φαῦλον.

λείπω (*leipō*; 2/6) *lack*
Tit 1:5 ἵνα τὰ **λείποντα** ἐπιδιορθώσῃ καὶ καταστήσῃς
Tit 3:13 ἵνα μηδὲν αὐτοῖς **λείπῃ**.

λόγος (*logos*; 5/329[330]) *word*
Tit 1:3 καιροῖς ἰδίοις τὸν **λόγον** αὐτοῦ ἐν κηρύγματι,
Tit 1:9 τὴν διδαχὴν πιστοῦ **λόγου**,
Tit 2:5 ἵνα μὴ ὁ **λόγος** τοῦ θεοῦ βλασφημῆται.
Tit 2:8 **λόγον** ὑγιῆ ἀκατάγνωστον,
Tit 3:8 Πιστὸς ὁ **λόγος**·

λουτρόν (*loutron*; 1/2) *washing*
Tit 3:5 ἔσωσεν ἡμᾶς διὰ **λουτροῦ** παλιγγενεσίας καὶ ἀνακαινώσεως

λυτρόω (*lytroō*; 1/3) *redeem*
Tit 2:14 ἵνα **λυτρώσηται** ἡμᾶς ἀπὸ πάσης

μακάριος (*makarios*; 1/50) *blessed*
Tit 2:13 προσδεχόμενοι τὴν **μακαρίαν** ἐλπίδα καὶ ἐπιφάνειαν

μάλιστα (*malista*; 1/12) *especially*
Tit 1:10 **μάλιστα** οἱ ἐκ τῆς

μανθάνω (*manthanō*; 1/25) *learn*
Tit 3:14 **μανθανέτωσαν** δὲ καὶ οἱ

μαρτυρία (*martyria*; 1/37) *testimony*
Tit 1:13 ἡ **μαρτυρία** αὕτη ἐστὶν ἀληθής.

ματαιολόγος (*mataiologos*; 1/1) *empty talker*
Tit 1:10 **ματαιολόγοι** καὶ φρεναπάται,

μάταιος (*mataios*; 1/6) *worthless*
Tit 3:9 γὰρ ἀνωφελεῖς καὶ **μάταιοι**.

μάχη (*machē*; 1/4) *quarrel*
Tit 3:9 καὶ ἔρεις καὶ **μάχας** νομικὰς περιΐστασο·

μέγας (*megas*; 1/243) *great, large*
Tit 2:13 τῆς δόξης τοῦ **μεγάλου** θεοῦ καὶ σωτῆρος

μετά (*meta*; 4/465[469]) *with, after*
Tit 2:15 παρακάλει καὶ ἔλεγχε **μετὰ** πάσης ἐπιταγῆς·
Tit 3:10 αἱρετικὸν ἄνθρωπον **μετὰ** μίαν καὶ δευτέραν
Tit 3:15 Ἀσπάζονταί σε οἱ **μετ᾽** ἐμοῦ πάντες.
Tit 3:15 Ἡ χάρις **μετὰ** πάντων ὑμῶν.

μή (*mē*; 14/1041[1042]) *not*
Tit 1:6 **μὴ** ἐν κατηγορίᾳ ἀσωτίας
Tit 1:7 **μὴ** αὐθάδη,
Tit 1:7 **μὴ** ὀργίλον,
Tit 1:7 **μὴ** πάροινον,
Tit 1:7 **μὴ** πλήκτην,
Tit 1:7 **μὴ** αἰσχροκερδῆ,
Tit 1:11 ἀνατρέπουσιν διδάσκοντες ἃ **μὴ** δεῖ αἰσχροῦ κέρδους
Tit 1:14 **μὴ** προσέχοντες Ἰουδαϊκοῖς μύθοις
Tit 2:3 **μὴ** διαβόλους μὴ οἴνῳ
Tit 2:3 μὴ διαβόλους **μὴ** οἴνῳ πολλῷ δεδουλωμένας,
Tit 2:5 ἵνα **μὴ** ὁ λόγος τοῦ
Tit 2:9 **μὴ** ἀντιλέγοντας,
Tit 2:10 **μὴ** νοσφιζομένους,
Tit 3:14 ἵνα **μὴ** ὦσιν ἄκαρποι.

μηδείς (*mēdeis*; 4/90) *no one*
Tit 2:8 ἐξ ἐναντίας ἐντραπῇ **μηδὲν** ἔχων λέγειν
Tit 2:15 **μηδείς** σου περιφρονείτω.
Tit 3:2 **μηδένα** βλασφημεῖν,
Tit 3:13 ἵνα **μηδὲν** αὐτοῖς λείπῃ.

μιαίνω (*miainō*; 2/5) *defile*
Tit 1:15 τοῖς δὲ **μεμιαμμένοις** καὶ ἀπίστοις οὐδὲν
Tit 1:15 ἀλλὰ **μεμίανται** αὐτῶν καὶ ὁ

μισέω (*miseō*; 1/40) *hate*
Tit 3:3 **μισοῦντες** ἀλλήλους.

μῦθος (*mythos*; 1/5) *myth*
Tit 1:14 μὴ προσέχοντες Ἰουδαϊκοῖς **μύθοις** καὶ ἐντολαῖς ἀνθρώπων

μωρός (*mōros*; 1/12) *foolish*
Tit 3:9 **μωρὰς** δὲ ζητήσεις καὶ

νέος (*neos*; 2/24) *young, new*
Tit 2:4 ἵνα σωφρονίζωσιν τὰς **νέας** φιλάνδρους εἶναι,
Tit 2:6 Τοὺς **νεωτέρους** ὡσαύτως παρακάλει σωφρονεῖν

νηφάλιος (*nēphalios*; 1/3) *temperate*
Tit 2:2 Πρεσβύτας **νηφαλίους** εἶναι,

Νικόπολις (*Nikopolis*; 1/1) *Nicopolis*
Tit 3:12 πρός με εἰς **Νικόπολιν**,

νομικός (*nomikos*; 2/9) *pertaining to the law*
Tit 3:9 ἔρεις καὶ μάχας **νομικὰς** περιΐστασο·

Tit 3:13 Ζηνᾶν τὸν **νομικὸν** καὶ ᾿Απολλῶν σπουδαίως

νοσφίζω (*nosphizō*; 1/3) *keep back for oneself*
Tit 2:10 μὴ **νοσφιζομένους**,

νουθεσία (*nouthesia*; 1/3) *instruction*
Tit 3:10 μίαν καὶ δευτέραν **νουθεσίαν** παραιτοῦ,

νοῦς (*nous*; 1/24) *mind*
Tit 1:15 αὐτῶν καὶ ὁ **νοῦς** καὶ ἡ συνείδησις.

νῦν (*nyn*; 1/146[147]) *now*
Tit 2:12 ζήσωμεν ἐν τῷ **νῦν** αἰῶνι,

οἶδα (*oida*; 2/318) *know*
Tit 1:16 θεὸν ὁμολογοῦσιν **εἰδέναι**,
Tit 3:11 **εἰδὼς** ὅτι ἐξέστραπται ὁ

οἰκονόμος (*oikonomos*; 1/10) *steward*
Tit 1:7 εἶναι ὡς θεοῦ **οἰκονόμον**,

οἶκος (*oikos*; 1/113[114]) *house*
Tit 1:11 οἵτινες ὅλους **οἴκους** ἀνατρέπουσιν διδάσκοντες ἃ

οἰκουργός (*oikourgos*; 1/1) *devoted to home duties*
Tit 2:5 σώφρονας ἁγνὰς **οἰκουργοὺς** ἀγαθάς,

οἶνος (*oinos*; 1/34) *wine*
Tit 2:3 μὴ διαβόλους μὴ **οἴνῳ** πολλῷ δεδουλωμένας,

ὅλος (*holos*; 1/109) *whole*
Tit 1:11 οἵτινες **ὅλους** οἴκους ἀνατρέπουσιν διδάσκοντες

ὁμολογέω (*homologeō*; 1/26) *confess*
Tit 1:16 θεὸν **ὁμολογοῦσιν** εἰδέναι,

ὀργίλος (*orgilos*; 1/1) *quick-tempered*
Tit 1:7 μὴ **ὀργίλον**,

ὅς (*hos*; 9/1406[1407]) *who*
Tit 1:2 **ἣν** ἐπηγγείλατο ὁ ἀψευδὴς
Tit 1:3 **ὃ** ἐπιστεύθην ἐγὼ κατ᾿
Tit 1:11 **οὓς** δεῖ ἐπιστομίζειν,
Tit 1:11 διδάσκοντες **ἃ** μὴ δεῖ αἰσχροῦ
Tit 1:13 δι᾿ **ἣν** αἰτίαν ἔλεγχε αὐτοὺς
Tit 2:1 Σὺ δὲ λάλει **ἃ** πρέπει τῇ ὑγιαινούσῃ
Tit 2:14 **ὃς** ἔδωκεν ἑαυτὸν ὑπὲρ
Tit 3:5 τῶν ἐν δικαιοσύνῃ **ἃ** ἐποιήσαμεν ἡμεῖς ἀλλὰ
Tit 3:6 **οὗ** ἐξέχεεν ἐφ᾿ ἡμᾶς

ὅσιος (*hosios*; 1/8) *holy*
Tit 1:8 φιλάγαθον σώφρονα δίκαιον **ὅσιον** ἐγκρατῆ,

ὅστις (*hostis*; 1/144) *who*
Tit 1:11 **οἵτινες** ὅλους οἴκους ἀνατρέπουσιν

ὅταν (*hotan*; 1/123) *when*
Tit 3:12 **῞Οταν** πέμψω ᾿Αρτεμᾶν πρὸς

ὅτε (*hote*; 1/103) *when*
Tit 3:4 **ὅτε** δὲ ἡ χρηστότης

ὅτι (*hoti*; 1/1294[1296]) *because, that*
Tit 3:11 εἰδὼς **ὅτι** ἐξέστραπται ὁ τοιοῦτος

οὐ (*ou*; 1/1621[1623]) *not*
Tit 3:5 **οὐκ** ἐξ ἔργων τῶν

οὐδείς (*oudeis*; 1/225[227]) *no one*
Tit 1:15 μεμιαμμένοις καὶ ἀπίστοις **οὐδὲν** καθαρόν,

οὗτος (*houtos*; 5/1382[1387]) *this*
Tit 1:5 **Τούτου** χάριν ἀπέλιπόν σε
Tit 1:13 ἡ μαρτυρία **αὕτη** ἐστὶν ἀληθής.
Tit 2:15 **Ταῦτα** λάλει καὶ παρακάλει
Tit 3:8 καὶ περὶ **τούτων** βούλομαί σε διαβεβαιοῦσθαι,
Tit 3:8 **ταῦτά** ἐστιν καλὰ καὶ

παιδεύω (*paideuō*; 1/13) *instruct*
Tit 2:12 **παιδεύουσα** ἡμᾶς,

παλιγγενεσία (*palingenesia*; 1/2) *rebirth*
Tit 3:5 ἡμᾶς διὰ λουτροῦ **παλιγγενεσίας** καὶ ἀνακαινώσεως πνεύματος

παραιτέομαι (*paraiteomai*; 1/12) *ask for*
Tit 3:10 καὶ δευτέραν νουθεσίαν **παραιτοῦ**,

παρακαλέω (*parakaleō*; 3/109) *encourage, ask*
Tit 1:9 δυνατὸς ᾖ καὶ **παρακαλεῖν** ἐν τῇ διδασκαλίᾳ
Tit 2:6 Τοὺς νεωτέρους ὡσαύτως **παρακάλει** σωφρονεῖν
Tit 2:15 Ταῦτα λάλει καὶ **παρακάλει** καὶ ἔλεγχε μετὰ

παραχειμάζω (*paracheimazō*; 1/4) *spend the winter*
Tit 3:12 ἐκεῖ γὰρ κέκρικα **παραχειμάσαι**.

παρέχω (*parechō*; 1/16) *cause*
Tit 2:7 σεαυτὸν **παρεχόμενος** τύπον καλῶν ἔργων,

πάροινος (*paroinos*; 1/2) *drunkard*
Tit 1:7 μὴ **πάροινον**,

πᾶς (*pas*; 14/1240[1243]) *each, every (pl. all)*
Tit 1:15 **πάντα** καθαρὰ τοῖς καθαροῖς·
Tit 1:16 ἀπειθεῖς καὶ πρὸς **πᾶν** ἔργον ἀγαθὸν ἀδόκιμοι.
Tit 2:7 περὶ **πάντα**,
Tit 2:9 δεσπόταις ὑποτάσσεσθαι ἐν **πᾶσιν**,
Tit 2:10 ἀλλὰ **πᾶσαν** πίστιν ἐνδεικνυμένους ἀγαθήν,
Tit 2:10 θεοῦ κοσμῶσιν ἐν **πᾶσιν**.
Tit 2:11 τοῦ θεοῦ σωτήριος **πᾶσιν** ἀνθρώποις

Tit 2:14 λυτρώσηται ἡμᾶς ἀπὸ **πάσης** ἀνομίας καὶ καθαρίσῃ
Tit 2:15 καὶ ἔλεγχε μετὰ **πάσης** ἐπιταγῆς·
Tit 3:1 πρὸς **πᾶν** ἔργον ἀγαθὸν ἑτοίμους
Tit 3:2 **πᾶσαν** ἐνδεικνυμένους πραΰτητα πρὸς
Tit 3:2 ἐνδεικνυμένους πραΰτητα πρὸς **πάντας** ἀνθρώπους.
Tit 3:15 οἱ μετ' ἐμοῦ **πάντες**.
Tit 3:15 Ἡ χάρις μετὰ **πάντων** ὑμῶν.

πατήρ (*patēr*; 1/413) *father*
Tit 1:4 εἰρήνη ἀπὸ θεοῦ **πατρὸς** καὶ Χριστοῦ Ἰησοῦ

Παῦλος (*Paulos*; 1/158) *Paul*
Tit 1:1 **Παῦλος** δοῦλος θεοῦ,

πειθαρχέω (*peitharcheō*; 1/4) *obey*
Tit 3:1 **πειθαρχεῖν**,

πέμπω (*pempō*; 1/79) *send*
Tit 3:12 Ὅταν **πέμψω** Ἀρτεμᾶν πρὸς σὲ

περί (*peri*; 3/332[333]) *concerning, around*
Tit 2:7 **περὶ** πάντα,
Tit 2:8 μηδὲν ἔχων λέγειν **περὶ** ἡμῶν φαῦλον.
Tit 3:8 καὶ **περὶ** τούτων βούλομαί σε

περιΐστημι (*periistēmi*; 1/4) *stand around*
Tit 3:9 καὶ μάχας νομικὰς **περιΐστασο**·

περιούσιος (*periousios*; 1/1) *special*
Tit 2:14 καθαρίσῃ ἑαυτῷ λαὸν **περιούσιον**,

περιτομή (*peritomē*; 1/36) *circumcision*
Tit 1:10 οἱ ἐκ τῆς **περιτομῆς**,

περιφρονέω (*periphroneō*; 1/1) *look down on*
Tit 2:15 μηδείς σου **περιφρονείτω**.

πιστεύω (*pisteuō*; 2/237[241]) *believe*
Tit 1:3 ὃ **ἐπιστεύθην** ἐγὼ κατ' ἐπιταγὴν
Tit 3:8 ἔργων προΐστασθαι οἱ **πεπιστευκότες** θεῷ·

πίστις (*pistis*; 6/243) *faith*
Tit 1:1 Ἰησοῦ Χριστοῦ κατὰ **πίστιν** ἐκλεκτῶν θεοῦ
Tit 1:4 τέκνῳ κατὰ κοινὴν **πίστιν**,
Tit 1:13 ὑγιαίνωσιν ἐν τῇ **πίστει**,
Tit 2:2 ὑγιαίνοντας τῇ **πίστει**,
Tit 2:10 ἀλλὰ πᾶσαν **πίστιν** ἐνδεικνυμένους ἀγαθήν,
Tit 3:15 φιλοῦντας ἡμᾶς ἐν **πίστει**.

πιστός (*pistos*; 3/67) *believing*
Tit 1:6 τέκνα ἔχων **πιστά**,
Tit 1:9 κατὰ τὴν διδαχὴν **πιστοῦ** λόγου,
Tit 3:8 **Πιστὸς** ὁ λόγος·

πλανάω (*planaō*; 1/39) *lead astray*
Tit 3:3 **πλανώμενοι**,

πλήκτης (*plēktēs*; 1/2) *quick-tempered or violent man*
Tit 1:7 μὴ **πλήκτην**,

πλουσίως (*plousiōs*; 1/4) *richly*
Tit 3:6 ἐξέχεεν ἐφ' ἡμᾶς **πλουσίως** διὰ Ἰησοῦ Χριστοῦ

πνεῦμα (*pneuma*; 1/379) *Spirit, spirit*
Tit 3:5 παλιγγενεσίας καὶ ἀνακαινώσεως **πνεύματος** ἁγίου,

ποιέω (*poieō*; 1/568) *do, make*
Tit 3:5 ἐν δικαιοσύνῃ ἃ **ἐποιήσαμεν** ἡμεῖς ἀλλὰ

ποικίλος (*poikilos*; 1/10) *various kinds of*
Tit 3:3 ἐπιθυμίαις καὶ ἡδοναῖς **ποικίλαις**,

πόλις (*polis*; 1/163) *city, town*
Tit 1:5 καὶ καταστήσῃς κατὰ **πόλιν** πρεσβυτέρους,

πολύς (*polys*; 2/417) *much (pl. many)*
Tit 1:10 Εἰσὶν γὰρ **πολλοὶ** [καὶ] ἀνυπότακτοι,
Tit 2:3 διαβόλους μὴ οἴνῳ **πολλῷ** δεδουλωμένας,

ποτέ (*pote*; 1/29) *once*
Tit 3:3 Ἦμεν γάρ **ποτε** καὶ ἡμεῖς ἀνόητοι,

πραΰτης (*prautēs*; 1/11) *gentleness*
Tit 3:2 πᾶσαν ἐνδεικνυμένους **πραΰτητα** πρὸς πάντας ἀνθρώπους.

πρέπω (*prepō*; 1/7) *it is fitting or proper*
Tit 2:1 δὲ λάλει ἃ **πρέπει** τῇ ὑγιαινούσῃ διδασκαλίᾳ.

πρεσβύτερος (*presbyteros*; 1/65[66]) *elder*
Tit 1:5 καταστήσῃς κατὰ πόλιν **πρεσβυτέρους**,

πρεσβύτης (*presbytēs*; 1/3) *old or elderly man*
Tit 2:2 **Πρεσβύτας** νηφαλίους εἶναι,

πρεσβῦτις (*presbytis*; 1/1) *old or elderly woman*
Tit 2:3 **Πρεσβύτιδας** ὡσαύτως ἐν καταστήματι

πρό (*pro*; 1/47) *before*
Tit 1:2 ὁ ἀψευδὴς θεὸς **πρὸ** χρόνων αἰωνίων,

προΐστημι (*proistēmi*; 2/8) *be a leader*
Tit 3:8 φροντίζωσιν καλῶν ἔργων **προΐστασθαι** οἱ πεπιστευκότες θεῷ·
Tit 3:14 ἡμέτεροι καλῶν ἔργων **προΐστασθαι** εἰς τὰς ἀναγκαίας

προπέμπω (*propempō*; 1/9) *send on one's way*
Tit 3:13 καὶ Ἀπολλῶν σπουδαίως **πρόπεμψον**,

πρός (*pros*; 5/699[700]) *to, toward, at*
Tit 1:16 καὶ ἀπειθεῖς καὶ **πρὸς** πᾶν ἔργον ἀγαθὸν
Tit 3:1 **πρὸς** πᾶν ἔργον ἀγαθὸν
Tit 3:2 πᾶσαν ἐνδεικνυμένους πραΰτητα **πρὸς** πάντας ἀνθρώπους.
Tit 3:12 Ὅταν πέμψω Ἀρτεμᾶν **πρὸς** σὲ ἢ Τύχικον,
Tit 3:12 σπούδασον ἐλθεῖν **πρός** με εἰς Νικόπολιν,

προσδέχομαι (*prosdechomai*; 1/14) *wait for*
Tit 2:13 **προσδεχόμενοι** τὴν μακαρίαν ἐλπίδα

προσέχω (*prosechō*; 1/24) *pay close attention to*
Tit 1:14 μὴ **προσέχοντες** Ἰουδαϊκοῖς μύθοις καὶ

προφήτης (*prophētēs*; 1/144) *prophet*
Tit 1:12 αὐτῶν ἴδιος αὐτῶν **προφήτης**·

σεαυτοῦ (*seautou*; 1/43) *yourself*
Tit 2:7 **σεαυτὸν** παρεχόμενος τύπον καλῶν

σεμνός (*semnos*; 1/4) *respectable, worthy*
Tit 2:2 **σεμνούς**,

σεμνότης (*semnotēs*; 1/3) *dignity, probity*
Tit 2:7 **σεμνότητα**,

σπουδάζω (*spoudazō*; 1/11) *do one's best*
Tit 3:12 **σπούδασον** ἐλθεῖν πρός με

σπουδαίως (*spoudaiōs*; 1/4) *earnestly*
Tit 3:13 νομικὸν καὶ Ἀπολλῶν **σπουδαίως** πρόπεμψον,

στυγητός (*stygētos*; 1/1) *hated*
Tit 3:3 **στυγητοί**,

σύ (*sy*; 7/1063[1067]) *you (sg.)*
Tit 1:5 Τούτου χάριν ἀπέλιπόν **σε** ἐν Κρήτῃ,
Tit 1:5 ὡς ἐγώ **σοι** διεταξάμην,
Tit 2:1 **Σὺ** δὲ λάλει ἃ
Tit 2:15 μηδείς **σου** περιφρονείτω.
Tit 3:8 περὶ τούτων βούλομαί **σε** διαβεβαιοῦσθαι,
Tit 3:12 πέμψω Ἀρτεμᾶν πρὸς **σὲ** ἢ Τύχικον,
Tit 3:15 Ἀσπάζονταί **σε** οἱ μετ᾽ ἐμοῦ

συνείδησις (*syneidēsis*; 1/30) *conscience*
Tit 1:15 νοῦς καὶ ἡ **συνείδησις**.

σῴζω (*sōzō*; 1/105[106]) *save, preserve*
Tit 3:5 τὸ αὐτοῦ ἔλεος **ἔσωσεν** ἡμᾶς διὰ λουτροῦ

σωτήρ (*sōtēr*; 6/24) *Savior*
Tit 1:3 κατ᾽ ἐπιταγὴν τοῦ **σωτῆρος** ἡμῶν θεοῦ,
Tit 1:4 Χριστοῦ Ἰησοῦ τοῦ **σωτῆρος** ἡμῶν.
Tit 2:10 διδασκαλίαν τὴν τοῦ **σωτῆρος** ἡμῶν θεοῦ κοσμῶσιν
Tit 2:13 μεγάλου θεοῦ καὶ **σωτῆρος** ἡμῶν Ἰησοῦ Χριστοῦ,
Tit 3:4 φιλανθρωπία ἐπεφάνη τοῦ **σωτῆρος** ἡμῶν θεοῦ,
Tit 3:6 Ἰησοῦ Χριστοῦ τοῦ **σωτῆρος** ἡμῶν,

σωτήριος (*sōtērios*; 1/1) *bringing salvation*
Tit 2:11 χάρις τοῦ θεοῦ **σωτήριος** πᾶσιν ἀνθρώποις

σωφρονέω (*sōphroneō*; 1/6) *be in one's right mind, be sensible*
Tit 2:6 νεωτέρους ὡσαύτως παρακάλει **σωφρονεῖν**

σωφρονίζω (*sōphronizō*; 1/1) *train*
Tit 2:4 ἵνα **σωφρονίζωσιν** τὰς νέας φιλάνδρους

σωφρόνως (*sōphronōs*; 1/1) *according to good sense*
Tit 2:12 τὰς κοσμικὰς ἐπιθυμίας **σωφρόνως** καὶ δικαίως καὶ

σώφρων (*sōphrōn*; 3/4) *sensible*
Tit 1:8 ἀλλὰ φιλόξενον φιλάγαθον **σώφρονα** δίκαιον ὅσιον ἐγκρατῆ,
Tit 2:2 **σώφρονας**,
Tit 2:5 **σώφρονας** ἁγνὰς οἰκουργοὺς ἀγαθάς,

τέκνον (*teknon*; 2/99) *child*
Tit 1:4 Τίτῳ γνησίῳ **τέκνῳ** κατὰ κοινὴν πίστιν,
Tit 1:6 **τέκνα** ἔχων πιστά,

τις (*tis*; 2/542[543]) *anyone, anything*
Tit 1:6 εἴ **τις** ἐστιν ἀνέγκλητος,
Tit 1:12 εἶπέν **τις** ἐξ αὐτῶν ἴδιος

Τίτος (*Titos*; 1/13) *Titus*
Tit 1:4 **Τίτῳ** γνησίῳ τέκνῳ κατὰ

τοιοῦτος (*toioutos*; 1/56[57]) *such*
Tit 3:11 ὅτι ἐξέστραπται ὁ **τοιοῦτος** καὶ ἁμαρτάνει ὢν

τύπος (*typos*; 1/15) *pattern, type*
Tit 2:7 σεαυτὸν παρεχόμενος **τύπον** καλῶν ἔργων,

Τυχικός (*Tychikos*; 1/5) *Tychicus*
Tit 3:12 πρὸς σὲ ἢ **Τύχικον**,

ὑγιαίνω (*hygiainō*; 4/12) *be sound*
Tit 1:9 τῇ διδασκαλίᾳ τῇ **ὑγιαινούσῃ** καὶ τοὺς ἀντιλέγοντας
Tit 1:13 ἵνα **ὑγιαίνωσιν** ἐν τῇ πίστει,
Tit 2:1 ἃ πρέπει τῇ **ὑγιαινούσῃ** διδασκαλίᾳ.
Tit 2:2 **ὑγιαίνοντας** τῇ πίστει,

ὑγιής (*hygiēs*; 1/11) *whole*
Tit 2:8 λόγον **ὑγιῆ** ἀκατάγνωστον,

ὑμεῖς (*hymeis*; 1/1832) *you (pl.)*
Tit 3:15 χάρις μετὰ πάντων **ὑμῶν**.

ὑπέρ (*hyper*; 1/150) *for, concerning, over*
Tit 2:14 ὃς ἔδωκεν ἑαυτὸν **ὑπὲρ** ἡμῶν,

ὑπομιμνῄσκω (*hypomimnēskō*; 1/7) *remind*
Tit 3:1 **Ὑπομίμνῃσκε** αὐτοὺς ἀρχαῖς ἐξουσίαις

ὑπομονή (*hypomonē*; 1/32) *endurance*
Tit 2:2 τῇ **ὑπομονῇ**·

ὑποτάσσω (*hypotassō*; 3/38) *submit, put in subjection*
Tit 2:5 **ὑποτασσομένας** τοῖς ἰδίοις ἀνδράσιν,
Tit 2:9 Δούλους ἰδίοις δεσπόταις **ὑποτάσσεσθαι** ἐν πᾶσιν,
Tit 3:1 αὐτοὺς ἀρχαῖς ἐξουσίαις **ὑποτάσσεσθαι**,

φανερόω (*phaneroō*; 1/47[49]) *make known, reveal*
Tit 1:3 **ἐφανέρωσεν** δὲ καιροῖς ἰδίοις

φαῦλος (*phaulos*; 1/6) *evil*
Tit 2:8 λέγειν περὶ ἡμῶν **φαῦλον**.

φθόνος (*phthonos*; 1/9) *envy*
Tit 3:3 ἐν κακίᾳ καὶ **φθόνῳ** διάγοντες,

φιλάγαθος (*philagathos*; 1/1) *loving what is good*
Tit 1:8 ἀλλὰ φιλόξενον **φιλάγαθον** σώφρονα δίκαιον ὅσιον

φίλανδρος (*philandros*; 1/1) *loving one's husband*
Tit 2:4 σωφρονίζωσιν τὰς νέας **φιλάνδρους** εἶναι,

φιλανθρωπία (*philanthrōpia*; 1/2) *kindness*
Tit 3:4 χρηστότης καὶ ἡ **φιλανθρωπία** ἐπεφάνη τοῦ σωτῆρος

φιλέω (*phileō*; 1/25) *love*
Tit 3:15 ἄσπασαι τοὺς **φιλοῦντας** ἡμᾶς ἐν πίστει.

φιλόξενος (*philoxenos*; 1/3) *hospitable*
Tit 1:8 ἀλλὰ **φιλόξενον** φιλάγαθον σώφρονα δίκαιον

φιλότεκνος (*philoteknos*; 1/1) *loving one's children*
Tit 2:4 **φιλοτέκνους**

φρεναπάτης (*phrenapatēs*; 1/1) *deceiver*
Tit 1:10 ματαιολόγοι καὶ **φρεναπάται**,

φροντίζω (*phrontizō*; 1/1) *concentrate upon*
Tit 3:8 ἵνα **φροντίζωσιν** καλῶν ἔργων προΐστασθαι

χάριν (*charin*; 2/9) *for the sake of*
Tit 1:5 Τούτου **χάριν** ἀπέλιπόν σε ἐν
Tit 1:11 δεῖ αἰσχροῦ κέρδους **χάριν**.

χάρις (*charis*; 4/155) *grace*
Tit 1:4 **χάρις** καὶ εἰρήνη ἀπὸ
Tit 2:11 Ἐπεφάνη γὰρ ἡ **χάρις** τοῦ θεοῦ σωτήριος
Tit 3:7 δικαιωθέντες τῇ ἐκείνου **χάριτι** κληρονόμοι γενηθῶμεν κατ᾽
Tit 3:15 Ἡ **χάρις** μετὰ πάντων ὑμῶν.

χρεία (*chreia*; 1/49) *need*
Tit 3:14 εἰς τὰς ἀναγκαίας **χρείας**,

χρηστότης (*chrēstotēs*; 1/10) *kindness*
Tit 3:4 ὅτε δὲ ἡ **χρηστότης** καὶ ἡ φιλανθρωπία

Χριστός (*Christos*; 4/529) *Christ*
Tit 1:1 ἀπόστολος δὲ Ἰησοῦ **Χριστοῦ** κατὰ πίστιν ἐκλεκτῶν
Tit 1:4 θεοῦ πατρὸς καὶ **Χριστοῦ** Ἰησοῦ τοῦ σωτῆρος
Tit 2:13 σωτῆρος ἡμῶν Ἰησοῦ **Χριστοῦ**,
Tit 3:6 πλουσίως διὰ Ἰησοῦ **Χριστοῦ** τοῦ σωτῆρος ἡμῶν,

χρόνος (*chronos*; 1/54) *time*
Tit 1:2 ἀψευδὴς θεὸς πρὸ **χρόνων** αἰωνίων,

ψεύστης (*pseustēs*; 1/10) *liar*
Tit 1:12 Κρῆτες ἀεὶ **ψεῦσται**,

ὡς (*hōs*; 2/503[504]) *as*
Tit 1:5 **ὡς** ἐγώ σοι διεταξάμην,
Tit 1:7 ἐπίσκοπον ἀνέγκλητον εἶναι **ὡς** θεοῦ οἰκονόμον,

ὡσαύτως (*hōsautōs*; 2/17) *in the same way*
Tit 2:3 Πρεσβύτιδας **ὡσαύτως** ἐν καταστήματι ἱεροπρεπεῖς,
Tit 2:6 Τοὺς νεωτέρους **ὡσαύτως** παρακάλει σωφρονεῖν

ὠφέλιμος (*ōphelimos*; 1/4) *valuable*
Tit 3:8 ἐστιν καλὰ καὶ **ὠφέλιμα** τοῖς ἀνθρώποις.

Frequency List (Alphabetical Order)

4 ἀγαθός
1 ἀγάπη
1 ἅγιος
1 ἁγνός
1 ἀδόκιμος
1 ἀεί
1* αἱρετικός
1 αἰσχροκερδής
1 αἰσχρός
1 αἰτία
1 αἰών
3 αἰώνιος
1 ἄκαρπος
1* ἀκατάγνωστος
2 ἀλήθεια
1 ἀληθής
4 ἀλλά
1 ἀλλήλων
1 ἁμαρτάνω
1 ἄμαχος
1 ἀναγκαῖος
1 ἀνακαίνωσις
1 ἀνατρέπω
2 ἀνέγκλητος
2 ἀνήρ
5 ἄνθρωπος
1 ἀνόητος
1 ἀνομία
1 ἀντέχομαι
2 ἀντιλέγω
2 ἀνυπότακτος
1 ἀνωφελής
2 ἀπειθής
1 ἄπιστος
2 ἀπό
1 ἀπολείπω
1 Ἀπολλῶς
1 ἀπόστολος
1 ἀποστρέφω
1 ἀποτόμως
1 ἀργός
2 ἀρνέομαι
1* Ἀρτεμᾶς
1 ἀρχή
1 ἀσέβεια
2 ἀσπάζομαι
1 ἀσωτία
1 αὐθάδης
1* αὐτοκατάκριτος
8° αὐτός
1* ἀφθορία
1* ἀψευδής
1* βδελυκτός
2 βλασφημέω
1 βούλομαι
6 γάρ
1 γαστήρ
1 γενεαλογία
1 γίνομαι
1 γνήσιος
1 γυνή
8 δέ
3 δεῖ
1 δεσπότης
1 δεύτερος
3 διά
1 διαβεβαιόομαι
1 διάβολος
1 διάγω
1 διατάσσω
4 διδασκαλία
1 διδάσκω
1 διδαχή
1 δίδωμι
1 δίκαιος
1 δικαιοσύνη
1 δικαιόω
1 δικαίως
1 δόξα
1 δουλεύω
2 δοῦλος
1 δουλόω
1 δυνατός
2 ἑαυτοῦ
1* ἐγκρατής
4 ἐγώ
1 εἰ
16 εἰμί
1 εἰρήνη
2 εἰς
2 εἷς
4 ἐκ
1 ἐκεῖ
1 ἐκεῖνος
1 ἐκλεκτός
1* ἐκστρέφω
1 ἐκχύννομαι
3 ἐλέγχω
1 ἔλεος
3 ἐλπίς
13 ἐν
1 ἐναντίος
2 ἐνδείκνυμι
1 ἐντολή
1 ἐντρέπω
1 ἐξουσία
1 ἐπαγγέλλομαι
2 ἐπί
1 ἐπίγνωσις
1* ἐπιδιορθόω
1 ἐπιεικής
2 ἐπιθυμία
1 ἐπίσκοπος
1* ἐπιστομίζω
2 ἐπιταγή
2 ἐπιφαίνω
1 ἐπιφάνεια
8 ἔργον
1 ἔρις
1 ἔρχομαι
1 ἕτοιμος
1 εὐάρεστος
1 εὐσέβεια
1 εὐσεβῶς
2 ἔχω
1 ζάω
1 ζηλωτής
1* Ζηνᾶς
1 ζήτησις
2 ζωή
2 ἤ
1 ἡδονή
15 ἡμεῖς
1 ἡμέτερος
13 θεός
1 θηρίον
4 ἴδιος
1* ἱεροπρεπής
4 Ἰησοῦς
13 ἵνα
1* Ἰουδαϊκός
1 καθαρίζω
3 καθαρός
1 καθίστημι
37° καί
1 καιρός
1 κακία
1 κακός
1* καλοδιδάσκαλος
5 καλός
8 κατά
1* κατάστημα
1 κατηγορία
1 κέρδος
1 κήρυγμα
1 κληρονόμος
1 κοινός
1 κοσμέω
1 κοσμικός
1 Κρής
1 Κρήτη
1 κρίνω
2 λαλέω
1 λαός
2 λέγω
2 λείπω
5 λόγος
1 λουτρόν
1 λυτρόω
1 μακάριος
1 μάλιστα
1 μανθάνω
1 μαρτυρία
1* ματαιολόγος
1 μάταιος
1 μάχη
1 μέγας
4 μετά
14 μή
4 μηδείς
2 μιαίνω
1 μισέω
1 μῦθος
1 μωρός
2 νέος
1 νηφάλιος
1* Νικόπολις
2 νομικός
1 νοσφίζω
1 νουθεσία
1 νοῦς
1 νῦν
61° ὁ
2 οἶδα
1 οἰκονόμος
1 οἶκος
1* οἰκουργός
1 οἶνος
1 ὅλος
1 ὁμολογέω
1* ὀργίλος
9 ὅς
1 ὅσιος
1 ὅστις
1 ὅταν
1 ὅτε
1 ὅτι
1 οὐ
1 οὐδείς
5 οὗτος
1 παιδεύω
1 παλιγγενεσία
1 παραιτέομαι
3 παρακαλέω
1 παραχειμάζω
1 παρέχω
1 πάροινος
14 πᾶς
1 πατήρ
1 Παῦλος
1 πειθαρχέω
1 πέμπω
3 περί
1 περιΐστημι
1* περιούσιος
1 περιτομή
1* περιφρονέω
2 πιστεύω
6 πίστις
3 πιστός
1 πλανάω
1 πλήκτης
1 πλουσίως
1 πνεῦμα
1 ποιέω
1 ποικίλος
1 πόλις
2 πολύς
1 ποτέ
1 πραΰτης
1 πρέπω
1 πρεσβύτερος
1 πρεσβύτης
1* πρεσβῦτις
1 πρό
2 προΐστημι
1 προπέμπω
5 πρός
1 προσδέχομαι
1 προσέχω
1 προφήτης
1 σεαυτοῦ
1 σεμνός
1 σεμνότης
1 σπουδάζω
1 σπουδαίως
1* στυγητός
7 σύ
1 συνείδησις
1 σῴζω
6 σωτήρ
1* σωτήριος
1 σωφρονέω
1* σωφρονίζω
1* σωφρόνως
3 σώφρων
2 τέκνον
2 τις
1 Τίτος
1 τοιοῦτος
1 τύπος
1 Τυχικός
4 ὑγιαίνω
1 ὑγιής
1 ὑμεῖς
1 ὑπέρ
1 ὑπομιμνήσκω
1 ὑπομονή
3 ὑποτάσσω
1 φανερόω
1 φαῦλος
1 φθόνος
1* φιλάγαθος
1* φίλανδρος
1 φιλανθρωπία
1 φιλέω
1 φιλόξενος
1* φιλότεκνος
1* φρεναπάτης
1* φροντίζω
2 χάριν4 χάρις
1 χρεία
1 χρηστότης
4 Χριστός
1 χρόνος
1 ψεύστης
2 ὡς
2 ὡσαύτως
1 ὠφέλιμος

° Not included in concordance
* Word only occurs in this book

Frequency List (in Order of Occurrence)

61° ὁ
37° καί
16 εἰμί
15 ἡμεῖς
14 μή
14 πᾶς
13 ἐν
13 θεός
13 ἵνα
9 ὅς
8° αὐτός
8 δέ
8 ἔργον
8 κατά
7 σύ
6 γάρ
6 πίστις
6 σωτήρ
5 ἄνθρωπος
5 καλός
5 λόγος
5 οὗτος
5 πρός
4 ἀγαθός
4 ἀλλά
4 διδασκαλία
4 ἐγώ
4 ἐκ
4 ἴδιος
4 Ἰησοῦς
4 μετά
4 μηδείς
4 ὑγιαίνω
4 χάρις
4 Χριστός
3 αἰώνιος
3 δεῖ
3 διά
3 ἐλέγχω
3 ἐλπίς
3 καθαρός
3 παρακαλέω
3 περί
3 πιστός
3 σώφρων
3 ὑποτάσσω
2 ἀλήθεια
2 ἀνέγκλητος
2 ἀνήρ
2 ἀντιλέγω
2 ἀνυπότακτος
2 ἀπειθής
2 ἀπό
2 ἀρνέομαι
2 ἀσπάζομαι
2 βλασφημέω
2 δοῦλος
2 ἑαυτοῦ
2 εἰς
2 εἷς
2 ἐνδείκνυμι
2 ἐπί
2 ἐπιθυμία
2 ἐπιταγή
2 ἐπιφαίνω
2 ἔχω
2 ζωή
2 ἤ
2 λαλέω
2 λέγω
2 λείπω
2 μιαίνω
2 νέος
2 νομικός
2 οἶδα
2 πιστεύω
2 πολύς
2 προΐστημι
2 τέκνον
2 τις
2 χάριν
2 ὡς
2 ὡσαύτως
1 ἀγάπη
1 ἅγιος
1 ἁγνός
1 ἀδόκιμος
1 ἀεί
1* αἱρετικός
1 αἰσχροκερδής
1 αἰσχρός
1 αἰτία
1 αἰών
1 ἄκαρπος
1* ἀκατάγνωστος
1 ἀληθής
1 ἀλλήλων
1 ἁμαρτάνω
1 ἄμαχος
1 ἀναγκαῖος
1 ἀνακαίνωσις
1 ἀνατρέπω
1 ἀνόητος
1 ἀνομία
1 ἀντέχομαι
1 ἀνωφελής
1 ἄπιστος
1 ἀπολείπω
1 Ἀπολλῶς
1 ἀπόστολος
1 ἀποστρέφω
1 ἀποτόμως
1 ἀργός
1* Ἀρτεμᾶς
1 ἀρχή
1 ἀσέβεια
1 ἀσωτία
1 αὐθάδης
1* αὐτοκατάκριτος
1* ἀφθορία
1* ἀψευδής
1* βδελυκτός
1 βούλομαι
1 γαστήρ
1 γενεαλογία
1 γίνομαι
1 γνήσιος
1 γυνή
1 δεσπότης
1 δεύτερος
1 διαβεβαιόομαι
1 διάβολος
1 διάγω
1 διατάσσω
1 διδάσκω
1 διδαχή
1 δίδωμι
1 δίκαιος
1 δικαιοσύνη
1 δικαιόω
1 δικαίως
1 δόξα
1 δουλεύω
1 δουλόω
1 δυνατός
1* ἐγκρατής
1 εἰ
1 εἰρήνη
1 ἐκεῖ
1 ἐκεῖνος
1 ἐκλεκτός
1* ἐκστρέφω
1 ἐκχύννομαι
1 ἔλεος
1 ἐναντίος
1 ἐντολή
1 ἐντρέπω
1 ἐξουσία
1 ἐπαγγέλλομαι
1 ἐπίγνωσις
1* ἐπιδιορθόω
1 ἐπιεικής
1 ἐπίσκοπος
1* ἐπιστομίζω
1 ἐπιφάνεια
1 ἔρις
1 ἔρχομαι
1 ἕτοιμος
1 εὐάρεστος
1 εὐσέβεια
1 εὐσεβῶς
1 ζάω
1 ζηλωτής
1* Ζηνᾶς
1 ζήτησις
1 ἡδονή
1 ἡμέτερος
1 θηρίον
1* ἱεροπρεπής
1* Ἰουδαϊκός
1 καθαρίζω
1 καθίστημι
1 καιρός
1 κακία
1 κακός
1* καλοδιδάσκαλος
1* κατάστημα
1 κατηγορία
1 κέρδος
1 κήρυγμα
1 κληρονόμος
1 κοινός
1 κοσμέω
1 κοσμικός
1 Κρής
1 Κρήτη
1 κρίνω
1 λαός
1 λουτρόν
1 λυτρόω
1 μακάριος
1 μάλιστα
1 μανθάνω
1 μαρτυρία
1* ματαιολόγος
1 μάταιος
1 μάχη
1 μέγας
1 μισέω
1 μῦθος
1 μωρός
1 νηφάλιος
1* Νικόπολις
1 νοσφίζω
1 νουθεσία
1 νοῦς
1 νῦν
1 οἰκονόμος
1 οἶκος
1* οἰκουργός
1 οἶνος
1 ὅλος
1 ὁμολογέω
1* ὀργίλος
1 ὅσιος
1 ὅστις
1 ὅταν
1 ὅτε
1 ὅτι
1 οὐ
1 οὐδείς
1 παιδεύω
1 παλιγγενεσία
1 παραιτέομαι
1 παραχειμάζω
1 παρέχω
1 πάροινος
1 πατήρ
1 Παῦλος
1 πειθαρχέω
1 πέμπω
1 περιΐστημι
1* περιούσιος
1 περιτομή
1* περιφρονέω
1 πλανάω
1 πλήκτης
1 πλουσίως
1 πνεῦμα
1 ποιέω
1 ποικίλος
1 πόλις
1 ποτέ
1 πραΰτης
1 πρέπω
1 πρεσβύτερος
1 πρεσβύτης
1* πρεσβῦτις
1 πρό
1 προπέμπω
1 προσδέχομαι
1 προσέχω
1 προφήτης
1 σεαυτοῦ
1 σεμνός
1 σεμνότης
1 σπουδάζω
1 σπουδαίως
1* στυγητός
1 συνείδησις
1 σῴζω
1* σωτήριος
1 σωφρονέω
1* σωφρονίζω
1* σωφρόνως
1 Τίτος
1 τοιοῦτος
1 τύπος
1 Τυχικός
1 ὑγιής
1 ὑμεῖς
1 ὑπέρ
1 ὑπομιμνήσκω
1 ὑπομονή
1 φανερόω
1 φαῦλος
1 φθόνος
1* φιλάγαθος
1* φίλανδρος
1 φιλανθρωπία
1 φιλέω1 φιλόξενος
1* φιλότεκνος
1* φρεναπάτης
1* φροντίζω
1 χρεία
1 χρηστότης
1 χρόνος
1 ψεύστης
1 ὠφέλιμος

° Not included in concordance
* Word only occurs in this book

Philemon – Statistics

142 Total word count
5 Number of words occurring at least 10 times
88 Number of words occurring once

Words whose occurrences in this book account for at least 25% of occurrences in the entire NT

100%

1/1 ἀποτίνω (*apotinō*; pay [someone] back), Ἀπφία (*Apphia*; Apphia), ἄχρηστος (*achrēstos*; of little use), ἑκούσιος (*hekousios*; willing), ὀνίνημι (*oninēmi*; benefit), προσοφείλω (*prosopheilō*; owe), Φιλήμων (*Philēmōn*; Philemon)

50%

1/2 Ἄρχιππος (*Archippos*; Archippus), ἐλλογέω (*ellogeō*; charge to one's account), ξενία (*xenia*; place of lodging), Ὀνήσιμος (*Onēsimos*; Onesimus), συστρατιώτης (*systratiōtēs*; fellow-soldier), τάχα (*tacha*; perhaps)

33%

1/3 ἀνήκω (*anēkō*; it is proper or right), Δημᾶς (*Dēmas*; Demas), ἐνεργής (*energēs*; active), Ἐπαφρᾶς (*Epaphras*; Epaphras), εὔχρηστος (*euchrēstos*; useful), Λουκᾶς (*Loukas*; Luke), πρεσβύτης (*presbytēs*; old or elderly man), συναιχμάλωτος (*synaichmalōtos*; fellow-prisoner)

27%

3/11 σπλάγχνον (*splanchnon*; one's inmost self)

Philemon – Concordance

ἀγαθός (*agathos*; 2/102) *good*
Phm 6 ἐν ἐπιγνώσει παντὸς **ἀγαθοῦ** τοῦ ἐν ἡμῖν
Phm 14 κατὰ ἀνάγκην τὸ **ἀγαθόν** σου ᾖ ἀλλὰ

ἀγάπη (*agapē*; 3/116) *love*
Phm 5 ἀκούων σου τὴν **ἀγάπην** καὶ τὴν πίστιν,
Phm 7 παράκλησιν ἐπὶ τῇ **ἀγάπῃ** σου,
Phm 9 διὰ τὴν **ἀγάπην** μᾶλλον παρακαλῶ,

ἀγαπητός (*agapētos*; 2/61) *beloved*
Phm 1 ἀδελφὸς Φιλήμονι τῷ **ἀγαπητῷ** καὶ συνεργῷ ἡμῶν
Phm 16 ἀδελφὸν **ἀγαπητόν**,

ἅγιος (*hagios*; 2/233) *holy, set apart*
Phm 5 εἰς πάντας τοὺς **ἁγίους**,
Phm 7 τὰ σπλάγχνα τῶν **ἁγίων** ἀναπέπαυται διὰ σοῦ,

ἀδελφή (*adelphē*; 1/26) *sister*
Phm 2 καὶ Ἀπφίᾳ τῇ **ἀδελφῇ** καὶ Ἀρχίππῳ τῷ

ἀδελφός (*adelphos*; 4/343) *brother*
Phm 1 καὶ Τιμόθεος ὁ **ἀδελφὸς** Φιλήμονι τῷ ἀγαπητῷ
Phm 7 **ἀδελφέ**.
Phm 16 **ἀδελφὸν** ἀγαπητόν,
Phm 20 ναὶ **ἀδελφέ**,

ἀδικέω (*adikeō*; 1/28) *do or be in the wrong*
Phm 18 εἰ δέ τι **ἠδίκησέν** σε ἢ ὀφείλει,

αἰώνιος (*aiōnios*; 1/70[71]) *eternal*
Phm 15 ἵνα **αἰώνιον** αὐτὸν ἀπέχῃς,

ἀκούω (*akouō*; 1/426[428]) *hear*
Phm 5 **ἀκούων** σου τὴν ἀγάπην

ἀλλά (*alla*; 2/638) *but*
Phm 14 ἀγαθόν σου ᾖ **ἀλλὰ** κατὰ ἑκούσιον.
Phm 16 οὐκέτι ὡς δοῦλον **ἀλλ'** ὑπὲρ δοῦλον,

ἅμα (*hama*; 1/10) *at the same time*
Phm 22 **ἅμα** δὲ καὶ ἑτοίμαζέ

ἀνάγκη (*anankē*; 1/17) *distress*
Phm 14 μὴ ὡς κατὰ **ἀνάγκην** τὸ ἀγαθόν σου

ἀναπαύω (*anapauō*; 2/12) *give rest*
Phm 7 σπλάγχνα τῶν ἁγίων **ἀναπέπαυται** διὰ σοῦ,
Phm 20 **ἀνάπαυσόν** μου τὰ σπλάγχνα

ἀναπέμπω (*anapempō*; 1/5) *send, send back or up*
Phm 12 ὃν **ἀνέπεμψά** σοι,

ἀνήκω (*anēkō*; 1/3) *it is proper or right*
Phm 8 ἐπιτάσσειν σοι τὸ **ἀνῆκον**

ἀπέχω (*apechō*; 1/19) *receive in full*
Phm 15 ἵνα αἰώνιον αὐτὸν **ἀπέχῃς**,

ἀπό (*apo*; 1/643[646]) *from*
Phm 3 ὑμῖν καὶ εἰρήνη **ἀπὸ** θεοῦ πατρὸς ἡμῶν

ἀποτίνω (*apotinō*; 1/1) *pay (someone) back*
Phm 19 ἐγὼ **ἀποτίσω**·

Ἀπφία (*Apphia*; 1/1) *Apphia*
Phm 2 καὶ **Ἀπφίᾳ** τῇ ἀδελφῇ καὶ

Ἀρίσταρχος (*Aristarchos*; 1/5) *Aristarchus*
Phm 24 **Ἀρίσταρχος**,

Ἄρχιππος (*Archippos*; 1/2) *Archippus*
Phm 2 τῇ ἀδελφῇ καὶ **Ἀρχίππῳ** τῷ συστρατιώτῃ ἡμῶν

ἀσπάζομαι (*aspazomai*; 1/59) *greet*
Phm 23 **Ἀσπάζεταί** σε Ἐπαφρᾶς ὁ

ἄχρηστος (*achrēstos*; 1/1) *of little use*
Phm 11 τόν ποτέ σοι **ἄχρηστον** νυνὶ δὲ [καὶ]

βούλομαι (*boulomai*; 1/37) *want*
Phm 13 Ὃν ἐγὼ **ἐβουλόμην** πρὸς ἐμαυτὸν κατέχειν,

γάρ (*gar*; 3/1041) *for*
Phm 7 χαρὰν **γὰρ** πολλὴν ἔσχον καὶ
Phm 15 Τάχα **γὰρ** διὰ τοῦτο ἐχωρίσθη
Phm 22 ἐλπίζω **γὰρ** ὅτι διὰ τῶν

γεννάω (*gennaō*; 1/97) *give birth (pass. be born)*
Phm 10 ὃν **ἐγέννησα** ἐν τοῖς δεσμοῖς,

γίνομαι (*ginomai*; 1/668[669]) *be, become*
Phm 6 πίστεώς σου ἐνεργὴς **γένηται** ἐν ἐπιγνώσει παντὸς

γνώμη (*gnōmē*; 1/9) *purpose*
Phm 14 δὲ τῆς σῆς **γνώμης** οὐδὲν ἠθέλησα ποιῆσαι,

γράφω (*graphō*; 2/190[191]) *write*
Phm 19 ἐγὼ Παῦλος **ἔγραψα** τῇ ἐμῇ χειρί,
Phm 21 τῇ ὑπακοῇ σου **ἔγραψά** σοι,

δέ (*de*; 6/2773[2792]) *but, and*
Phm 9 Παῦλος πρεσβύτης νυνὶ **δὲ** καὶ δέσμιος Χριστοῦ
Phm 11 σοι ἄχρηστον νυνὶ **δὲ** [καὶ] σοὶ καὶ

Phm 14 χωρὶς **δὲ** τῆς σῆς γνώμης
Phm 16 πόσῳ **δὲ** μᾶλλον σοὶ καὶ
Phm 18 εἰ **δέ** τι ἠδίκησέν σε
Phm 22 ἅμα **δὲ** καὶ ἑτοίμαζέ μοι

δέσμιος (*desmios*; 2/16) *prisoner*
Phm 1 Παῦλος **δέσμιος** Χριστοῦ Ἰησοῦ καὶ
Phm 9 νυνὶ δὲ καὶ **δέσμιος** Χριστοῦ Ἰησοῦ·

δεσμός (*desmos*; 2/18) *bond*
Phm 10 ἐγέννησα ἐν τοῖς **δεσμοῖς**,
Phm 13 διακονῇ ἐν τοῖς **δεσμοῖς** τοῦ εὐαγγελίου,

Δημᾶς (*Dēmas*; 1/3) *Demas*
Phm 24 **Δημᾶς**,

διά (*dia*; 4/665[667]) *through, on account of*
Phm 7 τῶν ἁγίων ἀναπέπαυται **διὰ** σοῦ,
Phm 9 **διὰ** τὴν ἀγάπην μᾶλλον
Phm 15 Τάχα γὰρ **διὰ** τοῦτο ἐχωρίσθη πρὸς
Phm 22 ἐλπίζω γὰρ ὅτι **διὰ** τῶν προσευχῶν ὑμῶν

διακονέω (*diakoneō*; 1/37) *serve*
Phm 13 ὑπὲρ σοῦ μοι **διακονῇ** ἐν τοῖς δεσμοῖς

διό (*dio*; 1/53) *therefore*
Phm 8 **Διὸ** πολλὴν ἐν Χριστῷ

δοῦλος (*doulos*; 2/124) *slave*
Phm 16 οὐκέτι ὡς **δοῦλον** ἀλλ' ὑπὲρ δοῦλον,
Phm 16 δοῦλον ἀλλ' ὑπὲρ **δοῦλον**,

ἐγώ (*egō*; 17/1715[1718]) *I*
Phm 4 Εὐχαριστῶ τῷ θεῷ **μου** πάντοτε μνείαν σου
Phm 4 ἐπὶ τῶν προσευχῶν **μου**,
Phm 11 [καὶ] σοὶ καὶ **ἐμοὶ** εὔχρηστον,
Phm 13 Ὃν **ἐγὼ** ἐβουλόμην πρὸς ἐμαυτὸν
Phm 13 ἵνα ὑπὲρ σοῦ **μοι** διακονῇ ἐν τοῖς
Phm 16 μάλιστα **ἐμοί**,
Phm 17 εἰ οὖν **με** ἔχεις κοινωνόν,
Phm 17 προσλαβοῦ αὐτὸν ὡς **ἐμέ**.
Phm 18 τοῦτο **ἐμοὶ** ἐλλόγα.
Phm 19 **ἐγὼ** Παῦλος ἔγραψα τῇ
Phm 19 **ἐγὼ** ἀποτίσω·
Phm 19 ὅτι καὶ σεαυτόν **μοι** προσοφείλεις.
Phm 20 **ἐγώ** σου ὀναίμην ἐν
Phm 20 ἀνάπαυσόν **μου** τὰ σπλάγχνα ἐν
Phm 22 δὲ καὶ ἑτοίμαζέ **μοι** ξενίαν·
Phm 23 Ἐπαφρᾶς ὁ συναιχμάλωτός **μου** ἐν Χριστῷ Ἰησοῦ,
Phm 24 οἱ συνεργοί **μου**.

εἰ (*ei*; 2/502) *if, since*
Phm 17 **εἰ** οὖν με ἔχεις
Phm 18 **εἰ** δέ τι ἠδίκησέν

εἰμί (*eimi*; 3/2460[2462]) *be*
Phm 9 τοιοῦτος **ὢν** ὡς Παῦλος πρεσβύτης
Phm 12 τοῦτ' **ἔστιν** τὰ ἐμὰ σπλάγχνα·
Phm 14 τὸ ἀγαθόν σου **ᾖ** ἀλλὰ κατὰ ἑκούσιον.

εἰρήνη (*eirēnē*; 1/92) *peace*
Phm 3 χάρις ὑμῖν καὶ **εἰρήνη** ἀπὸ θεοῦ πατρὸς

εἰς (*eis*; 2/1759[1767]) *into*
Phm 5 κύριον Ἰησοῦν καὶ **εἰς** πάντας τοὺς ἁγίους,
Phm 6 τοῦ ἐν ἡμῖν **εἰς** Χριστόν.

ἐκκλησία (*ekklēsia*; 1/114) *church*
Phm 2 κατ' οἶκόν σου **ἐκκλησίᾳ**,

ἑκούσιος (*hekousios*; 1/1) *willing*
Phm 14 ᾖ ἀλλὰ κατὰ **ἑκούσιον**.

ἐλλογέω (*ellogeō*; 1/2) *charge to one's account*
Phm 18 τοῦτο ἐμοὶ **ἐλλόγα**.

ἐλπίζω (*elpizō*; 1/31) *hope*
Phm 22 **ἐλπίζω** γὰρ ὅτι διὰ

ἐμαυτοῦ (*emautou*; 1/37) *myself*
Phm 13 ἐγὼ ἐβουλόμην πρὸς **ἐμαυτὸν** κατέχειν,

ἐμός (*emos*; 3/76) *my*
Phm 10 σε περὶ τοῦ **ἐμοῦ** τέκνου,
Phm 12 τοῦτ' ἔστιν τὰ **ἐμὰ** σπλάγχνα·
Phm 19 Παῦλος ἔγραψα τῇ **ἐμῇ** χειρί,

ἐν (*en*; 10/2746[2752]) *in*
Phm 6 ἐνεργὴς γένηται **ἐν** ἐπιγνώσει παντὸς
Phm 6 ἀγαθοῦ τοῦ **ἐν** ἡμῖν εἰς Χριστόν.
Phm 8 Διὸ πολλὴν **ἐν** Χριστῷ παρρησίαν ἔχων
Phm 10 ὃν ἐγέννησα **ἐν** τοῖς δεσμοῖς,
Phm 13 σοῦ μοι διακονῇ **ἐν** τοῖς δεσμοῖς τοῦ
Phm 16 μᾶλλον σοὶ καὶ **ἐν** σαρκὶ καὶ ἐν
Phm 16 ἐν σαρκὶ καὶ **ἐν** κυρίῳ.
Phm 20 ἐγώ σου ὀναίμην **ἐν** κυρίῳ·
Phm 20 μου τὰ σπλάγχνα **ἐν** Χριστῷ.
Phm 23 ὁ συναιχμάλωτός μου **ἐν** Χριστῷ Ἰησοῦ,

ἐνεργής (*energēs*; 1/3) *active*
Phm 6 τῆς πίστεώς σου **ἐνεργὴς** γένηται ἐν ἐπιγνώσει

Ἐπαφρᾶς (*Epaphras*; 1/3) *Epaphras*
Phm 23 Ἀσπάζεταί σε **Ἐπαφρᾶς** ὁ συναιχμάλωτός μου

ἐπί (*epi*; 2/886[890]) *on*
Phm 4 μνείαν σου ποιούμενος **ἐπὶ** τῶν προσευχῶν μου,
Phm 7 ἔσχον καὶ παράκλησιν **ἐπὶ** τῇ ἀγάπῃ σου,

ἐπίγνωσις (*epignōsis*; 1/20) *knowledge*
Phm 6 ἐνεργὴς γένηται ἐν **ἐπιγνώσει** παντὸς ἀγαθοῦ τοῦ

ἐπιτάσσω (*epitassō*; 1/10) *command*
Phm 8 Χριστῷ παρρησίαν ἔχων **ἐπιτάσσειν** σοι τὸ ἀνῆκον

ἑτοιμάζω (*hetoimazō*; 1/40) *prepare*
Phm 22 ἅμα δὲ καὶ **ἑτοίμαζέ** μοι ξενίαν·

εὐαγγέλιον (*euangelion*; 1/75[76]) *good news*
Phm 13 τοῖς δεσμοῖς τοῦ **εὐαγγελίου**,

εὐχαριστέω (*eucharisteō*; 1/38) *thank*
Phm 4 **Εὐχαριστῶ** τῷ θεῷ μου

εὔχρηστος (*euchrēstos*; 1/3) *useful*
Phm 11 σοὶ καὶ ἐμοὶ **εὔχρηστον**,

ἔχω (*echō*; 4/706[708]) *have, hold*
Phm 5 ἣν **ἔχεις** πρὸς τὸν κύριον
Phm 7 χαρὰν γὰρ πολλὴν **ἔσχον** καὶ παράκλησιν
Phm 8 ἐν Χριστῷ παρρησίαν **ἔχων** ἐπιτάσσειν σοι
Phm 17 εἰ οὖν με **ἔχεις** κοινωνόν,

ἤ (*ē*; 1/340) *or*
Phm 18 τι ἠδίκησέν σε **ἢ** ὀφείλει,

ἡμεῖς (*hēmeis*; 4/855) *we*
Phm 1 ἀγαπητῷ καὶ συνεργῷ **ἡμῶν**
Phm 2 Ἀρχίππῳ τῷ συστρατιώτῃ **ἡμῶν** καὶ τῇ κατ᾽
Phm 3 ἀπὸ θεοῦ πατρὸς **ἡμῶν** καὶ κυρίου Ἰησοῦ
Phm 6 ἀγαθοῦ τοῦ ἐν **ἡμῖν** εἰς Χριστόν.

θέλω (*thelō*; 1/208) *wish, want*
Phm 14 σῆς γνώμης οὐδὲν **ἠθέλησα** ποιῆσαι,

θεός (*theos*; 2/1316[1317]) *God*
Phm 3 καὶ εἰρήνη ἀπὸ **θεοῦ** πατρὸς ἡμῶν καὶ
Phm 4 Εὐχαριστῶ τῷ **θεῷ** μου πάντοτε μνείαν

Ἰησοῦς (*Iēsous*; 6/911[917]) *Jesus*
Phm 1 Παῦλος δέσμιος Χριστοῦ **Ἰησοῦ** καὶ Τιμόθεος ὁ
Phm 3 ἡμῶν καὶ κυρίου **Ἰησοῦ** Χριστοῦ.
Phm 5 πρὸς τὸν κύριον **Ἰησοῦν** καὶ εἰς πάντας
Phm 9 καὶ δέσμιος Χριστοῦ **Ἰησοῦ**·
Phm 23 μου ἐν Χριστῷ **Ἰησοῦ**,
Phm 25 χάρις τοῦ κυρίου **Ἰησοῦ** Χριστοῦ μετὰ τοῦ

ἵνα (*hina*; 4/662[663]) *so that, in order that*
Phm 13 **ἵνα** ὑπὲρ σοῦ μοι
Phm 14 **ἵνα** μὴ ὡς κατὰ
Phm 15 **ἵνα** αἰώνιον αὐτὸν ἀπέχῃς,
Phm 19 ἵνα **μὴ** λέγω σοι ὅτι

κατά (*kata*; 3/472[473]) *according to, against*
Phm 2 ἡμῶν καὶ τῇ **κατ᾽** οἶκόν σου ἐκκλησίᾳ,
Phm 14 ἵνα μὴ ὡς **κατὰ** ἀνάγκην τὸ ἀγαθόν
Phm 14 σου ᾖ ἀλλὰ **κατὰ** ἑκούσιον.

κατέχω (*katechō*; 1/17) *hold fast*
Phm 13 ἐβουλόμην πρὸς ἐμαυτὸν **κατέχειν**,

κοινωνία (*koinōnia*; 1/19) *fellowship*
Phm 6 ὅπως ἡ **κοινωνία** τῆς πίστεώς σου

κοινωνός (*koinōnos*; 1/10) *partner*
Phm 17 οὖν με ἔχεις **κοινωνόν**,

κύριος (*kyrios*; 5/714[717]) *Lord, sir*
Phm 3 πατρὸς ἡμῶν καὶ **κυρίου** Ἰησοῦ Χριστοῦ.
Phm 5 ἔχεις πρὸς τὸν **κύριον** Ἰησοῦν καὶ εἰς
Phm 16 σαρκὶ καὶ ἐν **κυρίῳ**.
Phm 20 σου ὀναίμην ἐν **κυρίῳ**·
Phm 25 Ἡ χάρις τοῦ **κυρίου** Ἰησοῦ Χριστοῦ μετὰ

λέγω (*legō*; 2/2345[2353]) *say*
Phm 19 ἵνα μὴ λέγω **σοι** ὅτι καὶ σεαυτόν
Phm 21 καὶ ὑπὲρ ἃ **λέγω** ποιήσεις.

Λουκᾶς (*Loukas*; 1/3) *Luke*
Phm 24 **Λουκᾶς**,

μάλιστα (*malista*; 1/12) *especially*
Phm 16 **μάλιστα** ἐμοί,

μᾶλλον (*mallon*; 2/81) *more*
Phm 9 διὰ τὴν ἀγάπην **μᾶλλον** παρακαλῶ,
Phm 16 πόσῳ δὲ **μᾶλλον** σοὶ καὶ ἐν

Μᾶρκος (*Markos*; 1/8) *Mark*
Phm 24 **Μᾶρκος**,

μετά (*meta*; 1/465[469]) *with, after*
Phm 25 κυρίου Ἰησοῦ Χριστοῦ **μετὰ** τοῦ πνεύματος ὑμῶν.

μή (*mē*; 2/1041[1042]) *not*
Phm 14 ἵνα **μὴ** ὡς κατὰ ἀνάγκην
Phm 19 ἵνα μὴ **λέγω** σοι ὅτι καὶ

μνεία (*mneia*; 1/7) *remembrance*
Phm 4 θεῷ μου πάντοτε **μνείαν** σου ποιούμενος ἐπὶ

ναί (*nai*; 1/33) *yes*
Phm 20 **ναὶ** ἀδελφέ,

νυνί (*nyni*; 2/20) *now*
Phm 9 ὡς Παῦλος πρεσβύτης **νυνὶ** δὲ καὶ δέσμιος
Phm 11 ποτέ σοι ἄχρηστον **νυνὶ** δὲ [καὶ] σοὶ

ξενία (*xenia*; 1/2) *place of lodging*
Phm 22 καὶ ἑτοίμαζέ μοι **ξενίαν**·

οἶδα (*oida*; 1/318) *know*
Phm 21 **εἰδὼς** ὅτι καὶ ὑπὲρ

οἶκος (*oikos*; 1/113[114]) *house*
Phm 2 καὶ τῇ κατ᾽ **οἶκόν** σου ἐκκλησίᾳ,

Ὀνήσιμος (*Onēsimos*; 1/2) *Onesimus*
Phm 10 **Ὀνήσιμον**,

ὀνίνημι (*oninēmi*; 1/1) *benefit*
Phm 20 ἐγώ σου **ὀναίμην** ἐν κυρίῳ·

ὅπως (*hopōs*; 1/53) *that*
Phm 6 **ὅπως** ἡ κοινωνία τῆς

ὅς (*hos*; 5/1406[1407]) *who*
Phm 5 **ἣν** ἔχεις πρὸς τὸν
Phm 10 **ὃν** ἐγέννησα ἐν τοῖς
Phm 12 **ὃν** ἀνέπεμψά σοι,
Phm 13 **Ὃν** ἐγὼ ἐβουλόμην πρὸς
Phm 21 ὅτι καὶ ὑπὲρ **ἃ** λέγω ποιήσεις.

ὅτι (*hoti*; 4/1294[1296]) *because, that*
Phm 7 **ὅτι** τὰ σπλάγχνα τῶν
Phm 19 μὴ λέγω σοι **ὅτι** καὶ σεαυτόν μοι
Phm 21 εἰδὼς **ὅτι** καὶ ὑπὲρ ἃ
Phm 22 ἐλπίζω γὰρ **ὅτι** διὰ τῶν προσευχῶν

οὐδείς (*oudeis*; 1/225[227]) *no one*
Phm 14 τῆς σῆς γνώμης **οὐδὲν** ἠθέλησα ποιῆσαι,

οὐκέτι (*ouketi*; 1/47) *no longer*
Phm 16 **οὐκέτι** ὡς δοῦλον ἀλλ'

οὖν (*oun*; 1/497[499]) *therefore*
Phm 17 εἰ **οὖν** με ἔχεις κοινωνόν,

οὗτος (*houtos*; 3/1382[1387]) *this*
Phm 12 **τοῦτ'** ἔστιν τὰ ἐμὰ
Phm 15 Τάχα γὰρ διὰ **τοῦτο** ἐχωρίσθη πρὸς ὥραν,
Phm 18 **τοῦτο** ἐμοὶ ἐλλόγα.

ὀφείλω (*opheilō*; 1/35) *ought to*
Phm 18 ἠδίκησέν σε ἢ **ὀφείλει**,

πάντοτε (*pantote*; 1/41) *always*
Phm 4 τῷ θεῷ μου **πάντοτε** μνείαν σου ποιούμενος

παρακαλέω (*parakaleō*; 2/109) *encourage, ask*
Phm 9 τὴν ἀγάπην μᾶλλον **παρακαλῶ**,
Phm 10 **παρακαλῶ** σε περὶ τοῦ

παράκλησις (*paraklēsis*; 1/29) *encouragement*
Phm 7 πολλὴν ἔσχον καὶ **παράκλησιν** ἐπὶ τῇ ἀγάπῃ

παρρησία (*parrēsia*; 1/31) *boldness*
Phm 8 πολλὴν ἐν Χριστῷ **παρρησίαν** ἔχων ἐπιτάσσειν σοι

πᾶς (*pas*; 2/1240[1243]) *each, every (pl. all)*
Phm 5 Ἰησοῦν καὶ εἰς **πάντας** τοὺς ἁγίους,
Phm 6 γένηται ἐν ἐπιγνώσει **παντὸς** ἀγαθοῦ τοῦ ἐν

πατήρ (*patēr*; 1/413) *father*
Phm 3 εἰρήνη ἀπὸ θεοῦ **πατρὸς** ἡμῶν καὶ κυρίου

Παῦλος (*Paulos*; 3/158) *Paul*
Phm 1 **Παῦλος** δέσμιος Χριστοῦ Ἰησοῦ
Phm 9 τοιοῦτος ὢν ὡς **Παῦλος** πρεσβύτης νυνὶ δὲ
Phm 19 ἐγὼ **Παῦλος** ἔγραψα τῇ ἐμῇ

πείθω (*peithō*; 1/52) *persuade*
Phm 21 **Πεποιθὼς** τῇ ὑπακοῇ σου

περί (*peri*; 1/332[333]) *concerning, around*
Phm 10 παρακαλῶ σε **περὶ** τοῦ ἐμοῦ τέκνου,

πίστις (*pistis*; 2/243) *faith*
Phm 5 ἀγάπην καὶ τὴν **πίστιν**,
Phm 6 ἡ κοινωνία τῆς **πίστεώς** σου ἐνεργὴς γένηται

πνεῦμα (*pneuma*; 1/379) *Spirit, spirit*
Phm 25 Χριστοῦ μετὰ τοῦ **πνεύματος** ὑμῶν.

ποιέω (*poieō*; 3/568) *do, make*
Phm 4 πάντοτε μνείαν σου **ποιούμενος** ἐπὶ τῶν προσευχῶν
Phm 14 γνώμης οὐδὲν ἠθέλησα **ποιῆσαι**,
Phm 21 ὑπὲρ ἃ λέγω **ποιήσεις**.

πολύς (*polys*; 2/417) *much (pl. many)*
Phm 7 χαρὰν γὰρ **πολλὴν** ἔσχον καὶ παράκλησιν
Phm 8 Διὸ **πολλὴν** ἐν Χριστῷ παρρησίαν

πόσος (*posos*; 1/27) *how much*
Phm 16 **πόσῳ** δὲ μᾶλλον σοὶ

ποτέ (*pote*; 1/29) *once*
Phm 11 τόν **ποτέ** σοι ἄχρηστον νυνὶ

πρεσβύτης (*presbytēs*; 1/3) *old or elderly man*
Phm 9 ὢν ὡς Παῦλος **πρεσβύτης** νυνὶ δὲ καὶ

πρός (*pros*; 3/699[700]) *to, toward, at*
Phm 5 ἣν ἔχεις **πρὸς** τὸν κύριον Ἰησοῦν
Phm 13 Ὃν ἐγὼ ἐβουλόμην **πρὸς** ἐμαυτὸν κατέχειν,
Phm 15 διὰ τοῦτο ἐχωρίσθη **πρὸς** ὥραν,

προσευχή (*proseuchē*; 2/36) *prayer*
Phm 4 ποιούμενος ἐπὶ τῶν **προσευχῶν** μου,
Phm 22 ὅτι διὰ τῶν **προσευχῶν** ὑμῶν χαρισθήσομαι ὑμῖν.

προσλαμβάνω (*proslambanō*; 1/12) *welcome*
Phm 17 **προσλαβοῦ** αὐτὸν ὡς ἐμέ.

προσοφείλω (*prosopheilō*; 1/1) *owe*
Phm 19 καὶ σεαυτόν μοι **προσοφείλεις**.

σάρξ (*sarx*; 1/147) *flesh*
Phm 16 σοὶ καὶ ἐν **σαρκὶ** καὶ ἐν κυρίῳ.

σεαυτοῦ (*seautou*; 1/43) *yourself*
Phm 19 σοι ὅτι καὶ **σεαυτόν** μοι προσοφείλεις.

σός (*sos*; 1/25) *your (sg.)*
Phm 14 χωρὶς δὲ τῆς **σῆς** γνώμης οὐδὲν ἠθέλησα

σπλάγχνον (*splanchnon*; 3/11) *one's inmost self*
Phm 7 ὅτι τὰ **σπλάγχνα** τῶν ἁγίων ἀναπέπαυται
Phm 12 ἔστιν τὰ ἐμὰ **σπλάγχνα**·
Phm 20 ἀνάπαυσόν μου τὰ **σπλάγχνα** ἐν Χριστῷ.

σύ (*sy*; 20/1063[1067]) *you (sg.)*
Phm 2 τῇ κατ' οἶκόν **σου** ἐκκλησίᾳ,
Phm 4 μου πάντοτε μνείαν **σου** ποιούμενος ἐπὶ τῶν
Phm 5 ἀκούων **σου** τὴν ἀγάπην καὶ
Phm 6 κοινωνία τῆς πίστεώς **σου** ἐνεργὴς γένηται
Phm 7 ἐπὶ τῇ ἀγάπῃ **σου**,
Phm 7 ἁγίων ἀναπέπαυται διὰ **σοῦ**,
Phm 8 παρρησίαν ἔχων ἐπιτάσσειν **σοι** τὸ ἀνῆκον
Phm 10 παρακαλῶ **σε** περὶ τοῦ ἐμοῦ
Phm 11 τόν ποτέ **σοι** ἄχρηστον νυνὶ δὲ
Phm 11 νυνὶ δὲ [καὶ] **σοὶ** καὶ ἐμοὶ εὔχρηστον,
Phm 12 ὃν ἀνέπεμψά **σοι**,
Phm 13 ἵνα ὑπὲρ **σοῦ** μοι διακονῇ ἐν
Phm 14 ἀνάγκην τὸ ἀγαθόν **σου** ᾖ ἀλλὰ κατὰ
Phm 16 πόσῳ δὲ μᾶλλον **σοὶ** καὶ ἐν σαρκὶ
Phm 18 δέ τι ἠδίκησέν **σε** ἢ ὀφείλει,
Phm 19 ἵνα μὴ λέγω **σοι** ὅτι καὶ σεαυτόν
Phm 20 ἐγώ **σου** ὀναίμην ἐν κυρίῳ·
Phm 21 Πεποιθὼς τῇ ὑπακοῇ **σου** ἔγραψά σοι,
Phm 21 ὑπακοῇ σου ἔγραψά **σοι**,
Phm 23 Ἀσπάζεταί **σε** Ἐπαφρᾶς ὁ συναιχμάλωτός

συναιχμάλωτος (*synaichmalōtos*; 1/3) *fellow-prisoner*
Phm 23 σε Ἐπαφρᾶς ὁ **συναιχμάλωτός** μου ἐν Χριστῷ

συνεργός (*synergos*; 2/13) *fellow-worker*
Phm 1 τῷ ἀγαπητῷ καὶ **συνεργῷ** ἡμῶν
Phm 24 οἱ **συνεργοί** μου.

συστρατιώτης (*systratiōtēs*; 1/2) *fellow-soldier*
Phm 2 καὶ Ἀρχίππῳ τῷ **συστρατιώτῃ** ἡμῶν καὶ τῇ

τάχα (*tacha*; 1/2) *perhaps*
Phm 15 **Τάχα** γὰρ διὰ τοῦτο

τέκνον (*teknon*; 1/99) *child*
Phm 10 περὶ τοῦ ἐμοῦ **τέκνου**,

Τιμόθεος (*Timotheos*; 1/24) *Timothy*
Phm 1 Χριστοῦ Ἰησοῦ καὶ **Τιμόθεος** ὁ ἀδελφὸς Φιλήμονι

τις (*tis*; 1/542[543]) *anyone, anything*
Phm 18 εἰ δέ **τι** ἠδίκησέν σε ἢ

τοιοῦτος (*toioutos*; 1/56[57]) *such*
Phm 9 **τοιοῦτος** ὢν ὡς Παῦλος

ὑμεῖς (*hymeis*; 4/1832) *you (pl.)*
Phm 3 χάρις **ὑμῖν** καὶ εἰρήνη ἀπὸ
Phm 22 διὰ τῶν προσευχῶν **ὑμῶν** χαρισθήσομαι ὑμῖν.
Phm 22 προσευχῶν ὑμῶν χαρισθήσομαι **ὑμῖν**.
Phm 25 μετὰ τοῦ πνεύματος **ὑμῶν**.

ὑπακοή (*hypakoē*; 1/15) *obedience*
Phm 21 Πεποιθὼς τῇ **ὑπακοῇ** σου ἔγραψά σοι,

ὑπέρ (*hyper*; 3/150) *for, concerning, over*
Phm 13 ἵνα **ὑπὲρ** σοῦ μοι διακονῇ
Phm 16 ὡς δοῦλον ἀλλ' **ὑπὲρ** δοῦλον,
Phm 21 εἰδὼς ὅτι καὶ **ὑπὲρ** ἃ λέγω ποιήσεις.

Φιλήμων (*Philēmōn*; 1/1) *Philemon*
Phm 1 Τιμόθεος ὁ ἀδελφὸς **Φιλήμονι** τῷ ἀγαπητῷ

χαρά (*chara*; 1/59) *joy*
Phm 7 **χαρὰν** γὰρ πολλὴν ἔσχον

χαρίζομαι (*charizomai*; 1/23) *grant, forgive*
Phm 22 τῶν προσευχῶν ὑμῶν **χαρισθήσομαι** ὑμῖν.

χάρις (*charis*; 2/155) *grace*
Phm 3 **χάρις** ὑμῖν καὶ εἰρήνη
Phm 25 Ἡ **χάρις** τοῦ κυρίου Ἰησοῦ

χείρ (*cheir*; 1/175[177]) *hand*
Phm 19 ἔγραψα τῇ ἐμῇ **χειρί**,

Χριστός (*Christos*; 8/529) *Christ*
Phm 1 Παῦλος δέσμιος **Χριστοῦ** Ἰησοῦ καὶ Τιμόθεος
Phm 3 καὶ κυρίου Ἰησοῦ **Χριστοῦ**.
Phm 6 ἐν ἡμῖν εἰς **Χριστόν**.
Phm 8 Διὸ πολλὴν ἐν **Χριστῷ** παρρησίαν ἔχων ἐπιτάσσειν
Phm 9 δὲ καὶ δέσμιος **Χριστοῦ** Ἰησοῦ·
Phm 20 τὰ σπλάγχνα ἐν **Χριστῷ**.
Phm 23 συναιχμάλωτός μου ἐν **Χριστῷ** Ἰησοῦ,
Phm 25 τοῦ κυρίου Ἰησοῦ **Χριστοῦ** μετὰ τοῦ πνεύματος

χωρίζω (*chōrizō*; 1/13) *separate*
Phm 15 γὰρ διὰ τοῦτο **ἐχωρίσθη** πρὸς ὥραν,

χωρίς (*chōris*; 1/41) *without*
Phm 14 **χωρὶς** δὲ τῆς σῆς

ὥρα (*hōra*; 1/106) *hour*
Phm 15 τοῦτο ἐχωρίσθη πρὸς **ὥραν**,

ὡς (*hōs*; 4/503[504]) *as*
Phm 9 τοιοῦτος ὢν **ὡς** Παῦλος πρεσβύτης νυνὶ
Phm 14 ἵνα μὴ **ὡς** κατὰ ἀνάγκην τὸ
Phm 16 οὐκέτι **ὡς** δοῦλον ἀλλ' ὑπὲρ
Phm 17 προσλαβοῦ αὐτὸν **ὡς** ἐμέ.

Frequency List (Alphabetical Order)

2 ἀγαθός
3 ἀγάπη
2 ἀγαπητός
2 ἅγιος
1 ἀδελφή
4 ἀδελφός
1 ἀδικέω
1 αἰώνιος
1 ἀκούω
2 ἀλλά
1 ἅμα
1 ἀνάγκη
2 ἀναπαύω
1 ἀναπέμπω
1 ἀνήκω
1 ἀπέχω
1 ἀπό
1* ἀποτίνω
1* Ἀπφία
1 Ἀρίσταρχος
1 Ἄρχιππος
1 ἀσπάζομαι
3° αὐτός
1* ἄχρηστος
1 βούλομαι
3 γάρ
1 γεννάω
1 γίνομαι
1 γνώμη
2 γράφω
6 δέ
2 δέσμιος
2 δεσμός
1 Δημᾶς
4 διά
1 διακονέω
1 διό
2 δοῦλος
17 ἐγώ
2 εἰ
3 εἰμί
1 εἰρήνη
2 εἰς
1 ἐκκλησία
1* ἑκούσιος
1 ἐλλογέω
1 ἐλπίζω
1 ἐμαυτοῦ
3 ἐμός
10 ἐν
1 ἐνεργής
1 Ἐπαφρᾶς
2 ἐπί
1 ἐπίγνωσις
1 ἐπιτάσσω
1 ἑτοιμάζω
1 εὐαγγέλιον
1 εὐχαριστέω
1 εὔχρηστος
4 ἔχω
1 ἤ
4 ἡμεῖς
1 θέλω
2 θεός
6 Ἰησοῦς
4 ἵνα
18° καί
3 κατά
1 κατέχω
1 κοινωνία
1 κοινωνός
5 κύριος
2 λέγω
1 Λουκᾶς
1 μάλιστα
2 μᾶλλον
1 Μᾶρκος
1 μετά
2 μή
1 μνεία
1 ναί
2 νυνί
1 ξενία
36° ὁ
1 οἶδα
1 οἶκος
1 Ὀνήσιμος
1* ὀνίνημι
1 ὅπως
5 ὅς
4 ὅτι
1 οὐδείς
1 οὐκέτι
1 οὖν
3 οὗτος
1 ὀφείλω
1 πάντοτε
2 παρακαλέω
1 παράκλησις
1 παρρησία
2 πᾶς
1 πατήρ
3 Παῦλος
1 πείθω
1 περί
2 πίστις
1 πνεῦμα
3 ποιέω
2 πολύς
1 πόσος
1 ποτέ
1 πρεσβύτης
3 πρός
2 προσευχή
1 προσλαμβάνω
1* προσοφείλω
1 σάρξ
1 σεαυτοῦ
1 σός
3 σπλάγχνον
20 σύ
1 συναιχμάλωτος
2 συνεργός
1 συστρατιώτης
1 τάχα
1 τέκνον
1 Τιμόθεος
1 τις
1 τοιοῦτος
4 ὑμεῖς
1 ὑπακοή
3 ὑπέρ
1* Φιλήμων
1 χαρά
1 χαρίζομαι
2 χάρις
1 χείρ
8 Χριστός
1 χωρίζω
1 χωρίς
1 ὥρα
4 ὡς

° Not included in concordance
* Word only occurs in this book

Frequency List (in Order of Occurrence)

36° ὁ
20 σύ
18° καί
17 ἐγώ
10 ἐν
8 Χριστός
6 δέ
6 Ἰησοῦς
5 κύριος
5 ὅς
4 ἀδελφός
4 διά
4 ἔχω
4 ἡμεῖς
4 ἵνα
4 ὅτι
4 ὑμεῖς
4 ὡς
3 ἀγάπη
3° αὐτός
3 γάρ
3 εἰμί
3 ἐμός
3 κατά
3 οὗτος
3 Παῦλος
3 ποιέω
3 πρός
3 σπλάγχνον
3 ὑπέρ
2 ἀγαθός
2 ἀγαπητός
2 ἅγιος
2 ἀλλά
2 ἀναπαύω
2 γράφω
2 δέσμιος
2 δεσμός
2 δοῦλος
2 εἰ
2 εἰς
2 ἐπί
2 θεός
2 λέγω
2 μᾶλλον
2 μή
2 νυνί
2 παρακαλέω
2 πᾶς
2 πίστις
2 πολύς
2 προσευχή
2 συνεργός
2 χάρις
1 ἀδελφή
1 ἀδικέω
1 αἰώνιος
1 ἀκούω
1 ἅμα
1 ἀνάγκη
1 ἀναπέμπω
1 ἀνήκω
1 ἀπέχω
1 ἀπό
1* ἀποτίνω
1* Ἀπφία
1 Ἀρίσταρχος
1 Ἄρχιππος
1 ἀσπάζομαι
1* ἄχρηστος
1 βούλομαι
1 γεννάω
1 γίνομαι
1 γνώμη
1 Δημᾶς
1 διακονέω
1 διό
1 εἰρήνη
1 ἐκκλησία
1* ἑκούσιος
1 ἐλλογέω
1 ἐλπίζω
1 ἐμαυτοῦ
1 ἐνεργής
1 Ἐπαφρᾶς
1 ἐπίγνωσις
1 ἐπιτάσσω
1 ἑτοιμάζω
1 εὐαγγέλιον
1 εὐχαριστέω
1 εὔχρηστος
1 ἤ
1 θέλω
1 κατέχω
1 κοινωνία
1 κοινωνός
1 Λουκᾶς
1 μάλιστα
1 Μᾶρκος
1 μετά
1 μνεία
1 ναί
1 ξενία
1 οἶδα
1 οἶκος
1 Ὀνήσιμος
1* ὀνίνημι
1 ὅπως
1 οὐδείς
1 οὐκέτι
1 οὖν
1 ὀφείλω
1 πάντοτε
1 παράκλησις
1 παρρησία
1 πατήρ
1 πείθω
1 περί
1 πνεῦμα
1 πόσος
1 ποτέ
1 πρεσβύτης
1 προσλαμβάνω
1* προσοφείλω
1 σάρξ
1 σεαυτοῦ
1 σός
1 συναιχμάλωτος
1 συστρατιώτης
1 τάχα
1 τέκνον
1 Τιμόθεος
1 τις
1 τοιοῦτος
1 ὑπακοή
1* Φιλήμων
1 χαρά
1 χαρίζομαι
1 χείρ
1 χωρίζω
1 χωρίς
1 ὥρα

° Not included in concordance
* Word only occurs in this book

Hebrews – Statistics

1030 Total word count
87 Number of words occurring at least 10 times
568 Number of words occurring once

Words whose occurrences in this book account for at least 25% of occurrences in the entire NT

100%

8/8 Μελχισέδεκ (*Melchisedek*; Melchizedek)

4/4 διηνεκής (*diēnekēs*; continuous), ὁρκωμοσία (*horkōmosia*; oath), ῥαντίζω (*rhantizō*; sprinkle), τράγος (*tragos*; he-goat)

3/3 ἐάνπερ (*eanper*; if), εὐαρεστέω (*euaresteō*; please), ἱερωσύνη (*hierōsynē*; priesthood), μετάθεσις (*metathesis*; removal, change), μισθαποδοσία (*misthapodosia*; reward), φοβερός (*phoberos*; fearful)

2/2 ἀθέτησις (*athetēsis*; nullification), ἀμετάθετος (*ametathetos*; unchangeable), δεκατόω (*dekatoō*; collect tithes), ἐγκαινίζω (*enkainizō*; put into force), εὐλάβεια (*eulabeia*; godly fear), κακουχέω (*kakoucheō*; be ill), μερισμός (*merismos*; distribution), νομοθετέω (*nomotheteō*; give the law), νωθρός (*nōthros*; lazy), ὁμοιότης (*homoiotēs*; likeness), παραπικρασμός (*parapikrasmos*; rebellion), πεῖρα (*peira*; attempt), προσοχθίζω (*prosochthizō*; be angry), Σαλήμ (*Salēm*; Salem), συμπαθέω (*sympatheō*; feel sympathy with)

1/1 ἀγενεαλόγητος (*agenealogētos*; without [record of] lineage), ἁγιότης (*hagiotēs*; holiness), ἀγνόημα (*agnoēma*; a sin committed through ignorance), ἄθλησις (*athlēsis*; difficult struggle), αἴγειος (*aigeios*; of a goat), αἱματεκχυσία (*haimatekchysia*; shedding of blood), αἴνεσις (*ainesis*; praise), αἰσθητήριον (*aisthētērion*; power of discernment), ἀκατάλυτος (*akatalytos*; indestructible), ἀκλινής (*aklinēs*; without wavering), ἀκροθίνιον (*akrothinion*; spoils), ἀλυσιτελής (*alysitelēs*; of no advantage or help), ἀμήτωρ (*amētōr*; without [record of] a mother), ἀνακαινίζω (*anakainizō*; renew), ἀναλογίζομαι (*analogizomai*; consider closely), ἀναρίθμητος (*anarithmētos*; innumerable), ἀνασταυρόω (*anastauroō*; crucify again), ἀνταγωνίζομαι (*antagōnizomai*; struggle), ἀντικαθίστημι (*antikathistēmi*; resist), ἀπαράβατος (*aparabatos*; permanent), ἀπάτωρ (*apatōr*; without [record of] a father), ἀπαύγασμα (*apaugasma*; brightness), ἄπειρος (*apeiros*; inexperienced in), ἀποβλέπω (*apoblepō*; keep one's eyes on), ἁρμός (*harmos*; joint), ἀφανής (*aphanēs*; hidden), ἀφανισμός (*aphanismos*; disappearing), ἀφομοιόω (*aphomoioō*; be like), Βαράκ (*Barak*; Barak), βοηθός (*boēthos*; helper), βοτάνη (*botanē*; vegetation), Γεδεών (*Gedeōn*; Gideon), γενεαλογέω (*genealogeō*; descend from), γεωργέω (*geōrgeō*; cultivate), γνόφος (*gnophos*; darkness), δάμαλις (*damalis*; heifer), δέος (*deos*; awe), δέρμα (*derma*; skin), δημιουργός (*dēmiourgos*; builder), δήπου (*dēpou*; it is clear), διάταγμα (*diatagma*; order), διϊκνέομαι (*diikneomai*; go all the way through), διόρθωσις (*diorthōsis*; new order), δοκιμασία (*dokimasia*; test), δυσερμήνευτος (*dysermēneutos*; hard to explain), ἔγγυος (*engyos*; guarantor), ἐκβαίνω (*ekbainō*; leave), ἐκδοχή (*ekdochē*; expectation), ἐκλανθάνομαι (*eklanthanomai*; forget completely), ἔλεγχος (*elenchos*; conviction), ἐμπαιγμός (*empaigmos*; public ridicule), ἐνυβρίζω (*enybrizō*; insult), ἕξις (*hexis*; use), ἐπεισαγωγή (*epeisagōgē*; bringing in), ἐπιλείπω (*epileipō*; run short), ἔπος (*epos*; word), εὐαρέστως (*euarestōs*; in an acceptable way), εὐθύτης (*euthytēs*; uprightness), εὐλαβέομαι (*eulabeomai*; act in reverence), εὐπερίστατος (*euperistatos*; holding on tightly and causing entanglement), εὐποιΐα (*eupoiia*; doing of good), θεατρίζω (*theatrizō*; expose to public shame), θέλησις (*thelēsis*; will), θεράπων (*therapōn*; servant), θύελλα (*thyella*; wind storm), θυμιατήριον (*thymiatērion*; altar of incense), Ἰεφθάε (*Iephthae*; Jephthah), ἱκετηρία (*hiketēria*; request), καθαρότης (*katharotēs*; purification), καθώσπερ (*kathōsper*; as), καρτερέω (*kartereō*; endure), καταγωνίζομαι (*katagōnizomai*; conquer), κατάδηλος (*katadēlos*; very evident), καταναλίσκω (*katanaliskō*; consume), κατασκιάζω (*kataskiazō*; overshadow), κατάσκοπος (*kataskopos*; spy), καῦσις (*kausis*; burning), κεφαλίς (*kephalis*; roll), κοπή (*kopē*; slaughter, defeat), κριτικός (*kritikos*; able to judge), κῶλον (*kōlon*; dead body), λειτουργικός (*leitourgikos*; ministering), Λευιτικός (*Leuitikos*; Levitical), μεσιτεύω (*mesiteuō*; confirm), μετέπειτα (*metepeita*; afterwards), μετριοπαθέω (*metriopatheō*; be gentle), μηδέπω (*mēdepō*; not yet), μηλωτή (*mēlōtē*; sheepskin), μήν (*mēn*; indeed), μισθαποδότης (*misthapodotēs*; rewarder), μυελός (*muelos*; marrow), νέφος (*nephos*; cloud), νόθος (*nothos*; illegitimate), ὄγκος (*onkos*; impediment), ὀλιγωρέω (*oligōreō*; think lightly of), ὀλοθρεύω (*olothreuō*; destroy), πανήγυρις (*panēgyris*; festal gathering), παραδειγματίζω (*paradeigmatizō*; expose to public ridicule), παραπικραίνω (*parapikrainō*; rebel), παραπίπτω (*parapiptō*; fall away), παραπλησίως (*paraplēsiōs*; likewise), παραρρέω (*pararreō*; drift away), πήγνυμι (*pēgnymi*; put up), πολυμερῶς (*polymerōs*; little by little), πολυτρόπως (*polytropōs*; in many ways), πρίζω (*prizō*; saw in two), προβλέπω (*problepō*; have in store), πρόδρομος (*prodromos*; forerunner), προσαγορεύω (*prosagoreuō*; designate), πρόσφατος (*prosphatos*; new), πρόσχυσις (*proschysis*; sprinkling), πρωτοτόκια (*prōtotokia*; birthright), σαββατισμός (*sabbatismos*; Sabbath day), Σαμψών (*Sampsōn*; Samson), στάμνος (*stamnos*; jar), συγκακουχέομαι (*synkakoucheomai*; share hardship with), συναπόλλυμι (*synapollymi*; perish with), συνδέω (*syndeō*; be in prison with), συνεπιμαρτυρέω (*synepimartyreō*; add further testimony), τελειωτής (*teleiōtēs*; perfecter), τιμωρία (*timōria*; punishment), τομός (*tomos*; sharp), τραχηλίζω (*trachēlizō*; laid bare), τρίμηνος (*trimēnos*; [a period of] three months), τροχιά (*trochia*; way), τυμπανίζω (*tympanizō*; torture), ὑπείκω (*hypeikō*; accept), ὑποστολή (*hypostolē*; shrinking back), φαντάζω (*phantazō*; appear), χαρακτήρ (*charaktēr*; exact likeness), Χερούβ (*Cheroub*; cherub)

88%

8/9 κατάπαυσις (*katapausis*; place of rest)

83%

5/6 μέτοχος (*metochos*; one who shares in)

75%

3/4 ἀντιλογία (*antilogia*; argument), διάφορος (*diaphoros*; different), καταπαύω (*katapauō*; cause to rest), παλαιόω (*palaioō*; make or declare old or obsolete)

68%

13/19 κρείττων (*kreittōn*; better)

66%

6/9 τάξις (*taxis*; order)

4/6 παιδεία (*paideia*; discipline), σκληρύνω (*sklērynō*; harden)

2/3 ἐλαττόω (*elattoō*; become less, make lower), Ἠσαῦ (*Ēsau*; Esau), θιγγάνω (*thinganō*; touch), μεγαλωσύνη (*megalōsynē*; majesty), ὁλοκαύτωμα (*holokautōma*; whole burnt offering), στεφανόω (*stephanoō*; crown)

60%

3/5 Ἀαρών (*Aarōn*; Aaron), ἐφάπαξ (*ephapax*; once for all time), καίπερ (*kaiper*; though), ὀνειδισμός (*oneidismos*; reproach), πρόκειμαι (*prokeimai*; be set before), ὑπόστασις (*hypostasis*; confidence)

57%

8/14 ἅπαξ (*hapax*; once)

4/7 δέκατος (*dekatos*; tenth), διατίθημι (*diatithēmi*; make [covenant])

55%
5/9 προσφορά (*prosphora*; offering)

54%
6/11 κατασκευάζω (*kataskeuazō*; prepare)

53%
15/28 θυσία (*thysia*; sacrifice)

51%
17/33 διαθήκη (*diathēkē*; covenant)

50%
10/20 σκηνή (*skēnē*; tent)
4/8 βέβαιος (*bebaios*; reliable)
3/6 καταπέτασμα (*katapetasma*; curtain), μεσίτης (*mesitēs*; mediator), μετατίθημι (*metatithēmi*; remove), ὁμολογία (*homologia*; confession), ὑπόδειγμα (*hypodeigma*; example)
2/4 Ἅβελ (*Habel*; Abel), ἀμελέω (*ameleō*; disregard), ἀμίαντος (*amiantos*; pure), ἀρχηγός (*archēgos*; leader), βαπτισμός (*baptismos*; baptism, [ritual] washing), γυμνάζω (*gymnazō*; train), πληροφορία (*plērophoria*; full assurance), πού (*pou*; somewhere), στερεός (*stereos*; firm), ταῦρος (*tauros*; bull)
1/2 ἄκακος (*akakos*; innocent), ἀναδέχομαι (*anadechomai*; receive), ἀναθεωρέω (*anatheōreō*; observe closely), ἀντίτυπος (*antitypos*; copy), ἀνώτερος (*anōteros*; first), ἀνωφελής (*anōphelēs*; useless), ἀποβάλλω (*apoballō*; throw out), ἀπόλαυσις (*apolausis*; enjoyment), ἀσάλευτος (*asaleutos*; immovable), ἀστεῖος (*asteios*; pleasing), ἀφιλάργυρος (*aphilargyros*; not greedy for money), ἀφοράω (*aphoraō*; fix one's eyes on), βεβαίωσις (*bebaiōsis*; confirmation), βοήθεια (*boētheia*; help), γηράσκω (*gēraskō*; become old), δυναμόω (*dynamoō*; strengthen), εἰρηνικός (*eirēnikos*; peaceful), ἔκβασις (*ekbasis*; way out), ἑκουσίως (*hekousiōs*; willingly), ἔκφοβος (*ekphobos*; frightened), ἐλεήμων (*eleēmōn*; merciful), ἑλίσσω (*helissō*; roll up), ἔνδικος (*endikos*; just), ἔννοια (*ennoia*; attitude), ἐνοχλέω (*enochleō*; trouble), ἐπισκοπέω (*episkopeō*; see to it), ἐπισυναγωγή (*episynagōgē*; assembling), ἔριον (*erion*; wool), ἐρυθρός (*erythros*; red), ἐσώτερος (*esōteros*; inner), εὔκαιρος (*eukairos*; suitable), ἱερατεία (*hierateia*; priestly office), ἱλάσκομαι (*hilaskomai*; bring about forgiveness for, propitiate), ἱλαστήριον (*hilastērion*; means by which or place where sins are forgiven, propitiation), ἵλεως (*hileōs*; merciful), καίτοι (*kaitoi*; yet), κάμνω (*kamnō*; be sick), καταβάλλω (*kataballō*; knock down), καταφεύγω (*katapheugō*; flee), κεφάλαιον (*kephalaion*; main point), κοσμικός (*kosmikos*; worldly), μέμφομαι (*memphomai*; find fault with), μήπω (*mēpō*; not yet), ὀπή (*opē*; opening), ὀρθός (*orthos*; straight), παιδευτής (*paideutēs*; teacher), παντελής (*pantelēs*; complete), παρίημι (*pariēmi*; neglect), παροικέω (*paroikeō*; live in), παροξυσμός (*paroxysmos*; encouragement), περιβόλαιον (*peribolaion*; cloak), πηλίκος (*pēlikos*; how large), πόμα (*poma*; drink), πόρρωθεν (*porrōthen*; at or from a distance), Ῥαάβ (*Rhaab*; Rahab), ῥαντισμός (*rhantismos*; sprinkling), συγκεράννυμι (*synkerannymi*; unite), τελειότης (*teleiotēs*; completeness), τελείωσις (*teleiōsis*; fulfillment), τοιγαροῦν (*toigaroun*; therefore), τρίβολος (*tribolos*; briar), ὕπαρξις (*hyparxis*; possession), ὑπεναντίος (*hypenantios*; against), ὕσσωπος (*hyssōpos*; hyssop), φιλοξενία (*philoxenia*; hospitality)

45%
14/31 ἱερεύς (*hiereus*; priest)

<u>42%</u>

20/47 προσφέρω (*prospherō*; offer, bring)

3/7 ἀπολείπω (*apoleipō*; leave behind), βραχύς (*brachys*; little)

<u>40%</u>

6/15 ὅθεν (*hothen*; from where)

4/10 ἀδύνατος (*adynatos*; impossible), ἀναφέρω (*anapherō*; offer [sacrifice])

2/5 γάλα (*gala*; milk), ἐκλύομαι (*eklyomai*; give up), ἐπιγράφω (*epigraphō*; write on or in), ἐπιτυγχάνω (*epitynchanō*; obtain), λατρεία (*latreia*; service), λειτουργός (*leitourgos*; servant), περίκειμαι (*perikeimai*; be placed around)

<u>39%</u>

9/23 τελειόω (*teleioō*; complete, fulfill)

<u>37%</u>

3/8 ἐπιλανθάνομαι (*epilanthanomai*; forget), μετέχω (*metechō*; share in), πρωτότοκος (*prōtotokos*; firstborn)

<u>34%</u>

9/26 ἐπεί (*epei*; since)

<u>33%</u>

4/12 ῥάβδος (*rhabdos*; stick, staff, rod)

3/9 χρηματίζω (*chrēmatizō*; warn, be called)

2/6 ἐκδέχομαι (*ekdechomai*; wait for), κιβωτός (*kibōtos*; ark), λειτουργία (*leitourgia*; service, ministry), μόσχος (*moschos*; calf, young bull, ox), συναντάω (*synantaō*; meet), χειροποίητος (*cheiropoiētos*; made by human hands)

1/3 αἱρέω (*haireō*; choose), ἀνορθόω (*anorthoō*; restore), ἀπαλλάσσω (*apallassō*; set free), ἁρπαγή (*harpagē*; taking [something] by violence or greed), διαβαίνω (*diabainō*; cross), διάκρισις (*diakrisis*; ability to discern), δίστομος (*distomos*; double-edged), ἐνεργής (*energēs*; active), ἔντρομος (*entromos*; trembling), Ἑνώχ (*Henōch*; Enoch), ἔξοδος (*exodos*; departure), ἐπιστέλλω (*epistellō*; write), ἑρμηνεύω (*hermēneuō*; translate, interpret), εὔθετος (*euthetos*; fit, suitable), ἐχθές (*echthes*; yesterday), ἦχος (*ēchos*; sound), Κάϊν (*Kain*; Cain), λειτουργέω (*leitourgeō*; serve), λύτρωσις (*lytrōsis*; redemption), μοιχός (*moichos*; adulterer), νεκρόω (*nekroō*; put to death), ὀρέγω (*oregō*; be eager for), πάντοθεν (*pantothen*; on all sides), παρακοή (*parakoē*; disobedience), παρεπίδημος (*parepidēmos*; temporary resident), περιέρχομαι (*perierchomai*; go or travel about), περικαλύπτω (*perikalyptō*; cover), πλάξ (*plax*; tablet), πρόδηλος (*prodēlos*; very obvious or evident), Σαμουήλ (*Samouēl*; Samuel), σποδός (*spodos*; ashes), σχεδόν (*schedon*; almost), τοίνυν (*toinyn*; therefore), ὑπεράνω (*hyperanō*; far above), φράσσω (*phrassō*; silence), φύω (*phyō*; grow)

<u>31%</u>

13/41 χωρίς (*chōris*; without)

6/19 ἐπουράνιος (*epouranios*; heavenly)

<u>30%</u>

3/10 κομίζω (*komizō*; bring; mid. receive), παρεμβολή (*parembolē*; camp, barracks)

28%

6/21 λατρεύω (*latreuō*; serve)
4/14 ἐνιαυτός (*eniautos*; year)
2/7[8] βεβαιόω (*bebaioō*; confirm)
2/7 ἀξιόω (*axioō*; consider worthy), ἀπείθεια (*apeitheia*; disobedience), δηλόω (*dēloō*; make clear), ἐκζητέω (*ekzēteō*; seek or search diligently), μεταλαμβάνω (*metalambanō*; receive), παράβασις (*parabasis*; transgression), πρέπω (*prepō*; it is fitting or proper), σκιά (*skia*; shadow), ὑποπόδιον (*hypopodion*; footstool), χεῖλος (*cheilos*; lip)

27%

3/11 καταβολή (*katabolē*; beginning), πρᾶγμα (*pragma*; matter), πρότερος (*proteros*; former)

26%

14/52 ἐπαγγελία (*epangelia*; promise)
7/26 ὀμνύω (*omnyō*; swear)
5/19 δῶρον (*dōron*; gift)
4/15 ἐπαγγέλλομαι (*epangellomai*; promise)

Hebrews – Concordance

᾿Ααρών (*Aarōn*; 3/5) *Aaron*
Heb 5:4 θεοῦ καθώσπερ καὶ **᾿Ααρών**.
Heb 7:11 κατὰ τὴν τάξιν **᾿Ααρὼν** λέγεσθαι;
Heb 9:4 καὶ ἡ ῥάβδος **᾿Ααρὼν** ἡ βλαστήσασα καὶ

Ἅβελ (*Habel*; 2/4) *Abel*
Heb 11:4 Πίστει πλείονα θυσίαν **Ἅβελ** παρὰ Κάϊν προσήνεγκεν
Heb 12:24 λαλοῦντι παρὰ τὸν **Ἅβελ**.

᾿Αβραάμ (*Abraam*; 10/73) *Abraham*
Heb 2:16 ἐπιλαμβάνεται ἀλλὰ σπέρματος **᾿Αβραὰμ** ἐπιλαμβάνεται.
Heb 6:13 Τῷ γὰρ **᾿Αβραὰμ** ἐπαγγειλάμενος ὁ θεός,
Heb 7:1 ὁ συναντήσας **᾿Αβραὰμ** ὑποστρέφοντι ἀπὸ
Heb 7:2 ἀπὸ πάντων ἐμέρισεν **᾿Αβραάμ**,
Heb 7:4 ᾧ [καὶ] δεκάτην **᾿Αβραὰμ** ἔδωκεν ἐκ τῶν
Heb 7:5 ἐκ τῆς ὀσφύος **᾿Αβραάμ**·
Heb 7:6 ἐξ αὐτῶν δεδεκάτωκεν **᾿Αβραὰμ** καὶ τὸν ἔχοντα
Heb 7:9 δι᾿ **᾿Αβραὰμ** καὶ Λευὶ ὁ
Heb 11:8 Πίστει καλούμενος **᾿Αβραὰμ** ὑπήκουσεν ἐξελθεῖν εἰς
Heb 11:17 Πίστει προσενήνοχεν **᾿Αβραὰμ** τὸν ᾿Ισαὰκ πειραζόμενος

ἀγαθός (*agathos*; 3/102) *good*
Heb 9:11 ἀρχιερεὺς τῶν γενομένων **ἀγαθῶν** διὰ τῆς μείζονος
Heb 10:1 νόμος τῶν μελλόντων **ἀγαθῶν**,
Heb 13:21 ὑμᾶς ἐν παντὶ **ἀγαθῷ** εἰς τὸ ποιῆσαι

ἀγαλλίασις (*agalliasis*; 1/5) *extreme joy or gladness*
Heb 1:9 θεός σου ἔλαιον **ἀγαλλιάσεως** παρὰ τοὺς μετόχους

ἀγαπάω (*agapaō*; 2/143) *love*
Heb 1:9 **ἠγάπησας** δικαιοσύνην καὶ ἐμίσησας
Heb 12:6 ὃν γὰρ **ἀγαπᾷ** κύριος παιδεύει,

ἀγάπη (*agapē*; 2/116) *love*
Heb 6:10 ὑμῶν καὶ τῆς **ἀγάπης** ἧς ἐνεδείξασθε εἰς
Heb 10:24 ἀλλήλους εἰς παροξυσμὸν **ἀγάπης** καὶ καλῶν ἔργων,

ἀγαπητός (*agapētos*; 1/61) *beloved*
Heb 6:9 **ἀγαπητοί**,

ἄγγελος (*angelos*; 13/175) *angel, messenger*
Heb 1:4 κρείττων γενόμενος τῶν **ἀγγέλων** ὅσῳ διαφορώτερον παρ᾿
Heb 1:5 εἶπέν ποτε τῶν **ἀγγέλων**·
Heb 1:6 προσκυνησάτωσαν αὐτῷ πάντες **ἄγγελοι** θεοῦ.
Heb 1:7 πρὸς μὲν τοὺς **ἀγγέλους** λέγει·
Heb 1:7 ὁ ποιῶν τοὺς **ἀγγέλους** αὐτοῦ πνεύματα
Heb 1:13 τίνα δὲ τῶν **ἀγγέλων** εἴρηκέν ποτε·
Heb 2:2 γὰρ ὁ δι᾿ **ἀγγέλων** λαληθεὶς λόγος ἐγένετο
Heb 2:5 Οὐ γὰρ **ἀγγέλοις** ὑπέταξεν τὴν οἰκουμένην
Heb 2:7 βραχύ τι παρ᾿ **ἀγγέλους**,
Heb 2:9 βραχύ τι παρ᾿ **ἀγγέλους** ἠλαττωμένον βλέπομεν ᾿Ιησοῦν
Heb 2:16 οὐ γὰρ δήπου **ἀγγέλων** ἐπιλαμβάνεται ἀλλὰ σπέρματος
Heb 12:22 καὶ μυριάσιν **ἀγγέλων**,
Heb 13:2 ἔλαθόν τινες ξενίσαντες **ἀγγέλους**.

ἀγενεαλόγητος (*agenealogētos*; 1/1) *without (record of) lineage*
Heb 7:3 ἀπάτωρ ἀμήτωρ **ἀγενεαλόγητος**,

ἁγιάζω (*hagiazō*; 7/28) *set apart as sacred to God, consecrate, sanctify, purify*
Heb 2:11 ὅ τε γὰρ **ἁγιάζων** καὶ οἱ ἁγιαζόμενοι
Heb 2:11 ἁγιάζων καὶ οἱ **ἁγιαζόμενοι** ἐξ ἑνὸς πάντες·
Heb 9:13 ῥαντίζουσα τοὺς κεκοινωμένους **ἁγιάζει** πρὸς τὴν τῆς
Heb 10:10 ἐν ᾧ θελήματι **ἡγιασμένοι** ἐσμὲν διὰ τῆς
Heb 10:14 τὸ διηνεκὲς τοὺς **ἁγιαζομένους**.
Heb 10:29 ἐν ᾧ **ἡγιάσθη**,
Heb 13:12 ἵνα **ἁγιάσῃ** διὰ τοῦ ἰδίου

ἁγιασμός (*hagiasmos*; 1/10) *consecration, holiness, sanctification*
Heb 12:14 πάντων καὶ τὸν **ἁγιασμόν**,

ἅγιος (*hagios*; 19/233) *holy, set apart*
Heb 2:4 δυνάμεσιν καὶ πνεύματος **ἁγίου** μερισμοῖς κατὰ τὴν
Heb 3:1 ἀδελφοὶ **ἅγιοι**,
Heb 3:7 τὸ πνεῦμα τὸ **ἅγιον**·
Heb 6:4 μετόχους γενηθέντας πνεύματος **ἁγίου**
Heb 6:10 διακονήσαντες τοῖς **ἁγίοις** καὶ διακονοῦντες.
Heb 8:2 τῶν **ἁγίων** λειτουργὸς καὶ τῆς
Heb 9:1 λατρείας τό τε **ἅγιον** κοσμικόν.
Heb 9:2 ἥτις λέγεται **Ἅγια**·
Heb 9:3 σκηνὴ ἡ λεγομένη **Ἅγια** ῾Αγίων,
Heb 9:3 ἡ λεγομένη Ἅγια **῾Αγίων**,
Heb 9:8 τοῦ πνεύματος τοῦ **ἁγίου**,
Heb 9:8 πεφανερῶσθαι τὴν τῶν **ἁγίων** ὁδὸν ἔτι τῆς
Heb 9:12 ἐφάπαξ εἰς τὰ **ἅγια** αἰωνίαν λύτρωσιν εὑράμενος.
Heb 9:24 εἰς χειροποίητα εἰσῆλθεν **ἅγια** Χριστός,
Heb 9:25 εἰσέρχεται εἰς τὰ **ἅγια** κατ᾿ ἐνιαυτὸν ἐν
Heb 10:15 τὸ πνεῦμα τὸ **ἅγιον**·
Heb 10:19 τὴν εἴσοδον τῶν **ἁγίων** ἐν τῷ αἵματι
Heb 13:11 ἁμαρτίας εἰς τὰ **ἅγια** διὰ τοῦ ἀρχιερέως,
Heb 13:24 καὶ πάντας τοὺς **ἁγίους**.

ἁγιότης (*hagiotēs*; 1/1) *holiness*
Heb 12:10 τὸ μεταλαβεῖν τῆς **ἁγιότητος** αὐτοῦ.

ἄγκυρα (*ankyra*; 1/4) *anchor*
Heb 6:19 ἣν ὡς **ἄγκυραν** ἔχομεν τῆς ψυχῆς

ἀγνοέω (*agnoeō*; 1/22) *be ignorant*
Heb 5:2 μετριοπαθεῖν δυνάμενος τοῖς **ἀγνοοῦσιν** καὶ πλανωμένοις,

ἀγνόημα (*agnoēma*; 1/1) *a sin committed through ignorance*
Heb 9:7 τῶν τοῦ λαοῦ **ἀγνοημάτων**,

ἀγρυπνέω (*agrypneō*; 1/4) *be alert*
Heb 13:17 αὐτοὶ γὰρ **ἀγρυπνοῦσιν** ὑπὲρ τῶν ψυχῶν

ἄγω (*agō*; 1/68[69]) *lead*
Heb 2:10 υἱοὺς εἰς δόξαν **ἀγαγόντα** τὸν ἀρχηγὸν

ἀγών (*agōn*; 1/6) *struggle*
Heb 12:1 τὸν προκείμενον ἡμῖν **ἀγῶνα**

ἀδελφός (*adelphos*; 10/343) *brother*
Heb 2:11 αἰτίαν οὐκ ἐπαισχύνεται **ἀδελφοὺς** αὐτοὺς καλεῖν
Heb 2:12 ὄνομά σου τοῖς **ἀδελφοῖς** μου,
Heb 2:17 κατὰ πάντα τοῖς **ἀδελφοῖς** ὁμοιωθῆναι,
Heb 3:1 **ἀδελφοὶ** ἅγιοι,
Heb 3:12 **ἀδελφοί**,
Heb 7:5 τοῦτ᾽ ἔστιν τοὺς **ἀδελφοὺς** αὐτῶν,
Heb 8:11 καὶ ἕκαστος τὸν **ἀδελφὸν** αὐτοῦ λέγων·
Heb 10:19 **ἀδελφοί**,
Heb 13:22 **ἀδελφοί**,
Heb 13:23 Γινώσκετε τὸν **ἀδελφὸν** ἡμῶν Τιμόθεον ἀπολελυμένον,

ἀδικία (*adikia*; 1/25) *unrighteousness*
Heb 8:12 ἵλεως ἔσομαι ταῖς **ἀδικίαις** αὐτῶν καὶ τῶν

ἄδικος (*adikos*; 1/12) *evil*
Heb 6:10 οὐ γὰρ **ἄδικος** ὁ θεὸς ἐπιλαθέσθαι

ἀδόκιμος (*adokimos*; 1/8) *failing to meet the test*
Heb 6:8 **ἀδόκιμος** καὶ κατάρας ἐγγύς,

ἀδύνατος (*adynatos*; 4/10) *impossible*
Heb 6:4 **᾿Αδύνατον** γὰρ τοὺς ἅπαξ
Heb 6:18 ἐν οἷς **ἀδύνατον** ψεύσασθαι [τὸν] θεόν,
Heb 10:4 **ἀδύνατον** γὰρ αἷμα ταύρων
Heb 11:6 χωρὶς δὲ πίστεως **ἀδύνατον** εὐαρεστῆσαι·

ἀεί (*aei*; 1/7) *always*
Heb 3:10 **ἀεὶ** πλανῶνται τῇ καρδίᾳ,

ἀθετέω (*atheteō*; 1/16) *reject*
Heb 10:28 **ἀθετήσας** τις νόμον Μωϋσέως

ἀθέτησις (*athetēsis*; 2/2) *nullification*
Heb 7:18 **ἀθέτησις** μὲν γὰρ γίνεται
Heb 9:26 τῶν αἰώνων εἰς **ἀθέτησιν** [τῆς] ἁμαρτίας

ἄθλησις (*athlēsis*; 1/1) *difficult struggle*
Heb 10:32 αἷς φωτισθέντες πολλὴν **ἄθλησιν** ὑπεμείνατε παθημάτων,

αἴγειος (*aigeios*; 1/1) *of a goat*
Heb 11:37 ἐν αἰγείοις **δέρμασιν**,

Αἰγύπτιος (*Aigyptios*; 1/5) *Egyptian*
Heb 11:29 πεῖραν λαβόντες οἱ **Αἰγύπτιοι** κατεπόθησαν.

Αἴγυπτος (*Aigyptos*; 4/25) *Egypt*
Heb 3:16 οἱ ἐξελθόντες ἐξ **Αἰγύπτου** διὰ Μωϋσέως;
Heb 8:9 αὐτοὺς ἐκ γῆς **Αἰγύπτου**,
Heb 11:26 πλοῦτον ἡγησάμενος τῶν **Αἰγύπτου** θησαυρῶν τὸν ὀνειδισμὸν
Heb 11:27 Πίστει κατέλιπεν **Αἴγυπτον** μὴ φοβηθεὶς

αἷμα (*haima*; 21/97) *blood*
Heb 2:14 τὰ παιδία κεκοινώνηκεν **αἵματος** καὶ σαρκός,
Heb 9:7 οὐ χωρὶς **αἵματος** ὃ προσφέρει ὑπὲρ
Heb 9:12 οὐδὲ δι᾽ **αἵματος** τράγων καὶ μόσχων
Heb 9:12 δὲ τοῦ ἰδίου **αἵματος** εἰσῆλθεν ἐφάπαξ εἰς
Heb 9:13 εἰ γὰρ τὸ **αἷμα** τράγων καὶ ταύρων
Heb 9:14 πόσῳ μᾶλλον τὸ **αἷμα** τοῦ Χριστοῦ,
Heb 9:18 ἡ πρώτη χωρὶς **αἵματος** ἐγκεκαίνισται·
Heb 9:19 λαβὼν τὸ **αἷμα** τῶν μόσχων [καὶ
Heb 9:20 τοῦτο τὸ **αἷμα** τῆς διαθήκης ἧς
Heb 9:21 τῆς λειτουργίας τῷ **αἵματι** ὁμοίως ἐρράντισεν.
Heb 9:22 καὶ σχεδὸν ἐν **αἵματι** πάντα καθαρίζεται
Heb 9:25 κατ᾽ ἐνιαυτὸν ἐν **αἵματι** ἀλλοτρίῳ,
Heb 10:4 ἀδύνατον γὰρ **αἷμα** ταύρων καὶ τράγων
Heb 10:19 ἁγίων ἐν τῷ **αἵματι** ᾿Ιησοῦ,
Heb 10:29 καταπατήσας καὶ τὸ **αἷμα** τῆς διαθήκης κοινὸν
Heb 11:28 τὴν πρόσχυσιν τοῦ **αἵματος**,
Heb 12:4 Οὔπω μέχρις **αἵματος** ἀντικατέστητε πρὸς
Heb 12:24 μεσίτῃ ᾿Ιησοῦ καὶ **αἵματι** ῥαντισμοῦ κρεῖττον λαλοῦντι
Heb 13:11 εἰσφέρεται ζῴων τὸ **αἷμα** περὶ ἁμαρτίας
Heb 13:12 διὰ τοῦ ἰδίου **αἵματος** τὸν λαόν,
Heb 13:20 τὸν μέγαν ἐν **αἵματι** διαθήκης αἰωνίου,

αἱματεκχυσία (*haimatekchysia*; 1/1) *shedding of blood*
Heb 9:22 νόμον καὶ χωρὶς **αἱματεκχυσίας** οὐ γίνεται ἄφεσις.

αἴνεσις (*ainesis*; 1/1) *praise*
Heb 13:15 [οὖν] ἀναφέρωμεν θυσίαν **αἰνέσεως** διὰ παντὸς τῷ

αἱρέω (*haireō*; 1/3) *choose*
Heb 11:25 μᾶλλον **ἑλόμενος** συγκακουχεῖσθαι τῷ λαῷ

αἰσθητήριον (*aisthētērion*; 1/1) *power of discernment*
Heb 5:14 τὴν ἕξιν τὰ **αἰσθητήρια** γεγυμνασμένα ἐχόντων πρὸς

αἰσχύνη (*aischynē*; 1/6) *shame*
Heb 12:2 χαρᾶς ὑπέμεινεν σταυρὸν **αἰσχύνης** καταφρονήσας ἐν δεξιᾷ

αἰτία (*aitia*; 1/20) *reason, charge*
Heb 2:11 δι' ἣν **αἰτίαν** οὐκ ἐπαισχύνεται ἀδελφοὺς

αἴτιος (*aitios*; 1/5) *cause*
Heb 5:9 τοῖς ὑπακούουσιν αὐτῷ **αἴτιος** σωτηρίας αἰωνίου,

αἰών (*aiōn*; 15/122) *age*
Heb 1:2 καὶ ἐποίησεν τοὺς **αἰῶνας**·
Heb 1:8 θεὸς εἰς τὸν **αἰῶνα** τοῦ αἰῶνος,
Heb 1:8 τὸν αἰῶνα τοῦ **αἰῶνος**,
Heb 5:6 ἱερεὺς εἰς τὸν **αἰῶνα** κατὰ τὴν τάξιν
Heb 6:5 δυνάμεις τε μέλλοντος **αἰῶνος**
Heb 6:20 γενόμενος εἰς τὸν **αἰῶνα**.
Heb 7:17 ἱερεὺς εἰς τὸν **αἰῶνα** κατὰ τὴν τάξιν
Heb 7:21 ἱερεὺς εἰς τὸν **αἰῶνα**.
Heb 7:24 αὐτὸν εἰς τὸν **αἰῶνα** ἀπαράβατον ἔχει τὴν
Heb 7:28 υἱὸν εἰς τὸν **αἰῶνα** τετελειωμένον.
Heb 9:26 ἐπὶ συντελείᾳ τῶν **αἰώνων** εἰς ἀθέτησιν
Heb 11:3 νοοῦμεν κατηρτίσθαι τοὺς **αἰῶνας** ῥήματι θεοῦ,
Heb 13:8 καὶ εἰς τοὺς **αἰῶνας**.
Heb 13:21 δόξα εἰς τοὺς **αἰῶνας** [τῶν αἰώνων],
Heb 13:21 δόξα εἰς τοὺς αἰῶνας [τῶν **αἰώνων**],

αἰώνιος (*aiōnios*; 6/70[71]) *eternal*
Heb 5:9 αὐτῷ αἴτιος σωτηρίας **αἰωνίου**,
Heb 6:2 νεκρῶν καὶ κρίματος **αἰωνίου**.
Heb 9:12 εἰς τὰ ἅγια **αἰωνίαν** λύτρωσιν εὑράμενος.
Heb 9:14 ὃς διὰ πνεύματος **αἰωνίου** ἑαυτὸν προσήνεγκεν ἄμωμον
Heb 9:15 οἱ κεκλημένοι τῆς **αἰωνίου** κληρονομίας.
Heb 13:20 ἐν αἵματι διαθήκης **αἰωνίου**,

ἄκακος (*akakos*; 1/2) *innocent*
Heb 7:26 ὅσιος **ἄκακος** ἀμίαντος,

ἄκανθα (*akantha*; 1/14) *thorn*
Heb 6:8 ἐκφέρουσα δὲ **ἀκάνθας** καὶ τριβόλους,

ἀκατάλυτος (*akatalytos*; 1/1) *indestructible*
Heb 7:16 κατὰ δύναμιν ζωῆς **ἀκαταλύτου**.

ἀκλινής (*aklinēs*; 1/1) *without wavering*
Heb 10:23 ὁμολογίαν τῆς ἐλπίδος **ἀκλινῆ**,

ἀκοή (*akoē*; 2/24) *report*
Heb 4:2 ὁ λόγος τῆς **ἀκοῆς** ἐκείνους μὴ συγκεκερασμένους
Heb 5:11 νωθροὶ γεγόνατε ταῖς **ἀκοαῖς**.

ἀκούω (*akouō*; 8/426[428]) *hear*
Heb 2:1 προσέχειν ἡμᾶς τοῖς **ἀκουσθεῖσιν**,
Heb 2:3 κυρίου ὑπὸ τῶν **ἀκουσάντων** εἰς ἡμᾶς ἐβεβαιώθη,
Heb 3:7 τῆς φωνῆς αὐτοῦ **ἀκούσητε**,
Heb 3:15 τῆς φωνῆς αὐτοῦ **ἀκούσητε**,
Heb 3:16 τίνες γὰρ **ἀκούσαντες** παρεπίκραναν;
Heb 4:2 τῇ πίστει τοῖς **ἀκούσασιν**.
Heb 4:7 τῆς φωνῆς αὐτοῦ **ἀκούσητε**,
Heb 12:19 ἧς οἱ **ἀκούσαντες** παρῃτήσαντο μὴ προστεθῆναι

ἀκροθίνιον (*akrothinion*; 1/1) *spoils*
Heb 7:4 ἔδωκεν ἐκ τῶν **ἀκροθινίων** ὁ πατριάρχης.

ἄκρον (*akron*; 1/6) *boundary*
Heb 11:21 προσεκύνησεν ἐπὶ τὸ **ἄκρον** τῆς ῥάβδου αὐτοῦ.

ἀλήθεια (*alētheia*; 1/109) *truth*
Heb 10:26 τὴν ἐπίγνωσιν τῆς **ἀληθείας**,

ἀληθινός (*alēthinos*; 3/28) *true, real*
Heb 8:2 τῆς σκηνῆς τῆς **ἀληθινῆς**,
Heb 9:24 ἀντίτυπα τῶν **ἀληθινῶν**,
Heb 10:22 προσερχώμεθα μετὰ **ἀληθινῆς** καρδίας ἐν πληροφορίᾳ

ἀλλά (*alla*; 16/638) *but*
Heb 2:16 δήπου ἀγγέλων ἐπιλαμβάνεται **ἀλλὰ** σπέρματος Ἀβραὰμ ἐπιλαμβάνεται.
Heb 3:13 **ἀλλὰ** παρακαλεῖτε ἑαυτοὺς καθ'
Heb 3:16 **ἀλλ'** οὐ πάντες οἱ
Heb 4:2 **ἀλλ'** οὐκ ὠφέλησεν ὁ
Heb 5:4 λαμβάνει τὴν τιμὴν **ἀλλὰ** καλούμενος ὑπὸ
Heb 5:5 ἐδόξασεν γενηθῆναι ἀρχιερέα **ἀλλ'** ὁ λαλήσας πρὸς
Heb 7:16 ἐντολῆς σαρκίνης γέγονεν **ἀλλὰ** κατὰ δύναμιν ζωῆς
Heb 9:24 **ἀλλ'** εἰς αὐτὸν τὸν
Heb 10:3 **ἀλλ'** ἐν αὐταῖς ἀνάμνησις
Heb 10:25 **ἀλλὰ** παρακαλοῦντες,
Heb 10:39 ὑποστολῆς εἰς ἀπώλειαν **ἀλλὰ** πίστεως εἰς περιποίησιν
Heb 11:13 λαβόντες τὰς ἐπαγγελίας **ἀλλὰ** πόρρωθεν αὐτὰς ἰδόντες
Heb 12:11 δοκεῖ χαρᾶς εἶναι **ἀλλὰ** λύπης,
Heb 12:22 **ἀλλὰ** προσεληλύθατε Σιὼν ὄρει
Heb 12:26 μόνον τὴν γῆν **ἀλλὰ** καὶ τὸν οὐρανόν.
Heb 13:14 ὧδε μένουσαν πόλιν **ἀλλὰ** τὴν μέλλουσαν ἐπιζητοῦμεν.

ἀλλάσσω (*allassō*; 1/6) *change*
Heb 1:12 ὡς ἱμάτιον καὶ **ἀλλαγήσονται**·

ἀλλήλων (*allēlōn*; 1/100) *one another*
Heb 10:24 καὶ κατανοῶμεν **ἀλλήλους** εἰς παροξυσμὸν ἀγάπης

ἄλλος (*allos*; 2/155) *other, another*
Heb 4:8 οὐκ ἂν περὶ **ἄλλης** ἐλάλει μετὰ ταῦτα
Heb 11:35 **ἄλλοι** δὲ ἐτυμπανίσθησαν οὐ

ἀλλότριος (*allotrios*; 3/14) *belonging to another*
Heb 9:25 ἐνιαυτὸν ἐν αἵματι **ἀλλοτρίῳ**,

Heb 11:9 τῆς ἐπαγγελίας ὡς **ἀλλοτρίαν** ἐν σκηναῖς κατοικήσας
Heb 11:34 παρεμβολὰς ἔκλιναν **ἀλλοτρίων**.

ἀλυσιτελής (*alysitelēs*; 1/1) *of no advantage or help*
Heb 13:17 **ἀλυσιτελὲς** γὰρ ὑμῖν τοῦτο.

ἁμαρτάνω (*hamartanō*; 2/42[43]) *sin*
Heb 3:17 οὐχὶ τοῖς **ἁμαρτήσασιν**,
Heb 10:26 Ἑκουσίως γὰρ **ἁμαρτανόντων** ἡμῶν μετὰ τὸ

ἁμαρτία (*hamartia*; 25/173) *sin*
Heb 1:3 καθαρισμὸν τῶν **ἁμαρτιῶν** ποιησάμενος ἐκάθισεν ἐν
Heb 2:17 τὸ ἱλάσκεσθαι τὰς **ἁμαρτίας** τοῦ λαοῦ.
Heb 3:13 ὑμῶν ἀπάτῃ τῆς **ἁμαρτίας**
Heb 4:15 καθ' ὁμοιότητα χωρὶς **ἁμαρτίας**.
Heb 5:1 καὶ θυσίας ὑπὲρ **ἁμαρτιῶν**,
Heb 5:3 αὐτοῦ προσφέρειν περὶ **ἁμαρτιῶν**.
Heb 7:27 ὑπὲρ τῶν ἰδίων **ἁμαρτιῶν** θυσίας ἀναφέρειν ἔπειτα
Heb 8:12 αὐτῶν καὶ τῶν **ἁμαρτιῶν** αὐτῶν οὐ μὴ
Heb 9:26 εἰς ἀθέτησιν [τῆς] **ἁμαρτίας** διὰ τῆς θυσίας
Heb 9:28 τὸ πολλῶν ἀνενεγκεῖν **ἁμαρτίας** ἐκ δευτέρου χωρὶς
Heb 9:28 ἐκ δευτέρου χωρὶς **ἁμαρτίας** ὀφθήσεται τοῖς αὐτὸν
Heb 10:2 ἔχειν ἔτι συνείδησιν **ἁμαρτιῶν** τοὺς λατρεύοντας ἅπαξ
Heb 10:3 ἐν αὐταῖς ἀνάμνησις **ἁμαρτιῶν** κατ' ἐνιαυτόν·
Heb 10:4 καὶ τράγων ἀφαιρεῖν **ἁμαρτίας**.
Heb 10:6 ὁλοκαυτώματα καὶ περὶ **ἁμαρτίας** οὐκ εὐδόκησας.
Heb 10:8 ὁλοκαυτώματα καὶ περὶ **ἁμαρτίας** οὐκ ἠθέλησας οὐδὲ
Heb 10:11 οὐδέποτε δύνανται περιελεῖν **ἁμαρτίας**,
Heb 10:12 δὲ μίαν ὑπὲρ **ἁμαρτιῶν** προσενέγκας θυσίαν εἰς
Heb 10:17 καὶ τῶν **ἁμαρτιῶν** αὐτῶν καὶ τῶν
Heb 10:18 οὐκέτι προσφορὰ περὶ **ἁμαρτίας**.
Heb 10:26 οὐκέτι περὶ **ἁμαρτιῶν** ἀπολείπεται θυσία,
Heb 11:25 ἢ πρόσκαιρον ἔχειν **ἁμαρτίας** ἀπόλαυσιν,
Heb 12:1 καὶ τὴν εὐπερίστατον **ἁμαρτίαν**,
Heb 12:4 ἀντικατέστητε πρὸς τὴν **ἁμαρτίαν** ἀνταγωνιζόμενοι.
Heb 13:11 τὸ αἷμα περὶ **ἁμαρτίας** εἰς τὰ ἅγια

ἁμαρτωλός (*hamartōlos*; 2/47) *sinful*
Heb 7:26 κεχωρισμένος ἀπὸ τῶν **ἁμαρτωλῶν** καὶ ὑψηλότερος τῶν
Heb 12:3 ὑπομεμενηκότα ὑπὸ τῶν **ἁμαρτωλῶν** εἰς ἑαυτὸν ἀντιλογίαν,

ἀμελέω (*amcleō*; 2/4) *disregard*
Heb 2:3 ἡμεῖς ἐκφευξόμεθα τηλικαύτης **ἀμελήσαντες** σωτηρίας,
Heb 8:9 κἀγὼ **ἠμέλησα** αὐτῶν,

ἄμεμπτος (*amemptos*; 1/5) *blameless*
Heb 8:7 πρώτη ἐκείνη ἦν **ἄμεμπτος**,

ἀμετάθετος (*ametathetos*; 2/2) *unchangeable*
Heb 6:17 τῆς ἐπαγγελίας τὸ **ἀμετάθετον** τῆς βουλῆς αὐτοῦ
Heb 6:18 διὰ δύο πραγμάτων **ἀμεταθέτων**,

ἀμήν (*amēn*; 1/128[129]) *truly*
Heb 13:21 **ἀμήν**.

ἀμήτωρ (*amētōr*; 1/1) *without (record of) a mother*
Heb 7:3 ἀπάτωρ **ἀμήτωρ** ἀγενεαλόγητος,

ἀμίαντος (*amiantos*; 2/4) *pure*
Heb 7:26 ὅσιος ἄκακος **ἀμίαντος**,
Heb 13:4 καὶ ἡ κοίτη **ἀμίαντος**,

ἄμμος (*ammos*; 1/5) *sand*
Heb 11:12 καὶ ὡς ἡ **ἄμμος** ἡ παρὰ τὸ

ἄμωμος (*amōmos*; 1/8) *faultless*
Heb 9:14 αἰωνίου ἑαυτὸν προσήνεγκεν **ἄμωμον** τῷ θεῷ,

ἄν (*an*; 6/166) *particle indicating contingency*
Heb 1:13 ἕως **ἂν** θῶ τοὺς ἐχθρούς
Heb 4:8 οὐκ **ἂν** περὶ ἄλλης ἐλάλει
Heb 8:4 οὐδ' **ἂν** ἦν ἱερεύς,
Heb 8:7 οὐκ **ἂν** δευτέρας ἐζητεῖτο τόπος.
Heb 10:2 ἐπεὶ οὐκ **ἂν** ἐπαύσαντο προσφερόμεναι διὰ
Heb 11:15 εἶχον **ἂν** καιρὸν ἀνακάμψαι·

ἀναγκαῖος (*anankaios*; 1/8) *necessary*
Heb 8:3 ὅθεν **ἀναγκαῖον** ἔχειν τι καὶ

ἀνάγκη (*anankē*; 4/17) *distress*
Heb 7:12 τῆς ἱερωσύνης ἐξ **ἀνάγκης** καὶ νόμου μετάθεσις
Heb 7:27 ἔχει καθ' ἡμέραν **ἀνάγκην**,
Heb 9:16 θάνατον **ἀνάγκη** φέρεσθαι τοῦ διαθεμένου·
Heb 9:23 **Ἀνάγκη** οὖν τὰ μὲν

ἀνάγω (*anagō*; 1/23) *lead or bring up*
Heb 13:20 ὁ **ἀναγαγὼν** ἐκ νεκρῶν τὸν

ἀναδέχομαι (*anadechomai*; 1/2) *receive*
Heb 11:17 ὁ τὰς ἐπαγγελίας **ἀναδεξάμενος**,

ἀναθεωρέω (*anatheōreō*; 1/2) *observe closely*
Heb 13:7 ὧν **ἀναθεωροῦντες** τὴν ἔκβασιν τῆς

ἀναιρέω (*anaireō*; 1/24) *do away with*
Heb 10:9 **ἀναιρεῖ** τὸ πρῶτον ἵνα

ἀνακαινίζω (*anakainizō*; 1/1) *renew*
Heb 6:6 πάλιν **ἀνακαινίζειν** εἰς μετάνοιαν,

ἀνακάμπτω (*anakamptō*; 1/4) *return*
Heb 11:15 εἶχον ἂν καιρὸν **ἀνακάμψαι**·

ἀναλογίζομαι (*analogizomai*; 1/1) *consider closely*
Heb 12:3 **ἀναλογίσασθε** γὰρ τὸν τοιαύτην

ἀναμιμνῄσκω (*anamimnēskō*; 1/6) *remind*
Heb 10:32 **Ἀναμιμνῄσκεσθε** δὲ τὰς πρότερον

ἀνάμνησις (*anamnēsis*; 1/4) *reminder*
Heb 10:3 ἀλλ' ἐν αὐταῖς **ἀνάμνησις** ἁμαρτιῶν κατ' ἐνιαυτόν·

ἀναρίθμητος (*anarithmētos*; 1/1) *innumerable*
Heb 11:12 τῆς θαλάσσης ἡ **ἀναρίθμητος**.

ἀνάστασις (*anastasis*; 3/42) *resurrection*
Heb 6:2 **ἀναστάσεώς** τε νεκρῶν καὶ
Heb 11:35 Ἔλαβον γυναῖκες ἐξ **ἀναστάσεως** τοὺς νεκροὺς αὐτῶν·
Heb 11:35 ἵνα κρείττονος **ἀναστάσεως** τύχωσιν·

ἀνασταυρόω (*anastauroō*; 1/1) *crucify again*
Heb 6:6 **ἀνασταυροῦντας** ἑαυτοῖς τὸν υἱὸν

ἀναστρέφω (*anastrephō*; 2/9) *return*
Heb 10:33 κοινωνοὶ τῶν οὕτως **ἀναστρεφομένων** γενηθέντες.
Heb 13:18 πᾶσιν καλῶς θέλοντες **ἀναστρέφεσθαι**.

ἀναστροφή (*anastrophē*; 1/13) *manner of life*
Heb 13:7 τὴν ἔκβασιν τῆς **ἀναστροφῆς** μιμεῖσθε τὴν πίστιν.

ἀνατέλλω (*anatellō*; 1/9) *rise*
Heb 7:14 ὅτι ἐξ Ἰούδα **ἀνατέταλκεν** ὁ κύριος ἡμῶν,

ἀναφέρω (*anapherō*; 4/10) *offer (sacrifice)*
Heb 7:27 ἰδίων ἁμαρτιῶν θυσίας **ἀναφέρειν** ἔπειτα τῶν τοῦ
Heb 7:27 ἐποίησεν ἐφάπαξ ἑαυτὸν **ἀνενέγκας**.
Heb 9:28 εἰς τὸ πολλῶν **ἀνενεγκεῖν** ἁμαρτίας ἐκ δευτέρου
Heb 13:15 Δι' αὐτοῦ [οὖν] **ἀναφέρωμεν** θυσίαν αἰνέσεως διὰ

ἀνέχομαι (*anechomai*; 1/15) *endure*
Heb 13:22 **ἀνέχεσθε** τοῦ λόγου τῆς

ἄνθρωπος (*anthrōpos*; 10/550) *man, human being (pl. people)*
Heb 2:6 τί ἐστιν **ἄνθρωπος** ὅτι μιμνῄσκῃ αὐτοῦ,
Heb 2:6 ἢ υἱὸς **ἀνθρώπου** ὅτι ἐπισκέπτῃ αὐτόν;
Heb 5:1 γὰρ ἀρχιερεὺς ἐξ **ἀνθρώπων** λαμβανόμενος ὑπὲρ ἀνθρώπων
Heb 5:1 ἀνθρώπων λαμβανόμενος ὑπὲρ **ἀνθρώπων** καθίσταται τὰ πρὸς
Heb 6:16 **ἄνθρωποι** γὰρ κατὰ τοῦ
Heb 7:8 μὲν δεκάτας ἀποθνῄσκοντες **ἄνθρωποι** λαμβάνουσιν,
Heb 7:28 ὁ νόμος γὰρ **ἀνθρώπους** καθίστησιν ἀρχιερεῖς ἔχοντας
Heb 8:2 οὐκ **ἄνθρωπος**.
Heb 9:27 ὅσον ἀπόκειται τοῖς **ἀνθρώποις** ἅπαξ ἀποθανεῖν,
Heb 13:6 τί ποιήσει μοι **ἄνθρωπος**;

ἀνίημι (*aniēmi*; 1/4) *loosen, desert*
Heb 13:5 οὐ μή σε **ἀνῶ** οὐδ' οὐ μή

ἀνίστημι (*anistēmi*; 2/107[108]) *raise or rise*
Heb 7:11 τάξιν Μελχισέδεκ ἕτερον **ἀνίστασθαι** ἱερέα
Heb 7:15 τὴν ὁμοιότητα Μελχισέδεκ **ἀνίσταται** ἱερεὺς ἕτερος,

ἀνομία (*anomia*; 2/15) *wickedness*
Heb 1:9 δικαιοσύνην καὶ ἐμίσησας **ἀνομίαν**·
Heb 10:17 αὐτῶν καὶ τῶν **ἀνομιῶν** αὐτῶν οὐ μὴ

ἀνορθόω (*anorthoō*; 1/3) *restore*
Heb 12:12 τὰ παραλελυμένα γόνατα **ἀνορθώσατε**,

ἀνταγωνίζομαι (*antagōnizomai*; 1/1) *struggle*
Heb 12:4 πρὸς τὴν ἁμαρτίαν **ἀνταγωνιζόμενοι**.

ἀνταποδίδωμι (*antapodidōmi*; 1/7) *repay*
Heb 10:30 ἐγὼ **ἀνταποδώσω**.

ἀντί (*anti*; 2/22) *instead of*
Heb 12:2 ὃς **ἀντὶ** τῆς προκειμένης αὐτῷ
Heb 12:16 ὃς **ἀντὶ** βρώσεως μιᾶς ἀπέδετο

ἀντικαθίστημι (*antikathistēmi*; 1/1) *resist*
Heb 12:4 Οὔπω μέχρις αἵματος **ἀντικατέστητε** πρὸς τὴν ἁμαρτίαν

ἀντιλογία (*antilogia*; 3/4) *argument*
Heb 6:16 καὶ πάσης αὐτοῖς **ἀντιλογίας** πέρας εἰς βεβαίωσιν
Heb 7:7 χωρὶς δὲ πάσης **ἀντιλογίας** τὸ ἔλαττον ὑπὸ
Heb 12:3 ἁμαρτωλῶν εἰς ἑαυτὸν **ἀντιλογίαν**,

ἀντίτυπος (*antitypos*; 1/2) *copy*
Heb 9:24 **ἀντίτυπα** τῶν ἀληθινῶν,

ἀνυπότακτος (*anypotaktos*; 1/4) *disorderly*
Heb 2:8 οὐδὲν ἀφῆκεν αὐτῷ **ἀνυπότακτον**.

ἄνω (*anō*; 1/9) *above, up*
Heb 12:15 τις ῥίζα πικρίας **ἄνω** φύουσα ἐνοχλῇ καὶ

ἀνώτερος (*anōteros*; 1/2) *first*
Heb 10:8 **ἀνώτερον** λέγων ὅτι θυσίας

ἀνωφελής (*anōphelēs*; 1/2) *useless*
Heb 7:18 αὐτῆς ἀσθενὲς καὶ **ἀνωφελές**

ἄξιος (*axios*; 1/41) *worthy*
Heb 11:38 ὧν οὐκ ἦν **ἄξιος** ὁ κόσμος,

ἀξιόω (*axioō*; 2/7) *consider worthy*
Heb 3:3 δόξης παρὰ Μωϋσῆν **ἠξίωται**,
Heb 10:29 πόσῳ δοκεῖτε χείρονος **ἀξιωθήσεται** τιμωρίας ὁ τὸν

ἀόρατος (*aoratos*; 1/5) *invisible*
Heb 11:27 τὸν γὰρ **ἀόρατον** ὡς ὁρῶν ἐκαρτέρησεν.

ἀπαγγέλλω (*apangellō*; 1/43[45]) *proclaim*
Heb 2:12 **ἀπαγγελῶ** τὸ ὄνομά σου

ἀπαλλάσσω (*apallassō*; 1/3) *set free*
Heb 2:15 καὶ **ἀπαλλάξῃ** τούτους,

ἅπαξ (*hapax*; 8/14) *once*
Heb 6:4 Ἀδύνατον γὰρ τοὺς **ἅπαξ** φωτισθέντας,
Heb 9:7 δὲ τὴν δευτέραν **ἅπαξ** τοῦ ἐνιαυτοῦ μόνος
Heb 9:26 νυνὶ δὲ **ἅπαξ** ἐπὶ συντελείᾳ τῶν
Heb 9:27 ἀπόκειται τοῖς ἀνθρώποις **ἅπαξ** ἀποθανεῖν,
Heb 9:28 καὶ ὁ Χριστὸς **ἅπαξ** προσενεχθεὶς εἰς τὸ
Heb 10:2 ἁμαρτιῶν τοὺς λατρεύοντας **ἅπαξ** κεκαθαρισμένους;
Heb 12:26 ἔτι **ἅπαξ** ἐγὼ σείσω οὐ
Heb 12:27 τὸ δὲ ἔτι **ἅπαξ** δηλοῖ [τὴν] τῶν

ἀπαράβατος (*aparabatos*; 1/1) *permanent*
Heb 7:24 εἰς τὸν αἰῶνα **ἀπαράβατον** ἔχει τὴν ἱερωσύνην·

ἀπάτη (*apatē*; 1/7) *deception*
Heb 3:13 τις ἐξ ὑμῶν **ἀπάτῃ** τῆς ἁμαρτίας

ἀπάτωρ (*apatōr*; 1/1) *without (record of) a father*
Heb 7:3 **ἀπάτωρ** ἀμήτωρ ἀγενεαλόγητος,

ἀπαύγασμα (*apaugasma*; 1/1) *brightness*
Heb 1:3 ὃς ὢν **ἀπαύγασμα** τῆς δόξης καὶ

ἀπείθεια (*apeitheia*; 2/7) *disobedience*
Heb 4:6 οὐκ εἰσῆλθον δι᾽ **ἀπείθειαν**,
Heb 4:11 ὑποδείγματι πέσῃ τῆς **ἀπειθείας**.

ἀπειθέω (*apeitheō*; 2/14) *disobey*
Heb 3:18 εἰ μὴ τοῖς **ἀπειθήσασιν**;
Heb 11:31 οὐ συναπώλετο τοῖς **ἀπειθήσασιν** δεξαμένη τοὺς κατασκόπους

ἄπειρος (*apeiros*; 1/1) *inexperienced in*
Heb 5:13 ὁ μετέχων γάλακτος **ἄπειρος** λόγου δικαιοσύνης,

ἀπεκδέχομαι (*apekdechomai*; 1/8) *await expectantly*
Heb 9:28 ὀφθήσεται τοῖς αὐτὸν **ἀπεκδεχομένοις** εἰς σωτηρίαν.

ἀπιστία (*apistia*; 2/10[11]) *unbelief*
Heb 3:12 ὑμῶν καρδία πονηρὰ **ἀπιστίας** ἐν τῷ ἀποστῆναι
Heb 3:19 ἠδυνήθησαν εἰσελθεῖν δι᾽ **ἀπιστίαν**.

ἀπό (*apo*; 23/643[646]) *from*
Heb 3:12 ἐν τῷ ἀποστῆναι **ἀπὸ** θεοῦ ζῶντος,
Heb 4:3 καίτοι τῶν ἔργων **ἀπὸ** καταβολῆς κόσμου γενηθέντων.
Heb 4:4 ἡμέρᾳ τῇ ἑβδόμῃ **ἀπὸ** πάντων τῶν ἔργων
Heb 4:10 καὶ αὐτὸς κατέπαυσεν **ἀπὸ** τῶν ἔργων αὐτοῦ
Heb 4:10 ἔργων αὐτοῦ ὥσπερ **ἀπὸ** τῶν ἰδίων ὁ
Heb 5:7 προσενέγκας καὶ εἰσακουσθεὶς **ἀπὸ** τῆς εὐλαβείας,
Heb 5:8 ἔμαθεν ἀφ᾽ **ὧν** ἔπαθεν τὴν ὑπακοήν,
Heb 6:1 θεμέλιον καταβαλλόμενοι μετανοίας **ἀπὸ** νεκρῶν ἔργων καὶ
Heb 6:7 μεταλαμβάνει εὐλογίας **ἀπὸ** τοῦ θεοῦ·
Heb 7:1 συναντήσας Ἀβραὰμ ὑποστρέφοντι **ἀπὸ** τῆς κοπῆς τῶν
Heb 7:2 ᾧ καὶ δεκάτην **ἀπὸ** πάντων ἐμέρισεν Ἀβραάμ,
Heb 7:13 **ἀφ᾽** ἧς οὐδεὶς προσέσχηκεν
Heb 7:26 κεχωρισμένος **ἀπὸ** τῶν ἁμαρτωλῶν καὶ
Heb 8:11 πάντες εἰδήσουσίν με **ἀπὸ** μικροῦ ἕως μεγάλου
Heb 9:14 τὴν συνείδησιν ἡμῶν **ἀπὸ** νεκρῶν ἔργων
Heb 9:26 αὐτὸν πολλάκις παθεῖν **ἀπὸ** καταβολῆς κόσμου·
Heb 10:22 ῥεραντισμένοι τὰς καρδίας **ἀπὸ** συνειδήσεως πονηρᾶς καὶ
Heb 11:12 διὸ καὶ **ἀφ᾽** ἑνὸς ἐγεννήθησαν,
Heb 11:15 μὲν ἐκείνης ἐμνημόνευον **ἀφ᾽** ἧς ἐξέβησαν,
Heb 11:34 ἐδυναμώθησαν **ἀπὸ** ἀσθενείας,
Heb 12:15 μή τις ὑστερῶν **ἀπὸ** τῆς χάριτος τοῦ
Heb 12:25 ἡμεῖς οἱ τὸν **ἀπ᾽** οὐρανῶν ἀποστρεφόμενοι,
Heb 13:24 Ἀσπάζονται ὑμᾶς οἱ **ἀπὸ** τῆς Ἰταλίας.

ἀποβάλλω (*apoballō*; 1/2) *throw out*
Heb 10:35 Μὴ **ἀποβάλητε** οὖν τὴν παρρησίαν

ἀποβλέπω (*apoblepō*; 1/1) *keep one's eyes on*
Heb 11:26 **ἀπέβλεπεν** γὰρ εἰς τὴν

ἀπογράφω (*apographō*; 1/4) *register*
Heb 12:23 καὶ ἐκκλησίᾳ πρωτοτόκων **ἀπογεγραμμένων** ἐν οὐρανοῖς καὶ

ἀποδεκατόω (*apodekatoō*; 1/4) *give a tenth*
Heb 7:5 λαμβάνοντες ἐντολὴν ἔχουσιν **ἀποδεκατοῦν** τὸν λαὸν κατὰ

ἀποδίδωμι (*apodidōmi*; 3/48) *give back, repay*
Heb 12:11 δι᾽ αὐτῆς γεγυμνασμένοις **ἀποδίδωσιν** δικαιοσύνης.
Heb 12:16 ἀντὶ βρώσεως μιᾶς **ἀπέδετο** τὰ πρωτοτόκια ἑαυτοῦ.
Heb 13:17 ὑμῶν ὡς λόγον **ἀποδώσοντες**,

ἀποδοκιμάζω (*apodokimazō*; 1/9) *reject*

Heb 12:17 κληρονομῆσαι τὴν εὐλογίαν **ἀπεδοκιμάσθη**,

ἀποθνήσκω (*apothnēskō*; 7/111) *die*

Heb 7:8 ὧδε μὲν δεκάτας **ἀποθνῄσκοντες** ἄνθρωποι λαμβάνουσιν,
Heb 9:27 τοῖς ἀνθρώποις ἅπαξ **ἀποθανεῖν**,
Heb 10:28 ἢ τρισὶν μάρτυσιν **ἀποθνῄσκει**·
Heb 11:4 καὶ δι᾽ αὐτῆς **ἀποθανὼν** ἔτι λαλεῖ.
Heb 11:13 Κατὰ πίστιν **ἀπέθανον** οὗτοι πάντες,
Heb 11:21 Πίστει Ἰακὼβ **ἀποθνῄσκων** ἕκαστον τῶν υἱῶν
Heb 11:37 ἐν φόνῳ μαχαίρης **ἀπέθανον**,

ἀποκαθίστημι (*apokathistēmi*; 1/8) *reestablish*

Heb 13:19 ἵνα τάχιον **ἀποκατασταθῶ** ὑμῖν.

ἀπόκειμαι (*apokeimai*; 1/4) *be stored away*

Heb 9:27 καὶ καθ᾽ ὅσον **ἀπόκειται** τοῖς ἀνθρώποις ἅπαξ

ἀπόλαυσις (*apolausis*; 1/2) *enjoyment*

Heb 11:25 πρόσκαιρον ἔχειν ἁμαρτίας **ἀπόλαυσιν**,

ἀπολείπω (*apoleipō*; 3/7) *leave behind*

Heb 4:6 ἐπεὶ οὖν **ἀπολείπεται** τινας εἰσελθεῖν εἰς
Heb 4:9 ἄρα **ἀπολείπεται** σαββατισμὸς τῷ λαῷ
Heb 10:26 οὐκέτι περὶ ἁμαρτιῶν **ἀπολείπεται** θυσία,

ἀπόλλυμι (*apollymi*; 1/90) *destroy*

Heb 1:11 αὐτοὶ **ἀπολοῦνται**,

ἀπολύτρωσις (*apolytrōsis*; 2/10) *release, redemption, deliverance*

Heb 9:15 θανάτου γενομένου εἰς **ἀπολύτρωσιν** τῶν ἐπὶ τῇ
Heb 11:35 οὐ προσδεξάμενοι τὴν **ἀπολύτρωσιν**,

ἀπολύω (*apolyō*; 1/66) *release*

Heb 13:23 ἀδελφὸν ἡμῶν Τιμόθεον **ἀπολελυμένον**,

ἀποστέλλω (*apostellō*; 1/132) *send*

Heb 1:14 πνεύματα εἰς διακονίαν **ἀποστελλόμενα** διὰ τοὺς μέλλοντας

ἀπόστολος (*apostolos*; 1/80) *apostle, messenger*

Heb 3:1 κατανοήσατε τὸν **ἀπόστολον** καὶ ἀρχιερέα

ἀποστρέφω (*apostrephō*; 1/9) *turn away*

Heb 12:25 τὸν ἀπ᾽ οὐρανῶν **ἀποστρεφόμενοι**,

ἀποτίθημι (*apotithēmi*; 1/9) *throw off*

Heb 12:1 ὄγκον **ἀποθέμενοι** πάντα καὶ τὴν

ἀπώλεια (*apōleia*; 1/18) *destruction*

Heb 10:39 ἐσμὲν ὑποστολῆς εἰς **ἀπώλειαν** ἀλλὰ πίστεως εἰς

ἄρα (*ara*; 2/49) *therefore, then, thus*

Heb 4:9 **ἄρα** ἀπολείπεται σαββατισμὸς τῷ
Heb 12:8 **ἄρα** νόθοι καὶ οὐχ

ἀρκέω (*arkeō*; 1/8) *be enough or sufficient*

Heb 13:5 **ἀρκούμενοι** τοῖς παροῦσιν.

ἁρμός (*harmos*; 1/1) *joint*

Heb 4:12 **ἁρμῶν** τε καὶ μυελῶν,

ἀρνέομαι (*arneomai*; 1/33) *deny*

Heb 11:24 Μωϋσῆς μέγας γενόμενος **ἠρνήσατο** λέγεσθαι υἱὸς θυγατρὸς

ἁρπαγή (*harpagē*; 1/3) *taking (something) by violence or greed*

Heb 10:34 συνεπαθήσατε καὶ τὴν **ἁρπαγὴν** τῶν ὑπαρχόντων ὑμῶν

ἄρτος (*artos*; 1/97) *bread*

Heb 9:2 ἡ πρόθεσις τῶν **ἄρτων**,

ἀρχή (*archē*; 6/55) *beginning*

Heb 1:10 σὺ κατ᾽ **ἀρχάς**,
Heb 2:3 ἥτις **ἀρχὴν** λαβοῦσα λαλεῖσθαι διὰ
Heb 3:14 ἐάνπερ τὴν **ἀρχὴν** τῆς ὑποστάσεως μέχρι
Heb 5:12 τὰ στοιχεῖα τῆς **ἀρχῆς** τῶν λογίων τοῦ
Heb 6:1 ἀφέντες τὸν τῆς **ἀρχῆς** τοῦ Χριστοῦ λόγον
Heb 7:3 μήτε **ἀρχὴν** ἡμερῶν μήτε ζωῆς

ἀρχηγός (*archēgos*; 2/4) *leader*

Heb 2:10 δόξαν ἀγαγόντα τὸν **ἀρχηγὸν** τῆς σωτηρίας αὐτῶν
Heb 12:2 τὸν τῆς πίστεως **ἀρχηγὸν** καὶ τελειωτὴν Ἰησοῦν,

ἀρχιερεύς (*archiereus*; 17/122) *high priest*

Heb 2:17 γένηται καὶ πιστὸς **ἀρχιερεὺς** τὰ πρὸς τὸν
Heb 3:1 τὸν ἀπόστολον καὶ **ἀρχιερέα** τῆς ὁμολογίας ἡμῶν
Heb 4:14 Ἔχοντες οὖν **ἀρχιερέα** μέγαν διεληλυθότα
Heb 4:15 οὐ γὰρ ἔχομεν **ἀρχιερέα** μὴ δυνάμενον συμπαθῆσαι
Heb 5:1 Πᾶς γὰρ **ἀρχιερεὺς** ἐξ ἀνθρώπων λαμβανόμενος
Heb 5:5 ἑαυτὸν ἐδόξασεν γενηθῆναι **ἀρχιερέα** ἀλλ᾽ ὁ λαλήσας
Heb 5:10 ὑπὸ τοῦ θεοῦ **ἀρχιερεὺς** κατὰ τὴν τάξιν
Heb 6:20 τὴν τάξιν Μελχισέδεκ **ἀρχιερεὺς** γενόμενος εἰς τὸν
Heb 7:26 ἡμῖν καὶ ἔπρεπεν **ἀρχιερεύς**,
Heb 7:27 ὥσπερ οἱ **ἀρχιερεῖς**,
Heb 7:28 γὰρ ἀνθρώπους καθίστησιν **ἀρχιερεῖς** ἔχοντας ἀσθένειαν,
Heb 8:1 τοιοῦτον ἔχομεν ἀρχιερέα,
Heb 8:3 Πᾶς γὰρ **ἀρχιερεὺς** εἰς τὸ προσφέρειν
Heb 9:7 ἐνιαυτοῦ μόνος ὁ **ἀρχιερεύς**,
Heb 9:11 Χριστὸς δὲ παραγενόμενος **ἀρχιερεὺς** τῶν γενομένων ἀγαθῶν
Heb 9:25 ὥσπερ ὁ **ἀρχιερεὺς** εἰσέρχεται εἰς τὰ
Heb 13:11 ἅγια διὰ τοῦ **ἀρχιερέως**,

ἀσάλευτος (*asaleutos*; 1/2) *immovable*
Heb 12:28 Διὸ βασιλείαν **ἀσάλευτον** παραλαμβάνοντες ἔχωμεν χάριν,

ἀσθένεια (*astheneia*; 4/24) *weakness, sickness*
Heb 4:15 δυνάμενον συμπαθῆσαι ταῖς **ἀσθενείαις** ἡμῶν,
Heb 5:2 καὶ αὐτὸς περίκειται **ἀσθένειαν**
Heb 7:28 καθίστησιν ἀρχιερεῖς ἔχοντας **ἀσθένειαν**,
Heb 11:34 ἐδυναμώθησαν ἀπὸ **ἀσθενείας**,

ἀσθενής (*asthenēs*; 1/26) *sick*
Heb 7:18 διὰ τὸ αὐτῆς **ἀσθενὲς** καὶ ἀνωφελές

ἀσπάζομαι (*aspazomai*; 3/59) *greet*
Heb 11:13 αὐτὰς ἰδόντες καὶ **ἀσπασάμενοι** καὶ ὁμολογήσαντες ὅτι
Heb 13:24 **Ἀσπάσασθε** πάντας τοὺς ἡγουμένους
Heb 13:24 **Ἀσπάζονται** ὑμᾶς οἱ ἀπὸ

ἀστεῖος (*asteios*; 1/2) *pleasing*
Heb 11:23 διότι εἶδον **ἀστεῖον** τὸ παιδίον καὶ

ἄστρον (*astron*; 1/4) *star*
Heb 11:12 καθὼς τὰ **ἄστρα** τοῦ οὐρανοῦ τῷ

ἀσφαλής (*asphalēs*; 1/5) *safe*
Heb 6:19 ἔχομεν τῆς ψυχῆς **ἀσφαλῆ** τε καὶ βεβαίαν

ἀφαιρέω (*aphaireō*; 1/10) *take away*
Heb 10:4 ταύρων καὶ τράγων **ἀφαιρεῖν** ἁμαρτίας.

ἀφανής (*aphanēs*; 1/1) *hidden*
Heb 4:13 οὐκ ἔστιν κτίσις **ἀφανὴς** ἐνώπιον αὐτοῦ,

ἀφανισμός (*aphanismos*; 1/1) *disappearing*
Heb 8:13 καὶ γηράσκον ἐγγὺς **ἀφανισμοῦ**.

ἄφεσις (*aphesis*; 2/17) *forgiveness*
Heb 9:22 αἱματεκχυσίας οὐ γίνεται **ἄφεσις**.
Heb 10:18 ὅπου δὲ **ἄφεσις** τούτων,

ἀφίημι (*aphiēmi*; 2/143) *leave, forgive*
Heb 2:8 τὰ πάντα οὐδὲν **ἀφῆκεν** αὐτῷ ἀνυπότακτον.
Heb 6:1 Διὸ **ἀφέντες** τὸν τῆς ἀρχῆς

ἀφιλάργυρος (*aphilargyros*; 1/2) *not greedy for money*
Heb 13:5 **Ἀφιλάργυρος** ὁ τρόπος,

ἀφίστημι (*aphistēmi*; 1/14) *leave*
Heb 3:12 ἀπιστίας ἐν τῷ **ἀποστῆναι** ἀπὸ θεοῦ ζῶντος,

ἀφομοιόω (*aphomoioō*; 1/1) *be like*
Heb 7:3 **ἀφωμοιωμένος** δὲ τῷ υἱῷ

ἀφοράω (*aphoraō*; 1/2) *fix one's eyes on*
Heb 12:2 **ἀφορῶντες** εἰς τὸν τῆς

ἄχρι (*achri*; 3/48[49]) *until*
Heb 3:13 **ἄχρις** οὗ τὸ σήμερον
Heb 4:12 δίστομον καὶ διϊκνούμενος **ἄχρι** μερισμοῦ ψυχῆς καὶ
Heb 6:11 πληροφορίαν τῆς ἐλπίδος **ἄχρι** τέλους,

βαπτισμός (*baptismos*; 2/4) *baptism, (ritual) washing*
Heb 6:2 **βαπτισμῶν** διδαχῆς ἐπιθέσεώς τε
Heb 9:10 πόμασιν καὶ διαφόροις **βαπτισμοῖς**,

Βαράκ (*Barak*; 1/1) *Barak*
Heb 11:32 **Βαράκ**,

βασιλεία (*basileia*; 3/162) *kingdom*
Heb 1:8 εὐθύτητος ῥάβδος τῆς **βασιλείας** σου.
Heb 11:33 διὰ πίστεως κατηγωνίσαντο **βασιλείας**,
Heb 12:28 Διὸ **βασιλείαν** ἀσάλευτον παραλαμβάνοντες ἔχωμεν

βασιλεύς (*basileus*; 7/115) *king*
Heb 7:1 **βασιλεὺς** Σαλήμ,
Heb 7:1 τῆς κοπῆς τῶν **βασιλέων** καὶ εὐλογήσας αὐτόν,
Heb 7:2 πρῶτον μὲν ἑρμηνευόμενος **βασιλεὺς** δικαιοσύνης ἔπειτα δὲ
Heb 7:2 ἔπειτα δὲ καὶ **βασιλεὺς** Σαλήμ,
Heb 7:2 ὅ ἐστιν **βασιλεὺς** εἰρήνης,
Heb 11:23 τὸ διάταγμα τοῦ **βασιλέως**.
Heb 11:27 τὸν θυμὸν τοῦ **βασιλέως**·

βέβαιος (*bebaios*; 4/8) *reliable*
Heb 2:2 λαληθεὶς λόγος ἐγένετο **βέβαιος** καὶ πᾶσα παράβασις
Heb 3:14 ὑποστάσεως μέχρι τέλους **βεβαίαν** κατάσχωμεν
Heb 6:19 ἀσφαλῆ τε καὶ **βεβαίαν** καὶ εἰσερχομένην
Heb 9:17 γὰρ ἐπὶ νεκροῖς **βεβαία**,

βεβαιόω (*bebaioō*; 2/7[8]) *confirm*
Heb 2:3 ἀκουσάντων εἰς ἡμᾶς **ἐβεβαιώθη**,
Heb 13:9 καλὸν γὰρ χάριτι **βεβαιοῦσθαι** τὴν καρδίαν,

βεβαίωσις (*bebaiōsis*; 1/2) *confirmation*
Heb 6:16 ἀντιλογίας πέρας εἰς **βεβαίωσιν** ὁ ὅρκος·

βέβηλος (*bebēlos*; 1/5) *vile*
Heb 12:16 τις πόρνος ἢ **βέβηλος** ὡς Ἠσαῦ,

βιβλίον (*biblion*; 2/34) *book*
Heb 9:19 αὐτό τε τὸ **βιβλίον** καὶ πάντα τὸν
Heb 10:7 ἐν κεφαλίδι **βιβλίου** γέγραπται περὶ ἐμοῦ,

βλαστάνω (*blastanō*; 1/4) *sprout*
Heb 9:4 ῥάβδος Ἀαρὼν ἡ **βλαστήσασα** καὶ αἱ πλάκες

βλέπω (*blepō*; 8/132) *see*

Heb 2:9 παρ’ ἀγγέλους ἠλαττωμένον **βλέπομεν** ’Ιησοῦν διὰ τὸ
Heb 3:12 **Βλέπετε**,
Heb 3:19 καὶ **βλέπομεν** ὅτι οὐκ ἠδυνήθησαν
Heb 10:25 τοσούτῳ μᾶλλον ὅσῳ **βλέπετε** ἐγγίζουσαν τὴν ἡμέραν.
Heb 11:1 πραγμάτων ἔλεγχος οὐ **βλεπομένων**.
Heb 11:3 ἐκ φαινομένων τὸ **βλεπόμενον** γεγονέναι.
Heb 11:7 περὶ τῶν μηδέπω **βλεπομένων**,
Heb 12:25 **Βλέπετε** μὴ παραιτήσησθε τὸν

βοήθεια (*boētheia*; 1/2) *help*

Heb 4:16 εὕρωμεν εἰς εὔκαιρον **βοήθειαν**.

βοηθέω (*boētheō*; 1/8) *help*

Heb 2:18 δύναται τοῖς πειραζομένοις **βοηθῆσαι**.

βοηθός (*boēthos*; 1/1) *helper*

Heb 13:6 κύριος ἐμοὶ **βοηθός**,

βοτάνη (*botanē*; 1/1) *vegetation*

Heb 6:7 ὑετὸν καὶ τίκτουσα **βοτάνην** εὔθετον ἐκείνοις δι’

βουλή (*boulē*; 1/12) *purpose*

Heb 6:17 τὸ ἀμετάθετον τῆς **βουλῆς** αὐτοῦ ἐμεσίτευσεν ὅρκῳ,

βούλομαι (*boulomai*; 1/37) *want*

Heb 6:17 ἐν ᾧ περισσότερον **βουλόμενος** ὁ θεὸς ἐπιδεῖξαι

βραχύς (*brachys*; 3/7) *little*

Heb 2:7 ἠλάττωσας αὐτὸν **βραχύ** τι παρ’ ἀγγέλους,
Heb 2:9 τὸν δὲ **βραχύ** τι παρ’ ἀγγέλους
Heb 13:22 καὶ γὰρ διὰ **βραχέων** ἐπέστειλα ὑμῖν.

βρῶμα (*brōma*; 2/17) *food*

Heb 9:10 μόνον ἐπὶ **βρώμασιν** καὶ πόμασιν καὶ
Heb 13:9 οὐ **βρώμασιν** ἐν οἷς οὐκ

βρῶσις (*brōsis*; 1/11) *food*

Heb 12:16 ὃς ἀντὶ **βρώσεως** μιᾶς ἀπέδετο τὰ

γάλα (*gala*; 2/5) *milk*

Heb 5:12 γεγόνατε χρείαν ἔχοντες **γάλακτος** [καὶ] οὐ στερεᾶς
Heb 5:13 γὰρ ὁ μετέχων **γάλακτος** ἄπειρος λόγου δικαιοσύνης,

γάμος (*gamos*; 1/16) *wedding*

Heb 13:4 Τίμιος ὁ **γάμος** ἐν πᾶσιν καὶ

γάρ (*gar*; 91/1041) *for*

Heb 1:5 Τίνι **γὰρ** εἶπέν ποτε τῶν
Heb 2:2 εἰ **γὰρ** ὁ δι’ ἀγγέλων
Heb 2:5 Οὐ **γὰρ** ἀγγέλοις ὑπέταξεν τὴν
Heb 2:8 ἐν τῷ **γὰρ** ὑποτάξαι [αὐτῷ] τὰ
Heb 2:10 ἔπρεπεν **γὰρ** αὐτῷ,
Heb 2:11 ὅ τε **γὰρ** ἁγιάζων καὶ οἱ
Heb 2:16 οὐ **γὰρ** δήπου ἀγγέλων ἐπιλαμβάνεται
Heb 2:18 ἐν ᾧ **γὰρ** πέπονθεν αὐτὸς πειρασθείς,
Heb 3:3 πλείονος **γὰρ** οὗτος δόξης παρὰ
Heb 3:4 πᾶς **γὰρ** οἶκος κατασκευάζεται ὑπό
Heb 3:14 μέτοχοι **γὰρ** τοῦ Χριστοῦ γεγόναμεν,
Heb 3:16 τίνες **γὰρ** ἀκούσαντες παρεπίκραναν;
Heb 4:2 καὶ **γάρ** ἐσμεν εὐηγγελισμένοι καθάπερ
Heb 4:3 Εἰσερχόμεθα **γὰρ** εἰς [τὴν] κατάπαυσιν
Heb 4:4 εἴρηκεν **γάρ** που περὶ τῆς
Heb 4:8 εἰ **γὰρ** αὐτοὺς ’Ιησοῦς κατέπαυσεν,
Heb 4:10 ὁ **γὰρ** εἰσελθὼν εἰς τὴν
Heb 4:12 Ζῶν **γὰρ** ὁ λόγος τοῦ
Heb 4:15 οὐ **γὰρ** ἔχομεν ἀρχιερέα μὴ
Heb 5:1 Πᾶς **γὰρ** ἀρχιερεὺς ἐξ ἀνθρώπων
Heb 5:12 καὶ **γὰρ** ὀφείλοντες εἶναι διδάσκαλοι
Heb 5:13 πᾶς **γὰρ** ὁ μετέχων γάλακτος
Heb 5:13 νήπιος **γάρ** ἐστιν·
Heb 6:4 ’Αδύνατον **γὰρ** τοὺς ἅπαξ φωτισθέντας,
Heb 6:7 γῆ **γὰρ** ἡ πιοῦσα τὸν
Heb 6:10 οὐ **γὰρ** ἄδικος ὁ θεὸς
Heb 6:13 Τῷ **γὰρ** ’Αβραὰμ ἐπαγγειλάμενος ὁ
Heb 6:16 ἄνθρωποι **γὰρ** κατὰ τοῦ μείζονος
Heb 7:1 Οὗτος **γὰρ** ὁ Μελχισέδεκ,
Heb 7:10 ἔτι **γὰρ** ἐν τῇ ὀσφύϊ
Heb 7:11 ὁ λαὸς **γὰρ** ἐπ’ αὐτῆς νενομοθέτηται,
Heb 7:12 μετατιθεμένης **γὰρ** τῆς ἱερωσύνης ἐξ
Heb 7:13 ἐφ’ ὃν **γὰρ** λέγεται ταῦτα,
Heb 7:14 πρόδηλον **γὰρ** ὅτι ἐξ ’Ιούδα
Heb 7:17 μαρτυρεῖται **γὰρ** ὅτι σὺ ἱερεὺς
Heb 7:18 ἀθέτησις μὲν **γὰρ** γίνεται προαγούσης ἐντολῆς
Heb 7:19 οὐδὲν **γὰρ** ἐτελείωσεν ὁ νόμος
Heb 7:20 οἱ μὲν **γὰρ** χωρὶς ὁρκωμοσίας εἰσὶν
Heb 7:26 Τοιοῦτος **γὰρ** ἡμῖν καὶ ἔπρεπεν
Heb 7:27 τοῦτο **γὰρ** ἐποίησεν ἐφάπαξ ἑαυτὸν
Heb 7:28 ὁ νόμος **γὰρ** ἀνθρώπους καθίστησιν ἀρχιερεῖς
Heb 8:3 Πᾶς **γὰρ** ἀρχιερεὺς εἰς τὸ
Heb 8:5 ὅρα **γάρ** φησιν,
Heb 8:7 Εἰ **γὰρ** ἡ πρώτη ἐκείνη
Heb 8:8 μεμφόμενος **γὰρ** αὐτοὺς λέγει·
Heb 9:2 σκηνὴ **γὰρ** κατεσκευάσθη ἡ πρώτη
Heb 9:13 εἰ **γὰρ** τὸ αἷμα τράγων
Heb 9:16 Ὅπου **γὰρ** διαθήκη,
Heb 9:17 διαθήκη **γὰρ** ἐπὶ νεκροῖς βεβαία,
Heb 9:19 λαληθείσης **γὰρ** πάσης ἐντολῆς κατὰ
Heb 9:24 οὐ **γὰρ** εἰς χειροποίητα εἰσῆλθεν
Heb 10:1 Σκιὰν **γὰρ** ἔχων ὁ νόμος
Heb 10:4 ἀδύνατον **γὰρ** αἷμα ταύρων καὶ
Heb 10:14 μιᾷ **γὰρ** προσφορᾷ τετελείωκεν εἰς
Heb 10:15 μετὰ **γὰρ** τὸ εἰρηκέναι·
Heb 10:23 πιστὸς **γὰρ** ὁ ἐπαγγειλάμενος,
Heb 10:26 ‘Εκουσίως **γὰρ** ἁμαρτανόντων ἡμῶν μετὰ
Heb 10:30 οἴδαμεν **γὰρ** τὸν εἰπόντα·
Heb 10:34 καὶ **γὰρ** τοῖς δεσμίοις συνεπαθήσατε
Heb 10:36 ὑπομονῆς **γὰρ** ἔχετε χρείαν ἵνα
Heb 10:37 ἔτι **γὰρ** μικρὸν ὅσον ὅσον,
Heb 11:2 ἐν ταύτῃ **γὰρ** ἐμαρτυρήθησαν οἱ πρεσβύτεροι.
Heb 11:5 πρὸ **γὰρ** τῆς μεταθέσεως μεμαρτύρηται
Heb 11:6 πιστεῦσαι **γὰρ** δεῖ τὸν προσερχόμενον
Heb 11:10 ἐξεδέχετο **γὰρ** τὴν τοὺς θεμελίους
Heb 11:14 οἱ **γὰρ** τοιαῦτα λέγοντες ἐμφανίζουσιν

Heb 11:16 ἡτοίμασεν **γὰρ** αὐτοῖς πόλιν.
Heb 11:26 ἀπέβλεπεν **γὰρ** εἰς τὴν μισθαποδοσίαν.
Heb 11:27 τὸν **γὰρ** ἀόρατον ὡς ὁρῶν
Heb 11:32 ἐπιλείψει με **γὰρ** διηγούμενον ὁ χρόνος
Heb 12:3 ἀναλογίσασθε **γὰρ** τὸν τοιαύτην ὑπομεμενηκότα
Heb 12:6 ὃν **γὰρ** ἀγαπᾷ κύριος παιδεύει,
Heb 12:7 τίς **γὰρ** υἱὸς ὃν οὐ
Heb 12:10 οἱ μὲν **γὰρ** πρὸς ὀλίγας ἡμέρας
Heb 12:17 ἴστε **γὰρ** ὅτι καὶ μετέπειτα
Heb 12:17 μετανοίας **γὰρ** τόπον οὐχ εὗρεν
Heb 12:18 Οὐ **γὰρ** προσεληλύθατε ψηλαφωμένῳ καὶ
Heb 12:20 οὐκ ἔφερον **γὰρ** τὸ διαστελλόμενον·
Heb 12:25 εἰ **γὰρ** ἐκεῖνοι οὐκ ἐξέφυγον
Heb 12:29 καὶ **γὰρ** ὁ θεὸς ἡμῶν
Heb 13:2 διὰ ταύτης **γὰρ** ἔλαθόν τινες ξενίσαντες
Heb 13:4 πόρνους **γὰρ** καὶ μοιχοὺς κρινεῖ
Heb 13:5 αὐτὸς **γὰρ** εἴρηκεν·
Heb 13:9 καλὸν **γὰρ** χάριτι βεβαιοῦσθαι τὴν
Heb 13:11 ὧν **γὰρ** εἰσφέρεται ζῴων τὸ
Heb 13:14 οὐ **γὰρ** ἔχομεν ὧδε μένουσαν
Heb 13:16 τοιαύταις **γὰρ** θυσίαις εὐαρεστεῖται ὁ
Heb 13:17 αὐτοὶ **γὰρ** ἀγρυπνοῦσιν ὑπὲρ τῶν
Heb 13:17 ἀλυσιτελὲς **γὰρ** ὑμῖν τοῦτο.
Heb 13:18 πειθόμεθα **γὰρ** ὅτι καλὴν συνείδησιν
Heb 13:22 καὶ **γὰρ** διὰ βραχέων ἐπέστειλα

Γεδεών (*Gedeōn*; 1/1) *Gideon*
Heb 11:32 ὁ χρόνος περὶ **Γεδεών**,

γενεά (*genea*; 1/43) *generation*
Heb 3:10 διὸ προσώχθισα τῇ **γενεᾷ** ταύτῃ καὶ εἶπον·

γενεαλογέω (*genealogeō*; 1/1) *descend from*
Heb 7:6 ὁ δὲ μὴ **γενεαλογούμενος** ἐξ αὐτῶν δεδεκάτωκεν

γεννάω (*gennaō*; 4/97) *give birth (pass. be born)*
Heb 1:5 ἐγὼ σήμερον **γεγέννηκά** σε;
Heb 5:5 ἐγὼ σήμερον **γεγέννηκά** σε·
Heb 11:12 καὶ ἀφ' ἑνὸς **ἐγεννήθησαν**,
Heb 11:23 Πίστει Μωϋσῆς **γεννηθεὶς** ἐκρύβη τρίμηνον ὑπὸ

γεύομαι (*geuomai*; 3/15) *taste*
Heb 2:9 θεοῦ ὑπὲρ παντὸς **γεύσηται** θανάτου.
Heb 6:4 **γευσαμένους** τε τῆς δωρεᾶς
Heb 6:5 καὶ καλὸν **γευσαμένους** θεοῦ ῥῆμα δυνάμεις

γεωργέω (*geōrgeō*; 1/1) *cultivate*
Heb 6:7 δι' οὓς καὶ **γεωργεῖται**,

γῆ (*gē*; 11/248[250]) *earth, land*
Heb 1:10 τὴν **γῆν** ἐθεμελίωσας,
Heb 6:7 **γῆ** γὰρ ἡ πιοῦσα
Heb 8:4 οὖν ἦν ἐπὶ **γῆς**,
Heb 8:9 ἐξαγαγεῖν αὐτοὺς ἐκ **γῆς** Αἰγύπτου,
Heb 11:9 Πίστει παρῴκησεν εἰς **γῆν** τῆς ἐπαγγελίας
Heb 11:13 εἰσιν ἐπὶ τῆς **γῆς**.
Heb 11:29 ὡς διὰ ξηρᾶς **γῆς**,
Heb 11:38 ταῖς ὀπαῖς τῆς **γῆς**.
Heb 12:25 οὐκ ἐξέφυγον ἐπὶ **γῆς** παραιτησάμενοι τὸν χρηματίζοντα,
Heb 12:26 ἡ φωνὴ τὴν **γῆν** ἐσάλευσεν τότε,
Heb 12:26 οὐ μόνον τὴν **γῆν** ἀλλὰ καὶ τὸν

γηράσκω (*gēraskō*; 1/2) *become old*
Heb 8:13 δὲ παλαιούμενον καὶ **γηράσκον** ἐγγὺς ἀφανισμοῦ.

γίνομαι (*ginomai*; 29/668[669]) *be, become*
Heb 1:4 τοσούτῳ κρείττων **γενόμενος** τῶν ἀγγέλων ὅσῳ
Heb 2:2 ἀγγέλων λαληθεὶς λόγος **ἐγένετο** βέβαιος καὶ πᾶσα
Heb 2:17 ἵνα ἐλεήμων **γένηται** καὶ πιστὸς ἀρχιερεὺς
Heb 3:14 γὰρ τοῦ Χριστοῦ **γεγόναμεν**,
Heb 4:3 ἀπὸ καταβολῆς κόσμου **γενηθέντων**.
Heb 5:5 οὐχ ἑαυτὸν ἐδόξασεν **γενηθῆναι** ἀρχιερέα ἀλλ' ὁ
Heb 5:9 καὶ τελειωθεὶς **ἐγένετο** πᾶσιν τοῖς ὑπακούουσιν
Heb 5:11 ἐπεὶ νωθροὶ **γεγόνατε** ταῖς ἀκοαῖς.
Heb 5:12 τοῦ θεοῦ καὶ **γεγόνατε** χρείαν ἔχοντες γάλακτος
Heb 6:4 ἐπουρανίου καὶ μετόχους **γενηθέντας** πνεύματος ἁγίου
Heb 6:12 ἵνα μὴ νωθροὶ **γένησθε**,
Heb 6:20 τάξιν Μελχισέδεκ ἀρχιερεὺς **γενόμενος** εἰς τὸν αἰῶνα.
Heb 7:12 καὶ νόμου μετάθεσις **γίνεται**.
Heb 7:16 νόμον ἐντολῆς σαρκίνης **γέγονεν** ἀλλὰ κατὰ δύναμιν
Heb 7:18 ἀθέτησις μὲν γὰρ **γίνεται** προαγούσης ἐντολῆς διὰ
Heb 7:20 ὁρκωμοσίας εἰσὶν ἱερεῖς **γεγονότες**,
Heb 7:22 [καὶ] κρείττονος διαθήκης **γέγονεν** ἔγγυος Ἰησοῦς.
Heb 7:23 μὲν πλείονές εἰσιν **γεγονότες** ἱερεῖς διὰ τὸ
Heb 7:26 ὑψηλότερος τῶν οὐρανῶν **γενόμενος**,
Heb 9:11 παραγενόμενος ἀρχιερεὺς τῶν **γενομένων** ἀγαθῶν διὰ τῆς
Heb 9:15 ὅπως θανάτου **γενομένου** εἰς ἀπολύτρωσιν
Heb 9:22 χωρὶς αἱματεκχυσίας οὐ **γίνεται** ἄφεσις.
Heb 10:33 τῶν οὕτως ἀναστρεφομένων **γενηθέντες**.
Heb 11:3 φαινομένων τὸ βλεπόμενον **γεγονέναι**.
Heb 11:6 ἐκζητοῦσιν αὐτὸν μισθαποδότης **γίνεται**.
Heb 11:7 κατὰ πίστιν δικαιοσύνης **ἐγένετο** κληρονόμος.
Heb 11:24 Πίστει Μωϋσῆς μέγας **γενόμενος** ἠρνήσατο λέγεσθαι υἱὸς
Heb 11:34 **ἐγενήθησαν** ἰσχυροὶ ἐν πολέμῳ,
Heb 12:8 παιδείας ἧς μέτοχοι **γεγόνασιν** πάντες,

γινώσκω (*ginōskō*; 4/222) *know*
Heb 3:10 αὐτοὶ δὲ οὐκ **ἔγνωσαν** τὰς ὁδούς μου,
Heb 8:11 **γνῶθι** τὸν κύριον,
Heb 10:34 μετὰ χαρᾶς προσεδέξασθε **γινώσκοντες** ἔχειν ἑαυτοὺς κρείττονα
Heb 13:23 **Γινώσκετε** τὸν ἀδελφὸν ἡμῶν

γνόφος (*gnophos*; 1/1) *darkness*
Heb 12:18 κεκαυμένῳ πυρὶ καὶ **γνόφῳ** καὶ ζόφῳ καὶ

γόνυ (*gony*; 1/12) *knee*

Heb 12:12 καὶ τὰ παραλελυμένα **γόνατα** ἀνορθώσατε,

γράφω (*graphō*; 1/190[191]) *write*

Heb 10:7 ἐν κεφαλίδι βιβλίου **γέγραπται** περὶ ἐμοῦ,

γυμνάζω (*gymnazō*; 2/4) *train*

Heb 5:14 ἕξιν τὰ αἰσθητήρια **γεγυμνασμένα** ἐχόντων πρὸς διάκρισιν
Heb 12:11 τοῖς δι' αὐτῆς **γεγυμνασμένοις** ἀποδίδωσιν δικαιοσύνης.

γυμνός (*gymnos*; 1/15) *naked*

Heb 4:13 πάντα δὲ **γυμνὰ** καὶ τετραχηλισμένα τοῖς

γυνή (*gynē*; 1/211[215]) *woman, wife*

Heb 11:35 Ἔλαβον **γυναῖκες** ἐξ ἀναστάσεως τοὺς

δάκρυον (*dakryon*; 2/10) *tear*

Heb 5:7 κραυγῆς ἰσχυρᾶς καὶ **δακρύων** προσενέγκας καὶ εἰσακουσθεὶς
Heb 12:17 εὗρεν καίπερ μετὰ **δακρύων** ἐκζητήσας αὐτήν.

δάμαλις (*damalis*; 1/1) *heifer*

Heb 9:13 ταύρων καὶ σποδὸς **δαμάλεως** ῥαντίζουσα τοὺς κεκοινωμένους

Δαυίδ (*Dauid*; 2/59) *David*

Heb 4:7 ἐν **Δαυὶδ** λέγων μετὰ τοσοῦτον
Heb 11:32 **Δαυίδ** τε καὶ Σαμουὴλ

δέ (*de*; 71/2773[2792]) *but, and*

Heb 1:6 ὅταν **δὲ** πάλιν εἰσαγάγῃ τὸν
Heb 1:8 πρὸς **δὲ** τὸν υἱόν·
Heb 1:11 σὺ **δὲ** διαμένεις,
Heb 1:12 σὺ **δὲ** ὁ αὐτὸς εἶ
Heb 1:13 πρὸς τίνα **δὲ** τῶν ἀγγέλων εἴρηκέν
Heb 2:6 διεμαρτύρατο **δέ** πού τις λέγων·
Heb 2:8 Νῦν **δὲ** οὔπω ὁρῶμεν αὐτῷ
Heb 2:9 τὸν **δὲ** βραχύ τι παρ'
Heb 3:4 ὁ **δὲ** πάντα κατασκευάσας θεός.
Heb 3:6 Χριστὸς **δὲ** ὡς υἱὸς ἐπὶ
Heb 3:10 αὐτοὶ **δὲ** οὐκ ἔγνωσαν τὰς
Heb 3:17 τίσιν **δὲ** προσώχθισεν τεσσεράκοντα ἔτη;
Heb 3:18 τίσιν **δὲ** ὤμοσεν μὴ εἰσελεύσεσθαι
Heb 4:13 πάντα **δὲ** γυμνὰ καὶ τετραχηλισμένα
Heb 4:15 πεπειρασμένον **δὲ** κατὰ πάντα καθ'
Heb 5:14 τελείων **δέ** ἐστιν ἡ στερεὰ
Heb 6:8 ἐκφέρουσα **δὲ** ἀκάνθας καὶ τριβόλους,
Heb 6:9 Πεπείσμεθα **δὲ** περὶ ὑμῶν,
Heb 6:11 ἐπιθυμοῦμεν **δὲ** ἕκαστον ὑμῶν τὴν
Heb 6:12 μιμηταὶ **δὲ** τῶν διὰ πίστεως
Heb 7:2 δικαιοσύνης ἔπειτα **δὲ** καὶ βασιλεὺς Σαλήμ,
Heb 7:3 ἀφωμοιωμένος **δὲ** τῷ υἱῷ τοῦ
Heb 7:4 Θεωρεῖτε **δὲ** πηλίκος οὗτος,
Heb 7:6 ὁ **δὲ** μὴ γενεαλογούμενος ἐξ
Heb 7:7 χωρὶς **δὲ** πάσης ἀντιλογίας τὸ
Heb 7:8 ἐκεῖ **δὲ** μαρτυρούμενος ὅτι ζῇ.
Heb 7:19 ἐπεισαγωγὴ **δὲ** κρείττονος ἐλπίδος δι'
Heb 7:21 ὁ **δὲ** μετὰ ὁρκωμοσίας διὰ
Heb 7:24 ὁ **δὲ** διὰ τὸ μένειν
Heb 7:28 ὁ λόγος **δὲ** τῆς ὁρκωμοσίας τῆς
Heb 8:1 Κεφάλαιον **δὲ** ἐπὶ τοῖς λεγομένοις,
Heb 8:6 νυν[ὶ] **δὲ** διαφορωτέρας τέτυχεν λειτουργίας,
Heb 8:13 τὸ **δὲ** παλαιούμενον καὶ γηράσκον
Heb 9:3 μετὰ **δὲ** τὸ δεύτερον καταπέτασμα
Heb 9:5 ὑπεράνω **δὲ** αὐτῆς Χερουβὶν δόξης
Heb 9:6 Τούτων **δὲ** οὕτως κατεσκευασμένων εἰς
Heb 9:7 εἰς **δὲ** τὴν δευτέραν ἅπαξ
Heb 9:11 Χριστὸς **δὲ** παραγενόμενος ἀρχιερεὺς τῶν
Heb 9:12 καὶ μόσχων διὰ **δὲ** τοῦ ἰδίου αἵματος
Heb 9:21 καὶ τὴν σκηνὴν **δὲ** καὶ πάντα τὰ
Heb 9:23 αὐτὰ **δὲ** τὰ ἐπουράνια κρείττοσιν
Heb 9:26 νυνὶ **δὲ** ἅπαξ ἐπὶ συντελείᾳ
Heb 9:27 μετὰ **δὲ** τοῦτο κρίσις,
Heb 10:5 σῶμα **δὲ** κατηρτίσω μοι·
Heb 10:12 οὗτος **δὲ** μίαν ὑπὲρ ἁμαρτιῶν
Heb 10:15 Μαρτυρεῖ **δὲ** ἡμῖν καὶ τὸ
Heb 10:18 ὅπου **δὲ** ἄφεσις τούτων,
Heb 10:27 φοβερὰ **δέ** τις ἐκδοχὴ κρίσεως
Heb 10:32 Ἀναμιμνῄσκεσθε **δὲ** τὰς πρότερον ἡμέρας,
Heb 10:33 τοῦτο **δὲ** κοινωνοὶ τῶν οὕτως
Heb 10:38 ὁ **δὲ** δίκαιός μου ἐκ
Heb 10:39 ἡμεῖς **δὲ** οὐκ ἐσμὲν ὑποστολῆς
Heb 11:1 Ἔστιν **δὲ** πίστις ἐλπιζομένων ὑπόστασις,
Heb 11:6 χωρὶς **δὲ** πίστεως ἀδύνατον εὐαρεστῆσαι·
Heb 11:16 νῦν **δὲ** κρείττονος ὀρέγονται,
Heb 11:35 ἄλλοι **δὲ** ἐτυμπανίσθησαν οὐ προσδεξάμενοι
Heb 11:36 ἕτεροι **δὲ** ἐμπαιγμῶν καὶ μαστίγων
Heb 11:36 ἔτι **δὲ** δεσμῶν καὶ φυλακῆς·
Heb 12:6 μαστιγοῖ **δὲ** πάντα υἱὸν ὃν
Heb 12:8 εἰ **δὲ** χωρίς ἐστε παιδείας
Heb 12:9 οὐ πολὺ **[δὲ]** μᾶλλον ὑποταγησόμεθα τῷ
Heb 12:10 ὁ **δὲ** ἐπὶ τὸ συμφέρον
Heb 12:11 πᾶσα **δὲ** παιδεία πρὸς μὲν
Heb 12:11 ὕστερον **δὲ** καρπὸν εἰρηνικὸν τοῖς
Heb 12:13 ἰαθῇ **δὲ** μᾶλλον.
Heb 12:26 νῦν **δὲ** ἐπήγγελται λέγων·
Heb 12:27 τὸ **δὲ** ἔτι ἅπαξ δηλοῖ
Heb 13:16 τῆς **δὲ** εὐποιΐας καὶ κοινωνίας
Heb 13:19 περισσοτέρως **δὲ** παρακαλῶ τοῦτο ποιῆσαι,
Heb 13:20 Ὁ **δὲ** θεὸς τῆς εἰρήνης,
Heb 13:22 Παρακαλῶ **δὲ** ὑμᾶς,

δέησις (*deēsis*; 1/18) *prayer*

Heb 5:7 τῆς σαρκὸς αὐτοῦ **δεήσεις** τε καὶ ἱκετηρίας

δεῖ (*dei*; 3/101) *it is necessary*

Heb 2:1 Διὰ τοῦτο **δεῖ** περισσοτέρως προσέχειν ἡμᾶς
Heb 9:26 ἐπεὶ **ἔδει** αὐτὸν πολλάκις παθεῖν
Heb 11:6 πιστεῦσαι γὰρ **δεῖ** τὸν προσερχόμενον τῷ

δείκνυμι (*deiknymi*; 1/33) *show*

Heb 8:5 τὸν τύπον τὸν **δειχθέντα** σοι ἐν τῷ

δέκατος (*dekatos*; 4/7) *tenth*

Heb 7:2 ᾧ καὶ **δεκάτην** ἀπὸ πάντων ἐμέρισεν
Heb 7:4 ᾧ [καὶ] **δεκάτην** Ἀβραὰμ ἔδωκεν ἐκ

Heb 7:8 καὶ ὧδε μὲν **δεκάτας** ἀποθνῄσκοντες ἄνθρωποι λαμβάνουσιν,
Heb 7:9 καὶ Λευὶ ὁ **δεκάτας** λαμβάνων δεδεκάτωται·

δεκατόω (*dekatoō*; 2/2) *collect tithes*

Heb 7:6 γενεαλογούμενος ἐξ αὐτῶν **δεδεκάτωκεν** Ἀβραὰμ καὶ τὸν
Heb 7:9 ὁ δεκάτας λαμβάνων **δεδεκάτωται**·

δεξιός (*dexios*; 5/53[54]) *right*

Heb 1:3 ποιησάμενος ἐκάθισεν ἐν **δεξιᾷ** τῆς μεγαλωσύνης ἐν
Heb 1:13 κάθου ἐκ **δεξιῶν** μου,
Heb 8:1 ὃς ἐκάθισεν ἐν **δεξιᾷ** τοῦ θρόνου τῆς
Heb 10:12 διηνεκὲς ἐκάθισεν ἐν **δεξιᾷ** τοῦ θεοῦ,
Heb 12:2 αἰσχύνης καταφρονήσας ἐν **δεξιᾷ** τε τοῦ θρόνου

δέος (*deos*; 1/1) *awe*

Heb 12:28 μετὰ εὐλαβείας καὶ **δέους**·

δέρμα (*derma*; 1/1) *skin*

Heb 11:37 ἐν αἰγείοις δέρμασιν,

δέσμιος (*desmios*; 2/16) *prisoner*

Heb 10:34 καὶ γὰρ τοῖς **δεσμίοις** συνεπαθήσατε καὶ
Heb 13:3 μιμνῄσκεσθε τῶν **δεσμίων** ὡς συνδεδεμένοι,

δεσμός (*desmos*; 1/18) *bond*

Heb 11:36 ἔτι δὲ **δεσμῶν** καὶ φυλακῆς·

δεύτερος (*deuteros*; 5/43) *second*

Heb 8:7 οὐκ ἂν **δευτέρας** ἐζητεῖτο τόπος.
Heb 9:3 μετὰ δὲ τὸ **δεύτερον** καταπέτασμα σκηνὴ ἡ
Heb 9:7 εἰς δὲ τὴν **δευτέραν** ἅπαξ τοῦ ἐνιαυτοῦ
Heb 9:28 ἀνενεγκεῖν ἁμαρτίας ἐκ **δευτέρου** χωρὶς ἁμαρτίας ὀφθήσεται
Heb 10:9 πρῶτον ἵνα τὸ **δεύτερον** στήσῃ,

δέχομαι (*dechomai*; 1/56) *take, receive*

Heb 11:31 συναπώλετο τοῖς ἀπειθήσασιν **δεξαμένη** τοὺς κατασκόπους μετ᾽

δηλόω (*dēloō*; 2/7) *make clear*

Heb 9:8 τοῦτο **δηλοῦντος** τοῦ πνεύματος τοῦ
Heb 12:27 δὲ ἔτι ἅπαξ **δηλοῖ** [τὴν] τῶν σαλευομένων

δημιουργός (*dēmiourgos*; 1/1) *builder*

Heb 11:10 ἧς τεχνίτης καὶ **δημιουργὸς** ὁ θεός.

δήπου (*dēpou*; 1/1) *it is clear*

Heb 2:16 οὐ γὰρ **δήπου** ἀγγέλων ἐπιλαμβάνεται ἀλλὰ

διά (*dia*; 57/665[667]) *through, on account of*

Heb 1:2 **δι᾽** οὗ καὶ ἐποίησεν
Heb 1:9 **διὰ** τοῦτο ἔχρισέν σε
Heb 1:14 εἰς διακονίαν ἀποστελλόμενα **διὰ** τοὺς μέλλοντας κληρονομεῖν
Heb 2:1 **Διὰ** τοῦτο δεῖ περισσοτέρως
Heb 2:2 εἰ γὰρ ὁ **δι᾽** ἀγγέλων λαληθεὶς λόγος
Heb 2:3 ἀρχὴν λαβοῦσα λαλεῖσθαι **διὰ** τοῦ κυρίου
Heb 2:9 ἠλαττωμένον βλέπομεν Ἰησοῦν **διὰ** τὸ πάθημα τοῦ
Heb 2:10 **δι᾽** ὃν τὰ πάντα
Heb 2:10 τὰ πάντα καὶ **δι᾽** οὗ τὰ πάντα,
Heb 2:10 τῆς σωτηρίας αὐτῶν **διὰ** παθημάτων τελειῶσαι.
Heb 2:11 **δι᾽** ἣν αἰτίαν οὐκ
Heb 2:14 ἵνα **διὰ** τοῦ θανάτου καταργήσῃ
Heb 2:15 ὅσοι φόβῳ θανάτου **διὰ** παντὸς τοῦ ζῆν
Heb 3:16 ἐξελθόντες ἐξ Αἰγύπτου **διὰ** Μωϋσέως;
Heb 3:19 οὐκ ἠδυνήθησαν εἰσελθεῖν **δι᾽** ἀπιστίαν.
Heb 4:6 εὐαγγελισθέντες οὐκ εἰσῆλθον **δι᾽** ἀπείθειαν,
Heb 5:3 καὶ **δι᾽** αὐτὴν ὀφείλει,
Heb 5:12 ὀφείλοντες εἶναι διδάσκαλοι **διὰ** τὸν χρόνον,
Heb 5:14 τῶν **διὰ** τὴν ἕξιν τὰ
Heb 6:7 βοτάνην εὔθετον ἐκείνοις **δι᾽** οὓς καὶ γεωργεῖται,
Heb 6:12 μιμηταὶ δὲ τῶν **διὰ** πίστεως καὶ μακροθυμίας
Heb 6:18 ἵνα **διὰ** δύο πραγμάτων ἀμεταθέτων,
Heb 7:9 **δι᾽** Ἀβραὰμ καὶ Λευὶ
Heb 7:11 μὲν οὖν τελείωσις **διὰ** τῆς Λευιτικῆς ἱερωσύνης
Heb 7:18 γίνεται προαγούσης ἐντολῆς **διὰ** τὸ αὐτῆς ἀσθενὲς
Heb 7:19 δὲ κρείττονος ἐλπίδος **δι᾽** ἧς ἐγγίζομεν τῷ
Heb 7:21 δὲ μετὰ ὁρκωμοσίας **διὰ** τοῦ λέγοντος πρὸς
Heb 7:23 εἰσιν γεγονότες ἱερεῖς **διὰ** τὸ θανάτῳ κωλύεσθαι
Heb 7:24 ὁ δὲ **διὰ** τὸ μένειν αὐτὸν
Heb 7:25 δύναται τοὺς προσερχομένους **δι᾽** αὐτοῦ τῷ θεῷ,
Heb 9:6 τὴν πρώτην σκηνὴν **διὰ** παντὸς εἰσίασιν οἱ
Heb 9:11 τῶν γενομένων ἀγαθῶν **διὰ** τῆς μείζονος
Heb 9:12 οὐδὲ **δι᾽** αἵματος τράγων καὶ
Heb 9:12 τράγων καὶ μόσχων **διὰ** δὲ τοῦ ἰδίου
Heb 9:14 ὃς **διὰ** πνεύματος αἰωνίου ἑαυτὸν
Heb 9:15 Καὶ **διὰ** τοῦτο διαθήκης καινῆς
Heb 9:26 ἀθέτησιν [τῆς] ἁμαρτίας **διὰ** τῆς θυσίας αὐτοῦ
Heb 10:2 ἂν ἐπαύσαντο προσφερόμεναι **διὰ** τὸ μηδεμίαν ἔχειν
Heb 10:10 θελήματι ἡγιασμένοι ἐσμὲν **διὰ** τῆς προσφορᾶς τοῦ
Heb 10:20 πρόσφατον καὶ ζῶσαν **διὰ** τοῦ καταπετάσματος,
Heb 11:4 **δι᾽** ἧς ἐμαρτυρήθη εἶναι
Heb 11:4 καὶ **δι᾽** αὐτῆς ἀποθανὼν ἔτι
Heb 11:7 τοῦ οἴκου αὐτοῦ **δι᾽** ἧς κατέκρινεν τὸν
Heb 11:29 ἐρυθρὰν θάλασσαν ὡς **διὰ** ξηρᾶς γῆς,
Heb 11:33 οἳ **διὰ** πίστεως κατηγωνίσαντο βασιλείας,
Heb 11:39 οὗτοι πάντες μαρτυρηθέντες **διὰ** τῆς πίστεως οὐκ
Heb 12:1 **δι᾽** ὑπομονῆς τρέχωμεν τὸν
Heb 12:11 καρπὸν εἰρηνικὸν τοῖς **δι᾽** αὐτῆς γεγυμνασμένοις ἀποδίδωσιν
Heb 12:15 φύουσα ἐνοχλῇ καὶ **δι᾽** αὐτῆς μιανθῶσιν πολλοί,
Heb 12:28 **δι᾽** ἧς λατρεύωμεν εὐαρέστως
Heb 13:2 **διὰ** ταύτης γὰρ ἔλαθόν
Heb 13:11 εἰς τὰ ἅγια **διὰ** τοῦ ἀρχιερέως,

Heb 13:12 ἵνα ἁγιάσῃ **διὰ** τοῦ ἰδίου αἵματος
Heb 13:15 **Δι'** αὐτοῦ [οὖν] ἀναφέρωμεν
Heb 13:15 ἀναφέρωμεν θυσίαν αἰνέσεως **διὰ** παντὸς τῷ θεῷ,
Heb 13:21 εὐάρεστον ἐνώπιον αὐτοῦ **διὰ** Ἰησοῦ Χριστοῦ,
Heb 13:22 καὶ γὰρ **διὰ** βραχέων ἐπέστειλα ὑμῖν.

διαβαίνω (*diabainō*; 1/3) *cross*
Heb 11:29 Πίστει **διέβησαν** τὴν ἐρυθρὰν θάλασσαν

διάβολος (*diabolos*; 1/37) *devil*
Heb 2:14 τοῦτ' ἔστιν τὸν **διάβολον**,

διαθήκη (*diathēkē*; 17/33) *covenant*
Heb 7:22 τοσοῦτο [καὶ] κρείττονος **διαθήκης** γέγονεν ἔγγυος Ἰησοῦς.
Heb 8:6 καὶ κρείττονός ἐστιν **διαθήκης** μεσίτης,
Heb 8:8 τὸν οἶκον Ἰούδα **διαθήκην** καινήν,
Heb 8:9 οὐ κατὰ τὴν **διαθήκην**,
Heb 8:9 ἐνέμειναν ἐν τῇ **διαθήκῃ** μου,
Heb 8:10 ὅτι αὕτη ἡ **διαθήκη**,
Heb 9:4 τὴν κιβωτὸν τῆς **διαθήκης** περικεκαλυμμένην πάντοθεν χρυσίῳ,
Heb 9:4 αἱ πλάκες τῆς **διαθήκης**,
Heb 9:15 Καὶ διὰ τοῦτο **διαθήκης** καινῆς μεσίτης ἐστίν,
Heb 9:15 ἐπὶ τῇ πρώτῃ **διαθήκῃ** παραβάσεων τὴν ἐπαγγελίαν
Heb 9:16 Ὅπου γὰρ **διαθήκη**,
Heb 9:17 **διαθήκη** γὰρ ἐπὶ νεκροῖς
Heb 9:20 τὸ αἷμα τῆς **διαθήκης** ἧς ἐνετείλατο πρὸς
Heb 10:16 αὕτη ἡ **διαθήκη** ἣν διαθήσομαι πρὸς
Heb 10:29 τὸ αἷμα τῆς **διαθήκης** κοινὸν ἡγησάμενος,
Heb 12:24 καὶ **διαθήκης** νέας μεσίτῃ Ἰησοῦ
Heb 13:20 μέγαν ἐν αἵματι **διαθήκης** αἰωνίου,

διακονέω (*diakoneō*; 2/37) *serve*
Heb 6:10 **διακονήσαντες** τοῖς ἁγίοις καὶ
Heb 6:10 τοῖς ἁγίοις καὶ **διακονοῦντες**.

διακονία (*diakonia*; 1/34) *ministry, service*
Heb 1:14 λειτουργικὰ πνεύματα εἰς **διακονίαν** ἀποστελλόμενα διὰ τοὺς

διάκρισις (*diakrisis*; 1/3) *ability to discern*
Heb 5:14 γεγυμνασμένα ἐχόντων πρὸς **διάκρισιν** καλοῦ τε καὶ

διαλέγομαι (*dialegomai*; 1/13) *discuss*
Heb 12:5 ὑμῖν ὡς υἱοῖς **διαλέγεται**·

διαμαρτύρομαι (*diamartyromai*; 1/15) *declare solemnly and emphatically*
Heb 2:6 **διεμαρτύρατο** δέ πού τις

διαμένω (*diamenō*; 1/5) *stay*
Heb 1:11 σὺ δὲ **διαμένεις**,

διάνοια (*dianoia*; 2/12) *mind, understanding*
Heb 8:10 μου εἰς τὴν **διάνοιαν** αὐτῶν καὶ ἐπὶ
Heb 10:16 καὶ ἐπὶ τὴν **διάνοιαν** αὐτῶν ἐπιγράψω αὐτούς,

διαστέλλω (*diastellō*; 1/8) *order*
Heb 12:20 ἔφερον γὰρ τὸ **διαστελλόμενον**·

διάταγμα (*diatagma*; 1/1) *order*
Heb 11:23 οὐκ ἐφοβήθησαν τὸ **διάταγμα** τοῦ βασιλέως.

διατίθημι (*diatithēmi*; 4/7) *make (covenant)*
Heb 8:10 ἣν **διαθήσομαι** τῷ οἴκῳ Ἰσραὴλ
Heb 9:16 ἀνάγκη φέρεσθαι τοῦ **διαθεμένου**·
Heb 9:17 ὅτε ζῇ ὁ **διαθέμενος**.
Heb 10:16 ἡ διαθήκη ἣν **διαθήσομαι** πρὸς αὐτοὺς

διάφορος (*diaphoros*; 3/4) *different*
Heb 1:4 τῶν ἀγγέλων ὅσῳ **διαφορώτερον** παρ' αὐτοὺς κεκληρονόμηκεν
Heb 8:6 νυν[ὶ] δὲ **διαφορωτέρας** τέτυχεν λειτουργίας,
Heb 9:10 καὶ πόμασιν καὶ **διαφόροις** βαπτισμοῖς,

διδάσκαλος (*didaskalos*; 1/58[59]) *teacher*
Heb 5:12 γὰρ ὀφείλοντες εἶναι **διδάσκαλοι** διὰ τὸν χρόνον,

διδάσκω (*didaskō*; 2/96) *teach*
Heb 5:12 χρείαν ἔχετε τοῦ **διδάσκειν** ὑμᾶς τινα τὰ
Heb 8:11 καὶ οὐ μὴ **διδάξωσιν** ἕκαστος τὸν πολίτην

διδαχή (*didachē*; 2/30) *teaching*
Heb 6:2 βαπτισμῶν **διδαχῆς** ἐπιθέσεώς τε χειρῶν,
Heb 13:9 **Διδαχαῖς** ποικίλαις καὶ ξέναις

δίδωμι (*didōmi*; 4/415) *give*
Heb 2:13 παιδία ἅ μοι **ἔδωκεν** ὁ θεός.
Heb 7:4 [καὶ] δεκάτην Ἀβραὰμ **ἔδωκεν** ἐκ τῶν ἀκροθινίων
Heb 8:10 **διδοὺς** νόμους μου εἰς
Heb 10:16 **διδοὺς** νόμους μου ἐπὶ

διέρχομαι (*dierchomai*; 1/43) *go or pass through*
Heb 4:14 οὖν ἀρχιερέα μέγαν **διεληλυθότα** τοὺς οὐρανούς,

διηγέομαι (*diēgeomai*; 1/8) *tell*
Heb 11:32 ἐπιλείψει με γὰρ **διηγούμενον** ὁ χρόνος

διηνεκής (*diēnekēs*; 4/4) *continuous*
Heb 7:3 ἱερεὺς εἰς τὸ **διηνεκές**.
Heb 10:1 προσφέρουσιν εἰς τὸ **διηνεκὲς** οὐδέποτε δύναται τοὺς
Heb 10:12 θυσίαν εἰς τὸ **διηνεκὲς** ἐκάθισεν ἐν δεξιᾷ
Heb 10:14 τετελείωκεν εἰς τὸ **διηνεκὲς** τοὺς ἁγιαζομένους.

διϊκνέομαι (*diikneomai*; 1/1) *go all the way through*

Heb 4:12 μάχαιραν δίστομον καὶ **διϊκνούμενος** ἄχρι μερισμοῦ ψυχῆς

δίκαιος (*dikaios*; 3/79) *righteous*

Heb 10:38 ὁ δὲ **δίκαιός** μου ἐκ πίστεως
Heb 11:4 ἧς ἐμαρτυρήθη εἶναι **δίκαιος**,
Heb 12:23 πάντων καὶ πνεύμασι **δικαίων** τετελειωμένων

δικαιοσύνη (*dikaiosynē*; 6/92) *righteousness*

Heb 1:9 ἠγάπησας **δικαιοσύνην** καὶ ἐμίσησας ἀνομίαν·
Heb 5:13 γάλακτος ἄπειρος λόγου **δικαιοσύνης**,
Heb 7:2 μὲν ἑρμηνευόμενος βασιλεὺς **δικαιοσύνης** ἔπειτα δὲ καὶ
Heb 11:7 τῆς κατὰ πίστιν **δικαιοσύνης** ἐγένετο κληρονόμος.
Heb 11:33 εἰργάσαντο **δικαιοσύνην**,
Heb 12:11 αὐτῆς γεγυμνασμένοις ἀποδίδωσιν **δικαιοσύνης**.

δικαίωμα (*dikaiōma*; 2/10) *regulation, decree*

Heb 9:1 [καὶ] ἡ πρώτη **δικαιώματα** λατρείας τό τε
Heb 9:10 **δικαιώματα** σαρκὸς μέχρι καιροῦ

διό (*dio*; 9/53) *therefore*

Heb 3:7 **Διό**,
Heb 3:10 **διὸ** προσώχθισα τῇ γενεᾷ
Heb 6:1 **Διὸ** ἀφέντες τὸν τῆς
Heb 10:5 **Διὸ** εἰσερχόμενος εἰς τὸν
Heb 11:12 **διὸ** καὶ ἀφ' ἑνὸς
Heb 11:16 διὸ **οὐκ** ἐπαισχύνεται αὐτοὺς ὁ
Heb 12:12 **Διὸ** τὰς παρειμένας χεῖρας
Heb 12:28 **Διὸ** βασιλείαν ἀσάλευτον παραλαμβάνοντες
Heb 13:12 **Διὸ** καὶ Ἰησοῦς,

διόρθωσις (*diorthōsis*; 1/1) *new order*

Heb 9:10 σαρκὸς μέχρι καιροῦ **διορθώσεως** ἐπικείμενα.

διότι (*dioti*; 2/23) *because*

Heb 11:5 καὶ οὐχ ηὑρίσκετο **διότι** μετέθηκεν αὐτὸν
Heb 11:23 **διότι** εἶδον ἀστεῖον τὸ

δίστομος (*distomos*; 1/3) *double-edged*

Heb 4:12 ὑπὲρ πᾶσαν μάχαιραν **δίστομον** καὶ διϊκνούμενος ἄχρι

διώκω (*diōkō*; 1/45) *pursue, persecute*

Heb 12:14 Εἰρήνην **διώκετε** μετὰ πάντων καὶ

δοκέω (*dokeō*; 4/62) *think, seem*

Heb 4:1 τὴν κατάπαυσιν αὐτοῦ **δοκῇ** τις ἐξ ὑμῶν
Heb 10:29 πόσῳ **δοκεῖτε** χείρονος ἀξιωθήσεται τιμωρίας
Heb 12:10 ἡμέρας κατὰ τὸ **δοκοῦν** αὐτοῖς ἐπαίδευον,
Heb 12:11 τὸ παρὸν οὐ **δοκεῖ** χαρᾶς εἶναι ἀλλὰ

δοκιμασία (*dokimasia*; 1/1) *test*

Heb 3:9 πατέρες ὑμῶν ἐν **δοκιμασίᾳ** καὶ εἶδον τὰ

δόξα (*doxa*; 7/166) *glory*

Heb 1:3 ὢν ἀπαύγασμα τῆς **δόξης** καὶ χαρακτὴρ τῆς
Heb 2:7 **δόξῃ** καὶ τιμῇ ἐστεφάνωσας
Heb 2:9 πάθημα τοῦ θανάτου **δόξῃ** καὶ τιμῇ ἐστεφανωμένον,
Heb 2:10 πολλοὺς υἱοὺς εἰς **δόξαν** ἀγαγόντα τὸν ἀρχηγὸν
Heb 3:3 πλείονος γὰρ οὗτος **δόξης** παρὰ Μωϋσῆν ἠξίωται,
Heb 9:5 δὲ αὐτῆς Χερουβὶν **δόξης** κατασκιάζοντα τὸ ἱλαστήριον·
Heb 13:21 ᾧ ἡ **δόξα** εἰς τοὺς αἰῶνας

δοξάζω (*doxazō*; 1/61) *praise, glorify*

Heb 5:5 Χριστὸς οὐχ ἑαυτὸν **ἐδόξασεν** γενηθῆναι ἀρχιερέα ἀλλ'

δουλεία (*douleia*; 1/5) *slavery*

Heb 2:15 ζῆν ἔνοχοι ἦσαν **δουλείας**.

δύναμαι (*dynamai*; 9/210) *be able*

Heb 2:18 **δύναται** τοῖς πειραζομένοις βοηθῆσαι.
Heb 3:19 βλέπομεν ὅτι οὐκ **ἠδυνήθησαν** εἰσελθεῖν δι' ἀπιστίαν.
Heb 4:15 ἔχομεν ἀρχιερέα μὴ **δυνάμενον** συμπαθῆσαι ταῖς ἀσθενείαις
Heb 5:2 μετριοπαθεῖν **δυνάμενος** τοῖς ἀγνοοῦσιν
Heb 5:7 ἱκετηρίας πρὸς τὸν **δυνάμενον** σῴζειν αὐτὸν ἐκ
Heb 7:25 εἰς τὸ παντελὲς **δύναται** τοὺς προσερχομένους δι'
Heb 9:9 θυσίαι προσφέρονται μὴ **δυνάμεναι** κατὰ συνείδησιν τελειῶσαι
Heb 10:1 τὸ διηνεκὲς οὐδέποτε **δύναται** τοὺς προσερχομένους τελειῶσαι·
Heb 10:11 αἵτινες οὐδέποτε **δύνανται** περιελεῖν ἁμαρτίας,

δύναμις (*dynamis*; 6/119) *power*

Heb 1:3 τῷ ῥήματι τῆς **δυνάμεως** αὐτοῦ,
Heb 2:4 τέρασιν καὶ ποικίλαις **δυνάμεσιν** καὶ πνεύματος ἁγίου
Heb 6:5 γευσαμένους θεοῦ ῥῆμα **δυνάμεις** τε μέλλοντος αἰῶνος
Heb 7:16 γέγονεν ἀλλὰ κατὰ **δύναμιν** ζωῆς ἀκαταλύτου.
Heb 11:11 αὐτὴ Σάρρα στεῖρα **δύναμιν** εἰς καταβολὴν σπέρματος
Heb 11:34 ἔσβεσαν **δύναμιν** πυρός,

δυναμόω (*dynamoō*; 1/2) *strengthen*

Heb 11:34 **ἐδυναμώθησαν** ἀπὸ ἀσθενείας,

δυνατός (*dynatos*; 1/32) *possible*

Heb 11:19 ἐκ νεκρῶν ἐγείρειν **δυνατὸς** ὁ θεός,

δύο (*dyo*; 2/134[135]) *two*

Heb 6:18 ἵνα διὰ **δύο** πραγμάτων ἀμεταθέτων,

Heb 10:28 χωρὶς οἰκτιρμῶν ἐπὶ **δυσὶν** ἢ τρισὶν μάρτυσιν

δυσερμήνευτος (*dysermēneutos*; 1/1) *hard to explain*

Heb 5:11 ὁ λόγος καὶ **δυσερμήνευτος** λέγειν,

δωρεά (*dōrea*; 1/11) *gift*

Heb 6:4 γευσαμένους τε τῆς **δωρεᾶς** τῆς ἐπουρανίου καὶ

δῶρον (*dōron*; 5/19) *gift*

Heb 5:1 ἵνα προσφέρῃ **δῶρά** τε καὶ θυσίας
Heb 8:3 εἰς τὸ προσφέρειν **δῶρά** τε καὶ θυσίας
Heb 8:4 κατὰ νόμον τὰ **δῶρα**·
Heb 9:9 καθ' ἣν **δῶρά** τε καὶ θυσίαι
Heb 11:4 μαρτυροῦντος ἐπὶ τοῖς **δώροις** αὐτοῦ τοῦ θεοῦ,

ἐάν (*ean*; 5/333) *if*

Heb 3:7 σήμερον **ἐὰν** τῆς φωνῆς αὐτοῦ
Heb 3:15 σήμερον **ἐὰν** τῆς φωνῆς αὐτοῦ
Heb 4:7 σήμερον **ἐὰν** τῆς φωνῆς αὐτοῦ
Heb 10:38 καὶ **ἐὰν** ὑποστείληται,
Heb 13:23 μεθ' οὗ **ἐὰν** τάχιον ἔρχηται ὄψομαι

ἐάνπερ (*eanper*; 3/3) *if*

Heb 3:6 **ἐάν[περ]** τὴν παρρησίαν καὶ
Heb 3:14 **ἐάνπερ** τὴν ἀρχὴν τῆς
Heb 6:3 **ἐάνπερ** ἐπιτρέπῃ ὁ θεός.

ἑαυτοῦ (*heautou*; 13/319) *himself*

Heb 3:13 ἀλλὰ παρακαλεῖτε **ἑαυτοὺς** καθ' ἑκάστην ἡμέραν,
Heb 5:4 καὶ οὐχ **ἑαυτῷ** τις λαμβάνει τὴν
Heb 5:5 ὁ Χριστὸς οὐχ **ἑαυτὸν** ἐδόξασεν γενηθῆναι ἀρχιερέα
Heb 6:6 ἀνασταυροῦντας **ἑαυτοῖς** τὸν υἱὸν τοῦ
Heb 6:13 ὤμοσεν καθ' **ἑαυτοῦ**
Heb 7:27 γὰρ ἐποίησεν ἐφάπαξ **ἑαυτὸν** ἀνενέγκας.
Heb 9:7 ὃ προσφέρει ὑπὲρ **ἑαυτοῦ** καὶ τῶν τοῦ
Heb 9:14 διὰ πνεύματος αἰωνίου **ἑαυτὸν** προσήνεγκεν ἄμωμον τῷ
Heb 9:25 ἵνα πολλάκις προσφέρῃ **ἑαυτόν**,
Heb 10:25 ἐγκαταλείποντες τὴν ἐπισυναγωγὴν **ἑαυτῶν**,
Heb 10:34 προσεδέξασθε γινώσκοντες ἔχειν **ἑαυτοὺς** κρείττονα ὕπαρξιν καὶ
Heb 12:3 τῶν ἁμαρτωλῶν εἰς **ἑαυτὸν** ἀντιλογίαν,
Heb 12:16 ἀπέδετο τὰ πρωτοτόκια **ἑαυτοῦ**.

ἕβδομος (*hebdomos*; 2/9) *seventh*

Heb 4:4 που περὶ τῆς **ἑβδόμης** οὕτως·
Heb 4:4 τῇ ἡμέρᾳ τῇ **ἑβδόμῃ** ἀπὸ πάντων τῶν

ἐγγίζω (*engizō*; 2/42) *approach*

Heb 7:19 ἐλπίδος δι' ἧς **ἐγγίζομεν** τῷ θεῷ.
Heb 10:25 μᾶλλον ὅσῳ βλέπετε **ἐγγίζουσαν** τὴν ἡμέραν.

ἔγγυος (*engyos*; 1/1) *guarantor*

Heb 7:22 κρείττονος διαθήκης γέγονεν **ἔγγυος** Ἰησοῦς.

ἐγγύς (*engys*; 2/31) *near*

Heb 6:8 ἀδόκιμος καὶ κατάρας **ἐγγύς**,
Heb 8:13 παλαιούμενον καὶ γηράσκον **ἐγγὺς** ἀφανισμοῦ.

ἐγείρω (*egeirō*; 1/143[144]) *raise*

Heb 11:19 καὶ ἐκ νεκρῶν **ἐγείρειν** δυνατὸς ὁ θεός,

ἐγκαινίζω (*enkainizō*; 2/2) *put into force*

Heb 9:18 πρώτη χωρὶς αἵματος **ἐγκεκαίνισται**·
Heb 10:20 ἣν **ἐνεκαίνισεν** ἡμῖν ὁδὸν πρόσφατον

ἐγκαταλείπω (*enkataleipō*; 2/10) *forsake*

Heb 10:25 μὴ **ἐγκαταλείποντες** τὴν ἐπισυναγωγὴν ἑαυτῶν,
Heb 13:5 οὐ μή σε **ἐγκαταλίπω**,

ἐγώ (*egō*; 35/1715[1718]) *I*

Heb 1:5 υἱός **μου** εἶ σύ,
Heb 1:5 **ἐγὼ** σήμερον γεγέννηκά σε;
Heb 1:5 **ἐγὼ** ἔσομαι αὐτῷ εἰς
Heb 1:5 καὶ αὐτὸς ἔσται **μοι** εἰς υἱόν;
Heb 1:13 κάθου ἐκ δεξιῶν **μου**,
Heb 2:12 σου τοῖς ἀδελφοῖς **μου**,
Heb 2:13 **ἐγὼ** ἔσομαι πεποιθὼς ἐπ'
Heb 2:13 ἰδοὺ **ἐγὼ** καὶ τὰ παιδία
Heb 2:13 τὰ παιδία ἅ **μοι** ἔδωκεν ὁ θεός.
Heb 3:9 εἶδον τὰ ἔργα **μου**
Heb 3:10 ἔγνωσαν τὰς ὁδούς **μου**,
Heb 3:11 ἐν τῇ ὀργῇ **μου**·
Heb 3:11 εἰς τὴν κατάπαυσίν **μου**.
Heb 4:3 ἐν τῇ ὀργῇ **μου**·
Heb 4:3 εἰς τὴν κατάπαυσίν **μου**,
Heb 4:5 εἰς τὴν κατάπαυσίν **μου**.
Heb 5:5 υἱός **μου** εἶ σύ,
Heb 5:5 **ἐγὼ** σήμερον γεγέννηκά σε·
Heb 8:9 ἐν ἡμέρᾳ ἐπιλαβομένου **μου** τῆς χειρὸς αὐτῶν
Heb 8:9 ἐν τῇ διαθήκῃ **μου**,
Heb 8:10 διδοὺς νόμους **μου** εἰς τὴν διάνοιαν
Heb 8:10 καὶ αὐτοὶ ἔσονταί **μοι** εἰς λαόν·
Heb 8:11 ὅτι πάντες εἰδήσουσίν **με** ἀπὸ μικροῦ ἕως
Heb 10:5 σῶμα δὲ κατηρτίσω **μοι**·
Heb 10:7 βιβλίου γέγραπται περὶ **ἐμοῦ**,
Heb 10:16 διδοὺς νόμους **μου** ἐπὶ καρδίας αὐτῶν
Heb 10:30 **ἐμοὶ** ἐκδίκησις,
Heb 10:30 **ἐγὼ** ἀνταποδώσω.
Heb 10:38 ὁ δὲ δίκαιός **μου** ἐκ πίστεως ζήσεται,
Heb 10:38 εὐδοκεῖ ἡ ψυχή **μου** ἐν αὐτῷ.
Heb 11:32 ἐπιλείψει **με** γὰρ διηγούμενον ὁ
Heb 12:5 υἱέ **μου**,
Heb 12:26 ἔτι ἅπαξ **ἐγὼ** σείσω οὐ μόνον
Heb 13:6 κύριος **ἐμοὶ** βοηθός,
Heb 13:6 τί ποιήσει **μοι** ἄνθρωπος;

ἔθος (*ethos*; 1/12) *custom*

Heb 10:25 καθὼς **ἔθος** τισιν,

εἰ (*ei*; 16/502) *if, since*

Heb 2:2 **εἰ** γὰρ ὁ δι᾽
Heb 3:11 **εἰ** εἰσελεύσονται εἰς τὴν
Heb 3:18 κατάπαυσιν αὐτοῦ **εἰ** μὴ τοῖς ἀπειθήσασιν;
Heb 4:3 **εἰ** εἰσελεύσονται εἰς τὴν κατάπαυσίν μου,
Heb 4:5 **εἰ** εἰσελεύσονται εἰς τὴν
Heb 4:8 **εἰ** γὰρ αὐτοὺς Ἰησοῦς
Heb 6:9 **εἰ** καὶ οὕτως λαλοῦμεν.
Heb 6:14 **εἰ** μὴν εὐλογῶν εὐλογήσω
Heb 7:11 **Εἰ** μὲν οὖν τελείωσις
Heb 7:15 **εἰ** κατὰ τὴν ὁμοιότητα Μελχισέδεκ
Heb 8:4 **εἰ** μὲν οὖν ἦν
Heb 8:7 **Εἰ** γὰρ ἡ πρώτη
Heb 9:13 **εἰ** γὰρ τὸ αἷμα
Heb 11:15 καὶ **εἰ** μὲν ἐκείνης ἐμνημόνευον
Heb 12:8 **εἰ** δὲ χωρίς ἐστε
Heb 12:25 **εἰ** γὰρ ἐκεῖνοι οὐκ

εἰκών (*eikōn*; 1/23) *likeness*

Heb 10:1 οὐκ αὐτὴν τὴν **εἰκόνα** τῶν πραγμάτων,

εἰμί (*eimi*; 55/2460[2462]) *be*

Heb 1:3 ὃς **ὢν** ἀπαύγασμα τῆς δόξης
Heb 1:5 υἱός μου **εἶ** σύ,
Heb 1:5 ἐγὼ **ἔσομαι** αὐτῷ εἰς πατέρα,
Heb 1:5 καὶ αὐτὸς **ἔσται** μοι εἰς υἱόν;
Heb 1:10 τῶν χειρῶν σού **εἰσιν** οἱ οὐρανοί·
Heb 1:12 δὲ ὁ αὐτὸς **εἶ** καὶ τὰ ἔτη
Heb 1:14 οὐχὶ πάντες **εἰσὶν** λειτουργικὰ πνεύματα
Heb 2:6 τί **ἐστιν** ἄνθρωπος ὅτι μιμνήσκῃ
Heb 2:13 ἐγὼ **ἔσομαι** πεποιθὼς ἐπ᾽ αὐτῷ,
Heb 2:14 τοῦτ᾽ **ἔστιν** τὸν διάβολον,
Heb 2:15 τοῦ ζῆν ἔνοχοι **ἦσαν** δουλείας.
Heb 3:2 πιστὸν **ὄντα** τῷ ποιήσαντι αὐτὸν
Heb 3:6 οὗ οἶκός **ἐσμεν** ἡμεῖς,
Heb 3:12 μήποτε **ἔσται** ἔν τινι ὑμῶν
Heb 4:2 καὶ γάρ **ἐσμεν** εὐηγγελισμένοι καθάπερ κἀκεῖνοι·
Heb 4:13 καὶ οὐκ **ἔστιν** κτίσις ἀφανὴς ἐνώπιον
Heb 5:5 υἱός μου **εἶ** σύ,
Heb 5:8 καίπερ **ὢν** υἱός,
Heb 5:12 καὶ γὰρ ὀφείλοντες **εἶναι** διδάσκαλοι διὰ
Heb 5:13 νήπιος γάρ **ἐστιν**·
Heb 5:14 τελείων δέ **ἐστιν** ἡ στερεὰ τροφή,
Heb 7:2 ὅ **ἐστιν** βασιλεὺς εἰρήνης,
Heb 7:5 τοῦτ᾽ **ἔστιν** τοὺς ἀδελφοὺς αὐτῶν,
Heb 7:10 ὀσφύϊ τοῦ πατρὸς **ἦν** ὅτε συνήντησεν αὐτῷ
Heb 7:11 τῆς Λευιτικῆς ἱερωσύνης **ἦν**,
Heb 7:15 περισσότερον ἔτι κατάδηλόν **ἐστιν**,
Heb 7:20 γὰρ χωρὶς ὁρκωμοσίας **εἰσὶν** ἱερεῖς γεγονότες,
Heb 7:23 οἱ μὲν πλείονές **εἰσιν** γεγονότες ἱερεῖς διὰ
Heb 8:4 εἰ μὲν οὖν **ἦν** ἐπὶ γῆς,
Heb 8:4 οὐδ᾽ ἂν **ἦν** ἱερεύς,
Heb 8:4 **ὄντων** τῶν προσφερόντων κατὰ
Heb 8:6 ὅσῳ καὶ κρείττονός **ἐστιν** διαθήκης μεσίτης,
Heb 8:7 ἡ πρώτη ἐκείνη **ἦν** ἄμεμπτος,
Heb 8:10 καὶ **ἔσομαι** αὐτοῖς εἰς θεόν,
Heb 8:10 καὶ αὐτοὶ **ἔσονταί** μοι εἰς λαόν·
Heb 8:12 ὅτι ἵλεως **ἔσομαι** ταῖς ἀδικίαις αὐτῶν
Heb 9:5 περὶ ὧν οὐκ **ἔστιν** νῦν λέγειν κατὰ
Heb 9:11 τοῦτ᾽ **ἔστιν** οὐ ταύτης τῆς
Heb 9:15 διαθήκης καινῆς μεσίτης **ἐστίν**,
Heb 10:10 ᾧ θελήματι ἡγιασμένοι **ἐσμὲν** διὰ τῆς προσφορᾶς
Heb 10:20 τοῦτ᾽ **ἔστιν** τῆς σαρκὸς αὐτοῦ,
Heb 10:39 ἡμεῖς δὲ οὐκ **ἐσμὲν** ὑποστολῆς εἰς ἀπώλειαν
Heb 11:1 **Ἔστιν** δὲ πίστις ἐλπιζομένων
Heb 11:4 δι᾽ ἧς ἐμαρτυρήθη **εἶναι** δίκαιος,
Heb 11:6 τῷ θεῷ ὅτι **ἔστιν** καὶ τοῖς ἐκζητοῦσιν
Heb 11:13 ξένοι καὶ παρεπίδημοί **εἰσιν** ἐπὶ τῆς γῆς.
Heb 11:16 τοῦτ᾽ **ἔστιν** ἐπουρανίου.
Heb 11:38 ὧν οὐκ **ἦν** ἄξιος ὁ κόσμος,
Heb 12:8 εἰ δὲ χωρίς **ἐστε** παιδείας ἧς μέτοχοι
Heb 12:8 καὶ οὐχ υἱοί **ἐστε**.
Heb 12:11 οὐ δοκεῖ χαρᾶς **εἶναι** ἀλλὰ λύπης,
Heb 12:21 οὕτω φοβερὸν **ἦν** τὸ φανταζόμενον,
Heb 12:21 ἔκφοβός **εἰμι** καὶ ἔντρομος.
Heb 13:3 ὡς καὶ αὐτοὶ **ὄντες** ἐν σώματι.
Heb 13:15 τοῦτ᾽ **ἔστιν** καρπὸν χειλέων ὁμολογούντων

εἰρήνη (*eirēnē*; 4/92) *peace*

Heb 7:2 ὅ ἐστιν βασιλεὺς **εἰρήνης**,
Heb 11:31 τοὺς κατασκόπους μετ᾽ **εἰρήνης**.
Heb 12:14 **Εἰρήνην** διώκετε μετὰ πάντων
Heb 13:20 δὲ θεὸς τῆς **εἰρήνης**,

εἰρηνικός (*eirēnikos*; 1/2) *peaceful*

Heb 12:11 ὕστερον δὲ καρπὸν **εἰρηνικὸν** τοῖς δι᾽ αὐτῆς

εἰς (*eis*; 74/1759[1767]) *into*

Heb 1:5 ἐγὼ ἔσομαι αὐτῷ **εἰς** πατέρα,
Heb 1:5 αὐτὸς ἔσται μοι **εἰς** υἱόν;
Heb 1:6 τὸν πρωτότοκον **εἰς** τὴν οἰκουμένην,
Heb 1:8 σου ὁ θεὸς **εἰς** τὸν αἰῶνα τοῦ
Heb 1:14 εἰσὶν λειτουργικὰ πνεύματα **εἰς** διακονίαν ἀποστελλόμενα διὰ
Heb 2:3 ὑπὸ τῶν ἀκουσάντων **εἰς** ἡμᾶς ἐβεβαιώθη,
Heb 2:10 πολλοὺς υἱοὺς **εἰς** δόξαν ἀγαγόντα τὸν
Heb 2:17 πρὸς τὸν θεὸν **εἰς** τὸ ἱλάσκεσθαι τὰς
Heb 3:5 αὐτοῦ ὡς θεράπων **εἰς** μαρτύριον τῶν λαληθησομένων,
Heb 3:11 εἰ εἰσελεύσονται **εἰς** τὴν κατάπαυσίν μου.
Heb 3:18 μὴ εἰσελεύσεσθαι **εἰς** τὴν κατάπαυσιν
Heb 4:1 ἐπαγγελίας εἰσελθεῖν **εἰς** τὴν κατάπαυσιν
Heb 4:3 Εἰσερχόμεθα γὰρ **εἰς** [τὴν] κατάπαυσιν
Heb 4:3 εἰ εἰσελεύσονται **εἰς** τὴν κατάπαυσίν μου,
Heb 4:5 εἰ εἰσελεύσονται **εἰς** τὴν κατάπαυσίν μου.
Heb 4:6 τινὰς εἰσελθεῖν **εἰς** αὐτήν,
Heb 4:10 ὁ γὰρ εἰσελθὼν **εἰς** τὴν κατάπαυσιν
Heb 4:11 οὖν εἰσελθεῖν **εἰς** ἐκείνην τὴν κατάπαυσιν,
Heb 4:16 καὶ χάριν εὕρωμεν **εἰς** εὔκαιρον βοήθειαν.
Heb 5:6 σὺ ἱερεὺς **εἰς** τὸν αἰῶνα κατὰ
Heb 6:6 πάλιν ἀνακαινίζειν **εἰς** μετάνοιαν,
Heb 6:8 ἧς τὸ τέλος **εἰς** καῦσιν.
Heb 6:10 ἀγάπης ἧς ἐνεδείξασθε **εἰς** τὸ ὄνομα αὐτοῦ,
Heb 6:16 αὐτοῖς ἀντιλογίας πέρας **εἰς** βεβαίωσιν ὁ ὅρκος·
Heb 6:19 καὶ εἰσερχομένην **εἰς** τὸ ἐσώτερον
Heb 6:20 γενόμενος **εἰς** τὸν αἰῶνα.
Heb 7:3 μένει ἱερεὺς **εἰς** τὸ διηνεκές.
Heb 7:14 **εἰς** ἣν φυλὴν περὶ

Heb 7:17 ὅτι σὺ ἱερεὺς **εἰς** τὸν αἰῶνα κατὰ
Heb 7:21 σὺ ἱερεὺς **εἰς** τὸν αἰῶνα.
Heb 7:24 τὸ μένειν αὐτὸν **εἰς** τὸν αἰῶνα ἀπαράβατον
Heb 7:25 ὅθεν καὶ σῴζειν **εἰς** τὸ παντελὲς δύναται
Heb 7:25 πάντοτε ζῶν **εἰς** τὸ ἐντυγχάνειν ὑπὲρ
Heb 7:28 τὸν νόμον υἱὸν **εἰς** τὸν αἰῶνα τετελειωμένον.
Heb 8:3 Πᾶς γὰρ ἀρχιερεὺς **εἰς** τὸ προσφέρειν δῶρά
Heb 8:10 διδοὺς νόμους μου **εἰς** τὴν διάνοιαν αὐτῶν
Heb 8:10 καὶ ἔσομαι αὐτοῖς **εἰς** θεόν,
Heb 8:10 αὐτοὶ ἔσονταί μοι **εἰς** λαόν·
Heb 9:6 δὲ οὕτως κατεσκευασμένων **εἰς** μὲν τὴν πρώτην
Heb 9:7 **εἰς** δὲ τὴν δευτέραν
Heb 9:9 ἥτις παραβολὴ **εἰς** τὸν καιρὸν τὸν
Heb 9:12 εἰσῆλθεν ἐφάπαξ **εἰς** τὰ ἅγια
Heb 9:14 ἀπὸ νεκρῶν ἔργων **εἰς** τὸ λατρεύειν θεῷ
Heb 9:15 ὅπως θανάτου γενομένου **εἰς** ἀπολύτρωσιν τῶν ἐπὶ
Heb 9:24 οὐ γὰρ **εἰς** χειροποίητα εἰσῆλθεν ἅγια
Heb 9:24 ἀλλ' **εἰς** αὐτὸν τὸν οὐρανόν,
Heb 9:25 εἰσέρχεται **εἰς** τὰ ἅγια
Heb 9:26 συντελείᾳ τῶν αἰώνων **εἰς** ἀθέτησιν [τῆς] ἁμαρτίας
Heb 9:28 Χριστὸς ἅπαξ προσενεχθεὶς **εἰς** τὸ πολλῶν ἀνενεγκεῖν
Heb 9:28 τοῖς αὐτὸν ἀπεκδεχομένοις **εἰς** σωτηρίαν.
Heb 10:1 θυσίαις ἃς προσφέρουσιν **εἰς** τὸ διηνεκὲς οὐδέποτε
Heb 10:5 Διὸ εἰσερχόμενος **εἰς** τὸν κόσμον λέγει·
Heb 10:12 ἁμαρτιῶν προσενέγκας θυσίαν **εἰς** τὸ διηνεκὲς ἐκάθισεν
Heb 10:14 γὰρ προσφορᾷ τετελείωκεν **εἰς** τὸ διηνεκὲς
Heb 10:19 παρρησίαν **εἰς** τὴν εἴσοδον τῶν
Heb 10:24 καὶ κατανοῶμεν ἀλλήλους **εἰς** παροξυσμὸν ἀγάπης καὶ
Heb 10:31 φοβερὸν τὸ ἐμπεσεῖν **εἰς** χεῖρας θεοῦ ζῶντος.
Heb 10:39 οὐκ ἐσμὲν ὑποστολῆς **εἰς** ἀπώλειαν ἀλλὰ πίστεως
Heb 10:39 ἀπώλειαν ἀλλὰ πίστεως **εἰς** περιποίησιν ψυχῆς.
Heb 11:3 **εἰς** τὸ μὴ ἐκ
Heb 11:7 εὐλαβηθεὶς κατεσκεύασεν κιβωτὸν **εἰς** σωτηρίαν τοῦ οἴκου
Heb 11:8 Ἀβραὰμ ὑπήκουσεν ἐξελθεῖν **εἰς** τόπον ὃν ἤμελλεν
Heb 11:8 ὃν ἤμελλεν λαμβάνειν **εἰς** κληρονομίαν,
Heb 11:9 Πίστει παρῴκησεν **εἰς** γῆν τῆς ἐπαγγελίας
Heb 11:11 Σάρρα στεῖρα δύναμιν **εἰς** καταβολὴν σπέρματος ἔλαβεν
Heb 11:26 ἀπέβλεπεν γὰρ **εἰς** τὴν μισθαποδοσίαν.
Heb 12:2 ἀφορῶντες **εἰς** τὸν τῆς πίστεως
Heb 12:3 ὑπὸ τῶν ἁμαρτωλῶν **εἰς** ἑαυτὸν ἀντιλογίαν,
Heb 12:7 **εἰς** παιδείαν ὑπομένετε,
Heb 12:10 ἐπὶ τὸ συμφέρον **εἰς** τὸ μεταλαβεῖν τῆς
Heb 13:8 ὁ αὐτὸς καὶ **εἰς** τοὺς αἰῶνας.
Heb 13:11 περὶ ἁμαρτίας **εἰς** τὰ ἅγια
Heb 13:21 ἐν παντὶ ἀγαθῷ **εἰς** τὸ ποιῆσαι τὸ
Heb 13:21 ᾧ ἡ δόξα **εἰς** τοὺς αἰῶνας [τῶν]

εἷς (*heis*; 5/343[345]) *one*
Heb 2:11 οἱ ἁγιαζόμενοι ἐξ **ἑνὸς** πάντες·
Heb 10:12 οὗτος δὲ **μίαν** ὑπὲρ ἁμαρτιῶν προσενέγκας
Heb 10:14 **μιᾷ** γὰρ προσφορᾷ τετελείωκεν
Heb 11:12 διὸ καὶ ἀφ' **ἑνὸς** ἐγεννήθησαν,
Heb 12:16 ὃς ἀντὶ βρώσεως **μιᾶς** ἀπέδετο τὰ πρωτοτόκια

εἰσάγω (*eisagō*; 1/11) *lead or bring in or into*
Heb 1:6 ὅταν δὲ πάλιν **εἰσαγάγῃ** τὸν πρωτότοκον

εἰσακούω (*eisakouō*; 1/5) *hear*
Heb 5:7 δακρύων προσενέγκας καὶ **εἰσακουσθεὶς** ἀπὸ τῆς εὐλαβείας,

εἴσειμι (*eiseimi*; 1/4) *enter*
Heb 9:6 σκηνὴν διὰ παντὸς **εἰσίασιν** οἱ ἱερεῖς τὰς

εἰσέρχομαι (*eiserchomai*; 17/194) *go into, enter*
Heb 3:11 εἰ **εἰσελεύσονται** εἰς τὴν κατάπαυσίν
Heb 3:18 δὲ ὤμοσεν μὴ **εἰσελεύσεσθαι** εἰς τὴν κατάπαυσιν
Heb 3:19 ὅτι οὐκ ἠδυνήθησαν **εἰσελθεῖν** δι' ἀπιστίαν.
Heb 4:1 μήποτε καταλειπομένης ἐπαγγελίας **εἰσελθεῖν** εἰς τὴν κατάπαυσιν
Heb 4:3 **Εἰσερχόμεθα** γὰρ εἰς [τὴν]
Heb 4:3 εἰ **εἰσελεύσονται** εἰς τὴν κατάπαυσίν
Heb 4:5 εἰ **εἰσελεύσονται** εἰς τὴν κατάπαυσίν
Heb 4:6 οὖν ἀπολείπεται τινας **εἰσελθεῖν** εἰς αὐτήν,
Heb 4:6 πρότερον εὐαγγελισθέντες οὐκ **εἰσῆλθον** δι' ἀπείθειαν,
Heb 4:10 ὁ γὰρ **εἰσελθὼν** εἰς τὴν κατάπαυσιν
Heb 4:11 Σπουδάσωμεν οὖν **εἰσελθεῖν** εἰς ἐκείνην
Heb 6:19 καὶ βεβαίαν καὶ **εἰσερχομένην** εἰς τὸ ἐσώτερον
Heb 6:20 πρόδρομος ὑπὲρ ἡμῶν **εἰσῆλθεν** Ἰησοῦς,
Heb 9:12 τοῦ ἰδίου αἵματος **εἰσῆλθεν** ἐφάπαξ εἰς τὰ
Heb 9:24 γὰρ εἰς χειροποίητα **εἰσῆλθεν** ἅγια Χριστός,
Heb 9:25 ὥσπερ ὁ ἀρχιερεὺς **εἰσέρχεται** εἰς τὰ ἅγια
Heb 10:5 Διὸ **εἰσερχόμενος** εἰς τὸν κόσμον

εἴσοδος (*eisodos*; 1/5) *coming*
Heb 10:19 παρρησίαν εἰς τὴν **εἴσοδον** τῶν ἁγίων ἐν

εἰσφέρω (*eispherō*; 1/8) *bring in*
Heb 13:11 ὧν γὰρ **εἰσφέρεται** ζῴων τὸ αἷμα

εἶτα (*eita*; 1/15) *then*
Heb 12:9 **εἶτα** τοὺς μὲν τῆς

ἐκ (*ek*; 21/912[914]) *from*
Heb 1:13 κάθου **ἐκ** δεξιῶν μου,
Heb 2:11 καὶ οἱ ἁγιαζόμενοι **ἐξ** ἑνὸς πάντες·
Heb 3:13 μὴ σκληρυνθῇ τις **ἐξ** ὑμῶν ἀπάτῃ τῆς
Heb 3:16 πάντες οἱ ἐξελθόντες **ἐξ** Αἰγύπτου διὰ Μωϋσέως;
Heb 4:1 αὐτοῦ δοκῇ τις **ἐξ** ὑμῶν ὑστερηκέναι.
Heb 5:1 Πᾶς γὰρ ἀρχιερεὺς **ἐξ** ἀνθρώπων λαμβανόμενος ὑπὲρ

Heb 5:7 δυνάμενον σῴζειν αὐτὸν **ἐκ** θανάτου μετὰ κραυγῆς
Heb 7:4 δεκάτην Ἀβραὰμ ἔδωκεν **ἐκ** τῶν ἀκροθινίων
Heb 7:5 καὶ οἱ μὲν **ἐκ** τῶν υἱῶν Λευὶ
Heb 7:5 καίπερ ἐξεληλυθότας **ἐκ** τῆς ὀσφύος Ἀβραάμ·
Heb 7:6 δὲ μὴ γενεαλογούμενος **ἐξ** αὐτῶν δεδεκάτωκεν Ἀβραὰμ
Heb 7:12 γὰρ τῆς ἱερωσύνης **ἐξ** ἀνάγκης καὶ νόμου
Heb 7:14 πρόδηλον γὰρ ὅτι **ἐξ** Ἰούδα ἀνατέταλκεν ὁ
Heb 8:9 αὐτῶν ἐξαγαγεῖν αὐτοὺς **ἐκ** γῆς Αἰγύπτου,
Heb 9:28 πολλῶν ἀνενεγκεῖν ἁμαρτίας **ἐκ** δευτέρου χωρὶς ἁμαρτίας
Heb 10:38 δὲ δίκαιός μου **ἐκ** πίστεως ζήσεται,
Heb 11:3 εἰς τὸ μὴ **ἐκ** φαινομένων τὸ βλεπόμενον
Heb 11:19 λογισάμενος ὅτι καὶ **ἐκ** νεκρῶν ἐγείρειν δυνατὸς
Heb 11:35 Ἔλαβον γυναῖκες **ἐξ** ἀναστάσεως τοὺς νεκροὺς
Heb 13:10 ἔχομεν θυσιαστήριον **ἐξ** οὗ φαγεῖν οὐκ
Heb 13:20 ὁ ἀναγαγὼν **ἐκ** νεκρῶν τὸν ποιμένα

ἕκαστος (*hekastos*; 5/81[82]) *each*
Heb 3:13 παρακαλεῖτε ἑαυτοὺς καθ' **ἑκάστην** ἡμέραν,
Heb 6:11 ἐπιθυμοῦμεν δὲ **ἕκαστον** ὑμῶν τὴν αὐτὴν
Heb 8:11 οὐ μὴ διδάξωσιν **ἕκαστος** τὸν πολίτην αὐτοῦ
Heb 8:11 πολίτην αὐτοῦ καὶ **ἕκαστος** τὸν ἀδελφὸν αὐτοῦ
Heb 11:21 Πίστει Ἰακὼβ ἀποθνῄσκων **ἕκαστον** τῶν υἱῶν Ἰωσὴφ

ἐκβαίνω (*ekbainō*; 1/1) *leave*
Heb 11:15 ἐμνημόνευον ἀφ' ἧς **ἐξέβησαν**,

ἔκβασις (*ekbasis*; 1/2) *way out*
Heb 13:7 ὧν ἀναθεωροῦντες τὴν **ἔκβασιν** τῆς ἀναστροφῆς μιμεῖσθε

ἐκδέχομαι (*ekdechomai*; 2/6) *wait for*
Heb 10:13 τὸ λοιπὸν **ἐκδεχόμενος** ἕως τεθῶσιν οἱ
Heb 11:10 **ἐξεδέχετο** γὰρ τὴν τοὺς

ἐκδίκησις (*ekdikēsis*; 1/9) *rendering of justice*
Heb 10:30 ἐμοὶ **ἐκδίκησις**,

ἐκδοχή (*ekdochē*; 1/1) *expectation*
Heb 10:27 φοβερὰ δέ τις **ἐκδοχὴ** κρίσεως καὶ πυρὸς

ἐκεῖ (*ekei*; 1/95) *there*
Heb 7:8 **ἐκεῖ** δὲ μαρτυρούμενος ὅτι

ἐκεῖνος (*ekeinos*; 8/240[243]) *that*
Heb 4:2 λόγος τῆς ἀκοῆς **ἐκείνους** μὴ συγκεκερασμένους τῇ
Heb 4:11 οὖν εἰσελθεῖν εἰς **ἐκείνην** τὴν κατάπαυσιν,
Heb 6:7 τίκτουσα βοτάνην εὔθετον **ἐκείνοις** δι' οὓς
Heb 8:7 γὰρ ἡ πρώτη **ἐκείνη** ἦν ἄμεμπτος,
Heb 8:10 μετὰ τὰς ἡμέρας **ἐκείνας**,
Heb 10:16 μετὰ τὰς ἡμέρας **ἐκείνας**,
Heb 11:15 καὶ εἰ μὲν **ἐκείνης** ἐμνημόνευον ἀφ' ἧς
Heb 12:25 εἰ γὰρ **ἐκεῖνοι** οὐκ ἐξέφυγον ἐπὶ

ἐκζητέω (*ekzēteō*; 2/7) *seek or search diligently*
Heb 11:6 ἔστιν καὶ τοῖς **ἐκζητοῦσιν** αὐτὸν μισθαποδότης γίνεται.
Heb 12:17 καίπερ μετὰ δακρύων **ἐκζητήσας** αὐτήν.

ἐκκλησία (*ekklēsia*; 2/114) *church*
Heb 2:12 ἐν μέσῳ **ἐκκλησίας** ὑμνήσω σε,
Heb 12:23 καὶ **ἐκκλησίᾳ** πρωτοτόκων ἀπογεγραμμένων

ἐκλανθάνομαι (*eklanthanomai*; 1/1) *forget completely*
Heb 12:5 καὶ **ἐκλέλησθε** τῆς παρακλήσεως,

ἐκλείπω (*ekleipō*; 1/4) *fail*
Heb 1:12 ἔτη σου οὐκ **ἐκλείψουσιν**.

ἐκλύομαι (*eklyomai*; 2/5) *give up*
Heb 12:3 ταῖς ψυχαῖς ὑμῶν **ἐκλυόμενοι**.
Heb 12:5 παιδείας κυρίου μηδὲ **ἐκλύου** ὑπ' αὐτοῦ ἐλεγχόμενος·

ἑκουσίως (*hekousiōs*; 1/2) *willingly*
Heb 10:26 **Ἑκουσίως** γὰρ ἁμαρτανόντων ἡμῶν

ἐκτρέπω (*ektrepō*; 1/5) *wander, go astray*
Heb 12:13 μὴ τὸ χωλὸν **ἐκτραπῇ**,

ἐκφέρω (*ekpherō*; 1/8) *carry or bring out*
Heb 6:8 **ἐκφέρουσα** δὲ ἀκάνθας καὶ

ἐκφεύγω (*ekpheugō*; 2/8) *escape*
Heb 2:3 πῶς ἡμεῖς **ἐκφευξόμεθα** τηλικαύτης ἀμελήσαντες σωτηρίας,
Heb 12:25 γὰρ ἐκεῖνοι οὐκ **ἐξέφυγον** ἐπὶ γῆς παραιτησάμενοι

ἔκφοβος (*ekphobos*; 1/2) *frightened*
Heb 12:21 **Ἔκφοβός** εἰμι καὶ ἔντρομος.

ἔλαιον (*elaion*; 1/11) *olive oil*
Heb 1:9 ὁ θεός σου **ἔλαιον** ἀγαλλιάσεως παρὰ τοὺς

ἐλάσσων (*elassōn*; 1/4) *lesser*
Heb 7:7 πάσης ἀντιλογίας τὸ **ἔλαττον** ὑπὸ τοῦ κρείττονος

ἐλαττόω (*elattoō*; 2/3) *become less, make lower*
Heb 2:7 **ἠλάττωσας** αὐτὸν βραχύ τι
Heb 2:9 τι παρ' ἀγγέλους **ἠλαττωμένον** βλέπομεν Ἰησοῦν διὰ

ἔλεγχος (*elenchos*; 1/1) *conviction*
Heb 11:1 πραγμάτων **ἔλεγχος** οὐ βλεπομένων.

ἐλέγχω (*elenchō*; 1/17) *expose, convict*
Heb 12:5 ἐκλύου ὑπ' αὐτοῦ **ἐλεγχόμενος**·

ἐλεήμων (*eleēmōn*; 1/2) *merciful*

Heb 2:17 ἵνα **ἐλεήμων** γένηται καὶ πιστὸς

ἔλεος (*eleos*; 1/27) *mercy*

Heb 4:16 ἵνα λάβωμεν **ἔλεος** καὶ χάριν εὕρωμεν

ἑλίσσω (*helissō*; 1/2) *roll up*

Heb 1:12 καὶ ὡσεὶ περιβόλαιον **ἑλίξεις** αὐτούς,

ἐλπίζω (*elpizō*; 1/31) *hope*

Heb 11:1 Ἔστιν δὲ πίστις **ἐλπιζομένων** ὑπόστασις,

ἐλπίς (*elpis*; 5/53) *hope*

Heb 3:6 τὸ καύχημα τῆς **ἐλπίδος** κατάσχωμεν.
Heb 6:11 τὴν πληροφορίαν τῆς **ἐλπίδος** ἄχρι τέλους,
Heb 6:18 κρατῆσαι τῆς προκειμένης **ἐλπίδος**·
Heb 7:19 ἐπεισαγωγὴ δὲ κρείττονος **ἐλπίδος** δι᾽ ἧς ἐγγίζομεν
Heb 10:23 τὴν ὁμολογίαν τῆς **ἐλπίδος** ἀκλινῆ,

ἐμμένω (*emmenō*; 1/4) *remain faithful to, live*

Heb 8:9 ὅτι αὐτοὶ οὐκ **ἐνέμειναν** ἐν τῇ διαθήκῃ

ἐμπαιγμός (*empaigmos*; 1/1) *public ridicule*

Heb 11:36 ἕτεροι δὲ **ἐμπαιγμῶν** καὶ μαστίγων πεῖραν

ἐμπίπτω (*empiptō*; 1/7) *fall into or among*

Heb 10:31 φοβερὸν τὸ **ἐμπεσεῖν** εἰς χεῖρας θεοῦ

ἐμφανίζω (*emphanizō*; 2/10) *show, inform*

Heb 9:24 νῦν **ἐμφανισθῆναι** τῷ προσώπῳ τοῦ
Heb 11:14 γὰρ τοιαῦτα λέγοντες **ἐμφανίζουσιν** ὅτι πατρίδα ἐπιζητοῦσιν.

ἐν (*en*; 65/2746[2752]) *in*

Heb 1:1 λαλήσας τοῖς πατράσιν **ἐν** τοῖς προφήταις
Heb 1:2 τούτων ἐλάλησεν ἡμῖν **ἐν** υἱῷ,
Heb 1:3 ἁμαρτιῶν ποιησάμενος ἐκάθισεν **ἐν** δεξιᾷ τῆς μεγαλωσύνης
Heb 1:3 δεξιᾷ τῆς μεγαλωσύνης **ἐν** ὑψηλοῖς,
Heb 2:8 **ἐν** τῷ γὰρ ὑποτάξαι
Heb 2:12 **ἐν** μέσῳ ἐκκλησίας ὑμνήσω
Heb 2:18 **ἐν** ᾧ γὰρ πέπονθεν
Heb 3:2 ὡς καὶ Μωϋσῆς **ἐν** [ὅλῳ] τῷ οἴκῳ
Heb 3:5 Μωϋσῆς μὲν πιστὸς **ἐν** ὅλῳ τῷ οἴκῳ
Heb 3:8 καρδίας ὑμῶν ὡς **ἐν** τῷ παραπικρασμῷ
Heb 3:8 ἡμέραν τοῦ πειρασμοῦ **ἐν** τῇ ἐρήμῳ,
Heb 3:9 οἱ πατέρες ὑμῶν **ἐν** δοκιμασίᾳ καὶ εἶδον
Heb 3:11 ὡς ὤμοσα **ἐν** τῇ ὀργῇ μου·
Heb 3:12 μήποτε ἔσται **ἔν** τινι ὑμῶν καρδία
Heb 3:12 καρδία πονηρὰ ἀπιστίας **ἐν** τῷ ἀποστῆναι
Heb 3:15 **ἐν** τῷ λέγεσθαι·
Heb 3:15 καρδίας ὑμῶν ὡς **ἐν** τῷ παραπικρασμῷ.
Heb 3:17 τὰ κῶλα ἔπεσεν **ἐν** τῇ ἐρήμῳ;
Heb 4:3 ὡς ὤμοσα **ἐν** τῇ ὀργῇ μου·
Heb 4:4 κατέπαυσεν ὁ θεὸς **ἐν** τῇ ἡμέρᾳ τῇ
Heb 4:5 καὶ **ἐν** τούτῳ πάλιν·
Heb 4:7 **ἐν** Δαυὶδ λέγων μετὰ
Heb 4:11 ἵνα μὴ **ἐν** τῷ αὐτῷ τις
Heb 5:6 καθὼς καὶ **ἐν** ἑτέρῳ λέγει·
Heb 5:7 ὃς **ἐν** ταῖς ἡμέραις τῆς
Heb 6:17 **ἐν** ᾧ περισσότερον βουλόμενος
Heb 6:18 **ἐν** οἷς ἀδύνατον ψεύσασθαι
Heb 7:10 ἔτι γὰρ **ἐν** τῇ ὀσφύϊ τοῦ
Heb 8:1 ὃς ἐκάθισεν **ἐν** δεξιᾷ τοῦ θρόνου
Heb 8:1 θρόνου τῆς μεγαλωσύνης **ἐν** τοῖς οὐρανοῖς,
Heb 8:5 τὸν δειχθέντα σοι **ἐν** τῷ ὄρει·
Heb 8:9 τοῖς πατράσιν αὐτῶν **ἐν** ἡμέρᾳ ἐπιλαβομένου μου
Heb 8:9 αὐτοὶ οὐκ ἐνέμειναν **ἐν** τῇ διαθήκῃ μου,
Heb 8:13 **ἐν** τῷ λέγειν καινὴν
Heb 9:2 κατεσκευάσθη ἡ πρώτη **ἐν** ᾗ ἥ τε
Heb 9:4 **ἐν** ᾗ στάμνος χρυσῆ
Heb 9:22 καὶ σχεδὸν **ἐν** αἵματι πάντα καθαρίζεται
Heb 9:23 μὲν ὑποδείγματα τῶν **ἐν** τοῖς οὐρανοῖς τούτοις
Heb 9:25 κατ᾽ ἐνιαυτὸν **ἐν** αἵματι ἀλλοτρίῳ,
Heb 10:3 ἀλλ᾽ **ἐν** αὐταῖς ἀνάμνησις ἁμαρτιῶν
Heb 10:7 **ἐν** κεφαλίδι βιβλίου γέγραπται
Heb 10:10 **ἐν** ᾧ θελήματι ἡγιασμένοι
Heb 10:12 τὸ διηνεκὲς ἐκάθισεν **ἐν** δεξιᾷ τοῦ θεοῦ,
Heb 10:19 εἴσοδον τῶν ἁγίων **ἐν** τῷ αἵματι Ἰησοῦ,
Heb 10:22 μετὰ ἀληθινῆς καρδίας **ἐν** πληροφορίᾳ πίστεως ῥεραντισμένοι
Heb 10:29 **ἐν** ᾧ ἡγιάσθη,
Heb 10:32 **ἐν** αἷς φωτισθέντες πολλὴν
Heb 10:38 ἡ ψυχή μου **ἐν** αὐτῷ.
Heb 11:2 **ἐν** ταύτῃ γὰρ ἐμαρτυρήθησαν
Heb 11:9 ἐπαγγελίας ὡς ἀλλοτρίαν **ἐν** σκηναῖς κατοικήσας μετὰ
Heb 11:18 ὃν ἐλαλήθη ὅτι **ἐν** Ἰσαὰκ κληθήσεταί σοι
Heb 11:19 ὅθεν αὐτὸν καὶ **ἐν** παραβολῇ ἐκομίσατο.
Heb 11:34 ἐγενήθησαν ἰσχυροὶ **ἐν** πολέμῳ,
Heb 11:37 **ἐν** φόνῳ μαχαίρης ἀπέθανον,
Heb 11:37 περιῆλθον **ἐν** μηλωταῖς,
Heb 11:37 ἐν **αἰγείοις** δέρμασιν,
Heb 12:2 σταυρὸν αἰσχύνης καταφρονήσας **ἐν** δεξιᾷ τε τοῦ
Heb 12:23 ἐκκλησίᾳ πρωτοτόκων ἀπογεγραμμένων **ἐν** οὐρανοῖς καὶ κριτῇ
Heb 13:3 καὶ αὐτοὶ ὄντες **ἐν** σώματι.
Heb 13:4 Τίμιος ὁ γάμος **ἐν** πᾶσιν καὶ ἡ
Heb 13:9 οὐ βρώμασιν **ἐν** οἷς οὐκ ὠφελήθησαν
Heb 13:18 **ἐν** πᾶσιν καλῶς θέλοντες
Heb 13:20 προβάτων τὸν μέγαν **ἐν** αἵματι διαθήκης αἰωνίου,
Heb 13:21 καταρτίσαι ὑμᾶς **ἐν** παντὶ ἀγαθῷ εἰς
Heb 13:21 ποιῶν **ἐν** ἡμῖν τὸ εὐάρεστον

ἐνδείκνυμι (*endeiknymi*; 2/11) *show*

Heb 6:10 τῆς ἀγάπης ἧς **ἐνεδείξασθε** εἰς τὸ ὄνομα
Heb 6:11 ὑμῶν τὴν αὐτὴν **ἐνδείκνυσθαι** σπουδὴν

ἔνδικος (*endikos*; 1/2) *just*

Heb 2:2 καὶ παρακοὴ ἔλαβεν **ἔνδικον** μισθαποδοσίαν,

ἐνεργής (*energēs*; 1/3) *active*

Heb 4:12 τοῦ θεοῦ καὶ **ἐνεργὴς** καὶ τομώτερος ὑπὲρ

ἐνθύμησις (*enthymēsis*; 1/4) *(inmost) thought, idea*

Heb 4:12 καὶ κριτικὸς **ἐνθυμήσεων** καὶ ἐννοιῶν καρδίας·

ἐνιαυτός (*eniautos*; 4/14) *year*
Heb 9:7 δευτέραν ἅπαξ τοῦ **ἐνιαυτοῦ** μόνος ὁ ἀρχιερεύς,
Heb 9:25 τὰ ἅγια κατ' **ἐνιαυτὸν** ἐν αἵματι ἀλλοτρίῳ,
Heb 10:1 κατ' **ἐνιαυτὸν** ταῖς αὐταῖς θυσίαις
Heb 10:3 ἀνάμνησις ἁμαρτιῶν κατ' **ἐνιαυτόν**·

ἐνίστημι (*enistēmi*; 1/7) *be impending*
Heb 9:9 τὸν καιρὸν τὸν **ἐνεστηκότα**,

ἔννοια (*ennoia*; 1/2) *attitude*
Heb 4:12 κριτικὸς ἐνθυμήσεων καὶ **ἐννοιῶν** καρδίας·

ἐνοχλέω (*enochleō*; 1/2) *trouble*
Heb 12:15 πικρίας ἄνω φύουσα **ἐνοχλῇ** καὶ δι' αὐτῆς

ἔνοχος (*enochos*; 1/10) *liable*
Heb 2:15 παντὸς τοῦ ζῆν **ἔνοχοι** ἦσαν δουλείας.

ἐντέλλομαι (*entellomai*; 2/14[15]) *command*
Heb 9:20 τῆς διαθήκης ἧς **ἐνετείλατο** πρὸς ὑμᾶς ὁ
Heb 11:22 τῶν ὀστέων αὐτοῦ **ἐνετείλατο**.

ἐντολή (*entolē*; 4/67) *commandment*
Heb 7:5 τὴν ἱερατείαν λαμβάνοντες **ἐντολὴν** ἔχουσιν ἀποδεκατοῦν τὸν
Heb 7:16 οὐ κατὰ νόμον **ἐντολῆς** σαρκίνης γέγονεν
Heb 7:18 γὰρ γίνεται προαγούσης **ἐντολῆς** διὰ τὸ αὐτῆς
Heb 9:19 λαληθείσης γὰρ πάσης **ἐντολῆς** κατὰ τὸν νόμον

ἐντρέπω (*entrepō*; 1/9) *make ashamed*
Heb 12:9 εἴχομεν παιδευτὰς καὶ **ἐνετρεπόμεθα**·

ἔντρομος (*entromos*; 1/3) *trembling*
Heb 12:21 ἔκφοβός εἰμι καὶ **ἔντρομος**.

ἐντυγχάνω (*entynchanō*; 1/5) *turn to*
Heb 7:25 ζῶν εἰς τὸ **ἐντυγχάνειν** ὑπὲρ αὐτῶν.

ἐνυβρίζω (*enybrizō*; 1/1) *insult*
Heb 10:29 πνεῦμα τῆς χάριτος **ἐνυβρίσας**;

ἐνώπιον (*enōpion*; 2/94) *before*
Heb 4:13 ἔστιν κτίσις ἀφανὴς **ἐνώπιον** αὐτοῦ,
Heb 13:21 ἡμῖν τὸ εὐάρεστον **ἐνώπιον** αὐτοῦ διὰ Ἰησοῦ

Ἑνώχ (*Henōch*; 1/3) *Enoch*
Heb 11:5 Πίστει **Ἑνὼχ** μετετέθη τοῦ μὴ

ἐξάγω (*exagō*; 1/12) *lead or bring out*
Heb 8:9 τῆς χειρὸς αὐτῶν **ἐξαγαγεῖν** αὐτοὺς ἐκ γῆς

ἐξέρχομαι (*exerchomai*; 5/216[218]) *come or go out or forth*
Heb 3:16 οὐ πάντες οἱ **ἐξελθόντες** ἐξ Αἰγύπτου διὰ
Heb 7:5 καίπερ **ἐξεληλυθότας** ἐκ τῆς ὀσφύος
Heb 11:8 καλούμενος Ἀβραὰμ ὑπήκουσεν **ἐξελθεῖν** εἰς τόπον ὃν
Heb 11:8 καὶ ἐξῆλθεν **μὴ** ἐπιστάμενος ποῦ ἔρχεται.
Heb 13:13 τοίνυν **ἐξερχώμεθα** πρὸς αὐτὸν ἔξω

ἕξις (*hexis*; 1/1) *use*
Heb 5:14 τῶν διὰ τὴν **ἕξιν** τὰ αἰσθητήρια γεγυμνασμένα

ἔξοδος (*exodos*; 1/3) *departure*
Heb 11:22 τελευτῶν περὶ τῆς **ἐξόδου** τῶν υἱῶν Ἰσραὴλ

ἐξουσία (*exousia*; 1/102) *authority*
Heb 13:10 φαγεῖν οὐκ ἔχουσιν **ἐξουσίαν** οἱ τῇ σκηνῇ

ἔξω (*exō*; 3/63) *out*
Heb 13:11 τὰ σώματα κατακαίεται **ἔξω** τῆς παρεμβολῆς.
Heb 13:12 **ἔξω** τῆς πύλης ἔπαθεν.
Heb 13:13 ἐξερχώμεθα πρὸς αὐτὸν **ἔξω** τῆς παρεμβολῆς τὸν

ἐπαγγελία (*epangelia*; 14/52) *promise*
Heb 4:1 μήποτε καταλειπομένης **ἐπαγγελίας** εἰσελθεῖν εἰς τὴν
Heb 6:12 μακροθυμίας κληρονομούντων τὰς **ἐπαγγελίας**.
Heb 6:15 μακροθυμήσας ἐπέτυχεν τῆς **ἐπαγγελίας**.
Heb 6:17 τοῖς κληρονόμοις τῆς **ἐπαγγελίας** τὸ ἀμετάθετον τῆς
Heb 7:6 τὸν ἔχοντα τὰς **ἐπαγγελίας** εὐλόγηκεν.
Heb 8:6 ἥτις ἐπὶ κρείττοσιν **ἐπαγγελίαις** νενομοθέτηται.
Heb 9:15 διαθήκῃ παραβάσεων τὴν **ἐπαγγελίαν** λάβωσιν οἱ κεκλημένοι
Heb 10:36 ποιήσαντες κομίσησθε τὴν **ἐπαγγελίαν**.
Heb 11:9 εἰς γῆν τῆς **ἐπαγγελίας** ὡς ἀλλοτρίαν ἐν
Heb 11:9 τῶν συγκληρονόμων τῆς **ἐπαγγελίας** τῆς αὐτῆς·
Heb 11:13 μὴ λαβόντες τὰς **ἐπαγγελίας** ἀλλὰ πόρρωθεν αὐτὰς
Heb 11:17 ὁ τὰς **ἐπαγγελίας** ἀναδεξάμενος,
Heb 11:33 ἐπέτυχον **ἐπαγγελιῶν**,
Heb 11:39 οὐκ ἐκομίσαντο τὴν **ἐπαγγελίαν**,

ἐπαγγέλλομαι (*epangellomai*; 4/15) *promise*
Heb 6:13 Τῷ γὰρ Ἀβραὰμ **ἐπαγγειλάμενος** ὁ θεός,
Heb 10:23 πιστὸς γὰρ ὁ **ἐπαγγειλάμενος**,
Heb 11:11 πιστὸν ἡγήσατο τὸν **ἐπαγγειλάμενον**.
Heb 12:26 νῦν δὲ **ἐπήγγελται** λέγων·

ἐπαισχύνομαι (*epaischynomai*; 2/11) *be ashamed*
Heb 2:11 ἣν αἰτίαν οὐκ **ἐπαισχύνεται** ἀδελφοὺς αὐτοὺς καλεῖν
Heb 11:16 διὸ οὐκ ἐπαισχύνεται **αὐτοὺς** ὁ θεὸς θεὸς

ἐπεί (*epei*; 9/26) *since*
Heb 2:14 **Ἐπεὶ** οὖν τὰ παιδία
Heb 4:6 **ἐπεὶ** οὖν ἀπολείπεται τινας

Heb 5:2 **ἐπεὶ** καὶ αὐτὸς περίκειται
Heb 5:11 **ἐπεὶ** νωθροὶ γεγόνατε ταῖς
Heb 6:13 **ἐπεὶ** κατ' οὐδενὸς εἶχεν
Heb 9:17 **ἐπεὶ** μήποτε ἰσχύει ὅτε
Heb 9:26 **ἐπεὶ** ἔδει αὐτὸν πολλάκις
Heb 10:2 **ἐπεὶ** οὐκ ἂν ἐπαύσαντο
Heb 11:11 **ἐπεὶ** πιστὸν ἡγήσατο τὸν

ἐπεισαγωγή (*epeisagōgē*; 1/1) *bringing in*
Heb 7:19 **ἐπεισαγωγὴ** δὲ κρείττονος ἐλπίδος

ἔπειτα (*epeita*; 2/16) *then*
Heb 7:2 ἑρμηνευόμενος βασιλεὺς δικαιοσύνης **ἔπειτα** δὲ καὶ βασιλεὺς
Heb 7:27 ἁμαρτιῶν θυσίας ἀναφέρειν **ἔπειτα** τῶν τοῦ λαοῦ·

ἐπί (*epi*; 29/886[890]) *on*
Heb 1:2 **ἐπ'** ἐσχάτου τῶν ἡμερῶν
Heb 2:13 ἐγὼ ἔσομαι πεποιθὼς **ἐπ'** αὐτῷ,
Heb 3:6 δὲ ὡς υἱὸς **ἐπὶ** τὸν οἶκον αὐτοῦ·
Heb 6:1 τοῦ Χριστοῦ λόγον **ἐπὶ** τὴν τελειότητα φερώμεθα,
Heb 6:1 ἔργων καὶ πίστεως **ἐπὶ** θεόν,
Heb 6:7 ἡ πιοῦσα τὸν **ἐπ'** αὐτῆς ἐρχόμενον πολλάκις
Heb 7:11 ὁ λαὸς γὰρ **ἐπ'** αὐτῆς νενομοθέτηται,
Heb 7:13 **ἐφ'** ὃν γὰρ λέγεται
Heb 8:1 Κεφάλαιον δὲ **ἐπὶ** τοῖς λεγομένοις,
Heb 8:4 μὲν οὖν ἦν **ἐπὶ** γῆς,
Heb 8:6 ἥτις **ἐπὶ** κρείττοσιν ἐπαγγελίαις νενομοθέτηται.
Heb 8:8 καὶ συντελέσω **ἐπὶ** τὸν οἶκον Ἰσραὴλ
Heb 8:8 οἶκον Ἰσραὴλ καὶ **ἐπὶ** τὸν οἶκον Ἰούδα
Heb 8:10 διάνοιαν αὐτῶν καὶ **ἐπὶ** καρδίας αὐτῶν ἐπιγράψω
Heb 9:10 μόνον **ἐπὶ** βρώμασιν καὶ πόμασιν
Heb 9:15 εἰς ἀπολύτρωσιν τῶν **ἐπὶ** τῇ πρώτῃ διαθήκῃ
Heb 9:17 διαθήκη γὰρ **ἐπὶ** νεκροῖς βεβαία,
Heb 9:26 νυνὶ δὲ ἅπαξ **ἐπὶ** συντελείᾳ τῶν αἰώνων
Heb 10:16 διδοὺς νόμους μου **ἐπὶ** καρδίας αὐτῶν καὶ
Heb 10:16 καρδίας αὐτῶν καὶ **ἐπὶ** τὴν διάνοιαν αὐτῶν
Heb 10:21 καὶ ἱερέα μέγαν **ἐπὶ** τὸν οἶκον τοῦ
Heb 10:28 Μωϋσέως χωρὶς οἰκτιρμῶν **ἐπὶ** δυσὶν ἢ τρισὶν
Heb 11:4 μαρτυροῦντος **ἐπὶ** τοῖς δώροις αὐτοῦ
Heb 11:13 καὶ παρεπίδημοί εἰσιν **ἐπὶ** τῆς γῆς.
Heb 11:21 εὐλόγησεν καὶ προσεκύνησεν **ἐπὶ** τὸ ἄκρον
Heb 11:30 Ἰεριχὼ ἔπεσαν κυκλωθέντα **ἐπὶ** ἑπτὰ ἡμέρας.
Heb 11:38 **ἐπὶ** ἐρημίαις πλανώμενοι καὶ
Heb 12:10 ὁ δὲ **ἐπὶ** τὸ συμφέρον εἰς
Heb 12:25 ἐκεῖνοι οὐκ ἐξέφυγον **ἐπὶ** γῆς παραιτησάμενοι τὸν

ἐπίγνωσις (*epignōsis*; 1/20) *knowledge*
Heb 10:26 τὸ λαβεῖν τὴν **ἐπίγνωσιν** τῆς ἀληθείας,

ἐπιγράφω (*epigraphō*; 2/5) *write on or in*
Heb 8:10 ἐπὶ καρδίας αὐτῶν **ἐπιγράψω** αὐτούς,
Heb 10:16 τὴν διάνοιαν αὐτῶν **ἐπιγράψω** αὐτούς,

ἐπιδείκνυμι (*epideiknymi*; 1/7) *show*
Heb 6:17 βουλόμενος ὁ θεὸς **ἐπιδεῖξαι** τοῖς κληρονόμοις τῆς

ἐπιζητέω (*epizēteō*; 2/13) *seek*
Heb 11:14 ἐμφανίζουσιν ὅτι πατρίδα **ἐπιζητοῦσιν**.
Heb 13:14 ἀλλὰ τὴν μέλλουσαν **ἐπιζητοῦμεν**.

ἐπίθεσις (*epithesis*; 1/4) *laying on*
Heb 6:2 βαπτισμῶν διδαχῆς **ἐπιθέσεώς** τε χειρῶν,

ἐπιθυμέω (*epithymeō*; 1/16) *long for*
Heb 6:11 **ἐπιθυμοῦμεν** δὲ ἕκαστον ὑμῶν

ἐπικαλέω (*epikaleō*; 1/30) *call*
Heb 11:16 ὁ θεὸς θεὸς **ἐπικαλεῖσθαι** αὐτῶν·

ἐπίκειμαι (*epikeimai*; 1/7) *lie*
Heb 9:10 μέχρι καιροῦ διορθώσεως **ἐπικείμενα**.

ἐπιλαμβάνομαι (*epilambanomai*; 3/19) *take*
Heb 2:16 γὰρ δήπου ἀγγέλων **ἐπιλαμβάνεται** ἀλλὰ σπέρματος Ἀβραὰμ
Heb 2:16 ἀλλὰ σπέρματος Ἀβραὰμ **ἐπιλαμβάνεται**.
Heb 8:9 αὐτῶν ἐν ἡμέρᾳ **ἐπιλαβομένου** μου τῆς χειρὸς

ἐπιλανθάνομαι (*epilanthanomai*; 3/8) *forget*
Heb 6:10 ἄδικος ὁ θεὸς **ἐπιλαθέσθαι** τοῦ ἔργου ὑμῶν
Heb 13:2 τῆς φιλοξενίας μὴ **ἐπιλανθάνεσθε**,
Heb 13:16 καὶ κοινωνίας μὴ **ἐπιλανθάνεσθε**·

ἐπιλείπω (*epileipō*; 1/1) *run short*
Heb 11:32 **ἐπιλείψει** με γὰρ διηγούμενον

ἐπισκέπτομαι (*episkeptomai*; 1/11) *visit*
Heb 2:6 υἱὸς ἀνθρώπου ὅτι **ἐπισκέπτῃ** αὐτόν;

ἐπισκοπέω (*episkopeō*; 1/2) *see to it*
Heb 12:15 **ἐπισκοποῦντες** μή τις ὑστερῶν

ἐπίσταμαι (*epistamai*; 1/14) *know*
Heb 11:8 καὶ ἐξῆλθεν μὴ **ἐπιστάμενος** ποῦ ἔρχεται.

ἐπιστέλλω (*epistellō*; 1/3) *write*
Heb 13:22 γὰρ διὰ βραχέων **ἐπέστειλα** ὑμῖν.

ἐπισυναγωγή (*episynagōgē*; 1/2) *assembling*
Heb 10:25 μὴ ἐγκαταλείποντες τὴν **ἐπισυναγωγὴν** ἑαυτῶν,

ἐπιτελέω (*epiteleō*; 2/10) *complete*
Heb 8:5 κεχρημάτισται Μωϋσῆς μέλλων **ἐπιτελεῖν** τὴν σκηνήν·
Heb 9:6 ἱερεῖς τὰς λατρείας **ἐπιτελοῦντες**,

ἐπιτρέπω (*epitrepō*; 1/18) *permit, let*
Heb 6:3 ἐάνπερ **ἐπιτρέπῃ** ὁ θεός.

ἐπιτυγχάνω (*epitynchanō*; 2/5) *obtain*
Heb 6:15 καὶ οὕτως μακροθυμήσας **ἐπέτυχεν** τῆς ἐπαγγελίας.
Heb 11:33 **ἐπέτυχον** ἐπαγγελιῶν,

ἔπος (*epos*; 1/1) *word*
Heb 7:9 καὶ ὡς **ἔπος** εἰπεῖν,

ἐπουράνιος (*epouranios*; 6/19) *heavenly*
Heb 3:1 κλήσεως **ἐπουρανίου** μέτοχοι,
Heb 6:4 τῆς δωρεᾶς τῆς **ἐπουρανίου** καὶ μετόχους γενηθέντας
Heb 8:5 σκιᾷ λατρεύουσιν τῶν **ἐπουρανίων**,
Heb 9:23 αὐτὰ δὲ τὰ **ἐπουράνια** κρείττοσιν θυσίαις
Heb 11:16 τοῦτ' ἔστιν **ἐπουρανίου**.
Heb 12:22 Ἰερουσαλὴμ **ἐπουρανίῳ**,

ἑπτά (*hepta*; 1/87[88]) *seven*
Heb 11:30 ἔπεσαν κυκλωθέντα ἐπὶ **ἑπτὰ** ἡμέρας.

ἐργάζομαι (*ergazomai*; 1/41) *work*
Heb 11:33 **εἰργάσαντο** δικαιοσύνην,

ἔργον (*ergon*; 9/169) *work*
Heb 1:10 καὶ ἔργα **τῶν** χειρῶν σού εἰσιν
Heb 3:9 καὶ εἶδον τὰ **ἔργα** μου
Heb 4:3 καίτοι τῶν **ἔργων** ἀπὸ καταβολῆς κόσμου
Heb 4:4 ἀπὸ πάντων τῶν **ἔργων** αὐτοῦ,
Heb 4:10 κατέπαυσεν ἀπὸ τῶν **ἔργων** αὐτοῦ ὥσπερ
Heb 6:1 μετανοίας ἀπὸ νεκρῶν **ἔργων** καὶ πίστεως
Heb 6:10 θεὸς ἐπιλαθέσθαι τοῦ **ἔργου** ὑμῶν καὶ τῆς
Heb 9:14 ἡμῶν ἀπὸ νεκρῶν **ἔργων** εἰς τὸ λατρεύειν
Heb 10:24 ἀγάπης καὶ καλῶν **ἔργων**,

ἐρημία (*erēmia*; 1/4) *deserted place*
Heb 11:38 ἐπὶ **ἐρημίαις** πλανώμενοι καὶ ὄρεσιν

ἔρημος (*erēmos*; 2/48) *desert*
Heb 3:8 πειρασμοῦ ἐν τῇ **ἐρήμῳ**,
Heb 3:17 ἔπεσεν ἐν τῇ **ἐρήμῳ**;

ἔριον (*erion*; 1/2) *wool*
Heb 9:19 μετὰ ὕδατος καὶ **ἐρίου** κοκκίνου καὶ ὑσσώπου

ἑρμηνεύω (*hermēneuō*; 1/3) *translate, interpret*
Heb 7:2 πρῶτον μὲν **ἑρμηνευόμενος** βασιλεὺς δικαιοσύνης ἔπειτα

ἐρυθρός (*erythros*; 1/2) *red*
Heb 11:29 Πίστει διέβησαν τὴν **ἐρυθρὰν** θάλασσαν ὡς

ἔρχομαι (*erchomai*; 5/631[632]) *come, go*
Heb 6:7 τὸν ἐπ' αὐτῆς **ἐρχόμενον** πολλάκις ὑετὸν
Heb 8:8 ἰδοὺ ἡμέραι **ἔρχονται**,
Heb 10:37 ὁ **ἐρχόμενος** ἥξει καὶ οὐ
Heb 11:8 μὴ ἐπιστάμενος ποῦ **ἔρχεται**.
Heb 13:23 οὗ ἐὰν τάχιον **ἔρχηται** ὄψομαι ὑμᾶς.

ἐσθίω (*esthiō*; 2/158) *eat*
Heb 10:27 καὶ πυρὸς ζῆλος **ἐσθίειν** μέλλοντος τοὺς ὑπεναντίους.
Heb 13:10 θυσιαστήριον ἐξ οὗ **φαγεῖν** οὐκ ἔχουσιν ἐξουσίαν

ἔσχατος (*eschatos*; 1/52) *last*
Heb 1:2 ἐπ' **ἐσχάτου** τῶν ἡμερῶν τούτων

ἐσώτερος (*esōteros*; 1/2) *inner*
Heb 6:19 εἰσερχομένην εἰς τὸ **ἐσώτερον** τοῦ καταπετάσματος,

ἕτερος (*heteros*; 5/97[98]) *other*
Heb 5:6 καθὼς καὶ ἐν **ἑτέρῳ** λέγει·
Heb 7:11 τὴν τάξιν Μελχισέδεκ **ἕτερον** ἀνίστασθαι ἱερέα καὶ
Heb 7:13 φυλῆς **ἑτέρας** μετέσχηκεν,
Heb 7:15 Μελχισέδεκ ἀνίσταται ἱερεὺς **ἕτερος**,
Heb 11:36 **ἕτεροι** δὲ ἐμπαιγμῶν καὶ

ἔτι (*eti*; 13/93) *still*
Heb 7:10 **ἔτι** γὰρ ἐν τῇ
Heb 7:11 τίς **ἔτι** χρεία κατὰ τὴν
Heb 7:15 καὶ περισσότερον **ἔτι** κατάδηλόν ἐστιν,
Heb 8:12 οὐ μὴ μνησθῶ **ἔτι**.
Heb 9:8 τῶν ἁγίων ὁδὸν **ἔτι** τῆς πρώτης σκηνῆς
Heb 10:2 τὸ μηδεμίαν ἔχειν **ἔτι** συνείδησιν ἁμαρτιῶν
Heb 10:17 οὐ μὴ μνησθήσομαι **ἔτι**.
Heb 10:37 **ἔτι** γὰρ μικρὸν ὅσον
Heb 11:4 δι' αὐτῆς ἀποθανὼν **ἔτι** λαλεῖ.
Heb 11:32 Καὶ τί **ἔτι** λέγω;
Heb 11:36 **ἔτι** δὲ δεσμῶν καὶ
Heb 12:26 **ἔτι** ἅπαξ ἐγὼ σείσω
Heb 12:27 τὸ δὲ **ἔτι** ἅπαξ δηλοῖ [τὴν]

ἑτοιμάζω (*hetoimazō*; 1/40) *prepare*
Heb 11:16 **ἡτοίμασεν** γὰρ αὐτοῖς πόλιν.

ἔτος (*etos*; 3/49) *year*
Heb 1:12 εἶ καὶ τὰ **ἔτη** σου οὐκ ἐκλείψουσιν.
Heb 3:10 τεσσεράκοντα **ἔτη**·
Heb 3:17 δὲ προσώχθισεν τεσσεράκοντα **ἔτη**;

εὐαγγελίζω (*euangelizō*; 2/54) *bring good news*
Heb 4:2 καὶ γάρ ἐσμεν **εὐηγγελισμένοι** καθάπερ κἀκεῖνοι·
Heb 4:6 καὶ οἱ πρότερον **εὐαγγελισθέντες** οὐκ εἰσῆλθον δι'

εὐαρεστέω (*euaresteō*; 3/3) *please*
Heb 11:5 τῆς μεταθέσεως μεμαρτύρηται **εὐαρεστηκέναι** τῷ θεῷ·
Heb 11:6 δὲ πίστεως ἀδύνατον **εὐαρεστῆσαι**·
Heb 13:16 τοιαύταις γὰρ θυσίαις **εὐαρεστεῖται** ὁ θεός.

εὐάρεστος (*euarestos*; 1/9) *acceptable*
Heb 13:21 ἐν ἡμῖν τὸ **εὐάρεστον** ἐνώπιον αὐτοῦ διὰ

εὐαρέστως (*euarestōs*; 1/1) *in an acceptable way*

Heb 12:28 δι' ἧς λατρεύωμεν **εὐαρέστως** τῷ θεῷ μετὰ

εὐδοκέω (*eudokeō*; 3/21) *be pleased*

Heb 10:6 περὶ ἁμαρτίας οὐκ **εὐδόκησας**.
Heb 10:8 οὐκ ἠθέλησας οὐδὲ **εὐδόκησας**,
Heb 10:38 οὐκ **εὐδοκεῖ** ἡ ψυχή μου

εὔθετος (*euthetos*; 1/3) *fit, suitable*

Heb 6:7 καὶ τίκτουσα βοτάνην **εὔθετον** ἐκείνοις δι' οὓς

εὐθύτης (*euthytēs*; 1/1) *uprightness*

Heb 1:8 ἡ ῥάβδος τῆς **εὐθύτητος** ῥάβδος τῆς βασιλείας

εὔκαιρος (*eukairos*; 1/2) *suitable*

Heb 4:16 χάριν εὕρωμεν εἰς **εὔκαιρον** βοήθειαν.

εὐλάβεια (*eulabeia*; 2/2) *godly fear*

Heb 5:7 εἰσακουσθεὶς ἀπὸ τῆς **εὐλαβείας**,
Heb 12:28 τῷ θεῷ μετὰ **εὐλαβείας** καὶ δέους·

εὐλαβέομαι (*eulabeomai*; 1/1) *act in reverence*

Heb 11:7 **εὐλαβηθεὶς** κατεσκεύασεν κιβωτὸν εἰς

εὐλογέω (*eulogeō*; 7/41) *bless*

Heb 6:14 εἰ μὴν **εὐλογῶν** εὐλογήσω σε καὶ
Heb 6:14 εἰ μὴν εὐλογῶν **εὐλογήσω** σε καὶ πληθύνων
Heb 7:1 τῶν βασιλέων καὶ **εὐλογήσας** αὐτόν,
Heb 7:6 ἔχοντα τὰς ἐπαγγελίας **εὐλόγηκεν**.
Heb 7:7 ὑπὸ τοῦ κρείττονος **εὐλογεῖται**.
Heb 11:20 καὶ περὶ μελλόντων **εὐλόγησεν** Ἰσαὰκ τὸν Ἰακὼβ
Heb 11:21 τῶν υἱῶν Ἰωσὴφ **εὐλόγησεν** καὶ προσεκύνησεν ἐπὶ

εὐλογία (*eulogia*; 2/16) *blessing*

Heb 6:7 μεταλαμβάνει **εὐλογίας** ἀπὸ τοῦ θεοῦ·
Heb 12:17 θέλων κληρονομῆσαι τὴν **εὐλογίαν** ἀπεδοκιμάσθη,

εὐπερίστατος (*euperistatos*; 1/1) *holding on tightly and causing entanglement*

Heb 12:1 πάντα καὶ τὴν **εὐπερίστατον** ἁμαρτίαν,

εὐποιΐα (*eupoiia*; 1/1) *doing of good*

Heb 13:16 τῆς δὲ **εὐποιΐας** καὶ κοινωνίας μὴ

εὑρίσκω (*heuriskō*; 4/176) *find*

Heb 4:16 ἔλεος καὶ χάριν **εὕρωμεν** εἰς εὔκαιρον βοήθειαν.
Heb 9:12 ἅγια αἰωνίαν λύτρωσιν **εὑράμενος**.
Heb 11:5 καὶ οὐχ **ηὑρίσκετο** διότι μετέθηκεν αὐτὸν
Heb 12:17 γὰρ τόπον οὐχ **εὗρεν** καίπερ μετὰ δακρύων

ἐφάπαξ (*ephapax*; 3/5) *once for all time*

Heb 7:27 τοῦτο γὰρ ἐποίησεν **ἐφάπαξ** ἑαυτὸν ἀνενέγκας.
Heb 9:12 ἰδίου αἵματος εἰσῆλθεν **ἐφάπαξ** εἰς τὰ ἅγια
Heb 10:10 σώματος Ἰησοῦ Χριστοῦ **ἐφάπαξ**.

ἐχθές (*echthes*; 1/3) *yesterday*

Heb 13:8 Ἰησοῦς Χριστὸς **ἐχθὲς** καὶ σήμερον ὁ

ἐχθρός (*echthros*; 2/32) *enemy*

Heb 1:13 ἂν θῶ τοὺς **ἐχθρούς** σου ὑποπόδιον τῶν
Heb 10:13 ἕως τεθῶσιν οἱ **ἐχθροὶ** αὐτοῦ ὑποπόδιον

ἔχω (*echō*; 39/706[708]) *have, hold*

Heb 2:14 τὸν τὸ κράτος **ἔχοντα** τοῦ θανάτου,
Heb 3:3 ὅσον πλείονα τιμὴν **ἔχει** τοῦ οἴκου ὁ
Heb 4:14 **Ἔχοντες** οὖν ἀρχιερέα μέγαν
Heb 4:15 οὐ γὰρ **ἔχομεν** ἀρχιερέα μὴ δυνάμενον
Heb 5:12 πάλιν χρείαν **ἔχετε** τοῦ διδάσκειν ὑμᾶς
Heb 5:12 καὶ γεγόνατε χρείαν **ἔχοντες** γάλακτος [καὶ]
Heb 5:14 τὰ αἰσθητήρια γεγυμνασμένα **ἐχόντων** πρὸς διάκρισιν καλοῦ
Heb 6:9 τὰ κρείσσονα καὶ **ἐχόμενα** σωτηρίας,
Heb 6:13 ἐπεὶ κατ' οὐδενὸς **εἶχεν** μείζονος ὀμόσαι,
Heb 6:18 ἰσχυρὰν παράκλησιν **ἔχωμεν** οἱ καταφυγόντες κρατῆσαι
Heb 6:19 ἣν ὡς ἄγκυραν **ἔχομεν** τῆς ψυχῆς ἀσφαλῆ
Heb 7:3 μήτε ζωῆς τέλος **ἔχων**,
Heb 7:5 ἱερατείαν λαμβάνοντες ἐντολὴν **ἔχουσιν** ἀποδεκατοῦν τὸν λαὸν
Heb 7:6 Ἀβραὰμ καὶ τὸν **ἔχοντα** τὰς ἐπαγγελίας εὐλόγηκεν.
Heb 7:24 τὸν αἰῶνα ἀπαράβατον **ἔχει** τὴν ἱερωσύνην·
Heb 7:27 ὃς οὐκ **ἔχει** καθ' ἡμέραν ἀνάγκην,
Heb 7:28 ἀνθρώπους καθίστησιν ἀρχιερεῖς **ἔχοντας** ἀσθένειαν,
Heb 8:1 τοιοῦτον ἔχομεν **ἀρχιερέα**,
Heb 8:3 ὅθεν ἀναγκαῖον **ἔχειν** τι καὶ τοῦτον
Heb 9:1 **Εἶχε** μὲν οὖν [καὶ]
Heb 9:4 χρυσοῦν **ἔχουσα** θυμιατήριον καὶ τὴν
Heb 9:4 ἣ στάμνος χρυσῆ **ἔχουσα** τὸ μάννα καὶ
Heb 9:8 τῆς πρώτης σκηνῆς **ἐχούσης** στάσιν,
Heb 10:1 Σκιὰν γὰρ **ἔχων** ὁ νόμος τῶν
Heb 10:2 διὰ τὸ μηδεμίαν **ἔχειν** ἔτι συνείδησιν ἁμαρτιῶν
Heb 10:19 **Ἔχοντες** οὖν,
Heb 10:34 χαρᾶς προσεδέξασθε γινώσκοντες **ἔχειν** ἑαυτοὺς κρείττονα ὕπαρξιν
Heb 10:35 ἥτις **ἔχει** μεγάλην μισθαποδοσίαν.
Heb 10:36 ὑπομονῆς γὰρ **ἔχετε** χρείαν ἵνα τὸ
Heb 11:10 τὴν τοὺς θεμελίους **ἔχουσαν** πόλιν ἧς τεχνίτης
Heb 11:15 **εἶχον** ἂν καιρὸν ἀνακάμψαι·
Heb 11:25 θεοῦ ἢ πρόσκαιρον **ἔχειν** ἁμαρτίας ἀπόλαυσιν,
Heb 12:1 καὶ ἡμεῖς τοσοῦτον **ἔχοντες** περικείμενον ἡμῖν νέφος
Heb 12:9 σαρκὸς ἡμῶν πατέρας **εἴχομεν** παιδευτὰς καὶ ἐνετρεπόμεθα·
Heb 12:28 βασιλείαν ἀσάλευτον παραλαμβάνοντες **ἔχωμεν** χάριν,

Heb 13:10 **ἔχομεν** θυσιαστήριον ἐξ οὗ
Heb 13:10 οὗ φαγεῖν οὐκ **ἔχουσιν** ἐξουσίαν οἱ τῇ
Heb 13:14 οὐ γὰρ **ἔχομεν** ὧδε μένουσαν πόλιν
Heb 13:18 ὅτι καλὴν συνείδησιν **ἔχομεν**,

ἕως (*heōs*; 3/146) *until*
Heb 1:13 **ἕως** ἂν θῶ τοὺς
Heb 8:11 με ἀπὸ μικροῦ **ἕως** μεγάλου αὐτῶν,
Heb 10:13 τὸ λοιπὸν ἐκδεχόμενος **ἕως** τεθῶσιν οἱ ἐχθροὶ

ζάω (*zaō*; 12/139[140]) *live*
Heb 2:15 διὰ παντὸς τοῦ **ζῆν** ἔνοχοι ἦσαν δουλείας.
Heb 3:12 ἀποστῆναι ἀπὸ θεοῦ **ζῶντος**,
Heb 4:12 **Ζῶν** γὰρ ὁ λόγος
Heb 7:8 δὲ μαρτυρούμενος ὅτι **ζῇ**.
Heb 7:25 πάντοτε **ζῶν** εἰς τὸ ἐντυγχάνειν
Heb 9:14 τὸ λατρεύειν θεῷ **ζῶντι**.
Heb 9:17 μήποτε ἰσχύει ὅτε **ζῇ** ὁ διαθέμενος.
Heb 10:20 ὁδὸν πρόσφατον καὶ **ζῶσαν** διὰ τοῦ καταπετάσματος,
Heb 10:31 εἰς χεῖρας θεοῦ **ζῶντος**.
Heb 10:38 μου ἐκ πίστεως **ζήσεται**,
Heb 12:9 τῶν πνευμάτων καὶ **ζήσομεν**;
Heb 12:22 καὶ πόλει θεοῦ **ζῶντος**,

ζῆλος (*zēlos*; 1/16) *zeal*
Heb 10:27 κρίσεως καὶ πυρὸς **ζῆλος** ἐσθίειν μέλλοντος τοὺς

ζητέω (*zēteō*; 1/117) *seek*
Heb 8:7 οὐκ ἂν δευτέρας **ἐζητεῖτο** τόπος.

ζόφος (*zophos*; 1/5) *gloom*
Heb 12:18 καὶ γνόφῳ καὶ **ζόφῳ** καὶ θυέλλῃ

ζωή (*zōē*; 2/135) *life*
Heb 7:3 ἀρχὴν ἡμερῶν μήτε **ζωῆς** τέλος ἔχων,
Heb 7:16 ἀλλὰ κατὰ δύναμιν **ζωῆς** ἀκαταλύτου.

ζῷον (*zōon*; 1/23) *living creature*
Heb 13:11 ὧν γὰρ εἰσφέρεται **ζῴων** τὸ αἷμα περὶ

ἤ (*ē*; 4/340) *or*
Heb 2:6 **ἢ** υἱὸς ἀνθρώπου ὅτι
Heb 10:28 οἰκτιρμῶν ἐπὶ δυσὶν **ἢ** τρισὶν μάρτυσιν ἀποθνῄσκει·
Heb 11:25 λαῷ τοῦ θεοῦ **ἢ** πρόσκαιρον ἔχειν ἁμαρτίας
Heb 12:16 μή τις πόρνος **ἢ** βέβηλος ὡς Ἠσαῦ,

ἡγέομαι (*hēgeomai*; 6/28) *consider*
Heb 10:29 τῆς διαθήκης κοινὸν **ἡγησάμενος**,
Heb 11:11 ἐπεὶ πιστὸν **ἡγήσατο** τὸν ἐπαγγειλάμενον.
Heb 11:26 μείζονα πλοῦτον **ἡγησάμενος** τῶν Αἰγύπτου θησαυρῶν
Heb 13:7 Μνημονεύετε τῶν **ἡγουμένων** ὑμῶν,
Heb 13:17 Πείθεσθε τοῖς **ἡγουμένοις** ὑμῶν καὶ ὑπείκετε,
Heb 13:24 Ἀσπάσασθε πάντας τοὺς **ἡγουμένους** ὑμῶν καὶ πάντας

ἥκω (*hēkō*; 3/26) *have come*
Heb 10:7 ἰδοὺ **ἥκω**,
Heb 10:9 ἰδοὺ **ἥκω** τοῦ ποιῆσαι τὸ
Heb 10:37 ὁ ἐρχόμενος **ἥξει** καὶ οὐ χρονίσει·

ἡλικία (*hēlikia*; 1/8) *age*
Heb 11:11 καὶ παρὰ καιρὸν **ἡλικίας**,

ἡμεῖς (*hēmeis*; 31/855) *we*
Heb 1:2 ἡμερῶν τούτων ἐλάλησεν **ἡμῖν** ἐν υἱῷ,
Heb 2:1 δεῖ περισσοτέρως προσέχειν **ἡμᾶς** τοῖς ἀκουσθεῖσιν,
Heb 2:3 πῶς **ἡμεῖς** ἐκφευξόμεθα τηλικαύτης ἀμελήσαντες
Heb 2:3 τῶν ἀκουσάντων εἰς **ἡμᾶς** ἐβεβαιώθη,
Heb 3:1 ἀρχιερέα τῆς ὁμολογίας **ἡμῶν** Ἰησοῦν,
Heb 3:6 οὗ οἶκός ἐσμεν **ἡμεῖς**,
Heb 4:13 πρὸς ὃν **ἡμῖν** ὁ λόγος.
Heb 4:15 συμπαθῆσαι ταῖς ἀσθενείαις **ἡμῶν**,
Heb 5:11 Περὶ οὗ πολὺς **ἡμῖν** ὁ λόγος καὶ
Heb 6:20 ὅπου πρόδρομος ὑπὲρ **ἡμῶν** εἰσῆλθεν Ἰησοῦς,
Heb 7:14 ἀνατέταλκεν ὁ κύριος **ἡμῶν**,
Heb 7:26 Τοιοῦτος γὰρ **ἡμῖν** καὶ ἔπρεπεν ἀρχιερεύς,
Heb 9:14 καθαριεῖ τὴν συνείδησιν **ἡμῶν** ἀπὸ νεκρῶν ἔργων
Heb 9:24 τοῦ θεοῦ ὑπὲρ **ἡμῶν**·
Heb 10:15 Μαρτυρεῖ δὲ **ἡμῖν** καὶ τὸ πνεῦμα
Heb 10:20 ἣν ἐνεκαίνισεν **ἡμῖν** ὁδὸν πρόσφατον καὶ
Heb 10:26 Ἑκουσίως γὰρ ἁμαρτανόντων **ἡμῶν** μετὰ τὸ λαβεῖν
Heb 10:39 **ἡμεῖς** δὲ οὐκ ἐσμὲν
Heb 11:40 τοῦ θεοῦ περὶ **ἡμῶν** κρεῖττόν τι προβλεψαμένου,
Heb 11:40 ἵνα μὴ χωρὶς **ἡμῶν** τελειωθῶσιν.
Heb 12:1 Τοιγαροῦν καὶ **ἡμεῖς** τοσοῦτον ἔχοντες περικείμενον
Heb 12:1 τοσοῦτον ἔχοντες περικείμενον **ἡμῖν** νέφος μαρτύρων,
Heb 12:1 τρέχωμεν τὸν προκείμενον **ἡμῖν** ἀγῶνα
Heb 12:9 μὲν τῆς σαρκὸς **ἡμῶν** πατέρας εἴχομεν παιδευτὰς
Heb 12:25 πολὺ μᾶλλον **ἡμεῖς** οἱ τὸν ἀπ'
Heb 12:29 γὰρ ὁ θεὸς **ἡμῶν** πῦρ καταναλίσκον.
Heb 13:6 ὥστε θαρροῦντας **ἡμᾶς** λέγειν·
Heb 13:18 Προσεύχεσθε περὶ **ἡμῶν**·
Heb 13:20 τὸν κύριον **ἡμῶν** Ἰησοῦν,
Heb 13:21 ποιῶν ἐν **ἡμῖν** τὸ εὐάρεστον ἐνώπιον
Heb 13:23 Γινώσκετε τὸν ἀδελφὸν **ἡμῶν** Τιμόθεον ἀπολελυμένον,

ἡμέρα (*hēmera*; 18/389) *day*
Heb 1:2 ἐπ' ἐσχάτου τῶν **ἡμερῶν** τούτων ἐλάλησεν ἡμῖν
Heb 3:8 παραπικρασμῷ κατὰ τὴν **ἡμέραν** τοῦ πειρασμοῦ ἐν
Heb 3:13 ἑαυτοὺς καθ' ἑκάστην **ἡμέραν**,
Heb 4:4 θεὸς ἐν τῇ **ἡμέρᾳ** τῇ ἑβδόμῃ ἀπὸ
Heb 4:7 πάλιν τινα ὁρίζει **ἡμέραν**,
Heb 4:8 ἐλάλει μετὰ ταῦτα **ἡμέρας**.
Heb 5:7 ὃς ἐν ταῖς **ἡμέραις** τῆς σαρκὸς αὐτοῦ
Heb 7:3 μήτε ἀρχὴν **ἡμερῶν** μήτε ζωῆς τέλος
Heb 7:27 οὐκ ἔχει καθ' **ἡμέραν** ἀνάγκην,

Heb 8:8 ἰδοὺ **ἡμέραι** ἔρχονται,
Heb 8:9 πατράσιν αὐτῶν ἐν **ἡμέρᾳ** ἐπιλαβομένου μου τῆς
Heb 8:10 Ἰσραὴλ μετὰ τὰς **ἡμέρας** ἐκείνας,
Heb 10:11 ἱερεὺς ἕστηκεν καθ’ **ἡμέραν** λειτουργῶν
Heb 10:16 αὐτοὺς μετὰ τὰς **ἡμέρας** ἐκείνας,
Heb 10:25 βλέπετε ἐγγίζουσαν τὴν **ἡμέραν**.
Heb 10:32 δὲ τὰς πρότερον **ἡμέρας**,
Heb 11:30 κυκλωθέντα ἐπὶ ἑπτὰ **ἡμέρας**.
Heb 12:10 γὰρ πρὸς ὀλίγας **ἡμέρας** κατὰ τὸ δοκοῦν

Ἠσαῦ (*Ēsau*; 2/3) *Esau*

Heb 11:20 Ἰακὼβ καὶ τὸν **Ἠσαῦ**.
Heb 12:16 ἢ βέβηλος ὡς **Ἠσαῦ**,

ἦχος (*ēchos*; 1/3) *sound*

Heb 12:19 καὶ σάλπιγγος **ἤχῳ** καὶ φωνῇ ῥημάτων,

θάλασσα (*thalassa*; 2/91) *sea, lake*

Heb 11:12 τὸ χεῖλος τῆς **θαλάσσης** ἡ ἀναρίθμητος.
Heb 11:29 διέβησαν τὴν ἐρυθρὰν **θάλασσαν** ὡς διὰ ξηρᾶς

θάνατος (*thanatos*; 10/120) *death*

Heb 2:9 τὸ πάθημα τοῦ **θανάτου** δόξῃ καὶ τιμῇ
Heb 2:9 ὑπὲρ παντὸς γεύσηται **θανάτου**.
Heb 2:14 ἵνα διὰ τοῦ **θανάτου** καταργήσῃ τὸν τὸ
Heb 2:14 κράτος ἔχοντα τοῦ **θανάτου**,
Heb 2:15 ὅσοι φόβῳ **θανάτου** διὰ παντὸς τοῦ
Heb 5:7 σῴζειν αὐτὸν ἐκ **θανάτου** μετὰ κραυγῆς ἰσχυρᾶς
Heb 7:23 ἱερεῖς διὰ τὸ **θανάτῳ** κωλύεσθαι παραμένειν·
Heb 9:15 ὅπως **θανάτου** γενομένου εἰς ἀπολύτρωσιν
Heb 9:16 **θάνατον** ἀνάγκη φέρεσθαι τοῦ
Heb 11:5 τοῦ μὴ ἰδεῖν **θάνατον**,

θαρρέω (*tharreō*; 1/6) *be full of courage*

Heb 13:6 ὥστε **θαρροῦντας** ἡμᾶς λέγειν·

θεατρίζω (*theatrizō*; 1/1) *expose to public shame*

Heb 10:33 τε καὶ θλίψεσιν **θεατριζόμενοι**,

θέλημα (*thelēma*; 5/62) *will*

Heb 10:7 ὁ θεὸς τὸ **θέλημά** σου.
Heb 10:9 τοῦ ποιῆσαι τὸ **θέλημά** σου.
Heb 10:10 ἐν ᾧ **θελήματι** ἡγιασμένοι ἐσμὲν διὰ
Heb 10:36 χρείαν ἵνα τὸ **θέλημα** τοῦ θεοῦ ποιήσαντες
Heb 13:21 τὸ ποιῆσαι τὸ **θέλημα** αὐτοῦ,

θέλησις (*thelēsis*; 1/1) *will*

Heb 2:4 κατὰ τὴν αὐτοῦ **θέλησιν**;

θέλω (*thelō*; 4/208) *wish, want*

Heb 10:5 καὶ προσφορὰν οὐκ **ἠθέλησας**,
Heb 10:8 περὶ ἁμαρτίας οὐκ **ἠθέλησας** οὐδὲ εὐδόκησας,
Heb 12:17 ὅτι καὶ μετέπειτα **θέλων** κληρονομῆσαι τὴν εὐλογίαν
Heb 13:18 ἐν πᾶσιν καλῶς **θέλοντες** ἀναστρέφεσθαι.

θεμέλιος (*themelios*; 2/12) *foundation*

Heb 6:1 μὴ πάλιν **θεμέλιον** καταβαλλόμενοι μετανοίας ἀπὸ
Heb 11:10 γὰρ τὴν τοὺς **θεμελίους** ἔχουσαν πόλιν ἧς

θεμελιόω (*themelioō*; 1/5) *establish*

Heb 1:10 τὴν γῆν **ἐθεμελίωσας**,

θεός (*theos*; 68/1316[1317]) *God*

Heb 1:1 πολυτρόπως πάλαι ὁ **θεὸς** λαλήσας τοῖς πατράσιν
Heb 1:6 αὐτῷ πάντες ἄγγελοι **θεοῦ**.
Heb 1:8 θρόνος σου ὁ **θεὸς** εἰς τὸν αἰῶνα
Heb 1:9 ἔχρισέν σε ὁ **θεὸς** ὁ θεός σου
Heb 1:9 ὁ θεὸς ὁ **θεός** σου ἔλαιον ἀγαλλιάσεως
Heb 2:4 συνεπιμαρτυροῦντος τοῦ **θεοῦ** σημείοις τε
Heb 2:9 ὅπως χάριτι θεοῦ **ὑπὲρ** παντὸς γεύσηται θανάτου.
Heb 2:13 μοι ἔδωκεν ὁ **θεός**.
Heb 2:17 τὰ πρὸς τὸν **θεὸν** εἰς τὸ ἱλάσκεσθαι
Heb 3:4 δὲ πάντα κατασκευάσας **θεός**.
Heb 3:12 τῷ ἀποστῆναι ἀπὸ **θεοῦ** ζῶντος,
Heb 4:4 καὶ κατέπαυσεν ὁ **θεὸς** ἐν τῇ ἡμέρᾳ
Heb 4:9 τῷ λαῷ τοῦ **θεοῦ**.
Heb 4:10 τῶν ἰδίων ὁ **θεός**.
Heb 4:12 ὁ λόγος τοῦ **θεοῦ** καὶ ἐνεργὴς καὶ
Heb 4:14 τὸν υἱὸν τοῦ **θεοῦ**,
Heb 5:1 τὰ πρὸς τὸν **θεόν**,
Heb 5:4 καλούμενος ὑπὸ τοῦ **θεοῦ** καθώσπερ καὶ Ἀαρών.
Heb 5:10 προσαγορευθεὶς ὑπὸ τοῦ **θεοῦ** ἀρχιερεὺς κατὰ τὴν
Heb 5:12 τῶν λογίων τοῦ **θεοῦ** καὶ γεγόνατε χρείαν
Heb 6:1 καὶ πίστεως ἐπὶ **θεόν**,
Heb 6:3 ἐάνπερ ἐπιτρέπῃ ὁ **θεός**.
Heb 6:5 καὶ καλὸν γευσαμένους **θεοῦ** ῥῆμα δυνάμεις τε
Heb 6:6 τὸν υἱὸν τοῦ **θεοῦ** καὶ παραδειγματίζοντας.
Heb 6:7 εὐλογίας ἀπὸ τοῦ **θεοῦ**·
Heb 6:10 γὰρ ἄδικος ὁ **θεὸς** ἐπιλαθέσθαι τοῦ ἔργου
Heb 6:13 Ἀβραὰμ ἐπαγγειλάμενος ὁ **θεός**,
Heb 6:17 περισσότερον βουλόμενος ὁ **θεὸς** ἐπιδεῖξαι τοῖς κληρονόμοις
Heb 6:18 ἀδύνατον ψεύσασθαι [τὸν] **θεόν**,
Heb 7:1 ἱερεὺς τοῦ **θεοῦ** τοῦ ὑψίστου,
Heb 7:3 τῷ υἱῷ τοῦ **θεοῦ**,
Heb 7:19 ἧς ἐγγίζομεν τῷ **θεῷ**.
Heb 7:25 δι’ αὐτοῦ τῷ **θεῷ**,
Heb 8:10 ἔσομαι αὐτοῖς εἰς **θεόν**,
Heb 9:14 προσήνεγκεν ἄμωμον τῷ **θεῷ**,
Heb 9:14 εἰς τὸ λατρεύειν **θεῷ** ζῶντι.
Heb 9:20 πρὸς ὑμᾶς ὁ **θεός**.
Heb 9:24 τῷ προσώπῳ τοῦ **θεοῦ** ὑπὲρ ἡμῶν·
Heb 10:7 τοῦ ποιῆσαι ὁ **θεὸς** τὸ θέλημά σου.
Heb 10:12 ἐν δεξιᾷ τοῦ **θεοῦ**,
Heb 10:21 τὸν οἶκον τοῦ **θεοῦ**,
Heb 10:29 τὸν υἱὸν τοῦ **θεοῦ** καταπατήσας καὶ τὸ
Heb 10:31 ἐμπεσεῖν εἰς χεῖρας **θεοῦ** ζῶντος.
Heb 10:36 τὸ θέλημα τοῦ **θεοῦ** ποιήσαντες κομίσησθε
Heb 11:3 τοὺς αἰῶνας ῥήματι **θεοῦ**,
Heb 11:4 Κάϊν προσήνεγκεν τῷ **θεῷ**,
Heb 11:4 δώροις αὐτοῦ τοῦ **θεοῦ**,

Heb 11:5 μετέθηκεν αὐτὸν ὁ **θεός**.
Heb 11:5 μεμαρτύρηται εὐαρεστηκέναι τῷ **θεῷ**·
Heb 11:6 τὸν προσερχόμενον τῷ **θεῷ** ὅτι ἔστιν καὶ
Heb 11:10 καὶ δημιουργὸς ὁ **θεός**.
Heb 11:16 ἐπαισχύνεται αὐτοὺς ὁ **θεὸς** θεὸς ἐπικαλεῖσθαι αὐτῶν·
Heb 11:16 αὐτοὺς ὁ θεὸς **θεὸς** ἐπικαλεῖσθαι αὐτῶν·
Heb 11:19 ἐγείρειν δυνατὸς ὁ **θεός**,
Heb 11:25 τῷ λαῷ τοῦ **θεοῦ** ἢ πρόσκαιρον ἔχειν
Heb 11:40 τοῦ **θεοῦ** περὶ ἡμῶν κρεῖττόν
Heb 12:2 τοῦ θρόνου τοῦ **θεοῦ** κεκάθικεν.
Heb 12:7 ὑμῖν προσφέρεται ὁ **θεός**.
Heb 12:15 τῆς χάριτος τοῦ **θεοῦ**,
Heb 12:22 ὄρει καὶ πόλει **θεοῦ** ζῶντος,
Heb 12:23 οὐρανοῖς καὶ κριτῇ **θεῷ** πάντων καὶ πνεύμασι
Heb 12:28 λατρεύωμεν εὐαρέστως τῷ **θεῷ** μετὰ εὐλαβείας καὶ
Heb 12:29 καὶ γὰρ ὁ **θεὸς** ἡμῶν πῦρ καταναλίσκον.
Heb 13:4 μοιχοὺς κρινεῖ ὁ **θεός**.
Heb 13:7 τὸν λόγον τοῦ **θεοῦ**,
Heb 13:15 διὰ παντὸς τῷ **θεῷ**,
Heb 13:16 θυσίαις εὐαρεστεῖται ὁ **θεός**.
Heb 13:20 Ὁ δὲ **θεὸς** τῆς εἰρήνης,

θεράπων (*therapōn*; 1/1) *servant*
Heb 3:5 οἴκῳ αὐτοῦ ὡς **θεράπων** εἰς μαρτύριον τῶν

θεωρέω (*theōreō*; 1/58) *see, perceive*
Heb 7:4 **Θεωρεῖτε** δὲ πηλίκος οὗτος,

θηρίον (*thērion*; 1/46) *animal*
Heb 12:20 κἂν **θηρίον** θίγῃ τοῦ ὄρους,

θησαυρός (*thēsauros*; 1/17) *treasure*
Heb 11:26 ἡγησάμενος τῶν Αἰγύπτου **θησαυρῶν** τὸν ὀνειδισμὸν τοῦ

θιγγάνω (*thinganō*; 2/3) *touch*
Heb 11:28 ὀλοθρεύων τὰ πρωτότοκα **θίγῃ** αὐτῶν.
Heb 12:20 κἂν θηρίον **θίγῃ** τοῦ ὄρους,

θλίβω (*thlibō*; 1/10) *press hard*
Heb 11:37 **θλιβόμενοι**,

θλῖψις (*thlipsis*; 1/45) *tribulation, trouble*
Heb 10:33 ὀνειδισμοῖς τε καὶ **θλίψεσιν** θεατριζόμενοι,

θρόνος (*thronos*; 4/62) *throne*
Heb 1:8 ὁ **θρόνος** σου ὁ θεὸς
Heb 4:16 μετὰ παρρησίας τῷ **θρόνῳ** τῆς χάριτος,
Heb 8:1 ἐν δεξιᾷ τοῦ **θρόνου** τῆς μεγαλωσύνης ἐν
Heb 12:2 δεξιᾷ τε τοῦ **θρόνου** τοῦ θεοῦ κεκάθικεν.

θυγάτηρ (*thygatēr*; 1/28) *daughter*
Heb 11:24 ἠρνήσατο λέγεσθαι υἱὸς **θυγατρὸς** Φαραώ,

θύελλα (*thyella*; 1/1) *wind storm*
Heb 12:18 καὶ ζόφῳ καὶ **θυέλλῃ**

θυμιατήριον (*thymiatērion*; 1/1) *altar of incense*
Heb 9:4 χρυσοῦν ἔχουσα **θυμιατήριον** καὶ τὴν κιβωτὸν

θυμός (*thymos*; 1/18) *wrath*
Heb 11:27 μὴ φοβηθεὶς τὸν **θυμὸν** τοῦ βασιλέως·

θυσία (*thysia*; 15/28) *sacrifice*
Heb 5:1 δῶρά τε καὶ **θυσίας** ὑπὲρ ἁμαρτιῶν,
Heb 7:27 τῶν ἰδίων ἁμαρτιῶν **θυσίας** ἀναφέρειν ἔπειτα τῶν
Heb 8:3 δῶρά τε καὶ **θυσίας** καθίσταται·
Heb 9:9 δῶρά τε καὶ **θυσίαι** προσφέρονται μὴ δυνάμεναι
Heb 9:23 τὰ ἐπουράνια κρείττοσιν **θυσίαις** παρὰ ταύτας.
Heb 9:26 ἁμαρτίας διὰ τῆς **θυσίας** αὐτοῦ πεφανέρωται.
Heb 10:1 ἐνιαυτὸν ταῖς αὐταῖς **θυσίαις** ἃς προσφέρουσιν εἰς
Heb 10:5 **θυσίαν** καὶ προσφορὰν οὐκ
Heb 10:8 ἀνώτερον λέγων ὅτι **θυσίας** καὶ προσφορὰς
Heb 10:11 αὐτὰς πολλάκις προσφέρων **θυσίας**,
Heb 10:12 ὑπὲρ ἁμαρτιῶν προσενέγκας **θυσίαν** εἰς τὸ διηνεκὲς
Heb 10:26 περὶ ἁμαρτιῶν ἀπολείπεται **θυσία**,
Heb 11:4 Πίστει πλείονα **θυσίαν** Ἅβελ παρὰ Κάϊν
Heb 13:15 αὐτοῦ [οὖν] ἀναφέρωμεν **θυσίαν** αἰνέσεως διὰ παντὸς
Heb 13:16 τοιαύταις γὰρ **θυσίαις** εὐαρεστεῖται ὁ θεός.

θυσιαστήριον (*thysiastērion*; 2/23) *altar*
Heb 7:13 οὐδεὶς προσέσχηκεν τῷ **θυσιαστηρίῳ**·
Heb 13:10 ἔχομεν **θυσιαστήριον** ἐξ οὗ φαγεῖν

Ἰακώβ (*Iakōb*; 3/27) *Jacob*
Heb 11:9 μετὰ Ἰσαὰκ καὶ **Ἰακὼβ** τῶν συγκληρονόμων
Heb 11:20 εὐλόγησεν Ἰσαὰκ τὸν **Ἰακὼβ** καὶ τὸν Ἠσαῦ.
Heb 11:21 Πίστει **Ἰακὼβ** ἀποθνῄσκων ἕκαστον τῶν

ἰάομαι (*iaomai*; 1/26) *heal*
Heb 12:13 **ἰαθῇ** δὲ μᾶλλον.

ἴδιος (*idios*; 4/114) *one's own*
Heb 4:10 ὥσπερ ἀπὸ τῶν **ἰδίων** ὁ θεός.
Heb 7:27 πρότερον ὑπὲρ τῶν **ἰδίων** ἁμαρτιῶν θυσίας ἀναφέρειν
Heb 9:12 διὰ δὲ τοῦ **ἰδίου** αἵματος εἰσῆλθεν ἐφάπαξ
Heb 13:12 ἁγιάσῃ διὰ τοῦ **ἰδίου** αἵματος τὸν λαόν,

ἰδού (*idou*; 4/200) *look!*
Heb 2:13 **ἰδοὺ** ἐγὼ καὶ τὰ
Heb 8:8 **ἰδοὺ** ἡμέραι ἔρχονται,
Heb 10:7 **ἰδοὺ** ἥκω,
Heb 10:9 **ἰδοὺ** ἥκω τοῦ ποιῆσαι

ἱερατεία (*hierateia*; 1/2) *priestly office*

Heb 7:5 υἱῶν Λευὶ τὴν **ἱερατείαν** λαμβάνοντες ἐντολὴν ἔχουσιν

ἱερεύς (*hiereus*; 14/31) *priest*

Heb 5:6 σὺ **ἱερεὺς** εἰς τὸν αἰῶνα
Heb 7:1 **ἱερεὺς** τοῦ θεοῦ τοῦ
Heb 7:3 μένει **ἱερεὺς** εἰς τὸ διηνεκές.
Heb 7:11 Μελχισέδεκ ἕτερον ἀνίστασθαι **ἱερέα** καὶ οὐ κατὰ
Heb 7:14 ἣν φυλὴν περὶ **ἱερέων** οὐδὲν Μωϋσῆς ἐλάλησεν.
Heb 7:15 ὁμοιότητα Μελχισέδεκ ἀνίσταται **ἱερεὺς** ἕτερος,
Heb 7:17 γὰρ ὅτι σὺ **ἱερεὺς** εἰς τὸν αἰῶνα
Heb 7:20 χωρὶς ὁρκωμοσίας εἰσὶν **ἱερεῖς** γεγονότες,
Heb 7:21 σὺ **ἱερεὺς** εἰς τὸν αἰῶνα.
Heb 7:23 πλείονές εἰσιν γεγονότες **ἱερεῖς** διὰ τὸ θανάτῳ
Heb 8:4 οὐδ᾽ ἂν ἦν **ἱερεύς**,
Heb 9:6 παντὸς εἰσίασιν οἱ **ἱερεῖς** τὰς λατρείας ἐπιτελοῦντες,
Heb 10:11 Καὶ πᾶς μὲν **ἱερεὺς** ἕστηκεν καθ᾽ ἡμέραν
Heb 10:21 καὶ **ἱερέα** μέγαν ἐπὶ τὸν

Ἰεριχώ (*Ierichō*; 1/7) *Jericho*

Heb 11:30 Πίστει τὰ τείχη **Ἰεριχὼ** ἔπεσαν κυκλωθέντα

Ἰερουσαλήμ (*Ierousalēm*; 1/139) *Jerusalem*

Heb 12:22 **Ἰερουσαλὴμ** ἐπουρανίῳ,

ἱερωσύνη (*hierōsynē*; 3/3) *priesthood*

Heb 7:11 διὰ τῆς Λευιτικῆς **ἱερωσύνης** ἦν,
Heb 7:12 μετατιθεμένης γὰρ τῆς **ἱερωσύνης** ἐξ ἀνάγκης καὶ
Heb 7:24 ἀπαράβατον ἔχει τὴν **ἱερωσύνην**·

Ἰεφθάε (*Iephthae*; 1/1) *Jephthah*

Heb 11:32 **Ἰεφθάε**,

Ἰησοῦς (*Iēsous*; 14/911[917]) *Jesus*

Heb 2:9 ἀγγέλους ἠλαττωμένον βλέπομεν **Ἰησοῦν** διὰ τὸ πάθημα
Heb 3:1 τῆς ὁμολογίας ἡμῶν **Ἰησοῦν**,
Heb 4:8 εἰ γὰρ αὐτοὺς **Ἰησοῦς** κατέπαυσεν,
Heb 4:14 **Ἰησοῦν** τὸν υἱὸν τοῦ
Heb 6:20 ὑπὲρ ἡμῶν εἰσῆλθεν **Ἰησοῦς**,
Heb 7:22 διαθήκης γέγονεν ἔγγυος **Ἰησοῦς**.
Heb 10:10 προσφορᾶς τοῦ σώματος **Ἰησοῦ** Χριστοῦ ἐφάπαξ.
Heb 10:19 ἐν τῷ αἵματι **Ἰησοῦ**,
Heb 12:2 ἀρχηγὸν καὶ τελειωτὴν **Ἰησοῦν**,
Heb 12:24 διαθήκης νέας μεσίτῃ **Ἰησοῦ** καὶ αἵματι ῥαντισμοῦ
Heb 13:8 **Ἰησοῦς** Χριστὸς ἐχθὲς καὶ
Heb 13:12 Διὸ καὶ **Ἰησοῦς**,
Heb 13:20 τὸν κύριον ἡμῶν **Ἰησοῦν**,
Heb 13:21 ἐνώπιον αὐτοῦ διὰ **Ἰησοῦ** Χριστοῦ,

ἱκετηρία (*hiketēria*; 1/1) *request*

Heb 5:7 δεήσεις τε καὶ **ἱκετηρίας** πρὸς τὸν δυνάμενον

ἱλάσκομαι (*hilaskomai*; 1/2) *bring about forgiveness for, propitiate*

Heb 2:17 θεὸν εἰς τὸ **ἱλάσκεσθαι** τὰς ἁμαρτίας τοῦ

ἱλαστήριον (*hilastērion*; 1/2) *means by which or place where sins are forgiven, propitiation*

Heb 9:5 δόξης κατασκιάζοντα τὸ **ἱλαστήριον**·

ἵλεως (*hileōs*; 1/2) *merciful*

Heb 8:12 ὅτι **ἵλεως** ἔσομαι ταῖς ἀδικίαις

ἱμάτιον (*himation*; 2/60) *garment*

Heb 1:11 καὶ πάντες ὡς **ἱμάτιον** παλαιωθήσονται,
Heb 1:12 ὡς **ἱμάτιον** καὶ ἀλλαγήσονται·

ἵνα (*hina*; 20/662[663]) *so that, in order that*

Heb 2:14 **ἵνα** διὰ τοῦ θανάτου
Heb 2:17 **ἵνα** ἐλεήμων γένηται καὶ
Heb 3:13 **ἵνα** μὴ σκληρυνθῇ τις
Heb 4:11 **ἵνα** μὴ ἐν τῷ
Heb 4:16 **ἵνα** λάβωμεν ἔλεος καὶ
Heb 5:1 **ἵνα** προσφέρῃ δῶρά τε
Heb 6:12 **ἵνα** μὴ νωθροὶ γένησθε,
Heb 6:18 **ἵνα** διὰ δύο πραγμάτων
Heb 9:25 οὐδ᾽ **ἵνα** πολλάκις προσφέρῃ ἑαυτόν,
Heb 10:9 ἀναιρεῖ τὸ πρῶτον **ἵνα** τὸ δεύτερον στήσῃ,
Heb 10:36 γὰρ ἔχετε χρείαν **ἵνα** τὸ θέλημα τοῦ
Heb 11:28 **ἵνα** μὴ ὁ ὀλοθρεύων
Heb 11:35 **ἵνα** κρείττονος ἀναστάσεως τύχωσιν·
Heb 11:40 **ἵνα** μὴ χωρὶς ἡμῶν
Heb 12:3 **ἵνα** μὴ κάμητε ταῖς
Heb 12:13 **ἵνα** μὴ τὸ χωλὸν
Heb 12:27 **ἵνα** μείνῃ τὰ μὴ
Heb 13:12 **ἵνα** ἁγιάσῃ διὰ τοῦ
Heb 13:17 **ἵνα** μετὰ χαρᾶς τοῦτο
Heb 13:19 **ἵνα** τάχιον ἀποκατασταθῶ ὑμῖν.

Ἰούδας (*Ioudas*; 2/44) *Judas, Judah*

Heb 7:14 γὰρ ὅτι ἐξ **Ἰούδα** ἀνατέταλκεν ὁ κύριος
Heb 8:8 ἐπὶ τὸν οἶκον **Ἰούδα** διαθήκην καινήν,

Ἰσαάκ (*Isaak*; 4/20) *Isaac*

Heb 11:9 σκηναῖς κατοικήσας μετὰ **Ἰσαὰκ** καὶ Ἰακὼβ
Heb 11:17 προσενήνοχεν Ἀβραὰμ τὸν **Ἰσαὰκ** πειραζόμενος καὶ τὸν
Heb 11:18 ἐλαλήθη ὅτι ἐν **Ἰσαὰκ** κληθήσεταί σοι σπέρμα,
Heb 11:20 περὶ μελλόντων εὐλόγησεν **Ἰσαὰκ** τὸν Ἰακὼβ

Ἰσραήλ (*Israēl*; 3/68) *Israel*

Heb 8:8 ἐπὶ τὸν οἶκον **Ἰσραὴλ** καὶ ἐπὶ τὸν
Heb 8:10 διαθήσομαι τῷ οἴκῳ **Ἰσραὴλ** μετὰ τὰς ἡμέρας
Heb 11:22 ἐξόδου τῶν υἱῶν **Ἰσραὴλ** ἐμνημόνευσεν καὶ

ἵστημι (*histēmi*; 2/154[155]) *set, stand*
Heb 10:9 ἵνα τὸ δεύτερον **στήσῃ**,
Heb 10:11 πᾶς μὲν ἱερεὺς **ἕστηκεν** καθ' ἡμέραν λειτουργῶν

ἰσχυρός (*ischyros*; 3/29) *strong*
Heb 5:7 θανάτου μετὰ κραυγῆς **ἰσχυρᾶς** καὶ δακρύων προσενέγκας
Heb 6:18 **ἰσχυρὰν** παράκλησιν ἔχωμεν οἱ
Heb 11:34 ἐγενήθησαν **ἰσχυροὶ** ἐν πολέμῳ,

ἰσχύω (*ischyō*; 1/28) *be able*
Heb 9:17 ἐπεὶ μήποτε **ἰσχύει** ὅτε ζῇ ὁ

Ἰταλία (*Italia*; 1/4) *Italy*
Heb 13:24 οἱ ἀπὸ τῆς **Ἰταλίας**.

Ἰωσήφ (*Iōsēph*; 2/35) *Joseph*
Heb 11:21 ἕκαστον τῶν υἱῶν **Ἰωσὴφ** εὐλόγησεν καὶ προσεκύνησεν
Heb 11:22 Πίστει **Ἰωσὴφ** τελευτῶν περὶ τῆς

κἀγώ (*kagō*; 1/84) *and I*
Heb 8:9 **κἀγὼ** ἠμέλησα αὐτῶν,

καθάπερ (*kathaper*; 1/13) *as, just as, like*
Heb 4:2 γάρ ἐσμεν εὐηγγελισμένοι **καθάπερ** κἀκεῖνοι·

καθαρίζω (*katharizō*; 4/31) *cleanse*
Heb 9:14 **καθαριεῖ** τὴν συνείδησιν ἡμῶν
Heb 9:22 ἐν αἵματι πάντα **καθαρίζεται** κατὰ τὸν νόμον
Heb 9:23 τοῖς οὐρανοῖς τούτοις **καθαρίζεσθαι**,
Heb 10:2 τοὺς λατρεύοντας ἅπαξ **κεκαθαρισμένους**;

καθαρισμός (*katharismos*; 1/7) *cleansing, purification*
Heb 1:3 **καθαρισμὸν** τῶν ἁμαρτιῶν ποιησάμενος

καθαρός (*katharos*; 1/27) *pure, clean*
Heb 10:22 τὸ σῶμα ὕδατι **καθαρῷ**·

καθαρότης (*katharotēs*; 1/1) *purification*
Heb 9:13 τὴν τῆς σαρκὸς **καθαρότητα**,

κάθημαι (*kathēmai*; 1/91) *sit*
Heb 1:13 **κάθου** ἐκ δεξιῶν μου,

καθίζω (*kathizō*; 4/44[46]) *sit down*
Heb 1:3 τῶν ἁμαρτιῶν ποιησάμενος **ἐκάθισεν** ἐν δεξιᾷ τῆς
Heb 8:1 ὃς **ἐκάθισεν** ἐν δεξιᾷ τοῦ
Heb 10:12 εἰς τὸ διηνεκὲς **ἐκάθισεν** ἐν δεξιᾷ τοῦ
Heb 12:2 θρόνου τοῦ θεοῦ **κεκάθικεν**.

καθίστημι (*kathistēmi*; 3/21) *put in charge*
Heb 5:1 λαμβανόμενος ὑπὲρ ἀνθρώπων **καθίσταται** τὰ πρὸς τὸν
Heb 7:28 νόμος γὰρ ἀνθρώπους **καθίστησιν** ἀρχιερεῖς ἔχοντας ἀσθένειαν,
Heb 8:3 τε καὶ θυσίας **καθίσταται**·

καθώς (*kathōs*; 8/182) *just as*
Heb 3:7 **καθὼς** λέγει τὸ πνεῦμα
Heb 4:3 **καθὼς** εἴρηκεν·
Heb 4:7 **καθὼς** προείρηται·
Heb 5:3 **καθὼς** περὶ τοῦ λαοῦ,
Heb 5:6 **καθὼς** καὶ ἐν ἑτέρῳ
Heb 8:5 **καθὼς** κεχρημάτισται Μωϋσῆς μέλλων
Heb 10:25 **καθὼς** ἔθος τισιν,
Heb 11:12 **καθὼς** τὰ ἄστρα τοῦ

καθώσπερ (*kathōsper*; 1/1) *as*
Heb 5:4 ὑπὸ τοῦ θεοῦ **καθώσπερ** καὶ Ἀαρών.

Κάϊν (*Kain*; 1/3) *Cain*
Heb 11:4 θυσίαν Ἅβελ παρὰ **Κάϊν** προσήνεγκεν τῷ θεῷ,

καινός (*kainos*; 3/41[42]) *new*
Heb 8:8 οἶκον Ἰούδα διαθήκην **καινήν**,
Heb 8:13 ἐν τῷ λέγειν **καινὴν** πεπαλαίωκεν τὴν πρώτην·
Heb 9:15 διὰ τοῦτο διαθήκης **καινῆς** μεσίτης ἐστίν,

καίπερ (*kaiper*; 3/5) *though*
Heb 5:8 **καίπερ** ὢν υἱός,
Heb 7:5 **καίπερ** ἐξεληλυθότας ἐκ τῆς
Heb 12:17 τόπον οὐχ εὗρεν **καίπερ** μετὰ δακρύων ἐκζητήσας

καιρός (*kairos*; 4/85) *time*
Heb 9:9 παραβολὴ εἰς τὸν **καιρὸν** τὸν ἐνεστηκότα,
Heb 9:10 δικαιώματα σαρκὸς μέχρι **καιροῦ** διορθώσεως ἐπικείμενα.
Heb 11:11 ἔλαβεν καὶ παρὰ **καιρὸν** ἡλικίας,
Heb 11:15 εἶχον ἂν **καιρὸν** ἀνακάμψαι·

καίτοι (*kaitoi*; 1/2) *yet*
Heb 4:3 **καίτοι** τῶν ἔργων ἀπὸ

καίω (*kaiō*; 1/11) *light, burn*
Heb 12:18 προσεληλύθατε ψηλαφωμένῳ καὶ **κεκαυμένῳ** πυρὶ καὶ γνόφῳ

κἀκεῖνος (*kakeinos*; 1/20[22]) *and that one*
Heb 4:2 ἐσμεν εὐηγγελισμένοι καθάπερ **κἀκεῖνοι**·

κακός (*kakos*; 1/50) *evil*
Heb 5:14 καλοῦ τε καὶ **κακοῦ**.

κακουχέω (*kakoucheō*; 2/2) *be ill*
Heb 11:37 **κακουχούμενοι**,
Heb 13:3 τῶν **κακουχουμένων** ὡς καὶ αὐτοὶ

καλέω (*kaleō*; 6/148) *call*
Heb 2:11 ἐπαισχύνεται ἀδελφοὺς αὐτοὺς **καλεῖν**
Heb 3:13 οὗ τὸ σήμερον **καλεῖται**,

Heb 5:4 τὴν τιμὴν ἀλλὰ **καλούμενος** ὑπὸ τοῦ θεοῦ
Heb 9:15 ἐπαγγελίαν λάβωσιν οἱ **κεκλημένοι** τῆς αἰωνίου κληρονομίας.
Heb 11:8 Πίστει **καλούμενος** Ἀβραὰμ ὑπήκουσεν ἐξελθεῖν
Heb 11:18 ὅτι ἐν Ἰσαὰκ **κληθήσεταί** σοι σπέρμα,

καλός (*kalos*; 5/101) *good*

Heb 5:14 ἐχόντων πρὸς διάκρισιν **καλοῦ** τε καὶ κακοῦ.
Heb 6:5 καὶ **καλὸν** γευσαμένους θεοῦ ῥῆμα
Heb 10:24 παροξυσμὸν ἀγάπης καὶ **καλῶν** ἔργων,
Heb 13:9 **καλὸν** γὰρ χάριτι βεβαιοῦσθαι
Heb 13:18 πειθόμεθα γὰρ ὅτι **καλὴν** συνείδησιν ἔχομεν,

καλῶς (*kalōs*; 1/36[37]) *well*

Heb 13:18 ἐν πᾶσιν **καλῶς** θέλοντες ἀναστρέφεσθαι.

κάμνω (*kamnō*; 1/2) *be sick*

Heb 12:3 ἵνα μὴ **κάμητε** ταῖς ψυχαῖς ὑμῶν

κἄν (*kan*; 1/16[17]) *and if*

Heb 12:20 **κἂν** θηρίον θίγῃ τοῦ

καρδία (*kardia*; 11/156) *heart*

Heb 3:8 μὴ σκληρύνητε τὰς **καρδίας** ὑμῶν ὡς ἐν
Heb 3:10 ἀεὶ πλανῶνται τῇ **καρδίᾳ**,
Heb 3:12 ἔν τινι ὑμῶν **καρδία** πονηρὰ ἀπιστίας ἐν
Heb 3:15 μὴ σκληρύνητε τὰς **καρδίας** ὑμῶν ὡς ἐν
Heb 4:7 μὴ σκληρύνητε τὰς **καρδίας** ὑμῶν.
Heb 4:12 ἐνθυμήσεων καὶ ἐννοιῶν **καρδίας**·
Heb 8:10 αὐτῶν καὶ ἐπὶ **καρδίας** αὐτῶν ἐπιγράψω αὐτούς,
Heb 10:16 νόμους μου ἐπὶ **καρδίας** αὐτῶν καὶ ἐπὶ
Heb 10:22 προσερχώμεθα μετὰ ἀληθινῆς **καρδίας** ἐν πληροφορίᾳ πίστεως
Heb 10:22 πίστεως ῥεραντισμένοι τὰς **καρδίας** ἀπὸ συνειδήσεως πονηρᾶς
Heb 13:9 χάριτι βεβαιοῦσθαι τὴν **καρδίαν**,

καρπός (*karpos*; 2/66) *fruit*

Heb 12:11 ὕστερον δὲ **καρπὸν** εἰρηνικὸν τοῖς δι᾽
Heb 13:15 τοῦτ᾽ ἔστιν **καρπὸν** χειλέων ὁμολογούντων

καρτερέω (*kartereō*; 1/1) *endure*

Heb 11:27 ἀόρατον ὡς ὁρῶν **ἐκαρτέρησεν**.

κατά (*kata*; 41/472[473]) *according to, against*

Heb 1:10 σὺ **κατ᾽** ἀρχάς,
Heb 2:4 πνεύματος ἁγίου μερισμοῖς **κατὰ** τὴν αὐτοῦ θέλησιν;
Heb 2:17 ὅθεν ὤφειλεν **κατὰ** πάντα τοῖς ἀδελφοῖς
Heb 3:3 **καθ᾽** ὅσον πλείονα τιμὴν
Heb 3:8 ἐν τῷ παραπικρασμῷ **κατὰ** τὴν ἡμέραν τοῦ
Heb 3:13 ἀλλὰ παρακαλεῖτε ἑαυτοὺς **καθ᾽** ἑκάστην ἡμέραν,
Heb 4:15 πεπειρασμένον δὲ **κατὰ** πάντα καθ᾽ ὁμοιότητα
Heb 4:15 δὲ κατὰ πάντα **καθ᾽** ὁμοιότητα χωρὶς ἁμαρτίας.
Heb 5:6 εἰς τὸν αἰῶνα **κατὰ** τὴν τάξιν Μελχισέδεκ,
Heb 5:10 τοῦ θεοῦ ἀρχιερεὺς **κατὰ** τὴν τάξιν Μελχισέδεκ.
Heb 6:13 ἐπεὶ **κατ᾽** οὐδενὸς εἶχεν μείζονος
Heb 6:13 ὤμοσεν **καθ᾽** ἑαυτοῦ
Heb 6:16 ἄνθρωποι γὰρ **κατὰ** τοῦ μείζονος ὀμνύουσιν,
Heb 6:20 **κατὰ** τὴν τάξιν Μελχισέδεκ
Heb 7:5 ἀποδεκατοῦν τὸν λαὸν **κατὰ** τὸν νόμον,
Heb 7:11 τίς ἔτι χρεία **κατὰ** τὴν τάξιν Μελχισέδεκ
Heb 7:11 ἱερέα καὶ οὐ **κατὰ** τὴν τάξιν Ἀαρὼν
Heb 7:15 εἰ **κατὰ** τὴν ὁμοιότητα Μελχισέδεκ
Heb 7:16 ὃς οὐ **κατὰ** νόμον ἐντολῆς σαρκίνης
Heb 7:16 σαρκίνης γέγονεν ἀλλὰ **κατὰ** δύναμιν ζωῆς ἀκαταλύτου.
Heb 7:17 εἰς τὸν αἰῶνα **κατὰ** τὴν τάξιν Μελχισέδεκ.
Heb 7:20 Καὶ **καθ᾽** ὅσον οὐ χωρὶς
Heb 7:22 **κατὰ** τοσοῦτο [καὶ] κρείττονος
Heb 7:27 ὃς οὐκ ἔχει **καθ᾽** ἡμέραν ἀνάγκην,
Heb 8:4 ὄντων τῶν προσφερόντων **κατὰ** νόμον τὰ δῶρα·
Heb 8:5 ποιήσεις πάντα **κατὰ** τὸν τύπον τὸν
Heb 8:9 οὐ **κατὰ** τὴν διαθήκην,
Heb 9:5 ἔστιν νῦν λέγειν **κατὰ** μέρος.
Heb 9:9 **καθ᾽** ἣν δῶρά τε
Heb 9:9 προσφέρονται μὴ δυνάμεναι **κατὰ** συνείδησιν τελειῶσαι τὸν
Heb 9:19 γὰρ πάσης ἐντολῆς **κατὰ** τὸν νόμον ὑπὸ
Heb 9:22 αἵματι πάντα καθαρίζεται **κατὰ** τὸν νόμον
Heb 9:25 εἰς τὰ ἅγια **κατ᾽** ἐνιαυτὸν ἐν αἵματι
Heb 9:27 καὶ **καθ᾽** ὅσον ἀπόκειται τοῖς
Heb 10:1 **κατ᾽** ἐνιαυτὸν ταῖς αὐταῖς
Heb 10:3 αὐταῖς ἀνάμνησις ἁμαρτιῶν **κατ᾽** ἐνιαυτόν·
Heb 10:8 αἵτινες **κατὰ** νόμον προσφέρονται,
Heb 10:11 μὲν ἱερεὺς ἕστηκεν **καθ᾽** ἡμέραν λειτουργῶν καὶ
Heb 11:7 καὶ τῆς **κατὰ** πίστιν δικαιοσύνης ἐγένετο
Heb 11:13 **Κατὰ** πίστιν ἀπέθανον οὗτοι
Heb 12:10 πρὸς ὀλίγας ἡμέρας **κατὰ** τὸ δοκοῦν αὐτοῖς

καταβάλλω (*kataballō*; 1/2) *knock down*

Heb 6:1 μὴ πάλιν θεμέλιον **καταβαλλόμενοι** μετανοίας ἀπὸ νεκρῶν

καταβολή (*katabolē*; 3/11) *beginning*

Heb 4:3 τῶν ἔργων ἀπὸ **καταβολῆς** κόσμου γενηθέντων.
Heb 9:26 πολλάκις παθεῖν ἀπὸ **καταβολῆς** κόσμου·
Heb 11:11 στεῖρα δύναμιν εἰς **καταβολὴν** σπέρματος ἔλαβεν καὶ

καταγωνίζομαι (*katagōnizomai*; 1/1) *conquer*

Heb 11:33 οἳ διὰ πίστεως **κατηγωνίσαντο** βασιλείας,

κατάδηλος (*katadēlos*; 1/1) *very evident*

Heb 7:15 καὶ περισσότερον ἔτι **κατάδηλόν** ἐστιν,

κατακαίω (*katakaiō*; 1/12) *burn up*

Heb 13:11 τούτων τὰ σώματα **κατακαίεται** ἔξω τῆς παρεμβολῆς.

κατακρίνω (*katakrinō*; 1/15[18]) *condemn*
Heb 11:7 αὐτοῦ δι᾽ ἧς **κατέκρινεν** τὸν κόσμον,

καταλείπω (*kataleipō*; 2/23[24]) *leave*
Heb 4:1 μήποτε **καταλειπομένης** ἐπαγγελίας εἰσελθεῖν εἰς
Heb 11:27 Πίστει **κατέλιπεν** Αἴγυπτον μὴ φοβηθεὶς

καταναλίσκω (*katanaliskō*; 1/1) *consume*
Heb 12:29 θεὸς ἡμῶν πῦρ **καταναλίσκον**.

κατανοέω (*katanoeō*; 2/14) *consider*
Heb 3:1 **κατανοήσατε** τὸν ἀπόστολον καὶ
Heb 10:24 καὶ **κατανοῶμεν** ἀλλήλους εἰς παροξυσμὸν

καταπατέω (*katapateō*; 1/5) *trample on*
Heb 10:29 υἱὸν τοῦ θεοῦ **καταπατήσας** καὶ τὸ αἷμα

κατάπαυσις (*katapausis*; 8/9) *place of rest*
Heb 3:11 εἰσελεύσονται εἰς τὴν **κατάπαυσίν** μου.
Heb 3:18 εἰσελεύσεσθαι εἰς τὴν **κατάπαυσιν** αὐτοῦ εἰ μὴ
Heb 4:1 εἰσελθεῖν εἰς τὴν **κατάπαυσιν** αὐτοῦ δοκῇ
Heb 4:3 γὰρ εἰς [τὴν] **κατάπαυσιν** οἱ πιστεύσαντες,
Heb 4:3 εἰσελεύσονται εἰς τὴν **κατάπαυσίν** μου,
Heb 4:5 εἰσελεύσονται εἰς τὴν **κατάπαυσίν** μου.
Heb 4:10 εἰσελθὼν εἰς τὴν **κατάπαυσιν** αὐτοῦ καὶ αὐτὸς
Heb 4:11 εἰς ἐκείνην τὴν **κατάπαυσιν**,

καταπαύω (*katapauō*; 3/4) *cause to rest*
Heb 4:4 καὶ **κατέπαυσεν** ὁ θεὸς ἐν
Heb 4:8 γὰρ αὐτοὺς Ἰησοῦς **κατέπαυσεν**,
Heb 4:10 αὐτοῦ καὶ αὐτὸς **κατέπαυσεν** ἀπὸ τῶν ἔργων

καταπέτασμα (*katapetasma*; 3/6) *curtain*
Heb 6:19 τὸ ἐσώτερον τοῦ **καταπετάσματος**,
Heb 9:3 δὲ τὸ δεύτερον **καταπέτασμα** σκηνὴ ἡ λεγομένη
Heb 10:20 ζῶσαν διὰ τοῦ **καταπετάσματος**,

καταπίνω (*katapinō*; 1/7) *swallow*
Heb 11:29 λαβόντες οἱ Αἰγύπτιοι **κατεπόθησαν**.

κατάρα (*katara*; 1/6) *curse*
Heb 6:8 ἀδόκιμος καὶ **κατάρας** ἐγγύς,

καταργέω (*katargeō*; 1/27) *render ineffective*
Heb 2:14 διὰ τοῦ θανάτου **καταργήσῃ** τὸν τὸ κράτος

καταρτίζω (*katartizō*; 3/13) *mend*
Heb 10:5 σῶμα δὲ **κατηρτίσω** μοι·
Heb 11:3 Πίστει νοοῦμεν **κατηρτίσθαι** τοὺς αἰῶνας ῥήματι
Heb 13:21 **καταρτίσαι** ὑμᾶς ἐν παντὶ

κατασκευάζω (*kataskeuazō*; 6/11) *prepare*
Heb 3:3 τοῦ οἴκου ὁ **κατασκευάσας** αὐτόν·
Heb 3:4 πᾶς γὰρ οἶκος **κατασκευάζεται** ὑπό τινος,
Heb 3:4 ὁ δὲ πάντα **κατασκευάσας** θεός.
Heb 9:2 σκηνὴ γὰρ **κατεσκευάσθη** ἡ πρώτη ἐν
Heb 9:6 Τούτων δὲ οὕτως **κατεσκευασμένων** εἰς μὲν
Heb 11:7 εὐλαβηθεὶς **κατεσκεύασεν** κιβωτὸν εἰς σωτηρίαν

κατασκιάζω (*kataskiazō*; 1/1) *overshadow*
Heb 9:5 αὐτῆς Χερουβὶν δόξης **κατασκιάζοντα** τὸ ἱλαστήριον·

κατάσκοπος (*kataskopos*; 1/1) *spy*
Heb 11:31 ἀπειθήσασιν δεξαμένη τοὺς **κατασκόπους** μετ᾽ εἰρήνης.

καταφεύγω (*katapheugō*; 1/2) *flee*
Heb 6:18 παράκλησιν ἔχωμεν οἱ **καταφυγόντες** κρατῆσαι τῆς προκειμένης

καταφρονέω (*kataphroneō*; 1/9) *despise*
Heb 12:2 ὑπέμεινεν σταυρὸν αἰσχύνης **καταφρονήσας** ἐν δεξιᾷ τε

κατέχω (*katechō*; 3/17) *hold fast*
Heb 3:6 καύχημα τῆς ἐλπίδος **κατάσχωμεν**.
Heb 3:14 μέχρι τέλους βεβαίαν **κατάσχωμεν**
Heb 10:23 **κατέχωμεν** τὴν ὁμολογίαν τῆς

κατοικέω (*katoikeō*; 1/44) *live*
Heb 11:9 ἀλλοτρίαν ἐν σκηναῖς **κατοικήσας** μετὰ Ἰσαὰκ καὶ

καῦσις (*kausis*; 1/1) *burning*
Heb 6:8 τὸ τέλος εἰς **καῦσιν**.

καύχημα (*kauchēma*; 1/11) *ground for boasting*
Heb 3:6 παρρησίαν καὶ τὸ **καύχημα** τῆς ἐλπίδος κατάσχωμεν.

κεφάλαιον (*kephalaion*; 1/2) *main point*
Heb 8:1 **Κεφάλαιον** δὲ ἐπὶ τοῖς

κεφαλίς (*kephalis*; 1/1) *roll*
Heb 10:7 ἐν **κεφαλίδι** βιβλίου γέγραπται περὶ

κιβωτός (*kibōtos*; 2/6) *ark*
Heb 9:4 θυμιατήριον καὶ τὴν **κιβωτὸν** τῆς διαθήκης περικεκαλυμμένην
Heb 11:7 εὐλαβηθεὶς κατεσκεύασεν **κιβωτὸν** εἰς σωτηρίαν τοῦ

κληρονομέω (*klēronomeō*; 4/18) *inherit*
Heb 1:4 διαφορώτερον παρ᾽ αὐτοὺς **κεκληρονόμηκεν** ὄνομα.
Heb 1:14 διὰ τοὺς μέλλοντας **κληρονομεῖν** σωτηρίαν;
Heb 6:12 πίστεως καὶ μακροθυμίας **κληρονομούντων** τὰς ἐπαγγελίας.
Heb 12:17 καὶ μετέπειτα θέλων **κληρονομῆσαι** τὴν εὐλογίαν ἀπεδοκιμάσθη,

κληρονομία (*klēronomia*; 2/14) *inheritance*
Heb 9:15 κεκλημένοι τῆς αἰωνίου **κληρονομίας**.
Heb 11:8 ἤμελλεν λαμβάνειν εἰς **κληρονομίαν**,

κληρονόμος (*klēronomos*; 3/15) *heir*
Heb 1:2 ὃν ἔθηκεν **κληρονόμον** πάντων,
Heb 6:17 θεὸς ἐπιδεῖξαι τοῖς **κληρονόμοις** τῆς ἐπαγγελίας τὸ
Heb 11:7 πίστιν δικαιοσύνης ἐγένετο **κληρονόμος**.

κλῆσις (*klēsis*; 1/11) *call*
Heb 3:1 **κλήσεως** ἐπουρανίου μέτοχοι,

κλίνω (*klinō*; 1/7) *bow*
Heb 11:34 παρεμβολὰς **ἔκλιναν** ἀλλοτρίων.

κοινός (*koinos*; 1/14) *common*
Heb 10:29 αἷμα τῆς διαθήκης **κοινὸν** ἡγησάμενος,

κοινόω (*koinoō*; 1/14) *defile*
Heb 9:13 δαμάλεως ῥαντίζουσα τοὺς **κεκοινωμένους** ἁγιάζει πρὸς τὴν

κοινωνέω (*koinōneō*; 1/8) *share*
Heb 2:14 οὖν τὰ παιδία **κεκοινώνηκεν** αἵματος καὶ σαρκός,

κοινωνία (*koinōnia*; 1/19) *fellowship*
Heb 13:16 δὲ εὐποιΐας καὶ **κοινωνίας** μὴ ἐπιλανθάνεσθε·

κοινωνός (*koinōnos*; 1/10) *partner*
Heb 10:33 τοῦτο δὲ **κοινωνοὶ** τῶν οὕτως ἀναστρεφομένων

κοίτη (*koitē*; 1/4) *bed*
Heb 13:4 πᾶσιν καὶ ἡ **κοίτη** ἀμίαντος,

κόκκινος (*kokkinos*; 1/6) *scarlet*
Heb 9:19 ὕδατος καὶ ἐρίου **κοκκίνου** καὶ ὑσσώπου αὐτό

κομίζω (*komizō*; 3/10) *bring (mid. receive)*
Heb 10:36 τοῦ θεοῦ ποιήσαντες **κομίσησθε** τὴν ἐπαγγελίαν.
Heb 11:19 καὶ ἐν παραβολῇ **ἐκομίσατο**.
Heb 11:39 τῆς πίστεως οὐκ **ἐκομίσαντο** τὴν ἐπαγγελίαν,

κοπή (*kopē*; 1/1) *slaughter, defeat*
Heb 7:1 ὑποστρέφοντι ἀπὸ τῆς **κοπῆς** τῶν βασιλέων

κοσμικός (*kosmikos*; 1/2) *worldly*
Heb 9:1 τό τε ἅγιον **κοσμικόν**.

κόσμος (*kosmos*; 5/185[186]) *world*
Heb 4:3 ἔργων ἀπὸ καταβολῆς **κόσμου** γενηθέντων.
Heb 9:26 παθεῖν ἀπὸ καταβολῆς **κόσμου**·
Heb 10:5 εἰσερχόμενος εἰς τὸν **κόσμον** λέγει·
Heb 11:7 ἧς κατέκρινεν τὸν **κόσμον**,
Heb 11:38 ἦν ἄξιος ὁ **κόσμος**,

κρατέω (*krateō*; 2/47) *hold*
Heb 4:14 **κρατῶμεν** τῆς ὁμολογίας.
Heb 6:18 ἔχωμεν οἱ καταφυγόντες **κρατῆσαι** τῆς προκειμένης ἐλπίδος·

κράτος (*kratos*; 1/12) *might, strength*
Heb 2:14 καταργήσῃ τὸν τὸ **κράτος** ἔχοντα τοῦ θανάτου,

κραυγή (*kraugē*; 1/6) *shout*
Heb 5:7 ἐκ θανάτου μετὰ **κραυγῆς** ἰσχυρᾶς καὶ δακρύων

κρείττων (*kreittōn*; 13/19) *better*
Heb 1:4 τοσούτῳ **κρείττων** γενόμενος τῶν ἀγγέλων
Heb 6:9 τὰ **κρείσσονα** καὶ ἐχόμενα σωτηρίας,
Heb 7:7 ἔλαττον ὑπὸ τοῦ **κρείττονος** εὐλογεῖται.
Heb 7:19 ἐπεισαγωγὴ δὲ **κρείττονος** ἐλπίδος δι᾽ ἧς
Heb 7:22 κατὰ τοσοῦτο [καὶ] **κρείττονος** διαθήκης γέγονεν ἔγγυος
Heb 8:6 ὅσῳ καὶ **κρείττονός** ἐστιν διαθήκης μεσίτης,
Heb 8:6 ἥτις ἐπὶ **κρείττοσιν** ἐπαγγελίαις νενομοθέτηται.
Heb 9:23 δὲ τὰ ἐπουράνια **κρείττοσιν** θυσίαις παρὰ ταύτας.
Heb 10:34 γινώσκοντες ἔχειν ἑαυτοὺς **κρείττονα** ὕπαρξιν καὶ μένουσαν.
Heb 11:16 νῦν δὲ **κρείττονος** ὀρέγονται,
Heb 11:35 ἵνα **κρείττονος** ἀναστάσεως τύχωσιν·
Heb 11:40 θεοῦ περὶ ἡμῶν **κρεῖττόν** τι προβλεψαμένου,
Heb 12:24 καὶ αἵματι ῥαντισμοῦ **κρεῖττον** λαλοῦντι παρὰ τὸν

κρίμα (*krima*; 1/27) *judgment*
Heb 6:2 τε νεκρῶν καὶ **κρίματος** αἰωνίου.

κρίνω (*krinō*; 2/114) *judge*
Heb 10:30 **κρινεῖ** κύριος τὸν λαὸν
Heb 13:4 γὰρ καὶ μοιχοὺς **κρινεῖ** ὁ θεός.

κρίσις (*krisis*; 2/47) *judgment*
Heb 9:27 μετὰ δὲ τοῦτο **κρίσις**,
Heb 10:27 δέ τις ἐκδοχὴ **κρίσεως** καὶ πυρὸς ζῆλος

κριτής (*kritēs*; 1/19) *judge*
Heb 12:23 ἐν οὐρανοῖς καὶ **κριτῇ** θεῷ πάντων καὶ

κριτικός (*kritikos*; 1/1) *able to judge*
Heb 4:12 καὶ **κριτικὸς** ἐνθυμήσεων καὶ ἐννοιῶν

κρύπτω (*kryptō*; 1/18) *hide*
Heb 11:23 Πίστει Μωϋσῆς γεννηθεὶς **ἐκρύβη** τρίμηνον ὑπὸ τῶν

κτίσις (*ktisis*; 2/18[19]) *creation*

Heb 4:13 καὶ οὐκ ἔστιν **κτίσις** ἀφανὴς ἐνώπιον αὐτοῦ,
Heb 9:11 οὐ ταύτης τῆς **κτίσεως**,

κυκλόω (*kykloō*; 1/4) *surround*

Heb 11:30 τείχη Ἰεριχὼ ἔπεσαν **κυκλωθέντα** ἐπὶ ἑπτὰ ἡμέρας.

κύριος (*kyrios*; 16/714[717]) *Lord, sir*

Heb 1:10 **κύριε**,
Heb 2:3 λαλεῖσθαι διὰ τοῦ **κυρίου** ὑπὸ τῶν ἀκουσάντων
Heb 7:14 Ἰούδα ἀνατέταλκεν ὁ **κύριος** ἡμῶν,
Heb 7:21 ὤμοσεν **κύριος** καὶ οὐ μεταμεληθήσεται·
Heb 8:2 ἣν ἔπηξεν ὁ **κύριος**,
Heb 8:8 λέγει **κύριος**,
Heb 8:9 λέγει **κύριος**·
Heb 8:10 λέγει **κύριος**·
Heb 8:11 γνῶθι τὸν **κύριον**,
Heb 10:16 λέγει **κύριος**·
Heb 10:30 κρινεῖ **κύριος** τὸν λαὸν αὐτοῦ.
Heb 12:5 μὴ ὀλιγώρει παιδείας **κυρίου** μηδὲ ἐκλύου
Heb 12:6 ὃν γὰρ ἀγαπᾷ **κύριος** παιδεύει,
Heb 12:14 οὐδεὶς ὄψεται τὸν **κύριον**,
Heb 13:6 **κύριος** ἐμοὶ βοηθός,
Heb 13:20 τὸν **κύριον** ἡμῶν Ἰησοῦν,

κῶλον (*kōlon*; 1/1) *dead body*

Heb 3:17 ὧν τὰ **κῶλα** ἔπεσεν ἐν τῇ

κωλύω (*kōlyō*; 1/23) *hinder*

Heb 7:23 διὰ τὸ θανάτῳ **κωλύεσθαι** παραμένειν·

λαλέω (*laleō*; 16/294[296]) *speak*

Heb 1:1 πάλαι ὁ θεὸς **λαλήσας** τοῖς πατράσιν ἐν
Heb 1:2 τῶν ἡμερῶν τούτων **ἐλάλησεν** ἡμῖν ἐν υἱῷ,
Heb 2:2 ὁ δι' ἀγγέλων **λαληθεὶς** λόγος ἐγένετο βέβαιος
Heb 2:3 ἥτις ἀρχὴν λαβοῦσα **λαλεῖσθαι** διὰ τοῦ κυρίου
Heb 2:5 περὶ ἧς **λαλοῦμεν**.
Heb 3:5 εἰς μαρτύριον τῶν **λαληθησομένων**,
Heb 4:8 ἂν περὶ ἄλλης **ἐλάλει** μετὰ ταῦτα ἡμέρας.
Heb 5:5 ἀρχιερέα ἀλλ' ὁ **λαλήσας** πρὸς αὐτόν·
Heb 6:9 εἰ καὶ οὕτως **λαλοῦμεν**.
Heb 7:14 ἱερέων οὐδὲν Μωϋσῆς **ἐλάλησεν**.
Heb 9:19 **λαληθείσης** γὰρ πάσης ἐντολῆς
Heb 11:4 αὐτῆς ἀποθανὼν ἔτι **λαλεῖ**.
Heb 11:18 πρὸς ὃν **ἐλαλήθη** ὅτι ἐν Ἰσαὰκ
Heb 12:24 αἵματι ῥαντισμοῦ κρεῖττον **λαλοῦντι** παρὰ τὸν Ἅβελ.
Heb 12:25 μὴ παραιτήσησθε τὸν **λαλοῦντα**·
Heb 13:7 οἵτινες **ἐλάλησαν** ὑμῖν τὸν λόγον

λαμβάνω (*lambanō*; 17/258) *take, receive*

Heb 2:2 παράβασις καὶ παρακοὴ **ἔλαβεν** ἔνδικον μισθαποδοσίαν,
Heb 2:3 ἥτις ἀρχὴν **λαβοῦσα** λαλεῖσθαι διὰ τοῦ
Heb 4:16 ἵνα **λάβωμεν** ἔλεος καὶ χάριν
Heb 5:1 ἀρχιερεὺς ἐξ ἀνθρώπων **λαμβανόμενος** ὑπὲρ ἀνθρώπων καθίσταται
Heb 5:4 οὐχ ἑαυτῷ τις **λαμβάνει** τὴν τιμὴν ἀλλὰ
Heb 7:5 Λευὶ τὴν ἱερατείαν **λαμβάνοντες** ἐντολὴν ἔχουσιν ἀποδεκατοῦν
Heb 7:8 δεκάτας ἀποθνῄσκοντες ἄνθρωποι **λαμβάνουσιν**,
Heb 7:9 Λευὶ ὁ δεκάτας **λαμβάνων** δεδεκάτωται·
Heb 9:15 παραβάσεων τὴν ἐπαγγελίαν **λάβωσιν** οἱ κεκλημένοι τῆς
Heb 9:19 **λαβὼν** τὸ αἷμα τῶν
Heb 10:26 ἡμῶν μετὰ τὸ **λαβεῖν** τὴν ἐπίγνωσιν τῆς
Heb 11:8 τόπον ὃν ἤμελλεν **λαμβάνειν** εἰς κληρονομίαν,
Heb 11:11 εἰς καταβολὴν σπέρματος **ἔλαβεν** καὶ παρὰ καιρὸν
Heb 11:13 μὴ **λαβόντες** τὰς ἐπαγγελίας ἀλλὰ
Heb 11:29 ἧς πεῖραν **λαβόντες** οἱ Αἰγύπτιοι κατεπόθησαν.
Heb 11:35 **Ἔλαβον** γυναῖκες ἐξ ἀναστάσεως
Heb 11:36 καὶ μαστίγων πεῖραν **ἔλαβον**,

λανθάνω (*lanthanō*; 1/6) *be hidden*

Heb 13:2 διὰ ταύτης γὰρ **ἔλαθόν** τινες ξενίσαντες ἀγγέλους.

λαός (*laos*; 13/141[142]) *people, nation*

Heb 2:17 τὰς ἁμαρτίας τοῦ **λαοῦ**.
Heb 4:9 ἀπολείπεται σαββατισμὸς τῷ **λαῷ** τοῦ θεοῦ.
Heb 5:3 καθὼς περὶ τοῦ **λαοῦ**,
Heb 7:5 ἔχουσιν ἀποδεκατοῦν τὸν **λαὸν** κατὰ τὸν νόμον,
Heb 7:11 ὁ **λαὸς** γὰρ ἐπ' αὐτῆς
Heb 7:27 ἔπειτα τῶν τοῦ **λαοῦ**·
Heb 8:10 ἔσονταί μοι εἰς **λαόν**·
Heb 9:7 καὶ τῶν τοῦ **λαοῦ** ἀγνοημάτων,
Heb 9:19 Μωϋσέως παντὶ τῷ **λαῷ**,
Heb 9:19 καὶ πάντα τὸν **λαὸν** ἐρράντισεν
Heb 10:30 κρινεῖ κύριος τὸν **λαὸν** αὐτοῦ.
Heb 11:25 ἑλόμενος συγκακουχεῖσθαι τῷ **λαῷ** τοῦ θεοῦ ἢ
Heb 13:12 ἰδίου αἵματος τὸν **λαόν**,

λατρεία (*latreia*; 2/5) *service*

Heb 9:1 ἡ πρώτη δικαιώματα **λατρείας** τό τε ἅγιον
Heb 9:6 οἱ ἱερεῖς τὰς **λατρείας** ἐπιτελοῦντες,

λατρεύω (*latreuō*; 6/21) *serve*

Heb 8:5 ὑποδείγματι καὶ σκιᾷ **λατρεύουσιν** τῶν ἐπουρανίων,
Heb 9:9 συνείδησιν τελειῶσαι τὸν **λατρεύοντα**,
Heb 9:14 ἔργων εἰς τὸ **λατρεύειν** θεῷ ζῶντι.
Heb 10:2 συνείδησιν ἁμαρτιῶν τοὺς **λατρεύοντας** ἅπαξ κεκαθαρισμένους;
Heb 12:28 δι' ἧς **λατρεύωμεν** εὐαρέστως τῷ θεῷ
Heb 13:10 οἱ τῇ σκηνῇ **λατρεύοντες**.

λέγω (*legō*; 44/2345[2353]) *say*

Heb 1:5 Τίνι γὰρ **εἶπέν** ποτε τῶν ἀγγέλων·
Heb 1:6 **λέγει**·
Heb 1:7 μὲν τοὺς ἀγγέλους **λέγει**·
Heb 1:13 δὲ τῶν ἀγγέλων **εἴρηκέν** ποτε·
Heb 2:6 δέ πού τις **λέγων**·
Heb 2:12 **λέγων**·
Heb 3:7 καθὼς **λέγει** τὸ πνεῦμα τὸ

Heb 3:10 γενεᾷ ταύτῃ καὶ **εἶπον**·
Heb 3:15 ἐν τῷ **λέγεσθαι**·
Heb 4:3 καθὼς **εἴρηκεν**·
Heb 4:4 **εἴρηκεν** γάρ που περὶ
Heb 4:7 ἐν Δαυὶδ **λέγων** μετὰ τοσοῦτον χρόνον,
Heb 5:6 καὶ ἐν ἑτέρῳ **λέγει**·
Heb 5:11 λόγος καὶ δυσερμήνευτος **λέγειν**,
Heb 6:14 **λέγων**·
Heb 7:9 καὶ ὡς ἔπος **εἰπεῖν**,
Heb 7:11 τὴν τάξιν Ἀαρὼν **λέγεσθαι**;
Heb 7:13 ἐφ᾽ ὃν γὰρ **λέγεται** ταῦτα,
Heb 7:21 ὁρκωμοσίας διὰ τοῦ **λέγοντος** πρὸς αὐτόν·
Heb 8:1 δὲ ἐπὶ τοῖς **λεγομένοις**,
Heb 8:8 μεμφόμενος γὰρ αὐτοὺς **λέγει**·
Heb 8:8 **λέγει** κύριος,
Heb 8:9 **λέγει** κύριος·
Heb 8:10 **λέγει** κύριος·
Heb 8:11 τὸν ἀδελφὸν αὐτοῦ **λέγων**·
Heb 8:13 ἐν τῷ **λέγειν** καινὴν πεπαλαίωκεν τὴν
Heb 9:2 ἥτις **λέγεται** Ἅγια·
Heb 9:3 καταπέτασμα σκηνὴ ἡ **λεγομένη** Ἅγια Ἁγίων,
Heb 9:5 οὐκ ἔστιν νῦν **λέγειν** κατὰ μέρος.
Heb 9:20 **λέγων**·
Heb 10:5 εἰς τὸν κόσμον **λέγει**·
Heb 10:7 τότε **εἶπον**·
Heb 10:8 ἀνώτερον **λέγων** ὅτι θυσίας καὶ
Heb 10:9 τότε **εἴρηκεν**·
Heb 10:15 μετὰ γὰρ τὸ **εἰρηκέναι**·
Heb 10:16 **λέγει** κύριος·
Heb 10:30 οἴδαμεν γὰρ τὸν **εἰπόντα**·
Heb 11:14 οἱ γὰρ τοιαῦτα **λέγοντες** ἐμφανίζουσιν ὅτι πατρίδα
Heb 11:24 μέγας γενόμενος ἠρνήσατο **λέγεσθαι** υἱὸς θυγατρὸς Φαραώ,
Heb 11:32 Καὶ τί ἔτι **λέγω**;
Heb 12:21 Μωϋσῆς **εἶπεν**·
Heb 12:26 νῦν δὲ ἐπήγγελται **λέγων**·
Heb 13:5 αὐτὸς γὰρ **εἴρηκεν**·
Heb 13:6 ὥστε θαρροῦντας ἡμᾶς **λέγειν**·

λειτουργέω (*leitourgeō*; 1/3) *serve*
Heb 10:11 ἕστηκεν καθ᾽ ἡμέραν **λειτουργῶν** καὶ τὰς αὐτὰς

λειτουργία (*leitourgia*; 2/6) *service, ministry*
Heb 8:6 δὲ διαφορωτέρας τέτυχεν **λειτουργίας**,
Heb 9:21 τὰ σκεύη τῆς **λειτουργίας** τῷ αἵματι ὁμοίως

λειτουργικός (*leitourgikos*; 1/1) *ministering*
Heb 1:14 οὐχὶ πάντες εἰσὶν **λειτουργικὰ** πνεύματα εἰς διακονίαν

λειτουργός (*leitourgos*; 2/5) *servant*
Heb 1:7 πνεύματα καὶ τοὺς **λειτουργοὺς** αὐτοῦ πυρὸς φλόγα,
Heb 8:2 τῶν ἁγίων **λειτουργὸς** καὶ τῆς σκηνῆς

Λευί (*Leui*; 2/8) *Levi*
Heb 7:5 ἐκ τῶν υἱῶν **Λευὶ** τὴν ἱερατείαν λαμβάνοντες
Heb 7:9 δι᾽ Ἀβραὰμ καὶ **Λευὶ** ὁ δεκάτας λαμβάνων

Λευιτικός (*Leuitikos*; 1/1) *Levitical*
Heb 7:11 τελείωσις διὰ τῆς **Λευιτικῆς** ἱερωσύνης ἦν,

λέων (*leōn*; 1/9) *lion*
Heb 11:33 ἔφραξαν στόματα **λεόντων**,

λιθάζω (*lithazō*; 1/8[9]) *stone*
Heb 11:37 **ἐλιθάσθησαν**,

λιθοβολέω (*lithoboleō*; 1/7) *stone*
Heb 12:20 **λιθοβοληθήσεται**·

λογίζομαι (*logizomai*; 1/40) *count, consider*
Heb 11:19 **λογισάμενος** ὅτι καὶ ἐκ

λόγιον (*logion*; 1/4) *oracle*
Heb 5:12 τῆς ἀρχῆς τῶν **λογίων** τοῦ θεοῦ καὶ

λόγος (*logos*; 12/329[330]) *word*
Heb 2:2 δι᾽ ἀγγέλων λαληθεὶς **λόγος** ἐγένετο βέβαιος καὶ
Heb 4:2 οὐκ ὠφέλησεν ὁ **λόγος** τῆς ἀκοῆς ἐκείνους
Heb 4:12 Ζῶν γὰρ ὁ **λόγος** τοῦ θεοῦ καὶ
Heb 4:13 ὃν ἡμῖν ὁ **λόγος**.
Heb 5:11 πολὺς ἡμῖν ὁ **λόγος** καὶ δυσερμήνευτος λέγειν,
Heb 5:13 μετέχων γάλακτος ἄπειρος **λόγου** δικαιοσύνης,
Heb 6:1 ἀρχῆς τοῦ Χριστοῦ **λόγον** ἐπὶ τὴν τελειότητα
Heb 7:28 ὁ **λόγος** δὲ τῆς ὁρκωμοσίας
Heb 12:19 μὴ προστεθῆναι αὐτοῖς **λόγον**,
Heb 13:7 ἐλάλησαν ὑμῖν τὸν **λόγον** τοῦ θεοῦ,
Heb 13:17 ψυχῶν ὑμῶν ὡς **λόγον** ἀποδώσοντες,
Heb 13:22 ἀνέχεσθε τοῦ **λόγου** τῆς παρακλήσεως,

λοιπός (*loipos*; 1/54[55]) *rest*
Heb 10:13 τὸ **λοιπὸν** ἐκδεχόμενος ἕως τεθῶσιν

λούω (*louō*; 1/5) *wash*
Heb 10:22 συνειδήσεως πονηρᾶς καὶ **λελουσμένοι** τὸ σῶμα ὕδατι

λύπη (*lypē*; 1/16) *grief*
Heb 12:11 χαρᾶς εἶναι ἀλλὰ **λύπης**,

λύτρωσις (*lytrōsis*; 1/3) *redemption*
Heb 9:12 τὰ ἅγια αἰωνίαν **λύτρωσιν** εὑράμενος.

λυχνία (*lychnia*; 1/12) *lampstand*
Heb 9:2 ἡ ἥ τε **λυχνία** καὶ ἡ τράπεζα

μακροθυμέω (*makrothymeō*; 1/10) *be patient*
Heb 6:15 καὶ οὕτως **μακροθυμήσας** ἐπέτυχεν τῆς ἐπαγγελίας.

μακροθυμία (*makrothymia*; 1/14) *patience*

Heb 6:12 διὰ πίστεως καὶ **μακροθυμίας** κληρονομούντων τὰς ἐπαγγελίας.

μᾶλλον (*mallon*; 6/81) *more*

Heb 9:14 πόσῳ **μᾶλλον** τὸ αἷμα τοῦ
Heb 10:25 καὶ τοσούτῳ **μᾶλλον** ὅσῳ βλέπετε ἐγγίζουσαν
Heb 11:25 **μᾶλλον** ἑλόμενος συγκακουχεῖσθαι τῷ
Heb 12:9 οὐ πολὺ [δὲ] **μᾶλλον** ὑποταγησόμεθα τῷ πατρὶ
Heb 12:13 ἰαθῇ δὲ **μᾶλλον**.
Heb 12:25 πολὺ **μᾶλλον** ἡμεῖς οἱ τὸν

μανθάνω (*manthanō*; 1/25) *learn*

Heb 5:8 ἔμαθεν **ἀφ'** ὧν ἔπαθεν τὴν

μάννα (*manna*; 1/4) *manna*

Heb 9:4 χρυσῆ ἔχουσα τὸ **μάννα** καὶ ἡ ῥάβδος

μαρτυρέω (*martyreō*; 8/76) *bear witness*

Heb 7:8 ἐκεῖ δὲ **μαρτυρούμενος** ὅτι ζῇ.
Heb 7:17 **μαρτυρεῖται** γὰρ ὅτι σὺ
Heb 10:15 **Μαρτυρεῖ** δὲ ἡμῖν καὶ
Heb 11:2 ἐν ταύτῃ γὰρ **ἐμαρτυρήθησαν** οἱ πρεσβύτεροι.
Heb 11:4 δι' ἧς **ἐμαρτυρήθη** εἶναι δίκαιος,
Heb 11:4 **μαρτυροῦντος** ἐπὶ τοῖς δώροις
Heb 11:5 γὰρ τῆς μεταθέσεως **μεμαρτύρηται** εὐαρεστηκέναι τῷ θεῷ·
Heb 11:39 Καὶ οὗτοι πάντες **μαρτυρηθέντες** διὰ τῆς πίστεως

μαρτύριον (*martyrion*; 1/19) *testimony*

Heb 3:5 ὡς θεράπων εἰς **μαρτύριον** τῶν λαληθησομένων,

μάρτυς (*martys*; 2/35) *witness*

Heb 10:28 δυσὶν ἢ τρισὶν **μάρτυσιν** ἀποθνῄσκει·
Heb 12:1 περικείμενον ἡμῖν νέφος **μαρτύρων**,

μαστιγόω (*mastigoō*; 1/7) *beat with a whip*

Heb 12:6 **μαστιγοῖ** δὲ πάντα υἱὸν

μάστιξ (*mastix*; 1/6) *whip*

Heb 11:36 δὲ ἐμπαιγμῶν καὶ **μαστίγων** πεῖραν ἔλαβον,

μάχαιρα (*machaira*; 3/29) *sword*

Heb 4:12 τομώτερος ὑπὲρ πᾶσαν **μάχαιραν** δίστομον καὶ διϊκνούμενος
Heb 11:34 ἔφυγον στόματα **μαχαίρης**,
Heb 11:37 ἐν φόνῳ **μαχαίρης** ἀπέθανον,

μεγαλωσύνη (*megalōsynē*; 2/3) *majesty*

Heb 1:3 ἐν δεξιᾷ τῆς **μεγαλωσύνης** ἐν ὑψηλοῖς,
Heb 8:1 τοῦ θρόνου τῆς **μεγαλωσύνης** ἐν τοῖς οὐρανοῖς,

μέγας (*megas*; 10/243) *great, large*

Heb 4:14 Ἔχοντες οὖν ἀρχιερέα **μέγαν** διεληλυθότα τοὺς οὐρανούς,
Heb 6:13 κατ' οὐδενὸς εἶχεν **μείζονος** ὀμόσαι,
Heb 6:16 γὰρ κατὰ τοῦ **μείζονος** ὀμνύουσιν,
Heb 8:11 ἀπὸ μικροῦ ἕως **μεγάλου** αὐτῶν,
Heb 9:11 ἀγαθῶν διὰ τῆς **μείζονος** καὶ τελειοτέρας σκηνῆς
Heb 10:21 καὶ ἱερέα **μέγαν** ἐπὶ τὸν οἶκον
Heb 10:35 ἥτις ἔχει **μεγάλην** μισθαποδοσίαν.
Heb 11:24 Πίστει Μωϋσῆς **μέγας** γενόμενος ἠρνήσατο λέγεσθαι
Heb 11:26 **μείζονα** πλοῦτον ἡγησάμενος τῶν
Heb 13:20 τῶν προβάτων τὸν **μέγαν** ἐν αἵματι διαθήκης

μέλλω (*mellō*; 9/109) *be about to happen*

Heb 1:14 ἀποστελλόμενα διὰ τοὺς **μέλλοντας** κληρονομεῖν σωτηρίαν;
Heb 2:5 τὴν οἰκουμένην τὴν **μέλλουσαν**,
Heb 6:5 ῥῆμα δυνάμεις τε **μέλλοντος** αἰῶνος
Heb 8:5 καθὼς κεχρημάτισται Μωϋσῆς **μέλλων** ἐπιτελεῖν τὴν σκηνήν·
Heb 10:1 ὁ νόμος τῶν **μελλόντων** ἀγαθῶν,
Heb 10:27 πυρὸς ζῆλος ἐσθίειν **μέλλοντος** τοὺς ὑπεναντίους.
Heb 11:8 εἰς τόπον ὃν **ἤμελλεν** λαμβάνειν εἰς κληρονομίαν,
Heb 11:20 Πίστει καὶ περὶ **μελλόντων** εὐλόγησεν Ἰσαὰκ τὸν
Heb 13:14 πόλιν ἀλλὰ τὴν **μέλλουσαν** ἐπιζητοῦμεν.

Μελχισέδεκ (*Melchisedek*; 8/8) *Melchizedek*

Heb 5:6 κατὰ τὴν τάξιν **Μελχισέδεκ**,
Heb 5:10 κατὰ τὴν τάξιν **Μελχισέδεκ**.
Heb 6:20 κατὰ τὴν τάξιν **Μελχισέδεκ** ἀρχιερεὺς γενόμενος εἰς
Heb 7:1 Οὗτος γὰρ ὁ **Μελχισέδεκ**,
Heb 7:10 ὅτε συνήντησεν αὐτῷ **Μελχισέδεκ**.
Heb 7:11 κατὰ τὴν τάξιν **Μελχισέδεκ** ἕτερον ἀνίστασθαι ἱερέα
Heb 7:15 κατὰ τὴν ὁμοιότητα **Μελχισέδεκ** ἀνίσταται ἱερεὺς ἕτερος,
Heb 7:17 κατὰ τὴν τάξιν **Μελχισέδεκ**.

μέμφομαι (*memphomai*; 1/2) *find fault with*

Heb 8:8 **μεμφόμενος** γὰρ αὐτοὺς λέγει·

μέν (*men*; 19/178[179]) *on the one hand*

Heb 1:7 καὶ πρὸς **μὲν** τοὺς ἀγγέλους λέγει·
Heb 3:5 καὶ Μωϋσῆς **μὲν** πιστὸς ἐν ὅλῳ
Heb 7:2 πρῶτον **μὲν** ἑρμηνευόμενος βασιλεὺς δικαιοσύνης
Heb 7:5 καὶ οἱ **μὲν** ἐκ τῶν υἱῶν
Heb 7:8 καὶ ὧδε **μὲν** δεκάτας ἀποθνῄσκοντες ἄνθρωποι
Heb 7:11 Εἰ **μὲν** οὖν τελείωσις διὰ
Heb 7:18 ἀθέτησις **μὲν** γὰρ γίνεται προαγούσης
Heb 7:20 οἱ **μὲν** γὰρ χωρὶς ὁρκωμοσίας
Heb 7:23 Καὶ οἱ **μὲν** πλείονές εἰσιν γεγονότες
Heb 8:4 εἰ **μὲν** οὖν ἦν ἐπὶ
Heb 9:1 Εἶχε **μὲν** οὖν [καὶ] ἡ

Heb 9:6 οὕτως κατεσκευασμένων εἰς **μὲν** τὴν πρώτην σκηνὴν
Heb 9:23 Ἀνάγκη οὖν τὰ **μὲν** ὑποδείγματα τῶν ἐν
Heb 10:11 Καὶ πᾶς **μὲν** ἱερεὺς ἕστηκεν καθ'
Heb 10:33 τοῦτο **μὲν** ὀνειδισμοῖς τε καὶ
Heb 11:15 καὶ εἰ **μὲν** ἐκείνης ἐμνημόνευον ἀφ'
Heb 12:9 εἶτα τοὺς **μὲν** τῆς σαρκὸς ἡμῶν
Heb 12:10 οἱ **μὲν** γὰρ πρὸς ὀλίγας
Heb 12:11 δὲ παιδεία πρὸς **μὲν** τὸ παρὸν οὐ

μένω (*menō*; 6/118) *remain*
Heb 7:3 **μένει** ἱερεὺς εἰς τὸ
Heb 7:24 δὲ διὰ τὸ **μένειν** αὐτὸν εἰς τὸν
Heb 10:34 κρείττονα ὕπαρξιν καὶ **μένουσαν**.
Heb 12:27 ἵνα **μείνῃ** τὰ μὴ σαλευόμενα.
Heb 13:1 Ἡ φιλαδελφία **μενέτω**.
Heb 13:14 γὰρ ἔχομεν ὧδε **μένουσαν** πόλιν ἀλλὰ τὴν

μερίζω (*merizō*; 1/14) *divide*
Heb 7:2 δεκάτην ἀπὸ πάντων **ἐμέρισεν** Ἀβραάμ,

μερισμός (*merismos*; 2/2) *distribution*
Heb 2:4 καὶ πνεύματος ἁγίου **μερισμοῖς** κατὰ τὴν αὐτοῦ
Heb 4:12 καὶ διϊκνούμενος ἄχρι **μερισμοῦ** ψυχῆς καὶ πνεύματος,

μέρος (*meros*; 1/42) *part*
Heb 9:5 νῦν λέγειν κατὰ **μέρος**.

μεσιτεύω (*mesiteuō*; 1/1) *confirm*
Heb 6:17 τῆς βουλῆς αὐτοῦ **ἐμεσίτευσεν** ὅρκῳ,

μεσίτης (*mesitēs*; 3/6) *mediator*
Heb 8:6 κρείττονός ἐστιν διαθήκης **μεσίτης**,
Heb 9:15 τοῦτο διαθήκης καινῆς **μεσίτης** ἐστίν,
Heb 12:24 καὶ διαθήκης νέας **μεσίτῃ** Ἰησοῦ καὶ αἵματι

μέσος (*mesos*; 1/56[58]) *middle*
Heb 2:12 ἐν **μέσῳ** ἐκκλησίας ὑμνήσω σε,

μετά (*meta*; 23/465[469]) *with, after*
Heb 4:7 ἐν Δαυὶδ λέγων **μετὰ** τοσοῦτον χρόνον,
Heb 4:8 περὶ ἄλλης ἐλάλει **μετὰ** ταῦτα ἡμέρας.
Heb 4:16 προσερχώμεθα οὖν **μετὰ** παρρησίας τῷ θρόνῳ
Heb 5:7 αὐτὸν ἐκ θανάτου **μετὰ** κραυγῆς ἰσχυρᾶς
Heb 7:21 ὁ δὲ **μετὰ** ὁρκωμοσίας διὰ τοῦ
Heb 7:28 τῆς ὁρκωμοσίας τῆς **μετὰ** τὸν νόμον υἱὸν
Heb 8:10 τῷ οἴκῳ Ἰσραὴλ **μετὰ** τὰς ἡμέρας ἐκείνας,
Heb 9:3 **μετὰ** δὲ τὸ δεύτερον
Heb 9:19 [καὶ τῶν τράγων] **μετὰ** ὕδατος καὶ ἐρίου
Heb 9:27 **μετὰ** δὲ τοῦτο κρίσις,
Heb 10:15 **μετὰ** γὰρ τὸ εἰρηκέναι·
Heb 10:16 διαθήσομαι πρὸς αὐτοὺς **μετὰ** τὰς ἡμέρας ἐκείνας,
Heb 10:22 προσερχώμεθα **μετὰ** ἀληθινῆς καρδίας ἐν
Heb 10:26 γὰρ ἁμαρτανόντων ἡμῶν **μετὰ** τὸ λαβεῖν
Heb 10:34 τῶν ὑπαρχόντων ὑμῶν **μετὰ** χαρᾶς προσεδέξασθε γινώσκοντες
Heb 11:9 ἐν σκηναῖς κατοικήσας **μετὰ** Ἰσαὰκ καὶ Ἰακὼβ
Heb 11:31 δεξαμένη τοὺς κατασκόπους **μετ'** εἰρήνης.
Heb 12:14 Εἰρήνην διώκετε **μετὰ** πάντων καὶ τὸν
Heb 12:17 οὐχ εὗρεν καίπερ **μετὰ** δακρύων ἐκζητήσας
Heb 12:28 εὐαρέστως τῷ θεῷ **μετὰ** εὐλαβείας καὶ δέους·
Heb 13:17 ἵνα **μετὰ** χαρᾶς τοῦτο ποιῶσιν
Heb 13:23 **μεθ'** οὗ ἐὰν τάχιον
Heb 13:25 Ἡ χάρις **μετὰ** πάντων ὑμῶν.

μετάθεσις (*metathesis*; 3/3) *removal, change*
Heb 7:12 ἀνάγκης καὶ νόμου **μετάθεσις** γίνεται.
Heb 11:5 πρὸ γὰρ τῆς **μεταθέσεως** μεμαρτύρηται εὐαρεστηκέναι τῷ
Heb 12:27 [τὴν] τῶν σαλευομένων **μετάθεσιν** ὡς πεποιημένων,

μεταλαμβάνω (*metalambanō*; 2/7) *receive*
Heb 6:7 **μεταλαμβάνει** εὐλογίας ἀπὸ τοῦ
Heb 12:10 συμφέρον εἰς τὸ **μεταλαβεῖν** τῆς ἁγιότητος αὐτοῦ.

μεταμέλομαι (*metamelomai*; 1/6) *regret*
Heb 7:21 κύριος καὶ οὐ **μεταμεληθήσεται**·

μετάνοια (*metanoia*; 3/22) *repentance*
Heb 6:1 πάλιν θεμέλιον καταβαλλόμενοι **μετανοίας** ἀπὸ νεκρῶν ἔργων
Heb 6:6 πάλιν ἀνακαινίζειν εἰς **μετάνοιαν**,
Heb 12:17 **μετανοίας** γὰρ τόπον οὐχ

μετατίθημι (*metatithēmi*; 3/6) *remove*
Heb 7:12 **μετατιθεμένης** γὰρ τῆς ἱερωσύνης
Heb 11:5 Πίστει Ἑνὼχ **μετετέθη** τοῦ μὴ ἰδεῖν
Heb 11:5 οὐχ ηὑρίσκετο διότι **μετέθηκεν** αὐτὸν ὁ θεός.

μετέπειτα (*metepeita*; 1/1) *afterwards*
Heb 12:17 γὰρ ὅτι καὶ **μετέπειτα** θέλων κληρονομῆσαι

μετέχω (*metechō*; 3/8) *share in*
Heb 2:14 καὶ αὐτὸς παραπλησίως **μετέσχεν** τῶν αὐτῶν,
Heb 5:13 πᾶς γὰρ ὁ **μετέχων** γάλακτος ἄπειρος λόγου
Heb 7:13 φυλῆς ἑτέρας **μετέσχηκεν**,

μέτοχος (*metochos*; 5/6) *one who shares in*
Heb 1:9 ἀγαλλιάσεως παρὰ τοὺς **μετόχους** σου.
Heb 3:1 κλήσεως ἐπουρανίου **μέτοχοι**,
Heb 3:14 **μέτοχοι** γὰρ τοῦ Χριστοῦ
Heb 6:4 τῆς ἐπουρανίου καὶ **μετόχους** γενηθέντας πνεύματος ἁγίου
Heb 12:8 ἐστε παιδείας ἧς **μέτοχοι** γεγόνασιν πάντες,

μετριοπαθέω (*metriopatheō*; 1/1) *be gentle*
Heb 5:2 **μετριοπαθεῖν** δυνάμενος τοῖς ἀγνοοῦσιν

μέχρι (*mechri*; 3/17) *until*
Heb 3:14 ἀρχὴν τῆς ὑποστάσεως **μέχρι** τέλους βεβαίαν κατάσχωμεν
Heb 9:10 δικαιώματα σαρκὸς **μέχρι** καιροῦ διορθώσεως ἐπικείμενα.
Heb 12:4 Οὔπω **μέχρις** αἵματος ἀντικατέστητε πρὸς

μή (*mē*; 40/1041[1042]) *not*
Heb 3:8 **μὴ** σκληρύνητε τὰς καρδίας
Heb 3:13 ἵνα **μὴ** σκληρυνθῇ τις ἐξ
Heb 3:15 **μὴ** σκληρύνητε τὰς καρδίας
Heb 3:18 τίσιν δὲ ὤμοσεν **μὴ** εἰσελεύσεσθαι εἰς τὴν
Heb 3:18 κατάπαυσιν αὐτοῦ εἰ **μὴ** τοῖς ἀπειθήσασιν;
Heb 4:2 τῆς ἀκοῆς ἐκείνους **μὴ** συγκεκερασμένους τῇ πίστει
Heb 4:7 **μὴ** σκληρύνητε τὰς καρδίας
Heb 4:11 ἵνα **μὴ** ἐν τῷ αὐτῷ
Heb 4:15 γὰρ ἔχομεν ἀρχιερέα **μὴ** δυνάμενον συμπαθῆσαι ταῖς
Heb 6:1 **μὴ** πάλιν θεμέλιον καταβαλλόμενοι
Heb 6:12 ἵνα **μὴ** νωθροὶ γένησθε,
Heb 7:6 ὁ δὲ **μὴ** γενεαλογούμενος ἐξ αὐτῶν
Heb 8:11 καὶ οὐ **μὴ** διδάξωσιν ἕκαστος τὸν
Heb 8:12 ἁμαρτιῶν αὐτῶν οὐ **μὴ** μνησθῶ ἔτι.
Heb 9:9 καὶ θυσίαι προσφέρονται **μὴ** δυνάμεναι κατὰ συνείδησιν
Heb 10:17 ἀνομιῶν αὐτῶν οὐ **μὴ** μνησθήσομαι ἔτι.
Heb 10:25 **μὴ** ἐγκαταλείποντες τὴν ἐπισυναγωγὴν
Heb 10:35 **Μὴ** ἀποβάλητε οὖν τὴν
Heb 11:3 εἰς τὸ **μὴ** ἐκ φαινομένων τὸ
Heb 11:5 Ἑνὼχ μετετέθη τοῦ **μὴ** ἰδεῖν θάνατον,
Heb 11:8 καὶ ἐξῆλθεν μὴ **ἐπιστάμενος** ποῦ ἔρχεται.
Heb 11:13 **μὴ** λαβόντες τὰς ἐπαγγελίας
Heb 11:27 Πίστει κατέλιπεν Αἴγυπτον **μὴ** φοβηθεὶς τὸν θυμὸν
Heb 11:28 ἵνα **μὴ** ὁ ὀλοθρεύων τὰ
Heb 11:40 ἵνα **μὴ** χωρὶς ἡμῶν τελειωθῶσιν.
Heb 12:3 ἵνα **μὴ** κάμητε ταῖς ψυχαῖς
Heb 12:5 **μὴ** ὀλιγώρει παιδείας κυρίου
Heb 12:13 ἵνα **μὴ** τὸ χωλὸν ἐκτραπῇ,
Heb 12:15 ἐπισκοποῦντες **μή** τις ὑστερῶν ἀπὸ
Heb 12:15 **μή** τις ῥίζα πικρίας
Heb 12:16 **μή** τις πόρνος ἢ
Heb 12:19 οἱ ἀκούσαντες παρῃτήσαντο **μὴ** προστεθῆναι αὐτοῖς λόγον,
Heb 12:25 Βλέπετε **μὴ** παραιτήσησθε τὸν λαλοῦντα·
Heb 12:27 ἵνα μείνῃ τὰ **μὴ** σαλευόμενα.
Heb 13:2 τῆς φιλοξενίας **μὴ** ἐπιλανθάνεσθε,
Heb 13:5 οὐ μή **σε** ἀνῶ οὐδ' οὐ
Heb 13:5 ἀνῶ οὐδ' οὐ **μή** σε ἐγκαταλίπω,
Heb 13:9 ποικίλαις καὶ ξέναις **μὴ** παραφέρεσθε·
Heb 13:16 εὐποιίας καὶ κοινωνίας **μὴ** ἐπιλανθάνεσθε·
Heb 13:17 τοῦτο ποιῶσιν καὶ **μὴ** στενάζοντες·

μηδέ (*mēde*; 1/56) *nor*
Heb 12:5 ὀλιγώρει παιδείας κυρίου **μηδὲ** ἐκλύου ὑπ' αὐτοῦ

μηδείς (*mēdeis*; 1/90) *no one*
Heb 10:2 προσφερόμεναι διὰ τὸ **μηδεμίαν** ἔχειν ἔτι συνείδησιν

μηδέπω (*mēdepō*; 1/1) *not yet*
Heb 11:7 Νῶε περὶ τῶν **μηδέπω** βλεπομένων,

μηλωτή (*mēlōtē*; 1/1) *sheepskin*
Heb 11:37 περιῆλθον ἐν **μηλωταῖς**,

μήν (*mēn*; 1/1) *indeed*
Heb 6:14 εἰ **μὴν** εὐλογῶν εὐλογήσω σε

μήποτε (*mēpote*; 4/25) *lest*
Heb 2:1 **μήποτε** παραρυῶμεν.
Heb 3:12 **μήποτε** ἔσται ἔν τινι
Heb 4:1 **μήποτε** καταλειπομένης ἐπαγγελίας εἰσελθεῖν
Heb 9:17 ἐπεὶ **μήποτε** ἰσχύει ὅτε ζῇ

μήπω (*mēpō*; 1/2) *not yet*
Heb 9:8 **μήπω** πεφανερῶσθαι τὴν τῶν

μήτε (*mēte*; 2/34) *and not*
Heb 7:3 **μήτε** ἀρχὴν ἡμερῶν μήτε
Heb 7:3 μήτε ἀρχὴν ἡμερῶν **μήτε** ζωῆς τέλος ἔχων,

μιαίνω (*miainō*; 1/5) *defile*
Heb 12:15 καὶ δι' αὐτῆς **μιανθῶσιν** πολλοί,

μικρός (*mikros*; 2/46) *little*
Heb 8:11 εἰδήσουσίν με ἀπὸ **μικροῦ** ἕως μεγάλου αὐτῶν,
Heb 10:37 ἔτι γὰρ **μικρὸν** ὅσον ὅσον,

μιμέομαι (*mimeomai*; 1/4) *imitate*
Heb 13:7 ἔκβασιν τῆς ἀναστροφῆς **μιμεῖσθε** τὴν πίστιν.

μιμητής (*mimētēs*; 1/6) *imitator*
Heb 6:12 **μιμηταὶ** δὲ τῶν διὰ

μιμνῄσκομαι (*mimnēskomai*; 4/23) *remember*
Heb 2:6 ἐστιν ἄνθρωπος ὅτι **μιμνῄσκῃ** αὐτοῦ,
Heb 8:12 αὐτῶν οὐ μὴ **μνησθῶ** ἔτι.
Heb 10:17 αὐτῶν οὐ μὴ **μνησθήσομαι** ἔτι.
Heb 13:3 **μιμνῄσκεσθε** τῶν δεσμίων ὡς

μισέω (*miseō*; 1/40) *hate*
Heb 1:9 ἠγάπησας δικαιοσύνην καὶ **ἐμίσησας** ἀνομίαν·

μισθαποδοσία (*misthapodosia*; 3/3) *reward*
Heb 2:2 παρακοὴ ἔλαβεν ἔνδικον **μισθαποδοσίαν**,
Heb 10:35 ἥτις ἔχει μεγάλην **μισθαποδοσίαν**.
Heb 11:26 γὰρ εἰς τὴν **μισθαποδοσίαν**.

μισθαποδότης (*misthapodotēs*; 1/1) *rewarder*
Heb 11:6 τοῖς ἐκζητοῦσιν αὐτὸν **μισθαποδότης** γίνεται.

μνημονεύω (*mnēmoneuō*; 3/21) *remember*
Heb 11:15 εἰ μὲν ἐκείνης **ἐμνημόνευον** ἀφ᾿ ἧς ἐξέβησαν,
Heb 11:22 τῶν υἱῶν Ἰσραὴλ **ἐμνημόνευσεν** καὶ περὶ
Heb 13:7 **Μνημονεύετε** τῶν ἡγουμένων ὑμῶν,

μοιχός (*moichos*; 1/3) *adulterer*
Heb 13:4 πόρνους γὰρ καὶ **μοιχοὺς** κρινεῖ ὁ θεός.

μονογενής (*monogenēs*; 1/9) *only, unique*
Heb 11:17 πειραζόμενος καὶ τὸν **μονογενῆ** προσέφερεν,

μόνος (*monos*; 3/113[114]) *only*
Heb 9:7 ἅπαξ τοῦ ἐνιαυτοῦ **μόνος** ὁ ἀρχιερεύς,
Heb 9:10 **μόνον** ἐπὶ βρώμασιν καὶ
Heb 12:26 ἐγὼ σείσω οὐ **μόνον** τὴν γῆν ἀλλὰ

μόσχος (*moschos*; 2/6) *calf, young bull, ox*
Heb 9:12 αἵματος τράγων καὶ **μόσχων** διὰ δὲ τοῦ
Heb 9:19 τὸ αἷμα τῶν **μόσχων** [καὶ τῶν τράγων]

μυελός (*muelos*; 1/1) *marrow*
Heb 4:12 ἁρμῶν τε καὶ **μυελῶν**,

μυριάς (*myrias*; 1/8) *group of ten thousand*
Heb 12:22 καὶ **μυριάσιν** ἀγγέλων,

Μωϋσῆς (*Mōysēs*; 11/79[80]) *Moses*
Heb 3:2 αὐτὸν ὡς καὶ **Μωϋσῆς** ἐν [ὅλῳ] τῷ
Heb 3:3 οὗτος δόξης παρὰ **Μωϋσῆν** ἠξίωται,
Heb 3:5 καὶ **Μωϋσῆς** μὲν πιστὸς ἐν
Heb 3:16 ἐξ Αἰγύπτου διὰ **Μωϋσέως**;
Heb 7:14 περὶ ἱερέων οὐδὲν **Μωϋσῆς** ἐλάλησεν.
Heb 8:5 καθὼς κεχρημάτισται **Μωϋσῆς** μέλλων ἐπιτελεῖν τὴν
Heb 9:19 τὸν νόμον ὑπὸ **Μωϋσέως** παντὶ τῷ λαῷ,
Heb 10:28 ἀθετήσας τις νόμον **Μωϋσέως** χωρὶς οἰκτιρμῶν ἐπὶ
Heb 11:23 Πίστει **Μωϋσῆς** γεννηθεὶς ἐκρύβη τρίμηνον
Heb 11:24 Πίστει **Μωϋσῆς** μέγας γενόμενος ἠρνήσατο
Heb 12:21 **Μωϋσῆς** εἶπεν·

νεκρός (*nekros*; 7/128) *dead*
Heb 6:1 καταβαλλόμενοι μετανοίας ἀπὸ **νεκρῶν** ἔργων καὶ πίστεως
Heb 6:2 ἀναστάσεώς τε **νεκρῶν** καὶ κρίματος αἰωνίου.
Heb 9:14 συνείδησιν ἡμῶν ἀπὸ **νεκρῶν** ἔργων εἰς τὸ
Heb 9:17 διαθήκη γὰρ ἐπὶ **νεκροῖς** βεβαία,
Heb 11:19 ὅτι καὶ ἐκ **νεκρῶν** ἐγείρειν δυνατὸς ὁ
Heb 11:35 ἐξ ἀναστάσεως τοὺς **νεκροὺς** αὐτῶν·
Heb 13:20 ὁ ἀναγαγὼν ἐκ **νεκρῶν** τὸν ποιμένα τῶν

νεκρόω (*nekroō*; 1/3) *put to death*
Heb 11:12 καὶ ταῦτα **νενεκρωμένου**,

νέος (*neos*; 1/24) *young, new*
Heb 12:24 καὶ διαθήκης **νέας** μεσίτῃ Ἰησοῦ καὶ

νέφος (*nephos*; 1/1) *cloud*
Heb 12:1 ἔχοντες περικείμενον ἡμῖν **νέφος** μαρτύρων,

νήπιος (*nēpios*; 1/15) *infant, child*
Heb 5:13 **νήπιος** γάρ ἐστιν·

νοέω (*noeō*; 1/14) *understand*
Heb 11:3 Πίστει **νοοῦμεν** κατηρτίσθαι τοὺς αἰῶνας

νόθος (*nothos*; 1/1) *illegitimate*
Heb 12:8 ἄρα **νόθοι** καὶ οὐχ υἱοί

νομοθετέω (*nomotheteō*; 2/2) *give the law*
Heb 7:11 γὰρ ἐπ᾿ αὐτῆς **νενομοθέτηται**,
Heb 8:6 ἐπὶ κρείττοσιν ἐπαγγελίαις **νενομοθέτηται**.

νόμος (*nomos*; 14/193[194]) *law*
Heb 7:5 λαὸν κατὰ τὸν **νόμον**,
Heb 7:12 ἐξ ἀνάγκης καὶ **νόμου** μετάθεσις γίνεται.
Heb 7:16 ὃς οὐ κατὰ **νόμον** ἐντολῆς σαρκίνης γέγονεν
Heb 7:19 γὰρ ἐτελείωσεν ὁ **νόμος**
Heb 7:28 ὁ **νόμος** γὰρ ἀνθρώπους καθίστησιν
Heb 7:28 τῆς μετὰ τὸν **νόμον** υἱὸν εἰς τὸν
Heb 8:4 τῶν προσφερόντων κατὰ **νόμον** τὰ δῶρα·
Heb 8:10 διδοὺς **νόμους** μου εἰς τὴν
Heb 9:19 ἐντολῆς κατὰ τὸν **νόμον** ὑπὸ Μωϋσέως παντὶ
Heb 9:22 καθαρίζεται κατὰ τὸν **νόμον** καὶ χωρὶς αἱματεκχυσίας
Heb 10:1 γὰρ ἔχων ὁ **νόμος** τῶν μελλόντων ἀγαθῶν,
Heb 10:8 αἵτινες κατὰ **νόμον** προσφέρονται,
Heb 10:16 διδοὺς **νόμους** μου ἐπὶ καρδίας
Heb 10:28 ἀθετήσας τις **νόμον** Μωϋσέως χωρὶς οἰκτιρμῶν

νῦν (*nyn*; 5/146[147]) *now*
Heb 2:8 **Νῦν** δὲ οὔπω ὁρῶμεν
Heb 9:5 ὧν οὐκ ἔστιν **νῦν** λέγειν κατὰ μέρος.
Heb 9:24 **νῦν** ἐμφανισθῆναι τῷ προσώπῳ
Heb 11:16 **νῦν** δὲ κρείττονος ὀρέγονται,
Heb 12:26 **νῦν** δὲ ἐπήγγελται λέγων·

νυνί (*nyni*; 2/20) *now*
Heb 8:6 **νυν[ὶ]** δὲ διαφορωτέρας τέτυχεν
Heb 9:26 **νυνὶ** δὲ ἅπαξ ἐπὶ

Νῶε (*Nōe*; 1/8) *Noah*
Heb 11:7 Πίστει χρηματισθεὶς **Νῶε** περὶ τῶν μηδέπω

νωθρός (*nōthros*; 2/2) *lazy*
Heb 5:11 ἐπεὶ **νωθροὶ** γεγόνατε ταῖς ἀκοαῖς.
Heb 6:12 ἵνα μὴ **νωθροὶ** γένησθε,

ξενίζω (*xenizō*; 1/10) *entertain as a guest*
Heb 13:2 γὰρ ἔλαθόν τινες **ξενίσαντες** ἀγγέλους.

ξένος (*xenos*; 2/14) *strange, stranger*
Heb 11:13 καὶ ὁμολογήσαντες ὅτι **ξένοι** καὶ παρεπίδημοί εἰσιν
Heb 13:9 Διδαχαῖς ποικίλαις καὶ **ξέναις** μὴ παραφέρεσθε·

ξηρός (*xēros*; 1/8) *dry*
Heb 11:29 θάλασσαν ὡς διὰ **ξηρᾶς** γῆς,

ὄγκος (*onkos*; 1/1) *impediment*
Heb 12:1 **ὄγκον** ἀποθέμενοι πάντα καὶ

ὁδός (*hodos*; 3/101) *way*
Heb 3:10 οὐκ ἔγνωσαν τὰς **ὁδούς** μου,
Heb 9:8 τὴν τῶν ἁγίων **ὁδὸν** ἔτι τῆς πρώτης
Heb 10:20 ἣν ἐνεκαίνισεν ἡμῖν **ὁδὸν** πρόσφατον καὶ ζῶσαν

ὅθεν (*hothen*; 6/15) *from where*
Heb 2:17 **ὅθεν** ὤφειλεν κατὰ πάντα
Heb 3:1 **Ὅθεν**,
Heb 7:25 **ὅθεν** καὶ σῴζειν εἰς
Heb 8:3 **ὅθεν** ἀναγκαῖον ἔχειν τι
Heb 9:18 **ὅθεν** οὐδὲ ἡ πρώτη
Heb 11:19 **ὅθεν** αὐτὸν καὶ ἐν

οἶδα (*oida*; 3/318) *know*
Heb 8:11 ὅτι πάντες **εἰδήσουσίν** με ἀπὸ μικροῦ
Heb 10:30 **οἴδαμεν** γὰρ τὸν εἰπόντα·
Heb 12:17 **ἴστε** γὰρ ὅτι καὶ

οἶκος (*oikos*; 11/113[114]) *house*
Heb 3:2 ἐν [ὅλῳ] τῷ **οἴκῳ** αὐτοῦ.
Heb 3:3 τιμὴν ἔχει τοῦ **οἴκου** ὁ κατασκευάσας αὐτόν·
Heb 3:4 πᾶς γὰρ **οἶκος** κατασκευάζεται ὑπό τινος,
Heb 3:5 ἐν ὅλῳ τῷ **οἴκῳ** αὐτοῦ ὡς θεράπων
Heb 3:6 υἱὸς ἐπὶ τὸν **οἶκον** αὐτοῦ·
Heb 3:6 οὗ **οἶκός** ἐσμεν ἡμεῖς,
Heb 8:8 συντελέσω ἐπὶ τὸν **οἶκον** Ἰσραὴλ καὶ ἐπὶ
Heb 8:8 καὶ ἐπὶ τὸν **οἶκον** Ἰούδα διαθήκην καινήν,
Heb 8:10 ἣν διαθήσομαι τῷ **οἴκῳ** Ἰσραὴλ μετὰ τὰς
Heb 10:21 μέγαν ἐπὶ τὸν **οἶκον** τοῦ θεοῦ,
Heb 11:7 εἰς σωτηρίαν τοῦ **οἴκου** αὐτοῦ δι' ἧς

οἰκουμένη (*oikoumenē*; 2/15) *world*
Heb 1:6 πρωτότοκον εἰς τὴν **οἰκουμένην**,
Heb 2:5 ἀγγέλοις ὑπέταξεν τὴν **οἰκουμένην** τὴν μέλλουσαν,

οἰκτιρμός (*oiktirmos*; 1/5) *compassion*
Heb 10:28 νόμον Μωϋσέως χωρὶς **οἰκτιρμῶν** ἐπὶ δυσὶν

ὀλίγος (*oligos*; 1/40) *little*
Heb 12:10 μὲν γὰρ πρὸς **ὀλίγας** ἡμέρας κατὰ τὸ

ὀλιγωρέω (*oligōreō*; 1/1) *think lightly of*
Heb 12:5 μὴ **ὀλιγώρει** παιδείας κυρίου μηδὲ

ὀλοθρεύω (*olothreuō*; 1/1) *destroy*
Heb 11:28 ἵνα μὴ ὁ **ὀλοθρεύων** τὰ πρωτότοκα θίγῃ

ὁλοκαύτωμα (*holokautōma*; 2/3) *whole burnt offering*
Heb 10:6 **ὁλοκαυτώματα** καὶ περὶ ἁμαρτίας
Heb 10:8 καὶ προσφορὰς καὶ **ὁλοκαυτώματα** καὶ περὶ ἁμαρτίας

ὅλος (*holos*; 2/109) *whole*
Heb 3:2 καὶ Μωϋσῆς ἐν **[ὅλῳ]** τῷ οἴκῳ αὐτοῦ.
Heb 3:5 μὲν πιστὸς ἐν **ὅλῳ** τῷ οἴκῳ αὐτοῦ

ὀμνύω (*omnyō*; 7/26) *swear*
Heb 3:11 ὡς **ὤμοσα** ἐν τῇ ὀργῇ
Heb 3:18 τίσιν δὲ **ὤμοσεν** μὴ εἰσελεύσεσθαι εἰς
Heb 4:3 ὡς **ὤμοσα** ἐν τῇ ὀργῇ
Heb 6:13 οὐδενὸς εἶχεν μείζονος **ὀμόσαι**,
Heb 6:13 **ὤμοσεν** καθ' ἑαυτοῦ
Heb 6:16 κατὰ τοῦ μείζονος **ὀμνύουσιν**,
Heb 7:21 **ὤμοσεν** κύριος καὶ οὐ

ὁμοιότης (*homoiotēs*; 2/2) *likeness*
Heb 4:15 κατὰ πάντα καθ' **ὁμοιότητα** χωρὶς ἁμαρτίας.
Heb 7:15 εἰ κατὰ τὴν **ὁμοιότητα** Μελχισέδεκ ἀνίσταται ἱερεὺς

ὁμοιόω (*homoioō*; 1/15) *make like*
Heb 2:17 πάντα τοῖς ἀδελφοῖς **ὁμοιωθῆναι**,

ὁμοίως (*homoiōs*; 1/30) *in the same way*
Heb 9:21 λειτουργίας τῷ αἵματι **ὁμοίως** ἐρράντισεν.

ὁμολογέω (*homologeō*; 2/26) *confess*
Heb 11:13 καὶ ἀσπασάμενοι καὶ **ὁμολογήσαντες** ὅτι ξένοι καὶ
Heb 13:15 ἔστιν καρπὸν χειλέων **ὁμολογούντων** τῷ ὀνόματι αὐτοῦ.

ὁμολογία (*homologia*; 3/6) *confession*
Heb 3:1 καὶ ἀρχιερέα τῆς **ὁμολογίας** ἡμῶν Ἰησοῦν,
Heb 4:14 κρατῶμεν τῆς **ὁμολογίας**.
Heb 10:23 κατέχωμεν τὴν **ὁμολογίαν** τῆς ἐλπίδος ἀκλινῆ,

ὀνειδισμός (*oneidismos*; 3/5) *reproach*
Heb 10:33 τοῦτο μὲν **ὀνειδισμοῖς** τε καὶ θλίψεσιν
Heb 11:26 Αἰγύπτου θησαυρῶν τὸν **ὀνειδισμὸν** τοῦ Χριστοῦ·
Heb 13:13 τῆς παρεμβολῆς τὸν **ὀνειδισμὸν** αὐτοῦ φέροντες·

ὄνομα (*onoma*; 4/229[230]) *name*
Heb 1:4 παρ' αὐτοὺς κεκληρονόμηκεν **ὄνομα**.
Heb 2:12 ἀπαγγελῶ τὸ **ὄνομά** σου τοῖς ἀδελφοῖς
Heb 6:10 ἐνεδείξασθε εἰς τὸ **ὄνομα** αὐτοῦ,
Heb 13:15 χειλέων ὁμολογούντων τῷ **ὀνόματι** αὐτοῦ.

ὀπή (*opē*; 1/2) *opening*

Heb 11:38 σπηλαίοις καὶ ταῖς **ὀπαῖς** τῆς γῆς.

ὅπου (*hopou*; 3/82) *where*

Heb 6:20 **ὅπου** πρόδρομος ὑπὲρ ἡμῶν
Heb 9:16 **Ὅπου** γὰρ διαθήκη,
Heb 10:18 **ὅπου** δὲ ἄφεσις τούτων,

ὅπως (*hopōs*; 2/53) *that*

Heb 2:9 ὅπως **χάριτι** θεοῦ ὑπὲρ παντὸς
Heb 9:15 **ὅπως** θανάτου γενομένου εἰς

ὁράω (*horaō*; 10/452) *see*

Heb 2:8 Νῦν δὲ οὔπω **ὁρῶμεν** αὐτῷ τὰ πάντα
Heb 3:9 ἐν δοκιμασίᾳ καὶ **εἶδον** τὰ ἔργα μου
Heb 8:5 **ὅρα** γάρ φησιν,
Heb 9:28 δευτέρου χωρὶς ἁμαρτίας **ὀφθήσεται** τοῖς αὐτὸν ἀπεκδεχομένοις
Heb 11:5 μετετέθη τοῦ μὴ **ἰδεῖν** θάνατον,
Heb 11:13 ἀλλὰ πόρρωθεν αὐτὰς **ἰδόντες** καὶ ἀσπασάμενοι καὶ
Heb 11:23 διότι **εἶδον** ἀστεῖον τὸ παιδίον
Heb 11:27 γὰρ ἀόρατον ὡς **ὁρῶν** ἐκαρτέρησεν.
Heb 12:14 οὗ χωρὶς οὐδεὶς **ὄψεται** τὸν κύριον,
Heb 13:23 ἐὰν τάχιον ἔρχηται **ὄψομαι** ὑμᾶς.

ὀργή (*orgē*; 2/36) *wrath*

Heb 3:11 ὤμοσα ἐν τῇ **ὀργῇ** μου·
Heb 4:3 ὤμοσα ἐν τῇ **ὀργῇ** μου·

ὀρέγω (*oregō*; 1/3) *be eager for*

Heb 11:16 νῦν δὲ κρείττονος **ὀρέγονται**,

ὀρθός (*orthos*; 1/2) *straight*

Heb 12:13 καὶ τροχιὰς **ὀρθὰς** ποιεῖτε τοῖς ποσὶν

ὁρίζω (*horizō*; 1/8) *decide*

Heb 4:7 πάλιν τινα **ὁρίζει** ἡμέραν,

ὅρκος (*horkos*; 2/10) *oath*

Heb 6:16 εἰς βεβαίωσιν ὁ **ὅρκος**·
Heb 6:17 βουλῆς αὐτοῦ ἐμεσίτευσεν **ὅρκῳ**,

ὁρκωμοσία (*horkōmosia*; 4/4) *oath*

Heb 7:20 ὅσον οὐ χωρὶς **ὁρκωμοσίας**·
Heb 7:20 μὲν γὰρ χωρὶς **ὁρκωμοσίας** εἰσὶν ἱερεῖς γεγονότες,
Heb 7:21 ὁ δὲ μετὰ **ὁρκωμοσίας** διὰ τοῦ λέγοντος
Heb 7:28 λόγος δὲ τῆς **ὁρκωμοσίας** τῆς μετὰ τὸν

ὄρος (*oros*; 4/62[63]) *mountain*

Heb 8:5 σοι ἐν τῷ **ὄρει**·
Heb 11:38 ἐρημίαις πλανώμενοι καὶ **ὄρεσιν** καὶ σπηλαίοις καὶ
Heb 12:20 θηρίον θίγῃ τοῦ **ὄρους**,
Heb 12:22 ἀλλὰ προσεληλύθατε Σιὼν **ὄρει** καὶ πόλει θεοῦ

ὅς (*hos*; 74/1406[1407]) *who*

Heb 1:2 **ὃν** ἔθηκεν κληρονόμον πάντων,
Heb 1:2 δι' **οὗ** καὶ ἐποίησεν τοὺς
Heb 1:3 **ὃς** ὢν ἀπαύγασμα τῆς
Heb 2:5 περὶ **ἧς** λαλοῦμεν.
Heb 2:10 δι' **ὃν** τὰ πάντα καὶ
Heb 2:10 πάντα καὶ δι' **οὗ** τὰ πάντα,
Heb 2:11 δι' **ἣν** αἰτίαν οὐκ ἐπαισχύνεται
Heb 2:13 καὶ τὰ παιδία **ἅ** μοι ἔδωκεν ὁ
Heb 2:18 ἐν **ᾧ** γὰρ πέπονθεν αὐτὸς
Heb 3:6 **οὗ** οἶκός ἐσμεν ἡμεῖς,
Heb 3:13 ἄχρις **οὗ** τὸ σήμερον καλεῖται,
Heb 3:17 **ὧν** τὰ κῶλα ἔπεσεν
Heb 4:13 πρὸς **ὃν** ἡμῖν ὁ λόγος.
Heb 5:7 **ὃς** ἐν ταῖς ἡμέραις
Heb 5:8 ἔμαθεν ἀφ' ὧν **ἔπαθεν** τὴν ὑπακοήν,
Heb 5:11 Περὶ **οὗ** πολὺς ἡμῖν ὁ
Heb 6:7 εὔθετον ἐκείνοις δι' **οὓς** καὶ γεωργεῖται,
Heb 6:8 **ἧς** τὸ τέλος εἰς
Heb 6:10 καὶ τῆς ἀγάπης **ἧς** ἐνεδείξασθε εἰς τὸ
Heb 6:17 ἐν **ᾧ** περισσότερον βουλόμενος ὁ
Heb 6:18 ἐν **οἷς** ἀδύνατον ψεύσασθαι [τὸν]
Heb 6:19 **ἣν** ὡς ἄγκυραν ἔχομεν
Heb 7:2 **ᾧ** καὶ δεκάτην ἀπὸ
Heb 7:2 **ὅ** ἐστιν βασιλεὺς εἰρήνης,
Heb 7:4 **ᾧ** [καὶ] δεκάτην Ἀβραὰμ
Heb 7:13 ἐφ' **ὃν** γὰρ λέγεται ταῦτα,
Heb 7:13 ἀφ' **ἧς** οὐδεὶς προσέσχηκεν τῷ
Heb 7:14 εἰς **ἣν** φυλὴν περὶ ἱερέων
Heb 7:16 **ὃς** οὐ κατὰ νόμον
Heb 7:19 κρείττονος ἐλπίδος δι' **ἧς** ἐγγίζομεν τῷ θεῷ.
Heb 7:27 **ὃς** οὐκ ἔχει καθ'
Heb 8:1 **ὃς** ἐκάθισεν ἐν δεξιᾷ
Heb 8:2 **ἣν** ἔπηξεν ὁ κύριος,
Heb 8:3 τι καὶ τοῦτον **ὃ** προσενέγκῃ.
Heb 8:9 **ἣν** ἐποίησα τοῖς πατράσιν
Heb 8:10 **ἣν** διαθήσομαι τῷ οἴκῳ
Heb 9:2 ἡ πρώτη ἐν **ᾗ** ἥ τε λυχνία
Heb 9:4 ἐν **ᾗ** στάμνος χρυσῆ ἔχουσα
Heb 9:5 περὶ **ὧν** οὐκ ἔστιν νῦν
Heb 9:7 οὐ χωρὶς αἵματος **ὃ** προσφέρει ὑπὲρ ἑαυτοῦ
Heb 9:9 καθ' **ἣν** δῶρά τε καὶ θυσίαι
Heb 9:14 **ὃς** διὰ πνεύματος αἰωνίου
Heb 9:20 αἷμα τῆς διαθήκης **ἧς** ἐνετείλατο πρὸς ὑμᾶς
Heb 10:1 ταῖς αὐταῖς θυσίαις **ἃς** προσφέρουσιν εἰς
Heb 10:10 ἐν **ᾧ** θελήματι ἡγιασμένοι ἐσμὲν
Heb 10:16 αὕτη ἡ διαθήκη **ἣν** διαθήσομαι πρὸς αὐτοὺς
Heb 10:20 **ἣν** ἐνεκαίνισεν ἡμῖν ὁδὸν
Heb 10:29 ἐν **ᾧ** ἡγιάσθη,
Heb 10:32 ἐν **αἷς** φωτισθέντες πολλὴν ἄθλησιν
Heb 11:4 δι' **ἧς** ἐμαρτυρήθη εἶναι δίκαιος,
Heb 11:7 οἴκου αὐτοῦ δι' **ἧς** κατέκρινεν τὸν κόσμον,
Heb 11:8 ἐξελθεῖν εἰς τόπον **ὃν** ἤμελλεν λαμβάνειν
Heb 11:10 θεμελίους ἔχουσαν πόλιν **ἧς** τεχνίτης καὶ δημιουργὸς
Heb 11:15 ἐκείνης ἐμνημόνευον ἀφ' **ἧς** ἐξέβησαν,
Heb 11:18 πρὸς **ὃν** ἐλαλήθη ὅτι ἐν
Heb 11:29 **ἧς** πεῖραν λαβόντες οἱ
Heb 11:33 **οἳ** διὰ πίστεως κατηγωνίσαντο
Heb 11:38 **ὧν** οὐκ ἦν ἄξιος
Heb 12:2 **ὃς** ἀντὶ τῆς προκειμένης
Heb 12:6 **ὃν** γὰρ ἀγαπᾷ κύριος
Heb 12:6 δὲ πάντα υἱὸν **ὃν** παραδέχεται.

Heb 12:7 τίς γὰρ υἱὸς **ὃν** οὐ παιδεύει πατήρ;
Heb 12:8 χωρίς ἐστε παιδείας **ἧς** μέτοχοι γεγόνασιν πάντες,
Heb 12:14 **οὗ** χωρὶς οὐδεὶς ὄψεται
Heb 12:16 **ὃς** ἀντὶ βρώσεως μιᾶς
Heb 12:19 **ἧς** οἱ ἀκούσαντες παρῃτήσαντο
Heb 12:26 **οὗ** ἡ φωνὴ τὴν
Heb 12:28 δι' **ἧς** λατρεύωμεν εὐαρέστως τῷ
Heb 13:7 **ὧν** ἀναθεωροῦντες τὴν ἔκβασιν
Heb 13:9 οὐ βρώμασιν ἐν **οἷς** οὐκ ὠφελήθησαν οἱ
Heb 13:10 ἔχομεν θυσιαστήριον ἐξ **οὗ** φαγεῖν οὐκ ἔχουσιν
Heb 13:11 **ὧν** γὰρ εἰσφέρεται ζῴων
Heb 13:21 **ᾧ** ἡ δόξα εἰς
Heb 13:23 μεθ' **οὗ** ἐὰν τάχιον ἔρχηται

ὅσιος (*hosios*; 1/8) *holy*

Heb 7:26 **ὅσιος** ἄκακος ἀμίαντος,

ὅσος (*hosos*; 9/110) *as much as (pl. as many as)*

Heb 1:4 γενόμενος τῶν ἀγγέλων **ὅσῳ** διαφορώτερον παρ' αὐτοὺς
Heb 2:15 **ὅσοι** φόβῳ θανάτου διὰ
Heb 3:3 καθ' **ὅσον** πλείονα τιμὴν ἔχει
Heb 7:20 Καὶ καθ' **ὅσον** οὐ χωρὶς ὁρκωμοσίας·
Heb 8:6 **ὅσῳ** καὶ κρείττονός ἐστιν
Heb 9:27 καὶ καθ' **ὅσον** ἀπόκειται τοῖς ἀνθρώποις
Heb 10:25 καὶ τοσούτῳ μᾶλλον **ὅσῳ** βλέπετε ἐγγίζουσαν τὴν
Heb 10:37 ἔτι γὰρ μικρὸν **ὅσον** ὅσον,
Heb 10:37 γὰρ μικρὸν ὅσον **ὅσον**,

ὀστέον (*osteon*; 1/4) *bone*

Heb 11:22 καὶ περὶ τῶν **ὀστέων** αὐτοῦ ἐνετείλατο.

ὅστις (*hostis*; 10/144) *who*

Heb 2:3 **ἥτις** ἀρχὴν λαβοῦσα λαλεῖσθαι
Heb 8:5 **οἵτινες** ὑποδείγματι καὶ σκιᾷ
Heb 8:6 **ἥτις** ἐπὶ κρείττοσιν ἐπαγγελίαις
Heb 9:2 **ἥτις** λέγεται Ἅγια·
Heb 9:9 **ἥτις** παραβολὴ εἰς τὸν
Heb 10:8 **αἵτινες** κατὰ νόμον προσφέρονται,
Heb 10:11 **αἵτινες** οὐδέποτε δύνανται περιελεῖν
Heb 10:35 **ἥτις** ἔχει μεγάλην μισθαποδοσίαν.
Heb 12:5 **ἥτις** ὑμῖν ὡς υἱοῖς
Heb 13:7 **οἵτινες** ἐλάλησαν ὑμῖν τὸν

ὀσφῦς (*osphys*; 2/8) *waist*

Heb 7:5 ἐξεληλυθότας ἐκ τῆς **ὀσφύος** Ἀβραάμ·
Heb 7:10 γὰρ ἐν τῇ **ὀσφύϊ** τοῦ πατρὸς ἦν

ὅταν (*hotan*; 1/123) *when*

Heb 1:6 **ὅταν** δὲ πάλιν εἰσαγάγῃ

ὅτε (*hote*; 2/103) *when*

Heb 7:10 τοῦ πατρὸς ἦν **ὅτε** συνήντησεν αὐτῷ Μελχισέδεκ.
Heb 9:17 ἐπεὶ μήποτε ἰσχύει **ὅτε** ζῇ ὁ διαθέμενος.

ὅτι (*hoti*; 18/1294[1296]) *because, that*

Heb 2:6 τί ἐστιν ἄνθρωπος **ὅτι** μιμνῄσκῃ αὐτοῦ,
Heb 2:6 ἢ υἱὸς ἀνθρώπου **ὅτι** ἐπισκέπτῃ αὐτόν;
Heb 3:19 καὶ βλέπομεν **ὅτι** οὐκ ἠδυνήθησαν εἰσελθεῖν
Heb 7:8 ἐκεῖ δὲ μαρτυρούμενος **ὅτι** ζῇ.
Heb 7:14 πρόδηλον γὰρ **ὅτι** ἐξ Ἰούδα ἀνατέταλκεν
Heb 7:17 μαρτυρεῖται γὰρ **ὅτι** σὺ ἱερεὺς εἰς
Heb 8:9 **ὅτι** αὐτοὶ οὐκ ἐνέμειναν
Heb 8:10 **ὅτι** αὕτη ἡ διαθήκη,
Heb 8:11 **ὅτι** πάντες εἰδήσουσίν με
Heb 8:12 **ὅτι** ἵλεως ἔσομαι ταῖς
Heb 10:8 ἀνώτερον λέγων **ὅτι** θυσίας καὶ προσφορὰς
Heb 11:6 προσερχόμενον τῷ θεῷ **ὅτι** ἔστιν καὶ τοῖς
Heb 11:13 ἀσπασάμενοι καὶ ὁμολογήσαντες **ὅτι** ξένοι καὶ παρεπίδημοί
Heb 11:14 τοιαῦτα λέγοντες ἐμφανίζουσιν **ὅτι** πατρίδα ἐπιζητοῦσιν.
Heb 11:18 πρὸς ὃν ἐλαλήθη **ὅτι** ἐν Ἰσαὰκ κληθήσεταί
Heb 11:19 λογισάμενος **ὅτι** καὶ ἐκ νεκρῶν
Heb 12:17 ἴστε γὰρ **ὅτι** καὶ μετέπειτα θέλων
Heb 13:18 πειθόμεθα γὰρ **ὅτι** καλὴν συνείδησιν ἔχομεν,

οὐ (*ou*; 66/1621[1623]) *not*

Heb 1:12 τὰ ἔτη σου **οὐκ** ἐκλείψουσιν.
Heb 2:5 **Οὐ** γὰρ ἀγγέλοις ὑπέταξεν
Heb 2:11 δι' ἣν αἰτίαν **οὐκ** ἐπαισχύνεται ἀδελφοὺς αὐτοὺς
Heb 2:16 **οὐ** γὰρ δήπου ἀγγέλων
Heb 3:10 αὐτοὶ δὲ **οὐκ** ἔγνωσαν τὰς ὁδούς
Heb 3:16 ἀλλ' **οὐ** πάντες οἱ ἐξελθόντες
Heb 3:19 καὶ βλέπομεν ὅτι **οὐκ** ἠδυνήθησαν εἰσελθεῖν δι'
Heb 4:2 ἀλλ' **οὐκ** ὠφέλησεν ὁ λόγος
Heb 4:6 εὐαγγελισθέντες **οὐκ** εἰσῆλθον δι' ἀπείθειαν,
Heb 4:8 **οὐκ** ἂν περὶ ἄλλης
Heb 4:13 καὶ **οὐκ** ἔστιν κτίσις ἀφανὴς
Heb 4:15 **οὐ** γὰρ ἔχομεν ἀρχιερέα
Heb 5:4 καὶ **οὐχ** ἑαυτῷ τις λαμβάνει
Heb 5:5 καὶ ὁ Χριστὸς **οὐχ** ἑαυτὸν ἐδόξασεν γενηθῆναι
Heb 5:12 ἔχοντες γάλακτος [καὶ] **οὐ** στερεᾶς τροφῆς.
Heb 6:10 **οὐ** γὰρ ἄδικος ὁ
Heb 7:11 καὶ **οὐ** κατὰ τὴν τάξιν
Heb 7:16 ὃς **οὐ** κατὰ νόμον ἐντολῆς
Heb 7:20 Καὶ καθ' ὅσον **οὐ** χωρὶς ὁρκωμοσίας·
Heb 7:21 ὤμοσεν κύριος καὶ **οὐ** μεταμεληθήσεται·
Heb 7:27 ὃς **οὐκ** ἔχει καθ' ἡμέραν
Heb 8:2 **οὐκ** ἄνθρωπος.
Heb 8:7 **οὐκ** ἂν δευτέρας ἐζητεῖτο
Heb 8:9 **οὐ** κατὰ τὴν διαθήκην,
Heb 8:9 ὅτι αὐτοὶ **οὐκ** ἐνέμειναν ἐν τῇ
Heb 8:11 καὶ **οὐ** μὴ διδάξωσιν ἕκαστος
Heb 8:12 τῶν ἁμαρτιῶν αὐτῶν **οὐ** μὴ μνησθῶ ἔτι.
Heb 9:5 περὶ ὧν **οὐκ** ἔστιν νῦν λέγειν
Heb 9:7 **οὐ** χωρὶς αἵματος ὃ
Heb 9:11 καὶ τελειοτέρας σκηνῆς **οὐ** χειροποιήτου,
Heb 9:11 τοῦτ' ἔστιν **οὐ** ταύτης τῆς κτίσεως,
Heb 9:22 καὶ χωρὶς αἱματεκχυσίας **οὐ** γίνεται ἄφεσις.
Heb 9:24 **οὐ** γὰρ εἰς χειροποίητα
Heb 10:1 **οὐκ** αὐτὴν τὴν εἰκόνα
Heb 10:2 ἐπεὶ **οὐκ** ἂν ἐπαύσαντο προσφερόμεναι
Heb 10:5 θυσίαν καὶ προσφορὰν **οὐκ** ἠθέλησας,

Heb 10:6 καὶ περὶ ἁμαρτίας **οὐκ** εὐδόκησας.
Heb 10:8 καὶ περὶ ἁμαρτίας **οὐκ** ἠθέλησας οὐδὲ εὐδόκησας,
Heb 10:17 τῶν ἀνομιῶν αὐτῶν **οὐ** μὴ μνησθήσομαι ἔτι.
Heb 10:37 ἐρχόμενος ἥξει καὶ **οὐ** χρονίσει·
Heb 10:38 **οὐκ** εὐδοκεῖ ἡ ψυχή
Heb 10:39 ἡμεῖς δὲ **οὐκ** ἐσμὲν ὑποστολῆς εἰς
Heb 11:1 πραγμάτων ἔλεγχος **οὐ** βλεπομένων.
Heb 11:5 καὶ **οὐχ** ηὑρίσκετο διότι μετέθηκεν
Heb 11:16 διὸ οὐκ **ἐπαισχύνεται** αὐτοὺς ὁ θεὸς
Heb 11:23 τὸ παιδίον καὶ **οὐκ** ἐφοβήθησαν τὸ διάταγμα
Heb 11:31 Ῥαὰβ ἡ πόρνη **οὐ** συναπώλετο τοῖς ἀπειθήσασιν
Heb 11:35 ἄλλοι δὲ ἐτυμπανίσθησαν **οὐ** προσδεξάμενοι τὴν ἀπολύτρωσιν,
Heb 11:38 ὧν **οὐκ** ἦν ἄξιος ὁ
Heb 11:39 διὰ τῆς πίστεως **οὐκ** ἐκομίσαντο τὴν ἐπαγγελίαν,
Heb 12:7 γὰρ υἱὸς ὃν **οὐ** παιδεύει πατήρ;
Heb 12:8 ἄρα νόθοι καὶ **οὐχ** υἱοί ἐστε.
Heb 12:9 **οὐ** πολὺ [δὲ] μᾶλλον
Heb 12:11 μὲν τὸ παρὸν **οὐ** δοκεῖ χαρᾶς εἶναι
Heb 12:17 μετανοίας γὰρ τόπον **οὐχ** εὗρεν καίπερ
Heb 12:18 **Οὐ** γὰρ προσεληλύθατε ψηλαφωμένῳ
Heb 12:20 **οὐκ** ἔφερον γὰρ τὸ
Heb 12:25 εἰ γὰρ ἐκεῖνοι **οὐκ** ἐξέφυγον ἐπὶ γῆς
Heb 12:26 ἅπαξ ἐγὼ σείσω **οὐ** μόνον τὴν γῆν
Heb 13:5 **οὐ** μή σε ἀνῶ οὐδ'
Heb 13:5 οὐδ' **οὐ** μή σε ἐγκαταλίπω,
Heb 13:6 [καὶ] **οὐ** φοβηθήσομαι,
Heb 13:9 **οὐ** βρώμασιν ἐν οἷς
Heb 13:9 βρώμασιν ἐν οἷς **οὐκ** ὠφελήθησαν οἱ περιπατοῦντες.
Heb 13:10 ἐξ οὗ φαγεῖν **οὐκ** ἔχουσιν ἐξουσίαν οἱ
Heb 13:14 **οὐ** γὰρ ἔχομεν ὧδε

οὗ (*hou*; 1/24) *where*

Heb 3:9 **οὗ** ἐπείρασαν οἱ πατέρες

οὐδέ (*oude*; 6/141[143]) *neither, nor*

Heb 8:4 **οὐδ'** ἂν ἦν ἱερεύς,
Heb 9:12 **οὐδὲ** δι' αἵματος τράγων
Heb 9:18 ὅθεν **οὐδὲ** ἡ πρώτη χωρὶς
Heb 9:25 **οὐδ'** ἵνα πολλάκις προσφέρῃ
Heb 10:8 ἁμαρτίας οὐκ ἠθέλησας **οὐδὲ** εὐδόκησας,
Heb 13:5 μή σε ἀνῶ **οὐδ'** οὐ μή σε

οὐδείς (*oudeis*; 6/225[227]) *no one*

Heb 2:8 [αὐτῷ] τὰ πάντα **οὐδὲν** ἀφῆκεν αὐτῷ ἀνυπότακτον.
Heb 6:13 ἐπεὶ κατ' **οὐδενὸς** εἶχεν μείζονος ὀμόσαι,
Heb 7:13 ἀφ' ἧς **οὐδεὶς** προσέσχηκεν τῷ θυσιαστηρίῳ·
Heb 7:14 φυλὴν περὶ ἱερέων **οὐδὲν** Μωϋσῆς ἐλάλησεν.
Heb 7:19 **οὐδὲν** γὰρ ἐτελείωσεν ὁ
Heb 12:14 οὗ χωρὶς **οὐδεὶς** ὄψεται τὸν κύριον,

οὐδέποτε (*oudepote*; 2/16) *never*

Heb 10:1 εἰς τὸ διηνεκὲς **οὐδέποτε** δύναται τοὺς προσερχομένους
Heb 10:11 αἵτινες **οὐδέποτε** δύνανται περιελεῖν ἁμαρτίας,

οὐκέτι (*ouketi*; 2/47) *no longer*

Heb 10:18 **οὐκέτι** προσφορὰ περὶ ἁμαρτίας.
Heb 10:26 **οὐκέτι** περὶ ἁμαρτιῶν ἀπολείπεται

οὖν (*oun*; 13/497[499]) *therefore*

Heb 2:14 Ἐπεὶ **οὖν** τὰ παιδία κεκοινώνηκεν
Heb 4:1 φοβηθῶμεν **οὖν**,
Heb 4:6 ἐπεὶ **οὖν** ἀπολείπεται τινας εἰσελθεῖν
Heb 4:11 Σπουδάσωμεν **οὖν** εἰσελθεῖν εἰς ἐκείνην
Heb 4:14 Ἔχοντες **οὖν** ἀρχιερέα μέγαν διεληλυθότα
Heb 4:16 προσερχώμεθα **οὖν** μετὰ παρρησίας τῷ
Heb 7:11 Εἰ μὲν **οὖν** τελείωσις διὰ τῆς
Heb 8:4 εἰ μὲν **οὖν** ἦν ἐπὶ γῆς,
Heb 9:1 Εἶχε μὲν **οὖν** [καὶ] ἡ πρώτη
Heb 9:23 Ἀνάγκη **οὖν** τὰ μὲν ὑποδείγματα
Heb 10:19 Ἔχοντες **οὖν**,
Heb 10:35 Μὴ ἀποβάλητε **οὖν** τὴν παρρησίαν ὑμῶν,
Heb 13:15 Δι' αὐτοῦ **[οὖν]** ἀναφέρωμεν θυσίαν αἰνέσεως

οὔπω (*oupō*; 2/26) *not yet*

Heb 2:8 Νῦν δὲ **οὔπω** ὁρῶμεν αὐτῷ τὰ
Heb 12:4 **Οὔπω** μέχρις αἵματος ἀντικατέστητε

οὐρανός (*ouranos*; 10/272[273]) *heaven*

Heb 1:10 σοῦ εἰσιν οἱ **οὐρανοί**·
Heb 4:14 μέγαν διεληλυθότα τοὺς **οὐρανούς**,
Heb 7:26 καὶ ὑψηλότερος τῶν **οὐρανῶν** γενόμενος,
Heb 8:1 μεγαλωσύνης ἐν τοῖς **οὐρανοῖς**,
Heb 9:23 τῶν ἐν τοῖς **οὐρανοῖς** τούτοις καθαρίζεσθαι,
Heb 9:24 εἰς αὐτὸν τὸν **οὐρανόν**,
Heb 11:12 τὰ ἄστρα τοῦ **οὐρανοῦ** τῷ πλήθει καὶ
Heb 12:23 πρωτοτόκων ἀπογεγραμμένων ἐν **οὐρανοῖς** καὶ κριτῇ θεῷ
Heb 12:25 οἱ τὸν ἀπ' **οὐρανῶν** ἀποστρεφόμενοι,
Heb 12:26 ἀλλὰ καὶ τὸν **οὐρανόν**.

οὗτος (*houtos*; 43/1382[1387]) *this*

Heb 1:2 ἐσχάτου τῶν ἡμερῶν **τούτων** ἐλάλησεν ἡμῖν
Heb 1:9 διὰ **τοῦτο** ἔχρισέν σε ὁ
Heb 2:1 Διὰ **τοῦτο** δεῖ περισσοτέρως προσέχειν
Heb 2:14 **τοῦτ'** ἔστιν τὸν διάβολον,
Heb 2:15 καὶ ἀπαλλάξῃ **τούτους**,
Heb 3:3 πλείονος γὰρ **οὗτος** δόξης παρὰ Μωϋσῆν
Heb 3:10 προσώχθισα τῇ γενεᾷ **ταύτῃ** καὶ εἶπον·
Heb 4:5 καὶ ἐν **τούτῳ** πάλιν·
Heb 4:8 ἄλλης ἐλάλει μετὰ **ταῦτα** ἡμέρας.
Heb 6:3 καὶ **τοῦτο** ποιήσομεν,
Heb 7:1 **Οὗτος** γὰρ ὁ Μελχισέδεκ,
Heb 7:4 Θεωρεῖτε δὲ πηλίκος **οὗτος**,
Heb 7:5 **τοῦτ'** ἔστιν τοὺς ἀδελφοὺς
Heb 7:13 ὃν γὰρ λέγεται **ταῦτα**,
Heb 7:27 **τοῦτο** γὰρ ἐποίησεν ἐφάπαξ
Heb 8:3 ἔχειν τι καὶ **τοῦτον** ὃ προσενέγκῃ.
Heb 8:10 ὅτι **αὕτη** ἡ διαθήκη,
Heb 9:6 **Τούτων** δὲ οὕτως κατεσκευασμένων
Heb 9:8 **τοῦτο** δηλοῦντος τοῦ πνεύματος
Heb 9:11 **τοῦτ'** ἔστιν οὐ ταύτης
Heb 9:11 τοῦτ' ἔστιν οὐ **ταύτης** τῆς κτίσεως,

Heb 9:15 Καὶ διὰ **τοῦτο** διαθήκης καινῆς μεσίτης
Heb 9:20 **τοῦτο** τὸ αἷμα τῆς
Heb 9:23 ἐν τοῖς οὐρανοῖς **τούτοις** καθαρίζεσθαι,
Heb 9:23 κρείττοσιν θυσίαις παρὰ **ταύτας**.
Heb 9:27 μετὰ δὲ **τοῦτο** κρίσις,
Heb 10:12 **οὗτος** δὲ μίαν ὑπὲρ
Heb 10:16 **αὕτη** ἡ διαθήκη ἣν
Heb 10:18 ὅπου δὲ ἄφεσις **τούτων**,
Heb 10:20 **τοῦτ'** ἔστιν τῆς σαρκὸς
Heb 10:33 **τοῦτο** μὲν ὀνειδισμοῖς τε
Heb 10:33 **τοῦτο** δὲ κοινωνοὶ τῶν
Heb 11:2 ἐν **ταύτῃ** γὰρ ἐμαρτυρήθησαν οἱ
Heb 11:12 καὶ **ταῦτα** νενεκρωμένου,
Heb 11:13 Κατὰ πίστιν ἀπέθανον **οὗτοι** πάντες,
Heb 11:16 **τοῦτ'** ἔστιν ἐπουρανίου.
Heb 11:39 Καὶ **οὗτοι** πάντες μαρτυρηθέντες διὰ
Heb 13:2 διὰ **ταύτης** γὰρ ἔλαθόν τινες
Heb 13:11 **τούτων** τὰ σώματα κατακαίεται
Heb 13:15 **τοῦτ'** ἔστιν καρπὸν χειλέων
Heb 13:17 ἵνα μετὰ χαρᾶς **τοῦτο** ποιῶσιν καὶ μὴ
Heb 13:17 ἀλυσιτελὲς γὰρ ὑμῖν **τοῦτο**.
Heb 13:19 περισσοτέρως δὲ παρακαλῶ **τοῦτο** ποιῆσαι,

οὕτως (*houtōs*; 9/208) *in this way*

Heb 4:4 περὶ τῆς ἑβδόμης **οὕτως**·
Heb 5:3 **οὕτως** καὶ περὶ αὐτοῦ
Heb 5:5 **οὕτως** καὶ ὁ Χριστὸς
Heb 6:9 εἰ καὶ **οὕτως** λαλοῦμεν.
Heb 6:15 καὶ **οὕτως** μακροθυμήσας ἐπέτυχεν τῆς
Heb 9:6 Τούτων δὲ **οὕτως** κατεσκευασμένων εἰς μὲν
Heb 9:28 **οὕτως** καὶ ὁ Χριστὸς
Heb 10:33 δὲ κοινωνοὶ τῶν **οὕτως** ἀναστρεφομένων γενηθέντες.
Heb 12:21 **οὕτω** φοβερὸν ἦν τὸ

οὐχί (*ouchi*; 2/54) *not*

Heb 1:14 **οὐχὶ** πάντες εἰσὶν λειτουργικὰ
Heb 3:17 **οὐχὶ** τοῖς ἁμαρτήσασιν,

ὀφείλω (*opheilō*; 3/35) *ought to*

Heb 2:17 ὅθεν **ὤφειλεν** κατὰ πάντα τοῖς
Heb 5:3 καὶ δι' αὐτὴν **ὀφείλει**,
Heb 5:12 καὶ γὰρ **ὀφείλοντες** εἶναι διδάσκαλοι διὰ

ὀφθαλμός (*ophthalmos*; 1/100) *eye*

Heb 4:13 καὶ τετραχηλισμένα τοῖς **ὀφθαλμοῖς** αὐτοῦ,

πάθημα (*pathēma*; 3/16) *suffering*

Heb 2:9 Ἰησοῦν διὰ τὸ **πάθημα** τοῦ θανάτου δόξῃ
Heb 2:10 σωτηρίας αὐτῶν διὰ **παθημάτων** τελειῶσαι.
Heb 10:32 πολλὴν ἄθλησιν ὑπεμείνατε **παθημάτων**,

παιδεία (*paideia*; 4/6) *discipline*

Heb 12:5 μὴ ὀλιγώρει **παιδείας** κυρίου μηδὲ ἐκλύου
Heb 12:7 εἰς **παιδείαν** ὑπομένετε,
Heb 12:8 δὲ χωρίς ἐστε **παιδείας** ἧς μέτοχοι γεγόνασιν
Heb 12:11 πᾶσα δὲ **παιδεία** πρὸς μὲν τὸ

παιδευτής (*paideutēs*; 1/2) *teacher*

Heb 12:9 ἡμῶν πατέρας εἴχομεν **παιδευτὰς** καὶ ἐνετρεπόμεθα·

παιδεύω (*paideuō*; 3/13) *instruct*

Heb 12:6 γὰρ ἀγαπᾷ κύριος **παιδεύει**,
Heb 12:7 υἱὸς ὃν οὐ **παιδεύει** πατήρ;
Heb 12:10 τὸ δοκοῦν αὐτοῖς **ἐπαίδευον**,

παιδίον (*paidion*; 3/52) *child*

Heb 2:13 ἐγὼ καὶ τὰ **παιδία** ἅ μοι ἔδωκεν
Heb 2:14 Ἐπεὶ οὖν τὰ **παιδία** κεκοινώνηκεν αἵματος
Heb 11:23 εἶδον ἀστεῖον τὸ **παιδίον** καὶ οὐκ ἐφοβήθησαν

πάλαι (*palai*; 1/7) *long ago*

Heb 1:1 Πολυμερῶς καὶ πολυτρόπως **πάλαι** ὁ θεὸς λαλήσας

παλαιόω (*palaioō*; 3/4) *make or declare old or obsolete*

Heb 1:11 πάντες ὡς ἱμάτιον **παλαιωθήσονται**,
Heb 8:13 τῷ λέγειν καινὴν **πεπαλαίωκεν** τὴν πρώτην·
Heb 8:13 τὸ δὲ **παλαιούμενον** καὶ γηράσκον ἐγγὺς

πάλιν (*palin*; 10/139[141]) *again*

Heb 1:5 καὶ **πάλιν**·
Heb 1:6 ὅταν δὲ **πάλιν** εἰσαγάγῃ τὸν πρωτότοκον
Heb 2:13 καὶ **πάλιν**·
Heb 2:13 καὶ **πάλιν**·
Heb 4:5 καὶ ἐν τούτῳ **πάλιν**·
Heb 4:7 **πάλιν** τινα ὁρίζει ἡμέραν,
Heb 5:12 **πάλιν** χρείαν ἔχετε τοῦ
Heb 6:1 μὴ **πάλιν** θεμέλιον καταβαλλόμενοι μετανοίας
Heb 6:6 **πάλιν** ἀνακαινίζειν εἰς μετάνοιαν,
Heb 10:30 καὶ **πάλιν**·

πανήγυρις (*panēgyris*; 1/1) *festal gathering*

Heb 12:22 **πανηγύρει**

παντελής (*pantelēs*; 1/2) *complete*

Heb 7:25 σῴζειν εἰς τὸ **παντελὲς** δύναται τοὺς προσερχομένους

πάντοθεν (*pantothen*; 1/3) *on all sides*

Heb 9:4 τῆς διαθήκης περικεκαλυμμένην **πάντοθεν** χρυσίῳ,

πάντοτε (*pantote*; 1/41) *always*

Heb 7:25 **πάντοτε** ζῶν εἰς τὸ

παρά (*para*; 10/193[194]) *from, with, beside*

Heb 1:4 ἀγγέλων ὅσῳ διαφορώτερον **παρ'** αὐτοὺς κεκληρονόμηκεν ὄνομα.
Heb 1:9 σου ἔλαιον ἀγαλλιάσεως **παρὰ** τοὺς μετόχους σου.
Heb 2:7 αὐτὸν βραχύ τι **παρ'** ἀγγέλους,
Heb 2:9 δὲ βραχύ τι **παρ'** ἀγγέλους ἠλαττωμένον βλέπομεν
Heb 3:3 γὰρ οὗτος δόξης **παρὰ** Μωϋσῆν ἠξίωται,
Heb 9:23 ἐπουράνια κρείττοσιν θυσίαις **παρὰ** ταύτας.

Heb 11:4 πλείονα θυσίαν Ἅβελ **παρὰ** Κάϊν προσήνεγκεν τῷ
Heb 11:11 σπέρματος ἔλαβεν καὶ **παρὰ** καιρὸν ἡλικίας,
Heb 11:12 ἡ ἄμμος ἡ **παρὰ** τὸ χεῖλος τῆς
Heb 12:24 ῥαντισμοῦ κρεῖττον λαλοῦντι **παρὰ** τὸν Ἅβελ.

παράβασις (*parabasis*; 2/7) *transgression*
Heb 2:2 βέβαιος καὶ πᾶσα **παράβασις** καὶ παρακοὴ ἔλαβεν
Heb 9:15 τῇ πρώτῃ διαθήκῃ **παραβάσεων** τὴν ἐπαγγελίαν λάβωσιν

παραβολή (*parabolē*; 2/50) *parable*
Heb 9:9 ἥτις **παραβολὴ** εἰς τὸν καιρὸν
Heb 11:19 αὐτὸν καὶ ἐν **παραβολῇ** ἐκομίσατο.

παραγίνομαι (*paraginomai*; 1/36[37]) *come*
Heb 9:11 Χριστὸς δὲ **παραγενόμενος** ἀρχιερεὺς τῶν γενομένων

παραδειγματίζω (*paradeigmatizō*; 1/1) *expose to public ridicule*
Heb 6:6 τοῦ θεοῦ καὶ **παραδειγματίζοντας**.

παραδέχομαι (*paradechomai*; 1/6) *accept*
Heb 12:6 πάντα υἱὸν ὃν **παραδέχεται**.

παραιτέομαι (*paraiteomai*; 3/12) *ask for*
Heb 12:19 ἧς οἱ ἀκούσαντες **παρῃτήσαντο** μὴ προστεθῆναι αὐτοῖς
Heb 12:25 Βλέπετε μὴ **παραιτήσησθε** τὸν λαλοῦντα·
Heb 12:25 ἐξέφυγον ἐπὶ γῆς **παραιτησάμενοι** τὸν χρηματίζοντα,

παρακαλέω (*parakaleō*; 4/109) *encourage, ask*
Heb 3:13 ἀλλὰ **παρακαλεῖτε** ἑαυτοὺς καθ᾽ ἑκάστην
Heb 10:25 ἀλλὰ **παρακαλοῦντες**,
Heb 13:19 περισσοτέρως δὲ **παρακαλῶ** τοῦτο ποιῆσαι,
Heb 13:22 **Παρακαλῶ** δὲ ὑμᾶς,

παράκλησις (*paraklēsis*; 3/29) *encouragement*
Heb 6:18 ἰσχυρὰν **παράκλησιν** ἔχωμεν οἱ καταφυγόντες
Heb 12:5 καὶ ἐκλέλησθε τῆς **παρακλήσεως**,
Heb 13:22 τοῦ λόγου τῆς **παρακλήσεως**,

παρακοή (*parakoē*; 1/3) *disobedience*
Heb 2:2 πᾶσα παράβασις καὶ **παρακοὴ** ἔλαβεν ἔνδικον μισθαποδοσίαν,

παραλαμβάνω (*paralambanō*; 1/49) *take, receive*
Heb 12:28 Διὸ βασιλείαν ἀσάλευτον **παραλαμβάνοντες** ἔχωμεν χάριν,

παραλύω (*paralyō*; 1/5) *be paralyzed or weak*
Heb 12:12 χεῖρας καὶ τὰ **παραλελυμένα** γόνατα ἀνορθώσατε,

παραμένω (*paramenō*; 1/4) *stay*
Heb 7:23 τὸ θανάτῳ κωλύεσθαι **παραμένειν**·

παραπικραίνω (*parapikrainō*; 1/1) *rebel*
Heb 3:16 τίνες γὰρ ἀκούσαντες **παρεπίκραναν**;

παραπικρασμός (*parapikrasmos*; 2/2) *rebellion*
Heb 3:8 ὡς ἐν τῷ **παραπικρασμῷ** κατὰ τὴν ἡμέραν
Heb 3:15 ὡς ἐν τῷ **παραπικρασμῷ**.

παραπίπτω (*parapiptō*; 1/1) *fall away*
Heb 6:6 καὶ **παραπεσόντας**,

παραπλησίως (*paraplēsiōs*; 1/1) *likewise*
Heb 2:14 καὶ αὐτὸς παραπλησίως **μετέσχεν** τῶν αὐτῶν,

παραρρέω (*pararreō*; 1/1) *drift away*
Heb 2:1 μήποτε **παραρυῶμεν**.

παραφέρω (*parapherō*; 1/4) *take away*
Heb 13:9 καὶ ξέναις μὴ **παραφέρεσθε**·

πάρειμι (*pareimi*; 2/24) *be present or here*
Heb 12:11 πρὸς μὲν τὸ **παρὸν** οὐ δοκεῖ χαρᾶς
Heb 13:5 ἀρκούμενοι τοῖς **παροῦσιν**.

παρεμβολή (*parembolē*; 3/10) *camp, barracks*
Heb 11:34 **παρεμβολὰς** ἔκλιναν ἀλλοτρίων.
Heb 13:11 κατακαίεται ἔξω τῆς **παρεμβολῆς**.
Heb 13:13 αὐτὸν ἔξω τῆς **παρεμβολῆς** τὸν ὀνειδισμὸν αὐτοῦ

παρεπίδημος (*parepidēmos*; 1/3) *temporary resident*
Heb 11:13 ὅτι ξένοι καὶ **παρεπίδημοί** εἰσιν ἐπὶ τῆς

παρίημι (*pariēmi*; 1/2) *neglect*
Heb 12:12 Διὸ τὰς **παρειμένας** χεῖρας καὶ τὰ

παροικέω (*paroikeō*; 1/2) *live in*
Heb 11:9 Πίστει **παρῴκησεν** εἰς γῆν τῆς

παροξυσμός (*paroxysmos*; 1/2) *encouragement*
Heb 10:24 κατανοῶμεν ἀλλήλους εἰς **παροξυσμὸν** ἀγάπης καὶ καλῶν

παρρησία (*parrēsia*; 4/31) *boldness*
Heb 3:6 ἐάν[περ] τὴν **παρρησίαν** καὶ τὸ καύχημα
Heb 4:16 προσερχώμεθα οὖν μετὰ **παρρησίας** τῷ θρόνῳ τῆς
Heb 10:19 **παρρησίαν** εἰς τὴν εἴσοδον
Heb 10:35 ἀποβάλητε οὖν τὴν **παρρησίαν** ὑμῶν,

πᾶς (*pas*; 53/1240[1243]) *each, every (pl. all)*
Heb 1:2 ὃν ἔθηκεν κληρονόμον **πάντων**,
Heb 1:3 φέρων τε τὰ **πάντα** τῷ ῥήματι τῆς
Heb 1:6 καὶ προσκυνησάτωσαν αὐτῷ **πάντες** ἄγγελοι θεοῦ.

Heb 1:11 καὶ **πάντες** ὡς ἱμάτιον παλαιωθήσονται,
Heb 1:14 οὐχὶ **πάντες** εἰσὶν λειτουργικὰ πνεύματα
Heb 2:2 ἐγένετο βέβαιος καὶ **πᾶσα** παράβασις καὶ παρακοὴ
Heb 2:8 **πάντα** ὑπέταξας ὑποκάτω τῶν
Heb 2:8 ὑποτάξαι [αὐτῷ] τὰ **πάντα** οὐδὲν ἀφῆκεν αὐτῷ
Heb 2:8 ὁρῶμεν αὐτῷ τὰ **πάντα** ὑποτεταγμένα·
Heb 2:9 χάριτι θεοῦ ὑπὲρ **παντὸς** γεύσηται θανάτου.
Heb 2:10 δι' ὃν τὰ **πάντα** καὶ δι' οὗ
Heb 2:10 δι' οὗ τὰ **πάντα**,
Heb 2:11 ἁγιαζόμενοι ἐξ ἑνὸς **πάντες**·
Heb 2:15 φόβῳ θανάτου διὰ **παντὸς** τοῦ ζῆν ἔνοχοι
Heb 2:17 ὅθεν ὤφειλεν κατὰ **πάντα** τοῖς ἀδελφοῖς ὁμοιωθῆναι,
Heb 3:4 **πᾶς** γὰρ οἶκος κατασκευάζεται
Heb 3:4 ὁ δὲ **πάντα** κατασκευάσας θεός.
Heb 3:16 ἀλλ' οὐ **πάντες** οἱ ἐξελθόντες ἐξ
Heb 4:4 τῇ ἑβδόμῃ ἀπὸ **πάντων** τῶν ἔργων αὐτοῦ,
Heb 4:12 καὶ τομώτερος ὑπὲρ **πᾶσαν** μάχαιραν δίστομον καὶ
Heb 4:13 **πάντα** δὲ γυμνὰ καὶ
Heb 4:15 πεπειρασμένον δὲ κατὰ **πάντα** καθ' ὁμοιότητα χωρὶς
Heb 5:1 **Πᾶς** γὰρ ἀρχιερεὺς ἐξ
Heb 5:9 καὶ τελειωθεὶς ἐγένετο **πᾶσιν** τοῖς ὑπακούουσιν αὐτῷ
Heb 5:13 **πᾶς** γὰρ ὁ μετέχων
Heb 6:16 καὶ **πάσης** αὐτοῖς ἀντιλογίας πέρας
Heb 7:2 καὶ δεκάτην ἀπὸ **πάντων** ἐμέρισεν 'Αβραάμ,
Heb 7:7 χωρὶς δὲ **πάσης** ἀντιλογίας τὸ ἔλαττον
Heb 8:3 **Πᾶς** γὰρ ἀρχιερεὺς εἰς
Heb 8:5 ποιήσεις **πάντα** κατὰ τὸν τύπον
Heb 8:11 ὅτι **πάντες** εἰδήσουσίν με ἀπὸ
Heb 9:6 πρώτην σκηνὴν διὰ **παντὸς** εἰσίασιν οἱ ἱερεῖς
Heb 9:19 λαληθείσης γὰρ **πάσης** ἐντολῆς κατὰ τὸν
Heb 9:19 νόμον ὑπὸ Μωϋσέως **παντὶ** τῷ λαῷ,
Heb 9:19 τὸ βιβλίον καὶ **πάντα** τὸν λαὸν ἐρράντισεν
Heb 9:21 σκηνὴν δὲ καὶ **πάντα** τὰ σκεύη τῆς
Heb 9:22 σχεδὸν ἐν αἵματι **πάντα** καθαρίζεται κατὰ
Heb 10:11 Καὶ **πᾶς** μὲν ἱερεὺς ἕστηκεν
Heb 11:13 πίστιν ἀπέθανον οὗτοι **πάντες**,
Heb 11:39 Καὶ οὗτοι **πάντες** μαρτυρηθέντες διὰ τῆς
Heb 12:1 ὄγκον ἀποθέμενοι **πάντα** καὶ τὴν εὐπερίστατον
Heb 12:6 μαστιγοῖ δὲ **πάντα** υἱὸν ὃν παραδέχεται.
Heb 12:8 ἧς μέτοχοι γεγόνασιν **πάντες**,
Heb 12:11 **πᾶσα** δὲ παιδεία πρὸς
Heb 12:14 Εἰρήνην διώκετε μετὰ **πάντων** καὶ τὸν ἁγιασμόν,
Heb 12:23 καὶ κριτῇ θεῷ **πάντων** καὶ πνεύμασι δικαίων
Heb 13:4 ὁ γάμος ἐν **πᾶσιν** καὶ ἡ κοίτη
Heb 13:15 θυσίαν αἰνέσεως διὰ **παντὸς** τῷ θεῷ,
Heb 13:18 ἐν **πᾶσιν** καλῶς θέλοντες ἀναστρέφεσθαι.
Heb 13:21 καταρτίσαι ὑμᾶς ἐν **παντὶ** ἀγαθῷ εἰς τὸ
Heb 13:24 'Ασπάσασθε **πάντας** τοὺς ἡγουμένους ὑμῶν
Heb 13:24 ἡγουμένους ὑμῶν καὶ **πάντας** τοὺς ἁγίους.
Heb 13:25 Ἡ χάρις μετὰ **πάντων** ὑμῶν.

πάσχα (*pascha*; 1/29) *Passover*

Heb 11:28 Πίστει πεποίηκεν τὸ **πάσχα** καὶ τὴν πρόσχυσιν

πάσχω (*paschō*; 4/42) *suffer*

Heb 2:18 ἐν ᾧ γὰρ **πέπονθεν** αὐτὸς πειρασθείς,
Heb 5:8 ἔμαθεν ἀφ' ὧν **ἔπαθεν** τὴν ὑπακοήν,
Heb 9:26 ἔδει αὐτὸν πολλάκις **παθεῖν** ἀπὸ καταβολῆς κόσμου·
Heb 13:12 ἔξω τῆς πύλης **ἔπαθεν**.

πατήρ (*patēr*; 9/413) *father*

Heb 1:1 θεὸς λαλήσας τοῖς **πατράσιν** ἐν τοῖς προφήταις
Heb 1:5 ἔσομαι αὐτῷ εἰς **πατέρα**,
Heb 3:9 οὗ ἐπείρασαν οἱ **πατέρες** ὑμῶν ἐν δοκιμασίᾳ
Heb 7:10 τῇ ὀσφύϊ τοῦ **πατρὸς** ἦν ὅτε συνήντησεν
Heb 8:9 ἣν ἐποίησα τοῖς **πατράσιν** αὐτῶν ἐν ἡμέρᾳ
Heb 11:23 τρίμηνον ὑπὸ τῶν **πατέρων** αὐτοῦ,
Heb 12:7 ὃν οὐ παιδεύει **πατήρ**;
Heb 12:9 τῆς σαρκὸς ἡμῶν **πατέρας** εἴχομεν παιδευτὰς καὶ
Heb 12:9 μᾶλλον ὑποταγησόμεθα τῷ **πατρὶ** τῶν πνευμάτων καὶ

πατριάρχης (*patriarchēs*; 1/4) *patriarch*

Heb 7:4 τῶν ἀκροθινίων ὁ **πατριάρχης**.

πατρίς (*patris*; 1/8) *homeland*

Heb 11:14 λέγοντες ἐμφανίζουσιν ὅτι **πατρίδα** ἐπιζητοῦσιν.

παύω (*pauō*; 1/15) *stop*

Heb 10:2 ἐπεὶ οὐκ ἂν **ἐπαύσαντο** προσφερόμεναι διὰ

πείθω (*peithō*; 4/52) *persuade*

Heb 2:13 ἐγὼ ἔσομαι **πεποιθὼς** ἐπ' αὐτῷ,
Heb 6:9 **Πεπείσμεθα** δὲ περὶ ὑμῶν,
Heb 13:17 **Πείθεσθε** τοῖς ἡγουμένοις ὑμῶν
Heb 13:18 **πειθόμεθα** γὰρ ὅτι καλὴν

πεῖρα (*peira*; 2/2) *attempt*

Heb 11:29 ἧς **πεῖραν** λαβόντες οἱ Αἰγύπτιοι
Heb 11:36 ἐμπαιγμῶν καὶ μαστίγων **πεῖραν** ἔλαβον,

πειράζω (*peirazō*; 5/37[38]) *test*

Heb 2:18 γὰρ πέπονθεν αὐτὸς **πειρασθείς**,
Heb 2:18 δύναται τοῖς **πειραζομένοις** βοηθῆσαι.
Heb 3:9 οὗ **ἐπείρασαν** οἱ πατέρες ὑμῶν
Heb 4:15 **πεπειρασμένον** δὲ κατὰ πάντα
Heb 11:17 'Αβραὰμ τὸν 'Ισαὰκ **πειραζόμενος** καὶ τὸν μονογενῆ

πειρασμός (*peirasmos*; 1/21) *testing*

Heb 3:8 τὴν ἡμέραν τοῦ **πειρασμοῦ** ἐν τῇ ἐρήμῳ,

πέρας (*peras*; 1/4) *end*

Heb 6:16 πάσης αὐτοῖς ἀντιλογίας **πέρας** εἰς βεβαίωσιν ὁ

περί (*peri*; 23/332[333]) *concerning, around*

Heb 2:5 **περὶ** ἧς λαλοῦμεν.
Heb 4:4 εἴρηκεν γάρ που **περὶ** τῆς ἑβδόμης οὕτως·
Heb 4:8 οὐκ ἂν **περὶ** ἄλλης ἐλάλει μετὰ
Heb 5:3 καθὼς **περὶ** τοῦ λαοῦ,
Heb 5:3 οὕτως καὶ **περὶ** αὐτοῦ προσφέρειν περὶ
Heb 5:3 περὶ αὐτοῦ προσφέρειν **περὶ** ἁμαρτιῶν.
Heb 5:11 **Περὶ** οὗ πολὺς ἡμῖν
Heb 6:9 Πεπείσμεθα δὲ **περὶ** ὑμῶν,
Heb 7:14 εἰς ἣν φυλὴν **περὶ** ἱερέων οὐδὲν Μωϋσῆς
Heb 9:5 **περὶ** ὧν οὐκ ἔστιν
Heb 10:6 ὁλοκαυτώματα καὶ **περὶ** ἁμαρτίας οὐκ εὐδόκησας.
Heb 10:7 κεφαλίδι βιβλίου γέγραπται **περὶ** ἐμοῦ,
Heb 10:8 καὶ ὁλοκαυτώματα καὶ **περὶ** ἁμαρτίας οὐκ ἠθέλησας
Heb 10:18 οὐκέτι προσφορὰ **περὶ** ἁμαρτίας.
Heb 10:26 οὐκέτι **περὶ** ἁμαρτιῶν ἀπολείπεται θυσία,
Heb 11:7 Πίστει χρηματισθεὶς Νῶε **περὶ** τῶν μηδέπω βλεπομένων,
Heb 11:20 Πίστει καὶ **περὶ** μελλόντων εὐλόγησεν Ἰσαὰκ
Heb 11:22 Πίστει Ἰωσὴφ τελευτῶν **περὶ** τῆς ἐξόδου
Heb 11:22 Ἰσραὴλ ἐμνημόνευσεν καὶ **περὶ** τῶν ὀστέων αὐτοῦ
Heb 11:32 διηγούμενον ὁ χρόνος **περὶ** Γεδεών,
Heb 11:40 τοῦ θεοῦ **περὶ** ἡμῶν κρεῖττόν τι
Heb 13:11 ζῴων τὸ αἷμα **περὶ** ἁμαρτίας εἰς τὰ
Heb 13:18 Προσεύχεσθε **περὶ** ἡμῶν·

περιαιρέω (*periaireō*; 1/5) *take away*

Heb 10:11 αἵτινες οὐδέποτε δύνανται **περιελεῖν** ἁμαρτίας,

περιβόλαιον (*peribolaion*; 1/2) *cloak*

Heb 1:12 καὶ ὡσεὶ **περιβόλαιον** ἑλίξεις αὐτούς,

περιέρχομαι (*perierchomai*; 1/3) *go or travel about*

Heb 11:37 **περιῆλθον** ἐν μηλωταῖς,

περικαλύπτω (*perikalyptō*; 1/3) *cover*

Heb 9:4 κιβωτὸν τῆς διαθήκης **περικεκαλυμμένην** πάντοθεν χρυσίῳ,

περίκειμαι (*perikeimai*; 2/5) *be placed around*

Heb 5:2 ἐπεὶ καὶ αὐτὸς **περίκειται** ἀσθένειαν
Heb 12:1 ἡμεῖς τοσοῦτον ἔχοντες **περικείμενον** ἡμῖν νέφος μαρτύρων,

περιπατέω (*peripateō*; 1/94[95]) *walk*

Heb 13:9 οὐκ ὠφελήθησαν οἱ **περιπατοῦντες**.

περιποίησις (*peripoiēsis*; 1/5) *possession*

Heb 10:39 ἀλλὰ πίστεως εἰς **περιποίησιν** ψυχῆς.

περισσότερος (*perissoteros*; 2/16) *more*

Heb 6:17 ἐν ᾧ **περισσότερον** βουλόμενος ὁ θεὸς
Heb 7:15 καὶ **περισσότερον** ἔτι κατάδηλόν ἐστιν,

περισσοτέρως (*perissoterōs*; 2/12) *all the more*

Heb 2:1 Διὰ τοῦτο δεῖ **περισσοτέρως** προσέχειν ἡμᾶς τοῖς
Heb 13:19 **περισσοτέρως** δὲ παρακαλῶ τοῦτο

πήγνυμι (*pēgnymi*; 1/1) *put up*

Heb 8:2 ἣν **ἔπηξεν** ὁ κύριος,

πηλίκος (*pēlikos*; 1/2) *how large*

Heb 7:4 Θεωρεῖτε δὲ **πηλίκος** οὗτος,

πικρία (*pikria*; 1/4) *bitterness*

Heb 12:15 μή τις ῥίζα **πικρίας** ἄνω φύουσα ἐνοχλῇ

πίνω (*pinō*; 1/72[73]) *drink*

Heb 6:7 γῆ γὰρ ἡ **πιοῦσα** τὸν ἐπ' αὐτῆς

πίπτω (*piptō*; 3/90) *fall*

Heb 3:17 ὧν τὰ κῶλα **ἔπεσεν** ἐν τῇ ἐρήμῳ;
Heb 4:11 αὐτῷ τις ὑποδείγματι **πέσῃ** τῆς ἀπειθείας.
Heb 11:30 τὰ τείχη Ἰεριχὼ **ἔπεσαν** κυκλωθέντα ἐπὶ ἑπτὰ

πιστεύω (*pisteuō*; 2/237[241]) *believe*

Heb 4:3 [τὴν] κατάπαυσιν οἱ **πιστεύσαντες**,
Heb 11:6 **πιστεῦσαι** γὰρ δεῖ τὸν

πίστις (*pistis*; 32/243) *faith*

Heb 4:2 μὴ συγκεκερασμένους τῇ **πίστει** τοῖς ἀκούσασιν.
Heb 6:1 νεκρῶν ἔργων καὶ **πίστεως** ἐπὶ θεόν,
Heb 6:12 δὲ τῶν διὰ **πίστεως** καὶ μακροθυμίας κληρονομούντων
Heb 10:22 καρδίας ἐν πληροφορίᾳ **πίστεως** ῥεραντισμένοι τὰς καρδίας
Heb 10:38 δίκαιός μου ἐκ **πίστεως** ζήσεται,
Heb 10:39 εἰς ἀπώλειαν ἀλλὰ **πίστεως** εἰς περιποίησιν ψυχῆς.
Heb 11:1 Ἔστιν δὲ **πίστις** ἐλπιζομένων ὑπόστασις,
Heb 11:3 **Πίστει** νοοῦμεν κατηρτίσθαι τοὺς
Heb 11:4 **Πίστει** πλείονα θυσίαν Ἅβελ
Heb 11:5 **Πίστει** Ἑνὼχ μετετέθη τοῦ
Heb 11:6 χωρὶς δὲ **πίστεως** ἀδύνατον εὐαρεστῆσαι·
Heb 11:7 **Πίστει** χρηματισθεὶς Νῶε περὶ
Heb 11:7 καὶ τῆς κατὰ **πίστιν** δικαιοσύνης ἐγένετο κληρονόμος.
Heb 11:8 **Πίστει** καλούμενος Ἀβραὰμ ὑπήκουσεν
Heb 11:9 **Πίστει** παρῴκησεν εἰς γῆν
Heb 11:11 **Πίστει** καὶ αὐτὴ Σάρρα
Heb 11:13 Κατὰ **πίστιν** ἀπέθανον οὗτοι πάντες,
Heb 11:17 **Πίστει** προσενήνοχεν Ἀβραὰμ τὸν
Heb 11:20 **Πίστει** καὶ περὶ μελλόντων
Heb 11:21 **Πίστει** Ἰακὼβ ἀποθνῄσκων ἕκαστον
Heb 11:22 **Πίστει** Ἰωσὴφ τελευτῶν περὶ
Heb 11:23 **Πίστει** Μωϋσῆς γεννηθεὶς ἐκρύβη
Heb 11:24 **Πίστει** Μωϋσῆς μέγας γενόμενος
Heb 11:27 **Πίστει** κατέλιπεν Αἴγυπτον μὴ
Heb 11:28 **Πίστει** πεποίηκεν τὸ πάσχα
Heb 11:29 **Πίστει** διέβησαν τὴν ἐρυθρὰν
Heb 11:30 **Πίστει** τὰ τείχη Ἰεριχὼ
Heb 11:31 **Πίστει** Ῥαὰβ ἡ πόρνη

Heb 11:33 οἳ διὰ **πίστεως** κατηγωνίσαντο βασιλείας,
Heb 11:39 μαρτυρηθέντες διὰ τῆς **πίστεως** οὐκ ἐκομίσαντο τὴν
Heb 12:2 εἰς τὸν τῆς **πίστεως** ἀρχηγὸν καὶ τελειωτὴν
Heb 13:7 ἀναστροφῆς μιμεῖσθε τὴν **πίστιν**.

πιστός (*pistos*; 5/67) *believing*
Heb 2:17 ἐλεήμων γένηται καὶ **πιστὸς** ἀρχιερεὺς τὰ
Heb 3:2 **πιστὸν** ὄντα τῷ ποιήσαντι
Heb 3:5 καὶ Μωϋσῆς μὲν **πιστὸς** ἐν ὅλῳ τῷ
Heb 10:23 **πιστὸς** γὰρ ὁ ἐπαγγειλάμενος,
Heb 11:11 ἐπεὶ **πιστὸν** ἡγήσατο τὸν ἐπαγγειλάμενον.

πλανάω (*planaō*; 3/39) *lead astray*
Heb 3:10 ἀεὶ **πλανῶνται** τῇ καρδίᾳ,
Heb 5:2 τοῖς ἀγνοοῦσιν καὶ **πλανωμένοις**,
Heb 11:38 ἐπὶ ἐρημίαις **πλανώμενοι** καὶ ὄρεσιν καὶ

πλάξ (*plax*; 1/3) *tablet*
Heb 9:4 βλαστήσασα καὶ αἱ **πλάκες** τῆς διαθήκης,

πλῆθος (*plēthos*; 1/31) *multitude, crowd*
Heb 11:12 τοῦ οὐρανοῦ τῷ **πλήθει** καὶ ὡς ἡ

πληθύνω (*plēthynō*; 2/12) *increase*
Heb 6:14 εὐλογήσω σε καὶ **πληθύνων** πληθυνῶ σε·
Heb 6:14 σε καὶ πληθύνων **πληθυνῶ** σε·

πληροφορία (*plērophoria*; 2/4) *full assurance*
Heb 6:11 σπουδὴν πρὸς τὴν **πληροφορίαν** τῆς ἐλπίδος ἄχρι
Heb 10:22 ἀληθινῆς καρδίας ἐν **πληροφορίᾳ** πίστεως ῥεραντισμένοι τὰς

πλοῦτος (*ploutos*; 1/22) *wealth, riches*
Heb 11:26 μείζονα **πλοῦτον** ἡγησάμενος τῶν Αἰγύπτου

πνεῦμα (*pneuma*; 12/379) *Spirit, spirit*
Heb 1:7 τοὺς ἀγγέλους αὐτοῦ **πνεύματα** καὶ τοὺς λειτουργοὺς
Heb 1:14 πάντες εἰσὶν λειτουργικὰ **πνεύματα** εἰς διακονίαν ἀποστελλόμενα
Heb 2:4 ποικίλαις δυνάμεσιν καὶ **πνεύματος** ἁγίου μερισμοῖς κατὰ
Heb 3:7 καθὼς λέγει τὸ **πνεῦμα** τὸ ἅγιον·
Heb 4:12 μερισμοῦ ψυχῆς καὶ **πνεύματος**,
Heb 6:4 καὶ μετόχους γενηθέντας **πνεύματος** ἁγίου
Heb 9:8 τοῦτο δηλοῦντος τοῦ **πνεύματος** τοῦ ἁγίου,
Heb 9:14 ὃς διὰ **πνεύματος** αἰωνίου ἑαυτὸν προσήνεγκεν
Heb 10:15 ἡμῖν καὶ τὸ **πνεῦμα** τὸ ἅγιον·
Heb 10:29 καὶ τὸ **πνεῦμα** τῆς χάριτος ἐνυβρίσας;
Heb 12:9 τῷ πατρὶ τῶν **πνευμάτων** καὶ ζήσομεν;
Heb 12:23 θεῷ πάντων καὶ **πνεύμασι** δικαίων τετελειωμένων

ποιέω (*poieō*; 19/568) *do, make*
Heb 1:2 δι' οὗ καὶ **ἐποίησεν** τοὺς αἰῶνας·
Heb 1:3 καθαρισμὸν τῶν ἁμαρτιῶν **ποιησάμενος** ἐκάθισεν ἐν δεξιᾷ
Heb 1:7 ὁ **ποιῶν** τοὺς ἀγγέλους αὐτοῦ
Heb 3:2 πιστὸν ὄντα τῷ **ποιήσαντι** αὐτὸν ὡς καὶ
Heb 6:3 καὶ τοῦτο **ποιήσομεν**,
Heb 7:27 τοῦτο γὰρ **ἐποίησεν** ἐφάπαξ ἑαυτὸν ἀνενέγκας.
Heb 8:5 **ποιήσεις** πάντα κατὰ τὸν
Heb 8:9 ἣν **ἐποίησα** τοῖς πατράσιν αὐτῶν
Heb 10:7 τοῦ **ποιῆσαι** ὁ θεὸς τὸ
Heb 10:9 ἰδοὺ ἥκω τοῦ **ποιῆσαι** τὸ θέλημά σου.
Heb 10:36 θέλημα τοῦ θεοῦ **ποιήσαντες** κομίσησθε τὴν ἐπαγγελίαν.
Heb 11:28 Πίστει **πεποίηκεν** τὸ πάσχα καὶ
Heb 12:13 καὶ τροχιὰς ὀρθὰς **ποιεῖτε** τοῖς ποσὶν ὑμῶν,
Heb 12:27 σαλευομένων μετάθεσιν ὡς **πεποιημένων**,
Heb 13:6 τί **ποιήσει** μοι ἄνθρωπος;
Heb 13:17 μετὰ χαρᾶς τοῦτο **ποιῶσιν** καὶ μὴ στενάζοντες·
Heb 13:19 δὲ παρακαλῶ τοῦτο **ποιῆσαι**,
Heb 13:21 ἀγαθῷ εἰς τὸ **ποιῆσαι** τὸ θέλημα αὐτοῦ,
Heb 13:21 **ποιῶν** ἐν ἡμῖν τὸ

ποικίλος (*poikilos*; 2/10) *various kinds of*
Heb 2:4 καὶ τέρασιν καὶ **ποικίλαις** δυνάμεσιν καὶ πνεύματος
Heb 13:9 Διδαχαῖς **ποικίλαις** καὶ ξέναις μὴ

ποιμήν (*poimēn*; 1/18) *shepherd*
Heb 13:20 ἐκ νεκρῶν τὸν **ποιμένα** τῶν προβάτων τὸν

πόλεμος (*polemos*; 1/18) *war*
Heb 11:34 ἐγενήθησαν ἰσχυροὶ ἐν **πολέμῳ**,

πόλις (*polis*; 4/163) *city, town*
Heb 11:10 τοὺς θεμελίους ἔχουσαν **πόλιν** ἧς τεχνίτης
Heb 11:16 ἡτοίμασεν γὰρ αὐτοῖς **πόλιν**.
Heb 12:22 Σιὼν ὄρει καὶ **πόλει** θεοῦ ζῶντος,
Heb 13:14 ἔχομεν ὧδε μένουσαν **πόλιν** ἀλλὰ τὴν μέλλουσαν

πολίτης (*politēs*; 1/4) *citizen*
Heb 8:11 διδάξωσιν ἕκαστος τὸν **πολίτην** αὐτοῦ καὶ ἕκαστος

πολλάκις (*pollakis*; 4/18) *often*
Heb 6:7 ἐπ' αὐτῆς ἐρχόμενον **πολλάκις** ὑετὸν καὶ τίκτουσα
Heb 9:25 οὐδ' ἵνα **πολλάκις** προσφέρῃ ἑαυτόν,
Heb 9:26 ἐπεὶ ἔδει αὐτὸν **πολλάκις** παθεῖν ἀπὸ καταβολῆς
Heb 10:11 καὶ τὰς αὐτὰς **πολλάκις** προσφέρων θυσίας,

πολυμερῶς (*polymerōs*; 1/1) *little by little*
Heb 1:1 **Πολυμερῶς** καὶ πολυτρόπως πάλαι

πολύς (*polys*; 11/417) *much (pl. many)*
Heb 2:10 **πολλοὺς** υἱοὺς εἰς δόξαν
Heb 3:3 **πλείονος** γὰρ οὗτος δόξης
Heb 3:3 καθ' ὅσον **πλείονα** τιμὴν ἔχει τοῦ
Heb 5:11 Περὶ οὗ **πολὺς** ἡμῖν ὁ λόγος

Heb 7:23 Καὶ οἱ μὲν **πλείονές** εἰσιν γεγονότες ἱερεῖς
Heb 9:28 προσενεχθεὶς εἰς τὸ **πολλῶν** ἀνενεγκεῖν ἁμαρτίας ἐκ
Heb 10:32 ἐν αἷς φωτισθέντες **πολλὴν** ἄθλησιν ὑπεμείνατε παθημάτων,
Heb 11:4 Πίστει **πλείονα** θυσίαν Ἄβελ παρὰ
Heb 12:9 οὐ **πολὺ** [δὲ] μᾶλλον ὑποταγησόμεθα
Heb 12:15 δι᾽ αὐτῆς μιανθῶσιν **πολλοί**,
Heb 12:25 **πολὺ** μᾶλλον ἡμεῖς οἱ

πολυτρόπως (*polytropōs*; 1/1) *in many ways*
Heb 1:1 Πολυμερῶς καὶ **πολυτρόπως** πάλαι ὁ θεὸς

πόμα (*poma*; 1/2) *drink*
Heb 9:10 ἐπὶ βρώμασιν καὶ **πόμασιν** καὶ διαφόροις βαπτισμοῖς,

πονηρός (*ponēros*; 2/78) *evil*
Heb 3:12 τινι ὑμῶν καρδία **πονηρὰ** ἀπιστίας ἐν τῷ
Heb 10:22 καρδίας ἀπὸ συνειδήσεως **πονηρᾶς** καὶ λελουσμένοι τὸ

πόρνη (*pornē*; 1/12) *prostitute*
Heb 11:31 Πίστει Ῥαὰβ ἡ **πόρνη** οὐ συναπώλετο τοῖς

πόρνος (*pornos*; 2/10) *sexually immoral person*
Heb 12:16 μή τις **πόρνος** ἢ βέβηλος ὡς
Heb 13:4 **πόρνους** γὰρ καὶ μοιχοὺς

πόρρωθεν (*porrōthen*; 1/2) *at or from a distance*
Heb 11:13 τὰς ἐπαγγελίας ἀλλὰ **πόρρωθεν** αὐτὰς ἰδόντες καὶ

πόσος (*posos*; 2/27) *how much*
Heb 9:14 **πόσῳ** μᾶλλον τὸ αἷμα
Heb 10:29 **πόσῳ** δοκεῖτε χείρονος ἀξιωθήσεται

ποτέ (*pote*; 2/29) *once*
Heb 1:5 Τίνι γὰρ εἶπέν **ποτε** τῶν ἀγγέλων·
Heb 1:13 τῶν ἀγγέλων εἴρηκέν **ποτε**·

ποῦ (*pou*; 1/47[48]) *where*
Heb 11:8 ἐξῆλθεν μὴ ἐπιστάμενος **ποῦ** ἔρχεται.

πού (*pou*; 2/4) *somewhere*
Heb 2:6 διεμαρτύρατο δέ **πού** τις λέγων·
Heb 4:4 εἴρηκεν γάρ **που** περὶ τῆς ἑβδόμης

πούς (*pous*; 4/93) *foot*
Heb 1:13 σου ὑποπόδιον τῶν **ποδῶν** σου;
Heb 2:8 ὑπέταξας ὑποκάτω τῶν **ποδῶν** αὐτοῦ.
Heb 10:13 αὐτοῦ ὑποπόδιον τῶν **ποδῶν** αὐτοῦ.
Heb 12:13 ὀρθὰς ποιεῖτε τοῖς **ποσὶν** ὑμῶν,

πρᾶγμα (*pragma*; 3/11) *matter*
Heb 6:18 ἵνα διὰ δύο **πραγμάτων** ἀμεταθέτων,
Heb 10:1 τὴν εἰκόνα τῶν **πραγμάτων**,
Heb 11:1 **πραγμάτων** ἔλεγχος οὐ βλεπομένων.

πρέπω (*prepō*; 2/7) *it is fitting or proper*
Heb 2:10 **ἔπρεπεν** γὰρ αὐτῷ,
Heb 7:26 γὰρ ἡμῖν καὶ **ἔπρεπεν** ἀρχιερεύς,

πρεσβύτερος (*presbyteros*; 1/65[66]) *elder*
Heb 11:2 γὰρ ἐμαρτυρήθησαν οἱ **πρεσβύτεροι**.

πρίζω (*prizō*; 1/1) *saw in two*
Heb 11:37 **ἐπρίσθησαν**,

πρό (*pro*; 1/47) *before*
Heb 11:5 **πρὸ** γὰρ τῆς μεταθέσεως

προάγω (*proagō*; 1/20) *go before or ahead of*
Heb 7:18 μὲν γὰρ γίνεται **προαγούσης** ἐντολῆς διὰ

πρόβατον (*probaton*; 1/39) *sheep*
Heb 13:20 τὸν ποιμένα τῶν **προβάτων** τὸν μέγαν ἐν

προβλέπω (*problepō*; 1/1) *have in store*
Heb 11:40 ἡμῶν κρεῖττόν τι **προβλεψαμένου**,

πρόδηλος (*prodēlos*; 1/3) *very obvious or evident*
Heb 7:14 **πρόδηλον** γὰρ ὅτι ἐξ

πρόδρομος (*prodromos*; 1/1) *forerunner*
Heb 6:20 ὅπου **πρόδρομος** ὑπὲρ ἡμῶν εἰσῆλθεν

πρόθεσις (*prothesis*; 1/12) *purpose*
Heb 9:2 τράπεζα καὶ ἡ **πρόθεσις** τῶν ἄρτων,

πρόκειμαι (*prokeimai*; 3/5) *be set before*
Heb 6:18 καταφυγόντες κρατῆσαι τῆς **προκειμένης** ἐλπίδος·
Heb 12:1 ὑπομονῆς τρέχωμεν τὸν **προκείμενον** ἡμῖν ἀγῶνα
Heb 12:2 ὃς ἀντὶ τῆς **προκειμένης** αὐτῷ χαρᾶς ὑπέμεινεν

προλέγω (*prolegō*; 1/15) *say or warn beforehand*
Heb 4:7 καθὼς **προείρηται**·

πρός (*pros*; 19/699[700]) *to, toward, at*
Heb 1:7 καὶ **πρὸς** μὲν τοὺς ἀγγέλους
Heb 1:8 **πρὸς** δὲ τὸν υἱόν·
Heb 1:13 **πρὸς** τίνα δὲ τῶν
Heb 2:17 πιστὸς ἀρχιερεὺς τὰ **πρὸς** τὸν θεὸν εἰς
Heb 4:13 **πρὸς** ὃν ἡμῖν ὁ
Heb 5:1 ἀνθρώπων καθίσταται τὰ **πρὸς** τὸν θεόν,
Heb 5:5 ἀλλ᾽ ὁ λαλήσας **πρὸς** αὐτόν·
Heb 5:7 τε καὶ ἱκετηρίας **πρὸς** τὸν δυνάμενον σῴζειν
Heb 5:14 αἰσθητήρια γεγυμνασμένα ἐχόντων **πρὸς** διάκρισιν καλοῦ τε
Heb 6:11 αὐτὴν ἐνδείκνυσθαι σπουδὴν **πρὸς** τὴν πληροφορίαν τῆς
Heb 7:21 διὰ τοῦ λέγοντος **πρὸς** αὐτόν·

Heb 9:13 τοὺς κεκοινωμένους ἁγιάζει **πρὸς** τὴν τῆς σαρκὸς
Heb 9:20 διαθήκης ἧς ἐνετείλατο **πρὸς** ὑμᾶς ὁ θεός.
Heb 10:16 διαθήκη ἣν διαθήσομαι **πρὸς** αὐτοὺς μετὰ
Heb 11:18 **πρὸς** ὃν ἐλαλήθη ὅτι
Heb 12:4 μέχρις αἵματος ἀντικατέστητε **πρὸς** τὴν ἁμαρτίαν ἀνταγωνιζόμενοι.
Heb 12:10 οἱ μὲν γὰρ **πρὸς** ὀλίγας ἡμέρας κατὰ
Heb 12:11 πᾶσα δὲ παιδεία **πρὸς** μὲν τὸ παρὸν
Heb 13:13 τοίνυν ἐξερχώμεθα **πρὸς** αὐτὸν ἔξω τῆς

προσαγορεύω (*prosagoreuō*; 1/1) *designate*

Heb 5:10 **προσαγορευθεὶς** ὑπὸ τοῦ θεοῦ

προσδέχομαι (*prosdechomai*; 2/14) *wait for*

Heb 10:34 ὑμῶν μετὰ χαρᾶς **προσεδέξασθε** γινώσκοντες ἔχειν ἑαυτοὺς
Heb 11:35 δὲ ἐτυμπανίσθησαν οὐ **προσδεξάμενοι** τὴν ἀπολύτρωσιν,

προσέρχομαι (*proserchomai*; 7/86) *come or go to*

Heb 4:16 **προσερχώμεθα** οὖν μετὰ παρρησίας
Heb 7:25 παντελὲς δύναται τοὺς **προσερχομένους** δι' αὐτοῦ τῷ
Heb 10:1 οὐδέποτε δύναται τοὺς **προσερχομένους** τελειῶσαι·
Heb 10:22 **προσερχώμεθα** μετὰ ἀληθινῆς καρδίας
Heb 11:6 γὰρ δεῖ τὸν **προσερχόμενον** τῷ θεῷ ὅτι
Heb 12:18 Οὐ γὰρ **προσεληλύθατε** ψηλαφωμένῳ καὶ κεκαυμένῳ
Heb 12:22 ἀλλὰ **προσεληλύθατε** Σιὼν ὄρει καὶ

προσεύχομαι (*proseuchomai*; 1/85) *pray*

Heb 13:18 **Προσεύχεσθε** περὶ ἡμῶν·

προσέχω (*prosechō*; 2/24) *pay close attention to*

Heb 2:1 τοῦτο δεῖ περισσοτέρως **προσέχειν** ἡμᾶς τοῖς ἀκουσθεῖσιν,
Heb 7:13 ἀφ' ἧς οὐδεὶς **προσέσχηκεν** τῷ θυσιαστηρίῳ·

πρόσκαιρος (*proskairos*; 1/4) *not lasting*

Heb 11:25 τοῦ θεοῦ ἢ **πρόσκαιρον** ἔχειν ἁμαρτίας ἀπόλαυσιν,

προσκυνέω (*proskyneō*; 2/60) *worship*

Heb 1:6 καὶ **προσκυνησάτωσαν** αὐτῷ πάντες ἄγγελοι
Heb 11:21 Ἰωσὴφ εὐλόγησεν καὶ **προσεκύνησεν** ἐπὶ τὸ ἄκρον

προσοχθίζω (*prosochthizō*; 2/2) *be angry*

Heb 3:10 διὸ **προσώχθισα** τῇ γενεᾷ ταύτῃ
Heb 3:17 τίσιν δὲ **προσώχθισεν** τεσσεράκοντα ἔτη;

προστίθημι (*prostithēmi*; 1/18) *add*

Heb 12:19 ἀκούσαντες παρῃτήσαντο μὴ **προστεθῆναι** αὐτοῖς λόγον,

πρόσφατος (*prosphatos*; 1/1) *new*

Heb 10:20 ἐνεκαίνισεν ἡμῖν ὁδὸν **πρόσφατον** καὶ ζῶσαν διὰ

προσφέρω (*prospherō*; 20/47) *offer, bring*

Heb 5:1 ἵνα **προσφέρῃ** δῶρά τε καὶ
Heb 5:3 καὶ περὶ αὐτοῦ **προσφέρειν** περὶ ἁμαρτιῶν.
Heb 5:7 ἰσχυρᾶς καὶ δακρύων **προσενέγκας** καὶ εἰσακουσθεὶς ἀπὸ
Heb 8:3 ἀρχιερεὺς εἰς τὸ **προσφέρειν** δῶρά τε καὶ
Heb 8:3 καὶ τοῦτον ὃ **προσενέγκῃ**.
Heb 8:4 ὄντων τῶν **προσφερόντων** κατὰ νόμον τὰ
Heb 9:7 χωρὶς αἵματος ὃ **προσφέρει** ὑπὲρ ἑαυτοῦ
Heb 9:9 τε καὶ θυσίαι **προσφέρονται** μὴ δυνάμεναι
Heb 9:14 πνεύματος αἰωνίου ἑαυτὸν **προσήνεγκεν** ἄμωμον τῷ θεῷ,
Heb 9:25 οὐδ' ἵνα πολλάκις **προσφέρῃ** ἑαυτόν,
Heb 9:28 ὁ Χριστὸς ἅπαξ **προσενεχθεὶς** εἰς τὸ πολλῶν
Heb 10:1 αὐταῖς θυσίαις ἃς **προσφέρουσιν** εἰς τὸ διηνεκὲς
Heb 10:2 οὐκ ἂν ἐπαύσαντο **προσφερόμεναι** διὰ τὸ μηδεμίαν
Heb 10:8 αἵτινες κατὰ νόμον **προσφέρονται**,
Heb 10:11 τὰς αὐτὰς πολλάκις **προσφέρων** θυσίας,
Heb 10:12 μίαν ὑπὲρ ἁμαρτιῶν **προσενέγκας** θυσίαν
Heb 11:4 Ἅβελ παρὰ Κάϊν **προσήνεγκεν** τῷ θεῷ,
Heb 11:17 Πίστει **προσενήνοχεν** Ἀβραὰμ τὸν Ἰσαὰκ
Heb 11:17 καὶ τὸν μονογενῆ **προσέφερεν**,
Heb 12:7 ὡς υἱοῖς ὑμῖν **προσφέρεται** ὁ θεός.

προσφορά (*prosphora*; 5/9) *offering*

Heb 10:5 θυσίαν καὶ **προσφορὰν** οὐκ ἠθέλησας,
Heb 10:8 ὅτι θυσίας καὶ **προσφορὰς** καὶ ὁλοκαυτώματα καὶ
Heb 10:10 ἐσμὲν διὰ τῆς **προσφορᾶς** τοῦ σώματος Ἰησοῦ
Heb 10:14 μιᾷ γὰρ **προσφορᾷ** τετελείωκεν εἰς τὸ
Heb 10:18 οὐκέτι **προσφορὰ** περὶ ἁμαρτίας.

πρόσχυσις (*proschysis*; 1/1) *sprinkling*

Heb 11:28 πάσχα καὶ τὴν **πρόσχυσιν** τοῦ αἵματος,

πρόσωπον (*prosōpon*; 1/76) *face*

Heb 9:24 νῦν ἐμφανισθῆναι τῷ **προσώπῳ** τοῦ θεοῦ

πρότερος (*proteros*; 3/11) *former*

Heb 4:6 καὶ οἱ **πρότερον** εὐαγγελισθέντες οὐκ εἰσῆλθον
Heb 7:27 **πρότερον** ὑπὲρ τῶν ἰδίων
Heb 10:32 Ἀναμιμνῄσκεσθε δὲ τὰς **πρότερον** ἡμέρας,

προφήτης (*prophētēs*; 2/144) *prophet*

Heb 1:1 πατράσιν ἐν τοῖς **προφήταις**
Heb 11:32 Σαμουὴλ καὶ τῶν **προφητῶν**,

πρῶτος (*prōtos*; 10/152[155]) *first*

Heb 7:2 **πρῶτον** μὲν ἑρμηνευόμενος βασιλεὺς
Heb 8:7 Εἰ γὰρ ἡ **πρώτη** ἐκείνη ἦν ἄμεμπτος,
Heb 8:13 καινὴν πεπαλαίωκεν τὴν **πρώτην**·
Heb 9:1 οὖν [καὶ] ἡ **πρώτη** δικαιώματα λατρείας τό

Heb 9:2 γὰρ κατεσκευάσθη ἡ **πρώτη** ἐν ᾗ ἥ
Heb 9:6 εἰς μὲν τὴν **πρώτην** σκηνὴν διὰ παντὸς
Heb 9:8 ὁδὸν ἔτι τῆς **πρώτης** σκηνῆς ἐχούσης στάσιν,
Heb 9:15 τῶν ἐπὶ τῇ **πρώτῃ** διαθήκῃ παραβάσεων
Heb 9:18 ὅθεν οὐδὲ ἡ **πρώτη** χωρὶς αἵματος ἐγκεκαίνισται·
Heb 10:9 ἀναιρεῖ τὸ **πρῶτον** ἵνα τὸ δεύτερον

πρωτοτόκια (*prōtotokia*; 1/1) *birthright*
Heb 12:16 μιᾶς ἀπέδετο τὰ **πρωτοτόκια** ἑαυτοῦ.

πρωτότοκος (*prōtotokos*; 3/8) *first-born*
Heb 1:6 πάλιν εἰσαγάγῃ τὸν **πρωτότοκον** εἰς τὴν οἰκουμένην,
Heb 11:28 ὁ ὀλοθρεύων τὰ **πρωτότοκα** θίγῃ αὐτῶν.
Heb 12:23 καὶ ἐκκλησίᾳ **πρωτοτόκων** ἀπογεγραμμένων ἐν οὐρανοῖς

πύλη (*pylē*; 1/10) *gate*
Heb 13:12 ἔξω τῆς **πύλης** ἔπαθεν.

πῦρ (*pyr*; 5/71) *fire*
Heb 1:7 τοὺς λειτουργοὺς αὐτοῦ **πυρὸς** φλόγα,
Heb 10:27 ἐκδοχὴ κρίσεως καὶ **πυρὸς** ζῆλος ἐσθίειν μέλλοντος
Heb 11:34 ἔσβεσαν δύναμιν **πυρός**,
Heb 12:18 ψηλαφωμένῳ καὶ κεκαυμένῳ **πυρὶ** καὶ γνόφῳ
Heb 12:29 ὁ θεὸς ἡμῶν **πῦρ** καταναλίσκον.

πῶς (*pōs*; 1/103) *how*
Heb 2:3 **πῶς** ἡμεῖς ἐκφευξόμεθα τηλικαύτης

Ῥαάβ (*Rhaab*; 1/2) *Rahab*
Heb 11:31 Πίστει **Ῥαὰβ** ἡ πόρνη οὐ

ῥάβδος (*rhabdos*; 4/12) *stick, staff, rod*
Heb 1:8 καὶ ἡ **ῥάβδος** τῆς εὐθύτητος ῥάβδος
Heb 1:8 ῥάβδος τῆς εὐθύτητος **ῥάβδος** τῆς βασιλείας σου.
Heb 9:4 μάννα καὶ ἡ **ῥάβδος** Ἀαρὼν ἡ βλαστήσασα
Heb 11:21 τὸ ἄκρον τῆς **ῥάβδου** αὐτοῦ.

ῥαντίζω (*rhantizō*; 4/4) *sprinkle*
Heb 9:13 καὶ σποδὸς δαμάλεως **ῥαντίζουσα** τοὺς κεκοινωμένους ἁγιάζει
Heb 9:19 πάντα τὸν λαὸν **ἐρράντισεν**
Heb 9:21 τῷ αἵματι ὁμοίως **ἐρράντισεν**.
Heb 10:22 ἐν πληροφορίᾳ πίστεως **ῥεραντισμένοι** τὰς καρδίας ἀπὸ

ῥαντισμός (*rhantismos*; 1/2) *sprinkling*
Heb 12:24 Ἰησοῦ καὶ αἵματι **ῥαντισμοῦ** κρεῖττον λαλοῦντι παρὰ

ῥῆμα (*rhēma*; 4/68) *word*
Heb 1:3 τὰ πάντα τῷ **ῥήματι** τῆς δυνάμεως αὐτοῦ,
Heb 6:5 καλὸν γευσαμένους θεοῦ **ῥῆμα** δυνάμεις τε μέλλοντος
Heb 11:3 κατηρτίσθαι τοὺς αἰῶνας **ῥήματι** θεοῦ,
Heb 12:19 ἤχῳ καὶ φωνῇ **ῥημάτων**,

ῥίζα (*rhiza*; 1/17) *root*
Heb 12:15 μή τις **ῥίζα** πικρίας ἄνω φύουσα

σαββατισμός (*sabbatismos*; 1/1) *Sabbath day*
Heb 4:9 ἄρα ἀπολείπεται **σαββατισμὸς** τῷ λαῷ τοῦ

σαλεύω (*saleuō*; 3/15) *shake*
Heb 12:26 φωνὴ τὴν γῆν **ἐσάλευσεν** τότε,
Heb 12:27 δηλοῖ [τὴν] τῶν **σαλευομένων** μετάθεσιν ὡς πεποιημένων,
Heb 12:27 μείνῃ τὰ μὴ **σαλευόμενα**.

Σαλήμ (*Salēm*; 2/2) *Salem*
Heb 7:1 βασιλεὺς **Σαλήμ**,
Heb 7:2 δὲ καὶ βασιλεὺς **Σαλήμ**,

σάλπιγξ (*salpinx*; 1/11) *trumpet*
Heb 12:19 καὶ **σάλπιγγος** ἤχῳ καὶ φωνῇ

Σαμουήλ (*Samouēl*; 1/3) *Samuel*
Heb 11:32 Δαυίδ τε καὶ **Σαμουὴλ** καὶ τῶν προφητῶν,

Σαμψών (*Sampsōn*; 1/1) *Samson*
Heb 11:32 **Σαμψών**,

σάρκινος (*sarkinos*; 1/4) *belonging to the world, fleshly*
Heb 7:16 κατὰ νόμον ἐντολῆς **σαρκίνης** γέγονεν ἀλλὰ κατὰ

σάρξ (*sarx*; 6/147) *flesh*
Heb 2:14 κεκοινώνηκεν αἵματος καὶ **σαρκός**,
Heb 5:7 ταῖς ἡμέραις τῆς **σαρκὸς** αὐτοῦ δεήσεις τε
Heb 9:10 δικαιώματα **σαρκὸς** μέχρι καιροῦ διορθώσεως
Heb 9:13 πρὸς τὴν τῆς **σαρκὸς** καθαρότητα,
Heb 10:20 τοῦτ᾽ ἔστιν τῆς **σαρκὸς** αὐτοῦ,
Heb 12:9 τοὺς μὲν τῆς **σαρκὸς** ἡμῶν πατέρας εἴχομεν

Σάρρα (*Sarra*; 1/4) *Sarah*
Heb 11:11 Πίστει καὶ αὐτὴ **Σάρρα** στεῖρα δύναμιν εἰς

σβέννυμι (*sbennymi*; 1/6) *extinguish*
Heb 11:34 **ἔσβεσαν** δύναμιν πυρός,

σείω (*seiō*; 1/5) *shake*
Heb 12:26 ἔτι ἅπαξ ἐγὼ **σείσω** οὐ μόνον τὴν

σημεῖον (*sēmeion*; 1/75[77]) *sign*
Heb 2:4 συνεπιμαρτυροῦντος τοῦ θεοῦ **σημείοις** τε καὶ τέρασιν

σήμερον (*sēmeron*; 8/41) *today*
Heb 1:5 ἐγὼ **σήμερον** γεγέννηκά σε;
Heb 3:7 **σήμερον** ἐὰν τῆς φωνῆς
Heb 3:13 ἄχρις οὗ τὸ **σήμερον** καλεῖται,
Heb 3:15 **σήμερον** ἐὰν τῆς φωνῆς
Heb 4:7 **σήμερον**,

Heb 4:7 **σήμερον** ἐὰν τῆς φωνῆς
Heb 5:5 ἐγὼ **σήμερον** γεγέννηκά σε·
Heb 13:8 Χριστὸς ἐχθὲς καὶ **σήμερον** ὁ αὐτὸς καὶ

Σιών (*Siōn*; 1/7) *Mount Zion*
Heb 12:22 ἀλλὰ προσεληλύθατε **Σιὼν** ὄρει καὶ πόλει

σκεῦος (*skeuos*; 1/23) *object, jar*
Heb 9:21 καὶ πάντα τὰ **σκεύη** τῆς λειτουργίας τῷ

σκηνή (*skēnē*; 10/20) *tent*
Heb 8:2 λειτουργὸς καὶ τῆς **σκηνῆς** τῆς ἀληθινῆς,
Heb 8:5 μέλλων ἐπιτελεῖν τὴν **σκηνήν**·
Heb 9:2 **σκηνὴ** γὰρ κατεσκευάσθη ἡ
Heb 9:3 τὸ δεύτερον καταπέτασμα **σκηνὴ** ἡ λεγομένη Ἅγια
Heb 9:6 μὲν τὴν πρώτην **σκηνὴν** διὰ παντὸς εἰσίασιν
Heb 9:8 ἔτι τῆς πρώτης **σκηνῆς** ἐχούσης στάσιν,
Heb 9:11 μείζονος καὶ τελειοτέρας **σκηνῆς** οὐ χειροποιήτου,
Heb 9:21 καὶ τὴν **σκηνὴν** δὲ καὶ πάντα
Heb 11:9 ὡς ἀλλοτρίαν ἐν **σκηναῖς** κατοικήσας μετὰ Ἰσαὰκ
Heb 13:10 ἐξουσίαν οἱ τῇ **σκηνῇ** λατρεύοντες.

σκιά (*skia*; 2/7) *shadow*
Heb 8:5 οἵτινες ὑποδείγματι καὶ **σκιᾷ** λατρεύουσιν τῶν ἐπουρανίων,
Heb 10:1 **Σκιὰν** γὰρ ἔχων ὁ

σκληρύνω (*sklērynō*; 4/6) *harden*
Heb 3:8 μὴ **σκληρύνητε** τὰς καρδίας ὑμῶν
Heb 3:13 ἵνα μὴ **σκληρυνθῇ** τις ἐξ ὑμῶν
Heb 3:15 μὴ **σκληρύνητε** τὰς καρδίας ὑμῶν
Heb 4:7 μὴ **σκληρύνητε** τὰς καρδίας ὑμῶν.

σπέρμα (*sperma*; 3/43) *seed*
Heb 2:16 ἀγγέλων ἐπιλαμβάνεται ἀλλὰ **σπέρματος** Ἀβραὰμ ἐπιλαμβάνεται.
Heb 11:11 δύναμιν εἰς καταβολὴν **σπέρματος** ἔλαβεν καὶ παρὰ
Heb 11:18 Ἰσαὰκ κληθήσεταί σοι **σπέρμα**,

σπήλαιον (*spēlaion*; 1/6) *cave*
Heb 11:38 καὶ ὄρεσιν καὶ **σπηλαίοις** καὶ ταῖς ὀπαῖς

σποδός (*spodos*; 1/3) *ashes*
Heb 9:13 καὶ ταύρων καὶ **σποδὸς** δαμάλεως ῥαντίζουσα τοὺς

σπουδάζω (*spoudazō*; 1/11) *do one's best*
Heb 4:11 **Σπουδάσωμεν** οὖν εἰσελθεῖν εἰς

σπουδή (*spoudē*; 1/12) *earnestness*
Heb 6:11 τὴν αὐτὴν ἐνδείκνυσθαι **σπουδὴν** πρὸς τὴν πληροφορίαν

στάμνος (*stamnos*; 1/1) *jar*
Heb 9:4 ἐν ᾗ **στάμνος** χρυσῆ ἔχουσα τὸ

στάσις (*stasis*; 1/9) *dispute, riot, standing*
Heb 9:8 πρώτης σκηνῆς ἐχούσης **στάσιν**,

σταυρός (*stauros*; 1/27) *cross*
Heb 12:2 αὐτῷ χαρᾶς ὑπέμεινεν **σταυρὸν** αἰσχύνης καταφρονήσας ἐν

στεῖρα (*steira*; 1/5) *a woman incapable of having children*
Heb 11:11 καὶ αὐτὴ Σάρρα **στεῖρα** δύναμιν εἰς καταβολὴν

στενάζω (*stenazō*; 1/6) *sigh*
Heb 13:17 ποιῶσιν καὶ μὴ **στενάζοντες**·

στερεός (*stereos*; 2/4) *firm*
Heb 5:12 γάλακτος [καὶ] οὐ **στερεᾶς** τροφῆς.
Heb 5:14 δέ ἐστιν ἡ **στερεὰ** τροφή,

στεφανόω (*stephanoō*; 2/3) *crown*
Heb 2:7 δόξῃ καὶ τιμῇ **ἐστεφάνωσας** αὐτόν,
Heb 2:9 δόξῃ καὶ τιμῇ **ἐστεφανωμένον**,

στοιχεῖον (*stoicheion*; 1/7) *elements*
Heb 5:12 ὑμᾶς τινα τὰ **στοιχεῖα** τῆς ἀρχῆς τῶν

στόμα (*stoma*; 2/78) *mouth*
Heb 11:33 ἔφραξαν **στόματα** λεόντων,
Heb 11:34 ἔφυγον **στόματα** μαχαίρης,

σύ (*sy*; 29/1063[1067]) *you (sg.)*
Heb 1:5 υἱός μου εἶ **σύ**,
Heb 1:5 ἐγὼ σήμερον γεγέννηκά **σε**;
Heb 1:8 ὁ θρόνος **σου** ὁ θεὸς εἰς
Heb 1:8 ῥάβδος τῆς βασιλείας **σου**.
Heb 1:9 διὰ τοῦτο ἔχρισέν **σε** ὁ θεὸς ὁ
Heb 1:9 θεός ὁ θεός **σου** ἔλαιον ἀγαλλιάσεως παρὰ
Heb 1:9 παρὰ τοὺς μετόχους **σου**.
Heb 1:10 **σὺ** κατ' ἀρχάς,
Heb 1:10 ἔργα τῶν χειρῶν **σού** εἰσιν οἱ οὐρανοί·
Heb 1:11 **σὺ** δὲ διαμένεις,
Heb 1:12 **σὺ** δὲ ὁ αὐτὸς
Heb 1:12 καὶ τὰ ἔτη **σου** οὐκ ἐκλείψουσιν.
Heb 1:13 θῶ τοὺς ἐχθρούς **σου** ὑποπόδιον τῶν ποδῶν
Heb 1:13 ὑποπόδιον τῶν ποδῶν **σου**;
Heb 2:12 ἀπαγγελῶ τὸ ὄνομά **σου** τοῖς ἀδελφοῖς μου,
Heb 2:12 μέσῳ ἐκκλησίας ὑμνήσω **σε**,
Heb 5:5 υἱός μου εἶ **σύ**,
Heb 5:5 ἐγὼ σήμερον γεγέννηκά **σε**·
Heb 5:6 **σὺ** ἱερεὺς εἰς τὸν
Heb 6:14 μὴν εὐλογῶν εὐλογήσω **σε** καὶ πληθύνων πληθυνῶ
Heb 6:14 καὶ πληθύνων πληθυνῶ **σε**·
Heb 7:17 μαρτυρεῖται γὰρ ὅτι **σὺ** ἱερεὺς εἰς τὸν
Heb 7:21 **σὺ** ἱερεὺς εἰς τὸν
Heb 8:5 τύπον τὸν δειχθέντα **σοι** ἐν τῷ ὄρει·
Heb 10:7 θεὸς τὸ θέλημά **σου**.
Heb 10:9 ποιῆσαι τὸ θέλημά **σου**.
Heb 11:18 ἐν Ἰσαὰκ κληθήσεταί **σοι** σπέρμα,
Heb 13:5 οὐ μή σε **ἀνῶ** οὐδ' οὐ μή

Heb 13:5 οὐδ' οὐ μή **σε** ἐγκαταλίπω,

συγκακουχέομαι (*synkakoucheomai*; 1/1) *share hardship with*

Heb 11:25 μᾶλλον ἑλόμενος **συγκακουχεῖσθαι** τῷ λαῷ

συγκεράννυμι (*synkerannymi*; 1/2) *unite*

Heb 4:2 ἀκοῆς ἐκείνους μὴ **συγκεκερασμένους** τῇ πίστει τοῖς

συγκληρονόμος (*synklēronomos*; 1/4) *fellow-heir*

Heb 11:9 καὶ Ἰακὼβ τῶν **συγκληρονόμων** τῆς ἐπαγγελίας τῆς

συμπαθέω (*sympatheō*; 2/2) *feel sympathy with*

Heb 4:15 ἀρχιερέα μὴ δυνάμενον **συμπαθῆσαι** ταῖς ἀσθενείαις ἡμῶν,

Heb 10:34 γὰρ τοῖς δεσμίοις **συνεπαθήσατε** καὶ τὴν ἁρπαγὴν

συμφέρω (*sympherō*; 1/15) *be better*

Heb 12:10 δὲ ἐπὶ τὸ **συμφέρον** εἰς τὸ μεταλαβεῖν

συναντάω (*synantaō*; 2/6) *meet*

Heb 7:1 ὁ **συναντήσας** Ἀβραὰμ ὑποστρέφοντι ἀπὸ

Heb 7:10 πατρὸς ἦν ὅτε **συνήντησεν** αὐτῷ Μελχισέδεκ.

συναπόλλυμι (*synapollymi*; 1/1) *perish with*

Heb 11:31 ἡ πόρνη οὐ **συναπώλετο** τοῖς ἀπειθήσασιν δεξαμένη

συνδέω (*syndeō*; 1/1) *be in prison with*

Heb 13:3 τῶν δεσμίων ὡς **συνδεδεμένοι**,

συνείδησις (*syneidēsis*; 5/30) *conscience*

Heb 9:9 μὴ δυνάμεναι κατὰ **συνείδησιν** τελειῶσαι τὸν λατρεύοντα,

Heb 9:14 καθαριεῖ τὴν **συνείδησιν** ἡμῶν ἀπὸ νεκρῶν

Heb 10:2 μηδεμίαν ἔχειν ἔτι **συνείδησιν** ἁμαρτιῶν τοὺς λατρεύοντας

Heb 10:22 τὰς καρδίας ἀπὸ **συνειδήσεως** πονηρᾶς καὶ λελουσμένοι

Heb 13:18 γὰρ ὅτι καλὴν **συνείδησιν** ἔχομεν,

συνεπιμαρτυρέω (*synepimartyreō*; 1/1) *add further testimony*

Heb 2:4 **συνεπιμαρτυροῦντος** τοῦ θεοῦ σημείοις

συντέλεια (*synteleia*; 1/6) *end*

Heb 9:26 δὲ ἅπαξ ἐπὶ **συντελείᾳ** τῶν αἰώνων εἰς

συντελέω (*synteleō*; 1/6) *end*

Heb 8:8 καὶ **συντελέσω** ἐπὶ τὸν οἶκον

σχεδόν (*schedon*; 1/3) *almost*

Heb 9:22 καὶ **σχεδὸν** ἐν αἵματι πάντα

σῴζω (*sōzō*; 2/105[106]) *save, preserve*

Heb 5:7 πρὸς τὸν δυνάμενον **σῴζειν** αὐτὸν ἐκ θανάτου

Heb 7:25 ὅθεν καὶ **σῴζειν** εἰς τὸ παντελὲς

σῶμα (*sōma*; 5/142) *body*

Heb 10:5 **σῶμα** δὲ κατηρτίσω μοι·

Heb 10:10 τῆς προσφορᾶς τοῦ **σώματος** Ἰησοῦ Χριστοῦ ἐφάπαξ.

Heb 10:22 καὶ λελουσμένοι τὸ **σῶμα** ὕδατι καθαρῷ·

Heb 13:3 αὐτοὶ ὄντες ἐν **σώματι**.

Heb 13:11 τούτων τὰ **σώματα** κατακαίεται ἔξω τῆς

σωτηρία (*sōtēria*; 7/45[46]) *salvation*

Heb 1:14 τοὺς μέλλοντας κληρονομεῖν **σωτηρίαν**;

Heb 2:3 ἐκφευξόμεθα τηλικαύτης ἀμελήσαντες **σωτηρίας**,

Heb 2:10 τὸν ἀρχηγὸν τῆς **σωτηρίας** αὐτῶν διὰ παθημάτων

Heb 5:9 ὑπακούουσιν αὐτῷ αἴτιος **σωτηρίας** αἰωνίου,

Heb 6:9 κρείσσονα καὶ ἐχόμενα **σωτηρίας**,

Heb 9:28 αὐτὸν ἀπεκδεχομένοις εἰς **σωτηρίαν**.

Heb 11:7 κατεσκεύασεν κιβωτὸν εἰς **σωτηρίαν** τοῦ οἴκου αὐτοῦ

τάξις (*taxis*; 6/9) *order*

Heb 5:6 αἰῶνα κατὰ τὴν **τάξιν** Μελχισέδεκ,

Heb 5:10 ἀρχιερεὺς κατὰ τὴν **τάξιν** Μελχισέδεκ.

Heb 6:20 κατὰ τὴν **τάξιν** Μελχισέδεκ ἀρχιερεὺς γενόμενος

Heb 7:11 χρεία κατὰ τὴν **τάξιν** Μελχισέδεκ ἕτερον ἀνίστασθαι

Heb 7:11 οὐ κατὰ τὴν **τάξιν** Ἀαρὼν λέγεσθαι;

Heb 7:17 αἰῶνα κατὰ τὴν **τάξιν** Μελχισέδεκ.

ταῦρος (*tauros*; 2/4) *bull*

Heb 9:13 αἷμα τράγων καὶ **ταύρων** καὶ σποδὸς δαμάλεως

Heb 10:4 ἀδύνατον γὰρ αἷμα **ταύρων** καὶ τράγων ἀφαιρεῖν

ταχέως (*tacheōs*; 2/15) *quickly*

Heb 13:19 ἵνα **τάχιον** ἀποκατασταθῶ ὑμῖν.

Heb 13:23 μεθ' οὗ ἐὰν **τάχιον** ἔρχηται ὄψομαι ὑμᾶς.

τέ (*te*; 20/215) *and*

Heb 1:3 φέρων **τε** τὰ πάντα τῷ

Heb 2:4 τοῦ θεοῦ σημείοις **τε** καὶ τέρασιν καὶ

Heb 2:11 ὅ **τε** γὰρ ἁγιάζων καὶ

Heb 4:12 ἁρμῶν **τε** καὶ μυελῶν,

Heb 5:1 ἵνα προσφέρῃ δῶρά **τε** καὶ θυσίας ὑπὲρ

Heb 5:7 σαρκὸς αὐτοῦ δεήσεις **τε** καὶ ἱκετηρίας

Heb 5:14 πρὸς διάκρισιν καλοῦ **τε** καὶ κακοῦ.

Heb 6:2 βαπτισμῶν διδαχῆς ἐπιθέσεώς **τε** χειρῶν,

Heb 6:2 ἀναστάσεώς **τε** νεκρῶν καὶ κρίματος

Heb 6:4 γευσαμένους **τε** τῆς δωρεᾶς τῆς

Heb 6:5 θεοῦ ῥῆμα δυνάμεις **τε** μέλλοντος αἰῶνος

Heb 6:19 τῆς ψυχῆς ἀσφαλῆ **τε** καὶ βεβαίαν καὶ

Heb 8:3 τὸ προσφέρειν δῶρά **τε** καὶ θυσίας καθίσταται·

Heb 9:1 δικαιώματα λατρείας τό **τε** ἅγιον κοσμικόν.

Heb 9:2 ἐν ᾗ ἥ **τε** λυχνία καὶ ἡ
Heb 9:9 καθ᾽ ἣν δῶρά **τε** καὶ θυσίαι προσφέρονται
Heb 9:19 καὶ ὑσσώπου αὐτό **τε** τὸ βιβλίον καὶ
Heb 10:33 τοῦτο μὲν ὀνειδισμοῖς **τε** καὶ θλίψεσιν θεατριζόμενοι,
Heb 11:32 Δαυίδ **τε** καὶ Σαμουὴλ καὶ
Heb 12:2 καταφρονήσας ἐν δεξιᾷ **τε** τοῦ θρόνου τοῦ

τεῖχος (*teichos*; 1/9) *wall*
Heb 11:30 Πίστει τὰ **τείχη** Ἰεριχὼ ἔπεσαν κυκλωθέντα

τέλειος (*teleios*; 2/19) *complete, perfect, mature*
Heb 5:14 **τελείων** δέ ἐστιν ἡ
Heb 9:11 τῆς μείζονος καὶ **τελειοτέρας** σκηνῆς οὐ χειροποιήτου,

τελειότης (*teleiotēs*; 1/2) *completeness*
Heb 6:1 λόγον ἐπὶ τὴν **τελειότητα** φερώμεθα,

τελειόω (*teleioō*; 9/23) *complete, fulfill*
Heb 2:10 αὐτῶν διὰ παθημάτων **τελειῶσαι**.
Heb 5:9 καὶ **τελειωθεὶς** ἐγένετο πᾶσιν τοῖς
Heb 7:19 οὐδὲν γὰρ **ἐτελείωσεν** ὁ νόμος
Heb 7:28 εἰς τὸν αἰῶνα **τετελειωμένον**.
Heb 9:9 δυνάμεναι κατὰ συνείδησιν **τελειῶσαι** τὸν λατρεύοντα,
Heb 10:1 δύναται τοὺς προσερχομένους **τελειῶσαι**·
Heb 10:14 μιᾷ γὰρ προσφορᾷ **τετελείωκεν** εἰς τὸ διηνεκὲς
Heb 11:40 μὴ χωρὶς ἡμῶν **τελειωθῶσιν**.
Heb 12:23 καὶ πνεύμασι δικαίων **τετελειωμένων**

τελείωσις (*teleiōsis*; 1/2) *fulfillment*
Heb 7:11 Εἰ μὲν οὖν **τελείωσις** διὰ τῆς Λευιτικῆς

τελειωτής (*teleiōtēs*; 1/1) *perfecter*
Heb 12:2 πίστεως ἀρχηγὸν καὶ **τελειωτὴν** Ἰησοῦν,

τελευτάω (*teleutaō*; 1/11) *die*
Heb 11:22 Πίστει Ἰωσὴφ **τελευτῶν** περὶ τῆς ἐξόδου

τέλος (*telos*; 4/41) *end*
Heb 3:14 τῆς ὑποστάσεως μέχρι **τέλους** βεβαίαν κατάσχωμεν
Heb 6:8 ἧς τὸ **τέλος** εἰς καῦσιν.
Heb 6:11 τῆς ἐλπίδος ἄχρι **τέλους**,
Heb 7:3 ἡμερῶν μήτε ζωῆς **τέλος** ἔχων,

τέρας (*teras*; 1/16) *wonder*
Heb 2:4 σημείοις τε καὶ **τέρασιν** καὶ ποικίλαις δυνάμεσιν

τεσσεράκοντα (*tesserakonta*; 2/22) *forty*
Heb 3:10 **τεσσεράκοντα** ἔτη·
Heb 3:17 τίσιν δὲ προσώχθισεν **τεσσεράκοντα** ἔτη;

τεχνίτης (*technitēs*; 1/4) *craftsman*
Heb 11:10 ἔχουσαν πόλιν ἧς **τεχνίτης** καὶ δημιουργὸς

τηλικοῦτος (*tēlikoutos*; 1/4) *so great*
Heb 2:3 πῶς ἡμεῖς ἐκφευξόμεθα **τηλικαύτης** ἀμελήσαντες σωτηρίας,

τίθημι (*tithēmi*; 3/100) *put, place, appoint*
Heb 1:2 ὃν **ἔθηκεν** κληρονόμον πάντων,
Heb 1:13 ἕως ἂν **θῶ** τοὺς ἐχθρούς σου
Heb 10:13 λοιπὸν ἐκδεχόμενος ἕως **τεθῶσιν** οἱ ἐχθροὶ αὐτοῦ

τίκτω (*tiktō*; 1/18) *bear*
Heb 6:7 πολλάκις ὑετὸν καὶ **τίκτουσα** βοτάνην εὔθετον ἐκείνοις

τιμή (*timē*; 4/41) *honor*
Heb 2:7 δόξῃ καὶ **τιμῇ** ἐστεφάνωσας αὐτόν,
Heb 2:9 θανάτου δόξῃ καὶ **τιμῇ** ἐστεφανωμένον,
Heb 3:3 καθ᾽ ὅσον πλείονα **τιμὴν** ἔχει τοῦ οἴκου
Heb 5:4 τις λαμβάνει τὴν **τιμὴν** ἀλλὰ καλούμενος

τίμιος (*timios*; 1/13) *precious*
Heb 13:4 **Τίμιος** ὁ γάμος ἐν

Τιμόθεος (*Timotheos*; 1/24) *Timothy*
Heb 13:23 τὸν ἀδελφὸν ἡμῶν **Τιμόθεον** ἀπολελυμένον,

τιμωρία (*timōria*; 1/1) *punishment*
Heb 10:29 δοκεῖτε χείρονος ἀξιωθήσεται **τιμωρίας** ὁ τὸν υἱὸν

τίς (*tis*; 10/545[546]) *who; what, why*
Heb 1:5 **Τίνι** γὰρ εἶπέν ποτε
Heb 1:13 πρὸς **τίνα** δὲ τῶν ἀγγέλων
Heb 2:6 **τί** ἐστιν ἄνθρωπος ὅτι
Heb 3:16 **τίνες** γὰρ ἀκούσαντες παρεπίκραναν;
Heb 3:17 **τίσιν** δὲ προσώχθισεν τεσσεράκοντα
Heb 3:18 **τίσιν** δὲ ὤμοσεν μὴ
Heb 7:11 **τίς** ἔτι χρεία κατὰ
Heb 11:32 Καὶ **τί** ἔτι λέγω;
Heb 12:7 **τίς** γὰρ υἱὸς ὃν
Heb 13:6 **τί** ποιήσει μοι ἄνθρωπος;

τις (*tis*; 21/542[543]) *anyone, anything*
Heb 2:6 διεμαρτύρατο δέ πού **τις** λέγων·
Heb 2:7 ἠλάττωσας αὐτὸν βραχύ **τι** παρ᾽ ἀγγέλους,
Heb 2:9 τὸν δὲ βραχύ **τι** παρ᾽ ἀγγέλους ἠλαττωμένον
Heb 3:4 οἶκος κατασκευάζεται ὑπό **τινος**,
Heb 3:12 μήποτε ἔσται ἔν **τινι** ὑμῶν καρδία πονηρὰ
Heb 3:13 ἵνα μὴ σκληρυνθῇ **τις** ἐξ ὑμῶν ἀπάτῃ
Heb 4:1 κατάπαυσιν αὐτοῦ δοκῇ **τις** ἐξ ὑμῶν ὑστερηκέναι.
Heb 4:6 ἐπεὶ οὖν ἀπολείπεται **τινας** εἰσελθεῖν εἰς αὐτήν,
Heb 4:7 πάλιν **τινα** ὁρίζει ἡμέραν,
Heb 4:11 ἐν τῷ αὐτῷ **τις** ὑποδείγματι πέσῃ τῆς
Heb 5:4 καὶ οὐχ ἑαυτῷ **τις** λαμβάνει τὴν τιμὴν
Heb 5:12 τοῦ διδάσκειν ὑμᾶς **τινα** τὰ στοιχεῖα τῆς
Heb 8:3 ὅθεν ἀναγκαῖον ἔχειν **τι** καὶ τοῦτον ὃ
Heb 10:25 καθὼς ἔθος **τισιν**,
Heb 10:27 φοβερὰ δέ **τις** ἐκδοχὴ κρίσεως καὶ

Heb 10:28 ἀθετήσας **τις** νόμον Μωϋσέως χωρὶς
Heb 11:40 περὶ ἡμῶν κρεῖττόν **τι** προβλεψαμένου,
Heb 12:15 ἐπισκοποῦντες μή **τις** ὑστερῶν ἀπὸ τῆς
Heb 12:15 μή **τις** ῥίζα πικρίας ἄνω
Heb 12:16 μή **τις** πόρνος ἢ βέβηλος
Heb 13:2 ταύτης γὰρ ἔλαθόν **τινες** ξενίσαντες ἀγγέλους.

τοιγαροῦν (*toigaroun*; 1/2) *therefore*
Heb 12:1 **Τοιγαροῦν** καὶ ἡμεῖς τοσοῦτον

τοίνυν (*toinyn*; 1/3) *therefore*
Heb 13:13 **τοίνυν** ἐξερχώμεθα πρὸς αὐτὸν

τοιοῦτος (*toioutos*; 5/56[57]) *such*
Heb 7:26 **Τοιοῦτος** γὰρ ἡμῖν καὶ
Heb 8:1 τοιοῦτον **ἔχομεν** ἀρχιερέα,
Heb 11:14 οἱ γὰρ **τοιαῦτα** λέγοντες ἐμφανίζουσιν ὅτι
Heb 12:3 ἀναλογίσασθε γὰρ τὸν **τοιαύτην** ὑπομεμενηκότα ὑπὸ τῶν
Heb 13:16 **τοιαύταις** γὰρ θυσίαις εὐαρεστεῖται

τομός (*tomos*; 1/1) *sharp*
Heb 4:12 καὶ ἐνεργὴς καὶ **τομώτερος** ὑπὲρ πᾶσαν μάχαιραν

τόπος (*topos*; 3/94) *place*
Heb 8:7 ἂν δευτέρας ἐζητεῖτο **τόπος**.
Heb 11:8 ὑπήκουσεν ἐξελθεῖν εἰς **τόπον** ὃν ἤμελλεν λαμβάνειν
Heb 12:17 μετανοίας γὰρ **τόπον** οὐχ εὗρεν καίπερ

τοσοῦτος (*tosoutos*; 5/20) *so much (pl. so many)*
Heb 1:4 **τοσούτῳ** κρείττων γενόμενος τῶν
Heb 4:7 Δαυὶδ λέγων μετὰ **τοσοῦτον** χρόνον,
Heb 7:22 κατὰ **τοσοῦτο** [καὶ] κρείττονος διαθήκης
Heb 10:25 καὶ **τοσούτῳ** μᾶλλον ὅσῳ βλέπετε
Heb 12:1 Τοιγαροῦν καὶ ἡμεῖς **τοσοῦτον** ἔχοντες περικείμενον ἡμῖν

τότε (*tote*; 3/160) *then*
Heb 10:7 **τότε** εἶπον·
Heb 10:9 **τότε** εἴρηκεν·
Heb 12:26 τὴν γῆν ἐσάλευσεν **τότε**,

τράγος (*tragos*; 4/4) *he-goat*
Heb 9:12 οὐδὲ δι᾽ αἵματος **τράγων** καὶ μόσχων διὰ
Heb 9:13 γὰρ τὸ αἷμα **τράγων** καὶ ταύρων καὶ
Heb 9:19 μόσχων [καὶ τῶν **τράγων**] μετὰ ὕδατος καὶ
Heb 10:4 αἷμα ταύρων καὶ **τράγων** ἀφαιρεῖν ἁμαρτίας.

τράπεζα (*trapeza*; 1/15) *table*
Heb 9:2 λυχνία καὶ ἡ **τράπεζα** καὶ ἡ πρόθεσις

τραχηλίζω (*trachēlizō*; 1/1) *laid bare*
Heb 4:13 δὲ γυμνὰ καὶ **τετραχηλισμένα** τοῖς ὀφθαλμοῖς αὐτοῦ,

τρεῖς (*treis*; 1/69) *three*
Heb 10:28 ἐπὶ δυσὶν ἢ **τρισὶν** μάρτυσιν ἀποθνῄσκει·

τρέχω (*trechō*; 1/20) *run*
Heb 12:1 δι᾽ ὑπομονῆς **τρέχωμεν** τὸν προκείμενον ἡμῖν

τρίβολος (*tribolos*; 1/2) *briar*
Heb 6:8 δὲ ἀκάνθας καὶ **τριβόλους**,

τρίμηνος (*trimēnos*; 1/1) *(a period of) three months*
Heb 11:23 Μωϋσῆς γεννηθεὶς ἐκρύβη **τρίμηνον** ὑπὸ τῶν πατέρων

τρόπος (*tropos*; 1/13) *way*
Heb 13:5 Ἀφιλάργυρος ὁ **τρόπος**,

τροφή (*trophē*; 2/16) *food*
Heb 5:12 [καὶ] οὐ στερεᾶς **τροφῆς**.
Heb 5:14 ἐστιν ἡ στερεὰ **τροφή**,

τροχιά (*trochia*; 1/1) *way*
Heb 12:13 καὶ **τροχιὰς** ὀρθὰς ποιεῖτε τοῖς

τυγχάνω (*tynchanō*; 2/12) *obtain*
Heb 8:6 νυν[ὶ] δὲ διαφορωτέρας **τέτυχεν** λειτουργίας,
Heb 11:35 ἵνα κρείττονος ἀναστάσεως **τύχωσιν**·

τυμπανίζω (*tympanizō*; 1/1) *torture*
Heb 11:35 ἄλλοι δὲ **ἐτυμπανίσθησαν** οὐ προσδεξάμενοι τὴν

τύπος (*typos*; 1/15) *pattern, type*
Heb 8:5 πάντα κατὰ τὸν **τύπον** τὸν δειχθέντα σοι

ὕδωρ (*hydōr*; 2/76) *water*
Heb 9:19 τῶν τράγων] μετὰ **ὕδατος** καὶ ἐρίου κοκκίνου
Heb 10:22 λελουσμένοι τὸ σῶμα **ὕδατι** καθαρῷ·

ὑετός (*hyetos*; 1/5) *rain*
Heb 6:7 αὐτῆς ἐρχόμενον πολλάκις **ὑετὸν** καὶ τίκτουσα βοτάνην

υἱός (*huios*; 24/377) *son*
Heb 1:2 ἐλάλησεν ἡμῖν ἐν **υἱῷ**,
Heb 1:5 **υἱός** μου εἶ σύ,
Heb 1:5 ἔσται μοι εἰς **υἱόν**;
Heb 1:8 πρὸς δὲ τὸν **υἱόν**·
Heb 2:6 ἢ **υἱὸς** ἀνθρώπου ὅτι ἐπισκέπτῃ
Heb 2:10 πολλοὺς **υἱοὺς** εἰς δόξαν ἀγαγόντα
Heb 3:6 Χριστὸς δὲ ὡς **υἱὸς** ἐπὶ τὸν οἶκον
Heb 4:14 Ἰησοῦν τὸν **υἱὸν** τοῦ θεοῦ,
Heb 5:5 **υἱός** μου εἶ σύ,
Heb 5:8 καίπερ ὢν **υἱός**,
Heb 6:6 ἀνασταυροῦντας ἑαυτοῖς τὸν **υἱὸν** τοῦ θεοῦ καὶ

Heb 7:3 ἀφωμοιωμένος δὲ τῷ **υἱῷ** τοῦ θεοῦ,
Heb 7:5 μὲν ἐκ τῶν **υἱῶν** Λευὶ τὴν ἱερατείαν
Heb 7:28 μετὰ τὸν νόμον **υἱὸν** εἰς τὸν αἰῶνα
Heb 10:29 τιμωρίας ὁ τὸν **υἱὸν** τοῦ θεοῦ καταπατήσας
Heb 11:21 ἀποθνῄσκων ἕκαστον τῶν **υἱῶν** ᾿Ιωσὴφ εὐλόγησεν καὶ
Heb 11:22 τῆς ἐξόδου τῶν **υἱῶν** ᾿Ισραὴλ ἐμνημόνευσεν
Heb 11:24 γενόμενος ἠρνήσατο λέγεσθαι **υἱὸς** θυγατρὸς Φαραώ,
Heb 12:5 ἥτις ὑμῖν ὡς **υἱοῖς** διαλέγεται·
Heb 12:5 **υἱέ** μου,
Heb 12:6 μαστιγοῖ δὲ πάντα **υἱὸν** ὃν παραδέχεται.
Heb 12:7 ὡς **υἱοῖς** ὑμῖν προσφέρεται ὁ
Heb 12:7 τίς γὰρ **υἱὸς** ὃν οὐ παιδεύει
Heb 12:8 νόθοι καὶ οὐχ **υἱοί** ἐστε.

ὑμεῖς (*hymeis*; 31/1832) *you (pl.)*

Heb 3:8 σκληρύνετε τὰς καρδίας **ὑμῶν** ὡς ἐν τῷ
Heb 3:9 ἐπείρασαν οἱ πατέρες **ὑμῶν** ἐν δοκιμασίᾳ
Heb 3:12 ἔσται ἔν τινι **ὑμῶν** καρδία πονηρὰ ἀπιστίας
Heb 3:13 σκληρυνθῇ τις ἐξ **ὑμῶν** ἀπάτῃ τῆς ἁμαρτίας
Heb 3:15 σκληρύνετε τὰς καρδίας **ὑμῶν** ὡς ἐν τῷ
Heb 4:1 δοκῇ τις ἐξ **ὑμῶν** ὑστερηκέναι.
Heb 4:7 σκληρύνετε τὰς καρδίας **ὑμῶν**.
Heb 5:12 ἔχετε τοῦ διδάσκειν **ὑμᾶς** τινα τὰ στοιχεῖα
Heb 6:9 Πεπείσμεθα δὲ περὶ **ὑμῶν**,
Heb 6:10 ἐπιλαθέσθαι τοῦ ἔργου **ὑμῶν** καὶ τῆς ἀγάπης
Heb 6:11 ἐπιθυμοῦμεν δὲ ἕκαστον **ὑμῶν** τὴν αὐτὴν ἐνδείκνυσθαι
Heb 9:20 ἧς ἐνετείλατο πρὸς **ὑμᾶς** ὁ θεός.
Heb 10:34 ἁρπαγὴν τῶν ὑπαρχόντων **ὑμῶν** μετὰ χαρᾶς προσεδέξασθε
Heb 10:35 οὖν τὴν παρρησίαν **ὑμῶν**,
Heb 12:3 κάμητε ταῖς ψυχαῖς **ὑμῶν** ἐκλυόμενοι.
Heb 12:5 ἥτις **ὑμῖν** ὡς υἱοῖς διαλέγεται·
Heb 12:7 ὡς υἱοῖς **ὑμῖν** προσφέρεται ὁ θεός.
Heb 12:13 ποιεῖτε τοῖς ποσὶν **ὑμῶν**,
Heb 13:7 Μνημονεύετε τῶν ἡγουμένων **ὑμῶν**,
Heb 13:7 οἵτινες ἐλάλησαν **ὑμῖν** τὸν λόγον τοῦ
Heb 13:17 Πείθεσθε τοῖς ἡγουμένοις **ὑμῶν** καὶ ὑπείκετε,
Heb 13:17 ὑπὲρ τῶν ψυχῶν **ὑμῶν** ὡς λόγον ἀποδώσοντες,
Heb 13:17 ἀλυσιτελὲς γὰρ **ὑμῖν** τοῦτο.
Heb 13:19 ἵνα τάχιον ἀποκατασταθῶ **ὑμῖν**.
Heb 13:21 καταρτίσαι **ὑμᾶς** ἐν παντὶ ἀγαθῷ
Heb 13:22 Παρακαλῶ δὲ **ὑμᾶς**,
Heb 13:22 διὰ βραχέων ἐπέστειλα **ὑμῖν**.
Heb 13:23 τάχιον ἔρχηται ὄψομαι **ὑμᾶς**.
Heb 13:24 πάντας τοὺς ἡγουμένους **ὑμῶν** καὶ πάντας
Heb 13:24 ᾿Ασπάζονται **ὑμᾶς** οἱ ἀπὸ τῆς
Heb 13:25 χάρις μετὰ πάντων **ὑμῶν**.

ὑμνέω (*hymneō*; 1/4) *sing a hymn*

Heb 2:12 ἐν μέσῳ ἐκκλησίας **ὑμνήσω** σε,

ὑπακοή (*hypakoē*; 1/15) *obedience*

Heb 5:8 ὧν ἔπαθεν τὴν **ὑπακοήν**,

ὑπακούω (*hypakouō*; 2/21) *obey*

Heb 5:9 ἐγένετο πᾶσιν τοῖς **ὑπακούουσιν** αὐτῷ αἴτιος σωτηρίας
Heb 11:8 Πίστει καλούμενος ᾿Αβραὰμ **ὑπήκουσεν** ἐξελθεῖν εἰς τόπον

ὕπαρξις (*hyparxis*; 1/2) *possession*

Heb 10:34 ἔχειν ἑαυτοὺς κρείττονα **ὕπαρξιν** καὶ μένουσαν.

ὑπάρχω (*hyparchō*; 1/60) *be*

Heb 10:34 τὴν ἁρπαγὴν τῶν **ὑπαρχόντων** ὑμῶν μετὰ χαρᾶς

ὑπείκω (*hypeikō*; 1/1) *accept*

Heb 13:17 ἡγουμένοις ὑμῶν καὶ **ὑπείκετε**,

ὑπεναντίος (*hypenantios*; 1/2) *against*

Heb 10:27 ἐσθίειν μέλλοντος τοὺς **ὑπεναντίους**.

ὑπέρ (*hyper*; 11/150) *for, concerning, over*

Heb 2:9 ὅπως χάριτι θεοῦ **ὑπὲρ** παντὸς γεύσηται θανάτου.
Heb 4:12 ἐνεργὴς καὶ τομώτερος **ὑπὲρ** πᾶσαν μάχαιραν δίστομον
Heb 5:1 ἐξ ἀνθρώπων λαμβανόμενος **ὑπὲρ** ἀνθρώπων καθίσταται τὰ
Heb 5:1 τε καὶ θυσίας **ὑπὲρ** ἁμαρτιῶν,
Heb 6:20 ὅπου πρόδρομος **ὑπὲρ** ἡμῶν εἰσῆλθεν ᾿Ιησοῦς,
Heb 7:25 εἰς τὸ ἐντυγχάνειν **ὑπὲρ** αὐτῶν.
Heb 7:27 πρότερον **ὑπὲρ** τῶν ἰδίων ἁμαρτιῶν
Heb 9:7 αἵματος ὃ προσφέρει **ὑπὲρ** ἑαυτοῦ καὶ τῶν
Heb 9:24 προσώπῳ τοῦ θεοῦ **ὑπὲρ** ἡμῶν·
Heb 10:12 οὗτος δὲ μίαν **ὑπὲρ** ἁμαρτιῶν προσενέγκας θυσίαν
Heb 13:17 αὐτοὶ γὰρ ἀγρυπνοῦσιν **ὑπὲρ** τῶν ψυχῶν ὑμῶν

ὑπεράνω (*hyperanō*; 1/3) *far above*

Heb 9:5 **ὑπεράνω** δὲ αὐτῆς Χερουβὶν

ὑπό (*hypo*; 9/219[220]) *by, under*

Heb 2:3 διὰ τοῦ κυρίου **ὑπὸ** τῶν ἀκουσάντων εἰς
Heb 3:4 γὰρ οἶκος κατασκευάζεται **ὑπό** τινος,
Heb 5:4 τιμὴν ἀλλὰ καλούμενος **ὑπὸ** τοῦ θεοῦ καθώσπερ
Heb 5:10 προσαγορευθεὶς **ὑπὸ** τοῦ θεοῦ ἀρχιερεὺς
Heb 7:7 ἀντιλογίας τὸ ἔλαττον **ὑπὸ** τοῦ κρείττονος εὐλογεῖται.
Heb 9:19 κατὰ τὸν νόμον **ὑπὸ** Μωϋσέως παντὶ τῷ
Heb 11:23 γεννηθεὶς ἐκρύβη τρίμηνον **ὑπὸ** τῶν πατέρων αὐτοῦ,
Heb 12:3 τὸν τοιαύτην ὑπομεμενηκότα **ὑπὸ** τῶν ἁμαρτωλῶν εἰς
Heb 12:5 κυρίου μηδὲ ἐκλύου **ὑπ'** αὐτοῦ ἐλεγχόμενος·

ὑπόδειγμα (*hypodeigma*; 3/6) *example*

Heb 4:11 τῷ αὐτῷ τις **ὑποδείγματι** πέσῃ τῆς ἀπειθείας.
Heb 8:5 οἵτινες **ὑποδείγματι** καὶ σκιᾷ λατρεύουσιν

Heb 9:23 οὖν τὰ μὲν **ὑποδείγματα** τῶν ἐν τοῖς

ὑποκάτω (*hypokatō*; 1/11) *under*

Heb 2:8 πάντα ὑπέταξας **ὑποκάτω** τῶν ποδῶν αὐτοῦ.

ὑπομένω (*hypomenō*; 4/17) *endure*

Heb 10:32 φωτισθέντες πολλὴν ἄθλησιν **ὑπεμείνατε** παθημάτων,
Heb 12:2 προκειμένης αὐτῷ χαρᾶς **ὑπέμεινεν** σταυρὸν αἰσχύνης καταφρονήσας
Heb 12:3 γὰρ τὸν τοιαύτην **ὑπομεμενηκότα** ὑπὸ τῶν ἁμαρτωλῶν
Heb 12:7 εἰς παιδείαν **ὑπομένετε**,

ὑπομονή (*hypomonē*; 2/32) *endurance*

Heb 10:36 **ὑπομονῆς** γὰρ ἔχετε χρείαν
Heb 12:1 δι᾽ **ὑπομονῆς** τρέχωμεν τὸν προκείμενον

ὑποπόδιον (*hypopodion*; 2/7) *footstool*

Heb 1:13 τοὺς ἐχθρούς σου **ὑποπόδιον** τῶν ποδῶν σου;
Heb 10:13 οἱ ἐχθροὶ αὐτοῦ **ὑποπόδιον** τῶν ποδῶν αὐτοῦ.

ὑπόστασις (*hypostasis*; 3/5) *confidence*

Heb 1:3 καὶ χαρακτὴρ τῆς **ὑποστάσεως** αὐτοῦ,
Heb 3:14 τὴν ἀρχὴν τῆς **ὑποστάσεως** μέχρι τέλους βεβαίαν
Heb 11:1 δὲ πίστις ἐλπιζομένων **ὑπόστασις**,

ὑποστέλλω (*hypostellō*; 1/4) *draw back*

Heb 10:38 καὶ ἐὰν **ὑποστείληται**,

ὑποστολή (*hypostolē*; 1/1) *shrinking back*

Heb 10:39 δὲ οὐκ ἐσμὲν **ὑποστολῆς** εἰς ἀπώλειαν ἀλλὰ

ὑποστρέφω (*hypostrephō*; 1/35) *return*

Heb 7:1 ὁ συναντήσας Ἀβραὰμ **ὑποστρέφοντι** ἀπὸ τῆς κοπῆς

ὑποτάσσω (*hypotassō*; 5/38) *submit, put in subjection*

Heb 2:5 Οὐ γὰρ ἀγγέλοις **ὑπέταξεν** τὴν οἰκουμένην
Heb 2:8 πάντα **ὑπέταξας** ὑποκάτω τῶν ποδῶν
Heb 2:8 ἐν τῷ γὰρ **ὑποτάξαι** [αὐτῷ] τὰ πάντα
Heb 2:8 αὐτῷ τὰ πάντα **ὑποτεταγμένα**·
Heb 12:9 πολὺ [δὲ] μᾶλλον **ὑποταγησόμεθα** τῷ πατρὶ

ὕσσωπος (*hyssōpos*; 1/2) *hyssop*

Heb 9:19 ἐρίου κοκκίνου καὶ **ὑσσώπου** αὐτό τε τὸ

ὑστερέω (*hystereō*; 3/16) *lack*

Heb 4:1 τις ἐξ ὑμῶν **ὑστερηκέναι**.
Heb 11:37 **ὑστερούμενοι**,
Heb 12:15 ἐπισκοποῦντες μή τις **ὑστερῶν** ἀπὸ τῆς χάριτος

ὕστερος (*hysteros*; 1/11[12]) *last, later*

Heb 12:11 **ὕστερον** δὲ καρπὸν εἰρηνικὸν

ὑψηλός (*hypsēlos*; 2/11) *high*

Heb 1:3 τῆς μεγαλωσύνης ἐν **ὑψηλοῖς**,
Heb 7:26 τῶν ἁμαρτωλῶν καὶ **ὑψηλότερος** τῶν οὐρανῶν γενόμενος,

ὕψιστος (*hypsistos*; 1/13) *highest*

Heb 7:1 τοῦ θεοῦ τοῦ **ὑψίστου**,

φαίνω (*phainō*; 1/30[31]) *shine*

Heb 11:3 τὸ μὴ ἐκ **φαινομένων** τὸ βλεπόμενον γεγονέναι.

φανερόω (*phaneroō*; 2/47[49]) *make known, reveal*

Heb 9:8 μήπω **πεφανερῶσθαι** τὴν τῶν ἁγίων
Heb 9:26 τῆς θυσίας αὐτοῦ **πεφανέρωται**.

φαντάζω (*phantazō*; 1/1) *appear*

Heb 12:21 φοβερὸν ἦν τὸ **φανταζόμενον**,

Φαραώ (*Pharaō*; 1/5) *Pharaoh*

Heb 11:24 λέγεσθαι υἱὸς θυγατρὸς **Φαραώ**,

φέρω (*pherō*; 5/66) *bring*

Heb 1:3 **φέρων** τε τὰ πάντα
Heb 6:1 ἐπὶ τὴν τελειότητα **φερώμεθα**,
Heb 9:16 θάνατον ἀνάγκη **φέρεσθαι** τοῦ διαθεμένου·
Heb 12:20 οὐκ **ἔφερον** γὰρ τὸ διαστελλόμενον·
Heb 13:13 τὸν ὀνειδισμὸν αὐτοῦ **φέροντες**·

φεύγω (*pheugō*; 1/29) *flee*

Heb 11:34 **ἔφυγον** στόματα μαχαίρης,

φημί (*phēmi*; 1/66) *say*

Heb 8:5 ὅρα γάρ **φησιν**,

φιλαδελφία (*philadelphia*; 1/6) *brotherly love*

Heb 13:1 Ἡ **φιλαδελφία** μενέτω.

φιλοξενία (*philoxenia*; 1/2) *hospitality*

Heb 13:2 τῆς **φιλοξενίας** μὴ ἐπιλανθάνεσθε,

φλόξ (*phlox*; 1/7) *flame*

Heb 1:7 λειτουργοὺς αὐτοῦ πυρὸς **φλόγα**,

φοβερός (*phoberos*; 3/3) *fearful*

Heb 10:27 **φοβερὰ** δέ τις ἐκδοχὴ
Heb 10:31 **φοβερὸν** τὸ ἐμπεσεῖν εἰς
Heb 12:21 οὕτω **φοβερὸν** ἦν τὸ φανταζόμενον,

φοβέομαι (*phobeomai*; 4/95) *fear*

Heb 4:1 **φοβηθῶμεν** οὖν,
Heb 11:23 παιδίον καὶ οὐκ **ἐφοβήθησαν** τὸ διάταγμα
Heb 11:27 κατέλιπεν Αἴγυπτον μὴ **φοβηθεὶς** τὸν θυμὸν τοῦ
Heb 13:6 [καὶ] οὐ **φοβηθήσομαι**,

φόβος (*phobos*; 1/47) *fear*

Heb 2:15 ὅσοι **φόβῳ** θανάτου διὰ παντὸς

φόνος (*phonos*; 1/9) *murder*
Heb 11:37 ἐν **φόνῳ** μαχαίρης ἀπέθανον,

φράσσω (*phrassō*; 1/3) *silence*
Heb 11:33 **ἔφραξαν** στόματα λεόντων,

φυλακή (*phylakē*; 1/47) *prison*
Heb 11:36 δὲ δεσμῶν καὶ **φυλακῆς**·

φυλή (*phylē*; 2/31) *tribe*
Heb 7:13 **φυλῆς** ἑτέρας μετέσχηκεν,
Heb 7:14 εἰς ἣν **φυλὴν** περὶ ἱερέων οὐδὲν

φύω (*phyō*; 1/3) *grow*
Heb 12:15 ῥίζα πικρίας ἄνω **φύουσα** ἐνοχλῇ καὶ δι'

φωνή (*phōnē*; 5/139) *voice*
Heb 3:7 σήμερον ἐὰν τῆς **φωνῆς** αὐτοῦ ἀκούσητε,
Heb 3:15 σήμερον ἐὰν τῆς **φωνῆς** αὐτοῦ ἀκούσητε,
Heb 4:7 σήμερον ἐὰν τῆς **φωνῆς** αὐτοῦ ἀκούσητε,
Heb 12:19 σάλπιγγος ἤχῳ καὶ **φωνῇ** ῥημάτων,
Heb 12:26 οὗ ἡ **φωνὴ** τὴν γῆν ἐσάλευσεν

φωτίζω (*phōtizō*; 2/11) *give light*
Heb 6:4 γὰρ τοὺς ἅπαξ **φωτισθέντας**,
Heb 10:32 ἐν αἷς **φωτισθέντες** πολλὴν ἄθλησιν ὑπεμείνατε

χαρά (*chara*; 4/59) *joy*
Heb 10:34 ὑπαρχόντων ὑμῶν μετὰ **χαρᾶς** προσεδέξασθε γινώσκοντες ἔχειν
Heb 12:2 τῆς προκειμένης αὐτῷ **χαρᾶς** ὑπέμεινεν σταυρὸν αἰσχύνης
Heb 12:11 παρὸν οὐ δοκεῖ **χαρᾶς** εἶναι ἀλλὰ λύπης,
Heb 13:17 ἵνα μετὰ **χαρᾶς** τοῦτο ποιῶσιν καὶ

χαρακτήρ (*charaktēr*; 1/1) *exact likeness*
Heb 1:3 τῆς δόξης καὶ **χαρακτὴρ** τῆς ὑποστάσεως αὐτοῦ,

χάρις (*charis*; 8/155) *grace*
Heb 2:9 ὅπως χάριτι **θεοῦ** ὑπὲρ παντὸς γεύσηται
Heb 4:16 τῷ θρόνῳ τῆς **χάριτος**,
Heb 4:16 λάβωμεν ἔλεος καὶ **χάριν** εὕρωμεν εἰς εὔκαιρον
Heb 10:29 τὸ πνεῦμα τῆς **χάριτος** ἐνυβρίσας;
Heb 12:15 ὑστερῶν ἀπὸ τῆς **χάριτος** τοῦ θεοῦ,
Heb 12:28 ἀσάλευτον παραλαμβάνοντες ἔχωμεν **χάριν**,
Heb 13:9 καλὸν γὰρ **χάριτι** βεβαιοῦσθαι τὴν καρδίαν,
Heb 13:25 Ἡ **χάρις** μετὰ πάντων ὑμῶν.

χεῖλος (*cheilos*; 2/7) *lip*
Heb 11:12 ἡ παρὰ τὸ **χεῖλος** τῆς θαλάσσης ἡ
Heb 13:15 τοῦτ' ἔστιν καρπὸν **χειλέων** ὁμολογούντων τῷ ὀνόματι

χείρ (*cheir*; 5/175[177]) *hand*
Heb 1:10 καὶ ἔργα τῶν **χειρῶν** σού εἰσιν οἱ
Heb 6:2 διδαχῆς ἐπιθέσεώς τε **χειρῶν**,
Heb 8:9 ἐπιλαβομένου μου τῆς **χειρὸς** αὐτῶν ἐξαγαγεῖν αὐτοὺς
Heb 10:31 τὸ ἐμπεσεῖν εἰς **χεῖρας** θεοῦ ζῶντος.
Heb 12:12 Διὸ τὰς παρειμένας **χεῖρας** καὶ τὰ παραλελυμένα

χειροποίητος (*cheiropoiētos*; 2/6) *made by human hands*
Heb 9:11 τελειοτέρας σκηνῆς οὐ **χειροποιήτου**,
Heb 9:24 οὐ γὰρ εἰς **χειροποίητα** εἰσῆλθεν ἅγια Χριστός,

χείρων (*cheirōn*; 1/11) *worse*
Heb 10:29 πόσῳ δοκεῖτε **χείρονος** ἀξιωθήσεται τιμωρίας ὁ

Χερούβ (*Cheroub*; 1/1) *cherub*
Heb 9:5 ὑπεράνω δὲ αὐτῆς **Χερουβὶν** δόξης κατασκιάζοντα τὸ

χρεία (*chreia*; 4/49) *need*
Heb 5:12 πάλιν **χρείαν** ἔχετε τοῦ διδάσκειν
Heb 5:12 θεοῦ καὶ γεγόνατε **χρείαν** ἔχοντες γάλακτος [καὶ]
Heb 7:11 τίς ἔτι **χρεία** κατὰ τὴν τάξιν
Heb 10:36 ὑπομονῆς γὰρ ἔχετε **χρείαν** ἵνα τὸ θέλημα

χρηματίζω (*chrēmatizō*; 3/9) *warn, be called*
Heb 8:5 καθὼς **κεχρημάτισται** Μωϋσῆς μέλλων ἐπιτελεῖν
Heb 11:7 Πίστει **χρηματισθεὶς** Νῶε περὶ τῶν
Heb 12:25 γῆς παραιτησάμενοι τὸν **χρηματίζοντα**,

Χριστός (*Christos*; 12/529) *Christ*
Heb 3:6 **Χριστὸς** δὲ ὡς υἱὸς
Heb 3:14 μέτοχοι γὰρ τοῦ **Χριστοῦ** γεγόναμεν,
Heb 5:5 οὕτως καὶ ὁ **Χριστὸς** οὐχ ἑαυτὸν ἐδόξασεν
Heb 6:1 τῆς ἀρχῆς τοῦ **Χριστοῦ** λόγον ἐπὶ τὴν
Heb 9:11 **Χριστὸς** δὲ παραγενόμενος ἀρχιερεὺς
Heb 9:14 τὸ αἷμα τοῦ **Χριστοῦ**,
Heb 9:24 χειροποίητα εἰσῆλθεν ἅγια **Χριστός**,
Heb 9:28 οὕτως καὶ ὁ **Χριστὸς** ἅπαξ προσενεχθεὶς εἰς
Heb 10:10 τοῦ σώματος Ἰησοῦ **Χριστοῦ** ἐφάπαξ.
Heb 11:26 τὸν ὀνειδισμὸν τοῦ **Χριστοῦ**·
Heb 13:8 Ἰησοῦς **Χριστὸς** ἐχθὲς καὶ σήμερον
Heb 13:21 αὐτοῦ διὰ Ἰησοῦ **Χριστοῦ**,

χρίω (*chriō*; 1/5) *anoint*
Heb 1:9 διὰ τοῦτο **ἔχρισέν** σε ὁ θεὸς

χρονίζω (*chronizō*; 1/5) *delay*
Heb 10:37 ἥξει καὶ οὐ **χρονίσει**·

χρόνος (*chronos*; 3/54) *time*
Heb 4:7 λέγων μετὰ τοσοῦτον **χρόνον**,
Heb 5:12 διδάσκαλοι διὰ τὸν **χρόνον**,
Heb 11:32 γὰρ διηγούμενον ὁ **χρόνος** περὶ Γεδεών,

χρυσίον (*chrysion*; 1/12) *gold*

Heb 9:4 διαθήκης περικεκαλυμμένην πάντοθεν **χρυσίῳ**,

χρυσοῦς (*chrysous*; 2/18) *made of gold*

Heb 9:4 **χρυσοῦν** ἔχουσα θυμιατήριον καὶ
Heb 9:4 ἐν ᾗ στάμνος **χρυσῆ** ἔχουσα τὸ μάννα

χωλός (*chōlos*; 1/14) *lame*

Heb 12:13 ἵνα μὴ τὸ **χωλὸν** ἐκτραπῇ,

χωρίζω (*chōrizō*; 1/13) *separate*

Heb 7:26 **κεχωρισμένος** ἀπὸ τῶν ἁμαρτωλῶν

χωρίς (*chōris*; 13/41) *without*

Heb 4:15 πάντα καθ' ὁμοιότητα **χωρὶς** ἁμαρτίας.
Heb 7:7 **χωρὶς** δὲ πάσης ἀντιλογίας
Heb 7:20 καθ' ὅσον οὐ **χωρὶς** ὁρκωμοσίας·
Heb 7:20 οἱ μὲν γὰρ **χωρὶς** ὁρκωμοσίας εἰσὶν ἱερεῖς
Heb 9:7 οὐ **χωρὶς** αἵματος ὃ προσφέρει
Heb 9:18 οὐδὲ ἡ πρώτη **χωρὶς** αἵματος ἐγκεκαίνισται·
Heb 9:22 τὸν νόμον καὶ **χωρὶς** αἱματεκχυσίας οὐ γίνεται
Heb 9:28 ἁμαρτίας ἐκ δευτέρου **χωρὶς** ἁμαρτίας ὀφθήσεται τοῖς
Heb 10:28 τις νόμον Μωϋσέως **χωρὶς** οἰκτιρμῶν ἐπὶ δυσὶν
Heb 11:6 **χωρὶς** δὲ πίστεως ἀδύνατον
Heb 11:40 ἵνα μὴ **χωρὶς** ἡμῶν τελειωθῶσιν.
Heb 12:8 εἰ δὲ **χωρίς** ἐστε παιδείας ἧς
Heb 12:14 οὗ **χωρὶς** οὐδεὶς ὄψεται τὸν

ψεύδομαι (*pseudomai*; 1/12) *lie, speak falsehood*

Heb 6:18 ἐν οἷς ἀδύνατον **ψεύσασθαι** [τὸν] θεόν,

ψηλαφάω (*psēlaphaō*; 1/4) *touch*

Heb 12:18 Οὐ γὰρ προσεληλύθατε **ψηλαφωμένῳ** καὶ κεκαυμένῳ πυρὶ

ψυχή (*psychē*; 6/103) *soul, life, self*

Heb 4:12 διϊκνούμενος ἄχρι μερισμοῦ **ψυχῆς** καὶ πνεύματος,
Heb 6:19 ἄγκυραν ἔχομεν τῆς **ψυχῆς** ἀσφαλῆ τε καὶ
Heb 10:38 οὐκ εὐδοκεῖ ἡ **ψυχή** μου ἐν αὐτῷ.
Heb 10:39 πίστεως εἰς περιποίησιν **ψυχῆς**.
Heb 12:3 μὴ κάμητε ταῖς **ψυχαῖς** ὑμῶν ἐκλυόμενοι.
Heb 13:17 ἀγρυπνοῦσιν ὑπὲρ τῶν **ψυχῶν** ὑμῶν ὡς λόγον

ὧδε (*hōde*; 2/61) *here*

Heb 7:8 καὶ **ὧδε** μὲν δεκάτας ἀποθνῄσκοντες
Heb 13:14 οὐ γὰρ ἔχομεν **ὧδε** μένουσαν πόλιν ἀλλὰ

ὡς (*hōs*; 22/503[504]) *as*

Heb 1:11 καὶ πάντες **ὡς** ἱμάτιον παλαιωθήσονται,
Heb 1:12 **ὡς** ἱμάτιον καὶ ἀλλαγήσονται·
Heb 3:2 τῷ ποιήσαντι αὐτὸν **ὡς** καὶ Μωϋσῆς ἐν
Heb 3:5 τῷ οἴκῳ αὐτοῦ **ὡς** θεράπων εἰς μαρτύριον
Heb 3:6 Χριστὸς δὲ **ὡς** υἱὸς ἐπὶ τὸν
Heb 3:8 τὰς καρδίας ὑμῶν **ὡς** ἐν τῷ παραπικρασμῷ
Heb 3:11 **ὡς** ὤμοσα ἐν τῇ
Heb 3:15 τὰς καρδίας ὑμῶν **ὡς** ἐν τῷ παραπικρασμῷ.
Heb 4:3 **ὡς** ὤμοσα ἐν τῇ
Heb 6:19 ἣν **ὡς** ἄγκυραν ἔχομεν τῆς
Heb 7:9 καὶ **ὡς** ἔπος εἰπεῖν,
Heb 11:9 γῆν τῆς ἐπαγγελίας **ὡς** ἀλλοτρίαν ἐν σκηναῖς
Heb 11:12 τῷ πλήθει καὶ **ὡς** ἡ ἄμμος ἡ
Heb 11:27 τὸν γὰρ ἀόρατον **ὡς** ὁρῶν ἐκαρτέρησεν.
Heb 11:29 τὴν ἐρυθρὰν θάλασσαν **ὡς** διὰ ξηρᾶς γῆς,
Heb 12:5 ἥτις ὑμῖν **ὡς** υἱοῖς διαλέγεται·
Heb 12:7 **ὡς** υἱοῖς ὑμῖν προσφέρεται
Heb 12:16 πόρνος ἢ βέβηλος **ὡς** Ἠσαῦ,
Heb 12:27 τῶν σαλευομένων μετάθεσιν **ὡς** πεποιημένων,
Heb 13:3 μιμνῄσκεσθε τῶν δεσμίων **ὡς** συνδεδεμένοι,
Heb 13:3 τῶν κακουχουμένων **ὡς** καὶ αὐτοὶ ὄντες
Heb 13:17 τῶν ψυχῶν ὑμῶν **ὡς** λόγον ἀποδώσοντες,

ὡσεί (*hōsei*; 1/21) *like*

Heb 1:12 καὶ **ὡσεὶ** περιβόλαιον ἑλίξεις αὐτούς,

ὥσπερ (*hōsper*; 3/36) *just as, like*

Heb 4:10 τῶν ἔργων αὐτοῦ **ὥσπερ** ἀπὸ τῶν ἰδίων
Heb 7:27 **ὥσπερ** οἱ ἀρχιερεῖς,
Heb 9:25 **ὥσπερ** ὁ ἀρχιερεὺς εἰσέρχεται

ὥστε (*hōste*; 1/83) *so that*

Heb 13:6 **ὥστε** θαρροῦντας ἡμᾶς λέγειν·

ὠφελέω (*ōpheleō*; 2/15) *gain, profit*

Heb 4:2 ἀλλ' οὐκ **ὠφέλησεν** ὁ λόγος τῆς
Heb 13:9 ἐν οἷς οὐκ **ὠφελήθησαν** οἱ περιπατοῦντες.

Frequency List (Alphabetical Order)

3 ᾽Ααρών
2 ῞Αβελ
10 ᾽Αβραάμ
3 ἀγαθός
1 ἀγαλλίασις
2 ἀγαπάω
2 ἀγάπη
1 ἀγαπητός
13 ἄγγελος
1* ἀγενεαλόγητος
7 ἁγιάζω
1 ἁγιασμός
19 ἅγιος
1* ἁγιότης
1 ἄγκυρα
1 ἀγνοέω
1* ἀγνόημα
1 ἀγρυπνέω
1 ἄγω
1 ἀγών
10 ἀδελφός
1 ἀδικία
1 ἄδικος
1 ἀδόκιμος
4 ἀδύνατος
1 ἀεί
1 ἀθετέω
2* ἀθέτησις
1* ἄθλησις
1* αἴγειος
1 Αἰγύπτιος
4 Αἴγυπτος
21 αἷμα
1* αἱματεκχυσία
1* αἴνεσις
1 αἱρέω
1* αἰσθητήριον
1 αἰσχύνη
1 αἰτία
1 αἴτιος
15 αἰών
6 αἰώνιος
1 ἄκακος
1 ἄκανθα
1* ἀκατάλυτος
1* ἀκλινής
2 ἀκοή
8 ἀκούω
1* ἀκροθίνιον
1 ἄκρον
1 ἀλήθεια
3 ἀληθινός
16 ἀλλά
1 ἀλλάσσω
1 ἀλλήλων
2 ἄλλος
3 ἀλλότριος
1* ἀλυσιτελής
2 ἁμαρτάνω
25 ἁμαρτία
2 ἁμαρτωλός
2 ἀμελέω
1 ἄμεμπτος
2* ἀμετάθετος
1 ἀμήν
1* ἀμήτωρ
2 ἀμίαντος
1 ἄμμος
1 ἄμωμος
6 ἄν
1 ἀναγκαῖος
4 ἀνάγκη
1 ἀνάγω
1 ἀναδέχομαι
1 ἀναθεωρέω
1 ἀναιρέω
1* ἀνακαινίζω
1 ἀνακάμπτω
1* ἀναλογίζομαι
1 ἀναμιμνῄσκω
1 ἀνάμνησις
1* ἀναρίθμητος
3 ἀνάστασις
1* ἀνασταυρόω
2 ἀναστρέφω
1 ἀναστροφή
1 ἀνατέλλω
4 ἀναφέρω
1 ἀνέχομαι
10 ἄνθρωπος
1 ἀνίημι
2 ἀνίστημι
2 ἀνομία
1 ἀνορθόω
1* ἀνταγωνίζομαι
1 ἀνταποδίδωμι
2 ἀντί
1* ἀντικαθίστημι
3 ἀντιλογία
1 ἀντίτυπος
1 ἀνυπότακτος
1 ἄνω
1 ἀνώτερος
1 ἀνωφελής
1 ἄξιος
2 ἀξιόω
1 ἀόρατος
1 ἀπαγγέλλω
1 ἀπαλλάσσω
8 ἅπαξ
1* ἀπαράβατος
1 ἀπάτη
1* ἀπάτωρ
1* ἀπαύγασμα
2 ἀπείθεια
2 ἀπειθέω
1* ἄπειρος
1 ἀπεκδέχομαι
2 ἀπιστία
23 ἀπό
1 ἀποβάλλω
1* ἀποβλέπω
1 ἀπογράφω
1 ἀποδεκατόω
3 ἀποδίδωμι
1 ἀποδοκιμάζω
7 ἀποθνῄσκω
1 ἀποκαθίστημι
1 ἀπόκειμαι
1 ἀπόλαυσις
3 ἀπολείπω
1 ἀπόλλυμι
2 ἀπολύτρωσις
1 ἀπολύω
1 ἀποστέλλω
1 ἀπόστολος
1 ἀποστρέφω
1 ἀποτίθημι
1 ἀπώλεια
2 ἄρα
1 ἀρκέω
1* ἁρμός
1 ἀρνέομαι
1 ἁρπαγή
1 ἄρτος
6 ἀρχή
2 ἀρχηγός
17 ἀρχιερεύς
1 ἀσάλευτος
4 ἀσθένεια
1 ἀσθενής
3 ἀσπάζομαι
1 ἀστεῖος
1 ἄστρον
1 ἀσφαλής
142° αὐτός
1 ἀφαιρέω
1* ἀφανής
1* ἀφανισμός
2 ἄφεσις
2 ἀφίημι
1 ἀφιλάργυρος
1 ἀφίστημι
1* ἀφομοιόω
1 ἀφοράω
3 ἄχρι
2 βαπτισμός
1* Βαράκ
3 βασιλεία
7 βασιλεύς
4 βέβαιος
2 βεβαιόω
1 βεβαίωσις
1 βέβηλος
2 βιβλίον
1 βλαστάνω
8 βλέπω
1 βοήθεια
1 βοηθέω
1* βοηθός
1* βοτάνη
1 βουλή
1 βούλομαι
3 βραχύς
2 βρῶμα
1 βρῶσις
2 γάλα
1 γάμος
91 γάρ
1* Γεδεών
1 γενεά
1* γενεαλογέω
4 γεννάω
3 γεύομαι
1* γεωργέω
11 γῆ
1 γηράσκω
29 γίνομαι
4 γινώσκω
1* γνόφος
1 γόνυ
1 γράφω
2 γυμνάζω
1 γυμνός
1 γυνή
2 δάκρυον
1* δάμαλις
2 Δαυίδ
71 δέ
1 δέησις
3 δεῖ
1 δείκνυμι
4 δέκατος
2* δεκατόω
5 δεξιός
1* δέος
1* δέρμα
2 δέσμιος
1 δεσμός
5 δεύτερος
1 δέχομαι
2 δηλόω
1* δημιουργός
1* δήπου
57 διά
1 διαβαίνω
1 διάβολος
17 διαθήκη
2 διακονέω
1 διακονία
1 διάκρισις
1 διαλέγομαι
1 διαμαρτύρομαι
1 διαμένω
2 διάνοια
1 διαστέλλω
1* διάταγμα
4 διατίθημι
3 διάφορος
1 διδάσκαλος
2 διδάσκω
2 διδαχή
4 δίδωμι
1 διέρχομαι
1 διηγέομαι
4* διηνεκής
1* διϊκνέομαι
3 δίκαιος
6 δικαιοσύνη
2 δικαίωμα
9 διό
1* διόρθωσις
2 διότι
1 δίστομος
1 διώκω
4 δοκέω
1* δοκιμασία
7 δόξα
1 δοξάζω
1 δουλεία
9 δύναμαι
6 δύναμις
1 δυναμόω
1 δυνατός
2 δύο
1* δυσερμήνευτος
1 δωρεά
5 δῶρον
5 ἐάν
3* ἐάνπερ
13 ἑαυτοῦ
2 ἕβδομος
2 ἐγγίζω
1* ἔγγυος
2 ἐγγύς
1 ἐγείρω
2* ἐγκαινίζω
2 ἐγκαταλείπω
35 ἐγώ
1 ἔθος
16 εἰ
1 εἰκών
55 εἰμί
4 εἰρήνη
1 εἰρηνικός
74 εἰς
5 εἷς
1 εἰσάγω
1 εἰσακούω
1 εἴσειμι
17 εἰσέρχομαι
1 εἴσοδος
1 εἰσφέρω
1 εἶτα
21 ἐκ
5 ἕκαστος

1* ἐκβαίνω
1 ἔκβασις
2 ἐκδέχομαι
1 ἐκδίκησις
1* ἐκδοχή
1 ἐκεῖ
8 ἐκεῖνος
2 ἐκζητέω
2 ἐκκλησία
1* ἐκλανθάνομαι
1 ἐκλείπω
2 ἐκλύομαι
1 ἑκουσίως
1 ἐκτρέπω
1 ἐκφέρω
2 ἐκφεύγω
1 ἔκφοβος
1 ἔλαιον
1 ἐλάσσων
2 ἐλαττόω
1* ἔλεγχος
1 ἐλέγχω
1 ἐλεήμων
1 ἔλεος
1 ἑλίσσω
1 ἐλπίζω
5 ἐλπίς
1 ἐμμένω
1* ἐμπαιγμός
1 ἐμπίπτω
2 ἐμφανίζω
65 ἐν
2 ἐνδείκνυμι
1 ἔνδικος
1 ἐνεργής
1 ἐνθύμησις
4 ἐνιαυτός
1 ἐνίστημι
1 ἔννοια
1 ἐνοχλέω
1 ἔνοχος
2 ἐντέλλομαι
4 ἐντολή
1 ἐντρέπω
1 ἔντρομος
1 ἐντυγχάνω
1* ἐνυβρίζω
2 ἐνώπιον
1 Ἑνώχ
1 ἐξάγω
5 ἐξέρχομαι
1* ἕξις
1 ἔξοδος
1 ἐξουσία
3 ἔξω
14 ἐπαγγελία
4 ἐπαγγέλλομαι
2 ἐπαισχύνομαι
9 ἐπεί
1* ἐπεισαγωγή
2 ἔπειτα
29 ἐπί
1 ἐπίγνωσις
2 ἐπιγράφω
1 ἐπιδείκνυμι
2 ἐπιζητέω
1 ἐπίθεσις
1 ἐπιθυμέω
1 ἐπικαλέω
1 ἐπίκειμαι
3 ἐπιλαμβάνομαι
3 ἐπιλανθάνομαι
1* ἐπιλείπω
1 ἐπισκέπτομαι
1 ἐπισκοπέω
1 ἐπίσταμαι
1 ἐπιστέλλω
1 ἐπισυναγωγή
2 ἐπιτελέω
1 ἐπιτρέπω
2 ἐπιτυγχάνω
1* ἔπος
6 ἐπουράνιος
1 ἑπτά
1 ἐργάζομαι
9 ἔργον
1 ἐρημία
2 ἔρημος
1 ἔριον
1 ἑρμηνεύω
1 ἐρυθρός
5 ἔρχομαι
2 ἐσθίω
1 ἔσχατος
1 ἐσώτερος
5 ἕτερος
13 ἔτι
1 ἑτοιμάζω
3 ἔτος
2 εὐαγγελίζω
3* εὐαρεστέω
1 εὐάρεστος
1* εὐαρέστως
3 εὐδοκέω
1 εὔθετος
1* εὐθύτης
1 εὔκαιρος
2* εὐλάβεια
1* εὐλαβέομαι
7 εὐλογέω
2 εὐλογία
1* εὐπερίστατος
1* εὐποιΐα
4 εὑρίσκω
3 ἐφάπαξ
1 ἐχθές
2 ἐχθρός
39 ἔχω
3 ἕως
12 ζάω
1 ζῆλος
1 ζητέω
1 ζόφος
2 ζωή
1 ζῷον
4 ἤ
6 ἡγέομαι
3 ἥκω
1 ἡλικία
31 ἡμεῖς
18 ἡμέρα
2 Ἠσαῦ
1 ἦχος
2 θάλασσα
10 θάνατος
1 θαρρέω
1* θεατρίζω
5 θέλημα
1* θέλησις
4 θέλω
2 θεμέλιος
1 θεμελιόω
68 θεός
1* θεράπων
1 θεωρέω
1 θηρίον
1 θησαυρός
2 θιγγάνω
1 θλίβω
1 θλῖψις
4 θρόνος
1 θυγάτηρ
1* θύελλα
1* θυμιατήριον
1 θυμός
15 θυσία
2 θυσιαστήριον
3 Ἰακώβ
1 ἰάομαι
4 ἴδιος
4 ἰδού
1 ἱερατεία
14 ἱερεύς
1 Ἰεριχώ
1 Ἰερουσαλήμ
3* ἱερωσύνη
1*Ἰεφθάε
14 Ἰησοῦς
1* ἱκετηρία
1 ἱλάσκομαι
1 ἱλαστήριον
1 ἵλεως
2 ἱμάτιον
20 ἵνα
2 Ἰούδας
4 Ἰσαάκ
3 Ἰσραήλ
2 ἵστημι
3 ἰσχυρός
1 ἰσχύω
1 Ἰταλία
2 Ἰωσήφ
1 κἀγώ
1 καθάπερ
4 καθαρίζω
1 καθαρισμός
1 καθαρός
1* καθαρότης
1 κάθημαι
4 καθίζω
3 καθίστημι
8 καθώς
1* καθώσπερ
257° καί
1 Κάϊν
3 καινός
3 καίπερ
4 καιρός
1 καίτοι
1 καίω
1 κἀκεῖνος
1 κακός
2* κακουχέω
6 καλέω
5 καλός
1 καλῶς
1 κάμνω
1 κἄν
11 καρδία
2 καρπός
1* καρτερέω
41 κατά
1 καταβάλλω
3 καταβολή
1* καταγωνίζομαι
1* κατάδηλος
1 κατακαίω
1 κατακρίνω
2 καταλείπω
1* καταναλίσκω
2 κατανοέω
1 καταπατέω
8 κατάπαυσις
3 καταπαύω
3 καταπέτασμα
1 καταπίνω
1 κατάρα
1 καταργέω
3 καταρτίζω
6 κατασκευάζω
1* κατασκιάζω
1* κατάσκοπος
1 καταφεύγω
1 καταφρονέω
3 κατέχω
1 κατοικέω
1* καῦσις
1 καύχημα
1 κεφάλαιον
1* κεφαλίς
2 κιβωτός
4 κληρονομέω
2 κληρονομία
3 κληρονόμος
1 κλῆσις
1 κλίνω
1 κοινός
1 κοινόω
1 κοινωνέω
1 κοινωνία
1 κοινωνός
1 κοίτη
1 κόκκινος
3 κομίζω
1* κοπή
1 κοσμικός
5 κόσμος
2 κρατέω
1 κράτος
1 κραυγή
13 κρείττων
1 κρίμα
2 κρίνω
2 κρίσις
1 κριτής
1* κριτικός
1 κρύπτω
2 κτίσις
1 κυκλόω
16 κύριος
1* κῶλον
1 κωλύω
16 λαλέω
17 λαμβάνω
1 λανθάνω
13 λαός
2 λατρεία
6 λατρεύω
44 λέγω
1 λειτουργέω
2 λειτουργία
1* λειτουργικός
2 λειτουργός
2 Λευί
1* Λευιτικός
1 λέων
1 λιθάζω
1 λιθοβολέω
1 λογίζομαι
1 λόγιον
12 λόγος
1 λοιπός
1 λούω
1 λύπη
1 λύτρωσις
1 λυχνία
1 μακροθυμέω
1 μακροθυμία
6 μᾶλλον
1 μανθάνω
1 μάννα
8 μαρτυρέω
1 μαρτύριον
2 μάρτυς
1 μαστιγόω
1 μάστιξ
3 μάχαιρα
2 μεγαλωσύνη
10 μέγας
9 μέλλω

8* Μελχισέδεκ
1 μέμφομαι
19 μέν
6 μένω
1 μερίζω
2* μερισμός
1 μέρος
1* μεσιτεύω
3 μεσίτης
1 μέσος
23 μετά
3* μετάθεσις
2 μεταλαμβάνω
1 μεταμέλομαι
3 μετάνοια
3 μετατίθημι
1* μετέπειτα
3 μετέχω
5 μέτοχος
1* μετριοπαθέω
3 μέχρι
40 μή
1 μηδέ
1 μηδείς
1* μηδέπω
1* μηλωτή
1* μήν
4 μήποτε
1 μήπω
2 μήτε
1 μιαίνω
2 μικρός
1 μιμέομαι
1 μιμητής
4 μιμνήσκομαι
1 μισέω
3* μισθαποδοσία
1* μισθαποδότης
3 μνημονεύω
1 μοιχός
1 μονογενής
3 μόνος
2 μόσχος
1* μυελός
1 μυριάς
11 Μωϋσῆς
7 νεκρός
1 νεκρόω
1 νέος
1* νέφος
1 νήπιος
1 νοέω
1* νόθος
2* νομοθετέω
14 νόμος
5 νῦν
2 νυνί
1 Νῶε
2* νωθρός
1 ξενίζω
2 ξένος
1 ξηρός
698° ὁ
1* ὄγκος
3 ὁδός
6 ὅθεν
3 οἶδα
11 οἶκος
2 οἰκουμένη
1 οἰκτιρμός
1 ὀλίγος
1* ὀλιγωρέω
1* ὀλοθρεύω
2 ὁλοκαύτωμα
2 ὅλος
7 ὀμνύω
2* ὁμοιότης
1 ὁμοιόω
1 ὁμοίως
2 ὁμολογέω
3 ὁμολογία
3 ὀνειδισμός
4 ὄνομα
1 ὀπή
3 ὅπου
2 ὅπως
10 ὁράω
2 ὀργή
1 ὀρέγω
1 ὀρθός
1 ὁρίζω
2 ὅρκος
4* ὁρκωμοσία
4 ὄρος
74 ὅς
1 ὅσιος
9 ὅσος
1 ὀστέον
10 ὅστις
2 ὀσφῦς
1 ὅταν
2 ὅτε
18 ὅτι
66 οὐ
1 οὗ
6 οὐδέ
6 οὐδείς
2 οὐδέποτε
2 οὐκέτι
13 οὖν
2 οὔπω
10 οὐρανός
43 οὗτος
9 οὕτως
2 οὐχί
3 ὀφείλω
1 ὀφθαλμός
3 πάθημα
4 παιδεία
1 παιδευτής
3 παιδεύω
3 παιδίον
1 πάλαι
3 παλαιόω
10 πάλιν
1* πανήγυρις
1 παντελής
1 πάντοθεν
1 πάντοτε
10 παρά
2 παράβασις
2 παραβολή
1 παραγίνομαι
1* παραδειγματίζω
1 παραδέχομαι
3 παραιτέομαι
4 παρακαλέω
3 παράκλησις
1 παρακοή
1 παραλαμβάνω
1 παραλύω
1 παραμένω
1* παραπικραίνω
2* παραπικρασμός
1* παραπίπτω
1* παραπλησίως
1* παραρρέω
1 παραφέρω
2 πάρειμι
3 παρεμβολή
1 παρεπίδημος
1 παρίημι
1 παροικέω
1 παροξυσμός
4 παρρησία
53 πᾶς
1 πάσχα
4 πάσχω
9 πατήρ
1 πατριάρχης
1 πατρίς
1 παύω
4 πείθω
2* πεῖρα
5 πειράζω
1 πειρασμός
1 πέρας
23 περί
1 περιαιρέω
1 περιβόλαιον
1 περιέρχομαι
1 περικαλύπτω
2 περίκειμαι
1 περιπατέω
1 περιποίησις
2 περισσότερος
2 περισσοτέρως
1* πήγνυμι
1 πηλίκος
1 πικρία
1 πίνω
3 πίπτω
2 πιστεύω
32 πίστις
5 πιστός
3 πλανάω
1 πλάξ
1 πλῆθος
2 πληθύνω
2 πληροφορία
1 πλοῦτος
12 πνεῦμα
19 ποιέω
2 ποικίλος
1 ποιμήν
1 πόλεμος
4 πόλις
1 πολίτης
4 πολλάκις
1* πολυμερῶς
11 πολύς
1* πολυτρόπως
1 πόμα
2 πονηρός
1 πόρνη
2 πόρνος
1 πόρρωθεν
2 πόσος
2 ποτέ
1 ποῦ
2 πού
4 πούς
3 πρᾶγμα
2 πρέπω
1 πρεσβύτερος
1* πρίζω
1 πρό
1 προάγω
1 πρόβατον
1* προβλέπω
1 πρόδηλος
1* πρόδρομος
1 πρόθεσις
3 πρόκειμαι
1 προλέγω
19 πρός
1* προσαγορεύω
2 προσδέχομαι
7 προσέρχομαι
1 προσεύχομαι
2 προσέχω
1 πρόσκαιρος
2 προσκυνέω
2* προσοχθίζω
1 προστίθημι
1* πρόσφατος
20 προσφέρω
5 προσφορά
1* πρόσχυσις
1 πρόσωπον
3 πρότερος
2 προφήτης
10 πρῶτος
1* πρωτοτόκια
3 πρωτότοκος
1 πύλη
5 πῦρ
1 πῶς
1 Ῥαάβ
4 ῥάβδος
4* ῥαντίζω
1 ῥαντισμός
4 ῥῆμα
1 ῥίζα
1* σαββατισμός
3 σαλεύω
2* Σαλήμ
1 σάλπιγξ
1 Σαμουήλ
1* Σαμψών
1 σάρκινος
6 σάρξ
1 Σάρρα
1 σβέννυμι
1 σείω
1 σημεῖον
8 σήμερον
1 Σιών
1 σκεῦος
10 σκηνή
2 σκιά
4 σκληρύνω
3 σπέρμα
1 σπήλαιον
1 σποδός
1 σπουδάζω
1 σπουδή
1* στάμνος
1 στάσις
1 σταυρός
1 στεῖρα
1 στενάζω
2 στερεός
2 στεφανόω
1 στοιχεῖον
2 στόμα
29 σύ
1* συγκακουχέομαι
1 συγκεράννυμι
1 συγκληρονόμος
2* συμπαθέω
1 συμφέρω
2 συναντάω
1* συναπόλλυμι
1* συνδέω
5 συνείδησις
1* συνεπιμαρτυρέω
1 συντέλεια
1 συντελέω
1 σχεδόν
2 σῴζω
5 σῶμα
7 σωτηρία
6 τάξις
2 ταῦρος
2 ταχέως
20 τέ
1 τεῖχος
2 τέλειος
1 τελειότης

9 τελειόω
1 τελείωσις
1* τελειωτής
1 τελευτάω
4 τέλος
1 τέρας
2 τεσσεράκοντα
1 τεχνίτης
1 τηλικοῦτος
3 τίθημι
1 τίκτω
4 τιμή
1 τίμιος
1 Τιμόθεος
1* τιμωρία
10 τίς
21 τις
1 τοιγαροῦν
1 τοίνυν
5 τοιοῦτος
1* τομός
3 τόπος
5 τοσοῦτος
3 τότε
4* τράγος
1 τράπεζα
1* τραχηλίζω
1 τρεῖς
1 τρέχω
1 τρίβολος
1* τρίμηνος
1 τρόπος
2 τροφή
1* τροχιά
2 τυγχάνω
1* τυμπανίζω
1 τύπος
2 ὕδωρ
1 ὑετός
24 υἱός
31 ὑμεῖς
1 ὑμνέω
1 ὑπακοή
2 ὑπακούω
1 ὕπαρξις
1 ὑπάρχω
1* ὑπείκω
1 ὑπεναντίος
11 ὑπέρ
1 ὑπεράνω
9 ὑπό
3 ὑπόδειγμα
1 ὑποκάτω
4 ὑπομένω
2 ὑπομονή
2 ὑποπόδιον
3 ὑπόστασις
1 ὑποστέλλω
1* ὑποστολή
1 ὑποστρέφω
5 ὑποτάσσω
1 ὕσσωπος
3 ὑστερέω
1 ὕστερος
2 ὑψηλός
1 ὕψιστος
1 φαίνω
2 φανερόω
1* φαντάζω
1 Φαραώ
5 φέρω
1 φεύγω
1 φημί
1 φιλαδελφία
1 φιλοξενία
1 φλόξ
3* φοβερός
4 φοβέομαι
1 φόβος
1 φόνος
1 φράσσω
1 φυλακή
2 φυλή
1 φύω
5 φωνή
2 φωτίζω
4 χαρά
1* χαρακτήρ
8 χάρις
2 χεῖλος
5 χείρ
2 χειροποίητος
1 χείρων
1* Χερούβ
4 χρεία
3 χρηματίζω
12 Χριστός
1 χρίω
1 χρονίζω
3 χρόνος
1 χρυσίον
2 χρυσοῦς
1 χωλός
1 χωρίζω
13 χωρίς
1 ψεύδομαι
1 ψηλαφάω
6 ψυχή
2 ὧδε
22 ὡς
1 ὡσεί
3 ὥσπερ
1 ὥστε
2 ὠφελέω

° Not included in concordance
* Word only occurs in this book

Frequency List (in Order of Occurrence)

698° ὁ
257° καί
142° αὐτός
91 γάρ
74 εἰς
74 ὅς
71 δέ
68 θεός
66 οὐ
65 ἐν
57 διά
55 εἰμί
53 πᾶς
44 λέγω
43 οὗτος
41 κατά
40 μή
39 ἔχω
35 ἐγώ
32 πίστις
31 ἡμεῖς
31 ὑμεῖς
29 γίνομαι
29 ἐπί
29 σύ
25 ἁμαρτία
24 υἱός
23 ἀπό
23 μετά
23 περί
22 ὡς
21 αἷμα
21 ἐκ
21 τις
20 ἵνα
20 προσφέρω
20 τέ
19 ἅγιος
19 μέν
19 ποιέω
19 πρός
18 ἡμέρα
18 ὅτι
17 ἀρχιερεύς
17 διαθήκη
17 εἰσέρχομαι
17 λαμβάνω
16 ἀλλά
16 εἰ
16 κύριος
16 λαλέω
15 αἰών
15 θυσία
14 ἐπαγγελία
14 ἱερεύς
14 Ἰησοῦς
14 νόμος
13 ἄγγελος
13 ἑαυτοῦ
13 ἔτι
13 κρείττων
13 λαός
13 οὖν
13 χωρίς
12 ζάω
12 λόγος
12 πνεῦμα
12 Χριστός
11 γῆ
11 καρδία
11 Μωϋσῆς
11 οἶκος
11 πολύς
11 ὑπέρ
10 Ἀβραάμ
10 ἀδελφός
10 ἄνθρωπος
10 θάνατος
10 μέγας
10 ὁράω
10 ὅστις
10 οὐρανός
10 πάλιν
10 παρά
10 πρῶτος
10 σκηνή
10 τίς
9 διό
9 δύναμαι
9 ἐπεί
9 ἔργον
9 μέλλω
9 ὅσος
9 οὕτως
9 πατήρ
9 τελειόω
9 ὑπό
8 ἀκούω
8 ἅπαξ
8 βλέπω
8 ἐκεῖνος
8 καθώς
8 κατάπαυσις
8 μαρτυρέω
8* Μελχισέδεκ
8 σήμερον
8 χάρις
7 ἁγιάζω
7 ἀποθνήσκω
7 βασιλεύς
7 δόξα
7 εὐλογέω
7 νεκρός
7 ὀμνύω
7 προσέρχομαι
7 σωτηρία
6 αἰώνιος
6 ἄν
6 ἀρχή
6 δικαιοσύνη
6 δύναμις
6 ἐπουράνιος
6 ἡγέομαι
6 καλέω
6 κατασκευάζω
6 λατρεύω
6 μᾶλλον
6 μένω
6 ὅθεν
6 οὐδέ
6 οὐδείς
6 σάρξ
6 τάξις
6 ψυχή
5 δεξιός
5 δεύτερος
5 δῶρον
5 ἐάν
5 εἷς
5 ἕκαστος
5 ἐλπίς
5 ἐξέρχομαι
5 ἔρχομαι
5 ἕτερος
5 θέλημα
5 καλός
5 κόσμος
5 μέτοχος
5 νῦν
5 πειράζω
5 πιστός
5 προσφορά
5 πῦρ
5 συνείδησις
5 σῶμα
5 τοιοῦτος
5 τοσοῦτος
5 ὑποτάσσω
5 φέρω
5 φωνή
5 χείρ
4 ἀδύνατος
4 Αἴγυπτος
4 ἀνάγκη
4 ἀναφέρω
4 ἀσθένεια
4 βέβαιος
4 γεννάω
4 γινώσκω
4 δέκατος
4 διατίθημι
4 δίδωμι
4* διηνεκής
4 δοκέω
4 εἰρήνη
4 ἐνιαυτός
4 ἐντολή
4 ἐπαγγέλλομαι
4 εὑρίσκω
4 ἤ
4 θέλω
4 θρόνος
4 ἴδιος
4 ἰδού
4 Ἰσαάκ
4 καθαρίζω
4 καθίζω
4 καιρός
4 κληρονομέω
4 μήποτε
4 μιμνῄσκομαι
4 ὄνομα
4* ὁρκωμοσία
4 ὅρος
4 παιδεία
4 παρακαλέω
4 παρρησία
4 πάσχω
4 πείθω
4 πόλις
4 πολλάκις
4 πούς
4 ῥάβδος
4* ῥαντίζω
4 ῥῆμα
4 σκληρύνω
4 τέλος
4 τιμή
4* τράγος
4 ὑπομένω
4 φοβέομαι
4 χαρά
4 χρεία
3 Ἀαρών
3 ἀγαθός
3 ἀληθινός
3 ἀλλότριος
3 ἀνάστασις
3 ἀντιλογία
3 ἀποδίδωμι
3 ἀπολείπω
3 ἀσπάζομαι
3 ἄχρι
3 βασιλεία
3 βραχύς
3 γεύομαι
3 δεῖ
3 διάφορος
3 δίκαιος
3* ἐάνπερ
3 ἔξω
3 ἐπιλαμβάνομαι
3 ἐπιλανθάνομαι
3 ἔτος
3* εὐαρεστέω
3 εὐδοκέω
3 ἐφάπαξ
3 ἕως
3 ἥκω
3 Ἰακώβ
3* ἱερωσύνη
3 Ἰσραήλ
3 ἰσχυρός
3 καθίστημι
3 καινός
3 καίπερ
3 καταβολή
3 καταπαύω
3 καταπέτασμα
3 καταρτίζω
3 κατέχω
3 κληρονόμος
3 κομίζω
3 μάχαιρα
3 μεσίτης
3* μετάθεσις
3 μετάνοια
3 μετατίθημι
3 μετέχω
3 μέχρι
3* μισθαποδοσία
3 μνημονεύω
3 μόνος
3 ὁδός
3 οἶδα
3 ὁμολογία
3 ὀνειδισμός
3 ὅπου
3 ὀφείλω
3 πάθημα
3 παιδεύω
3 παιδίον
3 παλαιόω
3 παραιτέομαι
3 παράκλησις
3 παρεμβολή
3 πίπτω
3 πλανάω
3 πρᾶγμα
3 πρόκειμαι
3 πρότερος
3 πρωτότοκος
3 σαλεύω
3 σπέρμα
3 τίθημι
3 τόπος
3 τότε
3 ὑπόδειγμα
3 ὑπόστασις
3 ὑστερέω
3* φοβερός
3 χρηματίζω
3 χρόνος
3 ὥσπερ
2 Ἅβελ
2 ἀγαπάω
2 ἀγάπη
2* ἀθέτησις
2 ἀκοή
2 ἄλλος

2 ἁμαρτάνω
2 ἁμαρτωλός
2 ἀμελέω
2* ἀμετάθετος
2 ἀμίαντος
2 ἀναστρέφω
2 ἀνίστημι
2 ἀνομία
2 ἀντί
2 ἀξιόω
2 ἀπείθεια
2 ἀπειθέω
2 ἀπιστία
2 ἀπολύτρωσις
2 ἄρα
2 ἀρχηγός
2 ἄφεσις
2 ἀφίημι
2 βαπτισμός
2 βεβαιόω
2 βιβλίον
2 βρῶμα
2 γάλα
2 γυμνάζω
2 δάκρυον
2 Δαυίδ
2* δεκατόω
2 δέσμιος
2 δηλόω
2 διακονέω
2 διάνοια
2 διδάσκω
2 διδαχή
2 δικαίωμα
2 διότι
2 δύο
2 ἕβδομος
2 ἐγγίζω
2 ἐγγύς
2* ἐγκαινίζω
2 ἐγκαταλείπω
2 ἐκδέχομαι
2 ἐκζητέω
2 ἐκκλησία
2 ἐκλύομαι
2 ἐκφεύγω
2 ἐλαττόω
2 ἐμφανίζω
2 ἐνδείκνυμι
2 ἐντέλλομαι
2 ἐνώπιον
2 ἐπαισχύνομαι
2 ἔπειτα
2 ἐπιγράφω
2 ἐπιζητέω
2 ἐπιτελέω
2 ἐπιτυγχάνω
2 ἔρημος
2 ἐσθίω
2 εὐαγγελίζω
2* εὐλάβεια
2 εὐλογία
2 ἐχθρός
2 ζωή
2 Ἠσαῦ
2 θάλασσα
2 θεμέλιος
2 θιγγάνω
2 θυσιαστήριον
2 ἱμάτιον
2 Ἰούδας
2 ἵστημι
2 Ἰωσήφ
2* κακουχέω
2 καρπός
2 καταλείπω
2 κατανοέω
2 κιβωτός
2 κληρονομία
2 κρατέω
2 κρίνω
2 κρίσις
2 κτίσις
2 λατρεία
2 λειτουργία
2 λειτουργός
2 Λευί
2 μάρτυς
2 μεγαλωσύνη
2* μερισμός
2 μεταλαμβάνω
2 μήτε
2 μικρός
2 μόσχος
2* νομοθετέω
2 νυνί
2* νωθρός
2 ξένος
2 οἰκουμένη
2 ὁλοκαύτωμα
2 ὅλος
2* ὁμοιότης
2 ὁμολογέω
2 ὅπως
2 ὀργή
2 ὅρκος
2 ὀσφῦς
2 ὅτε
2 οὐδέποτε
2 οὐκέτι
2 οὔπω
2 οὐχί
2 παράβασις
2 παραβολή
2* παραπικρασμός
2 πάρειμι
2* πεῖρα
2 περίκειμαι
2 περισσότερος
2 περισσοτέρως
2 πιστεύω
2 πληθύνω
2 πληροφορία
2 ποικίλος
2 πονηρός
2 πόρνος
2 πόσος
2 ποτέ
2 πού
2 πρέπω
2 προσδέχομαι
2 προσέχω
2 προσκυνέω
2* προσοχθίζω
2 προφήτης
2* Σαλήμ
2 σκιά
2 στερεός
2 στεφανόω
2 στόμα
2* συμπαθέω
2 συναντάω
2 σῴζω
2 ταῦρος
2 ταχέως
2 τέλειος
2 τεσσεράκοντα
2 τροφή
2 τυγχάνω
2 ὕδωρ
2 ὑπακούω
2 ὑπομονή
2 ὑποπόδιον
2 ὑψηλός
2 φανερόω
2 φυλή
2 φωτίζω
2 χεῖλος
2 χειροποίητος
2 χρυσοῦς
2 ὧδε
2 ὠφελέω
1 ἀγαλλίασις
1 ἀγαπητός
1* ἀγενεαλόγητος
1 ἁγιασμός
1* ἁγιότης
1 ἄγκυρα
1 ἀγνοέω
1* ἀγνόημα
1 ἀγρυπνέω
1 ἄγω
1 ἀγών
1 ἀδικία
1 ἄδικος
1 ἀδόκιμος
1 ἀεί
1 ἀθετέω
1* ἄθλησις
1* αἴγειος
1 Αἰγύπτιος
1* αἱματεκχυσία
1* αἴνεσις
1 αἱρέω
1* αἰσθητήριον
1 αἰσχύνη
1 αἰτία
1 αἴτιος
1 ἄκακος
1 ἄκανθα
1* ἀκατάλυτος
1* ἀκλινής
1* ἀκροθίνιον
1 ἄκρον
1 ἀλήθεια
1 ἀλλάσσω
1 ἀλλήλων
1* ἀλυσιτελής
1 ἄμεμπτος
1 ἀμήν
1* ἀμήτωρ
1 ἄμμος
1 ἄμωμος
1 ἀναγκαῖος
1 ἀνάγω
1 ἀναδέχομαι
1 ἀναθεωρέω
1 ἀναιρέω
1* ἀνακαινίζω
1 ἀνακάμπτω
1* ἀναλογίζομαι
1 ἀναμιμνήσκω
1 ἀνάμνησις
1* ἀναρίθμητος
1* ἀνασταυρόω
1 ἀναστροφή
1 ἀνατέλλω
1 ἀνέχομαι
1 ἀνίημι
1 ἀνορθόω
1* ἀνταγωνίζομαι
1 ἀνταποδίδωμι
1* ἀντικαθίστημι
1 ἀντίτυπος
1 ἀνυπότακτος
1 ἄνω
1 ἀνώτερος
1 ἀνωφελής
1 ἄξιος
1 ἀόρατος
1 ἀπαγγέλλω
1 ἀπαλλάσσω
1* ἀπαράβατος
1 ἀπάτη
1* ἀπάτωρ
1* ἀπαύγασμα
1* ἄπειρος
1 ἀπεκδέχομαι
1 ἀποβάλλω
1* ἀποβλέπω
1 ἀπογράφω
1 ἀποδεκατόω
1 ἀποδοκιμάζω
1 ἀποκαθίστημι
1 ἀπόκειμαι
1 ἀπόλαυσις
1 ἀπόλλυμι
1 ἀπολύω
1 ἀποστέλλω
1 ἀπόστολος
1 ἀποστρέφω
1 ἀποτίθημι
1 ἀπώλεια
1 ἀρκέω
1* ἁρμός
1 ἀρνέομαι
1 ἁρπαγή
1 ἄρτος
1 ἀσάλευτος
1 ἀσθενής
1 ἀστεῖος
1 ἄστρον
1 ἀσφαλής
1 ἀφαιρέω
1* ἀφανής
1* ἀφανισμός
1 ἀφιλάργυρος
1 ἀφίστημι
1* ἀφομοιόω
1 ἀφοράω
1* Βαράκ
1 βεβαίωσις
1 βέβηλος
1 βλαστάνω
1 βοήθεια
1 βοηθέω
1* βοηθός
1* βοτάνη
1 βουλή
1 βούλομαι
1 βρῶσις
1 γάμος
1* Γεδεών
1 γενεά
1* γενεαλογέω
1* γεωργέω
1 γηράσκω
1* γνόφος
1 γόνυ
1 γράφω
1 γυμνός
1 γυνή
1* δάμαλις
1 δέησις
1 δείκνυμι
1* δέος
1* δέρμα
1 δεσμός
1 δέχομαι
1* δημιουργός
1* δήπου
1 διαβαίνω
1 διάβολος
1 διακονία
1 διάκρισις
1 διαλέγομαι
1 διαμαρτύρομαι
1 διαμένω
1 διαστέλλω
1* διάταγμα
1 διδάσκαλος

1 διέρχομαι
1 διηγέομαι
1* διϊκνέομαι
1* διόρθωσις
1 δίστομος
1 διώκω
1* δοκιμασία
1 δοξάζω
1 δουλεία
1 δυναμόω
1 δυνατός
1* δυσερμήνευτος
1 δωρεά
1* ἔγγυος
1 ἐγείρω
1 ἔθος
1 εἰκών
1 εἰρηνικός
1 εἰσάγω
1 εἰσακούω
1 εἴσειμι
1 εἴσοδος
1 εἰσφέρω
1 εἶτα
1* ἐκβαίνω
1 ἔκβασις
1 ἐκδίκησις
1* ἐκδοχή
1 ἐκεῖ
1* ἐκλανθάνομαι
1 ἐκλείπω
1 ἑκουσίως
1 ἐκτρέπω
1 ἐκφέρω
1 ἔκφοβος
1 ἔλαιον
1 ἐλάσσων
1* ἔλεγχος
1 ἐλέγχω
1 ἐλεήμων
1 ἔλεος
1 ἑλίσσω
1 ἐλπίζω
1 ἐμμένω
1* ἐμπαιγμός
1 ἐμπίπτω
1 ἔνδικος
1 ἐνεργής
1 ἐνθύμησις
1 ἐνίστημι
1 ἔννοια
1 ἐνοχλέω
1 ἔνοχος
1 ἐντρέπω
1 ἔντρομος
1 ἐντυγχάνω
1* ἐνυβρίζω
1 Ἑνώχ
1 ἐξάγω
1* ἕξις
1 ἔξοδος
1 ἐξουσία
1* ἐπεισαγωγή
1 ἐπίγνωσις
1 ἐπιδείκνυμι
1 ἐπίθεσις
1 ἐπιθυμέω
1 ἐπικαλέω
1 ἐπίκειμαι
1* ἐπιλείπω
1 ἐπισκέπτομαι
1 ἐπισκοπέω
1 ἐπίσταμαι
1 ἐπιστέλλω
1 ἐπισυναγωγή
1 ἐπιτρέπω
1* ἔπος
1 ἑπτά
1 ἐργάζομαι
1 ἐρημία
1 ἔριον
1 ἑρμηνεύω
1 ἐρυθρός
1 ἔσχατος
1 ἐσώτερος
1 ἑτοιμάζω
1 εὐάρεστος
1* εὐαρέστως
1 εὔθετος
1* εὐθύτης
1 εὔκαιρος
1* εὐλαβέομαι
1* εὐπερίστατος
1* εὐποιΐα
1 ἐχθές
1 ζῆλος
1 ζητέω
1 ζόφος
1 ζῷον
1 ἡλικία
1 ἦχος
1 θαρρέω
1* θεατρίζω
1* θέλησις
1 θεμελιόω
1* θεράπων
1 θεωρέω
1 θηρίον
1 θησαυρός
1 θλίβω
1 θλῖψις
1 θυγάτηρ
1* θύελλα
1* θυμιατήριον
1 θυμός
1 ἰάομαι
1 ἱερατεία
1 Ἰεριχώ
1 Ἰερουσαλήμ
1* Ἰεφθάε
1* ἱκετηρία
1 ἱλάσκομαι
1 ἱλαστήριον
1 ἵλεως
1 ἰσχύω
1 Ἰταλία
1 κἀγώ
1 καθάπερ
1 καθαρισμός
1 καθαρός
1* καθαρότης
1 κάθημαι
1* καθώσπερ
1 Κάϊν
1 καίτοι
1 καίω
1 κἀκεῖνος
1 κακός
1 καλῶς
1 κάμνω
1 κἄν
1* καρτερέω
1 καταβάλλω
1* καταγωνίζομαι
1* κατάδηλος
1 κατακαίω
1 κατακρίνω
1* καταναλίσκω
1 καταπατέω
1 καταπίνω
1 κατάρα
1 καταργέω
1* κατασκιάζω
1* κατάσκοπος
1 καταφεύγω
1 καταφρονέω
1 κατοικέω
1* καῦσις
1 καύχημα
1 κεφάλαιον
1* κεφαλίς
1 κλῆσις
1 κλίνω
1 κοινός
1 κοινόω
1 κοινωνέω
1 κοινωνία
1 κοινωνός
1 κοίτη
1 κόκκινος
1* κοπή
1 κοσμικός
1 κράτος
1 κραυγή
1 κρίμα
1 κριτής
1* κριτικός
1 κρύπτω
1 κυκλόω
1* κῶλον
1 κωλύω
1 λανθάνω
1 λειτουργέω
1* λειτουργικός
1* Λευιτικός
1 λέων
1 λιθάζω
1 λιθοβολέω
1 λογίζομαι
1 λόγιον
1 λοιπός
1 λούω
1 λύπη
1 λύτρωσις
1 λυχνία
1 μακροθυμέω
1 μακροθυμία
1 μανθάνω
1 μάννα
1 μαρτύριον
1 μαστιγόω
1 μάστιξ
1 μέμφομαι
1 μερίζω
1 μέρος
1* μεσιτεύω
1 μέσος
1 μεταμέλομαι
1* μετέπειτα
1* μετριοπαθέω
1 μηδέ
1 μηδείς
1* μηδέπω
1* μηλωτή
1* μήν
1 μήπω
1 μιαίνω
1 μιμέομαι
1 μιμητής
1 μισέω
1* μισθαποδότης
1 μοιχός
1 μονογενής
1* μυελός
1 μυριάς
1 νεκρόω
1 νέος
1* νέφος
1 νήπιος
1 νοέω
1* νόθος
1 Νῶε
1 ξενίζω
1 ξηρός
1* ὄγκος
1 οἰκτιρμός
1 ὀλίγος
1* ὀλιγωρέω
1* ὀλοθρεύω
1 ὁμοιόω
1 ὁμοίως
1 ὀπή
1 ὀρέγω
1 ὀρθός
1 ὁρίζω
1 ὅσιος
1 ὀστέον
1 ὅταν
1 οὗ
1 ὀφθαλμός
1 παιδευτής
1 πάλαι
1* πανήγυρις
1 παντελής
1 πάντοθεν
1 πάντοτε
1 παραγίνομαι
1* παραδειγματίζω
1 παραδέχομαι
1 παρακοή
1 παραλαμβάνω
1 παραλύω
1 παραμένω
1* παραπικραίνω
1* παραπίπτω
1* παραπλησίως
1* παραρρέω
1 παραφέρω
1 παρεπίδημος
1 παρίημι
1 παροικέω
1 παροξυσμός
1 πάσχα
1 πατριάρχης
1 πατρίς
1 παύω
1 πειρασμός
1 πέρας
1 περιαιρέω
1 περιβόλαιον
1 περιέρχομαι
1 περικαλύπτω
1 περιπατέω
1 περιποίησις
1* πήγνυμι
1 πηλίκος
1 πικρία
1 πίνω
1 πλάξ
1 πλῆθος
1 πλοῦτος
1 ποιμήν
1 πόλεμος
1 πολίτης
1* πολυμερῶς
1* πολυτρόπως
1 πόμα
1 πόρνη
1 πόρρωθεν
1 ποῦ
1 πρεσβύτερος
1* πρίζω
1 πρό
1 προάγω
1 πρόβατον
1* προβλέπω
1 πρόδηλος
1* πρόδρομος
1 πρόθεσις
1 προλέγω

1* προσαγορεύω
1 προσεύχομαι
1 πρόσκαιρος
1 προστίθημι
1* πρόσφατος
1* πρόσχυσις
1 πρόσωπον
1* πρωτοτόκια
1 πύλη
1 πῶς
1 Ῥαάβ
1 ῥαντισμός
1 ῥίζα
1* σαββατισμός
1 σάλπιγξ
1 Σαμουήλ
1* Σαμψών
1 σάρκινος
1 Σάρρα
1 σβέννυμι
1 σείω
1 σημεῖον
1 Σιών
1 σκεῦος
1 σπήλαιον
1 σποδός
1 σπουδάζω
1 σπουδή
1* στάμνος
1 στάσις
1 σταυρός
1 στεῖρα
1 στενάζω
1 στοιχεῖον
1* συγκακουχέομαι
1 συγκεράννυμι
1 συγκληρονόμος
1 συμφέρω
1* συναπόλλυμι
1* συνδέω
1* συνεπιμαρτυρέω
1 συντέλεια
1 συντελέω
1 σχεδόν
1 τεῖχος
1 τελειότης
1 τελείωσις
1* τελειωτής
1 τελευτάω
1 τέρας
1 τεχνίτης
1 τηλικοῦτος
1 τίκτω
1 τίμιος
1 Τιμόθεος
1* τιμωρία
1 τοιγαροῦν
1 τοίνυν
1* τομός
1 τράπεζα
1* τραχηλίζω
1 τρεῖς
1 τρέχω
1 τρίβολος
1* τρίμηνος
1 τρόπος
1* τροχιά
1* τυμπανίζω
1 τύπος
1 ὑετός
1 ὑμνέω
1 ὑπακοή
1 ὕπαρξις
1 ὑπάρχω
1* ὑπείκω
1 ὑπεναντίος
1 ὑπεράνω
1 ὑποκάτω
1 ὑποστέλλω
1* ὑποστολή
1 ὑποστρέφω
1 ὕσσωπος
1 ὕστερος
1 ὕψιστος
1 φαίνω
1* φαντάζω
1 Φαραώ
1 φεύγω
1 φημί
1 φιλαδελφία
1 φιλοξενία
1 φλόξ
1 φόβος
1 φόνος
1 φράσσω
1 φυλακή
1 φύω
1* χαρακτήρ
1 χείρων
1* Χερούβ
1 χρίω
1 χρονίζω
1 χρυσίον
1 χωλός
1 χωρίζω
1 ψεύδομαι
1 ψηλαφάω
1 ὡσεί
1 ὥστε

° Not included in concordance
* Word only occurs in this book

James – Statistics

557 Total word count
27 Number of words occurring at least 10 times
350 Number of words occurring once

Words whose occurrences in this book account for at least 25% of occurrences in the entire NT

100%

2/2 ἀκατάστατος (*akatastatos*; unstable), ἀποκυέω (*apokueō*; give birth to), δίψυχος (*dipsychos*; of divided loyalty), ἔοικα (*eoika*; be like), μετάγω (*metagō*; guide), πικρός (*pikros*; bitter), φλογίζω (*phlogizō*; set on fire), χαλιναγωγέω (*chalinagōgeō*; control)

1/1 ἀδιάκριτος (*adiakritos*; without prejudice or favoritism), ἁλυκός (*halykos*; salty), ἀμάω (*amaō*; mow), ἀνέλεος (*aneleos*; merciless), ἀνεμίζω (*anemizō*; be driven by wind), ἀπείραστος (*apeirastos*; unable to be tempted), ἁπλῶς (*haplōs*; generously), ἀποσκίασμα (*aposkiasma*; shadow), αὐχέω (*aucheō*; boast), βοή (*boē*; shout), βρύω (*bryō*; pour out), γέλως (*gelōs*; laughter), δαιμονιώδης (*daimoniōdēs*; demonic), ἔμφυτος (*emphytos*; implanted), ἐνάλιος (*enalios*; sea creature), ἐξέλκω (*exelkō*; lure away), ἐπιλησμονή (*epilēsmonē*; forgetfulness), ἐπιστήμων (*epistēmōn*; understanding), ἐπιτήδειος (*epitēdeios*; necessary), εὐπειθής (*eupeithēs*; open to reason), εὐπρέπεια (*euprepeia*; beauty), ἐφήμερος (*ephēmeros*; daily), θανατηφόρος (*thanatēphoros*; deadly), θρησκός (*thrēskos*; religious), Ἰώβ (*Iōb*; Job), κακοπάθεια (*kakopatheia*; suffering), κατήφεια (*katēpheia*; gloom), κατιόω (*katioō*; rust), κατοικίζω (*katoikizō*; place), κενῶς (*kenōs*; in vain), μαραίνω (*marainō*; wither away), μετατρέπω (*metatrepō*; turn), νομοθέτης (*nomothetēs*; lawgiver), ὀλολύζω (*ololyzō*; wail), ὁμοίωσις (*homoiōsis*; likeness), ὄψιμος (*opsimos*; late rain), παραλλαγή (*parallagē*; variation), ποίησις (*poiēsis*; doing), πολύσπλαγχνος (*polysplanchnos*; very compassionate), πρόϊμος (*proimos*; early rain), προσωπολημπτέω (*prosōpolēmpteō*; show favoritism), ῥιπίζω (*rhipizō*; be tossed about), ῥυπαρία (*rhyparia*; impurity), σήπω (*sēpō*; rot), σητόβρωτος (*sētobrōtos*; moth-eaten), ταλαιπωρέω (*talaipōreō*; be sorrowful), τροπή (*tropē*; turning), τροχός (*trochos*; cycle), τρυφάω (*tryphaō*; live in luxury), ὕλη (*hylē*; forest), φιλία (*philia*; love), φρίσσω (*phrissō*; tremble with fear), χρή (*chrē*; it ought), χρυσοδακτύλιος (*chrysodaktylios*; wearing a gold ring)

75%

3/4 ἀκροατής (*akroatēs*; hearer), δαμάζω (*damazō*; subdue, tame, control)

66%

4/6 ποιητής (*poiētēs*; one who does or carries out)

2/3 βραδύς (*bradys*; slow), ἡλίκος (*hēlikos*; how great), ἰός (*ios*; poison), ὄφελος (*ophelos*; gain)

60%

3/5 καταλαλέω (*katalaleō*; speak evil of), πταίω (*ptaiō*; stumble)

50%

3/6 λείπω (*leipō*; lack)

2/4 ἄνθος (*anthos*; flower), γλυκύς (*glykys*; sweet), θρησκεία (*thrēskeia*; religion), κατακαυχάομαι (*katakauchaomai*; boast against)

1/2 ἀλαζονεία (*alazoneia*; pride), ἀνάπτω (*anaptō*; kindle), ἀποτελέω (*apoteleō*; accomplish), ἀτμίς (*atmis*; vapor), δοκίμιον (*dokimion*; testing), δόσις (*dosis*; giving), δώρημα (*dōrēma*; gift), εἰρηνικός (*eirēnikos*; peaceful), ἕλκω (*helkō*; draw), ἐμπορεύομαι (*emporeuomai*; be in business), ἔσοπτρον (*esoptron*; mirror), εὐθύνω (*euthynō*; make straight), κάμνω (*kamnō*; be sick), καταδυναστεύω (*katadynasteuō*; oppress), κλύδων (*klydōn*; rough water), μακαρίζω (*makarizō*; consider blessed), ὁλόκληρος (*holoklēros*; sound), ὁμοιοπαθής (*homoiopathēs*; like in every way), ὀπή (*opē*; opening), ὁρμή (*hormē*; impulse), ὀρφανός (*orphanos*; orphan), παραλογίζομαι (*paralogizomai*; deceive), πηδάλιον (*pēdalion*; rudder), πορεία (*poreia*; journey), Ῥαάβ (*Rhaab*; Rahab), ῥυπαρός (*rhyparos*; shabby), σαβαώθ (*sabaōth*; [Lord of] hosts), σπαταλάω (*spatalaō*; live in luxury), σπιλόω (*spiloō*; spot), ταλαιπωρία (*talaipōria*; misery), χαλινός (*chalinos*; bit, bridle)

40%
2/5 ἀντιτάσσω (*antitassō*; oppose, resist), γένεσις (*genesis*; birth), ἡδονή (*hēdonē*; pleasure), παραβάτης (*parabatēs*; transgressor)

37%
3/8 ἐσθής (*esthēs*; clothing)

33%
4/12 φονεύω (*phoneuō*; murder)
1/3 ἀπατάω (*apataō*; deceive), δελεάζω (*deleazō*; lure), διασπορά (*diaspora*; dispersion), ἐπιβλέπω (*epiblepō*; look upon with care), εὐθυμέω (*euthymeō*; take courage), εὐχή (*euchē*; vow), κακοπαθέω (*kakopatheō*; suffer), καύσων (*kausōn*; scorching), κριτήριον (*kritērion*; court), οἰκτίρμων (*oiktirmōn*; merciful), οἴομαι (*oiomai*; suppose), περιπίπτω (*peripiptō*; encounter), σφαγή (*sphagē*; slaughter)

30%
3/10 μακροθυμέω (*makrothymeō*; be patient)

28%
2/7 βρέχω (*brechō*; rain), ἐριθεία (*eritheia*; selfishness)

26%
5/19 τέλειος (*teleios*; complete, perfect, mature)

James – Concordance

̓Αβραάμ (*Abraam*; 2/73) *Abraham*
Jas 2:21 **̓Αβραὰμ** ὁ πατὴρ ἡμῶν
Jas 2:23 ἐπίστευσεν δὲ **̓Αβραὰμ** τῷ θεῷ,

ἀγαθός (*agathos*; 2/102) *good*
Jas 1:17 πᾶσα δόσις **ἀγαθὴ** καὶ πᾶν δώρημα
Jas 3:17 ἐλέους καὶ καρπῶν **ἀγαθῶν**,

ἀγαπάω (*agapaō*, 3/143) *love*
Jas 1:12 ὃν ἐπηγγείλατο τοῖς **ἀγαπῶσιν** αὐτόν.
Jas 2:5 ἧς ἐπηγγείλατο τοῖς **ἀγαπῶσιν** αὐτόν;
Jas 2:8 **ἀγαπήσεις** τὸν πλησίον σου

ἀγαπητός (*agapētos*; 3/61) *beloved*
Jas 1:16 ἀδελφοί μου **ἀγαπητοί**.
Jas 1:19 ἀδελφοί μου **ἀγαπητοί**·
Jas 2:5 ἀδελφοί μου **ἀγαπητοί**·

ἄγγελος (*angelos*; 1/175) *angel, messenger*
Jas 2:25 ἐδικαιώθη ὑποδεξαμένη τοὺς **ἀγγέλους** καὶ ἑτέρᾳ ὁδῷ

ἁγνίζω (*hagnizō*, 1/7) *purify*
Jas 4:8 καὶ **ἁγνίσατε** καρδίας,

ἁγνός (*hagnos*; 1/8) *pure*
Jas 3:17 σοφία πρῶτον μὲν **ἁγνή** ἐστιν,

ἄγω (*agō*, 2/68[69]) *lead*
Jas 4:13 **Ἄγε** νῦν οἱ λέγοντες·
Jas 5:1 **Ἄγε** νῦν οἱ πλούσιοι,

ἀδελφή (*adelphē*; 1/26) *sister*
Jas 2:15 ἐὰν ἀδελφὸς ἢ **ἀδελφὴ** γυμνοὶ ὑπάρχωσιν καὶ

ἀδελφός (*adelphos*; 19/343) *brother*
Jas 1:2 **ἀδελφοί** μου,
Jas 1:9 Καυχάσθω δὲ ὁ **ἀδελφὸς** ὁ ταπεινὸς ἐν
Jas 1:16 **ἀδελφοί** μου ἀγαπητοί.
Jas 1:19 **ἀδελφοί** μου ἀγαπητοί·
Jas 2:1 **̓Αδελφοί** μου,
Jas 2:5 **ἀδελφοί** μου ἀγαπητοί·
Jas 2:14 **ἀδελφοί** μου,
Jas 2:15 ἐὰν **ἀδελφὸς** ἢ ἀδελφὴ γυμνοὶ
Jas 3:1 **ἀδελφοί** μου,
Jas 3:10 **ἀδελφοί** μου,
Jas 3:12 **ἀδελφοί** μου,
Jas 4:11 **ἀδελφοί**.
Jas 4:11 ὁ καταλαλῶν **ἀδελφοῦ** ἢ κρίνων τὸν
Jas 4:11 ἢ κρίνων τὸν **ἀδελφὸν** αὐτοῦ καταλαλεῖ νόμου
Jas 5:7 **ἀδελφοί**,
Jas 5:9 **ἀδελφοί**,
Jas 5:10 **ἀδελφοί**,
Jas 5:12 **ἀδελφοί** μου,
Jas 5:19 **̓Αδελφοί** μου,

ἀδιάκριτος (*adiakritos*; 1/1) *without prejudice or favoritism*
Jas 3:17 **ἀδιάκριτος**,

ἀδικία (*adikia*; 1/25) *unrighteousness*
Jas 3:6 ὁ κόσμος τῆς **ἀδικίας** ἡ γλῶσσα καθίσταται

αἰτέω (*aiteō*, 5/70) *ask*
Jas 1:5 **αἰτείτω** παρὰ τοῦ διδόντος
Jas 1:6 **αἰτείτω** δὲ ἐν πίστει
Jas 4:2 διὰ τὸ μὴ **αἰτεῖσθαι** ὑμᾶς,
Jas 4:3 **αἰτεῖτε** καὶ οὐ λαμβάνετε
Jas 4:3 λαμβάνετε διότι κακῶς **αἰτεῖσθε**,

ἀκαταστασία (*akatastasia*; 1/5) *disorder*
Jas 3:16 ἐκεῖ **ἀκαταστασία** καὶ πᾶν φαῦλον

ἀκατάστατος (*akatastatos*; 2/2) *unstable*
Jas 1:8 **ἀκατάστατος** ἐν πάσαις ταῖς
Jas 3:8 **ἀκατάστατον** κακόν,

ἀκούω (*akouō*, 3/426[428]) *hear*
Jas 1:19 ταχὺς εἰς τὸ **ἀκοῦσαι**,
Jas 2:5 **̓Ακούσατε**,
Jas 5:11 τὴν ὑπομονὴν ̓Ιὼβ **ἠκούσατε** καὶ τὸ τέλος

ἀκροατής (*akroatēs*; 3/4) *hearer*
Jas 1:22 καὶ μὴ μόνον **ἀκροαταὶ** παραλογιζόμενοι ἑαυτούς.
Jas 1:23 ὅτι εἴ τις **ἀκροατὴς** λόγου ἐστὶν καὶ
Jas 1:25 οὐκ **ἀκροατὴς** ἐπιλησμονῆς γενόμενος ἀλλὰ

ἀλαζονεία (*alazoneia*; 1/2) *pride*
Jas 4:16 καυχᾶσθε ἐν ταῖς **ἀλαζονείαις** ὑμῶν·

ἀλείφω (*aleiphō*, 1/9) *anoint*
Jas 5:14 προσευξάσθωσαν ἐπ' αὐτὸν **ἀλείψαντες** [αὐτὸν] ἐλαίῳ ἐν

ἀλήθεια (*alētheia*; 3/109) *truth*
Jas 1:18 ἀπεκύησεν ἡμᾶς λόγῳ **ἀληθείας** εἰς τὸ εἶναι
Jas 3:14 ψεύδεσθε κατὰ τῆς **ἀληθείας**.
Jas 5:19 πλανηθῇ ἀπὸ τῆς **ἀληθείας** καὶ ἐπιστρέψῃ τις

ἀλλά (*alla*; 5/638) *but*
Jas 1:25 ἀκροατὴς ἐπιλησμονῆς γενόμενος **ἀλλὰ** ποιητὴς ἔργου,
Jas 1:26 χαλιναγωγῶν γλῶσσαν αὐτοῦ **ἀλλὰ** ἀπατῶν καρδίαν αὐτοῦ,
Jas 2:18 **̓Αλλ'** ἐρεῖ τις·
Jas 3:15 σοφία ἄνωθεν κατερχομένη **ἀλλὰ** ἐπίγειος,
Jas 4:11 εἶ ποιητὴς νόμου **ἀλλὰ** κριτής.

ἀλλήλων (*allēlōn*; 4/100) *one another*
Jas 4:11 Μὴ καταλαλεῖτε **ἀλλήλων**,
Jas 5:9 κατ' **ἀλλήλων** ἵνα μὴ κριθῆτε·

Jas 5:16 ἐξομολογεῖσθε οὖν **ἀλλήλοις** τὰς ἁμαρτίας
Jas 5:16 καὶ εὔχεσθε ὑπὲρ **ἀλλήλων** ὅπως ἰαθῆτε.

ἄλλος (*allos*; 1/155) *other, another*
Jas 5:12 τὴν γῆν μήτε **ἄλλον** τινα ὅρκον·

ἁλυκός (*halykos*; 1/1) *salty*
Jas 3:12 οὔτε **ἁλυκὸν** γλυκὺ ποιῆσαι ὕδωρ.

ἁμαρτία (*hamartia*; 7/173) *sin*
Jas 1:15 ἐπιθυμία συλλαβοῦσα τίκτει **ἁμαρτίαν**,
Jas 1:15 ἡ δὲ **ἁμαρτία** ἀποτελεσθεῖσα ἀποκύει θάνατον.
Jas 2:9 **ἁμαρτίαν** ἐργάζεσθε ἐλεγχόμενοι ὑπὸ
Jas 4:17 **ἁμαρτία** αὐτῷ ἐστιν.
Jas 5:15 κἂν **ἁμαρτίας** ᾖ πεποιηκώς,
Jas 5:16 οὖν ἀλλήλοις τὰς **ἁμαρτίας** καὶ εὔχεσθε
Jas 5:20 καὶ καλύψει πλῆθος **ἁμαρτιῶν**.

ἁμαρτωλός (*hamartōlos*; 2/47) *sinful*
Jas 4:8 **ἁμαρτωλοί**,
Jas 5:20 ὅτι ὁ ἐπιστρέψας **ἁμαρτωλὸν** ἐκ πλάνης ὁδοῦ

ἀμάω (*amaō*, 1/1) *mow*
Jas 5:4 τῶν ἐργατῶν τῶν **ἀμησάντων** τὰς χώρας ὑμῶν

ἀμίαντος (*amiantos*; 1/4) *pure*
Jas 1:27 θρησκεία καθαρὰ καὶ **ἀμίαντος** παρὰ τῷ θεῷ

ἄμπελος (*ampelos*; 1/9) *vineyard*
Jas 3:12 ἐλαίας ποιῆσαι ἢ **ἄμπελος** σῦκα;

ἀνάπτω (*anaptō*, 1/2) *kindle*
Jas 3:5 πῦρ ἡλίκην ὕλην **ἀνάπτει**·

ἀναστροφή (*anastrophē*; 1/13) *manner of life*
Jas 3:13 ἐκ τῆς καλῆς **ἀναστροφῆς** τὰ ἔργα αὐτοῦ

ἀνατέλλω (*anatellō*, 1/9) *rise*
Jas 1:11 **ἀνέτειλεν** γὰρ ὁ ἥλιος

ἀναφέρω (*anapherō*, 1/10) *offer (sacrifice)*
Jas 2:21 ἐξ ἔργων ἐδικαιώθη **ἀνενέγκας** Ἰσαὰκ τὸν υἱὸν

ἀνέλεος (*aneleos*; 1/1) *merciless*
Jas 2:13 ἡ γὰρ κρίσις **ἀνέλεος** τῷ μὴ ποιήσαντι

ἀνεμίζω (*anemizō*, 1/1) *be driven by wind*
Jas 1:6 ἔοικεν κλύδωνι θαλάσσης **ἀνεμιζομένῳ** καὶ ῥιπιζομένῳ.

ἄνεμος (*anemos*; 1/31) *wind*
Jas 3:4 ὄντα καὶ ὑπὸ **ἀνέμων** σκληρῶν ἐλαυνόμενα,

ἀνήρ (*anēr*; 6/216) *man, husband*
Jas 1:8 **ἀνὴρ** δίψυχος,
Jas 1:12 Μακάριος **ἀνὴρ** ὃς ὑπομένει πειρασμόν,
Jas 1:20 ὀργὴ γὰρ **ἀνδρὸς** δικαιοσύνην θεοῦ οὐκ
Jas 1:23 οὗτος ἔοικεν **ἀνδρὶ** κατανοοῦντι τὸ πρόσωπον
Jas 2:2 εἰς συναγωγὴν ὑμῶν **ἀνὴρ** χρυσοδακτύλιος ἐν ἐσθῆτι
Jas 3:2 οὗτος τέλειος **ἀνὴρ** δυνατὸς χαλιναγωγῆσαι

ἀνθίστημι (*anthistēmi*; 1/14) *resist*
Jas 4:7 **ἀντίστητε** δὲ τῷ διαβόλῳ

ἄνθος (*anthos*; 2/4) *flower*
Jas 1:10 ὅτι ὡς **ἄνθος** χόρτου παρελεύσεται.
Jas 1:11 χόρτον καὶ τὸ **ἄνθος** αὐτοῦ ἐξέπεσεν καὶ

ἀνθρώπινος (*anthrōpinos*; 1/7) *human*
Jas 3:7 τῇ φύσει τῇ **ἀνθρωπίνῃ**,

ἄνθρωπος (*anthrōpos*; 7/550) *man, human being (pl. people)*
Jas 1:7 γὰρ οἰέσθω ὁ **ἄνθρωπος** ἐκεῖνος ὅτι λήμψεταί
Jas 1:19 ἔστω δὲ πᾶς **ἄνθρωπος** ταχὺς εἰς τὸ
Jas 2:20 ὦ **ἄνθρωπε** κενέ,
Jas 2:24 ἐξ ἔργων δικαιοῦται **ἄνθρωπος** καὶ οὐκ ἐκ
Jas 3:8 οὐδεὶς δαμάσαι δύναται **ἀνθρώπων**,
Jas 3:9 αὐτῇ καταρώμεθα τοὺς **ἀνθρώπους** τοὺς καθ' ὁμοίωσιν
Jas 5:17 Ἠλίας **ἄνθρωπος** ἦν ὁμοιοπαθὴς ἡμῖν,

ἀντί (*anti*; 1/22) *instead of*
Jas 4:15 **ἀντὶ** τοῦ λέγειν ὑμᾶς·

ἀντιτάσσω (*antitassō*, 2/5) *oppose, resist*
Jas 4:6 ὁ θεὸς ὑπερηφάνοις **ἀντιτάσσεται**,
Jas 5:6 οὐκ **ἀντιτάσσεται** ὑμῖν.

ἀνυπόκριτος (*anypokritos*; 1/6) *sincere*
Jas 3:17 **ἀνυπόκριτος**.

ἄνωθεν (*anōthen*; 3/13) *from above*
Jas 1:17 πᾶν δώρημα τέλειον **ἄνωθέν** ἐστιν καταβαῖνον ἀπὸ
Jas 3:15 αὕτη ἡ σοφία **ἄνωθεν** κατερχομένη ἀλλὰ ἐπίγειος,
Jas 3:17 ἡ δὲ **ἄνωθεν** σοφία πρῶτον μὲν

ἀπαρχή (*aparchē*; 1/9) *firstfruits*
Jas 1:18 τὸ εἶναι ἡμᾶς **ἀπαρχήν** τινα τῶν αὐτοῦ

ἅπας (*hapas*; 1/33[34]) *all*
Jas 3:2 πολλὰ γὰρ πταίομεν **ἅπαντες**.

ἀπατάω (*apataō*, 1/3) *deceive*
Jas 1:26 γλῶσσαν αὐτοῦ ἀλλὰ **ἀπατῶν** καρδίαν αὐτοῦ,

ἀπείραστος (*apeirastos*; 1/1) *unable to be tempted*
Jas 1:13 ὁ γὰρ θεὸς **ἀπείραστός** ἐστιν κακῶν,

ἀπέρχομαι (*aperchomai*; 1/116[117]) *go, go away, depart*
Jas 1:24 γὰρ ἑαυτὸν καὶ **ἀπελήλυθεν** καὶ εὐθέως ἐπελάθετο

ἁπλῶς (*haplōs*; 1/1) *generously*
Jas 1:5 διδόντος θεοῦ πᾶσιν **ἁπλῶς** καὶ μὴ ὀνειδίζοντος

ἀπό (*apo*; 6/643[646]) *from*
Jas 1:13 πειραζόμενος λεγέτω ὅτι **ἀπὸ** θεοῦ πειράζομαι·
Jas 1:17 ἄνωθέν ἐστιν καταβαῖνον **ἀπὸ** τοῦ πατρὸς
Jas 1:27 ἄσπιλον ἑαυτὸν τηρεῖν **ἀπὸ** τοῦ κόσμου.
Jas 4:7 διαβόλῳ καὶ φεύξεται **ἀφ'** ὑμῶν,
Jas 5:4 ὑμῶν ὁ ἀπεστερημένος **ἀφ'** ὑμῶν κράζει,
Jas 5:19 ἐν ὑμῖν πλανηθῇ **ἀπὸ** τῆς ἀληθείας καὶ

ἀποκυέω (*apokueō*, 2/2) *give birth to*
Jas 1:15 δὲ ἁμαρτία ἀποτελεσθεῖσα **ἀποκύει** θάνατον.
Jas 1:18 βουληθεὶς **ἀπεκύησεν** ἡμᾶς λόγῳ ἀληθείας

ἀπόλλυμι (*apollymi*; 2/90) *destroy*
Jas 1:11 τοῦ προσώπου αὐτοῦ **ἀπώλετο**·
Jas 4:12 δυνάμενος σῶσαι καὶ **ἀπολέσαι**·

ἀποσκίασμα (*aposkiasma*; 1/1) *shadow*
Jas 1:17 παραλλαγὴ ἢ τροπῆς **ἀποσκίασμα**.

ἀποστερέω (*apostereō*, 1/6) *defraud*
Jas 5:4 χώρας ὑμῶν ὁ **ἀπεστερημένος** ἀφ' ὑμῶν κράζει,

ἀποτελέω (*apoteleō*, 1/2) *accomplish*
Jas 1:15 ἡ δὲ ἁμαρτία **ἀποτελεσθεῖσα** ἀποκύει θάνατον.

ἀποτίθημι (*apotithēmi*; 1/9) *throw off*
Jas 1:21 διὸ **ἀποθέμενοι** πᾶσαν ῥυπαρίαν καὶ

ἀργός (*argos*; 1/8) *idle*
Jas 2:20 χωρὶς τῶν ἔργων **ἀργή** ἐστιν;

ἄργυρος (*argyros*; 1/5) *silver*
Jas 5:3 ὑμῶν καὶ ὁ **ἄργυρος** κατίωται καὶ ὁ

ἀσθενέω (*astheneō*, 1/33) *be sick or ill*
Jas 5:14 **ἀσθενεῖ** τις ἐν ὑμῖν,

ἄσπιλος (*aspilos*; 1/4) *pure, undefiled*
Jas 1:27 **ἄσπιλον** ἑαυτὸν τηρεῖν ἀπὸ

ἀτιμάζω (*atimazō*, 1/7) *dishonor*
Jas 2:6 ὑμεῖς δὲ **ἠτιμάσατε** τὸν πτωχόν.

ἀτμίς (*atmis*; 1/2) *vapor*
Jas 4:14 **ἀτμὶς** γάρ ἐστε ἡ

αὔριον (*aurion*; 2/14) *tomorrow*
Jas 4:13 σήμερον ἢ **αὔριον** πορευσόμεθα εἰς τήνδε
Jas 4:14 ἐπίστασθε τὸ τῆς **αὔριον** ποία ἡ ζωὴ

αὐχέω (*aucheō*, 1/1) *boast*
Jas 3:5 ἐστὶν καὶ μεγάλα **αὐχεῖ**.

ἀφανίζω (*aphanizō*, 1/5) *ruin*
Jas 4:14 ἔπειτα καὶ **ἀφανιζομένη**.

ἀφίημι (*aphiēmi*; 1/143) *leave, forgive*
Jas 5:15 ἀφεθήσεται **αὐτῷ**.

βάλλω (*ballō*, 1/121[122]) *throw*
Jas 3:3 εἰς τὰ στόματα **βάλλομεν** εἰς τὸ πείθεσθαι

βασιλεία (*basileia*; 1/162) *kingdom*
Jas 2:5 καὶ κληρονόμους τῆς **βασιλείας** ἧς ἐπηγγείλατο τοῖς

βασιλικός (*basilikos*; 1/5) *royal (official)*
Jas 2:8 μέντοι νόμον τελεῖτε **βασιλικὸν** κατὰ τὴν γραφήν·

βλαστάνω (*blastanō*, 1/4) *sprout*
Jas 5:18 καὶ ἡ γῆ **ἐβλάστησεν** τὸν καρπὸν αὐτῆς.

βλασφημέω (*blasphēmeō*, 1/34) *blaspheme*
Jas 2:7 οὐκ αὐτοὶ **βλασφημοῦσιν** τὸ καλὸν ὄνομα

βλέπω (*blepō*, 1/132) *see*
Jas 2:22 **βλέπεις** ὅτι ἡ πίστις

βοή (*boē*; 1/1) *shout*
Jas 5:4 καὶ αἱ **βοαὶ** τῶν θερισάντων εἰς

βούλομαι (*boulomai*; 3/37) *want*
Jas 1:18 **βουληθεὶς** ἀπεκύησεν ἡμᾶς λόγῳ
Jas 3:4 ὁρμὴ τοῦ εὐθύνοντος **βούλεται**,
Jas 4:4 ὃς ἐὰν οὖν **βουληθῇ** φίλος εἶναι τοῦ

βραδύς (*bradys*; 2/3) *slow*
Jas 1:19 **βραδὺς** εἰς τὸ λαλῆσαι,
Jas 1:19 **βραδὺς** εἰς ὀργήν·

βρέχω (*brechō*, 2/7) *rain*
Jas 5:17 προσηύξατο τοῦ μὴ **βρέξαι**,
Jas 5:17 καὶ οὐκ **ἔβρεξεν** ἐπὶ τῆς γῆς

βρύω (*bryō*, 1/1) *pour out*
Jas 3:11 τῆς αὐτῆς ὀπῆς **βρύει** τὸ γλυκὺ καὶ

γάρ (*gar*; 15/1041) *for*
Jas 1:6 ὁ **γὰρ** διακρινόμενος ἔοικεν κλύδωνι
Jas 1:7 μὴ **γὰρ** οἰέσθω ὁ ἄνθρωπος
Jas 1:11 ἀνέτειλεν **γὰρ** ὁ ἥλιος σὺν
Jas 1:13 ὁ **γὰρ** θεὸς ἀπείραστός ἐστιν
Jas 1:20 ὀργὴ **γὰρ** ἀνδρὸς δικαιοσύνην θεοῦ
Jas 1:24 κατενόησεν **γὰρ** ἑαυτὸν καὶ ἀπελήλυθεν

Jas 2:2 ἐὰν **γὰρ** εἰσέλθῃ εἰς συναγωγὴν
Jas 2:10 ὅστις **γὰρ** ὅλον τὸν νόμον
Jas 2:11 ὁ **γὰρ** εἰπών·
Jas 2:13 ἡ **γὰρ** κρίσις ἀνέλεος τῷ
Jas 2:26 ὥσπερ **γὰρ** τὸ σῶμα χωρὶς
Jas 3:2 πολλὰ **γὰρ** πταίομεν ἅπαντες.
Jas 3:7 πᾶσα **γὰρ** φύσις θηρίων τε
Jas 3:16 ὅπου **γὰρ** ζῆλος καὶ ἐριθεία,
Jas 4:14 ἀτμὶς **γάρ** ἐστε ἡ πρὸς

γέεννα (*geenna*; 1/12) *hell*

Jas 3:6 φλογιζομένη ὑπὸ τῆς **γεέννης**.

γέλως (*gelōs*; 1/1) *laughter*

Jas 4:9 ὁ **γέλως** ὑμῶν εἰς πένθος

γένεσις (*genesis*; 2/5) *birth*

Jas 1:23 τὸ πρόσωπον τῆς **γενέσεως** αὐτοῦ ἐν ἐσόπτρῳ·
Jas 3:6 τὸν τροχὸν τῆς **γενέσεως** καὶ φλογιζομένη

γεωργός (*geōrgos*; 1/19) *vinedresser, farmer*

Jas 5:7 ἰδοὺ ὁ **γεωργὸς** ἐκδέχεται τὸν τίμιον

γῆ (*gē*; 5/248[250]) *earth, land*

Jas 5:5 ἐτρυφήσατε ἐπὶ τῆς **γῆς** καὶ ἐσπαταλήσατε,
Jas 5:7 τίμιον καρπὸν τῆς **γῆς** μακροθυμῶν ἐπ' αὐτῷ
Jas 5:12 οὐρανὸν μήτε τὴν **γῆν** μήτε ἄλλον τινα
Jas 5:17 ἔβρεξεν ἐπὶ τῆς **γῆς** ἐνιαυτοὺς τρεῖς καὶ
Jas 5:18 ἔδωκεν καὶ ἡ **γῆ** ἐβλάστησεν τὸν καρπὸν

γίνομαι (*ginomai*; 10/668[669]) *be, become*

Jas 1:12 ὅτι δόκιμος **γενόμενος** λήμψεται τὸν στέφανον
Jas 1:22 **Γίνεσθε** δὲ ποιηταὶ λόγου
Jas 1:25 οὐκ ἀκροατὴς ἐπιλησμονῆς **γενόμενος** ἀλλὰ ποιητὴς ἔργου,
Jas 2:4 ἐν ἑαυτοῖς καὶ **ἐγένεσθε** κριταὶ διαλογισμῶν πονηρῶν;
Jas 2:10 **γέγονεν** πάντων ἔνοχος.
Jas 2:11 **γέγονας** παραβάτης νόμου.
Jas 3:1 Μὴ πολλοὶ διδάσκαλοι **γίνεσθε**,
Jas 3:9 καθ' ὁμοίωσιν θεοῦ **γεγονότας**,
Jas 3:10 ταῦτα οὕτως **γίνεσθαι**.
Jas 5:2 ἱμάτια ὑμῶν σητόβρωτα **γέγονεν**,

γινώσκω (*ginōskō*, 3/222) *know*

Jas 1:3 **γινώσκοντες** ὅτι τὸ δοκίμιον
Jas 2:20 Θέλεις δὲ **γνῶναι**,
Jas 5:20 **γινωσκέτω** ὅτι ὁ ἐπιστρέψας

γλυκύς (*glykys*; 2/4) *sweet*

Jas 3:11 ὀπῆς βρύει τὸ **γλυκὺ** καὶ τὸ πικρόν;
Jas 3:12 οὔτε ἁλυκὸν **γλυκὺ** ποιῆσαι ὕδωρ.

γλῶσσα (*glōssa*; 5/49[50]) *tongue, language*

Jas 1:26 εἶναι μὴ χαλιναγωγῶν **γλῶσσαν** αὐτοῦ ἀλλὰ ἀπατῶν
Jas 3:5 οὕτως καὶ ἡ **γλῶσσα** μικρὸν μέλος ἐστὶν
Jas 3:6 καὶ ἡ **γλῶσσα** πῦρ·
Jas 3:6 τῆς ἀδικίας ἡ **γλῶσσα** καθίσταται ἐν τοῖς
Jas 3:8 τὴν δὲ **γλῶσσαν** οὐδεὶς δαμάσαι δύναται

γραφή (*graphē*; 3/50) *Scripture*

Jas 2:8 βασιλικὸν κατὰ τὴν **γραφήν**·
Jas 2:23 καὶ ἐπληρώθη ἡ **γραφὴ** ἡ λέγουσα·
Jas 4:5 ὅτι κενῶς ἡ **γραφὴ** λέγει·

γυμνός (*gymnos*; 1/15) *naked*

Jas 2:15 ἀδελφὸς ἢ ἀδελφὴ **γυμνοὶ** ὑπάρχωσιν καὶ λειπόμενοι

δαιμόνιον (*daimonion*; 1/61[63]) *demon*

Jas 2:19 καὶ τὰ δαιμόνια **πιστεύουσιν** καὶ φρίσσουσιν.

δαιμονιώδης (*daimoniōdēs*; 1/1) *demonic*

Jas 3:15 **δαιμονιώδης**.

δαμάζω (*damazō*, 3/4) *subdue, tame, control*

Jas 3:7 τε καὶ ἐναλίων **δαμάζεται** καὶ δεδάμασται τῇ
Jas 3:7 ἐναλίων δαμάζεται καὶ **δεδάμασται** τῇ φύσει
Jas 3:8 δὲ γλῶσσαν οὐδεὶς **δαμάσαι** δύναται ἀνθρώπων,

δαπανάω (*dapanaō*, 1/5) *spend*

Jas 4:3 ταῖς ἡδοναῖς ὑμῶν **δαπανήσητε**.

δέ (*de*; 37/2773[2792]) *but, and*

Jas 1:4 ἡ **δὲ** ὑπομονὴ ἔργον τέλειον
Jas 1:5 Εἰ **δέ** τις ὑμῶν λείπεται
Jas 1:6 αἰτείτω **δὲ** ἐν πίστει μηδὲν
Jas 1:9 Καυχάσθω **δὲ** ὁ ἀδελφὸς ὁ
Jas 1:10 ὁ **δὲ** πλούσιος ἐν τῇ
Jas 1:13 πειράζει δὲ **αὐτὸς** οὐδένα.
Jas 1:14 ἕκαστος **δὲ** πειράζεται ὑπὸ τῆς
Jas 1:15 ἡ **δὲ** ἁμαρτία ἀποτελεσθεῖσα ἀποκύει
Jas 1:19 ἔστω **δὲ** πᾶς ἄνθρωπος ταχὺς
Jas 1:22 Γίνεσθε **δὲ** ποιηταὶ λόγου καὶ
Jas 1:25 ὁ **δὲ** παρακύψας εἰς νόμον
Jas 2:2 εἰσέλθῃ **δὲ** καὶ πτωχὸς ἐν
Jas 2:3 ἐπιβλέψητε **δὲ** ἐπὶ τὸν φοροῦντα
Jas 2:6 ὑμεῖς **δὲ** ἠτιμάσατε τὸν πτωχόν.
Jas 2:9 εἰ **δὲ** προσωπολημπτεῖτε,
Jas 2:10 νόμον τηρήσῃ πταίσῃ **δὲ** ἐν ἑνί,
Jas 2:11 εἰ **δὲ** οὐ μοιχεύεις φονεύεις
Jas 2:11 οὐ μοιχεύεις φονεύεις **δέ**,
Jas 2:14 τις ἔχειν ἔργα **δὲ** μὴ ἔχῃ;
Jas 2:16 εἴπῃ **δέ** τις αὐτοῖς ἐξ
Jas 2:16 μὴ δῶτε **δὲ** αὐτοῖς τὰ ἐπιτήδεια
Jas 2:20 Θέλεις **δὲ** γνῶναι,
Jas 2:23 ἐπίστευσεν **δὲ** 'Αβραὰμ τῷ θεῷ,
Jas 2:25 ὁμοίως **δὲ** καὶ 'Ραὰβ ἡ
Jas 3:3 εἰ **δὲ** τῶν ἵππων τοὺς
Jas 3:8 τὴν **δὲ** γλῶσσαν οὐδεὶς δαμάσαι
Jas 3:14 εἰ **δὲ** ζῆλον πικρὸν ἔχετε
Jas 3:17 ἡ **δὲ** ἄνωθεν σοφία πρῶτον
Jas 3:18 καρπὸς **δὲ** δικαιοσύνης ἐν εἰρήνῃ
Jas 4:6 μείζονα **δὲ** δίδωσιν χάριν;
Jas 4:6 ταπεινοῖς **δὲ** δίδωσιν χάριν.
Jas 4:7 ἀντίστητε **δὲ** τῷ διαβόλῳ καὶ
Jas 4:11 εἰ **δὲ** νόμον κρίνεις,
Jas 4:12 σὺ **δὲ** τίς εἶ ὁ

Jas 4:16 νῦν **δὲ** καυχᾶσθε ἐν ταῖς
Jas 5:12 Πρὸ πάντων **δέ**,
Jas 5:12 ἤτω **δὲ** ὑμῶν τὸ ναὶ

δέησις (*deēsis*; 1/18) *prayer*
Jas 5:16 Πολὺ ἰσχύει δέησις **δικαίου** ἐνεργουμένη.

δείκνυμι (*deiknymi*; 3/33) *show*
Jas 2:18 **δεῖξόν** μοι τὴν πίστιν
Jas 2:18 κἀγώ σοι **δείξω** ἐκ τῶν ἔργων
Jas 3:13 **δειξάτω** ἐκ τῆς καλῆς

δελεάζω (*deleazō*, 1/3) *lure*
Jas 1:14 ἐπιθυμίας ἐξελκόμενος καὶ **δελεαζόμενος**·

δέχομαι (*dechomai*; 1/56) *take, receive*
Jas 1:21 **δέξασθε** τὸν ἔμφυτον λόγον

διά (*dia*; 2/665[667]) *through, on account of*
Jas 2:12 οὕτως ποιεῖτε ὡς **διὰ** νόμου ἐλευθερίας μέλλοντες
Jas 4:2 οὐκ ἔχετε **διὰ** τὸ μὴ αἰτεῖσθαι

διάβολος (*diabolos*; 1/37) *devil*
Jas 4:7 ἀντίστητε δὲ τῷ **διαβόλῳ** καὶ φεύξεται ἀφ'

διακρίνω (*diakrinō*, 3/19) *evaluate, discern*
Jas 1:6 ἐν πίστει μηδὲν **διακρινόμενος**·
Jas 1:6 ὁ γὰρ **διακρινόμενος** ἔοικεν κλύδωνι θαλάσσης
Jas 2:4 οὐ **διεκρίθητε** ἐν ἑαυτοῖς καὶ

διαλογισμός (*dialogismos*; 1/14) *thought*
Jas 2:4 καὶ ἐγένεσθε κριταὶ **διαλογισμῶν** πονηρῶν;

διασπορά (*diaspora*; 1/3) *dispersion*
Jas 1:1 ταῖς ἐν τῇ **διασπορᾷ** χαίρειν.

διδάσκαλος (*didaskalos*; 1/58[59]) *teacher*
Jas 3:1 Μὴ πολλοὶ **διδάσκαλοι** γίνεσθε,

δίδωμι (*didōmi*; 6/415) *give*
Jas 1:5 αἰτείτω παρὰ τοῦ **διδόντος** θεοῦ πᾶσιν ἁπλῶς
Jas 1:5 μὴ ὀνειδίζοντος καὶ **δοθήσεται** αὐτῷ.
Jas 2:16 μὴ **δῶτε** δὲ αὐτοῖς τὰ
Jas 4:6 μείζονα δὲ **δίδωσιν** χάριν;
Jas 4:6 ταπεινοῖς δὲ **δίδωσιν** χάριν.
Jas 5:18 ὁ οὐρανὸς ὑετὸν **ἔδωκεν** καὶ ἡ γῆ

δίκαιος (*dikaios*; 2/79) *righteous*
Jas 5:6 ἐφονεύσατε τὸν **δίκαιον**,
Jas 5:16 Πολὺ ἰσχύει δέησις **δικαίου** ἐνεργουμένη.

δικαιοσύνη (*dikaiosynē*; 3/92) *righteousness*
Jas 1:20 ὀργὴ γὰρ ἀνδρὸς **δικαιοσύνην** θεοῦ οὐκ ἐργάζεται.
Jas 2:23 ἐλογίσθη αὐτῷ εἰς **δικαιοσύνην** καὶ φίλος θεοῦ
Jas 3:18 καρπὸς δὲ **δικαιοσύνης** ἐν εἰρήνῃ σπείρεται

δικαιόω (*dikaioō*, 3/39) *justify*
Jas 2:21 οὐκ ἐξ ἔργων **ἐδικαιώθη** ἀνενέγκας Ἰσαὰκ
Jas 2:24 ὅτι ἐξ ἔργων **δικαιοῦται** ἄνθρωπος καὶ οὐκ
Jas 2:25 οὐκ ἐξ ἔργων **ἐδικαιώθη** ὑποδεξαμένη τοὺς ἀγγέλους

διό (*dio*; 2/53) *therefore*
Jas 1:21 **διὸ** ἀποθέμενοι πᾶσαν ῥυπαρίαν
Jas 4:6 **διὸ** λέγει·

διότι (*dioti*; 1/23) *because*
Jas 4:3 καὶ οὐ λαμβάνετε **διότι** κακῶς αἰτεῖσθε,

δίψυχος (*dipsychos*; 2/2) *of divided loyalty*
Jas 1:8 ἀνὴρ **δίψυχος**,
Jas 4:8 **δίψυχοι**.

δοκέω (*dokeō*, 2/62) *think, seem*
Jas 1:26 Εἴ τις **δοκεῖ** θρησκὸς εἶναι μὴ
Jas 4:5 ἢ **δοκεῖτε** ὅτι κενῶς ἡ

δοκίμιον (*dokimion*; 1/2) *testing*
Jas 1:3 γινώσκοντες ὅτι τὸ **δοκίμιον** ὑμῶν τῆς πίστεως

δόκιμος (*dokimos*; 1/7) *approved*
Jas 1:12 ὅτι **δόκιμος** γενόμενος λήμψεται τὸν

δόξα (*doxa*; 1/166) *glory*
Jas 2:1 Ἰησοῦ Χριστοῦ τῆς **δόξης**.

δόσις (*dosis*; 1/2) *giving*
Jas 1:17 πᾶσα **δόσις** ἀγαθὴ καὶ πᾶν

δοῦλος (*doulos*; 1/124) *slave*
Jas 1:1 κυρίου Ἰησοῦ Χριστοῦ **δοῦλος** ταῖς δώδεκα φυλαῖς

δύναμαι (*dynamai*; 6/210) *be able*
Jas 1:21 ἔμφυτον λόγον τὸν **δυνάμενον** σῶσαι τὰς ψυχὰς
Jas 2:14 μὴ **δύναται** ἡ πίστις σῶσαι
Jas 3:8 γλῶσσαν οὐδεὶς δαμάσαι **δύναται** ἀνθρώπων,
Jas 3:12 μὴ **δύναται**,
Jas 4:2 ζηλοῦτε καὶ οὐ **δύνασθε** ἐπιτυχεῖν,
Jas 4:12 καὶ κριτὴς ὁ **δυνάμενος** σῶσαι καὶ ἀπολέσαι·

δυνατός (*dynatos*; 1/32) *possible*
Jas 3:2 οὗτος τέλειος ἀνὴρ **δυνατὸς** χαλιναγωγῆσαι καὶ ὅλον

δώδεκα (*dōdeka*; 1/75) *twelve*
Jas 1:1 Χριστοῦ δοῦλος ταῖς **δώδεκα** φυλαῖς ταῖς ἐν

δώρημα (*dōrēma*; 1/2) *gift*
Jas 1:17 ἀγαθὴ καὶ πᾶν **δώρημα** τέλειον ἄνωθέν ἐστιν

ἐάν (*ean*; 7/333) *if*

Jas 2:2 **ἐὰν** γὰρ εἰσέλθῃ εἰς
Jas 2:14 **ἐὰν** πίστιν λέγῃ τις
Jas 2:15 **ἐὰν** ἀδελφὸς ἢ ἀδελφὴ
Jas 2:17 **ἐὰν** μὴ ἔχῃ ἔργα,
Jas 4:4 ὃς **ἐὰν** οὖν βουληθῇ φίλος
Jas 4:15 **ἐὰν** ὁ κύριος θελήσῃ
Jas 5:19 **ἐάν** τις ἐν ὑμῖν

ἑαυτοῦ (*heautou*; 5/319) *himself*

Jas 1:22 μόνον ἀκροαταὶ παραλογιζόμενοι **ἑαυτούς**.
Jas 1:24 κατενόησεν γὰρ **ἑαυτὸν** καὶ ἀπελήλυθεν καὶ
Jas 1:27 ἄσπιλον **ἑαυτὸν** τηρεῖν ἀπὸ τοῦ
Jas 2:4 οὐ διεκρίθητε ἐν **ἑαυτοῖς** καὶ ἐγένεσθε κριταὶ
Jas 2:17 νεκρά ἐστιν καθ' **ἑαυτήν**.

ἐγγίζω (*engizō*, 3/42) *approach*

Jas 4:8 **ἐγγίσατε** τῷ θεῷ καὶ
Jas 4:8 τῷ θεῷ καὶ **ἐγγιεῖ** ὑμῖν.
Jas 5:8 παρουσία τοῦ κυρίου **ἤγγικεν**.

ἐγείρω (*egeirō*, 1/143[144]) *raise*

Jas 5:15 τὸν κάμνοντα καὶ **ἐγερεῖ** αὐτὸν ὁ κύριος·

ἐγώ (*egō*, 14/1715[1718]) *I*

Jas 1:2 ἀδελφοί **μου**,
Jas 1:16 ἀδελφοί **μου** ἀγαπητοί.
Jas 1:19 ἀδελφοί **μου** ἀγαπητοί·
Jas 2:1 Ἀδελφοί **μου**,
Jas 2:3 ὑπὸ τὸ ὑποπόδιόν **μου**,
Jas 2:5 ἀδελφοί **μου** ἀγαπητοί·
Jas 2:14 ἀδελφοί **μου**,
Jas 2:18 δεῖξόν **μοι** τὴν πίστιν σου
Jas 2:18 ἐκ τῶν ἔργων **μου** τὴν πίστιν.
Jas 3:1 ἀδελφοί **μου**,
Jas 3:10 ἀδελφοί **μου**,
Jas 3:12 ἀδελφοί **μου**,
Jas 5:12 ἀδελφοί **μου**,
Jas 5:19 Ἀδελφοί **μου**,

εἰ (*ei*; 10/502) *if, since*

Jas 1:5 **Εἰ** δέ τις ὑμῶν
Jas 1:23 ὅτι **εἴ** τις ἀκροατὴς λόγου
Jas 1:26 **Εἴ** τις δοκεῖ θρησκὸς
Jas 2:8 **Εἰ** μέντοι νόμον τελεῖτε
Jas 2:9 **εἰ** δὲ προσωπολημπτεῖτε,
Jas 2:11 **εἰ** δὲ οὐ μοιχεύεις
Jas 3:2 **εἴ** τις ἐν λόγῳ
Jas 3:3 **εἰ** δὲ τῶν ἵππων
Jas 3:14 **εἰ** δὲ ζῆλον πικρὸν
Jas 4:11 **εἰ** δὲ νόμον κρίνεις,

εἰμί (*eimi*; 32/2460[2462]) *be*

Jas 1:4 ἵνα **ἦτε** τέλειοι καὶ ὁλόκληροι
Jas 1:13 γὰρ θεὸς ἀπείραστός **ἐστιν** κακῶν,
Jas 1:17 δώρημα τέλειον ἄνωθέν **ἐστιν** καταβαῖνον ἀπὸ τοῦ
Jas 1:18 ἀληθείας εἰς τὸ **εἶναι** ἡμᾶς ἀπαρχήν τινα
Jas 1:19 **ἔστω** δὲ πᾶς ἄνθρωπος
Jas 1:23 τις ἀκροατὴς λόγου **ἐστὶν** καὶ οὐ ποιητής,
Jas 1:24 εὐθέως ἐπελάθετο ὁποῖος **ἦν**.
Jas 1:25 τῇ ποιήσει αὐτοῦ **ἔσται**.
Jas 1:26 τις δοκεῖ θρησκὸς **εἶναι** μὴ χαλιναγωγῶν γλῶσσαν
Jas 1:27 καὶ πατρὶ αὕτη **ἐστίν**,
Jas 2:17 νεκρά **ἐστιν** καθ' ἑαυτήν.
Jas 2:19 πιστεύεις ὅτι εἷς **ἐστιν** ὁ θεός,
Jas 2:20 τῶν ἔργων ἀργή **ἐστιν**;
Jas 2:26 χωρὶς πνεύματος νεκρόν **ἐστιν**,
Jas 2:26 χωρὶς ἔργων νεκρά **ἐστιν**.
Jas 3:4 τὰ πλοῖα τηλικαῦτα **ὄντα** καὶ ὑπὸ ἀνέμων
Jas 3:5 γλῶσσα μικρὸν μέλος **ἐστὶν** καὶ μεγάλα αὐχεῖ.
Jas 3:15 οὐκ **ἔστιν** αὕτη ἡ σοφία
Jas 3:17 πρῶτον μὲν ἁγνή **ἐστιν**,
Jas 4:4 ἔχθρα τοῦ θεοῦ **ἐστιν**;
Jas 4:4 οὖν βουληθῇ φίλος **εἶναι** τοῦ κόσμου,
Jas 4:11 οὐκ **εἶ** ποιητὴς νόμου ἀλλὰ
Jas 4:12 εἷς **ἐστιν** [ὁ] νομοθέτης καὶ
Jas 4:12 σὺ δὲ τίς **εἶ** ὁ κρίνων τὸν
Jas 4:14 ἀτμὶς γάρ **ἐστε** ἡ πρὸς ὀλίγον
Jas 4:16 καύχησις τοιαύτη πονηρά **ἐστιν**.
Jas 4:17 ἁμαρτία αὐτῷ **ἐστιν**.
Jas 5:3 εἰς μαρτύριον ὑμῖν **ἔσται** καὶ φάγεται τὰς
Jas 5:11 ὅτι πολύσπλαγχνός **ἐστιν** ὁ κύριος καὶ
Jas 5:12 **ἤτω** δὲ ὑμῶν τὸ
Jas 5:15 κἂν ἁμαρτίας **ᾖ** πεποιηκώς,
Jas 5:17 Ἠλίας ἄνθρωπος **ἦν** ὁμοιοπαθὴς ἡμῖν,

εἰρήνη (*eirēnē*; 3/92) *peace*

Jas 2:16 ὑπάγετε ἐν **εἰρήνῃ**,
Jas 3:18 δὲ δικαιοσύνης ἐν **εἰρήνῃ** σπείρεται τοῖς ποιοῦσιν
Jas 3:18 σπείρεται τοῖς ποιοῦσιν **εἰρήνην**.

εἰρηνικός (*eirēnikos*; 1/2) *peaceful*

Jas 3:17 ἔπειτα **εἰρηνική**,

εἰς (*eis*; 15/1759[1767]) *into*

Jas 1:18 ἡμᾶς λόγῳ ἀληθείας **εἰς** τὸ εἶναι ἡμᾶς
Jas 1:19 πᾶς ἄνθρωπος ταχὺς **εἰς** τὸ ἀκοῦσαι,
Jas 1:19 βραδὺς **εἰς** τὸ λαλῆσαι,
Jas 1:19 βραδὺς **εἰς** ὀργήν·
Jas 1:25 ὁ δὲ παρακύψας **εἰς** νόμον τέλειον τὸν
Jas 2:2 ἐὰν γὰρ εἰσέλθῃ **εἰς** συναγωγὴν
Jas 2:6 αὐτοὶ ἕλκουσιν ὑμᾶς **εἰς** κριτήρια;
Jas 2:23 καὶ ἐλογίσθη αὐτῷ **εἰς** δικαιοσύνην καὶ φίλος
Jas 3:3 ἵππων τοὺς χαλινοὺς **εἰς** τὰ στόματα βάλλομεν
Jas 3:3 τὰ στόματα βάλλομεν **εἰς** τὸ πείθεσθαι αὐτοὺς
Jas 4:9 ὁ γέλως ὑμῶν **εἰς** πένθος μετατραπήτω καὶ
Jas 4:9 καὶ ἡ χαρὰ **εἰς** κατήφειαν.
Jas 4:13 ἢ αὔριον πορευσόμεθα **εἰς** τήνδε τὴν πόλιν
Jas 5:3 ὁ ἰὸς αὐτῶν **εἰς** μαρτύριον ὑμῖν ἔσται
Jas 5:4 βοαὶ τῶν θερισάντων **εἰς** τὰ ὦτα κυρίου

εἷς (*heis*; 3/343[345]) *one*

Jas 2:10 πταίσῃ δὲ ἐν **ἑνί**,
Jas 2:19 σὺ πιστεύεις ὅτι **εἷς** ἐστιν ὁ θεός,
Jas 4:12 **εἷς** ἐστιν [ὁ] νομοθέτης

εἰσέρχομαι (*eiserchomai*; 3/194) *go into, enter*
Jas 2:2 ἐὰν γὰρ **εἰσέλθῃ** εἰς συναγωγὴν ὑμῶν
Jas 2:2 **εἰσέλθῃ** δὲ καὶ πτωχὸς
Jas 5:4 ὦτα κυρίου σαβαὼθ **εἰσεληλύθασιν**.

εἶτα (*eita*; 1/15) *then*
Jas 1:15 **εἶτα** ἡ ἐπιθυμία συλλαβοῦσα

ἐκ (*ek*; 13/912[914]) *from*
Jas 2:16 δέ τις αὐτοῖς **ἐξ** ὑμῶν·
Jas 2:18 κἀγώ σοι δείξω **ἐκ** τῶν ἔργων μου
Jas 2:21 πατὴρ ἡμῶν οὐκ **ἐξ** ἔργων ἐδικαιώθη ἀνενέγκας
Jas 2:22 ἔργοις αὐτοῦ καὶ **ἐκ** τῶν ἔργων ἡ
Jas 2:24 ὁρᾶτε ὅτι **ἐξ** ἔργων δικαιοῦται ἄνθρωπος
Jas 2:24 ἄνθρωπος καὶ οὐκ **ἐκ** πίστεως μόνον.
Jas 2:25 ἡ πόρνη οὐκ **ἐξ** ἔργων ἐδικαιώθη ὑποδεξαμένη
Jas 3:10 **ἐκ** τοῦ αὐτοῦ στόματος
Jas 3:11 μήτι ἡ πηγὴ **ἐκ** τῆς αὐτῆς ὀπῆς
Jas 3:13 δειξάτω **ἐκ** τῆς καλῆς ἀναστροφῆς
Jas 4:1 **ἐκ** τῶν ἡδονῶν ὑμῶν
Jas 5:20 ὁ ἐπιστρέψας ἁμαρτωλὸν **ἐκ** πλάνης ὁδοῦ αὐτοῦ
Jas 5:20 σώσει ψυχὴν αὐτοῦ **ἐκ** θανάτου καὶ καλύψει

ἕκαστος (*hekastos*; 1/81[82]) *each*
Jas 1:14 **ἕκαστος** δὲ πειράζεται ὑπὸ

ἐκβάλλω (*ekballō*, 1/79[81]) *cast or drive out*
Jas 2:25 καὶ ἑτέρᾳ ὁδῷ **ἐκβαλοῦσα**;

ἐκδέχομαι (*ekdechomai*; 1/6) *wait for*
Jas 5:7 ἰδοὺ ὁ γεωργὸς **ἐκδέχεται** τὸν τίμιον καρπὸν

ἐκεῖ (*ekei*; 3/95) *there*
Jas 2:3 σὺ στῆθι **ἐκεῖ** ἢ κάθου ὑπὸ
Jas 3:16 **ἐκεῖ** ἀκαταστασία καὶ πᾶν
Jas 4:13 πόλιν καὶ ποιήσομεν **ἐκεῖ** ἐνιαυτὸν καὶ ἐμπορευσόμεθα

ἐκεῖνος (*ekeinos*; 2/240[243]) *that*
Jas 1:7 οἰέσθω ὁ ἄνθρωπος **ἐκεῖνος** ὅτι λήμψεταί τι
Jas 4:15 ποιήσομεν τοῦτο ἢ **ἐκεῖνο**.

ἐκκλησία (*ekklēsia*; 1/114) *church*
Jas 5:14 τοὺς πρεσβυτέρους τῆς **ἐκκλησίας** καὶ προσευξάσθωσαν ἐπ'

ἐκλέγομαι (*eklegomai*; 1/22) *choose*
Jas 2:5 οὐχ ὁ θεὸς **ἐξελέξατο** τοὺς πτωχοὺς τῷ

ἐκπίπτω (*ekpiptō*, 1/10) *fall off or away*
Jas 1:11 τὸ ἄνθος αὐτοῦ **ἐξέπεσεν** καὶ ἡ εὐπρέπεια

ἐλαία (*elaia*; 1/14[15]) *olive tree*
Jas 3:12 συκῆ **ἐλαίας** ποιῆσαι ἢ ἄμπελος

ἔλαιον (*elaion*; 1/11) *olive oil*
Jas 5:14 αὐτὸν ἀλείψαντες [αὐτὸν] **ἐλαίῳ** ἐν τῷ ὀνόματι

ἐλαύνω (*elaunō*, 1/5) *row, drive*
Jas 3:4 ὑπὸ ἀνέμων σκληρῶν **ἐλαυνόμενα**,

ἐλάχιστος (*elachistos*; 1/14) *least*
Jas 3:4 μετάγεται ὑπὸ **ἐλαχίστου** πηδαλίου ὅπου ἡ

ἐλέγχω (*elenchō*, 1/17) *expose, convict*
Jas 2:9 ἁμαρτίαν ἐργάζεσθε **ἐλεγχόμενοι** ὑπὸ τοῦ νόμου

ἔλεος (*eleos*; 3/27) *mercy*
Jas 2:13 τῷ μὴ ποιήσαντι **ἔλεος**·
Jas 2:13 κατακαυχᾶται **ἔλεος** κρίσεως.
Jas 3:17 μεστὴ **ἐλέους** καὶ καρπῶν ἀγαθῶν,

ἐλευθερία (*eleutheria*; 2/11) *freedom*
Jas 1:25 τέλειον τὸν τῆς **ἐλευθερίας** καὶ παραμείνας,
Jas 2:12 ὡς διὰ νόμου **ἐλευθερίας** μέλλοντες κρίνεσθαι.

ἕλκω (*helkō*, 1/2) *draw*
Jas 2:6 ὑμῶν καὶ αὐτοὶ **ἕλκουσιν** ὑμᾶς εἰς κριτήρια;

ἐμπορεύομαι (*emporeuomai*; 1/2) *be in business*
Jas 4:13 ἐκεῖ ἐνιαυτὸν καὶ **ἐμπορευσόμεθα** καὶ κερδήσομεν·

ἔμφυτος (*emphytos*; 1/1) *implanted*
Jas 1:21 δέξασθε τὸν **ἔμφυτον** λόγον τὸν δυνάμενον

ἐν (*en*; 38/2746[2752]) *in*
Jas 1:1 δώδεκα φυλαῖς ταῖς **ἐν** τῇ διασπορᾷ χαίρειν.
Jas 1:4 τέλειοι καὶ ὁλόκληροι **ἐν** μηδενὶ λειπόμενοι.
Jas 1:6 αἰτείτω δὲ **ἐν** πίστει μηδὲν διακρινόμενος·
Jas 1:8 ἀκατάστατος **ἐν** πάσαις ταῖς ὁδοῖς
Jas 1:9 ἀδελφὸς ὁ ταπεινὸς **ἐν** τῷ ὕψει αὐτοῦ,
Jas 1:10 ὁ δὲ πλούσιος **ἐν** τῇ ταπεινώσει αὐτοῦ,
Jas 1:11 καὶ ὁ πλούσιος **ἐν** ταῖς πορείαις αὐτοῦ
Jas 1:21 καὶ περισσείαν κακίας **ἐν** πραΰτητι,
Jas 1:23 τῆς γενέσεως αὐτοῦ **ἐν** ἐσόπτρῳ·
Jas 1:25 οὗτος μακάριος **ἐν** τῇ ποιήσει αὐτοῦ
Jas 1:27 ὀρφανοὺς καὶ χήρας **ἐν** τῇ θλίψει αὐτῶν,
Jas 2:1 μὴ **ἐν** προσωπολημψίαις ἔχετε τὴν
Jas 2:2 ὑμῶν ἀνὴρ χρυσοδακτύλιος **ἐν** ἐσθῆτι λαμπρᾷ,
Jas 2:2 δὲ καὶ πτωχὸς **ἐν** ῥυπαρᾷ ἐσθῆτι,
Jas 2:4 οὐ διεκρίθητε **ἐν** ἑαυτοῖς καὶ ἐγένεσθε
Jas 2:5 τῷ κόσμῳ πλουσίους **ἐν** πίστει καὶ κληρονόμους
Jas 2:10 τηρήσῃ πταίσῃ δὲ **ἐν** ἑνί,
Jas 2:16 ὑπάγετε **ἐν** εἰρήνῃ,
Jas 3:2 εἴ τις **ἐν** λόγῳ οὐ πταίει,
Jas 3:6 ἡ γλῶσσα καθίσταται **ἐν** τοῖς μέλεσιν ἡμῶν,
Jas 3:9 **ἐν** αὐτῇ εὐλογοῦμεν τὸν
Jas 3:9 καὶ πατέρα καὶ **ἐν** αὐτῇ καταρώμεθα τοὺς
Jas 3:13 σοφὸς καὶ ἐπιστήμων **ἐν** ὑμῖν;
Jas 3:13 τὰ ἔργα αὐτοῦ **ἐν** πραΰτητι σοφίας.

Jas 3:14 ἔχετε καὶ ἐριθείαν **ἐν** τῇ καρδίᾳ ὑμῶν,
Jas 3:18 καρπὸς δὲ δικαιοσύνης **ἐν** εἰρήνῃ σπείρεται
Jas 4:1 καὶ πόθεν μάχαι **ἐν** ὑμῖν;
Jas 4:1 τῶν στρατευομένων **ἐν** τοῖς μέλεσιν ὑμῶν;
Jas 4:3 ἵνα **ἐν** ταῖς ἡδοναῖς ὑμῶν
Jas 4:5 πνεῦμα ὃ κατῴκισεν **ἐν** ἡμῖν,
Jas 4:16 νῦν δὲ καυχᾶσθε **ἐν** ταῖς ἀλαζονείαις ὑμῶν·
Jas 5:3 ἐθησαυρίσατε **ἐν** ἐσχάταις ἡμέραις.
Jas 5:5 τὰς καρδίας ὑμῶν **ἐν** ἡμέρᾳ σφαγῆς,
Jas 5:10 προφήτας οἳ ἐλάλησαν **ἐν** τῷ ὀνόματι κυρίου.
Jas 5:13 Κακοπαθεῖ τις **ἐν** ὑμῖν,
Jas 5:14 ἀσθενεῖ τις **ἐν** ὑμῖν,
Jas 5:14 ἀλείψαντες [αὐτὸν] ἐλαίῳ **ἐν** τῷ ὀνόματι τοῦ
Jas 5:19 ἐάν τις **ἐν** ὑμῖν πλανηθῇ ἀπὸ

ἐνάλιος (*enalios*; 1/1) *sea creature*
Jas 3:7 ἑρπετῶν τε καὶ **ἐναλίων** δαμάζεται καὶ δεδάμασται

ἐνεργέω (*energeō*, 1/21) *work*
Jas 5:16 ἰσχύει δέησις δικαίου **ἐνεργουμένη**.

ἔνι (*eni*; 1/6) *there is*
Jas 1:17 παρ' ᾧ οὐκ **ἔνι** παραλλαγὴ ἢ τροπῆς

ἐνιαυτός (*eniautos*; 2/14) *year*
Jas 4:13 καὶ ποιήσομεν ἐκεῖ **ἐνιαυτὸν** καὶ ἐμπορευσόμεθα καὶ
Jas 5:17 ἐπὶ τῆς γῆς **ἐνιαυτοὺς** τρεῖς καὶ μῆνας

ἔνοχος (*enochos*; 1/10) *liable*
Jas 2:10 γέγονεν πάντων **ἔνοχος**.

ἐντεῦθεν (*enteuthen*; 1/10) *from here*
Jas 4:1 οὐκ **ἐντεῦθεν**,

ἐνώπιον (*enōpion*; 1/94) *before*
Jas 4:10 ταπεινώθητε **ἐνώπιον** κυρίου καὶ ὑψώσει

ἕξ (*hex*; 1/13) *six*
Jas 5:17 τρεῖς καὶ μῆνας **ἕξ**·

ἐξέλκω (*exelkō*, 1/1) *lure away*
Jas 1:14 τῆς ἰδίας ἐπιθυμίας **ἐξελκόμενος** καὶ δελεαζόμενος·

ἐξέρχομαι (*exerchomai*; 1/216[218]) *come or go out or forth*
Jas 3:10 τοῦ αὐτοῦ στόματος **ἐξέρχεται** εὐλογία καὶ κατάρα.

ἐξομολογέω (*exomologeō*, 1/10) *agree*
Jas 5:16 **ἐξομολογεῖσθε** οὖν ἀλλήλοις τὰς

ἔοικα (*eoika*; 2/2) *be like*
Jas 1:6 ὁ γὰρ διακρινόμενος **ἔοικεν** κλύδωνι θαλάσσης ἀνεμιζομένῳ
Jas 1:23 οὗτος **ἔοικεν** ἀνδρὶ κατανοοῦντι τὸ

ἐπαγγέλλομαι (*epangellomai*; 2/15) *promise*
Jas 1:12 τῆς ζωῆς ὃν **ἐπηγγείλατο** τοῖς ἀγαπῶσιν αὐτόν.
Jas 2:5 τῆς βασιλείας ἧς **ἐπηγγείλατο** τοῖς ἀγαπῶσιν αὐτόν;

ἔπειτα (*epeita*; 2/16) *then*
Jas 3:17 **ἔπειτα** εἰρηνική,
Jas 4:14 **ἔπειτα** καὶ ἀφανιζομένη.

ἐπέρχομαι (*eperchomai*; 1/9) *come, come upon*
Jas 5:1 ταλαιπωρίαις ὑμῶν ταῖς **ἐπερχομέναις**.

ἐπί (*epi*; 8/886[890]) *on*
Jas 2:3 ἐπιβλέψητε δὲ **ἐπὶ** τὸν φοροῦντα τὴν
Jas 2:7 ὄνομα τὸ ἐπικληθὲν **ἐφ'** ὑμᾶς;
Jas 2:21 τὸν υἱὸν αὐτοῦ **ἐπὶ** τὸ θυσιαστήριον;
Jas 5:1 κλαύσατε ὀλολύζοντες **ἐπὶ** ταῖς ταλαιπωρίαις ὑμῶν
Jas 5:5 ἐτρυφήσατε **ἐπὶ** τῆς γῆς καὶ
Jas 5:7 τῆς γῆς μακροθυμῶν **ἐπ'** αὐτῷ ἕως λάβῃ
Jas 5:14 ἐκκλησίας καὶ προσευξάσθωσαν **ἐπ'** αὐτὸν ἀλείψαντες [αὐτὸν]
Jas 5:17 καὶ οὐκ ἔβρεξεν **ἐπὶ** τῆς γῆς ἐνιαυτοὺς

ἐπιβλέπω (*epiblepō*, 1/3) *look upon with care*
Jas 2:3 **ἐπιβλέψητε** δὲ ἐπὶ τὸν

ἐπίγειος (*epigeios*; 1/7) *earthly*
Jas 3:15 ἄνωθεν κατερχομένη ἀλλὰ **ἐπίγειος**,

ἐπιεικής (*epieikēs*; 1/5) *gentle*
Jas 3:17 **ἐπιεικής**,

ἐπιθυμέω (*epithymeō*, 1/16) *long for*
Jas 4:2 **ἐπιθυμεῖτε** καὶ οὐκ ἔχετε,

ἐπιθυμία (*epithymia*; 2/38) *desire*
Jas 1:14 ὑπὸ τῆς ἰδίας **ἐπιθυμίας** ἐξελκόμενος καὶ δελεαζόμενος·
Jas 1:15 εἶτα ἡ **ἐπιθυμία** συλλαβοῦσα τίκτει ἁμαρτίαν,

ἐπικαλέω (*epikaleō*, 1/30) *call*
Jas 2:7 καλὸν ὄνομα τὸ **ἐπικληθὲν** ἐφ' ὑμᾶς;

ἐπιλανθάνομαι (*epilanthanomai*; 1/8) *forget*
Jas 1:24 ἀπελήλυθεν καὶ εὐθέως **ἐπελάθετο** ὁποῖος ἦν.

ἐπιλησμονή (*epilēsmonē*; 1/1) *forgetfulness*
Jas 1:25 οὐκ ἀκροατὴς **ἐπιλησμονῆς** γενόμενος ἀλλὰ ποιητὴς

ἐπιποθέω (*epipotheō*, 1/9) *long for*
Jas 4:5 πρὸς φθόνον **ἐπιποθεῖ** τὸ πνεῦμα ὃ

ἐπισκέπτομαι (*episkeptomai*; 1/11) *visit*
Jas 1:27 **ἐπισκέπτεσθαι** ὀρφανοὺς καὶ χήρας

ἐπίσταμαι (*epistamai*; 1/14) *know*
Jas 4:14 οἵτινες οὐκ **ἐπίστασθε** τὸ τῆς αὔριον

ἐπιστήμων (*epistēmōn*; 1/1) *understanding*
Jas 3:13 Τίς σοφὸς καὶ **ἐπιστήμων** ἐν ὑμῖν;

ἐπιστρέφω (*epistrephō*, 2/36) *turn back*
Jas 5:19 τῆς ἀληθείας καὶ **ἐπιστρέψῃ** τις αὐτόν,
Jas 5:20 γινωσκέτω ὅτι ὁ **ἐπιστρέψας** ἁμαρτωλὸν ἐκ πλάνης

ἐπιτήδειος (*epitēdeios*; 1/1) *necessary*
Jas 2:16 δὲ αὐτοῖς τὰ **ἐπιτήδεια** τοῦ σώματος,

ἐπιτυγχάνω (*epitynchanō*, 1/5) *obtain*
Jas 4:2 καὶ οὐ δύνασθε **ἐπιτυχεῖν**,

ἐργάζομαι (*ergazomai*; 2/41) *work*
Jas 1:20 δικαιοσύνην θεοῦ οὐκ **ἐργάζεται**.
Jas 2:9 ἁμαρτίαν **ἐργάζεσθε** ἐλεγχόμενοι ὑπὸ τοῦ

ἐργάτης (*ergatēs*; 1/16) *laborer*
Jas 5:4 ὁ μισθὸς τῶν **ἐργατῶν** τῶν ἀμησάντων τὰς

ἔργον (*ergon*; 15/169) *work*
Jas 1:4 ἡ δὲ ὑπομονὴ **ἔργον** τέλειον ἐχέτω,
Jas 1:25 γενόμενος ἀλλὰ ποιητὴς **ἔργου**,
Jas 2:14 λέγῃ τις ἔχειν **ἔργα** δὲ μὴ ἔχῃ;
Jas 2:17 ἐὰν μὴ ἔχῃ **ἔργα**,
Jas 2:18 κἀγὼ **ἔργα** ἔχω·
Jas 2:18 σου χωρὶς τῶν **ἔργων**,
Jas 2:18 δείξω ἐκ τῶν **ἔργων** μου τὴν πίστιν.
Jas 2:20 πίστις χωρὶς τῶν **ἔργων** ἀργή ἐστιν;
Jas 2:21 ἡμῶν οὐκ ἐξ **ἔργων** ἐδικαιώθη ἀνενέγκας Ἰσαὰκ
Jas 2:22 πίστις συνήργει τοῖς **ἔργοις** αὐτοῦ καὶ ἐκ
Jas 2:22 καὶ ἐκ τῶν **ἔργων** ἡ πίστις ἐτελειώθη,
Jas 2:24 ὁρᾶτε ὅτι ἐξ **ἔργων** δικαιοῦται ἄνθρωπος
Jas 2:25 πόρνη οὐκ ἐξ **ἔργων** ἐδικαιώθη ὑποδεξαμένη
Jas 2:26 ἡ πίστις χωρὶς **ἔργων** νεκρά ἐστιν.
Jas 3:13 καλῆς ἀναστροφῆς τὰ **ἔργα** αὐτοῦ ἐν πραΰτητι

ἐριθεία (*eritheia*; 2/7) *selfishness*
Jas 3:14 πικρὸν ἔχετε καὶ **ἐριθείαν** ἐν τῇ καρδίᾳ
Jas 3:16 γὰρ ζῆλος καὶ **ἐριθεία**,

ἑρπετόν (*herpeton*; 1/4) *reptile*
Jas 3:7 **ἑρπετῶν** τε καὶ ἐναλίων

ἐσθής (*esthēs*; 3/8) *clothing*
Jas 2:2 ἀνὴρ χρυσοδακτύλιος ἐν **ἐσθῆτι** λαμπρᾷ,
Jas 2:2 πτωχὸς ἐν ῥυπαρᾷ **ἐσθῆτι**,
Jas 2:3 τὸν φοροῦντα τὴν **ἐσθῆτα** τὴν λαμπρὰν καὶ

ἐσθίω (*esthiō*, 1/158) *eat*
Jas 5:3 ὑμῖν ἔσται καὶ **φάγεται** τὰς σάρκας ὑμῶν

ἔσοπτρον (*esoptron*; 1/2) *mirror*
Jas 1:23 γενέσεως αὐτοῦ ἐν **ἐσόπτρῳ**·

ἔσχατος (*eschatos*; 1/52) *last*
Jas 5:3 ἐθησαυρίσατε ἐν **ἐσχάταις** ἡμέραις.

ἕτερος (*heteros*; 1/97[98]) *other*
Jas 2:25 τοὺς ἀγγέλους καὶ **ἑτέρᾳ** ὁδῷ ἐκβαλοῦσα;

εὐθέως (*eutheōs*; 1/36) *immediately*
Jas 1:24 καὶ ἀπελήλυθεν καὶ **εὐθέως** ἐπελάθετο ὁποῖος ἦν.

εὐθυμέω (*euthymeō*, 1/3) *take courage*
Jas 5:13 **εὐθυμεῖ** τις,

εὐθύνω (*euthynō*, 1/2) *make straight*
Jas 3:4 ἡ ὁρμὴ τοῦ **εὐθύνοντος** βούλεται,

εὐλογέω (*eulogeō*, 1/41) *bless*
Jas 3:9 ἐν αὐτῇ **εὐλογοῦμεν** τὸν κύριον καὶ

εὐλογία (*eulogia*; 1/16) *blessing*
Jas 3:10 αὐτοῦ στόματος ἐξέρχεται **εὐλογία** καὶ κατάρα.

εὐπειθής (*eupeithēs*; 1/1) *open to reason*
Jas 3:17 **εὐπειθής**,

εὐπρέπεια (*euprepeia*; 1/1) *beauty*
Jas 1:11 ἐξέπεσεν καὶ ἡ **εὐπρέπεια** τοῦ προσώπου αὐτοῦ

εὐχή (*euchē*; 1/3) *vow*
Jas 5:15 καὶ ἡ **εὐχὴ** τῆς πίστεως σώσει

εὔχομαι (*euchomai*; 1/7) *pray*
Jas 5:16 τὰς ἁμαρτίας καὶ **εὔχεσθε** ὑπὲρ ἀλλήλων ὅπως

ἐφήμερος (*ephēmeros*; 1/1) *daily*
Jas 2:15 καὶ λειπόμενοι τῆς **ἐφημέρου** τροφῆς

ἔχθρα (*echthra*; 1/6) *hostility*
Jas 4:4 φιλία τοῦ κόσμου **ἔχθρα** τοῦ θεοῦ ἐστιν;

ἐχθρός (*echthros*; 1/32) *enemy*
Jas 4:4 **ἐχθρὸς** τοῦ θεοῦ καθίσταται.

ἔχω (*echō*, 10/706[708]) *have, hold*
Jas 1:4 ὑπομονὴ ἔργον τέλειον **ἐχέτω**,
Jas 2:1 μὴ ἐν προσωπολημψίαις **ἔχετε** τὴν πίστιν
Jas 2:14 πίστιν λέγῃ τις **ἔχειν** ἔργα δὲ μὴ
Jas 2:14 ἔργα δὲ μὴ **ἔχῃ**;
Jas 2:17 ἐὰν μὴ **ἔχῃ** ἔργα,
Jas 2:18 σὺ πίστιν **ἔχεις**,
Jas 2:18 κἀγὼ ἔργα **ἔχω**·
Jas 3:14 δὲ ζῆλον πικρὸν **ἔχετε** καὶ ἐριθείαν ἐν
Jas 4:2 ἐπιθυμεῖτε καὶ οὐκ **ἔχετε**,
Jas 4:2 οὐκ **ἔχετε** διὰ τὸ μὴ

ἕως (*heōs*; 2/146) *until*
Jas 5:7 **ἕως** τῆς παρουσίας τοῦ
Jas 5:7 μακροθυμῶν ἐπ' αὐτῷ **ἕως** λάβῃ πρόϊμον καὶ

ζάω (*zaō*, 1/139[140]) *live*
Jas 4:15 κύριος θελήσῃ καὶ **ζήσομεν** καὶ ποιήσομεν τοῦτο

ζῆλος (*zēlos*; 2/16) *zeal*
Jas 3:14 εἰ δὲ **ζῆλον** πικρὸν ἔχετε καὶ
Jas 3:16 ὅπου γὰρ **ζῆλος** καὶ ἐριθεία,

ζηλόω (*zēloō*, 1/11) *be jealous*
Jas 4:2 φονεύετε καὶ **ζηλοῦτε** καὶ οὐ δύνασθε

ζωή (*zōē*; 2/135) *life*
Jas 1:12 τὸν στέφανον τῆς **ζωῆς** ὃν ἐπηγγείλατο τοῖς
Jas 4:14 αὔριον ποία ἡ **ζωὴ** ὑμῶν·

ἤ (*ē*; 8/340) *or*
Jas 1:17 οὐκ ἔνι παραλλαγὴ **ἢ** τροπῆς ἀποσκίασμα.
Jas 2:3 σὺ στῆθι ἐκεῖ **ἢ** κάθου ὑπὸ τὸ
Jas 2:15 ἐὰν ἀδελφὸς **ἢ** ἀδελφὴ γυμνοὶ ὑπάρχωσιν
Jas 3:12 συκῆ ἐλαίας ποιῆσαι **ἢ** ἄμπελος σῦκα;
Jas 4:5 **ἢ** δοκεῖτε ὅτι κενῶς
Jas 4:11 ὁ καταλαλῶν ἀδελφοῦ **ἢ** κρίνων τὸν ἀδελφὸν
Jas 4:13 σήμερον **ἢ** αὔριον πορευσόμεθα εἰς
Jas 4:15 καὶ ποιήσομεν τοῦτο **ἢ** ἐκεῖνο.

ἡγέομαι (*hēgeomai*; 1/28) *consider*
Jas 1:2 Πᾶσαν χαρὰν **ἡγήσασθε**,

ἡδονή (*hēdonē*; 2/5) *pleasure*
Jas 4:1 ἐκ τῶν **ἡδονῶν** ὑμῶν τῶν στρατευομένων
Jas 4:3 ἵνα ἐν ταῖς **ἡδοναῖς** ὑμῶν δαπανήσητε.

'Ηλίας (*Ēlias*; 1/29) *Elijah*
Jas 5:17 **'Ηλίας** ἄνθρωπος ἦν ὁμοιοπαθὴς

ἡλίκος (*hēlikos*; 2/3) *how great*
Jas 3:5 ἰδοὺ **ἡλίκον** πῦρ ἡλίκην ὕλην
Jas 3:5 ἰδοὺ ἡλίκον πῦρ **ἡλίκην** ὕλην ἀνάπτει·

ἥλιος (*hēlios*; 1/32) *sun*
Jas 1:11 ἀνέτειλεν γὰρ ὁ **ἥλιος** σὺν τῷ καύσωνι

ἡμεῖς (*hēmeis*; 8/855) *we*
Jas 1:18 βουληθεὶς ἀπεκύησεν **ἡμᾶς** λόγῳ ἀληθείας
Jas 1:18 εἰς τὸ εἶναι **ἡμᾶς** ἀπαρχήν τινα τῶν
Jas 2:1 πίστιν τοῦ κυρίου **ἡμῶν** 'Ιησοῦ Χριστοῦ τῆς
Jas 2:21 'Αβραὰμ ὁ πατὴρ **ἡμῶν** οὐκ ἐξ ἔργων
Jas 3:3 τὸ πείθεσθαι αὐτοὺς **ἡμῖν**,
Jas 3:6 ἐν τοῖς μέλεσιν **ἡμῶν**,
Jas 4:5 ὃ κατῴκισεν ἐν **ἡμῖν**,
Jas 5:17 ἄνθρωπος ἦν ὁμοιοπαθὴς **ἡμῖν**,

ἡμέρα (*hēmera*; 2/389) *day*
Jas 5:3 ἐθησαυρίσατε ἐν ἐσχάταις **ἡμέραις**.
Jas 5:5 καρδίας ὑμῶν ἐν **ἡμέρᾳ** σφαγῆς,

θάλασσα (*thalassa*; 1/91) *sea, lake*
Jas 1:6 διακρινόμενος ἔοικεν κλύδωνι **θαλάσσης** ἀνεμιζομένῳ καὶ ῥιπιζομένῳ.

θανατηφόρος (*thanatēphoros*; 1/1) *deadly*
Jas 3:8 μεστὴ ἰοῦ **θανατηφόρου**.

θάνατος (*thanatos*; 2/120) *death*
Jas 1:15 ἁμαρτία ἀποτελεσθεῖσα ἀποκύει **θάνατον**.
Jas 5:20 ψυχὴν αὐτοῦ ἐκ **θανάτου** καὶ καλύψει πλῆθος

θέλω (*thelō*, 2/208) *wish, want*
Jas 2:20 **Θέλεις** δὲ γνῶναι,
Jas 4:15 ἐὰν ὁ κύριος **θελήσῃ** καὶ ζήσομεν καὶ

θεός (*theos*; 16/1316[1317]) *God*
Jas 1:1 'Ιάκωβος **θεοῦ** καὶ κυρίου 'Ιησοῦ
Jas 1:5 παρὰ τοῦ διδόντος **θεοῦ** πᾶσιν ἁπλῶς καὶ
Jas 1:13 λεγέτω ὅτι ἀπὸ **θεοῦ** πειράζομαι·
Jas 1:13 ὁ γὰρ **θεὸς** ἀπείραστός ἐστιν κακῶν,
Jas 1:20 γὰρ ἀνδρὸς δικαιοσύνην **θεοῦ** οὐκ ἐργάζεται.
Jas 1:27 ἀμίαντος παρὰ τῷ **θεῷ** καὶ πατρὶ αὕτη
Jas 2:5 οὐχ ὁ **θεὸς** ἐξελέξατο τοὺς πτωχοὺς
Jas 2:19 εἷς ἐστιν ὁ **θεός**,
Jas 2:23 δὲ 'Αβραὰμ τῷ **θεῷ**,
Jas 2:23 δικαιοσύνην καὶ φίλος **θεοῦ** ἐκλήθη.
Jas 3:9 τοὺς καθ' ὁμοίωσιν **θεοῦ** γεγονότας,
Jas 4:4 κόσμου ἔχθρα τοῦ **θεοῦ** ἐστιν;
Jas 4:4 ἐχθρὸς τοῦ **θεοῦ** καθίσταται.
Jas 4:6 ὁ **θεὸς** ὑπερηφάνοις ἀντιτάσσεται,
Jas 4:7 ὑποτάγητε οὖν τῷ **θεῷ**,
Jas 4:8 ἐγγίσατε τῷ **θεῷ** καὶ ἐγγιεῖ ὑμῖν.

θερίζω (*therizō*, 1/21) *reap*
Jas 5:4 αἱ βοαὶ τῶν **θερισάντων** εἰς τὰ ὦτα

θερμαίνω (*thermainō*, 1/6) *warm oneself*
Jas 2:16 **θερμαίνεσθε** καὶ χορτάζεσθε,

θηρίον (*thērion*; 1/46) *animal*
Jas 3:7 πᾶσα γὰρ φύσις **θηρίων** τε καὶ πετεινῶν,

θησαυρίζω (*thēsaurizō*, 1/8) *store up*
Jas 5:3 **ἐθησαυρίσατε** ἐν ἐσχάταις ἡμέραις.

θλῖψις (*thlipsis*; 1/45) *tribulation, trouble*
Jas 1:27 χήρας ἐν τῇ **θλίψει** αὐτῶν,

θρησκεία (*thrēskeia*; 2/4) *religion*
Jas 1:26 τούτου μάταιος ἡ **θρησκεία**.
Jas 1:27 **θρησκεία** καθαρὰ καὶ ἀμίαντος

θρησκός (*thrēskos*; 1/1) *religious*
Jas 1:26 Εἴ τις δοκεῖ **θρησκὸς** εἶναι μὴ χαλιναγωγῶν

θύρα (*thyra*; 1/39) *door, gate*
Jas 5:9 κριτὴς πρὸ τῶν **θυρῶν** ἕστηκεν.

θυσιαστήριον (*thysiastērion*; 1/23) *altar*
Jas 2:21 αὐτοῦ ἐπὶ τὸ **θυσιαστήριον**;

Ἰάκωβος (*Iakōbos*; 1/42) *James*
Jas 1:1 **Ἰάκωβος** θεοῦ καὶ κυρίου

ἰάομαι (*iaomai*; 1/26) *heal*
Jas 5:16 ὑπὲρ ἀλλήλων ὅπως **ἰαθῆτε**.

ἴδιος (*idios*; 1/114) *one's own*
Jas 1:14 πειράζεται ὑπὸ τῆς **ἰδίας** ἐπιθυμίας ἐξελκόμενος καὶ

ἰδού (*idou*; 6/200) *look!*
Jas 3:4 **ἰδοὺ** καὶ τὰ πλοῖα
Jas 3:5 **ἰδοὺ** ἡλίκον πῦρ ἡλίκην
Jas 5:4 **ἰδοὺ** ὁ μισθὸς τῶν
Jas 5:7 **ἰδοὺ** ὁ γεωργὸς ἐκδέχεται
Jas 5:9 **ἰδοὺ** ὁ κριτὴς πρὸ
Jas 5:11 **ἰδοὺ** μακαρίζομεν τοὺς ὑπομείναντας·

Ἰησοῦς (*Iēsous*; 2/911[917]) *Jesus*
Jas 1:1 θεοῦ καὶ κυρίου **Ἰησοῦ** Χριστοῦ δοῦλος ταῖς
Jas 2:1 τοῦ κυρίου ἡμῶν **Ἰησοῦ** Χριστοῦ τῆς δόξης.

ἱμάτιον (*himation*; 1/60) *garment*
Jas 5:2 σέσηπεν καὶ τὰ **ἱμάτια** ὑμῶν σητόβρωτα γέγονεν,

ἵνα (*hina*; 4/662[663]) *so that, in order that*
Jas 1:4 **ἵνα** ἦτε τέλειοι καὶ
Jas 4:3 **ἵνα** ἐν ταῖς ἡδοναῖς
Jas 5:9 κατ' ἀλλήλων **ἵνα** μὴ κριθῆτε·
Jas 5:12 ἵνα **μὴ** ὑπὸ κρίσιν πέσητε.

ἰός (*ios*; 2/3) *poison*
Jas 3:8 μεστὴ **ἰοῦ** θανατηφόρου.
Jas 5:3 κατίωται καὶ ὁ **ἰὸς** αὐτῶν εἰς μαρτύριον

ἵππος (*hippos*; 1/17) *horse*
Jas 3:3 εἰ δὲ τῶν **ἵππων** τοὺς χαλινοὺς εἰς

Ἰσαάκ (*Isaak*; 1/20) *Isaac*
Jas 2:21 ἔργων ἐδικαιώθη ἀνενέγκας **Ἰσαὰκ** τὸν υἱὸν αὐτοῦ

ἵστημι (*histēmi*; 2/154[155]) *set, stand*
Jas 2:3 σὺ **στῆθι** ἐκεῖ ἢ κάθου
Jas 5:9 πρὸ τῶν θυρῶν **ἕστηκεν**.

ἰσχύω (*ischyō*, 1/28) *be able*
Jas 5:16 Πολὺ ἰσχύει **δέησις** δικαίου ἐνεργουμένη.

Ἰώβ (*Iōb*; 1/1) *Job*
Jas 5:11 τὴν ὑπομονὴν **Ἰὼβ** ἠκούσατε καὶ τὸ

κἀγώ (*kagō*, 2/84) *and I*
Jas 2:18 **κἀγὼ** ἔργα ἔχω·
Jas 2:18 **κἀγώ** σοι δείξω ἐκ

καθαρίζω (*katharizō*, 1/31) *cleanse*
Jas 4:8 **καθαρίσατε** χεῖρας,

καθαρός (*katharos*; 1/27) *pure, clean*
Jas 1:27 θρησκεία **καθαρὰ** καὶ ἀμίαντος παρὰ

κάθημαι (*kathēmai*; 2/91) *sit*
Jas 2:3 σὺ κάθου **ὧδε** καλῶς,
Jas 2:3 στῆθι ἐκεῖ ἢ **κάθου** ὑπὸ τὸ ὑποπόδιόν

καθίστημι (*kathistēmi*; 2/21) *put in charge*
Jas 3:6 ἀδικίας ἡ γλῶσσα **καθίσταται** ἐν τοῖς μέλεσιν
Jas 4:4 ἐχθρὸς τοῦ θεοῦ **καθίσταται**.

κακία (*kakia*; 1/11) *evil*
Jas 1:21 ῥυπαρίαν καὶ περισσείαν **κακίας** ἐν πραΰτητι,

κακοπάθεια (*kakopatheia*; 1/1) *suffering*
Jas 5:10 τῆς **κακοπαθίας** καὶ τῆς μακροθυμίας

κακοπαθέω (*kakopatheō*, 1/3) *suffer*
Jas 5:13 **Κακοπαθεῖ** τις ἐν ὑμῖν,

κακός (*kakos*; 2/50) *evil*
Jas 1:13 θεὸς ἀπείραστός ἐστιν **κακῶν**,
Jas 3:8 ἀκατάστατον **κακόν**,

κακῶς (*kakōs*; 1/16) *badly*
Jas 4:3 οὐ λαμβάνετε διότι **κακῶς** αἰτεῖσθε,

καλέω (*kaleō*, 1/148) *call*
Jas 2:23 καὶ φίλος θεοῦ **ἐκλήθη**.

καλός (*kalos*; 3/101) *good*
Jas 2:7 αὐτοὶ βλασφημοῦσιν τὸ **καλὸν** ὄνομα τὸ ἐπικληθὲν
Jas 3:13 δειξάτω ἐκ τῆς **καλῆς** ἀναστροφῆς τὰ ἔργα
Jas 4:17 εἰδότι οὖν **καλὸν** ποιεῖν καὶ μὴ

καλύπτω (*kalyptō*, 1/8) *cover*
Jas 5:20 ἐκ θανάτου καὶ **καλύψει** πλῆθος ἁμαρτιῶν.

καλῶς (*kalōs*; 3/36[37]) *well*
Jas 2:3 σὺ κάθου ὧδε **καλῶς**,
Jas 2:8 **καλῶς** ποιεῖτε·
Jas 2:19 **καλῶς** ποιεῖς·

κάμνω (*kamnō*, 1/2) *be sick*
Jas 5:15 πίστεως σώσει τὸν **κάμνοντα** καὶ ἐγερεῖ αὐτὸν

κἄν (*kan*; 1/16[17]) *and if*
Jas 5:15 **κἂν** ἁμαρτίας ᾖ πεποιηκώς,

καρδία (*kardia*; 5/156) *heart*
Jas 1:26 αὐτοῦ ἀλλὰ ἀπατῶν **καρδίαν** αὐτοῦ,
Jas 3:14 ἐριθείαν ἐν τῇ **καρδίᾳ** ὑμῶν,
Jas 4:8 καὶ ἁγνίσατε **καρδίας**,
Jas 5:5 ἐθρέψατε τὰς **καρδίας** ὑμῶν ἐν ἡμέρᾳ
Jas 5:8 στηρίξατε τὰς **καρδίας** ὑμῶν,

καρπός (*karpos*; 4/66) *fruit*
Jas 3:17 μεστὴ ἐλέους καὶ **καρπῶν** ἀγαθῶν,
Jas 3:18 **καρπὸς** δὲ δικαιοσύνης ἐν
Jas 5:7 ἐκδέχεται τὸν τίμιον **καρπὸν** τῆς γῆς μακροθυμῶν
Jas 5:18 γῆ ἐβλάστησεν τὸν **καρπὸν** αὐτῆς.

κατά (*kata*; 5/472[473]) *according to, against*
Jas 2:8 νόμον τελεῖτε βασιλικὸν **κατὰ** τὴν γραφήν·
Jas 2:17 νεκρά ἐστιν **καθ'** ἑαυτήν.
Jas 3:9 τοὺς ἀνθρώπους τοὺς **καθ'** ὁμοίωσιν θεοῦ γεγονότας,
Jas 3:14 κατακαυχᾶσθε καὶ ψεύδεσθε **κατὰ** τῆς ἀληθείας.
Jas 5:9 **κατ'** ἀλλήλων ἵνα μὴ

καταβαίνω (*katabainō*, 1/81) *come or go down*
Jas 1:17 τέλειον ἄνωθέν ἐστιν **καταβαῖνον** ἀπὸ τοῦ πατρὸς

καταδικάζω (*katadikazō*, 1/5) *condemn*
Jas 5:6 **κατεδικάσατε**,

καταδυναστεύω (*katadynasteuō*, 1/2) *oppress*
Jas 2:6 οὐχ οἱ πλούσιοι **καταδυναστεύουσιν** ὑμῶν καὶ αὐτοὶ

κατακαυχάομαι (*katakauchaomai*; 2/4) *boast against*
Jas 2:13 **κατακαυχᾶται** ἔλεος κρίσεως.
Jas 3:14 μὴ **κατακαυχᾶσθε** καὶ ψεύδεσθε κατὰ

καταλαλέω (*katalaleō*, 3/5) *speak evil of*
Jas 4:11 Μὴ **καταλαλεῖτε** ἀλλήλων,
Jas 4:11 ὁ **καταλαλῶν** ἀδελφοῦ ἢ κρίνων
Jas 4:11 τὸν ἀδελφὸν αὐτοῦ **καταλαλεῖ** νόμου καὶ κρίνει

κατανοέω (*katanoeō*, 2/14) *consider*
Jas 1:23 οὗτος ἔοικεν ἀνδρὶ **κατανοοῦντι** τὸ πρόσωπον τῆς
Jas 1:24 **κατενόησεν** γὰρ ἑαυτὸν καὶ

κατάρα (*katara*; 1/6) *curse*
Jas 3:10 ἐξέρχεται εὐλογία καὶ **κατάρα**.

καταράομαι (*kataraomai*; 1/5) *curse*
Jas 3:9 καὶ ἐν αὐτῇ **καταρώμεθα** τοὺς ἀνθρώπους

κατεργάζομαι (*katergazomai*; 1/22) *do, accomplish, bring about*
Jas 1:3 ὑμῶν τῆς πίστεως **κατεργάζεται** ὑπομονήν.

κατέρχομαι (*katerchomai*; 1/16) *come or go down*
Jas 3:15 ἡ σοφία ἄνωθεν **κατερχομένη** ἀλλὰ ἐπίγειος,

κατήφεια (*katēpheia*; 1/1) *gloom*
Jas 4:9 ἡ χαρὰ εἰς **κατήφειαν**.

κατιόω (*katioō*, 1/1) *rust*
Jas 5:3 καὶ ὁ ἄργυρος **κατίωται** καὶ ὁ ἰὸς

κατοικίζω (*katoikizō*, 1/1) *place*
Jas 4:5 τὸ πνεῦμα ὃ **κατῴκισεν** ἐν ἡμῖν,

καύσων (*kausōn*; 1/3) *scorching*
Jas 1:11 ἥλιος σὺν τῷ **καύσωνι** καὶ ἐξήρανεν τὸν

καυχάομαι (*kauchaomai*; 2/37) *boast*
Jas 1:9 **Καυχάσθω** δὲ ὁ ἀδελφὸς
Jas 4:16 νῦν δὲ **καυχᾶσθε** ἐν ταῖς ἀλαζονείαις

καύχησις (*kauchēsis*; 1/11) *boasting*
Jas 4:16 πᾶσα **καύχησις** τοιαύτη πονηρά ἐστιν.

κενός (*kenos*; 1/18) *empty, in vain*
Jas 2:20 ὦ ἄνθρωπε **κενέ**,

κενῶς (*kenōs*; 1/1) *in vain*
Jas 4:5 ἢ δοκεῖτε ὅτι **κενῶς** ἡ γραφὴ λέγει·

κερδαίνω (*kerdainō*, 1/17) *gain*
Jas 4:13 καὶ ἐμπορευσόμεθα καὶ **κερδήσομεν**·

κλαίω (*klaiō*, 2/39[40]) *weep*
Jas 4:9 καὶ πενθήσατε καὶ **κλαύσατε**.
Jas 5:1 **κλαύσατε** ὀλολύζοντες ἐπὶ ταῖς

κληρονόμος (*klēronomos*; 1/15) *heir*
Jas 2:5 ἐν πίστει καὶ **κληρονόμους** τῆς βασιλείας ἧς

κλύδων (*klydōn*; 1/2) *rough water*
Jas 1:6 γὰρ διακρινόμενος ἔοικεν **κλύδωνι** θαλάσσης ἀνεμιζομένῳ καὶ

κόσμος (*kosmos*; 5/185[186]) *world*
Jas 1:27 τηρεῖν ἀπὸ τοῦ **κόσμου**.
Jas 2:5 τοὺς πτωχοὺς τῷ **κόσμῳ** πλουσίους ἐν πίστει
Jas 3:6 ὁ **κόσμος** τῆς ἀδικίας ἡ
Jas 4:4 ἡ φιλία τοῦ **κόσμου** ἔχθρα τοῦ θεοῦ
Jas 4:4 φίλος εἶναι τοῦ **κόσμου**,

κράζω (*krazō*, 1/55) *call out*
Jas 5:4 ἀπεστερημένος ἀφ' ὑμῶν **κράζει**,

κρίμα (*krima*; 1/27) *judgment*
Jas 3:1 εἰδότες ὅτι μεῖζον **κρίμα** λημψόμεθα.

κρίνω (*krinō*, 6/114) *judge*
Jas 2:12 νόμου ἐλευθερίας μέλλοντες **κρίνεσθαι**.
Jas 4:11 καταλαλῶν ἀδελφοῦ ἢ **κρίνων** τὸν ἀδελφὸν αὐτοῦ
Jas 4:11 καταλαλεῖ νόμου καὶ **κρίνει** νόμον·
Jas 4:11 εἰ δὲ νόμον **κρίνεις**,
Jas 4:12 τίς εἶ ὁ **κρίνων** τὸν πλησίον;
Jas 5:9 ἀλλήλων ἵνα μὴ **κριθῆτε**·

κρίσις (*krisis*; 3/47) *judgment*
Jas 2:13 ἡ γὰρ **κρίσις** ἀνέλεος τῷ μὴ
Jas 2:13 κατακαυχᾶται ἔλεος **κρίσεως**.
Jas 5:12 ἵνα μὴ ὑπὸ **κρίσιν** πέσητε.

κριτήριον (*kritērion*; 1/3) *court*
Jas 2:6 ἕλκουσιν ὑμᾶς εἰς **κριτήρια**;

κριτής (*kritēs*; 4/19) *judge*
Jas 2:4 ἑαυτοῖς καὶ ἐγένεσθε **κριταὶ** διαλογισμῶν πονηρῶν;
Jas 4:11 ποιητὴς νόμου ἀλλὰ **κριτής**.
Jas 4:12 [ὁ] νομοθέτης καὶ **κριτὴς** ὁ δυνάμενος σῶσαι
Jas 5:9 ἰδοὺ ὁ **κριτὴς** πρὸ τῶν θυρῶν

κτίσμα (*ktisma*; 1/4) *creature*
Jas 1:18 τινα τῶν αὐτοῦ **κτισμάτων**.

κύριος (*kyrios*; 14/714[717]) *Lord, sir*
Jas 1:1 Ἰάκωβος θεοῦ καὶ **κυρίου** Ἰησοῦ Χριστοῦ δοῦλος
Jas 1:7 τι παρὰ τοῦ **κυρίου**,
Jas 2:1 τὴν πίστιν τοῦ **κυρίου** ἡμῶν Ἰησοῦ Χριστοῦ
Jas 3:9 αὐτῇ εὐλογοῦμεν τὸν **κύριον** καὶ πατέρα καὶ
Jas 4:10 ταπεινώθητε ἐνώπιον **κυρίου** καὶ ὑψώσει ὑμᾶς.
Jas 4:15 ἐὰν ὁ **κύριος** θελήσῃ καὶ ζήσομεν
Jas 5:4 εἰς τὰ ὦτα **κυρίου** σαβαὼθ εἰσεληλύθασιν.
Jas 5:7 τῆς παρουσίας τοῦ **κυρίου**.
Jas 5:8 ἡ παρουσία τοῦ **κυρίου** ἤγγικεν.
Jas 5:10 ἐν τῷ ὀνόματι **κυρίου**.
Jas 5:11 καὶ τὸ τέλος **κυρίου** εἴδετε,
Jas 5:11 πολύσπλαγχνός ἐστιν ὁ **κύριος** καὶ οἰκτίρμων.
Jas 5:14 τῷ ὀνόματι τοῦ **κυρίου**.
Jas 5:15 ἐγερεῖ αὐτὸν ὁ **κύριος**·

λαλέω (*laleō*, 3/294[296]) *speak*
Jas 1:19 βραδὺς εἰς τὸ **λαλῆσαι**,
Jas 2:12 οὕτως **λαλεῖτε** καὶ οὕτως ποιεῖτε
Jas 5:10 τοὺς προφήτας οἳ **ἐλάλησαν** ἐν τῷ ὀνόματι

λαμβάνω (*lambanō*, 6/258) *take, receive*
Jas 1:7 ἄνθρωπος ἐκεῖνος ὅτι **λήμψεταί** τι παρὰ τοῦ
Jas 1:12 ὅτι δόκιμος γενόμενος **λήμψεται** τὸν στέφανον τῆς
Jas 3:1 ὅτι μεῖζον κρίμα **λημψόμεθα**.
Jas 4:3 αἰτεῖτε καὶ οὐ **λαμβάνετε** διότι κακῶς αἰτεῖσθε,
Jas 5:7 ἐπ' αὐτῷ ἕως **λάβῃ** πρόϊμον καὶ ὄψιμον.
Jas 5:10 ὑπόδειγμα **λάβετε**,

λαμπρός (*lampros*; 2/9) *bright*
Jas 2:2 χρυσοδακτύλιος ἐν ἐσθῆτι **λαμπρᾷ**,
Jas 2:3 τὴν ἐσθῆτα τὴν **λαμπρὰν** καὶ εἴπητε·

λέγω (*legō*, 13/2345[2353]) *say*
Jas 1:13 Μηδεὶς πειραζόμενος **λεγέτω** ὅτι ἀπὸ θεοῦ
Jas 2:3 τὴν λαμπρὰν καὶ **εἴπητε**·
Jas 2:3 καὶ τῷ πτωχῷ **εἴπητε**·
Jas 2:11 ὁ γὰρ **εἰπών**·
Jas 2:11 **εἶπεν** καί·
Jas 2:14 ἐὰν πίστιν **λέγῃ** τις ἔχειν ἔργα
Jas 2:16 **εἴπῃ** δέ τις αὐτοῖς
Jas 2:18 Ἀλλ' **ἐρεῖ** τις·
Jas 2:23 ἡ γραφὴ ἡ **λέγουσα**·
Jas 4:5 κενῶς ἡ γραφὴ **λέγει**·
Jas 4:6 διὸ **λέγει**·
Jas 4:13 Ἄγε νῦν οἱ **λέγοντες**·
Jas 4:15 ἀντὶ τοῦ **λέγειν** ὑμᾶς·

λείπω (*leipō*, 3/6) *lack*
Jas 1:4 ὁλόκληροι ἐν μηδενὶ **λειπόμενοι**.
Jas 1:5 δέ τις ὑμῶν **λείπεται** σοφίας,
Jas 2:15 γυμνοὶ ὑπάρχωσιν καὶ **λειπόμενοι** τῆς ἐφημέρου τροφῆς

λογίζομαι (*logizomai*; 1/40) *count, consider*
Jas 2:23 καὶ ἐλογίσθη **αὐτῷ** εἰς δικαιοσύνην καὶ

λόγος (*logos*; 5/329[330]) *word*
Jas 1:18 βουληθεὶς ἀπεκύησεν ἡμᾶς **λόγῳ** ἀληθείας
Jas 1:21 δέξασθε τὸν ἔμφυτον **λόγον** τὸν δυνάμενον σῶσαι
Jas 1:22 Γίνεσθε δὲ ποιηταὶ **λόγου** καὶ μὴ μόνον
Jas 1:23 εἴ τις ἀκροατὴς **λόγου** ἐστὶν καὶ οὐ
Jas 3:2 εἴ τις ἐν **λόγῳ** οὐ πταίει,

μακαρίζω (*makarizō*, 1/2) *consider blessed*
Jas 5:11 ἰδοὺ **μακαρίζομεν** τοὺς ὑπομείναντας·

μακάριος (*makarios*; 2/50) *blessed*
Jas 1:12 **Μακάριος** ἀνὴρ ὃς ὑπομένει
Jas 1:25 οὗτος **μακάριος** ἐν τῇ ποιήσει

μακροθυμέω (*makrothymeō*, 3/10) *be patient*
Jas 5:7 **Μακροθυμήσατε** οὖν,
Jas 5:7 καρπὸν τῆς γῆς **μακροθυμῶν** ἐπ' αὐτῷ ἕως
Jas 5:8 **μακροθυμήσατε** καὶ ὑμεῖς,

μακροθυμία (*makrothymia*; 1/14) *patience*
Jas 5:10 κακοπαθίας καὶ τῆς **μακροθυμίας** τοὺς προφήτας οἳ

μαραίνω (*marainō*, 1/1) *wither away*
Jas 1:11 ταῖς πορείαις αὐτοῦ **μαρανθήσεται**

μαρτύριον (*martyrion*; 1/19) *testimony*
Jas 5:3 ἰὸς αὐτῶν εἰς **μαρτύριον** ὑμῖν ἔσται καὶ

μάταιος (*mataios*; 1/6) *worthless*
Jas 1:26 τούτου **μάταιος** ἡ θρησκεία.

μάχη (*machē*; 1/4) *quarrel*
Jas 4:1 πόλεμοι καὶ πόθεν **μάχαι** ἐν ὑμῖν;

μάχομαι (*machomai*; 1/4) *quarrel*
Jas 4:2 **μάχεσθε** καὶ πολεμεῖτε,

μέγας (*megas*; 3/243) *great, large*
Jas 3:1 εἰδότες ὅτι **μεῖζον** κρίμα λημψόμεθα.
Jas 3:5 μέλος ἐστὶν καὶ **μεγάλα** αὐχεῖ.
Jas 4:6 **μείζονα** δὲ δίδωσιν χάριν;

μέλλω (*mellō*, 1/109) *be about to happen*
Jas 2:12 διὰ νόμου ἐλευθερίας **μέλλοντες** κρίνεσθαι.

μέλος (*melos*; 3/34) *a bodily part*
Jas 3:5 ἡ γλῶσσα μικρὸν **μέλος** ἐστὶν καὶ μεγάλα
Jas 3:6 καθίσταται ἐν τοῖς **μέλεσιν** ἡμῶν,
Jas 4:1 στρατευομένων ἐν τοῖς **μέλεσιν** ὑμῶν;

μέν (*men*; 1/178[179]) *on the one hand*
Jas 3:17 ἄνωθεν σοφία πρῶτον **μὲν** ἁγνή ἐστιν,

μέντοι (*mentoi*; 1/8) *but*
Jas 2:8 Εἰ **μέντοι** νόμον τελεῖτε βασιλικὸν

μεστός (*mestos*; 2/9) *full*
Jas 3:8 **μεστὴ** ἰοῦ θανατηφόρου.
Jas 3:17 **μεστὴ** ἐλέους καὶ καρπῶν

μετάγω (*metagō*, 2/2) *guide*
Jas 3:3 τὸ σῶμα αὐτῶν **μετάγομεν**.
Jas 3:4 **μετάγεται** ὑπὸ ἐλαχίστου πηδαλίου

μετατρέπω (*metatrepō*, 1/1) *turn*
Jas 4:9 ὑμῶν εἰς πένθος **μετατραπήτω** καὶ ἡ χαρὰ

μή (*mē*; 24/1041[1042]) *not*
Jas 1:5 πᾶσιν ἁπλῶς καὶ **μὴ** ὀνειδίζοντος καὶ δοθήσεται
Jas 1:7 **μὴ** γὰρ οἰέσθω ὁ
Jas 1:16 **Μὴ** πλανᾶσθε,
Jas 1:22 ποιηταὶ λόγου καὶ **μὴ** μόνον ἀκροαταὶ παραλογιζόμενοι
Jas 1:26 δοκεῖ θρησκὸς εἶναι **μὴ** χαλιναγωγῶν γλῶσσαν αὐτοῦ
Jas 2:1 **μὴ** ἐν προσωπολημψίαις ἔχετε
Jas 2:11 **μὴ** μοιχεύσῃς,
Jas 2:11 **μὴ** φονεύσῃς·
Jas 2:13 κρίσις ἀνέλεος τῷ **μὴ** ποιήσαντι ἔλεος·
Jas 2:14 ἔχειν ἔργα δὲ **μὴ** ἔχῃ;
Jas 2:14 **μὴ** δύναται ἡ πίστις
Jas 2:16 **μὴ** δῶτε δὲ αὐτοῖς
Jas 2:17 ἐὰν **μὴ** ἔχῃ ἔργα,
Jas 3:1 **Μὴ** πολλοὶ διδάσκαλοι γίνεσθε,
Jas 3:12 **μὴ** δύναται,
Jas 3:14 **μὴ** κατακαυχᾶσθε καὶ ψεύδεσθε
Jas 4:2 ἔχετε διὰ τὸ **μὴ** αἰτεῖσθαι ὑμᾶς,
Jas 4:11 **Μὴ** καταλαλεῖτε ἀλλήλων,
Jas 4:17 καλὸν ποιεῖν καὶ **μὴ** ποιοῦντι,
Jas 5:9 **μὴ** στενάζετε,
Jas 5:9 κατ᾽ ἀλλήλων ἵνα **μὴ** κριθῆτε·
Jas 5:12 **μὴ** ὀμνύετε μήτε τὸν οὐρανὸν
Jas 5:12 ἵνα **μὴ** ὑπὸ κρίσιν πέσητε.
Jas 5:17 προσευχῇ προσηύξατο τοῦ **μὴ** βρέξαι,

μηδείς (*mēdeis*; 3/90) *no one*
Jas 1:4 καὶ ὁλόκληροι ἐν **μηδενὶ** λειπόμενοι.
Jas 1:6 δὲ ἐν πίστει **μηδὲν** διακρινόμενος·
Jas 1:13 **Μηδεὶς** πειραζόμενος λεγέτω ὅτι

μήν (*mēn*; 1/18) *month*
Jas 5:17 ἐνιαυτοὺς τρεῖς καὶ **μῆνας** ἕξ·

μήτε (*mēte*; 3/34) *and not*
Jas 5:12 μὴ ὀμνύετε μήτε **τὸν** οὐρανὸν μήτε τὴν
Jas 5:12 μήτε τὸν οὐρανὸν **μήτε** τὴν γῆν μήτε
Jas 5:12 μήτε τὴν γῆν **μήτε** ἄλλον τινα ὅρκον·

μήτι (*mēti*; 1/18) *particle used in questions*
Jas 3:11 **μήτι** ἡ πηγὴ ἐκ

μικρός (*mikros*; 1/46) *little*
Jas 3:5 καὶ ἡ γλῶσσα **μικρὸν** μέλος ἐστὶν καὶ

μισθός (*misthos*; 1/29) *pay*
Jas 5:4 ἰδοὺ ὁ **μισθὸς** τῶν ἐργατῶν τῶν

μοιχαλίς (*moichalis*; 1/7) *adulteress*
Jas 4:4 **μοιχαλίδες**,

μοιχεύω (*moicheuō*, 2/14[15]) *commit adultery*
Jas 2:11 μὴ **μοιχεύσῃς**,
Jas 2:11 εἰ δὲ οὐ **μοιχεύεις** φονεύεις δέ,

μόνος (*monos*; 2/113[114]) *only*
Jas 1:22 λόγου καὶ μὴ **μόνον** ἀκροαταὶ παραλογιζόμενοι ἑαυτούς.
Jas 2:24 οὐκ ἐκ πίστεως **μόνον**.

ναί (*nai*; 2/33) *yes*
Jas 5:12 δὲ ὑμῶν τὸ **ναὶ** ναὶ καὶ τὸ
Jas 5:12 ὑμῶν τὸ ναὶ **ναὶ** καὶ τὸ οὒ

νεκρός (*nekros*; 3/128) *dead*
Jas 2:17 **νεκρά** ἐστιν καθ᾽ ἑαυτήν.
Jas 2:26 σῶμα χωρὶς πνεύματος **νεκρόν** ἐστιν,
Jas 2:26 πίστις χωρὶς ἔργων **νεκρά** ἐστιν.

νομοθέτης (*nomothetēs*; 1/1) *lawgiver*
Jas 4:12 εἷς ἐστιν [ὁ] **νομοθέτης** καὶ κριτὴς ὁ

νόμος (*nomos*; 10/193[194]) *law*
Jas 1:25 δὲ παρακύψας εἰς **νόμον** τέλειον τὸν τῆς
Jas 2:8 Εἰ μέντοι **νόμον** τελεῖτε βασιλικὸν κατὰ
Jas 2:9 ἐλεγχόμενοι ὑπὸ τοῦ **νόμου** ὡς παραβάται.
Jas 2:10 γὰρ ὅλον τὸν **νόμον** τηρήσῃ πταίσῃ δὲ
Jas 2:11 γέγονας παραβάτης **νόμου**.
Jas 2:12 ποιεῖτε ὡς διὰ **νόμου** ἐλευθερίας μέλλοντες κρίνεσθαι.

Jas 4:11 ἀδελφὸν αὐτοῦ καταλαλεῖ **νόμου** καὶ κρίνει νόμον·
Jas 4:11 νόμου καὶ κρίνει **νόμον**·
Jas 4:11 εἰ δὲ **νόμον** κρίνεις,
Jas 4:11 οὐκ εἶ ποιητὴς **νόμου** ἀλλὰ κριτής.

νῦν (*nyn*; 3/146[147]) *now*
Jas 4:13 Ἄγε **νῦν** οἱ λέγοντες·
Jas 4:16 **νῦν** δὲ καυχᾶσθε ἐν
Jas 5:1 Ἄγε **νῦν** οἱ πλούσιοι,

ξηραίνω (*xērainō*, 1/15) *dry up*
Jas 1:11 τῷ καύσωνι καὶ **ἐξήρανεν** τὸν χόρτον καὶ

ὅδε (*hode*; 1/10) *this*
Jas 4:13 αὔριον πορευσόμεθα εἰς **τήνδε** τὴν πόλιν

ὁδός (*hodos*; 3/101) *way*
Jas 1:8 ἐν πάσαις ταῖς **ὁδοῖς** αὐτοῦ.
Jas 2:25 ἀγγέλους καὶ ἑτέρᾳ **ὁδῷ** ἐκβαλοῦσα;
Jas 5:20 ἁμαρτωλὸν ἐκ πλάνης **ὁδοῦ** αὐτοῦ σώσει ψυχὴν

οἶδα (*oida*; 4/318) *know*
Jas 1:19 **Ἴστε**,
Jas 3:1 **εἰδότες** ὅτι μεῖζον κρίμα
Jas 4:4 οὐκ **οἴδατε** ὅτι ἡ φιλία
Jas 4:17 **εἰδότι** οὖν καλὸν ποιεῖν

οἰκτίρμων (*oiktirmōn*; 1/3) *merciful*
Jas 5:11 ὁ κύριος καὶ **οἰκτίρμων**.

οἴομαι (*oiomai*; 1/3) *suppose*
Jas 1:7 μὴ γὰρ **οἰέσθω** ὁ ἄνθρωπος ἐκεῖνος

ὀλίγος (*oligos*; 1/40) *little*
Jas 4:14 ἐστε ἡ πρὸς **ὀλίγον** φαινομένη,

ὁλόκληρος (*holoklēros*; 1/2) *sound*
Jas 1:4 ἦτε τέλειοι καὶ **ὁλόκληροι** ἐν μηδενὶ λειπόμενοι.

ὀλολύζω (*ololyzō*, 1/1) *wail*
Jas 5:1 κλαύσατε **ὀλολύζοντες** ἐπὶ ταῖς ταλαιπωρίαις

ὅλος (*holos*; 4/109) *whole*
Jas 2:10 ὅστις γὰρ **ὅλον** τὸν νόμον τηρήσῃ
Jas 3:2 δυνατὸς χαλιναγωγῆσαι καὶ **ὅλον** τὸ σῶμα.
Jas 3:3 καὶ **ὅλον** τὸ σῶμα αὐτῶν
Jas 3:6 ἡ σπιλοῦσα **ὅλον** τὸ σῶμα καὶ

ὀμνύω (*omnyō*, 1/26) *swear*
Jas 5:12 μὴ ὀμνύετε **μήτε** τὸν οὐρανὸν μήτε

ὁμοιοπαθής (*homoiopathēs*; 1/2) *like in every way*
Jas 5:17 Ἠλίας ἄνθρωπος ἦν **ὁμοιοπαθὴς** ἡμῖν,

ὁμοίως (*homoiōs*; 1/30) *in the same way*
Jas 2:25 **ὁμοίως** δὲ καὶ Ῥαὰβ

ὁμοίωσις (*homoiōsis*; 1/1) *likeness*
Jas 3:9 ἀνθρώπους τοὺς καθ᾽ **ὁμοίωσιν** θεοῦ γεγονότας,

ὀνειδίζω (*oneidizō*, 1/8[9]) *reproach*
Jas 1:5 ἁπλῶς καὶ μὴ **ὀνειδίζοντος** καὶ δοθήσεται αὐτῷ.

ὄνομα (*onoma*; 3/229[230]) *name*
Jas 2:7 βλασφημοῦσιν τὸ καλὸν **ὄνομα** τὸ ἐπικληθὲν
Jas 5:10 ἐλάλησαν ἐν τῷ **ὀνόματι** κυρίου.
Jas 5:14 ἐλαίῳ ἐν τῷ **ὀνόματι** τοῦ κυρίου.

ὀπή (*opē*; 1/2) *opening*
Jas 3:11 ἐκ τῆς αὐτῆς **ὀπῆς** βρύει τὸ γλυκὺ

ὁποῖος (*hopoios*; 1/5) *of what sort*
Jas 1:24 καὶ εὐθέως ἐπελάθετο **ὁποῖος** ἦν.

ὅπου (*hopou*; 2/82) *where*
Jas 3:4 ὑπὸ ἐλαχίστου πηδαλίου **ὅπου** ἡ ὁρμὴ τοῦ
Jas 3:16 **ὅπου** γὰρ ζῆλος καὶ

ὅπως (*hopōs*; 1/53) *that*
Jas 5:16 εὔχεσθε ὑπὲρ ἀλλήλων **ὅπως** ἰαθῆτε.

ὁράω (*horaō*, 2/452) *see*
Jas 2:24 **ὁρᾶτε** ὅτι ἐξ ἔργων
Jas 5:11 τὸ τέλος κυρίου **εἴδετε**,

ὀργή (*orgē*; 2/36) *wrath*
Jas 1:19 βραδὺς εἰς **ὀργήν**·
Jas 1:20 **ὀργὴ** γὰρ ἀνδρὸς δικαιοσύνην

ὅρκος (*horkos*; 1/10) *oath*
Jas 5:12 μήτε ἄλλον τινα **ὅρκον**·

ὁρμή (*hormē*; 1/2) *impulse*
Jas 3:4 πηδαλίου ὅπου ἡ **ὁρμὴ** τοῦ εὐθύνοντος βούλεται,

ὀρφανός (*orphanos*; 1/2) *orphan*
Jas 1:27 ἐπισκέπτεσθαι **ὀρφανοὺς** καὶ χήρας ἐν

ὅς (*hos*; 7/1406[1407]) *who*
Jas 1:12 Μακάριος ἀνὴρ **ὃς** ὑπομένει πειρασμόν,
Jas 1:12 στέφανον τῆς ζωῆς **ὃν** ἐπηγγείλατο τοῖς ἀγαπῶσιν
Jas 1:17 παρ᾽ **ᾧ** οὐκ ἔνι παραλλαγὴ
Jas 2:5 κληρονόμους τῆς βασιλείας **ἧς** ἐπηγγείλατο τοῖς ἀγαπῶσιν
Jas 4:4 **ὃς** ἐὰν οὖν βουληθῇ
Jas 4:5 ἐπιποθεῖ τὸ πνεῦμα **ὃ** κατῴκισεν ἐν ἡμῖν,
Jas 5:10 μακροθυμίας τοὺς προφήτας **οἳ** ἐλάλησαν ἐν

ὅστις (*hostis*; 2/144) *who*
Jas 2:10 **ὅστις** γὰρ ὅλον τὸν
Jas 4:14 **οἵτινες** οὐκ ἐπίστασθε τὸ

ὅταν (*hotan*; 1/123) *when*
Jas 1:2 **ὅταν** πειρασμοῖς περιπέσητε ποικίλοις,

ὅτι (*hoti*; 16/1294[1296]) *because, that*
Jas 1:3 γινώσκοντες **ὅτι** τὸ δοκίμιον ὑμῶν
Jas 1:7 ὁ ἄνθρωπος ἐκεῖνος **ὅτι** λήμψεταί τι παρὰ
Jas 1:10 **ὅτι** ὡς ἄνθος χόρτου
Jas 1:12 **ὅτι** δόκιμος γενόμενος λήμψεται
Jas 1:13 Μηδεὶς πειραζόμενος λεγέτω **ὅτι** ἀπὸ θεοῦ πειράζομαι·
Jas 1:23 **ὅτι** εἴ τις ἀκροατὴς
Jas 2:19 σὺ πιστεύεις **ὅτι** εἷς ἐστιν ὁ
Jas 2:20 **ὅτι** ἡ πίστις χωρὶς
Jas 2:22 βλέπεις **ὅτι** ἡ πίστις συνήργει
Jas 2:24 ὁρᾶτε **ὅτι** ἐξ ἔργων δικαιοῦται
Jas 3:1 εἰδότες **ὅτι** μεῖζον κρίμα λημψόμεθα.
Jas 4:4 οὐκ οἴδατε **ὅτι** ἡ φιλία τοῦ
Jas 4:5 ἢ δοκεῖτε **ὅτι** κενῶς ἡ γραφὴ
Jas 5:8 **ὅτι** ἡ παρουσία τοῦ
Jas 5:11 **ὅτι** πολύσπλαγχνός ἐστιν ὁ
Jas 5:20 γινωσκέτω **ὅτι** ὁ ἐπιστρέψας ἁμαρτωλὸν

οὐ (*ou*; 27/1621[1623]) *not*
Jas 1:17 παρ᾽ ᾧ **οὐκ** ἔνι παραλλαγὴ ἢ
Jas 1:20 ἀνδρὸς δικαιοσύνην θεοῦ **οὐκ** ἐργάζεται.
Jas 1:23 λόγου ἐστὶν καὶ **οὐ** ποιητής,
Jas 1:25 **οὐκ** ἀκροατὴς ἐπιλησμονῆς γενόμενος
Jas 2:4 **οὐ** διεκρίθητε ἐν ἑαυτοῖς
Jas 2:5 **οὐχ** ὁ θεὸς ἐξελέξατο
Jas 2:6 **οὐχ** οἱ πλούσιοι καταδυναστεύουσιν
Jas 2:7 **οὐκ** αὐτοὶ βλασφημοῦσιν τὸ
Jas 2:11 εἰ δὲ **οὐ** μοιχεύεις φονεύεις δέ,
Jas 2:21 ὁ πατὴρ ἡμῶν **οὐκ** ἐξ ἔργων ἐδικαιώθη
Jas 2:24 δικαιοῦται ἄνθρωπος καὶ **οὐκ** ἐκ πίστεως μόνον.
Jas 2:25 ῾Ραὰβ ἡ πόρνη **οὐκ** ἐξ ἔργων ἐδικαιώθη
Jas 3:2 τις ἐν λόγῳ **οὐ** πταίει,
Jas 3:10 **οὐ** χρή,
Jas 3:15 **οὐκ** ἔστιν αὕτη ἡ
Jas 4:1 **οὐκ** ἐντεῦθεν,
Jas 4:2 ἐπιθυμεῖτε καὶ **οὐκ** ἔχετε,
Jas 4:2 καὶ ζηλοῦτε καὶ **οὐ** δύνασθε ἐπιτυχεῖν,
Jas 4:2 **οὐκ** ἔχετε διὰ τὸ
Jas 4:3 αἰτεῖτε καὶ **οὐ** λαμβάνετε διότι κακῶς
Jas 4:4 **οὐκ** οἴδατε ὅτι ἡ
Jas 4:11 **οὐκ** εἶ ποιητὴς νόμου
Jas 4:14 οἵτινες **οὐκ** ἐπίστασθε τὸ τῆς
Jas 5:6 **οὐκ** ἀντιτάσσεται ὑμῖν.
Jas 5:12 ναὶ ναὶ καὶ τὸ **οὒ** οὔ,
Jas 5:12 ναὶ ναὶ καὶ τὸ οὒ **οὔ**,
Jas 5:17 καὶ **οὐκ** ἔβρεξεν ἐπὶ τῆς

οὐδείς (*oudeis*; 2/225[227]) *no one*
Jas 1:13 πειράζει δὲ αὐτὸς **οὐδένα**.
Jas 3:8 τὴν δὲ γλῶσσαν **οὐδεὶς** δαμάσαι δύναται ἀνθρώπων,

οὖν (*oun*; 5/497[499]) *therefore*
Jas 4:4 ὃς ἐὰν **οὖν** βουληθῇ φίλος εἶναι
Jas 4:7 ὑποτάγητε **οὖν** τῷ θεῷ,
Jas 4:17 εἰδότι **οὖν** καλὸν ποιεῖν καὶ
Jas 5:7 Μακροθυμήσατε **οὖν**,
Jas 5:16 ἐξομολογεῖσθε **οὖν** ἀλλήλοις τὰς ἁμαρτίας

οὐρανός (*ouranos*; 2/272[273]) *heaven*
Jas 5:12 ὀμνύετε μήτε τὸν **οὐρανὸν** μήτε τὴν γῆν
Jas 5:18 καὶ ὁ **οὐρανὸς** ὑετὸν ἔδωκεν καὶ

οὖς (*ous*; 1/36) *ear*
Jas 5:4 θερισάντων εἰς τὰ **ὦτα** κυρίου σαβαὼθ εἰσεληλύθασιν.

οὔτε (*oute*; 1/87) *not*
Jas 3:12 **οὔτε** ἁλυκὸν γλυκὺ ποιῆσαι

οὗτος (*houtos*; 8/1382[1387]) *this*
Jas 1:23 **οὗτος** ἔοικεν ἀνδρὶ κατανοοῦντι
Jas 1:25 **οὗτος** μακάριος ἐν τῇ
Jas 1:26 **τούτου** μάταιος ἡ θρησκεία.
Jas 1:27 θεῷ καὶ πατρὶ **αὕτη** ἐστίν,
Jas 3:2 **οὗτος** τέλειος ἀνὴρ δυνατὸς
Jas 3:10 **ταῦτα** οὕτως γίνεσθαι.
Jas 3:15 οὐκ ἔστιν **αὕτη** ἡ σοφία ἄνωθεν
Jas 4:15 ζήσομεν καὶ ποιήσομεν **τοῦτο** ἢ ἐκεῖνο.

οὕτως (*houtōs*; 7/208) *in this way*
Jas 1:11 **οὕτως** καὶ ὁ πλούσιος
Jas 2:12 **οὕτως** λαλεῖτε καὶ οὕτως
Jas 2:12 οὕτως λαλεῖτε καὶ **οὕτως** ποιεῖτε ὡς διὰ
Jas 2:17 **οὕτως** καὶ ἡ πίστις,
Jas 2:26 **οὕτως** καὶ ἡ πίστις
Jas 3:5 **οὕτως** καὶ ἡ γλῶσσα
Jas 3:10 ταῦτα **οὕτως** γίνεσθαι.

ὄφελος (*ophelos*; 2/3) *gain*
Jas 2:14 Τί τὸ **ὄφελος**,
Jas 2:16 τί τὸ **ὄφελος**;

ὄψιμος (*opsimos*; 1/1) *late rain*
Jas 5:7 λάβῃ πρόϊμον καὶ **ὄψιμον**.

πάλιν (*palin*; 1/139[141]) *again*
Jas 5:18 καὶ **πάλιν** προσηύξατο,

παρά (*para*; 4/193[194]) *from, with, beside*
Jas 1:5 αἰτείτω **παρὰ** τοῦ διδόντος θεοῦ
Jas 1:7 ὅτι λήμψεταί τι **παρὰ** τοῦ κυρίου,
Jas 1:17 **παρ᾽** ᾧ οὐκ ἔνι
Jas 1:27 καθαρὰ καὶ ἀμίαντος **παρὰ** τῷ θεῷ καὶ

παραβάτης (*parabatēs*; 2/5) *transgressor*
Jas 2:9 τοῦ νόμου ὡς **παραβάται**.
Jas 2:11 γέγονας **παραβάτης** νόμου.

παρακύπτω (*parakyptō*, 1/5) *look into*
Jas 1:25 ὁ δὲ **παρακύψας** εἰς νόμον τέλειον

παραλλαγή (*parallagē*; 1/1) *variation*
Jas 1:17 ᾧ οὐκ ἔνι **παραλλαγὴ** ἢ τροπῆς ἀποσκίασμα.

παραλογίζομαι (*paralogizomai*; 1/2) *deceive*
Jas 1:22 μὴ μόνον ἀκροαταὶ **παραλογιζόμενοι** ἑαυτούς.

παραμένω (*paramenō*, 1/4) *stay*
Jas 1:25 τῆς ἐλευθερίας καὶ **παραμείνας**,

παρέρχομαι (*parerchomai*; 1/29) *pass*
Jas 1:10 ὡς ἄνθος χόρτου **παρελεύσεται**.

παρουσία (*parousia*; 2/24) *coming*
Jas 5:7 ἕως τῆς **παρουσίας** τοῦ κυρίου.
Jas 5:8 ὅτι ἡ **παρουσία** τοῦ κυρίου ἤγγικεν.

πᾶς (*pas*; 12/1240[1243]) *each, every (pl. all)*
Jas 1:2 **Πᾶσαν** χαρὰν ἡγήσασθε,
Jas 1:5 τοῦ διδόντος θεοῦ **πᾶσιν** ἁπλῶς καὶ μὴ
Jas 1:8 ἀκατάστατος ἐν **πάσαις** ταῖς ὁδοῖς αὐτοῦ.
Jas 1:17 **πᾶσα** δόσις ἀγαθὴ καὶ
Jas 1:17 δόσις ἀγαθὴ καὶ **πᾶν** δώρημα τέλειον ἄνωθέν
Jas 1:19 ἔστω δὲ **πᾶς** ἄνθρωπος ταχὺς εἰς
Jas 1:21 διὸ ἀποθέμενοι **πᾶσαν** ῥυπαρίαν καὶ περισσείαν
Jas 2:10 γέγονεν **πάντων** ἔνοχος.
Jas 3:7 **πᾶσα** γὰρ φύσις θηρίων
Jas 3:16 ἐκεῖ ἀκαταστασία καὶ **πᾶν** φαῦλον πρᾶγμα.
Jas 4:16 **πᾶσα** καύχησις τοιαύτη πονηρά
Jas 5:12 Πρὸ **πάντων** δέ,

πατήρ (*patēr*; 4/413) *father*
Jas 1:17 καταβαῖνον ἀπὸ τοῦ **πατρὸς** τῶν φώτων,
Jas 1:27 τῷ θεῷ καὶ **πατρὶ** αὕτη ἐστίν,
Jas 2:21 Ἀβραὰμ ὁ **πατὴρ** ἡμῶν οὐκ ἐξ
Jas 3:9 τὸν κύριον καὶ **πατέρα** καὶ ἐν αὐτῇ

πείθω (*peithō*, 1/52) *persuade*
Jas 3:3 βάλλομεν εἰς τὸ **πείθεσθαι** αὐτοὺς ἡμῖν,

πειράζω (*peirazō*, 4/37[38]) *test*
Jas 1:13 Μηδεὶς **πειραζόμενος** λεγέτω ὅτι ἀπὸ
Jas 1:13 ὅτι ἀπὸ θεοῦ **πειράζομαι**·
Jas 1:13 πειράζει **δὲ** αὐτὸς οὐδένα.
Jas 1:14 ἕκαστος δὲ **πειράζεται** ὑπὸ τῆς ἰδίας

πειρασμός (*peirasmos*; 2/21) *testing*
Jas 1:2 ὅταν **πειρασμοῖς** περιπέσητε ποικίλοις,
Jas 1:12 ἀνὴρ ὃς ὑπομένει **πειρασμόν**,

πενθέω (*pentheō*, 1/9[10]) *mourn*
Jas 4:9 ταλαιπωρήσατε καὶ **πενθήσατε** καὶ κλαύσατε

πένθος (*penthos*; 1/5) *mourning*
Jas 4:9 γέλως ὑμῶν εἰς **πένθος** μετατραπήτω καὶ ἡ

περιπίπτω (*peripiptō*, 1/3) *encounter*
Jas 1:2 ὅταν πειρασμοῖς **περιπέσητε** ποικίλοις,

περισσεία (*perisseia*; 1/4) *abundance*
Jas 1:21 πᾶσαν ῥυπαρίαν καὶ **περισσείαν** κακίας ἐν πραΰτητι,

πετεινόν (*peteinon*; 1/14) *bird*
Jas 3:7 θηρίων τε καὶ **πετεινῶν**,

πηγή (*pēgē*; 1/11) *spring*
Jas 3:11 μήτι ἡ **πηγὴ** ἐκ τῆς αὐτῆς

πηδάλιον (*pēdalion*; 1/2) *rudder*
Jas 3:4 μετάγεται ὑπὸ ἐλαχίστου **πηδαλίου** ὅπου ἡ ὁρμὴ

πικρός (*pikros*; 2/2) *bitter*
Jas 3:11 γλυκὺ καὶ τὸ **πικρόν**;
Jas 3:14 εἰ δὲ ζῆλον **πικρὸν** ἔχετε καὶ ἐριθείαν

πίπτω (*piptō*, 1/90) *fall*
Jas 5:12 μὴ ὑπὸ κρίσιν **πέσητε**.

πιστεύω (*pisteuō*, 3/237[241]) *believe*
Jas 2:19 σὺ **πιστεύεις** ὅτι εἷς ἐστιν
Jas 2:19 καὶ τὰ δαιμόνια **πιστεύουσιν** καὶ φρίσσουσιν.
Jas 2:23 **ἐπίστευσεν** δὲ Ἀβραὰμ τῷ

πίστις (*pistis*; 16/243) *faith*
Jas 1:3 δοκίμιον ὑμῶν τῆς **πίστεως** κατεργάζεται ὑπομονήν.
Jas 1:6 αἰτείτω δὲ ἐν **πίστει** μηδὲν διακρινόμενος·
Jas 2:1 προσωπολημψίαις ἔχετε τὴν **πίστιν** τοῦ κυρίου ἡμῶν
Jas 2:5 κόσμῳ πλουσίους ἐν **πίστει** καὶ κληρονόμους
Jas 2:14 ἐὰν **πίστιν** λέγῃ τις ἔχειν
Jas 2:14 μὴ δύναται ἡ **πίστις** σῶσαι αὐτόν;
Jas 2:17 οὕτως καὶ ἡ **πίστις**,
Jas 2:18 σὺ **πίστιν** ἔχεις,
Jas 2:18 δεῖξόν μοι τὴν **πίστιν** σου χωρὶς τῶν
Jas 2:18 ἔργων μου τὴν **πίστιν**.
Jas 2:20 ὅτι ἡ **πίστις** χωρὶς τῶν ἔργων
Jas 2:22 βλέπεις ὅτι ἡ **πίστις** συνήργει τοῖς ἔργοις
Jas 2:22 τῶν ἔργων ἡ **πίστις** ἐτελειώθη,
Jas 2:24 καὶ οὐκ ἐκ **πίστεως** μόνον.
Jas 2:26 οὕτως καὶ ἡ **πίστις** χωρὶς ἔργων νεκρά
Jas 5:15 ἡ εὐχὴ τῆς **πίστεως** σώσει τὸν κάμνοντα

πλανάω (*planaō*, 2/39) *lead astray*
Jas 1:16 Μὴ **πλανᾶσθε**,
Jas 5:19 τις ἐν ὑμῖν **πλανηθῇ** ἀπὸ τῆς ἀληθείας

πλάνη (*planē*; 1/10) *error*
Jas 5:20 ἐπιστρέψας ἁμαρτωλὸν ἐκ **πλάνης** ὁδοῦ αὐτοῦ σώσει

πλῆθος (*plēthos*; 1/31) *multitude, crowd*
Jas 5:20 θανάτου καὶ καλύψει **πλῆθος** ἁμαρτιῶν.

πληρόω (*plēroō*, 1/86) *fulfill*
Jas 2:23 καὶ **ἐπληρώθη** ἡ γραφὴ ἡ

πλησίον (*plēsion*; 2/17) *near, neighbor*
Jas 2:8 ἀγαπήσεις τὸν **πλησίον** σου ὡς σεαυτόν,
Jas 4:12 ὁ κρίνων τὸν **πλησίον**;

πλοῖον (*ploion*; 1/67) *boat*
Jas 3:4 ἰδοὺ καὶ τὰ **πλοῖα** τηλικαῦτα ὄντα καὶ

πλούσιος (*plousios*; 5/28) *rich*
Jas 1:10 ὁ δὲ **πλούσιος** ἐν τῇ ταπεινώσει
Jas 1:11 οὕτως καὶ ὁ **πλούσιος** ἐν ταῖς πορείαις
Jas 2:5 πτωχοὺς τῷ κόσμῳ **πλουσίους** ἐν πίστει καὶ
Jas 2:6 οὐχ οἱ **πλούσιοι** καταδυναστεύουσιν ὑμῶν
Jas 5:1 Ἄγε νῦν οἱ **πλούσιοι**,

πλοῦτος (*ploutos*; 1/22) *wealth, riches*
Jas 5:2 ὁ **πλοῦτος** ὑμῶν σέσηπεν καὶ

πνεῦμα (*pneuma*; 2/379) *Spirit, spirit*
Jas 2:26 τὸ σῶμα χωρὶς **πνεύματος** νεκρόν ἐστιν,
Jas 4:5 φθόνον ἐπιποθεῖ τὸ **πνεῦμα** ὃ κατῴκισεν ἐν

πόθεν (*pothen*; 2/29) *from where*
Jas 4:1 **Πόθεν** πόλεμοι καὶ πόθεν
Jas 4:1 Πόθεν πόλεμοι καὶ **πόθεν** μάχαι ἐν ὑμῖν;

ποιέω (*poieō*, 12/568) *do, make*
Jas 2:8 καλῶς **ποιεῖτε**·
Jas 2:12 λαλεῖτε καὶ οὕτως **ποιεῖτε** ὡς διὰ νόμου
Jas 2:13 ἀνέλεος τῷ μὴ **ποιήσαντι** ἔλεος·
Jas 2:19 καλῶς **ποιεῖς**·
Jas 3:12 συκῆ ἐλαίας **ποιῆσαι** ἢ ἄμπελος σῦκα;
Jas 3:12 οὔτε ἁλυκὸν γλυκὺ **ποιῆσαι** ὕδωρ.
Jas 3:18 εἰρήνη σπείρεται τοῖς **ποιοῦσιν** εἰρήνην.
Jas 4:13 τὴν πόλιν καὶ **ποιήσομεν** ἐκεῖ ἐνιαυτὸν καὶ
Jas 4:15 καὶ ζήσομεν καὶ **ποιήσομεν** τοῦτο ἢ ἐκεῖνο.
Jas 4:17 εἰδότι οὖν καλὸν **ποιεῖν** καὶ μὴ ποιοῦντι,
Jas 4:17 ποιεῖν καὶ μὴ **ποιοῦντι**,
Jas 5:15 κἂν ἁμαρτίας ᾖ **πεποιηκώς**,

ποίησις (*poiēsis*; 1/1) *doing*
Jas 1:25 μακάριος ἐν τῇ **ποιήσει** αὐτοῦ ἔσται.

ποιητής (*poiētēs*; 4/6) *one who does or carries out*
Jas 1:22 Γίνεσθε δὲ **ποιηταὶ** λόγου καὶ μὴ
Jas 1:23 ἐστὶν καὶ οὐ **ποιητής**,
Jas 1:25 ἐπιλησμονῆς γενόμενος ἀλλὰ **ποιητὴς** ἔργου,
Jas 4:11 οὐκ εἶ **ποιητὴς** νόμου ἀλλὰ κριτής.

ποικίλος (*poikilos*; 1/10) *various kinds of*
Jas 1:2 ὅταν πειρασμοῖς περιπέσητε **ποικίλοις**,

ποῖος (*poios*; 1/33) *what kind of*
Jas 4:14 τὸ τῆς αὔριον **ποία** ἡ ζωὴ ὑμῶν·

πολεμέω (*polemeō*, 1/7) *wage war*
Jas 4:2 μάχεσθε καὶ **πολεμεῖτε**,

πόλεμος (*polemos*; 1/18) *war*
Jas 4:1 Πόθεν **πόλεμοι** καὶ πόθεν μάχαι

πόλις (*polis*; 1/163) *city, town*
Jas 4:13 εἰς τήνδε τὴν **πόλιν** καὶ ποιήσομεν ἐκεῖ

πολύς (*polys*; 3/417) *much (pl. many)*
Jas 3:1 Μὴ **πολλοὶ** διδάσκαλοι γίνεσθε,
Jas 3:2 **πολλὰ** γὰρ πταίομεν ἅπαντες.
Jas 5:16 Πολὺ **ἰσχύει** δέησις δικαίου ἐνεργουμένη.

πολύσπλαγχνος (*polysplanchnos*; 1/1) *very compassionate*
Jas 5:11 ὅτι **πολύσπλαγχνός** ἐστιν ὁ κύριος

πονηρός (*ponēros*; 2/78) *evil*
Jas 2:4 ἐγένεσθε κριταὶ διαλογισμῶν **πονηρῶν**;
Jas 4:16 πᾶσα καύχησις τοιαύτη **πονηρά** ἐστιν.

πορεία (*poreia*; 1/2) *journey*
Jas 1:11 πλούσιος ἐν ταῖς **πορείαις** αὐτοῦ μαρανθήσεται.

πορεύομαι (*poreuomai*; 1/147[153]) *go*
Jas 4:13 σήμερον ἢ αὔριον **πορευσόμεθα** εἰς τήνδε

πόρνη (*pornē*; 1/12) *prostitute*
Jas 2:25 καὶ Ῥαὰβ ἡ **πόρνη** οὐκ ἐξ ἔργων

πρᾶγμα (*pragma*; 1/11) *matter*
Jas 3:16 καὶ πᾶν φαῦλον **πρᾶγμα**.

πραΰτης (*prautēs*; 2/11) *gentleness*
Jas 1:21 περισσείαν κακίας ἐν **πραΰτητι**,
Jas 3:13 ἔργα αὐτοῦ ἐν **πραΰτητι** σοφίας.

πρεσβύτερος (*presbyteros*; 1/65[66]) *elder*
Jas 5:14 προσκαλεσάσθω τοὺς **πρεσβυτέρους** τῆς ἐκκλησίας καὶ

πρό (*pro*; 2/47) *before*
Jas 5:9 ἰδοὺ ὁ κριτὴς **πρὸ** τῶν θυρῶν ἕστηκεν.
Jas 5:12 **Πρὸ** πάντων δέ,

πρόϊμος (*proimos*; 1/1) *early rain*
Jas 5:7 αὐτῷ ἕως λάβῃ **πρόϊμον** καὶ ὄψιμον.

πρός (*pros*; 2/699[700]) *to, toward, at*
Jas 4:5 **πρὸς** φθόνον ἐπιποθεῖ τὸ
Jas 4:14 γάρ ἐστε ἡ **πρὸς** ὀλίγον φαινομένη,

προσευχή (*proseuchē*; 1/36) *prayer*
Jas 5:17 καὶ **προσευχῇ** προσηύξατο τοῦ μὴ

προσεύχομαι (*proseuchomai*; 4/85) *pray*
Jas 5:13 **προσευχέσθω**·
Jas 5:14 τῆς ἐκκλησίας καὶ **προσευξάσθωσαν** ἐπ' αὐτὸν ἀλείψαντες

Jas 5:17 καὶ προσευχῇ **προσηύξατο** τοῦ μὴ βρέξαι,
Jas 5:18 καὶ πάλιν **προσηύξατο**,

προσκαλέομαι (*proskaleomai*; 1/29) *call to oneself*
Jas 5:14 **προσκαλεσάσθω** τοὺς πρεσβυτέρους τῆς

προσωπολημπτέω (*prosōpolēmpteō*, 1/1) *show favoritism*
Jas 2:9 εἰ δὲ **προσωπολημπτεῖτε**,

προσωπολημψία (*prosōpolēmpsia*; 1/4) *favoritism*
Jas 2:1 μὴ ἐν **προσωπολημψίαις** ἔχετε τὴν πίστιν

πρόσωπον (*prosōpon*; 2/76) *face*
Jas 1:11 ἡ εὐπρέπεια τοῦ **προσώπου** αὐτοῦ ἀπώλετο·
Jas 1:23 ἀνδρὶ κατανοοῦντι τὸ **πρόσωπον** τῆς γενέσεως αὐτοῦ

προφήτης (*prophētēs*; 1/144) *prophet*
Jas 5:10 τῆς μακροθυμίας τοὺς **προφήτας** οἳ ἐλάλησαν ἐν

πρῶτος (*prōtos*; 1/152[155]) *first*
Jas 3:17 δὲ ἄνωθεν σοφία **πρῶτον** μὲν ἁγνή ἐστιν,

πταίω (*ptaiō*, 3/5) *stumble*
Jas 2:10 τὸν νόμον τηρήσῃ **πταίσῃ** δὲ ἐν ἑνί,
Jas 3:2 πολλὰ γὰρ **πταίομεν** ἅπαντες.
Jas 3:2 ἐν λόγῳ οὐ **πταίει**,

πτωχός (*ptōchos*; 4/34) *poor*
Jas 2:2 εἰσέλθῃ δὲ καὶ **πτωχὸς** ἐν ῥυπαρᾷ ἐσθῆτι,
Jas 2:3 καὶ τῷ **πτωχῷ** εἴπητε·
Jas 2:5 θεὸς ἐξελέξατο τοὺς **πτωχοὺς** τῷ κόσμῳ πλουσίους
Jas 2:6 δὲ ἠτιμάσατε τὸν **πτωχόν**.

πῦρ (*pyr*; 3/71) *fire*
Jas 3:5 ἰδοὺ ἡλίκον **πῦρ** ἡλίκην ὕλην ἀνάπτει·
Jas 3:6 καὶ ἡ γλῶσσα **πῦρ**·
Jas 5:3 σάρκας ὑμῶν ὡς **πῦρ**.

Ῥαάβ (*Rhaab*; 1/2) *Rahab*
Jas 2:25 ὁμοίως δὲ καὶ **Ῥαὰβ** ἡ πόρνη οὐκ

ῥιπίζω (*rhipizō*, 1/1) *be tossed about*
Jas 1:6 θαλάσσης ἀνεμιζομένῳ καὶ **ῥιπιζομένῳ**.

ῥυπαρία (*rhyparia*; 1/1) *impurity*
Jas 1:21 διὸ ἀποθέμενοι πᾶσαν **ῥυπαρίαν** καὶ περισσείαν κακίας

ῥυπαρός (*rhyparos*; 1/2) *shabby*
Jas 2:2 καὶ πτωχὸς ἐν **ῥυπαρᾷ** ἐσθῆτι,

σαβαώθ (*sabaōth*; 1/2) *(Lord of) hosts*
Jas 5:4 τὰ ὦτα κυρίου **σαβαὼθ** εἰσεληλύθασιν.

σάρξ (*sarx*; 1/147) *flesh*
Jas 5:3 καὶ φάγεται τὰς **σάρκας** ὑμῶν ὡς πῦρ.

σεαυτοῦ (*seautou*; 1/43) *yourself*
Jas 2:8 πλησίον σου ὡς **σεαυτόν**,

σήμερον (*sēmeron*; 1/41) *today*
Jas 4:13 **σήμερον** ἢ αὔριον πορευσόμεθα

σήπω (*sēpō*, 1/1) *rot*
Jas 5:2 ὁ πλοῦτος ὑμῶν **σέσηπεν** καὶ τὰ ἱμάτια

σητόβρωτος (*sētobrōtos*; 1/1) *moth-eaten*
Jas 5:2 τὰ ἱμάτια ὑμῶν **σητόβρωτα** γέγονεν,

σκληρός (*sklēros*; 1/5) *hard*
Jas 3:4 καὶ ὑπὸ ἀνέμων **σκληρῶν** ἐλαυνόμενα,

σοφία (*sophia*; 4/51) *wisdom*
Jas 1:5 τις ὑμῶν λείπεται **σοφίας**,
Jas 3:13 αὐτοῦ ἐν πραΰτητι **σοφίας**.
Jas 3:15 ἔστιν αὕτη ἡ **σοφία** ἄνωθεν κατερχομένη
Jas 3:17 ἡ δὲ ἄνωθεν **σοφία** πρῶτον μὲν ἁγνή

σοφός (*sophos*; 1/20) *wise*
Jas 3:13 Τίς **σοφὸς** καὶ ἐπιστήμων ἐν

σπαταλάω (*spatalaō*, 1/2) *live in luxury*
Jas 5:5 τῆς γῆς καὶ **ἐσπαταλήσατε**,

σπείρω (*speirō*, 1/52) *sow*
Jas 3:18 δικαιοσύνης ἐν εἰρήνῃ **σπείρεται** τοῖς ποιοῦσιν εἰρήνην.

σπιλόω (*spiloō*, 1/2) *spot*
Jas 3:6 ἡ **σπιλοῦσα** ὅλον τὸ σῶμα

στενάζω (*stenazō*, 1/6) *sigh*
Jas 5:9 μὴ **στενάζετε**,

στέφανος (*stephanos*; 1/18) *crown, wreath*
Jas 1:12 γενόμενος λήμψεται τὸν **στέφανον** τῆς ζωῆς ὃν

στηρίζω (*stērizō*, 1/13) *strengthen*
Jas 5:8 **στηρίξατε** τὰς καρδίας ὑμῶν,

στόμα (*stoma*; 2/78) *mouth*
Jas 3:3 χαλινοὺς εἰς τὰ **στόματα** βάλλομεν εἰς τὸ
Jas 3:10 ἐκ τοῦ αὐτοῦ **στόματος** ἐξέρχεται εὐλογία

στρατεύω (*strateuō*, 1/7) *serve as a soldier*
Jas 4:1 ἡδονῶν ὑμῶν τῶν **στρατευομένων** ἐν τοῖς μέλεσιν

σύ (*sy*; 8/1063[1067]) *you (sg.)*

Jas 2:3 σὺ **κάθου** ὧδε καλῶς,
Jas 2:3 **σὺ** στῆθι ἐκεῖ ἢ
Jas 2:8 ἀγαπήσεις τὸν πλησίον **σου** ὡς σεαυτόν,
Jas 2:18 **σὺ** πίστιν ἔχεις,
Jas 2:18 μοι τὴν πίστιν **σου** χωρὶς τῶν ἔργων,
Jas 2:18 κἀγώ **σοι** δείξω ἐκ τῶν
Jas 2:19 **σὺ** πιστεύεις ὅτι εἷς
Jas 4:12 **σὺ** δὲ τίς εἶ

συκῆ (*sykē*; 1/16) *fig tree*

Jas 3:12 **συκῆ** ἐλαίας ποιῆσαι ἢ

σῦκον (*sykon*; 1/4) *fig*

Jas 3:12 ποιῆσαι ἢ ἄμπελος **σῦκα**;

συλλαμβάνω (*syllambanō*, 1/16) *seize (mid. assist)*

Jas 1:15 εἶτα ἡ ἐπιθυμία **συλλαβοῦσα** τίκτει ἁμαρτίαν,

σύν (*syn*; 1/128) *with*

Jas 1:11 γὰρ ὁ ἥλιος **σὺν** τῷ καύσωνι καὶ

συναγωγή (*synagōgē*; 1/56) *synagogue*

Jas 2:2 γὰρ εἰσέλθῃ εἰς **συναγωγὴν** ὑμῶν ἀνὴρ χρυσοδακτύλιος

συνεργέω (*synergeō*, 1/4[5]) *work with*

Jas 2:22 ὅτι ἡ πίστις **συνήργει** τοῖς ἔργοις αὐτοῦ

σφαγή (*sphagē*; 1/3) *slaughter*

Jas 5:5 ὑμῶν ἐν ἡμέρᾳ **σφαγῆς**,

σῴζω (*sōzō*, 5/105[106]) *save, preserve*

Jas 1:21 λόγον τὸν δυνάμενον **σῶσαι** τὰς ψυχὰς ὑμῶν.
Jas 2:14 δύναται ἡ πίστις **σῶσαι** αὐτόν;
Jas 4:12 κριτὴς ὁ δυνάμενος **σῶσαι** καὶ ἀπολέσαι·
Jas 5:15 εὐχὴ τῆς πίστεως **σώσει** τὸν κάμνοντα καὶ
Jas 5:20 πλάνης ὁδοῦ αὐτοῦ **σώσει** ψυχὴν αὐτοῦ ἐκ

σῶμα (*sōma*; 5/142) *body*

Jas 2:16 τὰ ἐπιτήδεια τοῦ **σώματος**,
Jas 2:26 ὥσπερ γὰρ τὸ **σῶμα** χωρὶς πνεύματος νεκρόν
Jas 3:2 καὶ ὅλον τὸ **σῶμα**.
Jas 3:3 καὶ ὅλον τὸ **σῶμα** αὐτῶν μετάγομεν.
Jas 3:6 σπιλοῦσα ὅλον τὸ **σῶμα** καὶ φλογίζουσα τὸν

ταλαιπωρέω (*talaipōreō*, 1/1) *be sorrowful*

Jas 4:9 **ταλαιπωρήσατε** καὶ πενθήσατε καὶ

ταλαιπωρία (*talaipōria*; 1/2) *misery*

Jas 5:1 ὀλολύζοντες ἐπὶ ταῖς **ταλαιπωρίαις** ὑμῶν ταῖς ἐπερχομέναις.

ταπεινός (*tapeinos*; 2/8) *humble*

Jas 1:9 ὁ ἀδελφὸς ὁ **ταπεινὸς** ἐν τῷ ὕψει
Jas 4:6 **ταπεινοῖς** δὲ δίδωσιν χάριν.

ταπεινόω (*tapeinoō*, 1/14) *humble*

Jas 4:10 **ταπεινώθητε** ἐνώπιον κυρίου καὶ

ταπείνωσις (*tapeinōsis*; 1/4) *humble state*

Jas 1:10 πλούσιος ἐν τῇ **ταπεινώσει** αὐτοῦ,

ταχύς (*tachys*; 1/13) *quick*

Jas 1:19 δὲ πᾶς ἄνθρωπος **ταχὺς** εἰς τὸ ἀκοῦσαι,

τέ (*te*; 2/215) *and*

Jas 3:7 γὰρ φύσις θηρίων **τε** καὶ πετεινῶν,
Jas 3:7 ἑρπετῶν **τε** καὶ ἐναλίων δαμάζεται

τέλειος (*teleios*; 5/19) *complete, perfect, mature*

Jas 1:4 δὲ ὑπομονὴ ἔργον **τέλειον** ἐχέτω,
Jas 1:4 ἵνα ἦτε **τέλειοι** καὶ ὁλόκληροι ἐν
Jas 1:17 καὶ πᾶν δώρημα **τέλειον** ἄνωθέν ἐστιν καταβαῖνον
Jas 1:25 παρακύψας εἰς νόμον **τέλειον** τὸν τῆς ἐλευθερίας
Jas 3:2 οὗτος **τέλειος** ἀνὴρ δυνατὸς χαλιναγωγῆσαι

τελειόω (*teleioō*, 1/23) *complete, fulfill*

Jas 2:22 ἔργων ἡ πίστις **ἐτελειώθη**,

τελέω (*teleō*, 1/28) *finish*

Jas 2:8 Εἰ μέντοι νόμον **τελεῖτε** βασιλικὸν κατὰ τὴν

τέλος (*telos*; 1/41) *end*

Jas 5:11 ἠκούσατε καὶ τὸ **τέλος** κυρίου εἴδετε,

τηλικοῦτος (*tēlikoutos*; 1/4) *so great*

Jas 3:4 καὶ τὰ πλοῖα **τηλικαῦτα** ὄντα καὶ ὑπὸ

τηρέω (*tēreō*, 2/70) *keep*

Jas 1:27 ἄσπιλον ἑαυτὸν **τηρεῖν** ἀπὸ τοῦ κόσμου.
Jas 2:10 ὅλον τὸν νόμον **τηρήσῃ** πταίσῃ δὲ ἐν

τίκτω (*tiktō*, 1/18) *bear*

Jas 1:15 ἡ ἐπιθυμία συλλαβοῦσα **τίκτει** ἁμαρτίαν,

τίμιος (*timios*; 1/13) *precious*

Jas 5:7 γεωργὸς ἐκδέχεται τὸν **τίμιον** καρπὸν τῆς γῆς

τίς (*tis*; 4/545[546]) *who; what, why*

Jas 2:14 **Τί** τὸ ὄφελος,
Jas 2:16 **τί** τὸ ὄφελος;
Jas 3:13 **Τίς** σοφὸς καὶ ἐπιστήμων
Jas 4:12 σὺ δὲ **τίς** εἶ ὁ κρίνων

τις (*tis*; 15/542[543]) *anyone, anything*

Jas 1:5 Εἰ δέ **τις** ὑμῶν λείπεται σοφίας,
Jas 1:7 ἐκεῖνος ὅτι λήμψεταί **τι** παρὰ τοῦ κυρίου,
Jas 1:18 εἶναι ἡμᾶς ἀπαρχήν **τινα** τῶν αὐτοῦ κτισμάτων.
Jas 1:23 ὅτι εἴ **τις** ἀκροατὴς λόγου ἐστὶν
Jas 1:26 Εἴ **τις** δοκεῖ θρησκὸς εἶναι
Jas 2:14 ἐὰν πίστιν λέγῃ **τις** ἔχειν ἔργα δὲ

Jas 2:16 εἴπη δέ **τις** αὐτοῖς ἐξ ὑμῶν·
Jas 2:18 Ἀλλ᾽ ἐρεῖ **τις**·
Jas 3:2 εἴ **τις** ἐν λόγῳ οὐ
Jas 5:12 γῆν μήτε ἄλλον **τινα** ὅρκον·
Jas 5:13 Κακοπαθεῖ **τις** ἐν ὑμῖν,
Jas 5:13 εὐθυμεῖ **τις**,
Jas 5:14 ἀσθενεῖ **τις** ἐν ὑμῖν,
Jas 5:19 ἐάν **τις** ἐν ὑμῖν πλανηθῇ
Jas 5:19 ἀληθείας καὶ ἐπιστρέψῃ **τις** αὐτόν,

τοιοῦτος (*toioutos*; 1/56[57]) *such*
Jas 4:16 πᾶσα καύχησις **τοιαύτη** πονηρά ἐστιν.

τρεῖς (*treis*; 1/69) *three*
Jas 5:17 τῆς γῆς ἐνιαυτοὺς **τρεῖς** καὶ μῆνας ἕξ·

τρέφω (*trephō*, 1/9) *feed*
Jas 5:5 **ἐθρέψατε** τὰς καρδίας ὑμῶν

τροπή (*tropē*; 1/1) *turning*
Jas 1:17 ἔνι παραλλαγὴ ἢ **τροπῆς** ἀποσκίασμα.

τροφή (*trophē*; 1/16) *food*
Jas 2:15 λειπόμενοι τῆς ἐφημέρου **τροφῆς**

τροχός (*trochos*; 1/1) *cycle*
Jas 3:6 καὶ φλογίζουσα τὸν **τροχὸν** τῆς γενέσεως

τρυφάω (*tryphaō*, 1/1) *live in luxury*
Jas 5:5 **ἐτρυφήσατε** ἐπὶ τῆς γῆς

ὕδωρ (*hydōr*; 1/76) *water*
Jas 3:12 ἁλυκὸν γλυκὺ ποιῆσαι **ὕδωρ**.

ὑετός (*hyetos*; 1/5) *rain*
Jas 5:18 καὶ ὁ οὐρανὸς **ὑετὸν** ἔδωκεν καὶ ἡ

υἱός (*huios*; 1/377) *son*
Jas 2:21 ἀνενέγκας Ἰσαὰκ τὸν **υἱὸν** αὐτοῦ ἐπὶ τὸ

ὕλη (*hylē*; 1/1) *forest*
Jas 3:5 ἡλίκον πῦρ ἡλίκην **ὕλην** ἀνάπτει·

ὑμεῖς (*hymeis*; 39/1832) *you (pl.)*
Jas 1:3 ὅτι τὸ δοκίμιον **ὑμῶν** τῆς πίστεως κατεργάζεται
Jas 1:5 Εἰ δέ τις **ὑμῶν** λείπεται σοφίας,
Jas 1:21 σῶσαι τὰς ψυχὰς **ὑμῶν**.
Jas 2:2 εἰσέλθῃ εἰς συναγωγὴν **ὑμῶν** ἀνὴρ χρυσοδακτύλιος ἐν
Jas 2:6 **ὑμεῖς** δὲ ἠτιμάσατε τὸν
Jas 2:6 οἱ πλούσιοι καταδυναστεύουσιν **ὑμῶν** καὶ αὐτοὶ ἕλκουσιν
Jas 2:6 καὶ αὐτοὶ ἕλκουσιν **ὑμᾶς** εἰς κριτήρια;
Jas 2:7 τὸ ἐπικληθὲν ἐφ᾽ **ὑμᾶς**;
Jas 2:16 τις αὐτοις ἐξ **ὑμῶν**·
Jas 3:13 καὶ ἐπιστήμων ἐν **ὑμῖν**;
Jas 3:14 ἐν τῇ καρδίᾳ **ὑμῶν**,
Jas 4:1 πόθεν μάχαι ἐν **ὑμῖν**;
Jas 4:1 ἐκ τῶν ἡδονῶν **ὑμῶν** τῶν στρατευομένων ἐν
Jas 4:1 ἐν τοῖς μέλεσιν **ὑμῶν**;
Jas 4:2 τὸ μὴ αἰτεῖσθαι **ὑμᾶς**,
Jas 4:3 ἐν ταῖς ἡδοναῖς **ὑμῶν** δαπανήσητε.
Jas 4:7 καὶ φεύξεται ἀφ᾽ **ὑμῶν**,
Jas 4:8 θεῷ καὶ ἐγγιεῖ **ὑμῖν**.
Jas 4:9 ὁ γέλως **ὑμῶν** εἰς πένθος μετατραπήτω
Jas 4:10 κυρίου καὶ ὑψώσει **ὑμᾶς**.
Jas 4:14 ποία ἡ ζωὴ **ὑμῶν**·
Jas 4:15 ἀντὶ τοῦ λέγειν **ὑμᾶς**·
Jas 4:16 ἐν ταῖς ἀλαζονείαις **ὑμῶν**·
Jas 5:1 ἐπὶ ταῖς ταλαιπωρίαις **ὑμῶν** ταῖς ἐπερχομέναις.
Jas 5:2 ὁ πλοῦτος **ὑμῶν** σέσηπεν καὶ τὰ
Jas 5:2 καὶ τὰ ἱμάτια **ὑμῶν** σητόβρωτα γέγονεν,
Jas 5:3 ὁ χρυσὸς **ὑμῶν** καὶ ὁ ἄργυρος
Jas 5:3 αὐτῶν εἰς μαρτύριον **ὑμῖν** ἔσται καὶ φάγεται
Jas 5:3 φάγεται τὰς σάρκας **ὑμῶν** ὡς πῦρ.
Jas 5:4 ἀμησάντων τὰς χώρας **ὑμῶν** ὁ ἀπεστερημένος ἀφ᾽
Jas 5:4 ὁ ἀπεστερημένος ἀφ᾽ **ὑμῶν** κράζει,
Jas 5:5 ἐθρέψατε τὰς καρδίας **ὑμῶν** ἐν ἡμέρᾳ σφαγῆς,
Jas 5:6 οὐκ ἀντιτάσσεται **ὑμῖν**.
Jas 5:8 μακροθυμήσατε καὶ **ὑμεῖς**,
Jas 5:8 στηρίξατε τὰς καρδίας **ὑμῶν**,
Jas 5:12 ἤτω δὲ **ὑμῶν** τὸ ναὶ ναὶ
Jas 5:13 Κακοπαθεῖ τις ἐν **ὑμῖν**,
Jas 5:14 ἀσθενεῖ τις ἐν **ὑμῖν**,
Jas 5:19 ἐάν τις ἐν **ὑμῖν** πλανηθῇ ἀπὸ τῆς

ὑπάγω (*hypagō*, 1/79) *go*
Jas 2:16 **ὑπάγετε** ἐν εἰρήνῃ,

ὑπάρχω (*hyparchō*, 1/60) *be*
Jas 2:15 ἢ ἀδελφὴ γυμνοὶ **ὑπάρχωσιν** καὶ λειπόμενοι

ὑπέρ (*hyper*; 1/150) *for, concerning, over*
Jas 5:16 ἁμαρτίας καὶ εὔχεσθε **ὑπὲρ** ἀλλήλων ὅπως ἰαθῆτε.

ὑπερήφανος (*hyperēphanos*; 1/5) *arrogant*
Jas 4:6 ὁ θεὸς **ὑπερηφάνοις** ἀντιτάσσεται,

ὑπό (*hypo*; 7/219[220]) *by, under*
Jas 1:14 ἕκαστος δὲ πειράζεται **ὑπὸ** τῆς ἰδίας ἐπιθυμίας
Jas 2:3 ἐκεῖ ἢ κάθου **ὑπὸ** τὸ ὑποπόδιόν μου,
Jas 2:9 ἁμαρτίαν ἐργάζεσθε ἐλεγχόμενοι **ὑπὸ** τοῦ νόμου ὡς
Jas 3:4 τηλικαῦτα ὄντα καὶ **ὑπὸ** ἀνέμων σκληρῶν ἐλαυνόμενα,
Jas 3:4 μετάγεται **ὑπὸ** ἐλαχίστου πηδαλίου ὅπου
Jas 3:6 γενέσεως καὶ φλογιζομένη **ὑπὸ** τῆς γεέννης.
Jas 5:12 ἵνα μὴ ὑπὸ **κρίσιν** πέσητε.

ὑπόδειγμα (*hypodeigma*; 1/6) *example*
Jas 5:10 **ὑπόδειγμα** λάβετε,

ὑποδέχομαι (*hypodechomai*; 1/4) *receive or welcome as a guest*
Jas 2:25 ἐξ ἔργων ἐδικαιώθη **ὑποδεξαμένη** τοὺς ἀγγέλους καὶ

ὑπομένω (*hypomenō*, 2/17) *endure*
Jas 1:12 Μακάριος ἀνὴρ ὃς **ὑπομένει** πειρασμόν,
Jas 5:11 ἰδοὺ μακαρίζομεν τοὺς **ὑπομείναντας**·

ὑπομονή (*hypomonē*; 3/32) *endurance*
Jas 1:3 τῆς πίστεως κατεργάζεται **ὑπομονήν**.
Jas 1:4 ἡ δὲ **ὑπομονὴ** ἔργον τέλειον ἐχέτω,
Jas 5:11 τὴν **ὑπομονὴν** Ἰὼβ ἠκούσατε καὶ

ὑποπόδιον (*hypopodion*; 1/7) *footstool*
Jas 2:3 κάθου ὑπὸ τὸ **ὑποπόδιόν** μου,

ὑποτάσσω (*hypotassō*, 1/38) *submit, put in subjection*
Jas 4:7 **ὑποτάγητε** οὖν τῷ θεῷ,

ὕψος (*hypsos*; 1/6) *height*
Jas 1:9 ταπεινὸς ἐν τῷ **ὕψει** αὐτοῦ,

ὑψόω (*hypsoō*, 1/20) *exalt, lift up, raise*
Jas 4:10 ἐνώπιον κυρίου καὶ **ὑψώσει** ὑμᾶς.

φαίνω (*phainō*, 1/30[31]) *shine*
Jas 4:14 ἡ πρὸς ὀλίγον **φαινομένη**,

φαῦλος (*phaulos*; 1/6) *evil*
Jas 3:16 ἀκαταστασία καὶ πᾶν **φαῦλον** πρᾶγμα.

φεύγω (*pheugō*, 1/29) *flee*
Jas 4:7 τῷ διαβόλῳ καὶ **φεύξεται** ἀφ᾽ ὑμῶν,

φθόνος (*phthonos*; 1/9) *envy*
Jas 4:5 πρὸς **φθόνον** ἐπιποθεῖ τὸ πνεῦμα

φιλία (*philia*; 1/1) *love*
Jas 4:4 οἴδατε ὅτι ἡ **φιλία** τοῦ κόσμου ἔχθρα

φίλος (*philos*; 2/29) *friend*
Jas 2:23 εἰς δικαιοσύνην καὶ **φίλος** θεοῦ ἐκλήθη.
Jas 4:4 ἐὰν οὖν βουληθῇ **φίλος** εἶναι τοῦ κόσμου,

φλογίζω (*phlogizō*, 2/2) *set on fire*
Jas 3:6 τὸ σῶμα καὶ **φλογίζουσα** τὸν τροχὸν τῆς
Jas 3:6 τῆς γενέσεως καὶ **φλογιζομένη** ὑπὸ τῆς γεέννης.

φονεύω (*phoneuō*, 4/12) *murder*
Jas 2:11 μὴ **φονεύσῃς**·
Jas 2:11 δὲ οὐ μοιχεύεις **φονεύεις** δέ,
Jas 4:2 **φονεύετε** καὶ ζηλοῦτε καὶ
Jas 5:6 **ἐφονεύσατε** τὸν δίκαιον,

φορέω (*phoreō*, 1/6) *wear*
Jas 2:3 δὲ ἐπὶ τὸν **φοροῦντα** τὴν ἐσθῆτα τὴν

φρίσσω (*phrissō*, 1/1) *tremble with fear*
Jas 2:19 δαιμόνια πιστεύουσιν καὶ **φρίσσουσιν**.

φυλή (*phylē*; 1/31) *tribe*
Jas 1:1 δοῦλος ταῖς δώδεκα **φυλαῖς** ταῖς ἐν τῇ

φύσις (*physis*; 2/14) *nature*
Jas 3:7 πᾶσα γὰρ **φύσις** θηρίων τε καὶ
Jas 3:7 καὶ δεδάμασται τῇ **φύσει** τῇ ἀνθρωπίνῃ,

φῶς (*phōs*; 1/73) *light*
Jas 1:17 τοῦ πατρὸς τῶν **φώτων**,

χαίρω (*chairō*, 1/74) *rejoice*
Jas 1:1 ἐν τῇ διασπορᾷ **χαίρειν**.

χαλιναγωγέω (*chalinagōgeō*, 2/2) *control*
Jas 1:26 θρησκὸς εἶναι μὴ **χαλιναγωγῶν** γλῶσσαν αὐτοῦ ἀλλὰ
Jas 3:2 τέλειος ἀνὴρ δυνατὸς **χαλιναγωγῆσαι** καὶ ὅλον τὸ

χαλινός (*chalinos*; 1/2) *bit, bridle*
Jas 3:3 τῶν ἵππων τοὺς **χαλινοὺς** εἰς τὰ στόματα

χαρά (*chara*; 2/59) *joy*
Jas 1:2 Πᾶσαν **χαρὰν** ἡγήσασθε,
Jas 4:9 μετατραπήτω καὶ ἡ **χαρὰ** εἰς κατήφειαν.

χάρις (*charis*; 2/155) *grace*
Jas 4:6 μείζονα δὲ δίδωσιν **χάριν**;
Jas 4:6 ταπεινοῖς δὲ δίδωσιν **χάριν**.

χείρ (*cheir*; 1/175[177]) *hand*
Jas 4:8 καθαρίσατε **χεῖρας**,

χήρα (*chēra*; 1/26) *widow*
Jas 1:27 ἐπισκέπτεσθαι ὀρφανοὺς καὶ **χήρας** ἐν τῇ θλίψει

χορτάζω (*chortazō*, 1/16) *feed*
Jas 2:16 θερμαίνεσθε καὶ **χορτάζεσθε**,

χόρτος (*chortos*; 2/15) *grass, hay*
Jas 1:10 ὅτι ὡς ἄνθος **χόρτου** παρελεύσεται.
Jas 1:11 καὶ ἐξήρανεν τὸν **χόρτον** καὶ τὸ ἄνθος

χρή (*chrē*; 1/1) *it ought*
Jas 3:10 οὐ **χρή**,

Χριστός (*Christos*; 2/529) *Christ*
Jas 1:1 καὶ κυρίου Ἰησοῦ **Χριστοῦ** δοῦλος ταῖς δώδεκα
Jas 2:1 κυρίου ἡμῶν Ἰησοῦ **Χριστοῦ** τῆς δόξης.

χρυσοδακτύλιος (*chrysodaktylios*; 1/1) *wearing a gold ring*
Jas 2:2 συναγωγὴν ὑμῶν ἀνὴρ **χρυσοδακτύλιος** ἐν ἐσθῆτι λαμπρᾷ,

χρυσός (*chrysos*; 1/10) *gold*

Jas 5:3 ὁ **χρυσὸς** ὑμῶν καὶ ὁ

χώρα (*chōra*; 1/28) *country*

Jas 5:4 τῶν ἀμησάντων τὰς **χώρας** ὑμῶν ὁ ἀπεστερημένος

χωρίς (*chōris*; 4/41) *without*

Jas 2:18 τὴν πίστιν σου **χωρὶς** τῶν ἔργων,
Jas 2:20 ὅτι ἡ πίστις **χωρὶς** τῶν ἔργων ἀργή
Jas 2:26 γὰρ τὸ σῶμα **χωρὶς** πνεύματος νεκρόν ἐστιν,
Jas 2:26 καὶ ἡ πίστις **χωρὶς** ἔργων νεκρά ἐστιν.

ψάλλω (*psallō*, 1/5) *sing*

Jas 5:13 **ψαλλέτω**·

ψεύδομαι (*pseudomai*; 1/12) *lie, speak falsehood*

Jas 3:14 μὴ κατακαυχᾶσθε καὶ **ψεύδεσθε** κατὰ τῆς ἀληθείας.

ψυχή (*psychē*; 2/103) *soul, life, self*

Jas 1:21 δυνάμενον σῶσαι τὰς **ψυχὰς** ὑμῶν.
Jas 5:20 ὁδοῦ αὐτοῦ σώσει **ψυχὴν** αὐτοῦ ἐκ θανάτου

ψυχικός (*psychikos*; 1/6) *unspiritual*

Jas 3:15 **ψυχική**,

ὦ (*ō*, 1/20) *Oh*

Jas 2:20 **ὦ** ἄνθρωπε κενέ,

ὧδε (*hōde*; 1/61) *here*

Jas 2:3 σὺ κάθου ὧδε **καλῶς**,

ὡς (*hōs*; 5/503[504]) *as*

Jas 1:10 ὅτι **ὡς** ἄνθος χόρτου παρελεύσεται.
Jas 2:8 τὸν πλησίον σου **ὡς** σεαυτόν,
Jas 2:9 ὑπὸ τοῦ νόμου **ὡς** παραβάται.
Jas 2:12 καὶ οὕτως ποιεῖτε **ὡς** διὰ νόμου ἐλευθερίας
Jas 5:3 τὰς σάρκας ὑμῶν **ὡς** πῦρ.

ὥσπερ (*hōsper*; 1/36) *just as, like*

Jas 2:26 **ὥσπερ** γὰρ τὸ σῶμα

Frequency List (Alphabetical Order)

2 Ἀβραάμ
2 ἀγαθός
3 ἀγαπάω
3 ἀγαπητός
1 ἄγγελος
1 ἁγνίζω
1 ἁγνός
2 ἄγω
1 ἀδελφή
19 ἀδελφός
1* ἀδιάκριτος
1 ἀδικία
5 αἰτέω
1 ἀκαταστασία
2* ἀκατάστατος
3 ἀκούω
3 ἀκροατής
1 ἀλαζονεία
1 ἀλείφω
3 ἀλήθεια
5 ἀλλά
4 ἀλλήλων
1 ἄλλος
1* ἁλυκός
7 ἁμαρτία
2 ἁμαρτωλός
1* ἀμάω
1 ἀμίαντος
1 ἄμπελος
1 ἀνάπτω
1 ἀναστροφή
1 ἀνατέλλω
1 ἀναφέρω
1* ἀνέλεος
1* ἀνεμίζω
1 ἄνεμος
6 ἀνήρ
1 ἀνθίστημι
2 ἄνθος
1 ἀνθρώπινος
7 ἄνθρωπος
1 ἀντί
2 ἀντιτάσσω
1 ἀνυπόκριτος
3 ἄνωθεν
1 ἀπαρχή
1 ἅπας
1 ἀπατάω
1* ἀπείραστος
1 ἀπέρχομαι
1* ἁπλῶς
6 ἀπό
2* ἀποκυέω
2 ἀπόλλυμι
1* ἀποσκίασμα
1 ἀποστερέω
1 ἀποτελέω
1 ἀποτίθημι
1 ἀργός
1 ἄργυρος
1 ἀσθενέω
1 ἄσπιλος
1 ἀτιμάζω
1 ἀτμίς
2 αὔριον
43° αὐτός
1* αὐχέω
1 ἀφανίζω
1 ἀφίημι
1 βάλλω
1 βασιλεία
1 βασιλικός
1 βλαστάνω
1 βλασφημέω
1 βλέπω
1* βοή
3 βούλομαι
2 βραδύς
2 βρέχω
1* βρύω
15 γάρ
1 γέεννα
1* γέλως
2 γένεσις
1 γεωργός
5 γῆ
10 γίνομαι
3 γινώσκω
2 γλυκύς
5 γλῶσσα
3 γραφή
1 γυμνός
1 δαιμόνιον
1* δαιμονιώδης
3 δαμάζω
1 δαπανάω
37 δέ
1 δέησις
3 δείκνυμι
1 δελεάζω
1 δέχομαι
2 διά
1 διάβολος
3 διακρίνω
1 διαλογισμός
1 διασπορά
1 διδάσκαλος
6 δίδωμι
2 δίκαιος
3 δικαιοσύνη
3 δικαιόω
2 διό
1 διότι
2* δίψυχος
2 δοκέω
1 δοκίμιον
1 δόκιμος
1 δόξα
1 δόσις
1 δοῦλος
6 δύναμαι
1 δυνατός
1 δώδεκα
1 δώρημα
7 ἐάν
5 ἑαυτοῦ
3 ἐγγίζω
1 ἐγείρω
14 ἐγώ
10 εἰ
32 εἰμί
3 εἰρήνη
1 εἰρηνικός
15 εἰς
3 εἷς
3 εἰσέρχομαι
1 εἶτα
13 ἐκ
1 ἕκαστος
1 ἐκβάλλω
1 ἐκδέχομαι
3 ἐκεῖ
2 ἐκεῖνος
1 ἐκκλησία
1 ἐκλέγομαι
1 ἐκπίπτω
1 ἐλαία
1 ἔλαιον
1 ἐλαύνω
1 ἐλάχιστος
1 ἐλέγχω
3 ἔλεος
2 ἐλευθερία
1 ἕλκω
1 ἐμπορεύομαι
1* ἔμφυτος
38 ἐν
1* ἐνάλιος
1 ἐνεργέω
1 ἔνι
2 ἐνιαυτός
1 ἔνοχος
1 ἐντεῦθεν
1 ἐνώπιον
1 ἕξ
1* ἐξέλκω
1 ἐξέρχομαι
1 ἐξομολογέω
2* ἔοικα
2 ἐπαγγέλλομαι
2 ἔπειτα
1 ἐπέρχομαι
8 ἐπί
1 ἐπιβλέπω
1 ἐπίγειος
1 ἐπιεικής
1 ἐπιθυμέω
2 ἐπιθυμία
1 ἐπικαλέω
1 ἐπιλανθάνομαι
1* ἐπιλησμονή
1 ἐπιποθέω
1 ἐπισκέπτομαι
1 ἐπίσταμαι
1* ἐπιστήμων
2 ἐπιστρέφω
1* ἐπιτήδειος
1 ἐπιτυγχάνω
2 ἐργάζομαι
1 ἐργάτης
15 ἔργον
2 ἐριθεία
1 ἑρπετόν
3 ἐσθής
1 ἐσθίω
1 ἔσοπτρον
1 ἔσχατος
1 ἕτερος
1 εὐθέως
1 εὐθυμέω
1 εὐθύνω
1 εὐλογέω
1 εὐλογία
1* εὐπειθής
1* εὐπρέπεια
1 εὐχή
1 εὔχομαι
1* ἐφήμερος
1 ἔχθρα
1 ἐχθρός
10 ἔχω
2 ἕως
1 ζάω
2 ζῆλος
1 ζηλόω
2 ζωή
8 ἤ
1 ἡγέομαι
2 ἡδονή
1 Ἠλίας
2 ἡλίκος
1 ἥλιος
8 ἡμεῖς
2 ἡμέρα
1 θάλασσα
1* θανατηφόρος
2 θάνατος
2 θέλω
16 θεός
1 θερίζω
1 θερμαίνω
1 θηρίον
1 θησαυρίζω
1 θλῖψις
2 θρησκεία
1* θρησκός
1 θύρα
1 θυσιαστήριον
1 Ἰάκωβος
1 ἰάομαι
1 ἴδιος
6 ἰδού
2 Ἰησοῦς
1 ἱμάτιον
4 ἵνα
2 ἰός
1 ἵππος
1 Ἰσαάκ
2 ἵστημι
1 ἰσχύω
1* Ἰώβ
2 κἀγώ
1 καθαρίζω
1 καθαρός
2 κάθημαι
2 καθίστημι
110° καί
1 κακία
1* κακοπάθεια
1 κακοπαθέω
2 κακός
1 κακῶς
1 καλέω
3 καλός
1 καλύπτω
3 καλῶς
1 κάμνω
1 κἄν
5 καρδία
4 καρπός
5 κατά
1 καταβαίνω
1 καταδικάζω
1 καταδυναστεύω
2 κατακαυχάομαι
3 καταλαλέω
2 κατανοέω
1 κατάρα
1 καταράομαι
1 κατεργάζομαι
1 κατέρχομαι
1* κατήφεια
1* κατιόω
1* κατοικίζω
1 καύσων
2 καυχάομαι
1 καύχησις
1 κενός
1* κενῶς
1 κερδαίνω
2 κλαίω
1 κληρονόμος
1 κλύδων
5 κόσμος
1 κράζω
1 κρίμα
6 κρίνω
3 κρίσις
1 κριτήριον

4 κριτής
1 κτίσμα
14 κύριος
3 λαλέω
6 λαμβάνω
2 λαμπρός
13 λέγω
3 λείπω
1 λογίζομαι
5 λόγος
1 μακαρίζω
2 μακάριος
3 μακροθυμέω
1 μακροθυμία
1* μαραίνω
1 μαρτύριον
1 μάταιος
1 μάχη
1 μάχομαι
3 μέγας
1 μέλλω
3 μέλος
1 μέν
1 μέντοι
2 μεστός
2* μετάγω
1* μετατρέπω
24 μή
3 μηδείς
1 μήν
3 μήτε
1 μήτι
1 μικρός
1 μισθός
1 μοιχαλίς
2 μοιχεύω
2 μόνος
2 ναί
3 νεκρός
1* νομοθέτης
10 νόμος
3 νῦν
1 ξηραίνω
231° ὁ
1 ὅδε
3 ὁδός
4 οἶδα
1 οἰκτίρμων
1 οἴομαι
1 ὀλίγος
1 ὁλόκληρος
1* ὀλολύζω
4 ὅλος
1 ὀμνύω
1 ὁμοιοπαθής
1 ὁμοίως
1* ὁμοίωσις
1 ὀνειδίζω
3 ὄνομα
1 ὀπή
1 ὁποῖος
2 ὅπου
1 ὅπως
2 ὁράω
2 ὀργή
1 ὅρκος
1 ὁρμή
1 ὀρφανός
7 ὅς
2 ὅστις
1 ὅταν
16 ὅτι
27 οὐ
2 οὐδείς
5 οὖν
2 οὐρανός
1 οὖς
1 οὔτε
8 οὗτος
7 οὕτως
2 ὄφελος
1* ὄψιμος
1 πάλιν
4 παρά
2 παραβάτης
1 παρακύπτω
1* παραλλαγή
1 παραλογίζομαι
1 παραμένω
1 παρέρχομαι
2 παρουσία
12 πᾶς
4 πατήρ
1 πείθω
4 πειράζω
2 πειρασμός
1 πενθέω
1 πένθος
1 περιπίπτω
1 περισσεία
1 πετεινόν
1 πηγή
1 πηδάλιον
2* πικρός
1 πίπτω
3 πιστεύω
16 πίστις
2 πλανάω
1 πλάνη
1 πλῆθος
1 πληρόω
2 πλησίον
1 πλοῖον
5 πλούσιος
1 πλοῦτος
2 πνεῦμα
2 πόθεν
12 ποιέω
1* ποίησις
4 ποιητής
1 ποικίλος
1 ποῖος
1 πολεμέω
1 πόλεμος
1 πόλις
3 πολύς
1* πολύσπλαγχνος
2 πονηρός
1 πορεία
1 πορεύομαι
1 πόρνη
1 πρᾶγμα
2 πραΰτης
1 πρεσβύτερος
2 πρό
1* πρόϊμος
2 πρός
1 προσευχή
4 προσεύχομαι
1 προσκαλέομαι
1* προσωπολημπτέω
1 προσωπολημψία
2 πρόσωπον
1 προφήτης
1 πρῶτος
3 πταίω
4 πτωχός
3 πῦρ
1 Ῥαάβ
1* ῥιπίζω
1* ῥυπαρία
1 ῥυπαρός
1 σαβαώθ
1 σάρξ
1 σεαυτοῦ
1 σήμερον
1* σήπω
1* σητόβρωτος
1 σκληρός
4 σοφία
1 σοφός
1 σπαταλάω
1 σπείρω
1 σπιλόω
1 στενάζω
1 στέφανος
1 στηρίζω
2 στόμα
1 στρατεύω
8 σύ
1 συκῆ
1 σῦκον
1 συλλαμβάνω
1 σύν
1 συναγωγή
1 συνεργέω
1 σφαγή
5 σῴζω
5 σῶμα
1* ταλαιπωρέω
1 ταλαιπωρία
2 ταπεινός
1 ταπεινόω
1 ταπείνωσις
1 ταχύς
2 τέ
5 τέλειος
1 τελειόω
1 τελέω
1 τέλος
1 τηλικοῦτος
2 τηρέω
1 τίκτω
1 τίμιος
4 τίς
15 τις
1 τό
1 τοιοῦτος
1 τρεῖς
1 τρέφω
1* τροπή
1 τροφή
1* τροχός
1* τρυφάω
1 ὕδωρ
1 ὑετός
1 υἱός
1* ὕλη
39 ὑμεῖς
1 ὑπάγω
1 ὑπάρχω
1 ὑπέρ
1 ὑπερήφανος
7 ὑπό
1 ὑπόδειγμα
1 ὑποδέχομαι
2 ὑπομένω
3 ὑπομονή
1 ὑποπόδιον
1 ὑποτάσσω
1 ὕψος
1 ὑψόω
1 φαίνω
1 φαῦλος
1 φεύγω
1 φθόνος
1* φιλία
2 φίλος
2* φλογίζω
4 φονεύω
1 φορέω
1* φρίσσω
1 φυλή
2 φύσις
1 φῶς
1 χαίρω
2* χαλιναγωγέω
1 χαλινός
2 χαρά
2 χάρις
1 χείρ
1 χήρα
1 χορτάζω
2 χόρτος
1* χρή
2 Χριστός
1* χρυσοδακτύλιος
1 χρυσός
1 χώρα
4 χωρίς
1 ψάλλω
1 ψεύδομαι
2 ψυχή
1 ψυχικός
1 ὦ
1 ὧδε
5 ὡς
1 ὥσπερ

° Not included in concordance
* Word only occurs in this book

Frequency List (in Order of Occurrence)

231° ὁ
110° καί
43° αὐτός
39 ὑμεῖς
38 ἐν
37 δέ
32 εἰμί
27 οὐ
24 μή
19 ἀδελφός
16 θεός
16 ὅτι
16 πίστις
15 γάρ
15 εἰς
15 ἔργον
15 τις
14 ἐγώ
14 κύριος
13 ἐκ
13 λέγω
12 πᾶς
12 ποιέω
10 γίνομαι
10 εἰ
10 ἔχω
10 νόμος
8 ἐπί
8 ἤ
8 ἡμεῖς
8 οὗτος
8 σύ
7 ἁμαρτία
7 ἄνθρωπος
7 ἐάν
7 ὅς
7 οὕτως
7 ὑπό
6 ἀνήρ
6 ἀπό
6 δίδωμι
6 δύναμαι
6 ἰδού
6 κρίνω
6 λαμβάνω
5 αἰτέω
5 ἀλλά
5 γῆ
5 γλῶσσα
5 ἑαυτοῦ
5 καρδία
5 κατά
5 κόσμος
5 λόγος
5 οὖν
5 πλούσιος
5 σῴζω
5 σῶμα
5 τέλειος
5 ὡς
4 ἀλλήλων
4 ἵνα
4 καρπός
4 κριτής
4 οἶδα
4 ὅλος
4 παρά
4 πατήρ
4 πειράζω
4 ποιητής
4 προσεύχομαι
4 πτωχός
4 σοφία
4 τίς
4 φονεύω
4 χωρίς
3 ἀγαπάω
3 ἀγαπητός
3 ἀκούω
3 ἀκροατής
3 ἀλήθεια
3 ἄνωθεν
3 βούλομαι
3 γινώσκω
3 γραφή
3 δαμάζω
3 δείκνυμι
3 διακρίνω
3 δικαιοσύνη
3 δικαιόω
3 ἐγγίζω
3 εἰρήνη
3 εἷς
3 εἰσέρχομαι
3 ἐκεῖ
3 ἔλεος
3 ἐσθής
3 καλός
3 καλῶς
3 καταλαλέω
3 κρίσις
3 λαλέω
3 λείπω
3 μακροθυμέω
3 μέγας
3 μέλος
3 μηδείς
3 μήτε
3 νεκρός
3 νῦν
3 ὁδός
3 ὄνομα
3 πιστεύω
3 πολύς
3 πταίω
3 πῦρ
3 ὑπομονή
2 Ἀβραάμ
2 ἀγαθός
2 ἄγω
2* ἀκατάστατος
2 ἁμαρτωλός
2 ἄνθος
2 ἀντιτάσσω
2* ἀποκυέω
2 ἀπόλλυμι
2 αὔριον
2 βραδύς
2 βρέχω
2 γένεσις
2 γλυκύς
2 διά
2 δίκαιος
2 διό
2* δίψυχος
2 δοκέω
2 ἐκεῖνος
2 ἐλευθερία
2 ἐνιαυτός
2* ἔοικα
2 ἐπαγγέλλομαι
2 ἔπειτα
2 ἐπιθυμία
2 ἐπιστρέφω
2 ἐργάζομαι
2 ἐριθεία
2 ἕως
2 ζῆλος
2 ζωή
2 ἡδονή
2 ἡλίκος
2 ἡμέρα
2 θάνατος
2 θέλω
2 θρησκεία
2 Ἰησοῦς
2 ἰός
2 ἵστημι
2 κἀγώ
2 κάθημαι
2 καθίστημι
2 κακός
2 κατακαυχάομαι
2 κατανοέω
2 καυχάομαι
2 κλαίω
2 λαμπρός
2 μακάριος
2 μεστός
2* μετάγω
2 μοιχεύω
2 μόνος
2 ναί
2 ὅπου
2 ὁράω
2 ὀργή
2 ὅστις
2 οὐδείς
2 οὐρανός
2 ὄφελος
2 παραβάτης
2 παρουσία
2 πειρασμός
2* πικρός
2 πλανάω
2 πλησίον
2 πνεῦμα
2 πόθεν
2 πονηρός
2 πραΰτης
2 πρό
2 πρός
2 πρόσωπον
2 στόμα
2 ταπεινός
2 τέ
2 τηρέω
2 ὑπομένω
2 φίλος
2* φλογίζω
2 φύσις
2* χαλιναγωγέω
2 χαρά
2 χάρις
2 χόρτος
2 Χριστός
2 ψυχή
1 ἄγγελος
1 ἁγνίζω
1 ἁγνός
1 ἀδελφή
1* ἀδιάκριτος
1 ἀδικία
1 ἀκαταστασία
1 ἀλαζονεία
1 ἀλείφω
1 ἄλλος
1* ἁλυκός
1* ἀμάω
1 ἀμίαντος
1 ἄμπελος
1 ἀνάπτω
1 ἀναστροφή
1 ἀνατέλλω
1 ἀναφέρω
1* ἀνέλεος
1* ἀνεμίζω
1 ἄνεμος
1 ἀνθίστημι
1 ἀνθρώπινος
1 ἀντί
1 ἀνυπόκριτος
1 ἀπαρχή
1 ἅπας
1 ἀπατάω
1* ἀπείραστος
1 ἀπέρχομαι
1* ἁπλῶς
1* ἀποσκίασμα
1 ἀποστερέω
1 ἀποτελέω
1 ἀποτίθημι
1 ἀργός
1 ἄργυρος
1 ἀσθενέω
1 ἄσπιλος
1 ἀτιμάζω
1 ἀτμίς
1* αὐχέω
1 ἀφανίζω
1 ἀφίημι
1 βάλλω
1 βασιλεία
1 βασιλικός
1 βλαστάνω
1 βλασφημέω
1 βλέπω
1* βοή
1* βρύω
1 γέεννα
1* γέλως
1 γεωργός
1 γυμνός
1 δαιμόνιον
1* δαιμονιώδης
1 δαπανάω
1 δέησις
1 δελεάζω
1 δέχομαι
1 διάβολος
1 διαλογισμός
1 διασπορά
1 διδάσκαλος
1 διότι
1 δοκίμιον
1 δόκιμος
1 δόξα
1 δόσις
1 δοῦλος
1 δυνατός
1 δώδεκα
1 δώρημα
1 ἐγείρω
1 εἰρηνικός
1 εἶτα
1 ἕκαστος
1 ἐκβάλλω
1 ἐκδέχομαι
1 ἐκκλησία
1 ἐκλέγομαι
1 ἐκπίπτω
1 ἐλαία
1 ἔλαιον
1 ἐλαύνω
1 ἐλάχιστος
1 ἐλέγχω
1 ἕλκω
1 ἐμπορεύομαι
1* ἔμφυτος

1* ἐνάλιος
1 ἐνεργέω
1 ἔνι
1 ἔνοχος
1 ἐντεῦθεν
1 ἐνώπιον
1 ἔξ
1* ἐξέλκω
1 ἐξέρχομαι
1 ἐξομολογέω
1 ἐπέρχομαι
1 ἐπιβλέπω
1 ἐπίγειος
1 ἐπιεικής
1 ἐπιθυμέω
1 ἐπικαλέω
1 ἐπιλανθάνομαι
1* ἐπιλησμονή
1 ἐπιποθέω
1 ἐπισκέπτομαι
1 ἐπίσταμαι
1* ἐπιστήμων
1* ἐπιτήδειος
1 ἐπιτυγχάνω
1 ἐργάτης
1 ἑρπετόν
1 ἐσθίω
1 ἔσοπτρον
1 ἔσχατος
1 ἕτερος
1 εὐθέως
1 εὐθυμέω
1 εὐθύνω
1 εὐλογέω
1 εὐλογία
1* εὐπειθής
1* εὐπρέπεια
1 εὐχή
1 εὔχομαι
1* ἐφήμερος
1 ἔχθρα
1 ἐχθρός
1 ζάω
1 ζηλόω
1 ἡγέομαι
1 Ἠλίας
1 ἥλιος
1 θάλασσα
1* θανατηφόρος
1 θερίζω
1 θερμαίνω
1 θηρίον
1 θησαυρίζω
1 θλῖψις
1* θρησκός
1 θύρα
1 θυσιαστήριον
1 Ἰάκωβος
1 ἰάομαι
1 ἴδιος
1 ἱμάτιον
1 ἵππος
1 Ἰσαάκ
1 ἰσχύω
1* Ἰώβ
1 καθαρίζω
1 καθαρός
1 κακία
1* κακοπάθεια
1 κακοπαθέω
1 κακῶς
1 καλέω
1 καλύπτω
1 κάμνω
1 κἄν
1 καταβαίνω
1 καταδικάζω
1 καταδυναστεύω
1 κατάρα
1 καταράομαι
1 κατεργάζομαι
1 κατέρχομαι
1* κατήφεια
1* κατιόω
1* κατοικίζω
1 καύσων
1 καύχησις
1 κενός
1* κενῶς
1 κερδαίνω
1 κληρονόμος
1 κλύδων
1 κράζω
1 κρίμα
1 κριτήριον
1 κτίσμα
1 λογίζομαι
1 μακαρίζω
1 μακροθυμία
1* μαραίνω
1 μαρτύριον
1 μάταιος
1 μάχη
1 μάχομαι
1 μέλλω
1 μέν
1 μέντοι
1* μετατρέπω
1 μήν
1 μήτι
1 μικρός
1 μισθός
1 μοιχαλίς
1* νομοθέτης
1 ξηραίνω
1 ὅδε
1 οἰκτίρμων
1 οἴομαι
1 ὀλίγος
1 ὁλόκληρος
1* ὀλολύζω
1 ὀμνύω
1 ὁμοιοπαθής
1 ὁμοίως
1* ὁμοίωσις
1 ὀνειδίζω
1 ὀπή
1 ὁποῖος
1 ὅπως
1 ὅρκος
1 ὁρμή
1 ὀρφανός
1 ὅταν
1 οὖς
1 οὔτε
1* ὄψιμος
1 πάλιν
1 παρακύπτω
1* παραλλαγή
1 παραλογίζομαι
1 παραμένω
1 παρέρχομαι
1 πείθω
1 πενθέω
1 πένθος
1 περιπίπτω
1 περισσεία
1 πετεινόν
1 πηγή
1 πηδάλιον
1 πίπτω
1 πλάνη
1 πλῆθος
1 πληρόω
1 πλοῖον
1 πλοῦτος
1* ποίησις
1 ποικίλος
1 ποῖος
1 πολεμέω
1 πόλεμος
1 πόλις
1* πολύσπλαγχνος
1 πορεία
1 πορεύομαι
1 πόρνη
1 πρᾶγμα
1 πρεσβύτερος
1* πρόϊμος
1 προσευχή
1 προσκαλέομαι
1* προσωπολημπτέω
1 προσωπολημψία
1 προφήτης
1 πρῶτος
1 Ῥαάβ
1* ῥιπίζω
1* ῥυπαρία
1 ῥυπαρός
1 σαβαώθ
1 σάρξ
1 σεαυτοῦ
1 σήμερον
1* σήπω
1* σητόβρωτος
1 σκληρός
1 σοφός
1 σπαταλάω
1 σπείρω
1 σπιλόω
1 στενάζω
1 στέφανος
1 στηρίζω
1 στρατεύω
1 συκῆ
1 σῦκον
1 συλλαμβάνω
1 σύν
1 συναγωγή
1 συνεργέω
1 σφαγή
1* ταλαιπωρέω
1 ταλαιπωρία
1 ταπεινόω
1 ταπείνωσις
1 ταχύς
1 τελειόω
1 τελέω
1 τέλος
1 τηλικοῦτος
1 τίκτω
1 τίμιος
1 τό
1 τοιοῦτος
1 τρεῖς
1 τρέφω
1* τροπή
1 τροφή
1* τροχός
1* τρυφάω
1 ὕδωρ
1 ὑετός
1 υἱός
1* ὕλη
1 ὑπάγω
1 ὑπάρχω
1 ὑπέρ
1 ὑπερήφανος
1 ὑπόδειγμα
1 ὑποδέχομαι
1 ὑποπόδιον
1 ὑποτάσσω
1 ὕψος
1 ὑψόω
1 φαίνω
1 φαῦλος
1 φεύγω
1 φθόνος
1* φιλία
1 φορέω
1* φρίσσω
1 φυλή
1 φῶς
1 χαίρω
1 χαλινός
1 χείρ
1 χήρα
1 χορτάζω
1* χρή
1* χρυσοδακτύλιος
1 χρυσός
1 χώρα
1 ψάλλω
1 ψεύδομαι
1 ψυχικός
1 ὦ
1 ὧδε
1 ὥσπερ

° Not included in concordance
* Word only occurs in this book

1 Peter – Statistics

544 Total word count
27 Number of words occurring at least 10 times
353 Number of words occurring once

Words whose occurrences in this book account for at least 25% of occurrences in the entire NT

100%

3/3 κακοποιός (*kakopoios*; wrongdoer)

2/2 ἀδελφότης (*adelphotēs*; brotherhood), ἀναγεννάω (*anagennaō*; give new birth or life to), ἐποπτεύω (*epopteuō*; see, observe), ἱεράτευμα (*hierateuma*; priesthood)

1/1[2] ἐξαγγέλλω (*exangellō*; proclaim)

1/1 ἀγαθοποιΐα (*agathopoiia*; doing good or right), ἀγαθοποιός (*agathopoios*; one who does what is good or right), ἀδίκως (*adikōs*; unjustly), ἄδολος (*adolos*; without admixture), αἰσχροκερδῶς (*aischrokerdōs*; with greediness for material gain), ἀλλοτριεπίσκοπος (*allotriepiskopos*; busybody), ἀμαράντινος (*amarantinos*; unfading), ἀμάραντος (*amarantos*; unfading), ἀναγκαστῶς (*anankastōs*; under compulsion), ἀναζώννυμι (*anazōnnymi*; bind up), ἀνάχυσις (*anachysis*; flood), ἀνεκλάλητος (*aneklalētos*; inexpressible), ἀντιλοιδορέω (*antiloidoreō*; reply with a curse), ἀπογίνομαι (*apoginomai*; die), ἀπονέμω (*aponemō*; show), ἀπροσωπολήμπτως (*aprosōpolēmptōs*; impartially), ἀρτιγέννητος (*artigennētos*; newborn), ἀρχιποίμην (*archipoimēn*; chief shepherd), βιόω (*bioō*; live), γυναικεῖος (*gynaikeios*; female), ἐγκομβόομαι (*enkomboomai*; put on), ἐκτενής (*ektenēs*; constant), ἐμπλοκή (*emplokē*; elaborate braiding), ἔνδυσις (*endysis*; wearing), ἐξεραυνάω (*exeraunaō*; make a careful search), ἐπερώτημα (*eperōtēma*; promise), ἐπικάλυμμα (*epikalymma*; covering), ἐπίλοιπος (*epiloipos*; remaining), ἐπιμαρτυρέω (*epimartyreō*; testify), κλέος (*kleos*; credit), κραταιός (*krataios*; mighty), κτίστης (*ktistēs*; Creator), μώλωψ (*mōlōps*; wound), οἰνοφλυγία (*oinophlygia*; drunkenness), ὁμόφρων (*homophrōn*; of one mind), ὁπλίζω (*hoplizō*; arm oneself with), πατροπαράδοτος (*patroparadotos*; handed down from one's ancestors), περίθεσις (*perithesis*; wearing [of jewelry]), πότος (*potos*; drunken orgy), προθύμως (*prothymōs*; willingly), προμαρτύρομαι (*promartyromai*; predict), πτόησις (*ptoēsis*; something that causes fear), ῥύπος (*rhypos*; dirt), σθενόω (*sthenoō*; strengthen), σπορά (*spora*; seed), συμπαθής (*sympathēs*; sharing the same feeling), συμπρεσβύτερος (*sympresbyteros*; fellow-elder), συνεκλεκτός (*syneklektos*; one who is also chosen), συνοικέω (*synoikeō*; live with), ταπεινόφρων (*tapeinophrōn*; humble), τελείως (*teleiōs*; fully), ὑπογραμμός (*hypogrammos*; example), ὑπολιμπάνω (*hypolimpanō*; leave), φιλάδελφος (*philadelphos*; loving one's fellow-Christian or fellow-man), ὠρύομαι (*ōryomai*; roar)

66%

2/3 ἄνευ (*aneu*; without), λοιδορία (*loidoria*; cursing or speaking evil), παρεπίδημος (*parepidēmos*; temporary resident)

50%

3/6 νήφω (*nēphō*; be sober)

2/4 ἄνθος (*anthos*; flower)

1/2 ἀγνωσία (*agnōsia*; lack of spiritual perception), ἀθέμιτος (*athemitos*; forbidden), ἀκρογωνιαῖος (*akrogōniaios*; cornerstone), ἀντίτυπος (*antitypos*; copy), ἀπειλέω (*apeileō*; threaten), ἀπόθεσις (*apothesis*; removal), βασίλειος (*basileios*; royal), Βιθυνία (*Bithynia*; Bithynia), δοκίμιον (*dokimion*; testing), ἑκουσίως (*hekousiōs*; willingly), ἔννοια (*ennoia*; attitude), ἐπηρεάζω (*epēreazō*; mistreat), ἐπιρίπτω (*epiriptō*; throw on), ἐπισκοπέω (*episkopeō*; see to it), εὔσπλαγχνος (*eusplanchnos*;

tenderhearted), ἡσύχιος (*hēsychios*; quiet), Καππαδοκία (*Kappadokia*; Cappadocia), καταλαλιά (*katalalia*; slander), λογικός (*logikos*; rational, spiritual), παροικία (*paroikia*; stay), περιέχω (*periechō*; seize), Πόντος (*Pontos*; Pontus), πρόγνωσις (*prognōsis*; foreknowledge), ῥαντισμός (*rhantismos*; sprinkling), συσχηματίζω (*syschēmatizō*; be conformed to), χορηγέω (*chorēgeō*; supply)

<u>46%</u>
6/13 ἀναστροφή (*anastrophē*; manner of life)

<u>44%</u>
4/9 ἀγαθοποιέω (*agathopoieō*; do good)

<u>42%</u>
3/7[8] ἄφθαρτος (*aphthartos*; imperishable)

<u>40%</u>
2/5 ἔντιμος (*entimos*; valuable), καταλαλέω (*katalaleō*; speak evil of), ποίμνιον (*poimnion*; flock)

<u>33%</u>
2/6 φθαρτός (*phthartos*; subject to decay)
1/3[4] ἐπακολουθέω (*epakoloutheō*; follow)
1/3 ἀρκετός (*arketos*; enough), ἀσωτία (*asōtia*; dissipation), βούλημα (*boulēma*; will), διασπορά (*diaspora*; dispersion), ἐκκλίνω (*ekklinō*; turn away), ἐκτενῶς (*ektenōs*; earnestly), ἑτοίμως (*hetoimōs*; readily), ἴχνος (*ichnos*; footstep), κῶμος (*kōmos*; carousing), λυτρόω (*lytroō*; redeem), πολυτελής (*polytelēs*; expensive), πολύτιμος (*polytimos*; expensive), πύρωσις (*pyrōsis*; burning), συντρέχω (*syntrechō*; run together), ὑποφέρω (*hypopherō*; endure), φιλόξενος (*philoxenos*; hospitable), Χριστιανός (*Christianos*; Christian)

<u>28%</u>
12/42 πάσχω (*paschō*; suffer)
4/14 ἀπειθέω (*apeitheō*; disobey)

<u>27%</u>
3/11 ἀγαλλιάω (*agalliaō*; rejoice, be glad), δόλος (*dolos*; deceit)

1 Peter – Concordance

<u>᾿Αβραάμ (*Abraam*; 1/73) *Abraham*</u>
1Pe 3:6 Σάρρα ὑπήκουσεν τῷ **᾿Αβραάμ** κύριον αὐτὸν καλοῦσα,

<u>ἀγαθοποιέω (*agathopoieō*; 4/9) *do good*</u>
1Pe 2:15 θέλημα τοῦ θεοῦ **ἀγαθοποιοῦντας** φιμοῦν τὴν τῶν
1Pe 2:20 ἀλλ᾿ εἰ **ἀγαθοποιοῦντες** καὶ πάσχοντες ὑπομενεῖτε,
1Pe 3:6 ἧς ἐγενήθητε τέκνα **ἀγαθοποιοῦσαι** καὶ μὴ φοβούμεναι
1Pe 3:17 κρεῖττον γὰρ **ἀγαθοποιοῦντας**,

<u>ἀγαθοποιΐα (*agathopoiia*; 1/1) *doing good or right*</u>
1Pe 4:19 ψυχὰς αὐτῶν ἐν **ἀγαθοποιΐᾳ**.

<u>ἀγαθοποιός (*agathopoios*; 1/1) *one who does what is good or right*</u>
1Pe 2:14 κακοποιῶν ἔπαινον δὲ **ἀγαθοποιῶν**·

<u>ἀγαθός (*agathos*; 7/102) *good*</u>
1Pe 2:18 οὐ μόνον τοῖς **ἀγαθοῖς** καὶ ἐπιεικέσιν ἀλλὰ
1Pe 3:10 καὶ ἰδεῖν ἡμέρας **ἀγαθὰς** παυσάτω τὴν γλῶσσαν
1Pe 3:11 κακοῦ καὶ ποιησάτω **ἀγαθόν**,
1Pe 3:13 ὑμᾶς ἐὰν τοῦ **ἀγαθοῦ** ζηλωταὶ γένησθε;
1Pe 3:16 συνείδησιν ἔχοντες **ἀγαθήν**,
1Pe 3:16 ἐπηρεάζοντες ὑμῶν τὴν **ἀγαθὴν** ἐν Χριστῷ ἀναστροφήν.
1Pe 3:21 συνειδήσεως **ἀγαθῆς** ἐπερώτημα εἰς θεόν,

<u>ἀγαλλιάω (*agalliaō*; 3/11) *rejoice, be glad*</u>
1Pe 1:6 ἐν ᾧ **ἀγαλλιᾶσθε**,
1Pe 1:8 ὁρῶντες πιστεύοντες δὲ **ἀγαλλιᾶσθε** χαρᾷ ἀνεκλαλήτῳ καὶ
1Pe 4:13 δόξης αὐτοῦ χαρῆτε **ἀγαλλιώμενοι**.

<u>ἀγαπάω (*agapaō*; 4/143) *love*</u>
1Pe 1:8 ὃν οὐκ ἰδόντες **ἀγαπᾶτε**,
1Pe 1:22 καρδίας ἀλλήλους **ἀγαπήσατε** ἐκτενῶς
1Pe 2:17 τὴν ἀδελφότητα **ἀγαπᾶτε**,
1Pe 3:10 γὰρ θέλων ζωὴν **ἀγαπᾶν** καὶ ἰδεῖν ἡμέρας

<u>ἀγάπη (*agapē*; 3/116) *love*</u>
1Pe 4:8 τὴν εἰς ἑαυτοὺς **ἀγάπην** ἐκτενῆ ἔχοντες,
1Pe 4:8 ὅτι **ἀγάπη** καλύπτει πλῆθος ἁμαρτιῶν.
1Pe 5:14 ἀλλήλους ἐν φιλήματι **ἀγάπης**.

<u>ἀγαπητός (*agapētos*; 2/61) *beloved*</u>
1Pe 2:11 **᾿Αγαπητοί**,
1Pe 4:12 **᾿Αγαπητοί**,

<u>ἄγγελος (*angelos*; 2/175) *angel, messenger*</u>
1Pe 1:12 εἰς ἃ ἐπιθυμοῦσιν **ἄγγελοι** παρακύψαι.
1Pe 3:22 οὐρανόν ὑποταγέντων αὐτῷ **ἀγγέλων** καὶ ἐξουσιῶν καὶ

<u>ἁγιάζω (*hagiazō*; 1/28) *set apart as sacred to God, consecrate, sanctify, purify*</u>
1Pe 3:15 δὲ τὸν Χριστὸν **ἁγιάσατε** ἐν ταῖς καρδίαις

<u>ἁγιασμός (*hagiasmos*; 1/10) *consecration, holiness, sanctification*</u>
1Pe 1:2 θεοῦ πατρὸς ἐν **ἁγιασμῷ** πνεύματος εἰς ὑπακοὴν

<u>ἅγιος (*hagios*; 8/233) *holy, set apart*</u>
1Pe 1:12 ὑμᾶς [ἐν] πνεύματι **ἁγίῳ** ἀποσταλέντι ἀπ᾿ οὐρανοῦ,
1Pe 1:15 τὸν καλέσαντα ὑμᾶς **ἅγιον** καὶ αὐτοὶ ἅγιοι
1Pe 1:15 ἅγιον καὶ αὐτοὶ **ἅγιοι** ἐν πάσῃ ἀναστροφῇ
1Pe 1:16 διότι γέγραπται [ὅτι] **ἅγιοι** ἔσεσθε,
1Pe 1:16 ὅτι ἐγὼ **ἅγιός** [εἰμι].
1Pe 2:5 πνευματικὸς εἰς ἱεράτευμα **ἅγιον** ἀνενέγκαι πνευματικὰς θυσίας
1Pe 2:9 ἔθνος **ἅγιον**,
1Pe 3:5 ποτε καὶ αἱ **ἅγιαι** γυναῖκες αἱ ἐλπίζουσαι

<u>ἁγνίζω (*hagnizō*; 1/7) *purify*</u>
1Pe 1:22 Τὰς ψυχὰς ὑμῶν **ἡγνικότες** ἐν τῇ ὑπακοῇ

<u>ἄγνοια (*agnoia*; 1/4) *ignorance*</u>
1Pe 1:14 πρότερον ἐν τῇ **ἀγνοίᾳ** ὑμῶν ἐπιθυμίαις

<u>ἁγνός (*hagnos*; 1/8) *pure*</u>
1Pe 3:2 τὴν ἐν φόβῳ **ἁγνὴν** ἀναστροφὴν ὑμῶν.

<u>ἀγνωσία (*agnōsia*; 1/2) *lack of spiritual perception*</u>
1Pe 2:15 τῶν ἀφρόνων ἀνθρώπων **ἀγνωσίαν**,

<u>ἀδελφός (*adelphos*; 1/343) *brother*</u>
1Pe 5:12 ὑμῖν τοῦ πιστοῦ **ἀδελφοῦ**,

<u>ἀδελφότης (*adelphotēs*; 2/2) *brotherhood*</u>
1Pe 2:17 τὴν **ἀδελφότητα** ἀγαπᾶτε,
1Pe 5:9 [τῷ] κόσμῳ ὑμῶν **ἀδελφότητι** ἐπιτελεῖσθαι.

<u>ἄδικος (*adikos*; 1/12) *evil*</u>
1Pe 3:18 δίκαιος ὑπὲρ ἀδίκων,

<u>ἀδίκως (*adikōs*; 1/1) *unjustly*</u>
1Pe 2:19 τις λύπας πάσχων **ἀδίκως**.

<u>ἄδολος (*adolos*; 1/1) *without admixture*</u>
1Pe 2:2 βρέφη τὸ λογικὸν **ἄδολον** γάλα ἐπιποθήσατε,

<u>ἀεί (*aei*; 1/7) *always*</u>
1Pe 3:15 ἕτοιμοι **ἀεὶ** πρὸς ἀπολογίαν παντὶ

<u>ἀθέμιτος (*athemitos*; 1/2) *forbidden*</u>
1Pe 4:3 πότοις καὶ **ἀθεμίτοις** εἰδωλολατρίαις.

αἷμα (*haima*; 2/97) *blood*
1Pe 1:2 ὑπακοὴν καὶ ῥαντισμὸν **αἵματος** Ἰησοῦ Χριστοῦ,
1Pe 1:19 ἀλλὰ τιμίῳ **αἵματι** ὡς ἀμνοῦ ἀμώμου

αἰσχροκερδῶς (*aischrokerdōs*; 1/1) *with greediness for material gain*
1Pe 5:2 μηδὲ **αἰσχροκερδῶς** ἀλλὰ προθύμως,

αἰσχύνω (*aischynō*; 1/5) *be ashamed*
1Pe 4:16 μὴ **αἰσχυνέσθω**,

αἰτέω (*aiteō*; 1/70) *ask*
1Pe 3:15 ἀπολογίαν παντὶ τῷ **αἰτοῦντι** ὑμᾶς λόγον

αἰών (*aiōn*; 4/122) *age*
1Pe 1:25 μένει εἰς τὸν **αἰῶνα**.
1Pe 4:11 κράτος εἰς τοὺς **αἰῶνας** τῶν αἰώνων,
1Pe 4:11 τοὺς αἰῶνας τῶν **αἰώνων**,
1Pe 5:11 κράτος εἰς τοὺς **αἰῶνας**,

αἰώνιος (*aiōnios*; 1/70[71]) *eternal*
1Pe 5:10 ὑμᾶς εἰς τὴν **αἰώνιον** αὐτοῦ δόξαν ἐν

ἀκρογωνιαῖος (*akrogōniaios*; 1/2) *cornerstone*
1Pe 2:6 ἐν Σιὼν λίθον **ἀκρογωνιαῖον** ἐκλεκτὸν ἔντιμον καὶ

ἀλήθεια (*alētheia*; 1/109) *truth*
1Pe 1:22 τῇ ὑπακοῇ τῆς **ἀληθείας** εἰς φιλαδελφίαν ἀνυπόκριτον,

ἀληθής (*alēthēs*; 1/26) *true*
1Pe 5:12 ταύτην εἶναι **ἀληθῆ** χάριν τοῦ θεοῦ

ἀλλά (*alla*; 16/638) *but*
1Pe 1:15 **ἀλλὰ** κατὰ τὸν καλέσαντα
1Pe 1:19 **ἀλλὰ** τιμίῳ αἵματι ὡς
1Pe 1:23 ἐκ σπορᾶς φθαρτῆς **ἀλλὰ** ἀφθάρτου διὰ λόγου
1Pe 2:16 κακίας τὴν ἐλευθερίαν **ἀλλ'** ὡς θεοῦ δοῦλοι.
1Pe 2:18 ἀγαθοῖς καὶ ἐπιεικέσιν **ἀλλὰ** καὶ τοῖς σκολιοῖς.
1Pe 2:20 **ἀλλ'** εἰ ἀγαθοποιοῦντες καὶ
1Pe 2:25 **ἀλλὰ** ἐπεστράφητε νῦν ἐπὶ
1Pe 3:4 **ἀλλ'** ὁ κρυπτὸς τῆς
1Pe 3:14 **ἀλλ'** εἰ καὶ πάσχοιτε
1Pe 3:16 **ἀλλὰ** μετὰ πραΰτητος καὶ
1Pe 3:21 σαρκὸς ἀπόθεσις ῥύπου **ἀλλὰ** συνειδήσεως ἀγαθῆς ἐπερώτημα
1Pe 4:2 μηκέτι ἀνθρώπων ἐπιθυμίαις **ἀλλὰ** θελήματι θεοῦ τὸν
1Pe 4:13 **ἀλλὰ** καθὸ κοινωνεῖτε τοῖς
1Pe 5:2 [ἐπισκοποῦντες] μὴ ἀναγκαστῶς **ἀλλὰ** ἑκουσίως κατὰ θεόν,
1Pe 5:2 μηδὲ αἰσχροκερδῶς **ἀλλὰ** προθύμως,
1Pe 5:3 κατακυριεύοντες τῶν κλήρων **ἀλλὰ** τύποι γινόμενοι τοῦ

ἀλλήλων (*allēlōn*; 4/100) *one another*
1Pe 1:22 ἐκ [καθαρᾶς] καρδίας **ἀλλήλους** ἀγαπήσατε ἐκτενῶς
1Pe 4:9 φιλόξενοι εἰς **ἀλλήλους** ἄνευ γογγυσμοῦ,
1Pe 5:5 πάντες δὲ **ἀλλήλοις** τὴν ταπεινοφροσύνην ἐγκομβώσασθε,
1Pe 5:14 ἀσπάσασθε **ἀλλήλους** ἐν φιλήματι ἀγάπης.

ἀλλοτριεπίσκοπος (*allotriepiskopos*; 1/1) *busybody*
1Pe 4:15 κακοποιὸς ἢ ὡς **ἀλλοτριεπίσκοπος**·

ἀμαράντινος (*amarantinos*; 1/1) *unfading*
1Pe 5:4 ἀρχιποίμενος κομιεῖσθε τὸν **ἀμαράντινον** τῆς δόξης στέφανον.

ἀμάραντος (*amarantos*; 1/1) *unfading*
1Pe 1:4 καὶ ἀμίαντον καὶ **ἀμάραντον**,

ἁμαρτάνω (*hamartanō*; 1/42[43]) *sin*
1Pe 2:20 γὰρ κλέος εἰ **ἁμαρτάνοντες** καὶ κολαφιζόμενοι ὑπομενεῖτε;

ἁμαρτία (*hamartia*; 6/173) *sin*
1Pe 2:22 ὃς **ἁμαρτίαν** οὐκ ἐποίησεν οὐδὲ
1Pe 2:24 ὃς τὰς **ἁμαρτίας** ἡμῶν αὐτὸς ἀνήνεγκεν
1Pe 2:24 ἵνα ταῖς **ἁμαρτίαις** ἀπογενόμενοι τῇ δικαιοσύνῃ
1Pe 3:18 Χριστὸς ἅπαξ περὶ **ἁμαρτιῶν** ἔπαθεν,
1Pe 4:1 παθὼν σαρκὶ πέπαυται **ἁμαρτίας**
1Pe 4:8 ἀγάπη καλύπτει πλῆθος **ἁμαρτιῶν**.

ἁμαρτωλός (*hamartōlos*; 1/47) *sinful*
1Pe 4:18 ὁ ἀσεβὴς καὶ **ἁμαρτωλὸς** ποῦ φανεῖται;

ἀμήν (*amēn*; 2/128[129]) *truly*
1Pe 4:11 **ἀμήν**.
1Pe 5:11 **ἀμήν**.

ἀμίαντος (*amiantos*; 1/4) *pure*
1Pe 1:4 κληρονομίαν ἄφθαρτον καὶ **ἀμίαντον** καὶ ἀμάραντον,

ἀμνός (*amnos*; 1/4) *lamb*
1Pe 1:19 τιμίῳ αἵματι ὡς **ἀμνοῦ** ἀμώμου καὶ ἀσπίλου

ἄμωμος (*amōmos*; 1/8) *faultless*
1Pe 1:19 αἵματι ὡς ἀμνοῦ **ἀμώμου** καὶ ἀσπίλου Χριστοῦ,

ἀναγγέλλω (*anangellō*; 1/14) *declare*
1Pe 1:12 ἃ νῦν **ἀνηγγέλη** ὑμῖν διὰ τῶν

ἀναγεννάω (*anagennaō*; 2/2) *give new birth or life to*
1Pe 1:3 πολὺ αὐτοῦ ἔλεος **ἀναγεννήσας** ἡμᾶς εἰς ἐλπίδα
1Pe 1:23 **ἀναγεγεννημένοι** οὐκ ἐκ σπορᾶς

<u>ἀναγκαστῶς (*anankastōs*; 1/1) *under compulsion*</u>
1Pe 5:2 θεοῦ [ἐπισκοποῦντες] μὴ **ἀναγκαστῶς** ἀλλὰ ἑκουσίως κατὰ

<u>ἀναζώννυμι (*anazōnnymi*; 1/1) *bind up*</u>
1Pe 1:13 Διὸ **ἀναζωσάμενοι** τὰς ὀσφύας τῆς

<u>ἀναπαύω (*anapauō*; 1/12) *give rest*</u>
1Pe 4:14 πνεῦμα ἐφ' ὑμᾶς **ἀναπαύεται**.

<u>ἀνάστασις (*anastasis*; 2/42) *resurrection*</u>
1Pe 1:3 ἐλπίδα ζῶσαν δι' **ἀναστάσεως** Ἰησοῦ Χριστοῦ ἐκ
1Pe 3:21 δι' **ἀναστάσεως** Ἰησοῦ Χριστοῦ,

<u>ἀναστρέφω (*anastrephō*; 1/9) *return*</u>
1Pe 1:17 παροικίας ὑμῶν χρόνον **ἀναστράφητε**,

<u>ἀναστροφή (*anastrophē*; 6/13) *manner of life*</u>
1Pe 1:15 ἅγιοι ἐν πάσῃ **ἀναστροφῇ** γενήθητε,
1Pe 1:18 τῆς ματαίας ὑμῶν **ἀναστροφῆς** πατροπαραδότου
1Pe 2:12 τὴν **ἀναστροφὴν** ὑμῶν ἐν τοῖς
1Pe 3:1 τῆς τῶν γυναικῶν **ἀναστροφῆς** ἄνευ λόγου κερδηθήσονται,
1Pe 3:2 ἐν φόβῳ ἁγνὴν **ἀναστροφὴν** ὑμῶν.
1Pe 3:16 ἀγαθὴν ἐν Χριστῷ **ἀναστροφήν**.

<u>ἀναφέρω (*anapherō*; 2/10) *offer (sacrifice)*</u>
1Pe 2:5 εἰς ἱεράτευμα ἅγιον **ἀνενέγκαι** πνευματικὰς θυσίας εὐπροσδέκτους
1Pe 2:24 ἁμαρτίας ἡμῶν αὐτὸς **ἀνήνεγκεν** ἐν τῷ σώματι

<u>ἀνάχυσις (*anachysis*; 1/1) *flood*</u>
1Pe 4:4 αὐτὴν τῆς ἀσωτίας **ἀνάχυσιν** βλασφημοῦντες,

<u>ἀνεκλάλητος (*aneklalētos*; 1/1) *inexpressible*</u>
1Pe 1:8 δὲ ἀγαλλιᾶσθε χαρᾷ **ἀνεκλαλήτῳ** καὶ δεδοξασμένῃ

<u>ἄνευ (*aneu*; 2/3) *without*</u>
1Pe 3:1 τῶν γυναικῶν ἀναστροφῆς **ἄνευ** λόγου κερδηθήσονται,
1Pe 4:9 φιλόξενοι εἰς ἀλλήλους **ἄνευ** γογγυσμοῦ,

<u>ἀνήρ (*anēr*; 3/216) *man, husband*</u>
1Pe 3:1 ὑποτασσόμεναι τοῖς ἰδίοις **ἀνδράσιν**,
1Pe 3:5 ὑποτασσόμεναι τοῖς ἰδίοις **ἀνδράσιν**,
1Pe 3:7 Οἱ **ἄνδρες** ὁμοίως,

<u>ἀνθίστημι (*anthistēmi*; 1/14) *resist*</u>
1Pe 5:9 ᾧ **ἀντίστητε** στερεοὶ τῇ πίστει

<u>ἄνθος (*anthos*; 2/4) *flower*</u>
1Pe 1:24 δόξα αὐτῆς ὡς **ἄνθος** χόρτου·
1Pe 1:24 χόρτος καὶ τὸ **ἄνθος** ἐξέπεσεν·

<u>ἀνθρώπινος (*anthrōpinos*; 1/7) *human*</u>
1Pe 2:13 Ὑποτάγητε πάσῃ **ἀνθρωπίνῃ** κτίσει διὰ τὸν

<u>ἄνθρωπος (*anthrōpos*; 5/550) *man, human being (pl. people)*</u>
1Pe 2:4 λίθον ζῶντα ὑπὸ **ἀνθρώπων** μὲν ἀποδεδοκιμασμένον παρὰ
1Pe 2:15 τὴν τῶν ἀφρόνων **ἀνθρώπων** ἀγνωσίαν,
1Pe 3:4 κρυπτὸς τῆς καρδίας **ἄνθρωπος** ἐν τῷ ἀφθάρτῳ
1Pe 4:2 εἰς τὸ μηκέτι **ἀνθρώπων** ἐπιθυμίαις ἀλλὰ θελήματι
1Pe 4:6 κριθῶσι μὲν κατὰ **ἀνθρώπους** σαρκὶ ζῶσι δὲ

<u>ἀντί (*anti*; 2/22) *instead of*</u>
1Pe 3:9 μὴ ἀποδιδόντες κακὸν **ἀντὶ** κακοῦ ἢ λοιδορίαν
1Pe 3:9 κακοῦ ἢ λοιδορίαν **ἀντὶ** λοιδορίας,

<u>ἀντίδικος (*antidikos*; 1/5) *opponent at law*</u>
1Pe 5:8 ὁ **ἀντίδικος** ὑμῶν διάβολος ὡς

<u>ἀντιλοιδορέω (*antiloidoreō*; 1/1) *reply with a curse*</u>
1Pe 2:23 ὃς λοιδορούμενος οὐκ **ἀντελοιδόρει**,

<u>ἀντιτάσσω (*antitassō*; 1/5) *oppose, resist*</u>
1Pe 5:5 [ὁ] θεὸς ὑπερηφάνοις **ἀντιτάσσεται**,

<u>ἀντίτυπος (*antitypos*; 1/2) *copy*</u>
1Pe 3:21 ὃ καὶ ὑμᾶς **ἀντίτυπον** νῦν σῴζει βάπτισμα,

<u>ἀνυπόκριτος (*anypokritos*; 1/6) *sincere*</u>
1Pe 1:22 ἀληθείας εἰς φιλαδελφίαν **ἀνυπόκριτον**,

<u>ἅπαξ (*hapax*; 1/14) *once*</u>
1Pe 3:18 ὅτι καὶ Χριστὸς **ἅπαξ** περὶ ἁμαρτιῶν ἔπαθεν,

<u>ἀπειθέω (*apeitheō*; 4/14) *disobey*</u>
1Pe 2:8 προσκόπτουσιν τῷ λόγῳ **ἀπειθοῦντες** εἰς ὃ
1Pe 3:1 καὶ εἴ τινες **ἀπειθοῦσιν** τῷ λόγῳ,
1Pe 3:20 **ἀπειθήσασίν** ποτε ὅτε ἀπεξεδέχετο
1Pe 4:17 τὸ τέλος τῶν **ἀπειθούντων** τῷ τοῦ θεοῦ

<u>ἀπειλέω (*apeileō*; 1/2) *threaten*</u>
1Pe 2:23 πάσχων οὐκ **ἠπείλει**,

<u>ἀπεκδέχομαι (*apekdechomai*; 1/8) *await expectantly*</u>
1Pe 3:20 ἀπειθήσασίν ποτε ὅτε **ἀπεξεδέχετο** ἡ τοῦ θεοῦ

<u>ἀπέχω (*apechō*; 1/19) *receive in full*</u>
1Pe 2:11 παροίκους καὶ παρεπιδήμους **ἀπέχεσθαι** τῶν σαρκικῶν ἐπιθυμιῶν

ἀπιστέω (*apisteō*; 1/6[8]) *fail or refuse to believe*
1Pe 2:7 ἀπιστοῦσιν **δὲ** λίθος ὃν ἀπεδοκίμασαν

ἀπό (*apo*; 5/643[646]) *from*
1Pe 1:12 πνεύματι ἁγίῳ ἀποσταλέντι **ἀπ'** οὐρανοῦ,
1Pe 3:10 παυσάτω τὴν γλῶσσαν **ἀπὸ** κακοῦ καὶ χείλη
1Pe 3:11 ἐκκλινάτω δὲ **ἀπὸ** κακοῦ καὶ ποιησάτω
1Pe 4:17 ἄρξασθαι τὸ κρίμα **ἀπὸ** τοῦ οἴκου τοῦ
1Pe 4:17 εἰ δὲ πρῶτον **ἀφ'** ἡμῶν,

ἀπογίνομαι (*apoginomai*; 1/1) *die*
1Pe 2:24 ἵνα ταῖς ἁμαρτίαις **ἀπογενόμενοι** τῇ δικαιοσύνῃ ζήσωμεν,

ἀποδίδωμι (*apodidōmi*; 2/48) *give back, repay*
1Pe 3:9 μὴ **ἀποδιδόντες** κακὸν ἀντὶ κακοῦ
1Pe 4:5 οἳ **ἀποδώσουσιν** λόγον τῷ ἑτοίμως

ἀποδοκιμάζω (*apodokimazō*; 2/9) *reject*
1Pe 2:4 ὑπὸ ἀνθρώπων μὲν **ἀποδεδοκιμασμένον** παρὰ δὲ θεῷ
1Pe 2:7 δὲ λίθος ὃν **ἀπεδοκίμασαν** οἱ οἰκοδομοῦντες,

ἀπόθεσις (*apothesis*; 1/2) *removal*
1Pe 3:21 οὐ σαρκὸς **ἀπόθεσις** ῥύπου ἀλλὰ συνειδήσεως

ἀποκαλύπτω (*apokalyptō*; 3/26) *reveal*
1Pe 1:5 εἰς σωτηρίαν ἑτοίμην **ἀποκαλυφθῆναι** ἐν καιρῷ ἐσχάτῳ.
1Pe 1:12 οἷς **ἀπεκαλύφθη** ὅτι οὐχ ἑαυτοῖς
1Pe 5:1 καὶ τῆς μελλούσης **ἀποκαλύπτεσθαι** δόξης κοινωνός·

ἀποκάλυψις (*apokalypsis*; 3/18) *revelation*
1Pe 1:7 καὶ τιμὴν ἐν **ἀποκαλύψει** Ἰησοῦ Χριστοῦ·
1Pe 1:13 ὑμῖν χάριν ἐν **ἀποκαλύψει** Ἰησοῦ Χριστοῦ.
1Pe 4:13 καὶ ἐν τῇ **ἀποκαλύψει** τῆς δόξης αὐτοῦ

ἀπόλλυμι (*apollymi*; 1/90) *destroy*
1Pe 1:7 πολυτιμότερον χρυσίου τοῦ **ἀπολλυμένου** διὰ πυρὸς δὲ

ἀπολογία (*apologia*; 1/8) *verbal defense*
1Pe 3:15 ἕτοιμοι ἀεὶ πρὸς **ἀπολογίαν** παντὶ τῷ αἰτοῦντι

ἀπονέμω (*aponemō*; 1/1) *show*
1Pe 3:7 **ἀπονέμοντες** τιμὴν ὡς καὶ

ἀποστέλλω (*apostellō*; 1/132) *send*
1Pe 1:12 [ἐν] πνεύματι ἁγίῳ **ἀποσταλέντι** ἀπ' οὐρανοῦ,

ἀπόστολος (*apostolos*; 1/80) *apostle, messenger*
1Pe 1:1 Πέτρος **ἀπόστολος** Ἰησοῦ Χριστοῦ ἐκλεκτοῖς

ἀποτίθημι (*apotithēmi*; 1/9) *throw off*
1Pe 2:1 **Ἀποθέμενοι** οὖν πᾶσαν κακίαν

ἀπροσωπολήμπτως (*aprosōpolēmptōs*; 1/1) *impartially*
1Pe 1:17 πατέρα ἐπικαλεῖσθε τὸν **ἀπροσωπολήμπτως** κρίνοντα κατὰ τὸ

ἀργύριον (*argyrion*; 1/20) *silver coin*
1Pe 1:18 **ἀργυρίῳ** ἢ χρυσίῳ,

ἀρετή (*aretē*; 1/5) *moral excellence*
1Pe 2:9 ὅπως τὰς **ἀρετὰς** ἐξαγγείλητε τοῦ ἐκ

ἀρκετός (*arketos*; 1/3) *enough*
1Pe 4:3 **ἀρκετὸς** γὰρ ὁ παρεληλυθὼς

ἄρτι (*arti*; 2/36) *now*
1Pe 1:6 ὀλίγον **ἄρτι** εἰ δέον [ἐστὶν]
1Pe 1:8 εἰς ὃν **ἄρτι** μὴ ὁρῶντες πιστεύοντες

ἀρτιγέννητος (*artigennētos*; 1/1) *newborn*
1Pe 2:2 ὡς **ἀρτιγέννητα** βρέφη τὸ λογικὸν

ἀρχιποίμην (*archipoimēn*; 1/1) *chief shepherd*
1Pe 5:4 καὶ φανερωθέντος τοῦ **ἀρχιποίμενος** κομιεῖσθε τὸν ἀμαράντινον

ἄρχω (*archō*; 1/85[86]) *rule, govern (mid. begin)*
1Pe 4:17 [ὁ] καιρὸς τοῦ **ἄρξασθαι** τὸ κρίμα ἀπὸ

ἀσεβής (*asebēs*; 1/9) *godless*
1Pe 4:18 ὁ **ἀσεβὴς** καὶ ἁμαρτωλὸς ποῦ

ἀσέλγεια (*aselgeia*; 1/10) *sensuality*
1Pe 4:3 κατειργάσθαι πεπορευμένους ἐν **ἀσελγείαις**,

ἀσθενής (*asthenēs*; 1/26) *sick*
1Pe 3:7 κατὰ γνῶσιν ὡς **ἀσθενεστέρῳ** σκεύει τῷ γυναικείῳ,

Ἀσία (*Asia*; 1/18) *Asia*
1Pe 1:1 **Ἀσίας** καὶ Βιθυνίας,

ἀσπάζομαι (*aspazomai*; 2/59) *greet*
1Pe 5:13 **Ἀσπάζεται** ὑμᾶς ἡ ἐν
1Pe 5:14 **ἀσπάσασθε** ἀλλήλους ἐν φιλήματι

ἄσπιλος (*aspilos*; 1/4) *pure, undefiled*
1Pe 1:19 ἀμνοῦ ἀμώμου καὶ **ἀσπίλου** Χριστοῦ,

ἀσωτία (*asōtia*; 1/3) *dissipation*
1Pe 4:4 τὴν αὐτὴν τῆς **ἀσωτίας** ἀνάχυσιν βλασφημοῦντες,

αὐξάνω (*auxanō*; 1/23) *grow*
1Pe 2:2 ἵνα ἐν αὐτῷ **αὐξηθῆτε** εἰς σωτηρίαν,

ἄφθαρτος (*aphthartos*; 3/7[8]) *imperishable*
1Pe 1:4 εἰς κληρονομίαν **ἄφθαρτον** καὶ ἀμίαντον καὶ
1Pe 1:23 σπορᾶς φθαρτῆς ἀλλὰ **ἀφθάρτου** διὰ λόγου ζῶντος
1Pe 3:4 ἄνθρωπος ἐν τῷ **ἀφθάρτῳ** τοῦ πραέως καὶ

ἄφρων (*aphrōn*; 1/11) *fool*
1Pe 2:15 φιμοῦν τὴν τῶν **ἀφρόνων** ἀνθρώπων ἀγνωσίαν,

Βαβυλών (*Babylōn*; 1/12) *Babylon*
1Pe 5:13 ὑμᾶς ἡ ἐν **Βαβυλῶνι** συνεκλεκτὴ καὶ Μᾶρκος

βάπτισμα (*baptisma*; 1/19) *baptism*
1Pe 3:21 ἀντίτυπον νῦν σῴζει **βάπτισμα**,

βασίλειος (*basileios*; 1/2) *royal*
1Pe 2:9 **βασίλειον** ἱεράτευμα,

βασιλεύς (*basileus*; 2/115) *king*
1Pe 2:13 εἴτε **βασιλεῖ** ὡς ὑπερέχοντι,
1Pe 2:17 τὸν **βασιλέα** τιμᾶτε.

Βιθυνία (*Bithynia*; 1/2) *Bithynia*
1Pe 1:1 Ἀσίας καὶ **Βιθυνίας**,

βιόω (*bioō*; 1/1) *live*
1Pe 4:2 ἐπίλοιπον ἐν σαρκὶ **βιῶσαι** χρόνον.

βλασφημέω (*blasphēmeō*; 1/34) *blaspheme*
1Pe 4:4 τῆς ἀσωτίας ἀνάχυσιν **βλασφημοῦντες**,

βούλημα (*boulēma*; 1/3) *will*
1Pe 4:3 παρεληλυθὼς χρόνος τὸ **βούλημα** τῶν ἐθνῶν κατειργάσθαι

βρέφος (*brephos*; 1/8) *baby*
1Pe 2:2 ὡς ἀρτιγέννητα **βρέφη** τὸ λογικὸν ἄδολον

γάλα (*gala*; 1/5) *milk*
1Pe 2:2 τὸ λογικὸν ἄδολον **γάλα** ἐπιποθήσατε,

Γαλατία (*Galatia*; 1/4) *Galatia*
1Pe 1:1 **Γαλατίας**,

γάρ (*gar*; 10/1041) *for*
1Pe 2:19 τοῦτο **γὰρ** χάρις εἰ διὰ
1Pe 2:20 ποῖον **γὰρ** κλέος εἰ ἁμαρτάνοντες
1Pe 2:21 εἰς τοῦτο **γὰρ** ἐκλήθητε,
1Pe 2:25 ἦτε **γὰρ** ὡς πρόβατα πλανώμενοι,
1Pe 3:5 οὕτως **γάρ** ποτε καὶ αἱ
1Pe 3:10 ὁ **γὰρ** θέλων ζωὴν ἀγαπᾶν
1Pe 3:17 κρεῖττον **γὰρ** ἀγαθοποιοῦντας,
1Pe 4:3 ἀρκετὸς **γὰρ** ὁ παρεληλυθὼς χρόνος
1Pe 4:6 εἰς τοῦτο **γὰρ** καὶ νεκροῖς εὐηγγελίσθη,
1Pe 4:15 μὴ **γάρ** τις ὑμῶν πασχέτω

γένος (*genos*; 1/20) *family, race, nation*
1Pe 2:9 ὑμεῖς δὲ **γένος** ἐκλεκτόν,

γεύομαι (*geuomai*; 1/15) *taste*
1Pe 2:3 εἰ **ἐγεύσασθε** ὅτι χρηστὸς ὁ

γίνομαι (*ginomai*; 6/668[669]) *be, become*
1Pe 1:15 ἐν πάσῃ ἀναστροφῇ **γενήθητε**,
1Pe 2:7 οὗτος **ἐγενήθη** εἰς κεφαλὴν γωνίας
1Pe 3:6 ἧς **ἐγενήθητε** τέκνα ἀγαθοποιοῦσαι καὶ
1Pe 3:13 τοῦ ἀγαθοῦ ζηλωταὶ **γένησθε**;
1Pe 4:12 πρὸς πειρασμὸν ὑμῖν **γινομένῃ** ὡς ξένου ὑμῖν
1Pe 5:3 κλήρων ἀλλὰ τύποι **γινόμενοι** τοῦ ποιμνίου·

γλῶσσα (*glōssa*; 1/49[50]) *tongue, language*
1Pe 3:10 ἀγαθὰς παυσάτω τὴν **γλῶσσαν** ἀπὸ κακοῦ

γνῶσις (*gnōsis*; 1/29) *knowledge*
1Pe 3:7 συνοικοῦντες κατὰ **γνῶσιν** ὡς ἀσθενεστέρῳ σκεύει

γογγυσμός (*gongysmos*; 1/4) *complaining, whispering*
1Pe 4:9 εἰς ἀλλήλους ἄνευ **γογγυσμοῦ**,

γραφή (*graphē*; 1/50) *Scripture*
1Pe 2:6 διότι περιέχει ἐν **γραφῇ**·

γράφω (*graphō*; 2/190[191]) *write*
1Pe 1:16 διότι **γέγραπται** [ὅτι] ἅγιοι ἔσεσθε,
1Pe 5:12 δι᾽ ὀλίγων **ἔγραψα** παρακαλῶν καὶ ἐπιμαρτυρῶν

γρηγορέω (*grēgoreō*; 1/22) *watch, keep awake*
1Pe 5:8 **γρηγορήσατε**.

γυναικεῖος (*gynaikeios*; 1/1) *female*
1Pe 3:7 ἀσθενεστέρῳ σκεύει τῷ **γυναικείῳ**,

γυνή (*gynē*; 3/211[215]) *woman, wife*
1Pe 3:1 Ὁμοίως [αἱ] **γυναῖκες**,
1Pe 3:1 διὰ τῆς τῶν **γυναικῶν** ἀναστροφῆς ἄνευ λόγου
1Pe 3:5 καὶ αἱ ἅγιαι **γυναῖκες** αἱ ἐλπίζουσαι εἰς

γωνία (*gōnia*; 1/9) *corner*
1Pe 2:7 ἐγενήθη εἰς κεφαλὴν **γωνίας**

δέ (*de*; 28/2773[2792]) *but, and*
1Pe 1:7 ἀπολλυμένου διὰ πυρὸς **δὲ** δοκιμαζομένου,
1Pe 1:8 μὴ ὁρῶντες πιστεύοντες **δὲ** ἀγαλλιᾶσθε χαρᾷ ἀνεκλαλήτῳ
1Pe 1:12 οὐχ ἑαυτοῖς ὑμῖν **δὲ** διηκόνουν αὐτά,
1Pe 1:20 καταβολῆς κόσμου φανερωθέντος **δὲ** ἐπ᾽ ἐσχάτου τῶν
1Pe 1:25 τὸ **δὲ** ῥῆμα κυρίου μένει
1Pe 1:25 τοῦτο **δέ** ἐστιν τὸ ῥῆμα
1Pe 2:4 μὲν ἀποδεδοκιμασμένον παρὰ **δὲ** θεῷ ἐκλεκτὸν ἔντιμον,
1Pe 2:7 ἀπιστοῦσιν δὲ **λίθος** ὃν ἀπεδοκίμασαν οἱ
1Pe 2:9 ὑμεῖς **δὲ** γένος ἐκλεκτόν,
1Pe 2:10 οὐ λαὸς νῦν **δὲ** λαὸς θεοῦ,

1Pe 2:10 οὐκ ἠλεημένοι νῦν **δὲ** ἐλεηθέντες.
1Pe 2:14 ἐκδίκησιν κακοποιῶν ἔπαινον **δὲ** ἀγαθοποιῶν·
1Pe 2:23 παρεδίδου **δὲ** τῷ κρίνοντι δικαίως·
1Pe 3:8 Τὸ **δὲ** τέλος πάντες ὁμόφρονες,
1Pe 3:9 τοὐναντίον **δὲ** εὐλογοῦντες ὅτι εἰς
1Pe 3:11 ἐκκλινάτω **δὲ** ἀπὸ κακοῦ καὶ
1Pe 3:12 πρόσωπον **δὲ** κυρίου ἐπὶ ποιοῦντας κακά.
1Pe 3:14 τὸν **δὲ** φόβον αὐτῶν μὴ
1Pe 3:15 κύριον **δὲ** τὸν Χριστὸν ἁγιάσατε
1Pe 3:18 μὲν σαρκὶ ζῳοποιηθεὶς **δὲ** πνεύματι·
1Pe 4:6 ἀνθρώπους σαρκὶ ζῶσι **δὲ** κατὰ θεὸν πνεύματι.
1Pe 4:7 Πάντων **δὲ** τὸ τέλος ἤγγικεν.
1Pe 4:16 εἰ **δὲ** ὡς Χριστιανός,
1Pe 4:16 δοξαζέτω **δὲ** τὸν θεὸν ἐν
1Pe 4:17 εἰ **δὲ** πρῶτον ἀφ' ἡμῶν,
1Pe 5:5 πάντες **δὲ** ἀλλήλοις τὴν ταπεινοφροσύνην
1Pe 5:5 ταπεινοῖς **δὲ** δίδωσιν χάριν.
1Pe 5:10 Ὁ **δὲ** θεὸς πάσης χάριτος,

δέησις (*deēsis*; 1/18) *prayer*

1Pe 3:12 ὦτα αὐτοῦ εἰς **δέησιν** αὐτῶν,

δεῖ (*dei*; 1/101) *it is necessary*

1Pe 1:6 ὀλίγον ἄρτι εἰ **δέον** [ἐστὶν] λυπηθέντες ἐν

δεξιός (*dexios*; 1/53[54]) *right*

1Pe 3:22 ὅς ἐστιν ἐν **δεξιᾷ** [τοῦ] θεοῦ πορευθεὶς

δεσπότης (*despotēs*; 1/10) *master*

1Pe 2:18 παντὶ φόβῳ τοῖς **δεσπόταις**,

δηλόω (*dēloō*; 1/7) *make clear*

1Pe 1:11 ἢ ποῖον καιρὸν **ἐδήλου** τὸ ἐν αὐτοῖς

διά (*dia*; 18/665[667]) *through, on account of*

1Pe 1:3 εἰς ἐλπίδα ζῶσαν **δι'** ἀναστάσεως Ἰησοῦ Χριστοῦ
1Pe 1:5 δυνάμει θεοῦ φρουρουμένους **διὰ** πίστεως εἰς σωτηρίαν
1Pe 1:7 χρυσίου τοῦ ἀπολλυμένου **διὰ** πυρὸς δὲ δοκιμαζομένου,
1Pe 1:12 νῦν ἀνηγγέλη ὑμῖν **διὰ** τῶν εὐαγγελισαμένων ὑμᾶς
1Pe 1:20 ἐσχάτου τῶν χρόνων **δι'** ὑμᾶς
1Pe 1:21 τοὺς **δι'** αὐτοῦ πιστοὺς εἰς
1Pe 1:23 φθαρτῆς ἀλλὰ ἀφθάρτου **διὰ** λόγου ζῶντος θεοῦ
1Pe 2:5 εὐπροσδέκτους [τῷ] θεῷ **διὰ** Ἰησοῦ Χριστοῦ.
1Pe 2:13 πάσῃ ἀνθρωπίνῃ κτίσει **διὰ** τὸν κύριον,
1Pe 2:14 εἴτε ἡγεμόσιν ὡς **δι'** αὐτοῦ πεμπομένοις εἰς
1Pe 2:19 γὰρ χάρις εἰ **διὰ** συνείδησιν θεοῦ ὑποφέρει
1Pe 3:1 **διὰ** τῆς τῶν γυναικῶν
1Pe 3:14 εἰ καὶ πάσχοιτε **διὰ** δικαιοσύνην,
1Pe 3:20 διεσώθησαν **δι'** ὕδατος.
1Pe 3:21 **δι'** ἀναστάσεως Ἰησοῦ Χριστοῦ,
1Pe 4:11 δοξάζηται ὁ θεὸς **διὰ** Ἰησοῦ Χριστοῦ,
1Pe 5:12 **Διὰ** Σιλουανοῦ ὑμῖν τοῦ
1Pe 5:12 **δι'** ὀλίγων ἔγραψα παρακαλῶν

διάβολος (*diabolos*; 1/37) *devil*

1Pe 5:8 ὁ ἀντίδικος ὑμῶν **διάβολος** ὡς λέων ὠρυόμενος

διακονέω (*diakoneō*; 3/37) *serve*

1Pe 1:12 ἑαυτοῖς ὑμῖν δὲ **διηκόνουν** αὐτά,
1Pe 4:10 εἰς ἑαυτοὺς αὐτὸ **διακονοῦντες** ὡς καλοὶ οἰκονόμοι
1Pe 4:11 εἴ τις **διακονεῖ**,

διάνοια (*dianoia*; 1/12) *mind, understanding*

1Pe 1:13 τὰς ὀσφύας τῆς **διανοίας** ὑμῶν νήφοντες τελείως

διασπορά (*diaspora*; 1/3) *dispersion*

1Pe 1:1 Χριστοῦ ἐκλεκτοῖς παρεπιδήμοις **διασπορᾶς** Πόντου,

διασῴζω (*diasōzō*; 1/8) *bring safely through*

1Pe 3:20 **διεσώθησαν** δι' ὕδατος.

δίδωμι (*didōmi*; 2/415) *give*

1Pe 1:21 καὶ δόξαν αὐτῷ **δόντα**,
1Pe 5:5 ταπεινοῖς δὲ **δίδωσιν** χάριν.

δίκαιος (*dikaios*; 3/79) *righteous*

1Pe 3:12 ὀφθαλμοὶ κυρίου ἐπὶ **δικαίους** καὶ ὦτα αὐτοῦ
1Pe 3:18 δίκαιος **ὑπὲρ** ἀδίκων,
1Pe 4:18 καὶ εἰ ὁ **δίκαιος** μόλις σῴζεται,

δικαιοσύνη (*dikaiosynē*; 2/92) *righteousness*

1Pe 2:24 ἁμαρτίαις ἀπογενόμενοι τῇ **δικαιοσύνῃ** ζήσωμεν,
1Pe 3:14 καὶ πάσχοιτε διὰ **δικαιοσύνην**,

δικαίως (*dikaiōs*; 1/5) *righteously, justly*

1Pe 2:23 δὲ τῷ κρίνοντι **δικαίως**·

διό (*dio*; 1/53) *therefore*

1Pe 1:13 **Διὸ** ἀναζωσάμενοι τὰς ὀσφύας

διότι (*dioti*; 3/23) *because*

1Pe 1:16 **διότι** γέγραπται [ὅτι] ἅγιοι
1Pe 1:24 **διότι** πᾶσα σὰρξ ὡς
1Pe 2:6 **διότι** περιέχει ἐν γραφῇ·

διώκω (*diōkō*; 1/45) *pursue, persecute*

1Pe 3:11 ζητησάτω εἰρήνην καὶ **διωξάτω** αὐτήν·

δοκιμάζω (*dokimazō*; 1/22) *test*

1Pe 1:7 διὰ πυρὸς δὲ **δοκιμαζομένου**,

δοκίμιον (*dokimion*; 1/2) *testing*

1Pe 1:7 ἵνα τὸ **δοκίμιον** ὑμῶν τῆς πίστεως

δόλος (*dolos*; 3/11) *deceit*

1Pe 2:1 κακίαν καὶ πάντα **δόλον** καὶ ὑποκρίσεις καὶ
1Pe 2:22 ἐποίησεν οὐδὲ εὑρέθη **δόλος** ἐν τῷ στόματι

1Pe 3:10 τοῦ μὴ λαλῆσαι **δόλον**,

δόξα (*doxa*; 10/166) *glory*
1Pe 1:7 εἰς ἔπαινον καὶ **δόξαν** καὶ τιμὴν ἐν
1Pe 1:11 τὰς μετὰ ταῦτα **δόξας**.
1Pe 1:21 ἐκ νεκρῶν καὶ **δόξαν** αὐτῷ δόντα,
1Pe 1:24 χόρτος καὶ πᾶσα **δόξα** αὐτῆς ὡς ἄνθος
1Pe 4:11 ᾧ ἐστιν ἡ **δόξα** καὶ τὸ κράτος
1Pe 4:13 τῇ ἀποκαλύψει τῆς **δόξης** αὐτοῦ χαρῆτε ἀγαλλιώμενοι.
1Pe 4:14 ὅτι τὸ τῆς **δόξης** καὶ τὸ τοῦ
1Pe 5:1 τῆς μελλούσης ἀποκαλύπτεσθαι **δόξης** κοινωνός·
1Pe 5:4 τὸν ἀμαράντινον τῆς **δόξης** στέφανον.
1Pe 5:10 τὴν αἰώνιον αὐτοῦ **δόξαν** ἐν Χριστῷ [Ἰησοῦ],

δοξάζω (*doxazō*; 4/61) *praise, glorify*
1Pe 1:8 χαρᾷ ἀνεκλαλήτῳ καὶ **δεδοξασμένῃ**
1Pe 2:12 καλῶν ἔργων ἐποπτεύοντες **δοξάσωσιν** τὸν θεὸν ἐν
1Pe 4:11 ἵνα ἐν πᾶσιν **δοξάζηται** ὁ θεὸς διὰ
1Pe 4:16 **δοξαζέτω** δὲ τὸν θεὸν

δοῦλος (*doulos*; 1/124) *slave*
1Pe 2:16 ἀλλ᾽ ὡς θεοῦ **δοῦλοι**.

δύναμις (*dynamis*; 2/119) *power*
1Pe 1:5 τοὺς ἐν **δυνάμει** θεοῦ φρουρουμένους διὰ
1Pe 3:22 καὶ ἐξουσιῶν καὶ **δυνάμεων**.

ἐάν (*ean*; 1/333) *if*
1Pe 3:13 ὁ κακώσων ὑμᾶς **ἐὰν** τοῦ ἀγαθοῦ ζηλωταὶ

ἑαυτοῦ (*heautou*; 4/319) *himself*
1Pe 1:12 ἀπεκαλύφθη ὅτι οὐχ **ἑαυτοῖς** ὑμῖν δὲ διηκόνουν
1Pe 3:5 εἰς θεὸν ἐκόσμουν **ἑαυτάς** ὑποτασσόμεναι τοῖς ἰδίοις
1Pe 4:8 πάντων τὴν εἰς **ἑαυτοὺς** ἀγάπην ἐκτενῆ ἔχοντες,
1Pe 4:10 ἔλαβεν χάρισμα εἰς **ἑαυτοὺς** αὐτὸ διακονοῦντες ὡς

ἐγγίζω (*engizō*; 1/42) *approach*
1Pe 4:7 δὲ τὸ τέλος **ἤγγικεν**.

ἐγείρω (*egeirō*; 1/143[144]) *raise*
1Pe 1:21 εἰς θεὸν τὸν **ἐγείραντα** αὐτὸν ἐκ νεκρῶν

ἐγκομβόομαι (*enkomboomai*; 1/1) *put on*
1Pe 5:5 ἀλλήλοις τὴν ταπεινοφροσύνην **ἐγκομβώσασθε**,

ἐγκόπτω (*enkoptō*; 1/5) *prevent, detain*
1Pe 3:7 εἰς τὸ μὴ **ἐγκόπτεσθαι** τὰς προσευχὰς ὑμῶν.

ἐγώ (*egō*; 2/1715[1718]) *I*
1Pe 1:16 ὅτι **ἐγὼ** ἅγιός [εἰμι].
1Pe 5:13 Μᾶρκος ὁ υἱός **μου**.

ἔθνος (*ethnos*; 3/162) *nation*
1Pe 2:9 **ἔθνος** ἅγιον,
1Pe 2:12 ὑμῶν ἐν τοῖς **ἔθνεσιν** ἔχοντες καλήν,
1Pe 4:3 τὸ βούλημα τῶν **ἐθνῶν** κατειργάσθαι πεπορευμένους ἐν

εἰ (*ei*; 15/502) *if, since*
1Pe 1:6 ὀλίγον ἄρτι **εἰ** δέον [ἐστὶν] λυπηθέντες
1Pe 1:17 καὶ **εἰ** πατέρα ἐπικαλεῖσθε τὸν
1Pe 2:3 **εἰ** ἐγεύσασθε ὅτι χρηστὸς
1Pe 2:19 τοῦτο γὰρ χάρις **εἰ** διὰ συνείδησιν θεοῦ
1Pe 2:20 ποῖον γὰρ κλέος **εἰ** ἁμαρτάνοντες καὶ κολαφιζόμενοι
1Pe 2:20 ἀλλ᾽ **εἰ** ἀγαθοποιοῦντες καὶ πάσχοντες
1Pe 3:1 ἵνα καὶ εἴ **τινες** ἀπειθοῦσιν τῷ λόγῳ,
1Pe 3:14 ἀλλ᾽ **εἰ** καὶ πάσχοιτε διὰ
1Pe 3:17 **εἰ** θέλοι τὸ θέλημα
1Pe 4:11 **εἴ** τις λαλεῖ,
1Pe 4:11 **εἴ** τις διακονεῖ,
1Pe 4:14 **εἰ** ὀνειδίζεσθε ἐν ὀνόματι
1Pe 4:16 **εἰ** δὲ ὡς Χριστιανός,
1Pe 4:17 **εἰ** δὲ πρῶτον ἀφ᾽
1Pe 4:18 καὶ **εἰ** ὁ δίκαιος μόλις

εἰδωλολατρία (*eidōlolatria*; 1/4) *idolatry*
1Pe 4:3 πότοις καὶ ἀθεμίτοις **εἰδωλολατρίαις**.

εἰμί (*eimi*; 13/2460[2462]) *be*
1Pe 1:6 ἄρτι εἰ δέον **[ἐστὶν]** λυπηθέντες ἐν ποικίλοις
1Pe 1:16 γέγραπται [ὅτι] ἅγιοι **ἔσεσθε**,
1Pe 1:16 ὅτι ἐγὼ ἅγιός **[εἰμι]**.
1Pe 1:21 ὑμῶν καὶ ἐλπίδα **εἶναι** εἰς θεόν.
1Pe 1:25 τοῦτο δέ **ἐστιν** τὸ ῥῆμα τὸ
1Pe 2:15 ὅτι οὕτως **ἐστὶν** τὸ θέλημα τοῦ
1Pe 2:25 **ἦτε** γὰρ ὡς πρόβατα
1Pe 3:3 ὧν **ἔστω** οὐχ ὁ ἔξωθεν
1Pe 3:4 ὅ **ἐστιν** ἐνώπιον τοῦ θεοῦ
1Pe 3:20 τοῦτ᾽ **ἔστιν** ὀκτὼ ψυχαί,
1Pe 3:22 ὅς **ἐστιν** ἐν δεξιᾷ [τοῦ]
1Pe 4:11 ᾧ ἐστιν **ἡ** δόξα καὶ τὸ
1Pe 5:12 καὶ ἐπιμαρτυρῶν ταύτην **εἶναι** ἀληθῆ χάριν

εἰρήνη (*eirēnē*; 3/92) *peace*
1Pe 1:2 χάρις ὑμῖν καὶ **εἰρήνη** πληθυνθείη.
1Pe 3:11 ζητησάτω **εἰρήνην** καὶ διωξάτω αὐτήν·
1Pe 5:14 **Εἰρήνη** ὑμῖν πᾶσιν τοῖς

εἰς (*eis*; 42/1759[1767]) *into*
1Pe 1:2 ἐν ἁγιασμῷ πνεύματος **εἰς** ὑπακοὴν καὶ ῥαντισμὸν
1Pe 1:3 ἔλεος ἀναγεννήσας ἡμᾶς **εἰς** ἐλπίδα ζῶσαν
1Pe 1:4 **εἰς** κληρονομίαν ἄφθαρτον καὶ
1Pe 1:4 τετηρημένην ἐν οὐρανοῖς **εἰς** ὑμᾶς
1Pe 1:5 φρουρουμένους διὰ πίστεως **εἰς** σωτηρίαν ἑτοίμην ἀποκαλυφθῆναι
1Pe 1:7 εὑρεθῇ **εἰς** ἔπαινον καὶ δόξαν
1Pe 1:8 **εἰς** ὃν ἄρτι μὴ
1Pe 1:10 οἱ περὶ τῆς **εἰς** ὑμᾶς χάριτος προφητεύσαντες,
1Pe 1:11 ἐραυνῶντες **εἰς** τίνα ἢ ποῖον

1Pe 1:11 Χριστοῦ προμαρτυρόμενον τὰ **εἰς** Χριστὸν παθήματα καὶ
1Pe 1:12 **εἰς** ἃ ἐπιθυμοῦσιν ἄγγελοι
1Pe 1:21 δι᾽ αὐτοῦ πιστοὺς **εἰς** θεὸν τὸν ἐγείραντα
1Pe 1:21 καὶ ἐλπίδα εἶναι **εἰς** θεόν.
1Pe 1:22 ὑπακοῇ τῆς ἀληθείας **εἰς** φιλαδελφίαν ἀνυπόκριτον,
1Pe 1:25 ῥῆμα κυρίου μένει **εἰς** τὸν αἰῶνα.
1Pe 1:25 ῥῆμα τὸ εὐαγγελισθὲν **εἰς** ὑμᾶς.
1Pe 2:2 ἐν αὐτῷ αὐξηθῆτε **εἰς** σωτηρίαν,
1Pe 2:5 οἰκοδομεῖσθε οἶκος πνευματικὸς **εἰς** ἱεράτευμα ἅγιον ἀνενέγκαι
1Pe 2:7 οὗτος ἐγενήθη **εἰς** κεφαλὴν γωνίας
1Pe 2:8 τῷ λόγῳ ἀπειθοῦντες **εἰς** ὃ καὶ ἐτέθησαν.
1Pe 2:9 λαὸς **εἰς** περιποίησιν,
1Pe 2:9 σκότους ὑμᾶς καλέσαντος **εἰς** τὸ θαυμαστὸν αὐτοῦ
1Pe 2:14 δι᾽ αὐτοῦ πεμπομένοις **εἰς** ἐκδίκησιν κακοποιῶν ἔπαινον
1Pe 2:21 **εἰς** τοῦτο γὰρ ἐκλήθητε,
1Pe 3:5 γυναῖκες αἱ ἐλπίζουσαι **εἰς** θεὸν ἐκόσμουν ἑαυτάς
1Pe 3:7 συγκληρονόμοις χάριτος ζωῆς **εἰς** τὸ μὴ ἐγκόπτεσθαι
1Pe 3:9 δὲ εὐλογοῦντες ὅτι **εἰς** τοῦτο ἐκλήθητε ἵνα
1Pe 3:12 καὶ ὦτα αὐτοῦ **εἰς** δέησιν αὐτῶν,
1Pe 3:20 Νῶε κατασκευαζομένης κιβωτοῦ **εἰς** ἣν ὀλίγοι,
1Pe 3:21 συνειδήσεως ἀγαθῆς ἐπερώτημα **εἰς** θεόν,
1Pe 3:22 [τοῦ] θεοῦ πορευθεὶς **εἰς** οὐρανόν ὑποταγέντων αὐτῷ
1Pe 4:2 **εἰς** τὸ μηκέτι ἀνθρώπων
1Pe 4:4 μὴ συντρεχόντων ὑμῶν **εἰς** τὴν αὐτὴν τῆς
1Pe 4:6 **εἰς** τοῦτο γὰρ καὶ
1Pe 4:7 οὖν καὶ νήψατε **εἰς** προσευχάς·
1Pe 4:8 πρὸ πάντων τὴν **εἰς** ἑαυτοὺς ἀγάπην ἐκτενῆ
1Pe 4:9 φιλόξενοι **εἰς** ἀλλήλους ἄνευ γογγυσμοῦ,
1Pe 4:10 καθὼς ἔλαβεν χάρισμα **εἰς** ἑαυτοὺς αὐτὸ διακονοῦντες
1Pe 4:11 καὶ τὸ κράτος **εἰς** τοὺς αἰῶνας τῶν
1Pe 5:10 ὁ καλέσας ὑμᾶς **εἰς** τὴν αἰώνιον αὐτοῦ
1Pe 5:11 αὐτῷ τὸ κράτος **εἰς** τοὺς αἰῶνας,
1Pe 5:12 χάριν τοῦ θεοῦ **εἰς** ἣν στῆτε.

εἴτε (*eite*; 2/65) *if*

1Pe 2:13 **εἴτε** βασιλεῖ ὡς ὑπερέχοντι,
1Pe 2:14 **εἴτε** ἡγεμόσιν ὡς δι᾽

ἐκ (*ek*; 8/912[914]) *from*

1Pe 1:3 ἀναστάσεως Ἰησοῦ Χριστοῦ **ἐκ** νεκρῶν,
1Pe 1:18 ἐλυτρώθητε **ἐκ** τῆς ματαίας ὑμῶν
1Pe 1:21 τὸν ἐγείραντα αὐτὸν **ἐκ** νεκρῶν καὶ δόξαν
1Pe 1:22 **ἐκ** [καθαρᾶς] καρδίας ἀλλήλους ἀγαπήσατε
1Pe 1:23 ἀναγεγεννημένοι οὐκ **ἐκ** σπορᾶς φθαρτῆς
1Pe 2:9 ἐξαγγείλητε τοῦ **ἐκ** σκότους ὑμᾶς
1Pe 2:12 ὑμῶν ὡς κακοποιῶν **ἐκ** τῶν καλῶν ἔργων
1Pe 4:11 ὡς **ἐξ** ἰσχύος ἧς χορηγεῖ

ἕκαστος (*hekastos*; 2/81[82]) *each*

1Pe 1:17 κρίνοντα κατὰ τὸ **ἑκάστου** ἔργον,
1Pe 4:10 **ἕκαστος** καθὼς ἔλαβεν χάρισμα

ἐκδίκησις (*ekdikēsis*; 1/9) *rendering of justice*

1Pe 2:14 αὐτοῦ πεμπομένοις εἰς **ἐκδίκησιν** κακοποιῶν ἔπαινον δὲ

ἐκζητέω (*ekzēteō*; 1/7) *seek or search diligently*

1Pe 1:10 περὶ ἧς σωτηρίας **ἐξεζήτησαν** καὶ ἐξηραύνησαν προφῆται

ἐκκλίνω (*ekklinō*; 1/3) *turn away*

1Pe 3:11 **ἐκκλινάτω** δὲ ἀπὸ κακοῦ

ἐκλεκτός (*eklektos*; 4/22) *chosen*

1Pe 1:1 ἀπόστολος Ἰησοῦ Χριστοῦ **ἐκλεκτοῖς** παρεπιδήμοις διασπορᾶς Πόντου,
1Pe 2:4 παρὰ δὲ θεῷ **ἐκλεκτὸν** ἔντιμον,
1Pe 2:6 Σιὼν λίθον ἀκρογωνιαῖον **ἐκλεκτὸν** ἔντιμον
1Pe 2:9 ὑμεῖς δὲ γένος **ἐκλεκτόν**,

ἑκουσίως (*hekousiōs*; 1/2) *willingly*

1Pe 5:2 μὴ ἀναγκαστῶς ἀλλὰ **ἑκουσίως** κατὰ θεόν,

ἐκπίπτω (*ekpiptō*; 1/10) *fall off or away*

1Pe 1:24 καὶ τὸ ἄνθος **ἐξέπεσεν**·

ἐκτενής (*ektenēs*; 1/1) *constant*

1Pe 4:8 εἰς ἑαυτοὺς ἀγάπην **ἐκτενῆ** ἔχοντες,

ἐκτενῶς (*ektenōs*; 1/3) *earnestly*

1Pe 1:22 καρδίας ἀλλήλους ἀγαπήσατε **ἐκτενῶς**

ἐλεέω (*eleeō*; 2/28) *be merciful*

1Pe 2:10 οἱ οὐκ **ἠλεημένοι** νῦν δὲ ἐλεηθέντες.
1Pe 2:10 ἠλεημένοι νῦν δὲ **ἐλεηθέντες**.

ἔλεος (*eleos*; 1/27) *mercy*

1Pe 1:3 τὸ πολὺ αὐτοῦ **ἔλεος** ἀναγεννήσας ἡμᾶς εἰς

ἐλευθερία (*eleutheria*; 1/11) *freedom*

1Pe 2:16 τῆς κακίας τὴν **ἐλευθερίαν** ἀλλ᾽ ὡς θεοῦ

ἐλεύθερος (*eleutheros*; 1/23) *free*

1Pe 2:16 ὡς **ἐλεύθεροι** καὶ μὴ ὡς

ἐλπίζω (*elpizō*; 2/31) *hope*

1Pe 1:13 ὑμῶν νήφοντες τελείως **ἐλπίσατε** ἐπὶ τὴν φερομένην
1Pe 3:5 ἅγιαι γυναῖκες αἱ **ἐλπίζουσαι** εἰς θεὸν ἐκόσμουν

ἐλπίς (*elpis*; 3/53) *hope*

1Pe 1:3 ἀναγεννήσας ἡμᾶς εἰς **ἐλπίδα** ζῶσαν δι᾽ ἀναστάσεως
1Pe 1:21 πίστιν ὑμῶν καὶ **ἐλπίδα** εἶναι εἰς θεόν.
1Pe 3:15 τῆς ἐν ὑμῖν **ἐλπίδος**,

ἐμπλοκή (*emplokē*; 1/1) *elaborate braiding*

1Pe 3:3 οὐχ ὁ ἔξωθεν **ἐμπλοκῆς** τριχῶν καὶ περιθέσεως

ἐν (*en*; 50/2746[2752]) *in*

1Pe 1:2 πρόγνωσιν θεοῦ πατρὸς **ἐν** ἁγιασμῷ πνεύματος εἰς
1Pe 1:4 τετηρημένην **ἐν** οὐρανοῖς εἰς ὑμᾶς
1Pe 1:5 τοὺς **ἐν** δυνάμει θεοῦ φρουρουμένους
1Pe 1:5 σωτηρίαν ἑτοίμην ἀποκαλυφθῆναι **ἐν** καιρῷ ἐσχάτῳ.
1Pe 1:6 **ἐν** ᾧ ἀγαλλιᾶσθε,
1Pe 1:6 δέον [ἐστὶν] λυπηθέντες **ἐν** ποικίλοις πειρασμοῖς,
1Pe 1:7 δόξαν καὶ τιμὴν **ἐν** ἀποκαλύψει Ἰησοῦ Χριστοῦ·
1Pe 1:11 καιρὸν ἐδήλου τὸ **ἐν** αὐτοῖς πνεῦμα Χριστοῦ
1Pe 1:12 τῶν εὐαγγελισαμένων ὑμᾶς **[ἐν]** πνεύματι ἁγίῳ ἀποσταλέντι
1Pe 1:13 φερομένην ὑμῖν χάριν **ἐν** ἀποκαλύψει Ἰησοῦ Χριστοῦ.
1Pe 1:14 συσχηματιζόμενοι ταῖς πρότερον **ἐν** τῇ ἀγνοίᾳ ὑμῶν
1Pe 1:15 καὶ αὐτοὶ ἅγιοι **ἐν** πάσῃ ἀναστροφῇ γενήθητε,
1Pe 1:17 **ἐν** φόβῳ τὸν τῆς
1Pe 1:22 ψυχὰς ὑμῶν ἡγνικότες **ἐν** τῇ ὑπακοῇ τῆς
1Pe 2:2 ἵνα **ἐν** αὐτῷ αὐξηθῆτε εἰς
1Pe 2:6 διότι περιέχει **ἐν** γραφῇ·
1Pe 2:6 ἰδοὺ τίθημι **ἐν** Σιὼν λίθον ἀκρογωνιαῖον
1Pe 2:12 τὴν ἀναστροφὴν ὑμῶν **ἐν** τοῖς ἔθνεσιν ἔχοντες
1Pe 2:12 ἵνα **ἐν** ᾧ καταλαλοῦσιν ὑμῶν
1Pe 2:12 δοξάσωσιν τὸν θεὸν **ἐν** ἡμέρᾳ ἐπισκοπῆς.
1Pe 2:18 Οἱ οἰκέται ὑποτασσόμενοι **ἐν** παντὶ φόβῳ
1Pe 2:22 οὐδὲ εὑρέθη δόλος **ἐν** τῷ στόματι αὐτοῦ,
1Pe 2:24 ἡμῶν αὐτὸς ἀνήνεγκεν **ἐν** τῷ σώματι αὐτοῦ
1Pe 3:2 ἐποπτεύσαντες τὴν **ἐν** φόβῳ ἁγνὴν ἀναστροφὴν
1Pe 3:4 τῆς καρδίας ἄνθρωπος **ἐν** τῷ ἀφθάρτῳ τοῦ
1Pe 3:15 τὸν Χριστὸν ἁγιάσατε **ἐν** ταῖς καρδίαις ὑμῶν,
1Pe 3:15 λόγον περὶ τῆς **ἐν** ὑμῖν ἐλπίδος,
1Pe 3:16 ἵνα **ἐν** ᾧ καταλαλεῖσθε καταισχυνθῶσιν
1Pe 3:16 ὑμῶν τὴν ἀγαθὴν **ἐν** Χριστῷ ἀναστροφήν.
1Pe 3:19 **ἐν** ᾧ καὶ τοῖς
1Pe 3:19 ᾧ καὶ τοῖς **ἐν** φυλακῇ πνεύμασιν πορευθεὶς
1Pe 3:20 τοῦ θεοῦ μακροθυμία **ἐν** ἡμέραις Νῶε κατασκευαζομένης
1Pe 3:22 ὅς ἐστιν **ἐν** δεξιᾷ [τοῦ] θεοῦ
1Pe 4:2 θεοῦ τὸν ἐπίλοιπον **ἐν** σαρκὶ βιῶσαι χρόνον.
1Pe 4:3 ἐθνῶν κατειργάσθαι πεπορευμένους **ἐν** ἀσελγείαις,
1Pe 4:4 **ἐν** ᾧ ξενίζονται μὴ
1Pe 4:11 ἵνα ἐν **πᾶσιν** δοξάζηται ὁ θεὸς
1Pe 4:12 μὴ ξενίζεσθε τῇ **ἐν** ὑμῖν πυρώσει πρὸς
1Pe 4:13 ἵνα καὶ **ἐν** τῇ ἀποκαλύψει τῆς
1Pe 4:14 εἰ ὀνειδίζεσθε **ἐν** ὀνόματι Χριστοῦ,
1Pe 4:16 δὲ τὸν θεὸν **ἐν** τῷ ὀνόματι τούτῳ.
1Pe 4:19 τὰς ψυχὰς αὐτῶν **ἐν** ἀγαθοποιΐᾳ.
1Pe 5:1 Πρεσβυτέρους οὖν **ἐν** ὑμῖν παρακαλῶ ὁ
1Pe 5:2 ποιμάνατε τὸ **ἐν** ὑμῖν ποίμνιον τοῦ
1Pe 5:6 ἵνα ὑμᾶς ὑψώσῃ **ἐν** καιρῷ,
1Pe 5:9 τῶν παθημάτων τῇ **ἐν** [τῷ] κόσμῳ ὑμῶν
1Pe 5:10 αἰώνιον αὐτοῦ δόξαν **ἐν** Χριστῷ ['Ιησοῦ],
1Pe 5:13 Ἀσπάζεται ὑμᾶς ἡ **ἐν** Βαβυλῶνι συνεκλεκτὴ
1Pe 5:14 ἀσπάσασθε ἀλλήλους **ἐν** φιλήματι ἀγάπης.
1Pe 5:14 ὑμῖν πᾶσιν τοῖς **ἐν** Χριστῷ.

ἔνδυσις (*endysis*; 1/1) *wearing*

1Pe 3:3 περιθέσεως χρυσίων ἢ **ἐνδύσεως** ἱματίων κόσμος

ἔννοια (*ennoia*; 1/2) *attitude*

1Pe 4:1 ὑμεῖς τὴν αὐτὴν **ἔννοιαν** ὁπλίσασθε,

ἔντιμος (*entimos*; 2/5) *valuable*

1Pe 2:4 δὲ θεῷ ἐκλεκτὸν **ἔντιμον**,
1Pe 2:6 λίθον ἀκρογωνιαῖον ἐκλεκτὸν **ἔντιμον** καὶ ὁ πιστεύων

ἐνώπιον (*enōpion*; 1/94) *before*

1Pe 3:4 ὅ ἐστιν **ἐνώπιον** τοῦ θεοῦ πολυτελές.

ἐξαγγέλλω (*exangellō*; 1/1[2]) *proclaim*

1Pe 2:9 ὅπως τὰς ἀρετὰς **ἐξαγγείλητε** τοῦ ἐκ σκότους

ἐξεραυνάω (*exeraunaō*; 1/1) *make a careful search*

1Pe 1:10 σωτηρίας ἐξεζήτησαν καὶ **ἐξηραύνησαν** προφῆται οἱ περὶ

ἐξουσία (*exousia*; 1/102) *authority*

1Pe 3:22 αὐτῷ ἀγγέλων καὶ **ἐξουσιῶν** καὶ δυνάμεων.

ἔξωθεν (*exōthen*; 1/13) *from outside*

1Pe 3:3 ἔστω οὐχ ὁ **ἔξωθεν** ἐμπλοκῆς τριχῶν καὶ

ἔπαινος (*epainos*; 2/11) *praise*

1Pe 1:7 εὑρεθῇ εἰς **ἔπαινον** καὶ δόξαν καὶ
1Pe 2:14 εἰς ἐκδίκησιν κακοποιῶν **ἔπαινον** δὲ ἀγαθοποιῶν·

ἐπακολουθέω (*epakoloutheō*; 1/3[4]) *follow*

1Pe 2:21 ὑπολιμπάνων ὑπογραμμὸν ἵνα **ἐπακολουθήσητε** τοῖς ἴχνεσιν αὐτοῦ,

ἐπερώτημα (*eperōtēma*; 1/1) *promise*

1Pe 3:21 ἀλλὰ συνειδήσεως ἀγαθῆς **ἐπερώτημα** εἰς θεόν,

ἐπηρεάζω (*epēreazō*; 1/2) *mistreat*

1Pe 3:16 καταλαλεῖσθε καταισχυνθῶσιν οἱ **ἐπηρεάζοντες** ὑμῶν τὴν ἀγαθὴν

ἐπί (*epi*; 9/886[890]) *on*

1Pe 1:13 νήφοντες τελείως ἐλπίσατε **ἐπὶ** τὴν φερομένην ὑμῖν
1Pe 1:20 κόσμου φανερωθέντος δὲ **ἐπ'** ἐσχάτου τῶν χρόνων
1Pe 2:6 καὶ ὁ πιστεύων **ἐπ'** αὐτῷ οὐ μὴ
1Pe 2:24 τῷ σώματι αὐτοῦ **ἐπὶ** τὸ ξύλον,
1Pe 2:25 ἀλλὰ ἐπεστράφητε νῦν **ἐπὶ** τὸν ποιμένα καὶ
1Pe 3:12 ὅτι ὀφθαλμοὶ κυρίου **ἐπὶ** δικαίους καὶ ὦτα
1Pe 3:12 πρόσωπον δὲ κυρίου **ἐπὶ** ποιοῦντας κακά.

1Pe 4:14 τοῦ θεοῦ πνεῦμα **ἐφ'** ὑμᾶς ἀναπαύεται.
1Pe 5:7 μέριμναν ὑμῶν ἐπιρίψαντες **ἐπ'** αὐτόν,

ἐπιεικής (*epieikēs*; 1/5) *gentle*
1Pe 2:18 τοῖς ἀγαθοῖς καὶ **ἐπιεικέσιν** ἀλλὰ καὶ τοῖς

ἐπιθυμέω (*epithymeō*; 1/16) *long for*
1Pe 1:12 εἰς ἃ **ἐπιθυμοῦσιν** ἄγγελοι παρακύψαι.

ἐπιθυμία (*epithymia*; 4/38) *desire*
1Pe 1:14 τῇ ἀγνοίᾳ ὑμῶν **ἐπιθυμίαις**
1Pe 2:11 ἀπέχεσθαι τῶν σαρκικῶν **ἐπιθυμιῶν** αἵτινες στρατεύονται κατὰ
1Pe 4:2 τὸ μηκέτι ἀνθρώπων **ἐπιθυμίαις** ἀλλὰ θελήματι θεοῦ
1Pe 4:3 **ἐπιθυμίαις**,

ἐπικαλέω (*epikaleō*; 1/30) *call*
1Pe 1:17 καὶ εἰ πατέρα **ἐπικαλεῖσθε** τὸν ἀπροσωπολήμπτως κρίνοντα

ἐπικάλυμμα (*epikalymma*; 1/1) *covering*
1Pe 2:16 καὶ μὴ ὡς **ἐπικάλυμμα** ἔχοντες τῆς κακίας

ἐπίλοιπος (*epiloipos*; 1/1) *remaining*
1Pe 4:2 θελήματι θεοῦ τὸν **ἐπίλοιπον** ἐν σαρκὶ βιῶσαι

ἐπιμαρτυρέω (*epimartyreō*; 1/1) *testify*
1Pe 5:12 ἔγραψα παρακαλῶν καὶ **ἐπιμαρτυρῶν** ταύτην εἶναι ἀληθῆ

ἐπιποθέω (*epipotheō*; 1/9) *long for*
1Pe 2:2 λογικὸν ἄδολον γάλα **ἐπιποθήσατε**,

ἐπιρίπτω (*epiriptō*; 1/2) *throw on*
1Pe 5:7 τὴν μέριμναν ὑμῶν **ἐπιρίψαντες** ἐπ' αὐτόν,

ἐπισκοπέω (*episkopeō*; 1/2) *see to it*
1Pe 5:2 ποίμνιον τοῦ θεοῦ [**ἐπισκοποῦντες**] μὴ ἀναγκαστῶς ἀλλὰ

ἐπισκοπή (*episkopē*; 1/4) *visitation*
1Pe 2:12 θεὸν ἐν ἡμέρᾳ **ἐπισκοπῆς**.

ἐπίσκοπος (*episkopos*; 1/5) *overseer*
1Pe 2:25 τὸν ποιμένα καὶ **ἐπίσκοπον** τῶν ψυχῶν ὑμῶν.

ἐπιστρέφω (*epistrephō*; 1/36) *turn back*
1Pe 2:25 ἀλλὰ **ἐπεστράφητε** νῦν ἐπὶ τὸν

ἐπιτελέω (*epiteleō*; 1/10) *complete*
1Pe 5:9 κόσμῳ ὑμῶν ἀδελφότητι **ἐπιτελεῖσθαι**.

ἐποπτεύω (*epopteuō*; 2/2) *see, observe*
1Pe 2:12 τῶν καλῶν ἔργων **ἐποπτεύοντες** δοξάσωσιν τὸν θεὸν
1Pe 3:2 **ἐποπτεύσαντες** τὴν ἐν φόβῳ

ἐραυνάω (*eraunaō*; 1/6) *search*
1Pe 1:11 **ἐραυνῶντες** εἰς τίνα ἢ

ἔργον (*ergon*; 2/169) *work*
1Pe 1:17 κατὰ τὸ ἑκάστου **ἔργον**,
1Pe 2:12 ἐκ τῶν καλῶν **ἔργων** ἐποπτεύοντες δοξάσωσιν τὸν

ἔσχατος (*eschatos*; 2/52) *last*
1Pe 1:5 ἀποκαλυφθῆναι ἐν καιρῷ **ἐσχάτῳ**.
1Pe 1:20 φανερωθέντος δὲ ἐπ' **ἐσχάτου** τῶν χρόνων

ἕτοιμος (*hetoimos*; 2/17) *ready*
1Pe 1:5 πίστεως εἰς σωτηρίαν **ἑτοίμην** ἀποκαλυφθῆναι ἐν καιρῷ
1Pe 3:15 **ἕτοιμοι** ἀεὶ πρὸς ἀπολογίαν

ἑτοίμως (*hetoimōs*; 1/3) *readily*
1Pe 4:5 ἀποδώσουσιν λόγον τῷ **ἑτοίμως** ἔχοντι κρῖναι ζῶντας

εὐαγγελίζω (*euangelizō*; 3/54) *bring good news*
1Pe 1:12 ὑμῖν διὰ τῶν **εὐαγγελισαμένων** ὑμᾶς [ἐν] πνεύματι
1Pe 1:25 τὸ ῥῆμα τὸ **εὐαγγελισθὲν** εἰς ὑμᾶς.
1Pe 4:6 γὰρ καὶ νεκροῖς **εὐηγγελίσθη**,

εὐαγγέλιον (*euangelion*; 1/75[76]) *good news*
1Pe 4:17 τῷ τοῦ θεοῦ **εὐαγγελίῳ**;

εὐλογέω (*eulogeō*; 1/41) *bless*
1Pe 3:9 τοὐναντίον δὲ **εὐλογοῦντες** ὅτι εἰς τοῦτο

εὐλογητός (*eulogētos*; 1/8) *blessed*
1Pe 1:3 **Εὐλογητὸς** ὁ θεὸς καὶ

εὐλογία (*eulogia*; 1/16) *blessing*
1Pe 3:9 τοῦτο ἐκλήθητε ἵνα **εὐλογίαν** κληρονομήσητε.

εὐπρόσδεκτος (*euprosdektos*; 1/5) *acceptable*
1Pe 2:5 ἀνενέγκαι πνευματικὰς θυσίας **εὐπροσδέκτους** [τῷ] θεῷ διὰ

εὑρίσκω (*heuriskō*; 2/176) *find*
1Pe 1:7 **εὑρεθῇ** εἰς ἔπαινον καὶ
1Pe 2:22 οὐκ ἐποίησεν οὐδὲ **εὑρέθη** δόλος ἐν τῷ

εὔσπλαγχνος (*eusplanchnos*; 1/2) *tenderhearted*
1Pe 3:8 **εὔσπλαγχνοι**,

ἔχω (*echō*; 5/706[708]) *have, hold*
1Pe 2:12 ἐν τοις ἔθνεσιν **ἔχοντες** καλήν,
1Pe 2:16 μὴ ὡς ἐπικάλυμμα **ἔχοντες** τῆς κακίας τὴν
1Pe 3:16 συνείδησιν **ἔχοντες** ἀγαθήν,
1Pe 4:5 λόγον τῷ ἑτοίμως **ἔχοντι** κρῖναι ζῶντας καὶ
1Pe 4:8 ἑαυτοὺς ἀγάπην ἐκτενῆ **ἔχοντες**,

ζάω (*zaō*; 7/139[140]) *live*

1Pe 1:3 ἡμᾶς εἰς ἐλπίδα **ζῶσαν** δι᾽ ἀναστάσεως Ἰησοῦ
1Pe 1:23 ἀφθάρτου διὰ λόγου **ζῶντος** θεοῦ καὶ μένοντος.
1Pe 2:4 ὃν προσερχόμενοι λίθον **ζῶντα** ὑπὸ ἀνθρώπων μὲν
1Pe 2:5 αὐτοὶ ὡς λίθοι **ζῶντες** οἰκοδομεῖσθε οἶκος πνευματικὸς
1Pe 2:24 ἀπογενόμενοι τῇ δικαιοσύνῃ **ζήσωμεν**,
1Pe 4:5 ἑτοίμως ἔχοντι κρῖναι **ζῶντας** καὶ νεκρούς.
1Pe 4:6 κατὰ ἀνθρώπους σαρκὶ **ζῶσι** δὲ κατὰ θεὸν

ζηλωτής (*zēlōtēs*; 1/8) *one who is zealous or eager*

1Pe 3:13 ἐὰν τοῦ ἀγαθοῦ **ζηλωταὶ** γένησθε;

ζητέω (*zēteō*; 2/117) *seek*

1Pe 3:11 **ζητησάτω** εἰρήνην καὶ διωξάτω
1Pe 5:8 λέων ὠρυόμενος περιπατεῖ **ζητῶν** [τινα] καταπιεῖν·

ζωή (*zōē*; 2/135) *life*

1Pe 3:7 καὶ συγκληρονόμοις χάριτος **ζωῆς** εἰς τὸ μὴ
1Pe 3:10 ὁ γὰρ θέλων **ζωὴν** ἀγαπᾶν καὶ ἰδεῖν

ζωοποιέω (*zōopoieō*; 1/11) *give life*

1Pe 3:18 θανατωθεὶς μὲν σαρκὶ **ζῳοποιηθεὶς** δὲ πνεύματι·

ἤ (*ē*; 8/340) *or*

1Pe 1:11 ἐραυνῶντες εἰς τίνα **ἢ** ποῖον καιρὸν ἐδήλου
1Pe 1:18 ἀργυρίῳ **ἢ** χρυσίῳ,
1Pe 3:3 καὶ περιθέσεως χρυσίων **ἢ** ἐνδύσεως ἱματίων κόσμος
1Pe 3:9 κακὸν ἀντὶ κακοῦ **ἢ** λοιδορίαν ἀντὶ λοιδορίας,
1Pe 3:17 πάσχειν **ἢ** κακοποιοῦντας.
1Pe 4:15 πασχέτω ὡς φονεὺς **ἢ** κλέπτης ἢ κακοποιὸς
1Pe 4:15 φονεὺς ἢ κλέπτης **ἢ** κακοποιὸς ἢ ὡς
1Pe 4:15 κλέπτης ἢ κακοποιὸς **ἢ** ὡς ἀλλοτριεπίσκοπος·

ἡγεμών (*hēgemōn*; 1/20) *governor*

1Pe 2:14 εἴτε **ἡγεμόσιν** ὡς δι᾽ αὐτοῦ

ἡμεῖς (*hēmeis*; 4/855) *we*

1Pe 1:3 πατὴρ τοῦ κυρίου **ἡμῶν** Ἰησοῦ Χριστοῦ,
1Pe 1:3 αὐτοῦ ἔλεος ἀναγεννήσας **ἡμᾶς** εἰς ἐλπίδα ζῶσαν
1Pe 2:24 ὃς τὰς ἁμαρτίας **ἡμῶν** αὐτὸς ἀνήνεγκεν ἐν
1Pe 4:17 δὲ πρῶτον ἀφ᾽ **ἡμῶν**,

ἡμέρα (*hēmera*; 3/389) *day*

1Pe 2:12 τὸν θεὸν ἐν **ἡμέρᾳ** ἐπισκοπῆς.
1Pe 3:10 ἀγαπᾶν καὶ ἰδεῖν **ἡμέρας** ἀγαθὰς παυσάτω
1Pe 3:20 θεοῦ μακροθυμία ἐν **ἡμέραις** Νῶε κατασκευαζομένης κιβωτοῦ

ἡσύχιος (*hēsychios*; 1/2) *quiet*

1Pe 3:4 τοῦ πραέως καὶ **ἡσυχίου** πνεύματος,

θανατόω (*thanatoō*; 1/11) *kill*

1Pe 3:18 προσαγάγῃ τῷ θεῷ **θανατωθεὶς** μὲν σαρκὶ ζῳοποιηθεὶς

θαυμαστός (*thaumastos*; 1/6) *marvelous, astonishing*

1Pe 2:9 καλέσαντος εἰς τὸ **θαυμαστὸν** αὐτοῦ φῶς·

θέλημα (*thelēma*; 4/62) *will*

1Pe 2:15 οὕτως ἐστὶν τὸ **θέλημα** τοῦ θεοῦ ἀγαθοποιοῦντας
1Pe 3:17 εἰ θέλοι τὸ **θέλημα** τοῦ θεοῦ,
1Pe 4:2 ἀνθρώπων ἐπιθυμίαις ἀλλὰ **θελήματι** θεοῦ τὸν ἐπίλοιπον
1Pe 4:19 πάσχοντες κατὰ τὸ **θέλημα** τοῦ θεοῦ πιστῷ

θέλω (*thelō*; 2/208) *wish, want*

1Pe 3:10 ὁ γὰρ **θέλων** ζωὴν ἀγαπᾶν καὶ
1Pe 3:17 εἰ **θέλοι** τὸ θέλημα τοῦ

θεμελιόω (*themelioō*; 1/5) *establish*

1Pe 5:10 **θεμελιώσει**.

θεός (*theos*; 39/1316[1317]) *God*

1Pe 1:2 κατὰ πρόγνωσιν **θεοῦ** πατρὸς ἐν ἁγιασμῷ
1Pe 1:3 Εὐλογητὸς ὁ **θεὸς** καὶ πατὴρ τοῦ
1Pe 1:5 τοὺς ἐν δυνάμει **θεοῦ** φρουρουμένους διὰ πίστεως
1Pe 1:21 αὐτοῦ πιστοὺς εἰς **θεὸν** τὸν ἐγείραντα αὐτὸν
1Pe 1:21 ἐλπίδα εἶναι εἰς **θεόν**.
1Pe 1:23 διὰ λόγου ζῶντος **θεοῦ** καὶ μένοντος.
1Pe 2:4 ἀποδεδοκιμασμένον παρὰ δὲ **θεῷ** ἐκλεκτὸν ἔντιμον,
1Pe 2:5 θυσίας εὐπροσδέκτους [τῷ] **θεῷ** διὰ Ἰησοῦ Χριστοῦ.
1Pe 2:10 νῦν δὲ λαὸς **θεοῦ**,
1Pe 2:12 ἐποπτεύοντες δοξάσωσιν τὸν **θεὸν** ἐν ἡμέρᾳ ἐπισκοπῆς.
1Pe 2:15 τὸ θέλημα τοῦ **θεοῦ** ἀγαθοποιοῦντας φιμοῦν
1Pe 2:16 ἐλευθερίαν ἀλλ᾽ ὡς **θεοῦ** δοῦλοι.
1Pe 2:17 τὸν **θεὸν** φοβεῖσθε,
1Pe 2:19 εἰ διὰ συνείδησιν **θεοῦ** ὑποφέρει τις λύπας
1Pe 2:20 τοῦτο χάρις παρὰ **θεῷ**.
1Pe 3:4 ἐστιν ἐνώπιον τοῦ **θεοῦ** πολυτελές.
1Pe 3:5 αἱ ἐλπίζουσαι εἰς **θεὸν** ἐκόσμουν ἑαυτάς ὑποτασσόμεναι
1Pe 3:17 τὸ θέλημα τοῦ **θεοῦ**,
1Pe 3:18 ὑμᾶς προσαγάγῃ τῷ **θεῷ** θανατωθεὶς μὲν σαρκὶ
1Pe 3:20 ἀπεξεδέχετο ἡ τοῦ **θεοῦ** μακροθυμία ἐν ἡμέραις
1Pe 3:21 ἀγαθῆς ἐπερώτημα εἰς **θεόν**,
1Pe 3:22 ἐν δεξιᾷ [τοῦ] **θεοῦ** πορευθεὶς εἰς οὐρανὸν
1Pe 4:2 ἐπιθυμίαις ἀλλὰ θελήματι **θεοῦ** τὸν ἐπίλοιπον ἐν
1Pe 4:6 ζῶσι δὲ κατὰ **θεὸν** πνεύματι.
1Pe 4:10 οἰκονόμοι ποικίλης χάριτος **θεοῦ**.
1Pe 4:11 ὡς λόγια θεοῦ·

1Pe 4:11 ἧς χορηγεῖ ὁ **θεός**,
1Pe 4:11 πᾶσιν δοξάζηται ὁ **θεὸς** διὰ Ἰησοῦ Χριστοῦ,
1Pe 4:14 καὶ τὸ τοῦ **θεοῦ** πνεῦμα ἐφ᾽ ὑμᾶς
1Pe 4:16 δοξαζέτω δὲ τὸν **θεὸν** ἐν τῷ ὀνόματι
1Pe 4:17 τοῦ οἴκου τοῦ **θεοῦ**·
1Pe 4:17 ἀπειθούντων τῷ τοῦ **θεοῦ** εὐαγγελίῳ;
1Pe 4:19 τὸ θέλημα τοῦ **θεοῦ** πιστῷ κτίστῃ παρατιθέσθωσαν
1Pe 5:2 ὑμῖν ποίμνιον τοῦ **θεοῦ** [ἐπισκοποῦντες] μὴ ἀναγκαστῶς
1Pe 5:2 ἀλλὰ ἑκουσίως κατὰ **θεόν**,
1Pe 5:5 ὅτι [ὁ] **θεὸς** ὑπερηφάνοις ἀντιτάσσεται,
1Pe 5:6 κραταιὰν χεῖρα τοῦ **θεοῦ**,
1Pe 5:10 Ὁ δὲ **θεὸς** πάσης χάριτος,
1Pe 5:12 ἀληθῆ χάριν τοῦ **θεοῦ** εἰς ἣν στῆτε.

θρίξ (*thrix*; 1/15) *hair*
1Pe 3:3 ὁ ἔξωθεν ἐμπλοκῆς **τριχῶν** καὶ περιθέσεως χρυσίων

θυσία (*thysia*; 1/28) *sacrifice*
1Pe 2:5 ἅγιον ἀνενέγκαι πνευματικὰς **θυσίας** εὐπροσδέκτους [τῷ] θεῷ

ἰάομαι (*iaomai*; 1/26) *heal*
1Pe 2:24 οὗ τῷ μώλωπι **ἰάθητε**.

ἴδιος (*idios*; 2/114) *one's own*
1Pe 3:1 ὑποτασσόμεναι τοῖς **ἰδίοις** ἀνδράσιν,
1Pe 3:5 ἑαυτάς ὑποτασσόμεναι τοῖς **ἰδίοις** ἀνδράσιν,

ἰδού (*idou*; 1/200) *look!*
1Pe 2:6 **ἰδοὺ** τίθημι ἐν Σιὼν

ἱεράτευμα (*hierateuma*; 2/2) *priesthood*
1Pe 2:5 οἶκος πνευματικὸς εἰς **ἱεράτευμα** ἅγιον ἀνενέγκαι πνευματικὰς
1Pe 2:9 βασίλειον **ἱεράτευμα**,

Ἰησοῦς (*Iēsous*; 10/911[917]) *Jesus*
1Pe 1:1 Πέτρος ἀπόστολος **Ἰησοῦ** Χριστοῦ ἐκλεκτοῖς παρεπιδήμοις
1Pe 1:2 καὶ ῥαντισμὸν αἵματος **Ἰησοῦ** Χριστοῦ,
1Pe 1:3 τοῦ κυρίου ἡμῶν **Ἰησοῦ** Χριστοῦ,
1Pe 1:3 ζῶσαν δι᾽ ἀναστάσεως **Ἰησοῦ** Χριστοῦ ἐκ νεκρῶν,
1Pe 1:7 τιμὴν ἐν ἀποκαλύψει **Ἰησοῦ** Χριστοῦ·
1Pe 1:13 χάριν ἐν ἀποκαλύψει **Ἰησοῦ** Χριστοῦ.
1Pe 2:5 [τῷ] θεῷ διὰ **Ἰησοῦ** Χριστοῦ.
1Pe 3:21 δι᾽ ἀναστάσεως **Ἰησοῦ** Χριστοῦ,
1Pe 4:11 ὁ θεὸς διὰ **Ἰησοῦ** Χριστοῦ,
1Pe 5:10 δόξαν ἐν Χριστῷ **[Ἰησοῦ]**,

ἱμάτιον (*himation*; 1/60) *garment*
1Pe 3:3 χρυσίων ἢ ἐνδύσεως **ἱματίων** κόσμος

ἵνα (*hina*; 13/662[663]) *so that, in order that*
1Pe 1:7 **ἵνα** τὸ δοκίμιον ὑμῶν
1Pe 2:2 **ἵνα** ἐν αὐτῷ αὐξηθῆτε
1Pe 2:12 **ἵνα** ἐν ᾧ καταλαλοῦσιν
1Pe 2:21 ὑμῖν ὑπολιμπάνων ὑπογραμμὸν **ἵνα** ἐπακολουθήσητε τοῖς ἴχνεσιν
1Pe 2:24 **ἵνα** ταῖς ἁμαρτίαις ἀπογενόμενοι
1Pe 3:1 ἵνα **καὶ** εἴ τινες ἀπειθοῦσιν
1Pe 3:9 εἰς τοῦτο ἐκλήθητε **ἵνα** εὐλογίαν κληρονομήσητε.
1Pe 3:16 **ἵνα** ἐν ᾧ καταλαλεῖσθε
1Pe 3:18 **ἵνα** ὑμᾶς προσαγάγῃ τῷ
1Pe 4:6 **ἵνα** κριθῶσι μὲν κατὰ
1Pe 4:11 ἵνα **ἐν** πᾶσιν δοξάζηται ὁ
1Pe 4:13 **ἵνα** καὶ ἐν τῇ
1Pe 5:6 **ἵνα** ὑμᾶς ὑψώσῃ ἐν

ἵστημι (*histēmi*; 1/154[155]) *set, stand*
1Pe 5:12 θεοῦ εἰς ἣν **στῆτε**.

ἰσχύς (*ischys*; 1/10) *strength*
1Pe 4:11 ὡς ἐξ **ἰσχύος** ἧς χορηγεῖ ὁ

ἴχνος (*ichnos*; 1/3) *footstep*
1Pe 2:21 ἵνα ἐπακολουθήσητε τοῖς **ἴχνεσιν** αὐτοῦ,

καθαρός (*katharos*; 1/27) *pure, clean*
1Pe 1:22 ἐκ [καθαρᾶς] **καρδίας** ἀλλήλους ἀγαπήσατε ἐκτενῶς

καθό (*katho*; 1/4) *as*
1Pe 4:13 ἀλλὰ **καθὸ** κοινωνεῖτε τοῖς τοῦ

καθώς (*kathōs*; 1/182) *just as*
1Pe 4:10 ἕκαστος **καθὼς** ἔλαβεν χάρισμα εἰς

καιρός (*kairos*; 4/85) *time*
1Pe 1:5 ἑτοίμην ἀποκαλυφθῆναι ἐν **καιρῷ** ἐσχάτῳ.
1Pe 1:11 τίνα ἢ ποῖον **καιρὸν** ἐδήλου τὸ ἐν
1Pe 4:17 ὅτι [ὁ] **καιρὸς** τοῦ ἄρξασθαι τὸ
1Pe 5:6 ὑμᾶς ὑψώσῃ ἐν **καιρῷ**,

κακία (*kakia*; 2/11) *evil*
1Pe 2:1 Ἀποθέμενοι οὖν πᾶσαν **κακίαν** καὶ πάντα δόλον
1Pe 2:16 ἐπικάλυμμα ἔχοντες τῆς **κακίας** τὴν ἐλευθερίαν ἀλλ᾽

κακοποιέω (*kakopoieō*; 1/4) *do evil or wrong*
1Pe 3:17 πάσχειν ἢ **κακοποιοῦντας**.

κακοποιός (*kakopoios*; 3/3) *wrongdoer*
1Pe 2:12 καταλαλοῦσιν ὑμῶν ὡς **κακοποιῶν** ἐκ τῶν καλῶν
1Pe 2:14 πεμπομένοις εἰς ἐκδίκησιν **κακοποιῶν** ἔπαινον δὲ ἀγαθοποιῶν·
1Pe 4:15 ἢ κλέπτης ἢ **κακοποιὸς** ἢ ὡς ἀλλοτριεπίσκοπος·

κακός (*kakos*; 5/50) *evil*
1Pe 3:9 μὴ ἀποδιδόντες **κακὸν** ἀντὶ κακοῦ ἢ
1Pe 3:9 ἀποδιδόντες κακὸν ἀντὶ **κακοῦ** ἢ λοιδορίαν
1Pe 3:10 τὴν γλῶσσαν ἀπὸ **κακοῦ** καὶ χείλη τοῦ

1Pe 3:11 ἐκκλινάτω δὲ ἀπὸ **κακοῦ** καὶ ποιησάτω ἀγαθόν,
1Pe 3:12 κυρίου ἐπὶ ποιοῦντας **κακά**.

κακόω (*kakoō*; 1/6) *treat badly*
1Pe 3:13 Καὶ τίς ὁ **κακώσων** ὑμᾶς ἐὰν τοῦ

καλέω (*kaleō*; 6/148) *call*
1Pe 1:15 ἀλλὰ κατὰ τὸν **καλέσαντα** ὑμᾶς ἅγιον καὶ
1Pe 2:9 ἐκ σκότους ὑμᾶς **καλέσαντος** εἰς τὸ θαυμαστὸν
1Pe 2:21 εἰς τοῦτο γὰρ **ἐκλήθητε**,
1Pe 3:6 Ἀβραάμ κύριον αὐτὸν **καλοῦσα**,
1Pe 3:9 ὅτι εἰς τοῦτο **ἐκλήθητε** ἵνα εὐλογίαν κληρονομήσητε.
1Pe 5:10 ὁ **καλέσας** ὑμᾶς εἰς τὴν

καλός (*kalos*; 3/101) *good*
1Pe 2:12 τοῖς ἔθνεσιν ἔχοντες **καλήν**,
1Pe 2:12 κακοποιῶν ἐκ τῶν **καλῶν** ἔργων ἐποπτεύοντες δοξάσωσιν
1Pe 4:10 αὐτὸ διακονοῦντες ὡς **καλοὶ** οἰκονόμοι ποικίλης χάριτος

καλύπτω (*kalyptō*; 1/8) *cover*
1Pe 4:8 ὅτι ἀγάπη **καλύπτει** πλῆθος ἁμαρτιῶν.

Καππαδοκία (*Kappadokia*; 1/2) *Cappadocia*
1Pe 1:1 **Καππαδοκίας**,

καρδία (*kardia*; 3/156) *heart*
1Pe 1:22 ἐκ [καθαρᾶς] καρδίας **ἀλλήλους** ἀγαπήσατε ἐκτενῶς
1Pe 3:4 ὁ κρυπτὸς τῆς **καρδίας** ἄνθρωπος ἐν τῷ
1Pe 3:15 ἁγιάσατε ἐν ταῖς **καρδίαις** ὑμῶν,

κατά (*kata*; 10/472[473]) *according to, against*
1Pe 1:2 **κατὰ** πρόγνωσιν θεοῦ πατρὸς
1Pe 1:3 ὁ **κατὰ** τὸ πολὺ αὐτοῦ
1Pe 1:15 ἀλλὰ **κατὰ** τὸν καλέσαντα ὑμᾶς
1Pe 1:17 τὸν ἀπροσωπολήμπτως κρίνοντα **κατὰ** τὸ ἑκάστου ἔργον,
1Pe 2:11 ἐπιθυμιῶν αἵτινες στρατεύονται **κατὰ** τῆς ψυχῆς·
1Pe 3:7 συνοικοῦντες **κατὰ** γνῶσιν ὡς ἀσθενεστέρῳ
1Pe 4:6 ἵνα κριθῶσι μὲν **κατὰ** ἀνθρώπους σαρκὶ ζῶσι
1Pe 4:6 σαρκὶ ζῶσι δὲ **κατὰ** θεὸν πνεύματι.
1Pe 4:19 καὶ οἱ πάσχοντες **κατὰ** τὸ θέλημα τοῦ
1Pe 5:2 ἀναγκαστῶς ἀλλὰ ἑκουσίως **κατὰ** θεόν,

καταβολή (*katabolē*; 1/11) *beginning*
1Pe 1:20 προεγνωσμένου μὲν πρὸ **καταβολῆς** κόσμου φανερωθέντος δὲ

καταισχύνω (*kataischynō*; 2/13) *put to shame*
1Pe 2:6 αὐτῷ οὐ μὴ **καταισχυνθῇ**.
1Pe 3:16 ἐν ᾧ καταλαλεῖσθε **καταισχυνθῶσιν** οἱ ἐπηρεάζοντες ὑμῶν

κατακυριεύω (*katakyrieuō*; 1/4) *have power over*
1Pe 5:3 μηδ᾽ ὡς **κατακυριεύοντες** τῶν κλήρων ἀλλὰ

καταλαλέω (*katalaleō*; 2/5) *speak evil of*
1Pe 2:12 ἵνα ἐν ᾧ **καταλαλοῦσιν** ὑμῶν ὡς κακοποιῶν
1Pe 3:16 ἵνα ἐν ᾧ **καταλαλεῖσθε** καταισχυνθῶσιν οἱ ἐπηρεάζοντες

καταλαλιά (*katalalia*; 1/2) *slander*
1Pe 2:1 φθόνους καὶ πάσας **καταλαλιάς**,

καταπίνω (*katapinō*; 1/7) *swallow*
1Pe 5:8 περιπατεῖ ζητῶν [τινα] **καταπιεῖν**·

καταρτίζω (*katartizō*; 1/13) *mend*
1Pe 5:10 ὀλίγον παθόντας αὐτὸς **καταρτίσει**,

κατασκευάζω (*kataskeuazō*; 1/11) *prepare*
1Pe 3:20 ἐν ἡμέραις Νῶε **κατασκευαζομένης** κιβωτοῦ εἰς ἣν

κατεργάζομαι (*katergazomai*; 1/22) *do, accomplish, bring about*
1Pe 4:3 βούλημα τῶν ἐθνῶν **κατειργάσθαι** πεπορευμένους ἐν ἀσελγείαις,

κερδαίνω (*kerdainō*; 1/17) *gain*
1Pe 3:1 ἀναστροφῆς ἄνευ λόγου **κερδηθήσονται**,

κεφαλή (*kephalē*; 1/75) *head*
1Pe 2:7 οὗτος ἐγενήθη εἰς **κεφαλὴν** γωνίας

κηρύσσω (*kēryssō*; 1/59[61]) *proclaim*
1Pe 3:19 φυλακῇ πνεύμασιν πορευθεὶς **ἐκήρυξεν**,

κιβωτός (*kibōtos*; 1/6) *ark*
1Pe 3:20 ἡμέραις Νῶε κατασκευαζομένης **κιβωτοῦ** εἰς ἣν ὀλίγοι,

κλέος (*kleos*; 1/1) *credit*
1Pe 2:20 ποῖον γὰρ **κλέος** εἰ ἁμαρτάνοντες καὶ

κλέπτης (*kleptēs*; 1/16) *thief*
1Pe 4:15 ὡς φονεὺς ἢ **κλέπτης** ἢ κακοποιὸς ἢ

κληρονομέω (*klēronomeō*; 1/18) *inherit*
1Pe 3:9 ἐκλήθητε ἵνα εὐλογίαν **κληρονομήσητε**.

κληρονομία (*klēronomia*; 1/14) *inheritance*
1Pe 1:4 εἰς **κληρονομίαν** ἄφθαρτον καὶ ἀμίαντον

κλῆρος (*klēros*; 1/11) *lot*
1Pe 5:3 ὡς κατακυριεύοντες τῶν **κλήρων** ἀλλὰ τύποι γινόμενοι

κοινωνέω (*koinōneō*; 1/8) *share*
1Pe 4:13 ἀλλὰ καθὸ **κοινωνεῖτε** τοῖς τοῦ Χριστοῦ

κοινωνός (*koinōnos*; 1/10) *partner*
1Pe 5:1 μελλούσης ἀποκαλύπτεσθαι δόξης **κοινωνός**·

κολαφίζω (*kolaphizō*; 1/5) *beat, harrass*
1Pe 2:20 εἰ ἁμαρτάνοντες καὶ **κολαφιζόμενοι** ὑπομενεῖτε;

κομίζω (*komizō*; 2/10) *bring (mid. receive)*
1Pe 1:9 **κομιζόμενοι** τὸ τέλος τῆς
1Pe 5:4 φανερωθέντος τοῦ ἀρχιποίμενος **κομιεῖσθε** τὸν ἀμαράντινον τῆς

κοσμέω (*kosmeō*; 1/10) *adorn*
1Pe 3:5 ἐλπίζουσαι εἰς θεὸν **ἐκόσμουν** ἑαυτάς ὑποτασσόμεναι τοῖς

κόσμος (*kosmos*; 3/185[186]) *world*
1Pe 1:20 μὲν πρὸ καταβολῆς **κόσμου** φανερωθέντος δὲ
1Pe 3:3 ἢ ἐνδύσεως ἱματίων **κόσμος**
1Pe 5:9 τῇ ἐν [τῷ] **κόσμῳ** ὑμῶν ἀδελφότητι ἐπιτελεῖσθαι.

κραταιός (*krataios*; 1/1) *mighty*
1Pe 5:6 οὖν ὑπὸ τὴν **κραταιὰν** χεῖρα τοῦ θεοῦ,

κράτος (*kratos*; 2/12) *might, strength*
1Pe 4:11 δόξα καὶ τὸ **κράτος** εἰς τοὺς αἰῶνας
1Pe 5:11 αὐτῷ τὸ **κράτος** εἰς τοὺς αἰῶνας,

κρείττων (*kreittōn*; 1/19) *better*
1Pe 3:17 **κρεῖττον** γὰρ ἀγαθοποιοῦντας,

κρίμα (*krima*; 1/27) *judgment*
1Pe 4:17 τοῦ ἄρξασθαι τὸ **κρίμα** ἀπὸ τοῦ οἴκου

κρίνω (*krinō*; 4/114) *judge*
1Pe 1:17 ἐπικαλεῖσθε τὸν ἀπροσωπολήμπτως **κρίνοντα** κατὰ τὸ ἑκάστου
1Pe 2:23 παρεδίδου δὲ τῷ **κρίνοντι** δικαίως·
1Pe 4:5 τῷ ἑτοίμως ἔχοντι **κρῖναι** ζῶντας καὶ νεκρούς.
1Pe 4:6 ἵνα **κριθῶσι** μὲν κατὰ ἀνθρώπους

κρυπτός (*kryptos*; 1/17) *secret*
1Pe 3:4 ἀλλ᾽ ὁ **κρυπτὸς** τῆς καρδίας ἄνθρωπος

κτίσις (*ktisis*; 1/18[19]) *creation*
1Pe 2:13 Ὑποτάγητε πάσῃ ἀνθρωπίνῃ **κτίσει** διὰ τὸν κύριον,

κτίστης (*ktistēs*; 1/1) *Creator*
1Pe 4:19 τοῦ θεοῦ πιστῷ **κτίστῃ** παρατιθέσθωσαν τὰς ψυχὰς

κύριος (*kyrios*; 8/714[717]) *Lord, sir*
1Pe 1:3 καὶ πατὴρ τοῦ **κυρίου** ἡμῶν Ἰησοῦ Χριστοῦ,
1Pe 1:25 τὸ δὲ ῥῆμα **κυρίου** μένει εἰς τὸν
1Pe 2:3 ὅτι χρηστὸς ὁ **κύριος**.
1Pe 2:13 κτίσει διὰ τὸν **κύριον**,
1Pe 3:6 ὑπήκουσεν τῷ Ἀβραάμ **κύριον** αὐτὸν καλοῦσα,
1Pe 3:12 ὅτι ὀφθαλμοὶ **κυρίου** ἐπὶ δικαίους καὶ
1Pe 3:12 πρόσωπον δὲ **κυρίου** ἐπὶ ποιοῦντας κακά.
1Pe 3:15 **κύριον** δὲ τὸν Χριστὸν

κῶμος (*kōmos*; 1/3) *carousing*
1Pe 4:3 **κώμοις**,

λαλέω (*laleō*; 2/294[296]) *speak*
1Pe 3:10 χείλη τοῦ μὴ **λαλῆσαι** δόλον,
1Pe 4:11 εἴ τις **λαλεῖ**,

λαμβάνω (*lambanō*; 1/258) *take, receive*
1Pe 4:10 ἕκαστος καθὼς **ἔλαβεν** χάρισμα εἰς ἑαυτοὺς

λαός (*laos*; 3/141[142]) *people, nation*
1Pe 2:9 **λαὸς** εἰς περιποίησιν,
1Pe 2:10 οἵ ποτε οὐ **λαὸς** νῦν δὲ λαὸς
1Pe 2:10 λαὸς νῦν δὲ **λαὸς** θεοῦ,

λέων (*leōn*; 1/9) *lion*
1Pe 5:8 ὑμῶν διάβολος ὡς **λέων** ὠρυόμενος περιπατεῖ ζητῶν

λίθος (*lithos*; 5/58[59]) *stone*
1Pe 2:4 πρὸς ὃν προσερχόμενοι **λίθον** ζῶντα ὑπὸ ἀνθρώπων
1Pe 2:5 καὶ αὐτοὶ ὡς **λίθοι** ζῶντες οἰκοδομεῖσθε οἶκος
1Pe 2:6 τίθημι ἐν Σιὼν **λίθον** ἀκρογωνιαῖον ἐκλεκτὸν ἔντιμον
1Pe 2:7 ἀπιστοῦσιν δὲ λίθος **ὃν** ἀπεδοκίμασαν οἱ οἰκοδομοῦντες,
1Pe 2:8 καὶ **λίθος** προσκόμματος καὶ πέτρα

λογίζομαι (*logizomai*; 1/40) *count, consider*
1Pe 5:12 ὡς **λογίζομαι**,

λογικός (*logikos*; 1/2) *rational, spiritual*
1Pe 2:2 ἀρτιγέννητα βρέφη τὸ **λογικὸν** ἄδολον γάλα ἐπιποθήσατε,

λόγιον (*logion*; 1/4) *oracle*
1Pe 4:11 ὡς λόγια **θεοῦ**·

λόγος (*logos*; 6/329[330]) *word*
1Pe 1:23 ἀλλὰ ἀφθάρτου διὰ **λόγου** ζῶντος θεοῦ καὶ
1Pe 2:8 οἳ προσκόπτουσιν τῷ **λόγῳ** ἀπειθοῦντες εἰς ὃ
1Pe 3:1 τινες ἀπειθοῦσιν τῷ **λόγῳ**,
1Pe 3:1 γυναικῶν ἀναστροφῆς ἄνευ **λόγου** κερδηθήσονται,
1Pe 3:15 τῷ αἰτοῦντι ὑμᾶς **λόγον** περὶ τῆς ἐν
1Pe 4:5 οἳ ἀποδώσουσιν **λόγον** τῷ ἑτοίμως ἔχοντι

λοιδορέω (*loidoreō*; 1/4) *curse*
1Pe 2:23 ὃς **λοιδορούμενος** οὐκ ἀντελοιδόρει,

λοιδορία (*loidoria*; 2/3) *cursing or speaking evil*
1Pe 3:9 ἀντὶ κακοῦ ἢ **λοιδορίαν** ἀντὶ λοιδορίας,
1Pe 3:9 ἢ λοιδορίαν ἀντὶ **λοιδορίας**,

λυπέω (*lypeō*; 1/26) *grieve*
1Pe 1:6 εἰ δέον [ἐστὶν] **λυπηθέντες** ἐν ποικίλοις πειρασμοῖς,

λύπη (*lypē*; 1/16) *grief*
1Pe 2:19 θεοῦ ὑποφέρει τις **λύπας** πάσχων ἀδίκως.

λυτρόω (*lytroō*; 1/3) *redeem*
1Pe 1:18 **ἐλυτρώθητε** ἐκ τῆς ματαίας

μακάριος (*makarios*; 2/50) *blessed*
1Pe 3:14 **μακάριοι**.
1Pe 4:14 **μακάριοι**,

μακροθυμία (*makrothymia*; 1/14) *patience*
1Pe 3:20 ἡ τοῦ θεοῦ **μακροθυμία** ἐν ἡμέραις Νῶε

Μᾶρκος (*Markos*; 1/8) *Mark*
1Pe 5:13 Βαβυλῶνι συνεκλεκτὴ καὶ **Μᾶρκος** ὁ υἱός μου.

μάρτυς (*martys*; 1/35) *witness*
1Pe 5:1 ὁ συμπρεσβύτερος καὶ **μάρτυς** τῶν τοῦ Χριστοῦ

μάταιος (*mataios*; 1/6) *worthless*
1Pe 1:18 ἐλυτρώθητε ἐκ τῆς **ματαίας** ὑμῶν ἀναστροφῆς πατροπαραδότου

μέλει (*melei*; 1/10) *it is of concern*
1Pe 5:7 ὅτι αὐτῷ **μέλει** περὶ ὑμῶν.

μέλλω (*mellō*; 1/109) *be about to happen*
1Pe 5:1 ὁ καὶ τῆς **μελλούσης** ἀποκαλύπτεσθαι δόξης κοινωνός·

μέν (*men*; 4/178[179]) *on the one hand*
1Pe 1:20 προεγνωσμένου **μὲν** πρὸ καταβολῆς κόσμου
1Pe 2:4 ζῶντα ὑπὸ ἀνθρώπων **μὲν** ἀποδεδοκιμασμένον παρὰ δὲ
1Pe 3:18 τῷ θεῷ θανατωθεὶς **μὲν** σαρκὶ ζῳοποιηθεὶς
1Pe 4:6 ἵνα κριθῶσι **μὲν** κατὰ ἀνθρώπους σαρκὶ

μένω (*menō*; 2/118) *remain*
1Pe 1:23 ζῶντος θεοῦ καὶ **μένοντος**.
1Pe 1:25 δὲ ῥῆμα κυρίου **μένει** εἰς τὸν αἰῶνα.

μέριμνα (*merimna*; 1/6) *care*
1Pe 5:7 πᾶσαν τὴν **μέριμναν** ὑμῶν ἐπιρίψαντες ἐπ’

μετά (*meta*; 2/465[469]) *with, after*
1Pe 1:11 παθήματα καὶ τὰς **μετὰ** ταῦτα δόξας.
1Pe 3:16 ἀλλὰ **μετὰ** πραΰτητος καὶ φόβου,

μή (*mē*; 14/1041[1042]) *not*
1Pe 1:8 εἰς ὃν ἄρτι **μὴ** ὁρῶντες πιστεύοντες δὲ
1Pe 1:14 ὡς τέκνα ὑπακοῆς **μὴ** συσχηματιζόμενοι ταῖς πρότερον
1Pe 2:6 ἐπ’ αὐτῷ οὐ **μὴ** καταισχυνθῇ.
1Pe 2:16 ὡς ἐλεύθεροι καὶ **μὴ** ὡς ἐπικάλυμμα ἔχοντες
1Pe 3:6 τέκνα ἀγαθοποιοῦσαι καὶ **μὴ** φοβούμεναι μηδεμίαν πτόησιν.
1Pe 3:7 ζωῆς εἰς τὸ **μὴ** ἐγκόπτεσθαι τὰς προσευχὰς
1Pe 3:9 **μὴ** ἀποδιδόντες κακὸν ἀντὶ
1Pe 3:10 καὶ χείλη τοῦ **μὴ** λαλῆσαι δόλον,
1Pe 3:14 δὲ φόβον αὐτῶν **μὴ** φοβηθῆτε μηδὲ ταραχθῆτε,
1Pe 4:4 ἐν ᾧ ξενίζονται **μὴ** συντρεχόντων ὑμῶν εἰς
1Pe 4:12 **μὴ** ξενίζεσθε τῇ ἐν
1Pe 4:15 **μὴ** γάρ τις ὑμῶν
1Pe 4:16 **μὴ** αἰσχυνέσθω,
1Pe 5:2 τοῦ θεοῦ [ἐπισκοποῦντες] **μὴ** ἀναγκαστῶς ἀλλὰ ἑκουσίως

μηδέ (*mēde*; 3/56) *nor*
1Pe 3:14 αὐτῶν μὴ φοβηθῆτε **μηδὲ** ταραχθῆτε,
1Pe 5:2 **μηδὲ** αἰσχροκερδῶς ἀλλὰ προθύμως,
1Pe 5:3 **μηδ’** ὡς κατακυριεύοντες τῶν

μηδείς (*mēdeis*; 1/90) *no one*
1Pe 3:6 καὶ μὴ φοβούμεναι **μηδεμίαν** πτόησιν.

μηκέτι (*mēketi*; 1/21[22]) *no longer*
1Pe 4:2 εἰς τὸ **μηκέτι** ἀνθρώπων ἐπιθυμίαις ἀλλὰ

μόλις (*molis*; 1/6) *with difficulty*
1Pe 4:18 εἰ ὁ δίκαιος **μόλις** σῴζεται,

μόνος (*monos*; 1/113[114]) *only*
1Pe 2:18 οὐ **μόνον** τοῖς ἀγαθοῖς καὶ

μώλωψ (*mōlōps*; 1/1) *wound*
1Pe 2:24 οὗ τῷ **μώλωπι** ἰάθητε.

νεκρός (*nekros*; 4/128) *dead*
1Pe 1:3 Ἰησοῦ Χριστοῦ ἐκ **νεκρῶν**,
1Pe 1:21 ἐγείραντα αὐτὸν ἐκ **νεκρῶν** καὶ δόξαν αὐτῷ
1Pe 4:5 κρῖναι ζῶντας καὶ **νεκρούς**.
1Pe 4:6 τοῦτο γὰρ καὶ **νεκροῖς** εὐηγγελίσθη,

νέος (*neos*; 1/24) *young, new*
1Pe 5:5 **νεώτεροι**,

νήφω (*nēphō*; 3/6) *be sober*
1Pe 1:13 τῆς διανοίας ὑμῶν **νήφοντες** τελείως ἐλπίσατε ἐπὶ
1Pe 4:7 σωφρονήσατε οὖν καὶ **νήψατε** εἰς προσευχάς·
1Pe 5:8 **Νήψατε**,

νῦν (*nyn*; 5/146[147]) *now*
1Pe 1:12 ἃ **νῦν** ἀνηγγέλη ὑμῖν διὰ
1Pe 2:10 ποτε οὐ λαὸς **νῦν** δὲ λαὸς θεοῦ,
1Pe 2:10 οἱ οὐκ ἠλεημένοι **νῦν** δὲ ἐλεηθέντες.

1Pe 2:25 ἀλλὰ ἐπεστράφητε **νῦν** ἐπὶ τὸν ποιμένα
1Pe 3:21 καὶ ὑμᾶς ἀντίτυπον **νῦν** σῴζει βάπτισμα,

Νῶε (*Nōe*; 1/8) *Noah*
1Pe 3:20 μακροθυμία ἐν ἡμέραις **Νῶε** κατασκευαζομένης κιβωτοῦ εἰς

ξενίζω (*xenizō*; 2/10) *entertain as a guest*
1Pe 4:4 ἐν ᾧ **ξενίζονται** μὴ συντρεχόντων ὑμῶν
1Pe 4:12 μὴ **ξενίζεσθε** τῇ ἐν ὑμῖν

ξένος (*xenos*; 1/14) *strange*
1Pe 4:12 ὑμῖν γινομένῃ ὡς **ξένου** ὑμῖν συμβαίνοντος,

ξηραίνω (*xērainō*; 1/15) *dry up*
1Pe 1:24 **ἐξηράνθη** ὁ χόρτος καὶ

ξύλον (*xylon*; 1/20) *wood*
1Pe 2:24 αὐτοῦ ἐπὶ τὸ **ξύλον**,

οἶδα (*oida*; 2/318) *know*
1Pe 1:18 **εἰδότες** ὅτι οὐ φθαρτοῖς,
1Pe 5:9 στερεοὶ τῇ πίστει **εἰδότες** τὰ αὐτὰ τῶν

οἰκέτης (*oiketēs*; 1/4) *house servant*
1Pe 2:18 Οἱ **οἰκέται** ὑποτασσόμενοι ἐν παντὶ

οἰκοδομέω (*oikodomeō*; 2/40) *build*
1Pe 2:5 ὡς λίθοι ζῶντες **οἰκοδομεῖσθε** οἶκος πνευματικὸς εἰς
1Pe 2:7 ὃν ἀπεδοκίμασαν οἱ **οἰκοδομοῦντες**,

οἰκονόμος (*oikonomos*; 1/10) *steward*
1Pe 4:10 διακονοῦντες ὡς καλοὶ **οἰκονόμοι** ποικίλης χάριτος θεοῦ.

οἶκος (*oikos*; 2/113[114]) *house*
1Pe 2:5 λίθοι ζῶντες οἰκοδομεῖσθε **οἶκος** πνευματικὸς εἰς ἱεράτευμα
1Pe 4:17 κρίμα ἀπὸ τοῦ **οἴκου** τοῦ θεοῦ·

οἰνοφλυγία (*oinophlygia*; 1/1) *drunkenness*
1Pe 4:3 **οἰνοφλυγίαις**,

ὀκτώ (*oktō*; 1/8) *eight*
1Pe 3:20 τοῦτ᾽ ἔστιν **ὀκτὼ** ψυχαί,

ὀλίγος (*oligos*; 4/40) *little*
1Pe 1:6 **ὀλίγον** ἄρτι εἰ δέον
1Pe 3:20 κιβωτοῦ εἰς ἣν **ὀλίγοι**,
1Pe 5:10 **ὀλίγον** παθόντας αὐτὸς καταρτίσει,
1Pe 5:12 δι᾽ **ὀλίγων** ἔγραψα παρακαλῶν καὶ

ὁμοίως (*homoiōs*; 3/30) *in the same way*
1Pe 3:1 **Ὁμοίως** [αἱ] γυναῖκες,
1Pe 3:7 Οἱ ἄνδρες **ὁμοίως**,
1Pe 5:5 **Ὁμοίως**,

ὁμόφρων (*homophrōn*; 1/1) *of one mind*
1Pe 3:8 δὲ τέλος πάντες **ὁμόφρονες**,

ὀνειδίζω (*oneidizō*; 1/8[9]) *reproach*
1Pe 4:14 εἰ **ὀνειδίζεσθε** ἐν ὀνόματι Χριστοῦ,

ὄνομα (*onoma*; 2/229[230]) *name*
1Pe 4:14 εἰ ὀνειδίζεσθε ἐν **ὀνόματι** Χριστοῦ,
1Pe 4:16 θεὸν ἐν τῷ **ὀνόματι** τούτῳ.

ὁπλίζω (*hoplizō*; 1/1) *arm oneself with*
1Pe 4:1 τὴν αὐτὴν ἔννοιαν **ὁπλίσασθε**,

ὅπως (*hopōs*; 1/53) *that*
1Pe 2:9 **ὅπως** τὰς ἀρετὰς ἐξαγγείλητε

ὁράω (*horaō*; 3/452) *see*
1Pe 1:8 ὃν οὐκ **ἰδόντες** ἀγαπᾶτε,
1Pe 1:8 ὃν ἄρτι μὴ **ὁρῶντες** πιστεύοντες δὲ ἀγαλλιᾶσθε
1Pe 3:10 ζωὴν ἀγαπᾶν καὶ **ἰδεῖν** ἡμέρας ἀγαθὰς παυσάτω

ὅς (*hos*; 31/1406[1407]) *who*
1Pe 1:6 ἐν **ᾧ** ἀγαλλιᾶσθε,
1Pe 1:8 **ὃν** οὐκ ἰδόντες ἀγαπᾶτε,
1Pe 1:8 εἰς **ὃν** ἄρτι μὴ ὁρῶντες
1Pe 1:10 περὶ **ἧς** σωτηρίας ἐξεζήτησαν καὶ
1Pe 1:12 **οἷς** ἀπεκαλύφθη ὅτι οὐχ
1Pe 1:12 **ἃ** νῦν ἀνηγγέλη ὑμῖν
1Pe 1:12 εἰς **ἃ** ἐπιθυμοῦσιν ἄγγελοι παρακύψαι.
1Pe 2:4 πρὸς **ὃν** προσερχόμενοι λίθον ζῶντα
1Pe 2:7 ἀπιστοῦσιν δὲ λίθος **ὃν** ἀπεδοκίμασαν οἱ οἰκοδομοῦντες,
1Pe 2:8 **οἳ** προσκόπτουσιν τῷ λόγῳ
1Pe 2:8 λόγῳ ἀπειθοῦντες εἰς **ὃ** καὶ ἐτέθησαν.
1Pe 2:10 **οἵ** ποτε οὐ λαὸς
1Pe 2:12 ἵνα ἐν **ᾧ** καταλαλοῦσιν ὑμῶν ὡς
1Pe 2:22 **ὃς** ἁμαρτίαν οὐκ ἐποίησεν
1Pe 2:23 **ὃς** λοιδορούμενος οὐκ ἀντελοιδόρει,
1Pe 2:24 **ὃς** τὰς ἁμαρτίας ἡμῶν
1Pe 2:24 **οὗ** τῷ μώλωπι ἰάθητε.
1Pe 3:3 **ὧν** ἔστω οὐχ ὁ
1Pe 3:4 **ὅ** ἐστιν ἐνώπιον τοῦ
1Pe 3:6 **ἧς** ἐγενήθητε τέκνα ἀγαθοποιοῦσαι
1Pe 3:16 ἵνα ἐν **ᾧ** καταλαλεῖσθε καταισχυνθῶσιν οἱ
1Pe 3:19 ἐν **ᾧ** καὶ τοῖς ἐν
1Pe 3:20 κατασκευαζομένης κιβωτοῦ εἰς **ἣν** ὀλίγοι,
1Pe 3:21 **ὃ** καὶ ὑμᾶς ἀντίτυπον
1Pe 3:22 **ὅς** ἐστιν ἐν δεξιᾷ
1Pe 4:4 ἐν **ᾧ** ξενίζονται μὴ συντρεχόντων
1Pe 4:5 **οἳ** ἀποδώσουσιν λόγον τῷ
1Pe 4:11 ὡς ἐξ ἰσχύος **ἧς** χορηγεῖ ὁ θεός,
1Pe 4:11 ᾧ **ἐστιν** ἡ δόξα καὶ
1Pe 5:9 **ᾧ** ἀντίστητε στερεοὶ τῇ
1Pe 5:12 τοῦ θεοῦ εἰς **ἣν** στῆτε.

ὅστις (*hostis*; 1/144) *who*
1Pe 2:11 τῶν σαρκικῶν ἐπιθυμιῶν **αἵτινες** στρατεύονται κατὰ τῆς

ὀσφῦς (*osphys*; 1/8) *waist*
1Pe 1:13 Διὸ ἀναζωσάμενοι τὰς **ὀσφύας** τῆς διανοίας ὑμῶν

ὅτε (*hote*; 1/103) *when*
1Pe 3:20 ἀπειθήσασίν ποτε **ὅτε** ἀπεξεδέχετο ἡ τοῦ

ὅτι (*hoti*; 16/1294[1296]) *because, that*
1Pe 1:12 οἷς ἀπεκαλύφθη **ὅτι** οὐχ ἑαυτοῖς ὑμῖν
1Pe 1:16 διότι γέγραπται **[ὅτι]** ἅγιοι ἔσεσθε,
1Pe 1:16 **ὅτι** ἐγὼ ἅγιός [εἰμι].
1Pe 1:18 εἰδότες **ὅτι** οὐ φθαρτοῖς,
1Pe 2:3 εἰ ἐγεύσασθε **ὅτι** χρηστὸς ὁ κύριος.
1Pe 2:15 **ὅτι** οὕτως ἐστὶν τὸ
1Pe 2:21 **ὅτι** καὶ Χριστὸς ἔπαθεν
1Pe 3:9 τοὐναντίον δὲ εὐλογοῦντες **ὅτι** εἰς τοῦτο ἐκλήθητε
1Pe 3:12 **ὅτι** ὀφθαλμοὶ κυρίου ἐπὶ
1Pe 3:18 **ὅτι** καὶ Χριστὸς ἅπαξ
1Pe 4:1 **ὅτι** ὁ παθὼν σαρκὶ
1Pe 4:8 **ὅτι** ἀγάπη καλύπτει πλῆθος
1Pe 4:14 **ὅτι** τὸ τῆς δόξης
1Pe 4:17 **ὅτι** [ὁ] καιρὸς τοῦ
1Pe 5:5 **ὅτι** [ὁ] θεὸς ὑπερηφάνοις
1Pe 5:7 **ὅτι** αὐτῷ μέλει περὶ

οὐ (*ou*; 13/1621[1623]) *not*
1Pe 1:8 ὃν **οὐκ** ἰδόντες ἀγαπᾶτε,
1Pe 1:12 οἷς ἀπεκαλύφθη ὅτι **οὐχ** ἑαυτοῖς ὑμῖν δὲ
1Pe 1:18 εἰδότες ὅτι **οὐ** φθαρτοῖς,
1Pe 1:23 ἀναγεγεννημένοι **οὐκ** ἐκ σπορᾶς φθαρτῆς
1Pe 2:6 πιστεύων ἐπ' αὐτῷ **οὐ** μὴ καταισχυνθῇ.
1Pe 2:10 οἵ ποτε **οὐ** λαὸς νῦν δὲ
1Pe 2:10 οἱ **οὐκ** ἠλεημένοι νῦν δὲ
1Pe 2:18 **οὐ** μόνον τοῖς ἀγαθοῖς
1Pe 2:22 ὃς ἁμαρτίαν **οὐκ** ἐποίησεν οὐδὲ εὑρέθη
1Pe 2:23 ὃς λοιδορούμενος **οὐκ** ἀντελοιδόρει,
1Pe 2:23 πάσχων **οὐκ** ἠπείλει,
1Pe 3:3 ὧν ἔστω **οὐχ** ὁ ἔξωθεν ἐμπλοκῆς
1Pe 3:21 **οὐ** σαρκὸς ἀπόθεσις ῥύπου

οὐδέ (*oude*; 1/141[143]) *neither, nor*
1Pe 2:22 ἁμαρτίαν οὐκ ἐποίησεν **οὐδὲ** εὑρέθη δόλος

οὖν (*oun*; 6/497[499]) *therefore*
1Pe 2:1 Ἀποθέμενοι **οὖν** πᾶσαν κακίαν καὶ
1Pe 2:7 ὑμῖν **οὖν** ἡ τιμὴ τοῖς
1Pe 4:1 Χριστοῦ **οὖν** παθόντος σαρκὶ καὶ
1Pe 4:7 σωφρονήσατε **οὖν** καὶ νήψατε εἰς
1Pe 5:1 Πρεσβυτέρους **οὖν** ἐν ὑμῖν παρακαλῶ
1Pe 5:6 Ταπεινώθητε **οὖν** ὑπὸ τὴν κραταιὰν

οὐρανός (*ouranos*; 3/272[273]) *heaven*
1Pe 1:4 τετηρημένην ἐν **οὐρανοῖς** εἰς ὑμᾶς
1Pe 1:12 ἁγίῳ ἀποσταλέντι ἀπ' **οὐρανοῦ**,
1Pe 3:22 θεοῦ πορευθεὶς εἰς **οὐρανὸν** ὑποταγέντων αὐτῷ ἀγγέλων

οὖς (*ous*; 1/36) *ear*
1Pe 3:12 ἐπὶ δικαίους καὶ **ὦτα** αὐτοῦ εἰς δέησιν

οὗτος (*houtos*; 11/1382[1387]) *this*
1Pe 1:11 καὶ τὰς μετὰ **ταῦτα** δόξας.
1Pe 1:25 **τοῦτο** δέ ἐστιν τὸ
1Pe 2:7 **οὗτος** ἐγενήθη εἰς κεφαλὴν
1Pe 2:19 **τοῦτο** γὰρ χάρις εἰ
1Pe 2:20 **τοῦτο** χάρις παρὰ θεῷ.
1Pe 2:21 εἰς **τοῦτο** γὰρ ἐκλήθητε,
1Pe 3:9 εὐλογοῦντες ὅτι εἰς **τοῦτο** ἐκλήθητε ἵνα εὐλογίαν
1Pe 3:20 **τοῦτ'** ἔστιν ὀκτὼ ψυχαί,
1Pe 4:6 εἰς **τοῦτο** γὰρ καὶ νεκροῖς
1Pe 4:16 ἐν τῷ ὀνόματι **τούτῳ**.
1Pe 5:12 παρακαλῶν καὶ ἐπιμαρτυρῶν **ταύτην** εἶναι ἀληθῆ χάριν

οὕτως (*houtōs*; 2/208) *in this way*
1Pe 2:15 ὅτι **οὕτως** ἐστὶν τὸ θέλημα
1Pe 3:5 **οὕτως** γάρ ποτε καὶ

ὀφθαλμός (*ophthalmos*; 1/100) *eye*
1Pe 3:12 ὅτι **ὀφθαλμοὶ** κυρίου ἐπὶ δικαίους

πάθημα (*pathēma*; 4/16) *suffering*
1Pe 1:11 τὰ εἰς Χριστὸν **παθήματα** καὶ τὰς μετὰ
1Pe 4:13 τοῖς τοῦ Χριστοῦ **παθήμασιν** χαίρετε,
1Pe 5:1 τῶν τοῦ Χριστοῦ **παθημάτων**,
1Pe 5:9 τὰ αὐτὰ τῶν **παθημάτων** τῇ ἐν [τῷ]

παρά (*para*; 2/193[194]) *from, with, beside*
1Pe 2:4 ἀνθρώπων μὲν ἀποδεδοκιμασμένον **παρὰ** δὲ θεῷ ἐκλεκτὸν
1Pe 2:20 τοῦτο χάρις **παρὰ** θεῷ.

παραδίδωμι (*paradidōmi*; 1/119) *hand or give over*
1Pe 2:23 **παρεδίδου** δὲ τῷ κρίνοντι

παρακαλέω (*parakaleō*; 3/109) *encourage, ask*
1Pe 2:11 **παρακαλῶ** ὡς παροίκους καὶ
1Pe 5:1 οὖν ἐν ὑμῖν **παρακαλῶ** ὁ συμπρεσβύτερος
1Pe 5:12 δι' ὀλίγων ἔγραψα **παρακαλῶν** καὶ ἐπιμαρτυρῶν ταύτην

παρακύπτω (*parakyptō*; 1/5) *look into*
1Pe 1:12 ἃ ἐπιθυμοῦσιν ἄγγελοι **παρακύψαι**.

παρατίθημι (*paratithēmi*; 1/19) *place or put before*
1Pe 4:19 θεοῦ πιστῷ κτίστῃ **παρατιθέσθωσαν** τὰς ψυχὰς αὐτῶν

παρεπίδημος (*parepidēmos*; 2/3) *temporary resident*
1Pe 1:1 Ἰησοῦ Χριστοῦ ἐκλεκτοῖς **παρεπιδήμοις** διασπορᾶς Πόντου,
1Pe 2:11 ὡς παροίκους καὶ **παρεπιδήμους** ἀπέχεσθαι τῶν σαρκικῶν

παρέρχομαι (*parerchomai*; 1/29) *pass*
1Pe 4:3 ἀρκετὸς γὰρ ὁ **παρεληλυθὼς** χρόνος τὸ βούλημα

παροικία (*paroikia*; 1/2) *stay*
1Pe 1:17 φόβῳ τὸν τῆς **παροικίας** ὑμῶν χρόνον ἀναστράφητε,

πάροικος (*paroikos*; 1/4) *alien*
1Pe 2:11 παρακαλῶ ὡς **παροίκους** καὶ παρεπιδήμους ἀπέχεσθαι

πᾶς (*pas*; 18/1240[1243]) *each, every (pl. all)*
1Pe 1:15 αὐτοὶ ἅγιοι ἐν **πάσῃ** ἀναστροφῇ γενήθητε,
1Pe 1:24 διότι **πᾶσα** σὰρξ ὡς χόρτος
1Pe 1:24 ὡς χόρτος καὶ **πᾶσα** δόξα αὐτῆς ὡς
1Pe 2:1 Ἀποθέμενοι οὖν **πᾶσαν** κακίαν καὶ πάντα
1Pe 2:1 πᾶσαν κακίαν καὶ **πάντα** δόλον καὶ ὑποκρίσεις
1Pe 2:1 καὶ φθόνους καὶ **πάσας** καταλαλιάς,
1Pe 2:13 Ὑποτάγητε **πάσῃ** ἀνθρωπίνῃ κτίσει διὰ
1Pe 2:17 **πάντας** τιμήσατε,
1Pe 2:18 οἰκέται ὑποτασσόμενοι ἐν **παντὶ** φόβῳ τοῖς δεσπόταις,
1Pe 3:8 Τὸ δὲ τέλος **πάντες** ὁμόφρονες,
1Pe 3:15 ἀεὶ πρὸς ἀπολογίαν **παντὶ** τῷ αἰτοῦντι ὑμᾶς
1Pe 4:7 **Πάντων** δὲ τὸ τέλος
1Pe 4:8 πρὸ **πάντων** τὴν εἰς ἑαυτοὺς
1Pe 4:11 ἵνα ἐν πᾶσιν **δοξάζηται** ὁ θεὸς διὰ
1Pe 5:5 **πάντες** δὲ ἀλλήλοις τὴν
1Pe 5:7 **πᾶσαν** τὴν μέριμναν ὑμῶν
1Pe 5:10 Ὁ δὲ θεὸς **πάσης** χάριτος,
1Pe 5:14 Εἰρήνη ὑμῖν **πᾶσιν** τοῖς ἐν Χριστῷ.

πάσχω (*paschō*; 12/42) *suffer*
1Pe 2:19 ὑποφέρει τις λύπας **πάσχων** ἀδίκως.
1Pe 2:20 εἰ ἀγαθοποιοῦντες καὶ **πάσχοντες** ὑπομενεῖτε,
1Pe 2:21 ὅτι καὶ Χριστὸς **ἔπαθεν** ὑπὲρ ὑμῶν ὑμῖν
1Pe 2:23 **πάσχων** οὐκ ἠπείλει,
1Pe 3:14 ἀλλ’ εἰ καὶ **πάσχοιτε** διὰ δικαιοσύνην,
1Pe 3:17 **πάσχειν** ἢ κακοποιοῦντας.
1Pe 3:18 ἅπαξ περὶ ἁμαρτιῶν **ἔπαθεν**,
1Pe 4:1 Χριστοῦ οὖν **παθόντος** σαρκὶ καὶ ὑμεῖς
1Pe 4:1 ὅτι ὁ **παθὼν** σαρκὶ πέπαυται ἁμαρτίας
1Pe 4:15 γάρ τις ὑμῶν **πασχέτω** ὡς φονεὺς ἢ
1Pe 4:19 ὥστε καὶ οἱ **πάσχοντες** κατὰ τὸ θέλημα
1Pe 5:10 ὀλίγον **παθόντας** αὐτὸς καταρτίσει,

πατήρ (*patēr*; 3/413) *father*
1Pe 1:2 κατὰ πρόγνωσιν θεοῦ **πατρὸς** ἐν ἁγιασμῷ πνεύματος
1Pe 1:3 ὁ θεὸς καὶ **πατὴρ** τοῦ κυρίου ἡμῶν
1Pe 1:17 καὶ εἰ **πατέρα** ἐπικαλεῖσθε τὸν ἀπροσωπολήμπτως

πατροπαράδοτος (*patroparadotos*; 1/1) *handed down from one's ancestors*
1Pe 1:18 ματαίας ὑμῶν ἀναστροφῆς **πατροπαραδότου**

παύω (*pauō*; 2/15) *stop*
1Pe 3:10 ἰδεῖν ἡμέρας ἀγαθὰς **παυσάτω** τὴν γλῶσσαν
1Pe 4:1 ὁ παθὼν σαρκὶ **πέπαυται** ἁμαρτίας

πειρασμός (*peirasmos*; 2/21) *testing*
1Pe 1:6 λυπηθέντες ἐν ποικίλοις **πειρασμοῖς**,
1Pe 4:12 ὑμῖν πυρώσει πρὸς **πειρασμὸν** ὑμῖν γινομένῃ

πέμπω (*pempō*; 1/79) *send*
1Pe 2:14 ὡς δι’ αὐτοῦ **πεμπομένοις** εἰς ἐκδίκησιν κακοποιῶν

περί (*peri*; 5/332[333]) *concerning, around*
1Pe 1:10 **περὶ** ἧς σωτηρίας ἐξεζήτησαν
1Pe 1:10 ἐξηραύνησαν προφῆται οἱ **περὶ** τῆς εἰς ὑμᾶς
1Pe 3:15 αἰτοῦντι ὑμᾶς λόγον **περὶ** τῆς ἐν ὑμῖν
1Pe 3:18 καὶ Χριστὸς ἅπαξ **περὶ** ἁμαρτιῶν ἔπαθεν,
1Pe 5:7 ὅτι αὐτῷ μέλει **περὶ** ὑμῶν.

περιέχω (*periechō*; 1/2) *seize*
1Pe 2:6 διότι **περιέχει** ἐν γραφῇ·

περίθεσις (*perithesis*; 1/1) *wearing (of jewelry)*
1Pe 3:3 ἐμπλοκῆς τριχῶν καὶ **περιθέσεως** χρυσίων ἢ ἐνδύσεως

περιπατέω (*peripateō*; 1/94[95]) *walk*
1Pe 5:8 ὡς λέων ὠρυόμενος **περιπατεῖ** ζητῶν [τινα] καταπιεῖν·

περιποίησις (*peripoiēsis*; 1/5) *possession*
1Pe 2:9 λαὸς εἰς **περιποίησιν**,

πέτρα (*petra*; 1/15) *rock*
1Pe 2:8 λίθος προσκόμματος καὶ **πέτρα** σκανδάλου·

Πέτρος (*Petros*; 1/155[156]) *Peter*
1Pe 1:1 **Πέτρος** ἀπόστολος Ἰησοῦ Χριστοῦ

πιστεύω (*pisteuō*; 3/237[241]) *believe*
1Pe 1:8 ἄρτι μὴ ὁρῶντες **πιστεύοντες** δὲ ἀγαλλιᾶσθε χαρᾷ
1Pe 2:6 ἔντιμον καὶ ὁ **πιστεύων** ἐπ’ αὐτῷ οὐ
1Pe 2:7 ἡ τιμὴ τοῖς **πιστεύουσιν**,

πίστις (*pistis*; 5/243) *faith*
1Pe 1:5 θεοῦ φρουρουμένους διὰ **πίστεως** εἰς σωτηρίαν ἑτοίμην
1Pe 1:7 δοκίμιον ὑμῶν τῆς **πίστεως** πολυτιμότερον χρυσίου τοῦ
1Pe 1:9 τὸ τέλος τῆς **πίστεως** [ὑμῶν] σωτηρίαν ψυχῶν.
1Pe 1:21 ὥστε τὴν **πίστιν** ὑμῶν καὶ ἐλπίδα
1Pe 5:9 ἀντίστητε στερεοὶ τῇ **πίστει** εἰδότες τὰ αὐτὰ

πιστός (*pistos*; 3/67) *believing*
1Pe 1:21 τοὺς δι’ αὐτοῦ **πιστοὺς** εἰς θεὸν τὸν
1Pe 4:19 θέλημα τοῦ θεοῦ **πιστῷ** κτίστῃ παρατιθέσθωσαν τὰς

1Pe 5:12 Σιλουανοῦ ὑμῖν τοῦ **πιστοῦ** ἀδελφοῦ,

πλανάω (*planaō*; 1/39) *lead astray*

1Pe 2:25 γὰρ ὡς πρόβατα **πλανώμενοι**,

πλῆθος (*plēthos*; 1/31) *multitude, crowd*

1Pe 4:8 ὅτι ἀγάπη καλύπτει **πλῆθος** ἁμαρτιῶν.

πληθύνω (*plēthynō*; 1/12) *increase*

1Pe 1:2 ὑμῖν καὶ εἰρήνη **πληθυνθείη**.

πνεῦμα (*pneuma*; 8/379) *Spirit, spirit*

1Pe 1:2 πατρὸς ἐν ἁγιασμῷ **πνεύματος** εἰς ὑπακοὴν
1Pe 1:11 τὸ ἐν αὐτοῖς **πνεῦμα** Χριστοῦ προμαρτυρόμενον τὰ
1Pe 1:12 εὐαγγελισαμένων ὑμᾶς [ἐν] **πνεύματι** ἁγίῳ ἀποσταλέντι ἀπ'
1Pe 3:4 πραέως καὶ ἡσυχίου **πνεύματος**,
1Pe 3:18 σαρκὶ ζῳοποιηθεὶς δὲ **πνεύματι**·
1Pe 3:19 τοῖς ἐν φυλακῇ **πνεύμασιν** πορευθεὶς ἐκήρυξεν,
1Pe 4:6 δὲ κατὰ θεὸν **πνεύματι**.
1Pe 4:14 τὸ τοῦ θεοῦ **πνεῦμα** ἐφ' ὑμᾶς ἀναπαύεται.

πνευματικός (*pneumatikos*; 2/26) *spiritual*

1Pe 2:5 ζῶντες οἰκοδομεῖσθε οἶκος **πνευματικὸς** εἰς ἱεράτευμα ἅγιον
1Pe 2:5 ἱεράτευμα ἅγιον ἀνενέγκαι **πνευματικὰς** θυσίας εὐπροσδέκτους [τῷ]

ποιέω (*poieō*; 3/568) *do, make*

1Pe 2:22 ὃς ἁμαρτίαν οὐκ **ἐποίησεν** οὐδὲ εὑρέθη δόλος
1Pe 3:11 ἀπὸ κακοῦ καὶ **ποιησάτω** ἀγαθόν,
1Pe 3:12 δὲ κυρίου ἐπὶ **ποιοῦντας** κακά.

ποικίλος (*poikilos*; 2/10) *various kinds of*

1Pe 1:6 [ἐστὶν] λυπηθέντες ἐν **ποικίλοις** πειρασμοῖς,
1Pe 4:10 ὡς καλοὶ οἰκονόμοι **ποικίλης** χάριτος θεοῦ.

ποιμαίνω (*poimainō*; 1/11) *tend like a shepherd*

1Pe 5:2 **ποιμάνατε** τὸ ἐν ὑμῖν

ποιμήν (*poimēn*; 1/18) *shepherd*

1Pe 2:25 νῦν ἐπὶ τὸν **ποιμένα** καὶ ἐπίσκοπον τῶν

ποίμνιον (*poimnion*; 2/5) *flock*

1Pe 5:2 τὸ ἐν ὑμῖν **ποίμνιον** τοῦ θεοῦ [ἐπισκοποῦντες]
1Pe 5:3 τύποι γινόμενοι τοῦ **ποιμνίου**·

ποῖος (*poios*; 2/33) *what kind of*

1Pe 1:11 εἰς τίνα ἢ **ποῖον** καιρὸν ἐδήλου τὸ
1Pe 2:20 **ποῖον** γὰρ κλέος εἰ

πολύς (*polys*; 1/417) *much (pl. many)*

1Pe 1:3 ὁ κατὰ τὸ **πολὺ** αὐτοῦ ἔλεος ἀναγεννήσας

πολυτελής (*polytelēs*; 1/3) *expensive*

1Pe 3:4 ἐνώπιον τοῦ θεοῦ **πολυτελές**.

πολύτιμος (*polytimos*; 1/3) *expensive*

1Pe 1:7 ὑμῶν τῆς πίστεως **πολυτιμότερον** χρυσίου τοῦ ἀπολλυμένου

Πόντος (*Pontos*; 1/2) *Pontus*

1Pe 1:1 ἐκλεκτοῖς παρεπιδήμοις διασπορᾶς **Πόντου**,

πορεύομαι (*poreuomai*; 3/147[153]) *go*

1Pe 3:19 ἐν φυλακῇ πνεύμασιν **πορευθεὶς** ἐκήρυξεν,
1Pe 3:22 δεξιᾷ [τοῦ] θεοῦ **πορευθεὶς** εἰς οὐρανόν ὑποταγέντων
1Pe 4:3 τῶν ἐθνῶν κατειργάσθαι **πεπορευμένους** ἐν ἀσελγείαις,

ποτέ (*pote*; 3/29) *once*

1Pe 2:10 οἵ **ποτε** οὐ λαὸς νῦν
1Pe 3:5 οὕτως γάρ **ποτε** καὶ αἱ ἅγιαι
1Pe 3:20 ἀπειθήσασίν **ποτε** ὅτε ἀπεξεδέχετο ἡ

πότος (*potos*; 1/1) *drunken orgy*

1Pe 4:3 **πότοις** καὶ ἀθεμίτοις εἰδωλολατρίαις.

ποῦ (*pou*; 1/47[48]) *where*

1Pe 4:18 ἀσεβὴς καὶ ἁμαρτωλὸς **ποῦ** φανεῖται;

πραΰς (*praus*; 1/4) *humble*

1Pe 3:4 τῷ ἀφθάρτῳ τοῦ **πραέως** καὶ ἡσυχίου πνεύματος,

πραΰτης (*prautēs*; 1/11) *gentleness*

1Pe 3:16 ἀλλὰ μετὰ **πραΰτητος** καὶ φόβου,

πρεσβύτερος (*presbyteros*; 2/65[66]) *elder*

1Pe 5:1 **Πρεσβυτέρους** οὖν ἐν ὑμῖν
1Pe 5:5 ὑποτάγητε **πρεσβυτέροις**·

πρό (*pro*; 2/47) *before*

1Pe 1:20 προεγνωσμένου μὲν **πρὸ** καταβολῆς κόσμου φανερωθέντος
1Pe 4:8 **πρὸ** πάντων τὴν εἰς

πρόβατον (*probaton*; 1/39) *sheep*

1Pe 2:25 ἦτε γὰρ ὡς **πρόβατα** πλανώμενοι,

προγινώσκω (*proginōskō*; 1/5) *foreknow*

1Pe 1:20 **προεγνωσμένου** μὲν πρὸ καταβολῆς

πρόγνωσις (*prognōsis*; 1/2) *foreknowledge*

1Pe 1:2 κατὰ **πρόγνωσιν** θεοῦ πατρὸς ἐν

προθύμως (*prothymōs*; 1/1) *willingly*

1Pe 5:2 μηδὲ αἰσχροκερδῶς ἀλλὰ **προθύμως**,

προμαρτύρομαι (*promartyromai*; 1/1) *predict*

1Pe 1:11 αὐτοῖς πνεῦμα Χριστοῦ **προμαρτυρόμενον** τὰ εἰς Χριστὸν

πρός (*pros*; 3/699[700]) *to, toward, at*

1Pe 2:4 **πρὸς** ὃν προσερχόμενοι λίθον

1Pe 3:15 ἕτοιμοι ἀεὶ **πρὸς** ἀπολογίαν παντὶ τῷ
1Pe 4:12 ἐν ὑμῖν πυρώσει **πρὸς** πειρασμὸν ὑμῖν γινομένῃ

προσάγω (*prosagō*; 1/4) *bring to or before*
1Pe 3:18 ἵνα ὑμᾶς **προσαγάγῃ** τῷ θεῷ θανατωθεὶς

προσέρχομαι (*proserchomai*; 1/86) *come or go to*
1Pe 2:4 πρὸς ὃν **προσερχόμενοι** λίθον ζῶντα ὑπὸ

προσευχή (*proseuchē*; 2/36) *prayer*
1Pe 3:7 μὴ ἐγκόπτεσθαι τὰς **προσευχὰς** ὑμῶν.
1Pe 4:7 καὶ νήψατε εἰς **προσευχάς**·

πρόσκομμα (*proskomma*; 1/6) *that which causes stumbling or offense*
1Pe 2:8 καὶ λίθος **προσκόμματος** καὶ πέτρα σκανδάλου·

προσκόπτω (*proskoptō*; 1/8) *stumble*
1Pe 2:8 οἳ **προσκόπτουσιν** τῷ λόγῳ ἀπειθοῦντες

πρόσωπον (*prosōpon*; 1/76) *face*
1Pe 3:12 **πρόσωπον** δὲ κυρίου ἐπὶ

πρότερος (*proteros*; 1/11) *former*
1Pe 1:14 μὴ συσχηματιζόμενοι ταῖς **πρότερον** ἐν τῇ ἀγνοίᾳ

προφητεύω (*prophēteuō*; 1/28) *prophesy*
1Pe 1:10 εἰς ὑμᾶς χάριτος **προφητεύσαντες**,

προφήτης (*prophētēs*; 1/144) *prophet*
1Pe 1:10 ἐξεζήτησαν καὶ ἐξηραύνησαν **προφῆται** οἱ περὶ τῆς

πρῶτος (*prōtos*; 1/152[155]) *first*
1Pe 4:17 εἰ δὲ **πρῶτον** ἀφ' ἡμῶν,

πτόησις (*ptoēsis*; 1/1) *something that causes fear*
1Pe 3:6 μὴ φοβούμεναι μηδεμίαν **πτόησιν**.

πῦρ (*pyr*; 1/71) *fire*
1Pe 1:7 τοῦ ἀπολλυμένου διὰ **πυρὸς** δὲ δοκιμαζομένου,

πύρωσις (*pyrōsis*; 1/3) *burning*
1Pe 4:12 τῇ ἐν ὑμῖν **πυρώσει** πρὸς πειρασμὸν ὑμῖν

ῥαντισμός (*rhantismos*; 1/2) *sprinkling*
1Pe 1:2 εἰς ὑπακοὴν καὶ **ῥαντισμὸν** αἵματος Ἰησοῦ Χριστοῦ,

ῥῆμα (*rhēma*; 2/68) *word*
1Pe 1:25 τὸ δὲ **ῥῆμα** κυρίου μένει εἰς
1Pe 1:25 δέ ἐστιν τὸ **ῥῆμα** τὸ εὐαγγελισθὲν εἰς

ῥύπος (*rhypos*; 1/1) *dirt*
1Pe 3:21 οὐ σαρκὸς ἀπόθεσις **ῥύπου** ἀλλὰ συνειδήσεως ἀγαθῆς

σαρκικός (*sarkikos*; 1/7) *belonging to the world, material*
1Pe 2:11 παρεπιδήμους ἀπέχεσθαι τῶν **σαρκικῶν** ἐπιθυμιῶν αἵτινες στρατεύονται

σάρξ (*sarx*; 7/147) *flesh*
1Pe 1:24 διότι πᾶσα **σὰρξ** ὡς χόρτος καὶ
1Pe 3:18 θεῷ θανατωθεὶς μὲν **σαρκὶ** ζῳοποιηθεὶς δὲ πνεύματι·
1Pe 3:21 οὐ **σαρκὸς** ἀπόθεσις ῥύπου ἀλλὰ
1Pe 4:1 Χριστοῦ οὖν παθόντος **σαρκὶ** καὶ ὑμεῖς τὴν
1Pe 4:1 ὅτι ὁ παθὼν **σαρκὶ** πέπαυται ἁμαρτίας
1Pe 4:2 τὸν ἐπίλοιπον ἐν **σαρκὶ** βιῶσαι χρόνον.
1Pe 4:6 μὲν κατὰ ἀνθρώπους **σαρκὶ** ζῶσι δὲ κατὰ

Σάρρα (*Sarra*; 1/4) *Sarah*
1Pe 3:6 ὡς **Σάρρα** ὑπήκουσεν τῷ Ἀβραάμ

σθενόω (*sthenoō*; 1/1) *strengthen*
1Pe 5:10 **σθενώσει**,

Σιλουανός (*Silouanos*; 1/4) *Silvanus*
1Pe 5:12 Διὰ **Σιλουανοῦ** ὑμῖν τοῦ πιστοῦ

Σιών (*Siōn*; 1/7) *Mount Zion*
1Pe 2:6 ἰδοὺ τίθημι ἐν **Σιὼν** λίθον ἀκρογωνιαῖον ἐκλεκτὸν

σκάνδαλον (*skandalon*; 1/15) *stumbling block*
1Pe 2:8 προσκόμματος καὶ πέτρα **σκανδάλου**·

σκεῦος (*skeuos*; 1/23) *object, jar*
1Pe 3:7 γνῶσιν ὡς ἀσθενεστέρῳ **σκεύει** τῷ γυναικείῳ,

σκολιός (*skolios*; 1/4) *crooked*
1Pe 2:18 ἀλλὰ καὶ τοῖς **σκολιοῖς**.

σκότος (*skotos*; 1/31) *darkness*
1Pe 2:9 ἐξαγγείλητε τοῦ ἐκ **σκότους** ὑμᾶς καλέσαντος εἰς

σπορά (*spora*; 1/1) *seed*
1Pe 1:23 ἀναγεγεννημένοι οὐκ ἐκ **σπορᾶς** φθαρτῆς ἀλλὰ ἀφθάρτου

στερεός (*stereos*; 1/4) *firm*
1Pe 5:9 ᾧ ἀντίστητε **στερεοὶ** τῇ πίστει εἰδότες

στέφανος (*stephanos*; 1/18) *crown, wreath*
1Pe 5:4 ἀμαράντινον τῆς δόξης **στέφανον**.

στηρίζω (*stērizō*; 1/13) *strengthen*
1Pe 5:10 **στηρίξει**,

<u>στόμα (*stoma*; 1/78) *mouth*</u>
1Pe 2:22 δόλος ἐν τῷ **στόματι** αὐτοῦ,

<u>στρατεύω (*strateuō*; 1/7) *serve as a soldier*</u>
1Pe 2:11 σαρκικῶν ἐπιθυμιῶν αἵτινες **στρατεύονται** κατὰ τῆς ψυχῆς·

<u>συγκληρονόμος (*synklēronomos*; 1/4) *fellow-heir*</u>
1Pe 3:7 τιμὴν ὡς καὶ **συγκληρονόμοις** χάριτος ζωῆς

<u>συμβαίνω (*symbainō*; 1/8) *happen*</u>
1Pe 4:12 ὡς ξένου ὑμῖν **συμβαίνοντος**,

<u>συμπαθής (*sympathēs*; 1/1) *sharing the same feeling*</u>
1Pe 3:8 **συμπαθεῖς**,

<u>συμπρεσβύτερος (*sympresbyteros*; 1/1) *fellow-elder*</u>
1Pe 5:1 ὑμῖν παρακαλῶ ὁ **συμπρεσβύτερος** καὶ μάρτυς τῶν

<u>συνείδησις (*syneidēsis*; 3/30) *conscience*</u>
1Pe 2:19 χάρις εἰ διὰ **συνείδησιν** θεοῦ ὑποφέρει τις
1Pe 3:16 **συνείδησιν** ἔχοντες ἀγαθήν,
1Pe 3:21 ἀπόθεσις ῥύπου ἀλλὰ **συνειδήσεως** ἀγαθῆς ἐπερώτημα εἰς

<u>συνεκλεκτός (*syneklektos*; 1/1) *one who is also chosen*</u>
1Pe 5:13 ἡ ἐν Βαβυλῶνι **συνεκλεκτὴ** καὶ Μᾶρκος ὁ

<u>συνοικέω (*synoikeō*; 1/1) *live with*</u>
1Pe 3:7 **συνοικοῦντες** κατὰ γνῶσιν ὡς

<u>συντρέχω (*syntrechō*; 1/3) *run together*</u>
1Pe 4:4 ᾧ ξενίζονται μὴ **συντρεχόντων** ὑμῶν εἰς τὴν

<u>συσχηματίζω (*syschēmatizō*; 1/2) *be conformed to*</u>
1Pe 1:14 τέκνα ὑπακοῆς μὴ **συσχηματιζόμενοι** ταῖς πρότερον ἐν

<u>σῴζω (*sōzō*; 2/105[106]) *save, preserve*</u>
1Pe 3:21 ὑμᾶς ἀντίτυπον νῦν **σῴζει** βάπτισμα,
1Pe 4:18 ὁ δίκαιος μόλις **σῴζεται**,

<u>σῶμα (*sōma*; 1/142) *body*</u>
1Pe 2:24 ἀνήνεγκεν ἐν τῷ **σώματι** αὐτοῦ ἐπὶ τὸ

<u>σωτηρία (*sōtēria*; 4/45[46]) *salvation*</u>
1Pe 1:5 διὰ πίστεως εἰς **σωτηρίαν** ἑτοίμην ἀποκαλυφθῆναι ἐν
1Pe 1:9 τῆς πίστεως [ὑμῶν] **σωτηρίαν** ψυχῶν.
1Pe 1:10 περὶ ἧς **σωτηρίας** ἐξεζήτησαν καὶ ἐξηραύνησαν
1Pe 2:2 αὐτῷ αὐξηθῆτε εἰς **σωτηρίαν**,

<u>σωφρονέω (*sōphroneō*; 1/6) *be in one's right mind, be sensible*</u>
1Pe 4:7 **σωφρονήσατε** οὖν καὶ νήψατε

<u>ταπεινός (*tapeinos*; 1/8) *humble*</u>
1Pe 5:5 **ταπεινοῖς** δὲ δίδωσιν χάριν.

<u>ταπεινοφροσύνη (*tapeinophrosynē*; 1/7) *humility*</u>
1Pe 5:5 δὲ ἀλλήλοις τὴν **ταπεινοφροσύνην** ἐγκομβώσασθε,

<u>ταπεινόφρων (*tapeinophrōn*; 1/1) *humble*</u>
1Pe 3:8 **ταπεινόφρονες**,

<u>ταπεινόω (*tapeinoō*; 1/14) *humble*</u>
1Pe 5:6 **Ταπεινώθητε** οὖν ὑπὸ τὴν

<u>ταράσσω (*tarassō*; 1/17) *trouble*</u>
1Pe 3:14 μὴ φοβηθῆτε μηδὲ **ταραχθῆτε**,

<u>τέκνον (*teknon*; 2/99) *child*</u>
1Pe 1:14 ὡς **τέκνα** ὑπακοῆς μὴ συσχηματιζόμενοι
1Pe 3:6 ἧς ἐγενήθητε **τέκνα** ἀγαθοποιοῦσαι καὶ μὴ

<u>τελείως (*teleiōs*; 1/1) *fully*</u>
1Pe 1:13 διανοίας ὑμῶν νήφοντες **τελείως** ἐλπίσατε ἐπὶ τὴν

<u>τέλος (*telos*; 4/41) *end*</u>
1Pe 1:9 κομιζόμενοι τὸ **τέλος** τῆς πίστεως [ὑμῶν]
1Pe 3:8 Τὸ δὲ **τέλος** πάντες ὁμόφρονες,
1Pe 4:7 Πάντων δὲ τὸ **τέλος** ἤγγικεν.
1Pe 4:17 τί τὸ **τέλος** τῶν ἀπειθούντων τῷ

<u>τηρέω (*tēreō*; 1/70) *keep*</u>
1Pe 1:4 **τετηρημένην** ἐν οὐρανοῖς εἰς

<u>τίθημι (*tithēmi*; 2/100) *put, place, appoint*</u>
1Pe 2:6 ἰδοὺ **τίθημι** ἐν Σιὼν λίθον
1Pe 2:8 εἰς ὃ καὶ **ἐτέθησαν**.

<u>τιμάω (*timaō*; 2/21) *honor*</u>
1Pe 2:17 πάντας **τιμήσατε**,
1Pe 2:17 τὸν βασιλέα **τιμᾶτε**.

<u>τιμή (*timē*; 3/41) *honor*</u>
1Pe 1:7 καὶ δόξαν καὶ **τιμὴν** ἐν ἀποκαλύψει Ἰησοῦ
1Pe 2:7 ὑμῖν οὖν ἡ **τιμὴ** τοῖς πιστεύουσιν,
1Pe 3:7 ἀπονέμοντες **τιμὴν** ὡς καὶ συγκληρονόμοις

<u>τίμιος (*timios*; 1/13) *precious*</u>
1Pe 1:19 ἀλλὰ **τιμίῳ** αἵματι ὡς ἀμνοῦ

<u>τίς (*tis*; 3/545[546]) *who; what, why*</u>
1Pe 1:11 ἐραυνῶντες εἰς **τίνα** ἢ ποῖον καιρὸν
1Pe 3:13 Καὶ **τίς** ὁ κακώσων ὑμᾶς
1Pe 4:17 **τί** τὸ τέλος τῶν

τις (*tis*; 6/542[543]) *anyone, anything*

1Pe 2:19 συνείδησιν θεοῦ ὑποφέρει **τις** λύπας πάσχων ἀδίκως.
1Pe 3:1 ἵνα καὶ εἴ **τινες** ἀπειθοῦσιν τῷ λόγῳ,
1Pe 4:11 εἴ **τις** λαλεῖ,
1Pe 4:11 εἴ **τις** διακονεῖ,
1Pe 4:15 μὴ γάρ **τις** ὑμῶν πασχέτω ὡς
1Pe 5:8 ὠρυόμενος περιπατεῖ ζητῶν **[τινα]** καταπιεῖν·

τύπος (*typos*; 1/15) *pattern, type*

1Pe 5:3 τῶν κλήρων ἀλλὰ **τύποι** γινόμενοι τοῦ ποιμνίου·

ὕδωρ (*hydōr*; 1/76) *water*

1Pe 3:20 διεσώθησαν δι᾽ **ὕδατος**.

υἱός (*huios*; 1/377) *son*

1Pe 5:13 καὶ Μᾶρκος ὁ **υἱός** μου.

ὑμεῖς (*hymeis*; 53/1832) *you (pl.)*

1Pe 1:2 χάρις **ὑμῖν** καὶ εἰρήνη πληθυνθείη.
1Pe 1:4 ἐν οὐρανοῖς εἰς **ὑμᾶς**
1Pe 1:7 ἵνα τὸ δοκίμιον **ὑμῶν** τῆς πίστεως πολυτιμότερον
1Pe 1:9 τέλος τῆς πίστεως **[ὑμῶν]** σωτηρίαν ψυχῶν.
1Pe 1:10 περὶ τῆς εἰς **ὑμᾶς** χάριτος προφητεύσαντες,
1Pe 1:12 ὅτι οὐχ ἑαυτοῖς **ὑμῖν** δὲ διηκόνουν αὐτά,
1Pe 1:12 ἃ νῦν ἀνηγγέλη **ὑμῖν** διὰ τῶν εὐαγγελισαμένων
1Pe 1:12 διὰ τῶν εὐαγγελισαμένων **ὑμᾶς** [ἐν] πνεύματι ἁγίῳ
1Pe 1:13 ὀσφύας τῆς διανοίας **ὑμῶν** νήφοντες τελείως ἐλπίσατε
1Pe 1:13 ἐπὶ τὴν φερομένην **ὑμῖν** χάριν ἐν ἀποκαλύψει
1Pe 1:14 ἐν τῇ ἀγνοίᾳ **ὑμῶν** ἐπιθυμίαις
1Pe 1:15 κατὰ τὸν καλέσαντα **ὑμᾶς** ἅγιον καὶ αὐτοὶ
1Pe 1:17 τὸν τῆς παροικίας **ὑμῶν** χρόνον ἀναστράφητε,
1Pe 1:18 ἐκ τῆς ματαίας **ὑμῶν** ἀναστροφῆς πατροπαραδότου
1Pe 1:20 τῶν χρόνων δι᾽ **ὑμᾶς**
1Pe 1:21 ὥστε τὴν πίστιν **ὑμῶν** καὶ ἐλπίδα εἶναι
1Pe 1:22 Τὰς ψυχὰς **ὑμῶν** ἡγνικότες ἐν τῇ
1Pe 1:25 τὸ εὐαγγελισθὲν εἰς **ὑμᾶς**.
1Pe 2:7 **ὑμῖν** οὖν ἡ τιμὴ
1Pe 2:9 **ὑμεῖς** δὲ γένος ἐκλεκτόν,
1Pe 2:9 τοῦ ἐκ σκότους **ὑμᾶς** καλέσαντος εἰς τὸ
1Pe 2:12 τὴν ἀναστροφὴν **ὑμῶν** ἐν τοῖς ἔθνεσιν
1Pe 2:12 ἐν ᾧ καταλαλοῦσιν **ὑμῶν** ὡς κακοποιῶν ἐκ
1Pe 2:21 Χριστὸς ἔπαθεν ὑπὲρ **ὑμῶν** ὑμῖν ὑπολιμπάνων ὑπογραμμὸν
1Pe 2:21 ἔπαθεν ὑπὲρ ὑμῶν **ὑμῖν** ὑπολιμπάνων ὑπογραμμὸν ἵνα
1Pe 2:25 ἐπίσκοπον τῶν ψυχῶν **ὑμῶν**.
1Pe 3:2 φόβῳ ἁγνὴν ἀναστροφὴν **ὑμῶν**.
1Pe 3:7 ἐγκόπτεσθαι τὰς προσευχὰς **ὑμῶν**.
1Pe 3:13 τίς ὁ κακώσων **ὑμᾶς** ἐὰν τοῦ ἀγαθοῦ
1Pe 3:15 ἐν ταῖς καρδίαις **ὑμῶν**,
1Pe 3:15 παντὶ τῷ αἰτοῦντι **ὑμᾶς** λόγον περὶ τῆς
1Pe 3:15 περὶ τῆς ἐν **ὑμῖν** ἐλπίδος,
1Pe 3:16 καταισχυνθῶσιν οἱ ἐπηρεάζοντες **ὑμῶν** τὴν ἀγαθὴν ἐν
1Pe 3:18 ἵνα **ὑμᾶς** προσαγάγῃ τῷ θεῷ
1Pe 3:21 ὃ καὶ **ὑμᾶς** ἀντίτυπον νῦν σῴζει
1Pe 4:1 παθόντος σαρκὶ καὶ **ὑμεῖς** τὴν αὐτὴν ἔννοιαν
1Pe 4:4 ξενίζονται μὴ συντρεχόντων **ὑμῶν** εἰς τὴν αὐτὴν
1Pe 4:12 ξενίζεσθε τῇ ἐν **ὑμῖν** πυρώσει πρὸς πειρασμὸν
1Pe 4:12 πυρώσει πρὸς πειρασμὸν **ὑμῖν** γινομένῃ ὡς ξένου
1Pe 4:12 γινομένῃ ὡς ξένου **ὑμῖν** συμβαίνοντος,
1Pe 4:14 θεοῦ πνεῦμα ἐφ᾽ **ὑμᾶς** ἀναπαύεται.
1Pe 4:15 μὴ γάρ τις **ὑμῶν** πασχέτω ὡς φονεὺς
1Pe 5:1 Πρεσβυτέρους οὖν ἐν **ὑμῖν** παρακαλῶ ὁ συμπρεσβύτερος
1Pe 5:2 ποιμάνατε τὸ ἐν **ὑμῖν** ποίμνιον τοῦ θεοῦ
1Pe 5:6 ἵνα **ὑμᾶς** ὑψώσῃ ἐν καιρῷ,
1Pe 5:7 πᾶσαν τὴν μέριμναν **ὑμῶν** ἐπιρίψαντες ἐπ᾽ αὐτόν,
1Pe 5:7 αὐτῷ μέλει περὶ **ὑμῶν**.
1Pe 5:8 ὁ ἀντίδικος **ὑμῶν** διάβολος ὡς λέων
1Pe 5:9 ἐν [τῷ] κόσμῳ **ὑμῶν** ἀδελφότητι ἐπιτελεῖσθαι.
1Pe 5:10 ὁ καλέσας **ὑμᾶς** εἰς τὴν αἰώνιον
1Pe 5:12 Διὰ Σιλουανοῦ **ὑμῖν** τοῦ πιστοῦ ἀδελφοῦ,
1Pe 5:13 ᾿Ασπάζεται **ὑμᾶς** ἡ ἐν Βαβυλῶνι
1Pe 5:14 Εἰρήνη **ὑμῖν** πᾶσιν τοῖς ἐν

ὑπακοή (*hypakoē*; 3/15) *obedience*

1Pe 1:2 ἁγιασμῷ πνεύματος εἰς **ὑπακοὴν** καὶ ῥαντισμὸν αἵματος
1Pe 1:14 ὡς τέκνα **ὑπακοῆς** μὴ συσχηματιζόμενοι ταῖς
1Pe 1:22 ἡγνικότες ἐν τῇ **ὑπακοῇ** τῆς ἀληθείας εἰς

ὑπακούω (*hypakouō*; 1/21) *obey*

1Pe 3:6 ὡς Σάρρα **ὑπήκουσεν** τῷ ᾿Αβραάμ κύριον

ὑπέρ (*hyper*; 2/150) *for, concerning, over*

1Pe 2:21 καὶ Χριστὸς ἔπαθεν **ὑπὲρ** ὑμῶν ὑμῖν ὑπολιμπάνων
1Pe 3:18 δίκαιος ὑπὲρ **ἀδίκων**,

ὑπερέχω (*hyperechō*; 1/5) *be of more value than*

1Pe 2:13 εἴτε βασιλεῖ ὡς **ὑπερέχοντι**,

ὑπερήφανος (*hyperēphanos*; 1/5) *arrogant*

1Pe 5:5 ὅτι [ὁ] θεὸς **ὑπερηφάνοις** ἀντιτάσσεται,

ὑπό (*hypo*; 2/219[220]) *by, under*

1Pe 2:4 προσερχόμενοι λίθον ζῶντα **ὑπὸ** ἀνθρώπων μὲν ἀποδεδοκιμασμένον
1Pe 5:6 Ταπεινώθητε οὖν **ὑπὸ** τὴν κραταιὰν χεῖρα

ὑπογραμμός (*hypogrammos*; 1/1) *example*

1Pe 2:21 ὑμῶν ὑμιν ὑπολιμπάνων **ὑπογραμμὸν** ἵνα ἐπακολουθήσητε τοῖς

ὑπόκρισις (*hypokrisis*; 1/6) *hypocrisy*

1Pe 2:1 πάντα δόλον καὶ **ὑποκρίσεις** καὶ φθόνους

ὑπολιμπάνω (*hypolimpanō*; 1/1) *leave*
1Pe 2:21 ὑπὲρ ὑμῶν ὑμῖν **ὑπολιμπάνων** ὑπογραμμὸν ἵνα ἐπακολουθήσητε

ὑπομένω (*hypomenō*; 2/17) *endure*
1Pe 2:20 ἁμαρτάνοντες καὶ κολαφιζόμενοι **ὑπομενεῖτε**;
1Pe 2:20 ἀγαθοποιοῦντες καὶ πάσχοντες **ὑπομενεῖτε**,

ὑποτάσσω (*hypotassō*; 6/38) *submit, put in subjection*
1Pe 2:13 **Ὑποτάγητε** πάσῃ ἀνθρωπίνῃ κτίσει
1Pe 2:18 Οἱ οἰκέται **ὑποτασσόμενοι** ἐν παντὶ φόβῳ
1Pe 3:1 **ὑποτασσόμεναι** τοῖς ἰδίοις ἀνδράσιν,
1Pe 3:5 θεὸν ἐκόσμουν ἑαυτάς **ὑποτασσόμεναι** τοῖς ἰδίοις ἀνδράσιν,
1Pe 3:22 πορευθεὶς εἰς οὐρανὸν **ὑποταγέντων** αὐτῷ ἀγγέλων καὶ
1Pe 5:5 **ὑποτάγητε** πρεσβυτέροις·

ὑποφέρω (*hypopherō*; 1/3) *endure*
1Pe 2:19 διὰ συνείδησιν θεοῦ **ὑποφέρει** τις λύπας πάσχων

ὑψόω (*hypsoō*; 1/20) *exalt, lift up, raise*
1Pe 5:6 ἵνα ὑμᾶς **ὑψώσῃ** ἐν καιρῷ,

φαίνω (*phainō*; 1/30[31]) *shine*
1Pe 4:18 καὶ ἁμαρτωλὸς ποῦ **φανεῖται**;

φανερόω (*phaneroō*; 2/47[49]) *make known, reveal*
1Pe 1:20 πρὸ καταβολῆς κόσμου **φανερωθέντος** δὲ ἐπ᾽ ἐσχάτου
1Pe 5:4 καὶ **φανερωθέντος** τοῦ ἀρχιποίμενος κομιεῖσθε

φέρω (*pherō*; 1/66) *bring*
1Pe 1:13 ἐλπίσατε ἐπὶ τὴν **φερομένην** ὑμῖν χάριν ἐν

φθαρτός (*phthartos*; 2/6) *subject to decay*
1Pe 1:18 εἰδότες ὅτι οὐ **φθαρτοῖς**,
1Pe 1:23 οὐκ ἐκ σπορᾶς **φθαρτῆς** ἀλλὰ ἀφθάρτου διὰ

φθόνος (*phthonos*; 1/9) *envy*
1Pe 2:1 καὶ ὑποκρίσεις καὶ **φθόνους** καὶ πάσας καταλαλιάς,

φιλαδελφία (*philadelphia*; 1/6) *brotherly love*
1Pe 1:22 τῆς ἀληθείας εἰς **φιλαδελφίαν** ἀνυπόκριτον,

φιλάδελφος (*philadelphos*; 1/1) *loving one's fellow-Christian or fellow-man*
1Pe 3:8 **φιλάδελφοι**,

φίλημα (*philēma*; 1/7) *kiss*
1Pe 5:14 ἀσπάσασθε ἀλλήλους ἐν **φιλήματι** ἀγάπης.

φιλόξενος (*philoxenos*; 1/3) *hospitable*
1Pe 4:9 **φιλόξενοι** εἰς ἀλλήλους ἄνευ

φιμόω (*phimoō*; 1/7) *silence*
1Pe 2:15 τοῦ θεοῦ ἀγαθοποιοῦντας **φιμοῦν** τὴν τῶν ἀφρόνων

φοβέομαι (*phobeomai*; 3/95) *fear*
1Pe 2:17 τὸν θεὸν **φοβεῖσθε**,
1Pe 3:6 ἀγαθοποιοῦσαι καὶ μὴ **φοβούμεναι** μηδεμίαν πτόησιν.
1Pe 3:14 φόβον αὐτῶν μὴ **φοβηθῆτε** μηδὲ ταραχθῆτε,

φόβος (*phobos*; 5/47) *fear*
1Pe 1:17 ἐν **φόβῳ** τὸν τῆς παροικίας
1Pe 2:18 ὑποτασσόμενοι ἐν παντὶ **φόβῳ** τοῖς δεσπόταις,
1Pe 3:2 ἐποπτεύσαντες τὴν ἐν **φόβῳ** ἁγνὴν ἀναστροφὴν ὑμῶν.
1Pe 3:14 τὸν δὲ **φόβον** αὐτῶν μὴ φοβηθῆτε
1Pe 3:16 μετὰ πραΰτητος καὶ **φόβου**,

φονεύς (*phoneus*; 1/7) *murderer*
1Pe 4:15 ὑμῶν πασχέτω ὡς **φονεὺς** ἢ κλέπτης ἢ

φρουρέω (*phroureō*; 1/4) *guard*
1Pe 1:5 ἐν δυνάμει θεοῦ **φρουρουμένους** διὰ πίστεως

φυλακή (*phylakē*; 1/47) *prison*
1Pe 3:19 καὶ τοῖς ἐν **φυλακῇ** πνεύμασιν πορευθεὶς ἐκήρυξεν,

φῶς (*phōs*; 1/73) *light*
1Pe 2:9 τὸ θαυμαστὸν αὐτοῦ **φῶς**·

χαίρω (*chairō*; 2/74) *rejoice*
1Pe 4:13 τοῦ Χριστοῦ παθήμασιν **χαίρετε**,
1Pe 4:13 τῆς δόξης αὐτοῦ **χαρῆτε** ἀγαλλιώμενοι.

χαρά (*chara*; 1/59) *joy*
1Pe 1:8 πιστεύοντες δὲ ἀγαλλιᾶσθε **χαρᾷ** ἀνεκλαλήτῳ καὶ δεδοξασμένῃ

χάρις (*charis*; 10/155) *grace*
1Pe 1:2 **χάρις** ὑμῖν καὶ εἰρήνη
1Pe 1:10 τῆς εἰς ὑμᾶς **χάριτος** προφητεύσαντες,
1Pe 1:13 τὴν φερομένην ὑμῖν **χάριν** ἐν ἀποκαλύψει Ἰησοῦ
1Pe 2:19 τοῦτο γὰρ **χάρις** εἰ διὰ συνείδησιν
1Pe 2:20 τοῦτο **χάρις** παρὰ θεῷ.
1Pe 3:7 ὡς καὶ συγκληρονόμοις **χάριτος** ζωῆς εἰς τὸ
1Pe 4:10 ποικίλης **χάριτος** θεοῦ.
1Pe 5:5 ταπεινοῖς δὲ δίδωσιν **χάριν**.
1Pe 5:10 δὲ θεὸς πάσης **χάριτος**,
1Pe 5:12 ταύτην εἶναι ἀληθῆ **χάριν** τοῦ θεοῦ εἰς

χάρισμα (*charisma*; 1/17) *gift*
1Pe 4:10 ἕκαστος καθὼς ἔλαβεν **χάρισμα** εἰς ἑαυτοὺς αὐτὸ

χεῖλος (*cheilos*; 1/7) *lip*
1Pe 3:10 ἀπὸ κακοῦ καὶ **χείλη** τοῦ μὴ λαλῆσαι

χείρ (*cheir*; 1/175[177]) *hand*
1Pe 5:6 ὑπὸ τὴν κραταιὰν **χεῖρα** τοῦ θεοῦ,

χορηγέω (*chorēgeō*; 1/2) *supply*
1Pe 4:11 ἐξ ἰσχύος ἧς **χορηγεῖ** ὁ θεός,

χόρτος (*chortos*; 3/15) *grass, hay*
1Pe 1:24 πᾶσα σὰρξ ὡς **χόρτος** καὶ πᾶσα δόξα
1Pe 1:24 αὐτῆς ὡς ἄνθος **χόρτου**·
1Pe 1:24 ἐξηράνθη ὁ **χόρτος** καὶ τὸ ἄνθος

χρηστός (*chrēstos*; 1/7) *kind*
1Pe 2:3 εἰ ἐγεύσασθε ὅτι **χρηστὸς** ὁ κύριος.

Χριστιανός (*Christianos*; 1/3) *Christian*
1Pe 4:16 εἰ δὲ ὡς **Χριστιανός**,

Χριστός (*Christos*; 22/529) *Christ*
1Pe 1:1 Πέτρος ἀπόστολος Ἰησοῦ **Χριστοῦ** ἐκλεκτοῖς παρεπιδήμοις διασπορᾶς
1Pe 1:2 ῥαντισμὸν αἵματος Ἰησοῦ **Χριστοῦ**,
1Pe 1:3 κυρίου ἡμῶν Ἰησοῦ **Χριστοῦ**,
1Pe 1:3 δι᾽ ἀναστάσεως Ἰησοῦ **Χριστοῦ** ἐκ νεκρῶν,
1Pe 1:7 ἐν ἀποκαλύψει Ἰησοῦ **Χριστοῦ**·
1Pe 1:11 ἐν αὐτοῖς πνεῦμα **Χριστοῦ** προμαρτυρόμενον
1Pe 1:11 προμαρτυρόμενον τὰ εἰς **Χριστὸν** παθήματα
1Pe 1:13 ἐν ἀποκαλύψει Ἰησοῦ **Χριστοῦ**.
1Pe 1:19 ἀμώμου καὶ ἀσπίλου **Χριστοῦ**,
1Pe 2:5 θεῷ διὰ Ἰησοῦ **Χριστοῦ**.
1Pe 2:21 ὅτι καὶ **Χριστὸς** ἔπαθεν ὑπὲρ ὑμῶν
1Pe 3:15 κύριον δὲ τὸν **Χριστὸν** ἁγιάσατε ἐν ταῖς
1Pe 3:16 τὴν ἀγαθὴν ἐν **Χριστῷ** ἀναστροφήν.
1Pe 3:18 ὅτι καὶ **Χριστὸς** ἅπαξ περὶ ἁμαρτιῶν
1Pe 3:21 δι᾽ ἀναστάσεως Ἰησοῦ **Χριστοῦ**,
1Pe 4:1 **Χριστοῦ** οὖν παθόντος σαρκὶ
1Pe 4:11 θεὸς διὰ Ἰησοῦ **Χριστοῦ**,
1Pe 4:13 κοινωνεῖτε τοῖς τοῦ **Χριστοῦ** παθήμασιν χαίρετε,
1Pe 4:14 ὀνειδίζεσθε ἐν ὀνόματι **Χριστοῦ**,
1Pe 5:1 μάρτυς τῶν τοῦ **Χριστοῦ** παθημάτων,
1Pe 5:10 αὐτοῦ δόξαν ἐν **Χριστῷ** [Ἰησοῦ],
1Pe 5:14 πᾶσιν τοῖς ἐν **Χριστῷ**.

χρόνος (*chronos*; 4/54) *time*
1Pe 1:17 τῆς παροικίας ὑμῶν **χρόνον** ἀναστράφητε,
1Pe 1:20 ἐπ᾽ ἐσχάτου τῶν **χρόνων** δι᾽ ὑμᾶς
1Pe 4:2 ἐν σαρκὶ βιῶσαι **χρόνον**.
1Pe 4:3 γὰρ ὁ παρεληλυθὼς **χρόνος** τὸ βούλημα τῶν

χρυσίον (*chrysion*; 3/12) *gold*
1Pe 1:7 τῆς πίστεως πολυτιμότερον **χρυσίου** τοῦ ἀπολλυμένου διὰ
1Pe 1:18 ἀργυρίῳ ἢ **χρυσίῳ**,
1Pe 3:3 τριχῶν καὶ περιθέσεως **χρυσίων** ἢ ἐνδύσεως ἱματίων

ψυχή (*psychē*; 6/103) *soul, life, self*
1Pe 1:9 πίστεως [ὑμῶν] σωτηρίαν **ψυχῶν**.
1Pe 1:22 Τὰς **ψυχὰς** ὑμῶν ἡγνικότες ἐν
1Pe 2:11 στρατεύονται κατὰ τῆς **ψυχῆς**·
1Pe 2:25 καὶ ἐπίσκοπον τῶν **ψυχῶν** ὑμῶν.
1Pe 3:20 τοῦτ᾽ ἔστιν ὀκτὼ **ψυχαί**,
1Pe 4:19 κτίστῃ παρατιθέσθωσαν τὰς **ψυχὰς** αὐτῶν ἐν ἀγαθοποιΐᾳ.

ὠρύομαι (*ōryomai*; 1/1) *roar*
1Pe 5:8 διάβολος ὡς λέων **ὠρυόμενος** περιπατεῖ ζητῶν [τινα]

ὡς (*hōs*; 27/503[504]) *as*
1Pe 1:14 **ὡς** τέκνα ὑπακοῆς μὴ
1Pe 1:19 ἀλλὰ τιμίῳ αἵματι **ὡς** ἀμνοῦ ἀμώμου καὶ
1Pe 1:24 διότι πᾶσα σὰρξ **ὡς** χόρτος καὶ πᾶσα
1Pe 1:24 πᾶσα δόξα αὐτῆς **ὡς** ἄνθος χόρτου·
1Pe 2:2 **ὡς** ἀρτιγέννητα βρέφη τὸ
1Pe 2:5 καὶ αὐτοὶ **ὡς** λίθοι ζῶντες οἰκοδομεῖσθε
1Pe 2:11 παρακαλῶ **ὡς** παροίκους καὶ παρεπιδήμους
1Pe 2:12 ᾧ καταλαλοῦσιν ὑμῶν **ὡς** κακοποιῶν ἐκ τῶν
1Pe 2:13 εἴτε βασιλεῖ **ὡς** ὑπερέχοντι,
1Pe 2:14 εἴτε ἡγεμόσιν **ὡς** δι᾽ αὐτοῦ πεμπομένοις
1Pe 2:16 **ὡς** ἐλεύθεροι καὶ μὴ
1Pe 2:16 ἐλεύθεροι καὶ μὴ **ὡς** ἐπικάλυμμα ἔχοντες τῆς
1Pe 2:16 τὴν ἐλευθερίαν ἀλλ᾽ **ὡς** θεοῦ δοῦλοι.
1Pe 2:25 ἦτε γὰρ **ὡς** πρόβατα πλανώμενοι,
1Pe 3:6 **ὡς** Σάρρα ὑπήκουσεν τῷ
1Pe 3:7 συνοικοῦντες κατὰ γνῶσιν **ὡς** ἀσθενεστέρῳ σκεύει τῷ
1Pe 3:7 ἀπονέμοντες τιμὴν **ὡς** καὶ συγκληρονόμοις χάριτος
1Pe 4:10 ἑαυτοὺς αὐτὸ διακονοῦντες **ὡς** καλοὶ οἰκονόμοι ποικίλης
1Pe 4:11 ὡς **λόγια** θεοῦ·
1Pe 4:11 **ὡς** ἐξ ἰσχύος ἧς
1Pe 4:12 πειρασμὸν ὑμῖν γινομένῃ **ὡς** ξένου ὑμῖν συμβαίνοντος,
1Pe 4:15 τις ὑμῶν πασχέτω **ὡς** φονεὺς ἢ κλέπτης
1Pe 4:15 ἢ κακοποιὸς ἢ **ὡς** ἀλλοτριεπίσκοπος·
1Pe 4:16 εἰ δὲ **ὡς** Χριστιανός,
1Pe 5:3 μηδ᾽ **ὡς** κατακυριεύοντες τῶν κλήρων
1Pe 5:8 ἀντίδικος ὑμῶν διάβολος **ὡς** λέων ὠρυόμενος περιπατεῖ
1Pe 5:12 **ὡς** λογίζομαι,

ὥστε (*hōste*; 2/83) *so that*
1Pe 1:21 **ὥστε** τὴν πίστιν ὑμῶν
1Pe 4:19 **ὥστε** καὶ οἱ πάσχοντες

Frequency List (Alphabetical Order)

1 ᾿Αβραάμ
4 ἀγαθοποιέω
1* ἀγαθοποιΐα
1* ἀγαθοποιός
7 ἀγαθός
3 ἀγαλλιάω
4 ἀγαπάω
3 ἀγάπη
2 ἀγαπητός
2 ἄγγελος
1 ἁγιάζω
1 ἁγιασμός
8 ἅγιος
1 ἁγνίζω
1 ἄγνοια
1 ἁγνός
1 ἀγνωσία
1 ἀδελφός
2* ἀδελφότης
1 ἄδικος
1* ἀδίκως
1* ἄδολος
1 ἀεί
1 ἀθέμιτος
2 αἷμα
1* αἰσχροκερδῶς
1 αἰσχύνω
1 αἰτέω
4 αἰών
1 αἰώνιος
1 ἀκρογωνιαῖος
1 ἀλήθεια
1 ἀληθής
16 ἀλλά
4 ἀλλήλων
1* ἀλλοτριεπίσκοπος
1* ἀμαράντινος
1* ἀμάραντος
1 ἁμαρτάνω
6 ἁμαρτία
1 ἁμαρτωλός
2 ἀμήν
1 ἀμίαντος
1 ἀμνός
1 ἄμωμος
1 ἀναγγέλλω
2* ἀναγεννάω
1* ἀναγκαστῶς
1* ἀναζώννυμι
1 ἀναπαύω
2 ἀνάστασις
1 ἀναστρέφω
6 ἀναστροφή
2 ἀναφέρω
1* ἀνάχυσις
1* ἀνεκλάλητος
2 ἄνευ
3 ἀνήρ
1 ἀνθίστημι
2 ἄνθος
1 ἀνθρώπινος
5 ἄνθρωπος
2 ἀντί
1 ἀντίδικος
1* ἀντιλοιδορέω
1 ἀντιτάσσω
1 ἀντίτυπος
1 ἀνυπόκριτος
1 ἅπαξ
4 ἀπειθέω
1 ἀπειλέω
1 ἀπεκδέχομαι
1 ἀπέχω
1 ἀπιστέω
5 ἀπό
1* ἀπογίνομαι
2 ἀποδίδωμι
2 ἀποδοκιμάζω
1 ἀπόθεσις
3 ἀποκαλύπτω
3 ἀποκάλυψις
1 ἀπόλλυμι
1 ἀπολογία
1* ἀπονέμω
1 ἀποστέλλω
1 ἀπόστολος
1 ἀποτίθημι
1* ἀπροσωπολήμπτως
1 ἀργύριον
1 ἀρετή
1 ἀρκετός
2 ἄρτι
1* ἀρτιγέννητος
1* ἀρχιποίμην
1 ἄρχω
1 ἀσεβής
1 ἀσέλγεια
1 ἀσθενής
1 ᾿Ασία
2 ἀσπάζομαι
1 ἄσπιλος
1 ἀσωτία
1 αὐξάνω
34° αὐτός
3 ἄφθαρτος
1 ἄφρων
1 Βαβυλών
1 βάπτισμα
1 βασίλειος
2 βασιλεύς
1 Βιθυνία
1* βιόω
1 βλασφημέω
1 βούλημα
1 βρέφος
1 γάλα
1 Γαλατία
10 γάρ
1 γένος
1 γεύομαι
6 γίνομαι
1 γλῶσσα
1 γνῶσις
1 γογγυσμός
1 γραφή
2 γράφω
1 γρηγορέω
1* γυναικεῖος
3 γυνή
1 γωνία
28 δέ
1 δέησις
1 δεῖ
1 δεξιός
1 δεσπότης
1 δηλόω
18 διά
1 διάβολος
3 διακονέω
1 διάνοια
1 διασπορά
1 διασῴζω
2 δίδωμι
3 δίκαιος
2 δικαιοσύνη
1 δικαίως
1 διό
3 διότι
1 διώκω
1 δοκιμάζω
1 δοκίμιον
3 δόλος
10 δόξα
4 δοξάζω
1 δοῦλος
2 δύναμις
1 ἐάν
4 ἑαυτοῦ
1 ἐγγίζω
1 ἐγείρω
1* ἐγκομβόομαι
1 ἐγκόπτω
2 ἐγώ
3 ἔθνος
15 εἰ
1 εἰδωλολατρία
13 εἰμί
3 εἰρήνη
42 εἰς
2 εἴτε
8 ἐκ
2 ἕκαστος
1 ἐκδίκησις
1 ἐκζητέω
1 ἐκκλίνω
4 ἐκλεκτός
1 ἑκουσίως
1 ἐκπίπτω
1* ἐκτενής
1 ἐκτενῶς
2 ἐλεέω
1 ἔλεος
1 ἐλευθερία
1 ἐλεύθερος
2 ἐλπίζω
3 ἐλπίς
1* ἐμπλοκή
50 ἐν
1* ἔνδυσις
1 ἔννοια
2 ἔντιμος
1 ἐνώπιον
1 ἐξαγγέλλω
1* ἐξεραυνάω
1 ἐξουσία
1 ἔξωθεν
2 ἔπαινος
1 ἐπακολουθέω
1* ἐπερώτημα
1 ἐπηρεάζω
9 ἐπί
1 ἐπιεικής
1 ἐπιθυμέω
4 ἐπιθυμία
1 ἐπικαλέω
1* ἐπικάλυμμα
1* ἐπίλοιπος
1* ἐπιμαρτυρέω
1 ἐπιποθέω
1 ἐπιρίπτω
1 ἐπισκοπέω
1 ἐπισκοπή
1 ἐπίσκοπος
1 ἐπιστρέφω
1 ἐπιτελέω
2* ἐποπτεύω
1 ἐραυνάω
2 ἔργον
2 ἔσχατος
2 ἕτοιμος
1 ἑτοίμως
3 εὐαγγελίζω
1 εὐαγγέλιον
1 εὐλογέω
1 εὐλογητός
1 εὐλογία
1 εὐπρόσδεκτος
2 εὑρίσκω
1 εὔσπλαγχνος
5 ἔχω
7 ζάω
1 ζηλωτής
2 ζητέω
2 ζωή
1 ζωοποιέω
8 ἤ
1 ἡγεμών
4 ἡμεῖς
3 ἡμέρα
1 ἡσύχιος
1 θανατόω
1 θαυμαστός
4 θέλημα
2 θέλω
1 θεμελιόω
39 θεός
1 θρίξ
1 θυσία
1 ἰάομαι
2 ἴδιος
1 ἰδού
2* ἱεράτευμα
10 ᾿Ιησοῦς
1 ἱμάτιον
13 ἵνα
1 ἵστημι
1 ἰσχύς
1 ἴχνος
1 καθαρός
1 καθό
1 καθώς
71° καί
4 καιρός
2 κακία
1 κακοποιέω
3* κακοποιός
5 κακός
1 κακόω
6 καλέω
3 καλός
1 καλύπτω
1 Καππαδοκία
3 καρδία
10 κατά
1 καταβολή
2 καταισχύνω
1 κατακυριεύω
2 καταλαλέω
1 καταλαλιά
1 καταπίνω
1 καταρτίζω
1 κατασκευάζω
1 κατεργάζομαι
1 κερδαίνω
1 κεφαλή
1 κηρύσσω
1 κιβωτός
1* κλέος
1 κλέπτης
1 κληρονομέω
1 κληρονομία
1 κλῆρος
1 κοινωνέω
1 κοινωνός
1 κολαφίζω
2 κομίζω
1 κοσμέω
3 κόσμος
1* κραταιός

2 κράτος
1 κρείττων
1 κρίμα
4 κρίνω
1 κρυπτός
1 κτίσις
1* κτίστης
8 κύριος
1 κῶμος
2 λαλέω
1 λαμβάνω
3 λαός
1 λέων
5 λίθος
1 λογίζομαι
1 λογικός
1 λόγιον
6 λόγος
1 λοιδορέω
2 λοιδορία
1 λυπέω
1 λύπη
1 λυτρόω
2 μακάριος
1 μακροθυμία
1 Μᾶρκος
1 μάρτυς
1 μάταιος
1 μέλει
1 μέλλω
4 μέν
2 μένω
1 μέριμνα
2 μετά
14 μή
3 μηδέ
1 μηδείς
1 μηκέτι
1 μόλις
1 μόνος
1* μώλωψ
4 νεκρός
1 νέος
3 νήφω
5 νῦν
1 Νῶε
2 ξενίζω
1 ξένος
1 ξηραίνω
1 ξύλον
200° ὁ
2 οἶδα
1 οἰκέτης
2 οἰκοδομέω
1 οἰκονόμος
2 οἶκος
1* οἰνοφλυγία
1 ὀκτώ
4 ὀλίγος
3 ὁμοίως
1* ὁμόφρων
1 ὀνειδίζω
2 ὄνομα
1* ὁπλίζω
1 ὅπως
3 ὁράω
31 ὅς
1 ὅστις
1 ὀσφῦς
1 ὅτε
16 ὅτι
13 οὐ
1 οὐδέ
6 οὖν
3 οὐρανός
1 οὖς
11 οὗτος
2 οὕτως
1 ὀφθαλμός
4 πάθημα
2 παρά
1 παραδίδωμι
3 παρακαλέω
1 παρακύπτω
1 παρατίθημι
2 παρεπίδημος
1 παρέρχομαι
1 παροικία
1 πάροικος
18 πᾶς
12 πάσχω
3 πατήρ
1* πατροπαράδοτος
2 παύω
2 πειρασμός
1 πέμπω
5 περί
1 περιέχω
1* περίθεσις
1 περιπατέω
1 περιποίησις
1 πέτρα
1 Πέτρος
3 πιστεύω
5 πίστις
3 πιστός
1 πλανάω
1 πλῆθος
1 πληθύνω
8 πνεῦμα
2 πνευματικός
3 ποιέω
2 ποικίλος
1 ποιμαίνω
1 ποιμήν
2 ποίμνιον
2 ποῖος
1 πολύς
1 πολυτελής
1 πολύτιμος
1 Πόντος
3 πορεύομαι
3 ποτέ
1* πότος
1 ποῦ
1 πραΰς
1 πραΰτης
2 πρεσβύτερος
2 πρό
1 πρόβατον
1 προγινώσκω
1 πρόγνωσις
1* προθύμως
1* προμαρτύρομαι
3 πρός
1 προσάγω
1 προσέρχομαι
2 προσευχή
1 πρόσκομμα
1 προσκόπτω
1 πρόσωπον
1 πρότερος
1 προφητεύω
1 προφήτης
1 πρῶτος
1* πτόησις
1 πῦρ
1 πύρωσις
1 ῥαντισμός
2 ῥῆμα
1* ῥύπος
1 σαρκικός
7 σάρξ
1 Σάρρα
1* σθενόω
1 Σιλουανός
1 Σιών
1 σκάνδαλον
1 σκεῦος
1 σκολιός
1 σκότος
1* σπορά
1 στερεός
1 στέφανος
1 στηρίζω
1 στόμα
1 στρατεύω
1 συγκληρονόμος
1 συμβαίνω
1* συμπαθής
1* συμπρεσβύτερος
3 συνείδησις
1* συνεκλεκτός
1* συνοικέω
1 συντρέχω
1 συσχηματίζω
2 σῴζω
1 σῶμα
4 σωτηρία
1 σωφρονέω
1 ταπεινός
1 ταπεινοφροσύνη
1* ταπεινόφρων
1 ταπεινόω
1 ταράσσω
2 τέκνον
1* τελείως
4 τέλος
1 τηρέω
2 τίθημι
2 τιμάω
3 τιμή
1 τίμιος
3 τίς
6 τις
1 τύπος
1 ὕδωρ
1 υἱός
53 ὑμεῖς
3 ὑπακοή
1 ὑπακούω
2 ὑπέρ
1 ὑπερέχω
1 ὑπερήφανος
2 ὑπό
1* ὑπογραμμός
1 ὑπόκρισις
1* ὑπολιμπάνω
2 ὑπομένω
6 ὑποτάσσω
1 ὑποφέρω
1 ὑψόω
1 φαίνω
2 φανερόω
1 φέρω
2 φθαρτός
1 φθόνος
1 φιλαδελφία
1* φιλάδελφος
1 φίλημα
1 φιλόξενος
1 φιμόω
3 φοβέομαι
5 φόβος
1 φονεύς
1 φρουρέω
1 φυλακή
1 φῶς
2 χαίρω
1 χαρά
10 χάρις
1 χάρισμα
1 χεῖλος
1 χείρ
1 χορηγέω
3 χόρτος
1 χρηστός
1 Χριστιανός
22 Χριστός
4 χρόνος
3 χρυσίον
6 ψυχή
1* ὠρύομαι
27 ὡς
2 ὥστε

° Not included in concordance
* Word only occurs in this book

Frequency List (in Order of Occurrence)

200° ὁ
71° καί
53 ὑμεῖς
50 ἐν
42 εἰς
39 θεός
34° αὐτός
31 ὅς
28 δέ
27 ὡς
22 Χριστός
18 διά
18 πᾶς
16 ἀλλά
16 ὅτι
15 εἰ
14 μή
13 εἰμί
13 ἵνα
13 οὐ
12 πάσχω
11 οὗτος
10 γάρ
10 δόξα
10 Ἰησοῦς
10 κατά
10 χάρις
9 ἐπί
8 ἅγιος
8 ἐκ
8 ἤ
8 κύριος
8 πνεῦμα
7 ἀγαθός
7 ζάω
7 σάρξ
6 ἁμαρτία
6 ἀναστροφή
6 γίνομαι
6 καλέω
6 λόγος
6 οὖν
6 τις
6 ὑποτάσσω
6 ψυχή
5 ἄνθρωπος
5 ἀπό
5 ἔχω
5 κακός
5 λίθος
5 νῦν
5 περί
5 πίστις
5 φόβος
4 ἀγαθοποιέω
4 ἀγαπάω
4 αἰών
4 ἀλλήλων
4 ἀπειθέω
4 δοξάζω
4 ἑαυτοῦ
4 ἐκλεκτός
4 ἐπιθυμία
4 ἡμεῖς
4 θέλημα
4 καιρός
4 κρίνω
4 μέν
4 νεκρός
4 ὀλίγος
4 πάθημα
4 σωτηρία
4 τέλος
4 χρόνος
3 ἀγαλλιάω
3 ἀγάπη
3 ἀνήρ
3 ἀποκαλύπτω
3 ἀποκάλυψις
3 ἄφθαρτος
3 γυνή
3 διακονέω
3 δίκαιος
3 διότι
3 δόλος
3 ἔθνος
3 εἰρήνη
3 ἐλπίς
3 εὐαγγελίζω
3 ἡμέρα
3* κακοποιός
3 καλός
3 καρδία
3 κόσμος
3 λαός
3 μηδέ
3 νήφω
3 ὁμοίως
3 ὁράω
3 οὐρανός
3 παρακαλέω
3 πατήρ
3 πιστεύω
3 πιστός
3 ποιέω
3 πορεύομαι
3 ποτέ
3 πρός
3 συνείδησις
3 τιμή
3 τίς
3 ὑπακοή
3 φοβέομαι
3 χόρτος
3 χρυσίον
2 ἀγαπητός
2 ἄγγελος
2* ἀδελφότης
2 αἷμα
2 ἀμήν
2* ἀναγεννάω
2 ἀνάστασις
2 ἀναφέρω
2 ἄνευ
2 ἄνθος
2 ἀντί
2 ἀποδίδωμι
2 ἀποδοκιμάζω
2 ἄρτι
2 ἀσπάζομαι
2 βασιλεύς
2 γράφω
2 δίδωμι
2 δικαιοσύνη
2 δύναμις
2 ἐγώ
2 εἴτε
2 ἕκαστος
2 ἐλεέω
2 ἐλπίζω
2 ἔντιμος
2 ἔπαινος
2* ἐποπτεύω
2 ἔργον
2 ἔσχατος
2 ἕτοιμος
2 εὑρίσκω
2 ζητέω
2 ζωή
2 θέλω
2 ἴδιος
2* ἱεράτευμα
2 κακία
2 καταισχύνω
2 καταλαλέω
2 κομίζω
2 κράτος
2 λαλέω
2 λοιδορία
2 μακάριος
2 μένω
2 μετά
2 ξενίζω
2 οἶδα
2 οἰκοδομέω
2 οἶκος
2 ὄνομα
2 οὕτως
2 παρά
2 παρεπίδημος
2 παύω
2 πειρασμός
2 πνευματικός
2 ποικίλος
2 ποίμνιον
2 ποῖος
2 πρεσβύτερος
2 πρό
2 προσευχή
2 ῥῆμα
2 σῴζω
2 τέκνον
2 τίθημι
2 τιμάω
2 ὑπέρ
2 ὑπό
2 ὑπομένω
2 φανερόω
2 φθαρτός
2 χαίρω
2 ὥστε
1 Ἀβραάμ
1* ἀγαθοποιΐα
1* ἀγαθοποιός
1 ἁγιάζω
1 ἁγιασμός
1 ἁγνίζω
1 ἄγνοια
1 ἁγνός
1 ἀγνωσία
1 ἀδελφός
1 ἄδικος
1* ἀδίκως
1* ἄδολος
1 ἀεί
1 ἀθέμιτος
1* αἰσχροκερδῶς
1 αἰσχύνω
1 αἰτέω
1 αἰώνιος
1 ἀκρογωνιαῖος
1 ἀλήθεια
1 ἀληθής
1* ἀλλοτριεπίσκοπος
1* ἀμαράντινος
1* ἀμάραντος
1 ἁμαρτάνω
1 ἁμαρτωλός
1 ἀμίαντος
1 ἀμνός
1 ἄμωμος
1 ἀναγγέλλω
1* ἀναγκαστῶς
1* ἀναζώννυμι
1 ἀναπαύω
1 ἀναστρέφω
1* ἀνάχυσις
1* ἀνεκλάλητος
1 ἀνθίστημι
1 ἀνθρώπινος
1 ἀντίδικος
1* ἀντιλοιδορέω
1 ἀντιτάσσω
1 ἀντίτυπος
1 ἀνυπόκριτος
1 ἅπαξ
1 ἀπειλέω
1 ἀπεκδέχομαι
1 ἀπέχω
1 ἀπιστέω
1* ἀπογίνομαι
1 ἀπόθεσις
1 ἀπόλλυμι
1 ἀπολογία
1* ἀπονέμω
1 ἀποστέλλω
1 ἀπόστολος
1 ἀποτίθημι
1* ἀπροσωπολήμπτως
1 ἀργύριον
1 ἀρετή
1 ἀρκετός
1* ἀρτιγέννητος
1* ἀρχιποίμην
1 ἄρχω
1 ἀσεβής
1 ἀσέλγεια
1 ἀσθενής
1 Ἀσία
1 ἄσπιλος
1 ἀσωτία
1 αὐξάνω
1 ἄφρων
1 Βαβυλών
1 βάπτισμα
1 βασίλειος
1 Βιθυνία
1* βιόω
1 βλασφημέω
1 βούλημα
1 βρέφος
1 γάλα
1 Γαλατία
1 γένος
1 γεύομαι
1 γλῶσσα
1 γνῶσις
1 γογγυσμός
1 γραφή
1 γρηγορέω
1* γυναικεῖος
1 γωνία
1 δέησις
1 δεῖ
1 δεξιός
1 δεσπότης
1 δηλόω
1 διάβολος
1 διάνοια
1 διασπορά
1 διασῴζω
1 δικαίως
1 διό
1 διώκω
1 δοκιμάζω
1 δοκίμιον
1 δοῦλος
1 ἐάν
1 ἐγγίζω

1 ἐγείρω
1* ἐγκομβόομαι
1 ἐγκόπτω
1 εἰδωλολατρία
1 ἐκδίκησις
1 ἐκζητέω
1 ἐκκλίνω
1 ἑκουσίως
1 ἐκπίπτω
1* ἐκτενής
1 ἐκτενῶς
1 ἔλεος
1 ἐλευθερία
1 ἐλεύθερος
1* ἐμπλοκή
1* ἔνδυσις
1 ἔννοια
1 ἐνώπιον
1 ἐξαγγέλλω
1* ἐξεραυνάω
1 ἐξουσία
1 ἔξωθεν
1 ἐπακολουθέω
1* ἐπερώτημα
1 ἐπηρεάζω
1 ἐπιεικής
1 ἐπιθυμέω
1 ἐπικαλέω
1* ἐπικάλυμμα
1* ἐπίλοιπος
1* ἐπιμαρτυρέω
1 ἐπιποθέω
1 ἐπιρίπτω
1 ἐπισκοπέω
1 ἐπισκοπή
1 ἐπίσκοπος
1 ἐπιστρέφω
1 ἐπιτελέω
1 ἐραυνάω
1 ἑτοίμως
1 εὐαγγέλιον
1 εὐλογέω
1 εὐλογητός
1 εὐλογία
1 εὐπρόσδεκτος
1 εὔσπλαγχνος
1 ζηλωτής
1 ζωοποιέω
1 ἡγεμών
1 ἡσύχιος
1 θανατόω
1 θαυμαστός
1 θεμελιόω
1 θρίξ
1 θυσία
1 ἰάομαι
1 ἰδού
1 ἱμάτιον
1 ἵστημι
1 ἰσχύς
1 ἴχνος
1 καθαρός
1 καθό
1 καθώς
1 κακοποιέω
1 κακόω
1 καλύπτω
1 Καππαδοκία
1 καταβολή
1 κατακυριεύω
1 καταλαλιά
1 καταπίνω
1 καταρτίζω
1 κατασκευάζω
1 κατεργάζομαι
1 κερδαίνω
1 κεφαλή
1 κηρύσσω
1 κιβωτός
1* κλέος
1 κλέπτης
1 κληρονομέω
1 κληρονομία
1 κλῆρος
1 κοινωνέω
1 κοινωνός
1 κολαφίζω
1 κοσμέω
1* κραταιός
1 κρείττων
1 κρίμα
1 κρυπτός
1 κτίσις
1* κτίστης
1 κῶμος
1 λαμβάνω
1 λέων
1 λογίζομαι
1 λογικός
1 λόγιον
1 λοιδορέω
1 λυπέω
1 λύπη
1 λυτρόω
1 μακροθυμία
1 Μᾶρκος
1 μάρτυς
1 μάταιος
1 μέλει
1 μέλλω
1 μέριμνα
1 μηδείς
1 μηκέτι
1 μόλις
1 μόνος
1* μώλωψ
1 νέος
1 Νῶε
1 ξένος
1 ξηραίνω
1 ξύλον
1 οἰκέτης
1 οἰκονόμος
1* οἰνοφλυγία
1 ὀκτώ
1* ὁμόφρων
1 ὀνειδίζω
1* ὁπλίζω
1 ὅπως
1 ὅστις
1 ὀσφῦς
1 ὅτε
1 οὐδέ
1 οὖς
1 ὀφθαλμός
1 παραδίδωμι
1 παρακύπτω
1 παρατίθημι
1 παρέρχομαι
1 παροικία
1 πάροικος
1* πατροπαράδοτος
1 πέμπω
1 περιέχω
1* περίθεσις
1 περιπατέω
1 περιποίησις
1 πέτρα
1 Πέτρος
1 πλανάω
1 πλῆθος
1 πληθύνω
1 ποιμαίνω
1 ποιμήν
1 πολύς
1 πολυτελής
1 πολύτιμος
1 Πόντος
1* πότος
1 ποῦ
1 πραΰς
1 πραΰτης
1 πρόβατον
1 προγινώσκω
1 πρόγνωσις
1* προθύμως
1* προμαρτύρομαι
1 προσάγω
1 προσέρχομαι
1 πρόσκομμα
1 προσκόπτω
1 πρόσωπον
1 πρότερος
1 προφητεύω
1 προφήτης
1 πρῶτος
1* πτόησις
1 πῦρ
1 πύρωσις
1 ῥαντισμός
1* ῥύπος
1 σαρκικός
1 Σάρρα
1* σθενόω
1 Σιλουανός
1 Σιών
1 σκάνδαλον
1 σκεῦος
1 σκολιός
1 σκότος
1* σπορά
1 στερεός
1 στέφανος
1 στηρίζω
1 στόμα
1 στρατεύω
1 συγκληρονόμος
1 συμβαίνω
1* συμπαθής
1* συμπρεσβύτερος
1* συνεκλεκτός
1* συνοικέω
1 συντρέχω
1 συσχηματίζω
1 σῶμα
1 σωφρονέω
1 ταπεινός
1 ταπεινοφροσύνη
1* ταπεινόφρων
1 ταπεινόω
1 ταράσσω
1* τελείως
1 τηρέω
1 τίμιος
1 τύπος
1 ὕδωρ
1 υἱός
1 ὑπακούω
1 ὑπερέχω
1 ὑπερήφανος
1* ὑπογραμμός
1 ὑπόκρισις
1* ὑπολιμπάνω
1 ὑποφέρω
1 ὑψόω
1 φαίνω
1 φέρω
1 φθόνος
1 φιλαδελφία
1* φιλάδελφος
1 φίλημα
1 φιλόξενος
1 φιμόω
1 φονεύς
1 φρουρέω
1 φυλακή
1 φῶς
1 χαρά
1 χάρισμα
1 χεῖλος
1 χείρ
1 χορηγέω
1 χρηστός
1 Χριστιανός
1* ὠρύομαι

° Not included in concordance
* Word only occurs in this book

2 Peter – Statistics

397 Total word count
16 Number of words occurring at least 10 times
246 Number of words occurring once

Words whose occurrences in this book account for at least 25% of occurrences in the entire NT

100%

3/3 ἀποφεύγω (*apopheugō*; escape), ἐξακολουθέω (*exakoloutheō*; follow)

2/2 ἄθεσμος (*athesmos*; morally corrupt), ἀστήρικτος (*astēriktos*; unsteady), ἔκπαλαι (*ekpalai*; for a long time), ἐπάγγελμα (*epangelma*; promise), ἡττάομαι (*hēttaomai*; be defeated or overcome), καυσόω (*kausoō*; be burned up), ταχινός (*tachinos*; soon)

1/1 ἀκατάπαυστος (*akatapaustos*; unceasing), ἅλωσις (*halōsis*; capture), ἀμαθής (*amathēs*; ignorant), ἀμώμητος (*amōmētos*; blameless), ἀργέω (*argeō*; be idle or inoperative), αὐχμηρός (*auchmēros*; dark), βλέμμα (*blemma*; what is seen), βόρβορος (*borboros*; mud), Βοσόρ (*Bosor*; Bosor), βραδύτης (*bradytēs*; slowness), διαυγάζω (*diaugazō*; dawn), δυσνόητος (*dysnoētos*; difficult to understand), ἐγκατοικέω (*enkatoikeō*; live among), ἑκάστοτε (*hekastote*; at all times, always), ἔλεγξις (*elenxis*; rebuke), ἐμπαιγμονή (*empaigmonē*; mocking, ridicule), ἐντρυφάω (*entryphaō*; revel), ἐξέραμα (*exerama*; vomit), ἐπίλυσις (*epilysis*; interpretation), ἐπόπτης (*epoptēs*; eyewitness), ἰσότιμος (*isotimos*; equally valuable, of the same kind), κατακλύζω (*kataklyzō*; deluge), κυλισμός (*kylismos*; wallowing), λήθη (*lēthē*; forgetfulness), μεγαλοπρεπής (*megaloprepēs*; majestic), μίασμα (*miasma*; corruption), μιασμός (*miasmos*; corruption), μνήμη (*mnēmē*; remembrance), μυωπάζω (*myōpazō*; be shortsighted), μῶμος (*mōmos*; blemish), ὀλίγως (*oligōs*; barely), ὁμίχλη (*homichlē*; mist), παρανομία (*paranomia*; offense), παραφρονία (*paraphronia*; madness), παρεισάγω (*pareisagō*; bring in under false pretenses), παρεισφέρω (*pareispherō*; exert), πλαστός (*plastos*; made-up, invented), ῥοιζηδόν (*rhoizēdon*; with a loud noise), σειρά (*seira*; pit), στηριγμός (*stērigmos*; firm footing), στρεβλόω (*strebloō*; distort), ταρταρόω (*tartaroō*; put in hell), τεφρόω (*tephroō*; reduce to ashes), τήκω (*tēkō*; dissolve), τοιόσδε (*toiosde*; of such quality), τολμητής (*tolmētēs*; daring or reckless man), ὗς (*hys*; sow), φωσφόρος (*phōsphoros*; morning star), ψευδοδιδάσκαλος (*pseudodidaskalos*; false teacher)

66%

2/3 δελεάζω (*deleazō*; lure), δωρέομαι (*dōreomai*; give), ἐπάγω (*epagō*; bring upon), θεῖος (*theios*; divine), σκήνωμα (*skēnōma*; body), ὑπόμνησις (*hypomnēsis*; remembering), φθέγγομαι (*phthengomai*; speak)

60%

3/5 ἀρετή (*aretē*; moral excellence)

50%

2/4 ἐγκράτεια (*enkrateia*; self-control)

1/2 ἀπόθεσις (*apothesis*; removal), αὐθάδης (*authadēs*; arrogant), βραδύνω (*bradynō*; be delayed), εἰλικρινής (*eilikrinēs*; pure), ἐμπαίκτης (*empaiktēs*; mocker), ἐμπλέκω (*emplekō*; be mixed up in or involved in), ἐμπορεύομαι (*emporeuomai*; be in business), καταπονέω (*kataponeō*; mistreat), καταστροφή (*katastrophē*; ruin), κολάζω (*kolazō*; punish), νυστάζω (*nystazō*; grow drowsy), προφητικός (*prophētikos*; prophetic), σοφίζω (*sophizō*; give wisdom), σπίλος (*spilos*; spot), συνευωχέομαι (*syneuōcheomai*; eat together), τρυφή (*tryphē*; luxury), ὑπέρογκος (*hyperonkos*; boastful), ὑποζύγιον (*hypozygion*; donkey)

<u>44%</u>
4/9 φθορά (*phthora*; decay)

<u>40%</u>
2/5 ἐπιχορηγέω (*epichorēgeō*; supply), ζόφος (*zophos*; gloom)

<u>33%</u>
3/9 ἀσεβής (*asebēs*; godless)
2/6 διεγείρω (*diegeirō*; arise, awake), λανθάνω (*lanthanō*; be hidden), φιλαδελφία (*philadelphia*; brotherly love)
1/3 ἄλογος (*alogos*; unreasoning), Βαλαάμ (*Balaam*; Balaam), ἔξοδος (*exodos*; departure), εὐσεβής (*eusebēs*; godly), κῆρυξ (*kēryx*; preacher), λαῖλαψ (*lailaps*; storm), ματαιότης (*mataiotēs*; futility), μεγαλειότης (*megaleiotēs*; majesty), συναπάγω (*synapagō*; be carried away or led astray), τρέμω (*tremō*; tremble), φυσικός (*physikos*; natural)

<u>30%</u>
3/10 ἀσέλγεια (*aselgeia*; sensuality)

<u>28%</u>
2/7 στοιχεῖον (*stoicheion*; elements)

<u>27%</u>
5/18 ἀπώλεια (*apōleia*; destruction)
3/11 σπουδάζω (*spoudazō*; do one's best)

<u>26%</u>
4/15 εὐσέβεια (*eusebeia*; godliness)

2 Peter – Concordance

ἀγαπάω (*agapaō*; 1/143) *love*
2Pe 2:15 ὃς μισθὸν ἀδικίας **ἠγάπησεν**

ἀγάπη (*agapē*; 1/116) *love*
2Pe 1:7 τῇ φιλαδελφίᾳ τὴν **ἀγάπην**.

ἀγαπητός (*agapētos*; 6/61) *beloved*
2Pe 1:17 υἱός μου ὁ **ἀγαπητός** μου οὗτός ἐστιν
2Pe 3:1 **ἀγαπητοί**,
2Pe 3:8 **ἀγαπητοί**,
2Pe 3:14 **ἀγαπητοί**,
2Pe 3:15 καθὼς καὶ ὁ **ἀγαπητὸς** ἡμῶν ἀδελφὸς Παῦλος
2Pe 3:17 **ἀγαπητοί**,

ἄγγελος (*angelos*; 2/175) *angel, messenger*
2Pe 2:4 γὰρ ὁ θεὸς **ἀγγέλων** ἁμαρτησάντων οὐκ ἐφείσατο
2Pe 2:11 ὅπου **ἄγγελοι** ἰσχύϊ καὶ δυνάμει

ἅγιος (*hagios*; 5/233) *holy, set apart*
2Pe 1:18 ὄντες ἐν τῷ **ἁγίῳ** ὄρει.
2Pe 1:21 ἀλλὰ ὑπὸ πνεύματος **ἁγίου** φερόμενοι ἐλάλησαν ἀπὸ
2Pe 2:21 τῆς παραδοθείσης αὐτοῖς **ἁγίας** ἐντολῆς.
2Pe 3:2 ῥημάτων ὑπὸ τῶν **ἁγίων** προφητῶν καὶ τῆς
2Pe 3:11 ὑπάρχειν [ὑμᾶς] ἐν **ἁγίαις** ἀναστροφαῖς καὶ εὐσεβείαις,

ἀγνοέω (*agnoeō*; 1/22) *be ignorant*
2Pe 2:12 φθορὰν ἐν οἷς **ἀγνοοῦσιν** βλασφημοῦντες,

ἀγοράζω (*agorazō*; 1/30) *buy*
2Pe 2:1 ἀπωλείας καὶ τὸν **ἀγοράσαντα** αὐτοὺς δεσπότην ἀρνούμενοι.

ἀδελφός (*adelphos*; 2/343) *brother*
2Pe 1:10 **ἀδελφοί**,
2Pe 3:15 ὁ ἀγαπητὸς ἡμῶν **ἀδελφὸς** Παῦλος κατὰ τὴν

ἀδικέω (*adikeō*; 1/28) *do or be in the wrong*
2Pe 2:13 **ἀδικούμενοι** μισθὸν ἀδικίας,

ἀδικία (*adikia*; 2/25) *unrighteousness*
2Pe 2:13 ἀδικούμενοι μισθὸν **ἀδικίας**,
2Pe 2:15 ὃς μισθὸν **ἀδικίας** ἠγάπησεν

ἄδικος (*adikos*; 1/12) *evil*
2Pe 2:9 **ἀδίκους** δὲ εἰς ἡμέραν

ἀεί (*aei*; 1/7) *always*
2Pe 1:12 Διὸ μελλήσω **ἀεὶ** ὑμᾶς ὑπομιμνήσκειν περὶ

ἄθεσμος (*athesmos*; 2/2) *morally corrupt*
2Pe 2:7 ὑπὸ τῆς τῶν **ἀθέσμων** ἐν ἀσελγείᾳ ἀναστροφῆς
2Pe 3:17 μὴ τῇ τῶν **ἀθέσμων** πλάνῃ συναπαχθέντες ἐκπέσητε

αἵρεσις (*hairesis*; 1/9) *religious party*
2Pe 2:1 οἵτινες παρεισάξουσιν **αἱρέσεις** ἀπωλείας

αἰών (*aiōn*; 1/122) *age*
2Pe 3:18 καὶ εἰς ἡμέραν **αἰῶνος**.

αἰώνιος (*aiōnios*; 1/70[71]) *eternal*
2Pe 1:11 εἴσοδος εἰς τὴν **αἰώνιον** βασιλείαν τοῦ κυρίου

ἄκαρπος (*akarpos*; 1/7) *barren*
2Pe 1:8 οὐκ ἀργοὺς οὐδὲ **ἀκάρπους** καθίστησιν εἰς

ἀκατάπαυστος (*akatapaustos*; 1/1) *unceasing*
2Pe 2:14 μεστοὺς μοιχαλίδος καὶ **ἀκαταπαύστους** ἁμαρτίας,

ἀκοή (*akoē*; 1/24) *report*
2Pe 2:8 βλέμματι γὰρ καὶ **ἀκοῇ** ὁ δίκαιος ἐγκατοικῶν

ἀκούω (*akouō*; 1/426[428]) *hear*
2Pe 1:18 τὴν φωνὴν ἡμεῖς **ἠκούσαμεν** ἐξ οὐρανοῦ ἐνεχθεῖσαν

ἀλήθεια (*alētheia*; 2/109) *truth*
2Pe 1:12 ἐν τῇ παρούσῃ **ἀληθείᾳ**.
2Pe 2:2 ἡ ὁδὸς τῆς **ἀληθείας** βλασφημηθήσεται,

ἀληθής (*alēthēs*; 1/26) *true*
2Pe 2:22 αὐτοῖς τὸ τῆς **ἀληθοῦς** παροιμίας·

ἀλλά (*alla*; 6/638) *but*
2Pe 1:16 δύναμιν καὶ παρουσίαν **ἀλλ'** ἐπόπται γενηθέντες τῆς
2Pe 1:21 **ἀλλὰ** ὑπὸ πνεύματος ἁγίου
2Pe 2:4 ἁμαρτησάντων οὐκ ἐφείσατο **ἀλλὰ** σειραῖς ζόφου ταρταρώσας
2Pe 2:5 κόσμου οὐκ ἐφείσατο **ἀλλὰ** ὄγδοον Νῶε δικαιοσύνης
2Pe 3:9 **ἀλλὰ** μακροθυμεῖ εἰς ὑμᾶς,
2Pe 3:9 βουλόμενός τινας ἀπολέσθαι **ἀλλὰ** πάντας εἰς μετάνοιαν

ἄλογος (*alogos*; 1/3) *unreasoning*
2Pe 2:12 Οὗτοι δὲ ὡς **ἄλογα** ζῷα γεγεννημένα φυσικὰ

ἅλωσις (*halōsis*; 1/1) *capture*
2Pe 2:12 γεγεννημένα φυσικὰ εἰς **ἅλωσιν** καὶ φθορὰν

ἀμαθής (*amathēs*; 1/1) *ignorant*
2Pe 3:16 ἃ οἱ **ἀμαθεῖς** καὶ ἀστήρικτοι στρεβλοῦσιν

ἁμαρτάνω (*hamartanō*; 1/42[43]) *sin*

2Pe 2:4 ὁ θεὸς ἀγγέλων **ἁμαρτησάντων** οὐκ ἐφείσατο

ἁμαρτία (*hamartia*; 2/173) *sin*

2Pe 1:9 τῶν πάλαι αὐτοῦ **ἁμαρτιῶν**.
2Pe 2:14 μοιχαλίδος καὶ ἀκαταπαύστους **ἁμαρτίας**,

ἀμήν (*amēn*; 1/128[129]) *truly*

2Pe 3:18 **[ἀμήν]**

ἀμώμητος (*amōmētos*; 1/1) *blameless*

2Pe 3:14 σπουδάσατε ἄσπιλοι καὶ **ἀμώμητοι** αὐτῷ εὑρεθῆναι ἐν

ἀναστρέφω (*anastrephō*; 1/9) *return*

2Pe 2:18 τοὺς ἐν πλάνῃ **ἀναστρεφομένους**,

ἀναστροφή (*anastrophē*; 2/13) *manner of life*

2Pe 2:7 ἀθέσμων ἐν ἀσελγείᾳ **ἀναστροφῆς** ἐρρύσατο·
2Pe 3:11 [ὑμᾶς] ἐν ἁγίαις **ἀναστροφαῖς** καὶ εὐσεβείαις,

ἀνατέλλω (*anatellō*; 1/9) *rise*

2Pe 1:19 διαυγάσῃ καὶ φωσφόρος **ἀνατείλῃ** ἐν ταῖς καρδίαις

ἄνθρωπος (*anthrōpos*; 4/550) *man, human being (pl. people)*

2Pe 1:21 οὐ γὰρ θελήματι **ἀνθρώπου** ἠνέχθη προφητεία ποτέ,
2Pe 1:21 ἐλάλησαν ἀπὸ θεοῦ **ἄνθρωποι**.
2Pe 2:16 ὑποζύγιον ἄφωνον ἐν **ἀνθρώπου** φωνῇ φθεγξάμενον ἐκώλυσεν
2Pe 3:7 ἀπωλείας τῶν ἀσεβῶν **ἀνθρώπων**.

ἄνομος (*anomos*; 1/9) *lawless*

2Pe 2:8 ἡμέρας ψυχὴν δικαίαν **ἀνόμοις** ἔργοις ἐβασάνιζεν·

ἄνυδρος (*anydros*; 1/4) *waterless*

2Pe 2:17 οὗτοί εἰσιν πηγαὶ **ἄνυδροι** καὶ ὁμίχλαι ὑπὸ

ἀπάτη (*apatē*; 1/7) *deception*

2Pe 2:13 ἐντρυφῶντες ἐν ταῖς **ἀπάταις** αὐτῶν συνευωχούμενοι ὑμῖν,

ἀπό (*apo*; 3/643[646]) *from*

2Pe 1:21 ἁγίου φερόμενοι ἐλάλησαν **ἀπὸ** θεοῦ ἄνθρωποι.
2Pe 3:4 **ἀφ'** ἧς γὰρ οἱ
2Pe 3:4 πάντα οὕτως διαμένει **ἀπ'** ἀρχῆς κτίσεως.

ἀπόθεσις (*apothesis*; 1/2) *removal*

2Pe 1:14 ταχινή ἐστιν ἡ **ἀπόθεσις** τοῦ σκηνώματός μου

ἀπόλλυμι (*apollymi*; 2/90) *destroy*

2Pe 3:6 κόσμος ὕδατι κατακλυσθεὶς **ἀπώλετο**·
2Pe 3:9 μὴ βουλόμενός τινας **ἀπολέσθαι** ἀλλὰ πάντας εἰς

ἀπόστολος (*apostolos*; 2/80) *apostle, messenger*

2Pe 1:1 Πέτρος δοῦλος καὶ **ἀπόστολος** Ἰησοῦ Χριστοῦ τοῖς
2Pe 3:2 καὶ τῆς τῶν **ἀποστόλων** ὑμῶν ἐντολῆς τοῦ

ἀποφεύγω (*apopheugō*; 3/3) *escape*

2Pe 1:4 θείας κοινωνοὶ φύσεως **ἀποφυγόντες** τῆς ἐν
2Pe 2:18 ἀσελγείαις τοὺς ὀλίγως **ἀποφεύγοντας** τοὺς ἐν πλάνῃ
2Pe 2:20 εἰ γὰρ **ἀποφυγόντες** τὰ μιάσματα τοῦ

ἀπώλεια (*apōleia*; 5/18) *destruction*

2Pe 2:1 οἵτινες παρεισάξουσιν αἱρέσεις **ἀπωλείας** καὶ τὸν ἀγοράσαντα
2Pe 2:1 ἐπάγοντες ἑαυτοῖς ταχινὴν **ἀπώλειαν**,
2Pe 2:3 ἀργεῖ καὶ ἡ **ἀπώλεια** αὐτῶν οὐ νυστάζει.
2Pe 3:7 ἡμέραν κρίσεως καὶ **ἀπωλείας** τῶν ἀσεβῶν ἀνθρώπων.
2Pe 3:16 τὴν ἰδίαν αὐτῶν **ἀπώλειαν**.

ἀργέω (*argeō*; 1/1) *be idle or inoperative*

2Pe 2:3 κρίμα ἔκπαλαι οὐκ **ἀργεῖ** καὶ ἡ ἀπώλεια

ἀργός (*argos*; 1/8) *idle*

2Pe 1:8 καὶ πλεονάζοντα οὐκ **ἀργοὺς** οὐδὲ ἀκάρπους καθίστησιν

ἀρετή (*aretē*; 3/5) *moral excellence*

2Pe 1:3 ἰδίᾳ δόξῃ καὶ **ἀρετῇ**,
2Pe 1:5 πίστει ὑμῶν τὴν **ἀρετήν**,
2Pe 1:5 ἐν δὲ τῇ **ἀρετῇ** τὴν γνῶσιν,

ἀρνέομαι (*arneomai*; 1/33) *deny*

2Pe 2:1 ἀγοράσαντα αὐτοὺς δεσπότην **ἀρνούμενοι**.

ἀρχαῖος (*archaios*; 1/11) *old*

2Pe 2:5 καὶ **ἀρχαίου** κόσμου οὐκ ἐφείσατο

ἀρχή (*archē*; 1/55) *beginning*

2Pe 3:4 οὕτως διαμένει ἀπ' **ἀρχῆς** κτίσεως.

ἀσεβής (*asebēs*; 3/9) *godless*

2Pe 2:5 ἐφύλαξεν κατακλυσμὸν κόσμῳ **ἀσεβῶν** ἐπάξας,
2Pe 2:6 κατέκρινεν ὑπόδειγμα μελλόντων **ἀσεβέ[σ]ιν** τεθεικώς,
2Pe 3:7 καὶ ἀπωλείας τῶν **ἀσεβῶν** ἀνθρώπων.

ἀσέλγεια (*aselgeia*; 3/10) *sensuality*

2Pe 2:2 ἐξακολουθήσουσιν αὐτῶν ταῖς **ἀσελγείαις** δι' οὓς ἡ
2Pe 2:7 τῶν ἀθέσμων ἐν **ἀσελγείᾳ** ἀναστροφῆς ἐρρύσατο·
2Pe 2:18 ἐν ἐπιθυμίαις σαρκὸς **ἀσελγείαις** τοὺς ὀλίγως ἀποφεύγοντας

ἄσπιλος (*aspilos*; 1/4) *pure, undefiled*
2Pe 3:14 ταῦτα προσδοκῶντες σπουδάσατε **ἄσπιλοι** καὶ ἀμώμητοι αὐτῷ

ἀστήρικτος (*astēriktos*; 2/2) *unsteady*
2Pe 2:14 δελεάζοντες ψυχὰς **ἀστηρίκτους**,
2Pe 3:16 οἱ ἀμαθεῖς καὶ **ἀστήρικτοι** στρεβλοῦσιν ὡς

αὐθάδης (*authadēs*; 1/2) *arrogant*
2Pe 2:10 τολμηταὶ **αὐθάδεις**,

αὐξάνω (*auxanō*; 1/23) *grow*
2Pe 3:18 **αὐξάνετε** δὲ ἐν χάριτι

αὐχμηρός (*auchmēros*; 1/1) *dark*
2Pe 1:19 λύχνῳ φαίνοντι ἐν **αὐχμηρῷ** τόπῳ,

ἄφωνος (*aphōnos*; 1/4) *dumb*
2Pe 2:16 ὑποζύγιον **ἄφωνον** ἐν ἀνθρώπου φωνῇ

Βαλαάμ (*Balaam*; 1/3) *Balaam*
2Pe 2:15 τῇ ὁδῷ τοῦ **Βαλαὰμ** τοῦ Βοσόρ,

βασανίζω (*basanizō*; 1/12) *torment*
2Pe 2:8 δικαίαν ἀνόμοις ἔργοις **ἐβασάνιζεν**·

βασιλεία (*basileia*; 1/162) *kingdom*
2Pe 1:11 εἰς τὴν αἰώνιον **βασιλείαν** τοῦ κυρίου ἡμῶν

βέβαιος (*bebaios*; 2/8) *reliable*
2Pe 1:10 σπουδάσατε **βεβαίαν** ὑμῶν τὴν κλῆσιν
2Pe 1:19 καὶ ἔχομεν **βεβαιότερον** τὸν προφητικὸν λόγον,

βλασφημέω (*blasphēmeō*; 3/34) *blaspheme*
2Pe 2:2 ὁδὸς τῆς ἀληθείας **βλασφημηθήσεται**,
2Pe 2:10 δόξας οὐ τρέμουσιν **βλασφημοῦντες**,
2Pe 2:12 ἐν οἷς ἀγνοοῦσιν **βλασφημοῦντες**,

βλάσφημος (*blasphēmos*; 1/4) *blasphemer or blaspheming*
2Pe 2:11 αὐτῶν παρὰ κυρίου **βλάσφημον** κρίσιν.

βλέμμα (*blemma*; 1/1) *what is seen*
2Pe 2:8 **βλέμματι** γὰρ καὶ ἀκοῇ

βόρβορος (*borboros*; 1/1) *mud*
2Pe 2:22 λουσαμένη εἰς κυλισμὸν **βορβόρου**.

Βοσόρ (*Bosor*; 1/1) *Bosor*
2Pe 2:15 τοῦ Βαλαὰμ τοῦ **Βοσόρ**,

βούλομαι (*boulomai*; 1/37) *want*
2Pe 3:9 μὴ **βουλόμενός** τινας ἀπολέσθαι ἀλλὰ

βραδύνω (*bradynō*; 1/2) *be delayed*
2Pe 3:9 οὐ **βραδύνει** κύριος τῆς ἐπαγγελίας,

βραδύτης (*bradytēs*; 1/1) *slowness*
2Pe 3:9 ὥς τινες **βραδύτητα** ἡγοῦνται,

γάρ (*gar*; 15/1041) *for*
2Pe 1:8 ταῦτα **γὰρ** ὑμῖν ὑπάρχοντα καὶ
2Pe 1:9 ᾧ **γὰρ** μὴ πάρεστιν ταῦτα,
2Pe 1:10 ταῦτα **γὰρ** ποιοῦντες οὐ μὴ
2Pe 1:11 οὕτως **γὰρ** πλουσίως ἐπιχορηγηθήσεται ὑμῖν
2Pe 1:16 Οὐ **γὰρ** σεσοφισμένοις μύθοις ἐξακολουθήσαντες
2Pe 1:17 λαβὼν **γὰρ** παρὰ θεοῦ πατρὸς
2Pe 1:21 οὐ **γὰρ** θελήματι ἀνθρώπου ἠνέχθη
2Pe 2:4 Εἰ **γὰρ** ὁ θεὸς ἀγγέλων
2Pe 2:8 βλέμματι **γὰρ** καὶ ἀκοῇ ὁ
2Pe 2:18 ὑπέρογκα **γὰρ** ματαιότητος φθεγγόμενοι δελεάζουσιν
2Pe 2:19 ᾧ **γάρ** τις ἥττηται,
2Pe 2:20 εἰ **γὰρ** ἀποφυγόντες τὰ μιάσματα
2Pe 2:21 κρεῖττον **γὰρ** ἦν αὐτοῖς μὴ
2Pe 3:4 ἀφ᾿ ἧς **γὰρ** οἱ πατέρες ἐκοιμήθησαν,
2Pe 3:5 Λανθάνει **γὰρ** αὐτοὺς τοῦτο θέλοντας

γεννάω (*gennaō*; 1/97) *give birth (pass. be born)*
2Pe 2:12 ὡς ἄλογα ζῷα **γεγεννημένα** φυσικὰ εἰς ἅλωσιν

γῆ (*gē*; 4/248[250]) *earth, land*
2Pe 3:5 ἦσαν ἔκπαλαι καὶ **γῆ** ἐξ ὕδατος καὶ
2Pe 3:7 οὐρανοὶ καὶ ἡ **γῆ** τῷ αὐτῷ λόγῳ
2Pe 3:10 καυσούμενα λυθήσεται καὶ **γῆ** καὶ τὰ ἐν
2Pe 3:13 δὲ οὐρανοὺς καὶ **γῆν** καινὴν κατὰ τὸ

γίνομαι (*ginomai*; 5/668[669]) *be, become*
2Pe 1:4 ἵνα διὰ τούτων **γένησθε** θείας κοινωνοὶ φύσεως
2Pe 1:16 παρουσίαν ἀλλ᾿ ἐπόπται **γενηθέντες** τῆς ἐκείνου μεγαλειότητος.
2Pe 1:20 ἰδίας ἐπιλύσεως οὐ **γίνεται**·
2Pe 2:1 **᾿Εγένοντο** δὲ καὶ ψευδοπροφῆται
2Pe 2:20 **γέγονεν** αὐτοῖς τὰ ἔσχατα

γινώσκω (*ginōskō*; 2/222) *know*
2Pe 1:20 τοῦτο πρῶτον **γινώσκοντες** ὅτι πᾶσα προφητεία
2Pe 3:3 τοῦτο πρῶτον **γινώσκοντες** ὅτι ἐλεύσονται

γνωρίζω (*gnōrizō*; 1/25) *make known*
2Pe 1:16 σεσοφισμένοις μύθοις ἐξακολουθήσαντες **ἐγνωρίσαμεν** ὑμῖν τὴν τοῦ

γνῶσις (*gnōsis*; 3/29) *knowledge*
2Pe 1:5 τῇ ἀρετῇ τὴν **γνῶσιν**,
2Pe 1:6 ἐν δὲ τῇ **γνώσει** τὴν ἐγκράτειαν,
2Pe 3:18 ἐν χάριτι καὶ **γνώσει** τοῦ κυρίου ἡμῶν

Γόμορρα (*Gomorra*; 1/4) *Gomorrah*
2Pe 2:6 πόλεις Σοδόμων καὶ **Γομόρρας** τεφρώσας [καταστροφῇ] κατέκρινεν

γραφή (*graphē*; 2/50) *Scripture*
2Pe 1:20 ὅτι πᾶσα προφητεία **γραφῆς** ἰδίας ἐπιλύσεως
2Pe 3:16 καὶ τὰς λοιπὰς **γραφὰς** πρὸς τὴν ἰδίαν

γράφω (*graphō*; 2/190[191]) *write*
2Pe 3:1 δευτέραν ὑμῖν **γράφω** ἐπιστολήν,
2Pe 3:15 δοθεῖσαν αὐτῷ σοφίαν **ἔγραψεν** ὑμῖν,

γυμνάζω (*gymnazō*; 1/4) *train*
2Pe 2:14 καρδίαν **γεγυμνασμένην** πλεονεξίας ἔχοντες,

δέ (*de*; 21/2773[2792]) *but, and*
2Pe 1:5 Καὶ αὐτὸ τοῦτο **δὲ** σπουδὴν πᾶσαν παρεισενέγκαντες
2Pe 1:5 ἐν **δὲ** τῇ ἀρετῇ τὴν
2Pe 1:6 ἐν **δὲ** τῇ γνώσει τὴν
2Pe 1:6 ἐν **δὲ** τῇ ἐγκρατείᾳ τὴν
2Pe 1:6 ἐν **δὲ** τῇ ὑπομονῇ τὴν
2Pe 1:7 ἐν **δὲ** τῇ εὐσεβείᾳ τὴν
2Pe 1:7 ἐν **δὲ** τῇ φιλαδελφίᾳ τὴν
2Pe 1:13 δίκαιον **δὲ** ἡγοῦμαι,
2Pe 1:15 σπουδάσω **δὲ** καὶ ἑκάστοτε ἔχειν
2Pe 2:1 Ἐγένοντο **δὲ** καὶ ψευδοπροφῆται ἐν
2Pe 2:9 ἀδίκους **δὲ** εἰς ἡμέραν κρίσεως
2Pe 2:10 μάλιστα **δὲ** τοὺς ὀπίσω σαρκὸς
2Pe 2:12 Οὗτοι **δὲ** ὡς ἄλογα ζῷα
2Pe 2:16 ἔλεγξιν **δὲ** ἔσχεν ἰδίας παρανομίας·
2Pe 2:20 τούτοις **δὲ** πάλιν ἐμπλακέντες ἡττῶνται,
2Pe 3:7 οἱ **δὲ** νῦν οὐρανοὶ καὶ
2Pe 3:8 Ἓν **δὲ** τοῦτο μὴ λανθανέτω
2Pe 3:10 Ἥξει **δὲ** ἡμέρα κυρίου ὡς
2Pe 3:10 ῥοιζηδὸν παρελεύσονται στοιχεῖα **δὲ** καυσούμενα λυθήσεται καὶ
2Pe 3:13 καινοὺς **δὲ** οὐρανοὺς καὶ γῆν
2Pe 3:18 αὐξάνετε **δὲ** ἐν χάριτι καὶ

δεῖ (*dei*; 1/101) *it is necessary*
2Pe 3:11 πάντων λυομένων ποταποὺς **δεῖ** ὑπάρχειν [ὑμᾶς] ἐν

δελεάζω (*deleazō*; 2/3) *lure*
2Pe 2:14 **δελεάζοντες** ψυχὰς ἀστηρίκτους,
2Pe 2:18 γὰρ ματαιότητος φθεγγόμενοι **δελεάζουσιν** ἐν ἐπιθυμίαις σαρκὸς

δεσπότης (*despotēs*; 1/10) *master*
2Pe 2:1 τὸν ἀγοράσαντα αὐτοὺς **δεσπότην** ἀρνούμενοι.

δεύτερος (*deuteros*; 1/43) *second*
2Pe 3:1 **δευτέραν** ὑμῖν γράφω ἐπιστολήν,

δηλόω (*dēloō*; 1/7) *make clear*
2Pe 1:14 ἡμῶν Ἰησοῦς Χριστὸς **ἐδήλωσέν** μοι,

διά (*dia*; 7/665[667]) *through, on account of*
2Pe 1:3 καὶ εὐσέβειαν δεδωρημένης **διὰ** τῆς ἐπιγνώσεως τοῦ
2Pe 1:4 **δι᾽** ὧν τὰ τίμια
2Pe 1:4 ἵνα **διὰ** τούτων γένησθε θείας
2Pe 2:2 αὐτῶν ταῖς ἀσελγείαις **δι᾽** οὓς ἡ ὁδὸς
2Pe 3:5 ἐξ ὕδατος καὶ **δι᾽** ὕδατος συνεστῶσα τῷ
2Pe 3:6 **δι᾽** ὧν ὁ τότε
2Pe 3:12 τοῦ θεοῦ ἡμέρας **δι᾽** ἣν οὐρανοὶ πυρούμενοι

διαμένω (*diamenō*; 1/5) *stay*
2Pe 3:4 πάντα οὕτως **διαμένει** ἀπ᾽ ἀρχῆς κτίσεως.

διάνοια (*dianoia*; 1/12) *mind, understanding*
2Pe 3:1 ὑπομνήσει τὴν εἰλικρινῆ **διάνοιαν**

διαυγάζω (*diaugazō*; 1/1) *dawn*
2Pe 1:19 ἕως οὗ ἡμέρα **διαυγάσῃ** καὶ φωσφόρος ἀνατείλῃ

δίδωμι (*didōmi*; 1/415) *give*
2Pe 3:15 Παῦλος κατὰ τὴν **δοθεῖσαν** αὐτῷ σοφίαν ἔγραψεν

διεγείρω (*diegeirō*; 2/6) *arise, awake*
2Pe 1:13 **διεγείρειν** ὑμᾶς ἐν ὑπομνήσει,
2Pe 3:1 ἐν αἷς **διεγείρω** ὑμῶν ἐν ὑπομνήσει

δίκαιος (*dikaios*; 4/79) *righteous*
2Pe 1:13 **δίκαιον** δὲ ἡγοῦμαι,
2Pe 2:7 καὶ **δίκαιον** Λὼτ καταπονούμενον ὑπὸ
2Pe 2:8 καὶ ἀκοῇ ὁ **δίκαιος** ἐγκατοικῶν ἐν αὐτοῖς
2Pe 2:8 ἐξ ἡμέρας ψυχὴν **δικαίαν** ἀνόμοις ἔργοις ἐβασάνιζεν·

δικαιοσύνη (*dikaiosynē*; 4/92) *righteousness*
2Pe 1:1 λαχοῦσιν πίστιν ἐν **δικαιοσύνῃ** τοῦ θεοῦ ἡμῶν
2Pe 2:5 ἀλλὰ ὄγδοον Νῶε **δικαιοσύνης** κήρυκα ἐφύλαξεν κατακλυσμὸν
2Pe 2:21 τὴν ὁδὸν τῆς **δικαιοσύνης** ἢ ἐπιγνοῦσιν ὑποστρέψαι
2Pe 3:13 ἐν οἷς **δικαιοσύνη** κατοικεῖ.

διό (*dio*; 3/53) *therefore*
2Pe 1:10 **διὸ** μᾶλλον,
2Pe 1:12 **Διὸ** μελλήσω ἀεὶ ὑμᾶς
2Pe 3:14 **Διό**,

δόξα (*doxa*; 5/166) *glory*
2Pe 1:3 καλέσαντος ἡμᾶς ἰδίᾳ **δόξῃ** καὶ ἀρετῇ,
2Pe 1:17 πατρὸς τιμὴν καὶ **δόξαν** φωνῆς ἐνεχθείσης αὐτῷ
2Pe 1:17 ὑπὸ τῆς μεγαλοπρεποῦς **δόξης**·
2Pe 2:10 **δόξας** οὐ τρέμουσιν βλασφημοῦντες,
2Pe 3:18 αὐτῷ ἡ **δόξα** καὶ νῦν καὶ

δοῦλος (*doulos*; 2/124) *slave*
2Pe 1:1 Συμεὼν Πέτρος **δοῦλος** καὶ ἀπόστολος Ἰησοῦ
2Pe 2:19 αὐτοὶ **δοῦλοι** ὑπάρχοντες τῆς φθορᾶς·

δουλόω (*douloō*; 1/8) *enslave*
2Pe 2:19 τούτῳ **δεδούλωται**.

δύναμις (*dynamis*; 3/119) *power*
2Pe 1:3 ἡμῖν τῆς θείας **δυνάμεως** αὐτοῦ τὰ πρὸς
2Pe 1:16 ἡμῶν Ἰησοῦ Χριστοῦ **δύναμιν** καὶ παρουσίαν
2Pe 2:11 ἄγγελοι ἰσχύϊ καὶ **δυνάμει** μείζονες ὄντες

δυσνόητος (*dysnoētos*; 1/1) *difficult to understand*
2Pe 3:16 ἐν αἷς ἐστιν **δυσνόητά** τινα,

δωρέομαι (*dōreomai*; 2/3) *give*
2Pe 1:3 ζωὴν καὶ εὐσέβειαν **δεδωρημένης** διὰ τῆς ἐπιγνώσεως
2Pe 1:4 μέγιστα ἡμῖν ἐπαγγέλματα **δεδώρηται**,

ἑαυτοῦ (*heautou*; 1/319) *himself*
2Pe 2:1 ἐπάγοντες **ἑαυτοῖς** ταχινὴν ἀπώλειαν,

ἐγκατοικέω (*enkatoikeō*; 1/1) *live among*
2Pe 2:8 ἀκοῇ ὁ δίκαιος **ἐγκατοικῶν** ἐν αὐτοῖς ἡμέραν

ἐγκράτεια (*enkrateia*; 2/4) *self-control*
2Pe 1:6 τῇ γνώσει τὴν **ἐγκράτειαν**,
2Pe 1:6 ἐν δὲ τῇ **ἐγκρατείᾳ** τὴν ὑπομονήν,

ἐγώ (*egō*; 5/1715[1718]) *I*
2Pe 1:14 ἀπόθεσις τοῦ σκηνώματός **μου** καθὼς καὶ ὁ
2Pe 1:14 Ἰησοῦς Χριστὸς ἐδήλωσέν **μοι**,
2Pe 1:17 ὁ υἱός **μου** ὁ ἀγαπητός μου
2Pe 1:17 μου ὁ ἀγαπητός **μου** οὗτός ἐστιν εἰς
2Pe 1:17 ἐστιν εἰς ὃν **ἐγὼ** εὐδόκησα,

εἰ (*ei*; 2/502) *if, since*
2Pe 2:4 **Εἰ** γὰρ ὁ θεὸς
2Pe 2:20 **εἰ** γὰρ ἀποφυγόντες τὰ

εἰλικρινής (*eilikrinēs*; 1/2) *pure*
2Pe 3:1 ἐν ὑπομνήσει τὴν **εἰλικρινῆ** διάνοιαν

εἰμί (*eimi*; 13/2460[2462]) *be*
2Pe 1:9 τυφλός **ἐστιν** μυωπάζων,
2Pe 1:13 ἐφ' ὅσον **εἰμὶ** ἐν τούτῳ τῷ
2Pe 1:14 εἰδὼς ὅτι ταχινή **ἐστιν** ἡ ἀπόθεσις τοῦ
2Pe 1:17 ἀγαπητός μου οὗτός **ἐστιν** εἰς ὃν ἐγὼ
2Pe 1:18 ἐνεχθεῖσαν σὺν αὐτῷ **ὄντες** ἐν τῷ ἁγίῳ
2Pe 2:1 καὶ ἐν ὑμῖν **ἔσονται** ψευδοδιδάσκαλοι,
2Pe 2:11 καὶ δυνάμει μείζονες **ὄντες** οὐ φέρουσιν
2Pe 2:17 οὗτοί **εἰσιν** πηγαὶ ἄνυδροι καὶ
2Pe 2:21 κρεῖττον γὰρ **ἦν** αὐτοῖς μὴ ἐπεγνωκέναι
2Pe 3:4 ποῦ **ἐστιν** ἡ ἐπαγγελία τῆς
2Pe 3:5 θέλοντας ὅτι οὐρανοὶ **ἦσαν** ἔκπαλαι καὶ γῆ
2Pe 3:7 αὐτῷ λόγῳ τεθησαυρισμένοι **εἰσὶν** πυρί τηρούμενοι εἰς
2Pe 3:16 ἐν αἷς **ἐστιν** δυσνόητά τινα,

εἰρήνη (*eirēnē*; 2/92) *peace*
2Pe 1:2 χάρις ὑμῖν καὶ **εἰρήνη** πληθυνθείη ἐν ἐπιγνώσει
2Pe 3:14 αὐτῷ εὑρεθῆναι ἐν **εἰρήνῃ**

εἰς (*eis*; 11/1759[1767]) *into*
2Pe 1:8 οὐδὲ ἀκάρπους καθίστησιν **εἰς** τὴν τοῦ κυρίου
2Pe 1:11 ὑμῖν ἡ εἴσοδος **εἰς** τὴν αἰώνιον βασιλείαν
2Pe 1:17 μου οὗτός ἐστιν **εἰς** ὃν ἐγὼ εὐδόκησα,
2Pe 2:4 ζόφου ταρταρώσας παρέδωκεν **εἰς** κρίσιν τηρουμένους,
2Pe 2:9 ἀδίκους δὲ **εἰς** ἡμέραν κρίσεως κολαζομένους
2Pe 2:12 ζῷα γεγεννημένα φυσικὰ **εἰς** ἅλωσιν καὶ φθορὰν
2Pe 2:22 ὗς λουσαμένη **εἰς** κυλισμὸν βορβόρου.
2Pe 3:7 εἰσὶν πυρί τηρούμενοι **εἰς** ἡμέραν κρίσεως
2Pe 3:9 ἀλλὰ μακροθυμεῖ **εἰς** ὑμᾶς,
2Pe 3:9 ἀπολέσθαι ἀλλὰ πάντας **εἰς** μετάνοιαν χωρῆσαι.
2Pe 3:18 καὶ νῦν καὶ **εἰς** ἡμέραν αἰῶνος.

εἷς (*heis*; 3/343[345]) *one*
2Pe 3:8 **Ἓν** δὲ τοῦτο μὴ
2Pe 3:8 ὅτι **μία** ἡμέρα παρὰ κυρίῳ
2Pe 3:8 ἔτη ὡς ἡμέρα **μία**.

εἴσοδος (*eisodos*; 1/5) *coming*
2Pe 1:11 ἐπιχορηγηθήσεται ὑμῖν ἡ **εἴσοδος** εἰς τὴν αἰώνιον

ἐκ (*ek*; 5/912[914]) *from*
2Pe 1:18 φωνὴν ἡμεῖς ἠκούσαμεν **ἐξ** οὐρανοῦ ἐνεχθεῖσαν σὺν
2Pe 2:8 ἐν αὐτοῖς ἡμέραν **ἐξ** ἡμέρας ψυχὴν δικαίαν
2Pe 2:9 οἶδεν κύριος εὐσεβεῖς **ἐκ** πειρασμοῦ ῥύεσθαι,
2Pe 2:21 ἢ ἐπιγνοῦσιν ὑποστρέψαι **ἐκ** τῆς παραδοθείσης αὐτοῖς
2Pe 3:5 ἔκπαλαι καὶ γῆ **ἐξ** ὕδατος καὶ δι'

ἑκάστοτε (*hekastote*; 1/1) *at all times, always*
2Pe 1:15 σπουδάσω δὲ καὶ **ἑκάστοτε** ἔχειν ὑμᾶς μετὰ

ἐκεῖνος (*ekeinos*; 1/240[243]) *that*
2Pe 1:16 ἐπόπται γενηθέντες τῆς **ἐκείνου** μεγαλειότητος.

ἐκλογή (*eklogē*; 1/7) *election*
2Pe 1:10 τὴν κλῆσιν καὶ **ἐκλογὴν** ποιεῖσθαι·

ἔκπαλαι (*ekpalai*; 2/2) *for a long time*
2Pe 2:3 οἷς τὸ κρίμα **ἔκπαλαι** οὐκ ἀργεῖ καὶ
2Pe 3:5 ὅτι οὐρανοὶ ἦσαν **ἔκπαλαι** καὶ γῆ ἐξ

ἐκπίπτω (*ekpiptō*; 1/10) *fall off or away*
2Pe 3:17 ἀθέσμων πλάνῃ συναπαχθέντες **ἐκπέσητε** τοῦ ἰδίου στηριγμοῦ,

ἐλαύνω (*elaunō*; 1/5) *row, drive*
2Pe 2:17 ὁμίχλαι ὑπὸ λαίλαπος **ἐλαυνόμεναι**,

ἔλεγξις (*elenxis*; 1/1) *rebuke*
2Pe 2:16 **ἔλεγξιν** δὲ ἔσχεν ἰδίας

ἐλευθερία (*eleutheria*; 1/11) *freedom*
2Pe 2:19 **ἐλευθερίαν** αὐτοῖς ἐπαγγελλόμενοι,

ἐμός (*emos*; 1/76) *my*
2Pe 1:15 ὑμᾶς μετὰ τὴν **ἐμὴν** ἔξοδον τὴν τούτων

ἐμπαιγμονή (*empaigmonē*; 1/1) *mocking, ridicule*
2Pe 3:3 τῶν ἡμερῶν [ἐν] **ἐμπαιγμονῇ** ἐμπαῖκται κατὰ

ἐμπαίκτης (*empaiktēs*; 1/2) *mocker*
2Pe 3:3 ἡμερῶν [ἐν] ἐμπαιγμονῇ **ἐμπαῖκται** κατὰ τὰς ἰδίας

ἐμπλέκω (*emplekō*; 1/2) *be mixed up in or involved in*
2Pe 2:20 τούτοις δὲ πάλιν **ἐμπλακέντες** ἡττῶνται,

ἐμπορεύομαι (*emporeuomai*; 1/2) *be in business*
2Pe 2:3 πλαστοῖς λόγοις ὑμᾶς **ἐμπορεύσονται**,

ἐν (*en*; 43/2746[2752]) *in*
2Pe 1:1 ἡμῖν λαχοῦσιν πίστιν **ἐν** δικαιοσύνῃ τοῦ θεοῦ
2Pe 1:2 καὶ εἰρήνη πληθυνθείη **ἐν** ἐπιγνώσει τοῦ θεοῦ
2Pe 1:4 φύσεως ἀποφυγόντες τῆς **ἐν** τῷ κόσμῳ ἐν
2Pe 1:4 ἐν τῷ κόσμῳ **ἐν** ἐπιθυμίᾳ φθορᾶς.
2Pe 1:5 πᾶσαν παρεισενέγκαντες ἐπιχορηγήσατε **ἐν** τῇ πίστει ὑμῶν
2Pe 1:5 **ἐν** δὲ τῇ ἀρετῇ
2Pe 1:6 **ἐν** δὲ τῇ γνώσει
2Pe 1:6 **ἐν** δὲ τῇ ἐγκρατείᾳ
2Pe 1:6 **ἐν** δὲ τῇ ὑπομονῇ
2Pe 1:7 **ἐν** δὲ τῇ εὐσεβείᾳ
2Pe 1:7 **ἐν** δὲ τῇ φιλαδελφίᾳ
2Pe 1:12 εἰδότας καὶ ἐστηριγμένους **ἐν** τῇ παρούσῃ ἀληθείᾳ.
2Pe 1:13 ἐφ᾽ ὅσον εἰμὶ **ἐν** τούτῳ τῷ σκηνώματι,
2Pe 1:13 διεγείρειν ὑμᾶς **ἐν** ὑπομνήσει,
2Pe 1:18 σὺν αὐτῷ ὄντες **ἐν** τῷ ἁγίῳ ὄρει.
2Pe 1:19 ὡς λύχνῳ φαίνοντι **ἐν** αὐχμηρῷ τόπῳ,
2Pe 1:19 καὶ φωσφόρος ἀνατείλῃ **ἐν** ταῖς καρδίαις ὑμῶν,
2Pe 2:1 δὲ καὶ ψευδοπροφῆται **ἐν** τῷ λαῷ,
2Pe 2:1 ὡς καὶ **ἐν** ὑμῖν ἔσονται ψευδοδιδάσκαλοι,
2Pe 2:3 καὶ **ἐν** πλεονεξίᾳ πλαστοῖς λόγοις
2Pe 2:7 τῆς τῶν ἀθέσμων **ἐν** ἀσελγείᾳ ἀναστροφῆς ἐρρύσατο·
2Pe 2:8 ὁ δίκαιος ἐγκατοικῶν **ἐν** αὐτοῖς ἡμέραν ἐξ
2Pe 2:10 τοὺς ὀπίσω σαρκὸς **ἐν** ἐπιθυμίᾳ μιασμοῦ πορευομένους
2Pe 2:12 ἅλωσιν καὶ φθορὰν **ἐν** οἷς ἀγνοοῦσιν βλασφημοῦντες,
2Pe 2:12 **ἐν** τῇ φθορᾷ αὐτῶν
2Pe 2:13 ἡδονὴν ἡγούμενοι τὴν **ἐν** ἡμέρᾳ τρυφήν,
2Pe 2:13 ἐντρυφῶντες **ἐν** ταῖς ἀπάταις αὐτῶν
2Pe 2:16 ὑποζύγιον ἄφωνον **ἐν** ἀνθρώπου φωνῇ φθεγξάμενον
2Pe 2:18 ματαιότητος φθεγγόμενοι δελεάζουσιν **ἐν** ἐπιθυμίαις σαρκὸς ἀσελγείαις
2Pe 2:18 ὀλίγως ἀποφεύγοντας τοὺς **ἐν** πλάνῃ ἀναστρεφομένους,
2Pe 2:20 μιάσματα τοῦ κόσμου **ἐν** ἐπιγνώσει τοῦ κυρίου
2Pe 3:1 **ἐν** αἷς διεγείρω ὑμῶν
2Pe 3:1 αἷς διεγείρω ὑμῶν **ἐν** ὑπομνήσει τὴν εἰλικρινῆ
2Pe 3:3 ἐσχάτων τῶν ἡμερῶν **[ἐν]** ἐμπαιγμονῇ ἐμπαῖκται κατὰ
2Pe 3:10 **ἐν** ᾗ οἱ οὐρανοὶ
2Pe 3:10 γῆ καὶ τὰ **ἐν** αὐτῇ ἔργα εὑρεθήσεται.
2Pe 3:11 δεῖ ὑπάρχειν [ὑμᾶς] **ἐν** ἁγίαις ἀναστροφαῖς
2Pe 3:13 **ἐν** οἷς δικαιοσύνη κατοικεῖ.
2Pe 3:14 ἀμώμητοι αὐτῷ εὑρεθῆναι **ἐν** εἰρήνῃ
2Pe 3:16 ὡς καὶ **ἐν** πάσαις ἐπιστολαῖς λαλῶν
2Pe 3:16 πάσαις ἐπιστολαῖς λαλῶν **ἐν** αὐταῖς περὶ τούτων,
2Pe 3:16 **ἐν** αἷς ἐστιν δυσνόητά
2Pe 3:18 αὐξάνετε δὲ **ἐν** χάριτι καὶ γνώσει

ἐντολή (*entolē*; 2/67) *commandment*
2Pe 2:21 παραδοθείσης αὐτοῖς ἁγίας **ἐντολῆς**.
2Pe 3:2 τῶν ἀποστόλων ὑμῶν **ἐντολῆς** τοῦ κυρίου

ἐντρυφάω (*entryphaō*; 1/1) *revel*
2Pe 2:13 σπίλοι καὶ μῶμοι **ἐντρυφῶντες** ἐν ταῖς ἀπάταις

ἐξακολουθέω (*exakoloutheō*; 3/3) *follow*
2Pe 1:16 γὰρ σεσοφισμένοις μύθοις **ἐξακολουθήσαντες** ἐγνωρίσαμεν ὑμῖν τὴν
2Pe 2:2 καὶ πολλοὶ **ἐξακολουθήσουσιν** αὐτῶν ταῖς ἀσελγείαις
2Pe 2:15 **ἐξακολουθήσαντες** τῇ ὁδῷ τοῦ

ἐξέραμα (*exerama*; 1/1) *vomit*
2Pe 2:22 ἐπὶ τὸ ἴδιον **ἐξέραμα**,

ἔξοδος (*exodos*; 1/3) *departure*
2Pe 1:15 μετὰ τὴν ἐμὴν **ἔξοδον** τὴν τούτων μνήμην

ἐπαγγελία (*epangelia*; 2/52) *promise*
2Pe 3:4 ποῦ ἐστιν ἡ **ἐπαγγελία** τῆς παρουσίας αὐτοῦ;
2Pe 3:9 βραδύνει κύριος τῆς **ἐπαγγελίας**,

ἐπαγγέλλομαι (*epangellomai*; 1/15) *promise*
2Pe 2:19 ἐλευθερίαν αὐτοῖς **ἐπαγγελλόμενοι**,

ἐπάγγελμα (*epangelma*; 2/2) *promise*
2Pe 1:4 καὶ μέγιστα ἡμῖν **ἐπαγγέλματα** δεδώρηται,
2Pe 3:13 καινὴν κατὰ τὸ **ἐπάγγελμα** αὐτοῦ προσδοκῶμεν,

ἐπάγω (*epagō*; 2/3) *bring upon*
2Pe 2:1 **ἐπάγοντες** ἑαυτοῖς ταχινὴν ἀπώλειαν,
2Pe 2:5 κατακλυσμὸν κόσμῳ ἀσεβῶν **ἐπάξας**,

ἐπί (*epi*; 3/886[890]) *on*
2Pe 1:13 **ἐφ᾽** ὅσον εἰμὶ ἐν
2Pe 2:22 κύων ἐπιστρέψας **ἐπὶ** τὸ ἴδιον ἐξέραμα,

2Pe 3:3 γινώσκοντες ὅτι ἐλεύσονται **ἐπ'** ἐσχάτων τῶν ἡμερῶν

ἐπιγινώσκω (*epiginōskō*; 2/44) *know*

2Pe 2:21 ἦν αὐτοῖς μὴ **ἐπεγνωκέναι** τὴν ὁδὸν τῆς
2Pe 2:21 τῆς δικαιοσύνης ἢ **ἐπιγνοῦσιν** ὑποστρέψαι

ἐπίγνωσις (*epignōsis*; 4/20) *knowledge*

2Pe 1:2 εἰρήνη πληθυνθείη ἐν **ἐπιγνώσει** τοῦ θεοῦ
2Pe 1:3 δεδωρημένης διὰ τῆς **ἐπιγνώσεως** τοῦ καλέσαντος ἡμᾶς
2Pe 1:8 ἡμῶν Ἰησοῦ Χριστοῦ **ἐπίγνωσιν**·
2Pe 2:20 τοῦ κόσμου ἐν **ἐπιγνώσει** τοῦ κυρίου [ἡμῶν]

ἐπιθυμία (*epithymia*; 4/38) *desire*

2Pe 1:4 τῷ κόσμῳ ἐν **ἐπιθυμίᾳ** φθορᾶς.
2Pe 2:10 ὀπίσω σαρκὸς ἐν **ἐπιθυμίᾳ** μιασμοῦ πορευομένους καὶ
2Pe 2:18 φθεγγόμενοι δελεάζουσιν ἐν **ἐπιθυμίαις** σαρκὸς ἀσελγείαις τοὺς
2Pe 3:3 κατὰ τὰς ἰδίας **ἐπιθυμίας** αὐτῶν πορευόμενοι

ἐπίλυσις (*epilysis*; 1/1) *interpretation*

2Pe 1:20 προφητεία γραφῆς ἰδίας **ἐπιλύσεως** οὐ γίνεται·

ἐπιστολή (*epistolē*; 2/24) *letter*

2Pe 3:1 δευτέραν ὑμῖν γράφω **ἐπιστολήν**,
2Pe 3:16 καὶ ἐν πάσαις **ἐπιστολαῖς** λαλῶν ἐν αὐταῖς

ἐπιστρέφω (*epistrephō*; 1/36) *turn back*

2Pe 2:22 κύων **ἐπιστρέψας** ἐπὶ τὸ ἴδιον

ἐπιχορηγέω (*epichorēgeō*; 2/5) *supply*

2Pe 1:5 σπουδὴν πᾶσαν παρεισενέγκαντες **ἐπιχορηγήσατε** ἐν τῇ πίστει
2Pe 1:11 οὕτως γὰρ πλουσίως **ἐπιχορηγηθήσεται** ὑμῖν ἡ εἴσοδος

ἐπόπτης (*epoptēs*; 1/1) *eyewitness*

2Pe 1:16 καὶ παρουσίαν ἀλλ' **ἐπόπται** γενηθέντες τῆς ἐκείνου

ἔργον (*ergon*; 2/169) *work*

2Pe 2:8 ψυχὴν δικαίαν ἀνόμοις **ἔργοις** ἐβασάνιζεν·
2Pe 3:10 τὰ ἐν αὐτῇ **ἔργα** εὑρεθήσεται.

ἔρχομαι (*erchomai*; 1/631[632]) *come, go*

2Pe 3:3 πρῶτον γινώσκοντες ὅτι **ἐλεύσονται** ἐπ' ἐσχάτων τῶν

ἔσχατος (*eschatos*; 2/52) *last*

2Pe 2:20 γέγονεν αὐτοῖς τὰ **ἔσχατα** χείρονα τῶν πρώτων.
2Pe 3:3 ὅτι ἐλεύσονται ἐπ' **ἐσχάτων** τῶν ἡμερῶν [ἐν]

ἔτος (*etos*; 2/49) *year*

2Pe 3:8 κυρίῳ ὡς χίλια **ἔτη** καὶ χίλια ἔτη
2Pe 3:8 ἔτη καὶ χίλια **ἔτη** ὡς ἡμέρα μία.

εὐδοκέω (*eudokeō*; 1/21) *be pleased*

2Pe 1:17 εἰς ὃν ἐγὼ **εὐδόκησα**,

εὐθύς (*euthys*; 1/59) *immediately*

2Pe 2:15 καταλείποντες **εὐθεῖαν** ὁδὸν ἐπλανήθησαν,

εὑρίσκω (*heuriskō*; 2/176) *find*

2Pe 3:10 ἐν αὐτῇ ἔργα **εὑρεθήσεται**.
2Pe 3:14 καὶ ἀμώμητοι αὐτῷ **εὑρεθῆναι** ἐν εἰρήνῃ

εὐσέβεια (*eusebeia*; 4/15) *godliness*

2Pe 1:3 πρὸς ζωὴν καὶ **εὐσέβειαν** δεδωρημένης διὰ
2Pe 1:6 τῇ ὑπομονῇ τὴν **εὐσέβειαν**,
2Pe 1:7 ἐν δὲ τῇ **εὐσεβείᾳ** τὴν φιλαδελφίαν,
2Pe 3:11 ἁγίαις ἀναστροφαῖς καὶ **εὐσεβείαις**,

εὐσεβής (*eusebēs*; 1/3) *godly*

2Pe 2:9 οἶδεν κύριος **εὐσεβεῖς** ἐκ πειρασμοῦ ῥύεσθαι,

ἔχω (*echō*; 5/706[708]) *have, hold*

2Pe 1:15 δὲ καὶ ἑκάστοτε **ἔχειν** ὑμᾶς μετὰ τὴν
2Pe 1:19 καὶ **ἔχομεν** βεβαιότερον τὸν προφητικὸν
2Pe 2:14 ὀφθαλμοὺς **ἔχοντες** μεστοὺς μοιχαλίδος καὶ
2Pe 2:14 καρδίαν γεγυμνασμένην πλεονεξίας **ἔχοντες**,
2Pe 2:16 ἔλεγξιν δὲ **ἔσχεν** ἰδίας παρανομίας·

ἕως (*heōs*; 1/146) *until*

2Pe 1:19 **ἕως** οὗ ἡμέρα διαυγάσῃ

ζόφος (*zophos*; 2/5) *gloom*

2Pe 2:4 ἐφείσατο ἀλλὰ σειραῖς **ζόφου** ταρταρώσας παρέδωκεν εἰς
2Pe 2:17 οἷς ὁ **ζόφος** τοῦ σκότους τετήρηται.

ζωή (*zōē*; 1/135) *life*

2Pe 1:3 αὐτοῦ τὰ πρὸς **ζωὴν** καὶ εὐσέβειαν δεδωρημένης

ζῷον (*zōon*; 1/23) *living creature*

2Pe 2:12 δὲ ὡς ἄλογα **ζῷα** γεγεννημένα φυσικὰ εἰς

ἤ (*ē*; 1/340) *or*

2Pe 2:21 ὁδὸν τῆς δικαιοσύνης **ἢ** ἐπιγνοῦσιν ὑποστρέψαι ἐκ

ἡγέομαι (*hēgeomai*; 4/28) *consider*

2Pe 1:13 δίκαιον δὲ **ἡγοῦμαι**,
2Pe 2:13 ἡδονὴν **ἡγούμενοι** τὴν ἐν ἡμέρᾳ
2Pe 3:9 ὥς τινες βραδύτητα **ἡγοῦνται**,
2Pe 3:15 ἡμῶν μακροθυμίαν σωτηρίαν **ἡγεῖσθε**,

ἤδη (*ēdē*; 1/61) *already*

2Pe 3:1 Ταύτην **ἤδη**,

ἡδονή (*hēdonē*; 1/5) *pleasure*

2Pe 2:13 **ἡδονὴν** ἡγούμενοι τὴν ἐν

<u>ἥκω (*hēkō*; 1/26) *have come*</u>
2Pe 3:10 **Ἥξει** δὲ ἡμέρα κυρίου

<u>ἡμεῖς (*hēmeis*; 15/855) *we*</u>
2Pe 1:1 Χριστοῦ τοῖς ἰσότιμον **ἡμῖν** λαχοῦσιν πίστιν ἐν
2Pe 1:1 δικαιοσύνῃ τοῦ θεοῦ **ἡμῶν** καὶ σωτῆρος Ἰησοῦ
2Pe 1:2 Ἰησοῦ τοῦ κυρίου **ἡμῶν**.
2Pe 1:3 Ὡς πάντα **ἡμῖν** τῆς θείας δυνάμεως
2Pe 1:3 ἐπιγνώσεως τοῦ καλέσαντος **ἡμᾶς** ἰδίᾳ δόξῃ
2Pe 1:4 τίμια καὶ μέγιστα **ἡμῖν** ἐπαγγέλματα δεδώρηται,
2Pe 1:8 τὴν τοῦ κυρίου **ἡμῶν** Ἰησοῦ Χριστοῦ ἐπίγνωσιν·
2Pe 1:11 βασιλείαν τοῦ κυρίου **ἡμῶν** καὶ σωτῆρος Ἰησοῦ
2Pe 1:14 καὶ ὁ κύριος **ἡμῶν** Ἰησοῦς Χριστὸς ἐδήλωσέν
2Pe 1:16 τὴν τοῦ κυρίου **ἡμῶν** Ἰησοῦ Χριστοῦ δύναμιν
2Pe 1:18 ταύτην τὴν φωνὴν **ἡμεῖς** ἠκούσαμεν ἐξ οὐρανοῦ
2Pe 2:20 ἐπιγνώσει τοῦ κυρίου **[ἡμῶν]** καὶ σωτῆρος Ἰησοῦ
2Pe 3:15 τὴν τοῦ κυρίου **ἡμῶν** μακροθυμίαν σωτηρίαν ἡγεῖσθε,
2Pe 3:15 καὶ ὁ ἀγαπητὸς **ἡμῶν** ἀδελφὸς Παῦλος κατὰ
2Pe 3:18 γνώσει τοῦ κυρίου **ἡμῶν** καὶ σωτῆρος Ἰησοῦ

<u>ἡμέρα (*hēmera*; 12/389) *day*</u>
2Pe 1:19 ἕως οὗ **ἡμέρα** διαυγάσῃ καὶ φωσφόρος
2Pe 2:8 ἐγκατοικῶν ἐν αὐτοῖς **ἡμέραν** ἐξ ἡμέρας ψυχὴν
2Pe 2:8 αὐτοῖς ἡμέραν ἐξ **ἡμέρας** ψυχὴν δικαίαν ἀνόμοις
2Pe 2:9 ἀδίκους δὲ εἰς **ἡμέραν** κρίσεως κολαζομένους τηρεῖν,
2Pe 2:13 ἡγούμενοι τὴν ἐν **ἡμέρᾳ** τρυφήν,
2Pe 3:3 ἐπ᾽ ἐσχάτων τῶν **ἡμερῶν** [ἐν] ἐμπαιγμονῇ ἐμπαῖκται
2Pe 3:7 πυρί τηρούμενοι εἰς **ἡμέραν** κρίσεως καὶ ἀπωλείας
2Pe 3:8 ὅτι μία **ἡμέρα** παρὰ κυρίῳ ὡς
2Pe 3:8 χίλια ἔτη ὡς **ἡμέρα** μία.
2Pe 3:10 Ἥξει δὲ **ἡμέρα** κυρίου ὡς κλέπτης,
2Pe 3:12 τῆς τοῦ θεοῦ **ἡμέρας** δι᾽ ἣν οὐρανοὶ
2Pe 3:18 νῦν καὶ εἰς **ἡμέραν** αἰῶνος.

<u>ἡττάομαι (*hēttaomai*; 2/2) *be defeated or overcome*</u>
2Pe 2:19 ᾧ γάρ τις **ἥττηται**,
2Pe 2:20 δὲ πάλιν ἐμπλακέντες **ἡττῶνται**,

<u>θεῖος (*theios*; 2/3) *divine*</u>
2Pe 1:3 πάντα ἡμῖν τῆς **θείας** δυνάμεως αὐτοῦ τὰ
2Pe 1:4 διὰ τούτων γένησθε **θείας** κοινωνοὶ φύσεως ἀποφυγόντες

<u>θέλημα (*thelēma*; 1/62) *will*</u>
2Pe 1:21 οὐ γὰρ **θελήματι** ἀνθρώπου ἠνέχθη προφητεία

<u>θέλω (*thelō*; 1/208) *wish, want*</u>
2Pe 3:5 γὰρ αὐτοὺς τοῦτο **θέλοντας** ὅτι οὐρανοὶ ἦσαν

<u>θεός (*theos*; 7/1316[1317]) *God*</u>
2Pe 1:1 ἐν δικαιοσύνῃ τοῦ **θεοῦ** ἡμῶν καὶ σωτῆρος
2Pe 1:2 ἐν ἐπιγνώσει τοῦ **θεοῦ** καὶ Ἰησοῦ τοῦ
2Pe 1:17 λαβὼν γὰρ παρὰ **θεοῦ** πατρὸς τιμὴν καὶ
2Pe 1:21 φερόμενοι ἐλάλησαν ἀπὸ **θεοῦ** ἄνθρωποι.
2Pe 2:4 Εἰ γὰρ ὁ **θεὸς** ἀγγέλων ἁμαρτησάντων οὐκ
2Pe 3:5 συνεστῶσα τῷ τοῦ **θεοῦ** λόγῳ,
2Pe 3:12 παρουσίαν τῆς τοῦ **θεοῦ** ἡμέρας δι᾽ ἣν

<u>θησαυρίζω (*thēsaurizō*; 1/8) *store up*</u>
2Pe 3:7 τῷ αὐτῷ λόγῳ **τεθησαυρισμένοι** εἰσὶν πυρί τηρούμενοι

<u>ἴδιος (*idios*; 7/114) *one's own*</u>
2Pe 1:3 τοῦ καλέσαντος ἡμᾶς **ἰδίᾳ** δόξῃ καὶ ἀρετῇ,
2Pe 1:20 πᾶσα προφητεία γραφῆς **ἰδίας** ἐπιλύσεως οὐ γίνεται·
2Pe 2:16 ἔλεγξιν δὲ ἔσχεν **ἰδίας** παρανομίας·
2Pe 2:22 ἐπιστρέψας ἐπὶ τὸ **ἴδιον** ἐξέραμα,
2Pe 3:3 ἐμπαῖκται κατὰ τὰς **ἰδίας** ἐπιθυμίας αὐτῶν πορευόμενοι
2Pe 3:16 γραφὰς πρὸς τὴν **ἰδίαν** αὐτῶν ἀπώλειαν.
2Pe 3:17 συναπαχθέντες ἐκπέσητε τοῦ **ἰδίου** στηριγμοῦ,

<u>Ἰησοῦς (*Iēsous*; 9/911[917]) *Jesus*</u>
2Pe 1:1 δοῦλος καὶ ἀπόστολος **Ἰησοῦ** Χριστοῦ τοῖς ἰσότιμον
2Pe 1:1 ἡμῶν καὶ σωτῆρος **Ἰησοῦ** Χριστοῦ,
2Pe 1:2 τοῦ θεοῦ καὶ **Ἰησοῦ** τοῦ κυρίου ἡμῶν.
2Pe 1:8 τοῦ κυρίου ἡμῶν **Ἰησοῦ** Χριστοῦ ἐπίγνωσιν·
2Pe 1:11 ἡμῶν καὶ σωτῆρος **Ἰησοῦ** Χριστοῦ.
2Pe 1:14 ὁ κύριος ἡμῶν **Ἰησοῦς** Χριστὸς ἐδήλωσέν μοι,
2Pe 1:16 τοῦ κυρίου ἡμῶν **Ἰησοῦ** Χριστοῦ δύναμιν
2Pe 2:20 [ἡμῶν] καὶ σωτῆρος **Ἰησοῦ** Χριστοῦ,
2Pe 3:18 ἡμῶν καὶ σωτῆρος **Ἰησοῦ** Χριστοῦ.

<u>ἵνα (*hina*; 2/662[663]) *so that, in order that*</u>
2Pe 1:4 **ἵνα** διὰ τούτων γένησθε
2Pe 3:17 **ἵνα** μὴ τῇ τῶν

<u>ἰσότιμος (*isotimos*; 1/1) *equally valuable, of the same kind*</u>
2Pe 1:1 Ἰησοῦ Χριστοῦ τοῖς **ἰσότιμον** ἡμῖν λαχοῦσιν πίστιν

<u>ἰσχύς (*ischys*; 1/10) *strength*</u>
2Pe 2:11 ὅπου ἄγγελοι **ἰσχύϊ** καὶ δυνάμει μείζονες

καθαρισμός (*katharismos*; 1/7) *cleansing, purification*
2Pe 1:9 λήθην λαβὼν τοῦ **καθαρισμοῦ** τῶν πάλαι αὐτοῦ

καθίστημι (*kathistēmi*; 1/21) *put in charge*
2Pe 1:8 ἀργοὺς οὐδὲ ἀκάρπους **καθίστησιν** εἰς τὴν

καθώς (*kathōs*; 2/182) *just as*
2Pe 1:14 τοῦ σκηνώματός μου **καθὼς** καὶ ὁ κύριος
2Pe 3:15 **καθὼς** καὶ ὁ ἀγαπητὸς

καινός (*kainos*; 2/41[42]) *new*
2Pe 3:13 **καινοὺς** δὲ οὐρανοὺς καὶ
2Pe 3:13 οὐρανοὺς καὶ γῆν **καινὴν** κατὰ τὸ ἐπάγγελμα

καίπερ (*kaiper*; 1/5) *though*
2Pe 1:12 ὑπομιμνῄσκειν περὶ τούτων **καίπερ** εἰδότας καὶ ἐστηριγμένους

καλέω (*kaleō*; 1/148) *call*
2Pe 1:3 τῆς ἐπιγνώσεως τοῦ **καλέσαντος** ἡμᾶς ἰδίᾳ δόξῃ

καλῶς (*kalōs*; 1/36[37]) *well*
2Pe 1:19 ᾧ **καλῶς** ποιεῖτε προσέχοντες ὡς

καρδία (*kardia*; 2/156) *heart*
2Pe 1:19 ἀνατείλῃ ἐν ταῖς **καρδίαις** ὑμῶν,
2Pe 2:14 **καρδίαν** γεγυμνασμένην πλεονεξίας ἔχοντες,

κατά (*kata*; 4/472[473]) *according to, against*
2Pe 2:11 ὄντες οὐ φέρουσιν **κατ'** αὐτῶν παρὰ κυρίου
2Pe 3:3 [ἐν] ἐμπαιγμονῇ ἐμπαῖκται **κατὰ** τὰς ἰδίας ἐπιθυμίας
2Pe 3:13 καὶ γῆν καινὴν **κατὰ** τὸ ἐπάγγελμα αὐτοῦ
2Pe 3:15 ἡμῶν ἀδελφὸς Παῦλος **κατὰ** τὴν δοθεῖσαν αὐτῷ

κατακλύζω (*kataklyzō*; 1/1) *deluge*
2Pe 3:6 τότε κόσμος ὕδατι **κατακλυσθεὶς** ἀπώλετο·

κατακλυσμός (*kataklysmos*; 1/4) *flood*
2Pe 2:5 δικαιοσύνης κήρυκα ἐφύλαξεν **κατακλυσμὸν** κόσμῳ ἀσεβῶν ἐπάξας,

κατακρίνω (*katakrinō*; 1/15[18]) *condemn*
2Pe 2:6 Γομόρρας τεφρώσας [καταστροφῇ] **κατέκρινεν** ὑπόδειγμα μελλόντων ἀσεβέ[σ]ιν

καταλείπω (*kataleipō*; 1/23[24]) *leave*
2Pe 2:15 **καταλείποντες** εὐθεῖαν ὁδὸν ἐπλανήθησαν,

καταπονέω (*kataponeō*; 1/2) *mistreat*
2Pe 2:7 καὶ δίκαιον Λὼτ **καταπονούμενον** ὑπὸ τῆς

κατάρα (*katara*; 1/6) *curse*
2Pe 2:14 **κατάρας** τέκνα·

καταστροφή (*katastrophē*; 1/2) *ruin*
2Pe 2:6 καὶ Γομόρρας τεφρώσας **[καταστροφῇ]** κατέκρινεν ὑπόδειγμα μελλόντων

καταφρονέω (*kataphroneō*; 1/9) *despise*
2Pe 2:10 πορευομένους καὶ κυριότητος **καταφρονοῦντας**.

κατοικέω (*katoikeō*; 1/44) *live*
2Pe 3:13 ἐν οἷς δικαιοσύνη **κατοικεῖ**.

καυσόω (*kausoō*; 2/2) *be burned up*
2Pe 3:10 παρελεύσονται στοιχεῖα δὲ **καυσούμενα** λυθήσεται καὶ γῆ
2Pe 3:12 λυθήσονται καὶ στοιχεῖα **καυσούμενα** τήκεται.

κῆρυξ (*kēryx*; 1/3) *preacher*
2Pe 2:5 ὄγδοον Νῶε δικαιοσύνης **κήρυκα** ἐφύλαξεν κατακλυσμὸν κόσμῳ

κλέπτης (*kleptēs*; 1/16) *thief*
2Pe 3:10 ἡμέρα κυρίου ὡς **κλέπτης**,

κλῆσις (*klēsis*; 1/11) *call*
2Pe 1:10 βεβαίαν ὑμῶν τὴν **κλῆσιν** καὶ ἐκλογὴν ποιεῖσθαι·

κοιμάομαι (*koimaomai*; 1/18) *sleep*
2Pe 3:4 γὰρ οἱ πατέρες **ἐκοιμήθησαν**,

κοινωνός (*koinōnos*; 1/10) *partner*
2Pe 1:4 τούτων γένησθε θείας **κοινωνοὶ** φύσεως ἀποφυγόντες τῆς

κολάζω (*kolazō*; 1/2) *punish*
2Pe 2:9 εἰς ἡμέραν κρίσεως **κολαζομένους** τηρεῖν,

κόσμος (*kosmos*; 5/185[186]) *world*
2Pe 1:4 τῆς ἐν τῷ **κόσμῳ** ἐν ἐπιθυμίᾳ φθορᾶς.
2Pe 2:5 καὶ ἀρχαίου **κόσμου** οὐκ ἐφείσατο ἀλλὰ
2Pe 2:5 κήρυκα ἐφύλαξεν κατακλυσμὸν **κόσμῳ** ἀσεβῶν ἐπάξας,
2Pe 2:20 τὰ μιάσματα τοῦ **κόσμου** ἐν ἐπιγνώσει τοῦ
2Pe 3:6 ὧν ὁ τότε **κόσμος** ὕδατι κατακλυσθεὶς ἀπώλετο·

κρείττων (*kreittōn*; 1/19) *better*
2Pe 2:21 **κρεῖττον** γὰρ ἦν αὐτοῖς

κρίμα (*krima*; 1/27) *judgment*
2Pe 2:3 οἷς τὸ **κρίμα** ἔκπαλαι οὐκ ἀργεῖ

κρίσις (*krisis*; 4/47) *judgment*
2Pe 2:4 ταρταρώσας παρέδωκεν εἰς **κρίσιν** τηρουμένους,
2Pe 2:9 δὲ εἰς ἡμέραν **κρίσεως** κολαζομένους τηρεῖν,
2Pe 2:11 παρὰ κυρίου βλάσφημον **κρίσιν**.

2Pe 3:7 τηρούμενοι εἰς ἡμέραν **κρίσεως** καὶ ἀπωλείας τῶν

κτίσις (*ktisis*; 1/18[19]) *creation*
2Pe 3:4 διαμένει ἀπ᾽ ἀρχῆς **κτίσεως**.

κυλισμός (*kylismos*; 1/1) *wallowing*
2Pe 2:22 ὗς λουσαμένη εἰς **κυλισμὸν** βορβόρου.

κύριος (*kyrios*; 14/714[717]) *Lord, sir*
2Pe 1:2 καὶ Ἰησοῦ τοῦ **κυρίου** ἡμῶν.
2Pe 1:8 εἰς τὴν τοῦ **κυρίου** ἡμῶν Ἰησοῦ Χριστοῦ
2Pe 1:11 αἰώνιον βασιλείαν τοῦ **κυρίου** ἡμῶν καὶ σωτῆρος
2Pe 1:14 καθὼς καὶ ὁ **κύριος** ἡμῶν Ἰησοῦς Χριστὸς
2Pe 1:16 ὑμῖν τὴν τοῦ **κυρίου** ἡμῶν Ἰησοῦ Χριστοῦ
2Pe 2:9 οἶδεν **κύριος** εὐσεβεῖς ἐκ πειρασμοῦ
2Pe 2:11 κατ᾽ αὐτῶν παρὰ **κυρίου** βλάσφημον κρίσιν.
2Pe 2:20 ἐν ἐπιγνώσει τοῦ **κυρίου** [ἡμῶν] καὶ σωτῆρος
2Pe 3:2 ὑμῶν ἐντολῆς τοῦ **κυρίου** καὶ σωτῆρος,
2Pe 3:8 μία ἡμέρα παρὰ **κυρίῳ** ὡς χίλια ἔτη
2Pe 3:9 οὐ βραδύνει **κύριος** τῆς ἐπαγγελίας,
2Pe 3:10 Ἥξει δὲ ἡμέρα **κυρίου** ὡς κλέπτης,
2Pe 3:15 καὶ τὴν τοῦ **κυρίου** ἡμῶν μακροθυμίαν σωτηρίαν
2Pe 3:18 καὶ γνώσει τοῦ **κυρίου** ἡμῶν καὶ σωτῆρος

κυριότης (*kyriotēs*; 1/4) *(angelic) power, authority*
2Pe 2:10 μιασμοῦ πορευομένους καὶ **κυριότητος** καταφρονοῦντας.

κύων (*kyōn*; 1/5) *dog*
2Pe 2:22 **κύων** ἐπιστρέψας ἐπὶ τὸ

κωλύω (*kōlyō*; 1/23) *hinder*
2Pe 2:16 ἀνθρώπου φωνῇ φθεγξάμενον **ἐκώλυσεν** τὴν τοῦ προφήτου

λαγχάνω (*lanchanō*; 1/4) *cast lots, receive*
2Pe 1:1 τοῖς ἰσότιμον ἡμῖν **λαχοῦσιν** πίστιν ἐν δικαιοσύνῃ

λαῖλαψ (*lailaps*; 1/3) *storm*
2Pe 2:17 καὶ ὁμίχλαι ὑπὸ **λαίλαπος** ἐλαυνόμεναι,

λαλέω (*laleō*; 2/294[296]) *speak*
2Pe 1:21 πνεύματος ἁγίου φερόμενοι **ἐλάλησαν** ἀπὸ θεοῦ ἄνθρωποι.
2Pe 3:16 ἐν πάσαις ἐπιστολαῖς **λαλῶν** ἐν αὐταῖς περὶ

λαμβάνω (*lambanō*; 2/258) *take, receive*
2Pe 1:9 λήθην **λαβὼν** τοῦ καθαρισμοῦ τῶν
2Pe 1:17 **λαβὼν** γὰρ παρὰ θεοῦ

λανθάνω (*lanthanō*; 2/6) *be hidden*
2Pe 3:5 **Λανθάνει** γὰρ αὐτοὺς τοῦτο
2Pe 3:8 δὲ τοῦτο μὴ **λανθανέτω** ὑμᾶς,

λαός (*laos*; 1/141[142]) *people, nation*
2Pe 2:1 ψευδοπροφῆται ἐν τῷ **λαῷ**,

λέγω (*legō*; 1/2345[2353]) *say*
2Pe 3:4 καὶ **λέγοντες**·

λήθη (*lēthē*; 1/1) *forgetfulness*
2Pe 1:9 **λήθην** λαβὼν τοῦ καθαρισμοῦ

λόγος (*logos*; 4/329[330]) *word*
2Pe 1:19 βεβαιότερον τὸν προφητικὸν **λόγον**,
2Pe 2:3 ἐν πλεονεξίᾳ πλαστοῖς **λόγοις** ὑμᾶς ἐμπορεύσονται,
2Pe 3:5 τῷ τοῦ θεοῦ **λόγῳ**,
2Pe 3:7 γῆ τῷ αὐτῷ **λόγῳ** τεθησαυρισμένοι εἰσὶν πυρί

λοιπός (*loipos*; 1/54[55]) *rest, remaining*
2Pe 3:16 ὡς καὶ τὰς **λοιπὰς** γραφὰς πρὸς τὴν

λούω (*louō*; 1/5) *wash*
2Pe 2:22 ὗς **λουσαμένη** εἰς κυλισμὸν βορβόρου.

λύχνος (*lychnos*; 1/14) *lamp*
2Pe 1:19 ποιεῖτε προσέχοντες ὡς **λύχνῳ** φαίνοντι ἐν αὐχμηρῷ

λύω (*lyō*; 3/42) *loose*
2Pe 3:10 στοιχεῖα δὲ καυσούμενα **λυθήσεται** καὶ γῆ
2Pe 3:11 Τούτων οὕτως πάντων **λυομένων** ποταποὺς δεῖ ὑπάρχειν
2Pe 3:12 ἣν οὐρανοὶ πυρούμενοι **λυθήσονται** καὶ στοιχεῖα καυσούμενα

Λώτ (*Lōt*; 1/4) *Lot*
2Pe 2:7 καὶ δίκαιον **Λὼτ** καταπονούμενον ὑπὸ τῆς

μακροθυμέω (*makrothymeō*; 1/10) *be patient*
2Pe 3:9 ἀλλὰ **μακροθυμεῖ** εἰς ὑμᾶς,

μακροθυμία (*makrothymia*; 1/14) *patience*
2Pe 3:15 τοῦ κυρίου ἡμῶν **μακροθυμίαν** σωτηρίαν ἡγεῖσθε,

μάλιστα (*malista*; 1/12) *especially*
2Pe 2:10 **μάλιστα** δὲ τοὺς ὀπίσω

μᾶλλον (*mallon*; 1/81) *more*
2Pe 1:10 διὸ **μᾶλλον**,

ματαιότης (*mataiotēs*; 1/3) *futility*
2Pe 2:18 ὑπέρογκα γὰρ **ματαιότητος** φθεγγόμενοι δελεάζουσιν ἐν

μεγαλειότης (*megaleiotēs*; 1/3) *majesty*
2Pe 1:16 γενηθέντες τῆς ἐκείνου **μεγαλειότητος**.

μεγαλοπρεπής (*megaloprepēs*; 1/1) *majestic*
2Pe 1:17 τοιᾶσδε ὑπὸ τῆς **μεγαλοπρεποῦς** δόξης·

μέγας (*megas*; 2/243) *great, large*
2Pe 1:4 τὰ τίμια καὶ **μέγιστα** ἡμῖν ἐπαγγέλματα δεδώρηται,
2Pe 2:11 ἰσχύϊ καὶ δυνάμει **μείζονες** ὄντες οὐ φέρουσιν

μέλλω (*mellō*; 2/109) *be about to happen*
2Pe 1:12 Διὸ **μελλήσω** ἀεὶ ὑμᾶς ὑπομιμνῄσκειν
2Pe 2:6 [καταστροφῇ] κατέκρινεν ὑπόδειγμα **μελλόντων** ἀσεβέ[σ]ιν τεθεικώς,

μεστός (*mestos*; 1/9) *full*
2Pe 2:14 ὀφθαλμοὺς ἔχοντες **μεστοὺς** μοιχαλίδος καὶ ἀκαταπαύστους

μετά (*meta*; 1/465[469]) *with, after*
2Pe 1:15 ἑκάστοτε ἔχειν ὑμᾶς **μετὰ** τὴν ἐμὴν ἔξοδον

μετάνοια (*metanoia*; 1/22) *repentance*
2Pe 3:9 ἀλλὰ πάντας εἰς **μετάνοιαν** χωρῆσαι.

μή (*mē*; 6/1041[1042]) *not*
2Pe 1:9 ᾧ γὰρ **μὴ** πάρεστιν ταῦτα,
2Pe 1:10 γὰρ ποιοῦντες οὐ **μὴ** πταίσητέ ποτε.
2Pe 2:21 γὰρ ἦν αὐτοῖς **μὴ** ἐπεγνωκέναι τὴν ὁδὸν
2Pe 3:8 Ἓν δὲ τοῦτο **μὴ** λανθανέτω ὑμᾶς,
2Pe 3:9 **μὴ** βουλόμενός τινας ἀπολέσθαι
2Pe 3:17 ἵνα **μὴ** τῇ τῶν ἀθέσμων

μίασμα (*miasma*; 1/1) *corruption*
2Pe 2:20 γὰρ ἀποφυγόντες τὰ **μιάσματα** τοῦ κόσμου

μιασμός (*miasmos*; 1/1) *corruption*
2Pe 2:10 σαρκὸς ἐν ἐπιθυμίᾳ **μιασμοῦ** πορευομένους καὶ κυριότητος

μιμνῄσκομαι (*mimnēskomai*; 1/23) *remember*
2Pe 3:2 **μνησθῆναι** τῶν προειρημένων ῥημάτων

μισθός (*misthos*; 2/29) *pay*
2Pe 2:13 ἀδικούμενοι **μισθὸν** ἀδικίας,
2Pe 2:15 ὃς **μισθὸν** ἀδικίας ἠγάπησεν

μνήμη (*mnēmē*; 1/1) *remembrance*
2Pe 1:15 ἔξοδον τὴν τούτων **μνήμην** ποιεῖσθαι.

μοιχαλίς (*moichalis*; 1/7) *adulteress*
2Pe 2:14 ὀφθαλμοὺς ἔχοντες μεστοὺς **μοιχαλίδος** καὶ ἀκαταπαύστους ἁμαρτίας,

μῦθος (*mythos*; 1/5) *myth*
2Pe 1:16 Οὐ γὰρ σεσοφισμένοις **μύθοις** ἐξακολουθήσαντες ἐγνωρίσαμεν ὑμῖν

μυωπάζω (*myōpazō*; 1/1) *be shortsighted*
2Pe 1:9 τυφλός ἐστιν **μυωπάζων**,

μῶμος (*mōmos*; 1/1) *blemish*
2Pe 2:13 σπίλοι καὶ **μῶμοι** ἐντρυφῶντες ἐν ταῖς

νῦν (*nyn*; 2/146[147]) *now*
2Pe 3:7 οἱ δὲ **νῦν** οὐρανοὶ καὶ ἡ
2Pe 3:18 ἡ δόξα καὶ **νῦν** καὶ εἰς ἡμέραν

νυστάζω (*nystazō*; 1/2) *grow drowsy*
2Pe 2:3 ἀπώλεια αὐτῶν οὐ **νυστάζει**.

Νῶε (*Nōe*; 1/8) *Noah*
2Pe 2:5 ἐφείσατο ἀλλὰ ὄγδοον **Νῶε** δικαιοσύνης κήρυκα ἐφύλαξεν

ὄγδοος (*ogdoos*; 1/5) *eighth*
2Pe 2:5 οὐκ ἐφείσατο ἀλλὰ **ὄγδοον** Νῶε δικαιοσύνης κήρυκα

ὁδός (*hodos*; 4/101) *way*
2Pe 2:2 δι᾿ οὓς ἡ **ὁδὸς** τῆς ἀληθείας βλασφημηθήσεται,
2Pe 2:15 καταλείποντες εὐθεῖαν **ὁδὸν** ἐπλανήθησαν,
2Pe 2:15 ἐξακολουθήσαντες τῇ **ὁδῷ** τοῦ Βαλαὰμ τοῦ
2Pe 2:21 μὴ ἐπεγνωκέναι τὴν **ὁδὸν** τῆς δικαιοσύνης ἢ

οἶδα (*oida*; 3/318) *know*
2Pe 1:12 περὶ τούτων καίπερ **εἰδότας** καὶ ἐστηριγμένους ἐν
2Pe 1:14 **εἰδὼς** ὅτι ταχινή ἐστιν
2Pe 2:9 **οἶδεν** κύριος εὐσεβεῖς ἐκ

ὀλίγως (*oligōs*; 1/1) *barely*
2Pe 2:18 σαρκὸς ἀσελγείαις τοὺς **ὀλίγως** ἀποφεύγοντας τοὺς ἐν

ὁμίχλη (*homichlē*; 1/1) *mist*
2Pe 2:17 πηγαὶ ἄνυδροι καὶ **ὁμίχλαι** ὑπὸ λαίλαπος ἐλαυνόμεναι,

ὀπίσω (*opisō*; 1/35) *after*
2Pe 2:10 μάλιστα δὲ τοὺς **ὀπίσω** σαρκὸς ἐν ἐπιθυμίᾳ

ὅπου (*hopou*; 1/82) *where*
2Pe 2:11 **ὅπου** ἄγγελοι ἰσχύϊ καὶ

ὄρος (*oros*; 1/62[63]) *mountain*
2Pe 1:18 ἐν τῷ ἁγίῳ **ὄρει**.

ὅς (*hos*; 19/1406[1407]) *who*
2Pe 1:4 δι᾿ **ὧν** τὰ τίμια καὶ
2Pe 1:9 **ᾧ** γὰρ μὴ πάρεστιν
2Pe 1:17 οὗτός ἐστιν εἰς **ὃν** ἐγὼ εὐδόκησα,
2Pe 1:19 **ᾧ** καλῶς ποιεῖτε προσέχοντες
2Pe 1:19 ἕως **οὗ** ἡμέρα διαυγάσῃ καὶ
2Pe 2:2 ταῖς ἀσελγείαις δι᾿ **οὓς** ἡ ὁδὸς τῆς
2Pe 2:3 **οἷς** τὸ κρίμα ἔκπαλαι
2Pe 2:12 καὶ φθορὰν ἐν **οἷς** ἀγνοοῦσιν βλασφημοῦντες,
2Pe 2:15 **ὃς** μισθὸν ἀδικίας ἠγάπησεν
2Pe 2:17 **οἷς** ὁ ζόφος τοῦ
2Pe 2:19 **ᾧ** γάρ τις ἥττηται,
2Pe 3:1 ἐν **αἷς** διεγείρω ὑμῶν ἐν
2Pe 3:4 ἀφ᾿ **ἧς** γὰρ οἱ πατέρες

2Pe 3:6 δι᾽ **ὧν** ὁ τότε κόσμος
2Pe 3:10 ἐν **ᾗ** οἱ οὐρανοὶ ῥοιζηδὸν
2Pe 3:12 θεοῦ ἡμέρας δι᾽ **ἣν** οὐρανοὶ πυρούμενοι λυθήσονται
2Pe 3:13 ἐν **οἷς** δικαιοσύνη κατοικεῖ.
2Pe 3:16 ἐν **αἷς** ἐστιν δυσνόητά τινα,
2Pe 3:16 **ἃ** οἱ ἀμαθεῖς καὶ

ὅσος (*hosos*; 1/110) *as much as (pl. as many as)*
2Pe 1:13 ἐφ᾽ **ὅσον** εἰμὶ ἐν τούτῳ

ὅστις (*hostis*; 1/144) *who*
2Pe 2:1 **οἵτινες** παρεισάξουσιν αἱρέσεις ἀπωλείας

ὅτι (*hoti*; 5/1294[1296]) *because, that*
2Pe 1:14 εἰδὼς **ὅτι** ταχινή ἐστιν ἡ
2Pe 1:20 τοῦτο πρῶτον γινώσκοντες **ὅτι** πᾶσα προφητεία γραφῆς
2Pe 3:3 τοῦτο πρῶτον γινώσκοντες **ὅτι** ἐλεύσονται ἐπ᾽ ἐσχάτων
2Pe 3:5 αὐτοὺς τοῦτο θέλοντας **ὅτι** οὐρανοὶ ἦσαν ἔκπαλαι
2Pe 3:8 **ὅτι** μία ἡμέρα παρὰ

οὐ (*ou*; 12/1621[1623]) *not*
2Pe 1:8 ὑπάρχοντα καὶ πλεονάζοντα **οὐκ** ἀργοὺς οὐδὲ ἀκάρπους
2Pe 1:10 ταῦτα γὰρ ποιοῦντες **οὐ** μὴ πταίσητέ ποτε.
2Pe 1:16 **Οὐ** γὰρ σεσοφισμένοις μύθοις
2Pe 1:20 γραφῆς ἰδίας ἐπιλύσεως **οὐ** γίνεται·
2Pe 1:21 **οὐ** γὰρ θελήματι ἀνθρώπου
2Pe 2:3 τὸ κρίμα ἔκπαλαι **οὐκ** ἀργεῖ καὶ ἡ
2Pe 2:3 ἡ ἀπώλεια αὐτῶν **οὐ** νυστάζει.
2Pe 2:4 θεὸς ἀγγέλων ἁμαρτησάντων **οὐκ** ἐφείσατο ἀλλὰ σειραῖς
2Pe 2:5 καὶ ἀρχαίου κόσμου **οὐκ** ἐφείσατο ἀλλὰ ὄγδοον
2Pe 2:10 δόξας **οὐ** τρέμουσιν βλασφημοῦντες,
2Pe 2:11 δυνάμει μείζονες ὄντες **οὐ** φέρουσιν κατ᾽ αὐτῶν
2Pe 3:9 **οὐ** βραδύνει κύριος τῆς

οὐδέ (*oude*; 1/141[143]) *neither, nor*
2Pe 1:8 πλεονάζοντα οὐκ ἀργοὺς **οὐδὲ** ἀκάρπους καθίστησιν εἰς

οὖν (*oun*; 1/497[499]) *therefore*
2Pe 3:17 ὑμεῖς **οὖν**,

οὐρανός (*ouranos*; 6/272[273]) *heaven*
2Pe 1:18 ἡμεῖς ἠκούσαμεν ἐξ **οὐρανοῦ** ἐνεχθεῖσαν σὺν αὐτῷ
2Pe 3:5 τοῦτο θέλοντας ὅτι **οὐρανοὶ** ἦσαν ἔκπαλαι
2Pe 3:7 οἱ δὲ νῦν **οὐρανοὶ** καὶ ἡ γῆ
2Pe 3:10 ἐν ᾗ οἱ **οὐρανοὶ** ῥοιζηδὸν παρελεύσονται στοιχεῖα
2Pe 3:12 ἡμέρας δι᾽ ἣν **οὐρανοὶ** πυρούμενοι λυθήσονται καὶ
2Pe 3:13 καινοὺς δὲ **οὐρανοὺς** καὶ γῆν καινὴν

οὗτος (*houtos*; 22/1382[1387]) *this*
2Pe 1:4 ἵνα διὰ **τούτων** γένησθε θείας κοινωνοὶ
2Pe 1:5 Καὶ αὐτὸ **τοῦτο** δὲ σπουδὴν πᾶσαν
2Pe 1:8 **ταῦτα** γὰρ ὑμῖν ὑπάρχοντα
2Pe 1:9 γὰρ μὴ πάρεστιν **ταῦτα**,
2Pe 1:10 **ταῦτα** γὰρ ποιοῦντες οὐ
2Pe 1:12 ὑμᾶς ὑπομιμνήσκειν περὶ **τούτων** καίπερ εἰδότας καὶ
2Pe 1:13 ὅσον εἰμὶ ἐν **τούτῳ** τῷ σκηνώματι,
2Pe 1:15 ἐμὴν ἔξοδον τὴν **τούτων** μνήμην ποιεῖσθαι.
2Pe 1:17 ὁ ἀγαπητός μου **οὗτός** ἐστιν εἰς ὃν
2Pe 1:18 καὶ **ταύτην** τὴν φωνὴν ἡμεῖς
2Pe 1:20 **τοῦτο** πρῶτον γινώσκοντες ὅτι
2Pe 2:12 **Οὗτοι** δὲ ὡς ἄλογα
2Pe 2:17 **οὗτοί** εἰσιν πηγαὶ ἄνυδροι
2Pe 2:19 **τούτῳ** δεδούλωται.
2Pe 2:20 **τούτοις** δὲ πάλιν ἐμπλακέντες
2Pe 3:1 **Ταύτην** ἤδη,
2Pe 3:3 **τοῦτο** πρῶτον γινώσκοντες ὅτι
2Pe 3:5 Λανθάνει γὰρ αὐτοὺς **τοῦτο** θέλοντας ὅτι οὐρανοὶ
2Pe 3:8 Ἓν δὲ **τοῦτο** μὴ λανθανέτω ὑμᾶς,
2Pe 3:11 **Τούτων** οὕτως πάντων λυομένων
2Pe 3:14 **ταῦτα** προσδοκῶντες σπουδάσατε ἄσπιλοι
2Pe 3:16 ἐν αὐταῖς περὶ **τούτων**,

οὕτως (*houtōs*; 3/208) *in this way*
2Pe 1:11 **οὕτως** γὰρ πλουσίως ἐπιχορηγηθήσεται
2Pe 3:4 πάντα **οὕτως** διαμένει ἀπ᾽ ἀρχῆς
2Pe 3:11 Τούτων **οὕτως** πάντων λυομένων ποταποὺς

ὀφθαλμός (*ophthalmos*; 1/100) *eye*
2Pe 2:14 **ὀφθαλμοὺς** ἔχοντες μεστοὺς μοιχαλίδος

πάλαι (*palai*; 1/7) *long ago*
2Pe 1:9 τοῦ καθαρισμοῦ τῶν **πάλαι** αὐτοῦ ἁμαρτιῶν.

πάλιν (*palin*; 1/139[141]) *again*
2Pe 2:20 τούτοις δὲ **πάλιν** ἐμπλακέντες ἡττῶνται,

παρά (*para*; 3/193[194]) *from, with, beside*
2Pe 1:17 λαβὼν γὰρ **παρὰ** θεοῦ πατρὸς τιμὴν
2Pe 2:11 φέρουσιν κατ᾽ αὐτῶν **παρὰ** κυρίου βλάσφημον κρίσιν.
2Pe 3:8 ὅτι μία ἡμέρα **παρὰ** κυρίῳ ὡς χίλια

παραδίδωμι (*paradidōmi*; 2/119) *hand or give over*
2Pe 2:4 σειραῖς ζόφου ταρταρώσας **παρέδωκεν** εἰς κρίσιν τηρουμένους,
2Pe 2:21 ὑποστρέψαι ἐκ τῆς **παραδοθείσης** αὐτοῖς ἁγίας ἐντολῆς.

παρανομία (*paranomia*; 1/1) *offense*
2Pe 2:16 δὲ ἔσχεν ἰδίας **παρανομίας**·

παραφρονία (*paraphronia*; 1/1) *madness*
2Pe 2:16 τὴν τοῦ προφήτου **παραφρονίαν**.

πάρειμι (*pareimi*; 2/24) *be present or here*
2Pe 1:9 ᾧ γὰρ μὴ **πάρεστιν** ταῦτα,
2Pe 1:12 ἐστηριγμένους ἐν τῇ **παρούσῃ** ἀληθείᾳ.

παρεισάγω (*pareisagō*; 1/1) *bring in under false pretenses*
2Pe 2:1 οἵτινες **παρεισάξουσιν** αἱρέσεις ἀπωλείας

παρεισφέρω (*pareispherō*; 1/1) *exert*
2Pe 1:5 δὲ σπουδὴν πᾶσαν **παρεισενέγκαντες** ἐπιχορηγήσατε ἐν τῇ

παρέρχομαι (*parerchomai*; 1/29) *pass*
2Pe 3:10 οἱ οὐρανοὶ ῥοιζηδὸν **παρελεύσονται** στοιχεῖα δὲ καυσούμενα

παροιμία (*paroimia*; 1/5) *illustration, proverb*
2Pe 2:22 τὸ τῆς ἀληθοῦς **παροιμίας**·

παρουσία (*parousia*; 3/24) *coming*
2Pe 1:16 Χριστοῦ δύναμιν καὶ **παρουσίαν** ἀλλ' ἐπόπται γενηθέντες
2Pe 3:4 ἡ ἐπαγγελία τῆς **παρουσίας** αὐτοῦ;
2Pe 3:12 καὶ σπεύδοντας τὴν **παρουσίαν** τῆς τοῦ θεοῦ

πᾶς (*pas*; 7/1240[1243]) *each, every (pl. all)*
2Pe 1:3 Ὡς **πάντα** ἡμῖν τῆς θείας
2Pe 1:5 τοῦτο δὲ σπουδὴν **πᾶσαν** παρεισενέγκαντες ἐπιχορηγήσατε ἐν
2Pe 1:20 πρῶτον γινώσκοντες ὅτι **πᾶσα** προφητεία γραφῆς ἰδίας
2Pe 3:4 **πάντα** οὕτως διαμένει ἀπ'
2Pe 3:9 τινας ἀπολέσθαι ἀλλὰ **πάντας** εἰς μετάνοιαν χωρῆσαι.
2Pe 3:11 Τούτων οὕτως **πάντων** λυομένων ποταποὺς δεῖ
2Pe 3:16 ὡς καὶ ἐν **πάσαις** ἐπιστολαῖς λαλῶν ἐν

πατήρ (*patēr*; 2/413) *father*
2Pe 1:17 γὰρ παρὰ θεοῦ **πατρὸς** τιμὴν καὶ δόξαν
2Pe 3:4 ἧς γὰρ οἱ **πατέρες** ἐκοιμήθησαν,

Παῦλος (*Paulos*; 1/158) *Paul*
2Pe 3:15 ἀγαπητὸς ἡμῶν ἀδελφὸς **Παῦλος** κατὰ τὴν δοθεῖσαν

πειρασμός (*peirasmos*; 1/21) *testing*
2Pe 2:9 κύριος εὐσεβεῖς ἐκ **πειρασμοῦ** ῥύεσθαι,

περί (*peri*; 2/332[333]) *concerning, around*
2Pe 1:12 ἀεὶ ὑμᾶς ὑπομιμνῄσκειν **περὶ** τούτων καίπερ εἰδότας
2Pe 3:16 λαλῶν ἐν αὐταῖς **περὶ** τούτων,

Πέτρος (*Petros*; 1/155[156]) *Peter*
2Pe 1:1 Συμεὼν **Πέτρος** δοῦλος καὶ ἀπόστολος

πηγή (*pēgē*; 1/11) *spring*
2Pe 2:17 οὗτοί εἰσιν **πηγαὶ** ἄνυδροι καὶ ὁμίχλαι

πίστις (*pistis*; 2/243) *faith*
2Pe 1:1 ἰσότιμον ἡμῖν λαχοῦσιν **πίστιν** ἐν δικαιοσύνῃ τοῦ
2Pe 1:5 ἐπιχορηγήσατε ἐν τῇ **πίστει** ὑμῶν τὴν ἀρετήν,

πλανάω (*planaō*; 1/39) *lead astray*
2Pe 2:15 καταλείποντες εὐθεῖαν ὁδὸν **ἐπλανήθησαν**,

πλάνη (*planē*; 2/10) *error*
2Pe 2:18 ἀποφεύγοντας τοὺς ἐν **πλάνῃ** ἀναστρεφομένους,
2Pe 3:17 τῇ τῶν ἀθέσμων **πλάνῃ** συναπαχθέντες ἐκπέσητε τοῦ

πλαστός (*plastos*; 1/1) *made-up, invented*
2Pe 2:3 καὶ ἐν πλεονεξίᾳ **πλαστοῖς** λόγοις ὑμᾶς ἐμπορεύσονται,

πλεονάζω (*pleonazō*; 1/9) *increase*
2Pe 1:8 ὑμῖν ὑπάρχοντα καὶ **πλεονάζοντα** οὐκ ἀργοὺς οὐδὲ

πλεονεξία (*pleonexia*; 2/10) *greed*
2Pe 2:3 καὶ ἐν **πλεονεξίᾳ** πλαστοῖς λόγοις ὑμᾶς
2Pe 2:14 καρδίαν γεγυμνασμένην **πλεονεξίας** ἔχοντες,

πληθύνω (*plēthynō*; 1/12) *increase*
2Pe 1:2 ὑμῖν καὶ εἰρήνη **πληθυνθείη** ἐν ἐπιγνώσει

πλουσίως (*plousiōs*; 1/4) *richly*
2Pe 1:11 οὕτως γὰρ **πλουσίως** ἐπιχορηγηθήσεται ὑμῖν

πνεῦμα (*pneuma*; 1/379) *Spirit, spirit*
2Pe 1:21 ἀλλὰ ὑπὸ **πνεύματος** ἁγίου φερόμενοι ἐλάλησαν

ποιέω (*poieō*; 4/568) *do, make*
2Pe 1:10 κλῆσιν καὶ ἐκλογὴν **ποιεῖσθαι**·
2Pe 1:10 ταῦτα γὰρ **ποιοῦντες** οὐ μὴ πταίσητέ
2Pe 1:15 τὴν τούτων μνήμην **ποιεῖσθαι**.
2Pe 1:19 ᾧ καλῶς **ποιεῖτε** προσέχοντες ὡς λύχνῳ

πόλις (*polis*; 1/163) *city, town*
2Pe 2:6 καὶ **πόλεις** Σοδόμων καὶ Γομόρρας

πολύς (*polys*; 1/417) *much (pl. many)*
2Pe 2:2 καὶ **πολλοὶ** ἐξακολουθήσουσιν αὐτῶν ταῖς

πορεύομαι (*poreuomai*; 2/147[153]) *go*
2Pe 2:10 ἐν ἐπιθυμίᾳ μιασμοῦ **πορευομένους** καὶ κυριότητος καταφρονοῦντας.
2Pe 3:3 ἰδίας ἐπιθυμίας αὐτῶν **πορευόμενοι**

ποταπός (*potapos*; 1/7) *of what sort or kind*
2Pe 3:11 οὕτως πάντων λυομένων **ποταποὺς** δεῖ ὑπάρχειν [ὑμᾶς]

ποτέ (*pote*; 2/29) *once*
2Pe 1:10 οὐ μὴ πταίσητέ **ποτε**.
2Pe 1:21 ἀνθρώπου ἠνέχθη προφητεία **ποτέ**,

ποῦ (*pou*; 1/47[48]) *where*
2Pe 3:4 **ποῦ** ἐστιν ἡ ἐπαγγελία

προγινώσκω (*proginōskō*; 1/5) *foreknow*
2Pe 3:17 **προγινώσκοντες** φυλάσσεσθε,

προλέγω (*prolegō*; 1/15) *say or warn beforehand*
2Pe 3:2 μνησθῆναι τῶν **προειρημένων** ῥημάτων ὑπὸ

πρός (*pros*; 2/699[700]) *to, toward, at*
2Pe 1:3 δυνάμεως αὐτοῦ τὰ **πρὸς** ζωὴν καὶ εὐσέβειαν
2Pe 3:16 τὰς λοιπὰς γραφὰς **πρὸς** τὴν ἰδίαν αὐτῶν

προσδοκάω (*prosdokaō*; 3/16) *wait for*
2Pe 3:12 **προσδοκῶντας** καὶ σπεύδοντας τὴν
2Pe 3:13 τὸ ἐπάγγελμα αὐτοῦ **προσδοκῶμεν**,
2Pe 3:14 ταῦτα **προσδοκῶντες** σπουδάσατε ἄσπιλοι

προσέχω (*prosechō*; 1/24) *pay close attention to*
2Pe 1:19 ᾧ καλῶς ποιεῖτε **προσέχοντες** ὡς λύχνῳ φαίνοντι

προφητεία (*prophēteia*; 2/19) *prophecy*
2Pe 1:20 γινώσκοντες ὅτι πᾶσα **προφητεία** γραφῆς ἰδίας ἐπιλύσεως
2Pe 1:21 θελήματι ἀνθρώπου ἠνέχθη **προφητεία** ποτέ,

προφήτης (*prophētēs*; 2/144) *prophet*
2Pe 2:16 ἐκώλυσεν τὴν τοῦ **προφήτου** παραφρονίαν.
2Pe 3:2 ὑπὸ τῶν ἁγίων **προφητῶν** καὶ τῆς τῶν

προφητικός (*prophētikos*; 1/2) *prophetic*
2Pe 1:19 ἔχομεν βεβαιότερον τὸν **προφητικὸν** λόγον,

πρῶτος (*prōtos*; 3/152[155]) *first*
2Pe 1:20 τοῦτο **πρῶτον** γινώσκοντες ὅτι πᾶσα
2Pe 2:20 ἔσχατα χείρονα τῶν **πρώτων**.
2Pe 3:3 τοῦτο **πρῶτον** γινώσκοντες ὅτι ἐλεύσονται

πταίω (*ptaiō*; 1/5) *stumble*
2Pe 1:10 ποιοῦντες οὐ μὴ **πταίσητέ** ποτε.

πῦρ (*pyr*; 1/71) *fire*
2Pe 3:7 λόγῳ τεθησαυρισμένοι εἰσὶν **πυρί** τηρούμενοι εἰς ἡμέραν

πυρόω (*pyroō*; 1/6) *burn*
2Pe 3:12 δι᾽ ἣν οὐρανοὶ **πυρούμενοι** λυθήσονται καὶ στοιχεῖα

ῥῆμα (*rhēma*; 1/68) *word*
2Pe 3:2 μνησθῆναι τῶν προειρημένων **ῥημάτων** ὑπὸ τῶν ἁγίων

ῥοιζηδόν (*rhoizēdon*; 1/1) *with a loud noise*
2Pe 3:10 ἐν ᾗ οἱ οὐρανοὶ **ῥοιζηδὸν** παρελεύσονται στοιχεῖα δὲ

ῥύομαι (*rhyomai*; 2/17) *save, rescue, deliver*
2Pe 2:7 ἐν ἀσελγείᾳ ἀναστροφῆς **ἐρρύσατο**·
2Pe 2:9 εὐσεβεῖς ἐκ πειρασμοῦ **ῥύεσθαι**,

σάρξ (*sarx*; 2/147) *flesh*
2Pe 2:10 δὲ τοὺς ὀπίσω **σαρκὸς** ἐν ἐπιθυμίᾳ μιασμοῦ
2Pe 2:18 δελεάζουσιν ἐν ἐπιθυμίαις **σαρκὸς** ἀσελγείαις τοὺς ὀλίγως

σειρά (*seira*; 1/1) *pit*
2Pe 2:4 οὐκ ἐφείσατο ἀλλὰ **σειραῖς** ζόφου ταρταρώσας παρέδωκεν

σκήνωμα (*skēnōma*; 2/3) *body*
2Pe 1:13 ἐν τούτῳ τῷ **σκηνώματι**,
2Pe 1:14 ἡ ἀπόθεσις τοῦ **σκηνώματός** μου καθὼς καὶ

σκότος (*skotos*; 1/31) *darkness*
2Pe 2:17 ὁ ζόφος τοῦ **σκότους** τετήρηται.

Σόδομα (*Sodoma*; 1/9) *Sodom*
2Pe 2:6 καὶ πόλεις **Σοδόμων** καὶ Γομόρρας τεφρώσας

σοφία (*sophia*; 1/51) *wisdom*
2Pe 3:15 τὴν δοθεῖσαν αὐτῷ **σοφίαν** ἔγραψεν ὑμῖν,

σοφίζω (*sophizō*; 1/2) *give wisdom*
2Pe 1:16 Οὐ γὰρ **σεσοφισμένοις** μύθοις ἐξακολουθήσαντες ἐγνωρίσαμεν

σπεύδω (*speudō*; 1/6) *hasten*
2Pe 3:12 προσδοκῶντας καὶ **σπεύδοντας** τὴν παρουσίαν τῆς

σπίλος (*spilos*; 1/2) *spot*
2Pe 2:13 **σπίλοι** καὶ μῶμοι ἐντρυφῶντες

σπουδάζω (*spoudazō*; 3/11) *do one's best*
2Pe 1:10 **σπουδάσατε** βεβαίαν ὑμῶν τὴν
2Pe 1:15 **σπουδάσω** δὲ καὶ ἑκάστοτε
2Pe 3:14 ταῦτα προσδοκῶντες **σπουδάσατε** ἄσπιλοι καὶ ἀμώμητοι

σπουδή (*spoudē*; 1/12) *earnestness*
2Pe 1:5 αὐτὸ τοῦτο δὲ **σπουδὴν** πᾶσαν παρεισενέγκαντες ἐπιχορηγήσατε

στηριγμός (*stērigmos*; 1/1) *firm footing*
2Pe 3:17 ἐκπέσητε τοῦ ἰδίου **στηριγμοῦ**,

στηρίζω (*stērizō*; 1/13) *strengthen*
2Pe 1:12 καίπερ εἰδότας καὶ **ἐστηριγμένους** ἐν τῇ παρούσῃ

στοιχεῖον (*stoicheion*; 2/7) *elements*
2Pe 3:10 οὐρανοὶ ῥοιζηδὸν παρελεύσονται **στοιχεῖα** δὲ καυσούμενα λυθήσεται
2Pe 3:12 πυρούμενοι λυθήσονται καὶ **στοιχεῖα** καυσούμενα τήκεται.

στρεβλόω (*strebloō*; 1/1) *distort*
2Pe 3:16 ἀμαθεῖς καὶ ἀστήρικτοι **στρεβλοῦσιν** ὡς καὶ

συμβαίνω (*symbainō*; 1/8) *happen*
2Pe 2:22 **συμβέβηκεν** αὐτοῖς τὸ τῆς

Συμεών (*Symeōn*; 1/7) *Simeon*
2Pe 1:1 **Συμεὼν** Πέτρος δοῦλος καὶ

σύν (*syn*; 1/128) *with*
2Pe 1:18 ἐξ οὐρανοῦ ἐνεχθεῖσαν **σὺν** αὐτῷ ὄντες ἐν

συναπάγω (*synapagō*; 1/3) *be carried away or led astray*
2Pe 3:17 τῶν ἀθέσμων πλάνῃ **συναπαχθέντες** ἐκπέσητε τοῦ ἰδίου

συνευωχέομαι (*syneuōcheomai*; 1/2) *eat together*
2Pe 2:13 ταῖς ἀπάταις αὐτῶν **συνευωχούμενοι** ὑμῖν,

συνίστημι (*synistēmi*; 1/16) *recommend*
2Pe 3:5 καὶ δι᾽ ὕδατος **συνεστῶσα** τῷ τοῦ θεοῦ

σωτήρ (*sōtēr*; 5/24) *Savior*
2Pe 1:1 θεοῦ ἡμῶν καὶ **σωτῆρος** Ἰησοῦ Χριστοῦ,
2Pe 1:11 κυρίου ἡμῶν καὶ **σωτῆρος** Ἰησοῦ Χριστοῦ.
2Pe 2:20 κυρίου [ἡμῶν] καὶ **σωτῆρος** Ἰησοῦ Χριστοῦ,
2Pe 3:2 τοῦ κυρίου καὶ **σωτῆρος**,
2Pe 3:18 κυρίου ἡμῶν καὶ **σωτῆρος** Ἰησοῦ Χριστοῦ.

σωτηρία (*sōtēria*; 1/45[46]) *salvation*
2Pe 3:15 κυρίου ἡμῶν μακροθυμίαν **σωτηρίαν** ἡγεῖσθε,

ταρταρόω (*tartaroō*; 1/1) *put in hell*
2Pe 2:4 ἀλλὰ σειραῖς ζόφου **ταρταρώσας** παρέδωκεν εἰς κρίσιν

ταχινός (*tachinos*; 2/2) *soon*
2Pe 1:14 εἰδὼς ὅτι **ταχινή** ἐστιν ἡ ἀπόθεσις
2Pe 2:1 ἐπάγοντες ἑαυτοῖς **ταχινὴν** ἀπώλειαν,

τέκνον (*teknon*; 1/99) *child*
2Pe 2:14 κατάρας **τέκνα**·

τεφρόω (*tephroō*; 1/1) *reduce to ashes*
2Pe 2:6 Σοδόμων καὶ Γομόρρας **τεφρώσας** [καταστροφῇ] κατέκρινεν ὑπόδειγμα

τήκω (*tēkō*; 1/1) *dissolve*
2Pe 3:12 καὶ στοιχεῖα καυσούμενα **τήκεται**.

τηρέω (*tēreō*; 4/70) *keep*
2Pe 2:4 παρέδωκεν εἰς κρίσιν **τηρουμένους**,
2Pe 2:9 ἡμέραν κρίσεως κολαζομένους **τηρεῖν**,
2Pe 2:17 ζόφος τοῦ σκότους **τετήρηται**.
2Pe 3:7 τεθησαυρισμένοι εἰσὶν πυρί **τηρούμενοι** εἰς ἡμέραν κρίσεως

τίθημι (*tithēmi*; 1/100) *put, place, appoint*
2Pe 2:6 ὑπόδειγμα μελλόντων ἀσεβέ[σ]ιν **τεθεικώς**,

τιμή (*timē*; 1/41) *honor*
2Pe 1:17 παρὰ θεοῦ πατρὸς **τιμὴν** καὶ δόξαν φωνῆς

τίμιος (*timios*; 1/13) *precious*
2Pe 1:4 δι᾽ ὧν τὰ **τίμια** καὶ μέγιστα ἡμῖν

τις (*tis*; 4/542[543]) *anyone, anything*
2Pe 2:19 ᾧ γάρ **τις** ἥττηται,
2Pe 3:9 ὥς **τινες** βραδύτητα ἡγοῦνται,
2Pe 3:9 μὴ βουλόμενός **τινας** ἀπολέσθαι ἀλλὰ πάντας
2Pe 3:16 αἷς ἐστιν δυσνόητά **τινα**,

τοιόσδε (*toiosde*; 1/1) *of such quality*
2Pe 1:17 φωνῆς ἐνεχθείσης αὐτῷ **τοιᾶσδε** ὑπὸ τῆς μεγαλοπρεποῦς

τολμητής (*tolmētēs*; 1/1) *daring or reckless man*
2Pe 2:10 **τολμηταὶ** αὐθάδεις,

τόπος (*topos*; 1/94) *place*
2Pe 1:19 φαίνοντι ἐν αὐχμηρῷ **τόπῳ**,

τότε (*tote*; 1/160) *then*
2Pe 3:6 δι᾽ ὧν ὁ **τότε** κόσμος ὕδατι κατακλυσθεὶς

τρέμω (*tremō*; 1/3) *tremble*
2Pe 2:10 δόξας οὐ **τρέμουσιν** βλασφημοῦντες,

τρυφή (*tryphē*; 1/2) *luxury*
2Pe 2:13 τὴν ἐν ἡμέρᾳ **τρυφήν**,

τυφλός (*typhlos*; 1/50) *blind*
2Pe 1:9 **τυφλός** ἐστιν μυωπάζων,

ὕδωρ (*hydōr*; 3/76) *water*
2Pe 3:5 καὶ γῆ ἐξ **ὕδατος** καὶ δι᾽ ὕδατος
2Pe 3:5 ὕδατος καὶ δι᾽ **ὕδατος** συνεστῶσα τῷ τοῦ
2Pe 3:6 ὁ τότε κόσμος **ὕδατι** κατακλυσθεὶς ἀπώλετο·

υἱός (*huios*; 1/377) *son*
2Pe 1:17 ὁ **υἱός** μου ὁ ἀγαπητός

ὑμεῖς (*hymeis*; 21/1832) *you (pl.)*

- 2Pe 1:2 χάρις **ὑμῖν** καὶ εἰρήνη πληθυνθείη
- 2Pe 1:5 ἐν τῇ πίστει **ὑμῶν** τὴν ἀρετήν,
- 2Pe 1:8 ταῦτα γὰρ **ὑμῖν** ὑπάρχοντα καὶ πλεονάζοντα
- 2Pe 1:10 σπουδάσατε βεβαίαν **ὑμῶν** τὴν κλῆσιν καὶ
- 2Pe 1:11 γὰρ πλουσίως ἐπιχορηγηθήσεται **ὑμῖν** ἡ εἴσοδος εἰς
- 2Pe 1:12 Διὸ μελλήσω ἀεὶ **ὑμᾶς** ὑπομιμνῄσκειν περὶ τούτων
- 2Pe 1:13 διεγείρειν **ὑμᾶς** ἐν ὑπομνήσει,
- 2Pe 1:15 καὶ ἑκάστοτε ἔχειν **ὑμᾶς** μετὰ τὴν ἐμὴν
- 2Pe 1:16 μύθοις ἐξακολουθήσαντες ἐγνωρίσαμεν **ὑμῖν** τὴν τοῦ κυρίου
- 2Pe 1:19 ἐν ταῖς καρδίαις **ὑμῶν**,
- 2Pe 2:1 ὡς καὶ ἐν **ὑμῖν** ἔσονται ψευδοδιδάσκαλοι,
- 2Pe 2:3 πλεονεξίᾳ πλαστοῖς λόγοις **ὑμᾶς** ἐμπορεύσονται,
- 2Pe 2:13 ἀπάταις αὐτῶν συνευωχούμενοι **ὑμῖν**,
- 2Pe 3:1 δευτέραν **ὑμῖν** γράφω ἐπιστολήν,
- 2Pe 3:1 ἐν αἷς διεγείρω **ὑμῶν** ἐν ὑπομνήσει τὴν
- 2Pe 3:2 τῆς τῶν ἀποστόλων **ὑμῶν** ἐντολῆς τοῦ κυρίου
- 2Pe 3:8 τοῦτο μὴ λανθανέτω **ὑμᾶς**,
- 2Pe 3:9 ἀλλὰ μακροθυμεῖ εἰς **ὑμᾶς**,
- 2Pe 3:11 ποταποὺς δεῖ ὑπάρχειν **[ὑμᾶς]** ἐν ἁγίαις ἀναστροφαῖς
- 2Pe 3:15 αὐτῷ σοφίαν ἔγραψεν **ὑμῖν**,
- 2Pe 3:17 **ὑμεῖς** οὖν,

ὑπάρχω (*hyparchō*; 3/60) *be*

- 2Pe 1:8 ταῦτα γὰρ ὑμῖν **ὑπάρχοντα** καὶ πλεονάζοντα
- 2Pe 2:19 αὐτοὶ δοῦλοι **ὑπάρχοντες** τῆς φθορᾶς·
- 2Pe 3:11 λυομένων ποταποὺς δεῖ **ὑπάρχειν** [ὑμᾶς] ἐν ἁγίαις

ὑπέρογκος (*hyperonkos*; 1/2) *boastful*

- 2Pe 2:18 **ὑπέρογκα** γὰρ ματαιότητος φθεγγόμενοι

ὑπό (*hypo*; 5/219[220]) *by, under*

- 2Pe 1:17 ἐνεχθείσης αὐτῷ τοιᾶσδε **ὑπὸ** τῆς μεγαλοπρεποῦς δόξης·
- 2Pe 1:21 ἀλλὰ **ὑπὸ** πνεύματος ἁγίου φερόμενοι
- 2Pe 2:7 δίκαιον Λὼτ καταπονούμενον **ὑπὸ** τῆς τῶν ἀθέσμων
- 2Pe 2:17 ἄνυδροι καὶ ὁμίχλαι **ὑπὸ** λαίλαπος ἐλαυνόμεναι,
- 2Pe 3:2 τῶν προειρημένων ῥημάτων **ὑπὸ** τῶν ἁγίων προφητῶν

ὑπόδειγμα (*hypodeigma*; 1/6) *example*

- 2Pe 2:6 τεφρώσας [καταστροφῇ] κατέκρινεν **ὑπόδειγμα** μελλόντων ἀσεβέ[σ]ιν τεθεικώς,

ὑποζύγιον (*hypozygion*; 1/2) *donkey*

- 2Pe 2:16 **ὑποζύγιον** ἄφωνον ἐν ἀνθρώπου

ὑπομιμνῄσκω (*hypomimnēskō*; 1/7) *remind*

- 2Pe 1:12 μελλήσω ἀεὶ ὑμᾶς **ὑπομιμνῄσκειν** περὶ τούτων καίπερ

ὑπόμνησις (*hypomnēsis*; 2/3) *remembering*

- 2Pe 1:13 διεγείρειν ὑμᾶς ἐν **ὑπομνήσει**,
- 2Pe 3:1 διεγείρω ὑμῶν ἐν **ὑπομνήσει** τὴν εἰλικρινῆ διάνοιαν

ὑπομονή (*hypomonē*; 2/32) *endurance*

- 2Pe 1:6 τῇ ἐγκρατείᾳ τὴν **ὑπομονήν**,
- 2Pe 1:6 ἐν δὲ τῇ **ὑπομονῇ** τὴν εὐσέβειαν,

ὑποστρέφω (*hypostrephō*; 1/35) *return*

- 2Pe 2:21 δικαιοσύνης ἢ ἐπιγνοῦσιν **ὑποστρέψαι** ἐκ τῆς παραδοθείσης

ὗς (*hys*; 1/1) *sow*

- 2Pe 2:22 **Ὗς** λουσαμένη εἰς κυλισμὸν

φαίνω (*phainō*; 1/30[31]) *shine*

- 2Pe 1:19 προσέχοντες ὡς λύχνῳ **φαίνοντι** ἐν αὐχμηρῷ τόπῳ,

φείδομαι (*pheidomai*; 2/10) *spare*

- 2Pe 2:4 ἀγγέλων ἁμαρτησάντων οὐκ **ἐφείσατο** ἀλλὰ σειραῖς ζόφου
- 2Pe 2:5 ἀρχαίου κόσμου οὐκ **ἐφείσατο** ἀλλὰ ὄγδοον Νῶε

φέρω (*pherō*; 5/66) *bring*

- 2Pe 1:17 καὶ δόξαν φωνῆς **ἐνεχθείσης** αὐτῷ τοιᾶσδε
- 2Pe 1:18 ἠκούσαμεν ἐξ οὐρανοῦ **ἐνεχθεῖσαν** σὺν αὐτῷ ὄντες
- 2Pe 1:21 γὰρ θελήματι ἀνθρώπου **ἠνέχθη** προφητεία ποτέ,
- 2Pe 1:21 ὑπὸ πνεύματος ἁγίου **φερόμενοι** ἐλάλησαν ἀπὸ θεοῦ
- 2Pe 2:11 μείζονες ὄντες οὐ **φέρουσιν** κατ᾽ αὐτῶν

φθέγγομαι (*phthengomai*; 2/3) *speak*

- 2Pe 2:16 ἐν ἀνθρώπου φωνῇ **φθεγξάμενον** ἐκώλυσεν
- 2Pe 2:18 ὑπέρογκα γὰρ ματαιότητος **φθεγγόμενοι** δελεάζουσιν ἐν ἐπιθυμίαις

φθείρω (*phtheirō*; 1/9) *corrupt*

- 2Pe 2:12 φθορᾷ αὐτῶν καὶ **φθαρήσονται**

φθορά (*phthora*; 4/9) *decay*

- 2Pe 1:4 κόσμῳ ἐν ἐπιθυμίᾳ **φθορᾶς**.
- 2Pe 2:12 εἰς ἅλωσιν καὶ **φθορὰν** ἐν οἷς ἀγνοοῦσιν
- 2Pe 2:12 ἐν τῇ **φθορᾷ** αὐτῶν καὶ φθαρήσονται
- 2Pe 2:19 δοῦλοι ὑπάρχοντες τῆς **φθορᾶς**·

φιλαδελφία (*philadelphia*; 2/6) *brotherly love*

- 2Pe 1:7 τῇ εὐσεβείᾳ τὴν **φιλαδελφίαν**,
- 2Pe 1:7 ἐν δὲ τῇ **φιλαδελφίᾳ** τὴν ἀγάπην.

φυλάσσω (*phylassō*; 2/31) *guard*

- 2Pe 2:5 Νῶε δικαιοσύνης κήρυκα **ἐφύλαξεν** κατακλυσμὸν κόσμῳ ἀσεβῶν
- 2Pe 3:17 προγινώσκοντες **φυλάσσεσθε**,

φυσικός (*physikos*; 1/3) *natural*
2Pe 2:12 ἄλογα ζῷα γεγεννημένα **φυσικὰ** εἰς ἅλωσιν

φύσις (*physis*; 1/14) *nature*
2Pe 1:4 γένησθε θείας κοινωνοὶ **φύσεως** ἀποφυγόντες τῆς ἐν

φωνή (*phōnē*; 3/139) *voice*
2Pe 1:17 τιμὴν καὶ δόξαν **φωνῆς** ἐνεχθείσης αὐτῷ τοιᾶσδε
2Pe 1:18 καὶ ταύτην τὴν **φωνὴν** ἡμεῖς ἠκούσαμεν ἐξ
2Pe 2:16 ἄφωνον ἐν ἀνθρώπου **φωνῇ** φθεγξάμενον ἐκώλυσεν τὴν

φωσφόρος (*phōsphoros*; 1/1) *morning star*
2Pe 1:19 ἡμέρα διαυγάσῃ καὶ **φωσφόρος** ἀνατείλῃ ἐν

χάρις (*charis*; 2/155) *grace*
2Pe 1:2 **χάρις** ὑμῖν καὶ εἰρήνη
2Pe 3:18 αὐξάνετε δὲ ἐν **χάριτι** καὶ γνώσει τοῦ

χείρων (*cheirōn*; 1/11) *worse*
2Pe 2:20 αὐτοῖς τὰ ἔσχατα **χείρονα** τῶν πρώτων.

χίλιοι (*chilioi*; 2/11) *thousand*
2Pe 3:8 παρὰ κυρίῳ ὡς **χίλια** ἔτη καὶ χίλια
2Pe 3:8 χίλια ἔτη καὶ **χίλια** ἔτη ὡς ἡμέρα

Χριστός (*Christos*; 8/529) *Christ*
2Pe 1:1 καὶ ἀπόστολος Ἰησοῦ **Χριστοῦ** τοῖς ἰσότιμον ἡμῖν
2Pe 1:1 καὶ σωτῆρος Ἰησοῦ **Χριστοῦ**,
2Pe 1:8 κυρίου ἡμῶν Ἰησοῦ **Χριστοῦ** ἐπίγνωσιν·
2Pe 1:11 καὶ σωτῆρος Ἰησοῦ **Χριστοῦ**.
2Pe 1:14 κύριος ἡμῶν Ἰησοῦς **Χριστὸς** ἐδήλωσέν μοι,
2Pe 1:16 κυρίου ἡμῶν Ἰησοῦ **Χριστοῦ** δύναμιν καὶ παρουσίαν
2Pe 2:20 καὶ σωτῆρος Ἰησοῦ **Χριστοῦ**,
2Pe 3:18 καὶ σωτῆρος Ἰησοῦ **Χριστοῦ**.

χωρέω (*chōreō*; 1/10) *hold, have or make room*
2Pe 3:9 πάντας εἰς μετάνοιαν **χωρῆσαι**.

ψευδοδιδάσκαλος (*pseudodidaskalos*; 1/1) *false teacher*
2Pe 2:1 ἐν ὑμῖν ἔσονται **ψευδοδιδάσκαλοι**,

ψευδοπροφήτης (*pseudoprophētēs*; 1/11) *false prophet*
2Pe 2:1 Ἐγένοντο δὲ καὶ **ψευδοπροφῆται** ἐν τῷ λαῷ,

ψυχή (*psychē*; 2/103) *soul, life, self*
2Pe 2:8 ἡμέραν ἐξ ἡμέρας **ψυχὴν** δικαίαν ἀνόμοις ἔργοις
2Pe 2:14 δελεάζοντες **ψυχὰς** ἀστηρίκτους,

ὡς (*hōs*; 10/503[504]) *as*
2Pe 1:3 **Ὡς** πάντα ἡμῖν τῆς
2Pe 1:19 καλῶς ποιεῖτε προσέχοντες **ὡς** λύχνῳ φαίνοντι ἐν
2Pe 2:1 **ὡς** καὶ ἐν ὑμῖν
2Pe 2:12 Οὗτοι δὲ **ὡς** ἄλογα ζῷα γεγεννημένα
2Pe 3:8 ἡμέρα παρὰ κυρίῳ **ὡς** χίλια ἔτη καὶ
2Pe 3:8 καὶ χίλια ἔτη **ὡς** ἡμέρα μία.
2Pe 3:9 **ὥς** τινες βραδύτητα ἡγοῦνται,
2Pe 3:10 δὲ ἡμέρα κυρίου **ὡς** κλέπτης,
2Pe 3:16 **ὡς** καὶ ἐν πάσαις
2Pe 3:16 καὶ ἀστήρικτοι στρεβλοῦσιν **ὡς** καὶ τὰς λοιπὰς

Frequency List (Alphabetical Order)

1 ἀγαπάω
1 ἀγάπη
6 ἀγαπητός
2 ἄγγελος
5 ἅγιος
1 ἀγνοέω
1 ἀγοράζω
2 ἀδελφός
1 ἀδικέω
2 ἀδικία
1 ἄδικος
1 ἀεί
2* ἄθεσμος
1 αἵρεσις
1 αἰών
1 αἰώνιος
1 ἄκαρπος
1* ἀκατάπαυστος
1 ἀκοή
1 ἀκούω
2 ἀλήθεια
1 ἀληθής
6 ἀλλά
1 ἄλογος
1* ἅλωσις
1* ἀμαθής
1 ἁμαρτάνω
2 ἁμαρτία
1 ἀμήν
1* ἀμώμητος
1 ἀναστρέφω
2 ἀναστροφή
1 ἀνατέλλω
4 ἄνθρωπος
1 ἄνομος
1 ἄνυδρος
1 ἀπάτη
3 ἀπό
1 ἀπόθεσις
2 ἀπόλλυμι
2 ἀπόστολος
3* ἀποφεύγω
5 ἀπώλεια
1* ἀργέω
1 ἀργός
3 ἀρετή
1 ἀρνέομαι
1 ἀρχαῖος
1 ἀρχή
3 ἀσεβής
3 ἀσέλγεια
1 ἄσπιλος
2* ἀστήρικτος
1 αὐθάδης
1 αὐξάνω
29° αὐτός
1* αὐχμηρός
1 ἄφωνος
1 Βαλαάμ
1 βασανίζω
1 βασιλεία
2 βέβαιος
3 βλασφημέω
1 βλάσφημος
1* βλέμμα
1* βόρβορος
1* Βοσόρ
1 βούλομαι
1 βραδύνω
1* βραδύτης
15 γάρ
1 γεννάω
4 γῆ
5 γίνομαι
2 γινώσκω
1 γνωρίζω
3 γνῶσις
1 Γόμορρα
2 γραφή
2 γράφω
1 γυμνάζω
21 δέ
1 δεῖ
2 δελεάζω
1 δεσπότης
1 δεύτερος
1 δηλόω
7 διά
1 διαμένω
1 διάνοια
1* διαυγάζω
1 δίδωμι
2 διεγείρω
4 δίκαιος
4 δικαιοσύνη
3 διό
5 δόξα
2 δοῦλος
1 δουλόω
3 δύναμις
1* δυσνόητος
2 δωρέομαι
1 ἑαυτοῦ
1* ἐγκατοικέω
2 ἐγκράτεια
5 ἐγώ
2 εἰ
1 εἰλικρινής
13 εἰμί
2 εἰρήνη
11 εἰς
3 εἷς
1 εἴσοδος
5 ἐκ
1* ἑκάστοτε
1 ἐκεῖνος
1 ἐκλογή
2* ἔκπαλαι
1 ἐκπίπτω
1 ἐλαύνω
1* ἔλεγξις
1 ἐλευθερία
1 ἐμός
1* ἐμπαιγμονή
1 ἐμπαίκτης
1 ἐμπλέκω
1 ἐμπορεύομαι
43 ἐν
2 ἐντολή
1* ἐντρυφάω
3* ἐξακολουθέω
1* ἐξέραμα
1 ἔξοδος
2 ἐπαγγελία
1 ἐπαγγέλλομαι
2* ἐπάγγελμα
2 ἐπάγω
3 ἐπί
2 ἐπιγινώσκω
4 ἐπίγνωσις
4 ἐπιθυμία
1* ἐπίλυσις
2 ἐπιστολή
1 ἐπιστρέφω
2 ἐπιχορηγέω
1* ἐπόπτης
2 ἔργον
1 ἔρχομαι
2 ἔσχατος
2 ἔτος
1 εὐδοκέω
1 εὐθύς
2 εὑρίσκω
4 εὐσέβεια
1 εὐσεβής
5 ἔχω
1 ἕως
2 ζόφος
1 ζωή
1 ζῷον
1 ἤ
4 ἡγέομαι
1 ἤδη
1 ἡδονή
1 ἥκω
15 ἡμεῖς
12 ἡμέρα
2* ἡττάομαι
2 θεῖος
1 θέλημα
1 θέλω
7 θεός
1 θησαυρίζω
7 ἴδιος
9 Ἰησοῦς
2 ἵνα
1* ἰσότιμος
1 ἰσχύς
1 καθαρισμός
1 καθίστημι
2 καθώς
63° καί
2 καινός
1 καίπερ
1 καλέω
1 καλῶς
2 καρδία
4 κατά
1* κατακλύζω
1 κατακλυσμός
1 κατακρίνω
1 καταλείπω
1 καταπονέω
1 κατάρα
1 καταστροφή
1 καταφρονέω
1 κατοικέω
2* καυσόω
1 κῆρυξ
1 κλέπτης
1 κλῆσις
1 κοιμάομαι
1 κοινωνός
1 κολάζω
5 κόσμος
1 κρείττων
1 κρίμα
4 κρίσις
1 κτίσις
1* κυλισμός
14 κύριος
1 κυριότης
1 κύων
1 κωλύω
1 λαγχάνω
1 λαῖλαψ
2 λαλέω
2 λαμβάνω
2 λανθάνω
1 λαός
1 λέγω
1* λήθη
4 λόγος
1 λοιπός
1 λούω
1 λύχνος
3 λύω
1 Λώτ
1 μακροθυμέω
1 μακροθυμία
1 μάλιστα
1 μᾶλλον
1 ματαιότης
1 μεγαλειότης
1* μεγαλοπρεπής
2 μέγας
2 μέλλω
1 μεστός
1 μετά
1 μετάνοια
6 μή
1* μίασμα
1* μιασμός
1 μιμνῄσκομαι
2 μισθός
1* μνήμη
1 μοιχαλίς
1 μῦθος
1* μυωπάζω
1* μῶμος
2 νῦν
1 νυστάζω
1 Νῶε
123° ὁ
1 ὄγδοος
4 ὁδός
3 οἶδα
1* ὀλίγως
1* ὁμίχλη
1 ὀπίσω
1 ὅπου
1 ὅρος
19 ὅς
1 ὅσος
1 ὅστις
5 ὅτι
12 οὐ
1 οὐδέ
1 οὖν
6 οὐρανός
22 οὗτος
3 οὕτως
1 ὀφθαλμός
1 πάλαι
1 πάλιν
3 παρά
2 παραδίδωμι
1* παρανομία
1* παραφρονία
2 πάρειμι
1* παρεισάγω
1* παρεισφέρω
1 παρέρχομαι
1 παροιμία
3 παρουσία
7 πᾶς
2 πατήρ
1 Παῦλος
1 πειρασμός
2 περί
1 Πέτρος
1 πηγή
2 πίστις
1 πλανάω
2 πλάνη
1* πλαστός

1 πλεονάζω
2 πλεονεξία
1 πληθύνω
1 πλουσίως
1 πνεῦμα
4 ποιέω
1 πόλις
1 πολύς
2 πορεύομαι
1 ποταπός
2 ποτέ
1 ποῦ
1 προγινώσκω
1 προλέγω
2 πρός
3 προσδοκάω
1 προσέχω
2 προφητεία
2 προφήτης
1 προφητικός
3 πρῶτος
1 πταίω
1 πῦρ
1 πυρόω
1 ῥῆμα
1* ῥοιζηδόν
2 ῥύομαι
2 σάρξ
1* σειρά
2 σκήνωμα
1 σκότος
1 Σόδομα
1 σοφία
1 σοφίζω
1 σπεύδω
1 σπίλος
3 σπουδάζω
1 σπουδή
1* στηριγμός
1 στηρίζω
2 στοιχεῖον
1* στρεβλόω
1 συμβαίνω
1 Συμεών
1 σύν
1 συναπάγω
1 συνευωχέομαι
1 συνίστημι
5 σωτήρ
1 σωτηρία
1* ταρταρόω
2* ταχινός
1 τέκνον
1* τεφρόω
1* τήκω
4 τηρέω
1 τίθημι
1 τιμή
1 τίμιος
4 τις
1* τοιόσδε
1* τολμητής
1 τόπος
1 τότε
1 τρέμω
1 τρυφή
1 τυφλός
3 ὕδωρ
1 υἱός
21 ὑμεῖς
3 ὑπάρχω
1 ὑπέρογκος
5 ὑπό
1 ὑπόδειγμα
1 ὑποζύγιον
1 ὑπομιμνῄσκω
2 ὑπόμνησις
2 ὑπομονή
1 ὑποστρέφω
1* ὗς
1 φαίνω
2 φείδομαι
5 φέρω
2 φθέγγομαι
1 φθείρω
4 φθορά
2 φιλαδελφία
2 φυλάσσω
1 φυσικός
1 φύσις
3 φωνή
1* φωσφόρος
2 χάρις
1 χείρων
2 χίλιοι
8 Χριστός
1 χωρέω
1* ψευδοδιδάσκαλος
1 ψευδοπροφήτης
2 ψυχή
10 ὡς

° Not included in concordance
* Word only occurs in this book

Frequency List (in Order of Occurrence)

123° ὁ
63° καί
43 ἐν
29° αὐτός
22 οὗτος
21 δέ
21 ὑμεῖς
19 ὅς
15 γάρ
15 ἡμεῖς
14 κύριος
13 εἰμί
12 ἡμέρα
12 οὐ
11 εἰς
10 ὡς
9 Ἰησοῦς
8 Χριστός
7 διά
7 θεός
7 ἴδιος
7 πᾶς
6 ἀγαπητός
6 ἀλλά
6 μή
6 οὐρανός
5 ἅγιος
5 ἀπώλεια
5 γίνομαι
5 δόξα
5 ἐγώ
5 ἐκ
5 ἔχω
5 κόσμος
5 ὅτι
5 σωτήρ
5 ὑπό
5 φέρω
4 ἄνθρωπος
4 γῆ
4 δίκαιος
4 δικαιοσύνη
4 ἐπίγνωσις
4 ἐπιθυμία
4 εὐσέβεια
4 ἡγέομαι
4 κατά
4 κρίσις
4 λόγος
4 ὁδός
4 ποιέω
4 τηρέω
4 τις
4 φθορά
3 ἀπό
3* ἀποφεύγω
3 ἀρετή
3 ἀσεβής
3 ἀσέλγεια
3 βλασφημέω
3 γνῶσις
3 διό
3 δύναμις
3 εἷς
3* ἐξακολουθέω
3 ἐπί
3 λύω
3 οἶδα
3 οὕτως
3 παρά
3 παρουσία
3 προσδοκάω
3 πρῶτος
3 σπουδάζω
3 ὕδωρ
3 ὑπάρχω
3 φωνή
2 ἄγγελος
2 ἀδελφός
2 ἀδικία
2* ἄθεσμος
2 ἀλήθεια
2 ἁμαρτία
2 ἀναστροφή
2 ἀπόλλυμι
2 ἀπόστολος
2* ἀστήρικτος
2 βέβαιος
2 γινώσκω
2 γραφή
2 γράφω
2 δελεάζω
2 διεγείρω
2 δοῦλος
2 δωρέομαι
2 ἐγκράτεια
2 εἰ
2 εἰρήνη
2* ἔκπαλαι
2 ἐντολή
2 ἐπαγγελία
2* ἐπάγγελμα
2 ἐπάγω
2 ἐπιγινώσκω
2 ἐπιστολή
2 ἐπιχορηγέω
2 ἔργον
2 ἔσχατος
2 ἔτος
2 εὑρίσκω
2 ζόφος
2* ἡττάομαι
2 θεῖος
2 ἵνα
2 καθώς
2 καινός
2 καρδία
2* καυσόω
2 λαλέω
2 λαμβάνω
2 λανθάνω
2 μέγας
2 μέλλω
2 μισθός
2 νῦν
2 παραδίδωμι
2 πάρειμι
2 πατήρ
2 περί
2 πίστις
2 πλάνη
2 πλεονεξία
2 πορεύομαι
2 ποτέ
2 πρός
2 προφητεία
2 προφήτης
2 ῥύομαι
2 σάρξ
2 σκήνωμα
2 στοιχεῖον
2* ταχινός
2 ὑπόμνησις
2 ὑπομονή
2 φείδομαι
2 φθέγγομαι
2 φιλαδελφία
2 φυλάσσω
2 χάρις
2 χίλιοι
2 ψυχή
1 ἀγαπάω
1 ἀγάπη
1 ἀγνοέω
1 ἀγοράζω
1 ἀδικέω
1 ἄδικος
1 ἀεί
1 αἵρεσις
1 αἰών
1 αἰώνιος
1 ἄκαρπος
1* ἀκατάπαυστος
1 ἀκοή
1 ἀκούω
1 ἀληθής
1 ἄλογος
1* ἅλωσις
1* ἀμαθής
1 ἁμαρτάνω
1 ἀμήν
1* ἀμώμητος
1 ἀναστρέφω
1 ἀνατέλλω
1 ἄνομος
1 ἄνυδρος
1 ἀπάτη
1 ἀπόθεσις
1* ἀργέω
1 ἀργός
1 ἀρνέομαι
1 ἀρχαῖος
1 ἀρχή
1 ἄσπιλος
1 αὐθάδης
1 αὐξάνω
1* αὐχμηρός
1 ἄφωνος
1 Βαλαάμ
1 βασανίζω
1 βασιλεία
1 βλάσφημος
1* βλέμμα
1* βόρβορος
1* Βοσόρ
1 βούλομαι
1 βραδύνω
1* βραδύτης
1 γεννάω
1 γνωρίζω
1 Γόμορρα
1 γυμνάζω
1 δεῖ
1 δεσπότης
1 δεύτερος
1 δηλόω
1 διαμένω
1 διάνοια
1* διαυγάζω
1 δίδωμι
1 δουλόω
1* δυσνόητος
1 ἑαυτοῦ
1* ἐγκατοικέω
1 εἰλικρινής
1 εἴσοδος
1* ἑκάστοτε
1 ἐκεῖνος
1 ἐκλογή
1 ἐκπίπτω
1 ἐλαύνω
1* ἔλεγξις
1 ἐλευθερία
1 ἐμός
1* ἐμπαιγμονή
1 ἐμπαίκτης
1 ἐμπλέκω
1 ἐμπορεύομαι
1* ἐντρυφάω
1* ἐξέραμα
1 ἔξοδος
1 ἐπαγγέλλομαι
1* ἐπίλυσις
1 ἐπιστρέφω
1* ἐπόπτης
1 ἔρχομαι
1 εὐδοκέω
1 εὐθύς
1 εὐσεβής
1 ἕως
1 ζωή
1 ζῷον
1 ἤ
1 ἤδη
1 ἡδονή
1 ἥκω
1 θέλημα
1 θέλω
1 θησαυρίζω
1* ἰσότιμος
1 ἰσχύς
1 καθαρισμός
1 καθίστημι
1 καίπερ
1 καλέω
1 καλῶς
1* κατακλύζω
1 κατακλυσμός
1 κατακρίνω
1 καταλείπω
1 καταπονέω
1 κατάρα
1 καταστροφή
1 καταφρονέω
1 κατοικέω
1 κῆρυξ
1 κλέπτης
1 κλῆσις
1 κοιμάομαι
1 κοινωνός
1 κολάζω
1 κρείττων
1 κρίμα
1 κτίσις
1* κυλισμός
1 κυριότης
1 κύων
1 κωλύω
1 λαγχάνω
1 λαῖλαψ
1 λαός
1 λέγω
1* λήθη
1 λοιπός
1 λούω
1 λύχνος
1 Λώτ
1 μακροθυμέω
1 μακροθυμία
1 μάλιστα
1 μᾶλλον
1 ματαιότης
1 μεγαλειότης
1* μεγαλοπρεπής
1 μεστός
1 μετά
1 μετάνοια
1* μίασμα
1* μιασμός

1 μιμνῄσκομαι
1* μνήμη
1 μοιχαλίς
1 μῦθος
1* μυωπάζω
1* μῶμος
1 νυστάζω
1 Νῶε
1 ὄγδοος
1* ὀλίγως
1* ὁμίχλη
1 ὀπίσω
1 ὅπου
1 ὄρος
1 ὅσος
1 ὅστις
1 οὐδέ
1 οὖν
1 ὀφθαλμός
1 πάλαι
1 πάλιν
1* παρανομία
1* παραφρονία
1* παρεισάγω
1* παρεισφέρω
1 παρέρχομαι
1 παροιμία
1 Παῦλος
1 πειρασμός
1 Πέτρος
1 πηγή
1 πλανάω
1* πλαστός
1 πλεονάζω
1 πληθύνω
1 πλουσίως
1 πνεῦμα
1 πόλις
1 πολύς
1 ποταπός
1 ποῦ
1 προγινώσκω
1 προλέγω
1 προσέχω
1 προφητικός
1 πταίω
1 πῦρ
1 πυρόω
1 ῥῆμα
1* ῥοιζηδόν
1* σειρά
1 σκότος
1 Σόδομα
1 σοφία
1 σοφίζω
1 σπεύδω
1 σπίλος
1 σπουδή
1* στηριγμός
1 στηρίζω
1* στρεβλόω
1 συμβαίνω
1 Συμεών
1 σύν
1 συναπάγω
1 συνευωχέομαι
1 συνίστημι
1 σωτηρία
1* ταρταρόω
1 τέκνον
1* τεφρόω
1* τήκω
1 τίθημι
1 τιμή
1 τίμιος
1* τοιόσδε
1* τολμητής
1 τόπος
1 τότε
1 τρέμω
1 τρυφή
1 τυφλός
1 υἱός
1 ὑπέρογκος
1 ὑπόδειγμα
1 ὑποζύγιον
1 ὑπομιμνῄσκω
1 ὑποστρέφω
1* ὗς
1 φαίνω
1 φθείρω
1 φυσικός
1 φύσις
1* φωσφόρος
1 χείρων
1 χωρέω
1* ψευδοδιδάσκαλος
1 ψευδοπροφήτης

° Not included in concordance
* Word only occurs in this book

1 John – Statistics

234 Total word count
41 Number of words occurring at least 10 times
88 Number of words occurring once

Words whose occurrences in this book account for at least 25% of occurrences in the entire NT

<u>100%</u>
3/3 χρῖσμα (*chrisma*; anointing)
2/2 ἀγγελία (*angelia*; message), ἱλασμός (*hilasmos*; means by which sins are forgiven)
1/1 νίκη (*nikē*; victory)

<u>87%</u>
7/8 τεκνίον (*teknion*; little child)

<u>80%</u>
4/5 ἀντίχριστος (*antichristos*; antichrist)

<u>66%</u>
2/3 ἀνθρωποκτόνος (*anthrōpoktonos*; murderer), καταγινώσκω (*kataginōskō*; condemn)

<u>50%</u>
5/10 ψεύστης (*pseustēs*; 5/10) liar)
1/2 ἀλαζονεία (*alazoneia*; pride), κόλασις (*kolasis*; punishment)

<u>37%</u>
6/16 σκοτία (*skotia*; darkness)

<u>33%</u>
1/3 αἴτημα (*aitēma*; request), Κάϊν (*Kain*; Cain), τυφλόω (*typhloō*; blind)

<u>28%</u>
2/7 ἡμέτερος (*hēmeteros*; our)

1 John – Concordance

ἀγαπάω (*agapaō*; 28/143) *love*

1Jn 2:10 ὁ **ἀγαπῶν** τὸν ἀδελφὸν αὐτοῦ
1Jn 2:15 Μὴ **ἀγαπᾶτε** τὸν κόσμον μηδὲ
1Jn 2:15 ἐάν τις **ἀγαπᾷ** τὸν κόσμον,
1Jn 3:10 καὶ ὁ μὴ **ἀγαπῶν** τὸν ἀδελφὸν αὐτοῦ.
1Jn 3:11 ἵνα **ἀγαπῶμεν** ἀλλήλους,
1Jn 3:14 ὅτι **ἀγαπῶμεν** τοὺς ἀδελφούς·
1Jn 3:14 ὁ μὴ **ἀγαπῶν** μένει ἐν τῷ
1Jn 3:18 μὴ **ἀγαπῶμεν** λόγῳ μηδὲ τῇ
1Jn 3:23 Ἰησοῦ Χριστοῦ καὶ **ἀγαπῶμεν** ἀλλήλους,
1Jn 4:7 **ἀγαπῶμεν** ἀλλήλους,
1Jn 4:7 καὶ πᾶς ὁ **ἀγαπῶν** ἐκ τοῦ θεοῦ
1Jn 4:8 ὁ μὴ **ἀγαπῶν** οὐκ ἔγνω τὸν
1Jn 4:10 οὐχ ὅτι ἡμεῖς **ἠγαπήκαμεν** τὸν θεὸν ἀλλ'
1Jn 4:10 ἀλλ' ὅτι αὐτὸς **ἠγάπησεν** ἡμᾶς καὶ ἀπέστειλεν
1Jn 4:11 οὕτως ὁ θεὸς **ἠγάπησεν** ἡμᾶς,
1Jn 4:11 ἡμεῖς ὀφείλομεν ἀλλήλους **ἀγαπᾶν**.
1Jn 4:12 ἐὰν **ἀγαπῶμεν** ἀλλήλους,
1Jn 4:19 ἡμεῖς **ἀγαπῶμεν**,
1Jn 4:19 ὅτι αὐτὸς πρῶτος **ἠγάπησεν** ἡμᾶς.
1Jn 4:20 τις εἴπῃ ὅτι **ἀγαπῶ** τὸν θεὸν καὶ
1Jn 4:20 ὁ γὰρ μὴ **ἀγαπῶν** τὸν ἀδελφὸν αὐτοῦ
1Jn 4:20 ἑώρακεν οὐ δύναται **ἀγαπᾶν**.
1Jn 4:21 ἵνα ὁ **ἀγαπῶν** τὸν θεὸν ἀγαπᾷ
1Jn 4:21 ἀγαπῶν τὸν θεὸν **ἀγαπᾷ** καὶ τὸν ἀδελφὸν
1Jn 5:1 καὶ πᾶς ὁ **ἀγαπῶν** τὸν γεννήσαντα ἀγαπᾷ
1Jn 5:1 ἀγαπῶν τὸν γεννήσαντα **ἀγαπᾷ** [καὶ] τὸν γεγεννημένον
1Jn 5:2 τούτῳ γινώσκομεν ὅτι **ἀγαπῶμεν** τὰ τέκνα
1Jn 5:2 ὅταν τὸν θεὸν **ἀγαπῶμεν** καὶ τὰς ἐντολὰς

ἀγάπη (*agapē*; 18/116) *love*

1Jn 2:5 ἐν τούτῳ ἡ **ἀγάπη** τοῦ θεοῦ τετελείωται,
1Jn 2:15 οὐκ ἔστιν ἡ **ἀγάπη** τοῦ πατρὸς ἐν
1Jn 3:1 ἴδετε ποταπὴν **ἀγάπην** δέδωκεν ἡμῖν ὁ
1Jn 3:16 τούτῳ ἐγνώκαμεν τὴν **ἀγάπην**,
1Jn 3:17 πῶς ἡ **ἀγάπη** τοῦ θεοῦ μένει
1Jn 4:7 ὅτι ἡ **ἀγάπη** ἐκ τοῦ θεοῦ
1Jn 4:8 ὅτι ὁ θεὸς **ἀγάπη** ἐστίν.
1Jn 4:9 τούτῳ ἐφανερώθη ἡ **ἀγάπη** τοῦ θεοῦ ἐν
1Jn 4:10 τούτῳ ἐστὶν ἡ **ἀγάπη**,
1Jn 4:12 μένει καὶ ἡ **ἀγάπη** αὐτοῦ ἐν ἡμῖν
1Jn 4:16 καὶ πεπιστεύκαμεν τὴν **ἀγάπην** ἣν ἔχει ὁ
1Jn 4:16 Ὁ θεὸς **ἀγάπη** ἐστίν,
1Jn 4:16 μένων ἐν τῇ **ἀγάπῃ** ἐν τῷ θεῷ
1Jn 4:17 τούτῳ τετελείωται ἡ **ἀγάπη** μεθ' ἡμῶν,
1Jn 4:18 ἔστιν ἐν τῇ **ἀγάπῃ** ἀλλ' ἡ τελεία
1Jn 4:18 ἀλλ' ἡ τελεία **ἀγάπη** ἔξω βάλλει τὸν
1Jn 4:18 τετελείωται ἐν τῇ **ἀγάπῃ**.
1Jn 5:3 γάρ ἐστιν ἡ **ἀγάπη** τοῦ θεοῦ,

ἀγαπητός (*agapētos*; 6/61) *beloved*

1Jn 2:7 **Ἀγαπητοί**,
1Jn 3:2 **ἀγαπητοί**,
1Jn 3:21 **Ἀγαπητοί**,
1Jn 4:1 **Ἀγαπητοί**,
1Jn 4:7 **Ἀγαπητοί**,
1Jn 4:11 **Ἀγαπητοί**,

ἀγγελία (*angelia*; 2/2) *message*

1Jn 1:5 ἔστιν αὕτη ἡ **ἀγγελία** ἣν ἀκηκόαμεν ἀπ'
1Jn 3:11 αὕτη ἐστὶν ἡ **ἀγγελία** ἣν ἠκούσατε ἀπ'

ἅγιος (*hagios*; 1/233) *holy, set apart*

1Jn 2:20 ἔχετε ἀπὸ τοῦ **ἁγίου** καὶ οἴδατε πάντες.

ἁγνίζω (*hagnizō*; 1/7) *purify*

1Jn 3:3 ταύτην ἐπ' αὐτῷ **ἁγνίζει** ἑαυτόν,

ἁγνός (*hagnos*; 1/8) *pure*

1Jn 3:3 καθὼς ἐκεῖνος **ἁγνός** ἐστιν.

ἀδελφός (*adelphos*; 15/343) *brother*

1Jn 2:9 εἶναι καὶ τὸν **ἀδελφὸν** αὐτοῦ μισῶν ἐν
1Jn 2:10 ὁ ἀγαπῶν τὸν **ἀδελφὸν** αὐτοῦ ἐν τῷ
1Jn 2:11 δὲ μισῶν τὸν **ἀδελφὸν** αὐτοῦ ἐν τῇ
1Jn 3:10 μὴ ἀγαπῶν τὸν **ἀδελφὸν** αὐτοῦ.
1Jn 3:12 καὶ ἔσφαξεν τὸν **ἀδελφὸν** αὐτοῦ·
1Jn 3:12 τὰ δὲ τοῦ **ἀδελφοῦ** αὐτοῦ δίκαια.
1Jn 3:13 **ἀδελφοί**,
1Jn 3:14 ὅτι ἀγαπῶμεν τοὺς **ἀδελφούς**·
1Jn 3:15 ὁ μισῶν τὸν **ἀδελφὸν** αὐτοῦ ἀνθρωποκτόνος ἐστίν,
1Jn 3:16 ὀφείλομεν ὑπὲρ τῶν **ἀδελφῶν** τὰς ψυχὰς θεῖναι.
1Jn 3:17 καὶ θεωρῇ τὸν **ἀδελφὸν** αὐτοῦ χρείαν ἔχοντα
1Jn 4:20 θεὸν καὶ τὸν **ἀδελφὸν** αὐτοῦ μισῇ,
1Jn 4:20 μὴ ἀγαπῶν τὸν **ἀδελφὸν** αὐτοῦ ὃν ἑώρακεν,
1Jn 4:21 ἀγαπᾷ καὶ τὸν **ἀδελφὸν** αὐτοῦ.
1Jn 5:16 τις ἴδῃ τὸν **ἀδελφὸν** αὐτοῦ ἁμαρτάνοντα ἁμαρτίαν

ἀδικία (*adikia*; 2/25) *unrighteousness*

1Jn 1:9 ἡμᾶς ἀπὸ πάσης **ἀδικίας**.
1Jn 5:17 πᾶσα **ἀδικία** ἁμαρτία ἐστίν,

αἷμα (*haima*; 4/97) *blood*

1Jn 1:7 ἀλλήλων καὶ τὸ **αἷμα** Ἰησοῦ τοῦ υἱοῦ
1Jn 5:6 δι' ὕδατος καὶ **αἵματος**,
1Jn 5:6 καὶ ἐν τῷ **αἵματι**·
1Jn 5:8 ὕδωρ καὶ τὸ **αἷμα**,

αἴρω (*airō*; 1/100[101]) *take, take up or away*

1Jn 3:5 ἵνα τὰς ἁμαρτίας **ἄρῃ**,

αἰσχύνω (*aischynō*; 1/5) *be ashamed*

1Jn 2:28 παρρησίαν καὶ μὴ **αἰσχυνθῶμεν** ἀπ' αὐτοῦ

αἰτέω (*aiteō*; 5/70) *ask*

1Jn 3:22 καὶ ὃ ἐὰν **αἰτῶμεν** λαμβάνομεν ἀπ' αὐτοῦ,
1Jn 5:14 ὅτι ἐάν τι **αἰτώμεθα** κατὰ τὸ θέλημα
1Jn 5:15 ἡμῶν ὃ ἐὰν **αἰτώμεθα**,
1Jn 5:15 τὰ αἰτήματα ἃ **ᾐτήκαμεν** ἀπ' αὐτοῦ.
1Jn 5:16 **αἰτήσει** καὶ δώσει αὐτῷ

αἴτημα (*aitēma*; 1/3) *request*

1Jn 5:15 ὅτι ἔχομεν τὰ **αἰτήματα** ἃ ᾐτήκαμεν ἀπ'

<u>αἰών (*aiōn*; 1/122) *age*</u>

1Jn 2:17 μένει εἰς τὸν **αἰῶνα**.

<u>αἰώνιος (*aiōnios*; 6/70[71]) *eternal*</u>

1Jn 1:2 τὴν ζωὴν τὴν **αἰώνιον** ἥτις ἦν πρὸς
1Jn 2:25 τὴν ζωὴν τὴν **αἰώνιον**.
1Jn 3:15 οὐκ ἔχει ζωὴν **αἰώνιον** ἐν αὐτῷ μένουσαν.
1Jn 5:11 ὅτι ζωὴν **αἰώνιον** ἔδωκεν ἡμῖν ὁ
1Jn 5:13 ὅτι ζωὴν ἔχετε **αἰώνιον**,
1Jn 5:20 θεὸς καὶ ζωὴ **αἰώνιος**.

<u>ἀκούω (*akouō*; 14/426[428]) *hear*</u>

1Jn 1:1 ὃ **ἀκηκόαμεν**,
1Jn 1:3 ὃ ἑωράκαμεν καὶ **ἀκηκόαμεν**,
1Jn 1:5 ἡ ἀγγελία ἣν **ἀκηκόαμεν** ἀπ᾽ αὐτοῦ καὶ
1Jn 2:7 ὁ λόγος ὃν **ἠκούσατε**.
1Jn 2:18 καὶ καθὼς **ἠκούσατε** ὅτι ἀντίχριστος ἔρχεται,
1Jn 2:24 ὑμεῖς ὃ **ἠκούσατε** ἀπ᾽ ἀρχῆς,
1Jn 2:24 ὃ ἀπ᾽ ἀρχῆς **ἠκούσατε**,
1Jn 3:11 ἡ ἀγγελία ἣν **ἠκούσατε** ἀπ᾽ ἀρχῆς,
1Jn 4:3 ὃ **ἀκηκόατε** ὅτι ἔρχεται,
1Jn 4:5 ὁ κόσμος αὐτῶν **ἀκούει**.
1Jn 4:6 γινώσκων τὸν θεὸν **ἀκούει** ἡμῶν,
1Jn 4:6 τοῦ θεοῦ οὐκ **ἀκούει** ἡμῶν.
1Jn 5:14 τὸ θέλημα αὐτοῦ **ἀκούει** ἡμῶν.
1Jn 5:15 ἐὰν οἴδαμεν ὅτι **ἀκούει** ἡμῶν ὃ ἐὰν

<u>ἀλαζονεία (*alazoneia*; 1/2) *pride*</u>

1Jn 2:16 ὀφθαλμῶν καὶ ἡ **ἀλαζονεία** τοῦ βίου,

<u>ἀλήθεια (*alētheia*; 9/109) *truth*</u>

1Jn 1:6 οὐ ποιοῦμεν τὴν **ἀλήθειαν**·
1Jn 1:8 πλανῶμεν καὶ ἡ **ἀλήθεια** οὐκ ἔστιν ἐν
1Jn 2:4 ἐν τούτῳ ἡ **ἀλήθεια** οὐκ ἔστιν·
1Jn 2:21 οὐκ οἴδατε τὴν **ἀλήθειαν** ἀλλ᾽ ὅτι οἴδατε
1Jn 2:21 ψεῦδος ἐκ τῆς **ἀληθείας** οὐκ ἔστιν.
1Jn 3:18 ἐν ἔργῳ καὶ **ἀληθείᾳ**.
1Jn 3:19 ὅτι ἐκ τῆς **ἀληθείας** ἐσμέν,
1Jn 4:6 τὸ πνεῦμα τῆς **ἀληθείας** καὶ τὸ πνεῦμα
1Jn 5:6 πνεῦμά ἐστιν ἡ **ἀλήθεια**.

<u>ἀληθής (*alēthēs*; 2/26) *true*</u>

1Jn 2:8 ὅ ἐστιν **ἀληθὲς** ἐν αὐτῷ καὶ
1Jn 2:27 περὶ πάντων καὶ **ἀληθές** ἐστιν καὶ οὐκ

<u>ἀληθινός (*alēthinos*; 4/28) *true, real*</u>

1Jn 2:8 τὸ φῶς τὸ **ἀληθινὸν** ἤδη φαίνει.
1Jn 5:20 ἵνα γινώσκωμεν τὸν **ἀληθινόν**,
1Jn 5:20 ἐσμὲν ἐν τῷ **ἀληθινῷ**,
1Jn 5:20 οὗτός ἐστιν ὁ **ἀληθινὸς** θεὸς καὶ ζωὴ

<u>ἀληθῶς (*alēthōs*; 1/18) *truly*</u>

1Jn 2:5 **ἀληθῶς** ἐν τούτῳ ἡ

<u>ἀλλά (*alla*; 13/638) *but*</u>

1Jn 2:2 ἡμετέρων δὲ μόνον **ἀλλὰ** καὶ περὶ ὅλου
1Jn 2:7 καινὴν γράφω ὑμῖν **ἀλλ᾽** ἐντολὴν παλαιὰν ἣν
1Jn 2:16 ἐκ τοῦ πατρὸς **ἀλλ᾽** ἐκ τοῦ κόσμου
1Jn 2:19 ἐξ ἡμῶν ἐξῆλθαν **ἀλλ᾽** οὐκ ἦσαν ἐξ
1Jn 2:19 **ἀλλ᾽** ἵνα φανερωθῶσιν ὅτι
1Jn 2:21 οἴδατε τὴν ἀλήθειαν **ἀλλ᾽** ὅτι οἴδατε αὐτὴν
1Jn 2:27 **ἀλλ᾽** ὡς τὸ αὐτοῦ
1Jn 3:18 μηδὲ τῇ γλώσσῃ **ἀλλὰ** ἐν ἔργῳ καὶ
1Jn 4:1 παντὶ πνεύματι πιστεύετε **ἀλλὰ** δοκιμάζετε τὰ πνεύματα
1Jn 4:10 ἠγαπήκαμεν τὸν θεὸν **ἀλλ᾽** ὅτι αὐτὸς ἠγάπησεν
1Jn 4:18 ἐν τῇ ἀγάπῃ **ἀλλ᾽** ἡ τελεία ἀγάπη
1Jn 5:6 τῷ ὕδατι μόνον **ἀλλ᾽** ἐν τῷ ὕδατι
1Jn 5:18 **ἀλλ᾽** ὁ γεννηθεὶς ἐκ

<u>ἀλλήλων (*allēlōn*; 6/100) *one another*</u>

1Jn 1:7 κοινωνίαν ἔχομεν μετ᾽ **ἀλλήλων** καὶ τὸ αἷμα
1Jn 3:11 ἵνα ἀγαπῶμεν **ἀλλήλους**,
1Jn 3:23 Χριστοῦ καὶ ἀγαπῶμεν **ἀλλήλους**,
1Jn 4:7 ἀγαπῶμεν **ἀλλήλους**,
1Jn 4:11 καὶ ἡμεῖς ὀφείλομεν **ἀλλήλους** ἀγαπᾶν.
1Jn 4:12 ἐὰν ἀγαπῶμεν **ἀλλήλους**,

<u>ἁμαρτάνω (*hamartanō*; 10/42[43]) *sin*</u>

1Jn 1:10 εἴπωμεν ὅτι οὐχ **ἡμαρτήκαμεν**,
1Jn 2:1 ὑμῖν ἵνα μὴ **ἁμάρτητε**.
1Jn 2:1 καὶ ἐάν τις **ἁμάρτῃ**,
1Jn 3:6 αὐτῷ μένων οὐχ **ἁμαρτάνει**·
1Jn 3:6 πᾶς ὁ **ἁμαρτάνων** οὐχ ἑώρακεν αὐτὸν
1Jn 3:8 ἀρχῆς ὁ διάβολος **ἁμαρτάνει**.
1Jn 3:9 καὶ οὐ δύναται **ἁμαρτάνειν**,
1Jn 5:16 τὸν ἀδελφὸν αὐτοῦ **ἁμαρτάνοντα** ἁμαρτίαν μὴ πρὸς
1Jn 5:16 τοῖς **ἁμαρτάνουσιν** μὴ πρὸς θάνατον.
1Jn 5:18 τοῦ θεοῦ οὐχ **ἁμαρτάνει**,

<u>ἁμαρτία (*hamartia*; 17/173) *sin*</u>

1Jn 1:7 ἡμᾶς ἀπὸ πάσης **ἁμαρτίας**.
1Jn 1:8 ἐὰν εἴπωμεν ὅτι **ἁμαρτίαν** οὐκ ἔχομεν,
1Jn 1:9 ἐὰν ὁμολογῶμεν τὰς **ἁμαρτίας** ἡμῶν,
1Jn 1:9 ἀφῇ ἡμῖν τὰς **ἁμαρτίας** καὶ καθαρίσῃ ἡμᾶς
1Jn 2:2 ἐστιν περὶ τῶν **ἁμαρτιῶν** ἡμῶν,
1Jn 2:12 ἀφέωνται ὑμῖν αἱ **ἁμαρτίαι** διὰ τὸ ὄνομα
1Jn 3:4 ὁ ποιῶν τὴν **ἁμαρτίαν** καὶ τὴν ἀνομίαν
1Jn 3:4 καὶ ἡ **ἁμαρτία** ἐστὶν ἡ ἀνομία.
1Jn 3:5 ἵνα τὰς **ἁμαρτίας** ἄρῃ,
1Jn 3:5 καὶ **ἁμαρτία** ἐν αὐτῷ οὐκ
1Jn 3:8 ὁ ποιῶν τὴν **ἁμαρτίαν** ἐκ τοῦ διαβόλου
1Jn 3:9 ἐκ τοῦ θεοῦ **ἁμαρτίαν** οὐ ποιεῖ,
1Jn 4:10 ἱλασμὸν περὶ τῶν **ἁμαρτιῶν** ἡμῶν.
1Jn 5:16 ἀδελφὸν αὐτοῦ ἁμαρτάνοντα **ἁμαρτίαν** μὴ πρὸς θάνατον,
1Jn 5:16 ἔστιν **ἁμαρτία** πρὸς θάνατον·
1Jn 5:17 πᾶσα ἀδικία **ἁμαρτία** ἐστίν,
1Jn 5:17 καὶ ἔστιν **ἁμαρτία** οὐ πρὸς θάνατον.

<u>ἄν (*an*; 3/166) *particle indicating contingency*</u>

1Jn 2:5 ὃς δ᾽ **ἂν** τηρῇ αὐτοῦ τὸν
1Jn 2:19 μεμενήκεισαν **ἂν** μεθ᾽ ἡμῶν·
1Jn 3:17 ὃς δ᾽ **ἂν** ἔχῃ τὸν βίον

<u>ἀναγγέλλω (*anangellō*; 1/14) *declare*</u>

1Jn 1:5 ἀπ᾽ αὐτοῦ καὶ **ἀναγγέλλομεν** ὑμῖν,

ἀνθρωποκτόνος (*anthrōpoktonos*; 2/3) *murderer*

1Jn 3:15 τὸν ἀδελφὸν αὐτοῦ **ἀνθρωποκτόνος** ἐστίν,
1Jn 3:15 οἴδατε ὅτι πᾶς **ἀνθρωποκτόνος** οὐκ ἔχει ζωὴν

ἄνθρωπος (*anthrōpos*; 1/550) *man, human being (pl. people)*

1Jn 5:9 τὴν μαρτυρίαν τῶν **ἀνθρώπων** λαμβάνομεν,

ἀνομία (*anomia*; 2/15) *wickedness*

1Jn 3:4 ἁμαρτίαν καὶ τὴν **ἀνομίαν** ποιεῖ,
1Jn 3:4 ἁμαρτία ἐστὶν ἡ **ἀνομία**.

ἀντίχριστος (*antichristos*; 4/5) *antichrist*

1Jn 2:18 καθὼς ἠκούσατε ὅτι **ἀντίχριστος** ἔρχεται,
1Jn 2:18 καὶ νῦν **ἀντίχριστοι** πολλοὶ γεγόνασιν,
1Jn 2:22 οὗτός ἐστιν ὁ **ἀντίχριστος**,
1Jn 4:3 ἐστιν τὸ τοῦ **ἀντιχρίστου**,

ἀπαγγέλλω (*apangellō*; 2/43[45]) *proclaim*

1Jn 1:2 καὶ μαρτυροῦμεν καὶ **ἀπαγγέλλομεν** ὑμῖν τὴν ζωὴν
1Jn 1:3 **ἀπαγγέλλομεν** καὶ ὑμῖν,

ἀπό (*apo*; 19/643[646]) *from*

1Jn 1:1 Ὃ ἦν **ἀπ'** ἀρχῆς,
1Jn 1:5 ἀγγελία ἣν ἀκηκόαμεν **ἀπ'** αὐτοῦ καὶ ἀναγγέλλομεν
1Jn 1:7 αὐτοῦ καθαρίζει ἡμᾶς **ἀπὸ** πάσης ἁμαρτίας.
1Jn 1:9 καὶ καθαρίσῃ ἡμᾶς **ἀπὸ** πάσης ἀδικίας.
1Jn 2:7 παλαιὰν ἣν εἴχετε **ἀπ'** ἀρχῆς·
1Jn 2:13 ὅτι ἐγνώκατε τὸν **ἀπ'** ἀρχῆς.
1Jn 2:14 ὅτι ἐγνώκατε τὸν **ἀπ'** ἀρχῆς.
1Jn 2:20 ὑμεῖς χρῖσμα ἔχετε **ἀπὸ** τοῦ ἁγίου καὶ
1Jn 2:24 ὑμεῖς ὃ ἠκούσατε **ἀπ'** ἀρχῆς,
1Jn 2:24 ὑμῖν μείνῃ ὃ **ἀπ'** ἀρχῆς ἠκούσατε,
1Jn 2:27 χρῖσμα ὃ ἐλάβετε **ἀπ'** αὐτοῦ,
1Jn 2:28 καὶ μὴ αἰσχυνθῶμεν **ἀπ'** αὐτοῦ ἐν τῇ
1Jn 3:8 ὅτι **ἀπ'** ἀρχῆς ὁ διάβολος
1Jn 3:11 ἀγγελία ἣν ἠκούσατε **ἀπ'** ἀρχῆς,
1Jn 3:17 τὰ σπλάγχνα αὐτοῦ **ἀπ'** αὐτοῦ,
1Jn 3:22 ἐὰν αἰτῶμεν λαμβάνομεν **ἀπ'** αὐτοῦ,
1Jn 4:21 τὴν ἐντολὴν ἔχομεν **ἀπ'** αὐτοῦ,
1Jn 5:15 αἰτήματα ἃ ᾐτήκαμεν **ἀπ'** αὐτοῦ.
1Jn 5:21 φυλάξατε ἑαυτὰ **ἀπὸ** τῶν εἰδώλων.

ἀποστέλλω (*apostellō*; 3/132) *send*

1Jn 4:9 αὐτοῦ τὸν μονογενῆ **ἀπέσταλκεν** ὁ θεὸς εἰς
1Jn 4:10 ἠγάπησεν ἡμᾶς καὶ **ἀπέστειλεν** τὸν υἱὸν αὐτοῦ
1Jn 4:14 ὅτι ὁ πατὴρ **ἀπέσταλκεν** τὸν υἱὸν σωτῆρα

ἅπτω (*haptō*; 1/39) *touch*

1Jn 5:18 ὁ πονηρὸς οὐχ **ἅπτεται** αὐτοῦ.

ἀρεστός (*arestos*; 1/4) *pleasing*

1Jn 3:22 τηροῦμεν καὶ τὰ **ἀρεστὰ** ἐνώπιον αὐτοῦ ποιοῦμεν.

ἀρνέομαι (*arneomai*; 3/33) *deny*

1Jn 2:22 εἰ μὴ ὁ **ἀρνούμενος** ὅτι Ἰησοῦς οὐκ
1Jn 2:22 ὁ **ἀρνούμενος** τὸν πατέρα καὶ
1Jn 2:23 πᾶς ὁ **ἀρνούμενος** τὸν υἱὸν οὐδὲ

ἄρτι (*arti*; 1/36) *now*

1Jn 2:9 σκοτίᾳ ἐστὶν ἕως **ἄρτι**.

ἀρχή (*archē*; 8/55) *beginning*

1Jn 1:1 Ὃ ἦν ἀπ' **ἀρχῆς**,
1Jn 2:7 ἣν εἴχετε ἀπ' **ἀρχῆς**·
1Jn 2:13 ἐγνώκατε τὸν ἀπ' **ἀρχῆς**.
1Jn 2:14 ἐγνώκατε τὸν ἀπ' **ἀρχῆς**.
1Jn 2:24 ὃ ἠκούσατε ἀπ' **ἀρχῆς**,
1Jn 2:24 μείνῃ ὃ ἀπ' **ἀρχῆς** ἠκούσατε,
1Jn 3:8 ὅτι ἀπ' **ἀρχῆς** ὁ διάβολος ἁμαρτάνει.
1Jn 3:11 ἣν ἠκούσατε ἀπ' **ἀρχῆς**,

ἀφίημι (*aphiēmi*; 2/143) *leave, forgive*

1Jn 1:9 ἵνα **ἀφῇ** ἡμῖν τὰς ἁμαρτίας
1Jn 2:12 ὅτι **ἀφέωνται** ὑμῖν αἱ ἁμαρτίαι

βάλλω (*ballō*; 1/121[122]) *throw*

1Jn 4:18 τελεία ἀγάπη ἔξω **βάλλει** τὸν φόβον,

βαρύς (*barys*; 1/6) *heavy*

1Jn 5:3 αἱ ἐντολαὶ αὐτοῦ **βαρεῖαι** οὐκ εἰσίν.

βίος (*bios*; 2/10) *life*

1Jn 2:16 ἡ ἀλαζονεία τοῦ **βίου**,
1Jn 3:17 ἂν ἔχῃ τὸν **βίον** τοῦ κόσμου καὶ

γάρ (*gar*; 3/1041) *for*

1Jn 2:19 εἰ **γὰρ** ἐξ ἡμῶν ἦσαν,
1Jn 4:20 ὁ **γὰρ** μὴ ἀγαπῶν τὸν
1Jn 5:3 αὕτη **γάρ** ἐστιν ἡ ἀγάπη

γεννάω (*gennaō*; 10/97) *give birth (pass. be born)*

1Jn 2:29 δικαιοσύνην ἐξ αὐτοῦ **γεγέννηται**.
1Jn 3:9 Πᾶς ὁ **γεγεννημένος** ἐκ τοῦ θεοῦ
1Jn 3:9 ἐκ τοῦ θεοῦ **γεγέννηται**.
1Jn 4:7 ἐκ τοῦ θεοῦ **γεγέννηται** καὶ γινώσκει τὸν
1Jn 5:1 ἐκ τοῦ θεοῦ **γεγέννηται**,
1Jn 5:1 ὁ ἀγαπῶν τὸν **γεννήσαντα** ἀγαπᾷ [καὶ] τὸν
1Jn 5:1 ἀγαπᾷ [καὶ] τὸν **γεγεννημένον** ἐξ αὐτοῦ.
1Jn 5:4 ὅτι πᾶν τὸ **γεγεννημένον** ἐκ τοῦ θεοῦ
1Jn 5:18 ὅτι πᾶς ὁ **γεγεννημένος** ἐκ τοῦ θεοῦ
1Jn 5:18 ἀλλ' ὁ **γεννηθεὶς** ἐκ τοῦ θεοῦ

γίνομαι (*ginomai*; 1/668[669]) *be, become*

1Jn 2:18 νῦν ἀντίχριστοι πολλοὶ **γεγόνασιν**,

γινώσκω (*ginōskō*; 25/222) *know*

1Jn 2:3 Καὶ ἐν τούτῳ **γινώσκομεν** ὅτι ἐγνώκαμεν αὐτόν,
1Jn 2:3 τούτῳ γινώσκομεν ὅτι **ἐγνώκαμεν** αὐτόν,
1Jn 2:4 ὁ λέγων ὅτι **Ἔγνωκα** αὐτὸν καὶ τὰς
1Jn 2:5 ἐν τούτῳ **γινώσκομεν** ὅτι ἐν αὐτῷ
1Jn 2:13 ὅτι **ἐγνώκατε** τὸν ἀπ' ἀρχῆς.

1Jn 2:14 ὅτι **ἐγνώκατε** τὸν πατέρα.
1Jn 2:14 ὅτι **ἐγνώκατε** τὸν ἀπ᾽ ἀρχῆς.
1Jn 2:18 ὅθεν **γινώσκομεν** ὅτι ἐσχάτη ὥρα
1Jn 2:29 **γινώσκετε** ὅτι καὶ πᾶς
1Jn 3:1 ὁ κόσμος οὐ **γινώσκει** ἡμᾶς,
1Jn 3:1 ὅτι οὐκ **ἔγνω** αὐτόν.
1Jn 3:6 ἑώρακεν αὐτὸν οὐδὲ **ἔγνωκεν** αὐτόν.
1Jn 3:16 ἐν τούτῳ **ἐγνώκαμεν** τὴν ἀγάπην,
1Jn 3:19 [Καὶ] ἐν τούτῳ **γνωσόμεθα** ὅτι ἐκ τῆς
1Jn 3:20 καρδίας ἡμῶν καὶ **γινώσκει** πάντα.
1Jn 3:24 καὶ ἐν τούτῳ **γινώσκομεν** ὅτι μένει ἐν
1Jn 4:2 ἐν τούτῳ **γινώσκετε** τὸ πνεῦμα τοῦ
1Jn 4:6 ὁ **γινώσκων** τὸν θεὸν ἀκούει
1Jn 4:6 ἐκ τούτου **γινώσκομεν** τὸ πνεῦμα τῆς
1Jn 4:7 θεοῦ γεγέννηται καὶ **γινώσκει** τὸν θεόν.
1Jn 4:8 μὴ ἀγαπῶν οὐκ **ἔγνω** τὸν θεόν,
1Jn 4:13 Ἐν τούτῳ **γινώσκομεν** ὅτι ἐν αὐτῷ
1Jn 4:16 καὶ ἡμεῖς **ἐγνώκαμεν** καὶ πεπιστεύκαμεν τὴν
1Jn 5:2 ἐν τούτῳ **γινώσκομεν** ὅτι ἀγαπῶμεν τὰ
1Jn 5:20 ἡμῖν διάνοιαν ἵνα **γινώσκωμεν** τὸν ἀληθινόν,

γλῶσσα (*glōssa*; 1/49[50]) *tongue, language*
1Jn 3:18 λόγῳ μηδὲ τῇ **γλώσσῃ** ἀλλὰ ἐν ἔργῳ

γράφω (*graphō*; 13/190[191]) *write*
1Jn 1:4 καὶ ταῦτα **γράφομεν** ἡμεῖς,
1Jn 2:1 ταῦτα **γράφω** ὑμῖν ἵνα μὴ
1Jn 2:7 οὐκ ἐντολὴν καινὴν **γράφω** ὑμῖν ἀλλ᾽ ἐντολὴν
1Jn 2:8 πάλιν ἐντολὴν καινὴν **γράφω** ὑμῖν,
1Jn 2:12 **Γράφω** ὑμῖν,
1Jn 2:13 **γράφω** ὑμῖν,
1Jn 2:13 **γράφω** ὑμῖν,
1Jn 2:14 **ἔγραψα** ὑμῖν,
1Jn 2:14 **ἔγραψα** ὑμῖν,
1Jn 2:14 **ἔγραψα** ὑμῖν,
1Jn 2:21 οὐκ **ἔγραψα** ὑμῖν ὅτι οὐκ
1Jn 2:26 Ταῦτα **ἔγραψα** ὑμῖν περὶ τῶν
1Jn 5:13 Ταῦτα **ἔγραψα** ὑμῖν ἵνα εἰδῆτε

δέ (*de*; 11/2773[2792]) *but, and*
1Jn 1:3 καὶ ἡ κοινωνία **δὲ** ἡ ἡμετέρα μετὰ
1Jn 1:7 ἐὰν **δὲ** ἐν τῷ φωτὶ
1Jn 2:2 περὶ τῶν ἡμετέρων **δὲ** μόνον ἀλλὰ καὶ
1Jn 2:5 ὃς **δ᾽** ἂν τηρῇ αὐτοῦ
1Jn 2:11 ὁ **δὲ** μισῶν τὸν ἀδελφὸν
1Jn 2:17 ὁ **δὲ** ποιῶν τὸ θέλημα
1Jn 3:12 πονηρὰ ἦν τὰ **δὲ** τοῦ ἀδελφοῦ αὐτοῦ
1Jn 3:17 ὃς **δ᾽** ἂν ἔχῃ τὸν
1Jn 4:18 ὁ **δὲ** φοβούμενος οὐ τετελείωται
1Jn 5:5 Τίς **[δέ]** ἐστιν ὁ νικῶν
1Jn 5:20 οἴδαμεν **δὲ** ὅτι ὁ υἱὸς

διά (*dia*; 5/665[667]) *through, on account of*
1Jn 2:12 ὑμῖν αἱ ἁμαρτίαι **διὰ** τὸ ὄνομα αὐτοῦ.
1Jn 3:1 **διὰ** τοῦτο ὁ κόσμος
1Jn 4:5 **διὰ** τοῦτο ἐκ τοῦ
1Jn 4:9 κόσμον ἵνα ζήσωμεν **δι᾽** αὐτοῦ.
1Jn 5:6 ἐστιν ὁ ἐλθὼν **δι᾽** ὕδατος καὶ αἵματος,

διάβολος (*diabolos*; 4/37) *devil*
1Jn 3:8 ἁμαρτίαν ἐκ τοῦ **διαβόλου** ἐστίν,
1Jn 3:8 ἀπ᾽ ἀρχῆς ὁ **διάβολος** ἁμαρτάνει.
1Jn 3:8 τὰ ἔργα τοῦ **διαβόλου**.
1Jn 3:10 τὰ τέκνα τοῦ **διαβόλου**·

διάνοια (*dianoia*; 1/12) *mind, understanding*
1Jn 5:20 καὶ δέδωκεν ἡμῖν **διάνοιαν** ἵνα γινώσκωμεν

διδάσκω (*didaskō*; 3/96) *teach*
1Jn 2:27 ἔχετε ἵνα τις **διδάσκῃ** ὑμᾶς,
1Jn 2:27 τὸ αὐτοῦ χρῖσμα **διδάσκει** ὑμᾶς περὶ πάντων
1Jn 2:27 καὶ καθὼς **ἐδίδαξεν** ὑμᾶς,

δίδωμι (*didōmi*; 7/415) *give*
1Jn 3:1 ἴδετε ποταπὴν ἀγάπην **δέδωκεν** ἡμῖν ὁ πατήρ,
1Jn 3:23 καθὼς **ἔδωκεν** ἐντολὴν ἡμῖν.
1Jn 3:24 πνεύματος οὗ ἡμῖν **ἔδωκεν**.
1Jn 4:13 τοῦ πνεύματος αὐτοῦ **δέδωκεν** ἡμῖν.
1Jn 5:11 ὅτι ζωὴν αἰώνιον **ἔδωκεν** ἡμῖν ὁ θεός,
1Jn 5:16 αἰτήσει καὶ **δώσει** αὐτῷ ζωήν,
1Jn 5:20 θεοῦ ἥκει καὶ **δέδωκεν** ἡμῖν διάνοιαν ἵνα

δίκαιος (*dikaios*; 6/79) *righteous*
1Jn 1:9 πιστός ἐστιν καὶ **δίκαιος**,
1Jn 2:1 πατέρα Ἰησοῦν Χριστὸν **δίκαιον**·
1Jn 2:29 ἐὰν εἰδῆτε ὅτι **δίκαιός** ἐστιν,
1Jn 3:7 ποιῶν τὴν δικαιοσύνην **δίκαιός** ἐστιν,
1Jn 3:7 καθὼς ἐκεῖνος **δίκαιός** ἐστιν·
1Jn 3:12 τοῦ ἀδελφοῦ αὐτοῦ **δίκαια**.

δικαιοσύνη (*dikaiosynē*; 3/92) *righteousness*
1Jn 2:29 ὁ ποιῶν τὴν **δικαιοσύνην** ἐξ αὐτοῦ γεγέννηται.
1Jn 3:7 ὁ ποιῶν τὴν **δικαιοσύνην** δίκαιός ἐστιν,
1Jn 3:10 ὁ μὴ ποιῶν **δικαιοσύνην** οὐκ ἔστιν ἐκ

δοκιμάζω (*dokimazō*; 1/22) *test*
1Jn 4:1 πνεύματι πιστεύετε ἀλλὰ **δοκιμάζετε** τὰ πνεύματα εἰ

δύναμαι (*dynamai*; 2/210) *be able*
1Jn 3:9 καὶ οὐ **δύναται** ἁμαρτάνειν,
1Jn 4:20 οὐχ ἑώρακεν οὐ **δύναται** ἀγαπᾶν.

ἐάν (*ean*; 22/333) *if*
1Jn 1:6 **Ἐὰν** εἴπωμεν ὅτι κοινωνίαν
1Jn 1:7 **ἐὰν** δὲ ἐν τῷ
1Jn 1:8 **ἐὰν** εἴπωμεν ὅτι ἁμαρτίαν
1Jn 1:9 **ἐὰν** ὁμολογῶμεν τὰς ἁμαρτίας
1Jn 1:10 **ἐὰν** εἴπωμεν ὅτι οὐχ
1Jn 2:1 καὶ **ἐάν** τις ἁμάρτῃ,
1Jn 2:3 **ἐὰν** τὰς ἐντολὰς αὐτοῦ
1Jn 2:15 **ἐάν** τις ἀγαπᾷ τὸν
1Jn 2:24 **ἐὰν** ἐν ὑμῖν μείνῃ
1Jn 2:28 ἵνα **ἐὰν** φανερωθῇ σχῶμεν παρρησίαν
1Jn 2:29 **ἐὰν** εἰδῆτε ὅτι δίκαιός
1Jn 3:2 οἴδαμεν ὅτι **ἐὰν** φανερωθῇ,
1Jn 3:20 ὅτι **ἐὰν** καταγινώσκῃ ἡμῶν ἡ
1Jn 3:21 **ἐὰν** ἡ καρδία [ἡμῶν]
1Jn 3:22 καὶ ὃ **ἐὰν** αἰτῶμεν λαμβάνομεν ἀπ᾽
1Jn 4:12 **ἐὰν** ἀγαπῶμεν ἀλλήλους,
1Jn 4:15 Ὃς **ἐὰν** ὁμολογήσῃ ὅτι Ἰησοῦς

1Jn 4:20 **ἐάν** τις εἴπῃ ὅτι
1Jn 5:14 πρὸς αὐτόν ὅτι **ἐάν** τι αἰτώμεθα κατὰ
1Jn 5:15 καὶ **ἐὰν** οἴδαμεν ὅτι ἀκούει
1Jn 5:15 ἀκούει ἡμῶν ὃ **ἐὰν** αἰτώμεθα,
1Jn 5:16 **Ἐάν** τις ἴδῃ τὸν

ἑαυτοῦ (*heautou*; 4/319) *himself*
1Jn 1:8 **ἑαυτοὺς** πλανῶμεν καὶ ἡ
1Jn 3:3 ἐπ' αὐτῷ ἁγνίζει **ἑαυτόν**,
1Jn 5:10 τὴν μαρτυρίαν ἐν **ἑαυτῷ**,
1Jn 5:21 φυλάξατε **ἑαυτὰ** ἀπὸ τῶν εἰδώλων.

ἐγώ (*egō*; 1/1715[1718]) *I*
1Jn 2:1 Τεκνία **μου**,

εἰ (*ei*; 7/502) *if, since*
1Jn 2:19 **εἰ** γὰρ ἐξ ἡμῶν ἦσαν,
1Jn 2:22 ὁ ψεύστης **εἰ** μὴ ὁ ἀρνούμενος
1Jn 3:13 **εἰ** μισεῖ ὑμᾶς ὁ
1Jn 4:1 δοκιμάζετε τὰ πνεύματα **εἰ** ἐκ τοῦ θεοῦ
1Jn 4:11 **εἰ** οὕτως ὁ θεὸς
1Jn 5:5 τὸν κόσμον **εἰ** μὴ ὁ πιστεύων
1Jn 5:9 **εἰ** τὴν μαρτυρίαν τῶν

εἴδωλον (*eidōlon*; 1/11) *idol*
1Jn 5:21 ἑαυτὰ ἀπὸ τῶν **εἰδώλων**.

εἰμί (*eimi*; 99/2460[2462]) *be*
1Jn 1:1 Ὃ **ἦν** ἀπ' ἀρχῆς,
1Jn 1:2 τὴν αἰώνιον ἥτις **ἦν** πρὸς τὸν πατέρα
1Jn 1:4 ἡ χαρὰ ἡμῶν **ᾖ** πεπληρωμένη.
1Jn 1:5 Καὶ **ἔστιν** αὕτη ἡ ἀγγελία
1Jn 1:5 ὁ θεὸς φῶς **ἐστιν** καὶ σκοτία ἐν
1Jn 1:5 ἐν αὐτῷ οὐκ **ἔστιν** οὐδεμία.
1Jn 1:7 περιπατῶμεν ὡς αὐτός **ἐστιν** ἐν τῷ φωτί,
1Jn 1:8 ἡ ἀλήθεια οὐκ **ἔστιν** ἐν ἡμῖν.
1Jn 1:9 πιστός **ἐστιν** καὶ δίκαιος,
1Jn 1:10 λόγος αὐτοῦ οὐκ **ἔστιν** ἐν ἡμῖν.
1Jn 2:2 καὶ αὐτὸς ἱλασμός **ἐστιν** περὶ τῶν ἁμαρτιῶν
1Jn 2:4 ψεύστης **ἐστίν** καὶ ἐν τούτῳ
1Jn 2:4 ἡ ἀλήθεια οὐκ **ἔστιν**·
1Jn 2:5 ὅτι ἐν αὐτῷ **ἐσμεν**.
1Jn 2:7 ἐντολὴ ἡ παλαιά **ἐστιν** ὁ λόγος ὃν
1Jn 2:8 ὅ **ἐστιν** ἀληθὲς ἐν αὐτῷ
1Jn 2:9 ἐν τῷ φωτὶ **εἶναι** καὶ τὸν ἀδελφὸν
1Jn 2:9 ἐν τῇ σκοτίᾳ **ἐστὶν** ἕως ἄρτι.
1Jn 2:10 ἐν αὐτῷ οὐκ **ἔστιν**·
1Jn 2:11 ἐν τῇ σκοτίᾳ **ἐστὶν** καὶ ἐν τῇ
1Jn 2:14 ὅτι ἰσχυροί **ἐστε** καὶ ὁ λόγος
1Jn 2:15 οὐκ **ἔστιν** ἡ ἀγάπη τοῦ
1Jn 2:16 οὐκ **ἔστιν** ἐκ τοῦ πατρὸς
1Jn 2:16 ἐκ τοῦ κόσμου **ἐστίν**.
1Jn 2:18 ἐσχάτη ὥρα ἐστίν,
1Jn 2:18 ὅτι ἐσχάτη ὥρα **ἐστίν**.
1Jn 2:19 ἐξῆλθαν ἀλλ' οὐκ **ἦσαν** ἐξ ἡμῶν·
1Jn 2:19 γὰρ ἐξ ἡμῶν **ἦσαν**,
1Jn 2:19 φανερωθῶσιν ὅτι οὐκ **εἰσὶν** πάντες ἐξ ἡμῶν.
1Jn 2:21 τῆς ἀληθείας οὐκ **ἔστιν**.
1Jn 2:22 Τίς **ἐστιν** ὁ ψεύστης εἰ
1Jn 2:22 ὅτι Ἰησοῦς οὐκ **ἔστιν** ὁ Χριστός;
1Jn 2:22 οὗτός **ἐστιν** ὁ ἀντίχριστος,
1Jn 2:25 καὶ αὕτη **ἐστὶν** ἡ ἐπαγγελία ἣν
1Jn 2:27 πάντων καὶ ἀληθές **ἐστιν** καὶ οὐκ ἔστιν
1Jn 2:27 ἐστιν καὶ οὐκ **ἔστιν** ψεῦδος,
1Jn 2:29 εἰδῆτε ὅτι δίκαιός **ἐστιν**,
1Jn 3:1 καὶ **ἐσμέν**.
1Jn 3:2 νῦν τέκνα θεοῦ **ἐσμεν**,
1Jn 3:2 οὔπω ἐφανερώθη τί **ἐσόμεθα**.
1Jn 3:2 ὅμοιοι αὐτῷ **ἐσόμεθα**,
1Jn 3:2 ὀψόμεθα αὐτὸν καθώς **ἐστιν**.
1Jn 3:3 καθὼς ἐκεῖνος ἁγνός **ἐστιν**.
1Jn 3:4 καὶ ἡ ἁμαρτία **ἐστὶν** ἡ ἀνομία.
1Jn 3:5 ἐν αὐτῷ οὐκ **ἔστιν**.
1Jn 3:7 τὴν δικαιοσύνην δίκαιός **ἐστιν**,
1Jn 3:7 καθὼς ἐκεῖνος δίκαιός **ἐστιν**·
1Jn 3:8 ἐκ τοῦ διαβόλου **ἐστίν**,
1Jn 3:10 ἐν τούτῳ φανερά **ἐστιν** τὰ τέκνα τοῦ
1Jn 3:10 ποιῶν δικαιοσύνην οὐκ **ἔστιν** ἐκ τοῦ θεοῦ,
1Jn 3:11 Ὅτι αὕτη **ἐστὶν** ἡ ἀγγελία ἣν
1Jn 3:12 ἐκ τοῦ πονηροῦ **ἦν** καὶ ἔσφαξεν τὸν
1Jn 3:12 ἔργα αὐτοῦ πονηρὰ **ἦν** τὰ δὲ τοῦ
1Jn 3:15 ἀδελφὸν αὐτοῦ ἀνθρωποκτόνος **ἐστίν**,
1Jn 3:19 ἐκ τῆς ἀληθείας **ἐσμέν**,
1Jn 3:20 ὅτι μείζων **ἐστὶν** ὁ θεὸς τῆς
1Jn 3:23 Καὶ αὕτη **ἐστὶν** ἡ ἐντολὴ αὐτοῦ,
1Jn 4:1 ἐκ τοῦ θεοῦ **ἐστιν**,
1Jn 4:2 ἐκ τοῦ θεοῦ **ἐστιν**,
1Jn 4:3 τοῦ θεοῦ οὐκ **ἔστιν**·
1Jn 4:3 καὶ τοῦτό **ἐστιν** τὸ τοῦ ἀντιχρίστου,
1Jn 4:3 ἐν τῷ κόσμῳ **ἐστὶν** ἤδη.
1Jn 4:4 ἐκ τοῦ θεοῦ **ἐστε**,
1Jn 4:4 ὅτι μείζων **ἐστὶν** ὁ ἐν ὑμῖν
1Jn 4:5 ἐκ τοῦ κόσμου **εἰσίν**,
1Jn 4:6 ἐκ τοῦ θεοῦ **ἐσμεν**,
1Jn 4:6 ὃς οὐκ **ἔστιν** ἐκ τοῦ θεοῦ
1Jn 4:7 ἐκ τοῦ θεοῦ **ἐστιν**,
1Jn 4:8 ὁ θεὸς ἀγάπη **ἐστίν**.
1Jn 4:10 ἐν τούτῳ **ἐστὶν** ἡ ἀγάπη,
1Jn 4:12 ἐν ἡμῖν τετελειωμένη **ἐστίν**.
1Jn 4:15 ὁμολογήσῃ ὅτι Ἰησοῦς **ἐστιν** ὁ υἱὸς τοῦ
1Jn 4:16 Ὁ θεὸς ἀγάπη **ἐστίν**,
1Jn 4:17 ὅτι καθὼς ἐκεῖνός **ἐστιν** καὶ ἡμεῖς ἐσμεν
1Jn 4:17 ἐστιν καὶ ἡμεῖς **ἐσμεν** ἐν τῷ κόσμῳ
1Jn 4:18 φόβος οὐκ **ἔστιν** ἐν τῇ ἀγάπῃ
1Jn 4:20 ψεύστης **ἐστίν**·
1Jn 5:1 πιστεύων ὅτι Ἰησοῦς **ἐστιν** ὁ Χριστὸς,
1Jn 5:3 αὕτη γάρ **ἐστιν** ἡ ἀγάπη τοῦ
1Jn 5:3 αὐτοῦ βαρεῖαι οὐκ **εἰσίν**.
1Jn 5:4 καὶ αὕτη **ἐστὶν** ἡ νίκη ἡ
1Jn 5:5 Τίς [δέ] **ἐστιν** ὁ νικῶν τὸν
1Jn 5:5 πιστεύων ὅτι Ἰησοῦς **ἐστιν** ὁ υἱὸς τοῦ
1Jn 5:6 οὗτός **ἐστιν** ὁ ἐλθὼν δι'
1Jn 5:6 καὶ τὸ πνεῦμά **ἐστιν** τὸ μαρτυροῦν,
1Jn 5:6 ὅτι τὸ πνεῦμά **ἐστιν** ἡ ἀλήθεια.
1Jn 5:7 ὅτι τρεῖς **εἰσιν** οἱ μαρτυροῦντες,
1Jn 5:8 εἰς τὸ ἕν **εἰσιν**.
1Jn 5:9 τοῦ θεοῦ μείζων **ἐστίν**·
1Jn 5:9 ὅτι αὕτη **ἐστὶν** ἡ μαρτυρία τοῦ
1Jn 5:11 Καὶ αὕτη **ἐστὶν** ἡ μαρτυρία,
1Jn 5:11 τῷ υἱῷ αὐτοῦ **ἐστιν**.
1Jn 5:14 Καὶ αὕτη **ἐστὶν** ἡ παρρησία ἣν
1Jn 5:16 **ἔστιν** ἁμαρτία πρὸς θάνατον·
1Jn 5:17 πᾶσα ἀδικία ἁμαρτία **ἐστίν**,
1Jn 5:17 καὶ **ἔστιν** ἁμαρτία οὐ πρὸς
1Jn 5:19 ἐκ τοῦ θεοῦ **ἐσμεν** καὶ ὁ κόσμος
1Jn 5:20 καὶ ἐσμὲν **ἐν** τῷ ἀληθινῷ,
1Jn 5:20 οὗτός **ἐστιν** ὁ ἀληθινὸς θεὸς

εἰς (*eis*; 9/1759[1767]) *into*

1Jn 2:17 τοῦ θεοῦ μένει **εἰς** τὸν αἰῶνα.
1Jn 3:8 **εἰς** τοῦτο ἐφανερώθη ὁ
1Jn 3:14 ἐκ τοῦ θανάτου **εἰς** τὴν ζωήν,
1Jn 4:1 πολλοὶ ψευδοπροφῆται ἐξεληλύθασιν **εἰς** τὸν κόσμον.
1Jn 4:9 ἀπέσταλκεν ὁ θεὸς **εἰς** τὸν κόσμον ἵνα
1Jn 5:8 καὶ οἱ τρεῖς **εἰς** τὸ ἕν εἰσιν.
1Jn 5:10 ὁ πιστεύων **εἰς** τὸν υἱὸν τοῦ
1Jn 5:10 ὅτι οὐ πεπίστευκεν **εἰς** τὴν μαρτυρίαν ἣν
1Jn 5:13 τοῖς πιστεύουσιν **εἰς** τὸ ὄνομα τοῦ

εἷς (*heis*; 1/343[345]) *one*

1Jn 5:8 τρεῖς εἰς τὸ **ἕν** εἰσιν.

ἐκ (*ek*; 34/912[914]) *from*

1Jn 2:16 οὐκ ἔστιν **ἐκ** τοῦ πατρὸς ἀλλ'
1Jn 2:16 τοῦ πατρὸς ἀλλ' **ἐκ** τοῦ κόσμου ἐστίν.
1Jn 2:19 **ἐξ** ἡμῶν ἐξῆλθαν ἀλλ'
1Jn 2:19 ἀλλ' οὐκ ἦσαν **ἐξ** ἡμῶν·
1Jn 2:19 εἰ γὰρ **ἐξ** ἡμῶν ἦσαν,
1Jn 2:19 οὐκ εἰσὶν πάντες **ἐξ** ἡμῶν.
1Jn 2:21 ὅτι πᾶν ψεῦδος **ἐκ** τῆς ἀληθείας οὐκ
1Jn 2:29 ποιῶν τὴν δικαιοσύνην **ἐξ** αὐτοῦ γεγέννηται.
1Jn 3:8 ποιῶν τὴν ἁμαρτίαν **ἐκ** τοῦ διαβόλου ἐστίν,
1Jn 3:9 Πᾶς ὁ γεγεννημένος **ἐκ** τοῦ θεοῦ ἁμαρτίαν
1Jn 3:9 ὅτι **ἐκ** τοῦ θεοῦ γεγέννηται.
1Jn 3:10 δικαιοσύνην οὐκ ἔστιν **ἐκ** τοῦ θεοῦ,
1Jn 3:12 οὐ καθὼς Κάϊν **ἐκ** τοῦ πονηροῦ ἦν
1Jn 3:14 οἴδαμεν ὅτι μεταβεβήκαμεν **ἐκ** τοῦ θανάτου
1Jn 3:19 τούτῳ γνωσόμεθα ὅτι **ἐκ** τῆς ἀληθείας ἐσμέν,
1Jn 3:24 **ἐκ** τοῦ πνεύματος οὗ
1Jn 4:1 τὰ πνεύματα εἰ **ἐκ** τοῦ θεοῦ ἐστιν,
1Jn 4:2 ἐν σαρκὶ ἐληλυθότα **ἐκ** τοῦ θεοῦ ἐστιν,
1Jn 4:3 ὁμολογεῖ τὸν Ἰησοῦν **ἐκ** τοῦ θεοῦ οὐκ
1Jn 4:4 ὑμεῖς **ἐκ** τοῦ θεοῦ ἐστε,
1Jn 4:5 αὐτοὶ **ἐκ** τοῦ κόσμου εἰσίν,
1Jn 4:5 διὰ τοῦτο **ἐκ** τοῦ κόσμου λαλοῦσιν
1Jn 4:6 ἡμεῖς **ἐκ** τοῦ θεοῦ ἐσμεν,
1Jn 4:6 ὃς οὐκ ἔστιν **ἐκ** τοῦ θεοῦ οὐκ
1Jn 4:6 **ἐκ** τούτου γινώσκομεν τὸ
1Jn 4:7 ὅτι ἡ ἀγάπη **ἐκ** τοῦ θεοῦ ἐστιν,
1Jn 4:7 πᾶς ὁ ἀγαπῶν **ἐκ** τοῦ θεοῦ γεγέννηται
1Jn 4:13 ὅτι **ἐκ** τοῦ πνεύματος αὐτοῦ
1Jn 5:1 **ἐκ** τοῦ θεοῦ γεγέννηται,
1Jn 5:1 [καὶ] τὸν γεγεννημένον **ἐξ** αὐτοῦ.
1Jn 5:4 πᾶν τὸ γεγεννημένον **ἐκ** τοῦ θεοῦ νικᾷ
1Jn 5:18 πᾶς ὁ γεγεννημένος **ἐκ** τοῦ θεοῦ οὐχ
1Jn 5:18 ἀλλ' ὁ γεννηθεὶς **ἐκ** τοῦ θεοῦ τηρεῖ
1Jn 5:19 οἴδαμεν ὅτι **ἐκ** τοῦ θεοῦ ἐσμεν

ἐκεῖνος (*ekeinos*; 7/240[243]) *that*

1Jn 2:6 μένειν ὀφείλει καθὼς **ἐκεῖνος** περιεπάτησεν καὶ αὐτὸς
1Jn 3:3 καθὼς **ἐκεῖνος** ἁγνός ἐστιν.
1Jn 3:5 καὶ οἴδατε ὅτι **ἐκεῖνος** ἐφανερώθη,
1Jn 3:7 καθὼς **ἐκεῖνος** δίκαιός ἐστιν·
1Jn 3:16 ὅτι **ἐκεῖνος** ὑπὲρ ἡμῶν τὴν
1Jn 4:17 ὅτι καθὼς **ἐκεῖνός** ἐστιν καὶ ἡμεῖς
1Jn 5:16 οὐ περὶ **ἐκείνης** λέγω ἵνα ἐρωτήσῃ.

ἐλπίς (*elpis*; 1/53) *hope*

1Jn 3:3 ὁ ἔχων τὴν **ἐλπίδα** ταύτην ἐπ' αὐτῷ

ἔμπροσθεν (*emprosthen*; 1/48) *before*

1Jn 3:19 καὶ **ἔμπροσθεν** αὐτοῦ πείσομεν τὴν

ἐν (*en*; 79/2746[2752]) *in*

1Jn 1:5 ἐστιν καὶ σκοτία **ἐν** αὐτῷ οὐκ ἔστιν
1Jn 1:6 μετ' αὐτοῦ καὶ **ἐν** τῷ σκότει περιπατῶμεν,
1Jn 1:7 ἐὰν δὲ **ἐν** τῷ φωτὶ περιπατῶμεν
1Jn 1:7 ὡς αὐτός ἐστιν **ἐν** τῷ φωτί,
1Jn 1:8 ἀλήθεια οὐκ ἔστιν **ἐν** ἡμῖν.
1Jn 1:10 αὐτοῦ οὐκ ἔστιν **ἐν** ἡμῖν.
1Jn 2:3 Καὶ **ἐν** τούτῳ γινώσκομεν ὅτι
1Jn 2:4 καὶ **ἐν** τούτῳ ἡ ἀλήθεια
1Jn 2:5 ἀληθῶς **ἐν** τούτῳ ἡ ἀγάπη
1Jn 2:5 **ἐν** τούτῳ γινώσκομεν ὅτι
1Jn 2:5 τούτῳ γινώσκομεν ὅτι **ἐν** αὐτῷ ἐσμεν.
1Jn 2:6 ὁ λέγων **ἐν** αὐτῷ μένειν ὀφείλει
1Jn 2:8 ὅ ἐστιν ἀληθὲς **ἐν** αὐτῷ
1Jn 2:8 καὶ **ἐν** ὑμῖν,
1Jn 2:9 Ὁ λέγων **ἐν** τῷ φωτὶ εἶναι
1Jn 2:9 ἀδελφὸν αὐτοῦ μισῶν **ἐν** τῇ σκοτίᾳ ἐστὶν
1Jn 2:10 τὸν ἀδελφὸν αὐτοῦ **ἐν** τῷ φωτὶ μένει
1Jn 2:10 μένει καὶ σκάνδαλον **ἐν** αὐτῷ οὐκ ἔστιν·
1Jn 2:11 τὸν ἀδελφὸν αὐτοῦ **ἐν** τῇ σκοτίᾳ ἐστὶν
1Jn 2:11 σκοτίᾳ ἐστὶν καὶ **ἐν** τῇ σκοτίᾳ περιπατεῖ
1Jn 2:14 λόγος τοῦ θεοῦ **ἐν** ὑμῖν μένει καὶ
1Jn 2:15 κόσμον μηδὲ τὰ **ἐν** τῷ κόσμῳ.
1Jn 2:15 ἀγάπη τοῦ πατρὸς **ἐν** αὐτῷ·
1Jn 2:16 ὅτι πᾶν τὸ **ἐν** τῷ κόσμῳ,
1Jn 2:24 **ἐν** ὑμῖν μενέτω.
1Jn 2:24 ἐὰν **ἐν** ὑμῖν μείνῃ ὃ
1Jn 2:24 καὶ ὑμεῖς **ἐν** τῷ υἱῷ καὶ
1Jn 2:24 τῷ υἱῷ καὶ **ἐν** τῷ πατρὶ μενεῖτε.
1Jn 2:27 μένει **ἐν** ὑμῖν καὶ οὐ
1Jn 2:27 μένετε **ἐν** αὐτῷ.
1Jn 2:28 μένετε **ἐν** αὐτῷ,
1Jn 2:28 αἰσχυνθῶμεν ἀπ' αὐτοῦ **ἐν** τῇ παρουσίᾳ αὐτοῦ.
1Jn 3:5 καὶ ἁμαρτία **ἐν** αὐτῷ οὐκ ἔστιν.
1Jn 3:6 πᾶς ὁ **ἐν** αὐτῷ μένων οὐχ
1Jn 3:9 ὅτι σπέρμα αὐτοῦ **ἐν** αὐτῷ μένει,
1Jn 3:10 **ἐν** τούτῳ φανερά ἐστιν
1Jn 3:14 μὴ ἀγαπῶν μένει **ἐν** τῷ θανάτῳ.
1Jn 3:15 ἔχει ζωὴν αἰώνιον **ἐν** αὐτῷ μένουσαν.
1Jn 3:16 **ἐν** τούτῳ ἐγνώκαμεν τὴν
1Jn 3:17 τοῦ θεοῦ μένει **ἐν** αὐτῷ;
1Jn 3:18 τῇ γλώσσῃ ἀλλὰ **ἐν** ἔργῳ καὶ ἀληθείᾳ.
1Jn 3:19 [Καὶ] **ἐν** τούτῳ γνωσόμεθα ὅτι
1Jn 3:24 τὰς ἐντολὰς αὐτοῦ **ἐν** αὐτῷ μένει
1Jn 3:24 καὶ αὐτὸς **ἐν** αὐτῷ·
1Jn 3:24 καὶ **ἐν** τούτῳ γινώσκομεν
1Jn 3:24 ὅτι μένει **ἐν** ἡμῖν,
1Jn 4:2 **ἐν** τούτῳ γινώσκετε τὸ
1Jn 4:2 ὁμολογεῖ Ἰησοῦν Χριστὸν **ἐν** σαρκὶ ἐληλυθότα ἐκ
1Jn 4:3 καὶ νῦν **ἐν** τῷ κόσμῳ ἐστὶν
1Jn 4:4 μείζων ἐστὶν ὁ **ἐν** ὑμῖν ἢ ὁ
1Jn 4:4 ὑμῖν ἢ ὁ **ἐν** τῷ κόσμῳ.
1Jn 4:9 **ἐν** τούτῳ ἐφανερώθη ἡ
1Jn 4:9 ἀγάπη τοῦ θεοῦ **ἐν** ἡμῖν,
1Jn 4:10 **ἐν** τούτῳ ἐστὶν ἡ

1Jn 4:12 ὁ θεὸς **ἐν** ἡμῖν μένει καὶ
1Jn 4:12 ἡ ἀγάπη αὐτοῦ **ἐν** ἡμῖν τετελειωμένη ἐστίν.
1Jn 4:13 **Ἐν** τούτῳ γινώσκομεν ὅτι
1Jn 4:13 τούτῳ γινώσκομεν ὅτι **ἐν** αὐτῷ μένομεν καὶ
1Jn 4:13 μένομεν καὶ αὐτὸς **ἐν** ἡμῖν,
1Jn 4:15 ὁ θεὸς **ἐν** αὐτῷ μένει καὶ
1Jn 4:15 μένει καὶ αὐτὸς **ἐν** τῷ θεῷ.
1Jn 4:16 ἔχει ὁ θεὸς **ἐν** ἡμῖν.
1Jn 4:16 καὶ ὁ μένων **ἐν** τῇ ἀγάπῃ ἐν
1Jn 4:16 ἐν τῇ ἀγάπῃ **ἐν** τῷ θεῷ μένει
1Jn 4:16 καὶ ὁ θεὸς **ἐν** αὐτῷ μένει.
1Jn 4:17 **Ἐν** τούτῳ τετελείωται ἡ
1Jn 4:17 ἵνα παρρησίαν ἔχωμεν **ἐν** τῇ ἡμέρᾳ τῆς
1Jn 4:17 καὶ ἡμεῖς ἐσμεν **ἐν** τῷ κόσμῳ τούτῳ.
1Jn 4:18 φόβος οὐκ ἔστιν **ἐν** τῇ ἀγάπῃ ἀλλ᾽
1Jn 4:18 φοβούμενος οὐ τετελείωται **ἐν** τῇ ἀγάπῃ.
1Jn 5:2 **ἐν** τούτῳ γινώσκομεν ὅτι
1Jn 5:6 οὐκ **ἐν** τῷ ὕδατι μόνον
1Jn 5:6 ὕδατι μόνον ἀλλ᾽ **ἐν** τῷ ὕδατι καὶ
1Jn 5:6 τῷ ὕδατι καὶ **ἐν** τῷ αἵματι·
1Jn 5:10 ἔχει τὴν μαρτυρίαν **ἐν** ἑαυτῷ,
1Jn 5:11 αὕτη ἡ ζωὴ **ἐν** τῷ υἱῷ αὐτοῦ
1Jn 5:19 ὁ κόσμος ὅλος **ἐν** τῷ πονηρῷ κεῖται.
1Jn 5:20 καὶ ἐσμὲν ἐν **τῷ** ἀληθινῷ,
1Jn 5:20 **ἐν** τῷ υἱῷ αὐτοῦ

ἐντολή (*entolē*; 14/67) *commandment*

1Jn 2:3 ἐὰν τὰς **ἐντολὰς** αὐτοῦ τηρῶμεν.
1Jn 2:4 αὐτόν καὶ τὰς **ἐντολὰς** αὐτοῦ μὴ τηρῶν,
1Jn 2:7 οὐκ **ἐντολὴν** καινὴν γράφω ὑμῖν
1Jn 2:7 γράφω ὑμῖν ἀλλ᾽ **ἐντολὴν** παλαιὰν ἣν εἴχετε
1Jn 2:7 ἡ **ἐντολὴ** ἡ παλαιά ἐστιν
1Jn 2:8 πάλιν **ἐντολὴν** καινὴν γράφω ὑμῖν,
1Jn 3:22 ὅτι τὰς **ἐντολὰς** αὐτοῦ τηροῦμεν καὶ
1Jn 3:23 αὕτη ἐστὶν ἡ **ἐντολὴ** αὐτοῦ,
1Jn 3:23 καθὼς ἔδωκεν **ἐντολὴν** ἡμῖν.
1Jn 3:24 ὁ τηρῶν τὰς **ἐντολὰς** αὐτοῦ ἐν αὐτῷ
1Jn 4:21 καὶ ταύτην τὴν **ἐντολὴν** ἔχομεν ἀπ᾽ αὐτοῦ,
1Jn 5:2 ἀγαπῶμεν καὶ τὰς **ἐντολὰς** αὐτοῦ ποιῶμεν.
1Jn 5:3 ἵνα τὰς **ἐντολὰς** αὐτοῦ τηρῶμεν,
1Jn 5:3 καὶ αἱ **ἐντολαὶ** αὐτοῦ βαρεῖαι οὐκ

ἐνώπιον (*enōpion*; 1/94) *before*

1Jn 3:22 καὶ τὰ ἀρεστὰ **ἐνώπιον** αὐτοῦ ποιοῦμεν.

ἐξέρχομαι (*exerchomai*; 2/216[218]) *come or go out or forth*

1Jn 2:19 ἐξ ἡμῶν **ἐξῆλθαν** ἀλλ᾽ οὐκ ἦσαν
1Jn 4:1 ὅτι πολλοὶ ψευδοπροφῆται **ἐξεληλύθασιν** εἰς τὸν κόσμον.

ἔξω (*exō*; 1/63) *out*

1Jn 4:18 ἡ τελεία ἀγάπη **ἔξω** βάλλει τὸν φόβον,

ἐπαγγελία (*epangelia*; 1/52) *promise*

1Jn 2:25 αὕτη ἐστὶν ἡ **ἐπαγγελία** ἣν αὐτὸς ἐπηγγείλατο

ἐπαγγέλλομαι (*epangellomai*; 1/15) *promise*

1Jn 2:25 ἐπαγγελία ἣν αὐτὸς **ἐπηγγείλατο** ἡμῖν,

ἐπί (*epi*; 1/886[890]) *on*

1Jn 3:3 τὴν ἐλπίδα ταύτην **ἐπ᾽** αὐτῷ ἁγνίζει ἑαυτόν,

ἐπιθυμία (*epithymia*; 3/38) *desire*

1Jn 2:16 ἡ **ἐπιθυμία** τῆς σαρκὸς καὶ
1Jn 2:16 σαρκὸς καὶ ἡ **ἐπιθυμία** τῶν ὀφθαλμῶν καὶ
1Jn 2:17 παράγεται καὶ ἡ **ἐπιθυμία** αὐτοῦ,

ἔργον (*ergon*; 3/169) *work*

1Jn 3:8 ἵνα λύσῃ τὰ **ἔργα** τοῦ διαβόλου.
1Jn 3:12 ὅτι τὰ **ἔργα** αὐτοῦ πονηρὰ ἦν
1Jn 3:18 γλώσσῃ ἀλλὰ ἐν **ἔργῳ** καὶ ἀληθείᾳ.

ἔρχομαι (*erchomai*; 4/631[632]) *come, go*

1Jn 2:18 ἠκούσατε ὅτι ἀντίχριστος **ἔρχεται**,
1Jn 4:2 Χριστὸν ἐν σαρκὶ **ἐληλυθότα** ἐκ τοῦ θεοῦ
1Jn 4:3 ὃ ἀκηκόατε ὅτι **ἔρχεται**,
1Jn 5:6 οὗτός ἐστιν ὁ **ἐλθὼν** δι᾽ ὕδατος καὶ

ἐρωτάω (*erōtaō*; 1/62[63]) *ask*

1Jn 5:16 ἐκείνης λέγω ἵνα **ἐρωτήσῃ**.

ἔσχατος (*eschatos*; 2/52) *last*

1Jn 2:18 ἐσχάτη **ὥρα** ἐστίν,
1Jn 2:18 ὅθεν γινώσκομεν ὅτι **ἐσχάτη** ὥρα ἐστίν.

ἔχω (*echō*; 28/706[708]) *have, hold*

1Jn 1:3 καὶ ὑμεῖς κοινωνίαν **ἔχητε** μεθ᾽ ἡμῶν.
1Jn 1:6 εἴπωμεν ὅτι κοινωνίαν **ἔχομεν** μετ᾽ αὐτοῦ
1Jn 1:7 κοινωνίαν **ἔχομεν** μετ᾽ ἀλλήλων καὶ
1Jn 1:8 ὅτι ἁμαρτίαν οὐκ **ἔχομεν**,
1Jn 2:1 παράκλητον **ἔχομεν** πρὸς τὸν πατέρα
1Jn 2:7 ἐντολὴν παλαιὰν ἣν **εἴχετε** ἀπ᾽ ἀρχῆς·
1Jn 2:20 καὶ ὑμεῖς χρῖσμα **ἔχετε** ἀπὸ τοῦ ἁγίου
1Jn 2:23 οὐδὲ τὸν πατέρα **ἔχει**,
1Jn 2:23 καὶ τὸν πατέρα **ἔχει**.
1Jn 2:27 καὶ οὐ χρείαν **ἔχετε** ἵνα τις διδάσκῃ
1Jn 2:28 ἵνα ἐὰν φανερωθῇ **σχῶμεν** παρρησίαν καὶ μὴ
1Jn 3:3 καὶ πᾶς ὁ **ἔχων** τὴν ἐλπίδα ταύτην
1Jn 3:15 πᾶς ἀνθρωποκτόνος οὐκ **ἔχει** ζωὴν αἰώνιον
1Jn 3:17 ὃς δ᾽ ἂν **ἔχῃ** τὸν βίον τοῦ
1Jn 3:17 ἀδελφὸν αὐτοῦ χρείαν **ἔχοντα** καὶ κλείσῃ τὰ
1Jn 3:21 παρρησίαν **ἔχομεν** πρὸς τὸν θεόν
1Jn 4:16 τὴν ἀγάπην ἣν **ἔχει** ὁ θεὸς ἐν
1Jn 4:17 ἵνα παρρησίαν **ἔχωμεν** ἐν τῇ ἡμέρᾳ
1Jn 4:18 ὁ φόβος κόλασιν **ἔχει**,
1Jn 4:21 ταύτην τὴν ἐντολὴν **ἔχομεν** ἀπ᾽ αὐτοῦ,
1Jn 5:10 υἱὸν τοῦ θεοῦ **ἔχει** τὴν μαρτυρίαν ἐν
1Jn 5:12 ὁ **ἔχων** τὸν υἱὸν ἔχει
1Jn 5:12 ἔχων τὸν υἱὸν **ἔχει** τὴν ζωήν·
1Jn 5:12 ὁ μὴ **ἔχων** τὸν υἱὸν τοῦ
1Jn 5:12 τὴν ζωὴν οὐκ **ἔχει**.
1Jn 5:13 εἰδῆτε ὅτι ζωὴν **ἔχετε** αἰώνιον,
1Jn 5:14 ἡ παρρησία ἣν **ἔχομεν** πρὸς αὐτόν ὅτι
1Jn 5:15 οἴδαμεν ὅτι **ἔχομεν** τὰ αἰτήματα ἃ

ἕως (*heōs*; 1/146) *until*

1Jn 2:9 τῇ σκοτίᾳ ἐστὶν **ἕως** ἄρτι.

ζάω (*zaō*; 1/139[140]) *live*

1Jn 4:9 τὸν κόσμον ἵνα **ζήσωμεν** δι᾽ αὐτοῦ.

ζωή (*zōē*; 13/135) *life*

1Jn 1:1 τοῦ λόγου τῆς **ζωῆς**
1Jn 1:2 καὶ ἡ **ζωὴ** ἐφανερώθη,
1Jn 1:2 ἀπαγγέλλομεν ὑμῖν τὴν **ζωὴν** τὴν αἰώνιον ἥτις
1Jn 2:25 τὴν **ζωὴν** τὴν αἰώνιον.
1Jn 3:14 θανάτου εἰς τὴν **ζωήν**,
1Jn 3:15 ἀνθρωποκτόνος οὐκ ἔχει **ζωὴν** αἰώνιον ἐν αὐτῷ
1Jn 5:11 ὅτι **ζωὴν** αἰώνιον ἔδωκεν ἡμῖν
1Jn 5:11 καὶ αὕτη ἡ **ζωὴ** ἐν τῷ υἱῷ
1Jn 5:12 υἱὸν ἔχει τὴν **ζωήν**·
1Jn 5:12 τοῦ θεοῦ τὴν **ζωὴν** οὐκ ἔχει.
1Jn 5:13 ἵνα εἰδῆτε ὅτι **ζωὴν** ἔχετε αἰώνιον,
1Jn 5:16 καὶ δώσει αὐτῷ **ζωήν**,
1Jn 5:20 ἀληθινὸς θεὸς καὶ **ζωὴ** αἰώνιος.

ἤ (*ē*; 1/340) *or*

1Jn 4:4 ὁ ἐν ὑμῖν **ἢ** ὁ ἐν τῷ

ἤδη (*ēdē*; 2/61) *already*

1Jn 2:8 φῶς τὸ ἀληθινὸν **ἤδη** φαίνει.
1Jn 4:3 τῷ κόσμῳ ἐστὶν **ἤδη**.

ἥκω (*hēkō*; 1/26) *have come*

1Jn 5:20 υἱὸς τοῦ θεοῦ **ἥκει** καὶ δέδωκεν ἡμῖν

ἡμεῖς (*hēmeis*; 56/855) *we*

1Jn 1:1 ἑωράκαμεν τοῖς ὀφθαλμοῖς **ἡμῶν**,
1Jn 1:1 καὶ αἱ χεῖρες **ἡμῶν** ἐψηλάφησαν περὶ τοῦ
1Jn 1:2 πατέρα καὶ ἐφανερώθη **ἡμῖν**
1Jn 1:3 κοινωνίαν ἔχητε μεθ' **ἡμῶν**.
1Jn 1:4 καὶ ταῦτα γράφομεν **ἡμεῖς**,
1Jn 1:4 ἵνα ἡ χαρὰ **ἡμῶν** ᾖ πεπληρωμένη.
1Jn 1:7 υἱοῦ αὐτοῦ καθαρίζει **ἡμᾶς** ἀπὸ πάσης ἁμαρτίας.
1Jn 1:8 οὐκ ἔστιν ἐν **ἡμῖν**.
1Jn 1:9 ὁμολογῶμεν τὰς ἁμαρτίας **ἡμῶν**,
1Jn 1:9 ἵνα ἀφῇ **ἡμῖν** τὰς ἁμαρτίας καὶ
1Jn 1:9 ἁμαρτίας καὶ καθαρίσῃ **ἡμᾶς** ἀπὸ πάσης ἀδικίας.
1Jn 1:10 οὐκ ἔστιν ἐν **ἡμῖν**.
1Jn 2:2 περὶ τῶν ἁμαρτιῶν **ἡμῶν**,
1Jn 2:19 ἐξ **ἡμῶν** ἐξῆλθαν ἀλλ' οὐκ
1Jn 2:19 οὐκ ἦσαν ἐξ **ἡμῶν**·
1Jn 2:19 εἰ γὰρ ἐξ **ἡμῶν** ἦσαν,
1Jn 2:19 μεμενήκεισαν ἂν μεθ' **ἡμῶν**·
1Jn 2:19 εἰσὶν πάντες ἐξ **ἡμῶν**.
1Jn 2:25 ἣν αὐτὸς ἐπηγγείλατο **ἡμῖν**,
1Jn 3:1 ποταπὴν ἀγάπην δέδωκεν **ἡμῖν** ὁ πατήρ,
1Jn 3:1 κόσμος οὐ γινώσκει **ἡμᾶς**,
1Jn 3:14 **ἡμεῖς** οἴδαμεν ὅτι μεταβεβήκαμεν
1Jn 3:16 ὅτι ἐκεῖνος ὑπὲρ **ἡμῶν** τὴν ψυχὴν αὐτοῦ
1Jn 3:16 καὶ **ἡμεῖς** ὀφείλομεν ὑπὲρ τῶν
1Jn 3:19 πείσομεν τὴν καρδίαν **ἡμῶν**,
1Jn 3:20 ὅτι ἐὰν καταγινώσκῃ **ἡμῶν** ἡ καρδία,
1Jn 3:20 θεὸς τῆς καρδίας **ἡμῶν** καὶ γινώσκει πάντα.
1Jn 3:21 ἐὰν ἡ καρδία [**ἡμῶν**] μὴ καταγινώσκῃ,
1Jn 3:23 καθὼς ἔδωκεν ἐντολὴν **ἡμῖν**.
1Jn 3:24 ὅτι μένει ἐν **ἡμῖν**,
1Jn 3:24 τοῦ πνεύματος οὗ **ἡμῖν** ἔδωκεν.
1Jn 4:6 **ἡμεῖς** ἐκ τοῦ θεοῦ
1Jn 4:6 τὸν θεὸν ἀκούει **ἡμῶν**,
1Jn 4:6 θεοῦ οὐκ ἀκούει **ἡμῶν**.
1Jn 4:9 τοῦ θεοῦ ἐν **ἡμῖν**,
1Jn 4:10 οὐχ ὅτι **ἡμεῖς** ἠγαπήκαμεν τὸν θεὸν
1Jn 4:10 ὅτι αὐτὸς ἠγάπησεν **ἡμᾶς** καὶ ἀπέστειλεν
1Jn 4:10 περὶ τῶν ἁμαρτιῶν **ἡμῶν**.
1Jn 4:11 ὁ θεὸς ἠγάπησεν **ἡμᾶς**,
1Jn 4:11 καὶ **ἡμεῖς** ὀφείλομεν ἀλλήλους ἀγαπᾶν.
1Jn 4:12 ὁ θεὸς ἐν **ἡμῖν** μένει καὶ ἡ
1Jn 4:12 ἀγάπη αὐτοῦ ἐν **ἡμῖν** τετελειωμένη ἐστίν.
1Jn 4:13 καὶ αὐτὸς ἐν **ἡμῖν**,
1Jn 4:13 πνεύματος αὐτοῦ δέδωκεν **ἡμῖν**.
1Jn 4:14 καὶ **ἡμεῖς** τεθεάμεθα καὶ μαρτυροῦμεν
1Jn 4:16 καὶ **ἡμεῖς** ἐγνώκαμεν καὶ πεπιστεύκαμεν
1Jn 4:16 ὁ θεὸς ἐν **ἡμῖν**.
1Jn 4:17 ἡ ἀγάπη μεθ' **ἡμῶν**,
1Jn 4:17 ἐκεῖνός ἐστιν καὶ **ἡμεῖς** ἐσμεν ἐν τῷ
1Jn 4:19 **ἡμεῖς** ἀγαπῶμεν,
1Jn 4:19 αὐτὸς πρῶτος ἠγάπησεν **ἡμᾶς**.
1Jn 5:4 ἡ πίστις **ἡμῶν**.
1Jn 5:11 ζωὴν αἰώνιον ἔδωκεν **ἡμῖν** ὁ θεός,
1Jn 5:14 θέλημα αὐτοῦ ἀκούει **ἡμῶν**.
1Jn 5:15 οἴδαμεν ὅτι ἀκούει **ἡμῶν** ὃ ἐὰν αἰτώμεθα,
1Jn 5:20 ἥκει καὶ δέδωκεν **ἡμῖν** διάνοιαν ἵνα γινώσκωμεν

ἡμέρα (*hēmera*; 1/389) *day*

1Jn 4:17 ἔχωμεν ἐν τῇ **ἡμέρᾳ** τῆς κρίσεως,

ἡμέτερος (*hēmeteros*; 2/7) *our*

1Jn 1:3 κοινωνία δὲ ἡ **ἡμετέρα** μετὰ τοῦ πατρὸς
1Jn 2:2 οὐ περὶ τῶν **ἡμετέρων** δὲ μόνον ἀλλὰ

θάνατος (*thanatos*; 6/120) *death*

1Jn 3:14 μεταβεβήκαμεν ἐκ τοῦ **θανάτου** εἰς τὴν ζωήν,
1Jn 3:14 μένει ἐν τῷ **θανάτῳ**.
1Jn 5:16 ἁμαρτίαν μὴ πρὸς **θάνατον**,
1Jn 5:16 ἁμαρτάνουσιν μὴ πρὸς **θάνατον**.
1Jn 5:16 ἔστιν ἁμαρτία πρὸς **θάνατον**·
1Jn 5:17 ἁμαρτία οὐ πρὸς **θάνατον**.

θαυμάζω (*thaumazō*; 1/43) *marvel*

1Jn 3:13 [Καὶ] μὴ **θαυμάζετε**,

θεάομαι (*theaomai*; 3/20[22]) *see, observe*

1Jn 1:1 ὃ **ἐθεασάμεθα** καὶ αἱ χεῖρες
1Jn 4:12 θεὸν οὐδεὶς πώποτε **τεθέαται**.
1Jn 4:14 καὶ ἡμεῖς **τεθεάμεθα** καὶ μαρτυροῦμεν ὅτι

θέλημα (*thelēma*; 2/62) *will*

1Jn 2:17 δὲ ποιῶν τὸ **θέλημα** τοῦ θεοῦ μένει
1Jn 5:14 αἰτώμεθα κατὰ τὸ **θέλημα** αὐτοῦ ἀκούει ἡμῶν.

θεός (*theos*; 62/1316[1317]) *God*

1Jn 1:5 ὅτι ὁ **θεὸς** φῶς ἐστιν καὶ
1Jn 2:5 ἡ ἀγάπη τοῦ **θεοῦ** τετελείωται,
1Jn 2:14 ὁ λόγος τοῦ **θεοῦ** ἐν ὑμῖν μένει
1Jn 2:17 τὸ θέλημα τοῦ **θεοῦ** μένει εἰς τὸν
1Jn 3:1 ἵνα τέκνα **θεοῦ** κληθῶμεν,
1Jn 3:2 νῦν τέκνα **θεοῦ** ἐσμεν,
1Jn 3:8 ὁ υἱὸς τοῦ **θεοῦ**,

1Jn 3:9 γεγεννημένος ἐκ τοῦ **θεοῦ** ἁμαρτίαν οὐ ποιεῖ,
1Jn 3:9 ὅτι ἐκ τοῦ **θεοῦ** γεγέννηται.
1Jn 3:10 τὰ τέκνα τοῦ **θεοῦ** καὶ τὰ τέκνα
1Jn 3:10 ἔστιν ἐκ τοῦ **θεοῦ**,
1Jn 3:17 ἡ ἀγάπη τοῦ **θεοῦ** μένει ἐν αὐτῷ;
1Jn 3:20 μείζων ἐστὶν ὁ **θεὸς** τῆς καρδίας ἡμῶν
1Jn 3:21 ἔχομεν πρὸς τὸν **θεόν**
1Jn 4:1 εἰ ἐκ τοῦ **θεοῦ** ἐστιν,
1Jn 4:2 τὸ πνεῦμα τοῦ **θεοῦ**·
1Jn 4:2 ἐληλυθότα ἐκ τοῦ **θεοῦ** ἐστιν,
1Jn 4:3 Ἰησοῦν ἐκ τοῦ **θεοῦ** οὐκ ἔστιν·
1Jn 4:4 ὑμεῖς ἐκ τοῦ **θεοῦ** ἐστε,
1Jn 4:6 ἡμεῖς ἐκ τοῦ **θεοῦ** ἐσμεν,
1Jn 4:6 ὁ γινώσκων τὸν **θεὸν** ἀκούει ἡμῶν,
1Jn 4:6 ἔστιν ἐκ τοῦ **θεοῦ** οὐκ ἀκούει ἡμῶν.
1Jn 4:7 ἀγάπη ἐκ τοῦ **θεοῦ** ἐστιν,
1Jn 4:7 ἀγαπῶν ἐκ τοῦ **θεοῦ** γεγέννηται καὶ γινώσκει
1Jn 4:7 καὶ γινώσκει τὸν **θεόν**.
1Jn 4:8 οὐκ ἔγνω τὸν **θεόν**,
1Jn 4:8 ὅτι ὁ **θεὸς** ἀγάπη ἐστίν.
1Jn 4:9 ἡ ἀγάπη τοῦ **θεοῦ** ἐν ἡμῖν,
1Jn 4:9 μονογενῆ ἀπέσταλκεν ὁ **θεὸς** εἰς τὸν κόσμον
1Jn 4:10 ἡμεῖς ἠγαπήκαμεν τὸν **θεὸν** ἀλλ' ὅτι αὐτὸς
1Jn 4:11 εἰ οὕτως ὁ **θεὸς** ἠγάπησεν ἡμᾶς,
1Jn 4:12 **θεὸν** οὐδεὶς πώποτε τεθέαται.
1Jn 4:12 ὁ **θεὸς** ἐν ἡμῖν μένει
1Jn 4:15 ὁ υἱὸς τοῦ **θεοῦ**,
1Jn 4:15 ὁ **θεὸς** ἐν αὐτῷ μένει
1Jn 4:15 αὐτὸς ἐν τῷ **θεῷ**.
1Jn 4:16 ἣν ἔχει ὁ **θεὸς** ἐν ἡμῖν.
1Jn 4:16 Ὁ **θεὸς** ἀγάπη ἐστίν,
1Jn 4:16 ἀγάπῃ ἐν τῷ **θεῷ** μένει καὶ ὁ
1Jn 4:16 μένει καὶ ὁ **θεὸς** ἐν αὐτῷ μένει.
1Jn 4:20 ὅτι ἀγαπῶ τὸν **θεὸν** καὶ τὸν ἀδελφὸν
1Jn 4:20 τὸν **θεὸν** ὃν οὐχ ἑώρακεν
1Jn 4:21 ὁ ἀγαπῶν τὸν **θεὸν** ἀγαπᾷ καὶ τὸν
1Jn 5:1 ἐκ τοῦ **θεοῦ** γεγέννηται,
1Jn 5:2 τὰ τέκνα τοῦ **θεοῦ**,
1Jn 5:2 ὅταν τὸν **θεὸν** ἀγαπῶμεν καὶ τὰς
1Jn 5:3 ἡ ἀγάπη τοῦ **θεοῦ**,
1Jn 5:4 γεγεννημένον ἐκ τοῦ **θεοῦ** νικᾷ τὸν κόσμον·
1Jn 5:5 ὁ υἱὸς τοῦ **θεοῦ**;
1Jn 5:9 ἡ μαρτυρία τοῦ **θεοῦ** μείζων ἐστίν·
1Jn 5:9 ἡ μαρτυρία τοῦ **θεοῦ** ὅτι μεμαρτύρηκεν περὶ
1Jn 5:10 τὸν υἱὸν τοῦ **θεοῦ** ἔχει τὴν μαρτυρίαν
1Jn 5:10 μὴ πιστεύων τῷ **θεῷ** ψεύστην πεποίηκεν αὐτόν,
1Jn 5:10 ἣν μεμαρτύρηκεν ὁ **θεὸς** περὶ τοῦ υἱοῦ
1Jn 5:11 ἔδωκεν ἡμῖν ὁ **θεός**,
1Jn 5:12 τὸν υἱὸν τοῦ **θεοῦ** τὴν ζωὴν οὐκ
1Jn 5:13 τοῦ υἱοῦ τοῦ **θεοῦ**.
1Jn 5:18 γεγεννημένος ἐκ τοῦ **θεοῦ** οὐχ ἁμαρτάνει,
1Jn 5:18 γεννηθεὶς ἐκ τοῦ **θεοῦ** τηρεῖ αὐτόν καὶ
1Jn 5:19 ὅτι ἐκ τοῦ **θεοῦ** ἐσμεν καὶ ὁ
1Jn 5:20 ὁ υἱὸς τοῦ **θεοῦ** ἥκει καὶ δέδωκεν
1Jn 5:20 ἐστιν ὁ ἀληθινὸς **θεὸς** καὶ ζωὴ αἰώνιος.

θεωρέω (*theōreō*; 1/58) *see, perceive*

1Jn 3:17 τοῦ κόσμου καὶ **θεωρῇ** τὸν ἀδελφὸν αὐτοῦ

Ἰησοῦς (*Iēsous*; 12/911[917]) *Jesus*

1Jn 1:3 τοῦ υἱοῦ αὐτοῦ **Ἰησοῦ** Χριστοῦ.
1Jn 1:7 καὶ τὸ αἷμα **Ἰησοῦ** τοῦ υἱοῦ αὐτοῦ
1Jn 2:1 πρὸς τὸν πατέρα **Ἰησοῦν** Χριστὸν δίκαιον·
1Jn 2:22 ὁ ἀρνούμενος ὅτι **Ἰησοῦς** οὐκ ἔστιν ὁ
1Jn 3:23 τοῦ υἱοῦ αὐτοῦ **Ἰησοῦ** Χριστοῦ καὶ ἀγαπῶμεν
1Jn 4:2 πνεῦμα ὃ ὁμολογεῖ **Ἰησοῦν** Χριστὸν ἐν σαρκὶ
1Jn 4:3 μὴ ὁμολογεῖ τὸν **Ἰησοῦν** ἐκ τοῦ θεοῦ
1Jn 4:15 ἐὰν ὁμολογήσῃ ὅτι **Ἰησοῦς** ἐστιν ὁ υἱὸς
1Jn 5:1 ὁ πιστεύων ὅτι **Ἰησοῦς** ἐστιν ὁ Χριστός,
1Jn 5:5 ὁ πιστεύων ὅτι **Ἰησοῦς** ἐστιν ὁ υἱὸς
1Jn 5:6 **Ἰησοῦς** Χριστός,
1Jn 5:20 τῷ υἱῷ αὐτοῦ **Ἰησοῦ** Χριστῷ.

ἱλασμός (*hilasmos*; 2/2) *means by which sins are forgiven*

1Jn 2:2 καὶ αὐτὸς **ἱλασμός** ἐστιν περὶ τῶν
1Jn 4:10 τὸν υἱὸν αὐτοῦ **ἱλασμὸν** περὶ τῶν ἁμαρτιῶν

ἵνα (*hina*; 19/662[663]) *so that, in order that*

1Jn 1:3 **ἵνα** καὶ ὑμεῖς κοινωνίαν
1Jn 1:4 **ἵνα** ἡ χαρὰ ἡμῶν
1Jn 1:9 **ἵνα** ἀφῇ ἡμῖν τὰς
1Jn 2:1 ταῦτα γράφω ὑμῖν **ἵνα** μὴ ἁμάρτητε.
1Jn 2:19 ἀλλ' **ἵνα** φανερωθῶσιν ὅτι οὐκ
1Jn 2:27 οὐ χρείαν ἔχετε **ἵνα** τις διδάσκῃ ὑμᾶς,
1Jn 2:28 **ἵνα** ἐὰν φανερωθῇ σχῶμεν
1Jn 3:1 **ἵνα** τέκνα θεοῦ κληθῶμεν,
1Jn 3:5 **ἵνα** τὰς ἁμαρτίας ἄρῃ,
1Jn 3:8 **ἵνα** λύσῃ τὰ ἔργα
1Jn 3:11 **ἵνα** ἀγαπῶμεν ἀλλήλους,
1Jn 3:23 **ἵνα** πιστεύσωμεν τῷ ὀνόματι
1Jn 4:9 εἰς τὸν κόσμον **ἵνα** ζήσωμεν δι' αὐτοῦ.
1Jn 4:17 **ἵνα** παρρησίαν ἔχωμεν ἐν
1Jn 4:21 **ἵνα** ὁ ἀγαπῶν τὸν
1Jn 5:3 **ἵνα** τὰς ἐντολὰς αὐτοῦ
1Jn 5:13 Ταῦτα ἔγραψα ὑμῖν **ἵνα** εἰδῆτε ὅτι ζωὴν
1Jn 5:16 περὶ ἐκείνης λέγω **ἵνα** ἐρωτήσῃ.
1Jn 5:20 δέδωκεν ἡμῖν διάνοιαν **ἵνα** γινώσκωμεν τὸν ἀληθινόν,

ἰσχυρός (*ischyros*; 1/29) *strong*

1Jn 2:14 ὅτι **ἰσχυροί** ἐστε καὶ ὁ

καθαρίζω (*katharizō*; 2/31) *cleanse*

1Jn 1:7 τοῦ υἱοῦ αὐτοῦ **καθαρίζει** ἡμᾶς ἀπὸ πάσης
1Jn 1:9 τὰς ἁμαρτίας καὶ **καθαρίσῃ** ἡμᾶς ἀπὸ πάσης

καθώς (*kathōs*; 9/182) *just as*

1Jn 2:6 αὐτῷ μένειν ὀφείλει **καθὼς** ἐκεῖνος περιεπάτησεν καὶ
1Jn 2:18 καὶ **καθὼς** ἠκούσατε ὅτι ἀντίχριστος
1Jn 2:27 καὶ **καθὼς** ἐδίδαξεν ὑμᾶς,
1Jn 3:2 ὅτι ὀψόμεθα αὐτὸν **καθώς** ἐστιν.
1Jn 3:3 **καθὼς** ἐκεῖνος ἁγνός ἐστιν.
1Jn 3:7 **καθὼς** ἐκεῖνος δίκαιός ἐστιν·
1Jn 3:12 οὐ **καθὼς** Κάϊν ἐκ τοῦ
1Jn 3:23 **καθὼς** ἔδωκεν ἐντολὴν ἡμῖν.
1Jn 4:17 ὅτι **καθὼς** ἐκεῖνός ἐστιν καὶ

Κάϊν (*Kain*; 1/3) *Cain*

1Jn 3:12 οὐ καθὼς **Κάϊν** ἐκ τοῦ πονηροῦ

καινός (*kainos*; 2/41[42]) *new*
1Jn 2:7 οὐκ ἐντολὴν **καινὴν** γράφω ὑμῖν ἀλλ'
1Jn 2:8 πάλιν ἐντολὴν **καινὴν** γράφω ὑμῖν,

καλέω (*kaleō*; 1/148) *call*
1Jn 3:1 ἵνα τέκνα θεοῦ **κληθῶμεν**,

καρδία (*kardia*; 4/156) *heart*
1Jn 3:19 αὐτοῦ πείσομεν τὴν **καρδίαν** ἡμῶν,
1Jn 3:20 καταγινώσκῃ ἡμῶν ἡ **καρδία**,
1Jn 3:20 ὁ θεὸς τῆς **καρδίας** ἡμῶν καὶ γινώσκει
1Jn 3:21 ἐὰν ἡ **καρδία** [ἡμῶν] μὴ καταγινώσκῃ,

κατά (*kata*; 1/472[473]) *according to, against*
1Jn 5:14 ἐάν τι αἰτώμεθα **κατὰ** τὸ θέλημα αὐτοῦ

καταγινώσκω (*kataginōskō*; 2/3) *condemn*
1Jn 3:20 ὅτι ἐὰν **καταγινώσκῃ** ἡμῶν ἡ καρδία,
1Jn 3:21 καρδία [ἡμῶν] μὴ **καταγινώσκῃ**,

κεῖμαι (*keimai*; 1/24) *lie*
1Jn 5:19 ἐν τῷ πονηρῷ **κεῖται**.

κλείω (*kleiō*; 1/16) *shut*
1Jn 3:17 χρείαν ἔχοντα καὶ **κλείσῃ** τὰ σπλάγχνα αὐτοῦ

κοινωνία (*koinōnia*; 4/19) *fellowship*
1Jn 1:3 ἵνα καὶ ὑμεῖς **κοινωνίαν** ἔχητε μεθ' ἡμῶν.
1Jn 1:3 καὶ ἡ **κοινωνία** δὲ ἡ ἡμετέρα
1Jn 1:6 Ἐὰν εἴπωμεν ὅτι **κοινωνίαν** ἔχομεν μετ' αὐτοῦ
1Jn 1:7 **κοινωνίαν** ἔχομεν μετ' ἀλλήλων

κόλασις (*kolasis*; 1/2) *punishment*
1Jn 4:18 ὅτι ὁ φόβος **κόλασιν** ἔχει,

κόσμος (*kosmos*; 23/185[186]) *world*
1Jn 2:2 περὶ ὅλου τοῦ **κόσμου**.
1Jn 2:15 Μὴ ἀγαπᾶτε τὸν **κόσμον** μηδὲ τὰ ἐν
1Jn 2:15 τὰ ἐν τῷ **κόσμῳ**.
1Jn 2:15 τις ἀγαπᾷ τὸν **κόσμον**,
1Jn 2:16 τὸ ἐν τῷ **κόσμῳ**,
1Jn 2:16 ἀλλ' ἐκ τοῦ **κόσμου** ἐστίν.
1Jn 2:17 καὶ ὁ **κόσμος** παράγεται καὶ ἡ
1Jn 3:1 διὰ τοῦτο ὁ **κόσμος** οὐ γινώσκει ἡμᾶς,
1Jn 3:13 μισεῖ ὑμᾶς ὁ **κόσμος**.
1Jn 3:17 τὸν βίον τοῦ **κόσμου** καὶ θεωρῇ τὸν
1Jn 4:1 ἐξεληλύθασιν εἰς τὸν **κόσμον**.
1Jn 4:3 νῦν ἐν τῷ **κόσμῳ** ἐστὶν ἤδη.
1Jn 4:4 ὁ ἐν τῷ **κόσμῳ**.
1Jn 4:5 αὐτοὶ ἐκ τοῦ **κόσμου** εἰσίν,
1Jn 4:5 τοῦτο ἐκ τοῦ **κόσμου** λαλοῦσιν καὶ ὁ
1Jn 4:5 λαλοῦσιν καὶ ὁ **κόσμος** αὐτῶν ἀκούει.
1Jn 4:9 θεὸς εἰς τὸν **κόσμον** ἵνα ζήσωμεν δι'
1Jn 4:14 υἱὸν σωτῆρα τοῦ **κόσμου**.
1Jn 4:17 ἐσμεν ἐν τῷ **κόσμῳ** τούτῳ.
1Jn 5:4 θεοῦ νικᾷ τὸν **κόσμον**·
1Jn 5:4 ἡ νικήσασα τὸν **κόσμον**,
1Jn 5:5 ὁ νικῶν τὸν **κόσμον** εἰ μὴ ὁ
1Jn 5:19 ἐσμεν καὶ ὁ **κόσμος** ὅλος ἐν τῷ

κρίσις (*krisis*; 1/47) *judgment*
1Jn 4:17 τῇ ἡμέρᾳ τῆς **κρίσεως**,

λαλέω (*laleō*; 1/294[296]) *speak*
1Jn 4:5 ἐκ τοῦ κόσμου **λαλοῦσιν** καὶ ὁ κόσμος

λαμβάνω (*lambanō*; 3/258) *take, receive*
1Jn 2:27 τὸ χρῖσμα ὃ **ἐλάβετε** ἀπ' αὐτοῦ,
1Jn 3:22 ὃ ἐὰν αἰτῶμεν **λαμβάνομεν** ἀπ' αὐτοῦ,
1Jn 5:9 μαρτυρίαν τῶν ἀνθρώπων **λαμβάνομεν**,

λέγω (*legō*; 8/2345[2353]) *say*
1Jn 1:6 Ἐὰν **εἴπωμεν** ὅτι κοινωνίαν ἔχομεν
1Jn 1:8 ἐὰν **εἴπωμεν** ὅτι ἁμαρτίαν οὐκ
1Jn 1:10 ἐὰν **εἴπωμεν** ὅτι οὐχ ἡμαρτήκαμεν,
1Jn 2:4 ὁ **λέγων** ὅτι ἔγνωκα αὐτόν
1Jn 2:6 ὁ **λέγων** ἐν αὐτῷ μένειν
1Jn 2:9 Ὁ **λέγων** ἐν τῷ φωτὶ
1Jn 4:20 ἐάν τις **εἴπῃ** ὅτι ἀγαπῶ τὸν
1Jn 5:16 οὐ περὶ ἐκείνης **λέγω** ἵνα ἐρωτήσῃ.

λόγος (*logos*; 6/329[330]) *word*
1Jn 1:1 ἐψηλάφησαν περὶ τοῦ **λόγου** τῆς ζωῆς
1Jn 1:10 αὐτὸν καὶ ὁ **λόγος** αὐτοῦ οὐκ ἔστιν
1Jn 2:5 τηρῇ αὐτοῦ τὸν **λόγον**,
1Jn 2:7 παλαιά ἐστιν ὁ **λόγος** ὃν ἠκούσατε.
1Jn 2:14 ἐστε καὶ ὁ **λόγος** τοῦ θεοῦ ἐν
1Jn 3:18 μὴ ἀγαπῶμεν **λόγῳ** μηδὲ τῇ γλώσσῃ

λύω (*lyō*; 1/42) *loose*
1Jn 3:8 ἵνα **λύσῃ** τὰ ἔργα τοῦ

μαρτυρέω (*martyreō*; 6/76) *bear witness*
1Jn 1:2 καὶ ἑωράκαμεν καὶ **μαρτυροῦμεν** καὶ ἀπαγγέλλομεν ὑμῖν
1Jn 4:14 ἡμεῖς τεθεάμεθα καὶ **μαρτυροῦμεν** ὅτι ὁ πατὴρ
1Jn 5:6 πνεῦμά ἐστιν τὸ **μαρτυροῦν**,
1Jn 5:7 τρεῖς εἰσιν οἱ **μαρτυροῦντες**,
1Jn 5:9 τοῦ θεοῦ ὅτι **μεμαρτύρηκεν** περὶ τοῦ υἱοῦ
1Jn 5:10 τὴν μαρτυρίαν ἣν **μεμαρτύρηκεν** ὁ θεὸς περὶ

μαρτυρία (*martyria*; 6/37) *testimony*
1Jn 5:9 εἰ τὴν **μαρτυρίαν** τῶν ἀνθρώπων λαμβάνομεν,
1Jn 5:9 ἡ **μαρτυρία** τοῦ θεοῦ μείζων
1Jn 5:9 αὕτη ἐστὶν ἡ **μαρτυρία** τοῦ θεοῦ ὅτι
1Jn 5:10 θεοῦ ἔχει τὴν **μαρτυρίαν** ἐν ἑαυτῷ,
1Jn 5:10 πεπίστευκεν εἰς τὴν **μαρτυρίαν** ἣν μεμαρτύρηκεν ὁ
1Jn 5:11 αὕτη ἐστὶν ἡ **μαρτυρία**,

μέγας (*megas*; 3/243) *great, large*
1Jn 3:20 ὅτι **μείζων** ἐστὶν ὁ θεὸς
1Jn 4:4 ὅτι **μείζων** ἐστὶν ὁ ἐν
1Jn 5:9 μαρτυρία τοῦ θεοῦ **μείζων** ἐστίν·

μένω (*menō*; 24/118) *remain*
1Jn 2:6 λέγων ἐν αὐτῷ **μένειν** ὀφείλει καθὼς ἐκεῖνος
1Jn 2:10 ἐν τῷ φωτὶ **μένει** καὶ σκάνδαλον ἐν
1Jn 2:14 θεοῦ ἐν ὑμῖν **μένει** καὶ νενικήκατε τὸν

1Jn 2:17 θέλημα τοῦ θεοῦ **μένει** εἰς τὸν αἰῶνα.
1Jn 2:19 **μεμενήκεισαν** ἂν μεθ' ἡμῶν·
1Jn 2:24 ἐν ὑμῖν **μενέτω**.
1Jn 2:24 ἐὰν ἐν ὑμῖν **μείνῃ** ὃ ἀπ' ἀρχῆς
1Jn 2:24 ἐν τῷ πατρὶ **μενεῖτε**.
1Jn 2:27 **μένει** ἐν ὑμῖν καὶ
1Jn 2:27 **μένετε** ἐν αὐτῷ.
1Jn 2:28 **μένετε** ἐν αὐτῷ,
1Jn 3:6 ὁ ἐν αὐτῷ **μένων** οὐχ ἁμαρτάνει·
1Jn 3:9 αὐτοῦ ἐν αὐτῷ **μένει**,
1Jn 3:14 ὁ μὴ ἀγαπῶν **μένει** ἐν τῷ θανάτῳ.
1Jn 3:15 αἰώνιον ἐν αὐτῷ **μένουσαν**.
1Jn 3:17 ἀγάπη τοῦ θεοῦ **μένει** ἐν αὐτῷ;
1Jn 3:24 αὐτοῦ ἐν αὐτῷ **μένει** καὶ αὐτὸς ἐν
1Jn 3:24 τούτῳ γινώσκομεν ὅτι **μένει** ἐν ἡμῖν,
1Jn 4:12 θεὸς ἐν ἡμῖν **μένει** καὶ ἡ ἀγάπη
1Jn 4:13 ὅτι ἐν αὐτῷ **μένομεν** καὶ αὐτὸς ἐν
1Jn 4:15 θεὸς ἐν αὐτῷ **μένει** καὶ αὐτὸς ἐν
1Jn 4:16 καὶ ὁ **μένων** ἐν τῇ ἀγάπῃ
1Jn 4:16 ἐν τῷ θεῷ **μένει** καὶ ὁ θεὸς
1Jn 4:16 θεὸς ἐν αὐτῷ **μένει**.

μετά (*meta*; 7/465[469]) *with, after*

1Jn 1:3 ὑμεῖς κοινωνίαν ἔχητε **μεθ'** ἡμῶν.
1Jn 1:3 δὲ ἡ ἡμετέρα **μετὰ** τοῦ πατρὸς καὶ
1Jn 1:3 τοῦ πατρὸς καὶ **μετὰ** τοῦ υἱοῦ αὐτοῦ
1Jn 1:6 ὅτι κοινωνίαν ἔχομεν **μετ'** αὐτοῦ καὶ ἐν
1Jn 1:7 κοινωνίαν ἔχομεν **μετ'** ἀλλήλων καὶ τὸ
1Jn 2:19 μεμενήκεισαν ἂν **μεθ'** ἡμῶν·
1Jn 4:17 τετελείωται ἡ ἀγάπη **μεθ'** ἡμῶν,

μεταβαίνω (*metabainō*; 1/12) *leave, cross over*

1Jn 3:14 ἡμεῖς οἴδαμεν ὅτι **μεταβεβήκαμεν** ἐκ τοῦ θανάτου

μή (*mē*; 20/1041[1042]) *not*

1Jn 2:1 γράφω ὑμῖν ἵνα **μὴ** ἁμάρτητε.
1Jn 2:4 τὰς ἐντολὰς αὐτοῦ **μὴ** τηρῶν,
1Jn 2:15 **Μὴ** ἀγαπᾶτε τὸν κόσμον
1Jn 2:22 ὁ ψεύστης εἰ **μὴ** ὁ ἀρνούμενος ὅτι
1Jn 2:28 σχῶμεν παρρησίαν καὶ **μὴ** αἰσχυνθῶμεν ἀπ' αὐτοῦ
1Jn 3:10 πᾶς ὁ **μὴ** ποιῶν δικαιοσύνην οὐκ
1Jn 3:10 καὶ ὁ μὴ **ἀγαπῶν** τὸν ἀδελφὸν αὐτοῦ.
1Jn 3:13 [Καὶ] **μὴ** θαυμάζετε,
1Jn 3:14 ὁ **μὴ** ἀγαπῶν μένει ἐν
1Jn 3:18 **μὴ** ἀγαπῶμεν λόγῳ μηδὲ
1Jn 3:21 ἡ καρδία [ἡμῶν] **μὴ** καταγινώσκῃ,
1Jn 4:1 **μὴ** παντὶ πνεύματι πιστεύετε
1Jn 4:3 πᾶν πνεῦμα ὃ **μὴ** ὁμολογεῖ τὸν Ἰησοῦν
1Jn 4:8 ὁ **μὴ** ἀγαπῶν οὐκ ἔγνω
1Jn 4:20 ὁ γὰρ **μὴ** ἀγαπῶν τὸν ἀδελφὸν
1Jn 5:5 τὸν κόσμον εἰ **μὴ** ὁ πιστεύων ὅτι
1Jn 5:10 ὁ **μὴ** πιστεύων τῷ θεῷ
1Jn 5:12 ὁ **μὴ** ἔχων τὸν υἱὸν
1Jn 5:16 αὐτοῦ ἁμαρτάνοντα ἁμαρτίαν **μὴ** πρὸς θάνατον,
1Jn 5:16 τοῖς ἁμαρτάνουσιν **μὴ** πρὸς θάνατον.

μηδέ (*mēde*; 2/56) *nor*

1Jn 2:15 ἀγαπᾶτε τὸν κόσμον **μηδὲ** τὰ ἐν τῷ
1Jn 3:18 μὴ ἀγαπῶμεν λόγῳ **μηδὲ** τῇ γλώσσῃ ἀλλὰ

μηδείς (*mēdeis*; 1/90) *no one*

1Jn 3:7 **μηδεὶς** πλανάτω ὑμᾶς·

μισέω (*miseō*; 5/40) *hate*

1Jn 2:9 τὸν ἀδελφὸν αὐτοῦ **μισῶν** ἐν τῇ σκοτίᾳ
1Jn 2:11 ὁ δὲ **μισῶν** τὸν ἀδελφὸν αὐτοῦ
1Jn 3:13 εἰ **μισεῖ** ὑμᾶς ὁ κόσμος.
1Jn 3:15 πᾶς ὁ **μισῶν** τὸν ἀδελφὸν αὐτοῦ
1Jn 4:20 τὸν ἀδελφὸν αὐτοῦ **μισῇ**,

μονογενής (*monogenēs*; 1/9) *only, unique*

1Jn 4:9 υἱὸν αὐτοῦ τὸν **μονογενῆ** ἀπέσταλκεν ὁ θεὸς

μόνος (*monos*; 2/113[114]) *only*

1Jn 2:2 τῶν ἡμετέρων δὲ **μόνον** ἀλλὰ καὶ περὶ
1Jn 5:6 ἐν τῷ ὕδατι **μόνον** ἀλλ' ἐν τῷ

νεανίσκος (*neaniskos*; 2/11) *young man*

1Jn 2:13 **νεανίσκοι**,
1Jn 2:14 **νεανίσκοι**,

νικάω (*nikaō*; 6/28) *overcome*

1Jn 2:13 ὅτι **νενικήκατε** τὸν πονηρόν.
1Jn 2:14 ὑμῖν μένει καὶ **νενικήκατε** τὸν πονηρόν.
1Jn 4:4 καὶ **νενικήκατε** αὐτούς,
1Jn 5:4 ἐκ τοῦ θεοῦ **νικᾷ** τὸν κόσμον·
1Jn 5:4 ἡ νίκη ἡ **νικήσασα** τὸν κόσμον,
1Jn 5:5 [δέ] ἐστιν ὁ **νικῶν** τὸν κόσμον εἰ

νίκη (*nikē*; 1/1) *victory*

1Jn 5:4 αὕτη ἐστὶν ἡ **νίκη** ἡ νικήσασα τὸν

νῦν (*nyn*; 4/146[147]) *now*

1Jn 2:18 καὶ **νῦν** ἀντίχριστοι πολλοὶ γεγόνασιν,
1Jn 2:28 Καὶ **νῦν**,
1Jn 3:2 **νῦν** τέκνα θεοῦ ἐσμεν,
1Jn 4:3 καὶ **νῦν** ἐν τῷ κόσμῳ

ὅθεν (*hothen*; 1/15) *from where*

1Jn 2:18 **ὅθεν** γινώσκομεν ὅτι ἐσχάτη

οἶδα (*oida*; 15/318) *know*

1Jn 2:11 περιπατεῖ καὶ οὐκ **οἶδεν** ποῦ ὑπάγει,
1Jn 2:20 τοῦ ἁγίου καὶ **οἴδατε** πάντες.
1Jn 2:21 ὑμῖν ὅτι οὐκ **οἴδατε** τὴν ἀλήθειαν ἀλλ'
1Jn 2:21 ἀλήθειαν ἀλλ' ὅτι **οἴδατε** αὐτὴν καὶ ὅτι
1Jn 2:29 ἐὰν **εἰδῆτε** ὅτι δίκαιός ἐστιν,
1Jn 3:2 **οἴδαμεν** ὅτι ἐὰν φανερωθῇ,
1Jn 3:5 καὶ **οἴδατε** ὅτι ἐκεῖνος ἐφανερώθη,
1Jn 3:14 ἡμεῖς **οἴδαμεν** ὅτι μεταβεβήκαμεν ἐκ
1Jn 3:15 καὶ **οἴδατε** ὅτι πᾶς ἀνθρωποκτόνος
1Jn 5:13 ἔγραψα ὑμῖν ἵνα **εἰδῆτε** ὅτι ζωὴν ἔχετε
1Jn 5:15 καὶ ἐὰν **οἴδαμεν** ὅτι ἀκούει ἡμῶν
1Jn 5:15 **οἴδαμεν** ὅτι ἔχομεν τὰ
1Jn 5:18 **Οἴδαμεν** ὅτι πᾶς ὁ
1Jn 5:19 **οἴδαμεν** ὅτι ἐκ τοῦ
1Jn 5:20 **οἴδαμεν** δὲ ὅτι ὁ

ὅλος (*holos*; 2/109) *whole*

1Jn 2:2 ἀλλὰ καὶ περὶ **ὅλου** τοῦ κόσμου.
1Jn 5:19 καὶ ὁ κόσμος **ὅλος** ἐν τῷ πονηρῷ

ὅμοιος (*homoios*; 1/45) *like*

1Jn 3:2 **ὅμοιοι** αὐτῷ ἐσόμεθα,

ὁμολογέω (*homologeō*; 5/26) *confess*

1Jn 1:9 ἐὰν **ὁμολογῶμεν** τὰς ἁμαρτίας ἡμῶν,
1Jn 2:23 ὁ **ὁμολογῶν** τὸν υἱὸν καὶ
1Jn 4:2 πᾶν πνεῦμα ὃ **ὁμολογεῖ** Ἰησοῦν Χριστὸν ἐν
1Jn 4:3 πνεῦμα ὃ μὴ **ὁμολογεῖ** τὸν Ἰησοῦν ἐκ
1Jn 4:15 Ὃς ἐὰν **ὁμολογήσῃ** ὅτι Ἰησοῦς ἐστιν

ὄνομα (*onoma*; 3/229[230]) *name*

1Jn 2:12 ἁμαρτίαι διὰ τὸ **ὄνομα** αὐτοῦ.
1Jn 3:23 ἵνα πιστεύσωμεν τῷ **ὀνόματι** τοῦ υἱοῦ αὐτοῦ
1Jn 5:13 πιστεύουσιν εἰς τὸ **ὄνομα** τοῦ υἱοῦ τοῦ

ὁράω (*horaō*; 9/452) *see*

1Jn 1:1 ὃ **ἑωράκαμεν** τοῖς ὀφθαλμοῖς ἡμῶν,
1Jn 1:2 καὶ **ἑωράκαμεν** καὶ μαρτυροῦμεν καὶ
1Jn 1:3 ὃ **ἑωράκαμεν** καὶ ἀκηκόαμεν,
1Jn 3:1 **ἴδετε** ποταπὴν ἀγάπην δέδωκεν
1Jn 3:2 ὅτι **ὀψόμεθα** αὐτὸν καθώς ἐστιν.
1Jn 3:6 ὁ ἁμαρτάνων οὐχ **ἑώρακεν** αὐτὸν οὐδὲ ἔγνωκεν
1Jn 4:20 ἀδελφὸν αὐτοῦ ὃν **ἑώρακεν**,
1Jn 4:20 θεὸν ὃν οὐχ **ἑώρακεν** οὐ δύναται ἀγαπᾶν.
1Jn 5:16 Ἐάν τις **ἴδῃ** τὸν ἀδελφὸν αὐτοῦ

ὅς (*hos*; 30/1406[1407]) *who*

1Jn 1:1 **Ὃ** ἦν ἀπ' ἀρχῆς,
1Jn 1:1 **ὃ** ἀκηκόαμεν,
1Jn 1:1 **ὃ** ἑωράκαμεν τοῖς ὀφθαλμοῖς
1Jn 1:1 **ὃ** ἐθεασάμεθα καὶ αἱ
1Jn 1:3 **ὃ** ἑωράκαμεν καὶ ἀκηκόαμεν,
1Jn 1:5 αὕτη ἡ ἀγγελία **ἣν** ἀκηκόαμεν ἀπ' αὐτοῦ
1Jn 2:5 **ὃς** δ' ἂν τηρῇ
1Jn 2:7 ἀλλ' ἐντολὴν παλαιὰν **ἣν** εἴχετε ἀπ' ἀρχῆς·
1Jn 2:7 ἐστιν ὁ λόγος **ὃν** ἠκούσατε.
1Jn 2:8 **ὅ** ἐστιν ἀληθὲς ἐν
1Jn 2:24 ὑμεῖς **ὃ** ἠκούσατε ἀπ' ἀρχῆς,
1Jn 2:24 ἐν ὑμῖν μείνῃ **ὃ** ἀπ' ἀρχῆς ἠκούσατε,
1Jn 2:25 ἐστὶν ἡ ἐπαγγελία **ἣν** αὐτὸς ἐπηγγείλατο ἡμῖν,
1Jn 2:27 ὑμεῖς τὸ χρῖσμα **ὃ** ἐλάβετε ἀπ' αὐτοῦ,
1Jn 3:11 ἐστὶν ἡ ἀγγελία **ἣν** ἠκούσατε ἀπ' ἀρχῆς,
1Jn 3:17 **ὃς** δ' ἂν ἔχῃ
1Jn 3:22 καὶ **ὃ** ἐὰν αἰτῶμεν λαμβάνομεν
1Jn 3:24 ἐκ τοῦ πνεύματος **οὗ** ἡμῖν ἔδωκεν.
1Jn 4:2 πᾶν πνεῦμα **ὃ** ὁμολογεῖ Ἰησοῦν Χριστὸν
1Jn 4:3 καὶ πᾶν πνεῦμα **ὃ** μὴ ὁμολογεῖ τὸν
1Jn 4:3 **ὃ** ἀκηκόατε ὅτι ἔρχεται,
1Jn 4:6 **ὃς** οὐκ ἔστιν ἐκ
1Jn 4:15 **Ὃς** ἐὰν ὁμολογήσῃ ὅτι
1Jn 4:16 πεπιστεύκαμεν τὴν ἀγάπην **ἣν** ἔχει ὁ θεὸς
1Jn 4:20 τὸν ἀδελφὸν αὐτοῦ **ὃν** ἑώρακεν,
1Jn 4:20 τὸν θεὸν **ὃν** οὐχ ἑώρακεν οὐ
1Jn 5:10 εἰς τὴν μαρτυρίαν **ἣν** μεμαρτύρηκεν ὁ θεὸς
1Jn 5:14 ἐστὶν ἡ παρρησία **ἣν** ἔχομεν πρὸς αὐτόν
1Jn 5:15 ὅτι ἀκούει ἡμῶν **ὃ** ἐὰν αἰτώμεθα,
1Jn 5:15 ἔχομεν τὰ αἰτήματα **ἃ** ἠτήκαμεν ἀπ' αὐτοῦ.

ὅστις (*hostis*; 1/144) *who*

1Jn 1:2 ζωὴν τὴν αἰώνιον **ἥτις** ἦν πρὸς τὸν

ὅταν (*hotan*; 1/123) *when*

1Jn 5:2 **ὅταν** τὸν θεὸν ἀγαπῶμεν

ὅτι (*hoti*; 76/1294[1296]) *because, that*

1Jn 1:5 **ὅτι** ὁ θεὸς φῶς
1Jn 1:6 Ἐὰν εἴπωμεν **ὅτι** κοινωνίαν ἔχομεν μετ'
1Jn 1:8 ἐὰν εἴπωμεν **ὅτι** ἁμαρτίαν οὐκ ἔχομεν,
1Jn 1:10 ἐὰν εἴπωμεν **ὅτι** οὐχ ἡμαρτήκαμεν,
1Jn 2:3 ἐν τούτῳ γινώσκομεν **ὅτι** ἐγνώκαμεν αὐτόν,
1Jn 2:4 ὁ λέγων **ὅτι** ἔγνωκα αὐτὸν καὶ
1Jn 2:5 ἐν τούτῳ γινώσκομεν **ὅτι** ἐν αὐτῷ ἐσμεν.
1Jn 2:8 **ὅτι** ἡ σκοτία παράγεται
1Jn 2:11 **ὅτι** ἡ σκοτία ἐτύφλωσεν
1Jn 2:12 **ὅτι** ἀφέωνται ὑμῖν αἱ
1Jn 2:13 **ὅτι** ἐγνώκατε τὸν ἀπ'
1Jn 2:13 **ὅτι** νενικήκατε τὸν πονηρόν.
1Jn 2:14 **ὅτι** ἐγνώκατε τὸν πατέρα.
1Jn 2:14 **ὅτι** ἐγνώκατε τὸν ἀπ'
1Jn 2:14 **ὅτι** ἰσχυροί ἐστε καὶ
1Jn 2:16 **ὅτι** πᾶν τὸ ἐν
1Jn 2:18 καὶ καθὼς ἠκούσατε **ὅτι** ἀντίχριστος ἔρχεται,
1Jn 2:18 ὅθεν γινώσκομεν **ὅτι** ἐσχάτη ὥρα ἐστίν.
1Jn 2:19 ἀλλ' ἵνα φανερωθῶσιν **ὅτι** οὐκ εἰσὶν πάντες
1Jn 2:21 οὐκ ἔγραψα ὑμῖν **ὅτι** οὐκ οἴδατε τὴν
1Jn 2:21 τὴν ἀλήθειαν ἀλλ' **ὅτι** οἴδατε αὐτὴν καὶ
1Jn 2:21 οἴδατε αὐτὴν καὶ **ὅτι** πᾶν ψεῦδος ἐκ
1Jn 2:22 μὴ ὁ ἀρνούμενος **ὅτι** Ἰησοῦς οὐκ ἔστιν
1Jn 2:29 ἐὰν εἰδῆτε **ὅτι** δίκαιός ἐστιν,
1Jn 2:29 γινώσκετε **ὅτι** καὶ πᾶς ὁ
1Jn 3:1 **ὅτι** οὐκ ἔγνω αὐτόν.
1Jn 3:2 οἴδαμεν **ὅτι** ἐὰν φανερωθῇ,
1Jn 3:2 **ὅτι** ὀψόμεθα αὐτὸν καθώς
1Jn 3:5 καὶ οἴδατε **ὅτι** ἐκεῖνος ἐφανερώθη,
1Jn 3:8 **ὅτι** ἀπ' ἀρχῆς ὁ
1Jn 3:9 **ὅτι** σπέρμα αὐτοῦ ἐν
1Jn 3:9 **ὅτι** ἐκ τοῦ θεοῦ
1Jn 3:11 **Ὅτι** αὕτη ἐστὶν ἡ
1Jn 3:12 **ὅτι** τὰ ἔργα αὐτοῦ
1Jn 3:14 ἡμεῖς οἴδαμεν **ὅτι** μεταβεβήκαμεν ἐκ τοῦ
1Jn 3:14 **ὅτι** ἀγαπῶμεν τοὺς ἀδελφούς·
1Jn 3:15 καὶ οἴδατε **ὅτι** πᾶς ἀνθρωποκτόνος οὐκ
1Jn 3:16 **ὅτι** ἐκεῖνος ὑπὲρ ἡμῶν
1Jn 3:19 ἐν τούτῳ γνωσόμεθα **ὅτι** ἐκ τῆς ἀληθείας
1Jn 3:20 **ὅτι** ἐὰν καταγινώσκῃ ἡμῶν
1Jn 3:20 **ὅτι** μείζων ἐστὶν ὁ
1Jn 3:22 **ὅτι** τὰς ἐντολὰς αὐτοῦ
1Jn 3:24 ἐν τούτῳ γινώσκομεν **ὅτι** μένει ἐν ἡμῖν,
1Jn 4:1 **ὅτι** πολλοὶ ψευδοπροφῆται ἐξεληλύθασιν
1Jn 4:3 ὃ ἀκηκόατε **ὅτι** ἔρχεται,
1Jn 4:4 **ὅτι** μείζων ἐστὶν ὁ
1Jn 4:7 **ὅτι** ἡ ἀγάπη ἐκ
1Jn 4:8 **ὅτι** ὁ θεὸς ἀγάπη
1Jn 4:9 **ὅτι** τὸν υἱὸν αὐτοῦ
1Jn 4:10 οὐχ **ὅτι** ἡμεῖς ἠγαπήκαμεν τὸν
1Jn 4:10 τὸν θεὸν ἀλλ' **ὅτι** αὐτὸς ἠγάπησεν ἡμᾶς
1Jn 4:13 Ἐν τούτῳ γινώσκομεν **ὅτι** ἐν αὐτῷ μένομεν
1Jn 4:13 **ὅτι** ἐκ τοῦ πνεύματος
1Jn 4:14 τεθεάμεθα καὶ μαρτυροῦμεν **ὅτι** ὁ πατὴρ ἀπέσταλκεν
1Jn 4:15 Ὃς ἐὰν ὁμολογήσῃ **ὅτι** Ἰησοῦς ἐστιν ὁ
1Jn 4:17 **ὅτι** καθὼς ἐκεῖνός ἐστιν
1Jn 4:18 **ὅτι** ὁ φόβος κόλασιν
1Jn 4:19 **ὅτι** αὐτὸς πρῶτος ἠγάπησεν

1Jn 4:20 ἐάν τις εἴπῃ **ὅτι** ἀγαπῶ τὸν θεὸν
1Jn 5:1 Πᾶς ὁ πιστεύων **ὅτι** Ἰησοῦς ἐστιν ὁ
1Jn 5:2 ἐν τούτῳ γινώσκομεν **ὅτι** ἀγαπῶμεν τὰ τέκνα
1Jn 5:4 **ὅτι** πᾶν τὸ γεγεννημένον
1Jn 5:5 μὴ ὁ πιστεύων **ὅτι** Ἰησοῦς ἐστιν ὁ
1Jn 5:6 **ὅτι** τὸ πνεῦμά ἐστιν
1Jn 5:7 **ὅτι** τρεῖς εἰσιν οἱ
1Jn 5:9 **ὅτι** αὕτη ἐστὶν ἡ
1Jn 5:9 μαρτυρία τοῦ θεοῦ **ὅτι** μεμαρτύρηκεν περὶ
1Jn 5:10 **ὅτι** οὐ πεπίστευκεν εἰς
1Jn 5:11 **ὅτι** ζωὴν αἰώνιον ἔδωκεν
1Jn 5:13 ὑμῖν ἵνα εἰδῆτε **ὅτι** ζωὴν ἔχετε αἰώνιον,
1Jn 5:14 ἔχομεν πρὸς αὐτόν **ὅτι** ἐάν τι αἰτώμεθα
1Jn 5:15 καὶ ἐὰν οἴδαμεν **ὅτι** ἀκούει ἡμῶν ὃ
1Jn 5:15 οἴδαμεν **ὅτι** ἔχομεν τὰ αἰτήματα
1Jn 5:18 Οἴδαμεν **ὅτι** πᾶς ὁ γεγεννημένος
1Jn 5:19 οἴδαμεν **ὅτι** ἐκ τοῦ θεοῦ
1Jn 5:20 οἴδαμεν δὲ **ὅτι** ὁ υἱὸς τοῦ

οὐ (*ou*; 48/1621[1623]) *not*

1Jn 1:5 σκοτία ἐν αὐτῷ **οὐκ** ἔστιν οὐδεμία.
1Jn 1:6 ψευδόμεθα καὶ **οὐ** ποιοῦμεν τὴν ἀλήθειαν·
1Jn 1:8 εἴπωμεν ὅτι ἁμαρτίαν **οὐκ** ἔχομεν,
1Jn 1:8 καὶ ἡ ἀλήθεια **οὐκ** ἔστιν ἐν ἡμῖν.
1Jn 1:10 ἐὰν εἴπωμεν ὅτι **οὐχ** ἡμαρτήκαμεν,
1Jn 1:10 ὁ λόγος αὐτοῦ **οὐκ** ἔστιν ἐν ἡμῖν.
1Jn 2:2 **οὐ** περὶ τῶν ἡμετέρων
1Jn 2:4 τούτῳ ἡ ἀλήθεια **οὐκ** ἔστιν·
1Jn 2:7 **οὐκ** ἐντολὴν καινὴν γράφω
1Jn 2:10 σκάνδαλον ἐν αὐτῷ **οὐκ** ἔστιν·
1Jn 2:11 σκοτίᾳ περιπατεῖ καὶ **οὐκ** οἶδεν ποῦ ὑπάγει,
1Jn 2:15 **οὐκ** ἔστιν ἡ ἀγάπη
1Jn 2:16 **οὐκ** ἔστιν ἐκ τοῦ
1Jn 2:19 ἡμῶν ἐξῆλθαν ἀλλ᾽ **οὐκ** ἦσαν ἐξ ἡμῶν·
1Jn 2:19 ἵνα φανερωθῶσιν ὅτι **οὐκ** εἰσὶν πάντες ἐξ
1Jn 2:21 **οὐκ** ἔγραψα ὑμῖν ὅτι
1Jn 2:21 ἔγραψα ὑμῖν ὅτι **οὐκ** οἴδατε τὴν ἀλήθειαν
1Jn 2:21 ἐκ τῆς ἀληθείας **οὐκ** ἔστιν.
1Jn 2:22 ἀρνούμενος ὅτι Ἰησοῦς **οὐκ** ἔστιν ὁ Χριστός;
1Jn 2:27 ἐν ὑμῖν καὶ **οὐ** χρείαν ἔχετε ἵνα
1Jn 2:27 ἀληθές ἐστιν καὶ **οὐκ** ἔστιν ψεῦδος,
1Jn 3:1 τοῦτο ὁ κόσμος **οὐ** γινώσκει ἡμᾶς,
1Jn 3:1 ὅτι **οὐκ** ἔγνω αὐτόν.
1Jn 3:5 ἁμαρτία ἐν αὐτῷ **οὐκ** ἔστιν.
1Jn 3:6 ἐν αὐτῷ μένων **οὐχ** ἁμαρτάνει·
1Jn 3:6 πᾶς ὁ ἁμαρτάνων **οὐχ** ἑώρακεν αὐτὸν οὐδὲ
1Jn 3:9 τοῦ θεοῦ ἁμαρτίαν **οὐ** ποιεῖ,
1Jn 3:9 καὶ **οὐ** δύναται ἁμαρτάνειν,
1Jn 3:10 μὴ ποιῶν δικαιοσύνην **οὐκ** ἔστιν ἐκ τοῦ
1Jn 3:12 **οὐ** καθὼς Κάϊν ἐκ
1Jn 3:15 ὅτι πᾶς ἀνθρωποκτόνος **οὐκ** ἔχει ζωὴν αἰώνιον
1Jn 4:3 ἐκ τοῦ θεοῦ **οὐκ** ἔστιν·
1Jn 4:6 ὃς **οὐκ** ἔστιν ἐκ τοῦ
1Jn 4:6 ἐκ τοῦ θεοῦ **οὐκ** ἀκούει ἡμῶν.
1Jn 4:8 ὁ μὴ ἀγαπῶν **οὐκ** ἔγνω τὸν θεόν,
1Jn 4:10 **οὐχ** ὅτι ἡμεῖς ἠγαπήκαμεν
1Jn 4:18 φόβος **οὐκ** ἔστιν ἐν τῇ
1Jn 4:18 ὁ δὲ φοβούμενος **οὐ** τετελείωται ἐν τῇ
1Jn 4:20 τὸν θεὸν ὃν **οὐχ** ἑώρακεν οὐ δύναται
1Jn 4:20 ὃν οὐχ ἑώρακεν **οὐ** δύναται ἀγαπᾶν.
1Jn 5:3 ἐντολαὶ αὐτοῦ βαρεῖαι **οὐκ** εἰσίν.
1Jn 5:6 **οὐκ** ἐν τῷ ὕδατι
1Jn 5:10 ὅτι **οὐ** πεπίστευκεν εἰς τὴν
1Jn 5:12 θεοῦ τὴν ζωὴν **οὐκ** ἔχει.
1Jn 5:16 **οὐ** περὶ ἐκείνης λέγω
1Jn 5:17 καὶ ἔστιν ἁμαρτία **οὐ** πρὸς θάνατον.
1Jn 5:18 ἐκ τοῦ θεοῦ **οὐχ** ἁμαρτάνει,
1Jn 5:18 καὶ ὁ πονηρὸς **οὐχ** ἅπτεται αὐτοῦ.

οὐδέ (*oude*; 2/141[143]) *neither, nor*

1Jn 2:23 ἀρνούμενος τὸν υἱὸν **οὐδὲ** τὸν πατέρα ἔχει,
1Jn 3:6 οὐχ ἑώρακεν αὐτὸν **οὐδὲ** ἔγνωκεν αὐτόν.

οὐδείς (*oudeis*; 2/225[227]) *no one*

1Jn 1:5 αὐτῷ οὐκ ἔστιν **οὐδεμία**.
1Jn 4:12 θεὸν **οὐδεὶς** πώποτε τεθέαται.

οὔπω (*oupō*; 1/26) *not yet*

1Jn 3:2 καὶ **οὔπω** ἐφανερώθη τί ἐσόμεθα.

οὗτος (*houtos*; 39/1382[1387]) *this*

1Jn 1:4 καὶ **ταῦτα** γράφομεν ἡμεῖς,
1Jn 1:5 Καὶ ἔστιν **αὕτη** ἡ ἀγγελία ἣν
1Jn 2:1 **ταῦτα** γράφω ὑμῖν ἵνα
1Jn 2:3 Καὶ ἐν **τούτῳ** γινώσκομεν ὅτι ἐγνώκαμεν
1Jn 2:4 ἐστίν καὶ ἐν **τούτῳ** ἡ ἀλήθεια οὐκ
1Jn 2:5 ἀληθῶς ἐν **τούτῳ** ἡ ἀγάπη τοῦ
1Jn 2:5 ἐν **τούτῳ** γινώσκομεν ὅτι ἐν
1Jn 2:22 **οὗτός** ἐστιν ὁ ἀντίχριστος,
1Jn 2:25 καὶ **αὕτη** ἐστὶν ἡ ἐπαγγελία
1Jn 2:26 **Ταῦτα** ἔγραψα ὑμῖν περὶ
1Jn 3:1 διὰ **τοῦτο** ὁ κόσμος οὐ
1Jn 3:3 ἔχων τὴν ἐλπίδα **ταύτην** ἐπ᾽ αὐτῷ ἁγνίζει
1Jn 3:8 εἰς **τοῦτο** ἐφανερώθη ὁ υἱὸς
1Jn 3:10 ἐν **τούτῳ** φανερά ἐστιν τὰ
1Jn 3:11 Ὅτι **αὕτη** ἐστὶν ἡ ἀγγελία
1Jn 3:16 ἐν **τούτῳ** ἐγνώκαμεν τὴν ἀγάπην,
1Jn 3:19 [Καὶ] ἐν **τούτῳ** γνωσόμεθα ὅτι ἐκ
1Jn 3:23 Καὶ **αὕτη** ἐστὶν ἡ ἐντολὴ
1Jn 3:24 καὶ ἐν **τούτῳ** γινώσκομεν ὅτι μένει
1Jn 4:2 ἐν **τούτῳ** γινώσκετε τὸ πνεῦμα
1Jn 4:3 καὶ **τοῦτό** ἐστιν τὸ τοῦ
1Jn 4:5 διὰ **τοῦτο** ἐκ τοῦ κόσμου
1Jn 4:6 ἐκ **τούτου** γινώσκομεν τὸ πνεῦμα
1Jn 4:9 ἐν **τούτῳ** ἐφανερώθη ἡ ἀγάπη
1Jn 4:10 ἐν **τούτῳ** ἐστὶν ἡ ἀγάπη,
1Jn 4:13 Ἐν **τούτῳ** γινώσκομεν ὅτι ἐν
1Jn 4:17 Ἐν **τούτῳ** τετελείωται ἡ ἀγάπη
1Jn 4:17 ἐν τῷ κόσμῳ **τούτῳ**.
1Jn 4:21 καὶ **ταύτην** τὴν ἐντολὴν ἔχομεν
1Jn 5:2 ἐν **τούτῳ** γινώσκομεν ὅτι ἀγαπῶμεν
1Jn 5:3 **αὕτη** γάρ ἐστιν ἡ
1Jn 5:4 καὶ **αὕτη** ἐστὶν ἡ νίκη
1Jn 5:6 **οὗτός** ἐστιν ὁ ἐλθὼν
1Jn 5:9 ὅτι **αὕτη** ἐστὶν ἡ μαρτυρία
1Jn 5:11 Καὶ **αὕτη** ἐστὶν ἡ μαρτυρία,
1Jn 5:11 καὶ **αὕτη** ἡ ζωὴ ἐν
1Jn 5:13 **Ταῦτα** ἔγραψα ὑμῖν ἵνα
1Jn 5:14 Καὶ **αὕτη** ἐστὶν ἡ παρρησία
1Jn 5:20 **οὗτός** ἐστιν ὁ ἀληθινὸς

οὕτως (*houtōs*; 2/208) *in this way*

1Jn 2:6 περιεπάτησεν καὶ αὐτὸς **[οὕτως]** περιπατεῖν.
1Jn 4:11 εἰ **οὕτως** ὁ θεὸς ἠγάπησεν

ὀφείλω (*opheilō*; 3/35) *ought to*

1Jn 2:6 ἐν αὐτῷ μένειν **ὀφείλει** καθὼς ἐκεῖνος περιεπάτησεν
1Jn 3:16 καὶ ἡμεῖς **ὀφείλομεν** ὑπὲρ τῶν ἀδελφῶν
1Jn 4:11 καὶ ἡμεῖς **ὀφείλομεν** ἀλλήλους ἀγαπᾶν.

ὀφθαλμός (*ophthalmos*; 3/100) *eye*

1Jn 1:1 ὃ ἑωράκαμεν τοῖς **ὀφθαλμοῖς** ἡμῶν,
1Jn 2:11 σκοτία ἐτύφλωσεν τοὺς **ὀφθαλμοὺς** αὐτοῦ.
1Jn 2:16 ἡ ἐπιθυμία τῶν **ὀφθαλμῶν** καὶ ἡ ἀλαζονεία

παιδίον (*paidion*; 2/52) *child*

1Jn 2:14 **παιδία**,
1Jn 2:18 **Παιδία**,

παλαιός (*palaios*; 2/19) *old*

1Jn 2:7 ὑμῖν ἀλλ' ἐντολὴν **παλαιὰν** ἣν εἴχετε ἀπ'
1Jn 2:7 ἡ ἐντολὴ ἡ **παλαιά** ἐστιν ὁ λόγος

πάλιν (*palin*; 1/139[141]) *again*

1Jn 2:8 **πάλιν** ἐντολὴν καινὴν γράφω

παράγω (*paragō*; 2/10) *pass by or away*

1Jn 2:8 ὅτι ἡ σκοτία **παράγεται** καὶ τὸ φῶς
1Jn 2:17 καὶ ὁ κόσμος **παράγεται** καὶ ἡ ἐπιθυμία

παράκλητος (*paraklētos*; 1/5) *helping presence, advocate*

1Jn 2:1 **παράκλητον** ἔχομεν πρὸς τὸν

παρουσία (*parousia*; 1/24) *coming*

1Jn 2:28 αὐτοῦ ἐν τῇ **παρουσίᾳ** αὐτοῦ.

παρρησία (*parrēsia*; 4/31) *boldness*

1Jn 2:28 ἐὰν φανερωθῇ σχῶμεν **παρρησίαν** καὶ μὴ αἰσχυνθῶμεν
1Jn 3:21 **παρρησίαν** ἔχομεν πρὸς τὸν
1Jn 4:17 ἵνα **παρρησίαν** ἔχωμεν ἐν τῇ
1Jn 5:14 αὕτη ἐστὶν ἡ **παρρησία** ἣν ἔχομεν πρὸς

πᾶς (*pas*; 27/1240[1243]) *each, every (pl. all)*

1Jn 1:7 καθαρίζει ἡμᾶς ἀπὸ **πάσης** ἁμαρτίας.
1Jn 1:9 καθαρίσῃ ἡμᾶς ἀπὸ **πάσης** ἀδικίας.
1Jn 2:16 ὅτι **πᾶν** τὸ ἐν τῷ
1Jn 2:19 ὅτι οὐκ εἰσὶν **πάντες** ἐξ ἡμῶν.
1Jn 2:20 ἁγίου καὶ οἴδατε **πάντες**.
1Jn 2:21 αὐτὴν καὶ ὅτι **πᾶν** ψεῦδος ἐκ τῆς
1Jn 2:23 **πᾶς** ὁ ἀρνούμενος τὸν
1Jn 2:27 διδάσκει ὑμᾶς περὶ **πάντων** καὶ ἀληθές ἐστιν
1Jn 2:29 γινώσκετε ὅτι καὶ **πᾶς** ὁ ποιῶν τὴν
1Jn 3:3 καὶ **πᾶς** ὁ ἔχων τὴν
1Jn 3:4 **Πᾶς** ὁ ποιῶν τὴν
1Jn 3:6 **πᾶς** ὁ ἐν αὐτῷ
1Jn 3:6 **πᾶς** ὁ ἁμαρτάνων οὐχ
1Jn 3:9 **Πᾶς** ὁ γεγεννημένος ἐκ
1Jn 3:10 **πᾶς** ὁ μὴ ποιῶν
1Jn 3:15 **πᾶς** ὁ μισῶν τὸν
1Jn 3:15 καὶ οἴδατε ὅτι **πᾶς** ἀνθρωποκτόνος οὐκ ἔχει
1Jn 3:20 ἡμῶν καὶ γινώσκει **πάντα**.
1Jn 4:1 μὴ **παντὶ** πνεύματι πιστεύετε ἀλλὰ
1Jn 4:2 **πᾶν** πνεῦμα ὃ ὁμολογεῖ
1Jn 4:3 καὶ **πᾶν** πνεῦμα ὃ μὴ
1Jn 4:7 καὶ **πᾶς** ὁ ἀγαπῶν ἐκ
1Jn 5:1 **Πᾶς** ὁ πιστεύων ὅτι
1Jn 5:1 καὶ **πᾶς** ὁ ἀγαπῶν τὸν
1Jn 5:4 ὅτι **πᾶν** τὸ γεγεννημένον ἐκ
1Jn 5:17 **πᾶσα** ἀδικία ἁμαρτία ἐστίν,
1Jn 5:18 Οἴδαμεν ὅτι **πᾶς** ὁ γεγεννημένος ἐκ

πατήρ (*patēr*; 14/413) *father*

1Jn 1:2 ἦν πρὸς τὸν **πατέρα** καὶ ἐφανερώθη ἡμῖν
1Jn 1:3 ἡμετέρα μετὰ τοῦ **πατρὸς** καὶ μετὰ τοῦ
1Jn 2:1 ἔχομεν πρὸς τὸν **πατέρα** Ἰησοῦν Χριστὸν δίκαιον·
1Jn 2:13 **πατέρες**,
1Jn 2:14 ὅτι ἐγνώκατε τὸν **πατέρα**.
1Jn 2:14 πατέρες,
1Jn 2:15 ἡ ἀγάπη τοῦ **πατρὸς** ἐν αὐτῷ·
1Jn 2:16 ἔστιν ἐκ τοῦ **πατρὸς** ἀλλ' ἐκ τοῦ
1Jn 2:22 ὁ ἀρνούμενος τὸν **πατέρα** καὶ τὸν υἱόν.
1Jn 2:23 υἱὸν οὐδὲ τὸν **πατέρα** ἔχει,
1Jn 2:23 υἱὸν καὶ τὸν **πατέρα** ἔχει.
1Jn 2:24 καὶ ἐν τῷ **πατρὶ** μενεῖτε.
1Jn 3:1 δέδωκεν ἡμῖν ὁ **πατὴρ**,
1Jn 4:14 μαρτυροῦμεν ὅτι ὁ **πατὴρ** ἀπέσταλκεν τὸν υἱὸν

πείθω (*peithō*; 1/52) *persuade*

1Jn 3:19 καὶ ἔμπροσθεν αὐτοῦ **πείσομεν** τὴν καρδίαν ἡμῶν,

περί (*peri*; 10/332[333]) *concerning, around*

1Jn 1:1 χεῖρες ἡμῶν ἐψηλάφησαν **περὶ** τοῦ λόγου τῆς
1Jn 2:2 αὐτὸς ἱλασμός ἐστιν **περὶ** τῶν ἁμαρτιῶν ἡμῶν,
1Jn 2:2 οὐ **περὶ** τῶν ἡμετέρων δὲ
1Jn 2:2 μόνον ἀλλὰ καὶ **περὶ** ὅλου τοῦ κόσμου.
1Jn 2:26 Ταῦτα ἔγραψα ὑμῖν **περὶ** τῶν πλανώντων ὑμᾶς.
1Jn 2:27 χρῖσμα διδάσκει ὑμᾶς **περὶ** πάντων καὶ ἀληθές
1Jn 4:10 υἱὸν αὐτοῦ ἱλασμὸν **περὶ** τῶν ἁμαρτιῶν ἡμῶν.
1Jn 5:9 θεοῦ ὅτι μεμαρτύρηκεν **περὶ** τοῦ υἱοῦ αὐτοῦ.
1Jn 5:10 μεμαρτύρηκεν ὁ θεὸς **περὶ** τοῦ υἱοῦ αὐτοῦ.
1Jn 5:16 οὐ **περὶ** ἐκείνης λέγω ἵνα

περιπατέω (*peripateō*; 5/94[95]) *walk*

1Jn 1:6 ἐν τῷ σκότει **περιπατῶμεν**,
1Jn 1:7 ἐν τῷ φωτὶ **περιπατῶμεν** ὡς αὐτός ἐστιν
1Jn 2:6 ὀφείλει καθὼς ἐκεῖνος **περιεπάτησεν** καὶ αὐτὸς [οὕτως]
1Jn 2:6 καὶ αὐτὸς [οὕτως] **περιπατεῖν**.
1Jn 2:11 ἐν τῇ σκοτίᾳ **περιπατεῖ** καὶ οὐκ οἶδεν

πιστεύω (*pisteuō*; 9/237[241]) *believe*

1Jn 3:23 ἵνα **πιστεύσωμεν** τῷ ὀνόματι τοῦ
1Jn 4:1 μὴ παντὶ πνεύματι **πιστεύετε** ἀλλὰ δοκιμάζετε τὰ
1Jn 4:16 ἡμεῖς ἐγνώκαμεν καὶ **πεπιστεύκαμεν** τὴν ἀγάπην ἣν
1Jn 5:1 Πᾶς ὁ **πιστεύων** ὅτι Ἰησοῦς ἐστιν

1Jn 5:5 εἰ μὴ ὁ **πιστεύων** ὅτι Ἰησοῦς ἐστιν
1Jn 5:10 ὁ **πιστεύων** εἰς τὸν υἱὸν
1Jn 5:10 ὁ μὴ **πιστεύων** τῷ θεῷ ψεύστην
1Jn 5:10 ὅτι οὐ **πεπίστευκεν** εἰς τὴν μαρτυρίαν
1Jn 5:13 τοῖς **πιστεύουσιν** εἰς τὸ ὄνομα

πίστις (*pistis*; 1/243) *faith*
1Jn 5:4 ἡ **πίστις** ἡμῶν.

πιστός (*pistos*; 1/67) *believing*
1Jn 1:9 **πιστός** ἐστιν καὶ δίκαιος,

πλανάω (*planaō*; 3/39) *lead astray*
1Jn 1:8 ἑαυτοὺς **πλανῶμεν** καὶ ἡ ἀλήθεια
1Jn 2:26 ὑμῖν περὶ τῶν **πλανώντων** ὑμᾶς.
1Jn 3:7 μηδεὶς **πλανάτω** ὑμᾶς·

πλάνη (*planē*; 1/10) *error*
1Jn 4:6 τὸ πνεῦμα τῆς **πλάνης**.

πληρόω (*plēroō*; 1/86) *fulfill*
1Jn 1:4 χαρὰ ἡμῶν ᾖ **πεπληρωμένη**.

πνεῦμα (*pneuma*; 12/379) *Spirit, spirit*
1Jn 3:24 ἐκ τοῦ **πνεύματος** οὗ ἡμῖν ἔδωκεν.
1Jn 4:1 μὴ παντὶ **πνεύματι** πιστεύετε ἀλλὰ δοκιμάζετε
1Jn 4:1 ἀλλὰ δοκιμάζετε τὰ **πνεύματα** εἰ ἐκ τοῦ
1Jn 4:2 τούτῳ γινώσκετε τὸ **πνεῦμα** τοῦ θεοῦ·
1Jn 4:2 πᾶν **πνεῦμα** ὃ ὁμολογεῖ Ἰησοῦν
1Jn 4:3 καὶ πᾶν **πνεῦμα** ὃ μὴ ὁμολογεῖ
1Jn 4:6 τούτου γινώσκομεν τὸ **πνεῦμα** τῆς ἀληθείας
1Jn 4:6 ἀληθείας καὶ τὸ **πνεῦμα** τῆς πλάνης.
1Jn 4:13 ὅτι ἐκ τοῦ **πνεύματος** αὐτοῦ δέδωκεν ἡμῖν.
1Jn 5:6 καὶ τὸ **πνεῦμά** ἐστιν τὸ μαρτυροῦν,
1Jn 5:6 ὅτι τὸ **πνεῦμά** ἐστιν ἡ ἀλήθεια.
1Jn 5:8 τὸ **πνεῦμα** καὶ τὸ ὕδωρ

ποιέω (*poieō*; 13/568) *do, make*
1Jn 1:6 ψευδόμεθα καὶ οὐ **ποιοῦμεν** τὴν ἀλήθειαν·
1Jn 1:10 ψεύστην **ποιοῦμεν** αὐτὸν καὶ ὁ
1Jn 2:17 ὁ δὲ **ποιῶν** τὸ θέλημα τοῦ
1Jn 2:29 καὶ πᾶς ὁ **ποιῶν** τὴν δικαιοσύνην ἐξ
1Jn 3:4 Πᾶς ὁ **ποιῶν** τὴν ἁμαρτίαν καὶ
1Jn 3:4 καὶ τὴν ἀνομίαν **ποιεῖ**,
1Jn 3:7 ὁ **ποιῶν** τὴν δικαιοσύνην δίκαιός
1Jn 3:8 ὁ **ποιῶν** τὴν ἁμαρτίαν ἐκ
1Jn 3:9 θεοῦ ἁμαρτίαν οὐ **ποιεῖ**,
1Jn 3:10 πᾶς ὁ μὴ **ποιῶν** δικαιοσύνην οὐκ ἔστιν
1Jn 3:22 ἀρεστὰ ἐνώπιον αὐτοῦ **ποιοῦμεν**.
1Jn 5:2 τὰς ἐντολὰς αὐτοῦ **ποιῶμεν**.
1Jn 5:10 τῷ θεῷ ψεύστην **πεποίηκεν** αὐτόν,

πολύς (*polys*; 2/417) *much (pl. many)*
1Jn 2:18 καὶ νῦν ἀντίχριστοι **πολλοὶ** γεγόνασιν,
1Jn 4:1 ὅτι **πολλοὶ** ψευδοπροφῆται ἐξεληλύθασιν εἰς

πονηρός (*ponēros*; 6/78) *evil*
1Jn 2:13 ὅτι νενικήκατε τὸν **πονηρόν**.
1Jn 2:14 καὶ νενικήκατε τὸν **πονηρόν**.
1Jn 3:12 Κάϊν ἐκ τοῦ **πονηροῦ** ἦν καὶ ἔσφαξεν
1Jn 3:12 τὰ ἔργα αὐτοῦ **πονηρὰ** ἦν τὰ δὲ
1Jn 5:18 αὐτόν καὶ ὁ **πονηρὸς** οὐχ ἅπτεται αὐτοῦ.
1Jn 5:19 ὅλος ἐν τῷ **πονηρῷ** κεῖται.

ποταπός (*potapos*; 1/7) *of what sort or kind*
1Jn 3:1 ἴδετε **ποταπὴν** ἀγάπην δέδωκεν ἡμῖν

ποῦ (*pou*; 1/47[48]) *where*
1Jn 2:11 καὶ οὐκ οἶδεν **ποῦ** ὑπάγει,

πρός (*pros*; 8/699[700]) *to, toward, at*
1Jn 1:2 αἰώνιον ἥτις ἦν **πρὸς** τὸν πατέρα καὶ
1Jn 2:1 παράκλητον ἔχομεν **πρὸς** τὸν πατέρα Ἰησοῦν
1Jn 3:21 παρρησίαν ἔχομεν **πρὸς** τὸν θεόν
1Jn 5:14 παρρησία ἣν ἔχομεν **πρὸς** αὐτόν ὅτι ἐάν
1Jn 5:16 ἁμαρτάνοντα ἁμαρτίαν μὴ **πρὸς** θάνατον,
1Jn 5:16 τοῖς ἁμαρτάνουσιν μὴ **πρὸς** θάνατον.
1Jn 5:16 ἔστιν ἁμαρτία **πρὸς** θάνατον·
1Jn 5:17 ἔστιν ἁμαρτία οὐ **πρὸς** θάνατον.

πρῶτος (*prōtos*; 1/152[155]) *first*
1Jn 4:19 ὅτι αὐτὸς **πρῶτος** ἠγάπησεν ἡμᾶς.

πώποτε (*pōpote*; 1/6) *ever*
1Jn 4:12 θεὸν οὐδεὶς **πώποτε** τεθέαται.

πῶς (*pōs*; 1/103) *how*
1Jn 3:17 **πῶς** ἡ ἀγάπη τοῦ

σάρξ (*sarx*; 2/147) *flesh*
1Jn 2:16 ἡ ἐπιθυμία τῆς **σαρκὸς** καὶ ἡ ἐπιθυμία
1Jn 4:2 Ἰησοῦν Χριστὸν ἐν **σαρκὶ** ἐληλυθότα ἐκ τοῦ

σκάνδαλον (*skandalon*; 1/15) *stumbling block*
1Jn 2:10 φωτὶ μένει καὶ **σκάνδαλον** ἐν αὐτῷ οὐκ

σκοτία (*skotia*; 6/16) *darkness*
1Jn 1:5 φῶς ἐστιν καὶ **σκοτία** ἐν αὐτῷ οὐκ
1Jn 2:8 ὅτι ἡ **σκοτία** παράγεται καὶ τὸ
1Jn 2:9 μισῶν ἐν τῇ **σκοτίᾳ** ἐστὶν ἕως ἄρτι.
1Jn 2:11 αὐτοῦ ἐν τῇ **σκοτίᾳ** ἐστὶν καὶ ἐν
1Jn 2:11 καὶ ἐν τῇ **σκοτίᾳ** περιπατεῖ καὶ οὐκ
1Jn 2:11 ὅτι ἡ **σκοτία** ἐτύφλωσεν τοὺς ὀφθαλμοὺς

σκότος (*skotos*; 1/31) *darkness*
1Jn 1:6 καὶ ἐν τῷ **σκότει** περιπατῶμεν,

σπέρμα (*sperma*; 1/43) *seed*
1Jn 3:9 ὅτι **σπέρμα** αὐτοῦ ἐν αὐτῷ

σπλάγχνον (*splanchnon*; 1/11) *one's inmost self*
1Jn 3:17 καὶ κλείσῃ τὰ **σπλάγχνα** αὐτοῦ ἀπ' αὐτοῦ,

σφάζω (*sphazō*; 2/10) *slaughter*
1Jn 3:12 πονηροῦ ἦν καὶ **ἔσφαξεν** τὸν ἀδελφὸν αὐτοῦ·
1Jn 3:12 καὶ χάριν τίνος **ἔσφαξεν** αὐτόν;

σωτήρ (*sōtēr*; 1/24) *Savior*
1Jn 4:14 ἀπέσταλκεν τὸν υἱὸν **σωτῆρα** τοῦ κόσμου.

τεκνίον (*teknion*; 7/8) *little child*
1Jn 2:1 **Τεκνία** μου,
1Jn 2:12 **τεκνία**,
1Jn 2:28 **τεκνία**,
1Jn 3:7 **Τεκνία**,
1Jn 3:18 **Τεκνία**,
1Jn 4:4 **τεκνία**,
1Jn 5:21 **Τεκνία**,

τέκνον (*teknon*; 5/99) *child*
1Jn 3:1 ἵνα **τέκνα** θεοῦ κληθῶμεν,
1Jn 3:2 νῦν **τέκνα** θεοῦ ἐσμεν,
1Jn 3:10 φανερά ἐστιν τὰ **τέκνα** τοῦ θεοῦ καὶ
1Jn 3:10 θεοῦ καὶ τὰ **τέκνα** τοῦ διαβόλου·
1Jn 5:2 ὅτι ἀγαπῶμεν τὰ **τέκνα** τοῦ θεοῦ,

τέλειος (*teleios*; 1/19) *complete, perfect, mature*
1Jn 4:18 ἀγάπη ἀλλ' ἡ **τελεία** ἀγάπη ἔξω βάλλει

τελειόω (*teleioō*; 4/23) *complete, fulfill*
1Jn 2:5 ἀγάπη τοῦ θεοῦ **τετελείωται**,
1Jn 4:12 αὐτοῦ ἐν ἡμῖν **τετελειωμένη** ἐστίν.
1Jn 4:17 Ἐν τούτῳ **τετελείωται** ἡ ἀγάπη μεθ'
1Jn 4:18 δὲ φοβούμενος οὐ **τετελείωται** ἐν τῇ ἀγάπῃ.

τηρέω (*tēreō*; 7/70) *keep*
1Jn 2:3 τὰς ἐντολὰς αὐτοῦ **τηρῶμεν**.
1Jn 2:4 ἐντολὰς αὐτοῦ μὴ **τηρῶν**,
1Jn 2:5 ὃς δ' ἂν **τηρῇ** αὐτοῦ τὸν λόγον,
1Jn 3:22 τὰς ἐντολὰς αὐτοῦ **τηροῦμεν** καὶ τὰ ἀρεστὰ
1Jn 3:24 καὶ ὁ **τηρῶν** τὰς ἐντολὰς αὐτοῦ
1Jn 5:3 τὰς ἐντολὰς αὐτοῦ **τηρῶμεν**,
1Jn 5:18 ἐκ τοῦ θεοῦ **τηρεῖ** αὐτόν καὶ ὁ

τίθημι (*tithēmi*; 2/100) *put, place, appoint*
1Jn 3:16 τὴν ψυχὴν αὐτοῦ **ἔθηκεν**·
1Jn 3:16 ἀδελφῶν τὰς ψυχὰς **θεῖναι**.

τίς (*tis*; 4/545[546]) *who; what, why*
1Jn 2:22 **Τίς** ἐστιν ὁ ψεύστης
1Jn 3:2 καὶ οὔπω ἐφανερώθη **τί** ἐσόμεθα.
1Jn 3:12 καὶ χάριν **τίνος** ἔσφαξεν αὐτόν;
1Jn 5:5 **Τίς** [δέ] ἐστιν ὁ

τις (*tis*; 6/542[543]) *anyone, anything*
1Jn 2:1 καὶ ἐάν **τις** ἁμάρτῃ,
1Jn 2:15 ἐάν **τις** ἀγαπᾷ τὸν κόσμον,
1Jn 2:27 χρείαν ἔχετε ἵνα **τις** διδάσκῃ ὑμᾶς,
1Jn 4:20 ἐάν **τις** εἴπῃ ὅτι ἀγαπῶ
1Jn 5:14 αὐτόν ὅτι ἐάν **τι** αἰτώμεθα κατὰ τὸ
1Jn 5:16 Ἐάν **τις** ἴδῃ τὸν ἀδελφὸν

τρεῖς (*treis*; 2/69) *three*
1Jn 5:7 ὅτι **τρεῖς** εἰσιν οἱ μαρτυροῦντες,
1Jn 5:8 καὶ οἱ **τρεῖς** εἰς τὸ ἕν

τυφλόω (*typhloō*; 1/3) *blind*
1Jn 2:11 ὅτι ἡ σκοτία **ἐτύφλωσεν** τοὺς ὀφθαλμοὺς αὐτοῦ.

ὕδωρ (*hydōr*; 4/76) *water*
1Jn 5:6 ὁ ἐλθὼν δι' **ὕδατος** καὶ αἵματος,
1Jn 5:6 οὐκ ἐν τῷ **ὕδατι** μόνον ἀλλ' ἐν
1Jn 5:6 ἀλλ' ἐν τῷ **ὕδατι** καὶ ἐν τῷ
1Jn 5:8 πνεῦμα καὶ τὸ **ὕδωρ** καὶ τὸ αἷμα,

υἱός (*huios*; 22/377) *son*
1Jn 1:3 καὶ μετὰ τοῦ **υἱοῦ** αὐτοῦ Ἰησοῦ Χριστοῦ.
1Jn 1:7 αἷμα Ἰησοῦ τοῦ **υἱοῦ** αὐτοῦ καθαρίζει ἡμᾶς
1Jn 2:22 πατέρα καὶ τὸν **υἱόν**.
1Jn 2:23 ὁ ἀρνούμενος τὸν **υἱὸν** οὐδὲ τὸν πατέρα
1Jn 2:23 ὁ ὁμολογῶν τὸν **υἱὸν** καὶ τὸν πατέρα
1Jn 2:24 ὑμεῖς ἐν τῷ **υἱῷ** καὶ ἐν τῷ
1Jn 3:8 τοῦτο ἐφανερώθη ὁ **υἱὸς** τοῦ θεοῦ,
1Jn 3:23 τῷ ὀνόματι τοῦ **υἱοῦ** αὐτοῦ Ἰησοῦ Χριστοῦ
1Jn 4:9 ὅτι τὸν **υἱὸν** αὐτοῦ τὸν μονογενῆ
1Jn 4:10 καὶ ἀπέστειλεν τὸν **υἱὸν** αὐτοῦ ἱλασμὸν περὶ
1Jn 4:14 πατὴρ ἀπέσταλκεν τὸν **υἱὸν** σωτῆρα τοῦ κόσμου.
1Jn 4:15 Ἰησοῦς ἐστιν ὁ **υἱὸς** τοῦ θεοῦ,
1Jn 5:5 Ἰησοῦς ἐστιν ὁ **υἱὸς** τοῦ θεοῦ;
1Jn 5:9 μεμαρτύρηκεν περὶ τοῦ **υἱοῦ** αὐτοῦ.
1Jn 5:10 πιστεύων εἰς τὸν **υἱὸν** τοῦ θεοῦ ἔχει
1Jn 5:10 θεὸς περὶ τοῦ **υἱοῦ** αὐτοῦ.
1Jn 5:11 ζωὴ ἐν τῷ **υἱῷ** αὐτοῦ ἐστιν.
1Jn 5:12 ὁ ἔχων τὸν **υἱὸν** ἔχει τὴν ζωήν·
1Jn 5:12 μὴ ἔχων τὸν **υἱὸν** τοῦ θεοῦ τὴν
1Jn 5:13 τὸ ὄνομα τοῦ **υἱοῦ** τοῦ θεοῦ.
1Jn 5:20 δὲ ὅτι ὁ **υἱὸς** τοῦ θεοῦ ἥκει
1Jn 5:20 ἐν τῷ **υἱῷ** αὐτοῦ Ἰησοῦ Χριστῷ.

ὑμεῖς (*hymeis*; 34/1832) *you (pl.)*
1Jn 1:2 μαρτυροῦμεν καὶ ἀπαγγέλλομεν **ὑμῖν** τὴν ζωὴν τὴν
1Jn 1:3 ἀπαγγέλλομεν καὶ **ὑμῖν**,
1Jn 1:3 ἵνα καὶ **ὑμεῖς** κοινωνίαν ἔχητε μεθ'
1Jn 1:5 αὐτοῦ καὶ ἀναγγέλλομεν **ὑμῖν**,
1Jn 2:1 ταῦτα γράφω **ὑμῖν** ἵνα μὴ ἁμάρτητε.
1Jn 2:7 ἐντολὴν καινὴν γράφω **ὑμῖν** ἀλλ' ἐντολὴν παλαιὰν
1Jn 2:8 ἐντολὴν καινὴν γράφω **ὑμῖν**,
1Jn 2:8 αὐτῷ καὶ ἐν **ὑμῖν**,
1Jn 2:12 Γράφω **ὑμῖν**,
1Jn 2:12 ὅτι ἀφέωνται **ὑμῖν** αἱ ἁμαρτίαι διὰ
1Jn 2:13 γράφω **ὑμῖν**,
1Jn 2:13 γράφω **ὑμῖν**,
1Jn 2:14 ἔγραψα **ὑμῖν**,
1Jn 2:14 ἔγραψα **ὑμῖν**,
1Jn 2:14 ἔγραψα **ὑμῖν**,
1Jn 2:14 τοῦ θεοῦ ἐν **ὑμῖν** μένει καὶ νενικήκατε
1Jn 2:20 καὶ **ὑμεῖς** χρῖσμα ἔχετε ἀπὸ
1Jn 2:21 οὐκ ἔγραψα **ὑμῖν** ὅτι οὐκ οἴδατε
1Jn 2:24 **ὑμεῖς** ὃ ἠκούσατε ἀπ'
1Jn 2:24 ἐν **ὑμῖν** μενέτω.
1Jn 2:24 ἐὰν ἐν **ὑμῖν** μείνῃ ὃ ἀπ'
1Jn 2:24 καὶ **ὑμεῖς** ἐν τῷ υἱῷ
1Jn 2:26 Ταῦτα ἔγραψα **ὑμῖν** περὶ τῶν πλανώντων
1Jn 2:26 περὶ τῶν πλανώντων **ὑμᾶς**.
1Jn 2:27 καὶ **ὑμεῖς** τὸ χρῖσμα ὃ

1Jn 2:27 μένει ἐν **ὑμῖν** καὶ οὐ χρείαν
1Jn 2:27 ἵνα τις διδάσκῃ **ὑμᾶς**,
1Jn 2:27 αὐτοῦ χρῖσμα διδάσκει **ὑμᾶς** περὶ πάντων
1Jn 2:27 καὶ καθὼς ἐδίδαξεν **ὑμᾶς**,
1Jn 3:7 μηδεὶς πλανάτω **ὑμᾶς**·
1Jn 3:13 εἰ μισεῖ **ὑμᾶς** ὁ κόσμος.
1Jn 4:4 **ὑμεῖς** ἐκ τοῦ θεοῦ
1Jn 4:4 ἐστὶν ὁ ἐν **ὑμῖν** ἢ ὁ ἐν
1Jn 5:13 Ταῦτα ἔγραψα **ὑμῖν** ἵνα εἰδῆτε ὅτι

ὑπάγω (*hypagō*; 1/79) *go*
1Jn 2:11 οὐκ οἶδεν ποῦ **ὑπάγει**,

ὑπέρ (*hyper*; 2/150) *for, concerning, over*
1Jn 3:16 ὅτι ἐκεῖνος **ὑπὲρ** ἡμῶν τὴν ψυχὴν
1Jn 3:16 καὶ ἡμεῖς ὀφείλομεν **ὑπὲρ** τῶν ἀδελφῶν τὰς

φαίνω (*phainō*; 1/30[31]) *shine*
1Jn 2:8 τὸ ἀληθινὸν ἤδη **φαίνει**.

φανερός (*phaneros*; 1/18) *known*
1Jn 3:10 ἐν τούτῳ **φανερά** ἐστιν τὰ τέκνα

φανερόω (*phaneroō*; 9/47[49]) *make known, reveal*
1Jn 1:2 καὶ ἡ ζωὴ **ἐφανερώθη**,
1Jn 1:2 τὸν πατέρα καὶ **ἐφανερώθη** ἡμῖν
1Jn 2:19 ἀλλ' ἵνα **φανερωθῶσιν** ὅτι οὐκ εἰσὶν
1Jn 2:28 ἵνα ἐὰν **φανερωθῇ** σχῶμεν παρρησίαν καὶ
1Jn 3:2 καὶ οὔπω **ἐφανερώθη** τί ἐσόμεθα.
1Jn 3:2 οἴδαμεν ὅτι ἐὰν **φανερωθῇ**,
1Jn 3:5 οἴδατε ὅτι ἐκεῖνος **ἐφανερώθη**,
1Jn 3:8 εἰς τοῦτο **ἐφανερώθη** ὁ υἱὸς τοῦ
1Jn 4:9 ἐν τούτῳ **ἐφανερώθη** ἡ ἀγάπη τοῦ

φοβέομαι (*phobeomai*; 1/95) *fear*
1Jn 4:18 ὁ δὲ **φοβούμενος** οὐ τετελείωται ἐν

φόβος (*phobos*; 3/47) *fear*
1Jn 4:18 **φόβος** οὐκ ἔστιν ἐν
1Jn 4:18 ἔξω βάλλει τὸν **φόβον**,
1Jn 4:18 ὅτι ὁ **φόβος** κόλασιν ἔχει,

φυλάσσω (*phylassō*; 1/31) *guard*
1Jn 5:21 **φυλάξατε** ἑαυτὰ ἀπὸ τῶν

φῶς (*phōs*; 6/73) *light*
1Jn 1:5 ὅτι ὁ θεὸς **φῶς** ἐστιν καὶ σκοτία
1Jn 1:7 δὲ ἐν τῷ **φωτὶ** περιπατῶμεν ὡς αὐτός
1Jn 1:7 ἐστιν ἐν τῷ **φωτί**,
1Jn 2:8 παράγεται καὶ τὸ **φῶς** τὸ ἀληθινὸν ἤδη
1Jn 2:9 λέγων ἐν τῷ **φωτὶ** εἶναι καὶ τὸν
1Jn 2:10 αὐτοῦ ἐν τῷ **φωτὶ** μένει καὶ σκάνδαλον

χαρά (*chara*; 1/59) *joy*
1Jn 1:4 ἵνα ἡ **χαρὰ** ἡμῶν ᾖ πεπληρωμένη.

χάριν (*charin*; 1/9) *for the sake of*
1Jn 3:12 καὶ **χάριν** τίνος ἔσφαξεν αὐτόν;

χείρ (*cheir*; 1/175[177]) *hand*
1Jn 1:1 ἐθεασάμεθα καὶ αἱ **χεῖρες** ἡμῶν ἐψηλάφησαν

χρεία (*chreia*; 2/49) *need*
1Jn 2:27 ὑμῖν καὶ οὐ **χρείαν** ἔχετε ἵνα τις
1Jn 3:17 τὸν ἀδελφὸν αὐτοῦ **χρείαν** ἔχοντα καὶ κλείσῃ

χρῖσμα (*chrisma*; 3/3) *anointing*
1Jn 2:20 καὶ ὑμεῖς **χρῖσμα** ἔχετε ἀπὸ τοῦ
1Jn 2:27 καὶ ὑμεῖς τὸ **χρῖσμα** ὃ ἐλάβετε ἀπ'
1Jn 2:27 ὡς τὸ αὐτοῦ **χρῖσμα** διδάσκει ὑμᾶς περὶ

Χριστός (*Christos*; 8/529) *Christ*
1Jn 1:3 υἱοῦ αὐτοῦ Ἰησοῦ **Χριστοῦ**.
1Jn 2:1 τὸν πατέρα Ἰησοῦν **Χριστὸν** δίκαιον·
1Jn 2:22 οὐκ ἔστιν ὁ **Χριστός**;
1Jn 3:23 υἱοῦ αὐτοῦ Ἰησοῦ **Χριστοῦ** καὶ ἀγαπῶμεν ἀλλήλους,
1Jn 4:2 ὃ ὁμολογεῖ Ἰησοῦν **Χριστὸν** ἐν σαρκὶ ἐληλυθότα
1Jn 5:1 Ἰησοῦς ἐστιν ὁ **Χριστὸς**,
1Jn 5:6 Ἰησοῦς **Χριστός**,
1Jn 5:20 υἱῷ αὐτοῦ Ἰησοῦ **Χριστῷ**.

ψεύδομαι (*pseudomai*; 1/12) *lie, speak falsehood*
1Jn 1:6 **ψευδόμεθα** καὶ οὐ ποιοῦμεν

ψευδοπροφήτης (*pseudoprophētēs*; 1/11) *false prophet*
1Jn 4:1 ὅτι πολλοὶ **ψευδοπροφῆται** ἐξεληλύθασιν εἰς

ψεῦδος (*pseudos*; 2/10) *lie*
1Jn 2:21 καὶ ὅτι πᾶν **ψεῦδος** ἐκ τῆς ἀληθείας
1Jn 2:27 καὶ οὐκ ἔστιν **ψεῦδος**,

ψεύστης (*pseustēs*; 5/10) *liar*
1Jn 1:10 **ψεύστην** ποιοῦμεν αὐτὸν καὶ
1Jn 2:4 **ψεύστης** ἐστίν καὶ ἐν
1Jn 2:22 Τίς ἐστιν ὁ **ψεύστης** εἰ μὴ ὁ
1Jn 4:20 **ψεύστης** ἐστίν·
1Jn 5:10 πιστεύων τῷ θεῷ **ψεύστην** πεποίηκεν αὐτόν,

ψηλαφάω (*psēlaphaō*; 1/4) *touch*
1Jn 1:1 αἱ χεῖρες ἡμῶν **ἐψηλάφησαν** περὶ τοῦ λόγου

ψυχή (*psychē*; 2/103) *soul, life, self*
1Jn 3:16 ὑπὲρ ἡμῶν τὴν **ψυχὴν** αὐτοῦ ἔθηκεν·
1Jn 3:16 τῶν ἀδελφῶν τὰς **ψυχὰς** θεῖναι.

ὥρα (*hōra*; 2/106) *hour*
1Jn 2:18 ἐσχάτη ὥρα **ἐστίν**,
1Jn 2:18 γινώσκομεν ὅτι ἐσχάτη **ὥρα** ἐστίν.

ὡς (*hōs*; 2/503[504]) *as*
1Jn 1:7 τῷ φωτὶ περιπατῶμεν **ὡς** αὐτός ἐστιν ἐν
1Jn 2:27 ἀλλ' **ὡς** τὸ αὐτοῦ χρῖσμα

Frequency List (Alphabetical Order)

28 ἀγαπάω
18 ἀγάπη
6 ἀγαπητός
2* ἀγγελία
1 ἅγιος
1 ἁγνίζω
1 ἁγνός
15 ἀδελφός
2 ἀδικία
4 αἷμα
1 αἴρω
1 αἰσχύνω
5 αἰτέω
1 αἴτημα
1 αἰών
6 αἰώνιος
14 ἀκούω
1 ἀλαζονεία
9 ἀλήθεια
2 ἀληθής
4 ἀληθινός
1 ἀληθῶς
13 ἀλλά
6 ἀλλήλων
10 ἁμαρτάνω
17 ἁμαρτία
3 ἄν
1 ἀναγγέλλω
2 ἀνθρωποκτόνος
1 ἄνθρωπος
2 ἀνομία
4 ἀντίχριστος
2 ἀπαγγέλλω
19 ἀπό
3 ἀποστέλλω
1 ἅπτω
1 ἀρεστός
3 ἀρνέομαι
1 ἄρτι
8 ἀρχή
102° αὐτός
2 ἀφίημι
1 βάλλω
1 βαρύς
2 βίος
3 γάρ
10 γεννάω
1 γίνομαι
25 γινώσκω
1 γλῶσσα
13 γράφω
11 δέ
5 διά
4 διάβολος
1 διάνοια
3 διδάσκω
7 δίδωμι
6 δίκαιος
3 δικαιοσύνη
1 δοκιμάζω
2 δύναμαι
22 ἐάν
4 ἑαυτοῦ
1 ἐγώ
7 εἰ
1 εἴδωλον
99 εἰμί
9 εἰς
1 εἷς
34 ἐκ
7 ἐκεῖνος
1 ἐλπίς
1 ἔμπροσθεν
79 ἐν
14 ἐντολή
1 ἐνώπιον
2 ἐξέρχομαι
1 ἔξω
1 ἐπαγγελία
1 ἐπαγγέλλομαι
1 ἐπί
3 ἐπιθυμία
3 ἔργον
4 ἔρχομαι
1 ἐρωτάω
2 ἔσχατος
28 ἔχω
1 ἕως
1 ζάω
13 ζωή
1 ἤ
2 ἤδη
1 ἥκω
56 ἡμεῖς
1 ἡμέρα
2 ἡμέτερος
6 θάνατος
1 θαυμάζω
3 θεάομαι
2 θέλημα
62 θεός
1 θεωρέω
12 Ἰησοῦς
2* ἱλασμός
19 ἵνα
1 ἰσχυρός
2 καθαρίζω
9 καθώς
132° καί
1 Κάϊν
2 καινός
1 καλέω
4 καρδία
1 κατά
2 καταγινώσκω
1 κεῖμαι
1 κλείω
4 κοινωνία
1 κόλασις
23 κόσμος
1 κρίσις
1 λαλέω
3 λαμβάνω
8 λέγω
6 λόγος
1 λύω
6 μαρτυρέω
6 μαρτυρία
3 μέγας
24 μένω
7 μετά
1 μεταβαίνω
20 μή
2 μηδέ
1 μηδείς
5 μισέω
1 μονογενής
2 μόνος
2 νεανίσκος
6 νικάω
1* νίκη
4 νῦν
359° ὁ
1 ὅθεν
15 οἶδα
2 ὅλος
1 ὅμοιος
5 ὁμολογέω
3 ὄνομα
9 ὁράω
30 ὅς
1 ὅστις
1 ὅταν
76 ὅτι
48 οὐ
2 οὐδέ
2 οὐδείς
1 οὔπω
39 οὗτος
2 οὕτως
3 ὀφείλω
3 ὀφθαλμός
2 παιδίον
2 παλαιός
1 πάλιν
2 παράγω
1 παράκλητος
1 παρουσία
4 παρρησία
27 πᾶς
14 πατήρ
1 πείθω
10 περί
5 περιπατέω
9 πιστεύω
1 πίστις
1 πιστός
3 πλανάω
1 πλάνη
1 πληρόω
12 πνεῦμα
13 ποιέω
2 πολύς
6 πονηρός
1 ποταπός
1 ποῦ
8 πρός
1 πρῶτος
1 πώποτε
1 πῶς
2 σάρξ
1 σκάνδαλον
6 σκοτία
1 σκότος
1 σπέρμα
1 σπλάγχνον
2 σφάζω
1 σωτήρ
7 τεκνίον
5 τέκνον
1 τέλειος
4 τελειόω
7 τηρέω
2 τίθημι
4 τίς
6 τις
2 τρεῖς
1 τυφλόω
4 ὕδωρ
22 υἱός
34 ὑμεῖς
1 ὑπάγω
2 ὑπέρ
1 φαίνω
1 φανερός
9 φανερόω
1 φοβέομαι
3 φόβος
1 φυλάσσω
6 φῶς
1 χαρά
1 χάριν
1 χείρ
2 χρεία
3* χρῖσμα
8 Χριστός
1 ψεύδομαι
1 ψευδοπροφήτης
2 ψεῦδος
5 ψεύστης
1 ψηλαφάω
2 ψυχή
2 ὥρα
2 ὡς

° Not included in concordance
* Word only occurs in this book

Frequency List (in Order of Occurrence)

359° ὁ
132° καί
102° αὐτός
99 εἰμί
79 ἐν
76 ὅτι
62 θεός
56 ἡμεῖς
48 οὐ
39 οὗτος
34 ἐκ
34 ὑμεῖς
30 ὅς
28 ἀγαπάω
28 ἔχω
27 πᾶς
25 γινώσκω
24 μένω
23 κόσμος
22 ἐάν
22 υἱός
20 μή
19 ἀπό
19 ἵνα
18 ἀγάπη
17 ἁμαρτία
15 ἀδελφός
15 οἶδα
14 ἀκούω
14 ἐντολή
14 πατήρ
13 ἀλλά
13 γράφω
13 ζωή
13 ποιέω
12 Ἰησοῦς
12 πνεῦμα
11 δέ
10 ἁμαρτάνω
10 γεννάω
10 περί
9 ἀλήθεια
9 εἰς
9 καθώς
9 ὁράω
9 πιστεύω
9 φανερόω
8 ἀρχή
8 λέγω
8 πρός
8 Χριστός
7 δίδωμι
7 εἰ
7 ἐκεῖνος
7 μετά
7 τεκνίον
7 τηρέω
6 ἀγαπητός
6 αἰώνιος
6 ἀλλήλων
6 δίκαιος
6 θάνατος
6 λόγος
6 μαρτυρέω
6 μαρτυρία
6 νικάω
6 πονηρός
6 σκοτία
6 τις
6 φῶς
5 αἰτέω
5 διά
5 μισέω
5 ὁμολογέω
5 περιπατέω
5 τέκνον
5 ψεύστης
4 αἷμα
4 ἀληθινός
4 ἀντίχριστος
4 διάβολος
4 ἑαυτοῦ
4 ἔρχομαι
4 καρδία
4 κοινωνία
4 νῦν
4 παρρησία
4 τελειόω
4 τίς
4 ὕδωρ
3 ἄν
3 ἀποστέλλω
3 ἀρνέομαι
3 γάρ
3 διδάσκω
3 δικαιοσύνη
3 ἐπιθυμία
3 ἔργον
3 θεάομαι
3 λαμβάνω
3 μέγας
3 ὄνομα
3 ὀφείλω
3 ὀφθαλμός
3 πλανάω
3 φόβος
3* χρῖσμα
2* ἀγγελία
2 ἀδικία
2 ἀληθής
2 ἀνθρωποκτόνος
2 ἀνομία
2 ἀπαγγέλλω
2 ἀφίημι
2 βίος
2 δύναμαι
2 ἐξέρχομαι
2 ἔσχατος
2 ἤδη
2 ἡμέτερος
2 θέλημα
2* ἱλασμός
2 καθαρίζω
2 καινός
2 καταγινώσκω
2 μηδέ
2 μόνος
2 νεανίσκος
2 ὅλος
2 οὐδέ
2 οὐδείς
2 οὕτως
2 παιδίον
2 παλαιός
2 παράγω
2 πολύς
2 σάρξ
2 σφάζω
2 τίθημι
2 τρεῖς
2 ὑπέρ
2 χρεία
2 ψεῦδος
2 ψυχή
2 ὥρα
2 ὡς
1 ἅγιος
1 ἁγνίζω
1 ἁγνός
1 αἴρω
1 αἰσχύνω
1 αἴτημα
1 αἰών
1 ἀλαζονεία
1 ἀληθῶς
1 ἀναγγέλλω
1 ἄνθρωπος
1 ἅπτω
1 ἀρεστός
1 ἄρτι
1 βάλλω
1 βαρύς
1 γίνομαι
1 γλῶσσα
1 διάνοια
1 δοκιμάζω
1 ἐγώ
1 εἴδωλον
1 εἷς
1 ἐλπίς
1 ἔμπροσθεν
1 ἐνώπιον
1 ἔξω
1 ἐπαγγελία
1 ἐπαγγέλλομαι
1 ἐπί
1 ἐρωτάω
1 ἕως
1 ζάω
1 ἤ
1 ἥκω
1 ἡμέρα
1 θαυμάζω
1 θεωρέω
1 ἰσχυρός
1 Κάϊν
1 καλέω
1 κατά
1 κεῖμαι
1 κλείω
1 κόλασις
1 κρίσις
1 λαλέω
1 λύω
1 μεταβαίνω
1 μηδείς
1 μονογενής
1* νίκη
1 ὅθεν
1 ὅμοιος
1 ὅστις
1 ὅταν
1 οὔπω
1 πάλιν
1 παράκλητος
1 παρουσία
1 πείθω
1 πίστις
1 πιστός
1 πλάνη
1 πληρόω
1 ποταπός
1 ποῦ
1 πρῶτος
1 πώποτε
1 πῶς
1 σκάνδαλον
1 σκότος
1 σπέρμα
1 σπλάγχνον
1 σωτήρ
1 τέλειος
1 τυφλόω
1 ὑπάγω
1 φαίνω
1 φανερός
1 φοβέομαι
1 φυλάσσω
1 χαρά
1 χάριν
1 χείρ
1 ψεύδομαι
1 ψευδοπροφήτης
1 ψηλαφάω

° Not included in concordance
* Word only occurs in this book

2 John – Statistics

97 Total word count
2 Number of words occurring at least 10 times
48 Number of words occurring once

Words whose occurrences in this book account for at least 25% of occurrences in the entire NT

100%
2/2 κυρία (*kyria*; lady)
1/1 χάρτης (*chartēs*; paper)

40%
2/5 πλάνος (*planos*; deceitful)

2 John – Concordance

<u>ἀγαπάω (*agapaō*; 2/143) *love*</u>
2Jn 1 οὓς ἐγὼ **ἀγαπῶ** ἐν ἀληθείᾳ,
2Jn 5 ἵνα **ἀγαπῶμεν** ἀλλήλους.

<u>ἀγάπη (*agapē*; 2/116) *love*</u>
2Jn 3 ἐν ἀληθείᾳ καὶ **ἀγάπη**.
2Jn 6 αὕτη ἐστὶν ἡ **ἀγάπη**,

<u>ἀδελφή (*adelphē*; 1/26) *sister*</u>
2Jn 13 τὰ τέκνα τῆς **ἀδελφῆς** σου τῆς ἐκλεκτῆς.

<u>αἰών (*aiōn*; 1/122) *age*</u>
2Jn 2 ἔσται εἰς τὸν **αἰῶνα**.

<u>ἀκούω (*akouō*; 1/426[428]) *hear*</u>
2Jn 6 καθὼς **ἠκούσατε** ἀπ' ἀρχῆς,

<u>ἀλήθεια (*alētheia*; 5/109) *truth*</u>
2Jn 1 ἐγὼ ἀγαπῶ ἐν **ἀληθείᾳ**,
2Jn 1 οἱ ἐγνωκότες τὴν **ἀλήθειαν**,
2Jn 2 διὰ τὴν **ἀλήθειαν** τὴν μένουσαν ἐν
2Jn 3 τοῦ πατρὸς ἐν **ἀληθείᾳ** καὶ ἀγάπη.
2Jn 4 σου περιπατοῦντας ἐν **ἀληθείᾳ**,

<u>ἀλλά (*alla*; 4/638) *but*</u>
2Jn 1 οὐκ ἐγὼ μόνος **ἀλλὰ** καὶ πάντες οἱ
2Jn 5 καινὴν γράφων σοι **ἀλλὰ** ἣν εἴχομεν ἀπ'
2Jn 8 ἀπολέσητε ἃ εἰργασάμεθα **ἀλλὰ** μισθὸν πλήρη ἀπολάβητε.
2Jn 12 **ἀλλὰ** ἐλπίζω γενέσθαι πρὸς

<u>ἀλλήλων (*allēlōn*; 1/100) *one another*</u>
2Jn 5 ἵνα ἀγαπῶμεν **ἀλλήλους**.

<u>ἀντίχριστος (*antichristos*; 1/5) *antichrist*</u>
2Jn 7 πλάνος καὶ ὁ **ἀντίχριστος**.

<u>ἀπό (*apo*; 2/643[646]) *from*</u>
2Jn 5 ἀλλὰ ἣν εἴχομεν **ἀπ'** ἀρχῆς,
2Jn 6 καθὼς ἠκούσατε **ἀπ'** ἀρχῆς,

<u>ἀπολαμβάνω (*apolambanō*; 1/10) *receive*</u>
2Jn 8 ἀλλὰ μισθὸν πλήρη **ἀπολάβητε**.

<u>ἀπόλλυμι (*apollymi*; 1/90) *destroy*</u>
2Jn 8 ἵνα μὴ **ἀπολέσητε** ἃ εἰργασάμεθα ἀλλὰ

<u>ἀρχή (*archē*; 2/55) *beginning*</u>
2Jn 5 ἣν εἴχομεν ἀπ' **ἀρχῆς**,
2Jn 6 καθὼς ἠκούσατε ἀπ' **ἀρχῆς**,

<u>ἀσπάζομαι (*aspazomai*; 1/59) *greet*</u>
2Jn 13 **'Ασπάζεταί** σε τὰ τέκνα

<u>βλέπω (*blepō*; 1/132) *see*</u>
2Jn 8 **βλέπετε** ἑαυτούς,

<u>βούλομαι (*boulomai*; 1/37) *want*</u>
2Jn 12 ὑμῖν γράφειν οὐκ **ἐβουλήθην** διὰ χάρτου καὶ

<u>γάρ (*gar*; 1/1041) *for*</u>
2Jn 11 ὁ λέγων **γὰρ** αὐτῷ χαίρειν κοινωνεῖ

<u>γίνομαι (*ginomai*; 1/668[669]) *be, become*</u>
2Jn 12 ἀλλὰ ἐλπίζω **γενέσθαι** πρὸς ὑμᾶς καὶ

<u>γινώσκω (*ginōskō*; 1/222) *know*</u>
2Jn 1 καὶ πάντες οἱ **ἐγνωκότες** τὴν ἀλήθειαν,

<u>γράφω (*graphō*; 2/190[191]) *write*</u>
2Jn 5 ὡς ἐντολὴν καινὴν **γράφων** σοι ἀλλὰ ἣν
2Jn 12 Πολλὰ ἔχων ὑμῖν **γράφειν** οὐκ ἐβουλήθην

<u>διά (*dia*; 2/665[667]) *through, on account of*</u>
2Jn 2 **διὰ** τὴν ἀλήθειαν τὴν
2Jn 12 γράφειν οὐκ ἐβουλήθην **διὰ** χάρτου καὶ μέλανος,

<u>διδαχή (*didachē*; 3/30) *teaching*</u>
2Jn 9 μένων ἐν τῇ **διδαχῇ** τοῦ Χριστοῦ θεὸν
2Jn 9 μένων ἐν τῇ **διδαχῇ**,
2Jn 10 καὶ ταύτην τὴν **διδαχὴν** οὐ φέρει,

<u>ἑαυτοῦ (*heautou*; 1/319) *himself*</u>
2Jn 8 βλέπετε **ἑαυτούς**,

<u>ἐγώ (*egō*; 2/1715[1718]) *I*</u>
2Jn 1 οὓς **ἐγὼ** ἀγαπῶ ἐν ἀληθείᾳ,
2Jn 1 καὶ οὐκ **ἐγὼ** μόνος ἀλλὰ καὶ

<u>εἰ (*ei*; 1/502) *if, since*</u>
2Jn 10 **εἴ** τις ἔρχεται πρὸς

<u>εἰμί (*eimi*; 6/2460[2462]) *be*</u>
2Jn 2 καὶ μεθ' ἡμῶν **ἔσται** εἰς τὸν αἰῶνα.
2Jn 3 **ἔσται** μεθ' ἡμῶν χάρις
2Jn 6 καὶ αὕτη **ἐστὶν** ἡ ἀγάπη,
2Jn 6 αὕτη ἡ ἐντολή **ἐστιν**,
2Jn 7 οὗτός **ἐστιν** ὁ πλάνος καὶ
2Jn 12 χαρὰ ἡμῶν πεπληρωμένη **ᾖ**.

<u>εἰρήνη (*eirēnē*; 1/92) *peace*</u>
2Jn 3 ἡμῶν χάρις ἔλεος **εἰρήνη** παρὰ θεοῦ πατρὸς

<u>εἰς (*eis*; 3/1759[1767]) *into*</u>
2Jn 2 μεθ' ἡμῶν ἔσται **εἰς** τὸν αἰῶνα.
2Jn 7 πολλοὶ πλάνοι ἐξῆλθον **εἰς** τὸν κόσμον,
2Jn 10 μὴ λαμβάνετε αὐτὸν **εἰς** οἰκίαν καὶ χαίρειν

<u>ἐκ (*ek*; 1/912[914]) *from*</u>
2Jn 4 λίαν ὅτι εὕρηκα **ἐκ** τῶν τέκνων σου

ἐκλεκτός (*eklektos*; 2/22) *chosen*
2Jn 1 Ὁ πρεσβύτερος **ἐκλεκτῇ** κυρίᾳ καὶ τοῖς
2Jn 13 ἀδελφῆς σου τῆς **ἐκλεκτῆς**.

ἔλεος (*eleos*; 1/27) *mercy*
2Jn 3 μεθ' ἡμῶν χάρις **ἔλεος** εἰρήνη παρὰ θεοῦ

ἐλπίζω (*elpizō*; 1/31) *hope*
2Jn 12 ἀλλὰ **ἐλπίζω** γενέσθαι πρὸς ὑμᾶς

ἐν (*en*; 8/2746[2752]) *in*
2Jn 1 οὓς ἐγὼ ἀγαπῶ **ἐν** ἀληθείᾳ,
2Jn 2 ἀλήθειαν τὴν μένουσαν **ἐν** ἡμῖν καὶ μεθ'
2Jn 3 υἱοῦ τοῦ πατρὸς **ἐν** ἀληθείᾳ καὶ ἀγάπῃ.
2Jn 4 τέκνων σου περιπατοῦντας **ἐν** ἀληθείᾳ,
2Jn 6 ἵνα **ἐν** αὐτῇ περιπατῆτε.
2Jn 7 Ἰησοῦν Χριστὸν ἐρχόμενον **ἐν** σαρκί·
2Jn 9 καὶ μὴ μένων **ἐν** τῇ διδαχῇ τοῦ
2Jn 9 ὁ μένων **ἐν** τῇ διδαχῇ,

ἐντολή (*entolē*; 4/67) *commandment*
2Jn 4 καθὼς **ἐντολὴν** ἐλάβομεν παρὰ τοῦ
2Jn 5 οὐχ ὡς **ἐντολὴν** καινὴν γράφων σοι
2Jn 6 περιπατῶμεν κατὰ τὰς **ἐντολὰς** αὐτοῦ·
2Jn 6 αὕτη ἡ **ἐντολή** ἐστιν,

ἐξέρχομαι (*exerchomai*; 1/216[218]) *come or go out or forth*
2Jn 7 Ὅτι πολλοὶ πλάνοι **ἐξῆλθον** εἰς τὸν κόσμον,

ἐργάζομαι (*ergazomai*; 1/41) *work*
2Jn 8 μὴ ἀπολέσητε ἃ **εἰργασάμεθα** ἀλλὰ μισθὸν πλήρη

ἔργον (*ergon*; 1/169) *work*
2Jn 11 χαίρειν κοινωνεῖ τοῖς **ἔργοις** αὐτοῦ τοῖς πονηροῖς.

ἔρχομαι (*erchomai*; 2/631[632]) *come, go*
2Jn 7 ὁμολογοῦντες Ἰησοῦν Χριστὸν **ἐρχόμενον** ἐν σαρκί·
2Jn 10 εἴ τις **ἔρχεται** πρὸς ὑμᾶς καὶ

ἐρωτάω (*erōtaō*; 1/62[63]) *ask*
2Jn 5 καὶ νῦν **ἐρωτῶ** σε,

εὑρίσκω (*heuriskō*; 1/176) *find*
2Jn 4 Ἐχάρην λίαν ὅτι **εὕρηκα** ἐκ τῶν τέκνων

ἔχω (*echō*; 4/706[708]) *have, hold*
2Jn 5 σοι ἀλλὰ ἣν **εἴχομεν** ἀπ' ἀρχῆς,
2Jn 9 Χριστοῦ θεὸν οὐκ **ἔχει**·
2Jn 9 καὶ τὸν υἱὸν **ἔχει**.
2Jn 12 Πολλὰ **ἔχων** ὑμῖν γράφειν οὐκ

ἡμεῖς (*hēmeis*; 4/855) *we*
2Jn 2 τὴν μένουσαν ἐν **ἡμῖν** καὶ μεθ' ἡμῶν
2Jn 2 ἡμῖν καὶ μεθ' **ἡμῶν** ἔσται εἰς τὸν
2Jn 3 ἔσται μεθ' **ἡμῶν** χάρις ἔλεος εἰρήνη
2Jn 12 ἵνα ἡ χαρὰ **ἡμῶν** πεπληρωμένη ᾖ.

θεός (*theos*; 2/1316[1317]) *God*
2Jn 3 ἔλεος εἰρήνη παρὰ **θεοῦ** πατρὸς καὶ παρὰ
2Jn 9 διδαχῇ τοῦ Χριστοῦ **θεὸν** οὐκ ἔχει·

Ἰησοῦς (*Iēsous*; 2/911[917]) *Jesus*
2Jn 3 πατρὸς καὶ παρὰ **Ἰησοῦ** Χριστοῦ τοῦ υἱοῦ
2Jn 7 οἱ μὴ ὁμολογοῦντες **Ἰησοῦν** Χριστὸν ἐρχόμενον ἐν

ἵνα (*hina*; 5/662[663]) *so that, in order that*
2Jn 5 **ἵνα** ἀγαπῶμεν ἀλλήλους.
2Jn 6 **ἵνα** περιπατῶμεν κατὰ τὰς
2Jn 6 **ἵνα** ἐν αὐτῇ περιπατῆτε.
2Jn 8 **ἵνα** μὴ ἀπολέσητε ἃ
2Jn 12 **ἵνα** ἡ χαρὰ ἡμῶν

καθώς (*kathōs*; 2/182) *just as*
2Jn 4 **καθὼς** ἐντολὴν ἐλάβομεν παρὰ
2Jn 6 **καθὼς** ἠκούσατε ἀπ' ἀρχῆς,

καινός (*kainos*; 1/41[42]) *new*
2Jn 5 οὐχ ὡς ἐντολὴν **καινὴν** γράφων σοι ἀλλὰ

κατά (*kata*; 1/472[473]) *according to, against*
2Jn 6 ἵνα περιπατῶμεν **κατὰ** τὰς ἐντολὰς αὐτοῦ·

κοινωνέω (*koinōneō*; 1/8) *share*
2Jn 11 γὰρ αὐτῷ χαίρειν **κοινωνεῖ** τοῖς ἔργοις αὐτοῦ

κόσμος (*kosmos*; 1/185[186]) *world*
2Jn 7 ἐξῆλθον εἰς τὸν **κόσμον**,

κυρία (*kyria*; 2/2) *lady*
2Jn 1 Ὁ πρεσβύτερος ἐκλεκτῇ **κυρίᾳ** καὶ τοῖς τέκνοις
2Jn 5 **κυρία**,

λαλέω (*laleō*; 1/294[296]) *speak*
2Jn 12 στόμα πρὸς στόμα **λαλῆσαι**,

λαμβάνω (*lambanō*; 2/258) *take, receive*
2Jn 4 καθὼς ἐντολὴν **ἐλάβομεν** παρὰ τοῦ πατρός.
2Jn 10 μὴ **λαμβάνετε** αὐτὸν εἰς οἰκίαν

λέγω (*legō*; 2/2345[2353]) *say*
2Jn 10 χαίρειν αὐτῷ μὴ **λέγετε**·
2Jn 11 ὁ **λέγων** γὰρ αὐτῷ χαίρειν

λίαν (*lian*; 1/12) *exceedingly*
2Jn 4 Ἐχάρην **λίαν** ὅτι εὕρηκα ἐκ

μέλας (*melas*; 1/6) *black or ink*
2Jn 12 διὰ χάρτου καὶ **μέλανος**,

μένω (*menō*; 3/118) *remain*
2Jn 2 τὴν ἀλήθειαν τὴν **μένουσαν** ἐν ἡμῖν καὶ

2Jn 9 προάγων καὶ μὴ **μένων** ἐν τῇ διδαχῇ
2Jn 9 ὁ **μένων** ἐν τῇ διδαχῇ,

μετά (*meta*; 2/465[469]) *with, after*
2Jn 2 ἐν ἡμῖν καὶ **μεθ'** ἡμῶν ἔσται εἰς
2Jn 3 ἔσται **μεθ'** ἡμῶν χάρις ἔλεος

μή (*mē*; 5/1041[1042]) *not*
2Jn 7 οἱ **μὴ** ὁμολογοῦντες Ἰησοῦν Χριστὸν
2Jn 8 ἵνα **μὴ** ἀπολέσητε ἃ εἰργασάμεθα
2Jn 9 ὁ προάγων καὶ **μὴ** μένων ἐν τῇ
2Jn 10 **μὴ** λαμβάνετε αὐτὸν εἰς
2Jn 10 καὶ χαίρειν αὐτῷ **μὴ** λέγετε·

μισθός (*misthos*; 1/29) *pay*
2Jn 8 ἃ εἰργασάμεθα ἀλλὰ **μισθὸν** πλήρη ἀπολάβητε.

μόνος (*monos*; 1/113[114]) *only*
2Jn 1 καὶ οὐκ ἐγὼ **μόνος** ἀλλὰ καὶ πάντες

νῦν (*nyn*; 1/146[147]) *now*
2Jn 5 καὶ **νῦν** ἐρωτῶ σε,

οἰκία (*oikia*; 1/93) *house*
2Jn 10 λαμβάνετε αὐτὸν εἰς **οἰκίαν** καὶ χαίρειν αὐτῷ

ὁμολογέω (*homologeō*; 1/26) *confess*
2Jn 7 οἱ μὴ **ὁμολογοῦντες** Ἰησοῦν Χριστὸν ἐρχόμενον

ὅς (*hos*; 3/1406[1407]) *who*
2Jn 1 **οὓς** ἐγὼ ἀγαπῶ ἐν
2Jn 5 γράφων σοι ἀλλὰ **ἣν** εἴχομεν ἀπ' ἀρχῆς,
2Jn 8 ἵνα μὴ ἀπολέσητε **ἃ** εἰργασάμεθα ἀλλὰ μισθὸν

ὅτι (*hoti*; 2/1294[1296]) *because, that*
2Jn 4 Ἐχάρην λίαν **ὅτι** εὕρηκα ἐκ τῶν
2Jn 7 **Ὅτι** πολλοὶ πλάνοι ἐξῆλθον

οὐ (*ou*; 5/1621[1623]) *not*
2Jn 1 καὶ **οὐκ** ἐγὼ μόνος ἀλλὰ
2Jn 5 **οὐχ** ὡς ἐντολὴν καινὴν
2Jn 9 τοῦ Χριστοῦ θεὸν **οὐκ** ἔχει·
2Jn 10 ταύτην τὴν διδαχὴν **οὐ** φέρει,
2Jn 12 ἔχων ὑμῖν γράφειν **οὐκ** ἐβουλήθην διὰ χάρτου

οὗτος (*houtos*; 5/1382[1387]) *this*
2Jn 6 καὶ **αὕτη** ἐστὶν ἡ ἀγάπη,
2Jn 6 **αὕτη** ἡ ἐντολή ἐστιν,
2Jn 7 **οὗτός** ἐστιν ὁ πλάνος
2Jn 9 **οὗτος** καὶ τὸν πατέρα
2Jn 10 πρὸς ὑμᾶς καὶ **ταύτην** τὴν διδαχὴν οὐ

παρά (*para*; 3/193[194]) *from, with, beside*
2Jn 3 χάρις ἔλεος εἰρήνη **παρὰ** θεοῦ πατρὸς καὶ
2Jn 3 θεοῦ πατρὸς καὶ **παρὰ** Ἰησοῦ Χριστοῦ τοῦ
2Jn 4 καθὼς ἐντολὴν ἐλάβομεν **παρὰ** τοῦ πατρός.

πᾶς (*pas*; 2/1240[1243]) *each, every (pl. all)*
2Jn 1 μόνος ἀλλὰ καὶ **πάντες** οἱ ἐγνωκότες τὴν
2Jn 9 **Πᾶς** ὁ προάγων καὶ

πατήρ (*patēr*; 4/413) *father*
2Jn 3 εἰρήνη παρὰ θεοῦ **πατρὸς** καὶ παρὰ Ἰησοῦ
2Jn 3 τοῦ υἱοῦ τοῦ **πατρὸς** ἐν ἀληθείᾳ καὶ
2Jn 4 ἐλάβομεν παρὰ τοῦ **πατρός**.
2Jn 9 οὗτος καὶ τὸν **πατέρα** καὶ τὸν υἱὸν

περιπατέω (*peripateō*; 3/94[95]) *walk*
2Jn 4 τῶν τέκνων σου **περιπατοῦντας** ἐν ἀληθείᾳ,
2Jn 6 ἵνα **περιπατῶμεν** κατὰ τὰς ἐντολὰς
2Jn 6 ἵνα ἐν αὐτῇ **περιπατῆτε**.

πλάνος (*planos*; 2/5) *deceitful*
2Jn 7 Ὅτι πολλοὶ **πλάνοι** ἐξῆλθον εἰς τὸν
2Jn 7 οὗτός ἐστιν ὁ **πλάνος** καὶ ὁ ἀντίχριστος.

πλήρης (*plērēs*; 1/16) *full*
2Jn 8 εἰργασάμεθα ἀλλὰ μισθὸν **πλήρη** ἀπολάβητε.

πληρόω (*plēroō*; 1/86) *fulfill*
2Jn 12 ἡ χαρὰ ἡμῶν **πεπληρωμένη** ᾖ.

πολύς (*polys*; 2/417) *much (pl. many)*
2Jn 7 Ὅτι **πολλοὶ** πλάνοι ἐξῆλθον εἰς
2Jn 12 **Πολλὰ** ἔχων ὑμῖν γράφειν

πονηρός (*ponēros*; 1/78) *evil*
2Jn 11 ἔργοις αὐτοῦ τοῖς **πονηροῖς**.

πρεσβύτερος (*presbyteros*; 1/65[66]) *elder*
2Jn 1 Ὁ **πρεσβύτερος** ἐκλεκτῇ κυρίᾳ καὶ

προάγω (*proagō*; 1/20) *go before or ahead of*
2Jn 9 Πᾶς ὁ **προάγων** καὶ μὴ μένων

πρός (*pros*; 3/699[700]) *to, toward, at*
2Jn 10 εἴ τις ἔρχεται **πρὸς** ὑμᾶς καὶ ταύτην
2Jn 12 ἀλλὰ ἐλπίζω γενέσθαι **πρὸς** ὑμᾶς καὶ στόμα
2Jn 12 ὑμᾶς καὶ στόμα **πρὸς** στόμα λαλῆσαι,

σάρξ (*sarx*; 1/147) *flesh*
2Jn 7 Χριστὸν ἐρχόμενον ἐν **σαρκί**·

στόμα (*stoma*; 2/78) *mouth*
2Jn 12 πρὸς ὑμᾶς καὶ **στόμα** πρὸς στόμα λαλῆσαι,
2Jn 12 καὶ στόμα πρὸς **στόμα** λαλῆσαι,

σύ (*sy*; 5/1063[1067]) *you (sg.)*
2Jn 4 ἐκ τῶν τέκνων **σου** περιπατοῦντας ἐν ἀληθείᾳ,
2Jn 5 καὶ νῦν ἐρωτῶ **σε**,
2Jn 5 ἐντολὴν καινὴν γράφων **σοι** ἀλλὰ ἣν εἴχομεν
2Jn 13 Ἀσπάζεταί **σε** τὰ τέκνα τῆς
2Jn 13 τέκνα τῆς ἀδελφῆς **σου** τῆς ἐκλεκτῆς.

<u>τέκνον (*teknon*; 3/99) *child*</u>

2Jn 1 κυρίᾳ καὶ τοῖς **τέκνοις** αὐτῆς,
2Jn 4 εὕρηκα ἐκ τῶν **τέκνων** σου περιπατοῦντας
2Jn 13 ᾿Ασπάζεταί σε τὰ **τέκνα** τῆς ἀδελφῆς σου

<u>τις (*tis*; 1/542[543]) *anyone, anything*</u>

2Jn 10 εἴ **τις** ἔρχεται πρὸς ὑμᾶς

<u>υἱός (*huios*; 2/377) *son*</u>

2Jn 3 ᾿Ιησοῦ Χριστοῦ τοῦ **υἱοῦ** τοῦ πατρὸς ἐν
2Jn 9 πατέρα καὶ τὸν **υἱὸν** ἔχει.

<u>ὑμεῖς (*hymeis*; 3/1832) *you (pl.)*</u>

2Jn 10 τις ἔρχεται πρὸς **ὑμᾶς** καὶ ταύτην τὴν
2Jn 12 Πολλὰ ἔχων **ὑμῖν** γράφειν οὐκ ἐβουλήθην
2Jn 12 ἐλπίζω γενέσθαι πρὸς **ὑμᾶς** καὶ στόμα πρὸς

<u>φέρω (*pherō*; 1/66) *bring*</u>

2Jn 10 τὴν διδαχὴν οὐ **φέρει**,

<u>χαίρω (*chairō*; 3/74) *rejoice*</u>

2Jn 4 **᾿Εχάρην** λίαν ὅτι εὕρηκα
2Jn 10 εἰς οἰκίαν καὶ **χαίρειν** αὐτῷ μὴ λέγετε·
2Jn 11 λέγων γὰρ αὐτῷ **χαίρειν** κοινωνεῖ τοῖς ἔργοις

<u>χαρά (*chara*; 1/59) *joy*</u>

2Jn 12 ἵνα ἡ **χαρὰ** ἡμῶν πεπληρωμένη ᾖ.

<u>χάρις (*charis*; 1/155) *grace*</u>

2Jn 3 ἔσται μεθ᾿ ἡμῶν **χάρις** ἔλεος εἰρήνη παρὰ

<u>χάρτης (*chartēs*; 1/1) *paper*</u>

2Jn 12 οὐκ ἐβουλήθην διὰ **χάρτου** καὶ μέλανος,

<u>Χριστός (*Christos*; 3/529) *Christ*</u>

2Jn 3 καὶ παρὰ ᾿Ιησοῦ **Χριστοῦ** τοῦ υἱοῦ τοῦ
2Jn 7 μὴ ὁμολογοῦντες ᾿Ιησοῦν **Χριστὸν** ἐρχόμενον ἐν σαρκί·
2Jn 9 τῇ διδαχῇ τοῦ **Χριστοῦ** θεὸν οὐκ ἔχει·

<u>ὡς (*hōs*; 1/503[504]) *as*</u>

2Jn 5 οὐχ **ὡς** ἐντολὴν καινὴν γράφων

Frequency List (Alphabetical Order)

2 ἀγαπάω
2 ἀγάπη
1 ἀδελφή
1 αἰών
1 ἀκούω
5 ἀλήθεια
4 ἀλλά
1 ἀλλήλων
1 ἀντίχριστος
2 ἀπό
1 ἀπολαμβάνω
1 ἀπόλλυμι
2 ἀρχή
1 ἀσπάζομαι
7° αὐτός
1 βλέπω
1 βούλομαι
1 γάρ
1 γίνομαι
1 γινώσκω
2 γράφω
2 διά
3 διδαχή
1 ἑαυτοῦ
2 ἐγώ
1 εἰ
6 εἰμί
1 εἰρήνη
3 εἰς
1 ἐκ
2 ἐκλεκτός
1 ἔλεος
1 ἐλπίζω
8 ἐν
4 ἐντολή
1 ἐξέρχομαι
1 ἐργάζομαι
1 ἔργον
2 ἔρχομαι
1 ἐρωτάω
1 εὑρίσκω
4 ἔχω
4 ἡμεῖς
2 θεός
2 Ἰησοῦς
5 ἵνα
2 καθώς
16° καί
1 καινός
1 κατά
1 κοινωνέω
1 κόσμος
2* κυρία
1 λαλέω
2 λαμβάνω
2 λέγω
1 λίαν
1 μέλας
3 μένω
2 μετά
5 μή
1 μισθός
1 μόνος
1 νῦν
33° ὁ
1 οἰκία
1 ὁμολογέω
3 ὅς
2 ὅτι
5 οὐ
5 οὗτος
3 παρά
2 πᾶς
4 πατήρ
3 περιπατέω
2 πλάνος
1 πλήρης
1 πληρόω
2 πολύς
1 πονηρός
1 πρεσβύτερος
1 προάγω
3 πρός
1 σάρξ
2 στόμα
5 σύ
3 τέκνον
1 τις
2 υἱός
3 ὑμεῖς
1 φέρω
3 χαίρω
1 χαρά
1 χάρις
1* χάρτης
3 Χριστός
1 ὡς

° Not included in concordance
* Word only occurs in this book

Frequency List (in Order of Occurrence)

33° ὁ
16° καί
8 ἐν
7° αὐτός
6 εἰμί
5 ἀλήθεια
5 ἵνα
5 μή
5 οὐ
5 οὗτος
5 σύ
4 ἀλλά
4 ἐντολή
4 ἔχω
4 ἡμεῖς
4 πατήρ
3 διδαχή
3 εἰς
3 μένω
3 ὅς
3 παρά
3 περιπατέω
3 πρός
3 τέκνον
3 ὑμεῖς
3 χαίρω
3 Χριστός
2 ἀγαπάω
2 ἀγάπη
2 ἀπό
2 ἀρχή
2 γράφω
2 διά
2 ἐγώ
2 ἐκλεκτός
2 ἔρχομαι
2 θεός
2 Ἰησοῦς
2 καθώς
2* κυρία
2 λαμβάνω
2 λέγω
2 μετά
2 ὅτι
2 πᾶς
2 πλάνος
2 πολύς
2 στόμα
2 υἱός
1 ἀδελφή
1 αἰών
1 ἀκούω
1 ἀλλήλων
1 ἀντίχριστος
1 ἀπολαμβάνω
1 ἀπόλλυμι
1 ἀσπάζομαι
1 βλέπω
1 βούλομαι
1 γάρ
1 γίνομαι
1 γινώσκω
1 ἑαυτοῦ
1 εἰ
1 εἰρήνη
1 ἐκ
1 ἔλεος
1 ἐλπίζω
1 ἐξέρχομαι
1 ἐργάζομαι
1 ἔργον
1 ἐρωτάω
1 εὑρίσκω
1 καινός
1 κατά
1 κοινωνέω
1 κόσμος
1 λαλέω
1 λίαν
1 μέλας
1 μισθός
1 μόνος
1 νῦν
1 οἰκία
1 ὁμολογέω
1 πλήρης
1 πληρόω
1 πονηρός
1 πρεσβύτερος
1 προάγω
1 σάρξ
1 τις
1 φέρω
1 χαρά
1 χάρις
1* χάρτης
1 ὡς

° Not included in concordance
* Word only occurs in this book

3 John – Statistics

109 Total word count
3 Number of words occurring at least 10 times
70 Number of words occurring once

Words whose occurrences in this book account for at least 25% of occurrences in the entire NT

<u>100%</u>
2/2 ἐπιδέχομαι (*epidechomai*; 2/2) receive
1/1 Διοτρέφης (*Diotrephēs*; Diotrephes), φιλοπρωτεύω (*philoprōteuō*; love to be first), φλυαρέω (*phlyareō*; slander)

<u>50%</u>
2/4 εὐοδόω (*euodoō*; have things go well)

<u>33%</u>
1/3 Δημήτριος (*Dēmētrios*; Demetrius)

3 John – Concordance

ἀγαθοποιέω (*agathopoieō*; 1/9) *do good*
3Jn 11 ὁ **ἀγαθοποιῶν** ἐκ τοῦ θεοῦ

ἀγαθός (*agathos*; 1/102) *good*
3Jn 11 κακὸν ἀλλὰ τὸ **ἀγαθόν**.

ἀγαπάω (*agapaō*; 1/143) *love*
3Jn 1 ὃν ἐγὼ **ἀγαπῶ** ἐν ἀληθείᾳ.

ἀγάπη (*agapē*; 1/116) *love*
3Jn 6 ἐμαρτύρησάν σου τῇ **ἀγάπῃ** ἐνώπιον ἐκκλησίας,

ἀγαπητός (*agapētos*; 4/61) *beloved*
3Jn 1 πρεσβύτερος Γαΐῳ τῷ **ἀγαπητῷ**,
3Jn 2 **Ἀγαπητέ**,
3Jn 5 **Ἀγαπητέ**,
3Jn 11 **Ἀγαπητέ**,

ἀδελφός (*adelphos*; 3/343) *brother*
3Jn 3 γὰρ λίαν ἐρχομένων **ἀδελφῶν** καὶ μαρτυρούντων σου
3Jn 5 ἐργάσῃ εἰς τοὺς **ἀδελφοὺς** καὶ τοῦτο ξένους,
3Jn 10 αὐτὸς ἐπιδέχεται τοὺς **ἀδελφοὺς** καὶ τοὺς βουλομένους

ἀκούω (*akouō*; 1/426[428]) *hear*
3Jn 4 ἵνα **ἀκούω** τὰ ἐμὰ τέκνα

ἀλήθεια (*alētheia*; 6/109) *truth*
3Jn 1 ἐγὼ ἀγαπῶ ἐν **ἀληθείᾳ**.
3Jn 3 μαρτυρούντων σου τῇ **ἀληθείᾳ**,
3Jn 3 καθὼς σὺ ἐν **ἀληθείᾳ** περιπατεῖς.
3Jn 4 τέκνα ἐν τῇ **ἀληθείᾳ** περιπατοῦντα.
3Jn 8 συνεργοὶ γινώμεθα τῇ **ἀληθείᾳ**.
3Jn 12 ὑπὸ αὐτῆς τῆς **ἀληθείας**·

ἀληθής (*alēthēs*; 1/26) *true*
3Jn 12 ἡ μαρτυρία ἡμῶν **ἀληθής** ἐστιν.

ἀλλά (*alla*; 3/638) *but*
3Jn 9 **ἀλλ'** ὁ φιλοπρωτεύων αὐτῶν
3Jn 11 μιμοῦ τὸ κακὸν **ἀλλὰ** τὸ ἀγαθόν.
3Jn 13 εἶχον γράψαι σοι **ἀλλ'** οὐ θέλω διὰ

ἀξίως (*axiōs*; 1/6) *in a manner worthy of or suitable to*
3Jn 6 καλῶς ποιήσεις προπέμψας **ἀξίως** τοῦ θεοῦ·

ἀπό (*apo*; 1/643[646]) *from*
3Jn 7 ἐξῆλθον μηδὲν λαμβάνοντες **ἀπὸ** τῶν ἐθνικῶν.

ἀρκέω (*arkeō*; 1/8) *be enough or sufficient*
3Jn 10 καὶ μὴ **ἀρκούμενος** ἐπὶ τούτοις οὔτε

ἀσπάζομαι (*aspazomai*; 2/59) *greet*
3Jn 15 **ἀσπάζονταί** σε οἱ φίλοι.
3Jn 15 **ἀσπάζου** τοὺς φίλους κατ'

βούλομαι (*boulomai*; 1/37) *want*
3Jn 10 ἀδελφοὺς καὶ τοὺς **βουλομένους** κωλύει καὶ

Γάϊος (*Gaios*; 1/5) *Gaius*
3Jn 1 Ὁ πρεσβύτερος **Γαΐῳ** τῷ ἀγαπητῷ,

γάρ (*gar*; 2/1041) *for*
3Jn 3 ἐχάρην **γὰρ** λίαν ἐρχομένων ἀδελφῶν
3Jn 7 ὑπὲρ **γὰρ** τοῦ ὀνόματος ἐξῆλθον

γίνομαι (*ginomai*; 1/668[669]) *be, become*
3Jn 8 ἵνα συνεργοὶ **γινώμεθα** τῇ ἀληθείᾳ.

γράφω (*graphō*; 3/190[191]) *write*
3Jn 9 **Ἔγραψά** τι τῇ ἐκκλησίᾳ·
3Jn 13 Πολλὰ εἶχον **γράψαι** σοι ἀλλ' οὐ
3Jn 13 καὶ καλάμου σοι **γράφειν**·

δέ (*de*; 2/2773[2792]) *but, and*
3Jn 12 καὶ ἡμεῖς **δὲ** μαρτυροῦμεν,
3Jn 14 ἐλπίζω **δὲ** εὐθέως σε ἰδεῖν,

Δημήτριος (*Dēmētrios*; 1/3) *Demetrius*
3Jn 12 **Δημητρίῳ** μεμαρτύρηται ὑπὸ πάντων

διά (*dia*; 2/665[667]) *through, on account of*
3Jn 10 **διὰ** τοῦτο,
3Jn 13 ἀλλ' οὐ θέλω **διὰ** μέλανος καὶ καλάμου

Διοτρέφης (*Diotrephēs*; 1/1) *Diotrephes*
3Jn 9 ὁ φιλοπρωτεύων αὐτῶν **Διοτρέφης** οὐκ ἐπιδέχεται ἡμᾶς.

ἐάν (*ean*; 2/333) *if*
3Jn 5 πιστὸν ποιεῖς ὃ **ἐὰν** ἐργάσῃ εἰς τοὺς
3Jn 10 **ἐὰν** ἔλθω,

ἐγώ (*egō*; 1/1715[1718]) *I*
3Jn 1 ὃν **ἐγὼ** ἀγαπῶ ἐν ἀληθείᾳ.

ἐθνικός (*ethnikos*; 1/4) *pagan or Gentile*
3Jn 7 λαμβάνοντες ἀπὸ τῶν **ἐθνικῶν**.

εἰμί (*eimi*; 2/2460[2462]) *be*
3Jn 11 ἐκ τοῦ θεοῦ **ἐστιν**·
3Jn 12 μαρτυρία ἡμῶν ἀληθής **ἐστιν**.

εἰρήνη (*eirēnē*; 1/92) *peace*
3Jn 15 **εἰρήνη** σοι.

εἰς (*eis*; 1/1759[1767]) *into*
3Jn 5 ὃ ἐὰν ἐργάσῃ **εἰς** τοὺς ἀδελφοὺς καὶ

ἐκ (*ek*; 2/912[914]) *from*
3Jn 10 βουλομένους κωλύει καὶ **ἐκ** τῆς ἐκκλησίας ἐκβάλλει.
3Jn 11 ὁ ἀγαθοποιῶν **ἐκ** τοῦ θεοῦ ἐστιν·

ἐκβάλλω (*ekballō*; 1/79[81]) *cast or drive out*
3Jn 10 ἐκ τῆς ἐκκλησίας **ἐκβάλλει**.

ἐκκλησία (*ekklēsia*; 3/114) *church*
3Jn 6 τῇ ἀγάπῃ ἐνώπιον **ἐκκλησίας**,
3Jn 9 Ἔγραψά τι τῇ **ἐκκλησίᾳ**·
3Jn 10 καὶ ἐκ τῆς **ἐκκλησίας** ἐκβάλλει.

ἐλπίζω (*elpizō*; 1/31) *hope*
3Jn 14 **ἐλπίζω** δὲ εὐθέως σε

ἐμός (*emos*; 1/76) *my*
3Jn 4 ἵνα ἀκούω τὰ **ἐμὰ** τέκνα ἐν τῇ

ἐν (*en*; 3/2746[2752]) *in*
3Jn 1 ὃν ἐγὼ ἀγαπῶ **ἐν** ἀληθείᾳ.
3Jn 3 καθὼς σὺ **ἐν** ἀληθείᾳ περιπατεῖς.
3Jn 4 τὰ ἐμὰ τέκνα **ἐν** τῇ ἀληθείᾳ περιπατοῦντα.

ἐνώπιον (*enōpion*; 1/94) *before*
3Jn 6 σου τῇ ἀγάπῃ **ἐνώπιον** ἐκκλησίας,

ἐξέρχομαι (*exerchomai*; 1/216[218]) *come or go out or forth*
3Jn 7 γὰρ τοῦ ὀνόματος **ἐξῆλθον** μηδὲν λαμβάνοντες ἀπὸ

ἐπί (*epi*; 1/886[890]) *on*
3Jn 10 καὶ μὴ ἀρκούμενος **ἐπὶ** τούτοις οὔτε αὐτὸς

ἐπιδέχομαι (*epidechomai*; 2/2) *receive*
3Jn 9 αὐτῶν Διοτρέφης οὐκ **ἐπιδέχεται** ἡμᾶς.
3Jn 10 τούτοις οὔτε αὐτὸς **ἐπιδέχεται** τοὺς ἀδελφοὺς καὶ

ἐργάζομαι (*ergazomai*; 1/41) *work*
3Jn 5 ποιεῖς ὃ ἐὰν **ἐργάσῃ** εἰς τοὺς ἀδελφοὺς

ἔργον (*ergon*; 1/169) *work*
3Jn 10 ὑπομνήσω αὐτοῦ τὰ **ἔργα** ἃ ποιεῖ λόγοις

ἔρχομαι (*erchomai*; 2/631[632]) *come, go*
3Jn 3 ἐχάρην γὰρ λίαν **ἐρχομένων** ἀδελφῶν καὶ μαρτυρούντων
3Jn 10 ἐὰν **ἔλθω**,

εὐθέως (*eutheōs*; 1/36) *immediately*
3Jn 14 ἐλπίζω δὲ **εὐθέως** σε ἰδεῖν,

εὐοδόω (*euodoō*; 2/4) *have things go well*
3Jn 2 πάντων εὔχομαί σε **εὐοδοῦσθαι** καὶ ὑγιαίνειν,
3Jn 2 καθὼς **εὐοδοῦταί** σου ἡ ψυχή.

εὔχομαι (*euchomai*; 1/7) *pray*
3Jn 2 περὶ πάντων **εὔχομαί** σε εὐοδοῦσθαι καὶ

ἔχω (*echō*; 2/706[708]) *have, hold*
3Jn 4 μειζοτέραν τούτων οὐκ **ἔχω** χαράν,
3Jn 13 Πολλὰ **εἶχον** γράψαι σοι ἀλλ᾽

ἡμεῖς (*hēmeis*; 5/855) *we*
3Jn 8 **ἡμεῖς** οὖν ὀφείλομεν ὑπολαμβάνειν
3Jn 9 Διοτρέφης οὐκ ἐπιδέχεται **ἡμᾶς**.
3Jn 10 λόγοις πονηροῖς φλυαρῶν **ἡμᾶς**,
3Jn 12 καὶ **ἡμεῖς** δὲ μαρτυροῦμεν,
3Jn 12 ὅτι ἡ μαρτυρία **ἡμῶν** ἀληθής ἐστιν.

θέλω (*thelō*; 1/208) *wish, want*
3Jn 13 σοι ἀλλ᾽ οὐ **θέλω** διὰ μέλανος καὶ

θεός (*theos*; 3/1316[1317]) *God*
3Jn 6 προπέμψας ἀξίως τοῦ **θεοῦ**·
3Jn 11 ἀγαθοποιῶν ἐκ τοῦ **θεοῦ** ἐστιν·
3Jn 11 οὐχ ἑώρακεν τὸν **θεόν**.

ἵνα (*hina*; 2/662[663]) *so that, in order that*
3Jn 4 **ἵνα** ἀκούω τὰ ἐμὰ
3Jn 8 **ἵνα** συνεργοὶ γινώμεθα τῇ

καθώς (*kathōs*; 2/182) *just as*
3Jn 2 **καθὼς** εὐοδοῦταί σου ἡ
3Jn 3 **καθὼς** σὺ ἐν ἀληθείᾳ

κακοποιέω (*kakopoieō*; 1/4) *do evil or wrong*
3Jn 11 ὁ κακοποιῶν **οὐχ** ἑώρακεν τὸν θεόν.

κακός (*kakos*; 1/50) *evil*
3Jn 11 μὴ μιμοῦ τὸ **κακὸν** ἀλλὰ τὸ ἀγαθόν.

κάλαμος (*kalamos*; 1/12) *reed*
3Jn 13 διὰ μέλανος καὶ **καλάμου** σοι γράφειν·

καλῶς (*kalōs*; 1/36[37]) *well*
3Jn 6 οὓς **καλῶς** ποιήσεις προπέμψας ἀξίως

κατά (*kata*; 1/472[473]) *according to, against*
3Jn 15 ἀσπάζου τοὺς φίλους **κατ᾽** ὄνομα.

κωλύω (*kōlyō*; 1/23) *hinder*
3Jn 10 καὶ τοὺς βουλομένους **κωλύει** καὶ ἐκ τῆς

λαλέω (*laleō*; 1/294[296]) *speak*
3Jn 14 στόμα πρὸς στόμα **λαλήσομεν**.

λαμβάνω (*lambanō*; 1/258) *take, receive*
3Jn 7 ὀνόματος ἐξῆλθον μηδὲν **λαμβάνοντες** ἀπὸ τῶν ἐθνικῶν.

λίαν (*lian*; 1/12) *exceedingly*
3Jn 3 ἐχάρην γὰρ **λίαν** ἐρχομένων ἀδελφῶν καὶ

<u>λόγος (*logos*; 1/329[330]) *word*</u>
3Jn 10 ἔργα ἃ ποιεῖ **λόγοις** πονηροῖς φλυαρῶν ἡμᾶς,

<u>μαρτυρέω (*martyreō*; 4/76) *bear witness*</u>
3Jn 3 ἐρχομένων ἀδελφῶν καὶ **μαρτυρούντων** σου τῇ ἀληθείᾳ,
3Jn 6 οἳ **ἐμαρτύρησάν** σου τῇ ἀγάπῃ
3Jn 12 Δημητρίῳ **μεμαρτύρηται** ὑπὸ πάντων καὶ
3Jn 12 καὶ ἡμεῖς δὲ **μαρτυροῦμεν**,

<u>μαρτυρία (*martyria*; 1/37) *testimony*</u>
3Jn 12 οἶδας ὅτι ἡ **μαρτυρία** ἡμῶν ἀληθής ἐστιν.

<u>μέγας (*megas*; 1/243) *great, large*</u>
3Jn 4 **μειζοτέραν** τούτων οὐκ ἔχω

<u>μέλας (*melas*; 1/6) *black or ink*</u>
3Jn 13 οὐ θέλω διὰ **μέλανος** καὶ καλάμου σοι

<u>μή (*mē*; 2/1041[1042]) *not*</u>
3Jn 10 καὶ **μὴ** ἀρκούμενος ἐπὶ τούτοις
3Jn 11 **μὴ** μιμοῦ τὸ κακὸν

<u>μηδείς (*mēdeis*; 1/90) *no one*</u>
3Jn 7 τοῦ ὀνόματος ἐξῆλθον **μηδὲν** λαμβάνοντες ἀπὸ τῶν

<u>μιμέομαι (*mimeomai*; 1/4) *imitate*</u>
3Jn 11 μὴ **μιμοῦ** τὸ κακὸν ἀλλὰ

<u>ξένος (*xenos*; 1/14) *strange, stranger*</u>
3Jn 5 ἀδελφοὺς καὶ τοῦτο **ξένους**,

<u>οἶδα (*oida*; 1/318) *know*</u>
3Jn 12 καὶ **οἶδας** ὅτι ἡ μαρτυρία

<u>ὄνομα (*onoma*; 2/229[230]) *name*</u>
3Jn 7 ὑπὲρ γὰρ τοῦ **ὀνόματος** ἐξῆλθον μηδὲν λαμβάνοντες
3Jn 15 τοὺς φίλους κατ᾽ **ὄνομα**.

<u>ὁράω (*horaō*; 2/452) *see*</u>
3Jn 11 ὁ κακοποιῶν οὐχ **ἑώρακεν** τὸν θεόν.
3Jn 14 δὲ εὐθέως σε **ἰδεῖν**,

<u>ὅς (*hos*; 5/1406[1407]) *who*</u>
3Jn 1 **ὃν** ἐγὼ ἀγαπῶ ἐν
3Jn 5 πιστὸν ποιεῖς **ὃ** ἐὰν ἐργάσῃ εἰς
3Jn 6 **οἳ** ἐμαρτύρησάν σου τῇ
3Jn 6 **οὓς** καλῶς ποιήσεις προπέμψας
3Jn 10 αὐτοῦ τὰ ἔργα **ἃ** ποιεῖ λόγοις πονηροῖς

<u>ὅτι (*hoti*; 1/1294[1296]) *because, that*</u>
3Jn 12 καὶ οἶδας **ὅτι** ἡ μαρτυρία ἡμῶν

<u>οὐ (*ou*; 4/1621[1623]) *not*</u>
3Jn 4 μειζοτέραν τούτων **οὐκ** ἔχω χαράν,
3Jn 9 φιλοπρωτεύων αὐτῶν Διοτρέφης **οὐκ** ἐπιδέχεται ἡμᾶς.
3Jn 11 ὁ κακοποιῶν οὐχ **ἑώρακεν** τὸν θεόν.
3Jn 13 γράψαι σοι ἀλλ᾽ **οὐ** θέλω διὰ μέλανος

<u>οὖν (*oun*; 1/497[499]) *therefore*</u>
3Jn 8 ἡμεῖς **οὖν** ὀφείλομεν ὑπολαμβάνειν τοὺς

<u>οὔτε (*oute*; 1/87) *not*</u>
3Jn 10 ἀρκούμενος ἐπὶ τούτοις **οὔτε** αὐτὸς ἐπιδέχεται τοὺς

<u>οὗτος (*houtos*; 4/1382[1387]) *this*</u>
3Jn 4 μειζοτέραν **τούτων** οὐκ ἔχω χαράν,
3Jn 5 τοὺς ἀδελφοὺς καὶ **τοῦτο** ξένους,
3Jn 10 διὰ **τοῦτο**,
3Jn 10 μὴ ἀρκούμενος ἐπὶ **τούτοις** οὔτε αὐτὸς ἐπιδέχεται

<u>ὀφείλω (*opheilō*; 1/35) *ought to*</u>
3Jn 8 ἡμεῖς οὖν **ὀφείλομεν** ὑπολαμβάνειν τοὺς τοιούτους,

<u>πᾶς (*pas*; 2/1240[1243]) *each, every (pl. all)*</u>
3Jn 2 περὶ **πάντων** εὔχομαί σε εὐοδοῦσθαι
3Jn 12 Δημητρίῳ μεμαρτύρηται ὑπὸ **πάντων** καὶ ὑπὸ αὐτῆς

<u>περί (*peri*; 1/332[333]) *concerning, around*</u>
3Jn 2 **περὶ** πάντων εὔχομαί σε

<u>περιπατέω (*peripateō*; 2/94[95]) *walk*</u>
3Jn 3 σὺ ἐν ἀληθείᾳ **περιπατεῖς**.
3Jn 4 ἐν τῇ ἀληθείᾳ **περιπατοῦντα**.

<u>πιστός (*pistos*; 1/67) *believing*</u>
3Jn 5 **πιστὸν** ποιεῖς ὃ ἐὰν

<u>ποιέω (*poieō*; 3/568) *do, make*</u>
3Jn 5 πιστὸν **ποιεῖς** ὃ ἐὰν ἐργάσῃ
3Jn 6 οὓς καλῶς **ποιήσεις** προπέμψας ἀξίως τοῦ
3Jn 10 τὰ ἔργα ἃ **ποιεῖ** λόγοις πονηροῖς φλυαρῶν

<u>πολύς (*polys*; 1/417) *much (pl. many)*</u>
3Jn 13 **Πολλὰ** εἶχον γράψαι σοι

<u>πονηρός (*ponēros*; 1/78) *evil*</u>
3Jn 10 ἃ ποιεῖ λόγοις **πονηροῖς** φλυαρῶν ἡμᾶς,

<u>πρεσβύτερος (*presbyteros*; 1/65[66]) *elder*</u>
3Jn 1 Ὁ **πρεσβύτερος** Γαΐῳ τῷ ἀγαπητῷ,

<u>προπέμπω (*propempō*; 1/9) *send on one's way*</u>
3Jn 6 οὓς καλῶς ποιήσεις **προπέμψας** ἀξίως τοῦ θεοῦ·

<u>πρός (*pros*; 1/699[700]) *to, toward, at*</u>
3Jn 14 καὶ στόμα **πρὸς** στόμα λαλήσομεν.

<u>στόμα (*stoma*; 2/78) *mouth*</u>
3Jn 14 καὶ **στόμα** πρὸς στόμα λαλήσομεν.
3Jn 14 καὶ στόμα πρὸς **στόμα** λαλήσομεν.

<u>σύ (*sy*; 10/1063[1067]) *you (sg.)*</u>
3Jn 2 περὶ πάντων εὔχομαί **σε** εὐοδοῦσθαι καὶ ὑγιαίνειν,
3Jn 2 καθὼς εὐοδοῦταί **σου** ἡ ψυχή.
3Jn 3 ἀδελφῶν καὶ μαρτυρούντων **σου** τῇ ἀληθείᾳ,
3Jn 3 καθὼς **σὺ** ἐν ἀληθείᾳ περιπατεῖς.
3Jn 6 οἳ ἐμαρτύρησάν **σου** τῇ ἀγάπῃ ἐνώπιον
3Jn 13 Πολλὰ εἶχον γράψαι **σοι** ἀλλ' οὐ θέλω
3Jn 13 μέλανος καὶ καλάμου **σοι** γράφειν·
3Jn 14 ἐλπίζω δὲ εὐθέως **σε** ἰδεῖν,
3Jn 15 εἰρήνη **σοι**.
3Jn 15 ἀσπάζονταί **σε** οἱ φίλοι.

<u>συνεργός (*synergos*; 1/13) *fellow-worker*</u>
3Jn 8 ἵνα **συνεργοὶ** γινώμεθα τῇ ἀληθείᾳ.

<u>τέκνον (*teknon*; 1/99) *child*</u>
3Jn 4 ἀκούω τὰ ἐμὰ **τέκνα** ἐν τῇ ἀληθείᾳ

<u>τις (*tis*; 1/542[543]) *anyone, anything*</u>
3Jn 9 Ἔγραψά **τι** τῇ ἐκκλησίᾳ·

<u>τοιοῦτος (*toioutos*; 1/56[57]) *such*</u>
3Jn 8 ὀφείλομεν ὑπολαμβάνειν τοὺς **τοιούτους**,

<u>ὑγιαίνω (*hygiainō*; 1/12) *be sound*</u>
3Jn 2 σε εὐοδοῦσθαι καὶ **ὑγιαίνειν**,

<u>ὑπέρ (*hyper*; 1/150) *for, concerning, over*</u>
3Jn 7 **ὑπὲρ** γὰρ τοῦ ὀνόματος

<u>ὑπό (*hypo*; 2/219[220]) *by, under*</u>
3Jn 12 Δημητρίῳ μεμαρτύρηται **ὑπὸ** πάντων καὶ ὑπὸ
3Jn 12 ὑπὸ πάντων καὶ **ὑπὸ** αὐτῆς τῆς ἀληθείας·

<u>ὑπολαμβάνω (*hypolambanō*; 1/5) *suppose, answer, take away, support*</u>
3Jn 8 ἡμεῖς οὖν ὀφείλομεν **ὑπολαμβάνειν** τοὺς τοιούτους,

<u>ὑπομιμνῄσκω (*hypomimnēskō*; 1/7) *remind*</u>
3Jn 10 ὑπομνήσω **αὐτοῦ** τὰ ἔργα ἃ

<u>φιλοπρωτεύω (*philoprōteuō*; 1/1) *love to be first*</u>
3Jn 9 ἀλλ' ὁ **φιλοπρωτεύων** αὐτῶν Διοτρέφης οὐκ

<u>φίλος (*philos*; 2/29) *friend*</u>
3Jn 15 ἀσπάζονταί σε οἱ **φίλοι**.
3Jn 15 ἀσπάζου τοὺς **φίλους** κατ' ὄνομα.

<u>φλυαρέω (*phlyareō*; 1/1) *slander*</u>
3Jn 10 ποιεῖ λόγοις πονηροῖς **φλυαρῶν** ἡμᾶς,

<u>χαίρω (*chairō*; 1/74) *rejoice*</u>
3Jn 3 **ἐχάρην** γὰρ λίαν ἐρχομένων

<u>χαρά (*chara*; 1/59) *joy*</u>
3Jn 4 τούτων οὐκ ἔχω **χαράν**,

<u>ψυχή (*psychē*; 1/103) *soul, life, self*</u>
3Jn 2 εὐοδοῦταί σου ἡ **ψυχή**.

Frequency List (Alphabetical Order)

1 ἀγαθοποιέω
1 ἀγαθός
1 ἀγαπάω
1 ἀγάπη
4 ἀγαπητός
3 ἀδελφός
1 ἀκούω
6 ἀλήθεια
1 ἀληθής
3 ἀλλά
1 ἀξίως
1 ἀπό
1 ἀρκέω
2 ἀσπάζομαι
4° αὐτός
1 βούλομαι
1 Γάϊος
2 γάρ
1 γίνομαι
3 γράφω
2 δέ
1 Δημήτριος
2 διά
1* Διοτρέφης
2 ἐάν
1 ἐγώ
1 ἐθνικός
2 εἰμί
1 εἰρήνη
1 εἰς
2 ἐκ
1 ἐκβάλλω
3 ἐκκλησία
1 ἐλπίζω
1 ἐμός
3 ἐν
1 ἐνώπιον
1 ἐξέρχομαι
1 ἐπί
2* ἐπιδέχομαι
1 ἐργάζομαι
1 ἔργον
2 ἔρχομαι
1 εὐθέως
2 εὐοδόω
1 εὔχομαι
2 ἔχω
5 ἡμεῖς
1 θέλω
3 θεός
2 ἵνα
2 καθώς
11° καί
1 κακοποιέω
1 κακός
1 κάλαμος
1 καλῶς
1 κατά
1 κωλύω
1 λαλέω
1 λαμβάνω
1 λίαν
1 λόγος
4 μαρτυρέω
1 μαρτυρία
1 μέγας
1 μέλας
2 μή
1 μηδείς
1 μιμέομαι
1 ξένος
29° ὁ
1 οἶδα
2 ὄνομα
2 ὁράω
5 ὅς
1 ὅτι
4 οὐ
1 οὖν
1 οὔτε
4 οὗτος
1 ὀφείλω
2 πᾶς
1 περί
2 περιπατέω
1 πιστός
3 ποιέω
1 πολύς
1 πονηρός
1 πρεσβύτερος
1 προπέμπω
1 πρός
2 στόμα
10 σύ
1 συνεργός
1 τέκνον
1 τις
1 τοιοῦτος
1 ὑγιαίνω
1 ὑπέρ
2 ὑπό
1 ὑπολαμβάνω
1 ὑπομιμνήσκω
1* φιλοπρωτεύω
2 φίλος
1* φλυαρέω
1 χαίρω
1 χαρά
1 ψυχή

° Not included in concordance
* Word only occurs in this book

Frequency List (in Order of Occurrence)

29° ὁ
11° καί
10 σύ
6 ἀλήθεια
5 ἡμεῖς
5 ὅς
4 ἀγαπητός
4° αὐτός
4 μαρτυρέω
4 οὐ
4 οὗτος
3 ἀδελφός
3 ἀλλά
3 γράφω
3 ἐκκλησία
3 ἐν
3 θεός
3 ποιέω
2 ἀσπάζομαι
2 γάρ
2 δέ
2 διά
2 ἐάν
2 εἰμί
2 ἐκ
2* ἐπιδέχομαι
2 ἔρχομαι
2 εὐοδόω
2 ἔχω
2 ἵνα
2 καθώς
2 μή
2 ὄνομα
2 ὁράω
2 πᾶς
2 περιπατέω
2 στόμα
2 ὑπό
2 φίλος
1 ἀγαθοποιέω
1 ἀγαθός
1 ἀγαπάω
1 ἀγάπη
1 ἀκούω
1 ἀληθής
1 ἀξίως
1 ἀπό
1 ἀρκέω
1 βούλομαι
1 Γάϊος
1 γίνομαι
1 Δημήτριος
1* Διοτρέφης
1 ἐγώ
1 ἐθνικός
1 εἰρήνη
1 εἰς
1 ἐκβάλλω
1 ἐλπίζω
1 ἐμός
1 ἐνώπιον
1 ἐξέρχομαι
1 ἐπί
1 ἐργάζομαι
1 ἔργον
1 εὐθέως
1 εὔχομαι
1 θέλω
1 κακοποιέω
1 κακός
1 κάλαμος
1 καλῶς
1 κατά
1 κωλύω
1 λαλέω
1 λαμβάνω
1 λίαν
1 λόγος
1 μαρτυρία
1 μέγας
1 μέλας
1 μηδείς
1 μιμέομαι
1 ξένος
1 οἶδα
1 ὅτι
1 οὖν
1 οὔτε
1 ὀφείλω
1 περί
1 πιστός
1 πολύς
1 πονηρός
1 πρεσβύτερος
1 προπέμπω
1 πρός
1 συνεργός
1 τέκνον
1 τις
1 τοιοῦτος
1 ὑγιαίνω
1 ὑπέρ
1 ὑπολαμβάνω
1 ὑπομιμνῄσκω
1* φιλοπρωτεύω
1* φλυαρέω
1 χαίρω
1 χαρά
1 ψυχή

° Not included in concordance
* Word only occurs in this book

Jude – Statistics

227 Total word count
4 Number of words occurring at least 10 times
167 Number of words occurring once

Words whose occurrences in this book account for at least 25% of occurrences in the entire NT

<u>100%</u>

1/1 ἀποδιορίζω (*apodiorizō*; cause divisions), ἄπταιστος (*aptaistos*; free from stumbling), ἀσεβέω (*asebeō*; live or act in an ungodly way), γογγυστής (*gongystēs*; habitual grumbler), δεῖγμα (*deigma*; example), ἐκπορνεύω (*ekporneuō*; live immorally), ἐπαγωνίζομαι (*epagōnizomai*; struggle in behalf of), ἐπαφρίζω (*epaphrizō*; foam up), Κόρε (*Kore*; Korah), μεμψίμοιρος (*mempsimoiros*; complaining), παρεισδύνω (*pareisdynō*; sneak in under false pretenses or slip in unnoticed), πλανήτης (*planētēs*; wanderer), σπιλάς (*spilas*; spot), ὑπέχω (*hypechō*; undergo), φθινοπωρινός (*phthinopōrinos*; of late autumn), φυσικῶς (*physikōs*; naturally)

<u>50%</u>

2/4 ἐλεάω (*eleaō*; be merciful)

1/2 ἀΐδιος (*aidios*; eternal), ἀρχάγγελος (*archangelos*; archangel), ἐμπαίκτης (*empaiktēs*; mocker), ἐνυπνιάζομαι (*enypniazomai*; dream), ἐπιφέρω (*epipherō*; bring upon), Μιχαήλ (*Michaēl*; Michael), οἰκητήριον (*oikētērion*; dwelling), σπιλόω (*spiloō*; spot), συνευωχέομαι (*syneuōcheomai*; eat together), ὑπέρογκος (*hyperonkos*; boastful), ὠφέλεια (*ōpheleia*; advantage)

<u>40%</u>

2/5 ζόφος (*zophos*; gloom)

<u>33%</u>

2/6 ἀσέβεια (*asebeia*; godlessness)

1/3 ἄγριος (*agrios*; wild), ἄλογος (*alogos*; unreasoning), Βαλαάμ (*Balaam*; Balaam), δίκη (*dikē*; punishment), Ἑνώχ (*Henōch*; Enoch), Κάϊν (*Kain*; Cain), κατενώπιον (*katenōpion*; before), μεγαλωσύνη (*megalōsynē*; majesty)

Jude – Concordance

ἀγαλλίασις (*agalliasis*; 1/5) *extreme joy or gladness*
Jude 24 αὐτοῦ ἀμώμους ἐν **ἀγαλλιάσει**,

ἀγαπάω (*agapaō*; 1/143) *love*
Jude 1 ἐν θεῷ πατρὶ **ἠγαπημένοις** καὶ Ἰησοῦ Χριστῷ

ἀγάπη (*agapē*; 3/116) *love*
Jude 2 καὶ εἰρήνη καὶ **ἀγάπη** πληθυνθείη.
Jude 12 οἱ ἐν ταῖς **ἀγάπαις** ὑμῶν σπιλάδες συνευωχούμενοι
Jude 21 ἑαυτοὺς ἐν **ἀγάπῃ** θεοῦ τηρήσατε προσδεχόμενοι

ἀγαπητός (*agapētos*; 3/61) *beloved*
Jude 3 **Ἀγαπητοί**,
Jude 17 **ἀγαπητοί**,
Jude 20 **ἀγαπητοί**,

ἄγγελος (*angelos*; 1/175) *angel, messenger*
Jude 6 **ἀγγέλους** τε τοὺς μὴ

ἅγιος (*hagios*; 4/233) *holy, set apart*
Jude 3 ἅπαξ παραδοθείσῃ τοῖς **ἁγίοις** πίστει.
Jude 14 ἦλθεν κύριος ἐν **ἁγίαις** μυριάσιν αὐτοῦ
Jude 20 ἐποικοδομοῦντες ἑαυτοὺς τῇ **ἁγιωτάτῃ** ὑμῶν πίστει,
Jude 20 ἐν πνεύματι **ἁγίῳ** προσευχόμενοι,

ἄγριος (*agrios*; 1/3) *wild*
Jude 13 κύματα **ἄγρια** θαλάσσης ἐπαφρίζοντα τὰς

Ἀδάμ (*Adam*; 1/9) *Adam*
Jude 14 τούτοις ἕβδομος ἀπὸ **Ἀδὰμ** Ἑνὼχ λέγων·

ἀδελφός (*adelphos*; 1/343) *brother*
Jude 1 **ἀδελφὸς** δὲ Ἰακώβου,

ἀθετέω (*atheteō*; 1/16) *reject*
Jude 8 μιαίνουσιν κυριότητα δὲ **ἀθετοῦσιν** δόξας δὲ βλασφημοῦσιν.

Αἴγυπτος (*Aigyptos*; 1/25) *Egypt*
Jude 5 λαὸν ἐκ γῆς **Αἰγύπτου** σώσας τὸ δεύτερον

ἀΐδιος (*aidios*; 1/2) *eternal*
Jude 6 μεγάλης ἡμέρας δεσμοῖς **ἀϊδίοις** ὑπὸ ζόφον τετήρηκεν,

αἰσχύνη (*aischynē*; 1/6) *shame*
Jude 13 ἐπαφρίζοντα τὰς ἑαυτῶν **αἰσχύνας**,

αἰών (*aiōn*; 3/122) *age*
Jude 13 τοῦ σκότους εἰς **αἰῶνα** τετήρηται.
Jude 25 πρὸ παντὸς τοῦ **αἰῶνος** καὶ νῦν καὶ
Jude 25 εἰς πάντας τοὺς **αἰῶνας**,

αἰώνιος (*aiōnios*; 2/70[71]) *eternal*
Jude 7 πρόκεινται δεῖγμα πυρὸς **αἰωνίου** δίκην ὑπέχουσαι.
Jude 21 Χριστοῦ εἰς ζωὴν **αἰώνιον**.

ἄκαρπος (*akarpos*; 1/7) *barren*
Jude 12 δένδρα φθινοπωρινὰ **ἄκαρπα** δὶς ἀποθανόντα ἐκριζωθέντα,

ἀλλά (*alla*; 2/638) *but*
Jude 6 τὴν ἑαυτῶν ἀρχὴν **ἀλλὰ** ἀπολιπόντας τὸ ἴδιον
Jude 9 κρίσιν ἐπενεγκεῖν βλασφημίας **ἀλλὰ** εἶπεν·

ἄλογος (*alogos*; 1/3) *unreasoning*
Jude 10 φυσικῶς ὡς τὰ **ἄλογα** ζῷα ἐπίστανται,

ἁμαρτωλός (*hamartōlos*; 1/47) *sinful*
Jude 15 ἐλάλησαν κατ᾽ αὐτοῦ **ἁμαρτωλοὶ** ἀσεβεῖς.

ἀμήν (*amēn*; 1/128[129]) *truly*
Jude 25 **ἀμήν**.

ἄμωμος (*amōmos*; 1/8) *faultless*
Jude 24 τῆς δόξης αὐτοῦ **ἀμώμους** ἐν ἀγαλλιάσει,

ἀνάγκη (*anankē*; 1/17) *distress*
Jude 3 κοινῆς ἡμῶν σωτηρίας **ἀνάγκην** ἔσχον γράψαι ὑμῖν

ἄνεμος (*anemos*; 1/31) *wind*
Jude 12 νεφέλαι ἄνυδροι ὑπὸ **ἀνέμων** παραφερόμεναι,

ἄνθρωπος (*anthrōpos*; 1/550) *man, human being (pl. people)*
Jude 4 παρεισέδυσαν γάρ τινες **ἄνθρωποι**,

ἀντιλογία (*antilogia*; 1/4) *argument*
Jude 11 ἐξεχύθησαν καὶ τῇ **ἀντιλογίᾳ** τοῦ Κόρε ἀπώλοντο.

ἄνυδρος (*anydros*; 1/4) *waterless*
Jude 12 νεφέλαι **ἄνυδροι** ὑπὸ ἀνέμων παραφερόμεναι,

ἅπαξ (*hapax*; 2/14) *once*
Jude 3 παρακαλῶν ἐπαγωνίζεσθαι τῇ **ἅπαξ** παραδοθείσῃ τοῖς ἁγίοις
Jude 5 ὅτι [ὁ] κύριος **ἅπαξ** λαὸν ἐκ γῆς

ἀπέρχομαι (*aperchomai*; 1/116[117]) *go, go away, depart*
Jude 7 τούτοις ἐκπορνεύσασαι καὶ **ἀπελθοῦσαι** ὀπίσω σαρκὸς ἑτέρας,

ἀπό (*apo*; 2/643[646]) *from*
Jude 14 καὶ τούτοις ἕβδομος **ἀπὸ** Ἀδὰμ Ἑνὼχ λέγων·
Jude 23 μισοῦντες καὶ τὸν **ἀπὸ** τῆς σαρκὸς ἐσπιλωμένον

ἀποδιορίζω (*apodiorizō*; 1/1) *cause divisions*
Jude 19 Οὗτοί εἰσιν οἱ **ἀποδιορίζοντες**,

ἀποθνῄσκω (*apothnēskō*; 1/111) *die*
Jude 12 φθινοπωρινὰ ἄκαρπα δὶς **ἀποθανόντα** ἐκριζωθέντα,

ἀπολείπω (*apoleipō*; 1/7) *leave behind*
Jude 6 ἑαυτῶν ἀρχὴν ἀλλὰ **ἀπολιπόντας** τὸ ἴδιον οἰκητήριον

ἀπόλλυμι (*apollymi*; 2/90) *destroy*
Jude 5 τοὺς μὴ πιστεύσαντας **ἀπώλεσεν**,
Jude 11 ἀντιλογίᾳ τοῦ Κόρε **ἀπώλοντο**.

ἀπόστολος (*apostolos*; 1/80) *apostle, messenger*
Jude 17 προειρημένων ὑπὸ τῶν **ἀποστόλων** τοῦ κυρίου ἡμῶν

ἄπταιστος (*aptaistos*; 1/1) *free from stumbling*
Jude 24 δυναμένῳ φυλάξαι ὑμᾶς **ἀπταίστους** καὶ στῆσαι κατενώπιον

ἀρνέομαι (*arneomai*; 1/33) *deny*
Jude 4 ἡμῶν Ἰησοῦν Χριστὸν **ἀρνούμενοι**.

ἁρπάζω (*harpazō*; 1/14) *take by force*
Jude 23 σῴζετε ἐκ πυρὸς **ἁρπάζοντες**,

ἀρχάγγελος (*archangelos*; 1/2) *archangel*
Jude 9 δὲ Μιχαὴλ ὁ **ἀρχάγγελος**,

ἀρχή (*archē*; 1/55) *beginning*
Jude 6 τηρήσαντας τὴν ἑαυτῶν **ἀρχὴν** ἀλλὰ ἀπολιπόντας τὸ

ἀσέβεια (*asebeia*; 2/6) *godlessness*
Jude 15 πάντων τῶν ἔργων **ἀσεβείας** αὐτῶν ὧν ἠσέβησαν
Jude 18 ἐπιθυμίας πορευόμενοι τῶν **ἀσεβειῶν**.

ἀσεβέω (*asebeō*; 1/1) *live or act in an ungodly way*
Jude 15 ἀσεβείας αὐτῶν ὧν **ἠσέβησαν** καὶ περὶ πάντων

ἀσεβής (*asebēs*; 2/9) *godless*
Jude 4 **ἀσεβεῖς**,
Jude 15 κατ᾽ αὐτοῦ ἁμαρτωλοὶ **ἀσεβεῖς**.

ἀσέλγεια (*aselgeia*; 1/10) *sensuality*
Jude 4 χάριτα μετατιθέντες εἰς **ἀσέλγειαν** καὶ τὸν μόνον

ἀστήρ (*astēr*; 1/24) *star*
Jude 13 **ἀστέρες** πλανῆται οἷς ὁ

ἀφόβως (*aphobōs*; 1/4) *without fear*
Jude 12 ὑμῶν σπιλάδες συνευωχούμενοι **ἀφόβως**,

Βαλαάμ (*Balaam*; 1/3) *Balaam*
Jude 11 τῇ πλάνῃ τοῦ **Βαλαὰμ** μισθοῦ ἐξεχύθησαν

βλασφημέω (*blasphēmeō*; 2/34) *blaspheme*
Jude 8 ἀθετοῦσιν δόξας δὲ **βλασφημοῦσιν**.
Jude 10 μὲν οὐκ οἴδασιν **βλασφημοῦσιν**,

βλασφημία (*blasphēmia*; 1/18) *blasphemy*
Jude 9 ἐτόλμησεν κρίσιν ἐπενεγκεῖν **βλασφημίας** ἀλλὰ εἶπεν·

βούλομαι (*boulomai*; 1/37) *want*
Jude 5 Ὑπομνῆσαι δὲ ὑμᾶς **βούλομαι**,

γάρ (*gar*; 1/1041) *for*
Jude 4 παρεισέδυσαν **γάρ** τινες ἄνθρωποι,

γῆ (*gē*; 1/248[250]) *earth, land*
Jude 5 ἅπαξ λαὸν ἐκ **γῆς** Αἰγύπτου σώσας τὸ

γογγυστής (*gongystēs*; 1/1) *habitual grumbler*
Jude 16 Οὗτοί εἰσιν **γογγυσταὶ** μεμψίμοιροι κατὰ

Γόμορρα (*Gomorra*; 1/4) *Gomorrah*
Jude 7 ὡς Σόδομα καὶ **Γόμορρα** καὶ αἱ περὶ

γράφω (*graphō*; 2/190[191]) *write*
Jude 3 πᾶσαν σπουδὴν ποιούμενος **γράφειν** ὑμῖν
Jude 3 σωτηρίας ἀνάγκην ἔσχον **γράψαι** ὑμῖν παρακαλῶν ἐπαγωνίζεσθαι

δέ (*de*; 13/2773[2792]) *but, and*
Jude 1 ἀδελφὸς **δὲ** Ἰακώβου,
Jude 5 Ὑπομνῆσαι **δὲ** ὑμᾶς βούλομαι,
Jude 8 μὲν μιαίνουσιν κυριότητα **δὲ** ἀθετοῦσιν δόξας δὲ
Jude 8 δὲ ἀθετοῦσιν δόξας **δὲ** βλασφημοῦσιν.
Jude 9 Ὁ **δὲ** Μιχαὴλ ὁ ἀρχάγγελος,
Jude 10 Οὗτοι **δὲ** ὅσα μὲν οὐκ
Jude 10 ὅσα **δὲ** φυσικῶς ὡς τὰ
Jude 14 Προεφήτευσεν **δὲ** καὶ τούτοις ἕβδομος
Jude 17 ὑμεῖς **δέ**,
Jude 20 ὑμεῖς **δέ**,
Jude 23 οὓς **δὲ** σῴζετε ἐκ πυρὸς
Jude 23 οὓς **δὲ** ἐλεᾶτε ἐν φόβῳ
Jude 24 Τῷ **δὲ** δυναμένῳ φυλάξαι ὑμᾶς

δεῖγμα (*deigma*; 1/1) *example*
Jude 7 πρόκεινται **δεῖγμα** πυρὸς αἰωνίου δίκην

δένδρον (*dendron*; 1/25) *tree*
Jude 12 **δένδρα** φθινοπωρινὰ ἄκαρπα δὶς

δεσμός (*desmos*; 1/18) *bond*
Jude 6 κρίσιν μεγάλης ἡμέρας **δεσμοῖς** ἀϊδίοις ὑπὸ ζόφον

δεσπότης (*despotēs*; 1/10) *master*
Jude 4 καὶ τὸν μόνον **δεσπότην** καὶ κύριον ἡμῶν

δεύτερος (*deuteros*; 1/43) *second*
Jude 5 Αἰγύπτου σώσας τὸ **δεύτερον** τοὺς μὴ πιστεύσαντας

διά (*dia*; 1/665[667]) *through, on account of*
Jude 25 θεῷ σωτῆρι ἡμῶν **διὰ** Ἰησοῦ Χριστοῦ τοῦ

διάβολος (*diabolos*; 1/37) *devil*
Jude 9 ὅτε τῷ **διαβόλῳ** διακρινόμενος διελέγετο

διακρίνω (*diakrinō*; 2/19) *evaluate, discern*
Jude 9 ὅτε τῷ διαβόλῳ **διακρινόμενος** διελέγετο
Jude 22 οὓς μὲν ἐλεᾶτε **διακρινομένους**,

διαλέγομαι (*dialegomai*; 1/13) *discuss*
Jude 9 τῷ διαβόλῳ διακρινόμενος **διελέγετο** περὶ τοῦ Μωϋσέως

δίκη (*dikē*; 1/3) *punishment*
Jude 7 δεῖγμα πυρὸς αἰωνίου **δίκην** ὑπέχουσαι.

δίς (*dis*; 1/6) *twice*
Jude 12 δένδρα φθινοπωρινὰ ἄκαρπα **δὶς** ἀποθανόντα ἐκριζωθέντα,

δόξα (*doxa*; 3/166) *glory*
Jude 8 κυριότητα δὲ ἀθετοῦσιν **δόξας** δὲ βλασφημοῦσιν.
Jude 24 στῆσαι κατενώπιον τῆς **δόξης** αὐτοῦ ἀμώμους ἐν
Jude 25 τοῦ κυρίου ἡμῶν **δόξα** μεγαλωσύνη κράτος

δοῦλος (*doulos*; 1/124) *slave*
Jude 1 Ἰούδας Ἰησοῦ Χριστοῦ **δοῦλος**,

δύναμαι (*dynamai*; 1/210) *be able*
Jude 24 Τῷ δὲ **δυναμένῳ** φυλάξαι ὑμᾶς ἀπταίστους

ἑαυτοῦ (*heautou*; 7/319) *himself*
Jude 6 μὴ τηρήσαντας τὴν **ἑαυτῶν** ἀρχὴν ἀλλὰ ἀπολιπόντας
Jude 12 **ἑαυτοὺς** ποιμαίνοντες,
Jude 13 θαλάσσης ἐπαφρίζοντα τὰς **ἑαυτῶν** αἰσχύνας,
Jude 16 κατὰ τὰς ἐπιθυμίας **ἑαυτῶν** πορευόμενοι,
Jude 18 ἐμπαῖκται κατὰ τὰς **ἑαυτῶν** ἐπιθυμίας πορευόμενοι τῶν
Jude 20 ἐποικοδομοῦντες **ἑαυτοὺς** τῇ ἁγιωτάτῃ ὑμῶν
Jude 21 **ἑαυτοὺς** ἐν ἀγάπῃ θεοῦ

ἕβδομος (*hebdomos*; 1/9) *seventh*
Jude 14 δὲ καὶ τούτοις **ἕβδομος** ἀπὸ Ἀδὰμ Ἑνὼχ

εἰμί (*eimi*; 4/2460[2462]) *be*
Jude 12 Οὗτοί **εἰσιν** οἱ ἐν ταῖς
Jude 16 Οὗτοί **εἰσιν** γογγυσταὶ μεμψίμοιροι κατὰ
Jude 18 ἐσχάτου [τοῦ] χρόνου **ἔσονται** ἐμπαῖκται κατὰ τὰς
Jude 19 Οὗτοί **εἰσιν** οἱ ἀποδιορίζοντες,

εἰρήνη (*eirēnē*; 1/92) *peace*
Jude 2 ἔλεος ὑμῖν καὶ **εἰρήνη** καὶ ἀγάπη πληθυνθείη.

εἰς (*eis*; 6/1759[1767]) *into*
Jude 4 οἱ πάλαι προγεγραμμένοι **εἰς** τοῦτο τὸ κρίμα,
Jude 4 ἡμῶν χάριτα μετατιθέντες **εἰς** ἀσέλγειαν καὶ
Jude 6 τὸ ἴδιον οἰκητήριον **εἰς** κρίσιν μεγάλης ἡμέρας
Jude 13 ζόφος τοῦ σκότους **εἰς** αἰῶνα τετήρηται.
Jude 21 ἡμῶν Ἰησοῦ Χριστοῦ **εἰς** ζωὴν αἰώνιον.
Jude 25 καὶ νῦν καὶ **εἰς** πάντας τοὺς αἰῶνας,

ἐκ (*ek*; 2/912[914]) *from*
Jude 5 κύριος ἅπαξ λαὸν **ἐκ** γῆς Αἰγύπτου σώσας
Jude 23 οὓς δὲ σῴζετε **ἐκ** πυρὸς ἁρπάζοντες,

ἐκπορνεύω (*ekporneuō*; 1/1) *live immorally*
Jude 7 ὅμοιον τρόπον τούτοις **ἐκπορνεύσασαι** καὶ ἀπελθοῦσαι ὀπίσω

ἐκριζόω (*ekrizoō*; 1/4) *uproot*
Jude 12 ἄκαρπα δὶς ἀποθανόντα **ἐκριζωθέντα**,

ἐκχύννομαι (*ekchynnomai*; 1/27) *pour out*
Jude 11 τοῦ Βαλαὰμ μισθοῦ **ἐξεχύθησαν** καὶ τῇ ἀντιλογίᾳ

ἐλεάω (*eleaō*; 2/4) *be merciful*
Jude 22 Καὶ οὓς μὲν **ἐλεᾶτε** διακρινομένους,
Jude 23 οὓς δὲ **ἐλεᾶτε** ἐν φόβῳ μισοῦντες

ἐλέγχω (*elenchō*; 1/17) *expose, convict*
Jude 15 κατὰ πάντων καὶ **ἐλέγξαι** πᾶσαν ψυχὴν περὶ

ἔλεος (*eleos*; 2/27) *mercy*
Jude 2 **ἔλεος** ὑμῖν καὶ εἰρήνη
Jude 21 τηρήσατε προσδεχόμενοι τὸ **ἔλεος** τοῦ κυρίου ἡμῶν

ἐμπαίκτης (*empaiktēs*; 1/2) *mocker*
Jude 18 [τοῦ] χρόνου ἔσονται **ἐμπαῖκται** κατὰ τὰς ἑαυτῶν

ἐν (*en*; 8/2746[2752]) *in*
Jude 1 τοῖς **ἐν** θεῷ πατρὶ ἠγαπημένοις
Jude 10 **ἐν** τούτοις φθείρονται.
Jude 12 Οὗτοί εἰσιν οἱ **ἐν** ταῖς ἀγάπαις ὑμῶν
Jude 14 ἰδοὺ ἦλθεν κύριος **ἐν** ἁγίαις μυριάσιν αὐτοῦ
Jude 20 **ἐν** πνεύματι ἁγίῳ προσευχόμενοι,
Jude 21 ἑαυτοὺς **ἐν** ἀγάπῃ θεοῦ τηρήσατε
Jude 23 οὓς δὲ ἐλεᾶτε **ἐν** φόβῳ μισοῦντες καὶ

Jude 24 δόξης αὐτοῦ ἀμώμους **ἐν** ἀγαλλιάσει,

ἐνυπνιάζομαι (*enypniazomai*; 1/2) *dream*

Jude 8 μέντοι καὶ οὗτοι **ἐνυπνιαζόμενοι** σάρκα μὲν μιαίνουσιν

Ἑνώχ (*Henōch*; 1/3) *Enoch*

Jude 14 ἕβδομος ἀπὸ Ἀδὰμ **Ἑνὼχ** λέγων·

ἐξουσία (*exousia*; 1/102) *authority*

Jude 25 μεγαλωσύνη κράτος καὶ **ἐξουσία** πρὸ παντὸς

ἐπαγωνίζομαι (*epagōnizomai*; 1/1) *struggle in behalf of*

Jude 3 γράψαι ὑμῖν παρακαλῶν **ἐπαγωνίζεσθαι** τῇ ἅπαξ παραδοθείσῃ

ἐπαφρίζω (*epaphrizō*; 1/1) *foam up*

Jude 13 κύματα ἄγρια θαλάσσης **ἐπαφρίζοντα** τὰς ἑαυτῶν αἰσχύνας,

ἐπί (*epi*; 1/886[890]) *on*

Jude 18 [ὅτι] **ἐπ'** ἐσχάτου [τοῦ] χρόνου

ἐπιθυμία (*epithymia*; 2/38) *desire*

Jude 16 μεμψίμοιροι κατὰ τὰς **ἐπιθυμίας** ἑαυτῶν πορευόμενοι,

Jude 18 κατὰ τὰς ἑαυτῶν **ἐπιθυμίας** πορευόμενοι τῶν ἀσεβειῶν.

ἐπίσταμαι (*epistamai*; 1/14) *know*

Jude 10 τὰ ἄλογα ζῷα **ἐπίστανται**,

ἐπιτιμάω (*epitimaō*; 1/29) *command, rebuke*

Jude 9 **ἐπιτιμήσαι** σοι κύριος.

ἐπιφέρω (*epipherō*; 1/2) *bring upon*

Jude 9 οὐκ ἐτόλμησεν κρίσιν **ἐπενεγκεῖν** βλασφημίας ἀλλὰ εἶπεν·

ἐποικοδομέω (*epoikodomeō*; 1/7) *build on or upon*

Jude 20 **ἐποικοδομοῦντες** ἑαυτοὺς τῇ ἁγιωτάτῃ

ἔργον (*ergon*; 1/169) *work*

Jude 15 περὶ πάντων τῶν **ἔργων** ἀσεβείας αὐτῶν ὧν

ἔρχομαι (*erchomai*; 1/631[632]) *come, go*

Jude 14 ἰδοὺ **ἦλθεν** κύριος ἐν ἁγίαις

ἔσχατος (*eschatos*; 1/52) *last*

Jude 18 [ὅτι] ἐπ' **ἐσχάτου** [τοῦ] χρόνου ἔσονται

ἕτερος (*heteros*; 1/97[98]) *other*

Jude 7 ἀπελθοῦσαι ὀπίσω σαρκὸς **ἑτέρας**,

ἔχω (*echō*; 2/706[708]) *have, hold*

Jude 3 ἡμῶν σωτηρίας ἀνάγκην **ἔσχον** γράψαι ὑμῖν παρακαλῶν

Jude 19 πνεῦμα μὴ **ἔχοντες**.

ζόφος (*zophos*; 2/5) *gloom*

Jude 6 δεσμοῖς ἀϊδίοις ὑπὸ **ζόφον** τετήρηκεν,

Jude 13 πλανῆται οἷς ὁ **ζόφος** τοῦ σκότους εἰς

ζωή (*zōē*; 1/135) *life*

Jude 21 Ἰησοῦ Χριστοῦ εἰς **ζωὴν** αἰώνιον.

ζῷον (*zōon*; 1/23) *living creature*

Jude 10 ὡς τὰ ἄλογα **ζῷα** ἐπίστανται,

ἡμεῖς (*hēmeis*; 7/855) *we*

Jude 3 περὶ τῆς κοινῆς **ἡμῶν** σωτηρίας ἀνάγκην ἔσχον

Jude 4 τὴν τοῦ θεοῦ **ἡμῶν** χάριτα μετατιθέντες εἰς

Jude 4 δεσπότην καὶ κύριον **ἡμῶν** Ἰησοῦν Χριστὸν ἀρνούμενοι.

Jude 17 ἀποστόλων τοῦ κυρίου **ἡμῶν** Ἰησοῦ Χριστοῦ

Jude 21 ἔλεος τοῦ κυρίου **ἡμῶν** Ἰησοῦ Χριστοῦ εἰς

Jude 25 μόνῳ θεῷ σωτῆρι **ἡμῶν** διὰ Ἰησοῦ Χριστοῦ

Jude 25 Χριστοῦ τοῦ κυρίου **ἡμῶν** δόξα μεγαλωσύνη κράτος

ἡμέρα (*hēmera*; 1/389) *day*

Jude 6 εἰς κρίσιν μεγάλης **ἡμέρας** δεσμοῖς ἀϊδίοις

θάλασσα (*thalassa*; 1/91) *sea, lake*

Jude 13 κύματα ἄγρια **θαλάσσης** ἐπαφρίζοντα τὰς ἑαυτῶν

θαυμάζω (*thaumazō*; 1/43) *marvel*

Jude 16 **θαυμάζοντες** πρόσωπα ὠφελείας χάριν.

θεός (*theos*; 4/1316[1317]) *God*

Jude 1 τοῖς ἐν **θεῷ** πατρὶ ἠγαπημένοις καὶ

Jude 4 τὴν τοῦ **θεοῦ** ἡμῶν χάριτα μετατιθέντες

Jude 21 ἑαυτοὺς ἐν ἀγάπῃ **θεοῦ** τηρήσατε προσδεχόμενοι τὸ

Jude 25 μόνῳ **θεῷ** σωτῆρι ἡμῶν διὰ

Ἰάκωβος (*Iakōbos*; 1/42) *James*

Jude 1 ἀδελφὸς δὲ **Ἰακώβου**,

ἴδιος (*idios*; 1/114) *one's own*

Jude 6 ἀλλὰ ἀπολιπόντας τὸ **ἴδιον** οἰκητήριον εἰς κρίσιν

ἰδού (*idou*; 1/200) *look!*

Jude 14 **ἰδοὺ** ἦλθεν κύριος ἐν

Ἰησοῦς (*Iēsous*; 6/911[917]) *Jesus*

Jude 1 Ἰούδας **Ἰησοῦ** Χριστοῦ δοῦλος,

Jude 1 πατρὶ ἠγαπημένοις καὶ **Ἰησοῦ** Χριστῷ τετηρημένοις κλητοῖς·

Jude 4 καὶ κύριον ἡμῶν **Ἰησοῦν** Χριστὸν ἀρνούμενοι.

Jude 17 τοῦ κυρίου ἡμῶν **Ἰησοῦ** Χριστοῦ
Jude 21 τοῦ κυρίου ἡμῶν **Ἰησοῦ** Χριστοῦ εἰς ζωὴν
Jude 25 σωτῆρι ἡμῶν διὰ **Ἰησοῦ** Χριστοῦ τοῦ κυρίου

Ἰούδας (*Ioudas*; 1/44) *Judas, Judah*

Jude 1 **Ἰούδας** Ἰησοῦ Χριστοῦ δοῦλος,

ἵστημι (*histēmi*; 1/154[155]) *set, stand*

Jude 24 ὑμᾶς ἀπταίστους καὶ **στῆσαι** κατενώπιον τῆς δόξης

Κάϊν (*Kain*; 1/3) *Cain*

Jude 11 τῇ ὁδῷ τοῦ **Κάϊν** ἐπορεύθησαν καὶ τῇ

κατά (*kata*; 4/472[473]) *according to, against*

Jude 15 ποιῆσαι κρίσιν **κατὰ** πάντων καὶ ἐλέγξαι
Jude 15 σκληρῶν ὧν ἐλάλησαν **κατ'** αὐτοῦ ἁμαρτωλοὶ ἀσεβεῖς.
Jude 16 εἰσιν γογγυσταὶ μεμψίμοιροι **κατὰ** τὰς ἐπιθυμίας ἑαυτῶν
Jude 18 χρόνου ἔσονται ἐμπαῖκται **κατὰ** τὰς ἑαυτῶν ἐπιθυμίας

κατενώπιον (*katenōpion*; 1/3) *before*

Jude 24 ἀπταίστους καὶ στῆσαι **κατενώπιον** τῆς δόξης αὐτοῦ

κλητός (*klētos*; 1/10) *called*

Jude 1 Ἰησοῦ Χριστῷ τετηρημένοις **κλητοῖς**·

κοινός (*koinos*; 1/14) *common*

Jude 3 ὑμῖν περὶ τῆς **κοινῆς** ἡμῶν σωτηρίας ἀνάγκην

Κόρε (*Kore*; 1/1) *Korah*

Jude 11 τῇ ἀντιλογίᾳ τοῦ **Κόρε** ἀπώλοντο.

κράτος (*kratos*; 1/12) *might, strength*

Jude 25 ἡμῶν δόξα μεγαλωσύνη **κράτος** καὶ ἐξουσία

κρίμα (*krima*; 1/27) *judgment*

Jude 4 εἰς τοῦτο τὸ **κρίμα**,

κρίσις (*krisis*; 3/47) *judgment*

Jude 6 ἴδιον οἰκητήριον εἰς **κρίσιν** μεγάλης ἡμέρας δεσμοῖς
Jude 9 οὐκ ἐτόλμησεν **κρίσιν** ἐπενεγκεῖν βλασφημίας ἀλλὰ
Jude 15 ποιῆσαι **κρίσιν** κατὰ πάντων καὶ

κῦμα (*kyma*; 1/5) *wave*

Jude 13 **κύματα** ἄγρια θαλάσσης ἐπαφρίζοντα

κύριος (*kyrios*; 7/714[717]) *Lord, sir*

Jude 4 μόνον δεσπότην καὶ **κύριον** ἡμῶν Ἰησοῦν Χριστὸν
Jude 5 πάντα ὅτι [ὁ] **κύριος** ἅπαξ λαὸν ἐκ
Jude 9 ἐπιτιμήσαι σοι **κύριος**.
Jude 14 ἰδοὺ ἦλθεν **κύριος** ἐν ἁγίαις μυριάσιν
Jude 17 τῶν ἀποστόλων τοῦ **κυρίου** ἡμῶν Ἰησοῦ Χριστοῦ
Jude 21 τὸ ἔλεος τοῦ **κυρίου** ἡμῶν Ἰησοῦ Χριστοῦ
Jude 25 Ἰησοῦ Χριστοῦ τοῦ **κυρίου** ἡμῶν δόξα μεγαλωσύνη

κυριότης (*kyriotēs*; 1/4) *(angelic) power, authority*

Jude 8 σάρκα μὲν μιαίνουσιν **κυριότητα** δὲ ἀθετοῦσιν δόξας

λαλέω (*laleō*; 2/294[296]) *speak*

Jude 15 τῶν σκληρῶν ὧν **ἐλάλησαν** κατ' αὐτοῦ ἁμαρτωλοὶ
Jude 16 τὸ στόμα αὐτῶν **λαλεῖ** ὑπέρογκα,

λαός (*laos*; 1/141[142]) *people, nation*

Jude 5 [ὁ] κύριος ἅπαξ **λαὸν** ἐκ γῆς Αἰγύπτου

λέγω (*legō*; 3/2345[2353]) *say*

Jude 9 ἐπενεγκεῖν βλασφημίας ἀλλὰ **εἶπεν**·
Jude 14 ἀπὸ Ἀδὰμ Ἑνὼχ **λέγων**·
Jude 18 ὅτι **ἔλεγον** ὑμῖν·

μεγαλωσύνη (*megalōsynē*; 1/3) *majesty*

Jude 25 κυρίου ἡμῶν δόξα **μεγαλωσύνη** κράτος καὶ ἐξουσία

μέγας (*megas*; 1/243) *great, large*

Jude 6 οἰκητήριον εἰς κρίσιν **μεγάλης** ἡμέρας δεσμοῖς ἀϊδίοις

μεμψίμοιρος (*mempsimoiros*; 1/1) *complaining*

Jude 16 Οὗτοί εἰσιν γογγυσταὶ **μεμψίμοιροι** κατὰ τὰς ἐπιθυμίας

μέν (*men*; 3/178[179]) *on the one hand*

Jude 8 ἐνυπνιαζόμενοι σάρκα **μὲν** μιαίνουσιν
Jude 10 Οὗτοι δὲ ὅσα **μὲν** οὐκ οἴδασιν βλασφημοῦσιν,
Jude 22 Καὶ οὓς **μὲν** ἐλεᾶτε διακρινομένους,

μέντοι (*mentoi*; 1/8) *but*

Jude 8 Ὁμοίως **μέντοι** καὶ οὗτοι ἐνυπνιαζόμενοι

μετατίθημι (*metatithēmi*; 1/6) *remove*

Jude 4 θεοῦ ἡμῶν χάριτα **μετατιθέντες** εἰς ἀσέλγειαν καὶ

μή (*mē*; 3/1041[1042]) *not*

Jude 5 τὸ δεύτερον τοὺς **μὴ** πιστεύσαντας ἀπώλεσεν,
Jude 6 ἀγγέλους τε τοὺς **μὴ** τηρήσαντας τὴν ἑαυτῶν
Jude 19 πνεῦμα **μὴ** ἔχοντες.

μιαίνω (*miainō*; 1/5) *defile*

Jude 8 ἐνυπνιαζόμενοι σάρκα μὲν **μιαίνουσιν** κυριότητα δὲ ἀθετοῦσιν

μιμνῄσκομαι (*mimnēskomai*; 1/23) *remember*
Jude 17 **μνήσθητε** τῶν ῥημάτων τῶν

μισέω (*miseō*; 1/40) *hate*
Jude 23 ἐλεᾶτε ἐν φόβῳ **μισοῦντες** καὶ τὸν ἀπὸ

μισθός (*misthos*; 1/29) *pay*
Jude 11 πλάνῃ τοῦ Βαλαὰμ **μισθοῦ** ἐξεχύθησαν καὶ

Μιχαήλ (*Michaēl*; 1/2) *Michael*
Jude 9 Ὁ δὲ **Μιχαὴλ** ὁ ἀρχάγγελος,

μόνος (*monos*; 2/113[114]) *only*
Jude 4 ἀσέλγειαν καὶ τὸν **μόνον** δεσπότην καὶ κύριον
Jude 25 **μόνῳ** θεῷ σωτῆρι ἡμῶν

μυριάς (*myrias*; 1/8) *group of ten thousand*
Jude 14 κύριος ἐν ἁγίαις **μυριάσιν** αὐτοῦ

Μωϋσῆς (*Mōysēs*; 1/79[80]) *Moses*
Jude 9 διελέγετο περὶ τοῦ **Μωϋσέως** σώματος,

νεφέλη (*nephelē*; 1/25) *cloud*
Jude 12 **νεφέλαι** ἄνυδροι ὑπὸ ἀνέμων

νῦν (*nyn*; 1/146[147]) *now*
Jude 25 τοῦ αἰῶνος καὶ **νῦν** καὶ εἰς πάντας

ὁδός (*hodos*; 1/101) *way*
Jude 11 ὅτι τῇ **ὁδῷ** τοῦ Κάϊν ἐπορεύθησαν

οἶδα (*oida*; 2/318) *know*
Jude 5 **εἰδότας** [ὑμᾶς] πάντα ὅτι
Jude 10 ὅσα μὲν οὐκ **οἴδασιν** βλασφημοῦσιν,

οἰκητήριον (*oikētērion*; 1/2) *dwelling*
Jude 6 ἀπολιπόντας τὸ ἴδιον **οἰκητήριον** εἰς κρίσιν μεγάλης

ὅμοιος (*homoios*; 1/45) *like*
Jude 7 αὐτὰς πόλεις τὸν **ὅμοιον** τρόπον τούτοις ἐκπορνεύσασαι

ὁμοίως (*homoiōs*; 1/30) *in the same way*
Jude 8 **Ὁμοίως** μέντοι καὶ οὗτοι

ὀπίσω (*opisō*; 1/35) *after*
Jude 7 ἐκπορνεύσασαι καὶ ἀπελθοῦσαι **ὀπίσω** σαρκὸς ἑτέρας,

ὅς (*hos*; 6/1406[1407]) *who*
Jude 13 ἀστέρες πλανῆται **οἷς** ὁ ζόφος τοῦ
Jude 15 ἔργων ἀσεβείας αὐτῶν **ὧν** ἠσέβησαν καὶ
Jude 15 πάντων τῶν σκληρῶν **ὧν** ἐλάλησαν κατ᾽ αὐτοῦ
Jude 22 Καὶ **οὓς** μὲν ἐλεᾶτε διακρινομένους,
Jude 23 **οὓς** δὲ σῴζετε ἐκ
Jude 23 **οὓς** δὲ ἐλεᾶτε ἐν

ὅσος (*hosos*; 2/110) *as much as (pl. as many as)*
Jude 10 Οὗτοι δὲ **ὅσα** μὲν οὐκ οἴδασιν
Jude 10 **ὅσα** δὲ φυσικῶς ὡς

ὅτε (*hote*; 1/103) *when*
Jude 9 **ὅτε** τῷ διαβόλῳ διακρινόμενος

ὅτι (*hoti*; 4/1294[1296]) *because, that*
Jude 5 εἰδότας [ὑμᾶς] πάντα **ὅτι** [ὁ] κύριος ἅπαξ
Jude 11 **ὅτι** τῇ ὁδῷ τοῦ
Jude 18 **ὅτι** ἔλεγον ὑμῖν·
Jude 18 **[ὅτι]** ἐπ᾽ ἐσχάτου

οὐ (*ou*; 2/1621[1623]) *not*
Jude 9 **οὐκ** ἐτόλμησεν κρίσιν ἐπενεγκεῖν
Jude 10 δὲ ὅσα μὲν **οὐκ** οἴδασιν βλασφημοῦσιν,

οὐαί (*ouai*; 1/46) *woe*
Jude 11 **οὐαὶ** αὐτοῖς,

οὗτος (*houtos*; 9/1382[1387]) *this*
Jude 4 πάλαι προγεγραμμένοι εἰς **τοῦτο** τὸ κρίμα,
Jude 7 τὸν ὅμοιον τρόπον **τούτοις** ἐκπορνεύσασαι καὶ ἀπελθοῦσαι
Jude 8 Ὁμοίως μέντοι καὶ **οὗτοι** ἐνυπνιαζόμενοι σάρκα μὲν
Jude 10 **Οὗτοι** δὲ ὅσα μὲν
Jude 10 ἐν **τούτοις** φθείρονται.
Jude 12 **Οὗτοί** εἰσιν οἱ ἐν
Jude 14 Προεφήτευσεν δὲ καὶ **τούτοις** ἕβδομος ἀπὸ Ἀδὰμ
Jude 16 **Οὗτοί** εἰσιν γογγυσταὶ μεμψίμοιροι
Jude 19 **Οὗτοί** εἰσιν οἱ ἀποδιορίζοντες,

πάλαι (*palai*; 1/7) *long ago*
Jude 4 οἱ **πάλαι** προγεγραμμένοι εἰς τοῦτο

παραδίδωμι (*paradidōmi*; 1/119) *hand or give over*
Jude 3 ἐπαγωνίζεσθαι τῇ ἅπαξ **παραδοθείσῃ** τοῖς ἁγίοις πίστει.

παρακαλέω (*parakaleō*; 1/109) *encourage, ask*
Jude 3 ἔσχον γράψαι ὑμῖν **παρακαλῶν** ἐπαγωνίζεσθαι τῇ ἅπαξ

παραφέρω (*parapherō*; 1/4) *take away*
Jude 12 ἄνυδροι ὑπὸ ἀνέμων **παραφερόμεναι**,

παρεισδύνω (*pareisdynō*; 1/1) *sneak in under false pretenses or slip in unnoticed*
Jude 4 **παρεισέδυσαν** γάρ τινες ἄνθρωποι,

πᾶς (*pas*; 8/1240[1243]) *each, every (pl. all)*
Jude 3 **πᾶσαν** σπουδὴν ποιούμενος γράφειν
Jude 5 εἰδότας [ὑμᾶς] **πάντα** ὅτι [ὁ] κύριος
Jude 15 ποιῆσαι κρίσιν κατὰ **πάντων** καὶ ἐλέγξαι πᾶσαν

Jude 15 πάντων καὶ ἐλέγξαι **πᾶσαν** ψυχὴν περὶ πάντων
Jude 15 πᾶσαν ψυχὴν περὶ **πάντων** τῶν ἔργων ἀσεβείας
Jude 15 ἠσέβησαν καὶ περὶ **πάντων** τῶν σκληρῶν ὧν
Jude 25 καὶ ἐξουσία πρὸ **παντὸς** τοῦ αἰῶνος καὶ
Jude 25 νῦν καὶ εἰς **πάντας** τοὺς αἰῶνας,

πατήρ (*patēr*; 1/413) *father*
Jude 1 τοῖς ἐν θεῷ **πατρὶ** ἠγαπημένοις καὶ Ἰησοῦ

περί (*peri*; 5/332[333]) *concerning, around*
Jude 3 ποιούμενος γράφειν ὑμῖν **περὶ** τῆς κοινῆς ἡμῶν
Jude 7 Γόμορρα καὶ αἱ **περὶ** αὐτὰς πόλεις τὸν
Jude 9 διαβόλῳ διακρινόμενος διελέγετο **περὶ** τοῦ Μωϋσέως σώματος,
Jude 15 ἐλέγξαι πᾶσαν ψυχὴν **περὶ** πάντων τῶν ἔργων
Jude 15 ὧν ἠσέβησαν καὶ **περὶ** πάντων τῶν σκληρῶν

πιστεύω (*pisteuō*; 1/237[241]) *believe*
Jude 5 δεύτερον τοὺς μὴ **πιστεύσαντας** ἀπώλεσεν,

πίστις (*pistis*; 2/243) *faith*
Jude 3 παραδοθείσῃ τοῖς ἁγίοις **πίστει**.
Jude 20 τῇ ἁγιωτάτῃ ὑμῶν **πίστει**,

πλάνη (*planē*; 1/10) *error*
Jude 11 ἐπορεύθησαν καὶ τῇ **πλάνῃ** τοῦ Βαλαὰμ μισθοῦ

πλανήτης (*planētēs*; 1/1) *wanderer*
Jude 13 ἀστέρες **πλανῆται** οἷς ὁ ζόφος

πληθύνω (*plēthynō*; 1/12) *increase*
Jude 2 εἰρήνη καὶ ἀγάπη **πληθυνθείη**.

πνεῦμα (*pneuma*; 2/379) *Spirit, spirit*
Jude 19 **πνεῦμα** μὴ ἔχοντες.
Jude 20 ἐν **πνεύματι** ἁγίῳ προσευχόμενοι,

ποιέω (*poieō*; 2/568) *do, make*
Jude 3 πᾶσαν σπουδὴν **ποιούμενος** γράφειν ὑμῖν
Jude 15 **ποιῆσαι** κρίσιν κατὰ πάντων

ποιμαίνω (*poimainō*; 1/11) *tend like a shepherd*
Jude 12 ἑαυτοὺς **ποιμαίνοντες**,

πόλις (*polis*; 1/163) *city, town*
Jude 7 αἱ περὶ αὐτὰς **πόλεις** τὸν ὅμοιον τρόπον

πορεύομαι (*poreuomai*; 3/147[153]) *go*
Jude 11 ὁδῷ τοῦ Κάϊν **ἐπορεύθησαν** καὶ τῇ πλάνῃ
Jude 16 τὰς ἐπιθυμίας ἑαυτῶν **πορευόμενοι**,
Jude 18 τὰς ἑαυτῶν ἐπιθυμίας **πορευόμενοι** τῶν ἀσεβειῶν.

πρό (*pro*; 1/47) *before*
Jude 25 κράτος καὶ ἐξουσία **πρὸ** παντὸς τοῦ αἰῶνος

προγράφω (*prographō*; 1/4) *write in former times*
Jude 4 οἱ πάλαι **προγεγραμμένοι** εἰς τοῦτο τὸ

πρόκειμαι (*prokeimai*; 1/5) *be set before*
Jude 7 **πρόκεινται** δεῖγμα πυρὸς αἰωνίου

προλέγω (*prolegō*; 1/15) *say or warn beforehand*
Jude 17 τῶν ῥημάτων τῶν **προειρημένων** ὑπὸ τῶν ἀποστόλων

προσδέχομαι (*prosdechomai*; 1/14) *wait for*
Jude 21 ἀγάπῃ θεοῦ τηρήσατε **προσδεχόμενοι** τὸ ἔλεος τοῦ

προσεύχομαι (*proseuchomai*; 1/85) *pray*
Jude 20 ἐν πνεύματι ἁγίῳ **προσευχόμενοι**,

πρόσωπον (*prosōpon*; 1/76) *face*
Jude 16 θαυμάζοντες **πρόσωπα** ὠφελείας χάριν.

προφητεύω (*prophēteuō*; 1/28) *prophesy*
Jude 14 **Προεφήτευσεν** δὲ καὶ τούτοις

πῦρ (*pyr*; 2/71) *fire*
Jude 7 πρόκεινται δεῖγμα **πυρὸς** αἰωνίου δίκην ὑπέχουσαι.
Jude 23 δὲ σῴζετε ἐκ **πυρὸς** ἁρπάζοντες,

ῥῆμα (*rhēma*; 1/68) *word*
Jude 17 μνήσθητε τῶν **ῥημάτων** τῶν προειρημένων

σάρξ (*sarx*; 3/147) *flesh*
Jude 7 καὶ ἀπελθοῦσαι ὀπίσω **σαρκὸς** ἑτέρας,
Jude 8 καὶ οὗτοι ἐνυπνιαζόμενοι **σάρκα** μὲν μιαίνουσιν κυριότητα
Jude 23 τὸν ἀπὸ τῆς **σαρκὸς** ἐσπιλωμένον χιτῶνα.

σκληρός (*sklēros*; 1/5) *hard*
Jude 15 περὶ πάντων τῶν **σκληρῶν** ὧν ἐλάλησαν κατ'

σκότος (*skotos*; 1/31) *darkness*
Jude 13 ὁ ζόφος τοῦ **σκότους** εἰς αἰῶνα τετήρηται.

Σόδομα (*Sodoma*; 1/9) *Sodom*
Jude 7 ὡς **Σόδομα** καὶ Γόμορρα καὶ

σπιλάς (*spilas*; 1/1) *spot*
Jude 12 ταῖς ἀγάπαις ὑμῶν **σπιλάδες** συνευωχούμενοι ἀφόβως,

σπιλόω (*spiloō*; 1/2) *spot*
Jude 23 ἀπὸ τῆς σαρκὸς **ἐσπιλωμένον** χιτῶνα.

σπουδή (*spoudē*; 1/12) *earnestness*
Jude 3 πᾶσαν **σπουδὴν** ποιούμενος γράφειν ὑμῖν

στόμα (*stoma*; 1/78) *mouth*
Jude 16 καὶ τὸ **στόμα** αὐτῶν λαλεῖ ὑπέρογκα,

σύ (*sy*; 1/1063[1067]) *you (sg.)*
Jude 9 ἐπιτιμήσαι **σοι** κύριος.

συνευωχέομαι (*syneuōcheomai*; 1/2) *eat together*
Jude 12 ἀγάπαις ὑμῶν σπιλάδες **συνευωχούμενοι** ἀφόβως,

σῴζω (*sōzō*; 2/105[106]) *save, preserve*
Jude 5 ἐκ γῆς Αἰγύπτου **σώσας** τὸ δεύτερον τοὺς
Jude 23 οὓς δὲ **σῴζετε** ἐκ πυρὸς ἁρπάζοντες,

σῶμα (*sōma*; 1/142) *body*
Jude 9 περὶ τοῦ Μωϋσέως **σώματος**,

σωτήρ (*sōtēr*; 1/24) *Savior*
Jude 25 μόνῳ θεῷ **σωτῆρι** ἡμῶν διὰ Ἰησοῦ

σωτηρία (*sōtēria*; 1/45[46]) *salvation*
Jude 3 τῆς κοινῆς ἡμῶν **σωτηρίας** ἀνάγκην ἔσχον γράψαι

τέ (*te*; 1/215) *and*
Jude 6 ἀγγέλους **τε** τοὺς μὴ τηρήσαντας

τηρέω (*tēreō*; 5/70) *keep*
Jude 1 καὶ Ἰησοῦ Χριστῷ **τετηρημένοις** κλητοῖς·
Jude 6 τε τοὺς μὴ **τηρήσαντας** τὴν ἑαυτῶν ἀρχὴν
Jude 6 ἀϊδίοις ὑπὸ ζόφον **τετήρηκεν**,
Jude 13 σκότους εἰς αἰῶνα **τετήρηται**.
Jude 21 ἐν ἀγάπῃ θεοῦ **τηρήσατε** προσδεχόμενοι τὸ ἔλεος

τις (*tis*; 1/542[543]) *anyone, anything*
Jude 4 παρεισέδυσαν γάρ **τινες** ἄνθρωποι,

τολμάω (*tolmaō*; 1/16) *dare*
Jude 9 οὐκ **ἐτόλμησεν** κρίσιν ἐπενεγκεῖν βλασφημίας

τρόπος (*tropos*; 1/13) *way*
Jude 7 πόλεις τὸν ὅμοιον **τρόπον** τούτοις ἐκπορνεύσασαι καὶ

ὑμεῖς (*hymeis*; 11/1832) *you (pl.)*
Jude 2 ἔλεος **ὑμῖν** καὶ εἰρήνη καὶ
Jude 3 σπουδὴν ποιούμενος γράφειν **ὑμῖν** περὶ τῆς κοινῆς
Jude 3 ἀνάγκην ἔσχον γράψαι **ὑμῖν** παρακαλῶν ἐπαγωνίζεσθαι τῇ
Jude 5 Ὑπομνῆσαι δὲ **ὑμᾶς** βούλομαι,
Jude 5 εἰδότας **[ὑμᾶς]** πάντα ὅτι [ὁ] κύριος
Jude 12 ἐν ταῖς ἀγάπαις **ὑμῶν** σπιλάδες συνευωχούμενοι ἀφόβως,
Jude 17 **ὑμεῖς** δέ,
Jude 18 ὅτι ἔλεγον **ὑμῖν**·
Jude 20 **ὑμεῖς** δέ,
Jude 20 ἑαυτοὺς τῇ ἁγιωτάτῃ **ὑμῶν** πίστει,
Jude 24 δὲ δυναμένῳ φυλάξαι **ὑμᾶς** ἀπταίστους καὶ στῆσαι

ὑπέρογκος (*hyperonkos*; 1/2) *boastful*
Jude 16 στόμα αὐτῶν λαλεῖ **ὑπέρογκα**,

ὑπέχω (*hypechō*; 1/1) *undergo*
Jude 7 πυρὸς αἰωνίου δίκην **ὑπέχουσαι**.

ὑπό (*hypo*; 3/219[220]) *by, under*
Jude 6 ἡμέρας δεσμοῖς ἀϊδίοις **ὑπὸ** ζόφον τετήρηκεν,
Jude 12 νεφέλαι ἄνυδροι **ὑπὸ** ἀνέμων παραφερόμεναι,
Jude 17 ῥημάτων τῶν προειρημένων **ὑπὸ** τῶν ἀποστόλων τοῦ

ὑπομιμνήσκω (*hypomimnēskō*; 1/7) *remind*
Jude 5 **Ὑπομνῆσαι** δὲ ὑμᾶς βούλομαι,

φθείρω (*phtheirō*; 1/9) *corrupt*
Jude 10 ἐν τούτοις **φθείρονται**.

φθινοπωρινός (*phthinopōrinos*; 1/1) *of late autumn*
Jude 12 δένδρα **φθινοπωρινὰ** ἄκαρπα δὶς ἀποθανόντα

φόβος (*phobos*; 1/47) *fear*
Jude 23 δὲ ἐλεᾶτε ἐν **φόβῳ** μισοῦντες καὶ τὸν

φυλάσσω (*phylassō*; 1/31) *guard*
Jude 24 Τῷ δὲ δυναμένῳ **φυλάξαι** ὑμᾶς ἀπταίστους

φυσικῶς (*physikōs*; 1/1) *naturally*
Jude 10 ὅσα δὲ **φυσικῶς** ὡς τὰ ἄλογα

χάριν (*charin*; 1/9) *for the sake of*
Jude 16 θαυμάζοντες πρόσωπα ὠφελείας **χάριν**.

χάρις (*charis*; 1/155) *grace*
Jude 4 τοῦ θεοῦ ἡμῶν **χάριτα** μετατιθέντες εἰς ἀσέλγειαν

χιτών (*chitōn*; 1/11) *tunic*
Jude 23 τῆς σαρκὸς ἐσπιλωμένον **χιτῶνα**.

Χριστός (*Christos*; 6/529) *Christ*
Jude 1 Ἰούδας Ἰησοῦ **Χριστοῦ** δοῦλος,
Jude 1 ἠγαπημένοις καὶ Ἰησοῦ **Χριστῷ** τετηρημένοις κλητοῖς·
Jude 4 κύριον ἡμῶν Ἰησοῦν **Χριστὸν** ἀρνούμενοι.
Jude 17 κυρίου ἡμῶν Ἰησοῦ **Χριστοῦ**
Jude 21 κυρίου ἡμῶν Ἰησοῦ **Χριστοῦ** εἰς ζωὴν αἰώνιον.
Jude 25 ἡμῶν διὰ Ἰησοῦ **Χριστοῦ** τοῦ κυρίου ἡμῶν

<u>χρόνος (*chronos*; 1/54) *time*</u>
Jude 18 ἐπ' ἐσχάτου [τοῦ] **χρόνου** ἔσονται ἐμπαῖκται

<u>ψυχή (*psychē*; 1/103) *soul, life, self*</u>
Jude 15 καὶ ἐλέγξαι πᾶσαν **ψυχὴν** περὶ πάντων τῶν

<u>ψυχικός (*psychikos*; 1/6) *unspiritual*</u>
Jude 19 **ψυχικοί**,

<u>ὡς (*hōs*; 2/503[504]) *as*</u>
Jude 7 **ὡς** Σόδομα καὶ Γόμορρα
Jude 10 ὅσα δὲ φυσικῶς **ὡς** τὰ ἄλογα ζῷα

<u>ὠφέλεια (*ōpheleia*; 1/2) *advantage*</u>
Jude 16 θαυμάζοντες πρόσωπα **ὠφελείας** χάριν.

Frequency List (Alphabetical Order)

1 ἀγαλλίασις
1 ἀγαπάω
3 ἀγάπη
3 ἀγαπητός
1 ἄγγελος
4 ἅγιος
1 ἄγριος
1 Ἀδάμ
1 ἀδελφός
1 ἀθετέω
1 Αἴγυπτος
1 ἀΐδιος
1 αἰσχύνη
3 αἰών
2 αἰώνιος
1 ἄκαρπος
2 ἀλλά
1 ἄλογος
1 ἁμαρτωλός
1 ἀμήν
1 ἄμωμος
1 ἀνάγκη
1 ἄνεμος
1 ἄνθρωπος
1 ἀντιλογία
1 ἄνυδρος
2 ἅπαξ
1 ἀπέρχομαι
2 ἀπό
1* ἀποδιορίζω
1 ἀποθνῄσκω
1 ἀπολείπω
2 ἀπόλλυμι
1 ἀπόστολος
1* ἄπταιστος
1 ἀρνέομαι
1 ἁρπάζω
1 ἀρχάγγελος
1 ἀρχή
2 ἀσέβεια
1* ἀσεβέω
2 ἀσεβής
1 ἀσέλγεια
1 ἀστήρ
7° αὐτός
1 ἀφόβως
1 Βαλαάμ
2 βλασφημέω
1 βλασφημία
1 βούλομαι
1 γάρ
1 γῆ
1* γογγυστής
1 Γόμορρα
2 γράφω
13 δέ
1* δεῖγμα
1 δένδρον
1 δεσμός
1 δεσπότης
1 δεύτερος
1 διά
1 διάβολος
2 διακρίνω
1 διαλέγομαι
1 δίκη
1 δίς
3 δόξα
1 δοῦλος
1 δύναμαι
7 ἑαυτοῦ
1 ἕβδομος
4 εἰμί
1 εἰρήνη
6 εἰς
2 ἐκ
1* ἐκπορνεύω
1 ἐκριζόω
1 ἐκχύννομαι
2 ἐλεάω
1 ἐλέγχω
2 ἔλεος
1 ἐμπαίκτης
8 ἐν
1 ἐνυπνιάζομαι
1 Ἑνώχ
1 ἐξουσία
1* ἐπαγωνίζομαι
1* ἐπαφρίζω
1 ἐπί
2 ἐπιθυμία
1 ἐπίσταμαι
1 ἐπιτιμάω
1 ἐπιφέρω
1 ἐποικοδομέω
1 ἔργον
1 ἔρχομαι
1 ἔσχατος
1 ἕτερος
2 ἔχω
2 ζόφος
1 ζωή
1 ζῷον
7 ἡμεῖς
1 ἡμέρα
1 θάλασσα
1 θαυμάζω
4 θεός
1 Ἰάκωβος
1 ἴδιος
1 ἰδού
6 Ἰησοῦς
1 Ἰούδας
1 ἵστημι
21° καί
1 Κάϊν
4 κατά
1 κατενώπιον
1 κλητός
1 κοινός
1* Κόρε
1 κράτος
1 κρίμα
3 κρίσις
1 κῦμα
7 κύριος
1 κυριότης
2 λαλέω
1 λαός
3 λέγω
1 μεγαλωσύνη
1 μέγας
1* μεμψίμοιρος
3 μέν
1 μέντοι
1 μετατίθημι
3 μή
1 μιαίνω
1 μιμνῄσκομαι
1 μισέω
1 μισθός
1 Μιχαήλ
2 μόνος
1 μυριάς
1 Μωϋσῆς
1 νεφέλη
1 νῦν
55° ὁ
1 ὁδός
2 οἶδα
1 οἰκητήριον
1 ὅμοιος
1 ὁμοίως
1 ὀπίσω
6 ὅς
2 ὅσος
1 ὅτε
4 ὅτι
2 οὐ
1 οὐαί
9 οὗτος
1 πάλαι
1 παραδίδωμι
1 παρακαλέω
1 παραφέρω
1* παρεισδύνω
8 πᾶς
1 πατήρ
5 περί
1 πιστεύω
2 πίστις
1 πλάνη
1* πλανήτης
1 πληθύνω
2 πνεῦμα
2 ποιέω
1 ποιμαίνω
1 πόλις
3 πορεύομαι
1 πρό
1 προγράφω
1 πρόκειμαι
1 προλέγω
1 προσδέχομαι
1 προσεύχομαι
1 πρόσωπον
1 προφητεύω
2 πῦρ
1 ῥῆμα
3 σάρξ
1 σκληρός
1 σκότος
1 Σόδομα
1* σπιλάς
1 σπιλόω
1 σπουδή
1 στόμα
1 σύ
1 συνευωχέομαι
2 σῴζω
1 σῶμα
1 σωτήρ
1 σωτηρία
1 τέ
5 τηρέω
1 τις
1 τολμάω
1 τρόπος
11 ὑμεῖς
1 ὑπέρογκος
1* ὑπέχω
3 ὑπό
1 ὑπομιμνῄσκω
1 φθείρω
1* φθινοπωρινός
1 φόβος
1 φυλάσσω
1* φυσικῶς
1 χάριν
1 χάρις
1 χιτών
6 Χριστός
1 χρόνος
1 ψυχή
1 ψυχικός
2 ὡς
1 ὠφέλεια

° Not included in concordance
* Word only occurs in this book

Frequency List (in Order of Occurrence)

55° ὁ
21° καί
13 δέ
11 ὑμεῖς
9 οὗτος
8 ἐν
8 πᾶς
7° αὐτός
7 ἑαυτοῦ
7 ἡμεῖς
7 κύριος
6 εἰς
6 Ἰησοῦς
6 ὅς
6 Χριστός
5 περί
5 τηρέω
4 ἅγιος
4 εἰμί
4 θεός
4 κατά
4 ὅτι
3 ἀγάπη
3 ἀγαπητός
3 αἰών
3 δόξα
3 κρίσις
3 λέγω
3 μέν
3 μή
3 πορεύομαι
3 σάρξ
3 ὑπό
2 αἰώνιος
2 ἀλλά
2 ἅπαξ
2 ἀπό
2 ἀπόλλυμι
2 ἀσέβεια
2 ἀσεβής
2 βλασφημέω
2 γράφω
2 διακρίνω
2 ἐκ
2 ἐλεάω
2 ἔλεος
2 ἐπιθυμία
2 ἔχω
2 ζόφος
2 λαλέω
2 μόνος
2 οἶδα
2 ὅσος
2 οὐ
2 πίστις
2 πνεῦμα
2 ποιέω
2 πῦρ
2 σῴζω
2 ὡς
1 ἀγαλλίασις
1 ἀγαπάω
1 ἄγγελος
1 ἄγριος
1 Ἀδάμ
1 ἀδελφός
1 ἀθετέω
1 Αἴγυπτος
1 ἀΐδιος
1 αἰσχύνη
1 ἄκαρπος
1 ἄλογος
1 ἁμαρτωλός
1 ἀμήν
1 ἄμωμος
1 ἀνάγκη
1 ἄνεμος
1 ἄνθρωπος
1 ἀντιλογία
1 ἄνυδρος
1 ἀπέρχομαι
1* ἀποδιορίζω
1 ἀποθνῄσκω
1 ἀπολείπω
1 ἀπόστολος
1* ἄπταιστος
1 ἀρνέομαι
1 ἁρπάζω
1 ἀρχάγγελος
1 ἀρχή
1* ἀσεβέω
1 ἀσέλγεια
1 ἀστήρ
1 ἀφόβως
1 Βαλαάμ
1 βλασφημία
1 βούλομαι
1 γάρ
1 γῆ
1* γογγυστής
1 Γόμορρα
1* δεῖγμα
1 δένδρον
1 δεσμός
1 δεσπότης
1 δεύτερος
1 διά
1 διάβολος
1 διαλέγομαι
1 δίκη
1 δίς
1 δοῦλος
1 δύναμαι
1 ἕβδομος
1 εἰρήνη
1* ἐκπορνεύω
1 ἐκριζόω
1 ἐκχύννομαι
1 ἐλέγχω
1 ἐμπαίκτης
1 ἐνυπνιάζομαι
1 Ἑνώχ
1 ἐξουσία
1* ἐπαγωνίζομαι
1* ἐπαφρίζω
1 ἐπί
1 ἐπίσταμαι
1 ἐπιτιμάω
1 ἐπιφέρω
1 ἐποικοδομέω
1 ἔργον
1 ἔρχομαι
1 ἔσχατος
1 ἕτερος
1 ζωή
1 ζῷον
1 ἡμέρα
1 θάλασσα
1 θαυμάζω
1 Ἰάκωβος
1 ἴδιος
1 ἰδού
1 Ἰούδας
1 ἵστημι
1 Κάϊν
1 κατενώπιον
1 κλητός
1 κοινός
1* Κόρε
1 κράτος
1 κρίμα
1 κῦμα
1 κυριότης
1 λαός
1 μεγαλωσύνη
1 μέγας
1* μεμψίμοιρος
1 μέντοι
1 μετατίθημι
1 μιαίνω
1 μιμνῄσκομαι
1 μισέω
1 μισθός
1 Μιχαήλ
1 μυριάς
1 Μωϋσῆς
1 νεφέλη
1 νῦν
1 ὁδός
1 οἰκητήριον
1 ὅμοιος
1 ὁμοίως
1 ὀπίσω
1 ὅτε
1 οὐαί
1 πάλαι
1 παραδίδωμι
1 παρακαλέω
1 παραφέρω
1* παρεισδύνω
1 πατήρ
1 πιστεύω
1 πλάνη
1* πλανήτης
1 πληθύνω
1 ποιμαίνω
1 πόλις
1 πρό
1 προγράφω
1 πρόκειμαι
1 προλέγω
1 προσδέχομαι
1 προσεύχομαι
1 πρόσωπον
1 προφητεύω
1 ῥῆμα
1 σκληρός
1 σκότος
1 Σόδομα
1* σπιλάς
1 σπιλόω
1 σπουδή
1 στόμα
1 σύ
1 συνευωχέομαι
1 σῶμα
1 σωτήρ
1 σωτηρία
1 τέ
1 τις
1 τολμάω
1 τρόπος
1 ὑπέρογκος
1* ὑπέχω
1 ὑπομιμνῄσκω
1 φθείρω
1* φθινοπωρινός
1 φόβος
1 φυλάσσω
1* φυσικῶς
1 χάριν
1 χάρις
1 χιτών
1 χρόνος
1 ψυχή
1 ψυχικός
1 ὠφέλεια

° Not included in concordance
* Word only occurs in this book

Revelation – Statistics

913 Total word count
149 Number of words occurring at least 10 times
309 Number of words occurring once

Words whose occurrences in this book account for at least 25% of occurrences in the entire NT

<u>100%</u>

13/13 δράκων (*drakōn*; dragon)
12/12 φιάλη (*phialē*; bowl)
8/8 μέτωπον (*metōpon*; forehead)
6/6 βασανισμός (*basanismos*; torture)
5/5 βύσσινος (*byssinos*; made of fine linen), οὐρά (*oura*; tail), πέτομαι (*petomai*; fly)
4/4 ἁλληλουϊά (*hallēlouia*; praise the Lord), ἴασπις (*iaspis*; jasper), πέμπτος (*pemptos*; fifth), χάλαζα (*chalaza*; hail)
3/3 ἄλφα (*alpha*; alpha), βιβλαρίδιον (*biblaridion*; little book or scroll), διάδημα (*diadēma*; diadem), ζεστός (*zestos*; hot), κεράννυμι (*kerannymi*; mix), κυκλόθεν (*kyklothen*; surrounding, around), μεσουράνημα (*mesouranēma*; mid-heaven), ὄρνεον (*orneon*; bird), Σάρδεις (*Sardeis*; Sardis), ὑάλινος (*hyalinos*; of glass)
2/2 ἄψινθος (*apsinthos*; wormwood), ἑξακόσιοι (*hexakosioi*; six hundred), Εὐφράτης (*Euphratēs*; Euphrates), ἶρις (*iris*; rainbow), καῦμα (*kauma*; heat), κιθαρῳδός (*kitharōdos*; harpist), κρύσταλλος (*krystallos*; crystal), λιβανωτός (*libanōtos*; censer), Νικολαΐτης (*Nikolaitēs*; Nicolaitan), Πέργαμος (*Pergamos*; Pergamum), πρωϊνός (*prōinos*; morning), πυρρός (*pyrros*; red), σάρδιον (*sardion*; carnelian), Σμύρνα (*Smyrna*; Smyrna), στρηνιάω (*strēniaō*; live in sensuality or luxury), ὕαλος (*hyalos*; glass), φάρμακος (*pharmakos*; sorcerer), Φιλαδέλφεια (*Philadelpheia*; Philadelphia), χαλκολίβανον (*chalkolibanon*; brass), χοῖνιξ (*choinix*; quart), χρυσόω (*chrysoō*; cover or adorn with gold)
1/1 Ἀβαδδών (*Abaddōn*; Abaddon), ἀκμάζω (*akmazō*; become ripe), ἄκρατος (*akratos*; undiluted), ἀμέθυστος (*amethystos*; amethyst), ἄμωμον (*amōmon*; spice), Ἀντιπᾶς (*Antipas*; Antipas), Ἀπολλύων (*Apollyōn*; Apollyon), ἄρκος (*arkos*; bear), Ἁρμαγεδών (*Harmagedōn*; Armageddon), Βαλάκ (*Balak*; Balak), βάτραχος (*batrachos*; frog), βήρυλλος (*bēryllos*; beryl), βότρυς (*botrys*; cluster), Γάδ (*Gad*; Gad), Γώγ (*Gōg*; Gog), διαυγής (*diaugēs*; transparent), διπλόω (*diploō*; double), δισμυριάς (*dismyrias*; twenty thousand), δωδέκατος (*dōdekatos*; twelfth), ἐγχρῖω (*enchriō*; rub on), ἐλεφάντινος (*elephantinos*; of ivory), Ἑλληνικός (*Hellēnikos*; Greek), ἐμέω (*emeō*; spit out), ἐνδώμησις (*endōmēsis*; foundation), ζηλεύω (*zēleuō*; be zealous), ἡμίωρον (*hēmiōron*; half an hour), θειώδης (*theiōdēs*; sulphur), θύϊνος (*thyinos*; citron), Ἰεζάβελ (*Iezabel*; Jezebel), ἱππικός (*hippikos*; cavalry), Ἰσσαχάρ (*Issachar*; Issachar), κατάθεμα (*katathema*; curse), κατασφραγίζω (*katasphragizō*; seal), κατήγωρ (*katēgōr*; accuser), κεραμικός (*keramikos*; earthen), κιννάμωμον (*kinnamōmon*; cinnamon), κλέμμα (*klemma*; theft), κολλούριον (*kollourion*; eye salve), κριθή (*krithē*; barley), κρυσταλλίζω (*krystallizō*; be clear or bright as crystal), κυκλεύω (*kykleuō*; surround), λιπαρός (*liparos*; costly), Μαγώγ (*Magōg*; Magog), μάρμαρος (*marmaros*; marble), μασάομαι (*masaomai*; gnaw), μηρός (*mēros*; thigh), μουσικός (*mousikos*; musician), μυκάομαι (*mykaomai*; roar), μύλινος (*mylinos*; pertaining to a mill), νεφρός (*nephros*; kidney), ὄλυνθος (*olynthos*; late fig), ὀπώρα (*opōra*; fruit), ὅρμημα (*hormēma*; violence), πάρδαλις pardalis; leopard), Πάτμος (*Patmos*; Patmos), πελεκίζω (*pelekizō*; behead), πλήσσω (*plēssō*; strike), ποδήρης (*podērēs*; long robe), ποταμοφόρητος (*potamophorētos*; swept away by a river), πύρινος (*pyrinos*; fiery red), ῥεδή (*rhedē*; carriage), Ῥουβήν (*Rhoubēn*; Reuben), ῥυπαίνω (*rhypainō*; be vile), σαλπιστής (*salpistēs*; trumpeter), σάπφιρος (*sapphiros*; sapphire), σαρδόνυξ (*sardonyx*; sardonyx), σεμίδαλις (*semidalis*; fine wheat flour), σίδηρος (*sidēros*; iron), σιρικός (*sirikos*; silk cloth), σμαράγδινος (*smaragdinos*; made of emerald), σμάραγδος (*smaragdos*; emerald), στρῆνος (*strēnos*; sensuality), ταλαντιαῖος (*talantiaios*; weighing a talent [c. 90 lbs.]), τετράγωνος (*tetragōnos*; in a square), τιμιότης (*timiotēs*; wealth), τόξον (*toxon*; bow), τοπάζιον (*topazion*; topaz), τρίχινος (*trichinos*; of hair), ὑακίνθινος (*hyakinthinos*; hyacinth), ὑάκινθος

(*hyakinthos*; hyacinth), φάρμακον (*pharmakon*; witchcraft), χαλκηδών (*chalkēdōn*; chalcedony), χαλκοῦς (*chalkous*; made of copper), χλιαρός (*chliaros*; lukewarm), χρυσόλιθος (*chrysolithos*; chrysolite), χρυσόπρασος (*chrysoprasos*; chrysoprase)

96%
29/30 ἀρνίον (*arnion*; lamb)

94%
16/17 ἵππος (*hippos*; horse)

92%
12/13 καπνός (*kapnos*; smoke)

90%
10/11 κέρας (*keras*; horn)
9/10 παντοκράτωρ (*pantokratōr*; the Almighty)

87%
7/8 δρέπανον (*drepanon*; sickle), ὀξύς (*oxys*; sharp), χάραγμα (*charagma*; mark)

86%
20/23 ζῷον (*zōon*; living creature)

85%
6/7 θεῖον (*theion*; sulphur), πολεμέω (*polemeō*; wage war), ῥομφαία (*rhomphaia*; sword)

84%
39/46 θηρίον (*thērion*; animal)

83%
15/18 χρυσοῦς (*chrysous*; made of gold)
10/12 βροντή (*brontē*; thunder), σαλπίζω (*salpizō*; sound a trumpet)

82%
19/23 χιλιάς (*chilias*; thousand)

81%
13/16 σφραγίς (*sphragis*; seal)
9/11 χίλιοι (*chilioi*; thousand)

80%
8/10 σφάζω (*sphazō*; slaughter)
4/5 ἔμπορος (*emporos*; merchant), ληνός (*lēnos*; wine press), πένθος (*penthos*; mourning), σιδηροῦς (*sidērous*; made of iron), σκηνόω (*skēnoō*; live, dwell, tabernacle)

77%
7/9 ἄβυσσος (*abyssos*; abyss)

75%
47/62 θρόνος (*thronos*; throne)

3/4 Θυάτιρα (*Thyatira*; Thyatira), κιθάρα (*kithara*; harp), ὅρασις (*horasis*; vision), πικραίνω (*pikrainō*; make bitter), πλάτος (*platos*; breadth), πόνος (*ponos*; pain), χλωρός (*chlōros*; green, pale), ψυχρός (*psychros*; cold)

<u>72%</u>
29/40 τέσσαρες (*tessares*; four)
16/22 πληγή (*plēgē*; plague)

<u>71%</u>
5/7 ᾠδή (*ōdē*; song)

<u>70%</u>
7/10 ὅδε (*hode*; this), τέταρτος (*tetartos*; fourth)

<u>67%</u>
23/34 βιβλίον (*biblion*; book)
21/31 φυλή (*phylē*; tribe)

<u>66%</u>
6/9 λέων (*leōn*; lion), τεῖχος (*teichos*; wall)
4/6 θυμίαμα (*thymiama*; incense), κλείς (*kleis*; key), κόκκινος (*kokkinos*; scarlet)
2/3 αἰχμαλωσία (*aichmalōsia*; captivity), γόμος (*gomos*; cargo), δίστομος (*distomos*; double-edged), ἕλκος (*helkos*; sore), μεγιστάν (*megistan*; person of high status), μῆκος (*mēkos*; length), μολύνω (*molynō*; defile), πλύνω (*plynō*; wash), πύρωσις (*pyrōsis*; burning), σκοτόω (*skotoō*; be or become darkened), τρυγάω (*trygaō*; gather), ψευδής (*pseudēs*; false), ψῆφος (*psēphos*; pebble, stone)

<u>64%</u>
16/25 λευκός (*leukos*; white)

<u>63%</u>
55/87[88] ἑπτά (*hepta*; seven)
7/11 γέμω (*gemō*; be full)

<u>62%</u>
5/8 πορνεύω (*porneuō*; commit sexual immorality)

<u>61%</u>
11/18 πυλών (*pylōn*; gate)

<u>60%</u>
17/28 νικάω (*nikaō*; overcome)
3/5 ᾄδω (*adō*; sing), ἀετός (*aetos*; eagle), ἐξαλείφω (*exaleiphō*; wipe away or out), ἐρημόω (*erēmoō*; make waste or desolate), ἥμισυς (*hēmisys*; half), θώραξ (*thōrax*; breastplate), πατέω (*pateō*; trample), πτέρυξ (*pteryx*; wing), σκορπίος (*skorpios*; scorpion)

<u>58%</u>
14/24 ἀστήρ (*astēr*; star)
7/12 λυχνία (*lychnia*; lampstand)

<u>57%</u>
4/7 φρέαρ (*phrear*; well)

55%
10/18 ἀριθμός (*arithmos*; number), θυμός (*thymos*; wrath)
5/9 ἕβδομος (*hebdomos*; seventh), λαμπρός (*lampros*; bright), μαργαρίτης (*margaritēs*; pearl), στολή (*stolē*; robe)

54%
6/11 εἴκοσι (*eikosi*; twenty), λίμνη (*limnē*; lake), σάλπιγξ (*salpinx*; trumpet)

53%
8/15 σφραγίζω (*sphragizō*; seal)

52%
12/23 περιβάλλω (*periballō*; put on)

50%
9/18 πόλεμος (*polemos*; war)
7/14 σεισμός (*seismos*; earthquake)
6/12 Βαβυλών (*Babylōn*; Babylon)
4/8 νύμφη (*nymphē*; bride), στράτευμα (*strateuma*; troops, army)
3/6 βδέλυγμα (*bdelygma*; something detestable), διαφθείρω (*diaphtheirō*; destroy)
2/4 ἀκρίς (*akris*; locust), γλυκύς (*glykys*; sweet), διπλοῦς (*diplous*; double), κάμινος (*kaminos*; furnace), καυματίζω (*kaumatizō*; scorch), κτίσμα (*ktisma*; creature), μέλι (*meli*; honey), μίγνυμι (*mignymi*; mix), πορφυροῦς (*porphyrous*; purple), σάκκος (*sakkos*; sackcloth), στῦλος (*stylos*; pillar)
1/2 ἀποχωρίζω (*apochōrizō*; separate), Ἀσήρ (*Asēr*; Asher), ἀσχημοσύνη (*aschēmosynē*; shameless act), αὐλητής (*aulētēs*; flute player), βδελύσσομαι (*bdelyssomai*; detest), βορρᾶς (*borras*; north), ἐκκεντέω (*ekkenteō*; pierce), ἐλεεινός (*eleeinos*; pitiful), ἑλίσσω (*helissō*; roll up), ἔριον (*erion*; wool), θαῦμα (*thauma*; wonder), κατοικητήριον (*katoikētērion*; house), κιθαρίζω (*kitharizō*; play a harp), κυβερνήτης (*kybernētēs*; captain), κυριακός (*kyriakos*; belonging to the Lord), λευκαίνω (*leukainō*; make white), λίβανος (*libanos*; frankincense), λίνον (*linon*; linen), Μιχαήλ (*Michaēl*; Michael), ξύλινος (*xylinos*; wooden), πνευματικῶς (*pneumatikōs*; spiritually), προφῆτις (*prophētis*; prophetess), ῥυπαρός (*rhyparos*; vile), σιγή (*sigē*; silence), ταλαίπωρος (*talaipōros*; miserable), φαρμακεία (*pharmakeia*; sorcery), φοῖνιξ (*phoinix*; palm), φωστήρ (*phōstēr*; light), χαλινός (*chalinos*; bit, bridle), χιών (*chiōn*; snow), χοῦς (*chous*; dust), ψηφίζω (*psēphizō*; figure out)

47%
8/17 ποταμός (*potamos*; river)

46%
21/45 ὅμοιος (*homoios*; like)
6/13 ταχύς (*tachys*; quick), τίμιος (*timios*; precious)

45%
5/11 καίω (*kaiō*; light, burn), μετρέω (*metreō*; measure), πηγή (*pēgē*; spring)

44%
8/18 στέφανος (*stephanos*; crown, wreath)
4/9 ἀστραπή (*astrapē*; lightning), σελήνη (*selēnē*; moon)

43%
10/23 εἰκών (*eikōn*; likeness)

<u>42%</u>
3/7 πτῶμα (*ptōma*; body), φλόξ (*phlox*; flame)

<u>41%</u>
23/56 τρίτος (*tritos*; third)
5/12 βασανίζω (*basanizō*; torment), κατακαίω (*katakaiō*; burn up), πλουτέω (*plouteō*; be rich), πόρνη (*pornē*; prostitute), χρυσίον (*chrysion*; gold)

<u>40%</u>
24/60 προσκυνέω (*proskyneō*; worship)
13/32 ἥλιος (*hēlios*; sun)
4/10 ᾅδης (*hadēs*; Hades)
2/5 ἄμμος (*ammos*; sand), ἀνάπαυσις (*anapausis*; rest), ὄγδοος (*ogdoos*; eighth)

<u>39%</u>
55/139 φωνή (*phōnē*; voice)
11/28 ἀδικέω (*adikeō*; do or be in the wrong)

<u>38%</u>
67/175 ἄγγελος (*angelos*; angel, messenger)
5/13[14] ὄφις (*ophis*; snake, serpent)

<u>37%</u>
35/94 ἐνώπιον (*enōpion*; before)
6/16 κλείω (*kleiō*; shut)
3/8 κύκλῳ (*kyklō*; around, in a circle), μυριάς (*myrias*; group of ten thousand)

<u>36%</u>
33/91 κάθημαι (*kathēmai*; sit)
26/71 πῦρ (*pyr*; fire)
9/25 δέκα (*deka*; ten)
7/19 προφητεία (*prophēteia*; prophecy)
4/11 ποιμαίνω (*poimainō*; tend like a shepherd), ὑποκάτω (*hypokatō*; under)

<u>35%</u>
27/77 ἀνοίγω (*anoigō*; open)
16/45 ναός (*naos*; temple)
12/34 μετανοέω (*metanoeō*; repent)
10/28 ἀληθινός (*alēthinos*; true, real)
7/20 ξύλον (*xylon*; wood)
5/14 ἕκτος (*hektos*; sixth), κατεσθίω (*katesthiō*; consume, eat up)

<u>34%</u>
8/23 θυσιαστήριον (*thysiastērion*; altar)

<u>33%</u>
82/248[250] γῆ (*gē*; earth, land)
9/27 ἐκχύννομαι (*ekchynnomai*; pour out)
7/21 βασιλεύω (*basileuō*; rule)
6/18 μήν (*mēn*; month)
4/12 ῥάβδος (*rhabdos*; stick, staff, rod)

3/9[10] πενθέω (*pentheō*; mourn)

3/9 γνώμη (*gnōmē*; purpose), ἑξήκοντα (*hexēkonta*; sixty), νῆσος (*nēsos*; island), πλατεῖα (*plateia*; wide street)

2/6 ἀποφέρω (*apopherō*; take or carry away), ἐκδικέω (*ekdikeō*; help someone get justice), θαυμαστός (*thaumastos*; marvelous, astonishing), Λαοδίκεια (*Laodikeia*; Laodicea), μέλας (*melas*; black or ink), περιζώννυμι (*perizōnnymi*; wrap around), πυρόω (*pyroō*; burn)

1/3 ἀδίκημα (*adikēma*; crime), ἀργυροῦς (*argyrous*; made of silver), ἀριθμέω (*arithmeō*; count), Βαλαάμ (*Balaam*; Balaam), γυμνότης (*gymnotēs*; nakedness), δειλός (*deilos*; cowardly), ἑνδέκατος (*hendekatos*; eleventh), Ζαβουλών (*Zaboulōn*; Zebulun), θεραπεία (*therapeia*; healing), λίθινος (*lithinos*; made of stone), Μανασσῆς (*Manassēs*; Manasseh), μαστός (*mastos*; chest, breast), ναύτης (*nautēs*; sailor), Νεφθαλίμ (*Nephthalim*; Naphtali), ὁσάκις (*hosakis*; as often as), ὄψις (*opsis*; face), παράδεισος (*paradeisos*; paradise), πτωχεία (*ptōcheia*; poverty), σταφυλή (*staphylē*; cluster of grapes), συγκοινωνέω (*synkoinōneō*; share), τέχνη (*technē*; trade, craft), ὠδίνω (*ōdinō*; suffer birth-pains)

32%

80/243 μέγας (*megas*; great, large)

31%

9/29 ἰσχυρός (*ischyros*; strong)

30%

23/75 δώδεκα (*dōdeka*; twelve)

14/46 οὐαί (*ouai*; woe)

13/43 δεύτερος (*deuteros*; second)

3/10[11] ἀνατολή (*anatolē*; rising)

3/10 σύνδουλος (*syndoulos*; fellow-servant), ψεῦδος (*pseudos*; lie)

29%

13/44 κατοικέω (*katoikeō*; live)

28%

26/91 θάλασσα (*thalassa*; sea, lake)

22/78 στόμα (*stoma*; mouth)

8/28 τελέω (*teleō*; finish)

7/25 νεφέλη (*nephelē*; cloud), πορνεία (*porneia*; sexual immorality)

2/7 ἀήρ (*aēr*; air), δέκατος (*dekatos*; tenth), Ἑβραϊστί (*Hebraisti*; in Aramaic or Hebrew), εἰδωλολάτρης (*eidōlolatrēs*; idolater), ὄπισθεν (*opisthen*; behind), στάδιον (*stadion*; stadion [c. 600 feet]), φονεύς (*phoneus*; murderer)

27%

6/22 τεσσεράκοντα (*tesserakonta*; forty)

5/18 βλασφημία (*blasphēmia*; blasphemy), τίκτω (*tiktō*; bear)

3/11 φωτίζω (*phōtizō*; give light), ψευδοπροφήτης (*pseudoprophētēs*; false prophet)

25%

23/90 πίπτω (*piptō*; fall)

19/75 κεφαλή (*kephalē*; head)

Revelation – Concordance

᾿Αβαδδών (*Abaddōn*; 1/1) *Abaddon*

Rev 9:11 ὄνομα αὐτῷ ῾Εβραϊστὶ **᾿Αβαδδών**,

ἄβυσσος (*abyssos*; 7/9) *abyss*

Rev 9:1 τοῦ φρέατος τῆς **ἀβύσσου**
Rev 9:2 τὸ φρέαρ τῆς **ἀβύσσου**,
Rev 9:11 τὸν ἄγγελον τῆς **ἀβύσσου**,
Rev 11:7 ἀναβαῖνον ἐκ τῆς **ἀβύσσου** ποιήσει μετ᾽ αὐτῶν
Rev 17:8 ἀναβαίνειν ἐκ τῆς **ἀβύσσου** καὶ εἰς ἀπώλειαν
Rev 20:1 τὴν κλεῖν τῆς **ἀβύσσου** καὶ ἅλυσιν μεγάλην
Rev 20:3 αὐτὸν εἰς τὴν **ἄβυσσον** καὶ ἔκλεισεν καὶ

ἀγαλλιάω (*agalliaō*; 1/11) *rejoice, be glad*

Rev 19:7 χαίρωμεν καὶ **ἀγαλλιῶμεν** καὶ δώσωμεν τὴν

ἀγαπάω (*agapaō*; 4/143) *love*

Rev 1:5 Τῷ **ἀγαπῶντι** ἡμᾶς καὶ λύσαντι
Rev 3:9 γνῶσιν ὅτι ἐγὼ **ἠγάπησά** σε.
Rev 12:11 αὐτῶν καὶ οὐκ **ἠγάπησαν** τὴν ψυχὴν αὐτῶν
Rev 20:9 τὴν πόλιν τὴν **ἠγαπημένην**,

ἀγάπη (*agapē*; 2/116) *love*

Rev 2:4 σοῦ ὅτι τὴν **ἀγάπην** σου τὴν πρώτην
Rev 2:19 ἔργα καὶ τὴν **ἀγάπην** καὶ τὴν πίστιν

ἄγγελος (*angelos*; 67/175) *angel, messenger*

Rev 1:1 ἀποστείλας διὰ τοῦ **ἀγγέλου** αὐτοῦ τῷ δούλῳ
Rev 1:20 οἱ ἑπτὰ ἀστέρες **ἄγγελοι** τῶν ἑπτὰ ἐκκλησιῶν
Rev 2:1 Τῷ **ἀγγέλῳ** τῆς ἐν ᾿Εφέσῳ
Rev 2:8 Καὶ τῷ **ἀγγέλῳ** τῆς ἐν Σμύρνῃ
Rev 2:12 Καὶ τῷ **ἀγγέλῳ** τῆς ἐν Περγάμῳ
Rev 2:18 Καὶ τῷ **ἀγγέλῳ** τῆς ἐν Θυατείροις
Rev 3:1 Καὶ τῷ **ἀγγέλῳ** τῆς ἐν Σάρδεσιν
Rev 3:5 καὶ ἐνώπιον τῶν **ἀγγέλων** αὐτοῦ.
Rev 3:7 Καὶ τῷ **ἀγγέλῳ** τῆς ἐν Φιλαδελφείᾳ
Rev 3:14 Καὶ τῷ **ἀγγέλῳ** τῆς ἐν Λαοδικείᾳ
Rev 5:2 καὶ εἶδον **ἄγγελον** ἰσχυρὸν κηρύσσοντα ἐν
Rev 5:11 καὶ ἤκουσα φωνὴν **ἀγγέλων** πολλῶν κύκλῳ
Rev 7:1 τοῦτο εἶδον τέσσαρας **ἀγγέλους** ἑστῶτας ἐπὶ τὰς
Rev 7:2 Καὶ εἶδον ἄλλον **ἄγγελον** ἀναβαίνοντα ἀπὸ ἀνατολῆς
Rev 7:2 μεγάλῃ τοῖς τέσσαρσιν **ἀγγέλοις** οἷς ἐδόθη αὐτοῖς
Rev 7:11 Καὶ πάντες οἱ **ἄγγελοι** εἱστήκεισαν κύκλῳ
Rev 8:2 εἶδον τοὺς ἑπτὰ **ἀγγέλους** οἳ ἐνώπιον τοῦ
Rev 8:3 Καὶ ἄλλος **ἄγγελος** ἦλθεν καὶ ἐστάθη
Rev 8:4 ἐκ χειρὸς τοῦ **ἀγγέλου** ἐνώπιον τοῦ θεοῦ.
Rev 8:5 καὶ εἴληφεν ὁ **ἄγγελος** τὸν λιβανωτὸν καὶ
Rev 8:6 Καὶ οἱ ἑπτὰ **ἄγγελοι** οἱ ἔχοντες τὰς
Rev 8:8 Καὶ ὁ δεύτερος **ἄγγελος** ἐσάλπισεν·
Rev 8:10 Καὶ ὁ τρίτος **ἄγγελος** ἐσάλπισεν·
Rev 8:12 Καὶ ὁ τέταρτος **ἄγγελος** ἐσάλπισεν·
Rev 8:13 σάλπιγγος τῶν τριῶν **ἀγγέλων** τῶν μελλόντων σαλπίζειν.
Rev 9:1 Καὶ ὁ πέμπτος **ἄγγελος** ἐσάλπισεν·
Rev 9:11 αὐτῶν βασιλέα τὸν **ἄγγελον** τῆς ἀβύσσου,
Rev 9:13 Καὶ ὁ ἕκτος **ἄγγελος** ἐσάλπισεν·
Rev 9:14 λέγοντα τῷ ἕκτῳ **ἀγγέλῳ**,
Rev 9:14 λῦσον τοὺς τέσσαρας **ἀγγέλους** τοὺς δεδεμένους ἐπὶ
Rev 9:15 ἐλύθησαν οἱ τέσσαρες **ἄγγελοι** οἱ ἡτοιμασμένοι εἰς
Rev 10:1 Καὶ εἶδον ἄλλον **ἄγγελον** ἰσχυρὸν καταβαίνοντα ἐκ
Rev 10:5 Καὶ ὁ **ἄγγελος**,
Rev 10:7 φωνῆς τοῦ ἑβδόμου **ἀγγέλου**,
Rev 10:8 τῇ χειρὶ τοῦ **ἀγγέλου** τοῦ ἑστῶτος ἐπὶ
Rev 10:9 ἀπῆλθα πρὸς τὸν **ἄγγελον** λέγων αὐτῷ δοῦναί
Rev 10:10 τῆς χειρὸς τοῦ **ἀγγέλου** καὶ κατέφαγον αὐτό,
Rev 11:15 Καὶ ὁ ἕβδομος **ἄγγελος** ἐσάλπισεν·
Rev 12:7 Μιχαὴλ καὶ οἱ **ἄγγελοι** αὐτοῦ τοῦ πολεμῆσαι
Rev 12:7 ἐπολέμησεν καὶ οἱ **ἄγγελοι** αὐτοῦ,
Rev 12:9 καὶ οἱ ἄγγελοι **αὐτοῦ** μετ᾽ αὐτοῦ ἐβλήθησαν.
Rev 14:6 Καὶ εἶδον ἄλλον **ἄγγελον** πετόμενον ἐν μεσουρανήματι,
Rev 14:8 Καὶ ἄλλος **ἄγγελος** δεύτερος ἠκολούθησεν λέγων·
Rev 14:9 Καὶ ἄλλος **ἄγγελος** τρίτος ἠκολούθησεν αὐτοῖς
Rev 14:10 καὶ θείῳ ἐνώπιον **ἀγγέλων** ἁγίων καὶ ἐνώπιον
Rev 14:15 καὶ ἄλλος **ἄγγελος** ἐξῆλθεν ἐκ τοῦ
Rev 14:17 Καὶ ἄλλος **ἄγγελος** ἐξῆλθεν ἐκ τοῦ
Rev 14:18 καὶ ἄλλος **ἄγγελος** [ἐξῆλθεν] ἐκ τοῦ
Rev 14:19 καὶ ἔβαλεν ὁ **ἄγγελος** τὸ δρέπανον αὐτοῦ
Rev 15:1 **ἀγγέλους** ἑπτὰ ἔχοντας πληγὰς
Rev 15:6 ἐξῆλθον οἱ ἑπτὰ **ἄγγελοι** [οἱ] ἔχοντες τὰς
Rev 15:7 ἔδωκεν τοῖς ἑπτὰ **ἀγγέλοις** ἑπτὰ φιάλας χρυσᾶς
Rev 15:8 πληγαὶ τῶν ἑπτὰ **ἀγγέλων**.
Rev 16:1 λεγούσης τοῖς ἑπτὰ **ἀγγέλοις**·
Rev 16:5 Καὶ ἤκουσα τοῦ **ἀγγέλου** τῶν ὑδάτων λέγοντος·
Rev 17:1 ἐκ τῶν ἑπτὰ **ἀγγέλων** τῶν ἐχόντων τὰς
Rev 17:7 εἶπέν μοι ὁ **ἄγγελος**·
Rev 18:1 ταῦτα εἶδον ἄλλον **ἄγγελον** καταβαίνοντα ἐκ τοῦ
Rev 18:21 Καὶ ἦρεν εἷς **ἄγγελος** ἰσχυρὸς λίθον ὡς
Rev 19:17 Καὶ εἶδον ἕνα **ἄγγελον** ἑστῶτα ἐν τῷ
Rev 20:1 Καὶ εἶδον **ἄγγελον** καταβαίνοντα ἐκ τοῦ
Rev 21:9 ἐκ τῶν ἑπτὰ **ἀγγέλων** τῶν ἐχόντων τὰς
Rev 21:12 ἐπὶ τοῖς πυλῶσιν **ἀγγέλους** δώδεκα καὶ ὀνόματα
Rev 21:17 ὅ ἐστιν **ἀγγέλου**.
Rev 22:6 προφητῶν ἀπέστειλεν τὸν **ἄγγελον** αὐτοῦ δεῖξαι τοῖς
Rev 22:8 τῶν ποδῶν τοῦ **ἀγγέλου** τοῦ δεικνύοντός μοι
Rev 22:16 ᾿Ιησοῦς ἔπεμψα τὸν **ἄγγελόν** μου μαρτυρῆσαι ὑμῖν

ἁγιάζω (*hagiazō*; 1/28) *set apart as sacred to God, consecrate, sanctify, purify*

Rev 22:11 καὶ ὁ ἅγιος **ἁγιασθήτω** ἔτι.

ἅγιος (*hagios*; 25/233) *holy, set apart*

Rev 3:7 Τάδε λέγει ὁ **ἅγιος**,
Rev 4:8 **ἅγιος** ἅγιος ἅγιος κύριος
Rev 4:8 ἅγιος **ἅγιος** ἅγιος κύριος ὁ
Rev 4:8 ἅγιος ἅγιος **ἅγιος** κύριος ὁ θεὸς
Rev 5:8 αἱ προσευχαὶ τῶν **ἁγίων**,
Rev 6:10 ὁ δεσπότης ὁ **ἅγιος** καὶ ἀληθινός,
Rev 8:3 ταῖς προσευχαῖς τῶν **ἁγίων** πάντων ἐπὶ τὸ
Rev 8:4 ταῖς προσευχαῖς τῶν **ἁγίων** ἐκ χειρὸς τοῦ
Rev 11:2 τὴν πόλιν τὴν **ἁγίαν** πατήσουσιν μῆνας τεσσεράκοντα
Rev 11:18 προφήταις καὶ τοῖς **ἁγίοις** καὶ τοῖς φοβουμένοις
Rev 13:7 πόλεμον μετὰ τῶν **ἁγίων** καὶ νικῆσαι αὐτούς,
Rev 13:10 ἡ πίστις τῶν **ἁγίων**.
Rev 14:10 θείῳ ἐνώπιον ἀγγέλων **ἁγίων** καὶ ἐνώπιον
Rev 14:12 ἡ ὑπομονὴ τῶν **ἁγίων** ἐστίν,
Rev 16:6 ὅτι αἷμα **ἁγίων** καὶ προφητῶν ἐξέχεαν
Rev 17:6 τοῦ αἵματος τῶν **ἁγίων** καὶ ἐκ τοῦ
Rev 18:20 οὐρανὲ καὶ οἱ **ἅγιοι** καὶ οἱ ἀπόστολοι
Rev 18:24 αἷμα προφητῶν καὶ **ἁγίων** εὑρέθη καὶ πάντων
Rev 19:8 τὰ δικαιώματα τῶν **ἁγίων** ἐστίν.
Rev 20:6 μακάριος καὶ **ἅγιος** ὁ ἔχων μέρος
Rev 20:9 τὴν παρεμβολὴν τῶν **ἁγίων** καὶ τὴν πόλιν
Rev 21:2 τὴν πόλιν τὴν **ἁγίαν** Ἰερουσαλὴμ καινὴν εἶδον
Rev 21:10 τὴν πόλιν τὴν **ἁγίαν** Ἰερουσαλὴμ καταβαίνουσαν ἐκ
Rev 22:11 ἔτι καὶ ὁ **ἅγιος** ἁγιασθήτω ἔτι.
Rev 22:19 τῆς πόλεως τῆς **ἁγίας** τῶν γεγραμμένων ἐν

ἀγοράζω (*agorazō*; 6/30) *buy*

Rev 3:18 συμβουλεύω σοι **ἀγοράσαι** παρ᾽ ἐμοῦ χρυσίον
Rev 5:9 ὅτι ἐσφάγης καὶ **ἠγόρασας** τῷ θεῷ ἐν
Rev 13:17 μή τις δύνηται **ἀγοράσαι** ἢ πωλῆσαι εἰ
Rev 14:3 οἱ **ἠγορασμένοι** ἀπὸ τῆς γῆς.
Rev 14:4 οὗτοι **ἠγοράσθησαν** ἀπὸ τῶν ἀνθρώπων
Rev 18:11 γόμον αὐτῶν οὐδεὶς **ἀγοράζει** οὐκέτι

ἀδελφός (*adelphos*; 5/343) *brother*

Rev 1:9 ὁ **ἀδελφὸς** ὑμῶν καὶ συγκοινωνὸς
Rev 6:11 αὐτῶν καὶ οἱ **ἀδελφοὶ** αὐτῶν οἱ μέλλοντες
Rev 12:10 ὁ κατήγωρ τῶν **ἀδελφῶν** ἡμῶν,
Rev 19:10 εἰμι καὶ τῶν **ἀδελφῶν** σου τῶν ἐχόντων
Rev 22:9 εἰμι καὶ τῶν **ἀδελφῶν** σου τῶν προφητῶν

ᾅδης (*hadēs*; 4/10) *Hades*

Rev 1:18 θανάτου καὶ τοῦ **ᾅδου**.
Rev 6:8 καὶ ὁ **ᾅδης** ἠκολούθει μετ᾽ αὐτοῦ
Rev 20:13 θάνατος καὶ ὁ **ᾅδης** ἔδωκαν τοὺς νεκροὺς
Rev 20:14 θάνατος καὶ ὁ **ᾅδης** ἐβλήθησαν εἰς τὴν

ἀδικέω (*adikeō*; 11/28) *do or be in the wrong*

Rev 2:11 νικῶν οὐ μὴ **ἀδικηθῇ** ἐκ τοῦ θανάτου
Rev 6:6 τὸν οἶνον μὴ **ἀδικήσῃς**.
Rev 7:2 οἷς ἐδόθη αὐτοῖς **ἀδικῆσαι** τὴν γῆν καὶ
Rev 7:3 μὴ **ἀδικήσητε** τὴν γῆν μήτε
Rev 9:4 αὐταῖς ἵνα μὴ **ἀδικήσουσιν** τὸν χόρτον τῆς
Rev 9:10 ἡ ἐξουσία αὐτῶν **ἀδικῆσαι** τοὺς ἀνθρώπους μῆνας
Rev 9:19 καὶ ἐν αὐταῖς **ἀδικοῦσιν**.
Rev 11:5 τις αὐτοὺς θέλει **ἀδικῆσαι** πῦρ ἐκπορεύεται ἐκ
Rev 11:5 τις θελήσῃ αὐτοὺς **ἀδικῆσαι**,
Rev 22:11 ὁ **ἀδικῶν** ἀδικησάτω ἔτι καὶ
Rev 22:11 ὁ ἀδικῶν **ἀδικησάτω** ἔτι καὶ ὁ

ἀδίκημα (*adikēma*; 1/3) *crime*

Rev 18:5 ὁ θεὸς τὰ **ἀδικήματα** αὐτῆς.

ᾄδω (*adō*; 3/5) *sing*

Rev 5:9 καὶ **ᾄδουσιν** ᾠδὴν καινὴν λέγοντες·
Rev 14:3 καὶ **ᾄδουσιν** [ὡς] ᾠδὴν καινὴν
Rev 15:3 καὶ **ᾄδουσιν** τὴν ᾠδὴν Μωϋσέως

ἀετός (*aetos*; 3/5) *eagle*

Rev 4:7 τέταρτον ζῷον ὅμοιον **ἀετῷ** πετομένῳ.
Rev 8:13 καὶ ἤκουσα ἑνὸς **ἀετοῦ** πετομένου ἐν μεσουρανήματι
Rev 12:14 δύο πτέρυγες τοῦ **ἀετοῦ** τοῦ μεγάλου,

ἀήρ (*aēr*; 2/7) *air*

Rev 9:2 ἥλιος καὶ ὁ **ἀὴρ** ἐκ τοῦ καπνοῦ
Rev 16:17 αὐτοῦ ἐπὶ τὸν **ἀέρα**,

Αἴγυπτος (*Aigyptos*; 1/25) *Egypt*

Rev 11:8 πνευματικῶς Σόδομα καὶ **Αἴγυπτος**,

αἷμα (*haima*; 19/97) *blood*

Rev 1:5 ἡμῶν ἐν τῷ **αἵματι** αὐτοῦ,
Rev 5:9 θεῷ ἐν τῷ **αἵματί** σου ἐκ πάσης
Rev 6:10 καὶ ἐκδικεῖς τὸ **αἷμα** ἡμῶν ἐκ τῶν
Rev 6:12 ὅλη ἐγένετο ὡς **αἷμα**
Rev 7:14 αὐτὰς ἐν τῷ **αἵματι** τοῦ ἀρνίου.
Rev 8:7 πῦρ μεμιγμένα ἐν **αἵματι** καὶ ἐβλήθη εἰς
Rev 8:8 τρίτον τῆς θαλάσσης **αἷμα**
Rev 11:6 στρέφειν αὐτὰ εἰς **αἷμα** καὶ πατάξαι τὴν
Rev 12:11 αὐτὸν διὰ τὸ **αἷμα** τοῦ ἀρνίου καὶ
Rev 14:20 πόλεως καὶ ἐξῆλθεν **αἷμα** ἐκ τῆς ληνοῦ
Rev 16:3 καὶ ἐγένετο **αἷμα** ὡς νεκροῦ,
Rev 16:4 καὶ ἐγένετο **αἷμα**.
Rev 16:6 ὅτι **αἷμα** ἁγίων καὶ προφητῶν
Rev 16:6 προφητῶν ἐξέχεαν καὶ **αἷμα** αὐτοῖς [δ]έδωκας πιεῖν,
Rev 17:6 μεθύουσαν ἐκ τοῦ **αἵματος** τῶν ἁγίων καὶ
Rev 17:6 καὶ ἐκ τοῦ **αἵματος** τῶν μαρτύρων Ἰησοῦ.
Rev 18:24 καὶ ἐν αὐτῇ **αἷμα** προφητῶν καὶ ἁγίων
Rev 19:2 καὶ ἐξεδίκησεν τὸ **αἷμα** τῶν δούλων αὐτοῦ
Rev 19:13 περιβεβλημένος ἱμάτιον βεβαμμένον **αἵματι**,

αἰνέω (*aineō*; 1/8) *praise*

Rev 19:5 **αἰνεῖτε** τῷ θεῷ ἡμῶν

αἴρω (*airō*; 2/100[101]) *take, take up or away*

Rev 10:5 **ἦρεν** τὴν χεῖρα αὐτοῦ
Rev 18:21 Καὶ **ἦρεν** εἷς ἄγγελος ἰσχυρὸς

αἰσχύνη (*aischynē*; 1/6) *shame*

Rev 3:18 μὴ φανερωθῇ ἡ **αἰσχύνη** τῆς γυμνότητός σου,

αἰχμαλωσία (*aichmalōsia*; 2/3) *captivity*

Rev 13:10 εἴ τις εἰς **αἰχμαλωσίαν**,
Rev 13:10 εἰς **αἰχμαλωσίαν** ὑπάγει·

αἰών (*aiōn*; 26/122) *age*

Rev 1:6 κράτος εἰς τοὺς **αἰῶνας** [τῶν αἰώνων]·
Rev 1:6 κράτος εἰς τοὺς αἰῶνας [τῶν **αἰώνων]**·
Rev 1:18 εἰμι εἰς τοὺς **αἰῶνας** τῶν αἰώνων καὶ
Rev 1:18 τοὺς αἰῶνας τῶν **αἰώνων** καὶ ἔχω τὰς
Rev 4:9 ζῶντι εἰς τοὺς **αἰῶνας** τῶν αἰώνων,
Rev 4:9 τοὺς αἰῶνας τῶν **αἰώνων**,
Rev 4:10 ζῶντι εἰς τοὺς **αἰῶνας** τῶν αἰώνων καὶ
Rev 4:10 τοὺς αἰῶνας τῶν **αἰώνων** καὶ βαλοῦσιν
Rev 5:13 κράτος εἰς τοὺς **αἰῶνας** τῶν αἰώνων.
Rev 5:13 τοὺς αἰῶνας τῶν **αἰώνων**.
Rev 7:12 ἡμῶν εἰς τοὺς **αἰῶνας** τῶν αἰώνων·
Rev 7:12 τοὺς αἰῶνας τῶν **αἰώνων**·
Rev 10:6 ζῶντι εἰς τοὺς **αἰῶνας** τῶν αἰώνων,
Rev 10:6 τοὺς αἰῶνας τῶν **αἰώνων**,
Rev 11:15 βασιλεύσει εἰς τοὺς **αἰῶνας** τῶν αἰώνων.
Rev 11:15 τοὺς αἰῶνας τῶν **αἰώνων**.
Rev 14:11 βασανισμοῦ αὐτῶν εἰς **αἰῶνας** αἰώνων ἀναβαίνει,
Rev 14:11 αὐτῶν εἰς αἰῶνας **αἰώνων** ἀναβαίνει,
Rev 15:7 ζῶντος εἰς τοὺς **αἰῶνας** τῶν αἰώνων.
Rev 15:7 τοὺς αἰῶνας τῶν **αἰώνων**.
Rev 19:3 ἀναβαίνει εἰς τοὺς **αἰῶνας** τῶν αἰώνων.
Rev 19:3 τοὺς αἰῶνας τῶν **αἰώνων**.
Rev 20:10 νυκτὸς εἰς τοὺς **αἰῶνας** τῶν αἰώνων.
Rev 20:10 τοὺς αἰῶνας τῶν **αἰώνων**.
Rev 22:5 βασιλεύσουσιν εἰς τοὺς **αἰῶνας** τῶν αἰώνων.
Rev 22:5 τοὺς αἰῶνας τῶν **αἰώνων**.

αἰώνιος (*aiōnios*; 1/70[71]) *eternal*

Rev 14:6 ἔχοντα εὐαγγέλιον αἰώνιον **εὐαγγελίσαι** ἐπὶ τοὺς καθημένους

ἀκάθαρτος (*akathartos*; 5/32) *unclean*

Rev 16:13 ψευδοπροφήτου πνεύματα τρία **ἀκάθαρτα** ὡς βάτραχοι·
Rev 17:4 βδελυγμάτων καὶ τὰ **ἀκάθαρτα** τῆς πορνείας αὐτῆς
Rev 18:2 φυλακὴ παντὸς πνεύματος **ἀκαθάρτου** καὶ φυλακὴ παντὸς
Rev 18:2 φυλακὴ παντὸς ὀρνέου **ἀκαθάρτου** [καὶ φυλακὴ παντὸς
Rev 18:2 θηρίου **ἀκαθάρτου]** καὶ μεμισημένου,

ἀκμάζω (*akmazō*; 1/1) *become ripe*

Rev 14:18 ὅτι **ἤκμασαν** αἱ σταφυλαὶ αὐτῆς.

ἀκολουθέω (*akoloutheō*; 6/90) *follow*

Rev 6:8 καὶ ὁ ᾅδης **ἠκολούθει** μετ᾽ αὐτοῦ καὶ
Rev 14:4 οὗτοι οἱ ἀκολουθοῦντες **τῷ** ἀρνίῳ ὅπου ἂν
Rev 14:8 ἄλλος ἄγγελος δεύτερος **ἠκολούθησεν** λέγων·
Rev 14:9 ἄλλος ἄγγελος τρίτος **ἠκολούθησεν** αὐτοῖς λέγων ἐν
Rev 14:13 γὰρ ἔργα αὐτῶν **ἀκολουθεῖ** μετ᾽ αὐτῶν.
Rev 19:14 ἐν τῷ οὐρανῷ **ἠκολούθει** αὐτῷ ἐφ᾽ ἵπποις

ἀκούω (*akouō*; 46/426[428]) *hear*

Rev 1:3 ἀναγινώσκων καὶ οἱ **ἀκούοντες** τοὺς λόγους τῆς
Rev 1:10 κυριακῇ ἡμέρᾳ καὶ **ἤκουσα** ὀπίσω μου φωνὴν
Rev 2:7 Ὁ ἔχων οὖς **ἀκουσάτω** τί τὸ πνεῦμα
Rev 2:11 Ὁ ἔχων οὖς **ἀκουσάτω** τί τὸ πνεῦμα
Rev 2:17 Ὁ ἔχων οὖς **ἀκουσάτω** τί τὸ πνεῦμα
Rev 2:29 Ὁ ἔχων οὖς **ἀκουσάτω** τί τὸ πνεῦμα
Rev 3:3 πῶς εἴληφας καὶ **ἤκουσας** καὶ τήρει καὶ
Rev 3:6 Ὁ ἔχων οὖς **ἀκουσάτω** τί τὸ πνεῦμα
Rev 3:13 Ὁ ἔχων οὖς **ἀκουσάτω** τί τὸ πνεῦμα
Rev 3:20 ἐάν τις **ἀκούσῃ** τῆς φωνῆς μου
Rev 3:22 Ὁ ἔχων οὖς **ἀκουσάτω** τί τὸ πνεῦμα
Rev 4:1 ἡ πρώτη ἣν **ἤκουσα** ὡς σάλπιγγος λαλούσης
Rev 5:11 καὶ **ἤκουσα** φωνὴν ἀγγέλων πολλῶν
Rev 5:13 ἐν αὐτοῖς πάντα **ἤκουσα** λέγοντας·
Rev 6:1 καὶ **ἤκουσα** ἑνὸς ἐκ τῶν
Rev 6:3 **ἤκουσα** τοῦ δευτέρου ζῴου
Rev 6:5 **ἤκουσα** τοῦ τρίτου ζῴου
Rev 6:6 καὶ **ἤκουσα** ὡς φωνὴν ἐν
Rev 6:7 **ἤκουσα** φωνὴν τοῦ τετάρτου
Rev 7:4 Καὶ **ἤκουσα** τὸν ἀριθμὸν τῶν
Rev 8:13 καὶ **ἤκουσα** ἑνὸς ἀετοῦ πετομένου
Rev 9:13 καὶ **ἤκουσα** φωνὴν μίαν ἐκ
Rev 9:16 **ἤκουσα** τὸν ἀριθμὸν αὐτῶν.
Rev 9:20 βλέπειν δύνανται οὔτε **ἀκούειν** οὔτε περιπατεῖν,
Rev 10:4 καὶ **ἤκουσα** φωνὴν ἐκ τοῦ
Rev 10:8 ἡ φωνὴ ἣν **ἤκουσα** ἐκ τοῦ οὐρανοῦ
Rev 11:12 καὶ **ἤκουσαν** φωνῆς μεγάλης ἐκ
Rev 12:10 καὶ **ἤκουσα** φωνὴν μεγάλην ἐν
Rev 13:9 τις ἔχει οὖς **ἀκουσάτω**.
Rev 14:2 καὶ **ἤκουσα** φωνὴν ἐκ τοῦ
Rev 14:2 ἡ φωνὴ ἣν **ἤκουσα** ὡς κιθαρῳδῶν κιθαριζόντων
Rev 14:13 Καὶ **ἤκουσα** φωνῆς ἐκ τοῦ
Rev 16:1 Καὶ **ἤκουσα** μεγάλης φωνῆς ἐκ
Rev 16:5 Καὶ **ἤκουσα** τοῦ ἀγγέλου τῶν
Rev 16:7 Καὶ **ἤκουσα** τοῦ θυσιαστηρίου λέγοντος·
Rev 18:4 Καὶ **ἤκουσα** ἄλλην φωνὴν ἐκ
Rev 18:22 σαλπιστῶν οὐ μὴ **ἀκουσθῇ** ἐν σοὶ ἔτι,
Rev 18:22 μύλου οὐ μὴ **ἀκουσθῇ** ἐν σοὶ ἔτι,
Rev 18:23 νύμφης οὐ μὴ **ἀκουσθῇ** ἐν σοὶ ἔτι·
Rev 19:1 Μετὰ ταῦτα **ἤκουσα** ὡς φωνὴν μεγάλην
Rev 19:6 Καὶ **ἤκουσα** ὡς φωνὴν ὄχλου
Rev 21:3 καὶ **ἤκουσα** φωνῆς μεγάλης ἐκ
Rev 22:8 κἀγὼ Ἰωάννης ὁ **ἀκούων** καὶ βλέπων ταῦτα.
Rev 22:8 καὶ ὅτε **ἤκουσα** καὶ ἔβλεψα,
Rev 22:17 καὶ ὁ **ἀκούων** εἰπάτω·
Rev 22:18 ἐγὼ παντὶ τῷ **ἀκούοντι** τοὺς λόγους τῆς

ἄκρατος (*akratos*; 1/1) *undiluted*

Rev 14:10 θεοῦ τοῦ κεκερασμένου **ἀκράτου** ἐν τῷ ποτηρίῳ

ἀκρίς (*akris*; 2/4) *locust*
Rev 9:3 τοῦ καπνοῦ ἐξῆλθον **ἀκρίδες** εἰς τὴν γῆν,
Rev 9:7 τὰ ὁμοιώματα τῶν **ἀκρίδων** ὅμοια ἵπποις ἡτοιμασμένοις

ἀληθινός (*alēthinos*; 10/28) *true, real*
Rev 3:7 ὁ **ἀληθινός**,
Rev 3:14 ὁ πιστὸς καὶ **ἀληθινός**,
Rev 6:10 ὁ ἅγιος καὶ **ἀληθινός**,
Rev 15:3 δίκαιαι καὶ **ἀληθιναὶ** αἱ ὁδοί σου,
Rev 16:7 **ἀληθιναὶ** καὶ δίκαιαι αἱ
Rev 19:2 ὅτι **ἀληθιναὶ** καὶ δίκαιαι αἱ
Rev 19:9 οὗτοι οἱ λόγοι **ἀληθινοὶ** τοῦ θεοῦ εἰσιν.
Rev 19:11 [καλούμενος] πιστὸς καὶ **ἀληθινός**,
Rev 21:5 λόγοι πιστοὶ καὶ **ἀληθινοί** εἰσιν.
Rev 22:6 λόγοι πιστοὶ καὶ **ἀληθινοί**,

ἀλλά (*alla*; 13/638) *but*
Rev 2:4 **ἀλλὰ** ἔχω κατὰ σοῦ
Rev 2:6 **ἀλλὰ** τοῦτο ἔχεις,
Rev 2:9 **ἀλλὰ** πλούσιος εἶ,
Rev 2:9 καὶ οὐκ εἰσὶν **ἀλλὰ** συναγωγὴ τοῦ σατανᾶ.
Rev 2:14 **ἀλλ'** ἔχω κατὰ σοῦ
Rev 2:20 **ἀλλὰ** ἔχω κατὰ σοῦ
Rev 3:4 **ἀλλὰ** ἔχεις ὀλίγα ὀνόματα
Rev 3:9 καὶ οὐκ εἰσὶν **ἀλλὰ** ψεύδονται.
Rev 9:5 **ἀλλ'** ἵνα βασανισθήσονται μῆνας
Rev 10:7 **ἀλλ'** ἐν ταῖς ἡμέραις
Rev 10:9 **ἀλλ'** ἐν τῷ στόματί
Rev 17:12 **ἀλλὰ** ἐξουσίαν ὡς βασιλεῖς
Rev 20:6 **ἀλλ'** ἔσονται ἱερεῖς τοῦ

ἀλληλουϊά (*hallēlouia*; 4/4) *praise the Lord*
Rev 19:1 **ἀλληλουϊά**·
Rev 19:3 **ἀλληλουϊά**·
Rev 19:4 ἀμὴν **ἀλληλουϊά**,
Rev 19:6 **ἀλληλουϊά**,

ἀλλήλων (*allēlōn*; 2/100) *one another*
Rev 6:4 γῆς καὶ ἵνα **ἀλλήλους** σφάξουσιν καὶ ἐδόθη
Rev 11:10 καὶ δῶρα πέμψουσιν **ἀλλήλοις**,

ἄλλος (*allos*; 18/155) *other, another*
Rev 2:24 βάλλω ἐφ' ὑμᾶς **ἄλλο** βάρος,
Rev 6:4 καὶ ἐξῆλθεν **ἄλλος** ἵππος πυρρός,
Rev 7:2 Καὶ εἶδον **ἄλλον** ἄγγελον ἀναβαίνοντα ἀπὸ
Rev 8:3 Καὶ **ἄλλος** ἄγγελος ἦλθεν καὶ
Rev 10:1 Καὶ εἶδον **ἄλλον** ἄγγελον ἰσχυρὸν καταβαίνοντα
Rev 12:3 καὶ ὤφθη **ἄλλο** σημεῖον ἐν τῷ
Rev 13:11 Καὶ εἶδον **ἄλλο** θηρίον ἀναβαῖνον ἐκ
Rev 14:6 Καὶ εἶδον **ἄλλον** ἄγγελον πετόμενον ἐν
Rev 14:8 Καὶ **ἄλλος** ἄγγελος δεύτερος ἠκολούθησεν
Rev 14:9 Καὶ **ἄλλος** ἄγγελος τρίτος ἠκολούθησεν
Rev 14:15 καὶ **ἄλλος** ἄγγελος ἐξῆλθεν ἐκ
Rev 14:17 Καὶ **ἄλλος** ἄγγελος ἐξῆλθεν ἐκ
Rev 14:18 καὶ **ἄλλος** ἄγγελος [ἐξῆλθεν] ἐκ
Rev 15:1 Καὶ εἶδον **ἄλλο** σημεῖον ἐν τῷ
Rev 17:10 ὁ **ἄλλος** οὔπω ἦλθεν,
Rev 18:1 Μετὰ ταῦτα εἶδον **ἄλλον** ἄγγελον καταβαίνοντα ἐκ
Rev 18:4 Καὶ ἤκουσα **ἄλλην** φωνὴν ἐκ τοῦ
Rev 20:12 καὶ **ἄλλο** βιβλίον ἠνοίχθη,

ἅλυσις (*halysis*; 1/11) *chain*
Rev 20:1 τῆς ἀβύσσου καὶ **ἅλυσιν** μεγάλην ἐπὶ τὴν

ἄλφα (*alpha*; 3/3) *alpha*
Rev 1:8 Ἐγώ εἰμι τὸ **ἄλφα** καὶ τὸ ὦ,
Rev 21:6 ἐγώ [εἰμι] τὸ **ἄλφα** καὶ τὸ ὦ,
Rev 22:13 ἐγὼ τὸ **ἄλφα** καὶ τὸ ὦ,

ἁμαρτία (*hamartia*; 3/173) *sin*
Rev 1:5 ἡμᾶς ἐκ τῶν **ἁμαρτιῶν** ἡμῶν ἐν τῷ
Rev 18:4 μὴ συγκοινωνήσητε ταῖς **ἁμαρτίαις** αὐτῆς,
Rev 18:5 ἐκολλήθησαν αὐτῆς αἱ **ἁμαρτίαι** ἄχρι τοῦ οὐρανοῦ

ἀμέθυστος (*amethystos*; 1/1) *amethyst*
Rev 21:20 ὁ δωδέκατος **ἀμέθυστος**,

ἀμήν (*amēn*; 8/128[129]) *truly*
Rev 1:6 **ἀμήν**.
Rev 1:7 **ἀμήν**.
Rev 3:14 Τάδε λέγει ὁ **ἀμήν**,
Rev 5:14 **ἀμήν**.
Rev 7:12 ἀμήν,
Rev 7:12 **ἀμήν**.
Rev 19:4 **ἀμὴν** ἀλληλουϊά,
Rev 22:20 **Ἀμήν**,

ἄμμος (*ammos*; 2/5) *sand*
Rev 13:1 ἐστάθη ἐπὶ τὴν **ἄμμον** τῆς θαλάσσης.
Rev 20:8 αὐτῶν ὡς ἡ **ἄμμος** τῆς θαλάσσης.

ἄμπελος (*ampelos*; 2/9) *vineyard*
Rev 14:18 τοὺς βότρυας τῆς **ἀμπέλου** τῆς γῆς,
Rev 14:19 καὶ ἐτρύγησεν τὴν **ἄμπελον** τῆς γῆς καὶ

ἄμωμον (*amōmon*; 1/1) *spice*
Rev 18:13 καὶ κιννάμωμον καὶ **ἄμωμον** καὶ θυμιάματα

ἄμωμος (*amōmos*; 1/8) *faultless*
Rev 14:5 **ἄμωμοί** εἰσιν.

ἄν (*an*; 2/166) *particle indicating contingency*
Rev 2:25 κρατήσατε ἄχρι[ς] οὗ **ἂν** ἥξω.
Rev 14:4 τῷ ἀρνίῳ ὅπου **ἂν** ὑπάγῃ.

ἀνά (*ana*; 3/13) *each*
Rev 4:8 ἓν αὐτῶν ἔχων **ἀνὰ** πτέρυγας ἕξ,
Rev 7:17 τὸ ἀρνίον τὸ **ἀνὰ** μέσον τοῦ θρόνου
Rev 21:21 **ἀνὰ** εἷς ἕκαστος τῶν

ἀναβαίνω (*anabainō*; 13/82) *go up*
Rev 4:1 **ἀνάβα** ὧδε,
Rev 7:2 εἶδον ἄλλον ἄγγελον **ἀναβαίνοντα** ἀπὸ ἀνατολῆς ἡλίου
Rev 8:4 καὶ **ἀνέβη** ὁ καπνὸς τῶν
Rev 9:2 καὶ **ἀνέβη** καπνὸς ἐκ τοῦ
Rev 11:7 τὸ θηρίον τὸ **ἀναβαῖνον** ἐκ τῆς ἀβύσσου
Rev 11:12 **ἀνάβατε** ὧδε.

Rev 11:12 καὶ **ἀνέβησαν** εἰς τὸν οὐρανὸν
Rev 13:1 τῆς θαλάσσης θηρίον **ἀναβαῖνον**,
Rev 13:11 εἶδον ἄλλο θηρίον **ἀναβαῖνον** ἐκ τῆς γῆς,
Rev 14:11 εἰς αἰῶνας αἰώνων **ἀναβαίνει**,
Rev 17:8 ἔστιν καὶ μέλλει **ἀναβαίνειν** ἐκ τῆς ἀβύσσου
Rev 19:3 ὁ καπνὸς αὐτῆς **ἀναβαίνει** εἰς τοὺς αἰῶνας
Rev 20:9 καὶ **ἀνέβησαν** ἐπὶ τὸ πλάτος

ἀναγινώσκω (*anaginōskō*; 1/32) *read*
Rev 1:3 Μακάριος ὁ **ἀναγινώσκων** καὶ οἱ ἀκούοντες

ἀνάπαυσις (*anapausis*; 2/5) *rest*
Rev 4:8 καὶ ἀνάπαυσιν **οὐκ** ἔχουσιν ἡμέρας καὶ
Rev 14:11 καὶ οὐκ ἔχουσιν **ἀνάπαυσιν** ἡμέρας καὶ νυκτὸς

ἀναπαύω (*anapauō*; 2/12) *give rest*
Rev 6:11 ἐρρέθη αὐτοῖς ἵνα **ἀναπαύσονται** ἔτι χρόνον μικρόν,
Rev 14:13 ἵνα **ἀναπαήσονται** ἐκ τῶν κόπων

ἀνάστασις (*anastasis*; 2/42) *resurrection*
Rev 20:5 Αὕτη ἡ **ἀνάστασις** ἡ πρώτη.
Rev 20:6 μέρος ἐν τῇ **ἀναστάσει** τῇ πρώτῃ·

ἀνατολή (*anatolē*; 3/10[11]) *rising*
Rev 7:2 ἄγγελον ἀναβαίνοντα ἀπὸ **ἀνατολῆς** ἡλίου ἔχοντα σφραγῖδα
Rev 16:12 βασιλέων τῶν ἀπὸ **ἀνατολῆς** ἡλίου.
Rev 21:13 ἀπὸ **ἀνατολῆς** πυλῶνες τρεῖς καὶ

ἄνεμος (*anemos*; 3/31) *wind*
Rev 6:13 ὀλύνθους αὐτῆς ὑπὸ **ἀνέμου** μεγάλου σειομένη,
Rev 7:1 κρατοῦντας τοὺς τέσσαρας **ἀνέμους** τῆς γῆς ἵνα
Rev 7:1 ἵνα μὴ πνέῃ **ἄνεμος** ἐπὶ τῆς γῆς

ἀνήρ (*anēr*; 1/216) *man, husband*
Rev 21:2 νύμφην κεκοσμημένην τῷ **ἀνδρὶ** αὐτῆς.

ἄνθρωπος (*anthrōpos*; 25/550) *man, human being (pl. people)*
Rev 1:13 λυχνιῶν ὅμοιον υἱὸν **ἀνθρώπου** ἐνδεδυμένον ποδήρη καὶ
Rev 4:7 τὸ πρόσωπον ὡς **ἀνθρώπου** καὶ τὸ τέταρτον
Rev 8:11 καὶ πολλοὶ τῶν **ἀνθρώπων** ἀπέθανον ἐκ τῶν
Rev 9:4 εἰ μὴ τοὺς **ἀνθρώπους** οἵτινες οὐκ ἔχουσι
Rev 9:5 σκορπίου ὅταν παίσῃ **ἄνθρωπον**.
Rev 9:6 ἐκείναις ζητήσουσιν οἱ **ἄνθρωποι** τὸν θάνατον καὶ
Rev 9:7 αὐτῶν ὡς πρόσωπα **ἀνθρώπων**,
Rev 9:10 αὐτῶν ἀδικῆσαι τοὺς **ἀνθρώπους** μηνας πέντε,
Rev 9:15 τὸ τρίτον τῶν **ἀνθρώπων**.
Rev 9:18 τὸ τρίτον τῶν **ἀνθρώπων**,
Rev 9:20 οἱ λοιποὶ τῶν **ἀνθρώπων**,
Rev 11:13 τῷ σεισμῷ ὀνόματα **ἀνθρώπων** χιλιάδες ἑπτὰ καὶ
Rev 13:13 γῆν ἐνώπιον τῶν **ἀνθρώπων**,
Rev 13:18 ἀριθμὸς γὰρ **ἀνθρώπου** ἐστίν,
Rev 14:4 ἠγοράσθησαν ἀπὸ τῶν **ἀνθρώπων** ἀπαρχὴ τῷ θεῷ
Rev 14:14 καθήμενον ὅμοιον υἱὸν **ἀνθρώπου**,
Rev 16:2 πονηρὸν ἐπὶ τοὺς **ἀνθρώπους** τοὺς ἔχοντας
Rev 16:8 αὐτῷ καυματίσαι τοὺς **ἀνθρώπους** ἐν πυρί.
Rev 16:9 καὶ ἐκαυματίσθησαν οἱ **ἄνθρωποι** καῦμα μέγα καὶ
Rev 16:18 ἐγένετο ἀφ' οὗ **ἄνθρωπος** ἐγένετο ἐπὶ τῆς
Rev 16:21 οὐρανοῦ ἐπὶ τοὺς **ἀνθρώπους**,
Rev 16:21 καὶ ἐβλασφήμησαν οἱ **ἄνθρωποι** τὸν θεὸν
Rev 18:13 καὶ ψυχὰς **ἀνθρώπων**.
Rev 21:3 θεοῦ μετὰ τῶν **ἀνθρώπων**,
Rev 21:17 τεσσάρων πηχῶν μέτρον **ἀνθρώπου**,

ἀνοίγω (*anoigō*; 27/77) *open*
Rev 3:7 ὁ **ἀνοίγων** καὶ οὐδεὶς κλείσει
Rev 3:7 κλείων καὶ οὐδεὶς **ἀνοίγει**·
Rev 3:8 ἐνώπιόν σου θύραν **ἠνεῳγμένην**,
Rev 3:20 φωνῆς μου καὶ **ἀνοίξῃ** τὴν θύραν,
Rev 4:1 καὶ ἰδοὺ θύρα **ἠνεῳγμένη** ἐν τῷ οὐρανῷ,
Rev 5:2 τίς ἄξιος **ἀνοῖξαι** τὸ βιβλίον καὶ
Rev 5:3 ὑποκάτω τῆς γῆς **ἀνοῖξαι** τὸ βιβλίον οὔτε
Rev 5:4 οὐδεὶς ἄξιος εὑρέθη **ἀνοῖξαι** τὸ βιβλίον οὔτε
Rev 5:5 **ἀνοῖξαι** τὸ βιβλίον καὶ
Rev 5:9 τὸ βιβλίον καὶ **ἀνοῖξαι** τὰς σφραγῖδας αὐτοῦ,
Rev 6:1 Καὶ εἶδον ὅτε **ἤνοιξεν** τὸ ἀρνίον μίαν
Rev 6:3 Καὶ ὅτε **ἤνοιξεν** τὴν σφραγῖδα τὴν
Rev 6:5 Καὶ ὅτε **ἤνοιξεν** τὴν σφραγῖδα τὴν
Rev 6:7 Καὶ ὅτε **ἤνοιξεν** τὴν σφραγῖδα τὴν
Rev 6:9 Καὶ ὅτε **ἤνοιξεν** τὴν πέμπτην σφραγῖδα,
Rev 6:12 Καὶ εἶδον ὅτε **ἤνοιξεν** τὴν σφραγῖδα τὴν
Rev 8:1 Καὶ ὅταν **ἤνοιξεν** τὴν σφραγῖδα τὴν
Rev 9:2 καὶ **ἤνοιξεν** τὸ φρέαρ τῆς
Rev 10:2 χειρὶ αὐτοῦ βιβλαρίδιον **ἠνεῳγμένον**.
Rev 10:8 τὸ βιβλίον τὸ **ἠνεῳγμένον** ἐν τῇ χειρὶ
Rev 11:19 Καὶ **ἠνοίγη** ὁ ναὸς τοῦ
Rev 12:16 τῇ γυναικὶ καὶ **ἤνοιξεν** ἡ γῆ τὸ
Rev 13:6 καὶ **ἤνοιξεν** τὸ στόμα αὐτοῦ
Rev 15:5 καὶ **ἠνοίγη** ὁ ναὸς τῆς
Rev 19:11 εἶδον τὸν οὐρανὸν **ἠνεῳγμένον**,
Rev 20:12 καὶ βιβλία **ἠνοίχθησαν**,
Rev 20:12 καὶ ἄλλο βιβλίον **ἠνοίχθη**,

Ἀντιπᾶς (*Antipas*; 1/1) *Antipas*
Rev 2:13 ἐν ταῖς ἡμέραις **Ἀντιπᾶς** ὁ μάρτυς μου

ἄξιος (*axios*; 7/41) *worthy*
Rev 3:4 ὅτι **ἄξιοί** εἰσιν.
Rev 4:11 **ἄξιος** εἶ,
Rev 5:2 τίς **ἄξιος** ἀνοῖξαι τὸ βιβλίον
Rev 5:4 ὅτι οὐδεὶς **ἄξιος** εὑρέθη ἀνοῖξαι τὸ
Rev 5:9 **ἄξιος** εἶ λαβεῖν τὸ
Rev 5:12 **ἄξιόν** ἐστιν τὸ ἀρνίον
Rev 16:6 **ἄξιοί** εἰσιν.

ἀπαρχή (*aparchē*; 1/9) *firstfruits*
Rev 14:4 ἀπὸ τῶν ἀνθρώπων **ἀπαρχὴ** τῷ θεῷ καὶ

ἀπέρχομαι (*aperchomai*; 8/116[117]) *go, go away, depart*

Rev 9:12 οὐαὶ ἡ μία **ἀπῆλθεν**·
Rev 10:9 καὶ **ἀπῆλθα** πρὸς τὸν ἄγγελον
Rev 11:14 οὐαὶ ἡ δευτέρα **ἀπῆλθεν**·
Rev 12:17 τῇ γυναικὶ καὶ **ἀπῆλθεν** ποιῆσαι πόλεμον
Rev 16:2 Καὶ **ἀπῆλθεν** ὁ πρῶτος καὶ
Rev 18:14 ἐπιθυμίας τῆς ψυχῆς **ἀπῆλθεν** ἀπὸ σοῦ,
Rev 21:1 ἡ πρώτη γῆ **ἀπῆλθαν** καὶ ἡ θάλασσα
Rev 21:4 [ὅτι] τὰ πρῶτα **ἀπῆλθαν**.

ἄπιστος (*apistos*; 1/23) *unfaithful*

Rev 21:8 δὲ δειλοῖς καὶ **ἀπίστοις** καὶ ἐβδελυγμένοις

ἀπό (*apo*; 36/643[646]) *from*

Rev 1:4 ὑμῖν καὶ εἰρήνη **ἀπὸ** ὁ ὢν καὶ
Rev 1:4 ὁ ἐρχόμενος καὶ **ἀπὸ** τῶν ἑπτὰ πνευμάτων
Rev 1:5 καὶ **ἀπὸ** Ἰησοῦ Χριστοῦ,
Rev 3:12 ἐκ τοῦ οὐρανοῦ **ἀπὸ** τοῦ θεοῦ μου,
Rev 6:16 καὶ κρύψατε ἡμᾶς **ἀπὸ** προσώπου τοῦ καθημένου
Rev 6:16 τοῦ θρόνου καὶ **ἀπὸ** τῆς ὀργῆς τοῦ
Rev 7:2 ἄλλον ἄγγελον ἀναβαίνοντα **ἀπὸ** ἀνατολῆς ἡλίου ἔχοντα
Rev 9:6 φεύγει ὁ θάνατος **ἀπ'** αὐτῶν.
Rev 9:18 **ἀπὸ** τῶν τριῶν πληγῶν
Rev 12:6 ἐκεῖ τόπον ἡτοιμασμένον **ἀπὸ** τοῦ θεοῦ,
Rev 12:14 καὶ ἥμισυ καιροῦ **ἀπὸ** προσώπου τοῦ ὄφεως.
Rev 13:8 ἀρνίου τοῦ ἐσφαγμένου **ἀπὸ** καταβολῆς κόσμου.
Rev 14:3 οἱ ἠγορασμένοι **ἀπὸ** τῆς γῆς.
Rev 14:4 οὗτοι ἠγοράσθησαν **ἀπὸ** τῶν ἀνθρώπων ἀπαρχὴ
Rev 14:13 ἐν κυρίῳ ἀποθνῄσκοντες **ἀπ'** ἄρτι.
Rev 14:20 χαλινῶν τῶν ἵππων **ἀπὸ** σταδίων χιλίων ἑξακοσίων.
Rev 16:12 τῶν βασιλέων τῶν **ἀπὸ** ἀνατολῆς ἡλίου.
Rev 16:17 ἐκ τοῦ ναοῦ **ἀπὸ** τοῦ θρόνου λέγουσα·
Rev 16:18 οἷος οὐκ ἐγένετο **ἀφ'** οὗ ἄνθρωπος ἐγένετο
Rev 17:8 βιβλίον τῆς ζωῆς **ἀπὸ** καταβολῆς κόσμου,
Rev 18:10 **ἀπὸ** μακρόθεν ἑστηκότες διὰ
Rev 18:14 τῆς ψυχῆς ἀπῆλθεν **ἀπὸ** σοῦ,
Rev 18:14 τὰ λαμπρὰ ἀπώλετο **ἀπὸ** σοῦ
Rev 18:15 τούτων οἱ πλουτήσαντες **ἀπ'** αὐτῆς ἀπὸ μακρόθεν
Rev 18:15 πλουτήσαντες ἀπ' αὐτῆς **ἀπὸ** μακρόθεν στήσονται διὰ
Rev 18:17 **ἀπὸ** μακρόθεν ἔστησαν
Rev 19:5 Καὶ φωνὴ **ἀπὸ** τοῦ θρόνου ἐξῆλθεν
Rev 20:11 οὗ **ἀπὸ** τοῦ προσώπου ἔφυγεν
Rev 21:2 ἐκ τοῦ οὐρανοῦ **ἀπὸ** τοῦ θεοῦ ἡτοιμασμένην
Rev 21:10 ἐκ τοῦ οὐρανοῦ **ἀπὸ** τοῦ θεοῦ
Rev 21:13 **ἀπὸ** ἀνατολῆς πυλῶνες τρεῖς
Rev 21:13 πυλῶνες τρεῖς καὶ **ἀπὸ** βορρᾶ πυλῶνες τρεῖς
Rev 21:13 πυλῶνες τρεῖς καὶ **ἀπὸ** νότου πυλῶνες τρεῖς
Rev 21:13 πυλῶνες τρεῖς καὶ **ἀπὸ** δυσμῶν πυλῶνες τρεῖς.
Rev 22:19 ἐάν τις ἀφέλῃ **ἀπὸ** τῶν λόγων τοῦ
Rev 22:19 τὸ μέρος αὐτοῦ **ἀπὸ** τοῦ ξύλου τῆς

ἀποδίδωμι (*apodidōmi*; 4/48) *give back, repay*

Rev 18:6 **ἀπόδοτε** αὐτῇ ὡς καὶ
Rev 18:6 ὡς καὶ αὐτὴ **ἀπέδωκεν** καὶ διπλώσατε τὰ
Rev 22:2 κατὰ μῆνα ἕκαστον **ἀποδιδοῦν** τὸν καρπὸν αὐτοῦ,
Rev 22:12 μου μετ' ἐμοῦ **ἀποδοῦναι** ἑκάστῳ ὡς τὸ

ἀποθνῄσκω (*apothnēskō*; 6/111) *die*

Rev 3:2 λοιπὰ ἃ ἔμελλον **ἀποθανεῖν**,
Rev 8:9 καὶ **ἀπέθανεν** τὸ τρίτον τῶν
Rev 8:11 πολλοὶ τῶν ἀνθρώπων **ἀπέθανον** ἐκ τῶν ὑδάτων
Rev 9:6 καὶ ἐπιθυμήσουσιν **ἀποθανεῖν** καὶ φεύγει ὁ
Rev 14:13 οἱ ἐν κυρίῳ **ἀποθνῄσκοντες** ἀπ' ἄρτι.
Rev 16:3 πᾶσα ψυχὴ ζωῆς **ἀπέθανεν** τὰ ἐν τῇ

ἀποκάλυψις (*apokalypsis*; 1/18) *revelation*

Rev 1:1 **Ἀποκάλυψις** Ἰησοῦ Χριστοῦ ἣν

ἀποκρίνομαι (*apokrinomai*; 1/231) *answer*

Rev 7:13 Καὶ **ἀπεκρίθη** εἷς ἐκ τῶν

ἀποκτείνω (*apokteinō*; 15/74) *kill*

Rev 2:13 ὃς **ἀπεκτάνθη** παρ' ὑμῖν,
Rev 2:23 τὰ τέκνα αὐτῆς **ἀποκτενῶ** ἐν θανάτῳ.
Rev 6:8 τέταρτον τῆς γῆς **ἀποκτεῖναι** ἐν ῥομφαίᾳ
Rev 6:11 αὐτῶν οἱ μέλλοντες **ἀποκτέννεσθαι** ὡς καὶ αὐτοί.
Rev 9:5 αὐτοῖς ἵνα μὴ **ἀποκτείνωσιν** αὐτούς,
Rev 9:15 ἵνα **ἀποκτείνωσιν** τὸ τρίτον τῶν
Rev 9:18 τριῶν πληγῶν τούτων **ἀπεκτάνθησαν** τὸ τρίτον τῶν
Rev 9:20 οἳ οὐκ **ἀπεκτάνθησαν** ἐν ταῖς πληγαῖς
Rev 11:5 οὕτως δεῖ αὐτὸν **ἀποκτανθῆναι**.
Rev 11:7 νικήσει αὐτοὺς καὶ **ἀποκτενεῖ** αὐτούς.
Rev 11:13 πόλεως ἔπεσεν καὶ **ἀπεκτάνθησαν** ἐν τῷ σεισμῷ
Rev 13:10 τις ἐν μαχαίρῃ **ἀποκτανθῆναι** αὐτὸν ἐν μαχαίρῃ
Rev 13:10 αὐτὸν ἐν μαχαίρῃ **ἀποκτανθῆναι**.
Rev 13:15 εἰκόνι τοῦ θηρίου **ἀποκτανθῶσιν**.
Rev 19:21 καὶ οἱ λοιποὶ **ἀπεκτάνθησαν** ἐν τῇ ῥομφαίᾳ

ἀπόλλυμι (*apollymi*; 1/90) *destroy*

Rev 18:14 καὶ τὰ λαμπρὰ **ἀπώλετο** ἀπὸ σοῦ καὶ

Ἀπολλύων (*Apollyōn*; 1/1) *Apollyon*

Rev 9:11 Ἑλληνικῇ ὄνομα ἔχει **Ἀπολλύων**.

ἀποστέλλω (*apostellō*; 3/132) *send*

Rev 1:1 καὶ ἐσήμανεν **ἀποστείλας** διὰ τοῦ ἀγγέλου
Rev 5:6 πνεύματα τοῦ θεοῦ **ἀπεσταλμένοι** εἰς πᾶσαν τὴν
Rev 22:6 πνευμάτων τῶν προφητῶν **ἀπέστειλεν** τὸν ἄγγελον αὐτοῦ

ἀπόστολος (*apostolos*; 3/80) *apostle, messenger*

Rev 2:2 τοὺς λέγοντας ἑαυτοὺς **ἀποστόλους** καὶ οὐκ εἰσὶν
Rev 18:20 ἅγιοι καὶ οἱ **ἀπόστολοι** καὶ οἱ προφῆται,

Rev 21:14 ὀνόματα τῶν δώδεκα **ἀποστόλων** τοῦ ἀρνίου.

ἀποφέρω (*apopherō*; 2/6) *take or carry away*
Rev 17:3 καὶ **ἀπήνεγκέν** με εἰς ἔρημον
Rev 21:10 καὶ **ἀπήνεγκέν** με ἐν πνεύματι

ἀποχωρίζω (*apochōrizō*; 1/2) *separate*
Rev 6:14 καὶ ὁ οὐρανὸς **ἀπεχωρίσθη** ὡς βιβλίον ἑλισσόμενον

ἀπώλεια (*apōleia*; 2/18) *destruction*
Rev 17:8 ἀβύσσου καὶ εἰς **ἀπώλειαν** ὑπάγει,
Rev 17:11 καὶ εἰς **ἀπώλειαν** ὑπάγει.

ἄργυρος (*argyros*; 1/5) *silver*
Rev 18:12 γόμον χρυσοῦ καὶ **ἀργύρου** καὶ λίθου τιμίου

ἀργυροῦς (*argyrous*; 1/3) *made of silver*
Rev 9:20 χρυσᾶ καὶ τὰ **ἀργυρᾶ** καὶ τὰ χαλκᾶ

ἀριθμέω (*arithmeō*; 1/3) *count*
Rev 7:9 ὃν **ἀριθμῆσαι** αὐτὸν οὐδεὶς ἐδύνατο,

ἀριθμός (*arithmos*; 10/18) *number*
Rev 5:11 καὶ ἦν ὁ **ἀριθμὸς** αὐτῶν μυριάδες μυριάδων
Rev 7:4 Καὶ ἤκουσα τὸν **ἀριθμὸν** τῶν ἐσφραγισμένων,
Rev 9:16 καὶ ὁ **ἀριθμὸς** τῶν στρατευμάτων τοῦ
Rev 9:16 ἤκουσα τὸν **ἀριθμὸν** αὐτῶν.
Rev 13:17 θηρίου ἢ τὸν **ἀριθμὸν** τοῦ ὀνόματος αὐτοῦ.
Rev 13:18 νοῦν ψηφισάτω τὸν **ἀριθμὸν** τοῦ θηρίου,
Rev 13:18 **ἀριθμὸς** γὰρ ἀνθρώπου ἐστίν,
Rev 13:18 καὶ ὁ **ἀριθμὸς** αὐτοῦ ἑξακόσιοι ἑξήκοντα
Rev 15:2 καὶ ἐκ τοῦ **ἀριθμοῦ** τοῦ ὀνόματος αὐτοῦ
Rev 20:8 ὧν ὁ **ἀριθμὸς** αὐτῶν ὡς ἡ

ἄρκος (*arkos*; 1/1) *bear*
Rev 13:2 πόδες αὐτοῦ ὡς **ἄρκου** καὶ τὸ στόμα

ἅρμα (*harma*; 1/4) *chariot*
Rev 9:9 αὐτῶν ὡς φωνὴ **ἁρμάτων** ἵππων πολλῶν τρεχόντων

Ἁρμαγεδών (*Harmagedōn*; 1/1) *Armageddon*
Rev 16:16 τὸν καλούμενον Ἑβραϊστὶ **Ἁρμαγεδών**.

ἀρνέομαι (*arneomai*; 2/33) *deny*
Rev 2:13 μου καὶ οὐκ **ἠρνήσω** τὴν πίστιν μου
Rev 3:8 λόγον καὶ οὐκ **ἠρνήσω** τὸ ὄνομά μου.

ἀρνίον (*arnion*; 29/30) *lamb*
Rev 5:6 μέσῳ τῶν πρεσβυτέρων **ἀρνίον** ἑστηκὸς ὡς ἐσφαγμένον
Rev 5:8 ἔπεσαν ἐνώπιον τοῦ **ἀρνίου** ἔχοντες ἕκαστος κιθάραν
Rev 5:12 ἄξιόν ἐστιν τὸ **ἀρνίον** τὸ ἐσφαγμένον λαβεῖν
Rev 5:13 θρόνῳ καὶ τῷ **ἀρνίῳ** ἡ εὐλογία καὶ
Rev 6:1 ὅτε ἤνοιξεν τὸ **ἀρνίον** μίαν ἐκ τῶν
Rev 6:16 τῆς ὀργῆς τοῦ **ἀρνίου**,
Rev 7:9 καὶ ἐνώπιον τοῦ **ἀρνίου** περιβεβλημένους στολὰς λευκὰς
Rev 7:10 θρόνῳ καὶ τῷ **ἀρνίῳ**.
Rev 7:14 τῷ αἵματι τοῦ **ἀρνίου**.
Rev 7:17 ὅτι τὸ **ἀρνίον** τὸ ἀνὰ μέσον
Rev 12:11 τὸ αἷμα τοῦ **ἀρνίου** καὶ διὰ τὸν
Rev 13:8 τῆς ζωῆς τοῦ **ἀρνίου** τοῦ ἐσφαγμένου ἀπὸ
Rev 13:11 κέρατα δύο ὅμοια **ἀρνίῳ** καὶ ἐλάλει ὡς
Rev 14:1 καὶ ἰδοὺ τὸ **ἀρνίον** ἑστὸς ἐπὶ τὸ
Rev 14:4 οἱ ἀκολουθοῦντες τῷ **ἀρνίῳ** ὅπου ἂν ὑπάγῃ.
Rev 14:4 θεῷ καὶ τῷ **ἀρνίῳ**,
Rev 14:10 καὶ ἐνώπιον τοῦ **ἀρνίου**.
Rev 15:3 τὴν ᾠδὴν τοῦ **ἀρνίου** λέγοντες·
Rev 17:14 οὗτοι μετὰ τοῦ **ἀρνίου** πολεμήσουσιν καὶ
Rev 17:14 πολεμήσουσιν καὶ τὸ **ἀρνίον** νικήσει αὐτούς,
Rev 19:7 ὁ γάμος τοῦ **ἀρνίου** καὶ ἡ γυνὴ
Rev 19:9 τοῦ γάμου τοῦ **ἀρνίου** κεκλημένοι.
Rev 21:9 τὴν γυναῖκα τοῦ **ἀρνίου**.
Rev 21:14 δώδεκα ἀποστόλων τοῦ **ἀρνίου**.
Rev 21:22 ἐστιν καὶ τὸ **ἀρνίον**.
Rev 21:23 λύχνος αὐτῆς τὸ **ἀρνίον**.
Rev 21:27 τῆς ζωῆς τοῦ **ἀρνίου**.
Rev 22:1 θεοῦ καὶ τοῦ **ἀρνίου**.
Rev 22:3 θεοῦ καὶ τοῦ **ἀρνίου** ἐν αὐτῇ ἔσται,

ἁρπάζω (*harpazō*; 1/14) *snatch*
Rev 12:5 καὶ **ἡρπάσθη** τὸ τέκνον αὐτῆς

ἄρσην (*arsēn*; 2/9) *male*
Rev 12:5 καὶ ἔτεκεν υἱὸν **ἄρσεν**,
Rev 12:13 ἥτις ἔτεκεν τὸν **ἄρσενα**.

ἄρτι (*arti*; 2/36) *now*
Rev 12:10 **ἄρτι** ἐγένετο ἡ σωτηρία
Rev 14:13 κυρίῳ ἀποθνῄσκοντες ἀπ' **ἄρτι**.

ἀρχαῖος (*archaios*; 2/11) *old*
Rev 12:9 ὁ ὄφις ὁ **ἀρχαῖος**,
Rev 20:2 ὁ ὄφις ὁ **ἀρχαῖος**,

ἀρχή (*archē*; 3/55) *beginning*
Rev 3:14 ἡ **ἀρχὴ** τῆς κτίσεως τοῦ
Rev 21:6 ἡ **ἀρχὴ** καὶ τὸ τέλος.
Rev 22:13 ἡ **ἀρχὴ** καὶ τὸ τέλος.

ἄρχων (*archōn*; 1/37) *ruler*
Rev 1:5 νεκρῶν καὶ ὁ **ἄρχων** τῶν βασιλέων τῆς

Ἀσήρ (*Asēr*; 1/2) *Asher*
Rev 7:6 ἐκ φυλῆς **Ἀσὴρ** δώδεκα χιλιάδες,

Ἀσία (*Asia*; 1/18) *Asia*
Rev 1:4 ταῖς ἐν τῇ **Ἀσίᾳ**·

ἀστήρ (*astēr*; 14/24) *star*
Rev 1:16 δεξιᾷ χειρὶ αὐτοῦ **ἀστέρας** ἑπτὰ καὶ ἐκ

Rev 1:20 μυστήριον τῶν ἑπτὰ **ἀστέρων** οὓς εἶδες ἐπὶ
Rev 1:20 οἱ ἑπτὰ **ἀστέρες** ἄγγελοι τῶν ἑπτὰ
Rev 2:1 κρατῶν τοὺς ἑπτὰ **ἀστέρας** ἐν τῇ δεξιᾷ
Rev 2:28 δώσω αὐτῷ τὸν **ἀστέρα** τὸν πρωϊνόν.
Rev 3:1 καὶ τοὺς ἑπτὰ **ἀστέρας**·
Rev 6:13 καὶ οἱ **ἀστέρες** τοῦ οὐρανοῦ ἔπεσαν
Rev 8:10 ἐκ τοῦ οὐρανοῦ **ἀστὴρ** μέγας καιόμενος ὡς
Rev 8:11 τὸ ὄνομα τοῦ **ἀστέρος** λέγεται ὁ Ἄψινθος,
Rev 8:12 τὸ τρίτον τῶν **ἀστέρων**,
Rev 9:1 καὶ εἶδον **ἀστέρα** ἐκ τοῦ οὐρανοῦ
Rev 12:1 κεφαλῆς αὐτῆς στέφανος **ἀστέρων** δώδεκα,
Rev 12:4 τὸ τρίτον τῶν **ἀστέρων** τοῦ οὐρανοῦ καὶ
Rev 22:16 ὁ **ἀστὴρ** ὁ λαμπρὸς ὁ

ἀστραπή (*astrapē*; 4/9) *lightning*
Rev 4:5 τοῦ θρόνου ἐκπορεύονται **ἀστραπαὶ** καὶ φωναὶ καὶ
Rev 8:5 καὶ φωναὶ καὶ **ἀστραπαὶ** καὶ σεισμός.
Rev 11:19 καὶ ἐγένοντο **ἀστραπαὶ** καὶ φωναὶ καὶ
Rev 16:18 καὶ ἐγένοντο **ἀστραπαὶ** καὶ φωναὶ καὶ

ἀσχημοσύνη (*aschēmosynē*; 1/2) *shameless act*
Rev 16:15 καὶ βλέπωσιν τὴν **ἀσχημοσύνην** αὐτοῦ.

αὐλή (*aulē*; 1/12) *courtyard, sheepfold*
Rev 11:2 καὶ τὴν **αὐλὴν** τὴν ἔξωθεν τοῦ

αὐλητής (*aulētēs*; 1/2) *flute player*
Rev 18:22 καὶ μουσικῶν καὶ **αὐλητῶν** καὶ σαλπιστῶν

ἀφαιρέω (*aphaireō*; 2/10) *take away*
Rev 22:19 καὶ ἐάν τις **ἀφέλῃ** ἀπὸ τῶν λόγων
Rev 22:19 **ἀφελεῖ** ὁ θεὸς τὸ

ἀφίημι (*aphiēmi*; 3/143) *leave, forgive*
Rev 2:4 σου τὴν πρώτην **ἀφῆκες**.
Rev 2:20 κατὰ σοῦ ὅτι **ἀφεῖς** τὴν γυναῖκα Ἰεζάβελ,
Rev 11:9 πτώματα αὐτῶν οὐκ **ἀφίουσιν** τεθῆναι εἰς μνῆμα.

ἄχρι (*achri*; 11/48[49]) *until*
Rev 2:10 γίνου πιστὸς **ἄχρι** θανάτου,
Rev 2:25 ὃ ἔχετε κρατήσατε **ἄχρι[ς]** οὗ ἂν ἥξω.
Rev 2:26 καὶ ὁ τηρῶν **ἄχρι** τέλους τὰ ἔργα
Rev 7:3 **ἄχρι** σφραγίσωμεν τοὺς δούλους
Rev 12:11 τὴν ψυχὴν αὐτῶν **ἄχρι** θανάτου.
Rev 14:20 ἐκ τῆς ληνοῦ **ἄχρι** τῶν χαλινῶν τῶν
Rev 15:8 εἰς τὸν ναὸν **ἄχρι** τελεσθῶσιν αἱ ἑπτὰ
Rev 17:17 αὐτῶν τῷ θηρίῳ **ἄχρι** τελεσθήσονται οἱ λόγοι
Rev 18:5 αὐτῆς αἱ ἁμαρτίαι **ἄχρι** τοῦ οὐρανοῦ καὶ
Rev 20:3 ἔτι τὰ ἔθνη **ἄχρι** τελεσθῇ τὰ χίλια
Rev 20:5 νεκρῶν οὐκ ἔζησαν **ἄχρι** τελεσθῇ τὰ χίλια

ἄψινθος (*apsinthos*; 2/2) *wormwood*
Rev 8:11 ἀστέρος λέγεται ὁ **Ἄψινθος**,
Rev 8:11 τῶν ὑδάτων εἰς **ἄψινθον** καὶ πολλοὶ τῶν

Βαβυλών (*Babylōn*; 6/12) *Babylon*
Rev 14:8 ἔπεσεν ἔπεσεν **Βαβυλὼν** ἡ μεγάλη ἣ
Rev 16:19 καὶ **Βαβυλὼν** ἡ μεγάλη ἐμνήσθη
Rev 17:5 **Βαβυλὼν** ἡ μεγάλη,
Rev 18:2 ἔπεσεν ἔπεσεν **Βαβυλὼν** ἡ μεγάλη,
Rev 18:10 **Βαβυλὼν** ἡ πόλις ἡ
Rev 18:21 οὕτως ὁρμήματι βληθήσεται **Βαβυλὼν** ἡ μεγάλη πόλις

βαθύς (*bathys*; 1/4) *deep*
Rev 2:24 οὐκ ἔγνωσαν τὰ **βαθέα** τοῦ σατανᾶ ὡς

Βαλαάμ (*Balaam*; 1/3) *Balaam*
Rev 2:14 κρατοῦντας τὴν διδαχὴν **Βαλαάμ**,

Βαλάκ (*Balak*; 1/1) *Balak*
Rev 2:14 ὃς ἐδίδασκεν τῷ **Βαλὰκ** βαλεῖν σκάνδαλον ἐνώπιον

βάλλω (*ballō*; 28/121[122]) *throw*
Rev 2:10 ἰδοὺ μέλλει **βάλλειν** ὁ διάβολος ἐξ
Rev 2:14 ἐδίδασκεν τῷ Βαλὰκ **βαλεῖν** σκάνδαλον ἐνώπιον τῶν
Rev 2:22 ἰδοὺ **βάλλω** αὐτὴν εἰς κλίνην
Rev 2:24 οὐ βάλλω **ἐφ'** ὑμᾶς ἄλλο βάρος,
Rev 4:10 τῶν αἰώνων καὶ **βαλοῦσιν** τοὺς στεφάνους αὐτῶν
Rev 6:13 ὡς συκῆ **βάλλει** τοὺς ὀλύνθους αὐτῆς
Rev 8:5 τοῦ θυσιαστηρίου καὶ **ἔβαλεν** εἰς τὴν γῆν,
Rev 8:7 ἐν αἵματι καὶ **ἐβλήθη** εἰς τὴν γῆν,
Rev 8:8 μέγα πυρὶ καιόμενον **ἐβλήθη** εἰς τὴν θάλασσαν,
Rev 12:4 τοῦ οὐρανοῦ καὶ **ἔβαλεν** αὐτοὺς εἰς τὴν
Rev 12:9 καὶ **ἐβλήθη** ὁ δράκων ὁ
Rev 12:9 **ἐβλήθη** εἰς τὴν γῆν,
Rev 12:9 αὐτοῦ μετ' αὐτοῦ **ἐβλήθησαν**.
Rev 12:10 ὅτι **ἐβλήθη** ὁ κατήγωρ τῶν
Rev 12:13 ὁ δράκων ὅτι **ἐβλήθη** εἰς τὴν γῆν,
Rev 12:15 καὶ **ἔβαλεν** ὁ ὄφις ἐκ
Rev 12:16 τὸν ποταμὸν ὃν **ἔβαλεν** ὁ δράκων ἐκ
Rev 14:16 καὶ **ἔβαλεν** ὁ καθήμενος ἐπὶ
Rev 14:19 καὶ **ἔβαλεν** ὁ ἄγγελος τὸ
Rev 14:19 τῆς γῆς καὶ **ἔβαλεν** εἰς τὴν ληνὸν
Rev 18:19 καὶ **ἔβαλον** χοῦν ἐπὶ τὰς
Rev 18:21 μύλινον μέγαν καὶ **ἔβαλεν** εἰς τὴν θάλασσαν
Rev 18:21 οὕτως ὁρμήματι **βληθήσεται** Βαβυλὼν ἡ μεγάλη
Rev 19:20 ζῶντες **ἐβλήθησαν** οἱ δύο εἰς
Rev 20:3 καὶ **ἔβαλεν** αὐτὸν εἰς τὴν
Rev 20:10 ὁ πλανῶν αὐτοὺς **ἐβλήθη** εἰς τὴν λίμνην
Rev 20:14 καὶ ὁ ᾅδης **ἐβλήθησαν** εἰς τὴν λίμνην
Rev 20:15 **ἐβλήθη** εἰς τὴν λίμνην

βάπτω (*baptō*; 1/4) *dip*
Rev 19:13 καὶ περιβεβλημένος ἱμάτιον **βεβαμμένον** αἵματι,

βάρος (*baros*; 1/6) *burden*
Rev 2:24 ἐφ' ὑμᾶς ἄλλο **βάρος**,

βασανίζω (*basanizō*; 5/12) *torment*
Rev 9:5 ἀλλ' ἵνα **βασανισθήσονται** μῆνας πέντε,
Rev 11:10 οἱ δύο προφῆται **ἐβασάνισαν** τοὺς κατοικοῦντας ἐπὶ

Rev 12:2 κράζει ὠδίνουσα καὶ **βασανιζομένη** τεκεῖν.
Rev 14:10 ὀργῆς αὐτοῦ καὶ **βασανισθήσεται** ἐν πυρὶ
Rev 20:10 καὶ **βασανισθήσονται** ἡμέρας καὶ νυκτὸς

βασανισμός (*basanismos*; 6/6) *torture*

Rev 9:5 καὶ ὁ **βασανισμὸς** αὐτῶν ὡς βασανισμὸς
Rev 9:5 βασανισμὸς αὐτῶν ὡς **βασανισμὸς** σκορπίου ὅταν παίσῃ
Rev 14:11 ὁ καπνὸς τοῦ **βασανισμοῦ** αὐτῶν εἰς αἰῶνας
Rev 18:7 τοσοῦτον δότε αὐτῇ **βασανισμὸν** καὶ πένθος.
Rev 18:10 τὸν φόβον τοῦ **βασανισμοῦ** αὐτῆς λέγοντες·
Rev 18:15 τὸν φόβον τοῦ **βασανισμοῦ** αὐτῆς κλαίοντες καὶ

βασιλεία (*basileia*; 9/162) *kingdom*

Rev 1:6 καὶ ἐποίησεν ἡμᾶς **βασιλείαν**,
Rev 1:9 τῇ θλίψει καὶ **βασιλείᾳ** καὶ ὑπομονῇ ἐν
Rev 5:10 τῷ θεῷ ἡμῶν **βασιλείαν** καὶ ἱερεῖς,
Rev 11:15 ἐγένετο ἡ **βασιλεία** τοῦ κόσμου τοῦ
Rev 12:10 δύναμις καὶ ἡ **βασιλεία** τοῦ θεοῦ ἡμῶν
Rev 16:10 καὶ ἐγένετο ἡ **βασιλεία** αὐτοῦ ἐσκοτωμένη,
Rev 17:12 οἵτινες **βασιλείαν** οὔπω ἔλαβον,
Rev 17:17 καὶ δοῦναι τὴν **βασιλείαν** αὐτῶν τῷ θηρίῳ
Rev 17:18 μεγάλη ἡ ἔχουσα **βασιλείαν** ἐπὶ τῶν βασιλέων

βασιλεύς (*basileus*; 21/115) *king*

Rev 1:5 ὁ ἄρχων τῶν **βασιλέων** τῆς γῆς.
Rev 6:15 Καὶ οἱ **βασιλεῖς** τῆς γῆς καὶ
Rev 9:11 ἔχουσιν ἐπ᾽ αὐτῶν **βασιλέα** τὸν ἄγγελον
Rev 10:11 καὶ γλώσσαις καὶ **βασιλεῦσιν** πολλοῖς.
Rev 15:3 ὁ **βασιλεὺς** τῶν ἐθνῶν·
Rev 16:12 ἡ ὁδὸς τῶν **βασιλέων** τῶν ἀπὸ ἀνατολῆς
Rev 16:14 ἐκπορεύεται ἐπὶ τοὺς **βασιλεῖς** τῆς οἰκουμένης ὅλης
Rev 17:2 ἧς ἐπόρνευσαν οἱ **βασιλεῖς** τῆς γῆς καὶ
Rev 17:9 καὶ **βασιλεῖς** ἑπτά εἰσιν·
Rev 17:12 ἃ εἶδες δέκα **βασιλεῖς** εἰσιν,
Rev 17:12 ἀλλὰ ἐξουσίαν ὡς **βασιλεῖς** μίαν ὥραν λαμβάνουσιν
Rev 17:14 κυρίων ἐστὶν καὶ **βασιλεὺς** βασιλέων καὶ
Rev 17:14 ἐστὶν καὶ βασιλεὺς **βασιλέων** καὶ οἱ μετ᾽
Rev 17:18 βασιλείαν ἐπὶ τῶν **βασιλέων** τῆς γῆς.
Rev 18:3 ἔθνη καὶ οἱ **βασιλεῖς** τῆς γῆς μετ᾽
Rev 18:9 ἐπ᾽ αὐτὴν οἱ **βασιλεῖς** τῆς γῆς οἱ
Rev 19:16 **Βασιλεὺς** βασιλέων καὶ κύριος
Rev 19:16 Βασιλεὺς **βασιλέων** καὶ κύριος κυρίων.
Rev 19:18 ἵνα φάγητε σάρκας **βασιλέων** καὶ σάρκας χιλιάρχων
Rev 19:19 θηρίον καὶ τοὺς **βασιλεῖς** τῆς γῆς καὶ
Rev 21:24 καὶ οἱ **βασιλεῖς** τῆς γῆς φέρουσιν

βασιλεύω (*basileuō*; 7/21) *rule*

Rev 5:10 καὶ **βασιλεύσουσιν** ἐπὶ τῆς γῆς.
Rev 11:15 καὶ **βασιλεύσει** εἰς τοὺς αἰῶνας
Rev 11:17 τὴν μεγάλην καὶ **ἐβασίλευσας**.
Rev 19:6 ὅτι **ἐβασίλευσεν** κύριος ὁ θεὸς
Rev 20:4 καὶ ἔζησαν καὶ **ἐβασίλευσαν** μετὰ τοῦ Χριστοῦ
Rev 20:6 τοῦ Χριστοῦ καὶ **βασιλεύσουσιν** μετ᾽ αὐτοῦ
Rev 22:5 καὶ βασιλεύσουσιν **εἰς** τοὺς αἰῶνας τῶν

βασίλισσα (*basilissa*; 1/4) *queen*

Rev 18:7 λέγει ὅτι κάθημαι **βασίλισσα** καὶ χήρα οὐκ

βαστάζω (*bastazō*; 3/27) *carry, pick up*

Rev 2:2 ὅτι οὐ δύνῃ **βαστάσαι** κακούς,
Rev 2:3 ὑπομονὴν ἔχεις καὶ **ἐβάστασας** διὰ τὸ ὄνομά
Rev 17:7 τοῦ θηρίου τοῦ **βαστάζοντος** αὐτὴν τοῦ ἔχοντος

βάτραχος (*batrachos*; 1/1) *frog*

Rev 16:13 τρία ἀκάθαρτα ὡς **βάτραχοι**·

βδέλυγμα (*bdelygma*; 3/6) *something detestable*

Rev 17:4 χειρὶ αὐτῆς γέμον **βδελυγμάτων** καὶ τὰ ἀκάθαρτα
Rev 17:5 πορνῶν καὶ τῶν **βδελυγμάτων** τῆς γῆς.
Rev 21:27 καὶ [ὁ] ποιῶν **βδέλυγμα** καὶ ψεῦδος εἰ

βδελύσσομαι (*bdelyssomai*; 1/2) *detest*

Rev 21:8 καὶ ἀπίστοις καὶ **ἐβδελυγμένοις** καὶ φονεῦσιν καὶ

Βενιαμίν (*Beniamin*; 1/4) *Benjamin*

Rev 7:8 ἐκ φυλῆς **Βενιαμὶν** δώδεκα χιλιάδες ἐσφραγισμένοι.

βήρυλλος (*bēryllos*; 1/1) *beryl*

Rev 21:20 ὁ ὄγδοος **βήρυλλος**,

βιβλαρίδιον (*biblaridion*; 3/3) *little book or scroll*

Rev 10:2 τῇ χειρὶ αὐτοῦ **βιβλαρίδιον** ἠνεῳγμένον.
Rev 10:9 δοῦναί μοι τὸ **βιβλαρίδιον**.
Rev 10:10 Καὶ ἔλαβον τὸ **βιβλαρίδιον** ἐκ τῆς χειρὸς

βιβλίον (*biblion*; 23/34) *book*

Rev 1:11 βλέπεις γράψον εἰς **βιβλίον** καὶ πέμψον
Rev 5:1 ἐπὶ τοῦ θρόνου **βιβλίον** γεγραμμένον ἔσωθεν καὶ
Rev 5:2 ἄξιος ἀνοῖξαι τὸ **βιβλίον** καὶ λῦσαι τὰς
Rev 5:3 γῆς ἀνοῖξαι τὸ **βιβλίον** οὔτε βλέπειν αὐτό.
Rev 5:4 εὑρέθη ἀνοῖξαι τὸ **βιβλίον** οὔτε βλέπειν αὐτό.
Rev 5:5 ἀνοῖξαι τὸ **βιβλίον** καὶ τὰς ἑπτὰ
Rev 5:8 ὅτε ἔλαβεν τὸ **βιβλίον**,
Rev 5:9 εἶ λαβεῖν τὸ **βιβλίον** καὶ ἀνοῖξαι τὰς
Rev 6:14 οὐρανὸς ἀπεχωρίσθη ὡς **βιβλίον** ἑλισσόμενον καὶ πᾶν
Rev 10:8 ὕπαγε λάβε τὸ **βιβλίον** τὸ ἠνεῳγμένον ἐν
Rev 13:8 αὐτοῦ ἐν τῷ **βιβλίῳ** τῆς ζωῆς τοῦ
Rev 17:8 ὄνομα ἐπὶ τὸ **βιβλίον** τῆς ζωῆς ἀπὸ
Rev 20:12 καὶ **βιβλία** ἠνοίχθησαν,
Rev 20:12 καὶ ἄλλο **βιβλίον** ἠνοίχθη,
Rev 20:12 γεγραμμένων ἐν τοῖς **βιβλίοις** κατὰ τὰ ἔργα
Rev 21:27 γεγραμμένοι ἐν τῷ **βιβλίῳ** τῆς ζωῆς τοῦ
Rev 22:7 τῆς προφητείας τοῦ **βιβλίου** τούτου.
Rev 22:9 τοὺς λόγους τοῦ **βιβλίου** τούτου·
Rev 22:10 τῆς προφητείας τοῦ **βιβλίου** τούτου,
Rev 22:18 τῆς προφητείας τοῦ **βιβλίου** τούτου·

Rev 22:18 γεγραμμένας ἐν τῷ **βιβλίῳ** τούτῳ,
Rev 22:19 τῶν λόγων τοῦ **βιβλίου** τῆς προφητείας ταύτης,
Rev 22:19 γεγραμμένων ἐν τῷ **βιβλίῳ** τούτῳ.

βίβλος (*biblos*; 2/10) *book*
Rev 3:5 αὐτοῦ ἐκ τῆς **βίβλου** τῆς ζωῆς καὶ
Rev 20:15 εὑρέθη ἐν τῇ **βίβλῳ** τῆς ζωῆς γεγραμμένος,

βλασφημέω (*blasphēmeō*; 4/34) *blaspheme*
Rev 13:6 πρὸς τὸν θεὸν **βλασφημῆσαι** τὸ ὄνομα αὐτοῦ
Rev 16:9 καῦμα μέγα καὶ **ἐβλασφήμησαν** τὸ ὄνομα
Rev 16:11 καὶ **ἐβλασφήμησαν** τὸν θεὸν τοῦ
Rev 16:21 καὶ **ἐβλασφήμησαν** οἱ ἄνθρωποι τὸν

βλασφημία (*blasphēmia*; 5/18) *blasphemy*
Rev 2:9 καὶ τὴν **βλασφημίαν** ἐκ τῶν λεγόντων
Rev 13:1 κεφαλὰς αὐτοῦ ὀνόμα[τα] **βλασφημίας**.
Rev 13:5 λαλοῦν μεγάλα καὶ **βλασφημίας** καὶ ἐδόθη αὐτῷ
Rev 13:6 στόμα αὐτοῦ εἰς **βλασφημίας** πρὸς τὸν θεὸν
Rev 17:3 γέμον[τα] ὀνόματα **βλασφημίας**,

βλέπω (*blepō*; 13/132) *see*
Rev 1:11 ὃ **βλέπεις** γράψον εἰς βιβλίον
Rev 1:12 Καὶ ἐπέστρεψα **βλέπειν** τὴν φωνὴν ἥτις
Rev 3:18 ὀφθαλμούς σου ἵνα **βλέπῃς**.
Rev 5:3 τὸ βιβλίον οὔτε **βλέπειν** αὐτό.
Rev 5:4 τὸ βιβλίον οὔτε **βλέπειν** αὐτό.
Rev 9:20 ἃ οὔτε **βλέπειν** δύνανται οὔτε ἀκούειν
Rev 11:9 καὶ **βλέπουσιν** ἐκ τῶν λαῶν
Rev 16:15 γυμνὸς περιπατῇ καὶ **βλέπωσιν** τὴν ἀσχημοσύνην αὐτοῦ.
Rev 17:8 **βλεπόντων** τὸ θηρίον ὅτι
Rev 18:9 ὅταν **βλέπωσιν** τὸν καπνὸν τῆς
Rev 18:18 καὶ ἔκραζον **βλέποντες** τὸν καπνὸν τῆς
Rev 22:8 ὁ ἀκούων καὶ **βλέπων** ταῦτα.
Rev 22:8 ὅτε ἤκουσα καὶ **ἔβλεψα**,

βοηθέω (*boētheō*; 1/8) *help*
Rev 12:16 καὶ **ἐβοήθησεν** ἡ γῆ τῇ

βορρᾶς (*borras*; 1/2) *north*
Rev 21:13 τρεῖς καὶ ἀπὸ **βορρᾶ** πυλῶνες τρεῖς καὶ

βότρυς (*botrys*; 1/1) *cluster*
Rev 14:18 καὶ τρύγησον τοὺς **βότρυας** τῆς ἀμπέλου

βρέχω (*brechō*; 1/7) *rain*
Rev 11:6 ἵνα μὴ ὑετὸς **βρέχῃ** τὰς ἡμέρας τῆς

βροντή (*brontē*; 10/12) *thunder*
Rev 4:5 καὶ φωναὶ καὶ **βρονταί**,
Rev 6:1 λέγοντος ὡς φωνὴ **βροντῆς**·
Rev 8:5 καὶ ἐγένοντο **βρονταὶ** καὶ φωναὶ καὶ
Rev 10:3 ἐλάλησαν αἱ ἑπτὰ **βρονταὶ** τὰς ἑαυτῶν φωνάς.
Rev 10:4 ἐλάλησαν αἱ ἑπτὰ **βρονταί**,
Rev 10:4 ἐλάλησαν αἱ ἑπτὰ **βρονταί**,
Rev 11:19 καὶ φωναὶ καὶ **βρονταὶ** καὶ σεισμὸς καὶ
Rev 14:2 καὶ ὡς φωνὴν **βροντῆς** μεγάλης,
Rev 16:18 καὶ φωναὶ καὶ **βρονταὶ** καὶ σεισμὸς ἐγένετο
Rev 19:6 καὶ ὡς φωνὴν **βροντῶν** ἰσχυρῶν λεγόντων·

βύσσινος (*byssinos*; 5/5) *made of fine linen*
Rev 18:12 καὶ μαργαριτῶν καὶ **βυσσίνου** καὶ πορφύρας καὶ
Rev 18:16 ἡ περιβεβλημένη **βύσσινον** καὶ πορφυροῦν
Rev 19:8 αὐτῇ ἵνα περιβάληται **βύσσινον** λαμπρὸν καθαρόν·
Rev 19:8 τὸ γὰρ **βύσσινον** τὰ δικαιώματα τῶν
Rev 19:14 ἐνδεδυμένοι **βύσσινον** λευκὸν καθαρόν.

Γάδ (*Gad*; 1/1) *Gad*
Rev 7:5 ἐκ φυλῆς **Γὰδ** δώδεκα χιλιάδες,

γάμος (*gamos*; 2/16) *wedding*
Rev 19:7 ὅτι ἦλθεν ὁ **γάμος** τοῦ ἀρνίου καὶ
Rev 19:9 τὸ δεῖπνον τοῦ **γάμου** τοῦ ἀρνίου κεκλημένοι.

γάρ (*gar*; 16/1041) *for*
Rev 1:3 ὁ **γὰρ** καιρὸς ἐγγύς.
Rev 3:2 οὐ **γὰρ** εὕρηκά σου τὰ
Rev 9:19 ἡ **γὰρ** ἐξουσία τῶν ἵππων
Rev 9:19 αἱ **γὰρ** οὐραὶ αὐτῶν ὅμοιαι
Rev 13:18 ἀριθμὸς **γὰρ** ἀνθρώπου ἐστίν,
Rev 14:4 παρθένοι **γάρ** εἰσιν,
Rev 14:13 τὰ **γὰρ** ἔργα αὐτῶν ἀκολουθεῖ
Rev 16:14 εἰσὶν **γὰρ** πνεύματα δαιμονίων ποιοῦντα
Rev 17:17 ὁ **γὰρ** θεὸς ἔδωκεν εἰς
Rev 19:8 τὸ **γὰρ** βύσσινον τὰ δικαιώματα
Rev 19:10 ἡ **γὰρ** μαρτυρία Ἰησοῦ ἐστιν
Rev 21:1 ὁ **γὰρ** πρῶτος οὐρανὸς καὶ
Rev 21:22 ὁ **γὰρ** κύριος ὁ θεὸς
Rev 21:23 ἡ **γὰρ** δόξα τοῦ θεοῦ
Rev 21:25 νὺξ **γὰρ** οὐκ ἔσται ἐκεῖ,
Rev 22:10 ὁ καιρὸς **γὰρ** ἐγγύς ἐστιν.

γαστήρ (*gastēr*; 1/9) *womb*
Rev 12:2 καὶ ἐν **γαστρὶ** ἔχουσα,

γεμίζω (*gemizō*; 2/8) *fill*
Rev 8:5 τὸν λιβανωτὸν καὶ **ἐγέμισεν** αὐτὸν ἐκ τοῦ
Rev 15:8 καὶ **ἐγεμίσθη** ὁ ναὸς καπνοῦ

γέμω (*gemō*; 7/11) *be full*
Rev 4:6 θρόνου τέσσαρα ζῷα **γέμοντα** ὀφθαλμῶν ἔμπροσθεν καὶ
Rev 4:8 κυκλόθεν καὶ ἔσωθεν **γέμουσιν** ὀφθαλμῶν,
Rev 5:8 καὶ φιάλας χρυσᾶς **γεμούσας** θυμιαμάτων,
Rev 15:7 ἑπτὰ φιάλας χρυσᾶς **γεμούσας** τοῦ θυμοῦ
Rev 17:3 **γέμον[τα]** ὀνόματα βλασφημίας,
Rev 17:4 τῇ χειρὶ αὐτῆς **γέμον** βδελυγμάτων καὶ τὰ
Rev 21:9 ἑπτὰ φιάλας τῶν **γεμόντων** τῶν ἑπτὰ πληγῶν

γένος (*genos*; 1/20) *family, race, nation*
Rev 22:16 ῥίζα καὶ τὸ **γένος** Δαυίδ,

γῆ (*gē*; 82/248[250]) *earth, land*

Rev 1:5 τῶν βασιλέων τῆς **γῆς**.
Rev 1:7 αἱ φυλαὶ τῆς **γῆς**.
Rev 3:10 κατοικοῦντας ἐπὶ τῆς **γῆς**.
Rev 5:3 οὐδὲ ἐπὶ τῆς **γῆς** οὐδὲ ὑποκάτω τῆς
Rev 5:3 οὐδὲ ὑποκάτω τῆς **γῆς** ἀνοῖξαι τὸ βιβλίον
Rev 5:6 εἰς πᾶσαν τὴν **γῆν**.
Rev 5:10 βασιλεύσουσιν ἐπὶ τῆς **γῆς**.
Rev 5:13 καὶ ἐπὶ τῆς **γῆς** καὶ ὑποκάτω τῆς
Rev 5:13 καὶ ὑποκάτω τῆς **γῆς** καὶ ἐπὶ τῆς
Rev 6:4 εἰρήνην ἐκ τῆς **γῆς** καὶ ἵνα ἀλλήλους
Rev 6:8 τὸ τέταρτον τῆς **γῆς** ἀποκτεῖναι ἐν ῥομφαίᾳ
Rev 6:8 τῶν θηρίων τῆς **γῆς**.
Rev 6:10 κατοικούντων ἐπὶ τῆς **γῆς**;
Rev 6:13 ἔπεσαν εἰς τὴν **γῆν**,
Rev 6:15 οἱ βασιλεῖς τῆς **γῆς** καὶ οἱ μεγιστᾶνες
Rev 7:1 τέσσαρας γωνίας τῆς **γῆς**,
Rev 7:1 τέσσαρας ἀνέμους τῆς **γῆς** ἵνα μὴ πνέῃ
Rev 7:1 ἄνεμος ἐπὶ τῆς **γῆς** μήτε ἐπὶ τῆς
Rev 7:2 αὐτοῖς ἀδικῆσαι τὴν **γῆν** καὶ τὴν θάλασσαν
Rev 7:3 μὴ ἀδικήσητε τὴν **γῆν** μήτε τὴν θάλασσαν
Rev 8:5 ἔβαλεν εἰς τὴν **γῆν**,
Rev 8:7 ἐβλήθη εἰς τὴν **γῆν**,
Rev 8:7 τὸ τρίτον τῆς **γῆς** κατεκάη καὶ τὸ
Rev 8:13 κατοικοῦντας ἐπὶ τῆς **γῆς** ἐκ τῶν λοιπῶν
Rev 9:1 πεπτωκότα εἰς τὴν **γῆν**,
Rev 9:3 ἀκρίδες εἰς τὴν **γῆν**,
Rev 9:3 οἱ σκορπίοι τῆς **γῆς**.
Rev 9:4 τὸν χόρτον τῆς **γῆς** οὐδὲ πᾶν χλωρὸν
Rev 10:2 εὐώνυμον ἐπὶ τῆς **γῆς**,
Rev 10:5 καὶ ἐπὶ τῆς **γῆς**,
Rev 10:6 αὐτῷ καὶ τὴν **γῆν** καὶ τὰ ἐν
Rev 10:8 καὶ ἐπὶ τῆς **γῆς**.
Rev 11:4 τοῦ κυρίου τῆς **γῆς** ἑστῶτες.
Rev 11:6 καὶ πατάξαι τὴν **γῆν** ἐν πάσῃ πληγῇ
Rev 11:10 κατοικοῦντες ἐπὶ τῆς **γῆς** χαίρουσιν ἐπ' αὐτοῖς
Rev 11:10 κατοικοῦντας ἐπὶ τῆς **γῆς**.
Rev 11:18 τοὺς διαφθείροντας τὴν **γῆν**.
Rev 12:4 αὐτοὺς εἰς τὴν **γῆν**.
Rev 12:9 ἐβλήθη εἰς τὴν **γῆν**,
Rev 12:12 οὐαὶ τὴν **γῆν** καὶ τὴν θάλασσαν,
Rev 12:13 ἐβλήθη εἰς τὴν **γῆν**,
Rev 12:16 καὶ ἐβοήθησεν ἡ **γῆ** τῇ γυναικὶ καὶ
Rev 12:16 καὶ ἤνοιξεν ἡ **γῆ** τὸ στόμα αὐτῆς
Rev 13:3 ἐθαυμάσθη ὅλη ἡ **γῆ** ὀπίσω τοῦ θηρίου
Rev 13:8 κατοικοῦντες ἐπὶ τῆς **γῆς**,
Rev 13:11 ἀναβαῖνον ἐκ τῆς **γῆς**,
Rev 13:12 καὶ ποιεῖ τὴν **γῆν** καὶ τοὺς ἐν
Rev 13:13 καταβαίνειν εἰς τὴν **γῆν** ἐνώπιον τῶν ἀνθρώπων,
Rev 13:14 κατοικοῦντας ἐπὶ τῆς **γῆς** διὰ τὰ σημεῖα
Rev 13:14 κατοικοῦσιν ἐπὶ τῆς **γῆς** ποιῆσαι εἰκόνα
Rev 14:3 ἠγορασμένοι ἀπὸ τῆς **γῆς**.
Rev 14:6 καθημένους ἐπὶ τῆς **γῆς** καὶ ἐπὶ πᾶν
Rev 14:7 οὐρανὸν καὶ τὴν **γῆν** καὶ θάλασσαν καὶ
Rev 14:15 ὁ θερισμὸς τῆς **γῆς**.
Rev 14:16 αὐτοῦ ἐπὶ τὴν **γῆν** καὶ ἐθερίσθη ἡ
Rev 14:16 καὶ ἐθερίσθη ἡ **γῆ**.
Rev 14:18 τῆς ἀμπέλου τῆς **γῆς**,
Rev 14:19 αὐτοῦ εἰς τὴν **γῆν** καὶ ἐτρύγησεν τὴν
Rev 14:19 τὴν ἄμπελον τῆς **γῆς** καὶ ἔβαλεν εἰς
Rev 16:1 θεοῦ εἰς τὴν **γῆν**.
Rev 16:2 αὐτοῦ εἰς τὴν **γῆν**,
Rev 16:18 ἐγένετο ἐπὶ τῆς **γῆς** τηλικοῦτος σεισμὸς οὕτω
Rev 17:2 οἱ βασιλεῖς τῆς **γῆς** καὶ ἐμεθύσθησαν οἱ
Rev 17:2 οἱ κατοικοῦντες τὴν **γῆν** ἐκ τοῦ οἴνου
Rev 17:5 τῶν βδελυγμάτων τῆς **γῆς**.
Rev 17:8 κατοικοῦντες ἐπὶ τῆς **γῆς**,
Rev 17:18 τῶν βασιλέων τῆς **γῆς**.
Rev 18:1 καὶ ἡ **γῆ** ἐφωτίσθη ἐκ τῆς
Rev 18:3 οἱ βασιλεῖς τῆς **γῆς** μετ' αὐτῆς ἐπόρνευσαν
Rev 18:3 οἱ ἔμποροι τῆς **γῆς** ἐκ τῆς δυνάμεως
Rev 18:9 οἱ βασιλεῖς τῆς **γῆς** οἱ μετ' αὐτῆς
Rev 18:11 οἱ ἔμποροι τῆς **γῆς** κλαίουσιν καὶ πενθοῦσιν
Rev 18:23 οἱ μεγιστᾶνες τῆς **γῆς**,
Rev 18:24 ἐσφαγμένων ἐπὶ τῆς **γῆς**.
Rev 19:2 ἥτις ἔφθειρεν τὴν **γῆν** ἐν τῇ πορνείᾳ
Rev 19:19 τοὺς βασιλεῖς τῆς **γῆς** καὶ τὰ στρατεύματα
Rev 20:8 τέσσαρσιν γωνίαις τῆς **γῆς**,
Rev 20:9 τὸ πλάτος τῆς **γῆς** καὶ ἐκύκλευσαν τὴν
Rev 20:11 προσώπου ἔφυγεν ἡ **γῆ** καὶ ὁ οὐρανὸς
Rev 21:1 οὐρανὸν καινὸν καὶ **γῆν** καινήν.
Rev 21:1 καὶ ἡ πρώτη **γῆ** ἀπῆλθαν καὶ ἡ
Rev 21:24 οἱ βασιλεῖς τῆς **γῆς** φέρουσιν τὴν δόξαν

γίνομαι (*ginomai*; 38/668[669]) *be, become*

Rev 1:1 αὐτοῦ ἃ δεῖ **γενέσθαι** ἐν τάχει,
Rev 1:9 **ἐγενόμην** ἐν τῇ νήσῳ
Rev 1:10 **ἐγενόμην** ἐν πνεύματι ἐν
Rev 1:18 καὶ **ἐγενόμην** νεκρὸς καὶ ἰδοὺ
Rev 1:19 καὶ ἃ μέλλει **γενέσθαι** μετὰ ταῦτα.
Rev 2:8 ὃς **ἐγένετο** νεκρὸς καὶ ἔζησεν·
Rev 2:10 **γίνου** πιστὸς ἄχρι θανάτου,
Rev 3:2 **γίνου** γρηγορῶν καὶ στήρισον
Rev 4:1 σοι ἃ δεῖ **γενέσθαι** μετὰ ταῦτα.
Rev 4:2 Εὐθέως **ἐγενόμην** ἐν πνεύματι,
Rev 6:12 καὶ σεισμὸς μέγας **ἐγένετο** καὶ ὁ ἥλιος
Rev 6:12 καὶ ὁ ἥλιος **ἐγένετο** μέλας ὡς σάκκος
Rev 6:12 ἡ σελήνη ὅλη **ἐγένετο** ὡς αἷμα
Rev 8:1 **ἐγένετο** σιγὴ ἐν τῷ
Rev 8:5 καὶ **ἐγένοντο** βρονταὶ καὶ φωναὶ
Rev 8:7 καὶ **ἐγένετο** χάλαζα καὶ πῦρ
Rev 8:8 καὶ **ἐγένετο** τὸ τρίτον τῆς
Rev 8:11 καὶ **ἐγένετο** τὸ τρίτον τῶν
Rev 11:13 ἐκείνῃ τῇ ὥρᾳ **ἐγένετο** σεισμὸς μέγας καὶ
Rev 11:13 οἱ λοιποὶ ἔμφοβοι **ἐγένοντο** καὶ ἔδωκαν δόξαν
Rev 11:15 καὶ **ἐγένοντο** φωναὶ μεγάλαι ἐν
Rev 11:15 **ἐγένετο** ἡ βασιλεία τοῦ
Rev 11:19 καὶ **ἐγένοντο** ἀστραπαὶ καὶ φωναὶ
Rev 12:7 Καὶ **ἐγένετο** πόλεμος ἐν τῷ
Rev 12:10 ἄρτι **ἐγένετο** ἡ σωτηρία καὶ
Rev 16:2 καὶ **ἐγένετο** ἕλκος κακὸν καὶ
Rev 16:3 καὶ **ἐγένετο** αἷμα ὡς νεκροῦ,
Rev 16:4 καὶ **ἐγένετο** αἷμα.
Rev 16:10 καὶ **ἐγένετο** ἡ βασιλεία αὐτοῦ
Rev 16:17 **γέγονεν**.
Rev 16:18 καὶ **ἐγένοντο** ἀστραπαὶ καὶ φωναὶ
Rev 16:18 βρονταὶ καὶ σεισμὸς **ἐγένετο** μέγας,
Rev 16:18 οἷος οὐκ **ἐγένετο** ἀφ' οὗ ἄνθρωπος
Rev 16:18 ἀφ' οὗ ἄνθρωπος **ἐγένετο** ἐπὶ τῆς γῆς
Rev 16:19 καὶ **ἐγένετο** ἡ πόλις ἡ

Rev 18:2 καὶ **ἐγένετο** κατοικητήριον δαιμονίων καὶ
Rev 21:6 **γέγοναν**.
Rev 22:6 αὐτοῦ ἃ δεῖ **γενέσθαι** ἐν τάχει.

γινώσκω (*ginōskō*; 4/222) *know*

Rev 2:23 καὶ **γνώσονται** πᾶσαι αἱ ἐκκλησίαι
Rev 2:24 οἵτινες οὐκ **ἔγνωσαν** τὰ βαθέα τοῦ
Rev 3:3 καὶ οὐ μὴ **γνῷς** ποίαν ὥραν ἥξω
Rev 3:9 ποδῶν σου καὶ **γνῶσιν** ὅτι ἐγὼ ἠγάπησά

γλυκύς (*glykys*; 2/4) *sweet*

Rev 10:9 στόματί σου ἔσται **γλυκὺ** ὡς μέλι.
Rev 10:10 μου ὡς μέλι **γλυκὺ** καὶ ὅτε ἔφαγον

γλῶσσα (*glōssa*; 8/49[50]) *tongue, language*

Rev 5:9 πάσης φυλῆς καὶ **γλώσσης** καὶ λαοῦ καὶ
Rev 7:9 καὶ λαῶν καὶ **γλωσσῶν** ἑστῶτες ἐνώπιον
Rev 10:11 καὶ ἔθνεσιν καὶ **γλώσσαις** καὶ βασιλεῦσιν πολλοῖς.
Rev 11:9 καὶ φυλῶν καὶ **γλωσσῶν** καὶ ἐθνῶν τὸ
Rev 13:7 καὶ λαὸν καὶ **γλῶσσαν** καὶ ἔθνος.
Rev 14:6 καὶ φυλὴν καὶ **γλῶσσαν** καὶ λαόν,
Rev 16:10 καὶ ἐμασῶντο τὰς **γλώσσας** αὐτῶν ἐκ τοῦ
Rev 17:15 καὶ ἔθνη καὶ **γλῶσσαι**.

γνώμη (*gnōmē*; 3/9) *purpose*

Rev 17:13 οὗτοι μίαν **γνώμην** ἔχουσιν καὶ τὴν
Rev 17:17 αὐτῶν ποιῆσαι τὴν **γνώμην** αὐτοῦ καὶ ποιῆσαι
Rev 17:17 καὶ ποιῆσαι μίαν **γνώμην** καὶ δοῦναι τὴν

γόμος (*gomos*; 2/3) *cargo*

Rev 18:11 ὅτι τὸν **γόμον** αὐτῶν οὐδεὶς ἀγοράζει
Rev 18:12 **γόμον** χρυσοῦ καὶ ἀργύρου

γράφω (*graphō*; 29/190[191]) *write*

Rev 1:3 τὰ ἐν αὐτῇ **γεγραμμένα**,
Rev 1:11 ὃ βλέπεις **γράψον** εἰς βιβλίον καὶ
Rev 1:19 **γράψον** οὖν ἃ εἶδες
Rev 2:1 ἐν Ἐφέσῳ ἐκκλησίας **γράψον**·
Rev 2:8 ἐν Σμύρνῃ ἐκκλησίας **γράψον**·
Rev 2:12 ἐν Περγάμῳ ἐκκλησίας **γράψον**·
Rev 2:17 ψῆφον ὄνομα καινὸν **γεγραμμένον** ὃ οὐδεὶς οἶδεν
Rev 2:18 ἐν Θυατείροις ἐκκλησίας **γράψον**·
Rev 3:1 ἐν Σάρδεσιν ἐκκλησίας **γράψον**·
Rev 3:7 ἐν Φιλαδελφείᾳ ἐκκλησίας **γράψον**·
Rev 3:12 ἐξέλθῃ ἔτι καὶ **γράψω** ἐπ᾽ αὐτὸν τὸ
Rev 3:14 ἐν Λαοδικείᾳ ἐκκλησίας **γράψον**·
Rev 5:1 τοῦ θρόνου βιβλίον **γεγραμμένον** ἔσωθεν καὶ ὄπισθεν
Rev 10:4 ἤμελλον **γράφειν**,
Rev 10:4 καὶ μὴ αὐτὰ **γράψῃς**.
Rev 13:8 οὗ οὐ **γέγραπται** τὸ ὄνομα αὐτοῦ
Rev 14:1 τοῦ πατρὸς αὐτοῦ **γεγραμμένον** ἐπὶ τῶν μετώπων
Rev 14:13 γράψον·
Rev 17:5 μέτωπον αὐτῆς ὄνομα **γεγραμμένον**,
Rev 17:8 ὧν οὐ **γέγραπται** τὸ ὄνομα ἐπὶ
Rev 19:9 **γράψον**·
Rev 19:12 ἔχων ὄνομα **γεγραμμένον** ὃ οὐδεὶς οἶδεν
Rev 19:16 μηρὸν αὐτοῦ ὄνομα **γεγραμμένον**·
Rev 20:12 νεκροὶ ἐκ τῶν **γεγραμμένων** ἐν τοῖς βιβλίοις
Rev 20:15 βίβλῳ τῆς ζωῆς **γεγραμμένος**,
Rev 21:5 **γράψον**,
Rev 21:27 εἰ μὴ οἱ **γεγραμμένοι** ἐν τῷ βιβλίῳ
Rev 22:18 τὰς πληγὰς τὰς **γεγραμμένας** ἐν τῷ βιβλίῳ
Rev 22:19 τῆς ἁγίας τῶν **γεγραμμένων** ἐν τῷ βιβλίῳ

γρηγορέω (*grēgoreō*; 3/22) *watch, keep awake*

Rev 3:2 γίνου **γρηγορῶν** καὶ στήρισον τὰ
Rev 3:3 ἐὰν οὖν μὴ **γρηγορήσῃς**,
Rev 16:15 μακάριος ὁ **γρηγορῶν** καὶ τηρῶν τὰ

γυμνός (*gymnos*; 3/15) *naked*

Rev 3:17 καὶ τυφλὸς καὶ **γυμνός**,
Rev 16:15 ἵνα μὴ **γυμνὸς** περιπατῇ καὶ βλέπωσιν
Rev 17:16 ποιήσουσιν αὐτὴν καὶ **γυμνὴν** καὶ τὰς σάρκας

γυμνότης (*gymnotēs*; 1/3) *nakedness*

Rev 3:18 ἡ αἰσχύνη τῆς **γυμνότητός** σου,

γυνή (*gynē*; 19/211[215]) *woman, wife*

Rev 2:20 ὅτι ἀφεῖς τὴν **γυναῖκα** Ἰεζάβελ,
Rev 9:8 τρίχας ὡς τρίχας **γυναικῶν**,
Rev 12:1 **γυνὴ** περιβεβλημένη τὸν ἥλιον,
Rev 12:4 ἕστηκεν ἐνώπιον τῆς **γυναικὸς** τῆς μελλούσης τεκεῖν,
Rev 12:6 καὶ ἡ **γυνὴ** ἔφυγεν εἰς τὴν
Rev 12:13 ἐδίωξεν τὴν **γυναῖκα** ἥτις ἔτεκεν τὸν
Rev 12:14 καὶ ἐδόθησαν τῇ **γυναικὶ** αἱ δύο πτέρυγες
Rev 12:15 αὐτοῦ ὀπίσω τῆς **γυναικὸς** ὕδωρ ὡς ποταμόν,
Rev 12:16 ἡ γῆ τῇ **γυναικὶ** καὶ ἤνοιξεν ἡ
Rev 12:17 δράκων ἐπὶ τῇ **γυναικὶ** καὶ ἀπῆλθεν ποιῆσαι
Rev 14:4 εἰσιν οἳ μετὰ **γυναικῶν** οὐκ ἐμολύνθησαν,
Rev 17:3 Καὶ εἶδον **γυναῖκα** καθημένην ἐπὶ θηρίον
Rev 17:4 καὶ ἡ **γυνὴ** ἦν περιβεβλημένη πορφυροῦν
Rev 17:6 καὶ εἶδον τὴν **γυναῖκα** μεθύουσαν ἐκ τοῦ
Rev 17:7 τὸ μυστήριον τῆς **γυναικὸς** καὶ τοῦ θηρίου
Rev 17:9 ὅπου ἡ **γυνὴ** κάθηται ἐπ᾽ αὐτῶν.
Rev 17:18 καὶ ἡ **γυνὴ** ἣν εἶδες ἔστιν
Rev 19:7 ἀρνίου καὶ ἡ **γυνὴ** αὐτοῦ ἡτοίμασεν ἑαυτὴν
Rev 21:9 τὴν νύμφην τὴν **γυναῖκα** τοῦ ἀρνίου.

Γώγ (*Gōg*; 1/1) *Gog*

Rev 20:8 τὸν **Γὼγ** καὶ Μαγώγ,

γωνία (*gōnia*; 2/9) *corner*

Rev 7:1 ἐπὶ τὰς τέσσαρας **γωνίας** τῆς γῆς,
Rev 20:8 ἐν ταῖς τέσσαρσιν **γωνίαις** τῆς γῆς,

δαιμόνιον (*daimonion*; 3/61[63]) *demon*

Rev 9:20 μὴ προσκυνήσουσιν τὰ **δαιμόνια** καὶ τὰ εἴδωλα
Rev 16:14 εἰσὶν γὰρ πνεύματα **δαιμονίων** ποιοῦντα σημεῖα,
Rev 18:2 καὶ ἐγένετο κατοικητήριον **δαιμονίων** καὶ φυλακὴ παντὸς

δάκρυον (*dakryon*; 2/10) *tear*

Rev 7:17 ὁ θεὸς πᾶν **δάκρυον** ἐκ τῶν ὀφθαλμῶν
Rev 21:4 καὶ ἐξαλείψει πᾶν **δάκρυον** ἐκ τῶν ὀφθαλμῶν

Δαυίδ (*Dauid*; 3/59) *David*

Rev 3:7 ἔχων τὴν κλεῖν **Δαυίδ**,
Rev 5:5 ἡ ῥίζα **Δαυίδ**,
Rev 22:16 καὶ τὸ γένος **Δαυίδ**,

δέ (*de*; 7/2773[2792]) *but, and*

Rev 1:14 ἡ **δὲ** κεφαλὴ αὐτοῦ καὶ
Rev 2:5 εἰ **δὲ** μή,
Rev 2:16 εἰ **δὲ** μή,
Rev 2:24 ὑμῖν **δὲ** λέγω τοῖς λοιποῖς
Rev 10:2 τὸν **δὲ** εὐώνυμον ἐπὶ τῆς
Rev 19:12 οἱ **δὲ** ὀφθαλμοὶ αὐτοῦ [ὡς]
Rev 21:8 τοῖς **δὲ** δειλοῖς καὶ ἀπίστοις

δεῖ (*dei*; 7/101) *it is necessary*

Rev 1:1 δούλοις αὐτοῦ ἃ **δεῖ** γενέσθαι ἐν τάχει,
Rev 4:1 δείξω σοι ἃ **δεῖ** γενέσθαι μετὰ ταῦτα.
Rev 10:11 **δεῖ** σε πάλιν προφητεῦσαι
Rev 11:5 οὕτως **δεῖ** αὐτὸν ἀποκτανθῆναι.
Rev 17:10 ἔλθῃ ὀλίγον αὐτὸν **δεῖ** μεῖναι.
Rev 20:3 μετὰ ταῦτα **δεῖ** λυθῆναι αὐτὸν μικρὸν
Rev 22:6 δούλοις αὐτοῦ ἃ **δεῖ** γενέσθαι ἐν τάχει.

δείκνυμι (*deiknymi*; 8/33) *show*

Rev 1:1 αὐτῷ ὁ θεὸς **δεῖξαι** τοῖς δούλοις αὐτοῦ
Rev 4:1 καὶ **δείξω** σοι ἃ δεῖ
Rev 17:1 **δείξω** σοι τὸ κρίμα
Rev 21:9 **δείξω** σοι τὴν νύμφην
Rev 21:10 καὶ **ἔδειξέν** μοι τὴν πόλιν
Rev 22:1 Καὶ **ἔδειξέν** μοι ποταμὸν ὕδατος
Rev 22:6 τὸν ἄγγελον αὐτοῦ **δεῖξαι** τοῖς δούλοις αὐτοῦ
Rev 22:8 τοῦ ἀγγέλου τοῦ **δεικνύοντός** μοι ταῦτα.

δειλός (*deilos*; 1/3) *cowardly*

Rev 21:8 τοῖς δὲ **δειλοῖς** καὶ ἀπίστοις καὶ

δειπνέω (*deipneō*; 1/4) *eat*

Rev 3:20 πρὸς αὐτὸν καὶ **δειπνήσω** μετ' αὐτοῦ καὶ

δεῖπνον (*deipnon*; 2/16) *dinner, feast*

Rev 19:9 οἱ εἰς τὸ **δεῖπνον** τοῦ γάμου τοῦ
Rev 19:17 συνάχθητε εἰς τὸ **δεῖπνον** τὸ μέγα τοῦ

δέκα (*deka*; 9/25) *ten*

Rev 2:10 ἕξετε θλῖψιν ἡμερῶν **δέκα**.
Rev 12:3 ἑπτὰ καὶ κέρατα **δέκα** καὶ ἐπὶ τὰς
Rev 13:1 ἔχον κέρατα **δέκα** καὶ κεφαλὰς ἑπτὰ
Rev 13:1 τῶν κεράτων αὐτοῦ **δέκα** διαδήματα καὶ ἐπὶ
Rev 17:3 ἑπτὰ καὶ κέρατα **δέκα**.
Rev 17:7 κεφαλὰς καὶ τὰ **δέκα** κέρατα.
Rev 17:12 Καὶ τὰ **δέκα** κέρατα ἃ εἶδες
Rev 17:12 κέρατα ἃ εἶδες **δέκα** βασιλεῖς εἰσιν,
Rev 17:16 καὶ τὰ **δέκα** κέρατα ἃ εἶδες

δέκατος (*dekatos*; 2/7) *tenth*

Rev 11:13 μέγας καὶ τὸ **δέκατον** τῆς πόλεως ἔπεσεν
Rev 21:20 ὁ **δέκατος** χρυσόπρασος,

δένδρον (*dendron*; 4/25) *tree*

Rev 7:1 μήτε ἐπὶ πᾶν **δένδρον**.
Rev 7:3 θάλασσαν μήτε τὰ **δένδρα**,
Rev 8:7 τὸ τρίτον τῶν **δένδρων** κατεκάη καὶ πᾶς
Rev 9:4 χλωρὸν οὐδὲ πᾶν **δένδρον**,

δεξιός (*dexios*; 9/53[54]) *right*

Rev 1:16 ἔχων ἐν τῇ **δεξιᾷ** χειρὶ αὐτοῦ ἀστέρας
Rev 1:17 καὶ ἔθηκεν τὴν **δεξιὰν** αὐτοῦ ἐπ' ἐμὲ
Rev 1:20 εἶδες ἐπὶ τῆς **δεξιᾶς** μου καὶ τὰς
Rev 2:1 ἀστέρας ἐν τῇ **δεξιᾷ** αὐτοῦ,
Rev 5:1 εἶδον ἐπὶ τὴν **δεξιὰν** τοῦ καθημένου ἐπὶ
Rev 5:7 εἴληφεν ἐκ τῆς **δεξιᾶς** τοῦ καθημένου ἐπὶ
Rev 10:2 πόδα αὐτοῦ τὸν **δεξιὸν** ἐπὶ τῆς θαλάσσης,
Rev 10:5 χεῖρα αὐτοῦ τὴν **δεξιὰν** εἰς τὸν οὐρανὸν
Rev 13:16 χειρὸς αὐτῶν τῆς **δεξιᾶς** ἢ ἐπὶ τὸ

δεσπότης (*despotēs*; 1/10) *master*

Rev 6:10 ὁ **δεσπότης** ὁ ἅγιος καὶ

δεῦρο (*deuro*; 2/9) *come*

Rev 17:1 **δεῦρο**,
Rev 21:9 **δεῦρο**,

δεῦτε (*deute*; 1/12) *come*

Rev 19:17 **Δεῦτε** συνάχθητε εἰς τὸ

δεύτερος (*deuteros*; 13/43) *second*

Rev 2:11 τοῦ θανάτου τοῦ **δευτέρου**.
Rev 4:7 λέοντι καὶ τὸ **δεύτερον** ζῷον ὅμοιον μόσχῳ
Rev 6:3 τὴν σφραγῖδα τὴν **δευτέραν**,
Rev 6:3 ἤκουσα τοῦ **δευτέρου** ζῴου λέγοντος·
Rev 8:8 Καὶ ὁ **δεύτερος** ἄγγελος ἐσάλπισεν·
Rev 11:14 Ἡ οὐαὶ ἡ **δευτέρα** ἀπῆλθεν·
Rev 14:8 Καὶ ἄλλος ἄγγελος **δεύτερος** ἠκολούθησεν λέγων·
Rev 16:3 Καὶ ὁ **δεύτερος** ἐξέχεεν τὴν φιάλην
Rev 19:3 καὶ **δεύτερον** εἴρηκαν·
Rev 20:6 ἐπὶ τούτων ὁ **δεύτερος** θάνατος οὐκ ἔχει
Rev 20:14 ὁ θάνατος ὁ **δεύτερός** ἐστιν,
Rev 21:8 ὁ θάνατος ὁ **δεύτερος**.
Rev 21:19 ὁ **δεύτερος** σάπφιρος,

δέω (*deō*; 2/43) *bind*

Rev 9:14 τέσσαρας ἀγγέλους τοὺς **δεδεμένους** ἐπὶ τῷ ποταμῷ
Rev 20:2 καὶ **ἔδησεν** αὐτὸν χίλια ἔτη

δηνάριον (*dēnarion*; 2/16) *denarius (Roman silver coin)*

Rev 6:6 χοινιξ σίτου **δηναρίου** καὶ τρεῖς χοίνικες
Rev 6:6 τρεῖς χοίνικες κριθῶν **δηναρίου**,

διά (*dia*; 18/665[667]) *through, on account of*

Rev 1:1 καὶ ἐσήμανεν ἀποστείλας **διὰ** τοῦ ἀγγέλου αὐτοῦ
Rev 1:9 τῇ καλουμένῃ Πάτμῳ **διὰ** τὸν λόγον τοῦ

Rev 2:3 ἔχεις καὶ ἐβάστασας **διὰ** τὸ ὄνομά μου
Rev 4:11 τὰ πάντα καὶ **διὰ** τὸ θέλημά σου
Rev 6:9 ψυχὰς τῶν ἐσφαγμένων **διὰ** τὸν λόγον τοῦ
Rev 6:9 τοῦ θεοῦ καὶ **διὰ** τὴν μαρτυρίαν ἣν
Rev 7:15 **διὰ** τοῦτό εἰσιν ἐνώπιον
Rev 12:11 αὐτοὶ ἐνίκησαν αὐτὸν **διὰ** τὸ αἷμα τοῦ
Rev 12:11 τοῦ ἀρνίου καὶ **διὰ** τὸν λόγον τῆς
Rev 12:12 **διὰ** τοῦτο εὐφραίνεσθε,
Rev 13:14 ἐπὶ τῆς γῆς **διὰ** τὰ σημεῖα ἃ
Rev 17:7 **διὰ** τί ἐθαύμασας;
Rev 18:8 **διὰ** τοῦτο ἐν μιᾷ
Rev 18:10 ἀπὸ μακρόθεν ἑστηκότες **διὰ** τὸν φόβον
Rev 18:15 ἀπὸ μακρόθεν στήσονται **διὰ** τὸν φόβον
Rev 20:4 ψυχὰς τῶν πεπελεκισμένων **διὰ** τὴν μαρτυρίαν Ἰησοῦ
Rev 20:4 μαρτυρίαν Ἰησοῦ καὶ **διὰ** τὸν λόγον τοῦ
Rev 21:24 περιπατήσουσιν τὰ ἔθνη **διὰ** τοῦ φωτὸς αὐτῆς,

διάβολος (*diabolos*; 5/37) *devil*

Rev 2:10 μέλλει βάλλειν ὁ **διάβολος** ἐξ ὑμῶν εἰς
Rev 12:9 ὁ καλούμενος **Διάβολος** καὶ ὁ Σατανᾶς,
Rev 12:12 ὅτι κατέβη ὁ **διάβολος** πρὸς ὑμᾶς ἔχων
Rev 20:2 ὅς ἐστιν **Διάβολος** καὶ ὁ Σατανᾶς,
Rev 20:10 καὶ ὁ **διάβολος** ὁ πλανῶν αὐτοὺς

διάδημα (*diadēma*; 3/3) *diadem*

Rev 12:3 κεφαλὰς αὐτοῦ ἑπτὰ **διαδήματα**,
Rev 13:1 κεράτων αὐτοῦ δέκα **διαδήματα** καὶ ἐπὶ τὰς
Rev 19:12 τὴν κεφαλὴν αὐτοῦ **διαδήματα** πολλά,

διαθήκη (*diathēkē*; 1/33) *covenant*

Rev 11:19 ἡ κιβωτὸς τῆς **διαθήκης** αὐτοῦ ἐν τῷ

διακονία (*diakonia*; 1/34) *ministry, service*

Rev 2:19 πίστιν καὶ τὴν **διακονίαν** καὶ τὴν ὑπομονήν

διακόσιοι (*diakosioi*; 2/8) *two hundred*

Rev 11:3 προφητεύσουσιν ἡμέρας χιλίας **διακοσίας** ἑξήκοντα περιβεβλημένοι σάκκους.
Rev 12:6 αὐτὴν ἡμέρας χιλίας **διακοσίας** ἑξήκοντα.

διαυγής (*diaugēs*; 1/1) *transparent*

Rev 21:21 καθαρὸν ὡς ὕαλος **διαυγής**.

διαφθείρω (*diaphtheirō*; 3/6) *destroy*

Rev 8:9 τρίτον τῶν πλοίων **διεφθάρησαν**.
Rev 11:18 καὶ **διαφθεῖραι** τοὺς διαφθείροντας τὴν
Rev 11:18 καὶ διαφθεῖραι τοὺς **διαφθείροντας** τὴν γῆν.

διδάσκω (*didaskō*; 2/96) *teach*

Rev 2:14 ὃς **ἐδίδασκεν** τῷ Βαλὰκ βαλεῖν
Rev 2:20 ἑαυτὴν προφῆτιν καὶ **διδάσκει** καὶ πλανᾷ

διδαχή (*didachē*; 3/30) *teaching*

Rev 2:14 ἐκεῖ κρατοῦντας τὴν **διδαχὴν** Βαλαάμ,
Rev 2:15 σὺ κρατοῦντας τὴν **διδαχὴν** [τῶν] Νικολαϊτῶν ὁμοίως.
Rev 2:24 οὐκ ἔχουσιν τὴν **διδαχὴν** ταύτην,

δίδωμι (*didōmi*; 58/415) *give*

Rev 1:1 Ἰησοῦ Χριστοῦ ἣν **ἔδωκεν** αὐτῷ ὁ θεὸς
Rev 2:7 Τῷ νικῶντι **δώσω** αὐτῷ φαγεῖν ἐκ
Rev 2:10 καὶ **δώσω** σοι τὸν στέφανον
Rev 2:17 Τῷ νικῶντι **δώσω** αὐτῷ τοῦ μάννα
Rev 2:17 τοῦ κεκρυμμένου καὶ **δώσω** αὐτῷ ψῆφον λευκήν,
Rev 2:21 καὶ **ἔδωκα** αὐτῇ χρόνον ἵνα
Rev 2:23 καὶ **δώσω** ὑμῖν ἑκάστῳ κατὰ
Rev 2:26 **δώσω** αὐτῷ ἐξουσίαν ἐπὶ
Rev 2:28 καὶ **δώσω** αὐτῷ τὸν ἀστέρα
Rev 3:8 ἰδοὺ **δέδωκα** ἐνώπιόν σου θύραν
Rev 3:9 ἰδοὺ **διδῶ** ἐκ τῆς συναγωγῆς
Rev 3:21 Ὁ νικῶν **δώσω** αὐτῷ καθίσαι μετ'
Rev 4:9 Καὶ ὅταν **δώσουσιν** τὰ ζῷα δόξαν
Rev 6:2 ἔχων τόξον καὶ **ἐδόθη** αὐτῷ στέφανος καὶ
Rev 6:4 καθημένῳ ἐπ' αὐτὸν **ἐδόθη** αὐτῷ λαβεῖν
Rev 6:4 ἀλλήλους σφάξουσιν καὶ **ἐδόθη** αὐτῷ μάχαιρα μεγάλη.
Rev 6:8 μετ' αὐτοῦ καὶ **ἐδόθη** αὐτοῖς ἐξουσία ἐπὶ
Rev 6:11 καὶ **ἐδόθη** αὐτοῖς ἑκάστῳ στολὴ
Rev 7:2 τέσσαρσιν ἀγγέλοις οἷς **ἐδόθη** αὐτοῖς ἀδικῆσαι τὴν
Rev 8:2 καὶ **ἐδόθησαν** αὐτοῖς ἑπτὰ σάλπιγγες.
Rev 8:3 καὶ **ἐδόθη** αὐτῷ θυμιάματα πολλά,
Rev 8:3 ἵνα **δώσει** ταῖς προσευχαῖς τῶν
Rev 9:1 καὶ **ἐδόθη** αὐτῷ ἡ κλεὶς
Rev 9:3 καὶ **ἐδόθη** αὐταῖς ἐξουσία ὡς
Rev 9:5 καὶ **ἐδόθη** αὐτοῖς ἵνα μὴ
Rev 10:9 ἄγγελον λέγων αὐτῷ **δοῦναί** μοι τὸ βιβλαρίδιον.
Rev 11:1 Καὶ **ἐδόθη** μοι κάλαμος ὅμοιος
Rev 11:2 ὅτι **ἐδόθη** τοῖς ἔθνεσιν,
Rev 11:3 Καὶ **δώσω** τοῖς δυσὶν μάρτυσίν
Rev 11:13 ἔμφοβοι ἐγένοντο καὶ **ἔδωκαν** δόξαν τῷ θεῷ
Rev 11:18 νεκρῶν κριθῆναι καὶ **δοῦναι** τὸν μισθὸν
Rev 12:14 καὶ **ἐδόθησαν** τῇ γυναικὶ αἱ
Rev 13:2 καὶ **ἔδωκεν** αὐτῷ ὁ δράκων
Rev 13:4 ὅτι **ἔδωκεν** τὴν ἐξουσίαν τῷ
Rev 13:5 Καὶ **ἐδόθη** αὐτῷ στόμα λαλοῦν
Rev 13:5 καὶ βλασφημίας καὶ **ἐδόθη** αὐτῷ ἐξουσία ποιῆσαι
Rev 13:7 καὶ **ἐδόθη** αὐτῷ ποιῆσαι πόλεμον
Rev 13:7 καὶ **ἐδόθη** αὐτῷ ἐξουσία ἐπὶ
Rev 13:14 τὰ σημεῖα ἃ **ἐδόθη** αὐτῷ ποιῆσαι ἐνώπιον
Rev 13:15 Καὶ **ἐδόθη** αὐτῷ δοῦναι πνεῦμα
Rev 13:15 Καὶ ἐδόθη αὐτῷ **δοῦναι** πνεῦμα τῇ εἰκόνι
Rev 13:16 ἵνα **δῶσιν** αὐτοῖς χάραγμα ἐπὶ
Rev 14:7 τὸν θεὸν καὶ **δότε** αὐτῷ δόξαν,
Rev 15:7 τῶν τεσσάρων ζῴων **ἔδωκεν** τοῖς ἑπτὰ ἀγγέλοις
Rev 16:6 καὶ αἷμα αὐτοῖς **[δ]έδωκας** πιεῖν,
Rev 16:8 καὶ **ἐδόθη** αὐτῷ καυματίσαι τοὺς
Rev 16:9 καὶ οὐ μετενόησαν **δοῦναι** αὐτῷ δόξαν.
Rev 16:19 ἐνώπιον τοῦ θεοῦ **δοῦναι** αὐτῇ τὸ ποτήριον
Rev 17:13 αὐτῶν τῷ θηρίῳ **διδόασιν**.
Rev 17:17 ὁ γὰρ θεὸς **ἔδωκεν** εἰς τὰς καρδίας
Rev 17:17 μίαν γνώμην καὶ **δοῦναι** τὴν βασιλείαν αὐτῶν
Rev 18:7 τοσοῦτον **δότε** αὐτῇ βασανισμὸν καὶ
Rev 19:7 καὶ ἀγαλλιῶμεν καὶ **δώσωμεν** τὴν δόξαν αὐτῷ,

Rev 19:8 καὶ **ἐδόθη** αὐτῇ ἵνα περιβάληται
Rev 20:4 αὐτοὺς καὶ κρίμα **ἐδόθη** αὐτοῖς,
Rev 20:13 καὶ **ἔδωκεν** ἡ θάλασσα τοὺς
Rev 20:13 καὶ ὁ ᾅδης **ἔδωκαν** τοὺς νεκροὺς τοὺς
Rev 21:6 ἐγὼ τῷ διψῶντι **δώσω** ἐκ τῆς πηγῆς

δίκαιος (*dikaios*; 5/79) *righteous*

Rev 15:3 **δίκαιαι** καὶ ἀληθιναὶ αἱ
Rev 16:5 **δίκαιος** εἶ,
Rev 16:7 ἀληθιναὶ καὶ **δίκαιαι** αἱ κρίσεις σου.
Rev 19:2 ὅτι ἀληθιναὶ καὶ **δίκαιαι** αἱ κρίσεις αὐτοῦ·
Rev 22:11 καὶ ὁ **δίκαιος** δικαιοσύνην ποιησάτω ἔτι

δικαιοσύνη (*dikaiosynē*; 2/92) *righteousness*

Rev 19:11 καὶ ἐν **δικαιοσύνῃ** κρίνει καὶ πολεμεῖ.
Rev 22:11 καὶ ὁ δίκαιος **δικαιοσύνην** ποιησάτω ἔτι

δικαίωμα (*dikaiōma*; 2/10) *regulation, decree*

Rev 15:4 ὅτι τὰ **δικαιώματά** σου ἐφανερώθησαν.
Rev 19:8 γὰρ βύσσινον τὰ **δικαιώματα** τῶν ἁγίων ἐστίν.

διπλοῦς (*diplous*; 2/4) *double*

Rev 18:6 καὶ διπλώσατε τὰ **διπλᾶ** κατὰ τὰ ἔργα
Rev 18:6 ἐκέρασεν κεράσατε αὐτῇ **διπλοῦν**,

διπλόω (*diploō*; 1/1) *double*

Rev 18:6 αὐτὴ ἀπέδωκεν καὶ **διπλώσατε** τὰ διπλᾶ

δισμυριάς (*dismyrias*; 1/1) *twenty thousand*

Rev 9:16 στρατευμάτων τοῦ ἱππικοῦ **δισμυριάδες** μυριάδων,

δίστομος (*distomos*; 2/3) *double-edged*

Rev 1:16 στόματος αὐτοῦ ῥομφαία **δίστομος** ὀξεῖα ἐκπορευομένη καὶ
Rev 2:12 τὴν ῥομφαίαν τὴν **δίστομον** τὴν ὀξεῖαν·

διψάω (*dipsaō*; 3/16) *be thirsty*

Rev 7:16 πεινάσουσιν ἔτι οὐδὲ **διψήσουσιν** ἔτι οὐδὲ
Rev 21:6 ἐγὼ τῷ **διψῶντι** δώσω ἐκ τῆς
Rev 22:17 καὶ ὁ **διψῶν** ἐρχέσθω,

διώκω (*diōkō*; 1/45) *pursue, persecute*

Rev 12:13 **ἐδίωξεν** τὴν γυναῖκα ἥτις

δόξα (*doxa*; 17/166) *glory*

Rev 1:6 αὐτῷ ἡ δόξα **καὶ** τὸ κράτος εἰς
Rev 4:9 δώσουσιν τὰ ζῷα **δόξαν** καὶ τιμὴν καὶ
Rev 4:11 λαβεῖν τὴν **δόξαν** καὶ τὴν τιμὴν
Rev 5:12 καὶ τιμὴν καὶ **δόξαν** καὶ εὐλογίαν.
Rev 5:13 τιμὴ καὶ ἡ **δόξα** καὶ τὸ κράτος
Rev 7:12 εὐλογία καὶ ἡ **δόξα** καὶ ἡ σοφία
Rev 11:13 ἐγένοντο καὶ ἔδωκαν **δόξαν** τῷ θεῷ τοῦ
Rev 14:7 καὶ δότε αὐτῷ **δόξαν**,
Rev 15:8 καπνοῦ ἐκ τῆς **δόξης** τοῦ θεοῦ καὶ
Rev 16:9 μετενόησαν δοῦναι αὐτῷ **δόξαν**.
Rev 18:1 ἐφωτίσθη ἐκ τῆς **δόξης** αὐτοῦ.
Rev 19:1 σωτηρία καὶ ἡ **δόξα** καὶ ἡ δύναμις
Rev 19:7 καὶ δώσωμεν τὴν **δόξαν** αὐτῷ,
Rev 21:11 ἔχουσαν τὴν **δόξαν** τοῦ θεοῦ,
Rev 21:23 ἡ γὰρ **δόξα** τοῦ θεοῦ ἐφώτισεν
Rev 21:24 γῆς φέρουσιν τὴν **δόξαν** αὐτῶν εἰς αὐτήν,
Rev 21:26 καὶ οἴσουσιν τὴν **δόξαν** καὶ τὴν τιμὴν

δοξάζω (*doxazō*; 2/61) *praise, glorify*

Rev 15:4 καὶ **δοξάσει** τὸ ὄνομά σου;
Rev 18:7 ὅσα **ἐδόξασεν** αὐτὴν καὶ ἐστρηνίασεν,

δοῦλος (*doulos*; 14/124) *slave*

Rev 1:1 θεὸς δεῖξαι τοῖς **δούλοις** αὐτοῦ ἃ δεῖ
Rev 1:1 ἀγγέλου αὐτοῦ τῷ **δούλῳ** αὐτοῦ Ἰωάννῃ,
Rev 2:20 πλανᾷ τοὺς ἐμοὺς **δούλους** πορνεῦσαι καὶ φαγεῖν
Rev 6:15 ἰσχυροὶ καὶ πᾶς **δοῦλος** καὶ ἐλεύθερος ἔκρυψαν
Rev 7:3 ἄχρι σφραγίσωμεν τοὺς **δούλους** τοῦ θεοῦ ἡμῶν
Rev 10:7 εὐηγγέλισεν τοὺς ἑαυτοῦ **δούλους** τοὺς προφήτας.
Rev 11:18 τὸν μισθὸν τοῖς **δούλοις** σου τοῖς προφήταις
Rev 13:16 ἐλευθέρους καὶ τοὺς **δούλους**,
Rev 15:3 ᾠδὴν Μωϋσέως τοῦ **δούλου** τοῦ θεοῦ καὶ
Rev 19:2 τὸ αἷμα τῶν **δούλων** αὐτοῦ ἐκ χειρὸς
Rev 19:5 ἡμῶν πάντες οἱ **δοῦλοι** αὐτοῦ [καὶ] οἱ
Rev 19:18 ἐλευθέρων τε καὶ **δούλων** καὶ μικρῶν καὶ
Rev 22:3 καὶ οἱ **δοῦλοι** αὐτοῦ λατρεύσουσιν αὐτῷ
Rev 22:6 αὐτοῦ δεῖξαι τοῖς **δούλοις** αὐτοῦ ἃ δεῖ

δράκων (*drakōn*; 13/13) *dragon*

Rev 12:3 καὶ ἰδοὺ **δράκων** μέγας πυρρὸς ἔχων
Rev 12:4 Καὶ ὁ **δράκων** ἕστηκεν ἐνώπιον τῆς
Rev 12:7 πολεμῆσαι μετὰ τοῦ **δράκοντος**.
Rev 12:7 καὶ ὁ **δράκων** ἐπολέμησεν καὶ οἱ
Rev 12:9 καὶ ἐβλήθη ὁ **δράκων** ὁ μέγας,
Rev 12:13 ὅτε εἶδεν ὁ **δράκων** ὅτι ἐβλήθη εἰς
Rev 12:16 ὃν ἔβαλεν ὁ **δράκων** ἐκ τοῦ στόματος
Rev 12:17 καὶ ὠργίσθη ὁ **δράκων** ἐπὶ τῇ γυναικὶ
Rev 13:2 ἔδωκεν αὐτῷ ὁ **δράκων** τὴν δύναμιν αὐτοῦ
Rev 13:4 καὶ προσεκύνησαν τῷ **δράκοντι**,
Rev 13:11 καὶ ἐλάλει ὡς **δράκων**.
Rev 16:13 τοῦ στόματος τοῦ **δράκοντος** καὶ ἐκ τοῦ
Rev 20:2 καὶ ἐκράτησεν τὸν **δράκοντα**,

δρέπανον (*drepanon*; 7/8) *sickle*

Rev 14:14 τῇ χειρὶ αὐτοῦ **δρέπανον** ὀξύ.
Rev 14:15 πέμψον τὸ **δρέπανόν** σου καὶ θέρισον,
Rev 14:16 τῆς νεφέλης τὸ **δρέπανον** αὐτοῦ ἐπὶ τὴν
Rev 14:17 ἔχων καὶ αὐτὸς **δρέπανον** ὀξύ.
Rev 14:18 τῷ ἔχοντι τὸ **δρέπανον** τὸ ὀξὺ λέγων·
Rev 14:18 πέμψον σου τὸ **δρέπανον** τὸ ὀξὺ καὶ
Rev 14:19 ὁ ἄγγελος τὸ **δρέπανον** αὐτοῦ εἰς τὴν

δύναμαι (*dynamai*; 10/210) *be able*

Rev 2:2 καὶ ὅτι οὐ **δύνῃ** βαστάσαι κακούς,
Rev 3:8 ἣν οὐδεὶς **δύναται** κλεῖσαι αὐτήν,
Rev 5:3 καὶ οὐδεὶς **ἐδύνατο** ἐν τῷ οὐρανῷ
Rev 6:17 καὶ τίς **δύναται** σταθῆναι;
Rev 7:9 ἀριθμῆσαι αὐτὸν οὐδεὶς **ἐδύνατο**,
Rev 9:20 ἃ οὔτε βλέπειν **δύνανται** οὔτε ἀκούειν οὔτε
Rev 13:4 θηρίῳ καὶ τίς **δύναται** πολεμῆσαι μετ᾽ αὐτοῦ;

Rev 13:17 ἵνα μή τις **δύνηται** ἀγοράσαι ἢ πωλῆσαι
Rev 14:3 καὶ οὐδεὶς **ἐδύνατο** μαθεῖν τὴν ᾠδὴν
Rev 15:8 καὶ οὐδεὶς **ἐδύνατο** εἰσελθεῖν εἰς τὸν

δύναμις (*dynamis*; 12/119) *power*

Rev 1:16 φαίνει ἐν τῇ **δυνάμει** αὐτοῦ.
Rev 3:8 ὅτι μικρὰν ἔχεις **δύναμιν** καὶ ἐτήρησάς μου
Rev 4:11 τιμὴν καὶ τὴν **δύναμιν**,
Rev 5:12 ἐσφαγμένον λαβεῖν τὴν **δύναμιν** καὶ πλοῦτον καὶ
Rev 7:12 τιμὴ καὶ ἡ **δύναμις** καὶ ἡ ἰσχὺς
Rev 11:17 ὅτι εἴληφας τὴν **δύναμίν** σου τὴν μεγάλην
Rev 12:10 σωτηρία καὶ ἡ **δύναμις** καὶ ἡ βασιλεία
Rev 13:2 ὁ δράκων τὴν **δύναμιν** αὐτοῦ καὶ τὸν
Rev 15:8 καὶ ἐκ τῆς **δυνάμεως** αὐτοῦ,
Rev 17:13 ἔχουσιν καὶ τὴν **δύναμιν** καὶ ἐξουσίαν αὐτῶν
Rev 18:3 γῆς ἐκ τῆς **δυνάμεως** τοῦ στρήνους αὐτῆς
Rev 19:1 δόξα καὶ ἡ **δύναμις** τοῦ θεοῦ ἡμῶν,

δύο (*dyo*; 10/134[135]) *two*

Rev 9:12 ἰδοὺ ἔρχεται ἔτι **δύο** οὐαὶ μετὰ ταῦτα.
Rev 11:2 μῆνας τεσσεράκοντα [καὶ] **δύο**.
Rev 11:3 Καὶ δώσω τοῖς **δυσὶν** μάρτυσίν μου καὶ
Rev 11:4 οὗτοί εἰσιν αἱ **δύο** ἐλαῖαι καὶ αἱ
Rev 11:4 ἐλαῖαι καὶ αἱ **δύο** λυχνίαι αἱ ἐνώπιον
Rev 11:10 ὅτι οὗτοι οἱ **δύο** προφῆται ἐβασάνισαν
Rev 12:14 τῇ γυναικὶ αἱ **δύο** πτέρυγες τοῦ ἀετοῦ
Rev 13:5 μῆνας τεσσεράκοντα [καὶ] **δύο**.
Rev 13:11 καὶ εἶχεν κέρατα **δύο** ὅμοια ἀρνίῳ καὶ
Rev 19:20 ζῶντες ἐβλήθησαν οἱ **δύο** εἰς τὴν λίμνην

δυσμή (*dysmē*; 1/5) *west*

Rev 21:13 τρεῖς καὶ ἀπὸ **δυσμῶν** πυλῶνες τρεῖς.

δώδεκα (*dōdeka*; 23/75) *twelve*

Rev 7:5 ἐκ φυλῆς Ἰούδα **δώδεκα** χιλιάδες ἐσφραγισμένοι,
Rev 7:5 ἐκ φυλῆς Ῥουβὴν **δώδεκα** χιλιάδες,
Rev 7:5 ἐκ φυλῆς Γὰδ **δώδεκα** χιλιάδες,
Rev 7:6 ἐκ φυλῆς Ἀσὴρ **δώδεκα** χιλιάδες,
Rev 7:6 ἐκ φυλῆς Νεφθαλὶμ **δώδεκα** χιλιάδες,
Rev 7:6 ἐκ φυλῆς Μανασσῆ **δώδεκα** χιλιάδες,
Rev 7:7 ἐκ φυλῆς Συμεὼν **δώδεκα** χιλιάδες,
Rev 7:7 ἐκ φυλῆς Λευὶ **δώδεκα** χιλιάδες,
Rev 7:7 ἐκ φυλῆς Ἰσσαχὰρ **δώδεκα** χιλιάδες,
Rev 7:8 ἐκ φυλῆς Ζαβουλὼν **δώδεκα** χιλιάδες,
Rev 7:8 ἐκ φυλῆς Ἰωσὴφ **δώδεκα** χιλιάδες,
Rev 7:8 ἐκ φυλῆς Βενιαμὶν **δώδεκα** χιλιάδες ἐσφραγισμένοι.
Rev 12:1 αὐτῆς στέφανος ἀστέρων **δώδεκα**,
Rev 21:12 ἔχουσα πυλῶνας **δώδεκα** καὶ ἐπὶ τοῖς
Rev 21:12 τοῖς πυλῶσιν ἀγγέλους **δώδεκα** καὶ ὀνόματα ἐπιγεγραμμένα,
Rev 21:12 [τὰ ὀνόματα] τῶν **δώδεκα** φυλῶν υἱῶν Ἰσραήλ·
Rev 21:14 πόλεως ἔχων θεμελίους **δώδεκα** καὶ ἐπ' αὐτῶν
Rev 21:14 καὶ ἐπ' αὐτῶν **δώδεκα** ὀνόματα τῶν δώδεκα
Rev 21:14 δώδεκα ὀνόματα τῶν **δώδεκα** ἀποστόλων τοῦ ἀρνίου.
Rev 21:16 καλάμῳ ἐπὶ σταδίων **δώδεκα** χιλιάδων,
Rev 21:21 καὶ οἱ **δώδεκα** πυλῶνες δώδεκα μαργαρῖται,
Rev 21:21 οἱ δώδεκα πυλῶνες **δώδεκα** μαργαρῖται,
Rev 22:2 ζωῆς ποιοῦν καρποὺς **δώδεκα**,

δωδέκατος (*dōdekatos*; 1/1) *twelfth*

Rev 21:20 ὁ **δωδέκατος** ἀμέθυστος,

δωρεάν (*dōrean*; 2/9) *without cost or cause*

Rev 21:6 ὕδατος τῆς ζωῆς **δωρεάν**.
Rev 22:17 λαβέτω ὕδωρ ζωῆς **δωρεάν**.

δῶρον (*dōron*; 1/19) *gift*

Rev 11:10 καὶ εὐφραίνονται καὶ **δῶρα** πέμψουσιν ἀλλήλοις,

ἐάν (*ean*; 9/333) *if*

Rev 2:5 **ἐὰν** μὴ μετανοήσῃς.
Rev 2:22 **ἐὰν** μὴ μετανοήσωσιν ἐκ
Rev 3:3 **ἐὰν** οὖν μὴ γρηγορήσῃς,
Rev 3:19 ἐγὼ ὅσους **ἐὰν** φιλῶ ἐλέγχω καὶ
Rev 3:20 **ἐάν** τις ἀκούσῃ τῆς
Rev 11:6 πάσῃ πληγῇ ὁσάκις **ἐὰν** θελήσωσιν.
Rev 13:15 ποιήσῃ [ἵνα] ὅσοι **ἐὰν** μὴ προσκυνήσωσιν
Rev 22:18 **ἐάν** τις ἐπιθῇ ἐπ'
Rev 22:19 καὶ **ἐάν** τις ἀφέλῃ ἀπὸ

ἑαυτοῦ (*heautou*; 8/319) *himself*

Rev 2:2 ἐπείρασας τοὺς λέγοντας **ἑαυτοὺς** ἀποστόλους καὶ οὐκ
Rev 2:9 λεγόντων Ἰουδαίους εἶναι **ἑαυτοὺς** καὶ οὐκ εἰσὶν
Rev 2:20 ἡ λέγουσα **ἑαυτὴν** προφῆτιν καὶ διδάσκει
Rev 3:9 σατανᾶ τῶν λεγόντων **ἑαυτοὺς** Ἰουδαίους εἶναι,
Rev 6:15 καὶ ἐλεύθερος ἔκρυψαν **ἑαυτοὺς** εἰς τὰ σπήλαια
Rev 10:3 ἑπτὰ βρονταὶ τὰς **ἑαυτῶν** φωνάς.
Rev 10:7 ὡς εὐηγγέλισεν τοὺς **ἑαυτοῦ** δούλους τοὺς προφήτας.
Rev 19:7 γυνὴ αὐτοῦ ἡτοίμασεν **ἑαυτὴν**

ἕβδομος (*hebdomos*; 5/9) *seventh*

Rev 8:1 τὴν σφραγῖδα τὴν **ἑβδόμην**,
Rev 10:7 τῆς φωνῆς τοῦ **ἑβδόμου** ἀγγέλου,
Rev 11:15 Καὶ ὁ **ἕβδομος** ἄγγελος ἐσάλπισεν·
Rev 16:17 Καὶ ὁ **ἕβδομος** ἐξέχεεν τὴν φιάλην
Rev 21:20 ὁ **ἕβδομος** χρυσόλιθος,

Ἑβραϊστί (*Hebraisti*; 2/7) *in Aramaic or Hebrew*

Rev 9:11 ὄνομα αὐτῷ **Ἑβραϊστὶ** Ἀβαδδών,
Rev 16:16 τόπον τὸν καλούμενον **Ἑβραϊστὶ** Ἁρμαγεδών.

ἐγγύς (*engys*; 2/31) *near*

Rev 1:3 ὁ γὰρ καιρὸς **ἐγγύς**.
Rev 22:10 ὁ καιρὸς γὰρ **ἐγγύς** ἐστιν.

ἐγείρω (*egeirō*; 1/143[144]) *raise*

Rev 11:1 **ἔγειρε** καὶ μέτρησον τὸν

ἐγχρῖω (*enchriō*; 1/1) *rub on*

Rev 3:18 καὶ κολλ[ο]ύριον **ἐγχρῖσαι** τοὺς ὀφθαλμούς σου

ἐγώ (*egō*; 78/1715[1718]) *I*

Rev 1:8 **᾿Εγώ** εἰμι τὸ ἄλφα
Rev 1:9 **᾿Εγὼ** ᾿Ιωάννης,
Rev 1:10 καὶ ἤκουσα ὀπίσω **μου** φωνὴν μεγάλην ὡς
Rev 1:12 ἥτις ἐλάλει μετ᾿ **ἐμοῦ**,
Rev 1:17 δεξιὰν αὐτοῦ ἐπ᾿ **ἐμὲ** λέγων·
Rev 1:17 **ἐγώ** εἰμι ὁ πρῶτος
Rev 1:20 ἐπὶ τῆς δεξιᾶς **μου** καὶ τὰς ἑπτὰ
Rev 2:3 διὰ τὸ ὄνομά **μου** καὶ οὐ κεκοπίακες.
Rev 2:13 κρατεῖς τὸ ὄνομά **μου** καὶ οὐκ ἠρνήσω
Rev 2:13 ἠρνήσω τὴν πίστιν **μου** καὶ ἐν ταῖς
Rev 2:13 ᾿Αντιπᾶς ὁ μάρτυς **μου** ὁ πιστός μου,
Rev 2:13 μου ὁ πιστός **μου**,
Rev 2:16 ῥομφαίᾳ τοῦ στόματός **μου**.
Rev 2:23 αἱ ἐκκλησίαι ὅτι **ἐγώ** εἰμι ὁ ἐραυνῶν
Rev 2:26 τέλους τὰ ἔργα **μου**,
Rev 2:28 παρὰ τοῦ πατρός **μου**,
Rev 3:2 ἐνώπιον τοῦ θεοῦ **μου**.
Rev 3:4 καὶ περιπατήσουσιν μετ᾿ **ἐμοῦ** ἐν λευκοῖς,
Rev 3:5 ἐνώπιον τοῦ πατρός **μου** καὶ ἐνώπιον τῶν
Rev 3:8 δύναμιν καὶ ἐτήρησάς **μου** τὸν λόγον καὶ
Rev 3:8 ἠρνήσω τὸ ὄνομά **μου**.
Rev 3:9 καὶ γνῶσιν ὅτι **ἐγὼ** ἠγάπησά σε.
Rev 3:10 λόγον τῆς ὑπομονῆς **μου**,
Rev 3:12 ναῷ τοῦ θεοῦ **μου** καὶ ἔξω οὐ
Rev 3:12 ὄνομα τοῦ θεοῦ **μου** καὶ τὸ ὄνομα
Rev 3:12 πόλεως τοῦ θεοῦ **μου**,
Rev 3:12 ἀπὸ τοῦ θεοῦ **μου**,
Rev 3:12 καὶ τὸ ὄνομά **μου** τὸ καινόν.
Rev 3:16 ἐκ τοῦ στόματός **μου**.
Rev 3:18 σοι ἀγοράσαι παρ᾿ **ἐμοῦ** χρυσίον πεπυρωμένον ἐκ
Rev 3:19 **ἐγὼ** ὅσους ἐὰν φιλῶ
Rev 3:20 ἀκούσῃ τῆς φωνῆς **μου** καὶ ἀνοίξῃ τὴν
Rev 3:20 καὶ αὐτὸς μετ᾿ **ἐμοῦ**.
Rev 3:21 αὐτῷ καθίσαι μετ᾿ **ἐμοῦ** ἐν τῷ θρόνῳ
Rev 3:21 ἐν τῷ θρόνῳ **μου**,
Rev 3:21 μετὰ τοῦ πατρός **μου** ἐν τῷ θρόνῳ
Rev 4:1 σάλπιγγος λαλούσης μετ᾿ **ἐμοῦ** λέγων·
Rev 5:5 τῶν πρεσβυτέρων λέγει **μοι**·
Rev 7:13 τῶν πρεσβυτέρων λέγων **μοι**·
Rev 7:14 κύριέ **μου**,
Rev 7:14 καὶ εἶπέν **μοι**·
Rev 10:8 πάλιν λαλοῦσαν μετ᾿ **ἐμοῦ** καὶ λέγουσαν·
Rev 10:9 λέγων αὐτῷ δοῦναί **μοι** τὸ βιβλαρίδιον.
Rev 10:9 καὶ λέγει **μοι**·
Rev 10:10 ἐν τῷ στόματί **μου** ὡς μέλι γλυκὺ
Rev 10:10 ἐπικράνθη ἡ κοιλία **μου**.
Rev 10:11 καὶ λέγουσίν **μοι**·
Rev 11:1 Καὶ ἐδόθη **μοι** κάλαμος ὅμοιος ῥάβδῳ,
Rev 11:3 τοῖς δυσὶν μάρτυσίν **μου** καὶ προφητεύσουσιν ἡμέρας
Rev 17:1 καὶ ἐλάλησεν μετ᾿ **ἐμοῦ** λέγων·
Rev 17:3 καὶ ἀπήνεγκέν **με** εἰς ἔρημον ἐν
Rev 17:7 Καὶ εἶπέν **μοι** ὁ ἄγγελος·
Rev 17:7 **ἐγὼ** ἐρῶ σοι τὸ
Rev 17:15 Καὶ λέγει **μοι**·
Rev 18:4 ἐξέλθατε ὁ λαός **μου** ἐξ αὐτῆς ἵνα
Rev 19:9 Καὶ λέγει **μοι**·
Rev 19:9 καὶ λέγει **μοι**·
Rev 19:10 καὶ λέγει **μοι**·
Rev 21:6 καὶ εἶπέν **μοι**·
Rev 21:6 **ἐγώ** [εἰμι] τὸ ἄλφα
Rev 21:6 **ἐγὼ** τῷ διψῶντι δώσω
Rev 21:7 καὶ αὐτὸς ἔσται **μοι** υἱός.
Rev 21:9 καὶ ἐλάλησεν μετ᾿ **ἐμοῦ** λέγων·
Rev 21:10 καὶ ἀπήνεγκέν **με** ἐν πνεύματι ἐπὶ
Rev 21:10 καὶ ἔδειξέν **μοι** τὴν πόλιν τὴν
Rev 21:15 ὁ λαλῶν μετ᾿ **ἐμοῦ** εἶχεν μέτρον κάλαμον
Rev 22:1 Καὶ ἔδειξέν **μοι** ποταμὸν ὕδατος ζωῆς
Rev 22:6 Καὶ εἶπέν **μοι**·
Rev 22:8 ἀγγέλου τοῦ δεικνύοντός **μοι** ταῦτα.
Rev 22:9 καὶ λέγει **μοι**·
Rev 22:10 Καὶ λέγει **μοι**·
Rev 22:12 καὶ ὁ μισθός **μου** μετ᾿ ἐμοῦ ἀποδοῦναι
Rev 22:12 μισθός μου μετ᾿ **ἐμοῦ** ἀποδοῦναι ἑκάστῳ ὡς
Rev 22:13 **ἐγὼ** τὸ ἄλφα καὶ
Rev 22:16 **᾿Εγὼ** ᾿Ιησοῦς ἔπεμψα τὸν
Rev 22:16 ἔπεμψα τὸν ἄγγελόν **μου** μαρτυρῆσαι ὑμῖν ταῦτα
Rev 22:16 **ἐγώ** εἰμι ἡ ῥίζα
Rev 22:18 Μαρτυρῶ **ἐγὼ** παντὶ τῷ ἀκούοντι

ἔθνος (*ethnos*; 23/162) *nation*

Rev 2:26 ἐξουσίαν ἐπὶ τῶν **ἐθνῶν**
Rev 5:9 καὶ λαοῦ καὶ **ἔθνους**
Rev 7:9 ἐκ παντὸς **ἔθνους** καὶ φυλῶν καὶ
Rev 10:11 ἐπὶ λαοῖς καὶ **ἔθνεσιν** καὶ γλώσσαις καὶ
Rev 11:2 ὅτι ἐδόθη τοῖς **ἔθνεσιν**,
Rev 11:9 καὶ γλωσσῶν καὶ **ἐθνῶν** τὸ πτῶμα αὐτῶν
Rev 11:18 καὶ τὰ **ἔθνη** ὠργίσθησαν,
Rev 12:5 ποιμαίνειν πάντα τὰ **ἔθνη** ἐν ῥάβδῳ σιδηρᾷ.
Rev 13:7 καὶ γλῶσσαν καὶ **ἔθνος**.
Rev 14:6 καὶ ἐπὶ πᾶν **ἔθνος** καὶ φυλὴν καὶ
Rev 14:8 πεπότικεν πάντα τὰ **ἔθνη**.
Rev 15:3 ὁ βασιλεὺς τῶν **ἐθνῶν**·
Rev 15:4 ὅτι πάντα τὰ **ἔθνη** ἥξουσιν καὶ προσκυνήσουσιν
Rev 16:19 αἱ πόλεις τῶν **ἐθνῶν** ἔπεσαν.
Rev 17:15 ὄχλοι εἰσὶν καὶ **ἔθνη** καὶ γλῶσσαι.
Rev 18:3 πέπωκαν πάντα τὰ **ἔθνη** καὶ οἱ βασιλεῖς
Rev 18:23 ἐπλανήθησαν πάντα τὰ **ἔθνη**,
Rev 19:15 αὐτῇ πατάξῃ τὰ **ἔθνη**,
Rev 20:3 πλανήσῃ ἔτι τὰ **ἔθνη** ἄχρι τελεσθῇ τὰ
Rev 20:8 ἐξελεύσεται πλανῆσαι τὰ **ἔθνη** τὰ ἐν ταῖς
Rev 21:24 καὶ περιπατήσουσιν τὰ **ἔθνη** διὰ τοῦ φωτὸς
Rev 21:26 τὴν τιμὴν τῶν **ἐθνῶν** εἰς αὐτήν.
Rev 22:2 εἰς θεραπείαν τῶν **ἐθνῶν**.

εἰ (*ei*; 16/502) *if, since*

Rev 2:5 **εἰ** δὲ μή,
Rev 2:16 **εἰ** δὲ μή,
Rev 2:17 ὃ οὐδεὶς οἶδεν **εἰ** μὴ ὁ λαμβάνων.
Rev 9:4 **εἰ** μὴ τοὺς ἀνθρώπους
Rev 11:5 καὶ **εἴ** τις αὐτοὺς θέλει
Rev 11:5 καὶ **εἴ** τις θελήσῃ αὐτοὺς
Rev 13:9 **Εἴ** τις ἔχει οὖς
Rev 13:10 **εἴ** τις εἰς αἰχμαλωσίαν,
Rev 13:10 **εἴ** τις ἐν μαχαίρῃ
Rev 13:17 ἀγοράσαι ἢ πωλῆσαι **εἰ** μὴ ὁ ἔχων
Rev 14:3 μαθεῖν τὴν ᾠδὴν **εἰ** μὴ αἱ ἑκατὸν
Rev 14:9 **εἴ** τις προσκυνεῖ τὸ
Rev 14:11 καὶ **εἴ** τις λαμβάνει τὸ χάραγμα

Rev 19:12 ὃ οὐδεὶς οἶδεν **εἰ** μὴ αὐτός,
Rev 20:15 καὶ **εἴ** τις οὐχ εὑρέθη
Rev 21:27 καὶ ψεῦδος **εἰ** μὴ οἱ γεγραμμένοι

εἰδωλόθυτος (*eidōlothytos*; 2/9) *meal offered to idols*

Rev 2:14 υἱῶν Ἰσραὴλ φαγεῖν **εἰδωλόθυτα** καὶ πορνεῦσαι.
Rev 2:20 πορνεῦσαι καὶ φαγεῖν **εἰδωλόθυτα**.

εἰδωλολάτρης (*eidōlolatrēs*; 2/7) *idolater*

Rev 21:8 καὶ φαρμάκοις καὶ **εἰδωλολάτραις** καὶ πᾶσιν τοῖς
Rev 22:15 φονεῖς καὶ οἱ **εἰδωλολάτραι** καὶ πᾶς φιλῶν

εἴδωλον (*eidōlon*; 1/11) *idol*

Rev 9:20 δαιμόνια καὶ τὰ **εἴδωλα** τὰ χρυσᾶ καὶ

εἴκοσι (*eikosi*; 6/11) *twenty*

Rev 4:4 τοῦ θρόνου θρόνους **εἴκοσι** τέσσαρες,
Rev 4:4 ἐπὶ τοὺς θρόνους **εἴκοσι** τέσσαρας πρεσβυτέρους καθημένους
Rev 4:10 πεσοῦνται οἱ **εἴκοσι** τέσσαρες πρεσβύτεροι ἐνώπιον
Rev 5:8 ζῷα καὶ οἱ **εἴκοσι** τέσσαρες πρεσβύτεροι ἔπεσαν
Rev 11:16 Καὶ οἱ **εἴκοσι** τέσσαρες πρεσβύτεροι [οἱ]
Rev 19:4 οἱ πρεσβύτεροι οἱ **εἴκοσι** τέσσαρες καὶ τὰ

εἰκών (*eikōn*; 10/23) *likeness*

Rev 13:14 τῆς γῆς ποιῆσαι **εἰκόνα** τῷ θηρίῳ,
Rev 13:15 δοῦναι πνεῦμα τῇ **εἰκόνι** τοῦ θηρίου,
Rev 13:15 καὶ λαλήσῃ ἡ **εἰκὼν** τοῦ θηρίου καὶ
Rev 13:15 μὴ προσκυνήσωσιν τῇ **εἰκόνι** τοῦ θηρίου ἀποκτανθῶσιν.
Rev 14:9 θηρίον καὶ τὴν **εἰκόνα** αὐτοῦ καὶ λαμβάνει
Rev 14:11 θηρίον καὶ τὴν **εἰκόνα** αὐτοῦ καὶ εἴ
Rev 15:2 καὶ ἐκ τῆς **εἰκόνος** αὐτοῦ καὶ ἐκ
Rev 16:2 τοὺς προσκυνοῦντας τῇ **εἰκόνι** αὐτοῦ.
Rev 19:20 τοὺς προσκυνοῦντας τῇ **εἰκόνι** αὐτοῦ·
Rev 20:4 θηρίον οὐδὲ τὴν **εἰκόνα** αὐτοῦ καὶ οὐκ

εἰμί (*eimi*; 110/2460[2462]) *be*

Rev 1:4 εἰρήνη ἀπὸ ὁ **ὢν** καὶ ὁ ἦν
Rev 1:4 ὢν καὶ ὁ **ἦν** καὶ ὁ ἐρχόμενος
Rev 1:8 Ἐγώ **εἰμι** τὸ ἄλφα καὶ
Rev 1:8 ὁ **ὢν** καὶ ὁ ἦν
Rev 1:8 ὢν καὶ ὁ **ἦν** καὶ ὁ ἐρχόμενος,
Rev 1:17 ἐγώ **εἰμι** ὁ πρῶτος καὶ
Rev 1:18 καὶ ἰδοὺ ζῶν **εἰμι** εἰς τοὺς αἰῶνας
Rev 1:19 εἶδες καὶ ἃ **εἰσὶν** καὶ ἃ μέλλει
Rev 1:20 τῶν ἑπτὰ ἐκκλησιῶν **εἰσιν** καὶ αἱ λυχνίαι
Rev 1:20 ἑπτὰ ἑπτὰ ἐκκλησίαι **εἰσίν**.
Rev 2:2 ἀποστόλους καὶ οὐκ **εἰσὶν** καὶ εὗρες αὐτοὺς
Rev 2:7 ὅ **ἐστιν** ἐν τῷ παραδείσῳ
Rev 2:9 ἀλλὰ πλούσιος **εἶ**,
Rev 2:9 τῶν λεγόντων Ἰουδαίους **εἶναι** ἑαυτοὺς καὶ
Rev 2:9 ἑαυτοὺς καὶ οὐκ **εἰσὶν** ἀλλὰ συναγωγὴ τοῦ
Rev 2:23 ἐκκλησίαι ὅτι ἐγώ **εἰμι** ὁ ἐραυνῶν νεφροὺς
Rev 3:1 καὶ νεκρὸς **εἶ**.
Rev 3:4 ὅτι ἄξιοί **εἰσιν**.
Rev 3:9 λεγόντων ἑαυτοὺς Ἰουδαίους **εἶναι**,
Rev 3:9 καὶ οὐκ **εἰσὶν** ἀλλὰ ψεύδονται.
Rev 3:15 ὅτι οὔτε ψυχρὸς **εἶ** οὔτε ζεστός.
Rev 3:15 ὄφελον ψυχρὸς **ἦς** ἢ ζεστός.
Rev 3:16 οὕτως ὅτι χλιαρὸς **εἶ** καὶ οὔτε ζεστὸς
Rev 3:17 λέγεις ὅτι πλούσιός **εἰμι** καὶ πεπλούτηκα
Rev 3:17 οἶδας ὅτι σὺ **εἶ** ὁ ταλαίπωρος καὶ
Rev 4:5 ἅ **εἰσιν** τὰ ἑπτὰ πνεύματα
Rev 4:8 ὁ **ἦν** καὶ ὁ ὢν
Rev 4:8 ἦν καὶ ὁ **ὢν** καὶ ὁ ἐρχόμενος.
Rev 4:11 ἄξιος **εἶ**,
Rev 4:11 τὸ θέλημά σου **ἦσαν** καὶ ἐκτίσθησαν.
Rev 5:6 ὀφθαλμοὺς ἑπτὰ οἵ **εἰσιν** τὰ [ἑπτὰ] πνεύματα
Rev 5:8 αἵ **εἰσιν** αἱ προσευχαὶ τῶν
Rev 5:9 ἄξιος **εἶ** λαβεῖν τὸ βιβλίον
Rev 5:11 καὶ ἦν **ὁ** ἀριθμὸς αὐτῶν μυριάδες
Rev 5:12 ἄξιόν **ἐστιν** τὸ ἀρνίον τὸ
Rev 7:13 τὰς λευκὰς τίνες **εἰσὶν** καὶ πόθεν ἦλθον;
Rev 7:14 οὗτοί **εἰσιν** οἱ ἐρχόμενοι ἐκ
Rev 7:15 διὰ τοῦτό **εἰσιν** ἐνώπιον τοῦ θρόνου
Rev 9:8 αὐτῶν ὡς λεόντων **ἦσαν**,
Rev 9:19 τῷ στόματι αὐτῶν **ἐστιν** καὶ ἐν ταῖς
Rev 10:6 ὅτι χρόνος οὐκέτι **ἔσται**,
Rev 10:9 τῷ στόματί σου **ἔσται** γλυκὺ ὡς μέλι.
Rev 10:10 καὶ **ἦν** ἐν τῷ στόματί
Rev 11:4 οὗτοί **εἰσιν** αἱ δύο ἐλαῖαι
Rev 11:17 ὁ **ὢν** καὶ ὁ ἦν,
Rev 11:17 ὢν καὶ ὁ **ἦν**,
Rev 13:2 θηρίον ὃ εἶδον **ἦν** ὅμοιον παρδάλει καὶ
Rev 13:10 Ὧδέ ἐστιν **ἡ** ὑπομονὴ καὶ ἡ
Rev 13:18 Ὧδε ἡ σοφία **ἐστίν**.
Rev 13:18 ἀριθμὸς γὰρ ἀνθρώπου **ἐστίν**,
Rev 14:4 οὗτοί **εἰσιν** οἳ μετὰ γυναικῶν
Rev 14:4 παρθένοι γάρ **εἰσιν**,
Rev 14:5 ἄμωμοί **εἰσιν**.
Rev 14:12 ὑπομονὴ τῶν ἁγίων **ἐστίν**,
Rev 16:5 δίκαιος **εἶ**,
Rev 16:5 ὁ **ὢν** καὶ ὁ ἦν,
Rev 16:5 ὢν καὶ ὁ **ἦν**,
Rev 16:6 ἄξιοί **εἰσιν**.
Rev 16:14 **εἰσὶν** γὰρ πνεύματα δαιμονίων
Rev 16:21 ὅτι μεγάλη **ἐστὶν** ἡ πληγὴ αὐτῆς
Rev 17:4 καὶ ἡ γυνὴ **ἦν** περιβεβλημένη πορφυροῦν
Rev 17:8 θηρίον ὃ εἶδες **ἦν** καὶ οὐκ ἔστιν
Rev 17:8 ἦν καὶ οὐκ **ἔστιν** καὶ μέλλει ἀναβαίνειν
Rev 17:8 τὸ θηρίον ὅτι **ἦν** καὶ οὐκ ἔστιν
Rev 17:8 ἦν καὶ οὐκ **ἔστιν** καὶ παρέσται
Rev 17:9 κεφαλαὶ ἑπτὰ ὄρη **εἰσίν**,
Rev 17:9 καὶ βασιλεῖς ἑπτά **εἰσιν**·
Rev 17:10 ὁ εἷς **ἔστιν**,
Rev 17:11 τὸ θηρίον ὃ **ἦν** καὶ οὐκ ἔστιν
Rev 17:11 ἦν καὶ οὐκ **ἔστιν** καὶ αὐτὸς ὄγδοός
Rev 17:11 καὶ αὐτὸς ὄγδοός **ἐστιν** καὶ ἐκ τῶν
Rev 17:11 ἐκ τῶν ἑπτά **ἐστιν**,
Rev 17:12 εἶδες δέκα βασιλεῖς **εἰσιν**,
Rev 17:14 ὅτι κύριος κυρίων **ἐστὶν** καὶ βασιλεὺς βασιλέων
Rev 17:15 λαοὶ καὶ ὄχλοι **εἰσὶν** καὶ ἔθνη καὶ
Rev 17:18 γυνὴ ἣν εἶδες **ἔστιν** ἡ πόλις ἡ
Rev 18:7 καὶ χήρα οὐκ **εἰμὶ** καὶ πένθος οὐ
Rev 18:23 οἱ ἔμποροί σου **ἦσαν** οἱ μεγιστᾶνες τῆς
Rev 19:8 δικαιώματα τῶν ἁγίων **ἐστίν**.
Rev 19:9 ἀληθινοὶ τοῦ θεοῦ **εἰσιν**.

Rev 19:10 σύνδουλός σού **εἰμι** καὶ τῶν ἀδελφῶν
Rev 19:10 γὰρ μαρτυρία Ἰησοῦ **ἐστιν** τὸ πνεῦμα τῆς
Rev 20:2 ὅς **ἐστιν** Διάβολος καὶ ὁ
Rev 20:6 ἀλλ' **ἔσονται** ἱερεῖς τοῦ θεοῦ
Rev 20:12 ὅ **ἐστιν** τῆς ζωῆς,
Rev 20:14 θάνατος ὁ δεύτερός **ἐστιν**,
Rev 21:1 ἡ θάλασσα οὐκ **ἔστιν** ἔτι.
Rev 21:3 αὐτοὶ λαοὶ αὐτοῦ **ἔσονται**,
Rev 21:3 θεὸς μετ' αὐτῶν **ἔσται** [αὐτῶν θεός],
Rev 21:4 ὁ θάνατος οὐκ **ἔσται** ἔτι οὔτε πένθος
Rev 21:4 οὔτε πόνος οὐκ **ἔσται** ἔτι,
Rev 21:5 πιστοὶ καὶ ἀληθινοί **εἰσιν**.
Rev 21:6 ἐγώ **[εἰμι]** τὸ ἄλφα καὶ
Rev 21:7 κληρονομήσει ταῦτα καὶ **ἔσομαι** αὐτῷ θεὸς
Rev 21:7 θεὸς καὶ αὐτὸς **ἔσται** μοι υἱός.
Rev 21:8 ὅ **ἐστιν** ὁ θάνατος ὁ
Rev 21:12 ἅ **ἐστιν** [τὰ ὀνόματα] τῶν
Rev 21:16 ὕψος αὐτῆς ἴσα **ἐστίν**.
Rev 21:17 ὅ **ἐστιν** ἀγγέλου.
Rev 21:21 ἕκαστος τῶν πυλώνων **ἦν** ἐξ ἑνὸς μαργαρίτου.
Rev 21:22 παντοκράτωρ ναὸς αὐτῆς **ἐστιν** καὶ τὸ ἀρνίον.
Rev 21:25 νὺξ γὰρ οὐκ **ἔσται** ἐκεῖ,
Rev 22:3 πᾶν κατάθεμα οὐκ **ἔσται** ἔτι.
Rev 22:3 ἀρνίου ἐν αὐτῇ **ἔσται**,
Rev 22:5 καὶ νὺξ οὐκ **ἔσται** ἔτι καὶ οὐκ
Rev 22:9 σύνδουλός σού **εἰμι** καὶ τῶν ἀδελφῶν
Rev 22:10 καιρὸς γὰρ ἐγγύς **ἐστιν**.
Rev 22:12 ὡς τὸ ἔργον **ἐστὶν** αὐτοῦ.
Rev 22:14 ἵνα **ἔσται** ἡ ἐξουσία αὐτῶν
Rev 22:16 ἐγώ **εἰμι** ἡ ῥίζα καὶ

εἰρήνη (*eirēnē*; 2/92) *peace*

Rev 1:4 χάρις ὑμῖν καὶ **εἰρήνη** ἀπὸ ὁ ὢν
Rev 6:4 αὐτῷ λαβεῖν τὴν **εἰρήνην** ἐκ τῆς γῆς

εἰς (*eis*; 80/1759[1767]) *into*

Rev 1:6 καὶ τὸ κράτος **εἰς** τοὺς αἰῶνας [τῶν
Rev 1:11 ὃ βλέπεις γράψον **εἰς** βιβλίον καὶ πέμψον
Rev 1:11 **εἰς** Ἔφεσον καὶ εἰς
Rev 1:11 εἰς Ἔφεσον καὶ **εἰς** Σμύρναν καὶ εἰς
Rev 1:11 εἰς Σμύρναν καὶ **εἰς** Πέργαμον καὶ εἰς
Rev 1:11 εἰς Πέργαμον καὶ **εἰς** Θυάτειρα καὶ εἰς
Rev 1:11 εἰς Θυάτειρα καὶ **εἰς** Σάρδεις καὶ εἰς
Rev 1:11 εἰς Σάρδεις καὶ **εἰς** Φιλαδέλφειαν καὶ εἰς
Rev 1:11 εἰς Φιλαδέλφειαν καὶ **εἰς** Λαοδίκειαν.
Rev 1:18 ἰδοὺ ζῶν εἰμι **εἰς** τοὺς αἰῶνας τῶν
Rev 2:10 διάβολος ἐξ ὑμῶν **εἰς** φυλακὴν ἵνα πειρασθῆτε
Rev 2:22 ἰδοὺ βάλλω αὐτὴν **εἰς** κλίνην καὶ τοὺς
Rev 2:22 μοιχεύοντας μετ' αὐτῆς **εἰς** θλῖψιν μεγάλην,
Rev 4:9 θρόνῳ τῷ ζῶντι **εἰς** τοὺς αἰῶνας τῶν
Rev 4:10 προσκυνήσουσιν τῷ ζῶντι **εἰς** τοὺς αἰῶνας
Rev 5:6 τοῦ θεοῦ ἀπεσταλμένοι **εἰς** πᾶσαν τὴν γῆν.
Rev 5:13 καὶ τὸ κράτος **εἰς** τοὺς αἰῶνας τῶν
Rev 6:13 τοῦ οὐρανοῦ ἔπεσαν **εἰς** τὴν γῆν,
Rev 6:15 ἐλεύθερος ἔκρυψαν ἑαυτοὺς **εἰς** τὰ σπήλαια καὶ
Rev 6:15 τὰ σπήλαια καὶ **εἰς** τὰς πέτρας τῶν
Rev 7:12 τῷ θεῷ ἡμῶν **εἰς** τοὺς αἰῶνας τῶν
Rev 8:5 θυσιαστηρίου καὶ ἔβαλεν **εἰς** τὴν γῆν,
Rev 8:7 αἵματι καὶ ἐβλήθη **εἰς** τὴν γῆν,
Rev 8:8 πυρὶ καιόμενον ἐβλήθη **εἰς** τὴν θάλασσαν,
Rev 8:11 τρίτον τῶν ὑδάτων **εἰς** ἄψινθον καὶ πολλοὶ
Rev 9:1 τοῦ οὐρανοῦ πεπτωκότα **εἰς** τὴν γῆν,
Rev 9:3 καπνοῦ ἐξῆλθον ἀκρίδες **εἰς** τὴν γῆν,
Rev 9:7 ὅμοια ἵπποις ἡτοιμασμένοις **εἰς** πόλεμον,
Rev 9:9 ἵππων πολλῶν τρεχόντων **εἰς** πόλεμον,
Rev 9:15 ἄγγελοι οἱ ἡτοιμασμένοι **εἰς** τὴν ὥραν καὶ
Rev 10:5 αὐτοῦ τὴν δεξιὰν **εἰς** τὸν οὐρανὸν
Rev 10:6 ἐν τῷ ζῶντι **εἰς** τοὺς αἰῶνας τῶν
Rev 11:6 ὑδάτων στρέφειν αὐτὰ **εἰς** αἷμα καὶ πατάξαι
Rev 11:9 οὐκ ἀφίουσιν τεθῆναι **εἰς** μνῆμα.
Rev 11:12 καὶ ἀνέβησαν **εἰς** τὸν οὐρανὸν ἐν
Rev 11:15 καὶ βασιλεύσει **εἰς** τοὺς αἰῶνας τῶν
Rev 12:4 καὶ ἔβαλεν αὐτοὺς **εἰς** τὴν γῆν.
Rev 12:6 ἡ γυνὴ ἔφυγεν **εἰς** τὴν ἔρημον,
Rev 12:9 ἐβλήθη **εἰς** τὴν γῆν,
Rev 12:13 δράκων ὅτι ἐβλήθη **εἰς** τὴν γῆν,
Rev 12:14 ἵνα πέτηται **εἰς** τὴν ἔρημον εἰς
Rev 12:14 εἰς τὴν ἔρημον **εἰς** τὸν τόπον αὐτῆς,
Rev 13:3 αὐτοῦ ὡς ἐσφαγμένην **εἰς** θάνατον,
Rev 13:6 τὸ στόμα αὐτοῦ **εἰς** βλασφημίας πρὸς τὸν
Rev 13:10 εἴ τις **εἰς** αἰχμαλωσίαν,
Rev 13:10 **εἰς** αἰχμαλωσίαν ὑπάγει·
Rev 13:13 τοῦ οὐρανοῦ καταβαίνειν **εἰς** τὴν γῆν ἐνώπιον
Rev 14:11 τοῦ βασανισμοῦ αὐτῶν **εἰς** αἰῶνας αἰώνων ἀναβαίνει,
Rev 14:19 τὸ δρέπανον αὐτοῦ **εἰς** τὴν γῆν καὶ
Rev 14:19 γῆς καὶ ἔβαλεν **εἰς** τὴν ληνὸν τοῦ
Rev 15:7 θεοῦ τοῦ ζῶντος **εἰς** τοὺς αἰῶνας τῶν
Rev 15:8 εἰσελθεῖν **εἰς** τὸν ναὸν α
Rev 16:1 θυμοῦ τοῦ θεοῦ **εἰς** τὴν γῆν.
Rev 16:2 τὴν φιάλην αὐτοῦ **εἰς** τὴν γῆν,
Rev 16:3 τὴν φιάλην αὐτοῦ **εἰς** τὴν θάλασσαν,
Rev 16:4 τὴν φιάλην αὐτοῦ **εἰς** τοὺς ποταμοὺς καὶ
Rev 16:14 ὅλης συναγαγεῖν αὐτοὺς **εἰς** τὸν πόλεμον
Rev 16:16 Καὶ συνήγαγεν αὐτοὺς **εἰς** τὸν τόπον τὸν
Rev 16:19 πόλις ἡ μεγάλη **εἰς** τρία μέρη καὶ
Rev 17:3 καὶ ἀπήνεγκέν με **εἰς** ἔρημον ἐν πνεύματι.
Rev 17:8 τῆς ἀβύσσου καὶ **εἰς** ἀπώλειαν ὑπάγει,
Rev 17:11 καὶ **εἰς** ἀπώλειαν ὑπάγει.
Rev 17:17 γὰρ θεὸς ἔδωκεν **εἰς** τὰς καρδίας αὐτῶν
Rev 18:21 μέγαν καὶ ἔβαλεν **εἰς** τὴν θάλασσαν λέγων·
Rev 19:3 καπνὸς αὐτῆς ἀναβαίνει **εἰς** τοὺς αἰῶνας
Rev 19:9 μακάριοι οἱ **εἰς** τὸ δεῖπνον τοῦ
Rev 19:17 Δεῦτε συνάχθητε **εἰς** τὸ δεῖπνον τὸ
Rev 19:20 ἐβλήθησαν οἱ δύο **εἰς** τὴν λίμνην τοῦ
Rev 20:3 καὶ ἔβαλεν αὐτὸν **εἰς** τὴν ἄβυσσον καὶ
Rev 20:8 συναγαγεῖν αὐτοὺς **εἰς** τὸν πόλεμον,
Rev 20:10 πλανῶν αὐτοὺς ἐβλήθη **εἰς** τὴν λίμνην τοῦ
Rev 20:10 ἡμέρας καὶ νυκτὸς **εἰς** τοὺς αἰῶνας τῶν
Rev 20:14 ὁ ᾅδης ἐβλήθησαν **εἰς** τὴν λίμνην τοῦ
Rev 20:15 ἐβλήθη **εἰς** τὴν λίμνην τοῦ
Rev 21:24 τὴν δόξαν αὐτῶν **εἰς** αὐτήν,
Rev 21:26 τιμὴν τῶν ἐθνῶν **εἰς** αὐτήν.
Rev 21:27 μὴ εἰσέλθῃ **εἰς** αὐτὴν πᾶν
Rev 22:2 φύλλα τοῦ ξύλου **εἰς** θεραπείαν τῶν ἐθνῶν.
Rev 22:5 καὶ βασιλεύσουσιν εἰς **τοὺς** αἰῶνας τῶν αἰώνων.
Rev 22:14 εἰσέλθωσιν **εἰς** τὴν πόλιν.

εἷς (*heis*; 25/343[345]) *one*

Rev 4:8 **ἓν** καθ' ἓν αὐτῶν

Rev 4:8 ἓν καθ’ **ἓν** αὐτῶν ἔχων ἀνὰ
Rev 5:5 καὶ **εἷς** ἐκ τῶν πρεσβυτέρων
Rev 6:1 ἤνοιξεν τὸ ἀρνίον **μίαν** ἐκ τῶν ἑπτὰ
Rev 6:1 καὶ ἤκουσα **ἑνὸς** ἐκ τῶν τεσσάρων
Rev 7:13 Καὶ ἀπεκρίθη **εἷς** ἐκ τῶν πρεσβυτέρων
Rev 8:13 καὶ ἤκουσα **ἑνὸς** ἀετοῦ πετομένου ἐν
Rev 9:12 Ἡ οὐαὶ ἡ **μία** ἀπῆλθεν·
Rev 9:13 καὶ ἤκουσα φωνὴν **μίαν** ἐκ τῶν [τεσσάρων]
Rev 13:3 καὶ **μίαν** ἐκ τῶν κεφαλῶν
Rev 15:7 καὶ **ἓν** ἐκ τῶν τεσσάρων
Rev 17:1 Καὶ ἦλθεν **εἷς** ἐκ τῶν ἑπτὰ
Rev 17:10 ὁ **εἷς** ἔστιν,
Rev 17:12 ἐξουσίαν ὡς βασιλεῖς **μίαν** ὥραν λαμβάνουσιν μετὰ
Rev 17:13 οὗτοι **μίαν** γνώμην ἔχουσιν καὶ
Rev 17:17 αὐτοῦ καὶ ποιῆσαι **μίαν** γνώμην καὶ δοῦναι
Rev 18:8 διὰ τοῦτο ἐν **μιᾷ** ἡμέρᾳ ἥξουσιν αἱ
Rev 18:10 ὅτι **μιᾷ** ὥρᾳ ἦλθεν ἡ
Rev 18:17 ὅτι **μιᾷ** ὥρᾳ ἠρημώθη ὁ
Rev 18:19 ὅτι **μιᾷ** ὥρᾳ ἠρημώθη.
Rev 18:21 Καὶ ἦρεν **εἷς** ἄγγελος ἰσχυρὸς λίθον
Rev 19:17 Καὶ εἶδον **ἕνα** ἄγγελον ἑστῶτα ἐν
Rev 21:9 Καὶ ἦλθεν **εἷς** ἐκ τῶν ἑπτὰ
Rev 21:21 ἀνὰ **εἷς** ἕκαστος τῶν πυλώνων
Rev 21:21 πυλώνων ἦν ἐξ **ἑνὸς** μαργαρίτου.

εἰσέρχομαι (*eiserchomai*; 5/194) *go into, enter*

Rev 3:20 [καὶ] **εἰσελεύσομαι** πρὸς αὐτὸν καὶ
Rev 11:11 ἐκ τοῦ θεοῦ **εἰσῆλθεν** ἐν αὐτοῖς,
Rev 15:8 καὶ οὐδεὶς ἐδύνατο **εἰσελθεῖν** εἰς τὸν ναὸν
Rev 21:27 καὶ οὐ μὴ **εἰσέλθῃ** εἰς αὐτὴν πᾶν
Rev 22:14 καὶ τοῖς πυλῶσιν **εἰσέλθωσιν** εἰς τὴν πόλιν.

ἐκ (*ek*; 135/912[914]) *from*

Rev 1:5 καὶ λύσαντι ἡμᾶς **ἐκ** τῶν ἁμαρτιῶν ἡμῶν
Rev 1:16 ἀστέρας ἑπτὰ καὶ **ἐκ** τοῦ στόματος αὐτοῦ
Rev 2:5 τὴν λυχνίαν σου **ἐκ** τοῦ τόπου αὐτῆς,
Rev 2:7 φαγεῖν **ἐκ** τοῦ ξύλου
Rev 2:9 καὶ τὴν βλασφημίαν **ἐκ** τῶν λεγόντων Ἰουδαίους
Rev 2:10 βάλλειν ὁ διάβολος **ἐξ** ὑμῶν εἰς φυλακὴν
Rev 2:11 ἀδικηθῇ **ἐκ** τοῦ θανάτου
Rev 2:21 οὐ θέλει μετανοῆσαι **ἐκ** τῆς πορνείας αὐτῆς.
Rev 2:22 ἐὰν μὴ μετανοήσωσιν **ἐκ** τῶν ἔργων αὐτῆς,
Rev 3:5 τὸ ὄνομα αὐτοῦ **ἐκ** τῆς βίβλου τῆς
Rev 3:9 ἰδοὺ διδῶ **ἐκ** τῆς συναγωγῆς τοῦ
Rev 3:10 κἀγώ σε τηρήσω **ἐκ** τῆς ὥρας τοῦ
Rev 3:12 Ἰερουσαλὴμ ἡ καταβαίνουσα **ἐκ** τοῦ οὐρανοῦ ἀπὸ
Rev 3:16 μέλλω σε ἐμέσαι **ἐκ** τοῦ στόματός μου.
Rev 3:18 ἐμοῦ χρυσίον πεπυρωμένον **ἐκ** πυρὸς ἵνα πλουτήσῃς,
Rev 4:5 Καὶ **ἐκ** τοῦ θρόνου ἐκπορεύονται
Rev 5:5 καὶ εἷς **ἐκ** τῶν πρεσβυτέρων λέγει
Rev 5:5 ὁ λέων ὁ **ἐκ** τῆς φυλῆς Ἰούδα,
Rev 5:7 ἦλθεν καὶ εἴληφεν **ἐκ** τῆς δεξιᾶς τοῦ
Rev 5:9 τῷ αἵματί σου **ἐκ** πάσης φυλῆς καὶ
Rev 6:1 τὸ ἀρνίον μίαν **ἐκ** τῶν ἑπτὰ σφραγίδων,
Rev 6:1 καὶ ἤκουσα ἑνὸς **ἐκ** τῶν τεσσάρων ζῴων
Rev 6:4 λαβεῖν τὴν εἰρήνην **ἐκ** τῆς γῆς καὶ
Rev 6:10 τὸ αἷμα ἡμῶν **ἐκ** τῶν κατοικούντων
Rev 6:14 ὄρος καὶ νῆσος **ἐκ** τῶν τόπων αὐτῶν
Rev 7:4 ἐσφραγισμένοι **ἐκ** πάσης φυλῆς υἱῶν
Rev 7:5 **ἐκ** φυλῆς Ἰούδα δώδεκα
Rev 7:5 **ἐκ** φυλῆς Ῥουβὴν δώδεκα
Rev 7:5 **ἐκ** φυλῆς Γὰδ δώδεκα
Rev 7:6 **ἐκ** φυλῆς Ἀσὴρ δώδεκα
Rev 7:6 **ἐκ** φυλῆς Νεφθαλὶμ δώδεκα
Rev 7:6 **ἐκ** φυλῆς Μανασσῆ δώδεκα
Rev 7:7 **ἐκ** φυλῆς Συμεὼν δώδεκα
Rev 7:7 **ἐκ** φυλῆς Λευὶ δώδεκα
Rev 7:7 **ἐκ** φυλῆς Ἰσσαχὰρ δώδεκα
Rev 7:8 **ἐκ** φυλῆς Ζαβουλὼν δώδεκα
Rev 7:8 **ἐκ** φυλῆς Ἰωσὴφ δώδεκα
Rev 7:8 **ἐκ** φυλῆς Βενιαμὶν δώδεκα
Rev 7:9 **ἐκ** παντὸς ἔθνους καὶ
Rev 7:13 Καὶ ἀπεκρίθη εἷς **ἐκ** τῶν πρεσβυτέρων λέγων
Rev 7:14 εἰσιν οἱ ἐρχόμενοι **ἐκ** τῆς θλίψεως τῆς
Rev 7:17 θεὸς πᾶν δάκρυον **ἐκ** τῶν ὀφθαλμῶν αὐτῶν.
Rev 8:4 προσευχαῖς τῶν ἁγίων **ἐκ** χειρὸς τοῦ ἀγγέλου
Rev 8:5 καὶ ἐγέμισεν αὐτὸν **ἐκ** τοῦ πυρὸς τοῦ
Rev 8:10 καὶ ἔπεσεν **ἐκ** τοῦ οὐρανοῦ ἀστὴρ
Rev 8:11 τῶν ἀνθρώπων ἀπέθανον **ἐκ** τῶν ὑδάτων
Rev 8:13 ἐπὶ τῆς γῆς **ἐκ** τῶν λοιπῶν φωνῶν
Rev 9:1 καὶ εἶδον ἀστέρα **ἐκ** τοῦ οὐρανοῦ πεπτωκότα
Rev 9:2 καὶ ἀνέβη καπνὸς **ἐκ** τοῦ φρέατος ὡς
Rev 9:2 καὶ ὁ ἀὴρ **ἐκ** τοῦ καπνοῦ τοῦ
Rev 9:3 καὶ **ἐκ** τοῦ καπνοῦ ἐξῆλθον
Rev 9:13 ἤκουσα φωνὴν μίαν **ἐκ** τῶν [τεσσάρων] κεράτων
Rev 9:17 καὶ **ἐκ** τῶν στομάτων αὐτῶν
Rev 9:18 **ἐκ** τοῦ πυρὸς καὶ
Rev 9:18 τοῦ ἐκπορευομένου **ἐκ** τῶν στομάτων
Rev 9:20 οὐδὲ μετενόησαν **ἐκ** τῶν ἔργων τῶν
Rev 9:21 καὶ οὐ μετενόησαν **ἐκ** τῶν φόνων αὐτῶν
Rev 9:21 φόνων αὐτῶν οὔτε **ἐκ** τῶν φαρμάκων αὐτῶν
Rev 9:21 φαρμάκων αὐτῶν οὔτε **ἐκ** τῆς πορνείας αὐτῶν
Rev 9:21 πορνείας αὐτῶν οὔτε **ἐκ** τῶν κλεμμάτων αὐτῶν.
Rev 10:1 ἄγγελον ἰσχυρὸν καταβαίνοντα **ἐκ** τοῦ οὐρανοῦ περιβεβλημένον
Rev 10:4 καὶ ἤκουσα φωνὴν **ἐκ** τοῦ οὐρανοῦ λέγουσαν·
Rev 10:8 φωνὴ ἣν ἤκουσα **ἐκ** τοῦ οὐρανοῦ πάλιν
Rev 10:10 ἔλαβον τὸ βιβλαρίδιον **ἐκ** τῆς χειρὸς τοῦ
Rev 11:5 ἐκπορεύεται **ἐκ** τοῦ στόματος
Rev 11:7 θηρίον τὸ ἀναβαῖνον **ἐκ** τῆς ἀβύσσου ποιήσει
Rev 11:9 καὶ βλέπουσιν **ἐκ** τῶν λαῶν καὶ
Rev 11:11 ἥμισυ πνεῦμα ζωῆς **ἐκ** τοῦ θεοῦ εἰσῆλθεν
Rev 11:12 ἤκουσαν φωνῆς μεγάλης **ἐκ** τοῦ οὐρανοῦ λεγούσης
Rev 12:15 ἔβαλεν ὁ ὄφις **ἐκ** τοῦ στόματος αὐτοῦ
Rev 12:16 ἔβαλεν ὁ δράκων **ἐκ** τοῦ στόματος αὐτοῦ.
Rev 13:1 Καὶ εἶδον **ἐκ** τῆς θαλάσσης θηρίον
Rev 13:3 καὶ μίαν **ἐκ** τῶν κεφαλῶν αὐτοῦ
Rev 13:11 ἄλλο θηρίον ἀναβαῖνον **ἐκ** τῆς γῆς,
Rev 13:13 καὶ πῦρ ποιῇ **ἐκ** τοῦ οὐρανοῦ καταβαίνειν
Rev 14:2 καὶ ἤκουσα φωνὴν **ἐκ** τοῦ οὐρανοῦ ὡς
Rev 14:8 ἡ μεγάλη ἣ **ἐκ** τοῦ οἴνου τοῦ
Rev 14:10 καὶ αὐτὸς πίεται **ἐκ** τοῦ οἴνου τοῦ
Rev 14:13 Καὶ ἤκουσα φωνῆς **ἐκ** τοῦ οὐρανοῦ λεγούσης·

Rev 14:13 ἵνα ἀναπαήσονται **ἐκ** τῶν κόπων αὐτῶν,
Rev 14:15 ἄλλος ἄγγελος ἐξῆλθεν **ἐκ** τοῦ ναοῦ κράζων
Rev 14:17 ἄλλος ἄγγελος ἐξῆλθεν **ἐκ** τοῦ ναοῦ τοῦ
Rev 14:18 ἄλλος ἄγγελος [ἐξῆλθεν] **ἐκ** τοῦ θυσιαστηρίου [ὁ]
Rev 14:20 καὶ ἐξῆλθεν αἷμα **ἐκ** τῆς ληνοῦ ἄχρι
Rev 15:2 καὶ τοὺς νικῶντας **ἐκ** τοῦ θηρίου καὶ
Rev 15:2 τοῦ θηρίου καὶ **ἐκ** τῆς εἰκόνος αὐτοῦ
Rev 15:2 εἰκόνος αὐτοῦ καὶ **ἐκ** τοῦ ἀριθμοῦ τοῦ
Rev 15:6 τὰς ἑπτὰ πληγὰς **ἐκ** τοῦ ναοῦ ἐνδεδυμένοι
Rev 15:7 καὶ ἓν **ἐκ** τῶν τεσσάρων ζῴων
Rev 15:8 ὁ ναὸς καπνοῦ **ἐκ** τῆς δόξης τοῦ
Rev 15:8 τοῦ θεοῦ καὶ **ἐκ** τῆς δυνάμεως αὐτοῦ,
Rev 16:1 ἤκουσα μεγάλης φωνῆς **ἐκ** τοῦ ναοῦ λεγούσης
Rev 16:10 τὰς γλώσσας αὐτῶν **ἐκ** τοῦ πόνου,
Rev 16:11 θεὸν τοῦ οὐρανοῦ **ἐκ** τῶν πόνων αὐτῶν
Rev 16:11 πόνων αὐτῶν καὶ **ἐκ** τῶν ἑλκῶν αὐτῶν
Rev 16:11 καὶ οὐ μετενόησαν **ἐκ** τῶν ἔργων αὐτῶν.
Rev 16:13 Καὶ εἶδον **ἐκ** τοῦ στόματος τοῦ
Rev 16:13 τοῦ δράκοντος καὶ **ἐκ** τοῦ στόματος τοῦ
Rev 16:13 τοῦ θηρίου καὶ **ἐκ** τοῦ στόματος τοῦ
Rev 16:17 φωνὴ μεγάλη **ἐκ** τοῦ ναοῦ
Rev 16:21 ὡς ταλαντιαία καταβαίνει **ἐκ** τοῦ οὐρανοῦ
Rev 16:21 ἄνθρωποι τὸν θεὸν **ἐκ** τῆς πληγῆς τῆς
Rev 17:1 Καὶ ἦλθεν εἷς **ἐκ** τῶν ἑπτὰ ἀγγέλων
Rev 17:2 κατοικοῦντες τὴν γῆν **ἐκ** τοῦ οἴνου τῆς
Rev 17:6 τὴν γυναῖκα μεθύουσαν **ἐκ** τοῦ αἵματος
Rev 17:6 τῶν ἁγίων καὶ **ἐκ** τοῦ αἵματος τῶν
Rev 17:8 καὶ μέλλει ἀναβαίνειν **ἐκ** τῆς ἀβύσσου καὶ
Rev 17:11 ὄγδοός ἐστιν καὶ **ἐκ** τῶν ἑπτά ἐστιν,
Rev 18:1 ἄλλον ἄγγελον καταβαίνοντα **ἐκ** τοῦ οὐρανοῦ ἔχοντα
Rev 18:1 ἡ γῆ ἐφωτίσθη **ἐκ** τῆς δόξης αὐτοῦ.
Rev 18:3 ὅτι **ἐκ** τοῦ οἴνου τοῦ
Rev 18:3 ἔμποροι τῆς γῆς **ἐκ** τῆς δυνάμεως τοῦ
Rev 18:4 ἤκουσα ἄλλην φωνὴν **ἐκ** τοῦ οὐρανοῦ λέγουσαν·
Rev 18:4 ὁ λαός μου **ἐξ** αὐτῆς ἵνα μὴ
Rev 18:4 καὶ **ἐκ** τῶν πληγῶν αὐτῆς
Rev 18:12 καὶ πᾶν σκεῦος **ἐκ** ξύλου τιμιωτάτου καὶ
Rev 18:19 ἐν τῇ θαλάσσῃ **ἐκ** τῆς τιμιότητος αὐτῆς,
Rev 18:20 τὸ κρίμα ὑμῶν **ἐξ** αὐτῆς.
Rev 19:2 τῶν δούλων αὐτοῦ **ἐκ** χειρὸς αὐτῆς.
Rev 19:15 καὶ **ἐκ** τοῦ στόματος αὐτοῦ
Rev 19:21 ἵππου τῇ ἐξελθούσῃ **ἐκ** τοῦ στόματος αὐτοῦ,
Rev 19:21 τὰ ὄρνεα ἐχορτάσθησαν **ἐκ** τῶν σαρκῶν αὐτῶν.
Rev 20:1 εἶδον ἄγγελον καταβαίνοντα **ἐκ** τοῦ οὐρανοῦ ἔχοντα
Rev 20:7 λυθήσεται ὁ σατανᾶς **ἐκ** τῆς φυλακῆς αὐτοῦ
Rev 20:9 καὶ κατέβη πῦρ **ἐκ** τοῦ οὐρανοῦ καὶ
Rev 20:12 ἐκρίθησαν οἱ νεκροὶ **ἐκ** τῶν γεγραμμένων
Rev 21:2 καινὴν εἶδον καταβαίνουσαν **ἐκ** τοῦ οὐρανου ἀπὸ
Rev 21:3 ἤκουσα φωνῆς μεγάλης **ἐκ** τοῦ θρόνου λεγούσης·
Rev 21:4 ἐξαλείψει πᾶν δάκρυον **ἐκ** τῶν ὀφθαλμῶν αὐτῶν,
Rev 21:6 τῷ διψῶντι δώσω **ἐκ** τῆς πηγῆς τοῦ
Rev 21:9 Καὶ ἦλθεν εἷς **ἐκ** τῶν ἑπτὰ ἀγγέλων
Rev 21:10 ἁγίαν Ἰερουσαλὴμ καταβαίνουσαν **ἐκ** τοῦ οὐρανοῦ ἀπὸ
Rev 21:21 τῶν πυλώνων ἦν **ἐξ** ἑνὸς μαργαρίτου.
Rev 22:1 ἐκπορευόμενον **ἐκ** τοῦ θρόνου
Rev 22:19 τῆς ζωῆς καὶ **ἐκ** τῆς πόλεως τῆς

ἕκαστος (*hekastos*; 7/81[82]) *each*

Rev 2:23 καὶ δώσω ὑμῖν **ἑκάστῳ** κατὰ τὰ ἔργα
Rev 5:8 τοῦ ἀρνίου ἔχοντες **ἕκαστος** κιθάραν καὶ φιάλας
Rev 6:11 καὶ ἐδόθη αὐτοῖς **ἑκάστῳ** στολὴ λευκὴ καὶ
Rev 20:13 καὶ ἐκρίθησαν **ἕκαστος** κατὰ τὰ ἔργα
Rev 21:21 ἀνὰ εἷς **ἕκαστος** τῶν πυλώνων ἦν
Rev 22:2 κατὰ μῆνα **ἕκαστον** ἀποδιδοῦν τὸν καρπὸν
Rev 22:12 μετ' ἐμοῦ ἀποδοῦναι **ἑκάστῳ** ὡς τὸ ἔργον

ἑκατόν (*hekaton*; 4/17) *one hundred*

Rev 7:4 **ἑκατὸν** τεσσεράκοντα τέσσαρες χιλιάδες,
Rev 14:1 καὶ μετ' αὐτοῦ **ἑκατὸν** τεσσεράκοντα τέσσαρες χιλιάδες
Rev 14:3 εἰ μὴ αἱ **ἑκατὸν** τεσσεράκοντα τέσσαρες χιλιάδες,
Rev 21:17 τὸ τεῖχος αὐτῆς **ἑκατὸν** τεσσεράκοντα τεσσάρων πηχῶν

ἐκβάλλω (*ekballō*; 1/79[81]) *cast or drive out*

Rev 11:2 ἔξωθεν τοῦ ναοῦ **ἔκβαλε** ἔξωθεν καὶ μὴ

ἐκδικέω (*ekdikeō*; 2/6) *help someone get justice*

Rev 6:10 οὐ κρίνεις καὶ **ἐκδικεῖς** τὸ αἷμα ἡμῶν
Rev 19:2 καὶ **ἐξεδίκησεν** τὸ αἷμα τῶν

ἐκεῖ (*ekei*; 5/95) *there*

Rev 2:14 ὀλίγα ὅτι ἔχεις **ἐκεῖ** κρατοῦντας τὴν διδαχὴν
Rev 12:6 ὅπου ἔχει **ἐκεῖ** τόπον ἡτοιμασμένον ἀπὸ
Rev 12:6 ἵνα **ἐκεῖ** τρέφωσιν αὐτὴν ἡμέρας
Rev 12:14 ὅπου τρέφεται **ἐκεῖ** καιρὸν καὶ καιροὺς
Rev 21:25 γὰρ οὐκ ἔσται **ἐκεῖ**,

ἐκεῖθεν (*ekeithen*; 1/27) *from there*

Rev 22:2 ποταμοῦ ἐντεῦθεν καὶ **ἐκεῖθεν** ξύλον ζωῆς ποιοῦν

ἐκεῖνος (*ekeinos*; 2/240[243]) *that*

Rev 9:6 ἐν ταῖς ἡμέραις **ἐκείναις** ζητήσουσιν οἱ ἄνθρωποι
Rev 11:13 Καὶ ἐν **ἐκείνῃ** τῇ ὥρᾳ ἐγένετο

ἐκκεντέω (*ekkenteō*; 1/2) *pierce*

Rev 1:7 καὶ οἵτινες αὐτὸν **ἐξεκέντησαν**,

ἐκκλησία (*ekklēsia*; 20/114) *church*

Rev 1:4 Ἰωάννης ταῖς ἑπτὰ **ἐκκλησίαις** ταῖς ἐν τῇ
Rev 1:11 πέμψον ταῖς ἑπτὰ **ἐκκλησίαις**,
Rev 1:20 ἄγγελοι τῶν ἑπτὰ **ἐκκλησιῶν** εἰσιν καὶ αἱ
Rev 1:20 αἱ ἑπτὰ ἑπτὰ **ἐκκλησίαι** εἰσίν.
Rev 2:1 τῆς ἐν Ἐφέσῳ **ἐκκλησίας** γράψον·
Rev 2:7 πνεῦμα λέγει ταῖς **ἐκκλησίαις**.
Rev 2:8 τῆς ἐν Σμύρνῃ **ἐκκλησίας** γράψον·
Rev 2:11 πνεῦμα λέγει ταῖς **ἐκκλησίαις**.

Rev 2:12 τῆς ἐν Περγάμῳ **ἐκκλησίας** γράψον·
Rev 2:17 πνεῦμα λέγει ταῖς **ἐκκλησίαις**.
Rev 2:18 τῆς ἐν Θυατείροις **ἐκκλησίας** γράψον·
Rev 2:23 γνώσονται πᾶσαι αἱ **ἐκκλησίαι** ὅτι ἐγώ εἰμι
Rev 2:29 πνεῦμα λέγει ταῖς **ἐκκλησίαις**.
Rev 3:1 τῆς ἐν Σάρδεσιν **ἐκκλησίας** γράψον·
Rev 3:6 πνεῦμα λέγει ταῖς **ἐκκλησίαις**.
Rev 3:7 τῆς ἐν Φιλαδελφείᾳ **ἐκκλησίας** γράψον·
Rev 3:13 πνεῦμα λέγει ταῖς **ἐκκλησίαις**.
Rev 3:14 τῆς ἐν Λαοδικείᾳ **ἐκκλησίας** γράψον·
Rev 3:22 πνεῦμα λέγει ταῖς **ἐκκλησίαις**.
Rev 22:16 ταῦτα ἐπὶ ταῖς **ἐκκλησίαις**.

ἐκλεκτός (*eklektos*; 1/22) *chosen*
Rev 17:14 αὐτοῦ κλητοὶ καὶ **ἐκλεκτοὶ** καὶ πιστοί.

ἐκπορεύομαι (*ekporeuomai*; 8/33) *go or come out*
Rev 1:16 ῥομφαία δίστομος ὀξεῖα **ἐκπορευομένη** καὶ ἡ ὄψις
Rev 4:5 ἐκ τοῦ θρόνου **ἐκπορεύονται** ἀστραπαὶ καὶ φωναὶ
Rev 9:17 τῶν στομάτων αὐτῶν **ἐκπορεύεται** πῦρ καὶ καπνὸς
Rev 9:18 τοῦ θείου τοῦ **ἐκπορευομένου** ἐκ τῶν στομάτων
Rev 11:5 θέλει ἀδικῆσαι πῦρ **ἐκπορεύεται** ἐκ τοῦ στόματος
Rev 16:14 ἃ **ἐκπορεύεται** ἐπὶ τοὺς βασιλεῖς
Rev 19:15 τοῦ στόματος αὐτοῦ **ἐκπορεύεται** ῥομφαία ὀξεῖα,
Rev 22:1 **ἐκπορευόμενον** ἐκ τοῦ θρόνου

ἕκτος (*hektos*; 5/14) *sixth*
Rev 6:12 τὴν σφραγῖδα τὴν **ἕκτην**,
Rev 9:13 Καὶ ὁ **ἕκτος** ἄγγελος ἐσάλπισεν·
Rev 9:14 λέγοντα τῷ **ἕκτῳ** ἀγγέλῳ,
Rev 16:12 Καὶ ὁ **ἕκτος** ἐξέχεεν τὴν φιάλην
Rev 21:20 ὁ **ἕκτος** σάρδιον,

ἐκχύννομαι (*ekchynnomai*; 9/27) *pour out*
Rev 16:1 ὑπάγετε καὶ **ἐκχέετε** τὰς ἑπτὰ φιάλας
Rev 16:2 ὁ πρῶτος καὶ **ἐξέχεεν** τὴν φιάλην αὐτοῦ
Rev 16:3 Καὶ ὁ δεύτερος **ἐξέχεεν** τὴν φιάλην αὐτοῦ
Rev 16:4 Καὶ ὁ τρίτος **ἐξέχεεν** τὴν φιάλην αὐτοῦ
Rev 16:6 ἁγίων καὶ προφητῶν **ἐξέχεαν** καὶ αἷμα αὐτοῖς
Rev 16:8 Καὶ ὁ τέταρτος **ἐξέχεεν** τὴν φιάλην αὐτοῦ
Rev 16:10 Καὶ ὁ πέμπτος **ἐξέχεεν** τὴν φιάλην αὐτοῦ
Rev 16:12 Καὶ ὁ ἕκτος **ἐξέχεεν** τὴν φιάλην αὐτοῦ
Rev 16:17 Καὶ ὁ ἕβδομος **ἐξέχεεν** τὴν φιάλην αὐτοῦ

ἐλαία (*elaia*; 1/14[15]) *olive tree*
Rev 11:4 εἰσιν αἱ δύο **ἐλαῖαι** καὶ αἱ δύο

ἔλαιον (*elaion*; 2/11) *olive oil*
Rev 6:6 καὶ τὸ **ἔλαιον** καὶ τὸν οἶνον
Rev 18:13 καὶ οἶνον καὶ **ἔλαιον** καὶ σεμίδαλιν καὶ

ἐλέγχω (*elenchō*; 1/17) *expose, convict*
Rev 3:19 ὅσους ἐὰν φιλῶ **ἐλέγχω** καὶ παιδεύω·

ἐλεεινός (*eleeinos*; 1/2) *pitiful*
Rev 3:17 ὁ ταλαίπωρος καὶ **ἐλεεινὸς** καὶ πτωχὸς καὶ

ἐλεύθερος (*eleutheros*; 3/23) *free*
Rev 6:15 πᾶς δοῦλος καὶ **ἐλεύθερος** ἔκρυψαν ἑαυτοὺς εἰς
Rev 13:16 καὶ τοὺς **ἐλευθέρους** καὶ τοὺς δούλους,
Rev 19:18 καὶ σάρκας πάντων **ἐλευθέρων** τε καὶ δούλων

ἐλεφάντινος (*elephantinos*; 1/1) *of ivory*
Rev 18:12 καὶ πᾶν σκεῦος **ἐλεφάντινον** καὶ πᾶν σκεῦος

ἑλίσσω (*helissō*; 1/2) *roll up*
Rev 6:14 ἀπεχωρίσθη ὡς βιβλίον **ἑλισσόμενον** καὶ πᾶν ὄρος

ἕλκος (*helkos*; 2/3) *sore*
Rev 16:2 καὶ ἐγένετο **ἕλκος** κακὸν καὶ πονηρὸν
Rev 16:11 καὶ ἐκ τῶν **ἑλκῶν** αὐτῶν καὶ οὐ

Ἑλληνικός (*Hellēnikos*; 1/1) *Greek*
Rev 9:11 καὶ ἐν τῇ **Ἑλληνικῇ** ὄνομα ἔχει Ἀπολλύων.

ἐμέω (*emeō*; 1/1) *spit out*
Rev 3:16 μέλλω σε **ἐμέσαι** ἐκ τοῦ στόματός

ἐμός (*emos*; 1/76) *my*
Rev 2:20 καὶ πλανᾷ τοὺς **ἐμοὺς** δούλους πορνεῦσαι

ἔμπορος (*emporos*; 4/5) *merchant*
Rev 18:3 ἐπόρνευσαν καὶ οἱ **ἔμποροι** τῆς γῆς ἐκ
Rev 18:11 Καὶ οἱ **ἔμποροι** τῆς γῆς κλαίουσιν
Rev 18:15 Οἱ **ἔμποροι** τούτων οἱ πλουτήσαντες
Rev 18:23 ὅτι οἱ **ἔμποροί** σου ἦσαν οἱ

ἔμπροσθεν (*emprosthen*; 3/48) *before*
Rev 4:6 ζῷα γέμοντα ὀφθαλμῶν **ἔμπροσθεν** καὶ ὄπισθεν.
Rev 19:10 καὶ ἔπεσα **ἔμπροσθεν** τῶν ποδῶν αὐτοῦ
Rev 22:8 ἔπεσα προσκυνῆσαι **ἔμπροσθεν** τῶν ποδῶν

ἔμφοβος (*emphobos*; 1/5) *full of fear*
Rev 11:13 καὶ οἱ λοιποὶ **ἔμφοβοι** ἐγένοντο καὶ ἔδωκαν

ἐν (*en*; 158/2746[2752]) *in*
Rev 1:1 ἃ δεῖ γενέσθαι **ἐν** τάχει,
Rev 1:3 καὶ τηροῦντες τὰ **ἐν** αὐτῇ γεγραμμένα,
Rev 1:4 ἑπτὰ ἐκκλησίαις ταῖς **ἐν** τῇ Ἀσίᾳ·
Rev 1:5 τῶν ἁμαρτιῶν ἡμῶν **ἐν** τῷ αἵματι αὐτοῦ,
Rev 1:9 ὑμῶν καὶ συγκοινωνὸς **ἐν** τῇ θλίψει καὶ
Rev 1:9 βασιλείᾳ καὶ ὑπομονῇ **ἐν** Ἰησοῦ,
Rev 1:9 ἐγενόμην **ἐν** τῇ νήσῳ τῇ
Rev 1:10 ἐγενόμην **ἐν** πνεύματι ἐν τῇ
Rev 1:10 ἐγενόμην ἐν πνεύματι **ἐν** τῇ κυριακῇ ἡμέρᾳ
Rev 1:13 καὶ **ἐν** μέσῳ τῶν λυχνιῶν
Rev 1:15 ὅμοιοι χαλκολιβάνῳ ὡς **ἐν** καμίνῳ πεπυρωμένης καὶ

Rev 1:16 καὶ ἔχων **ἐν** τῇ δεξιᾷ χειρὶ
Rev 1:16 ὁ ἥλιος φαίνει **ἐν** τῇ δυνάμει αὐτοῦ.
Rev 2:1 Τῷ ἀγγέλῳ τῆς **ἐν** Ἐφέσῳ ἐκκλησίας γράψον·
Rev 2:1 τοὺς ἑπτὰ ἀστέρας **ἐν** τῇ δεξιᾷ αὐτοῦ,
Rev 2:1 ὁ περιπατῶν **ἐν** μέσῳ τῶν ἑπτὰ
Rev 2:7 ὅ ἐστιν **ἐν** τῷ παραδείσῳ τοῦ
Rev 2:8 τῷ ἀγγέλῳ τῆς **ἐν** Σμύρνῃ ἐκκλησίας γράψον·
Rev 2:12 τῷ ἀγγέλῳ τῆς **ἐν** Περγάμῳ ἐκκλησίας γράψον·
Rev 2:13 πίστιν μου καὶ **ἐν** ταῖς ἡμέραις Ἀντιπᾶς
Rev 2:16 πολεμήσω μετ' αὐτῶν **ἐν** τῇ ῥομφαίᾳ τοῦ
Rev 2:18 τῷ ἀγγέλῳ τῆς **ἐν** Θυατείροις ἐκκλησίας γράψον·
Rev 2:23 τέκνα αὐτῆς ἀποκτενῶ **ἐν** θανάτῳ.
Rev 2:24 τοῖς λοιποῖς τοῖς **ἐν** Θυατείροις,
Rev 2:27 καὶ ποιμανεῖ αὐτοὺς **ἐν** ῥάβδῳ σιδηρᾷ ὡς
Rev 3:1 τῷ ἀγγέλῳ τῆς **ἐν** Σάρδεσιν ἐκκλησίας γράψον·
Rev 3:4 ἔχεις ὀλίγα ὀνόματα **ἐν** Σάρδεσιν ἃ οὐκ
Rev 3:4 περιπατήσουσιν μετ' ἐμοῦ **ἐν** λευκοῖς,
Rev 3:5 νικῶν οὕτως περιβαλεῖται **ἐν** ἱματίοις λευκοῖς καὶ
Rev 3:7 τῷ ἀγγέλῳ τῆς **ἐν** Φιλαδελφείᾳ ἐκκλησίας γράψον·
Rev 3:12 ποιήσω αὐτὸν στῦλον **ἐν** τῷ ναῷ τοῦ
Rev 3:14 τῷ ἀγγέλῳ τῆς **ἐν** Λαοδικείᾳ ἐκκλησίας γράψον·
Rev 3:21 καθίσαι μετ' ἐμοῦ **ἐν** τῷ θρόνῳ μου,
Rev 3:21 τοῦ πατρός μου **ἐν** τῷ θρόνῳ αὐτοῦ.
Rev 4:1 ἰδοὺ θύρα ἠνεῳγμένη **ἐν** τῷ οὐρανῷ,
Rev 4:2 Εὐθέως ἐγενόμην **ἐν** πνεύματι,
Rev 4:2 ἰδοὺ θρόνος ἔκειτο **ἐν** τῷ οὐρανῷ,
Rev 4:4 πρεσβυτέρους καθημένους περιβεβλημένους **ἐν** ἱματίοις λευκοῖς καὶ
Rev 4:6 Καὶ **ἐν** μέσῳ τοῦ θρόνου
Rev 5:2 ἄγγελον ἰσχυρὸν κηρύσσοντα **ἐν** φωνῇ μεγάλῃ·
Rev 5:3 καὶ οὐδεὶς ἐδύνατο **ἐν** τῷ οὐρανῷ οὐδὲ
Rev 5:6 Καὶ εἶδον **ἐν** μέσῳ τοῦ θρόνου
Rev 5:6 τεσσάρων ζῴων καὶ **ἐν** μέσῳ τῶν πρεσβυτέρων
Rev 5:9 ἠγόρασας τῷ θεῷ **ἐν** τῷ αἵματί σου
Rev 5:13 πᾶν κτίσμα ὃ **ἐν** τῷ οὐρανῷ καὶ
Rev 5:13 θαλάσσης καὶ τὰ **ἐν** αὐτοῖς πάντα ἤκουσα
Rev 6:5 αὐτὸν ἔχων ζυγὸν **ἐν** τῇ χειρὶ αὐτοῦ.
Rev 6:6 ἤκουσα ὡς φωνὴν **ἐν** μέσῳ τῶν τεσσάρων
Rev 6:8 τῆς γῆς ἀποκτεῖναι **ἐν** ῥομφαίᾳ καὶ ἐν
Rev 6:8 ἐν ῥομφαίᾳ καὶ **ἐν** λιμῷ καὶ ἐν
Rev 6:8 ἐν λιμῷ καὶ **ἐν** θανάτῳ καὶ ὑπὸ
Rev 7:9 καὶ φοίνικες **ἐν** ταῖς χερσὶν αὐτῶν,
Rev 7:14 καὶ ἐλεύκαναν αὐτὰς **ἐν** τῷ αἵματι τοῦ
Rev 7:15 καὶ νυκτὸς **ἐν** τῷ ναῷ αὐτοῦ,
Rev 8:1 ἐγένετο σιγὴ **ἐν** τῷ οὐρανῷ ὡς
Rev 8:7 καὶ πῦρ μεμιγμένα **ἐν** αἵματι καὶ ἐβλήθη
Rev 8:9 τῶν κτισμάτων τῶν **ἐν** τῇ θαλάσσῃ τὰ
Rev 8:13 ἑνὸς ἀετοῦ πετομένου **ἐν** μεσουρανήματι λέγοντος φωνῇ
Rev 9:6 καὶ **ἐν** ταῖς ἡμέραις ἐκείναις
Rev 9:10 καὶ **ἐν** ταῖς οὐραῖς αὐτῶν
Rev 9:11 καὶ **ἐν** τῇ Ἑλληνικῇ ὄνομα
Rev 9:17 εἶδον τοὺς ἵππους **ἐν** τῇ ὁράσει καὶ
Rev 9:19 ἐξουσία τῶν ἵππων **ἐν** τῷ στόματι αὐτῶν
Rev 9:19 αὐτῶν ἐστιν καὶ **ἐν** ταῖς οὐραῖς αὐτῶν,
Rev 9:19 ἔχουσαι κεφαλὰς καὶ **ἐν** αὐταῖς ἀδικοῦσιν.
Rev 9:20 οἳ οὐκ ἀπεκτάνθησαν **ἐν** ταῖς πληγαῖς ταύταις,
Rev 10:2 καὶ ἔχων **ἐν** τῇ χειρὶ αὐτοῦ
Rev 10:6 καὶ ὤμοσεν **ἐν** τῷ ζῶντι εἰς
Rev 10:6 οὐρανὸν καὶ τὰ **ἐν** αὐτῷ καὶ τὴν
Rev 10:6 γῆν καὶ τὰ **ἐν** αὐτῇ καὶ τὴν
Rev 10:6 θάλασσαν καὶ τὰ **ἐν** αὐτῇ,
Rev 10:7 ἀλλ' **ἐν** ταῖς ἡμέραις τῆς
Rev 10:8 βιβλίον τὸ ἠνεῳγμένον **ἐν** τῇ χειρὶ τοῦ
Rev 10:9 ἀλλ' **ἐν** τῷ στόματί σου
Rev 10:10 καὶ ἦν **ἐν** τῷ στόματί μου
Rev 11:1 καὶ τοὺς προσκυνοῦντας **ἐν** αὐτῷ.
Rev 11:6 πατάξαι τὴν γῆν **ἐν** πάσῃ πληγῇ ὁσάκις
Rev 11:11 τοῦ θεοῦ εἰσῆλθεν **ἐν** αὐτοῖς,
Rev 11:12 εἰς τὸν οὐρανὸν **ἐν** τῇ νεφέλῃ,
Rev 11:13 Καὶ **ἐν** ἐκείνῃ τῇ ὥρᾳ
Rev 11:13 ἔπεσεν καὶ ἀπεκτάνθησαν **ἐν** τῷ σεισμῷ ὀνόματα
Rev 11:15 ἐγένοντο φωναὶ μεγάλαι **ἐν** τῷ οὐρανῷ λέγοντες·
Rev 11:19 τοῦ θεοῦ ὁ **ἐν** τῷ οὐρανῷ καὶ
Rev 11:19 τῆς διαθήκης αὐτοῦ **ἐν** τῷ ναῷ αὐτοῦ,
Rev 12:1 σημεῖον μέγα ὤφθη **ἐν** τῷ οὐρανῷ,
Rev 12:2 καὶ **ἐν** γαστρὶ ἔχουσα,
Rev 12:3 ὤφθη ἄλλο σημεῖον **ἐν** τῷ οὐρανῷ,
Rev 12:5 πάντα τὰ ἔθνη **ἐν** ῥάβδῳ σιδηρᾷ.
Rev 12:7 Καὶ ἐγένετο πόλεμος **ἐν** τῷ οὐρανῷ,
Rev 12:8 εὑρέθη αὐτῶν ἔτι **ἐν** τῷ οὐρανῷ.
Rev 12:10 ἤκουσα φωνὴν μεγάλην **ἐν** τῷ οὐρανῷ λέγουσαν·
Rev 12:12 οὐρανοὶ καὶ οἱ **ἐν** αὐτοῖς σκηνοῦντες.
Rev 13:6 τοὺς **ἐν** τῷ οὐρανῷ σκηνοῦντας.
Rev 13:8 τὸ ὄνομα αὐτοῦ **ἐν** τῷ βιβλίῳ τῆς
Rev 13:10 εἴ τις **ἐν** μαχαίρῃ ἀποκτανθῆναι αὐτὸν
Rev 13:10 μαχαίρῃ ἀποκτανθῆναι αὐτὸν **ἐν** μαχαίρῃ ἀποκτανθῆναι.
Rev 13:12 καὶ τοὺς **ἐν** αὐτῇ κατοικοῦντας
Rev 14:2 ὡς κιθαρῳδῶν κιθαριζόντων **ἐν** ταῖς κιθάραις αὐτῶν.
Rev 14:5 καὶ **ἐν** τῷ στόματι αὐτῶν
Rev 14:6 ἄλλον ἄγγελον πετόμενον **ἐν** μεσουρανήματι,
Rev 14:7 λέγων **ἐν** φωνῇ μεγάλῃ·
Rev 14:9 ἠκολούθησεν αὐτοῖς λέγων **ἐν** φωνῇ μεγάλῃ·
Rev 14:10 τοῦ κεκερασμένου ἀκράτου **ἐν** τῷ ποτηρίῳ
Rev 14:10 αὐτοῦ καὶ βασανισθήσεται **ἐν** πυρὶ καὶ θείῳ
Rev 14:13 οἱ νεκροὶ οἱ **ἐν** κυρίῳ ἀποθνῄσκοντες ἀπ'
Rev 14:14 στέφανον χρυσοῦν καὶ **ἐν** τῇ χειρὶ αὐτοῦ
Rev 14:15 τοῦ ναοῦ κράζων **ἐν** φωνῇ μεγάλῃ τῷ
Rev 14:17 τοῦ ναοῦ τοῦ **ἐν** τῷ οὐρανῷ ἔχων
Rev 15:1 εἶδον ἄλλο σημεῖον **ἐν** τῷ οὐρανῷ μέγα
Rev 15:1 ὅτι **ἐν** αὐταῖς ἐτελέσθη ὁ
Rev 15:5 σκηνῆς τοῦ μαρτυρίου **ἐν** τῷ οὐρανῷ,
Rev 16:3 ζωῆς ἀπέθανεν τὰ **ἐν** τῇ θαλάσσῃ.
Rev 16:8 καυματίσαι τοὺς ἀνθρώπους **ἐν** πυρί.
Rev 17:3 με εἰς ἔρημον **ἐν** πνεύματι.
Rev 17:4 ἔχουσα ποτήριον χρυσοῦν **ἐν** τῇ χειρὶ αὐτῆς
Rev 17:16 καὶ αὐτὴν κατακαύσουσιν **ἐν** πυρί.
Rev 18:2 καὶ ἔκραξεν **ἐν** ἰσχυρᾷ φωνῇ λέγων·
Rev 18:6 **ἐν** τῷ ποτηρίῳ ᾧ
Rev 18:7 ὅτι **ἐν** τῇ καρδίᾳ αὐτῆς

Rev 18:8 διὰ τοῦτο **ἐν** μιᾷ ἡμέρᾳ ἥξουσιν
Rev 18:8 καὶ **ἐν** πυρὶ κατακαυθήσεται,
Rev 18:16 κόκκινον καὶ κεχρυσωμένη **[ἐν]** χρυσίῳ καὶ λίθῳ
Rev 18:19 **ἐν** ᾗ ἐπλούτησαν πάντες
Rev 18:19 ἔχοντες τὰ πλοῖα **ἐν** τῇ θαλάσσῃ ἐκ
Rev 18:22 οὐ μὴ ἀκουσθῇ **ἐν** σοὶ ἔτι,
Rev 18:22 οὐ μὴ εὑρεθῇ **ἐν** σοὶ ἔτι,
Rev 18:22 οὐ μὴ ἀκουσθῇ **ἐν** σοὶ ἔτι,
Rev 18:23 οὐ μὴ φάνῃ **ἐν** σοὶ ἔτι,
Rev 18:23 οὐ μὴ ἀκουσθῇ **ἐν** σοὶ ἔτι·
Rev 18:23 ὅτι **ἐν** τῇ φαρμακείᾳ σου
Rev 18:24 καὶ **ἐν** αὐτῇ αἷμα προφητῶν
Rev 19:1 μεγάλην ὄχλου πολλοῦ **ἐν** τῷ οὐρανῷ λεγόντων·
Rev 19:2 ἔφθειρεν τὴν γῆν **ἐν** τῇ πορνείᾳ αὐτῆς,
Rev 19:11 καὶ **ἐν** δικαιοσύνῃ κρίνει καὶ
Rev 19:14 τὰ στρατεύματα [τὰ] **ἐν** τῷ οὐρανῷ ἠκολούθει
Rev 19:15 ἵνα **ἐν** αὐτῇ πατάξῃ τὰ
Rev 19:15 αὐτὸς ποιμανεῖ αὐτοὺς **ἐν** ῥάβδῳ σιδηρᾷ,
Rev 19:17 ἕνα ἄγγελον ἑστῶτα **ἐν** τῷ ἡλίῳ καὶ
Rev 19:17 καὶ ἔκραξεν **[ἐν]** φωνῇ μεγάλῃ
Rev 19:17 τοῖς πετομένοις **ἐν** μεσουρανήματι·
Rev 19:20 **ἐν** οἷς ἐπλάνησεν τοὺς λαβόντας
Rev 19:20 τῆς καιομένης **ἐν** θείῳ.
Rev 19:21 οἱ λοιποὶ ἀπεκτάνθησαν **ἐν** τῇ ῥομφαίᾳ τοῦ
Rev 20:6 ὁ ἔχων μέρος **ἐν** τῇ ἀναστάσει τῇ
Rev 20:8 τὰ ἔθνη τὰ **ἐν** ταῖς τέσσαρσιν γωνίαις
Rev 20:12 ἐκ τῶν γεγραμμένων **ἐν** τοῖς βιβλίοις
Rev 20:13 τοὺς νεκροὺς τοὺς **ἐν** αὐτῇ καὶ ὁ
Rev 20:13 τοὺς νεκροὺς τοὺς **ἐν** αὐτοῖς,
Rev 20:15 τις οὐχ εὑρέθη **ἐν** τῇ βίβλῳ τῆς
Rev 21:8 τὸ μέρος αὐτῶν **ἐν** τῇ λίμνῃ τῇ
Rev 21:10 καὶ ἀπήνεγκέν με **ἐν** πνεύματι ἐπὶ ὄρος
Rev 21:22 ναὸν οὐκ εἶδον **ἐν** αὐτῇ,
Rev 21:27 μὴ οἱ γεγραμμένοι **ἐν** τῷ βιβλίῳ τῆς
Rev 22:2 **ἐν** μέσῳ τῆς πλατείας
Rev 22:3 καὶ τοῦ ἀρνίου **ἐν** αὐτῇ ἔσται,
Rev 22:6 ἃ δεῖ γενέσθαι **ἐν** τάχει.
Rev 22:18 πληγὰς τὰς γεγραμμένας **ἐν** τῷ βιβλίῳ τούτῳ,
Rev 22:19 ἁγίας τῶν γεγραμμένων **ἐν** τῷ βιβλίῳ τούτῳ.

ἔνατος (*enatos*; 1/10) *ninth*
Rev 21:20 ὁ **ἔνατος** τοπάζιον,

ἑνδέκατος (*hendekatos*; 1/3) *eleventh*
Rev 21:20 ὁ **ἑνδέκατος** ὑάκινθος,

ἐνδύω (*endyō*; 3/27) *dress*
Rev 1:13 ὅμοιον υἱὸν ἀνθρώπου **ἐνδεδυμένον** ποδήρη καὶ περιεζωσμένον
Rev 15:6 ἐκ τοῦ ναοῦ **ἐνδεδυμένοι** λίνον καθαρὸν λαμπρὸν
Rev 19:14 **ἐνδεδυμένοι** βύσσινον λευκὸν καθαρόν.

ἐνδώμησις (*endōmēsis*; 1/1) *foundation*
Rev 21:18 καὶ ἡ **ἐνδώμησις** τοῦ τείχους αὐτῆς

ἐνιαυτός (*eniautos*; 1/14) *year*
Rev 9:15 καὶ μῆνα καὶ **ἐνιαυτόν**,

ἐντεῦθεν (*enteuthen*; 1/10) *from here*
Rev 22:2 καὶ τοῦ ποταμοῦ **ἐντεῦθεν** καὶ ἐκεῖθεν ξύλον

ἐντολή (*entolē*; 2/67) *commandment*
Rev 12:17 τῶν τηρούντων τὰς **ἐντολὰς** τοῦ θεοῦ καὶ
Rev 14:12 οἱ τηροῦντες τὰς **ἐντολὰς** τοῦ θεοῦ καὶ

ἐνώπιον (*enōpion*; 35/94) *before*
Rev 1:4 ἑπτὰ πνευμάτων ἃ **ἐνώπιον** τοῦ θρόνου αὐτοῦ
Rev 2:14 Βαλὰκ βαλεῖν σκάνδαλον **ἐνώπιον** τῶν υἱῶν Ἰσραὴλ
Rev 3:2 τὰ ἔργα πεπληρωμένα **ἐνώπιον** τοῦ θεοῦ μου.
Rev 3:5 τὸ ὄνομα αὐτοῦ **ἐνώπιον** τοῦ πατρός μου
Rev 3:5 πατρός μου καὶ **ἐνώπιον** τῶν ἀγγέλων αὐτοῦ.
Rev 3:8 ἰδοὺ δέδωκα **ἐνώπιόν** σου θύραν ἠνεῳγμένην,
Rev 3:9 ἥξουσιν καὶ προσκυνήσουσιν **ἐνώπιον** τῶν ποδῶν σου
Rev 4:5 λαμπάδες πυρὸς καιόμεναι **ἐνώπιον** τοῦ θρόνου,
Rev 4:6 καὶ **ἐνώπιον** τοῦ θρόνου ὡς
Rev 4:10 εἴκοσι τέσσαρες πρεσβύτεροι **ἐνώπιον** τοῦ καθημένου ἐπὶ
Rev 4:10 τοὺς στεφάνους αὐτῶν **ἐνώπιον** τοῦ θρόνου λέγοντες·
Rev 5:8 τέσσαρες πρεσβύτεροι ἔπεσαν **ἐνώπιον** τοῦ ἀρνίου ἔχοντες
Rev 7:9 καὶ γλωσσῶν ἑστῶτες **ἐνώπιον** τοῦ θρόνου
Rev 7:9 τοῦ θρόνου καὶ **ἐνώπιον** τοῦ ἀρνίου περιβεβλημένους
Rev 7:11 ζῴων καὶ ἔπεσαν **ἐνώπιον** τοῦ θρόνου ἐπὶ
Rev 7:15 διὰ τοῦτό εἰσιν **ἐνώπιον** τοῦ θρόνου τοῦ
Rev 8:2 ἑπτὰ ἀγγέλους οἳ **ἐνώπιον** τοῦ θεοῦ ἑστήκασιν,
Rev 8:3 τὸ χρυσοῦν τὸ **ἐνώπιον** τοῦ θρόνου.
Rev 8:4 χειρὸς τοῦ ἀγγέλου **ἐνώπιον** τοῦ θεοῦ.
Rev 9:13 τοῦ χρυσοῦ τοῦ **ἐνώπιον** τοῦ θεοῦ,
Rev 11:4 δύο λυχνίαι αἱ **ἐνώπιον** τοῦ κυρίου τῆς
Rev 11:16 τέσσαρες πρεσβύτεροι [οἱ] **ἐνώπιον** τοῦ θεοῦ καθήμενοι
Rev 12:4 ὁ δράκων ἕστηκεν **ἐνώπιον** τῆς γυναικὸς
Rev 12:10 ὁ κατηγορῶν αὐτοὺς **ἐνώπιον** τοῦ θεοῦ ἡμῶν
Rev 13:12 θηρίου πᾶσαν ποιεῖ **ἐνώπιον** αὐτοῦ,
Rev 13:13 εἰς τὴν γῆν **ἐνώπιον** τῶν ἀνθρώπων,
Rev 13:14 ἐδόθη αὐτῷ ποιῆσαι **ἐνώπιον** τοῦ θηρίου,
Rev 14:3 [ὡς] ᾠδὴν καινὴν **ἐνώπιον** τοῦ θρόνου καὶ
Rev 14:3 τοῦ θρόνου καὶ **ἐνώπιον** τῶν τεσσάρων ζῴων
Rev 14:10 πυρὶ καὶ θείῳ **ἐνώπιον** ἀγγέλων ἁγίων καὶ
Rev 14:10 ἀγγέλων ἁγίων καὶ **ἐνώπιον** τοῦ ἀρνίου.
Rev 15:4 ἥξουσιν καὶ προσκυνήσουσιν **ἐνώπιόν** σου,
Rev 16:19 ἡ μεγάλη ἐμνήσθη **ἐνώπιον** τοῦ θεοῦ δοῦναι
Rev 19:20 ποιήσας τὰ σημεῖα **ἐνώπιον** αὐτοῦ,
Rev 20:12 ἑστῶτας **ἐνώπιον** τοῦ θρόνου.

ἕξ (*hex*; 2/13) *six*
Rev 4:8 ἔχων ἀνὰ πτέρυγας **ἕξ**,

Rev 13:18 αὐτοῦ ἑξακόσιοι ἑξήκοντα **ἕξ**.

ἑξακόσιοι (*hexakosioi*; 2/2) *six hundred*

Rev 13:18 ὁ ἀριθμὸς αὐτοῦ **ἑξακόσιοι** ἑξήκοντα ἕξ.
Rev 14:20 ἀπὸ σταδίων χιλίων **ἑξακοσίων**.

ἐξαλείφω (*exaleiphō*; 3/5) *wipe away or out*

Rev 3:5 καὶ οὐ μὴ **ἐξαλείψω** τὸ ὄνομα αὐτοῦ
Rev 7:17 καὶ **ἐξαλείψει** ὁ θεὸς πᾶν
Rev 21:4 καὶ **ἐξαλείψει** πᾶν δάκρυον ἐκ

ἐξέρχομαι (*exerchomai*; 14/216[218]) *come or go out or forth*

Rev 3:12 ἔξω οὐ μὴ **ἐξέλθῃ** ἔτι καὶ γράψω
Rev 6:2 αὐτῷ στέφανος καὶ **ἐξῆλθεν** νικῶν καὶ ἵνα
Rev 6:4 καὶ **ἐξῆλθεν** ἄλλος ἵππος πυρρός,
Rev 9:3 ἐκ τοῦ καπνοῦ **ἐξῆλθον** ἀκρίδες εἰς τὴν
Rev 14:15 καὶ ἄλλος ἄγγελος **ἐξῆλθεν** ἐκ τοῦ ναοῦ
Rev 14:17 Καὶ ἄλλος ἄγγελος **ἐξῆλθεν** ἐκ τοῦ ναοῦ
Rev 14:18 καὶ ἄλλος ἄγγελος [**ἐξῆλθεν**] ἐκ τοῦ θυσιαστηρίου
Rev 14:20 τῆς πόλεως καὶ **ἐξῆλθεν** αἷμα ἐκ τῆς
Rev 15:6 καὶ **ἐξῆλθον** οἱ ἑπτὰ ἄγγελοι
Rev 16:17 καὶ **ἐξῆλθεν** φωνὴ μεγάλη ἐκ
Rev 18:4 **ἐξέλθατε** ὁ λαός μου
Rev 19:5 ἀπὸ τοῦ θρόνου **ἐξῆλθεν** λέγουσα·
Rev 19:21 τοῦ ἵππου τῇ **ἐξελθούσῃ** ἐκ τοῦ στόματος
Rev 20:8 καὶ **ἐξελεύσεται** πλανῆσαι τὰ ἔθνη

ἑξήκοντα (*hexēkonta*; 3/9) *sixty*

Rev 11:3 ἡμέρας χιλίας διακοσίας **ἑξήκοντα** περιβεβλημένοι σάκκους.
Rev 12:6 ἡμέρας χιλίας διακοσίας **ἑξήκοντα**.
Rev 13:18 ἀριθμὸς αὐτοῦ ἑξακόσιοι **ἑξήκοντα** ἕξ.

ἐξουσία (*exousia*; 21/102) *authority*

Rev 2:26 δώσω αὐτῷ **ἐξουσίαν** ἐπὶ τῶν ἐθνῶν
Rev 6:8 καὶ ἐδόθη αὐτοῖς **ἐξουσία** ἐπὶ τὸ τέταρτον
Rev 9:3 καὶ ἐδόθη αὐταῖς **ἐξουσία** ὡς ἔχουσιν ἐξουσίαν
Rev 9:3 ἐξουσία ὡς ἔχουσιν **ἐξουσίαν** οἱ σκορπίοι
Rev 9:10 οὐραῖς αὐτῶν ἡ **ἐξουσία** αὐτῶν ἀδικῆσαι
Rev 9:19 ἡ γὰρ **ἐξουσία** τῶν ἵππων ἐν
Rev 11:6 οὗτοι ἔχουσιν τὴν **ἐξουσίαν** κλεῖσαι τὸν οὐρανόν,
Rev 11:6 καὶ **ἐξουσίαν** ἔχουσιν ἐπὶ τῶν
Rev 12:10 ἡμῶν καὶ ἡ **ἐξουσία** τοῦ χριστοῦ αὐτοῦ,
Rev 13:2 θρόνον αὐτοῦ καὶ **ἐξουσίαν** μεγάλην.
Rev 13:4 ὅτι ἔδωκεν τὴν **ἐξουσίαν** τῷ θηρίῳ,
Rev 13:5 καὶ ἐδόθη αὐτῷ **ἐξουσία** ποιῆσαι μῆνας τεσσεράκοντα
Rev 13:7 καὶ ἐδόθη αὐτῷ **ἐξουσία** ἐπὶ πᾶσαν φυλὴν
Rev 13:12 καὶ τὴν **ἐξουσίαν** τοῦ πρώτου θηρίου
Rev 14:18 θυσιαστηρίου [ὁ] ἔχων **ἐξουσίαν** ἐπὶ τοῦ πυρός,
Rev 16:9 τοῦ ἔχοντος τὴν **ἐξουσίαν** ἐπὶ τὰς πληγὰς
Rev 17:12 ἀλλὰ **ἐξουσίαν** ὡς βασιλεῖς μίαν
Rev 17:13 τὴν δύναμιν καὶ **ἐξουσίαν** αὐτῶν τῷ θηρίῳ
Rev 18:1 τοῦ οὐρανοῦ ἔχοντα **ἐξουσίαν** μεγάλην,
Rev 20:6 θάνατος οὐκ ἔχει **ἐξουσίαν**,
Rev 22:14 ἵνα ἔσται ἡ **ἐξουσία** αὐτῶν ἐπὶ τὸ

ἔξω (*exō*; 2/63) *out*

Rev 3:12 θεοῦ μου καὶ **ἔξω** οὐ μὴ ἐξέλθῃ
Rev 22:15 **ἔξω** οἱ κύνες καὶ

ἔξωθεν (*exōthen*; 3/13) *from outside*

Rev 11:2 τὴν αὐλὴν τὴν **ἔξωθεν** τοῦ ναοῦ ἔκβαλε
Rev 11:2 τοῦ ναοῦ ἔκβαλε **ἔξωθεν** καὶ μὴ αὐτὴν
Rev 14:20 ἐπατήθη ἡ ληνὸς **ἔξωθεν** τῆς πόλεως καὶ

ἐπάνω (*epanō*; 2/19) *above, on*

Rev 6:8 καὶ ὁ καθήμενος **ἐπάνω** αὐτοῦ ὄνομα αὐτῷ
Rev 20:3 ἔκλεισεν καὶ ἐσφράγισεν **ἐπάνω** αὐτοῦ,

ἐπί (*epi*; 144/886[890]) *on*

Rev 1:7 καὶ κόψονται **ἐπ'** αὐτὸν πᾶσαι αἱ
Rev 1:17 τὴν δεξιὰν αὐτοῦ **ἐπ'** ἐμὲ λέγων·
Rev 1:20 ἀστέρων οὓς εἶδες **ἐπὶ** τῆς δεξιᾶς μου
Rev 2:17 καὶ **ἐπὶ** τὴν ψῆφον ὄνομα
Rev 2:24 οὐ βάλλω ἐφ' **ὑμᾶς** ἄλλο βάρος,
Rev 2:26 δώσω αὐτῷ ἐξουσίαν **ἐπὶ** τῶν ἐθνῶν
Rev 3:3 ποίαν ὥραν ἥξω **ἐπὶ** σέ.
Rev 3:10 τῆς μελλούσης ἔρχεσθαι **ἐπὶ** τῆς οἰκουμένης ὅλης
Rev 3:10 πειράσαι τοὺς κατοικοῦντας **ἐπὶ** τῆς γῆς.
Rev 3:12 ἔτι καὶ γράψω **ἐπ'** αὐτὸν τὸ ὄνομα
Rev 3:20 Ἰδοὺ ἕστηκα **ἐπὶ** τὴν θύραν καὶ
Rev 4:2 καὶ **ἐπὶ** τὸν θρόνον καθήμενος,
Rev 4:4 καὶ **ἐπὶ** τοὺς θρόνους εἴκοσι
Rev 4:4 ἱματίοις λευκοῖς καὶ **ἐπὶ** τὰς κεφαλὰς αὐτῶν
Rev 4:9 εὐχαριστίαν τῷ καθημένῳ **ἐπὶ** τῷ θρόνῳ τῷ
Rev 4:10 ἐνώπιον τοῦ καθημένου **ἐπὶ** τοῦ θρόνου καὶ
Rev 5:1 Καὶ εἶδον **ἐπὶ** τὴν δεξιὰν τοῦ
Rev 5:1 δεξιὰν τοῦ καθημένου **ἐπὶ** τοῦ θρόνου βιβλίον
Rev 5:3 τῷ οὐρανῷ οὐδὲ **ἐπὶ** τῆς γῆς οὐδὲ
Rev 5:7 δεξιᾶς τοῦ καθημένου **ἐπὶ** τοῦ θρόνου.
Rev 5:10 καὶ βασιλεύσουσιν **ἐπὶ** τῆς γῆς.
Rev 5:13 τῷ οὐρανῷ καὶ **ἐπὶ** τῆς γῆς καὶ
Rev 5:13 τῆς γῆς καὶ **ἐπὶ** τῆς θαλάσσης καὶ
Rev 5:13 τῷ καθημένῳ **ἐπὶ** τῷ θρόνῳ καὶ
Rev 6:2 καὶ ὁ καθήμενος **ἐπ'** αὐτὸν ἔχων τόξον
Rev 6:4 καὶ τῷ καθημένῳ **ἐπ'** αὐτὸν ἐδόθη αὐτῷ
Rev 6:5 καὶ ὁ καθήμενος **ἐπ'** αὐτὸν ἔχων ζυγὸν
Rev 6:8 ἐδόθη αὐτοῖς ἐξουσία **ἐπὶ** τὸ τέταρτον τῆς
Rev 6:10 ἐκ τῶν κατοικούντων **ἐπὶ** τῆς γῆς;
Rev 6:16 πέσετε **ἐφ'** ἡμᾶς καὶ κρύψατε
Rev 6:16 προσώπου τοῦ καθημένου **ἐπὶ** τοῦ θρόνου
Rev 7:1 τέσσαρας ἀγγέλους ἑστῶτας **ἐπὶ** τὰς τέσσαρας γωνίας
Rev 7:1 μὴ πνέῃ ἄνεμος **ἐπὶ** τῆς γῆς μήτε
Rev 7:1 τῆς γῆς μήτε **ἐπὶ** τῆς θαλάσσης μήτε
Rev 7:1 τῆς θαλάσσης μήτε **ἐπὶ** πᾶν δένδρον.
Rev 7:3 τοῦ θεοῦ ἡμῶν **ἐπὶ** τῶν μετώπων αὐτῶν.
Rev 7:10 ἡμῶν τῷ καθημένῳ **ἐπὶ** τῷ θρόνῳ καὶ
Rev 7:11 ἐνώπιον τοῦ θρόνου **ἐπὶ** τὰ πρόσωπα αὐτῶν
Rev 7:15 καὶ ὁ καθήμενος **ἐπὶ** τοῦ θρόνου σκηνώσει
Rev 7:15 τοῦ θρόνου σκηνώσει **ἐπ'** αὐτούς.
Rev 7:16 οὐδὲ μὴ πέσῃ **ἐπ'** αὐτοὺς ὁ ἥλιος
Rev 7:17 καὶ ὁδηγήσει αὐτοὺς **ἐπὶ** ζωῆς πηγὰς ὑδάτων,

Rev 8:3 ἦλθεν καὶ ἐστάθη **ἐπὶ** τοῦ θυσιαστηρίου ἔχων
Rev 8:3 τῶν ἁγίων πάντων **ἐπὶ** τὸ θυσιαστήριον τὸ
Rev 8:10 λαμπὰς καὶ ἔπεσεν **ἐπὶ** τὸ τρίτον τῶν
Rev 8:10 τῶν ποταμῶν καὶ **ἐπὶ** τὰς πηγὰς τῶν
Rev 8:13 οὐαὶ τοὺς κατοικοῦντας **ἐπὶ** τῆς γῆς ἐκ
Rev 9:4 σφραγῖδα τοῦ θεοῦ **ἐπὶ** τῶν μετώπων.
Rev 9:7 καὶ **ἐπὶ** τὰς κεφαλὰς αὐτῶν
Rev 9:11 ἔχουσιν **ἐπ'** αὐτῶν βασιλέα τὸν
Rev 9:14 ἀγγέλους τοὺς δεδεμένους **ἐπὶ** τῷ ποταμῷ
Rev 9:17 καὶ τοὺς καθημένους **ἐπ'** αὐτῶν,
Rev 10:1 καὶ ἡ ἶρις **ἐπὶ** τῆς κεφαλῆς αὐτοῦ
Rev 10:2 αὐτοῦ τὸν δεξιὸν **ἐπὶ** τῆς θαλάσσης,
Rev 10:2 τὸν δὲ εὐώνυμον **ἐπὶ** τῆς γῆς,
Rev 10:5 ὃν εἶδον ἑστῶτα **ἐπὶ** τῆς θαλάσσης καὶ
Rev 10:5 τῆς θαλάσσης καὶ **ἐπὶ** τῆς γῆς,
Rev 10:8 ἀγγέλου τοῦ ἑστῶτος **ἐπὶ** τῆς θαλάσσης καὶ
Rev 10:8 τῆς θαλάσσης καὶ **ἐπὶ** τῆς γῆς.
Rev 10:11 σε πάλιν προφητεῦσαι **ἐπὶ** λαοῖς καὶ ἔθνεσιν
Rev 11:6 καὶ ἐξουσίαν ἔχουσιν **ἐπὶ** τῶν ὑδάτων στρέφειν
Rev 11:8 τὸ πτῶμα αὐτῶν **ἐπὶ** τῆς πλατείας τῆς
Rev 11:10 καὶ οἱ κατοικοῦντες **ἐπὶ** τῆς γῆς χαίρουσιν
Rev 11:10 τῆς γῆς χαίρουσιν **ἐπ'** αὐτοῖς καὶ εὐφραίνονται
Rev 11:10 ἐβασάνισαν τοὺς κατοικοῦντας **ἐπὶ** τῆς γῆς.
Rev 11:11 καὶ ἔστησαν **ἐπὶ** τοὺς πόδας αὐτῶν,
Rev 11:11 φόβος μέγας ἐπέπεσεν **ἐπὶ** τοὺς θεωροῦντας αὐτούς.
Rev 11:16 τοῦ θεοῦ καθήμενοι **ἐπὶ** τοὺς θρόνους αὐτῶν
Rev 11:16 θρόνους αὐτῶν ἔπεσαν **ἐπὶ** τὰ πρόσωπα αὐτῶν
Rev 12:1 ποδῶν αὐτῆς καὶ **ἐπὶ** τῆς κεφαλῆς αὐτῆς
Rev 12:3 κέρατα δέκα καὶ **ἐπὶ** τὰς κεφαλὰς αὐτοῦ
Rev 12:17 ὠργίσθη ὁ δράκων **ἐπὶ** τῇ γυναικὶ καὶ
Rev 13:1 Καὶ ἐστάθη **ἐπὶ** τὴν ἄμμον τῆς
Rev 13:1 κεφαλὰς ἑπτὰ καὶ **ἐπὶ** τῶν κεράτων αὐτοῦ
Rev 13:1 δέκα διαδήματα καὶ **ἐπὶ** τὰς κεφαλὰς αὐτοῦ
Rev 13:7 ἐδόθη αὐτῷ ἐξουσία **ἐπὶ** πᾶσαν φυλὴν καὶ
Rev 13:8 πάντες οἱ κατοικοῦντες **ἐπὶ** τῆς γῆς,
Rev 13:14 πλανᾷ τοὺς κατοικοῦντας **ἐπὶ** τῆς γῆς διὰ
Rev 13:14 λέγων τοῖς κατοικοῦσιν **ἐπὶ** τῆς γῆς ποιῆσαι
Rev 13:16 δῶσιν αὐτοῖς χάραγμα **ἐπὶ** τῆς χειρὸς αὐτῶν
Rev 13:16 τῆς δεξιᾶς ἢ **ἐπὶ** τὸ μέτωπον αὐτῶν
Rev 14:1 τὸ ἀρνίον ἑστὸς **ἐπὶ** τὸ ὄρος Σιὼν
Rev 14:1 πατρὸς αὐτοῦ γεγραμμένον **ἐπὶ** τῶν μετώπων αὐτῶν.
Rev 14:6 εὐαγγέλιον αἰώνιον εὐαγγελίσαι **ἐπὶ** τοὺς καθημένους ἐπὶ
Rev 14:6 ἐπὶ τοὺς καθημένους **ἐπὶ** τῆς γῆς καὶ
Rev 14:6 τῆς γῆς καὶ **ἐπὶ** πᾶν ἔθνος καὶ
Rev 14:9 καὶ λαμβάνει χάραγμα **ἐπὶ** τοῦ μετώπου αὐτοῦ
Rev 14:9 μετώπου αὐτοῦ ἢ **ἐπὶ** τὴν χεῖρα αὐτοῦ,
Rev 14:14 καὶ **ἐπὶ** τὴν νεφέλην καθήμενον
Rev 14:14 ἔχων **ἐπὶ** τῆς κεφαλῆς αὐτοῦ
Rev 14:15 μεγάλῃ τῷ καθημένῳ **ἐπὶ** τῆς νεφέλης·
Rev 14:16 ἔβαλεν ὁ καθήμενος **ἐπὶ** τῆς νεφέλης τὸ
Rev 14:16 τὸ δρέπανον αὐτοῦ **ἐπὶ** τὴν γῆν καὶ
Rev 14:18 [ὁ] ἔχων ἐξουσίαν **ἐπὶ** τοῦ πυρός,
Rev 15:2 ὀνόματος αὐτοῦ ἑστῶτας **ἐπὶ** τὴν θάλασσαν
Rev 16:2 κακὸν καὶ πονηρὸν **ἐπὶ** τοὺς ἀνθρώπους
Rev 16:8 τὴν φιάλην αὐτοῦ **ἐπὶ** τὸν ἥλιον,
Rev 16:9 ἔχοντος τὴν ἐξουσίαν **ἐπὶ** τὰς πληγὰς ταύτας
Rev 16:10 τὴν φιάλην αὐτοῦ **ἐπὶ** τὸν θρόνον τοῦ
Rev 16:12 τὴν φιάλην αὐτοῦ **ἐπὶ** τὸν ποταμὸν τὸν
Rev 16:14 ἃ ἐκπορεύεται **ἐπὶ** τοὺς βασιλεῖς τῆς
Rev 16:17 τὴν φιάλην αὐτοῦ **ἐπὶ** τὸν ἀέρα,
Rev 16:18 οὗ ἄνθρωπος ἐγένετο **ἐπὶ** τῆς γῆς τηλικοῦτος
Rev 16:21 ἐκ τοῦ οὐρανοῦ **ἐπὶ** τοὺς ἀνθρώπους,
Rev 17:1 μεγάλης τῆς καθημένης **ἐπὶ** ὑδάτων πολλῶν,
Rev 17:3 εἶδον γυναῖκα καθημένην **ἐπὶ** θηρίον κόκκινον,
Rev 17:5 καὶ **ἐπὶ** τὸ μέτωπον αὐτῆς
Rev 17:8 θαυμασθήσονται οἱ κατοικοῦντες **ἐπὶ** τῆς γῆς,
Rev 17:8 γέγραπται τὸ ὄνομα **ἐπὶ** τὸ βιβλίον τῆς
Rev 17:9 ἡ γυνὴ κάθηται **ἐπ'** αὐτῶν.
Rev 17:18 ἡ ἔχουσα βασιλείαν **ἐπὶ** τῶν βασιλέων τῆς
Rev 18:9 κλαύσουσιν καὶ κόψονται **ἐπ'** αὐτὴν οἱ βασιλεῖς
Rev 18:11 κλαίουσιν καὶ πενθοῦσιν **ἐπ'** αὐτήν,
Rev 18:17 καὶ πᾶς ὁ **ἐπὶ** τόπον πλέων καὶ
Rev 18:19 καὶ ἔβαλον χοῦν **ἐπὶ** τὰς κεφαλὰς αὐτῶν
Rev 18:20 Εὐφραίνου **ἐπ'** αὐτῇ,
Rev 18:24 πάντων τῶν ἐσφαγμένων **ἐπὶ** τῆς γῆς.
Rev 19:4 θεῷ τῷ καθημένῳ **ἐπὶ** τῷ θρόνῳ λέγοντες·
Rev 19:11 καὶ ὁ καθήμενος **ἐπ'** αὐτὸν [καλούμενος] πιστὸς
Rev 19:12 καὶ **ἐπὶ** τὴν κεφαλὴν αὐτοῦ
Rev 19:14 οὐρανῷ ἠκολούθει αὐτῷ **ἐφ'** ἵπποις λευκοῖς,
Rev 19:16 καὶ ἔχει **ἐπὶ** τὸ ἱμάτιον καὶ
Rev 19:16 τὸ ἱμάτιον καὶ **ἐπὶ** τὸν μηρὸν αὐτοῦ
Rev 19:18 καὶ τῶν καθημένων **ἐπ'** αὐτῶν καὶ σάρκας
Rev 19:19 μετὰ τοῦ καθημένου **ἐπὶ** τοῦ ἵππου καὶ
Rev 19:21 ῥομφαίᾳ τοῦ καθημένου **ἐπὶ** τοῦ ἵππου τῇ
Rev 20:1 καὶ ἅλυσιν μεγάλην **ἐπὶ** τὴν χεῖρα αὐτοῦ.
Rev 20:4 θρόνους καὶ ἐκάθισαν **ἐπ'** αὐτοὺς καὶ κρίμα
Rev 20:4 ἔλαβον τὸ χάραγμα **ἐπὶ** τὸ μέτωπον καὶ
Rev 20:4 τὸ μέτωπον καὶ **ἐπὶ** τὴν χεῖρα αὐτῶν.
Rev 20:6 **ἐπὶ** τούτων ὁ δεύτερος
Rev 20:9 καὶ ἀνέβησαν **ἐπὶ** τὸ πλάτος τῆς
Rev 20:11 καὶ τὸν καθήμενον **ἐπ'** αὐτόν,
Rev 21:5 εἶπεν ὁ καθήμενος **ἐπὶ** τῷ θρόνῳ·
Rev 21:10 με ἐν πνεύματι **ἐπὶ** ὄρος μέγα καὶ
Rev 21:12 πυλῶνας δώδεκα καὶ **ἐπὶ** τοῖς πυλῶσιν ἀγγέλους
Rev 21:14 θεμελίους δώδεκα καὶ **ἐπ'** αὐτῶν δώδεκα ὀνόματα
Rev 21:16 πόλιν τῷ καλάμῳ **ἐπὶ** σταδίων δώδεκα χιλιάδων,
Rev 22:4 τὸ ὄνομα αὐτοῦ **ἐπὶ** τῶν μετώπων αὐτῶν.
Rev 22:5 ὁ θεὸς φωτίσει **ἐπ'** αὐτούς,
Rev 22:14 ἡ ἐξουσία αὐτῶν **ἐπὶ** τὸ ξύλον τῆς
Rev 22:16 μαρτυρῆσαι ὑμῖν ταῦτα **ἐπὶ** ταῖς ἐκκλησίαις.
Rev 22:18 ἐάν τις ἐπιθῇ **ἐπ'** αὐτά,
Rev 22:18 ἐπιθήσει ὁ θεὸς **ἐπ'** αὐτὸν τὰς πληγὰς

ἐπιγράφω (*epigraphō*; 1/5) *write on or in*
Rev 21:12 δώδεκα καὶ ὀνόματα **ἐπιγεγραμμένα**,

ἐπιθυμέω (*epithymeō*; 1/16) *long for*
Rev 9:6 καὶ **ἐπιθυμήσουσιν** ἀποθανεῖν καὶ φεύγει

ἐπιθυμία (*epithymia*; 1/38) *desire*
Rev 18:14 ὀπώρα σου τῆς **ἐπιθυμίας** τῆς ψυχῆς ἀπῆλθεν

ἐπιπίπτω (*epipiptō*; 1/11) *fall or come upon*
Rev 11:11 καὶ φόβος μέγας **ἐπέπεσεν** ἐπὶ τοὺς θεωροῦντας

ἐπιστρέφω (*epistrephō*; 2/36) *turn back*
Rev 1:12 Καὶ **ἐπέστρεψα** βλέπειν τὴν φωνὴν
Rev 1:12 καὶ **ἐπιστρέψας** εἶδον ἑπτὰ λυχνίας

ἐπιτίθημι (*epitithēmi*; 2/38[39]) *put on*
Rev 22:18 ἐάν τις **ἐπιθῇ** ἐπ' αὐτά,
Rev 22:18 **ἐπιθήσει** ὁ θεὸς ἐπ'

ἑπτά (*hepta*; 55/87[88]) *seven*
Rev 1:4 Ἰωάννης ταῖς **ἑπτὰ** ἐκκλησίαις ταῖς ἐν
Rev 1:4 καὶ ἀπὸ τῶν **ἑπτὰ** πνευμάτων ἃ ἐνώπιον
Rev 1:11 καὶ πέμψον ταῖς **ἑπτὰ** ἐκκλησίαις,
Rev 1:12 καὶ ἐπιστρέψας εἶδον **ἑπτὰ** λυχνίας χρυσᾶς
Rev 1:16 χειρὶ αὐτοῦ ἀστέρας **ἑπτὰ** καὶ ἐκ τοῦ
Rev 1:20 τὸ μυστήριον τῶν **ἑπτὰ** ἀστέρων οὓς εἶδες
Rev 1:20 μου καὶ τὰς **ἑπτὰ** λυχνίας τὰς χρυσᾶς·
Rev 1:20 οἱ **ἑπτὰ** ἀστέρες ἄγγελοι τῶν
Rev 1:20 ἀστέρες ἄγγελοι τῶν **ἑπτὰ** ἐκκλησιῶν εἰσιν
Rev 1:20 αἱ λυχνίαι αἱ **ἑπτὰ** ἑπτὰ ἐκκλησίαι εἰσίν.
Rev 1:20 λυχνίαι αἱ ἑπτὰ **ἑπτὰ** ἐκκλησίαι εἰσίν.
Rev 2:1 ὁ κρατῶν τοὺς **ἑπτὰ** ἀστέρας ἐν τῇ
Rev 2:1 ἐν μέσῳ τῶν **ἑπτὰ** λυχνιῶν τῶν χρυσῶν·
Rev 3:1 ὁ ἔχων τὰ **ἑπτὰ** πνεύματα τοῦ θεοῦ
Rev 3:1 θεοῦ καὶ τοὺς **ἑπτὰ** ἀστέρας·
Rev 4:5 καὶ **ἑπτὰ** λαμπάδες πυρὸς καιόμεναι
Rev 4:5 ἅ εἰσιν τὰ **ἑπτὰ** πνεύματα τοῦ θεοῦ,
Rev 5:1 ὄπισθεν κατεσφραγισμένον σφραγῖσιν **ἑπτά**.
Rev 5:5 βιβλίον καὶ τὰς **ἑπτὰ** σφραγῖδας αὐτοῦ.
Rev 5:6 ἐσφαγμένον ἔχων κέρατα **ἑπτὰ** καὶ ὀφθαλμοὺς ἑπτὰ
Rev 5:6 ἑπτὰ καὶ ὀφθαλμοὺς **ἑπτὰ** οἵ εἰσιν τὰ
Rev 5:6 οἵ εἰσιν τὰ **[ἑπτὰ]** πνεύματα
Rev 6:1 μίαν ἐκ τῶν **ἑπτὰ** σφραγίδων,
Rev 8:2 Καὶ εἶδον τοὺς **ἑπτὰ** ἀγγέλους οἳ ἐνώπιον
Rev 8:2 καὶ ἐδόθησαν αὐτοῖς **ἑπτὰ** σάλπιγγες.
Rev 8:6 Καὶ οἱ **ἑπτὰ** ἄγγελοι οἱ ἔχοντες
Rev 8:6 οἱ ἔχοντες τὰς **ἑπτὰ** σάλπιγγας ἡτοίμασαν αὐτοὺς
Rev 10:3 ἐλάλησαν αἱ **ἑπτὰ** βρονταὶ τὰς ἑαυτῶν
Rev 10:4 ὅτε ἐλάλησαν αἱ **ἑπτὰ** βρονταί,
Rev 10:4 ἃ ἐλάλησαν αἱ **ἑπτὰ** βρονταί,
Rev 11:13 ὀνόματα ἀνθρώπων χιλιάδες **ἑπτὰ** καὶ οἱ λοιποὶ
Rev 12:3 πυρρὸς ἔχων κεφαλὰς **ἑπτὰ** καὶ κέρατα δέκα
Rev 12:3 τὰς κεφαλὰς αὐτοῦ **ἑπτὰ** διαδήματα,
Rev 13:1 δέκα καὶ κεφαλὰς **ἑπτὰ** καὶ ἐπὶ τῶν
Rev 15:1 ἀγγέλους **ἑπτὰ** ἔχοντας πληγὰς ἑπτὰ
Rev 15:1 ἑπτὰ ἔχοντας πληγὰς **ἑπτὰ** τὰς ἐσχάτας,
Rev 15:6 καὶ ἐξῆλθον οἱ **ἑπτὰ** ἄγγελοι [οἱ] ἔχοντες
Rev 15:6 [οἱ] ἔχοντες τὰς **ἑπτὰ** πληγὰς ἐκ τοῦ
Rev 15:7 ζῴων ἔδωκεν τοῖς **ἑπτὰ** ἀγγέλοις ἑπτὰ φιάλας
Rev 15:7 τοῖς ἑπτὰ ἀγγέλοις **ἑπτὰ** φιάλας χρυσᾶς γεμούσας
Rev 15:8 ἄχρι τελεσθῶσιν αἱ **ἑπτὰ** πληγαὶ τῶν ἑπτὰ
Rev 15:8 ἑπτὰ πληγαὶ τῶν **ἑπτὰ** ἀγγέλων.
Rev 16:1 ναοῦ λεγούσης τοῖς **ἑπτὰ** ἀγγέλοις·
Rev 16:1 καὶ ἐκχέετε τὰς **ἑπτὰ** φιάλας τοῦ θυμοῦ
Rev 17:1 εἷς ἐκ τῶν **ἑπτὰ** ἀγγέλων τῶν ἐχόντων
Rev 17:1 τῶν ἐχόντων τὰς **ἑπτὰ** φιάλας καὶ ἐλάλησεν
Rev 17:3 ἔχων κεφαλὰς **ἑπτὰ** καὶ κέρατα δέκα.
Rev 17:7 τοῦ ἔχοντος τὰς **ἑπτὰ** κεφαλὰς καὶ τὰ
Rev 17:9 Αἱ **ἑπτὰ** κεφαλαὶ ἑπτὰ ὄρη
Rev 17:9 Αἱ ἑπτὰ κεφαλαὶ **ἑπτὰ** ὄρη εἰσίν,
Rev 17:9 καὶ βασιλεῖς **ἑπτά** εἰσιν·
Rev 17:11 καὶ ἐκ τῶν **ἑπτά** ἐστιν,
Rev 21:9 εἷς ἐκ τῶν **ἑπτὰ** ἀγγέλων τῶν ἐχόντων
Rev 21:9 τῶν ἐχόντων τὰς **ἑπτὰ** φιάλας τῶν γεμόντων
Rev 21:9 τῶν γεμόντων τῶν **ἑπτὰ** πληγῶν τῶν ἐσχάτων

ἐραυνάω (*eraunaō*; 1/6) *search*
Rev 2:23 ἐγώ εἰμι ὁ **ἐραυνῶν** νεφροὺς καὶ καρδίας,

ἐργάζομαι (*ergazomai*; 1/41) *work*
Rev 18:17 ὅσοι τὴν θάλασσαν **ἐργάζονται**,

ἔργον (*ergon*; 20/169) *work*
Rev 2:2 οἶδα τὰ **ἔργα** σου καὶ τὸν
Rev 2:5 καὶ τὰ πρῶτα **ἔργα** ποίησον·
Rev 2:6 ὅτι μισεῖς τὰ **ἔργα** τῶν Νικολαϊτῶν ἃ
Rev 2:19 οἶδά σου τὰ **ἔργα** καὶ τὴν ἀγάπην
Rev 2:19 καὶ τὰ **ἔργα** σου τὰ ἔσχατα
Rev 2:22 μετανοήσωσιν ἐκ τῶν **ἔργων** αὐτῆς,
Rev 2:23 ἑκάστῳ κατὰ τὰ **ἔργα** ὑμῶν.
Rev 2:26 ἄχρι τέλους τὰ **ἔργα** μου,
Rev 3:1 οἶδά σου τὰ **ἔργα** ὅτι ὄνομα ἔχεις
Rev 3:2 εὕρηκά σου τὰ **ἔργα** πεπληρωμένα ἐνώπιον
Rev 3:8 οἶδά σου τὰ **ἔργα**,
Rev 3:15 οἶδά σου τὰ **ἔργα** ὅτι οὔτε ψυχρὸς
Rev 9:20 μετενόησαν ἐκ τῶν **ἔργων** τῶν χειρῶν αὐτῶν,
Rev 14:13 τὰ γὰρ **ἔργα** αὐτῶν ἀκολουθεῖ μετ'
Rev 15:3 καὶ θαυμαστὰ τὰ **ἔργα** σου,
Rev 16:11 μετενόησαν ἐκ τῶν **ἔργων** αὐτῶν.
Rev 18:6 διπλᾶ κατὰ τὰ **ἔργα** αὐτῆς,
Rev 20:12 βιβλίοις κατὰ τὰ **ἔργα** αὐτῶν.
Rev 20:13 ἕκαστος κατὰ τὰ **ἔργα** αὐτῶν.
Rev 22:12 ἑκάστῳ ὡς τὸ **ἔργον** ἐστὶν αὐτοῦ.

ἔρημος (*erēmos*; 3/48) *desert*
Rev 12:6 ἔφυγεν εἰς τὴν **ἔρημον**,
Rev 12:14 πέτηται εἰς τὴν **ἔρημον** εἰς τὸν τόπον
Rev 17:3 ἀπήνεγκέν με εἰς **ἔρημον** ἐν πνεύματι.

ἐρημόω (*erēmoō*; 3/5) *make waste or desolate*
Rev 17:16 τὴν πόρνην καὶ **ἠρημωμένην** ποιήσουσιν αὐτὴν καὶ
Rev 18:17 ὅτι μιᾷ ὥρᾳ **ἠρημώθη** ὁ τοσοῦτος πλοῦτος.

Rev 18:19 ὅτι μιᾷ ὥρᾳ **ἠρημώθη**.

ἔριον (*erion*; 1/2) *wool*

Rev 1:14 τρίχες λευκαὶ ὡς **ἔριον** λευκόν ὡς χιὼν

ἔρχομαι (*erchomai*; 36/631[632]) *come, go*

Rev 1:4 ἦν καὶ ὁ **ἐρχόμενος** καὶ ἀπὸ τῶν
Rev 1:7 Ἰδοὺ **ἔρχεται** μετὰ τῶν νεφελῶν,
Rev 1:8 ἦν καὶ ὁ **ἐρχόμενος**,
Rev 2:5 **ἔρχομαί** σοι καὶ κινήσω
Rev 2:16 **ἔρχομαί** σοι ταχὺ καὶ
Rev 3:10 πειρασμοῦ τῆς μελλούσης **ἔρχεσθαι** ἐπὶ τῆς οἰκουμένης
Rev 3:11 **ἔρχομαι** ταχύ·
Rev 4:8 ὢν καὶ ὁ **ἐρχόμενος**.
Rev 5:7 καὶ **ἦλθεν** καὶ εἴληφεν ἐκ
Rev 6:1 **ἔρχου**.
Rev 6:3 **ἔρχου**.
Rev 6:5 **ἔρχου**.
Rev 6:7 **ἔρχου**.
Rev 6:17 ὅτι **ἦλθεν** ἡ ἡμέρα ἡ
Rev 7:13 εἰσὶν καὶ πόθεν **ἦλθον**;
Rev 7:14 οὗτοί εἰσιν οἱ **ἐρχόμενοι** ἐκ τῆς θλίψεως
Rev 8:3 Καὶ ἄλλος ἄγγελος **ἦλθεν** καὶ ἐστάθη ἐπὶ
Rev 9:12 ἰδοὺ **ἔρχεται** ἔτι δύο οὐαὶ
Rev 11:14 οὐαὶ ἡ τρίτη **ἔρχεται** ταχύ.
Rev 11:18 καὶ **ἦλθεν** ἡ ὀργή σου
Rev 14:7 ὅτι **ἦλθεν** ἡ ὥρα τῆς
Rev 14:15 ὅτι **ἦλθεν** ἡ ὥρα θερίσαι,
Rev 16:15 Ἰδοὺ **ἔρχομαι** ὡς κλέπτης.
Rev 17:1 Καὶ **ἦλθεν** εἷς ἐκ τῶν
Rev 17:10 ὁ ἄλλος οὔπω **ἦλθεν**,
Rev 17:10 καὶ ὅταν **ἔλθῃ** ὀλίγον αὐτὸν δεῖ
Rev 18:10 ὅτι μιᾷ ὥρᾳ **ἦλθεν** ἡ κρίσις σου.
Rev 19:7 ὅτι **ἦλθεν** ὁ γάμος τοῦ
Rev 21:9 Καὶ **ἦλθεν** εἷς ἐκ τῶν
Rev 22:7 καὶ ἰδοὺ **ἔρχομαι** ταχύ.
Rev 22:12 Ἰδοὺ **ἔρχομαι** ταχύ,
Rev 22:17 **ἔρχου**.
Rev 22:17 **ἔρχου**.
Rev 22:17 καὶ ὁ διψῶν **ἐρχέσθω**,
Rev 22:20 **ἔρχομαι** ταχύ.
Rev 22:20 **ἔρχου** κύριε Ἰησοῦ.

ἐσθίω (*esthiō*; 6/158) *eat*

Rev 2:7 νικῶντι δώσω αὐτῷ **φαγεῖν** ἐκ τοῦ ξύλου
Rev 2:14 τῶν υἱῶν Ἰσραὴλ **φαγεῖν** εἰδωλόθυτα καὶ πορνεῦσαι.
Rev 2:20 δούλους πορνεῦσαι καὶ **φαγεῖν** εἰδωλόθυτα.
Rev 10:10 γλυκὺ καὶ ὅτε **ἔφαγον** αὐτό,
Rev 17:16 τὰς σάρκας αὐτῆς **φάγονται** καὶ αὐτὴν κατακαύσουσιν
Rev 19:18 ἵνα **φάγητε** σάρκας βασιλέων καὶ

ἔσχατος (*eschatos*; 6/52) *last*

Rev 1:17 πρῶτος καὶ ὁ **ἔσχατος**
Rev 2:8 πρῶτος καὶ ὁ **ἔσχατος**,
Rev 2:19 ἔργα σου τὰ **ἔσχατα** πλείονα τῶν πρώτων.
Rev 15:1 πληγὰς ἑπτὰ τὰς **ἐσχάτας**,
Rev 21:9 ἑπτὰ πληγῶν τῶν **ἐσχάτων** καὶ ἐλάλησεν
Rev 22:13 πρῶτος καὶ ὁ **ἔσχατος**,

ἔσωθεν (*esōthen*; 2/12) *within*

Rev 4:8 κυκλόθεν καὶ **ἔσωθεν** γέμουσιν ὀφθαλμῶν,
Rev 5:1 θρόνου βιβλίον γεγραμμένον **ἔσωθεν** καὶ ὄπισθεν κατεσφραγισμένον

ἔτι (*eti*; 22/93) *still*

Rev 3:12 οὐ μὴ ἐξέλθῃ **ἔτι** καὶ γράψω ἐπ'
Rev 6:11 αὐτοῖς ἵνα ἀναπαύσονται **ἔτι** χρόνον μικρόν,
Rev 7:16 οὐ πεινάσουσιν **ἔτι** οὐδὲ διψήσουσιν ἔτι
Rev 7:16 ἔτι οὐδὲ διψήσουσιν **ἔτι** οὐδὲ μὴ πέσῃ
Rev 9:12 ἰδοὺ ἔρχεται **ἔτι** δύο οὐαὶ μετὰ
Rev 12:8 τόπος εὑρέθη αὐτῶν **ἔτι** ἐν τῷ οὐρανῷ.
Rev 18:21 οὐ μὴ εὑρεθῇ **ἔτι**.
Rev 18:22 ἀκουσθῇ ἐν σοὶ **ἔτι**,
Rev 18:22 εὑρεθῇ ἐν σοὶ **ἔτι**,
Rev 18:22 ἀκουσθῇ ἐν σοὶ **ἔτι**,
Rev 18:23 φάνῃ ἐν σοὶ **ἔτι**,
Rev 18:23 ἀκουσθῇ ἐν σοὶ **ἔτι**·
Rev 20:3 ἵνα μὴ πλανήσῃ **ἔτι** τὰ ἔθνη ἄχρι
Rev 21:1 θάλασσα οὐκ ἔστιν **ἔτι**.
Rev 21:4 θάνατος οὐκ ἔσται **ἔτι** οὔτε πένθος οὔτε
Rev 21:4 πόνος οὐκ ἔσται **ἔτι**,
Rev 22:3 κατάθεμα οὐκ ἔσται **ἔτι**.
Rev 22:5 νὺξ οὐκ ἔσται **ἔτι** καὶ οὐκ ἔχουσιν
Rev 22:11 ὁ ἀδικῶν ἀδικησάτω **ἔτι** καὶ ὁ ῥυπαρὸς
Rev 22:11 ὁ ῥυπαρὸς ῥυπανθήτω **ἔτι**,
Rev 22:11 δίκαιος δικαιοσύνην ποιησάτω **ἔτι** καὶ ὁ ἅγιος
Rev 22:11 ὁ ἅγιος ἁγιασθήτω **ἔτι**.

ἑτοιμάζω (*hetoimazō*; 7/40) *prepare*

Rev 8:6 τὰς ἑπτὰ σάλπιγγας **ἡτοίμασαν** αὐτοὺς ἵνα σαλπίσωσιν.
Rev 9:7 ἀκρίδων ὅμοια ἵπποις **ἡτοιμασμένοις** εἰς πόλεμον,
Rev 9:15 τέσσαρες ἄγγελοι οἱ **ἡτοιμασμένοι** εἰς τὴν ὥραν
Rev 12:6 ἔχει ἐκεῖ τόπον **ἡτοιμασμένον** ἀπὸ τοῦ θεοῦ,
Rev 16:12 ἵνα **ἑτοιμασθῇ** ἡ ὁδὸς τῶν
Rev 19:7 ἡ γυνὴ αὐτοῦ **ἡτοίμασεν** ἑαυτὴν
Rev 21:2 ἀπὸ τοῦ θεοῦ **ἡτοιμασμένην** ὡς νύμφην κεκοσμημένην

ἔτος (*etos*; 6/49) *year*

Rev 20:2 ἔδησεν αὐτὸν χίλια **ἔτη**
Rev 20:3 τελεσθῇ τὰ χίλια **ἔτη**.
Rev 20:4 τοῦ Χριστοῦ χίλια **ἔτη**.
Rev 20:5 τελεσθῇ τὰ χίλια **ἔτη**.
Rev 20:6 αὐτοῦ [τὰ] χίλια **ἔτη**.
Rev 20:7 τελεσθῇ τὰ χίλια **ἔτη**,

εὐαγγελίζω (*euangelizō*; 2/54) *bring good news*

Rev 10:7 ὡς **εὐηγγέλισεν** τοὺς ἑαυτοῦ δούλους
Rev 14:6 ἔχοντα εὐαγγέλιον αἰώνιον **εὐαγγελίσαι** ἐπὶ τοὺς καθημένους

εὐαγγέλιον (*euangelion*; 1/75[76]) *good news*

Rev 14:6 ἔχοντα εὐαγγέλιον **αἰώνιον** εὐαγγελίσαι ἐπὶ τοὺς

εὐθέως (*eutheōs*; 1/36) *immediately*
Rev 4:2 **Εὐθέως** ἐγενόμην ἐν πνεύματι,

εὐλογία (*eulogia*; 3/16) *blessing*
Rev 5:12 καὶ δόξαν καὶ **εὐλογίαν**.
Rev 5:13 τῷ ἀρνίῳ ἡ **εὐλογία** καὶ ἡ τιμὴ
Rev 7:12 ἡ **εὐλογία** καὶ ἡ δόξα

εὑρίσκω (*heuriskō*; 13/176) *find*
Rev 2:2 οὐκ εἰσὶν καὶ **εὗρες** αὐτοὺς ψευδεῖς,
Rev 3:2 οὐ γὰρ **εὕρηκά** σου τὰ ἔργα
Rev 5:4 ὅτι οὐδεὶς ἄξιος **εὑρέθη** ἀνοῖξαι τὸ βιβλίον
Rev 9:6 καὶ οὐ μὴ **εὑρήσουσιν** αὐτόν,
Rev 12:8 ἴσχυσεν οὐδὲ τόπος **εὑρέθη** αὐτῶν ἔτι ἐν
Rev 14:5 στόματι αὐτῶν οὐχ **εὑρέθη** ψεῦδος,
Rev 16:20 καὶ ὄρη οὐχ **εὑρέθησαν**.
Rev 18:14 οὐ μὴ αὐτὰ **εὑρήσουσιν**.
Rev 18:21 καὶ οὐ μὴ **εὑρεθῇ** ἔτι.
Rev 18:22 τέχνης οὐ μὴ **εὑρεθῇ** ἐν σοὶ ἔτι,
Rev 18:24 προφητῶν καὶ ἁγίων **εὑρέθη** καὶ πάντων
Rev 20:11 καὶ τόπος οὐχ **εὑρέθη** αὐτοῖς.
Rev 20:15 εἴ τις οὐχ **εὑρέθη** ἐν τῇ βίβλῳ

εὐφραίνω (*euphrainō*; 3/14) *make glad*
Rev 11:10 ἐπ' αὐτοῖς καὶ **εὐφραίνονται** καὶ δῶρα πέμψουσιν
Rev 12:12 διὰ τοῦτο **εὐφραίνεσθε**,
Rev 18:20 **Εὐφραίνου** ἐπ' αὐτῇ,

Εὐφράτης (*Euphratēs*; 2/2) *Euphrates*
Rev 9:14 ποταμῷ τῷ μεγάλῳ **Εὐφράτῃ**.
Rev 16:12 τὸν μέγαν τὸν **Εὐφράτην**,

εὐχαριστέω (*eucharisteō*; 1/38) *thank*
Rev 11:17 **εὐχαριστοῦμέν** σοι,

εὐχαριστία (*eucharistia*; 2/15) *thanksgiving*
Rev 4:9 καὶ τιμὴν καὶ **εὐχαριστίαν** τῷ καθημένῳ
Rev 7:12 σοφία καὶ ἡ **εὐχαριστία** καὶ ἡ τιμὴ

εὐώνυμος (*euōnymos*; 1/9) *left*
Rev 10:2 τὸν δὲ **εὐώνυμον** ἐπὶ τῆς γῆς,

Ἔφεσος (*Ephesos*; 2/16) *Ephesus*
Rev 1:11 εἰς **Ἔφεσον** καὶ εἰς Σμύρναν
Rev 2:1 ἀγγέλῳ τῆς ἐν **Ἐφέσῳ** ἐκκλησίας γράψον·

ἐχθρός (*echthros*; 2/32) *enemy*
Rev 11:5 καὶ κατεσθίει τοὺς **ἐχθροὺς** αὐτῶν·
Rev 11:12 ἐθεώρησαν αὐτοὺς οἱ **ἐχθροὶ** αὐτῶν.

ἔχω (*echō*; 100/706[708]) *have, hold*
Rev 1:16 καὶ **ἔχων** ἐν τῇ δεξιᾷ
Rev 1:18 τῶν αἰώνων καὶ **ἔχω** τὰς κλεῖς τοῦ
Rev 2:3 καὶ ὑπομονὴν **ἔχεις** καὶ ἐβάστασας διὰ
Rev 2:4 ἀλλὰ **ἔχω** κατὰ σοῦ ὅτι
Rev 2:6 ἀλλὰ τοῦτο **ἔχεις**,
Rev 2:7 Ὁ **ἔχων** οὖς ἀκουσάτω τί
Rev 2:10 ἵνα πειρασθῆτε καὶ **ἕξετε** θλῖψιν ἡμερῶν δέκα.
Rev 2:11 Ὁ **ἔχων** οὖς ἀκουσάτω τί
Rev 2:12 Τάδε λέγει ὁ **ἔχων** τὴν ῥομφαίαν τὴν
Rev 2:14 ἀλλ' **ἔχω** κατὰ σοῦ ὀλίγα
Rev 2:14 σοῦ ὀλίγα ὅτι **ἔχεις** ἐκεῖ κρατοῦντας τὴν
Rev 2:15 οὕτως **ἔχεις** καὶ σὺ κρατοῦντας
Rev 2:17 Ὁ **ἔχων** οὖς ἀκουσάτω τί
Rev 2:18 ὁ **ἔχων** τοὺς ὀφθαλμοὺς αὐτοῦ
Rev 2:20 ἀλλὰ **ἔχω** κατὰ σοῦ ὅτι
Rev 2:24 ὅσοι οὐκ **ἔχουσιν** τὴν διδαχὴν ταύτην,
Rev 2:25 πλὴν ὃ **ἔχετε** κρατήσατε ἄχρι[ς] οὗ
Rev 2:29 Ὁ **ἔχων** οὖς ἀκουσάτω τί
Rev 3:1 Τάδε λέγει ὁ **ἔχων** τὰ ἑπτὰ πνεύματα
Rev 3:1 ἔργα ὅτι ὄνομα **ἔχεις** ὅτι ζῇς,
Rev 3:4 ἀλλὰ **ἔχεις** ὀλίγα ὀνόματα ἐν
Rev 3:6 Ὁ **ἔχων** οὖς ἀκουσάτω τί
Rev 3:7 ὁ **ἔχων** τὴν κλεῖν Δαυίδ,
Rev 3:8 ὅτι μικρὰν **ἔχεις** δύναμιν καὶ ἐτήρησάς
Rev 3:11 κράτει ὃ **ἔχεις**,
Rev 3:13 Ὁ **ἔχων** οὖς ἀκουσάτω τί
Rev 3:17 καὶ οὐδὲν χρείαν **ἔχω**,
Rev 3:22 Ὁ **ἔχων** οὖς ἀκουσάτω τί
Rev 4:7 τὸ τρίτον ζῷον **ἔχων** τὸ πρόσωπον ὡς
Rev 4:8 καθ' ἓν αὐτῶν **ἔχων** ἀνὰ πτέρυγας ἕξ,
Rev 4:8 καὶ ἀνάπαυσιν οὐκ **ἔχουσιν** ἡμέρας καὶ νυκτὸς
Rev 5:6 ἑστηκὸς ὡς ἐσφαγμένον **ἔχων** κέρατα ἑπτὰ
Rev 5:8 ἐνώπιον τοῦ ἀρνίου **ἔχοντες** ἕκαστος κιθάραν καὶ
Rev 6:2 καθήμενος ἐπ' αὐτὸν **ἔχων** τόξον καὶ ἐδόθη
Rev 6:5 καθήμενος ἐπ' αὐτὸν **ἔχων** ζυγὸν ἐν τῇ
Rev 6:9 τὴν μαρτυρίαν ἣν **εἶχον**.
Rev 7:2 ἀπὸ ἀνατολῆς ἡλίου **ἔχοντα** σφραγῖδα θεοῦ ζῶντος,
Rev 8:3 ἐπὶ τοῦ θυσιαστηρίου **ἔχων** λιβανωτὸν χρυσοῦν,
Rev 8:6 ἑπτὰ ἄγγελοι οἱ **ἔχοντες** τὰς ἑπτὰ σάλπιγγας
Rev 8:9 τῇ θαλάσσῃ τὰ **ἔχοντα** ψυχὰς καὶ τὸ
Rev 9:3 αὐταῖς ἐξουσία ὡς **ἔχουσιν** ἐξουσίαν οἱ σκορπίοι
Rev 9:4 ἀνθρώπους οἵτινες οὐκ **ἔχουσι** τὴν σφραγῖδα τοῦ
Rev 9:8 καὶ **εἶχον** τρίχας ὡς τρίχας
Rev 9:9 καὶ **εἶχον** θώρακας ὡς θώρακας
Rev 9:10 καὶ **ἔχουσιν** οὐρὰς ὁμοίας σκορπίοις
Rev 9:11 **ἔχουσιν** ἐπ' αὐτῶν βασιλέα
Rev 9:11 τῇ Ἑλληνικῇ ὄνομα **ἔχει** Ἀπολλύων.
Rev 9:14 ὁ **ἔχων** τὴν σάλπιγγα·
Rev 9:17 **ἔχοντας** θώρακας πυρίνους καὶ
Rev 9:19 **ἔχουσαι** κεφαλὰς καὶ ἐν
Rev 10:2 καὶ **ἔχων** ἐν τῇ χειρὶ
Rev 11:6 οὗτοι **ἔχουσιν** τὴν ἐξουσίαν κλεῖσαι
Rev 11:6 καὶ ἐξουσίαν **ἔχουσιν** ἐπὶ τῶν ὑδάτων
Rev 12:2 καὶ ἐν γαστρὶ **ἔχουσα**,
Rev 12:3 δράκων μέγας πυρρὸς **ἔχων** κεφαλὰς ἑπτὰ
Rev 12:6 ὅπου **ἔχει** ἐκεῖ τόπον ἡτοιμασμένον
Rev 12:12 διάβολος πρὸς ὑμᾶς **ἔχων** θυμὸν μέγαν,
Rev 12:12 ὅτι ὀλίγον καιρὸν **ἔχει**.
Rev 12:17 τοῦ θεοῦ καὶ **ἐχόντων** τὴν μαρτυρίαν Ἰησοῦ.
Rev 13:1 **ἔχον** κέρατα δέκα καὶ
Rev 13:9 Εἴ τις **ἔχει** οὖς ἀκουσάτω.
Rev 13:11 καὶ **εἶχεν** κέρατα δύο ὅμοια
Rev 13:14 ὃς **ἔχει** τὴν πληγὴν τῆς
Rev 13:17 εἰ μὴ ὁ **ἔχων** τὸ χάραγμα τὸ

Rev 13:18 ὁ **ἔχων** νοῦν ψηφισάτω τὸν
Rev 14:1 τεσσεράκοντα τέσσαρες χιλιάδες **ἔχουσαι** τὸ ὄνομα αὐτοῦ
Rev 14:6 ἔχοντα **εὐαγγέλιον** αἰώνιον εὐαγγελίσαι
Rev 14:11 καὶ οὐκ **ἔχουσιν** ἀνάπαυσιν ἡμέρας καὶ
Rev 14:14 **ἔχων** ἐπὶ τῆς κεφαλῆς
Rev 14:17 ἐν τῷ οὐρανῷ **ἔχων** καὶ αὐτὸς δρέπανον
Rev 14:18 τοῦ θυσιαστηρίου [ὁ] **ἔχων** ἐξουσίαν ἐπὶ
Rev 14:18 φωνῇ μεγάλῃ τῷ **ἔχοντι** τὸ δρέπανον τὸ
Rev 15:1 ἀγγέλους ἑπτὰ **ἔχοντας** πληγὰς ἑπτὰ τὰς
Rev 15:2 θάλασσαν τὴν ὑαλίνην **ἔχοντας** κιθάρας τοῦ θεοῦ.
Rev 15:6 ἑπτὰ ἄγγελοι [οἱ] **ἔχοντες** τὰς ἑπτὰ πληγὰς
Rev 16:2 τοὺς ἀνθρώπους τοὺς **ἔχοντας** τὸ χάραγμα
Rev 16:9 τοῦ θεοῦ τοῦ **ἔχοντος** τὴν ἐξουσίαν ἐπὶ
Rev 17:1 ἑπτὰ ἀγγέλων τῶν **ἐχόντων** τὰς ἑπτὰ φιάλας
Rev 17:3 **ἔχων** κεφαλὰς ἑπτὰ καὶ
Rev 17:4 **ἔχουσα** ποτήριον χρυσοῦν ἐν
Rev 17:7 βαστάζοντος αὐτὴν τοῦ **ἔχοντος** τὰς ἑπτὰ κεφαλὰς
Rev 17:9 ὁ νοῦς ὁ **ἔχων** σοφίαν.
Rev 17:13 οὗτοι μίαν γνώμην **ἔχουσιν** καὶ τὴν δύναμιν
Rev 17:18 ἡ μεγάλη ἡ **ἔχουσα** βασιλείαν ἐπὶ τῶν
Rev 18:1 ἐκ τοῦ οὐρανοῦ **ἔχοντα** ἐξουσίαν μεγάλην,
Rev 18:19 ἐπλούτησαν πάντες οἱ **ἔχοντες** τὰ πλοῖα ἐν
Rev 19:10 ἀδελφῶν σου τῶν **ἐχόντων** τὴν μαρτυρίαν Ἰησοῦ·
Rev 19:12 **ἔχων** ὄνομα γεγραμμένον ὃ
Rev 19:16 καὶ **ἔχει** ἐπὶ τὸ ἱμάτιον
Rev 20:1 ἐκ τοῦ οὐρανοῦ **ἔχοντα** τὴν κλεῖν τῆς
Rev 20:6 καὶ ἅγιος ὁ **ἔχων** μέρος ἐν τῇ
Rev 20:6 δεύτερος θάνατος οὐκ **ἔχει** ἐξουσίαν,
Rev 21:9 ἑπτὰ ἀγγέλων τῶν **ἐχόντων** τὰς ἑπτὰ φιάλας
Rev 21:11 **ἔχουσαν** τὴν δόξαν τοῦ
Rev 21:12 **ἔχουσα** τεῖχος μέγα καὶ
Rev 21:12 **ἔχουσα** πυλῶνας δώδεκα καὶ
Rev 21:14 τεῖχος τῆς πόλεως **ἔχων** θεμελίους δώδεκα
Rev 21:15 λαλῶν μετ' ἐμοῦ **εἶχεν** μέτρον κάλαμον χρυσοῦν,
Rev 21:23 πόλις οὐ χρείαν **ἔχει** τοῦ ἡλίου οὐδὲ
Rev 22:5 ἔτι καὶ οὐκ **ἔχουσιν** χρείαν φωτὸς λύχνου

ἕως (*heōs*; 2/146) *until*

Rev 6:10 **ἕως** πότε,
Rev 6:11 **ἕως** πληρωθῶσιν καὶ οἱ

Ζαβουλών (*Zaboulōn*; 1/3) *Zebulun*

Rev 7:8 ἐκ φυλῆς **Ζαβουλὼν** δώδεκα χιλιάδες,

ζάω (*zaō*; 13/139[140]) *live*

Rev 1:18 καὶ ὁ **ζῶν**,
Rev 1:18 νεκρὸς καὶ ἰδοὺ **ζῶν** εἰμι εἰς τοὺς
Rev 2:8 ἐγένετο νεκρὸς καὶ **ἔζησεν**·
Rev 3:1 ὄνομα ἔχεις ὅτι **ζῇς**,
Rev 4:9 τῷ θρόνῳ τῷ **ζῶντι** εἰς τοὺς αἰῶνας
Rev 4:10 καὶ προσκυνήσουσιν τῷ **ζῶντι** εἰς τοὺς αἰῶνας
Rev 7:2 ἔχοντα σφραγῖδα θεοῦ **ζῶντος**,
Rev 10:6 ὤμοσεν ἐν τῷ **ζῶντι** εἰς τοὺς αἰῶνας
Rev 13:14 τῆς μαχαίρης καὶ **ἔζησεν**.
Rev 15:7 τοῦ θεοῦ τοῦ **ζῶντος** εἰς τοὺς αἰῶνας
Rev 19:20 **ζῶντες** ἐβλήθησαν οἱ δύο
Rev 20:4 καὶ **ἔζησαν** καὶ ἐβασίλευσαν μετὰ
Rev 20:5 τῶν νεκρῶν οὐκ **ἔζησαν** ἄχρι τελεσθῇ τὰ

ζεστός (*zestos*; 3/3) *hot*

Rev 3:15 ψυχρὸς εἶ οὔτε **ζεστός**.
Rev 3:15 ψυχρὸς ἦς ἢ **ζεστός**.
Rev 3:16 εἶ καὶ οὔτε **ζεστὸς** οὔτε ψυχρός,

ζηλεύω (*zēleuō*; 1/1) *be zealous*

Rev 3:19 **ζήλευε** οὖν καὶ μετανόησον.

ζητέω (*zēteō*; 1/117) *seek*

Rev 9:6 ταῖς ἡμέραις ἐκείναις **ζητήσουσιν** οἱ ἄνθρωποι τὸν

ζυγός (*zygos*; 1/6) *yoke*

Rev 6:5 ἐπ' αὐτὸν ἔχων **ζυγὸν** ἐν τῇ χειρὶ

ζωή (*zōē*; 17/135) *life*

Rev 2:7 τοῦ ξύλου τῆς **ζωῆς**,
Rev 2:10 τὸν στέφανον τῆς **ζωῆς**.
Rev 3:5 τῆς βίβλου τῆς **ζωῆς** καὶ ὁμολογήσω τὸ
Rev 7:17 ὁδηγήσει αὐτοὺς ἐπὶ **ζωῆς** πηγὰς ὑδάτων,
Rev 11:11 καὶ ἥμισυ πνεῦμα **ζωῆς** ἐκ τοῦ θεοῦ
Rev 13:8 τῷ βιβλίῳ τῆς **ζωῆς** τοῦ ἀρνίου τοῦ
Rev 16:3 καὶ πᾶσα ψυχὴ **ζωῆς** ἀπέθανεν τὰ ἐν
Rev 17:8 τὸ βιβλίον τῆς **ζωῆς** ἀπὸ καταβολῆς κόσμου,
Rev 20:12 ὅ ἐστιν τῆς **ζωῆς**,
Rev 20:15 τῇ βίβλῳ τῆς **ζωῆς** γεγραμμένος,
Rev 21:6 τοῦ ὕδατος τῆς **ζωῆς** δωρεάν.
Rev 21:27 τῷ βιβλίῳ τῆς **ζωῆς** τοῦ ἀρνίου.
Rev 22:1 μοι ποταμὸν ὕδατος **ζωῆς** λαμπρὸν ὡς κρύσταλλον,
Rev 22:2 καὶ ἐκεῖθεν ξύλον **ζωῆς** ποιοῦν καρποὺς δώδεκα,
Rev 22:14 τὸ ξύλον τῆς **ζωῆς** καὶ τοῖς πυλῶσιν
Rev 22:17 θέλων λαβέτω ὕδωρ **ζωῆς** δωρεάν.
Rev 22:19 τοῦ ξύλου τῆς **ζωῆς** καὶ ἐκ τῆς

ζώνη (*zōnē*; 2/8) *belt*

Rev 1:13 πρὸς τοῖς μαστοῖς **ζώνην** χρυσᾶν.
Rev 15:6 περὶ τὰ στήθη **ζώνας** χρυσᾶς.

ζῷον (*zōon*; 20/23) *living creature*

Rev 4:6 τοῦ θρόνου τέσσαρα **ζῷα** γέμοντα ὀφθαλμῶν ἔμπροσθεν
Rev 4:7 καὶ τὸ **ζῷον** τὸ πρῶτον ὅμοιον
Rev 4:7 καὶ τὸ δεύτερον **ζῷον** ὅμοιον μόσχῳ καὶ
Rev 4:7 καὶ τὸ τρίτον **ζῷον** ἔχων τὸ πρόσωπον
Rev 4:7 καὶ τὸ τέταρτον **ζῷον** ὅμοιον ἀετῷ πετομένῳ.
Rev 4:8 καὶ τὰ τέσσαρα **ζῷα**,
Rev 4:9 ὅταν δώσουσιν τὰ **ζῷα** δόξαν καὶ τιμὴν
Rev 5:6 καὶ τῶν τεσσάρων **ζῴων** καὶ ἐν μέσῳ
Rev 5:8 τὰ τέσσαρα **ζῷα** καὶ οἱ εἴκοσι
Rev 5:11 θρόνου καὶ τῶν **ζῴων** καὶ τῶν πρεσβυτέρων,
Rev 5:14 καὶ τὰ τέσσαρα **ζῷα** ἔλεγον·
Rev 6:1 ἐκ τῶν τεσσάρων **ζῴων** λέγοντος ὡς φωνὴ

Rev 6:3 ἤκουσα τοῦ δευτέρου **ζῴου** λέγοντος·
Rev 6:5 ἤκουσα τοῦ τρίτου **ζῴου** λέγοντος·
Rev 6:6 μέσῳ τῶν τεσσάρων **ζῴων** λεγουσαν·
Rev 6:7 φωνὴν τοῦ τετάρτου **ζῴου** λέγοντος·
Rev 7:11 καὶ τῶν τεσσάρων **ζῴων** καὶ ἔπεσαν ἐνώπιον
Rev 14:3 ἐνώπιον τῶν τεσσάρων **ζῴων** καὶ τῶν πρεσβυτέρων,
Rev 15:7 ἐκ τῶν τεσσάρων **ζῴων** ἔδωκεν τοῖς ἑπτὰ
Rev 19:4 καὶ τὰ τέσσαρα **ζῷα** καὶ προσεκύνησαν τῷ

ἤ (*ē*; 5/340) *or*

Rev 3:15 ὄφελον ψυχρὸς ἦς **ἢ** ζεστός.
Rev 13:16 αὐτῶν τῆς δεξιᾶς **ἢ** ἐπὶ τὸ μέτωπον
Rev 13:17 τις δύνηται ἀγοράσαι **ἢ** πωλῆσαι εἰ μὴ
Rev 13:17 ὄνομα τοῦ θηρίου **ἢ** τὸν ἀριθμὸν τοῦ
Rev 14:9 τοῦ μετώπου αὐτοῦ **ἢ** ἐπὶ τὴν χεῖρα

ἥκω (*hēkō*; 6/26) *have come*

Rev 2:25 ἄχρι[ς] οὗ ἂν **ἥξω**.
Rev 3:3 **ἥξω** ὡς κλέπτης,
Rev 3:3 γνῷς ποίαν ὥραν **ἥξω** ἐπὶ σέ.
Rev 3:9 ποιήσω αὐτοὺς ἵνα **ἥξουσιν** καὶ προσκυνήσουσιν ἐνώπιον
Rev 15:4 πάντα τὰ ἔθνη **ἥξουσιν** καὶ προσκυνήσουσιν ἐνώπιόν
Rev 18:8 ἐν μιᾷ ἡμέρᾳ **ἥξουσιν** αἱ πληγαὶ αὐτῆς,

ἥλιος (*hēlios*; 13/32) *sun*

Rev 1:16 αὐτοῦ ὡς ὁ **ἥλιος** φαίνει ἐν τῇ
Rev 6:12 ἐγένετο καὶ ὁ **ἥλιος** ἐγένετο μέλας ὡς
Rev 7:2 ἀναβαίνοντα ἀπὸ ἀνατολῆς **ἡλίου** ἔχοντα σφραγῖδα θεοῦ
Rev 7:16 ἐπ' αὐτοὺς ὁ **ἥλιος** οὐδὲ πᾶν καῦμα,
Rev 8:12 τὸ τρίτον τοῦ **ἡλίου** καὶ τὸ τρίτον
Rev 9:2 καὶ ἐσκοτώθη ὁ **ἥλιος** καὶ ὁ ἀὴρ
Rev 10:1 αὐτοῦ ὡς ὁ **ἥλιος** καὶ οἱ πόδες
Rev 12:1 γυνὴ περιβεβλημένη τὸν **ἥλιον**,
Rev 16:8 αὐτοῦ ἐπὶ τὸν **ἥλιον**,
Rev 16:12 τῶν ἀπὸ ἀνατολῆς **ἡλίου**.
Rev 19:17 ἑστῶτα ἐν τῷ **ἡλίῳ** καὶ ἔκραξεν [ἐν]
Rev 21:23 χρείαν ἔχει τοῦ **ἡλίου** οὐδὲ τῆς σελήνης
Rev 22:5 λύχνου καὶ φωτὸς **ἡλίου**,

ἡμεῖς (*hēmeis*; 19/855) *we*

Rev 1:5 Τῷ ἀγαπῶντι **ἡμᾶς** καὶ λύσαντι ἡμᾶς
Rev 1:5 ἡμᾶς καὶ λύσαντι **ἡμᾶς** ἐκ τῶν ἁμαρτιῶν
Rev 1:5 ἐκ τῶν ἁμαρτιῶν **ἡμῶν** ἐν τῷ αἵματι
Rev 1:6 καὶ ἐποίησεν **ἡμᾶς** βασιλείαν,
Rev 4:11 καὶ ὁ θεὸς **ἡμῶν**,
Rev 5:10 αὐτοὺς τῷ θεῷ **ἡμῶν** βασιλείαν καὶ ἱερεῖς,
Rev 6:10 ἐκδικεῖς τὸ αἷμα **ἡμῶν** ἐκ τῶν κατοικούντων
Rev 6:16 πέσετε ἐφ' **ἡμᾶς** καὶ κρύψατε ἡμᾶς
Rev 6:16 ἡμᾶς καὶ κρύψατε **ἡμᾶς** ἀπὸ προσώπου τοῦ
Rev 7:3 δούλους τοῦ θεοῦ **ἡμῶν** ἐπὶ τῶν μετώπων
Rev 7:10 σωτηρία τῷ θεῷ **ἡμῶν** τῷ καθημένῳ ἐπὶ
Rev 7:12 ἰσχὺς τῷ θεῷ **ἡμῶν** εἰς τοὺς αἰῶνας
Rev 11:15 κόσμου τοῦ κυρίου **ἡμῶν** καὶ τοῦ χριστοῦ
Rev 12:10 βασιλεία τοῦ θεοῦ **ἡμῶν** καὶ ἡ ἐξουσία
Rev 12:10 κατήγωρ τῶν ἀδελφῶν **ἡμῶν**,
Rev 12:10 ἐνώπιον τοῦ θεοῦ **ἡμῶν** ἡμέρας καὶ νυκτός.
Rev 19:1 δύναμις τοῦ θεοῦ **ἡμῶν**,
Rev 19:5 αἰνεῖτε τῷ θεῷ **ἡμῶν** πάντες οἱ δοῦλοι
Rev 19:6 κύριος ὁ θεὸς **[ἡμῶν]** ὁ παντοκράτωρ.

ἡμέρα (*hēmera*; 21/389) *day*

Rev 1:10 ἐν τῇ κυριακῇ **ἡμέρᾳ** καὶ ἤκουσα ὀπίσω
Rev 2:10 καὶ ἕξετε θλῖψιν **ἡμερῶν** δέκα.
Rev 2:13 καὶ ἐν ταῖς **ἡμέραις** Ἀντιπᾶς ὁ μάρτυς
Rev 4:8 ἀνάπαυσιν οὐκ ἔχουσιν **ἡμέρας** καὶ νυκτὸς λέγοντες·
Rev 6:17 ὅτι ἦλθεν ἡ **ἡμέρα** ἡ μεγάλη τῆς
Rev 7:15 καὶ λατρεύουσιν αὐτῷ **ἡμέρας** καὶ νυκτὸς
Rev 8:12 αὐτῶν καὶ ἡ **ἡμέρα** μὴ φάνῃ τὸ
Rev 9:6 καὶ ἐν ταῖς **ἡμέραις** ἐκείναις ζητήσουσιν
Rev 9:15 τὴν ὥραν καὶ **ἡμέραν** καὶ μῆνα καὶ
Rev 10:7 ἀλλ' ἐν ταῖς **ἡμέραις** τῆς φωνῆς τοῦ
Rev 11:3 μου καὶ προφητεύσουσιν **ἡμέρας** χιλίας διακοσίας ἑξήκοντα
Rev 11:6 ὑετὸς βρέχῃ τὰς **ἡμέρας** τῆς προφητείας αὐτῶν,
Rev 11:9 τὸ πτῶμα αὐτῶν **ἡμέρας** τρεῖς καὶ ἥμισυ
Rev 11:11 μετὰ τὰς τρεῖς **ἡμέρας** καὶ ἥμισυ πνεῦμα
Rev 12:6 ἐκεῖ τρέφωσιν αὐτὴν **ἡμέρας** χιλίας διακοσίας ἑξήκοντα.
Rev 12:10 τοῦ θεοῦ ἡμῶν **ἡμέρας** καὶ νυκτός.
Rev 14:11 οὐκ ἔχουσιν ἀνάπαυσιν **ἡμέρας** καὶ νυκτὸς
Rev 16:14 τὸν πόλεμον τῆς **ἡμέρας** τῆς μεγάλης τοῦ
Rev 18:8 τοῦτο ἐν μιᾷ **ἡμέρᾳ** ἥξουσιν αἱ πληγαὶ
Rev 20:10 καὶ βασανισθήσονται **ἡμέρας** καὶ νυκτὸς
Rev 21:25 οὐ μὴ κλεισθῶσιν **ἡμέρας**,

ἥμισυς (*hēmisys*; 3/5) *half*

Rev 11:9 ἡμέρας τρεῖς καὶ **ἥμισυ** καὶ τὰ πτώματα
Rev 11:11 τρεῖς ἡμέρας καὶ **ἥμισυ** πνεῦμα ζωῆς ἐκ
Rev 12:14 καὶ καιροὺς καὶ **ἥμισυ** καιροῦ ἀπὸ προσώπου

ἡμίωρον (*hēmiōron*; 1/1) *half an hour*

Rev 8:1 τῷ οὐρανῷ ὡς **ἡμιώριον**.

θάλασσα (*thalassa*; 26/91) *sea, lake*

Rev 4:6 τοῦ θρόνου ὡς **θάλασσα** ὑαλίνη ὁμοία κρυστάλλῳ.
Rev 5:13 καὶ ἐπὶ τῆς **θαλάσσης** καὶ τὰ ἐν
Rev 7:1 μήτε ἐπὶ τῆς **θαλάσσης** μήτε ἐπὶ πᾶν
Rev 7:2 γῆν καὶ τὴν **θάλασσαν**
Rev 7:3 γῆν μήτε τὴν **θάλασσαν** μήτε τὰ δένδρα,
Rev 8:8 ἐβλήθη εἰς τὴν **θάλασσαν**,
Rev 8:8 τὸ τρίτον τῆς **θαλάσσης** αἷμα
Rev 8:9 τῶν ἐν τῇ **θαλάσσῃ** τὰ ἔχοντα ψυχὰς
Rev 10:2 δεξιὸν ἐπὶ τῆς **θαλάσσης**,
Rev 10:5 ἑστῶτα ἐπὶ τῆς **θαλάσσης** καὶ ἐπὶ τῆς
Rev 10:6 αὐτῇ καὶ τὴν **θάλασσαν** καὶ τὰ ἐν
Rev 10:8 ἑστῶτος ἐπὶ τῆς **θαλάσσης** καὶ ἐπὶ τῆς
Rev 12:12 γῆν καὶ τὴν **θάλασσαν**,
Rev 13:1 τὴν ἄμμον τῆς **θαλάσσης**.
Rev 13:1 εἶδον ἐκ τῆς **θαλάσσης** θηρίον ἀναβαῖνον,
Rev 14:7 τὴν γῆν καὶ **θάλασσαν** καὶ πηγὰς ὑδάτων.
Rev 15:2 Καὶ εἶδον ὡς **θάλασσαν** ὑαλίνην μεμιγμένην πυρὶ
Rev 15:2 ἑστῶτας ἐπὶ τὴν **θάλασσαν** τὴν ὑαλίνην ἔχοντας
Rev 16:3 αὐτοῦ εἰς τὴν **θάλασσαν**,
Rev 16:3 τὰ ἐν τῇ **θαλάσσῃ**.

Rev 18:17 καὶ ὅσοι τὴν **θάλασσαν** ἐργάζονται,
Rev 18:19 πλοῖα ἐν τῇ **θαλάσσῃ** ἐκ τῆς τιμιότητος
Rev 18:21 ἔβαλεν εἰς τὴν **θάλασσαν** λέγων·
Rev 20:8 ἡ ἄμμος τῆς **θαλάσσης**.
Rev 20:13 καὶ ἔδωκεν ἡ **θάλασσα** τοὺς νεκροὺς τοὺς
Rev 21:1 ἀπῆλθαν καὶ ἡ **θάλασσα** οὐκ ἔστιν ἔτι.

θάνατος (*thanatos*; 19/120) *death*

Rev 1:18 τὰς κλεῖς τοῦ **θανάτου** καὶ τοῦ ᾅδου.
Rev 2:10 γίνου πιστὸς ἄχρι **θανάτου**,
Rev 2:11 ἀδικηθῇ ἐκ τοῦ **θανάτου** τοῦ δευτέρου.
Rev 2:23 αὐτῆς ἀποκτενῶ ἐν **θανάτῳ**.
Rev 6:8 ὄνομα αὐτῷ [ὁ] **θάνατος**,
Rev 6:8 λιμῷ καὶ ἐν **θανάτῳ** καὶ ὑπὸ τῶν
Rev 9:6 οἱ ἄνθρωποι τὸν **θάνατον** καὶ οὐ μὴ
Rev 9:6 καὶ φεύγει ὁ **θάνατος** ἀπ᾽ αὐτῶν.
Rev 12:11 ψυχὴν αὐτῶν ἄχρι **θανάτου**.
Rev 13:3 ὡς ἐσφαγμένην εἰς **θάνατον**,
Rev 13:3 ἡ πληγὴ τοῦ **θανάτου** αὐτοῦ ἐθεραπεύθη.
Rev 13:12 ἡ πληγὴ τοῦ **θανάτου** αὐτοῦ.
Rev 18:8 **θάνατος** καὶ πένθος καὶ
Rev 20:6 τούτων ὁ δεύτερος **θάνατος** οὐκ ἔχει ἐξουσίαν,
Rev 20:13 αὐτῇ καὶ ὁ **θάνατος** καὶ ὁ ᾅδης
Rev 20:14 καὶ ὁ **θάνατος** καὶ ὁ ᾅδης
Rev 20:14 οὗτος ὁ **θάνατος** ὁ δεύτερός ἐστιν,
Rev 21:4 καὶ ὁ **θάνατος** οὐκ ἔσται ἔτι
Rev 21:8 ὅ ἐστιν ὁ **θάνατος** ὁ δεύτερος.

θαῦμα (*thauma*; 1/2) *wonder*

Rev 17:6 ἐθαύμασα ἰδὼν αὐτὴν **θαῦμα** μέγα.

θαυμάζω (*thaumazō*; 4/43) *marvel*

Rev 13:3 Καὶ **ἐθαυμάσθη** ὅλη ἡ γῆ
Rev 17:6 Καὶ **ἐθαύμασα** ἰδὼν αὐτὴν θαῦμα
Rev 17:7 διὰ τί **ἐθαύμασας**;
Rev 17:8 καὶ **θαυμασθήσονται** οἱ κατοικοῦντες ἐπὶ

θαυμαστός (*thaumastos*; 2/6) *marvelous, astonishing*

Rev 15:1 οὐρανῷ μέγα καὶ **θαυμαστόν**,
Rev 15:3 μεγάλα καὶ **θαυμαστὰ** τὰ ἔργα σου,

θεῖον (*theion*; 6/7) *sulphur*

Rev 9:17 καὶ καπνὸς καὶ **θεῖον**.
Rev 9:18 καπνοῦ καὶ τοῦ **θείου** τοῦ ἐκπορευομένου
Rev 14:10 ἐν πυρὶ καὶ **θείῳ** ἐνώπιον ἀγγέλων ἁγίων
Rev 19:20 τῆς καιομένης ἐν **θείῳ**.
Rev 20:10 τοῦ πυρὸς καὶ **θείου** ὅπου καὶ τὸ
Rev 21:8 καιομένῃ πυρὶ καὶ **θείῳ**,

θειώδης (*theiōdēs*; 1/1) *sulphur*

Rev 9:17 καὶ ὑακινθίνους καὶ **θειώδεις**,

θέλημα (*thelēma*; 1/62) *will*

Rev 4:11 καὶ διὰ τὸ **θέλημά** σου ἦσαν καὶ

θέλω (*thelō*; 5/208) *wish, want*

Rev 2:21 καὶ οὐ **θέλει** μετανοῆσαι ἐκ τῆς
Rev 11:5 εἴ τις αὐτοὺς **θέλει** ἀδικῆσαι πῦρ ἐκπορεύεται
Rev 11:5 καὶ εἴ τις **θελήσῃ** αὐτοὺς ἀδικῆσαι,
Rev 11:6 πληγῇ ὁσάκις ἐὰν **θελήσωσιν**.
Rev 22:17 ὁ **θέλων** λαβέτω ὕδωρ ζωῆς

θεμέλιος (*themelios*; 3/12) *foundation*

Rev 21:14 τῆς πόλεως ἔχων **θεμελίους** δώδεκα καὶ ἐπ᾽
Rev 21:19 οἱ **θεμέλιοι** τοῦ τείχους τῆς
Rev 21:19 ὁ **θεμέλιος** ὁ πρῶτος ἴασπις,

θεός (*theos*; 96/1316[1317]) *God*

Rev 1:1 ἔδωκεν αὐτῷ ὁ **θεὸς** δεῖξαι τοῖς δούλοις
Rev 1:2 τὸν λόγον τοῦ **θεοῦ** καὶ τὴν μαρτυρίαν
Rev 1:6 ἱερεῖς τῷ **θεῷ** καὶ πατρὶ αὐτοῦ,
Rev 1:8 λέγει κύριος ὁ **θεός**,
Rev 1:9 τὸν λόγον τοῦ **θεοῦ** καὶ τὴν μαρτυρίαν
Rev 2:7 τῷ παραδείσῳ τοῦ **θεοῦ**.
Rev 2:18 ὁ υἱὸς τοῦ **θεοῦ**,
Rev 3:1 ἑπτὰ πνεύματα τοῦ **θεοῦ** καὶ τοὺς ἑπτὰ
Rev 3:2 πεπληρωμένα ἐνώπιον τοῦ **θεοῦ** μου.
Rev 3:12 τῷ ναῷ τοῦ **θεοῦ** μου καὶ ἔξω
Rev 3:12 τὸ ὄνομα τοῦ **θεοῦ** μου καὶ τὸ
Rev 3:12 τῆς πόλεως τοῦ **θεοῦ** μου,
Rev 3:12 οὐρανοῦ ἀπὸ τοῦ **θεοῦ** μου,
Rev 3:14 τῆς κτίσεως τοῦ **θεοῦ**·
Rev 4:5 ἑπτὰ πνεύματα τοῦ **θεοῦ**,
Rev 4:8 ἅγιος κύριος ὁ **θεὸς** ὁ παντοκράτωρ,
Rev 4:11 κύριος καὶ ὁ **θεὸς** ἡμῶν,
Rev 5:6 [ἑπτὰ] πνεύματα τοῦ **θεοῦ** ἀπεσταλμένοι εἰς πᾶσαν
Rev 5:9 καὶ ἠγόρασας τῷ **θεῷ** ἐν τῷ αἵματί
Rev 5:10 ἐποίησας αὐτοὺς τῷ **θεῷ** ἡμῶν βασιλείαν
Rev 6:9 τὸν λόγον τοῦ **θεοῦ** καὶ διὰ τὴν
Rev 7:2 ἡλίου ἔχοντα σφραγῖδα **θεοῦ** ζῶντος,
Rev 7:3 τοὺς δούλους τοῦ **θεοῦ** ἡμῶν ἐπὶ τῶν
Rev 7:10 ἡ σωτηρία τῷ **θεῷ** ἡμῶν τῷ καθημένῳ
Rev 7:11 καὶ προσεκύνησαν τῷ **θεῷ**
Rev 7:12 ἡ ἰσχὺς τῷ **θεῷ** ἡμῶν εἰς τοὺς
Rev 7:15 τοῦ θρόνου τοῦ **θεοῦ** καὶ λατρεύουσιν αὐτῷ
Rev 7:17 καὶ ἐξαλείψει ὁ **θεὸς** πᾶν δάκρυον ἐκ
Rev 8:2 οἳ ἐνώπιον τοῦ **θεοῦ** ἑστήκασιν,
Rev 8:4 ἀγγέλου ἐνώπιον τοῦ **θεοῦ**.
Rev 9:4 τὴν σφραγῖδα τοῦ **θεοῦ** ἐπὶ τῶν μετώπων.
Rev 9:13 τοῦ ἐνώπιον τοῦ **θεοῦ**,
Rev 10:7 τὸ μυστήριον τοῦ **θεοῦ**,
Rev 11:1 τὸν ναὸν τοῦ **θεοῦ** καὶ τὸ θυσιαστήριον
Rev 11:11 ζωῆς ἐκ τοῦ **θεοῦ** εἰσῆλθεν ἐν αὐτοῖς,
Rev 11:13 ἔδωκαν δόξαν τῷ **θεῷ** τοῦ οὐρανοῦ.
Rev 11:16 [οἱ] ἐνώπιον τοῦ **θεοῦ** καθήμενοι ἐπὶ τοὺς
Rev 11:16 καὶ προσεκύνησαν τῷ **θεῷ**
Rev 11:17 κύριε ὁ **θεὸς** ὁ παντοκράτωρ,
Rev 11:19 ὁ ναὸς τοῦ **θεοῦ** ὁ ἐν τῷ
Rev 12:5 αὐτῆς πρὸς τὸν **θεὸν** καὶ πρὸς τὸν
Rev 12:6 ἡτοιμασμένον ἀπὸ τοῦ **θεοῦ**,
Rev 12:10 ἡ βασιλεία τοῦ **θεοῦ** ἡμῶν καὶ ἡ
Rev 12:10 αὐτοὺς ἐνώπιον τοῦ **θεοῦ** ἡμῶν ἡμέρας καὶ
Rev 12:17 τὰς ἐντολὰς τοῦ **θεοῦ** καὶ ἐχόντων τὴν
Rev 13:6 βλασφημίας πρὸς τὸν **θεὸν** βλασφημῆσαι τὸ ὄνομα
Rev 14:4 ἀνθρώπων ἀπαρχὴ τῷ **θεῷ** καὶ τῷ ἀρνίῳ,
Rev 14:7 φοβήθητε τὸν **θεὸν** καὶ δότε αὐτῷ
Rev 14:10 τοῦ θυμοῦ τοῦ **θεοῦ** τοῦ κεκερασμένου ἀκράτου
Rev 14:12 τὰς ἐντολὰς τοῦ **θεοῦ** καὶ τὴν πίστιν

Rev 14:19 τοῦ θυμοῦ τοῦ **θεοῦ** τὸν μέγαν.
Rev 15:1 ὁ θυμὸς τοῦ **θεοῦ**.
Rev 15:2 ἔχοντας κιθάρας τοῦ **θεοῦ**.
Rev 15:3 τοῦ δούλου τοῦ **θεοῦ** καὶ τὴν ᾠδὴν
Rev 15:3 κύριε ὁ θεὸς **ὁ** παντοκράτωρ·
Rev 15:7 τοῦ θυμοῦ τοῦ **θεοῦ** τοῦ ζῶντος εἰς
Rev 15:8 τῆς δόξης τοῦ **θεοῦ** καὶ ἐκ τῆς
Rev 16:1 τοῦ θυμοῦ τοῦ **θεοῦ** εἰς τὴν γῆν.
Rev 16:7 ναὶ κύριε ὁ **θεὸς** ὁ παντοκράτωρ,
Rev 16:9 τὸ ὄνομα τοῦ **θεοῦ** τοῦ ἔχοντος τὴν
Rev 16:11 καὶ ἐβλασφήμησαν τὸν **θεὸν** τοῦ οὐρανοῦ
Rev 16:14 τῆς μεγάλης τοῦ **θεοῦ** τοῦ παντοκράτορος.
Rev 16:19 ἐμνήσθη ἐνώπιον τοῦ **θεοῦ** δοῦναι αὐτῇ τὸ
Rev 16:21 οἱ ἄνθρωποι τὸν **θεὸν** ἐκ τῆς πληγῆς
Rev 17:17 ὁ γὰρ **θεὸς** ἔδωκεν εἰς τὰς
Rev 17:17 οἱ λόγοι τοῦ **θεοῦ**.
Rev 18:5 καὶ ἐμνημόνευσεν ὁ **θεὸς** τὰ ἀδικήματα αὐτῆς.
Rev 18:8 ἰσχυρὸς κύριος ὁ **θεὸς** ὁ κρίνας αὐτήν.
Rev 18:20 ὅτι ἔκρινεν ὁ **θεὸς** τὸ κρίμα ὑμῶν
Rev 19:1 ἡ δύναμις τοῦ **θεοῦ** ἡμῶν,
Rev 19:4 καὶ προσεκύνησαν τῷ **θεῷ** τῷ καθημένῳ ἐπὶ
Rev 19:5 αἰνεῖτε τῷ **θεῷ** ἡμῶν πάντες οἱ
Rev 19:6 ἐβασίλευσεν κύριος ὁ **θεὸς** [ἡμῶν] ὁ παντοκράτωρ.
Rev 19:9 λόγοι ἀληθινοὶ τοῦ **θεοῦ** εἰσιν.
Rev 19:10 τῷ **θεῷ** προσκύνησον.
Rev 19:13 ὁ λόγος τοῦ **θεοῦ**.
Rev 19:15 τῆς ὀργῆς τοῦ **θεοῦ** τοῦ παντοκράτορος,
Rev 19:17 τὸ μέγα τοῦ **θεοῦ**
Rev 20:4 τὸν λόγον τοῦ **θεοῦ** καὶ οἵτινες οὐ
Rev 20:6 ἔσονται ἱερεῖς τοῦ **θεοῦ** καὶ τοῦ Χριστοῦ
Rev 21:2 οὐρανοῦ ἀπὸ τοῦ **θεοῦ** ἡτοιμασμένην ὡς νύμφην
Rev 21:3 ἡ σκηνὴ τοῦ **θεοῦ** μετὰ τῶν ἀνθρώπων,
Rev 21:3 καὶ αὐτὸς ὁ **θεὸς** μετ᾽ αὐτῶν ἔσται
Rev 21:3 μετ᾽ αὐτῶν ἔσται [αὐτῶν **θεός**],
Rev 21:7 καὶ ἔσομαι αὐτῷ **θεὸς** καὶ αὐτὸς ἔσται
Rev 21:10 οὐρανοῦ ἀπὸ τοῦ **θεοῦ**
Rev 21:11 τὴν δόξαν τοῦ **θεοῦ**,
Rev 21:22 γὰρ κύριος ὁ **θεὸς** ὁ παντοκράτωρ ναὸς
Rev 21:23 γὰρ δόξα τοῦ **θεοῦ** ἐφώτισεν αὐτήν,
Rev 22:1 τοῦ θρόνου τοῦ **θεοῦ** καὶ τοῦ ἀρνίου.
Rev 22:3 ὁ θρόνος τοῦ **θεοῦ** καὶ τοῦ ἀρνίου
Rev 22:5 ὅτι κύριος ὁ **θεὸς** φωτίσει ἐπ᾽ αὐτούς,
Rev 22:6 ὁ κύριος ὁ **θεὸς** τῶν πνευμάτων τῶν
Rev 22:9 τῷ **θεῷ** προσκύνησον.
Rev 22:18 ἐπιθήσει ὁ **θεὸς** ἐπ᾽ αὐτὸν τὰς
Rev 22:19 ἀφελεῖ ὁ **θεὸς** τὸ μέρος αὐτοῦ

θεραπεία (*therapeia*; 1/3) *healing*

Rev 22:2 τοῦ ξύλου εἰς **θεραπείαν** τῶν ἐθνῶν.

θεραπεύω (*therapeuō*; 2/43) *heal*

Rev 13:3 τοῦ θανάτου αὐτοῦ **ἐθεραπεύθη**.
Rev 13:12 οὗ **ἐθεραπεύθη** ἡ πληγὴ τοῦ

θερίζω (*therizō*; 3/21) *reap*

Rev 14:15 δρέπανόν σου καὶ **θέρισον**,
Rev 14:15 ἦλθεν ἡ ὥρα **θερίσαι**,
Rev 14:16 τὴν γῆν καὶ **ἐθερίσθη** ἡ γῆ.

θερισμός (*therismos*; 1/13) *harvest*

Rev 14:15 ὅτι ἐξηράνθη ὁ **θερισμὸς** τῆς γῆς.

θεωρέω (*theōreō*; 2/58) *see, perceive*

Rev 11:11 ἐπέπεσεν ἐπὶ τοὺς **θεωροῦντας** αὐτούς.
Rev 11:12 καὶ **ἐθεώρησαν** αὐτοὺς οἱ ἐχθροὶ

θηρίον (*thērion*; 39/46) *animal*

Rev 6:8 καὶ ὑπὸ τῶν **θηρίων** τῆς γῆς.
Rev 11:7 τὸ **θηρίον** τὸ ἀναβαῖνον ἐκ
Rev 13:1 ἐκ τῆς θαλάσσης **θηρίον** ἀναβαῖνον,
Rev 13:2 καὶ τὸ **θηρίον** ὃ εἶδον ἦν
Rev 13:3 γῆ ὀπίσω τοῦ **θηρίου**
Rev 13:4 τὴν ἐξουσίαν τῷ **θηρίῳ**,
Rev 13:4 καὶ προσεκύνησαν τῷ **θηρίῳ** λέγοντες·
Rev 13:4 τίς ὅμοιος τῷ **θηρίῳ** καὶ τίς δύναται
Rev 13:11 Καὶ εἶδον ἄλλο **θηρίον** ἀναβαῖνον ἐκ τῆς
Rev 13:12 ἐξουσίαν τοῦ πρώτου **θηρίου** πᾶσαν ποιεῖ ἐνώπιον
Rev 13:12 ἵνα προσκυνήσουσιν τὸ **θηρίον** τὸ πρῶτον,
Rev 13:14 ποιῆσαι ἐνώπιον τοῦ **θηρίου**,
Rev 13:14 ποιῆσαι εἰκόνα τῷ **θηρίῳ**,
Rev 13:15 τῇ εἰκόνι τοῦ **θηρίου**,
Rev 13:15 ἡ εἰκὼν τοῦ **θηρίου** καὶ ποιήσῃ [ἵνα]
Rev 13:15 τῇ εἰκόνι τοῦ **θηρίου** ἀποκτανθῶσιν.
Rev 13:17 τὸ ὄνομα τοῦ **θηρίου** ἢ τὸν ἀριθμὸν
Rev 13:18 τὸν ἀριθμὸν τοῦ **θηρίου**,
Rev 14:9 τις προσκυνεῖ τὸ **θηρίον** καὶ τὴν εἰκόνα
Rev 14:11 οἱ προσκυνοῦντες τὸ **θηρίον** καὶ τὴν εἰκόνα
Rev 15:2 νικῶντας ἐκ τοῦ **θηρίου** καὶ ἐκ τῆς
Rev 16:2 τὸ χάραγμα τοῦ **θηρίου** καὶ τοὺς προσκυνοῦντας
Rev 16:10 τὸν θρόνον τοῦ **θηρίου**,
Rev 16:13 τοῦ στόματος τοῦ **θηρίου** καὶ ἐκ τοῦ
Rev 17:3 γυναῖκα καθημένην ἐπὶ **θηρίον** κόκκινον,
Rev 17:7 γυναικὸς καὶ τοῦ **θηρίου** τοῦ βαστάζοντος αὐτὴν
Rev 17:8 Τὸ **θηρίον** ὃ εἶδες ἦν
Rev 17:8 βλεπόντων τὸ **θηρίον** ὅτι ἦν καὶ
Rev 17:11 καὶ τὸ **θηρίον** ὃ ἦν καὶ
Rev 17:12 λαμβάνουσιν μετὰ τοῦ **θηρίου**.
Rev 17:13 ἐξουσίαν αὐτῶν τῷ **θηρίῳ** διδόασιν.
Rev 17:16 εἶδες καὶ τὸ **θηρίον** οὗτοι μισήσουσιν τὴν
Rev 17:17 βασιλείαν αὐτῶν τῷ **θηρίῳ** ἄχρι τελεσθήσονται οἱ
Rev 18:2 [καὶ φυλακὴ παντὸς **θηρίου** ἀκαθάρτου] καὶ μεμισημένου,
Rev 19:19 Καὶ εἶδον τὸ **θηρίον** καὶ τοὺς βασιλεῖς
Rev 19:20 καὶ ἐπιάσθη τὸ **θηρίον** καὶ μετ᾽ αὐτοῦ
Rev 19:20 τὸ χάραγμα τοῦ **θηρίου** καὶ τοὺς προσκυνοῦντας
Rev 20:4 οὐ προσεκύνησαν τὸ **θηρίον** οὐδὲ τὴν εἰκόνα
Rev 20:10 ὅπου καὶ τὸ **θηρίον** καὶ ὁ ψευδοπροφήτης,

θλῖψις (*thlipsis*; 5/45) *tribulation, trouble*

Rev 1:9 συγκοινωνὸς ἐν τῇ **θλίψει** καὶ βασιλείᾳ
Rev 2:9 οἶδά σου τὴν **θλῖψιν** καὶ τὴν πτωχείαν,
Rev 2:10 πειρασθῆτε καὶ ἕξετε **θλῖψιν** ἡμερῶν δέκα.
Rev 2:22 μετ᾽ αὐτῆς εἰς **θλῖψιν** μεγάλην,
Rev 7:14 ἐρχόμενοι ἐκ τῆς **θλίψεως** τῆς μεγάλης καὶ

θρίξ (*thrix*; 3/15) *hair*

Rev 1:14 αὐτοῦ καὶ αἱ **τρίχες** λευκαὶ ὡς ἔριον
Rev 9:8 καὶ εἶχον **τρίχας** ὡς τρίχας γυναικῶν,
Rev 9:8 εἶχον τρίχας ὡς **τρίχας** γυναικῶν,

θρόνος (*thronos*; 47/62) *throne*

Rev 1:4 ἃ ἐνώπιον τοῦ **θρόνου** αὐτοῦ
Rev 2:13 ὅπου ὁ **θρόνος** τοῦ σατανᾶ,
Rev 3:21 ἐμοῦ ἐν τῷ **θρόνῳ** μου,
Rev 3:21 μου ἐν τῷ **θρόνῳ** αὐτοῦ.
Rev 4:2 καὶ ἰδοὺ **θρόνος** ἔκειτο ἐν τῷ
Rev 4:2 καὶ ἐπὶ τὸν **θρόνον** καθήμενος,
Rev 4:3 ἶρις κυκλόθεν τοῦ **θρόνου** ὅμοιος ὁράσει σμαραγδίνῳ.
Rev 4:4 Καὶ κυκλόθεν τοῦ **θρόνου** θρόνους εἴκοσι τέσσαρες,
Rev 4:4 κυκλόθεν τοῦ θρόνου **θρόνους** εἴκοσι τέσσαρες,
Rev 4:4 καὶ ἐπὶ τοὺς **θρόνους** εἴκοσι τέσσαρας πρεσβυτέρους
Rev 4:5 Καὶ ἐκ τοῦ **θρόνου** ἐκπορεύονται ἀστραπαὶ
Rev 4:5 καιόμεναι ἐνώπιον τοῦ **θρόνου**,
Rev 4:6 καὶ ἐνώπιον τοῦ **θρόνου** ὡς θάλασσα ὑαλίνη
Rev 4:6 ἐν μέσῳ τοῦ **θρόνου** καὶ κύκλῳ τοῦ
Rev 4:6 καὶ κύκλῳ τοῦ **θρόνου** τέσσαρα ζῷα γέμοντα
Rev 4:9 καθημένῳ ἐπὶ τῷ **θρόνῳ** τῷ ζῶντι εἰς
Rev 4:10 καθημένου ἐπὶ τοῦ **θρόνου** καὶ προσκυνήσουσιν τῷ
Rev 4:10 αὐτῶν ἐνώπιον τοῦ **θρόνου** λέγοντες·
Rev 5:1 καθημένου ἐπὶ τοῦ **θρόνου** βιβλίον γεγραμμένον ἔσωθεν
Rev 5:6 ἐν μέσῳ τοῦ **θρόνου** καὶ τῶν τεσσάρων
Rev 5:7 καθημένου ἐπὶ τοῦ **θρόνου**.
Rev 5:11 πολλῶν κύκλῳ τοῦ **θρόνου** καὶ τῶν ζῴων
Rev 5:13 καθημένῳ ἐπὶ τῷ **θρόνῳ** καὶ τῷ ἀρνίῳ
Rev 6:16 καθημένου ἐπὶ τοῦ **θρόνου** καὶ ἀπὸ τῆς
Rev 7:9 ἑστῶτες ἐνώπιον τοῦ **θρόνου** καὶ ἐνώπιον
Rev 7:10 καθημένῳ ἐπὶ τῷ **θρόνῳ** καὶ τῷ ἀρνίῳ.
Rev 7:11 εἱστήκεισαν κύκλῳ τοῦ **θρόνου** καὶ τῶν πρεσβυτέρων
Rev 7:11 ἔπεσαν ἐνώπιον τοῦ **θρόνου** ἐπὶ τὰ πρόσωπα
Rev 7:15 εἰσιν ἐνώπιον τοῦ **θρόνου** τοῦ θεοῦ καὶ
Rev 7:15 καθήμενος ἐπὶ τοῦ **θρόνου** σκηνώσει ἐπ' αὐτούς.
Rev 7:17 ἀνὰ μέσον τοῦ **θρόνου** ποιμανεῖ αὐτοὺς καὶ
Rev 8:3 τὸ ἐνώπιον τοῦ **θρόνου**.
Rev 11:16 καθήμενοι ἐπὶ τοὺς **θρόνους** αὐτῶν ἔπεσαν
Rev 12:5 καὶ πρὸς τὸν **θρόνον** αὐτοῦ.
Rev 13:2 αὐτοῦ καὶ τὸν **θρόνον** αὐτοῦ καὶ ἐξουσίαν
Rev 14:3 καινὴν ἐνώπιον τοῦ **θρόνου** καὶ ἐνώπιον
Rev 16:10 αὐτοῦ ἐπὶ τὸν **θρόνον** τοῦ θηρίου,
Rev 16:17 ναοῦ ἀπὸ τοῦ **θρόνου** λέγουσα·
Rev 19:4 καθημένῳ ἐπὶ τῷ **θρόνῳ** λέγοντες·
Rev 19:5 φωνὴ ἀπὸ τοῦ **θρόνου** ἐξῆλθεν λέγουσα·
Rev 20:4 Καὶ εἶδον **θρόνους** καὶ ἐκάθισαν ἐπ'
Rev 20:11 Καὶ εἶδον **θρόνον** μέγαν λευκὸν καὶ
Rev 20:12 ἑστῶτας ἐνώπιον τοῦ **θρόνου**.
Rev 21:3 μεγάλης ἐκ τοῦ **θρόνου** λεγούσης·
Rev 21:5 καθήμενος ἐπὶ τῷ **θρόνῳ**·
Rev 22:1 ἐκπορευόμενον ἐκ τοῦ **θρόνου** τοῦ θεοῦ καὶ
Rev 22:3 καὶ ὁ **θρόνος** τοῦ θεοῦ καὶ

Θυάτιρα (*Thyatira*; 3/4) *Thyatira*

Rev 1:11 Πέργαμον καὶ εἰς **Θυάτειρα** καὶ εἰς Σάρδεις
Rev 2:18 ἀγγέλῳ τῆς ἐν **Θυατείροις** ἐκκλησίας γράψον·
Rev 2:24 λοιποῖς τοῖς ἐν **Θυατείροις**,

θύϊνος (*thyinos*; 1/1) *citron*

Rev 18:12 καὶ πᾶν ξύλον **θύϊνον** καὶ πᾶν σκεῦος

θυμίαμα (*thymiama*; 4/6) *incense*

Rev 5:8 φιάλας χρυσᾶς γεμούσας **θυμιαμάτων**,
Rev 8:3 καὶ ἐδόθη αὐτῷ **θυμιάματα** πολλά,
Rev 8:4 ὁ καπνὸς τῶν **θυμιαμάτων** ταῖς προσευχαῖς
Rev 18:13 καὶ ἄμωμον καὶ **θυμιάματα** καὶ μύρον καὶ

θυμός (*thymos*; 10/18) *wrath*

Rev 12:12 πρὸς ὑμᾶς ἔχων **θυμὸν** μέγαν,
Rev 14:8 τοῦ οἴνου τοῦ **θυμοῦ** τῆς πορνείας αὐτῆς
Rev 14:10 τοῦ οἴνου τοῦ **θυμοῦ** τοῦ θεοῦ τοῦ
Rev 14:19 τὴν ληνὸν τοῦ **θυμοῦ** τοῦ θεοῦ τὸν
Rev 15:1 αὐταῖς ἐτελέσθη ὁ **θυμὸς** τοῦ θεοῦ.
Rev 15:7 χρυσᾶς γεμούσας τοῦ **θυμοῦ** τοῦ θεοῦ τοῦ
Rev 16:1 ἑπτὰ φιάλας τοῦ **θυμοῦ** τοῦ θεοῦ εἰς
Rev 16:19 τοῦ οἴνου τοῦ **θυμοῦ** τῆς ὀργῆς αὐτοῦ.
Rev 18:3 τοῦ οἴνου τοῦ **θυμοῦ** τῆς πορνείας αὐτῆς
Rev 19:15 τοῦ οἴνου τοῦ **θυμοῦ** τῆς ὀργῆς τοῦ

θύρα (*thyra*; 4/39) *door, gate*

Rev 3:8 δέδωκα ἐνώπιόν σου **θύραν** ἠνεῳγμένην,
Rev 3:20 ἕστηκα ἐπὶ τὴν **θύραν** καὶ κρούω·
Rev 3:20 καὶ ἀνοίξῃ τὴν **θύραν**,
Rev 4:1 καὶ ἰδοὺ **θύρα** ἠνεῳγμένη ἐν τῷ

θυσιαστήριον (*thysiastērion*; 8/23) *altar*

Rev 6:9 εἶδον ὑποκάτω τοῦ **θυσιαστηρίου** τὰς ψυχὰς τῶν
Rev 8:3 ἐστάθη ἐπὶ τοῦ **θυσιαστηρίου** ἔχων λιβανωτὸν χρυσοῦν,
Rev 8:3 πάντων ἐπὶ τὸ **θυσιαστήριον** τὸ χρυσοῦν
Rev 8:5 τοῦ πυρὸς τοῦ **θυσιαστηρίου** καὶ ἔβαλεν
Rev 9:13 [τεσσάρων] κεράτων τοῦ **θυσιαστηρίου** τοῦ χρυσοῦ τοῦ
Rev 11:1 θεοῦ καὶ τὸ **θυσιαστήριον** καὶ τοὺς προσκυνοῦντας
Rev 14:18 [ἐξῆλθεν] ἐκ τοῦ **θυσιαστηρίου** [ὁ] ἔχων ἐξουσίαν
Rev 16:7 Καὶ ἤκουσα τοῦ **θυσιαστηρίου** λέγοντος·

θώραξ (*thōrax*; 3/5) *breastplate*

Rev 9:9 καὶ εἶχον **θώρακας** ὡς θώρακας σιδηροῦς,
Rev 9:9 εἶχον θώρακας ὡς **θώρακας** σιδηροῦς,
Rev 9:17 ἔχοντας **θώρακας** πυρίνους καὶ ὑακινθίνους

ἴασπις (*iaspis*; 4/4) *jasper*

Rev 4:3 ὅμοιος ὁράσει λίθῳ **ἰάσπιδι** καὶ σαρδίῳ,
Rev 21:11 τιμιωτάτῳ ὡς λίθῳ **ἰάσπιδι** κρυσταλλίζοντι.
Rev 21:18 τοῦ τείχους αὐτῆς **ἴασπις** καὶ ἡ πόλις
Rev 21:19 θεμέλιος ὁ πρῶτος **ἴασπις**,

ἰδού (*idou*; 26/200) *look!*

Rev 1:7 **Ἰδοὺ** ἔρχεται μετὰ τῶν
Rev 1:18 ἐγενόμην νεκρὸς καὶ **ἰδοὺ** ζῶν εἰμι εἰς
Rev 2:10 **ἰδοὺ** μέλλει βάλλειν ὁ
Rev 2:22 **ἰδοὺ** βάλλω αὐτὴν εἰς
Rev 3:8 **ἰδοὺ** δέδωκα ἐνώπιόν σου
Rev 3:9 **ἰδοὺ** διδῶ ἐκ τῆς
Rev 3:9 **ἰδοὺ** ποιήσω αὐτοὺς ἵνα
Rev 3:20 **Ἰδοὺ** ἕστηκα ἐπὶ τὴν
Rev 4:1 καὶ **ἰδοὺ** θύρα ἠνεῳγμένη ἐν
Rev 4:2 καὶ **ἰδοὺ** θρόνος ἔκειτο ἐν
Rev 5:5 **ἰδοὺ** ἐνίκησεν ὁ λέων
Rev 6:2 καὶ **ἰδοὺ** ἵππος λευκός,
Rev 6:5 καὶ **ἰδοὺ** ἵππος μέλας,
Rev 6:8 καὶ **ἰδοὺ** ἵππος χλωρός,
Rev 7:9 καὶ **ἰδοὺ** ὄχλος πολύς,
Rev 9:12 **ἰδοὺ** ἔρχεται ἔτι δύο
Rev 11:14 **ἰδοὺ** ἡ οὐαὶ ἡ
Rev 12:3 καὶ **ἰδοὺ** δράκων μέγας πυρρὸς
Rev 14:1 καὶ **ἰδοὺ** τὸ ἀρνίον ἑστὸς
Rev 14:14 καὶ ἰδοὺ **νεφέλη** λευκή,
Rev 16:15 **Ἰδοὺ** ἔρχομαι ὡς κλέπτης.
Rev 19:11 καὶ **ἰδοὺ** ἵππος λευκός καὶ
Rev 21:3 **ἰδοὺ** ἡ σκηνὴ τοῦ
Rev 21:5 **ἰδοὺ** καινὰ ποιῶ πάντα
Rev 22:7 καὶ **ἰδοὺ** ἔρχομαι ταχύ.
Rev 22:12 **Ἰδοὺ** ἔρχομαι ταχύ,

Ἰεζάβελ (*Iezabel*; 1/1) *Jezebel*

Rev 2:20 ἀφεῖς τὴν γυναῖκα **Ἰεζάβελ**,

ἱερεύς (*hiereus*; 3/31) *priest*

Rev 1:6 **ἱερεῖς** τῷ θεῷ καὶ
Rev 5:10 ἡμῶν βασιλείαν καὶ **ἱερεῖς**,
Rev 20:6 ἀλλ᾽ ἔσονται **ἱερεῖς** τοῦ θεοῦ καὶ

Ἰερουσαλήμ (*Ierousalēm*; 3/139) *Jerusalem*

Rev 3:12 τῆς καινῆς **Ἰερουσαλὴμ** ἡ καταβαίνουσα ἐκ
Rev 21:2 πόλιν τὴν ἁγίαν **Ἰερουσαλὴμ** καινὴν εἶδον καταβαίνουσαν
Rev 21:10 πόλιν τὴν ἁγίαν **Ἰερουσαλὴμ** καταβαίνουσαν ἐκ τοῦ

Ἰησοῦς (*Iēsous*; 14/911[917]) *Jesus*

Rev 1:1 Ἀποκάλυψις **Ἰησοῦ** Χριστοῦ ἣν ἔδωκεν
Rev 1:2 καὶ τὴν μαρτυρίαν **Ἰησοῦ** Χριστοῦ ὅσα εἶδεν.
Rev 1:5 καὶ ἀπὸ **Ἰησοῦ** Χριστοῦ,
Rev 1:9 καὶ ὑπομονῇ ἐν **Ἰησοῦ**,
Rev 1:9 καὶ τὴν μαρτυρίαν **Ἰησοῦ**.
Rev 12:17 ἐχόντων τὴν μαρτυρίαν **Ἰησοῦ**.
Rev 14:12 καὶ τὴν πίστιν **Ἰησοῦ**.
Rev 17:6 αἵματος τῶν μαρτύρων **Ἰησοῦ**.
Rev 19:10 ἐχόντων τὴν μαρτυρίαν **Ἰησοῦ**·
Rev 19:10 ἡ γὰρ μαρτυρία **Ἰησοῦ** ἐστιν τὸ πνεῦμα
Rev 20:4 διὰ τὴν μαρτυρίαν **Ἰησοῦ** καὶ διὰ τὸν
Rev 22:16 Ἐγὼ **Ἰησοῦς** ἔπεμψα τὸν ἄγγελόν
Rev 22:20 ἔρχου κύριε **Ἰησοῦ**.
Rev 22:21 χάρις τοῦ κυρίου **Ἰησοῦ** μετὰ πάντων.

ἱμάτιον (*himation*; 7/60) *garment*

Rev 3:4 οὐκ ἐμόλυναν τὰ **ἱμάτια** αὐτῶν,
Rev 3:5 οὕτως περιβαλεῖται ἐν **ἱματίοις** λευκοῖς καὶ οὐ
Rev 3:18 καὶ **ἱμάτια** λευκὰ ἵνα περιβάλῃ
Rev 4:4 καθημένους περιβεβλημένους ἐν **ἱματίοις** λευκοῖς καὶ ἐπὶ
Rev 16:15 καὶ τηρῶν τὰ **ἱμάτια** αὐτοῦ,
Rev 19:13 καὶ περιβεβλημένος **ἱμάτιον** βεβαμμένον αἵματι,
Rev 19:16 ἔχει ἐπὶ τὸ **ἱμάτιον** καὶ ἐπὶ τὸν

ἵνα (*hina*; 42/662[663]) *so that, in order that*

Rev 2:10 ὑμῶν εἰς φυλακὴν **ἵνα** πειρασθῆτε καὶ ἕξετε
Rev 2:21 ἔδωκα αὐτῇ χρόνον **ἵνα** μετανοήσῃ,
Rev 3:9 ἰδοὺ ποιήσω αὐτοὺς **ἵνα** ἥξουσιν καὶ προσκυνήσουσιν
Rev 3:11 **ἵνα** μηδεὶς λάβῃ τὸν
Rev 3:18 πεπυρωμένον ἐκ πυρὸς **ἵνα** πλουτήσῃς,
Rev 3:18 καὶ ἱμάτια λευκὰ **ἵνα** περιβάλῃ καὶ μὴ
Rev 3:18 τοὺς ὀφθαλμούς σου **ἵνα** βλέπῃς.
Rev 6:2 ἐξῆλθεν νικῶν καὶ **ἵνα** νικήσῃ.
Rev 6:4 τῆς γῆς καὶ **ἵνα** ἀλλήλους σφάξουσιν καὶ
Rev 6:11 καὶ ἐρρέθη αὐτοῖς **ἵνα** ἀναπαύσονται ἔτι χρόνον
Rev 7:1 ἀνέμους τῆς γῆς **ἵνα** μὴ πνέῃ ἄνεμος
Rev 8:3 **ἵνα** δώσει ταῖς προσευχαῖς
Rev 8:6 σάλπιγγας ἡτοίμασαν αὐτοὺς **ἵνα** σαλπίσωσιν.
Rev 8:12 **ἵνα** σκοτισθῇ τὸ τρίτον
Rev 9:4 καὶ ἐρρέθη αὐταῖς **ἵνα** μὴ ἀδικήσουσιν τὸν
Rev 9:5 καὶ ἐδόθη αὐτοῖς **ἵνα** μὴ ἀποκτείνωσιν αὐτούς,
Rev 9:5 ἀλλ᾽ **ἵνα** βασανισθήσονται μῆνας πέντε,
Rev 9:15 **ἵνα** ἀποκτείνωσιν τὸ τρίτον
Rev 9:20 **ἵνα** μὴ προσκυνήσουσιν τὰ
Rev 11:6 **ἵνα** μὴ ὑετὸς βρέχῃ
Rev 12:4 **ἵνα** ὅταν τέκῃ τὸ
Rev 12:6 **ἵνα** ἐκεῖ τρέφωσιν αὐτὴν
Rev 12:14 **ἵνα** πέτηται εἰς τὴν
Rev 12:15 **ἵνα** αὐτὴν ποταμοφόρητον ποιήσῃ.
Rev 13:12 ἐν αὐτῇ κατοικοῦντας **ἵνα** προσκυνήσουσιν τὸ θηρίον
Rev 13:13 **ἵνα** καὶ πῦρ ποιῇ
Rev 13:15 **ἵνα** καὶ λαλήσῃ ἡ
Rev 13:15 καὶ ποιήσῃ **[ἵνα]** ὅσοι ἐὰν
Rev 13:16 **ἵνα** δῶσιν αὐτοῖς χάραγμα
Rev 13:17 καὶ **ἵνα** μή τις δύνηται
Rev 14:13 **ἵνα** ἀναπαήσονται ἐκ τῶν
Rev 16:12 **ἵνα** ἑτοιμασθῇ ἡ ὁδὸς
Rev 16:15 **ἵνα** μὴ γυμνὸς περιπατῇ
Rev 18:4 μου ἐξ αὐτῆς **ἵνα** μὴ συγκοινωνήσητε ταῖς
Rev 18:4 τῶν πληγῶν αὐτῆς **ἵνα** μὴ λάβητε,
Rev 19:8 καὶ ἐδόθη αὐτῇ **ἵνα** περιβάληται βύσσινον λαμπρὸν
Rev 19:15 **ἵνα** ἐν αὐτῇ πατάξῃ
Rev 19:18 **ἵνα** φάγητε σάρκας βασιλέων
Rev 20:3 **ἵνα** μὴ πλανήσῃ ἔτι
Rev 21:15 **ἵνα** μετρήσῃ τὴν πόλιν
Rev 21:23 οὐδὲ τῆς σελήνης **ἵνα** φαίνωσιν αὐτῇ,
Rev 22:14 **ἵνα** ἔσται ἡ ἐξουσία

Ἰουδαῖος (*Ioudaios*; 2/195) *Jew*

Rev 2:9 ἐκ τῶν λεγόντων **Ἰουδαίους** εἶναι ἑαυτοὺς
Rev 3:9 τῶν λεγόντων ἑαυτοὺς **Ἰουδαίους** εἶναι,

Ἰούδας (*Ioudas*; 2/44) *Judas, Judah*

Rev 5:5 ἐκ τῆς φυλῆς **Ἰούδα**,
Rev 7:5 ἐκ φυλῆς **Ἰούδα** δώδεκα χιλιάδες ἐσφραγισμένοι,

ἱππικός (*hippikos*; 1/1) *cavalry*

Rev 9:16 τῶν στρατευμάτων τοῦ **ἱππικοῦ** δισμυριάδες μυριάδων,

ἵππος (*hippos*; 16/17) *horse*

Rev 6:2 καὶ ἰδοὺ **ἵππος** λευκός,
Rev 6:4 καὶ ἐξῆλθεν ἄλλος **ἵππος** πυρρός,
Rev 6:5 καὶ ἰδοὺ **ἵππος** μέλας,
Rev 6:8 καὶ ἰδοὺ **ἵππος** χλωρός,
Rev 9:7 τῶν ἀκρίδων ὅμοια **ἵπποις** ἡτοιμασμένοις εἰς πόλεμον,
Rev 9:9 ὡς φωνὴ ἁρμάτων **ἵππων** πολλῶν τρεχόντων
Rev 9:17 οὕτως εἶδον τοὺς **ἵππους** ἐν τῇ ὁράσει
Rev 9:17 αἱ κεφαλαὶ τῶν **ἵππων** ὡς κεφαλαὶ λεόντων,
Rev 9:19 γὰρ ἐξουσία τῶν **ἵππων** ἐν τῷ στόματι
Rev 14:20 τῶν χαλινῶν τῶν **ἵππων** ἀπὸ σταδίων χιλίων
Rev 18:13 καὶ **ἵππων** καὶ ῥεδῶν καὶ
Rev 19:11 καὶ ἰδοὺ **ἵππος** λευκός καὶ ὁ
Rev 19:14 ἠκολούθει αὐτῷ ἐφ' **ἵπποις** λευκοῖς,
Rev 19:18 ἰσχυρῶν καὶ σάρκας **ἵππων** καὶ τῶν καθημένων
Rev 19:19 καθημένου ἐπὶ τοῦ **ἵππου** καὶ μετὰ τοῦ
Rev 19:21 καθημένου ἐπὶ τοῦ **ἵππου** τῇ ἐξελθούσῃ ἐκ

ἶρις (*iris*; 2/2) *rainbow*

Rev 4:3 καὶ **ἶρις** κυκλόθεν τοῦ θρόνου
Rev 10:1 καὶ ἡ **ἶρις** ἐπὶ τῆς κεφαλῆς

ἴσος (*isos*; 1/8) *equal*

Rev 21:16 τὸ ὕψος αὐτῆς **ἴσα** ἐστίν.

Ἰσραήλ (*Israēl*; 3/68) *Israel*

Rev 2:14 ἐνώπιον τῶν υἱῶν **Ἰσραὴλ** φαγεῖν εἰδωλόθυτα καὶ
Rev 7:4 πάσης φυλῆς υἱῶν **Ἰσραήλ**·
Rev 21:12 δώδεκα φυλῶν υἱῶν **Ἰσραήλ**·

Ἰσσαχάρ (*Issachar*; 1/1) *Issachar*

Rev 7:7 ἐκ φυλῆς **Ἰσσαχὰρ** δώδεκα χιλιάδες,

ἵστημι (*histēmi*; 21/154[155]) *set, stand*

Rev 3:20 Ἰδοὺ **ἕστηκα** ἐπὶ τὴν θύραν
Rev 5:6 τῶν πρεσβυτέρων ἀρνίον **ἑστηκὸς** ὡς ἐσφαγμένον ἔχων
Rev 6:17 καὶ τίς δύναται **σταθῆναι**;
Rev 7:1 εἶδον τέσσαρας ἀγγέλους **ἑστῶτας** ἐπὶ τὰς τέσσαρας
Rev 7:9 λαῶν καὶ γλωσσῶν **ἑστῶτες** ἐνώπιον τοῦ θρόνου
Rev 7:11 πάντες οἱ ἄγγελοι **εἱστήκεισαν** κύκλῳ τοῦ θρόνου
Rev 8:2 ἐνώπιον τοῦ θεοῦ **ἑστήκασιν**,
Rev 8:3 ἄγγελος ἦλθεν καὶ **ἐστάθη** ἐπὶ τοῦ θυσιαστηρίου
Rev 10:5 ὃν εἶδον **ἑστῶτα** ἐπὶ τῆς θαλάσσης
Rev 10:8 τοῦ ἀγγέλου τοῦ **ἑστῶτος** ἐπὶ τῆς θαλάσσης
Rev 11:4 κυρίου τῆς γῆς **ἑστῶτες**.
Rev 11:11 καὶ **ἔστησαν** ἐπὶ τοὺς πόδας
Rev 12:4 Καὶ ὁ δράκων **ἕστηκεν** ἐνώπιον τῆς γυναικὸς
Rev 13:1 Καὶ **ἐστάθη** ἐπὶ τὴν ἄμμον
Rev 14:1 ἰδοὺ τὸ ἀρνίον **ἑστὸς** ἐπὶ τὸ ὄρος
Rev 15:2 τοῦ ὀνόματος αὐτοῦ **ἑστῶτας** ἐπὶ τὴν θάλασσαν
Rev 18:10 ἀπὸ μακρόθεν **ἑστηκότες** διὰ τὸν φόβον
Rev 18:15 αὐτῆς ἀπὸ μακρόθεν **στήσονται** διὰ τὸν φόβον
Rev 18:17 ἀπὸ μακρόθεν **ἔστησαν**
Rev 19:17 εἶδον ἕνα ἄγγελον **ἑστῶτα** ἐν τῷ ἡλίῳ
Rev 20:12 **ἑστῶτας** ἐνώπιον τοῦ θρόνου.

ἰσχυρός (*ischyros*; 9/29) *strong*

Rev 5:2 καὶ εἶδον ἄγγελον **ἰσχυρὸν** κηρύσσοντα ἐν φωνῇ
Rev 6:15 πλούσιοι καὶ οἱ **ἰσχυροὶ** καὶ πᾶς δοῦλος
Rev 10:1 εἶδον ἄλλον ἄγγελον **ἰσχυρὸν** καταβαίνοντα ἐκ τοῦ
Rev 18:2 καὶ ἔκραξεν ἐν **ἰσχυρᾷ** φωνῇ λέγων·
Rev 18:8 ὅτι **ἰσχυρὸς** κύριος ὁ θεὸς
Rev 18:10 ἡ πόλις ἡ **ἰσχυρά**,
Rev 18:21 ἦρεν εἷς ἄγγελος **ἰσχυρὸς** λίθον ὡς μύλινον
Rev 19:6 ὡς φωνὴν βροντῶν **ἰσχυρῶν** λεγόντων·
Rev 19:18 χιλιάρχων καὶ σάρκας **ἰσχυρῶν** καὶ σάρκας ἵππων

ἰσχύς (*ischys*; 2/10) *strength*

Rev 5:12 καὶ σοφίαν καὶ **ἰσχὺν** καὶ τιμὴν καὶ
Rev 7:12 δύναμις καὶ ἡ **ἰσχὺς** τῷ θεῷ ἡμῶν

ἰσχύω (*ischyō*; 1/28) *be able*

Rev 12:8 καὶ οὐκ **ἴσχυσεν** οὐδὲ τόπος εὑρέθη

Ἰωάννης (*Iōannēs*; 4/135) *John*

Rev 1:1 τῷ δούλῳ αὐτοῦ **Ἰωάννῃ**,
Rev 1:4 **Ἰωάννης** ταῖς ἑπτὰ ἐκκλησίαις
Rev 1:9 Ἐγὼ **Ἰωάννης**,
Rev 22:8 κἀγὼ **Ἰωάννης** ὁ ἀκούων καὶ

Ἰωσήφ (*Iōsēph*; 1/35) *Joseph*

Rev 7:8 ἐκ φυλῆς **Ἰωσὴφ** δώδεκα χιλιάδες,

κἀγώ (*kagō*; 5/84) *and I*

Rev 2:6 τῶν Νικολαϊτῶν ἃ **κἀγὼ** μισῶ.
Rev 2:28 ὡς **κἀγὼ** εἴληφα παρὰ τοῦ
Rev 3:10 **κἀγώ** σε τηρήσω ἐκ
Rev 3:21 ὡς **κἀγὼ** ἐνίκησα καὶ ἐκάθισα
Rev 22:8 **Κἀγὼ** Ἰωάννης ὁ ἀκούων

καθαρός (*katharos*; 6/27) *pure, clean*

Rev 15:6 ναοῦ ἐνδεδυμένοι λίνον **καθαρὸν** λαμπρὸν καὶ περιεζωσμένοι
Rev 19:8 περιβάληται βύσσινον λαμπρὸν **καθαρόν**·
Rev 19:14 ἐνδεδυμένοι βύσσινον λευκὸν **καθαρόν**.
Rev 21:18 ἡ πόλις χρυσίον **καθαρὸν** ὅμοιον ὑάλῳ καθαρῷ.

Rev 21:18 καθαρὸν ὅμοιον ὑάλῳ **καθαρῷ**.
Rev 21:21 τῆς πόλεως χρυσίον **καθαρὸν** ὡς ὕαλος διαυγής.

κάθημαι (*kathēmai*; 33/91) *sit*

Rev 4:2 ἐπὶ τὸν θρόνον **καθήμενος**,
Rev 4:3 καὶ ὁ **καθήμενος** ὅμοιος ὁράσει λίθῳ
Rev 4:4 εἴκοσι τέσσαρας πρεσβυτέρους **καθημένους** περιβεβλημένους ἐν ἱματίοις
Rev 4:9 καὶ εὐχαριστίαν τῷ **καθημένῳ** ἐπὶ τῷ θρόνῳ
Rev 4:10 πρεσβύτεροι ἐνώπιον τοῦ **καθημένου** ἐπὶ τοῦ θρόνου
Rev 5:1 τὴν δεξιὰν τοῦ **καθημένου** ἐπὶ τοῦ θρόνου
Rev 5:7 τῆς δεξιᾶς τοῦ **καθημένου** ἐπὶ τοῦ θρόνου.
Rev 5:13 τῷ **καθημένῳ** ἐπὶ τῷ θρόνῳ
Rev 6:2 καὶ ὁ **καθήμενος** ἐπ᾽ αὐτὸν ἔχων
Rev 6:4 καὶ τῷ **καθημένῳ** ἐπ᾽ αὐτὸν ἐδόθη
Rev 6:5 καὶ ὁ **καθήμενος** ἐπ᾽ αὐτὸν ἔχων
Rev 6:8 καὶ ὁ **καθήμενος** ἐπάνω αὐτοῦ ὄνομα
Rev 6:16 ἀπὸ προσώπου τοῦ **καθημένου** ἐπὶ τοῦ θρόνου
Rev 7:10 θεῷ ἡμῶν τῷ **καθημένῳ** ἐπὶ τῷ θρόνῳ
Rev 7:15 καὶ ὁ **καθήμενος** ἐπὶ τοῦ θρόνου
Rev 9:17 ὁράσει καὶ τοὺς **καθημένους** ἐπ᾽ αὐτῶν,
Rev 11:16 ἐνώπιον τοῦ θεοῦ **καθήμενοι** ἐπὶ τοὺς θρόνους
Rev 14:6 εὐαγγελίσαι ἐπὶ τοὺς **καθημένους** ἐπὶ τῆς γῆς
Rev 14:14 ἐπὶ τὴν νεφέλην **καθήμενον** ὅμοιον υἱὸν ἀνθρώπου,
Rev 14:15 φωνῇ μεγάλῃ τῷ **καθημένῳ** ἐπὶ τῆς νεφέλης·
Rev 14:16 καὶ ἔβαλεν ὁ **καθήμενος** ἐπὶ τῆς νεφέλης
Rev 17:1 τῆς μεγάλης τῆς **καθημένης** ἐπὶ ὑδάτων πολλῶν,
Rev 17:3 Καὶ εἶδον γυναῖκα **καθημένην** ἐπὶ θηρίον κόκκινον,
Rev 17:9 ὅπου ἡ γυνὴ **κάθηται** ἐπ᾽ αὐτῶν.
Rev 17:15 οὗ ἡ πόρνη **κάθηται**,
Rev 18:7 αὐτῆς λέγει ὅτι **κάθημαι** βασίλισσα καὶ χήρα
Rev 19:4 τῷ θεῷ τῷ **καθημένῳ** ἐπὶ τῷ θρόνῳ
Rev 19:11 λευκός καὶ ὁ **καθήμενος** ἐπ᾽ αὐτὸν [καλούμενος]
Rev 19:18 ἵππων καὶ τῶν **καθημένων** ἐπ᾽ αὐτῶν καὶ
Rev 19:19 πόλεμον μετὰ τοῦ **καθημένου** ἐπὶ τοῦ ἵππου
Rev 19:21 τῇ ῥομφαίᾳ τοῦ **καθημένου** ἐπὶ τοῦ ἵππου
Rev 20:11 λευκὸν καὶ τὸν **καθήμενον** ἐπ᾽ αὐτόν,
Rev 21:5 Καὶ εἶπεν ὁ **καθήμενος** ἐπὶ τῷ θρόνῳ·

καθίζω (*kathizō*; 3/44[46]) *sit down*

Rev 3:21 νικῶν δώσω αὐτῷ **καθίσαι** μετ᾽ ἐμοῦ ἐν
Rev 3:21 κἀγὼ ἐνίκησα καὶ **ἐκάθισα** μετὰ τοῦ πατρός
Rev 20:4 εἶδον θρόνους καὶ **ἐκάθισαν** ἐπ᾽ αὐτοὺς

καινός (*kainos*; 9/41[42]) *new*

Rev 2:17 τὴν ψῆφον ὄνομα **καινὸν** γεγραμμένον ὃ οὐδεὶς
Rev 3:12 τῆς **καινῆς** Ἰερουσαλὴμ ἡ καταβαίνουσα
Rev 3:12 ὄνομά μου τὸ **καινόν**.
Rev 5:9 καὶ ᾄδουσιν ᾠδὴν **καινὴν** λέγοντες·
Rev 14:3 ᾄδουσιν [ὡς] ᾠδὴν **καινὴν** ἐνώπιον τοῦ θρόνου
Rev 21:1 Καὶ εἶδον οὐρανὸν **καινὸν** καὶ γῆν καινήν.
Rev 21:1 καινὸν καὶ γῆν **καινήν**.
Rev 21:2 τὴν ἁγίαν Ἰερουσαλὴμ **καινὴν** εἶδον καταβαίνουσαν ἐκ
Rev 21:5 ἰδοὺ **καινὰ** ποιῶ πάντα καὶ

καιρός (*kairos*; 7/85) *time*

Rev 1:3 ὁ γὰρ **καιρὸς** ἐγγύς.
Rev 11:18 σου καὶ ὁ **καιρὸς** τῶν νεκρῶν κριθῆναι
Rev 12:12 εἰδὼς ὅτι ὀλίγον **καιρὸν** ἔχει.
Rev 12:14 ὅπου τρέφεται ἐκεῖ **καιρὸν** καὶ καιροὺς καὶ
Rev 12:14 ἐκεῖ καιρὸν καὶ **καιροὺς** καὶ ἥμισυ καιροῦ
Rev 12:14 καιροὺς καὶ ἥμισυ **καιροῦ** ἀπὸ προσώπου
Rev 22:10 ὁ **καιρὸς** γὰρ ἐγγύς ἐστιν.

καίω (*kaiō*; 5/11) *light, burn*

Rev 4:5 ἑπτὰ λαμπάδες πυρὸς **καιόμεναι** ἐνώπιον τοῦ θρόνου,
Rev 8:8 ὄρος μέγα πυρὶ **καιόμενον** ἐβλήθη εἰς τὴν
Rev 8:10 οὐρανοῦ ἀστὴρ μέγας **καιόμενος** ὡς λαμπὰς
Rev 19:20 τοῦ πυρὸς τῆς **καιομένης** ἐν θείῳ.
Rev 21:8 τῇ λίμνῃ τῇ **καιομένῃ** πυρὶ καὶ θείῳ,

κακός (*kakos*; 2/50) *evil*

Rev 2:2 οὐ δύνῃ βαστάσαι **κακούς**,
Rev 16:2 καὶ ἐγένετο ἕλκος **κακὸν** καὶ πονηρὸν ἐπὶ

κάλαμος (*kalamos*; 3/12) *reed*

Rev 11:1 Καὶ ἐδόθη μοι **κάλαμος** ὅμοιος ῥάβδῳ,
Rev 21:15 ἐμοῦ εἶχεν μέτρον **κάλαμον** χρυσοῦν,
Rev 21:16 τὴν πόλιν τῷ **καλάμῳ** ἐπὶ σταδίων δώδεκα

καλέω (*kaleō*; 7/148) *call*

Rev 1:9 τῇ νήσῳ τῇ **καλουμένῃ** Πάτμῳ διὰ τὸν
Rev 11:8 ἥτις **καλεῖται** πνευματικῶς Σόδομα καὶ
Rev 12:9 ὁ **καλούμενος** Διάβολος καὶ ὁ
Rev 16:16 τὸν τόπον τὸν **καλούμενον** Ἑβραϊστὶ Ἁρμαγεδών.
Rev 19:9 γάμου τοῦ ἀρνίου **κεκλημένοι**.
Rev 19:11 καθήμενος ἐπ᾽ αὐτὸν **[καλούμενος]** πιστὸς καὶ ἀληθινός,
Rev 19:13 καὶ **κέκληται** τὸ ὄνομα αὐτοῦ

κάμινος (*kaminos*; 2/4) *furnace*

Rev 1:15 χαλκολιβάνῳ ὡς ἐν **καμίνῳ** πεπυρωμένης
Rev 9:2 φρέατος ὡς καπνὸς **καμίνου** μεγάλης,

καπνός (*kapnos*; 12/13) *smoke*

Rev 8:4 καὶ ἀνέβη ὁ **καπνὸς** τῶν θυμιαμάτων ταῖς
Rev 9:2 καὶ ἀνέβη **καπνὸς** ἐκ τοῦ φρέατος
Rev 9:2 τοῦ φρέατος ὡς **καπνὸς** καμίνου μεγάλης,
Rev 9:2 ἀὴρ ἐκ τοῦ **καπνοῦ** τοῦ φρέατος.
Rev 9:3 καὶ ἐκ τοῦ **καπνοῦ** ἐξῆλθον ἀκρίδες εἰς
Rev 9:17 ἐκπορεύεται πῦρ καὶ **καπνὸς** καὶ θεῖον.
Rev 9:18 πυρὸς καὶ τοῦ **καπνοῦ** καὶ τοῦ θείου
Rev 14:11 καὶ ὁ **καπνὸς** τοῦ βασανισμοῦ αὐτῶν
Rev 15:8 ἐγεμίσθη ὁ ναὸς **καπνοῦ** ἐκ τῆς δόξης
Rev 18:9 ὅταν βλέπωσιν τὸν **καπνὸν** τῆς πυρώσεως αὐτῆς,

Rev 18:18 ἔκραζον βλέποντες τὸν **καπνὸν** τῆς πυρώσεως αὐτῆς
Rev 19:3 καὶ ὁ **καπνὸς** αὐτῆς ἀναβαίνει εἰς

καρδία (*kardia*; 3/156) *heart*

Rev 2:23 ἐραυνῶν νεφροὺς καὶ **καρδίας**,
Rev 17:17 ἔδωκεν εἰς τὰς **καρδίας** αὐτῶν ποιῆσαι τὴν
Rev 18:7 ὅτι ἐν τῇ **καρδίᾳ** αὐτῆς λέγει ὅτι

καρπός (*karpos*; 2/66) *fruit*

Rev 22:2 ξύλον ζωῆς ποιοῦν **καρποὺς** δώδεκα,
Rev 22:2 ἕκαστον ἀποδιδοῦν τὸν **καρπὸν** αὐτοῦ,

κατά (*kata*; 9/472[473]) *according to, against*

Rev 2:4 ἀλλὰ ἔχω **κατὰ** σοῦ ὅτι τὴν
Rev 2:14 ἀλλ᾽ ἔχω **κατὰ** σοῦ ὀλίγα ὅτι
Rev 2:20 ἀλλὰ ἔχω **κατὰ** σοῦ ὅτι ἀφεῖς
Rev 2:23 δώσω ὑμῖν ἑκάστῳ **κατὰ** τὰ ἔργα ὑμῶν.
Rev 4:8 ἓν **καθ᾽** ἓν αὐτῶν ἔχων
Rev 18:6 διπλώσατε τὰ διπλᾶ **κατὰ** τὰ ἔργα αὐτῆς,
Rev 20:12 ἐν τοῖς βιβλίοις **κατὰ** τὰ ἔργα αὐτῶν.
Rev 20:13 καὶ ἐκρίθησαν ἕκαστος **κατὰ** τὰ ἔργα αὐτῶν.
Rev 22:2 **κατὰ** μῆνα ἕκαστον ἀποδιδοῦν

καταβαίνω (*katabainō*; 10/81) *come or go down*

Rev 3:12 καινῆς Ἰερουσαλὴμ ἡ **καταβαίνουσα** ἐκ τοῦ οὐρανοῦ
Rev 10:1 ἄλλον ἄγγελον ἰσχυρὸν **καταβαίνοντα** ἐκ τοῦ οὐρανοῦ
Rev 12:12 ὅτι **κατέβη** ὁ διάβολος πρὸς
Rev 13:13 ἐκ τοῦ οὐρανοῦ **καταβαίνειν** εἰς τὴν γῆν
Rev 16:21 μεγάλη ὡς ταλαντιαία **καταβαίνει** ἐκ τοῦ οὐρανοῦ
Rev 18:1 εἶδον ἄλλον ἄγγελον **καταβαίνοντα** ἐκ τοῦ οὐρανοῦ
Rev 20:1 Καὶ εἶδον ἄγγελον **καταβαίνοντα** ἐκ τοῦ οὐρανοῦ
Rev 20:9 καὶ **κατέβη** πῦρ ἐκ τοῦ
Rev 21:2 Ἰερουσαλὴμ καινὴν εἶδον **καταβαίνουσαν** ἐκ τοῦ οὐρανοῦ
Rev 21:10 τὴν ἁγίαν Ἰερουσαλὴμ **καταβαίνουσαν** ἐκ τοῦ οὐρανοῦ

καταβολή (*katabolē*; 2/11) *beginning*

Rev 13:8 τοῦ ἐσφαγμένου ἀπὸ **καταβολῆς** κόσμου.
Rev 17:8 τῆς ζωῆς ἀπὸ **καταβολῆς** κόσμου,

κατάθεμα (*katathema*; 1/1) *curse*

Rev 22:3 καὶ πᾶν **κατάθεμα** οὐκ ἔσται ἔτι.

κατακαίω (*katakaiō*; 5/12) *burn up*

Rev 8:7 τρίτον τῆς γῆς **κατεκάη** καὶ τὸ τρίτον
Rev 8:7 τρίτον τῶν δένδρων **κατεκάη** καὶ πᾶς χόρτος
Rev 8:7 πᾶς χόρτος χλωρὸς **κατεκάη**.
Rev 17:16 φάγονται καὶ αὐτὴν **κατακαύσουσιν** ἐν πυρί.
Rev 18:8 καὶ ἐν πυρὶ **κατακαυθήσεται**,

καταπίνω (*katapinō*; 1/7) *swallow*

Rev 12:16 στόμα αὐτῆς καὶ **κατέπιεν** τὸν ποταμὸν ὃν

κατασφραγίζω (*katasphragizō*; 1/1) *seal*

Rev 5:1 ἔσωθεν καὶ ὄπισθεν **κατεσφραγισμένον** σφραγῖσιν ἑπτά.

κατεσθίω (*katesthiō*; 5/14) *consume, eat up*

Rev 10:9 λάβε καὶ **κατάφαγε** αὐτό,
Rev 10:10 τοῦ ἀγγέλου καὶ **κατέφαγον** αὐτό,
Rev 11:5 στόματος αὐτῶν καὶ **κατεσθίει** τοὺς ἐχθροὺς αὐτῶν·
Rev 12:4 τὸ τέκνον αὐτῆς **καταφάγῃ**.
Rev 20:9 τοῦ οὐρανοῦ καὶ **κατέφαγεν** αὐτούς.

κατηγορέω (*katēgoreō*; 1/22[23]) *accuse*

Rev 12:10 ὁ **κατηγορῶν** αὐτοὺς ἐνώπιον τοῦ

κατήγωρ (*katēgōr*; 1/1) *accuser*

Rev 12:10 ὅτι ἐβλήθη ὁ **κατήγωρ** τῶν ἀδελφῶν ἡμῶν,

κατοικέω (*katoikeō*; 13/44) *live*

Rev 2:13 οἶδα ποῦ **κατοικεῖς**,
Rev 2:13 ὅπου ὁ σατανᾶς **κατοικεῖ**.
Rev 3:10 ὅλης πειράσαι τοὺς **κατοικοῦντας** ἐπὶ τῆς γῆς.
Rev 6:10 ἡμῶν ἐκ τῶν **κατοικούντων** ἐπὶ τῆς γῆς;
Rev 8:13 οὐαὶ οὐαὶ τοὺς **κατοικοῦντας** ἐπὶ τῆς γῆς
Rev 11:10 καὶ οἱ **κατοικοῦντες** ἐπὶ τῆς γῆς
Rev 11:10 προφῆται ἐβασάνισαν τοὺς **κατοικοῦντας** ἐπὶ τῆς γῆς.
Rev 13:8 αὐτὸν πάντες οἱ **κατοικοῦντες** ἐπὶ τῆς γῆς,
Rev 13:12 τοὺς ἐν αὐτῇ **κατοικοῦντας** ἵνα προσκυνήσουσιν τὸ
Rev 13:14 καὶ πλανᾷ τοὺς **κατοικοῦντας** ἐπὶ τῆς γῆς
Rev 13:14 λέγων τοῖς **κατοικοῦσιν** ἐπὶ τῆς γῆς
Rev 17:2 καὶ ἐμεθύσθησαν οἱ **κατοικοῦντες** τὴν γῆν
Rev 17:8 καὶ θαυμασθήσονται οἱ **κατοικοῦντες** ἐπὶ τῆς γῆς,

κατοικητήριον (*katoikētērion*; 1/2) *house*

Rev 18:2 καὶ ἐγένετο **κατοικητήριον** δαιμονίων καὶ φυλακὴ

καῦμα (*kauma*; 2/2) *heat*

Rev 7:16 ἥλιος οὐδὲ πᾶν **καῦμα**,
Rev 16:9 ἐκαυματίσθησαν οἱ ἄνθρωποι **καῦμα** μέγα καὶ ἐβλασφήμησαν

καυματίζω (*kaumatizō*; 2/4) *scorch*

Rev 16:8 καὶ ἐδόθη αὐτῷ **καυματίσαι** τοὺς ἀνθρώπους ἐν
Rev 16:9 καὶ **ἐκαυματίσθησαν** οἱ ἄνθρωποι καῦμα

κεῖμαι (*keimai*; 2/24) *lie*

Rev 4:2 καὶ ἰδοὺ θρόνος **ἔκειτο** ἐν τῷ οὐρανῷ,
Rev 21:16 ἡ πόλις τετράγωνος **κεῖται** καὶ τὸ μῆκος

κέντρον (*kentron*; 1/4) *sting*

Rev 9:10 ὁμοίας σκορπίοις καὶ **κέντρα**,

κεραμικός (*keramikos*; 1/1) *earthen*

Rev 2:27 τὰ σκεύη τὰ **κεραμικὰ** συντρίβεται,

κεράννυμι (*kerannymi*; 3/3) *mix*

Rev 14:10 τοῦ θεοῦ τοῦ **κεκερασμένου** ἀκράτου ἐν τῷ
Rev 18:6 τῷ ποτηρίῳ ᾧ **ἐκέρασεν** κεράσατε αὐτῇ διπλοῦν,
Rev 18:6 ποτηρίῳ ᾧ ἐκέρασεν **κεράσατε** αὐτῇ διπλοῦν,

κέρας (*keras*; 10/11) *horn*

Rev 5:6 ὡς ἐσφαγμένον ἔχων **κέρατα** ἑπτὰ καὶ ὀφθαλμοὺς
Rev 9:13 ἐκ τῶν [τεσσάρων] **κεράτων** τοῦ θυσιαστηρίου τοῦ
Rev 12:3 κεφαλὰς ἑπτὰ καὶ **κέρατα** δέκα καὶ ἐπὶ
Rev 13:1 ἔχον **κέρατα** δέκα καὶ κεφαλὰς
Rev 13:1 καὶ ἐπὶ τῶν **κεράτων** αὐτοῦ δέκα διαδήματα
Rev 13:11 καὶ εἶχεν **κέρατα** δύο ὅμοια ἀρνίῳ
Rev 17:3 κεφαλὰς ἑπτὰ καὶ **κέρατα** δέκα.
Rev 17:7 καὶ τὰ δέκα **κέρατα**.
Rev 17:12 Καὶ τὰ δέκα **κέρατα** ἃ εἶδες δέκα
Rev 17:16 καὶ τὰ δέκα **κέρατα** ἃ εἶδες καὶ

κεφαλή (*kephalē*; 19/75) *head*

Rev 1:14 ἡ δὲ **κεφαλὴ** αὐτοῦ καὶ αἱ
Rev 4:4 καὶ ἐπὶ τὰς **κεφαλὰς** αὐτῶν στεφάνους χρυσοῦς.
Rev 9:7 καὶ ἐπὶ τὰς **κεφαλὰς** αὐτῶν ὡς στέφανοι
Rev 9:17 καὶ αἱ **κεφαλαὶ** τῶν ἵππων ὡς
Rev 9:17 τῶν ἵππων ὡς **κεφαλαὶ** λεόντων,
Rev 9:19 ἔχουσαι **κεφαλὰς** καὶ ἐν αὐταῖς
Rev 10:1 ἶρις ἐπὶ τῆς **κεφαλῆς** αὐτοῦ καὶ τὸ
Rev 12:1 καὶ ἐπὶ τῆς **κεφαλῆς** αὐτῆς στέφανος ἀστέρων
Rev 12:3 μέγας πυρρὸς ἔχων **κεφαλὰς** ἑπτὰ καὶ κέρατα
Rev 12:3 καὶ ἐπὶ τὰς **κεφαλὰς** αὐτοῦ ἑπτὰ διαδήματα,
Rev 13:1 κέρατα δέκα καὶ **κεφαλὰς** ἑπτὰ καὶ ἐπὶ
Rev 13:1 καὶ ἐπὶ τὰς **κεφαλὰς** αὐτοῦ ὀνόμα[τα] βλασφημίας.
Rev 13:3 μίαν ἐκ τῶν **κεφαλῶν** αὐτοῦ ὡς ἐσφαγμένην
Rev 14:14 ἔχων ἐπὶ τῆς **κεφαλῆς** αὐτοῦ στέφανον χρυσοῦν
Rev 17:3 ἔχων **κεφαλὰς** ἑπτὰ καὶ κέρατα
Rev 17:7 ἔχοντος τὰς ἑπτὰ **κεφαλὰς** καὶ τὰ δέκα
Rev 17:9 Αἱ ἑπτὰ **κεφαλαὶ** ἑπτὰ ὄρη εἰσίν,
Rev 18:19 χοῦν ἐπὶ τὰς **κεφαλὰς** αὐτῶν καὶ ἔκραζον
Rev 19:12 καὶ ἐπὶ τὴν **κεφαλὴν** αὐτοῦ διαδήματα πολλά,

κηρύσσω (*kēryssō*; 1/59[61]) *proclaim*

Rev 5:2 εἶδον ἄγγελον ἰσχυρὸν **κηρύσσοντα** ἐν φωνῇ μεγάλῃ·

κιβωτός (*kibōtos*; 1/6) *ark*

Rev 11:19 καὶ ὤφθη ἡ **κιβωτὸς** τῆς διαθήκης αὐτοῦ

κιθάρα (*kithara*; 3/4) *harp*

Rev 5:8 ἀρνίου ἔχοντες ἕκαστος **κιθάραν** καὶ φιάλας χρυσᾶς
Rev 14:2 κιθαριζόντων ἐν ταῖς **κιθάραις** αὐτῶν.
Rev 15:2 τὴν ὑαλίνην ἔχοντας **κιθάρας** τοῦ θεοῦ.

κιθαρίζω (*kitharizō*; 1/2) *play a harp*

Rev 14:2 ἤκουσα ὡς κιθαρῳδῶν **κιθαριζόντων** ἐν ταῖς κιθάραις

κιθαρῳδός (*kitharōdos*; 2/2) *harpist*

Rev 14:2 ἣν ἤκουσα ὡς **κιθαρῳδῶν** κιθαριζόντων ἐν
Rev 18:22 καὶ φωνὴ **κιθαρῳδῶν** καὶ μουσικῶν καὶ

κινέω (*kineō*; 2/8) *move*

Rev 2:5 ἔρχομαί σοι καὶ **κινήσω** τὴν λυχνίαν σου
Rev 6:14 τῶν τόπων αὐτῶν **ἐκινήθησαν**.

κιννάμωμον (*kinnamōmon*; 1/1) *cinnamon*

Rev 18:13 καὶ **κιννάμωμον** καὶ ἄμωμον καὶ

κλαίω (*klaiō*; 6/39[40]) *weep*

Rev 5:4 καὶ **ἔκλαιον** πολύ,
Rev 5:5 μὴ **κλαῖε**,
Rev 18:9 Καὶ **κλαύσουσιν** καὶ κόψονται ἐπ'
Rev 18:11 ἔμποροι τῆς γῆς **κλαίουσιν** καὶ πενθοῦσιν
Rev 18:15 τοῦ βασανισμοῦ αὐτῆς **κλαίοντες** καὶ πενθοῦντες
Rev 18:19 αὐτῶν καὶ ἔκραζον **κλαίοντες** καὶ πενθοῦντες λέγοντες·

κλείς (*kleis*; 4/6) *key*

Rev 1:18 καὶ ἔχω τὰς **κλεῖς** τοῦ θανάτου καὶ
Rev 3:7 ὁ ἔχων τὴν **κλεῖν** Δαυίδ,
Rev 9:1 ἐδόθη αὐτῷ ἡ **κλεὶς** τοῦ φρέατος τῆς
Rev 20:1 οὐρανοῦ ἔχοντα τὴν **κλεῖν** τῆς ἀβύσσου

κλείω (*kleiō*; 6/16) *shut*

Rev 3:7 ἀνοίγων καὶ οὐδεὶς **κλείσει** καὶ κλείων καὶ
Rev 3:7 οὐδεὶς κλείσει καὶ **κλείων** καὶ οὐδεὶς ἀνοίγει·
Rev 3:8 ἣν οὐδεὶς δύναται **κλεῖσαι** αὐτήν,
Rev 11:6 ἔχουσιν τὴν ἐξουσίαν **κλεῖσαι** τὸν οὐρανόν,
Rev 20:3 τὴν ἄβυσσον καὶ **ἔκλεισεν** καὶ ἐσφράγισεν ἐπάνω
Rev 21:25 αὐτῆς οὐ μὴ **κλεισθῶσιν** ἡμέρας,

κλέμμα (*klemma*; 1/1) *theft*

Rev 9:21 οὔτε ἐκ τῶν **κλεμμάτων** αὐτῶν.

κλέπτης (*kleptēs*; 2/16) *thief*

Rev 3:3 ἥξω ὡς **κλέπτης**,
Rev 16:15 Ἰδοὺ ἔρχομαι ὡς **κλέπτης**.

κληρονομέω (*klēronomeō*; 1/18) *inherit*

Rev 21:7 ὁ νικῶν **κληρονομήσει** ταῦτα καὶ ἔσομαι

κλητός (*klētos*; 1/10) *called*

Rev 17:14 οἱ μετ' αὐτοῦ **κλητοὶ** καὶ ἐκλεκτοὶ καὶ

κλίνη (*klinē*; 1/9) *bed*

Rev 2:22 βάλλω αὐτὴν εἰς **κλίνην** καὶ τοὺς μοιχεύοντας

κοιλία (*koilia*; 2/22) *stomach, belly, womb*
Rev 10:9 πικρανεῖ σου τὴν **κοιλίαν**,
Rev 10:10 ἐπικράνθη ἡ **κοιλία** μου.

κοινός (*koinos*; 1/14) *common*
Rev 21:27 εἰς αὐτὴν πᾶν **κοινὸν** καὶ [ὁ] ποιῶν

κόκκινος (*kokkinos*; 4/6) *scarlet*
Rev 17:3 καθημένην ἐπὶ θηρίον **κόκκινον**,
Rev 17:4 περιβεβλημένη πορφυροῦν καὶ **κόκκινον** καὶ κεχρυσωμένη χρυσίῳ
Rev 18:12 καὶ σιρικοῦ καὶ **κοκκίνου**,
Rev 18:16 καὶ πορφυροῦν καὶ **κόκκινον** καὶ κεχρυσωμένη [ἐν]

κολλάω (*kollaō*; 1/12) *unite oneself with*
Rev 18:5 ὅτι **ἐκολλήθησαν** αὐτῆς αἱ ἁμαρτίαι

κολλούριον (*kollourion*; 1/1) *eye salve*
Rev 3:18 καὶ **κολλ[ο]ύριον** ἐγχρῖσαι τοὺς ὀφθαλμούς

κοπιάω (*kopiaō*; 1/23) *work*
Rev 2:3 μου καὶ οὐ **κεκοπίακες**.

κόπος (*kopos*; 2/18) *work*
Rev 2:2 σου καὶ τὸν **κόπον** καὶ τὴν ὑπομονήν
Rev 14:13 ἀναπαήσονται ἐκ τῶν **κόπων** αὐτῶν,

κόπτω (*koptō*; 2/8) *cut*
Rev 1:7 καὶ **κόψονται** ἐπ᾽ αὐτὸν πᾶσαι
Rev 18:9 Καὶ κλαύσουσιν καὶ **κόψονται** ἐπ᾽ αὐτὴν οἱ

κοσμέω (*kosmeō*; 2/10) *adorn*
Rev 21:2 ἡτοιμασμένην ὡς νύμφην **κεκοσμημένην** τῷ ἀνδρὶ αὐτῆς.
Rev 21:19 παντὶ λίθῳ τιμίῳ **κεκοσμημένοι**·

κόσμος (*kosmos*; 3/185[186]) *world*
Rev 11:15 ἡ βασιλεία τοῦ **κόσμου** τοῦ κυρίου ἡμῶν
Rev 13:8 ἐσφαγμένου ἀπὸ καταβολῆς **κόσμου**.
Rev 17:8 ζωῆς ἀπὸ καταβολῆς **κόσμου**,

κράζω (*krazō*; 11/55) *call out*
Rev 6:10 καὶ **ἔκραξαν** φωνῇ μεγάλῃ λέγοντες·
Rev 7:2 καὶ **ἔκραξεν** φωνῇ μεγάλῃ τοῖς
Rev 7:10 καὶ **κράζουσιν** φωνῇ μεγάλῃ λέγοντες·
Rev 10:3 καὶ **ἔκραξεν** φωνῇ μεγάλῃ ὥσπερ
Rev 10:3 καὶ ὅτε **ἔκραξεν**,
Rev 12:2 καὶ **κράζει** ὠδίνουσα καὶ βασανιζομένη
Rev 14:15 ἐκ τοῦ ναοῦ **κράζων** ἐν φωνῇ μεγάλῃ
Rev 18:2 καὶ **ἔκραξεν** ἐν ἰσχυρᾷ φωνῇ
Rev 18:18 καὶ **ἔκραζον** βλέποντες τὸν καπνὸν
Rev 18:19 κεφαλὰς αὐτῶν καὶ **ἔκραζον** κλαίοντες καὶ πενθοῦντες
Rev 19:17 τῷ ἡλίῳ καὶ **ἔκραξεν** [ἐν] φωνῇ μεγάλῃ

κρατέω (*krateō*; 8/47) *hold*
Rev 2:1 Τάδε λέγει ὁ **κρατῶν** τοὺς ἑπτὰ ἀστέρας
Rev 2:13 καὶ **κρατεῖς** τὸ ὄνομά μου
Rev 2:14 ὅτι ἔχεις ἐκεῖ **κρατοῦντας** τὴν διδαχὴν Βαλαάμ,
Rev 2:15 ἔχεις καὶ σὺ **κρατοῦντας** τὴν διδαχὴν [τῶν]
Rev 2:25 πλὴν ὃ ἔχετε **κρατήσατε** ἄχρι[ς] οὗ ἂν
Rev 3:11 **κράτει** ὃ ἔχεις,
Rev 7:1 **κρατοῦντας** τοὺς τέσσαρας ἀνέμους
Rev 20:2 καὶ **ἐκράτησεν** τὸν δράκοντα,

κράτος (*kratos*; 2/12) *might, strength*
Rev 1:6 δόξα καὶ τὸ **κράτος** εἰς τοὺς αἰῶνας
Rev 5:13 δόξα καὶ τὸ **κράτος** εἰς τοὺς αἰῶνας

κραυγή (*kraugē*; 1/6) *shout*
Rev 21:4 οὔτε πένθος οὔτε **κραυγὴ** οὔτε πόνος οὐκ

κριθή (*krithē*; 1/1) *barley*
Rev 6:6 καὶ τρεῖς χοίνικες **κριθῶν** δηναρίου,

κρίμα (*krima*; 3/27) *judgment*
Rev 17:1 δείξω σοι τὸ **κρίμα** τῆς πόρνης τῆς
Rev 18:20 ὁ θεὸς τὸ **κρίμα** ὑμῶν ἐξ αὐτῆς.
Rev 20:4 ἐπ᾽ αὐτοὺς καὶ **κρίμα** ἐδόθη αὐτοῖς,

κρίνω (*krinō*; 9/114) *judge*
Rev 6:10 οὐ **κρίνεις** καὶ ἐκδικεῖς τὸ
Rev 11:18 καιρὸς τῶν νεκρῶν **κριθῆναι** καὶ δοῦναι
Rev 16:5 ὅτι ταῦτα **ἔκρινας**,
Rev 18:8 ὁ θεὸς ὁ **κρίνας** αὐτήν.
Rev 18:20 ὅτι **ἔκρινεν** ὁ θεὸς τὸ
Rev 19:2 ὅτι **ἔκρινεν** τὴν πόρνην τὴν
Rev 19:11 καὶ ἐν δικαιοσύνῃ **κρίνει** καὶ πολεμεῖ.
Rev 20:12 καὶ **ἐκρίθησαν** οἱ νεκροὶ ἐκ
Rev 20:13 καὶ **ἐκρίθησαν** ἕκαστος κατὰ τὰ

κρίσις (*krisis*; 4/47) *judgment*
Rev 14:7 ἡ ὥρα τῆς **κρίσεως** αὐτοῦ,
Rev 16:7 καὶ δίκαιαι αἱ **κρίσεις** σου.
Rev 18:10 ὥρᾳ ἦλθεν ἡ **κρίσις** σου.
Rev 19:2 καὶ δίκαιαι αἱ **κρίσεις** αὐτοῦ·

κρούω (*krouō*; 1/9) *knock*
Rev 3:20 τὴν θύραν καὶ **κρούω**·

κρύπτω (*kryptō*; 3/18) *hide*
Rev 2:17 τοῦ μάννα τοῦ **κεκρυμμένου** καὶ δώσω αὐτῷ
Rev 6:15 δοῦλος καὶ ἐλεύθερος **ἔκρυψαν** ἑαυτοὺς εἰς
Rev 6:16 ἐφ᾽ ἡμᾶς καὶ **κρύψατε** ἡμᾶς ἀπὸ προσώπου

κρυσταλλίζω (*krystallizō*; 1/1) *be clear or bright as crystal*
Rev 21:11 ὡς λίθῳ ἰάσπιδι **κρυσταλλίζοντι**.

κρύσταλλος (*krystallos*; 2/2) *crystal*
Rev 4:6 θάλασσα ὑαλίνη ὁμοία **κρυστάλλῳ**.
Rev 22:1 ζωῆς λαμπρὸν ὡς **κρύσταλλον**,

κτῆνος (*ktēnos*; 1/4) *animal*
Rev 18:13 καὶ σῖτον καὶ **κτήνη** καὶ πρόβατα,

κτίζω (*ktizō*; 3/15) *create*
Rev 4:11 ὅτι σὺ **ἔκτισας** τὰ πάντα καὶ
Rev 4:11 σου ἦσαν καὶ **ἐκτίσθησαν**.
Rev 10:6 ὃς **ἔκτισεν** τὸν οὐρανὸν καὶ

κτίσις (*ktisis*; 1/18[19]) *creation*
Rev 3:14 ἡ ἀρχὴ τῆς **κτίσεως** τοῦ θεοῦ·

κτίσμα (*ktisma*; 2/4) *creature*
Rev 5:13 καὶ πᾶν **κτίσμα** ὃ ἐν τῷ
Rev 8:9 τὸ τρίτον τῶν **κτισμάτων** τῶν ἐν τῇ

κυβερνήτης (*kybernētēs*; 1/2) *captain*
Rev 18:17 Καὶ πᾶς **κυβερνήτης** καὶ πᾶς ὁ

κυκλεύω (*kykleuō*; 1/1) *surround*
Rev 20:9 τῆς γῆς καὶ **ἐκύκλευσαν** τὴν παρεμβολὴν

κυκλόθεν (*kyklothen*; 3/3) *surrounding, around*
Rev 4:3 καὶ ἶρις **κυκλόθεν** τοῦ θρόνου ὅμοιος
Rev 4:4 Καὶ **κυκλόθεν** τοῦ θρόνου θρόνους
Rev 4:8 **κυκλόθεν** καὶ ἔσωθεν γέμουσιν

κύκλῳ (*kyklō*; 3/8) *around, in a circle*
Rev 4:6 τοῦ θρόνου καὶ **κύκλῳ** τοῦ θρόνου τέσσαρα
Rev 5:11 φωνὴν ἀγγέλων πολλῶν **κύκλῳ** τοῦ θρόνου
Rev 7:11 οἱ ἄγγελοι εἱστήκεισαν **κύκλῳ** τοῦ θρόνου

κυριακός (*kyriakos*; 1/2) *belonging to the Lord*
Rev 1:10 πνεύματι ἐν τῇ **κυριακῇ** ἡμέρᾳ καὶ ἤκουσα

κύριος (*kyrios*; 23/714[717]) *Lord, sir*
Rev 1:8 λέγει **κύριος** ὁ θεός,
Rev 4:8 ἅγιος ἅγιος ἅγιος **κύριος** ὁ θεὸς ὁ
Rev 4:11 ὁ **κύριος** καὶ ὁ θεὸς
Rev 7:14 **κύριέ** μου,
Rev 11:4 αἱ ἐνώπιον τοῦ **κυρίου** τῆς γῆς ἑστῶτες.
Rev 11:8 ὅπου καὶ ὁ **κύριος** αὐτῶν ἐσταυρώθη.
Rev 11:15 τοῦ κόσμου τοῦ **κυρίου** ἡμῶν καὶ τοῦ
Rev 11:17 **κύριε** ὁ θεὸς ὁ
Rev 14:13 νεκροὶ οἱ ἐν **κυρίῳ** ἀποθνῄσκοντες ἀπ' ἄρτι.
Rev 15:3 κύριε **ὁ** θεὸς ὁ παντοκράτωρ·
Rev 15:4 **κύριε**,
Rev 16:7 ναὶ **κύριε** ὁ θεὸς ὁ
Rev 17:14 ὅτι **κύριος** κυρίων ἐστὶν καὶ
Rev 17:14 ὅτι κύριος **κυρίων** ἐστὶν καὶ βασιλεὺς
Rev 18:8 ὅτι ἰσχυρὸς **κύριος** ὁ θεὸς ὁ
Rev 19:6 ὅτι ἐβασίλευσεν **κύριος** ὁ θεὸς [ἡμῶν]
Rev 19:16 Βασιλεὺς βασιλέων καὶ **κύριος** κυρίων.
Rev 19:16 βασιλέων καὶ κύριος **κυρίων**.
Rev 21:22 ὁ γὰρ **κύριος** ὁ θεὸς ὁ
Rev 22:5 ὅτι **κύριος** ὁ θεὸς φωτίσει
Rev 22:6 καὶ ὁ **κύριος** ὁ θεὸς τῶν
Rev 22:20 ἔρχου **κύριε** Ἰησοῦ.
Rev 22:21 Ἡ χάρις τοῦ **κυρίου** Ἰησοῦ μετὰ πάντων.

κύων (*kyōn*; 1/5) *dog*
Rev 22:15 ἔξω οἱ **κύνες** καὶ οἱ φάρμακοι

λαλέω (*laleō*; 12/294[296]) *speak*
Rev 1:12 τὴν φωνὴν ἥτις **ἐλάλει** μετ' ἐμοῦ,
Rev 4:1 ἤκουσα ὡς σάλπιγγος **λαλούσης** μετ' ἐμοῦ λέγων·
Rev 10:3 **ἐλάλησαν** αἱ ἑπτὰ βρονταὶ
Rev 10:4 καὶ ὅτε **ἐλάλησαν** αἱ ἑπτὰ βρονταί,
Rev 10:4 σφράγισον ἃ ἐλάλησαν **αἱ** ἑπτὰ βρονταί,
Rev 10:8 τοῦ οὐρανοῦ πάλιν **λαλοῦσαν** μετ' ἐμοῦ καὶ
Rev 13:5 ἐδόθη αὐτῷ στόμα **λαλοῦν** μεγάλα καὶ βλασφημίας
Rev 13:11 ὅμοια ἀρνίῳ καὶ **ἐλάλει** ὡς δράκων.
Rev 13:15 ἵνα καὶ **λαλήσῃ** ἡ εἰκὼν τοῦ
Rev 17:1 ἑπτὰ φιάλας καὶ **ἐλάλησεν** μετ' ἐμοῦ λέγων·
Rev 21:9 τῶν ἐσχάτων καὶ **ἐλάλησεν** μετ' ἐμοῦ λέγων·
Rev 21:15 Καὶ ὁ **λαλῶν** μετ' ἐμοῦ εἶχεν

λαμβάνω (*lambanō*; 23/258) *take, receive*
Rev 2:17 εἰ μὴ ὁ **λαμβάνων**.
Rev 2:28 ὡς κἀγὼ **εἴληφα** παρὰ τοῦ πατρός
Rev 3:3 μνημόνευε οὖν πῶς **εἴληφας** καὶ ἤκουσας
Rev 3:11 ἵνα μηδεὶς **λάβῃ** τὸν στέφανόν σου.
Rev 4:11 **λαβεῖν** τὴν δόξαν καὶ
Rev 5:7 καὶ ἦλθεν καὶ **εἴληφεν** ἐκ τῆς δεξιᾶς
Rev 5:8 Καὶ ὅτε **ἔλαβεν** τὸ βιβλίον,
Rev 5:9 ἄξιος εἶ **λαβεῖν** τὸ βιβλίον καὶ
Rev 5:12 ἀρνίον τὸ ἐσφαγμένον **λαβεῖν** τὴν δύναμιν
Rev 6:4 αὐτὸν ἐδόθη αὐτῷ **λαβεῖν** τὴν εἰρήνην ἐκ
Rev 8:5 καὶ **εἴληφεν** ὁ ἄγγελος τὸν
Rev 10:8 ὕπαγε **λάβε** τὸ βιβλίον τὸ
Rev 10:9 **λάβε** καὶ κατάφαγε αὐτό,
Rev 10:10 Καὶ **ἔλαβον** τὸ βιβλαρίδιον ἐκ
Rev 11:17 ὅτι **εἴληφας** τὴν δύναμίν σου
Rev 14:9 εἰκόνα αὐτοῦ καὶ **λαμβάνει** χάραγμα ἐπὶ
Rev 14:11 καὶ εἴ τις **λαμβάνει** τὸ χάραγμα τοῦ
Rev 17:12 οἵτινες βασιλείαν οὔπω **ἔλαβον**,
Rev 17:12 βασιλεῖς μίαν ὥραν **λαμβάνουσιν** μετὰ τοῦ θηρίου.
Rev 18:4 αὐτῆς ἵνα μὴ **λάβητε**,
Rev 19:20 οἷς ἐπλάνησεν τοὺς **λαβόντας** τὸ χάραγμα
Rev 20:4 αὐτοῦ καὶ οὐκ **ἔλαβον** τὸ χάραγμα ἐπὶ
Rev 22:17 ὁ θέλων **λαβέτω** ὕδωρ ζωῆς δωρεάν.

λαμπάς (*lampas*; 2/9) *lantern, lamp*
Rev 4:5 καὶ ἑπτὰ **λαμπάδες** πυρὸς καιόμεναι ἐνώπιον
Rev 8:10 μέγας καιόμενος ὡς **λαμπὰς** καὶ ἔπεσεν ἐπὶ

λαμπρός (*lampros*; 5/9) *bright*
Rev 15:6 ἐνδεδυμένοι λίνον καθαρὸν **λαμπρὸν** καὶ περιεζωσμένοι περὶ
Rev 18:14 λιπαρὰ καὶ τὰ **λαμπρὰ** ἀπώλετο ἀπὸ σοῦ
Rev 19:8 ἵνα περιβάληται βύσσινον **λαμπρὸν** καθαρόν·
Rev 22:1 ποταμὸν ὕδατος ζωῆς **λαμπρὸν** ὡς κρύσταλλον,
Rev 22:16 ὁ ἀστὴρ ὁ **λαμπρὸς** ὁ πρωϊνός.

Λαοδίκεια (*Laodikeia*; 2/6) *Laodicea*
Rev 1:11 Φιλαδέλφειαν καὶ εἰς **Λαοδίκειαν**.
Rev 3:14 ἀγγέλῳ τῆς ἐν **Λαοδικείᾳ** ἐκκλησίας γράψον·

λαός (*laos*; 9/141[142]) *people, nation*

Rev 5:9 καὶ γλώσσης καὶ **λαοῦ** καὶ ἔθνους
Rev 7:9 καὶ φυλῶν καὶ **λαῶν** καὶ γλωσσῶν ἑστῶτες
Rev 10:11 πάλιν προφητεῦσαι ἐπὶ **λαοῖς** καὶ ἔθνεσιν
Rev 11:9 βλέπουσιν ἐκ τῶν **λαῶν** καὶ φυλῶν καὶ
Rev 13:7 πᾶσαν φυλὴν καὶ **λαὸν** καὶ γλῶσσαν καὶ
Rev 14:6 καὶ γλῶσσαν καὶ **λαόν**,
Rev 17:15 **λαοὶ** καὶ ὄχλοι εἰσὶν
Rev 18:4 ἐξέλθατε ὁ **λαός** μου ἐξ αὐτῆς
Rev 21:3 καὶ αὐτοὶ **λαοὶ** αὐτοῦ ἔσονται,

λατρεύω (*latreuō*; 2/21) *serve*

Rev 7:15 τοῦ θεοῦ καὶ **λατρεύουσιν** αὐτῷ ἡμέρας καὶ
Rev 22:3 οἱ δοῦλοι αὐτοῦ **λατρεύσουσιν** αὐτῷ

λέγω (*legō*; 105/2345[2353]) *say*

Rev 1:8 **λέγει** κύριος ὁ θεός,
Rev 1:11 **λεγούσης**·
Rev 1:17 αὐτοῦ ἐπ' ἐμὲ **λέγων**·
Rev 2:1 Τάδε **λέγει** ὁ κρατῶν τοὺς
Rev 2:2 καὶ ἐπείρασας τοὺς **λέγοντας** ἑαυτοὺς ἀποστόλους καὶ
Rev 2:7 τί τὸ πνεῦμα **λέγει** ταῖς ἐκκλησίαις.
Rev 2:8 Τάδε **λέγει** ὁ πρῶτος καὶ
Rev 2:9 βλασφημίαν ἐκ τῶν **λεγόντων** Ἰουδαίους εἶναι ἑαυτοὺς
Rev 2:11 τί τὸ πνεῦμα **λέγει** ταῖς ἐκκλησίαις.
Rev 2:12 Τάδε **λέγει** ὁ ἔχων τὴν
Rev 2:17 τί τὸ πνεῦμα **λέγει** ταῖς ἐκκλησίαις.
Rev 2:18 Τάδε **λέγει** ὁ υἱὸς τοῦ
Rev 2:20 ἡ **λέγουσα** ἑαυτὴν προφῆτιν καὶ
Rev 2:24 ὑμῖν δὲ **λέγω** τοῖς λοιποῖς τοῖς
Rev 2:24 τοῦ σατανᾶ ὡς **λέγουσιν**·
Rev 2:29 τί τὸ πνεῦμα **λέγει** ταῖς ἐκκλησίαις.
Rev 3:1 Τάδε **λέγει** ὁ ἔχων τὰ
Rev 3:6 τί τὸ πνεῦμα **λέγει** ταῖς ἐκκλησίαις.
Rev 3:7 Τάδε **λέγει** ὁ ἅγιος,
Rev 3:9 τοῦ σατανᾶ τῶν **λεγόντων** ἑαυτοὺς Ἰουδαίους εἶναι,
Rev 3:13 τί τὸ πνεῦμα **λέγει** ταῖς ἐκκλησίαις.
Rev 3:14 Τάδε **λέγει** ὁ ἀμήν,
Rev 3:17 ὅτι **λέγεις** ὅτι πλούσιός εἰμι
Rev 3:22 τί τὸ πνεῦμα **λέγει** ταῖς ἐκκλησίαις.
Rev 4:1 λαλούσης μετ' ἐμοῦ **λέγων**·
Rev 4:8 ἡμέρας καὶ νυκτὸς **λέγοντες**·
Rev 4:10 ἐνώπιον τοῦ θρόνου **λέγοντες**·
Rev 5:5 ἐκ τῶν πρεσβυτέρων **λέγει** μοι·
Rev 5:9 ᾄδουσιν ᾠδὴν καινὴν **λέγοντες**·
Rev 5:12 **λέγοντες** φωνῇ μεγάλῃ·
Rev 5:13 αὐτοῖς πάντα ἤκουσα **λέγοντας**·
Rev 5:14 τὰ τέσσαρα ζῷα **ἔλεγον**·
Rev 6:1 τῶν τεσσάρων ζῴων **λέγοντος** ὡς φωνὴ βροντῆς·
Rev 6:3 τοῦ δευτέρου ζῴου **λέγοντος**·
Rev 6:5 τοῦ τρίτου ζῴου **λέγοντος**·
Rev 6:6 τῶν τεσσάρων ζῴων **λέγουσαν**·
Rev 6:7 τοῦ τετάρτου ζῴου **λέγοντος**·
Rev 6:10 ἔκραξαν φωνῇ μεγάλῃ **λέγοντες**·
Rev 6:11 στολὴ λευκὴ καὶ **ἐρρέθη** αὐτοῖς ἵνα ἀναπαύσονται
Rev 6:16 καὶ **λέγουσιν** τοῖς ὄρεσιν καὶ
Rev 7:3 **λέγων**·
Rev 7:10 κράζουσιν φωνῇ μεγάλῃ **λέγοντες**·
Rev 7:12 **λέγοντες**·
Rev 7:13 ἐκ τῶν πρεσβυτέρων **λέγων** μοι·
Rev 7:14 καὶ **εἴρηκα** αὐτῷ·
Rev 7:14 καὶ **εἶπέν** μοι·
Rev 8:11 ὄνομα τοῦ ἀστέρος **λέγεται** ὁ Ἄψινθος,
Rev 8:13 πετομένου ἐν μεσουρανήματι **λέγοντος** φωνῇ μεγάλῃ·
Rev 9:4 καὶ **ἐρρέθη** αὐταῖς ἵνα μὴ
Rev 9:14 **λέγοντα** τῷ ἕκτῳ ἀγγέλῳ,
Rev 10:4 ἐκ τοῦ οὐρανοῦ **λέγουσαν**·
Rev 10:8 μετ' ἐμοῦ καὶ **λέγουσαν**·
Rev 10:9 πρὸς τὸν ἄγγελον **λέγων** αὐτῷ δοῦναί μοι
Rev 10:9 καὶ **λέγει** μοι·
Rev 10:11 καὶ **λέγουσίν** μοι·
Rev 11:1 **λέγων**·
Rev 11:12 ἐκ τοῦ οὐρανοῦ **λεγούσης** αὐτοῖς·
Rev 11:15 ἐν τῷ οὐρανῷ **λέγοντες**·
Rev 11:17 **λέγοντες**·
Rev 12:10 ἐν τῷ οὐρανῷ **λέγουσαν**·
Rev 13:4 προσεκύνησαν τῷ θηρίῳ **λέγοντες**·
Rev 13:14 **λέγων** τοῖς κατοικοῦσιν ἐπὶ
Rev 14:7 **λέγων** ἐν φωνῇ μεγάλῃ·
Rev 14:8 ἄγγελος δεύτερος ἠκολούθησεν **λέγων**·
Rev 14:9 τρίτος ἠκολούθησεν αὐτοῖς **λέγων** ἐν φωνῇ μεγάλῃ·
Rev 14:13 ἐκ τοῦ οὐρανοῦ **λεγούσης**·
Rev 14:13 **λέγει** τὸ πνεῦμα,
Rev 14:18 δρέπανον τὸ ὀξὺ **λέγων**·
Rev 15:3 ᾠδὴν τοῦ ἀρνίου **λέγοντες**·
Rev 16:1 ἐκ τοῦ ναοῦ **λεγούσης** τοῖς ἑπτὰ ἀγγέλοις·
Rev 16:5 ἀγγέλου τῶν ὑδάτων **λέγοντος**·
Rev 16:7 ἤκουσα τοῦ θυσιαστηρίου **λέγοντος**·
Rev 16:17 ἀπὸ τοῦ θρόνου **λέγουσα**·
Rev 17:1 ἐλάλησεν μετ' ἐμοῦ **λέγων**·
Rev 17:7 Καὶ **εἶπέν** μοι ὁ ἄγγελος·
Rev 17:7 ἐγὼ **ἐρῶ** σοι τὸ μυστήριον
Rev 17:15 Καὶ **λέγει** μοι·
Rev 18:2 ἐν ἰσχυρᾷ φωνῇ **λέγων**·
Rev 18:4 ἐκ τοῦ οὐρανοῦ **λέγουσαν**·
Rev 18:7 τῇ καρδίᾳ αὐτῆς **λέγει** ὅτι κάθημαι βασίλισσα
Rev 18:10 τοῦ βασανισμοῦ αὐτῆς **λέγοντες**·
Rev 18:16 **λέγοντες**·
Rev 18:18 τῆς πυρώσεως αὐτῆς **λέγοντες**·
Rev 18:19 κλαίοντες καὶ πενθοῦντες **λέγοντες**·
Rev 18:21 εἰς τὴν θάλασσαν **λέγων**·
Rev 19:1 ἐν τῷ οὐρανῷ **λεγόντων**·
Rev 19:3 καὶ δεύτερον **εἴρηκαν**·
Rev 19:4 ἐπὶ τῷ θρόνῳ **λέγοντες**·
Rev 19:5 τοῦ θρόνου ἐξῆλθεν **λέγουσα**·
Rev 19:6 φωνὴν βροντῶν ἰσχυρῶν **λεγόντων**·
Rev 19:9 Καὶ **λέγει** μοι·
Rev 19:9 καὶ **λέγει** μοι·
Rev 19:10 καὶ **λέγει** μοι·
Rev 19:17 [ἐν] φωνῇ μεγάλῃ **λέγων** πᾶσιν τοῖς ὀρνέοις
Rev 21:3 ἐκ τοῦ θρόνου **λεγούσης**·
Rev 21:5 Καὶ **εἶπεν** ὁ καθήμενος ἐπὶ
Rev 21:5 ποιῶ πάντα καὶ **λέγει**·
Rev 21:6 καὶ **εἶπέν** μοι·
Rev 21:9 ἐλάλησεν μετ' ἐμοῦ **λέγων**·
Rev 22:6 Καὶ **εἶπέν** μοι·
Rev 22:9 καὶ **λέγει** μοι·
Rev 22:10 Καὶ **λέγει** μοι·
Rev 22:17 καὶ ἡ νύμφη **λέγουσιν**·

Rev 22:17 καὶ ὁ ἀκούων **εἰπάτω**·
Rev 22:20 **Λέγει** ὁ μαρτυρῶν ταῦτα·

Λευί (*Leui*; 1/8) *Levi*

Rev 7:7 ἐκ φυλῆς **Λευὶ** δώδεκα χιλιάδες,

λευκαίνω (*leukainō*; 1/2) *make white*

Rev 7:14 στολὰς αὐτῶν καὶ **ἐλεύκαναν** αὐτὰς ἐν τῷ

λευκός (*leukos*; 16/25) *white*

Rev 1:14 καὶ αἱ τρίχες **λευκαὶ** ὡς ἔριον λευκόν
Rev 1:14 λευκαὶ ὡς ἔριον **λευκόν** ὡς χιὼν καὶ
Rev 2:17 δώσω αὐτῷ ψῆφον **λευκήν**,
Rev 3:4 μετ᾽ ἐμοῦ ἐν **λευκοῖς**,
Rev 3:5 περιβαλεῖται ἐν ἱματίοις **λευκοῖς** καὶ οὐ μὴ
Rev 3:18 καὶ ἱμάτια **λευκὰ** ἵνα περιβάλῃ καὶ
Rev 4:4 περιβεβλημένους ἐν ἱματίοις **λευκοῖς** καὶ ἐπὶ τὰς
Rev 6:2 καὶ ἰδοὺ ἵππος **λευκός**,
Rev 6:11 αὐτοῖς ἑκάστῳ στολὴ **λευκὴ** καὶ ἐρρέθη αὐτοῖς
Rev 7:9 ἀρνίου περιβεβλημένους στολὰς **λευκὰς** καὶ φοίνικες ἐν
Rev 7:13 τὰς στολὰς τὰς **λευκὰς** τίνες εἰσὶν καὶ
Rev 14:14 καὶ ἰδοὺ νεφέλη **λευκή**,
Rev 19:11 καὶ ἰδοὺ ἵππος **λευκός** καὶ ὁ καθήμενος
Rev 19:14 αὐτῷ ἐφ᾽ ἵπποις **λευκοῖς**,
Rev 19:14 ἐνδεδυμένοι βύσσινον **λευκὸν** καθαρόν.
Rev 20:11 εἶδον θρόνον μέγαν **λευκὸν** καὶ τὸν καθήμενον

λέων (*leōn*; 6/9) *lion*

Rev 4:7 τὸ πρῶτον ὅμοιον **λέοντι** καὶ τὸ δεύτερον
Rev 5:5 ἰδοὺ ἐνίκησεν ὁ **λέων** ὁ ἐκ τῆς
Rev 9:8 ὀδόντες αὐτῶν ὡς **λεόντων** ἦσαν,
Rev 9:17 ἵππων ὡς κεφαλαὶ **λεόντων**,
Rev 10:3 φωνῇ μεγάλῃ ὥσπερ **λέων** μυκᾶται.
Rev 13:2 αὐτοῦ ὡς στόμα **λέοντος**.

ληνός (*lēnos*; 4/5) *wine press*

Rev 14:19 ἔβαλεν εἰς τὴν **ληνὸν** τοῦ θυμοῦ τοῦ
Rev 14:20 καὶ ἐπατήθη ἡ **ληνὸς** ἔξωθεν τῆς πόλεως
Rev 14:20 αἷμα ἐκ τῆς **ληνοῦ** ἄχρι τῶν χαλινῶν
Rev 19:15 αὐτὸς πατεῖ τὴν **ληνὸν** τοῦ οἴνου τοῦ

λίβανος (*libanos*; 1/2) *frankincense*

Rev 18:13 καὶ μύρον καὶ **λίβανον** καὶ οἶνον καὶ

λιβανωτός (*libanōtos*; 2/2) *censer*

Rev 8:3 τοῦ θυσιαστηρίου ἔχων **λιβανωτὸν** χρυσοῦν,
Rev 8:5 ὁ ἄγγελος τὸν **λιβανωτὸν** καὶ ἐγέμισεν αὐτὸν

λίθινος (*lithinos*; 1/3) *made of stone*

Rev 9:20 χαλκᾶ καὶ τὰ **λίθινα** καὶ τὰ ξύλινα,

λίθος (*lithos*; 8/58[59]) *stone*

Rev 4:3 καθήμενος ὅμοιος ὁράσει **λίθῳ** ἰάσπιδι καὶ σαρδίῳ,
Rev 17:4 κεχρυσωμένη χρυσίῳ καὶ **λίθῳ** τιμίῳ καὶ μαργαρίταις,
Rev 18:12 καὶ ἀργύρου καὶ **λίθου** τιμίου καὶ μαργαριτῶν
Rev 18:16 [ἐν] χρυσίῳ καὶ **λίθῳ** τιμίῳ καὶ μαργαρίτῃ,
Rev 18:21 εἷς ἄγγελος ἰσχυρὸς **λίθον** ὡς μύλινον μέγαν
Rev 21:11 φωστὴρ αὐτῆς ὅμοιος **λίθῳ** τιμιωτάτῳ ὡς λίθῳ
Rev 21:11 λίθῳ τιμιωτάτῳ ὡς **λίθῳ** ἰάσπιδι κρυσταλλίζοντι.
Rev 21:19 τῆς πόλεως παντὶ **λίθῳ** τιμίῳ κεκοσμημένοι·

λίμνη (*limnē*; 6/11) *lake*

Rev 19:20 δύο εἰς τὴν **λίμνην** τοῦ πυρὸς τῆς
Rev 20:10 ἐβλήθη εἰς τὴν **λίμνην** τοῦ πυρὸς καὶ
Rev 20:14 ἐβλήθησαν εἰς τὴν **λίμνην** τοῦ πυρός.
Rev 20:14 ἡ **λίμνη** τοῦ πυρός.
Rev 20:15 ἐβλήθη εἰς τὴν **λίμνην** τοῦ πυρός.
Rev 21:8 αὐτῶν ἐν τῇ **λίμνῃ** τῇ καιομένῃ πυρὶ

λιμός (*limos*; 2/12) *famine*

Rev 6:8 ῥομφαίᾳ καὶ ἐν **λιμῷ** καὶ ἐν θανάτῳ
Rev 18:8 καὶ πένθος καὶ **λιμός**,

λίνον (*linon*; 1/2) *linen*

Rev 15:6 τοῦ ναοῦ ἐνδεδυμένοι **λίνον** καθαρὸν λαμπρὸν καὶ

λιπαρός (*liparos*; 1/1) *costly*

Rev 18:14 καὶ πάντα τὰ **λιπαρὰ** καὶ τὰ λαμπρὰ

λόγος (*logos*; 18/329[330]) *word*

Rev 1:2 ὃς ἐμαρτύρησεν τὸν **λόγον** τοῦ θεοῦ καὶ
Rev 1:3 οἱ ἀκούοντες τοὺς **λόγους** τῆς προφητείας
Rev 1:9 Πάτμῳ διὰ τὸν **λόγον** τοῦ θεοῦ καὶ
Rev 3:8 ἐτήρησάς μου τὸν **λόγον** καὶ οὐκ ἠρνήσω
Rev 3:10 ὅτι ἐτήρησας τὸν **λόγον** τῆς ὑπομονῆς μου,
Rev 6:9 ἐσφαγμένων διὰ τὸν **λόγον** τοῦ θεοῦ καὶ
Rev 12:11 καὶ διὰ τὸν **λόγον** τῆς μαρτυρίας αὐτῶν
Rev 17:17 ἄχρι τελεσθήσονται οἱ **λόγοι** τοῦ θεοῦ.
Rev 19:9 οὗτοι οἱ **λόγοι** ἀληθινοὶ τοῦ θεοῦ
Rev 19:13 ὄνομα αὐτοῦ ὁ **λόγος** τοῦ θεοῦ.
Rev 20:4 καὶ διὰ τὸν **λόγον** τοῦ θεοῦ καὶ
Rev 21:5 ὅτι οὗτοι οἱ **λόγοι** πιστοὶ καὶ ἀληθινοί
Rev 22:6 οὗτοι οἱ **λόγοι** πιστοὶ καὶ ἀληθινοί,
Rev 22:7 ὁ τηρῶν τοὺς **λόγους** τῆς προφητείας τοῦ
Rev 22:9 τῶν τηρούντων τοὺς **λόγους** τοῦ βιβλίου τούτου·
Rev 22:10 μὴ σφραγίσῃς τοὺς **λόγους** τῆς προφητείας
Rev 22:18 τῷ ἀκούοντι τοὺς **λόγους** τῆς προφητείας
Rev 22:19 ἀφέλῃ ἀπὸ τῶν **λόγων** τοῦ βιβλίου τῆς

λοιπός (*loipos*; 8/54[55]) *rest, remaining*

Rev 2:24 δὲ λέγω τοῖς **λοιποῖς** τοῖς ἐν Θυατείροις,
Rev 3:2 καὶ στήρισον τὰ **λοιπὰ** ἃ ἔμελλον ἀποθανεῖν,
Rev 8:13 γῆς ἐκ τῶν **λοιπῶν** φωνῶν τῆς σάλπιγγος
Rev 9:20 Καὶ οἱ **λοιποὶ** τῶν ἀνθρώπων,
Rev 11:13 ἑπτὰ καὶ οἱ **λοιποὶ** ἔμφοβοι ἐγένοντο καὶ

Rev 12:17 πόλεμον μετὰ τῶν **λοιπῶν** τοῦ σπέρματος αὐτῆς
Rev 19:21 καὶ οἱ **λοιποὶ** ἀπεκτάνθησαν ἐν τῇ
Rev 20:5 οἱ **λοιποὶ** τῶν νεκρῶν οὐκ

λυχνία (*lychnia*; 7/12) *lampstand*
Rev 1:12 ἐπιστρέψας εἶδον ἑπτὰ **λυχνίας** χρυσᾶς
Rev 1:13 ἐν μέσῳ τῶν **λυχνιῶν** ὅμοιον υἱὸν ἀνθρώπου
Rev 1:20 καὶ τὰς ἑπτὰ **λυχνίας** τὰς χρυσᾶς·
Rev 1:20 εἰσιν καὶ αἱ **λυχνίαι** αἱ ἑπτὰ ἑπτὰ
Rev 2:1 μέσῳ τῶν ἑπτὰ **λυχνιῶν** τῶν χρυσῶν·
Rev 2:5 καὶ κινήσω τὴν **λυχνίαν** σου ἐκ τοῦ
Rev 11:4 καὶ αἱ δύο **λυχνίαι** αἱ ἐνώπιον τοῦ

λύχνος (*lychnos*; 3/14) *lamp*
Rev 18:23 καὶ φῶς **λύχνου** οὐ μὴ φάνῃ
Rev 21:23 καὶ ὁ **λύχνος** αὐτῆς τὸ ἀρνίον.
Rev 22:5 ἔχουσιν χρείαν φωτὸς **λύχνου** καὶ φωτὸς ἡλίου,

λύω (*lyō*; 6/42) *loose*
Rev 1:5 ἀγαπῶντι ἡμᾶς καὶ **λύσαντι** ἡμᾶς ἐκ τῶν
Rev 5:2 τὸ βιβλίον καὶ **λῦσαι** τὰς σφραγῖδας αὐτοῦ;
Rev 9:14 **λῦσον** τοὺς τέσσαρας ἀγγέλους
Rev 9:15 καὶ **ἐλύθησαν** οἱ τέσσαρες ἄγγελοι
Rev 20:3 μετὰ ταῦτα δεῖ **λυθῆναι** αὐτὸν μικρὸν χρόνον.
Rev 20:7 **λυθήσεται** ὁ σατανᾶς ἐκ

Μαγώγ (*Magōg*; 1/1) *Magog*
Rev 20:8 τὸν Γὼγ καὶ **Μαγώγ**,

μακάριος (*makarios*; 7/50) *blessed*
Rev 1:3 **Μακάριος** ὁ ἀναγινώσκων καὶ
Rev 14:13 **μακάριοι** οἱ νεκροὶ οἱ
Rev 16:15 **μακάριος** ὁ γρηγορῶν καὶ
Rev 19:9 **μακάριοι** οἱ εἰς τὸ
Rev 20:6 **μακάριος** καὶ ἅγιος ὁ
Rev 22:7 **μακάριος** ὁ τηρῶν τοὺς
Rev 22:14 **Μακάριοι** οἱ πλύνοντες τὰς

μακρόθεν (*makrothen*; 3/14) *far off*
Rev 18:10 ἀπὸ **μακρόθεν** ἑστηκότες διὰ τὸν
Rev 18:15 ἀπ' αὐτῆς ἀπὸ **μακρόθεν** στήσονται διὰ τὸν
Rev 18:17 ἀπὸ **μακρόθεν** ἔστησαν

Μανασσῆς (*Manassēs*; 1/3) *Manasseh*
Rev 7:6 ἐκ φυλῆς **Μανασσῆ** δώδεκα χιλιάδες,

μανθάνω (*manthanō*; 1/25) *learn*
Rev 14:3 καὶ οὐδεὶς ἐδύνατο **μαθεῖν** τὴν ᾠδὴν εἰ

μάννα (*manna*; 1/4) *manna*
Rev 2:17 δώσω αὐτῷ τοῦ **μάννα** τοῦ κεκρυμμένου καὶ

μαργαρίτης (*margaritēs*; 5/9) *pearl*
Rev 17:4 λίθῳ τιμίῳ καὶ **μαργαρίταις**,
Rev 18:12 λίθου τιμίου καὶ **μαργαριτῶν** καὶ βυσσίνου
Rev 18:16 λίθῳ τιμίῳ καὶ **μαργαρίτῃ**,
Rev 21:21 δώδεκα πυλῶνες δώδεκα **μαργαρῖται**,
Rev 21:21 ἦν ἐξ ἑνὸς **μαργαρίτου**.

μάρμαρος (*marmaros*; 1/1) *marble*
Rev 18:12 καὶ σιδήρου καὶ **μαρμάρου**,

μαρτυρέω (*martyreō*; 4/76) *bear witness*
Rev 1:2 ὃς **ἐμαρτύρησεν** τὸν λόγον τοῦ
Rev 22:16 τὸν ἄγγελόν μου **μαρτυρῆσαι** ὑμῖν ταῦτα
Rev 22:18 **Μαρτυρῶ** ἐγὼ παντὶ τῷ
Rev 22:20 Λέγει ὁ **μαρτυρῶν** ταῦτα·

μαρτυρία (*martyria*; 9/37) *testimony*
Rev 1:2 θεοῦ καὶ τὴν **μαρτυρίαν** Ἰησοῦ Χριστοῦ ὅσα
Rev 1:9 θεοῦ καὶ τὴν **μαρτυρίαν** Ἰησοῦ.
Rev 6:9 καὶ διὰ τὴν **μαρτυρίαν** ἣν εἶχον.
Rev 11:7 ὅταν τελέσωσιν τὴν **μαρτυρίαν** αὐτῶν,
Rev 12:11 τὸν λόγον τῆς **μαρτυρίας** αὐτῶν καὶ οὐκ
Rev 12:17 καὶ ἐχόντων τὴν **μαρτυρίαν** Ἰησοῦ.
Rev 19:10 τῶν ἐχόντων τὴν **μαρτυρίαν** Ἰησοῦ·
Rev 19:10 ἡ γὰρ **μαρτυρία** Ἰησοῦ ἐστιν τὸ
Rev 20:4 πεπελεκισμένων διὰ τὴν **μαρτυρίαν** Ἰησοῦ

μαρτύριον (*martyrion*; 1/19) *testimony*
Rev 15:5 τῆς σκηνῆς τοῦ **μαρτυρίου** ἐν τῷ οὐρανῷ,

μάρτυς (*martys*; 5/35) *witness*
Rev 1:5 ὁ **μάρτυς**,
Rev 2:13 ἡμέραις Ἀντιπᾶς ὁ **μάρτυς** μου ὁ πιστός
Rev 3:14 ὁ **μάρτυς** ὁ πιστὸς καὶ
Rev 11:3 δώσω τοῖς δυσὶν **μάρτυσίν** μου καὶ προφητεύσουσιν
Rev 17:6 τοῦ αἵματος τῶν **μαρτύρων** Ἰησοῦ.

μασάομαι (*masaomai*; 1/1) *gnaw*
Rev 16:10 καὶ **ἐμασῶντο** τὰς γλώσσας αὐτῶν

μαστός (*mastos*; 1/3) *chest, breast*
Rev 1:13 περιεζωσμένον πρὸς τοῖς **μαστοῖς** ζώνην χρυσᾶν.

μάχαιρα (*machaira*; 4/29) *sword*
Rev 6:4 καὶ ἐδόθη αὐτῷ **μάχαιρα** μεγάλη.
Rev 13:10 εἴ τις ἐν **μαχαίρῃ** ἀποκτανθῆναι αὐτὸν ἐν
Rev 13:10 ἀποκτανθῆναι αὐτὸν ἐν **μαχαίρῃ** ἀποκτανθῆναι.
Rev 13:14 τὴν πληγὴν τῆς **μαχαίρης** καὶ ἔζησεν.

μέγας (*megas*; 80/243) *great, large*
Rev 1:10 ὀπίσω μου φωνὴν **μεγάλην** ὡς σάλπιγγος
Rev 2:22 αὐτῆς εἰς θλῖψιν **μεγάλην**,
Rev 5:2 κηρύσσοντα ἐν φωνῇ **μεγάλῃ**·
Rev 5:12 λέγοντες φωνῇ **μεγάλῃ**·
Rev 6:4 ἐδόθη αὐτῷ μάχαιρα **μεγάλη**.
Rev 6:10 καὶ ἔκραξαν φωνῇ **μεγάλῃ** λέγοντες·
Rev 6:12 καὶ σεισμὸς **μέγας** ἐγένετο καὶ ὁ
Rev 6:13 αὐτῆς ὑπὸ ἀνέμου **μεγάλου** σειομένη,
Rev 6:17 ἡ ἡμέρα ἡ **μεγάλη** τῆς ὀργῆς αὐτῶν,
Rev 7:2 καὶ ἔκραξεν φωνῇ **μεγάλῃ** τοῖς τέσσαρσιν ἀγγέλοις

Rev 7:10 καὶ κράζουσιν φωνῇ **μεγάλῃ** λέγοντες·
Rev 7:14 τῆς θλίψεως τῆς **μεγάλης** καὶ ἔπλυναν τὰς
Rev 8:8 καὶ ὡς ὄρος **μέγα** πυρὶ καιόμενον ἐβλήθη
Rev 8:10 τοῦ οὐρανοῦ ἀστὴρ **μέγας** καιόμενος ὡς λαμπὰς
Rev 8:13 μεσουρανήματι λέγοντος φωνῇ **μεγάλῃ**·
Rev 9:2 ὡς καπνὸς καμίνου **μεγάλης**,
Rev 9:14 τῷ ποταμῷ τῷ **μεγάλῳ** Εὐφράτῃ.
Rev 10:3 καὶ ἔκραξεν φωνῇ **μεγάλῃ** ὥσπερ λέων μυκᾶται.
Rev 11:8 τῆς πόλεως τῆς **μεγάλης**,
Rev 11:11 καὶ φόβος **μέγας** ἐπέπεσεν ἐπὶ τοὺς
Rev 11:12 καὶ ἤκουσαν φωνῆς **μεγάλης** ἐκ τοῦ οὐρανοῦ
Rev 11:13 ὥρᾳ ἐγένετο σεισμὸς **μέγας** καὶ τὸ δέκατον
Rev 11:15 καὶ ἐγένοντο φωναὶ **μεγάλαι** ἐν τῷ οὐρανῷ
Rev 11:17 δύναμίν σου τὴν **μεγάλην** καὶ ἐβασίλευσας.
Rev 11:18 μικροὺς καὶ τοὺς **μεγάλους**,
Rev 11:19 σεισμὸς καὶ χάλαζα **μεγάλη**.
Rev 12:1 Καὶ σημεῖον **μέγα** ὤφθη ἐν τῷ
Rev 12:3 καὶ ἰδοὺ δράκων **μέγας** πυρρὸς ἔχων κεφαλὰς
Rev 12:9 ὁ δράκων ὁ **μέγας**,
Rev 12:10 καὶ ἤκουσα φωνὴν **μεγάλην** ἐν τῷ οὐρανῷ
Rev 12:12 ὑμᾶς ἔχων θυμὸν **μέγαν**,
Rev 12:14 τοῦ ἀετοῦ τοῦ **μεγάλου**,
Rev 13:2 αὐτοῦ καὶ ἐξουσίαν **μεγάλην**.
Rev 13:5 αὐτῷ στόμα λαλοῦν **μεγάλα** καὶ βλασφημίας
Rev 13:13 καὶ ποιεῖ σημεῖα **μεγάλα**,
Rev 13:16 μικροὺς καὶ τοὺς **μεγάλους**,
Rev 14:2 ὡς φωνὴν βροντῆς **μεγάλης**,
Rev 14:7 λέγων ἐν φωνῇ **μεγάλῃ**·
Rev 14:8 ἔπεσεν Βαβυλὼν ἡ **μεγάλη** ἣ ἐκ τοῦ
Rev 14:9 λέγων ἐν φωνῇ **μεγάλῃ**·
Rev 14:15 κράζων ἐν φωνῇ **μεγάλῃ** τῷ καθημένῳ ἐπὶ
Rev 14:18 καὶ ἐφώνησεν φωνῇ **μεγάλῃ** τῷ ἔχοντι τὸ
Rev 14:19 τοῦ θεοῦ τὸν **μέγαν**.
Rev 15:1 ἐν τῷ οὐρανῷ **μέγα** καὶ θαυμαστόν,
Rev 15:3 **μεγάλα** καὶ θαυμαστὰ τὰ
Rev 16:1 Καὶ ἤκουσα **μεγάλης** φωνῆς ἐκ τοῦ
Rev 16:9 οἱ ἄνθρωποι καῦμα **μέγα** καὶ ἐβλασφήμησαν
Rev 16:12 τὸν ποταμὸν τὸν **μέγαν** τὸν Εὐφράτην,
Rev 16:14 τῆς ἡμέρας τῆς **μεγάλης** τοῦ θεοῦ τοῦ
Rev 16:17 καὶ ἐξῆλθεν φωνὴ **μεγάλη** ἐκ τοῦ ναοῦ
Rev 16:18 καὶ σεισμὸς ἐγένετο **μέγας**,
Rev 16:18 τηλικοῦτος σεισμὸς οὕτω **μέγας**.
Rev 16:19 ἡ πόλις ἡ **μεγάλη** εἰς τρία μέρη
Rev 16:19 καὶ Βαβυλὼν ἡ **μεγάλη** ἐμνήσθη ἐνώπιον
Rev 16:21 καὶ χάλαζα **μεγάλη** ὡς ταλαντιαία καταβαίνει
Rev 16:21 ὅτι **μεγάλη** ἐστὶν ἡ πληγὴ
Rev 17:1 τῆς πόρνης τῆς **μεγάλης** τῆς καθημένης
Rev 17:5 Βαβυλὼν ἡ **μεγάλη**,
Rev 17:6 ἰδὼν αὐτὴν θαῦμα **μέγα**.
Rev 17:18 ἡ πόλις ἡ **μεγάλη** ἡ ἔχουσα βασιλείαν
Rev 18:1 οὐρανοῦ ἔχοντα ἐξουσίαν **μεγάλην**,
Rev 18:2 ἔπεσεν Βαβυλὼν ἡ **μεγάλη**,
Rev 18:10 ἡ πόλις ἡ **μεγάλη**,
Rev 18:16 ἡ πόλις ἡ **μεγάλη**,
Rev 18:18 τῇ πόλει τῇ **μεγάλῃ**;
Rev 18:19 ἡ πόλις ἡ **μεγάλη**,
Rev 18:21 λίθον ὡς μύλινον **μέγαν** καὶ ἔβαλεν εἰς
Rev 18:21 βληθήσεται Βαβυλὼν ἡ **μεγάλη** πόλις καὶ
Rev 19:1 ἤκουσα ὡς φωνὴν **μεγάλην** ὄχλου πολλοῦ ἐν
Rev 19:2 τὴν πόρνην τὴν **μεγάλην** ἥτις ἔφθειρεν τὴν
Rev 19:5 μικροὶ καὶ οἱ **μεγάλοι**.
Rev 19:17 ἔκραξεν [ἐν] φωνῇ **μεγάλῃ** λέγων πᾶσιν τοῖς
Rev 19:17 τὸ δεῖπνον τὸ **μέγα** τοῦ θεοῦ
Rev 19:18 καὶ μικρῶν καὶ **μεγάλων**.
Rev 20:1 ἀβύσσου καὶ ἅλυσιν **μεγάλην** ἐπὶ τὴν χεῖρα
Rev 20:11 Καὶ εἶδον θρόνον **μέγαν** λευκὸν καὶ τὸν
Rev 20:12 τοὺς **μεγάλους** καὶ τοὺς μικρούς,
Rev 21:3 καὶ ἤκουσα φωνῆς **μεγάλης** ἐκ τοῦ θρόνου
Rev 21:10 πνεύματι ἐπὶ ὄρος **μέγα** καὶ ὑψηλόν,
Rev 21:12 ἔχουσα τεῖχος **μέγα** καὶ ὑψηλόν,

μεγιστάν (*megistan*; 2/3) *person of high status*

Rev 6:15 γῆς καὶ οἱ **μεγιστᾶνες** καὶ οἱ χιλίαρχοι
Rev 18:23 σου ἦσαν οἱ **μεγιστᾶνες** τῆς γῆς,

μεθύσκω (*methyskō*; 1/5) *get drunk*

Rev 17:2 τῆς γῆς καὶ **ἐμεθύσθησαν** οἱ κατοικοῦντες

μεθύω (*methyō*; 1/5) *be drunk*

Rev 17:6 εἶδον τὴν γυναῖκα **μεθύουσαν** ἐκ τοῦ αἵματος

μέλας (*melas*; 2/6) *black or ink*

Rev 6:5 καὶ ἰδοὺ ἵππος **μέλας**,
Rev 6:12 ὁ ἥλιος ἐγένετο **μέλας** ὡς σάκκος τρίχινος

μέλι (*meli*; 2/4) *honey*

Rev 10:9 ἔσται γλυκὺ ὡς **μέλι**.
Rev 10:10 στόματί μου ὡς **μέλι** γλυκὺ καὶ ὅτε

μέλλω (*mellō*; 13/109) *be about to happen*

Rev 1:19 εἰσὶν καὶ ἃ **μέλλει** γενέσθαι μετὰ ταῦτα.
Rev 2:10 μηδὲν φοβοῦ ἃ **μέλλεις** πάσχειν.
Rev 2:10 ἰδοὺ **μέλλει** βάλλειν ὁ διάβολος
Rev 3:2 τὰ λοιπὰ ἃ **ἔμελλον** ἀποθανεῖν,
Rev 3:10 τοῦ πειρασμοῦ τῆς **μελλούσης** ἔρχεσθαι ἐπὶ
Rev 3:16 **μέλλω** σε ἐμέσαι ἐκ
Rev 6:11 ἀδελφοὶ αὐτῶν οἱ **μέλλοντες** ἀποκτέννεσθαι ὡς καὶ
Rev 8:13 τριῶν ἀγγέλων τῶν **μελλόντων** σαλπίζειν.
Rev 10:4 **ἤμελλον** γράφειν,
Rev 10:7 ὅταν **μέλλῃ** σαλπίζειν,
Rev 12:4 τῆς γυναικὸς τῆς **μελλούσης** τεκεῖν,
Rev 12:5 ὃς **μέλλει** ποιμαίνειν πάντα τὰ
Rev 17:8 οὐκ ἔστιν καὶ **μέλλει** ἀναβαίνειν ἐκ τῆς

μένω (*menō*; 1/118) *remain*

Rev 17:10 ὀλίγον αὐτὸν δεῖ **μεῖναι**.

μέρος (*meros*; 4/42) *part*

Rev 16:19 μεγάλη εἰς τρία **μέρη** καὶ αἱ πόλεις
Rev 20:6 ἅγιος ὁ ἔχων **μέρος** ἐν τῇ ἀναστάσει
Rev 21:8 τοῖς ψευδέσιν τὸ **μέρος** αὐτῶν ἐν τῇ
Rev 22:19 ὁ θεὸς τὸ **μέρος** αὐτοῦ ἀπὸ τοῦ

μέσος (*mesos*; 8/56[58]) *middle*

Rev 1:13 καὶ ἐν **μέσῳ** τῶν λυχνιῶν ὅμοιον
Rev 2:1 ὁ περιπατῶν ἐν **μέσῳ** τῶν ἑπτὰ λυχνιῶν
Rev 4:6 Καὶ ἐν **μέσῳ** τοῦ θρόνου καὶ
Rev 5:6 Καὶ εἶδον ἐν **μέσῳ** τοῦ θρόνου καὶ

Rev 5:6 ζῴων καὶ ἐν **μέσῳ** τῶν πρεσβυτέρων ἀρνίον
Rev 6:6 ὡς φωνὴν ἐν **μέσῳ** τῶν τεσσάρων ζῴων
Rev 7:17 ἀρνίον τὸ ἀνὰ **μέσον** τοῦ θρόνου ποιμανεῖ
Rev 22:2 ἐν **μέσῳ** τῆς πλατείας αὐτῆς

μεσουράνημα (*mesouranēma*; 3/3) *mid-heaven*

Rev 8:13 ἀετοῦ πετομένου ἐν **μεσουρανήματι** λέγοντος φωνῇ μεγάλῃ·
Rev 14:6 ἄγγελον πετόμενον ἐν **μεσουρανήματι**,
Rev 19:17 τοῖς πετομένοις ἐν **μεσουρανήματι**·

μετά (*meta*; 51/465[469]) *with, after*

Rev 1:7 Ἰδοὺ ἔρχεται **μετὰ** τῶν νεφελῶν,
Rev 1:12 φωνὴν ἥτις ἐλάλει **μετ'** ἐμοῦ,
Rev 1:19 ἃ μέλλει γενέσθαι **μετὰ** ταῦτα.
Rev 2:16 ταχὺ καὶ πολεμήσω **μετ'** αὐτῶν ἐν τῇ
Rev 2:22 καὶ τοὺς μοιχεύοντας **μετ'** αὐτῆς εἰς θλῖψιν
Rev 3:4 καὶ περιπατήσουσιν **μετ'** ἐμοῦ ἐν λευκοῖς,
Rev 3:20 αὐτὸν καὶ δειπνήσω **μετ'** αὐτοῦ καὶ αὐτὸς
Rev 3:20 αὐτοῦ καὶ αὐτὸς **μετ'** ἐμοῦ.
Rev 3:21 δώσω αὐτῷ καθίσαι **μετ'** ἐμοῦ ἐν τῷ
Rev 3:21 ἐνίκησα καὶ ἐκάθισα **μετὰ** τοῦ πατρός μου
Rev 4:1 **Μετὰ** ταῦτα εἶδον,
Rev 4:1 ὡς σάλπιγγος λαλούσης **μετ'** ἐμοῦ λέγων·
Rev 4:1 ἃ δεῖ γενέσθαι **μετὰ** ταῦτα.
Rev 6:8 ὁ ᾅδης ἠκολούθει **μετ'** αὐτοῦ καὶ ἐδόθη
Rev 7:1 **Μετὰ** τοῦτο εἶδον τέσσαρας
Rev 7:9 **Μετὰ** ταῦτα εἶδον,
Rev 9:12 ἔτι δύο οὐαὶ **μετὰ** ταῦτα.
Rev 10:8 οὐρανοῦ πάλιν λαλοῦσαν **μετ'** ἐμοῦ καὶ λέγουσαν·
Rev 11:7 τῆς ἀβύσσου ποιήσει **μετ'** αὐτῶν πόλεμον
Rev 11:11 Καὶ **μετὰ** τὰς τρεῖς ἡμέρας
Rev 12:7 αὐτοῦ τοῦ πολεμῆσαι **μετὰ** τοῦ δράκοντος.
Rev 12:9 οἱ ἄγγελοι αὐτοῦ **μετ'** αὐτοῦ ἐβλήθησαν.
Rev 12:17 ἀπῆλθεν ποιῆσαι πόλεμον **μετὰ** τῶν λοιπῶν
Rev 13:4 τίς δύναται πολεμῆσαι **μετ'** αὐτοῦ;
Rev 13:7 αὐτῷ ποιῆσαι πόλεμον **μετὰ** τῶν ἁγίων καὶ
Rev 14:1 ὄρος Σιὼν καὶ **μετ'** αὐτοῦ ἑκατὸν τεσσεράκοντα
Rev 14:4 οὗτοί εἰσιν οἳ **μετὰ** γυναικῶν οὐκ ἐμολύνθησαν,
Rev 14:13 ἔργα αὐτῶν ἀκολουθεῖ **μετ'** αὐτῶν.
Rev 15:5 Καὶ **μετὰ** ταῦτα εἶδον,
Rev 17:1 φιάλας καὶ ἐλάλησεν **μετ'** ἐμοῦ λέγων·
Rev 17:2 **μεθ'** ἧς ἐπόρνευσαν οἱ
Rev 17:12 μίαν ὥραν λαμβάνουσιν **μετὰ** τοῦ θηρίου.
Rev 17:14 οὗτοι **μετὰ** τοῦ ἀρνίου πολεμήσουσιν
Rev 17:14 βασιλέων καὶ οἱ **μετ'** αὐτοῦ κλητοὶ καὶ
Rev 18:1 **Μετὰ** ταῦτα εἶδον ἄλλον
Rev 18:3 βασιλεῖς τῆς γῆς **μετ'** αὐτῆς ἐπόρνευσαν
Rev 18:9 τῆς γῆς οἱ **μετ'** αὐτῆς πορνεύσαντες καὶ
Rev 19:1 **Μετὰ** ταῦτα ἤκουσα ὡς
Rev 19:19 ποιῆσαι τὸν πόλεμον **μετὰ** τοῦ καθημένου
Rev 19:19 τοῦ ἵππου καὶ **μετὰ** τοῦ στρατεύματος αὐτοῦ.
Rev 19:20 τὸ θηρίον καὶ **μετ'** αὐτοῦ ὁ ψευδοπροφήτης
Rev 20:3 **μετὰ** ταῦτα δεῖ λυθῆναι
Rev 20:4 ἔζησαν καὶ ἐβασίλευσαν **μετὰ** τοῦ Χριστοῦ χίλια
Rev 20:6 Χριστοῦ καὶ βασιλεύσουσιν **μετ'** αὐτοῦ [τὰ] χίλια
Rev 21:3 σκηνὴ τοῦ θεοῦ **μετὰ** τῶν ἀνθρώπων,
Rev 21:3 καὶ σκηνώσει **μετ'** αὐτῶν,
Rev 21:3 αὐτὸς ὁ θεὸς **μετ'** αὐτῶν ἔσται [αὐτῶν]
Rev 21:9 ἐσχάτων καὶ ἐλάλησεν **μετ'** ἐμοῦ λέγων·
Rev 21:15 Καὶ ὁ λαλῶν **μετ'** ἐμοῦ εἶχεν μέτρον
Rev 22:12 ὁ μισθός μου **μετ'** ἐμοῦ ἀποδοῦναι ἑκάστῳ
Rev 22:21 τοῦ κυρίου Ἰησοῦ **μετὰ** πάντων.

μετανοέω (*metanoeō*; 12/34) *repent*

Rev 2:5 πόθεν πέπτωκας καὶ **μετανόησον** καὶ τὰ πρῶτα
Rev 2:5 ἐὰν μὴ **μετανοήσῃς**.
Rev 2:16 **μετανόησον** οὖν·
Rev 2:21 αὐτῇ χρόνον ἵνα **μετανοήσῃ**,
Rev 2:21 καὶ οὐ θέλει **μετανοῆσαι** ἐκ τῆς πορνείας
Rev 2:22 ἐὰν μὴ **μετανοήσωσιν** ἐκ τῶν ἔργων
Rev 3:3 καὶ τήρει καὶ **μετανόησον**.
Rev 3:19 ζήλευε οὖν καὶ **μετανόησον**.
Rev 9:20 οὐδὲ **μετενόησαν** ἐκ τῶν ἔργων
Rev 9:21 καὶ οὐ **μετενόησαν** ἐκ τῶν φόνων
Rev 16:9 ταύτας καὶ οὐ **μετενόησαν** δοῦναι αὐτῷ δόξαν.
Rev 16:11 αὐτῶν καὶ οὐ **μετενόησαν** ἐκ τῶν ἔργων

μετρέω (*metreō*; 5/11) *measure*

Rev 11:1 ἔγειρε καὶ **μέτρησον** τὸν ναὸν τοῦ
Rev 11:2 καὶ μὴ αὐτὴν **μετρήσῃς**,
Rev 21:15 ἵνα **μετρήσῃ** τὴν πόλιν καὶ
Rev 21:16 καὶ **ἐμέτρησεν** τὴν πόλιν τῷ
Rev 21:17 καὶ **ἐμέτρησεν** τὸ τεῖχος αὐτῆς

μέτρον (*metron*; 2/14) *measure*

Rev 21:15 μετ' ἐμοῦ εἶχεν **μέτρον** κάλαμον χρυσοῦν,
Rev 21:17 τεσσεράκοντα τεσσάρων πηχῶν **μέτρον** ἀνθρώπου,

μέτωπον (*metōpon*; 8/8) *forehead*

Rev 7:3 ἡμῶν ἐπὶ τῶν **μετώπων** αὐτῶν.
Rev 9:4 θεοῦ ἐπὶ τῶν **μετώπων**.
Rev 13:16 ἢ ἐπὶ τὸ **μέτωπον** αὐτῶν
Rev 14:1 γεγραμμένον ἐπὶ τῶν **μετώπων** αὐτῶν.
Rev 14:9 χάραγμα ἐπὶ τοῦ **μετώπου** αὐτοῦ ἢ ἐπὶ
Rev 17:5 καὶ ἐπὶ τὸ **μέτωπον** αὐτῆς ὄνομα γεγραμμένον,
Rev 20:4 χάραγμα ἐπὶ τὸ **μέτωπον** καὶ ἐπὶ τὴν
Rev 22:4 αὐτοῦ ἐπὶ τῶν **μετώπων** αὐτῶν.

μή (*mē*; 50/1041[1042]) *not*

Rev 1:17 **μὴ** φοβοῦ·
Rev 2:5 εἰ δὲ **μή**,
Rev 2:5 ἐὰν **μὴ** μετανοήσῃς.
Rev 2:11 Ὁ νικῶν οὐ **μὴ** ἀδικηθῇ ἐκ τοῦ
Rev 2:16 εἰ δὲ **μή**,
Rev 2:17 οὐδεὶς οἶδεν εἰ **μὴ** ὁ λαμβάνων.
Rev 2:22 ἐὰν **μὴ** μετανοήσωσιν ἐκ τῶν
Rev 3:3 ἐὰν οὖν **μὴ** γρηγορήσῃς,
Rev 3:3 καὶ οὐ μὴ **γνῷς** ποίαν ὥραν ἥξω
Rev 3:5 λευκοῖς καὶ οὐ **μὴ** ἐξαλείψω τὸ ὄνομα
Rev 3:12 καὶ ἔξω οὐ **μὴ** ἐξέλθῃ ἔτι καὶ
Rev 3:18 ἵνα περιβάλῃ καὶ **μὴ** φανερωθῇ ἡ αἰσχύνη
Rev 5:5 **μὴ** κλαῖε,
Rev 6:6 καὶ τὸν οἶνον **μὴ** ἀδικήσῃς.
Rev 7:1 τῆς γῆς ἵνα **μὴ** πνέῃ ἄνεμος ἐπὶ
Rev 7:3 **μὴ** ἀδικήσητε τὴν γῆν

Rev 7:16 διψήσουσιν ἔτι οὐδὲ **μὴ** πέσῃ ἐπ' αὐτοὺς
Rev 8:12 καὶ ἡ ἡμέρα **μὴ** φάνῃ τὸ τρίτον
Rev 9:4 ἐρρέθη αὐταῖς ἵνα **μὴ** ἀδικήσουσιν τὸν χόρτον
Rev 9:4 εἰ **μὴ** τοὺς ἀνθρώπους οἵτινες
Rev 9:5 ἐδόθη αὐτοῖς ἵνα **μὴ** ἀποκτείνωσιν αὐτούς,
Rev 9:6 θάνατον καὶ οὐ **μὴ** εὑρήσουσιν αὐτόν,
Rev 9:20 ἵνα **μὴ** προσκυνήσουσιν τὰ δαιμόνια
Rev 10:4 καὶ **μὴ** αὐτὰ γράψῃς.
Rev 11:2 ἔκβαλε ἔξωθεν καὶ **μὴ** αὐτὴν μετρήσῃς,
Rev 11:6 ἵνα **μὴ** ὑετὸς βρέχῃ τὰς
Rev 13:15 [ἵνα] ὅσοι ἐὰν **μὴ** προσκυνήσωσιν τῇ εἰκόνι
Rev 13:17 καὶ ἵνα **μή** τις δύνηται ἀγοράσαι
Rev 13:17 ἢ πωλῆσαι εἰ **μὴ** ὁ ἔχων τὸ
Rev 14:3 τὴν ᾠδὴν εἰ **μὴ** αἱ ἑκατὸν τεσσεράκοντα
Rev 15:4 τίς οὐ **μὴ** φοβηθῇ,
Rev 16:15 ἵνα **μὴ** γυμνὸς περιπατῇ καὶ
Rev 18:4 ἐξ αὐτῆς ἵνα **μὴ** συγκοινωνήσητε ταῖς ἁμαρτίαις
Rev 18:4 πληγῶν αὐτῆς ἵνα **μὴ** λάβητε,
Rev 18:7 καὶ πένθος οὐ **μὴ** ἴδω.
Rev 18:14 καὶ οὐκέτι οὐ **μὴ** αὐτὰ εὑρήσουσιν.
Rev 18:21 πόλις καὶ οὐ **μὴ** εὑρεθῇ ἔτι.
Rev 18:22 καὶ σαλπιστῶν οὐ **μὴ** ἀκουσθῇ ἐν σοὶ
Rev 18:22 πάσης τέχνης οὐ **μὴ** εὑρεθῇ ἐν σοὶ
Rev 18:22 φωνὴ μύλου οὐ **μὴ** ἀκουσθῇ ἐν σοὶ
Rev 18:23 φῶς λύχνου οὐ **μὴ** φάνῃ ἐν σοὶ
Rev 18:23 καὶ νύμφης οὐ **μὴ** ἀκουσθῇ ἐν σοὶ
Rev 19:10 ὅρα **μή**·
Rev 19:12 οὐδεὶς οἶδεν εἰ **μὴ** αὐτός,
Rev 20:3 ἵνα **μὴ** πλανήσῃ ἔτι τὰ
Rev 21:25 πυλῶνες αὐτῆς οὐ **μὴ** κλεισθῶσιν ἡμέρας,
Rev 21:27 καὶ οὐ **μὴ** εἰσέλθῃ εἰς αὐτὴν
Rev 21:27 καὶ ψεῦδος εἰ **μὴ** οἱ γεγραμμένοι ἐν
Rev 22:9 ὅρα **μή**·
Rev 22:10 **μὴ** σφραγίσῃς τοὺς λόγους

μηδείς (*mēdeis*; 2/90) *no one*

Rev 2:10 **μηδὲν** φοβοῦ ἃ μέλλεις
Rev 3:11 ἵνα **μηδεὶς** λάβῃ τὸν στέφανόν

μῆκος (*mēkos*; 2/3) *length*

Rev 21:16 κεῖται καὶ τὸ **μῆκος** αὐτῆς ὅσον [καὶ]
Rev 21:16 τὸ **μῆκος** καὶ τὸ πλάτος

μήν (*mēn*; 6/18) *month*

Rev 9:5 ἀλλ' ἵνα βασανισθήσονται **μῆνας** πέντε,
Rev 9:10 ἀδικῆσαι τοὺς ἀνθρώπους **μῆνας** πέντε,
Rev 9:15 καὶ ἡμέραν καὶ **μῆνα** καὶ ἐνιαυτόν,
Rev 11:2 τὴν ἁγίαν πατήσουσιν **μῆνας** τεσσεράκοντα [καὶ] δύο.
Rev 13:5 αὐτῷ ἐξουσία ποιῆσαι **μῆνας** τεσσεράκοντα [καὶ] δύο.
Rev 22:2 κατὰ **μῆνα** ἕκαστον ἀποδιδοῦν τὸν

μηρός (*mēros*; 1/1) *thigh*

Rev 19:16 καὶ ἐπὶ τὸν **μηρὸν** αὐτοῦ ὄνομα γεγραμμένον·

μήτε (*mēte*; 4/34) *and not*

Rev 7:1 ἐπὶ τῆς γῆς **μήτε** ἐπὶ τῆς θαλάσσης
Rev 7:1 ἐπὶ τῆς θαλάσσης **μήτε** ἐπὶ πᾶν δένδρον.
Rev 7:3 ἀδικήσητε τὴν γῆν **μήτε** τὴν θάλασσαν **μήτε**
Rev 7:3 **μήτε** τὴν θάλασσαν **μήτε** τὰ δένδρα,

μήτηρ (*mētēr*; 1/83) *mother*

Rev 17:5 ἡ **μήτηρ** τῶν πορνῶν καὶ

μίγνυμι (*mignymi*; 2/4) *mix*

Rev 8:7 χάλαζα καὶ πῦρ **μεμιγμένα** ἐν αἵματι καὶ
Rev 15:2 ὡς θάλασσαν ὑαλίνην **μεμιγμένην** πυρὶ καὶ

μικρός (*mikros*; 8/46) *little*

Rev 3:8 ὅτι **μικρὰν** ἔχεις δύναμιν καὶ
Rev 6:11 ἀναπαύσονται ἔτι χρόνον **μικρόν**,
Rev 11:18 τοὺς **μικροὺς** καὶ τοὺς μεγάλους,
Rev 13:16 τοὺς **μικροὺς** καὶ τοὺς μεγάλους,
Rev 19:5 οἱ **μικροὶ** καὶ οἱ μεγάλοι.
Rev 19:18 καὶ δούλων καὶ **μικρῶν** καὶ μεγάλων.
Rev 20:3 δεῖ λυθῆναι αὐτὸν **μικρὸν** χρόνον.
Rev 20:12 μεγάλους καὶ τοὺς **μικρούς**,

μιμνῄσκομαι (*mimnēskomai*; 1/23) *remember*

Rev 16:19 Βαβυλὼν ἡ μεγάλη **ἐμνήσθη** ἐνώπιον τοῦ θεοῦ

μισέω (*miseō*; 4/40) *hate*

Rev 2:6 ὅτι **μισεῖς** τὰ ἔργα τῶν
Rev 2:6 Νικολαϊτῶν ἃ κἀγὼ **μισῶ**.
Rev 17:16 τὸ θηρίον οὗτοι **μισήσουσιν** τὴν πόρνην
Rev 18:2 θηρίου ἀκαθάρτου] καὶ **μεμισημένου**,

μισθός (*misthos*; 2/29) *pay*

Rev 11:18 καὶ δοῦναι τὸν **μισθὸν** τοῖς δούλοις σου
Rev 22:12 καὶ ὁ μισθός **μου** μετ' ἐμοῦ ἀποδοῦναι

Μιχαήλ (*Michaēl*; 1/2) *Michael*

Rev 12:7 ὁ **Μιχαὴλ** καὶ οἱ ἄγγελοι

μνῆμα (*mnēma*; 1/8) *grave*

Rev 11:9 ἀφίουσιν τεθῆναι εἰς **μνῆμα**.

μνημονεύω (*mnēmoneuō*; 3/21) *remember*

Rev 2:5 **μνημόνευε** οὖν πόθεν πέπτωκας
Rev 3:3 **μνημόνευε** οὖν πῶς εἴληφας
Rev 18:5 τοῦ οὐρανοῦ καὶ **ἐμνημόνευσεν** ὁ θεὸς τὰ

μοιχεύω (*moicheuō*; 1/14[15]) *commit adultery*

Rev 2:22 κλίνην καὶ τοὺς **μοιχεύοντας** μετ' αὐτῆς

μολύνω (*molynō*; 2/3) *defile*

Rev 3:4 Σάρδεσιν ἃ οὐκ **ἐμόλυναν** τὰ ἱμάτια αὐτῶν,
Rev 14:4 μετὰ γυναικῶν οὐκ **ἐμολύνθησαν**,

μόνος (*monos*; 1/113[114]) *only*

Rev 15:4 ὅτι **μόνος** ὅσιος,

μόσχος (*moschos*; 1/6) *calf, young bull, ox*

Rev 4:7 δεύτερον ζῷον ὅμοιον **μόσχῳ** καὶ τὸ τρίτον

μουσικός (*mousikos*; 1/1) *musician*
Rev 18:22 φωνὴ κιθαρῳδῶν καὶ **μουσικῶν** καὶ αὐλητῶν καὶ

μυκάομαι (*mykaomai*; 1/1) *roar*
Rev 10:3 μεγάλῃ ὥσπερ λέων **μυκᾶται**.

μύλινος (*mylinos*; 1/1) *pertaining to a mill*
Rev 18:21 ἰσχυρὸς λίθον ὡς **μύλινον** μέγαν καὶ ἔβαλεν

μύλος (*mylos*; 1/4) *mill*
Rev 18:22 καὶ φωνὴ **μύλου** οὐ μὴ ἀκουσθῇ

μυριάς (*myrias*; 3/8) *group of ten thousand*
Rev 5:11 ὁ ἀριθμὸς αὐτῶν **μυριάδες** μυριάδων καὶ χιλιάδες
Rev 5:11 ἀριθμὸς αὐτῶν μυριάδες **μυριάδων** καὶ χιλιάδες χιλιάδων
Rev 9:16 τοῦ ἱππικοῦ δισμυριάδες **μυριάδων**,

μύρον (*myron*; 1/14) *perfume*
Rev 18:13 καὶ θυμιάματα καὶ **μύρον** καὶ λίβανον καὶ

μυστήριον (*mystērion*; 4/28) *secret, mystery*
Rev 1:20 τὸ **μυστήριον** τῶν ἑπτὰ ἀστέρων
Rev 10:7 καὶ ἐτελέσθη τὸ **μυστήριον** τοῦ θεοῦ,
Rev 17:5 **μυστήριον**,
Rev 17:7 ἐρῶ σοι τὸ **μυστήριον** τῆς γυναικὸς καὶ

Μωϋσῆς (*Mōysēs*; 1/79[80]) *Moses*
Rev 15:3 ᾄδουσιν τὴν ᾠδὴν **Μωϋσέως** τοῦ δούλου

ναί (*nai*; 4/33) *yes*
Rev 1:7 **ναί**,
Rev 14:13 **ναί**,
Rev 16:7 **ναὶ** κύριε ὁ θεὸς
Rev 22:20 **ναί**,

ναός (*naos*; 16/45) *temple*
Rev 3:12 στῦλον ἐν τῷ **ναῷ** τοῦ θεοῦ μου
Rev 7:15 νυκτὸς ἐν τῷ **ναῷ** αὐτοῦ,
Rev 11:1 καὶ μέτρησον τὸν **ναὸν** τοῦ θεοῦ καὶ
Rev 11:2 τὴν ἔξωθεν τοῦ **ναοῦ** ἔκβαλε ἔξωθεν καὶ
Rev 11:19 Καὶ ἠνοίγη ὁ **ναὸς** τοῦ θεοῦ ὁ
Rev 11:19 αὐτοῦ ἐν τῷ **ναῷ** αὐτοῦ,
Rev 14:15 ἐξῆλθεν ἐκ τοῦ **ναοῦ** κράζων ἐν φωνῇ
Rev 14:17 ἐξῆλθεν ἐκ τοῦ **ναοῦ** τοῦ ἐν τῷ
Rev 15:5 καὶ ἠνοίγη ὁ **ναὸς** τῆς σκηνῆς τοῦ
Rev 15:6 πληγὰς ἐκ τοῦ **ναοῦ** ἐνδεδυμένοι λίνον καθαρὸν
Rev 15:8 καὶ ἐγεμίσθη ὁ **ναὸς** καπνοῦ ἐκ τῆς
Rev 15:8 εἰσελθεῖν εἰς τὸν **ναὸν** ἄχρι τελεσθῶσιν αἱ
Rev 16:1 φωνῆς ἐκ τοῦ **ναοῦ** λεγούσης ταῖς ἑπτὰ
Rev 16:17 μεγάλη ἐκ τοῦ **ναοῦ** ἀπὸ τοῦ θρόνου
Rev 21:22 Καὶ **ναὸν** οὐκ εἶδον ἐν
Rev 21:22 θεὸς ὁ παντοκράτωρ **ναὸς** αὐτῆς ἐστιν καὶ

ναύτης (*nautēs*; 1/3) *sailor*
Rev 18:17 τόπον πλέων καὶ **ναῦται** καὶ ὅσοι τὴν

νεκρός (*nekros*; 13/128) *dead*
Rev 1:5 ὁ πρωτότοκος τῶν **νεκρῶν** καὶ ὁ ἄρχων
Rev 1:17 πόδας αὐτοῦ ὡς **νεκρός**,
Rev 1:18 καὶ ἐγενόμην **νεκρὸς** καὶ ἰδοὺ ζῶν
Rev 2:8 ὃς ἐγένετο **νεκρὸς** καὶ ἔζησεν·
Rev 3:1 καὶ **νεκρὸς** εἶ.
Rev 11:18 ὁ καιρὸς τῶν **νεκρῶν** κριθῆναι καὶ δοῦναι
Rev 14:13 μακάριοι οἱ **νεκροὶ** οἱ ἐν κυρίῳ
Rev 16:3 ἐγένετο αἷμα ὡς **νεκροῦ**,
Rev 20:5 οἱ λοιποὶ τῶν **νεκρῶν** οὐκ ἔζησαν ἄχρι
Rev 20:12 καὶ εἶδον τοὺς **νεκρούς**,
Rev 20:12 καὶ ἐκρίθησαν οἱ **νεκροὶ** ἐκ τῶν γεγραμμένων
Rev 20:13 ἡ θάλασσα τοὺς **νεκροὺς** τοὺς ἐν αὐτῇ
Rev 20:13 ᾅδης ἔδωκαν τοὺς **νεκροὺς** τοὺς ἐν αὐτοῖς,

νεφέλη (*nephelē*; 7/25) *cloud*
Rev 1:7 ἔρχεται μετὰ τῶν **νεφελῶν**,
Rev 10:1 τοῦ οὐρανοῦ περιβεβλημένον **νεφέλην**,
Rev 11:12 οὐρανὸν ἐν τῇ **νεφέλῃ**,
Rev 14:14 καὶ ἰδοὺ νεφέλη **λευκή**,
Rev 14:14 καὶ ἐπὶ τὴν **νεφέλην** καθήμενον ὅμοιον υἱὸν
Rev 14:15 καθημένῳ ἐπὶ τῆς **νεφέλης**·
Rev 14:16 καθήμενος ἐπὶ τῆς **νεφέλης** τὸ δρέπανον αὐτοῦ

Νεφθαλίμ (*Nephthalim*; 1/3) *Naphtali*
Rev 7:6 ἐκ φυλῆς **Νεφθαλὶμ** δώδεκα χιλιάδες,

νεφρός (*nephros*; 1/1) *kidney*
Rev 2:23 εἰμι ὁ ἐραυνῶν **νεφροὺς** καὶ καρδίας,

νῆσος (*nēsos*; 3/9) *island*
Rev 1:9 ἐγενόμην ἐν τῇ **νήσῳ** τῇ καλουμένῃ Πάτμῳ
Rev 6:14 πᾶν ὄρος καὶ **νῆσος** ἐκ τῶν τόπων
Rev 16:20 καὶ πᾶσα **νῆσος** ἔφυγεν καὶ ὄρη

νικάω (*nikaō*; 17/28) *overcome*
Rev 2:7 Τῷ **νικῶντι** δώσω αὐτῷ φαγεῖν
Rev 2:11 Ὁ **νικῶν** οὐ μὴ ἀδικηθῇ
Rev 2:17 Τῷ **νικῶντι** δώσω αὐτῷ τοῦ
Rev 2:26 Καὶ ὁ **νικῶν** καὶ ὁ τηρῶν
Rev 3:5 Ὁ **νικῶν** οὕτως περιβαλεῖται ἐν
Rev 3:12 Ὁ **νικῶν** ποιήσω αὐτὸν στῦλον
Rev 3:21 Ὁ **νικῶν** δώσω αὐτῷ καθίσαι
Rev 3:21 ὡς κἀγὼ **ἐνίκησα** καὶ ἐκάθισα μετὰ
Rev 5:5 ἰδοὺ **ἐνίκησεν** ὁ λέων ὁ
Rev 6:2 στέφανος καὶ ἐξῆλθεν **νικῶν** καὶ ἵνα νικήσῃ.
Rev 6:2 νικῶν καὶ ἵνα **νικήσῃ**.
Rev 11:7 αὐτῶν πόλεμον καὶ **νικήσει** αὐτοὺς καὶ ἀποκτενεῖ
Rev 12:11 καὶ αὐτοὶ **ἐνίκησαν** αὐτὸν διὰ τὸ
Rev 13:7 τῶν ἁγίων καὶ **νικῆσαι** αὐτούς,
Rev 15:2 πυρὶ καὶ τοὺς **νικῶντας** ἐκ τοῦ θηρίου
Rev 17:14 καὶ τὸ ἀρνίον **νικήσει** αὐτούς,
Rev 21:7 ὁ **νικῶν** κληρονομήσει ταῦτα καὶ

Νικολαΐτης (*Nikolaitēs*; 2/2) *Nicolaitan*
Rev 2:6 τὰ ἔργα τῶν **Νικολαϊτῶν** ἃ κἀγὼ μισῶ.
Rev 2:15 τὴν διδαχὴν [τῶν] **Νικολαϊτῶν** ὁμοίως.

νότος (*notos*; 1/7) *south wind*
Rev 21:13 τρεῖς καὶ ἀπὸ **νότου** πυλῶνες τρεῖς καὶ

νοῦς (*nous*; 2/24) *mind*
Rev 13:18 ὁ ἔχων **νοῦν** ψηφισάτω τὸν ἀριθμὸν
Rev 17:9 ὧδε ὁ **νοῦς** ὁ ἔχων σοφίαν.

νύμφη (*nymphē*; 4/8) *bride*
Rev 18:23 φωνὴ νυμφίου καὶ **νύμφης** οὐ μὴ ἀκουσθῇ
Rev 21:2 θεοῦ ἡτοιμασμένην ὡς **νύμφην** κεκοσμημένην τῷ ἀνδρὶ
Rev 21:9 δείξω σοι τὴν **νύμφην** τὴν γυναῖκα τοῦ
Rev 22:17 πνεῦμα καὶ ἡ **νύμφη** λέγουσιν·

νυμφίος (*nymphios*; 1/16) *bridegroom*
Rev 18:23 καὶ φωνὴ **νυμφίου** καὶ νύμφης οὐ

νύξ (*nyx*; 8/61) *night*
Rev 4:8 ἔχουσιν ἡμέρας καὶ **νυκτὸς** λέγοντες·
Rev 7:15 αὐτῷ ἡμέρας καὶ **νυκτὸς** ἐν τῷ ναῷ
Rev 8:12 αὐτῆς καὶ ἡ **νὺξ** ὁμοίως.
Rev 12:10 ἡμῶν ἡμέρας καὶ **νυκτός**.
Rev 14:11 ἀνάπαυσιν ἡμέρας καὶ **νυκτὸς** οἱ προσκυνοῦντες τὸ
Rev 20:10 βασανισθήσονται ἡμέρας καὶ **νυκτὸς** εἰς τοὺς αἰῶνας
Rev 21:25 **νὺξ** γὰρ οὐκ ἔσται
Rev 22:5 καὶ **νὺξ** οὐκ ἔσται ἔτι

ξηραίνω (*xērainō*; 2/15) *dry up*
Rev 14:15 ὅτι **ἐξηράνθη** ὁ θερισμὸς τῆς
Rev 16:12 καὶ **ἐξηράνθη** τὸ ὕδωρ αὐτοῦ,

ξύλινος (*xylinos*; 1/2) *wooden*
Rev 9:20 λίθινα καὶ τὰ **ξύλινα**,

ξύλον (*xylon*; 7/20) *wood*
Rev 2:7 φαγεῖν ἐκ τοῦ **ξύλου** τῆς ζωῆς,
Rev 18:12 καὶ πᾶν **ξύλον** θύϊνον καὶ πᾶν
Rev 18:12 πᾶν σκεῦος ἐκ **ξύλου** τιμιωτάτου καὶ χαλκοῦ
Rev 22:2 ἐντεῦθεν καὶ ἐκεῖθεν **ξύλον** ζωῆς ποιοῦν καρποὺς
Rev 22:2 τὰ φύλλα τοῦ **ξύλου** εἰς θεραπείαν τῶν
Rev 22:14 αὐτῶν ἐπὶ τὸ **ξύλον** τῆς ζωῆς καὶ
Rev 22:19 αὐτοῦ ἀπὸ τοῦ **ξύλου** τῆς ζωῆς καὶ

ὄγδοος (*ogdoos*; 2/5) *eighth*
Rev 17:11 ἔστιν καὶ αὐτὸς **ὄγδοός** ἐστιν καὶ ἐκ
Rev 21:20 ὁ **ὄγδοος** βήρυλλος,

ὅδε (*hode*; 7/10) *this*
Rev 2:1 **Τάδε** λέγει ὁ κρατῶν
Rev 2:8 **Τάδε** λέγει ὁ πρῶτος
Rev 2:12 **Τάδε** λέγει ὁ ἔχων
Rev 2:18 **Τάδε** λέγει ὁ υἱὸς
Rev 3:1 **Τάδε** λέγει ὁ ἔχων
Rev 3:7 **Τάδε** λέγει ὁ ἅγιος,
Rev 3:14 **Τάδε** λέγει ὁ ἀμήν,

ὁδηγέω (*hodēgeō*; 1/5) *lead*
Rev 7:17 ποιμανεῖ αὐτοὺς καὶ **ὁδηγήσει** αὐτοὺς ἐπὶ ζωῆς

ὁδός (*hodos*; 2/101) *way*
Rev 15:3 καὶ ἀληθιναὶ αἱ **ὁδοί** σου,
Rev 16:12 ἵνα ἑτοιμασθῇ ἡ **ὁδὸς** τῶν βασιλέων τῶν

ὀδούς (*odous*; 1/12) *tooth*
Rev 9:8 καὶ οἱ **ὀδόντες** αὐτῶν ὡς λεόντων

οἶδα (*oida*; 12/318) *know*
Rev 2:2 **οἶδα** τὰ ἔργα σου
Rev 2:9 **οἶδά** σου τὴν θλῖψιν
Rev 2:13 **οἶδα** ποῦ κατοικεῖς,
Rev 2:17 γεγραμμένον ὃ οὐδεὶς **οἶδεν** εἰ μὴ ὁ
Rev 2:19 **οἶδά** σου τὰ ἔργα
Rev 3:1 **οἶδά** σου τὰ ἔργα
Rev 3:8 **οἶδά** σου τὰ ἔργα,
Rev 3:15 **οἶδά** σου τὰ ἔργα
Rev 3:17 καὶ οὐκ **οἶδας** ὅτι σὺ εἶ
Rev 7:14 σὺ **οἶδας**.
Rev 12:12 **εἰδὼς** ὅτι ὀλίγον καιρὸν
Rev 19:12 γεγραμμένον ὃ οὐδεὶς **οἶδεν** εἰ μὴ αὐτός,

οἰκουμένη (*oikoumenē*; 3/15) *world*
Rev 3:10 ἔρχεσθαι ἐπὶ τῆς **οἰκουμένης** ὅλης πειράσαι τοὺς
Rev 12:9 ὁ πλανῶν τὴν **οἰκουμένην** ὅλην,
Rev 16:14 τοὺς βασιλεῖς τῆς **οἰκουμένης** ὅλης συναγαγεῖν αὐτοὺς

οἶνος (*oinos*; 8/34) *wine*
Rev 6:6 ἔλαιον καὶ τὸν **οἶνον** μὴ ἀδικήσῃς.
Rev 14:8 ἣ ἐκ τοῦ **οἴνου** τοῦ θυμοῦ τῆς
Rev 14:10 πίεται ἐκ τοῦ **οἴνου** τοῦ θυμοῦ τοῦ
Rev 16:19 τὸ ποτήριον τοῦ **οἴνου** τοῦ θυμοῦ τῆς
Rev 17:2 γῆν ἐκ τοῦ **οἴνου** τῆς πορνείας αὐτῆς.
Rev 18:3 ὅτι ἐκ τοῦ **οἴνου** τοῦ θυμοῦ τῆς
Rev 18:13 καὶ λίβανον καὶ **οἶνον** καὶ ἔλαιον καὶ
Rev 19:15 τὴν ληνὸν τοῦ **οἴνου** τοῦ θυμοῦ τῆς

οἷος (*hoios*; 1/14) *such as*
Rev 16:18 **οἷος** οὐκ ἐγένετο ἀφ'

ὀλίγος (*oligos*; 4/40) *little*
Rev 2:14 ἔχω κατὰ σοῦ **ὀλίγα** ὅτι ἔχεις ἐκεῖ
Rev 3:4 ἀλλὰ ἔχεις **ὀλίγα** ὀνόματα ἐν Σάρδεσιν
Rev 12:12 εἰδὼς ὅτι **ὀλίγον** καιρὸν ἔχει.
Rev 17:10 καὶ ὅταν ἔλθῃ **ὀλίγον** αὐτὸν δεῖ μεῖναι.

ὅλος (*holos*; 5/109) *whole*
Rev 3:10 ἐπὶ τῆς οἰκουμένης **ὅλης** πειράσαι τοὺς κατοικοῦντας
Rev 6:12 καὶ ἡ σελήνη **ὅλη** ἐγένετο ὡς αἷμα
Rev 12:9 πλανῶν τὴν οἰκουμένην **ὅλην**,
Rev 13:3 Καὶ ἐθαυμάσθη **ὅλη** ἡ γῆ ὀπίσω
Rev 16:14 βασιλεῖς τῆς οἰκουμένης **ὅλης** συναγαγεῖν αὐτοὺς εἰς

ὄλυνθος (*olynthos*; 1/1) *late fig*

Rev 6:13 συκῆ βάλλει τοὺς **ὀλύνθους** αὐτῆς ὑπὸ ἀνέμου

ὀμνύω (*omnyō*; 1/26) *swear*

Rev 10:6 καὶ **ὤμοσεν** ἐν τῷ ζῶντι

ὅμοιος (*homoios*; 21/45) *like*

Rev 1:13 μέσῳ τῶν λυχνιῶν **ὅμοιον** υἱὸν ἀνθρώπου ἐνδεδυμένον
Rev 1:15 οἱ πόδες αὐτοῦ **ὅμοιοι** χαλκολιβάνῳ ὡς ἐν
Rev 2:18 οἱ πόδες αὐτοῦ **ὅμοιοι** χαλκολιβάνῳ·
Rev 4:3 καὶ ὁ καθήμενος **ὅμοιος** ὁράσει λίθῳ ἰάσπιδι
Rev 4:3 κυκλόθεν τοῦ θρόνου **ὅμοιος** ὁράσει σμαραγδίνῳ.
Rev 4:6 ὡς θάλασσα ὑαλίνη **ὁμοία** κρυστάλλῳ.
Rev 4:7 ζῷον τὸ πρῶτον **ὅμοιον** λέοντι καὶ τὸ
Rev 4:7 τὸ δεύτερον ζῷον **ὅμοιον** μόσχῳ καὶ τὸ
Rev 4:7 τὸ τέταρτον ζῷον **ὅμοιον** ἀετῷ πετομένῳ.
Rev 9:7 ὁμοιώματα τῶν ἀκρίδων **ὅμοια** ἵπποις ἡτοιμασμένοις εἰς
Rev 9:7 αὐτῶν ὡς στέφανοι **ὅμοιοι** χρυσῷ,
Rev 9:10 καὶ ἔχουσιν οὐρὰς **ὁμοίας** σκορπίοις καὶ κέντρα,
Rev 9:19 γὰρ οὐραὶ αὐτῶν **ὅμοιαι** ὄφεσιν,
Rev 11:1 ἐδόθη μοι κάλαμος **ὅμοιος** ῥάβδῳ,
Rev 13:2 ὃ εἶδον ἦν **ὅμοιον** παρδάλει καὶ οἱ
Rev 13:4 τίς ὅμοιος **τῷ** θηρίῳ καὶ τίς
Rev 13:11 εἶχεν κέρατα δύο **ὅμοια** ἀρνίῳ καὶ ἐλάλει
Rev 14:14 τὴν νεφέλην καθήμενον **ὅμοιον** υἱὸν ἀνθρώπου,
Rev 18:18 τίς **ὁμοία** τῇ πόλει τῇ
Rev 21:11 ὁ φωστὴρ αὐτῆς **ὅμοιος** λίθῳ τιμιωτάτῳ ὡς
Rev 21:18 πόλις χρυσίον καθαρὸν **ὅμοιον** ὑάλῳ καθαρῷ.

ὁμοίωμα (*homoiōma*; 1/6) *likeness*

Rev 9:7 Καὶ τὰ **ὁμοιώματα** τῶν ἀκρίδων ὅμοια

ὁμοίως (*homoiōs*; 2/30) *in the same way*

Rev 2:15 διδαχὴν [τῶν] Νικολαϊτῶν **ὁμοίως**.
Rev 8:12 καὶ ἡ νὺξ **ὁμοίως**.

ὁμολογέω (*homologeō*; 1/26) *confess*

Rev 3:5 τῆς ζωῆς καὶ **ὁμολογήσω** τὸ ὄνομα αὐτοῦ

ὄνομα (*onoma*; 38/229[230]) *name*

Rev 2:3 ἐβάστασας διὰ τὸ **ὄνομά** μου καὶ οὐ
Rev 2:13 καὶ κρατεῖς τὸ **ὄνομά** μου καὶ οὐκ
Rev 2:17 ἐπὶ τὴν ψῆφον **ὄνομα** καινὸν γεγραμμένον
Rev 3:1 τὰ ἔργα ὅτι **ὄνομα** ἔχεις ὅτι ζῇς,
Rev 3:4 ἀλλὰ ἔχεις ὀλίγα **ὀνόματα** ἐν Σάρδεσιν ἃ
Rev 3:5 μὴ ἐξαλείψω τὸ **ὄνομα** αὐτοῦ ἐκ τῆς
Rev 3:5 καὶ ὁμολογήσω τὸ **ὄνομα** αὐτοῦ ἐνώπιον
Rev 3:8 οὐκ ἠρνήσω τὸ **ὄνομά** μου.
Rev 3:12 ἐπ' αὐτὸν τὸ **ὄνομα** τοῦ θεοῦ μου
Rev 3:12 μου καὶ τὸ **ὄνομα** τῆς πόλεως τοῦ
Rev 3:12 καὶ τὸ **ὄνομά** μου τὸ καινόν.
Rev 6:8 καθήμενος ἐπάνω αὐτοῦ **ὄνομα** αὐτῷ [ὁ] θάνατος,
Rev 8:11 καὶ τὸ **ὄνομα** τοῦ ἀστέρος λέγεται
Rev 9:11 **ὄνομα** αὐτῷ Ἑβραϊστὶ Ἀβαδδών,
Rev 9:11 ἐν τῇ Ἑλληνικῇ **ὄνομα** ἔχει Ἀπολλύων.
Rev 11:13 ἐν τῷ σεισμῷ **ὀνόματα** ἀνθρώπων χιλιάδες ἑπτὰ
Rev 11:18 τοῖς φοβουμένοις τὸ **ὄνομά** σου,
Rev 13:1 τὰς κεφαλὰς αὐτοῦ **ὀνόμα[τα]** βλασφημίας.
Rev 13:6 θεὸν βλασφημῆσαι τὸ **ὄνομα** αὐτοῦ καὶ τὴν
Rev 13:8 οὐ γέγραπται τὸ **ὄνομα** αὐτοῦ ἐν τῷ
Rev 13:17 τὸ χάραγμα τὸ **ὄνομα** τοῦ θηρίου ἢ
Rev 13:17 τὸν ἀριθμὸν τοῦ **ὀνόματος** αὐτοῦ.
Rev 14:1 χιλιάδες ἔχουσαι τὸ **ὄνομα** αὐτοῦ καὶ τὸ
Rev 14:1 αὐτοῦ καὶ τὸ **ὄνομα** τοῦ πατρὸς αὐτοῦ
Rev 14:11 τὸ χάραγμα τοῦ **ὀνόματος** αὐτοῦ.
Rev 15:2 τοῦ ἀριθμοῦ τοῦ **ὀνόματος** αὐτοῦ ἑστῶτας
Rev 15:4 καὶ δοξάσει τὸ **ὄνομά** σου;
Rev 16:9 καὶ ἐβλασφήμησαν τὸ **ὄνομα** τοῦ θεοῦ τοῦ
Rev 17:3 γέμον[τα] **ὀνόματα** βλασφημίας,
Rev 17:5 τὸ μέτωπον αὐτῆς **ὄνομα** γεγραμμένον,
Rev 17:8 οὐ γέγραπται τὸ **ὄνομα** ἐπὶ τὸ βιβλίον
Rev 19:12 ἔχων **ὄνομα** γεγραμμένον ὃ οὐδεὶς
Rev 19:13 καὶ κέκληται τὸ **ὄνομα** αὐτοῦ ὁ λόγος
Rev 19:16 τὸν μηρὸν αὐτοῦ **ὄνομα** γεγραμμένον·
Rev 21:12 ἀγγέλους δώδεκα καὶ **ὀνόματα** ἐπιγεγραμμένα,
Rev 21:12 ἅ ἐστιν [τὰ **ὀνόματα]** τῶν δώδεκα
Rev 21:14 ἐπ' αὐτῶν δώδεκα **ὀνόματα** τῶν δώδεκα ἀποστόλων
Rev 22:4 καὶ τὸ **ὄνομα** αὐτοῦ ἐπὶ τῶν

ὀξύς (*oxys*; 7/8) *sharp*

Rev 1:16 αὐτοῦ ῥομφαία δίστομος **ὀξεῖα** ἐκπορευομένη καὶ ἡ
Rev 2:12 τὴν δίστομον τὴν **ὀξεῖαν**·
Rev 14:14 χειρὶ αὐτοῦ δρέπανον **ὀξύ**.
Rev 14:17 καὶ αὐτὸς δρέπανον **ὀξύ**.
Rev 14:18 τὸ δρέπανον τὸ **ὀξὺ** λέγων·
Rev 14:18 τὸ δρέπανον τὸ **ὀξὺ** καὶ τρύγησον τοὺς
Rev 19:15 αὐτοῦ ἐκπορεύεται ῥομφαία **ὀξεῖα**,

ὄπισθεν (*opisthen*; 2/7) *behind*

Rev 4:6 ὀφθαλμῶν ἔμπροσθεν καὶ **ὄπισθεν**.
Rev 5:1 γεγραμμένον ἔσωθεν καὶ **ὄπισθεν** κατεσφραγισμένον σφραγῖσιν ἑπτά.

ὀπίσω (*opisō*; 3/35) *after*

Rev 1:10 ἡμέρᾳ καὶ ἤκουσα **ὀπίσω** μου φωνὴν μεγάλην
Rev 12:15 τοῦ στόματος αὐτοῦ **ὀπίσω** τῆς γυναικὸς ὕδωρ
Rev 13:3 ὅλη ἡ γῆ **ὀπίσω** τοῦ θηρίου

ὅπου (*hopou*; 8/82) *where*

Rev 2:13 **ὅπου** ὁ θρόνος τοῦ
Rev 2:13 **ὅπου** ὁ σατανᾶς κατοικεῖ.
Rev 11:8 **ὅπου** καὶ ὁ κύριος
Rev 12:6 **ὅπου** ἔχει ἐκεῖ τόπον
Rev 12:14 **ὅπου** τρέφεται ἐκεῖ καιρὸν
Rev 14:4 ἀκολουθοῦντες τῷ ἀρνίῳ **ὅπου** ἂν ὑπάγῃ.
Rev 17:9 **ὅπου** ἡ γυνὴ κάθηται
Rev 20:10 πυρὸς καὶ θείου **ὅπου** καὶ τὸ θηρίον

ὀπώρα (*opōra*; 1/1) *fruit*

Rev 18:14 καὶ ἡ **ὀπώρα** σου τῆς ἐπιθυμίας

ὅρασις (*horasis*; 3/4) *vision*

Rev 4:3 ὁ καθήμενος ὅμοιος **ὁράσει** λίθῳ ἰάσπιδι
Rev 4:3 τοῦ θρόνου ὅμοιος **ὁράσει** σμαραγδίνῳ.
Rev 9:17 ἵππους ἐν τῇ **ὁράσει** καὶ τοὺς καθημένους

ὁράω (*horaō*; 63/452) *see*

Rev 1:2 Ἰησοῦ Χριστοῦ ὅσα **εἶδεν**.
Rev 1:7 καὶ **ὄψεται** αὐτὸν πᾶς ὀφθαλμὸς
Rev 1:12 καὶ ἐπιστρέψας **εἶδον** ἑπτὰ λυχνίας χρυσᾶς
Rev 1:17 Καὶ ὅτε **εἶδον** αὐτόν,
Rev 1:19 γράψον οὖν ἃ **εἶδες** καὶ ἃ εἰσὶν
Rev 1:20 ἑπτὰ ἀστέρων οὓς **εἶδες** ἐπὶ τῆς δεξιᾶς
Rev 4:1 Μετὰ ταῦτα **εἶδον**,
Rev 5:1 Καὶ **εἶδον** ἐπὶ τὴν δεξιὰν
Rev 5:2 καὶ **εἶδον** ἄγγελον ἰσχυρὸν κηρύσσοντα
Rev 5:6 Καὶ **εἶδον** ἐν μέσῳ τοῦ
Rev 5:11 Καὶ **εἶδον**,
Rev 6:1 Καὶ **εἶδον** ὅτε ἤνοιξεν τὸ
Rev 6:2 καὶ **εἶδον**,
Rev 6:5 καὶ **εἶδον**,
Rev 6:8 καὶ **εἶδον**,
Rev 6:9 **εἶδον** ὑποκάτω τοῦ θυσιαστηρίου
Rev 6:12 Καὶ **εἶδον** ὅτε ἤνοιξεν τὴν
Rev 7:1 Μετὰ τοῦτο **εἶδον** τέσσαρας ἀγγέλους ἑστῶτας
Rev 7:2 Καὶ **εἶδον** ἄλλον ἄγγελον ἀναβαίνοντα
Rev 7:9 Μετὰ ταῦτα **εἶδον**,
Rev 8:2 Καὶ **εἶδον** τοὺς ἑπτὰ ἀγγέλους
Rev 8:13 Καὶ **εἶδον**,
Rev 9:1 καὶ **εἶδον** ἀστέρα ἐκ τοῦ
Rev 9:17 Καὶ οὕτως **εἶδον** τοὺς ἵππους ἐν
Rev 10:1 Καὶ **εἶδον** ἄλλον ἄγγελον ἰσχυρὸν
Rev 10:5 ὃν **εἶδον** ἑστῶτα ἐπὶ τῆς
Rev 11:19 τῷ οὐρανῷ καὶ **ὤφθη** ἡ κιβωτὸς τῆς
Rev 12:1 Καὶ σημεῖον μέγα **ὤφθη** ἐν τῷ οὐρανῷ,
Rev 12:3 καὶ **ὤφθη** ἄλλο σημεῖον ἐν
Rev 12:13 Καὶ ὅτε **εἶδεν** ὁ δράκων ὅτι
Rev 13:1 Καὶ **εἶδον** ἐκ τῆς θαλάσσης
Rev 13:2 τὸ θηρίον ὃ **εἶδον** ἦν ὅμοιον παρδάλει
Rev 13:11 Καὶ **εἶδον** ἄλλο θηρίον ἀναβαῖνον
Rev 14:1 Καὶ **εἶδον**,
Rev 14:6 Καὶ **εἶδον** ἄλλον ἄγγελον πετόμενον
Rev 14:14 Καὶ **εἶδον**,
Rev 15:1 Καὶ **εἶδον** ἄλλο σημεῖον ἐν
Rev 15:2 Καὶ **εἶδον** ὡς θάλασσαν ὑαλίνην
Rev 15:5 Καὶ μετὰ ταῦτα **εἶδον**,
Rev 16:13 Καὶ **εἶδον** ἐκ τοῦ στόματος
Rev 17:3 Καὶ **εἶδον** γυναῖκα καθημένην ἐπὶ
Rev 17:6 καὶ **εἶδον** τὴν γυναῖκα μεθύουσαν
Rev 17:6 Καὶ ἐθαύμασα **ἰδὼν** αὐτὴν θαῦμα μέγα.
Rev 17:8 Τὸ θηρίον ὃ **εἶδες** ἦν καὶ οὐκ
Rev 17:12 δέκα κέρατα ἃ **εἶδες** δέκα βασιλεῖς εἰσιν,
Rev 17:15 τὰ ὕδατα ἃ **εἶδες** οὗ ἡ πόρνη
Rev 17:16 δέκα κέρατα ἃ **εἶδες** καὶ τὸ θηρίον
Rev 17:18 ἡ γυνὴ ἣν **εἶδες** ἔστιν ἡ πόλις
Rev 18:1 Μετὰ ταῦτα **εἶδον** ἄλλον ἄγγελον καταβαίνοντα
Rev 18:7 πένθος οὐ μὴ **ἴδω**.
Rev 19:10 **ὅρα** μή·
Rev 19:11 Καὶ **εἶδον** τὸν οὐρανὸν ἠνεῳγμένον,
Rev 19:17 Καὶ **εἶδον** ἕνα ἄγγελον ἑστῶτα
Rev 19:19 Καὶ **εἶδον** τὸ θηρίον καὶ
Rev 20:1 Καὶ **εἶδον** ἄγγελον καταβαίνοντα ἐκ
Rev 20:4 Καὶ **εἶδον** θρόνους καὶ ἐκάθισαν
Rev 20:11 Καὶ **εἶδον** θρόνον μέγαν λευκὸν
Rev 20:12 καὶ **εἶδον** τοὺς νεκρούς,
Rev 21:1 Καὶ **εἶδον** οὐρανὸν καινὸν καὶ
Rev 21:2 ἁγίαν Ἰερουσαλὴμ καινὴν **εἶδον** καταβαίνουσαν ἐκ τοῦ
Rev 21:22 Καὶ ναὸν οὐκ **εἶδον** ἐν αὐτῇ,
Rev 22:4 καὶ **ὄψονται** τὸ πρόσωπον αὐτοῦ,
Rev 22:9 **ὅρα** μή·

ὀργή (*orgē*; 6/36) *wrath*

Rev 6:16 καὶ ἀπὸ τῆς **ὀργῆς** τοῦ ἀρνίου,
Rev 6:17 ἡ μεγάλη τῆς **ὀργῆς** αὐτῶν,
Rev 11:18 καὶ ἦλθεν ἡ **ὀργή** σου καὶ ὁ
Rev 14:10 τῷ ποτηρίῳ τῆς **ὀργῆς** αὐτοῦ καὶ βασανισθήσεται
Rev 16:19 τοῦ θυμοῦ τῆς **ὀργῆς** αὐτοῦ.
Rev 19:15 τοῦ θυμοῦ τῆς **ὀργῆς** τοῦ θεοῦ τοῦ

ὀργίζω (*orgizō*; 2/8) *be angry*

Rev 11:18 καὶ τὰ ἔθνη **ὠργίσθησαν**,
Rev 12:17 καὶ **ὠργίσθη** ὁ δράκων ἐπὶ

ὅρμημα (*hormēma*; 1/1) *violence*

Rev 18:21 οὕτως **ὁρμήματι** βληθήσεται Βαβυλὼν ἡ

ὄρνεον (*orneon*; 3/3) *bird*

Rev 18:2 καὶ φυλακὴ παντὸς **ὀρνέου** ἀκαθάρτου [καὶ φυλακὴ
Rev 19:17 λέγων πᾶσιν τοῖς **ὀρνέοις** τοῖς πετομένοις
Rev 19:21 καὶ πάντα τὰ **ὄρνεα** ἐχορτάσθησαν ἐκ τῶν

ὄρος (*oros*; 8/62[63]) *mountain*

Rev 6:14 ἑλισσόμενον καὶ πᾶν **ὄρος** καὶ νῆσος ἐκ
Rev 6:15 τὰς πέτρας τῶν **ὀρέων**
Rev 6:16 καὶ λέγουσιν τοῖς **ὄρεσιν** καὶ ταῖς πέτραις·
Rev 8:8 καὶ ὡς **ὄρος** μέγα πυρὶ καιόμενον
Rev 14:1 ἑστὸς ἐπὶ τὸ **ὄρος** Σιὼν καὶ μετ'
Rev 16:20 νῆσος ἔφυγεν καὶ **ὄρη** οὐχ εὑρέθησαν.
Rev 17:9 ἑπτὰ κεφαλαὶ ἑπτὰ **ὄρη** εἰσίν,
Rev 21:10 ἐν πνεύματι ἐπὶ **ὄρος** μέγα καὶ ὑψηλόν,

ὅς (*hos*; 70/1406[1407]) *who*

Rev 1:1 Ἀποκάλυψις Ἰησοῦ Χριστοῦ **ἣν** ἔδωκεν αὐτῷ ὁ
Rev 1:1 τοῖς δούλοις αὐτοῦ **ἃ** δεῖ γενέσθαι ἐν
Rev 1:2 **ὃς** ἐμαρτύρησεν τὸν λόγον
Rev 1:4 τῶν ἑπτὰ πνευμάτων **ἃ** ἐνώπιον τοῦ θρόνου
Rev 1:11 **ὃ** βλέπεις γράψον εἰς
Rev 1:19 γράψον οὖν **ἃ** εἶδες καὶ ἃ
Rev 1:19 ἃ εἶδες καὶ **ἃ** εἰσὶν καὶ ἃ
Rev 1:19 ἃ εἰσὶν καὶ **ἃ** μέλλει γενέσθαι μετὰ
Rev 1:20 τῶν ἑπτὰ ἀστέρων **οὓς** εἶδες ἐπὶ τῆς
Rev 2:6 ἔργα τῶν Νικολαϊτῶν **ἃ** κἀγὼ μισῶ.
Rev 2:7 **ὅ** ἐστιν ἐν τῷ
Rev 2:8 **ὃς** ἐγένετο νεκρὸς καὶ
Rev 2:10 μηδὲν φοβοῦ **ἃ** μέλλεις πάσχειν.
Rev 2:13 **ὃς** ἀπεκτάνθη παρ' ὑμῖν,
Rev 2:14 **ὃς** ἐδίδασκεν τῷ Βαλὰκ
Rev 2:17 ὄνομα καινὸν γεγραμμένον **ὃ** οὐδεὶς οἶδεν εἰ
Rev 2:25 πλὴν **ὃ** ἔχετε κρατήσατε ἄχρι[ς]

Rev 2:25 ἔχετε κρατήσατε ἄχρι[ς] **οὗ** ἂν ἥξω.
Rev 3:2 στήρισον τὰ λοιπὰ **ἃ** ἔμελλον ἀποθανεῖν,
Rev 3:4 ὀνόματα ἐν Σάρδεσιν **ἃ** οὐκ ἐμόλυναν τὰ
Rev 3:8 **ἣν** οὐδεὶς δύναται κλεῖσαι
Rev 3:11 κράτει **ὃ** ἔχεις,
Rev 4:1 φωνὴ ἡ πρώτη **ἣν** ἤκουσα ὡς σάλπιγγος
Rev 4:1 καὶ δείξω σοι **ἃ** δεῖ γενέσθαι μετὰ
Rev 4:5 **ἅ** εἰσιν τὰ ἑπτὰ
Rev 5:6 καὶ ὀφθαλμοὺς ἑπτὰ **οἵ** εἰσιν τὰ [ἑπτὰ]
Rev 5:8 **αἵ** εἰσιν αἱ προσευχαὶ
Rev 5:13 καὶ πᾶν κτίσμα **ὃ** ἐν τῷ οὐρανῷ
Rev 6:9 διὰ τὴν μαρτυρίαν **ἣν** εἶχον.
Rev 7:2 τοῖς τέσσαρσιν ἀγγέλοις **οἷς** ἐδόθη αὐτοῖς ἀδικῆσαι
Rev 7:9 **ὃν** ἀριθμῆσαι αὐτὸν οὐδεὶς
Rev 8:2 τοὺς ἑπτὰ ἀγγέλους **οἳ** ἐνώπιον τοῦ θεοῦ
Rev 9:20 **οἳ** οὐκ ἀπεκτάνθησαν ἐν
Rev 9:20 **ἃ** οὔτε βλέπειν δύνανται
Rev 10:4 σφράγισον ἃ **ἐλάλησαν** αἱ ἑπτὰ βρονταί,
Rev 10:5 **ὃν** εἶδον ἑστῶτα ἐπὶ
Rev 10:6 **ὃς** ἔκτισεν τὸν οὐρανὸν
Rev 10:8 Καὶ ἡ φωνὴ **ἣν** ἤκουσα ἐκ τοῦ
Rev 12:5 **ὃς** μέλλει ποιμαίνειν πάντα
Rev 12:16 κατέπιεν τὸν ποταμὸν **ὃν** ἔβαλεν ὁ δράκων
Rev 13:2 καὶ τὸ θηρίον **ὃ** εἶδον ἦν ὅμοιον
Rev 13:8 **οὗ** οὐ γέγραπται τὸ
Rev 13:12 **οὗ** ἐθεραπεύθη ἡ πληγὴ
Rev 13:14 διὰ τὰ σημεῖα **ἃ** ἐδόθη αὐτῷ ποιῆσαι
Rev 13:14 **ὃς** ἔχει τὴν πληγὴν
Rev 14:2 καὶ ἡ φωνὴ **ἣν** ἤκουσα ὡς κιθαρῳδῶν
Rev 14:4 οὗτοί εἰσιν **οἳ** μετὰ γυναικῶν οὐκ
Rev 14:8 Βαβυλὼν ἡ μεγάλη **ἣ** ἐκ τοῦ οἴνου
Rev 16:14 **ἃ** ἐκπορεύεται ἐπὶ τοὺς
Rev 16:18 οὐκ ἐγένετο ἀφ' **οὗ** ἄνθρωπος ἐγένετο ἐπὶ
Rev 17:2 μεθ' **ἧς** ἐπόρνευσαν οἱ βασιλεῖς
Rev 17:8 Τὸ θηρίον **ὃ** εἶδες ἦν καὶ
Rev 17:8 **ὧν** οὐ γέγραπται τὸ
Rev 17:11 καὶ τὸ θηρίον **ὃ** ἦν καὶ οὐκ
Rev 17:12 τὰ δέκα κέρατα **ἃ** εἶδες δέκα βασιλεῖς
Rev 17:15 τὰ ὕδατα **ἃ** εἶδες οὗ ἡ
Rev 17:16 τὰ δέκα κέρατα **ἃ** εἶδες καὶ τὸ
Rev 17:18 καὶ ἡ γυνὴ **ἣν** εἶδες ἔστιν ἡ
Rev 18:6 ἐν τῷ ποτηρίῳ **ᾧ** ἐκέρασεν κεράσατε αὐτῇ
Rev 18:19 ἐν **ᾗ** ἐπλούτησαν πάντες οἱ
Rev 19:12 ἔχων ὄνομα γεγραμμένον **ὃ** οὐδεὶς οἶδεν εἰ
Rev 19:20 ἐν **οἷς** ἐπλάνησεν τοὺς λαβόντας
Rev 20:2 **ὅς** ἐστιν Διάβολος καὶ
Rev 20:8 **ὧν** ὁ ἀριθμὸς αὐτῶν
Rev 20:11 **οὗ** ἀπὸ τοῦ προσώπου
Rev 20:12 **ὅ** ἐστιν τῆς ζωῆς,
Rev 21:8 **ὅ** ἐστιν ὁ θάνατος
Rev 21:12 **ἅ** ἐστιν [τὰ ὀνόματα]
Rev 21:17 **ὅ** ἐστιν ἀγγέλου.
Rev 22:6 τοῖς δούλοις αὐτοῦ **ἃ** δεῖ γενέσθαι ἐν

ὁσάκις (*hosakis*; 1/3) *as often as*

Rev 11:6 ἐν πάσῃ πληγῇ **ὁσάκις** ἐὰν θελήσωσιν.

ὅσιος (*hosios*; 2/8) *holy*

Rev 15:4 ὅτι μόνος **ὅσιος**,
Rev 16:5 ὁ **ὅσιος**,

ὅσος (*hosos*; 7/110) *as much as (pl. as many as)*

Rev 1:2 μαρτυρίαν Ἰησοῦ Χριστοῦ **ὅσα** εἶδεν.
Rev 2:24 **ὅσοι** οὐκ ἔχουσιν τὴν
Rev 3:19 ἐγὼ **ὅσους** ἐὰν φιλῶ ἐλέγχω
Rev 13:15 καὶ ποιήσῃ [ἵνα] **ὅσοι** ἐὰν μὴ προσκυνήσωσιν
Rev 18:7 **ὅσα** ἐδόξασεν αὐτὴν καὶ
Rev 18:17 καὶ ναῦται καὶ **ὅσοι** τὴν θάλασσαν ἐργάζονται,
Rev 21:16 τὸ μῆκος αὐτῆς **ὅσον** [καὶ] τὸ πλάτος.

ὅστις (*hostis*; 9/144) *who*

Rev 1:7 πᾶς ὀφθαλμὸς καὶ **οἵτινες** αὐτὸν ἐξεκέντησαν,
Rev 1:12 βλέπειν τὴν φωνὴν **ἥτις** ἐλάλει μετ' ἐμοῦ,
Rev 2:24 **οἵτινες** οὐκ ἔγνωσαν τὰ
Rev 9:4 μὴ τοὺς ἀνθρώπους **οἵτινες** οὐκ ἔχουσι τὴν
Rev 11:8 **ἥτις** καλεῖται πνευματικῶς Σόδομα
Rev 12:13 ἐδίωξεν τὴν γυναῖκα **ἥτις** ἔτεκεν τὸν ἄρσενα.
Rev 17:12 **οἵτινες** βασιλείαν οὔπω ἔλαβον,
Rev 19:2 πόρνην τὴν μεγάλην **ἥτις** ἔφθειρεν τὴν γῆν
Rev 20:4 τοῦ θεοῦ καὶ **οἵτινες** οὐ προσεκύνησαν τὸ

ὅταν (*hotan*; 9/123) *when*

Rev 4:9 Καὶ **ὅταν** δώσουσιν τὰ ζῷα
Rev 8:1 Καὶ **ὅταν** ἤνοιξεν τὴν σφραγῖδα
Rev 9:5 ὡς βασανισμὸς σκορπίου **ὅταν** παίσῃ ἄνθρωπον.
Rev 10:7 **ὅταν** μέλλῃ σαλπίζειν,
Rev 11:7 Καὶ **ὅταν** τελέσωσιν τὴν μαρτυρίαν
Rev 12:4 ἵνα **ὅταν** τέκῃ τὸ τέκνον
Rev 17:10 καὶ **ὅταν** ἔλθῃ ὀλίγον αὐτὸν
Rev 18:9 **ὅταν** βλέπωσιν τὸν καπνὸν
Rev 20:7 Καὶ **ὅταν** τελεσθῇ τὰ χίλια

ὅτε (*hote*; 13/103) *when*

Rev 1:17 Καὶ **ὅτε** εἶδον αὐτόν,
Rev 5:8 Καὶ **ὅτε** ἔλαβεν τὸ βιβλίον,
Rev 6:1 Καὶ εἶδον **ὅτε** ἤνοιξεν τὸ ἀρνίον
Rev 6:3 Καὶ **ὅτε** ἤνοιξεν τὴν σφραγῖδα
Rev 6:5 Καὶ **ὅτε** ἤνοιξεν τὴν σφραγῖδα
Rev 6:7 Καὶ **ὅτε** ἤνοιξεν τὴν σφραγῖδα
Rev 6:9 Καὶ **ὅτε** ἤνοιξεν τὴν πέμπτην
Rev 6:12 Καὶ εἶδον **ὅτε** ἤνοιξεν τὴν σφραγῖδα
Rev 10:3 καὶ **ὅτε** ἔκραξεν,
Rev 10:4 καὶ **ὅτε** ἐλάλησαν αἱ ἑπτὰ
Rev 10:10 μέλι γλυκὺ καὶ **ὅτε** ἔφαγον αὐτό,
Rev 12:13 Καὶ **ὅτε** εἶδεν ὁ δράκων
Rev 22:8 καὶ **ὅτε** ἤκουσα καὶ ἔβλεψα,

ὅτι (*hoti*; 64/1294[1296]) *because, that*

Rev 2:2 ὑπομονήν σου καὶ **ὅτι** οὐ δύνῃ βαστάσαι
Rev 2:4 ἔχω κατὰ σοῦ **ὅτι** τὴν ἀγάπην σου
Rev 2:6 **ὅτι** μισεῖς τὰ ἔργα
Rev 2:14 κατὰ σοῦ ὀλίγα **ὅτι** ἔχεις ἐκεῖ κρατοῦντας
Rev 2:20 ἔχω κατὰ σοῦ **ὅτι** ἀφεῖς τὴν γυναῖκα
Rev 2:23 πᾶσαι αἱ ἐκκλησίαι **ὅτι** ἐγώ εἰμι ὁ
Rev 3:1 σου τὰ ἔργα **ὅτι** ὄνομα ἔχεις ὅτι
Rev 3:1 ὅτι ὄνομα ἔχεις **ὅτι** ζῇς,
Rev 3:4 **ὅτι** ἄξιοί εἰσιν.
Rev 3:8 **ὅτι** μικρὰν ἔχεις δύναμιν
Rev 3:9 σου καὶ γνῶσιν **ὅτι** ἐγὼ ἠγάπησά σε.

Rev 3:10 **ὅτι** ἐτήρησας τὸν λόγον
Rev 3:15 σου τὰ ἔργα **ὅτι** οὔτε ψυχρὸς εἶ
Rev 3:16 οὕτως **ὅτι** χλιαρὸς εἶ καὶ
Rev 3:17 **ὅτι** λέγεις ὅτι πλούσιός
Rev 3:17 ὅτι λέγεις **ὅτι** πλούσιός εἰμι καὶ
Rev 3:17 καὶ οὐκ οἶδας **ὅτι** σὺ εἶ ὁ
Rev 4:11 **ὅτι** σὺ ἔκτισας τὰ
Rev 5:4 **ὅτι** οὐδεὶς ἄξιος εὑρέθη
Rev 5:9 **ὅτι** ἐσφάγης καὶ ἠγόρασας
Rev 6:17 **ὅτι** ἦλθεν ἡ ἡμέρα
Rev 7:17 **ὅτι** τὸ ἀρνίον τὸ
Rev 8:11 ἐκ τῶν ὑδάτων **ὅτι** ἐπικράνθησαν.
Rev 10:6 **ὅτι** χρόνος οὐκέτι ἔσται,
Rev 11:2 **ὅτι** ἐδόθη τοῖς ἔθνεσιν,
Rev 11:10 **ὅτι** οὗτοι οἱ δύο
Rev 11:17 **ὅτι** εἴληφας τὴν δύναμίν
Rev 12:10 **ὅτι** ἐβλήθη ὁ κατήγωρ
Rev 12:12 **ὅτι** κατέβη ὁ διάβολος
Rev 12:12 εἰδὼς **ὅτι** ὀλίγον καιρὸν ἔχει.
Rev 12:13 εἶδεν ὁ δράκων **ὅτι** ἐβλήθη εἰς τὴν
Rev 13:4 **ὅτι** ἔδωκεν τὴν ἐξουσίαν
Rev 14:7 **ὅτι** ἦλθεν ἡ ὥρα
Rev 14:15 **ὅτι** ἦλθεν ἡ ὥρα
Rev 14:15 **ὅτι** ἐξηράνθη ὁ θερισμὸς
Rev 14:18 **ὅτι** ἤκμασαν αἱ σταφυλαὶ
Rev 15:1 **ὅτι** ἐν αὐταῖς ἐτελέσθη
Rev 15:4 **ὅτι** μόνος ὅσιος,
Rev 15:4 **ὅτι** πάντα τὰ ἔθνη
Rev 15:4 **ὅτι** τὰ δικαιώματά σου
Rev 16:5 **ὅτι** ταῦτα ἔκρινας,
Rev 16:6 **ὅτι** αἷμα ἁγίων καὶ
Rev 16:21 **ὅτι** μεγάλη ἐστὶν ἡ
Rev 17:8 βλεπόντων τὸ θηρίον **ὅτι** ἦν καὶ οὐκ
Rev 17:14 **ὅτι** κύριος κυρίων ἐστὶν
Rev 18:3 **ὅτι** ἐκ τοῦ οἴνου
Rev 18:5 **ὅτι** ἐκολλήθησαν αὐτῆς αἱ
Rev 18:7 **ὅτι** ἐν τῇ καρδίᾳ
Rev 18:7 καρδίᾳ αὐτῆς λέγει **ὅτι** κάθημαι βασίλισσα
Rev 18:8 **ὅτι** ἰσχυρὸς κύριος ὁ
Rev 18:10 **ὅτι** μιᾷ ὥρᾳ ἦλθεν
Rev 18:11 **ὅτι** τὸν γόμον αὐτῶν
Rev 18:17 **ὅτι** μιᾷ ὥρᾳ ἠρημώθη
Rev 18:19 **ὅτι** μιᾷ ὥρᾳ ἠρημώθη.
Rev 18:20 **ὅτι** ἔκρινεν ὁ θεὸς
Rev 18:23 **ὅτι** οἱ ἔμποροί σου
Rev 18:23 **ὅτι** ἐν τῇ φαρμακείᾳ
Rev 19:2 **ὅτι** ἀληθιναὶ καὶ δίκαιαι
Rev 19:2 **ὅτι** ἔκρινεν τὴν πόρνην
Rev 19:6 **ὅτι** ἐβασίλευσεν κύριος ὁ
Rev 19:7 **ὅτι** ἦλθεν ὁ γάμος
Rev 21:4 **[ὅτι]** τὰ πρῶτα ἀπῆλθαν.
Rev 21:5 **ὅτι** οὗτοι οἱ λόγοι
Rev 22:5 **ὅτι** κύριος ὁ θεὸς

οὐ (*ou*; 67/1621[1623]) *not*

Rev 2:2 σου καὶ ὅτι **οὐ** δύνῃ βαστάσαι κακούς,
Rev 2:2 ἑαυτοὺς ἀποστόλους καὶ **οὐκ** εἰσὶν καὶ εὗρες
Rev 2:3 ὄνομά μου καὶ **οὐ** κεκοπίακες.
Rev 2:9 εἶναι ἑαυτοὺς καὶ **οὐκ** εἰσὶν ἀλλὰ συναγωγὴ
Rev 2:11 Ὁ νικῶν **οὐ** μὴ ἀδικηθῇ
Rev 2:13 ὄνομά μου καὶ **οὐκ** ἠρνήσω τὴν πίστιν
Rev 2:21 καὶ **οὐ** θέλει μετανοῆσαι ἐκ
Rev 2:24 ὅσοι **οὐκ** ἔχουσιν τὴν διδαχὴν
Rev 2:24 οἵτινες **οὐκ** ἔγνωσαν τὰ βαθέα
Rev 2:24 **οὐ** βάλλω ἐφ᾽ ὑμᾶς ἄλλο
Rev 3:2 **οὐ** γὰρ εὕρηκά σου
Rev 3:3 καὶ **οὐ** μὴ γνῷς ποίαν
Rev 3:4 ἐν Σάρδεσιν ἃ **οὐκ** ἐμόλυναν τὰ ἱμάτια
Rev 3:5 ἱματίοις λευκοῖς καὶ **οὐ** μὴ ἐξαλείψω τὸ
Rev 3:8 τὸν λόγον καὶ **οὐκ** ἠρνήσω τὸ ὄνομά μου.
Rev 3:9 καὶ **οὐκ** εἰσὶν ἀλλὰ ψεύδονται.
Rev 3:12 μου καὶ ἔξω **οὐ** μὴ ἐξέλθῃ ἔτι
Rev 3:17 καὶ **οὐκ** οἶδας
Rev 4:8 καὶ ἀνάπαυσιν οὐκ **ἔχουσιν** ἡμέρας καὶ νυκτὸς
Rev 6:10 **οὐ** κρίνεις καὶ ἐκδικεῖς
Rev 7:16 **οὐ** πεινάσουσιν ἔτι οὐδὲ
Rev 9:4 οἵτινες **οὐκ** ἔχουσι τὴν σφραγῖδα
Rev 9:6 τὸν θάνατον καὶ **οὐ** μὴ εὑρήσουσιν αὐτόν,
Rev 9:20 οἳ **οὐκ** ἀπεκτάνθησαν ἐν ταῖς
Rev 9:21 καὶ **οὐ** μετενόησαν ἐκ τῶν
Rev 11:9 τὰ πτώματα αὐτῶν **οὐκ** ἀφίουσιν τεθῆναι
Rev 12:8 καὶ **οὐκ** ἴσχυσεν οὐδὲ τόπος
Rev 12:11 μαρτυρίας αὐτῶν καὶ **οὐκ** ἠγάπησαν τὴν ψυχὴν
Rev 13:8 οὗ **οὐ** γέγραπται τὸ ὄνομα
Rev 14:4 οἳ μετὰ γυναικῶν **οὐκ** ἐμολύνθησαν,
Rev 14:5 τῷ στόματι αὐτῶν **οὐχ** εὑρέθη ψεῦδος,
Rev 14:11 καὶ **οὐκ** ἔχουσιν ἀνάπαυσιν ἡμέρας
Rev 15:4 τίς **οὐ** μὴ φοβηθῇ,
Rev 16:9 πληγὰς ταύτας καὶ **οὐ** μετενόησαν δοῦναι αὐτῷ
Rev 16:11 καὶ **οὐ** μετενόησαν ἐκ τῶν ἔργων
Rev 16:18 οἷος **οὐκ** ἐγένετο ἀφ᾽ οὗ
Rev 16:20 ἔφυγεν καὶ ὄρη **οὐχ** εὑρέθησαν.
Rev 17:8 εἶδες ἦν καὶ **οὐκ** ἔστιν καὶ μέλλει
Rev 17:8 ὧν **οὐ** γέγραπται τὸ ὄνομα
Rev 17:8 ὅτι ἦν καὶ **οὐκ** ἔστιν καὶ παρέσται
Rev 17:11 ὃ ἦν καὶ **οὐκ** ἔστιν καὶ αὐτὸς
Rev 18:7 βασίλισσα καὶ χήρα **οὐκ** εἰμὶ καὶ πένθος
Rev 18:7 εἰμὶ καὶ πένθος **οὐ** μὴ ἴδω.
Rev 18:14 καὶ οὐκέτι **οὐ** μὴ αὐτὰ ε
Rev 18:21 μεγάλη πόλις καὶ **οὐ** μὴ εὑρεθῇ ἔτι.
Rev 18:22 αὐλητῶν καὶ σαλπιστῶν **οὐ** μὴ ἀκουσθῇ ἐν
Rev 18:22 τεχνίτης πάσης τέχνης **οὐ** μὴ εὑρεθῇ ἐν
Rev 18:22 καὶ φωνὴ μύλου **οὐ** μὴ ἀκουσθῇ ἐν
Rev 18:23 καὶ φῶς λύχνου **οὐ** μὴ φάνῃ ἐν
Rev 18:23 νυμφίου καὶ νύμφης **οὐ** μὴ ἀκουσθῇ ἐν
Rev 20:4 θεοῦ καὶ οἵτινες **οὐ** προσεκύνησαν τὸ θηρίον
Rev 20:4 καὶ **οὐκ** ἔλαβον τὸ χάραγμα
Rev 20:5 λοιποὶ τῶν νεκρῶν **οὐκ** ἔζησαν ἄχρι τελεσθῇ
Rev 20:6 ὁ δεύτερος θάνατος **οὐκ** ἔχει ἐξουσίαν,
Rev 20:11 καὶ τόπος **οὐχ** εὑρέθη αὐτοῖς.
Rev 20:15 καὶ εἴ τις **οὐχ** εὑρέθη ἐν τῇ
Rev 21:1 ἡ θάλασσα **οὐκ** ἔστιν ἔτι.
Rev 21:4 καὶ ὁ θάνατος **οὐκ** ἔσται ἔτι οὔτε
Rev 21:4 οὔτε πόνος **οὐκ** ἔσται ἔτι,
Rev 21:22 Καὶ ναὸν **οὐκ** εἶδον ἐν αὐτῇ,
Rev 21:23 καὶ ἡ πόλις **οὐ** χρείαν ἔχει τοῦ
Rev 21:25 οἱ πυλῶνες αὐτῆς **οὐ** μὴ κλεισθῶσιν ἡμέρας,
Rev 21:25 νὺξ γὰρ **οὐκ** ἔσται ἐκεῖ,
Rev 21:27 καὶ **οὐ** μὴ εἰσέλθῃ εἰς
Rev 22:3 καὶ πᾶν κατάθεμα **οὐκ** ἔσται ἔτι.
Rev 22:5 καὶ νὺξ **οὐκ** ἔσται ἔτι καὶ

Rev 22:5 ἔσται ἔτι καὶ **οὐκ** ἔχουσιν χρείαν φωτὸς

οὗ (*hou*; 1/24) *where*

Rev 17:15 ὕδατα ἃ εἶδες **οὗ** ἡ πόρνη κάθηται,

οὐαί (*ouai*; 14/46) *woe*

Rev 8:13 **οὐαὶ** οὐαὶ οὐαὶ τοὺς
Rev 8:13 οὐαὶ **οὐαὶ** οὐαὶ τοὺς κατοικοῦντας
Rev 8:13 οὐαὶ οὐαὶ **οὐαὶ** τοὺς κατοικοῦντας ἐπὶ
Rev 9:12 Ἡ **οὐαὶ** ἡ μία ἀπῆλθεν·
Rev 9:12 ἔρχεται ἔτι δύο **οὐαὶ** μετὰ ταῦτα.
Rev 11:14 Ἡ **οὐαὶ** ἡ δευτέρα ἀπῆλθεν·
Rev 11:14 ἰδοὺ ἡ **οὐαὶ** ἡ τρίτη ἔρχεται
Rev 12:12 **οὐαὶ** τὴν γῆν καὶ
Rev 18:10 **οὐαὶ** οὐαί,
Rev 18:10 οὐαὶ **οὐαί**,
Rev 18:16 **οὐαὶ** οὐαί,
Rev 18:16 οὐαὶ **οὐαί**,
Rev 18:19 **οὐαὶ** οὐαί,
Rev 18:19 οὐαὶ **οὐαί**,

οὐδέ (*oude*; 11/141[143]) *neither, nor*

Rev 5:3 ἐν τῷ οὐρανῷ **οὐδὲ** ἐπὶ τῆς γῆς
Rev 5:3 ἐπὶ τῆς γῆς **οὐδὲ** ὑποκάτω τῆς γῆς
Rev 7:16 οὐ πεινάσουσιν ἔτι **οὐδὲ** διψήσουσιν ἔτι οὐδὲ
Rev 7:16 οὐδὲ διψήσουσιν ἔτι **οὐδὲ** μὴ πέσῃ ἐπ'
Rev 7:16 αὐτοὺς ὁ ἥλιος **οὐδὲ** πᾶν καῦμα,
Rev 9:4 χόρτον τῆς γῆς **οὐδὲ** πᾶν χλωρὸν οὐδὲ
Rev 9:4 οὐδὲ πᾶν χλωρὸν **οὐδὲ** πᾶν δένδρον,
Rev 9:20 **οὐδὲ** μετενόησαν ἐκ τῶν
Rev 12:8 καὶ οὐκ ἴσχυσεν **οὐδὲ** τόπος εὑρέθη αὐτῶν
Rev 20:4 προσεκύνησαν τὸ θηρίον **οὐδὲ** τὴν εἰκόνα αὐτοῦ
Rev 21:23 ἔχει τοῦ ἡλίου **οὐδὲ** τῆς σελήνης ἵνα

οὐδείς (*oudeis*; 12/225[227]) *no one*

Rev 2:17 καινὸν γεγραμμένον ὃ **οὐδεὶς** οἶδεν εἰ μὴ
Rev 3:7 ὁ ἀνοίγων καὶ **οὐδεὶς** κλείσει καὶ κλείων
Rev 3:7 καὶ κλείων καὶ **οὐδεὶς** ἀνοίγει·
Rev 3:8 ἣν **οὐδεὶς** δύναται κλεῖσαι αὐτήν,
Rev 3:17 καὶ πεπλούτηκα καὶ **οὐδὲν** χρείαν ἔχω,
Rev 5:3 καὶ **οὐδεὶς** ἐδύνατο ἐν τῷ
Rev 5:4 ὅτι **οὐδεὶς** ἄξιος εὑρέθη ἀνοῖξαι
Rev 7:9 ὃν ἀριθμῆσαι αὐτὸν **οὐδεὶς** ἐδύνατο,
Rev 14:3 καὶ **οὐδεὶς** ἐδύνατο μαθεῖν τὴν
Rev 15:8 καὶ **οὐδεὶς** ἐδύνατο εἰσελθεῖν εἰς
Rev 18:11 τὸν γόμον αὐτῶν **οὐδεὶς** ἀγοράζει οὐκέτι
Rev 19:12 ὄνομα γεγραμμένον ὃ **οὐδεὶς** οἶδεν εἰ μὴ

οὐκέτι (*ouketi*; 3/47) *no longer*

Rev 10:6 ὅτι χρόνος **οὐκέτι** ἔσται,
Rev 18:11 αὐτῶν οὐδεὶς ἀγοράζει **οὐκέτι**
Rev 18:14 ἀπὸ σοῦ καὶ **οὐκέτι** οὐ μὴ αὐτὰ

οὖν (*oun*; 6/497[499]) *therefore*

Rev 1:19 γράψον **οὖν** ἃ εἶδες καὶ
Rev 2:5 μνημόνευε **οὖν** πόθεν πέπτωκας καὶ
Rev 2:16 μετανόησον **οὖν**·
Rev 3:3 μνημόνευε **οὖν** πῶς εἴληφας καὶ
Rev 3:3 ἐὰν **οὖν** μὴ γρηγορήσῃς,
Rev 3:19 ζήλευε **οὖν** καὶ μετανόησον.

οὔπω (*oupō*; 2/26) *not yet*

Rev 17:10 ὁ ἄλλος **οὔπω** ἦλθεν,
Rev 17:12 οἵτινες βασιλείαν **οὔπω** ἔλαβον,

οὐρά (*oura*; 5/5) *tail*

Rev 9:10 καὶ ἔχουσιν **οὐρὰς** ὁμοίας σκορπίοις καὶ
Rev 9:10 καὶ ἐν ταῖς **οὐραῖς** αὐτῶν ἡ ἐξουσία
Rev 9:19 καὶ ἐν ταῖς **οὐραῖς** αὐτῶν,
Rev 9:19 αἱ γὰρ **οὐραὶ** αὐτῶν ὅμοιαι ὄφεσιν,
Rev 12:4 καὶ ἡ **οὐρὰ** αὐτοῦ σύρει τὸ

οὐρανός (*ouranos*; 52/272[273]) *heaven*

Rev 3:12 καταβαίνουσα ἐκ τοῦ **οὐρανοῦ** ἀπὸ τοῦ θεοῦ
Rev 4:1 ἠνεῳγμένη ἐν τῷ **οὐρανῷ**,
Rev 4:2 ἔκειτο ἐν τῷ **οὐρανῷ**,
Rev 5:3 ἐδύνατο ἐν τῷ **οὐρανῷ** οὐδὲ ἐπὶ τῆς
Rev 5:13 ὃ ἐν τῷ **οὐρανῷ** καὶ ἐπὶ τῆς
Rev 6:13 οἱ ἀστέρες τοῦ **οὐρανοῦ** ἔπεσαν εἰς τὴν
Rev 6:14 καὶ ὁ **οὐρανὸς** ἀπεχωρίσθη ὡς βιβλίον
Rev 8:1 σιγὴ ἐν τῷ **οὐρανῷ** ὡς ἡμιώριον.
Rev 8:10 ἔπεσεν ἐκ τοῦ **οὐρανοῦ** ἀστὴρ μέγας καιόμενος
Rev 9:1 ἀστέρα ἐκ τοῦ **οὐρανοῦ** πεπτωκότα εἰς τὴν
Rev 10:1 καταβαίνοντα ἐκ τοῦ **οὐρανοῦ** περιβεβλημένον νεφέλην,
Rev 10:4 φωνὴν ἐκ τοῦ **οὐρανοῦ** λέγουσαν·
Rev 10:5 δεξιὰν εἰς τὸν **οὐρανὸν**
Rev 10:6 ὃς ἔκτισεν τὸν **οὐρανὸν** καὶ τὰ ἐν
Rev 10:8 ἤκουσα ἐκ τοῦ **οὐρανοῦ** πάλιν λαλοῦσαν
Rev 11:6 ἐξουσίαν κλεῖσαι τὸν **οὐρανόν**,
Rev 11:12 μεγάλης ἐκ τοῦ **οὐρανοῦ** λεγούσης αὐτοῖς·
Rev 11:12 ἀνέβησαν εἰς τὸν **οὐρανὸν** ἐν τῇ νεφέλῃ,
Rev 11:13 τῷ θεῷ τοῦ **οὐρανοῦ**.
Rev 11:15 μεγάλαι ἐν τῷ **οὐρανῷ** λέγοντες·
Rev 11:19 ὁ ἐν τῷ **οὐρανῷ** καὶ ὤφθη ἡ
Rev 12:1 ὤφθη ἐν τῷ **οὐρανῷ**,
Rev 12:3 σημεῖον ἐν τῷ **οὐρανῷ**,
Rev 12:4 τῶν ἀστέρων τοῦ **οὐρανοῦ** καὶ ἔβαλεν αὐτοὺς
Rev 12:7 πόλεμος ἐν τῷ **οὐρανῷ**,
Rev 12:8 ἔτι ἐν τῷ **οὐρανῷ**.
Rev 12:10 μεγάλην ἐν τῷ **οὐρανῷ** λέγουσαν·
Rev 12:12 [οἱ] **οὐρανοὶ** καὶ οἱ ἐν
Rev 13:6 τοὺς ἐν τῷ **οὐρανῷ** σκηνοῦντας.
Rev 13:13 ποιῇ ἐκ τοῦ **οὐρανοῦ** καταβαίνειν εἰς τὴν
Rev 14:2 φωνὴν ἐκ τοῦ **οὐρανοῦ** ὡς φωνὴν ὑδάτων
Rev 14:7 τῷ ποιήσαντι τὸν **οὐρανὸν** καὶ τὴν γῆν
Rev 14:13 φωνῆς ἐκ τοῦ **οὐρανοῦ** λεγούσης·
Rev 14:17 τοῦ ἐν τῷ **οὐρανῷ** ἔχων καὶ αὐτὸς
Rev 15:1 σημεῖον ἐν τῷ **οὐρανῷ** μέγα καὶ θαυμαστόν,
Rev 15:5 μαρτυρίου ἐν τῷ **οὐρανῷ**,
Rev 16:11 τὸν θεὸν τοῦ **οὐρανοῦ** ἐκ τῶν πόνων
Rev 16:21 καταβαίνει ἐκ τοῦ **οὐρανοῦ** ἐπὶ τοὺς ἀνθρώπους,
Rev 18:1 καταβαίνοντα ἐκ τοῦ **οὐρανοῦ** ἔχοντα ἐξουσίαν μεγάλην,
Rev 18:4 φωνὴν ἐκ τοῦ **οὐρανοῦ** λέγουσαν·
Rev 18:5 ἁμαρτίαι ἄχρι τοῦ **οὐρανοῦ** καὶ ἐμνημόνευσεν ὁ
Rev 18:20 **οὐρανὲ** καὶ οἱ ἅγιοι
Rev 19:1 πολλοῦ ἐν τῷ **οὐρανῷ** λεγόντων·
Rev 19:11 Καὶ εἶδον τὸν **οὐρανὸν** ἠνεῳγμένον,

Rev 19:14 [τὰ] ἐν τῷ **οὐρανῷ** ἠκολούθει αὐτῷ ἐφ’
Rev 20:1 καταβαίνοντα ἐκ τοῦ **οὐρανοῦ** ἔχοντα τὴν κλεῖν
Rev 20:9 πῦρ ἐκ τοῦ **οὐρανοῦ** καὶ κατέφαγεν αὐτούς.
Rev 20:11 γῆ καὶ ὁ **οὐρανὸς** καὶ τόπος οὐχ
Rev 21:1 Καὶ εἶδον **οὐρανὸν** καινὸν καὶ γῆν
Rev 21:1 ὁ γὰρ πρῶτος **οὐρανὸς** καὶ ἡ πρώτη
Rev 21:2 καταβαίνουσαν ἐκ τοῦ **οὐρανοῦ** ἀπὸ τοῦ θεοῦ
Rev 21:10 καταβαίνουσαν ἐκ τοῦ **οὐρανοῦ** ἀπὸ τοῦ θεοῦ

οὖς (*ous*; 8/36) *ear*

Rev 2:7 Ὁ ἔχων **οὖς** ἀκουσάτω τί τὸ
Rev 2:11 Ὁ ἔχων **οὖς** ἀκουσάτω τί τὸ
Rev 2:17 Ὁ ἔχων **οὖς** ἀκουσάτω τί τὸ
Rev 2:29 Ὁ ἔχων **οὖς** ἀκουσάτω τί τὸ
Rev 3:6 Ὁ ἔχων **οὖς** ἀκουσάτω τί τὸ
Rev 3:13 Ὁ ἔχων **οὖς** ἀκουσάτω τί τὸ
Rev 3:22 Ὁ ἔχων **οὖς** ἀκουσάτω τί τὸ
Rev 13:9 Εἴ τις ἔχει **οὖς** ἀκουσάτω.

οὔτε (*oute*; 15/87) *not*

Rev 3:15 τὰ ἔργα ὅτι **οὔτε** ψυχρὸς εἶ οὔτε
Rev 3:15 οὔτε ψυχρὸς εἶ **οὔτε** ζεστός.
Rev 3:16 χλιαρὸς εἶ καὶ **οὔτε** ζεστὸς οὔτε ψυχρός,
Rev 3:16 καὶ οὔτε ζεστὸς **οὔτε** ψυχρός,
Rev 5:3 ἀνοῖξαι τὸ βιβλίον **οὔτε** βλέπειν αὐτό.
Rev 5:4 ἀνοῖξαι τὸ βιβλίον **οὔτε** βλέπειν αὐτό.
Rev 9:20 ἃ **οὔτε** βλέπειν δύνανται οὔτε
Rev 9:20 οὔτε βλέπειν δύνανται **οὔτε** ἀκούειν οὔτε περιπατεῖν,
Rev 9:20 δύνανται οὔτε ἀκούειν **οὔτε** περιπατεῖν,
Rev 9:21 τῶν φόνων αὐτῶν **οὔτε** ἐκ τῶν φαρμάκων
Rev 9:21 τῶν φαρμάκων αὐτῶν **οὔτε** ἐκ τῆς πορνείας
Rev 9:21 τῆς πορνείας αὐτῶν **οὔτε** ἐκ τῶν κλεμμάτων
Rev 21:4 οὐκ ἔσται ἔτι **οὔτε** πένθος οὔτε κραυγὴ
Rev 21:4 ἔτι οὔτε πένθος **οὔτε** κραυγὴ οὔτε πόνος
Rev 21:4 πένθος οὔτε κραυγὴ **οὔτε** πόνος οὐκ ἔσται

οὗτος (*houtos*; 49/1382[1387]) *this*

Rev 1:19 μέλλει γενέσθαι μετὰ **ταῦτα**.
Rev 2:6 ἀλλὰ **τοῦτο** ἔχεις,
Rev 2:24 ἔχουσιν τὴν διδαχὴν **ταύτην**,
Rev 4:1 Μετὰ **ταῦτα** εἶδον,
Rev 4:1 δεῖ γενέσθαι μετὰ **ταῦτα**.
Rev 7:1 Μετὰ **τοῦτο** εἶδον τέσσαρας ἀγγέλους
Rev 7:9 Μετὰ **ταῦτα** εἶδον,
Rev 7:13 **οὗτοι** οἱ περιβεβλημένοι τὰς
Rev 7:14 **οὗτοί** εἰσιν οἱ ἐρχόμενοι
Rev 7:15 διὰ **τοῦτό** εἰσιν ἐνώπιον τοῦ
Rev 9:12 δύο οὐαὶ μετὰ **ταῦτα**.
Rev 9:18 τῶν τριῶν πληγῶν **τούτων** ἀπεκτάνθησαν τὸ τρίτον
Rev 9:20 ἐν ταῖς πληγαῖς **ταύταις**,
Rev 11:4 **οὗτοί** εἰσιν αἱ δύο
Rev 11:6 **οὗτοι** ἔχουσιν τὴν ἐξουσίαν
Rev 11:10 ὅτι **οὗτοι** οἱ δύο προφῆται
Rev 12:12 διὰ **τοῦτο** εὐφραίνεσθε,
Rev 14:4 **οὗτοί** εἰσιν οἳ μετὰ
Rev 14:4 οὗτοι **οἱ** ἀκολουθοῦντες τῷ ἀρνίῳ
Rev 14:4 **οὗτοι** ἠγοράσθησαν ἀπὸ τῶν
Rev 15:5 Καὶ μετὰ **ταῦτα** εἶδον,
Rev 16:5 ὅτι **ταῦτα** ἔκρινας,
Rev 16:9 ἐπὶ τὰς πληγὰς **ταύτας** καὶ οὐ μετενόησαν
Rev 17:13 **οὗτοι** μίαν γνώμην ἔχουσιν
Rev 17:14 **οὗτοι** μετὰ τοῦ ἀρνίου
Rev 17:16 καὶ τὸ θηρίον **οὗτοι** μισήσουσιν τὴν πόρνην
Rev 18:1 Μετὰ **ταῦτα** εἶδον ἄλλον ἄγγελον
Rev 18:8 διὰ **τοῦτο** ἐν μιᾷ ἡμέρᾳ
Rev 18:15 Οἱ ἔμποροι **τούτων** οἱ πλουτήσαντες ἀπ’
Rev 19:1 Μετὰ **ταῦτα** ἤκουσα ὡς φωνὴν
Rev 19:9 **οὗτοι** οἱ λόγοι ἀληθινοὶ
Rev 20:3 μετὰ **ταῦτα** δεῖ λυθῆναι αὐτὸν
Rev 20:5 **Αὕτη** ἡ ἀνάστασις ἡ
Rev 20:6 ἐπὶ **τούτων** ὁ δεύτερος θάνατος
Rev 20:14 **οὗτος** ὁ θάνατος ὁ
Rev 21:5 ὅτι **οὗτοι** οἱ λόγοι πιστοὶ
Rev 21:7 ὁ νικῶν κληρονομήσει **ταῦτα** καὶ ἔσομαι αὐτῷ
Rev 22:6 **οὗτοι** οἱ λόγοι πιστοὶ
Rev 22:7 προφητείας τοῦ βιβλίου **τούτου**.
Rev 22:8 ἀκούων καὶ βλέπων **ταῦτα**.
Rev 22:8 τοῦ δεικνύοντός μοι **ταῦτα**.
Rev 22:9 λόγους τοῦ βιβλίου **τούτου**·
Rev 22:10 προφητείας τοῦ βιβλίου **τούτου**,
Rev 22:16 μου μαρτυρῆσαι ὑμῖν **ταῦτα** ἐπὶ ταῖς ἐκκλησίαις.
Rev 22:18 προφητείας τοῦ βιβλίου **τούτου**·
Rev 22:18 ἐν τῷ βιβλίῳ **τούτῳ**,
Rev 22:19 βιβλίου τῆς προφητείας **ταύτης**,
Rev 22:19 ἐν τῷ βιβλίῳ **τούτῳ**.
Rev 22:20 Λέγει ὁ μαρτυρῶν **ταῦτα**·

οὕτως (*houtōs*; 7/208) *in this way*

Rev 2:15 **οὕτως** ἔχεις καὶ σὺ
Rev 3:5 Ὁ νικῶν **οὕτως** περιβαλεῖται ἐν ἱματίοις
Rev 3:16 **οὕτως** ὅτι χλιαρὸς εἶ
Rev 9:17 Καὶ **οὕτως** εἶδον τοὺς ἵππους
Rev 11:5 **οὕτως** δεῖ αὐτὸν ἀποκτανθῆναι.
Rev 16:18 γῆς τηλικοῦτος σεισμὸς **οὕτω** μέγας.
Rev 18:21 **οὕτως** ὁρμήματι βληθήσεται Βαβυλὼν

ὄφελον (*ophelon*; 1/4) *would that*

Rev 3:15 **ὄφελον** ψυχρὸς ἦς ἢ

ὀφθαλμός (*ophthalmos*; 10/100) *eye*

Rev 1:7 ὄψεται αὐτὸν πᾶς **ὀφθαλμὸς** καὶ οἵτινες αὐτὸν
Rev 1:14 χιὼν καὶ οἱ **ὀφθαλμοὶ** αὐτοῦ ὡς φλὸξ
Rev 2:18 ὁ ἔχων τοὺς **ὀφθαλμοὺς** αὐτοῦ ὡς φλόγα
Rev 3:18 κολλ[ο]ύριον ἐγχρῖσαι τοὺς **ὀφθαλμούς** σου ἵνα βλέπῃς.
Rev 4:6 τέσσαρα ζῷα γέμοντα **ὀφθαλμῶν** ἔμπροσθεν καὶ ὄπισθεν.
Rev 4:8 καὶ ἔσωθεν γέμουσιν **ὀφθαλμῶν**,
Rev 5:6 κέρατα ἑπτὰ καὶ **ὀφθαλμοὺς** ἑπτὰ οἵ εἰσιν
Rev 7:17 δάκρυον ἐκ τῶν **ὀφθαλμῶν** αὐτῶν.
Rev 19:12 οἱ δὲ **ὀφθαλμοὶ** αὐτοῦ [ὡς] φλὸξ
Rev 21:4 δάκρυον ἐκ τῶν **ὀφθαλμῶν** αὐτῶν,

ὄφις (*ophis*; 5/13[14]) *snake, serpent*

Rev 9:19 οὐραὶ αὐτῶν ὅμοιαι **ὄφεσιν**,
Rev 12:9 ὁ **ὄφις** ὁ ἀρχαῖος,

Rev 12:14 ἀπὸ προσώπου τοῦ **ὄφεως**.
Rev 12:15 καὶ ἔβαλεν ὁ **ὄφις** ἐκ τοῦ στόματος
Rev 20:2 ὁ **ὄφις** ὁ ἀρχαῖος,

ὄχλος (*ochlos*; 4/175) *crowd*

Rev 7:9 καὶ ἰδοὺ **ὄχλος** πολύς,
Rev 17:15 λαοὶ καὶ **ὄχλοι** εἰσὶν καὶ ἔθνη
Rev 19:1 ὡς φωνὴν μεγάλην **ὄχλου** πολλοῦ ἐν τῷ
Rev 19:6 ἤκουσα ὡς φωνὴν **ὄχλου** πολλοῦ καὶ ὡς

ὄψις (*opsis*; 1/3) *face*

Rev 1:16 ἐκπορευομένη καὶ ἡ **ὄψις** αὐτοῦ ὡς ὁ

παιδεύω (*paideuō*; 1/13) *instruct*

Rev 3:19 φιλῶ ἐλέγχω καὶ **παιδεύω**·

παίω (*paiō*; 1/5) *strike*

Rev 9:5 βασανισμὸς σκορπίου ὅταν **παίσῃ** ἄνθρωπον.

πάλιν (*palin*; 2/139[141]) *again*

Rev 10:8 ἐκ τοῦ οὐρανοῦ **πάλιν** λαλοῦσαν μετ' ἐμοῦ
Rev 10:11 δεῖ σε **πάλιν** προφητεῦσαι ἐπὶ λαοῖς

παντοκράτωρ (*pantokratōr*; 9/10) *the Almighty*

Rev 1:8 ὁ **παντοκράτωρ**.
Rev 4:8 ὁ θεὸς ὁ **παντοκράτωρ**,
Rev 11:17 ὁ θεὸς ὁ **παντοκράτωρ**,
Rev 15:3 ὁ θεὸς ὁ **παντοκράτωρ**·
Rev 16:7 ὁ θεὸς ὁ **παντοκράτωρ**,
Rev 16:14 τοῦ θεοῦ τοῦ **παντοκράτορος**.
Rev 19:6 θεὸς [ἡμῶν] ὁ **παντοκράτωρ**.
Rev 19:15 τοῦ θεοῦ τοῦ **παντοκράτορος**,
Rev 21:22 ὁ θεὸς ὁ **παντοκράτωρ** ναὸς αὐτῆς ἐστιν

παρά (*para*; 3/193[194]) *from, with, beside*

Rev 2:13 ὃς ἀπεκτάνθη **παρ'** ὑμῖν,
Rev 2:28 ὡς κἀγὼ εἴληφα **παρὰ** τοῦ πατρός μου,
Rev 3:18 συμβουλεύω σοι ἀγοράσαι **παρ'** ἐμοῦ χρυσίον πεπυρωμένον

παράδεισος (*paradeisos*; 1/3) *paradise*

Rev 2:7 ἐστιν ἐν τῷ **παραδείσῳ** τοῦ θεοῦ.

πάρδαλις (*pardalis*; 1/1) *leopard*

Rev 13:2 εἶδον ἦν ὅμοιον **παρδάλει** καὶ οἱ πόδες

πάρειμι (*pareimi*; 1/24) *be present or here*

Rev 17:8 οὐκ ἔστιν καὶ **παρέσται**

παρεμβολή (*parembolē*; 1/10) *camp, barracks*

Rev 20:9 καὶ ἐκύκλευσαν τὴν **παρεμβολὴν** τῶν ἁγίων

παρθένος (*parthenos*; 1/15) *virgin*

Rev 14:4 **παρθένοι** γάρ εἰσιν,

πᾶς (*pas*; 59/1240[1243]) *each, every (pl. all)*

Rev 1:7 καὶ ὄψεται αὐτὸν **πᾶς** ὀφθαλμὸς καὶ οἵτινες
Rev 1:7 κόψονται ἐπ' αὐτὸν **πᾶσαι** αἱ φυλαὶ τῆς
Rev 2:23 καὶ γνώσονται **πᾶσαι** αἱ ἐκκλησίαι ὅτι
Rev 4:11 σὺ ἔκτισας τὰ **πάντα** καὶ διὰ τὸ
Rev 5:6 θεοῦ ἀπεσταλμένοι εἰς **πᾶσαν** τὴν γῆν.
Rev 5:9 αἵματί σου ἐκ **πάσης** φυλῆς καὶ γλώσσης
Rev 5:13 καὶ **πᾶν** κτίσμα ὃ ἐν
Rev 5:13 τὰ ἐν αὐτοῖς **πάντα** ἤκουσα λέγοντας·
Rev 6:14 βιβλίον ἑλισσόμενον καὶ **πᾶν** ὄρος καὶ νῆσος
Rev 6:15 οἱ ἰσχυροὶ καὶ **πᾶς** δοῦλος καὶ ἐλεύθερος
Rev 7:1 θαλάσσης μήτε ἐπὶ **πᾶν** δένδρον.
Rev 7:4 ἐσφραγισμένοι ἐκ **πάσης** φυλῆς υἱῶν Ἰσραήλ·
Rev 7:9 ἐκ **παντὸς** ἔθνους καὶ φυλῶν
Rev 7:11 Καὶ **πάντες** οἱ ἄγγελοι εἱστήκεισαν
Rev 7:16 ὁ ἥλιος οὐδὲ **πᾶν** καῦμα,
Rev 7:17 ἐξαλείψει ὁ θεὸς **πᾶν** δάκρυον ἐκ τῶν
Rev 8:3 προσευχαῖς τῶν ἁγίων **πάντων** ἐπὶ τὸ θυσιαστήριον
Rev 8:7 δένδρων κατεκάη καὶ **πᾶς** χόρτος χλωρὸς κατεκάη.
Rev 9:4 τῆς γῆς οὐδὲ **πᾶν** χλωρὸν οὐδὲ πᾶν
Rev 9:4 πᾶν χλωρὸν οὐδὲ **πᾶν** δένδρον,
Rev 11:6 τὴν γῆν ἐν **πάσῃ** πληγῇ ὁσάκις ἐὰν
Rev 12:5 ὃς μέλλει ποιμαίνειν **πάντα** τὰ ἔθνη ἐν
Rev 13:7 αὐτῷ ἐξουσία ἐπὶ **πᾶσαν** φυλὴν καὶ λαὸν
Rev 13:8 καὶ προσκυνήσουσιν αὐτὸν **πάντες** οἱ κατοικοῦντες ἐπὶ
Rev 13:12 τοῦ πρώτου θηρίου **πᾶσαν** ποιεῖ ἐνώπιον αὐτοῦ,
Rev 13:16 καὶ ποιεῖ **πάντας**,
Rev 14:6 γῆς καὶ ἐπὶ **πᾶν** ἔθνος καὶ φυλὴν
Rev 14:8 πορνείας αὐτῆς πεπότικεν **πάντα** τὰ ἔθνη.
Rev 15:4 ὅτι **πάντα** τὰ ἔθνη ἥξουσιν
Rev 16:3 καὶ **πᾶσα** ψυχὴ ζωῆς ἀπέθανεν
Rev 16:20 καὶ **πᾶσα** νῆσος ἔφυγεν καὶ
Rev 18:2 δαιμονίων καὶ φυλακὴ **παντὸς** πνεύματος ἀκαθάρτου καὶ
Rev 18:2 ἀκαθάρτου καὶ φυλακὴ **παντὸς** ὀρνέου ἀκαθάρτου [καὶ
Rev 18:2 ἀκαθάρτου [καὶ φυλακὴ **παντὸς** θηρίου ἀκαθάρτου] καὶ
Rev 18:3 πορνείας αὐτῆς πέπωκαν **πάντα** τὰ ἔθνη
Rev 18:12 καὶ **πᾶν** ξύλον θύϊνον καὶ
Rev 18:12 ξύλον θύϊνον καὶ **πᾶν** σκεῦος ἐλεφάντινον
Rev 18:12 σκεῦος ἐλεφάντινον καὶ **πᾶν** σκεῦος ἐκ ξύλου
Rev 18:14 καὶ **πάντα** τὰ λιπαρὰ καὶ
Rev 18:17 Καὶ **πᾶς** κυβερνήτης καὶ πᾶς
Rev 18:17 πᾶς κυβερνήτης καὶ **πᾶς** ὁ ἐπὶ τόπον
Rev 18:19 ἐν ᾗ ἐπλούτησαν **πάντες** οἱ ἔχοντες τὰ
Rev 18:22 καὶ **πᾶς** τεχνίτης πάσης τέχνης
Rev 18:22 καὶ πᾶς τεχνίτης **πάσης** τέχνης οὐ μὴ
Rev 18:23 φαρμακείᾳ σου ἐπλανήθησαν **πάντα** τὰ ἔθνη,
Rev 18:24 ἁγίων εὑρέθη καὶ **πάντων** τῶν ἐσφαγμένων
Rev 19:5 τῷ θεῷ ἡμῶν **πάντες** οἱ δοῦλοι αὐτοῦ
Rev 19:17 φωνῇ μεγάλῃ λέγων **πᾶσιν** τοῖς ὀρνέοις
Rev 19:18 αὐτῶν καὶ σάρκας **πάντων** ἐλευθέρων τε
Rev 19:21 καὶ **πάντα** τὰ ὄρνεα ἐχορτάσθησαν
Rev 21:4 καὶ ἐξαλείψει **πᾶν** δάκρυον ἐκ τῶν
Rev 21:5 ἰδοὺ καινὰ ποιῶ **πάντα** καὶ λέγει·
Rev 21:8 καὶ εἰδωλολάτραις καὶ **πᾶσιν** τοῖς ψευδέσιν τὸ
Rev 21:19 τείχους τῆς πόλεως **παντὶ** λίθῳ τιμίῳ κεκοσμημένοι·

Rev 21:27 εἰσέλθῃ εἰς αὐτὴν **πᾶν** κοινὸν καὶ [ὁ]
Rev 22:3 καὶ **πᾶν** κατάθεμα οὐκ ἔσται
Rev 22:15 οἱ εἰδωλολάτραι καὶ **πᾶς** φιλῶν καὶ ποιῶν
Rev 22:18 Μαρτυρῶ ἐγὼ **παντὶ** τῷ ἀκούοντι τοὺς
Rev 22:21 κυρίου Ἰησοῦ μετὰ **πάντων**.

πάσχω (*paschō*; 1/42) *suffer*
Rev 2:10 φοβοῦ ἃ μέλλεις **πάσχειν**.

πατάσσω (*patassō*; 2/10) *strike*
Rev 11:6 εἰς αἷμα καὶ **πατάξαι** τὴν γῆν ἐν
Rev 19:15 ἵνα ἐν αὐτῇ **πατάξῃ** τὰ ἔθνη,

πατέω (*pateō*; 3/5) *trample*
Rev 11:2 πόλιν τὴν ἁγίαν **πατήσουσιν** μῆνας τεσσεράκοντα [καὶ]
Rev 14:20 καὶ **ἐπατήθη** ἡ ληνὸς ἔξωθεν
Rev 19:15 καὶ αὐτὸς **πατεῖ** τὴν ληνὸν τοῦ

πατήρ (*patēr*; 5/413) *father*
Rev 1:6 τῷ θεῷ καὶ **πατρὶ** αὐτοῦ,
Rev 2:28 εἴληφα παρὰ τοῦ **πατρός** μου,
Rev 3:5 αὐτοῦ ἐνώπιον τοῦ **πατρός** μου καὶ ἐνώπιον
Rev 3:21 ἐκάθισα μετὰ τοῦ **πατρός** μου ἐν τῷ
Rev 14:1 τὸ ὄνομα τοῦ **πατρὸς** αὐτοῦ γεγραμμένον

Πάτμος (*Patmos*; 1/1) *Patmos*
Rev 1:9 νήσῳ τῇ καλουμένῃ **Πάτμῳ** διὰ τὸν λόγον

πεινάω (*peinaō*; 1/23) *be hungry*
Rev 7:16 οὐ **πεινάσουσιν** ἔτι οὐδὲ διψήσουσιν

πειράζω (*peirazō*; 3/37[38]) *test*
Rev 2:2 καὶ **ἐπείρασας** τοὺς λέγοντας ἑαυτοὺς
Rev 2:10 εἰς φυλακὴν ἵνα **πειρασθῆτε** καὶ ἕξετε θλῖψιν
Rev 3:10 τῆς οἰκουμένης ὅλης **πειράσαι** τοὺς κατοικοῦντας ἐπὶ

πειρασμός (*peirasmos*; 1/21) *testing*
Rev 3:10 τῆς ὥρας τοῦ **πειρασμοῦ** τῆς μελλούσης ἔρχεσθαι

πελεκίζω (*pelekizō*; 1/1) *behead*
Rev 20:4 τὰς ψυχὰς τῶν **πεπελεκισμένων** διὰ τὴν μαρτυρίαν

πέμπτος (*pemptos*; 4/4) *fifth*
Rev 6:9 ὅτε ἤνοιξεν τὴν **πέμπτην** σφραγῖδα,
Rev 9:1 Καὶ ὁ **πέμπτος** ἄγγελος ἐσάλπισεν·
Rev 16:10 Καὶ ὁ **πέμπτος** ἐξέχεεν τὴν φιάλην
Rev 21:20 ὁ **πέμπτος** σαρδόνυξ,

πέμπω (*pempō*; 5/79) *send*
Rev 1:11 εἰς βιβλίον καὶ **πέμψον** ταῖς ἑπτὰ ἐκκλησίαις,
Rev 11:10 εὐφραίνονται καὶ δῶρα **πέμψουσιν** ἀλλήλοις,
Rev 14:15 **πέμψον** τὸ δρέπανόν σου
Rev 14:18 **πέμψον** σου τὸ δρέπανον
Rev 22:16 Ἐγὼ Ἰησοῦς **ἔπεμψα** τὸν ἄγγελόν μου

πενθέω (*pentheō*; 3/9[10]) *mourn*
Rev 18:11 γῆς κλαίουσιν καὶ **πενθοῦσιν** ἐπ᾽ αὐτήν,
Rev 18:15 αὐτῆς κλαίοντες καὶ **πενθοῦντες**
Rev 18:19 ἔκραζον κλαίοντες καὶ **πενθοῦντες** λέγοντες·

πένθος (*penthos*; 4/5) *mourning*
Rev 18:7 αὐτῇ βασανισμὸν καὶ **πένθος**.
Rev 18:7 οὐκ εἰμὶ καὶ **πένθος** οὐ μὴ ἴδω.
Rev 18:8 θάνατος καὶ **πένθος** καὶ λιμός,
Rev 21:4 ἔσται ἔτι οὔτε **πένθος** οὔτε κραυγὴ οὔτε

πέντε (*pente*; 3/38) *five*
Rev 9:5 ἵνα βασανισθήσονται μῆνας **πέντε**,
Rev 9:10 τοὺς ἀνθρώπους μῆνας **πέντε**,
Rev 17:10 οἱ **πέντε** ἔπεσαν,

Πέργαμος (*Pergamos*; 2/2) *Pergamum*
Rev 1:11 Σμύρναν καὶ εἰς **Πέργαμον** καὶ εἰς Θυάτειρα
Rev 2:12 ἀγγέλῳ τῆς ἐν **Περγάμῳ** ἐκκλησίας γράψον·

περί (*peri*; 1/332[333]) *concerning, around*
Rev 15:6 λαμπρὸν καὶ περιεζωσμένοι **περὶ** τὰ στήθη ζώνας

περιβάλλω (*periballō*; 12/23) *put on*
Rev 3:5 Ὁ νικῶν οὕτως **περιβαλεῖται** ἐν ἱματίοις λευκοῖς
Rev 3:18 ἱμάτια λευκὰ ἵνα **περιβάλῃ** καὶ μὴ φανερωθῇ
Rev 4:4 τέσσαρας πρεσβυτέρους καθημένους **περιβεβλημένους** ἐν ἱματίοις λευκοῖς
Rev 7:9 ἐνώπιον τοῦ ἀρνίου **περιβεβλημένους** στολὰς λευκὰς καὶ
Rev 7:13 οὗτοι οἱ **περιβεβλημένοι** τὰς στολὰς τὰς
Rev 10:1 ἐκ τοῦ οὐρανοῦ **περιβεβλημένον** νεφέλην,
Rev 11:3 χιλίας διακοσίας ἑξήκοντα **περιβεβλημένοι** σάκκους.
Rev 12:1 γυνὴ **περιβεβλημένη** τὸν ἥλιον,
Rev 17:4 ἡ γυνὴ ἦν **περιβεβλημένη** πορφυροῦν καὶ κόκκινον
Rev 18:16 ἡ **περιβεβλημένη** βύσσινον καὶ πορφυροῦν
Rev 19:8 ἐδόθη αὐτῇ ἵνα **περιβάληται** βύσσινον λαμπρὸν καθαρόν·
Rev 19:13 καὶ **περιβεβλημένος** ἱμάτιον βεβαμμένον αἵματι,

περιζώννυμι (*perizōnnymi*; 2/6) *wrap around*
Rev 1:13 ἐνδεδυμένον ποδήρη καὶ **περιεζωσμένον** πρὸς τοῖς μαστοῖς
Rev 15:6 καθαρὸν λαμπρὸν καὶ **περιεζωσμένοι** περὶ τὰ στήθη

περιπατέω (*peripateō*; 5/94[95]) *walk*
Rev 2:1 ὁ **περιπατῶν** ἐν μέσῳ τῶν
Rev 3:4 καὶ **περιπατήσουσιν** μετ᾽ ἐμοῦ ἐν
Rev 9:20 οὔτε ἀκούειν οὔτε **περιπατεῖν**,
Rev 16:15 ἵνα μὴ γυμνὸς **περιπατῇ** καὶ βλέπωσιν τὴν
Rev 21:24 καὶ **περιπατήσουσιν** τὰ ἔθνη διὰ

πέτομαι (*petomai*; 5/5) *fly*

Rev 4:7 ζῷον ὅμοιον ἀετῷ **πετομένῳ**.
Rev 8:13 ἤκουσα ἑνὸς ἀετοῦ **πετομένου** ἐν μεσουρανήματι λέγοντος
Rev 12:14 ἵνα **πέτηται** εἰς τὴν ἔρημον
Rev 14:6 εἶδον ἄλλον ἄγγελον **πετόμενον** ἐν μεσουρανήματι,
Rev 19:17 τοῖς ὀρνέοις τοῖς **πετομένοις** ἐν μεσουρανήματι·

πέτρα (*petra*; 2/15) *rock*

Rev 6:15 καὶ εἰς τὰς **πέτρας** τῶν ὀρέων
Rev 6:16 ὄρεσιν καὶ ταῖς **πέτραις**·

πηγή (*pēgē*; 5/11) *spring*

Rev 7:17 αὐτοὺς ἐπὶ ζωῆς **πηγὰς** ὑδάτων,
Rev 8:10 καὶ ἐπὶ τὰς **πηγὰς** τῶν ὑδάτων,
Rev 14:7 καὶ θάλασσαν καὶ **πηγὰς** ὑδάτων.
Rev 16:4 ποταμοὺς καὶ τὰς **πηγὰς** τῶν ὑδάτων,
Rev 21:6 δώσω ἐκ τῆς **πηγῆς** τοῦ ὕδατος τῆς

πῆχυς (*pēchys*; 1/4) *cubit*

Rev 21:17 ἑκατὸν τεσσεράκοντα τεσσάρων **πηχῶν** μέτρον ἀνθρώπου,

πιάζω (*piazō*; 1/12) *seize, arrest, catch*

Rev 19:20 καὶ **ἐπιάσθη** τὸ θηρίον καὶ

πικραίνω (*pikrainō*; 3/4) *make bitter*

Rev 8:11 τῶν ὑδάτων ὅτι **ἐπικράνθησαν**.
Rev 10:9 καὶ **πικρανεῖ** σου τὴν κοιλίαν,
Rev 10:10 **ἐπικράνθη** ἡ κοιλία μου.

πίνω (*pinō*; 3/72[73]) *drink*

Rev 14:10 καὶ αὐτὸς **πίεται** ἐκ τοῦ οἴνου
Rev 16:6 αἷμα αὐτοῖς [δ]έδωκας **πιεῖν**,
Rev 18:3 τῆς πορνείας αὐτῆς **πέπωκαν** πάντα τὰ ἔθνη

πίπτω (*piptō*; 23/90) *fall*

Rev 1:17 **ἔπεσα** πρὸς τοὺς πόδας
Rev 2:5 μνημόνευε οὖν πόθεν **πέπτωκας** καὶ μετανόησον καὶ
Rev 4:10 **πεσοῦνται** οἱ εἴκοσι τέσσαρες
Rev 5:8 εἴκοσι τέσσαρες πρεσβύτεροι **ἔπεσαν** ἐνώπιον τοῦ ἀρνίου
Rev 5:14 καὶ οἱ πρεσβύτεροι **ἔπεσαν** καὶ προσεκύνησαν.
Rev 6:13 ἀστέρες τοῦ οὐρανοῦ **ἔπεσαν** εἰς τὴν γῆν,
Rev 6:16 **πέσετε** ἐφ' ἡμᾶς καὶ
Rev 7:11 τεσσάρων ζῴων καὶ **ἔπεσαν** ἐνώπιον τοῦ θρόνου
Rev 7:16 ἔτι οὐδὲ μὴ **πέσῃ** ἐπ' αὐτοὺς ὁ
Rev 8:10 καὶ **ἔπεσεν** ἐκ τοῦ οὐρανοῦ
Rev 8:10 ὡς λαμπὰς καὶ **ἔπεσεν** ἐπὶ τὸ τρίτον
Rev 9:1 ἐκ τοῦ οὐρανοῦ **πεπτωκότα** εἰς τὴν γῆν,
Rev 11:13 δέκατον τῆς πόλεως **ἔπεσεν** καὶ ἀπεκτάνθησαν ἐν
Rev 11:16 τοὺς θρόνους αὐτῶν **ἔπεσαν** ἐπὶ τὰ πρόσωπα
Rev 14:8 **ἔπεσεν** ἔπεσεν Βαβυλὼν ἡ
Rev 14:8 ἔπεσεν **ἔπεσεν** Βαβυλὼν ἡ μεγάλη
Rev 16:19 πόλεις τῶν ἐθνῶν **ἔπεσαν**.
Rev 17:10 οἱ πέντε **ἔπεσαν**,
Rev 18:2 **ἔπεσεν** ἔπεσεν Βαβυλὼν ἡ
Rev 18:2 ἔπεσεν **ἔπεσεν** Βαβυλὼν ἡ μεγάλη,
Rev 19:4 καὶ **ἔπεσαν** οἱ πρεσβύτεροι οἱ
Rev 19:10 καὶ **ἔπεσα** ἔμπροσθεν τῶν ποδῶν
Rev 22:8 **ἔπεσα** προσκυνῆσαι ἔμπροσθεν τῶν

πίστις (*pistis*; 4/243) *faith*

Rev 2:13 οὐκ ἠρνήσω τὴν **πίστιν** μου καὶ ἐν
Rev 2:19 ἀγάπην καὶ τὴν **πίστιν** καὶ τὴν διακονίαν
Rev 13:10 ὑπομονὴ καὶ ἡ **πίστις** τῶν ἁγίων.
Rev 14:12 θεοῦ καὶ τὴν **πίστιν** Ἰησοῦ.

πιστός (*pistos*; 8/67) *believing*

Rev 1:5 ὁ **πιστός**,
Rev 2:10 γίνου **πιστὸς** ἄχρι θανάτου,
Rev 2:13 μάρτυς μου ὁ **πιστός** μου,
Rev 3:14 ὁ μάρτυς ὁ **πιστὸς** καὶ ἀληθινός,
Rev 17:14 καὶ ἐκλεκτοὶ καὶ **πιστοί**.
Rev 19:11 ἐπ' αὐτὸν [καλούμενος] **πιστὸς** καὶ ἀληθινός,
Rev 21:5 οὗτοι οἱ λόγοι **πιστοὶ** καὶ ἀληθινοί εἰσιν.
Rev 22:6 οὗτοι οἱ λόγοι **πιστοὶ** καὶ ἀληθινοί,

πλανάω (*planaō*; 8/39) *lead astray*

Rev 2:20 καὶ διδάσκει καὶ **πλανᾷ** τοὺς ἐμοὺς δούλους
Rev 12:9 ὁ **πλανῶν** τὴν οἰκουμένην ὅλην,
Rev 13:14 καὶ **πλανᾷ** τοὺς κατοικοῦντας ἐπὶ
Rev 18:23 τῇ φαρμακείᾳ σου **ἐπλανήθησαν** πάντα τὰ ἔθνη,
Rev 19:20 ἐν οἷς **ἐπλάνησεν** τοὺς λαβόντας τὸ
Rev 20:3 ἵνα μὴ **πλανήσῃ** ἔτι τὰ ἔθνη
Rev 20:8 καὶ ἐξελεύσεται **πλανῆσαι** τὰ ἔθνη τὰ
Rev 20:10 ὁ διάβολος ὁ **πλανῶν** αὐτοὺς ἐβλήθη εἰς

πλατεῖα (*plateia*; 3/9) *wide street*

Rev 11:8 αὐτῶν ἐπὶ τῆς **πλατείας** τῆς πόλεως τῆς
Rev 21:21 καὶ ἡ **πλατεῖα** τῆς πόλεως χρυσίον
Rev 22:2 ἐν μέσῳ τῆς **πλατείας** αὐτῆς καὶ τοῦ

πλάτος (*platos*; 3/4) *breadth*

Rev 20:9 ἀνέβησαν ἐπὶ τὸ **πλάτος** τῆς γῆς καὶ
Rev 21:16 ὅσον [καὶ] τὸ **πλάτος**.
Rev 21:16 μῆκος καὶ τὸ **πλάτος** καὶ τὸ ὕψος

πλέω (*pleō*; 1/6) *sail*

Rev 18:17 ὁ ἐπὶ τόπον **πλέων** καὶ ναῦται καὶ

πληγή (*plēgē*; 16/22) *plague*

Rev 9:18 ἀπὸ τῶν τριῶν **πληγῶν** τούτων ἀπεκτάνθησαν τὸ
Rev 9:20 ἀπεκτάνθησαν ἐν ταῖς **πληγαῖς** ταύταις,
Rev 11:6 γῆν ἐν πάσῃ **πληγῇ** ὁσάκις ἐὰν θελήσωσιν.
Rev 13:3 καὶ ἡ **πληγὴ** τοῦ θανάτου αὐτοῦ
Rev 13:12 οὗ ἐθεραπεύθη ἡ **πληγὴ** τοῦ θανάτου αὐτοῦ.
Rev 13:14 ὃς ἔχει τὴν **πληγὴν** τῆς μαχαίρης καὶ
Rev 15:1 ἀγγέλους ἑπτὰ ἔχοντας **πληγὰς** ἑπτὰ τὰς ἐσχάτας,
Rev 15:6 ἔχοντες τὰς ἑπτὰ **πληγὰς** ἐκ τοῦ ναοῦ

Rev 15:8 τελεσθῶσιν αἱ ἑπτὰ **πληγαὶ** τῶν ἑπτὰ ἀγγέλων.
Rev 16:9 ἐξουσίαν ἐπὶ τὰς **πληγὰς** ταύτας καὶ οὐ
Rev 16:21 θεὸν ἐκ τῆς **πληγῆς** τῆς χαλάζης,
Rev 16:21 μεγάλη ἐστὶν ἡ **πληγὴ** αὐτῆς σφόδρα.
Rev 18:4 καὶ ἐκ τῶν **πληγῶν** αὐτῆς ἵνα μὴ
Rev 18:8 ἡμέρᾳ ἥξουσιν αἱ **πληγαὶ** αὐτῆς,
Rev 21:9 γεμόντων τῶν ἑπτὰ **πληγῶν** τῶν ἐσχάτων
Rev 22:18 ἐπ᾽ αὐτὸν τὰς **πληγὰς** τὰς γεγραμμένας ἐν

πλήν (*plēn*; 1/31) *but, except*
Rev 2:25 **πλὴν** ὃ ἔχετε κρατήσατε

πληρόω (*plēroō*; 2/86) *fulfill*
Rev 3:2 σου τὰ ἔργα **πεπληρωμένα** ἐνώπιον τοῦ θεοῦ
Rev 6:11 ἕως **πληρωθῶσιν** καὶ οἱ σύνδουλοι

πλήσσω (*plēssō*; 1/1) *strike*
Rev 8:12 καὶ **ἐπλήγη** τὸ τρίτον τοῦ

πλοῖον (*ploion*; 2/67) *boat*
Rev 8:9 τὸ τρίτον τῶν **πλοίων** διεφθάρησαν.
Rev 18:19 οἱ ἔχοντες τὰ **πλοῖα** ἐν τῇ θαλάσσῃ

πλούσιος (*plousios*; 4/28) *rich*
Rev 2:9 ἀλλὰ **πλούσιος** εἶ,
Rev 3:17 ὅτι λέγεις ὅτι **πλούσιός** εἰμι καὶ πεπλούτηκα
Rev 6:15 χιλίαρχοι καὶ οἱ **πλούσιοι** καὶ οἱ ἰσχυροὶ
Rev 13:16 καὶ τοὺς **πλουσίους** καὶ τοὺς πτωχούς,

πλουτέω (*plouteō*; 5/12) *be rich*
Rev 3:17 πλούσιός εἰμι καὶ **πεπλούτηκα** καὶ οὐδὲν χρείαν
Rev 3:18 ἐκ πυρὸς ἵνα **πλουτήσῃς**,
Rev 18:3 τοῦ στρήνους αὐτῆς **ἐπλούτησαν**.
Rev 18:15 ἔμποροι τούτων οἱ **πλουτήσαντες** ἀπ᾽ αὐτῆς
Rev 18:19 ἐν ᾗ **ἐπλούτησαν** πάντες οἱ ἔχοντες

πλοῦτος (*ploutos*; 2/22) *wealth, riches*
Rev 5:12 τὴν δύναμιν καὶ **πλοῦτον** καὶ σοφίαν καὶ
Rev 18:17 ἠρημώθη ὁ τοσοῦτος **πλοῦτος**.

πλύνω (*plynō*; 2/3) *wash*
Rev 7:14 τῆς μεγάλης καὶ **ἔπλυναν** τὰς στολὰς αὐτῶν
Rev 22:14 Μακάριοι οἱ **πλύνοντες** τὰς στολὰς αὐτῶν,

πνεῦμα (*pneuma*; 24/379) *Spirit, spirit*
Rev 1:4 ἀπὸ τῶν ἑπτὰ **πνευμάτων** ἃ ἐνώπιον τοῦ
Rev 1:10 ἐγενόμην ἐν **πνεύματι** ἐν τῇ κυριακῇ
Rev 2:7 ἀκουσάτω τί τὸ **πνεῦμα** λέγει ταῖς ἐκκλησίαις.
Rev 2:11 ἀκουσάτω τί τὸ **πνεῦμα** λέγει ταῖς ἐκκλησίαις.
Rev 2:17 ἀκουσάτω τί τὸ **πνεῦμα** λέγει ταῖς ἐκκλησίαις.
Rev 2:29 ἀκουσάτω τί τὸ **πνεῦμα** λέγει ταῖς ἐκκλησίαις.
Rev 3:1 ἔχων τὰ ἑπτὰ **πνεύματα** τοῦ θεοῦ καὶ
Rev 3:6 ἀκουσάτω τί τὸ **πνεῦμα** λέγει ταῖς ἐκκλησίαις.
Rev 3:13 ἀκουσάτω τί τὸ **πνεῦμα** λέγει ταῖς ἐκκλησίαις.
Rev 3:22 ἀκουσάτω τί τὸ **πνεῦμα** λέγει ταῖς ἐκκλησίαις.
Rev 4:2 Εὐθέως ἐγενόμην ἐν **πνεύματι**,
Rev 4:5 εἰσιν τὰ ἑπτὰ **πνεύματα** τοῦ θεοῦ,
Rev 5:6 εἰσιν τὰ [ἑπτὰ] **πνεύματα** τοῦ θεοῦ ἀπεσταλμένοι
Rev 11:11 ἡμέρας καὶ ἥμισυ **πνεῦμα** ζωῆς ἐκ τοῦ
Rev 13:15 ἐδόθη αὐτῷ δοῦναι **πνεῦμα** τῇ εἰκόνι τοῦ
Rev 14:13 λέγει τὸ **πνεῦμα**,
Rev 16:13 στόματος τοῦ ψευδοπροφήτου **πνεύματα** τρία ἀκάθαρτα ὡς
Rev 16:14 εἰσὶν γὰρ **πνεύματα** δαιμονίων ποιοῦντα σημεῖα,
Rev 17:3 εἰς ἔρημον ἐν **πνεύματι**.
Rev 18:2 καὶ φυλακὴ παντὸς **πνεύματος** ἀκαθάρτου καὶ φυλακὴ
Rev 19:10 Ἰησοῦ ἐστιν τὸ **πνεῦμα** τῆς προφητείας.
Rev 21:10 ἀπήνεγκέν με ἐν **πνεύματι** ἐπὶ ὄρος μέγα
Rev 22:6 ὁ θεὸς τῶν **πνευμάτων** τῶν προφητῶν ἀπέστειλεν
Rev 22:17 Καὶ τὸ **πνεῦμα** καὶ ἡ νύμφη

πνευματικῶς (*pneumatikōs*; 1/2) *spiritually*
Rev 11:8 ἥτις καλεῖται **πνευματικῶς** Σόδομα καὶ Αἴγυπτος,

πνέω (*pneō*; 1/7) *blow*
Rev 7:1 γῆς ἵνα μὴ **πνέῃ** ἄνεμος ἐπὶ τῆς

ποδήρης (*podērēs*; 1/1) *long robe*
Rev 1:13 υἱὸν ἀνθρώπου ἐνδεδυμένον **ποδήρη** καὶ περιεζωσμένον πρὸς

πόθεν (*pothen*; 2/29) *from where*
Rev 2:5 μνημόνευε οὖν **πόθεν** πέπτωκας καὶ μετανόησον
Rev 7:13 τίνες εἰσὶν καὶ **πόθεν** ἦλθον;

ποιέω (*poieō*; 30/568) *do, make*
Rev 1:6 καὶ **ἐποίησεν** ἡμᾶς βασιλείαν,
Rev 2:5 τὰ πρῶτα ἔργα **ποίησον**·
Rev 3:9 ἰδοὺ **ποιήσω** αὐτοὺς ἵνα ἥξουσιν
Rev 3:12 Ὁ νικῶν **ποιήσω** αὐτὸν στῦλον ἐν
Rev 5:10 καὶ **ἐποίησας** αὐτοὺς τῷ θεῷ
Rev 11:7 ἐκ τῆς ἀβύσσου **ποιήσει** μετ᾽ αὐτῶν πόλεμον
Rev 12:15 ἵνα αὐτὴν ποταμοφόρητον **ποιήσῃ**.
Rev 12:17 γυναικὶ καὶ ἀπῆλθεν **ποιῆσαι** πόλεμον μετὰ
Rev 13:5 ἐδόθη αὐτῷ ἐξουσία **ποιῆσαι** μῆνας τεσσεράκοντα [καὶ]
Rev 13:7 καὶ ἐδόθη αὐτῷ **ποιῆσαι** πόλεμον μετὰ τῶν
Rev 13:12 πρώτου θηρίου πᾶσαν **ποιεῖ** ἐνώπιον αὐτοῦ,
Rev 13:12 καὶ **ποιεῖ** τὴν γῆν καὶ
Rev 13:13 καὶ **ποιεῖ** σημεῖα μεγάλα,
Rev 13:13 ἵνα καὶ πῦρ **ποιῇ** ἐκ τοῦ οὐρανοῦ
Rev 13:14 ἃ ἐδόθη αὐτῷ **ποιῆσαι** ἐνώπιον τοῦ θηρίου,
Rev 13:14 ἐπὶ τῆς γῆς **ποιῆσαι** εἰκόνα τῷ θηρίῳ,

Rev 13:15 τοῦ θηρίου καὶ **ποιήσῃ** [ἵνα] ὅσοι ἐὰν
Rev 13:16 καὶ **ποιεῖ** πάντας,
Rev 14:7 καὶ προσκυνήσατε τῷ **ποιήσαντι** τὸν οὐρανὸν καὶ
Rev 16:14 γὰρ πνεύματα δαιμονίων **ποιοῦντα** σημεῖα,
Rev 17:16 πόρνην καὶ ἠρημωμένην **ποιήσουσιν** αὐτὴν καὶ γυμνὴν
Rev 17:17 τὰς καρδίας αὐτῶν **ποιῆσαι** τὴν γνώμην αὐτοῦ
Rev 17:17 γνώμην αὐτοῦ καὶ **ποιῆσαι** μίαν γνώμην
Rev 19:19 στρατεύματα αὐτῶν συνηγμένα **ποιῆσαι** τὸν πόλεμον μετὰ
Rev 19:20 ὁ ψευδοπροφήτης ὁ **ποιήσας** τὰ σημεῖα ἐνώπιον
Rev 21:5 ἰδοὺ καινὰ **ποιῶ** πάντα καὶ λέγει·
Rev 21:27 κοινὸν καὶ [ὁ] **ποιῶν** βδέλυγμα καὶ ψεῦδος
Rev 22:2 ἐκεῖθεν ξύλον ζωῆς **ποιοῦν** καρποὺς δώδεκα,
Rev 22:11 ὁ δίκαιος δικαιοσύνην **ποιησάτω** ἔτι καὶ ὁ
Rev 22:15 πᾶς φιλῶν καὶ **ποιῶν** ψεῦδος.

ποιμαίνω (*poimainō*; 4/11) *tend like a shepherd*

Rev 2:27 καὶ **ποιμανεῖ** αὐτοὺς ἐν ῥάβδῳ
Rev 7:17 μέσον τοῦ θρόνου **ποιμανεῖ** αὐτοὺς καὶ ὁδηγήσει
Rev 12:5 ὃς μέλλει **ποιμαίνειν** πάντα τὰ ἔθνη
Rev 19:15 καὶ αὐτὸς **ποιμανεῖ** αὐτοὺς ἐν ῥάβδῳ

ποῖος (*poios*; 1/33) *what kind of*

Rev 3:3 οὐ μὴ γνῷς **ποίαν** ὥραν ἥξω ἐπὶ

πολεμέω (*polemeō*; 6/7) *wage war*

Rev 2:16 σοι ταχὺ καὶ **πολεμήσω** μετ' αὐτῶν ἐν
Rev 12:7 ἄγγελοι αὐτοῦ τοῦ **πολεμῆσαι** μετὰ τοῦ δράκοντος.
Rev 12:7 καὶ ὁ δράκων **ἐπολέμησεν** καὶ οἱ ἄγγελοι
Rev 13:4 καὶ τίς δύναται **πολεμῆσαι** μετ' αὐτοῦ;
Rev 17:14 μετὰ τοῦ ἀρνίου **πολεμήσουσιν** καὶ τὸ ἀρνίον
Rev 19:11 δικαιοσύνῃ κρίνει καὶ **πολεμεῖ**.

πόλεμος (*polemos*; 9/18) *war*

Rev 9:7 ἵπποις ἡτοιμασμένοις εἰς **πόλεμον**,
Rev 9:9 πολλῶν τρεχόντων εἰς **πόλεμον**,
Rev 11:7 ποιήσει μετ' αὐτῶν **πόλεμον** καὶ νικήσει αὐτοὺς
Rev 12:7 Καὶ ἐγένετο **πόλεμος** ἐν τῷ οὐρανῷ,
Rev 12:17 καὶ ἀπῆλθεν ποιῆσαι **πόλεμον** μετὰ τῶν λοιπῶν
Rev 13:7 ἐδόθη αὐτῷ ποιῆσαι **πόλεμον** μετὰ τῶν ἁγίων
Rev 16:14 αὐτοὺς εἰς τὸν **πόλεμον** τῆς ἡμέρας τῆς
Rev 19:19 συνηγμένα ποιῆσαι τὸν **πόλεμον** μετὰ τοῦ καθημένου
Rev 20:8 αὐτοὺς εἰς τὸν **πόλεμον**,

πόλις (*polis*; 27/163) *city, town*

Rev 3:12 τὸ ὄνομα τῆς **πόλεως** τοῦ θεοῦ μου,
Rev 11:2 καὶ τὴν **πόλιν** τὴν ἁγίαν πατήσουσιν
Rev 11:8 τῆς πλατείας τῆς **πόλεως** τῆς μεγάλης,
Rev 11:13 τὸ δέκατον τῆς **πόλεως** ἔπεσεν καὶ ἀπεκτάνθησαν
Rev 14:20 ληνὸς ἔξωθεν τῆς **πόλεως** καὶ ἐξῆλθεν αἷμα
Rev 16:19 καὶ ἐγένετο ἡ **πόλις** ἡ μεγάλη εἰς
Rev 16:19 μέρη καὶ αἱ **πόλεις** τῶν ἐθνῶν ἔπεσαν.
Rev 17:18 εἶδες ἔστιν ἡ **πόλις** ἡ μεγάλη ἡ
Rev 18:10 ἡ **πόλις** ἡ μεγάλη,
Rev 18:10 Βαβυλὼν ἡ **πόλις** ἡ ἰσχυρά,
Rev 18:16 ἡ **πόλις** ἡ μεγάλη,
Rev 18:18 τίς ὁμοία τῇ **πόλει** τῇ μεγάλῃ;
Rev 18:19 ἡ **πόλις** ἡ μεγάλη,
Rev 18:21 Βαβυλὼν ἡ μεγάλη **πόλις** καὶ οὐ μὴ
Rev 20:9 ἁγίων καὶ τὴν **πόλιν** τὴν ἠγαπημένην,
Rev 21:2 καὶ τὴν **πόλιν** τὴν ἁγίαν Ἰερουσαλὴμ
Rev 21:10 ἔδειξέν μοι τὴν **πόλιν** τὴν ἁγίαν Ἰερουσαλὴμ
Rev 21:14 τὸ τεῖχος τῆς **πόλεως** ἔχων θεμελίους δώδεκα
Rev 21:15 ἵνα μετρήσῃ τὴν **πόλιν** καὶ τοὺς πυλῶνας
Rev 21:16 καὶ ἡ **πόλις** τετράγωνος κεῖται καὶ
Rev 21:16 καὶ ἐμέτρησεν τὴν **πόλιν** τῷ καλάμῳ ἐπὶ
Rev 21:18 ἴασπις καὶ ἡ **πόλις** χρυσίον καθαρὸν ὅμοιον
Rev 21:19 τοῦ τείχους τῆς **πόλεως** παντὶ λίθῳ τιμίῳ
Rev 21:21 ἡ πλατεῖα τῆς **πόλεως** χρυσίον καθαρὸν ὡς
Rev 21:23 καὶ ἡ **πόλις** οὐ χρείαν ἔχει
Rev 22:14 εἰσέλθωσιν εἰς τὴν **πόλιν**.
Rev 22:19 καὶ ἐκ τῆς **πόλεως** τῆς ἁγίας τῶν

πολύς (*polys*; 15/417) *much (pl. many)*

Rev 1:15 ὡς φωνὴ ὑδάτων **πολλῶν**,
Rev 2:19 σου τὰ ἔσχατα **πλείονα** τῶν πρώτων.
Rev 5:4 καὶ ἔκλαιον **πολύ**,
Rev 5:11 ἤκουσα φωνὴν ἀγγέλων **πολλῶν** κύκλῳ τοῦ θρόνου
Rev 7:9 καὶ ἰδοὺ ὄχλος **πολύς**,
Rev 8:3 ἐδόθη αὐτῷ θυμιάματα **πολλά**,
Rev 8:11 εἰς ἄψινθον καὶ **πολλοὶ** τῶν ἀνθρώπων ἀπέθανον
Rev 9:9 φωνὴ ἁρμάτων ἵππων **πολλῶν** τρεχόντων εἰς πόλεμον,
Rev 10:11 γλώσσαις καὶ βασιλεῦσιν **πολλοῖς**.
Rev 14:2 ὡς φωνὴν ὑδάτων **πολλῶν** καὶ ὡς φωνὴν
Rev 17:1 καθημένης ἐπὶ ὑδάτων **πολλῶν**,
Rev 19:1 φωνὴν μεγάλην ὄχλου **πολλοῦ** ἐν τῷ οὐρανῷ
Rev 19:6 ὡς φωνὴν ὄχλου **πολλοῦ** καὶ ὡς φωνὴν
Rev 19:6 ὡς φωνὴν ὑδάτων **πολλῶν** καὶ ὡς φωνὴν
Rev 19:12 κεφαλὴν αὐτοῦ διαδήματα **πολλά**,

πονηρός (*ponēros*; 1/78) *evil*

Rev 16:2 ἕλκος κακὸν καὶ **πονηρὸν** ἐπὶ τοὺς ἀνθρώπους

πόνος (*ponos*; 3/4) *pain*

Rev 16:10 αὐτῶν ἐκ τοῦ **πόνου**,
Rev 16:11 οὐρανοῦ ἐκ τῶν **πόνων** αὐτῶν καὶ ἐκ
Rev 21:4 οὔτε κραυγὴ οὔτε **πόνος** οὐκ ἔσται ἔτι,

πορνεία (*porneia*; 7/25) *sexual immorality*

Rev 2:21 μετανοῆσαι ἐκ τῆς **πορνείας** αὐτῆς.
Rev 9:21 οὔτε ἐκ τῆς **πορνείας** αὐτῶν οὔτε ἐκ
Rev 14:8 τοῦ θυμοῦ τῆς **πορνείας** αὐτῆς πεπότικεν πάντα
Rev 17:2 τοῦ οἴνου τῆς **πορνείας** αὐτῆς.
Rev 17:4 τὰ ἀκάθαρτα τῆς **πορνείας** αὐτῆς

Rev 18:3 τοῦ θυμοῦ τῆς **πορνείας** αὐτῆς πέπωκαν πάντα
Rev 19:2 γῆν ἐν τῇ **πορνείᾳ** αὐτῆς,

πορνεύω (*porneuō*; 5/8) *commit sexual immorality*

Rev 2:14 φαγεῖν εἰδωλόθυτα καὶ **πορνεῦσαι**.
Rev 2:20 τοὺς ἐμοὺς δούλους **πορνεῦσαι** καὶ φαγεῖν εἰδωλόθυτα.
Rev 17:2 μεθ' ἧς **ἐπόρνευσαν** οἱ βασιλεῖς τῆς
Rev 18:3 γῆς μετ' αὐτῆς **ἐπόρνευσαν** καὶ οἱ ἔμποροι
Rev 18:9 οἱ μετ' αὐτῆς **πορνεύσαντες** καὶ στρηνιάσαντες,

πόρνη (*pornē*; 5/12) *prostitute*

Rev 17:1 τὸ κρίμα τῆς **πόρνης** τῆς μεγάλης τῆς
Rev 17:5 ἡ μήτηρ τῶν **πορνῶν** καὶ τῶν βδελυγμάτων
Rev 17:15 εἶδες οὗ ἡ **πόρνη** κάθηται,
Rev 17:16 οὗτοι μισήσουσιν τὴν **πόρνην** καὶ ἠρημωμένην ποιήσουσιν
Rev 19:2 ὅτι ἔκρινεν τὴν **πόρνην** τὴν μεγάλην ἥτις

πόρνος (*pornos*; 2/10) *sexually immoral person*

Rev 21:8 καὶ φονεῦσιν καὶ **πόρνοις** καὶ φαρμάκοις
Rev 22:15 φάρμακοι καὶ οἱ **πόρνοι** καὶ οἱ φονεῖς

πορφύρα (*porphyra*; 1/4) *purple cloth or garment*

Rev 18:12 καὶ βυσσίνου καὶ **πορφύρας** καὶ σιρικοῦ

πορφυροῦς (*porphyrous*; 2/4) *purple*

Rev 17:4 γυνὴ ἦν περιβεβλημένη **πορφυροῦν** καὶ κόκκινον καὶ
Rev 18:16 περιβεβλημένη βύσσινον καὶ **πορφυροῦν** καὶ κόκκινον καὶ

ποταμός (*potamos*; 8/17) *river*

Rev 8:10 τὸ τρίτον τῶν **ποταμῶν** καὶ ἐπὶ τὰς
Rev 9:14 δεδεμένους ἐπὶ τῷ **ποταμῷ** τῷ μεγάλῳ Εὐφράτῃ.
Rev 12:15 γυναικὸς ὕδωρ ὡς **ποταμόν**,
Rev 12:16 καὶ κατέπιεν τὸν **ποταμὸν** ὃν ἔβαλεν ὁ
Rev 16:4 αὐτοῦ εἰς τοὺς **ποταμοὺς** καὶ τὰς πηγὰς
Rev 16:12 αὐτοῦ ἐπὶ τὸν **ποταμὸν** τὸν μέγαν τὸν
Rev 22:1 Καὶ ἔδειξέν μοι **ποταμὸν** ὕδατος ζωῆς λαμπρὸν
Rev 22:2 αὐτῆς καὶ τοῦ **ποταμοῦ** ἐντεῦθεν καὶ ἐκεῖθεν

ποταμοφόρητος (*potamophorētos*; 1/1) *swept away by a river*

Rev 12:15 ἵνα αὐτὴν **ποταμοφόρητον** ποιήσῃ.

πότε (*pote*; 1/19) *when*

Rev 6:10 ἕως **πότε**,

ποτήριον (*potērion*; 4/31) *cup*

Rev 14:10 ἀκράτου ἐν τῷ **ποτηρίῳ** τῆς ὀργῆς αὐτοῦ
Rev 16:19 δοῦναι αὐτῇ τὸ **ποτήριον** τοῦ οἴνου τοῦ
Rev 17:4 ἔχουσα **ποτήριον** χρυσοῦν ἐν τῇ
Rev 18:6 ἐν τῷ **ποτηρίῳ** ᾧ ἐκέρασεν κεράσατε

ποτίζω (*potizō*; 1/15) *give to drink*

Rev 14:8 τῆς πορνείας αὐτῆς **πεπότικεν** πάντα τὰ ἔθνη.

ποῦ (*pou*; 1/47[48]) *where*

Rev 2:13 οἶδα **ποῦ** κατοικεῖς,

πούς (*pous*; 11/93) *foot*

Rev 1:15 καὶ οἱ **πόδες** αὐτοῦ ὅμοιοι χαλκολιβάνῳ
Rev 1:17 ἔπεσα πρὸς τοὺς **πόδας** αὐτοῦ ὡς νεκρός,
Rev 2:18 πυρὸς καὶ οἱ **πόδες** αὐτοῦ ὅμοιοι χαλκολιβάνῳ·
Rev 3:9 προσκυνήσουσιν ἐνώπιον τῶν **ποδῶν** σου καὶ γνῶσιν
Rev 10:1 ἥλιος καὶ οἱ **πόδες** αὐτοῦ ὡς στῦλοι
Rev 10:2 καὶ ἔθηκεν τὸν **πόδα** αὐτοῦ τὸν δεξιὸν
Rev 11:11 ἔστησαν ἐπὶ τοὺς **πόδας** αὐτῶν,
Rev 12:1 σελήνη ὑποκάτω τῶν **ποδῶν** αὐτῆς καὶ ἐπὶ
Rev 13:2 παρδάλει καὶ οἱ **πόδες** αὐτοῦ ὡς ἄρκου
Rev 19:10 ἔπεσα ἔμπροσθεν τῶν **ποδῶν** αὐτοῦ προσκυνῆσαι αὐτῷ.
Rev 22:8 προσκυνῆσαι ἔμπροσθεν τῶν **ποδῶν** τοῦ ἀγγέλου τοῦ

πρεσβύτερος (*presbyteros*; 12/65[66]) *elder*

Rev 4:4 θρόνους εἴκοσι τέσσαρας **πρεσβυτέρους** καθημένους περιβεβλημένους ἐν
Rev 4:10 οἱ εἴκοσι τέσσαρες **πρεσβύτεροι** ἐνώπιον τοῦ καθημένου
Rev 5:5 εἷς ἐκ τῶν **πρεσβυτέρων** λέγει μοι·
Rev 5:6 ἐν μέσῳ τῶν **πρεσβυτέρων** ἀρνίον ἑστηκὸς
Rev 5:8 οἱ εἴκοσι τέσσαρες **πρεσβύτεροι** ἔπεσαν ἐνώπιον τοῦ
Rev 5:11 ζῴων καὶ τῶν **πρεσβυτέρων**,
Rev 5:14 καὶ οἱ **πρεσβύτεροι** ἔπεσαν καὶ προσεκύνησαν.
Rev 7:11 θρόνου καὶ τῶν **πρεσβυτέρων** καὶ τῶν τεσσάρων
Rev 7:13 εἷς ἐκ τῶν **πρεσβυτέρων** λέγων μοι·
Rev 11:16 οἱ εἴκοσι τέσσαρες **πρεσβύτεροι** [οἱ] ἐνώπιον τοῦ
Rev 14:3 ζῴων καὶ τῶν **πρεσβυτέρων**,
Rev 19:4 καὶ ἔπεσαν οἱ **πρεσβύτεροι** οἱ εἴκοσι τέσσαρες

πρόβατον (*probaton*; 1/39) *sheep*

Rev 18:13 καὶ κτήνη καὶ **πρόβατα**,

πρός (*pros*; 8/699[700]) *to, toward, at*

Rev 1:13 ποδήρη καὶ περιεζωσμένον **πρὸς** τοῖς μαστοῖς ζώνην
Rev 1:17 ἔπεσα **πρὸς** τοὺς πόδας αὐτοῦ
Rev 3:20 [καὶ] εἰσελεύσομαι **πρὸς** αὐτὸν καὶ δειπνήσω
Rev 10:9 καὶ ἀπῆλθα **πρὸς** τὸν ἄγγελον λέγων
Rev 12:5 τὸ τέκνον αὐτῆς **πρὸς** τὸν θεὸν καὶ
Rev 12:5 τὸν θεὸν καὶ **πρὸς** τὸν θρόνον αὐτοῦ.
Rev 12:12 κατέβη ὁ διάβολος **πρὸς** ὑμᾶς ἔχων θυμὸν
Rev 13:6 αὐτοῦ εἰς βλασφημίας **πρὸς** τὸν θεὸν βλασφημῆσαι

προσευχή (*proseuchē*; 3/36) *prayer*

Rev 5:8 αἵ εἰσιν αἱ **προσευχαὶ** τῶν ἁγίων,
Rev 8:3 ἵνα δώσει ταῖς **προσευχαῖς** τῶν ἁγίων πάντων
Rev 8:4 τῶν θυμιαμάτων ταῖς **προσευχαῖς** τῶν ἁγίων ἐκ

προσκυνέω (*proskyneō*; 24/60) *worship*

Rev 3:9 ἵνα ἥξουσιν καὶ **προσκυνήσουσιν** ἐνώπιον τῶν ποδῶν
Rev 4:10 τοῦ θρόνου καὶ **προσκυνήσουσιν** τῷ ζῶντι
Rev 5:14 πρεσβύτεροι ἔπεσαν καὶ **προσεκύνησαν**.
Rev 7:11 πρόσωπα αὐτῶν καὶ **προσεκύνησαν** τῷ θεῷ
Rev 9:20 ἵνα μὴ **προσκυνήσουσιν** τὰ δαιμόνια καὶ
Rev 11:1 θυσιαστήριον καὶ τοὺς **προσκυνοῦντας** ἐν αὐτῷ.
Rev 11:16 πρόσωπα αὐτῶν καὶ **προσεκύνησαν** τῷ θεῷ
Rev 13:4 καὶ **προσεκύνησαν** τῷ δράκοντι,
Rev 13:4 καὶ **προσεκύνησαν** τῷ θηρίῳ λέγοντες·
Rev 13:8 καὶ **προσκυνήσουσιν** αὐτὸν πάντες οἱ
Rev 13:12 αὐτῇ κατοικοῦντας ἵνα **προσκυνήσουσιν** τὸ θηρίον τὸ
Rev 13:15 ὅσοι ἐὰν μὴ **προσκυνήσωσιν** τῇ εἰκόνι τοῦ
Rev 14:7 καὶ **προσκυνήσατε** τῷ ποιήσαντι τὸν
Rev 14:9 εἴ τις **προσκυνεῖ** τὸ θηρίον καὶ
Rev 14:11 καὶ νυκτὸς οἱ **προσκυνοῦντες** τὸ θηρίον
Rev 15:4 ἔθνη ἥξουσιν καὶ **προσκυνήσουσιν** ἐνώπιόν σου,
Rev 16:2 θηρίου καὶ τοὺς **προσκυνοῦντας** τῇ εἰκόνι αὐτοῦ.
Rev 19:4 τέσσαρα ζῷα καὶ **προσεκύνησαν** τῷ θεῷ τῷ
Rev 19:10 τῶν ποδῶν αὐτοῦ **προσκυνῆσαι** αὐτῷ.
Rev 19:10 τῷ θεῷ **προσκύνησον**.
Rev 19:20 θηρίου καὶ τοὺς **προσκυνοῦντας** τῇ εἰκόνι αὐτοῦ·
Rev 20:4 καὶ οἵτινες οὐ **προσεκύνησαν** τὸ θηρίον οὐδὲ
Rev 22:8 ἔπεσα **προσκυνῆσαι** ἔμπροσθεν τῶν ποδῶν
Rev 22:9 τῷ θεῷ **προσκύνησον**.

πρόσωπον (*prosōpon*; 10/76) *face*

Rev 4:7 ζῷον ἔχων τὸ **πρόσωπον** ὡς ἀνθρώπου καὶ
Rev 6:16 κρύψατε ἡμᾶς ἀπὸ **προσώπου** τοῦ καθημένου ἐπὶ
Rev 7:11 θρόνου ἐπὶ τὰ **πρόσωπα** αὐτῶν καὶ προσεκύνησαν
Rev 9:7 καὶ τὰ **πρόσωπα** αὐτῶν ὡς πρόσωπα
Rev 9:7 πρόσωπα αὐτῶν ὡς **πρόσωπα** ἀνθρώπων,
Rev 10:1 αὐτοῦ καὶ τὸ **πρόσωπον** αὐτοῦ ὡς ὁ
Rev 11:16 ἔπεσαν ἐπὶ τὰ **πρόσωπα** αὐτῶν καὶ προσεκύνησαν
Rev 12:14 ἥμισυ καιροῦ ἀπὸ **προσώπου** τοῦ ὄφεως.
Rev 20:11 οὗ ἀπὸ τοῦ **προσώπου** ἔφυγεν ἡ γῆ
Rev 22:4 καὶ ὄψονται τὸ **πρόσωπον** αὐτοῦ,

προφητεία (*prophēteia*; 7/19) *prophecy*

Rev 1:3 τοὺς λόγους τῆς **προφητείας** καὶ τηροῦντες
Rev 11:6 τὰς ἡμέρας τῆς **προφητείας** αὐτῶν,
Rev 19:10 τὸ πνεῦμα τῆς **προφητείας**.
Rev 22:7 τοὺς λόγους τῆς **προφητείας** τοῦ βιβλίου τούτου.
Rev 22:10 τοὺς λόγους τῆς **προφητείας** τοῦ βιβλίου τούτου,
Rev 22:18 τοὺς λόγους τῆς **προφητείας** τοῦ βιβλίου τούτου·
Rev 22:19 τοῦ βιβλίου τῆς **προφητείας** ταύτης,

προφητεύω (*prophēteuō*; 2/28) *prophesy*

Rev 10:11 δεῖ σε πάλιν **προφητεῦσαι** ἐπὶ λαοῖς καὶ
Rev 11:3 μάρτυσίν μου καὶ **προφητεύσουσιν** ἡμέρας χιλίας διακοσίας

προφήτης (*prophētēs*; 8/144) *prophet*

Rev 10:7 ἑαυτοῦ δούλους τοὺς **προφήτας**.
Rev 11:10 οὗτοι οἱ δύο **προφῆται** ἐβασάνισαν τοὺς κατοικοῦντας
Rev 11:18 δούλοις σου τοῖς **προφήταις** καὶ τοῖς ἁγίοις
Rev 16:6 αἷμα ἁγίων καὶ **προφητῶν** ἐξέχεαν καὶ αἷμα
Rev 18:20 ἀπόστολοι καὶ οἱ **προφῆται**,
Rev 18:24 ἐν αὐτῇ αἷμα **προφητῶν** καὶ ἁγίων εὑρέθη
Rev 22:6 τῶν πνευμάτων τῶν **προφητῶν** ἀπέστειλεν τὸν ἄγγελον
Rev 22:9 ἀδελφῶν σου τῶν **προφητῶν** καὶ τῶν τηρούντων

προφῆτις (*prophētis*; 1/2) *prophetess*

Rev 2:20 ἡ λέγουσα ἑαυτὴν **προφῆτιν** καὶ διδάσκει

πρωϊνός (*prōinos*; 2/2) *morning*

Rev 2:28 τὸν ἀστέρα τὸν **πρωϊνόν**.
Rev 22:16 ὁ λαμπρὸς ὁ **πρωϊνός**.

πρῶτος (*prōtos*; 18/152[155]) *first*

Rev 1:17 ἐγώ εἰμι ὁ **πρῶτος** καὶ ὁ ἔσχατος
Rev 2:4 ἀγάπην σου τὴν **πρώτην** ἀφῆκες.
Rev 2:5 μετανόησον καὶ τὰ **πρῶτα** ἔργα ποίησον·
Rev 2:8 Τάδε λέγει ὁ **πρῶτος** καὶ ὁ ἔσχατος,
Rev 2:19 ἔσχατα πλείονα τῶν **πρώτων**.
Rev 4:1 ἡ φωνὴ ἡ **πρώτη** ἣν ἤκουσα ὡς
Rev 4:7 τὸ ζῷον τὸ **πρῶτον** ὅμοιον λέοντι καὶ
Rev 8:7 Καὶ ὁ **πρῶτος** ἐσάλπισεν·
Rev 13:12 τὴν ἐξουσίαν τοῦ **πρώτου** θηρίου πᾶσαν ποιεῖ
Rev 13:12 τὸ θηρίον τὸ **πρῶτον**,
Rev 16:2 Καὶ ἀπῆλθεν ὁ **πρῶτος** καὶ ἐξέχεεν τὴν
Rev 20:5 ἡ ἀνάστασις ἡ **πρώτη**.
Rev 20:6 τῇ ἀναστάσει τῇ **πρώτῃ**·
Rev 21:1 ὁ γὰρ **πρῶτος** οὐρανὸς καὶ ἡ
Rev 21:1 οὐρανὸς καὶ ἡ **πρώτη** γῆ ἀπῆλθαν καὶ
Rev 21:4 [ὅτι] τὰ **πρῶτα** ἀπῆλθαν.
Rev 21:19 ὁ θεμέλιος ὁ **πρῶτος** ἴασπις,
Rev 22:13 ὁ **πρῶτος** καὶ ὁ ἔσχατος,

πρωτότοκος (*prōtotokos*; 1/8) *first-born*

Rev 1:5 ὁ **πρωτότοκος** τῶν νεκρῶν καὶ

πτέρυξ (*pteryx*; 3/5) *wing*

Rev 4:8 αὐτῶν ἔχων ἀνὰ **πτέρυγας** ἕξ,
Rev 9:9 ἡ φωνὴ τῶν **πτερύγων** αὐτῶν ὡς φωνὴ
Rev 12:14 γυναικὶ αἱ δύο **πτέρυγες** τοῦ ἀετοῦ τοῦ

πτῶμα (*ptōma*; 3/7) *body*

Rev 11:8 καὶ τὸ **πτῶμα** αὐτῶν ἐπὶ τῆς
Rev 11:9 καὶ ἐθνῶν τὸ **πτῶμα** αὐτῶν ἡμέρας τρεῖς
Rev 11:9 ἥμισυ καὶ τὰ **πτώματα** αὐτῶν οὐκ ἀφίουσιν

πτωχεία (*ptōcheia*; 1/3) *poverty*

Rev 2:9 θλῖψιν καὶ τὴν **πτωχείαν**,

πτωχός (*ptōchos*; 2/34) *poor*

Rev 3:17 καὶ ἐλεεινὸς καὶ **πτωχὸς** καὶ τυφλὸς καὶ
Rev 13:16 πλουσίους καὶ τοὺς **πτωχούς**,

πυλών (*pylōn*; 11/18) *gate*

Rev 21:12 ἔχουσα **πυλῶνας** δώδεκα καὶ ἐπὶ
Rev 21:12 καὶ ἐπὶ τοῖς **πυλῶσιν** ἀγγέλους δώδεκα καὶ
Rev 21:13 ἀπὸ ἀνατολῆς **πυλῶνες** τρεῖς καὶ ἀπὸ
Rev 21:13 καὶ ἀπὸ βορρᾶ **πυλῶνες** τρεῖς καὶ ἀπὸ
Rev 21:13 καὶ ἀπὸ νότου **πυλῶνες** τρεῖς καὶ ἀπὸ
Rev 21:13 καὶ ἀπὸ δυσμῶν **πυλῶνες** τρεῖς.
Rev 21:15 πόλιν καὶ τοὺς **πυλῶνας** αὐτῆς καὶ τὸ
Rev 21:21 καὶ οἱ δώδεκα **πυλῶνες** δώδεκα μαργαρῖται,
Rev 21:21 εἷς ἕκαστος τῶν **πυλώνων** ἦν ἐξ ἑνὸς
Rev 21:25 καὶ οἱ **πυλῶνες** αὐτῆς οὐ μὴ
Rev 22:14 ζωῆς καὶ τοῖς **πυλῶσιν** εἰσέλθωσιν εἰς τὴν

πῦρ (*pyr*; 26/71) *fire*

Rev 1:14 αὐτοῦ ὡς φλὸξ **πυρὸς**
Rev 2:18 αὐτοῦ ὡς φλόγα **πυρὸς** καὶ οἱ πόδες
Rev 3:18 χρυσίον πεπυρωμένον ἐκ **πυρὸς** ἵνα πλουτήσῃς,
Rev 4:5 καὶ ἑπτὰ λαμπάδες **πυρὸς** καιόμεναι ἐνώπιον τοῦ
Rev 8:5 αὐτὸν ἐκ τοῦ **πυρὸς** τοῦ θυσιαστηρίου καὶ
Rev 8:7 ἐγένετο χάλαζα καὶ **πῦρ** μεμιγμένα ἐν αἵματι
Rev 8:8 ὡς ὄρος μέγα **πυρὶ** καιόμενον ἐβλήθη εἰς
Rev 9:17 στομάτων αὐτῶν ἐκπορεύεται **πῦρ** καὶ καπνὸς καὶ
Rev 9:18 ἐκ τοῦ **πυρὸς** καὶ τοῦ καπνοῦ
Rev 10:1 αὐτοῦ ὡς στῦλοι **πυρός**,
Rev 11:5 αὐτοὺς θέλει ἀδικῆσαι **πῦρ** ἐκπορεύεται ἐκ
Rev 13:13 ἵνα καὶ **πῦρ** ποιῇ ἐκ τοῦ
Rev 14:10 καὶ βασανισθήσεται ἐν **πυρὶ** καὶ θείῳ ἐνώπιον
Rev 14:18 ἐξουσίαν ἐπὶ τοῦ **πυρός**,
Rev 15:2 θάλασσαν ὑαλίνην μεμιγμένην **πυρὶ** καὶ τοὺς νικῶντας
Rev 16:8 τοὺς ἀνθρώπους ἐν **πυρί**.
Rev 17:16 αὐτὴν κατακαύσουσιν ἐν **πυρί**.
Rev 18:8 καὶ ἐν **πυρὶ** κατακαυθήσεται,
Rev 19:12 αὐτοῦ [ὡς] φλὸξ **πυρός**,
Rev 19:20 τὴν λίμνην τοῦ **πυρὸς** τῆς καιομένης ἐν
Rev 20:9 καὶ κατέβη **πῦρ** ἐκ τοῦ οὐρανοῦ
Rev 20:10 τὴν λίμνην τοῦ **πυρὸς** καὶ θείου ὅπου
Rev 20:14 τὴν λίμνην τοῦ **πυρός**.
Rev 20:14 ἡ λίμνη τοῦ **πυρός**.
Rev 20:15 τὴν λίμνην τοῦ **πυρός**.
Rev 21:8 λίμνῃ τῇ καιομένῃ **πυρὶ** καὶ θείῳ,

πύρινος (*pyrinos*; 1/1) *fiery red*

Rev 9:17 ἔχοντας θώρακας **πυρίνους** καὶ ὑακινθίνους καὶ

πυρόω (*pyroō*; 2/6) *burn*

Rev 1:15 ὡς ἐν καμίνῳ **πεπυρωμένης** καὶ ἡ φωνὴ
Rev 3:18 παρ᾽ ἐμοῦ χρυσίον **πεπυρωμένον** ἐκ πυρὸς

πυρρός (*pyrros*; 2/2) *red*

Rev 6:4 ἐξῆλθεν ἄλλος ἵππος **πυρρός**,
Rev 12:3 ἰδοὺ δράκων μέγας **πυρρὸς** ἔχων κεφαλὰς ἑπτὰ

πύρωσις (*pyrōsis*; 2/3) *burning*

Rev 18:9 τὸν καπνὸν τῆς **πυρώσεως** αὐτῆς,
Rev 18:18 τὸν καπνὸν τῆς **πυρώσεως** αὐτῆς λέγοντες·

πωλέω (*pōleō*; 1/22) *sell*

Rev 13:17 δύνηται ἀγοράσαι ἢ **πωλῆσαι** εἰ μὴ ὁ

πῶς (*pōs*; 1/103) *how*

Rev 3:3 μνημόνευε οὖν **πῶς** εἴληφας καὶ ἤκουσας

ῥάβδος (*rhabdos*; 4/12) *stick, staff, rod*

Rev 2:27 ποιμανεῖ αὐτοὺς ἐν **ῥάβδῳ** σιδηρᾷ ὡς τὰ
Rev 11:1 μοι κάλαμος ὅμοιος **ῥάβδῳ**,
Rev 12:5 τὰ ἔθνη ἐν **ῥάβδῳ** σιδηρᾷ.
Rev 19:15 ποιμανεῖ αὐτοὺς ἐν **ῥάβδῳ** σιδηρᾷ,

ῥεδή (*rhedē*; 1/1) *carriage*

Rev 18:13 καὶ ἵππων καὶ **ῥεδῶν** καὶ σωμάτων,

ῥίζα (*rhiza*; 2/17) *root*

Rev 5:5 ἡ **ῥίζα** Δαυίδ,
Rev 22:16 ἐγώ εἰμι ἡ **ῥίζα** καὶ τὸ γένος

ῥομφαία (*rhomphaia*; 6/7) *sword*

Rev 1:16 τοῦ στόματος αὐτοῦ **ῥομφαία** δίστομος ὀξεῖα ἐκπορευομένη
Rev 2:12 ὁ ἔχων τὴν **ῥομφαίαν** τὴν δίστομον τὴν
Rev 2:16 αὐτῶν ἐν τῇ **ῥομφαίᾳ** τοῦ στόματός μου.
Rev 6:8 γῆς ἀποκτεῖναι ἐν **ῥομφαίᾳ** καὶ ἐν λιμῷ
Rev 19:15 στόματος αὐτοῦ ἐκπορεύεται **ῥομφαία** ὀξεῖα,
Rev 19:21 ἀπεκτάνθησαν ἐν τῇ **ῥομφαίᾳ** τοῦ καθημένου ἐπὶ

Ῥουβήν (*Rhoubēn*; 1/1) *Reuben*

Rev 7:5 ἐκ φυλῆς **Ῥουβὴν** δώδεκα χιλιάδες,

ῥυπαίνω (*rhypainō*; 1/1) *be vile*

Rev 22:11 καὶ ὁ ῥυπαρὸς **ῥυπανθήτω** ἔτι,

ῥυπαρός (*rhyparos*; 1/2) *vile*

Rev 22:11 ἔτι καὶ ὁ **ῥυπαρὸς** ῥυπανθήτω ἔτι,

σάκκος (*sakkos*; 2/4) *sackcloth*

Rev 6:12 ἐγένετο μέλας ὡς **σάκκος** τρίχινος καὶ ἡ
Rev 11:3 διακοσίας ἑξήκοντα περιβεβλημένοι **σάκκους**.

σάλπιγξ (*salpinx*; 6/11) *trumpet*

Rev 1:10 φωνὴν μεγάλην ὡς **σάλπιγγος**

Rev 4:1 ἣν ἤκουσα ὡς **σάλπιγγος** λαλούσης μετ' ἐμοῦ
Rev 8:2 ἐδόθησαν αὐτοῖς ἑπτὰ **σάλπιγγες**.
Rev 8:6 ἔχοντες τὰς ἑπτὰ **σάλπιγγας** ἡτοίμασαν αὐτοὺς ἵνα
Rev 8:13 λοιπῶν φωνῶν τῆς **σάλπιγγος** τῶν τριῶν ἀγγέλων
Rev 9:14 ὁ ἔχων τὴν **σάλπιγγα**·

σαλπίζω (*salpizō*; 10/12) *sound a trumpet*

Rev 8:6 ἡτοίμασαν αὐτοὺς ἵνα **σαλπίσωσιν**.
Rev 8:7 Καὶ ὁ πρῶτος **ἐσάλπισεν**·
Rev 8:8 ὁ δεύτερος ἄγγελος **ἐσάλπισεν**·
Rev 8:10 ὁ τρίτος ἄγγελος **ἐσάλπισεν**·
Rev 8:12 ὁ τέταρτος ἄγγελος **ἐσάλπισεν**·
Rev 8:13 ἀγγέλων τῶν μελλόντων **σαλπίζειν**.
Rev 9:1 ὁ πέμπτος ἄγγελος **ἐσάλπισεν**·
Rev 9:13 ὁ ἕκτος ἄγγελος **ἐσάλπισεν**·
Rev 10:7 ὅταν μέλλῃ **σαλπίζειν**,
Rev 11:15 ὁ ἕβδομος ἄγγελος **ἐσάλπισεν**·

σαλπιστής (*salpistēs*; 1/1) *trumpeter*

Rev 18:22 καὶ αὐλητῶν καὶ **σαλπιστῶν** οὐ μὴ ἀκουσθῇ

σάπφιρος (*sapphiros*; 1/1) *sapphire*

Rev 21:19 ὁ δεύτερος **σάπφιρος**,

Σάρδεις (*Sardeis*; 3/3) *Sardis*

Rev 1:11 Θυάτειρα καὶ εἰς **Σάρδεις** καὶ εἰς Φιλαδέλφειαν
Rev 3:1 ἀγγέλῳ τῆς ἐν **Σάρδεσιν** ἐκκλησίας γράψον·
Rev 3:4 ὀλίγα ὀνόματα ἐν **Σάρδεσιν** ἃ οὐκ ἐμόλυναν

σάρδιον (*sardion*; 2/2) *carnelian*

Rev 4:3 λίθῳ ἰάσπιδι καὶ **σαρδίῳ**,
Rev 21:20 ὁ ἕκτος **σάρδιον**,

σαρδόνυξ (*sardonyx*; 1/1) *sardonyx*

Rev 21:20 ὁ πέμπτος **σαρδόνυξ**,

σάρξ (*sarx*; 7/147) *flesh*

Rev 17:16 γυμνὴν καὶ τὰς **σάρκας** αὐτῆς φάγονται
Rev 19:18 ἵνα φάγητε **σάρκας** βασιλέων καὶ σάρκας
Rev 19:18 σάρκας βασιλέων καὶ **σάρκας** χιλιάρχων καὶ σάρκας
Rev 19:18 σάρκας χιλιάρχων καὶ **σάρκας** ἰσχυρῶν καὶ σάρκας
Rev 19:18 σάρκας ἰσχυρῶν καὶ **σάρκας** ἵππων καὶ τῶν
Rev 19:18 ἐπ' αὐτῶν καὶ **σάρκας** πάντων ἐλευθέρων τε
Rev 19:21 ἐχορτάσθησαν ἐκ τῶν **σαρκῶν** αὐτῶν.

σατανᾶς (*satanas*; 8/36) *Satan*

Rev 2:9 ἀλλὰ συναγωγὴ τοῦ **σατανᾶ**.
Rev 2:13 ὁ θρόνος τοῦ **σατανᾶ**,
Rev 2:13 ὅπου ὁ **σατανᾶς** κατοικεῖ.
Rev 2:24 τὰ βαθέα τοῦ **σατανᾶ** ὡς λέγουσιν·
Rev 3:9 τῆς συναγωγῆς τοῦ **σατανᾶ** τῶν λεγόντων ἑαυτοὺς
Rev 12:9 Διάβολος καὶ ὁ **Σατανᾶς**,
Rev 20:2 Διάβολος καὶ ὁ **Σατανᾶς**,
Rev 20:7 λυθήσεται ὁ **σατανᾶς** ἐκ τῆς φυλακῆς

σεισμός (*seismos*; 7/14) *earthquake*

Rev 6:12 καὶ **σεισμὸς** μέγας ἐγένετο καὶ
Rev 8:5 καὶ ἀστραπαὶ καὶ **σεισμός**.
Rev 11:13 τῇ ὥρᾳ ἐγένετο **σεισμὸς** μέγας καὶ τὸ
Rev 11:13 ἀπεκτάνθησαν ἐν τῷ **σεισμῷ** ὀνόματα ἀνθρώπων χιλιάδες
Rev 11:19 καὶ βρονταὶ καὶ **σεισμὸς** καὶ χάλαζα μεγάλη.
Rev 16:18 καὶ βρονταὶ καὶ **σεισμὸς** ἐγένετο μέγας,
Rev 16:18 τῆς γῆς τηλικοῦτος **σεισμὸς** οὕτω μέγας.

σείω (*seiō*; 1/5) *shake*

Rev 6:13 ὑπὸ ἀνέμου μεγάλου **σειομένη**,

σελήνη (*selēnē*; 4/9) *moon*

Rev 6:12 τρίχινος καὶ ἡ **σελήνη** ὅλη ἐγένετο ὡς
Rev 8:12 τὸ τρίτον τῆς **σελήνης** καὶ τὸ τρίτον
Rev 12:1 καὶ ἡ **σελήνη** ὑποκάτω τῶν ποδῶν
Rev 21:23 ἡλίου οὐδὲ τῆς **σελήνης** ἵνα φαίνωσιν αὐτῇ,

σεμίδαλις (*semidalis*; 1/1) *fine wheat flour*

Rev 18:13 καὶ ἔλαιον καὶ **σεμίδαλιν** καὶ σῖτον καὶ

σημαίνω (*sēmainō*; 1/6) *indicate, signify*

Rev 1:1 καὶ **ἐσήμανεν** ἀποστείλας διὰ τοῦ

σημεῖον (*sēmeion*; 7/75[77]) *sign*

Rev 12:1 Καὶ **σημεῖον** μέγα ὤφθη ἐν
Rev 12:3 καὶ ὤφθη ἄλλο **σημεῖον** ἐν τῷ οὐρανῷ,
Rev 13:13 καὶ ποιεῖ **σημεῖα** μεγάλα,
Rev 13:14 γῆς διὰ τὰ **σημεῖα** ἃ ἐδόθη αὐτῷ
Rev 15:1 Καὶ εἶδον ἄλλο **σημεῖον** ἐν τῷ οὐρανῷ
Rev 16:14 πνεύματα δαιμονίων ποιοῦντα **σημεῖα**,
Rev 19:20 ὁ ποιήσας τὰ **σημεῖα** ἐνώπιον αὐτοῦ,

σιγή (*sigē*; 1/2) *silence*

Rev 8:1 ἐγένετο **σιγὴ** ἐν τῷ οὐρανῷ

σίδηρος (*sidēros*; 1/1) *iron*

Rev 18:12 καὶ χαλκοῦ καὶ **σιδήρου** καὶ μαρμάρου,

σιδηροῦς (*sidērous*; 4/5) *made of iron*

Rev 2:27 αὐτοὺς ἐν ῥάβδῳ **σιδηρᾷ** ὡς τὰ σκεύη
Rev 9:9 θώρακας ὡς θώρακας **σιδηροῦς**,
Rev 12:5 ἔθνη ἐν ῥάβδῳ **σιδηρᾷ**.
Rev 19:15 αὐτοὺς ἐν ῥάβδῳ **σιδηρᾷ**,

σιρικός (*sirikos*; 1/1) *silk cloth*

Rev 18:12 καὶ πορφύρας καὶ **σιρικοῦ** καὶ κοκκίνου,

σῖτος (*sitos*; 2/14) *grain*

Rev 6:6 χοῖνιξ **σίτου** δηναρίου καὶ τρεῖς
Rev 18:13 καὶ σεμίδαλιν καὶ **σῖτον** καὶ κτήνη καὶ

Σιών (*Siōn*; 1/7) *Mount Zion*

Rev 14:1 ἐπὶ τὸ ὄρος **Σιὼν** καὶ μετ' αὐτοῦ

σκάνδαλον (*skandalon*; 1/15) *stumbling block*

Rev 2:14 τῷ Βαλὰκ βαλεῖν **σκάνδαλον** ἐνώπιον τῶν υἱῶν

σκεῦος (*skeuos*; 3/23) *object, jar*

Rev 2:27 σιδηρᾷ ὡς τὰ **σκεύη** τὰ κεραμικὰ συντρίβεται,
Rev 18:12 θύϊνον καὶ πᾶν **σκεῦος** ἐλεφάντινον καὶ πᾶν
Rev 18:12 ἐλεφάντινον καὶ πᾶν **σκεῦος** ἐκ ξύλου τιμιωτάτου

σκηνή (*skēnē*; 3/20) *tabernacle*

Rev 13:6 αὐτοῦ καὶ τὴν **σκηνὴν** αὐτοῦ,
Rev 15:5 ὁ ναὸς τῆς **σκηνῆς** τοῦ μαρτυρίου ἐν
Rev 21:3 ἰδοὺ ἡ **σκηνὴ** τοῦ θεοῦ μετὰ

σκηνόω (*skēnoō*; 4/5) *live, dwell, tabernacle*

Rev 7:15 ἐπὶ τοῦ θρόνου **σκηνώσει** ἐπ' αὐτούς.
Rev 12:12 οἱ ἐν αὐτοῖς **σκηνοῦντες**.
Rev 13:6 ἐν τῷ οὐρανῷ **σκηνοῦντας**.
Rev 21:3 καὶ **σκηνώσει** μετ' αὐτῶν,

σκορπίος (*skorpios*; 3/5) *scorpion*

Rev 9:3 ἔχουσιν ἐξουσίαν οἱ **σκορπίοι** τῆς γῆς.
Rev 9:5 αὐτῶν ὡς βασανισμὸς **σκορπίου** ὅταν παίσῃ ἄνθρωπον.
Rev 9:10 ἔχουσιν οὐρὰς ὁμοίας **σκορπίοις** καὶ κέντρα,

σκοτίζω (*skotizō*; 1/5) *be or become darkened*

Rev 8:12 ἵνα **σκοτισθῇ** τὸ τρίτον αὐτῶν

σκοτόω (*skotoō*; 2/3) *be or become darkened*

Rev 9:2 καὶ **ἐσκοτώθη** ὁ ἥλιος καὶ
Rev 16:10 ἡ βασιλεία αὐτοῦ **ἐσκοτωμένη**,

σμαράγδινος (*smaragdinos*; 1/1) *made of emerald*

Rev 4:3 θρόνου ὅμοιος ὁράσει **σμαραγδίνῳ**.

σμάραγδος (*smaragdos*; 1/1) *emerald*

Rev 21:19 ὁ τέταρτος **σμάραγδος**,

Σμύρνα (*Smyrna*; 2/2) *Smyrna*

Rev 1:11 Ἔφεσον καὶ εἰς **Σμύρναν** καὶ εἰς Πέργαμον
Rev 2:8 ἀγγέλῳ τῆς ἐν **Σμύρνῃ** ἐκκλησίας γράψον·

Σόδομα (*Sodoma*; 1/9) *Sodom*

Rev 11:8 ἥτις καλεῖται πνευματικῶς **Σόδομα** καὶ Αἴγυπτος,

σοφία (*sophia*; 4/51) *wisdom*

Rev 5:12 καὶ πλοῦτον καὶ **σοφίαν** καὶ ἰσχὺν καὶ
Rev 7:12 δόξα καὶ ἡ **σοφία** καὶ ἡ εὐχαριστία
Rev 13:18 Ὧδε ἡ **σοφία** ἐστίν.
Rev 17:9 νοῦς ὁ ἔχων **σοφίαν**.

σπέρμα (*sperma*; 1/43) *seed*

Rev 12:17 τῶν λοιπῶν τοῦ **σπέρματος** αὐτῆς τῶν τηρούντων

σπήλαιον (*spēlaion*; 1/6) *cave*

Rev 6:15 ἑαυτοὺς εἰς τὰ **σπήλαια** καὶ εἰς τὰς

στάδιον (*stadion*; 2/7) *stadion (c. 600 feet)*

Rev 14:20 τῶν ἵππων ἀπὸ **σταδίων** χιλίων ἑξακοσίων.
Rev 21:16 τῷ καλάμῳ ἐπὶ **σταδίων** δώδεκα χιλιάδων,

σταυρόω (*stauroō*; 1/46) *crucify*

Rev 11:8 ὁ κύριος αὐτῶν **ἐσταυρώθη**.

σταφυλή (*staphylē*; 1/3) *cluster of grapes*

Rev 14:18 ὅτι ἤκμασαν αἱ **σταφυλαὶ** αὐτῆς.

στέφανος (*stephanos*; 8/18) *crown, wreath*

Rev 2:10 δώσω σοι τὸν **στέφανον** τῆς ζωῆς.
Rev 3:11 μηδεὶς λάβῃ τὸν **στέφανόν** σου.
Rev 4:4 τὰς κεφαλὰς αὐτῶν **στεφάνους** χρυσοῦς.
Rev 4:10 καὶ βαλοῦσιν τοὺς **στεφάνους** αὐτῶν ἐνώπιον τοῦ
Rev 6:2 καὶ ἐδόθη αὐτῷ **στέφανος** καὶ ἐξῆλθεν νικῶν
Rev 9:7 κεφαλὰς αὐτῶν ὡς **στέφανοι** ὅμοιοι χρυσῷ,
Rev 12:1 τῆς κεφαλῆς αὐτῆς **στέφανος** ἀστέρων δώδεκα,
Rev 14:14 τῆς κεφαλῆς αὐτοῦ **στέφανον** χρυσοῦν καὶ

στῆθος (*stēthos*; 1/5) *chest*

Rev 15:6 περιεζωσμένοι περὶ τὰ **στήθη** ζώνας χρυσᾶς.

στηρίζω (*stērizō*; 1/13) *strengthen*

Rev 3:2 γίνου γρηγορῶν καὶ **στήρισον** τὰ λοιπὰ ἃ

στολή (*stolē*; 5/9) *robe*

Rev 6:11 ἐδόθη αὐτοῖς ἑκάστῳ **στολὴ** λευκὴ καὶ ἐρρέθη
Rev 7:9 τοῦ ἀρνίου περιβεβλημένους **στολὰς** λευκὰς καὶ φοίνικες
Rev 7:13 οἱ περιβεβλημένοι τὰς **στολὰς** τὰς λευκὰς τίνες
Rev 7:14 καὶ ἔπλυναν τὰς **στολὰς** αὐτῶν καὶ ἐλεύκαναν
Rev 22:14 οἱ πλύνοντες τὰς **στολὰς** αὐτῶν,

στόμα (*stoma*; 22/78) *mouth*

Rev 1:16 καὶ ἐκ τοῦ **στόματος** αὐτοῦ ῥομφαία δίστομος
Rev 2:16 τῇ ῥομφαίᾳ τοῦ **στόματός** μου.
Rev 3:16 ἐμέσαι ἐκ τοῦ **στόματός** μου.
Rev 9:17 καὶ ἐκ τῶν **στομάτων** αὐτῶν ἐκπορεύεται πῦρ
Rev 9:18 ἐκπορευομένου ἐκ τῶν **στομάτων** αὐτῶν.
Rev 9:19 ἵππων ἐν τῷ **στόματι** αὐτῶν ἐστιν καὶ
Rev 10:9 ἀλλ' ἐν τῷ **στόματί** σου ἔσται γλυκὺ
Rev 10:10 ἦν ἐν τῷ **στόματί** μου ὡς μέλι
Rev 11:5 ἐκπορεύεται ἐκ τοῦ **στόματος** αὐτῶν καὶ κατεσθίει

Rev 12:15 ὄφις ἐκ τοῦ **στόματος** αὐτοῦ ὀπίσω τῆς
Rev 12:16 ἡ γῆ τὸ **στόμα** αὐτῆς καὶ κατέπιεν
Rev 12:16 δράκων ἐκ τοῦ **στόματος** αὐτοῦ.
Rev 13:2 ἄρκου καὶ τὸ **στόμα** αὐτοῦ ὡς στόμα
Rev 13:2 στόμα αὐτοῦ ὡς **στόμα** λέοντος.
Rev 13:5 Καὶ ἐδόθη αὐτῷ **στόμα** λαλοῦν μεγάλα καὶ
Rev 13:6 καὶ ἤνοιξεν τὸ **στόμα** αὐτοῦ εἰς βλασφημίας
Rev 14:5 καὶ ἐν τῷ **στόματι** αὐτῶν οὐχ εὑρέθη
Rev 16:13 εἶδον ἐκ τοῦ **στόματος** τοῦ δράκοντος καὶ
Rev 16:13 καὶ ἐκ τοῦ **στόματος** τοῦ θηρίου καὶ
Rev 16:13 καὶ ἐκ τοῦ **στόματος** τοῦ ψευδοπροφήτου πνεύματα
Rev 19:15 καὶ ἐκ τοῦ **στόματος** αὐτοῦ ἐκπορεύεται ῥομφαία
Rev 19:21 ἐξελθούσῃ ἐκ τοῦ **στόματος** αὐτοῦ,

στράτευμα (*strateuma*; 4/8) *troops, army*

Rev 9:16 ὁ ἀριθμὸς τῶν **στρατευμάτων** τοῦ ἱππικοῦ δισμυριάδες
Rev 19:14 Καὶ τὰ **στρατεύματα** [τὰ] ἐν τῷ
Rev 19:19 γῆς καὶ τὰ **στρατεύματα** αὐτῶν συνηγμένα ποιῆσαι
Rev 19:19 καὶ μετὰ τοῦ **στρατεύματος** αὐτοῦ.

στρέφω (*strephō*; 1/21) *turn*

Rev 11:6 ἐπὶ τῶν ὑδάτων **στρέφειν** αὐτὰ εἰς αἷμα

στρηνιάω (*strēniaō*; 2/2) *live in sensuality or luxury*

Rev 18:7 ἐδόξασεν αὐτὴν καὶ **ἐστρηνίασεν**,
Rev 18:9 αὐτῆς πορνεύσαντες καὶ **στρηνιάσαντες**,

στρῆνος (*strēnos*; 1/1) *sensuality*

Rev 18:3 τῆς δυνάμεως τοῦ **στρήνους** αὐτῆς ἐπλούτησαν.

στῦλος (*stylos*; 2/4) *pillar*

Rev 3:12 νικῶν ποιήσω αὐτὸν **στῦλον** ἐν τῷ ναῷ
Rev 10:1 πόδες αὐτοῦ ὡς **στῦλοι** πυρός,

σύ (*sy*; 69/1063[1067]) *you (sg.)*

Rev 2:2 οἶδα τὰ ἔργα **σου** καὶ τὸν κόπον
Rev 2:2 καὶ τὴν ὑπομονήν **σου** καὶ ὅτι οὐ
Rev 2:4 ἀλλὰ ἔχω κατὰ **σοῦ** ὅτι τὴν ἀγάπην
Rev 2:4 ὅτι τὴν ἀγάπην **σου** τὴν πρώτην ἀφῆκες.
Rev 2:5 ἔρχομαί **σοι** καὶ κινήσω τὴν
Rev 2:5 κινήσω τὴν λυχνίαν **σου** ἐκ τοῦ τόπου
Rev 2:9 οἶδά **σου** τὴν θλῖψιν καὶ
Rev 2:10 καὶ δώσω **σοι** τὸν στέφανον τῆς
Rev 2:14 ἀλλ' ἔχω κατὰ **σοῦ** ὀλίγα ὅτι ἔχεις
Rev 2:15 οὕτως ἔχεις καὶ **σὺ** κρατοῦντας τὴν διδαχὴν
Rev 2:16 ἔρχομαί **σοι** ταχὺ καὶ πολεμήσω
Rev 2:19 οἶδά **σου** τὰ ἔργα καὶ
Rev 2:19 καὶ τὴν ὑπομονήν **σου**,
Rev 2:19 καὶ τὰ ἔργα **σου** τὰ ἔσχατα πλείονα
Rev 2:20 ἀλλὰ ἔχω κατὰ **σοῦ** ὅτι ἀφεῖς τὴν
Rev 3:1 οἶδά **σου** τὰ ἔργα ὅτι
Rev 3:2 οὐ γὰρ εὕρηκά **σου** τὰ ἔργα πεπληρωμένα
Rev 3:3 ὥραν ἥξω ἐπὶ **σέ**.
Rev 3:8 οἶδά **σου** τὰ ἔργα,
Rev 3:8 ἰδοὺ δέδωκα ἐνώπιόν **σου** θύραν ἠνεῳγμένην,
Rev 3:9 ἐνώπιον τῶν ποδῶν **σου** καὶ γνῶσιν ὅτι
Rev 3:9 ὅτι ἐγὼ ἠγάπησά **σε**.
Rev 3:10 κἀγώ **σε** τηρήσω ἐκ τῆς
Rev 3:11 λάβῃ τὸν στέφανόν **σου**.
Rev 3:15 οἶδά **σου** τὰ ἔργα ὅτι
Rev 3:16 μέλλω **σε** ἐμέσαι ἐκ τοῦ
Rev 3:17 οὐκ οἶδας ὅτι **σὺ** εἶ ὁ ταλαίπωρος
Rev 3:18 συμβουλεύω **σοι** ἀγοράσαι παρ' ἐμοῦ
Rev 3:18 αἰσχύνη τῆς γυμνότητός **σου**,
Rev 3:18 ἐγχρῖσαι τοὺς ὀφθαλμούς **σου** ἵνα βλέπῃς.
Rev 4:1 καὶ δείξω **σοι** ἃ δεῖ γενέσθαι
Rev 4:11 ὅτι **σὺ** ἔκτισας τὰ πάντα
Rev 4:11 διὰ τὸ θέλημά **σου** ἦσαν καὶ ἐκτίσθησαν.
Rev 5:9 ἐν τῷ αἵματί **σου** ἐκ πάσης φυλῆς
Rev 7:14 **σὺ** οἶδας.
Rev 10:9 καὶ πικρανεῖ **σου** τὴν κοιλίαν,
Rev 10:9 ἐν τῷ στόματί **σου** ἔσται γλυκὺ ὡς
Rev 10:11 δεῖ **σε** πάλιν προφητεῦσαι ἐπὶ
Rev 11:17 εὐχαριστοῦμέν **σοι**,
Rev 11:17 εἴληφας τὴν δύναμίν **σου** τὴν μεγάλην καὶ
Rev 11:18 ἦλθεν ἡ ὀργή **σου** καὶ ὁ καιρὸς
Rev 11:18 μισθὸν τοῖς δούλοις **σου** τοῖς προφήταις
Rev 11:18 φοβουμένοις τὸ ὄνομά **σου**,
Rev 14:15 πέμψον τὸ δρέπανόν **σου** καὶ θέρισον,
Rev 14:18 πέμψον **σου** τὸ δρέπανον τὸ
Rev 15:3 θαυμαστὰ τὰ ἔργα **σου**,
Rev 15:3 ἀληθιναὶ αἱ ὁδοί **σου**,
Rev 15:4 δοξάσει τὸ ὄνομά **σου**;
Rev 15:4 καὶ προσκυνήσουσιν ἐνώπιόν **σου**,
Rev 15:4 ὅτι τὰ δικαιώματά **σου** ἐφανερώθησαν.
Rev 16:7 δίκαιαι αἱ κρίσεις **σου**.
Rev 17:1 δείξω **σοι** τὸ κρίμα τῆς
Rev 17:7 ἐγὼ ἐρῶ **σοι** τὸ μυστήριον τῆς
Rev 18:10 ἦλθεν ἡ κρίσις **σου**.
Rev 18:14 καὶ ἡ ὀπώρα **σου** τῆς ἐπιθυμίας τῆς
Rev 18:14 ψυχῆς ἀπῆλθεν ἀπὸ **σοῦ**,
Rev 18:14 λαμπρὰ ἀπώλετο ἀπὸ **σοῦ** καὶ οὐκέτι οὐ
Rev 18:22 μὴ ἀκουσθῇ ἐν **σοὶ** ἔτι,
Rev 18:22 μὴ εὑρεθῇ ἐν **σοὶ** ἔτι,
Rev 18:22 μὴ ἀκουσθῇ ἐν **σοὶ** ἔτι,
Rev 18:23 μὴ φάνῃ ἐν **σοὶ** ἔτι,
Rev 18:23 μὴ ἀκουσθῇ ἐν **σοὶ** ἔτι·
Rev 18:23 ὅτι οἱ ἔμποροί **σου** ἦσαν οἱ μεγιστᾶνες
Rev 18:23 ἐν τῇ φαρμακείᾳ **σου** ἐπλανήθησαν πάντα
Rev 19:10 σύνδουλός **σού** εἰμι
Rev 19:10 καὶ τῶν ἀδελφῶν **σου** τῶν ἐχόντων
Rev 21:9 δείξω **σοι** τὴν νύμφην τὴν
Rev 22:9 σύνδουλός **σού** εἰμι
Rev 22:9 καὶ τῶν ἀδελφῶν **σου** τῶν προφητῶν

συγκοινωνέω (*synkoinōneō*; 1/3) *share*

Rev 18:4 αὐτῆς ἵνα μὴ **συγκοινωνήσητε** ταῖς ἁμαρτίαις αὐτῆς,

συγκοινωνός (*synkoinōnos*; 1/4) *sharer*

Rev 1:9 ἀδελφὸς ὑμῶν καὶ **συγκοινωνὸς** ἐν τῇ θλίψει

συκῆ (*sykē*; 1/16) *fig tree*

Rev 6:13 ὡς **συκῆ** βάλλει τοὺς ὀλύνθους

συμβουλεύω (*symbouleuō*; 1/4) *advise*
Rev 3:18 **συμβουλεύω** σοι ἀγοράσαι παρ'

Συμεών (*Symeōn*; 1/7) *Simeon*
Rev 7:7 ἐκ φυλῆς **Συμεὼν** δώδεκα χιλιάδες,

συνάγω (*synagō*; 5/59) *gather*
Rev 16:14 τῆς οἰκουμένης ὅλης **συναγαγεῖν** αὐτοὺς εἰς τὸν
Rev 16:16 Καὶ **συνήγαγεν** αὐτοὺς εἰς τὸν
Rev 19:17 Δεῦτε **συνάχθητε** εἰς τὸ δεῖπνον
Rev 19:19 τὰ στρατεύματα αὐτῶν **συνηγμένα** ποιῆσαι τὸν πόλεμον
Rev 20:8 **συναγαγεῖν** αὐτοὺς εἰς τὸν

συναγωγή (*synagōgē*; 2/56) *synagogue*
Rev 2:9 οὐκ εἰσὶν ἀλλὰ **συναγωγὴ** τοῦ σατανᾶ.
Rev 3:9 διδῶ ἐκ τῆς **συναγωγῆς** τοῦ σατανᾶ τῶν

σύνδουλος (*syndoulos*; 3/10) *fellow-servant*
Rev 6:11 πληρωθῶσιν καὶ οἱ **σύνδουλοι** αὐτῶν καὶ οἱ
Rev 19:10 **σύνδουλός** σού εἰμι καὶ
Rev 22:9 **σύνδουλός** σού εἰμι καὶ

συντρίβω (*syntribō*; 1/7) *break in pieces*
Rev 2:27 σκεύη τὰ κεραμικὰ **συντρίβεται**,

σύρω (*syrō*; 1/5) *drag*
Rev 12:4 ἡ οὐρὰ αὐτοῦ **σύρει** τὸ τρίτον τῶν

σφάζω (*sphazō*; 8/10) *slaughter*
Rev 5:6 ἀρνίον ἑστηκὸς ὡς **ἐσφαγμένον** ἔχων κέρατα ἑπτὰ
Rev 5:9 ὅτι **ἐσφάγης** καὶ ἠγόρασας τῷ
Rev 5:12 τὸ ἀρνίον τὸ **ἐσφαγμένον** λαβεῖν τὴν δύναμιν
Rev 6:4 καὶ ἵνα ἀλλήλους **σφάξουσιν** καὶ ἐδόθη αὐτῷ
Rev 6:9 τὰς ψυχὰς τῶν **ἐσφαγμένων** διὰ τὸν λόγον
Rev 13:3 κεφαλῶν αὐτοῦ ὡς **ἐσφαγμένην** εἰς θάνατον,
Rev 13:8 τοῦ ἀρνίου τοῦ **ἐσφαγμένου** ἀπὸ καταβολῆς κόσμου.
Rev 18:24 καὶ πάντων τῶν **ἐσφαγμένων** ἐπὶ τῆς γῆς.

σφόδρα (*sphodra*; 1/11) *very much*
Rev 16:21 ἡ πληγὴ αὐτῆς **σφόδρα**.

σφραγίζω (*sphragizō*; 8/15) *seal*
Rev 7:3 ἄχρι **σφραγίσωμεν** τοὺς δούλους τοῦ
Rev 7:4 τὸν ἀριθμὸν τῶν **ἐσφραγισμένων**,
Rev 7:4 **ἐσφραγισμένοι** ἐκ πάσης φυλῆς
Rev 7:5 Ἰούδα δώδεκα χιλιάδες **ἐσφραγισμένοι**,
Rev 7:8 Βενιαμὶν δώδεκα χιλιάδες **ἐσφραγισμένοι**.
Rev 10:4 σφράγισον **ἃ** ἐλάλησαν αἱ ἑπτὰ
Rev 20:3 καὶ ἔκλεισεν καὶ **ἐσφράγισεν** ἐπάνω αὐτοῦ,
Rev 22:10 μὴ **σφραγίσῃς** τοὺς λόγους τῆς

σφραγίς (*sphragis*; 13/16) *seal*
Rev 5:1 καὶ ὄπισθεν κατεσφραγισμένον **σφραγῖσιν** ἑπτά.
Rev 5:2 καὶ λῦσαι τὰς **σφραγῖδας** αὐτοῦ;
Rev 5:5 καὶ τὰς ἑπτὰ **σφραγῖδας** αὐτοῦ.
Rev 5:9 καὶ ἀνοῖξαι τὰς **σφραγῖδας** αὐτοῦ,
Rev 6:1 ἐκ τῶν ἑπτὰ **σφραγίδων**,
Rev 6:3 ὅτε ἤνοιξεν τὴν **σφραγῖδα** τὴν δευτέραν,
Rev 6:5 ὅτε ἤνοιξεν τὴν **σφραγῖδα** τὴν τρίτην,
Rev 6:7 ὅτε ἤνοιξεν τὴν **σφραγῖδα** τὴν τετάρτην,
Rev 6:9 ἤνοιξεν τὴν πέμπτην **σφραγῖδα**,
Rev 6:12 ὅτε ἤνοιξεν τὴν **σφραγῖδα** τὴν ἕκτην,
Rev 7:2 ἀνατολῆς ἡλίου ἔχοντα **σφραγῖδα** θεοῦ ζῶντος,
Rev 8:1 ὅταν ἤνοιξεν τὴν **σφραγῖδα** τὴν ἑβδόμην,
Rev 9:4 οὐκ ἔχουσι τὴν **σφραγῖδα** τοῦ θεοῦ ἐπὶ

σῶμα (*sōma*; 1/142) *body*
Rev 18:13 καὶ ῥεδῶν καὶ **σωμάτων**,

σωτηρία (*sōtēria*; 3/45[46]) *salvation*
Rev 7:10 ἡ **σωτηρία** τῷ θεῷ ἡμῶν
Rev 12:10 ἄρτι ἐγένετο ἡ **σωτηρία** καὶ ἡ δύναμις
Rev 19:1 ἡ **σωτηρία** καὶ ἡ δόξα

ταλαίπωρος (*talaipōros*; 1/2) *miserable*
Rev 3:17 σὺ εἶ ὁ **ταλαίπωρος** καὶ ἐλεεινὸς καὶ

ταλαντιαῖος (*talantiaios*; 1/1) *weighing a talent (c. 90 lbs.)*
Rev 16:21 χάλαζα μεγάλη ὡς **ταλαντιαία** καταβαίνει

τάχος (*tachos*; 2/8) *speed*
Rev 1:1 δεῖ γενέσθαι ἐν **τάχει**,
Rev 22:6 δεῖ γενέσθαι ἐν **τάχει**.

ταχύς (*tachys*; 6/13) *quick*
Rev 2:16 ἔρχομαί σοι **ταχὺ** καὶ πολεμήσω μετ'
Rev 3:11 ἔρχομαι **ταχύ**·
Rev 11:14 ἡ τρίτη ἔρχεται **ταχύ**.
Rev 22:7 καὶ ἰδοὺ ἔρχομαι **ταχύ**.
Rev 22:12 Ἰδοὺ ἔρχομαι **ταχύ**,
Rev 22:20 ἔρχομαι **ταχύ**.

τέ (*te*; 1/215) *and*
Rev 19:18 σάρκας πάντων ἐλευθέρων **τε** καὶ δούλων

τεῖχος (*teichos*; 6/9) *wall*
Rev 21:12 ἔχουσα **τεῖχος** μέγα καὶ ὑψηλόν,
Rev 21:14 καὶ τὸ **τεῖχος** τῆς πόλεως ἔχων
Rev 21:15 αὐτῆς καὶ τὸ **τεῖχος** αὐτῆς.
Rev 21:17 καὶ ἐμέτρησεν τὸ **τεῖχος** αὐτῆς ἑκατὸν τεσσεράκοντα
Rev 21:18 ἡ ἐνδώμησις τοῦ **τείχους** αὐτῆς ἴασπις καὶ
Rev 21:19 οἱ θεμέλιοι τοῦ **τείχους** τῆς πόλεως παντὶ

τέκνον (*teknon*; 3/99) *child*
Rev 2:23 καὶ τὰ **τέκνα** αὐτῆς ἀποκτενῶ ἐν
Rev 12:4 ὅταν τέκῃ τὸ **τέκνον** αὐτῆς καταφάγῃ.
Rev 12:5 καὶ ἡρπάσθη τὸ **τέκνον** αὐτῆς πρὸς τὸν

τελέω (*teleō*; 8/28) *finish*
Rev 10:7 καὶ **ἐτελέσθη** τὸ μυστήριον τοῦ
Rev 11:7 Καὶ ὅταν **τελέσωσιν** τὴν μαρτυρίαν αὐτῶν,

Rev 15:1 ὅτι ἐν αὐταῖς **ἐτελέσθη** ὁ θυμὸς τοῦ
Rev 15:8 τὸν ναὸν ἄχρι **τελεσθῶσιν** αἱ ἑπτὰ πληγαὶ
Rev 17:17 τῷ θηρίῳ ἄχρι **τελεσθήσονται** οἱ λόγοι τοῦ
Rev 20:3 τὰ ἔθνη ἄχρι **τελεσθῇ** τὰ χίλια ἔτη.
Rev 20:5 οὐκ ἔζησαν ἄχρι **τελεσθῇ** τὰ χίλια ἔτη.
Rev 20:7 Καὶ ὅταν **τελεσθῇ** τὰ χίλια ἔτη,

τέλος (*telos*; 3/41) *end*

Rev 2:26 ὁ τηρῶν ἄχρι **τέλους** τὰ ἔργα μου,
Rev 21:6 ἀρχὴ καὶ τὸ **τέλος**.
Rev 22:13 ἀρχὴ καὶ τὸ **τέλος**.

τέσσαρες (*tessares*; 29/40) *four*

Rev 4:4 θρόνου θρόνους εἴκοσι **τέσσαρες**,
Rev 4:4 τοὺς θρόνους εἴκοσι **τέσσαρας** πρεσβυτέρους καθημένους περιβεβλημένους
Rev 4:6 κύκλῳ τοῦ θρόνου **τέσσαρα** ζῷα γέμοντα ὀφθαλμῶν
Rev 4:8 καὶ τὰ **τέσσαρα** ζῷα,
Rev 4:10 πεσοῦνται οἱ εἴκοσι **τέσσαρες** πρεσβύτεροι ἐνώπιον τοῦ
Rev 5:6 θρόνου καὶ τῶν **τεσσάρων** ζῴων καὶ ἐν
Rev 5:8 τὰ **τέσσαρα** ζῷα καὶ οἱ
Rev 5:8 καὶ οἱ εἴκοσι **τέσσαρες** πρεσβύτεροι ἔπεσαν ἐνώπιον
Rev 5:14 καὶ τὰ **τέσσαρα** ζῷα ἔλεγον·
Rev 6:1 ἑνὸς ἐκ τῶν **τεσσάρων** ζῴων λέγοντος ὡς
Rev 6:6 ἐν μέσῳ τῶν **τεσσάρων** ζῴων λέγουσαν·
Rev 7:1 Μετὰ τοῦτο εἶδον **τέσσαρας** ἀγγέλους ἑστῶτας ἐπὶ
Rev 7:1 ἑστῶτας ἐπὶ τὰς **τέσσαρας** γωνίας τῆς γῆς,
Rev 7:1 κρατοῦντας τοὺς **τέσσαρας** ἀνέμους τῆς γῆς
Rev 7:2 φωνῇ μεγάλῃ τοῖς **τέσσαρσιν** ἀγγέλοις οἷς ἐδόθη
Rev 7:4 ἑκατὸν τεσσεράκοντα **τέσσαρες** χιλιάδες,
Rev 7:11 πρεσβυτέρων καὶ τῶν **τεσσάρων** ζῴων καὶ ἔπεσαν
Rev 9:13 μίαν ἐκ τῶν [**τεσσάρων**] κεράτων τοῦ θυσιαστηρίου
Rev 9:14 λῦσον τοὺς **τέσσαρας** ἀγγέλους τοὺς δεδεμένους
Rev 9:15 καὶ ἐλύθησαν οἱ **τέσσαρες** ἄγγελοι οἱ ἡτοιμασμένοι
Rev 11:16 Καὶ οἱ εἴκοσι **τέσσαρες** πρεσβύτεροι [οἱ] ἐνώπιον
Rev 14:1 αὐτοῦ ἑκατὸν τεσσεράκοντα **τέσσαρες** χιλιάδες ἔχουσαι τὸ
Rev 14:3 καὶ ἐνώπιον τῶν **τεσσάρων** ζῴων καὶ τῶν
Rev 14:3 αἱ ἑκατὸν τεσσεράκοντα **τέσσαρες** χιλιάδες,
Rev 15:7 ἓν ἐκ τῶν **τεσσάρων** ζῴων ἔδωκεν τοῖς
Rev 19:4 πρεσβύτεροι οἱ εἴκοσι **τέσσαρες** καὶ τὰ τέσσαρα
Rev 19:4 τέσσαρες καὶ τὰ **τέσσαρα** ζῷα καὶ προσεκύνησαν
Rev 20:8 τὰ ἐν ταῖς **τέσσαρσιν** γωνίαις τῆς γῆς,
Rev 21:17 αὐτῆς ἑκατὸν τεσσεράκοντα **τεσσάρων** πηχῶν μέτρον ἀνθρώπου,

τεσσεράκοντα (*tesserakonta*; 6/22) *forty*

Rev 7:4 ἑκατὸν **τεσσεράκοντα** τέσσαρες χιλιάδες,
Rev 11:2 ἁγίαν πατήσουσιν μῆνας **τεσσεράκοντα** [καὶ] δύο.
Rev 13:5 ἐξουσία ποιῆσαι μῆνας **τεσσεράκοντα** [καὶ] δύο.
Rev 14:1 μετ᾽ αὐτοῦ ἑκατὸν **τεσσεράκοντα** τέσσαρες χιλιάδες ἔχουσαι
Rev 14:3 μὴ αἱ ἑκατὸν **τεσσεράκοντα** τέσσαρες χιλιάδες,
Rev 21:17 τεῖχος αὐτῆς ἑκατὸν **τεσσεράκοντα** τεσσάρων πηχῶν μέτρον

τέταρτος (*tetartos*; 7/10) *fourth*

Rev 4:7 ἀνθρώπου καὶ τὸ **τέταρτον** ζῷον ὅμοιον ἀετῷ
Rev 6:7 τὴν σφραγῖδα τὴν **τετάρτην**,
Rev 6:7 ἤκουσα φωνὴν τοῦ **τετάρτου** ζῴου λέγοντος·
Rev 6:8 ἐξουσία ἐπὶ τὸ **τέταρτον** τῆς γῆς ἀποκτεῖναι
Rev 8:12 Καὶ ὁ **τέταρτος** ἄγγελος ἐσάλπισεν·
Rev 16:8 Καὶ ὁ **τέταρτος** ἐξέχεεν τὴν φιάλην
Rev 21:19 ὁ **τέταρτος** σμάραγδος,

τετράγωνος (*tetragōnos*; 1/1) *in a square*

Rev 21:16 καὶ ἡ πόλις **τετράγωνος** κεῖται καὶ τὸ

τέχνη (*technē*; 1/3) *trade, craft*

Rev 18:22 πᾶς τεχνίτης πάσης **τέχνης** οὐ μὴ εὑρεθῇ

τεχνίτης (*technitēs*; 1/4) *craftsman*

Rev 18:22 καὶ πᾶς **τεχνίτης** πάσης τέχνης οὐ

τηλικοῦτος (*tēlikoutos*; 1/4) *so great*

Rev 16:18 ἐπὶ τῆς γῆς **τηλικοῦτος** σεισμὸς οὕτω μέγας.

τηρέω (*tēreō*; 11/70) *keep*

Rev 1:3 τῆς προφητείας καὶ **τηροῦντες** τὰ ἐν αὐτῇ
Rev 2:26 νικῶν καὶ ὁ **τηρῶν** ἄχρι τέλους τὰ
Rev 3:3 καὶ ἤκουσας καὶ **τήρει** καὶ μετανόησον.
Rev 3:8 ἔχεις δύναμιν καὶ **ἐτήρησάς** μου τὸν λόγον
Rev 3:10 ὅτι **ἐτήρησας** τὸν λόγον τῆς
Rev 3:10 κἀγώ σε **τηρήσω** ἐκ τῆς ὥρας
Rev 12:17 σπέρματος αὐτῆς τῶν **τηρούντων** τὰς ἐντολὰς τοῦ
Rev 14:12 οἱ **τηροῦντες** τὰς ἐντολὰς τοῦ
Rev 16:15 ὁ γρηγορῶν καὶ **τηρῶν** τὰ ἱμάτια αὐτοῦ,
Rev 22:7 μακάριος ὁ **τηρῶν** τοὺς λόγους τῆς
Rev 22:9 προφητῶν καὶ τῶν **τηρούντων** τοὺς λόγους

τίθημι (*tithēmi*; 3/100) *put, place, appoint*

Rev 1:17 καὶ **ἔθηκεν** τὴν δεξιὰν αὐτοῦ
Rev 10:2 καὶ **ἔθηκεν** τὸν πόδα αὐτοῦ
Rev 11:9 αὐτῶν οὐκ ἀφίουσιν **τεθῆναι** εἰς μνῆμα.

τίκτω (*tiktō*; 5/18) *bear*

Rev 12:2 ὠδίνουσα καὶ βασανιζομένη **τεκεῖν**.
Rev 12:4 γυναικὸς τῆς μελλούσης **τεκεῖν**,
Rev 12:4 ἵνα ὅταν **τέκῃ** τὸ τέκνον αὐτῆς
Rev 12:5 καὶ **ἔτεκεν** υἱὸν ἄρσεν,
Rev 12:13 τὴν γυναῖκα ἥτις **ἔτεκεν** τὸν ἄρσενα.

τιμή (*timē*; 6/41) *honor*
Rev 4:9 ζῷα δόξαν καὶ **τιμὴν** καὶ εὐχαριστίαν τῷ
Rev 4:11 δόξαν καὶ τὴν **τιμὴν** καὶ τὴν δύναμιν,
Rev 5:12 καὶ ἰσχὺν καὶ **τιμὴν** καὶ δόξαν καὶ
Rev 5:13 εὐλογία καὶ ἡ **τιμὴ** καὶ ἡ δόξα
Rev 7:12 εὐχαριστία καὶ ἡ **τιμὴ** καὶ ἡ δύναμις
Rev 21:26 δόξαν καὶ τὴν **τιμὴν** τῶν ἐθνῶν εἰς

τίμιος (*timios*; 6/13) *precious*
Rev 17:4 χρυσίῳ καὶ λίθῳ **τιμίῳ** καὶ μαργαρίταις,
Rev 18:12 ἀργύρου καὶ λίθου **τιμίου** καὶ μαργαριτῶν
Rev 18:12 σκεῦος ἐκ ξύλου **τιμιωτάτου** καὶ χαλκοῦ
Rev 18:16 χρυσίῳ καὶ λίθῳ **τιμίῳ** καὶ μαργαρίτῃ,
Rev 21:11 αὐτῆς ὅμοιος λίθῳ **τιμιωτάτῳ** ὡς λίθῳ ἰάσπιδι
Rev 21:19 πόλεως παντὶ λίθῳ **τιμίῳ** κεκοσμημένοι·

τιμιότης (*timiotēs*; 1/1) *wealth*
Rev 18:19 θαλάσσῃ ἐκ τῆς **τιμιότητος** αὐτῆς,

τίς (*tis*; 15/545[546]) *who; what, why*
Rev 2:7 ἔχων οὖς ἀκουσάτω **τί** τὸ πνεῦμα λέγει
Rev 2:11 ἔχων οὖς ἀκουσάτω **τί** τὸ πνεῦμα λέγει
Rev 2:17 ἔχων οὖς ἀκουσάτω **τί** τὸ πνεῦμα λέγει
Rev 2:29 ἔχων οὖς ἀκουσάτω **τί** τὸ πνεῦμα λέγει
Rev 3:6 ἔχων οὖς ἀκουσάτω **τί** τὸ πνεῦμα λέγει
Rev 3:13 ἔχων οὖς ἀκουσάτω **τί** τὸ πνεῦμα λέγει
Rev 3:22 ἔχων οὖς ἀκουσάτω **τί** τὸ πνεῦμα λέγει
Rev 5:2 **τίς** ἄξιος ἀνοῖξαι τὸ
Rev 6:17 καὶ **τίς** δύναται σταθῆναι;
Rev 7:13 στολὰς τὰς λευκὰς **τίνες** εἰσὶν καὶ πόθεν
Rev 13:4 τίς **ὅμοιος** τῷ θηρίῳ καὶ
Rev 13:4 τῷ θηρίῳ καὶ **τίς** δύναται πολεμῆσαι μετ'
Rev 15:4 **τίς** οὐ μὴ φοβηθῇ,
Rev 17:7 διὰ **τί** ἐθαύμασας;
Rev 18:18 **τίς** ὁμοία τῇ πόλει

τις (*tis*; 12/542[543]) *anyone, anything*
Rev 3:20 ἐάν **τις** ἀκούσῃ τῆς φωνῆς
Rev 11:5 καὶ εἴ **τις** αὐτοὺς θέλει ἀδικῆσαι
Rev 11:5 καὶ εἴ **τις** θελήσῃ αὐτοὺς ἀδικῆσαι,
Rev 13:9 Εἴ **τις** ἔχει οὖς ἀκουσάτω.
Rev 13:10 εἴ **τις** εἰς αἰχμαλωσίαν,
Rev 13:10 εἴ **τις** ἐν μαχαίρῃ ἀποκτανθῆναι
Rev 13:17 καὶ ἵνα μή **τις** δύνηται ἀγοράσαι ἢ
Rev 14:9 εἴ **τις** προσκυνεῖ τὸ θηρίον
Rev 14:11 αὐτοῦ καὶ εἴ **τις** λαμβάνει τὸ χάραγμα
Rev 20:15 καὶ εἴ **τις** οὐχ εὑρέθη ἐν
Rev 22:18 ἐάν **τις** ἐπιθῇ ἐπ' αὐτά,
Rev 22:19 καὶ ἐάν **τις** ἀφέλῃ ἀπὸ τῶν

τόξον (*toxon*; 1/1) *bow*
Rev 6:2 ἐπ' αὐτὸν ἔχων **τόξον** καὶ ἐδόθη αὐτῷ

τοπάζιον (*topazion*; 1/1) *topaz*
Rev 21:20 ὁ ἔνατος **τοπάζιον**,

τόπος (*topos*; 8/94) *place*
Rev 2:5 σου ἐκ τοῦ **τόπου** αὐτῆς,
Rev 6:14 νῆσος ἐκ τῶν **τόπων** αὐτῶν ἐκινήθησαν.
Rev 12:6 ὅπου ἔχει ἐκεῖ **τόπον** ἡτοιμασμένον ἀπὸ
Rev 12:8 οὐκ ἴσχυσεν οὐδὲ **τόπος** εὑρέθη αὐτῶν ἔτι
Rev 12:14 ἔρημον εἰς τὸν **τόπον** αὐτῆς,
Rev 16:16 αὐτοὺς εἰς τὸν **τόπον** τὸν καλούμενον Ἑβραϊστὶ
Rev 18:17 πᾶς ὁ ἐπὶ **τόπον** πλέων καὶ ναῦται
Rev 20:11 ὁ οὐρανὸς καὶ **τόπος** οὐχ εὑρέθη αὐτοῖς.

τοσοῦτος (*tosoutos*; 2/20) *so much (pl. so many)*
Rev 18:7 **τοσοῦτον** δότε αὐτῇ βασανισμὸν
Rev 18:17 ὥρᾳ ἠρημώθη ὁ **τοσοῦτος** πλοῦτος.

τρεῖς (*treis*; 11/69) *three*
Rev 6:6 σίτου δηναρίου καὶ **τρεῖς** χοίνικες κριθῶν δηναρίου,
Rev 8:13 τῆς σάλπιγγος τῶν **τριῶν** ἀγγέλων τῶν μελλόντων
Rev 9:18 ἀπὸ τῶν **τριῶν** πληγῶν τούτων ἀπεκτάνθησαν
Rev 11:9 πτῶμα αὐτῶν ἡμέρας **τρεῖς** καὶ ἥμισυ καὶ
Rev 11:11 Καὶ μετὰ τὰς **τρεῖς** ἡμέρας καὶ ἥμισυ
Rev 16:13 τοῦ ψευδοπροφήτου πνεύματα **τρία** ἀκάθαρτα ὡς βάτραχοι·
Rev 16:19 ἡ μεγάλη εἰς **τρία** μέρη καὶ αἱ
Rev 21:13 ἀπὸ ἀνατολῆς πυλῶνες **τρεῖς** καὶ ἀπὸ βορρᾶ
Rev 21:13 ἀπὸ βορρᾶ πυλῶνες **τρεῖς** καὶ ἀπὸ νότου
Rev 21:13 ἀπὸ νότου πυλῶνες **τρεῖς** καὶ ἀπὸ δυσμῶν
Rev 21:13 ἀπὸ δυσμῶν πυλῶνες **τρεῖς**.

τρέφω (*trephō*; 2/9) *feed*
Rev 12:6 ἵνα ἐκεῖ **τρέφωσιν** αὐτὴν ἡμέρας χιλίας
Rev 12:14 ὅπου **τρέφεται** ἐκεῖ καιρὸν καὶ

τρέχω (*trechō*; 1/20) *run*
Rev 9:9 ἁρμάτων ἵππων πολλῶν **τρεχόντων** εἰς πόλεμον,

τρίτος (*tritos*; 23/56) *third*
Rev 4:7 μόσχῳ καὶ τὸ **τρίτον** ζῷον ἔχων τὸ
Rev 6:5 τὴν σφραγῖδα τὴν **τρίτην**,
Rev 6:5 ἤκουσα τοῦ **τρίτου** ζῴου λέγοντος·
Rev 8:7 καὶ τὸ **τρίτον** τῆς γῆς κατεκάη
Rev 8:7 κατεκάη καὶ τὸ **τρίτον** τῶν δένδρων κατεκάη
Rev 8:8 καὶ ἐγένετο τὸ **τρίτον** τῆς θαλάσσης αἷμα
Rev 8:9 καὶ ἀπέθανεν τὸ **τρίτον** τῶν κτισμάτων
Rev 8:9 ψυχὰς καὶ τὸ **τρίτον** τῶν πλοίων διεφθάρησαν.
Rev 8:10 Καὶ ὁ **τρίτος** ἄγγελος ἐσάλπισεν·
Rev 8:10 ἔπεσεν ἐπὶ τὸ **τρίτον** τῶν ποταμῶν καὶ
Rev 8:11 καὶ ἐγένετο τὸ **τρίτον** τῶν ὑδάτων εἰς
Rev 8:12 καὶ ἐπλήγη τὸ **τρίτον** τοῦ ἡλίου καὶ
Rev 8:12 ἡλίου καὶ τὸ **τρίτον** τῆς σελήνης καὶ
Rev 8:12 σελήνης καὶ τὸ **τρίτον** τῶν ἀστέρων,
Rev 8:12 ἵνα σκοτισθῇ τὸ **τρίτον** αὐτῶν καὶ ἡ
Rev 8:12 μὴ φάνῃ τὸ **τρίτον** αὐτῆς καὶ ἡ
Rev 9:15 ἵνα ἀποκτείνωσιν τὸ **τρίτον** τῶν ἀνθρώπων.
Rev 9:18 τούτων ἀπεκτάνθησαν τὸ **τρίτον** τῶν ἀνθρώπων,
Rev 11:14 ἡ οὐαὶ ἡ **τρίτη** ἔρχεται ταχύ.
Rev 12:4 αὐτοῦ σύρει τὸ **τρίτον** τῶν ἀστέρων τοῦ

Rev 14:9 Καὶ ἄλλος ἄγγελος **τρίτος** ἠκολούθησεν αὐτοῖς λέγων
Rev 16:4 Καὶ ὁ **τρίτος** ἐξέχεεν τὴν φιάλην
Rev 21:19 ὁ **τρίτος** χαλκηδών,

τρίχινος (*trichinos*; 1/1) *of hair*
Rev 6:12 μέλας ὡς σάκκος **τρίχινος** καὶ ἡ σελήνη

τρυγάω (*trygaō*; 2/3) *gather*
Rev 14:18 τὸ ὀξὺ καὶ **τρύγησον** τοὺς βότρυας τῆς
Rev 14:19 τὴν γῆν καὶ **ἐτρύγησεν** τὴν ἄμπελον τῆς

τυφλός (*typhlos*; 1/50) *blind*
Rev 3:17 καὶ πτωχὸς καὶ **τυφλὸς** καὶ γυμνός,

ὑακίνθινος (*hyakinthinos*; 1/1) *hyacinth*
Rev 9:17 θώρακας πυρίνους καὶ **ὑακινθίνους** καὶ θειώδεις,

ὑάκινθος (*hyakinthos*; 1/1) *hyacinth*
Rev 21:20 ὁ ἑνδέκατος **ὑάκινθος**,

ὑάλινος (*hyalinos*; 3/3) *of glass*
Rev 4:6 θρόνου ὡς θάλασσα **ὑαλίνη** ὁμοία κρυστάλλῳ.
Rev 15:2 εἶδον ὡς θάλασσαν **ὑαλίνην** μεμιγμένην πυρὶ καὶ
Rev 15:2 τὴν θάλασσαν τὴν **ὑαλίνην** ἔχοντας κιθάρας τοῦ

ὕαλος (*hyalos*; 2/2) *glass*
Rev 21:18 χρυσίον καθαρὸν ὅμοιον **ὑάλῳ** καθαρῷ.
Rev 21:21 χρυσίον καθαρὸν ὡς **ὕαλος** διαυγής.

ὕδωρ (*hydōr*; 18/76) *water*
Rev 1:15 αὐτοῦ ὡς φωνὴ **ὑδάτων** πολλῶν,
Rev 7:17 ἐπὶ ζωῆς πηγὰς **ὑδάτων**,
Rev 8:10 τὰς πηγὰς τῶν **ὑδάτων**,
Rev 8:11 τὸ τρίτον τῶν **ὑδάτων** εἰς ἄψινθον καὶ
Rev 8:11 ἀπέθανον ἐκ τῶν **ὑδάτων** ὅτι ἐπικράνθησαν.
Rev 11:6 ἔχουσιν ἐπὶ τῶν **ὑδάτων** στρέφειν αὐτὰ εἰς
Rev 12:15 ὀπίσω τῆς γυναικὸς **ὕδωρ** ὡς ποταμόν,
Rev 14:2 οὐρανοῦ ὡς φωνὴν **ὑδάτων** πολλῶν καὶ ὡς
Rev 14:7 θάλασσαν καὶ πηγὰς **ὑδάτων**.
Rev 16:4 τὰς πηγὰς τῶν **ὑδάτων**,
Rev 16:5 τοῦ ἀγγέλου τῶν **ὑδάτων** λέγοντος·
Rev 16:12 καὶ ἐξηράνθη τὸ **ὕδωρ** αὐτοῦ,
Rev 17:1 τῆς καθημένης ἐπὶ **ὑδάτων** πολλῶν,
Rev 17:15 τὰ **ὕδατα** ἃ εἶδες οὗ
Rev 19:6 καὶ ὡς φωνὴν **ὑδάτων** πολλῶν καὶ ὡς
Rev 21:6 τῆς πηγῆς τοῦ **ὕδατος** τῆς ζωῆς δωρεάν.
Rev 22:1 ἔδειξέν μοι ποταμὸν **ὕδατος** ζωῆς λαμπρὸν
Rev 22:17 ὁ θέλων λαβέτω **ὕδωρ** ζωῆς δωρεάν.

ὑετός (*hyetos*; 1/5) *rain*
Rev 11:6 ἵνα μὴ **ὑετὸς** βρέχῃ τὰς ἡμέρας

υἱός (*huios*; 8/377) *son*
Rev 1:13 τῶν λυχνιῶν ὅμοιον **υἱὸν** ἀνθρώπου ἐνδεδυμένον ποδήρη
Rev 2:14 σκάνδαλον ἐνώπιον τῶν **υἱῶν** Ἰσραὴλ φαγεῖν εἰδωλόθυτα
Rev 2:18 Τάδε λέγει ὁ **υἱὸς** τοῦ θεοῦ,
Rev 7:4 ἐκ πάσης φυλῆς **υἱῶν** Ἰσραήλ·
Rev 12:5 καὶ ἔτεκεν **υἱὸν** ἄρσεν,
Rev 14:14 νεφέλην καθήμενον ὅμοιον **υἱὸν** ἀνθρώπου,
Rev 21:7 αὐτὸς ἔσται μοι **υἱός**.
Rev 21:12 τῶν δώδεκα φυλῶν **υἱῶν** Ἰσραήλ·

ὑμεῖς (*hymeis*; 11/1832) *you (pl.)*
Rev 1:4 χάρις **ὑμῖν** καὶ εἰρήνη ἀπὸ
Rev 1:9 ὁ ἀδελφὸς **ὑμῶν** καὶ συγκοινωνὸς ἐν
Rev 2:10 ὁ διάβολος ἐξ **ὑμῶν** εἰς φυλακὴν ἵνα
Rev 2:13 ὃς ἀπεκτάνθη παρ᾽ **ὑμῖν**,
Rev 2:23 καὶ δώσω **ὑμῖν** ἑκάστῳ κατὰ τὰ
Rev 2:23 κατὰ τὰ ἔργα **ὑμῶν**.
Rev 2:24 **ὑμῖν** δὲ λέγω τοῖς
Rev 2:24 οὐ βάλλω ἐφ᾽ **ὑμᾶς** ἄλλο βάρος,
Rev 12:12 ὁ διάβολος πρὸς **ὑμᾶς** ἔχων θυμὸν μέγαν,
Rev 18:20 θεὸς τὸ κρίμα **ὑμῶν** ἐξ αὐτῆς.
Rev 22:16 ἄγγελόν μου μαρτυρῆσαι **ὑμῖν** ταῦτα ἐπὶ

ὑπάγω (*hypagō*; 6/79) *go*
Rev 10:8 **ὕπαγε** λάβε τὸ βιβλίον
Rev 13:10 εἰς αἰχμαλωσίαν **ὑπάγει**·
Rev 14:4 ἀρνίῳ ὅπου ἂν **ὑπάγῃ**.
Rev 16:1 **ὑπάγετε** καὶ ἐκχέετε τὰς
Rev 17:8 καὶ εἰς ἀπώλειαν **ὑπάγει**,
Rev 17:11 καὶ εἰς ἀπώλειαν **ὑπάγει**.

ὑπό (*hypo*; 2/219[220]) *by, under*
Rev 6:8 ἐν θανάτῳ καὶ **ὑπὸ** τῶν θηρίων τῆς
Rev 6:13 τοὺς ὀλύνθους αὐτῆς **ὑπὸ** ἀνέμου μεγάλου σειομένη,

ὑποκάτω (*hypokatō*; 4/11) *under*
Rev 5:3 τῆς γῆς οὐδὲ **ὑποκάτω** τῆς γῆς ἀνοῖξαι
Rev 5:13 τῆς γῆς καὶ **ὑποκάτω** τῆς γῆς καὶ
Rev 6:9 εἶδον **ὑποκάτω** τοῦ θυσιαστηρίου τὰς
Rev 12:1 καὶ ἡ σελήνη **ὑποκάτω** τῶν ποδῶν αὐτῆς

ὑπομονή (*hypomonē*; 7/32) *endurance*
Rev 1:9 καὶ βασιλείᾳ καὶ **ὑπομονῇ** ἐν Ἰησοῦ,
Rev 2:2 κόπον καὶ τὴν **ὑπομονήν** σου καὶ ὅτι
Rev 2:3 καὶ **ὑπομονὴν** ἔχεις καὶ ἐβάστασας
Rev 2:19 διακονίαν καὶ τὴν **ὑπομονήν** σου,
Rev 3:10 τὸν λόγον τῆς **ὑπομονῆς** μου,
Rev 13:10 Ὧδέ ἐστιν ἡ **ὑπομονὴ** καὶ ἡ πίστις
Rev 14:12 Ὧδε ἡ **ὑπομονὴ** τῶν ἁγίων ἐστίν,

ὑψηλός (*hypsēlos*; 2/11) *high*
Rev 21:10 ὄρος μέγα καὶ **ὑψηλόν**,
Rev 21:12 τεῖχος μέγα καὶ **ὑψηλόν**,

ὕψος (*hypsos*; 1/6) *height*
Rev 21:16 πλάτος καὶ τὸ **ὕψος** αὐτῆς ἴσα ἐστίν.

φαίνω (*phainō*; 4/30[31]) *shine*
Rev 1:16 ὡς ὁ ἥλιος **φαίνει** ἐν τῇ δυνάμει
Rev 8:12 ἡ ἡμέρα μὴ **φάνῃ** τὸ τρίτον αὐτῆς
Rev 18:23 λύχνου οὐ μὴ **φάνῃ** ἐν σοὶ ἔτι,
Rev 21:23 τῆς σελήνης ἵνα **φαίνωσιν** αὐτῇ,

φανερόω (*phaneroō*; 2/47[49]) *make known, reveal*

Rev 3:18 περιβάλῃ καὶ μὴ **φανερωθῇ** ἡ αἰσχύνη τῆς
Rev 15:4 τὰ δικαιώματά σου **ἐφανερώθησαν**.

φαρμακεία (*pharmakeia*; 1/2) *sorcery*

Rev 18:23 ὅτι ἐν τῇ **φαρμακείᾳ** σου ἐπλανήθησαν πάντα

φάρμακον (*pharmakon*; 1/1) *witchcraft*

Rev 9:21 οὔτε ἐκ τῶν **φαρμάκων** αὐτῶν οὔτε ἐκ

φάρμακος (*pharmakos*; 2/2) *sorcerer*

Rev 21:8 καὶ πόρνοις καὶ **φαρμάκοις** καὶ εἰδωλολάτραις καὶ
Rev 22:15 κύνες καὶ οἱ **φάρμακοι** καὶ οἱ πόρνοι

φέρω (*pherō*; 2/66) *bring*

Rev 21:24 βασιλεῖς τῆς γῆς **φέρουσιν** τὴν δόξαν αὐτῶν
Rev 21:26 καὶ **οἴσουσιν** τὴν δόξαν καὶ

φεύγω (*pheugō*; 4/29) *flee*

Rev 9:6 ἐπιθυμήσουσιν ἀποθανεῖν καὶ **φεύγει** ὁ θάνατος ἀπ'
Rev 12:6 καὶ ἡ γυνὴ **ἔφυγεν** εἰς τὴν ἔρημον,
Rev 16:20 καὶ πᾶσα νῆσος **ἔφυγεν** καὶ ὄρη οὐχ
Rev 20:11 ἀπὸ τοῦ προσώπου **ἔφυγεν** ἡ γῆ καὶ

φθείρω (*phtheirō*; 1/9) *corrupt*

Rev 19:2 τὴν μεγάλην ἥτις **ἔφθειρεν** τὴν γῆν ἐν

φιάλη (*phialē*; 12/12) *bowl*

Rev 5:8 ἕκαστος κιθάραν καὶ **φιάλας** χρυσᾶς γεμούσας θυμιαμάτων,
Rev 15:7 ἑπτὰ ἀγγέλοις ἑπτὰ **φιάλας** χρυσᾶς γεμούσας τοῦ
Rev 16:1 ἐκχέετε τὰς ἑπτὰ **φιάλας** τοῦ θυμοῦ τοῦ
Rev 16:2 καὶ ἐξέχεεν τὴν **φιάλην** αὐτοῦ εἰς τὴν
Rev 16:3 δεύτερος ἐξέχεεν τὴν **φιάλην** αὐτοῦ εἰς
Rev 16:4 τρίτος ἐξέχεεν τὴν **φιάλην** αὐτοῦ εἰς τοὺς
Rev 16:8 τέταρτος ἐξέχεεν τὴν **φιάλην** αὐτοῦ ἐπὶ
Rev 16:10 πέμπτος ἐξέχεεν τὴν **φιάλην** αὐτοῦ ἐπὶ τὸν
Rev 16:12 ἕκτος ἐξέχεεν τὴν **φιάλην** αὐτοῦ ἐπὶ τὸν
Rev 16:17 ἕβδομος ἐξέχεεν τὴν **φιάλην** αὐτοῦ ἐπὶ τὸν
Rev 17:1 ἐχόντων τὰς ἑπτὰ **φιάλας** καὶ ἐλάλησεν
Rev 21:9 ἐχόντων τὰς ἑπτὰ **φιάλας** τῶν γεμόντων

Φιλαδέλφεια (*Philadelpheia*; 2/2) *Philadelphia*

Rev 1:11 Σάρδεις καὶ εἰς **Φιλαδέλφειαν** καὶ εἰς Λαοδίκειαν.
Rev 3:7 ἀγγέλῳ τῆς ἐν **Φιλαδελφείᾳ** ἐκκλησίας γράψον·

φιλέω (*phileō*; 2/25) *love*

Rev 3:19 ἐγὼ ὅσους ἐὰν **φιλῶ** ἐλέγχω καὶ παιδεύω·
Rev 22:15 εἰδωλολάτραι καὶ πᾶς **φιλῶν** καὶ ποιῶν ψεῦδος.

φλόξ (*phlox*; 3/7) *flame*

Rev 1:14 ὀφθαλμοὶ αὐτοῦ ὡς **φλὸξ** πυρὸς
Rev 2:18 ὀφθαλμοὺς αὐτοῦ ὡς **φλόγα** πυρὸς καὶ οἱ
Rev 19:12 ὀφθαλμοὶ αὐτοῦ [ὡς] **φλὸξ** πυρός,

φοβέομαι (*phobeomai*; 6/95) *fear*

Rev 1:17 μὴ **φοβοῦ**·
Rev 2:10 μηδὲν **φοβοῦ** ἃ μέλλεις πάσχειν.
Rev 11:18 ἁγίοις καὶ τοῖς **φοβουμένοις** τὸ ὄνομά σου,
Rev 14:7 **φοβήθητε** τὸν θεὸν καὶ
Rev 15:4 τίς οὐ μὴ **φοβηθῇ**,
Rev 19:5 αὐτοῦ [καὶ] οἱ **φοβούμενοι** αὐτόν,

φόβος (*phobos*; 3/47) *fear*

Rev 11:11 καὶ **φόβος** μέγας ἐπέπεσεν ἐπὶ
Rev 18:10 ἑστηκότες διὰ τὸν **φόβον** τοῦ βασανισμοῦ αὐτῆς
Rev 18:15 στήσονται διὰ τὸν **φόβον** τοῦ βασανισμοῦ αὐτῆς

φοῖνιξ (*phoinix*; 1/2) *palm*

Rev 7:9 στολὰς λευκὰς καὶ **φοίνικες** ἐν ταῖς χερσὶν

φονεύς (*phoneus*; 2/7) *murderer*

Rev 21:8 καὶ ἐβδελυγμένοις καὶ **φονεῦσιν** καὶ πόρνοις καὶ
Rev 22:15 πόρνοι καὶ οἱ **φονεῖς** καὶ οἱ εἰδωλολάτραι

φόνος (*phonos*; 1/9) *murder*

Rev 9:21 μετενόησαν ἐκ τῶν **φόνων** αὐτῶν οὔτε ἐκ

φρέαρ (*phrear*; 4/7) *well*

Rev 9:1 ἡ κλεὶς τοῦ **φρέατος** τῆς ἀβύσσου
Rev 9:2 καὶ ἤνοιξεν τὸ **φρέαρ** τῆς ἀβύσσου,
Rev 9:2 καπνὸς ἐκ τοῦ **φρέατος** ὡς καπνὸς καμίνου
Rev 9:2 τοῦ καπνοῦ τοῦ **φρέατος**.

φυλακή (*phylakē*; 5/47) *prison*

Rev 2:10 ἐξ ὑμῶν εἰς **φυλακὴν** ἵνα πειρασθῆτε καὶ
Rev 18:2 κατοικητήριον δαιμονίων καὶ **φυλακὴ** παντὸς πνεύματος ἀκαθάρτου
Rev 18:2 πνεύματος ἀκαθάρτου καὶ **φυλακὴ** παντὸς ὀρνέου ἀκαθάρτου
Rev 18:2 ὀρνέου ἀκαθάρτου [καὶ **φυλακὴ** παντὸς θηρίου ἀκαθάρτου]
Rev 20:7 σατανᾶς ἐκ τῆς **φυλακῆς** αὐτοῦ

φυλή (*phylē*; 21/31) *tribe*

Rev 1:7 αὐτὸν πᾶσαι αἱ **φυλαὶ** τῆς γῆς
Rev 5:5 ὁ ἐκ τῆς **φυλῆς** Ἰούδα,
Rev 5:9 σου ἐκ πάσης **φυλῆς** καὶ γλώσσης καὶ
Rev 7:4 ἐσφραγισμένοι ἐκ πάσης **φυλῆς** υἱῶν Ἰσραήλ·
Rev 7:5 ἐκ **φυλῆς** Ἰούδα δώδεκα χιλιάδες
Rev 7:5 ἐκ **φυλῆς** Ῥουβὴν δώδεκα χιλιάδες,
Rev 7:5 ἐκ **φυλῆς** Γὰδ δώδεκα χιλιάδες,
Rev 7:6 ἐκ **φυλῆς** Ἀσὴρ δώδεκα χιλιάδες,
Rev 7:6 ἐκ **φυλῆς** Νεφθαλὶμ δώδεκα χιλιάδες,
Rev 7:6 ἐκ **φυλῆς** Μανασσῆ δώδεκα χιλιάδες,
Rev 7:7 ἐκ **φυλῆς** Συμεὼν δώδεκα χιλιάδες,
Rev 7:7 ἐκ **φυλῆς** Λευὶ δώδεκα χιλιάδες,

Rev 7:7 ἐκ **φυλῆς** Ἰσσαχὰρ δώδεκα χιλιάδες,
Rev 7:8 ἐκ **φυλῆς** Ζαβουλὼν δώδεκα χιλιάδες,
Rev 7:8 ἐκ **φυλῆς** Ἰωσὴφ δώδεκα χιλιάδες,
Rev 7:8 ἐκ **φυλῆς** Βενιαμὶν δώδεκα χιλιάδες
Rev 7:9 παντὸς ἔθνους καὶ **φυλῶν** καὶ λαῶν καὶ
Rev 11:9 τῶν λαῶν καὶ **φυλῶν** καὶ γλωσσῶν καὶ
Rev 13:7 ἐξουσία ἐπὶ πᾶσαν **φυλὴν** καὶ λαὸν καὶ
Rev 14:6 πᾶν ἔθνος καὶ **φυλὴν** καὶ γλῶσσαν καὶ
Rev 21:12 ὀνόματα] τῶν δώδεκα **φυλῶν** υἱῶν Ἰσραήλ·

φύλλον (*phyllon*; 1/6) *leaf*
Rev 22:2 καὶ τὰ **φύλλα** τοῦ ξύλου εἰς

φωνέω (*phōneō*; 1/43) *call*
Rev 14:18 καὶ **ἐφώνησεν** φωνῇ μεγάλῃ τῷ

φωνή (*phōnē*; 55/139) *voice*
Rev 1:10 ἤκουσα ὀπίσω μου **φωνὴν** μεγάλην ὡς σάλπιγγος
Rev 1:12 ἐπέστρεψα βλέπειν τὴν **φωνὴν** ἥτις ἐλάλει
Rev 1:15 πεπυρωμένης καὶ ἡ **φωνὴ** αὐτοῦ ὡς φωνὴ
Rev 1:15 φωνὴ αὐτοῦ ὡς **φωνὴ** ὑδάτων πολλῶν,
Rev 3:20 τις ἀκούσῃ τῆς **φωνῆς** μου καὶ ἀνοίξῃ
Rev 4:1 καὶ ἡ **φωνὴ** ἡ πρώτη ἣν
Rev 4:5 ἐκπορεύονται ἀστραπαὶ καὶ **φωναὶ** καὶ βρονταί,
Rev 5:2 ἰσχυρὸν κηρύσσοντα ἐν **φωνῇ** μεγάλῃ·
Rev 5:11 καὶ ἤκουσα **φωνὴν** ἀγγέλων πολλῶν κύκλῳ
Rev 5:12 λέγοντες **φωνῇ** μεγάλῃ·
Rev 6:1 ζῴων λέγοντος ὡς **φωνὴ** βροντῆς·
Rev 6:6 καὶ ἤκουσα ὡς **φωνὴν** ἐν μέσῳ τῶν
Rev 6:7 ἤκουσα **φωνὴν** τοῦ τετάρτου ζῴου
Rev 6:10 καὶ ἔκραξαν **φωνῇ** μεγάλῃ λέγοντες·
Rev 7:2 καὶ ἔκραξεν **φωνῇ** μεγάλῃ τοῖς τέσσαρσιν
Rev 7:10 καὶ κράζουσιν **φωνῇ** μεγάλῃ λέγοντες·
Rev 8:5 ἐγένοντο βρονταὶ καὶ **φωναὶ** καὶ ἀστραπαὶ
Rev 8:13 ἐν μεσουρανήματι λέγοντος **φωνῇ** μεγάλῃ·
Rev 8:13 ἐκ τῶν λοιπῶν **φωνῶν** τῆς σάλπιγγος τῶν
Rev 9:9 καὶ ἡ **φωνὴ** τῶν πτερύγων αὐτῶν
Rev 9:9 πτερύγων αὐτῶν ὡς **φωνὴ** ἁρμάτων ἵππων πολλῶν
Rev 9:13 καὶ ἤκουσα **φωνὴν** μίαν ἐκ τῶν
Rev 10:3 καὶ ἔκραξεν **φωνῇ** μεγάλῃ ὥσπερ λέων
Rev 10:3 βρονταὶ τὰς ἑαυτῶν **φωνάς**.
Rev 10:4 καὶ ἤκουσα **φωνὴν** ἐκ τοῦ οὐρανοῦ
Rev 10:7 ταῖς ἡμέραις τῆς **φωνῆς** τοῦ ἑβδόμου ἀγγέλου,
Rev 10:8 Καὶ ἡ **φωνὴ** ἣν ἤκουσα ἐκ
Rev 11:12 καὶ ἤκουσαν **φωνῆς** μεγάλης ἐκ τοῦ
Rev 11:15 καὶ ἐγένοντο **φωναὶ** μεγάλαι ἐν τῷ
Rev 11:19 ἐγένοντο ἀστραπαὶ καὶ **φωναὶ** καὶ βρονταὶ
Rev 12:10 καὶ ἤκουσα **φωνὴν** μεγάλην ἐν τῷ
Rev 14:2 καὶ ἤκουσα **φωνὴν** ἐκ τοῦ οὐρανοῦ
Rev 14:2 τοῦ οὐρανοῦ ὡς **φωνὴν** ὑδάτων πολλῶν καὶ
Rev 14:2 πολλῶν καὶ ὡς **φωνὴν** βροντῆς μεγάλης,
Rev 14:2 καὶ ἡ **φωνὴ** ἣν ἤκουσα ὡς
Rev 14:7 λέγων ἐν **φωνῇ** μεγάλῃ·
Rev 14:9 αὐτοῖς λέγων ἐν **φωνῇ** μεγάλῃ·
Rev 14:13 Καὶ ἤκουσα **φωνῆς** ἐκ τοῦ οὐρανοῦ
Rev 14:15 ναοῦ κράζων ἐν **φωνῇ** μεγάλῃ τῷ καθημένῳ
Rev 14:18 καὶ ἐφώνησεν **φωνῇ** μεγάλῃ τῷ ἔχοντι
Rev 16:1 Καὶ ἤκουσα μεγάλης **φωνῆς** ἐκ τοῦ ναοῦ
Rev 16:17 καὶ ἐξῆλθεν **φωνὴ** μεγάλη ἐκ τοῦ
Rev 16:18 ἐγένοντο ἀστραπαὶ καὶ **φωναὶ** καὶ βρονταὶ
Rev 18:2 ἔκραξεν ἐν ἰσχυρᾷ **φωνῇ** λέγων·
Rev 18:4 Καὶ ἤκουσα ἄλλην **φωνὴν** ἐκ τοῦ οὐρανοῦ
Rev 18:22 καὶ **φωνὴ** κιθαρῳδῶν καὶ μουσικῶν
Rev 18:22 καὶ **φωνὴ** μύλου οὐ μὴ
Rev 18:23 καὶ **φωνὴ** νυμφίου καὶ νύμφης
Rev 19:1 ταῦτα ἤκουσα ὡς **φωνὴν** μεγάλην ὄχλου πολλοῦ
Rev 19:5 Καὶ **φωνὴ** ἀπὸ τοῦ θρόνου
Rev 19:6 Καὶ ἤκουσα ὡς **φωνὴν** ὄχλου πολλοῦ καὶ
Rev 19:6 πολλοῦ καὶ ὡς **φωνὴν** ὑδάτων πολλῶν καὶ
Rev 19:6 πολλῶν καὶ ὡς **φωνὴν** βροντῶν ἰσχυρῶν λεγόντων·
Rev 19:17 καὶ ἔκραξεν [ἐν] **φωνῇ** μεγάλῃ λέγων πᾶσιν
Rev 21:3 καὶ ἤκουσα **φωνῆς** μεγάλης ἐκ τοῦ

φῶς (*phōs*; 4/73) *light*
Rev 18:23 καὶ **φῶς** λύχνου οὐ μὴ
Rev 21:24 ἔθνη διὰ τοῦ **φωτὸς** αὐτῆς,
Rev 22:5 οὐκ ἔχουσιν χρείαν **φωτὸς** λύχνου καὶ φωτὸς
Rev 22:5 φωτὸς λύχνου καὶ **φωτὸς** ἡλίου,

φωστήρ (*phōstēr*; 1/2) *light*
Rev 21:11 ὁ **φωστὴρ** αὐτῆς ὅμοιος λίθῳ

φωτίζω (*phōtizō*; 3/11) *give light*
Rev 18:1 καὶ ἡ γῆ **ἐφωτίσθη** ἐκ τῆς δόξης
Rev 21:23 δόξα τοῦ θεοῦ **ἐφώτισεν** αὐτήν,
Rev 22:5 κύριος ὁ θεὸς **φωτίσει** ἐπ' αὐτούς,

χαίρω (*chairō*; 2/74) *rejoice*
Rev 11:10 ἐπὶ τῆς γῆς **χαίρουσιν** ἐπ' αὐτοῖς καὶ
Rev 19:7 **χαίρωμεν** καὶ ἀγαλλιῶμεν καὶ

χάλαζα (*chalaza*; 4/4) *hail*
Rev 8:7 καὶ ἐγένετο **χάλαζα** καὶ πῦρ μεμιγμένα
Rev 11:19 καὶ σεισμὸς καὶ **χάλαζα** μεγάλη.
Rev 16:21 καὶ **χάλαζα** μεγάλη ὡς ταλαντιαία
Rev 16:21 τῆς πληγῆς τῆς **χαλάζης**,

χαλινός (*chalinos*; 1/2) *bit, bridle*
Rev 14:20 ληνοῦ ἄχρι τῶν **χαλινῶν** τῶν ἵππων ἀπὸ

χαλκηδών (*chalkēdōn*; 1/1) *chalcedony*
Rev 21:19 ὁ τρίτος **χαλκηδών**,

χαλκολίβανον (*chalkolibanon*; 2/2) *brass*
Rev 1:15 πόδες αὐτοῦ ὅμοιοι **χαλκολιβάνῳ** ὡς ἐν καμίνῳ
Rev 2:18 πόδες αὐτοῦ ὅμοιοι **χαλκολιβάνῳ**·

χαλκός (*chalkos*; 1/5) *copper*
Rev 18:12 ξύλου τιμιωτάτου καὶ **χαλκοῦ** καὶ σιδήρου

χαλκοῦς (*chalkous*; 1/1) *made of copper*
Rev 9:20 ἀργυρᾶ καὶ τὰ **χαλκᾶ** καὶ τὰ λίθινα

χάραγμα (*charagma*; 7/8) *mark*
Rev 13:16 ἵνα δῶσιν αὐτοῖς **χάραγμα** ἐπὶ τῆς χειρὸς
Rev 13:17 ὁ ἔχων τὸ **χάραγμα** τὸ ὄνομα τοῦ

Rev 14:9 αὐτοῦ καὶ λαμβάνει **χάραγμα** ἐπὶ τοῦ μετώπου
Rev 14:11 τις λαμβάνει τὸ **χάραγμα** τοῦ ὀνόματος αὐτοῦ.
Rev 16:2 τοὺς ἔχοντας τὸ **χάραγμα** τοῦ θηρίου καὶ
Rev 19:20 τοὺς λαβόντας τὸ **χάραγμα** τοῦ θηρίου καὶ
Rev 20:4 οὐκ ἔλαβον τὸ **χάραγμα** ἐπὶ τὸ μέτωπον

χάρις (*charis*; 2/155) *grace*
Rev 1:4 **χάρις** ὑμῖν καὶ εἰρήνη
Rev 22:21 Ἡ **χάρις** τοῦ κυρίου Ἰησοῦ

χείρ (*cheir*; 16/175[177]) *hand*
Rev 1:16 ἐν τῇ δεξιᾷ **χειρὶ** αὐτοῦ ἀστέρας ἑπτὰ
Rev 6:5 ζυγὸν ἐν τῇ **χειρὶ** αὐτοῦ.
Rev 7:9 φοίνικες ἐν ταῖς **χερσὶν** αὐτῶν,
Rev 8:4 τῶν ἁγίων ἐκ **χειρὸς** τοῦ ἀγγέλου ἐνώπιον
Rev 9:20 τῶν ἔργων τῶν **χειρῶν** αὐτῶν,
Rev 10:2 ἔχων ἐν τῇ **χειρὶ** αὐτοῦ βιβλαρίδιον ἠνεῳγμένον.
Rev 10:5 ἦρεν τὴν **χεῖρα** αὐτοῦ τὴν δεξιὰν
Rev 10:8 ἠνεῳγμένον ἐν τῇ **χειρὶ** τοῦ ἀγγέλου τοῦ
Rev 10:10 βιβλαρίδιον ἐκ τῆς **χειρὸς** τοῦ ἀγγέλου καὶ
Rev 13:16 χάραγμα ἐπὶ τῆς **χειρὸς** αὐτῶν τῆς δεξιᾶς
Rev 14:9 ἢ ἐπὶ τὴν **χεῖρα** αὐτοῦ,
Rev 14:14 καὶ ἐν τῇ **χειρὶ** αὐτοῦ δρέπανον ὀξύ.
Rev 17:4 χρυσοῦν ἐν τῇ **χειρὶ** αὐτῆς γέμον βδελυγμάτων
Rev 19:2 δούλων αὐτοῦ ἐκ **χειρὸς** αὐτῆς.
Rev 20:1 μεγάλην ἐπὶ τὴν **χεῖρα** αὐτοῦ.
Rev 20:4 καὶ ἐπὶ τὴν **χεῖρα** αὐτῶν.

χήρα (*chēra*; 1/26) *widow*
Rev 18:7 κάθημαι βασίλισσα καὶ **χήρα** οὐκ εἰμὶ καὶ

χιλίαρχος (*chiliarchos*; 2/21) *tribune, officer*
Rev 6:15 μεγιστᾶνες καὶ οἱ **χιλίαρχοι** καὶ οἱ πλούσιοι
Rev 19:18 βασιλέων καὶ σάρκας **χιλιάρχων** καὶ σάρκας ἰσχυρῶν

χιλιάς (*chilias*; 19/23) *thousand*
Rev 5:11 μυριάδες μυριάδων καὶ **χιλιάδες** χιλιάδων
Rev 5:11 μυριάδων καὶ χιλιάδες **χιλιάδων**
Rev 7:4 ἑκατὸν τεσσεράκοντα τέσσαρες **χιλιάδες**,
Rev 7:5 φυλῆς Ἰούδα δώδεκα **χιλιάδες** ἐσφραγισμένοι,
Rev 7:5 φυλῆς Ῥουβὴν δώδεκα **χιλιάδες**,
Rev 7:5 φυλῆς Γὰδ δώδεκα **χιλιάδες**,
Rev 7:6 φυλῆς Ἀσὴρ δώδεκα **χιλιάδες**,
Rev 7:6 φυλῆς Νεφθαλὶμ δώδεκα **χιλιάδες**,
Rev 7:6 φυλῆς Μανασσῆ δώδεκα **χιλιάδες**,
Rev 7:7 φυλῆς Συμεὼν δώδεκα **χιλιάδες**,
Rev 7:7 φυλῆς Λευὶ δώδεκα **χιλιάδες**,
Rev 7:7 φυλῆς Ἰσσαχὰρ δώδεκα **χιλιάδες**,
Rev 7:8 φυλῆς Ζαβουλὼν δώδεκα **χιλιάδες**,
Rev 7:8 φυλῆς Ἰωσὴφ δώδεκα **χιλιάδες**,
Rev 7:8 φυλῆς Βενιαμὶν δώδεκα **χιλιάδες** ἐσφραγισμένοι.
Rev 11:13 σεισμῷ ὀνόματα ἀνθρώπων **χιλιάδες** ἑπτὰ
Rev 14:1 ἑκατὸν τεσσεράκοντα τέσσαρες **χιλιάδες** ἔχουσαι τὸ ὄνομα
Rev 14:3 ἑκατὸν τεσσεράκοντα τέσσαρες **χιλιάδες**,
Rev 21:16 ἐπὶ σταδίων δώδεκα **χιλιάδων**,

χίλιοι (*chilioi*; 9/11) *thousand*
Rev 11:3 καὶ προφητεύσουσιν ἡμέρας **χιλίας** διακοσίας ἑξήκοντα περιβεβλημένοι
Rev 12:6 τρέφωσιν αὐτὴν ἡμέρας **χιλίας** διακοσίας ἑξήκοντα.
Rev 14:20 ἵππων ἀπὸ σταδίων **χιλίων** ἑξακοσίων.
Rev 20:2 καὶ ἔδησεν αὐτὸν **χίλια** ἔτη
Rev 20:3 ἄχρι τελεσθῇ τὰ **χίλια** ἔτη.
Rev 20:4 μετὰ τοῦ Χριστοῦ **χίλια** ἔτη.
Rev 20:5 ἄχρι τελεσθῇ τὰ **χίλια** ἔτη.
Rev 20:6 μετ' αὐτοῦ [τὰ] **χίλια** ἔτη.
Rev 20:7 ὅταν τελεσθῇ τὰ **χίλια** ἔτη,

χιών (*chiōn*; 1/2) *snow*
Rev 1:14 ἔριον λευκὸν ὡς **χιὼν** καὶ οἱ ὀφθαλμοὶ

χλιαρός (*chliaros*; 1/1) *lukewarm*
Rev 3:16 οὕτως ὅτι **χλιαρὸς** εἶ καὶ οὔτε

χλωρός (*chlōros*; 3/4) *green, pale*
Rev 6:8 καὶ ἰδοὺ ἵππος **χλωρός**,
Rev 8:7 καὶ πᾶς χόρτος **χλωρὸς** κατεκάη.
Rev 9:4 γῆς οὐδὲ πᾶν **χλωρὸν** οὐδὲ πᾶν δένδρον,

χοῖνιξ (*choinix*; 2/2) *quart*
Rev 6:6 **χοῖνιξ** σίτου δηναρίου καὶ
Rev 6:6 δηναρίου καὶ τρεῖς **χοίνικες** κριθῶν δηναρίου,

χορτάζω (*chortazō*; 1/16) *feed*
Rev 19:21 πάντα τὰ ὄρνεα **ἐχορτάσθησαν** ἐκ τῶν σαρκῶν

χόρτος (*chortos*; 2/15) *grass, hay*
Rev 8:7 κατεκάη καὶ πᾶς **χόρτος** χλωρὸς κατεκάη.
Rev 9:4 μὴ ἀδικήσουσιν τὸν **χόρτον** τῆς γῆς οὐδὲ

χοῦς (*chous*; 1/2) *dust*
Rev 18:19 καὶ ἔβαλον **χοῦν** ἐπὶ τὰς κεφαλὰς

χρεία (*chreia*; 3/49) *need*
Rev 3:17 πεπλούτηκα καὶ οὐδὲν **χρείαν** ἔχω,
Rev 21:23 ἡ πόλις οὐ **χρείαν** ἔχει τοῦ ἡλίου
Rev 22:5 καὶ οὐκ ἔχουσιν **χρείαν** φωτὸς λύχνου καὶ

Χριστός (*Christos*; 7/529) *Christ*
Rev 1:1 Ἀποκάλυψις Ἰησοῦ **Χριστοῦ** ἣν ἔδωκεν αὐτῷ
Rev 1:2 τὴν μαρτυρίαν Ἰησοῦ **Χριστοῦ** ὅσα εἶδεν.
Rev 1:5 καὶ ἀπὸ Ἰησοῦ **Χριστοῦ**,
Rev 11:15 ἡμῶν καὶ τοῦ **χριστοῦ** αὐτοῦ,
Rev 12:10 ἡ ἐξουσία τοῦ **χριστοῦ** αὐτοῦ,
Rev 20:4 ἐβασίλευσαν μετὰ τοῦ **Χριστοῦ** χίλια ἔτη.
Rev 20:6 θεοῦ καὶ τοῦ **Χριστοῦ** καὶ βασιλεύσουσιν

χρόνος (*chronos*; 4/54) *time*
Rev 2:21 καὶ ἔδωκα αὐτῇ **χρόνον** ἵνα μετανοήσῃ,
Rev 6:11 ἵνα ἀναπαύσονται ἔτι **χρόνον** μικρόν,
Rev 10:6 ὅτι **χρόνος** οὐκέτι ἔσται,

Rev 20:3 λυθῆναι αὐτὸν μικρὸν **χρόνον**.

χρυσίον (*chrysion*; 5/12) *gold*
Rev 3:18 ἀγοράσαι παρ' ἐμοῦ **χρυσίον** πεπυρωμένον ἐκ πυρὸς
Rev 17:4 κόκκινον καὶ κεχρυσωμένη **χρυσίῳ** καὶ λίθῳ τιμίῳ
Rev 18:16 καὶ κεχρυσωμένη [ἐν] **χρυσίῳ** καὶ λίθῳ τιμίῳ
Rev 21:18 καὶ ἡ πόλις **χρυσίον** καθαρὸν ὅμοιον ὑάλῳ
Rev 21:21 πλατεῖα τῆς πόλεως **χρυσίον** καθαρὸν ὡς ὕαλος

χρυσόλιθος (*chrysolithos*; 1/1) *chrysolite*
Rev 21:20 ὁ ἕβδομος **χρυσόλιθος**,

χρυσόπρασος (*chrysoprasos*; 1/1) *chrysoprase*
Rev 21:20 ὁ δέκατος **χρυσόπρασος**,

χρυσός (*chrysos*; 2/10) *gold*
Rev 9:7 ὡς στέφανοι ὅμοιοι **χρυσῷ**,
Rev 18:12 γόμον **χρυσοῦ** καὶ ἀργύρου καὶ

χρυσοῦς (*chrysous*; 15/18) *made of gold*
Rev 1:12 εἶδον ἑπτὰ λυχνίας **χρυσᾶς**
Rev 1:13 τοῖς μαστοῖς ζώνην **χρυσᾶν**.
Rev 1:20 ἑπτὰ λυχνίας τὰς **χρυσᾶς**·
Rev 2:1 ἑπτὰ λυχνιῶν τῶν **χρυσῶν**·
Rev 4:4 κεφαλὰς αὐτῶν στεφάνους **χρυσοῦς**.
Rev 5:8 κιθάραν καὶ φιάλας **χρυσᾶς** γεμούσας θυμιαμάτων,
Rev 8:3 θυσιαστηρίου ἔχων λιβανωτὸν **χρυσοῦν**,
Rev 8:3 τὸ θυσιαστήριον τὸ **χρυσοῦν** τὸ ἐνώπιον
Rev 9:13 τοῦ θυσιαστηρίου τοῦ **χρυσοῦ** τοῦ ἐνώπιον
Rev 9:20 τὰ εἴδωλα τὰ **χρυσᾶ** καὶ τὰ ἀργυρᾶ
Rev 14:14 κεφαλῆς αὐτοῦ στέφανον **χρυσοῦν** καὶ ἐν
Rev 15:6 τὰ στήθη ζώνας **χρυσᾶς**.
Rev 15:7 ἀγγέλοις ἑπτὰ φιάλας **χρυσᾶς** γεμούσας τοῦ θυμοῦ
Rev 17:4 ἔχουσα ποτήριον **χρυσοῦν** ἐν τῇ χειρὶ
Rev 21:15 εἶχεν μέτρον κάλαμον **χρυσοῦν**,

χρυσόω (*chrysoō*; 2/2) *cover or adorn with gold*
Rev 17:4 καὶ κόκκινον καὶ **κεχρυσωμένη** χρυσίῳ καὶ λίθῳ
Rev 18:16 καὶ κόκκινον καὶ **κεχρυσωμένη** [ἐν] χρυσίῳ

ψευδής (*pseudēs*; 2/3) *false*
Rev 2:2 καὶ εὗρες αὐτοὺς **ψευδεῖς**,
Rev 21:8 καὶ πᾶσιν τοῖς **ψευδέσιν** τὸ μέρος αὐτῶν

ψεύδομαι (*pseudomai*; 1/12) *lie, speak falsehood*
Rev 3:9 οὐκ εἰσὶν ἀλλὰ **ψεύδονται**.

ψευδοπροφήτης (*pseudoprophētēs*; 3/11) *false prophet*
Rev 16:13 τοῦ στόματος τοῦ **ψευδοπροφήτου** πνεύματα τρία ἀκάθαρτα
Rev 19:20 μετ' αὐτοῦ ὁ **ψευδοπροφήτης** ὁ ποιήσας τὰ
Rev 20:10 θηρίον καὶ ὁ **ψευδοπροφήτης**,

ψεῦδος (*pseudos*; 3/10) *lie*
Rev 14:5 αὐτῶν οὐχ εὑρέθη **ψεῦδος**,
Rev 21:27 ποιῶν βδέλυγμα καὶ **ψεῦδος** εἰ μὴ οἱ
Rev 22:15 φιλῶν καὶ ποιῶν **ψεῦδος**.

ψηφίζω (*psēphizō*; 1/2) *figure out*
Rev 13:18 ὁ ἔχων νοῦν **ψηφισάτω** τὸν ἀριθμὸν τοῦ

ψῆφος (*psēphos*; 2/3) *pebble, stone*
Rev 2:17 καὶ δώσω αὐτῷ **ψῆφον** λευκήν,
Rev 2:17 καὶ ἐπὶ τὴν **ψῆφον** ὄνομα καινὸν γεγραμμένον

ψυχή (*psychē*; 7/103) *soul, life, self*
Rev 6:9 τοῦ θυσιαστηρίου τὰς **ψυχὰς** τῶν ἐσφαγμένων διὰ
Rev 8:9 θαλάσσῃ τὰ ἔχοντα **ψυχὰς** καὶ τὸ τρίτον
Rev 12:11 οὐκ ἠγάπησαν τὴν **ψυχὴν** αὐτῶν ἄχρι θανάτου.
Rev 16:3 καὶ πᾶσα **ψυχὴ** ζωῆς ἀπέθανεν τὰ
Rev 18:13 καὶ **ψυχὰς** ἀνθρώπων.
Rev 18:14 τῆς ἐπιθυμίας τῆς **ψυχῆς** ἀπῆλθεν ἀπὸ σοῦ,
Rev 20:4 καὶ τὰς **ψυχὰς** τῶν πεπελεκισμένων διὰ

ψυχρός (*psychros*; 3/4) *cold*
Rev 3:15 ἔργα ὅτι οὔτε **ψυχρὸς** εἶ οὔτε ζεστός.
Rev 3:15 ὄφελον **ψυχρὸς** ἦς ἢ ζεστός.
Rev 3:16 οὔτε ζεστὸς οὔτε **ψυχρός**,

ὦ (*ō*; 3/20) *O*
Rev 1:8 ἄλφα καὶ τὸ **ὦ**,
Rev 21:6 ἄλφα καὶ τὸ **ὦ**,
Rev 22:13 ἄλφα καὶ τὸ **ὦ**,

ὧδε (*hōde*; 6/61) *here*
Rev 4:1 ἀνάβα **ὧδε**,
Rev 11:12 ἀνάβατε **ὧδε**.
Rev 13:10 Ὧδέ **ἐστιν** ἡ ὑπομονὴ καὶ
Rev 13:18 **Ὧδε** ἡ σοφία ἐστίν.
Rev 14:12 **Ὧδε** ἡ ὑπομονὴ τῶν
Rev 17:9 **ὧδε** ὁ νοῦς ὁ

ᾠδή (*ōdē*; 5/7) *song*
Rev 5:9 καὶ ᾄδουσιν **ᾠδὴν** καινὴν λέγοντες·
Rev 14:3 καὶ ᾄδουσιν [ὡς] **ᾠδὴν** καινὴν ἐνώπιον τοῦ
Rev 14:3 ἐδύνατο μαθεῖν τὴν **ᾠδὴν** εἰ μὴ αἱ
Rev 15:3 καὶ ᾄδουσιν τὴν **ᾠδὴν** Μωϋσέως τοῦ δούλου
Rev 15:3 θεοῦ καὶ τὴν **ᾠδὴν** τοῦ ἀρνίου λέγοντες·

ὠδίνω (*ōdinō*; 1/3) *suffer birth-pains*
Rev 12:2 καὶ κράζει **ὠδίνουσα** καὶ βασανιζομένη τεκεῖν.

ὥρα (*hōra*; 10/106) *hour*
Rev 3:3 μὴ γνῷς ποίαν **ὥραν** ἥξω ἐπὶ σέ.
Rev 3:10 τηρήσω ἐκ τῆς **ὥρας** τοῦ πειρασμοῦ τῆς
Rev 9:15 ἡτοιμασμένοι εἰς τὴν **ὥραν** καὶ ἡμέραν καὶ
Rev 11:13 ἐν ἐκείνῃ τῇ **ὥρᾳ** ἐγένετο σεισμὸς μέγας
Rev 14:7 ὅτι ἦλθεν ἡ **ὥρα** τῆς κρίσεως αὐτοῦ,
Rev 14:15 ὅτι ἦλθεν ἡ **ὥρα** θερίσαι,

Rev 17:12 ὡς βασιλεῖς μίαν **ὥραν** λαμβάνουσιν μετὰ
Rev 18:10 ὅτι μιᾷ **ὥρᾳ** ἦλθεν ἡ κρίσις
Rev 18:17 ὅτι μιᾷ **ὥρᾳ** ἠρημώθη ὁ τοσοῦτος
Rev 18:19 ὅτι μιᾷ **ὥρᾳ** ἠρημώθη.

ὡς (*hōs*; 71/503[504]) *as*

Rev 1:10 μου φωνὴν μεγάλην **ὡς** σάλπιγγος
Rev 1:14 αἱ τρίχες λευκαὶ **ὡς** ἔριον λευκόν ὡς
Rev 1:14 ὡς ἔριον λευκόν **ὡς** χιὼν καὶ οἱ
Rev 1:14 οἱ ὀφθαλμοὶ αὐτοῦ **ὡς** φλὸξ πυρὸς
Rev 1:15 αὐτοῦ ὅμοιοι χαλκολιβάνῳ **ὡς** ἐν καμίνῳ πεπυρωμένης
Rev 1:15 ἡ φωνὴ αὐτοῦ **ὡς** φωνὴ ὑδάτων πολλῶν,
Rev 1:16 ἡ ὄψις αὐτοῦ **ὡς** ὁ ἥλιος φαίνει
Rev 1:17 τοὺς πόδας αὐτοῦ **ὡς** νεκρός,
Rev 2:18 τοὺς ὀφθαλμοὺς αὐτοῦ **ὡς** φλόγα πυρὸς καὶ
Rev 2:24 βαθέα τοῦ σατανᾶ **ὡς** λέγουσιν·
Rev 2:27 ἐν ῥάβδῳ σιδηρᾷ **ὡς** τὰ σκεύη τὰ
Rev 2:28 **ὡς** κἀγὼ εἴληφα παρὰ
Rev 3:3 ἥξω **ὡς** κλέπτης,
Rev 3:21 **ὡς** κἀγὼ ἐνίκησα καὶ
Rev 4:1 πρώτη ἣν ἤκουσα **ὡς** σάλπιγγος λαλούσης
Rev 4:6 ἐνώπιον τοῦ θρόνου **ὡς** θάλασσα ὑαλίνη ὁμοία
Rev 4:7 ἔχων τὸ πρόσωπον **ὡς** ἀνθρώπου καὶ τὸ
Rev 5:6 πρεσβυτέρων ἀρνίον ἑστηκὸς **ὡς** ἐσφαγμένον ἔχων κέρατα
Rev 6:1 τεσσάρων ζῴων λέγοντος **ὡς** φωνὴ βροντῆς·
Rev 6:6 καὶ ἤκουσα **ὡς** φωνὴν ἐν μέσῳ
Rev 6:11 οἱ μέλλοντες ἀποκτέννεσθαι **ὡς** καὶ αὐτοί.
Rev 6:12 ἥλιος ἐγένετο μέλας **ὡς** σάκκος τρίχινος
Rev 6:12 σελήνη ὅλη ἐγένετο **ὡς** αἷμα
Rev 6:13 **ὡς** συκῆ βάλλει τοὺς
Rev 6:14 ὁ οὐρανὸς ἀπεχωρίσθη **ὡς** βιβλίον ἑλισσόμενον καὶ
Rev 8:1 ἐν τῷ οὐρανῷ **ὡς** ἡμιώριον.
Rev 8:8 καὶ **ὡς** ὄρος μέγα πυρὶ
Rev 8:10 ἀστὴρ μέγας καιόμενος **ὡς** λαμπὰς καὶ ἔπεσεν
Rev 9:2 ἐκ τοῦ φρέατος **ὡς** καπνὸς καμίνου μεγάλης,
Rev 9:3 ἐδόθη αὐταῖς ἐξουσία **ὡς** ἔχουσιν ἐξουσίαν
Rev 9:5 ὁ βασανισμὸς αὐτῶν **ὡς** βασανισμὸς σκορπίου ὅταν
Rev 9:7 τὰς κεφαλὰς αὐτῶν **ὡς** στέφανοι ὅμοιοι χρυσῷ,
Rev 9:7 τὰ πρόσωπα αὐτῶν **ὡς** πρόσωπα ἀνθρώπων,
Rev 9:8 καὶ εἶχον τρίχας **ὡς** τρίχας γυναικῶν,
Rev 9:8 οἱ ὀδόντες αὐτῶν **ὡς** λεόντων ἦσαν,
Rev 9:9 καὶ εἶχον θώρακας **ὡς** θώρακας σιδηροῦς,
Rev 9:9 τῶν πτερύγων αὐτῶν **ὡς** φωνὴ ἁρμάτων ἵππων
Rev 9:17 κεφαλαὶ τῶν ἵππων **ὡς** κεφαλαὶ λεόντων,
Rev 10:1 τὸ πρόσωπον αὐτοῦ **ὡς** ὁ ἥλιος καὶ
Rev 10:1 οἱ πόδες αὐτοῦ **ὡς** στῦλοι πυρός,
Rev 10:7 **ὡς** εὐηγγέλισεν τοὺς ἑαυτοῦ
Rev 10:9 σου ἔσται γλυκὺ **ὡς** μέλι.
Rev 10:10 τῷ στόματί μου **ὡς** μέλι γλυκὺ καὶ
Rev 12:15 τῆς γυναικὸς ὕδωρ **ὡς** ποταμόν,
Rev 13:2 οἱ πόδες αὐτοῦ **ὡς** ἄρκου καὶ τὸ
Rev 13:2 τὸ στόμα αὐτοῦ **ὡς** στόμα λέοντος.
Rev 13:3 τῶν κεφαλῶν αὐτοῦ **ὡς** ἐσφαγμένην εἰς θάνατον,
Rev 13:11 ἀρνίῳ καὶ ἐλάλει **ὡς** δράκων.
Rev 14:2 ἐκ τοῦ οὐρανοῦ **ὡς** φωνὴν ὑδάτων πολλῶν
Rev 14:2 ὑδάτων πολλῶν καὶ **ὡς** φωνὴν βροντῆς μεγάλης,
Rev 14:2 φωνὴ ἣν ἤκουσα **ὡς** κιθαρῳδῶν κιθαριζόντων ἐν
Rev 14:3 καὶ ᾄδουσιν **[ὡς]** ᾠδὴν καινὴν ἐνώπιον
Rev 15:2 Καὶ εἶδον **ὡς** θάλασσαν ὑαλίνην μεμιγμένην
Rev 16:3 καὶ ἐγένετο αἷμα **ὡς** νεκροῦ,
Rev 16:13 πνεύματα τρία ἀκάθαρτα **ὡς** βάτραχοι·
Rev 16:15 Ἰδοὺ ἔρχομαι **ὡς** κλέπτης.
Rev 16:21 καὶ χάλαζα μεγάλη **ὡς** ταλαντιαία καταβαίνει ἐκ
Rev 17:12 ἀλλὰ ἐξουσίαν **ὡς** βασιλεῖς μίαν ὥραν
Rev 18:6 ἀπόδοτε αὐτῇ **ὡς** καὶ αὐτὴ ἀπέδωκεν
Rev 18:21 ἄγγελος ἰσχυρὸς λίθον **ὡς** μύλινον μέγαν
Rev 19:1 Μετὰ ταῦτα ἤκουσα **ὡς** φωνὴν μεγάλην ὄχλου
Rev 19:6 Καὶ ἤκουσα **ὡς** φωνὴν ὄχλου πολλοῦ
Rev 19:6 ὄχλου πολλοῦ καὶ **ὡς** φωνὴν ὑδάτων πολλῶν
Rev 19:6 ὑδάτων πολλῶν καὶ **ὡς** φωνὴν βροντῶν ἰσχυρῶν
Rev 19:12 δὲ ὀφθαλμοὶ αὐτοῦ **[ὡς]** φλὸξ πυρός,
Rev 20:8 ὁ ἀριθμὸς αὐτῶν **ὡς** ἡ ἄμμος τῆς
Rev 21:2 τοῦ θεοῦ ἡτοιμασμένην **ὡς** νύμφην κεκοσμημένην τῷ
Rev 21:11 ὅμοιος λίθῳ τιμιωτάτῳ **ὡς** λίθῳ ἰάσπιδι κρυσταλλίζοντι.
Rev 21:21 πόλεως χρυσίον καθαρὸν **ὡς** ὕαλος διαυγής.
Rev 22:1 ὕδατος ζωῆς λαμπρὸν **ὡς** κρύσταλλον,
Rev 22:12 ἐμοῦ ἀποδοῦναι ἑκάστῳ **ὡς** τὸ ἔργον ἐστὶν

ὥσπερ (*hōsper*; 1/36) *just as, like*

Rev 10:3 ἔκραξεν φωνῇ μεγάλῃ **ὥσπερ** λέων μυκᾶται.

Frequency List (Alphabetical Order)

1*᾽Αβαδδών
7 ἄβυσσος
1 ἀγαλλιάω
4 ἀγαπάω
2 ἀγάπη
67 ἄγγελος
1 ἁγιάζω
25 ἅγιος
6 ἀγοράζω
5 ἀδελφός
4 ᾅδης
11 ἀδικέω
1 ἀδίκημα
3 ᾄδω
3 ἀετός
2 ἀήρ
1 Αἴγυπτος
19 αἷμα
1 αἰνέω
2 αἴρω
1 αἰσχύνη
2 αἰχμαλωσία
26 αἰών
1 αἰώνιος
5 ἀκάθαρτος
1* ἀκμάζω
6 ἀκολουθέω
46 ἀκούω
1* ἄκρατος
2 ἀκρίς
10 ἀληθινός
13 ἀλλά
4* ἁλληλουϊά
2 ἀλλήλων
18 ἄλλος
1 ἅλυσις
3* ἄλφα
3 ἁμαρτία
1* ἀμέθυστος
8 ἀμήν
2 ἄμμος
2 ἄμπελος
1* ἄμωμον
1 ἄμωμος
2 ἄν
3 ἀνά
13 ἀναβαίνω
1 ἀναγινώσκω
2 ἀνάπαυσις
2 ἀναπαύω
2 ἀνάστασις
3 ἀνατολή
3 ἄνεμος
1 ἀνήρ
25 ἄνθρωπος
27 ἀνοίγω
1*᾽Αντιπᾶς
7 ἄξιος
1 ἀπαρχή
8 ἀπέρχομαι
1 ἄπιστος
36 ἀπό
4 ἀποδίδωμι
6 ἀποθνῄσκω
1 ἀποκάλυψις
1 ἀποκρίνομαι
15 ἀποκτείνω
1 ἀπόλλυμι
1*᾽Απολλύων
3 ἀποστέλλω
3 ἀπόστολος
2 ἀποφέρω
1 ἀποχωρίζω
2 ἀπώλεια
1 ἄργυρος
1 ἀργυροῦς
1 ἀριθμέω
10 ἀριθμός
1* ἄρκος
1 ἅρμα
1*῾Αρμαγεδών
2 ἀρνέομαι
29 ἀρνίον
1 ἁρπάζω
2 ἄρσην
2 ἄρτι
2 ἀρχαῖος
3 ἀρχή
1 ἄρχων
1 ᾽Ασήρ
1 ᾽Ασία
14 ἀστήρ
4 ἀστραπή
1 ἀσχημοσύνη
1 αὐλή
1 αὐλητής
441° αὐτός
2 ἀφαιρέω
3 ἀφίημι
11 ἄχρι
2* ἄψινθος
6 Βαβυλών
1 βαθύς
1 Βαλαάμ
1* Βαλάκ
28 βάλλω
1 βάπτω
1 βάρος
5 βασανίζω
6* βασανισμός
9 βασιλεία
21 βασιλεύς
7 βασιλεύω
1 βασίλισσα
3 βαστάζω
1* βάτραχος
3 βδέλυγμα
1 βδελύσσομαι
1 Βενιαμίν
1* βήρυλλος
3* βιβλαρίδιον
23 βιβλίον
2 βίβλος
4 βλασφημέω
5 βλασφημία
13 βλέπω
1 βοηθέω
1 βορρᾶς
1* βότρυς
1 βρέχω
10 βροντή
5* βύσσινος
1* Γάδ
2 γάμος
16 γάρ
1 γαστήρ
2 γεμίζω
7 γέμω
1 γένος
82 γῆ
38 γίνομαι
4 γινώσκω
2 γλυκύς
8 γλῶσσα
3 γνώμη
2 γόμος
29 γράφω
3 γρηγορέω
3 γυμνός
1 γυμνότης
19 γυνή
1* Γώγ
2 γωνία
3 δαιμόνιον
2 δάκρυον
3 Δαυίδ
7 δέ
7 δεῖ
8 δείκνυμι
1 δειλός
1 δειπνέω
2 δεῖπνον
9 δέκα
2 δέκατος
4 δένδρον
9 δεξιός
1 δεσπότης
2 δεῦρο
1 δεῦτε
13 δεύτερος
2 δέω
2 δηνάριον
18 διά
5 διάβολος
3* διάδημα
1 διαθήκη
1 διακονία
2 διακόσιοι
1* διαυγής
3 διαφθείρω
2 διδάσκω
3 διδαχή
58 δίδωμι
5 δίκαιος
2 δικαιοσύνη
2 δικαίωμα
2 διπλοῦς
1* διπλόω
1* δισμυριάς
2 δίστομος
3 διψάω
1 διώκω
17 δόξα
2 δοξάζω
14 δοῦλος
13* δράκων
7 δρέπανον
10 δύναμαι
12 δύναμις
10 δύο
1 δυσμή
23 δώδεκα
1* δωδέκατος
2 δωρεάν
1 δῶρον
9 ἐάν
8 ἑαυτοῦ
5 ἕβδομος
2 ῾Εβραϊστί
2 ἐγγύς
1 ἐγείρω
1* ἐγχρῖω
78 ἐγώ
23 ἔθνος
16 εἰ
2 εἰδωλόθυτος
2 εἰδωλολάτρης
1 εἴδωλον
6 εἴκοσι
10 εἰκών
110 εἰμί
2 εἰρήνη
80 εἰς
25 εἷς
5 εἰσέρχομαι
135 ἐκ
7 ἕκαστος
4 ἑκατόν
1 ἐκβάλλω
2 ἐκδικέω
5 ἐκεῖ
1 ἐκεῖθεν
2 ἐκεῖνος
1 ἐκκεντέω
20 ἐκκλησία
1 ἐκλεκτός
8 ἐκπορεύομαι
5 ἕκτος
9 ἐκχύννομαι
1 ἐλαία
2 ἔλαιον
1 ἐλέγχω
1 ἐλεεινός
3 ἐλεύθερος
1* ἐλεφάντινος
1 ἑλίσσω
2 ἕλκος
1*῾Ελληνικός
1* ἐμέω
1 ἐμός
4 ἔμπορος
3 ἔμπροσθεν
1 ἔμφοβος
158 ἐν
1 ἔνατος
1 ἐνδέκατος
3 ἐνδύω
1* ἐνδώμησις
1 ἐνιαυτός
1 ἐντεῦθεν
2 ἐντολή
35 ἐνώπιον
2 ἕξ
2* ἑξακόσιοι
3 ἐξαλείφω
14 ἐξέρχομαι
3 ἑξήκοντα
21 ἐξουσία
2 ἔξω
3 ἔξωθεν
2 ἐπάνω
144 ἐπί
1 ἐπιγράφω
1 ἐπιθυμέω
1 ἐπιθυμία
1 ἐπιπίπτω
2 ἐπιστρέφω
2 ἐπιτίθημι
55 ἑπτά
1 ἐραυνάω
1 ἐργάζομαι
20 ἔργον
3 ἔρημος
3 ἐρημόω
1 ἔριον
36 ἔρχομαι
6 ἐσθίω
6 ἔσχατος
2 ἔσωθεν
22 ἔτι
7 ἑτοιμάζω
6 ἔτος
2 εὐαγγελίζω
1 εὐαγγέλιον
1 εὐθέως
3 εὐλογία
13 εὑρίσκω
3 εὐφραίνω
2* Εὐφράτης
1 εὐχαριστέω
2 εὐχαριστία
1 εὐώνυμος
2 Ἔφεσος
2 ἐχθρός
100 ἔχω
2 ἕως
1 Ζαβουλών
13 ζάω
3* ζεστός
1* ζηλεύω
1 ζητέω
1 ζυγός
17 ζωή
2 ζώνη
20 ζῷον
5 ἤ
6 ἥκω
13 ἥλιος
19 ἡμεῖς

21 ἡμέρα
3 ἥμισυς
1* ἡμίωρον
26 θάλασσα
19 θάνατος
1 θαῦμα
4 θαυμάζω
2 θαυμαστός
6 θεῖον
1* θειώδης
1 θέλημα
5 θέλω
3 θεμέλιος
96 θεός
1 θεραπεία
2 θεραπεύω
3 θερίζω
1 θερισμός
2 θεωρέω
39 θηρίον
5 θλῖψις
3 θρίξ
47 θρόνος
3 Θυάτιρα
1* θύϊνος
4 θυμίαμα
10 θυμός
4 θύρα
8 θυσιαστήριον
3 θώραξ
4* ἴασπις
26 ἰδού
1* Ἰεζάβελ
3 ἱερεύς
3 Ἰερουσαλήμ
14 Ἰησοῦς
7 ἱμάτιον
42 ἵνα
2 Ἰουδαῖος
2 Ἰούδας
1* ἱππικός
16 ἵππος
2* ἶρις
1 ἴσος
3 Ἰσραήλ
1* Ἰσσαχάρ
21 ἵστημι
9 ἰσχυρός
2 ἰσχύς
1 ἰσχύω
4 Ἰωάννης
1 Ἰωσήφ
5 κἀγώ
6 καθαρός
33 κάθημαι
3 καθίζω
1123° καί
9 καινός
7 καιρός
5 καίω
2 κακός
3 κάλαμος
7 καλέω
2 κάμινος
12 καπνός
3 καρδία
2 καρπός
9 κατά
10 καταβαίνω
2 καταβολή
1* κατάθεμα
5 κατακαίω
1 καταπίνω
1* κατασφραγίζω
5 κατεσθίω
1 κατηγορέω
1* κατήγωρ
13 κατοικέω
1 κατοικητήριον
2* καῦμα
2 καυματίζω
2 κεῖμαι
1 κέντρον
1* κεραμικός
3* κεράννυμι
10 κέρας
19 κεφαλή
1 κηρύσσω
1 κιβωτός
3 κιθάρα
1 κιθαρίζω
2* κιθαρῳδός
2 κινέω
1* κιννάμωμον
6 κλαίω
4 κλείς
6 κλείω
1* κλέμμα
2 κλέπτης
1 κληρονομέω
1 κλητός
1 κλίνη
2 κοιλία
1 κοινός
4 κόκκινος
1 κολλάω
1* κολλούριον
1 κοπιάω
2 κόπος
2 κόπτω
2 κοσμέω
3 κόσμος
11 κράζω
8 κρατέω
2 κράτος
1 κραυγή
1* κριθή
3 κρίμα
9 κρίνω
4 κρίσις
1 κρούω
3 κρύπτω
1* κρυσταλλίζω
2* κρύσταλλος
1 κτῆνος
3 κτίζω
1 κτίσις
2 κτίσμα
1 κυβερνήτης
1* κυκλεύω
3* κυκλόθεν
3 κύκλῳ
1 κυριακός
23 κύριος
1 κύων
12 λαλέω
23 λαμβάνω
2 λαμπάς
5 λαμπρός
2 Λαοδίκεια
9 λαός
2 λατρεύω
105 λέγω
1 Λευί
1 λευκαίνω
16 λευκός
6 λέων
4 ληνός
1 λίβανος
2* λιβανωτός
1 λίθινος
8 λίθος
6 λίμνη
2 λιμός
1 λίνον
1* λιπαρός
18 λόγος
8 λοιπός
7 λυχνία
3 λύχνος
6 λύω
1* Μαγώγ
7 μακάριος
3 μακρόθεν
1 Μανασσῆς
1 μανθάνω
1 μάννα
5 μαργαρίτης
1* μάρμαρος
4 μαρτυρέω
9 μαρτυρία
1 μαρτύριον
5 μάρτυς
1* μασάομαι
1 μαστός
4 μάχαιρα
80 μέγας
2 μεγιστάν
1 μεθύσκω
1 μεθύω
2 μέλας
2 μέλι
13 μέλλω
1 μένω
4 μέρος
8 μέσος
3* μεσουράνημα
51 μετά
12 μετανοέω
5 μετρέω
2 μέτρον
8* μέτωπον
50 μή
2 μηδείς
2 μῆκος
6 μήν
1* μηρός
4 μήτε
1 μήτηρ
2 μίγνυμι
8 μικρός
1 μιμνήσκομαι
4 μισέω
2 μισθός
1 Μιχαήλ
1 μνῆμα
3 μνημονεύω
1 μοιχεύω
2 μολύνω
1 μόνος
1 μόσχος
1* μουσικός
1* μυκάομαι
1* μύλινος
1 μύλος
3 μυριάς
1 μύρον
4 μυστήριον
1 Μωϋσῆς
4 ναί
16 ναός
1 ναύτης
13 νεκρός
7 νεφέλη
1 Νεφθαλίμ
1* νεφρός
3 νῆσος
17 νικάω
2* Νικολαΐτης
1 νότος
2 νοῦς
4 νύμφη
1 νυμφίος
8 νύξ
2 ξηραίνω
1 ξύλινος
7 ξύλον
1886° ὁ
2 ὄγδοος
7 ὅδε
1 ὁδηγέω
2 ὁδός
1 ὀδούς
12 οἶδα
3 οἰκουμένη
8 οἶνος
1 οἷος
4 ὀλίγος
5 ὅλος
1* ὄλυνθος
1 ὀμνύω
21 ὅμοιος
1 ὁμοίωμα
2 ὁμοίως
1 ὁμολογέω
38 ὄνομα
7 ὀξύς
2 ὄπισθεν
3 ὀπίσω
8 ὅπου
1* ὀπώρα
3 ὅρασις
63 ὁράω
6 ὀργή
2 ὀργίζω
1* ὅρμημα
3* ὄρνεον
8 ὄρος
70 ὅς
1 ὁσάκις
2 ὅσιος
7 ὅσος
9 ὅστις
9 ὅταν
13 ὅτε
64 ὅτι
67 οὐ
1 οὗ
14 οὐαί
11 οὐδέ
12 οὐδείς
3 οὐκέτι
6 οὖν
2 οὔπω
5* οὐρά
52 οὐρανός
8 οὖς
15 οὔτε
49 οὗτος
7 οὕτως
1 ὄφελον
10 ὀφθαλμός
5 ὄφις
4 ὄχλος
1 ὄψις
1 παιδεύω
1 παίω
2 πάλιν
9 παντοκράτωρ
3 παρά
1 παράδεισος
1* πάρδαλις
1 πάρειμι
1 παρεμβολή
1 παρθένος
59 πᾶς
1 πάσχω
2 πατάσσω
3 πατέω
5 πατήρ
1* Πάτμος
1 πεινάω
3 πειράζω
1 πειρασμός
1* πελεκίζω
4* πέμπτος
5 πέμπω
3 πενθέω
4 πένθος
3 πέντε
2* Πέργαμος
1 περί
12 περιβάλλω
2 περιζώννυμι
5 περιπατέω
5* πέτομαι
2 πέτρα
5 πηγή
1 πῆχυς
1 πιάζω
3 πικραίνω

3 πίνω
23 πίπτω
4 πίστις
8 πιστός
8 πλανάω
3 πλατεῖα
3 πλάτος
1 πλέω
16 πληγή
1 πλήν
2 πληρόω
1* πλήσσω
2 πλοῖον
4 πλούσιος
5 πλουτέω
2 πλοῦτος
2 πλύνω
24 πνεῦμα
1 πνευματικῶς
1 πνέω
1* ποδήρης
2 πόθεν
30 ποιέω
4 ποιμαίνω
1 ποῖος
6 πολεμέω
9 πόλεμος
27 πόλις
15 πολύς
1 πονηρός
3 πόνος
7 πορνεία
5 πορνεύω
5 πόρνη
2 πόρνος
1 πορφύρα
2 πορφυροῦς
8 ποταμός
1* ποταμοφόρητος
1 πότε
4 ποτήριον
1 ποτίζω
1 ποῦ
11 πούς
12 πρεσβύτερος
1 πρόβατον
8 πρός
3 προσευχή
24 προσκυνέω
10 πρόσωπον
7 προφητεία
2 προφητεύω
8 προφήτης
1 προφῆτις
2* πρωϊνός
18 πρῶτος
1 πρωτότοκος
3 πτέρυξ
3 πτῶμα
1 πτωχεία
2 πτωχός
11 πυλών
26 πῦρ
1* πύρινος
2 πυρόω
2* πυρρός
2 πύρωσις
1 πωλέω
1 πῶς
4 ῥάβδος
1* ῥεδή
2 ῥίζα
6 ῥομφαία
1* Ῥουβήν
1* ῥυπαίνω
1 ῥυπαρός
2 σάκκος
6 σάλπιγξ
10 σαλπίζω
1* σαλπιστής
1* σάπφιρος
3* Σάρδεις
2* σάρδιον
1* σαρδόνυξ
7 σάρξ
8 σατανᾶς
7 σεισμός
1 σείω
4 σελήνη
1* σεμίδαλις
1 σημαίνω
7 σημεῖον
1 σιγή
1* σίδηρος
4 σιδηροῦς
1* σιρικός
2 σῖτος
1 Σιών
1 σκάνδαλον
3 σκεῦος
3 σκηνή
4 σκηνόω
3 σκορπίος
1 σκοτίζω
2 σκοτόω
1* σμαράγδινος
1* σμάραγδος
2* Σμύρνα
1 Σόδομα
4 σοφία
1 σπέρμα
1 σπήλαιον
2 στάδιον
1 σταυρόω
1 σταφυλή
8 στέφανος
1 στῆθος
1 στηρίζω
5 στολή
22 στόμα
4 στράτευμα
1 στρέφω
2* στρηνιάω
1* στρῆνος
2 στῦλος
69 σύ
1 συγκοινωνέω
1 συγκοινωνός
1 συκῆ
1 συμβουλεύω
1 Συμεών
5 συνάγω
2 συναγωγή
3 σύνδουλος
1 συντρίβω
1 σύρω
8 σφάζω
1 σφόδρα
8 σφραγίζω
13 σφραγίς
1 σῶμα
3 σωτηρία
1 ταλαίπωρος
1* ταλαντιαῖος
2 τάχος
6 ταχύς
1 τέ
6 τεῖχος
3 τέκνον
8 τελέω
3 τέλος
29 τέσσαρες
6 τεσσεράκοντα
7 τέταρτος
1* τετράγωνος
1 τέχνη
1 τεχνίτης
1 τηλικοῦτος
11 τηρέω
3 τίθημι
5 τίκτω
6 τιμή
6 τίμιος
1* τιμιότης
15 τίς
12 τις
3 τό
1* τόξον
1* τοπάζιον
8 τόπος
2 τοσοῦτος
11 τρεῖς
2 τρέφω
1 τρέχω
23 τρίτος
1* τρίχινος
2 τρυγάω
1 τυφλός
1* ὑακίνθινος
1* ὑάκινθος
3* ὑάλινος
2* ὕαλος
18 ὕδωρ
1 ὑετός
8 υἱός
11 ὑμεῖς
6 ὑπάγω
2 ὑπό
4 ὑποκάτω
7 ὑπομονή
2 ὑψηλός
1 ὕψος
4 φαίνω
2 φανερόω
1 φαρμακεία
1* φάρμακον
2* φάρμακος
2 φέρω
4 φεύγω
1 φθείρω
12* φιάλη
2* Φιλαδέλφεια
2 φιλέω
3 φλόξ
6 φοβέομαι
3 φόβος
1 φοῖνιξ
2 φονεύς
1 φόνος
4 φρέαρ
5 φυλακή
21 φυλή
1 φύλλον
1 φωνέω
55 φωνή
4 φῶς
1 φωστήρ
3 φωτίζω
2 χαίρω
4* χάλαζα
1 χαλινός
1* χαλκηδών
2* χαλκολίβανον
1 χαλκός
1* χαλκοῦς
7 χάραγμα
2 χάρις
16 χείρ
1 χήρα
2 χιλίαρχος
19 χιλιάς
9 χίλιοι
1 χιών
1* χλιαρός
3 χλωρός
2* χοῖνιξ
1 χορτάζω
2 χόρτος
1 χοῦς
3 χρεία
7 Χριστός
4 χρόνος
5 χρυσίον
1* χρυσόλιθος
1* χρυσόπρασος
2 χρυσός
15 χρυσοῦς
2* χρυσόω
2 ψευδής
1 ψεύδομαι
3 ψευδοπροφήτης
3 ψεῦδος
1 ψηφίζω
2 ψῆφος
7 ψυχή
3 ψυχρός
3 ὦ
6 ὧδε
5 ᾠδή
1 ὠδίνω
10 ὥρα
71 ὡς
1 ὥσπερ

° Not included in concordance
* Word only occurs in this book

Frequency List (in Order of Occurrence)

1886° ὁ
1123° καί
441° αὐτός
158 ἐν
144 ἐπί
135 ἐκ
110 εἰμί
105 λέγω
100 ἔχω
96 θεός
82 γῆ
80 εἰς
80 μέγας
78 ἐγώ
71 ὡς
70 ὅς
69 σύ
67 ἄγγελος
67 οὐ
64 ὅτι
63 ὁράω
59 πᾶς
58 δίδωμι
55 ἑπτά
55 φωνή
52 οὐρανός
51 μετά
50 μή
49 οὗτος
47 θρόνος
46 ἀκούω
42 ἵνα
39 θηρίον
38 γίνομαι
38 ὄνομα
36 ἀπό
36 ἔρχομαι
35 ἐνώπιον
33 κάθημαι
30 ποιέω
29 ἀρνίον
29 γράφω
29 τέσσαρες
28 βάλλω
27 ἀνοίγω
27 πόλις
26 αἰών
26 θάλασσα
26 ἰδού
26 πῦρ
25 ἅγιος
25 ἄνθρωπος
25 εἷς
24 πνεῦμα
24 προσκυνέω
23 βιβλίον
23 δώδεκα
23 ἔθνος
23 κύριος
23 λαμβάνω
23 πίπτω
23 τρίτος
22 ἔτι
22 στόμα
21 βασιλεύς
21 ἐξουσία
21 ἡμέρα
21 ἵστημι
21 ὅμοιος
21 φυλή
20 ἐκκλησία
20 ἔργον
20 ζῷον
19 αἷμα
19 γυνή
19 ἡμεῖς
19 θάνατος
19 κεφαλή
19 χιλιάς
18 ἄλλος
18 διά
18 λόγος
18 πρῶτος
18 ὕδωρ
17 δόξα
17 ζωή
17 νικάω
16 γάρ
16 εἰ
16 ἵππος
16 λευκός
16 ναός
16 πληγή
16 χείρ
15 ἀποκτείνω
15 οὔτε
15 πολύς
15 τίς
15 χρυσοῦς
14 ἀστήρ
14 δοῦλος
14 ἐξέρχομαι
14 Ἰησοῦς
14 οὐαί
13 ἀλλά
13 ἀναβαίνω
13 βλέπω
13 δεύτερος
13* δράκων
13 εὑρίσκω
13 ζάω
13 ἥλιος
13 κατοικέω
13 μέλλω
13 νεκρός
13 ὅτε
13 σφραγίς
12 δύναμις
12 καπνός
12 λαλέω
12 μετανοέω
12 οἶδα
12 οὐδείς
12 περιβάλλω
12 πρεσβύτερος
12 τις
12* φιάλη
11 ἀδικέω
11 ἄχρι
11 κράζω
11 οὐδέ
11 πούς
11 πυλών
11 τηρέω
11 τρεῖς
11 ὑμεῖς
10 ἀληθινός
10 ἀριθμός
10 βροντή
10 δύναμαι
10 δύο
10 εἰκών
10 θυμός
10 καταβαίνω
10 κέρας
10 ὀφθαλμός
10 πρόσωπον
10 σαλπίζω
10 ὥρα
9 βασιλεία
9 δέκα
9 δεξιός
9 ἐάν
9 ἐκχύννομαι
9 ἰσχυρός
9 καινός
9 κατά
9 κρίνω
9 λαός
9 μαρτυρία
9 ὅστις
9 ὅταν
9 παντοκράτωρ
9 πόλεμος
9 χίλιοι
8 ἀμήν
8 ἀπέρχομαι
8 γλῶσσα
8 δείκνυμι
8 ἑαυτοῦ
8 ἐκπορεύομαι
8 θυσιαστήριον
8 κρατέω
8 λίθος
8 λοιπός
8 μέσος
8* μέτωπον
8 μικρός
8 νύξ
8 οἶνος
8 ὅπου
8 ὄρος
8 οὖς
8 πιστός
8 πλανάω
8 ποταμός
8 πρός
8 προφήτης
8 σατανᾶς
8 στέφανος
8 σφάζω
8 σφραγίζω
8 τελέω
8 τόπος
8 υἱός
7 ἄβυσσος
7 ἄξιος
7 βασιλεύω
7 γέμω
7 δέ
7 δεῖ
7 δρέπανον
7 ἕκαστος
7 ἑτοιμάζω
7 ἱμάτιον
7 καιρός
7 καλέω
7 λυχνία
7 μακάριος
7 νεφέλη
7 ξύλον
7 ὅδε
7 ὀξύς
7 ὅσος
7 οὕτως
7 πορνεία
7 προφητεία
7 σάρξ
7 σεισμός
7 σημεῖον
7 τέταρτος
7 ὑπομονή
7 χάραγμα
7 Χριστός
7 ψυχή
6 ἀγοράζω
6 ἀκολουθέω
6 ἀποθνῄσκω
6 Βαβυλών
6* βασανισμός
6 εἴκοσι
6 ἐσθίω
6 ἔσχατος
6 ἔτος
6 ἥκω
6 θεῖον
6 καθαρός
6 κλαίω
6 κλείω
6 λέων
6 λίμνη
6 λύω
6 μήν
6 ὀργή
6 οὖν
6 πολεμέω
6 ῥομφαία
6 σάλπιγξ
6 ταχύς
6 τεῖχος
6 τεσσεράκοντα
6 τιμή
6 τίμιος
6 ὑπάγω
6 φοβέομαι
6 ὧδε
5 ἀδελφός
5 ἀκάθαρτος
5 βασανίζω
5 βλασφημία
5* βύσσινος
5 διάβολος
5 δίκαιος
5 ἕβδομος
5 εἰσέρχομαι
5 ἐκεῖ
5 ἕκτος
5 ἤ
5 θέλω
5 θλῖψις
5 κἀγώ
5 καίω
5 κατακαίω
5 κατεσθίω
5 λαμπρός
5 μαργαρίτης
5 μάρτυς
5 μετρέω
5 ὅλος
5* οὐρά
5 ὄφις
5 πατήρ
5 πέμπω
5 περιπατέω
5* πέτομαι
5 πηγή
5 πλουτέω
5 πορνεύω
5 πόρνη
5 στολή
5 συνάγω
5 τίκτω
5 φυλακή
5 χρυσίον
5 ᾠδή
4 ἀγαπάω
4 ᾅδης
4* ἀλληλουϊά
4 ἀποδίδωμι
4 ἀστραπή
4 βλασφημέω
4 γινώσκω
4 δένδρον
4 ἑκατόν
4 ἔμπορος
4 θαυμάζω
4 θυμίαμα
4 θύρα
4* ἴασπις
4 Ἰωάννης
4 κλείς
4 κόκκινος
4 κρίσις
4 ληνός
4 μαρτυρέω
4 μάχαιρα
4 μέρος
4 μήτε
4 μισέω
4 μυστήριον